NomosKommentar

Dr. Thomas Heidel [Hrsg.]
Rechtsanwalt, Fachanwalt für Steuerrecht und für
Handels- und Gesellschaftsrecht

Aktienrecht
und Kapitalmarktrecht

4. Auflage

Zitiervorschlag: *Bearbeiter* in: Heidel, Aktienrecht, § 123 AktG Rn 12

Die Deutsche Nationalbibliothek verzeichnet diese Publikation in der Deutschen Nationalbibliografie; detaillierte bibliografische Daten sind im Internet über http://dnb.d-nb.de abrufbar.

ISBN 978-3-8329-7803-7

4. Auflage 2014
© Nomos Verlagsgesellschaft, Baden-Baden 2014. Printed in Germany. Alle Rechte, auch die des Nachdrucks von Auszügen, der fotomechanischen Wiedergabe und der Übersetzung, vorbehalten.

Geleitwort

Waren in den 1980er Jahren gut 2.000 *Aktiengesellschaften* in Deutschland registriert, so sind es inzwischen 17.357 (einschl. KGaA und SE; Stand Juni 2010). Eindrucksvoller lässt sich der Erfolg der deutschen Aktiengesellschaft kaum darstellen. Die Gründe dafür sind vielfältig; zu nennen sind aber vor allen Dingen zwei. Einen ersten großen Aufschwung verdankt die heutige Zahl der Aktiengesellschaften der deutschen Wiedervereinigung mit der in ihrer Folge durchgeführten Privatisierung der früheren volkseigenen Betriebe; denn hier wurden die verselbstständigten Unternehmen entgegen bisheriger deutscher Tradition in großer Zahl in Aktiengesellschaften umgewandelt. Zum zweiten ist zu erwähnen der Börsenboom seit Beginn der 1990er Jahre, in dessen Folge auch die Zahl der börsennotierten Aktiengesellschaften von 472 im Jahre 1985 auf inzwischen 1.149 stieg (einschl. Freiverkehr; Stand 2010). Die Entwicklung stand wirtschaftlich in engem Zusammenhang mit der Privatisierung der Deutschen Telekom AG und deren (erstem) Börsengang Ende 1996, die die Aufmerksamkeit des breiten Publikums auf die Aktie lenkte. Sie war zugleich eng verbunden mit der explosionsartigen Verbreitung des Internets, die gelegentlich auch mit dem Beginn des „Informationszeitalters" gleich gesetzt wird. Der riesige Kapitalbedarf der Unternehmen, die in der Folge der dadurch ausgelösten Gründungswelle entstanden, konnte so über die Börse befriedigt werden.

Mit dieser gewachsenen Bedeutung der Aktiengesellschaft ist eine zunehmende Bedeutung auch des *Aktienrechts* einhergegangen. Das ist schon rein zahlenmäßig offensichtlich; vor allem aber ist mit der Gründungswelle der 1990er Jahre die Homogenität entfallen, die zuvor für die deutsche Aktiengesellschaft charakteristisch war. Das bisherige, durch das Aktiengesetz 1965 geprägte Regelwerk, das in vielfacher Hinsicht noch auf frühere Kodifikationen zurückging, war dieser Entwicklung nicht mehr gewachsen: denn es war durch und durch geprägt von der Aktiengesellschaft als börsennotierter Publikumsgesellschaft und zugleich als „Anstalt" von gesellschaftspolitischer Bedeutung, die deshalb auch „Spielwiese" für die Ausweitung der unternehmerischen Mitbestimmung vor allem durch das Mitbestimmungsgesetz 1976 wurde. Dieses Bild eines nur beschränkten Einsatzbereichs der AG bestimmte auch die juristische Ausbildung: denn anders könnte man sich kaum erklären, dass noch zu Beginn der 1990er Jahre ein Landesjustizministerium über die Frage nachdenken konnte, das Aktienrecht vollständig aus der juristischen Pflichtfachausbildung herauszunehmen.

Die genannten Defizite erkannte der bundesdeutsche *Gesetzgeber* spätestens im Jahre 1994, als er mit dem „Gesetz für kleine Aktiengesellschaften und zur Deregulierung des Aktienrechts" vom 2. August 1994 auch die rechtlichen Rahmenbedingungen für den Zugang zur Aktiengesellschaft verbessern wollte. Wesentliche Kernelemente waren insoweit die Freistellung „kleiner" Aktiengesellschaften von der Mitbestimmung und die Erweiterung des Satzungsfreiraums für diese Gesellschaften. Das wird ergänzt durch die – wenn auch europarechtlich vorgegebene – Privilegierung kleinerer Gesellschaften auch bei der Rechnungslegung (§ 267 HGB). Weitere gesellschaftsrechtliche Maßnahmen bis (zuletzt) zum „Gesetz zur Umsetzung der Aktionärsrechterichtlinie" (ARUG) vom 30. Juli 2009 wie kapitalmarktrechtliche Gesetzesreformen durch verschiedene „Finanzmarktförderungsgesetze" sind inzwischen gefolgt.

Das *gesellschaftsrechtliche Schrifttum* war durch diese Entwicklung gleichfalls gefordert. Auch hier hat sich zunächst die beschriebene einseitige Prägung der zuvor geführten aktienrechtlichen Diskussion ausgewirkt. Zudem stand lange Zeit nur ein kurzes Erläuterungswerk zum Aktiengesetz zur Verfügung. Die vorhandenen Großkommentare konnten (und können) andererseits wegen ihrer nur seltenen Neuauflage den häufig kurzfristigen Änderungen von Gesetzen und Rechtsprechung nur begrenzt Rechnung tragen. Die meisten Kommentare nahmen sich zudem nur in engem Rahmen der Verzahnung des Aktienrechts mit anderen Gesetzen, etwa des Kapitalmarkt- und Steuerrechts, und mit dem europäischen Recht an. Bei letzterem ist jetzt ganz besonders auf die Europäische Aktiengesellschaft (*Societas Europaea [SE]*) zu verweisen.

Vor diesem Hintergrund ist der *NomosKommentar zum Aktienrecht*, der jetzt bereits in 4. Auflage vorgelegt werden kann, eine willkommene Bereicherung für die aktienrechtliche Diskussion in Deutschland. Er erweitert – was immer zu begrüßen ist – die Meinungsvielfalt und verringert durch die zahlreichen in ihn eingeflossenen Erfahrungen die Risiken beim Umgang mit der Aktiengesellschaft. Dass manche der mit der beschriebenen wirtschaftlichen Entwicklung verbundenen Hoffnungen zunächst einmal platzten, dürfte dabei auf die rechtliche Bedeutung des Aktienrechts kaum noch Auswirkungen haben; denn es ging nach „IPO" und Gründung zwar erst einmal um „Delisting", Liquidation und Insolvenz; und ebenso ist inzwischen – man mag es kaum glauben – das Ende der „Finanzkrise" absehbar. Aktiengesellschaft und Kapitalmarkt werden ihre Bedeutung als Finanzierungsquelle für Unternehmen aber schon deshalb behalten und eher noch steigern, weil sich die deutsche Kreditwirtschaft als Folge von „Basel II" und – demnächst – „Basel III" hier weiter zurückziehen will – und muss. *Crowdfunding* als eine weitere Möglichkeit der Finanzierung über den Kapitalmarkt ist dabei inzwischen auch in den Köpfen deutscher Investoren, Berater und Regulatoren angekommen.

Im Übrigen dürfte die gerade begonnene 18. Legislaturperiode des Deutschen Bundestages auch im Gesellschaftsrecht Spuren hinterlassen: Die (in der letzten Legislaturperiode gescheiterten) Projekte zur Begrenzung der Managervergütung und zur Einführung einer „Frauenquote" stehen ebenso auf der Tagesordnung wie die Schaffung eines besonderen Verfahrens zur Bewältigung von Konzerninsolvenzen. Gefordert wird zudem immer wieder eine (grundlegende) Reform des gesellschaftsrechtlichen Beschlussmängelrechts.

Hamburg, Köln und Berlin, im Januar 2014
Heribert Hirte

Vorwort zur 4. Auflage

Vier Auflagen in zwölf Jahren zeigen: Unsere Leserinnen und Leser haben unseren Kommentar angenommen. Bewährt hat sich das Konzept, in einem Kommentar alle wesentlichen Rechtsfragen rund um die Aktie aus der Sicht des Gesellschafts- und des Kapitalmarktrechts in den Blick zu nehmen und dabei die europarechtliche Basis nie zu übersehen – also das gesamte Aktienrecht in einem Kommentar, in einem Band zu präsentieren. Denn Rechtsfragen der Aktie, ihrer Inhaber und der Aktiengesellschaften, lassen sich regelmäßig nur durch einen solchen ganzheitlichen Ansatz lösen. So hat der Kommentar seinen festen Platz gefunden bei all denen, die sich in Wissenschaft und Praxis mit Rechtsfragen der Aktie auseinandersetzen. Dafür sind wir – Autorinnen und Autoren, Verlag und Herausgeber – dankbar. Denn die äußerst erfreuliche Resonanz auf den Kommentar zeigt: Die Mühe lohnt sich, solch ein Werk auf die Beine zu stellen und à jour zu halten.

Für juristische Literatur besonders wesentlich ist natürlich die Resonanz in der gerichtlichen Praxis. Die wachsende Zahl von Zitatstellen belegt es. Gerade insoweit hat der Kommentar große Fortschritte gemacht. Bedeutsames Zeichen dieser gewachsenen Resonanz ist, dass wir als neue Autoren gleich vier renommierte Richter, allesamt anerkannte Experten des Aktienrechts, gewinnen konnten: die Vorsitzenden Richter am Oberlandesgericht Dr. Hartmut Fischer (OLG München) und Dr. Uwe Schmidt (OLG Köln) sowie die Vorsitzenden Richter am Landgericht Dr. Helmut Krenek (LG München I) und Dr. Martin Müller (LG Frankfurt aM). Sie haben viele Jahre als Mitglieder der Gesellschaftsrechtssenate bzw. als Vorsitzende der aktienrechtlichen Spezialkammern in ihren Bundesländern die Rechtsprechung ihrer in der Praxis des Aktienrechts besonders bedeutenden Gerichte geprägt, ihre Stimmen haben bundesweit Gewicht. Unsere Neuzugänge aus der Justiz illustrieren den Anspruch, den wir alle Autoren an unsere Kommentierungen stellen: praxistauglich zu sein und gleichzeitig wissenschaftlichen Ansprüchen zu genügen.

Möge die Neuauflage (allgemeiner Redaktionsschluss war im Dezember 2013) so freundlich aufgenommen werden wie die vorigen Auflagen! Ihr Input – Lob wie Kritik! – ist uns wie immer sehr willkommen, gerne auch an heidel@meilicke-hoffmann.de.

Bonn, im April 2014

Thomas Heidel

Aus dem Vorwort zur 1. Auflage

Aktienrecht – kompakt und umfassend:

Das ist nicht nur ein Slogan der Werbetexter des Verlages für diesen Kommentar, sondern sein Konzept. Kompakt in einem Band und aus einem Guss behandeln wir umfassend die Rechtsfragen der Aktie, der Aktiengesellschaft und ihrer Aktionäre aus Gesellschafts- und Kapitalmarktrecht; dabei vernachlässigen wir nicht die europarechtliche Fundierung des deutschen Aktienrechts, steuerliche Folgen sowie ökonomische Grundlagen des Aktienmarkts.

- Im Zentrum steht der Kommentar des Aktiengesetzes – derart platzgreifend und tiefgehend, dass er den Vergleich mit anderen Kommentaren nicht zu scheuen braucht.
- Daneben kommentieren wir mit Blick auf die Praxis von A–Z alle wichtigen Normen des Aktienrechts, darunter Börsengesetz, EU-Richtlinien, Übernahmegesetz und Wertpapierhandelsgesetz.
- Einzelnen Themen der Praxis widmen wir Querschnittsbeiträge: von Behavioral Finance/Mathematischer Prognose der Börsenkursentwicklung über Steuerrecht und Kapitalanlagerecht bis hin zu den gesetzgeberischen Perspektiven.
- Muster für alle in der Praxis häufigen Themen runden das Werk ab.

Unser Buch zielt auf den Praktiker, wo immer er mit der Aktie zu tun hat – zumal in Anwaltspraxen, Notariaten, Unternehmen, Gerichten. Wissenschaftlichen Ansprüchen wollen wir gerecht werden. Doch immer sind sie geprägt durch den Blick auf die Bedürfnisse der Praxis. Dieser Blick spiegelt die tägliche Erfahrung der Probleme rund um die Aktie in der Rechtswirklichkeit von uns 64 Autorinnen und Autoren. Wir alle sind Praktiker des Aktienrechts: in großen und kleinen Anwaltskanzleien sowie Notariaten, in Unternehmen, Gerichten, Behörden, Verbänden und Universitäten. Die bewusste Vielfalt der Autoren soll auch vielfältige Einschätzungen der Rechtsfragen mit sich bringen. Ein Kommentar Aktienrecht aus einem Guss bedeutet keinesfalls, stromlinienförmig zu sein. Häufig genug gibt es sie nicht, die einzig richtige Antwort einer Rechtsfrage. Das zeigen alle Beiträge. Die "hM" in Rechtsprechung und Literatur ist nicht das Maß aller Dinge – doch jeder Beitrag nennt sie, soweit sie sich erkennbar herausgebildet hat, und setzt sich ggf mit ihr auseinander.

Bonn, im Oktober 2002

Dr. Thomas Heidel

Inhaltsübersicht

Geleitwort	5
Vorwort zur 4. Auflage	7
Verzeichnis der Muster	15
Abkürzungsverzeichnis	17
Bearbeiterverzeichnis	27
Literaturverzeichnis	31

Teil 1: Gesetze und Normen

1. Aktiengesetz ... 35

Erstes Buch Aktiengesellschaft

Erster Teil	Allgemeine Vorschriften (§§ 1–22)	35
Zweiter Teil	Gründung der Gesellschaft (§§ 23–53)	117
Dritter Teil	Rechtsverhältnisse der Gesellschaft und der Gesellschafter (§§ 53a–75)	265
Vierter Teil	Verfassung der Aktiengesellschaft (§§ 76–149)	426
Erster Abschnitt	Vorstand (§§ 76–94)	426
Zweiter Abschnitt	Aufsichtsrat (§§ 95–116)	555
Dritter Abschnitt	Benutzung des Einflusses auf die Gesellschaft (§ 117)	662
Vierter Abschnitt	Hauptversammlung (§§ 118–149)	669
Erster Unterabschnitt	Rechte der Hauptversammlung (§§ 118–120)	669
Zweiter Unterabschnitt	Einberufung der Hauptversammlung (§§ 121–128)	695
Dritter Unterabschnitt	Verhandlungsniederschrift. Auskunftsrecht (§§ 129–132)	743
Vierter Unterabschnitt	Stimmrecht (§§ 133–137)	842
Fünfter Unterabschnitt	Sonderbeschluß (§ 138)	865
Sechster Unterabschnitt	Vorzugsaktien ohne Stimmrecht (§§ 139–141)	868
Siebenter Unterabschnitt	Sonderprüfung. Geltendmachung von Ersatzansprüchen (§§ 142–149)	886
Fünfter Teil	Rechnungslegung. Gewinnverwendung (§§ 150–178)	939
Erster Abschnitt	Jahresabschluss und Lagebericht. Entsprechenserklärung (§§ 150–161)	939
Zweiter Abschnitt	Prüfung des Jahresabschlusses (§§ 162–171)	965
Erster Unterabschnitt	Prüfung durch Abschlußprüfer (§§ 162–169)	965
Zweiter Unterabschnitt	Prüfung durch den Aufsichtsrat (§§ 170–171)	965
Dritter Abschnitt	Feststellung des Jahresabschlusses. Gewinnverwendung (§§ 172–176)	975
Erster Unterabschnitt	Feststellung des Jahresabschlusses (§§ 172–173)	975
Zweiter Unterabschnitt	Gewinnverwendung (§ 174)	980
Dritter Unterabschnitt	Ordentliche Hauptversammlung (§§ 175–176)	983
Vierter Abschnitt	Bekanntmachung des Jahresabschlusses (§ 177 und 178)	988
Sechster Teil	Satzungsänderung. Maßnahmen der Kapitalbeschaffung und Kapitalherabsetzung (§§ 179–240)	988
Erster Abschnitt	Satzungsänderung (§§ 179–181)	988
Zweiter Abschnitt	Maßnahmen der Kapitalbeschaffung (§§ 182–221)	1013
Erster Unterabschnitt	Kapitalerhöhung gegen Einlagen (§§ 182–191)	1013
Zweiter Unterabschnitt	Bedingte Kapitalerhöhung (§§ 192–201)	1101

Dritter Unterabschnitt	Genehmigtes Kapital (§§ 202–206)	1126
Vierter Unterabschnitt	Kapitalerhöhung aus Gesellschaftsmitteln (§§ 207–220)	1240
Fünfter Unterabschnitt	Wandelschuldverschreibungen. Gewinnschuldverschreibungen (§ 221)	1265
Dritter Abschnitt	Maßnahmen der Kapitalherabsetzung (§§ 222–240)	1280
Erster Unterabschnitt	Ordentliche Kapitalherabsetzung (§§ 222–228)	1280
Zweiter Unterabschnitt	Vereinfachte Kapitalherabsetzung (§§ 229–236)	1304
Dritter Unterabschnitt	Kapitalherabsetzung durch Einziehung von Aktien. Ausnahme für Stückaktien (§§ 237–239)	1325
Vierter Unterabschnitt	Ausweis der Kapitalherabsetzung (§ 240)	1340
Siebenter Teil	Nichtigkeit von Hauptversammlungsbeschlüssen und des festgestellten Jahresabschlusses. Sonderprüfung wegen unzulässiger Unterbewertung (§§ 241–261a)	1341
Erster Abschnitt	Nichtigkeit von Hauptversammlungsbeschlüssen (§§ 241–255)	1341
Erster Unterabschnitt	Allgemeines (§§ 241–249)	1341
Zweiter Unterabschnitt	Nichtigkeit bestimmter Hauptversammlungsbeschlüsse (§§ 250–255)	1459
Zweiter Abschnitt	Nichtigkeit des festgestellten Jahresabschlusses (§§ 256–257)	1486
Dritter Abschnitt	Sonderprüfung wegen unzulässiger Unterbewertung (§§ 258–261a)	1506
Achter Teil	Auflösung und Nichtigerklärung der Gesellschaft (§§ 262–277)	1523
Erster Abschnitt	Auflösung (§§ 262–274)	1523
Erster Unterabschnitt	Auflösungsgründe und Anmeldung (§§ 262–263)	1523
Zweiter Unterabschnitt	Abwicklung (§§ 264–274)	1538
Zweiter Abschnitt	Nichtigerklärung der Gesellschaft (§§ 275–277)	1573

Zweites Buch Kommanditgesellschaft auf Aktien (§§ 278–290)

Drittes Buch Verbundene Unternehmen

Erster Teil	Unternehmensverträge (§§ 291–307)	1624
Erster Abschnitt	Arten von Unternehmensverträgen (§§ 291–292)	1624
Zweiter Abschnitt	Abschluß, Änderung und Beendigung von Unternehmensverträgen (§§ 293–299)	1668
Dritter Abschnitt	Sicherung der Gesellschaft und der Gläubiger (§§ 300–303)	1715
Vierter Abschnitt	Sicherung der außenstehenden Aktionäre bei Beherrschungs- und Gewinnabführungsverträgen (§§ 304–307)	1730
Zweiter Teil	Leitungsmacht und Verantwortlichkeit bei Abhängigkeit von Unternehmen (§§ 308–318)	1758
Erster Abschnitt	Leitungsmacht und Verantwortlichkeit bei Bestehen eines Beherrschungsvertrags (§§ 308–310)	1758
Zweiter Abschnitt	Verantwortlichkeit bei Fehlen eines Beherrschungsvertrags (§§ 311–318)	1774
Dritter Teil	Eingegliederte Gesellschaften (§§ 319–327)	1827
Vierter Teil	Ausschluss von Minderheitsaktionären (§§ 327a–327f)	1852
Fünfter Teil	Wechselseitig beteiligte Unternehmen (§ 328)	1900
Sechster Teil	Rechnungslegung im Konzern (§§ 329–393)	1901

Viertes Buch Sonder-, Straf- und Schlußvorschriften

Erster Teil	Sondervorschriften bei Beteiligung von Gebietskörperschaften (§§ 394–395) ..	1901
Zweiter Teil	Gerichtliche Auflösung (§§ 396–398)	1911
Dritter Teil	Straf- und Bußgeldvorschriften; Schlußvorschriften (§§ 399–408)	1913

2. **Einführungsgesetz zum Aktiengesetz** 1933

Erster Abschnitt	Übergangsvorschriften (§§ 1–26f)	1933
Zweiter Abschnitt	Anwendung aktienrechtlicher Vorschriften auf Unternehmen mit anderer Rechtsform (§§ 27–28a)	1947
Dritter Abschnitt	Aufhebung und Änderung von Gesetzen (§§ 29–44)	1947
Vierter Abschnitt	Schlußvorschriften (§§ 45–46)	1948

3. **Börsengesetz(BörsG)** 1949

Abschnitt 1	Allgemeine Bestimmungen über die Börsen und ihre Organe (§§ 1–22) ...	1949
Abschnitt 2	Börsenhandel und Börsenpreisfeststellung (§§ 23–26b)	1987
Abschnitt 3	Skontroführung und Transparenzanforderungen an Wertpapierbörsen (§§ 27–31)	1994
Abschnitt 4	Zulassung von Wertpapieren zum Börsenhandel (§§ 32–47)	1999
Abschnitt 5	Freiverkehr (§ 48)	2012
Abschnitt 6	Straf- und Bußgeldvorschriften; Schlussvorschriften (§§ 49–52)	2014

4. **Verordnung über die Zulassung von Wertpapieren zum regulierten Markt an einer Wertpapierbörse (Börsenzulassungs-Verordnung – BörsZulV)** 2019

Erstes Kapitel	Zulassung von Wertpapieren zum regulierten Markt (§§ 1–52)	2019
Erster Abschnitt	Zulassungsvoraussetzungen (§§ 1–12)	2019
Zweiter Abschnitt	(§§ 13–47) (aufgehoben)	2027
Dritter Abschnitt	Zulassungsverfahren (§§ 48–52)	2027
Zweites Kapitel	Pflichten des Emittenten zugelassener Wertpapiere (§§ 53–70)	2029
Erster Abschnitt	(§§ 53–62) (aufgehoben)	2029
Zweiter Abschnitt	Sonstige Pflichten (§§ 63–70)	2029
Drittes Kapitel	Schlussvorschriften (§§ 71–73)	2030

5. **Deutscher Corporate Governance Kodex** 2033

A.	Funktion	2036
B.	Rechtsnatur	2036
C.	Grundzüge der Entstehung	2036
D.	Flankierende gesetzliche Regelungen	2038
E.	Aufbau	2038

6. **Europäisches Gesellschaftsrecht** 2071

A.	Einführung	2077
B.	Stand und Entwicklung des europäischen Gesellschafts- und Unternehmensrechts	2086
C.	Niederlassungsfreiheit für Gesellschaften	2093
D.	Niederlassungsfreiheit v. Internationales Gesellschaftsrecht	2099
E.	EuGH und deutsches Recht	2119
F.	Gesellschaftsrechtsharmonisierung	2122
G.	Die Richtlinien (in Auswahl)	2129

7. Die Europäische Aktiengesellschaft – Societas Europaea 2221
   A. Einleitung 2222
   B. Rechtsgrundlage 2222
   C. Begriff und Organisation 2223
   D. Gründung 2224
   E. Verhältnis SE-VO und nationales Recht am Beispiel einer SE mit Sitz in Deutschland 2226
   F. Sitz – Festlegung und Verlegung 2226
   G. Steuern 2227
   H. Arbeitnehmerbeteiligung 2228
   I. Fazit 2229

8. Gesetz über Musterverfahren in kapitalmarktrechtlichen Streitigkeiten(Kapitalanleger-Musterverfahrensgesetz – KapMuG) 2237
   Abschnitt 1   Musterverfahrensantrag; Vorlageverfahren (§§ 1–8) 2242
   Abschnitt 2   Durchführung des Musterverfahrens (§§ 9–21) 2272
   Abschnitt 3   Wirkung des Musterentscheids und des Vergleichs; Kosten (§§ 22–28) .. 2300
   Anhang zum KapMuG: Ausschließlicher Gerichtsstand, § 32 b ZPO 2312

9. Gesetz über die Mitbestimmung der Arbeitnehmer (Mitbestimmungsgesetz – MitbestG) 2315
   Erster Teil   Geltungsbereich (§§ 1–5) 2316
   Zweiter Teil   Aufsichtsrat (§§ 6–29) 2336
   Erster Abschnitt   Bildung und Zusammensetzung (§§ 6–7) 2336
   Zweiter Abschnitt   Bestellung der Aufsichtsratsmitglieder (§§ 8–24) 2340
   Erster Unterabschnitt   Aufsichtsratsmitglieder der Anteilseigner (§ 8) 2340
   Zweiter Unterabschnitt   Aufsichtsratsmitglieder der Arbeitnehmer, Grundsatz (§ 9) 2341
   Dritter Unterabschnitt   Wahl der Aufsichtsratsmitglieder der Arbeitnehmer durch Delegierte (§§ 10–17) 2341
   Vierter Unterabschnitt   Unmittelbare Wahl der Aufsichtsratsmitglieder der Arbeitnehmer (§ 18) 2348
   Fünfter Unterabschnitt   Weitere Vorschriften über das Wahlverfahren sowie über die Bestellung und Abberufung von Aufsichtsratsmitgliedern (§§ 19–24) 2349
   Dritter Abschnitt   Innere Ordnung, Rechte und Pflichten des Aufsichtsrats (§§ 25–29) 2357
   Dritter Teil   Gesetzliches Vertretungsorgan (§§ 30–33) 2367
   Vierter Teil   Seeschiffahrt (§ 34) 2373
   Fünfter Teil   Übergangs- und Schlußvorschriften (§§ 35–41) 2373

10. Gesetz über das gesellschaftsrechtliche Spruchverfahren (Spruchverfahrensgesetz – SpruchG) 2377

11. Umwandlungsrecht – Einführung 2445
    A. Begriff, Wesensmerkmale der Verschmelzung 2446
    B. Mögliche Verschmelzungsvorgänge bei der AG 2446
    C. Ablauf des Verschmelzungsverfahrens bei der AG 2447
    D. Verschmelzungsvertrag 2448
    E. Bekanntmachung des Verschmelzungsvertrages (§ 61) 2453
    F. Zuleitung des Vertrags/Entwurfs an den Betriebsrat (§ 5 Abs. 3) 2454
    G. Zustimmungsbeschluss der Hauptversammlung (§§ 13, 62, 64, 65, 76) 2455
    H. Nachgründung 2461

I. Schlussbilanz 2462
J. Besonderheiten bei grenzüberschreitenden Verschmelzungen (§§ 122 a ff) 2464

12. Gesetz über den Wertpapierhandel (Wertpapierhandelsgesetz – WpHG) 2467

Abschnitt 1 Anwendungsbereich, Begriffsbestimmungen (§§ 1–2b) 2467
Abschnitt 2 Bundesanstalt für Finanzdienstleistungsaufsicht (§§ 3–11) 2489
Abschnitt 3 Insiderüberwachung (§§ 12–16b) 2511
Abschnitt 3 a Ratingagenturen (§ 17) 2550
Abschnitt 3 b OTC-Derivate und Transaktionsregister (§§ 18–20) 2555
Abschnitt 4 Überwachung des Verbots der Marktmanipulation (§§ 20a–20b) 2563
Abschnitt 5 Mitteilung, Veröffentlichung und Übermittlung von Veränderungen des Stimmrechtsanteils an das Unternehmensregister (§§ 21–30) 2571
Abschnitt 5 a Notwendige Informationen für die Wahrnehmung von Rechten aus Wertpapieren (§§ 30a–30g) 2641
Abschnitt 5 b Leerverkäufe und Geschäfte in Derivaten (§§ 30h–30j) 2650
Abschnitt 6 Verhaltenspflichten, Organisationspflichten, Transparenzpflichten (§§ 31–37a) 2661
Abschnitt 7 Haftung für falsche und unterlassene Kapitalmarktinformationen (§§ 37b–37c) 2855
Abschnitt 8 Finanztermingeschäfte (§§ 37d–37g) 2860
Abschnitt 9 Schiedsvereinbarungen (§ 37h) 2864
Abschnitt 10 Märkte für Finanzinstrumente mit Sitz außerhalb der Europäischen Union (§§ 37i–37m) 2865
Abschnitt 11 Überwachung von Unternehmensabschlüssen, Veröffentlichung von Finanzberichten (§§ 37n–37z) 2866
Unterabschnitt 1 Überwachung von Unternehmensabschlüssen (§§ 37n–37u) 2869
Unterabschnitt 2 Veröffentlichung und Übermittlung von Finanzberichten an das Unternehmensregister (§§ 37v–37z) 2882
Abschnitt 12 Straf- und Bußgeldvorschriften (§§ 38–40b) 2916
Abschnitt 13 Übergangsbestimmungen (§§ 41–48) 2930

13. Gesetz über die Erstellung, Billigung und Veröffentlichung des Prospekts, der beim öffentlichen Angebot von Wertpapieren oder bei der Zulassung von Wertpapieren zum Handel an einem organisierten Markt zu veröffentlichen ist (Wertpapierprospektgesetz – WpPG) 2939

Abschnitt 1 Anwendungsbereich und Begriffsbestimmungen (§§ 1–4) 2945
Abschnitt 2 Erstellung des Prospekts (§§ 5–12) 2970
Abschnitt 3 Billigung und Veröffentlichung des Prospekts (§§ 13–16) 2993
Abschnitt 4 Grenzüberschreitende Angebote und Zulassung zum Handel (§§ 17–18) .. 3014
Abschnitt 5 Sprachenregelung und Emittenten mit Sitz in Drittstaaten (§§ 19–20) 3017
Abschnitt 6 Prospekthaftung (§§ 21–25) 3022
Abschnitt 7 Zuständige Behörde und Verfahren (§§ 26–31) 3030
Abschnitt 8 Sonstige Vorschriften (§§ 32–37) 3042

14. Wertpapiererwerbs- und Übernahmegesetz (WpÜG) 3047

Abschnitt 1 Allgemeine Vorschriften (§§ 1–3) 3052
Abschnitt 2 Zuständigkeit der Bundesanstalt für Finanzdienstleistungsaufsicht (§§ 4–9) 3062

Abschnitt 3	Angebote zum Erwerb von Wertpapieren (§§ 10–28)	3071
Abschnitt 4	Übernahmeangebote (§§ 29–34)	3130
Abschnitt 5	Pflichtangebote (§§ 35–39)	3165
Abschnitt 5 a	Ausschluss, Andienungsrecht (§§ 39a–39c)	3178
Abschnitt 6	Verfahren (§§ 40–47)	3209
Abschnitt 7	Rechtsmittel (§§ 48–58)	3215
Abschnitt 8	Sanktionen (§§ 59–65)	3221
Abschnitt 9	Gerichtliche Zuständigkeit; Übergangsregelungen (§§ 66–68)	3229

15. **Gesetz über Schuldverschreibungen aus Gesamtemissionen (Schuldverschreibungsgesetz – SchVG)** 3233

Abschnitt 1	Allgemeine Vorschriften (§§ 1–4)	3234
Abschnitt 2	Beschlüsse der Gläubiger (§§ 5–22)	3242
Abschnitt 3	Bußgeldvorschriften; Übergangsbestimmungen (§§ 23–24)	3278

Teil 2: Themen aus der Praxis

16. **Behavioral Finance** 3283
    - A. Einleitung 3283
    - B. Moderne Kapitalmarkttheorie versus Behavioral Finance 3284
    - C. Anlageentscheidungen aus psychologischer Sicht 3285
    - D. Fazit 3291

17. **Die Rolle der Banken bei Aktienemissionen** 3293
    - A. Einführung 3293
    - B. Praxis der Börseneinführung 3294
    - C. Ausblick 3309

18. **Entscheidung, Prognose und Risiko bei Aktien** 3311
    - A. Fundamentalanalyse 3311
    - B. Technische Analyse 3311
    - C. Statistische Methoden 3313

19. **Kapitalanlagerecht inkl. Prospekthaftung** 3317
    - Teil 1 Kapitalanlagerecht 3317
    - Teil 2 Haftung im Zusammenhang mit Ad-hoc-Mitteilungen 3340
    - Teil 3 Zivilrechtliche Prospekthaftung 3366

20. **Besteuerung der AG und der KGaA und ihrer Gesellschafter** 3369
    - A. Vorbemerkung 3370
    - B. Grundzüge des Körperschaftsteuerrechts 3370
    - C. Grundzüge des Gewerbesteuerrechts 3376
    - D. Kapitalertragsteuer 3379
    - E. Solidaritätszuschlag 3379
    - F. Aktienrecht und steuerrechtliche Auswirkungen 3379
    - G. Unternehmensverträge 3390
    - H. Besteuerung der KGaA 3392

Stichwortverzeichnis 3395

Verzeichnis der Muster

Beispiele für Satzungen	136
I. Satzung der Einmann-AG (Kurzfassung mit Mindestinhalt)	136
II. Satzung einer „kleinen" AG	137
III. Satzung einer börsennotierten AG	140
Schutzgemeinschaftsvertrag	279
Handelsregisteranmeldung	449
Registeranmeldung – Bestellung eines Vorstandsmitglieds	449
Registeranmeldung – Abberufung eines Vorstandsmitglieds	449
Vorstand	466
I. Anstellungsvertrag mit einem Vorstandsmitglied	466
II. Aufhebungsvertrag	470
III. Abberufung/Kündigung/Bestellung	472
Wahl von Mitgliedern des Aufsichtsrats durch die Hauptversammlung	593
I. Auszug aus der Einberufung der Hauptversammlung	593
II. Auszug aus der Niederschrift über die Hauptversammlung	593
Antrag auf gerichtliche Bestellung eines Aufsichtsratsmitgliedes	605
Bekanntmachung des Wechsels von Mitgliedern des Aufsichtsrats / Einreichung einer neuen Liste an das Handelsregister	609
Geschäftsordnung für den Aufsichtsrat	621
Niederschrift über die Hauptversammlung	786
I. Privatschriftliches Protokoll der ordentlichen Hauptversammlung einer nicht-börsennotierten AG	786
II. Notarielle Niederschrift über eine Hauptversammlung	788
Entsprechenserklärungen nach § 161 AktG	964
I. Uneingeschränkte Erklärung	964
II. Erklärung mit Einschränkungen	964
Barkapitalerhöhung mit unmittelbarem Bezugsrecht der Aktionäre	1027
1. Auszug aus der Niederschrift über die Hauptversammlung	1027
2. Anmeldung des Kapitalerhöhungsbeschlusses	1028
3. Aufforderung zur Ausübung des Bezugsrechts	1028
4. Zeichnungsschein	1028
5. Beschluss des Aufsichtsrats über die Anpassung der Satzung	1029
6. Anmeldung der Durchführung der Kapitalerhöhung	1029
Aktienoptionsvereinbarung	1108
Muster zu § 202 AktG	1167
I. Schaffung genehmigten Kapitals mit teilweisem Ausschluss des gesetzlichen Bezugsrechts der Aktionäre	1167
1. Auszug aus der Niederschrift über die Hauptversammlung	1167
2. Anmeldung des Beschlusses über die Schaffung genehmigten Kapitals	1167
II. Ausgabe von Wandelschuldverschreibungen und bedingte Kapitalerhöhung	1168
1. Auszug aus der Niederschrift über die Hauptversammlung	1168
2. Anmeldung des Beschlusses über die Schaffung genehmigten Kapitals	1169

Musterverzeichnis

Ordentliche Kapitalherabsetzung 1283
    1. Auszug aus der Niederschrift über die Hauptversammlung 1283
    2. Anmeldung des Kapitalherabsetzungsbeschlusses 1283

Vereinfachte Kapitalherabsetzung mit gleichzeitiger Kapitalerhöhung (sog. Kapitalschnitt) 1309
    1. Auszug aus der Niederschrift über die Hauptversammlung 1309
    2. Anmeldung des Kapitalherabsetzungsbeschlusses 1310

Satzung einer GmbH & Co KGaA 1600

Satzung einer Europäischen Aktiengesellschaft 2230

Musterformulierungen der BaFin 3013
    1. Muster eines Nachtrags nach § 16 Abs. 1 Wertpapierprospektgesetz 3013
    2. Muster eines Antrags auf Billigung eines Nachtrags 3014

Abkürzungsverzeichnis

aA	anderer Ansicht
aaO	am angegebenen Ort
abgedr	abgedruckt
abl	ablehnend
AblEG/EU	Amtsblatt der Europäischen Gemeinschaften/Union
Abs.	Absatz (Absätze)
abw	abweichend
AcP	Archiv für die civilistische Praxis
ADHGB	Allgemeines Deutsches Handelsgesetzbuch
aE	am Ende
AEUV	Vertrag über die Arbeitsweise der Europäischen Union
A/D/S	Adler/Düring/Schmaltz, Rechnungslegung und Prüfung der Unternehmen
AE	Arbeitsrechtliche Entscheidungen (Zeitschrift)
aF	alte Fassung
AFG	Arbeitsförderungsgesetz
AG	Aktiengesellschaft; Die Aktiengesellschaft (Zeitschrift); Amtsgericht
AGB	Allgemeine Geschäftsbedingungen
AGBG	Gesetz zur Regelung des Rechts der Allgemeinen Geschäftsbedingungen
AktFoV	Verordnung über das Aktionärsforum nach § 127a des Aktiengesetzes (Aktionärsforumsverordnung)
AktG	Aktiengesetz
allg	allgemein
allgM	allgemeine Meinung
Alt.	Alternative
aM	anderer Meinung
amtl	amtlich
AN	Arbeitnehmer
AnfG	Anfechtungsgesetz
Anh	Anhang
Anm	Anmerkung(en)
AnSVG	Anlegerschutzverbesserungsgesetz
AnwBl	Anwaltsblatt
AO	Abgabenordnung
AöR	Archiv des öffentlichen Rechts
AR	Aufsichtsrat
ArbG	Arbeitsgericht
ArbGG	Arbeitsgerichtsgesetz
arg	argumentum
Art.	Artikel
ArzneimittelG	Arzneimittelgesetz
AT	Allgemeiner Teil
AuA	Arbeit und Arbeitsrecht (Zeitschrift)
Aufl.	Auflage
AuR	Arbeit und Recht
ausdr	ausdrücklich
AuslG	Ausländergesetz
AuslInvG	Auslandsinvestitionsgesetz
AusschussB	Ausschussbericht
Ausschussbegr	Ausschussbegründung
AWD	Außenwirtschaftsdient des Betriebs-Beraters
AWG	Außenwirtschaftsgesetz
AWVO	Außenwirtschaftsverordnung
BaFin	Bundesanstalt für Finanzdienstleistungsaufsicht
BAG	Bundesarbeitsgericht
BAGE	Entscheidungen des Bundesarbeitsgerichts
BankArch	Bank-Archiv. Zeitschrift für Bank- und Börsenwesen

Abkürzungsverzeichnis

BankBiRiLiG	Bank-Bilanzrichtliniengesetz
BAnz	Bundesanzeiger
BausparkG	Bausparkassengesetz
BAV	Bundesaufsichtsamt für das Versicherungswesen
BAWe	Bundesaufsichtsamt für den Wertpapierhandel
BayObLG	Bayerisches Oberstes Landesgericht
BayObLGZ	Entscheidungen des Bayerischen Obersten Landesgerichts in Zivilsachen
BB	Der Betriebs-Berater
BBankG	Bundesbankgesetz
BBergG	Bundesberggesetz
BBG	Bundesbeamtengesetz
Bd(e)	Band (Bände)
BeckBil-Komm	Beck'scher Bilanzkommentar
Begr	Begründung
Beil	Beilage
Bek	Bekanntmachung
bes	besondere(r), besonders
betr	betreffen(d), betrifft
BetrAVG	Gesetz zur Verbesserung der betrieblichen Altersversorgung
BetrVG	Betriebsverfassungsgesetz
BeurkG	Beurkundungsgesetz
BewG	Bewertungsgesetz
BezG	Bezirksgericht
BFH	Bundesfinanzhof
BFHE	Sammlung der Entscheidungen des Bundesfinanzhofs
BFuP	Betriebswirtschaftliche Forschung und Praxis
BGB	Bürgerliches Gesetzbuch
BGB-RGRK	(siehe Literaturverzeichnis)
BGBl	Bundesgesetzblatt
BGE	Entscheidungen des Schweizerischen Bundesgerichts
BGH	Bundesgerichtshof
BGHSt	Entscheidungen des Bundesgerichtshofs in Strafsachen
BGHZ	Entscheidungen des Bundesgerichtshofs in Zivilsachen
BHO	Bundeshaushaltsordnung
BHR	Bonner Handbuch Rechnungslegung
BiRiLiG	Bilanzrichtliniengesetz
BKR	Zeitschrift für Bank- und Kapitalmarktrecht
BMF	Bundesministerium der Finanzen
BMJ	Bundesministerium der Justiz
BNotO	Bundesnotarordnung
BörsenZulV(O)	Börsenzulassungsverordnung
BörsG	Börsengesetz
BöZ-RL	Börsenzulassungsrichtlinie
BR	Bundesrat
BRAGO	Bundesrechtsanwaltsgebührenordnung
BRAO	Bundesrechtsanwaltsordnung
BR-Drucks	Bundesrats-Drucksache
BRHG	Gesetz über Errichtung und Aufgaben des Bundesrechnungshofes
BRRG	Beamtenrechtsrahmengesetz
BSG	Bundessozialgericht
BSGE	Entscheidungen des Bundessozialgerichts
Bsp	Beispiel(e)
BStBl	Bundessteuerblatt
BT-Drucks	Bundestags-Drucksache
BuB	Bankrecht und Bankpraxis
Buchst	Buchstabe
BVerfG	Bundesverfassungsgericht
BVerfGE	Entscheidungen des Bundesverfassungsgerichts

BVerwG	Bundesverwaltungsgericht
BVerwGE	Entscheidungen des Bundesverwaltungsgerichts
bzgl	bezüglich
BZRG	Bundeszentralregistergesetz
bzw	beziehungsweise
cic	culpa in contrahendo
CCZ	Corporate Compliance Zeitschrift
CDS	Credit Default Swap
CEO	Chief Executive Officer
CESR	Committee of European Securities Regulators
DAV	Deutscher Anwaltverein
DAX	Deutscher Aktienindex
DB	Der Betrieb
DCF	Discounted Cash Flow
DCGK	Deutscher Corporate Governance Kodex
dementspr	dementsprechend
demgem	demgemäß
dens	denselben
DepG	Depotgesetz
dergl	dergleichen
ders	derselbe
desgl	desgleichen
DGWR	Deutsches Gemein- und Wirtschaftsrecht
dh	das heißt
dies	dieselbe(n)
Diss	Dissertation
DJ	Deutsche Justiz
DJT	Deutscher Juristentag
DJZ	Deutsche Juristenzeitung
DM-BilG	DM-Bilanzgesetz
DNotZ	Deutsche Notarzeitung
DöH	Der öffentliche Haushalt (Zeitschrift)
DÖV	Die öffentliche Verwaltung
DONot	Dienstordnung für Notare
DR	Deutsches Recht
DRiZ	Deutsche Richterzeitung
ds	das sind
DStBl	Deutsches Steuerblatt
DStR	Deutsches Steuerrecht
DStZ	Deutsche Steuer-Zeitung
DVBl	Deutsches Verwaltungsblatt
DZWir	Deutsche Zeitschrift für Wirtschaftsrecht
ebda	ebenda
EBT	Earnings before Taxes
EBTDA	Earnings before Taxes, Depreciation and Amortization
ECFR	European Company and Financial Law Review
EDV	elektronische Datenverarbeitung
EFG	Entscheidungen der Finanzgerichte
EG	Europäische Gemeinschaften
EGAktG	Einführungsgesetz zum Aktiengesetz
EGBGB	Einführungsgesetz zum Bürgerlichen Gesetzbuch
EGHGB	Einführungsgesetz zum Handelsgesetzbuch
EGInsO	Einführungsgesetz zur Insolvenzordnung
EG-KoordG	EG-Koordinierungsgesetz
EG-Koord-Richtlinie	EG-Koordinierungsrichtlinie
EGV	Vertrag zur Gründung der Europäischen Gemeinschaften
EigenbetriebsVO	Eigenbetriebsverordnung

Abkürzungsverzeichnis

Einf	Einführung
Einl	Einleitung
einschr	einschränkend
einstw	einstweilig(e)
Entspr	Entsprechendes
entspr	entsprechen(d), entspricht
Entw	Entwurf
ErfK	Erfurter Kommentar zum Arbeitsrecht
ErgBd	Ergänzungsband
Erl	Erläuterung(en); Erlass
EStG	Einkommensteuergesetz
ESMA	European Securities and Markets Authority
ESVG	Europäisches System Volkswirtschaftlicher Gesamtrechnungen
EU	Europäische Union
EuGH	Gerichtshof der Europäischen Union
EuroEG	Euro-Einführungsgesetz
EUV	Vertrag über die Europäische Union
EV	Einigungsvertrag
evtl	eventuell
EWiR	Entscheidungen zum Wirtschaftsrecht
EWR	Europäischer Wirtschaftsraum (Abkommen)
EWS	Europäisches Wirtschafts- und Steuerrecht
EWWU	Europäische Wirtschafts- und Währungsunion
f, ff	folgende
FamFG	Gesetz über das Verfahren in Familiensachen und in den Angelegenheiten der freiwilligen Gerichtsbarkeit
FFG	Finanzmarktförderungsgesetz
FG	Fachgutachten, Festgabe, Finanzgericht
fG	freiwillige Gerichtsbarkeit
FGG	Gesetz über die Angelegenheiten der freiwilligen Gerichtsbarkeit
FGG-RG	Gesetz zur Reform des Verfahrens in Familiensachen und in den Angelegenheiten der freiwilligen Gerichtsbarkeit – FGG-Reformgesetz
FGPrax	Praxis der Freiwilligen Gerichtsbarkeit. Vereinigt mit OLGZ
FinMin/FM	Finanzministerium
Fn	Fußnote
Form	Formular
FormanpassungsG	Gesetz zur Anpassung der Formvorschriften des Privatrechts und anderer Vorschriften an den modernen Rechtsgeschäftsverkehr
FormblattVO	Formblattverordnung
FR	Finanz-Rundschau
Fraktionsbegr	Fraktionsbegründung
FS	Festschrift
GastG	Gaststättengesetz
GBO	Grundbuchordnung
GbR	Gesellschaft bürgerlichen Rechts
GebrMG	Gebrauchsmustergesetz
gem.	gemäß
GenG	Genossenschaftsgesetz
gerichtl	gerichtlich
ges	gesetzlich
Ges	Gesetz(e)
GesE	Gesetzentwurf
GesRZ	Der Gesellschafter. Zeitschrift für Gesellschaftsrecht (Österreich)
GewO	Gewerbeordnung
GewStG	Gewerbesteuergesetz
ggf	gegebenenfalls
GHH	Der Gemeindehaushalt (Zeitschrift)

GK-MitbestG	Gemeinschaftskommentar zum Mitbestimmungsgesetz (Fabricius u.a.)
GmbH	Gesellschaft mit beschränkter Haftung
GmbHG	Gesetz betreffend die Gesellschaften mit beschränkter Haftung
GmbHR	GmbH-Rundschau
GO	Gemeindeordnung
GoB	Grundsätze ordnungsmäßiger Buchführung
grds	grundsätzlich
Großkomm-AktienR	Großkommentar zum Aktienrecht (hrsg. von Hopt/Wiedemann)
Großkomm-HGB	Staub, Handelsgesetzbuch, Großkommentar zum HGB und seinen Nebengesetzen
GRUR	Gewerblicher Rechtsschutz und Urheberrecht (Zeitschrift)
GS	Gedächtnisschrift; Gesammelte Schriften; Großer Senat
GUG	Gesamtvollstreckungs-Unterbrechungsgesetz
gutgl	Gutgläubig
GuV	Gewinn- und Verlustrechnung
GVG	Gerichtsverfassungsgesetz
GWB	Gesetz gegen Wettbewerbsbeschränkungen
GWR	Gesellschafts- und Wirtschaftsrecht (Zeitschrift)
HansRGZ	Hanseatische Rechts- und Gerichtszeitschrift
Hdb	Handbuch
HFA	Hauptfachausschuss
HGB	Handelsgesetzbuch
HGrG	Haushaltsgrundsätzegesetz
HKWP	Handbuch der kommunalen Wissenschaft und Praxis
hL	herrschende Lehre
hM	herrschende Meinung
HR	Handelsregister
HRefG	Handelsrechtsreformgesetz
HRR	Höchstrichterliche Rechtsprechung
Hrsg	Herausgeber
HRV	Handelsregisterverfügung
Hs	Halbsatz
HV	Hauptversammlung
HWK	Henssler/Willemsen/Kalb, Arbeitsrechtskommentar
HwO	Handwerksordnung
HypBG	Hypothekenbankgesetz
idF	in der Fassung
idR	in der Regel
IdW	Institut der Wirtschaftsprüfer
iE	im Ergebnis
iE	im Einzelnen
ieS	im engeren Sinne
iGgs	im Gegensatz
IHK	Industrie- und Handelskammer
insb.	insbesondere
insg.	Insgesamt
InsO	Insolvenzordnung
int	international
IPrax	Praxis des internationalen Privat- und Verfahrensrechts
IPRG	Gesetz zur Neuregelung des Internationalen Privatrechts
iR	im Rahmen
iRd	im Rahmen des (der)
IRZ	Zeitschrift für internationale Rechnungslegung
iSd	im Sinne des (der)
iSv	im Sinne von
iÜ	im Übrigen
iVm	in Verbindung mit
iwS	im weiteren Sinne

Abkürzungsverzeichnis

iZw	im Zweifel
JbFSt	Jahrbuch der Fachanwälte für Steuerrecht
JFG	Jahrbuch für Entscheidungen in Angelegenheiten der freiwilligen Gerichtsbarkeit und des Grundbuchrechts
JMBl	Justizministerialblatt
JR	Juristische Rundschau
jur	juristisch
JurBüro	Das juristische Büro
JuS	Juristische Schulung
Justiz	Die Justiz (Zeitschrift)
JW	Juristische Wochenschrift
JZ	Juristenzeitung
KAGB	Kapitalanlagegesetzbuch
KAGG	Gesetz über Kapitalanlagegesellschaften
KapErhG	Kapitalerhöhungsgesetz
KapErhStG	Gesetz über steuerrechtliche Maßnahmen bei Erhöhung des Nennkapitals aus Gesellschaftsmitteln
KapMuG	Kapitalanleger-Musterverfahrensgesetz
KfH	Kammer für Handelssachen
KG	Kammergericht; Kommanditgesellschaft
KGaA	Kommanditgesellschaft auf Aktien
KGJ	Jahrbuch für Entscheidungen des Kammergerichts in Sachen der freiwilligen Gerichtsbarkeit in Kosten-, Stempel- und Strafsachen
KI	Kreditinstitut
KO	Konkursordnung
KölnKomm-...	Kölner Kommentar zum ...
KonsularG	Konsulargesetz
KonTraG	Gesetz zur Kontrolle und Transparenz im Unternehmensbereich
KoR	Zeitschrift für internationale und kapitalmarktorientierte Rechnungslegung
KostO	Kostenordnung
KostRspr	Kostenrechtsprechung (Nachschlagewerk)
KrG	Kreisgericht
krit	kritisch
KStG	Körperschaftsteuergesetz
KStR	Körperschaftsteuerrichtlinien
KTS	Zeitschrift für Insolvenzrecht, Konkurs/Treuhand/Sanierung
KV	Kostenverzeichnis
KVStG	Kapitalverkehrsteuergesetz
KVStDV(O)	Kapitalverkehrsteuer-Durchführungsverordnung
KWG	Kreditwesengesetz
LAG	Landesarbeitsgericht
LBG	Landesbeamtengesetz
LG	Landgericht
LHO	Landeshaushaltsordnung
liSp	linke Spalte
Lit	Literatur
lit.	littera (Buchstabe)
LM	Nachschlagewerk des Bundesgerichtshofs, hrsg. von Lindenmaier, Möhring ua
LPartG	Gesetz über die Eingetragene Lebenspartnerschaft
LS	Leitsatz
LZ	Leipziger Zeitschrift für deutsches Recht
LZB	Landeszentralbank
MaComp	Mindestanforderungen an die Compliance-Funktion und die weiteren Verhaltens-, Organisations- und Transparenzpflichten nach §§ 31 ff für Wertpapierdienstleistungsunternehmen (Rundschreiben 4/2010 (WA), BaFin)
mAnm	mit Anmerkung

MarkenG	Markengesetz
maW	mit anderen Worten
MDR	Monatsschrift für deutsches Recht
mE	meines Erachtens
MgVG	Gesetz über die Mitbestimmung der Arbeitnehmer bei einer grenzüberschreitenden Verschmelzung
MicroBilG	Kleinstkapitalgesellschaften-Bilanzrechtsänderungsgesetz
MinBlFin	Ministerialblatt des Bundesministers der Finanzen
Mio	Million(en)
MitbestErgG	Mitbestimmungsergänzungsgesetz
MitbestG	Mitbestimmungsgesetz
MittBayNot	Mitteilungen der Bayerischen Notarkammer
MittRhNotK	Mitteilungen der Rheinischen Notarkammer
MiZi	Allgemeine Verfügung über Mitteilungen in Zivilsachen
mN	mit Nachweisen
MontanMitbestErgG	Montan-Mitbestimmungsergänzungsgesetz
MontanMitbestG	Montan-Mitbestimmungsgesetz
Mot	Motive
Mrd	Milliarde(n)
MüHb-AG	Münchener Handbuch des Gesellschaftsrechts, Band 4, Aktiengesellschaft
MüHb-ArbR	Münchener Handbuch zum Arbeitsrecht
MüVhb-GesR	Münchener Vertragshandbuch, Band 1, Gesellschaftsrecht
MüKo-...	Münchener Kommentar zum ...
mwN	mit weiteren Nachweisen
NachhBG	Nachhaftungsbegrenzungsgesetz
Nachtr	Nachtrag
Nachw	Nachweis(e)
NaStraG	Namensaktiengesetz
NdsRPfl	Niedersächsische Rechtspflege
nF	neue Fassung
NJW	Neue Juristische Wochenschrift
NJW-RR	NJW-Rechtsprechungs-Report
Nr.	Nummer
NW	Nordrhein-Westfalen
NWVBl	Nordrhein-Westfälische Verwaltungsblätter
NZA	Neue Zeitschrift für Arbeitsrecht
NZA-RR	NZA-Rechtssprechungs-Report (Zeitschrift)
NZG	Neue Zeitschrift für Gesellschaftsrecht
o.	oben
ÖBA	Zeitschrift für das gesamte Bank- und Börsenwesen
obj	objektiv
öffentl	öffentlich
öOGH	Oberster Gerichtshof (Österreich)
örtl	örtlich
OFD	Oberfinanzdirektion
OGHZ	Entscheidungen des obersten Gerichtshofs für die britische Zone in Zivilsachen
OHG	Offene Handelsgesellschaft
OLG	Oberlandesgericht
OLGR(spr)	Die Rechtsprechung der Oberlandesgerichte auf dem Gebiet des Zivilrechts
OLGZ	Entscheidungen der Oberlandesgerichte in Zivilsachen einschließlich der freiwilligen Gerichtsbarkeit
OwiG	Gesetz über Ordnungswidrigkeiten
PatAnwO	Patentanwaltsordnung
PatG	Patentgesetz
PersBefG	Personenbeförderungsgesetz
PublG	Publizitätsgesetz
pVV	positive Vertragsverletzung

Abkürzungsverzeichnis

RAnz	Reichsanzeiger
RAusschuss	Rechtsausschuss
RdA	Recht der Arbeit (Zeitschrift)
RdL	Recht der Landwirtschaft (Zeitschrift)
Recht	Das Recht (Zeitschrift)
RefE	Referentenentwurf
RegBegr	Regierungsbegründung
RegE	Regierungsentwurf
REITG	Gesetz über deutsche Immobilien-Aktiengesellschaften mit börsennotierten Anteilen (REIT-Gesetz)
reSp	rechte Spalte
RFH	Reichsfinanzhof
RFHE	Entscheidungen des Reichsfinanzhofs
RG	Reichsgericht
RGBl	Reichsgesetzblatt
Rgeschäft	Rechtsgeschäft
RGSt	Entscheidungen des Reichsgerichts in Strafsachen
RGZ	Entscheidungen des Reichsgerichts in Zivilsachen
RHO	Reichshaushaltsordnung
RIW	Recht der internationalen Wirtschaft
RJA	Entscheidungen in Angelegenheiten der freiwilligen Gerichtsbarkeit und des Grundbuchrechts, zusammengestellt im Reichsjustizamt
RJM	Reichsjustizministerium
Rn	Randnummer(n)
RNM	Regelwerke Neuer Markt
RnotZ	Rheinische Notar-Zeitschrift
ROHG	Reichsoberhandelsgericht
ROHGE	Entscheidungen des Reichsoberhandelsgerichts
RPfl	Der deutsche Rechtspfleger
RpflAnpG	Rechtspflege-Anpassungsgesetz
RPflG	Rechtspflegergesetz
Rspr	Rechtsprechung
RStBl	Reichssteuerblatt
RT-Drucks	Reichstags-Drucksache
RVG	Rechtsanwaltsvergütungsgesetz
S.	Satz; Seite
s.	siehe
s.a.	siehe auch
SAE	Sammlung Arbeitsrechtlicher Entscheidungen (Zeitschrift)
SAG	Die Schweizerische Aktiengesellschaft
ScheckG	Scheckgesetz
SchiffsBG	Schiffsbankgesetz
SchlHA	Schleswig-Holsteinische Anzeigen
SE	Societas Europaea
SEBG	Gesetz über die Beteiligung der Arbeitnehmer in einer Europäischen Gesellschaft (SEBeteiligungsgesetz)
SeuffArch	Seufferts Archiv für Entscheidungen der obersten Gerichte in den deutschen Staaten
SG	Sicherungsgeber
sinngem	sinngemäß
SJZ	Süddeutsche Juristenzeitung
Slg	Sammlung
SN	Sicherungsnehmer
s.o.	siehe oben
sog.	sogenannt
SozPraxis	Soziale Praxis (Zeitschrift)
Sp	Spalte
SprAuG	Sprecherausschußgesetz

SpruchG	Spruchverfahrensgesetz
SpuRt	Zeitschrift für Sport und Recht (Zeitschrift)
StÄndG	Steueränderungsgesetz
stat	statistisch
StBerG	Steuerberatungsgesetz; Steuerbereinigungsgesetz
stdg	ständig(e)
StGB	Strafgesetzbuch
str	streitig
StReformG	Steuerreformgesetz
stRspr	ständige Rechtsprechung
StückAG	Stückaktiengesetz
StuW	Steuer und Wirtschaft
s.u.	siehe unten
subj	subjektiv
SÜ	Sicherungsübereignung
teilw	teilweise
TOP	Tagesordnungspunkt
TransPuG	Transparenz- und Publizitätsgesetz
TrG	Treuhandgesetz
Tz.	Textzahl
u.	unten; und
ua	und andere; unter anderem
uä	und ähnliche(s)
uE	unseres Erachtens
uH	unerlaubte Handlung
UHH	Ulmer/Habersack/Henssler, Mitbestimmungsgesetz
UMAG	Gesetz zur Unternehmensintegrität und Modernisierung des Anfechtungsrechts
umfangr	umfangreich
UmwBerG	Umwandlungsbereinigungsgesetz
UmwG	Umwandlungsgesetz
UmwR	Umwandlungsrecht
UmwStG	Umwandlungssteuergesetz
uneinheitl	uneinheitlich
unstr	unstreitig
unzutr	unzutreffend
UStG	Umsatzsteuergesetz
usw	und so weiter
uU	unter Umständen
UWG	Gesetz gegen den unlauteren Wettbewerb
VA	Verwaltungsakt
VAG	Versicherungsaufsichtsgesetz
Var	Variante
VerBAV	Veröffentlichungen des Bundesaufsichtsamtes für das Versicherungswesen
Verf	Verfasser
VerkProspG	Wertpapier-Verkaufsprospektgesetz
VermRÄndG	Vermögensrechtsänderungsgesetz
VermVerkProspV	Verordnung über Vermögensanlagen-Verkaufsprospekte (Vermögensanlagen-Verkaufsprospektverordnung)
VerschmG	Verschmelzungsgesetz
VersR	Versicherungsrecht
VersRiLiG	Versicherungsbilanzrichtlinie-Gesetz
vgl	vergleiche
VglO	Vergleichsordnung
VO	Verordnung
Vorb	Vorbemerkung(en)
VV	Vergütungsverzeichnis
VVG	Versicherungsvertragsgesetz

Abkürzungsverzeichnis

VW	Versicherungswirtschaft (Zeitschrift)
VwGO	Verwaltungsgerichtsordnung
VwVfG	Verwaltungsverfahrensgesetz
WaffenG	Waffengesetz
Warn	Warneyer's Rechtsprechung (Entscheidungssammlung)
WG	Wechselgesetz
WGG	Gesetz über die Gemeinnützigkeit im Wohnungswesen *(aufgehoben)*
WiB	Wirtschaftsrechtliche Beratung
WiGBl	Gesetzblatt der Verwaltung des Vereinigten Wirtschaftsgebietes
WiKG	Gesetz zur Bekämpfung der Wirtschaftskriminalität
WM	Wertpapier-Mitteilungen
wN	weitere Nachweise
WpAIV	Wertpapierhandelsanzeige- und Insiderverzeichnisverordnung
WPg	Die Wirtschaftsprüfung
WP-Hdb	Wirtschaftsprüfer-Handbuch
WpHG	Wertpapierhandelsgesetz
WpMiVoG	Gesetz zur Vorbeugung gegen missbräuchliche Wertpapier- und Derivategeschäfte vom 21.7.2010
WPO	Wirtschaftsprüferordnung
WpPG	Wertpapierprospektgesetz
WpÜG	Wertpapiererwerbs- und Übernahmegesetz
WRP	Wettbewerb in Recht und Praxis
WuB	Entscheidungssammlung zum Wirtschafts- und Bankrecht
WWKK	Wlotzke/Wißmann/Koberski/Kleinsorge, Mitbestimmungsgesetz
WZG	Warenzeichengesetz *(aufgehoben)*
ZAkDR	Zeitschrift der Akademie für deutsches Recht
zB	zum Beispiel
ZBB	Zeitschrift für Bankrecht und Bankwirtschaft
ZBlHR	Zentralblatt für Handelsrecht
ZfA	Zeitschrift für Arbeitsrecht
ZfbF	Schmalenbachs Zeitschrift für betriebswirtschaftliche Forschung
ZfgG	Zeitschrift für das gesamte Genossenschaftswesen
ZfK	Zeitschrift für das gesamte Kreditwesen
zgDr	zugunsten Dritter
ZGR	Zeitschrift für Unternehmens- und Gesellschaftsrecht
ZHR	Zeitschrift für das gesamte Handels- und Wirtschaftsrecht
Ziff	Ziffer(n)
ZIP	Zeitschrift für Wirtschaftsrecht
ZJS	Zeitschrift für das Juristische Studium (online)
ZKW	Zeitschrift für das gesamte Kreditwesen
ZNotP	Zeitschrift für die NotarPraxis
ZögU	Zeitschrift für öffentliche und gemeinwirtschaftliche Unternehmen
ZPO	Zivilprozessordnung
ZSEG	Gesetz über die Entschädigung von Zeugen und Sachverständigen
ZSR	Zeitschrift für Schweizerisches Recht
ZSteu	ZSteu – Steuern & Recht (Zeitschrift)
zT	zum Teil
zust	zustimmend
ZustErgG	Zuständigkeitsergänzungsgesetz
zutr	zutreffend
ZVG	Zwangsversteigerungsgesetz
zz	zurzeit
ZZP	Zeitschrift für Zivilprozeß

Bearbeiterverzeichnis

Ludwig Ammon, Richter am Bayerischen Obersten Landesgericht a.D., München: §§ 3, 4, 80, 99, 407 AktG

Dr. Christian Becker, Rechtsanwalt, GÖRG Partnerschaft von Rechtsanwälten mbB, München: §§ 11, 16, Anh zu § 16, § 24 WpPG

Roman A. Becker, Rechtsanwalt, Menold Bezler Rechtsanwälte Partnerschaft, Stuttgart: §§ 37 v–37 z, §§ 46, 47 WpHG

Daniela Bergdolt, Rechtsanwältin, München: Kapitalanlagerecht inkl. Prospekthaftung

Prof. Dr. Klaus Bernsmann, Ruhr-Universität Bochum: Vor §§ 399 ff, §§ 399–405, 408 AktG

Peter Bert, Rechtsanwalt und Solicitor (England & Wales), Taylor Wessing, Frankfurt aM: §§ 4–9, 48–68 WpÜG

Dr. Ulrich Block, LL.M., Rechtsanwalt, von Boetticher Rechtsanwälte Partnerschaftsgesellschaft mbB, Berlin: §§ 71–71 e AktG

Dr. Christian Bosse, Rechtsanwalt, Ernst & Young Law GmbH Rechtsanwaltsgesellschaft Steuerberatungsgesellschaft, Stuttgart: §§ 28–31 WpPG (zs. mit *Katko*)

Dr. Florian Braunfels, Notar, Düsseldorf: §§ 23–26, 28, 29, 33 AktG; Umwandlungsrecht – Einführung

Dr. Stefan Breuer, Rechtsanwalt, Bonn: §§ 95–98, 100–116, Anh zu 394, 395 AktG (zs. mit *Fraune*)

Nanyan Ding, Rechtsanwältin, München: § 14 WpPG

Dr. Florian Drinhausen, LL.M., Rechtsanwalt, General Counsel EMEA, Deutsche Bank AG, Frankfurt aM: §§ 57–62 AktG

Matthias Elser, LL.M., Rechtsanwalt, Osborne Clarke, München: §§ 182–184, 188–191 AktG

Dr. Hartmut Fischer, Vorsitzender Richter am Oberlandesgericht München, §§ 1, 2, 5–7 AktG

Dr. Tobias Fischer, Rechtsanwalt, Schneider, Geiwitz & Partner, Erfurt: §§ 202–206 AktG (zs. mit *Groß*)

Dr. Ralf Fischer zu Cramburg, Rechtsanwalt, Frankfurt aM/Brüssel: Deutscher Corporate Governance Kodex (zs. mit *Heldt*); §§ 12–16, 16 a, 16 b, 20 a, 37 b, 37 c, 38 WpHG (zs. mit *Royé*)

Dr. Christian Fraune, Rechtsanwalt, Bonn: §§ 95–98, 100–116, Anh 394, 395 AktG (zs. mit *Breuer*)

Dr. Andreas Gängel, Gansel Rechtsanwälte, Berlin: KapMuG (zs. mit *Gansel/Huth*)

Dr. Timo Gansel, Rechtsanwalt, Gansel Rechtsanwälte, Berlin: KapMuG (zs. mit *Gängel/Huth*)

Prof. Dr. Wolfgang Gerke, Präsident, Bayerisches Finanz Zentrum e.V., München: Behavioral Finance (zs. mit *Schäffner*)

Dr. Achim Glade, Rechtsanwalt, Glade Michel Wirtz, Corporate & Competition, Düsseldorf: §§ 3, 19, 26–28, 32–34 WpÜG

Andreas Grosjean, Rechtsanwalt, VEM Aktienbank AG, München: §§ 1–4, 13, 15 WpPG

Marko Groß, Staatsanwaltschaft Mühlhausen (Thür.), Schwerpunktabteilung für Wirtschaftsstrafrecht: §§ 202–206 AktG (zs. mit *T. Fischer*)

Dr. Thomas Heidel, Rechtsanwalt, Meilicke Hoffmann & Partner Rechtsanwälte, Bonn: Anh zu § 117 AktG (zs. mit *Schödel*); Vor §§ 129 ff, §§ 131, 132, 241–246, §§ 247–257; Vor §§ 327 a ff, §§ 327 a – 327 f AktG (zs. mit *Lochner*); §§ 39 a – 39 c WpÜG (zs. mit *Lochner*)

Dr. Tobias A. Heinrich, Rechtsanwalt, White & Case LLP, Frankfurt aM: §§ 20–22, 67, 68 AktG; §§ 21–24, 26–27, 28–30, 41, 41 a WpHG

Dr. Cordula Heldt, Rechtsanwältin, Deutsches Aktieninstitut e.V., Frankfurt aM: Deutscher Corporate Governance Kodex (zs. mit *Fischer zu Cramburg*)

Dr. Hendrik Höhfeld, Rechtsanwalt, MAN SE, München: §§ 41–45, Anh § 45, §§ 46–51 AktG

Bearbeiterverzeichnis

Sigrid Hubeny, Bundesanstalt für Finanzdienstleistungsaufsicht, Frankfurt aM: Einl §§ 37n ff, §§ 37n – 37u, 45 WpHG[*]

Marko Huth, Rechtsanwalt, Gansel Rechtsanwälte, Berlin: KapMuG (zs. mit Gängel/Gansel)

Ulli Janssen, Rechtsanwalt, Linklaters LLP, Frankfurt aM: §§ 53a–56 AktG

Michael Jaursch, Vorsitzender Richter am Landgericht i.R., Hannover: §§ 319–327 AktG

Dr. Peter Katko, Rechtsanwalt, Ernst & Young Law GmbH Rechtsanwaltsgesellschaft Steuerberatungsgesellschaft, München: §§ 28–31 WpPG (zs. mit Bosse)

Dr. Tom Kirschbaum, Rivertree Beteiligungsgesellschaft, Berlin/Düsseldorf: § 161 AktG, Anh zu § 161 AktG (zs. mit Wittmann)

Jan Kleinertz, Rechtsanwalt, Meilicke Hoffmann & Partner Rechtsanwälte, Bonn: Einl §§ 291–310, 304–307 AktG (zs. mit Meilicke)

Dr. Ulrich Klinke, Hauptverwaltungsrat, ehem. Rechtsreferent, Gerichtshof der Europäischen Gemeinschaften und des Gerichts, Luxemburg: Europäisches Gesellschaftsrecht

Dr. Helmut Krenek, Vorsitzender Richter am Landgericht München I: §§ 118–120, 136, 137 AktG (zs. mit Pluta), §§ 7–14 SpruchG

Herbert Krumscheid, Rechtsanwalt, Meilicke Hoffmann & Partner Rechtsanwälte, Bonn: Vor §§ 37d–37g, §§ 37d – 37g WpHG

Dr. Daniel Lochner, Rechtsanwalt, Meilicke Hoffmann & Partner Rechtsanwälte, Bonn: §§ 147–149 AktG; Vor §§ 327a ff, §§ 327a – 327f AktG (zs. mit Heidel); §§ 39a – 39c WpÜG (zs. mit Heidel)

Dr. Martin Lohr, Notar, Neuss: §§ 52, 53, 69, 70 AktG; §§ 129, 130 AktG (zs. mit Terbrack); Muster (zs. mit Terbrack; ohne WpPG und ohne Anh zu § 161)

Dr. Wienand Meilicke, LL.M. (NYU), Rechtsanwalt, Meilicke Hoffmann & Partner Rechtsanwälte, Bonn: Einl §§ 291–310, 304–307 AktG (zs. mit Kleinertz)

Dr. Martin Müller, Vorsitzender Richter am Landgericht Frankfurt aM: §§ 121–128, 133–135, 221 AktG, SchVG

Dr. Christian E. Nordholtz, MJur (Oxford), Rechtsanwalt, Clifford Chance, Frankfurt aM: §§ 25, 25a, 27a WpHG

Dr. Michael Oltmanns, Rechtsanwalt, Steuerberater, Menold Bezler Rechtsanwälte, Stuttgart: §§ 76–79, 81–92, 94 AktG

Prof. Dr. Ludger Overbeck, Universität Gießen: Entscheidung, Prognose und Risiko bei Aktien (zs. mit Prifti/Stahl)

Dr. Carsten A. Paul, LL.M. (London), Rechtsanwalt, Linklaters LLP, Düsseldorf: §§ 63–66 AktG

Prof. Dr. Holger Peres, Rechtsanwalt, Beiten Burkhardt Rechtsanwaltsgesellschaft mbH, München: Vor §§ 15–18, §§ 15–18 (zs. mit Walden), 291–293, 294–298, 308–310 AktG

Annette Petow, LL.M. (LSE), Rechtsanwältin, Clifford Chance, Frankfurt aM: §§ 1–11, 39–40b, 42 WpHG, §§ 21–23, 25, 32, 34, 37 WpPG

Dr. Jörg Pluta, Rechtsanwalt, Bergheim Pluta Rechtsanwälte, München: §§ 118–120, 136, 137 AktG (zs. mit Krenek)

Dr. Dirk Pohl, Rechtsanwalt und Steuerberater, McDermott Will & Emery Rechtsanwälte Steuerberater LLP, München: Besteuerung der AG und der KGaA (zs. mit Reichthalhammer)

Prof. Dr. Notker Polley, Rechtsanwalt, Luther Rechtsanwaltsgesellschaft mbH, Düsseldorf, Honorarprofessor an der Universität zu Köln: §§ 27, 30–32, 33a, 34–35 AktG

Denada Prifti, Europäische Kommission, GD Binnenmarkt und Dienstleistungen, Direktion H4: Finanzmarktanalyse: Prognose und Risiko bei Aktien (zs. mit Overbeck/Stahl)

Dr. Volker Rebmann, Rechtsanwalt, Notar, GSK Stockmann + Kollegen, Rechtsanwälte Steuerberater, Frankfurt aM: §§ 185–187 AktG

---

[*] Die Kommentierung gibt die persönliche Meinung der Autorin/des Autors wieder und stellt keine offizielle Stellungnahme der BaFin dar.

Dr. Florian Reichthalhammer, Rechtsanwalt, McDermott Will & Emery Rechtsanwälte Steuerberater LLP, München: Besteuerung der AG und der KGaA (zs. mit Pohl)

Jens Röhrborn, Rechtsanwalt, München: Einl, §§ 6, 7, 9, 12, 26, 27, 33, 35, 36 WpPG

Privatdozent Dr. Gregor Roth, Bucerius Law School, Hamburg, und Technische Universität Dresden: §§ 139–141 AktG

Dr. Claudia Royé, Rechtsanwältin, Deutsches Aktieninstitut e.V., Frankfurt aM: §§ 12–16, 16 a, 16 b, 20 a, 37 b, 37 c, 38 WpHG (zs. mit Fischer zu Cramburg)

Dr. Holger Schäfer, Bundesanstalt für Finanzdienstleistungsaufsicht, Frankfurt aM: Vor §§ 31 ff, §§ 31–37, 37 h–37 l WpHG[*]

Dr. Daniel Schäffner, Dipl.-Vw., Open Grid Europe GmbH, Essen: Behavioral Finance (zs. mit Gerke)

Dr. Matthias Schatz, LL.M. (Harvard), Attorney-at-Law (New York), Rechtsanwalt, Meilicke Hoffmann & Partner Rechtsanwälte, Bonn: § 246 a AktG; §§ 311–318 AktG (zs. mit Schödel)

Dr. Uwe Schmidt, Vorsitzender Richter am Oberlandesgericht Köln: § 93 AktG, Anh zu § 93 AktG

Dr. Katja Schmitz, LL.M., Richterin, Landgericht Bonn, derzeit Bundesministerium der Justiz und für Verbraucherschutz: Die Europäische Aktiengesellschaft

Sebastian Schödel, Rechtsanwalt, Meilicke Hoffmann & Partner Rechtsanwälte, Bonn: Anh zu § 117 AktG (zs. mit Heidel), §§ 311–318 AktG (zs. mit Schatz)

Dr. Theo Schubert, M.C.L/Ann Arbor USA, Rechtsanwalt, Steuerberater, Freiburg: §§ 293 a – 293 g, 299, Vor §§ 300–303, §§ 300–303 AktG

Hassan Sohbi, Rechtsanwalt, Taylor Wessing, Frankfurt aM: Einl, §§ 1, 2, Vor §§ 10 ff, 10–18, 20–25, 29–31, 35–39, 40–47 WpÜG

Gerhard Stahl, Bundesanstalt für Finanzdienstleistungsaufsicht, Bonn: Entscheidung, Prognose und Risiko bei Aktien[*] (zs. mit Overbeck/Prifti)

Dr. Volker Stehlin, Rechtsanwalt, Friedrich Graf von Westphalen & Partner, Freiburg: Vor §§ 394, 395, §§ 394, 395 AktG

Prof. Dr. Klaus Steiner, Rechtsanwalt, Wörthsee: §§ 150–160, 170–176 AktG

Thomas Straßner, Rechtsanwalt, Dipl.-Kfm., Holme Roberts & Owen Germany LLP, München: §§ 5, 8, 17–20 WpPG

Dr. Christoph Terbrack, Notar, Lehrbeauftragter an der RWTH Aachen, Aachen: §§ 36–40 AktG; §§ 129, 130 AktG (zs. mit Lohr); Vor §§ 222 ff, §§ 222–240 AktG; EGAktG; Muster (zs. mit Lohr; ohne WpPG und ohne Anh zu § 161)

Dr. Laurenz Uhl, Rechtsanwalt, Linklaters LLP, Frankfurt aM: §§ 1–30 BörsG

Holger van Ooy, Rechtsanwalt, Düsseldorf: §§ 72–75, 138 AktG

Dr. Klaus von der Linden, Rechtsanwalt, Linklaters LLP, Düsseldorf: §§ 142–146, 258–261 a AktG (zs. mit Wilsing)

Dr. Franz Wagner, Rechtsanwalt, FASP Finck Althaus Sigl Partner Rechtsanwälte Steuerberater, München: §§ 8–14, 19, 179–181, 192–201, 207–220, 328 AktG

Dr. Wolfgang Walchner, Rechtsanwalt, Meilicke Hoffmann & Partner Rechtsanwälte, Bonn: § 117 AktG

Dr. Daniel Walden, Rechtsanwalt, Beiten Burkhardt Rechtsanwaltsgesellschaft mbH, München: Vor §§ 15–18, §§ 15–18 AktG (zs. mit Peres)

Verena Weick-Ludewig, Bundesanstalt für Finanzdienstleistungsaufsicht, Frankfurt aM: § 17, Vor §§ 18–20, §§ 18–20, Vor § 30 h, § 30 h, §§ 42 a–42 c, 48 WpHG[*]

Prof. Dr. Helmut Weingärtner, Vorsitzender Richter am Landgericht a.D., Dortmund, Honorarprofessor an der SRH Hochschule für Logistik und Wirtschaft, Hamm: Einl, §§ 1–6 c, 15–17 SpruchG

---

[*] Die Kommentierung gibt die persönliche Meinung der Autorin/des Autors wieder und stellt keine offizielle Stellungnahme der BaFin dar.

Bearbeiterverzeichnis

Dr. Bernd Wermeckes, Richter am Oberlandesgericht, Düsseldorf: Vor §§ 262 ff; §§ 262–277; 396–398 AktG

Dr. Joachim Wichert, Rechtsanwalt, aclanz Rechtsanwälte, Frankfurt aM: §§ 278–290 AktG; MitbestG

Dr. Marcus Willamowski, LL.M., Rechtsanwalt, Linklaters LLP, Frankfurt aM: §§ 31–43, 48–52 BörsG; BörsZulV; §§ 30 a–30 g WpHG; Die Rolle der Banken bei der Emmission von Aktien

Dr. Hans-Ulrich Wilsing, Rechtsanwalt, Linklaters LLP, Düsseldorf: §§ 142–146, 258–261 a AktG (zs. mit von der Linden)

Dr. Martin Wittmann, Rechtsanwalt, PwC Legal AG Rechtsanwaltsgesellschaft, Düsseldorf: § 161 AktG, Anh zu § 161 AktG (zs. mit Kirschbaum)

Literaturverzeichnis

Adler/Düring/Schmaltz, Rechnungslegung und Prüfung der Unternehmen, 6. Auflage 1994 ff (Loseblatt); zitiert: A/D/S/*Bearbeiter* bzw A/D/S

Assmann/Pötzsch/Schneider, Wertpapiererwerbs- und Übernahmegesetz (WpÜG), Kommentar, 2. Auflage 2013; zitiert: *Bearbeiter*, in: Assmann/Pötzsch/Schneider

Assmann/Schneider, Wertpapierhandelsgesetz: WpHG, Kommentar, 6. Auflage 2012; zitiert: *Bearbeiter*, in: Assmann/Schneider

Assmann/Schütze, Handbuch des Kapitalanlagerechts, 3. Auflage 2007

Bankrecht und Bankpraxis, bearbeitet von Weber/Hellner/Steuer/Schröter, Kommentar, 1979 ff (Loseblatt); zitiert: BuB

Baumbach/Hopt, Handelsgesetzbuch (ohne Seerecht), 36. Auflage 2014; zitiert: Baumbach/Hopt, HGB

Baumbach/Hueck, Aktiengesetz, 13. Auflage 1968, ergänzt 1970; zitiert: Baumbach/Hueck, AktG

Baumbach/Hueck, GmbH-Gesetz, 20. Auflage 2013; zitiert: Baumbach/Hueck/*Bearbeiter*, GmbHG bzw Baumbach/Hueck, GmbHG

Baums/Thoma, WpÜG, Kommentar (Loseblatt); zitiert: *Bearbeiter*, in: Baums/Thoma

Beck'scher Bilanzkommentar, Der Jahresabschluss nach Handels- und Steuerrecht. Das Dritte Buch des HGB, 8. Auflage 2012; zitiert: BeckBil-Komm/*Bearbeiter*

BGB-RGRK, Das Bürgerliche Gesetzbuch. Kommentar, herausgegeben von Mitgliedern des Bundesgerichtshofs, 12. Auflage 1974 ff; zitiert: BGB-RGRK/*Bearbeiter*

Bürgers/Körber, Heidelberger Kommentar zum Aktiengesetz, 2. Auflage 2012; zitiert: Bürgers/Körber/*Bearbeiter*

Butzke, Die Hauptversammlung der Aktiengesellschaft, 5. Auflage 2011; zitiert: Obermüller/*Bearbeiter*, HV der AG

Claussen, Bank- und Börsenrecht, 4. Auflage 2008

Dauner-Lieb/Heidel/Lepa/Ring, NomosKommentar BGB, 6 Bde, 1.–3. Auflage 2010–2013; zitiert: NK-BGB/*Bearbeiter*

Ehricke/Ekkenga/Oechsler, Wertpapiererwerbs- und Übernahmegesetz: WpÜG, Kommentar, 2003; zitiert: *Bearbeiter*, in: Ehricke/Ekkenga/Oechsler

Emmerich/Habersack, Aktien- und GmbH-Konzernrecht, Kommentar, 7. Auflage 2013; zitiert: *Bearbeiter*, in: Emmerich/Habersack bzw Emmerich/Habersack/*Bearbeiter*

Emmerich/Habersack, Konzernrecht, 10. Auflage 2013; zitiert: Emmerich/Habersack, Konzernrecht

Fitting/Wlotzke/Wißmann, Mitbestimmungsrecht, Kommentar, 4. Auflage 2011

Flume, Allgemeiner Teil des Bürgerlichen Rechts, Band I 2: Die juristische Person, 1983; zitiert: Flume, Die juristische Person

Fuchs (Hrsg.), Wertpapierhandelsgesetz: WpHG, Kommentar, 2009; zitiert: Fuchs/*Bearbeiter*, WpHG

Geibel/Süßmann, WpÜG – Wertpapiererwerbs- und Übernahmegesetz, 2. Auflage 2008; zitiert: *Bearbeiter*, in: Geibel/Süßmann

Geßler, Aktiengesetz, Kommentar, Loseblatt; zitiert: *Geßler*

Geßler/Hefermehl/Eckardt/Kropff, Aktiengesetz. Kommentar, 1. Auflage 1973 ff (2. Auflage: Münchener Kommentar zum Aktiengesetz); zitiert: Geßler/*Bearbeiter*

Grigoleit (Hrsg.), Aktiengesetz: AktG, Kommentar, 2013; zitiert: Grigoleit/*Bearbeiter*

Groß, Kapitalmarktrecht, Kommentar, 5. Auflage 2012

Großkommentar betreffend die Gesellschaft mit beschränkter Haftung, Ulmer/Habersack/Winter (Hrsg.), 2008; zitiert: GroßKomm-GmbH/*Bearbeiter*

Großkommentar zum Aktienrecht, von Hopt/Wiedemann (Hrsg.), 4. Auflage 1992 ff; zitiert Großkomm-AktienR/*Bearbeiter*

Literaturverzeichnis

Grunewald, Gesellschaftsrecht, 8. Auflage 2011

Haarmann/Schüppen, Frankfurter Kommentar zum WpÜG, 3. Auflage 2008; zitiert: *Bearbeiter*, in: Haarmann/Schüppen

Hachenburg, GmbHG – Gesetz betreffend die Gesellschaften mit beschränkter Haftung, Großkommentar, 8. Auflage 1990/1992; zitiert: Hachenburg/*Bearbeiter*, GmbHG

Hanau/Ulmer, Mitbestimmungsgesetz, 1981

Happ, Aktienrecht. Handbuch-Mustertexte-Kommentar, 3. Auflage 2007; zitiert: Happ/*Bearbeiter*

Heidel/Pauly/Amend (Hrsg.), AnwaltFormulare, 7. Auflage 2012; zitiert: AnwaltFormulare/*Bearbeiter*

Heidel/Schall (Hrsg.), HGB, Kommentar, 2011; zitiert: Heidel/Schall/*Bearbeiter*

Henn/Frodermann/Jannott, Handbuch des Aktienrechts, 8. Auflage 2009

Henssler/Strohn (Hrsg.), Gesellschaftsrecht, Kommentar, 2. Auflage 2014; zitiert: Henssler/Strohn/*Bearbeiter*

Henze, Höchstrichterliche Rechtsprechung zum Aktienrecht, 5. Auflage 2002; zitiert: Henze, HRRAktienR

Heymann, Handelsgesetzbuch. Kommentar (ohne Seerecht), 2. Auflage 1995 ff; zitiert: Heymann/*Bearbeiter*, HGB

Hirte, Kapitalgesellschaftsrecht, 7. Auflage 2012

Hoffmann/Lehmann/Weinmann, Mitbestimmungsgesetz, Kommentar, 1978

Hölters (Hrsg.), Aktiengesetz: AktG, Kommentar, 2011; zitiert: Hölters/*Bearbeiter*

Hueck/Canaris, Recht der Wertpapiere, 12. Auflage 1986

Hüffer, Aktiengesetz, 10. Auflage 2012; zitiert: Hüffer

Kallmeyer (Begr.), Umwandlungsgesetz, Kommentar, 5. Auflage 2013; zitiert: Kallmeyer/*Bearbeiter*

Keidel, FamFG, Kommentar, 17. Auflage 2011; zitiert: *Bearbeiter*, in: Keidel, FamFG

Kölner Kommentar zum Aktiengesetz, 2. Auflage 1986 ff (hrsg. v. Zöllner), 3. Auflage 2004 ff (hrsg. v. Zöllner/Noack); zitiert: KölnKomm-AktG/*Bearbeiter*

Kölner Kommentar zum Spruchverfahrensgesetz, Riegger/Wasmann (Hrsg.), 2005, zitiert: KölnKomm-SpruchG/*Bearbeiter*

Kölner Kommentar zum WpHG, Hirte/Möllers (Hrsg.), 2. Auflage 2014; zitiert: KölnKomm-WpHG/*Bearbeiter*

Kölner Kommentar zum WpÜG – Wertpapierübernahmegesetz, Hirte/von Bülow (Hrsg.), 2. Auflage 2010; zitiert: KölnKomm-WpÜG/*Bearbeiter*

Krafka/Willer/Kühn, Registerrecht, 9. Auflage 2013

Kropff, Aktiengesetz. Textausgabe des Aktiengesetzes vom 6.9.1965 mit Begründung des Regierungsentwurfs und Bericht des Rechtsausschusses des Deutschen Bundestags, Düsseldorf 1965: zitiert: RegBegr Kropff

Kübler, Gesellschaftsrecht, 6. Auflage 2006

Kümpel/Wittig, Bank- und Kapitalmarktrecht, 4. Auflage 2011

Kümpel, Kapitalmarktrecht, 3. Auflage 2004

Küting/Weber, Handbuch der Konzernrechnungslegung, Kommentar zur Bilanzierung und Prüfung, Band II, 2. Auflage 1998

Lutter, Information und Vertraulichkeit, 3. Auflage 2006

Lutter/Hommelhoff, GmbH-Gesetz. Kommentar, 18. Auflage 2012; zitiert: Lutter/Hommelhoff, GmbHG

Lutter/Krieger, Rechte und Pflichten des Aufsichtsrats, 5. Auflage 2009; zitiert: Lutter/Krieger, AR

Lutter/Winter (Hrsg.), Umwandlungsgesetz, 4. Auflage 2009; zitiert: Lutter/Winter/*Bearbeiter*, UmwG

Marsch-Barner/Schäfer, Handbuch börsennotierte AG, 3. Auflage 2014

Mehrbrey, Kim Lars (Hrsg.), Handbuch Gesellschaftsrechtliche rechtliche Streitigkeiten (Corporate Ligitation), 2012; zitiert: Mehrbrey/*Bearbeiter*

Münchener Handbuch des Gesellschaftsrechts, Band 4, Aktiengesellschaft, 3. Auflage 2007; zitiert: MüHb-AG/*Bearbeiter*

Münchener Kommentar zum Aktiengesetz, 3. Auflage 2008–2013 (in 1. Auflage: Geßler/Hefermehl/Eckhardt/Kropff); zitiert: MüKo-AktG/*Bearbeiter*

Münchener Kommentar zum Bürgerlichen Gesetzbuch, 4. Auflage 2001–2005, 5. Auflage 2005 ff; 6. Auflage 2012 ff; zitiert: MüKo-BGB/*Bearbeiter*

Münchener Kommentar zum Handelsgesetzbuch, 2. Auflage 2009, 3. Auflage 2010 ff; zitiert: MüKo-HGB/*Bearbeiter*

Münchener Vertragshandbuch, Band 1, Gesellschaftsrecht, 6. Auflage 2005; zitiert: MüVhb-GesR/*Bearbeiter*

Nirk/Reuter/Bächle, Handbuch der Aktiengesellschaft (Loseblatt), 1. Teil: Gesellschaftsrecht; zitiert: Nirk, Hb AG

Palandt, Bürgerliches Gesetzbuch: BGB, Kommentar, 73. Auflage 2014; zitiert: Palandt/*Bearbeiter*

Potthoff/Trescher, Das Aufsichtsratsmitglied, 6. Auflage 2003

Raiser/Veil, Mitbestimmungsgesetz und Drittelbeteiligungsgesetz, 5. Auflage 2009

Raiser/Veil, Recht der Kapitalgesellschaften, 5. Auflage 2010

Reischauer/Kleinhans, Kreditwesengesetz (KWG), Kommentar, Loseblatt

Richardi, Betriebsverfassungsgesetz mit Wahlordnung, Kommentar, 14. Auflage 2014

Ringleb/Kremer/Lutter/v. Werder, Kommentar zum Deutschen Corporate Governance Kodex, 4. Auflage 2010

Röhricht/Graf von Westphalen (Hrsg), HGB, Kommentar, 4. Auflage 2014; zitiert: Röhricht/v. Westphalen/*Bearbeiter*, HGB

Roth/Altmeppen, Gesetz betreffend die Gesellschaften mit beschränkter Haftung, (GmbHG), Kommentar, 7. Auflage 2012

Rowedder/Schmidt-Leithoff, Gesetz betreffend die Gesellschaften mit beschränkter Haftung (GmbHG), Kommentar, 5. Auflage 2013

Schäfer (Hrsg.), Wertpapierhandelsgesetz, Börsengesetz, Verkaufsprospektgesetz, 1999; 2. Auflage: *Schäfer/Hamann (Hrsg.)*, Kapitalmarktgesetze, Kommentar (Loseblatt); zitiert: Schäfer/*Bearbeiter* o. Schäfer/Hamann/*Bearbeiter*

Schimansky/Bunte/Lwowski, Bankrechts-Handbuch, 4. Auflage 2011

Schmidt, Einkommensteuergesetz, Kommentar, 32. Auflage 2013; zitiert: Schmidt, EStG

Schmidt, K., Gesellschaftsrecht, 4. Auflage 2002; zitiert: K. Schmidt, GesR

Schmidt, K., Handelsrecht, 6. Auflage 2014; zitiert: K. Schmidt, HandelsR

Schmidt, K./Lutter, Aktiengesetz, Kommentar, 2. Auflage 2010; zitiert: K. Schmidt/Lutter/*Bearbeiter*

Schmitt/Hörtnagl/Stratz, Umwandlungsgesetz – Umwandlungssteuergesetz, 6. Auflage 2013

Scholz, GmbHG, Kommentar, 10. Auflage 2010; zitiert: Scholz/*Bearbeiter*, GmbHG

Schönke/Schröder, Strafgesetzbuch, Kommentar, 28. Auflage 2010

Schüppen/Schaub, Münchener Anwaltshandbuch Aktienrecht, 2. Auflage 2010

Schütz/Bürgers/Riotte, Die Kommanditgesellschaft auf Aktien, 2004

Schwark, Börsengesetz, 3. Auflage 2004

Schwark/Zimmer, Kapitalmarktrechts-Kommentar, 4. Auflage 2010

Schwerdtfeger, Fachanwaltkommentar Gesellschaftsrecht, 2. Auflage 2010

Schwintowski, Bankrecht, Kommentar, 3. Auflage 2011

Literaturverzeichnis

Seibert/Kiem/Schüppen (Hrsg.), Handbuch der kleinen AG, 5. Auflage 2008

Semler (Hrsg), Arbeitshandbuch für Aufsichtsratsmitglieder, 3. Auflage 2009; zitiert: Semler/*Bearbeiter*, Arbeitshb AR

Semler/Volhard/Reichert (Hrsg.), Arbeitshandbuch für die Hauptversammlung, 3. Auflage 2011; zitiert: Semler/Volhard/*Bearbeiter*, Arbeitshb HV

Spindler/Stilz, Kommentar zum Aktiengesetz: AktG, 2. Auflage 2010; zitiert: Spindler/Stilz/*Bearbeiter*

Staub, Handelsgesetzbuch, Großkommentar zum HGB und seinen Nebengesetzen, 4. Auflage 1983 ff; zitiert: Großkomm-HGB/*Bearbeiter*

Steinmeyer, WpÜG, Kommentar, 3. Auflage 2013; zitiert: *Bearbeiter*, in: Steinmeyer

Streck, Körperschaftsteuergesetz, Kommentar, 7. Auflage 2008

v. Godin/Wilhelmi, Aktiengesetz, Kommentar, 4. Auflage 1971

von Hopt/Wiedemann, Aktienrecht, 4. Auflage 1992 ff; zitiert: Großkomm-AktienR/*Bearbeiter*

von Staudinger, Kommentar zum Bürgerlichen Gesetzbuch, 12. Auflage 1978 ff; 13. Auflage 1994 ff; zitiert: Staudinger/*Bearbeiter*, BGB

Wachter (Hrsg.), AktG, Kommentar, 2011; zitiert: Wachter/*Bearbeiter*

Wilsing (Hrsg.), Deutscher Corporate Governance Kodex: DCGK, 2012; zitiert: Wilsing/*Bearbeiter*, DCGK

Zöllner, Wertpapierrecht, 15. Auflage 2006; zitiert: Zöllner, WPR

Teil 1: Gesetze und Normen

Aktiengesetz

Vom 6. September 1965 (BGBl. I S. 1089)
(FNA 4121-1)
zuletzt geändert durch Art. 26 2. KostenrechtsmodernisierungsG vom 23. Juli 2013 (BGBl. I S. 2586)

Erstes Buch Aktiengesellschaft
Erster Teil Allgemeine Vorschriften

§ 1 Wesen der Aktiengesellschaft

(1) ¹Die Aktiengesellschaft ist eine Gesellschaft mit eigener Rechtspersönlichkeit. ²Für die Verbindlichkeiten der Gesellschaft haftet den Gläubigern nur das Gesellschaftsvermögen.

(2) Die Aktiengesellschaft hat ein in Aktien zerlegtes Grundkapital.

Literatur:
Bork, Zurechnung im Konzern, ZGR 1994, 237; *Coing*, Die Vertretungsordnung juristischer Personen und deren Haftung gem. § 31 BGB, in: FS Fischer, 1979, S. 65; *ders.*, Zum Problem des sog. Durchgriffs bei juristischen Personen, NJW 1977, 1793; *Dauner-Lieb*, Die Existenzvernichtungshaftung – Schluss der Debatte? DStR 2006, 2034; *Drygala*, Stammkapital heute – Zum veränderten Verständnis vom System des festen Kapitals und seine Konsequenzen, ZGR 2006, 587; *Groß*, Die Lehre von der verdeckten Sacheinlage, AG 1991, 217; *ders.*, Verdeckte Sacheinlage, Vorfinanzierung und Emissionskonsortium, AG 1993, 108; *Grunewald*, Wissenszurechnung bei juristischen Personen, in: FS Beusch, 1993, S. 301; *Hönn*, Die konstitutive Wirkung der Löschung von Kapitalgesellschaften, ZHR 138 (1974), 50; *Hommelhoff*, Die qualifizierte faktische Unternehmensverbindung: Ihre Tatbestandsmerkmale nach dem TBB-Urteil und deren rechtsdogmatisches Fundament, ZGR 1994, 395; *Hüffer*, Das Ende der Rechtspersönlichkeit von Kapitalgesellschaften, in: FS Schultz, 1987, S. 99; *Junker*, Das eigenkapitalersetzende Aktionärsdarlehen, ZHR 156 (1992), 394; *Krieger*, Zur Heilung verdeckter Sacheinlage in der GmbH, ZGR 1996, 674; *Lutter* (Hrsg.), Das Grundkapital der AG in Europa, 2006; *Michalski/Zeidler*, Die Ausgleichshaftung im qualifiziert faktischen Konzern – Eine Analyse für die Praxis, NJW 1996, 224; *Müller*, Rechtsfolgen verdeckter Sacheinlagen, NZG 2011, 761; *Nirk*, Zur Rechtsfolgenseite der Durchgriffshaftung, in: FS Stimpel, 1985, S. 443; *Saenger*, Die im Handelsregister gelöschte GmbH im Prozess, GmbHR 1994, 300; *K. Schmidt*, Löschung und Beendigung der GmbH, GmbHR 1988, 209; *ders.*, Zur Ablösung des Löschungsgesetzes, GmbHR 1994, 829; *ders.*, Zur Durchgriffsfestigkeit der GmbH, ZIP 1994, 837; *ders.*, Kapitalersetzende Gesellschafterdarlehen, AG 1984,12; *Schön*, Zur "Existenzvernichtungshaftung der juristischen Person, ZHR 168 (2004), 268; *Serick*, Rechtsform und Realität juristischer Personen, 1955; *Stimpel*, "Durchgriffshaftung" bei der GmbH, in: FS Goerdeler, 1987, S. 601; *Ulmer*, Verdeckte Sacheinlagen im Aktien- und GmbH-Recht, ZHR 154 (1990), 128; *Volhard*, Zur Heilung verdeckter Sacheinlagen, ZGR 1995, 286; *Wüst*, Das Problem des Wirtschaftens mit beschränkter Haftung, JZ 1992, 710.

A. Allgemeines 1	c) Zerlegung in Aktien 25
I. Entwicklung und Bedeutung der AG 1	4. Strukturmerkmale allgemein 26
II. Die Europäische Aktiengesellschaft 6	a) Unternehmensgegenstand 26
B. Grundzüge und Organisationsstruktur 7	b) Gleichbehandlungsgrundsatz 27
I. Normzweck 7	c) Verfassung der AG 28
II. Wesen der Aktiengesellschaft 8	5. Haftung für Gesellschaftsverbindlichkeiten 29
1. Gesellschaft 8	a) Keine Haftung der Aktionäre 29
2. Eigene Rechtspersönlichkeit 10	b) Durchbrechung des Trennungsprinzips 30
a) Juristische Person 10	c) Haftung und Durchgriff 31
b) Erlangung der Rechtsfähigkeit 11	aa) Rechtsgrundlagen 31
c) Verlust der Rechtsfähigkeit 12	bb) Einzelne Fallgruppen 32
d) Umfang der Rechtsfähigkeit 13	cc) Einmann-Gesellschaft 33
3. Grundkapital und Aktien 22	C. Grenzüberschreitendes Gesellschaftsrecht 34
a) Kapitalaufbringung 23	I. Gesellschaftsstatut 35
b) Kapitalerhaltung 24	II. Sitztheorie 36

A. Allgemeines

I. Entwicklung und Bedeutung der AG. Mit dem Gesetz vom 30.1.1937[1] wurden die Rechtsverhältnisse 1
der Aktiengesellschaft, die bis dahin im HGB geregelt waren, erstmals in einem eigenständigen Gesetz erfasst, das in § 1, im Gegensatz zum GmbHG auch das Wesen der Aktiengesellschaft definiert. Wortlaut

---
[1] RGBl. I S. 107 ff.

und Inhalt des § 1 haben sich seither nur unwesentlich – bedingt durch die Zulassung einer Kapitalerhöhung aus Gesellschaftsmitteln nach §§ 207 bis 220 – geändert.[2] Wichtige Änderungen hat das AktG im letzten Jahrzehnt erfahren.

2 Insoweit ist stichpunktartig hinzuweisen auf: Gesetz für kleine Aktiengesellschaften zur Deregulierung des Aktienrechts,[3] EG zur Insolvenzordnung,[4] Gesetz zur Bereinigung des Umwandlungsrechts,[5] Stückaktiengesetz,[6] Gesetz zur Kontrolle und Transparenz im Unternehmensbereich,[7] Euro-Einführungsgesetz,[8] Handelsrechtsreformgesetz,[9] Namensaktiengesetz[10] und schließlich das Gesetz zur Regelung von öffentlichen Angeboten zum Erwerb von Wertpapieren und von Unternehmensübernahmen.[11]

3 Nach *Kornblum*[12] existierten am 1.1.2012 ca. 1,072 Mio. GmbHs (davon rund 64.000 UGs) und rund 16.700 AGs. Während die Zahl der GmbHs weiter zunimmt, zeigt sich bei den AGs eine leicht rückläufige Tendenz.[13] Nach der Umsatzsteuerstatistik für 2010[14] verzeichnen die umsatzsteuerpflichtigen Aktiengesellschaften einen Umsatz von rund 950 Mrd. EUR (Umsatzanteil am Gesamtumsatz: 18,1 %, die GmbHs einen solchen von 1920 Mrd. EUR (Umsatzanteil: 36,6 %). Demzufolge genießt auch die AG gegenüber der GmbH wirtschaftlich ein höheres Ansehen, wenn es auch nicht so weit geht, wie in der Schweiz, wo man sagt, eine GmbH gründet nur der, für den es finanziell nicht zu einer AG reicht.[15] Aus der Insolvenzstatistik ergibt sich allerdings, dass im Hinblick auf das Insolvenzrisiko das höhere Ansehen der AG nicht mehr zweifelsfrei ist: Im Jahr 2011 meldeten zwar 12.165 GmbHs Insolvenz an und nur 224 AGs.[16] Gemessen an der Gesamtzahl waren dies aber 1,1 % der GmbHs gegenüber 1,3 % der AGs. *Lutter*[17] meinte, der besondere Erfolg der GmbH in Deutschland sei eine Funktion der Strenge unseres Aktienrechts gewesen. Tatsächlich wurde die AG mit der Einführung der „kleinen AG" als Unternehmensform auch für den Mittelstand interessant, weil die vorher gegebene Satzungsstrenge eine Deregulierung erfahren hat (siehe unten Rn 5).[18]

4 Schon durch die Festlegung der Wesensmerkmale der AG, die ihre nähere Ausprägung in weiteren Vorschriften des AktG findet, unterscheidet sich die AG von allen anderen Arten gesellschaftsrechtlicher Zusammenschlüsse. Die AG ist, wie auch die GmbH, eine eigene Rechtspersönlichkeit, ist **juristische Person** im Unterschied zu den Personengesellschaften (OHG, KG, GbR oder auch der GmbH & Co. KG). Sie wird durch das in Aktien zerlegte Grundkapital von anderen korporativen Vereinigungen (zB GmbH, Genossenschaft) abgegrenzt.[19]

5 Die **Wahl der geeigneten Rechtsform** hängt von der jeweiligen Unternehmensstruktur ab, nicht zuletzt aber auch von steuerrechtlichen Überlegungen.[20] Bei der „kleinen Aktiengesellschaft" hat der Gesetzgeber verschiedene Vorschriften des AktG dereguliert und dadurch Erleichterungen für solche Aktiengesellschaften zugelassen, die jeweils ganz bestimmte, in der jeweiligen Vorschrift genannte Voraussetzungen erfüllen.[21] Eine echte Rechtsformalternative ist die KGaA, die auch als hybride Rechtsform bezeichnet wird (dazu näher unten §§ 278 ff). Seitdem eine juristische Person oder auch eine GmbH & Co. KG Komplementärin einer KGaA sein kann,[22] ist diese Rechtsform in erster Linie ein Angebot an mittelständische Unternehmen.[23]
Nur kurz hingewiesen sei auf eine Gestaltungsvariante zwischen eG und AG, nämlich auf die sog. genossenschaftliche AG.[24]

6 **II. Die Europäische Aktiengesellschaft.** Zur Societas Europaea (SE), Statut v. 8.10.2001,[25] siehe eingehend unten Kap. 7.

---

2 Näheres in MüKo-AktG/*Heider*, Rn 2.
3 Vom 2.8.1994, BGBl. I S. 1961.
4 Vom 5.10.1994, BGBl. I S. 2911.
5 Vom 28.10.1994, BGBl. I S. 3210, 3260.
6 Vom 24.3.1998, BGBl. I S. 529, 567 u. v. 25.3.1998, BGBl. I S. 590.
7 Vom 27.4.1998, BGBl. I S. 786.
8 Vom 9.6.1998, BGBl. I S. 1242, 1244.
9 Vom 22.6.1998, BGBl. I S. 1474, 1478.
10 Vom 18.1.2001, BGBl. I S. 123.
11 Vom 20.12.2001, BGBl. I S. 3822, 3838.
12 GmbHR 2012, 728; im Jahr 2004 waren 840 AGs börsennotiert, vgl hierzu und zur zahlenmäßigen Entwicklung allgemein: MüKo-AktG/*Habersack*, Einl. Rn 11.
13 Der stärkste Anstieg ist bei den UGs zu verzeichnen. Die Zahl der KGaA (261) und der SE (191) hat sich, auf allerdings niedrigem Niveau, etwas erhöht, vgl *Kornblum*, GmbHR 2012, 728 ff).
14 Quelle: Statistisches Bundesamt, Fachserie 14, Reihe 8.1 – Steuern 2010 (www.destatis.de).
15 Näher dazu *Ammon/Görlitz*, Die kleine Aktiengesellschaft, 1995, S. 26 f.
16 Quelle: Statistisches Bundesamt, Fachserie 2, Reihe 4.1 – Insolvenzverfahren 2011 (www.destatis.de).
17 GmbHR 1990, 372.
18 Dazu *Priester*, BB 1996, 333 f.
19 Vgl MüKo-AktG/*Heider*, Rn 6.
20 Eingehend zur Rechtsformwahl zwischen GmbH und kleiner AG, *Böcker*, RNotZ 2002, 129, 133 f; ferner *Priester*, BB 1996, 333.
21 Vgl *Bösert*, DStR 1994, 1423.
22 Siehe BGHZ 134, 392.
23 Dazu näher *Schaumburg/Schulte*, Die KGaA, 2000.
24 ZB Die „Raiffeisen Hauptgenossenschaft Nord AG"; dazu auch *Kratz*, Die genossenschaftliche Aktiengesellschaft, 1996; ferner *Steding*, Die Genossenschaft und ihr ambivalentes Verhältnis zum Aktienrecht, NZG 2002, 449 f.
25 ABlEG Nr. L 294 v. 10.11.2001 – abgedruckt in Sonderbeilage zu NZG Heft 1/2002. Europas größter Versicherer, die Allianz AG, hat ihre Rechtsform von der – deutschen – AG in die SE geändert.

B. Grundzüge und Organisationsstruktur

I. Normzweck. Durch die Bestimmung des § 1 werden wesentliche rechtliche Eigenschaften der AG hervorgehoben, die eine **Abgrenzung zu anderen Gesellschaftsformen**, insbesondere zu den Personenhandelsgesellschaften ermöglichen.[26] Ferner können aus der Norm die wesentlichen **Grundprinzipien** und Strukturmerkmale der AG hergeleitet werden. Das sind in erster Linie die eigene Rechtspersönlichkeit – juristische Person – und der darauf beruhende korporative Charakter (vgl § 4), die Haftungsbegrenzung auf das Gesellschaftsvermögen, somit keine direkte Haftung der Aktionäre, das Vorhandensein eines in Aktien zerlegtes Grundkapital sowie die zwingend gegebene Kaufmannseigenschaft (§ 3).[27]

II. Wesen der Aktiengesellschaft. 1. Gesellschaft. Die AG ist keine Gesellschaft iSv §§ 705 ff BGB, sondern ist **strukturell als Körperschaft** in Form einer Kapitalgesellschaft einzuordnen.[28] Als vertraglich gegründete Personenvereinigung des Privatrechts, die einen gemeinsamen Zweck verfolgt, ist sie Gesellschaft im weiteren Sinn (zur Einmann-Gründung s.u. § 2 Rn 1, 18). Die Gesellschaft kann durch den Hinzutritt weiterer Aktionäre zum Personenverbund werden. Unabhängig von ihrer Entstehung ist die AG nicht Gesellschaft in engerem Sinn (§ 705 BGB), sondern Korporation, Körperschaft; sie steht aufgrund ihrer Organisationsstruktur in rechtlicher Hinsicht dem Verein (§ 21 ff BGB) näher, was auch in § 3 Abs. 1 AktG, § 6 Abs. 2 HGB gesetzlich zum Ausdruck kommt.[29] Die **dogmatische Einordnung** der Aktiengesellschaft ist weitgehend unstreitig. Die organisatorischen Merkmale sind ua, die Niederlegung der Mitgliedschaftsrechte in einer Satzung, die gesetzlich abgegrenzten Kompetenzen von Vorstand (§§ 76 ff), Aufsichtsrat (§§ 95 ff) und der Hauptversammlung (§§ 118 ff), und die normierte Pflicht zur Gleichbehandlung der Aktionäre (§ 53 a).[30]

Gründen **mehrere Personen** eine AG, sind mindestens die Anforderungen des § 705 BGB zu erfüllen. Daneben müssen aber auch die Vorgaben nach dem AktG erfüllt werden (vgl zB § 23). Handelt es sich um eine **Einmann-Gründung** entfällt ein Gesellschaftsvertrag; er wird durch eine einseitige Gründungserklärung ersetzt (dazu unten § 2 Rn 18). Die Zulässigkeit der Einmann-Gründung steht nach der Änderung der §§ 2, 42[31] außer Frage, wenngleich die dogmatische Einordnung nach wie vor Schwierigkeiten bereitet.[32] Eine formal-rechtstechnische Betrachtung der juristischen Persönlichkeit erlaubt, wenngleich eine organisierte Verbandsperson, eine Personengemeinschaft fehlt, die Anerkennung einer Einmann-Gesellschaft.[33]

2. Eigene Rechtspersönlichkeit. a) Juristische Person. Da die AG eine eigene Rechtspersönlichkeit hat (§ 1 Abs. 1), ist sie juristische Person. Das bedeutet, dass sie ein von ihren Aktionären zu unterscheidendes Zuordnungssubjekt für Rechte und Pflichten ist.

b) Erlangung der Rechtsfähigkeit. Die Gesellschaft erlangt die eigene Rechtspersönlichkeit erst mit der Eintragung im Handelsregister (dazu unten § 41). Vor der Eintragung besteht eine Vor-AG, dh eine errichtete aber noch nicht eingetragene AG, also eine AG im Gründungsstadium. Dabei handelt es sich nach neuerer Auffassung um eine Vorstufe der endgültigen AG, die als Gesellschaft bereits dem Recht der AG unterliegt, es sei denn, es geht um Bestimmungen, die eine Eintragung zwingend voraussetzen.[34] Die Rechtsnatur der Vor-AG ist, ebenso wie die der Vor-GmbH, bis heute umstritten.[35] Man wird der Rechtsnatur der Vor-AG wohl am ehesten gerecht, wenn man sie als werdende juristische Person, als Gesellschaft sui generis einstuft, die sich im Zeitpunkt der Eintragung als Aktiengesellschaft unter Einschluss aller Mitgliedschaftsrechte und der Aktiva und Passiva als AG fortsetzt (dazu auch unten § 2 Rn 14 f).

c) Verlust der Rechtsfähigkeit. Im Gegensatz zum gesetzlich definierten Beginn der Rechtsfähigkeit (§ 41 Abs. 1 S. 1), gibt es keine Norm über das Ende der Rechtsfähigkeit. Dazu existieren folgende Auffassungen: Maßgebend ist

- Eintritt der Vermögenslosigkeit,
- Löschung der AG im Handelsregister,
- Doppeltatbestand von Vermögenslosigkeit und Löschung.[36]

---

[26] Vgl MüKo-AktG/*Heider*, Rn 5; *Hüffer*, Rn 1.
[27] Dazu MüKo-AktG/*Heider*, Rn 6–9.
[28] *K. Schmidt*, GesR, § 3 I 2, S. 46 f.
[29] *K. Schmidt*, GesR, § 3 I 2. Zur ergänzenden Anwendung der §§ 21 ff BGB auf die AG eingehend MüKo-AktG/*Heider*, Rn 15– 23, der aber zu Recht neben den aktienrechtlichen Spezialvorschriften eine analoge Heranziehung von BGB-Bestimmungen nur ausnahmsweise (zB § 31 BGB) befürwortet. Weitergehend *Hüffer*, Rn 3, der grundsätzlich bei Fehlen aktienrechtlicher Sonderbestimmungen subsidiär die analoge Anwendung der §§ 21 ff BGB, namentlich der §§ 30, 31, 35 BGB befürwortet.
[30] Vgl *Hüffer*, Rn 2; *Wiedemann*, GesR, Bd. I § 2 I 1.
[31] Gesetz v. 2.8.1994, BGBl. I S. 1961.
[32] Dazu eingehend *Bachmann*, Die Einmann-AG, NZG 2001, 961 ff.
[33] Scholz/*H. P. Westermann*, GmbHG, Einl. Rn 9.
[34] StRspr des BGH statt vieler BGHZ 80, 129, 132; 120, 103.
[35] Zu den dogmatischen Fragen im Einzelnen vgl Scholz/ *K. Schmidt*, GmbHG, § 11 Rn 25 ff.
[36] Vgl MüKo-AktG/*Heider*, Rn 27 mwN.

Nach wohl noch überwiegender Meinung soll entweder allein die endgültige Vermögenslosigkeit oder diese verbunden mit der Löschung (Doppeltatbestand) das Erlöschen der AG bewirken.[37] Die besseren Gründe, nämlich Klarheit und Rechtssicherheit, sprechen aber dafür, als ausschließlich maßgebend eine konstitutiv wirkende Löschung im Handelsregister als actus contrarius zur Eintragung anzusehen.[38]

13 **d) Umfang der Rechtsfähigkeit.** Als eigenständige Rechtspersönlichkeit kann die AG, ähnlich wie eine natürliche Person, Trägerin aller Rechte und Pflichten sein, sofern diese begrifflich nicht ausschließlich natürlichen Personen zustehen können. Somit ist nach dem Trennungsprinzip die AG selbst Zuordnungsobjekt, nicht ihre Aktionäre.[39]

14 Die AG handelt durch ihre **Organe**, deren Vertretungsmacht als Vorstand dem Umfang nach weder durch die Beschreibung des Unternehmensgegenstandes noch durch den Gesellschaftszweck eingeschränkt ist. Die häufig in angelsächsischen Rechtsordnungen verankerte Beschränkung der Vertetungsmacht (sog. Ultra-Vires-Doktrin) kennt das deutsche Recht nicht.[40] Die Vertretungsbefugnis ist im Interesse des Verkehrsschutzes sachlich unbeschränkbar.[41]

15 Die AG kann **Eigentum an Grundstücken** und grundstücksgleichen Rechten erwerben, sie ist grundbuchfähig; gleiches gilt bereits von der Vor-AG.[42] Mit ihrer Eintragung im Handelsregister tritt die AG ohne Weiteres an die Stelle der Vor-AG, das Grundbuch wird lediglich richtig gestellt. Kommt die AG nicht zur Eintragung und wird der Eintragungswille aufgegeben, muss das Grundbuch berichtigt werden, weil an die Stelle der Vor-AG entweder eine GbR oder OHG tritt. Bei einer Einmann-Vor-AG ist dann der Alleingesellschafter einzutragen.[43] Einen Besitz übt die Gesellschaft durch ihre Organe aus.[44]

16 Die AG kann **gewerbliche Schutzrechte** (Marken-, Patent- oder Gebrauchsmusterrechte) erwerben, Nutzungsrechte an Urheberrechten erlangen (§ 31 UrhG), sie kann kraft Erbfolge Inhaberin eines Urheberrechts werden (vgl §§ 7, 28 f. UrhG). Sie kann testamentarische **Erbin** sein oder mit einem Vermächtnis bedacht und auch als **Testamentsvollstreckerin**[45] eingesetzt werden. Sie genießt, soweit es um ihre **Verbandsehre** geht, den Schutz des § 823 Abs. 1 BGB. Die AG ist selbstständig kontofähig; es handelt sich nicht um Sonderkonten des Vorstandes, sondern unmittelbar um Konten der Gesellschaft. Dies ergibt sich aber bereits völlig zwanglos aus den Rechten einer juristischen Person.

17 Die AG ist **Handelsgesellschaft** (§ 3 Abs. 1) und wegen der Wahl ihrer Rechtsform **Formkaufmann** (§ 6 Abs. 2 HGB). Die sich aus §§ 3, 278 Abs. 3 ergebende Anwendung von Handelsrecht gilt unabhängig davon, welche Geschäfte betrieben oder welche Zwecke sonst verfolgt werden und zwar selbst dann, wenn diese karitativer Natur sind.[46] Die AG ist **beteiligungsfähig**; sie kann sich an jeder in- und ausländischen Personen- oder Kapitalgesellschaft beteiligen. Sie kann persönlich haftende Gesellschafterin zB einer AG & Co. KG und einer KGaA oder auch Kommanditistin sein. Der AG kann Handlungsvollmacht (§ 54 HGB, § 164 BGB) erteilt werden, nicht aber eine Prokura.[47] Aufgrund zivilrechtlicher Kenntniszurechnung kann die AG als Insider unter § 13 Abs. 1 Nr. 2 WpHG fallen.

18 Die AG ist auch im **öffentlichen Recht** als selbstständige Rechtspersönlichkeit anerkannt. Soweit die Grundrechte ihrem Wesensgehalt nach auf juristische Personen anwendbar und nicht auf natürliche Personen zugeschnitten sind, ist die AG auch grundrechtsfähig.[48]

19 Im **Zivilprozess** ist die AG aktiv und passiv parteifähig (§ 50 Abs. 1 ZPO), sie ist auch prozessfähig (§ 51 ZPO). Soweit ihr die Prozessfähigkeit abgesprochen wird,[49] ist strittig, ob dies mit dem Regelungsinhalt des § 52 ZPO vereinbar ist.[50] In der Praxis kommt diesem Streit wenig Bedeutung zu, da die AG zweifellos wirksam vertreten sein muss.[51] Im Prozess wird die AG durch ihre Organe, also regelmäßig durch den Vor-

---

37 Dazu Großkomm-AktienR/*Brändel*, § 1 Rn 34; Scholz/*Emmerich*, GmbHG, § 13 Rn 7 und Scholz/*K. Schmidt*, GmbHG, Anh. § 60 Rn 18 f; OLG Stuttgart NZG 1999, 31, 32.
38 Siehe unten, *Wermeckes* § 262 Abs. 1 Nr. 6, § 273 Abs. 1 S. 2; vgl ferner *Hüffer*, Rn 4; *ders.*, in: FS Schultz 1987, S. 104; MüKo-AktG/*Heider*, Rn 27; *Hönn*, ZHR 138 (1974) S. 50 f; vgl zur GmbH: *Ammon/Burkert*, Die GmbH, 2. Aufl., S. 259: Da die Löschung zum Wegfall der juristischen Person führt, hat dies im Falle noch vorhandenen Aktivvermögens die (Rück-)Umwandlung in eine aus den Gesellschaftern, bei der AG aus den Aktionären bestehenden Gesamthand (sog. Nachgesellschaft) zur Folge; vgl auch *Goette*, Die GmbH, 2002, § 10 Rn 55.
39 Siehe unten *Wermeckes* zu § 262 Abs. 1 Nr. 6, § 273 Abs. 1 S. 2; ferner *Hüffer*, Rn 4; MüKo-AktG/*Heider*, Rn 28 ff.
40 Vgl *Hüffer*, Rn 4.
41 Vgl zur GmbH BGH WM 1997, 1570.
42 Vgl zur GmbH *Demharter*, GBO, 28. Aufl., § 19 Rn 103.
43 Vgl *Böhringer*, Rpfleger 1988, 446.
44 Vgl *Hüffer*, Rn 6.
45 MüKo-AktG/*Heider*, Rn 29.
46 Vgl Röhricht/v. Westphalen/*Röhricht*, HGB, § 6 Rn 8 mN.
47 Str wie hier KG, NotBZ 2002, 105 m. abl. Anm. *Lösler*; auch Röhricht/v. Westphalen/*Wagner* § 48 Rn 20 mN; *Baumbach/Hopt*, HGB, § 48 Rn 2; aA MüKo-AktG/*Heider*, Rn 30; Großkomm-AktienR/*Brändel*, Rn 42.
48 Näheres bei MüKo-AktG/*Heider*, Rn 33 f.
49 ZB Baumbach/Lauterbach/Albers/Hartmann, ZPO, 71. Aufl., § 52 Rn 4; *Thomas/Putzo*, ZPO, 33. Aufl., § 51 Rn 6 f und § 52 Rn 4; wohl auch BGHZ 38, 71, 75.
50 Vgl *Hüffer*, Rn 7; K. Schmidt/Lutter/*Lutter*, Rn 8; Scholz/*Emmerich*, GmbHG, § 13 Rn 23.
51 Nach MüKo-ZPO/Lindacher, 4. Aufl, § 52 Rn 23 stellt sich bei juristischen Personen nicht die Frage der Prozessunfähigkeit, sondern nur die der ordnungsgemäßen Vertretung.

stand vertreten.[52] **Partei- und Prozessfähigkeit** enden erst mit dem Erlöschen der Gesellschaft. **Organmitglieder** können im Prozess der AG als deren Vertreter nur als Partei (§§ 445, 455 ZPO), nicht als Zeugen vernommen werden. Der **allgemeine Gerichtsstand** der AG bestimmt sich nach dem Satzungssitz (§ 5 AktG, § 17 Abs. 1 ZPO), es sei denn, die Satzung sieht daneben noch einen besonderen Gerichtsstand vor (§ 17 Abs. 3 ZPO).

Die **Zwangsvollstreckung** aus einem Urteil gegen die AG richtet sich nur gegen die Gesellschaft (§ 750 ZPO); Gleiches gilt für Zwangsgeld (§ 888 Abs. 1 ZPO) und Ordnungsgeld (§ 890 ZPO). Hingegen können Zwangshaft und Ordnungshaft nur gegen natürliche Personen angedroht werden, Vollstreckungsschuldner sind dann die für die AG handelnden verantwortlichen Organe.[53] Das geltende Recht kennt **keine Strafbarkeit** juristischer Personen.[54] Straftatbestände können nur von natürlichen Personen erfüllt werden. Das schließt aber nicht aus, dass gegen die AG unter bestimmten Voraussetzungen als **Nebenfolge** für von ihren Organen begangene Straftaten oder Ordnungswidrigkeiten nach § 39 OWiG eine **Geldbuße** festgesetzt wird.[55] 20

Die AG ist **insolvenzfähig**, sie selbst ist Schuldnerin des Insolvenzverfahrens (§§ 11, 19 InsO); das Unternehmen kann nur Objekt der Insolvenz sein.[56] Ein über das Vermögen einer Vor-AG, die ihrerseits insolvenzfähig ist, eröffnetes Insolvenzverfahren kann nach Eintragung gegen die AG fortgesetzt werden. 21

3. Grundkapital und Aktien. Nach der gesetzlichen Normierung hat die AG ein in Aktien zerlegtes Grundkapital (§ 1 Abs. 2). Es ist **notwendiger Satzungsbestandteil** (§ 23 Abs. 3 Nr. 3) und lautet auf einen Mindestnennbetrag von 50.000 EUR[57] (§§ 6, 7). In der Bilanz ist das Grundkapital als Passivposten auszuweisen (§ 266 Abs. 3 A I HGB). Als Mindesthaftkapital bildet es den Ausgleich dafür, dass dem Gläubiger der AG nur das Gesellschaftsvermögen, nicht aber das der Gesellschafter haftet. Das **Grundkapital** ist abzugrenzen von einem sich ständig ändernden **Gesellschaftsvermögen**, eine Übereinstimmung zwischen diesen beiden kann allenfalls im Zeitpunkt der Errichtung der Gesellschaft (§ 29) gegeben sein. Nach *Hüffer*[58] ist das Grundkapital nichts anderes als eine satzungsmäßig fixierte Bilanzziffer mit bestimmten Funktionen im Aufbau der AG. Es dient aber der Sicherung der Gläubiger und der künftigen Aktionäre, weil die AG bei der Errichtung über Vermögenswerte in der Mindesthöhe des Grundkapitals verfügen muss. 22

a) **Kapitalaufbringung.** Zum Schutz der Gläubiger dienen zahlreiche Vorschriften, die Kapitalaufbringung und -erhaltung sichern sollen. Hier ist hinzuweisen auf § 9 Verbot der Unterpariemission, §§ 26, 27 Satzungspublizität für Sondervorteile, Gründungsaufwand, Sacheinlage und Sachübernahme, § 33 Gründungsprüfung, §§ 2, 29 Verbot der Stufengründung, § 38 gerichtliche Prüfung der Gründung sowie die Gründerhaftung, §§ 46 ff. 23

b) **Kapitalerhaltung.** Zur Erfüllung der Funktion des Grundkapitals ist aber auch notwendig, dass es soweit als möglich erhalten bleibt. Hierzu gehören das Verbot der Einlagenrückgewähr (§ 57 Abs. 1 und 2), das Verbot vor einer Auflösung der AG eine über dem Bilanzgewinn liegende Dividende auszuschütten (§ 57 Abs. 3), der nur ausnahmsweise mögliche Erwerb eigener Aktien (§§ 71–71 e). Hier muss aber darauf hingewiesen werden, dass es sich nur um einen Schutz gegen vorsätzliche Schmälerung des Grundkapitals handelt. Nicht geschützt ist der Gläubiger davor, dass das Gesellschaftsvermögen im Rahmen der Geschäftstätigkeit nicht nur völlig aufgebraucht wird, sondern sogar Schulden angesammelt werden.[59] 24

c) **Zerlegung in Aktien.** Mit dem Begriff Aktie sind verschiedene Bedeutungen verbunden. Die Aktie ist zunächst der Inbegriff sämtlicher Rechte und Pflichten, die dem Aktionär wegen seiner Beteiligung an der Gesellschaft zustehen (Mitgliedschaftsrecht), sie kann aber auch das diese Rechte verbriefende Wertpapier sein. Schließlich kann sie die Beteiligungsquote an der Gesellschaft darstellen. Der Begriff „Zerlegung" setzt nach seinem Wortsinn die Aufteilung des Grundkapitals in mindestens zwei Aktien voraus.[60] 25

4. Strukturmerkmale allgemein. a) Unternehmensgegenstand. Die AG kann zu jedem beliebigen Zweck gegründet werden (§ 3 Abs. 1). Der Gegenstand des Unternehmens muss zwingend in die Satzung aufgenommen werden (§ 23 Abs. 3 Nr. 2). Auch Freiberufler (zB Rechtsanwälte) können eine AG zur Berufsausübung errichten.[61] 26

---

52 Zu den Ausnahmen: AR oder AR und Vorstand gemeinsam siehe §§ 112, 246, 249.
53 Vgl BGH NJW 1992, 749, 750 mN.
54 *K. Schmidt*, GesR § 10 IV, 5; K. Schmidt/Lutter/*Lutter*, Rn 9.
55 Vgl MüKo-AktG/*Heider*, Rn 40.
56 Vgl *Hüffer*, Rn 7.
57 Zur Umstellung von DM auf EURO siehe EURO-Einführungsgesetz v. 9.6.1998, BGBl. I S. 1242, 1244 f.
58 *Hüffer*, Rn 10.
59 Vgl MüKo-AktG/*Heider*, Rn 95.
60 Vgl MüKo-AktG/*Heider*, Rn 97. Zweifelnd für die Einmann-Gründung *Hüffer*, Rn 13, weil Aktienzahl ohne eigenständige Bedeutung ist und insb. keine Schutzfunktion entfaltet; Zerlegung ist nur Ausdruck des Regelfalles, für die Einmann-AG genügt eine Aktie.
61 BGH AG 2005, 531; früher schon BayObLG NJW 2000, 1647.

27 **b) Gleichbehandlungsgrundsatz.** Da sich die Mitgliedschaftsrechte der Aktionäre ausschließlich nach der Höhe ihrer Beteiligung am Grundkapital richten, gehört zu den grundlegenden Prinzipien einer AG, dass die Gesellschafter unter gleichen Voraussetzungen auch gleich behandelt werden (§ 53 a).

28 **c) Verfassung der AG.** Prägendes Strukturmerkmal einer AG ist die gesetzlich geregelte strikte Kompetenzverteilung zwischen Vorstand (§§ 76 ff), Hauptversammlung (§§ 118 ff) und Aufsichtsrat (§§ 95 ff). Nur bei der AG ist unabhängig von der Arbeitnehmerzahl und dem Unternehmensgegenstand die Bildung eines Aufsichtsrats zwingend vorgeschrieben, der primär zur Überwachung des Vorstandes berufen ist (§ 111). Diese Aufgabe wird allerdings aus Gründen, auf die hier nicht näher eingegangen werden kann, häufig nur sehr unvollkommen wahrgenommen. Der Wechsel von Vorstandsmitgliedern in den Aufsichtsrat hat daher bei börsennotierten AGs durch § 100 Abs. 2 Nr. 2 eine Einschränkung erfahren (Cooling-off-Periode).

29 **5. Haftung für Gesellschaftsverbindlichkeiten. a) Keine Haftung der Aktionäre.** Nach dem für alle juristische Personen geltenden Trennungsprinzip haftet dem Gläubiger der Gesellschaft ausschließlich das Gesellschaftsvermögen (§ 1 Abs. 1 S. 2), nicht aber das Vermögen der Aktionäre. Gesellschafter und Gesellschaft stehen sich für die Zuordnung ihres Vermögens und ihrer Rechte und Pflichten wie Dritte gegenüber.[62]

30 **b) Durchbrechung des Trennungsprinzips.** Das Prinzip wird bereits direkt durch gesetzliche Regelungen (zB §§ 62 Abs. 2, 302 f, 309 Abs. 4 S. 3, 317 Abs. 4, 322) eingeschränkt. Aber auch in Rechtsprechung und Lehre wird eine Durchbrechung dieses Prinzips vorgenommen, va dann, wenn die Rechtsfigur der juristischen Person von dem dahinter stehenden Gesellschafter **rechtsmissbräuchlich** verwendet wird, wenn **Treu und Glauben** oder der Zweck einer Norm es geboten erscheinen lassen, die rechtliche Selbstständigkeit der juristischen Person im Einzelfall einzuschränken, weil eine uneingeschränkte Anwendung des Trennungsprinzips zu mit der Rechtsordnung nicht mehr zu vereinbarenden Ergebnissen führen würde.[63] Es ist aber nicht zu verkennen, dass der BGH bei der Bejahung eines Haftungsdurchgriffs – zu Recht – äußerst zurückhaltend ist, insoweit auch kein **Rechtsinstitut des Durchgriffsrechts** entwickelt, sondern jeweils im Einzelfall prüft, ob nach Treu und Glauben ausnahmsweise eine Einschränkung des Trennungsprinzips geboten ist, um unhaltbare Ergebnisse zu vermeiden.[64] Das bedeutet, dass sich die Praxis im Einzelfall auf die Durchbrechung des Trennungsprinzips einzustellen (Ausnahmefall) hat, ohne dass hierfür ein allgemein gültiger Maßstab angegeben werden kann.[65]

31 **c) Haftung und Durchgriff. aa) Rechtsgrundlagen.** Es gibt kein fest umrissenes Rechtsinstitut für einen Haftungsdurchgriff. Dogmatisch wird angeboten der Missbrauch der juristischen Person, verwirklicht entweder subjektiv durch die Absicht einer Gesetzesumgehung, einer betrügerischen Schädigung Dritter oder objektiv durch ein zweckwidriges, an eine rechtswidrige Verwendung der juristischen Person grenzendes Verhalten. Ein anderes Konzept geht von der konkret anzuwendenden Norm aus und fragt, ob es im Einzelfall nach Sinn und Zweck der Norm möglich erscheint, zwischen juristischer Person und ihren Mitgliedern zu trennen, wenn dadurch ein mit der Rechtsordnung nicht mehr zu vereinbarendes Ergebnis erreicht wird.[66] Die **Missbrauchstheorie**, die überwiegend im anglo-amerikanischen Gesellschaftsrecht Bedeutung hat, ist in ihren Voraussetzungen zu unsicher, als dass erkennbar wäre, was sie, über den Tatbestand des § 826 BGB hinaus zu leisten imstande wäre. Dem deutschen Rechtsverständnis liegt im Übrigen die **Normanwendungstheorie** näher. Zu Recht weist *Hüffer*[67] darauf hin, dass den Durchgriffskonzepten jedenfalls für das Aktienrecht keine besondere praktische Bedeutung zukommt.

32 **bb) Einzelne Fallgruppen.** Den einzelnen Fallgruppen ist gemeinsam, dass sie in erster Linie Bedeutung für die GmbH haben, das gilt va für die Unterkapitalisierung und die Vermögensvermischung.[68] Die Rechtsprechung hat für die Annahme einer Durchgriffshaftung bei der Vermögensvermischung schon bei der GmbH hohe rechtliche Hürden gesetzt und verlangt, dass die vom Gesellschafter geforderte Kapitalerhaltung im Grunde genommen durch eine festzustellende Verschleierungstaktik nicht mehr kontrolliert werden kann.[69] Für das Aktienrecht reichen ersichtlich die Normen der §§ 57, 62 als Haftungsgrundlage aus, da hier schon jede Privatentnahme, die über den Bilanzgewinn hinausgeht, verboten ist; der Aktionär haftet

---

62 Vgl *Wiedemann*, GesR, Bd. I § 4 II 3 b.
63 StRspr des BGH, zB BGHZ 78, 318, 333.
64 ZB BGHZ 68, 312, 315. Die Literatur hierzu ist unübersehbar; hier kann nur beispielhaft hingewiesen werden auf: Literaturangaben bei *Hüffer*, § 1 vor Rn 15 zur Durchgriffslehre; ergänzend Literaturverzeichnis zu Haftung und Durchgriff bei MüKo-AktG/*Heider*, bei § 1; auf Scholz/*Bitter*, GmbHG, § 1 vor Rn 55; ferner auf Großkomm-AktienR/*Brändel*, Rn 191–140.
65 Vgl Scholz/*Bitter*, GmbHG, § 13 Rn 69 ff.
66 Vgl *Hüffer*, Rn 17.
67 *Hüffer*, Rn 18; umfassende Behandlung in MüKo-AktG/*Heider*, Rn 62 f; ferner Großkomm-AktienR/*Brändel*, Rn 99 ff.
68 Zur Unterkapitalisierung vgl Scholz/*Bitter*, GmbHG, § 13 Rn 57 und 138 ff; Ulmer/*Raiser*, GmbHG, § 13 Rn 153 ff, und Roth/*Altmeppen*, GmbHG, § 13 Rn 133 ff; letzterer auch zur Vermögensvermischung: § 13 Rn 139 ff.
69 Vgl BGHZ 95, 330, 333 (Autokran); 125, 366, 368 f; ferner BGH NZG 2005, 177: Haftung des GmbH-Gesellschafters bei Einstellung des Geschäftsbetriebs und BGHZ 165, 85: Geltendmachung in der Insolvenz.

widrigenfalls nach § 62. Umgekehrt gibt es keine Haftung der AG für Verbindlichkeiten ihrer Aktionäre, auch nicht wenn diese an der AG maßgeblich beteiligt sind. Eine Haftung der AG für Verbindlichkeiten ihrer Aktionäre kommt nur in Betracht, wenn sich die AG insoweit auch selbst verpflichtet hat.[70] Bestehen von vornherein besondere Verpflichtungstatbestände (zB Bürgschaft) stehen diese Fälle außerhalb einer Durchgriffshaftung.[71]

Ein sog. **existenzvernichtender Eingriff** kann die persönliche Haftung der Aktionäre begründen. Voraussetzung dafür ist, dass ein Eingriff in das Gesellschaftsvermögen vorliegt, der keine Rücksicht auf die Fähigkeit der Gesellschaft nimmt, ihre Verbindlichkeiten bedienen zu können (1), die Rechte aus §§ 57, 62 den Ausgleich nicht herzustellen vermögen (2) und als Eingriffsfolge die Gesellschaft ihre Gläubiger nicht mehr befriedigen kann, so dass sie zahlungsunfähig oder insolvent geworden ist oder die Insolvenz mangels Masse abgelehnt wurde (3).[72]

cc) **Einmann-Gesellschaft.** Insbesondere bei der Einmann-AG oder Einmann-GmbH können sich Konstellationen ergeben, bei denen die Trennung von juristischer Person und Gesellschafter zu sinnwidrigen Ergebnissen führen würde. Deshalb ist zB Maklerprovision nicht geschuldet, wenn die GmbH als Bauträgerin ein Objekt erstellt, das von ihrem Alleingesellschafter gegen Provision vermakelt werden soll, weil es dann an einer Vermittlungstätigkeit im Sinne von § 652 BGB fehlt.[73] Der Alleingesellschafter einer AG kann von ihr auch nicht gutgläubig Eigentum erwerben.[74] 33

C. Grenzüberschreitendes Gesellschaftsrecht

Siehe dazu eingehend unten Kap. 6, Europäisches Gesellschaftsrecht. 34

I. **Gesellschaftsstatut.** Sobald es um Tatbestände mit **Auslandsberührung** geht, stellt sich die Frage nach dem anzuwendenden Recht. Als Gesellschaftsstatut bestimmte die in Deutschland va in der Rechtsprechung[75] lange Jahre herrschende **Sitztheorie** das Recht des Ortes an dem die Gesellschaft ihren tatsächlichen (**effektiven**) **Verwaltungssitz** hat. Die Sitztheorie wurde auch überwiegend noch in der Lehre vertreten.[76] Im Gegensatz dazu kann die Gesellschaft nach der sog. **Gründungstheorie** ihren satzungsmäßigen Sitz ohne Rücksicht auf wirtschaftlichen Schwerpunkt oder Verwaltungsmittelpunkt in einem Land ihrer Wahl nach Belieben nehmen und als Gesellschaft dieses Landes gegründet werden. 35

II. **Sitztheorie.** Die Vereinbarkeit der **Sitztheorie mit EU-Recht** (Art 43, 48 EG – Niederlassungsfreiheit) ist streitig. 36
Bei diesem Streit ist eine viel zu wenig beachtete, aber grundlegende Unterscheidung zu berücksichtigen: Nach EuGH liegt die Festlegung der Grundsätze des internationalen Privatrechts zur Anknüpfung des Personalstatuts von Kapitalgesellschaften (Gründungs- oder Sitztheorie) bei den Mitgliedstaaten; allein die daraus zu ziehenden Rechtsfolgen müssen mit den Vorgaben des Gemeinschaftsrechts, mit der nach Art. 43, 48 EG gewährten Niederlassungsfreiheit übereinstimmen.
Damit wird die Anwendbarkeit der Sitztheorie erheblich eingeschränkt.[77]
Die Entscheidungen des EuGH „**Inspire Art**"[78] und „**Überseering**"[79] führten zu einem Paradigmenwechsel im deutschen Gesellschaftsrecht. Die Aberkennung der Rechts- und Parteifähigkeit zugezogener Gesellschaften ist gemeinschaftswidrig. Im EU-Ausland gegründete Gesellschaften mit einer Geschäftsleitung in Deutschland sind im Inland in ihrer jeweiligen ausländischen Rechtsform anzuerkennen. Der BGH hat, gestützt auf den Deutsch-amerikanischen Freundschafts- und Handelsvertrag, Gesellschaften aus den USA mit Geschäftsleitung im Inland den Gesellschaften aus der EU praktisch gleichgestellt.[80] Wird eine Gesellschaft nach ausländischem Recht innerhalb der EU gegründet oder verlegt eine nach ausländischem Recht gegründete Gesellschaft ihren effektiven Verwaltungssitz nach Deutschland, so ist diese Gesellschaft im

---

70 Dazu BGHZ 78, 318, 333; BGH DStR 1999, 1822.
71 Vgl *Hüffer*, Rn 27.
72 Vgl BGHZ 149, 10 (Bremer Vulkan); 150, 61; 164,50; BGH ZIP 2007,1552 ff; K. Schmidt/Lutter/*Lutter*, Rn 22 mN; *Hüffer*, Rn 22 ff.
73 BGH NJW 1974, 130 f.
74 Vgl *Lutter*, AcP 162 (1964), 159 f; wegen weiterer Fälle siehe ergänzend *Hüffer*, Rn 28.
75 Vgl BGHZ 97, 269, 271; BGH JZ 1992, 579, 580; BayObLGZ 1986, 351, 359 f; 1992, 113, 115; 1998, 195, 197; OLG Zweibrücken ZIP 2000, 2172, 2173.
76 Vgl Staudinger/*Großfeld*, IntGesR, Rn 20; vgl zur Entwicklung: MüKo-BGB/*Kindler*, IntGesR, Rn 351 ff; *Hüffer*, Rn 30; Röhricht/v. Westphalen/*Ammon/Ries*, HGB, vor § 13 Rn 5 ff, § 13 d Rn 7 f; aM nämlich für Gründungstheorie zB *Knobbe-Keuk*, ZHR 154 (1990), 326; *Behrends*, EuZW 1992, 550.
77 Zutreffend dazu *Kort*, NZG 2002, 1139, 1143.
78 EuGH ZIP 2003, 1885.
79 EuGH ZIP 2002, 2037; danach BGH ZIP 2003,718; vgl ferner OLG Zweibrücken, ZIP 2003, 849; KG, ZIP 2003, 2297; Die Entscheidung des BGH (ZIP 2002, 1763), wonach eine ausländische Kapitalgesellschaft, die ihren effektiven Verwaltungssitz nach Deutschland verlegt, hier als rechtsfähige Personengesellschaft mit aktiver und passiver Parteifähigkeit zu behandeln ist, ist überholt; siehe BGH ZIP 2004, 1549; 2004, 2232; Anerkennung der ausländischen Rechtsform als Konsequenz aus der Überseering-Entscheidung des EuGH.
80 BGH WM 2004, 1683; ZIP, 2004, 2230; vgl ferner *Riegger*, Centros-Überseering-Inspire Art, Folgen für die Praxis, ZGR 2004, 510 ff.

Handelsregister als Zweigniederlassung einzutragen, auch wenn sie in wirtschaftlicher Hinsicht die einzige Niederlassung und damit eigentlich Hauptniederlassung ist.[81] Mit der Entscheidung in der Sache „*Sevic*" hat sich der EuGH erneut zur Niederlassungsfreiheit nach Art 43, 48 EG im Rahmen einer grenzüberschreitenden Verschmelzung geäußert. Demnach ist § 1 UmwG europarechtskonform auszulegen, so dass auch Verschmelzungen zwischen Gesellschaften aus verschiedenen Mitgliedstaaten der EU und des EWR zulässig sind. Bedeutung kommt dieser Entscheidung aber vor allem auch deshalb zu, weil damit die Entscheidung „daily mail", soweit es sich um das dort erörterte Wegzugsverbot handelt, faktisch aufgehoben wird.[82] Für Gesellschaften, die nicht unter die europäische Niederlassungsfreiheit fallen, gilt nach dem derzeitigen Entwicklungsstand immer noch die Sitztheorie, es sei denn, bilaterale Verträge stehen dem entgegen.

37 Eine in der Schweiz gegründete Aktiengesellschaft mit Verwaltungssitz in Deutschland ist hier als rechtsfähige Personengesellschaft zu behandeln.[83] Nach den Entscheidungen des EuGH in Sachen „Centros", „Überseering" und „Inspire Art"[84] hat sich der BGH der sog. Gründungstheorie angeschlossen, soweit Auslandsgesellschaften in einem Mitgliedstaat der EU, des EWR oder in einem durch bilateralen Staatsvertrag in Bezug auf die Niederlassungsfreiheit gleichgestellten Staat gegründet worden sind. Dementsprechend ist die Rechtsfähigkeit solcher Gesellschaften nach dem Recht ihres Gründungsstaates zu beurteilen. Hingegen wird die Rechtsfähigkeit von Gesellschaften, die in einem „Drittstaat" gegründet worden sind, also außerhalb der oben genannten Staaten, noch nach der Sitztheorie beurteilt. Die Gründe, die für die Sitztheorie sprechen – Schutz der Gläubiger und Minderheitsgesellschafter, Verhinderung der Flucht in Gesellschaftsrechte mit den geringsten Anforderungen („race to the bottom") – sind im Verhältnis zu Drittstaaten nach wie vor gegeben. Ein daraus resultierendes gespaltenes Kollisionsrecht wird in Kauf genommen.[85] Die Änderung des § 5 AktG und des § 4a GmbHG durch das MoMiG[86] führt nicht zwingend zur Anerkennung ausländischer Gesellschaften mit dem Verwaltungssitz in Deutschland.[87]

38 Nach der Entscheidung des EuGH vom 16.12.2008 – Cartesio – hindert die Niederlassungsfreiheit der Art. 43, 48 EG einen Mitgliedstaat nicht daran, einer inländischen Gesellschaft die Rechtspersönlichkeit abzuerkennen, wenn sie ihren Sitz bei Fortbestand ihrer bisherigen rechtlichen Gesellschaftsform in das Gebiet eines anderen Staates verlegt. Hingegen darf der Gründungsstaat eine wegzugswillige Gesellschaft nicht daran hindern, sich unter Aufrechterhaltung ihrer Identität in eine Gesellschaft nach dem nationalen Recht des Zuzugsstaates formwechselnd umzuwandeln. Der Wegzugsstaat kann in einem solchen Fall weder Auflösung noch Liquidation verlangen, solange der Zuzugsstaat aufnahmebereit ist (näher zur Sitzverlegung unten § 5 Rn 18 f).

§ 2 Gründerzahl

An der Feststellung des Gesellschaftsvertrags (der Satzung) müssen sich eine oder mehrere Personen beteiligen, welche die Aktien gegen Einlagen übernehmen.

A. Allgemeines zur Norm 1	c) Sonstige 13
I. Entstehung 1	C. Feststellung der Satzung 14
II. Bedeutung und Normzweck 2	I. Errichtung der Gesellschaft 14
B. Gründer 3	II. Satzungsfeststellung 17
I. Gründerzahl 3	1. Vertrag 17
II. Gründerfähigkeit 5	2. Einseitiges Rechtsgeschäft 18
1. Natürliche Personen 5	D. Aktienübernahme 19
2. Juristische Personen 8	I. Rechtsnatur 19
3. Personenhandelsgesellschaften 9	1. Vollständige Übernahme 19
4. Gesamthandsgemeinschaften 10	2. Einlagepflicht 20
a) GbR 10	II. Rechtsfolgen 21
b) Erbengemeinschaft, Gütergemeinschaft 11	

---

[81] Vgl KG GmbHR 2004, 116.
[82] Vgl EuGH v. 13.12.2005, ZIP 2005, 2311 = AG 2006, 80; *Drygalla*, EWiR § 11 UmwG 1/06; *Meilicke/Rabback*, GmbHR 2006, 123.
[83] BGH ZIP 2008, 2411; dazu *Koch*, Gründungs- oder Sitztheorie? Ein „never ending story"? AG 2009, 73.
[84] NJW 1999, 2027; 2002 3614 und 2003, 3331.
[85] BGH ZIP 2008, 2413.
[86] Vom 23.10.2008, BGBl. I S. 2026.
[87] Das Gesetzesvorhaben, die Gründungstheorie im deutschen Recht zu kodifizieren, ist nach wie vor nicht abgeschlossen.

Seit dem 7.1.2008 liegt der Referentenentwurf eines Gesetzes zum Internationalen Privatrecht der Gesellschaften, Vereine und juristischen Personen vor, der die Kodifizierung der Gründungsanknüpfung vorsieht; damit will sich die Bundesregierung endgültig von der Sitztheorie verabschieden. Dazu auch *Knof/Mock*, GmbHR 2008, R 65 und *Clausnitzer*, Die Novelle des Internationalen Gesellschaftsrechts, NZG 2008, 321, der – zu Recht – kritisiert, dass die Gründungstheorie auch auf das Firmenrecht ausgedehnt werden soll; er sieht darin eine Inländerdiskriminierung und plädiert dafür, im Namens- und Firmenrecht die Sitztheorie beizubehalten.

A. Allgemeines zur Norm

I. Entstehung. Nach § 2 AktG 1937 mussten sich an der Feststellung des Gesellschaftsvertrages mindestens fünf Personen beteiligen, die Aktien übernehmen. In § 2 AktG 1965 wurde die sog. **Stufengründung** abgeschafft; nach der bis dahin geltenden Regelung mussten die Gründer einer AG bei der Feststellung der Satzung noch nicht sämtliche Einlagen übernommen haben, es stand ihnen frei, sie später von Dritten zeichnen zu lassen oder sie selbst zu übernehmen. Die deshalb erforderlichen komplexen Regelungen zum Schutz von Anlegern und Gläubigern konnten mit dem Unzulässigwerden der Stufengründung wegfallen. Eine weitere einschneidende Änderung brachte das Gesetz für kleine Aktiengesellschaften und zur Deregulierung des Aktienrechts.[1] Nunmehr wurde die Gründung durch eine oder mehrere Personen zulässig. Damit hat der Gesetzgeber der Kritik an der Festlegung einer **Mindestgründerzahl** Folge geleistet, die darauf hinwies, dass trotz einer Mindestgründerzahl von fünf Personen später bei Vereinigung sämtlicher Aktien in der Hand eines einzigen Aktionärs eine Einmann-AG entstehen konnte. Ferner konnte trotz der Gesetzesfassung die Strohmann-Gründung nicht verhindert werden. In der Fraktionsbegründung[2] zum Gesetz hieß es zur Zulässigkeit der **Einmann-Gründung**, dass es ausreichend sei, wenn ein Gründer über die erforderlichen Mittel verfüge.

II. Bedeutung und Normzweck. Die Bestimmung ist im Zusammenhang zu sehen mit § 23, der seinerseits Einzelheiten über Form und Inhalt des Gesellschaftsvertrages (Satzung) enthält. § 2 lässt die Einmann-Gründung ausdrücklich zu, macht dadurch die sog. Strohmann-Gründung weitgehend überflüssig, ohne sie allerdings zu verbieten. Ferner enthält die Bestimmung grundsätzliche Anforderungen an die Errichtung der Gesellschaft; sie wird ergänzt durch § 29.

B. Gründer

I. Gründerzahl. Nach dem Gesetz wird die Gesellschaft durch eine **beliebige Anzahl** von Personen oder auch nur von einer Person (Einmann-Gründung) errichtet. Zum gesetzgeberischen Motiv wird darauf hingewiesen, dass die bisherige Gründerzahl willkürlich gegriffen sei, für die Haftung aus § 46 sei nicht die Gründerzahl, sondern die Vermögenslage maßgebend.[3] Beachtenswerte Kritik an dieser Begründung findet sich bei *Hüffer*,[4] der ausführt, die Seriosität der Gründung sei eher gegeben, wenn der Gründer gezwungen sei, weitere Gründer, die mithaften, zwingend zu beteiligen. Dem ist entgegenzuhalten, dass auch der Einmann-Gründer immer noch mindestens drei weitere Personen zur Besetzung der Organfunktionen der AG finden muss.

Die früher häufigere Strohmann-Gründung[5] ist aber nach wie vor zulässig. Mit der Zulassung der Einmann-Gründung sollten u.a. auch Zugangshemmnisse abgebaut werden; mit einem solchen Regelungsziel wäre es nicht zu vereinbaren, nunmehr die bisher zulässige Strohmann-Gründung verbieten zu wollen. Bei einer solchen Gründung wirken ein oder mehrere Treuhänder (Strohmänner) bei der Gründung mit; deren Aktien übernimmt nach Eintragung der AG im Handelsregister ein Gründer, wodurch anschließend eine Einmann-AG entsteht. Die Strohmann-Gründung ist weder Scheingeschäft (§ 117 BGB) noch ist sie eine nach § 134 BGB verbotene Gesetzesumgehung. Es liegt eine wirksame Gründung vor.

II. Gründerfähigkeit. 1. Natürliche Personen. Jede **natürliche Person** kann Gründer der Gesellschaft sein; der Einzelkaufmann darf auch unter seiner Firma gründen. Verwendet er seine **Firma** und nicht seinen bürgerlichen Namen, handelt es sich für ihn um ein Handelsgeschäft (§§ 343 f HGB).[6]

Geschäftsunfähige und beschränkt geschäftsfähige Personen handeln durch ihren **gesetzlichen Vertreter**. Will der gesetzliche Vertreter selbst als Gründer mit auftreten, muss für den Minderjährigen ein Pfleger bestellt werden. Der gesetzliche Vertreter kann bei der Errichtung der Gesellschaft nicht mehrere minderjährige Kinder als Gründer gleichzeitig vertreten. In einem solchen Fall ist für jede zu vertretende Person ein **besonderer Pfleger** zu bestellen. Ist der Zweck der Gesellschaft auf den Betrieb eines Erwerbsgeschäfts gerichtet, was in der Regel der Fall sein wird, bedarf der Gesellschaftsvertrag der **vormundschaftsgerichtlichen Genehmigung** nach § 1643 Abs. 1 BGB iVm § 1822 Nr. 3 BGB. Gegebenenfalls kommt aber auch eine Genehmigungsbedürftigkeit nach § 1822 Nr. 10 BGB (= Übernahme einer fremden Verbindlichkeit) in Betracht. Umstritten ist, ob die Genehmigung in jedem Fall[7] erforderlich ist oder nur dann, wenn die Gesellschaft auf den Betrieb eines Erwerbsgeschäfts gerichtet ist.[8] In der Praxis sollte daher der Vertrag in jedem

---

1 Gesetz v. 2.8.1994, BGBl. I S. 1961.
2 BT-Drucks. 12/6721, 6 = ZIP 1994, 247, 249.
3 Siehe Fn 2.
4 *Hüffer*, Rn 4 b.
5 Dazu BGHZ 21, 378, 381; vgl MüKo-AktG/*Heider*, Rn 8; *Hüffer*, Rn 4.
6 Vgl Scholz/*Emmerich*, GmbHG, § 2 Rn 46.
7 So MüKo-AktG/*Heider*, Rn 11 mwN bei Fn 2; Spindler/Stilz/*Drescher*, Rn 8 mwN.
8 So *Hüffer*, Rn 6.

Fall dem Vormundschaftsgericht vorgelegt werden, um entweder die Genehmigung oder eine Entscheidung zu erhalten, dass eine solche nicht erforderlich sei (Negativattest).

7 Natürliche Personen können ohne Rücksicht auf ihre Staatsangehörigkeit Gründer sein; insoweit besteht kein Unterschied zwischen Inländern und **Ausländern**. Für EU-Ausländer folgt dies bereits aus dem Diskriminierungsverbot des EGV. Aber auch für andere Ausländer gelten keine Beschränkungen, überdies ist ein Wohnsitz im Inland nicht erforderlich. Selbst ein Verstoß der Gründer gegen ausländer- oder gewerbepolizeiliche **Beschränkungen** ändert nichts an der Wirksamkeit der Gründungserklärungen. Die Gründerfähigkeit des Ausländers ist auch dann nicht eingeschränkt, wenn er keine Aufenthaltserlaubnis und auch keine Arbeitserlaubnis besitzt; im letzteren Fall kann er allerdings nicht als Vorstand oder Angestellter der AG tätig werden (vgl dazu Zuwanderungsgesetz vom 30.7.2004, BGBl. I S. 1950). Schließlich darf auch das Registergericht grundsätzlich die Einhaltung ausländerpolizeilicher Vorschriften nicht überprüfen. In Umgehungsfällen, dh wenn die Gründung der AG vorwiegend den Zweck verfolgt, ausländerpolizeiliche Beschränkungen zu umgehen, kommt eine Unwirksamkeit des Vertrages nach §§ 134, 138 Abs. 1 BGB in Betracht.[9]

8 **2. Juristische Personen.** In- und ausländische juristische Personen des Privatrechts oder des Öffentlichen Rechts (zB Gebietskörperschaften) können Gründer einer AG sein. Für **ausländische** juristische Personen ist erforderlich, dass sie nach ihrem Heimatrecht gründerfähig sind, dh einer juristischen inländischen Person gleichstehen.[10] Einschränkungen können sich ferner ergeben, wenn im Einzelfall durch Satzung die **Vertretungsmacht** der Organe beschränkt ist.[11] Wird aber die AG, obwohl eine unwirksame Gründererklärung vorliegt, dennoch im Handelsregister eingetragen, so ist die AG wirksam entstanden.

9 **3. Personenhandelsgesellschaften.** Für OHG und KG, auch für GmbH & Co. KG oder AG & Co. KG, gilt das Gleiche wie für juristische Personen, da sie im Außenverhältnis ebenso behandelt werden (vgl §§ 105, 124, 161 HGB). Für die Einlageleistung haften ihre Gesellschafter aber auch persönlich (§§ 128, 161 Abs. 2, 171 f HGB). Neben der OHG können auch ihre **Gesellschafter** selbstständig Gründer derselben AG sein.

10 **4. Gesamthandsgemeinschaften. a) GbR.** Die GbR (BGB-Gesellschaft) ist als Außengesellschaft rechtsfähig, als Gesamthandsgesellschaft mit Gesellschaftsvermögen gründerfähig. Der Aktienanteil gehört zum Gesellschaftsvermögen, für die Aufbringung der Einlage haften aber neben der GbR als Gesamthand auch die Gesellschafter, und zwar unbeschränkbar.[12] Die persönliche Haftung der Gesellschafter als Gesamtschuldner folgt hier nicht aus § 427 BGB, sondern aus dem Prinzip der vergleichbaren akzessorischen Gesellschafterhaftung nach § 128 HGB. In Betracht kommt auch Haftung nach § 69 Abs. 2 analog.[13]

11 **b) Erbengemeinschaft, Gütergemeinschaft.** Nach früher noch überwiegender Meinung wurde die Gründerfähigkeit der Erbengemeinschaft grundsätzlich verneint; es wurde allenfalls für zulässig gehalten, dass eine vom Erblasser bereits begonnene Gründung von der Erbengemeinschaft fortgeführt wird.[14] Wenn letzteres aber zulässig ist, sind vernünftige Gründe nicht ersichtlich, der Erbengemeinschaft im Übrigen die Gründerfähigkeit abzusprechen. Sie ist nach hier vertretener Auffassung zu bejahen.[15] Jeder **Miterbe** haftet für die Erfüllung der Einlagen nach § 69 Abs. 2 unbeschränkt.

12 Leben Eheleute im Güterstand der **Gütertrennung** oder der Gütertrennung mit Zugewinnausgleich (Zugewinngemeinschaft), können sie sich nicht gesamthänderisch als Gründer betätigen; sie sind jeder für sich imstande, Gründer zu sein. Für die Einlageverpflichtung sind aber Verfügungsbeschränkungen, die sich aus § 1365 oder §§ 1423 f und §§ 1437 f BGB ergeben können, zu beachten.[16] Haben die Eheleute hingegen **Gütergemeinschaft** vereinbart, können sie als Gütergemeinschaft Gründer sein.[17]

---

9 Str vgl *Hüffer*, Rn 7 mwN; zur GmbH Scholz/*Emmerich*, GmbHG, § 2 Rn 41; Baumbach/*Hueck*/*Fastrich*, GmbHG, § 1 Rn 16; Ulmer/*Ulmer*, GmbHG, § 1 Rn 42 f.

10 Vgl Großkomm-AktienR/*Brändel*, Rn 25; MüKo-AktG/*Heider*, Rn 13; *Hüffer*, Rn 8.

11 Vgl zB § 26 Abs. 2 S. 2 BGB.

12 Vgl BGHZ 146, 341, 343; 142, 315 = NJW 2001, 1056 und 1999, 3483.

13 Dazu *Hüffer*, Rn 10; Kritik an der BGH-Rechtsprechung bei MüKo-AktG/*Heider*, Rn 17.

14 KölnKomm-AktG/*Dauner-Lieb*, Rn 11; *v. Godin*/*Wilhelmi*, § 2 Anm. 5.

15 So jetzt MüKo-AktG/*Heider*, Rn 19; *Hüffer*, Rn 11; Großkomm-AktienR/*Brändel*, Rn 29; Baumbach/Hueck/ *Fastrich*, GmbHG, § 1 Rn 36 mwN; Ulmer/*Ulmer*, GmbHG, § 2 Rn 81.

16 Vgl MüKo-AktG/*Heider*, Rn 20.

17 So zu Recht *Hüffer*, Rn 11; aM MüKo-AktG/*Heider*, Rn 21, der eine nach außen hin erkennbare organisatorische Einheit vermisst und nur ein Sondervermögen nach § 1416 BGB sieht. Die gesamthänderische Bindung ist aber aus § 1419 BGB zu entnehmen, eine Bestimmung, die auch üblicherweise mit Gesamthandsgemeinschaft überschrieben ist.

c) Sonstige. Die Gründerfähigkeit des **nichtrechtsfähigen** (nichteingetragenen) **Vereins** ist zu bejahen.[18] Gleiches gilt für die Gesamthand der Vor-AG und der Vor-GmbH. Selbstverständlich kann aber eine Vor-AG nicht Gründerin ihrer eigenen AG sein.[19]

C. Feststellung der Satzung

I. Errichtung der Gesellschaft. In der Regel beginnt die Gründung einer AG schon bevor es zur Errichtung der Gesellschaft kommt. Mit dem Begriff „**Vorgründungsstadium**" wird hier der Zeitraum bis zur Errichtung der Gesellschaft bezeichnet. In diesem Stadium bestehen auch ohne förmlichen Vertragsabschluss bereits Sonderbeziehungen (Treue- und Schutzpflichten) zwischen den voraussichtlichen Gründern.[20] Von einem **Gründungsvorvertrag** oder Vorgründungsvertrag wird gesprochen, wenn sich die Gründer einer AG durch schuldrechtlichen Vertrag zur Gründung verpflichtet haben. Der Begriff „**Vorgründungsgesellschaft**"[21] ist missverständlich und sollte vermieden werden.[22] Aus dem Gründungsvorvertrag folgt die einklagbare Pflicht zur Errichtung der AG; daneben besteht eine Förderungs- und Loyalitätspflicht.[23]

Das **Vorgründungsstadium** endet mit dem Abschluss des notariellen Errichtungsvertrages (§ 23 Abs. 1, 2) mit dem die Gründer die Satzung feststellen und die Übernahme der Aktien (§ 29) erklären. Danach besteht bis zur Eintragung im Handelsregister eine **Vor-AG**. Diese ist notwendige Vorstufe zur AG, ist werdende juristische Person.[24] Sie unterliegt bereits in vollem Umfang dem Recht der Aktiengesellschaft, soweit die entsprechenden Bestimmungen nicht die Eintragung im Handelsregister zwingend voraussetzen. Die Vor-AG ist mit der späteren **AG identisch** im Sinne einer Kontinuität der Rechtsverhältnisse. Im Augenblick der Eintragung setzt sich die Gesellschaft mit allen Aktiva und Passiva sowie den Mitgliedschaftsrechten als AG fort; aus der werdenden juristischen Person wird eine fertige juristische Person; Rechte und Pflichten der Vor-AG werden ohne Weiteres solche der AG.[25]

Der Zweck der Vor-AG ist, anders als in einem Gründungsvorvertrag, nicht mehr auf die Gründung beschränkt, sondern deckt sich, jedenfalls weitgehend, schon mit dem Zweck der späteren AG. Wird die Gesellschaft nur von einem Gesellschafter errichtet, entsteht eine **Einmann-Vor-AG**, die nicht Sondervermögen des Alleingründers, sondern bereits eine teilrechtsfähige Organisation ist, die, wie die Vor-AG bei einer Mehrpersonengründung, handlungs- und haftungsfähig ist und als Rechtsträgerin fungieren kann. Auf die Einmann-Vor-AG sind die Rechtsregeln der Vor-AG anzuwenden, soweit dem nicht zwingend die Besonderheiten der Einmanngründung entgegenstehen.[26]

II. Satzungsfeststellung. 1. Vertrag. Sind an der Gründung der AG **mehrere Personen** beteiligt, wird die Gesellschaft durch Vertrag errichtet. Dieser Vertrag wird auch als Errichtungsvertrag[27] oder als Gründungsvertrag bezeichnet.[28] Fehlt ein Gründungsvertrag, kann eine Gesellschaft nicht entstehen. Die Rechtsnatur dieses Vertrages ist umstritten.[29] Er unterliegt als schuldrechtlicher Vertrag den Vorschriften des BGB über die Abgabe von Willenserklärungen und den Abschluss von Verträgen (vgl §§ 105 ff, 116 ff, 145 ff BGB). Eine uneingeschränkte Anwendung dieser Vorschriften kommt aber nur bis zum Auftreten der Vor-AG im Rechtsverkehr in Betracht, weil der Vertrag auch Organisationsvertrag ist und er „gesetzesgleich" als **Organisationsstatut** der AG dient.[30] Die Erklärung zur Feststellung der Satzung muss nach § 23 Abs. 1 notariell beurkundet sein. Es können aber die Errichtungserklärungen in getrennten, inhaltlich aufeinander verweisenden Urkunden enthalten sein.[31] Liegen Mängel des Vertrages vor, kann eine fehlerhafte Vor-AG gegeben sein; die Mängel sind aber nach Eintragung der AG nur noch im Rahmen von § 399 FamFG oder der §§ 275–277 beachtlich (näheres siehe dort).

2. Einseitiges Rechtsgeschäft. Wird die AG nur durch eine Person errichtet, kann schon begrifflich ein Vertrag nicht geschlossen werden. Der Errichtungsakt, die Feststellung der Satzung und Übernahme der Aktien erfolgt durch **einseitige, nicht empfangsbedürftige Willenserklärung** des Gründers, die mit ihrer formbe-

---

18 Str., wie hier MüKo-AktG/*Heider*, Rn 18; *Hüffer*, Rn 10 aE; Ulmer/*Ulmer*, GmbHG, § 2 Rn 80.
19 Vgl zur GmbH Scholz/*Emmerich*, GmbHG, § 2 Rn 50 mwN.
20 Näheres siehe Scholz/*K. Schmidt*, GmbHG, § 11 Rn 7 ff.
21 So zB MüKo-AktG/*Heider*, Rn 26.
22 Dazu Scholz/*K. Schmidt*, GmbHG, § 11 Rn 9.
23 Siehe Ulmer/*Ulmer*, GmbHG, § 2 Rn 43 ff; ferner *K. Schmidt*, GesR, § 34 III 2 a.
24 *K. Schmidt*, GesR § 11 IV, 2; § 34 III 3.
25 Vgl zur Vor-GmbH Scholz/*K. Schmidt* § 11 Rn 152; Ulmer/*Ulmer* § 11 Rn 88 ff.
26 Str, wie hier: MüKo-AktG/*Pentz*, § 41 Rn 79 f; Scholz/*K. Schmidt*, GmbHG, § 11 Rn 167; *Bachmann*, NZG 2001, 961, 962; ähnlich: *Ammon/Görlitz*, Die kleine Aktiengesellschaft,
1995, S. 32; aM *Hüffer*, § 41 Rn 17 a ff mit beachtlichen Gründen bei Rn 17 c; Großkomm-AktienR/*Röhricht* § 36 Rn 121.
27 MüKo-AktG/*Heider*, Rn 28.
28 ZB BGHZ 45, 338; die Kritik von *Heider* bei Fn 2 zu Rn 27 an der Terminologie erklärt sich bei ihm aus der Verwendung des missverständlichen Begriffs der "Vorgründungsgesellschaft". Unterscheidet man aber zwischen Vorgründungsvertrag und Gründungsvertrag, bereitet die Terminologie keine Schwierigkeiten.
29 Wegen der Einzelheiten wird auf MüKo-AktG/*Heider*, Rn 28 ff sowie auf Scholz/*Emmerich*, GmbHG, § 2 Rn 3 ff verwiesen.
30 Dazu MüKo-AktG/*Heider*, Rn 35 ff.
31 Spindler/Stilz/*Drescher*, Rn 3.

dürftigen Abgabe (notarielle Beurkundung; § 23) wirksam wird. Damit ist die AG errichtet, die Satzung festgestellt. Da es sich um eine einseitige Erklärung handelt, fällt beim Notar nach Nr. 21200 KV-GNotKG nur eine Gebühr, nicht wie bei einem Vertrag nach Nr. 21100 KV-GNotKG eine doppelte Gebühr an.[32]

D. Aktienübernahme

19 **I. Rechtsnatur. 1. Vollständige Übernahme.** Neben der Feststellung der Satzung ist die Aktienübernahme Teil eines einheitlichen Rechtsgeschäfts. Die Gründer müssen **sämtliche Aktien** übernehmen; deshalb ist Gründer nur, wer mit einer entsprechenden Erklärung eine Einlageverpflichtung übernimmt. Feststellung der Satzung und Übernahmeerklärung müssen in **einer Urkunde** zusammengefasst sein (§ 23 Abs. 2); die Stufengründung ist abgeschafft. Die Vor-AG entsteht erst, wenn sämtliche Aktien übernommen sind. Mit dieser Übernahme verpflichten sich die Gründer, den festgesetzten Ausgabebetrag der Aktie einzuzahlen oder satzungsmäßig festgelegte Sacheinlagen zu leisten (§ 54 Abs. 1 und 2).[33]

20 **2. Einlagepflicht.** Nach dem Wortlaut des § 2 erscheint es zwar möglich, dass Personen an der Feststellung der Satzung mitwirken, ohne überhaupt Einlagepflichten zu übernehmen, wenn nur sämtliche Aktien von anderen Gründern übernommen werden. Da es aber ohne Einlage keine Aktie und somit keine Mitgliedschaft gibt, kann eine solche Person, die nicht Mitglied werden will, auch als Gründer nicht in Betracht kommen.[34] Der Errichtungserklärung des außenstehenden Dritten kann allerdings die Bedeutung einer schuldrechtlichen Förderpflicht zukommen.[35]

21 **II. Rechtsfolgen.** Durch die Aktienübernahme, verbunden mit der Satzungsfeststellung, erwirbt der Übernehmer die Rechtsstellung eines Gründers mit den entsprechenden Rechten und Pflichten. Das sind in erster Linie Mitgliedschaftsrechte und -pflichten, die Einlagepflicht und die Treuepflicht. Auch der Aktionär kann gegenüber seinen Mitaktionären und gegenüber der Gesellschaft eine **gesellschaftsrechtliche Treuepflicht** haben. Dies gilt insbesondere für die „Gründungsaktionäre". Die Treuepflicht entsteht bereits mit der Errichtung der Vor-AG.[36]

§ 3 Formkaufmann; Börsennotierung

(1) Die Aktiengesellschaft gilt als Handelsgesellschaft, auch wenn der Gegenstand des Unternehmens nicht im Betrieb eines Handelsgewerbes besteht.

(2) Börsennotiert im Sinne dieses Gesetzes sind Gesellschaften, deren Aktien zu einem Markt zugelassen sind, der von staatlich anerkannten Stellen geregelt und überwacht wird, regelmäßig stattfindet und für das Publikum mittelbar oder unmittelbar zugänglich ist.

A. Normzweck und Anwendungsbereich

1 **I. Normzweck. 1. Formkaufmann.** Abs. 1 legt als Fiktion fest, dass die AG unabhängig vom Unternehmensgegenstand Formkaufmann ist, also **Kaufmann iSd HGB** (§ 6 HGB) kraft der gewählten Rechtsform. Gleiches gilt für die GmbH (§ 13 Abs. 3 GmbHG) und grundsätzlich auch für die eingetragene Genossenschaft wegen § 17 Abs. 2 GenG, obwohl letztere keine Handelsgesellschaft ist. Das gesamte rechtsgeschäftliche Handeln der AG, soweit es um Außengeschäfte geht, untersteht dem Handelsrecht, es sind **Handelsgeschäfte** iSv §§ 343 ff HGB. Dies gilt für die AG ohne Rücksicht auf den Gegenstand des Unternehmens, also auch für solche Gesellschaften, deren Tätigkeit nicht auf den Betrieb eines **Handelsgewerbes** (§§ 1 ff HGB) gerichtet ist. Die AG ist immer Kaufmann, unabhängig davon, welche Geschäfte sie betreibt und welche Zwecke sie sonst verfolgt, und zwar selbst dann, wenn diese karitativer Natur sind.[1] Anders als bei

---

32 Vgl *Sikora*, NJW 2013, 2310, 2314; Spindler/Stilz/*Drescher*, Rn 4 eingehend zu Fragen der Wirksamkeit einer notariellen Auslandsbeurkundung unten § 23 Rn 4 f; ferner Scholz/*Emmerich*, GmbHG, § 2 Rn 18 ff.
33 Siehe MüKo-AktG/*Heider*, Rn 43 ff.
34 Zutreffend: *Hüffer*, Rn 13; Großkomm-AktienR/*Röhricht*, § 23 Rn 66; Spindler/Stilz/*Drescher*, Rn 6.
35 Vgl *Hüffer*, Rn 13; MüKo-AktG/*Heider*, Rn 32.
36 Vgl BGHZ 103, 184, 194 ff = NJW 1988, 1579, 1581; *Wiedemann*, JZ 1989, 443; eingehend: *Timm*, WM 1991, 481 f; *Henze*, BB 1996, 489, 492; MüKo-AktG/*Heider*, Rn 49.

1 HM, statt vieler BGHZ 59, 179, 183; Röhricht/v. Westphalen/*Röhricht*, HGB, § 6 Rn 8. Auch die Angehörigen sog. freier Berufe können sich in der Rechtsform der AG nach Aktienrecht stets zusammenschließen, sofern nicht gesetzlich normierte Standespflichten dem entgegenstehen. Für Wirtschaftsprüfer (§ 27 Abs. 1 WPO) und Steuerberater (§ 49 Abs. 1 StBerG) ist die Zulassung zur AG gesetzlich geregelt. Rechtsanwälte können sich jetzt kraft Gesetzes in einer GmbH zusammenschließen (vgl § 59 c ff BRAO), aber auch der Zusammenschluss in einer AG ist ohne Kodifizierung de lege lata zulässig; vgl BGH AG 2005, 531.

natürlichen Personen ist bei einer AG, auch bei der Einmann-AG, **keine** von der geschäftlichen zu trennende **Privatsphäre** anzuerkennen.

2. Legaldefinition. Abs. 2 wurde eingefügt durch Art. 1 Nr. 1 KonTraG[2] und enthält eine Legaldefinition der **börsennotierten Gesellschaft**, wodurch sämtliche Bestimmungen des AktG, die an eine Börsennotierung anknüpfen, sprachlich entlastet werden (vgl zB §§ 67 Abs. 6, 110 Abs. 3, 120 Abs. 4, 124 Abs. 1, 130 Abs. 1 S. 3, Abs. 2, Abs. 6, 134 Abs. 1, 171 Abs. 2, 328 Abs. 3, 404 Abs. 1 u. 2).[3] § 3 gilt nicht für die §§ 20, 21; insoweit wird auf § 21 Abs. 2 WpHG abgestellt.

II. Anwendungsbereich. Die Fiktion des Abs. 1 gilt nur für die **Aktiengesellschaft**, die durch die konstitutiv[4] wirkende Eintragung im **Handelsregister** bereits entstanden ist (§ 41 Abs. 1). Die Bestimmung gilt somit nicht für die Vor-AG.[5] Das hat zur Folge, dass die Vor-AG nur dann Kaufmann iSd HGB ist, wenn ihr schon vor der Eintragung betriebenes Unternehmen, nach Aufgabe der Eintragungsabsicht,[6] die in § 1 Abs. 2 HGB neu definierten[7] Voraussetzungen eines Handelsgewerbes erfüllt, wobei der künftige Zuschnitt der Gesellschaft zu berücksichtigen ist.[8] Wird die Eintragungsabsicht aufgegeben, entsteht, wenn ein Handelsgewerbe betrieben wird, eine OHG, andernfalls eine BGB-Gesellschaft; die OHG ist dann zur Eintragung anzumelden, es besteht Anmeldepflicht.[9] Erfasst werden auch die inländischen Zweigniederlassungen einer AG mit dem **Sitz im Ausland** (§§ 13 d ff HGB). Da die Zweigniederlassung keine eigene Rechtsfähigkeit besitzt,[10] kann die Kaufmannseigenschaft nur der ausländischen Gesellschaft zukommen. Im Einzelfall bemisst sich dies danach, ob die ausländische Gesellschaft eine mit der deutschen AG vergleichbare Rechtsform aufweist.[11]

Gemäß § 3 Abs. 1 wird die AG ausnahmslos den Vorschriften des HGB unterworfen. Für die Kaufmannseigenschaft bedarf es daher keiner Prüfung nach §§ 1 ff HGB. Bedeutung hat die Bestimmung deshalb in erster Linie für AGs, deren Gegenstand des Unternehmens nicht unter § 1 HGB fällt, zB für die **freien Berufe**. Auch wenn ein Gewerbe der AG keinen in kaufmännischer Weise eingerichteten Geschäftsbetrieb erfordert (§ 1 Abs. 2 HGB), bleibt die AG dennoch Formkaufmann. Für sie gelten auch sonstige zivilrechtliche Regelungen, sofern sie auf den Kaufmannsbegriff des HGB Bezug nehmen.[12] **Angestellte** einer AG sind in jedem Fall **Handlungsgehilfen** iSv §§ 59 ff HGB, auch wenn die AG kein Handelsgewerbe betreibt.[13] Die AG ist ferner Unternehmerin iSv § 14 BGB.[14] Hingegen hat die Fiktion keinen Einfluss auf das **Gewerbe- und Steuerrecht**. In diesem Bereich wird rechtsspezifisch nur danach geurteilt, ob tatsächlich ein Gewerbe betrieben wird, der Kaufmannsbegriff des HGB ist hierfür nicht maßgebend.[15]

B. Die Börsennotierung

I. Definition. Mit Abs. 2 wurde eine allgemeine **Legaldefinition** der börsennotierten Gesellschaft in das Gesetz aufgenommen. Bereits mit dem Deregulierungsgesetz[16] wurde zwischen Gesellschaften, deren Aktien zum Börsenhandel zugelassen sind, und den übrigen „kleinen" Aktiengesellschaften unterschieden (vgl §§ 58 Abs. 2 S. 2, 130 Abs. 1 S. 3). Diese kapitalmarktorientierte Trennlinie wurde gesetzlich fortgeschrieben. Börsennotiert[17] sind danach Gesellschaften, deren Aktien zum Handel **an einem Markt zugelassen** sind, der die Voraussetzungen von Abs. 2 erfüllt. Hingegen muss der **Handel** nicht mehr, wie nach früherer Gesetzeslage, an einem Markt regelmäßig stattfinden, der von staatlich anerkannten Stellen geregelt und überwacht wird, er muss auch nicht für das Publikum unmittelbar oder mittelbar zugänglich sein.[18] Das Finanzmarktrichtlinie- Umsetzungsgesetz[19] hat den Begriff des Marktes in Abs. 2 neu definiert, wonach vom Begriff des Marktes im Sinne dieser Vorschrift nur noch das Marktsegment des regulierten

---

[2] Gesetz zur Kontrolle und Transparenz im Unternehmensbereich v. 27.4.1998 (BGBl. I S. 786), modifiziert durch Art 6 a Nr. 1 Ges. zur Umsetzung der EG – Einlagensicherungsrichtlinie und der EG-Anlegerentschädigungsrichtlinie v. 22.7.1998 (BGBl. I S. 1842).
[3] Dazu *Hüffer*, Rn 5; eingehend Spindler/Stilz/*Drescher*, Rn 3.
[4] Vgl Röhricht/v. Westphalen/*Ammon/Ries*, HGB, § 8 Rn 53 ff.
[5] HM MüKo-AktG/*Heider*, Rn 7; *Hüffer*, Rn 2; *K. Schmidt*, GesR § 10 II 2 b; *Canaris*, Handelsrecht, 23. Aufl., § 3 Rn 44.
[6] BGH NJW 2007, 589; vgl Spindler/Stilz/*Drescher*, AktG, Rn 2; aA MüKo-AktG/*Heider*, Rn 8.
[7] Durch HRefG v. 22.6.1998, BGBl. I S. 1474.
[8] Vgl Röhricht/v. Westphalen/*Röhricht*, HGB, § 6 Rn 8 mwN.
[9] Vgl §§ 106 ff HGB; Röhricht/v. Westphalen/v. Gerkan/*Haas*, HGB, § 106 Rn 2.
[10] Vgl Spindler/Stilz/*Drescher*, AktG, Rn 2.
[11] Vgl Röhricht/v. Westphalen/*Ammon/Ries*, HGB, § 13 e Rn 2 f; MüKo-AktG/*Heider*, Rn 10; KölnKomm-AktG/*Kraft* Rn 22.
[12] Die früheren Sondervorschriften für Kaufleute bei der Verjährung, § 196 BGB aF sind abgeschafft; es gilt jetzt die regelmäßige Verjährungsfrist von 3 Jahren nach § 195 BGB; näheres dazu AnwK-BGB/*Mansel*, vor §§ 194–218.
[13] Vgl Röhricht/v. Westphalen/*Wagner*, HGB, § 59 Rn 20, 23; *Hüffer*, Rn 4; MüKo-AktG/*Heider*, Rn 34; aA v. Godin/Wilhelmi, Rn 2.
[14] Vgl Spindler/Stilz/*Drescher*, AktG, Rn 4.
[15] Vgl MüKo-AktG/*Heider*, Rn 11; *Hüffer*, Rn 4.
[16] Vom 2.8.1994, BGBl. I S 1961.
[17] Zur Entstehungsgeschichte der Fassung der Norm siehe MüKo-AktG/*Heider*, Rn 37 ff.
[18] Vgl K. Schmidt/Lutter/*Lutter*, AktG, Rn 6.
[19] Vom 16.7.2007, BGBl. I 2007, 1330.

Marktes erfasst wird.[20] Die früher eingehend erörterte Problematik zur Frage des **Neuen Marktes** (dazu näher Vorauflage Rn 5, Fn 16) ist überholt. Nach der Änderung des Börsengesetzes fällt unter die Definition des Marktes nach Abs. 2 nur noch das Marktsegment des sog regulierten Marktes (§§ 32 ff. BörsG). Nicht ausreichend ist der Handel mit Aktien im sog. Freiverkehr (§ 48 BörsG), da dies keine Börsennotierung iSv Abs. 2 begründet; denn dieses Marktsegment wird nicht von staatlich anerkannten Stellen, sondern ausschließlich privat organisiert.[21] Der Begriff der börsennotierten Gesellschaft stimmt nunmehr, wenn auch einschränkender gefasst, mit dem in § 21 Abs. 2 WpHG überein. Schließlich werden unter dem Begriff „börsennotiert" auch die Gesellschaften erfasst, deren Aktien an vergleichbaren Börsen im Ausland notiert werden.[22]

6 **II. Nichtbörsen-AG.** Die nicht an der Börse notierten AGs, also solche, die nicht dem Regelungsbereich des Abs. 2 unterfallen, haben Erleichterungen im Verfahrensbereich, weil Vorschriften und Verhaltenspflichten, die bei den börsennotierten AGs aus Gründen des Anlegerschutzes erforderlich sind, bei den nicht am Kapitalmarkt tätigen und meist kleineren AGs nicht zu rechtfertigen wären.[23]
Der Begriff des „geregelten Marktes" im Sinne der Finanzmarktrichtlinie[24] ist dahin auszulegen, dass ein Markt für Finanzinstrumente, der nicht den Anforderungen des Titels III Art. 36 dieser Richtlinie genügt, nicht unter den Begriff geregelter Markt fällt, auch wenn sein Betreiber mit dem Betreiber eines solchen geregelten Marktes fusioniert hat. Die Mitgliedstaaten lassen nur diejenigen Systeme als geregelten Markt zu, die den Bestimmungen dieses Tittels genügen. Bei der Zulassung als geregelter Markt müssen die Mitgliedstaaten sicherstellen, dass sowohl Marktbetreiber als auch die Systeme den Anforderungen des Titels III der Richtlinie genügen. Die Qualifizierung als geregelter Markt hängt aber nicht davon ab, dass der Markt entsprechend Art. 47 der Richtlinie in das von den Mitgliedstaaten zu erstellende Verzeichnis der geregelten Märkte aufgenommen ist.[25]

7 **III. Delisting.** Der BGH hat im Jahre 2002 entschieden, dass der Widerruf der Zulassung zum Handel der Aktie im geregelten Markt (sog. reguläres *delisting*) nach § 39 Abs. 2 BörsenG das Aktieneigentum beeinträchtige und deshalb eines Beschlusses der Hauptversammlung sowie eines Pflichtangebots der Gesellschaft oder des Großaktionärs über den Kauf der Aktien der Minderheitsaktionäre bedürfe.[26] Gestützt auf die Entscheidung des BVerfG[27], wonach der Widerruf der Börsenzulassung für den regulierten Markt den Schutzbereich des Eigentumsgrundrechts des Aktionärs nicht berühre und es den Fachgerichten überlassen bleibe, wie der Wechsel vom regulierten Markt in den Freiverkehr zu bewerten ist, hat der BGH entschieden[28], dass bei einem Widerruf der Zulassung der Aktie zum Handel im regulierten Markt auf Veranlassung der Gesellschaft die Aktionäre keinen Anspruch auf eine Barabfindung haben; es bedarf weder eines Beschlusses der Hauptversammlung noch eines Pflichtangebots, wenn ein Eintritt in den „Entry Standard" des Freiverkehrs (*open market*) erfolgt.

§ 4 Firma

Die Firma der Aktiengesellschaft muß, auch wenn sie nach § 22 des Handelsgesetzbuchs oder nach anderen gesetzlichen Vorschriften fortgeführt wird, die Bezeichnung „Aktiengesellschaft" oder eine allgemein verständliche Abkürzung dieser Bezeichnung enthalten.

Literatur:
Ammon, Die Sachfirma der Kapitalgesellschaft, DStR 1994, 325; *ders.*, Gesellschaftsrechtliche und sonstige Neuerungen im Handelsrechtsreformgesetz – Ein Überblick, DStR 1998, 1474; *Bokelmann*, Das Recht der Firmen- und Geschäftsbezeichnungen, 5. Aufl, 1999; *Clausnitzer*, Die Novelle des internationalen Gesellschaftsrechts NZG 2008, 321; *Grunewald/Müller*, Ausländische Rechtsberatungsgesellschaften in Deutschland, NJW 2005, 465; *Heidinger*, Der Name des Nichtgesellschafters in der Personenfirma, DB 2005, 815; *Hintzen*, Entwicklungen im Handels- und Registerrecht seit 2003, Rpfleger 2005, 344; *Heckschen*, Firmenbildung und Firmenverwertung – aktuelle Tendenzen, NotBZ 2006, 465; *Heinrich*, Firmenwahrheit und Firmenbeständigkeit, 1982; *Henssler*, Gewerbe, Kaufmann und Unternehmen, ZHR 161 (1997), 13; *Hönn*, Akademische Grade, Amts- und Dienst- und Berufsbezeichnungen sowie Titel in der Firma in firmen- und wettbewerbsrechtlicher Sicht, ZHR 153 (1989), 386; *Karsten Schmidt*, Haftungskontinuität als unternehmensrechtliches Prinzip, ZHR 145 (1981), 2; *Kempter/Kopp*, Die Rechtsanwalts- AG eine anwaltsgesellschaft sui generis außerhalb des anwaltlichen Berufsrechts?, NJW 2000, 3449; *Kilian*, Registerrecht – Aktuelle Entwicklungen, notar 2009, 19 und notar 2010,13; *Kögel*, Firmenrecht 2011 – welche Regeln gelten (noch)?, Rpfleger 2011, 79; *ders.*,

---

20 *Hüffer*, Rn 6; K. Schmidt/Lutter/*Lutter*, AktG, Rn 6; Spindler/Stilz/*Drescher*, AktG, Rn 5.
21 Vgl *Hüffer*, Rn 6; MüKo-AktG/*Heider*, Rn 38; K. Schmidt/Lutter/*Lutter*, AktG, Rn 6; Spindler/Stilz/*Drescher*, AktG, Rn 5.
22 Vgl BegrRegE BT-Drucks. 13/9712, 12; unten Kap. 13 WpHG § 21 Rn 11; K. Schmidt/Lutter/*Lutter*, AktG, Rn 6; Spindler/Stilz/*Drescher*, AktG, Rn 5; *Böcker*, RNotZ 2002, 129, 131.
23 Näher MüKo-AktG/*Heider*, Rn 41 ff.
24 Richtlinie 2004/397/EG, ABl. EU v. 30.4.2004 Nr. L145/1.
25 Eingehend EuGH v. 22.3.2012, NZG 2012, 590 ff.
26 BGHZ 153, 47, 53 ff.
27 BVerfG, ZIP 2012, 1402.
28 BGH v. 8.10.2013 – II ZB 26/12.

Entwicklungen im Handels- und Registerrecht seit 2009, Rpfleger 2011, 305; *ders.*, Deutliche Unterscheidbarkeit auch zwischen Firmen und Vereinsnamen?, Rpfleger 2012, 131; *Lutter/Welp*, das neue Firmenrecht der Kapitalgesellschaften, ZIP 1999, 1073; *Obergfell*, Grenzenlos liberalisiertes Firmenrecht? Ein Statement zur Eintragungsfähigkeit des „@", CR 2000, 855; *Schanze*, Sanktionen bei Weglassen eines der Haftungsbeschränkung anzeigenden Rechtsformzusatzes im europäischen Rechtsverkehr, NZG 2007, 533; *Schulenburg*, Die Abkürzung im Firmenrecht der Kapitalgesellschaften, NZG 2000, 1156; *Uhlenbruck*, Die Firma als Teil der Insolvenzmasse, ZIP 2000, 401.

Literatur zum Firmenrecht nach dem HRefG: Siehe 1. Auflage.

A. Allgemeines	1	II. Firmenschutz	22
I. Regelungsbereich	1	C. Arten der Firma	23
II. Übergangsvorschriften	2	I. Personenfirma	24
III. Bedeutung der Firma	3	II. Sachfirma	25
1. Legaldefinition	3	III. Fantasiefirma	27
2. Rechtsnatur des Firmenrechts	4	IV. Die Firma der Rechtsanwalts-Kapitalgesellschaft	29
3. Firmenfähigkeit	5	V. Abgeleitete Firma	31
IV. Grundbegriffe des Firmenrechts	6	1. Firmenfortführung (§ 22 HGB)	32
B. Grundsätze der Firmenbildung	12	2. Haftung bei Firmenfortführung (§ 25 HGB)	34
I. Übersicht	12	D. Firma der Zweigniederlassung	35
1. Kennzeichnungsfähigkeit (§ 18 Abs. 1 HGB)	13	E. Firmenzusätze	39
a) Buchstabenfolgen	14	I. Rechtsformzusatz	39
b) Zahlen	16	II. Sonstige Zusätze	41
c) Bildzeichen	17	F. Die unzulässige Firma	42
2. Unterscheidungskraft und Unterscheidbarkeit	18	I. Vor der Eintragung	42
3. Irreführungsverbot (§ 18 Abs. 2 HGB)	19	II. Eingetragene Firma	43
a) Materiellrechtliche Einschränkungen	20	III. Löschung der Firma	44
b) Verfahrensbezogene Einschränkungen	21		

A. Allgemeines

I. Regelungsbereich. Entgegen der Überschrift der Bestimmung enthält § 4, im Gegensatz zur Fassung vor dem HRefG,[1] **keine Regelung für die Firma der AG**; die Bestimmung befasst sich vielmehr nur noch mit dem zwingenden Rechtsformzusatz, der nunmehr auch kraft Gesetzes[2] in abgekürzter Form – regelmäßig mit „AG" abgekürzt – in der Firma geführt werden darf. Die korrespondierende Bestimmung für den Einzelkaufmann und die Personenhandelsgesellschaft ist § 19 HGB, für die GmbH § 4 GmbHG. Die Neufassung gilt seit 1.7.1998. Mit dem **Rechtsformzusatz** erhält die Firma ihre Funktion **als Informationsträger** über die Rechts- bzw Gesellschaftsform und offenbart die Haftungsverhältnisse, wodurch sich eine Transparenz für Gläubiger und Verbraucher ergibt. Alle sonstigen für eine Firma maßgeblichen Vorschriften finden sich in §§ 17 ff HGB, insbesondere ist bei der Firmenbildung § 18 HGB (Kennzeichnungseignung, Unterscheidungskraft, Verbot der Irreführung) zu beachten. 1

II. Übergangsvorschriften. Art. 38 EGHGB hat als Übergangsvorschrift in erster Linie Bedeutung für Einzelkaufleute und Personenhandelsgesellschaften.[3] Danach durften vor dem 1.7.1998 im Handelsregister eingetragene Firmen bis zum 31.3.2003 unverändert weitergeführt werden. Für die AG hat dies keine praktische Bedeutung; denn die Firma einer AG, die schon vor dem 1.7.1998 zulässig war, ist regelmäßig auch danach in vollem Umfang zulässig geblieben.[4] 2

III. Bedeutung der Firma. 1. Legaldefinition. Die AG ist als Handelsgesellschaft Formkaufmann (§ 3 AktG, § 6 HGB) und hat deshalb **zwingend** eine **Firma** zu **führen** (§§ 17 ff HGB; siehe auch § 23 Abs. 3 Nr. 1). § 17 HGB enthält eine Legaldefinition der Firma; sie ist nur der Handelsname des Kaufmanns als Unternehmensträger und darf nicht mit dem Unternehmen oder Betrieb gleichgesetzt werden. Die Firma ist der Name der Gesellschaft und nicht der des Unternehmens, für letzteres gibt es die **Geschäftsbezeichnung**. Die AG hat, im Gegensatz zum Einzelkaufmann, nur **einen Namen**; diese Firma wird in das Handelsregister eingetragen und ist im Geschäftsverkehr wie eingetragen zu führen.[5] 3

2. Rechtsnatur des Firmenrechts. Dazu wird heute, mit geringfügigen Abweichungen im Einzelnen, überwiegend vertreten, dass das Firmenrecht sowohl Persönlichkeitsrecht (Namensrecht) als auch Vermögensrecht (Immaterialgüterrecht) ist (Doppelnatur). Am ehesten wird es als einheitliches Recht mit zwei unter- 4

---

[1] Handelsrechtsreformgesetz v. 22.6.1998, BGBl. I S. 1474.
[2] Schon vorher hM.
[3] Vgl Röhricht/v. Westphalen/*Ammon/Ries*, HGB, § 19 Rn 40.
[4] Näheres und zur rechtshistorischen Bedeutung von § 26 a EGAktG MüKo-AktG/*Heider*, Rn 3.
[5] Vgl BayObLG, DStR 1992, 439; Röhricht/v. Westphalen/*Ammon/Ries*, HGB, § 17 Rn 2 f; *Hüffer*, Rn 2; MüKo-AktG/*Heider*, Rn 6; *Ammon*, DStR 1994, 325.

schiedlichen Komponenten erfasst.[6] Das Firmenrecht kann einen erheblichen wirtschaftlichen Wert (good will) haben, was insbesondere im Insolvenzverfahren Bedeutung erlangt, da die Firma zur Insolvenzmasse gehört.[7]

5 **3. Firmenfähigkeit.** Firmenfähig ist die durch die konstitutiv wirkende **Eintragung im Handelsregister** entstandene juristische Person (vgl § 41 Abs. 1). Vor der Eintragung besteht keine Firmenfähigkeit nach § 6 HGB. Die Vor-AG kann aber firmenfähig sein, wenn sie einen Geschäftsbetrieb aufgenommen hat, der unter die Definition Handelsgewerbe fällt (siehe oben § 3 Rn 3). Die Vor-AG kann bereits mit der für die AG vorgesehenen Firma im Geschäftsverkehr auftreten, muss allerdings dem Rechtsformzusatz „AG" zusätzlich hinzufügen „in Gründung", abgekürzt „i.G." oder „i.Gr.".[8] Die Firmenfähigkeit der AG besteht bis zu ihrer Löschung im Handelsregister (§ 273 Abs. 1 S. 2).

6 **IV. Grundbegriffe des Firmenrechts.**[9] **Firmenkern** und **Firmenzusatz** waren Begriffe, die in erster Linie durch die Gesetzeslage vor dem Inkrafttreten des HRefG Bedeutung hatten. So war mit dem Begriff „Firmenkern" der gesetzlich vorgeschriebene Bestandteil einer Firma nach §§ 18 Abs. 1, 19 Abs. 1 und 2 HGB aF, § 4 AktG, § 4 GmbHG definiert. Es handelte sich um ein statisches Element, das durch entsprechende Zusätze ergänzt werden konnte. Der Zwang zur Personen- oder Sachfirma ist aber mit dem HRefG entfallen. Insbesondere für die Frage der Fortführung einer Firma (vgl §§ 22, 25 HGB) ist entscheidend, ob der **prägende Teil der Firma**, das ist der Teil, mit dem der Geschäftsverkehr das Unternehmen gleichsetzt, fortgeführt wird.[10] Deshalb sollte man nach der Freigabe der Firmenbildung – in den Grenzen des § 18 HGB – den Begriff „Firmenkern" besser durch den des „prägenden Firmenbestandteils" ersetzen; dieser Begriff kann als ein mehr dynamisches Element einem Wandel der Verkehrsauffassung ohne Weiteres Rechnung tragen, dh ein einmal prägend gewesener Firmenbestandteil muss es nicht für alle Zeiten bleiben, es kann im Laufe der Jahre auch ein anderer Firmenbestandteil allein oder zusammen mit dem früheren prägend werden.[11]

7 Nach dem Grundsatz der **Firmeneinheit** können Kapitalgesellschaften im Gegensatz zum Einzelkaufmann, der für mehrere Geschäfte mehrere Firmen führen kann, nur eine einheitliche Firma führen, weil diese ihr einziger Name ist (zur Zweigniederlassung s.u. Rn 35).

8 Die **Firmenwahrheit** bedeutet, dass die Firma weder in ihren Bestandteilen noch in ihrer Gesamtheit Angaben enthalten darf, die sich zur Irreführung (Täuschung) eignen, sofern diese Angaben für die angesprochenen Verkehrskreise wesentlich sind.

9 Die **Firmenausschließlichkeit** verlangt als Ausdruck der Individualisierungsfunktion die deutliche Unterscheidbarkeit von allen anderen Firmen am selben Ort (§ 30 HGB).

10 Wegen des Grundsatzes der **Firmenbeständigkeit** darf die Firma im Interesse der Geschäftsbeziehungen und der Verkehrsgeltung eines Unternehmens unter bestimmten Voraussetzungen unverändert fortgeführt werden (§§ 21 ff HGB). Dies gilt selbst dann, wenn die Firma bei einer Neubildung nicht zulässig wäre; insoweit erfährt der Grundsatz der Firmenwahrheit eine Einschränkung.

11 Der Grundsatz der **Firmenöffentlichkeit** besagt, dass die Handelsgesellschaften ihre Firma durch Eintragung in das Handelsregister öffentlich bekannt machen müssen (§§ 36 ff). Zu dieser Firmenpublizität gehört auch die Pflicht, in die Firma den Rechtsformzusatz des Unternehmensträgers aufzunehmen (§ 4). Hier tritt noch ergänzend die Verpflichtung zur Angabe der **vollständigen Firma** auf Geschäftsbriefen nach § 80 hinzu.

B. Grundsätze der Firmenbildung

12 **I. Übersicht.** Nach dem Rechtszustand bis zum 1.7.1998 war für die AG grundsätzlich nur die Sachfirma, ganz ausnahmsweise, falls ein schutzwürdiges Interesse vorlag, auch eine Personenfirma erlaubt. Die Sachfirma musste gem. § 4 AktG aF dem Gegenstand des Unternehmens entnommen werden. Diese Regelung wurde durch das HRefG ersatzlos gestrichen. An ihre Stelle ist **§ 18 HGB** getreten, der lautet:

---

6 Vgl BGHZ 85, 221, 223; Hüffer, Rn 3; eingehend: Röhricht/v. Westphalen/*Ammon*/*Ries*, HGB, § 17 Rn 8 mwN.
7 Näher dazu Röhricht/v. Westphalen/*Ammon*/*Ries*, HGB § 17 Rn 45, 47.
8 Vgl MüKo-AktG/*Heider*, Rn 10; Spindler/Stilz/*Drescher*, AktG, Rn 2, 3; Hüffer, Rn 4. Der dortige Hinweis, dass die Vor-AG als Kleingewerbetreibende nach § 2 HGB zugunsten des Handelsrechts optieren kann, ist für die Praxis kaum nachvollziehbar, weil das Handelsrecht in einem solchen Fall erst mit der Eintragung im Handelsregister Anwendung findet. Mit der Eintragung entsteht aber bereits die AG selbst. Wurde hingegen der Eintragungswille für die Vor-AG aufgegeben, mag die Gesellschaft Kleingewerbetreibender sein; sie ist aber dann nicht mehr Vor-AG.
9 Zum Ganzen vgl *Ammon*, Die Sachfirma der Kapitalgesellschaft, DStR 1994, 325 f; Röhricht/v. Westphalen/*Ammon*/*Ries*, HGB, § 17 Rn 20 f; Hüffer, Rn 6.
10 Dazu BGH NJW 2001, 1352 (zu § 25 HGB).
11 Dazu *Ammon*, BGH-Report 2001, 386; vgl auch Röhricht/v. Westphalen/*Ammon*/*Ries*, HGB, § 25 Rn 19, § 18 Rn 5 ff.

Erster Teil | Allgemeine Vorschriften § 4 AktG

(1) Die Firma muß zur Kennzeichnung des Kaufmanns geeignet sein und Unterscheidungskraft besitzen.
(2) ¹Die Firma darf keine Angaben enthalten, die geeignet sind, über geschäftliche Verhältnisse, die für die angesprochenen Verkehrskreise wesentlich sind, irrezuführen. ²Im Verfahren vor dem Registergericht wird die Eignung zur Irreführung nur berücksichtigt, wenn sie ersichtlich ist.

Die Vorschrift gilt für die Firmen aller Kaufleute (§§ 1, 6 HGB), also auch für die AG. Jede Firma muss, um zulässig zu sein, im Wesentlichen fünf Kriterien erfüllen:

- Kennzeichnungsfähigkeit und Unterscheidungskraft,
- Ersichtlichkeit des Gesellschaftsverhältnisses,
- Offenlegung der Haftungsverhältnisse,
- Keine Eignung zur Irreführung iSv § 18 Abs. 2 HGB,
- Deutliche Unterscheidbarkeit iSv § 30 HGB.

Jede Firma, die diese Kriterien erfüllt, ist grundsätzlich im Handelsregister eintragungsfähig, es sei denn, sie verstößt mit ihrer Firmierung gegen die öffentliche Ordnung, gegen die guten Sitten oder ist sonst rechtsmissbräuchlich.[12]

1. Kennzeichnungsfähigkeit (§ 18 Abs. 1 HGB). Jede Firma muss zur Kennzeichnung geeignet sein, weil sie nur damit die im Geschäftsverkehr erforderliche Namensfunktion erfüllen kann; mit der Eignung zur Kennzeichnung wird die **abstrakte Namensfähigkeit** umschrieben. Das bedeutet, der prägende Firmenbestandteil, auch Firmenkern genannt (dazu oben Rn 6), muss aus einer wörtlichen und aussprechbaren Bezeichnung bestehen und in lateinischen Buchstaben geschrieben sein.[13] Eine „Pik-As-AG" ist firmenrechtlich zulässig; hingegen wäre sie unzulässig, wenn anstelle der wörtlichen Wiedergabe das Bildzeichen aus dem Kartenspiel verwendet wird. Der Auffassung, dass auch **Zahlen, Buchstabenkombinationen und Abkürzungen in Alleinstellung** als Firma ausscheiden, weil sie von vornherein keine Kennzeichnungseignung haben sollen,[14] ist nicht zuzustimmen.[15]

a) Buchstabenfolgen. Im Gegensatz zur früheren Regelung im Warenzeichengesetz sind jetzt nach § 8 Abs. 2 Nr. 2 MarkenG Buchstabenfolgen als Marke eintragungsfähig. Damit wurde einer moderneren Verkehrsauffassung Rechnung getragen. Deshalb muss auch für das Firmenrecht die Kennzeichnungseignung von Buchstabenfolgen in Alleinstellung bejaht werden.[16] Es wäre nicht einleuchtend, dass eine DBK-AG als Firma nicht kennzeichnungsgeeignet und damit unzulässig sein soll, hingegen eine Debeka-AG zulässig und eintragungsfähig ist.[17] Demnach sind Buchstaben/Zahlenkombinationen oder auch Abkürzungen und Akronyme zulässig, auch wenn sie kein Wort ergeben, das als solches aussprechbar ist.[18] Auch einzelne Buchstaben und Zahlen können als Laute wiedergegeben werden und sind nicht von vornherein auszuschließen, nachdem auch Fantasiebezeichnungen zulässig sind. Hier muss aber im Einzelfall festgestellt werden, ob zB der Buchstabe „F" oder die Ziffer „3" jeweils in Alleinstellung die nach § 18 Abs. 1 HGB erforderliche Kennzeichnungseignung hat. Im Handelsregister München wurden beispielsweise eingetragen: „ML GmbH", „V3P3 GmbH", „3A GmbH", „SF GmbH"," AB Handels Gesellschaft mbH", „WBC GmbH", „B to B GmbH" „BM GmbH", „69 GmbH"etc. Dies zeigt aber auch, dass der Schwerpunkt der Firmierungsfragen bei den Personenhandelsgesellschaften und den GmbHs liegt, während insoweit die Aktiengesellschaften nur marginal betroffen sind.

Die sinnlose **Aneinanderreihung von A-Blöcken** in einer Firma, die offensichtlich nur dem Zweck dient, für alle Zeiten in allen erdenklichen Verzeichnissen an erster Stelle zu stehen, ist eine rechtsmissbräuchliche Fir-

---

12 Vgl *Hüffer*, Rn 11; Röhricht/v. Westphalen/*Ammon/Ries*, HGB, § 18 Rn 9; BT-Drucks. 13/8444, 36.
13 Vgl *Hüffer*, Rn 12; MüKo-AktG/*Heider*, Rn 13 f; Röhricht/v. Westphalen/*Ammon/Ries*, HGB, § 18 Rn 11; *Lutter/Welp*, ZIP 1999, 1073, 1077; *Müther*, GmbHR 1998, 1058 f.
14 Vgl früher BGHZ 14, 155, 160; auch jetzt noch in diese Richtung Scholz/*Emmerich*, GmbHG, § 4 Rn 10; dazu ferner *Müther*, GmbHR 1998, 1058, 1060; *Kögel*, BB 1998, 1645 f; *Lutter/Welp*, ZIP 1999, 1978.
15 Vgl *Canaris*, HR § 10 Rn 15; *Lutter/Welp*, ZIP 1999, 1073, 1078; eingehend zur Namensfähigkeit von Buchstabenkombinationen und Abkürzungen *Schulenburg*, NZG 2000, 1156, 1157 f; Heidel/Schall/*Ammon*, HGB, § 18 Rn 12 f; Röhricht/v. Westphalen/*Ammon/Ries*, HGB, § 18 Rn 12 mwN.
16 Vgl die Nachweise bei Heidel/Schall/*Ammon*, HGB, § 18 Rn 15, 16.
17 Näher dazu Röhricht/v. Westphalen/*Ammon/Ries*, HGB, § 18 Rn 12 f.
18 Vgl BGH DB 2009, 170 – „HM&A" als Firma einer GmbH & Co. KG ist zulässig – mit zahlreichen Nachweisen; Spindler/Stilz/*Drescher*, Rn 9; K. Schmidt/Lutter/*Langhein*, Rn 17.

mierung, eine solche Firma ist nicht eintragungsfähig.[19] Es könnte aber auch bereits an der Kennzeichnungseignung und Unterscheidungskraft iSv § 18 Abs. 1 HGB fehlen.[20]

Schreibweise und grafische Gestaltung:
Grundsätzlich ist das Registergericht an die in der Anmeldung enthaltene, **grafische Gestaltung der Firma** – nicht des „Firmennamens" – nicht gebunden. Wenn aber die Schreibweise in der vom Anmelder vorgeschlagenen Form keine technischen Schwierigkeiten bereitet, die Firma sonst zulässig ist und der Anmelder die Firma grundsätzlich wie im Handelsregister eingetragen im Rechtsverkehr zu führen hat, sollte eine Firma „A³ ..." auch eingetragen werden, da keine durchgreifenden Gründe ersichtlich sind, den Teil dieser Firma mit „A3" einzutragen.[21]

16 b) **Zahlen.** Auch Zahlen kann die Kennzeichnungseignung nicht von vornherein abgesprochen werden.[22] Es erscheint nicht einleuchtend, warum eine Dreiundzwanzig-AG zulässig sein soll, nicht aber eine 23-AG.[23] Zahlen gemischt mit Buchstabenfolgen sind ebenfalls zulässig.[24]

17 c) **Bildzeichen.** Bildhafte Zeichen erfüllen grundsätzlich **keine Namensfunktion.** Die Diskussion geht in diesem Bereich in erster Linie um das **@-Zeichen.** Nach BayObLG[25] ist das Zeichen in der Firma unzulässig. Soll es den Buchstaben „a" ersetzen, hat der Anmelder keinen Anspruch auf dieses Schriftbild gerade mit der Verwendung des „@"-Zeichens.[26] Soll es ähnlich wie „&", „+", die als „und" bzw „plus" ausgesprochen werden und als Wortzeichen aufzufassen sein, dürfe es nicht verwendet werden, weil es an der Eindeutigkeit fehle, da es sowohl als englisch „at" oder als Ersatz für „und" aufgefasst werden könne.[27] In dieser Auffassung ist ein Wandel eingetreten. Zum einen ist das Zeichen „@" auf jeder PC-Tastatur zu finden und hat bei den maßgeblichen Verkehrskreisen einen nahezu vollständigen Bekanntheitsgrad. Das Zeichen ist auch aussprechbar, mag es im Wort als „a" wie in „Met@box" erscheinen, oder am Wortende als englisch „at" ausgesprochen werden. Es ist als Wortzeichen zu verstehen, wie „&" und „+" und somit zulässig.[28]

18 2. **Unterscheidungskraft und Unterscheidbarkeit.** Die abstrakt zu beurteilende Unterscheidungskraft kennzeichnet die **Individualisierungsfunktion** der Firma, dh die Firma muss abstrakt gesehen die Fähigkeit haben, ihren Unternehmensträger, also die Gesellschaft, von anderen Unternehmensträgern zu unterscheiden. Deshalb darf die Firma kein **generelles Verwechslungsrisiko** insbesondere mit Firmen gleicher oder ähnlicher Branchen haben. Davon abzugrenzen ist die deutliche Unterscheidbarkeit (§ 30 Abs. 1 HGB). Danach muss sich die einzutragende Firma im konkret gegebenen Fall von anderen Firmen am selben Ort oder in derselben Gemeinde[29] bestehenden, bereits eingetragenen Firmen **deutlich unterscheiden.** Fehlt es schon an der Unterscheidungskraft, bedarf es keiner Prüfung der Unterscheidbarkeit.[30]

---

19 So jetzt zu Recht OLG Frankfurt NZG 2002, 588 mwN für die Firma AAAAAA GmbH; ablehnend ebenfalls, wenn auch mit anderer Begründung: OLG Celle DB 1999, 40 zur Firma AAA AAA AAA AB ins Lifesex-TV.de GmbH; siehe ferner Röhricht/v. Westphalen/*Ammon*/Ries, HGB, § 18 Rn 13: Tatsächlich eingetragene Firmen: AAA A Der Tiptop-Umzug GmbH; eine AAAAAA & A Agentur Detectiv Reh... e.K. Die Entwicklung ist ersichtlich noch nicht abgeschlossen, die Beispiele zeigen aber, dass die Liberalisierung des Firmenrechts ihre Grenzen am Missbrauch finden muss; dazu K. Schmidt/Lutter/*Langhein*, Rn 25.
20 So Spindler/Stilz/*Drescher*, Rn 9.
21 AA OLG München Rpfleger 2011, 525; warum nach Auffassung des Gerichts ein Firmenteil „A3" prägender sein soll als ein Firmenteil „A³" erschließt sich nicht; im Übrigen ist eine hochgestellte 3 auf jeder PC-Tastatur vorhanden, so dass auch technische Schwierigkeiten ausscheiden.
22 Vgl Lutter/Welp, ZIP 1999, 1073, 178; in ähnlicher Richtung Bülow, DB 1999, 269, 270; K. Schmidt, NJW 1998, 2161, 2167; Röhricht/v. Westphalen/*Ammon*/Ries, HGB, § 18 Rn 14; aA Kögel, BB 1998, 1645, 1646; *ders.*, Rpfleger 2000, 255, 256; Müther, GmbHR 1998, 1058, 1060.
23 Tatsächlich eingetragen wurde bereits eine 1 & 1 AG & Co. KGaA sowie eine 1 + 2 GmbH.
24 ZB: 2K Verwaltungsgesellschaft mbH, 4V Immobilien e.K., Pro7 GmbH, 4-You AG.
25 BayObLG NJW 2001, 2337.
26 Vgl auch KG MittBayNot 2001, 220.
27 Gegen Eintragungsfähigkeit auch OLG Braunschweig WRP 2001, 287; Spindler, EWiR § 18 HGB 2/01, 729; Röhricht/v. Westphalen/*Ammon*/Ries § 18 Rn 16; Scholz/*Emmerich*, GmbHG, § 4 Rn 12. Für Eintragungsfähigkeit: Wachter, GmbHR 2001, 477; F. Odersky, MittBayNot 2000, 533; Mankowski, EWiR § 18 HGB 1/01 275; Obergfell, CR 2000, 855, 857f; Mellmann, NotBZ 2001, 228; F. Wagner, NZG 2001, 802; Heidel/Schall/*Ammon*, HGB, § 18 Rn 10. Damit sympathisierend Sudhoff/Liebscher, GmbH & Co. KG, 5. Aufl., C § 13 Rn 36. Diskussion und Entwicklung ist noch nicht abgeschlossen. Es gibt Registergerichte, die eine Firma mit dem @-Zeichen eintragen; deshalb wäre zu wünschen, dass der BGH alsbald Gelegenheit erhält, die Frage zu klären. Bis dahin kann der Praxis nur empfohlen werden, durch Voranfrage bei IHK und Registergerichten zu klären, wie im jeweiligen Bezirk verfahren wird.
28 In diesem Sinne LG Berlin GmbHR 2004, 428 m.Anm.Thomas/Bergs; K. Schmidt/Lutter/*Langhein*, Rn 19 mwN; Spindler/Stilz/*Drescher*, Rn 9, Fn 17.
29 Dazu näher Röhricht/v. Westphalen/*Ammon*/Ries, HGB, § 30 Rn 2.
30 Zum Ganzen, aber häufig ohne scharfe Trennung zwischen Unterscheidungskraft und Unterscheidbarkeit, Hüffer, Rn 8 u. 12; MüKo-AktG/*Heider*, Rn 16; Scholz/*Emmerich*, GmbHG, § 4 Rn 10 u. 12; Röhricht/v. Westphalen/*Ammon*/Ries, HGB, § 18 Rn 17; Bülow, DB 1999, 269, 270; Lutter/Welp, ZIP 1999, 1073, 1074; siehe auch OLG Frankfurt, Rpfleger 2005, 366: Die Firma „Hessen-Nassauische Grundbesitz Aktiengesellschaft" ist für ein Privatunternehmen wegen fehlender Unterscheidungskraft und auch wegen Irreführungsgefahr unzulässig.

3. Irreführungsverbot (§ 18 Abs. 2 HGB). Das Irreführungs- oder Täuschungsverbot bringt das Prinzip der **Firmenwahrheit** zum Ausdruck. Eine Firma darf weder in ihren Bestandteilen noch als Ganzes täuschend sein. Gegenüber dem Rechtszustand vor dem HRefG[31] wurde aber der Prüfungsmaßstab bei der Eintragung durch das Registergericht sowohl in materiellrechtlicher als auch in verfahrensrechtlicher Hinsicht abgesenkt. Die „Beanstandungsschwelle" ist deutlich niedriger geworden. 19

a) Materiellrechtliche Einschränkungen. Die Gesetzesformulierung des § 18 Abs. 2 HGB lehnt sich an § 3 UWG, hinsichtlich der Wesentlichkeitsschwelle (unten Rn 21) aber an § 13 a UWG an. Der Irreführungstatbestand ist nur erfüllt, wenn insoweit auch eine **wettbewerbliche Relevanz** zu bejahen ist. Möglicherweise irreführende Angaben in der Firma, die aber für die wirtschaftlichen Entscheidungen der angesprochenen Verkehrskreise von untergeordneter Bedeutung oder gar bedeutungslos sind, dürfen vom Registergericht nicht beanstandet werden. Maßstab ist nicht mehr die Sicht eines nicht unerheblichen Teils der angesprochenen Verkehrskreise (so aber § 3 UWG), sondern die eines **durchschnittlichen Angehörigen** der angesprochenen Verkehrskreise bei verständiger Würdigung. Eine **Irreführung** ist damit nicht mehr empirisch, sondern **normativ** festzustellen.[32] 20

b) Verfahrensbezogene Einschränkungen. Der Registerrichter berücksichtigt nur eine ersichtliche, also **offensichtliche Eignung zur Irreführung**, dh die Eintragung der Firma soll nur verhindert werden, wenn ihre Irreführungseignung oder die eines ihrer Firmenbestandteile nicht allzu fern liegt und ohne umfangreiche Beweisaufnahme bejaht werden kann.[33] Hat der Registerrichter aber festgestellt, dass die Firma irreführend ist, kann in der Beschwerdeinstanz nicht mehr Streit darüber bestehen, ob in diesem konkreten Fall die Irreführungseignung ersichtlich war; es muss vielmehr entschieden werden, ob tatsächlich eine Irreführung gegeben ist.[34] 21

II. Firmenschutz. Hat die AG eine Firma rechtmäßig gebildet, erwirbt sie nach § 15 Abs. 1 MarkenG ein **ausschließliches Recht** mit **umfassendem Schutz** nach § 37 HGB, §§ 12, 823 BGB sowie §§ 5, 15 MarkenG. Sie kann also ein Firmenmissbrauchsverfahren anregen (§ 37 Abs. 1 HGB), eine Unterlassungsklage einreichen (§ 37 Abs. 2 HGB), wenn sie in ihrem Firmenrecht beeinträchtigt wird; sie genießt unabhängig davon, ob es sich um eine Personen-, Sach- oder Fantasiefirma handelt, umfassenden Namensschutz nach § 12 BGB und ist gegen unerlaubte Eingriffe nach § 823 Abs. 1 BGB geschützt. Schließlich hat die Firma auch den Schutz als Unternehmenskennzeichen nach §§ 5, 15 MarkenG.[35] 22

C. Arten der Firma

Seit dem Inkrafttreten des HRefG[36] hat jeder Kaufmann die freie Wahl zwischen einer Personen-, Sach- oder Fantasiefirma; auch Kombinationen entsprechender Firmenbestandteile sind möglich und zulässig. 23

I. Personenfirma. Von einer Personenfirma spricht man, wenn die AG den Namen einer natürlichen Person in ihre Firma aufnimmt; aber auch dann, wenn die Firma aus dem Namen (Firma) einer anderen juristischen Person oder einer firmenfähigen (OHG, KG) oder namensfähigen (GbR) Personenvereinigung gebildet wird. Die Personenfirma muss den Vorgaben des § 18 HGB entsprechen. Wird der Name einer natürlichen Person verwendet, kann es sich um Gründungsaktionäre, Aktionäre, aber auch um **Nichtaktionäre** handeln. Entscheidend ist nur, dass die – lebende – Person einwilligt und keine Irreführung gegeben ist. Anders als möglicherweise bei Personenhandelsgesellschaften begegnet die Verwendung des Namens von Nichtaktionären oder von nicht maßgeblich an der Gesellschaft Beteiligten im Hinblick auf § 18 Abs. 2 HGB keinen Bedenken, weil die angesprochenen Verkehrskreise bei einer AG nicht vermuten, dass der Na- 24

---

31 Dazu Röhricht/v. Westphalen/*Ammon*, HGB, 1. Aufl., § 18 Rn 6.
32 Vgl BT-Drucks. 13/8444, 53; *Hüffer*, Rn 13; MüKo-AktG/*Heider*, Rn 22 ff; Röhricht/v. Westphalen/*Ammon/Ries*, HGB, § 18 Rn 27; *Lutter/Welp*, ZIP 1999, 1073, 1079; *Schaefer*, DB 1998, 1269, 1272 f; *Schmitt*, WiB 1997, 1113, 1119; vgl auch EuGH EuZW 1999, 526, 528, der bei der Irreführung des Verbrauchers auf die "mutmaßlichen Erwartungen eines durchschnittlich informierten, aufmerksamen und verständigen Durchschnittsverbrauchers" abstellt.
33 Vgl BT-Drucks. 13/8444, 54; *Hüffer*, Rn 13; Röhricht/v. Westphalen/*Ammon/Ries*, HGB, § 18 Rn 29; *W.-H. Roth*, Das neue Firmenrecht, in: Die Reform des Handelsstandes und der Personengesellschaften, 1999, S. 31, 42 f; *Ammon*, DStR 1998, 1474, 1478.
34 Vgl BT-Drucks. 13/8444, 54; bedenklich daher die Entscheidungen OLG Hamm DNotZ 1999, 842, 844 und BayObLGZ 2000, 83 – Zulassung der Firma "pro Videntia" für eine Rechtsanwalts-AG –. Dazu kritische Anm. Röhricht/v. Westphalen/*Ammon/Ries*, HGB, § 18 Rn 30, 31.
35 Vgl *Hüffer*, Rn 10; Scholz/*Emmerich*, GmbHG, § 4 Rn 7 a, je mwN.
36 Vom 22.6.1998, BGBl. I S. 1474.

mensträger überhaupt oder maßgeblich an der AG beteiligt ist.[37] Anders ist es, wenn mit der Verwendung eines Namens unzulässige Wettbewerbsvorteile erstrebt werden. Deshalb kann eine AG, selbst wenn maßgeblich beteiligte Aktionäre zufällig F. Beckenbauer oder St. Graf heißen, nicht ohne Weiteres mit *F. Beckenbauer Sport- und Fußball AG* bzw mit *St. Graf Tennismoden AG* firmieren.[38] Wenn in einem solchen Fall die Täuschungsgefahr nicht durch klarstellende Zusätze zu beseitigen ist, muss eine andere Firma gewählt werden. Wird als Name eine bereits bestehende Firma mit einem Rechtsformzusatz verwendet, muss dieser wegen Täuschungsgefahr entfallen, da zu diesem anderen Rechtsformzusatz zwingend der Rechtsformzusatz „AG" kommen muss.[39]

25 **II. Sachfirma.** Nach § 4 AktG aF war die Sachfirma derart dem Gegenstand des Unternehmens zu entnehmen, dass sie diesen in sprachlicher Verknappung erkennbar werden ließ.[40] Dieses sog. **Entlehnungsgebot** ist entfallen. In der Praxis wird die Sachfirma in der Regel dennoch Hinweise auf den Unternehmensgegenstand geben; dies ist aber nicht zwingend. Abzulehnen ist die Auffassung, dass die Sachfirma nach wie vor dem Unternehmensgegenstand zu entnehmen sei, weil sie andernfalls täuschend wäre.[41] Damit würden auf diesem Umweg die alten Firmierungsvorschriften, die durch das HRefG ausdrücklich abgeschafft worden sind, wieder eingeführt. Zutreffend ist, dass auch die Zulässigkeit der Sachfirma ausschließlich an § 18 HGB zu messen ist. Sie ist zulässig, wenn sie bei der Eintragung nicht im Widerspruch zum Unternehmensgegenstand steht und später über die tatsächlich ausgeübte Geschäftstätigkeit nicht täuscht.[42] Die **Entwicklung der Registerpraxis** und der Rechtsprechung geht ersichtlich in die hier aufgezeigte Richtung. Nach OLG Stuttgart[43] kann von einer Irreführung (Täuschung) bei einer Sachfirma nicht allein deshalb ausgegangen werden, weil sie den Unternehmensgegenstand nicht erkennen lässt; die Grenzen zur Fantasiefirma sind fließend. Im Übrigen sei nur eine **ersichtliche Irreführung** zu berücksichtigen, dh die Prüfung wird auf ein Grobraster reduziert. Eine andere Frage ist, ob dann der Unternehmensgegenstand eventuell geändert werden muss.

26 Reine **Gattungs- und Branchenbezeichnungen** sind, wie schon früher, in Alleinstellung als Firma nicht zulässig, weil es an der erforderlichen Kennzeichnungs- und Unterscheidungskraft fehlt, so zB Bau-, Handels-, Gaststätten-, Transport-AG. Solche Bezeichnungen müssen, um als Firma zulässig zu sein, mit einem individualisierenden Zusatz verbunden werden, zB Orts- und Gebietsbezeichnung, Buchstabenkombination oder Personenname. Die Sachfirma darf nicht den Eindruck erwecken, das Unternehmen stelle bestimmte Produkte her, wenn es tatsächlich nur damit Handel treibt. Hinsichtlich Größe, Bedeutung und Sitz des Unternehmens darf die Firma nichts Irreführendes verlautbaren. Diese materiellrechtliche Beurteilung muss aber nicht zwingend zur Ablehnung der Eintragung der Firma durch das Registergericht führen; denn nicht jede gegebene Irreführungseignung muss für das Registergericht auch ohne Weiteres ersichtlich, dh offensichtlich sein.[44]

27 **III. Fantasiefirma.** Die Zulassung von Fantasiefirmen gilt nach der Regierungsbegründung zum HRefG als die wesentliche Änderung in einem bisher „versteinerten" Firmenrecht.[45] Als Fantasiefirmen werden Firmen eingeordnet, die weder Sach- noch Personenfirma sind, aber Kennzeichnungs- und Unterscheidungskraft besitzen und nicht täuschend sind.[46] In die Firma können aufgenommen werden, Zahlen, Buchstabenfolgen und Abkürzungen (dazu oben Rn 14 ff) sowie Marken(Waren-)zeichen, sofern sie Wortzeichen sind. Sie müssen auch nicht die AG mit ihrer Ware oder Dienstleistung bezeichnen;[47] es genügt, dass keine Täu-

---

37 Zutreffend *Hüffer*, Rn 13; Spindler/Stilz/*Drescher*, Rn 14; HeidelSchall/*Ammon*, HGB, § 18 Rn 5; auch in diese Richtung, Scholz/*Emmerich*, GmbHG, § 4 Rn 31 ff; ähnlich MüKo-AktG/*Heider*, Rn 30; Heidel/Schall/*Ammon*, HGB, § 17 Rn 5; weiter gehend Röhricht/v. Westphalen/*Ammon/Ries*, HGB, § 18 Rn 32 f, der die Verwendung des Namens eines Nichtgesellschafters auch bei einer Personenhandelsgesellschaft für zulässig hält und die Grenze nur in der Irreführungseignung sieht; vgl auch LG Wiesbaden, NZG 2004, 829, bedenklich allerdings dessen Auffassung, dass die Personenfirma einer Kapitalgesellschaft ohne Gesellschafterbezug zwar "ersichtlich unwahr", aber nicht zur Irreführung geeignet sei; vgl auch Thür. OLG Jena, DNotZ 2010, 935.
38 Vgl dazu Röhricht/v. Westphalen/*Ammon/Ries*, HGB, § 18 Rn 34.
39 Vgl Spindler/Stilz/*Drescher*, Rn 14.
40 Vgl *Ammon*, DStR 1994, 325, 326 mwN.
41 So aber MüKo-HGB-ErgBd/*Bokelmann*, § 19 Rn 26 u. 29; auch Spindler/Stilz/*Drescher*; Rn 15 mit der Behauptung, ohne Bezug zum Unternehmensgegenstand ist die Firma täuschend, das bedeutet aber, es gilt weiterhin das abgeschaffte Entlehnungsgebot; dazu aA *Ammon*, DStR 1998, 1474, 1478.
42 Vgl *Hüffer*, Rn 15; MüKo-AktG/*Heider*, Rn 28; einschränkend Scholz/*Emmerich*, GmbHG, § 4 Rn 22, zu den Folgen bei späterer Änderung der Verhältnisse Rn 25; Röhricht/v. Westphalen/*Ammon/Ries*, HGB, § 19 Rn 17 mwN; *Priester*, DNotZ 1998, 691, 698.
43 Rpfleger 2012, 546.
44 Vgl dazu Scholz/*Emmerich*, GmbHG, § 4 Rn 24; K. Schmidt/Lutter/*Langhein*, AktG, § 4 Rn 21; *Ammon*, DStR 1998, 1474, 1478.
45 Vgl BT-Drucks. 13/8444, 74 f.
46 *Hüffer*, Rn 16; MüKo-AktG/*Heider*, Rn 28; Scholz/*Emmerich*, GmbHG, § 4 Rn 42 f; Röhricht/v. Westphalen/*Ammon/Ries*, HGB, § 18 Rn 23 f u § 19 Rn 18 f; Heidel/Schall/*Ammon*, HGB, § 18 Rn 21; Spindler/Stilz/*Drescher*, Rn 16.
47 So aber wohl *Hüffer*, Rn 16.

schung hervorgerufen wird. Für die Firma einer Gesellschaft von Freiberuflern ist eine Fantasiefirma grundsätzlich zulässig.[48]

Fremdsprachige Bezeichnungen können, auch wenn sie in der jeweiligen Landessprache bloße Gattungs- oder Branchenbezeichnungen darstellen, als Fantasiefirmen auch ohne Zusätze zulässig sein, wenn der fremdsprachige Begriff nicht allgemein geläufig ist.[49] In den Grenzen des § 18 sind jegliche Kombinationen aus Sach-, Personen- und Fantasiefirmen als sog. gemischte Firmen uneingeschränkt zulässig.[50] 28

Bei **geographischen Angaben** ist ein **Wandel in der Verkehrsauffassung** festzustellen: Sie wird nunmehr in aller Regel als bloßer Hinweis auf den Sitz oder den Schwerpunkt der Unternehmenstätigkeit aufgefasst. Demnach erfordert die Aufnahme einer Orts- oder Landesbezeichnung oder der Hinweis auf eine Region nicht (mehr), dass das Unternehmen am Ort oder in dem Land eine besondere oder führende Stellung innehat; irgendein Bezug genügt. Ob die Bezeichnung in substantivischer oder attributiver Form erfolgt, ist nicht entscheidungserheblich.[51]

IV. Die Firma der Rechtsanwalts-Kapitalgesellschaft. Nach § 59 k BRAO aF musste die Firma einer Anwalts-GmbH den Namen wenigstens eines Gesellschafters, der Rechtsanwalt ist, und die Bezeichnung „Rechtsanwaltsgesellschaft" enthalten. Weitere Bestandteile in der Firma waren nur zulässig, wenn sie gesetzlich vorgeschrieben waren. Das bedeutete für die Anwalts-GmbH den Zwang zur Personenfirma und das Verbot jeglicher Zusätze mit Ausnahme des zwingend vorgeschriebenen Rechtsformzusatzes (GmbH-Zusatz). 29

Hingegen hat das BayObLG,[52] von der Zulässigkeit einer **Anwalts-AG** ausgehend, für deren Firmierung jegliche Firma, die sich im Rahmen des § 18 HGB hält, also auch eine Fantasiefirma für zulässig erklärt; Vorschriften des Berufsrechts stünden nicht entgegen. Unabhängig von der juristischen Argumentation war damit der Gleichlauf hinsichtlich der Firmierung zwischen Anwalts-GmbH und Anwalts-AG aufgegeben. Nach BGH[53] ist Voraussetzung für die Zulassung einer Anwalts-AG, dass weitgehend die in den §§ 59 c ff BRAO für die GmbH verlangten Erfordernisse erfüllt sein müssen. Eine andere Frage war, ob, wie mehrfach vertreten wurde, § 59 k BRAO aF nicht verfassungswidrig war.[54] Bei dieser Sachlage musste möglichst rasch eine gesetzliche Grundlage geschaffen werden, um weitere Divergenzen zwischen Anwalts-AG und Anwalts-GmbH bei der Firmenbildung zu vermeiden.[55] 30

Nunmehr ist § 59 k Abs. 1 BRAO durch Gesetz v. 30.7.2009, in Kraft getreten am 1.9.2009, BGBl. I S. 2449, 2452, (letzte Änderung der BRAO durch Gesetz v. 6.12.2011 – BGBl. I S. 2515) geändert und lautet: „Die Firma der Gesellschaft muss die Bezeichnung ‚Rechtsanwaltsgesellschaft' enthalten". Somit sind jetzt auch für die Anwalts-GmbH, und damit auch für die Anwalts-AG, **Sach- und Fantasiebezeichnungen** in den allgemeinen gesetzlichen Grenzen in der Firma **zulässig**; der Zwang zur Personenfirma wurde aufgegeben.[56]

V. Abgeleitete Firma. Der Regelungsbereich des § 4 beschränkt sich nunmehr auf die schon in der alten Fassung enthaltene Bestimmung, dass der Rechtsformzusatz der Firma ausnahmslos hinzugefügt werden muss, auch wenn es sich um eine nach § 22 HGB fortgeführte Firma handelt. Die erwähnten „anderen gesetzlichen Vorschriften" sind in erster Linie die des Umwandlungsgesetzes, insbesondere §§ 18 Abs. 1, 36 Abs. 1 S. 1, 125 S. 1 und 200 UmwG. Damit soll die Information des Geschäftsverkehrs über Gesellschafts- und Haftungsverhältnisse der AG jederzeit gewährleistet werden.[57] 31

1. Firmenfortführung (§ 22 HGB). § 4 verweist auf § 22 HGB, womit deutlich wird, dass die **tatbestandlichen Voraussetzungen** dieser Bestimmung gegeben sein müssen.[58] Es muss ein schon und noch **bestehendes Handelsgeschäft** (kaufmännisches Unternehmen) unter Lebenden oder von Todes wegen erworben werden; die Art des Erwerbes spielt keine Rolle. Es genügt, dass der **Kern des Unternehmens** übernommen wird und zwar in einem solchen Umfang, dass der Übernehmer das Geschäft in seinen wesentlichen Teilen, Eigen- 32

---

[48] BGH NJW 2004, 1651; dennoch bestanden bei einer Anwalts-AG Bedenken wegen der gesetzlichen Regelung bei der Anwalts-GmbH.
[49] Dazu näher Röhricht/v. Westphalen/*Ammon/Ries*, HGB, § 18 Rn 24 mit Beispielen.
[50] HM vgl Scholz/*Emmerich*, GmbHG, § 4 Rn 44; Röhricht/v. Westphalen/*Ammon/Ries*, HGB, § 19 Rn 20.
[51] Vgl OLG München DNotZ 2010, 933; OLG Braunschweig Rpfleger 2012, 153; Heidel/Schall/*Ammon*, HGB, § 18 Rn 48; dazu auch Scholz/*Emmerich*, GmbHG, § 4 Rn 26 – Auflockerungstendenzen; ferner oben Rn 19 f zu § 18 Abs. 2 HGB.
[52] NJW 2000, 1647.
[53] BGH AG 2005, 531; vgl auch *Kempter/Kopp*, NZG 2005, 582; siehe aber auch BGH NJW 2004, 1651, wonach § 59 k BRAO aF auf "sonstige" Zusammenschlüsse von Rechtsanwalten nicht analog anwendbar sei.
[54] In seiner Entscheidung vom 23.10.2003, Az I ZR 64/01, hat der BGH ausdrücklich verfassungsrechtliche Bedenken zur Bestimmung des § 59 k BRAO aF geäußert.
[55] Dazu *Ammon*, ANWALT 5/2002 S. 28, 30; Röhricht/v. Westphalen/*Ammon/Ries*, HGB, § 18 Rn 30 mwN.
[56] Vgl BT-Drucks. 16/11385, 38; Heidel/Schall/*Ammon*, HGB, § 24 Rn 12.
[57] Vgl *Hüffer*, Rn 19; K. Schmidt/Lutter/*Langhein*, Rn 38,40; Spindler/Stilz/*Drescher*, Rn 19.
[58] Spindler/Stilz/*Drescher*, Rn 17 f; Dazu eingehend die Kommentare zu § 22 HGB, zB Heymann/*Emmerich*, HGB, 2. Aufl.; Röhricht/v. Westphalen/*Ammon/Ries*, HGB, 3. Aufl.; Heidel/Schall/*Ammon*, HGB, 1. Aufl., § 22 Rn 5 f.

schaften und Merkmalen fortführen, die geschäftliche Tradition des Vorgängers fortsetzen kann.[59] Fortgeführt werden kann eine bisher vom Veräußerer tatsächlich geführte und zulässige Firma. Der Veräußerer muss in die **Firmenübertragung** ausdrücklich **einwilligen**; es handelt sich um eine dingliche Übertragung nach §§ 413, 398 BGB.[60] Wird die Firma einer AG übertragen, ist dazu die Einwilligung des gesetzlichen Vertreters (Vorstand) erforderlich und in analoger Anwendung von § 179a in aller Regel auch die Zustimmung der Hauptversammlung.[61]

33 Eine AG als Erwerberin muss, wenn sie die Firma fortführt, ihre bisherige Firma aufgeben (Satzungsänderung nach § 23 Abs. 3 Nr. 1 iVm §§ 179 ff ist erforderlich), da sie nicht zwei Firmen nebeneinander führen kann. Zulässig ist eine **Firmenvereinigung**, was aber zur Folge hat, dass eine neue Firma entsteht und die übernommene Firma erlischt;[62] sie lebt auch bei einer späteren Trennung der Firmen nicht wieder auf. Die AG als Erwerberin darf einen **anders lautenden Rechtsformzusatz** in der erworbenen Firma nicht fortführen, sondern muss zwingend den für sie zutreffenden Rechtsformzusatz einfügen.[63]

34 **2. Haftung bei Firmenfortführung (§ 25 HGB).** Führt die AG nach Übernahme eines Handelsgeschäfts die bisherige Firma des Erwerbers fort, haftet sie für alle **Geschäftsschulden** des früheren Inhabers (§ 25 Abs. 1 HGB). Für den Begriff des Erwerbes kommt es nur auf die bloße Tatsache der Geschäftsfortführung an, nicht hingegen darauf, ob ihr ein rechtsgeschäftlicher, derivativer Erwerb zugrunde liegt.[64] Sie kann der Haftung nur entgehen, wenn sie mit dem Veräußerer eine entsprechende Vereinbarung trifft und diese im Handelsregister eingetragen und bekannt gemacht oder dem Gläubiger mitgeteilt wird (§ 25 Abs. 2 HGB). Eine – geringfügige – Änderung des Firmenbildes schließt die Haftung nicht aus. Für die Haftung genügt es, dass der **prägende Teil der Firma**, mit dem der Verkehr das Unternehmen gleichsetzt, weitergeführt wird.[65] Die bloße Hinzufügung des neuen Rechtsformzusatzes „AG" reicht für einen Haftungsausschluss keinesfalls aus.[66]

D. Firma der Zweigniederlassung

35 Die Firmenbildung einer Zweigniederlassung ist im Gesetz nicht ausdrücklich geregelt. Hat die AG eine oder mehrere Zweigniederlassungen, kann deren Firma mit der der Hauptniederlassung **identisch** sein. Die Firma der Zweigniederlassung kann oder muss im Einzelfall (zB nach §§ 30 Abs. 3, 50 Abs. 3, 128 Abs. 3 HGB) unterscheidende Zusätze haben. Sie darf aber auch **abweichend** von der Firma der Hauptniederlassung gebildet werden, wenn deren Firma dergestalt in der Filialfirma enthalten ist, dass der Zusammenhang zwischen Haupt- und Filialfirma noch deutlich wird. Wird eine abweichende Filialfirma gewählt, so ist diese Firma für den Geschäftsbereich der Zweigniederlassung deren einzig zulässiger Name im Rechtsverkehr.[67]

36 Enthält die Filialfirma einen selbstständigen Firmenkern (prägenden Firmenbestandteil), muss bei der AG eine solche Firma der Zweigniederlassung in die **Satzung** aufgenommen werden.[68]

37 Ein nach § 22 übernommenes Handelsgeschäft kann als Zweigniederlassung unter seiner **bisherigen Firma** fortgeführt werden, wenn ein Hinweis auf die Firma der Hauptniederlassung aufgenommen wird. Auch eine Firmenvereinigung (dazu oben Rn 33) kommt für die Firma der Zweigniederlassung in Betracht; die übernehmende AG kann ihre Firma beibehalten, ohne gegen den Grundsatz der Firmeneinheit zu verstoßen.[69]

38 Obwohl die Zweigniederlassung keine eigene Rechtsfähigkeit hat, sie also nicht selbst Träger von Vermögen sein kann, können Rechte der Gesellschaft an Grundstücken im Grundbuch unter der Filialfirma mit

---

59 Vgl BGH NJW 1991, 353, 354; *Hüffer*, Rn 18; MüKo-AktG/*Heider*, Rn 33; K. Schmidt/Lutter/*Langhein*, Rn 39; Spindler/Stilz/*Drescher*, Rn 18; *Heymann/Emmerich*, HGB, § 22 Rn 5–7; Röhricht/v. Westphalen/*Ammon/Ries*, HGB, § 22 Rn 11–13.

60 Näher dazu *Heymann/Emmerich*, HGB, § 22 Rn 1 f; Röhricht/v. Westphalen/*Ammon/Ries*, HGB, § 22 Rn 19; Heidel/Schall/*Ammon*, HGB, § 22 Rn 16; eingehend: *Canaris*, HR, 23. Aufl., § 10 Rn 36 f; ferner *Hüffer*, Rn 18; Scholz/*Emmerich*, GmbHG, § 4 Rn 49.

61 Wegen der Einzelheiten vgl *Heymann/Emmerich*, HGB, § 22 Rn 3 f; Röhricht/v. Westphalen/*Ammon/Ries*, HGB, § 22 Rn 27 mwN; Heidel/Schall/*Ammon*, HGB, § 22 Rn 19.

62 Dazu Staub/*Hüffer*, HGB, § 22 Rn 52; *Heymann/Emmerich*, HGB, § 22 Rn 25; Scholz/*Emmerich*, GmbHG, § 4 Rn 50; Röhricht/v. Westphalen/*Ammon/Ries*, HGB, § 22 Rn 45, zur registerrechtlichen Behandlung siehe dort Rn 66 ff und Heidel/Schall/*Ammon*, HGB, § 22 Rn 41.

63 Röhricht/v. Westphalen/*Ammon/Ries*, HGB, § 22 Rn 37; vgl auch *Hüffer*, Rn 18.

64 BGH ZIP 1992, 398, NJW 2006, 1002; BGH vom 24.9.2008 – VII ZR 192/06; Heidel/Schall/*Ammon*, HGB, § 22 Rn 7.

65 BGH NJW 2001, 1352; Anm. *K. Schmidt*, JuS 2001, 1714 und *Ammon*, BGH-Report 2001, 386; K. Schmidt/Lutter/*Langhein*, Rn 39.

66 Vgl BGH NJW 1982, 1647; *Hüffer*, Rn 9.

67 Vgl *Hüffer*, Rn 20; MüKo-AktG/*Heider*, Rn 52 f; K. Schmidt/Lutter/*Langhein*, Rn 44; Spindler/Stilz/*Drescher*, Rn 21; Röhricht/v. Westphalen/*Ammon/Ries* HGB, § 17 Rn 21; *Ammon*, DStR 1994, 325.

68 BayObLGZ 1992, 59; K. Schmidt/Lutter/*Langhein*, Rn 44; Heidel/Schall/*Ammon*, HGB, § 22 Rn 19.

69 *Hüffer*, Rn 21; MüKo-AktG/*Heider*, Rn 54; Spindler/Stilz/*Drescher*, Rn 21.

E. Firmenzusätze

I. Rechtsformzusatz. Der Rechtsformzusatz ist der eigentliche Regelungsgegenstand des § 4, er muss in jeder Firma der AG enthalten sein, also auch in der abgeleiteten, weil hinsichtlich des Rechtsformzusatzes das Irreführungsverbot des § 18 Abs. 2 HGB gilt.[71] Ein unzutreffender Rechtsformzusatz in der Firma kann eine Haftung des Handelnden nach Rechtsscheingrundsätzen auslösen.[72] Gegenüber der Fassung vor dem HRefG ist nunmehr klargestellt, dass nicht mehr die ausgeschriebene Bezeichnung „Aktiengesellschaft" geführt werden muss, es darf auch eine allgemein verständliche Abkürzung sein; hierfür kommt in erster Linie „AG" in Betracht. Die bloße Verwendung des Begriffs „Aktien" in einem anderen Wortzusammenhang zB „Aktienverein, Aktienbrauerei" kann den erforderlichen Rechtsformzusatz nicht ersetzen.[73]

Die Stellung des Rechtsformzusatzes innerhalb der Firma ist gesetzlich nicht geregelt. Er kann daher am Anfang, in der Mitte oder – häufigster Fall – am Ende der Firma, auch in Klammern stehen. Maßgebend ist allein, dass die Firma durch die Stellung des Rechtsformzusatzes nicht täuschend wird.[74]

II. Sonstige Zusätze. Im Rahmen des § 18 dürfen der Firma der AG beliebige kennzeichnende Zusätze, also nicht prägende Firmenbestandteile, hinzugefügt werden. Sie sind aber unzulässig, weil täuschend, wenn sie auf eine andere Rechtsform hinweisen.[75]

F. Die unzulässige Firma

I. Vor der Eintragung. Verstößt die gewählte Firma gegen § 4 oder gegen § 18 HGB, ist der Gesellschaftsvertrag insoweit gem. § 134 BGB nichtig; er kann im Einzelfall insgesamt nichtig sein. Hingegen führt ein Verstoß gegen § 30 HGB nicht zur Nichtigkeit.[76] Der Registerrichter lehnt die Eintragung der unzulässigen Firma nach Prüfung ab (vgl § 36). Die Ablehnung darf aber nicht darauf gestützt werden, dass durch die unzulässige Firmierung die **Rechte Dritter** verletzt seien.[77]

II. Eingetragene Firma. Wurde die Nichtigkeit der Firma bei Eintragung nicht erkannt, wird dadurch nach der Eintragung im Handelsregister die Wirksamkeit der Gesellschaft nicht mehr berührt (vgl § 275). Dennoch bleibt eine solche Firma unzulässig und das Registergericht wird das Beanstandungsverfahren nach § 399 FamFG einleiten mit dem Ziel, eine Änderung der Firma zur Behebung des Satzungsmangels herbeizuführen. § 399 FamFG verdrängt in seinem Regelungsbereich das Löschungsverfahren nach § 395 FamFG. Wird der Mangel trotz Aufforderung nicht behoben, kommt es zur Auflösung der Gesellschaft (§ 262 Abs. 1 Nr. 5).[78] Neben diesem Verfahren ist aber auch das Firmenmissbrauchsverfahren nach § 392 FamFG zulässig, da der Gebrauch einer unzulässigen Firma gegen § 37 Abs. 1 HGB verstößt. Dieses Verfahren ist auch einzuschlagen, wenn eine Firma erst nach Eintragung, zB durch Änderung der Geschäftstätigkeit, unzulässig geworden ist.[79]

III. Löschung der Firma. Die Löschung der Firma bei Kapitalgesellschaften ist eher die **Ausnahme**. Hinzuweisen ist auf die Löschung einer nach §§ 39–41 des Gesetzes über das Kreditwesen (KWG) unzulässigen Firma oder eines unzulässigen Firmenzusatzes. Nach **§ 43 Abs. 2 S. 1 KWG** hat das Registergericht das Unternehmen zur Unterlassung des Gebrauchs der Firma oder des **Zusatzes zur Firma** durch Festsetzung von Ordnungsgeld anzuhalten, § 392 FamFG (Verfahren bei unbefugtem Firmengebrauch) gilt entsprechend. Eine derart unzulässige Firma kann auch nach § 395 FamFG[80] von Amts wegen oder auf Antrag der be-

---

[70] RGZ 62, 7, 10; MüKo-AktG/*Heider*, Rn 56; *Hüffer*, Rn 20; K. Schmidt/Lutter/*Langhein*, Rn 44; Spindler/Stilz/*Drescher*, Rn 21; Röhricht/v. Westphalen/*Ammon/Ries*, HGB, § 13 Rn 7; Heidel/Schall/*Ammon*, HGB, § 13 Rn 15; vgl auch *Demharter*, GBO, 28. Aufl., § 44 Rn 53 f; *Ammon*, DStR 1994, 325; aA KölnKomm-AktG/*Kraft*, Rn 56.

[71] BGH NJW 2007, 1529; BayObLGZ 1998, 226, 229 f; Spindler Stilz/*Drescher*, Rn 6; Heidel/Schall/*Ammon*, HGB, § 19 Rn 15.

[72] Dazu Scholz/*Emmerich*, GmbHG, § 4 Rn 53.

[73] Vgl *Hüffer*, Rn 17; MüKo-AktG/*Heider*, Rn 18; vgl auch Scholz/*Emmerich*, GmbHG, § 4 Rn 51.

[74] *Hüffer*, Rn 17; Scholz/*Emmerich*, GmbHG, § 4 Rn 12; Spindler Stilz/*Drescher*, Rn 4, 5.

[75] Vgl Scholz/*Emmerich*, GmbHG, § 4 Rn 58; zur Zulässigkeit einzelner Bezeichnungen und Zusätze siehe die alphabetische Auflistung in Röhricht/v. Westphalen/*Ammon/Ries*, HGB, § 18 Rn 41–89.

[76] Str wie hier, K. Schmidt/Lutter/*Langhein*, Rn 41; Baumbach/Hueck, GmbHG, § 4 Rn 59; Hachenburg/*Heinrich*, GmbHG, § 4 Rn 95; Rowedder/*Schmidt-Leithoff*, GmbHG, § 4 Rn 66; vgl auch *Ammon*, DStR 1994, 325, 327; aA Scholz/*Emmerich*, GmbHG, § 4 Rn 63; *Roth/Altmeppen*, GmbHG, 3. Aufl., § 4 Rn 47.

[77] Vgl *Ammon*, DStR 1994, 325, 327.

[78] Dazu eingehend BayObLGZ 1989, 44.

[79] Vgl *Ammon*, DStR 1994, 325, 327 f; zum Ganzen auch Spindler/Stilz/*Drescher*, Rn 20.

[80] Der frühere § 143 FGG sollte ursprünglich als § 396 in das FamFG übernommen werden, die Bestimmung ist aber im Laufe des Gesetzgebungsverfahrens entfallen, da eine erstinstanzielle Zuständigkeit des Landgerichts für ein Löschungsverfahren der Systematik des Verfahrenszuges im FamFG widersprochen hätte.

rufsständischen Organe gelöscht werden. Bei einem nur unzulässigen Zusatz kann, wenn es sich um eine Beanstandung nach dem KWG handelt, die Löschung darauf beschränkt werden.[81] Dieses Verfahren hat in diesem Bereich Vorrang vor § 399 FamFG.[82] Eine Löschung kommt ferner in Betracht, wenn die AG rechtskräftig verurteilt ist, ihre Firma nach § 12 BGB oder §§ 5, 15 MarkenG zu löschen.[83]

§ 5 Sitz

Sitz der Gesellschaft ist der Ort im Inland, den die Satzung bestimmt.

Literatur:
Bandehzadeh/Thoß, Die nachträgliche Verlagerung des tatsächlichen Sitzes einer GmbH, NZG 2002, 803; *Bechtel*, Grenzüberschreitende Sitzverlegung de lege lata, IPRax 1998, 348; *Ebke*, Überseering: „Die wahre Liberalität ist Anerkennung", JZ 2003, 927; *Ege/Klett*, Praxisfragen der grenzüberschreitenden Mobilität von Gesellschaften, DStR 2012, 2442; *Eidenmüller*, Mobilität und Restrukturierung von Unternehmen im Binnenmarkt, JZ 2004, 24; *Grohmann/Gruschinske*, Die identitätswahrende grenzüberschreitende Satzungssitzverlegung in Europa – Schein oder Realität?, GmbHR 2008, 27; *Kallmeyer*, Die Mobilität der Gesellschaften in der Europäischen Union, AG 1998, 88; *Katschinski*, Die Begründung eines Doppelsitzes bei Verschmelzung, ZIP 1997, 620; *Kögel*, Der Sitz der GmbH und seine Bezugspunkte, GmbHR 1998, 1108; *König*, Doppelsitz einer Kapitalgesellschaft – Gesetzliches Verbot oder zulässiges Mittel der Gestaltung einer Fusion?, AG 2000, 18; *Leible*, Niederlassungsfreiheit und Sitzverlegungsrichtlinie, ZGR 2004, 531; *Preuß*, Die Wahl des Satzungssitzes im geltenden Gesellschaftsrecht und nach dem MoMiG-Entwurf, GmbHR 2007, 57; *Schmidtbleicher*, Verwaltungssitzverlegung deutscher Kapitalgesellschaften in Europa: „Sevic" als Leitlinie für „Cartesio"? BB 2007, 613; *Zimmer*, Das Cartesio-Urteil des EuGH: Rück- oder Fortschritt für das internationale Gesellschaftsrecht? NJW 2009, 545. Zur Ergänzung siehe auch die Literaturhinweise unten Kap. 6 Europäisches Gesellschaftsrecht.

A. Bedeutung der Norm	1	II. Unzulässige Sitzbestimmung	11
B. Statutarischer Sitz	5	III. Satzungsänderung	12
C. Sitzwahl	7	IV. Tatsächliche Sitzänderung	13
D. Doppelsitz	8	F. Sitzverlegung	14
E. Mängel der Sitzbestimmung	10	I. Inland	14
I. Fehlende Sitzbestimmung	10	II. Ausland	15

A. Bedeutung der Norm[1]

1 Durch das MoMiG[2] wurde § 5 aF dahin geändert, dass Abs. 2 der Bestimmung ersatzlos entfällt, so dass eine Bindung der Satzungsbestimmung durch die Gesellschaft an Orte, an denen sich ein Betrieb befindet, an dem die Geschäftsleitung oder die Verwaltung geführt wird, nicht mehr gegeben ist. Im neu gefassten § 5 bleibt die freie Sitzbestimmung lediglich noch dadurch eingeschränkt, dass sich der Satzungssitz an einem Ort im Inland befinden muss, eine Einschränkung, die auch nach der bisherigen Rechtslage immanent gegolten hat und jetzt nur noch ausdrücklich in den Gesetzestext aufgenommen wurde. Angestoßen wurde diese Gesetzesänderung – die im Gleichlauf für die GmbH mit § 4a GmbHG erfolgte – durch die Rechtsprechung des EuGH zur Niederlassungsfreiheit, wonach es Kapitalgesellschaften erlaubt ist, ihren effektiven Verwaltungssitz vom Gründungssitz und den damit festgelegten Satzungssitz zu trennen. Bis dahin war es einem ausländischen Unternehmen nicht möglich, bei Gründung der Gesellschaft die Rechtsform der deutschen AG (oder GmbH) anzunehmen, wenn seine Geschäftstätigkeit ganz oder überwiegend aus dem Ausland geführt werden sollte, sein effektiver Verwaltungssitz iSv von § 5 Abs. 2 aF, bzw § 4a Abs. 2 GmbHG aF, also im Ausland lag. Umgekehrt konnte ein deutsches Unternehmen (Konzern) Tochtergesellschaften mit deutscher Rechtsform nicht gründen, wenn der effektive Verwaltungssitz im Ausland lag oder dort liegen sollte. Dazu heißt es in der Regierungsbegründung zum MoMiG:[3] Unabhängig von der Frage, ob die neuere EuGH-Rechtsprechung zur Niederlassungsfreiheit gem. den Artikeln 43 und 48 EG allein die Freiheit des Zuzuges von Gesellschaften in einen Mitgliedstaat verlangt hat oder damit konsequenterweise auch der Wegzug von Gesellschaften ermöglicht werden muss, wären Gesellschaften, die nach deutschem Recht unter Geltung von § 5 Abs. 2 aF gegründet worden sind, in ihrer Mobilität unterlegen. Deshalb soll

---

81 Vgl *Bassenge u.a.*, FGG/RPflG, 10. Aufl., § 142 FGG Rn 15; aA K. Schmidt/Lutter/*Langhein*, Rn 43, der aber bei seiner Argumentation nicht einbezieht, dass sich die Möglichkeit der bloßen Löschung eines Zusatzes nur auf das Verfahren nach dem KWG bezieht und nicht allgemein gilt.
82 Vgl BayObLGZ 1988, 32; 1989, 44.
83 Wegen weiterer Einzelheiten wird auf die einschlägigen Kommentierungen zu §§ 16, 37 HGB verwiesen.
1 Zur Entwicklungsgeschichte der Norm siehe Großkomm-AktienR/*Brändel*, Rn 1; MüKo-AktG/*Heider*, Rn 1–3; § 5 AktG

diente auch als Vorbild für die Vorschrift über die Sitzbestimmung bei der GmbH; durch das HRefG v. 22.6.1998 (BGBl. I S. 1474) wurde in § 4a GmbHG der Sitz für die GmbH gleich lautend mit dem der AG geregelt, dazu Scholz/*Emmerich*, GmbHG, § 4a Rn 1–6.
2 Gesetz v. 23.10.2008, BGBl. I S. 2026.
3 Vgl BT-Drucks. 16/1640, 29 zu 4a GmbHG, u. S. 51 zu § 5 AktG.

mit der Gesetzesänderung u.a. für die deutsche Aktiengesellschaft die Möglichkeit geschaffen werden, sich mit ihrer Hauptverwaltung unabhängig von dem in der Satzung gewählten Sitz an irgendeinem Ort niederzulassen. Damit werden gleiche Ausgangsbedingungen gegenüber vergleichbaren Auslandsgesellschaften geschaffen (level playing field). Es bleibt aber dabei, dass die Gesellschaften in jedem Fall eine Geschäftsanschrift im Inland im Handelsregister eintragen lassen und aufrechterhalten müssen (vgl § 37 Abs. 3 Nr. 1, § 39 Abs. 1 S. 1). Die Neuregelungen zur Zustellung nach § 15 a HGB erhalten durch diese Mobilitätsangleichung zusätzliches Gewicht.

Neben der Firma hat auch der Sitz der AG eine **Individualisierungsfunktion**.[4] Ein **Doppelsitz** (dazu unten Rn 8) *kann* nur in ganz wenigen Ausnahmefällen zulässig sein.

Der **statutarische** Sitz der Gesellschaft entscheidet nach der in Deutschland, wenn auch durch die EuGH-Rechtsprechung nur noch eingeschränkt anwendbaren **Sitztheorie** über das Personalstatut (Gesellschaftsstatut). Das bedeutet, dass das deutsche AktG nur für Gesellschaften Anwendung finden kann, die ihren Sitz in dessen Geltungsbereich haben. Jede deutsche Aktiengesellschaft muss einen inländischen Sitz haben; andernfalls kann sie nicht im deutschen Handelsregister eingetragen werden.

Die **Sitztheorie** bestimmt als Gesellschaftsstatut das Recht des Staates für anwendbar, in dem die Gesellschaft ihren tatsächlichen (effektiven) Verwaltungssitz hat. Damit knüpft sie, wie auch § 5 Abs. 2 aF an ein weitgehend objektives Merkmal an, wenngleich es den Gründern zunächst freisteht, wo sie ihren Verwaltungssitz oder eine Betriebsstätte errichten. Nach der **Gründungstheorie**, vorherrschend im anglo-amerikanischen Rechtskreis, ist das Gesellschaftsstatut dem Recht des Staates zu entnehmen, nach dessen Recht die Gesellschaft gegründet und ausgestaltet wurde. Damit erfolgt hier die Anknüpfung subjektiv, dh, die Rechtswahl durch die Gründer ist entscheidend. Die Sitztheorie will das Recht des Staates durchsetzen, der von der Tätigkeit der Gesellschaft am stärksten betroffen ist; gleichzeitig soll eine Flucht in ein regelärmeres Recht sowie ein Eingriff einer ausländischen Rechtsordnung in inländische Sozialstrukturen verhindert werden. Die Gründungstheorie will den Gesellschaften durch die freie Rechtswahl ihrer Gründer **internationalen Bewegungsspielraum** erhalten. In der deutschen Rechtsprechung kann aufgrund der Entscheidungen des EuGH zur Niederlassungsfreiheit die Sitztheorie, wenn überhaupt, nur noch eingeschränkt zur Anwendung kommen; sie darf im Ergebnis den Art 43, 48 EG, welche die Niederlassungsfreiheit gewähren, nicht entgegenstehen.[5] Andererseits hat sie in Deutschland immer noch Bedeutung soweit es um kollisionsrechtliche Fragen gegenüber Staaten außerhalb der EU und des EWR geht.

Nach der Entscheidung des **EuGH** in der dänischen Rechtssache **Centros**[6] hatte sich der Streit zwischen den Anhängern der Sitztheorie und denen der Gründungstheorie erneut entzündet, ob die **Sitztheorie mit EU-Recht** zu vereinbaren ist.[7] Nach den Entscheidungen des EuGH „Überseering" und „Inspire Art"[8] kann aber die Sitztheorie nicht mehr zur Anwendung kommen, wenn die daraus herzuleitenden Rechtsfolgen mit EU-Recht, insbesondere dem der Niederlassungsfreiheit nicht zu vereinbaren sind.[9] Die Änderung des § 5 durch das MoMiG zeigt wohl auch eine Tendenz des deutschen Gesetzgebers hin zur Gründungstheorie; dies vor allem auch deshalb, um eine Benachteiligung deutscher Unternehmen gegenüber ausländischen Unternehmen zu vermeiden. Aufgrund der Änderungen durch das MoMiG kann nicht davon ausgegangen werden, dass damit eine Kodifizierung der Gründungstheorie auch für Personenhandelsgesellschaften verbunden sein könnte.[10] Als Satzungssitz kann ein beliebiger Ort in Deutschland gewählt werden, die freie Sitzwahl gilt uneingeschränkt, der effektive Verwaltungssitz hat keine – rechtliche – Bedeutung mehr. Zur näheren Definition des Begriffes „Ort", s.u. Rn 7.

B. Statutarischer Sitz

§ 5 legt die Maßgeblichkeit des statutarischen Sitzes, also des Satzungssitzes, abschließend fest. Dieser entscheidet über die **örtliche Zuständigkeit** (s.u. § 14) in Registersachen (§§ 374 ff. FamFG) und ist stets maßgebend, sofern das Aktiengesetz selbst keine andere Regelung trifft. Für die streitige Gerichtsbarkeit bestimmt der Sitz den **allgemeinen Gerichtsstand** der Gesellschaft nach § 17 Abs. 1 S. 1 ZPO. Der Sitz der Verwaltung (effektiver Sitz) ist nicht entscheidend, da § 5 eine anderweitige Bestimmung iSd § 17 Abs. 1

---

4 Vgl MüKo-AktG/*Heider*, Rn 8.
5 Zu Fragen der Sitztheorie früher, zB BGHZ 97, 269, 271; JZ 1992, 579, 580; BFH BStBl. II 1992, 263; BayObLG WM 1992, 1371; vgl ferner Röhricht/v. Westphalen/*Ammon*, HGB, § 13 d Rn 8 mwN; zu den Vorzügen der Sitztheorie siehe Großkomm-AktienR/*Brändel*, Rn 49; vgl auch MüKo-AktG/*Heider*, Rn 22 f; Scholz/*H.P. Westermann*, GmbHG, Anh. § 4 a

6 EuGH NJW 1999, 2027.
7 Vgl dazu *Ebke*, JZ 1999, 656; *Kindler*, NJW 1999, 1993; *Lange*, DNotZ 1999, 606; *Ulmer*, JZ 1999, 662.
8 EuGH, ZIP 2002, 2037 und ZIP 2003, 1885.
9 Dazu oben § 1 Rn 35.
10 Vgl *Lamsa*, EwiR § 6 GmbHG 1/09, 573.

Rn 16 ff. Zur Rechtslage nach "Überseering" und "Inspire Art" siehe oben § 1 Rn 35.

S. 2 ZPO ist. Für die in § 375 FamFG aufgeführten unternehmensrechtlichen Verfahren wird das Amtsgericht als sachlich zuständig bestimmt, es ist aber in diesem Bereich nicht Registergericht.[11]

6 Das freie Bestimmungsrecht des Sitzes durch die Gesellschaft ist nach der Änderung von § 5 nicht mehr eingeschränkt.

C. Sitzwahl

7 Die Sitzwahl erfolgt durch Bestimmung in der Satzung (§ 23 Abs. 3 Nr. 1) und wird wirksam mit der Eintragung (§ 39 Abs. 1 S. 1). Die früher durch § 5 Abs. 2 aF der Satzungsautonomie für die Bestimmung des Sitzes gezogenen **gesetzlichen Grenzen sind entfallen.** Weiterhin liegt aber in der Bestimmung eine Eingrenzung dahin, dass der Sitz an einem Ort im Inland sein muss, da andernfalls kein für die Eintragung der AG zuständiges Registergericht existieren würde.[12] Der Sitz muss so bestimmt sein, dass jederzeit das **örtlich zuständige Gericht** objektiv festgestellt werden kann. Gebietsbezeichnungen, Regionen oder Landstriche genügen den Anforderungen ebenso wenig wie mehrere politische Gemeinden umfassende Sammelbezeichnungen. Es kann also nur ein ganz bestimmter Ort im Sinne einer politischen Gemeinde innerhalb des Bundesgebietes gewählt werden.[13] Sofern in einer Großstadt das Register nicht bei einem einzigen Registergericht geführt werden sollte,[14] müsste nicht nur die politische Gemeinde, sondern auch der entsprechende Amtsgerichtsbezirk angegeben werden.[15]

D. Doppelsitz

8 Ein Mehrfachsitz, in aller Regel nur ein Doppelsitz, liegt vor, wenn in der Satzung der Gesellschaft mehrere Orte als Sitz bestimmt sind. Nach heute überwiegender Meinung gibt es praktisch keinen zwingenden Anlass mehr, die Eintragung eines Doppelsitzes zuzulassen.[16] Die Zulassung eines Doppelsitzes in West- und Ostdeutschland als Folge der Teilung Deutschlands kann heute nicht mehr als Begründung für dessen Zulässigkeit allgemein herangezogen werden. Das entscheidende Argument gegen die Zulassung des Doppelsitzes folgt aus der dann gegebenen **Zuständigkeit von zwei Registergerichten.** Bei Eintragungen zu unterschiedlichen Zeitpunkten muss die Maßgeblichkeit der Eintragung nach § 15 HGB beurteilt werden, bei inhaltlich voneinander abweichenden Eintragungen stellt sich die Frage, was gilt. Auch bei der Anfechtung von Gesellschaftsbeschlüssen kann es zu divergierenden Entscheidungen kommen.[17]

9 Ausnahmen können in **Verschmelzungsfällen** bejaht werden; aber auch hier sollte ein besonders schutzwürdiges Interesse eingehend und in enger Auslegung geprüft werden.[18] Wird ein Doppelsitz ausnahmsweise zugelassen, sollte dieser Zustand aber zeitlich begrenzt bleiben; denn erfahrungsgemäß fallen die anfänglich bei einer Verschmelzung möglicherweise für die Begründung eines Doppelsitzes maßgeblichen schutzwürdigen Interessen im Laufe der Zeit weg. Ein Ausnahmefall könnte nur bejaht werden, wenn die AG ohne Zulassung eines Doppelsitzes einen unvertretbar großen wirtschaftlichen Schaden erleiden würde oder in ihrer Existenz gefährdet wäre.[19] Bei einem ausnahmsweise zulässigen Doppelsitz ist die AG in das Handelsregister beider Sitzgerichte einzutragen. Für die örtliche Zuständigkeit in FamFG-Verfahren gilt dann § 2 FamFG (Zuständigkeit des Gerichts, das zuerst mit der Angelegenheit befasst ist); erklären sich beide Gerichte rechtskräftig für unzuständig, entscheidet nach § 5 FamFG das nächsthöhere gemeinsame Gericht. Bei Anfechtungsklagen gegen die AG hat der Kläger nach § 246 Abs. 3 die Wahl zwischen den Gerichtsständen

---

11 Zutreffend: MüKo-ZPO/*Krafka*, 3. Aufl., § 375 FamFG Rn 2; *Keidel/Heinemann*, FamFG, § 375 Rn 2; es handelt sich nicht, wie MüKo-AktG/*Heider*, Rn 19 unscharf meint, um Registersachen im "weiteren Sinne".

12 BGH NJW 1959, 1126; *Hüffer*, Rn 7.

13 Vgl BayObLGZ 1987, 267; Großkomm-AktienR/*Brändel*, Rn 12; Spindler/Stilz/*Drescher*, Rn 5.

14 Das ist mit dem Inkrafttreten der Änderung von § 125 FGG (nunmehr: § 376 FamFG) durch das HRefG seit 1.1.2002 wohl nicht mehr der Fall, weil für Registersachen nunmehr zwingend das oder ein Amtsgericht am Sitz des Landgerichts zuständig ist; dazu *Ammon*, DStR 1998, 1474, 1479.

15 Vgl Scholz/*Emmerich*, GmbHG, § 4 a Rn 12; Spindler/Stilz/ *Drescher*, Rn 5; KölnKomm-AktG/*Dauner-Lieb*, Rn 12.

16 Zur historischen Entwicklung s. Großkomm-AktienR/*Brändel*, Rn 29 und MüKo-AktG/*Heider*, Rn 45 f; ferner allg. RegBegr. AktG 1965 bei *Kropff*, AktG, S. 20; BayObLGZ 1985, 111 = AG 1986, 48; *Hüffer*, Rn 10; ähnlich: *Brändel*, aaO, Rn 31 ff mit Hinweisen auf die Beeinträchtigung des Verkehrsschutzes bei der Zulassung eines Doppelsitzes; ablehnend auch Spindler/ Stilz/*Drescher*, Rn 7: ein Doppelsitz ist nur ausnahmsweise zulässig; ebenso: KölnKomm-AktG/*Dauner-Lieb*, Rn 21; aA *Pluskat*, WM 2004, 601, 603.

17 Dazu eingehend MüKo-AktG/*Heider*, Rn 49 ff, der Lösungsmöglichkeiten für diese Fälle aufzeigt, aber dabei auch die Komplexität der Materie deutlich werden lässt. Vgl ferner auch Großkomm-AktienR/*Brändel*, Rn 32–35.

18 Näher dazu *Hüffer*, Rn 10; *Krafka/Willer*, Registerrecht, 8. Aufl., Rn 355, je mN; ferner Ulmer/*Ulmer*, GmbHG, 2005, § 4 a Rn 32 f; eingehend zum gesamten Problemkreis S. *Pluskat*, Die Zulässigkeit des Mehrfachsitzes und die Lösung der damit verbundenen Probleme, WM 2004, 601 ff. Die Verfasserin tritt insb. in Verschmelzungsfällen für eine uneingeschränkte Zulässigkeit eines Doppel- oder Mehrfachsitzes ein, jedenfalls aber bei Vorliegen eines berechtigten Interesses.

19 So Spindler/Stilz/*Drescher*, Rn 7 mwN; ein solcher Ausnahmefall soll allerdings nicht bei Verschmelzung durch Aufnahme oder Neugründung in Betracht kommen.

beider Sitze; für Eintragungen sind beide Registergerichte zuständig, was zu widersprechenden Entscheidungen führen kann. Folgen daraus Nachteile, gehen diese zulasten der Gesellschaft, da diese den Doppelsitz vermeiden kann; sie gehen nicht zum Nachteil Dritter.[20] Rechtsfolgen aus Eintragungen entstehen grundsätzlich erst mit der Eintragung im letzten Register oder mit der letzten Bekanntmachung. Auf § 15 Abs. 3 HGB können sich Dritte hinsichtlich von Eintragungen und Bekanntmachungen auch dann berufen, wenn das andere Register eine abweichende oder keine Eintragung enthält.[21] Schließlich beginnen Fristen zugunsten der AG erst mit der letzten, solche zulasten der AG aber mit der ersten Anmeldung, Eintragung oder Bekanntmachung.[22]

E. Mängel der Sitzbestimmung

I. Fehlende Sitzbestimmung. Die Bestimmungen über den Sitz der Gesellschaft gelten nicht nur bei deren Errichtung und Eintragung im Handelsregister, sondern während ihrer gesamten Existenz als juristische Person. Fehlt in der Satzung eine Bestimmung über den Sitz, wird die Anmeldung zur Eintragung wegen eines Verstoßes gegen § 23 Abs. 3 Nr. 1 durch das Registergericht zurückgewiesen (§ 38 Abs. 1 S. 2). Wurde die Gesellschaft trotz des Mangels eingetragen, ist sie wirksam entstanden, eine **Nichtigkeitsklage** scheidet mangels Tatbestandes aus. Das Registergericht hat aber von Amts wegen das Verfahren nach § 399 FamFG einzuleiten und die Anmelderin aufzufordern, den Mangel innerhalb einer bestimmten Frist zu beheben. Wird der Mangel nicht fristgerecht behoben und kein Widerspruch eingelegt oder ist ein Widerspruch zurückgewiesen worden, stellt das Gericht mit Rechtskraft der Entscheidung fest, dass die **Gesellschaft aufgelöst** ist (§§ 262 Abs. 1 Nr. 5, 289 Abs. 2 Nr. 2) und trägt dies im Handelsregister ein.[23] Das gilt auch wenn der Fehler einige Zeit unbemerkt blieb; ein Bestandsschutz scheidet aus.[24]

II. Unzulässige Sitzbestimmung. Wird in der Satzung ein nach § 5 unzulässiger Satzungssitz festgelegt – der Sitz liegt zB nicht im Inland –, wird die Anmeldung zurückgewiesen. Wurde trotz dieses Mangels eingetragen, kommt es wie bei der fehlenden Sitzbestimmung zum **Amtsauflösungsverfahren** nach § 399 FamFG.

III. Satzungsänderung. Wird der in der Satzung festgelegte Sitz nach Eintragung im Handelsregister durch satzungsändernden Hauptversammlungsbeschluss geändert, darf dieser **Beschluss**, wenn er gegen § 5 verstößt, also einen unzulässigen Sitz bestimmt, nicht eingetragen werden, weil er **nichtig** ist (§ 134 BGB, § 241 Nr. 3);[25] ein Fall, der nach der Änderung von § 5 kaum mehr praktische Bedeutung haben dürfte. Der Beschluss kann unabhängig von seiner Eintragung, durch eine Nichtigkeitsklage beseitigt werden. Wurde der nichtige Beschluss im Handelsregister eingetragen, kann er im Verfahren nach § 398 FamFG iVm § 395 FamFG gelöscht werden; § 399 FamFG kommt nicht zur Anwendung.[26] Der ursprüngliche Sitz der Satzung besteht während des Verfahrens weiter; dieser eingetragene Sitz gilt weiterhin für die örtliche Zuständigkeit und auch für Anfechtungsklagen nach § 246.[27]

IV. Tatsächliche Sitzänderung. Nach der geltenden Fassung von § 5 bzw § 4a GmbHG bleibt die Verlegung des effektiven Verwaltungssitzes, von Betriebsstätten oder der Verwaltungsführung, auch in das außereuropäische Ausland, ohne registerrechtliche Folgen; die Pflicht, eine inländische Geschäftsanschrift anzugeben, bleibt bestehen.

F. Sitzverlegung

I. Inland. Soll der Satzungssitz der Gesellschaft im Inland an einen anderen Ort verlegt werden, der die Voraussetzungen des § 5 erfüllt, so ist dazu ein satzungsändernder Beschluss der Hauptversammlung erforderlich (§§ 179, 180). Der Beschluss kann nichtig sein, wenn er darauf abzielt, die gerichtlich angeordnete Prüfung einer Eintragungsvoraussetzung zu umgehen, um dadurch bei einem anderen Gericht eine Eintragung zu erschleichen.[28] Die materielle Prüfung der Wirksamkeit einer Sitzverlegung obliegt dem Registergericht des neuen Sitzes.[29] Für eine Anfechtungsklage ist aber das Gericht zuständig, in dessen Bezirk die Gesellschaft im Handelsregister eingetragen ist.[30] Das Verfahren über die Anmeldung des Beschlusses und der weitere Verfahrensverlauf sind für Aktiengesellschaften in der **Sonderbestimmung** des § 45 (Näheres siehe

---

20 Vgl BayObLG NJW-RR 1986, 31; MüKo-AktG/*Heider*, Rn 50; Spindler/Stilz/*Drescher*, Rn 8.
21 Vgl MüKo-AktG/*Heider*, Rn 53; Spindler/Stilz/*Drescher*, Rn 8 mN.
22 Vgl Spindler/Stilz/*Drescher*, Rn 8 mN.
23 Dazu Großkomm-AktienR/*Brändel*, Rn 40; *Hüffer*, Rn 9; näher zum Amtsauflösungsverfahren BayObLG NJW 1989, 867, 868, nach FGG aF.
24 Spindler/Stilz/*Drescher*, Rn 11.
25 BGH NJW 2008, 2914, 2915; *Hüffer*, Rn 9.
26 Vgl MüKo-AktG/*Heider*, Rn 63 f.
27 Spindler/Stilz/*Drescher*, Rn 12 mwN.
28 AG Memmingen Rpfleger 2005, 442.
29 Vgl LG Leipzig AG 2004, 459; Röhricht/v. Westphalen/*Ammon/Ries*, HGB, § 13 h Rn 5; *Krafka/Willer*, Registerrecht, 8. Aufl., Rn 348.
30 Vgl OLG Hamm AG 2004, 147.

dort) geregelt; für andere Gesellschaften, auch für die GmbH, gilt **§ 13 h HGB**. Eine nachträgliche gegen § 5 verstoßende Verlagerung des Sitzes kann eine Auflösung nach § 399 FamFG rechtfertigen.[31]

15 **II. Ausland.** Eine identitätswahrende Verlegung des Satzungssitzes einer AG in das Ausland ist bisher weder nach deutschem noch nach europäischen Recht (insoweit fehlt es bisher an der Sitzverlegungsrichtlinie) möglich, sie ist aber auch nicht geboten, weil die Umwandlung der AG in eine SE möglich ist und eine solche Gesellschaft ihren Satzungssitz nach Art. 8 der SE-VO verlegen kann.[32] Der EuGH hat in der Sache „Cartesio"[33] entschieden, dass der Stand des Gemeinschaftsrechtes einen Mitgliedstaat nicht daran hindert, es einer nach seinem Recht gegründeten Gesellschaft zu verwehren, ihren Sitz unter Beibehaltung ihrer Eigenschaft als Gesellschaft des Rechts dieses Staates in einen anderen Mitgliedstaat zu verlegen. In seiner VALE-Entscheidung hat der EuGH klargestellt, dass bei einem grenzüberschreitenden Formwechsel der Aufnahmestaat die Möglichkeit einer Umwandlung ausländischer Gesellschaften in gleicher Weise wie für inländische Gesellschaften eröffnen muss.[34]

16 Wird der Sitz der Gesellschaft durch Beschluss der Hauptversammlung in das Ausland verlegt, gilt dies nach früher hM als **Auflösungsbeschluss** iSv § 262 Abs. 1 Nr. 2. Diese Auffassung wurde auch nahezu durchgängig in der Rechtsprechung vertreten.[35] Immer stärker im Vordringen ist aber die Meinung, der zuzustimmen ist, dass ein solcher **Beschluss** gem. § 241 Nr. 3 **nichtig**, seine Eintragung in das Handelsregister deshalb abzulehnen ist.[36] Wird ein solcher Beschluss dennoch eingetragen, ist er im Amtsauflösungsverfahren nach § 399 FamFG wieder zu beseitigen.[37]

17 Verlegte eine nach deutschem Recht gegründete AG nur ihren **effektiven Verwaltungssitz** iSv § 5 Abs. 2 aF ins Ausland, folgte daraus zwingend ihre Auflösung und Abwicklung.[38] Dem standen die **Art 43, 48 EG** und stehen auch Art. 49, 54 AEUV nicht entgegen, da grenzüberschreitende Sitzverlegungen und Umwandlungen nicht Gegenstand der Niederlassungsfreiheit sind.[39] Schon in der Daily-Mail-Entscheidung[40] hat der EuGH darauf hingewiesen, dass für die Bewältigung der Probleme einer **identitätswahrenden Sitzverlegung** in das Ausland eine **Gemeinschaftsmaßnahme** erforderlich ist; dabei ist es auch nach „Centros", „Überseering" und „Inspire Art" geblieben.[41] Der EuGH verlangt – noch – nicht, dass jeder Mitgliedstaat für die Gründung von Gesellschaften die Gründungstheorie anzuwenden hat, die Gründung also zulassen müsse, ohne dass sich im Inland ein unternehmerischer Schwerpunkt befände; die Gründung von Briefkastenfirmen ist daher bisher noch auf Mitgliedstaaten beschränkt, die der Gründungstheorie folgen. Ebenso wenig musste bisher ein der Sitztheorie folgender Mitgliedstaat bei einer inländischen Kapitalgesellschaft deren Verlegung des effektiven Verwaltungssitzes und des Satzungssitzes hinnehmen. Hieran hat sich auch durch die „Cartesio"-Entscheidung des EuGH nichts Grundlegendes geändert.[42] Die Überlegungen zu einer EU-Sitzverlegungs-Richtlinie sind bisher über das Stadium eines Vorentwurfs aus dem Jahr 1987 offenbar nicht hinausgekommen.[43] Durch die Streichung von § 5 Abs. 2 aF hat jetzt aber der deutsche Gesetzgeber die Möglichkeit geschaffen, zwischen Satzungssitz und Verwaltungssitz zu unterscheiden, der bisher zwischen beiden bestehende zwingende Gleichlauf wurde aufgebrochen. Während der Satzungssitz nach wie vor in jedem Fall im Inland liegen muss, kann die AG ihren Verwaltungssitz unter Beibehaltung ihrer Identität als AG deutschen Rechts in das Ausland verlagern.[44] Die Geschäftsanschrift im Inland muss weiterhin im Handelsregister eingetragen sein.[45]

18 Die **Verlegung des Satzungssitzes** einer Kapitalgesellschaft in einen anderen EU-Mitgliedstaat kann nicht in das **deutsche Handelsregister** eingetragen werden, und zwar unabhängig davon, ob der Beschluss über die unzulässige, identitätswahrende Sitzverlegung als Auflösungsbeschluss einzuordnen ist oder ob von der Nichtigkeit dieses Beschlusses ausgegangen werden muss.[46] Die Verlegung des Satzungssitzes in das Ausland unter Beibehaltung des deutschen Gesellschaftsstatutes ist auch nach der Neufassung von § 5 AktG nicht möglich, weil eine Gesellschaft deutschen Rechts einen inländischen Satzungssitz haben muss, um die

---

31 BGH NJW 2008, 2914 zur GmbH.
32 Vgl Spindler/Stilz/*Drescher*, Rn 10.
33 GmbHR 2009, 86.
34 EuGH NJW 2012, 2715.
35 ZB BGHZ 25, 134, 144; BayObLGZ 1992, 113, 116; OLG Düsseldorf NJW 2001, 2184; OLG Hamm NJW 2001, 2183; Staudinger/*Großfeld*, IntGesR, Rn 356 ff.
36 Vgl *Hüffer*, Rn 12; MüKo-AktG/*Hüffer*, § 262 Rn 36; MüKo-AktG/*Heider*, Rn 66 mwN; MüKo-AktG/*Pentz*, § 45 Rn 24; KölnKomm-AktG/*Dauner-Lieb*, Rn 23; Spindler/Stilz/*Drescher*, Rn 12.
37 Vgl Röhricht/v. Westphalen/*Ammon/Ries*, HGB, § 13 h Rn 18.
38 Vgl Röhricht/v. Westphalen/*Ammon/Ries*, HGB, § 13 h Rn 17 mwN.
39 Vgl MüKo-AktG/*Altmeppen/Ego*, Europäisches Aktienrecht Rn 85.
40 EuGH NJW 1989, 2186.
41 Dazu *Neye*, ZGR 1999, 12; *di Marco*, ZGR 1999, 3, 4; siehe dazu auch oben § 1 Rn 35.
42 MüKo-AktG/*Altmeppen/Ego*, Europäisches Aktienrecht Rn 52 f und 253.
43 Kommissionsvorschlag, abgedruckt in ZIP 1998, 1721 = ZGR 1999, 157; MüKo-AktG/*Altmeppen/Ego*, Rn 13 und 65; *Hüffer*, Rn 13.
44 KölnKomm-AktG/*Dauner-Lieb*, Rn 26–29.
45 Vgl *Seibert*, ZIP 2006, 1157, 1166; *Preuß*, GmbHR 2007, 57 ff.
46 Dazu Brandenburgisches OLG, MittBayNot 2005, 419; BayObLG, Rpfleger 2004, 425 = DNotZ 725 m krit. Anm. *Thölke*; zur Sitzverlegung der Europäischen Aktiengesellschaft, eingehend *Oechsler*, AG 2005, 373.

Möglichkeit des Zugriffs deutscher Gerichte und Behörden zu wahren. Die Anmeldung eines entsprechenden Sitzverlegungsbeschlusses ist zurückzuweisen. Die Gesellschafter einer AG haben aber die Möglichkeit durch einen ausdrücklichen Beschluss zum Zwecke der Sitzverlegung die Gesellschaft aufzulösen und unter Verlegung des Satzungssitzes ins Ausland die Gesellschaft dort als Gesellschaft ausländischen Rechts[47] neu zu gründen.

§ 6 Grundkapital

Das Grundkapital muß auf einen Nennbetrag in Euro lauten.

Literatur:
DAV-Handelsrechtsausschuss, Stellungnahme, Januar 1998 (auszugsweise abgedruckt in NZG 1998, 213); *Eidenmüller/Engert*, Die angemessene Höhe des Grundkapitals der Aktiengesellschaft, AG 2005, 97; *Hakenberg*, Das Euro-Einführungsgesetz, BB 1998, 1491; *Ihrig/Streit*, Aktiengesellschaft und Euro – Handlungsbedarf und Möglichkeit der Aktiengesellschaften anlässlich der Euro-Einführung zum 1.1.1999, NZG 1998, 201; *Schneider*, Der Umrechnungskurs, das Umrechnungsverfahren und die Rundung bei Einführung des Euro, DB 1998, 1449; *Schürmann*, Die Anpassung des Gesellschaftsrechts bei Einführung des Euro, DB 1997, 1381; *ders.*, Euro und Aktienrecht, NJW 1998, 3162; *Seibert*, Die Umstellung des Gesellschaftsrechts auf den Euro, ZGR 1998, 1; *Steffan/Schmidt*, Die Änderungen des Gesellschaftsrechts durch das geplante Gesetz zur Einführung des Euro (EuroEG), DB 1998, 559.

A. Normzweck[1]

Die jetzige Fassung der mehrfach geänderten Norm geht zurück auf Art 1 Nr. 1 StückAG[2] und Art 3 § 1 Nr. 1 EuroEG.[3] Die Norm steht in unmittelbarem Zusammenhang mit § 1 Abs. 2, § 7, woraus folgt, dass die AG ein in Aktien zerlegtes Grundkapital von mindestens 50.000 EUR als **Mindesthaftkapital** haben muss. Die Mindesthaftsumme hielt der Gesetzgeber für geboten, um einen Ausgleich dafür zu erzielen, dass den Gläubigern der AG nur das Gesellschaftsvermögen haftet.[4] Die Norm regelt, dass das Grundkapital einen in Euro ausgedrückten Nennbetrag haben muss. Deshalb kann das Grundkapital nur eindeutig beziffert in die Satzung aufgenommen werden; Umschreibungen wie zB Summe der Einlagen, reicht nicht aus. Durch die **zwingende Bezifferung** des Grundkapitals werden nach außen hin für Gläubiger und Geschäftspartner klare Verhältnisse geschaffen, der zukünftige Aktionär wird über seinen auf die Aktie entfallenden Anteil informiert.[5]

B. Nennbetrag des Grundkapitals[6]

I. Sinn des Nennbetrages. In erster Linie soll das Grundkapital die Funktion eines Mindesthaftkapitals erfüllen. Zu dessen Schutz wird § 6 von weiteren gesetzlichen Bestimmungen unterstützt und flankiert.[7] Dadurch soll erreicht werden, dass die Aufbringung des Mindesthaftkapitals sichergestellt und seine Erhaltung auch während der Dauer der Gesellschaft so weit wie möglich gewährleistet wird. Diesem Zweck dienen auch die durch die Rechtsprechung und Lehre entwickelten Institute zur verschleierten Sacheinlage[8] und zum kapitalersetzenden Gesellschafterdarlehen.[9]

Das erfordert aber andererseits den Hinweis, dass Gläubiger während des Bestehens der AG, deren Geschäftstätigkeit auch mit Verlustrisiken verbunden sein kann, nicht auf ein Gesellschaftsvermögen vertrauen können, das stets dem Mindesthaftkapital entspricht. In den meisten Fällen wird allerdings das Gesellschaftsvermögen deutlich höher sein als das ausgewiesene Grundkapital; dessen Nennwert lässt auch nicht

---

47 Vgl MüKo-AktG/*Pentz*, § 45 Rn 24.
1 Zur historischen Entwicklung der Norm siehe MüKo-AktG/*Heider*, Rn 3 ff.
2 Gesetz über die Zulassung von Stückaktien (StückAG) v. 25.3.1998, BGBl. I S. 590.
3 Gesetz zur Einführung des Euro (EuroEG) v. 9.6.1998, BGBl. I S. 1242.
4 Vgl MüKo-AktG/*Heider*, Rn 4.
5 Vgl *Hüffer*, Rn 1; Spindler/Stilz/*Drescher*, Rn 1 u. 3; K. Schmidt/Lutter/*Fleischer*, Rn 1 u. 4.
6 Zu steuerlichen Fragen siehe im Kapitel 20 "Besteuerung der AG und des KGaA und ihrer Gesellschaften" Rn 88 f u 145 f.
7 *Hüffer*, § 57 Rn 1; MüKo-AktG/*Heider*, § 1 Rn 92 und § 6 Rn 6.
8 Vgl zB BGHZ 118, 83, 93 ff = NJW 1992, 2222; *Lutter*, in: FS Stiefel, 1987, S. 505; K. *Schmidt*, GesR, § 29 II 1 c; *Sernetz*, ZIP 1995, 173; *Priester*, ZIP 1996, 1025; siehe ferner unten § 282.
9 Für Altfälle, dh bei Insolvenzeröffnung vor Inkrafttreten des MoMiG, bleibt es bei der früheren Rspr, für Neufälle ist dagegen die insolvenzrechtliche Lösung maßgeblich, vgl BGHZ 179, 249; *Hüffer*, § 57 Rn 20 a und 20 b.

annähernd einen Schluss auf den tatsächlichen Unternehmenswert zu. Dieser wird in aller Regel entweder über den Börsenkurs der Aktie oder durch ein Gutachten nach der Ertragswertmethode ermittelt.[10]

4 Die früheren Verpflichtungen nach § 6 aF, wonach auch für Aktien ein Nennbetrag zwingend vorgeschrieben war, sind entfallen. Nunmehr dürfen die Aktien auf einen Nennbetrag lauten, müssen es aber nicht; das Grundkapital kann auch in Stückaktien zerlegt werden (dazu näher unten § 8).

5 **II. Festsetzungen des Nennbetrages.** Der Nennbetrag des Grundkapitals ist bei der Errichtung der Gesellschaft zwingend in die Satzung aufzunehmen (§ 23 Abs. 3 Nr. 3); seit 1.1.2002 darf er ausschließlich auf die Währungseinheit Euro lauten. Bezugnahmen auf andere Währungen oder einen sonstigen Wertmesser sind unzulässig.[11] In der Übergangszeit zwischen dem 1.1.1999 und 31.12.2001 hatte die Gesellschaft grundsätzlich die freie Wahl, ob sie ihr Grundkapital mit DM oder Euro beziffert (dazu unten Rn 10). Für Altgesellschaften besteht nach § 1 Abs. 2 S. 1 EGAktG ohne besonderen Anlass keine Verpflichtung zur Umstellung auf Euro; sie dürfen ihr Grundkapital weiterhin in DM ausweisen, selbst wenn sie börsennotiert sind.[12]

6 **III. Änderung des Nennbetrages.** Der einmal festgelegte Nennbetrag kann nur durch eine Änderung der Satzung und diese nur durch Beschluss der Hauptversammlung geändert werden, und zwar entweder über §§ 182 ff durch Kapitalerhöhung oder nach §§ 222 ff durch Kapitalherabsetzung.

C. Verstoß gegen § 6 – Rechtsfolgen

7 Wird der Nennbetrag des Grundkapitals in der Satzung nicht bestimmt (§ 23 Abs. 3 Nr. 3) oder entgegen der Vorschrift, zB in US-Dollar festgesetzt, so hat das Registergericht die Eintragung abzulehnen (§ 38 Abs. 1 S. 2).[13]

8 Wird trotz eines solchen Mangels in das Handelsregister eingetragen ist die AG zunächst wirksam entstanden.

Ist der Nennbetrag nicht bestimmt, kann von jedem Aktionär, jedem Vorstands- oder Aufsichtsratsmitglied die Nichtigkeitsklage erhoben werden, mit dem Ziel, die Gesellschaft für nichtig zu erklären (näher dazu unten § 275). Daneben kann aber das Registergericht das Amtslöschungsverfahren nach § 397 FamFG durchführen; diese Vorschrift regelt abschließend die Löschung von Gesellschaften und ist gegenüber § 395 FamFG die speziellere Norm. Selbst wenn die Frist für die Erhebung der Nichtigkeitsklage abgelaufen ist, kann Amtslöschung erfolgen (§ 275 Abs. 3 S. 2); die Gesellschaft kann als nichtig gelöscht werden. Beide Verfahren können nebeneinander betrieben werden.[14]

9 Sind die Bestimmungen über die Höhe des Grundkapitals vorhanden, aber nichtig (zB weil nicht in Euro), kommt eine Löschung der Gesellschaft nach § 397 FamFG mangels Tatbestands (§ 275) nicht in Betracht. Zur Anwendung kommt das Amtsauflösungsverfahren nach § 399 FamFG wegen eines Satzungsmangels.[15] Die Gesellschaft ist zur Beseitigung des Satzungsmangels aufzufordern. Kommt sie dieser Aufforderung nicht nach, hat das Registergericht gem. § 399 Abs. 2 FamFG den Satzungsmangel festzustellen. Die Gesellschaft wird dann mit Rechtskraft der Feststellung aufgelöst (§ 262 Abs. 1 Nr. 5).[16] Ein satzungsändernder Hauptversammlungsbeschluss, der gegen § 6 verstößt, ist nichtig (§ 241 Nr. 3).

D. Umstellung von DM auf Euro

10 Siehe dazu eingehend unten Kap. 2 §§ 1–4 EGAktG Rn 10 (Neugesellschaften) u 20 (Altgesellschaften).

§ 7 Mindestnennbetrag des Grundkapitals

Der Mindestnennbetrag des Grundkapitals ist fünfzigtausend Euro.

Literatur:
Bezzenberger, Das Kapital der Aktiengesellschaft, 2005; *Eidenmüller/Engert*, Die angemessene Höhe des Grundkapitals der Aktiengesellschaft, AG 2007, 97; *Engert*, Die Wirksamkeit des Gläubigerschutzes durch Nennkapital, GmbHR 2007, 337; *Heider*,

---

10 Vgl Spindler/Stilz/*Drescher*, Rn 2; K. Schmidt/Lutter/*Fleischer*, Rn 3; Näheres zu Börsenkurs und Ertragswertmethode, Kommentierung zu §§ 304 f; ferner BayObLG AG 1996, 176, 177; *Ammon*, Rechtliche Anforderungen an die Unternehmensbewertung, in: Kapitalmarktorientierte Unternehmensüberwachung, IDW 2001, 303 ff.
11 Vgl K. Schmidt/Lutter/*Fleischer*, Rn 5 mN.
12 K. Schmidt/Lutter/*Fleischer*, Rn 6.
13 Vgl K. Schmidt/Lutter/*Fleischer*, Rn 7, Spindler/Stilz/*Drescher*, Rn 4.
14 Vgl K. Schmidt/Lutter/*Fleischer*, Rn 7.
15 *Keidel/Heinemann*, FamFG, § 397 Rn 10 und 25; MüKo-ZPO/*Krafka*, § 399 Rn 7.
16 Zum Ganzen K. Schmidt/Lutter/*Fleischer*, Rn 8; Spindler/Stilz/*Drescher*, Rn 4; KölnKomm-AktG/*Dauner-Lieb*, Rn 9.

Einführung der nennwertlosen Aktie in Deutschland anlässlich der Umstellung des Gesellschaftsrechts auf den Euro, AG 1998, 1; *Lutter* (Hrsg), Das Kapital der Aktiengesellschaft in Europa, ZGR Sonderheft 17, 2006.

A. Regelungsgehalt	1	III. Festsetzung	7
B. Mindestnennbetrag	3	C. Verstoß gegen § 7 – Rechtsfolgen	8
I. Höhe des Grundkapitals	3	I. Ablehnung der Eintragung	8
II. Ausnahmen	5	II. Korrektur einer zu Unrecht vorgenommenen Eintragung	9
1. Höherer Betrag	5		
2. Niedrigerer Betrag	6	D. Registersperre	16

A. Regelungsgehalt[1]

Ursprüngliches Ziel der Festlegung eines früher relativ hohen (500.000 Reichsmark) Mindesthaftkapitals war die Überlegung des Gesetzgebers, dass nur große und mittelständische Unternehmen sich der Rechtsform der AG bedienen sollten. Durch das heutige Mindesthaftkapital von 50.000 EUR werden allerdings nur noch sehr kleine Unternehmen vom Aktienmarkt ausgeschlossen; dies entspricht auch (vgl kleine Aktiengesellschaft) der jetzigen Intention des Gesetzgebers. „Abschreckend" auf kleine Unternehmen, den Gang in die AG vorzunehmen, wirkt eher die Formenstrenge des Aktienrechts, nämlich die aufwendige Organisationsstruktur der AG, die Publizitätsvorschriften, das Kriterium der Satzungsstrenge (§ 23 Abs. 5) sowie die rigiden Vorschriften bei der Sachgründung (§§ 32 ff).[2] 1

Das Mindesthaftkapital soll einen Ausgleich dafür bringen, dass den Gläubigern der AG nur das Gesellschaftsvermögen haftet. Die Aufbringung und die Erhaltung des Mindestkapitals sollen durch zahlreiche gesetzliche Vorschriften gewährleistet werden, zB §§ 9 Abs. 1, 32 ff, 36 Abs. 2, 36 a, 46 ff, 57, 66, 71–71 e. Die Praxis zeigt aber, dass dieser wünschenswerte Schutz die Gläubiger nicht immer vor Verlusten zu schützen vermag, da für eine AG keine Pflicht besteht, das Gesellschaftsvermögen stets in Höhe des Mindestnennkapitals vorzuhalten (dazu auch oben § 6 Rn 2, 3).[3] 2

B. Mindestnennbetrag

I. Höhe des Grundkapitals. Das **Mindesthaftkapital** betrug bis zum 31.12.1998 100.000 DM, ab 1.1.1999 und seitdem 50.000 EUR. Da aber zwischen dem 1.1.1999 und dem 31.12.2001 bei Neugründung der Gesellschaft als Währungseinheit für das Grundkapital entweder DM oder Euro eingetragen werden konnten, errechnete sich für diesen Zeitraum ein Mindesthaftkapital von nur 97.791,50 DM (Umrechnungsfaktor 1,95583). Für „**krumme**" **Nennbeträge**, die durch die Euro-Umstellung entstanden sind, empfiehlt sich eine Glättung durch Kapitalerhöhung oder -herabsetzung. Für beide Fälle genügt eine einfache Mehrheit durch Beschluss der Hauptversammlung. Bei Kapitalherabsetzung muss allerdings mindestens die Hälfte des Grundkapitals vertreten sein. Notarielle Niederschrift eines solchen Beschlusses ist nach § 130 Abs. 1 S. 1 erforderlich, weil nach § 4 Abs. 2 S. 3 EGAktG die Erleichterung des § 130 Abs. 1 S. 3 nicht gilt (dazu unten § 130). 3

Selbstverständlich darf das in der Satzung festzulegende Grundkapital den Betrag von 50.000 EUR immer überschreiten; es gibt keine Beschränkung nach oben. Die Gründer sollten bei der Festlegung des Grundkapitals stets Art und Umfang der geplanten Geschäftstätigkeit im Auge behalten, damit das Unternehmen auch mit **genügend Eigenkapital** ausgestattet ist.[4] Werden Nennbetragsaktien gebildet, müssen diese mindestens auf einen Euro lauten, höhere Nennbeträge jeweils auf volle Euro (§ 8 Abs. 2). Auch bei Stückaktien darf der auf die einzelne Aktie fallende anteilige Betrag am Grundkapital den Betrag von einem Euro nicht unterschreiten. Daraus folgt, dass die Anzahl der ausgegebenen Stückaktien nicht höher sein darf als die durch das Grundkapital ausgewiesene Zahl. 4

II. Ausnahmen. 1. Höherer Betrag. Aufgrund besonderer gesetzlicher Vorschriften kann für bestimmte Betätigungsfelder einer AG durch Bestimmungen außerhalb des Aktiengesetzes ein höheres Mindesthaftkapital vorgeschrieben werden, zB für Schiffspfandbriefbanken, Unternehmensbeteiligungsgesellschaften, Kapitalanlagegesellschaften, Versicherungsgesellschaften und Bausparkassen.[5] 5

---

1 Zur Entwicklungsgeschichte der Norm siehe MüKo-AktG/*Heider*, Rn 1 ff; zu Vorgängervorschriften und Parallelregelungen sowie zu Gemeinschaftsrecht und Rechtsvergleichung siehe K. Schmidt/Lutter/*Fleischer*, Rn 2 und 4.

2 Vgl MüKo-AktG/*Heider*, Rn 10; K. Schmidt/Lutter/*Fleischer*, Rn 1; Spindler/Stilz/*Drescher*, Rn 1, je mwN.

3 Vgl MüKo-AktG/*Heider*, Rn 8; KölnKomm-AktG/*Dauner-Lieb*, Rn 3.

4 Dabei gilt es auch zu bedenken, dass Nachgründungsprobleme (§ 52) vermieden werden sollten, weil Zwang zur Nachgründung schon dann vorliegen kann, wenn u.a. die Vergütung an Dritte 10 % des Grundkapitals übersteigt. Dazu *Hüffer*, Rn 5.

5 Näher dazu Großkomm-AktienR/*Brändel*, Rn 22; MüKo AktG/*Heider*, Rn 14 ff; K. Schmidt/Lutter/*Fleischer*, Rn 6.

6 **2. Niedrigerer Betrag.** Bei einer Kapitalherabsetzung nach § 228 (näheres siehe dort) kann kurzzeitig der Mindestnennbetrag des § 7 unterschritten werden, aber nur dann, wenn durch die gleichzeitig zu beschließende Kapitalerhöhung die Mindesthaftsumme des § 7 wieder erreicht wird und Sacheinlagen nicht festgesetzt sind. Dabei handelt es sich in den meisten Fällen in der Praxis um eine Sanierungsmaßnahme.[6]

7 **III. Festsetzung.** Die Höhe des Grundkapitals ist in der Satzung anzugeben (§ 23 Abs. 3 Nr. 3) und kann später nur durch einen Beschluss der Hauptversammlung geändert werden. Über die Höhe entscheidet unter Berücksichtigung der Art der Geschäftstätigkeit das Ermessen der Gründer, das nur durch die Einhaltung der Mindestvoraussetzungen nach §§ 6–8 begrenzt ist.[7]

C. Verstoß gegen § 7 – Rechtsfolgen

8 **I. Ablehnung der Eintragung.** Das Registergericht hat nach Prüfung die Eintragung der Gesellschaft in das Handelsregister abzulehnen (§ 38 Abs. 1 S. 2), wenn

- in die Satzung keine **Grundkapitalziffer** aufgenommen wurde (§ 6) oder
- die Grundkapitalziffer 50.000 EUR **unterschreitet**,[8]
- die Summe der Nennbeträge aller übernommenen Nennbetragsaktien mit der Höhe des Grundkapitals nicht übereinstimmt.

Die Eintragung eines satzungsändernden, das Grundkapital unter den Mindestnennbetrag herabsetzenden Beschlusses wird abgelehnt, sofern nicht die besonderen Voraussetzungen des § 228 gegeben sind.

9 **II. Korrektur einer zu Unrecht vorgenommenen Eintragung.** Erkennt das Registergericht den Mangel nicht und trägt es die Gesellschaft in das Handelsregister ein, ist die AG wirksam entstanden.

10 Fehlt die Bestimmung zur Höhe des Grundkapitals, kann Nichtigkeitsklage erhoben werden (§ 275 Abs. 1). Daneben kann das Registergericht die Löschung der Gesellschaft nach § 397 FamFG betreiben. Der Mangel ist nicht heilbar (dazu auch oben § 6 Rn 8).[9]

11 Unterschreitet das in die Satzung aufgenommene Grundkapital den Mindestnennbetrag, ist die Eintragung im Handelsregister abzulehnen. Wird aber dennoch eingetragen, ist die AG wirksam entstanden. Eine Nichtigkeitsklage nach § 275 Abs. 1 S. 1 scheidet mangels Tatbestandes aus. Das Registergericht hat das Amtsauflösungsverfahren nach § 399 FamFG iVm § 262 Abs. 1 Nr. 5 zu betreiben und die Gesellschaft zur Mängelbeseitigung aufzufordern. Wird der Aufforderung keine Folge geleistet, ist die Auflösung der AG festzustellen (§ 262 Abs. 1 Nr. 5; dazu auch oben § 6 Rn 9).[10]

12 Ein Beschluss über die Herabsetzung des Grundkapitals unter die Mindesthaftsumme ist nichtig (§ 241 Nr. 3), es sei denn, die Voraussetzungen des § 228 liegen vor. Die Nichtigkeit des Beschlusses wird geheilt, wenn seit seiner Eintragung mehr als drei Jahre vergangen sind (§ 242 Abs. 2). Unbeschadet dieses Fristablaufes kann der Beschluss dennoch von Amts wegen nach § 398 FamFG als nichtig gelöscht werden (§ 242 Abs. 2 S. 3).[11]

13 Erfüllt das Grundkapital die Anforderungen des § 7, ergibt aber die Addition der in der Satzung angegebenen Aktienzahl jeweils multipliziert mit ihrem Nennwert eine Summe von weniger als 50.000 EUR, ist die **Übernahmeerklärung** der Gründer zu prüfen.

14 Entspricht die tatsächliche Summe der Nennbeträge aller Aktien dem in der Satzung angegebenen Grundkapital (§ 23 Abs. 3 Nr. 3), weicht aber die Bestimmung über die Zahl der Aktien und die Höhe ihrer Nennbeträge in der Satzung (§ 23 Abs. 3 Nr. 4) von dieser Summe ab, ist die Gesellschaft mit dem aus den Übernahmeerklärungen und der Satzung ersichtlichen Grundkapital bei Übereinstimmung errichtet; der dann vorliegende Rechenfehler (oder die Aufführung falscher Zahlen) ist bei den Angaben zu § 23 Abs. 3 Nr. 4 zu berichtigen. Bis zur Berichtigung kann aber die Handelsregistereintragung verweigert werden.[12]

15 Wird das satzungsmäßige Grundkapital durch die Summe aller Aktiennennbeträge hingegen nicht erreicht, darf keine Eintragung erfolgen bis Deckung erzielt ist. Wurde dennoch eingetragen, ist der Weg über § 399 FamFG mangels Tatbestands versperrt, weil es sich hier um einen Mangel der Übernahmeerklärung nach § 23 Abs. 2 handelt. Es haften aber die Gründer nach § 46 Abs. 1 gesamtschuldnerisch für das in der Satzung angegebene vollständige Grundkapital.[13]

---

6 Vgl Spindler/Stilz/*Drescher*, § 7 Rn 2; *Hüffer*, § 228 Rn 1; K. Schmidt/Lutter/*Fleischer*, Rn 5; Spindler/Stilz/*Drescher*, Rn 1 u 2; aus der Rspr zB BGH AG 1993, 125.
7 Vgl K. Schmidt/Lutter/*Fleischer*, Rn 7; Spindler/Stilz/*Drescher*, Rn 3.
8 Vgl K. Schmidt/Lutter/*Fleischer*, Rn 8.
9 Das folgt über den Umkehrschluss aus § 276; vgl *Hüffer*, § 275 Rn 9 u § 276 Rn 1; MüKo-AktG/*Heider*, Rn 28; aA Scholz/ *K. Schmidt*, GmbHG, § 76 Rn 5.
10 Vgl *Hüffer*, Rn 8; K. Schmidt/Lutter/*Fleischer*, Rn 8 mN.
11 Vgl K. Schmidt/Lutter/*Fleischer*, Rn 9; Spindler/Stilz/*Drescher*, Rn 3.
12 Vgl KölnKomm-AktG/*Dauner-Lieb*, Rn 7 und § 6 Rn 8; Großkomm-AktienR/*Brändel*, Rn 18.
13 Vgl Großkomm-AktienR/*Brändel*, Rn 19.

D. Registersperre

Wenn Nennbeträge noch nicht auf Euro umgestellt sind, besteht für alle kapitaländernden Beschlüsse der Hauptversammlung eine Registersperre (§ 3 Abs. 5 EGAktG). Damit wird nicht nur eine Glättung, sondern auch mittelbar die Euro-Umstellung des Grundkapitals erzwungen. Dabei bietet sich aber der Übergang zu Stückaktien an, was geringere Probleme bereitet, als der Verbleib bei Nennwertaktien (dazu unten § 8).[14]

§ 8 Form und Mindestbeträge der Aktien

(1) Die Aktien können entweder als Nennbetragsaktien oder als Stückaktien begründet werden.

(2) [1]Nennbetragsaktien müssen auf mindestens einen Euro lauten. [2]Aktien über einen geringeren Nennbetrag sind nichtig. [3]Für den Schaden aus der Ausgabe sind die Ausgeber den Inhabern als Gesamtschuldner verantwortlich. [4]Höhere Aktiennennbeträge müssen auf volle Euro lauten.

(3) [1]Stückaktien lauten auf keinen Nennbetrag. [2]Die Stückaktien einer Gesellschaft sind am Grundkapital in gleichem Umfang beteiligt. [3]Der auf die einzelne Aktie entfallende anteilige Betrag des Grundkapitals darf einen Euro nicht unterschreiten. [4]Absatz 2 Satz 2 und 3 findet entsprechende Anwendung.

(4) Der Anteil am Grundkapital bestimmt sich bei Nennbetragsaktien nach dem Verhältnis ihres Nennbetrags zum Grundkapital, bei Stückaktien nach der Zahl der Aktien.

(5) Die Aktien sind unteilbar.

(6) Diese Vorschriften gelten auch für Anteilscheine, die den Aktionären vor der Ausgabe der Aktien erteilt werden (Zwischenscheine).

A. Grundlagen	1
I. Entwicklungsgeschichte der Norm	1
II. Normzweck	2
III. Grundsätzliche Aktienformen: Nennbetrags-, Stück- und Quotenaktien	3
1. Grundsätzliche Möglichkeiten	3
2. Vom Aktiengesetz zugelassene Varianten	4
B. Einzelheiten	6
I. Nennbetragsaktien	6
1. Rechtliche Vorgaben, Funktion	6
2. Festlegung des Aktiennennbetrags	8
a) Nennbetragsänderungen durch Vereinigung von Aktien oder Neuaufteilung des Grundkapitals	9
b) Nennbetragsänderung im Rahmen von Kapitalerhöhungen und Herabsetzungen	10
3. Rechtsfolgen eines Verstoßes gegen Abs. 2	11
II. Stückaktien	13
1. Die Stückaktie in Form der unechten nennwertlosen Aktie (Abs. 3)	13
2. Echte nennwertlose Aktie und Quotenaktie – nicht zugelassene Gestaltungsformen	14
3. Bedeutung der Stückaktie	16
III. Unteilbarkeit von Aktien	18
1. Grundsatz	18
2. Zulässige Maßnahmen	19
a) Abtretung des Anspruchs auf die Jahresdividende	20
b) Rechtsgemeinschaft	21
c) Treuhand	22
IV. Zwischenscheine	23

A. Grundlagen

I. Entwicklungsgeschichte der Norm. Bis zur Verabschiedung des Stückaktiengesetztes (StückAG) am 25.3.1998[1] konnten Anteile an Aktiengesellschaften nur als Nennbetragsaktien begründet werden. Das Aktiengesetz 1965 hatte dafür einen Mindestnennbetrag von DM 50 vorgesehen.[2] Dieser wurde im Jahre 1994 durch Art 5 Nr. 1 Zweites Finanzmarktförderungsgesetz[3] auf DM 5 abgesenkt. Durch das Euro-Einführungsgesetz (EuroEG) wurde der Mindestnennbetrag mit Wirkung ab dem 1.1.1999 auf mindestens einen Euro festgelegt. Schon zuvor wurde durch das Stückaktiengesetz die Möglichkeit eröffnet, die Anteilsrechte in Form von nennwertlosen Aktien zu begründen. Entsprechende Vorschläge hatte es bereits früher gegeben, letztmalig im Rahmen der Aktienrechtsreform 1965,[4] konnten sich jedoch nicht durchsetzen.

---

14 Vgl *Hüffer*, Rn 7; MüKo-AktG/*Heider*, § 6 Rn 51; *Ihrig/Streit*, NZG 1998, 201, 204; wegen der Umstellungsmodelle siehe MüKo-AktG/*Heider*, § 6 Rn 54, zu Nennbetragsglättungen § 6 Rn 55 ff, Muster für Euro-Umstellungsmodelle bei der GmbH siehe AnwaltFormulare/*Heidel*, Kap. 14, GmbH-Recht, Rn 181–184.

1 Gesetz über die Zulassung von Stückaktien (Stückaktiengesetz – StückAG) vom 25.3.1998, BGBl. I S. 590.
2 Hierzu RegBegr. *Kropff*, S. 23.
3 Zweites Finanzmarktförderungsgesetz vom 26.7.1994, BGBl. I S. 1749.
4 Hierzu MüKo-AktG/*Heider*, Rn 14.

Dies änderte sich aufgrund der bevorstehenden Euro-Umstellung. Der Gesetzgeber sah in der Stückaktie zutreffend eine einfache Alternative zur Umstellung des Grundkapitals.

II. Normzweck. Die Bestimmung regelt, dass nach dem Aktiengesetz sowohl **Nennbetrags-** als auch **Stückaktien** zulässig sind, und welche rechtlichen Anforderungen jeweils bestehen. Das in Abs. 5 enthaltene Verbot der Teilung von Aktien passt streng genommen nicht in diesen Kontext, da es darin nicht um die satzungsmäßige Gestaltung geht, sondern um die Unwirksamkeit einer rechtsgeschäftlichen Teilung von Aktien.[5]

III. Grundsätzliche Aktienformen: Nennbetrags-, Stück- und Quotenaktien. 1. Grundsätzliche Möglichkeiten. Die Aktiengesellschaft hat nach § 1 Abs. 2 ein in Aktien zerlegtes **Grundkapital**. Dies kann entweder über die Nennbeträge der Aktien geregelt werden oder durch Zerlegung in eine bestimmte Aktienzahl. Ersteres führt zu Aktien mit einer bestimmten, einen Bruchteil des Grundkapitals repräsentierenden Wertangabe, die insgesamt dem Gesamtbetrag des Grundkapitals entsprechen, den sog. Nennbetragsaktien. Bei Letzterem werden Aktien gebildet, die nicht auf einen bestimmten Nennbetrag lauten. Hier muss weiter differenziert werden: Entweder repräsentieren diese nennwertlosen Aktien eine bestimmte Quote des Grundkapitals (zB 1/1000 des Grundkapitals von insgesamt 100.000 EUR), diese Aktien werden als Quotenaktien bezeichnet. Alternativ wird festgelegt, dass jede Aktie einen gleich großen Bruchteil am Gesellschaftsvermögen repräsentiert, ohne dessen exakte Quote zu bestimmen. Dies sind die sog. Stückaktien.

2. Vom Aktiengesetz zugelassene Varianten. Das Aktiengesetz lässt in § 8 Abs. 1 sowohl die Nennbetragsaktien als auch nennwertlose Aktien in Form sog. Stückaktien zu. Nicht möglich sind demgegenüber nennwertlose Aktien in Form sog. Quotenaktien. Es ist auch nicht zulässig, gleichzeitige Nennbetrags- und Stückaktien einzuführen (der Gesetzeswortlaut lautet in Abs. 1: entweder ... oder).[6]

Keine Aktienformen im Rechtssinn sind Inhaber- bzw Namensaktien (§ 10 Abs. 1) bzw Vorzugs- und Stammaktien (§ 12 Abs. 1). Gleiches gilt für vinkulierte und nicht vinkulierte Aktien. § 8 Abs. 1 verbietet es daher nicht, Inhaber- neben Namensaktien bzw Stamm- neben Vorzugsaktien auszugeben, bzw diese zum Teil zu vinkulieren. Es muss lediglich sichergestellt sein, dass entweder Nennbetragsaktien oder aber Stückaktien existieren.

B. Einzelheiten

I. Nennbetragsaktien. 1. Rechtliche Vorgaben, Funktion. Nennbetragsaktien müssen gemäß § 8 Abs. 2 S. 1 auf **wenigstens einen Euro** lauten. Die Norm ist auch bei Kapitalerhöhungen zu beachten, jedoch können dabei andere mindestens auf einen Euro lautende und durch einen Euro teilbare Beträge ausgegeben werden. Der Nennbetrag einer Aktie ist in vielfältiger Hinsicht bedeutsam. So hat die Summe der Nennbeträge aller ausgegebenen Nennbetragsaktien stets mit dem Nennbetrag des Grundkapitals übereinzustimmen.[7] Das Verhältnis des Nennbetrages einer Nennbetragaktie zum Nennbetrag des Grundkapitals gibt den Umfang (die Quote) der Mitgliedschaftsrechte wieder, die in der Aktie verkörpert ist (§ 8 Abs. 4). Der Nennbetrag stellt schließlich zugleich die Untergrenze der Einlagepflicht pro Aktie dar, da nach § 9 Abs. 1 (Verbot der Unterpari-Emission) Aktien für einen geringeren Betrag nicht ausgegeben werden dürfen. Davon abgesehen enthält das Aktiengesetz aber keine Beschränkungen und lässt insbesondere das Nebeneinander von Aktien zu, die auf unterschiedliche Nennbeträge lauten. Dies wird in § 8 Abs. 4 auch vorausgesetzt. Durch Art. 2 des StückAktG vom 25.3.1998[8] wurde in diesem Zusammenhang klargestellt, dass auch bei der Umwandlung in eine Aktiengesellschaft keine über § 8 hinausgehenden Beschränkungen bei der Festlegung der Nennbeträge bestehen.

Geringe Aktiennennbeträge erleichtern im Prinzip die Verbreitung der Aktie. Insbesondere für börsennotierte Gesellschaften ist dies attraktiv. Allerdings haben geringe Aktiennennbeträge nicht nur Vorteile. Gerade bei nicht börsennotierten Aktiengesellschaften kann eine Zersplitterung des Aktionärskreises auch Nachteile nach sich ziehen.[9]

2. Festlegung des Aktiennennbetrags. Die Nennbeträge der Nennbetragsaktien sowie die Zahl der Aktien jeden Nennbetrages sind in der **Satzung** festzulegen (§ 23 Abs. 3 Nr. 4), wobei § 8 Abs. 2 S. 1, S. 4 zu beachten ist. Eine Änderung der in der Satzung festgelegten Aktiennennbeträge ist nur im Wege der Satzungsänderung möglich. Gegebenenfalls ausgegebene Aktienurkunden werden dadurch unwirksam. Wird eine **Änderung der Aktiennennbeträge** vorgenommen, kann dies auf zwei verschiedenen Wegen erfolgen. Entweder

---

5 Spindler/Stilz/*Vatter*, Rn 1.
6 RegBegr, BT-Drucks. 13/9573, S. 11 re Sp, S. 14 reSp.
7 Beide Beträge können allerdings im Fall der (erfolgten) Einziehung von Aktien abweichen. Dann bleibt das Nennkapital als solches unverändert. Die Summe der Nennbeträge aller ausgegebenen Aktien ist demgegenüber geringer.
8 BGBl. I S. 590.
9 *Hüffer*, Rn 6.

wird das Grundkapital neu gestückelt, ohne dass sich der Grundkapitalnennbetrag ändert. Oder es kommt zu einer Nennbetragesänderung im Rahmen und als Folge einer Änderung des Grundkapitalnennbetrages. Die Zulässigkeit der Änderung von Aktiennennbeträgen ist im Grundsatz unbestritten. Dies gilt gleichermaßen für die Erhöhung wie die Verringerung von Aktiennennbeträgen.[10] Die Verringerung kann auch durch Teilung von Aktien erfolgen, was keinen Verstoß gegen Abs. 5 darstellt.[11] Dies liegt daran, dass eine Neustückelung nicht zu einer Teilung der Aktie als solcher führt (dh einer Aufteilung in zwei halbe Aktien), sondern zu ihrer satzungsmäßig angeordneten Unwirksamkeit und der kraft Satzungsänderung erfolgenden Ausgabe neuer Aktien an Stelle der ursprünglichen (zulässig ist damit die Neuaufteilung des Grundkapitals, unzulässig die individuelle Teilung von Aktien als solchen).

a) Nennbetragsänderungen durch Vereinigung von Aktien oder Neuaufteilung des Grundkapitals. Für einen **Beschluss**, durch den Nennbeträge herabgesetzt werden, ist weder Einstimmigkeit noch die Zustimmung aller betroffenen Aktionäre erforderlich.[12] Denn zwar berührt eine Neufestlegung der Aktiennennbeträge unmittelbar das Rechtsverhältnis zwischen Aktionär und Gesellschaft. Der Beschluss führt allerdings nicht zu einem Rechtsverlust, da der betroffene Aktionär mehr Aktien als bisher erhält und es so zu einer größeren Fungibilität seiner Beteiligung kommt. Zulässig ist des Weiteren die Vereinigung von Aktien, die wiederum eine Satzungsänderung darstellt. Diese ist nur dann zulässig, wenn alle betroffenen Aktionäre ihre Zustimmung erklären.[13] Denn hier führt die Zusammenlegung der Aktien zu einem Verlust an Mobilität beim betroffenen Aktionär, der nur noch über die zusammengelegte Aktie insgesamt verfügen kann. Teilung und Vereinigung von Aktien können auch miteinander kombiniert werden.[14]

b) Nennbetragsänderung im Rahmen von Kapitalerhöhungen und Herabsetzungen. Eine Kapitalerhöhung (§§ 182 ff) durch Anhebung der Aktiennennbeträge ist unzulässig. § 182 Abs. 1 S. 4 lässt eine Kapitalerhöhung nur durch die **Ausgabe neuer Aktien** zu. Demgegenüber kann das Grundkapital durch Änderung der Nennbeträge der Nennbetragsaktien herabgesetzt werden (in den von § 8 Abs. 2 S. 1, S. 3 gezogenen Grenzen). Insoweit erlaubt das Aktiengesetz zum einen die Herabsetzung des Nennbetrages der Aktien (§ 222 Abs. 4 S. 1). Soweit dadurch der Mindestnennbetrag (§ 8 Abs. 2 S. 1) unterschritten würde, kann eine Herabsetzung des Grundkapitals auch durch Zusammenlegung der Aktien erfolgen (§ 222 Abs. 4 S. 2). Zu den Mehrheitserfordernissen bei der Kapitalherabsetzung vergleiche im Einzelnen die Kommentierung zu § 222.

3. Rechtsfolgen eines Verstoßes gegen Abs. 2. Gibt eine AG Nennbetragsaktien unter einem Euro aus, sind die ausgegebenen Aktien nichtig (Abs. 2). Dabei ist hinsichtlich der Rechtsfolgen der Nichtigkeit wie folgt zu unterscheiden:

Vor der Eintragung der AG sind die Aktien als solche noch gar nicht entstanden bzw vorher ausgegebene Aktien ohnehin gemäß § 41 Abs. 4 S. 2 nichtig. § 8 Abs. 2 S. 2 ordnet also für diesen Fall keine darüber hinausgehende Rechtsfolge an. Wegen des Verstoßes gegen Abs. 2 S. 2 liegt aber ein Mangel der Satzung vor, den das Registergericht zu prüfen und weshalb es die Eintragung der AG abzulehnen hat (§ 28 Abs. 3). Die AG entsteht in diesem Fall nicht, auch nicht als sog. Vor-AG.[15] **Trägt das Registergericht dennoch irrtümlich ein**, ist die AG als solche entstanden. Eine Klage auf Nichtigkeit ist ausgeschlossen, § 275 Abs. 1, so dass allenfalls eine Amtslöschung gemäß § 262 Abs. 1 Nr. 5 iVm § 399 FamFG möglich bleibt. Da die AG durch die Eintragung wirksam entstanden ist, erfasst die in § 8 Abs. 2 angeordnete Nichtigkeit nur die Aktie als Wertpapier, die Mitgliedschaft als solche bleibt ebenfalls erhalten.[16] Der geschädigte Eigentümer der Urkunde erwirbt gemäß Abs. 2 S. 3 einen verschuldensunabhängigen Schadensersatzanspruch gegen den „Ausgeber". Ausgeber ist, wer an der Schaffung oder Begebung der gesetzwidrig verbrieften Anteilsrechte verantwortlich mitgewirkt oder die Schaffung bzw Begebung pflichtwidrig nicht verhindert hat, obwohl er sie hätte verhindern können. Dabei ist es ohne Bedeutung, ob er die Ausgabeverfügung und/oder die Aktie unterzeichnet hat.[17] Zuletzt kann ein Verstoß gegen § 8 Abs. 2 S. 1 als Ordnungswidrigkeit nach § 405 Abs. 1 Nr. 3 geahndet werden.

II. Stückaktien. 1. Die Stückaktie in Form der unechten nennwertlosen Aktie (Abs. 3). Abs. 3 lässt die Stückaktie als weitere Erscheinungsform von Aktien neben Nennbetragsaktien zu (nicht zugelassen ist demgegenüber die Quotenaktie, dazu unten Rn 15). Der **Begriff** der Stückaktie ist durch terminologische Ver-

---

10 Zu den Grenzen aufgrund der Treuepflicht gegenüber Minderheitsaktionären Spindler/Stilz/*Vatter*, Rn 20; K. Schmidt/Lutter/*Ziemons*, Rn 32.
11 AllgM, RegBegr. BT-Drucks. 12/6679, S. 83 liSp; *Hüffer*, Rn 31; MüKo-AktG/*Heider*, Rn 114; *Seibert*, AG 1993, 315, 317; *Zöllner*, AG 1985, 19 ff.
12 Zu den Mehrheitserfordernissen bei Satzungsänderungen und zu der Frage, wann eine Satzungsänderung der Zustimmung davon betroffener Aktionäre bedarf siehe § 179 Rn 32–34.
13 Hierzu im Einzelnen MüKo-AktG/*Heider*, Rn 114. Zur Form der Zustimmung, die keiner notariellen Beurkundung bedarf, vgl § 179 Rn 35.
14 *Zöllner*, AG 1985, 19, 24 f.
15 MüKo-AktG/*Heider*, Rn 84; KölnKomm-AktG/*Kraft*, Rn 21; aA eventuell Großkomm-AktienR/*Brändel*, Rn 20.
16 *Hüffer*, Rn 9.
17 *Hüffer*, Rn 10; KölnKomm-AktG/*Kraft*, Rn 35; Großkomm-AktienR/*Brändel*, Rn 31.

wirrungen geprägt.[18] Die einzige in Folge des Stückaktiengesetzes heute im Aktiengesetz zugelassene Nicht-Nennwertaktie ist die sog. „unechte nennwertlose Aktie in Form der Stückaktie". Wesentliches Kennzeichen ist, dass die Aktien jeweils einen **Teilbetrag des nennbetragsmäßig festgesetzten Grundkapitals** repräsentieren. Dieses Grundkapital, das ebenso wie bei der Nennbetragsaktie das Mindesthaftkapital der Gesellschaft darstellt, bildet hier eine Bezugsgröße, der durch Division jeder Aktie ein fiktiver Nennbetrag am Grundkapital[19] zugeordnet werden kann. Der tatsächliche Unterschied zwischen unechten nennwertlosen Stückaktien und Nennbetragsaktien liegt demnach einzig und allein darin, dass die unechten nennwertlosen Aktien nicht ausdrücklich auf einen Nennbetrag lauten.[20] Anders gewendet sind Stückaktien de facto verkappte Nennbetragsaktien.[21]

14 **2. Echte nennwertlose Aktie und Quotenaktie – nicht zugelassene Gestaltungsformen.** Nicht zugelassen ist die echte nennwertlose Aktie. Echte nennwertlose Aktien sind Aktien von Gesellschaften, die entweder über kein Grundkapital verfügen oder lediglich über ein Grundkapital, das nicht in Aktien eingeteilt ist. Beides verbietet § 1 Abs. 2.

15 Ebenso wenig ist die sog. Quotenaktie zugelassen (oben Rn 4). Quotenaktien lauten auf einen **Bruchteil** des Grundkapitals/des Gesellschaftsvermögens (zB 1/1000 des Grundkapitals von 100.000 EUR).[22] Quotenaktien werden bei jeder Änderung der Aktienzahl unrichtig, so dass deshalb in einem aufwändigen Verfahren neue Aktienurkunden begeben werden müssten. Dies ist der Grund, weshalb sich der Gesetzgeber gegen die Zulassung von Quotenaktien entschieden hat.[23]

16 **3. Bedeutung der Stückaktie.** Stückaktien sind weit verbreitet. Auslöser für ihre Einführung war die Euro-Umstellung. Auch wenn Neugründungen seither unschwer auf Basis von Nennbetragsaktien erfolgen könnten, dürfte die Popularität der Stückaktie anhalten. Sie gelten als die „richtigere Form"[24] (besser: überlegene Form), da sie den Charakter des Nennbetrages als bloße Rechengröße verdeutlichen und so eine wirtschaftlich unzutreffende Gleichsetzung von Nennkapital mit Aktienwert vermeiden. Der anteilige Betrag des Grundkapitals, der auf die einzelnen Stückaktien entfällt, wird nicht in der Satzung festgesetzt. Er lässt sich im Wege der Division bestimmen. Insoweit steht es den Gesellschaftern grundsätzlich frei, in welche Anzahl von Stückaktien sie das Grundkapital zerlegen und welcher rechnerische Betrag somit auf die einzelnen Stückaktien entfällt. Zwingend ist lediglich die Vorschrift, dass der rechnerische Betrag von einem Euro nicht unterschritten werden darf (Abs. 3 S. 2). Die Gestaltungsspielräume sind damit größer als bei Nennbetragsaktien.

17 Auch rechtlich ist die **Stückaktie vorzugswürdig**, weil hier – anders als bei Nennbetragsaktien – bei **Kapitalerhöhungen aus Gesellschaftsmitteln** nach § 207 Abs. 2 S. 2 abweichend von § 182 Abs. 1 S. 4 eine „nackte" Kapitalerhöhung ohne Ausgabe neuer Aktien möglich ist.[25] Gerade dies führt zu einer insgesamt größeren Flexibilität.[26] Ebenso bestehen Vorteile im Falle einer **Kapitalherabsetzung**. Dabei ermäßigt sich der auf die einzelne Stückaktie entfallende rechnerische Betrag automatisch, ohne dass es hierzu einer gesonderten Beschlussfassung bedarf.[27] Insoweit ist lediglich zu beachten, dass sich durch die Herabsetzung der anteilige rechnerische Wert nicht auf einen Betrag unter einem Euro vermindern darf. In einem derartigen Fall müsste ebenso wie bei Nennbetragsaktien eine Zusammenlegung der Aktien erfolgen (§ 222 Abs. 4 S. 2).[28] Für den Fall eines Verstoßes verweist § 8 Abs. 3 S. 4 auf Abs. 2 S. 2 und 3. Damit gelten die vorstehenden Bestimmungen entsprechend.[29]

18 **III. Unteilbarkeit von Aktien. 1. Grundsatz.** Die Aktien sind gemäß Abs. 5 unteilbar. Damit ist die durch Rechtsgeschäft zwischen Aktionär und Dritten erfolgende, sog. **Realteilung** der in den Aktien verkörperten Mitgliedschaft verboten. Es wäre auch ebenso unzulässig, einzelne mit der Mitgliedschaft verbundene Rechte oder Pflichten von dem durch die Mitgliedschaft vermittelten Bündel an Rechten und Pflichten abzuspalten (zB indem isoliert Stimmrechte für eine bestimmte HV verkauft werden). Kein Verstoß gegen den Grundsatz der Unteilbarkeit von Aktien liegt demgegenüber vor, wenn das Grundkapital im Wege der Satzungsänderung neu gestückelt wird und dadurch Aktien geteilt werden.[30]

---

18 Vgl MüKo-AktG/*Heider*, Rn 17.
19 RegBegr, S. 10 f.
20 *Funke*, AG 1997, 385, 386.
21 Begriff nach MüKo-AktG/*Heider*, Rn 20.
22 Beispiel nach MüKo-AktG/*Heider*, Rn 23.
23 RegBegr, S. 2.
24 MüKo-AktG/*Heider*, Rn 42; *Claussen*, AG 1963, 237.
25 Nicht aber reguläre bzw bedingte Kapitalerhöhungen oder Kapitalerhöhungen aus genehmigten Kapital, § 182 Abs. 1 S. 5, ggf iVm § 192 Abs. 3 S. 2 bzw § 202 Abs. 3 S. 2.
26 Hierzu § 215 Abs. 2 S. 4, vgl unten § 215 Rn 10 f.
27 Argumentum e contrario § 222 Abs. 4 S. 1, hierzu *Hüffer*, § 222 Rn 21.
28 Vgl hierzu oben Rn 10.
29 Vgl hierzu Rn 11 f.
30 Oben Rn 8.

2. Zulässige Maßnahmen. Ungeachtet Abs. 5 sind die nachfolgenden Maßnahmen zulässig: 19

a) Abtretung des Anspruchs auf die Jahresdividende. Der Anspruch auf die Jahresdividende ist abtretbar. 20 Denn bei der Jahresdividende handelt es sich um einen **von der Aktie** als solchen **unabhängigen**, bereits von ihr gelösten Vermögensgegenstand, der mit Wirksamkeit des Gewinnverwendungsbeschlusses (§ 174) entsteht.[31] Selbstverständlich ist auch die Abtretung künftiger Dividendenansprüche zulässig.[32]

b) Rechtsgemeinschaft. Zulässig ist auch die Bildung einer Rechtsgemeinschaft an einer Aktie (zB Miteigentum). Dies ist in § 69 ausdrücklich anerkannt. 21

c) Treuhand. Zulässig ist schließlich die Begründung **fiduziarischer Treuhandverhältnisse**.[33] Über Treu- 22 handkonstruktionen können in vielfältiger Weise die Rechtsfolgen des Abs. 5 vermieden werden. Zulässig ist es beispielsweise auch, Aktien dergestalt mehreren Treugebern zuzuordnen, dass den einzelnen Treugebern dabei andere als die gesetzlichen bzw andere als die satzungsmäßig definierten Nennbeträge bzw anteiligen Anteile am Grundkapital zustehen (zB kann eine Treuhand über 1.000 Stückaktien so zugunsten von drei Treugebern gestaltet werden, dass alle im gleichen Umfang berechtigt sind, bzw es kann ein Treuhandverhältnis über eine auf 1.000 EUR Nennbetrag lautende Aktie zugunsten von drei im Innenverhältnis in gleichem Maße berechtigten Treugebern begründet werden). Ein derartiges Treuhandverhältnis ist zivilrechtlich nur wirksam, wenn darauf geachtet wird, den für eine Treuhand unabdingbaren Herausgabeanspruch so zu gestalten, dass die effektiv nicht teilbaren Aktien im Falle der Erfüllung des Herausgabeanspruchs auf die Treugeber in Rechtsgemeinschaft übertragen werden[34] (in dem ersten Beispielsfall erhalten die Treugeber also jeweils 333 Stückaktien, die verbleibende Stückaktie erhalten sie gemeinsam in gleichberechtigter Rechtsgemeinschaft, § 69; bzw sie erhalten im zweiten Beispiel die über 1.000 EUR Nennbetrag lautende Aktie insgesamt in gleichberechtigter Rechtsgemeinschaft).

IV. Zwischenscheine. Die Vorschriften des § 8 gelten auch für Zwischenscheine (früher: Interimsscheine). 23 Zwischenscheine sind Anteilsscheine, die den Aktionären **vor der Ausgabe der Aktien erteilt** werden. Sie verkörpern **Mitgliedsrechte** ebenso wie Aktien.[35] Dies gilt allerdings nur vorläufig, nämlich bis zur Ausgabe der Aktienurkunde. Die praktische Bedeutung von Zwischenscheinen ist gering. Sie waren notwendig, um den Anspruch des Aktionärs auf Verbriefung seines Anteils zu erfüllen, wenn die Satzung die Ausgabe von Namensaktien nicht zuließ und das Grundkapital nicht vollständig einbezahlt war. Inhaberaktien waren in einem derartigen Fall nicht zulässig, § 10 Abs. 2, so dass als Ausweg lediglich auf den Namen lautende Zwischenscheine ausgegeben werden konnten. Nachdem zwischenzeitlich der Anspruch des Aktionärs auf Verbriefung seines Anteils ausgeschlossen werden kann, § 10 Abs. 5, ist die Bedeutung der Zwischenscheine weiter zurückgegangen. Selbstverständlich steht es dem Vorstand einer AG allerdings nach wie vor frei, nach seinem Ermessen Zwischenscheine zu begeben.[36]

§ 9 Ausgabebetrag der Aktien

(1) Für einen geringeren Betrag als den Nennbetrag oder den auf die einzelne Stückaktie entfallenden anteiligen Betrag des Grundkapitals dürfen Aktien nicht ausgegeben werden (**geringster Ausgabebetrag**).

(2) Für einen höheren Betrag ist die Ausgabe zulässig.

A. Grundlagen 1	a) Beteiligung am Gewinn früherer Geschäftsjahre 9
I. Entwicklungsgeschichte der Norm 1	b) Sondervorteile 10
II. Normzweck 2	3. Rechtsfolgen bei Verstoß 11
B. Einzelheiten 4	a) Verpflichtung zur Eintragung? 12
I. Begriffe und Tatbestandsmerkmale 4	b) Folge der Eintragung 13
1. Ausgabebetrag 5	c) Übertragung der Aktien 14
2. Ausgabe von Aktien 6	III. Überpariemission (Abs. 2) 15
3. Abgrenzung zu „verdeckten Unterpariemissionen" 6a	IV. Aufgeld auf rein schuldrechtlicher Grundlage .. 16
II. Tragweite des Verbots 7	
1. Verstoß 7	
2. Kein Verstoß 8	

---

31 Vgl BGHZ 7, 263, 264 = NJW 1952, 1370; BGHZ 23, 150, 154 = NJW 1957, 588; BGHZ 65, 230, 235 = NJW 1976, 241; BGHZ 224, 27, 31 = NJW 1994, 323.
32 MüKo-AktG/*Heider*, Rn 109.
33 *Hüffer*, Rn 30; MüKo-AktG/*Heider*, Rn 111.
34 Vgl hierzu BGH ZIP 2005, 1924, zu § 5 Abs. 3 S. 1 GmbHG.
35 RGZ 36, 35, 40.
36 *Hüffer*, Rn 32; MüKo-AktG/*Heider*, Rn 119; KölnKomm AktG/*Kraft*, Rn 60.

V. Bilanzielle Behandlung von satzungsmäßigen und schuldrechtlichen Aufgeldern, Überführung in Bilanzgewinn, Grundlage für Kapitalerhöhung aus Gesellschaftsmitteln 21

A. Grundlagen

1 **I. Entwicklungsgeschichte der Norm.** Die Bestimmung wurde durch das Gesetz über die Zulassung der Stückaktie[1] geändert, indem in die Definition des geringsten Ausgabebetrages auch der auf die einzelne Stückaktie entfallende anteilige Betrag des Grundkapitals mit aufgenommen wurde.

2 **II. Normzweck.** Die Bestimmung enthält das – auch bei Kapitalerhöhungen[2] geltende – **Verbot der Unterpariemission** und bezweckt so die **Sicherung der realen Kapitalaufbringung**.[3] Es geht um den Schutz des Rechtsverkehrs und damit um den Schutz der Gläubiger der AG. Diese können darauf vertrauen, dass sich die Aktionäre zumindest zur Leistung von Einlagen in Höhe des Grundkapitalendbetrages verpflichtet haben. Die Norm gewährleistet allerdings nicht, dass Vermögen in Höhe dieses Betrages vorhanden ist. Denn es kann entweder durch Verluste bereits ganz oder teilweise verbraucht sein (Folge: Unterbilanz), bzw es kann erst teilweise einbezahlt und in Höhe des Differenzbetrages von den Aktionären noch geschuldet sein, § 36 a Abs. 1.

3 Das Verbot der Unterpariemission kann Schwierigkeiten bereiten. Sobald der Wert der Aktien unter den Nennbetrag fällt, wird derjenige, der der Gesellschaft durch Kapitalerhöhung neue Mittel zur Verfügung stellt, oft nicht bereit sein, für diese neuen Aktien mindestens den Nennbetrag aufzubringen. Da Abs. 1 aber eine Ausgabe der Aktien zum „Marktwert" (= geringerer, unter dem Nennbetrag liegender Wert) verbietet, kann den Interessen des Neugesellschafters nur dadurch Rechnung getragen werden, dass das bisherige Nennkapital herabgesetzt und so der Wert der verbleibenden Aktien mindestens bis zum Nennwert erhöht wird.

B. Einzelheiten

4 **I. Begriffe und Tatbestandsmerkmale.** Das Verbot der Unterpariemission bedeutet, dass Nennbetragsaktien **nicht für einen geringeren Betrag als den Nennbetrag ausgegeben** werden dürfen. Bei Stückaktien tritt insoweit an die Stelle des Nennbetrags der auf die einzelne Stückaktie entfallende anteilige Betrag des Grundkapitals. Der geringste Ausgabebetrag für Stückaktien ist im Wege der Division des Grundkapitalnennbetrages durch die Anzahl der Stückaktien zu ermitteln.[4] § 9 Abs. 1 regelt lediglich die Höhe der Einlageverpflichtung. Zu Inhalt und Fälligkeit der Leistung (hierzu §§ 36 Abs. 2, 36 a, 54) enthält die Bestimmung ebenso keine Aussagen wie zur Erhaltung der Einlagen (hierzu §§ 57, 66).

5 **1. Ausgabebetrag.** Mit Ausgabebetrag ist diejenige Einlageverbindlichkeit gemeint, die der die Aktien zeichnende Aktionär der Gesellschaft **pro Aktie schuldet**. Der Ausgabebetrag wird in der Übernahmeerklärung (§ 23 Abs. 2 Nr. 2), im Zeichnungsschein (§ 185 Abs. 1 S. 3 Nr. 2) oder in der Bezugserklärung (§ 198 Abs. 1 S. 3 iVm § 193 Abs. 2 Nr. 3) festgesetzt. Auch wenn Aktien gegen Sacheinlagen ausgegeben werden, haben diese Aktien einen Ausgabebetrag.[5]

6 **2. Ausgabe von Aktien.** Das Aktiengesetz verwendet den Begriff der Ausgabe von Aktien in doppelter Weise. Entweder ist damit die **Begründung der Mitgliedschaft** gemeint, oder aber die Lieferung der Aktienurkunden. Im Rahmen des § 9 Abs. 1 geht es um ersteres (die Verbriefung der Mitgliedschaften in Urkunden ist ohnehin nicht verpflichtend[6] und kann gem. § 10 Abs. 5 dergestalt modifiziert werden, dass lediglich eine Globalurkunde begeben werden muss). **Keine Ausgabe von Aktien** ist der **Weiterverkauf** durch die Aktionäre. Ebenso stellt der Weiterverkauf eigener Aktien durch die AG keine Ausgabe dar.[7] Die Zulässigkeit der „Preisgestaltung" derartiger Maßnahmen ist allenfalls an § 57 zu messen.[8] Die Festsetzung des Ausgabebetrages obliegt im Gründungsstadium den Gründern der Gesellschaft. Bei der Kapitalerhöhung gegen Einlagen kann die Hauptversammlung den Ausgabebetrag festlegen, wenn sie dies will, oder dies alternativ auch der Verwaltung überlassen.[9] Demgegenüber entscheidet die Hauptversammlung bei der Aktienausga-

---

1 Gesetz über die Zulassung von Stückaktien (Stückaktiengesetz – Stück AG) vom 25.3.1998, BGBl. I S. 590.
2 Dies ist in § 182 Abs. 3 nur unvollkommen angesprochen, aber allgM.
3 BGHZ 64, 52, 62 = NJW 1975, 974; BGHZ 68, 191, 195 = NJW 1977, 1196.
4 Hierzu und zum Begriff nach dem AktG zugelassenen unechten nennwertlosen Aktie oben § 8 Rn 13.
5 AllgM, *Hüffer*, Rn 2 f; MüKo-AktG/*Heider*, Rn 9, KölnKomm-AktG/*Kraft*, Rn 6, 13.
6 MüKo-AktG/*Heider*, Rn 7.
7 AllgM, Großkomm-AktienR/*Brändel*, Rn 11; KölnKomm-AktG/*Kraft*, Rn 5.
8 Großkomm-AktienR/*Brändel*, Rn 11.
9 Es ist der HV gestattet, bei Barkapitalerhöhungen lediglich einen Mindestbetrag festzusetzen, unter dem die Aktien nicht ausgegeben werden dürfen, § 182 Abs. 3.

be gegen Sacheinlage abschließend über den Gegenstand der Sacheinlage und damit über den Gegenwert = Ausgabebetrag dieser Aktien (§§ 183 Abs. 1, 194 Abs. 1, 205 Abs. 2).

3. Abgrenzung zu „verdeckten Unterpariemissionen". Unterschiedlich beurteilt wird die Frage, ob auch die „verdeckte Unterpariemission" im Kontext des Abs. 1 relevant werden kann. Gemeint sind Nachlässe, Skonti oder auch Provisionen an den Inferenten oder die Überbewertung von Sacheinlagen, oder die verdeckte Sacheinlage.[10] In allen diesen Fällen erhält die Gesellschaft materiell weniger, als ihr bei vollständiger und ordnungsmäßiger Leistung der Einlage zufließen würde.[11] Der Unterschied liegt darin, dass nicht rechtsgeschäftlich eine geringere Leistung als der Nennbetrag vereinbart ist, sondern dass der rechtsgeschäftlich vereinbarte Betrag nicht vollständig geleistet wird.

Eine verbreitete Auffassung[12] will in der Tat Abs. 1 anwenden, wenn eine Sacheinlage nicht wenigstens den geringsten Ausgabebetrag erreicht, wenn also neue Aktien emittiert werden und die Sacheinlage insgesamt weniger wert ist als der Gesamtnennbetrag der so emittierten Aktien (bzw deren rechnerischer Anteil am erhöhten Grundkapital). In solchen Fällen greift aber bereits die aktienrechtliche Differenzhaftung, so dass der Inferent schon aus diesem Grund zur Zahlung der Differenz zwischen tatsächlichem Wert und geringstem Ausgabebetrag verpflichtet ist.[13] Eine Anwendung von Abs. 1 hätte demgegenüber die Unwirksamkeit der Kapitalmaßnahme zur Folge, so dass eine Einlagepflicht gar nicht entstehen dürfte,[14] eine Konsequenz, die die hM aber wohl gerade nicht ziehen will. Es erscheint deshalb zutreffender, diese Fälle ausschließlich über die Differenzhaftung zu lösen (siehe auch § 36 a Abs. 2 S. 3), und Abs. 1 nicht heranzuziehen.[15] Konsequenter Weise muss man auch versteckt Rückflüsse an den Inferenten, also Nachlässe, Skonti oder Provisionen, entgegen der hM aus der Anwendung des Abs. 1 herausnehmen.[16]

Die praktische Konsequenz dieses Meinungsstreits ist jedenfalls bei Gründungen de facto gering, weil der Registerrichter die Unterbewertung kaum erkennen kann und im Regelfall eintragen wird.[17] Erkennt es aber die Überbewertung, hat das Registergericht bei Bargründungen/-kapitalerhöhungen die Eintragung abzulehnen, § 38 Abs. 1 S. 2 iVm Abs. 3 Nr. 1, Nr. 2. Bei Sacheinlagen „kann" es die Eintragung ablehnen, wenn der Wert der Sacheinlage unter dem geringsten Ausgabebetrag liegt, § 38 Abs. 2. Allenfalls bei Kapitalerhöhungen (auch bei vorläufigem oder nachgelagertem Rechtsschutz gegen Kapitalerhöhungen aus genehmigtem Kapital) kann die Frage eine Rolle spielen. Die hM müsste in diesen Fällen zu einer Nichtigkeit der Kapitalerhöhung kommen.

II. Tragweite des Verbots. 1. Verstoß. Ein Verstoß gegen § 9 Abs. 1 liegt vor, wenn bei der Gründung oder bei Kapitalerhöhungen den **Nennwert unterschreitende Ausgabebeträge festgesetzt** werden. Da das Verbot aber rein formell zu verstehen ist, stellen faktische Unterschreitungen des Ausgabebetrags, die namentlich durch Gewährung von Skonti, Provisionen, Zinsvorteile oder Gründungsentgelte geschehen, die entgegen § 26 Abs. 2 nicht in der Satzung besonders festgesetzt wurden, **keinen Verstoß gegen § 9 Abs. 1 dar.** Meine noch in der zweiten Auflage vertretene abweichende Meinung habe ich in der dritten Auflage aufgegeben.

2. Kein Verstoß. In folgenden Fällen liegt kein Verstoß gegen § 9 Abs. 1 vor:

a) Beteiligung am Gewinn früherer Geschäftsjahre. Es ist mit Abs. 1 vereinbar, wenn die zum geringsten Ausgabebetrag ausgegebenen Aktien bereits am Gewinn früherer Geschäftsjahre teilnehmen dürfen.[18] Dies deshalb, weil der Gewinn nicht aus dem Grundkapital bezahlt wird, sondern aus bereits früher erwirtschafteten Erträgen.

b) Sondervorteile. Wenn Entschädigungen oder Belohnungen für die Gründung an die Aktionäre bezahlt werden, die in der Satzung entsprechend § 26 Abs. 2 festgesetzt wurden, verstößt dies nicht gegen § 9 Abs. 1.

3. Rechtsfolgen bei Verstoß. Die Rechtsfolgen eines Verstoßes gegen Abs. 1 sind anhand des Gesetzeszwecks zu ermitteln. Die Norm will die **Kapitalaufbringung sichern.**[19] Wird hiergegen verstoßen, muss versucht werden, im Interesse der Gläubiger und Mitaktionäre die vom Gesetz vorgesehene Kapitalausstattung der Gesellschafter zu erzwingen.

a) Verpflichtung zur Eintragung? Die herrschende Meinung steht auf dem Standpunkt, das Registergericht habe die Eintragung von Gesellschaftsgründungen und Kapitalerhöhungen abzulehnen, die gegen das Ver-

---

10 K. Schmidt/Lutter/*Ziemons*, Rn 7, 10 ff.
11 K. Schmidt/Lutter/*Ziemons*, aaO.
12 *Hüffer*, Rn 2.
13 Spindler/Stilz/*Vatter*, Rn 17.
14 K. Schmidt/Lutter/*Ziemons*, Rn 11.
15 K. Schmidt/Lutter/*Ziemons*, Rn 11; Spindler/Stilz/*Vatter*, Rn 17.
16 Anders noch zweite Auflage.
17 K. Schmidt/Lutter/*Ziemons*, Rn 12.
18 Großkomm-AktienR/*Brändel*, Rn 17.
19 Oben Rn 2.

bot des Abs. 1 verstoßen.[20] Diese Aussage ist in dieser Form irreführend. Das Registergericht hat eine Eintragung abzulehnen, wenn in der Gründungssatzung (§ 23 Abs. 2 Nr. 2) bzw bei Kapitalerhöhungen im Zeichnungsschein (§ 185 Abs. 1 Nr. 2) Ausgabebeträge angegeben werden, die geringer sind als der Nennbetrag (sog. formeller Verstoß). Demgegenüber besteht kein Anlass, die Eintragungen abzulehnen, wenn der Ausgabebetrag materiell nicht vollständig aufgebracht wird, zB durch zu geringwertige Sacheinlage oder durch versteckte Entgelte, Rabatte etc. Für den Fall der überbewerteten Sacheinlage ist dies im § 36 Abs. 2 S. 2 sogar ausdrücklich angesprochen.

13 **b) Folge der Eintragung.** Wird trotz Verstoß eingetragen, geht auch die herrschende Meinung nicht von einer Nichtigkeit (§ 275) oder Auflösung der AG nach Anordnung des Registergerichts (§ 395 FamFG) aus. Entsprechend dem Normzweck der Vorschrift wird die Gesellschaft vielmehr als wirksam entstanden behandelt. Ebenso behandelt die herrschende Meinung eine trotz Verstoßes gegen Abs. 1 durchgeführte Kapitalerhöhung als wirksam.[21] Damit besteht nach herrschender Meinung mit Eintragung der Gesellschaft bzw der Kapitalerhöhung eine Einlageverpflichtung der Aktienübernehmer bzw Zeichner in Höhe des Nennbetrages auch dann, wenn ein niedrigerer Ausgabebetrag vereinbart, beschlossen oder zugesagt wurde.[22]

14 **c) Übertragung der Aktien.** Die Verpflichtung zur Leistung der Differenz zwischen tatsächlichem und geringstem Ausgabebetrag gehen auf den Erwerber über, sofern nicht die wertpapiermäßige Verbriefung der Aktien einen gutgläubig lastenfreien Erwerb ermöglicht.[23]

15 **III. Überpariemission (Abs. 2).** Eine Ausgabe von Aktien über pari gem. Abs. 2 liegt vor, wenn die Aktien zu einem **höheren Betrag als den Nennbetrag** bzw anteiligen Betrag des Grundkapitals aufgegeben werden. Die Differenz zwischen Nennbetrag und höherem Ausgabebetrag wird als **Agio** bezeichnet. Das Agio ist nicht als Teil des Grundkapitals auszuweisen, sondern als Kapitalrücklage gemäß § 150 Abs. 2 iVm §§ 272 Abs. 2 Nr. 1, 266 Abs. 3 A II HGB. Ein Agio ist in jedem Fall vollständig einzuzahlen, § 36 a Abs. 1 Hs 2, weil die Verpflichtung im Falle der Veräußerung von Aktien nicht auf den Erwerber übergehen würde. Wird ein Agio vereinbart, kann dies als Bar- und/oder Sacheinlageverpflichtung festgeschrieben werden (auch gleichzeitig anteilig). Die Schutzvorschriften für Sacheinlagen sind auf das Agio weder bei Gründung noch bei Kapitalerhöhung entsprechend anzuwenden.

15a Erreicht bei der Sacheinlage der eingelegte Gegenstand nicht den Wert des Agios, besteht auch insoweit ein gesetzlicher **Differenzhaftungsanspruch**.[24] Obwohl der Differenzhaftungsanspruch in voller Höhe dem Befreiungs- und Aufrechnungsverbot des § 66 Abs. 1 unterliegt, lässt der BGH Vergleiche über den Anspruch der AG grundsätzlich zu. Aufrechnungsvereinbarungen sind aber nur wirksam, wenn die Gegenforderung des Aktionärs vollwertig, fällig und liquide ist. Der Entscheidung ist vollumfänglich zuzustimmen. Im Falle einer Über-Pari-Emmission erfasst die Überbewertung ganz regelmäßig gerade das Aufgeld (und nur in besonders krassen Fällen auch den geringsten Ausgabebetrag), so dass jede andere Sichtweise die Differenzhaftung praktisch entwerten würde.[25]

16 **IV. Aufgeld auf rein schuldrechtlicher Grundlage.** Leistungen des Aktionärs in das Eigenkapital der AG müssen nicht zwingend auf den Nennbetrag / anteiligen Betrag des Grundkapitals bzw ein gem. § 9 Abs. 2 vereinbartes Agio erfolgen. Sie können statt dessen auch „andere Zuzahlungen" darstellen (auch: schuldrechtliches Agio). Diese anderen Zuzahlungen werden zwar nicht im Aktiengesetz erwähnt, wohl aber im HGB in § 272 Abs. 2 Nr. 4 HGB. Die Bedeutung des Begriffs „andere Zuzahlungen" beschränkt sich nicht auf Barzahlungen. Vielmehr werden von diesem Begriff alle werthaltigen Vermögensgegenstände erfasst.[26] Dabei sind nach dem HGB **Zuführungen** der Aktionäre je nach zugrunde liegendem Rechtsgrund **getrennt zu erfassen.** Leistungen des Aktionärs bei Gründung oder Kapitalerhöhung, bei denen es sich um eine Gegenleistung für übernommene Aktien handelt, werden im sog. gezeichneten Kapital, §§ 266 Abs. 3 A. I., 272 Abs. 1 HGB, bzw in der Kapitalrücklage gem. §§ 266 Abs. 3 A II., 272 Abs. 2 Nr. 1 HGB erfasst. Für die sog. anderen Zuzahlungen enthält § 272 Abs. 2 Nr. 4 HGB eine gesonderte Bilanzposition. Besondere rechtliche Anforderungen für derartige Leistungen existieren nicht. Auch bei der AG können sie formfrei vereinbart werden. In der Praxis sind solche Finanzierungsvereinbarungen weit verbreitet (Umstrukturierungen, **Venture-capital-Transaktionen,** Poolvereinbarung oder Investment-Agreements).[27] Der Grund für diese Gestaltung besteht oftmals darin, dass diese Zuzahlungen erst zu einem späteren Zeitpunkt und im Übrigen nur unter bestimmten Voraussetzungen fließen sollten, zB nur dann, wenn die Gesellschaft be-

---

20 Großkomm-AktienR/*Brändel*, Rn 20; KölnKomm-AktG/*Kraft*, Rn 18.
21 Zu alledem Großkomm-AktienR/*Brändel*, Rn 21.
22 Großkomm-AktienR/*Brändel*, Rn 22.
23 Großkomm-AktienR/*Brändel*, Rn 30. Der gutgläubige lastenfreie Erwerb kann bei verbrieften Aktien nach § 936 BGB erfolgen.
24 BGH, Urt. v. 6.12.2011 – II ZR 149/10 = ZIP 2012, 73.
25 Zustimmung auch bei *Vosberg/Klawa*, EWiR 2012, 129.
26 OLG Hamm ZIP 2008, 275 mwN.
27 Die namentliche Bezeichnung dieser schuldrechtlichen Vereinbarung ist für die hier behandelte Problematik ebenso irrelevant wie die Frage, ob diese Vereinbarung auch noch weitere Regelungen enthält.

stimmte geschäftliche Ziele in vorbestimmter Zeit erreicht (sog. milestones). Wegen § 185 Abs. 2 können derartige Bedingungen nicht wirksam im Rahmen einer ordentlichen Kapitalerhöhung bzw einer Kapitalerhöhung aus genehmigten Kapital in den Zeichnungsschein aufgenommen werden. Des Weiteren verlangt auch § 36 a Abs. 2, dass ein Agio vor der Anmeldung vollständig zu leisten ist, dies gilt auch bei der Kapitalerhöhung, § 188 Abs. 2 S. 1.

Probleme entstehen, wenn solche schuldrechtlichen Aufgelder neben oder im Zusammenhang mit Kapitalmaßnahmen vereinbart werden.[28] Hier stellt sich die Frage, ob durch solche Gestaltungen Kapitalaufbringungsvorschriften umgangen werden. Für die **GmbH** hat der Bundesgerichtshof inzwischen klargestellt, dass bei Kapitalmaßnahmen **Wahlfreiheit besteht**, Aufgelder also entweder in statutarischer Form gemäß § 3 Abs. 2 GmbHG oder ohne statutarische Grundlage durch rein schuldrechtlich wirkende Vereinbarung zulässig sind.[29] 17

Die aktienrechtliche Praxis wird bis heute durch eine Entscheidung des BayObLG[30] geprägt. Darin wird darauf abgestellt, ob die AG durch die (schuldrechtliche) Abrede ein eigenes Forderungsrecht auf die Aufgeldzahlung erwirbt. Handle es sich bei den Zahlungspflichten um „gewollte Einlagen",[31] müssten sie im Kapitalerhöhungsbeschluss und im Zeichnungsschein berücksichtigt werden, sonst sei der Zeichnungsschein nichtig. Für den Fall, dass die Verpflichtung zu Zuzahlungen nur im Verhältnis der Aktionäre untereinander vereinbart werde, also auf schuldrechtlicher und nicht korporationsrechtlicher Grundlage, neigt das Gericht dazu, solche Gestaltungen für wirksam zu erklären. Letzteres hat das OLG München vor einiger Zeit auch bestätigt.[32] 18

Richtigerweise ist die Zulässigkeit schuldrechtlicher Aufgelder entgegen dem BayObLG gerade nicht danach zu beurteilen, wer den Anspruch auf Einlageleistung einfordern kann.[33] Die Finanzausstattung der AG über ein gem. § 9 Abs. 2 vereinbartes Agio einerseits und über Einlagen auf schuldrechtlicher Basis andererseits (gleichzeitig mit oder unabhängig von einer Grundkapitalerhöhung) stellen zwei gleichermaßen zulässige, alternative Finanzierungsformen dar.[34] 19

Die Gesellschafter können aufgrund ihrer Privatautonomie zwischen diesen beiden Formen frei wählen. Dies folgt bereits daraus, dass es niemand ernstlich in Zweifel ziehen dürfte, dass es den Aktionären selbstverständlich frei steht, Einlagen gänzlich unabhängig von einer Kapitalerhöhung zu leisten und sich hierzu auch schuldrechtlich gegenüber der AG zu verpflichten. Dann ist aber kein Grund ersichtlich, warum derartige Zuzahlungen nicht auch begleitend zu einer Kapitalerhöhung erfolgen können. 20

V. Bilanzielle Behandlung von satzungsmäßigen und schuldrechtlichen Aufgeldern, Überführung in Bilanzgewinn, Grundlage für Kapitalerhöhung aus Gesellschaftsmitteln. Wie soeben gezeigt sind Agiozahlungen im Rahmen einer Kapitalerhöhung gem. § 272 Abs. 2 Nr. 1 HGB in die **Kapitalrücklage** einzustellen. Demgegenüber werden sonstige Zuzahlungen in das Eigenkapital, also auch die soeben behandelten Einlagen auf rein schuldrechtlicher Basis, als Zuzahlungen in die Kapitalrücklage gem. § 272 Abs. 2 Nr. 4 HGB erfasst.[35] Diese Unterscheidung dient nicht nur Informationszwecken, sondern ist von erheblicher rechtlicher Tragweite. Nach § 57 Abs. 3 darf vor der Auflösung der AG an die Aktionäre nur der Bilanzgewinn verteilt werden. Der Bilanzgewinn, der etwas ganz anderes ist als das Jahresergebnis (§ 275 Abs. 2 Nr. 20 HGB), entsteht gem. der nach § 158 Abs. 1 vorgeschriebenen Fortschreibung der Gewinn- und Verlustrechnung um die darin angegebenen weitern Positionen. Ua ist dabei der Bilanzgewinn um ggf erfolgende Entnahmen aus der Kapitalrücklage zu erhöhen, § 158 Abs. 1 Nr. 2. Derartige Entnahmen sind aber nicht schrankenlos zulässig, sondern nur im Rahmen der von § 150 gesetzten Grenzen. Und hier kommt es zu einer entscheidenden Differenzierung zwischen Agiozahlungen im Rahmen einer Kapitalerhöhung, die von § 272 Abs. 2 Nr. 1 HGB erfasst sind, und den sonstigen Zuzahlungen in die Kapitalrücklage gem. § 272 Abs. 2 Nr. 4 HGB. Erstere dürfen nur zu den in § 150 definierten Zwecken verwendet werden, dh im Wesentlichen zum Ausgleich eines Jahresfehlbetrages oder eines Verlustausgleichs (unter den im Einzelnen genannten weiteren Voraussetzungen), oder im Falle des § 150 Abs. 4 auch zur Kapitalerhöhung aus Gesellschaftsmitteln. Dem- 21

---

28 Zu den weiteren Problemen im Zusammenhang mit verdeckten Sacheinlagen *Haberstock*, NZG 2008, 220.
29 BGH ZIP 2007, 2416 (II ZR 216/06).
30 BayObLG DB 2002, 940.
31 Hier wird eine im Bilanzrecht verbreitete Differenzierung aufgegriffen. Leistungen durch Gesellschafter in das Gesellschaftsvermögen können entweder gewinnwirksam erfolgen, oder in die Rücklage geleistet werden (vgl hierzu BeckBilKomm-*Förschle/Hoffmann*, § 272 Rn 67). Viele wollen aufgrund der Gesetzgebungsmaterialien (Bericht Rechtsausschus, BT-Drucks. 10/4268, S. 106 f) diese Unterscheidung anhand subjektiver Kriterien treffen (etwa MüKo-AktG/*Kropf*, § 272 HGB Rn 103, aA etwa Baumbach/Hueck/*Schulze-Osterloh*,

GmbHG, § 42 Rn 207). (Gewinnneutrale) Zuzahlungen in das Eigenkapital lägen vor, wenn der Leistende "dies wolle". AaO ist die Bezugnahme auf den Begriff der "gewollten Einlagen" durch das BayObLG verfehlt: Auch wenn die AG kein eigenes Forderungsrecht erwirbt, sondern sich lediglich die Aktionäre untereinander zur Einlageleistung verpflichten, ist die Einlage "gewollt".
32 OLG München ZIP 2007, 126 (7 U 1857/06).
33 Ablehnend zu BayObLG auch *Schorling/Vogel*, AG 2003, 86.
34 *Wagner*, DB 2004, 293, 295.
35 Hierzu Baumbach/Hueck/*Schulze-Osterloh*, GmbHG, § 42 Rn 207

gegenüber ist die gem. § 272 Abs. 2 Nr. 4 HGB entstandene Kapitalrücklage nicht diesen Beschränkungen unterworfen. Sie darf also auch aufgelöst werden, um als Bilanzgewinn ausgeschüttet zu werden,[36] § 158 Abs. 1 Nr. 2. Sie – nur sie – kann also ohne Verstoß gegen § 57 wieder an die Gesellschafter zurückzufließen.

22 In diesem Zusammenhang war lange streitig, wie schuldrechtliche Agios zu behandeln sind, wenn diese im Zusammenhang mit einer statutarischen Kapitalerhöhung vereinbart werden, Einige Stimmen hatten sich dafür ausgesprochen, solche Leistungen stets in § 272 Abs. 2 Nr. 1 HGB zu erfassen.[37] Anders nunmehr allerdings die oben (Rn 18) erwähnte Entscheidung des OLG München.[38] Darin wurde anerkannt, dass die Parteien stets frei vereinbaren können, welcher Rücklage die schuldrechtliche Zuzahlung zugeführt werden solle. Für die Praxis gerade der Nicht-Publikums-AG ist dies höchst bedeutsam. Werden Aufgelder im Zusammenhang mit Kapitalmaßnahmen auf schuldrechtlicher Basis vereinbart und ordnen die Parteien die Verbuchung als „sonstige Zuzahlung" iSv § 272 Abs. 2 Nr. 4 HGB an, können diese Gelder jederzeit in Form von Bilanzgewinn wieder an die Aktionäre zurückfließen. Sie unterliegen nicht dem Verbot der Einlagenrückgewähr, § 57 Abs. 3.

23 Sonstige Zuzahlungen im Sinne von § 272 Abs. 2 Nr. 4 HGB können auch Grundlage einer Kapitalerhöhung aus Gesellschaftsmitteln sein, § 208 Abs. 1 S. 1.[39] Es stellt keine Umgehung der Sacheinlagevorschriften dar, wenn die Kapitalrücklage durch Zuführung nicht geldwerten Vermögens gebildet wurde und diese anschließend Grundlage einer Kapitalerhöhung aus Gesellschaftsmitteln ist.[40]

§ 10 Aktien und Zwischenscheine

(1) Die Aktien können auf den Inhaber oder auf Namen lauten.

(2) ¹Sie müssen auf Namen lauten, wenn sie vor der vollen Leistung des Ausgabebetrags ausgegeben werden. ²Der Betrag der Teilleistungen ist in der Aktie anzugeben.

(3) Zwischenscheine müssen auf Namen lauten.

(4) ¹Zwischenscheine auf den Inhaber sind nichtig. ²Für den Schaden aus der Ausgabe sind die Ausgeber den Inhabern als Gesamtschuldner verantwortlich.

(5) In der Satzung kann der Anspruch des Aktionärs auf Verbriefung seines Anteils ausgeschlossen oder eingeschränkt werden.

A. Grundlagen 1	aa) Namenspapiere (Rektapapiere) ... 9
I. Entwicklungsgeschichte der Norm 1	bb) Inhaberpapiere 10
II. Normzweck 2	cc) Orderpapiere 11
III. Entstehen der Mitgliedschaft und urkundliche Verbriefung der Aktien 3	d) Zuordnung von Namens- und Inhaberaktien 12
1. Dreistufiger Entstehungstatbestand der Mitgliedschaft in der AG 3	B. Einzelheiten 13
2. Wertpapierrechtliche Grundbegriffe 4	I. Wahl zwischen Inhaber- und Namensaktien ... 13
a) Wertpapiere und Legitimationspapiere . 5	II. Ausgabe von Zwischenscheinen 17
b) Wertpapiere im weiteren und im engeren Sinn 6	III. Ausschluss der Einzelverbriefung 18
c) Namenspapiere (Rektapapiere), Inhaberpapiere und Orderpapiere 8	C. Anhang: Übertragung der Mitgliedschaft in der AG 20

A. Grundlagen

1 **I. Entwicklungsgeschichte der Norm.** Abs. 1 bis 4 sind seit 1937 im Wesentlichen unverändert. Durch das Stückaktiengesetz[1] wurde Abs. 2 im Wortlaut modifiziert. Abs. 5 wurde im Jahre 1994 neu eingefügt[2] und im Jahr 1998 erneut geändert.[3]

---

[36] Vgl insb. *A/D/S*, § 150 Rn 63 ff.
[37] Etwa MüKo-AktG/*Kropf*, § 272 HGB Rn 67 (zwingend in § 272 Abs. 2 Nr. 1 HGB zu erfassen), *Schorling/Vogel*, AG 2003, 86, 89.
[38] ZIP 2007, 126 (7 U 1857/06).
[39] Unten § 208 Rn 5.
[40] OLG Hamm, Urt. v. 22.1.2008 – 15 W 246/07 = ZIP 2008, 1475.

[1] Gesetz über die Zulassung von Stückaktien (Stückaktiengesetz – StückAG) vom 25.3.1998, BGBl. I S. 590.
[2] Gesetz für kleine Aktiengesellschaften und zur Deregulierung des Aktienrechts vom 2.8.1994, BGBl. I S. 1961.
[3] Gesetz zur Kontrolle und Transparenz im Unternehmensbereich (KonTraG) vom 27.4.1998, BGBl. I S. 786.

Erster Teil | Allgemeine Vorschriften § 10 AktG

II. Normzweck. § 10 behandelt die urkundliche Verbriefung der Mitgliedschaft als Namens- oder Inhaberaktien bzw als Zwischenscheine.[4] Das In-Verkehr-Bringen der Aktienurkunden wird bestimmten Vorschriften unterworfen und mit Schadensersatzpflichten bewehrt. Abs. 5 stellt schließlich klar, dass der individuelle Anspruch eines Aktionärs auf urkundliche Verbriefung seiner Mitgliedschaft zum Teil oder ganz ausgeschlossen werden kann.

III. Entstehen der Mitgliedschaft und urkundliche Verbriefung der Aktien. 1. Dreistufiger Entstehungstatbestand der Mitgliedschaft in der AG. Das Entstehen der AG vollzieht sich in drei Stufen. Die erste Stufe besteht aus **Gründung** zu notarieller Urkunde und der **Übernahme** (= Zeichnung) der Aktien. Die zweite Stufe ist die **Anmeldung und Eintragung** der neu gegründeten AG in das Handelsregister. Bereits mit der Eintragung der Aktiengesellschaft wird der Aktionär Mitglied der Gesellschaft. Die dritte Stufe ist schließlich die **Ausgabe von Aktienurkunden**. Für die Mitgliedschaft des Aktionärs ist es ohne Bedeutung, ob und gegebenenfalls wann diese dritte Stufe überhaupt umgesetzt wird. Die gesamte dritte Stufe ist fakultativ, schon mit Vollendung der zweiten Stufe wird der Aktionär vollwertiger Rechtsinhaber[5] (Argument § 214 Abs. 4).[6] Ausschließlich diese dritte, fakultative Stufe wird in § 10 behandelt.[7]

2. Wertpapierrechtliche Grundbegriffe. Wertpapiere und Urkunden können in vielfältiger Weise differenziert werden.

a) Wertpapiere und Legitimationspapiere. Wertpapier wird eine Urkunde genannt, in der ein privates Recht derart verbrieft ist, dass zur Ausübung des Rechts der Besitz an der Urkunde erforderlich ist.[8] Durch diese Verbriefung unterscheiden sich die Wertpapiere von den sog. Legitimationspapieren. Bei letzteren handelt es sich um Urkunden, bei welchen der Schuldner mit befreiender Wirkung an jeden leisten kann, der die Urkunde vorlegt (ein Beispiel hierfür ist zB das Sparkassenbuch).

b) Wertpapiere im weiteren und im engeren Sinn. Wertpapiere werden weiter unterschieden nach Wertpapieren im engeren und Wertpapieren im weiteren Sinn. Wertpapiere im engeren Sinn sind alle diejenigen urkundlich verkörperten Rechte, bei denen das Recht aus dem Papier dem Recht am Papier folgt. Bei ihnen wird das Recht durch die Urkunde verkörpert und wie eine Sache übertragen (§§ 929 ff BGB). Standardbeispiele hierfür sind der Wechsel und der Scheck. Wertpapiere im weiteren Sinn sind alle diejenigen Urkunden, die nach obiger Definition nicht nur Legitimationspapiere darstellen. Charakteristisch ist also, dass die Inhaberschaft an der Urkunde erforderlich ist, um das verkörperte Recht geltend machen zu können. Inhaber- und Namensaktien sind Wertpapiere im weiteren Sinn, weil die mitgliedschaftlichen Befugnisse nur von dem ausgeübt werden können, der Inhaber der Urkunde ist (Vorlegungserfordernis).[9] Des Weiteren sind sie auch Wertpapiere im engeren Sinne, weil die Übertragung der Mitgliedschaft durch Übertragung der Urkunde erfolgen kann.[10]

c) Namenspapiere (Rektapapiere), Inhaberpapiere und Orderpapiere. Wertpapiere können auch danach differenziert werden, wie der Berechtigte bestimmt wird.[11] Insoweit unterscheidet man Namenspapiere (Rektapapiere), Inhaberpapiere und Orderpapiere.

aa) Namenspapiere (Rektapapiere). Namens- bzw Rektapapiere sind Wertpapiere, die den Berechtigten namentlich benennen. Das Recht am Papier folgt dem Recht aus dem Papier (§§ 398 ff, 952 BGB). Beispiele sind der Grundschuld- bzw Hypothekenbrief und Namensschuldverschreibungen des Kapitalmarktes.

bb) Inhaberpapiere. Bei Inhaberpapieren verspricht der Aussteller die Leistung dem Inhaber des Papiers. Es handelt sich um Wertpapiere im engeren Sinne, so dass das Recht aus dem Papier dem Recht am Papier folgt (Übertragung nach sachenrechtlichen Grundsätzen, §§ 929 ff BGB).

cc) Orderpapiere. Orderpapiere nehmen eine **Zwischenstellung** ein. Die Übertragung kann durch Indossament erfolgen, dh durch eine gewöhnlich auf die Rückseite des Papiers gesetzte besondere Übertragungserklärung (blanko oder an eine bestimmte Person).[12] Des Weiteren können Orderpapiere durch Abtretung übertragen werden, und schließlich gemäß § 18 Abs. 3 DepotG.

d) Zuordnung von Namens- und Inhaberaktien. Inhaberaktien sind Inhaberpapiere. Namensaktien sind entgegen dem insoweit irreführenden Wortlaut nicht Namenspapiere, sondern, wie § 68 Abs. 1 zeigt, Orderpapiere.[13]

---

4 Zum Begriff oben § 8 Rn 23.
5 OLG Celle AG 2005, 438, 439.
6 MüHb-AG/*Wieser*, § 14 Rn 1.
7 MüKo-AktG/*Heider*, Rn 3.
8 So die herrschende Wertpapierrechtstheorie, vgl Palandt/*Sprau*, vor § 793 BGB Rn 1.
9 *Hüffer*, Rn 4.
10 *Hüffer*, Rn 4.
11 Palandt/*Heinrichs*, Einf. vor § 793 BGB Rn 1.
12 Staudinger/*Marburger*, vor § 793 BGB Rn 8.
13 MüKo-AktG/*Bayer*, § 68 Rn 2.

B. Einzelheiten

13 **I. Wahl zwischen Inhaber- und Namensaktien.** Abs. 1 lässt der AG grundsätzlich die Wahl zwischen Inhaber- und Namensaktien. Es ist auch zulässig, beide Aktienformen nebeneinander auszugeben.[14] Welche Form(en) ausgegeben werden, muss die Satzung bestimmen, § 23 Abs. 3 Nr. 5. § 10 Abs. 2 S. 1 nF schreibt jedoch die Ausgabe von Namensaktien zwingend vor, wenn die Einlagen noch nicht vollständig geleistet wurden (§ 36 a Abs. 1). Der Grund ist, dass Namensaktien im Aktienbuch der Gesellschaft erfasst und umgeschrieben werden. Nur so können der aktuelle Aktionär, aber insbesondere die Vormänner, für die Einlagepflicht in Anspruch genommen werden, hierzu im Einzelnen §§ 68, 65 ff.

14 Der Begriff der Ausgabe von Namensaktien meint im Rahmen des § 10 die Begebung von Aktienurkunden, nicht die satzungsmäßige Festschreibung, ob es sich bei den Aktien der AG um Namens- oder Inhaberaktien handelt.[15] Demnach kann die AG zur Eintragung im Handelsregister angemeldet werden, sobald ein Viertel des geringsten Ausgabebetrages einbezahlt wurde, auch wenn die Satzung vorsieht, dass ausschließlich Inhaberaktien ausgegeben werden.

15 Abs. 2 S. 2 schreibt vor, den Betrag geleisteter Teilleistungen in der Aktie anzugeben. Dies ist notwendig, um gutgläubigen lastenfreien Erwerb zu verhindern.[16] Bei Verstoß gegen Abs. 2 können Vorstand und Aufsichtsrat nach den §§ 93 Abs. 3 Nr. 4, 116 auf Schadensersatz haften, im Übrigen kann eine Ordnungswidrigkeit gemäß § 405 Abs. 1 Nr. 1 vorliegen.

16 Zur Umwandlung von Namens- in Stückaktien und umgekehrt vgl § 24 und die dortige Kommentierung.

17 **II. Ausgabe von Zwischenscheinen.** Zwischenscheine sind Anteilsscheine, die **vor der Ausgabe der Aktien** erteilt werden, vgl § 8 Abs. 6[17] (siehe dort auch Begriff und Bedeutung von Zwischenscheinen). Zwischenscheine sind wie Namensaktien ebenfalls Orderpapiere.[18] Hinsichtlich der Legitimations- und Rechtsscheinswirkungen gelten die obigen Ausführungen zur Namensaktie entsprechend. Nach herrschender Meinung gibt es bei Zwischenscheinen **keinen gutgläubigen lastenfreien Erwerb**.[19] Im Falle eines Verstoßes gegen § 10 Abs. 3 sind die Zwischenscheine nichtig (Abs. 4 S. 1). Die Nichtigkeitsfolge bezieht sich aber lediglich auf die Urkunde als solche und lässt den Bestand der Mitgliedschaft unberührt, so dass es bei einer unverbrieften Mitgliedschaft verbleibt.[20] Der **Ausgeber haftet auf Schadensersatz**. Ausgeber ist nicht derjenige, der die Zwischenscheine unterzeichnet hatte,[21] sondern wer an der Schaffung oder Begebung der gesetzwidrig verbrieften Anteilsrechte verantwortlich mitgewirkt oder die Schaffung bzw Begebung pflichtwidrig nicht verhindert hat, obwohl er sie hätte verhindern können.[22] Dies sind Vorstand und Aufsichtsrat, so dass sie beide als Gesamtschuldner haften.[23] Dabei hängt die Schadensersatzpflicht nicht von einem Verschulden ab.[24]

18 **III. Ausschluss der Einzelverbriefung.** Gemäß Abs. 5 neuer Fassung kann der Anspruch des Aktionärs auf Verbriefung seines Anteils in der Satzung (und nur dort) ausgeschlossen oder eingeschränkt werden. Die Norm führt zu einer großen **praktischen Erleichterung**. Ausgeschlossen wird nur der individuelle Verbriefungsanspruch des Aktionärs. Die AG bleibt also nach wie vor verpflichtet, eine Globalurkunde zu begeben und diese zu hinterlegen.[25] Die Begebung der Globalurkunde, § 9 a DepotG, und deren Hinterlegung erfüllen den Verbriefungsanspruch des Aktionärs.[26] Da der Ausschluss des Verbriefungsanspruchs in individuelle Rechte eines jeden Aktionärs eingreift, kann er lediglich in der ursprünglichen Satzung unproblematisch von vornherein festgeschrieben werden. Die herrschende Meinung[27] hält zwar auch den nachträglichen Ausschluss des Verbriefungsanspruchs durch Satzungsänderung mit satzungsändernder Mehrheit für zulässig. Dies ist jedoch ungeklärt und fragwürdig.

19 Als Minus gegenüber dem vorliegenden Ausschluss des Verbriefungsanspruchs ist es auch zulässig, den Anspruch auf Verbriefung von einer Kostenübernahme durch den Aktionär abhängig zu machen, bzw Aktien mit geringen Nennbeträgen, insbesondere EURO 1-Aktien bzw DM 5-Aktien, von der Verbriefung auszuschließen.[28] Hierin liegt kein Verstoß gegen § 53 a, weil die Ungleichbehandlung an unterschiedliche Voraussetzung anknüpft.

---

14 *Hüffer*, Rn 5.
15 Vgl oben Rn 3.
16 Großkomm-AktienR/*Brändel*, Rn 33; kritisch hierzu *Hüffer*, Rn 6.
17 Vgl oben § 8 Rn 23.
18 *Hüffer*, Rn 8; MüKo-AktG/*Heider*, Rn 42; KölnKomm-AktG/*Kraft*, Rn 30; Großkomm-AktienR/*Brändel*, Rn 35.
19 MüKo-AktG/*Heider*, Rn 43.
20 Vgl oben Rn 3.
21 *Hüffer*, § 8 Rn 10; KölnKomm-AktG/*Kraft*, § 8 Rn 35; Großkomm-AktienR/*Brändel*, § 8 Rn 31.
22 BGH LM Nr. 1 zu § 191.
23 *Hüffer*, Rn 9.
24 Argument: Die Bestimmung ist strukturgleich zu § 8 Abs. 2 S. 2, der ebenfalls eine verschuldensunabhängige Haftung vorschreibt.
25 *Seibert*, DB 1999, 267 ff.
26 Wegen § 9 a Abs. 3 S. 2 DepotG hat der Aktionär in diesem Fall auch keinen Anspruch gegen die Verwahrstelle auf Lieferung einzelner Aktien.
27 *Hüffer*, Rn 12; MüKo-AktG/*Heider*, Rn 58.
28 *Hüffer*, Rn 12 aE; MüKo-AktG/*Heider*, Rn 59.

C. Anhang: Übertragung der Mitgliedschaft in der AG

Das AktG regelt die Übertragung der Mitgliedschaft durch Einzelrechtsnachfolge nur vereinzelt (§ 68) und unvollständig. Die Aktionärsstellung kann auf vielfältige Art und Weise erworben werden. Neben der Abtretung der Aktionärsstellung, die nach Eintragung der AG stets möglich ist, kommt ein Aktienerwerb insbesondere noch durch eine sachenrechtliche Übereignung der Aktienurkunde in Betracht. Da Aktien heute ganz in der Regel nur noch in Mehrfach- oder Globalurkunden (§ 9a Abs. 1 S. 1 DepotG) verbrieft sind, wird hierzu der Miteigentumsanteil des einzelnen Aktionärs an diesen Urkunden übertragen. Ob im Fall von Übereignungen nach sachenrechtlichen Grundsätzen der an sich rechtlich mögliche gutgläubige Erwerb praktisch eine Rolle spielt, wird wegen § 9a Abs. 3 S. 2 DepotG mit guten Gründen bestritten.[29] Die einzelnen Übertragungsmöglichkeiten können wie folgt zusammengefasst werden:

20

	Vorgesellschaft	*Nach Eintragung ins Handelsregister*
Unverkörperte (nicht verbriefte) Mitgliedschaft	Verfügungsverbot gem. § 41 Abs. 4 S. 1, Gesellschafterwechsel nur durch einstimmige Satzungsänderung gem. § 23 Abs. 1 AktG möglich	Rechtsgeschäftliche Übertragung nur durch Abtretung gem. §§ 413, 398 BGB möglich.[30]
Verbriefte Inhaberaktien	Verfügungsverbot gem. § 41 Abs. 4 S. 1, Gesellschafterwechsel nur durch einstimmige Satzungsänderung gem. § 23 Abs. 1 AktG möglich	Im Grundsatz sowohl durch Übereignung der Aktien gem. § 929 ff BGB möglich[31] (Recht aus dem Papier folgt Recht am Papier), als auch durch Abtretung der Mitgliedschaft gem. §§ 398, 413 BGB (Aktieneigentum folgt dann gem. § 952 BGB).[32] Inwiefern dies auch bei girosammelverwahrten Aktien in Betracht kommt, ist str. (s.u. Rn 21).
Verbriefte Namensaktien[33]	Verfügungsverbot gem. § 41 Abs. 4 S. 1, Gesellschafterwechsel nur durch einstimmige Satzungsänderung gem. § 23 Abs. 1 AktG möglich	Als Orderpapiere[34] können verbriefte Namensaktien durch Indossament übertragen werden, § 68 Abs. 1 S. 1 (nach der wertpapierrechtlichen Rechtsprechung – nicht konkret zu Namensaktien – sind neben dem Indossament auch Einigung und Übergabe der Aktienurkunde gem. §§ 929 ff BGB erforderlich).[35] Des weiteren sind sowohl eine Übereignung der Aktien gem. §§ 929 ff BGB möglich (Recht aus dem Papier folgt Recht am Papier), als auch Abtretung der Mitgliedschaft gem. §§ 398, 413 BGB (Aktieneigentum folgt dann gem. § 952 BGB).[36] Außerdem ist die Übertragung blankoindossierter[37] Aktien nach § 24 Abs. 2 DepotG bzw bei Sonderverwahrung (Streifbanddepot) gem. § 18 Abs. 3 möglich.[38]

---

29 *Gerber* in: Beck'sches Formularbuch zum Aktienrecht, E.I.1 Rn 8; *Einsele*, WM 2001, 7, 11;.
30 LG Berlin AG 1994, 378, 379 = NJW-RR 1994, 807.
31 OLG Frankfurt DB 1986, 2277 = BB 1986, 1807.
32 MüHB-AG/*Wiesner*, § 14 Rn 4.
33 Hierzu auch unten *Heinrich* in § 68 Rn 9.
34 Oben Rn 12.
35 BGHZ 104, 145, 149 (zum Wechsel), siehe auch unten *Heinrich*, § 68 Rn 3.
36 *Hüffer*, § 68 Rn 3; MüKo-AktG/*Bayer*, § 68 Rn 30.
37 Nur dann können sie gem. § 6 DepotG in Girosammelverwahrung genommen werden, Baumbach/Hopt, HGB, § 6 DepotG Rn 2.
38 *Hüffer*, § 68 Rn 3; MüKo-AktG/*Bayer*, § 68 Rn 33.

	Vorgesellschaft	Nach Eintragung ins Handelsregister
Verbriefte Namensaktien, vinkuliert	Verfügungsverbot gem. § 41 Abs. 4 S. 1, Gesellschafterwechsel nur durch einstimmige Satzungsänderung gem. § 23 Abs. 1 AktG möglich	Die rechtsgeschäftliche Übertragung ist wie bei Namensaktien möglich, jedoch Zustimmung der Gesellschaft für das Verfügungsgeschäft notwendig

21 Rechtliche und praktische Unsicherheiten ergeben sich bei börsengelisteten[39] Gesellschaften aufgrund der **Girosammelverwahrung**.[40] In Deutschland und Luxemburg wird die Aufgabe des Zentralverwahrers nur von der **Clearstream Banking AG** vorgenommen, einer 100% Tochter der Deutsche Börse AG.
Da Aktien heute regelmäßig in Global- bzw Mehrfachurkunden verbrieft sind, steht dem Aktionär nur noch Miteigentum und Fremdbesitz an diesen Urkunden zu.[41] Wegen § 9 a Abs. 3 DepotG hat der Aktionär aber richtiger Ansicht nach keinen Herausgabeanspruch.[42] Es gibt wegen § 9 a Abs. 3 S. 2 DepotG noch nicht einmal einen Verschaffungsanspruch auf Aktienurkunden, wenn der Anspruch des Aktionärs auf Verbriefung seines Aktienbesitzes in der Satzung ausgeschlossen wurde (§ 10 Abs. 5). Eine Übertragung nach sachenrechtlichen Grundsätzen kommt somit nur nach §§ 929, 930 BGB in Betracht, nicht nach § 931 BGB. Im Falle des § 930 BGB verlangt ein gutgläubiger Erwerb die tatsächliche Übergabe, gutgläubiger Erwerb an girosammelverwahrten Aktien scheidet daher richtigerweise insgesamt aus.[43]
Übertragungen unter Eigentumsvorbehalt sind sowohl bei der rechtsgeschäftlichen Übertragung durch Abtretung möglich als auch bei Übertragungen nach sachenrechtlichen Grundsätzen.

22 Wegen der vielen rechtlichen Streitfragen empfehlen sich für die praktische Vertragsgestaltung *möglichst allgemein gehaltene* Formulierungen. Nach dem Vertragstext sollte stets eine **rechtsgeschäftliche Abtretung der Mitgliedschaft** erfolgen.[44] Detaillierte sachenrechtliche Regelungen erscheinen nach der hier vertretenen Ansicht verzichtbar.[45]
Im Falle des Eigentumsvorbehalts bei girosammelverwahrten Aktien bietet die Bankpraxis hierzu das Verfahren „Lieferung gegen Zahlung" an (*delivery versus payment system*). Zur Sicherstellung einer einfachen und praktischen Handhabung kann diese Form der Abwicklung im Aktienübertragungsvertrag explizit vorgesehen sein.

▶ Formulierungsvorschlag für den nichtbörslichen Verkauf girosammelverwahrter Aktien (einfaches Muster):

»Die Aktien sind unter der Wertpapierkennnummer (WKN) [...], International Security Identification Number (ISIN) [...], verbrieft. Das Eigentum des Verkäufers an den Aktien ist bei der [*Name und Ort der Verkäuferbank*], BLZ [...] unter Depotnummer [...] eingebucht.

Der Verkäufer wird den Verkauf der Aktien, deren Eigentumsübergang und Abtretung, seiner Verkäuferdepotbank unverzüglich anzeigen und diese unwiderruflich anweisen, die Aktien Zug um Zug gegen Zahlung des Kaufpreises mittels des Verfahrens „Lieferung gegen Zahlung" auf das Wertpapierdepot des Käufers bei der [*Käuferbank und Depotkontonummer*] des Käufers zu übertragen. Die Parteien sind sich einig, dass das Eigentum an den oben bezeichneten Aktien erst nach der Zahlung des vollen Kaufpreises auf den Käufer übergeht.

Der Kaufpreis ist fällig, sobald die [*Name der Verkäuferbank*] bestätigt hat, dass sie vom Verkäufer angewiesen wurde, die verkauften Aktien durch das Verfahren „Lieferung gegen Zahlung" auf das oben genannte Depotkonto des Käufers zu übertragen. Der Käufer verpflichtet sich, seine Depotbank anzuweisen, die Aktienübertragung sofort durchzuführen.

Wird der Kaufpreis nicht bis zum siebten Banktag nach Eintritt der Fälligkeitsvoraussetzung dem Verkäufer gutgeschrieben, ist er mit acht Prozentpunkten über Basiszins zu verzinsen.« ◀

§ 11 Aktien besonderer Gattung

¹Die Aktien können verschiedene Rechte gewähren, namentlich bei der Verteilung des Gewinns und des Gesellschaftsvermögens. ²Aktien mit gleichen Rechten bilden eine Gattung.

---

39 Also börsennotierten Gesellschaften, § 3 Abs. 2, und Gesellschaften im Freiverkehr.
40 Ausführlich *Eder*, NZG 2004, 107, 109.
41 Sehr anschaulich dargestellt bei *Gerber* in: Beck'sches Formularbuch zum Aktienrecht, E.I.1 Rn 3, 8.
42 *Einsele*, WM 2001, 7, 11.
43 *Gerber* in: Beck'sches Formularbuch zum Aktienrecht, E.I.1 Rn 8.
44 *Modlich*, DB 2002, 671, 675.
45 Anders *Gerber* in: Beck'sches Formularbuch zum Aktienrecht, E.I.1 Rn 8.

A. Grundlagen	1	II. Einzelne Rechte	5
I. Entwicklungsgeschichte der Norm	1	1. Verwaltungsrechte	5
II. Normzweck	2	2. Vermögensrechte	6
B. Einzelheiten	4	3. Sonderrechte?	8
I. Schaffung neuer Aktiengattungen	4	III. Begründung neuer Aktiengattungen	10

A. Grundlagen

I. Entwicklungsgeschichte der Norm. Der Wortlaut der Bestimmung wurde im Aktiengesetz 1965 gegenüber § 11 AktG 1937 geändert. 1

II. Normzweck. Das Aktiengesetz will es möglich machen, Aktien mit **unterschiedlichen rechtlichen Inhalten** auszustatten. Grundsätzlich stehen Aktionären vermögensrechtliche und verwaltungsrechtliche Mitgliedschaftsbefugnisse zu. Obwohl § 11 Abs. 1 nur von den vermögensrechtlichen Befugnissen spricht, können auch Aktien mit unterschiedlichen verwaltungsrechtlichen Befugnissen begeben werden. 2

Die ursprüngliche Fassung hatte noch bestimmt, dass einzelne Gattungen von Aktien verschiedene Rechte haben können. Dies konnte dahin gehend missverstanden werden, dass eine AG stets verschiedene Gattungen und Aktien haben musste. Die Neufassung machte deutlich, dass dies möglich, aber nicht zwingend ist.[1] 3

B. Einzelheiten

I. Schaffung neuer Aktiengattungen. Weist die AG Aktien verschiedener Aktiengattungen auf, ist dies in der **Satzung** anzuordnen, § 23 Abs. 3 Nr. 4. Dabei ist der Satzungsgeber in den Grenzen des Bestimmtheitsgrundsatzes grundsätzlich frei, welche und wie viele Aktien er mit welchen Rechten und/oder Pflichten ausstattet. Voraussetzung ist jedoch, dass dabei zwingende gesetzliche Vorschriften gewahrt werden. Da die Einführung von Sondergattungen stets der Zustimmung der Aktionäre bedarf, wird der Gleichbehandlungsgrundsatz nicht verletzt.[2] 4

II. Einzelne Rechte. 1. Verwaltungsrechte. Verwaltungsrechte sind zB das **Stimmrecht**, §§ 12 Abs. 1, 133 ff, das **Auskunftsrecht**, §§ 133 f, das **Recht zur Teilnahme an der HV**, § 118 Abs. 1 und die **Anfechtungsbefugnis**, § 245. Diese Rechte können wegen § 23 Abs. 5 nur in geringem Umfang modifiziert werden. Zulässig ist zum einen die Begründung von Vorzugsaktien (§§ 133 ff). Dann entstehen sog. Stämme, dh Stammaktien mit Stimmrecht, und stimmrechtslose Vorzüge. Der Vorzug besteht in der Dividendenbevorrechtigung. Die zweite anerkannte Modifikationsmöglichkeit besteht darin, Aktionären das Recht zu gewähren, Mitglieder in den Aufsichtsrat zu entsenden, § 101 Abs. 2. 5

2. Vermögensrechte. Vermögensrechte sind die **Dividendenberechtigung**, das Recht zum **Bezug junger Aktien** und das Recht auf den **Abwicklungsüberschuss**, §§ 158 Abs. 4, 186, 271. Bezüglich Dividende und Abwicklungsüberschuss können Aktien unterschiedlicher Gattung geschaffen werden, demgegenüber nicht beim Bezug junger Aktien. 6

Nach verbreiteter Diktion sollen die sog. Gläubigerrechte von Aktionären keine Rechte im Sinne von § 11 Abs. 2 darstellen. Die Erörterung dieses Begriffs im Zusammenhang mit § 11 Abs. 1 ist mE wenig zielführend. Gläubigerrechte sind entweder Forderungen aus Drittgeschäften (zB Verkehrsgeschäften zwischen AG und Aktionär), oder erstarkte Mitgliedschaftsrechte,[3] insbesondere der mitgliedschaftliche Gewinnanspruch gemäß § 58 Abs. 4 auf Dividendenzahlung. In all diesen Fällen stehen sich AG und Aktionär wie unabhängige Dritte gegenüber, so dass im Interesse eines besseren Verständnisses von schuldrechtlichen Ansprüchen gesprochen werden sollte.[4] 7

3. Sonderrechte? § 35 BGB erkennt für Vereine die Existenz sog. Sonderrechte an. Sonderrechte sind Befugnisse eines Mitgliedes, die diesem **nicht gegen seinen Willen entzogen** werden können. Die Erörterung von Sonderrechten im Zusammenhang mit § 11 Abs. 1 trägt allerdings mE eher zur begrifflichen Verwirrung bei.[5] Dies beruht bereits darauf, dass der Begriff der Sonderrechte nur teilweise zur Beschreibung von Rechtspositionen verwendet wird, die lediglich mit Zustimmung des Berechtigten entziehbar sind (so aber die Legaldefinition in § 35 BGB). Denn viele bezeichnen mit „Sonderrecht" alle dem Einzelnen oder einer Gruppe von Aktionären zustehenden Befugnisse, die über die allgemeinen mitgliedschaftlichen Rechte hinausgehen. Ohne Bedeutung sei es insoweit, unter welchen Voraussetzungen diese Rechte entzogen werden können. 8

---

1 MüKo-AktG/*Heider*, Rn 1.
2 MüKo-AktG/*Heider*, Rn 48.
3 Begriff nach MüKo-AktG/*Heider*, Rn 23.
4 Vgl MüHb-AG/*Wiesner*, § 17 Rn 1.
5 Ebenso: *Hüffer*, Rn 6; MüKo-AktG/*Heider*, Rn 13 ff.

9 ME sollte der Begriff „Sonderrechte" deshalb im Aktienrecht generell vermieden werden. *Hüffer* weist zutreffend darauf hin, dass wegen § 179 Abs. 3 Rechte einer Aktiengattung regelmäßig nur, aber auch stets, beseitigt werden können, wenn die Aktionäre der betroffenen Gattung dem mit einer Dreiviertelmehrheit zustimmen. Entgegen § 35 BGB hängt die Entziehung von dem Einzelnen oder einer Gruppe von Aktionären zustehenden, über die allgemeinen mitgliedschaftlichen Rechte hinausgehenden Befugnissen, demnach nicht von der Zustimmung des einzelnen Berechtigten ab, sondern von der satzungsändernden Mehrheit. Von diesem Grundsatz macht das Gesetz eine einzige Ausnahme in § 101 Abs. 2 bei der Entsendung von Aufsichtsratsmitgliedern. Hier stellt das Gesetz ausdrücklich klar, dass die Entziehung entgegen § 179 Abs. 3 nur mit Zustimmung der betroffenen Aktionäre möglich ist. § 101 Abs. 2 wäre demnach auch der einzige Anwendungsfall für ein inhaltlich § 35 BGB entsprechendes Sonderrecht. Davon abgesehen taugt der Begriff allenfalls dazu, über § 179 Abs. 3 hinwegtäuschen. Ebenso wenig ist ein Bedürfnis erkennbar, im Aktienrecht einen von § 35 BGB abweichenden Begriff des Sonderrechts zu verwenden.

10 **III. Begründung neuer Aktiengattungen.** Die Begründung neuer Aktiengattungen kann nur durch den **Satzungsgeber** erfolgen, § 23 Abs. 1 Nr. 4. Unproblematisch ist die Schaffung unterschiedlicher Aktiengattungen im Rahmen der Gesellschaftsgründung, da die Satzung ohnehin einstimmig festgelegt wird. Aufgrund dieser Einstimmigkeit besteht weder ein Konflikt mit dem Gleichbehandlungsgebot (§ 53 a), noch ist ein Sonderbeschluss benachteiligter Gründer analog §§ 179 Abs. 3, 141 Abs. 3 erforderlich.[6] Anders verhält es sich bei Kapitalerhöhungen. Dort bedarf die Bildung neuer Aktiengattungen zunächst eines zustimmenden Sonderbeschlusses der Aktionäre aller bisherigen Gattungen, soweit solche bereits vorhanden sind (§§ 182 Abs. 2, 193 Abs. 1 S. 3, 202 Abs. S. 4, 221 Abs. 1 S. 4). Sind die Aktien der neu zu schaffenden Gattung ausschließlich mit geringeren Rechten ausgestattet als die bisherige Aktiengattung(en), hängt ihre Einführung von keiner weiteren Voraussetzung mehr ab. Weisen die Aktien der neu zu schaffenden Gattung jedoch (auch) erweiterte Rechte auf, ist die Zustimmung aller bisherigen Aktionäre erforderlich.[7]

11 Vorstehende Grundsätze gelten auch, wenn neue Aktiengattungen lediglich durch Satzungsänderungen eingeführt werden.

§ 12 Stimmrecht. Keine Mehrstimmrechte

(1) ¹Jede Aktie gewährt das Stimmrecht. ²Vorzugsaktien können nach den Vorschriften dieses Gesetzes als Aktien ohne Stimmrecht ausgegeben werden.

(2) Mehrstimmrechte sind unzulässig.

A. Grundlagen 1	II. Rechtsfragen im Zusammenhang mit der Stimmrechtsausübung 6
I. Entwicklungsgeschichte der Norm 1	1. Einheitliche Stimmabgabe 7
II. Begriff 2	2. Stimmrechtsbindungsvertrag (Pool-Vertrag) 8
B. Einzelheiten 3	3. Stimmrechtsausschlüsse 9
I. Umfang des Stimmrechts 3	III. Übergangsrecht für Mehrstimmrechtsaktien ... 10
1. Vorzugsaktien ohne Stimmrechte 4	
2. Höchst- und Mehrstimmrechte 5	

A. Grundlagen

1 **I. Entwicklungsgeschichte der Norm.** Der Text von Abs. 1 wurde unverändert aus dem Aktiengesetz 1937 übernommen. Abs. 2 wurde durch das KonTraG[1] geändert, indem die vorher bestehende Möglichkeit zur Erteilung von Ausnahmegenehmigungen von Abs. 2 S. 2 aF ersatzlos gestrichen wurde. Für bestehende Mehrstimmrechtsaktien besteht eine Sonderregelung in § 5 EGAktG.

2 **II. Begriff.** Das Stimmrecht ist eines der wesentlichen **Mitverwaltungsrechte** des Aktionärs. Es kann von der Mitgliedschaft nicht abgespalten werden.[2] Allerdings kann einem Dritten im Wege der sog. **Legitimationszession**, § 129 Abs. 3[3] bzw über eine Stimmrechtsvollmacht, § 134 Abs. 3, die Stimmrechtsausübung gestattet werden.

---

6 MüKo-AktG/*Heider*, Rn 42; Großkomm-AktienR/*Brändel*, Rn 24, 25; KölnKomm-AktG/*Kraft*, Rn 37.

7 Zur Form der Zustimmung, die keiner notariellen Beurkundung bedarf, vgl unten § 179 Rn 35.

1 Gesetz zur Kontrolle und Transparenz im Unternehmensbereich (KonTraG) vom 27.4.1998, BGBl. I S. 786.

2 Oben § 8 Rn 18.

3 *Reichert/Habarth*, AG 2001, 447, 452 f.

B. Einzelheiten

I. Umfang des Stimmrechts. Grundsätzlich ist für den Umfang des Stimmrechts die Höhe der Kapitalbeteiligung maßgeblich, § 134 Abs. 1 S. 1. Hiervon gibt es folgende Ausnahmen:

1. Vorzugsaktien ohne Stimmrechte. Die Möglichkeit stimmrechtsloser Vorzugsaktien ist in Abs. 1 S. 2 explizit angesprochen. Einzelheiten bestimmen die §§ 139 ff. Aktien ohne Stimmrecht können nach dem Aktiengesetz nur begeben werden, wenn die Bestimmungen der §§ 139 ff beachtet werden.

2. Höchst- und Mehrstimmrechte. Seit der Verabschiedung des KonTraG können gemäß § 134 Abs. 1 S. 2 Höchststimmrechte nur noch bei nicht börsennotierten Gesellschaften geschaffen werden. Soweit bei börsennotierten Gesellschaften Höchststimmrechte vorhanden waren, enthält § 5 Abs. 7 EGAktG Übergangsbestimmungen. Mehrstimmrechtsaktien sind durch das KonTraG nunmehr generell verboten.[4]

II. Rechtsfragen im Zusammenhang mit der Stimmrechtsausübung. Aktionäre üben ihre Stimmrechte in der **Hauptversammlung** aus, § 118 Abs. 1. Die Ausübung durch Dritte ist im Falle gesetzlicher oder rechtsgeschäftlicher Vertretung möglich,[5] oder durch Ausübung durch Legitimationsaktionäre, § 129 Abs. 3.[6] Zur Ausübung durch einen Nichtaktionär kommt es auch dann, wenn ein Testamentsvollstrecker, Insolvenzverwalter oder ähnlicher Amtswalter das Stimmrecht für den Aktionär ausübt.

1. Einheitliche Stimmabgabe. Nach heute herrschender Meinung steht es einem Aktionär frei, mit einem Teil seiner Stimmen für und mit dem anderen Teil gegen einen Beschlussgegenstand zu stimmen.[7] Das Aktiengesetz unterscheidet sich insoweit vom Recht der GmbH, bei der eine unterschiedliche Stimmrechtsausübung nur eingeschränkt möglich ist.[8] Die Frage kann praktisch relevant werden, wenn ein Treuhänder Aktien für mehrere hält und in der HV wegen unterschiedlichen Weisungen seiner Treugeber unterschiedlich abzustimmen hat.

2. Stimmrechtsbindungsvertrag (Pool-Vertrag). Oftmals regeln Aktionäre ihr Stimmverhalten durch Vertrag.[9] Wegen der lediglich schuldrechtlichen Bindung gewähren derartige Stimmbindungsvereinbarungen keine Anfechtungsbefugnis, sondern nur einen **klagbaren Erfüllungsanspruch**.[10]

3. Stimmrechtsausschlüsse. Die Stimmrechte aus Aktien können in folgenden Fällen nicht ausgeübt werden: § 71 b (eigene Aktien), § 136 Abs. 1 (Befangenheit), § 328 Abs. 1 (wechselseitig beteiligte Unternehmen), §§ 20 Abs. 7, 21 Abs. 4, 28 WpHG (Nichtbeachtung von Mitteilungsberichten).

III. Übergangsrecht für Mehrstimmrechtsaktien. Gemäß § 5 Abs. 1 S. 1 EGAktG sind **Mehrstimmrechte am 1.6.2003 erloschen**, wenn nicht bis dahin ein **Fortgeltungsbeschluss** gefasst wurde. Mit Erlöschen der Mehrstimmrechte ist die AG ausgleichspflichtig nach § 5 Abs. 3 S. 1 EGAktG. Der Ausgleich hat den besonderen Wert der Mehrstimmrechte angemessen zu berücksichtigen, § 5 Abs. 3 S. 1 EGAktG. Der Anspruch kann nur bis zum Ablauf von zwei Monaten seit dem Erlöschen der Mehrstimmrechte im Wege des Spruchstellenverfahrens geltend gemacht werden, § 5 Abs. 3 S. 2, Abs. 5 EGAktG iVm § 306. Die Zahlung des Ausgleichs verletzt nicht § 57.[11] Gemäß § 5 Abs. 3 S. 1 EGAktG muss der Ausgleich nicht notwendigerweise in Geld erfolgen, sondern gegebenenfalls auch in anderer Form oder auch sukzessive. Insbesondere bieten sich Kapitalerhöhungen als auch vergleichbare Maßnahmen an, zB Kapitalerhöhungen und Bezugsrechtsausschluss der Stammaktionäre oder Einbringung des gegen die AG gerichteten Ausgleichsanspruchs in die AG als Sacheinlage (bei der letzten Variante ist allerdings zu berücksichtigen, dass dann dem Mehrstimmrechtsaktionär ein Wahlrecht zusteht, an der Kapitalerhöhung teilzunehmen oder den Ausgleichsanspruch einzufordern). Welcher Ausgleich gewährt wird, ist von der Hauptversammlung mit zu beschließen, §§ 5 Abs. 3 S. 1, 3 EGAktG. § 5 Abs. 4 regelt, dass die Anfechtung des Beschlusses nicht auf § 243 Abs. 2 (Verfolgung eines Sondervorteils) bzw darauf gestützt werden kann, dass die Beseitigung der Mehrstimmrechte oder der festgesetzte Ausgleich unangemessen seien. Zulässig ist es stattdessen, ein Spruchstellenverfahren auf gerichtliche Bestimmung des angemessenen Ausgleichs einzuleiten. Eine Anfechtungsklage ist damit nur noch möglich wegen anderer Verstöße gegen Gesetz oder Satzung, wie zB bei Verfahrensfehlern (insbesondere Verletzung der Auskunftspflicht).[12] Zur Fälligkeit und Zinsen trifft § 5 Abs. 6 Sonderregelungen.

---

4   Hierzu *Milde/Böttcher*, BB 1999, 1073.
5   Einzelheiten bei MüKo-AktG/*Heider*, 12 Rn 14 ff.
6   *Reichert/Habarth*, AG 2001, 447, 452 f.
7   *Hüffer*, § 133 Rn 21; KölnKomm-AktG/*Zöllner*, § 133 Rn 50; Großkomm-AktienR/*Brändel*, Rn 18; aA noch RGZ 118, 67, 79 ff.
8   Hierzu statt aller *Baumbach/Hueck*, GmbHG, § 47 Rn 11.
9   Typischerweise werden derartige Verträge außerhalb der eigentlichen Satzung geschlossen, dies bereits aus Geheimhaltungsgründen. Es wäre aber auch zulässig, derartige Regelungen in die Satzung als sog. schuldrechtliche Satzungsbestandteile mit aufzunehmen.
10 BGH NJW 1983, 1910, 1911; 1987, 1890, 1892; ähnlich: OGH AG 1996, 329.
11 *Hüffer*, Rn 13; MüKo-AktG/*Heider*, Rn 43.
12 *Hüffer*, § 13 Rn 15.

§ 13 Unterzeichnung der Aktien

¹Zur Unterzeichnung von Aktien und Zwischenscheinen genügt eine vervielfältigte Unterschrift. ²Die Gültigkeit der Unterzeichnung kann von der Beachtung einer besonderen Form abhängig gemacht werden. ³Die Formvorschrift muß in der Urkunde enthalten sein.

A. Grundlagen 1	4. Kennzeichnung der Art der verbrieften Mitgliedschaft 7
I. Entwicklungsgeschichte der Norm 1	5. Serienzeichen 8
II. Normzweck und Anwendungsbereich 2	6. Teilleistungen 9
B. Einzelheiten 3	7. Bestehende Nebenverpflichtungen 10
I. Inhalt der Aktienurkunde 3	8. Unterschrift 11
1. Erkennbarkeit der Verbriefung der Mitgliedschaft 4	II. Erstellung der Urkunden 12
2. Erkennbarkeit des Ausstellers 5	III. Mängel 13
3. Umfang 6	

A. Grundlagen

1 I. Entwicklungsgeschichte der Norm. Die Norm stimmt wörtlich mit § 13 AktG 1937 überein.

2 II. Normzweck und Anwendungsbereich. § 13 regelt die urkundliche Verbriefung der Mitgliedschaft des Aktionärs in Aktien nur teilweise (diese Verbriefung ist zum Entstehen der Mitgliedschaft als solcher nicht notwendig).¹ Weitere Bestimmungen sind zB in den §§ 8, 10 und 55 Abs. 1, Abs. 3 enthalten. Die Norm gilt für jede Form von Aktien, gleich ob Inhaber- oder Namensaktien, Stamm- oder Vorzugsaktien bzw Aktien oder Zwischenscheine. Sie gilt auch für die einzelne Globalurkunde (§ 9a DepotG). Für Genuss- und Optionsscheine gilt nicht § 13, sondern der inhaltlich deckungsgleiche § 793 Abs. 2 BGB.

B. Einzelheiten

3 I. Inhalt der Aktienurkunde. Da die Aktie ein Wertpapier im Sinne des Wertpapierrechts ist,² setzt die wertpapiermäßige Verbriefung der Mitgliedschaft Folgendes voraus:

4 1. Erkennbarkeit der Verbriefung der Mitgliedschaft. Die Urkunde muss zeigen, dass sie die Mitgliedschaft einer ausstellenden AG verbrieft. Die Verwendung des Begriffs „Aktie" ist dabei nicht zwingend.³

5 2. Erkennbarkeit des Ausstellers. Die Firma der AG muss aus der Aktienurkunde hervorgehen.

6 3. Umfang. Der Umfang der verbrieften Mitgliedschaft muss klar aufgezeigt werden. Dh es sind anzugeben die verkörperten **Aktiennennbeträge** bei Nennbetragsaktien (zB Aktie á einen Euro, 1.000 Aktien á 50 EUR etc.), bzw die **Anzahl der Stückaktien.**⁴ Das gesamte Grundkapital bzw die Anzahl aller Stückaktien müssen nicht in der Aktienurkunde angegeben werden (die Urkunde würde dann bei jeder Kapitalerhöhung unrichtig werden).

7 4. Kennzeichnung der Art der verbrieften Mitgliedschaft. Die Aktie muss erkennen lassen, ob es sich um Inhaber- oder Namensaktien handelt. Dies gilt jedenfalls dann, wenn beide Formen nebeneinander existieren.⁵

8 5. Serienzeichen. Die herrschende Meinung verlangt schließlich, dass die Aktien durch Serienzeichen oder Nummern **unterscheidbar** gestaltet werden. Hieran ist richtig, dass die einzelnen Aktienurkunden individualisierbar sein müssen. Ob es ausreicht, wenn die Individualisierung über andere Kriterien erfolgen kann,⁶ dürfte für die Praxis nicht weiter bedeutend sein.

9 6. Teilleistungen. Diese sind gem. § 10 Abs. 2 S. 2 anzugeben.

10 7. Bestehende Nebenverpflichtungen. Deren Angabe ist gem. § 55 Abs. 1 S. 3 vorgeschrieben.

11 8. Unterschrift. § 13 regelt schließlich, dass die Aktien unterschrieben sein müssen. Eine mechanisch, fototechnisch oder mit anderen Mitteln vervielfältigte Namensunterschrift ist ausreichend, wenn sie **mit Zustimmung des Namensträgers** auf die Urkunde gelangt ist.⁷ Da die Gesellschaft Ausstellerin der Aktienurkunde ist, muss es sich um die Unterschrift vertretungsberechtigter Personen handeln. Insoweit beurteilt es

---

1 Zum dreistufigen Entstehungstatbestand der Mitgliedschaft vergleiche oben § 10 Rn 3.
2 Oben § 10 Rn 5.
3 *Hüffer*, Rn 4; MüKo-AktG/*Heider*, Rn 11; KölnKomm-AktG/ *Kraft*, Rn 5.
4 MüKo-AktG/*Heider*, Rn 12.
5 MüKo-AktG/*Heider*, Rn 13.
6 So wohl KölnKomm-AktG/*Kraft*, Rn 14.
7 MüKo-AktG/*Heider*, Rn 26.

sich nach § 78, ob Einzel- oder Gesamtvertretungsbefugnis besteht. Die Mitglieder des Vorstandes können aber auch einen Dritten[8] oder ein Vorstandsmitglied (§ 78 Abs. 4) ermächtigen. Die Unterschrift durch einen Prokuristen oder Handlungsbevollmächtigten genügt grundsätzlich nicht,[9] anders nur, wenn dieser vom Vorstand gesondert ermächtigt ist. Bloße Namensangaben wie die Bezeichnung des/der Vertretungsberechtigten in Druckbuchstaben oder in einem nachgeahmten, nicht originalgetreuen Namenszug ist keine Unterschrift und genügt nicht.

II. Erstellung der Urkunden. Hinsichtlich der Technik der Urkundserstellung gibt es keine bestimmten Vorschriften. Aufgrund des Charakters als Wertpapier ist damit lediglich die **papiermäßige Verkörperung** erforderlich. Inhaltlich bestehen keine besonderen Anforderungen. Anders verhält es sich nur, wenn die Aktien zum Börsenhandel zugelassen werden sollen. 12

III. Mängel. Fehlen die vorstehend in Nr. 1 bis 5, Nr. 8 bezeichneten Merkmale, ist die Aktienurkunde nichtig. In den Fällen des §§ 10 Abs. 2, 55 Abs. 1 S. 3 ist gutgläubiger lastenfreier Erwerb möglich. Da die Nichtigkeit nur die Begebung der Aktien erfasst, nicht die Mitgliedschaft als solche,[10] kann der Aktionär erneut Urkundsausstellung verlangen. 13

Nach zutreffender Ansicht besteht bei der Begebung unrichtiger/fehlerhafter Aktienurkunden **kein Schadensersatzanspruch** aus einer analogen Anwendung der §§ 8 Abs. 2 S. 3, 10 Abs. 4 S. 2 oder ähnlicher gesetzlicher Vorschriften.[11] Die abweichende Auffassung von *Brändel*[12] überzeugt nicht. Bei Verstoß gegen § 8 Abs. 2 S. 3 kommt es gar nicht zum Entstehen der Mitgliedschaft als solcher. Die Ausgabe von nichtigen Aktien ist auch nicht mit der Situation des § 10 Abs. 5 S. 2 vergleichbar, weil es an einer Vergleichbarkeit zu der in § 10 Abs. 5 S. 2 geschützten Inregressnahme der Vormänner fehlt. Der Ausschluss dieser Schadenersatzansprüche bedeutet aber lediglich, dass statt dessen eine allgemeine, verschuldensabhängige Haftung der AG gegenüber den Aktionären auf der Grundlage der positiven Forderungsverletzung eingreifen kann. 14

§ 14 Zuständigkeit

Gericht im Sinne dieses Gesetzes ist, wenn nichts anderes bestimmt ist, das Gericht des Sitzes der Gesellschaft.

A. Grundlagen

I. Entwicklungsgeschichte der Norm. Die Norm ist seit 1965 unverändert. 1

II. Normzweck und Anwendungsbereich. Mit § 14 wird eine einheitliche Regelung über die örtliche Zuständigkeit begründet. 2

B. Einzelheiten

I. Anwendungsbereich. § 14 gilt für Angelegenheiten der **freiwilligen Gerichtsbarkeit**, nicht aber für sonstige Verfahren.[1] Allerdings erfasst § 14 auch nicht alle Verfahren der freiwilligen Gerichtsbarkeit. Gerade für die streitigen FGG-Verfahren bestehen Spezialzuständigkeiten, so in § 2 SpruchG, § 98 Abs. 1, § 132 Abs. 1; §§ 142 Abs. 5, 315 S. 3 und § 260 Abs. 1.[2] 3

II. § 14 und FamFG. Mit Wirkung zum 1. September 2009 wurde das FGG durch das FamFG abgelöst. Das FamFG bringt auch Änderungen im Kapitalgesellschaftsrecht. U.a. definiert § 375 Nr. 3 FamFG sog. Unternehmensrechtliche Verfahren des Aktienrechts. Gemäß § 376 Abs. 1 FamFG ist für diese Verfahren dasjenige Amtsgericht ausschließlich zuständig, in dessen Bezirk das Landgericht Sitz hat. Es gibt also eine einheitliche Zuständigkeit eines Amtsgerichts innerhalb des LG-Bezirks. Näheres können die Länder bestimmen, § 376 Abs. 2 FamnFG. Die §§ 376, 377 FamFG stellen dogmatisch „anderweitige Bestimmungen" iSv § 14 dar, so dass für § 14 selbst an sich kein rechter Anwendungsbereich mehr verbleibt. 4

---

[8] *Hüffer*, Rn 6; MüKo-AktG/*Heider*, Rn 24; Großkomm-AktienR/*Brändel*, Rn 14.
[9] *Hüffer*, Rn 6.
[10] Oben Rn 2 und § 10 Rn 3.
[11] MüKo-AktG/*Heider*, § 14 Rn 31.
[12] Großkomm-AktienR/*Brändel*, Rn 23.
[1] Spindler/Stilz/*Drescher*, Rn 1; K. Schmidt/Lutter/*Langhein*, Rn 3.
[2] Spindler/Stilz/*Drescher*, Rn 1.

5 **III. Doppelsitz.** Bei Gesellschaften mit Doppelsitz sind beide Gerichte zuständig.[3] Eintragungen sind in beiden Registern vorzunehmen. Dies führt zu Nachteilen (erhöhter Kosten- und Verwaltungsaufwand, konstitutive Wirkung der Handelsregistereintragung tritt erst mit der Eintragung auch im zweiten Register ein).[4] Soweit es um andere registerrechtliche Maßnahmen als Eintragungen geht (zB Bestellung von Abwicklern), kommt es demgegenüber bei einem Doppelsitz auf das Tätigwerden des ersten Registergerichts an. Das zweite verliert dann gemäß § 4 FamFG seine Zuständigkeit.

6 **IV. Fehlender Sitz in Deutschland.** Hat die AG keinen Sitz im Gebiet der Bundesrepublik Deutschland, ergibt sich eine **Zuständigkeit deutscher Gerichte** gleichwohl in **Ausnahmefällen**. Dies gilt zunächst für Aktiengesellschaften, die am 8.5.1945 ihren Sitz in Gebieten hatten, in denen die deutsche Gerichtsbarkeit nicht mehr ausgeübt wurde (ehemalige Ostgebiete), §§ 14, 15 ZustErgG.[5] Zuständig ist danach das Gericht, in dessen Bezirk die AG eine Zweigniederlassung hat oder das Registergericht, in dessen Bezirk die Verwaltung der Gesellschaft geführt wird oder geführt werden soll.

Vor §§ 15–18

1 **I. Entstehungsgeschichte.** Dem Aktiengesetz liegt das Leitbild einer **unabhängigen Publikumsgesellschaft** mit weit gestreutem Aktienbesitz, einer selbstständigen Verwaltung und einem gegenüber dem Vorstand und den Aktionären **eigenverantwortlichen Aufsichtsgremium** zugrunde.[1] Bereits der Gesetzgeber des Aktiengesetzes 1937 sah sich jedoch veranlasst, konzernrechtliche Bestimmungen (§§ 15 und 256 AktG 1937) aufzunehmen, da im Wirtschaftsalltag die meisten Aktiengesellschaften von mehrheitlich beteiligten Unternehmen beherrscht wurden. Diese Regelungen stellten sich von Anfang an als ungenügend heraus. Unmittelbar nach dem Krieg setzte eine Diskussion über eine umfassende Konzernrechtskodifikation ein, die vom Konzernverbot auf der einen Seite bis zur Legitimation jeglicher Konzernierung auf der anderen Seite reichte.[2] Der Gesetz gewordene Kompromiss lässt sich in der Formel des „entschädigungspflichtigen Vorrangs des Konzerninteresses" zusammenfassen.[3]

2 Das Aktiengesetz 1937 kannte noch nicht die Unterscheidung zwischen abhängigen Unternehmen und Konzernunternehmen. Diese wurde erst im Aktiengesetz 1965 zugrunde gelegt;[4] ihr heuristischer Wert ist allerdings zweifelhaft.

3 **II. Zweck.** Ausgehend vom Prinzip des **Vorrangs des Konzerninteresses** versucht das Konzernrecht, die Interessen der Wirtschaft an Unternehmenskonzentration – und damit an der Zulässigkeit der Leitung der Konzerngesellschaften im Konzerninteresse – mit den Schutzbedürfnissen der außenstehenden Minderheitsgesellschafter und der Unternehmensgläubiger sowie des Rechtsverkehrs in Einklang zu bringen, insbesondere durch den Schutz der Gesellschaft vor kompensationsloser Benachteiligung.[5] Dem Gesetzgeber ging es von Anfang an aber auch darum, wesentliche Grundsätze des Aktienrechts dadurch zu sichern, dass Unternehmensverbindungen in ihrer Entstehung und späteren Durchführung rechtlich erfasst und durchsichtig gemacht werden;[6] dies kennzeichnet den organisationsrechtlichen Aspekt des Konzernrechts. Als Mittel des Konzernrechts dienen präventive Instrumente zur Konzernbildungskontrolle (§§ 293 ff für Unternehmensverträge; §§ 123 ff. UmwG für Ausgliederungssachverhalte), Informations- und Publizitätspflichten sowie reaktive Mechanismen, wie Einzel- und Verlustausgleichspflichten bei geregelter oder ungeregelter Ausübung von Leitungsmacht durch herrschende Unternehmen.

4 Dass Unternehmensverbindungen auch für herrschende Unternehmen und ihre Anteilseigner problematisch sein können, ist bereits kurze Zeit nach Inkrafttreten des Aktiengesetzes 1965 aufgegriffen worden.[7] Der Gesetzgeber hatte zunächst nur für Unternehmensverträge in den §§ 293 Abs. 2 und 294 ausdrückliche Schutzvorkehrungen für die beherrschende Gesellschaft und ihre Anteilseigner vorgesehen. Andererseits hat etwa auch die Ausgliederung wesentlicher Unternehmensbereiche auf Tochtergesellschaften für die Mutter-

---

[3] Anders verhält es sich bei Anfechtungsklagen. Hier ist nach hM das Gericht am Sitz des tatsächlichen Verwaltungssitzes zuständig, hierzu *Hüffer*, § 246 Rn 37, § 14 Rn 4. Hierbei handelt es sich nicht um eine Ausnahme von § 14, da Anfechtungsklagen Fälle der streitigen Gerichtsbarkeit darstellen, für die § 14 ohnehin nicht gilt.
[4] *Hüffer*, Rn 4; MüKo-AktG/*Heider*, § 5 Rn 49 ff.
[5] Zuständigkeitsergänzungsgesetz vom 7.8.1952, BGBl. I S. 407.
[1] RegBegr. *Kropff*, S. 373; Großkomm-AktienR/*Windbichler*, Vor § 15 Rn 12.
[2] Großkomm-AktienR/*Windbichler*, Vor § 15 Rn 4 u. 13; *Lutter*, ZGR 1987, 324 ff.

[3] *Dettling*, Die Entstehungsgeschichte des Konzernrechts im Aktiengesetz von 1965, 1997, S. 217 mwN.
[4] Vgl hierzu *Dettling*, aaO, S. 83 f; MüHb-AG/*Krieger*, § 68 Rn 1.
[5] RegBegr. *Kropff*, S. 374; MüHb-AG/*Krieger*, § 68 Rn 1.
[6] RegBegr. *Kropff*, S. 374.
[7] MüHb-AG/*Krieger*, § 68 Rn 1 mwN; *Lutter*, in: FS Westermann, 1974, S. 347; *ders.*, in: FS Barz, 1974, S. 199; *U.H. Schneider*, ZHR 143 (1979), 485; *ders.*, BB, 1981, 249; *ders.*, BB 1986, 1993; *Timm*, AG 1980, 172; *Hommelhoff*, Die Konzernleitungspflicht, 1982.

gesellschaft und deren Minderheitsaktionäre ähnliche Konsequenzen wie die Aufgabe von Leitungs- oder Geschäftsführungszuständigkeiten durch Unternehmensvertrag.

III. Begriff und Systematik. Das Gesetz trennt zwischen dem eigentlichen **Aktienkonzernrecht**, das in den §§ 291 bis 328 zusammengefasst ist, und dem in den §§ 15 bis 22 geregelten **Recht der verbundenen Unternehmen**, das das Konzernrecht im weiteren Sinne darstellt. Dieses wird rechtsformneutral verstanden, seine Anwendbarkeit setzt nur die Beteiligung von Unternehmen, gleich welcher Rechtsform voraus.[8]

Das allgemeine Konzernrecht unterscheidet zwischen verbundenen, herrschenden und abhängigen Unternehmen sowie Konzernunternehmen mit jeweils unterschiedlichen Rechtsfolgen, die im Aktiengesetz und in anderen Gesetzen geregelt sind. Für alle Unternehmensverbindungen gelten etwa die §§ 90 Abs. 1 S. 2 Hs 2, Abs. 3 S. 1, 131 Abs. 1 S. 2, 145 Abs. 4 S. 2 und 400 Abs. 1.[9] Die Mehrheitsbeteiligung löst innerhalb des Aktienrechts vor allem bestimmte Mitteilungspflichten aus.[10] Für herrschende und abhängige Unternehmen (faktischer Konzern) gelten insbesondere die §§ 311 bis 318.[11] An den Konzernbegriff im engeren Sinne (§ 18) knüpfen die §§ 97 Abs. 1 S. 1, 100 Abs. 1 S. 2 und die §§ 290 ff HGB sowie die §§ 11 ff. PublG an. Auch die §§ 308 ff betreffen ausschließlich Konzernunternehmen, da bei einem Beherrschungsvertrag ein Konzernverhältnis unwiderleglich vermutet wird.[12]

IV. Auslegung. Aus Zweck und Systematik folgt eine rechtsformneutrale, aber zugleich rechtsfolgenorientierte, teleologische Auslegung der §§ 15 bis 19.[13] Die Auslegung hat die schutz- und organisationsrechtlichen Aspekte der Gesetzesbestimmungen, die an die Definitionen der §§ 15 ff anknüpfen, zur Geltung zu bringen.[14] Entsprechendes gilt für das Aktienkonzernrecht, insbesondere die §§ 291, 292.[15]

§ 15 Verbundene Unternehmen

Verbundene Unternehmen sind rechtlich selbständige Unternehmen, die im Verhältnis zueinander in Mehrheitsbesitz stehende Unternehmen und mit Mehrheit beteiligte Unternehmen (§ 16), abhängige und herrschende Unternehmen (§ 17), Konzernunternehmen (§ 18), wechselseitig beteiligte Unternehmen (§ 19) oder Vertragsteile eines Unternehmensvertrags (§§ 291, 292) sind.

A. Begriff des Unternehmens 1	3. Anderweitige Beteiligung 5
I. Allgemeines 1	4. Sonderfälle 6
II. Herrschendes Unternehmen 3	III. Abhängiges Unternehmen 8
1. Begriff des herrschenden Unternehmens 3	B. Arten der Unternehmensverbindungen 9
2. Unternehmerische Tätigkeit 4	C. Rechtsfolgen 11

A. Begriff des Unternehmens

I. Allgemeines. § 15 ist reine **Definitionsnorm** und zählt abschließend die Arten von Unternehmensverbindungen auf, die im Aktiengesetz als „verbundene Unternehmen" bezeichnet werden. Außerhalb des Aktiengesetzes wird zum Teil ausdrücklich auf § 15 verwiesen. Wird hingegen in anderen Gesetzen allgemein auf verbundene Unternehmen verwiesen, ist gesondert zu prüfen, ob nur die in § 15 genannten Arten gemeint sind.[1] § 15 spricht von rechtlich selbstständigen Unternehmen[2] und stellt hierdurch zunächst klar, dass der Unternehmensträger als solcher gemeint ist, nicht aber wie in §§ 3 oder 23 Abs. 3 Nr. 2 das Unternehmen als Inbegriff aller sachlichen, immateriellen und personellen Mittel zur Verwirklichung unternehmerischer Tätigkeit.[3]

---

8 OLG Hamburg AG 2003, 698; OLG Jena AG 2005, 405; *Emmerich*/Habersack, § 15 Rn 5; MüHb-AG/*Krieger*, § 68 Rn 2 f; *Hüffer*, § 15 Rn 6.
9 Weitere Nachweise bei Großkomm-AktienR/*Windbichler*, § 15 Rn 4 ff.
10 Nachweise bei Großkomm-AktienR/*Windbichler*, § 16 Rn 9 ff.
11 *Emmerich*/Habersack, § 15 Rn 1; Großkomm-AktienR/*Windbichler*, § 17 Rn 3 ff.
12 Weitere Verweise bei Großkomm-AktienR/*Windbichler*, § 18 Rn 7 ff.
13 Ein umfassender, für alle oder die Mehrzahl von Regelungszusammenhängen passender Begriff des Unternehmens existiert nicht, *Hüffer*, § 15 Rn 7; MüKo-AktG/*Bayer*, Rn 9; *Emmerich*/Habersack, Rn 9 ff.
14 *Hüffer*, § 15 Rn 7; MüKo-AktG/*Bayer*, Rn 10; *K. Schmidt*, ZGR 1980, 277, 280.

15 Vgl § 291 Rn 5 f.
1 MüKo-AktG/*Bayer*, Rn 5; *Raiser*, KapGesR § 51 Rn 2; MüHb-AG/*Krieger*, § 68 Rn 2; *K. Schmidt/Lutter/Vetter*, Rn 6; *Emmerich*/Habersack, § 2 Rn 1 ff mwN; zum Begriff der verbundenen Unternehmen im Bilanzrecht vgl *Baumbach/Hopt*, HGB, § 271 Rn 9; *Ulmer*, in: FS Goerdeler, 1987, S. 623 f; *Kropff*, DB 1986, 364 f; *Schulze-Osterloh*, in: FS Fleck, 1988, S. 313 f; anders *K. Schmidt*, GesR § 31 II 2, der §§ 266, 268 VII, 319 II Nr. 3, III Nr. 1 HGB in die Definition des § 15 AktG einbezieht.
2 Es genügt, wenn sie nicht demselben Unternehmensträger angehören; eigene Rechtsfähigkeit ist nicht erforderlich, vgl *Hüffer*, Rn 15; MüHb-AG/*Krieger*, § 68 Rn 15; KölnKomm-AktG/*Koppensteiner*, Rn 94; MüKo-AktG/*Bayer*, Rn 49; *K. Schmidt*/Lutter/*Vetter*, Rn 31.
3 Vgl *Henze*, Konzernrecht, Rn 8 mwN.

2 Der **Begriff des Unternehmens ist rechtsformneutral**. § 15 erfasst alle denkbaren unternehmenstragenden Rechtsformen, auch Einzelpersonen (vgl §§ 16 Abs. 4, 309 Abs. 1 S. 1),[4] Personengesellschaften, Vereine, Stiftungen etc. Adressaten der konzernrechtlichen Bestimmungen sind nur Rechtsträger, bei denen die Gefahr besteht, dass sie wegen anderweitiger Beteiligungen oder eigener unternehmerischer Tätigkeit auch im Hinblick auf ihre Beteiligung an verbundenen Unternehmen unternehmerisch handeln.[5] Maßgeblich hierfür war die Annahme des Gesetzgebers, dass eine konzerntypische Gefahrenlage nur bei Verbindungen zwischen Unternehmen auftritt. Der Gesetzgeber ging davon aus, dass nur bei einem Großaktionär, der gleichzeitig anderweitige unternehmerische Interessen verfolgt, die Gefahr besteht, „dass das Unternehmen die Rechte aus der Beteiligung zum Nachteil der Gesellschaft für seine unternehmerischen Interessen ausnutzt".[6] Ein vergleichbarer „Konzernkonflikt"[7] wurde vom Gesetzgeber bei einem Großaktionär, der außerhalb der AG keine eigenen Unternehmensaktivitäten entfaltet (privilegierter Privataktionär), nicht gesehen.[8] Vielmehr könne bei diesem von einem natürlichen Gleichlauf der Interessen mit denjenigen der Mitaktionäre, der Verwaltung und der Gesellschaft ausgegangen werden. Von einer genauen Abgrenzung des Unternehmensbegriffs gegenüber dem privilegierten Privataktionär[9] sah der Gesetzgeber jedoch angesichts großer praktischer Schwierigkeiten ab.[10] So ergeben sich Abgrenzungsprobleme insbesondere bei (Zwischen-)Holdinggesellschaften und reinen Innengesellschaften.[11] Bei Körperschaften des öffentlichen Rechts genügt hingegen bereits die Beteiligung an einer einzigen Gesellschaft, weil im Regelfall davon auszugehen ist, dass sich diese Körperschaften nicht allein von typischen Aktionärsinteressen leiten lassen, sondern auch Rücksicht auf ihre öffentlich-rechtliche Aufgabenstellung nehmen werden. Dieser Zielkonflikt entspricht demjenigen, den das Konzernrecht steuern will.[12]

3 **II. Herrschendes Unternehmen. 1. Begriff des herrschenden Unternehmens.** Herrschendes Unternehmen kann nach der Gesetzeskonzeption (vgl oben) jeder Gesellschafter sein, der neben seiner Beteiligung an dem abhängigen Unternehmen anderweitige wirtschaftliche Interessensbindungen hat, die nach Art und Intensität die ernsthafte Sorge begründen, dass er wegen dieser Interessensbindungen seine gesellschaftsrechtlichen Einflussnahmemöglichkeiten zum Nachteil des betroffenen Unternehmens ausübt.[13] Der Interessenkonflikt muss dabei so ausgestaltet sein, dass er nicht bereits mit den innerhalb der Gesellschaft bestehenden Schutzinstrumenten bewältigt werden kann,[14] sondern konzernrechtliche Bestimmungen zur Lösung der potenziellen Interessenkonflikte angewendet werden müssen. Dieser **teleologische Unternehmensbegriff** nimmt den konzernrechtlichen Grundgedanken der Gefahrenabwehr auf. Die hM und Rspr bringen aber mit der Formel deutlich zum Ausdruck, dass bereits die unternehmerische Interessenkollision als solche genüge. Andere Ansätze sind mittlerweile überholt. Hierzu zählen insbesondere der funktionale und der institutionelle Unternehmensbegriff.[15] Der organisationsrechtliche Ansatz[16] kann ggf zur Ergänzung herangezogen werden, führt im Zweifel aber nicht zu anderen Ergebnissen.[17]

4 **2. Unternehmerische Tätigkeit.** Den konzernrechtlichen Unternehmensbegriff erfüllt jeder Gesellschafter, der – gleich in welcher Rechtsform – noch eigenunternehmerisch tätig ist. Die unternehmerische Tätigkeit ist weit zu verstehen. Sie erfasst außer kaufmännischen Unternehmensgegenständen auch freiberufliche Tätigkeiten und Land- und Forstwirtschaften.[18] Entscheidend ist, ob im Falle einer Kollision der Gesellschaftsinteressen mit den eigenunternehmerischen Aktivitäten die Besorgnis besteht, der Gesellschafter könne seinen durch die Unternehmensverbindung vermittelten Einfluss zum Nachteil der Gesellschaft geltend

---

4 BGHZ 69, 334, 346; BGHZ 115,187, 189; BGHZ 148, 123, 125; BAG AG 2005, 533, 535.
5 MüKo-AktG/*Bayer*, Rn 7; OLG Hamburg AG 2001, 479, 481.
6 RegBegr. *Kropff*, S. 42; BGHZ 69, 334, 337; BGHZ 122, 123, 126.
7 Vgl Begriff bei MüKo-AktG/*Bayer*, Rn 7.
8 RegBegr. *Kropff*, S. 42; MüKo-AktG/*Bayer*, Rn 7; MüHb-AG/*Krieger*, § 68 Rn 6-8.
9 Begriff bei MüKo-AktG/*Bayer*, Rn 7.
10 Vgl RegBegr. *Kropff*, S. 27; MüKo-AktG/*Bayer*, Rn 7; *Koppensteiner*, ZHR 131 (1968), 289, 306; im Erg. wohl auch BGHZ 69, 334, 337 = AG 1978, 50, 51; *Würdinger*, in: Aktien- und Konzernrecht, 2. Aufl. 1966, S. 263 geht sogar davon aus, dass zwischen Privataktionär und der Gesellschaft stets ein Interessengleichlauf vorliege.
11 Vgl hierzu *Hüffer*, Rn 9 a, 10; *Emmerich*/Habersack, Rn 15–17, 20–20 b; MüKo-AktG/*Bayer*, Rn 25–36; K. Schmidt/Lutter/*Vetter*, Rn 66 f.
12 BGHZ 175, 365, 368 (Telekom); BGHZ 135, 107, 113 f (Volkswagen); OLG Düsseldorf AG 2003, 588, 589; *Hüffer*, Rn 13; KölnKomm-AktG/*Koppensteiner*, Rn 73.

13 Vgl *Hüffer*, Rn 8; MüKo-AktG/*Bayer*, Rn 13; *Emmerich*/Habersack, Rn 10; KölnKomm-AktG/*Koppensteiner*, Rn 20; *Henze*, Konzernrecht, Rn 6 f; *Ulmer*, NJW 1986, 1579, 1586; st. Rspr: BGHZ 69, 334, 336 ff = NJW 1978, 104 (VEBA/Gelsenberg); BGHZ 74, 359, 364 f = NJW 1979, 2401 (WAZ); BGHZ 80, 69, 72 = NJW 1981, 1512 (Süssen); BGHZ 95, 330, 333 = NJW 1986, 188 (Autokran); BGHZ 135, 107, 113 = NJW 1997, 1855 (Volkswagen); BGH NJW 2001, 2973, 2974 liSp (MLP); OLG Düsseldorf AG 1995, 85, 86 reSp; OLG Hamm AG 2001, 146, 147 reSp; LG Heidelberg AG 1999, 135, 136 reSp; KrG Erfurt AG 1992, 126 reSp.
14 BGHZ 148, 123, 128.
15 Zur Entwicklung vgl MüKo-AktG/*Bayer*, Rn 10 mwN.
16 Vgl *Mülbert*, ZHR 163 (1999), 1, 28 ff.
17 Kritisch zum organisationsrechtlichen Unternehmensbegriff *K. Schmidt*, in: FS Lutter, 2000, S. 1167, 1179 f.
18 MüKo-AktG/*Bayer*, Rn 15 mwN; KölnKomm-AktG/*Koppensteiner*, Rn 20 f; *Zöller*, ZGR 1976, 1, 11 f; *Hüffer*, Rn 11; MüHb-AG/*Krieger*, § 68 Rn 7 aE; K. Schmidt/Lutter/*Vetter*, Rn 41; *K. Schmidt*, ZIP 1994, 1741 ff.

machen.[19] Auch die wirtschaftliche Tätigkeit von Idealvereinen,[20] von Stiftungen und Genossenschaften kommt in Betracht.[21] Ausnahmen sind auch im Hinblick auf den Gemeinnützigkeitsstatus nicht veranlasst; abgesehen von der Gestattung wirtschaftlicher Geschäftsbetriebe kann die Verpflichtung zur Verfolgung gemeinnütziger Zwecke in vergleichbarer Weise zu Interessensbindungen führen, wie dies vom BGH für Gebietskörperschaften bejaht wurde.[22]

3. Anderweitige Beteiligung. Insbesondere eine maßgebliche Beteiligung an anderen Unternehmen erfüllt den Begriff anderweitiger wirtschaftlicher Interessenbindung. Eine **maßgebliche Beteiligung** liegt namentlich dann vor, wenn der Gesellschafter wenigstens noch an einem weiteren Unternehmen als Allein- oder Mehrheitsgesellschafter beteiligt ist.[23] Eine Minderheitsbeteiligung genügt nur, wenn daneben noch weitere gesellschaftsrechtlich vermittelte Einflussnahmemöglichkeiten bestehen, die beständig und umfassend ausgeübt werden können und es dem Gesellschafter ermöglichen, seine unternehmerischen Interessen auch in der anderen Gesellschaft durchzusetzen.[24] Typisches Beispiel ist die nominale Minderheitsbeteiligung, die aufgrund der langjährigen Hauptversammlungspräsenz zur faktischen Stimmenmehrheit wird. Nicht erforderlich ist jedoch, dass sich der Gesellschafter in einer anderen Gesellschaft, an der er beteiligt ist, tatsächlich unternehmerisch betätigt.[25] Dies liegt insbesondere in den Fällen auf der Hand, in denen ein Unternehmer, ohne das andere Unternehmen zu beherrschen, für Verbindlichkeiten persönlich haftet.[26] Grundsätzlich kann nichts anderes gelten, wenn der Gesellschafter an anderen Unternehmen über eine **Zwischenholding** beteiligt ist. Das Merkmal anderweitiger wirtschaftlicher Interessensbindung in der Person des Gesellschafters ist in diesen Fällen nur dann erfüllt, wenn der Gesellschafter auf die Zwischenholding beherrschend Einfluss nehmen kann und die Zwischenholding selbst eine maßgebliche Beteiligung an dem Drittunternehmen hält.[27] Entsprechendes gilt für die Beteiligung an einem **Gemeinschaftsunternehmen**, bei gleichzeitigen Poolvereinbarungen oder Stimmrechtskonsortien.[28] Für letztere gilt, dass sie eine anderweitige wirtschaftliche Interessenbindung in der Person des Gesellschafters dann maßgeblich werden lassen können, wenn sie dem Gesellschafter Beherrschungsmacht über ein Drittunternehmen vermitteln, an dem die Parteien der Poolvereinbarung oder des Stimmrechtskonsortiums gemeinschaftlich beteiligt sind. Die Stimmrechtskonsortien selbst, die keine anderweitigen wirtschaftlichen Interessen als die Einflussnahme auf ein einziges, bestimmtes Unternehmen verfolgen, sind im Regelfall keine (herrschenden) Unternehmen.[29] Gleiches gilt für die Holdinggesellschaft, die nur dann als Unternehmen zu qualifizieren ist, wenn sie selbst noch anderweitig unternehmerisch tätig wird. Analog zur natürlichen Person gilt dies beispielsweise auch dann, wenn die Holdinggesellschaft mehrere maßgebliche Beteiligungen verwaltet.[30]

4. Sonderfälle. Für **Körperschaften** öffentlichen Rechts haben BGH und BAG die Unternehmensqualität bejaht. Es bestehe die Gefahr, dass sie auf Kosten des betroffenen Unternehmens vorrangig die öffentlichen Interessen verfolgen. Dies reicht für einen Konzernkonflikt aus.[31] Die öffentliche Hand erfüllt den Unternehmerbegriff also schon bei einer einzigen privatrechtlichen Beteiligung. Eine anderweitige unternehmerische Interessenbindung ist nicht erforderlich.[32]
Eine den Fällen der Beteiligung durch Gebietskörperschaften vergleichbare Konfliktlage besteht auch bei Beteiligungen anderer, nicht in erster Linie wirtschaftlich ausgerichteter Gesellschafter (vgl bereits oben).

---

19 Vgl Großkomm-AktienR/*Windbichler*, Rn 11; *Emmerich*/Habersack, Rn 10; *Hüffer*, Rn 8 mwN; MüKo-AktG/*Bayer*, Rn 13; KölnKomm-AktG/*Koppensteiner*, Rn 20; *Henze*, Konzernrecht, Rn 6 f; *Ulmer*, NJW 1986, 1579, 1586; stellvertretend für die Rechtsprechung vgl zuletzt BGH NJW 2001, 2973, 2974.
20 BGHZ 85, 84, 90 ff.
21 MüKo-AktG/*Bayer*, Rn 43; KölnKomm-AktG/*Koppensteiner*, Rn 58; K. Schmidt/Lutter/*Vetter*, Rn 65; differenzierend: *Emmerich*/Habersack, Rn 18.
22 Vgl BGHZ 135, 107, 113 = NJW 1997, 1855.
23 BGH NJW 1994, 446; MüKo-AktG/*Bayer*, Rn 22; *Emmerich*/Habersack, Rn 12 ff; K. Schmidt/Lutter/*Vetter*, Rn 45 f.
24 BGHZ 148, 123, 125; MüKo-AktG/*Bayer*, Rn 22; *Hüffer*, Rn 9; MüHb-AG/*Krieger*, § 68 Rn 8; KölnKomm-AktG/*Koppensteiner*, Rn 47; K. Schmidt/Lutter/*Vetter*, Rn 47; im Erg. auch *Emmerich*/Habersack, Rn 14.
25 MüKo-AktG/*Bayer*, Rn 21; *Hüffer*, Rn 9; *Geßler/Geßler*, Rn 25, 28; KölnKomm-AktG/*Koppensteiner*, Rn 45; *Koppensteiner*, ZHR 131 (1968), 289, 310 f; *Lutter/Timm*, BB 1978, 836, 837.
26 *Hüffer*, Rn 9; KölnKomm-AktG/*Koppensteiner*, Rn 49; K. Schmidt/Lutter/*Vetter*, Rn 43 mwN.
27 MüKo-AktG/*Bayer*, Rn 30 ff; *Hüffer*, Rn 9 a; KölnKomm-AktG/*Koppensteiner*, Rn 68; *Emmerich*/Habersack, Rn 17; MüHb-AG/*Krieger*, § 68 Rn 9; *Ulmer*, NJW 1986, 1579, 1586.
28 *Hüffer*, Rn 10 aE.
29 OLG Dresden WM 2007, 1029, 1030; OLG Köln AG 2002, 89, 90; MüKo-AktG/*Bayer*, Rn 28 mwN; die Unternehmenseigenschaft in diesem Fall stets bejahend *Emmerich*/Habersack, Rn 16.
30 MüKo-AktG/*Bayer*, Rn 27 mwN; die Unternehmenseigenschaft auch hier stets bejahend demgegenüber *Emmerich*/Habersack, Rn 20 a f.
31 Zuerst BGHZ 69, 334, 338 ff = AG 1978, 50; BGHZ 135, 107, 113 = NJW 1997, 1855; ausführlich hierzu *Mühlbert*, ZHR 163 (1999), 1, 13 f; *Hüffer*, Rn 13 mwN; MüKo-AktG/*Bayer*, Rn 38 ff; *Koppensteiner*, ZGR 1979, 91 ff; BAG NZA 2011, 524, 525.
32 BGH NJW 2011, 2719, 2722 Rn 30; *Hüffer*, Rn 13; KölnKomm-AktG/*Koppensteiner*, Rn 73; *Emmerich*/Habersack, Rn 29; *Kiefner/Schürnbrand*, AG 2013, 789 ff (auch zur öffentlich-rechtlichen Zulässigkeit des Abschlusses von Beherrschungsverträgen).

Dies gilt insbesondere auch für Gewerkschaften, Parteien, Religionsgemeinschaften und gemeinnützige Verbände jeder Art.[33]

7a Wegen des Weisungsrechts des Treugebers gemäß §§ 675 Abs. 1 und 665 BGB wird man in vielen Treuhandverhältnissen die Beteiligten als wirtschaftliche Einheit betrachten müssen. Den Beteiligten sind daher die wirtschaftlichen Merkmale der jeweils anderen zuzurechnen, was insbesondere zur Folge haben kann, dass der Treugeber (neben dem oder den Treuhänder[n]) als Unternehmer anzusehen ist.[34]

8 **III. Abhängiges Unternehmen.** Der Begriff des abhängigen Unternehmens ist für das allgemeine Konzernrecht weit zu fassen. Nach dem Unternehmensvertragsrecht der §§ 291 ff können jedenfalls Aktiengesellschaften und Kommanditgesellschaften auf Aktien abhängige Unternehmen sein.[35] Darüber hinaus ist eine am Zweck der jeweiligen Vorschrift orientierte Auslegung zu wählen. Danach können alle rechtlich verselbstständigten Organisationsformen einschließlich Holdinggesellschaften und Rechtsträgern mit ideellem Zweck einbezogen sein. Als betroffenes Unternehmen muss das abhängige Unternehmen keine eigenen unternehmerischen Interessen oder maßgebliche Beteiligungsinteressen über Drittunternehmen verfolgen.[36] Ein abhängiges Unternehmen können daher grundsätzlich jede Personen- oder Kapitalgesellschaft und das einzelkaufmännische Unternehmen (zB bei einer atypisch stillen Beteiligung) sein.[37]

B. Arten der Unternehmensverbindungen

9 Die Vorschrift zählt abschließend **fünf Definitionen** für verbundene Unternehmen auf. Sie nennt rechtlich selbstständige Einzelunternehmen, von denen eines im Mehrheitsbesitz des anderen steht oder ein Unternehmen mit Mehrheit an einem anderen Unternehmen beteiligt ist (§ 16), abhängige und herrschende Unternehmen (§ 17), Konzernunternehmen (§ 18), wechselseitig beteiligte Unternehmen (§ 19) und die Parteien eines Unternehmensvertrages (§ 291 f). Ein Sachverhalt kann auch unter mehrere dieser Verbindungsformen fallen. Die Eingliederung nach §§ 319 ff ist wegen der hierfür notwendigen Beteiligungsverhältnisse unter § 16 zu subsumieren. Für diesen Fall wird zudem gemäß § 18 Abs. 1 S. 2 eine Konzernverbindung unwiderleglich vermutet.

10 Die Unternehmen müssen jeweils „zueinander" verbunden sein. Hierfür genügt auch eine mittelbare Verbindung. Liegen zwischen Mutter-, Tochter- und Enkelunternehmen jeweils Unternehmensverbindungen vor, besteht eine solche Verbindung auch zwischen dem Mutter- und dem Enkelunternehmen. Demgegenüber liegt (außerhalb des Konzerns, § 18 Rn 14) zwischen Schwesterunternehmen, die nur mit einem Mutterunternehmen verbunden sind, keine Verbindung „zueinander" vor.

C. Rechtsfolgen

11 Als bloße Definitionsnorm enthält § 15 keine unmittelbaren Rechtsfolgenbestimmungen. Für Unternehmen, die sich unter diese Bestimmung subsumieren lassen, wird jedoch der Anwendungsbereich anderer aktienrechtlicher Vorschriften eröffnet, die an den Begriff der „verbundenen Unternehmen" anknüpfen. Hierzu zählen insbesondere die §§ 90 Abs. 1 S. 3, 90 Abs. 3 S. 1, 131 Abs. 1 S. 2, 131 Abs. 3 Nr. 1, 145 Abs. 4 S. 2, 400 Abs. 1 Nr. 1 und 2, die bestimmte Verpflichtungen nach diesem Gesetz auch auf verbundene Unternehmen beziehen. Der aktienrechtliche Begriff des verbundenen Unternehmens im Sinne dieses Gesetzes stimmt nicht mit dem gleichen Begriff in § 271 Abs. 2 HGB überein. Bei letzterem kommt es, den europarechtlichen Vorgaben folgend, letztlich darauf an, ob die Voraussetzungen der gemeinsamen Rechnungslegung nach §§ 290 ff HGB vorliegen.[38]

§ 16 In Mehrheitsbesitz stehende Unternehmen und mit Mehrheit beteiligte Unternehmen

(1) Gehört die Mehrheit der Anteile eines rechtlich selbständigen Unternehmens einem anderen Unternehmen oder steht einem anderen Unternehmen die Mehrheit der Stimmrechte zu (Mehrheitsbeteiligung), so

---

33 Vgl MüKo-AktG/*Bayer*, Rn 43; vgl auch KölnKomm-AktG/*Koppensteiner*, Rn 58; *Hüffer*, Rn 13; Hachenburg/*Ulmer*, GmbHG, Anh. § 77, Rn 22.
34 *Emmerich*/Habersack, Rn 19.
35 MüKo-AktG/*Bayer*, Rn 47.
36 MüKo-AktG/*Bayer*, Rn 47.
37 MüKo-AktG/*Bayer*, Rn 48; *Hüffer*, Rn 14; KölnKomm-AktG/*Koppensteiner*, Rn 86; *Emmerich*/Habersack, Rn 24 f; OLG Hamburg NZG 2003, 978, 980.
38 Im Einzelnen str; vgl *Claussen*, Verbundene Unternehmen im Bilanz- und Gesellschaftsrecht, 1992, S. 53 ff, 59 ff.

ist das Unternehmen ein in Mehrheitsbesitz stehendes Unternehmen, das andere Unternehmen ein an ihm mit Mehrheit beteiligtes Unternehmen.

(2) ¹Welcher Teil der Anteile einem Unternehmen gehört, bestimmt sich bei Kapitalgesellschaften nach dem Verhältnis des Gesamtnennbetrags der ihm gehörenden Anteile zum Nennkapital, bei Gesellschaften mit Stückaktien nach der Zahl der Aktien. ²Eigene Anteile sind bei Kapitalgesellschaften vom Nennkapital, bei Gesellschaften mit Stückaktien von der Zahl der Aktien abzusetzen. ³Eigenen Anteilen des Unternehmens stehen Anteile gleich, die einem anderen für Rechnung des Unternehmens gehören.

(3) ¹Welcher Teil der Stimmrechte einem Unternehmen zusteht, bestimmt sich nach dem Verhältnis der Zahl der Stimmrechte, die es aus den ihm gehörenden Anteilen ausüben kann, zur Gesamtzahl aller Stimmrechte. ²Von der Gesamtzahl aller Stimmrechte sind die Stimmrechte aus eigenen Anteilen sowie aus Anteilen, die nach Absatz 2 Satz 3 eigenen Anteilen gleichstehen, abzusetzen.

(4) Als Anteile, die einem Unternehmen gehören, gelten auch die Anteile, die einem von ihm abhängigen Unternehmen oder einem anderen für Rechnung des Unternehmens oder eines von diesem abhängigen Unternehmens gehören und, wenn der Inhaber des Unternehmens ein Einzelkaufmann ist, auch die Anteile, die sonstiges Vermögen des Inhabers sind.

A. Regelungsgegenstand und Zweck	1	2. Eigene oder zurechenbare Anteile	10
B. Mehrheitsbeteiligung (Abs. 1)	3	II. Andere Rechtsformen	11
I. Anteils- oder Stimmmehrheit	3	D. Stimmenmehrheit – Berechnung (Abs. 3)	12
II. Unternehmen und Rechtsform	4	E. Zurechnung (Abs. 4)	16
III. Zuordnung von Anteilen und Stimmrechten	7	F. Rechtsfolgen	18
C. Anteilsmehrheit – Berechnung (Abs. 2)	9		
I. Kapitalgesellschaften	9		
1. Beteiligung am Nennkapital	9		

A. Regelungsgegenstand und Zweck

§ 16 definiert die erste in § 15 genannte Art der Unternehmensverbindung. Danach kann eine Mehrheitsbeteiligung durch mehrheitlichen Anteilsbesitz und/oder Stimmrechtsmehrheit begründet sein. Besondere Bedeutung kommt dabei Abs. 4 zu, der Umgehungen vorbeugen und eine tatsächliche bzw wirtschaftliche Betrachtung bei der Berechnung der Anteile bzw Stimmrechte sicherstellen soll.[1] 1

§ 16 ist gleichzeitig Grundtatbestand für die in § 17 Abs. 2 enthaltene widerlegliche Abhängigkeitsvermutung für in Mehrheitsbesitz stehende Unternehmen, die kaum einen eigenen Anwendungsbereich für die bloße Mehrheitsbeteiligung übrig lässt. § 16 allein ist daher insbesondere bedeutsam bei Kapitalmehrheiten, die zu einem erheblichen Teil aus stimmrechtslosen Vorzugsaktien bestehen oder bei Familiengesellschaften, in denen eine Minderheitsbeteiligung durch vertragliche Beschränkungen oder Verzichte auf Mitverwaltungsrechte der anderen Gesellschafter aufgewertet wird.[2] 2

B. Mehrheitsbeteiligung (Abs. 1)

I. Anteils- oder Stimmenmehrheit. Eine Mehrheitsbeteiligung gemäß Abs. 1 kann durch Anteils- oder Stimmenmehrheit entstehen. Die Anteilsmehrheit ist die Mehrheit der Anteile am Kapital einer Gesellschaft oder am Vermögen eines Unternehmens. Die Stimmenmehrheit ergibt sich aus den Stimmrechten, die bei Abstimmungen in der Haupt- oder Gesellschafterversammlung ausgeübt werden können. Die Stimmrechte folgen in der Regel den Anteilsrechten. Fallen Anteilsmehrheit und Stimmenmehrheit auseinander, können an einem Unternehmen auch zwei Unternehmen mit Mehrheit im Sinne des § 16 beteiligt sein. 3

II. Unternehmen und Rechtsform. Hinsichtlich der Rechtsform der beteiligten Unternehmen gelten grundsätzlich die oben (§ 15 Rn 8 ff) gemachten Ausführungen. Bei Unternehmen, die keine Anteils- oder Stimmenmehrheit kennen, kommt es auf die konkrete Ausgestaltung der gesellschaftsrechtlichen Verhältnisse an. 4

Eine **Anteilsmehrheit** an einem einzelkaufmännischen Unternehmen kann in Form einer atypisch stillen Gesellschaft entstehen.[3] Bei einer atypisch stillen Gesellschaft,[4] bei der über die §§ 231 ff HGB hinausgehende Beteiligungs- und Vermögensrechte vereinbart werden, kann eine für § 16 hinreichende Vermögensverflechtung der Gesellschafter entstehen, wenn der Stille im Innenverhältnis auch am Vermögen des Kaufmanns 5

---

1 RegBegr. *Kropff*, S. 30.
2 RegBegr. *Kropff*, S. 30.
3 *Emmerich*/Habersack, Rn 8; Großkomm-AktR/*Windbichler*, Rn 18; zweifelnd: K. Schmidt/Lutter/*Vetter*, Rn 6.
4 Dazu *K. Schmidt*, GesR, § 62 II 2c.

beteiligt wird.[5] Grundsätzlich ausgeschlossen ist die Anteilsmehrheit auch beim Idealverein und beim VVaG.[6]

6 Die **Stimmenmehrheit** setzt voraus, dass der Unternehmenswille durch Mehrheitsentscheidungen geprägt werden kann. Bei der Stiftung kann es keine Stimmenmehrheit geben, da sie keine mitgliedschaftliche Verfassung hat.[7] Bei Personengesellschaften kann die Stimmenmehrheit insbesondere dann entstehen, wenn – anders als nach dem gesetzlichen Leitbild – nicht nach Kopfteilen (§ 119 Abs. 2 HGB), sondern nach Kapitalanteilen abgestimmt wird. Anteils- und Stimmenmehrheit können auseinander fallen. Maßgeblich ist stets die konkrete gesellschaftsvertragliche Vereinbarung.[8]

7 **III. Zuordnung von Anteilen und Stimmrechten.** Das Merkmal des „Gehörens" setzt die dingliche Inhaberschaft des Anteils voraus. Eine allein schuldrechtlich vermittelte Beteiligung bleibt grundsätzlich unberücksichtigt.[9] Eine nur vorübergehende, dingliche Inhaberschaft des Anteils reicht demgegenüber aus. So gehören im Falle der Wertpapierleihe die Aktien für die Dauer des Wertpapierdarlehens dem Darlehensnehmer.[10] Im Falle einer Kaufoption eines Dritten gehören die Anteile dinglich (noch) dem Veräußerer.[11] Nur unter den Voraussetzungen des Abs. 4 gelten kraft Zurechnung auch solche Anteile als dem Unternehmen gehörend, die dinglich eigentlich einem Dritten gehören (vgl näher unten Rn 16 f). Die Zahl der Stimmrechte, die unabhängig von der Zahl der Anteile einen Mehrheitsbesitz iSv § 16 begründen können, leitet sich nach Abs. 3 aus den jeweiligen Anteilen ab (vgl näher unten Rn 12 ff). Die Stimmrechte stehen daher demjenigen zu, dem der Anteil nach Abs. 1 gehört oder nach Abs. 4 als ihm gehörend zugerechnet wird.

8 Bei **Verpfändung** eines Anteils bleibt der Vollrechtsinhaber stimmberechtigter Anteilsinhaber (§ 1277 BGB). Auch beim **Nießbrauch** behält der Besteller seinen Status als Rechtsinhaber. Wird der Nießbrauch nur nach den gesetzlichen Bestimmungen (Nutzungen des Anteils, §§ 1086 Abs. 2, 1030 Abs. 1, 100 BGB) bestellt, verbleibt dem Bestellenden auch das Stimmrecht.[12] Umstritten ist, ob der Nießbrauch in der Weise bestellt werden kann, dass er zu einer Übertragung des Stimmrechts auf den Nießbraucher führt.[13] Nur wenn ein derartiger mitgliedschaftsspaltender Nießbrauch überhaupt möglich wäre,[14] könnte daran gedacht werden, die Anteile dem Besteller und die Stimmrechte separat dem Nießbraucher zuzuordnen.[15] Ungeachtet aller schuldrechtlichen Bindungen ist bei der **Treuhand** (wie auch bei der SÜ) der Treuhänder (Sicherungsnehmer) rechtlicher Anteilsinhaber und als solcher auch allein stimmberechtigt.[16] Der Treugeber als wirtschaftlicher Eigentümer kann jedoch kraft Zurechnung nach Abs. 4 ebenfalls als Inhaber der Stimmrechte zu behandeln sein, mit der Folge, dass es mehrere Mehrheitsbeteiligte gibt.

C. Anteilsmehrheit – Berechnung (Abs. 2)

9 **I. Kapitalgesellschaften. 1. Beteiligung am Nennkapital.** Bei Gesellschaften mit Nennbetragsaktien kommt es auf das Verhältnis des Gesamtbetrags der gehaltenen Aktien zum Grundkapital der Gesellschaft an. Bei Stückaktien entscheidet das Verhältnis der gehaltenen Aktien zur Gesamtanzahl der ausgegebenen Aktien. Für die GmbH ist auf das Verhältnis von gehaltener Stammeinlage zu satzungsmäßigem Stammkapital abzustellen. Im Fall der Einziehung von Geschäftsanteilen (§ 34 GmbHG) ohne Satzungsanpassung kommt es auf die dann tatsächlich bestehenden Beteiligungsquoten an. Unerheblich ist, in welcher Höhe das Nennkapital eingezahlt ist. Genehmigtes oder bedingtes Kapital wird allerdings erst nach der Eintragung der Kapitalerhöhung in das Handelsregister berücksichtigt.[17] Unberücksichtigt bleiben bloße Gewinnbeteiligungen oder Bezugsrechte vor Ausübung.[18] Es kommt allein auf die jeweils aktuelle Beteiligung am Nennkapital an.

10 **2. Eigene oder zurechenbare Anteile.** Eigene Anteile der Kapitalgesellschaft werden vor der Berechnung vom Grund- bzw Stammkapital abgezogen (Abs. 2 S. 2). Das Gleiche gilt für Anteile, die etwa durch ein Treuhandverhältnis formal von Dritten, aber für Rechnung der Kapitalgesellschaft gehalten werden (Abs. 2

---

5 MüKo-AktG/*Bayer*, Rn 18; KölnKomm-AktG/*Koppensteiner*, Rn 16; ablehnend: Großkomm-AktienR/*Windbichler*, Rn 18, die diesen Fall durch § 17 Abs. 1 erfasst sieht.
6 MüKo-AktG/*Bayer*, Rn 17 f.
7 MüKo-AktG/*Bayer*, Rn 19.
8 Großkomm-AktienR/*Windbichler*, Rn 45.
9 Großkomm-AktienR/*Windbichler*, Rn 38; K. Schmidt/Lutter/*Vetter*, Rn 5 f unter Verweis auf die einzige Ausnahme der atypisch stillen Beteiligung.
10 Vgl BGHZ 180, 154 ff; dem Darlehensgeber sind die entliehenen Aktien in der Regel auch nicht gemäß § 16 Abs. 4 zuzurechnen, vgl Sieger/*Hasselbach*, WM 2004, 1370 ff.
11 K. Schmidt/Lutter/*Vetter*, Rn 30; *Emmerich*/Habersack, Rn 18 a.
12 BGH NJW 1999, 571, 572.
13 Dagegen OLG Koblenz NJW 1992, 2163, 2164 unter Umdeutung in eine widerrufliche Stimmrechtsvollmacht; vgl auch *K. Schmidt*, ZGR 1999, S. 601, 606 ff mit Gestaltungsvorschlägen; offen gelassen bei: BGH NJW 1999, 571, 572; Großkomm-AktienR/*Windbichler*, Rn 42; *Emmerich*/Habersack, Rn 14; dafür: MüKo-AktG/*Bayer*, Rn 28.
14 *K. Schmidt*, ZGR 1999, 601, 604 verweist demgegenüber auf die Nießbrauchstreuhand.
15 *Emmerich*/Habersack, Rn 14.
16 BGHZ 104, 66, 74; MüKo-AktG/*Bayer*, Rn 25 mwN.
17 MüKo-AktG/*Bayer*, Rn 30; *Emmerich*/Habersack, Rn 10.
18 Großkomm-AktienR/*Windbichler*, Rn 11; MüKo-AktG/*Bayer*, Rn 30; *Emmerich*/Habersack, Rn 18 a.

S. 3). Dem Wortlaut nach können jedoch Anteile, die von einem abhängigen Unternehmen oder von einem Dritten für Rechnung eines Unternehmens gehalten werden, bei der Berechnung der Bezugsgröße nicht abgezogen werden.[19] Die Mehrheit wird daher erst bei einer höheren Beteiligung Dritter erreicht, wenn Anteile der Gesellschaft nicht von ihr selbst gehalten werden, sondern bei einer abhängigen Gesellschaft „geparkt" sind.

II. Andere Rechtsformen. Die eben genannten Grundsätze gelten sinngemäß auch für die anderen Unternehmensformen. Bei Personengesellschaften kommt es dabei auf das Verhältnis der Kapitalkonten an, wenn der Gesellschaftsvertrag eine Abstimmung nach Kapitalanteilen vorsieht. Sind diese nach dem Gesellschaftsvertrag veränderlich, ist auf den Bilanzstichtag abzustellen.[20] Das Problem des Haltens eigener Anteile stellt sich hier nicht.

D. Stimmenmehrheit – Berechnung (Abs. 3)

Die Berechnungsvorschrift hat die Aktiengesellschaft zum Vorbild, die auch früher Mehrstimmrechte nur in Ausnahmefällen zuließ. Maßgeblich ist die Zahl der dem beteiligten Unternehmen aus seinen Anteilen zustehenden Stimmrechte. Diese Zahl ist in das Verhältnis zur Gesamtzahl aller Stimmrechte (Abs. 3 S. 1) zu setzen. Bei der Ermittlung der Bezugsgröße (Gesamtzahl der vorhandenen Stimmrechte) sind Stimmrechte aus eigenen Anteilen und Anteilen, die diesen Anteilen nach Abs. 2 S. 3 gleichstehen, abzuziehen, Abs. 3 S. 2. Nicht abzuziehen sind auch hier Stimmrechte aus Anteilen, die von einem abhängigen Unternehmen oder von einem Dritten für dessen Rechnung gehalten werden. Zu berücksichtigen sind außerdem Stimmrechte aus den nach Abs. 4 zuzurechnenden Anteilen.[21]

Es kommt nicht darauf an, ob das Stimmrecht bereits begonnen hat (vgl § 134 Abs. 2). Bei der Ermittlung der einem beteiligten Unternehmen zustehenden Stimmrechte (nicht: der Gesamtzahl aller Stimmrechte) bleiben aber solche Stimmrechte, die einem gesetzlichen (§ 20 Abs. 7, 134 Abs. 1 S. 2; § 28 WpHG) oder satzungsmäßigen Ausübungsverbot unterliegen, außer Ansatz, da der Anteilsinhaber sie nicht nutzen kann.[22] Eine bloße Stimmrechtsvollmacht, § 134 Abs. 3 und das Depotstimmrecht, § 135 führen nicht zu einer Erhöhung der zurechenbaren Stimmrechte beim Stimmberechtigten, weil der Berechtigte nicht gleichzeitig der Rechtsträger der Anteile ist.[23] Umstritten ist, ob dem als Legitimationsaktionär (§ 129 Abs. 3) eingetragenen Registeraktionär die Stimmen zustehen oder nur/auch dem wahren Aktionär.[24]

Umstritten ist, wie die Wahrnehmung von Stimmrechten auf der Grundlage von Stimmbindungs-, Pool-, Konsortial- und anderen Schuldverträgen einzuordnen ist, wenn nicht bereits eine Zurechnung der Anteile über Abs. 2 S. 3 erfolgen kann. Die wohl immer noch überwiegende Auffassung lehnt eine Einbeziehung in die Stimmrechte der beteiligten Unternehmen ab.[25] Gegen eine Einbeziehung spricht, dass die ausgeübten Stimmrechte nicht aus Anteilen stammen, die dem Ausübenden selbst dinglich gehören oder ihm zuzurechnen sind. Richtiger Ansicht nach ist zu differenzieren. Auch Stimmbindungsverträge über Aktienstimmrechte sollten in entsprechender Anwendung von Abs. 4 jedenfalls dann Berücksichtigung finden, wenn die schuldrechtliche Stimmbindung eine mit der Stimmenmehrheit vergleichbare wirtschaftliche Einflussmöglichkeit gewährt. Dagegen sollten Stimmrechtsvollmachten wegen ihrer jederzeitigen Widerruflichkeit anders behandelt werden. Diese können daher keine Mehrheitsbeteiligung begründen.[26]

Die GmbH kennt das Verbot der Mehrstimmrechte nicht. Hier kommt es daher abweichend von Abs. 3 auf die statutarische Stimmrechtsverteilung an. Auch für Personengesellschaften und andere Unternehmen richtet sich das einem Anteil zukommende Stimmrecht nach den Bestimmungen des jeweiligen Gesellschaftsvertrags.

E. Zurechnung (Abs. 4)

Nach Abs. 4 muss sich ein Unternehmen bei der Ermittlung der Anteils- und der Stimmrechtsmehrheit Anteile zurechnen lassen, die formal einem Dritten gehören. Die Regelung setzt die Eigenschaft ihres Adressaten als Unternehmen voraus, vermag sie jedoch nicht zu begründen.[27] Sinn der Vorschrift ist es, der Umgehung des Abs. 1 durch Auslagerung der Anteile auf Dritte vorzubeugen und eine eigenständige Unterneh-

---

19 Kritisch KölnKomm-AktG/*Koppensteiner*, Rn 25; für Änderung des Gesetzes MüKo-AktG/*Bayer*, Rn 34.
20 KölnKomm-AktG/*Koppensteiner*, Rn 14; MüKo-AktG/*Bayer*, Rn 35.
21 *Emmerich*/Habersack, Rn 23.
22 *Hüffer*, Rn 11 mwN; ablehnend *Emmerich*/Habersack, Rn 24 und K. Schmidt/Lutter/*Vetter*, Rn 20 bzgl individueller Stimmrechtsausschlüsse wegen Verletzung von Mitteilungspflichten.
23 *Emmerich*/Habersack, Rn 25.
24 Vgl für § 21 WpHG OLG Köln NZG 2012, 946, 948 (n. rkr., Revision beim BGH, Az II ZR 209/12).
25 Meinungsstand in: K. Schmidt/Lutter/*Vetter*, Rn 29; zur Gegenansicht: MüKo-AktG/*Bayer*, Rn 48.
26 *Emmerich*/Habersack, Rn 25.
27 BGHZ 148, 123, 126 f.

mensverbindung zu definieren, auf die die Vermutung des § 17 Abs. 2 gestützt werden kann.[28] Die Ermittlung der Mehrheitsbeteiligung soll nach Sinn und Zweck der Regelung des Abs. 4 einer wirtschaftlichen Betrachtung folgen. Die Mehrheitsbeteiligung kann sich auch allein durch Zurechnung ergeben.[29] Die zugerechneten Anteile und die daraus folgenden Stimmrechte sind sowohl bei dem Unternehmen, von dem sie rechtlich gehalten werden, als auch bei dem Unternehmen, dem sie zugerechnet werden, mitzuberechnen.[30]

17 Als einem Unternehmen gehörend gelten nach Abs. 4 Alt. 1 Anteile, die ein von ihm nach § 17 abhängiges Unternehmen hält. Von der Zurechnung werden alle Anteile erfasst, die dem abhängigen Unternehmen gehören; also nicht nur der Teil der Anteile, welcher der verhältnismäßigen Beteiligung des herrschenden Unternehmens an dem abhängigen Unternehmen entspricht.[31] Zuzurechnen sind nach Abs. 4 Alt. 2 ferner die Anteile, die ein anderer oder ein von diesem abhängiges (§ 17) Unternehmen „für Rechnung" des Unternehmens hält. „Für Rechnung" bedeutet, dass dem Unternehmen auf der Grundlage der jeweiligen Rechtsbeziehung (insbesondere Auftrags- oder Treuhandverträge) die wesentlichen wirtschaftlichen Risiken und Chancen der Beteiligung (Anschaffungskosten, Wert- und Dividendenrisiken) zufallen, während der formale Anteilsinhaber für seine Tätigkeit nur Aufwendungsersatz beanspruchen kann.[32] Schließlich ist bei der Ermittlung der Beteiligungshöhe von Unternehmen, deren Inhaber ein Einzelkaufmann ist, gemäß Abs. 4 Alt. 3 nicht zwischen Betriebs- und Privatvermögen zu unterscheiden. Die Folge ist, dass unterschiedslos alle vom Inhaber gehaltenen Anteile als dem Unternehmen gehörend zuzurechnen sind.

F. Rechtsfolgen

18 Neben den für alle verbundenen Unternehmen geltenden Vorschriften (vgl oben § 15 Rn 19) ist § 16 vor allem im Bereich des Kapitalsschutzes von Bedeutung. Die Mehrheitsbeteiligung bzw der Mehrheitsbesitz ist für die Anwendbarkeit folgender Vorschriften vorausgesetzt: §§ 56 Abs. 2, Abs. 3, 71 d S. 2, 160 Abs. 1 Nr. 1, 2, 8, 305 Abs. 2 Nr. 1, 2. Aus der Mehrheitsbeteiligung entstehen außerdem Mitteilungspflichten gemäß §§ 20 Abs. 4, Abs. 5; 21 Abs. 2, Abs. 3 und Nachweispflichten nach § 22. Zudem begründet der Mehrheitsbesitz die Abhängigkeitsvermutung des § 17 Abs. 2, welche wiederum Grundlage der Konzernvermutung nach § 18 Abs. 1 S. 3 ist. Eine Verweisung auf § 16 enthält § 271 Abs. 1 S. 4 HGB.

§ 17 Abhängige und herrschende Unternehmen

(1) Abhängige Unternehmen sind rechtlich selbständige Unternehmen, auf die ein anderes Unternehmen (herrschendes Unternehmen) unmittelbar oder mittelbar einen beherrschenden Einfluß ausüben kann.

(2) Von einem in Mehrheitsbesitz stehenden Unternehmen wird vermutet, daß es von dem an ihm mit Mehrheit beteiligten Unternehmen abhängig ist.

A. Regelungsgegenstand und Zweck 1	II. Faktische Mehrmütterherrschaft 13a
B. Begriff der Abhängigkeit (Abs. 1) 2	III. Vertragliche Mehrmütterherrschaft 13b
I. Grundsatz 2	D. Abhängigkeitsvermutung (Abs. 2) 14
II. Möglichkeit beherrschenden Einflusses 5	I. Vermutung 14
III. Beherrschungsmittel 9	II. Widerlegung 17
1. Einflussmöglichkeiten kraft Beteiligung.... 9	1. Grundsatz 17
2. Einflussmöglichkeiten kraft Organisationsvertrag 11	2. Taugliche Widerlegungsmittel 19
3. Sonstige Einflussmöglichkeiten 12	3. Widerlegung bei mehrstufiger Abhängigkeit 21
C. Mehrmütterherrschaft 13	E. Rechtsfolgen 22
I. Vorkommen 13	

A. Regelungsgegenstand und Zweck

1 § 17 definiert die zweite in § 15 genannte Art von Unternehmensverbindungen und schafft damit gleichzeitig die Grundlage für die in § 18 Abs. 1 S. 3 enthaltene widerlegliche Konzernvermutung. § 17 kann als Zentralnorm des allgemeinen Konzernrechts gelten, da nahezu alle konzernrechtlichen Schutz- und Organi-

---

28 *Hüffer*, Rn 1.
29 OLG Hamm AG 1998, 588; Großkomm-AktienR/*Windbichler*, Rn 28.
30 LG Berlin AG 1998, 195, 196; MüKo-AktG/*Bayer*, Rn 45; KölnKomm-AktG/*Koppensteiner*, Rn 35 f.
31 OLG Hamburg NZG 2003, 978, 979 f; LG Stuttgart DB 2005, 327.
32 Dazu allgemein: *Vedder*, Zum Begriff "für Rechnung" im AktG und im WpHG, 1999, S. 145 ff.

sationsregelungen an den Begriff der Abhängigkeit anknüpfen.[1] Das hat zu der Frage geführt, ob für die an § 18 anknüpfenden Rechtsfolgen von unterschiedlichen Abhängigkeitsbegriffen auszugehen ist.[2] Die ganz hM geht richtigerweise von einem einheitlichen Abhängigkeitsbegriff aus, dessen Regelungsschwerpunkt in den §§ 311 ff liegt und somit va deren Schutzanliegen zur Geltung bringen muss.[3]

B. Begriff der Abhängigkeit (Abs. 1)

I. Grundsatz. Grundsätzlich hat sich die Auslegung am Normzweck der §§ 311 ff zu orientieren, die den Regelungsschwerpunkt für abhängige Unternehmen bilden. Bei der Auslegung des Begriffes sind im Einzelfall die teleologischen Besonderheiten der jeweils betrachteten Vorschrift zu berücksichtigen.

Abhängigkeit liegt vor, wenn ein rechtlich selbstständiges Unternehmen aus seiner **Perspektive** dem beherrschenden Einfluss eines anderen Unternehmens ausgesetzt ist. **Die schlichte Möglichkeit der Einflussnahme genügt.** Ausreichend ist auch die Möglichkeit der nur mittelbaren Einflussnahme über ein beherrschendes Zwischenunternehmen.

Die Möglichkeit der Einflussnahme muss **gesellschaftsrechtlich vermittelt** sein.[4] Bloße geschäftliche (marktgesteuerte) Austauschbeziehungen (Liefer-, Lizenz- oder Kreditverträge) – selbst wenn sie existenzwichtig sind – können im Einzelfall nur dann Bedeutung erlangen, wenn sich ein ohnehin schon bestehender gesellschaftsrechtlicher Einfluss durch ihr Hinzutreten zu einem beherrschenden Einfluss verstärkt.[5]

II. Möglichkeit beherrschenden Einflusses. Der Begriff des herrschenden Einflusses lässt sich der Vermutung des Abs. 2 entnehmen. Da bei Mehrheitsbesitz (§ 16) ein beherrschender Einfluss vermutet wird, ist die Einflussmöglichkeit dann als beherrschend anzusehen, wenn sie das (rechtsformspezifische) **Potential einer typischen Mehrheitsbeteiligung** hat.[6] Entscheidend ist die materielle Beherrschungsmöglichkeit. Der formelle Beherrschungsbegriff des § 29 Abs. 2 WpÜG ist an den spezifischen Zwecken des WpÜG ausgerichtet und findet vorliegend keine Anwendung.[7] Für die Rechtsform der AG kommt es daher in erster Linie auf die **mittelbaren Möglichkeiten** des Mehrheitsaktionärs zur Beeinflussung der Geschäftspolitik der AG an. Zwar ist der Vorstand an Weisungen des Mehrheitsaktionärs nicht gebunden (§§ 76, 93 AktG). Über die Wahl in seinem Lager stehender Aufsichtsratsmitglieder kann der Mehrheitsaktionär aber maßgeblichen Einfluss auf die (Wieder-)Bestellung der Vorstandsmitglieder nehmen. Angesichts dieser mittelbaren Bestellungskompetenz, der Mitwirkungs- und Prüfungspflichten des Aufsichtsrats sowie auch schlicht der kapitalmäßigen Beteiligung des Mehrheitsaktionärs wird der Vorstand im Rahmen seiner aktienrechtlichen Pflichten in der Regel die Vorstellungen des Mehrheitsaktionärs mit berücksichtigen. Neben bzw zusätzlich zu den genannten Bestellungskompetenzen kommen nach der Vorstellung des Gesetzgebers aber auch andere Möglichkeiten der Ausübung beherrschenden Einflusses in Betracht (insbesondere personelle Verflechtungen). Dies ergibt sich schon daraus, dass die Abhängigkeitsvermutung des Abs. 2 auch im Falle einer reinen Anteilsmehrheit (ohne Stimmenmehrheit) eingreift.[8]

Ein Fall der unmittelbaren Abhängigkeit liegt vor, wenn das herrschende Unternehmen aus eigener Macht Einfluss ausüben kann. Dem steht die mittelbare Abhängigkeit gleich, sofern die Möglichkeit der Einflussnahme über Dritte durch Stimmbindungsverträge, Treuhandabreden etc. vertraglich abgesichert ist.[9] Der Dritte braucht kein Unternehmen zu sein.[10]

Die tatsächliche Ausübung des Einflusses ist nicht erforderlich, es genügt, dass die **Möglichkeit zur Ausübung** beherrschenden Einflusses objektiv besteht.[11] Damit sind einseitige Erklärungen des herrschenden Unternehmens, seinen Einfluss nicht ausüben zu wollen, grundsätzlich unbeachtlich.[12]

Die Möglichkeit zur Ausübung des Einflusses muss nicht von einer bestimmten zeitlichen Dauer sein. Sie muss nur beständig, dh verlässlich sein. Auch dürfen die Einflussmöglichkeiten nicht nur punktueller Natur sein, sondern müssen eine bestimmte Breite (zumindest Einflussmöglichkeit auf wesentliche unternehmerische Führungsfunktionen) erreichen.[13]

III. Beherrschungsmittel. 1. Einflussmöglichkeiten kraft Beteiligung. Die Einflussmöglichkeit im Sinne des § 17 muss gesellschaftsrechtlich bedingt oder vermittelt sein.[14] Zwar greift die Vermutung des Abs. 2 erst bei absoluter Anteils- oder Stimmenmehrheit (Mehrheitsbesitz iSv § 16), doch genügt für eine Abhängigkeit

---

1 Emmerich/Habersack, Rn 2; Hüffer, Rn 1.
2 Vgl Hüffer, Rn 2 mwN; MüKo-AktG/Bayer, Rn 4; Großkomm-AktienR/Windbichler, Rn 9; offen gelassen, aber wohl in diese Richtung gehend BGHZ 90, 381, 394 ff.
3 Hüffer, Rn 2 mwN.
4 BGHZ 90, 381, 395 f; OLG Frankfurt am Main NZG 2004, 419, 420.
5 BGHZ 90, 381, 397; Großkomm-AktienR/Windbichler, Rn 13.
6 Hüffer, Rn 5.
7 BGH AG 2012, 368.
8 Emmerich/Habersack, Rn 5 ff mwN.
9 OLG Schleswig BeckRS 2010, 29118 mwN.
10 Emmerich/Habersack, Rn 26.
11 RGZ 167, 40, 49.
12 Großkomm-AktienR/Windbichler, Rn 19.
13 BGHZ 148, 123, 125; Hüffer, Rn 7; vgl auch OLG Schleswig BeckRS 2010, 29118.
14 BGHZ 90, 381, 395; BGH NJW 1993, 2114, 2115.

im Sinne von Abs. 1 bereits eine Minderheitsbeteiligung, wenn sie aufgrund der Aktionärsstruktur und der regelmäßigen tatsächlichen Hauptversammlungspräsenz in der Praxis wie eine Mehrheit im oben (Rn 5) beschriebenen Sinne wirkt.[15] Bei einer Hauptversammlungspräsenz von 83 % haben die Gerichte eine Mehrheit von 25,6 % genügen lassen, da der Aktionär an einem weiteren Großaktionär, der 24 % hielt, mit 50 % beteiligt war und dessen Stimmabgabe verhindern konnte.[16] Das Auftreten mehrerer Aktionäre als geschlossene Einheit kann ebenfalls die Abhängigkeit begründen, wenn dies auf einer ausreichend sicheren Grundlage (etwa einem Treuhand- oder Stimmbindungsvertrag) geschieht,[17] aus der sich ein Rechtsanspruch auf ein bestimmtes Stimmverhalten ergibt.[18] Die Minderheit kann auch dann wie eine Mehrheit wirken, wenn weitere Beherrschungsmittel (etwa Personenidentität auf Geschäftsführungsebene) hinzutreten.[19] Die bloße familiäre Verbundenheit mehrerer Gesellschafter genügt jedoch nicht.[20] Ob ein bestehender gesellschaftsinterner Einfluss durch außergesellschaftsrechtliche Druckmittel (etwa wirtschaftliche Abhängigkeiten) zu einem beherrschenden Einfluss verstärkt werden kann, dürfte von der Höhe des Drucks abhängen, der tatsächlich ausgeübt werden kann.[21] Es kommt darauf an, ob die Beherrschungsmittel in ihrer Gesamtwirkung geeignet sind, wie eine Mehrheitsbeteiligung auf Personal- und Sachentscheidungen des abhängigen Unternehmens einwirken zu können.[22] Gleiches gilt auch im Falle von Erwerbsrechten an Anteilen der Gesellschaft. Nach zutreffender Auffassung folgt allein aus deren Bestehen noch keine Abhängigkeit der Gesellschaft vom Erwerbsberechtigten.[23]

10 Auch eine Sperrminorität wirkt allein noch nicht abhängigkeitsbegründend, wenn sie nur blockierend, aber nicht gestaltend eingesetzt werden kann.[24] Das Depotstimmrecht begründet grundsätzlich keinen beherrschenden Einfluss, weil die Vollmacht jederzeit widerrufen werden kann und das Kreditinstitut gemäß § 135 an die Weisungen des Vollmachtgebers, die Vorschläge der Verwaltung der Gesellschaft bzw die Vorgaben für eigene Abstimmungsvorschläge gebunden ist (§ 135 Abs. 2 S. 2, Abs. 5).[25] Die Arbeitnehmermitbestimmung führt weder nach dem MitbestG noch nach dem MontanMitbestG[26] zu einem Abhängigkeitstatbestand, da sich die Anteilseigner durch die Zweitstimme des AR-Vorsitzenden besonders in Personalfragen stets durchsetzen können.

11 **2. Einflussmöglichkeiten kraft Organisationsvertrag.** Gleich ob nach § 291 ein Beherrschungs-, ein Gewinnabführungsvertrag oder eine Kombination beider Verträge vorliegt, in allen Fällen entsteht aufgrund ihres organisationsrechtlichen Charakters ein beherrschender Einfluss des begünstigten Unternehmens.[27] Dies ist zwar für den isolierten Gewinnabführungsvertrag bestritten, aber zu bejahen, weil anders als bei sonstigen (schuldrechtlichen) Unternehmensverträgen iSd § 292 durch die finanzielle Integration massiv in die Organisation der abhängigen Gesellschaft und ihre Interessenausrichtung eingegriffen wird.[28] Demgegenüber haben die anderen Unternehmensverträge nach § 292 keinen organisationsrechtlichen, sondern schuldrechtlichen Charakter. Durch rein schuldrechtliche Verträge entstehen regelmäßig nur externe Pflichten, die grundsätzlich keine Abhängigkeit begründen können. Allerdings können diese Verträge und die darin enthaltenen Nebenabreden eine daneben bestehende Minderheitsbeteiligung wie eine Mehrheitsbeteiligung wirken lassen.[29]

12 **3. Sonstige Einflussmöglichkeiten.** Unter der eingangs (Rn 9) genannten Voraussetzung, dass die Einflussmöglichkeit (zumindest auch) gesellschaftsrechtlich bedingt oder vermittelt sein muss, ist der maßgebliche Einfluss auf die personelle Besetzung der Geschäftsführung bei der GmbH bzw dem Aufsichtsrat der AG ausreichend und in der Regel Folge der Mehrheitsbeteiligung. Das Besetzungsrecht macht ein einflusskonformes Verhalten der Organmitglieder wahrscheinlich,[30] weil diese an ihrer Wiederwahl- bzw -bestellung interessiert sind. Es reicht auch aus, dass das herrschende Unternehmen auf andere, zumindest *auch* gesellschaftsrechtlich begründete Weise in der Lage ist, die Geschäftspolitik und wesentliche Managementvorgänge eines Unternehmens zu bestimmen. Die rein tatsächliche Einflussmöglichkeit muss zumindest die

---

15 BGHZ 69, 334, 347; BGHZ 135, 107, 114 f; *Hüffer*, Rn 9; *Emmerich*/Habersack, Rn 19; kritisch *Mertens*, AG 1996, 241, 245.
16 OLG Karlsruhe NZG 2004, 334 = AG 2004, 147, 148 (Brauund Brunnen AG); KG AG 2005, 398, 399.
17 BGHZ 80, 69, 73; K. Schmidt/Lutter/*Vetter*, Rn 23 ff; BGH AG 2013, 262 (zu den Voraussetzungen einer Treuhandabrede).
18 OLG Düsseldorf AG 2003, 688, 689; MüKo-AktG/*Bayer*, Rn 37.
19 Beispiele bei Großkomm-AktienR/*Windbichler*, Rn 43 ff.
20 BGHZ 77, 94, 106; BGH NJW 1993, 2114, 2115.
21 BGHZ 90, 381, 395; OLG Düsseldorf AG 2003, 688, 690.
22 OLG Düsseldorf AG 2003, 688, 689; OLG Schleswig BeckRS 2010, 29118.
23 *Hüffer*, Rn 9 mwN; iE auch OLG Schleswig BeckRS 2010, 29118; aA MüKo-AktG/*Bayer*, Rn 51 ff.
24 OLG Frankfurt am Main NZG 2004, 419, 420; MüKo-AktG/*Bayer*, Rn 42.
25 OLG Düsseldorf AG 2003, 688, 689; differenzierend MüKo-AktG/*Bayer*, Rn 43.
26 BAG NJW 1970, 1766.
27 *Hüffer*, Rn 12; *Emmerich*/Habersack, Rn 22; aA MüKo-AktG/*Bayer*, Rn 65.
28 Bejahend: *Hüffer*, Rn 12; ablehnend unter Hinweis auf § 302 AktG: MüKo-AktG/*Bayer*, Rn 65.
29 BGHZ 90, 381, 397; KölnKomm-AktG/*Koppensteiner*, Rn 54 f, 68.
30 KölnKomm-AktG/*Koppensteiner*, Rn 62; OLG Saarbrücken v. 4.7.2013 – 4 U 4/13, Rn 36 ff.

wichtigsten Geschäftsbereiche umfassen.³¹ Personenidentität der Vorstände erlaubt eine Interessenkoordination auch ohne vertragliche Vereinbarung.³²

C. Mehrmütterherrschaft

I. Vorkommen. Ein Unternehmen kann im Mehrheitsbesitz mehrerer anderer Unternehmen stehen.³³ In diesem Fall gilt die Abhängigkeitsvermutung nach hM für jedes dieser Unternehmen.
Abhängigkeit liegt dann vor, wenn mehrere Unternehmen, die jeweils allein keine Beherrschungsmacht haben, ihre Einflussnahmemöglichkeiten bündeln und koordinieren, um gemeinschaftlich beherrschenden Einfluss auf ein abhängiges Unternehmen auszuüben. Die Abhängigkeit kann faktischer oder vertraglicher Art sein. Nach hM ist bei Mehrmütterherrschaft das abhängige Unternehmen als von jedem der gemeinschaftlich herrschenden Unternehmen abhängig anzusehen.³⁴ Diese Annahme ist undifferenziert.³⁵ Ob § 17 auf jedes der gemeinschaftlich herrschenden Unternehmen anzuwenden ist, ist von den an den Abhängigkeitstatbestand anknüpfenden Rechtsfolgen her, also teleologisch zu bestimmen.³⁶

II. Faktische Mehrmütterherrschaft. Bündeln mehrere Unternehmen ihre Anteils- und/oder Stimmrechte in der Weise, dass sie hierdurch zusammen eine Mehrheitsbeteiligung im Sinne von § 16 erreichen, kann ein Fall faktischer Beherrschung durch mehrere Unternehmen vorliegen. Mehrmütterherrschaft entsteht aber nicht allein durch Addition von Anteilen oder Stimmrechten, sondern setzt den **koordinierten Einsatz** der durch Zusammenrechnung entstehenden Mehrheitsbeteiligung voraus. Empirisch nachweisbares einvernehmliches Stimmverhalten genügt nicht, auch wenn dies über einen längeren Zeitraum zu beobachten ist. Die Bündelung der Einflussnahmemöglichkeiten kann sich aber über die Vereinbarung eines Gleichordnungskonzerns oder über sonstige vertragliche Verpflichtungen zu einheitlichem Leitungsverhalten, insbesondere durch Gesellschafter-, Pool- und Konsortialverträge, sowie auch über einen dauerhaften Interessengleichlauf ergeben.³⁷ Entscheidend sind jeweils die Umstände des Einzelfalls. Bei paritätischen Gemeinschaftsunternehmen und einem bloßen faktischen Einigungszwang bei der Unternehmensleitung liegt regelmäßig keine Abhängigkeit vor.³⁸ Aus dem maßgeblichen Blickwinkel des Gemeinschaftsunternehmens kann hier gerade keines der beteiligten Unternehmen einen beherrschenden Einfluss ausüben. Insbesondere entsteht durch die Einschaltung einer Zwischenholding und die bloße Verlagerung der unkoordinierten Stimmabgabe in dieser Zwischenholding keine Abhängigkeit zu den beteiligten Unternehmen, sondern allenfalls die Zwischenholding, sofern dies als Unternehmen iSd § 15 zu qualifizieren ist.

III. Vertragliche Mehrmütterherrschaft. Vertragliche Mehrmütterschaft kommt nahezu ausschließlich in Form des **Mehrmütterbeherrschungs-** oder **Mehrmütterorganschaftsvertrages** vor. In diesen Fällen ist die vertragliche Koordination der Mutterunternehmen Wirksamkeitsvoraussetzung.³⁹ Zweckmäßigerweise schließt die abhängige Gesellschaft auch einen Beherrschungs- oder Organschaftsvertrag mit der Gesellschaft bürgerlichen Rechts ab, die die beherrschenden Unternehmen zum Zweck gemeinschaftlicher Beherrschung gründen.⁴⁰ Nach Anerkennung der Rechtsfähigkeit der GbR⁴¹ kann diese primär berechtigte und verpflichtete Vertragspartnerin des Beherrschungs- und Organschaftsvertrages sein. Ihre Gesellschafter haften für alle aus dem Vertrag resultierenden Verpflichtungen analog § 128 HGB gesamtschuldnerisch und akzessorisch auf Erfüllung.
Unabhängig von der gesellschaftsrechtlichen Frage, wer Vertragspartner eines Mehrmütterunternehmensvertrages oder rechtliches Zurechnungssubjekt gebündelter Einflussnahmemöglichkeiten ist, muss jeweils im Einzelfall entschieden werden, ob die Rechtsfolgen, die an die §§ 17 und 18 anknüpfen, für alle Vertragspartner gelten sollen, die das abhängige Unternehmen gemeinschaftlich beherrschen.⁴²

---

31 OLG Düsseldorf AG 1994, 36, 37.
32 BAG NJW 1996, 1691.
33 Großkomm-AktienR/*Windbichler*, § 16 Rn 3 und 17 Rn 59 mwN.
34 MüKo-AktG/*Bayer*, Rn 83; *Hüffer*, Rn 13; BGHZ 62, 193, 196 = NJW 1974, 855; OLG Karlsruhe DB 1972, 1572, 1573; OLG Hamm AG 2001, 146, 147; *Emmerich/Habersack*, Rn 32; BGH AG 2000, 181 f; BAG AG 2005, 533, 535.
35 MüKo-AktG/*Altmeppen*, § 291 Rn 112 ff mwN; Großkomm-AktienR/*Windbichler*, Rn 66 f.
36 Ähnlich: Großkomm-AktienR/*Windbichler*, Rn 66 f; differenzierend wohl auch OLG Hamm ZIP 2000, 2301, 2305.
37 Großkomm-AktienR/*Windbichler*, Rn 61 f; BGHZ 62, 193, 199 = NJW 1974, 855; für eine modifizierte Anwendung der kapitalmarktrechtlichen Regelungen zum *acting in concert*: K. Schmidt/Lutter/*Vetter*, Rn 26 ff.
38 OLG Hamm AG 1989, 588; anders BAG AG 2005, 533, 536 im Hinblick auf § 54 BetrVG.
39 Vgl *Hüffer*, § 291 Rn 16; MüKo-AktG/*Altmeppen*, § 291 Rn 106 ff.
40 MüVhb-GesR/*Hoffmann-Becking*, X. 6 Anm. 1, X. 7 Anm. 1 mwN.
41 BGHZ 142, 315; BGHZ 146, 341 = NJW 2001, 1056; BVerfG – 1 BvR 1103/02, Nichtannahmebeschluss vom 2.9.2002.
42 Großkomm-AktienR/*Windbichler*, Rn 66; liegt eine Außengesellschaft vor, sind ggf diese und ihre Gesellschafter als beherrschende Unternehmen anzusehen, zumindest dann, wenn die GbR selbst den Unternehmensbegriff erfüllt; differenzierend in diesem Sinne wohl auch OLG Hamm ZIP 2000, 2302, 2305 liSp.

D. Abhängigkeitsvermutung (Abs. 2)

14 **I. Vermutung.** Gemäß Abs. 2 wird – widerlegbar – die Abhängigkeit vermutet, wenn sich ein Unternehmen gemäß § 16 im Mehrheitsbesitz eines anderen Unternehmens befindet. Die Vermutung knüpft an die Tatsache an, dass ein Unternehmen, welches eine Mehrheitsbeteiligung an einem anderen Unternehmen besitzt, regelmäßig in der Lage ist, über die Besetzung des Aufsichtsrates und damit mittelbar des Vorstandes zu bestimmen und infolge der Personalhoheit die Möglichkeit zur Ausübung beherrschenden Einflusses auf das Unternehmen in den Händen hält.[43]

15 Die Vermutung bewirkt eine Umkehr der Darlegungs- und Beweislast mit der Folge, dass das mehrheitlich beteiligte Unternehmen die vermutete Abhängigkeit zu entkräften hat.

16 Die Vermutung gilt grundsätzlich auch für Personengesellschaften.[44] Allerdings ist sie nur dann von rechtspraktischer Bedeutung, wenn die Personengesellschaft aufgrund der Ausgestaltung des Gesellschaftsvertrages mehrheitsbeteiligungstypischen Einflussmöglichkeiten des Mehrheitsgesellschafters unterliegt.[45] Bei einer GmbH & Co. KG soll nach Auffassung des BAG bereits die mehrheitliche Beteiligung an der Komplementär-GmbH ausreichen, um die Abhängigkeit der KG zu begründen.[46]

17 **II. Widerlegung. 1. Grundsatz.** Die Widerlegbarkeit der Vermutung wurde erst im Gesetzgebungsverfahren eingefügt und soll Gestaltungen Rechnung tragen, bei denen trotz Mehrheitsbeteiligung die typischen Einflussnahmemöglichkeiten nicht in vollem Umfang ausgeübt werden können. Die Vermutung ist aber nur dann widerlegt, wenn nachgewiesen werden kann, dass die Mehrheitsbeteiligung **aus rechtlichen Gründen** nicht zu einer beherrschenden Einflussnahme genutzt werden kann.

18 Ausgeschlossen ist die Widerlegung bei wechselseitigen Beteiligungen nach § 19 Abs. 2, Abs. 3.

19 **2. Taugliche Widerlegungsmittel.** Bei **Anteilsmehrheit** ist umstritten, ob es ausreicht, dass der Inhaber einer Anteilsmehrheit die Beherrschungsvermutung allein durch den Nachweis fehlender Stimmenmehrheit widerlegt (zB unter Verweis auf gehaltene Vorzugsaktien), weil er nicht die Zusammensetzung des Aufsichtsrates bestimmen kann und deshalb nicht über die Personalhoheit verfügt.[47] Die Gegenansicht verlangt auch den Nachweis des Fehlens sonstiger Beherrschungsmittel.[48] Der letztgenannten Ansicht ist mit Modifikationen bei der Beweislast zu folgen. Für die Vermutung des Abs. 2 genügt schon die bloße Anteilsmehrheit. Stimmrechtsmehrheit ist für die Erfüllung dieses Merkmals nicht erforderlich und ließe sich zudem durch den Einsatz anderer Beherrschungsmittel kompensieren. Einer Beweisnot im Prozess ist allerdings durch eine gestufte Darlegungs- und Beweislastverteilung hinreichend Rechnung zu tragen.[49]

20 Bei **Stimmrechtsmehrheit** ist die Vermutung widerlegt, wenn sie nach der Satzung oder dem Vertrag keine Beherrschung vermittelt. Dies ist der Fall bei Satzungsbestimmungen über Stimmrechtsbeschränkungen (§ 12 Abs. 1) und besondere Beschlussmehrheiten, durch die gesetzliche Mehrheitserfordernisse angehoben werden. Diese Beschlussmehrheiten müssen sich aber zumindest auf die Wahl des AR beziehen. Ob sie sich darüber hinaus noch für alle grundlegenden Entscheidungen der Geschäftsführung im Sinne von BGHZ 83, 122 (Holzmüller) beziehen müssen, ist umstritten,[50] aber wohl zu bejahen. Zur Widerlegung sind ferner Stimmbindungsverträge und sogenannte Entherrschungsverträge geeignet. Entherrschungsverträge können mit Dritten als Stimmbindungsverträge geschlossen werden. Entherrschungsverträge mit der Beteiligungsgesellschaft müssen schriftlich und wegen der Wahlperiode des Aufsichtsrates für mindestens 5 Jahre fest abgeschlossen werden.[51] Eine vorzeitige Kündigung muss auf wichtige Gründe beschränkt werden.[52] Demgegenüber genügt eine einseitige Erklärung des herrschenden Unternehmens, seinen Einfluss nicht auszuüben, nicht. Derartige einseitige Erklärungen können das Einflusspotential nicht rechtssicher beseitigen.[53]

21 **3. Widerlegung bei mehrstufiger Abhängigkeit.** Die Abhängigkeitsvermutung umfasst auch Fälle mehrstufiger Beherrschung. Eine Mehrheitsbeteiligung einer Tochter an einem Enkelunternehmen begründet daher auch die Vermutung für einen beherrschenden Einfluss der ihrerseits die Tochter beherrschenden Mutter (vgl § 16 Abs. 4). Die hierdurch entstehende Vermutung wird für die Mutter durch den Nachweis widerlegt, dass schon zwischen Mutter und Tochter oder zwischen Tochter und Enkelin keine Abhängigkeit be-

---

43 KölnKomm-AktG/*Koppensteiner*, Rn 95; vgl auch oben Rn 5.
44 BGHZ 89, 162, 167.
45 *Emmerich*/Habersack, Rn 48; instruktiv Emittentenleitfaden (2013), Ziff. VIII.2.5.1.2.
46 BAG NZA 2012, 633; kritisch *Brügel/Tillkorn*, GmbHR 2013, 459, 460 ff.
47 Dafür: Großkomm-AktienR/*Windbichler*, Rn 71; KölnKomm-AktG/*Koppensteiner*, Rn 100 f.
48 MüKo-AktG/*Bayer*, Rn 95 f; *Emmerich*/Habersack, Rn 36; in diese Richtung auch BVerfG NZG 1998, 942, 944.
49 Vgl etwa OLG Hamm ZIP 2000, 2302, 2306 f.
50 Nachweise bei Großkomm-AktienR/*Windbichler*, Rn 74; MüHb-AG/*Krieger*, § 68 Rn 57; *Hüffer*, Rn 21.
51 *Hüffer*, Rn 22; LAG Bremen v. 9.8.2012 – 3 TaBV 19/11, Rn 106.
52 *Emmerich*/Habersack, Rn 43.
53 Vgl MüKo-AktG/*Bayer*, Rn 94 mwN.

steht. Wird ein Beherrschungsvertrag direkt zwischen Mutter und Enkelin geschlossen, wird damit die Beherrschung der Enkelin durch die Tochter widerlegt, da deren Einfluss damit entscheidend reduziert wird.[54]

E. Rechtsfolgen

Unmittelbare Folge der Abhängigkeit ist die Konzernvermutung des § 18 Abs. 1 S. 3. Dies gilt insbesondere, wenn die Widerlegung der Abhängigkeitsvermutung scheitert. 22

Die §§ 311 ff setzen ebenfalls Abhängigkeit im Sinne von § 17 voraus. Nach §§ 56 Abs. 2, 71 d S. 2 gilt zudem das Verbot der Zeichnung und des Erwerbs von Aktien des herrschenden Unternehmens. Aus Aktien des herrschenden Unternehmens stehen dem beherrschten Unternehmen zudem keine Rechte zu, §§ 71 d S. 4, 71 b. Weitere Folgen ergeben sich aus den §§ 16 Abs. 4, 100 Abs. 2 S. 1 Nr. 2, 115 Abs. 1 S. 2, 134 Abs. 1 S. 4, 136 Abs. 2 S. 1, 145 Abs. 3, 160 Abs. 1 Nr. 1 und 2. 23

§ 18 Konzern und Konzernunternehmen

(1) ¹Sind ein herrschendes und ein oder mehrere abhängige Unternehmen unter der einheitlichen Leitung des herrschenden Unternehmens zusammengefaßt, so bilden sie einen Konzern; die einzelnen Unternehmen sind Konzernunternehmen. ²Unternehmen, zwischen denen ein Beherrschungsvertrag (§ 291) besteht oder von denen das eine in das andere eingegliedert ist (§ 319), sind als unter einheitlicher Leitung zusammengefaßt anzusehen. ³Von einem abhängigen Unternehmen wird vermutet, daß es mit dem herrschenden Unternehmen einen Konzern bildet.

(2) Sind rechtlich selbständige Unternehmen, ohne daß das eine Unternehmen von dem anderen abhängig ist, unter einheitlicher Leitung zusammengefaßt, so bilden sie auch einen Konzern; die einzelnen Unternehmen sind Konzernunternehmen.

A. Regelungsgegenstand und Zweck	1	I. Grundsatz	11
B. Grundbegriffe	2	II. Konzernvermutungen des Unterordnungskonzerns	12
C. Faktischer Konzern	5		
I. „Einfacher faktischer Konzern"	6	III. Mehrstufige und mehrfache Konzernbindung, Matrixstrukturen	14
II. „Qualifiziert faktischer Konzern"	7		
D. Zusammenfassung unter einheitlicher Leitung	8	F. Gleichordnungskonzern (Abs. 2)	17
E. Tatbestand des Unterordnungskonzerns (Abs. 1)	11	G. Rechtsfolgen	21

A. Regelungsgegenstand und Zweck

§ 18 definiert die dritte Art der in § 15 genannten Unternehmensverbindungen. Rechtspraktisch bleibt für Konzernunternehmen im Sinne von § 18 neben dem Abhängigkeitsbegriff im eigentlichen Konzernrecht kaum Bedeutung, da die meisten konzernrechtlichen Schutz- und Organisationsregeln lediglich Abhängigkeit voraussetzen. Abs. 1 S. 1 strahlt aber etwa auf die Definition des Beherrschungsvertrages aus, der nach hM die einheitliche Leitung im Sinne von Abs. 1 S. 1 ermöglichen muss. Erhebliche Bedeutung hat das Bestehen eines Konzerns iSv § 18 außerhalb des Konzernrechts bei der Rechnungslegung (§ 290 HGB) sowie der betrieblichen und unternehmerischen Mitbestimmung. 1

B. Grundbegriffe

Der Regelung des § 18 liegt ein **einheitlicher Begriff des Konzerns** zugrunde. Mitglieder eines Konzerns können nur rechtlich selbstständige Unternehmen sein. Das Gesetz unterscheidet dabei zwischen Unterordnungs- (Abs. 1) und Gleichordnungskonzernen (Abs. 2). 2

Die in der Praxis häufigere Form des **Unterordnungskonzerns** liegt vor, wenn ein herrschendes und ein oder mehrere abhängige (§ 17) Unternehmen unter einheitlicher Leitung stehen. Der Unterordnungskonzern kann dabei in den Unterformen des Vertragskonzerns (§§ 291 bis 310: Leitungsmacht beruht auf dem im Beherrschungsvertrag vorgesehenen Weisungsrecht des herrschenden Unternehmens, §§ 291 Abs. 1 S. 1 Alt. 1, 308), des Eingliederungskonzerns (§§ 319 bis 327: Leitungsmacht wird nach erfolgter Eingliederung durch das gesetzliche Weisungsrecht der Hauptgesellschaft begründet, §§ 319 Abs. 1, 323), oder des faktischen Konzerns bestehen (§§ 311 bis 318: Leitungsmacht beruht nicht auf einer rechtlich abgesicherten, dh 3

---

[54] Vgl *Emmerich*/Habersack, Rn 41.

gerichtlich durchsetzbaren Konzernleitungsmacht im Sinne eines umfassenden Weisungsrechts, sondern vielmehr allein darauf, dass das herrschende Unternehmen die für eine Mehrheitsbeteiligung typische **Möglichkeit** zur Ausübung beherrschenden Einflusses iSv § 17 auch **tatsächlich wahrnimmt**). Die einheitliche Leitung iSv § 18 setzt also gerade keine rechtlich abgesicherte Leitungsmacht voraus. Bei einem Beherrschungsvertrag und bei der Eingliederung wird die einheitliche Leitung wegen der rechtlich abgesicherten Leitungsmacht allerdings unwiderruflich vermutet, Abs. 1 S. 2. Bei bloßer Abhängigkeit kann die Vermutung der einheitlichen Leitung (Abs. 1 S. 3) im Gegensatz dazu widerlegt werden, indem nachgewiesen wird, dass die Beherrschungsmöglichkeit iSv § 17 tatsächlich nicht ausgeübt wird.

4 Demgegenüber ist ein **Gleichordnungskonzern** dadurch gekennzeichnet, dass zwar mehrere Unternehmen unter einer einheitlichen Leitung zusammengefasst werden, diese Unternehmen jedoch untereinander nicht in einem Abhängigkeitsverhältnis stehen. Die einheitliche Leitung kann auf einer Gleichordnungsvereinbarung zwischen den Unternehmen beruhen oder faktisch durchgeführt werden, etwa durch personenidentische Leitungsorgane.

C. Faktischer Konzern

5 Während Vertrags- und Eingliederungskonzerne schon aufgrund der gesetzlichen Ausgestaltung allgemein zulässig sind, stellt sich die Frage, ob vertragliche Gestaltungen außerhalb der beiden gesetzlichen Typen zum Vorliegen eines (faktischen) Konzerns führen können.[1] Der Begriff des „faktischen Konzerns" beschreibt dabei lediglich einen tatsächlichen Zustand, sagt aber selbst noch nichts über die Folgen solcher Gestaltungen aus.[2] Insbesondere setzt die von § 18 vorausgesetzte tatsächliche Ausübung beherrschenden Einflusses iSv § 17 nicht voraus, dass – wie beim Vertragskonzern – ein im Zweifel gerichtlich durchsetzbares Weisungsrecht der herrschenden Gesellschaft begründet wird. Vielmehr geht der Gesetzgeber in den §§ 311, 317 davon aus, dass sich die tatsächliche Ausübung des beherrschenden Einflusses iSv § 17 grundsätzlich im Rahmen des für die abhängige Gesellschaft geltenden Organisationsrechts hält. Für die abhängige Aktiengesellschaft bedeutet dies, dass ihr Vorstand weiterhin gemäß §§ 76, 93 zur eigenverantwortlichen und weisungsfreien Leitung der Gesellschaft verpflichtet ist. Erst unter der zusätzlichen Voraussetzung, dass das herrschende Unternehmen seinen Einfluss dazu benutzt, die abhängige Gesellschaft zu für sie nachteiligen Maßnahmen oder Rechtsgeschäften zu veranlassen, ergeben sich im faktischen Konzern besondere, in §§ 311 ff geregelte Rechtsfolgen. Abhängig von Art und Intensität der nachteiligen Einflussnahme wurde dabei zwischen dem einfachen faktischen Konzern und dem qualifiziert faktischen Konzern unterschieden. Nachdem der BGH in der „Trihotel"-Entscheidung das Institut des qualifiziert faktischen Konzerns im GmbH-Konzernrecht ausdrücklich aufgegeben hat, erscheint es angesichts des entscheidenden Differenzierungsmerkmals der Art und Intensität des Eingriffs zutreffender, nicht nach einem qualifiziert faktischen Konzern, sondern nach dem Vorliegen einer qualifizierten Nachteilszufügung zu fragen.

6 **I. „Einfacher faktischer Konzern".** Eine „einfache" faktische Konzernierung besteht, wenn neben der tatsächlichen Ausübung beherrschenden Einflusses und damit der einheitlichen Leitung iSv § 18 allenfalls einzelne, nach § 311 Abs. 1 isolierbare und damit ausgleichspflichtige Nachteilszufügungen stattfinden. Den Regelungen der §§ 311 ff entnimmt die Rechtsprechung und überwiegende Lehre, dass die durch die bloße einheitliche Leitung iSv § 18 begründete und durch das Fehlen einer anerkannten Konzernleitungsmacht gekennzeichnete faktische Konzernierung ganz offensichtlich nicht generell verboten ist, sondern im Falle von Nachteilszufügungen nur bestimmten Regeln, nämlich der Ausgleichspflicht, § 311, und der Schadensersatzpflicht, §§ 317 f, unterliegt.[3] Dies entspricht dem allgemeinen Schutzzweck des Konzernrechts, die außenstehenden Aktionäre vor kompensationslosen, nachteiligen Einflussnahmen des herrschenden Unternehmens auf die abhängige Gesellschaft zu schützen.

7 **II. „Qualifiziert faktischer Konzern".** Der durch Ausgleichs- und Schadenersatzpflicht des herrschenden Unternehmens begründete Außenseiterschutz läuft dann leer, wenn sich der insgesamt zugefügte **Nachteil nicht durch bloße Einzelausgleichsmaßnahmen kompensieren lässt**. Dies ist insbesondere dann der Fall, wenn sich infolge der Dichte der Einflussnahme des herrschenden Unternehmens einzelne schädigende (und als solche an sich zu kompensierende) Eingriffe nicht mehr isolieren lassen, und es an einem Beherrschungsvertrag fehlt.[4] Als Faustformel kann gelten, dass eine qualifizierte Nachteilszufügung dann vorliegt, wenn die Nachteile für die abhängige Gesellschaft nicht mehr hinreichend genau quantifiziert werden können, sei es, weil eine Maßnahme unabsehbare, vermögensmäßig nicht konkret zu fassende Nachteile begründet, oder weil einzelne Einflussnahmen von vorneherein oder aufgrund unzureichender Dokumentation zumin-

---

1 Überblick bei *Döser*, AG 2003, 406.
2 *K. Schmidt*, GesR, § 31 IV 2 b.
3 BGHZ 119, 1, 7; MüKo-AktG/*Bayer*, Rn 10; *Hüffer*, Rn 4.
4 BGH NJW 1986, 188, 190 (Autokran); BGH NJW 1993, 1200, 1202 (TBB) m.Anm. *Kübler*.

dest im Nachhinein nicht isoliert und damit ihre vermögensmäßigen Folgen nicht bestimmt werden können.
Der „qualifiziert faktische Konzern" ist also keine eigenständige Form eines Konzerns. Dieses Bild beschreibt vielmehr einen nachhaltigen, nicht auf Einzelfälle beschränkten Verstoß gegen § 76 Abs. 1. Der „qualifizierte faktische Konzern" führt jedenfalls dazu, dass auf ihn nicht nur die §§ 311 ff sondern auch (zumindest dem Gedanken nach) die §§ 302, 303, 309 Anwendung finden.[5] Eine Zentralisierung der Organisation erlaubt keine Dezentralisierung des Verlustrisikos.[6] Nach anderer Ansicht soll sich ein Schadensersatzanspruch in Höhe der entstandenen Verluste aufgrund der Treuepflicht des herrschenden Unternehmens ergeben.[7] Die praktischen Ergebnisse beider Anspruchsgrundlagen dürften sich gleichen.
Wie bereits eingangs (Rn 5) erwähnt, hat der BGH in seiner „Trihotel"-Entscheidung[8] die Haftung aus qualifiziert faktischem Konzern für die GmbH (für die dieses Institut zunächst entwickelt worden war) ausdrücklich aufgegeben. An ihre Stelle tritt eine **„Ausfallhaftung wegen existenzvernichtenden Eingriffs"** bei Vermögensvermischung oder Entzug von Gesellschaftsvermögen mit Insolvenzfolge.[9] Flankiert wird dieses Haftungsinstitut von einer Haftung für sog. Treuepflichtverletzungen.[10] Ob von dieser Rechtsprechung auch der „qualifizierte faktische Konzern" des Aktienrechts erfasst wird, hat der BGH zunächst offengelassen.[11] Die vom BGH favorisierten Rechtsfolgen im Bereich des GmbH-Konzerns ließen sich bei Bedarf (dh, wenn §§ 311, 317 keinen ausreichenden Schutz für die außenstehenden Aktionäre begründen) jedenfalls ebenso durch eine analoge Anwendung der §§ 302 ff herbeiführen, die bei Abschluss eines (regulären) Beherrschungsvertrages eintreten.[12] Darüber hinaus kommen punktuelle Erweiterungen des § 317 in Betracht.[13]

D. Zusammenfassung unter einheitlicher Leitung

Das entscheidende zusätzliche Merkmal des Konzerns iSv § 18 im Vergleich zur Abhängigkeit nach § 17 und Kernpunkt der Betrachtung ist die einheitliche Leitung der abhängigen Unternehmen durch das oder die herrschenden Unternehmen. Dieses Kennzeichen der einheitlichen Leitung muss sowohl für einen Unterordnungs- wie auch für einen Gleichordnungskonzern vorliegen. Aus dem Vergleich mit § 17 (Möglichkeit zur Ausübung beherrschenden Einflusses) sowie der Konzeption der §§ 311 ff ergibt sich, dass die zentrale Voraussetzung für das Vorliegen eines Konzerns iSv § 18 Abs. 1 S. 1 die tatsächliche Ausübung beherrschenden Einflusses ist. Da das zentrale Merkmal beherrschenden Einflusses wiederum die Möglichkeit zur Einflussnahme auf die Personalpolitik des abhängigen Unternehmens ist (bei AG Besetzung des Aufsichtsrats, bei GmbH Bestellung der Geschäftsführer), ist für einen Konzern entscheidend, dass das herrschende Unternehmen tatsächlich Einfluss auf die Personalpolitik des abhängigen Unternehmens nimmt, und zwar mit dem Ziel, indirekt über die personelle Besetzung der abhängigen Gesellschaft die Unternehmenspolitik der beiden Unternehmen beständig, dh nicht nur punktuell, zu koordinieren.[14] Im Einzelnen ist allerdings streitig, auf welche Bereiche der Unternehmenspolitik sich diese Koordination erstrecken muss, um eine einheitliche Leitung iSv § 18 zu begründen.

Einverständnis besteht, dass eine verbundweite Koordination des Finanz- und Investitionsbereiches dem Erfordernis einheitlicher Leitung genügt.[15] Darüber hinaus ist in der Literatur umstritten, ob die Koordination in einzelnen wesentlichen Geschäftsbereichen für eine Zusammenfassung unter einheitlicher Leitung bereits ausreicht.[16] Die umfassende Leitung des Unternehmens wird dabei nach einer Auffassung nur bei Bündelung (nahezu) aller zentraler unternehmerischer Bereiche bejaht (enger Konzernbegriff).[17] Die Gegenansicht lässt hingegen schon den bestimmenden Einfluss der Konzernmutter auf einzelne wichtige Unternehmensfunktionen oder Geschäftsbereiche (Einkauf, Organisation, Personalwesen oder Verkauf) genügen (weiter Konzernbegriff).[18] Nach letzterer Ansicht müssen zumindest eine einheitliche unternehmerische Zielkonzeption, konkrete Vorgaben für ihre organisatorische Umsetzung, sowie deren laufende Kontrolle

---

5 BGH NJW 1986, 188, 191; BGH NJW 1997, 943; grds. auch noch BGH NJW 2001, 370.
6 K. Schmidt, GesR, § 31 IV 4.
7 Nachweise bei MüKo-AktG/*Bayer*, Rn 14.
8 BGHZ 149, 10 = NJW 2001, 3622, 3623; dazu: K. Schmidt, NJW 2001, 3577 f; *Altmeppen*, NJW 2002, 321 f; BGHZ 150, 61 = NJW 2002, 1803, 1805; dazu: *Altmeppen*, ZIP 2002, 961; zuletzt BGH ZIP 2002, 1578 m.Anm. *Altmeppen*, ZIP 2002, 1553; *Ulmer*, JZ 2002, 1049.
9 Zur Entwicklung *Döser*, AG 2003, 406.
10 BGH NJW 2002, 1803, 1805 unter Verweis auf BGHZ 65, 15, 18 f.
11 BGH AG 2008, 779 ff.
12 Die analoge Anwendbarkeit von § 305 AktG grundsätzlich ablehnend OLG Stuttgart ZIP 2007, 1210; OLG München NZG 2008, 753, 755; deutlicher auf das Vorliegen einer qualifizierten Nachteilszufügung abstellend: LG Schleswig NZG 2008, 868, 875; vgl auch *Balthasar*, NZG 2008, 858.
13 Vgl nur K. Schmidt/Lutter/*Vetter*, § 317 Rn 48 ff.
14 So auch *Emmerich*/Habersack, Rn 14.
15 KölnKomm-AktG/*Koppensteiner*, Rn 25; Großkomm-AktienR/*Windbichler*, Rn 25.
16 Großkomm-AktienR/*Windbichler*, Rn 19 ff.
17 MüKo-AktG/*Bayer*, Rn 29.
18 *Emmerich*/Habersack, Rn 11, 14; MüKo-AktG/*Bayer*, Rn 33; für das Mitbestimmungsrecht auch BayObLG AG 1998, 523, 524.

und Anpassung erfolgen. Dass dabei Freiräume für dezentrale Entscheidungen bei der konkreten Umsetzung gelassen werden, ist unerheblich.[19] Da der Begriff der einheitlichen Leitung, wie gezeigt, durch die tatsächliche den Interessen des herrschenden Unternehmens Rechnung tragende Einflussnahme auf die personelle Besetzungen bei dem abhängigen Unternehmen geprägt ist, ist dem weiten Konzernbegriff der Vorzug zu geben, der keine allumfassende Koordination voraussetzt[20]

10 Grundsätzlich kommen alle Formen der Einflussnahme auf die Geschäftstätigkeit als taugliche Leitungsmittel in Betracht. Der Gesetzgeber hat diesen Bereich bewusst offen gehalten. Nochmals: Ein Weisungsrecht gemäß § 308 oder nach § 323 ist für das Vorliegen einheitlicher Leitung iSv § 18 nicht erforderlich. Es genügen auch informelle Einflussmittel wie insbesondere personelle Verflechtungen, ferner gemeinsame Sitzungen, Zielvorgaben, Abstimmungsvorbehalte, intensiver Informationsaustausch etc., die der Umsetzung eines einheitlichen Unternehmenskonzeptes dienen sollen.[21]

E. Tatbestand des Unterordnungskonzerns (Abs. 1)

11 **I. Grundsatz.** Ein Unterordnungskonzern entsteht, wenn zwei in einem gesellschaftsrechtlich vermittelten Abhängigkeitsverhältnis stehende, rechtlich selbstständige Unternehmen unter einheitlicher Leitung zusammengefasst werden.

12 **II. Konzernvermutungen des Unterordnungskonzerns.** Besteht zwischen den Konzernunternehmen ein Beherrschungsvertrag (§ 291 Abs. 1 S. 1 Alt. 1) oder ist eine Eingliederung (§§ 319 ff) erfolgt, wird das Vorliegen eines Konzerns unwiderleglich vermutet. Grund dieser Vermutung ist die mit diesen Schritten verknüpfte Begründung einer rechtlich abgesicherten einheitlichen Leitungsmacht, welche die Durchsetzung einer auf das Gesamtinteresse des Konzerns gerichteten Konzeption erlaubt. Ob von dieser rechtlich abgesicherten Möglichkeit tatsächlich Gebrauch gemacht wird, ist unerheblich.

13 Die Vermutung der Konzernbildung bei nur abhängigen Gesellschaften knüpft an die Erfahrungstatsache an, dass ein aus einer Abhängigkeit folgendes tatsächlichen Einflusspotential regelmäßig auch ausgenutzt wird, aber nicht immer ausgenutzt werden muss; sie ist daher widerlegbar. Die Vermutung kann zum einen schon mit dem Nachweis widerlegt werden, dass keine Abhängigkeit nach § 17 vorliegt (vgl § 17 Abs. 2). Zum anderen kann der Nachweis geführt werden, dass keine Zusammenfassung unter einheitlicher Leitung erfolgt ist. Für den Gegenstand und den Umfang dieses Nachweises kommt es darauf an, welchem Konzernbegriff man folgt. Für den engen Konzernbegriff wird der Nachweis genügen, dass eine finanzielle Koordination zwischen den beteiligten Unternehmen nicht vorliegt.[22] Folgt man dem weiten Konzernbegriff ist die Vermutung in der Praxis schwerer zu widerlegen. Notwendig ist, dass jedes Indiz, welches auf das Vorliegen einer Konzernierung deuten könnte, entkräftet wird.[23] Bei dieser Prüfung steht die finanzielle Selbstständigkeit des beherrschten Unternehmens im Sinne einer eigenständigen, unbeeinflussten Finanzplanung im Mittelpunkt.

14 **III. Mehrstufige und mehrfache Konzernbindung, Matrixstrukturen.** Auf der Grundlage der Überlegungen zur mehrstufigen Abhängigkeit (§ 17 Rn 22) ist auch eine mehrstufige Konzernbindung denkbar. Enkelunternehmen können mit der Mutter einen Konzern bilden, sofern sie von der einheitlichen Leitung durch die Mutter direkt erfasst werden. Demgegenüber liegt im Verhältnis zur Tochter trotz Abhängigkeit aus gesellschaftsrechtlicher Sicht kein zusätzliches Konzernverhältnis vor (kein Konzern im Konzern),[24] weil die Tochter gegenüber der Enkelin aufgrund der Konzernierung mit der Mutter keine selbstständigen Leitungsbefugnisse ausüben kann.[25] Eine solche Situation kann sich auch im Falle einer sog. Matrixstruktur ergeben, bei der die wesentlichen Entscheidungen losgelöst von den gesellschaftsrechtlichen Strukturen verbindlich in Business Units getroffen werden und die Zwischenholdinggesellschaft selbst keine Leitungsmacht ausübt.[26] Richtigerweise liegt die Leitungsmacht dann jedenfalls bei der (ggf ausländischen) Konzernspitze, der regelmäßig maßgeblicher Einfluss auf die von ihr vorgegebenen Business Units zukommen wird.

---

19 Großkomm-AktienR/*Windbichler*, Rn 24.
20 Dem weiteren Konzernbegriff folgt auch die Rechtsprechung, vgl BayObLG AG 2002, 511, 512 (für § 5 Abs. 1 MitbestG); OLG Düsseldorf AG 2013, 720.
21 *Hüffer*, Rn 12; *Emmerich*/Habersack, Rn 14 a.
22 Zur Widerlegung beim weiten Konzernbegriff (Mitbestimmungsrecht) BayObLG AG 2002, 511, 512.
23 Vgl BAG NZA 2012, 633; OLG Düsseldorf AG 2013, 720.
24 Großkomm-AktienR/*Windbichler*, Rn 83; Emmerich/Habersack, Rn 18; anders für das Mitbestimmungsrecht wegen der Gefahr des Missbrauchs BAGE 34, 230; OLG Celle BB 1993, 957; wiederum anders bei Konzernspitze im Ausland ArbG Stuttgart NZA-RR 2004, 138.
25 Allerdings kann ein Konzern im Sinne des Mitbestimmungsrechts dann vorliegen, wenn die Tochter über einen wesentlichen eigenständigen Entscheidungsspielraum verfügt: BAG NJOZ 2008, 726, 732 f; OLG München NZG 2009, 112, 113.
26 Vgl ArbG Düsseldorf BeckRS 2011, 72434 m.Anm. *Bissels*, BB 2011, 1280; *Seibt*/Wollenschläger, AG 2013, 229 ff.

Bei paritätischen Gemeinschaftsunternehmen wird überwiegend ein Konzernverhältnis zwischen dem Gemeinschaftsunternehmen und den Muttergesellschaften angenommen.[27] Der Verbund der Trägerunternehmen führt hier zur gemeinschaftlichen Ausübung einheitlicher Leitungsmacht. Dies genügt. 15

Bei einer Kombination von Unterordnungs- und Gleichordnungskonzernverhältnissen kommt es hingegen nicht dazu, dass die untergeordneten Unternehmen eines Konzernzweiges direkte Konzernverhältnisse mit Unternehmen eines anderen Konzernzweiges begründen. Gleichwohl liegt ein indirektes Konzernverhältnis zwischen diesen Gesellschaften vor, welches über die Unterordnungs- und Gleichordnungsverhältnisse vermittelt wird.[28] Auch zwischen Schwestergesellschaften eines Konzerns kommt es nicht zu einer Konzernverbindung.[29] 16

F. Gleichordnungskonzern (Abs. 2)

Beim Gleichordnungskonzern sind zwar ebenfalls rechtlich selbstständige Unternehmen unter einer einheitlichen Leitung zusammengefasst. Anders als bei einem Unterordnungskonzern sind die konzernierten Unternehmen trotz der einheitlichen Leitung grundsätzlich gleichberechtigt. Keines der gleichgeordneten Unternehmen darf durch ein anderes überstimmt werden können; soweit die einheitliche Leitung vertraglich geregelt wird, muss für diesen Fall ein sofortiges Kündigungsrecht bestehen.[30] Der Gleichordnungskonzern nimmt durch die mit einer solchen Vereinbarung verbundenen Verknüpfung gleichgerichteter Interessen regelmäßig die Rechtsform der GbR (§§ 705 ff BGB) an.[31] 17

Gleichordnungskonzerne können auch faktisch, also etwa durch eine parallele Organbesetzung entstehen. Die einheitliche Leitung wird hier auf der Ebene der Unternehmensträger sichergestellt. Möglich ist die Entstehung auch bei wechselseitiger Beteiligung[32] oder Überkreuzverflechtungen.[33] Die Grenze zwischen Unterordnungs- und Gleichordnungskonzern kann fließend sein. Sie ist dort zu ziehen, wo die oben (§ 17 Rn 2 ff) genannten Voraussetzungen der Abhängigkeit zwischen den beteiligten Gesellschaften vorliegen. 18

Regelmäßig wird eine ausdrückliche vertragliche Vereinbarung über die gemeinsame Leitung der Unternehmen vorliegen. Fehlt eine solche (auch konkludent getroffene) Absprache, kann eine einheitliche Leitung aus den Gesamtumständen geschlossen werden. In Betracht kommen auch hier personelle Verflechtungen, einheitliche Zielvorgaben und ein dauerhaft gleichgerichtetes Verhalten der Konzerngesellschaften.[34] 19

Das Gesetz beschreibt den vertraglichen Gleichordnungskonzern nur in § 291 Abs. 2 als Ausnahme zum Beherrschungsvertrag. Zudem nennt § 292 Abs. 1 Nr. 1 mit der Gewinngemeinschaft eine zumindest früher in der Praxis häufige Form des Gleichordnungskonzerns. 20

G. Rechtsfolgen

Für den Unterordnungs- und den Gleichordnungskonzern gelten gleichermaßen die §§ 134 Abs. 1 S. 4; 145 Abs. 3; 293 d Abs. 1 S. 2; 308 Abs. 1 S. 2; 313 Abs. 1 S. 4 und alle Bestimmungen über verbundene Unternehmen.[35] Außerhalb des AktG ist insbesondere der § 290 HGB (Konzernrechnungslegung), § 5 MitbestG und § 2 DrittelbeteiligungsG sowie § 54 BetrVG bedeutsam. Für den Unterordnungskonzern finden zudem alle Vorschriften über abhängige Unternehmen Anwendung.[36] Auf den Gleichordnungskonzern wird ausdrücklich nur in § 291 Abs. 2 Bezug genommen. Für ihn stellt sich vor allem die Frage seiner kartellrechtlichen Zulässigkeit (§ 36 Abs. 2 S. 1 GWB, Art. 81 EG). 21

§ 19 Wechselseitig beteiligte Unternehmen

(1) ¹Wechselseitig beteiligte Unternehmen sind Unternehmen mit Sitz im Inland in der Rechtsform einer Kapitalgesellschaft, die dadurch verbunden sind, daß jedem Unternehmen mehr als der vierte Teil der Anteile des anderen Unternehmens gehört. ²Für die Feststellung, ob einem Unternehmen mehr als der vierte Teil der Anteile des anderen Unternehmens gehört, gilt § 16 Abs. 2 Satz 1, Abs. 4.

---

27 Großkomm-AktienR/*Windbichler*, Rn 85; KölnKomm-AktG/*Koppensteiner*, Rn 34; *Hüffer*, Rn 16.
28 Großkomm-AktienR/*Windbichler*, Rn 60 ff.
29 Großkomm-AktienR/*Windbichler*, Rn 62 f.
30 *Emmerich*/Habersack, Rn 32; vgl auch Großkomm-AktienR/*Windbichler*, Rn 52; zweifelnd K. Schmidt/Lutter/*Vetter*, Rn 30.
31 *Hüffer*, Rn 20.
32 Großkomm-AktienR/*Windbichler*, Rn 54 f.
33 Großkomm-AktienR/*Windbichler*, Rn 56 ff.
34 BGH NJW 1993, 2114, 2115; BGH AG 1999, 181, 182; *Emmerich*/Habersack, Rn 31.
35 Weitere Beispiele in: Großkomm-AktienR/*Windbichler*, Rn 8 ff.
36 Weitere Beispiele in: Großkomm-AktienR/*Windbichler*, Rn 11 ff.

(2) Gehört einem wechselseitig beteiligten Unternehmen an dem anderen Unternehmen eine Mehrheitsbeteiligung oder kann das eine auf das andere Unternehmen unmittelbar oder mittelbar einen beherrschenden Einfluß ausüben, so ist das eine als herrschendes, das andere als abhängiges Unternehmen anzusehen.

(3) Gehört jedem der wechselseitig beteiligten Unternehmen an dem anderen Unternehmen eine Mehrheitsbeteiligung oder kann jedes auf das andere unmittelbar oder mittelbar einen beherrschenden Einfluß ausüben, so gelten beide Unternehmen als herrschend und als abhängig.

(4) § 328 ist auf Unternehmen, die nach Absatz 2 oder 3 herrschende oder abhängige Unternehmen sind, nicht anzuwenden.

A. Grundlagen 1	2. Kapitalverwässerung 10
I. Entwicklungsgeschichte der Normen 2	3. Stärkung des Einflusses von Großaktionären 12
II. Normzweck, zugleich Kritik 3	
B. Einzelheiten 4	III. Gesetzliche Definition wechselseitiger Beteiligungen 13
I. Grundbegriffe 4	
1. (Einfache) unmittelbare wechselseitige Beteiligung 5	IV. Rechtsfolgen 14
2. (Einfache) Ringbeteiligungen 6	V. Einseitig qualifizierte wechselseitige Beteiligungen 17
3. Qualifizierte wechselseitige Beteiligungen .. 7	
II. Konsequenzen wechselseitiger Beteiligungen ... 8	VI. Beidseitig qualifizierte wechselseitige Mitteilungen 19
1. Verwaltungsstimmrechte 9	

A. Grundlagen

1 Die Norm steht im sachlichen Zusammenhang mit § 328. Beide Vorschriften werden im Folgenden einheitlich kommentiert.

2 I. Entwicklungsgeschichte der Normen. § 19 wurde im Aktiengesetz 1965 eingeführt und ist seitdem inhaltlich unverändert. In Abs. 1 S. 1 wurde die früher dort angeführte bergrechtliche Gewerkschaft zwecks Textbereinigung durch Art. 1 Nr. 5 StückAG[1] gestrichen. § 328 wurde im Zusammenhang mit dem KonTraG[2] durch Einführung des Abs. 3 (Verbot der Stimmrechtsausübung bei Wahlen zum Aufsichtsrat) verschärft. Weiter gehende Änderungsforderungen[3] sind damit nicht Gesetz geworden.

3 II. Normzweck, zugleich Kritik. § 19 Abs. 1 definiert, wann wechselseitige Beteiligungen im Sinne des Gesetzes vorliegen, während die §§ 19 Abs. 2 bis 4, 328 die Rechtsfolgen festschreiben. Hervorstechendes Merkmal ist dabei, dass § 19 Abs. 1 aus der Gesamtheit möglicher wechselseitiger Beteiligungen eine Vielzahl von Unternehmensverbindungen bewusst ausklammert.[4] Damit werden die von Abs. 1 nicht erfassten Formen wechselseitiger Beteiligungen keinen speziellen Rechtsfolgen unterworfen und weitestgehend für zulässig erklärt.

Wechselseitige Beteiligungen sind aus einer Reihe von Gründen **unerwünscht**. Die spezifische Gesetzestechnik, wechselseitige Beteiligungen in einem eingeschränkten Sinn zu definieren und alle hiervon nicht erfassten Beteiligungsstrukturen uneingeschränkt für zulässig zu erklären, führten im Bereich deutscher börsennotierter Unternehmen für lange Zeit zu weit reichenden und unüberschaubaren Beteiligungsverhältnissen. Vor einigen Jahren hat sich die Problematik erheblich entspannt. Grund hierfür waren aber nicht konzernrechtliche Regelungen, sondern Anforderungen der Kapitalmärkte und für die wechselseitig beteiligten Unternehmen attraktive steuerliche Rahmenbedingungen.

B. Einzelheiten

4 I. Grundbegriffe. Üblicherweise werden in der aktienrechtlichen Literatur die für wechselseitige Beteiligungen relevanten Grundbegriffe anhand der gesetzlichen Regelungen der §§ 19, 328 definiert. Da diese Bestimmungen aber die wechselseitigen Beteiligungen nur teilweise erfassen,[5] verengt dies den Blick auf die eigentlichen Fragestellungen. Die nachfolgende Darstellung definiert daher zunächst die verschiedenen Beteiligungsformen aus rein wirtschaftlicher Sicht und stellt sodann die gesetzlichen Regelungen dar.

---

1 BGBl. I 1998 S. 95.
2 Gesetz zur Kontrolle und Transparenz im Unternehmensbereich (KonTraG) v. 27.4.1998, BGBl. I S. 786.
3 Namentlich die Initiative der SPD-Fraktion, BT-Drucks. 12/7350 = ZBB 1994, 191; sowie Wastl/Wagner, Das Phänomen der wechselseitigen Beteiligung aus juristischer Sicht, S. 69 ff.
4 Wastl/Wagner, aaO.
5 Oben Rn 3.

1. **(Einfache) unmittelbare wechselseitige Beteiligung.** Eine unmittelbare wechselseitige Beteiligung liegt vor, wenn ein Unternehmen an einem anderen Unternehmen beteiligt ist, welches wiederum seinerseits eine Beteiligung an dem erstgenannten, an ihm beteiligten Unternehmen hält.

2. **(Einfache) Ringbeteiligungen.** Ringbeteiligungen liegen vor, wenn gemeinsame Beteiligungsverhältnisse zwischen mehr als zwei Unternehmen bestehen, ohne dass unmittelbare wechselseitige Beteiligungen vorliegen (Beispiel: Die A-AG hält 20 % der Anteile an der B-AG, die ihrerseits zu 40 % an der C-GmbH beteiligt ist. Die C-GmbH hält 10 % an der A-AG).

3. **Qualifizierte wechselseitige Beteiligungen.** Sowohl im Fall unmittelbarer wechselseitiger Beteiligungen als auch bei Ringbeteiligungen können zu den Beteiligungen Abhängigkeitsverhältnisse hinzutreten. Dann spricht man von qualifizierten wechselseitigen Beteiligungen.[6]

II. Konsequenzen wechselseitiger Beteiligungen. Wechselseitige Beteiligungen haben insbesondere drei als negativ empfundene Effekte.

1. **Verwaltungsstimmrechte.** Wechselseitige Beteiligungen führen dazu, dass die **Vertretungsorgane der aneinander beteiligten Gesellschaften** in der jeweiligen Gesellschafter- bzw Hauptversammlung der anderen Gesellschaft durch Ausübung der Stimm- und sonstigen Verwaltungsrechte das **Vertretungsorgan** dieser Gesellschaft **kontrollieren** (zB im Rahmen von Entlastungsbeschlüssen, weiter gehend können bei GmbH aber auch Einzelweisungen erteilt werden). Der Effekt ist umso stärker, je höher die beiden wechselseitigen Beteiligungen sind (weniger eindeutig verhält es sich bei unterschiedlich hohen Beteiligungsquoten). Damit besteht die abstrakte Gefahr, dass die Verwaltungen beider Gesellschaften die Geschäftspolitik aufeinander abstimmen und von Aktionärskontrollrechten nur zurückhaltend Gebrauch machen.

2. **Kapitalverwässerung.** Wechselseitige Beteiligungen führen des Weiteren zu einer **mittelbaren Rückzahlung von Kapital.** Nach zutreffender herrschender Meinung beläuft sich die Kapitalrückführung auf den Quotienten aus beiden Beteiligungen.[7] Beispiel: Das Eigenkapital der A-AG und das der B-AG betrage jeweils 100. Damit haben die Anteilsinhaber beider Gesellschaften beiden Unternehmen insgesamt ein Kapital von 200 zur Verfügung gestellt. Erwerben nun die A-AG von den Aktionären der B-AG 20 % des Gesellschaftskapitals und die B-AG ihrerseits von den Inhabern der A-AG 10 % von deren Kapital, ergibt sich folgendes vereinfachtes Bild:

A-AG		B-AG	
Aktiva 80	EK 100	Aktiva 90	EK 100
B-AG 20		A-AG 10	

Beide Gesellschaften weisen nach wie vor ein Eigenkapital von jeweils 100 aus, obwohl die Gruppe der Anteilseigner beider Gesellschaften insgesamt 30 zurückerhalten hat. Insbesondere bei Aktiengesellschaften steht dies im Widerspruch zu allgemeinen Grundsätzen, § 57 Abs. 1 (bei GmbH nur, soweit das Stammkapital berührt wird, § 30 GmbHG). Die früher überwiegende Literaturmeinung nahm in diesem Zusammenhang an, die Bilanzen würden insgesamt in Höhe von 30 unrichtig. Diese Auffassung trifft indes nicht zu,[8] weil die mehrfache Anrechnung von Kapital auch bei einseitigen Beteiligungen vorkommt. Beispiel: Die A-AG, deren Kapital 100 sei, gründe die 100%ige Tochter A-GmbH, deren Kapital 30 betrage. Auch hieraus ergibt sich ein Gesamtkapital von anscheinend 130, obwohl dieses in Wahrheit nur 100 beträgt. Berücksichtigt man diesen allgemein gültigen Effekt konsequenterweise auch bei wechselseitigen Beteiligungen, kommt es zu einer Kapitalrückführung nur insoweit, wie bei wechselseitigen Beteiligungen die beiden Gesellschaften jeweils an sich selbst beteiligt sind. Dies ist der Quotient der jeweiligen Beteiligungsverhältnisse, im obigen Beispiel beträgt er 2 % (10 % von 20 %).

3. **Stärkung des Einflusses von Großaktionären.** Wechselseitige Beteiligungen können schließlich dazu führen, dass der **Einfluss von Mehrheitsgesellschaftern beider Gesellschaften steigt.**[9] Beispiel: X halte sowohl an der A-AG als auch an der B-AG jeweils 60 %. Erwerben nun die A-AG und die B-AG jeweils aneinander 20 %, kann X direkt und über die beiden Gesellschaften (Verwaltungsstimmrechte) in beiden Hauptversammlungen jeweils 80 % der Stimmen auf sich vereinen. Für diesen Sprung von 60 % auf 80 % musste er kein eigenes Kapital aufwenden.

---

[6] *Wastl/Wagner*, aaO, S. 17.
[7] MüKo-AktG/*Bayer*, Rn 2; *Emmerich/Habersack*, Konzernrecht, § 19 Rn 5; *Wastl/Wagner*, AG 1997, 241, 244 f; *K. Schmidt*, GesR, S. 51 ff.
[8] MüKo-AktG/*Bayer*, Rn 4; *Wastl/Wagner*, Wechselseitige Beteiligungen, S. 35 ff.
[9] *Wastl/Wagner*, Wechselseitige Beteiligungen, S. 29 ff.

13 **III. Gesetzliche Definition wechselseitiger Beteiligungen.** Die gesetzliche Regelung wechselseitiger Beteiligungen ist gegenüber den vorstehenden Definitionen enger. Nach § 19 Abs. 1 liegen sie nur dann vor, wenn Kapitalgesellschaften mit Sitz im Inland aneinander unmittelbar jeweils mehr als 25 % der Kapitalanteile[10] halten. Fehlt es auch nur an einem Merkmal, geht das Gesetz nicht von wechselseitigen Beteiligungen aus. Entgegen dem rechtsformneutralen Unternehmensbegriff nach § 15 werden damit insbesondere Personengesellschaften und stille Gesellschaften nicht erfasst. Ebenso nicht erfasst sind grenzüberschreitende wechselseitige Beteiligungen. Erfasst werden schließlich nur Unternehmen, denen beiden mehr als 25 % der Anteile zustehen. Die Berechnung erfolgt nach § 16 Abs. 2 S. 1, 4 iVm § 19 Abs. 1 S. 2. Eigene Anteile sind nach zutreffender herrschender Meinung nicht abzuziehen.[11] Dies folgt daraus, dass § 19 Abs. 1 S. 1 explizit nur auf § 16 Abs. 2 S. 2 und 3 verweist. Allerdings gilt § 16 Abs. 4. Damit werden die Anteile abhängiger Unternehmen zugerechnet. Insoweit ist der Begriff rechtsformneutral, so dass auch abhängige Personengesellschaften oder Gesellschaften mit Sitz im Ausland erfasst werden.[12] Ein Regulativ für den Fall geringer Hauptversammlungspräsenzen besteht nicht.

14 **IV. Rechtsfolgen.** Liegt eine einfache wechselseitige Beteiligung vor, bestimmt § 328 Abs. 1, dass die Stimmrechte hieraus nur für höchstens den vierten Teil aller Anteile ausgeübt werden können. Allerdings beschränkt § 328 Abs. 2 die Stimmrechtsausübung nur für eines der beiden Unternehmen. Dasjenige Unternehmen, das vor Empfang einer Mitteilung durch das andere Unternehmen und vor einer sonstigen Kenntniserlangung seinerseits dem anderen Unternehmen eine Mitteilung macht, kann von seinen Rechten ohne Beschränkung Gebrauch machen.[13] Dies bedeutet, dass dasjenige Unternehmen, das zuerst seine Beteiligung an dem anderen Unternehmen über die Grenze von 25 % ausbaut und dies mitteilt, diese Rechte auch dann weiter ausüben kann, wenn später auch das andere Unternehmen seine Beteiligung erhöht.[14]

15 § 328 wurde im Rahmen des KonTraG[15] für börsennotierte Unternehmen modifiziert (neuer Abs. 3). Seither können bei wechselseitigen Beteiligungen im Rechtssinn, dh, wenn die Erfordernisse des § 19 Abs. 1 erfüllt sind, Verwaltungsstimmrechte nicht ausgeübt werden, soweit es um die Wahl von Mitgliedern des Aufsichtsrates geht.[16] Dieser Stimmrechtsausschluss kommt nur zum Tragen, wenn eine irgendwie geartete Kenntnis von der wechselseitigen Beteiligung besteht. Das Tatbestandsmerkmal der Börsennotierung ist dabei lediglich relevant für dasjenige Unternehmen, in welchem die Stimmrechte ausgeübt werden sollen. Davon abgesehen besteht die Ausübungssperre gleichermaßen für börsennotierte und nicht börsennotierte Kapitalgesellschaften im Sinne des § 19 Abs. 1 S. 1. § 328 Abs. 2 ist im Rahmen von § 328 Abs. 3 ohne Bedeutung, dh, auch bei rechtzeitiger Mitteilung bestehen die Stimmrechtsbeschränkungen fort. Nach *Hüffer*[17] soll der Stimmrechtsausschluss allerdings nur eingreifen, wenn dem Unternehmen selbst mindestens 25 % des anderen Unternehmens gehören. Von Tochterunternehmen gehaltene Anteile seien demnach in der Berechnung nicht zu berücksichtigen. Eine Zurechnung über § 16 Abs. 4 komme nicht in Betracht, da § 328 Abs. 3 anders als § 328 Abs. 1 S. 3 auf § 16 Abs. 4 nicht verweise. Diese Auffassung trifft indes nicht zu.[18] Auf § 16 Abs. 4 wird entgegen *Hüffer* zumindest mittelbar verwiesen, weil § 328 Abs. 3 generell auf § 328 Abs. 1 Bezug nimmt („... einem Unternehmen, dem die wechselseitige Beteiligung nach Absatz 1 bekannt ist...", damit sind auch über § 16 Abs. 4 vermittelte wechselseitige Beteiligungen von mehr als 25 % gemeint).[19]

16 Wechselseitige Beteiligungen sind verbundene Unternehmen im Sinne des § 15. Die dort angeführten Rechtsnormen (§§ 90 Abs. 1 S. 2, 90 Abs. 3 S. 1, 131 Abs. 1 S. 2, 131 Abs. 3 Nr. 1, 145 Abs. 4 S. 2, 400 Abs. 1 Nr. 1 und 2) gelten stets für verbundene Unternehmen im Sinne der §§ 19 Abs. 1 bis 3. Die wechselseitigen Beteiligungen sind im Anhang anzugeben. Neben den Mitteilungs- und Nachweispflichten der §§ 20 Abs. 3, 21 Abs. 1, 22 gilt auch § 328 Abs. 4, § 6 EGAktG. Für den Fall der §§ 19 Abs. 2 und 3 gelten die weiteren Vorschriften über die Abhängigkeit, insbesondere §§ 18 Abs. 1 S. 3, 20 Abs. 4, 21 Abs. 2 bis 4, 22, 71 b ff,[20] 311 ff, 405 Abs. 1 Nr. 4 lit. a und lit. b.

17 **V. Einseitig qualifizierte wechselseitige Beteiligungen.** Im Falle einer einseitig qualifizierten wechselseitigen Beteiligung[21] gilt der eine Teil als herrschendes, der andere Teil als abhängiges Unternehmen, § 19 Abs. 2.

---

10 Und nur diese, auf die Stimmrechte kommt es nicht an, K. Schmidt/Lutter/*J. Vetter*, Rn 8.
11 *Hüffer*, Rn 3; MüKo-AktG/*Bayer*, Rn 30; KölnKomm-AktG/*Koppensteiner*, Rn 40.
12 MüKo-AktG/*Bayer*, Rn 31.
13 *Emmerich/Habersack*, Konzernrecht, § 328 Rn 10.
14 Dies ist beabsichtigt. Das Gesetz will dasjenige Unternehmen, das zuerst eine Beteiligung von 25 % überschreitet, in seinem Glauben schützen, dass ihm die Rechte aus diesen Anteilen nicht entzogen werden können.
15 Oben Rn 2.
16 Eine dahin gehende – im Ergebnis weit reichendere – Forderung hatten bereits *Wastl/Wagner*, Wechselseitige Beteiligungen, S. 28, aufgestellt.
17 *Hüffer*, § 328 Rn 7.
18 Richtig: MüKo-AktG/*Grunewald*, § 328 Rn 10; jetzt auch *Emmerich/Habersack*, § 328 Rn 23.
19 Im Übrigen ist sogar der in § 328 Abs. 1 S. 3 enthaltene Verweis auf § 16 Abs. 4 überflüssig, da er bereits in § 19 Abs. 1 S. 2 im Rahmen der Legaldefinition aktienrechtlich relevanter wechselseitiger Beteiligungen für anwendbar erklärt wird.
20 Unten Rn 17 ff.
21 Zum Begriff oben Rn 8 ff.

Entgegen § 17 Abs. 2 ist die Abhängigkeit unwiderlegbar.[22] Theoretisch kann ein Unternehmen damit von zwei verschiedenen Unternehmen abhängig sein (Fall der fiktiven Mehrfachabhängigkeit), indem einmal eine tatsächliche und des Weiteren eine gemäß § 19 Abs. 2 fingierte Abhängigkeit bestehen.[23] Dies dürfte aber nur theoretisch von Bedeutung sein.

Schwierigkeiten bestehen im Zusammenhang mit dem **grundsätzlichen Verbot des Erwerbs eigener Aktien**. An sich ist es einem abhängigen Unternehmen untersagt, Aktien der Mutter zu erwerben, § 71 d S. 2. § 19 Abs. 2 setzt aber gerade voraus, dass das abhängige Unternehmen Aktien an der Mutter hält, da ansonsten bereits keine wechselseitige Beteiligung im Rechtssinne bestünde. Die herrschende Meinung[24] löst das Problem zutreffend dadurch, dass es die §§ 71 ff, 56 auch im Falle des § 19 Abs. 2 für anwendbar erklärt.[25] Folge dieser herrschenden Meinung ist, dass der wechselseitige Erwerb von Aktien auch über die 25 %-Nominalbeteiligungsschwelle hinaus zulässig ist, bis eines der beiden Unternehmen auf das jeweils andere einen beherrschenden Einfluss ausüben kann. Bis dahin können beide Unternehmen in den von § 328 gesetzten Grenzen ihre Anteilsrechte ausüben. Ab Eintritt der Abhängigkeit gilt § 71 d S. 2.[26] Aus den Aktien am herrschenden Unternehmen stehen dem dann abhängigen Unternehmen keinerlei Rechte mehr zu, § 71 b, namentlich nicht Stimmrechte, Dividendenansprüche bzw Rechte zum Bezug junger Aktien (Ausnahme § 215 Abs. 1). Des Weiteren besteht eine Veräußerungspflicht gemäß § 71 c. Dies bedeutet auch,[27] dass Aktien, die die abhängige Gesellschaft nach Entstehen der Abhängigkeit erworben hat, gemäß § 71 c Abs. 1 binnen eines Jahres zu veräußern sind. Vorher erworbene Aktien darf die Gesellschaft behalten, soweit der Aktienbestand maximal 10 % des Grundkapitals beträgt. Ein etwaiger darüber hinausgehender Aktienbestand ist innerhalb von drei Jahren nach dem Erwerb der Aktien zu veräußern, § 71 c Abs. 3. Die Veräußerungspflicht trifft das herrschende Unternehmen.[28] Das abhängige Unternehmen ist zur Übertragung der Aktien gegen Erstattung des Verkehrswertes verpflichtet. Mit Erfüllung dieser Pflichten wandelt sich die qualifizierte wechselseitige Beteiligung mit zwingend fingierter Abhängigkeit in eine widerlegbare einfache Abhängigkeit.[29]

§ 328 gilt bei einseitig qualifizierten wechselseitigen Beteiligungen nicht, § 19 Abs. 4.

VI. Beidseitig qualifizierte wechselseitige Mitteilungen. § 19 Abs. 3 vermutet für den Fall der beidseitig qualifizierten wechselseitigen Beteiligungen[30] unwiderlegbar, dass jedes Unternehmen **zugleich herrschend und abhängig** ist. Die Norm stellt auf den IDUNA-Fall des Reichsgerichts ab.[31] Das Reichsgericht hat damals für den Fall einer gegenseitigen Beteiligung von jeweils rund 95 % bezweifelt, dass von einer gegenseitigen Abhängigkeit gesprochen werden könne. Beide Unternehmen seien auf eine Verständigung angewiesen. Ein gegenseitiger Stimmrechtsausschluss liege nicht vor.

Rechtsfolge des § 19 Abs. 3 ist es, dass beide Unternehmen wegen den (hier anwendbaren)[32] §§ 71 d, 71 c gehalten sind, die wechselseitigen Beteiligungen abzubauen.[33]

§ 328 gilt auch bei beidseitig qualifizierten wechselseitigen Beteiligungen nicht, § 19 Abs. 4.

§ 20 Mitteilungspflichten

(1) ¹Sobald einem Unternehmen mehr als der vierte Teil der Aktien einer Aktiengesellschaft mit Sitz im Inland gehört, hat es dies der Gesellschaft unverzüglich schriftlich mitzuteilen. ²Für die Feststellung, ob dem Unternehmen mehr als der vierte Teil der Aktien gehört, gilt § 16 Abs. 2 Satz 1, Abs. 4.

(2) Für die Mitteilungspflicht nach Absatz 1 rechnen zu den Aktien, die dem Unternehmen gehören, auch Aktien,

1. deren Übereignung das Unternehmen, ein von ihm abhängiges Unternehmen oder ein anderer für Rechnung des Unternehmens oder eines von diesem abhängigen Unternehmens verlangen kann;
2. zu deren Abnahme das Unternehmen, ein von ihm abhängiges Unternehmen oder ein anderer für Rechnung des Unternehmens oder eines von diesem abhängigen Unternehmens verpflichtet ist.

---

22 AllgM, *Hüffer*, Rn 4; KölnKomm-AktG/*Koppensteiner*, Rn 20; MüKo-AktG/*Bayer*, Rn 46.
23 MüKo-AktG/*Bayer*, Rn 47.
24 *Hüffer*, Rn 6; MüKo-AktG/*Bayer*, Rn 49 ff.
25 Anders: *Cahn/Farrenkopf*, AG 1984, 178 f unter Hinweis darauf, dass § 19 Abs. 2 den wechselseitigen Anteilserwerb gerade zulässt, so dass theoretisch Spezialität gegenüber § 71 d S. 2 angenommen werden könnte.
26 MüKo-AktG/*Bayer*, Rn 49.
27 Zutreffende Darstellung bei *Hüffer*, § 71 c Rn 44 f; MüKo-AktG/*Bayer*, Rn 50.
28 *Hüffer*, § 71 d Rn 19; MüKo-AktG/*Bayer*, Rn 50.
29 *Hüffer*, Rn 6; MüKo-AktG/*Bayer*, Rn 15.
30 Zum Begriff oben Rn 7.
31 RGZ 149, 305, 308.
32 Vgl soeben Rn 17 ff.
33 Richtigerweise auf unter 50 %, so *Wastl/Wagner*, Wechselseitige Beteiligungen, S. 55 f (insb. Fn 103). Nach *Hüffer*, § 71 d Rn 7 sollen beide Unternehmen demgegenüber "wegen Perplexität" die Beteiligungen behalten dürfen, aber hieraus wegen § 71 b keine Rechte ausüben dürfen, mE wenig überzeugend.

(3) Ist das Unternehmen eine Kapitalgesellschaft, so hat es, sobald ihm ohne Hinzurechnung der Aktien nach Absatz 2 mehr als der vierte Teil der Aktien gehört, auch dies der Gesellschaft unverzüglich schriftlich mitzuteilen.

(4) Sobald dem Unternehmen eine Mehrheitsbeteiligung (§ 16 Abs. 1) gehört, hat es auch dies der Gesellschaft unverzüglich schriftlich mitzuteilen.

(5) Besteht die Beteiligung in der nach Absatz 1, 3 oder 4 mitteilungspflichtigen Höhe nicht mehr, so ist dies der Gesellschaft unverzüglich schriftlich mitzuteilen.

(6) [1]Die Gesellschaft hat das Bestehen einer Beteiligung, die ihr nach Absatz 1 oder 4 mitgeteilt worden ist, unverzüglich in den Gesellschaftsblättern bekanntzumachen; dabei ist das Unternehmen anzugeben, dem die Beteiligung gehört. [2]Wird der Gesellschaft mitgeteilt, daß die Beteiligung in der nach Absatz 1 oder 4 mitteilungspflichtigen Höhe nicht mehr besteht, so ist auch dies unverzüglich in den Gesellschaftsblättern bekanntzumachen.

(7) [1]Rechte aus Aktien, die einem nach Absatz 1 oder 4 mitteilungspflichtigen Unternehmen gehören, bestehen für die Zeit, für die das Unternehmen die Mitteilungspflicht nicht erfüllt, weder für das Unternehmen noch für ein von ihm abhängiges Unternehmen oder für einen anderen, der für Rechnung des Unternehmens oder eines von diesem abhängigen Unternehmens handelt. [2]Dies gilt nicht für Ansprüche nach § 58 Abs. 4 und § 271, wenn die Mitteilung nicht vorsätzlich unterlassen wurde und nachgeholt worden ist.

(8) Die Absätze 1 bis 7 gelten nicht für Aktien eines Emittenten im Sinne des § 21 Abs. 2 des Wertpapierhandelsgesetzes.

Literatur:
Arends, Die Offenlegung von Aktienbesitz nach deutschem Recht, 2000; *Bernhardt*, Mitteilungs-, Bekanntmachungs- und Berichtspflichten über Beteiligungen nach neuem Aktienrecht, BB 1966, 678; *Burgard*, Die Offenlegung von Beteiligungen, Abhängigkeits- und Konzernlagen bei der Aktiengesellschaft, 1990; *ders.*, Die Offenlegung von Beteiligungen bei der Aktiengesellschaft, AG 1992, 41; *ders.*, Inzidente Mitteilung gemäß § 20 AktG?, WM 2012, 1937; *DAV-Handelsrechtsausschuss*, Vorschlag für eine Harmonisierung der gesetzlichen Pflichten zur Mitteilung von Beteiligungen nach Aktiengesetz und Wertpapierhandelsgesetz, April 1995; *DAV-Handelsrechtsausschuss*, Ergänzender Vorschlag für eine Harmonisierung der gesetzlichen Pflichten zur Mitteilung von Beteiligungen nach Aktiengesetz und Wertpapierhandelsgesetz, März 1996; *Diekmann*, Mitteilungspflichten nach §§ 20 ff AktG und dem Diskussionsentwurf des Wertpapierhandelsgesetzes, DZWir, 1994, 13; *v. Falkenhausen*, Abhängige Unternehmen und Mitteilungspflicht nach §§ 20, 21 AktG, BB 1966, 875; *Gelhausen/Bandey*, Bilanzielle Folgen der Nichterfüllung von Mitteilungspflichten gemäß §§ 20 f AktG und §§ 21 ff WpHG nach In-Kraft-Treten des Dritten Finanzförderungsgesetzes, WPg 2000, 497; *Geßler*, Verlust oder nur Ruhen der Aktionärsrechte nach § 20 Abs. 7 AktG?, BB 1980, 217; *Hägele*, Praxisrelevante Probleme der Mitteilungspflichten nach §§ 20, 21 AktG, NZG 2000, 726; *Happ*, Aktienrecht, 3. Auflage 2007; *ders.*, Zur Nachholung aktienrechtlicher Meldepflichten und damit verbundenen prozessualen Fragen, in: FS Karsten Schmidt, 2009, S. 545; *Heinsius*, Rechtsfolgen einer Verletzung der Mitteilungspflichten nach § 20 AktG, in: FS Robert Fischer, 1979, S. 215; *Hüffer*, Verlust oder Ruhen von Aktionärsrechten bei Verletzung aktienrechtlicher Mitteilungspflichten?, in: FS Karlheinz Boujong, 1996, S. 277; *König/Römer*, Reichweite aktien- und kapitalmarktrechtlicher Rechtsausübungshindernisse – Nach § 20 VII AktG und § 28 S. 1 WpHG ruhende Beteiligungsrechte, NZG 2004, 944; *Koppensteiner*, Einige Fragen zu § 20 AktG, in: FS Heinz Rowedder, 1994, S. 213; *Meyer-Landrut/Wendel*, Satzungen und Hauptversammlungsbeschlüsse der AG, 2. Auflage 2006; *H.-P. Müller*, Endgültiger Dividendenverlust bei unterlassener Mitteilung gem § 20 Abs. 7 AktG?, AG 1996, 396; *Neye*, Harmonisierung der Mitteilungspflichten zum Beteiligungsbesitz von börsennotierten Aktiengesellschaften, ZIP 1996, 1853; *Nodoushani*, Die Transparenz von Beteiligungsverhältnissen, WM 2008, 1671; *Paudtke*, Zum zeitweiligen Verlust der Recht eines Aktionärs gem. § 20 VII AktG, NZG 2009, 939; *Pentz*, Mitteilungspflichten gem §§ 20, 21 AktG gegenüber einer mehrstufig verbundenen Aktiengesellschaft, AG 1992, 55; *Pötzsch*, Der Diskussionsentwurf des Dritten Finanzmarktförderungsgesetzes, AG 1997, 193; *ders.*, Das Dritte Finanzmarktförderungsgesetz WM 1998, 949; *Priester*, Die Beteiligungspublizität gem §§ 20, 160 III Nr. 11 AktG bei Gründung der Gesellschaft, AG 1974, 212; *Quack*, Die Mitteilungspflichten des § 20 AktG und ihr Einfluss auf das Verhalten der Organe des Mitteilungsadressaten, in: FS Johannes Semler, 1993, S. 581; *Schäfer*, Aktuelle Probleme des Aktienrechts, BB 1966, 229; *ders.*, Die Rechtsfolgen bei der Unterlassung der Mitteilung nach den §§ 20 und 21 des Aktiengesetzes, BB 1966, 1004; *S.H. Schneider/U.H. Schneider*, Der Rechtsverlust gemäß § 28 WpHG bei Verletzung der kapitalmarktrechtlichen Meldepflichten – zugleich eine Untersuchung zu § 20 Abs. 7 und § 59 WpÜG, ZIP 2006, 493; *Theusinger/Klein*, Zur Mitteilungspflicht nach AktG § 20, EWiR 2005, 369; *Vedder*, Zum Begriff „für Rechnung" im AktG und im WpHG, 1999; *Vonnemann*, Mitteilungspflichten gemäß §§ 20 Abs. 1, 21 Abs. 1 AktG, AG 1991, 352; *Wand/Tillmann*, Der stimmlose Gesellschafterbeschluss in der Vollversammlung, AG 2005, 227; *Widder*, Rechtsnachfolge in Mitteilungspflichten nach §§ 21 ff WpHG, § 20 AktG?, NZG 2004, 275; *Witt*, Übernahmen von Aktiengesellschaften und Transparenz der Beteiligungsverhältnisse, 1998; *ders.*, Vorschlag für eine Zusammenfügung der §§ 21 ff WpHG und des § 20 AktG zu einem einzigen Regelungskomplex, AG 1998, 171; *ders.*, Die Änderungen der Mitteilungs- und Veröffentlichungspflichten nach §§ 21 ff WpHG und §§ 20 f AktG durch das Dritte Finanzmarktförderungsgesetz und das „KonTraG", WM 1998, 1153.

A. Einführung	1	II. Zurechnung von Aktien (Abs. 1 S. 2, Abs. 2)	6
B. Mitteilungspflichtige Sachverhalte	3	III. Mitteilungspflicht über wechselseitige Beteiligungen (Abs. 3)	8
I. Entstehung und Wegfall einer Schachtelbeteiligung (Abs. 1 und 5)	3		

IV. Mitteilungspflicht über eine Mehrheitsbeteiligung (Abs. 4)	9	2. Betroffene Rechte	16
C. Abgabe und Inhalt der Mitteilung	10	a) Verwaltungsrechte	17
D. Bekanntmachungspflicht der Gesellschaft (Abs. 6)	11	b) Vermögensrechte	22
		aa) Bezugsrecht aus Kapitalerhöhung	22
E. Rechtsfolgen bei Verletzung der Mitteilungspflichten	12	bb) Dividendenanspruch	24
		cc) Liquidationserlös	26
I. Rechtsverlust (Abs. 7)	12	II. Schadensersatzpflicht	27
1. Betroffene Aktien	15	F. Anwendung auf nicht-börsennotierte Gesellschaften (Abs. 8)	28

A. Einführung

Die in den §§ 20 ff geregelten und durch das AktG 1965 eingeführten Mitteilungspflichten beziehen sich auf (Kapital-)Beteiligungen, die ein Unternehmen an einer nicht-börsennotierten AG oder KGaA besitzt. Für börsennotierte Gesellschaften schaffen und gewährleisten die in den §§ 21 ff WpHG geregelten Mitteilungs- und Veröffentlichungspflichten ein eigenständiges kapitalmarktrechtliches Publizitätssystem. Weitere Mitteilungspflichten sieht das Gesetz für wechselseitige Beteiligungen nach § 328 Abs. 4 vor. Die §§ 20–22 dienen dem **Zweck** die Aktionäre, die Gläubiger sowie die Öffentlichkeit über geplante und bestehende Konzernverbindungen zu unterrichten und damit die auch für die Unternehmensleitung bei Inhaberaktien oftmals nicht erkennbaren Machtverhältnisse in der AG offen zu legen. Daneben soll durch die Offenlegungspflichten die Rechtssicherheit bei der Anwendung konzernrechtlicher Vorschriften erhöht werden.[1]

Die Regelungen erfuhren zuletzt durch Art. 13 Nr. 1 und 2 Transparenzrichtlinie-Umsetzungsgesetz vom 5.1.2007[2] und Art. 1 Nr. 6 Stückaktiengesetz vom 25.3.1998[3] lediglich kleinere redaktionelle Änderungen. Maßgeblich wurden die Regelungen allerdings durch Art. 15 Nr. 1 **3. Finanzmarktförderungsgesetz** vom 24.3.1998 geändert.[4] Durch die Änderungen wurden die bis dahin bestehende Unterschiede zwischen den §§ 20 ff und den §§ 21 ff WpHG hinsichtlich der Rechtsfolgenseite beseitigt und die Anwendungsbereiche beider Regelungskomplexe aufeinander abgestimmt (vgl hierzu Rn 13 f, 28).[5] Mittelbare Änderungen ergeben sich aus der Ausdehnung des Anwendungsbereichs der §§ 21 ff WpHG durch Art. 2 Nr. 1 des **Gesetzes zur Regelung von öffentlichen Angeboten zum Erwerb von Wertpapieren und von Unternehmensübernahmen** vom 20.12.2001 (vgl hierzu Rn 28).[6] Die Regelungen finden folglich heute nur noch auf Aktiengesellschaften Anwendung, deren Anteile nicht an einem organisierten Markt zugelassen sind. Damit unterliegen dem Anwendungsbereich der §§ 20–22 nicht nur börsenferne Gesellschaften, sondern auch solche, deren Anteile lediglich in den Open Market (Freiverkehr) der Frankfurter Wertpapierbörse und der M:access München einbezogen sind.

B. Mitteilungspflichtige Sachverhalte

I. Entstehung und Wegfall einer Schachtelbeteiligung (Abs. 1 und 5). Abs. 1 und 5 verpflichten ein Unternehmen, das im Wege einer qualifizierten Beteiligung mehr als 25 % der Anteile an einer inländischen AG oder KGaA hält (sog. Schachtelbeteiligungen), der Gesellschaft das Über- oder Unterschreiten dieser Schwelle unverzüglich iSd § 121 Abs. 1 S. 1 BGB schriftlich mitzuteilen.

Mitteilungspflichtig ist, anders als nach WpHG, nicht jedermann, sondern lediglich **jedes Unternehmen** mit Sitz im In- oder Ausland (vgl auch § 15 Rn 9). Für die Bejahung der Unternehmenseigenschaft kommt es – unabhängig von der Rechtsform – darauf an, ob der Rechtsträger mit seiner Beteiligung anderweitige unternehmerische Interessen verfolgt, die über das Halten der Aktien hinausreichen. Dies gilt gleichermaßen für juristische (dh auch Körperschaften des öffentlichen Rechts, Personengesellschaften) und natürliche Personen.[7]

Mitteilungspflichtig ist eine Kapitalbeteiligung iHv 25 % des Grundkapitals an einer inländischen AG oder KGaA. Die Mitteilungspflicht besteht dabei auch für die Gründungsaktionäre. Dies ist sogar dann der Fall,

---

1 BegrRegE, *Kropff*, S. 38; BGHZ 114, 203, 215 = NJW 1991, 2765; K. Schmidt/Lutter/*Veil*, Rn 3.
2 BGBl. I 2007 S. 10.
3 BGBl. I 1998 S. 590.
4 BGBl. I 1998 S. 529.
5 Hierzu im Einzelnen: *Neye*, ZIP 1996, 1853 f; *Witt*, AG 1998, 1153 ff.
6 BGBl. I 2001, S. 3822.
7 BGHZ 114, 203, 210 f = NJW 1991, 2765; OLG Stuttgart AG 1992, 259, 460; *Hüffer*, Rn 2; MüKo-AktG/*Bayer*, Rn 6 f;

MüHb-AG/*Krieger*, § 68 Rn 118. Gefordert wird eine Ausdehnung der Mitteilungspflichten auf *alle* Anteilsinhaber ohne Rücksicht auf deren Unternehmenseigenschaft; so etwa: *Wiedemann*, Minderheitenschutz, S. 62; *Burgard*, S. 47 f; ablehnend: Ausschussbericht, *Kropff*, S. 41 f, dem der Gesetzgeber nicht nachgekommen ist. Zum Begriff des Unternehmens im Einzelnen: BGHZ 135, 107, 113 = NJW 1997, 1855; BGHZ 69, 334, 336 ff = NJW 1978, 104 (Veba-Gelsenberg); BGHZ 74, 359, 364 f = NJW 1979, 2401.

wenn sich die Beteiligung aus dem notariellen Gründungsprotokoll ergibt.[8] Die Bekanntmachung durch die Gesellschaft (Abs. 6) hat in diesem Fall erst mit Entstehung der Gesellschaft durch Eintragung im Handelsregister zu erfolgen, dh die Gesellschaft in Gründung trifft diesbezüglich keine Verpflichtung.[9] Auf die Anzahl der Stimmrechte kommt es, anders als nach § 20 Abs. 4 iVm § 16 Abs. 1 bei dem Erwerb einer Mehrheitsbeteiligung und abweichend von den Mitteilungspflichten nach WpHG, nicht an. Die **Berechnung der Beteiligungshöhe** folgt dem Verhältnis des Gesamtnennbetrages der dem Unternehmen gehörenden Anteile zu dem Nennkapital der Aktiengesellschaft bzw bei Gesellschaften mit Stückaktien, der dem Unternehmen gehörenden Stückaktien zu der Gesamtzahl der Stückaktien (§ 20 Abs. 1 S. 2 iVm § 16 Abs. 2 S. 1 Alt. 1 und Abs. 4). Eigene Aktien sowie Aktien, die ein Dritter für Rechnung der Gesellschaft hält, werden bei der Berechnung des Nennkapitals bzw der Gesamtzahl der Stückaktien voll berücksichtigt. Dies folgt bereits aus der in § 20 Abs. 1 S. 2 fehlenden Verweisung auf die Regelung des § 16 Abs. 2 S. 2 und 3.[10] Insgesamt ist bei Behandlung eigener Aktien im Nenner genauso zu verfahren wie bei der Berechnung des Gesamtstimmrechtsanteils nach WpHG (vgl § 21 WpHG Rn 6).

6 **II. Zurechnung von Aktien (Abs. 1 S. 2, Abs. 2).** Für die Feststellung einer Kapitalbeteiligung des mitteilungspflichtigen Unternehmens sind diesem auch Anteile hinzuzurechnen, die einem abhängigen Unternehmen (§ 17) oder einem für Rechnung des Unternehmens handelnden Dritten oder einem von diesem abhängigen Unternehmen gehören (§§ 20 Abs. 1 S. 2, 16 Abs. 4, vgl im Einzelnen dort § 16 Rn 16 ff). Eine Absorption der zuzurechnenden Anteile findet nicht statt, dh neben der die Aktien unmittelbar haltenden Tochtergesellschaft ist auch die Muttergesellschaft als mittelbare Anteilseignerin gemäß §§ 20 Abs. 1 S. 2, 16 Abs. 4 meldepflichtig.[11]

7 Darüber hinaus werden dem Unternehmen nach Abs. 2 auch solche Rechte zugerechnet, deren Übertragung es verlangen kann oder zu dessen Abnahme (zB aufgrund eines Kauf-/Treuhandvertrages, Optionen oder Rechten aus einem bindenden Angebot)[12] es verpflichtet ist. Für Übereignungsansprüche und Abnahmeverpflichtungen abhängiger Unternehmen sowie für Rechnung des Unternehmens handelnde Dritte bzw von diesen abhängige Unternehmen gilt das zuvor Gesagte entsprechend. Eine Vinkulierung der Aktien verhindert deren Zurechnung nicht.[13] Die Ausnutzung faktischer Einflussmöglichkeiten ist bei isolierter Betrachtung für eine Zurechnung nicht ausreichend.[14]

8 **III. Mitteilungspflicht über wechselseitige Beteiligungen (Abs. 3).** Für die Offenlegung und Feststellung wechselseitiger Beteiligungen sieht Abs. 3 zusätzliche Mitteilungspflichten für inländische Kapitalgesellschaften[15] vor, die ohne die Zurechnung fremder Anteile nach Abs. 2 eine Beteiligung von mehr als 25 % an einer AG ausweisen können. Die Vorschrift tritt damit neben die besonderen Mitteilungspflichten für wechselseitige Beteiligungen gemäß § 328 Abs. 4, wonach eine AG oder KGaA und ein anderes Unternehmen bei Vorliegen einer wechselseitigen Beteiligung diese sowie diesbezügliche Änderungen in ihrer jeweiligen Höhe schriftlich mitzuteilen hat. Eine Mitteilungspflicht nach Abs. 1 besteht in diesem Fall für die nach Abs. 3 mitteilungspflichtige Gesellschaft nicht.[16]

9 **IV. Mitteilungspflicht über eine Mehrheitsbeteiligung (Abs. 4).** Mitteilungspflichtig ist ferner der Erwerb einer Mehrheitsbeteiligung (50 % + 1 Aktie) des Grundkapitals und der Stimmrechte einer AG (§ 20 Abs. 4 iVm § 16 Abs. 1).[17] Für die Berechnung einer Mehrheitsbeteiligung sind auch die durch einen Dritten für Rechnung des mitteilungspflichtigen Unternehmens oder die durch ein von letzterem abhängiges Unternehmen gehaltenen Anteile zu berücksichtigen (§ 16 Abs. 4 analog). Insoweit ist die Verweisung auf § 16

---

8 BGH ZIP 2006, 1134, 1135 (Mitteldeutsche Leasing AG); OLG Dresden ZIP 2005, 573; hierzu: *Theusinger/Klein*, EWiR 2005, 369; *Wand/Tillmann*, AG 2005, 227; MüKo-AktG/*Bayer*, Rn 40; KölnKomm-AktG/*Koppensteiner*, Rn 22; Groß-Komm-AktienR/*Windbichler*, Rn 19; aA: *Priester*, AG 1974, 212, 213 f.

9 *Hüffer*, Rn 2; aA: *Priester*, AG 1974, 212, 214.

10 MüKo-AktG/*Bayer*, Rn 13 f; Emmerich/Habersack/*Emmerich*, Rn 18; KölnKomm-AktG/*Koppensteiner*, Rn 14; Bügers/Körber/*Nolte*, Rn 10; aA wohl: *Nodoushani*, WM 2008, 1671, 1672.

11 Heute hM: BGH NJW 2000, 3647 = NZG 2000, 1220; BGHZ 114, 203, 217 = NJW 1991, 2765; LG Berlin AG 1998, 195, 196; *Pentz* AG 1992, 55, 58; *König/Römer*, NZG 2004, 944, 944 f; *Hüffer*, Rn 3; MüKo-AktG/*Bayer*, Rn 9; aA: *Bernhardt*, BB 1966, 678, 681 f; *v. Falkenhausen*, BB 1966, 875; *Schäfer*, BB 1966, 229, 230; vgl zu der Parallelfrage bei § 22 WpHG dort Rn 12.

12 AllgM: *Diekmann*, DZWir 1994, 13, 14; MüKo-AktG/*Bayer*, Rn 18; *Hüffer*, Rn 4; KölnKomm-AktG/*Koppensteiner*, Rn 17; MüHb-AG/*Krieger*, § 68 Rn 121; aA: *Baumbach/Hueck*, AktG, Rn 4; *v. Godin/Wilhelmi*, Anm. 4.

13 KG Berlin ZIP 1990, 925, 926; MüHb-AG/*Krieger*, § 68 Rn 121; Emmerich/Habersack/*Emmerich*, Rn 18; aA: MüKo-AktG/*Bayer*, Rn 19; Bügers/Körber/*Nolte*, Rn 12; KölnKomm-AktG/*Koppensteiner*, Rn 18.

14 LG Berlin WM 1990, 978, 980 = AG 1991, 34, 35; MüKo-AktG/*Bayer*, Rn 17; MüHb-AG/*Krieger*, § 68 Rn 121; *Hüffer*, Rn 4; Emmerich/Habersack/*Emmerich*, Rn 23; aA: *Koppensteiner*, in: FS Roewedder, 1994, S. 213, 224.

15 Die Beschränkung auf inländische Kapitalgesellschaften ergibt sich aus § 19 Abs. 1 AktG; wie hier MüKo-AktG/*Bayer*, Rn 22; MüHb-AG/*Krieger*, § 68 Rn 122; *Hüffer*, Rn 5; K. Schmidt/Lutter/*Veil*, Rn 24; Bügers/Körber/*Nolte*, Rn 14; Emmerich/Habersack/*Emmerich*, Rn 26; aA: *Schneider*, in: Assmann/Schneider, Vor § 21 Rn 51; KölnKomm-AktG/*Koppensteiner*, Rn 34.

16 MüHb-AG/*Krieger*, § 68 Rn 126; KölnKomm-AktG/*Koppensteiner*, Rn 25.

17 Fallen die Kapital- und Stimmrechtsmehrheit auseinander, so können zwei Unternehmen nebeneinander mitteilungspflichtig sein; *Hüffer*, Rn 6; MüKo-AktG/*Bayer*, Rn 24.

Abs. 1 als Generalverweisung auf die diesen konkretisierenden Abs. 2–4 zu verstehen.[18] Eine Zurechnung fremder Anteile gemäß Abs. 2 erfolgt demgegenüber nicht.[19]

C. Abgabe und Inhalt der Mitteilung

Die Mitteilung des Unternehmens hat **unverzüglich** (§ 121 Abs. 1 S. 1 BGB) nach Erwerb der letzten bzw Veräußerung der ersten Aktie (Abs. 5) zu erfolgen, mit der die konkrete Mitteilungspflicht ausgelöst wird. Die Mitteilung ist **schriftlich** (§ 126 Abs. 1, 3 iVm 126 a BGB) abzugeben (Abs. 1 S. 1). Für die Wahrung des Schriftformerfordernisses genügt es jedoch nicht, dass die vom Mitteilungspflichtigen unterschriebene Mitteilung nach Abs. 1 der Gesellschaft als eingescannte Anlage einer E-Mail übersandt wird. Eine eingescannte Unterschrift genügt diesem Erfordernis ebenfalls nicht. Anders verhält es sich jedoch dann, wenn das elektronische Dokument mit einer qualifizierten elektronischen Signatur iSd Signaturgesetzes versehen ist, §§ 126 Abs. 3, 126 a Abs. 1 BGB.[20] Zweckmäßig erscheint es, ebenso wie im Hinblick auf die kapitalmarktrechtlichen Mitteilungspflichten (vgl § 21 WpHG Rn 10), eine Übermittlung per Telefax zuzulassen.[21] Mündliche, telefonische oder telegrafische Mitteilungen sind daneben ebenso wenig ausreichend, wie eine anderweitige Kenntniserlangung der AG, auch nicht bei Namensaktien über den Zugriff des Vorstands auf das Aktienregister.[22] **Inhaltlich** muss in der Mitteilung klargestellt werden, ob sie nach Abs. 1, 3, 4 oder 5 erfolgt.[23] Hingegen reicht es wohl, wenn die Mitteilung ohne Hinweis auf § 20 im Rahmen eines Schreibens erfolgt, das auf einen ganz anderen Zweck als die Erfüllung der Mitteilungspflicht gerichtet ist.[24] Ferner muss für die AG erkennbar werden, welchem Unternehmen die Beteiligung zusteht. In jedem Fall ist die Mitteilung so eindeutig zu formulieren, dass die Gesellschaft sie anschließend ohne Korrekturen veröffentlichen kann.[25]

D. Bekanntmachungspflicht der Gesellschaft (Abs. 6)

Die Gesellschaft hat die ihr gegenüber nach Abs. 1, 4 oder 5 abgegebene Mitteilung über das Bestehen oder Entfallen einer Beteiligung unverzüglich (§ 121 Abs. 1 S. 1 BGB) in den Gesellschaftsblättern, dh zumindest im Bundesanzeiger (vgl § 25 S. 1), bekannt zu geben (Abs. 6). Ziel der Regelung ist die frühzeitige Information der Aktionäre sowie der Öffentlichkeit über die der Gesellschaft zugegangenen Mitteilungen.[26] Die Vorlage eines Nachweises iSd § 22 darf nicht abgewartet werden.[27] Dem Inhalt nach korrespondiert die Bekanntmachungspflicht der Gesellschaft mit dem Umfang der jeweiligen Mitteilungspflicht des Anteilseigners (vgl Rn 10). Eine Mitteilungen nach Abs. 3 macht grundsätzlich keine Veröffentlichung durch die Gesellschaft erforderlich. Etwas anderes gilt allerdings dann, wenn gleichzeitig eine Mitteilung nach Abs. 1 abgegeben wurde. Erfährt die Gesellschaft auf anderem Wege von dem mitteilungspflichtigen Sachverhalt, so kann sie diesen bekannt machen; verpflichtet ist sie hierzu nicht.[28] Der Verstoß gegen die Bekanntmachungspflichten kann eine Schadensersatzpflicht gegenüber der Gesellschaft (Schutzgesetz iSd § 823 Abs. 2 BGB) begründen. Ein Rechtsverlust (Abs. 7) zulasten des mitteilungspflichtigen Unternehmens wird durch die fehlende Veröffentlichung nicht herbeigeführt.[29]

E. Rechtsfolgen bei Verletzung der Mitteilungspflichten

I. Rechtsverlust (Abs. 7). Nach Abs. 7 S. 1 bestehen Rechte aus Aktien, die einem nach Abs. 1 oder 4 mitteilungspflichtigen Unternehmen gehören, für den Zeitraum, in dem das Unternehmen seine Mitteilungspflicht nicht oder nicht ordnungsgemäß[30] erfüllt, weder für das Unternehmen noch für ein von ihm abhängiges Unternehmen oder für einen anderen, der für Rechnung des Unternehmens oder eines von diesem abhängigen Unternehmens handelt. Von dem zeitweiligen Rechtsverlust ausgenommen sind der Anspruch auf

---

18 AllgM: MüKo-AktG/*Bayer*, Rn 25; *Hüffer*, Rn 6; MüHb-AG/*Krieger*, § 68 Rn 123; KölnKomm-AktG/*Koppensteiner*, Rn 20.
19 MüKo-AktG/*Bayer*, Rn 6; *Hüffer*, Rn 6.
20 OLG Schleswig ZIP 2007, 2214, 2215 = BeckRS 2007, 12074; *Hüffer*, Rn 8.
21 AllgM: *Hüffer*, Rn 8; KölnKomm-AktG/*Koppensteiner*, Rn 30; MüKo-AktG/*Bayer*, Rn 35.
22 BGHZ 114, 203, 213 f = NJW 1991, 2765; KG Berlin AG 1990, 500, 501 = WM 1990, 1546; LG Berlin AG 1979, 109 = WM 1978, 1086; LG Oldenburg AG 1994, 137; MüKo-AktG/*Bayer*, Rn 10; *Hüffer*, Rn 8; aA *Priester* AG 1974, 214.
23 *Diekmann*, DZWir 1994, 13, 15; MüHb-AG/*Krieger*, § 68 Rn 125.
24 LG Hamburg WM 1996, 168, 169 f; OLG München WM 2010, 1859, 1860 f; OLG München WM 2011, 2287, 2290; *Burgard*, WM 2012, 1937, 1941.
25 BGH NJW 2000, 3647 = NZG 2000, 1220; für Mustertexte: vgl *Happ*, S. 702 ff; *Meyer-Landrut/Wendel*, S. 104 ff.
26 Ausschussbericht, *Kropff*, S. 42.
27 *Hüffer*, Rn 7; MüKo-AktG/*Bayer*, Rn 37.
28 BGHZ 114, 203, 215 = NJW 1991, 2765; OLG Oldenburg AG 1994, 415, 416; MüKo-AktG/*Bayer*, Rn 38; *Witt*, S. 186.
29 LG Mannheim AG 1988, 248, 252; *Hüffer*, Rn 9.
30 BGHZ 114, 203, 204 f, 217 = NJW 1991, 2765; Emmerich/Habersack/*Emmerich*, Rn 45; GroßKomm-AktienR/*Windbichler*, Rn 66.

Dividende (§ 58 Abs. 4) und den Liquidationserlös (§ 271), wenn die Mitteilung nicht vorsätzlich unterlassen wurde und (rechtzeitig) nachgeholt worden ist (Abs. 7 S. 2). Vergleichbare Regelungen finden sich in § 21 Abs. 4 AktG, § 28 WpHG sowie § 59 WpÜG.

13 Die zuletzt durch das 3. Finanzmarktförderungsgesetz geänderte Vorschrift beseitigt die nach dem früheren Wortlaut („können für die Zeit [...] nicht ausgeübt werden") bestehende Streitfrage, ob die Rechte für die Zeit einer unterlassenen Mitteilung lediglich ruhen oder endgültig erlöschen.[31] Der durch den jetzigen Wortlaut („bestehen [...] nicht") klar zum Ausdruck gebrachte endgültige Rechtsverlust tritt für den Zeitraum ein, in dem das Unternehmen seine Mitteilungspflichten nicht erfüllt (§§ 20 Abs. 7 S. 1, 21 Abs. 4 S. 1). Bei einer rechtzeitig erfolgten Mitteilung bleiben die Rechte aus Aktien unberührt. Eine verspätet abgegebene Mitteilung entfaltet keine Rückwirkung für die Vergangenheit und beseitigt den Rechtsverlust daher lediglich ex nunc[32] (vgl zu den in Abs. 7 S. 2 geregelten Ausnahmen Rn 14). Der Rechtsverlust gemäß Abs. 7 setzt entgegen der früher herrschenden Auffassung, die eine objektive Rechtsverletzung als ausreichend erachtete, ein **Verschulden** des Mitteilungspflichtigen voraus.[33] Letzteren trifft die Darlegungs- und Beweislast für dessen Nichtvorliegen. Er kann daher bei Versäumung seiner Mitteilungspflichten seine Rechte erst dann wieder ausüben, wenn er sein fehlendes Verschulden nachgewiesen hat.

14 Nach dem durch das 3. Finanzmarktförderungsgesetz eingeführten **Abs. 7 S. 2** tritt der Rechtsverlust für die Ansprüche auf Dividende (§ 58 Abs. 4) und anteiligen Liquidationserlös (§ 271) nicht ein, wenn die Mitteilung nicht vorsätzlich unterlassen wurde und nachgeholt worden ist. Bei fehlendem Vorsatz ist der Rechtsverlust, anders als bei Abs. 7 S. 1, nur vorübergehend; er kann durch die Nachholung der Mitteilung rückwirkend beseitigt werden, was mangels zeitlicher Beschränkung auch hinsichtlich mehrerer Geschäftsjahre gilt.[34] Im Falle des vorsätzlichen Unterlassens der Mitteilung ist der Rechtsverlust endgültig. Die Beweislast für fehlenden Vorsatz trägt das mitteilungspflichtige Unternehmen.[35] Gelingt dieser Nachweis nicht, so erlöschen die Ansprüche aus §§ 58 Abs. 4, 271 endgültig.

15 1. Betroffene Aktien. Der Rechtsverlust erstreckt sich auf **sämtliche Aktien die** der Mitteilungspflichtige an dem betreffenden Unternehmen hält, dh nicht nur jene, die die mitteilungspflichtige Beteiligungsquote überschreiten.[36] Dies gilt selbst dann, wenn ein Unternehmen, das eine Mehrheitsbeteiligung (Abs. 4) innehat, lediglich eine Mitteilung nach Abs. 1 abgibt.[37] Der Verlust der Rechte erfasst daneben auch die Aktien, die dem mitteilungspflichtigen Unternehmen gemäß §§ 20 Abs. 1 S. 2, 16 Abs. 4 zugerechnet werden, dh die Aktien eines abhängigen Unternehmens sowie Dritter, die für Rechnung des mitteilungspflichtigen Unternehmens oder eines von diesem abhängigen Unternehmens handeln.[38] Nicht betroffen sind nach Abs. 2 zuzurechnende Aktien, wenn sie dem Meldepflichtigen nicht zugleich über § 16 Abs. 4 zugerechnet werden.[39] Im Falle der Veräußerung der Aktien, die einem Rechtsverlust nach Abs. 7 S. 1 unterliegen, stehen dem Erwerber die Rechte aus den Aktien uneingeschränkt zu, vorausgesetzt, dass dieser seinerseits den Mitteilungspflichten nachkommt.[40]

16 2. Betroffene Rechte. Von dem in Abs. 7 angeordneten Rechtsverlust werden grundsätzlich alle Rechte erfasst, die dem Aktionär aus seinen Aktien zustehen, dh alle Verwaltungs- und Vermögensrechte werden umfasst. Die Mitgliedschaft selbst sowie eine auf ihrer Grundlage bestehende Organfunktion (zB die Mitgliedschaft im Aufsichtsrat) wird von dem Rechtsverlust nicht berührt.[41] Ist demgegenüber ein Entsenderecht (§ 101 Abs. 2) unmittelbar mit der Aktionärsstellung verknüpft, so wirkt sich der Rechtsverlust auf dieses in vollem Umfang aus.[42]

---

31 So ausdrücklich: Begr. RegE, BT-Drucks. 13/8933, S. 96, 147; zum bisherigen Streitstand vgl MüKo-AktG/*Bayer*, Rn 43.

32 Bügers/Körber/*Nolte*, Rn 25; MüHb-AG/*Krieger* § 63 Rn 134; *Paudtke*, NZG 2009, 939, 939 f.

33 MüKo-AktG/*Bayer*, Rn 49; MüHb-AG/*Krieger*, § 68 Rn 132; GroßKomm-AktienR/*Windbichler*, Rn 70; Emmerich/Habersack/*Emmerich*, Rn 46; S.H. Schneider/U.H. Schneider ZIP 2006, 493, 499; differenzierend: *Hüffer*, Rn 11, der bei versammlungsbezogenen Verwaltungsrechten ein Verschuldenserfordernisses mit dem Argument verneint, dass ein Verschulden dort nicht geprüft werden könne; dagegen: *Arends*, S. 19; die Frage wurde in der Rspr bisher offen gelassen; vgl KG Berlin AG 1990, 500, 501 = WM 1990, 1546; LG Berlin AG 1998, 195, 196 f; aA *Hägele* NZG 2000, 726, 727; zur früheren Rechtslage: KölnKomm-AktG/*Koppensteiner*, Rn 51 ff.

34 *Hüffer*, Rn 15.

35 Begr. RegE, BT-Drucks. 13/8933, S. 95; zu den hiermit verbundenen Beweisschwierigkeiten: MüKo-AktG/*Bayer*, Rn 83.

36 MüKo-AktG/*Bayer*, Rn 47; MüHb-AG/*Krieger*, § 68 Rn 133.

37 MüKo-AktG/*Bayer*, Rn 47; MüHb-AG/*Krieger*, § 68 Rn 133; KölnKomm-AktG/*Koppensteiner*, Rn 60.

38 AllgM: LG Hannover WM 1992, 1239 (Pirelli/Continental); MüKo-AktG/*Bayer*, Rn 46, 48; Emmerich/Habersack/*Emmerich*, Rn 43; MüHb-AG/*Krieger*, § 68 Rn 133; KölnKomm-AktG/*Koppensteiner*, Rn 61.

39 MüKo-AktG/*Bayer*, Rn 48; MüHb-AG/*Krieger*, § 68 Rn 133; KölnKomm-AktG/*Koppensteiner*, Rn 62; GroßKomm-AktienR/*Windbichler*, Rn 68; aA *Burgard*, S. 56 f.

40 LG Hamburg WM 1996, 168, 170; MüHb-AG/*Krieger*, § 68 Rn 133; ebenso: MüKo-AktG/*Bayer*, Rn 51, der im Anschluss an OLG Stuttgart NZG 2005, 432, 435 genauso wie *Schneider*, in: Assmann/Schneider, § 28 Rn 71 wohl auch des Erfordernis einer Mitteilung verzichtet.

41 Begr. RegE, BT-Drucks. 13/8933, S. 95; Bügers/Körber/*Nolte*, Rn 29.

42 KölnKomm-AktG/*Koppensteiner*, Rn 66; GroßKomm-AktienR/*Windbichler*, Rn 82.

a) Verwaltungsrechte. Zu den von Abs. 7 im Rahmen der Hauptversammlung erfassten Rechten gehören im Einzelnen das Recht auf Einberufung der Hauptversammlung (§ 122 Abs. 3), die Teilnahme (insbesondere das Zutritts- und Rederecht; § 118 Abs. 1), das Stimmrecht (§§ 12, 134) und das Auskunftsrecht (§ 131). Die Mitteilung kann bis zu Beginn der Hauptversammlung vorgelegt werden, weshalb die gegebenenfalls erforderliche Hinterlegung der Aktien und die Anmeldung (§ 123 Abs. 2) nicht verweigert bzw zurückgewiesen werden könne.[43]

Aktien, die wegen eines Verstoßes gegen Abs. 7 kein **Stimmrecht** vermitteln, gelten in der Hauptversammlung als nicht vertreten. Wird das Stimmrecht dennoch ausgeübt, so ist der Hauptversammlungsbeschluss anfechtbar, aber nicht nichtig,[44] wenn das Beschlussergebnis auf der Mitwirkung des nicht stimmberechtigten Aktionärs beruht.[45]

Der Rechtsverlust umfasst auch die Anfechtungsbefugnis nach § 245 Nr. 1 und 2,[46] nicht aber diejenige nach § 245 Nr. 3, wenn die gemäß § 20 erforderliche Mitteilung vor Ablauf der Anfechtungsfrist erfolgt. Anders als bei § 245 Nr. 1 und 2 ist für die Anfechtungsbefugnis nach § 245 Nr. 3 nicht die Anwesenheit in der Hauptversammlung erforderlich, sondern nur die Aktionärseigenschaft im Zeitpunkt der Beschlussfassung.[47] Diese, also die Mitgliedschaft als solche, ist sanktionsfest (vgl Rn 16).

Teilweise wird in der Literatur auch die Frage diskutiert, wie sich das Ruhen der Rechte nach Abs. 7 auf die Einberufung einer außerordentlichen Hauptversammlung auswirkt. Hierzu wird folgendes vertreten: Stelle ein Aktionär, dessen Rechte ruhen, einen Antrag gemäß § 122 Abs. 1 und werde daraufhin durch den Vorstand oder durch ihn selbst aufgrund einer von ihm erstrittenen gerichtlichen Ermächtigung nach § 122 Abs. 3 die begehrte Hauptversammlung einberufen, so gelte diese als aktienrechtlich ordnungsgemäß einberufen. Auf dieser Hauptversammlung gefasste Beschlüsse seien nicht wegen eines Einberufungsmangels nichtig oder auch nur anfechtbar.[48] Sei das Quorum des § 122 Abs. 1 wegen eines unerkannten Ruhens von Beteiligungsrechten nicht erreicht, könne eine Parallele zu der Konstellation gezogen werden, dass vom Vorstand auf Antrag einer zunächst ausreichend großen Minderheit eine außerordentliche Hauptversammlung einberufen worden sei, nach der Einberufung das erforderliche Quorum jedoch wieder unterschritten werde. In diesem letztgenannten Fall werde dem Vorstand allgemein das Recht zugestanden, nach seinem Ermessen entweder die Hauptversammlung abzusagen oder sie trotz Wegfalls der Voraussetzungen des § 122 Abs. 1 gleichwohl abzuhalten.[49] Auch im Falle einer gerichtlichen Ermächtigung, die auf unzutreffenden Tatsachen beruht, sei eine entsprechende Hauptversammlung ordnungsgemäß einberufen, da es zum Wesen einer gerichtlichen Entscheidung gehöre, dass – ungeachtet solcher Fehler – die Entscheidung Bestandskraft habe.

Auch wird teilweise vertreten, dass die Einleitung eines Squeeze-Out-Verfahrens nach §§ 327a ff möglich sei, wenn zu diesem Zeitpunkt die Rechte des Aktionärs ruhen. Es sei nicht erforderlich, bereits im Zeitpunkt des Antrags auf Einberufung einer Squeeze-Out-Hauptversammlung eine Beteiligung von 95 % innezuhaben.[50] Vielmehr komme es auch hier auf die Ausübbarkeit der Rechte im Zeitpunkt der Beschlussfassung in der Hauptversammlung an.

b) Vermögensrechte. aa) Bezugsrecht aus Kapitalerhöhung. Im Falle der Kapitalerhöhung **gegen Einlagen** ist Abs. 7 S. 1 auf das Bezugsrecht anwendbar.[51] Entsprechendes gilt für Wandelschuldverschreibungen, Gewinnschuldverschreibungen und Genussrechte (§ 221 Abs. 4). Maßgeblicher Zeitpunkt, bis zu dem der Mitteilungspflichtige seinen gesetzlichen Mitteilungspflichten unter Wahrung des Bezugsrechts nachkommen kann, ist der Kapitalerhöhungsbeschluss (§ 182).[52] Geschieht dies nicht, so erlischt das Bezugsrecht endgültig; die Möglichkeit einer Nachholung, wie im Fall des Abs. 7 S. 2, besteht nicht. Nach der früher

---

[43] GroßKomm-AktienR/*Windbichler*, Rn 73; weitergehend *Happ*, in: FS Schmidt, 2009, S. 545, 550 ff.

[44] HM: BGH ZIP 2006, 1134, 1136 f; OLG Dresden AG 2005, 247; KG Berlin AG 1999, 126 = NZG 2000, 42; KG Berlin AG 2000, 127; LG Hannover WM 1992, 1239 (Pirelli/Continental); MüKo-AktG/*Bayer*, Rn 56; MüHb-AG/*Krieger*, § 68 Rn 136; *Hüffer*, Rn 17; aA für den Eintritt der Nichtigkeit: *Geßler*, BB 1980, 217, 219; *Quack*, in: FS Semler, 1993, S. 581, 589.

[45] Vgl auch MüKo-AktG/*Bayer*, Rn 56 zu den hiermit verbundenen Beweisproblemen, wenn der betroffene Aktionär über die Stimmabgabe hinaus „in sonstiger Weise" auf die Willensbildung in der HV Einfluss genommen hat; *Happ*, in: FS Schmidt, 2009, S. 545, 559 ff zur Möglichkeit der Heilung durch Bestätigungsbeschluss.

[46] BGH NZG 2009, 827, 828 = ZIP 2009, 1318; OLG Frankfurt am Main NZG 2007, 553, 555 = AG 2007, 592, 593; OLG Stuttgart NZG 2005, 432, 434 = AG 2005, 125, 127; *K. Schmidt/Lutter/Veil*, § 120 Rn 39.

[47] BGH NZG 2009, 827, 828 = ZIP 2009, 1317; OLG Schleswig ZIP 2007, 2214, 2216 = BeckRS 2007 12074; *Hüffer*, Rn 14.

[48] Bisher einzig: *König/Römer*, NZG 2004, 944, 946.

[49] GroßKomm-AktienR/*Werner*, § 122 Rn 41; das OLG Düsseldorf (NZG 2004, 239, 240) verneint ein fortbestehendes Antragsrecht nach § 122 bei nachträglicher Unterschreitung des Quorums.

[50] LG München NZG 2009, 143, 145; *König/Römer*, NZG 2004, 944, 947.

[51] *Hüffer*, Rn 16; MüKo-AktG/*Bayer*, Rn 61; Emmerich/Habersack/*Emmerich*, Rn 60; aA: MüHb-AG/*Krieger*, § 68 Rn 140.

[52] Heute allgM: MüKo-AktG/*Bayer*, Rn 62; Emmerich/Habersack/*Emmerich*, Rn 16; *Hüffer*, Rn 16; MüHb-AG/*Krieger*, § 68 Rn 140 a; KölnKomm-AktG/*Koppensteiner*, Rn 69; aA (Ablauf der Bezugsfrist): *Heinsius*, in: FS Fischer, 1979, S. 215, 253; *Schäfer*, BB 1966, 1004, 1006; *v. Godin/Wilhelmi*, Anm. 10.

ganz herrschender Meinung sollten die jungen Aktien, die dem Aktionär bei rechtzeitiger Erfüllung seiner Mitteilungspflichten zugestanden hätten, der Gesellschaft zufallen und dem Vorstand zur Verwertung (idR durch Verkauf) überlassen werden.[53] Neuerdings wird demgegenüber vertreten, dass die neuen Aktien dem Aktionär zu belassen sind und lediglich der im Erhalt des Bezugsrechts zu Unrecht ausgeschütteten Vermögensvorteil zurückzufordern ist.[54] Grundlage für die Berechnung ist hierbei die Differenz zwischen Erwerbspreis und dem Preis, den er am Markt für die neuen Aktien hätte aufbringen müssen.

23 Nicht anwendbar ist Abs. 7 auf Kapitalerhöhungen **aus Gesellschaftsmitteln**, da in diesem Fall das Mitgliedschaftsrecht selbst betroffen ist.[55]

24 **bb) Dividendenanspruch.** Maßgeblicher Zeitpunkt für die Feststellung, ob der Dividendenanspruch verloren gegangen ist oder lediglich ruht, ist der Gewinnverwendungsbeschluss der Hauptversammlung (§ 174).[56] Ist die Mitteilung bis dahin nicht erfolgt, so kommt es für die Aufrechterhaltung des Dividendenanspruchs entscheidend darauf an, ob die Mitteilung vorsätzlich unterlassen wurde oder nicht. Bei vorsätzlichem Handeln entfällt der Anspruch ersatzlos und zwar unabhängig von einer gegebenenfalls nachgeholten Mitteilung. Bei Fahrlässigkeit ruht der Anspruch bis der Mitteilungspflicht nachgekommen wurde.

25 Die zu Unrecht bezogene Dividende ist gemäß § 62 Abs. 1 an die AG zurückzuführen und von dieser **bilanziell** als Ertrag zu verbuchen.[57] Im Falle des Ruhens des Dividendenanspruchs wegen fahrlässigen Pflichtverstoßes ist die nicht ausgeschüttete Dividende als sonstige Verbindlichkeit auszuweisen.[58] Bei Unklarheiten darüber, ob ein vorsätzlicher Verstoß gegen die Mitteilungspflichten vorliegt, bleibt es bei der Passivierungspflicht.[59]

26 **cc) Liquidationserlös.** Bei vorsätzlichem Unterlassen der Mitteilung entfällt ebenfalls das Recht auf einen Anteil am Liquidationserlös. Dies hat der Gesetzgeber mit Inkrafttreten des 3. Finanzmarktförderungsgesetzes klargestellt.[60] Hier gilt grundsätzlich das zum Verlust des Dividendenanspruchs Gesagte (siehe Rn 21 f). Umstritten ist allerdings auch hier der für den Eintritt des Rechtsverlustes maßgebliche Anknüpfungspunkt. Richtigerweise ist auf den Zeitpunkt der Auflösung der AG (§ 262 Abs. 1) abzustellen und nicht etwa auf das Vorliegen der Verteilungsvoraussetzungen.[61]

27 **II. Schadensersatzpflicht.** Die Mitteilungspflichten nach Abs. 1 und 4 sowie die Pflichten nach Abs. 6 sind Schutzgesetze iSd § 823 Abs. 2 BGB.[62] Eine entsprechende Schadensersatzpflicht kann daneben den Vorstand und den Aufsichtsrat der Gesellschaft treffen, die verpflichtet sind, die Voraussetzungen des Abs. 7 zu überprüfen. Werden die Aktien einem Dritten zum Zwecke der Ausübung der Stimmrechte überlassen, so können sowohl die überlassende Gesellschaft als auch derjenige, der die Aktien zur Ausübung des Stimmrechts benutzt (zB ein Kreditinstitut), ordnungswidrig (§ 405 Abs. 3 Nr. 5) handeln. Die unberechtigte Wahrnehmung der Rechte aus den Aktien kann insofern ebenfalls nach § 823 Abs. 2 BGB iVm § 405 Abs. 3 Nr. 5 eine Schadensersatzpflicht auslösen.

F. Anwendung auf nicht-börsennotierte Gesellschaften (Abs. 8)

28 Die in Abs. 8 enthaltene Beschränkung des Anwendungsbereichs auf nicht-börsennotierte Gesellschaften beruht auf dem 3. Finanzmarktförderungsgesetz. Durch die Regelung sollen börsennotierte Gesellschaften iSd § 21 Abs. 2 WpHG von den zuvor bestehenden Doppelverpflichtungen befreit werden.[63] Mit der Erweiterung des Kreises börsennotierter Gesellschaften in § 21 Abs. 1 a, 2 WpHG („zum Handel an einem organisierten Markt" statt zuvor „zum amtlichen Handel an einer Börse") durch das Gesetz zur Regelung von öffentlichen Angeboten zum Erwerb von Wertpapieren und von Unternehmensübernahmen vom

---

53 MüKo-AktG/*Bayer*, Rn 65; *Hüffer*, Rn 16; *ders.*, in: FS Boujong, 1996, S. 277, 292 ff; MüHb-AG/*Krieger*, § 68 Rn 140 b; aA (nach der sich das Bezugsrecht der anderen Aktionäre erhöhe): KölnKomm-AktG/*Koppensteiner*, Rn 70; *Schneider*, in: Assmann/Schneider, § 28 Rn 29.

54 MüHb-AG/*Krieger*, § 68 Rn 140 c; Emmerich/Habersack/*Emmerich*, Rn 62.

55 Begr. RegE, BT-Drucks. 13/8933, S. 95; *Hüffer*, Rn 16; *ders.*, in: FS Boujong, 1996, S. 277, 285; *Witt*, WM 1998, 1153, 1156; KölnKomm-AktG/*Koppensteiner*, Rn 72; GroßKomm-AktienR/*Windbichler*, Rn 81; *Schäfer/Opitz*, § 28 WpHG Rn 18; aA: MüKo-AktG/*Bayer*, Rn 67; Emmerich/Habersack/*Emmerich*, Rn 63.

56 *Hüffer*, Rn 15; MüHb-AG/*Krieger*, § 68 Rn 137.

57 *Hüffer*, Rn 15 a; *ders.*, in: FS Boujong, 1996, S. 277, 291; MüKo-AktG/*Bayer*, Rn 76; Emmerich/Habersack/*Emmerich*, Rn 55 f; aA: KölnKomm-AktG/*Koppensteiner*, Rn 76 ff.

58 *H.P. Müller*, AG 1996, 396, 397; *Hüffer*, Rn 15 a; MüHb-AG/*Krieger*, § 68 Rn 138; aA: *Gelhausen/Bandey*, WPg 2000, 497, 503.

59 *Gelhausen/Bandey*, WPg 2000, 497, 503 f; *Hüffer*, Rn 15 a.

60 MüKo-AktG/*Bayer*, Rn 68 f; aA: *Hüffer*, Rn 13; *Witt*, WM 1998, 1153, 1157.

61 MüHb-AG/*Krieger*, § 68 Rn 139; *Burgard*, S. 60; aA Groß-Komm-AktienR/*Windbichler*, Rn 83.

62 AllgM: MüHb-AG/*Krieger*, § 68 Rn 141; MüKo-AktG/*Bayer*, Rn 85; KölnKomm-AktG/*Koppensteiner*, Rn 90.

63 Begr. RegE, BT-Drucks. 13/8933, S. 147; ausführlich: *Neye*, ZIP 1996, 1853, 1856 f; *Pötzsch*, WM 1998, 949, 957; *ders.*, AG 1997, 193, 198 f; kritisch: *Witt*, AG 1998, 171 f; *ders.*, WM 1998, 1153, 1160 f.

20.12.2001[64] (vgl § 21 WpHG Rn 1) wurde der Anwendungsbereich des § 20 auf Gesellschaften beschränkt, deren Aktien entweder in den Freiverkehr (Open Market) einbezogen sind oder keine Zulassung zum Handel an einer Börse besitzen.

§ 21 Mitteilungspflichten der Gesellschaft

(1) ¹Sobald der Gesellschaft mehr als der vierte Teil der Anteile einer anderen Kapitalgesellschaft mit Sitz im Inland gehört, hat sie dies dem Unternehmen, an dem die Beteiligung besteht, unverzüglich schriftlich mitzuteilen. ²Für die Feststellung, ob der Gesellschaft mehr als der vierte Teil der Anteile gehört, gilt § 16 Abs. 2 Satz 1, Abs. 4 sinngemäß.

(2) Sobald der Gesellschaft eine Mehrheitsbeteiligung (§ 16 Abs. 1) an einem anderen Unternehmen gehört, hat sie dies dem Unternehmen, an dem die Mehrheitsbeteiligung besteht, unverzüglich schriftlich mitzuteilen.

(3) Besteht die Beteiligung in der nach Absatz 1 oder 2 mitteilungspflichtigen Höhe nicht mehr, hat die Gesellschaft dies dem anderen Unternehmen unverzüglich schriftlich mitzuteilen.

(4) ¹Rechte aus Anteilen, die einer nach Absatz 1 oder 2 mitteilungspflichtigen Gesellschaft gehören, bestehen nicht für die Zeit, für die sie die Mitteilungspflicht nicht erfüllt. ²§ 20 Abs. 7 Satz 2 gilt entsprechend.

(5) Die Absätze 1 bis 4 gelten nicht für Aktien eines Emittenten im Sinne des § 21 Abs. 2 des Wertpapierhandelsgesetzes.

Literatur:
Bayer/Hoffmann, Legitimationsaktionär und Satzung, AG 2013, R259; *Bayer/Scholz*, Der Legitimationsaktionär – Aktuelle Fragen aus der gerichtlichen Praxis, NZG 2013, 721; *Bungert*, Mitteilungspflichten gemäß § 21 Abs. 2 AktG gegenüber Beteiligungsunternehmen mit Auslandssitz?, NZG 1999, 757; *Hägele*, Praxisrelevante Probleme der Mitteilungspflichten, NZG 2000, 726; *ders.*, Mitteilungspflichten bei Beteiligungserwerb – wann sind sie wirklich entbehrlich?, GmbHR 2007, 258; *Heckschen/Heidinger*, Die GmbH in der Gestaltungs- und Beratungspraxis, 2. Auflage 2009; *Holland/Burg*, Mitteilungspflicht nach § 21 AktG beim Erwerb sämtlicher Geschäftsanteile an einer GmbH, NZG 2006, 601; *Leuering/Simon*, § 21 AktG – ein Fallstrick für Berater konzernierter Unternehmen, NJW-Spezial 2004, 267; vgl sonst § 20; *Merkner/Sustmann*, Die Verwaltungspraxis der BaFin in Sachen Beteiligungstransparenz auf Grundlage der Neufassung des Emittentenleitfadens, NZG 2013, 1361; *Nartowska*, Stimmrechtsmeldepflichten und Rechtsverlust eines Legitimationsaktionärs nach §§ 21 ff. WpHG?, NZG 2013, 124; *Richter*, Unterliegt der im Aktienregister eingetragene Legitimationsaktionär den Mitteilungspflichten aus den §§ 21 ff. WpHG?, WM 2013, 2296.

A. Einführung

§ 21 statuiert Mitteilungspflichten über (Kapital-)Beteiligungen, die eine AG oder KGaA an einer inländischen Kapitalgesellschaft hält. Die Vorschrift dient damit, ergänzend zu § 20 Abs. 3, der **Feststellung** und **Offenlegung wechselseitiger Beteiligungen** für den Fall, dass das Beteiligungsunternehmen als Mitteilungsempfänger keine AG oder KGaA ist.[1] Treffen die Mitteilungspflichten im Falle der Beteiligung einer AG (KGaA) an einer anderen inländischen AG (KGaA) zusammen, so ist § 20 als lex specialis gegenüber § 21 vorrangig anwendbar.[2] Bei Abgabe der Mitteilung ist klarzustellen, um welchen mitteilungspflichtigen Tatbestand es sich handelt. Es bedarf in diesem Fall trotz der bei § 21 grundsätzlich nicht bestehenden Publikationspflicht einer Bekanntmachung nach § 20 Abs. 6. Weitergehende Mitteilungspflichten bestehen bei wechselseitig beteiligten Unternehmen (§ 328 Abs. 4) sowie Beteiligungen an einer GmbH (§ 16 GmbHG).[3]

B. Mitteilungspflichten für Schachtel- und Mehrheitsbeteiligungen (Abs. 1 bis 3)

I. **Schachtelbeteiligung (Abs. 1).** Abs. 1 normiert die Pflicht einer AG oder KGaA eine Beteiligung von mehr als 25 % (sog. Schachtelbeteiligung) an einer anderen Kapitalgesellschaft (AG, KGaA, GmbH) dieser mitzuteilen. Adressaten der Regelung sind ausschließlich inländische AGen oder KGenaA. Maßgebend ist insoweit der satzungsmäßige Sitz der Gesellschaft, nicht deren Verwaltungssitz.[4] Für die Berechnung der Beteiligungsquote gilt das zu § 20 Abs. 1 Gesagte.

---

64 BGBl. I 2001 S. 3822.
1 Begr. RegE *Kropff*, S. 39; *Hüffer*, Rn 1.
2 *Hägele*, NZG 2000, 726; MüKo-AktG/*Bayer*, Rn 5.
3 Zum Verhältnis von § 21 AktG und § 16 GmbHG: *Hägele*, NZG 2000, 726, 728 f.
4 Wie hier: *Bungert*, NZG 1999, 757, 760; Emmerich/Habersack/*Emmerich*, Rn 5; aA: *Hüffer*, Rn 2.

3 **II. Mehrheitsbeteiligung (Abs. 2).** Mitteilungspflichtig ist auch der Erwerb einer Mehrheitsbeteiligung durch eine inländische AG oder KGaA[5] an einem anderen Unternehmen (Abs. 2). Der Begriff der Mehrheitsbeteiligung, deren Berechnung sowie Fragen der Zurechnung von Anteilen Dritter bestimmen sich nach § 16 Abs. 1–4. Empfänger der Mitteilung ist – unabhängig von seiner Rechtsform[6] – jedes inländische Unternehmen;[7] auch insoweit ist auf den satzungsmäßigen Sitz des Unternehmens abzustellen.

4 In der Literatur wurde die Frage des Verhältnisses der Anmeldung iSv § 16 Abs. 1 GmbHG aF und der Mitteilungspflicht des § 21 diskutiert.[8] Diese Diskussion ist mit Inkrafttreten des Gesetzes zur Modernisierung des GmbH-Rechts und zur Bekämpfung von Missbräuchen (MoMiG) am 1.11.2008[9] nicht obsolet geworden. Zwar statuiert der vollständig neugefasste § 16 GmbHG keine Anmeldung des Anteilserwerbs mehr, jedoch werden Anmeldung und Nachweis des Erwerbs iSv § 16 Abs. 1 GmbHG aF nunmehr durch Mitteilung und Nachweis der Veränderung iSv § 40 Abs. 1 S. 2 GmbHG nF ersetzt.[10] Gerade beim Erwerb sämtlicher Geschäftsanteile an einer GmbH reduziert sich die Mitteilungspflicht des Käufers letztlich auf eine Mitteilung an sich selbst.[11] Die Mitteilung über den Erwerb einer 100 %igen Beteiligung lässt sich daher mit guten Gründen ablehnen.[12] Bis zur abschließenden Klärung der Streitfrage sollte jedoch auch hier gerade angesichts der Rechtsfolge des Abs. 4 eine Mitteilung abgegeben werden.

5 **III. Wegfall der Beteiligung (Abs. 3).** Der Wegfall einer Schachtel- bzw Mehrheitsbeteiligung ist, ebenso wie nach § 20 Abs. 5, mitzuteilen. Eine Verletzung dieser Mitteilungspflicht löst keinen Verlust der Rechte aus den Aktien nach Abs. 4 aus.

C. Rechtsfolgen (Abs. 4)

6 Nach Abs. 4 kann die Gesellschaft Rechte aus den Anteilen für die Zeit nicht ausüben, in der die Mitteilung nach Abs. 1 und 2 (nicht jedoch Abs. 3) nicht gemacht wurde. Für den Anspruch auf Dividendenzahlung und Teilnahme am Liquidationserlös tritt der Rechtsverlust in Übereinstimmung mit § 20 Abs. 7 nur dann ein, wenn die Mitteilung vorsätzlich unterlassen wurde und nicht nachgeholt worden ist. Der Rechtsverlust erstreckt sich auf alle Anteile, die der Gesellschaft „gehören"; damit sind also auch diejenigen mit umfasst, die ihr nach § 16 Abs. 4 zugerechnet werden.[13] Die Verletzung der Mitteilungspflicht kann daneben Schadensersatzansprüche gem. § 823 Abs. 2 BGB auslösen. Darüber hinaus handelt sowohl die Gesellschaft als auch derjenige ordnungswidrig, der die Aktien zur Ausübung des Stimmrechts benutzt, wenn die Aktien einem anderen zur Ausübung des Stimmrechts überlassen wurden (§ 405 Abs. 3 Nr. 5).

D. Keine Anwendung auf börsennotierte Gesellschaften (Abs. 5)

7 Der durch das 3. Finanzmarktförderungsgesetz eingefügte Abs. 5 schließt Mitteilungspflichten über Beteiligungen an börsennotierten Gesellschaften iSd § 21 Abs. 2 WpHG ausdrücklich aus. Hiermit sollen, ebenso wie nach § 20 Abs. 8, Überschneidungen mit den Mitteilungspflichten nach WpHG vermieden werden.

§ 22 Nachweis mitgeteilter Beteiligungen

Ein Unternehmen, dem eine Mitteilung nach § 20 Abs. 1, 3 oder 4, § 21 Abs. 1 oder 2 gemacht worden ist, kann jederzeit verlangen, daß ihm das Bestehen der Beteiligung nachgewiesen wird.

Literatur:
BGH, Keine Stimmrechtszurechnung zum Treuhänder nach § 22 WpHG, BB 2011, 2574; *Cahn/Ostler*, Eigene Aktien und Wertpapierleihe, AG 2008, 221; *Kocher/Heidel*, Kein abgestimmtes Verhalten und kein Stimmrechtsausschluss durch Stimmrechtsempfehlungen institutioneller Stimmrechtsberater, AG 2011, 543; *Schneider*, Abgestimmtes Verhalten durch institutionelle Anleger:

---

5 MüKo-AktG/*Bayer*, Rn 3; *Hüffer*, Rn 3; KölnKomm-AktG/*Koppensteiner*, Rn 3.
6 HM: MüKo-AktG/*Bayer*, Rn 3; *Hüffer*, Rn 3; KölnKomm-AktG/*Koppensteiner*, Rn 4; MüHb-AG/*Krieger*, § 68 Rn 144; aA GroßKomm-AktienR/*Würdinger*, Anm. 3.
7 Ausführlich: *Bungert*, NZG 1999, 757, 758 f; MüKo-AktG/*Bayer*, Rn 3; Emmerich/Habersack/*Emmerich*, Rn 8; *Hüffer*, Rn 3; MüHb-AG/*Krieger*, § 68 Rn 144; aA: KölnKomm-AktG/*Koppensteiner*, Rn 4; dem folgend: GroßKomm-AktienR/*Windbichler*, Rn 9.
8 *Hägele*, GmbHR 2007, 258 ff; *ders.*, NZG 2000, 726 ff; *Holland/Burg*, NZG 2006, 601 ff.
9 BGBl. I 2008 S. 2026.
10 Lutter/Hommelhoff/*Bayer*, § 16 GmbHG Rn 11 und § 40 Rn 19; Heckschen/Heidinger/*Heidinger*, S. 539 Rn 300.
11 *Hägele*, GmbHR 2007, 258, 259; *ders.*, NZG 2000, 726, 729.
12 *Holland/Burg*, NZG 2006, 601, 603; *Hägele*, NZG 2000, 726, 729.
13 HM: MüKo-AktG/*Bayer* 21, Rn 6; *Hüffer*, Rn 4; MüHb-AG/*Krieger*, § 68 Rn 139.

Gute Corporate Governance oder rechtspolitische Herausforderung?, ZGR 2012, 518; *Widder/Kocher*, BGH begrenzt Möglichkeit der Stimmrechtszurechnung, GWR 2011, 461.

Siehe auch § 20.

A. Einführung

§ 22 gewährt dem Empfänger einer Mitteilung nach § 20 Abs. 1, 3 oder 4, § 21 Abs. 1 oder 2 einen Anspruch auf den Nachweis des Bestehens der angezeigten Beteiligung durch das mitteilungspflichtige Unternehmen. Zweck der Regelung ist es, dem Empfänger einer Mitteilung Klarheit über das Bestehen einer Schachtel- oder Mehrheitsbeteiligung zu verschaffen. Der Mitteilungsempfänger soll sich vergewissern können, dass die abgegebene Mitteilung zutreffend ist und eine nach §§ 20 Abs. 5, 21 Abs. 3 bestehende Mitteilungspflicht nicht unterlassen wurde.[1]

Die **Nachweispflicht** besteht nur, wenn eine der in der Regelung genannten Mitteilungspflichten erfüllt wurde. Das nachweisberechtigte Unternehmen kann daher grundsätzlich weder einen Beleg über eine lediglich vermutete Beteiligung noch darüber verlangen, dass eine Beteiligung nach §§ 20 Abs. 5, 21 Abs. 3 nicht mehr besteht. Hier kann freilich eine Erklärung über den **Fortbestand einer bereits nachgewiesenen Mitteilung** verlangt werden, wenn das Beteiligungsunternehmen begründete Zweifel am weiteren Bestehen dieser Beteiligung hat.[2] Der Nachweis über den gehaltenen Anteil kann „**jederzeit**" verlangt werden. Ein unmittelbarer zeitlicher Zusammenhang zu der Mitteilung ist nicht erforderlich.[3]

B. Inhalt und Form der Mitteilung

Inhaltlich ist die Nachweispflicht auf die **Richtigkeit der Mitteilung** beschränkt. Folglich ist weder die genaue Beteiligungshöhe noch ihre Herkunft nachzuweisen; gleiches gilt ferner hinsichtlich deren Zusammensetzung.[4] Dies schließt freilich nicht aus, dass zum Zweck des Nachweises im Einzelfall Tatsachen wie die Beteiligungshöhe offengelegt werden müssen, die als solche nicht nachweispflichtig sind.[5] Bei der Zurechnung von Anteilen kann auch ein Nachweis über das Vorliegen der Tatbestandsvoraussetzungen verlangt werden.[6] Der Nachweis über die mitgeteilte Beteiligung bzw die Voraussetzungen einer Zurechnung kann in jeder **Form** erbracht werden, die Gewissheit über das Bestehen der Beteiligung vermittelt (zB Depotbescheinigungen, Abtretungsurkunden).[7]

C. Durchsetzung des Anspruchs

Der Anspruch ist klageweise vor den ordentlichen Gerichten durchsetzbar. Zuständig sind die Kammern für Handelssachen (§ 95 Abs. 1 Nr. 4 GVG). Die Vollstreckung richtet sich nach § 888 ZPO.[8]

Zweiter Teil Gründung der Gesellschaft

§ 23 Feststellung der Satzung

(1) ¹Die Satzung muß durch notarielle Beurkundung festgestellt werden. ²Bevollmächtigte bedürfen einer notariell beglaubigten Vollmacht.

(2) In der Urkunde sind anzugeben

1. die Gründer;
2. bei Nennbetragsaktien der Nennbetrag, bei Stückaktien die Zahl, der Ausgabebetrag und, wenn mehrere Gattungen bestehen, die Gattung der Aktien, die jeder Gründer übernimmt;
3. der eingezahlte Betrag des Grundkapitals.

---

1 Begr. RegE, *Kropff*, S. 43.
2 HM: Begr. RegE, *Kropff*, S. 43; MüKo-AktG/*Bayer*, Rn 2; Emmerich/Habersack/*Emmerich*, Rn 6; *Hüffer*, Rn 2; GroßKomm-AktienR/*Windbichler*, Rn 3, 6; aA: MüHb-AG/*Krieger*, § 68 Rn 123; KölnKomm-AktG/*Koppensteiner*, Rn 3.
3 MüKo-AktG/*Bayer*, Rn 2.
4 MüKo-AktG/*Bayer*, Rn 3; Emmerich/Habersack/*Emmerich*, Rn 5; *Hüffer*, Rn 1; MüHb-AG/*Krieger*, § 68 Rn 123.
5 MüKo-AktG/*Bayer*, Rn 3; KölnKomm-AktG/*Koppensteiner*, Rn 1.
6 MüKo-AktG/*Bayer*, Rn 4; Emmerich/Habersack/*Emmerich*, Rn 5.
7 AllgM: MüKo-AktG/*Bayer*, Rn 4; MüHb-AG/*Krieger*, § 68 Rn 123; *Hüffer*, Rn 1.
8 MüKo-AktG/*Bayer*, Rn 5; *Hüffer*, Rn 1.

(3) Die Satzung muß bestimmen
1. die Firma und den Sitz der Gesellschaft;
2. den Gegenstand des Unternehmens; namentlich ist bei Industrie- und Handelsunternehmen die Art der Erzeugnisse und Waren, die hergestellt und gehandelt werden sollen, näher anzugeben;
3. die Höhe des Grundkapitals;
4. die Zerlegung des Grundkapitals entweder in Nennbetragsaktien oder in Stückaktien, bei Nennbetragsaktien deren Nennbeträge und die Zahl der Aktien jeden Nennbetrags, bei Stückaktien deren Zahl, außerdem, wenn mehrere Gattungen bestehen, die Gattung der Aktien und die Zahl der Aktien jeder Gattung;
5. ob die Aktien auf den Inhaber oder auf den Namen ausgestellt werden;
6. die Zahl der Mitglieder des Vorstands oder die Regeln, nach denen diese Zahl festgelegt wird.

(4) Die Satzung muß ferner Bestimmungen über die Form der Bekanntmachungen der Gesellschaft enthalten.

(5) ¹Die Satzung kann von den Vorschriften dieses Gesetzes nur abweichen, wenn es ausdrücklich zugelassen ist. ²Ergänzende Bestimmungen der Satzung sind zulässig, es sei denn, daß dieses Gesetz eine abschließende Regelung enthält.

A. Bedeutung und Aufbau der Vorschrift 1	a) Begriff, Bedeutung, Problemstellung 26
B. Feststellung der Satzung (Abs. 1 S. 1) 2	b) Vorratsgründung 27
I. Rechtsnatur der Satzungsfeststellung 2	c) Mantelverwendung 28
II. Notarielle Beurkundung 3	aa) Tatbestand 29
1. Zweck 3	bb) Rechtsfolgen 31
2. Auslandsbeurkundung 4	III. Höhe des Grundkapitals (Abs. 3 Nr. 3) 33
3. Beurkundungsverfahren 6	IV. Zerlegung des Grundkapitals (Abs. 3 Nr. 4) 35
III. Vertretung (Abs. 1 S. 2) 7	V. Inhaber- oder Namensaktien (Abs. 3 Nr. 5) 36
IV. Satzung 8	VI. Zahl der Vorstandsmitglieder (Abs. 3 Nr. 6) ... 37
1. Materielle und formelle Satzungsbestimmungen 8	VII. Form der Bekanntmachung (Abs. 4) 38
2. Auslegung 11	E. Grundsatz der Satzungsstrenge (Abs. 5) 40
C. Aktienübernahmeerklärung (Abs. 2) 13	I. Bedeutung 40
I. Bedeutung und Rechtsnatur 13	II. Abweichungen (Abs. 5 S. 1) 41
II. Inhalt 14	III. Ergänzungen (Abs. 5 S. 2) 43
1. Bedingungen und Befristungen 14	IV. Beispiele 44
2. Gründer (Abs. 2 Nr. 1) 15	F. Mängel der Satzungsfeststellung und Aktienübernahme 45
3. Angaben zu Aktien (Abs. 2 Nr. 2) 16	I. Rechtslage vor Eintragung der Gesellschaft ... 46
4. Eingezahlter Betrag (Abs. 2 Nr. 3) 17	II. Rechtslage ab Eintragung der Gesellschaft 47
D. Notwendiger Satzungsinhalt (Abs. 3 und 4) 18	1. Bestand der AG 48
I. Firma und Sitz (Abs. 3 Nr. 1) 19	2. Auswirkung auf den konkreten Mangel 49
II. Gegenstand des Unternehmens (Abs. 3 Nr. 2) .. 21	a) Objektive Mängel, insbesondere Verstoß gegen Abs. 5 50
1. Begriff und Abgrenzung zum Gesellschaftszweck 21	b) Subjektive Mängel 52
2. Bedeutung 22	G. Kosten 54
3. Individualisierung 23	H. Schuldrechtliche Nebenvereinbarungen 55
4. Gesetzliche Beschränkungen 24	I. Begriff, Rechtsnatur, Bedeutung 55
5. Rechtsfolgen bei Verstoß 25	II. Zulässigkeitsschranken/Verhältnis zur Satzung 57
6. Exkurs: Vorrats-AG 26	

A. Bedeutung und Aufbau der Vorschrift

§ 23 ist die Basisvorschrift für die **rechtsgeschäftliche Errichtung** einer AG durch ihre Gründer.[1] Sie regelt die Form der Errichtung in den Absätzen 1 und 2 (durch notarielle Urkunde und einheitlich, dh Aktienübernahme und Satzungsfeststellung müssen in einem Akt erfolgen), den zwingenden Inhalt der Aktienübernahmeerklärung in Abs. 2 und der Satzungsfeststellung in den Abs. 3 und 4. Der Regelungsgehalt von Abs. 4 ist aus dem von Abs. 3 ausgekoppelt worden, da ein Verstoß gegen Abs. 4 sanktionslos bleibt, wohingegen ein Verstoß gegen Abs. 3 zur Nichtigkeit gem. § 275 bzw Auflösung gem. § 262 Abs. 1 Nr. 5 AktG iVm § 399 FamFG führen kann. Abs. 5 regelt, inwieweit die Gründer selbst den Inhalt der Satzung bestimmen dürfen und setzt der Gestaltungsfreiheit mit dem das Aktienrecht im Gegensatz zum GmbH-Recht beherrschenden Grundsatz der Satzungsstrenge enge Grenzen.

---

[1] Eine weitere, in der Praxis häufig vorkommende Form für die Errichtung einer AG ist die durch Umwandlung, insb. im Wege des Formwechsels einer GmbH in eine AG gem. § 238 ff. UmwG.

Rechtsfolge einer wirksamen rechtsgeschäftlichen Errichtung der AG ist zunächst (bis zur Eintragung in das Handelsregister) das **Entstehen einer Vorgesellschaft** (vgl hierzu die Kommentierung zu § 41 AktG). Soll wegen Aufgabe der Eintragungsabsicht die **Errichtung rückgängig** gemacht werden, so bedarf dies eines Mehrheitsbeschlusses gem. § 262 Abs. 1 Nr. 2.[2] Für diesen Beschluss ist – im Gegensatz zur Rechtslage bei der GmbH – wegen des Erfordernisses der Dreiviertel-Mehrheit (§ 130 Abs. 1 S. 3) stets notarielle Beurkundung erforderlich.

B. Feststellung der Satzung (Abs. 1 S. 1)

I. Rechtsnatur der Satzungsfeststellung. Die Satzungsfeststellung ist Rechtsgeschäft, für welches somit grundsätzlich die Vorschriften des BGB-AT Anwendung finden. Nach der Eintragung der AG und der damit einhergehenden Verselbstständigung der AG zur juristischen Person können Willensmängel aber nur noch sehr eingeschränkt geltend gemacht werden (s.u. Rn 52). Bei der Mehrpersonengründung liegt ein Vertrag zwischen den Gründern vor, der schuldrechtliche und korporative Elemente vereint.[3] Trotz des auch schuldrechtlichen Charakters finden §§ 320 ff BGB keine Anwendung, da die vertragliche Einigung nicht auf Leistungsaustausch gerichtet ist (allgM). Bei der Einpersonengründung handelt es sich naturgemäß nicht um einen Vertrag, sondern um einen einseitigen Errichtungsakt, auf den die Regeln für einseitige, nicht empfangsbedürftige Willenserklärungen Anwendung finden.

II. Notarielle Beurkundung. 1. Zweck. Die Satzung muss durch notarielle Beurkundung festgestellt werden. Zweck der Beurkundung ist va, bei der Gründung ein hohes Maß an **Rechtssicherheit** zu gewährleisten. Zum einen soll die rechtliche Gestalt der AG beweiskräftig durch einen unabhängigen und unparteilichen Dritten festgestellt werden. Zum anderen aber – und diesem Aspekt kommt in der Praxis immer stärkere Bedeutung zu – soll durch die Mitwirkung eines Notars eine größtmögliche **materielle Richtigkeitsgewähr** bei Errichtung der Satzung erreicht werden.[4] Der Notar als Träger eines öffentlichen Amtes ist die dem Registergericht vorgeschaltete Kontrollinstanz hinsichtlich der Einhaltung der gesetzlichen Bestimmungen, die erst den Anspruch auf Eintragung der AG gibt.[5] Sie wird nicht durch die dem Registergericht obliegende Rechtmäßigkeitsprüfung ersetzt, da der Notar näher am Sachverhalt ist und zeitlich früher und länger in den Errichtungsakt eingebunden ist. Registergericht und Notar wirken bei der Kontrolle der materiellen Richtigkeit vielmehr als eine Art doppelter Filter zusammen.[6] Diese materielle Kontrolle dient nicht nur den Gründern selbst, sondern auch außenstehenden Dritten, die zB auf die Ausstattung der AG mit einem bestimmten Grundkapital vertrauen. Außerdem wird mit dem Beurkundungserfordernis va durch die Belehrungspflichten des Notars eine **Warnfunktion** für die Gründer verfolgt.

2. Auslandsbeurkundung. Für die Frage der Zulässigkeit der Beurkundung durch einen ausländischen Notar im Ausland[7] sind zwei Gesichtspunkte zu unterscheiden. Zunächst muss geklärt werden, ob die Ortsform gem. § 11 Abs. 1 EGBGB genügt, also das am Ort der Beurkundung geltende Recht. Nach heute hM gilt jedenfalls für statusrechtliche Geschäfte wie die Gründung von Kapitalgesellschaften und Satzungsänderungen nicht die Ortsform, sondern es ist das Gesellschaftsstatut maßgeblich, also dasjenige Recht, in dem sich der tatsächliche Hauptverwaltungssitz der Gesellschaft befindet.[8] Ausgehend von dieser Erkenntnis stellt sich sodann die Frage, ob eine danach erforderliche notarielle Beurkundung auch durch einen ausländischen Notar erfolgen kann. Diese Frage ist äußerst umstritten. Zum Teil wird unter Berufung auf eine ältere Entscheidung des BGH aus dem Jahre 1981 dies dann bejaht, wenn die ausländische Beurkundung der deutschen gleichwertig ist.[9] **Gleichwertigkeit** nahm der BGH[10] an, „wenn die ausländische Urkundsperson nach Vorbildung und Stellung im Rechtsleben eine der Tätigkeit des deutschen Notars entsprechende Funktion ausübt und für die Errichtung der Urkunde ein Verfahrensrecht zu beachten hat, das den tragenden Grundsätzen des deutschen Beurkundungsrechts entspricht." Im konkreten Fall wurde dies für einen Züricher Notar bejaht. Das maßgebliche Argument der Befürworter einer Auslandsbeurkundung ist dabei, dass Kenntnisse des materiellen Rechts für die Gleichwertigkeit keine Rolle spielen sollen. Auf diese Kenntnisse komme es nur für die Belehrung gem. § 17 BeurkG an, auf die die Beteiligten jedoch verzichten könnten.[11] Nach dieser Argumentation steht es im Belieben der Beteiligten, durch eine Verlagerung der Beurkun-

---

2 MüKo-AktG/*Pentz*, § 41 Rn 45.
3 MüKo-AktG/*Pentz*, Rn 10; *Hüffer*, Rn 7; aA (nur Organisationsvertrag) KölnKomm-AktG/*Kraft*, Rn 16; Großkomm-AktienR/*Röhricht*, Rn 6.
4 MüKo-AktG/*Pentz*, Rn 26.
5 *Priester*, DNotZ Sonderheft 2001, 52, 64.
6 Großkomm-AktienR/*Röhricht*, Rn 55.
7 Beurkundet ein deutscher Notar im Ausland, so ist die Beurkundung unwirksam. Die Amtstätigkeit des Notars ist Ausübung staatlicher Hoheitsgewalt, die sich folglich auch nur auf dem Hoheitsgebiet der Bundesrepublik Deutschland entfalten kann.
8 MüKo-AktG/*Pentz*, Rn 30; Großkomm-AktienR/*Röhricht*, Rn 48; *Hüffer*, Rn 10; aA KölnKomm-AktG/*Kraft*, Rn 33.
9 MüKo-AktG/*Pentz*, Rn 33 ff mit umfassenden wN.
10 BGHZ 80, 76, 78.
11 MüKo-AktG/*Pentz*, Rn 34.

dung ins Ausland diese zu einem reinen Fomalakt zu machen, so dass diese dann grundsätzlich auch durch ausländische Notare gleichwertig vollzogen werden kann.

5 Diese Ansicht ist jedoch in zweifacher Hinsicht unzutreffend:

1. Zwar ist richtig, dass ein Verstoß gegen § 17 BeurkG im konkreten Einzelfall nicht zur Unwirksamkeit der Urkunde führt. Aber darauf kommt es hier nicht an. Im Zusammenhang mit der Auslandsbeurkundung geht es zunächst einmal aus Sicht einer generell-abstrakten Betrachtungsweise darum, welche grundsätzlichen Anforderungen an eine in Deutschland gesetzlich vorgeschriebene Beurkundung zu stellen sind. Diese Frage ist dahin gehend zu beantworten, dass die Belehrung durch den Notar nach dem deutschen BeurkG eben gerade nicht verzichtbar ist.[12] Auch derjenige, der meint, alles verstanden zu haben und deshalb der Verhandlung gar nicht folgen möchte, soll durch die unverzichtbare notarielle Belehrung gleichwohl Gelegenheit erhalten, sich den Abschluss des Rechtsgeschäftes und seine Konsequenzen nochmals zu überlegen. Möglicherweise wird er durch die ihm gleichsam aufgedrängte Belehrung zB über die gesamtschuldnerische Haftung eines Gründers für die Einlageverpflichtungen auch der anderen Gründer gem. § 46 AktG dann doch die AG in anderer Form oder auch gar nicht gründen wollen.

2. Der Zweck der Beurkundung liegt nicht nur im Interesse der Beteiligten, sondern – wie unter Rn 3 dargelegt – gerade auch im öffentlichen Interesse. Durch die materielle Richtigkeitskontrolle des Notars, für die dieser unbeschränkt haftet,[13] soll das Vertrauen des Rechtsverkehrs in den rechtswirksamen Bestand der AG mit dem Satzungsinhalt, wie er sich aus dem jedermann zugänglichen Handelsregister ergibt, geschützt werden. Deshalb erschöpft sich die materielle Richtigkeitskontrolle auch nicht nur in der Belehrung der Beteiligten gem. § 17 BeurkG. Vielmehr muss der Notar eine Beurkundung gem. § 4 BeurkG ablehnen, wenn sie eindeutig einen rechtlich unzulässigen Inhalt hat.[14] Wegen dieser drittschützenden Funktion der materiellen Richtigkeitskontrolle steht diese nicht zur Disposition der Beteiligten. Da Belehrung und materielle Rechtskontrolle typischerweise[15] durch einen ausländischen Notar nicht in gleichwertiger Weise erbracht werden können, ist eine Beurkundung im Ausland unzulässig. Nachdem *Goette*, der seinerzeit zuständige Vorsitzende des zuständigen II. Zivilsenats des BGH im Hinblick auf die materielle Richtigkeitskontrolle des Notars Zweifel daran geäußert hat, ob der Senat an seinem Urteil aus dem Jahre 1981 festhalten wird,[16] und auch teilweise Instanzgerichte entschieden haben, bei konstitutiven Akten die Gleichwertigkeit zu verneinen,[17] muss jedenfalls für die **Praxis** von einer Beurkundung im Ausland abgeraten werden. Die elektronische Anmeldung und Einreichung der Unterlagen zum Handelsregister kann der ausländische Notar keinesfalls durchführen. Hierfür müsste er sich eines deutschen Notars als Boten bedienen.

6 **3. Beurkundungsverfahren.** Aus dem Grundsatz der Einheitsgründung (s.u. Rn 13) folgt, dass Satzungsfeststellung und Aktienübernahme in einer einzigen Urkunde enthalten sein müssen. Auch wenn das Gesetz anders als zB bei der Auflassung gem. § 925 BGB eine gleichzeitige Anwesenheit der Beteiligten nicht vorschreibt, ist bei der Mehrpersonen-AG eine Aufteilung der Urkunde in Angebot und Annahme unzulässig.[18] Wegen des organisationsrechtlichen Charakters der Satzungsfeststellung sind die sie betreffenden Willenserklärungen und sich aus ihnen ergebenden Rechtsfolgen nicht nur auf den anderen Vertragspartner gerichtet, was Voraussetzung für eine Aufteilung in Angebot und Annahme ist, sondern va auf die Entstehung einer von den Gründern unabhängigen juristischen Person, deren Aktionäre alle Gründer sind. In diesem Sinne sind die Willenserklärungen in der Weise miteinander verwoben, dass die Willenserklärung eines Gründers notwendigerweise erst durch die Abgabe einer gleichgerichteten Willenserklärung aller anderen Gründer eigenständige Rechtsfolgen entfaltet. Möglich ist jedoch eine Aufteilung des Gründungsvorgangs

---

12 *Keidel/Winkler*, 15. Aufl., § 17 BeurkG Rn 1. Die Verzichtbarkeit daraus herleiten zu wollen, dass eine fehlende Belehrung die Urkunde nicht unwirksam mache, führt zu einem Zirkelschluss, denn es geht hier ja gerade um die Frage der Wirksamkeit einer Auslandsbeurkundung.

13 Vgl auch *Lutter*, UmwG, 4. Aufl., § 6 Rn 8, wonach Gleichwertigkeit stets zu verneinen ist, wenn der ausländische Notar für seine Tätigkeit nicht die unbeschränkte persönliche Haftung übernimmt.

14 *Keidel/Winkler*, § 4 BeurkG Rn 8 f.

15 Es mag seltene Ausnahmefälle geben, in denen ein ausländischer Notar über vergleichbare Rechtskenntnisse des deutschen Rechts verfügt wie ein deutscher Notar. In diesen Ausnahmefällen bejaht Großkomm-AktienR/*Röhricht*, Rn 56 die Zulässigkeit einer Auslandsbeurkundung. Diese auf den Einzelfall bezogene Bewertung der Gleichwertigkeit führt jedoch zu erheblicher Rechtsunsicherheit, da sie sich anhand klarer objektiver Kriterien gar nicht feststellen lässt. Ebenso wie das Gesetz selbst für die Beurkundungspflichtigkeit nicht nach der konkreten Schutzbedürftigkeit des Beteiligten differenziert, muss die Gleichwertigkeit der Beurkundung ebenfalls aus einer typologischen Betrachtungsweise heraus beurteilt werden.

16 *Goette*, in: FS Boujong, S. 131, 140 f; *ders.*, MittRhNotK 1997, 1, 5; Großkomm-AktienR/*Röhricht*, Rn 51 ff (explizit gegen die BGH-Entscheidung aus 1981 in Fn 61).

17 LG Köln DB 1989, 2214 f; LG Nürnberg-Fürth DB 1991, 2029; LG Augsburg DB 1996, 371 mAnm. *Wilken*, EWiR 1996, 937 f; AG Kiel MittBayNot 1997, 116; aA aber nun OLG Düsseldorf NZG 2011, 388.

18 MüKo-AktG/*Pentz*, Rn 29; Großkomm-AktienR/*Röhricht*, Rn 37.

in mehrere Urkunden in der Weise, dass jeder Gründer zeitlich hintereinander uU an verschiedenen Orten die gleiche vollständige[19] Gründungsurkunde beurkunden lässt.[20] Auf die erste Urkunde kann dann gemäß § 13a BeurkG verwiesen werden.[21] Bei der **praktischen Umsetzung** muss jedoch darauf geachtet werden, dass in jeder Urkunde alle Gründer aufgeführt sind, da sonst gegen den Grundsatz der Einheitsgründung verstoßen wird.[22]

III. Vertretung (Abs. 1 S. 2). Eine **rechtsgeschäftliche Vertretung** im Rahmen der Satzungsfeststellung ist möglich; die Vollmacht bedarf jedoch entgegen § 167 Abs. 2 BGB gem. Abs. 1 S. 2 der notariellen Beglaubigung, die selbstverständlich auch im Ausland erfolgen kann. Die notarielle Beglaubigung ist materielles Wirksamkeitserfordernis;[23] eine privatschriftlich erteilte Vollmacht ist daher gem. § 125 BGB nichtig. Wird ein Gründer vollmachtlos vertreten, so kann die vollmachtlose Vertretung nachträglich von ihm genehmigt werden. Die Genehmigung bedarf ebenfalls analog Abs. 1 S. 2 der notariellen Beglaubigung. Eine nachträgliche Genehmigung scheidet jedoch bei der Einpersonengründung aus, da § 180 BGB Anwendung findet. § 181 BGB ist bei Vollmacht und nachträglicher Genehmigung zu beachten.[24] In der Bevollmächtigung eines Mitgründers liegt konkludent eine Befreiung von § 181 BGB. Im Handelsregister eingetragene **Prokuristen** bedürfen nach zutreffender hM keiner notariell beglaubigten Vollmacht; ausreichend ist die Vorlage eines beglaubigten Registerauszuges.[25] Bei **gesetzlicher** oder **organschaftlicher Vertretung** findet Abs. 1 S. 2 ebenfalls keine Anwendung. Der Vertretungsnachweis ist durch beglaubigte Registerauszüge bzw Vorlage der Geburtsurkunde bei Vertretung minderjähriger Kinder durch ihre Eltern zu erbringen. Bei öffentlich-rechtlichen Körperschaften ist eine mit Dienstsiegel versehene Bescheinigung vorzulegen oder der gesetzliche Vertreter fügt seiner Unterschrift selbst das Dienstsiegel bei.[26]

IV. Satzung. 1. Materielle und formelle Satzungsbestimmungen. Man unterscheidet zwischen materiellen (auch körperschaftsrechtlichen, korporativen oder echten) und formellen (auch individualrechtlichen, nichtkorporativen oder unechten) Bestimmungen, die sich in der Satzung befinden können. Nach der Rspr wird eine Bestimmung dann dem materiellen Bereich zugeordnet, „wenn sie nicht nur für die derzeitigen, bei Inkrafttreten der Bestimmung vorhandenen Gesellschafter oder einzelne von ihnen gilt, sondern für einen unbestimmten Personenkreis, zu dem sowohl gegenwärtige als auch künftige Gesellschafter und/oder Gläubiger der Gesellschaft gehören".[27] In den Fällen, wo gerade dieser „dingliche" Charakter der Bestimmung in Frage steht, führt dieses Abgrenzungskriterium allerdings zu einem Zirkelschluss. Entscheidend ist letztlich, ob die Regelung die korporative Ausgestaltung der Gesellschaft mitbestimmen soll oder ob durch sie nur ein konkreter, individueller Einzelfall geregelt werden sollte.

Dem materiellen Bereich zuzuordnen sind die schon vom Gesetz als Satzungsmindestinhalt vorgeschriebenen Bestimmungen gem. Abs. 3 und 4 sowie abweichende Bestimmungen gem. Abs. 5 S. 1. Materiell sind Bestimmungen über die Gesellschaftsorgane Vorstand, Aufsichtsrat und Hauptversammlung und regelmäßig Bestimmungen über Rechte und Pflichten der Aktionäre gegenüber der AG, insbesondere Einlagepflichten. Bei der letztgenannten Gruppe ist die Grenze jedoch fließend. Insbesondere in den Fällen, wo den Aktionären über den engen Rahmen von § 55 Abs. 1 hinaus Nebenpflichten auferlegt werden, zB die Pflicht zur Darlehensgewährung, handelt es sich um formelle, lediglich schuldrechtlich wirkende Bestimmungen. Wenn eine Bestimmung wegen Abs. 5 keinen materiellen Charakter haben kann, ist dies ein wichtiges Indiz für ihren formellen Charakter. Bei **indifferenten Bestimmungen**, also solchen, die sowohl dem einen als auch dem anderen Bereich zugeordnet werden können, muss besonders auf eine Klarstellung in der Satzung geachtet werden. So kann zB die satzungsmäßige Festlegung der Aufsichtsratsvergütung gem. § 113 Abs. 1

---

19 Großkomm-AktienR/*Röhricht*, Rn 70 sieht weiter gehend auch in einer sachlichen Aufteilung des Gründungsaktes in zwei Urkunden (Satzungsfeststellung und Aktienübernahme) keinen Verstoß gegen den Grundsatz der Einheitsgründung. Dagegen spricht jedoch der eindeutige Gesetzeswortlaut von § 23 Abs. 2, wonach in der Urkunde, in welcher die Satzung festgestellt wird, auch die Aktienübernahme zu erklären ist. Wie hier auch KölnKomm-AktG/*Kraft*, Rn 9; MüKo-AktG/*Pentz*, Rn 28.
20 MüKo-AktG/*Pentz*, Rn 29; *Hüffer*, Rn 9; Großkomm-AktienR/*Röhricht*, Rn 38 f; aA *v. Godin/Wilhelmi*, Anm. 20.
21 Wenn man entgegen dem vorstehend in Rn 5 Gesagten der Ansicht folgt, dass eine Beurkundung im Ausland wirksam ist, so scheidet allerdings dieses Verfahren aus, wenn die Beurkundung der Stammurkunde im Ausland erfolgt. Eine Bezugnahme gem. § 13a BeurkG auf eine ausländische Urkunde ist unstrittig unzulässig; *Keidel/Winkler*, § 13a BeurkG, Rn 35.
22 Im Urkundsmantel kann als Urkundsbeteiligter nur der erschienene Gründer A aufgeführt werden. Dieser erklärt dann jedoch, dass er zusammen mit dem Gründer B die Aktiengesellschaft C gründet und hierfür die als Anlage beigefügte Satzung feststellt. Die Aktienübernahmeerklärung enthält dann zunächst abstrakt die Angaben iSv § 23 Abs. 2. Sodann erklärt A, dass er die ihm zugewiesenen Aktien übernimmt.
23 *Hüffer*, Rn 12.
24 Die Anwendbarkeit von § 181 BGB auch bei vollmachtloser Vertretung ist derzeit noch hM; vgl BayObLG MittRhNotK 1997, 1987, 127; OLG Düsseldorf MittBayNot 1999, 470 = BB 1998, 578; Palandt/*Heinrichs*, § 181 BGB. Die besseren Gründe sprechen jedoch gegen die Anwendbarkeit mangels Interessenkollision; so auch *Lichtenberger*, MittBayNot 1999, 470 und LG Saarbrücken MittBayNot 2000, 433.
25 *Hüffer*, Rn 12; aA MüKo-AktG/*Pentz*, Rn 18.
26 *Neumeyer*, RNotZ 2001, 249, 261.
27 BGHZ 123, 347, 350.

S. 2 Alt. 1 formellen oder materiellen Charakter haben. Für die **Praxis** bei der AG[28] empfiehlt es sich jedoch, formelle Bestimmungen möglichst nicht in die Satzung mit aufzunehmen, sondern in hiervon getrennten Vereinbarungen zwischen den Gründern festzuhalten.[29]

10 An die vorstehende Einordnung der Satzungsbestimmungen knüpfen sich erhebliche **rechtliche Konsequenzen**. So gelten für ihre Auslegung und die Überprüfung der Auslegung in der Revisionsinstanz unterschiedliche Regeln (s.u. Rn 11 f). Materielle Satzungsbestimmungen werden durch satzungsändernden, beurkundungspflichtigen Mehrheitsbeschluss gem. § 179 ff geändert, wohingegen sich die Änderung formeller Satzungsbestimmungen nach den für das betreffende Rechtsverhältnis bestehenden Vorschriften richtet; häufig handelt es sich um schuldrechtliche Bestimmungen, so dass eine Änderung nur durch entsprechenden Vertrag einvernehmlich zwischen allen Beteiligten möglich ist, ohne dass zwingend auch der eigentliche Satzungstext geändert werden muss.[30] Die Änderung der Textfassung kann dann – vorausgesetzt eine solche Ermächtigung ist in der Satzung vorhanden – durch den Aufsichtsrat gem. § 179 Abs. 1 S. 2 geschehen.[31] Materielle Satzungsbestimmungen gehen automatisch auf den Erwerber von Aktien über; formelle gehen, soweit in ihnen Rechte oder Pflichten des Veräußerers geregelt werden, nur dann auf den Erwerber über, wenn dies durch entsprechende (auch konkludent mögliche) Vereinbarung geregelt wird.[32]

11 **2. Auslegung.** Mit Entstehung der AG durch Eintragung im Handelsregister löst sich diese endgültig von ihren Gründern und entfaltet ein von diesen unabhängiges rechtliches Eigenleben. Die Satzung beinhaltet dann, soweit es um materielle Bestimmungen geht, das objektivierte rechtliche Wollen der Gründer. **Materielle Satzungsbestimmungen** sind deshalb **objektiv** auszulegen.[33] Maßgebliche Auslegungskriterien sind Wortlaut, Zweck und systematische Stellung der Bestimmung im Gesamtkontext. Soweit Unterlagen der Allgemeinheit zugänglich sind, insbesondere weil sie dem Handelsregister vorgelegt wurden und sich in den Registerakten befinden, können diese für die Auslegung herangezogen werden.[34] Dies gilt auch bzgl solcher materiellen Satzungsbestimmungen, die lediglich das Innenverhältnis der Aktionäre untereinander oder zur AG betreffen, ohne Belange außenstehender Dritter zu berühren. Führt die objektive Auslegung hier zu einem Ergebnis, welches offenkundig nicht dem ursprünglich Gewollten entspricht, so kann einer Berufung hierauf uU der Einwand des **Rechtsmissbrauchs** entgegengehalten werden, sofern keine berechtigten Interessen Dritter dem entgegenstehen.[35] Die Auslegung **formeller Satzungsbestimmungen** richtet sich demgegenüber nach den allgemeinen Grundsätzen für die Auslegung von Willenserklärungen und Verträgen gem. §§ 133, 157 BGB, wird also maßgeblich **subjektiv** vom zu ermittelnden Willen der Gründer bestimmt.[36] Letzteres gilt bis zum Zeitpunkt der Eintragung der AG im Handelsregister auch für materielle Satzungsbestimmungen.[37]

12 Der unterschiedliche Auslegungsmaßstab bestimmt auch zugleich die unterschiedliche **Überprüfbarkeit in der Revisionsinstanz**. Materielle Satzungsbestimmungen können dort uneingeschränkt überprüft werden;[38] bei formellen besteht dagegen entsprechend den allgemeinen Grundsätzen für die Überprüfung von Vertragsauslegungen eine weitgehende Bindung an die tatrichterlichen Feststellungen.[39]

---

28 Für die GmbH gilt dies wegen des dort fehlenden Gebotes der Satzungsstrenge nicht gleichermaßen.
29 Zu derartigen Nebenvereinbarungen s.u. Rn 55 ff.
30 *Priester*, DB 1979, 681, 685.
31 Erfolgt keine Änderung der Textfassung, müssen im vollständigen Wortlaut der Satzung, der bei der nächsten Satzungsänderung gem. § 181 Abs. 1 dem Handelsregister vorzulegen ist, die formellen Satzungsbestandteile mit aufgeführt werden. Der Notar ist nicht berechtigt, diese von sich aus einfach wegfallen zu lassen; so auch *Priester*, ebd.
32 Vgl zu den schuldrechtlichen Nebenvereinbarungen unten Rn 55 ff.
33 Heute hM, BGHZ 47, 172, 180; 116, 359, 366; MüKo-AktG/*Pentz*, Rn 49 f; *Hüffer*, Rn 39; für die AG auch *Wiedemann*, DNotZ Sonderheft 1977, 105 f; differenzierend nach dem Satzungsinhalt: KölnKomm-AktG/*Kraft*, Rn 99 f; aA *v. Godin/Wilhelmi*, Anm. 17 (§§ 133, 157 BGB); *Grunewald*, ZGR 1995, 68, 84 f (nur wenn konkrete Interessen subjektiver Auslegung entgegenstehen).
34 BGHZ 116, 359, 366.
35 Großkomm-AktienR/*Röhricht*, Rn 31; MüKo-AktG/*Pentz*, Rn 50. Soweit der BGH zB in BGHZ 63, 282, 290 in derartigen Fällen vereinzelt doch subjektive Auslegungselemente zulässt, ist dies abzulehnen.
36 Ohne diese Differenzierung bei der AG aber *Wiedemann*, aaO, 106 f, der stattdessen eine rechtsformabhängige Unterscheidung macht: Während die AG-Satzung einheitlich objektiv ausgelegt werden muss, sollen die Gesellschaftsverträge personalistisch strukturierter Gesellschaften, also von Personengesellschaften, aber auch der GmbH subjektiv ausgelegt werden. Nur im Verhältnis zu Gläubigern können subjektive Kriterien va unter dem Gesichtspunkt des Vertrauensschutzes zurücktreten.
37 HM, *Hüffer*, Rn 40; MüKo-AktG/*Pentz*, Rn 48; aA Großkomm-AktienR/*Röhricht*, Rn 33, der einheitlich unabhängig vom Zeitpunkt von einer objektiven Auslegung ausgeht. Zwar ist richtig, dass die Vor-AG ebenso schon als Träger von Rechten und Pflichten im Rechtsverkehr auftreten kann. Die eine allein an objektiven Kriterien ausgerichtete Auslegung rechtfertigende rechtliche Verselbständigung der AG ist jedoch nicht vergleichbar mit der bereits eingetragenen AG, da bis zur Eintragung im Handelsregister die Gründer durch schlichte Rücknahme des Eintragungsantrags deren Entstehung verhindern können.
38 BGHZ 14, 25, 36; 96, 245, 250; 116, 359, 364; 123, 347, 350.
39 In der Revisionsinstanz kann dann nur noch eine Verletzung von gesetzlichen Auslegungsregeln, anerkannten Auslegungsgrundsätzen, Denkgesetzen, Erfahrungssätzen und Verfahrensvorschriften überprüft werden.

C. Aktienübernahmeerklärung (Abs. 2)

I. Bedeutung und Rechtsnatur. Gemäß Abs. 2 müssen die Gründer in der Urkunde, in welcher gem. Abs. 1 die Satzung festgestellt wird, zugleich auch erklären, dass sie die Aktien der AG übernehmen und dabei die in Abs. 2 geforderten Angaben machen. Die bis 1965 zulässige Stufengründung, wonach Feststellung der Satzung und Aktienübernahme auseinander fallen konnten, mithin ein Gründer eine AG mit der Maßgabe errichten konnte, dass weitere Personen dem Gründungsvertrag durch Zeichnung von Aktien beitreten, ist danach also nicht mehr zulässig. Satzungsfeststellung und Aktienübernahme können heute nur noch einheitlich in einer notariellen Urkunde durch dieselben Personen erfolgen (**Einheitsgründung**). Durch die Aktienübernahmeerklärung wird die **schuldrechtliche Verpflichtung der Gründer zur Einlageleistung** begründet. Deshalb wird sie zT als von der körperschaftsrechtlichen Satzungsfeststellung zu unterscheidende eigenständige rechtsgeschäftliche Erklärung angesehen.[40] Richtig dürfte jedoch sein, ihr eine Doppelnatur in dem Sinne beizumessen, dass es sich bei ihr sowohl um eine rechtsgeschäftlich-schuldrechtliche Erklärung als auch um einen **notwendigen materiellen Satzungsbestandteil** handelt.[41] Wegen ihrer zeitlich begrenzten Bedeutung bis zur Eintragung der AG im Handelsregister ist die Erklärung regelmäßig nicht im eigentlichen Satzungstext enthalten, welcher als Anlage zur Urkunde genommen wird, sondern zusammen mit den übrigen für die Gründung erforderlichen Erklärungen (Bestellung des ersten Aufsichtsrates und des Abschlussprüfers gem. § 30 Abs. 1) im Urkundenmantel. Die Einordnung auch als materieller Satzungsbestandteil hat im Hinblick auf die unterschiedlichen Auslegungsregeln (so Rn 11) durchaus nicht nur akademische Bedeutung.

II. Inhalt. 1. Bedingungen und Befristungen. Soweit es sich nicht um Rechtsbedingungen handelt (zB Vorliegen einer familiengerichtlichen Genehmigung, Wegfall eines Kartellamtsvorbehaltes), ist die Übernahmeerklärung aus Gründen der Rechtssicherheit und -klarheit bedingungs- und befristungsfeindlich. Gleichwohl in der Erklärung enthaltene Bedingungen oder Befristungen führen zur Unwirksamkeit der Erklärung, stellen also ein Eintragungshindernis dar, welches nur durch Neuvornahme gem. § 141 BGB beseitigt werden kann.[42] Dies gilt auch für solche Bedingungen oder Befristungen, deren Eintritt dem Registergericht vor Eintragung der AG ins Handelsregister nachgewiesen wird, oder für den Vorbehalt, dass die AG bis zu einem bestimmten Zeitpunkt im Handelsregister eingetragen wird.[43]

2. Gründer (Abs. 2 Nr. 1). Die Gründer iSv § 28 AktG sind in der Urkunde so anzugeben, dass sie identifiziert werden können. Bei natürlichen Personen sind zumindest Name und Anschrift, möglichst auch Geburtsdatum anzugeben. Bei juristischen Personen und Personenhandelsgesellschaften sind Firma und Sitz, möglichst auch die Handelsregisternummer anzugeben. Eine GbR kann ebenfalls Gründer sein.[44] Auch wenn der BGH zwischenzeitlich entschieden hat, dass die GbR grundsätzlich rechtsfähig und im Zivilprozess sowohl aktiv als auch passiv parteifähig ist,[45] ändert dies nichts daran, dass aus Gründen des Kapitalaufbringungsschutzes und der fehlenden Registerpublizität neben dem Namen der GbR und deren Geschäftsanschrift auch weiterhin sämtliche Gesellschafter der GbR in der Urkunde angegeben werden müssen.[46]

3. Angaben zu Aktien (Abs. 2 Nr. 2). Anzugeben ist bei Nennbetragsaktien der Nennbetrag (§ 8 Abs. 2), und zwar sowohl der Gesamtnennbetrag als auch bei unterschiedlichen Nennbeträgen die Aufteilung auf die verschiedenen Nennbeträge, obschon dies vom Gesetzeswortlaut her nicht verlangt wird.[47] Bei Stückaktien (§ 8 Abs. 3) ist die Zahl der Aktien anzugeben. Die Angabe der rein rechnerischen Aufteilung auf das Grundkapital ist nicht erforderlich, allerdings empfehlenswert.[48] Sowohl bei Nenn- als auch bei Stückaktien ist der Ausgabebetrag anzugeben, und zwar auch dann, wenn dieser dem geringsten Ausgabebetrag gem. § 9 Abs. 1 entspricht. Werden für Aktien mit unterschiedlichen Nennbeträgen für Aktiengattungen oder einzelne Aktionäre unterschiedliche Ausgabebeträge festgesetzt, genügt wiederum nicht nur die Angabe des Gesamtausgabebetrages, sondern es muss eine Aufteilung erfolgen. Schließlich ist bei Ausgabe unterschiedlicher Aktiengattungen die Aufteilung der Nennbeträge bzw der Stückzahl auf die unterschiedlichen Akti-

---

40 KölnKomm-AktG/*Kraft*, Rn 23; *v. Godin/Wilhelmi*, Rn 18.
41 *Hüffer*, Rn 16.
42 MüKo-AktG/*Pentz*, Rn 56; *v. Godin/Wilhelmi*, Anm. 21.
43 AA Großkomm-AktienR/*Röhricht*, Rn 68.
44 BGHZ 118, 83, 99 f. Dabei ist zu beachten, dass jeder BGB-Gesellschafter für die Einlageverpflichtung der GbR gesamtschuldnerisch unbeschränkt haftet und nicht etwa nur in Höhe seiner prozentualen Beteiligung an der GbR. Dies gilt selbst dann, wenn die Vertretungsmacht der GbR im Außenverhältnis nur eine Haftungsbegründung der Gesellschafter in Höhe ihrer jeweiligen Beteiligung abdeckt (vgl auch für die GmbH BGHZ 78, 311, 316).
45 BGH DB 2001, 423 = ZIP 2001, 330 = MittBayNot 2001, 192.
46 So für die Kommanditgesellschaft auch BGH DB 2001, 1983, 1984.
47 Letzteres str, wie hier: MüKo-AktG/*Pentz*, Rn 59; *Hüffer*, Rn 18; aA Großkomm-AktienR/*Röhricht*, Rn 73.
48 So kann die Einhaltung des Verbots der Unterpariemission gem. § 9 Abs. 1 und der Grenze des § 8 Abs. 3 S. 3 kontrolliert werden.

engattungen anzugeben. Für die Gattungsbezeichnung genügt die Angabe des in der Satzung näher bestimmten Oberbegriffs („Aktien der Serie A").

17 **4. Eingezahlter Betrag (Abs. 2 Nr. 3).** Die auf die zweite Kapitalrichtlinie zurückgehende Bestimmung[49] verlangt die Angabe des im Zeitpunkt der Übernahmeerklärung tatsächlich eingezahlten Gesamtbetrages, obschon zu diesem Zeitpunkt die AG als Vorgesellschaft und somit die ihr gegenüber bestehende Einlageverpflichtung noch gar nicht entstanden ist. Da jedenfalls Erfüllungswirkung erst mit Entstehung der AG eintritt, sind in der Praxis derartige Voreinzahlungen auf einem besonderen Konto oder bereits zu Händen des künftigen Vorstands die Ausnahme, mithin Angaben hierzu regelmäßig entbehrlich. Stattdessen sollten im Gründungsprotokoll die Fälligkeit und der Umfang der bis zur Anmeldung (§ 37 Abs. 1) zu leistenden Einzahlungen festgelegt werden. Dann erübrigt sich nachher auch eine gesonderte Einforderung durch die Gesellschaft.[50]

D. Notwendiger Satzungsinhalt (Abs. 3 und 4)

18 Abs. 3 und 4 geben den Pflichtinhalt der Satzung wieder, ohne den das Registergericht die Eintragung der AG ins Handelsregister gem. § 38 Abs. 1 und 3 Nr. 1 abzulehnen hat.[51] Andere Gesetze können weitere Bestimmungen zum Pflichtinhalt enthalten.[52] In der Praxis üblich und sinnvoll sind freilich weiter gehende Regelungen in der Satzung, insbesondere Abweichungen und Ergänzungen iSv Abs. 5.

19 **I. Firma und Sitz (Abs. 3 Nr. 1).** Zur Firma und Firmenbildung vgl die Kommentierung zu § 4. Die Firma muss den Rechtsformzusatz „Aktiengesellschaft" oder eine allgemein verständliche Abkürzung enthalten, wobei „AG" nunmehr – nach Neufassung von § 4 – unstr. ausreicht.[53] Zur Firma gehört auch die Firma der Zweigniederlassung, wenn sie von derjenigen der Hauptfirma abweicht.
Als Sitz anzugeben ist der Name der deutschen politischen Gemeinde. Nachdem § 5 durch das MoMiG 2008 geändert wurde, kann der Satzungssitz innerhalb Deutschlands frei gewählt werden; er muss insbesondere nicht mit dem tatsächlichen Verwaltungssitz zusammenfallen. Vgl im Übrigen die Kommentierung zu § 5.

20 Bei **Fehlen oder Nichtigkeit** einer Bestimmung iSv Nr. 1 hat das Registergericht die Eintragung gem. § 38 Abs. 1 und 3 Nr. 1 abzulehnen. Erfolgt gleichwohl die Eintragung, ist die AG wirksam entstanden. Das Registergericht hat jedoch das Löschungsverfahren gem. § 399 FamFG einzuleiten. Es besteht demnach eine Heilungsmöglichkeit durch nachträgliche Satzungsänderung. Unterbleibt diese, so ist mit Rechtskraft der Verfügung iSv § 399 Abs. 2 FamFG die Gesellschaft gem. § 262 Abs. 1 Nr. 5 aufgelöst. § 397 FamFG findet keine Anwendung. Eine Nichtigkeitsklage gem. § 275 ist nicht möglich.

21 **II. Gegenstand des Unternehmens (Abs. 3 Nr. 2). 1. Begriff und Abgrenzung zum Gesellschaftszweck.** Der Gegenstand des Unternehmens bezeichnet die Art der Tätigkeit, die die Gesellschaft ausüben will.[54] Der mögliche Tätigkeitsbereich einer AG unterliegt dabei – vorbehaltlich etwaiger staatlicher Genehmigungserfordernisse, die nun aber nicht mehr im Rahmen des Eintragungsverfahrens geprüft werden[55] – keinerlei Beschränkungen, solange die Tätigkeit nicht gesetzlich verboten ist oder gegen die guten Sitten verstößt. Insbesondere muss die Tätigkeit nicht erwerbswirtschaftlich (gewinnorientiert) sein. Sie kann auch ideeller (karitativer, sportlicher, religiöser) Natur sein. Auch wenn das AktG anders als in §§ 1 und 3 Abs. 1 Nr. 2 GmbHG nicht ausdrücklich zwischen Gegenstand und Zweck des Unternehmens unterscheidet, so besteht Einigkeit darüber, dass diese Unterscheidung bei allen Zweckverbänden des Privatrechts, mithin also auch bei der AG, vorgenommen werden muss.[56] Während eine Änderung des Gesellschaftszwecks analog § 33 Abs. 1 S. 2 BGB nur mit Zustimmung aller Aktionäre möglich ist, gilt für eine Änderung des Unternehmensgegenstandes das Mehrheitsprinzip des § 179 Abs. 2. Nach zutreffender hM werden mit dem Gegenstand konkret die Mittel beschrieben, mit welchen der finale Sinn der Gesellschaft (Zweck) erreicht werden soll (Zweck-Mittel-Relation).[57] Der Unternehmenszweck besteht danach in dem auf seinen Wesenskern reduzierten grundlegenden Motiv der Gründer für die Errichtung der AG, welcher freilich nach Eintragung der AG ins Handelsregister nach den Grundsätzen der objektiven Auslegung allein aus dem Unternehmens-

---

49 *Hüffer*, NJW 1979. 1065, 1066.
50 MüHb-AG/*Hoffmann-Becking*, § 3 Rn 9.
51 Davon zu unterscheiden sind Vorschriften, nach denen eine Regelung, um wirksam zu sein, zwingend in die Satzung aufgenommen werden muss (va §§ 26, 27 AktG). Diese Bestimmungen sind für die Wirksamkeit der Regelung, nicht aber für die Gründung an sich, verpflichtend.
52 Derartige Vorschriften finden sich zB im Gesetz über die Wahrnehmung von Urheberrechten und verwandten Schutzrechten vom 9.5.1965 (BGBl. I S. 1294). Näher hierzu MüKo-AktG/*Pentz*, Rn 146.
53 MüKo-AktG/*Pentz*, Rn 65.
54 BGHZ 102, 209, 212; BayObLG NJW 1976, 1694; MüKo-AktG/*Pentz*, Rn 69; Großkomm-AktienR/*Röhricht*, Rn 80.
55 § 37 Abs. 4 Nr. 5 aF ist durch das MoMiG ersatzlos entfallen.
56 *K. Schmidt*, GesR, § 4 II 3.
57 *Hüffer*, Rn 22; KölnKomm-AktG/*Kraft*, Rn 43; MüHb-AG/*Wiesner*, § 9 Rn 10; wohl auch BGHZ 96, 245, 251 f = NJW 1986, 1604; str, aA MüKo-AktG/*Pentz*, Rn 70 ff mit Übersicht über den Meinungsstand.

gegenstand abgeleitet werden muss, so er nicht, was die absolute Ausnahme ist, in der Satzung selbst festgelegt wurde. Dieser Wesenskern liegt in aller Regel schlicht in der Gewinnerzielungsabsicht. Ergibt sich aus der Änderung des Unternehmensgegenstandes, dass primär nicht mehr diese, sondern ideelle Ziele im Vordergrund stehen, so ist hierfür also die Zustimmung aller Aktionäre erforderlich. Umgekehrt bedeutet ein völliger Wechsel des Tätigkeitsbereichs der Gesellschaft, zB vom Maschinenbau zur reinen Finanzdienstleistung, keine Änderung des Zwecks. Vielfach kommt es auf die streitige Abgrenzung zwischen Gegenstand und Zweck bei der AG in der Praxis jedoch nicht an, da das Gesetz selbst – anders als das GmbHG – die Frage der Zustimmungspflichtigkeit durch die Aktionäre bei wesentlichen, strukturverändernden Maßnahmen, zB in §§ 291 ff, abschließend regelt.[58] Freilich steht es den Gründern frei, den Unternehmenszweck in der Satzung zu konkretisieren, insbesondere indem ideelle Motive mit in die Beschreibung des Tätigkeitsbereichs einfließen.[59]

2. Bedeutung. Über die Registerpublizität erhält die interessierte Öffentlichkeit die Möglichkeit, sich über den Tätigkeitsbereich der Gesellschaft zu informieren. Ferner kann das Registergericht so prüfen, ob die Tätigkeit erlaubt ist und ob ggf Genehmigungserfordernisse bestehen. Der Unternehmensgegenstand steckt den Rahmen ab, innerhalb dessen der Vorstand Geschäfte für die Gesellschaft tätigen darf (§ 82 Abs. 2). Zwar begrenzt der Unternehmensgegenstand nur das interne Dürfen, nicht dagegen das externe Können des Vorstands.[60] Jedoch können Schadensersatzansprüche gem. § 93 entstehen und es kann ein wichtiger Grund iSv § 84 Abs. 3 zum Widerruf der Vorstandsernennung vorliegen.[61] Sofern der Vorstand nicht jedweden unternehmerischen Entscheidungsspielraums beraubt, mithin zum reinen Exekutivorgan (Befehlsempfänger) wird, kann die Unternehmensleitung durch den Vorstand im Wege eines extrem eng gefassten Unternehmensgegenstandes (zB durch Vorgabe einer ganz bestimmten Produktionsmethode – Stromerzeugung aus regenerativen Energien –) sehr weitgehenden Beschränkungen unterworfen werden.[62] Schließlich kann der Unternehmensgegenstand auch steuerlich bedeutsam sein. Bei Konzernverhältnissen kann die Gefahr einer verdeckten Gewinnausschüttung bestehen, wenn zwischen den Gesellschaften die Unternehmensgegenstände nicht klar abgegrenzt werden.[63]

3. Individualisierung. Unabhängig von der Frage des Maßes der erforderlichen Individualisierung muss die angegebene Tätigkeit **ernsthaft gewollt**[64] und darf **nicht irreführend** sein. Der Unternehmensgegenstand ist ausreichend individualisiert, wenn der **Schwerpunkt der Geschäftstätigkeit** hinreichend erkennbar wird.[65] Das in der Praxis bisweilen anzutreffende Bemühen, im Einzelnen die ganze Bandbreite der möglichen Tätigkeiten aufzuführen, geht deshalb an den gesetzlichen Erfordernissen vorbei und führt nur zu erhöhten Veröffentlichungskosten.[66] Bei Industrie- und Handelsunternehmen sind Angaben darüber zu machen, ob Produkte erzeugt, bearbeitet oder gehandelt werden. Außerdem verlangt das Gesetz nähere Angaben zur Art der Produkte. Daraus folgt, dass **Leerformeln**, wie zB „Produktion von Waren aller Art"[67] oder „Handel mit Waren aller Art", grundsätzlich unzulässig sind, es sei denn, eine nähere Präzisierung ist schlechterdings nicht möglich, was aber in der Praxis so gut wie nie vorkommen dürfte.[68] Regelmäßig kann zumindest durch die Anfügung eines Halbsatzes („insbesondere") das Schwergewicht der Warenart angegeben werden, wobei, insbesondere soweit es um den Im- und Export geht, auch geographische Eingrenzungen möglich sind. Die fehlende Individualisierung der Warenart kann ggf auch kompensiert werden durch eine konkretere Beschreibung der Handelsform, zB „Handel mit Waren aller Art über den Betrieb eines Warenhauses"[69] oder „insbesondere im Wege der Versteigerung über das Internet". Vorstehendes gilt entsprechend für Unternehmen wie Banken, Versicherungen und sonstige Dienstleistungsunternehmen. Die „Verwaltung von Vermögen und Beteiligung an anderen Unternehmen" ist keine Leerformel, wenn dies tatsächlich so gewollt ist.[70] Dem Verbot der Leerformeln steht deshalb umgekehrt der Grundsatz gegenüber, dass die Individualisierung nicht auf eine von den Aktionären tatsächlich nicht gewollte Beschränkung des Tätigkeitsbereichs des Unternehmens hinauslaufen darf. Soll die Aktiengesellschaft ausnahmsweise die Stellung einer **Komplementärgesellschaft** bei einer KG übernehmen, so genügt die Angabe „Beteiligung als per-

---

58 Großkomm-AktienR/*Röhricht*, Rn 102.
59 Großkomm-AktienR/*Röhricht*, Rn 103 führt als Bsp. den Fall an, dass in Gesellschaft, welche ausweislich ihres satzungsmäßigen Unternehmensgegenstandes Bücher zur deutsch-jüdischen Verständigung verlegt, nunmehr in ein Verlagshaus völkischer Prägung umgewandelt werden soll.
60 Im Gegensatz zum anglo-amerikanischen Rechtskreis ist die ultra-vires-Doktrin, wonach die Rechts- und Handlungsfähigkeit eines Verbandes durch den Verbandszweck beschränkt ist, dem deutschen Verbandsrecht fremd; vgl *K. Schmidt*, GesR, § 8 V 2.
61 Großkomm-AktienR/*Röhricht*, Rn 83.
62 Str; wie hier Großkomm-AktienR/*Röhricht*, Rn 84 f; aA MüHb-AG/*Wiesner*, § 9 Rn 16.
63 MüHb-GesR/*Wiesner*, § 10 Rn 21.
64 BGHZ 102, 209, 213 = NJW 1988, 1087.
65 BGH DB 1981, 466; OLG Frankfurt aM DB 1987, 38.
66 Der Unternehmensgegenstand wird gem. § 40 Nr. 1 AktG bekannt gemacht.
67 BayObLG DNotZ 95, 227.
68 MüKo-AktG/*Pentz*, Rn 81.
69 Großkomm-AktienR/*Röhricht*, Rn 109.
70 OLG Düsseldorf NJW 1970, 815.

Braunfels

sönlich haftender Gesellschafter und Übernahme der Geschäftsführung an der X-KG". Wenn sich die AG uU an mehreren KGs beteiligen soll, muss der Name der KG nicht angegeben werden.[71] Nach zutreffender hM und überwiegender Praxis muss der Geschäftszweig der KG selbst nicht angegeben zu werden.[72] Liegt der Tätigkeitsbereich in der Nähe eines genehmigungspflichtigen Bereichs, empfiehlt sich die Aufnahme eines abgrenzenden Zusatzes, wonach zB genehmigungspflichtige Tätigkeiten, insbesondere nach § 34c GewO nicht ausgeübt werden.[73]

24 **4. Gesetzliche Beschränkungen.** Der Unternehmensgegenstand darf nicht gegen ein Gesetz (§ 134 BGB) oder die guten Sitten (§ 138 BGB) verstoßen. Während Letzteres in der Praxis kaum bedeutsam ist, spielen gesetzliche Verbote durchaus eine Rolle. Eine AG kann nicht als öffentlich bestellter Versteigerer fungieren (§ 34b Abs. 5), wohl aber steht ihr – vorbehaltlich des Genehmigungserfordernisses – mittlerweile im Übrigen der Betrieb eines Versteigerungsgewerbes offen.[74] Das früher bestehende Verbot für den Betrieb eines Versteigerungsgewerbes ist zwischenzeitlich weitgehend beseitigt worden. Gemäß § 8 Gesetz über das Apothekenwesen[75] dürfen Apotheken nur in der Rechtsform einer BGB-Gesellschaft oder OHG betrieben werden. Nachdem der BGH entschieden hat, dass § 1 ZHG einer ambulanten Zahnbehandlung durch eine GmbH grundsätzlich nicht entgegensteht,[76] finden sich in den meisten Landesgesetzen zu den Heilberufen ausdrückliche Verbote, ärztliche oder zahnärztliche Tätigkeit in der Rechtsform einer juristischen Person zu betreiben.[77] Vielfach wird darin ein unzulässiger Eingriff in die von Art. 12 Abs. 1 GG geschützte Berufsfreiheit gesehen.[78] Eindeutig ist die Rechtslage für Wirtschaftsprüfer (AG gem. § 27 WPO zulässig) und Steuerberater (AG gem. § 49 StBerG zulässig). Bei Rechtsanwälten regeln die §§ 59c ff BRAO nur die Zulässigkeit der GmbH. Seit der BGH-Entscheidung vom 10.1.2005 ist die Zulässigkeit einer Rechtsanwalts-AG jedoch für die Praxis geklärt.[79] Daraus freilich eine generelle Zulässigkeit für alle Freiberufler herleiten zu wollen,[80] geht zu weit. Vielmehr muss die Frage für jede Berufsgruppe gesondert beantwortet werden. So ist die höchstpersönliche Amtsausübung durch den Notar ebenso wie dessen nicht ausschließbare unbegrenzte Haftung nach Amtshaftungsgrundsätzen unvereinbar mit den Strukturmerkmalen einer AG. Dies gilt selbstverständlich für hauptberufliche Notare ebenso wie für Anwaltsnotare.[81]

25 **5. Rechtsfolgen bei Verstoß.** Ist kein Unternehmensgegenstand in der Satzung angegeben oder ist die Bestimmung nichtig, so ist dies ein Eintragungshindernis gem. § 38 Abs. 1 und 4 Nr. 1. Erfolgt gleichwohl eine Eintragung, ist die AG wirksam entstanden. Jedoch kann durch die in § 275 bestimmten Personen Nichtigkeitsklage erhoben werden und/oder das Registergericht das Löschungsverfahren gem. § 397 FamFG einleiten. Der Mangel kann jedoch in beiden Verfahren durch nachträgliche Satzungsänderung geheilt werden (vgl § 276).

26 **6. Exkurs: Vorrats-AG. a) Begriff, Bedeutung, Problemstellung.** Unter einer Vorrats-AG oder Mantel-AG versteht man eine unternehmenslose und damit wirtschaftlich nicht oder nicht mehr tätige AG. Zur Vermeidung einer zeitaufwendigen Neugründung unter Beachtung der Gründungsformalitäten und um sofort mit der unternehmerischen Tätigkeit unter Ausschluss der sonst im Gründungsstadium bestehenden Gefahr einer persönlichen Haftung beginnen zu können, wird auf derartige AGs in der Praxis zunehmend zurückgegriffen. Dabei müssen zwei Fragenkomplexe unterschieden werden. Zum einen geht es um die Zulässigkeit der Gründung einer AG, die zunächst nur zu dem Zweck, auf Vorrat gehalten zu werden, errichtet wird (Vorratsgründung einer Vorratsgesellschaft). Zum anderen stellt sich die Frage, ob eine derartige AG oder aber eine solche, die zwar ursprünglich einmal unternehmerisch tätig war, zwischenzeitlich ihren Geschäftsbetrieb jedoch eingestellt hat und nur noch als schlichter Rechtsträger existiert (nachfolgend auch gebrauchter Mantel bezeichnet),[82] va durch Übertragung der Aktien auf eine andere Person und Aufnahme

---

71 Insoweit aA h. Lit., zB Großkomm-AktienR/*Röhricht*, Rn 113.
72 MüKo-AktG/*Pentz*, Rn 80; aA zunächst BayObLG NJW 1976, 1694; jetzt aber offener in GmbHR 1995, 722, 723.
73 Daran hat sich durch den Wegfall der Prüfung von Genehmigungserfordernissen im Rahmen des Eintragungsverfahrens – § 37 Abs. 4 Nr. 5 aF wurde durch das MoMiG gestrichen – grundsätzlich nichts geändert, da die öffentlich-rechtlichen Genehmigungserfordernisse als solche gar weiter bestehen.
74 Unzutreffend hier MüKo-AktG/*Pentz*, Rn 84.
75 BGBl I 1980 S. 1999.
76 BGH NJW 1994, 786 ff.
77 Gemäß § 29 Abs. 3 HeilBerG NRW (GVBl 1994 S. 2122) ist zB die Berufsausübung außerhalb von Krankenhäusern und Privatkrankenanstalten nach § 30 GewO grundsätzlich an die Niederlassung in eigener Praxis gebunden; vgl auch für Bayern GVBl 1993 S. 511; Sachsen GVBl 1994 S. 935; Niedersachsen GVBl 1996 S. 259; Berlin GVBl 1995 S. 703.
78 *Taupitz*, NJW 1996, 3033 f; Scholz/*Emmerich*, GmbHG, § 1 Rn 14.
79 BGH DB 2005, 1050.
80 So MüKo-AktG/*Pentz*, Rn 84.
81 *Starke*, in: Beck'sches Notarhandbuch, 3. Aufl., K I Rn 42. Auch für die GmbH gilt nichts anderes: Durch den Verweis von § 59e Abs. 1 S. 1 auf § 59a Abs. 1 S. 1, Abs. 3 wird klargestellt, dass die notarielle Amtsausführung nicht Gegenstand einer Rechtsanwalts-GmbH sein kann.
82 Vielfach werden derartige Gesellschaften in Abgrenzung zur Vorratsgesellschaft als Mantelgesellschaft bezeichnet. Da jedoch auch die Vorratsgesellschaft aus Sicht des späteren Verwenders für diesen nur ein schlichter Rechtsträger-Mantel ist, macht diese terminologische Unterscheidung keinen Sinn, vielmehr sollte entweder von einer neuen oder gebrauchten Mantelgesellschaft gesprochen werden.

einer unternehmerischen Tätigkeit unter Änderung des Unternehmensgegenstands im Rechtsverkehr verwendet werden darf und welche haftungsrechtlichen Konsequenzen dies für den Verwender hat.

b) Vorratsgründung. Die Zulässigkeit einer sog. **offenen Vorratsgründung**, bei welcher im Unternehmensgegenstand von vornherein offen gelegt wird, dass die AG nur auf Vorrat errichtet wird („Verwaltung eigenen Vermögens") ist mittlerweile durch den BGH[83] eindeutig bejaht worden und auch in der Literatur fast unstreitig.[84] Umgekehrt ist jedoch genauso unstreitig, dass eine sog. **verdeckte Vorratsgründung**, bei der zur Verschleierung des Vorratszwecks ein bewusst unwahrer Unternehmensgegenstand angegeben wird, unzulässig ist.[85] Die rechtliche Begründung (Nichtigkeit der Satzungsbestimmung und damit der gesamten Satzung wegen Nichterfüllung der zwingenden gesetzlichen Gründungsbestimmung, einen richtigen Unternehmensgegenstand gem. § 23 Abs. 3 Nr. 2 AktG anzugeben oder § 117 BGB bei der Mehr-Personen-Gründung oder § 134 BGB) ist letztlich für die Praxis irrelevant. Das Verbot greift nach hM auch, wenn der angegebene Unternehmensgegenstand nur zunächst nicht verfolgt werden soll.[86] Die Abgrenzung zu einer sicherlich zulässigen kurzfristigen Verzögerung ist allerdings vorzunehmen. 27

c) Mantelverwendung. Schon die **Zulässigkeit des Rechtsaktes an sich**, durch den der Mantel verwendet wird (Erwerb der Aktien, Auswechslung der Organe und Satzungsänderung), wurde früher unter dem Gesichtspunkt von §§ 134, 138 BGB verneint.[87] Heute ist anerkannt, dass die Rechtsakte an sich zulässig sind. Problematisch und umstritten ist jedoch, inwieweit die Gründungsvorschriften analog angewandt werden müssen und wie eine danach zwar zulässige, jedoch mit haftungsrechtlichen Besonderheiten behaftete Mantelverwendung von einer unschädlichen Umorganisation abgegrenzt werden muss. 28

aa) Tatbestand. Die hM sieht den Tatbestand der Mantelverwendung dann als erfüllt an, wenn eine Gesellschaft, die nicht (mehr) unternehmerisch tätig wird, (erneut) eine unternehmerische Tätigkeit entfaltet und hierzu auf einen unternehmenslosen Mantel zurückgegriffen wird (**Unternehmenslosigkeit**).[88] Dies ist bei Vorratsgründungen stets der Fall. Bei gebrauchten Mänteln muss der Fall der Fortsetzung einer aufgelösten AG gem. § 274 AktG ausgegrenzt werden. Solange sich nach den Gesamtumständen die Funktion der aufgelösten AG noch nicht in ihrer Eigenschaft als schlichter Rechtsträger-Mantel erschöpfte und mit der Verteilung des Vermögens unter die Aktionäre noch nicht begonnen wurde, kann die Fortsetzung der AG auch mit einem neuen Unternehmen beschlossen werden, ohne dass dies die besonderen Rechtsfolgen der Mantelverwendung nach sich zieht. Entscheidend soll sein, ob die bisherige Unternehmenstätigkeit noch als Basis für die Fortführung dient.[89] 29

Der hM ist entgegenzuhalten, dass es aus Sicht des Verwenders gleichgültig ist, ob der Mantel unternehmenslos ist oder nicht. Auch dann, wenn diese noch eine geringfügige unternehmerische Tätigkeit entfaltet, die dann nach Aufnahme des neuen Geschäftsbetriebs eingestellt wird, kann wirtschaftlich gesehen eine Neugründung vorliegen, die es rechtfertigt, zum Schutz der Gläubiger bestimmte Gründungsvorschriften entsprechend gelten zu lassen. Umgekehrt erscheint es aus Sicht des Verwenders nicht gerechtfertigt, diesen erneut zu einer Kapitalaufbringung entsprechend den Gründungsvorschriften zu verpflichten, wenn er schon einmal das Kapital erbracht hat. Richtigerweise kommt es deshalb darauf an, ob 30

- ein **neuer Gesellschafter** für die Gründung eines neuen Unternehmens
- auf eine **schon bestehende AG als schlichten Rechtsträger**

zurückgreift.[90] Letzteres ist der Fall, wenn für das neue Unternehmen die unternehmerische Vorgeschichte der AG – mag sie nun unternehmenslos sein oder nicht – bedeutungslos ist.

bb) Rechtsfolgen. Welche Rechtsfolgen sich an eine Mantelverwendung im Einzelnen knüpfen, ist für die Praxis seit den beiden BGH-Entscheidungen vom 9.12.2002[91], 7.7.2003[92] sowie 6.3.2012[93] weitgehend geklärt. Auch wenn diese Entscheidungen GmbHs betreffen, so können die dort gefundenen Ergebnisse auf die AG übertragen werden. Es sind die der Gewährleistung der Kapitalausstattung dienenden Gründungsvorschriften des AktG einschließlich der registergerichtlichen Kontrolle entsprechend anzuwenden. Dies bedeutet im Einzelnen: Die **wirtschaftliche Neugründung ist offenzulegen** und als solche zum Handelsregister 31

---

83 BGHZ 117, 323, 330 f; zur Prüfungskompetenz des Registergerichts in dieser Frage vgl OLG Karlsruhe DB 2002, 889.
84 MüKo-AktG/*Pentz*, Rn 91; *Hüffer*, Rn 26.
85 BGHZ 117, 323, 333 f; MüKo-AktG/*Pentz*, § 3 Rn 91; *Hüffer*, Rn 26.
86 BGHZ 117, 323, 334; *Hüffer*, Rn 26; *Meyer*, ZIP 1994, 1661, 1666; aA OLG Stuttgart ZIP 1992, 250, 252.
87 KG JW 1925, 635; KG DNotZ 1933, 661; OLG Hamburg BB 1983, 1116, 1118.
88 So jetzt BGH DNotZ 2003, 951 ff = BGH NJW 2003, 3198; MüKo-AktG/*Pentz*, Rn 97; *Priester*, DB 1983, 2291, 2297.
89 *Hüffer*, Rn 27 a.
90 So auch *Auenhammer*, MittRhNotK 2000, 137, 144 f.
91 BGHZ 153, 158 = ZIP 2003, 251 = NJW 2003, 892; vgl hierzu Krafka, ZGR 2003, 577; Kallmeyer GmbHR 2003, 322.
92 NJW 2003, 3198 = DNotZ 2003, 951 mAnm. Schaub; Peetz, GmbHR 2004, 1429.
93 NJW 2012, 1875 = DNotZ 2013, 43 = GmbHR 2012, 630 = NZG 2012, 539 = BB 2012, 1101 = DB 2012, 1024.

auch anzumelden. In der Regel geschieht dies im Rahmen der Registeranmeldung, in welcher der neue Vorstand sowie die Änderung der Satzung angemeldet wird. Die Registeranmeldung muss von den Personen gem. § 36 Abs. 1 unterschrieben werden, wobei anstelle der Gründer die Erwerber der Aktien treten. In dieser Anmeldung muss die Erklärung gemäß § 37 Abs. 1 S. 1 über die Leistung der Einlagen erneut abgegeben und der Nachweis gemäß § 37 Abs. 1 S. 2 erbracht werden. Das statutarische Grundkapital der AG muss abzgl. evtl. mit der Satzung übernommener Gründungskosten wertmäßig in Form von Bar- und/oder Sachvermögen vorhanden sein. Ist das Grundkapital wertmäßig nur in Form von Sachvermögen vorhanden, so findet allerdings § 27 nicht analog Anwendung. Vielmehr ist es ausreichend, wenn dies in der Anmeldung offengelegt wird und ein Nachweis der Werthaltigkeit entsprechend den Anforderungen bei der Kapitalerhöhung aus Gesellschaftsmitteln durch eine geprüfte Bilanz gemäß §§ 207, 209 erbracht wird.[94] Es ist von den erwerbenden Aktionären sowie sämtlichen Mitgliedern von Vorstand und Aufsichtsrat der Vorrats-AG ein Gründungsbericht analog § 32 zu erstellen. Ferner ist analog § 33 eine Gründungsprüfung vorzunehmen.

32 In seiner Entscheidung vom 6.3.2012 hat der BGH nunmehr auch die Frage geklärt, inwieweit die Grundsätze der **Unterbilanzhaftung** bei der wirtschaftlichen Neugründung Anwendung finden.[95] Die Haftung der Gesellschafter ist auf den Umfang einer etwaigen Unterbilanz beschränkt, die zu dem Zeitpunkt besteht, zu dem die wirtschaftliche Neugründung entsprechend den gesetzlichen Gründungsvorschriften gegenüber dem Handelsregister offen gelegt und mit einer dahingehenden Anmeldeversicherung verbunden wird. Unterbleibt diese Offenlegung, ist maßgeblicher Zeitpunkt derjenige, zu dem die wirtschaftliche Neugründung entweder durch die Anmeldung der mit ihr zusammenhängenden Satzungsänderungen oder durch die Aufnahme der wirtschaftlichen Tätigkeit erstmals nach außen in Erscheinung tritt.[96] Bei der Unterbilanzhaftung handelt es sich um eine Innenhaftung der Gesellschafter gegenüber der Gesellschaft. Unterbleibt die Anmeldung der wirtschaftlichen Neugründung gegenüber dem Handelsregister, so kommt es nach BGH zu einer **Beweislastumkehr**. Die Gesellschafter tragen dann die Darlegungs- und Beweislast dafür, dass zu dem Zeitpunkt, zu dem die wirtschaftliche Neugründung nach außen in Erscheinung getreten ist, keine Differenz zwischen dem (statutarischen) Grundkapital und dem Wert des Gesellschaftsvermögens besteht.

Auch eine **Handelndenhaftung** analog § 41 Abs. 1 S. 2 kann eingreifen, sofern vor Offenlegung der wirtschaftlichen Neugründung die Geschäfte aufgenommen wurden, ohne dass dem alle Aktionäre zugestimmt haben. Der maßgebliche Zeitpunkt sollte dabei der gleiche sein, wie der der vorstehend beschriebenen - gegenüber der normalen Gründung einer AG - modifizierten Unterbilanzhaftung.[97]

Wegen der vorstehend beschriebenen zeitlichen Vorverlagerung der Unterbilanzhaftung kann der Kauf einer Vorrats-AG anstelle einer Neugründung (wo maßgeblicher Zeitpunkt für die Unterbilanzhaftung die Eintragung der AG ins Handelsregister ist) auch weiterhin sinnvoll sein.

33 **III. Höhe des Grundkapitals (Abs. 3 Nr. 3).** In der Satzung muss zwingend die Höhe des Grundkapitals angegeben werden. Dies gilt auch dann, wenn Nennbetragsaktien ausgegeben werden und sich das Grundkapital unschwer aus der Zahl der Aktien und ihrer Nennbeträge errechnen lässt.[98] Seit dem 1.1.2002 muss das Grundkapital zwingend in Euro ausgedrückt werden und mindestens 50.000 EUR betragen, § 7.[99] Werden die Aktien zu einem höheren Ausgabebetrag ausgegeben (§ 9 Abs. 2), so bleibt die Höhe des Grundkapitals hiervon selbstverständlich unberührt. Ist von vornherein vorgesehen, in absehbarer Zeit eine Kapitalerhöhung durchzuführen, kann schon bei der Gründung ein genehmigtes Kapital gem. § 202 Abs. 1 AktG unter Beachtung der Obergrenze gem. § 202 Abs. 3 festgesetzt werden. Die Höhe des Grundkapitals bleibt hiervon freilich solange unberührt, wie von der Ermächtigung kein Gebrauch gemacht wird.

34 Das **Fehlen oder die Nichtigkeit** einer Bestimmung über die Höhe des Grundkapitals ist ein Eintragungshindernis gem. § 38 Abs. 1 und 4 Nr. 1 AktG. Erfolgt die Eintragung dennoch, so ist die Gesellschaft wirksam entstanden. Sodann ist zu differenzieren: Fehlt die Bestimmung, so kann durch die in § 275 bestimmten Personen Nichtigkeitsklage gem. § 275 erhoben werden und/oder das Registergericht das Löschungsverfahren gem. § 397 FamFG einleiten. Eine Heilung des Mangels durch nachträgliche Satzungsänderung ist bei Fehlen der Bestimmung ausgeschlossen, mithin der Mangel unheilbar.[100] Ist die Bestimmung nichtig, sind §§ 275 AktG, 397 FamFG nicht anwendbar. Das Registergericht kann jedoch das Löschungsverfahren gem. § 399 FamFG einleiten. Der Mangel kann durch nachträgliche Satzungsänderung geheilt werden.

35 **IV. Zerlegung des Grundkapitals (Abs. 3 Nr. 4).** Die Satzung muss Angaben über die Aktienform (also Nennbetrags- oder Stückaktien gem. § 8 Abs. 1), bei Nennbetragsaktien deren Nennbetrag (gem. § 8 Abs. 2 mindestens 1 EUR) und Anzahl, bei Stückaktien (§ 8 Abs. 3) nur deren Anzahl enthalten. Nennbetrags-

---

[94] *Winnen*, RNotZ 2013, 389, 405.
[95] NJW 2012, 1875 ff.
[96] NJW 2012, 1875, 1877.
[97] *Winnen*, RnotZ 2013, 409.
[98] AllgM, vgl nur *Hüffer*, Rn 28.
[99] Zu den Fragen im Zusammenhang mit der Umstellung auf Euro vgl die Kommentierung zu §§ 1 ff EGAktG.
[100] KölnKomm-AktG/*Kraft*, § 276 Rn 4, *Hüffer*, § 276 Rn 1.

und Stückaktien können nicht nebeneinander bestehen. Bestehen mehrere Aktiengattungen (§ 11), sind diese durch Angabe der sie auszeichnenden besonderen Rechte und/oder Pflichten und die zahlenmäßige Aufteilung der Aktien auf die einzelnen Gattungen in der Satzung anzugeben.[101] Keine verschiedenen Gattungen begründen unterschiedliche Nenn- oder Ausgabebeträge, Höchststimmrechte gem. § 134 Abs. 1 S. 2 und der Unterschied zwischen Inhaber- und Namensaktien (Abs. 3 Nr. 5).[102] Bestehen innerhalb einer Gattung Aktien mit unterschiedlichen Nennbeträgen, ist deren zahlenmäßige Aufteilung innerhalb einer Gattung ebenfalls anzugeben.[103]

Die Rechtsfolgen bei **Fehlen oder Nichtigkeit** der Bestimmung entsprechen denjenigen, welche gelten, wenn eine Bestimmung iSv Nr. 1 fehlt oder nichtig ist (s.o. Rn 20).

V. Inhaber- oder Namensaktien (Abs. 3 Nr. 5). Die Gründer müssen bei der Gründung satzungsmäßig festlegen, ob die Aktien auf den Inhaber oder auf Namen lauten. Möglich ist auch, beide Aktienarten zu wählen, ohne eine zahlenmäßige Aufteilung vorzunehmen.[104] Anzugeben ist gem. Nr. 4 nur die Gesamtzahl der Aktien. Die genaue Aufteilung kann dann später durch den Vorstand und/oder Aufsichtsrat erfolgen.[105] Grundsätzlich besteht Wahlfreiheit. Sollen die Aktien jedoch vor vollständiger Einlageleistung ausgegeben werden, so müssen sie gem. § 10 Abs. 2 auf Namen lauten.[106] Dies gilt auch dann, wenn eigentlich Inhaberaktien vorgesehen sind. Nach vollständiger Einlageleistung ist dann eine Satzungsänderung vorzunehmen. Eine automatische Umwandlung in Namensaktien kann auch durch eine entsprechende Satzungsbestimmung nicht angeordnet werden.[107] Die Ausgabe von Aktien, deren Aktienart in der Satzung nicht vorgesehen ist (Inhaber- statt Namensaktien), lässt nach hM deren Wirksamkeit nach allgemeinen wertpapierrechtlichen Grundsätzen unberührt.[108]

36

Die Rechtsfolgen bei **Fehlen oder Nichtigkeit** der Bestimmung entsprechen denjenigen, welche gelten, wenn eine Bestimmung iSv Nr. 1 fehlt oder nichtig ist (s.o. Rn 20).

VI. Zahl der Vorstandsmitglieder (Abs. 3 Nr. 6). Eine Bestimmung über die Anzahl der Vorstandsmitglieder kann in dreierlei Weise erfolgen.

37

Zunächst kann in der Satzung eine konkrete Zahl festgesetzt werden, wobei stellvertretende Vorstandsmitglieder (§ 94) selbstverständlich mitzählen. Für die Praxis empfiehlt sich eine derartige starre Lösung jedoch nicht, da bei Wegfall eines Vorstandsmitgliedes der Vorstand automatisch unterbesetzt ist. Soweit es sich um eine Maßnahme handelt, die zu den Leitungsaufgaben des Vorstands zählt, mithin also auch nur vom Gesamtvorstand erledigt werden kann, besteht dann die Gefahr der Handlungsunfähigkeit des Vorstands.[109]

Anders als bei der Festlegung der Zahl der Aufsichtsratsmitglieder, wo das Gesetz in § 95 Abs. 1 S. 2 verlangt, dass die Satzung „eine bestimmte höhere Zahl festsetzt",[110] genügt bei Vorstandsmitgliedern auch die Angabe einer bestimmten Mindest- und/oder Höchstzahl.[111]

Nach Nr. 6 Hs 2 kann jedoch auch eine Regel angegeben werden, nach der die Zahl festgesetzt wird. Hierzu gehört auch die in der Praxis vorherrschende – da flexibelste – Regel, wonach die Zahl der Vorstandsmitglieder vom Aufsichtsrat bestimmt wird.[112]

Die Rechtsfolgen bei **Fehlen oder Nichtigkeit** der Bestimmung entsprechen denjenigen, welche gelten, wenn eine Bestimmung iSv Nr. 1 fehlt oder nichtig ist (s.o. Rn 20).

VII. Form der Bekanntmachung (Abs. 4). Abs. 4 ist im Zusammenhang mit § 25 zu lesen. Erfasst werden von Abs. 4 nur diejenigen Bekanntmachungen, für die nach Gesetz oder Satzung keine Bekanntmachung in den Gesellschaftsblättern vorgesehen ist (freiwillige Bekanntmachungen), also zB die Veröffentlichung einer Vierteljahresbilanz, und solche, deren Form der freien Bestimmung durch die Satzung überlassen ist (§ 63 Abs. 1 S. 2). In der Praxis wird regelmäßig nicht zwischen den unter § 25 fallenden Pflichtbekanntmachungen und den unter Abs. 4 fallenden Bekanntmachungen unterschieden, sondern für beide Arten eine ein-

38

---

101 Bsp.: "Das Grundkapital beträgt 200.000 EUR. Es ist eingeteilt in 100.000 nennwertlose Stammaktien, 50.000 nennwertlose Vorzugsaktien der Serie A und 50.000 nennwertlose Vorzugsaktien der Serie B." In einer gesonderten Satzungsbestimmung werden dann die besonderen Rechte der Vorzugsaktien dargelegt.
102 Häufig gehen mit dem Unterschied zwischen Inhaber- und Namensaktien freilich auch unterschiedliche Rechte einher. Die Vinkulierung von Namensaktien gem. § 68 Abs. 2 begründet allerdings noch keine eigene Gattung iSv § 11; ganz hM *Hüffer*, § 11 Rn 7; aA *Nirk*, Hdb AG, I Rn 160.
103 MüKo-AktG/*Pentz*, Rn 124.
104 *Hüffer*, Rn 30.
105 *Hüffer*, NJW 1979, 1065, 1066.
106 Zu den weiteren Ausnahmen und den Kriterien für die Auswahl vgl die Kommentierung zu § 10.
107 HM, wie hier *Hüffer*, Rn 30; MüKo-AktG/*Pentz*, Rn 129; Großkomm-AktienR/*Röhricht*, Rn 154; *Nirk*, Hdb AG, I Rn 162; aA KölnKomm-AktG/*Kraft*, Rn 68.
108 *Hüffer*, Rn 30; MüKo-AktG/*Pentz*, Rn 131; aA *v. Godin/Wilhelmi*, § 24 Anm. 5. Unbeschadet der Wirksamkeit der Aktien haben die Aktionäre dann jedoch einen Anspruch auf Umtausch in die satzungsgemäße Aktienart.
109 BGH DB 2002, 196 (Beschlussvorschläge zu den Tagesordnungspunkten einer HV). Vgl zum Problem der Unterbesetzung iÜ die Kommentierung zu § 76.
110 Die Zahl der Aufsichtsratsmitglieder muss von der Satzung nur bestimmt werden, wenn sich der AR aus mehr Mitgliedern zusammensetzen soll, als gesetzlich vorgesehen, vgl § 95 Abs. 1.
111 *Hüffer*, Rn 31; *Ganske*, DB 1978, 2461; BT-Drucks. 8/1678; LG Köln AG 1999, 137.
112 BGH DB 2002, 520, 521.

39 Fehlt eine Bestimmung iSv Abs. 4, ist dies ein Eintragungshindernis iSv § 38 Abs. 1 und 4. Kommt es gleichwohl zur Eintragung, ist die Gesellschaft wirksam entstanden und bleibt der Mangel sanktionslos. Weder § 275 noch §§ 397, 399 FamFG finden Anwendung. Es gilt dann die Bekanntmachung im Bundesanzeiger gem. § 25 Abs. 1 S. 1 als alleinige Bekanntmachungsform.

E. Grundsatz der Satzungsstrenge (Abs. 5)

40 **I. Bedeutung.** Der in Abs. 5 formulierte Grundsatz der Satzungsstrenge ist in Abgrenzung zur GmbH und den Personengesellschaften eines der zentralen Strukturmerkmale der AG. Nur in dem von Abs. 5 gesteckten Rahmen dürfen die Aktionäre Abweichungen vom oder Ergänzungen zum Gesetz vornehmen. Anders als bei der GmbH oder den Personenhandelsgesellschaften werden auf diese Weise der privatautonomen Gestaltungsfreiheit im Aktienrecht enge Grenzen gesetzt. Dies ist die notwendige Konsequenz daraus, dass die AG – ungeachtet der in letzter Zeit erfolgten und auch in Zukunft zu erwartenden gesetzgeberischen Deregulierungen – vom Grundsatz her eine Gesellschaft ist, die sich für die Aufnahme einer anonymen Vielzahl von Gesellschaftern und damit als Kapitalsammelstelle eignet. Wer sich an einer AG beteiligen möchte, soll darauf vertrauen dürfen, dass die Satzung einem gewissen, nicht abänderbaren Standard entspricht, insbesondere die die AG prägende Trennung zwischen dem Kreis der Kapitaleigner und dem Management hier gewahrt ist. Sein Interesse an dem Unternehmen soll sich so primär auf den (Kurs-)Wert der Aktie beschränken können, ohne sich mit der Satzung, der Aktionärsstruktur und den Leitungsorganen vertraut machen zu müssen oder umgekehrt befürchten zu müssen, dass andere Aktionäre in die Unternehmensführung direkt eingreifen können.[114] Ungeachtet der Tatsache, dass zwischenzeitlich im Rechtsleben neben der börsennotierten Publikums-AG auch eine Vielzahl personalistisch strukturierter AGs anzutreffen sind,[115] behält der Grundsatz der Satzungsstrenge auch bei Letzteren seine Rechtfertigung. Da die Übergänge zwischen Familien-AG und Publikums-AG fließend sind, sollte schon aus Gründen der Rechtssicherheit und -klarheit am Grundsatz der Satzungsstrenge für alle AGs festgehalten werden,[116] mag man bei einzelnen Vorschriften auch Differenzierungen vornehmen.[117] Je personalistischer eine AG strukturiert ist, desto eher können darüber hinaus flexible schuldrechtliche Vereinbarungen einen Ausgleich für die Begrenzung der Satzungsautonomie durch Abs. 5 bieten.[118] Schließlich ist zu bedenken, dass die Vorschrift zwar die Gestaltungsfreiheit des Satzungsgebers einengt, andererseits jedoch auch zugleich die Gestaltungsfreiheit gerade der Leitungsorgane absichert, indem sie satzungsmäßig begründete Kompetenzverschiebungen, insbesondere zulasten des Vorstands grundsätzlich verbietet.[119] Abschließend sei darauf hingewiesen, dass durch die hier vertretene Anwendbarkeit von § 241 Nr. 3 AktG bei Verstößen gegen § 23 Abs. 5 (s.u. Rn 50) der Grundsatz der Satzungsstrenge eine gewisse Flexibilisierung erfährt.

41 **II. Abweichungen (Abs. 5 S. 1).** Eine Abweichung liegt vor, wenn eine vom Gesetz vorgegebene Formulierung inhaltlich durch eine satzungsmäßige andere Regelung ersetzt wird. Bloße Wortlautabweichungen sind selbstverständlich unschädlich. Gemeint ist in Abs. 5 nur „dieses Gesetz", also das Aktiengesetz.[120] Auf aktienrechtliche Vorschriften in anderen Gesetzen, zB im UmwG oder Mitbestimmungsgesetz, ist die Bestimmung nicht anwendbar. Das Verhältnis Gesetz – Satzung muss in diesen Gesetzen selbst bestimmt werden.[121] Ist danach eine gem. Abs. 5 S. 1 relevante Abweichung festgestellt worden, kommt es darauf an, ob die betreffende Vorschrift diese ausdrücklich zulässt. Die Abweichungsbefugnis muss sich somit eindeutig iS einer klaren positiven Aussage aus dem Wortlaut der Vorschrift ergeben. Das Schweigen des Gesetzes genügt nicht, kann jedoch uU die Möglichkeit einer Ergänzung gem. Abs. 5 S. 2 eröffnen.[122] Besteht eine Abweichungsbefugnis, sind in einem weiteren Prüfungsschritt deren Grenzen zu ermitteln. Zum Teil zeigt

---

113 Vgl hierzu § 25 Rn 2. Auch hier handelt es sich um eine dynamische Verweisung; so auch *Groß*, DB 2003, 867, 868 f; DNotI-Report 2003, 89, 90 f; aA *Oppermann*, ZIP 2003, 793, 794 f.
114 Großkomm-AktienR/*Röhricht*, Rn 167.
115 Jedenfalls bis zum Inkrafttreten des "Gesetzes für kleine Aktiengesellschaften und zur Deregulierung des Aktiengesetzes" 1994 war der Anteil der börsennotierten AGs an der Gesamtzahl aller AGs am höchsten; *Böcker*, RNotZ 2002, 129, 130. Zu den verschiedenen Typen vgl *K. Schmidt*, GesR § 26 III 2.
116 Großkomm-AktienR/*Röhricht*, Rn 167; kritisch *Hirte*, ZGR-Sonderheft Nr. 13, S. 61, 71 f; *Mertens*, ZGR 1994, 426, 427 ff.
117 ZB §§ 125 Abs. 1 S. 3, 130 Abs. 1 S. 3, 134 Abs. 1 S. 2.
118 *Mertens*, ZGR 1994 426, 433; *Hoffmann-Becking*, ZGR 1994, 442 ff.
119 *Mertens*, ZGR 1994, 426, 439.
120 MüKo-AktG/*Pentz*, Rn 148; aA *Gessler*, ZGR 1980, 427, 441.
121 *Luther*, in: FG Hengeler, 1972, S. 167, 171. Vgl zB § 1 Abs. 3 UmwG. Auch die in den Mitbestimmungsgesetzen enthaltenen Regelungen sind grundsätzlich zwingend. Das gilt insb. für die §§ 27-29, 31, 33 MitbestG; Großkomm-AktienR/*Röhricht*, Rn 172; MüKo-AktG/*Wiesner*, § 6 Rn 10. Vgl iÜ zur Gestaltungsfreiheit in mitbestimmungsrechtlichen Fragen die Kommentierung zu § 96.
122 *Hüffer*, Rn 35.

das Gesetz selbst schon in der Abweichungsbefugnis deren Grenzen auf.[123] Vielfach ergeben sich die Grenzen jedoch erst unter Berücksichtigung des Normzwecks der Vorschrift,[124] welcher seinerseits wiederum unter Berücksichtigung der übrigen Bestimmungen des AktG und der anderen Gesetze zu ermitteln ist. Stets zwingend ist die Beachtung der vom Gesetz vorgegebenen Kompetenzordnung im Verhältnis Vorstand – Aufsichtsrat – Hauptversammlung, aber auch der Kompetenzen, die das Gesetz den einzelnen Aktionären, insbesondere in Form von Minderheitsrechten zubilligt.[125] Ebenso ist die Zusammensetzung der Organe und ihre innere Organisation grundsätzlich nicht abänderbar.[126]

Eine nach Sachgebieten geordnete Übersicht über gesetzlich gestattete Abweichungen findet sich bei Groß-Komm-AktienR/*Röhricht*, § 23 Rn 177 ff. 42

III. Ergänzungen (Abs. 5 S. 2). Während in den Fällen des Abs. 5 S. 1 eine vom Gesetz vorgegebene Regelung durch eine andere ersetzt wird, werden durch eine Ergänzung entweder einer bestehenden gesetzlichen Bestimmung zusätzliche Regelungen angefügt, indem sie die gesetzliche Regelung konkretisieren, oder es wird durch sie ein Freiraum des Gesetzes ausgefüllt. Voraussetzung ist also stets, dass das Gesetz einen Regelungsfreiraum lässt. Bisweilen wird dieser Regelungsfreiraum vom Gesetz ausdrücklich eröffnet. Dann ist die Zulässigkeit der Ergänzung idR einfach festzustellen. Ausdrückliche Regelungsfreiräume finden sich zB in §§ 8 Abs. 2, 11, 25 S. 2, 39 Abs. 2, 55 Abs. 1 und Abs. 2, 58 Abs. 5, 63 Abs. 3, 68 Abs. 2 S. 1, 100 Abs. 4, 107 Abs. 3 S. 1, 113 Abs. 1 S. 2, 119 Abs. 1, 121 Abs. 1 und 2 S. 3, 134 Abs. 4, 237 Abs. 1 S. 2.[127] Soweit der Regelungsfreiraum nicht ausdrücklich gesetzlich eröffnet ist, gibt die Formulierung von Abs. 5 S. 2 („es sei denn") in der Weise eine gewisse Hilfestellung, dass grundsätzlich von einem derartigen Freiraum ausgegangen werden kann und nur in Ausnahmefällen, die einer besonderen Begründung bedürfen, eine abschließende Regelung vorliegt, die eine Ergänzung unzulässig macht.[128] Dieses Regel-Ausnahme-Verhältnis darf aber nicht vorschnell als Begründung für die Zulässigkeit einer Ergänzung angeführt werden. Vielmehr ist stets zunächst eine genaue Analyse des gesetzlichen Regelwerks unter Berücksichtigung ungeschriebener Strukturprinzipien und der allgemeinen Gesetze durchzuführen. Bleiben danach Zweifel, kann das in Abs. 5 S. 2 formulierte Regel-Ausnahme-Verhältnis als Auslegungshilfe herangezogen werden.[129] Dabei sind zwei Prüfungsschritte vorzunehmen. Zunächst ist zu klären, ob überhaupt für den Sachverhalt ein Regelungsspielraum vorhanden ist. Hier wird man vielfach über die Auslegungsregel des Abs. 5 S. 2 zu einem positiven Ergebnis kommen. Sodann müssen jedoch die Grenzen einer grundsätzlich zulässigen Ergänzung bestimmt werden. Auch dann gilt zwar der Grundsatz, dass die Annahme einer abschließenden Regelung einer Begründung bedarf, nicht die Annahme einer Regelungslücke. Die hierbei vorzunehmende Untersuchung ist jedoch vielfach komplexer als beim ersten Prüfungsschritt, da man nicht nur die sich konkret auf diesen Sachverhalt beziehenden Bestimmungen überprüfen muss, sondern alle Bestimmungen mit Ausstrahlungswirkung auf den Sachverhalt. Die anzulegenden Prüfungskriterien entsprechen grundsätzlich denjenigen für Abweichungen gem. Abs. 5 S. 1.[130] Vielfach kommt es hier wiederum darauf an, ob die gesetzliche Zuständigkeitsverteilung zwischen den Gesellschaftsorganen beachtet wird. In die Prüfung mit einzubeziehen sind auch die Rechtsfolgen, die bei einem Verstoß gegen die ergänzende Regelung vorgesehen sind.[131] 43

IV. Beispiele. Im Rahmen der Kommentierung der das jeweilige Sachgebiet betreffenden Vorschriften wird konkret auf die Zulässigkeit bestimmter abweichender oder ergänzender Regelungen eingegangen. Gleichwohl sollen an dieser Stelle – auch zur Verdeutlichung des vorstehend Gesagten – einige Fälle angesprochen werden. 44

Die Beteiligungsquote der **Arbeitnehmer im Aufsichtsrat** kann weder erhöht noch verringert werden (unzulässige Abweichung). Sie ist stets so festzulegen, wie sie sich aus § 96 iVm den Mitbestimmungsgesetzen ergibt.[132] Die Anforderungen an die Geltendmachung von **Minderheitsrechten** können weder erhöht noch (Ausnahme in § 122 Abs. 1 S. 2) verringert werden (unzulässige Abweichung).[133] Die **Sorgfalts- und Verschwiegenheitspflichten der Vorstands- und Aufsichtsratsmitglieder** gem. §§ 93 Abs. 1, 116 dürfen weder verschärft noch verringert werden.[134] In allen Fällen, wo das Aktienrecht unmittelbaren Rechtsschutz

---

[123] Während das Gesetz zB in § 179 Abs. 2 S. 1 Hs 1 eine vom in S. 1 vorgegebenen 3/4-Quorum abweichende Kapitalmehrheit nach oben und unten zulässt, darf bei einer Gegenstandsänderung oder Kapitalerhöhung mit Bezugsrechtsausschluss nur nach oben abgewichen werden; §§ 179 Abs. 2 S. 2, 186 Abs. 3 S. 3. Gemäß § 77 Abs. 1 S. 2 Hs 1 kann zwar durch die Satzung eine abweichende Geschäftsführungsbefugnis regeln. Gemäß Hs 2 darf jedoch nie gegen die Mehrheit der Vorstandsmitglieder entschieden werden.
[124] MüKo-AktG/*Pentz*, Rn 154.
[125] *Timm*, DB 1980, 1201, 1204.
[126] KölnKomm-AktG/*Kraft*, Rn 84.
[127] Bisweilen kann die Einordnung in eine Gestattung iSv Abs. 5 S. 1 und eine zulässige Ergänzung iSv Abs. 5 S. 2 zweifelhaft sein. Für die Praxis ist das jedoch unerheblich.
[128] MüKo-AktG/*Pentz*, Rn 157.
[129] Großkomm-AktienR/*Röhricht*, Rn 189.
[130] Großkomm-AktienR/*Röhricht*, Rn 191.
[131] Näher Großkomm-AktienR/*Röhricht*, Rn 198 ff.
[132] KölnKomm-AktG/*Kraft*, Rn 84; *Hüffer*, § 96 Rn 3.
[133] MüKo-AktG/*Pentz*, Rn 156; MüHb-AG/*Hoffmann-Becking*, § 28 Rn 40 ff.
[134] BHG NJW 1975, 1412; *Hüffer*, Rn 36.

durch staatliche Gerichte vorsieht,[135] kann dieser nicht durch ein **schiedsgerichtliches Verfahren** ersetzt werden (unzulässige Abweichung).[136] Schiedsfähig sind danach aber zB Streitigkeiten über Einlageforderungen.[137] Zulässig dürften jedenfalls auch **Schiedsgutachterklauseln**[138] dort sein, wo es um Bewertungsfragen geht und hierfür das Gesetz nicht selbst wie in § 306 ein besonderes Verfahren vorsieht (Ergänzung). Zu denken ist dabei an die Bestimmung des Einziehungsentgelts, wenn die Bewertungsmethode in der Satzung selbst gem. § 237 Abs. 2 S. 2 AktG festgelegt ist.[139] **Gerichtsstandsklauseln** sind zulässige Ergänzungen.[140] Zulässig ist die Aufstellung **persönlicher Bestellungsvoraussetzungen für Vorstandsmitglieder** (Mindest- und/oder Höchstalter, Qualifikation, Staatsangehörigkeit etc.), sofern diese nicht faktisch darauf hinauslaufen, dass dem Aufsichtsrat kein nennenswertes Auswahlermessen mehr verbleibt.[141] **Fakultative Gremien** wie Beiräte können satzungsmäßig eingerichtet werden, wenn sie keine Organkompetenzen übernehmen.[142] Im Rahmen von Venture-capital-Gesellschaften verlangen die Investoren häufig, dass ihnen Aktien mit besonderen, über **§ 131 hinausgehenden Informationsrechten** auch außerhalb einer Hauptversammlung gewährt werden. Vor dem Hintergrund der Verschwiegenheitspflichten von Vorstand und Aufsichtsrat gem. §§ 93 Abs. 1 S. 2, 116 AktG wird man eine solche Erweiterung zulassen müssen, wenn sie in unmittelbarem Zusammenhang mit einer Investitionsentscheidung, insbesondere im Rahmen einer Kapitalerhöhung steht, nicht dagegen, wenn sie losgelöst hiervon einem bloßen Ausforschungsinteresse dient.[143] Unzulässig sind auch Regelungen, die dem Vorstand außerhalb von Unternehmensgegenstand und Gesellschaftszweck Vorgaben für die Führung der Geschäfte des Unternehmens machen.[144]

F. Mängel der Satzungsfeststellung und Aktienübernahme

45 Die Feststellung der Satzung einschließlich Aktienübernahme kann aus verschiedenen Gründen Mängel aufweisen. Da die Feststellung der Satzung einschließlich Aktienübernahmeerklärung ein Rechtsgeschäft darstellt, können bei ihr die allgemeinen Mängel beim Abschluss von Rechtsgeschäften auftreten, also insbesondere Willensmängel iSv §§ 119, 123 BGB. Die Willenserklärung eines Gründers kann wegen fehlender Geschäftsfähigkeit oder mangels Bevollmächtigung unwirksam sein. Die Satzungsfeststellung kann wegen §§ 134, 138 BGB nichtig sein. Va aber ist hier an Mängel zu denken, die sich aus den speziellen aktienrechtlichen Vorgaben für die rechtsgeschäftliche Errichtung der AG ergeben: Verstöße gegen Abs. 1 wegen fehlender, unvollständiger oder unwirksamer Beurkundung, Mängel der Übernahmeerklärung, Fehlen oder Nichtigkeit von Bestimmungen iSv Abs. 3 sowie die Unwirksamkeit von einzelnen Satzungsbestimmungen wegen Verstoßes gegen Abs. 5.

46 **I. Rechtslage vor Eintragung der Gesellschaft.** Soweit der Mangel im Rahmen der registergerichtlichen Prüfungskompetenz liegt,[145] hat das Registergericht wegen des Mangels die Eintragung gem. § 38 Abs. 1 abzulehnen. Angesichts der Tatsache, dass mit Errichtung der AG durch Satzungsfeststellung bereits eine Vor-AG als Gesellschaft eigener Art entsteht, die ihrerseits im Rechtsverkehr auftreten kann,[146] muss jedoch nach den weiteren Konsequenzen von Mängeln für das Entstehen der Vor-AG gefragt werden. Vor dem Hintergrund, dass nach ganz hM § 139 BGB auf Gesellschaftsverträge keine Anwendung findet,[147] ist hierbei zunächst zu unterscheiden, welche Bedeutung der Mangel für den gesamten Errichtungsakt hat: Lässt sich der Mangel punktuell begrenzen, da er nicht gegen grundlegende Bestimmungen für die rechtsgeschäftliche Errichtung einer AG verstößt („**Einzelmangel**"), so hat dieser Mangel keine Auswirkung auf das Entstehen der Vor-AG.[148] Dann folgt aus der gesellschaftsrechtlichen Treuepflicht der Gesellschafter, dass diese voneinander die Behebung des Mangels durch Änderung des Gesellschaftsvertrages verlangen können. Soweit es sich dagegen um grundlegende, den gesamten Gründungsakt erfassende Mängel handelt („**Gesamtmangel**"),[149] ist weiter zu differenzieren: Solange die Gesellschaft noch nicht nach außen tätig geworden ist und auch noch kein eigenes Vermögen gebildet hat, finden die allgemeinen Vorschriften des BGB

---

135 Dies gilt insb. für die Nichtigkeits- und Anfechtungsklage gem. §§ 241 ff, aber auch zB für das Auskunftserzwingungsverfahren gem. § 132 oder das Bestellungsverfahren gem. § 104.
136 *K. Schmidt*, ZGR 1988, 523, 537; MüKo-AktG/*Pentz*, Rn 156; BGH MDR 1951, 674; NJW 1996, 1753.
137 MüKo-AktG/*Pentz*, Rn 161.
138 Also Klauseln, wonach eine Tatsache, nicht dagegen Rechtsfrage, verbindlich durch einen Dritten entschieden werden soll.
139 Str, wohl aA *Hüffer*, § 237 Rn 17.
140 BGH NJW 1994, 51.
141 Großkomm-AktienR/*Röhricht*, Rn 190; *Hüffer*, Rn 38.
142 *Hüffer*, 23 Rn 38.
143 Vgl hierzu ausführlich *Loges/Distler*, ZIP 2002, 467 ff.
144 *Körber* in: Bürgers/Körber, § 23 Rn 43.
145 Vgl hierzu die Kommentierung zu § 38.
146 *Hüffer*, § 41 Rn 4.
147 *Hüffer*, § 41.
148 Hierunter fallen insb. Verstöße gegen Abs. 5.
149 Zu derartigen Mängeln zählen auf Ebene des einzelnen Gesellschafters ("subjektiver Mangel") namentlich Abschlussmängel, also Willensmängel iSv §§ 119, 123 BGB oder die fehlende Zurechenbarkeit einer Erklärung mangels Geschäftsfähigkeit oder Bevollmächtigung, auf objektiver Ebene eine fehlende, unwirksame oder unvollständige Beurkundung oder die Angabe eines nicht ernstlich gewollten oder sittenwidrigen Unternehmensgegenstandes. Zu weit dürfte es dagegen gehen, jeden Verstoß gegen § 23 Abs. 3 (zB auch eine unzulässige Firmierung) als Gesamtmangel einzuordnen; so aber Großkomm-AktienR/*Röhricht*, Rn 211.

über Willensmängel und sonstige Fehler von Rechtsgeschäften mit Ausnahme von § 139 BGB Anwendung.[150] Danach kann die rechtsgeschäftliche Errichtung der AG von Anfang an unwirksam sein. **Ab Invollzugsetzung** ist das Recht der fehlerhaften Gesellschaft anwendbar.[151] Die Mängel können also nur noch mit Wirkung ex nunc mit der Folge geltend gemacht werden, dass die zunächst entstandene Vor-AG aufgelöst und abgewickelt werden muss.[152] Soweit es sich um einen subjektiven, in der Person eines Gründers liegenden Mangel handelt (Willensmangel, vollmachtlose Vertretung, fehlende Geschäftsfähigkeit), genügt für die Auflösung eine Kündigungserklärung analog § 723 Abs. 1 S. 2 BGB; bei objektiven Mängeln (zB Formfehler, nichtiger Unternehmensgegenstand) wird man dagegen eine Auflösungsklage analog § 275 AktG, 133 Abs. 1 HGB verlangen müssen.[153]

II. Rechtslage ab Eintragung der Gesellschaft. Hinsichtlich der Rechtslage ab Eintragung sind zwei Fragen zu unterscheiden: Zum einen geht es darum, inwieweit ein Mangel noch Auswirkungen auf den Bestand der AG an sich haben kann (1). Zum anderen stellt sich die Frage, welche Auswirkung die Eintragung auf den Mangel an sich hat (2.).

1. Bestand der AG. Mit Eintragung der AG ins Handelsregister haben unabhängig davon, ob es sich um Einzel- oder Gesamtmängel handelt und ob sich ein Gründer auf den Mangel bereits vorher berufen hat, Mängel keine Auswirkungen mehr auf den rechtswirksamen Bestand der AG. Die Gründer/Aktionäre können die Nichtigerklärung (besser: Auflösung, § 277 Abs. 1) der Gesellschaft nur noch in den engen Grenzen des § 275 bewirken (fehlende Bestimmung über die Höhe des Grundkapitals oder fehlende oder nichtige Bestimmung über den Unternehmensgegenstand). In diesen Fällen kann das Registergericht auch von sich aus auch gem. § 397 FamFG vorgehen. Bei sonstigen Verstößen gegen § 23 Abs. 3 kann nur das Registergericht gemäß § 399 FamFG vorgehen und – wenn der Mangel nicht behoben wird – über § 262 Abs. 1 Nr. 5 die Auflösung der AG bewirken. Sieht man von diesen Sonderfällen ab, bleibt es aber dabei, dass selbst grundlegende Mängel wie zB eine fehlende Beurkundung nichts mehr an dem rechtswirksamen Entstehen der AG ändern.

2. Auswirkung auf den konkreten Mangel. Die Auswirkungen der Eintragung hinsichtlich des rechtswirksamen Entstehens der AG wird vielfach nicht deutlich genug abgegrenzt von der Frage nach den Konsequenzen, welche die Eintragung der AG auf den konkreten Mangel hat.

a) Objektive Mängel, insbesondere Verstoß gegen Abs. 5. Soweit es sich um Formfehler handelt, werden diese durch die Eintragung vollständig geheilt. Bei sonstigen objektiven (inhaltlichen) Mängeln bei der Errichtung der AG ist zu differenzieren. Soweit es um Verstöße gegen §§ 134, 138 BGB oder § 23 Abs. 3 geht, ändert sich durch die Eintragung nichts. Die Bestimmung bleibt nichtig. Soweit es um Verstöße gegen Abs. 5 geht, ist zunächst zu klären, ob derartige Verstöße stets zur Nichtigkeit der betreffenden Satzungsbestimmung führen (wobei die Sanktion der Nichtigkeit teils aus der Vorschrift selbst,[154] teils aus § 241 Nr. 3 hergeleitet wird)[155] oder ob zusätzlich eine Bewertung des Mangels nach Maßgabe der von § 241 Nr. 3 vorgegebenen Kriterien zu erfolgen hat, mithin Nichtigkeit nur dann anzunehmen ist, wenn der Mangel mit dem Wesen der Aktiengesellschaft nicht zu vereinbaren oder durch ihn gläubigerschützende oder öffentliche Interessen verletzt werden.[156] Zuzustimmen ist der letztgenannten Auffassung. Die von Abs. 5 erfassten Fälle sind zu vielgestaltig, als dass sie alle einheitlich mit der Sanktion der Nichtigkeit belegt werden können. Auch wenn der Grundsatz der Satzungsstrenge einer der zentralen Strukturmerkmale der AG ist, ist er nach Eintragung der AG mit dem ebenfalls gewichtigten Gebot der Rechtssicherheit in Einklang zu bringen. Dies geschieht durch die Bewertung des Mangels nach Maßgabe von § 241 Nr. 3. Diese darf freilich nicht zu einer Aushöhlung von § 23 Abs. 5 führen.

Liegt danach ein objektiver Mangel vor, der nicht durch Eintragung geheilt wird, so bleibt die Satzungsbestimmung zunächst für drei Jahre nichtig. Soweit nicht der seltene Fall eines Nichtigkeitsgrundes iSv § 275 Abs. 1 vorliegt, bei dem innerhalb der Dreijahresfrist (§ 275 Abs. 3) die Möglichkeit besteht, wegen des

---

150 MüKo-AktG/*Pentz*, Rn 167.
151 Nach ständiger Rspr (vgl BGHZ 3, 285, 288; NJW 1992, 1503, 1504) finden die Regeln der fehlerhaften Gesellschaft insoweit keine Anwendung, als vorrangige Interessen der Allgemeinheit (va bei Sittenwidrigkeit, § 138 BGB) oder schutzwürdiger Personen (va Minderjähriger) dem entgegenstehen. *K. Schmidt*, GesR, § 6 III 3 ist dem überzeugend entgegengetreten. Danach sind auch in derartigen Fällen die Regeln der fehlerhaften Gesellschaft anzuwenden und Widersprüche auf anderer Ebene zu lösen; vgl hierzu MüKo-AktG/*Pentz*, Rn 169 ff.
152 Vgl iE zu den Regeln für die Auflösung und Abwicklung der Vor-AG die Kommentierung zu § 41.
153 Str, ohne diese Differenzierung einheitlich für analoge Anwendung von § 723 Abs. 1 S. 2 BGB MüKo-AktG/*Pentz*, Rn 171

und Großkomm-AktienR/*Röhricht*, Rn 208 (bei Fn 236); einheitlich für Auflösungsklage *K. Schmidt*, GesR, § 6 III 2 (bei GmbH).
154 *Gessler*, ZGR 1980, 427, 444; MüKo-AktG/*Pentz*, Rn 162; Großkomm-AktienR/*Röhricht*, Rn 202.
155 MüHb-AG/*Wiesner*, § 6 Rn 12; OLG Düsseldorf AG 1968, 19, 22.
156 So va *Hüffer*, Rn 43; MüKo-AktG/*Hüffer*, § 241 Rn 49 ff. Die Entscheidung des BGH (BGHZ 144, 365 ff = NJW 2000, 2819), wonach § 242 Abs. 2 S. 1 auch auf Mängel der Ursprungssatzung analog anzuwenden ist, kann als Indiz dafür gewertet werden, dass auch der BGH dieser Ansicht zuneigt.

Mangels die Gesellschaft als solche für nichtig zu erklären,[157] kann innerhalb dieser Dreijahresfrist über eine Klage gem. § 256 ZPO die Nichtigkeit der Bestimmung durch die Organmitglieder oder Aktionäre festgestellt werden.[158] Wird der Mangel innerhalb von drei Jahren nach Eintragung nicht behoben, so hat der BGH zwischenzeitlich entschieden, dass dann der Mangel analog § 242 Abs. 2 S. 1 geheilt wird.[159] Mit der Heilung tritt eine rückwirkende Umgestaltung der materiellen Rechtslage in dem Sinne ein, dass die ursprünglich nichtige Satzungsbestimmung nun von Anfang an wirksam und rechtsgültig wird.[160] Die Organe der Gesellschaft müssen sich ebenso wie die Aktionäre und Gläubiger der Gesellschaft an die nun verbindliche Satzungsbestimmung halten. Unbeschadet davon bleibt es jedoch bei der Möglichkeit, dass das Registergericht von Amts wegen durch privatrechtsgestaltenden Akt gem. § 242 Abs. 2 S. 3 AktG iVm § 398 FamFG die zwar gesetzeswidrige, aber gleichwohl zwischenzeitlich rechtswirksam gewordene Satzungsbestimmung löscht.[161]

52 **b) Subjektive Mängel.** Bei subjektiven Mängeln der Gründer, namentlich Erklärungsmängeln wie Irrtümern iSv §§ 119 ff BGB oder bei Täuschung (§ 123 BGB), unzulässigen Befristungen oder Bedingungen in der Übernahmeerklärung (Rn 14), geht die Heilungswirkung durch Eintragung der Gesellschaft insoweit noch über diejenige bei objektiven Mängeln hinaus, als die Person mit Eintragung grundsätzlich in jeder Hinsicht die Stellung eines Gründers/Aktionärs erlangt mit allen damit verbundenen Rechten und Pflichten. Was bei objektiven Mängeln erst nach drei Jahren eintritt, tritt bei subjektiven Mängeln also sofort mit Eintragung ein. Es findet eine Umgestaltung der materiellen Rechtslage in dem Sinne statt, dass die Erklärung als von Anfang an rechtswirksam und nicht mehr anfechtbar anzusehen ist.[162]

53 Soweit der Mangel allerdings dergestalt ist, dass er zur **Nichtzurechenbarkeit der Gründererklärung** führt, ist die Rechtslage komplizierter: Nicht zurechenbar ist die Erklärung, wenn sie bei Drohung mit Gewalt gegen Leib und Leben abgegeben wurde (dann aber unverzügliche Anfechtung gem. § 123 BGB erforderlich) oder in den Fällen der Unterschriftsfälschung. Die hM nimmt dies auch in den Fällen an, in denen die Erklärung von einem Geschäftsunfähigen oder nicht ordnungsgemäß vertretenen Minderjährigen stammt.[163] Auch bei vollmachtloser Vertretung fehlt es an einer Zurechenbarkeit zum Vertretenen. Die für den Vertretenen abgegebenen Erklärungen bleiben trotz Eintragung der AG für diesen wirkungslos. Dann tritt nach hM der Vertreter als Gründer gem. § 179 Abs. 1 Alt. 1 BGB an die Stelle des Vertretenen. Dieser ist jedoch zur Veräußerung der Aktien an die Mitgründer verpflichtet.[164] In den anderen Fällen, in denen mangels Zurechenbarkeit der Erklärung kein wirksamer Beitritt zur Gesellschaft vorliegt, ist die Gesellschaft zwar mit dem satzungsmäßigen Grundkapital entstanden, dieses ist jedoch nicht vollständig von Gründern übernommen. Mangels Verschuldens wird häufig eine Haftung der Mitgründer für die Einlageleistung gem. § 46 ausscheiden. Übernehmen die Mitgründer nicht freiwillig die „nicht gedeckten" Aktien oder finden einen einstiegsbereiten Dritten,[165] bleibt nur der Weg einer Kapitalherabsetzung bzw – wenn damit das Mindestgrundkapital unterschritten wird – die Auflösung durch Beschluss oder von Amts wegen.[166]

G. Kosten

54 Die notarielle Beurkundung der Satzungsfeststellung löst bei der Mehrpersonen-AG eine 2,0-Gebühr gemäß KV-Nr. 21100 des GNotKG und bei einer Einpersonen-AG eine 1,0-Gebühr gemäß KV-Nr. 21200. Der Geschäftswert bestimmt sich gemäß § 97 Abs. 1 GNotKG nach dem Wert der Einlagen aller Gesellschafter und beträgt nach § 107 Abs. 1 S. 1 GNotKG mindestens 30.000 EUR, höchstens jedoch 10 Mio EUR. Verbindlichkeiten sind nach § 38 GNotKG nicht abzuziehen. Wird schon bei der Gründung ein genehmigtes Kapital bestimmt, so ist dieses als weitere Leistung mit zu berücksichtigen. Werden in der Urkunde zugleich die Aufsichtsratsmitglieder und der erste Abschlussprüfer bestellt (was die Regel ist), so ist liegt ein Beschluss ohne bestimmten Geldwert vor, dessen Geschäftswert 1 % des Grundkapitals, mindestens

---

157 In diesen Fällen ist die Erhebung einer Klage gem. § 256 ZPO auf Feststellung der Nichtigkeit des einzelnen Mangels unzulässig; § 275 AktG ist lex spezialis.

158 *Hüffer*, § 275 Rn 18; *Nirk*, Hb AG, I Rn 185. Soweit es sich nicht um offenkundige Mängel handelt, werden sich die Gesellschaft und ihre Organe aber wohl solange an die nichtige Bestimmung halten müssen, wie die Nichtigkeit nicht festgestellt worden ist. Richterliche Kompetenzen haben die Organe nicht.

159 BGHZ 144, 365, 367 f.

160 Großkomm-AktienR/*K. Schmidt*, § 242 Rn 13; MüKo-AktG/*Hüffer*, § 242 Rn 19 f; *Hüffer*, Rn 43; aA *Emde*, ZIP 2000, 1753, 1756 f.

161 BGHZ 144, 365, 368; *Geßler*, ZGR 1980, 427, 453; MüKo-AktG/*Hüffer*, § 242 Rn 39.

162 StRspr, RGZ 9, 36, 39 f; 83, 256, 264; BGH NJW 1992, 3167, 3170; Großkomm-AktienR/*Röhricht*, Rn 225 f; MüKo-AktG/*Pentz*, Rn 175.

163 So bereits Fn 145. Vorzugswürdig ist allerdings die im Vordringen befindliche Ansicht, wonach diese zwar Aktionäre der AG werden, ohne jedoch mitgliedschaftliche Verpflichtungen übernommen zu haben. Wie hier MüKo-AktG/*Pentz*, Rn 180; aA Großkomm-AktienR/*Röhricht*, Rn 231.

164 MüKo-AktG/*Pentz*, Rn 176.

165 In beiden Fällen ist die Neuvornahme des Gründungsvorgangs gem. § 23 Abs. 1 und 2 erforderlich.

166 Großkomm-AktienR/*Röhricht*, Rn 234 f.

30.000 EUR beträgt (§§ 108 Abs. 1 S. 1, 105 Abs. 4 Nr. 1 GNotKG). Da mehrere Wahlen, sofern keine Einzelwahl erfolgt, denselben Gegenstand haben, liegt nur ein Beschluss vor (§ 109 Abs. 2 Nr. 4 d GNotKG). Die Geschäftswerte der Einlageleistungen und des Beschlusses sind zu addieren, die Summe bildet den Geschäftswert für die Errichtungsurkunde. Dieser beträgt somit mindestens 80.000 EUR und höchstens 10.030.000 EUR, was bei der Mehrpersonen-AG einer Gebühr von netto mindestens 438 EUR und höchstens 22.770 EUR entspricht (bei der Einpersonen-AG jeweils die Hälfte davon).

H. Schuldrechtliche Nebenvereinbarungen

I. Begriff, Rechtsnatur, Bedeutung. Bisweilen regeln die Gründer/Aktionäre ihre Verhältnisse untereinander und zur AG nicht nur in der Satzung, sondern treffen ergänzend hierzu schuldrechtliche Vereinbarungen untereinander. Dies geschieht va dann, wenn Regelungen getroffen werden sollen, die in der Satzung wegen Abs. 5 unzulässig wären. Häufig geschieht dies zB für die Begründung von Vorkaufsrechten an Aktien, die Bestimmung von über § 55 hinausgehenden Nebenleistungspflichten, insbesondere Darlehensgewährungen der Gründer an die AG, Stimmbindungen zB im Zusammenhang mit der Besetzung des Aufsichtsrats, Begründung von Informationspflichten der Organe (trotz §§ 116, 93 Abs. 1 S. 2 AktG) etc.[167] Zentrale Bedeutung kommt derartigen Vereinbarungen in den Fällen zu, in denen mehrere Unternehmen (Konsorten) ein Gemeinschaftsunternehmen (Konsortialgesellschaft) gründen. Alle wesentlichen Regelungen für das spätere Leben der Konsortialgesellschaft finden sich dann in dem **Konsortialvertrag**,[168] während die Satzung selbst nur das gesetzlich vorgegebene Grundgerüst enthält.[169]

Diese Vereinbarungen können – soweit in ihnen nicht wiederum Verpflichtungen enthalten sind, die ihrerseits nur formpflichtig begründet werden können (§ 15 Abs. 4 GmbHG, § 311 b Abs. 1 BGB) – formfrei abgeschlossen werden. Da sie rein schuldrechtlicher Natur sind, binden sie nur die Vertragspartner und ihre Gesamtrechtsnachfolger, nicht dagegen neu hinzukommende Aktionäre.[170] Da es sich um einen Vertrag handelt, kann er – vorbehaltlich abweichender Vereinbarungen – nur einvernehmlich unter Mitwirkung aller Vertragspartner abgeändert werden, wohingegen für Satzungsänderungen idR ein Mehrheitsbeschluss gem. § 179 Abs. 2 genügt. Anders als bei der Satzung gelten für die Auslegung der Vereinbarung die allgemeinen BGB-Grundsätze für die Auslegung von Verträgen. Schuldrechtliche Nebenabreden unterliegen nicht der Publizität des Handelsregisters. Durch die Vereinbarung entsteht idR eine **Innengesellschaft bürgerlichen Rechts**, was sich bisweilen auch dadurch ausdrückt, dass die Vereinbarung auch alle für die Konstituierung einer BGB-Gesellschaft üblichen gesellschaftsvertraglichen Regelungen enthält. Soweit dies nicht der Fall ist, finden §§ 705 ff BGB Anwendung.

II. Zulässigkeitsschranken/Verhältnis zur Satzung. Ausgehend von einer klaren Trennung zwischen der Satzung und Nebenvereinbarung (sog. **Trennungsprinzip**)[171] gilt für die Ausgestaltung der Letzteren der Grundsatz der Vertragsfreiheit (§ 311 Abs. 1 BGB); insbesondere können nach Abs. 5 in einer Satzung eigentlich unzulässige Regelungen zulässigerweise in einer Nebenvereinbarung enthalten sein.[172] Aus dieser klaren Trennung folgt umgekehrt jedoch auch, dass die gesellschafterliche **Treuepflicht** nicht durch eine Nebenvereinbarung inhaltlich ausgestaltet wird.[173] Insbesondere kann ein Hauptversammlungsbeschluss nicht wegen Verstoßes gegen eine Nebenvereinbarung angefochten werden.[174] Auch darf ein Verstoß gegen die schuldrechtliche Nebenvereinbarung nicht in der Weise satzungsmäßig sanktioniert werden, dass dann zB eine Einziehung der Aktien möglich ist (Verstoß gegen Abs. 5).[175] Eine Absicherung der Verpflichtungen aus der Nebenvereinbarung, namentlich von Stimmbindungen, kann nur durch die Vereinbarung selbst ge-

---

[167] Eine rechtstatsächliche Untersuchung der Fallgruppen bietet *Baumann/Reiß*, ZGR 1989, 158, 160 ff.
[168] In der Praxis wird der Begriff vielfach nicht nur in derartigen Konzernkonstellationen, sondern in allen Fällen verwandt, wo sich alle Gesellschafter oder Gesellschaftergruppen zusammenschließen, um auf die Gesellschaft in bestimmter Weise einzuwirken.
[169] *Hoffmann-Becking*, ZGR 1994, 442, 445.
[170] Diese werden nur durch Vertragsübernahme gebunden. Schlichte Kenntnis der Vereinbarung bei Erwerb/Übernahme der Aktien genügt nicht; *Hüffer*, Rn 46.
[171] *Happ*, ZGR 1984, 168, 172.
[172] MüKo-AktG/*Pentz*, Rn 188.
[173] *Hüffer*, Rn 47; MüKo-AktG/*Pentz*, Rn 193; aA Großkomm-AktienR/*Röhricht*, Rn 255; *Hoffmann-Becking*, ZGR 1994, 442, 459. Letzterer bejaht eine Durchbrechung des Trennungsprinzips in allen Fällen, in denen es um die Konkretisierung und Ausfüllung unbestimmter Rechtsbegriffe wie "pflichtgemäßes Ermessen", "Gesellschafterinteresse" und "wichtiger Grund" geht (aaO, 462). Dies dürfte auch vor dem Hintergrund, dass für Nebenvereinbarungen und materielle Satzungsbestimmungen völlig unterschiedliche Auslegungsregeln gelten und man so über die Hintertür der Nebenvereinbarung doch zu einer subjektiven Auslegung von Satzungsbestimmungen kommt, zu weitgehend sein.
[174] AA zum GmbH-Recht in den Fällen, wo alle Gesellschafter die Vereinbarung abgeschlossen haben, der BGH in BGH NJW 1983, 1910, 1911; NJW 1987, 1890, 1892. Vgl zur BGH-Entscheidung von 1983 und ihren prozessökonomischen Vorzügen auch *Happ*, ZGR 1984, 168, 175 ff. Ob der BGH an seiner Rspr weiterhin festhält, ist allerdings zweifelhaft; vgl MüKo-AktG/*Pentz*, Rn 24 (Fn 503) unter Hinweis auf BGH NJW 1993, 2246.
[175] MüKo-AktG/*Pentz*, Rn 193; *Hüffer*, Rn 47; Großkomm-AktienR/*Röhricht*, Rn 259; aA, *Hoffmann-Becking*, ZGR 1994, 442, 461 f.

regelt werden, zB durch Einbringung der Aktien in das Gesamthandseigentum des Konsortiums, Übertragung der Aktien auf einen Treuhänder, Vollmachtserteilung oder Stimmrechtsermächtigung an den Leiter der Konsorten, Vereinbarung von Vertragsstrafen. In engen Grenzen wird man jedoch eine wechselseitige Beeinflussung von Nebenvereinbarung und Satzung bejahen müssen.[176] Soweit es um die Begründung eines Konzernverhältnisses geht, ist anerkannt, dass für die Konkretisierung des Tatbestandsmerkmals „Abhängigkeit" iSv § 17 AktG auch konsortiale Absprachen zu berücksichtigen sind.[177] In bestimmten – im Einzelnen noch zu entwickelnden – Fallgruppen kann sich die Nebenabrede über den Einwand des Rechtsmissbrauchs auch auf die korporationsrechtliche Ebene, insbesondere bei der Stimmrechtsausübung im Rahmen von Hauptversammlungsbeschlüssen auswirken.[178] Dem vorgelagert muss freilich stets die Prüfung sein, inwieweit die Stimmrechtsbindung an sich, zB unter Berücksichtigung des aktiengesetzlichen Minderheitenschutzes durch qualifizierte Mehrheitserfordernisse, wirksam ist.[179] Mindestvoraussetzung für den Einwand des Rechtsmissbrauchs dürfte jedenfalls sein, dass der Fall ganz konkret in der Nebenvereinbarung geregelt ist und Gläubigerinteressen nicht berührt werden.[180]

Anhang zu § 23: Beispiele für Satzungen

I. Satzung der Einmann-AG (Kurzfassung mit Mindestinhalt)

58 ▶ **Satzung der X-Aktiengesellschaft**

§ 1 Firma, Sitz, Geschäftsjahr
1. Die Firma der Gesellschaft lautet Y Software Aktiengesellschaft.
2. Die Gesellschaft hat ihren Sitz in Düsseldorf
3. Geschäftsjahr ist das Kalenderjahr.

§ 2 Gegenstand des Unternehmens
1. Gegenstand des Unternehmens ist die Entwicklung und der Vertrieb von Software.
2. Die Gesellschaft kann alle Geschäfte durchführen und Maßnahmen treffen, die dem Gegenstand des Unternehmens dienen. Sie kann zu diesem Zweck auch andere Gesellschaften gründen, erwerben oder sich an ihnen beteiligen.

§ 3 Bekanntmachungen
Bekanntmachungen der Gesellschaft erfolgen nur im elektronischen Bundesanzeiger.

§ 4 Höhe und Einteilung des Grundkapitals
1. Das Grundkapital beträgt 50.000 EUR (in Worten: fünfzigtausend Euro) und ist eingeteilt in 50.000 Stückaktien.
2. Die Aktien lauten auf den Inhaber.

§ 5 Vorstand
1. Der Vorstand besteht aus einer Person.
2. Der Aufsichtsrat kann das Vorstandsmitglied durch Beschluss vom Verbot der Mehrfachvertretung (§ 181 BGB) befreien.
3. Der Aufsichtsrat legt fest, welche Arten von Geschäften nur mit seiner Zustimmung vorgenommen werden dürfen.

§ 6 Gründungskosten
Die Gesellschaft trägt die Gründungskosten bis zu einer Höhe von 5.000 EUR. ◀

---

[176] Vgl hierzu auch *Baumann/Reiß*, ZGR 1989, 157, 206 f und 214 f.
[177] *Hoffmann-Becking*, ZGR 1994, 442, 452.
[178] So zB in BGHZ 29, 385, 392 f.
[179] Näher hierzu MüKo-AktG/*Pentz*, Rn 195. Zu den Grenzen einer Stimmbindungsvereinbarung und ihrer gerichtlichen Durchsetzbarkeit (GmbH) vgl auch *Herriger*, MittRhNotK 1993, 269, 273 ff.
[180] Bei der Bestimmung der Höhe einer Einziehungsvergütung dürfen zB Vermögenswerte, die sich erst aus einer Nebenvereinbarung ableiten, nicht berücksichtigt werden; vgl *Hoffmann-Becking*, ZGR 1994, 442, 462 ff.

II. Satzung einer „kleinen" AG

▶ **Satzung der Aktiengesellschaft**

I. Allgemeine Bestimmungen

§ 1 Firma, Sitz, Geschäftsjahr

1. Die Firma der Gesellschaft lautet: Y Hightech-Aktiengesellschaft.
2. Die Gesellschaft hat ihren Sitz in Essen.
3. Geschäftsjahr ist das Kalenderjahr.

§ 2 Gegenstand des Unternehmens

1. Gegenstand des Unternehmens ist die Entwicklung und der Vertrieb von Steuerungssystemen und EDV-Anlagen.
2. Die Gesellschaft kann alle Geschäfte durchführen und Maßnahmen treffen, die dem Gegenstand des Unternehmens dienen. Sie kann zu diesem Zweck auch andere Gesellschaften im In- und Ausland gründen, erwerben oder sich an ihnen beteiligen sowie Zweigniederlassungen im In- und Ausland errichten.

§ 3 Bekanntmachungen

Bekanntmachungen der Gesellschaft erfolgen ausschließlich im elektronischen Bundesanzeiger.

II. Grundkapital und Aktien

§ 4 Höhe und Einteilung des Grundkapitals

1. Das Grundkapital beträgt 50.000 EUR (in Worten: fünfzigtausend Euro) und ist eingeteilt in 50.000 Stückaktien ohne Nennwert.
2. Die Aktien lauten auf den Namen.
3. Der Vorstand bestimmt mit Zustimmung des Aufsichtsrats die Form der Aktien. Die Gesellschaft kann einzelne Aktien in Aktienurkunden zusammenfassen, die eine Mehrzahl von Aktien verbriefen (Sammelurkunden, Globalaktien). Der Aktionär kann eine Einzelverbriefung hinsichtlich seiner Beteiligung gegen Übernahme der hiermit verbundenen Kosten verlangen.

§ 5 Einziehung von Aktien

1. Die Hauptversammlung kann die Einziehung von Aktien auch gegen den Willen des betroffenen Aktionärs beschließen, wenn
   a) über das Vermögen des Aktionärs das Insolvenzverfahren eröffnet wurde oder die Eröffnung des Verfahrens mangels Masse abgelehnt wurde,
   b) die Zwangsvollstreckung in die Gesellschaftsbeteiligung des Aktionärs betrieben wird und Vollstreckungsmaßnahmen nicht innerhalb einer Frist von drei Monaten wieder aufgehoben werden.
2. Die Hauptversammlung legt durch Beschluss die Einzelheiten der Einziehungsbedingungen fest.

§ 6 Verfügung über Aktien

1. Die Verfügung über Aktien bedarf der Zustimmung der Gesellschaft. Hiervon ausgenommen sind Übertragungen auf andere Aktionäre, den Ehegatten oder Abkömmlinge.
2. Die Zustimmung erteilt der Vorstand.

III. Vorstand

§ 7 Zusammensetzung des Vorstands, Amtsführung

1. Der Aufsichtsrat bestimmt die Anzahl der Vorstandsmitglieder. Besteht der Vorstand aus mindestens drei Mitgliedern, ernennt der Aufsichtsrat einen Vorstandsvorsitzenden und einen stellvertretenden Vorstandsvorsitzenden. Der Aufsichtsrat kann auch stellvertretende Vorstandsmitglieder bestellen.
2. Der Aufsichtsrat kann eine Geschäftsordnung für den Vorstand erlassen. Hierbei kann der Aufsichtsrat festlegen, dass bestimmte Geschäfte des Vorstands der Zustimmung des Aufsichtsrats bedürfen.
3. Die Vorstandsmitglieder führen die Geschäfte der Gesellschaft nach Maßgabe der Gesetze, dieser Satzung, der Geschäftsordnung und ihrer Anstellungsverträge.

§ 8 Vertretung der Gesellschaft

1. Ist nur ein Vorstandsmitglied bestellt, vertritt dieses die Gesellschaft allein. Sind mehrere Vorstandsmitglieder bestellt, wird die Gesellschaft durch zwei Vorstandsmitglieder oder durch ein Vorstandsmitglied in Gemeinschaft mit einem Prokuristen vertreten.

2. Der Aufsichtsrat kann Vorstandsmitglieder durch Beschluss vom Verbot der Mehrfachvertretung (§ 181 BGB) befreien sowie Einzelvertretungsbefugnis erteilen.

IV. Aufsichtsrat

§ 9 Zusammensetzung, Wahl und Amtsdauer

1. Der Aufsichtsrat besteht aus drei Mitgliedern.
2. Die Mitglieder des Aufsichtsrats werden für die Zeit bis zur Beendigung der Hauptversammlung gewählt, die über ihre Entlastung für das vierte Geschäftsjahr nach Beginn der Amtszeit beschließt. Das Geschäftsjahr, in dem die Amtszeit beginnt, wird nicht mitgerechnet. Eine Wiederwahl ist möglich. Scheidet ein Mitglied aus dem Aufsichtsrat aus, wird ein Nachfolger für die restliche Amtszeit des ausgeschiedenen Mitglieds gewählt.
3. Der Aufsichtsrat wählt einen Aufsichtsratsvorsitzenden und einen stellvertretenden Vorsitzenden für die Dauer der Amtszeit. Im Fall der vorzeitigen Amtsbeendigung erfolgt eine Neuwahl für die restliche Amtszeit des Ausgeschiedenen. Die Regelungen dieser Satzung über den Aufsichtsratsvorsitzenden gelten im Verhinderungsfalle entsprechend für den stellvertretenden Aufsichtsratsvorsitzenden.
4. Aufsichtsratsmitglieder können ihr Amt unter Wahrung einer Frist von drei Monaten durch schriftliche Erklärung gegenüber dem Vorstand niederlegen. Das Recht zur sofortigen Amtsniederlegung aus wichtigem Grund bleibt hiervon unberührt.

§ 10 Aufsichtsratssitzung

1. Der Aufsichtsrat soll mindestens einmal im Kalendervierteljahr zusammentreten.
2. Der Vorsitzende des Aufsichtsrats beruft die Sitzungen des Aufsichtsrats unter Wahrung einer Einberufungsfrist von 14 Tagen schriftlich ein. Der Tag der Einberufung und der Sitzungstag werden nicht mitgerechnet. In dringenden Fällen kann der Vorsitzende diese Frist angemessen verkürzen und auch telegrafisch, mündlich, fernmündlich, fernschriftlich oder per e-Mail einberufen.
3. Mit der Einberufung sind die Tagesordnungspunkte bekannt zu geben. Ist ein Tagesordnungspunkt nicht ordnungsgemäß mitgeteilt, kann hierüber nur beschlossen werden, wenn anwesende Mitglieder nicht widersprechen und abwesende Mitglieder nach Zugang des Sitzungsprotokolls nicht innerhalb von zwei Wochen beim Vorsitzenden schriftlich widersprechen.
4. Der Aufsichtsratsvorsitzende leitet die Aufsichtsratssitzung.

§ 11 Beschlussfassung des Aufsichtsrats

1. Beschlüsse werden im Regelfall in einer Aufsichtsratssitzung gefasst. Außerhalb einer Aufsichtsratssitzung ist eine Beschlussfassung durch schriftliche, telegrafische, fernmündliche oder fernschriftliche Stimmabgabe bzw durch Stimmabgabe per e-Mail zulässig, sofern der Vorsitzende ein solches Beschlussverfahren anordnet und kein Mitglied vor der Beschlussfassung widerspricht. Beschlüsse iS des Satzes 2 sind vom Vorsitzenden schriftlich niederzulegen. Die Ziffern 2 bis 4 gelten entsprechend.
2. Beschlüsse des Aufsichtsrats werden mit einfacher Mehrheit der abgegebenen Stimmen gefasst. Stimmenthaltungen gelten nicht als Stimmabgaben. Bei Stimmengleichheit entscheidet die Stimme des Aufsichtsratsvorsitzenden.
3. Über die Sitzungen und die Beschlüsse des Aufsichtsrats sind Niederschriften anzufertigen, die vom Aufsichtsratsvorsitzenden zu unterzeichnen sind. Hierbei sind der Ort und der Tag der Sitzung bzw der Beschlussfassung, die Teilnehmer, die Gegenstände der Tagesordnung, der wesentliche Inhalt der Verhandlungen und Beschlüsse sowie Form und Ergebnis des Abstimmungsverfahrens festzuhalten.
4. Die Durchführung der Beschlüsse erfolgt durch den Aufsichtsratsvorsitzenden. Dieser ist ermächtigt, die hierzu erforderlichen Erklärungen im Namen des Aufsichtsrats abzugeben sowie an den Aufsichtsrat gerichtete Erklärungen entgegenzunehmen.

§ 12 Vergütung der Aufsichtsratsmitglieder

Die Hauptversammlung setzt die Vergütung der Aufsichtsratsmitglieder fest. Die Mitglieder können Ersatz ihrer Aufwendungen sowie etwaiger auf die Vergütung oder Aufwendung entfallender Umsatzsteuer verlangen.

§ 13 Befugnis zur Änderung der Satzungsfassung

Der Aufsichtsrat kann Satzungsänderungen beschließen, die nur die Satzungsfassung betreffen.

§ 14 Geschäftsordnung

Der Aufsichtsrat gibt sich selbst eine Geschäftsordnung. Die Geschäftsordnung kann auch die Bildung von Ausschüssen des Aufsichtsrats nach Maßgabe des § 107 Abs. 3 AktG vorsehen.

V. Hauptversammlung

§ 15 Einberufung der Hauptversammlung

1. Die Hauptversammlung findet am Sitz der Gesellschaft statt. Sie wird durch den Vorstand oder – soweit gesetzlich vorgesehen – durch den Aufsichtsrat einberufen. Die Einberufung erfolgt durch Bekanntmachung im

elektronischen Bundesanzeiger oder schriftlich, per e-Mail oder per Telefax an die im Namensregister eingetragenen Aktionäre.
2. Die Hauptversammlung, die über die Entlastung des Vorstands und des Aufsichtsrats und die Gewinnverteilung beschließt (ordentliche Hauptversammlung), findet innerhalb der ersten sechs Monate eines jeden Geschäftsjahrs statt.
3. Darüber hinaus kann der Vorstand eine außerordentliche Hauptversammlung einberufen, wenn nach Gesetz oder Satzung eine Einberufung notwendig ist oder die Interessen der Gesellschaft die Einberufung einer außerordentlichen Hauptversammlung erfordern.
4. Bei der Einberufung ist eine Frist von mindestens dreißig Tagen zu wahren. Der Tag der Veröffentlichung und der Tag der Versammlung werden nicht mitgerechnet.

§ 16 Teilnahme- und Stimmberechtigung
1. An der Hauptversammlung können nur solche Aktionäre teilnehmen, die am Tage der Hauptversammlung im Namensregister eingetragen sind. Umschreibungen im Namensregister werden in den letzten acht Tagen vor der Hauptversammlung nicht mehr vorgenommen.
2. Aktionäre können sich bei der Ausübung des Stimmrechts vertreten lassen. Die Vollmacht kann nur schriftlich, per Telefax oder per e-Mail erteilt werden. Der Bevollmächtigte wird zur Abstimmung nur dann zugelassen, wenn die Vollmacht vor dem Beginn der Hauptversammlung der Gesellschaft vorgelegt wird.
3. Die Aktionäre können an der Hauptversammlung auch ohne Anwesenheit an deren Ort und ohne Bevollmächtigten teilnehmen und sämtliche oder einzelne ihrer Rechte ganz oder teilweise im Wege elektronischer Kommunikation ausüben. Der Vorstand wird ermächtigt, die Einzelheiten der Online- Teilnahme festzulegen.
4. Aktionäre können ihre Stimmen, auch ohne an der Versammlung teilzunehmen, schriftlich oder im Wege elektronischer Kommunikation abgeben (Briefwahl). Der Vorstand wird ermächtigt, weitere Einzelheiten festzulegen.

§ 17 Vorsitz in der Hauptversammlung
Den Vorsitz in der Hauptversammlung führt der Aufsichtsratsvorsitzende, im Falle seiner Verhinderung der stellvertretende Aufsichtsratsvorsitzende. Ist dieser gleichfalls verhindert, wählt die Hauptversammlung einen Vorsitzenden unter der Leitung des an Lebensjahren ältesten Aktionärs.

§ 18 Beschlussfassung
1. Jede Stückaktie gewährt eine Stimme. Das Stimmrecht beginnt mit der vollständigen Leistung der Einlage.
2. Beschlüsse werden mit einfacher Mehrheit der abgegebenen Stimmen gefasst, soweit gesetzliche Vorschriften nicht zwingend eine weiter gehende Stimmmehrheit vorschreiben. Schreibt das Gesetz eine Kapitalmehrheit vor, werden Beschlüsse mit der einfachen Mehrheit des bei Beschlussfassung vertretenen Grundkapitals gefasst.

VI. Rechnungslegung/Gewinnverwendung
§ 19 Jahresabschluss
1. Der Vorstand hat in den ersten drei Monaten des Geschäftsjahrs für das vorangegangene Geschäftsjahr den Jahresabschluss und – falls gesetzlich notwendig – den Lagebericht aufzustellen und im Fall einer Prüfungspflicht dem Abschlussprüfer vorzulegen. Die Unterlagen sind mit einem Vorschlag über die Verwendung des Bilanzgewinns unverzüglich dem Aufsichtsrat vorzulegen.
2. Der Aufsichtsrat hat den Jahresabschluss, den Lagebericht und den Vorschlag für die Verwendung des Bilanzgewinns zu prüfen. Innerhalb eines Monats, nachdem ihm die Vorlagen zugegangen sind, hat der Aufsichtsrat den Bericht über die Prüfung dem Vorstand zuzuleiten. Dieser beruft unverzüglich die ordentliche Hauptversammlung ein.

§ 20 Gewinnverwendung
1. Vorstand und Aufsichtsrat können bei der Feststellung des Jahresabschlusses bis zu sechzig Prozent in andere Gewinnrücklagen einstellen.
2. Junge Aktien aus einer künftigen Kapitalerhöhung können mit Vorzügen bei der Gewinnverteilung versehen werden.

§ 21 Gründungskosten
Die Gesellschaft trägt die Gründungskosten bis zu einer Höhe von 5.000 EUR zuzüglich gesetzlicher Umsatzsteuer. ◄

III. Satzung einer börsennotierten AG

60 ▶ **Satzung der Aktiengesellschaft**

I. Allgemeine Bestimmungen

§ 1 Firma, Sitz, Geschäftsjahr

1. Die Firma der Gesellschaft ist: Gigabite Internet Aktiengesellschaft.
2. Die Gesellschaft hat ihren Sitz in München.
3. Geschäftsjahr ist das Kalenderjahr.

§ 2 Gegenstand des Unternehmens

1. Gegenstand des Unternehmens ist die Entwicklung und der Betrieb von Internetplatformen.
2. Die Gesellschaft kann alle Geschäfte durchführen und Maßnahmen treffen, die dem Gegenstand des Unternehmens dienen. Sie kann zu diesem Zweck auch andere Gesellschaften im In- und Ausland gründen, erwerben oder sich an ihnen beteiligen, Zweigniederlassungen im In- und Ausland errichten sowie mit anderen Unternehmen Unternehmensverträge abschließen.

§ 3 Bekanntmachungen

Bekanntmachungen der Gesellschaft erfolgen ausschließlich im Bundesanzeiger.

II. Grundkapital und Aktien

§ 4 Höhe und Einteilung des Grundkapitals, Genehmigtes Kapital

1. Das Grundkapital beträgt 1.000.000 EUR (in Worten: eine Million Euro) und ist eingeteilt in 1.000.000 Stückaktien ohne Nennwert.
2. Die Aktien lauten auf den Inhaber.
3. Der Vorstand bestimmt mit Zustimmung des Aufsichtsrats die Form der Aktien und der Gewinnanteils- und Erneuerungsscheine. Die Gesellschaft kann einzelne Aktien in Aktienurkunden zusammenfassen, die eine Mehrzahl von Aktien verbriefen (Sammelurkunden, Globalaktien). Der Anspruch der Aktionäre auf Einzelverbriefung wird ausgeschlossen.

Der Vorstand ist ermächtigt, das Grundkapital der Gesellschaft bis zum 31. Dezember 2017 mit Zustimmung des Aufsichtsrats um bis zu 300.000,- EUR durch ein oder mehrmalige Ausgabe von bis zu 300.000 Inhaberstückaktien gegen Bar- und/oder Sacheinlage zu erhöhen. Die neuen Aktien sind den Aktionären zum Bezug anzubieten. Der Vorstand ist jedoch ermächtigt, mit Zustimmung des Aufsichtsrats bei Kapitalerhöhungen gegen Bareinlagen Spitzenbeträge vom Bezugsrecht der Aktionäre auszunehmen. Der Vorstand ist ferner ermächtigt, mit Zustimmung des Aufsichtsrats das Bezugsrecht der Aktionäre bei Kapitalerhöhungen gegen Sacheinlagen zur Gewährung von Aktien zum Zwecke des Erwerbs von Unternehmen, Unternehmensteilen oder Beteiligungen an Unternehmen sowie auch zum Zwecke des Erwerbs von Rechten, insbesondere auch Nutzungsrechten an Software, auszuschließen. Der Vorstand ist ermächtigt, mit Zustimmung des Aufsichtsrats den weiteren Inhalt der Aktienrechte und die Bedingungen der Aktienausgabe festzulegen.

III. Vorstand

§ 5 Zusammensetzung des Vorstands, Amtsführung

1. Der Vorstand besteht aus mindestens zwei und höchstens sechs Personen. Der Aufsichtsrat bestellt die Vorstandsmitglieder und bestimmt nach Maßgabe des Satzes 1 die Zahl der Mitglieder. Der Aufsichtsrat ernennt einen Vorstandsvorsitzenden und einen stellvertretenden Vorstandsvorsitzenden. Der Aufsichtsrat kann stellvertretende Vorstandsmitglieder bestellen.
2. Der Aufsichtsrat kann eine Geschäftsordnung für den Vorstand erlassen. In der Geschäftsordnung kann der Aufsichtsrat festlegen, dass bestimmte Geschäfte des Vorstands der Zustimmung des Aufsichtsrats bedürfen.
3. Die Vorstandsmitglieder führen die Geschäfte der Gesellschaft nach Maßgabe der Gesetze, dieser Satzung, der Geschäftsordnung und ihrer Anstellungsverträge.

§ 6 Vertretung der Gesellschaft

1. Die Gesellschaft wird durch zwei Vorstandsmitglieder oder durch ein Vorstandsmitglied in Gemeinschaft mit einem Prokuristen vertreten.
2. Der Aufsichtsrat kann Vorstandsmitglieder durch Beschluss vom Verbot der Mehrfachvertretung (§ 181 BGB) befreien sowie Einzelvertretungsbefugnis erteilen.

IV. Aufsichtsrat

§ 7 Zusammensetzung, Wahl und Amtsdauer

1. Der Aufsichtsrat besteht aus sechs Mitgliedern, die von der Hauptversammlung gewählt werden.

2. Die Mitglieder des Aufsichtsrats werden für die Zeit bis zur Beendigung der Hauptversammlung gewählt, die über ihre Entlastung für das vierte Geschäftsjahr nach Beginn der Amtszeit beschließt. Das Geschäftsjahr, in dem die Amtszeit beginnt, wird nicht mitgerechnet. Eine Wiederwahl ist möglich.
3. Die Hauptversammlung kann für jedes Aufsichtsratsmitglied ein Ersatzmitglied wählen. Das Ersatzmitglied rückt im Falle des vorzeitigen Ausscheidens eines Aufsichtsratsmitglieds nach. Das Amt des Ersatzmitglieds endet, wenn in der nächsten Hauptversammlung nach Eintritt des Ersatzfalles eine Neuwahl für den Ausgeschiedenen durchgeführt wird, mit Beendigung dieser Hauptversammlung. Unterbleibt eine Neuwahl, endet die Amtszeit des Ersatzmitglieds mit Ablauf der restlichen Amtszeit des ausgeschiedenen Mitglieds.
4. Der Aufsichtsrat wählt einen Aufsichtsratsvorsitzenden und einen stellvertretenden Vorsitzenden für die Dauer der Amtszeit iS der Ziffer 2. Im Fall der vorzeitigen Amtsbeendigung erfolgt eine Neuwahl für die restliche Amtszeit des Ausgeschiedenen. Die Regelungen dieser Satzung über den Aufsichtsratsvorsitzenden gelten im Verhinderungsfalle entsprechend für den stellvertretenden Aufsichtsratsvorsitzenden.
5. Aufsichtsratsmitglieder können ihr Amt unter Wahrung einer Frist von drei Monaten durch schriftliche Erklärung gegenüber dem Vorstand niederlegen. Das Recht zur sofortigen Amtsniederlegung aus wichtigem Grund bleibt hiervon unberührt.

§ 8 Aufsichtsratssitzung

1. Der Aufsichtsrat hat mindestens zweimal im Kalenderhalbjahr eine Sitzung abzuhalten.
2. Der Vorsitzende des Aufsichtsrats beruft die Sitzungen des Aufsichtsrats unter Wahrung einer Einberufungsfrist von 14 Tagen schriftlich ein. Der Tag der Einberufung und der Sitzungstag werden nicht mitgerechnet. In dringenden Fällen kann der Vorsitzende diese Frist angemessen verkürzen und auch telegrafisch, mündlich, fernmündlich, fernschriftlich oder per e-Mail einberufen.
3. Mit der Einberufung sind die Tagesordnungspunkte bekannt zu geben. Ist ein Tagesordnungspunkt nicht ordnungsgemäß mitgeteilt, kann hierüber nur beschlossen werden, wenn anwesende Mitglieder nicht widersprechen und abwesende Mitglieder nach Zugang des Sitzungsprotokolls nicht innerhalb von zwei Wochen beim Vorsitzenden schriftlich Widerspruch erheben.

§ 9 Beschlussfassung des Aufsichtsrats

1. Der Aufsichtsrat ist beschlussfähig, wenn mindestens drei seiner Mitglieder an der Beschlussfassung teilnehmen.
2. Beschlüsse werden im Regelfall in einer Aufsichtsratssitzung gefasst. Außerhalb einer Aufsichtsratssitzung ist eine Beschlussfassung durch schriftliche, telegrafische, fernmündliche oder fernschriftliche Stimmabgabe bzw durch Stimmabgabe per e-Mail zulässig, sofern der Vorsitzende ein solches Beschlussverfahren anordnet und kein Mitglied widerspricht.
3. Beschlüsse des Aufsichtsrats werden mit einfacher Mehrheit der abgegebenen Stimmen gefasst. Stimmenthaltungen gelten nicht als Stimmabgaben. Bei Stimmengleichheit entscheidet die Stimme des Aufsichtsratsvorsitzenden.
4. Über die Sitzungen und die Beschlüsse des Aufsichtsrats sind Niederschriften anzufertigen, die vom Aufsichtsratsvorsitzenden zu unterzeichnen sind. Hierbei sind der Ort und der Tag der Sitzung bzw der Beschlussfassung, die Teilnehmer, die Gegenstände der Tagesordnung, der wesentliche Inhalt der Verhandlungen und Beschlüsse sowie Form und Ergebnis des Abstimmungsverfahrens aufzunehmen.
5. Die Durchführung der Beschlüsse erfolgt durch den Aufsichtsratsvorsitzenden. Dieser ist ermächtigt, die hierzu erforderlichen Erklärungen im Namen des Aufsichtsrats abzugeben sowie an den Aufsichtsrat gerichtete Erklärungen entgegenzunehmen.

§ 10 Vergütung der Aufsichtsratsmitglieder

1. Die Aufsichtsratsmitglieder erhalten für jedes volle Geschäftsjahr ihrer Zugehörigkeit zum Aufsichtsrat die folgende Vergütung:
Der Aufsichtsratsvorsitzende: ... EUR
Der stellvertretende Aufsichtsratsvorsitzende: ... EUR
Die übrigen Mitglieder jeweils: ... EUR.
Die Vergütung ist fällig mit Ablauf des Geschäftsjahrs. Bei Amtsbeginn und Amtsbeendigung im laufenden Geschäftsjahrs wird die Vergütung zeitanteilig gekürzt.
2. Ferner erhält jedes Aufsichtsratsmitglied Ersatz seiner Auslagen sowie Ersatz der etwa auf seine Vergütung und Auslagen zu entrichtenden Umsatzsteuer.

§ 11 Befugnis zur Änderung der Satzungsfassung

Der Aufsichtsrat kann Satzungsänderungen beschließen, die nur die Satzungsfassung betreffen.

§ 12 Teilnahme an der Hauptversammlung

Aufsichtsratsmitglieder, die ihren Wohnsitz im Ausland haben oder ihre hauptberufliche Tätigkeit im Ausland ausüben, können im Wege der Ton- und Bildübertragung an der Hauptversammlung teilnehmen.

§ 13 Geschäftsordnung

Der Aufsichtsrat gibt sich selbst eine Geschäftsordnung. Die Geschäftsordnung kann auch die Bildung von Ausschüssen des Aufsichtsrats nach Maßgabe des § 107 Abs. 3 AktG vorsehen.

V. Hauptversammlung

§ 14 Einberufung der Hauptversammlung

1. Die Hauptversammlung findet am Sitz der Gesellschaft oder in einer Stadt mit Sitz einer deutschen Wertpapierbörse statt. Sie wird durch den Vorstand oder – soweit gesetzlich vorgesehen – durch den Aufsichtsrat einberufen. Die Einberufung erfolgt durch Bekanntmachung im elektronischen Bundesanzeiger.
2. Die Hauptversammlung, die über die Entlastung des Vorstands und des Aufsichtsrats sowie die Gewinnverteilung beschließt (ordentliche Hauptversammlung), findet innerhalb der ersten sechs Monate eines jeden Geschäftsjahrs statt.
3. Darüber hinaus kann der Vorstand eine außerordentliche Hauptversammlung einberufen, wenn nach Gesetz oder Satzung eine Einberufung notwendig ist oder die Interessen der Gesellschaft die Einberufung einer außerordentlichen Hauptversammlung erfordern.
4. Die Hauptversammlung ist mindestens dreißig Tage vor dem Tag, bis zu dessen Ablauf die Aktionäre sich zur Teilnahme anzumelden haben, einzuberufen.

§ 15 Teilnahme- und Stimmberechtigung

1. An der Hauptversammlung können nur solche Aktionäre teilnehmen, die ihre Aktien hinterlegen und die Hinterlegung gegenüber der Gesellschaft nachweisen.
2. Die Aktien sind spätestens am siebten Tage vor der Versammlung bei der Gesellschaft, einem deutschen Notar, einer Wertpapiersammelbank oder bei einer anderen, in der Einberufung bezeichneten Stelle während der Geschäftsstunden zu hinterlegen und dort bis zur Beendigung der Hauptversammlung zu belassen. Fällt der Tag auf einen Sonnabend, Sonntag oder Feiertag, kann die Anmeldung am darauf folgenden Werktag erfolgen.
3. Werden die Aktien nicht bei der Gesellschaft hinterlegt, ist spätestens am ersten Werktag nach Ablauf der Hinterlegungsfrist die Bescheinigung über die Hinterlegung bei der Gesellschaft einzureichen, wobei der Sonnabend nicht als Werktag gilt.
4. Die Aktionäre können an der Hauptversammlung auch ohne Anwesenheit an deren Ort und ohne Bevollmächtigten teilnehmen und sämtliche oder einzelne ihrer Rechte ganz oder teilweise im Wege elektronischer Kommunikation ausüben. Der Vorstand wird ermächtigt, die Einzelheiten der Online- Teilnahme festzulegen.
5. Aktionäre können ihre Stimmen, auch ohne an der Versammlung teilzunehmen, schriftlich oder im Wege elektronischer Kommunikation abgeben (Briefwahl). Der Vorstand wird ermächtigt, weitere Einzelheiten festzulegen.

§ 16 Vorsitz in der Hauptversammlung

Den Vorsitz in der Hauptversammlung führt der Aufsichtsratsvorsitzende, im Falle seiner Verhinderung der stellvertretende Aufsichtsratsvorsitzende. Ist dieser gleichfalls verhindert, wählt die Hauptversammlung unter Leitung des an Lebensjahren ältesten Aufsichtsratsmitglieds einen Vorsitzenden. Der Vorsitzende leitet die Versammlung, bestimmt die Reihenfolge der Tagesordnungspunkte sowie Form und Reihenfolge der Abstimmung. Der Vorsitzende kann das Frage- und Rederecht der Aktionäre zeitlich angemessen beschränken.

§ 17 Übertragung der Hauptversammlung

Die Hauptversammlung kann in Ton und Bild übertragen werden. Die Übertragung an Nicht-Aktionäre ist zulässig. Die Einzelheiten der Übertragung legt der Vorstand mit Zustimmung des Aufsichtsrats fest.

§ 18 Beschlussfassung

1. Jede Aktie gewährt eine Stimme. Das Stimmrecht beginnt mit der vollständigen Leistung der Einlage.
2. Beschlüsse werden mit einfacher Mehrheit der abgegebenen Stimmen gefasst, soweit gesetzliche Vorschriften nicht zwingend eine weiter gehende Stimmmehrheit vorschreiben. Schreibt das Gesetz eine Kapitalmehrheit vor, werden Beschlüsse mit der einfachen Mehrheit des bei Beschlussfassung vertretenen Grundkapitals gefasst. Das Stimmrecht kann durch Bevollmächtigte ausgeübt werden. Die Vollmacht kann schriftlich, per Telefax oder per e-Mail erteilt werden. Der Bevollmächtigte wird nur dann zur Stimmabgabe zugelassen, wenn die Bevollmächtigung vor der Beschlussfassung dem Vorsitzenden nachgewiesen wird.

VI. Rechnungslegung/Gewinnverwendung

§ 19 Jahresabschluss

1. Der Vorstand hat in den ersten drei Monaten des Geschäftsjahrs für das vorangegangene Geschäftsjahr den Jahresabschluss und – falls gesetzlich notwendig – den Lagebericht aufzustellen und im Fall einer Prüfungs-

pflicht dem Abschlussprüfer vorzulegen. Die Unterlagen sind mit einem Vorschlag über die Verwendung des Bilanzgewinns unverzüglich dem Aufsichtsrat vorzulegen.
2. Der Aufsichtsrat hat den Jahresabschluss, den Lagebericht und den Vorschlag für die Verwendung des Bilanzgewinns zu prüfen. Innerhalb eines Monats, nachdem ihm die Vorlagen zugegangen sind, hat der Aufsichtsrat den Bericht über die Prüfung dem Vorstand zuzuleiten. Dieser beruft unverzüglich die ordentliche Hauptversammlung ein.

§ 20 Gewinnverwendung
1. Vorstand und Aufsichtsrat können bei der Feststellung des Jahresabschlusses bis zu sechzig Prozent in andere Gewinnrücklagen einstellen.
2. Junge Aktien aus einer künftigen Kapitalerhöhung können mit Vorzügen bei der Gewinnverteilung versehen werden.

§ 21 Gründungskosten
Die Gesellschaft trägt die Gründungskosten bis zu einer Höhe von 10.000 EUR zuzüglich gesetzlicher Umsatzsteuer. ◄

§ 24 Umwandlung von Aktien

Die Satzung kann bestimmen, daß auf Verlangen eines Aktionärs seine Inhaberaktie in eine Namensaktie oder seine Namensaktie in eine Inhaberaktie umzuwandeln ist.

A. Umwandlung auf Verlangen eines Aktionärs

Gemäß § 23 Abs. 3 Nr. 5 bestimmen die Gründer bei der Satzungsfeststellung selbst, ob die Aktien auf den Inhaber oder auf Namen lauten (vgl hierzu § 23 Rn 36). Sie können zusätzlich aber auch dem Aktionär das Recht einräumen, dass auf sein Verlangen die ursprünglich bestimmte Aktienart in die jeweils andere Aktienart umzuwandeln ist. In der Klarstellung, dass durch die Satzung ein derartiger Anspruch begründet werden kann, liegt die Bedeutung der Vorschrift. In der Praxis findet sich nur selten eine derartige Satzungsbestimmung, wenn, dann bei kleinen Aktiengesellschaften. Gegenüber der in Rn 4 ff behandelten Umwandlung durch Satzungsänderung bietet die Umwandlung über § 24 den Vorteil, dass sie schneller und idR auch kostengünstiger erfolgen kann, da für sie die mit einer Satzungsänderung verbundenen Anforderungen (notariell beurkundeter Hauptversammlungsbeschluss, Handelsregistereintragung, Veröffentlichungen) nicht gelten. Regelt die Satzung gem. § 23 Abs. 3 Nr. 5, dass Inhaberaktien ausgestellt werden und besteht zugleich ein Umwandlungsanspruch gem. § 24, so ist, wenn daraufhin eine Umwandlung durchgeführt wird, eine Satzungsänderung hinsichtlich der Bestimmung in § 23 Abs. 3 Nr. 5 nicht erforderlich. 1

Da die Einräumung eines Umwandlungsanspruchs in der Satzung nicht zwingend ist, kann der Anspruch von weiteren Voraussetzungen, zB von der Zustimmung des Vorstands oder der Einhaltung bestimmter Formen oder Fristen abhängig gemacht werden.[1] Die Umwandlung wird durchgeführt, indem der Aktionär[2] zunächst – ggf unter Beachtung etwaiger satzungsmäßig bestimmter Formen und Fristen – ein entsprechendes Verlangen an die AG, vertreten durch den Vorstand, stellt. Soweit seine Aktienurkunden verbrieft sind, müssen diese der Gesellschaft vorgelegt werden. Die Umwandlung selbst ist dann durch den Vorstand vorzunehmen. Eine Satzungsbestimmung, wonach der Aktionär selbst zur Umwandlung ermächtigt ist, ist wegen Verstoßes gegen § 23 Abs. 5 nichtig.[3] Sind die Aktien verbrieft, sind die Briefe abzuändern oder die alten zu vernichten und neue auszugeben. Erfolgt die Umwandlung in Namensaktien, sind die Eintragungen in das Aktienbuch gem. § 67 Abs. 1 vorzunehmen. Im umgekehrten Fall sind die entsprechenden Eintragungen zu löschen. Die Kosten der Umwandlung trägt nach zutreffender hM – vorbehaltlich einer ausdrücklich abweichenden Bestimmung in der Satzung – der Aktionär und nicht die Gesellschaft.[4] 2

Da das Umtauschrecht kein Sonderrecht darstellt, mithin § 35 BGB analog nicht anwendbar ist, kann es durch Satzungsänderung ohne Zustimmung aller Aktionäre wieder aufgehoben werden.[5] 3

---

1 KölnKomm-AktG/*Kraft*, Rn 7; *Hüffer*, Rn 2.
2 Nur dieser ist Anspruchsinhaber, nicht etwa der Pfandgläubiger oder Nießbraucher.
3 MüKo-AktG/*Pentz*, Rn 7.
4 MüKo-AktG/*Pentz*, Rn 8 f; *Hüffer*, Rn 5; KölnKomm-AktG/*Kraft*, Rn 11; aA Geßler/*Eckardt*, Rn 8; *v. Godin/Wilhelmi*, Anm. 8.
5 MüKo-AktG/*Pentz*, Rn 10; Großkomm-AktienR/*Röhricht*, Rn 3.

B. Umwandlung durch Satzungsänderung

4 In der Praxis erfreuen sich die Namensaktien zunehmender Beliebtheit. Sie ermöglichen wegen der Bekanntheit des Aktionärs eine bessere Aktionärspflege. Bei anstehenden Kapitalerhöhungen kann die Gesellschaft so selbst an potenzielle Investoren herantreten. Namensaktien schaffen eine größere Transparenz der Aktionärsstruktur. Über das Aktienregister kann jederzeit festgestellt werden, wer wie viele Aktien hält. Die Verläufe von Zu- und Verkäufen können festgestellt und so zB das Nahen einer feindlichen Übernahme registriert werden. Während Inhaberaktien an der Wallstreet nur über sog. Aktienersatzscheine (*american depositary receipts*) gehandelt werden können, gilt dies für die Namensaktie, als weltweit verbreitetste Aktienart, nicht. Für kleine AGs ist die Namensaktie va wegen der Möglichkeit zur Vinkulierung gem. § 68 Abs. 2 interessant. Aus diesen Gründen verwundert es nicht, dass die früher vorherrschende Inhaberaktie stark rückläufig ist und viele Gesellschaften eine nachträgliche Umwandlung in Namensaktien vornehmen.

5 Die nachträgliche Umwandlung in Namensaktien oder (was die Ausnahme ist) in Inhaberaktien setzt zunächst eine Satzungsänderung gem. §§ 179 ff voraus. Für die Satzungsänderung bedarf es weder eines Sonderbeschlusses der von der Umwandlung betroffenen Aktionäre gem. § 179 Abs. 3,[6] noch analog § 35 BGB der Zustimmung aller Aktionäre.[7] Nur bei der **Umwandlung in vinkulierte Namensaktien** ist gem. § 180 Abs. 2 die Zustimmung aller betroffenen Aktionäre wegen der Vinkulierung (nicht wegen der Umwandlung als solcher) erforderlich. Neben der Änderung der Satzungsbestimmung iSv § 23 Abs. 3 Nr. 5 empfiehlt es sich zugleich – sofern nicht schon geschehen –, den Ausschluss der Verbriefung zu regeln. Üblich sind ferner die Aufnahme einer Regelung iSv § 67 Abs. 2 sowie Anpassungen bei den Teilnahmevoraussetzungen zur Hauptversammlung gem. § 123 Abs. 2 und 3.[8] Nach Eintragung der Satzungsänderung sind die Aktionäre verpflichtet, bei der Durchführung der Umwandlung mitzuwirken. Für die Durchführung gilt das in Rn 2 Gesagte.

§ 25 Bekanntmachungen der Gesellschaft

[1]Bestimmt das Gesetz oder die Satzung, daß eine Bekanntmachung der Gesellschaft durch die Gesellschaftsblätter erfolgen soll, so ist sie in den Bundesanzeiger einzurücken. [2]Daneben kann die Satzung andere Blätter oder elektronische Informationsmedien als Gesellschaftsblätter bezeichnen.

A. Systematische Einordnung

1 Für die Bekanntmachung von Gesellschaftsvorgängen muss zwischen drei Fallgruppen unterschieden werden. (1.) Eintragungen ins Handelsregister werden durch das Gericht gem. § 10 HGB im Bundesanzeiger veröffentlicht. Bei den Bekanntmachungen der Gesellschaft muss zwischen (2.) freiwilligen Bekanntmachungen iSv § 23 Abs. 4 und (3.) den Pflichtbekanntmachungen, also solchen, die kraft Gesetzes[1] oder gemäß der Satzung zwingend in den Gesellschaftsblättern zu veröffentlichen sind, unterschieden werden. Nur für Letztere ist § 25 einschlägig.

B. Gesellschaftsblätter

2 Zwingend ist stets gem. § 25 S. 1 die Bekanntmachung im Bundesanzeiger.[2] Aufgrund der Änderung von § 25 durch das Transparenz- und Publizitätsgesetz v. 19.7.2002 (BGBl. I S. 2681) ist der elektronische Bundesanzeiger seit 1.1.2003 alleiniges Medium der Pflichtbekanntmachungen.[3] Regelt die Satzung einer AG, die bereits vor dem 1.1.2003 bestand, allgemein, dass die Bekanntmachungen im Bundesanzeiger erfolgen, so ist damit seit dem 1.1.2003 der elektronische Bundesanzeiger gemeint. Eine Satzungsänderung ist nicht erforderlich. Bei Satzungsbestimmungen, die lediglich den zum Zeitpunkt ihrer Entstehung gültigen Gesetzeswortlaut wiederholen, ohne einen eigenen Regelungswillen zu haben, handelt es sich um sog. „dynamische Verweisungen", die sich dem jeweils aktuellen Gesetzeswortlaut anpassen.[4] Die Pflichtbekanntma-

---

[6] Inhaber- und Namensaktien bilden – auch wenn die Namensaktie vinkuliert ist – keine unterschiedliche Gattung; vgl Kommentierung zu § 11.

[7] Str; wie hier die hM: *Hüffer*, Rn 6; MüKo-AktG/*Pentz*, Rn 12; Großkomm-AktienR/*Röhricht*, Rn 11; OLG Hamburg AG 1970, 230; aA KölnKomm-AktG/*Kraft*, Rn 18.

[8] *Hüffer*, § 123 Rn 7 f.

[1] ZB §§ 20 Abs. 6, 64 Abs. 2, 97 Abs. 1 und 306 Abs. 2 (in diesen Fällen erfolgt die Bekanntmachung in den Gesellschaftsblättern durch das Gericht), 121 Abs. 3, 186 Abs. 2.

[2] Postanschrift: Bundesanzeiger Verlagsgesellschaft mbH, Postfach 10 05 34, 50445 Köln; website: www.ebundesanzeiger.de.

[3] Daneben bleibt der Gesellschaft unbenommen, ihre Mitteilungen zusätzlich in dem „Papierbundesanzeiger" zu veröffentlichen, den es vorerst auch weiterhin geben wird.

[4] *Grage*, RNotZ 2002, 326, 331; Oppermann, ZIP 2003, 867; Groß, DB 2003, 867; aM Mimberg, ZGR 2003, 23, 28.

chung muss in deutscher Sprache erfolgen. Eine Überprüfung ihrer Richtigkeit ist Sache der Gesellschaft. Daneben kann die Satzung gemäß S. 2 andere Blätter oder elektronische Informationsmedien, namentlich die Internet-Website des Unternehmens, als Gesellschaftsblätter vorsehen. Diese Gesellschaftsblätter können auch in fremder Sprache abgefasst sein.[5] Im Hinblick auf die gravierenden Rechtsfolgen, die eine fehlerhafte Bekanntmachung haben kann (s.u. Rn 4), empfiehlt sich für die Praxis jedoch nicht, neben dem Bundesanzeiger weitere Medien für die Pflichtbekanntmachungen der Gesellschaft zu bestimmen. Wenn, dann sollten solche Medien nur für die freiwilligen Bekanntmachungen iSv § 23 Abs. 4 vorgesehen werden. Wichtig ist dann, dass in der jeweiligen Satzungsbestimmung, welche eine Veröffentlichung vorsieht, eindeutig klargestellt wird, dass es sich bei dieser Veröffentlichung nicht um eine Pflichtbekanntmachung iSv § 25 AktG handelt. Die Bestimmung der Gesellschaftsblätter iSv § 25 S. 2 kann nur durch die Satzung erfolgen. Eine Satzungsbestimmung, wonach die Bestimmung durch den Vorstand oder Aufsichtsrat erfolgen kann, ist nichtig (§ 23 Abs. 5). Davon zu unterscheiden ist eine Bestimmung, wonach der Vorstand berechtigt ist, nach seiner Wahl Bekanntmachungen auch in anderen Publikationen einzurücken. Bei diesen handelt es sich dann um freiwillige Bekanntmachungen iSv § 23 Abs. 4.[6]

C. Rechtsfolgen

Beginnt mit der Bekanntmachung eine Frist zu laufen, so ist, wenn nur der elektronische Bundesanzeiger Gesellschaftsblatt ist, der Zeitpunkt der Veröffentlichung durch Einstellung in die Website das den Fristbeginn bestimmende Ereignis iSv § 187 BGB. Bei mehreren Gesellschaftsblättern muss unterschieden werden: Soweit das Gesetz nur auf die Veröffentlichung im Bundesanzeiger abstellt (zB in §§ 97 Abs. 1 S. 3, Abs. 2 S. 1), ist allein dessen Einstellungsdatum maßgeblich.[7] Soweit dagegen allgemein auf die Bekanntmachung in den Gesellschaftsblättern abgestellt wird (zB in §§ 123 Abs. 1 und 124 Abs. 1 S. 1 jeweils iVm 121 Abs. 4, 186 Abs. 2), ist trotz Wegfalls des § 10 Abs. 2 HGB aF durch das EHUG und damit einer Analogiebasis gleichwohl auf das Einstellungs-/ Erscheinungsdatum des letzten, die Bekanntmachung enthaltenden Blattes abzustellen.[8]

Die Rechtsfolgen einer unterbliebenen oder fehlerhaften Bekanntmachung sind den jeweiligen die Bekanntmachung anordnenden Bestimmungen zu entnehmen. Vielfach ist die Bekanntmachung Wirksamkeitsvoraussetzung. Das gilt insbesondere für die Bekanntmachung der Einberufung der Hauptversammlung gem. § 121 Abs. 1. Eine fehlerhafte Einberufung führt zur Nichtigkeit gleichwohl gefasster Hauptversammlungsbeschlüsse gem. § 241 Nr. 1. Im Fall von § 64 tritt der Verlust der Mitgliedschaft gem. Abs. 3 nicht ein. Im Übrigen können Schadensersatzansprüche entstehen (zB bei Verstoß gegen § 20 Abs. 6).

§ 26 Sondervorteile. Gründungsaufwand

(1) Jeder einem einzelnen Aktionär oder einem Dritten eingeräumte besondere Vorteil muß in der Satzung unter Bezeichnung des Berechtigten festgesetzt werden.

(2) Der Gesamtaufwand, der zu Lasten der Gesellschaft an Aktionäre oder an andere Personen als Entschädigung oder als Belohnung für die Gründung oder ihre Vorbereitung gewährt wird, ist in der Satzung gesondert festzusetzen.

(3) ¹Ohne diese Festsetzung sind die Verträge und die Rechtshandlungen zu ihrer Ausführung der Gesellschaft gegenüber unwirksam. ²Nach der Eintragung der Gesellschaft in das Handelsregister kann die Unwirksamkeit nicht durch Satzungsänderung geheilt werden.

(4) Die Festsetzungen können erst geändert werden, wenn die Gesellschaft fünf Jahre im Handelsregister eingetragen ist.

(5) Die Satzungsbestimmungen über die Festsetzungen können durch Satzungsänderung erst beseitigt werden, wenn die Gesellschaft dreißig Jahre im Handelsregister eingetragen ist und wenn die Rechtsverhältnisse, die den Festsetzungen zugrunde liegen, seit mindestens fünf Jahren abgewickelt sind.

A. Normzweck.................................... 1	I. Begriff und Rechtsnatur........................ 3
B. Sondervorteile (Abs. 1).................... 3	II. Inhalt und Zulässigkeitsschranken............ 4

---

[5] *Hüffer*, Rn 3.
[6] MüKo-AktG/*Pentz*, Rn 9; *Hüffer*, Rn 5.
[7] Da es ab 1.1.2003 auf die Veröffentlichung im elektronischen Bundesanzeiger ankommt, wird dieser eine beweiskräftige Bescheinigung über den Zeitpunkt und Inhalt der Bekanntmachung erteilen müssen; vgl auch Begründung, BT-Drucks. 14/8769, 11.
[8] *Hüffer*, Rn 5 a.

III. Festsetzung in der Satzung	7	I. Auswirkungen auf das Eintragungsverfahren	13
C. Gründungsaufwand (Abs. 2)	9	II. Auswirkungen auf die zugrunde liegenden Verträge, Haftung der Gründer	14
I. Begriff	9		
II. Festsetzung in der Satzung und Wirkung	11	III. Strafrechtliche Konsequenzen	17
D. Rechtsfolgen bei unterlassener oder unrichtiger Festsetzung (Abs. 3)	13	E. Änderung und Beseitigung der Festsetzungen (Abs. 4 und 5)	18

A. Normzweck

1 Durch die Gewährung von Sondervorteilen bei der Gründung und Aufwandsentschädigungen sowie Belohnungen (Vergütungen) für im Zusammenhang mit der Gründung erbrachte Dienstleistungen an Aktionäre oder Dritte kann der verteilungsfähige Gewinn für die Aktionäre geschmälert und das den Gläubigern als Haftungsmasse zur Verfügung stehende Vermögen der Gesellschaft gemindert werden. Dem soll durch die Vorschrift entgegengewirkt werden. Die Vorschrift dient somit dem Schutz der Aktionäre und der Gläubiger,[1] verwirklicht diesen Schutz durch Konstituierung eines Formerfordernisses[2] und bewirkt damit eine Offenlegungspflicht. Ebenso wie § 27 sollen damit alle Beteiligten die Möglichkeit haben, sich ein richtiges Bild über die tatsächliche Vermögenssituation der neu gegründeten Gesellschaft machen zu können.

2 Schließlich ergibt sich mittelbar aus der Vorschrift, dass für die Gründungskosten, unbeschadet der gesamtschuldnerischen Haftung im Außenverhältnis, die Aktionäre im Innenverhältnis zur Gesellschaft alleine haften.[3]

B. Sondervorteile (Abs. 1)

3 **I. Begriff und Rechtsnatur.** Sondervorteile sind Rechte, die einzelnen oder allen Aktionären oder Dritten gewährt werden, ohne dass diese hierfür eine (angemessene) Gegenleistung erbringen. Die Vorteile können zwar auch zulasten der übrigen Aktionäre gehen. Stets müssen sie aber eine Belastung der Gesellschaft sein.[4] Als reine Gläubigerrechte sind sie von den mitgliedschaftlichen Vorzugsrechten iSv § 11 zu unterscheiden. Während Letztere mit Veräußerung der Aktien automatisch auf den Erwerber übergehen, können Erstere unabhängig hiervon gem. §§ 398 ff BGB übertragen werden. Freilich kann gleichwohl das Sonderrecht so ausgestaltet sein, dass es trotzdem nur zusammen mit der Mitgliedschaft übertragen werden kann (§§ 399, 413 BGB).

4 **II. Inhalt und Zulässigkeitsschranken.** Als Vorteile kommen in erster Linie vermögensrechtliche Ansprüche in Betracht. Darunter fallen zB Optionen auf Warenbezug, Umsatzprovisionen, Wiederkaufsrechte hinsichtlich eingebrachter Sachen,[5] Vorrechte in Form von prozentualen Vorabanteilen am Bilanzgewinn oder Abwicklungserlös.[6] Ansprüche aus gegenseitigen Austauschverträgen, zB Anstellungsverträge als Vorstand oder Angestellter, können Sondervorteile sein, wenn ein offenkundiges krasses Missverhältnis zwischen Leistung und Gegenleistung besteht.[7] Zu weit geht es dagegen, wenn allein auf die Angemessenheit der Gegenleistung abgestellt wird.[8] Angesichts der hierbei auftretenden Bewertungsunwägbarkeiten einerseits und der gravierenden Rechtsfolgen bei einem Verstoß gegen Abs. 1 andererseits ist dies mit dem Gebot der Rechtssicherheit nicht zu vereinbaren. Besteht kein krasses Missverhältnis, dient die Leistung jedoch der Vorbereitung oder Gründung der AG, so zählt die Gegenleistung zum Gründungsaufwand iSv Abs. 2 (s.u. Rn 9).

5 Die Vorteile können jedoch auch nichtvermögensrechtlicher Art sein, soweit sie Aktionären, nicht dagegen außenstehenden Dritten zustehen.[9] Zu denken ist hierbei zB an über § 131 BGB hinausgehende Informationsrechte und Entsendungsrechte von Aufsichtsratsmitgliedern.

6 Bei der Ausgestaltung des Sondervorteils sind die zwingend zu beachtenden aktienrechtlichen Grenzen zu beachten. Da der Grundsatz der Kapitalerhaltung gem. § 57 Abs. 1 – anders als die §§ 30, 31 GmbHG – nicht nur das Grundkapital und die gesetzlichen Rücklagen (§ 150) schützt, sondern das gesamte Vermö-

---

[1] MüKo-AktG/*Pentz*, Rn 3; Großkomm-AktienR/*Röhricht*, Rn 2; aA (Gläubigerschutz allenfalls mittelbar, reflexartig) *Junker*, ZHR 159 (1995), 207, 211.
[2] *Junker*, aaO, 207.
[3] BGHZ 107, 1, 3.
[4] MüKo-AktG/*Pentz*, Rn 9; Großkomm-AktienR/*Röhricht*, Rn 6; weiter (auch wenn Schuldner nur die übrigen Aktionäre sind) *Hüffer*, Rn 2.
[5] RGZ 81, 404, 409.
[6] Anders als bei Vorzugsaktien iSv §§ 139 ff beeinflusst der Vorzug hier wegen seines rein gläubigerrechtlichen Charakters nicht die Gewinnverwendung, sondern ist vom Gewinn vorab als Aufwand abzuziehen.
[7] Ähnlich ("auffälliges Missverhältnis") *Junker*, aaO, 213.
[8] So aber hM Geßler/*Eckhardt*, Rn 14; MüKo-AktG/*Pentz*, Rn 33; KölnKomm-AktG/*Kraft*, Rn 8; Großkomm-AktienR/*Röhricht*, Rn 16 und 28; vgl auch BGH WM 1969, 882, 884, wo die Vergütung im Zusammenhang mit einem Architektenvertrag als Sondervorteil angesehen wurde, da sie "übermäßig hoch" sei.
[9] HM, MüKo-AktG/*Pentz*, Rn 12; *Hüffer*, Rn 3; aA Geßler/*Eckhardt*, Rn 13; KölnKomm-AktG/*Kraft*, Rn 9.

gen der AG einschließlich des noch nicht in der Bilanz ausgewiesenen Gewinns, ist jede Zuwendung unzulässig, die über den verteilungsfähigen Gewinn hinausgeht, mithin muss der Sondervorteil stets durch den Bilanzgewinn gedeckt sein.[10] Dabei ist jedoch zu berücksichtigen, dass allein die Möglichkeit einer verbotenen Einlagerückgewähr noch nicht zur Unzulässigkeit des Sondervorteils führt.[11] Vielmehr ist in jedem Geschäftsjahr erneut zu prüfen, ob ein verteilungsfähiger Gewinn vorliegt, aus dem vorab der Sondervorteil gewährt werden kann. Der Begründung von Herrschaftsrechten sind durch das zwingende Kompetenzgefüge im Aktienrecht ebenfalls enge Grenzen gesetzt. So stellt die Zusicherung von Vorstandsposten einen unzulässigen Eingriff in den Aufgabenbereich des Aufsichtsrats dar. Stets unzulässig ist die Einräumung von Herrschaftsrechten an außenstehende Dritte.[12]

III. **Festsetzung in der Satzung.** Während gemäß Abs. 2 nur der Gesamtaufwand in der Satzung angegeben werden muss, muss der Sondervorteil gem. Abs. 1 einzeln sowohl seinem Gegenstand nach als auch hinsichtlich der Person des Berechtigten genau festgesetzt werden. Nicht erforderlich ist demgegenüber die Aufnahme des der Begründung des Vorteils zugrunde liegenden Vertrages in die Satzung. Letzterer muss, so er denn schriftlich abgeschlossen wurde,[13] gem. § 37 Abs. 4 Nr. 2 nur der Anmeldung beigefügt werden. Die Gewährung des Sondervorteils an Mitglieder des Vorstands oder Aufsichtsrats macht ferner eine Gründungsprüfung gem. § 33 Abs. 2 Nr. 3 erforderlich.

Die Pflicht zur Festsetzung in der Satzung besteht nur für solche Sondervorteile, die im Gründungsstadium gewährt werden. Nach Eintragung können Vorteile durch die hierfür zuständigen Organe, in erster Linie also dem Vorstand, eingeräumt werden, ohne dass es einer Aufnahme in die Satzung bedarf.

C. Gründungsaufwand (Abs. 2)

I. **Begriff.** Gründungsaufwand ist der Oberbegriff für alle Leistungen, die zulasten der Gesellschaft an Aktionäre oder andere Personen als Entschädigung oder Belohnung für die Gründung oder ihre Vorbereitung erbracht werden. **Entschädigung** meint den Ersatz von Aufwendungen und Erstattung von Auslagen, die für die Gründung und ihre Vorbereitung angefallen sind. Hierunter fallen die Gerichts- und Notarkosten, ggf die Beratungskosten von Rechtsanwälten, Steuerberatern und anderen Beratern, die Honorare der Gründungsprüfer, die Kosten der Bekanntmachung und des Drucks. der Aktienurkunden sowie etwaige Steuern. Mit „**Belohnung**" ist der sog. Gründerlohn, also eine Tätigkeitsvergütung für im Zusammenhang mit der Gründung erbrachte Dienstleistungen (zB Erstellung des Unternehmenskonzepts, Werbung) gemeint. Steht die Vergütung im krassen Missverhältnis zur Leistung, greift Abs. 1 ein.[14]

Wenn bei einer überbewerteten Sacheinlage oder Sachübernahme der Einbringende den Mehrwert als Gründungsaufwand behalten soll, so wird dies als **verschleierter Gründungsaufwand** bezeichnet. Inwieweit er unter Abs. 2 fällt, ist umstritten. Soweit es sich um eine Sacheinlage handelt, ist die Wertdifferenz Teil der Einlageforderung. Sie muss deshalb in bar erbracht werden. Abs. 2 findet insoweit nach zutreffender hM keine Anwendung, wohl aber bei Sachübernahmen, da hier keine Verfügung über eine Einlageforderung vorliegt.[15]

II. **Festsetzung in der Satzung und Wirkung.** Anzugeben ist der Gesamtbetrag des Gründungsaufwands. Einzelangaben genügen nicht und sind auch nicht erforderlich. Steht der Gesamtbetrag noch nicht fest, so ist er zu schätzen. In der der Handelsregisteranmeldung gemäß § 37 Abs. 4 Nr. 2 beizufügenden Berechnung des Gründungsaufwands ist dieser demgegenüber seiner Art und Höhe nach aufzuschlüsseln.

Durch die ordnungsgemäße Festsetzung in der Satzung entstehen für die Gründer und Dritte entsprechende (Erstattungs-)Ansprüche gegen die Gesellschaft. Der Gründungsaufwand darf in der Bilanz nicht aktiviert werden, § 248 Abs. 1 HGB. Die dadurch eintretende Unterbilanz steht der Eintragung nicht entgegen. Auch die sonst in derartigen Fällen eingreifende Vorbelastungshaftung der Gründer kommt nicht zum Zuge.

D. Rechtsfolgen bei unterlassener oder unrichtiger Festsetzung (Abs. 3)

I. **Auswirkungen auf das Eintragungsverfahren.** Eine fehlende oder unrichtige Festsetzung in der Satzung ist ein Eintragungsmangel. Wird der Mangel aufgrund zwingend vorab zu erlassender Zwischenverfügung

---

10 Großkomm-AktienR/*Röhricht*, Rn 9; *Junker*, ZHR 159 (1995), 214 f.
11 Großkomm-AktienR/*Röhricht*, Rn 14.
12 MüKo-AktG/*Pentz*, Rn 15.
13 Für den Vertrag selbst bestehen nach dem AktG keine Formvorschriften. Er kann grundsätzlich formlos, also auch konkludent, abgeschlossen werden. Freilich können sich Formerfordernisse aus sonstigen Vorschriften (zB §§ 311 b BGB, 15 Abs. 4 GmbHG) ergeben.
14 Nach hM gilt dies dagegen schon, sobald zwischen Leistung und Gegenleistung kein angemessenes Verhältnis mehr besteht; so Rn 4 und Großkomm-AktienR/*Röhricht*, Rn 28.
15 KölnKomm-AktG/*Kraft*, Rn 32 f; MüKo-AktG/*Pentz*, Rn 37; aA Großkomm-AktienR/*Röhricht*, Rn 36.

(§ 26 S. 2 HRV) nicht behoben, so ist die Eintragung gem. § 38 Abs. 1 abzulehnen.[16] Eine Behebung des Mangels ist nur durch einstimmigen, notariell beurkundeten (§ 23 Abs. 1) Satzungsänderungsbeschluss unter Mitwirkung aller Gründer möglich. Nach Eintragung ist eine Heilung gem. S. 2 ausgeschlossen. Die Gesellschaft selbst ist dann freilich trotzdem wirksam entstanden.

14 **II. Auswirkungen auf die zugrunde liegenden Verträge, Haftung der Gründer.** Die Verträge zur Begründung des Sondervorteils oder Gründungsaufwands einschließlich der zu ihrer Durchführung bereits vorgenommenen Erfüllungshandlungen sind gem. S. 1 der Gesellschaft gegenüber unwirksam. Soweit es um Geldzahlungen geht, ist die Unwirksamkeit auch der Erfüllungshandlung jedoch nur ein stumpfes Schwert. Geldzahlungen erfolgen fast immer im bargeldlosen Zahlungsverkehr. Die Sanktion des Abs. 3 S. 1 schlägt nicht auf den Überweisungsvertrag gem. § 676 a BGB mit der Bank als außenstehendem Dritten durch. Soweit ausnahmsweise eine Barzahlung erfolgt, hat der Eigentumserwerb idR aufgrund Vermischung gem. § 948 BGB kraft Gesetzes stattgefunden. Regelmäßig erfolgt die Rückabwicklung daher nach Bereicherungsrecht gem. §§ 812 ff BGB. An die Gesellschaft geleistete Dienste sind jedoch nicht nach § 812 Abs. 2 BGB durch diese zurückzugewähren. Dies widerspräche dem Schutzzweck von Abs. 3 S. 1.[17] Daneben können Schadensersatzansprüche gem. §§ 46, 47 Nr. 1 bestehen.

15 Die Wirksamkeit der Verträge im Verhältnis zu den Gründern untereinander und von diesen zu Dritten bleibt jedoch unberührt. Die Gründer haften deshalb Dritten gegenüber gesamtschuldnerisch insbesondere für den Gründungsaufwand, der durch die Inanspruchnahme von zB rechtlicher Beratung entstanden ist, ohne einen Erstattungsanspruch gegen die Gesellschaft zu haben. In aller Regel sind sie hier selbst (konkludent) Vertragspartner des Beraters; andernfalls haften sie über § 179 BGB.[18] Die Zusage von Sondervorteilen erfolgt dagegen regelmäßig nur durch die Gesellschaft und nicht auch durch die Gründer. Dann kommt allenfalls eine Haftung gem. § 179 BGB der die Zusage abgebenden Person in Betracht. Vielfach scheidet jedoch auch diese aus, da die Zusage nur unter der Prämisse abgegeben wird, dass eine ordnungsgemäße Satzungsfeststellung erfolgt.

16 Bei betragsmäßig unrichtiger (zu hoher oder zu niedriger) Festsetzung von Sondervorteilen oder Gründungsaufwand darf die Gesellschaft in dem Maße, wie die Festsetzung unrichtig ist, keine Leistungen gewähren. Nach hM ist bei zu niedrig angesetztem Gründungsaufwand bei jedem Berechtigten eine anteilige Kürzung vorzunehmen.[19]

17 **III. Strafrechtliche Konsequenzen.** Bei vorsätzlich falschen Angaben zu den Gründungskosten können sich die Gründer, Vorstands- und Aufsichtsratsmitglieder gem. § 399 Abs. 1 Nr. 1 strafbar machen.

E. Änderung und Beseitigung der Festsetzungen (Abs. 4 und 5)

18 Bis zum Ablauf von fünf Jahren nach Eintragung der Gesellschaft im Handelsregister können überhaupt keine Änderungen an den Festsetzungen vorgenommen werden. Danach ist dies entgegen dem insoweit missverständlichen Wortlaut in Abs. 4 nur zugunsten der AG und nur mit Zustimmung des betreffenden Gläubigers möglich. Dies gilt auch für eine Änderung der festgesetzten Leistungsart (zB Geld- statt Sachleistung). Andernfalls würde der Schutzzweck von Abs. 3 S. 2 unterhölt.[20] Völlig unberührt hiervon bleibt natürlich die Möglichkeit, die den Festsetzungen zugrunde liegenden Verträge jederzeit und in jeder Form einvernehmlich abzuändern.

19 Abs. 5 erlaubt die Beseitigung einer Festsetzung iSv Abs. 1 und 2 erst dreißig Jahre nach Eintragung der AG und auch dann nur, wenn die zugrunde liegenden Rechtsverhältnisse zwischenzeitlich seit fünf Jahren insbesondere durch Erfüllung abgewickelt worden sind. Maßgeblich für die Abgrenzung der Anwendungsbereiche von Abs. 4 und 5 ist dabei, dass Abs. 5 nur solche Festsetzungen erfasst, die tatsächlich früher einmal zu einer Belastung für die AG geführt haben. Unter Gläubigerschutzgesichtspunkten sollen diese einmal eingetretenen Belastungen auch noch nach langer Zeit nachvollzogen werden können. Sind die Belastungen dagegen infolge eines Erlassvertrages nachträglich weggefallen, mithin also nie tatsächlich eingetreten, so können die diese Belastungen betreffenden Festsetzungen gemäß Abs. 4 schon nach fünf Jahren beseitigt werden.[21]

---

16 Das Gericht hat trotz der weiter bestehenden zivilrechtlichen Sanktion gem. Abs. 3 S. 1 nach hM keinen Ermessensspielraum hinsichtlich der Ablehnung der Eintragung; MüKo-AktG/*Pentz*, Rn 41; KölnKomm-AktG/*Kraft*, Rn 37; Geßler/*Eckhardt*, Rn 39; aA Großkomm-AktienR/*Röhricht*, Rn 47.
17 MüKo-AktG/*Pentz*, Rn 47.
18 Großkomm-AktienR/*Röhricht*, Rn 59; MüKo-AktG/*Pentz*, Rn 49.
19 Großkomm-AktienR/*Röhricht*, Rn 54; MüKo-AktG/*Pentz*, Rn 51; nach KölnKomm-AktG/*Kraft*, Rn 43 sollen allerdings die nicht in der Aufstellung gem. § 37 Abs. 4 Nr. 2 aufgeführten Posten außen vor bleiben. Überzeugend ist dies nicht, da diese Aufstellung für die Wirksamkeit der Festsetzung gemäß § 26 Abs. 2 unbeachtlich ist.
20 *Hüffer*, Rn 9.
21 MüKo-AktG/*Pentz*, Rn 62; *Hüffer*, Rn 10; aA Geßler/*Eckhardt*, Rn 56.

§ 27 Sacheinlagen. Sachübernahmen; Rückzahlung von Einlagen

(1) ¹Sollen Aktionäre Einlagen machen, die nicht durch Einzahlung des Ausgabebetrags der Aktien zu leisten sind (Sacheinlagen), oder soll die Gesellschaft vorhandene oder herzustellende Anlagen oder andere Vermögensgegenstände übernehmen (Sachübernahmen), so müssen in der Satzung festgesetzt werden der Gegenstand der Sacheinlage oder der Sachübernahme, die Person, von der die Gesellschaft den Gegenstand erwirbt, und der Nennbetrag, bei Stückaktien die Zahl der bei der Sacheinlage zu gewährenden Aktien oder die bei der Sachübernahme zu gewährende Vergütung. ²Soll die Gesellschaft einen Vermögensgegenstand übernehmen, für den eine Vergütung gewährt wird, die auf die Einlage eines Aktionärs angerechnet werden soll, so gilt dies als Sacheinlage.

(2) Sacheinlagen oder Sachübernahmen können nur Vermögensgegenstände sein, deren wirtschaftlicher Wert feststellbar ist; Verpflichtungen zu Dienstleistungen können nicht Sacheinlagen oder Sachübernahmen sein.

(3) ¹Ist eine Geldeinlage eines Aktionärs bei wirtschaftlicher Betrachtung und auf Grund einer im Zusammenhang mit der Übernahme der Geldeinlage getroffenen Abrede vollständig oder teilweise als Sacheinlage zu bewerten (verdeckte Sacheinlage), so befreit dies den Aktionär nicht von seiner Einlageverpflichtung. ²Jedoch sind die Verträge über die Sacheinlage und die Rechtshandlungen zu ihrer Ausführung nicht unwirksam. ³Auf die fortbestehende Geldeinlagepflicht des Aktionärs wird der Wert des Vermögensgegenstandes im Zeitpunkt der Anmeldung der Gesellschaft zur Eintragung in das Handelsregister oder im Zeitpunkt seiner Überlassung an die Gesellschaft, falls diese später erfolgt, angerechnet. ⁴Die Anrechnung erfolgt nicht vor Eintragung der Gesellschaft in das Handelsregister. ⁵Die Beweislast für die Werthaltigkeit des Vermögensgegenstandes trägt der Aktionär.

(4) ¹Ist vor der Einlage eine Leistung an den Aktionär vereinbart worden, die wirtschaftlich einer Rückzahlung der Einlage entspricht und die nicht als verdeckte Sacheinlage im Sinne von Absatz 3 zu beurteilen ist, so befreit dies den Aktionär von seiner Einlageverpflichtung nur dann, wenn die Leistung durch einen vollwertigen Rückgewähranspruch gedeckt ist, der jederzeit fällig ist oder durch fristlose Kündigung durch die Gesellschaft fällig werden kann. ²Eine solche Leistung oder die Vereinbarung einer solchen Leistung ist in der Anmeldung nach § 37 anzugeben.

(5) Für die Änderung rechtswirksam getroffener Festsetzungen gilt § 26 Abs. 4, für die Beseitigung der Satzungsbestimmungen § 26 Abs. 5.

A. Grundlegung 1	2. Rechtsfolgen bei fehlender Festsetzung in der Satzung 30
I. Inhalt und Zweck der Norm 1	a) Allgemeine Gesichtspunkte 30
II. Europarechtliche Aspekte 2	b) Einzelfragen 31
III. Stellung im Normenzusammenhang 3	IV. Anfechtung, Vertragsmängel und Leistungsstörungen 32
IV. Verhältnis von Bar- und Sacheinlage 4	1. Bei Sacheinlage 32
B. Erscheinungsformen der Sachgründung 6	2. Bei Sachübernahme 33
I. Sacheinlage (Abs. 1) 6	V. Verdeckte Sacheinlagen 34
1. Begriff 6	1. Überblick und historische Entwicklung 34
2. Rechtscharakter der Sacheinlagevereinbarung 8	2. Übereinstimmung mit EU-Recht 40
3. Einlagefähigkeit (Abs. 2) 10	3. Tatbestand der verdeckten Sacheinlage 41
a) Allgemeines 10	a) Allgemeines 41
b) Bilanzierungsfähigkeit als Kriterium 11	b) Objektiver Tatbestand 42
c) Übertragbarkeit 12	c) Einzelfragen des objektiven Tatbestandes 44
4. Gegenstände der Sacheinlage 13	d) Subjektiver Tatbestand 45
5. Untaugliche Gegenstände der Sacheinlage . 19	e) Ausnahmen 47
6. Bewertung der Sacheinlage; Verbot der Unterpari-Emission 20	4. Rechtsfolgen der verdeckten Sacheinlage ... 50
7. Rechtsfolgen einer Überbewertung 22	a) Allgemeines 50
a) Vor Eintragung 22	b) Fortbestehen der Bareinlagepflicht 51
b) Nach Eintragung 23	c) Wirksamkeit von Verträgen und Durchführungsgeschäften 52
8. Gemischte Sacheinlagen und Mischeinlagen 24	d) Haftung des Gesellschafters auf die Differenz 53
II. Die Sachübernahme (Abs. 1 Alt. 2) 25	e) Einzelfragen der Anrechnung 62
1. Begriff 25	aa) Betrag der Anrechnung und Bewertung 62
2. Sachübernahmevereinbarung 27	
III. Festsetzung von Sacheinlage und Sachübernahme in der Satzung 29	bb) Anrechnung bei verdeckter gemischter Sacheinlage 63
1. Allgemeines, einzelne Festsetzungen 29	

cc) Anrechnung bei Teileinzahlung... 64	2. Europarechtliche Aspekte............... 75
dd) Beweislast........................... 65	3. Tatbestand............................... 77
f) Übergangsregelung................... 66	4. Rechtsfolgen............................. 89
5. Heilung der verdeckten Sacheinlage........ 69	5. Übergangsregelung...................... 92
VI. Hin- und Herzahlen (Abs. 4).................. 73	VII. Änderung und Beseitigung................... 94
1. Allgemeines................................. 73	

A. Grundlegung

1 **I. Inhalt und Zweck der Norm.** § 27 und einige seiner Folgevorschriften tragen dem Umstand Rechnung, dass in der Praxis das Bedürfnis besteht, an Stelle einer Bareinlage **unmittelbar Sachwerte** wie zB Unternehmen, Beteiligungen oder know how **einzulegen** (Sacheinlagen) oder die Gesellschaft bereits im Gründungsstadium zum Erwerb derartiger Sachwerte zu verpflichten, ohne dass im Gegenzug Aktien ausgegeben werden (Sachübernahmen). § 27 regelt dabei neben § 26 den weiteren und praktisch bedeutsameren Fall einer qualifizierten Gründung. Gesetzestechnisch gibt die Bestimmung zunächst Legaldefinitionen für verschiedene Begriffe, die insbesondere in §§ 32 Abs. 2, 33 Abs. 2 Nr. 4, 33a Abs. 1, 34 Abs. 1 Nr. 2, 36a Abs. 2, 37a Abs. 1, 38 Abs. 2 S. 2, 54 Abs. 2 und § 183 vom Gesetz verwendet werden. Der Zweck der Regelung des § 27 ist es, bei Sacheinlagen und Sachübernahmen im Interesse von Gläubigern und Aktionären sicher zu stellen, dass das Grundkapital **tatsächlich in der Höhe aufgebracht** wird wie es **in der Satzung angegeben** ist. Die Norm ist somit Ausdruck des Grundsatzes der realen Kapitalaufbringung, der als solcher vom Recht der Kapitalgesellschaften (Aktiengesellschaft, GmbH) vorausgesetzt wird. Der Grundsatz der realen Kapitalaufbringung fordert, dass bei Kapitalgesellschaften gleichsam als Ausgleich dafür, dass der Durchgriff auf die hinter der Kapitalgesellschaft stehenden Gesellschafter nur in seltenen Ausnahmefällen möglich ist, den Gläubigern und der Gesellschaft wenigstens das Grundkapital als Garantie- bzw Haftungskapital zur Verfügung steht. Da bei Sacheinlagen und Sachübernahmen anders als bei der Bareinlage die Gefahr droht, dass nicht einlagefähige, nicht werthaltige oder überbewertete Gegenstände eingebracht werden, fordert § 27 ein besonderes Verfahren. Dieses Verfahren besteht in der Offenlegung von Sacheinlagen und Sachübernahmen in der Satzung, die so zum Gegenstand bewusster Beschlussfassung gemacht werden sollen. Wird dieses Verfahren nicht eingehalten, erfolgt in den Fällen, in denen tatsächlich eine verdeckte Sacheinlageleistung an die Gesellschaft erbracht wird, wegen Streichung der bisherigen Absätze 3 und 4 und Neufassung des § 27 Abs. 3 durch das ARUG[1] eine zeitlich nachfolgende Anrechnung des bei Anmeldung bestehenden Wertes der verdeckten Sacheinlage im Zeitpunkt der Eintragung, § 27 Abs. 3, S. 3 und 4. Besteht nach Anrechnung wertmäßig eine Differenz zu dem Ausgabebetrag, hat der Inferent diese durch Geldzahlung auszugleichen. Wegen der zeitlich verzögerten Anrechnung des Wertes ist die bei Anmeldung der Gesellschaft abgegebene Versicherung, die eingeforderten Einlagebeträge stünden endgültig zur freien Verfügung, falsch und ggf strafbar. Des Weiteren ist nach § 27 Abs. 4 nF die unmittelbare Rückzahlung der Einlage in bestimmten Fällen möglich, weil der Gesetzgeber des ARUG bei einem „Hin- und Herzahlen" iSv § 27 Abs. 4 (wie bereits zuvor das MoMiG[2] in § 57 Abs. 1 S. 3 bei Fragen der Kapitalerhaltung) die bilanzielle Betrachtungsweise im Rahmen der Kapitalaufbringung anerkannt hat.

2 **II. Europarechtliche Aspekte.** Die auf Ebene der Europäischen Gemeinschaften unternommenen Bestrebungen zur Harmonisierung des Gesellschaftsrechts führten mit der zweiten Richtlinie des Rates der Europäischen Gemeinschaften (Kapitalrichtlinie v. 13.12.1976 – 77/91/EWG, ABl. EG Nr. L 26 v. 31.1.1977 S. 1 ff) auch zu einer Vereinheitlichung des Verständnisses des Grundsatzes der realen Kapitalaufbringung in der EU. Die insofern relevanten Bestimmungen der Richtlinie brachten nur eine geringfügige Änderung des § 27 mit der Einfügung der Bestimmungen des Abs. 1 S. 2 und des Abs. 2, die allerdings nur die bisherige Auslegung des geltenden Rechtes bekräftigten.[3] Jedoch ist zu berücksichtigen, dass § 27 aufgrund seiner teilweisen Ausformung durch Gemeinschaftsrecht nach den für die Auslegung angeglichenen Rechtes geltenden Grundsätzen richtlinienkonform auszulegen ist.[4] Dies wirkt sich bei der Frage der Einlagefähigkeit aus (dazu unten Rn 10 ff) und ist bei dem Institut der verdeckten Sacheinlage diskutiert worden (dazu unten Rn 34, 40 ff).

3 **III. Stellung im Normenzusammenhang.** § 27 trifft ebenso wie § 26 Bestimmungen über den **notwendigen Inhalt der Satzung.** § 27 bildet einen Teil des gesetzlichen Systems zur Sicherstellung des Grundsatzes der realen Kapitalaufbringung. Das gesetzliche System sieht einen doppelten, gleichermaßen präventiv wirkenden Schutz vor: zum einen den Schutz durch Offenlegung, zum anderen den Schutz durch zwingende Regis-

---

1 Gesetz zur Umsetzung der Aktionärsrechte-Richtlinie, BGBl. I 2009 S. 2479.
2 Gesetz zur Modernisierung des GmbH-Rechts und zur Bekämpfung von Missbräuchen, BGBl. I 2008 S. 2026.
3 MüKo-AktG/*Pentz*, Rn 2; GroßKomm-AktienR/*Röhricht*, Rn 16.
4 GroßKomm-AktienR/*Röhricht*, Rn 4; MüKo-AktG/*Pentz*, Rn 10, Spindler/Stilz/*Heidinger/Benz*, Rn 5.

terkontrolle des Kapitalaufbringungs- und Gründungsvorganges (vgl §§ 38, 32 Abs. 2, 33 Abs. 2 Nr. 4, 33 a Abs. 1, 34, 37 Abs. 4 Nr. 2, 4, 37 a Abs. 1).

IV. Verhältnis von Bar- und Sacheinlage. Nach hM[5] besteht für den Gesellschafter einer Kapitalgesellschaft grundsätzlich eine Geldeinlagepflicht; durch Sachleistung erlangt der Gesellschafter nur dann Befreiung von der Geldbetragspflicht, wenn die **Sachleistung als Sacheinlage formgerecht festgesetzt** worden ist. Dem gegenüber wird vertreten, dass Bar- und Sacheinlage gleichrangig nebeneinander stehen; aus dem Gesetz selbst folge bereits, dass dem so sei.[6]

Nach richtiger Auffassung folgt aus den aktienrechtlichen und den insoweit gleich gelagerten Vorschriften im GmbH-Recht, dass die Einlageleistung grundsätzlich in Geld zu erbringen ist. Denn der Grundsatz der realen Kapitalaufbringung lässt sich zwanglos dahin interpretieren, dass die Gesellschafter primär Mittel zur Verfügung zu stellen haben, die keine Bewertungsprobleme aufwerfen, mithin Geld zu leisten haben, dessen Tauschwert innerhalb des Währungssystems durch seinen Nominalwert gewährleistet wird.[7] Der einlegende Gesellschafter (Inferent) erlangt nur dann Befreiung von dieser primären Geldleistungspflicht durch Sachleistung, wenn die Sacheinlage formgerecht festgesetzt worden ist.[8] Im Sonderfall der verdeckten Sacheinlage erfolgt eine zeitlich verzögerte Anrechnung des verdeckt eingebrachten Sachwertes auf die Bareinlageverpflichtung gem. Abs. 3 (vgl dazu Rn 54 ff).

B. Erscheinungsformen der Sachgründung

I. Sacheinlage (Abs. 1). 1. Begriff. Nach der Klammerdefinition des Abs. 1 S. 1 ist Sacheinlage jede Einlage, die nicht durch Einzahlung des Ausgabebetrages, dh des Nennbetrages oder des höheren Ausgabebetrages zu erbringen ist. Die Zweite Richtlinie spricht ebenfalls im Sinne einer Negativdefinition von „Einlagen, die nicht Bareinlagen sind".[9] Die Begriffsdefinition der Sacheinlage des § 27, die nicht vollständig deckungsgleich mit der in der Zweiten Richtlinie ist,[10] lässt insbesondere offen, was anstelle von Geld Gegenstand einer Sacheinlage sein kann, da ein Umkehrschluss des Inhalts, dass alles, was nicht Geld ist, auch eingelegt werden kann, ganz offensichtlich nicht zulässig ist.[11] Unter Einlagen sind nach § 2 Leistungen auf Aktien zu verstehen, die die **Haftungsmasse mehren**.[12] Nebenleistungen iSv § 55 sind mangels Leistung auf die Aktien auch dann keine Sacheinlage, wenn sie dem äußeren Erscheinungsbild nach diesen gleichen.[13]

Der in Abs. 1 genannte Begriff „Ausgabebetrag", der aufgrund Art. 1 Nr. 4 StückAG[14] durch die Formulierung „Nennbetrag" bzw „höheren Ausgabebetrag" ersetzt wurde, entspricht dem in der Satzung festgesetzten Betrag und ist entweder mit dem Nennbetrag der Aktien, § 8 Abs. 2, oder bei Stückaktien mit dem auf die Stückaktien entfallenden anteiligen Betrag des Grundkapitals, § 8 Abs. 3, identisch, jeweils zzgl eines ggf zu leistenden Aufgeldes, § 9 Abs. 2. Tauglicher Gegenstand einer Sacheinlage – oder Sachübernahme – iSv § 27 kann nach dem ebenfalls im Zuge der Zweiten Richtlinie eingefügten Abs. 2[15] jeder Vermögensgegenstand sein, der einen feststellbaren wirtschaftlichen Wert hat. Nicht erforderlich ist, dass es sich um eine „Sache" iSv § 90 BGB handelt,[16] womit die praktisch wichtige Einbringung von Rechten ermöglicht wird. Ebenso wenig spielt eine Rolle, ob die Gesellschaft den Vermögensgegenstand endgültig erwerben soll oder nur ein miet- oder pachtähnliches Nutzungsrecht erlangen soll.[17]

2. Rechtscharakter der Sacheinlagevereinbarung. Hinsichtlich des Rechtscharakters der Sacheinlagevereinbarung bieten Rechtsprechung und Literatur ein wenig einheitliches Bild, wobei im Ganzen sehr verschiedene Meinungen vertreten werden. Während weitgehende Einigkeit noch darin besteht, dass es sich nicht um einen Kauf- oder Tauschvertrag handelt,[18] wird einerseits vertreten, dass es sich bei der Sacheinlagevereinbarung um einen zum Gesellschaftsvertrag hinzutretenden körperschaftsrechtlichen Verpflichtungsvertrag eigener Art handelt;[19] bei dieser Meinung wird im Übrigen noch weiter dahin differenziert, dass einerseits

---

5 KölnKomm-AktG/*Lutter*, § 54 Rn 2, 11, § 183 Rn 8; *Hüffer*, Rn 2; Geßler/*Hefermehl/Bungeroth*, § 54 Rn 8, § 183 Rn 9; *Ulmer*, ZHR 154 (1990) 128, 130; GroßKomm-AktienR/*Röhricht*, Rn 7; K. Schmidt/Lutter/*Bayer*, Rn 4; in diesem Sinne wohl auch BGH ZIP 1996, 669, 672.
6 MüKo-AktG/*Pentz*, Rn 13 f unter Verweis auf das Zusammenwirken von § 66 Abs. 1 und 2.
7 Vgl auch GroßKomm-AktienR/*Röhricht*, Rn 5 ff.
8 GroßKomm-AktienR/*Wiedemann*, § 183 Rn 27; Scholz/*Winter* GmbHG, 10. Aufl., § 5 Rn 40.
9 Vgl Art. 10 der Richtlinie.
10 GroßKomm-AktienR/*Röhricht*, Rn 12, 80.
11 GroßKomm-AktienR/*Röhricht*, aaO.
12 MüKo-AktG/*Pentz*, Rn 11, Spindler/Stilz/*Heidinger/Benz*, Rn 7.
13 *Hüffer*, Rn 3; K. Schmidt/Lutter/*Bayer*, Rn 6.
14 Vom 25.3.1998, BGBl. I S. 590.
15 KölnKomm-AktG/*Arnold*, Rn 2; GroßKomm-AktienR/*Röhricht*, Rn 16.
16 *Hüffer*, Rn 3; MüKo-AktG/*Pentz*, Rn 11; KölnKomm-AktG/*Arnold*, Rn 11.
17 *Hüffer*, Rn 3; MüKo-AktG/*Pentz*, Rn 11.
18 BGHZ 45, 338, 339, 345; RGZ 45, 101; *Schnorr von Carolsfeld*, DNotZ 1963, 418; *Sengelmann*, Die Sachübernahme im Aktienrecht, Diss. 1965, S. 16; *Schönle*, NJW 1966, 2161 f; KölnKomm-AktG/*Arnold*, Rn 13; Geßler/*Eckardt*, Rn 21; GroßKomm-AktienR/*Röhricht*, Rn 13.
19 Geßler/*Eckardt*, Rn 21 f; *Schönle*, NJW 1966, 2161; ähnlich: *Ritter*, AktG 1937 § 20, Anm. 2 a.

vertreten wird, dass es sich im Ganzen um eine körperschaftsrechtliche Regelung handelt[20] oder um eine nicht organisationsrechtliche Bestimmung, die nur aus Publizitätsgründen in die Satzung aufzunehmen ist.[21] Auf der anderen Seite hat sich die inzwischen als herrschende Meinung einzustufende Ansicht herausgebildet, dass es sich bei der **Sacheinlagevereinbarung** um einen – wenn auch faktischen – **unselbstständigen, materiellen Bestandteil des Gesellschaftsvertrages** handelt, der gesellschaftsrechtliche Pflichten des Gründers erzeugt.[22] Diese Kontroverse ist jedoch für die praktische Rechtsanwendung weitgehend folgenlos, da es für das angestrebte Ziel, bei unwirksamer Sacheinlagevereinbarung eine Geldleistungspflicht aufleben zu lassen,[23] mithin Mängel der Sacheinlage als irrelevant für die Wirksamkeit des Beitrittsversprechens anzusehen,[24] nicht zwingend erforderlich ist, auf gesellschaftsrechtsfremde Zusatzkonstruktionen auszuweichen.

9 Das **Vollzugsgeschäft** folgt den allgemeinen Regeln, je nach Art des einzubringenden Gegenstandes. Bewegliche Sachen werden somit gemäß §§ 929 ff BGB, Grundstücke gemäß §§ 873, 925 BGB, Forderungen und forderungsgleiche Rechte gemäß §§ 398, 413 BGB und GmbH-Geschäftsanteile gemäß § 15 GmbH-Gesetz sowie Namensaktien entweder gemäß §§ 398, 413, 952 BGB oder durch Indossament übertragen; bei vinkulierten Namensaktien ist § 68 Abs. 2 zu berücksichtigen. Eigene Forderungen des Gründers gegen die (Vor-)AG werden, sofern sie in diesem frühen Stadium bereits begründet wurden, durch Abtretung und darauf eintretende Konfusion oder Erlassvertrag gemäß § 397 BGB eingebracht. Die Vor-AG wird bei diesen Rechtsgeschäften durch ihren Vorstand vertreten.[25] Sofern der Vollzugsakt mit dem Gesellschaftsvertrag zusammenfällt oder sogar mit in die Satzung aufgenommen wird, was bei formbedürftigen Einbringungen aus Praktikabilitätsgründen tunlich und zulässig ist,[26] wird die AG durch die (Mit-)Gründer vertreten.[27] Hierbei bleiben Wesen und Eigenständigkeit der Erfüllung als Vollzugsgeschäft unberührt.[28]

10 **3. Einlagefähigkeit (Abs. 2). a) Allgemeines.** Abs. 2 bestimmt, dass Sacheinlagen und Sachübernahmen Vermögensgegenstände sein können, deren **wirtschaftlicher Wert feststellbar** ist. Diese auf die Zweite Richtlinie zurückgehende Bestimmung entspricht der bisherigen deutschen Praxis vor Erlass der Richtlinie; insofern hat sich der europäische Gesetzgeber die deutsche, in Rechtsprechung und Literatur erarbeitete Konzeption zueigen gemacht.[29] Die Norm bildet dabei jedoch nur eine Mindestnorm, sondern verbietet zugleich, vor dem Hintergrund, dass § 27 richtlinienkonform auszulegen ist, dass auf nationaler Ebene weitere, zusätzliche Kriterien zur Beurteilung der Sacheinlagefähigkeit geschaffen werden.[30] Dieser Gesichtspunkt spielt bei der Streitfrage, ob es für die Frage der Sacheinlagefähigkeit auf die Bilanzierungsfähigkeit des einzubringenden Gegenstandes ankommt (dazu unten Rn 11) sowie für die Frage, inwiefern obligatorische Nutzungsrechte eingebracht werden können (dazu unten Rn 18) und ob es auf die selbstständige Übertragbar- und Verwertbarkeit der eingebrachten Vermögensgegenstände ankommt (dazu unten Rn 12), eine entscheidende Rolle.

11 **b) Bilanzierungsfähigkeit als Kriterium.** In der Vergangenheit wurde ganz überwiegend die Bilanzierungsfähigkeit des als Sacheinlage eingebrachten Vermögensgegenstandes für erforderlich gehalten.[31] Im neueren aktienrechtlichen und GmbH-rechtlichen Schrifttum wird unter Verweis auf BGHZ 29, 300, 304, wonach die Bilanzierungsfähigkeit als Einlagevoraussetzung „nicht wörtlich zu nehmen" sei, überwiegend vertreten, dass es nicht primär auf die Bilanzierungsfähigkeit ankomme.[32] Die abstrakte Frage der Bilanzierungsfähig-

---

[20] KölnKomm-AktG/*Arnold*, Rn 13 (körperschaftliche Regelung und Bestandteil des Gesellschaftsvertrages); Geßler/*Eckardt*, Rn 21; *Schönle*, NJW 1965, 2133, 2135; *ders.*, NJW 1966, 2161 f.
[21] KölnKomm-AktG/*Kraft*, 1. Aufl., Rn 8 ff; vgl die Nachw. zum Streitstand auch in MüKo-AktG/*Pentz*, Rn 16.
[22] Zur GmbH: BGHZ 45, 338, 345; BGH NJW 1966, 1311; BayObLG DB 1979, 1075; *Hüffer*, Rn 4; MüKo-AktG/*Pentz*, Rn 16; GroßKomm-AktienR/*Röhricht*, Rn 13 mwN in Fn 8, Spindler/Stilz/*Heidinger/Benz*, Rn 8.
[23] *Hüffer*, Rn 11.
[24] MüKo-AktG/*Pentz*, Rn 16.
[25] *Hüffer*, Rn 4; MüKo-AktG/*Pentz*, Rn 17; GroßKomm-AktienR/*Röhricht*, Rn 15.
[26] BGHZ 45, 338, 342; zur GmbH: KG DR 41, 1087; OLG Celle WM 1988, 375; Hachenburg/*Ulmer*, GmbHG, § 5 Rn 24 mwN.
[27] MüKo-AktG/*Röhricht*, Rn 15, Spindler/Stilz/*Heidinger/Benz*, Rn 9.
[28] GroßKomm-AktienR/*Röhricht*, Rn 15; Baumbach/Hueck/*Fastrich*, GmbHG, § 5 Rn 22.
[29] Vgl die amtl. Begr. BT-Drucks. 8/1678, S. 12; *Knobbe-Keuk*, ZGR 1980, 214; *Hüffer*, NJW 1979, 1065, 1066; GroßKomm-AktienR/*Röhricht*, § 29 Rn 17.
[30] GroßKomm-AktienR/*Röhricht*, Rn 4 unter Hinweis auf die Ausführungen des Generalanwalts *Tesauro* in dem Verfahren Meilicke/./. ADV ORGA vor dem EuGH auf Grund einer Vorlage des LG Hannover; dabei Zurückverweisung der Vorlage als unzulässig, abgedruckt in ZIP 1992, 1076; differenzierend zur Frage, ob EG-Recht Mindest- oder Höchststandards setzt, je nach der betreffenden Richtlinie bzw Sachnorm: *Wiedemann*, DB 1993, 141, 142; aA BGHZ 110, 47, 68 ff = NJW 1990, 982; *Hopt*, ZGR 1992, 265, 285.
[31] KGJ 44, A146; KGJ 45, 175; Geßler/*Eckardt*, Rn 8; *Knobbe-Keuk*, ZGR 1980, 214, 217; v. Godin/*Wilhelmi*, Rn 11; *Schnorr von Carolsfeld*, DNotZ 1963, 418; eingehend: *Lutter*, Kapital, Sicherung der Kapitalaufbringung und Kapitalerhaltung in den Aktien- und GmbH-Rechten der EWG, 1964, 214, 231 f; vgl zum älteren Standpunkt im GmbH-Recht: Baumbach/*Hueck*, GmbHG, 19. Aufl., § 5 Rn 23.
[32] Hachenburg/*Ulmer*, GmbHG, § 5 Rn 32; GroßKomm-AktienR/*Röhricht*, Rn 21 f; *Hüffer*, Rn 15; KölnKomm-AktG/*Arnold*, Rn 44; MüKo-AktG/*Pentz*, Rn 18; K. Schmidt/Lutter/*Bayer*, Rn 11; zur GmbH: Hachenburg/*Ulmer*, GmbHG, § 5 Rn 32 f mwN.

keit sei nicht Vorbedingung der Einlagefähigkeit, sondern umgekehrt dürfe die Bilanzierungsfähigkeit lediglich eine **Folge der Einlagefähigkeit** sein.[33] Das Hauptargument der älteren Auffassung besteht darin, dass Bilanzierungsfähigkeit gefordert werden müsse, weil andernfalls die Einbringung nicht bilanzierbarer Vermögensgegenstände dazu führen könnte, dass die soeben gegründete AG mit einem Bilanzverlust ins Leben trete, was zu verhindern sei.[34] Allerdings ist dem entgegenzuhalten, dass es für die Frage, ob der Gesellschaft ein Vermögensgegenstand mit feststellbarem wirtschaftlichen Wert iSv Abs. 2 übertragen wurde, nicht entscheidend darauf ankommt, ob der betreffende Vermögensgegenstand in einer am Gedanken der periodischen Erfolgsabgrenzung ausgerichteten Gewinnermittlungsbilanz technisch aktivierungsfähig ist, sondern darauf, dass der wirtschaftliche Wert überhaupt, und sei es erst in einer Überschuldungsbilanz, feststellbar ist.[35] Mithin ist das Gläubigerschutzkonzept der Gewinnermittlungsbilanz nicht auf die Frage der Einlagefähigkeit zu übertragen.[36] Weiter ist zu berücksichtigen, dass die ältere Lehre in Widerspruch zur geschilderten richtlinienkonformen Auslegung (dazu oben Rn 2) steht, da sie neben dem Erfordernis des feststellbaren wirtschaftlichen Wertes noch das zusätzliche engere Kriterium der Bilanzierungsfähigkeit aufstellt; demgegenüber entspricht die vorzugswürdige neuere Lehre der richtlinienkonformen Auslegung iSv Abs. 2.[37] Die handelsrechtliche Aktivierungsfähigkeit bildet auf der anderen Seite ein starkes Indiz dafür, dass der Wirtschaftsverkehr bestimmten Vermögensgegenständen einen Vermögenswert zumisst.[38] Allerdings gilt dies nicht für aktive Rechnungsabgrenzungsposten, vgl § 250 Abs. 1 und 3 HGB.[39] Damit können auch obligatorische Nutzungsrechte im Wege der Sacheinlage in die AG eingebracht werden (dazu noch unten Rn 18), obwohl sie nicht bilanzierungsfähig sind.[40]

c) Übertragbarkeit. Die Übertragbarkeit des einzubringenden Gegenstandes vom Gründer auf die AG stellt eine selbstverständliche Voraussetzung der Sacheinlagefähigkeit dar, da das Vermögen der AG andernfalls nicht durch die Sacheinlage gemehrt würde.[41] Streitig ist jedoch, ob Übertragbarkeit auch bedeutet, dass der eingebrachte Gegenstand die Fähigkeit haben muss, **Gegenstand des Rechtsverkehrs** oder wenigstens **Zugriffsobjekt der Gläubiger** sein zu können.[42] Die heute hM stellt demgegenüber darauf ab, dass der Gesellschaft ein ihr Vermögen **tatsächlich erhöhender Wert** zugeführt wird, der von der Gesellschaft im Rahmen ihres Unternehmens genutzt werden kann und dadurch für die Gläubiger einen Wert darstellt, mithin dadurch für Gläubiger die Sicherheit erhöht, mit ihren Forderungen nicht auszufallen.[43] Die Rechtsprechung hat bereits früh diesen Ansatz verfolgt und etwa **Firmen- und Warenzeichenrechte**, die grundsätzlich nur zusammen mit dem Geschäftsbetrieb übertragen werden können, als sacheinlagefähig angesehen.[44] Der hM und der Rechtsprechung ist zu folgen: Auch bei Bareinlagen hat der Gläubiger keinen Anspruch darauf, dass mit dieser von der Gesellschaft nur durch Gläubiger einzeln verwertbare Vermögensgegenstände angeschafft werden.[45] Gründe, die Gläubiger bei Sacheinlagen in diesem Punkt besser zu stellen als bei Bareinlagen, sind nicht ersichtlich. Auch unter europarechtlichen Gesichtspunkten ist es nicht tunlich, eine isolierte Übertragbarkeit der durch Sacheinlage in das Gesellschaftsvermögen eingebrachten Vermögensgegenstände zu fordern, da auf diesem Wege zusätzliche, nicht mit der Zweiten Richtlinie erfasste Hürden für die Sacheinlage aufgestellt würden.[46] Folglich kommt es allein darauf an, dass der AG die Vermögensgegenstände nicht durch den Sacheinleger einseitig entzogen werden können[47] und im Übrigen zur freien Verfügung der AG stehen.[48]

4. Gegenstände der Sacheinlage. Bewegliche und unbewegliche Sachen, die der Gesellschaft zu Eigentum übertragen werden, eignen sich besonders für Sacheinlagen.[49] Dabei kommt es nicht darauf an, dass der Sacheinleger Eigentümer der Sache ist oder jemals wird. Dies bedeutet, dass es ausreicht, dass der Sachein-

---

33 GroßKomm-AktienR/*Röhricht*, Rn 21 ff.
34 KölnKomm-AktG/*Kraft*, 1. Aufl., Rn 14; Geßler/*Eckardt*, Rn 8.
35 So auch KölnKomm-AktG/*Arnold*, Rn 44.
36 *Hüffer*, Rn 15; vgl zum GmbH-Recht auch Hachenburg/*Ulmer*, GmbHG, § 5 Rn 32.
37 GroßKomm-AktienR/*Röhricht*, Rn 21 f; W. Meilicke, BB 1991, 579, 581.
38 Hachenburg/*Ulmer*, GmbHG, § 5 Rn 33.
39 *Hüffer*, Rn 14; MüKo-AktG/*Pentz*, Rn 20.
40 *Hüffer*, Rn 19; GroßKomm-AktienR/*Röhricht*, Rn 25, 59; MüKo-AktG/*Pentz*, Rn 31 mit der Einschränkung, dass eine feste Nutzungsdauer vereinbart sein muss.
41 Vgl KölnKomm-AktG/*Arnold*, Rn 46; GroßKomm-AktienR/*Röhricht*, Rn 28.
42 *Hüffer*, Rn 14, iS.e. abstrakten Verkehrsfähigkeit durch Einzelveräußerung; *Lutter*, Kapital, S. 232; *Haas*, in: FS Döllerer, S. 169, 180 f; *Fabricius*, Die Überlassung von Anlagevermögen an die GmbH durch die Gesellschafter, 1987, S. 169 f; Meyer-Landrut/Miller/Niehuus/*Meyer-Landrut*, § 5 Rn 30 ohne weitere Definition des Begriffs der Übertragbarkeit.
43 GroßKomm-AktienR/*Röhricht*, Rn 31, 32 f; KölnKomm-AktG/*Arnold*, Rn 46; W. Meilicke, BB 1991, 579, 850; MüKo-AktG/*Pentz*, Rn 21; Hachenburg/*Ulmer*, GmbHG, § 5 Rn 35; Scholz/*Veil*, GmbHG, § 5 Rn 39; *Döllerer*, in: FS Fleck, S. 35, 46; *Bork*, ZHR 154 (1990), 205, 228 f; K. Schmidt/Lutter/*Bayer*, Rn 12.
44 RG JW 1900, 857; 1911, 121.
45 GroßKomm-AktienR/*Röhricht*, Rn 30, 35; KölnKomm-AktG/*Arnold*, Rn 46; *Döllerer*, in: FS Fleck, 1988, S. 46; *Bork*, ZHR 154 (1990), 205, 228, Spindler/Stilz/*Heidinger/Benz*, § 27 Rn 13.
46 *Bork*, aaO; *Döllerer*, aaO.
47 Hachenburg/*Ulmer*, GmbHG, § 5 Rn 34 f.
48 MüKo-AktG/*Pentz*, Rn 21; Hachenburg/*Ulmer*, GmbHG, § 5 Rn 35.
49 GroßKomm-AktienR/*Röhricht*, Rn 36.

leger den Eigentümer anweist, der AG das Eigentum an der einzubringenden Sache unmittelbar, dh ohne Durchgangserwerb des Sacheinlegers zu übertragen.[50] Der Inferent kann auch lediglich eine Beschaffungsschuld übernehmen, sofern die einzubringende Sache spätestens bei Anmeldung der AG existiert. Zwar wird vereinzelt vertreten, dass aus § 36 a Abs. 2 S. 2 zu folgen sei, dass es ausreiche, dass die einzubringende Sache innerhalb eines Zeitraumes von fünf Jahren nach Anmeldung hergestellt werde oder existiere.[51]

14 Dieser Auffassung ist nicht zu folgen, da künftige Sachen, etwa ein erst noch herzustellendes Gebäude, bei Anmeldung der AG durch das Gericht nicht bewertet werden können[52] und andernfalls das Risiko aus dem Einlageversprechen für die AG zu groß wäre. Auch aus § 36 a Abs. 2 folgt nicht, dass bei Anmeldung der AG noch nicht existente Sachen eingebracht werden können. Diese Vorschrift gilt allgemein als missverständlich formuliert.[53] Ihre Auslegung ist streitig (dazu unten § 36 a Rn 6). Der Streitstand soll an dieser Stelle nicht vertieft werden; jedenfalls trifft diese Norm selbst bei richtlinienkonformer Auslegung keine Aussage zur Frage, ob künftige Sachen eingelegt werden können, sondern nur zur Frage, innerhalb welcher Frist sich die Einbringung einer existenten Sache zu vollziehen hat. Schließlich ist im Vergleich zur Bareinlage zu berücksichtigen, dass die AG bestenfalls das Beschaffungsrisiko zu tragen hat, ihr jedoch nicht zuzumuten ist, das Herstellungsrisiko des Inferenten zu tragen, weil andernfalls nur ein gegen den Inferenten gerichteter Anspruch aus einem Werkvertrag Gegenstand der Sacheinlage wäre.[54] Daher muss die einzubringende Sache spätestens bei Anmeldung der AG entstanden sein.[55] Liegen Belastungen der einzubringenden Sache vor, ist diesen bei der Bewertung Rechnung zu tragen.[56] Neben Sachen sind einlagefähig: Grundstücksgleiche Rechte wie das Erbbaurecht oder Bergwerkseigentum,[57] beschränkt dingliche Rechte an Sachen wie Dienstbarkeiten und Nießbrauch,[58] sonstige Rechte wie Gesellschaftsanteile, Urheberrechte und Patentrechte, Sach- und Rechtsgesamtheiten und insbesondere ganze Unternehmen einschließlich der damit verbundenen Kennzeichnungsrechte, wie insbesondere der Firma. Good Will, Kundenstamm und Warenzeichen[59] können ebenfalls Gegenstand einer Sacheinlage sein und nicht geschützte gewerbliche Rechte wie know how[60] sind einlagefähig.[61]

15 Des Weiteren sind **Forderungen** grundsätzlich tauglicher Gegenstand einer Sacheinlage. Hierbei ist jedoch danach zu differenzieren, gegen wen sich die Forderung richtet. Jede Art von Forderungen gegen den einlegenden Gesellschafter selbst wird unter Hinweis auf den Grundsatz der realen Kapitalaufbringung allgemein als nicht einbringungsfähig angesehen, weil der AG in diesem Fall statt einer Sachleistung nur das Versprechen einer künftigen Einbringung der Leistung zukäme,[62] mithin nur ein Forderungsaustausch zustande käme.[63] Dienstleistungen des Einlegenden zB können somit nicht eingelegt werden,[64] was auch durch Abs. 2 Hs 2 klargestellt wird. Einlagefähigkeit derartiger Forderungen besteht jedoch dann, wenn die Forderung gegen den Einlegenden ihrerseits durch ein dingliches Recht, zB durch Grundpfandrechte, gesichert ist.[65] Forderungen des Einlegenden gegen einen oder mehrere Mitgründer sind nicht einlagefähig,[66] da

---

50 GroßKomm-AktienR/*Röhricht*, Rn 37; Scholz/*Veil*, GmbHG, § 5 Rn 55; Hachenburg/*Ulmer*, GmbHG, § 5 Rn 36.
51 MüKo-AktG/*Pentz*, Rn 23, wohl auch GroßKomm-AktienR/*Röhricht*, Rn 36, der nicht existente Sachen und Sachen, die zum Zeitpunkt des Sacheinlageversprechens im Eigentum eines Dritten stehen, insofern gleich behandelt und dazu ausschließlich Rechtsprechung und Literatur zitiert, die sich auch auf im Eigentum Dritter stehende Sachen bezieht; vgl auch Hachenburg/*Ulmer*, GmbHG, § 5 Rn 39, Spindler/Stilz/*Heidinger/Benz*, Rn 15.
52 Geßler/*Eckardt*, Rn 11; zum vergleichbaren Problem bei weiter Auslegung des § 36 a Abs. 2 S. 2: *Mayer*, ZHR 154 (1990) 535, 541, 542; *Happ*, 2.02, Rn 11.
53 S.u. § 36 a Rn 6; *Hüffer*, § 36 a Rn 4; GroßKomm-AktienR/*Röhricht*, § 36 a Rn 3; MüKo-AktG/*Pentz*, § 36 a Rn 10.
54 Geßler/*Eckardt*, Rn 11.
55 Geßler/*Eckardt*, Rn 11; GroßKomm-AktienR/*Wiedemann*, § 183 Rn 35; aA KölnKomm-AktG/*Arnold*, Rn 48; GroßKomm-AktienR/*Röhricht*, Rn 36; Spindler/Stilz/*Heidinger/Benz*, Rn 15.
56 MüKo-AktG/*Pentz*, Rn 23; aA Scholz/*Veil*, GmbHG, § 5 Rn 45.
57 MüKo-AktG/*Pentz*, Rn 24.
58 GroßKomm-AktienR/*Röhricht*, Rn 39; MüKo-AktG/*Pentz*, Rn 24; BGHZ 45, 338, 344; *Hüffer*, Rn 17; KölnKomm-AktG/*Arnold*, Rn 49, Spindler/Stilz/*Heidinger/Benz*, Rn 16.
59 Warenzeichen können nach neuerem Recht unabhängig von dem Unternehmen übertragen werden, vgl MüKo-AktG/*Pentz*, Rn 24.
60 Vgl zu Betriebsgeheimnissen allg. *Krüger*, Geschäfts- und Betriebsgeheimnisse, S. 16 f; *Köhler*/Bornkamm, UWG, § 17 Rn 1 f; *Polley*, Wettbewerbsverbot und Geschäftschancenlehre 1993, S. 90.
61 Zu weiteren Einzelfällen einbringungsfähiger Rechte vgl MüKo-AktG/*Pentz*, Rn 24 f; K. Schmidt/Lutter/*Bayer*, Rn 13.
62 GroßKomm-AktienR/*Röhricht*, Rn 68; *Hüffer*, Rn 17 f; Hachenburg/*Ulmer*, GmbHG, § 5 Rn 36, 64; Baumbach/Hueck/*Fastrich*, GmbHG, § 5 Rn 24; Scholz/*Veil*, GmbHG, § 5 Rn 48; nach KG NZG 2005, 718 soll für den Fall der Einbringung der Kommanditistenbeteiligung in die Komplementär-GmbH der GmbH & Co. KG im Wege der Sacheinlage das Bestehen von Forderungen der GmbH & Co KG gegen den einbringenden Kommanditisten die Einlagefähigkeit der Kommanditistenbeteiligung ausschließen. Dies ist fraglich, weil eingebrachter Vermögensgegenstand ein Recht, nämlich die KG-Beteiligung, ist und sich die "Einlage" von Forderungen gegen den einbringenden GmbH-Gesellschafter nur als Folge der dann eintretenden Anwachsung vollzieht.
63 MüKo-AktG/*Pentz*, Rn 26; Spindler/Stilz/*Heidinger/Benz*, Rn 26; aA im Hinblick auf die Kapitalerhöhung im Cash Pool, *Cahn*, ZHR 166 (2002), 278, 289 ff. Vgl zum Cash Pool auch Rn 44.
64 Ganz hM, vgl *Hüffer*, Rn 22; MüKo-AktG/*Pentz*, Rn 33; GroßKomm-AktienR/*Röhricht*, Rn 70.
65 GroßKomm-AktienR/*Röhricht*, Rn 69; MüKo-AktG/*Pentz*, Rn 26; Spindler/Stilz/*Heidinger/Benz*, Rn 27.
66 Str, dafür: GroßKomm-AktienR/*Röhricht*, Rn 73; Scholz/*Veil*, GmbHG, § 5 Rn 45; dagegen: MüKo-AktG/*Pentz*, Rn 27.

hierdurch die Haftungsbasis für die Aufbringung des Grundkapitals nicht tatsächlich vergrößert wird. Auch hier gilt jedoch, dass eine dingliche Besicherung der Forderung zur Einlagefähigkeit führt.[67] Forderungen gegen Dritte können als Sacheinlage eingebracht werden, wenn ihnen ein wirtschaftlicher Wert zukommt und sie abtretbar sind.[68] Die Art der Forderung spielt bei der Frage der Sacheinlagefähigkeit keine Rolle, wohl aber bei der Bewertung der Forderung.[69] Auch aufschiebend befristete Ansprüche gegen Dritte sind einlagefähig;[70] wegen der Unsicherheit des Entstehens nicht jedoch künftige bzw aufschiebend bedingte Forderungen gegen Dritte.[71]

Forderungen des Gründers, die **gegen die (Vor-)AG** gerichtet sind, können nach ganz hM eingebracht werden.[72] Diese Auffassung überzeugt, sofern die Regeln der Sacheinlage und damit auch die relevanten Bewertungsvorschriften angewandt werden[73] und die AG die Forderungen im Gründungsvertrag übernimmt. In der Praxis wird sich jedoch diese Frage bei der Kapitalerhöhung häufiger stellen als in dem frühen Stadium der Gründung der AG.[74] Damit kann zB auch der Anspruch des Gründers auf Erstattung der Auslagen für Gründungskosten als Sacheinlage eingelegt werden. Künftige Forderungen gegen die AG, zB künftige Ansprüche auf Zahlung von Vorstandsgehalt, sind nicht einlagefähig.[75] **16**

Die **Einbringung erfolgt durch Erlassvertrag** gem. § 397 BGB oder durch Abtretung mit darauf folgender Konfusion.[76] Voraussetzung der Einlage einer Forderung gegen die Gesellschaft ist jedenfalls, dass die Forderung werthaltig ist, mithin die Gesellschaft die Forderung ohne Aufbringung neuen Eigenkapitals durch Kapitalerhöhung oder Einlage bezahlen könnte;[77] ist die (Vor-)Gesellschaft notleidend, aber noch nicht überschuldet,[78] oder ist die Forderung streitig,[79] muss ein Bewertungsabschlag vorgenommen werden; vgl hierzu auch unten Rn 44. **17**

Ob obligatorische Nutzungsrechte einlagefähig sind, ist nach der Rspr zu bejahen,[80] in der Literatur jedoch heftig umstritten. Nach nahezu einhelliger Meinung sind obligatorische Nutzungsrechte wie Ansprüche aus einem Miet- oder Pachtvertrag jedenfalls dann einlagefähig, sofern derartige abtretbare (§ 399 BGB) obligatorische Nutzungsrechte, die dem Einleger gegen Dritte zustehen, Gegenstand der Sacheinlage sind.[81] Sofern die obligatorischen Nutzungsrechte gegenüber dem Einleger selbst bestehen, ist die Einlagefähigkeit grundsätzlich zu bejahen, wenn der Gesellschaft der Besitz an dem zu nutzenden Gegenstand übertragen wird, mithin eine „Aussonderung aus dem Vermögen"[82] des Einlegenden stattgefunden hat und das Nutzungsrecht mit einer bestimmten Mindestlaufzeit eingeräumt wird.[83] Sofern Nutzungsrechte unbefristet eingelegt werden sollen, fehlt es mangels feststehender Nutzungsdauer an der Möglichkeit der Kapitalisierung des Nutzungsrechtes und damit am feststellbaren wirtschaftlichen Wert iSv Abs. 2.[84] Bei derartigen unbefristeten Nutzungsrechten ist jedoch jeweils mittels Auslegung genau zu prüfen, ob nicht eine Einlage auf Dauer des Bestehens der Gesellschaft gemeint ist, so dass bei Grundstücksrechten die Bewertung auf der Grundlage einer ewigen Rente und bei abnutzbaren Vermögensgegenständen der Ansatz auf der Grundlage der Überlassung für die betriebsgewöhnliche Nutzungsdauer erfolgt.[85] Generell kann den verbleibenden Restrisiken bei obligatorischen Nutzungsrechten durch entsprechende Bewertungsabschläge Rechnung getragen werden.[86] **18**

---

67 MüKo-AktG/*Pentz*, Rn 27.
68 GroßKomm-AktienR/*Röhricht*, Rn 71, 76.
69 GroßKomm-AktienR/*Röhricht*, aaO.
70 KölnKomm-AktG/*Arnold*, Rn 52; Scholz/*Veil*, GmbHG, § 5 Rn 45; Hachenburg/*Ulmer*, GmbHG, MüKo/*Pentz* Rn 28; § 5 Rn 42, aA KölnKomm-AktG/*Lutter*, § 183 Rn 21 aE.
71 KölnKomm-AktG/*Arnold*, Rn 52; KölnKomm-AktG/*Lutter*, § 183 Rn 21; aA GroßKomm-AktienR/*Röhricht*, Rn 74; überzeugend dagegen: MüKo-AktG/*Pentz*, Rn 28.
72 RGZ 42, 1, 4; BGH WM 1959, 1113, 1114; BGHZ 110, 47, 60; *Hüffer*, Rn 18; MüKo-AktG/*Pentz*, Rn 29; KölnKomm-AktG/*Arnold*, Rn 54 ff; aA GroßKomm-AktienR/*Bartz*, 3. Aufl., Rn 12; vgl auch Rn 44.
73 Nach einigen Stimmen in der Literatur sollen dagegen bei Einbringung von gegen die Gesellschaft gerichteten Forderungen eine Sacheinlage nicht erforderlich sein, vgl zB *Karollus*, ZIP 1994, 589 ff; *Schall*, ZGR 2009, 126, 148 f.
74 GroßKomm-AktienR/*Röhricht*, Rn 80.
75 GroßKomm-AktienR/*Röhricht*, Rn 80; BGH NJW 1970, 469; *Lutter*, Kapital, S. 237 ff, 324 f.
76 Unstr, vgl BGHZ 110, 47, 60 mwN.
77 KölnKomm-AktG/*Arnold*, Rn 55 mwN; *Hüffer*, Rn 18; GroßKomm-AktienR/*Röhricht*, Rn 81, streitig; für Einlagefähigkeit auch dann, wenn AG überschuldet ist: *Geßler*, in: FS Möhring, 1975, S. 173 ff, 191; *Meilicke*, Die verschleierte Sacheinlage,

1989, 23 f; *ders.*, DB 1989, 1069, 1072 ff und 1119 f; *Reuter*, BB 1978, 1195; *Hannemann*, DB 1995, 2055.
78 GroßKomm-AktienR/*Röhricht*, Rn 81; BGHZ 113, 335, 341 f.
79 GroßKomm-AktienR/*Röhricht*, Rn 83; Hachenburg/*Ulmer*, GmbHG, § 5 Rn 44.
80 BGH NJW 2000, 2356; BGH NZG 2004, 910 (für GmbH); vorher BGHZ 127, 1, 9; BGHZ 127, 17, 25 noch unentschieden; OLG Nürnberg AG 1999, 381, 382 liSp.
81 Knobbe-Keuk, ZGR 1980, 214, 223; BGH NJW 2000, 2356, 2357; *Bork*, ZHR 154 (1990) 205; GroßKomm-AktienR/*Röhricht*, Rn 59; *Steinbeck*, ZGR 1996, 116, 117 ff.
82 Hachenburg/*Ulmer*, GmbHG, § 5 Rn 40.
83 Ganz hM; vgl nur GroßKomm-AktienR/*Röhricht*, Rn 60 und KölnKomm-AktG/*Arnold*, Rn 52; mit Hinweis auf die Voraussetzungen für die Einlagefähigkeit: K. Schmidt/Lutter/*Bayer*, Rn 17; Spindler/Stilz/*Heidinger/Benz*, Rn 33; kritisch zu der Differenzierung zwischen Nutzungsrechten, die gegen den Einlegenden selbst bestehen, und denjenigen, die gegen Dritte bestehen, W. *Meilicke*, BB 1991, 579, 582.
84 GroßKomm-AktienR/*Röhricht*, Rn 64; *Brandes*, ZGR 1989, 244, 247; auch die hier bestehende Möglichkeit der Kündigung des Nutzungsrechts mag dem wirtschaftlichen Wert entgegenstehen.
85 GroßKomm-AktienR/*Röhricht*, Rn 64.
86 GroßKomm-AktienR/*Röhricht*, Rn 57.

19 **5. Untaugliche Gegenstände der Sacheinlage.** Abs. 2 Hs 2 regelt, dass Verpflichtungen zu Dienstleistungen als Sacheinlagegegenstände ungeeignet sind. Dem Wortlaut nach unterscheidet Abs. 2 Hs 2 nicht zwischen Dienstleistungen eines Gründers und Dienstleistungen Dritter. Dienstleistungen des Gründers selbst wären nach einhelliger Auffassung auch ohne die gesetzliche Klarstellung nicht einlagefähig.[87] Diese Meinung überzeugt, da die Einlage von Dienstleistungen des Gründers wegen ihrer Bindung an die Person und der damit gegebenen Unsicherheit dem Gebot der realen Kapitalaufbringung widerspricht. Auch abtretbare Dienstleistungsansprüche gegen Dritte können nach ganz hM[88] nicht Gegenstand einer Sacheinlage sein; dieser Meinung ist ebenfalls zu folgen, da auch hier die personelle Bindung mit ihrer damit verbundenen Unsicherheit angesichts des Grundsatzes der realen Kapitalaufbringung gegen Einlagefähigkeit spricht, weil das Risiko für die Gesellschaft andernfalls zu hoch wäre; das Korrektiv des Bewertungsabschlages allein kann hier die Sacheinlagefähigkeit nicht begründen.

20 **6. Bewertung der Sacheinlage; Verbot der Unterpari-Emission.** Aus dem Verbot der Unterpari-Emission gem. § 9 Abs. 1 sowie aus den die reale Kapitalaufbringung sichernden gesetzlichen Vorschriften der §§ 33 Abs. 2 Nr. 4, 33 a Abs. 1, 34 Abs. 1 Nr. 2 (externe Gründungsprüfung der Werthaltigkeit festgesetzter Sacheinlagen, soweit nicht die Ausnahmebestimmung des § 33a greift), 36a Abs. 2 S. 3, 37 Abs. 1 S. 1, 37a (Werthaltigkeit als Anmeldevoraussetzung), 38 Abs. 1 und Abs. 2 S. 2 (Eintragungshindernis bei mangelnder Werthaltigkeit) folgt, dass der **Wert der Sacheinlage nicht geringer als der Nennwert der für die Sacheinlage ausgegeben Aktien** sein darf, da andernfalls eine unzulässige Überbewertung der Sacheinlage gegeben wäre.[89] Sofern ein Aufgeld (Agio) zu zahlen ist, muss neben dem Nennwert der Aktien auch das Agio durch die Sacheinlage wertmäßig gedeckt sein.[90] Auch die im Hinblick auf den Grundsatz der realen Kapitalaufbringung für sich genommen unbedenkliche Unterbewertung der Sacheinlage ist nicht zuzulassen, weil andernfalls schon beim Gründungsvorgang stille Reserven gelegt würden. Dies ist mit Rücksicht auf § 279 Abs. 1 S. 1 HGB und der zusätzlich gegebenen Gefahr überhöhter Gewinnausschüttungen sowie dem Risiko zu geringer Abschreibungen nicht zulässig.[91] Der etwaige überschießende Wert der Sacheinlage ist gem. § 272 Abs. 2 Nr. 1 HGB in die Kapitalrücklage einzustellen.

21 Die Sacheinlage ist mit dem **Zeitwert** zu bewerten.[92] Stichtag ist der Zeitpunkt der Registeranmeldung, was im GmbHG in § 9 ausdrücklich geregelt ist.[93] Ist zu diesem Zeitpunkt eine Wertminderung unter den ausgewiesenen Wert eingetreten, greift die Differenzhaftung der Gründer ein.[94] Bei Gegenständen des Anlagevermögens ist der (Wieder-)Beschaffungs- oder Herstellungswert, nicht dagegen der Einzelveräußerungswert maßgeblich.[95] Letzterer ist jedoch bei Gegenständen des Umlaufvermögens anzusetzen.[96] Bei obligatorischen Nutzungsrechten ist höchstens die abgezinste Vergleichsmiete oder -pacht für den Nutzungszeitraum anzusetzen.[97] Bei Einbringung eines Unternehmens ist das Risiko von Über- oder Unterbewertungen sehr hoch; auch hier sind derartige Wertabweichungen zu vermeiden. Anzuknüpfen ist für die Bewertung eines Unternehmens zunächst an den betriebswirtschaftlich ermittelten Ertragswert.[98] Um Wertschwankungen zwischen Sacheinlagevereinbarung und Handelsregisteranmeldung aufzufangen, ist in der Praxis zunächst von einer realistischen Bewertung zum Zeitpunkt der Sacheinlagevereinbarung auszugehen; hinsichtlich eines etwaigen am Anmeldezeitpunkt vorhandenen überschießenden Wertes wird vereinbart, dass diesen die AG durch bare Zahlung an den Inferenten zurückzuführen hat.[99] Ein etwa festgestellter Minderwert ist durch bare Zuzahlung des Inferenten aufzufangen.[100] Abweichend hiervon kann die Einbringung eines Unternehmens auch zu Buchwerten einer letzten Bilanz des einzubringenden Unternehmens erfolgen, wenn mit schuldrechtlicher Wirkung vereinbart wird, dass das Unternehmen ab dem letzten Bewertungszeitpunkt als für Rechnung der AG geführt wird.[101]

---

87 *Hüffer*, NJW 1979, 1068, 1067; *Hüffer*, Rn 22; MüKo-AktG/*Pentz*, Rn 33; GroßKomm-AktienR/*Röhricht*, Rn 70; wegen fehlender Aussonderung aus dem Gründervermögen: KölnKomm-AktG/*Arnold*, Rn 66.

88 KölnKomm-AktG/*Arnold*, Rn 66; MüKo-AktG/*Pentz*, Rn 33; Hachenburg/*Ulmer*, GmbHG, § 5 Rn 48; Penné, WPg 1988, 35, 39 f; aA *Hüffer*, NJW 1979, 1065, 1067; *Hüffer*, Rn 22; Skibbe, GmbHR 1980, 73, 74 f; K. Schmidt/Lutter/*Bayer*, Rn 18; aA Spindler/Stilz/*Heidinger/Benz*, Rn 31.

89 Vgl nur GroßKomm-AktienR/*Röhricht*, Rn 86; *Hüffer*, Rn 20.

90 GroßKomm-AktienR/*Röhricht*, Rn 100, unter Hinweis auf den Streitstand zu dieser Frage im GmbH-Recht.

91 GroßKomm-AktienR/*Röhricht*, Rn 88, *Hüffer*, Rn 20, Geßler/*Eckardt*, Rn 36; im GmbHG wird demgegenüber überwiegend vertreten, dass derartige Überbewertungen zulässig sind; vgl nur Hachenburg/*Ulmer*, GmbHG, § 5, 67 mwN; *A/D/S*, I § 255 HGB Rn 97, akzeptieren jedoch derartige Überbewertungen ersichtlich auch im Aktienrecht.

92 GroßKomm-AktienR/*Röhricht*, Rn 89; MüKo-AktG/*Pentz*, Rn 37.

93 GroßKomm-AktienR/*Röhricht*, Rn 91 MüKo-AktG/*Pentz*, Rn 38; K. Schmidt/Lutter/*Bayer*, Rn 21.

94 GroßKomm-AktienR/*Röhricht*, Rn 91 MüKo-AktG/*Pentz*, Rn 38.

95 *Hüffer*, Rn 20; GroßKomm-AktienR/*Röhricht*, Rn 89; K. Schmidt/Lutter/*Bayer*, Rn 20.

96 GroßKomm-AktienR/*Röhricht*, aaO; *Hüffer*, Rn 20; K. Schmidt/Lutter/*Bayer*, Rn 20.

97 *Hüffer*, Rn 20; K. Schmidt/Lutter/*Bayer*, Rn 20.

98 GroßKomm-AktienR/*Röhricht*, Rn 92.

99 GroßKomm-AktienR/*Röhricht*, Rn 93.

100 GroßKomm-AktienR/*Röhricht*, Rn 96.

101 *Hüffer*, Rn 20; GroßKomm-AktienR/*Röhricht*, Rn 96 f; MüKo-AktG/*Pentz*, Rn 38, K. Schmidt/Lutter/*Bayer*, Rn 21.

7. Rechtsfolgen einer Überbewertung. a) Vor Eintragung. Wenn der Wert der Sacheinlage wegen einer Überbewertung nicht den in der Satzung für die Sacheinlage festgesetzten Anrechnungsbetrag, dh den Nennwert der als Gegenleistung auszugebenden Aktien erreicht, ist die Übernahmeerklärung und damit die Satzung in Gänze wegen Verstoßes gegen das Verbot der Unterpari-Emission gem. § 9 Abs. 1, § 130 BGB nichtig.[102] Das Registergericht hat die Eintragung der AG wegen eines Errichtungsmangels abzulehnen, § 38 Abs. 2 S. 2, sofern die Gesellschafter nicht vor Eintragung die angegebenen Wertansätze korrigieren oder die fehlende Einlage durch bare Zuzahlung auffüllen.[103] Abzulehnen ist die Eintragung auch dann, wenn die Sacheinlage zwar den Nennwert der ausgegebenen Aktien, nicht aber ein neben dem Nennwert ausgewiesenes Aufgeld erreicht.[104] § 38 ist in diesem Punkt de lege ferenda um eine entsprechende Bestimmung zu ergänzen.

b) Nach Eintragung. Ist die Gesellschaft trotz Überbewertung der Sacheinlage eingetragen worden, so ist die AG wirksam entstanden.[105] Weder Nichtigkeitsklage gem. § 275 noch Löschung gem. § 397 FamFG oder Amtslöschung gem. § 399 FamFG greifen ein.[106] Der für die überbewertete Sacheinlage verantwortliche Gründer kann im Wege der Differenzhaftung aus seiner Kapitaldeckungszusage in Anspruch genommen werden.[107] Ebenso kann eine Haftung aus § 46 entstanden sein. Regelmäßig wird Strafbarkeit gem. § 399 Abs. 1 Nr. 1 vorliegen.

8. Gemischte Sacheinlagen und Mischeinlagen. Eine gemischte Sacheinlage liegt vor, wenn im Gegenzug zur Einbringung des vom Gründer einzubringenden Vermögensgegenstandes Aktien und daneben auch eine Vergütung (Barzahlung, sonstige Vermögenswerte) gewährt werden.[108] Der Konstruktion nach liegt eine **Kombination von Sacheinlage und Sachübernahme** vor, die zusammen jedoch einheitlich den für Sacheinlagen geltenden Regeln unterliegt, wenn die Sacheinlage unteilbar ist.[109] Selbst bei teilbarer Leistung liegt nach hM[110] ein einheitliches als Sacheinlage zu behandelndes Rechtsgeschäft vor. Bei der von der gemischten Sacheinlage strikt zu unterscheidenden Mischeinlage legt der Gründer als Gegenleistung für den Aktienerwerb neben Barmitteln einen oder mehrere Vermögensgegenstände ein (dazu § 36 Rn 37). Gedanklich ist dieser Vorgang zu trennen;[111] soweit Barmittel eingebracht werden, folgt dieser Vorgang den Regeln über die Bareinlage; soweit Vermögensgegenstände eingelegt werden, greifen die Bestimmungen über die Sacheinlage ein (vgl § 36 Rn 37 mwN).

II. Die Sachübernahme (Abs. 1 Alt. 2). 1. Begriff. Abs. 1 Alt. 2 definiert die Sachübernahme als – bei Gründung vereinbarte – Übernahme vorhandener oder herzustellender Anlagen oder anderer Vermögensgegenstände; das Gesetz geht dabei davon aus, dass anders als bei der Sacheinlage die Gegenleistung für diese Einbringung nicht in Aktien, dh nicht in der Begründung von Mitgliedschaftsrechten besteht, sondern eine (sonstige) Vergütung gewährt wird, die nach Abs. 1 wie die Sacheinlage in der Satzung festgesetzt werden muss.[112] Die Sachübernahme ist folglich kein Instrument der Kapitalaufbringung, sondern in § 27 neben der Sacheinlage geregelt, weil derartige Abreden bei Gründungsvorgängen in der Praxis vorkommen und bei überhöher Vergütung die Eigenmittelausstattung der Gesellschaft ähnlich gefährden wie überbewertete Sacheinlagen.[113] Eine Verrechnungsabsprache mit den anderen Gründern, aufgrund welcher sich der Gründer von seiner Einlagepflicht unter einverständlicher Verwendung seines Vergütungsanspruches befreit, muss nicht vorliegen – die einseitige Aufrechnung ist schon wegen § 66 Abs. 1 S. 2 unzulässig – weil andernfalls die Sachübernahme kraft Gesetzes gem. Abs. 2 S. 2 (dazu sogleich unten Rn 26) als Sacheinlage zu qualifizieren wäre.[114]

Abs. 1 S. 2 („fingierte Sacheinlage") ist mit Blick auf die Regelungen des § 27 aus sich heraus kaum verständlich, da die Sachübernahme nach den übrigen Bestimmungen des § 27 ohnehin den gleichen Offenlegungs- und Prüfungserfordernissen wie eine Sacheinlage unterliegt.[115] Die Existenz des Abs. 1 S. 2 rechtfertigt sich aber daraus, dass auf die Sachübernahme die in § 36a Abs. 2 S. 2 geregelte Frist für die Erfüllung

---

102 GroßKomm-AktienR/*Röhricht*, Rn 98; K. Schmidt/Lutter/*Bayer*, Rn 23; MüKo-AktG/*Pentz*, Rn 41, wo allerdings von Wirksamkeit der Satzung ausgegangen wird.
103 GroßKomm-AktienR/*Röhricht* aaO; MüKo-AktG/*Pentz*, aaO; K. Schmidt/Lutter/*Bayer*, Rn 25.
104 GroßKomm-AktienR/*Röhricht*, Rn 100.
105 GroßKomm-AktienR/*Röhricht*, Rn 101; K. Schmidt/Lutter/*Bayer*, Rn 26.
106 GroßKomm-AktienR/*Röhricht*, Rn 101 zu den entspr. Vorläuferschriften des FGG.
107 Unstr, BGHZ 64, 52, 62 = NJW 1975, 974; BGHZ 68, 191, 195 = NJW 1977, 119; BGHZ 86, 196.
108 RGZ 159, 321, 326 f zur GmbH; KölnKomm-AktG/*Arnold*, Rn 35; *Hüffer*, Rn 8; MüKo-AktG/*Pentz*, Rn 67; GroßKomm-AktienR/*Röhricht*, Rn 106.
109 BGHZ 170, 47, 54 Tz 17; *Hüffer*, Rn 8.
110 RGZ KG JW 1928, 1822; KölnKomm-AktG/*Arnold*, Rn 35; MüKo-AktG/*Pentz*, Rn 66; GroßKomm-AktienR/*Röhricht*, Rn 107; *Hüffer*, Rn 8.
111 Vgl unten § 36 Rn 37; *Hüffer*, § 36 Rn 12; GroßKomm-AktienR/*Röhricht*, Rn 127.
112 GroßKomm-AktienR/*Röhricht*, Rn 112; *Hüffer*, Rn 5; MüKo-AktG/*Pentz*, Rn 61.
113 GroßKomm-AktienR/*Röhricht*, Rn 116.
114 *Hüffer*, Rn 5, 7; MüKo-AktG/*Pentz*, Rn 61; GroßKomm-AktienR/*Röhricht*, Rn 114.
115 GroßKomm-AktienR/*Röhricht*, Rn 114.

des Sacheinlageversprechens Anwendung finden soll.[116] Da die Sachübernahme nichts anderes ist als ein schuldrechtlicher Austauschvertrag, also meist ein Kauf- oder Werkvertrag, der im Zuge der Gründung der AG geschlossen wird,[117] ist es begrifflich nicht erforderlich, dass der Veräußerer oder Werkverpflichtete Gründer ist; jeder beliebige Dritte, der auch später nicht Aktionär wird, kann sich zur Leistung von Gegenständen im Wege der Sachübernahme verpflichten.[118]

27 **2. Sachübernahmevereinbarung.** Die Sachübernahmevereinbarung ist ein **schuldrechtlicher Austauschvertrag** (vgl Rn 26), der den jeweiligen schuldrechtlichen Regeln folgt.[119] Eine Sachübernahme bildet jedoch nicht einen Vertrag, den der Vorstand nach Gründung und Feststellung der Satzung der Gesellschaft mit dem Veräußerer oder Werkverpflichteten schließt.[120] Derartige Verträge können aber, wenn infolge dieser Verträge das Gesellschaftsvermögen den Betrag des Grundkapitals nicht erreicht, die **Differenz- bzw Unterbilanzhaftung** der Gründer auslösen.[121] Wegen der mittlerweile ausgeprägten Dogmatik der Vor-AG ist es gerechtfertigt, bei derartigen Verträgen allein auf die Vertretungsbefugnis des Vorstandes für die Vor-AG abzustellen, die sich im Grundlegungsstadium nicht nach § 82, sondern nach dem Satzungsinhalt bestimmt.[122] Werden derartige Verträge nach Eintragung der AG geschlossen, ist überdies § 52 zu beachten. Unabhängig von dem zuletzt erörterten Gesichtspunkt stellt sich die Frage, ob neben bereits schuldrechtlich verbindlichen Verträgen, denen zur (Voll-)Wirksamkeit nur noch die Aufnahme in die Satzung fehlt darüber hinausgehend auch Sachübernahmevereinbarungen, die von den Gründern nur in Aussicht genommen wurden, als Sachübernahme festgesetzt werden müssen. Nach der Rechtsprechung ist alles in der Satzung festzusetzen, was so feste Gestalt angenommen hat, dass mit der Verwirklichung der Übernahmeabsicht bestimmt gerechnet werden kann.[123] Zwar kann der Adressatenkreis der Satzung durch derartige noch nicht rechtsverbindliche Gründerabreden, die schließlich doch nicht durchgeführt werden, irregeführt werden; andererseits besteht bei Durchführung der zunächst noch nicht endgültig wirksamen Sachübernahmevereinbarungen die Gefahr der Rückführung von Mitteln, die auf das Grundkapital eingezahlt wurden, an die Gründer, so dass diese Vorgänge im Interesse der Ermöglichung der Prüfung durch das Registergericht durch Festsetzung in der Satzung publik zu machen sind.[124] Als Gegenstand einer Sachübernahme kommen **alle Vermögensgegenstände** in Betracht, die einen objektiven, mit einer Geldsumme bezifferbaren wirtschaftlichen Wert haben (Abs. 2; vgl Rn 10 ff). Dieses Erfordernis sichert bei Sachübernahmen zwar nicht die Aufbringung des Grundkapitals, wohl aber die Erhaltung des Grundkapitals, da ein nicht durch gleichwertige Vermögensgegenstände kompensierter Barmittelabfluss bei Zahlung der Vergütung für die Sachübernahme vermieden werden muss.[125] Dienstleistungen sind bereits aus diesem Gesichtspunkt heraus kein tauglicher Gegenstand einer Sachübernahme, was auch durch Abs. 2 klargestellt wird; gem. Abs. 1 können aber Werkverträge Gegenstand einer Sachübernahme sein („herzustellende Anlagen").[126]

28 Das auf die Sachübernahmevereinbarung folgende Vollzugsgeschäft folgt den allgemeinen Regeln der §§ 398 ff, 418 BGB; §§ 873, 925 BGB; §§ 929 ff BGB.

29 **III. Festsetzung von Sacheinlage und Sachübernahme in der Satzung. 1. Allgemeines, einzelne Festsetzungen.** Es ist nach der gesetzlichen Regelung in Abs. 1 nicht erforderlich, dass die vollständige Sacheinlage- oder Sachübernahmevereinbarung Bestandteil der Satzung werden muss. Die Festsetzungen müssen lediglich den Gegenstand der Sacheinlage- oder Sachübernahme, die Person, von der die Gesellschaft den Vermögensgegenstand erwirbt und den Nennbetrag, der bei Sacheinlage für diese zu gewährenden Nennwertaktien (§ 8 Abs. 2) bzw bei Stückaktien (§ 8 Abs. 3) die Zahl der als Gegenleistung zu erbringenden Aktien oder bei Sachübernahmen die für diese zu gewährende Vergütung enthalten, so dass keine Unklarheiten über den einzulegenden oder von der Gesellschaft zu übernehmenden Gegenstand, die Person des Einlegers oder Veräußerers und die von der AG zu gewährende Gegenleistung bestehen.[127] Die Angaben haben sich am Schutzzweck der Satzungspublizität auszurichten.[128] Die Person des Einlegers oder Veräußerers oder Werkverpflichteten ist mit Name und Anschrift bzw Firma und Firmensitz oder anstelle dessen mit Firmen-

---

116 BegRegE, BT-Drucks. 8/1678, S. 12; *Hüffer*, NJW 1979, 1065, 1066; GroßKomm-AktienR/*Röhricht*, Rn 114; BGHZ 110, 47, 58 f.
117 GroßKomm-AktienR/*Röhricht*, Rn 118; MüKo-AktG/*Pentz*, Rn 65; *Hüffer*, Rn 6.
118 Ganz hM, vgl *Hüffer*, Rn 5; BGHZ 28, 314, 318 f = NJW 1959, 383; MüKo-AktG/*Pentz*, Rn 61; GroßKomm-AktienR/*Röhricht*, Rn 118; K. Schmidt/Lutter/*Bayer*, Rn 27; aA Bins/Freundenberg, DB 1992, 2281, 2283.
119 Vgl Nachw. oben Fn 117.
120 HM; wie hier: GroßKomm-AktienR/*Röhricht*, Rn 116; *Koch*, Die Nachgründung, 2002, S. 144 f; *Hüffer*, Rn 5a; MüKo-AktG/*Pentz*, Rn 61; wN bei *Hüffer*, aaO und MüKo-AktG/*Pentz*, aaO, Fn 211.
121 GroßKomm-AktienR/*Röhricht*, Rn 116; vgl dazu unten § 41 Rn 14; MüKo-AktG/*Pentz*, Rn 61.
122 Vgl dazu unten § 41 Rn 5 ff, 9; *Hüffer*, Rn 5a; GroßKomm-AktienR/*Röhricht*, Rn 116.
123 RGZ 121, 99, 102; 157, 213, 224; 167, 99, 108; kritisch hierzu KölnKomm-AktG/*Kraft*, 1. Aufl., Rn 43; GroßKomm-AktienR/*Röhricht*, Rn 117.
124 GroßKomm-AktienR/*Röhricht*, Rn 117.
125 GroßKomm-AktienR/*Röhricht*, Rn 122.
126 GroßKomm-AktienR/*Röhricht*, Rn 123.
127 GroßKomm-AktienR/*Röhricht*, Rn 128 ff.
128 Hachenburg/*Ulmer*, GmbHG, § 5 Rn 113; *Hüffer*, Rn 9.

niederlassung kenntlich zu machen.¹²⁹ Werden Nennbetragsaktien ausgegeben, muss zwar nicht der Gesamtnennbetrag, wohl aber die Zahl der ausgegebenen Aktien und ihr Nennbetrag in der Satzung angegeben werden.[130] Bei Stückaktien reicht die zahlenmäßige Angabe der zu gewährenden Aktien, weil sie keinen Nennbetrag aufweisen.[131] Wenn der anteilige Betrag der Stückaktien am Grundkapital jedoch den Mindestbetrag übersteigt, kann die Wiedergabe der Anzahl der auszugebenen Aktien allerdings Irritationen hervorrufen;[132] hier sind in der Praxis die Zahl der Stückaktien und deren anteiliger Betrag am Grundkapital in die Satzung aufzunehmen.[133] Der Gegenstand von Sacheinlage oder Sachübernahme muss ausreichend genau bezeichnet sein, um identifiziert werden zu können. Bestimmbarkeit genügt.[134] So wäre es ausreichend, wegen der registermäßigen Erfassung der betroffenen Gegenstände etwa zu bestimmen: „alle seine Schiffe"[135] oder „alle Grundstücke des Einlegers, die beim Amtsgericht ... im Grundbuch von ... eingetragen sind".[136] Gegenstände, die nicht eingelegt oder übernommen werden sollen, müssen einzeln bezeichnet werden, um nicht Inhalt der Sacheinlage oder Sachübernahme zu werden.[137] Werden bei Sacheinlage oder Sachübernahme Nebenabsprachen getroffen, sind diese nur insoweit in die Satzung aufzunehmen, als sie für die Beurteilung des Wertes der einzubringenden Gegenstände oder ihre Identifizierung oder ihren Umfang von Bedeutung sind.[138] Die bei Sacheinlage und Sachübernahme somit zu machenden Angaben sind in die Satzung selbst aufzunehmen; die Aufnahme in eine Anlage gemäß § 9 Abs. 1 S. 2 BeurkG oder im Gründungsprotokoll ist nicht ausreichend.[139]

2. Rechtsfolgen bei fehlender Festsetzung in der Satzung. a) Allgemeine Gesichtspunkte. Bei Fehlen der gemäß Abs. 1 gebotenen Festsetzung in der Satzung liegt ein Errichtungsmangel iSd § 38 Abs. 1 vor, der – bei Kenntnis des Gerichts – zu der dort vorgesehenen Ablehnung der Eintragung führt, falls der Mangel nicht durch nachträgliche Aufnahme der geforderten Angaben in die Satzung beseitigt wird.[140] Erfolgt die Eintragung trotz dieses Errichtungsmangels, ist die AG wirksam entstanden.[141] Handelt es sich um verdeckte Sacheinlagen (dazu Rn 34 ff), enthält der durch Art. 1 Nr. 1 b ARUG[142] eingefügte § 27 Abs. 3 eine Sonderregelung. Diese Regelung erfasst aber nicht alle denkbaren Fälle: Wenn eine Sacheinlage ohne entsprechende Festsetzung in der Satzung vereinbart wird und keinerlei Leistung auf die Sacheinlagevereinbarung erfolgt, ist § 27 Abs. 3 mangels anrechenbarer Sachleistung nicht anwendbar. In diesem Fall folgt aus dem Grundsatz der realen Kapitalaufbringung, der durch die Satzungspublizität verwirklicht werden soll, dass die Sacheinlagevereinbarung zwischen AG und Inferent unwirksam ist und der Anspruch hinsichtlich des Ausgabebetrages der neuen Aktien einschließlich des Agios auf Geldzahlung lautet;[143] § 27 Abs. 3 S. 2 nF steht dem nicht entgegen, da auch diese Regelung eine Sonderregelung bei anrechenbaren, tatsächlich erbrachten Sachleistungen ist.[144] Die im Übrigen eintretende Unwirksamkeit bei unzutreffenden oder gänzlich fehlenden Festsetzungen verbunden mit dem Fehlen einer anrechenbaren Sachleistung ist keine absolute, sondern eine relative, die unter Berücksichtigung des Schutzzweckes der Vorschrift, die Kapitalaufbringung der zukünftigen AG zu gewährleisten, nur im Verhältnis zur Gesellschaft eintritt.[145] Die danach unwirksamen Rechtsgeschäfte geben weder der Gesellschaft noch dem Vertragspartner der Gesellschaft (Gründer oder Dritter) einen Anspruch noch verpflichten sie diese; gegenüber der Gesellschaft bestehen auch **keine Schadensersatzansprüche**.[146] Die Unwirksamkeit tritt jedoch nicht im Verhältnis der Gründer untereinander ein; in diesem Verhältnis und im Verhältnis zu Dritten kommen insbesondere Schadensersatzansprüche in Frage.[147] Im Verhältnis der Gründer untereinander kann dies insbesondere bedeuten, dass die Gründer einander verpflichtet sind, die gewollte, aber nicht ordnungsgemäß in der Satzung aufgenomme Festsetzung nachträglich in die Satzung aufzunehmen, eine Rechtsfolge, die auch aus der allgemeinen gesellschaftlichen Treuepflicht herzuleiten wäre.[148] Erfolgen trotz fehlender Festsetzung dingliche Erfüllungsgeschäfte

---

129 GroßKomm-AktienR/*Röhricht*, Rn 131; *Hüffer*, Rn 9; MüKo-AktG/*Pentz*, Rn 71; K. Schmidt/Lutter/*Bayer*, Rn 33.
130 *Hüffer*, Rn 9; GroßKomm-AktienR/*Röhricht*, Rn 132.
131 *Hüffer*, Rn 9; MüKo-AktG/*Pentz*, Rn 69.
132 *Hüffer*, Rn 9.
133 *Hüffer*, Rn 9.
134 MüKo-AktG/*Pentz*, Rn 70; *Hüffer*, Rn 10; K. Schmidt/Lutter/*Bayer*, Rn 34.
135 KG OLGR 22, 25 f; *Hüffer*, Rn 10.
136 Hachenburg/*Ulmer*, GmbHG, § 5 Rn 118, *Hüffer*, Rn 10.
137 OLG München OLGR 32, 135; *Hüffer*, Rn 10.
138 RGZ 114, 77, 81 f; *Hüffer*, Rn 9; KölnKomm-AktG/*Arnold*, Rn 39; MüKo-AktG/*Pentz*, Rn 69; GroßKomm-AktienR/*Röhricht* Rn 135; Hachenburg/*Ulmer*, GmbHG, § 5 Rn 113; K. Schmidt/Lutter/*Bayer*, Rn 35.
139 GroßKomm-AktienR/*Röhricht*, Rn 136 mwN; Hachenburg/*Ulmer*, GmbHG, § 5 Rn 112; so jetzt auch Rowedder/Schmidt-Leithoff, § 5 Rn 23, 44; aA Baumbach/Hueck/*Fastrich*, GmbHG, § 5 Rn 43.
140 Herrler/Reymann, DNotZ 2009, 914, 915; *Hüffer* Rn 12; K. Schmidt/Lutter/*Bayer*, Rn 39.
141 Herrler/Reymann, aaO; *Hüffer*, Rn 12; K. Schmidt/Lutter/*Bayer*, Rn 39.
142 Gesetz zur Umsetzung der Aktionärsrechterichtlinie (ARUG), BGBl. I 2009 S. 3581.
143 *Hüffer*, Rn 12.
144 *Hüffer*, Rn 12.
145 MüKo-AktG/*Pentz*, Rn 75; GroßKomm-AktienR/*Röhricht*, Rn 137 ff.
146 MüKo-AktG/*Pentz*, aaO.
147 BGH AG 1975, 76; MüKo-AktG/*Pentz*, Rn 75 f; *Hüffer*, Rn 12.
148 MüKo-AktG/*Pentz*, Rn 77; GroßKomm-AktienR/*Röhricht*, § 127 Rn 147 für versehentlich unterbleibende bzw ordnungsgemäße Festsetzungen.

bei Sacheinlagen und Sachübernahmen, sind die dinglichen Willenserklärungen gemäß §§ 929, 398, 873 BGB nunmehr wegen der Streichung des bisherigen § 27 Abs. 3 wirksam.[149]

31 **b) Einzelfragen.** Bei Fehlen ordnungsmäßiger Festsetzungen der Sacheinlage gemäß Abs. 1 liegt ein Errichtungsmangel vor, der – bei Kenntnis des Gerichts – gemäß § 38 Abs. 1 S. 2 zur Ablehnung der Eintragung der Gesellschaft durch das Registergericht führt.[150] Sofern das Registergericht jedoch vor Ablehnung der Eintragung im Interesse der Beseitigung dieses Mangels eine Zwischenverfügung erlässt und die Gründer daraufhin die gebotene Festsetzung nachholen, wird die Gesellschaft eingetragen.[151] Auch ohne Zwischenverfügung ist die Gesellschaft einzutragen, wenn die Gesellschaft nachweist, dass der Gründer seiner Bareinlageverpflichtung gemäß §§ 36 Abs. 2, 54 Abs. 3 nachgekommen ist, weil in diesem Fall die Aufbringung des Grundkapitals gesichert ist.[152] Wird trotz Fehlens oder mangelhafter Festsetzung der Sacheinlage eingetragen, ist die AG wirksam entstanden.[153] Sacheinlage- und Sachübernahmevereinbarungen sind trotz fehlender Festsetzung allerdings wegen der Streichung des Abs. 3 wirksam. Die primäre Bareinlageverpflichtung (vgl Rn 4 f) lebt nur dann auf, wenn bei Vereinbarung einer verdeckten Sacheinlage keinerlei anrechenbare Sachleistung erbracht wird; auf die Wirksamkeit der Beitrittserklärung hat dies in diesem Fall keinen Einfluss, allerdings kann der betreffende Gründer die Gesellschaft gemäß § 723 BGB kündigen, solange die Gesellschaft noch nicht eingetragen wurde.[154] Auch bei der Sachübernahme führen das Fehlen oder Mängel der Festsetzung zum Vorliegen eines Eintragungshindernisses nach § 38 Abs. 1 S. 2;[155] hat der Leistungsaustausch bereits stattgefunden, ist ein erneuter Eintragungsantrag unter Festsetzung der Sachübernahmevereinbarung in der Satzung zu stellen. Wird die Gesellschaft trotz Fehlens der Festsetzung eingetragen, ist die AG auch hier wirksam entstanden; das dingliche Geschäft zur Abwicklung der Sachübernahme ist wirksam.

32 **IV. Anfechtung, Vertragsmängel und Leistungsstörungen. 1. Bei Sacheinlage.** Bei der Sacheinlagevereinbarung als gesellschaftsrechtlich verpflichtender Vereinbarung (vgl Rn 8) können Willensmängel allgemeiner Art, sonstige Wirksamkeitshindernisse sowie allgemeine oder kaufrechtliche Leistungsstörungen (Unmöglichkeit, Verzug, oder Mängel) vorliegen.[156] Eine besondere gesetzliche Regelung ist nur für das Fehlen von Festsetzungen oder bei mangelhafter Festsetzung im Sinne von Abs. 1 in Form des Auflebens der Bareinlagepflicht, Abs. 3 S. 1 und 3, vorhanden. Im Grundsatz gilt bei den genannten Leistungsstörungen, dass das Gebot der realen Kapitalaufbringung wenigstens teilweise das übliche zivilrechtliche Instrumentarium außer Kraft setzt.[157] Leistungsstörungen führen daher idR dazu, dass anstelle der Sacheinlageverpflichtung die Verpflichtung zur Bareinlage besteht.[158] Insbesondere bei nachträglicher – nicht zu vertretender – Unmöglichkeit führt die Regelung des Wegfalls der Leistungspflicht nach § 275 auch in der Fassung des SchuModG vom 26.11.2001 (BGBl. I S. 3138) nicht zum vollständigen Wegfall der Einlagepflicht.[159] Entsprechend der zum § 275 BGB aF ergangenen Rechtsprechung greift in diesem Fall die Befreiungswirkung nur im Hinblick auf die Sacheinlageverpflichtung durch; der Beitritt als solcher bleibt unwirksam; es besteht eine Bareinlagepflicht. Bei nachträglicher, vom Inferenten zu vertretender Unmöglichkeit ist die Gesellschaft berechtigt, entweder gem. §§ 280 Abs. 3, 283 BGB nF Schadensersatz wegen Nichterfüllung geltend zu machen. Hierbei gibt der Nennwert der betroffenen Einlage wegen des Verbots der Unterpari-Emission die Untergrenze vor. Alternativ kann die Gesellschaft Rücktritt von der Sacheinlagevereinbarung geltend machen mit der Folge, dass der Gesellschafter in bar zu leisten hat.[160] § 326 Abs. 2 BGB nF findet keine Anwendung; die Barleistungspflicht bleibt bestehen, der Gesellschafter kann Schadensersatz verlangen.[161] Entsprechende Rechtsfolgen gelten bei Verzug. Die Anfechtung der Sacheinlageverpflichtung gemäß §§ 119, 123 BGB ist nicht ohne Weiteres möglich.[162]

33 **2. Bei Sachübernahme.** Da das Verpflichtungsgeschäft bei der Sachübernahme rein schuldrechtlichen Charakter hat (vgl Rn 25 f), ist der Ausgangspunkt bei der Sachübernahme ein anderer.[163] Sofern eine Verrechnungsabrede vorliegt, ist eine Anfechtung nur in Ausnahmefällen möglich[164] Leistungsstörungen sind im Regelfall nach Kaufrecht gem. § 437 BGB abzuwickeln. Kommt es nach diesen Vorschriften nicht zu der

---

[149] KölnKomm-AktG/*Arnold*, Rn 40.
[150] *Herrler/Reymann*, DNotZ 2009, 914, 915; *Hüffer*, Rn 12; GroßKomm-AktienR/*Röhricht*, Rn 137, 142; MüKo-AktG/*Pentz*, Rn 78.
[151] MüKo-AktG/*Pentz*, aaO.
[152] MüKo-AktG/*Pentz*, aaO.
[153] *Hüffer*, Rn 12.
[154] MüKo-AktG/*Pentz*, Rn 79.
[155] MüKo-AktG/*Pentz*, Rn 80.
[156] *Hüffer*, Rn 11.
[157] *Hüffer*, aaO.
[158] *Hüffer*, aaO.
[159] *Hüffer*, allerdings zum § 275 aF: Rn 11.
[160] KölnKomm-AktG/*Kraft*, 1. Aufl., Rn 64 noch zur alten Rechtslage.
[161] MüKo-AktG/*Pentz*, Rn 11; GroßKomm-AktienR/*Röhricht*, Rn 173 f zur alten Rechtslage.
[162] *Hüffer*, aaO; zu Einzelheiten nach noch nicht reformiertem Schuldrecht: MüKo-AktG/*Pentz*, Rn 50 f; GroßKomm-AktienR/*Röhricht* Rn 168 ff.
[163] *Hüffer*, Rn 11.
[164] Hachenburg/*Ulmer*, GmbHG, § 5 Rn 103; *Hüffer*, Rn 11.

geplanten Verrechnung infolge des Fehlens einer Forderung des Verkäufers, bleibt die Geldleistungspflicht, die er als Aktionär übernommen hat, bestehen.[165]

V. Verdeckte Sacheinlagen. 1. Überblick und historische Entwicklung. Das im AktG vorgeschriebene Verfahren der Einbringung von Sacheinlagen – Publizität und Darlegung und Prüfung der Werthaltigkeit des einzubringenden Vermögensgegenstandes durch verschiedene Instanzen (Gründer, Vorstand/Aufsichtsrat, Gründungsprüfer, Registergericht) – wird in der Praxis entweder aus Unkenntnis nicht beachtet oder häufig als aufwändig oder gar als lästig empfunden und deshalb bewusst umgangen. In den Fällen der bewussten Umgehung versucht man, den einheitlichen Vorgang der **Sacheinlage in verschiedene Vorgänge aufzuspalten** um damit dem gesetzlichen Instrumentarium der Sacheinlage zu entgehen.[166] Nach einer in der Praxis zu beobachtenden Variante wird nach außen zunächst durch den zukünftigen Gesellschafter eine Bareinlage übernommen; mit den bar eingelegten Mitteln erwirbt die Gesellschaft sodann den einzubringenden Einlagegegenstand von dem Gesellschafter (Erwerbsgeschäft). Eine alternative Vorgehensweise besteht darin, dass die Gesellschaft dem Gesellschafter den einzubringenden Gegenstand zunächst abkauft und dieser sodann mit den ihm als Kaufpreis zufließenden Mitteln seine Bareinlageverpflichtung gegenüber der Gesellschaft begleicht. Entsprechendes gilt für die Einbringung einer Forderung des Gesellschafters gegen die (Vor-)AG; auch hier scheint es einfacher zu sein, zB durch Hin- und Herzahlen Einlageanspruch und Forderung gleichermaßen zu befriedigen, statt den beschwerlichen Weg der Einbringung der Forderung im Wege der Sacheinlage zu gehen.

Rechtsprechung und Literatur haben diese Umgehungsversuche als „verdeckte –" oder „verschleierte Sacheinlage"[167] bereits früh aufgegriffen und in der Vergangenheit bei derartigen Umgehungsversuchen im Wesentlichen folgende Rechtsfolgen befürwortet:

1. Die Bareinlagepflicht des Gesellschafters blieb gem. § 27 Abs. 3 S. 3 aF uneingeschränkt bestehen, da Festsetzung und Prüfung der Werthaltigkeit des eingebrachten Vermögensgegenstandes gem. Abs. 1 unterblieben war, § 27 Abs. 3 S. 1 aF. Jede Zahlung auf die Bareinlagepflicht und jede Erbringung einer Leistung als Erfüllungssurrogat hatten als Umgehungsgeschäft keine Erfüllungswirkung.[168]
2. Dem Gesellschafter standen nach einer Umgehung der Sacheinlagevorschriften im Hinblick auf den von ihm in das Gesellschaftsvermögen verdeckt eingebrachten Gegenstand wegen Unwirksamkeit des zwischen der Gesellschaft und dem Gesellschafter geschlossenen Austauschgeschäftes und aller Rechtshandlungen zu seiner Ausführung gem. § 27 Abs. 3 aF, wenn der Gegenstand noch im Gesellschaftsvermögen vorhanden war, ein Herausgabeanspruch, aber in der Regel nur Ansprüche aus ungerechtfertigter Bereicherung (§ 812 Abs. 1 S. 2 BGB, Zweckverfehlungskondiktion) gegen die Gesellschaft zu, da der Herausgabeanspruch in der Praxis oft daran scheiterte, dass der Gegenstand physisch nicht mehr im Gesellschaftsvermögen vorhanden war.[169] Der Gesellschafter konnte wegen § 66 Abs. 1 S. 2 mit diesem Anspruch nicht gegen die fortbestehende Bareinlageforderung aufrechnen. Die Gesellschaft konnte nach § 812 Abs. 1 S. 1 Alt. 1 BGB eine etwaig gezahlte Vergütung zurückfordern; auf die beiderseitigen Ansprüche war die Saldotheorie anzuwenden.[170]

Die genannten Rechtsfolgen hatten für den Gesellschafter, der an einer derartigen Umgehung beteiligt war, gerade in der Insolvenz der Gesellschaft zum Teil harte Auswirkungen: Er musste nochmals (nunmehr in bar und endgültig) leisten, seine eigene Forderung aus §§ 812 ff BGB war jedoch nur eine einfache Insolvenzforderung, die mit der Quote befriedigt wurde. Eine Aufrechnung von Bareinlageanspruch und Bereicherungsforderung des Gesellschafters – sei es durch die Gesellschaft oder den Gesellschafter (vgl hierzu bereits Rn 35) – war ausgeschlossen.[171]

---

165 *Hüffer*, Rn 11.
166 Vgl Begr. zum Entwurf eines AktG 1884 § 10 III, B, 3 abgedr. bei Schubert/*Hommelhoff*, 100 Jahre modernes Aktienrecht, ZGR Sonderheft 4, 1985, S. 453; *Lutter/Gehling*, WM 1989, 1445, 1446; vgl auch die Sachverhalte der Entscheidungen RGZ 121, 99, 102; RGZ 157, 213, 224; RGZ 167, 99, 108. Zur Gesetzesumgehung in diesen Fällen: Benecke, ZIP 2101, 105, 106.
167 Vgl *Meilicke*, Die "verschleierte" Sacheinlage, 1989. Im Folgenden wird entsprechend der neuen gesetzlichen Definition in § 27 Abs. 3 von "verdeckter" Sacheinlage gesprochen.
168 Vgl nur GroßKomm-AktienR/*Röhricht*, Rn 193 mwN.
169 Vgl GroßKomm-AktienR/*Röhricht*, aaO.
170 BGH NZG 1998, 428, 429; BGH AG 2007, 741, 744; kritisch hierzu zB *Habersack*, ZGR 2008, 48, 62 f; vgl, wN bei Köln-Komm-AktG/*Arnold*, Rn 78. Zu den sich gegenüberstehenden Ansprüchen anders als bisher BGH: K. Schmidt/Lutter/*Bayer*, Rn 51; nach BGH ZIP 2009, 1155, 1157 war auch der Bereicherungsanspruch des Gesellschafters wegen unwirksamer Bareinlageleistung in die Saldierung einzubeziehen.
171 § 66 Abs. 1 S. 2; vgl nur GroßKomm-AktienR/*Röhricht*, Rn 193; kritisch insb.: *Grunewald*, in: FS Rowedder, 1994, S. 111 f; *Schöpflin*, GmbHR 2003, 57, 63 f unter Verweis auf *K. Schmidt*, Gesellschaftsrecht, 4. Aufl., S. 1124, und *Brandner*, in: FS Boujong, S. 37 f: Differenzhaftung soll genügen. Zu den Möglichkeiten, verdeckte Sacheinlagen in der AG zu vermeiden: *Traugott/Groß*, BB 2003, 481, 487 ff.

37 Diese Rechtsfolgen waren seit einiger Zeit heftiger Kritik ausgesetzt; vielfach wurde eine Abmilderung der als zu hart empfundenen Rechtsfolgen gefordert.[172] Das MoMiG[173] hat für das Recht der GmbH durch Einführung des § 19 Abs. 4 GmbHG aus dieser Kritik Konsequenzen gezogen und die Rechtsfolgen der verdeckten Sacheinlage stark abgeschwächt. Der im Gesetzgebungsverfahren ursprünglich vorgesehene Ansatz, nach dem der Gesellschafter mit dem verdeckt eingelegten Vermögensgegenstand seine Einlageverpflichtung erfüllen konnte und dieser nur auf eine Wertdifferenz haften sollte (Erfüllungslösung),[174] wurde nicht Gesetz, um die verdeckte Sacheinlage stärker als ursprünglich vorgesehen zu sanktionieren[175] und diese nicht – aus Gesellschaftersicht – als gleichwertiges Modell neben die offene Sacheinlage zu stellen und damit die gesetzlichen Regeln für offene Sacheinlagen gegenstandslos zu machen.[176] § 19 Abs. 4 GmbHG bestimmt in der Fassung durch das MoMiG nunmehr, dass die verdeckte Sacheinlage den Gesellschafter nicht von seiner Einlageverpflichtung befreit; jedoch sind die Verträge über die Sacheinlage und die Rechtshandlungen zu ihrer Ausführung nicht unwirksam. Auf die fortbestehende Geldeinlagepflicht des Gesellschafters wird der bei Anmeldung gegebene Wert des verdeckt eingelegten Vermögensgegenstandes mit der Registereintragung angerechnet (Anrechnungslösung). Allerdings führt diese zeitlich verzögerte Anrechnung dazu, dass verdeckte Sacheinlagen nach wie vor nicht bewusst als Gestaltungsinstrument eingesetzt werden können, da durch die verzögerte Anrechnung des verdeckt eingebrachten Sachwertes auf die Einlage die Erklärung des Geschäftsführers in der Registeranmeldung nach § 8 Abs. 2 S. 1 GmbHG – der Gegenstand der Leistungen auf Anteile stehe endgültig zur freien Verfügung –, die der Anrechnung vorausgeht, falsch ist, was zur zivilrechtlichen (§ 9 a GmbHG)[177] und strafrechtlichen (§ 82 GmbHG) Haftung führt. § 3 Abs. 4 EGGmbHG erstreckt die neue Regelung auch auf Altfälle vor dem 1. November 2008.

38 Abs. 3 enthält für das Recht der AG nunmehr ebenfalls eine mit § 19 Abs. 4 GmbHG im Wesentlichen übereinstimmende[178] besondere Regelung für verdeckte Sacheinlagen. Im Gesetzgebungsverfahren des ARUG war eine derartige Regelung zunächst nicht vorgesehen gewesen.[179] Auf Empfehlung des Rechtsausschusses, der darauf hinwies, dass die herkömmlichen Sanktionen der verdeckten Sacheinlage als unangemessen empfunden werden und wirtschaftlich nicht gerechtfertigt sind, wurde schließlich Abs. 3 in der neuen Fassung Gesetz.[180] Diese Regelung enthält eine dem § 19 Abs. 4 GmbHG vergleichbare „Anrechnungslösung", bei der sich für Gründer, Vorstand und Aufsichtsrat das Risiko einer falschen Versicherung nach § 37 Abs. 1 S. 2 ebenso stellt wie für den Geschäftsführer einer GmbH (vgl Rn 37). Nach § 20 Abs. 7 EGAktG gilt die Neuregelung mit den dort genannten Ausnahmen auch für Altfälle verdeckter Sacheinlagen vor dem 1.9.2009; die frühere Rechtslage ist somit von der Praxis nicht mehr anzuwenden.

39 Durch die Neufassung des Abs. 3 ist die Lehre von der verdeckten Sacheinlage – ähnlich wie in der Parallelvorschrift des § 19 Abs. 4 GmbHG – erstmals gesetzlich geregelt worden; der Streit um die Berechtigung dieses Rechtsgebildes ist damit obsolet.[181] Aus der Neuregelung folgt auch, dass das Institut der verdeckten Sacheinlage neben der Regelung über die Nachgründung, § 52, anwendbar ist.[182] Kritisch ist im Hinblick auf die Neuregelung allerdings anzumerken, dass die nunmehr vorgesehenen abgemilderten Rechtsfolgen zu einem deutlich schwächeren präventiven Gläubigerschutz führen, die Abgrenzung von Bar- und Sacheinlage unklarer fassen und mit dem herkömmlichen System der Kapitalaufbringung dogmatisch nicht harmonieren.[183]

40 **2. Übereinstimmung mit EU-Recht.** Die in der Rechtsprechung entwickelte Figur der verdeckten Sacheinlage war auch vor der gesetzlichen Regelung in Abs. 3 in der Literatur überwiegend anerkannt.[184] Das nun-

---

172 *Grunewald*, aaO; *Schöpflin*, aaO; *Heidenhain*, GmbHR 1996, 455, 457; *Lutter*, in: FS Stiefel, S. 505, 533.
173 Gesetz zur Modernisierung des GmbH-Rechts und zur Bekämpfung von Missbräuchen (MoMiG), BGBl. I 2008 S. 2026.
174 Vgl noch RegE ARUG BT-Drucks. 16/6140, S. 7, 40.
175 Beschlussempfehlung und Bericht des Rechtsausschusses BT-Drucks. 16/9737 S. 97; Heckschen/*Heidinger*, Die GmbH in der Gestaltungs- und Beratungspraxis, 2. Aufl. 2009, § 11 Rn 231.
176 So die gegen die „Erfüllungslösung" geäußerte Kritik, vgl zB *Priester*, ZIP 2008, 55, 56; *Goette*, Einführung in das neue GmbH-Recht, 2008, Rn 30 ff, Rn 32.
177 BGH ZIP 2009, 1427 wurde (nach der Rechtslage vor MoMiG) nimmt eine Haftung des Beraters an, der eine verdeckte Sacheinlage empfiehlt.
178 Vgl Beschlussempfehlung und Bericht des Rechtsausschusses, BT-Drucks. 16/13098, S. 53 f.
179 RegEBegr. ARUG, BT-Drucks. 16/11642, S. 28.
180 Beschlussempfehlung und Bericht des Rechtsausschusses, BT-Drucks. 16/13098, S. 6, 53 f; vgl ebenso bereits Handelsrechtsausschuss des DAV, vgl Stellungnahme 38/08 sowie NZG 2007, 211, 222; NZG 2007, 735, 740.
181 KölnKomm-AktG/*Arnold*, Rn 84; ablehnend gegenüber der verdeckten Sacheinlage bisher: *Bergmann*, AG 1987, 57, 82; *Meilicke*, Die "verschleierte" Sacheinlage, 1989, 37 f; *Einsele*, NJW 1996, 2681, 2685 f; *Loos*, AG 1989, 381, 386 f; *Wilhelm*, ZHR 152 (1988), 333, 346 ff sowie 356 ff.
182 KölnKomm-AktG/*Arnold*, aaO.
183 Lutter/Hommelhoff/*Bayer*, GmbHG, § 19 Rn 56; KölnKomm-AktG/*Arnold*, aaO.
184 GroßKomm-AktienR/*Röhricht*, Rn 191 f; *Lutter/Gehling*, WM 1989, 1445 f; *Henze*, ZHR 154 (1990), 105; ablehnend vor der gesetzlichen Anerkennung durch § 27 Abs. 3: *Bergmann*, AG 1987, 57, 82; *Meilicke*, Die "verschleierte" Sacheinlage, 1989, S. 37 f; *Einsele*, NJW 1996, 2681, 2685 f; *Loos*, AG 1989, 381, 386 f; *Wilhelm*, ZHR 152 (1988), 333, 346 ff sowie 356 ff; *K. Schmidt*, GesR, 4. Aufl. 2002, § 37 II. 4.6; *Roth* in: Roth/Altmeppen, GmbHG, 5. Aufl. 2005, § 19 Rn 59 ff; *Schöpflin*, GmbHR 2003, 57 ff; *Heidenhain*, GmbHR 2006, 455 ff.

mehr gesetzlich geregelte Institut der verdeckten Sacheinlage ist auch nicht deswegen unzulässig, weil die aktuelle Fassung des § 27 und damit das Gesamtinstrumentarium kapitalschützender Normen auf der Zweiten Richtlinie beruht. Zwar wurde geltend gemacht, die EU-Richtlinie erlaube es nicht ohne Weiteres, in nationalen Rechten weiter gehende Standards zu setzen als bspw Art. 11 der Richtlinie.[185] Wenn auch dieser Aussage im Grundsatz zu folgen ist (vgl Rn 2, 10), ist jedoch bei dem Institut der verdeckten Sacheinlage zu beachten, dass die Bestimmungen der Zweiten Richtlinie, dh insbesondere Art. 11, lediglich einen abstrakten Umgehungsschutz geschaffen haben, der Einzelbestimmungen über die Verhinderung konkreter, bei Gründung der Gesellschaft vorgenommene Umgehungsgeschäfte auf EU-Ebene und entsprechende Regelungen der einzelnen Rechtsordnungen nicht ausschließt.[186] Nach der Rspr des BGH verstößt die Anerkennung des Instituts der verdeckten Sacheinlage denn auch nicht gegen die Kapitalrichtlinie.[187] Der Gesetzgeber des ARUG hat die genannten europarechtlichen Bedenken wiedergegeben, aber letztlich darauf hingewiesen, dass der Wortlaut der gesetzlichen Fassung der verdeckten Sacheinlage zwar an die Rechtsprechung des BGH anknüpfe, aber nur abstrakt eine Umgehung beschreibe und so gegenüber Rechtsentwicklungen auf europäischer Ebene offen sei.[188] Trotz Abmilderung der Rechtsfolgen der verdeckten Sacheinlage durch Abs. 3 ermöglicht diese Regelung keine gezielten verdeckten Sacheinlagen als echte Alternative zur offenen Sachgründung; die Regelung genügt u.a. wegen der Haftung gem. §§ 48, 93 Abs. 2, der Strafbarkeit falscher Angaben nach § 399 Abs. 1 Nr. 1, Nr. 4 und der Umkehr der Beweislast hinsichtlich der Werthaltigkeit der verdeckt eingebrachten Sache gem. § 27 Abs. 3 S. 5 noch einem ggf gemeinschaftsrechtlich geforderten Umgehungsschutz.[189]

3. Tatbestand der verdeckten Sacheinlage. a) Allgemeines. Abs. 3 S. 1 definiert den Tatbestand der verdeckten Sacheinlage als eine Geldeinlage eines Aktionärs, die bei wirtschaftlicher Betrachtung und aufgrund einer im Zusammenhang mit der Übernahme der Geldeinlage getroffenen Abrede vollständig oder teilweise als Sacheinlage zu bewerten ist. Die neu geschaffene Legaldefinition sollte nach dem Willen des Gesetzgebers des ARUG die tatbestandlichen Voraussetzungen der verdeckten Sacheinlage in der bisherigen Rechtsprechung und Lehre wiedergeben.[190] Nach der Rechtsprechung liegt jedoch eine verdeckte Sacheinlage dann vor, wenn die gesetzlichen Regeln für Sacheinlagen dadurch umgangen werden, dass zwar eine Bareinlage vereinbart wird, die Gesellschaft aber bei wirtschaftlicher Betrachtung von dem Inferenten aufgrund einer im Zusammenhang mit der Übernahme der Einlage getroffenen Absprache einen Sachwert erhalten soll. Die Legaldefiniton entspricht somit nicht völlig der Definition der verdeckten Sacheinlage in der Rechtsprechung des BGH, weil es bei der verdeckten Sacheinlage nicht um eine „als Sacheinlage zu bewertende Geldeinlage", sondern um die Erfassung eines Umgehungsfalls geht.[191] Im Übrigen ist die Formulierung des Gesetzestextes ungenau. Ganz offensichtlich führt das Vorliegen einer verdeckten Sacheinlage nicht zur Befreiung von der Einlageverpflichtung; gemeint ist aber: die Geldeinlage befreit nicht; statt „dies" müsste es richtigerweise „diese" heißen.[192] Da der Gesetzgeber lediglich die Rechtsfolgen der verdeckten Sacheinlage neu regeln und dabei von den bisherigen Rechtsprechungsgrundsätzen nicht abweichen wollte, wurde auf der Tatbestandsseite trotz der geringen sprachlichen Abweichungen nichts an den Voraussetzungen einer verdeckten Sacheinlage geändert.[193] Aus der gesetzlichen Definition des Abs. 3 S. 1, die

---

[185] *Meilicke*, Die "verschleierte" Sacheinlage, 1989, S. 97 f; *ders.*, DB 1989, 1067; *ders.*, DB 1990; 1173.

[186] GroßKomm-AktienR/*Röhricht*, Rn 192, 197, der insoweit nicht auf die Annahme abstellt, die EU-Richtlinie bezwecke nur Mindeststandards, sondern zutreffend zwischen konkretem und abstraktem Umgehungsschutz differenziert. Vgl im Erg. auch *Kindler*, in: FS Boujong, 1996, S. 299, 301 f sowie *Habersack*, AG 2009, 557, 559 und zuletzt KölnKomm-AktG/*Arnold*, Rn 87; nach BGHZ 110, 47 (68 ff) ist Lehre von der verdeckten Sacheinlage zwar europarechtskonform. Nicht auszuschließen ist allerdings, dass der EuGH hierzu im Falle einer Sachentscheidung die gegenteilige Auffassung vertreten wird, *Schöpflin*, GmbHR 2003, 57, 60. Aus EuGH, Urt. v. 16.7.1992 – C-83/91 (Meilicke/ADV ORGA; vgl hierzu auch Fn 28) folgt nichts Gegenteiliges, da hier die EuGH-Vorlage lediglich wegen unklarer tatsächlicher Voraussetzungen der verdeckten Sacheinlage als unzulässig zurückgewiesen wurde.

[187] BGHZ 110, 47 = NJW 1990, 982, wo darauf hingewiesen wird, dass die Richtlinie nur einen Mindestschutz vorsehe; unter Hinweis auf die acte claire-Doktrin des EuGH – EuGH v. 6.10.1982 – Rs. C-283/8, Slg 1982, I-3415 – wurde auf eine Vorlage an den EuGH verzichtet; BGHZ 118, 83, 93 ff = NJW 1992, 2222.

[188] Beschlussempfehlung und Bericht des Rechtsausschusses, BT-Drucks. 16/13098, S. 54 f.

[189] *Habersack*, AG 2009, 555, 559 f; *Hüffer* Rn 24; KölnKomm-AktG/*Arnold*, Rn 88; Spindler/Stilz/*Heidinger/Benz*, Rn 106; kritisch: Adrianensis, WM 2011, 968, 972 f.

[190] Beschlussempfehlung und Bericht des Rechtsausschusses, BT-Drucks. 16/13098, S. 53; vgl auch zuvor RegE MoMiG, BT-Drucks. 16/6140 S. 40;.

[191] *Pentz*, GmbHR 2009, 505, 507.

[192] Lutter/Hommelhoff/*Bayer*, GmbHG, § 19 Rn 55 für den gleichlautenden Wortlaut des § 19 GmbHG.

[193] *Pentz*, aaO; *ders.*, GmbHR 2010, 673, 674; der BGH geht ebenfalls davon aus, dass die gesetzliche Definition nichts an den von der Rechtsprechung entwickelten tatbestandlichen Voraussetzungen geändert hat, BGH NJW 2010, 1747, 1748 (Eurobike); BGH GmbHR 2010, 700, 701 (ADCOCOM).

eine „Abrede" verlangt, folgt auch, dass ein subjektives Element erforderlich ist.[194] Die Diskussion hinsichtlich der Erforderlichkeit dieses Merkmales ist nunmehr gegenstandslos.[195]

42 **b) Objektiver Tatbestand.** Kennzeichnend für den objektiven Tatbestand ist die Aufteilung des wirtschaftlich einheitlichen Sacheinbringungsvorgangs in eine nur scheinbare Leistung der geschuldeten Bareinlage und den Rückfluss der dadurch von der AG eingenommenen Geldmittel an den Inferenten, zu dem es infolge eines den Zufluss der Barmittel kompensierenden Gegengeschäftes kommt.[196] Ist ein Mittelrückfluss, der auch in einer Verrechnung gegenseitiger Forderungen bestehen kann, nicht feststellbar, liegt keine verdeckte Sacheinlage vor.[197] Eine Identität der als Einlage eingezahlten Gelder mit den vor oder nach Einlage an den Gesellschafter zurückfließenden Mittel ist nicht erforderlich.[198] Von Bedeutung ist lediglich, dass die gesetzlichen Anforderungen an die Einbringung von Sacheinlagen nicht eingehalten werden, eine (ziffernmäßige) Identität der Mittel ist somit allenfalls ein Indiz für eine verdeckte Sacheinlage.[199]

43 Der objektive Tatbestand der verdeckten Sacheinlage liegt insbesondere bei folgenden Fallgestaltungen vor:

(1) Der Gesellschafter liefert der Gesellschaft Waren oder andere sacheinlagefähige Gegenstände und der aus dem Gegengeschäft resultierende Kaufpreis wird mit der Bareinlageschuld verrechnet.[200]

(2) Im Fall (1) wird nicht verrechnet, der Kaufpreis und die Bareinlage werden hin- und hergezahlt, wobei es auf die Reihenfolge, ob erst die Bareinlage bezahlt wird und dann der Kaufpreis bezahlt wird oder umgekehrt, nicht ankommt.[201]

(3) Dem Gesellschafter im Zeitpunkt der Begründung der Einlageschuld gegen die AG zustehende Forderungen wie zB Darlehensforderungen,[202] Gewinnansprüche,[203] Miet- und Pachtzinsansprüche[204] oder sonstige Forderungen[205] werden mit der Bareinlageforderung verrechnet oder es erfolgt auch hier ein Hin- und Herzahlen, dh die Forderung des Gesellschafters wird mit den an die Gesellschaft als Bareinlage gezahlten Mitteln getilgt[206] oder es wird zunächst die Forderung des Gesellschafters bezahlt und sodann die Bareinlageschuld beglichen.

c) Einzelfragen des objektiven Tatbestandes

44 (1) Verdeckte Einbringung von Forderungen
Bei der in Rn 43 unter (3) beschriebenen Fallgestaltung ist zu berücksichtigen, dass der betroffene, nicht in Geld bestehende Vermögensgegenstand, der verdeckt eingebracht wird, eine Forderung des Inferenten gegen die Gesellschaft ist. Eine Forderung eines Gründers gegen die (Vor-)Gesellschaft kann grundsätzlich eingebracht werden (vgl Rn 16 f), und zwar durch Abtretung an die Gesellschaft mit der Folge der Konfusion oder durch entsprechenden Erlassvertrag (vgl Rn 17); dabei müssen die Bestimmungen der offenen Sacheinlage beachtet werden, da kein Barmittelzufluss erfolgt (vgl Rn 16). Geschieht dies nicht, dh erfolgt Abtretung oder Erlass ohne entsprechende Festsetzung in der Satzung, liegt eine verdeckte Sacheinlage vor.[207] Grundsätzlich muss es sich bei den betroffenen Forderungen um Altforderungen des Inferenten gegen die Gesellschaft, dh zum Zeitpunkt der Begründung der Bareinlageforderung bereits bestehende Forderungen, handeln. Bei Verrechnung der Einlageverbindlichkeit mit einer erst nach Begründung der Einlageschuld entstehenden Forderung des Inferenten gegen die Gesellschaft liegt nach hM. nur dann eine verdeckte Sacheinlage vor, wenn die Neuforderung bei

---

[194] KölnKomm-AktG/*Arnold*, Rn 89; dagegen (vor Bestätigung des subjektiven Elementes in § 27 Abs. 3 nF) zB *Lutter*, in: FS Stiefel, S. 505, 513 f; *Lutter/Gehling*, WM 1989, 1445, 1449 wonach objektiv eine zeitlicher und sachlicher Zusammenhang genügen sollte.
[195] *Hüffer*, Rn 29; KölnKomm-AktG/*Arnold*, Rn 89.
[196] BGH NJW 1996, 1286; BGH NJW 2006, 1736 Tz 10 ff; BGHZ 170, 47, Tz 11; BGH NJW 2007, 3285 Tz 7 f; *Hüffer*, Rn 25.
[197] BGH NJW 2007, 3285 Tz 10 = GmbHR 2007, 433 m.Anm. *Bormann*.
[198] GroßKomm-AktienR/*Röhricht*, Rn 190 aE.; *Hüffer*, Rn 25.
[199] GroßKomm-AktienR/*Röhricht*, Rn 190 aE; MüKo-AktG/*Pentz*, Rn 96; *Hüffer*, aaO.
[200] BGHZ 132, 141, 144 f; BGHZ 152, 37, 42; Lutter/Hommelhoff/*Bayer*, § 19 GmbHG, Rn 58.
[201] Vgl zB BGH ZIP 2003, 1540, 1541 f, BGHZ 28, 314, 316 ff; OLG Hamburg ZIP 1988, 372, 373; OLG Köln NZG 2000, 489 f; Lutter/Hommelhoff/*Bayer*, § 19 GmbHG, Rn 58; zu weiteren Fallgruppen: *Priester*, ZIP 1991, 354, 352 ff; *Ulmer*, ZHR 154 (1990), 128, 131 ff.
[202] BGHZ 110, 47, 49; BGHZ 125, 141, 142; OLG Celle GmbHR 2003, 898; GroßKomm-GmbHG/*Ulmer*, § 19 Rn 123; Scholz/Veil, GmbHG, § 19 Rn 125.
[203] BGHZ 113, 335, 336 ff; 152, 37 ff.
[204] BGHZ 153, 107, 112.
[205] OLG Stuttgart GmbHR 2002, 1123, 1125 ff m.Anm. *Emde*.
[206] Vgl zur „verdeckten verdeckten Sacheinlage" in Form des Hin- und Herzahlens, bei der der Gesellschafter den Einlagebetrag (aus einer Kapitalerhöhung) nach Fassung des Erhöhungsbeschlusses ein zweites Mal an die Gesellschaft zahlt verbunden mit der Anweisung die Zahlung an ihn zur Tilgung seiner Bereicherungsforderung aus einem ersten, fehlgeschlagenen Erfüllungsversuch zurück zu überweisen BGH WM 2012, 1771.
[207] Vgl nur BGHZ 113, 335, 341; MüKo-AktG/*Pentz*, Rn 114; *Hüffer*, Rn 25.

Gründung schon absehbar war und diesbezüglich eine entsprechende, bei Entstehen der Bareinlageverbindlichkeit getroffene[208] Abrede vorliegt.[209]

(2) Fehlende Einlagefähigkeit
Fehlt es bei den Fallgruppen oben (1) und (2) an einem sacheinlagefähigen Gegenstand, weil zB mit den auf die Bareinlage eingezahlten Mitteln eine Dienstleistung vergütet werden soll – Dienstleistungen können nach Abs. 2 Hs 2 nicht Sacheinlagen sein – liegt nach der Rspr des BGH keine verdeckte Sacheinlage vor.[210] Denn eine Umgehung der Vorschriften der Sacheinlage könne jedenfalls dann nicht vorliegen, wenn der Inferent den im Ergebnis erstrebten Erfolg einer Sacheinlage auch rechtmäßig unter Beachtung der Sacheinlagebestimmungen nicht hätte erreichen können.[211] Nach der Gegenansicht sollen bei Zufließen nicht einmal sacheinlagefähiger Gegenstände die Regeln über die verdeckte Sacheinlage wegen besonderer Gefährdung der Kapitalaufbringung im Wege eines Erst-Recht-Schlusses zu bejahen sein.[212] Dies überzeugt jedoch nicht, da zB bei der Erbringung von Dienstleistungen und Anrechnung des Wertes der Dienstleistungen Abs. 2 Hs 2 ausgehebelt werden würde.[213] In derartigen Fällen kommt allerdings ein „Hin- und Herzahlen" im Sinne von Abs. 4 in Betracht, das insofern der realen Kapitalaufbringung ausreichenden Schutz bietet (vgl Rn 84).

(3) Einschaltung von Dritten
Werden vom Inferenten Dritte eingeschaltet und liegen die Voraussetzungen des Tatbestandes vor, ändert dies nichts an dem Vorliegen einer verdeckten Sacheinlage. Dies gilt insbesondere dann, wenn die in der Fallgruppe in Rn 43 (2) als Vergütung gezahlten Geldmittel nicht an den Gesellschafter, sondern an einen Dritten gezahlt werden. Da ohnehin Umgehungssachverhalte vorliegen, ändert die Einschaltung eines Dritten nichts an der rechtlichen Bewertung, soweit der Dritte in den Umgehungsplan einbezogen wird. Dies gilt insbesondere dann, wenn an ein von dem Inferenten beherrschtes Unternehmen gezahlt wird, da es nur darauf ankommt, dass bei Weiterleitung der Einlagemittel an einen Dritten der Inferent in gleicher Weise wie durch eine unmittelbare Leistung an ihn selbst begünstigt wird.[214] Dementsprechend können persönliche Nähebeziehungen sowie Treuhand- und ähnliche Rechtsverhältnisse zwischen Aktionär und Drittem dazu führen, dass die von der AG ausgezahlten Mittel bei wirtschaftlicher Betrachtung dem Aktionär wieder zufließen.[215] In der Fallgruppe (3) kann zB auch die Einschaltung eines von dem Inferenten beherrschten Unternehmens, das gem. § 267 BGB[216] unter Anrechnung auf die Bareinlageverpflichtung eine ihm zustehende Forderung gegen die AG der AG erlässt bzw eine eigene Forderung in die AG einbringt, zur Annahme einer verdeckten Sacheinlage führen.

(4) Anwendbarkeit auf das Cash Pooling
Nach der Rechtsprechung des BGH[217] und dem Willen des Gesetzgebers[218] finden die Regeln der verdeckten Sacheinlage in § 27 Abs. 3 nF (und die dazu subsidiäre Regelung über das Hin- und Herzahlen in § 27 Abs. 4 nF) uneingeschränkt auf die Kapitalaufbringung bei Gesellschaften Anwendung, die in ein Cash-Pool-System einbezogen sind. Beim Cash Pooling wird bei der Konzernobergesellschaft oder einer anderen Konzerngesellschaft ein Zentralkonto gebildet und die Haben-Salden der Konten der übrigen Konzerngesellschaften darlehensweise auf dieses Konto zB im Wege des Zero-Balancing transferiert, zB um die akkumulierte Liquidität des Konzerns besser verzinsen zu lassen. Gerät das Konto der dem Pool angeschlossenen (Tochter-)gesellschaft ins Soll, gleicht die den Pool führende Gesellschaft

---

208 So prägnant: BGHZ 152, 37, 43 m. zust. Anm. *Bayer*, WUB II C. § 19 GmbHG 1.03.
209 BGHZ 132, 141, 145 ff; 152, 37, 42 ff; Lutter/Hommelhoff/*Bayer*, GmbHG, § 19 Rn 66, § MüKo-AktG/*Pentz*, Rn 114; Spindler/Stilz/*Heidinger/Benz*, Rn 151; *Hüffer*, Rn 28; dieser Fall unterscheidet sich von dem in § 27 Abs. 4 geregelten Hin- und Herzahlen dadurch, dass mit der Neuforderung eine Forderung gegen die AG entsteht, während (in § 27 Abs. 3 durch das ARUG nunmehr besonders geregelt) beim Hin- und Herzahlen nach Bareinlage eine Forderung für die AG entsteht, vgl hierzu: Spindler/Stilz/*Heidinger/Benz*, Rn 152.
210 Vgl BGH NJW 2009, 2375 = ZIP 2009, 713 (Qivive) mit zust. Anm. *Hecker/Peters*, jurisPR-HaGesR 5/2009, Anm. 3; BGH NJW 2010, 1747, 1748 Tz 17 (Eurobike) mit zust. Anm. *Hecker/Peters*, jurisPR-HaGesR 4/2010, Anm. 5.
211 BGH NJW 2009, 2375, 2376 (Qivive) unter Hinweis auf *Habersack*, in: FS Priester, 25; hierzu auch *Hecker*, jurisPR-HaGesR 5/2009, Anm. 3; BGH NJW 2010, 1747, 1748 Tz 17 (Eurobike); vgl demgegenüber OLG Düsseldorf BB 2008, 180; *Pentz*, GmbHR 2009, 505, 508; *Bayer*, GmbHR 2004, 445.
212 *Pentz*, GmbHR 2009, 505, 508.
213 KölnKomm-AktG/*Arnold*, Rn 92, ihm folgend: BGH NJW 2010, 1747, 1748 (Eurobike), vgl hierzu *Hecker/Peters*, jurisPR-HaGesR 4/2010, Anm. 5; *Wachter*, NJW 2010, 1715.
214 BGHZ 153, 107, 111 = NJW 2003, 825; BGHZ 166, 8 = NJW 2006, 1736 (Cash Pool I); BGHZ 171, 113 = NJW 2007, 3285; BGHZ 174, 370 = NZG 2008, 143; BGH NJW 2009, 3091 = NZG 2009, 944 (Cash Pool II); BGH NJW 2010, 1747, 1748 (Eurobike); *Hüffer*, Rn 27.
215 BGH NZG 2011, 667 (Ehegatte); keine verdeckte Sacheinlage aber, wenn mit Einlage ein Darlehen abgelöst wird, für das sich der Inferent (nur) verbürgt hat, BGH aaO; MüKo-AktG/*Pentz*, Rn 119 ff; Lutter/Hommelhoff/*Bayer*, GmbHG § 19 Rn 72; *Hüffer*, Rn 27.
216 § 267 BGB ist grds. auch auf die Einlageschuld anwendbar, BGH NZG 2004, 618.
217 Vgl BGH GmbHR 2006, 477 m.Anm. *Langner* sowie Besprechung *Bayer/Lieder*, GmbHR 2006, 449 BGHZ 166, 8 = NJW 2006, 1736 (Cash Pool I); BGH NJW 2009, 3091 = NZG 2009, 944 (Cash Pool II).
218 RegE MoMiG, BT-Drucks. 16/6140, S. 40 r. Sp.; Beschlussempfehlung und Bericht des Rechtsausschusses, BT-Drucks. 16/13098, S. 55.

dieses Konto durch ggf darlehensweise Zuführung von Mitteln aus, um Debetzinsen zu vermeiden. Wird der Einlagebetrag dem Gesellschafter oder einer ihm nahestehenden Person im Wege des Cash-Pooling-Clearings wieder zurückgezahlt, so liegt eine verdeckte Sacheinlage vor, wenn die Rückführung der Einlage gleichzeitig dazu dient, eine zu diesem Zeitpunkt bestehende Alt-Verbindlichkeit der Gesellschaft, zB ein bestehendes, von der Pool-Führerin gewährtes Darlehen, zu tilgen.[219] Existiert zum Zeitpunkt der Rückzahlung der Einlage keine Altverbindlichkeit, kommt nur ein Hin- und Herzahlen iSv Abs. 4 in Betracht.

45 **d) Subjektiver Tatbestand.** Wie Abs. 3 S. 1 nunmehr klarstellt, erfordert das Vorliegen einer verdeckten Sacheinlage eine zwischen den Beteiligten im Zusammenhang mit der Übernahme der Geldeinlage getroffenen Abrede. Der Gesetzgeber hat insoweit die bisher hM. aufgegriffen, die eine entsprechende Absprache gefordert hat.[220] Das Vorliegen des objektiven Tatbestandes der verdeckten Sacheinlage ist also für sich genommen nicht ausreichend. Wäre dem so, wären normale, alltägliche Umsatzgeschäfte zwischen Gesellschafter und Gesellschaft in dem betroffenen Zeitraum ausgeschlossen.[221] Es bedarf einer Abrede, die von den Gesellschaftern getroffen wird; ausreichend ist auch die stillschweigende Billigung.[222] Die nur einseitige Absicht oder Erwartung mehrerer Gesellschafter, die Gesellschaft werde mit den eingelegten Barmitteln Gegenstände von ihnen erwerben, ist nicht ausreichend.[223] Die einseitige Absicht ist nur dann ausreichend, wenn es sich um eine Ein-Personen-Gründung der AG handelt.[224] Die Rechtswirksamkeit der Abrede ist nicht erforderlich.[225] Des Weiteren ist entgegen der älteren Rechtsprechung[226] keine Umgehungsabsicht erforderlich.[227] Hinsichtlich des Zeitpunktes der Abrede wird überwiegend vertreten, dass die Abrede im Zeitpunkt der Übernahme der Einlage getroffen werden müsse, also spätestens bei Feststellung der Satzung vorliegen müsse.[228] Teilweise wird demgegenüber vertreten, dass die Abrede auch nach Feststellung der Satzung bis zum Zeitpunkt der Erbringung der Bareinlage erfolgen könne.[229] Richtigerweise kann die Abrede noch bis zur Leistung der Bareinlage erfolgen; anderenfalls würde man bei nachträglichen Abreden die Anrechnung nach Abs. 3 S. 3 ausschließen, wofür ein Sachgrund nicht ersichtlich ist.[230]

46 Bei Vorliegen einer verdeckten Sacheinlage ist es grundsätzlich Aufgabe des Klägers, dh der AG bzw des Insolvenzverwalters, das subjektive Tatbestandsmerkmal der verdeckten Sacheinlage, die Abrede, – wie auch die Merkmale des objektiven Tatbestandes – darzulegen und zu beweisen. Nach gefestigter Rechtsprechung und Lehre besteht jedoch eine widerlegliche Vermutung für das Vorliegen einer Abrede, wenn zwischen Bareinlage und Gegengeschäft ein sachlicher und zeitlicher Zusammenhang festzustellen ist.[231] Ein sachlicher Zusammenhang liegt regelmäßig dann vor, wenn sich der Gegenstand bereits zum Zeitpunkt der Übernahme der Bareinlageverpflichtung im Vermögen des Inferenten befindet oder es sich bei dem eingebrachten Gegenstand um keine vertretbare Sache handelt oder die Einlageforderung und die Gegenforderung aus dem Gegengeschäft gleich hoch sind.[232] Hinsichtlich des zeitlichen Zusammenhanges wurde überwiegend vor Neufassung des § 27 auf eine Frist von 6 Monaten abgestellt.[233] Der Gesetzgeber des ARUG hat bewusst darauf verzichtet, eine feste Frist für den zeitlichen Zusammenhang festzuschreiben, um der Rechtsprechung die Möglichkeit zu geben, die verdeckte Sacheinlage weiterzuentwickeln und Beweisregeln mit Zeitfaktoren zu verbinden.[234] Damit ist die Frist von sechs Monaten im Regelfall, aber nicht zwingend in allen Fällen zu Grunde zu legen.[235] Greift die Vermutung zugunsten des Klägers ein, muss der Inferent das Fehlen einer Absprache beweisen, was rechtlich schwierig ist.[236] Macht die Gesellschaft oder der Insolvenzverwalter den offenen Einlageanspruch gegen den Gesellschafter geltend (Abs. 3 S. 1), liegt die Beweis-

---

219 So die Fallgestaltung in BGHZ 166, 8 = NJW 2006, 1736 (Cash Pool I).
220 *Hüffer*, Rn 29; KölnKomm-AktG/*Arnold*, Rn 93.
221 KölnKomm-AktG/*Arnold*, Rn 93; vgl hierzu auch BGHZ 170, 47, 58.
222 BGH Z 166, 8, 13 Rn 13; KölnKomm-AktG/*Arnold*, Rn 93.
223 MüKo AktG/*Pentz*, Rn 94; KölnKomm-AktG/*Arnold*, Rn 93.
224 BGH NZG 2008, 310, 311, Rn 12; BGH GmbHR 2010, 700, 701 (ADCOCOM); KölnKomm-AktG/*Arnold*, Rn 93.
225 GroßKomm-AktienR/*Röhricht*, Rn 202; KölnKomm-AktG/*Arnold*, Rn 94.
226 RGZ 121, 99, 102; 157, 213, 224; 167, 99, 108; BGHZ 28, 314 = NJW 1959, 383; BGH NJW 1979, 216; BGH NJW 1982, 2444, 2446 (Holzmann).
227 Vgl nur BGH NJW 1996, 1286; BGH NJW 2000, 725, 726; Lutter/Hommelhoff/*Bayer*, GmbHG § 19 Rn 61; MüKo-AktG/*Pentz*, Rn 96; *Hüffer*, Rn 29.
228 GroßKomm-AktienR/*Röhricht*, Rn 202; *Pentz*, ZIP 2003, 2093, 2096; K. Schmidt/Lutter/*Bayer*, Rn 60; Scholz/*Veil*, GmbHG, § 5 Rn 128.

229 *Ulmer*, ZHR 154 (1990), 128, 140 f; KölnKomm-AktG/*Arnold*, Rn 95.
230 Aufgabe der in der Vorauflage vertretenen Ansicht wegen neugefasster Rechtsfolgen; zutr.: KölnKomm-AktG/*Arnold*, Rn 95.
231 BGHZ 125, 141, 144; 132, 133, 139; 153, 107, 109; 166, 8, 12; KölnKomm-AktG/*Arnold*, Rn 96.
232 KölnKomm-AktG/*Arnold*, Rn 96 mwN, MüKo-AktG/*Pentz*, Rn 96.
233 OLG Köln NZG 1999, 459, 460; *Priester*, ZIP 1991, 345, 350; für maximal 6 Monate: *Schöpflin*, GmbHR 2003, 57, 62, nach BGHZ 152, 37, 45 sind 8 Monate für einen engen zeitlichen Zusammenhang bereits zu lang; für 6 Monate im Regelfall: *Pentz*, ZIP 2003, 2093, 2095; für längere Fristen: *Michalski/Ebbing*, GmbHG, 2002, § 19 Rn 144, dh 6 bis 12 Monate; *Autenrieth*, DStR 1988, 252, 253: 1 Jahr; *Mayer*, NJW 1990, 2593, 2598: 2 Jahre.
234 BegrRegE, BT-Drucks. 16/ 6140, S. 41.
235 *Hüffer*, Rn 30; MüKo-AktG/*Pentz*, Rn 96.
236 *Hüffer*, Rn 30.

last für die Umstände, die die Vermutung begründen, allerdings bei dem Kläger.[237] Steht die Abrede dagegen erweislich fest, kommt es auf die 6-Monatsfrist nicht an, weil bei Vorliegen einer Abrede (und einem sachlichen Zusammenhang) stets von einer verdeckten Sacheinlage auszugehen ist.[238]

e) Ausnahmen. Besteht das im Rahmen einer etwaigen verdeckten Sacheinlage zu überprüfende Gegengeschäft in einem gewöhnlichen Umsatzgeschäft im Rahmen des laufenden Geschäftsverkehrs, wird teilweise vertreten, dass begrifflich schon keine verdeckte Sacheinlage vorliege.[239] Teilweise wird vertreten, dass für „normale" Umsatzgeschäfte jedenfalls die Vermutung für das Vorliegen einer Abrede bei sachlichem und zeitlichem Zusammenhang nicht gelten soll.[240] Der BGH sieht allerdings „normale" Umsatzgeschäfte, die deswegen unbedenklich sein sollen, weil der Wert der eingebrachten Gegenstände leicht und zuverlässig zu ermitteln sei, kritisch, weil es im Gründungsstadium der AG regelmäßig an einem schützenswerten bereits „laufenden Geschäftsverkehr" fehle, dies gelte insbesondere dann, wenn in der Gründungsphase ein komplettes Warenlager eingebracht wird, das ersichtlich nicht zum jeweiligen üblichen Geschäftsbetrieb gehört.[241] Desweiteren verneint der BGH die Unbeachtlichkeit „normaler Umsatzgeschäfte" für die verdeckte Sacheinlage, wenn die Abrede bewiesen sei. Dem BGH ist insofern beizupflichten, dass zu großzügige Ausnahmen im Hinblick auf „normale" Umsatzgeschäfte nicht sachgerecht sind; die Ausnahme sollte sich daher lediglich auf Geschäfte im Rahmen der Gründung beziehen, die die Gesellschaft ebenso mit einem Dritten hätte abschließen können. In Betracht kommen hierfür zB der Kauf geringwertiger Büromaterialien, falls nicht ohnehin bereits ein sachlicher Zusammenhang zu verneinen ist.[242]

Eine weitere Ausnahme von der Anwendbarkeit des Instituts der verdeckten Sacheinlage ist jedenfalls dann angebracht, wenn Gewinnansprüche des Gesellschafters in die Gesellschaft eingelegt werden. Sofern hier die Bestimmungen über die Kapitalerhöhung aus Gesellschaftsmitteln[243] beachtet werden, liegt keine verdeckte Sacheinlage vor.[244] Zu dem in diesem Zusammenhang bei der GmbH genannten „Schütt-aus-Hol-zurück"-Verfahren[245] ist allerdings anzumerken, dass dieses Verfahren nach Umstellung der Körperschaftsteuer auf das Halbeinkünfte- bzw Teileinkünfteverfahren in der Praxis kaum noch Bedeutung hat.

Schließlich ist vor der Novellierung der Rechtsfolgen der verdeckten Sacheinlage diskutiert worden, ob die Grundsätze über die verdeckte Sacheinlage dann ausnahmsweise nicht anzuwenden sind, wenn ein gemischte Sacheinlage (vgl Rn 24) verdeckt wird, und zwischen dem Wert der Einlageforderung und dem Gegenleistungsanspruch des Inferenten ein beträchtlicher Unterschied besteht.[246] Denn nach der Rspr des BGH waren auch in diesen Fällen die schuldrechtlichen und dinglichen Geschäfte einheitlich nichtig.[247] Da nunmehr nach § 27 Abs. 3 nF die schuldrechtlichen und dinglichen Geschäfte wirksam sind und lediglich bei einem etwa fehlenden Wert des verdeckt eingebrachten Vermögensgegenstandes gemessen an der von der AG gezahlten Gesamtgegenleistung bei der Frage der Anrechnung eine differenzierende Betrachtung erfolgt,[248] bedarf es für die verdeckte gemischte Sacheinlage keiner Ausnahme mehr.[249]

4. Rechtsfolgen der verdeckten Sacheinlage. a) Allgemeines. Abs. 3 S. 1–5 enthalten seit dem 1.9.2009 eine mit § 19 Abs. 4 GmbHG im Wesentlichen übereinstimmende Regelung der Rechtsfolgen verdeckter Sacheinlagen. Die bisherige Kernaussage, dass die Bareinlage nicht wirksam erbracht worden ist, bleibt bestehen. Abs. 3 S. 3 versagt dem verdeckt eingebrachten Vermögensgegenstand ebenso wie § 19 Abs. 4 GmbHG die Erfüllungswirkung; es bleibt aus den oben Rn 37 dargestellten Gründen bei der Anrechnung des Wertes des verdeckt eingebrachten Gegenstandes. Anders als § 27 Abs. 3 S. 1 aF bestimmt Abs. 3 S. 2 nunmehr, dass die (schuldrechtlichen) Verträge über die Sacheinlage und die Rechtshandlungen zu ihren Ausführung nicht unwirksam sind. Nach Abs. 3 S. 3 iVm S. 4 findet jedoch eine zeitlich versetzte Anrechnung des Wertes des Vermögensgegenstandes, den dieser zum Zeitpunkt der Anmeldung der Gesellschaft hatte, im Zeitpunkt der Eintragung der Gesellschaft im Handelsregister statt. Da die Anrechnung nur in Höhe des Wertes des Gegenstandes erfolgt, bleibt ggf der Bareinlageanspruch dabei teilweise offen. In dieser Höhe haftet der Inferent (Differenzhaftung). Abs. 3 S. 5 bürdet dem Gesellschafter die Beweislast für die Werthaltigkeit des Vermögensgegenstandes (zum Zeitpunkt der Registeranmeldung) auf. Wegen der zeitversetzten Anrechnung des Wertes und der bis zu diesem Zeitpunkt ungekürzt bestehenden Bareinlageforderung dürfen die Beteiligten die Versicherung nach § 37 Abs. 1 S. 2 nicht abgeben; das Registergericht

---

237 BGHZ 125, 141, 143 f; *Hüffer*, Rn 30.
238 BGHZ 170, 47, 58.
239 *Henze*, ZHR 154 (1990), 105, 112 11; *Niemann*, DB, 1990, 1531, 1533.
240 *Ulmer*, ZHR 154 (1990), 128, 142; *Joost*, ZIP 1990, 549, 560; GroßKomm-AktienR/*Röhricht*, Rn 205; GroßKomm-GmbHG/ *Ulmer*, § 5 Rn 171 a; MüKo-AktG/*Pentz*, Rn 97; Spindler/Stilz/ *Heidinger/Benz*, Rn 160.
241 BGHZ 132, 133, 140; BGHZ 170, 47, 58; GroßKomm-AktienR/*Röhricht*, Rn 201; Traugott/*Groß*, BB 2003, 481, 483.
242 KölnKomm-AktG/*Arnold*, Rn 97.
243 §§ 207 ff.
244 BGHZ 135, 381 ff, KölnKomm-AktG/*Arnold*, Rn 99.
245 Vgl zB *Lutter/Zöllner*, ZGR 1996, 164 ff.
246 *Martens*, AG 2007, 732 ff.
247 BGHZ 173, 145, 152 Rn 15 (Lurgi) unter Verweis auf BGHZ 170, 47.
248 Vgl hierzu näher Rn 63; Lutter/Bayer/*Hommelhoff*, GmbHG § 19 Rn 77; *Hüffer*, Rn 35.
249 KölnKomm-AktG/*Arnold*, Rn 98.

muss bei entsprechender Kenntnis den Eintragungsantrag nach § 38 Abs. 1 zurückweisen. Wird die Gesellschaft gleichwohl eingetragen, ist sie wirksam entstanden (vgl Rn 30).

51 **b) Fortbestehen der Bareinlagepflicht.** Nach Abs. 3 S. 1 hat weder die scheinbare Zahlung des geschuldeten Geldbetrages noch die verdeckte Einbringung eines anderen Vermögensgegenstandes Erfüllungswirkung hinsichtlich der Bareinlageforderung. Für die scheinbare Zahlung ergibt sich dies bereits daraus, dass die der Gesellschaft zur Verfügung gestellten Gelder wegen der Abrede der Gesellschafter dem Vorstand nicht im Sinne von § 36 Abs. 2 endgültig zur freien Verfügung stehen.[250] Die verdeckte Übertragung des Vermögensgegenstandes aus dem Gegengeschäft kann die Bareinlageverpflichtung nicht iSv § 362 BGB tilgen, weil sie ein aliud ist.[251] Sofern teilweise die Vorschrift wörtlich verstanden wird und angenommen wird, dass die Bareinlageverpflichtung durch die Sachleistung erfüllt werde und die von der Gesellschaft für den Gegenstand geleistete Vergütung den Bereicherungsanspruch des Inferenten wegen unwirksamer Barleistung tilge,[252] überzeugt dies wegen der Leistung eines aliuds nicht. Die ursprünglich von dem Gesetzgeber des MoMiG geplante Erfüllungslösung (vgl Rn 37) wäre aus diesem Grund dogmatisch nicht zu begründen gewesen.[253]

52 **c) Wirksamkeit von Verträgen und Durchführungsgeschäften.** Aus Abs. 3 S. 2 ergibt sich, dass die schuldrechtlichen Verträge über die Sacheinlage und die entsprechenden Durchführungsgeschäfte anders als nach bisheriger Rechtslage wirksam sind, soweit das Verhältnis des Inferenten zur AG betroffen ist. Somit ist auch das dingliche Vollzugsgeschäft wirksam, obwohl ein aliud geleistet wird, wenn dies dogmatisch auch nur schwer nachvollziehbar ist (vgl hierzu im Einzelnen Rn 54 ff). Der Sache nach setzt die „Anrechnungslösung" jedoch die Wirksamkeit des dinglichen Vollzugsgeschäftes voraus, damit der andernfalls gegebene Anspruch nach § 812 Abs. 1 S. 1 des Gesellschafters ausgeschlossen wird.[254]

53 **d) Haftung des Gesellschafters auf die Differenz.** § 27 Abs. 3 nF beschränkt das Risiko des Gesellschafters, der statt einer Bareinlage eine verdeckte Sacheinlage erbringt, auf die Differenz zwischen dem Wert des verdeckt eingebrachten Vermögensgegenstandes und der nach Abs. 3 S. 1 fortbestehenden Bareinlageverpflichtung dadurch, dass der Wert des der Gesellschaft übertragenen Vermögensgegenstandes auf die Bareinlageverpflichtung nach Abs. 3 S. 3 angerechnet wird. Für das – auch nach MoMiG und ARUG noch einem Präventivschutz dienenden[255] – System der Kapitalaufbringung ist die Anordnung dieser Rechtsfolge problematisch, weil der Gesellschafter finanziell keine höheren Risiken eingeht als die zum Schein nach außen übernommene Bareinlageverpflichtung (vgl zur Kritik an der Anrechnungslösung bereits Rn 39).[256]

54 Die Auffassungen darüber, wie die vom Gesetzgeber angeordnete pragmatische Rechtsfolge des Abs. 3 S. 3 dogmatisch einzuordnen ist, sind geteilt. Ausgangspunkt aller derartigen Überlegungen ist der Umstand, dass der Gesellschafter wegen der unwirksamen Leistung auf die Bareinlageverpflichtung grundsätzlich einen Anspruch aus Zweckverfehlungskondiktion haben müsste.[257] Es geht jedoch darum, einen derartigen Anspruch des Inferenten auszuschließen, weil sich die Haftung des Inferenten sonst nicht auf den Minderwert der Sacheinlage beschränken würde, sondern eine entsprechend höhere Haftung auf die Bareinlage bestünde.[258] Dogmatisch ist es also erforderlich, den wegen der unwirksam erfolgten Barzahlung zunächst einmal bestehenden Kondiktionsanspruch[259] zu „neutralisieren".[260]

55 Im Hinblick auf den zutreffenden dogmatischen Ansatz, eine derartige Neutralisierung eintreten zu lassen, werden verschiedene Wege befürwortet.[261]

56 Dabei wird von einigen Stimmen vertreten, dass Abs. 3 von einer Tilgung der Bareinlageverpflichtung ausgeht. Hierbei wird wiederum danach differenziert, wodurch die Tilgung eintreten soll:

57 Zum einen wird angenommen, dass Abs. 3 bei wörtlicher Anwendung dazu führe, dass die Bareinlageverpflichtung durch die verdeckt erfolgte Sachleistung erfüllt werde. Das Gegengeschäft müsse als Schuldverhältnis insofern ausgeblendet werden. Die für den Gegenstand von der Gesellschaft bezahlte Vergütung til-

---

250 *Hüffer*, Rn 32.
251 *Hüffer*, Rn 32; *Goette*, Einführung in das neue GmbH-Recht, 2008, Rn 31.
252 *Maier-Reimer/Wenzel-Reimer*, ZIP 2008, 1449, 1452 und ZIP 2009, 1185 ff; *Roth/Altmeppen/Roth*, GmbHG, § 19 Rn 77; *Fuchs*, BB 2009, 170, 172; *Veil/Werner*, GmbHR 2009, 729, 733.
253 *Ulmer*, ZIP 2008, 45, 51 ff; *Goette*, Einführung in das neue GmbH-Recht, 2008, Rn 31; *Bayer*, ZGR 2007, 220, 233 ff; *Hüffer*, Rn 32 mwN.
254 Vgl hierzu näher Rn 54 ff; *Hüffer*, Rn 33 mwN.
255 Vgl *Goette*, Einführung in das neue GmbH-Recht, 2008, Rn 13; KölnKomm-AktG/*Arnold*, Rn 88 im Hinblick auf die europarechtliche Zulässigkeit von § 27 Abs. 4; *Schall*, ZGR 2009, 126, 144; *Maier-Reimer/Wenzel*, ZIP 2009, 1185, 1195.
256 *Dauner-Lieb*, AG 2009, 217, 219.
257 KölnKomm-AktG/*Arnold*, Rn 105; *Pentz*, GmbHR 2010, 673, 681.
258 KölnKomm-AktG/*Arnold*, aaO; *Bormann/Urlichs*, GmbHR 2008, Sonderheft MoMiG, S. 37, 39.
259 KölnKomm-AktG/*Arnold*, Rn 108; *Pentz*, GmbHR 2010, 673, 681.
260 *Kersting*, VGR 14 (2008), S. 101, 105; *Dauner-Lieb*, AG 2009, 217, 222; KölnKomm-AktG/*Arnold*, Rn 108.
261 Vgl die Übersichten über den Meinungsstand bei KölnKomm-AktG/*Arnold*, Rn 105 ff, bei *Pentz*, GmbHR 2010, 673, 680 und *H.-F. Müller*, NZG 2011, 761, 762; offen gelassen von BGH GmbHR 2010, 700 (ADCOCOM).

ge ihrerseits den Bereicherungsanspruch des Inferenten wegen unwirksamer Barleistung.[262] Der Rechtsgrund für die wirksame Übertragung des Eigentums an dem Vermögensgegenstand auf die Gesellschaft sei neben dem Gegengeschäft auch die fortbestehende Bareinlageverbindlichkeit.[263]

Zum anderen misst man der ursprünglichen Barzahlung des Inferenten als Konsequenz der Anrechnung – teilweise – Erfüllungswirkung bei.[264] Eine – gemessen an der Höhe Bareinlageverpflichtung – fehlende Werthaltigkeit des übertragenen Vermögensgegenstandes bewirke, dass die ursprüngliche Barleistung nur partiell Erfüllungswirkung im Hinblick auf die Einlageverbindlichkeit habe. Dem Gesellschafter stehe dabei kein Anspruch aus Zweckverfehlungskondiktion zu, da die Gesellschaft infolge Übernahme des Vermögens für eine unangemessene Gegenleistung entreichert sei.[265] Diesem Ansatz ähnelnd wird von anderen ein Vergleich zur Differenzhaftung bei offener Sachübernahme im Recht der GmbH hergestellt, bei der ein Anspruch des Inferenten wegen Zweckverfehlungskondiktion verneint wird, weil die ursprüngliche Bareinlage mit ihrer späteren Anrechnung ihren Zweck noch erreiche.[266] Nach einer weiteren Variante der Herleitung der Erfüllungswirkung aus der ursprünglichen Barzahlung wird die aus Abs. 3 resultierende Differenzhaftung zwischen dem Wert des übertragenen Gegenstandes und der Einlageforderung letztlich als Haftung für eine verdeckte Zuwendung angesehen.[267]

Des Weiteren wird die Anrechnung in Abs. 3 dogmatisch nicht als Erfüllung im Sinne einer gesetzlich vorgesehenen Leistung an Erfüllungs statt angesehen, sondern dem Gesichtspunkt der Vorteilsausgleichung, wie zB in § 326 Abs. 2 S. 2 BGG geregelt, zugeordnet. Der Bereicherungsanspruch des Inferenten wegen unwirksamer Einlageerbringung sei ausgeschlossen, weil Satz 3 *lex specialis* gegenüber dem Bereicherungsrecht sei.[268]

Schließlich wird die Anrechnung als die vom Gesetzgeber angeordnete – mithin ipso iure eintretende – Verrechnung einer offenen Geldeinlageforderung einer Gesellschaft mit einer aus einer nicht als Erfüllung anerkannten Bareinlageleistung herrührenden Bereicherungsforderung eines Inferenten gesehen.[269]

Bei Würdigung der verschiedenen Ansätze erscheint es am ehesten überzeugend davon auszugehen, dass es sich bei der Anrechnung iSv Abs. 3 S. 4 weder um Erfüllung noch um Leistung an Erfüllungs statt handelt, sondern um ein verrechnungsähnliches Erfüllungssurrogat eigener Art.[270]

Unabhängig von den Schwierigkeiten, die „Anrechnungslösung" dogmatisch zu erklären, besteht Einigkeit darüber, dass die praktische Bedeutung der Kontroverse über die dogmatische Einordnung nicht überbewertet werden darf, weil hinsichtlich der Wirkungsweise der in Abs. 3 angeordneten Rechtsfolge Konsens herrscht.[271]

e) Einzelfragen der Anrechnung. aa) Betrag der Anrechnung und Bewertung. Hinsichtlich des Betrages der Anrechnung, dh des Wertes des verdeckt eingebrachten Gegenstandes, kommt es auf den Zeitpunkt der Anmeldung an; erfolgt die Überlassung an die AG erst zu einem späteren Zeitpunkt, wird auf diesen späteren Zeitpunkt abgestellt, Abs. 3 S. 3. Die Bewertung des Gegenstandes zum Zeitpunkt der Anmeldung erfolgt nach den allgemeinen Grundsätzen einer Sacheinlage.[272] Ist der Wert des eingebrachten Vermögensgegenstandes geringer als die Bareinlageforderung und diese nicht geringer als die im Gegengeschäft angesetzte Vergütung, bleibt die Bareinlageforderung in Höhe des Differenzbetrages bestehen.[273] Für die verbleibende Bareinlageforderung gelten die allgemeinen Bestimmungen, nach denen sich auch die Frage der Verjährung richtet (§ 54 Abs. 4).[274] Ist der Wert des Vermögensgegenstandes höher als die im Gegengeschäft vertraglich angesetzte Vergütung und diese nicht höher als die Bareinlageverpflichtung, so ist der überschießende Wert dem Gesellschafter nicht zu erstatten, da dieser die ggf für ihn ungünstigen Konditionen des Gegengeschäftes privatautonom vereinbart hat und der Wortlaut von Abs. 3 S. 3 sich auf die Anrechnung beschränkt.[275] Ist der Betrag der nach dem Gegengeschäft an den Gesellschafter zu zahlende Vergütung da-

---

262 Mayer-Reimer/Wenzel, ZIP 2008, 1449 ff; dies., ZIP 2009, 1185 ff; wohl zustimmend: Roth/Altmeppen/*Roth*, GmbHG, § 19 Rn 77; Fuchs, BB 2009, 170, 172; Veil/Werner, GmbHR 2009, 729, 733.
263 Mayer-Reimer/Wenzel, aaO.
264 Kersting, VGR 14 (2008), S. 101, 111 ff; Schall, ZGR 2009, 126, 140.
265 Kersting, VGR 14 (2008), S. 101, 112 f; ähnlich: Pentz, in: FS K. Schmidt, 2009, S. 1265, 1275; ders., GmbHR 2010, 673, 682 f, allerdings unter Ablehnung der Zweckerreichung der (vermeintlichen) Bareinlageleistung des Gesellschafters, das Erlöschen der Einlageverbindlichkeit beruhe ausschließlich auf der gesetzlich angeordneten Anrechnung.
266 Benz, Verdeckte Sacheinlage und Einlagenrückzahlung im reformierten GmbH-Recht (MoMiG), 2010, S. 111 ff, 114 ff; zustimmend: Heckschen/*Heidinger*, Die GmbH in der Gestaltungs- und Beratungspraxis, 2. Aufl. 2009, § 11 Rn 247; Lutter/Hommelhoff/*Bayer*, GmbHG, Rn 83.
267 Dauner-Lieb, AG 2009, 217, 223 f.
268 Ulmer, ZIP 2009, 293 ff; Hüffer, Rn 35.
269 Sernetz, ZIP 2010, 2173, 2176 ff.
270 So Pentz, in: FS K. Schmidt, 2009, S. 1265, 1275; ders., GmbHR 2010, 673, 683; Bork/Schäfer/*Bartels*, GmbHG, § 19 Rn 24; Schall, ZGR 2009, 126, 140 Fn 52; H.-F. Müller, NZG 2011, 761, 762.
271 Dauner-Lieb, AG 2009, 217, 226 f; Meier-Reimer/Wenzel, ZIP 2009, 1185, 1186; KölnKomm-AktG/*Arnold*, Rn 108.
272 Hüffer, Rn 36; KölnKomm-AktG/*Arnold*, Rn 110.
273 KölnKomm-AktG/*Arnold*, Rn 110.
274 KölnKomm-AktG/*Arnold*, Rn 109; Lutter/Hommelhoff/*Bayer*, GmbHG, § 19 Rn 81.
275 Mit teilw. abw. Begr.: Roth/Altmeppen/*Roth*, GmbHG, § 19 Rn 82.

gegen höher als die Bareinlageverpflichtung, liegt eine verdeckte gemischte Sacheinlage vor, bei der für die Anrechnung zu differenzieren ist (hierzu sogleich Rn 63).

63 **bb) Anrechnung bei verdeckter gemischter Sacheinlage.** Bei gemischter verdeckter Sacheinlage liegen nach dem gemeinsamen Willen der Beteiligten sowohl Sacheinlage als auch Sachübernahme vor, denn die Gegenleistungsverpflichtung der Gesellschaft übersteigt den Betrag der Bareinlageverpflichtung. Beide Teile dieses Kapitalaufbringungsvorgangs unterliegen einheitlich den Bestimmungen der Sacheinlage.[276] Daher beziehen sich auch die Rechtsfolgen bei einer verdeckten gemischten Sacheinlage einheitlich auf das gesamte Rechtsgeschäft.[277] Ist der eingebrachte Vermögensgegenstand mehr wert als die vollständig erbrachte Bareinlage, aber weniger als die von der Gesellschaft zu zahlende Gegenleistung wert, ist nach der hM wie folgt vorzugehen: Der Wert des verdeckt eingebrachten Vermögensgegenstandes ist nicht zunächst auf die Bareinlageverpflichtung und dann auf die zusätzlich von der Gesellschaft geleistete Vergütung anzurechnen, da so die Kapitalaufbringung wegen des hier stattfindenden Mittelabflusses nicht gewährleistet ist. Bei einem derartigen Vorgehen wäre aufgrund der Anrechnung die Einlageforderung in voller Höhe erloschen, in Höhe der Differenz des Wertes des Vermögensgegenstandes zum Betrag der von der Gesellschaft gezahlten Gegenleistung läge mit dem Gegengeschäft ein Rechtsgrund vor, aufgrund dessen der an den Gesellschafter abgeflossene Differenzbetrag nicht zurückgefordert werden könnte.[278] Stattdessen ist im Interesse der Kapitalaufbringung vor einer Anrechnung von dem ermittelten tatsächlichen Wert des Vermögensgegenstandes der Betrag abzuziehen, der von der Gesellschaft über den Nominalwert der Bareinlage hinaus als Kaufpreis für den Vermögensgegenstand entrichtet worden ist,[279] da dieser Betrag abgeflossen ist und den für eine Anrechnung zur Verfügung stehenden, in das Gesellschaftsvermögen gelangten Wert des Vermögensgegenstandes mindert (Anrechnungssperre).[280] Der verbleibende Differenzbetrag kann angerechnet werden.[281] Ist der verbleibende Differenzbetrag größer als der Einlagebetrag, besteht eine Bareinzahlungspflicht nach den allgemeinen Grundsätzen der Differenzhaftung.[282]

64 **cc) Anrechnung bei Teileinzahlung.** Hat der Gesellschafter nur eine Teilleistung auf seine Einlageschuld erbracht und übersteigt der im Zuge Gegengeschäft erfolgte Kapitalabfluss den Betrag der bisher erbrachten Einzahlung auf die Bareinlage, fragt sich, ob der Wert des übertragenen Vermögensgegenstandes auch auf den nicht eingeforderten Teil der Einlageschuld angerechnet werden kann.[283] Dies ist jedenfalls dann nicht möglich, wenn der Wert des Vermögensgegenstandes der von der Gesellschaft gezahlten Gegenleistung entspricht, da hier kein überschießender Wert in das Gesellschaftsvermögen eingebracht wird, der für eine weitergehende Anrechnung zur Verfügung stehen könnte.[284] Aber selbst wenn der Wert des Gegenstandes die von der Gesellschaft gezahlte Gegenleistung übersteigt, scheidet eine Anrechnung auf den nicht eingeforderten Teil der Bareinlage aus, da auch hier der Gesellschafter an die privatautonome Festlegung der Gegenleistung gebunden ist[285] und der Gesellschaft im Wege der Anrechnung nicht mehr zugewandt werden muss, als der Gesellschafter als Gegenleistung erhält.[286] Ist der Wert des eingebrachten Gegenstandes dagegen geringer als die von dem Gesellschafter erbrachte Gegenleistung, greift auch hier im Interesse der Kapitalaufbringung eine Anrechnungssperre in Höhe des Fehlbetrages zwischen tatsächlichem Wert und Gegenleistung ein.[287] Ist der Fehlbetrag größer als die bisher erfolgte Teileinzahlung, besteht hier ebenfalls eine allgemeine Differenzhaftung.

65 **dd) Beweislast.** Hinsichtlich des Wertes des verdeckt eingebrachten Gegenstandes bürdet Abs. 3 S. 5 dem Inferenten die Beweislast für die Höhe des Wertes, der für eine Anrechnung in Frage kommt, auf. Zweifelhaft ist dabei insbesondere, ob einem von den Gesellschaftern vorsorglich vorbereitetem Gutachten

---

276 Vgl Rn 24.
277 BGHZ 173, 145, 152 f. Tz 15 (Lurgi); BGH BB 2008, 1026, 1028; *Habersack*, ZGR 2008, 48, 53; K. Schmidt/Lutter/*Bayer*, Rn 80; Lutter/Hommelhoff/*Bayer*, GmbHG, § 19 Rn 91. Vgl zur analogen Anwendbarkeit des § 27 Abs. 3 und § 20 Abs. 7 EGAktG auf die nicht ordnungsgemäß offengelegte (gemischte) Sacheinlage *Habersack*, GWR 2010, 107.
278 *Pentz*, GmbHR 2010, 673, 706.
279 BGH GmbHR 2010, 700 Tz 57 (ADCOCOM).
280 HM, vgl BGH aaO, Lutter/Hommelhoff/*Bayer*, GmbHG, § 19 Rn 91; *Veil/Werner*, GmbHR 2009, 729, 735; *Bormann/Urlichs* in: Römermann/Wachter, GmbH-Beratung nach dem MoMiG, 2008, S. 37, 40; KölnKomm-AktG/*Arnold*, Rn 115; *Pentz*, GmbHR 2010, 673, 678 f mit zutr. methodischer Begründung dieser Vorgehensweise; *ders.*, GWR 2010, 285 auch zum Fall der vollständigen Wertdeckung bei verdeckter gemischter Sacheinlage; aA Baumbach/Hueck/*Fastrich*, GmbHG, § 19 Rn 58.
281 Lutter/Hommelhoff/*Bayer*, GmbHG, § 19 Rn 91; KölnKomm-AktG/*Arnold*, Rn 115.
282 *Bormann/Urlichs* in: Römermann/Wachter, GmbH-Beratung nach dem MoMiG, 2008, S. 37, 40; Lutter/Hommelhoff/*Bayer*, GmbHG, § 19 Rn 92; KölnKomm-AktG/*Arnold*, Rn 115.
283 Dafür: *Pentz*, in: FS K. Schmidt, S. 1265, 1279 f; dagegen: *Bormann/Urlichs* in: Römermann/Wachter, GmbH-Beratung nach dem MoMiG, 2008, S. 37, 39 f; Lutter/Hommelhoff/*Bayer*, GmbHG, § 19 Rn 89; KölnKomm-AktG/*Arnold*, Rn 113 f.
284 KölnKomm-AktG/*Arnold*, Rn 113.
285 Vgl bereits Rn 62.
286 *Veil/Werner*, GmbHR 2009, 729, 737; KölnKomm-AktG/*Arnold*, Rn 113.
287 Lutter/Hommelhoff/*Bayer*, GmbHG, § 19 Rn 89; *Bormann/Urlichs* in: Römermann/Wachter, GmbH-Beratung nach dem MoMiG, 2008, S. 37, 39 f; KölnKomm-AktG/*Arnold*, Rn 114.

(„Schubladengutachten") zur Werthaltigkeit der verdeckten Sacheinlage entscheidender Beweiswert zukommt.[288]

f) Übergangsregelung. § 20 Abs. 7 EGAktG ordnet die Geltung der Neuregelung des § 27 Abs. 3 grundsätzlich auch für Einlageleistungen an, die vor dem 1.9.2009 bewirkt worden sind, soweit sie nach der vor diesem Zeitpunkt geltenden Rechtslage wegen Vorliegens einer verdeckten Sacheinlage keine Erfüllung der Einlageschuld bewirkt haben. Diese Regelung wird überwiegend so gedeutet, dass die Rechtshandlungen zur Ausführung der verdeckten Sacheinlage rückwirkend wirksam werden, damit die vom Gesetzgeber angestrebte Vereinfachung der Rechtsfolgen erzielt werden kann.[289] Diese Ansicht wurde inzwischen vom BGH bestätigt; aus dem Umstand, dass sich § 20 Abs. 7 EGAktG auf den gesamten § 20 Abs. 3 AktG und damit auch auf Abs. 3 S. 3 (Anrechnung) Bezug nimmt, ergebe sich auch eine Anrechnung in Altfällen.[290]

Die in § 20 Abs. 7 EGAktG vorgesehene Rückwirkung wird teilweise wegen Verstoßes gegen Art. 14 Abs. 1 S. 1 GG und wegen Verstoßes gegen das im Geltungsbereich des Art. 14 zu berücksichtigende Vertrauensschutzprinzip für verfassungsrechtlich bedenklich gehalten,[291] denn die von der Bestimmung angeordnete Rückwirkung greift u.a. in die nach alter Rechtslage fortbestehende Einlageforderung und die Rückabwicklungsforderung der Gesellschaft und darüber hinaus – wegen Anordnung der Wirksamkeit der Verträge über die Sacheinlage und der Rechtshandlungen zu ihrer Ausführung – in Eigentums- und Rückabwicklungsforderungen des Inferenten ein.[292] Allerdings handelt es sich bei § 20 Abs. 7 EGAktG um eine dem Gebot des Interessenausgleichs und den Kriterien einer zulässigen Inhalts- und Schrankenbestimmung entsprechende Regelung, da sie Rechtsgeschäften, deren fehlende rechtliche Anerkennung aus der Sicht der handelnden Personen nicht ohne Weiteres erkennbar war, nunmehr Rechtswirksamkeit verleiht. Denn damit sorgt die Regelung für Rechtssicherheit unter zulässiger Herabstufung des bisher hochgehaltenen präventiven Schutzes bei gleichzeitiger Betonung der Relevanz des tatsächlichen Mittelzuflusses.[293] Im Übrigen enthält die Bestimmung eine zulässige unechte Rückwirkung, die nicht gegen das Vertrauensschutzprinzip verstößt.[294] Auch stellen sich in der Praxis in der überwiegenden Mehrzahl aller Fälle verfassungsrechtliche Bedenken aus Art. 14 GG bereits wegen der Sachverhaltsgestaltung von vornherein nicht.[295]

Die Rückwirkung nach § 20 Abs. 7 EGAktG greift nach dieser in der Bestimmung vorgesehenen Ausnahmen dann nicht ein, soweit über die aus der Unwirksamkeit folgenden Ansprüche zwischen der Gesellschaft und dem Gesellschafter bereits vor dem 1.9.2009 ein rechtskräftiges Urteil ergangen ist oder eine wirksame Vereinbarung zwischen der Gesellschaft und dem Gesellschafter getroffen worden ist. Hierbei genügt es, dass ein rechtskräftiges Urteil nur im Hinblick auf einen der aus der Unwirksamkeit folgenden Ansprüche ergangen ist.[296]

5. Heilung der verdeckten Sacheinlage. Auch vor Verabschiedung des ARUG konnte ein in dem Verstoß gegen § 27 Abs. 1 liegender Errichtungsmangel bis zum Zeitpunkt der Eintragung durch nachträgliche Aufnahme der erforderlichen Festsetzungen geheilt werden.[297] Diese – durch den Erlass des ARUG unveränderte – Heilungsmöglichkeit gilt insbesondere bei als verdeckten Sacheinlagen konzipierten Geschäften, dh bei Geschäften, bei denen zusätzlich zum objektiven Fehlen der erforderlichen Festsetzungen die übrigen Voraussetzungen der verdeckten Sacheinlage gem. Abs. 3 vorliegen.[298] Die Gründer sind im Innenverhältnis untereinander zur Mitwirkung an derartigen Satzungsänderungen bzw Heilungsmaßnahmen verpflichtet.[299] Findet die offene Umwidmung der Bareinlagepflicht in eine Sacheinlagepflicht vor Eintragung statt, wird die Einlagepflicht durch die Sacheinlage erfüllt, die in Abs. 3 festgesetzten Rechtsfolgen greifen nicht,

---

288 Handelsrechtsausschuss des DAV, Stellungnahme zum RegE MoMiG, NZG 2007, 735, 740; *Mayer-Reimer/Wenzel*, ZIP 2008, 1449, 1451; KölnKomm-AktG/*Arnold*, Rn 112; Lutter/Hommelhoff/*Bayer*, GmbHG, § 19 Rn 79; *Heckschen*, BB 2007, 771, 781; *Gehrlein*, Der Konzern 2007, 784; *Wicke*, GmbHG, 2008, § 19 Rn 27; für Beweiswert ersichtlich: *Schall*, ZGR 2009, 126, 145.
289 *Bormann/Urlichs*, GmbHR 2008, Sonderheft MoMiG, S. 37, 41; *Fuchs*, BB 2009, 170, 173; aA *Heinze*, GmbHR 2008, 1065, 1073; *Badenhop*, ZInsO 2009, 793, 802.
290 BGH GmbHR 2010, 700, 703 Tz 27 und 32 (ADCOCOM) für die Parallelbestimmung des § 3 Abs. 4 EGGmbHG unter Verweis auf die identischen Rückwirkungsfolgen in § 20 Abs. 7 EGAktG.
291 *Bormann*, GmbHR 2007, 897, 900 f; *Heinze*, GmbHR 2008, 1065, 1073; *Pentz*, GmbHR 2009, 505, 506 f; *ders.* differenzierend für den Fall von Zwischenverfügungen des Gesellschafters GmbHR 2010, 673, 676 f; dagegen, wegen Fehlen eines gesetzlichen Vertrauenstatbestandes: Lutter/Hommelhoff/*Bayer*, GmbHG, § 19 Rn 138.
292 BGH GmbHR 2010, 700, 704 (ADCOCOM).
293 Vgl zur Parallelvorschrift des § 3 Abs. 4 EGGmbHG unter Hinweis auf § 27 Abs. 7: BGH GmbHR 2010, 700, 704 (ADCOCOM).
294 Näher BGH GmbHR 2010, 700, 704 f (ADCOCOM); OLG Köln, GmbHR 2010, 1213; *Kleindiek*, ZGR 2011, 334, 341 f. im Hinblick auf die Parallelbestimmung des § 3 Abs. 4 EGGmbHG; *Hüffer*, Rn 23; kritisch *Adrianensis*, WM 2011, 968, 972 unter Hinweis auf unzulässige echte Rückwirkung bei Zwischenverfügungen des Aktionärs hinsichtlich der verdeckt eingebrachten Sache.
295 KölnKomm-AktG/*Arnold*, Rn 85.
296 *Pentz*, in: FS K. Schmidt, S. 1265, 1282 f; KölnKomm-AktG/*Arnold*, Rn 127.
297 KölnKomm-AktG/*Kraft*, 1. Aufl., § 19 Rn 94; *Hüffer*, Rn 37 f.
298 *Lutter/Gehling*, WM 1989, 1445, 1454; *Hüffer*, Rn 31.
299 BGH WM 2003, 1720; 1723; MüKo-AktG/*Pentz*, § 41 Rn 41, *ders.*, ZIP 2003, 2093, 2101.

auch die in Abs. 3 S. 5 vorgesehene Beweislastumkehr findet keine Anwendung, die Beweislast für eine etwaige Überbewertung trifft in diesem Fall die AG.[300]

70 Im Aktienrecht war nach Eintragung der AG der Weg einer derartigen Heilung der verdeckten Sacheinlage bisher durch § 27 Abs. 4 aF versperrt.[301] Nach Streichung dieser Bestimmung durch den Gesetzgeber des ARUG können nunmehr die von der Rechtsprechung im GmbH-Recht entwickelten Grundsätze der Heilung einer verdeckten Sacheinlage[302] nach Eintragung auch bei der AG angewandt werden.[303] Es bedarf daher eines mit satzungsändernder Mehrheit gefassten Hauptversammlungsbeschlusses; die dem Ausgabebetrag der Aktien entsprechende Werthaltigkeit der Sacheinlage muß nach dem von der Rechtsprechung vorgezeichneten Verfahren nachgewiesen werden, dh die Gesellschafter sind verpflichtet, entsprechend §§ 37 Abs. 1 S. 1, 36 a Abs. 2 S. 3 die Werthaltigkeit zu versichern.[304]

71 Eine etwaige Wertdifferenz muß ausgeglichen werden. Der Bewertungsstichtag ist nicht der Tag der Satzungsänderung sondern nach Abs. 3 S. 3 analog der Tag der Anmeldung der ursprünglichen Bargründung oder – bei späterer Überlassung des Gegenstandes – dieser Zeitpunkt.[305] Des Weiteren erfordert die Heilung im Recht der AG die nachträgliche Beachtung der §§ 32 ff im Hinblick auf die Sachgründung; der etwaige Vorteil der Heilung gegenüber einer Anrechnung gem. § 27 Abs. 3 S. 3 wird im Entfallen der Beweislastumkehr nach Abs. 3 S. 5[306] und darin gesehen, dass eine Pflichtwidrigkeit gegenüber der Gesellschaft nicht mehr festzustellen ist;[307] das Risiko von Falschangaben bei Anmeldung (hierzu Rn 38) bleibt allerdings bestehen.[308]

72 Eine Heilung einer verdeckten Sacheinlage durch ordentliche Kapitalherabsetzung gem. §§ 222 ff[309] ist somit nicht mehr erforderlich; auch eine Korrektur der verdeckten Sacheinlage im Wege der analogen Anwendung des Institutes der Nachgründung[310] ist wegen Streichung des § 52 Abs. 10 durch das ARUG obsolet. Selbstverständlich hat das Institut der Nachgründung neben der Neuregelung der verdeckten Sacheinlage eine eigenständige Bedeutung behalten. Sofern die durch Abs. 3 abgemilderten Rechtsfolgen der verdeckten Sacheinlage im Einzelfall durch die Regelungen des § 52 wieder verschärft werden, muss dieses unharmonische Nebeneinander beider Institute de lege lata hingenommen werden.[311]

73 **VI. Hin- und Herzahlen (Abs. 4). 1. Allgemeines.** Abs. 4 wurde ebenso wie Abs. 3 durch das ARUG in das Gesetz eingefügt und überträgt die in § 19 Abs. 5 GmbHG durch das MoMiG getroffene Regelung im Wesentlichen unverändert in das Aktienrecht.[312] Die hier vorgesehene Regelung des Hin- und Herzahlens wurde in der Vergangenheit als Unterfall der verdeckten Sacheinlage verstanden,[313] aber bereits vor Verabschiedung des MoMiG in jüngerer Rechtsprechung und Literatur als Sonderfall einer fehlgeschlagenen Einlageleistung gewertet.[314] Die neue Regelung will insbesondere in den Fällen eines Cash Pools, in denen in engem zeitlichen Zusammenhang mit der Gründung der Gesellschaft die Einlage aufgrund einer Vorabsprache wieder an den Inferenten zurückfließt, die bisherige Rechtsfolge des fortbestehenden Bareinlageanspruches vermeiden, wenn der Gesellschaft aufgrund ihrer Leistung gegen den Inferenten ein liquider und vollwertiger Rückgewähranspruch zusteht.[315]

74 Diesbezüglich beabsichtigte der Gesetzgeber eine Harmonisierung mit der bereits durch Art. 5 MoMiG in das AktG eingefügte Bestimmung des § 57 Abs. 1 S. 3 AktG und erkennt nunmehr auch für den Fall des Hin- und Herzahlens die bilanzielle Betrachtungsweise an. Die entsprechende neugefasste Bestimmung im GmbHG ist auf Kritik gestoßen, weil mit der Anerkennung der Erfüllungswirkung trotz Mittelabfluss an

---

300 *Hüffer*, Rn 37, KölnKomm-AktG/*Arnold*, Rn 123; *Veil*, ZIP 2007, 1241, 1245.
301 Vgl zur Rechtslage vor ARUG: *Ammon*, FGPrax 1996, 201, 203; *Krieger*, ZGR 1996, 674, 691; MüKo-AktG/*Pentz*, Rn 83; *Ulmer*, ZHR 154 (1990) 128, 143; aA GroßKomm-AktienR/*Röhricht*, Rn 219.
302 Vgl nur BGHZ 132, 674, 150 ff = ZIP 1996, 668, 673 = NJW 1996, 1473.
303 Beschlussempfehlung und Bericht des Rechtsausschusses, BT-Drucks. 16/13098, S. 54; KölnKomm-AktG/*Arnold*, Rn 122; *Hüffer*, Rn 38; zu Recht auf rechtspolitische und rechtsdogmatische Bedenken hinweisend: Spindler/Stilz/*Heidinger/Benz* Rn 205 ff.
304 BGHZ 132, 674, 150 ff = ZIP 1996, 668, 673 = NJW 1996, 1473; KölnKomm-AktG/*Arnold*, Rn 125.
305 Lutter/Hommelhoff/*Bayer*, GmbHG, § 19 Rn 98; *Hüffer*, aaO.
306 KölnKomm-AktG/*Arnold*, Rn 123.
307 *Veil*, ZIP 2007, 1241, 1245.
308 KölnKomm-AktG/*Arnold*, Rn 123.
309 Vgl hierzu nur BayObLG DB 1978, 337 f; GroßKomm-AktienR/*Röhricht*, Rn 217 mwN in Fn 243.
310 Vgl hierzu Lutter/Gehling, WM 1989, 1445, 1455 f; *Ulmer*, ZHR 154 (1990) 128, 143.
311 Spindler/Stilz/*Heidinger/Benz*, Rn 117. Der Gesetzgeber hat zwar nach der Gesetzesbegründung, vgl: BT-Drucks. 16/13098 S. 36, das Konkurrenzverhältnis zwischen verdeckter Sacheinlage und Nachgründung gesehen, aber dem Umstand, dass die Rechtsfolgen der Nachgründung nunmehr im Verhältnis zu den Rechtsfolgen der verdeckten Sacheinlage strenger ausfallen, nicht hinreichend Rechung getragen, vgl hierzu Spindler/Stilz/*Heidinger/Benz*, Rn 114 ff mwN.
312 Beschlussempfehlung und Bericht des Rechtsausschusses, BT-Drucks. 16/13098, S. 55; vgl zur Reformgeschichte: *Illhardt*, Die Einlagenrückzahlung nach § 27 Abs. 4, S. 33 ff.
313 BGH GmbHR 2003, 231; vgl hierzu *Bayer*, GmbHR 2004, 445.
314 BGHZ 165, 113, 116 = NJW 2006, 509 = GmbHR 2006, 43; BGHZ 165, 352, 355 = NJW 2006, 906; *Goette*, Einführung in das neue GmbH-Recht, 2008, Rn 21 ff; *Drygala*, NZG 2007 561, 563 f; vgl auch Vorauflage § 27 Rn 41.
315 BT-Drucks. 16/6140. S. 35 und BT-Drucks. 16/9737, S. 56; Beschlussempfehlung und Bericht des Rechtsausschusses, BT-Drucks. 16/13098, S. 55; *Hüffer*, Rn 39.

den Inferenten eine Substitution der Einlageforderung durch eine schlichte schuldrechtliche, wenn auch vollwertige Forderung vorrangig für Cash-Pool-Situationen eingeführt wird, dh ersichtlich ein Sonderrecht für Konzerne oder Unternehmensverbindungen geschaffen wurde, die einen Cash Pool unterhalten.[316] Auch werde das Prognoserisiko für den Ausfall des Rückgewähranspruchs – rechtspolitisch bedenklich – vom Gesellschafter auf die Gesellschaft verlagert.[317]

2. Europarechtliche Aspekte. Fraglich ist mit Blick auf das Europarecht zunächst, ob § 27 Abs. 4 mit Art. 9 Abs. 1 der Kapitalrichtlinie harmoniert, deren Umsetzung in deutsches Recht § 36 a Abs. 1 Alt. 1 dient, wonach die reale Kapitalaufbringung bei Gründung die Leistung einer Mindesteinlage iHv 25 % des Nennwertes oder des rechnerischen Wertes der Aktien verlangt. In diesem Zusammenhang fragt sich weiter, ob § 27 Abs. 4 mit der (überschießenden) Umsetzungsbestimmung des § 36 a Abs. 1 Alt. 2, wonach auch ein etwaiges Agio der Gesellschaft bei Gründung ungeschmälert zustehen muss, im Einklang steht.[318] In Art. 9 Abs. 1 der Kapitalrichtlinie ist grundsätzlich die effektive Leistung gemeint; ein Zahlungsversprechen des Inferenten soll die effektive Leistung nicht ersetzen können.[319] Daher wird im neueren Schrifttum vertreten, § 27 Abs. 4 müsse richtlinienkonform dahin ausgelegt werden, dass 25 % des Einzahlungsbetrages und das eingezahlte Agio nicht dem in einen Cash Pool einbezogenen Konto gutzubringen, sondern auf ein Separatkonto einzuzahlen sind, um zu vermeiden, dass gegen die Vorgaben der Richtlinie bzw den Rechtsgedanken des § 36 a Abs. 1 verstoßen wird.[320] Diese Überlegung führt für die Kapitalaufbringung der in einen Cash Pool einbezogenen Gesellschaften zu vergleichbaren Hindernissen wie das „November"-Urteil des BGH,[321] die mit der Wiederbelebung der bilanziellen Betrachtungsweise durch das MoMiG bzw ARUG (vgl Rn 1, 74) als überwunden galten, nämlich dazu, dass gebundene Vermögensmassen nicht verschoben werden dürfen.[322] Der Gesetzgeber hat im Bestreben eine pragmatische Lösung für Cash-Pool-Systeme zu finden, diesen Punkt ersichtlich nicht bedacht.[323] Bei der Frage, ob Art. 9 Abs. 1 der Kapitalrichtlinie tatsächlich ein unter die besonderen Anforderungen des § 27 Abs. 4 gestelltes Hin- und Herzahlen ausschließt, ist es mE jedoch nicht ausreichend, allein darauf hinzuweisen, dass Art. 9 Abs. 1 ersichtlich eine bare Einzahlung erwartet (und deshalb keinen Mittelabfluss an den Inferenten toleriert).[324] Denn eine Darlehensvergabe an Dritte ist jedenfalls durch Sinn und Zweck des Art. 9 Abs. 1 nicht ausgeschlossen. Wenn man weiter bedenkt, dass die von § 27 Abs. 4 gestellten Anforderungen an einen Rückgewähranspruch gegen den Inferenten (Werthaltigkeit, jederzeitige Fälligkeit, vgl Rn 83) sehr hoch sind, ist die Gesellschaft im Einzelfall bei einem Hin- und Herzahlen und entsprechendem Rückgewähranspruch iSv § 27 Abs. 4 sogar besser abgesichert als zB bei Darlehensvergabe an einen Dritten, der die jederzeitige Fälligstellung der Darlehensvaluta vertraglich ausgeschlossen hat. Auch ist zu beachten, dass der Gesellschaft bei einem Hin- und Herzahlen im Regelfall immerhin tatsächlich zunächst Barmittel in Höhe von mindestens 25% des Ausgabebetrages zugeführt werden. Sofern zur Verdeutlichung des Gedankens, Art. 9 Abs. 1 toleriere eine Wiederauszahlung des Mindesteinzahlungsbetrages von 25% an den Inferenten nicht, Sec. 586 Companies Act 2006 herangezogen wird,[325] sei schließlich darauf hingewiesen, dass diese Bestimmung in Abs. 3 selbst eine Ausnahme von der Mindesteinzahlungspflicht zulässt, die auf einem Anspruch gegen den Inferenten gründet.[326] Obwohl derzeit vereinzelt bereits nahegelegt wird, bei Anwendung des § 27 Abs. 4 unter Beachtung des Art. 9 Abs. 1 bzw § 36 a Abs. 1 Alt. 1 zu verfahren,[327] wird man die Frage, ob § 27 Abs. 4 mit Art. 9 Abs. 1 kolli-

---

316 *Goette*, Einführung in das neue GmbH-Recht, 2008, Rn 21 ff; Lutter/Hommelhoff/*Bayer*, § 19 Rn 104; *Pentz*; GmbHR 2009, 505, 511 f; *Goette*, DStR 2009, 51, 53; *Priester*, ZIP 2008, 55.
317 Lutter/Hommelhoff/*Bayer*, Rn 104; *Bayer/Lieder* GmbHR 2006, 1121, 1123; *Pentz*, GmbHR 2009, 505, 511 f; *K. Schmidt*, GmbHR 2006, 449, 451 ff; der Neuregelung zustimmend: *Saenger*, in: FS Westermann, 2008, S. 1381, 1395 ff.
318 Vgl *Habersack*, AG 2009, 557, 561.
319 *Habersack*, aaO.
320 *Habersack*, aaO; *Ekkenga*, ZIP 2010, 2469, 2470; so wohl auch KölnKomm-AktG/*Arnold*, Rn 133.
321 BGHZ 157, 72 = ZIP 2004, 263.
322 Vgl BGH GmbHR 2006, 477 (Cash Pool I); vgl hierzu *Altmeppen*, ZIP 2006, 1025, 1029.
323 *Hüffer*, Rn 44.
324 So *Habersack*, AG 2009, 557, 561.
325 *Habersack*, aaO.
326 Sec. 586 **Public companies: shares must be at least one-quarter paid up**
(1) A public company must not allot a share except as paid up at least as to one-quarter of its nominal value and the whole of any premium on it.
(2) This does not apply to shares allotted in pursuance of an employees' share scheme.
(3) If a company allots a share in contravention of this section-
(a) the share is to be treated as if one-quarter of its nominal value, together with the whole of any premium on it, had been received, and
(b) the allottee is liable to pay the company the minimum amount which should have been received in respect of the share under subsection (1) (less the value of any consideration actually applied in payment up, to any extent, of the share and any premium on it), with interest at the appropriate rate.
(4) [...]
Dies entspricht dem Ansatz des britischen Rechts, ein bloßes Leistungsversprechen an die Gesellschaft einer Bareinlage gleichzustellen, vgl Sec. 583 (3)(d), (5) CA 2006. In diesem Sinne ebenso im Rahmen von Art. 9 Abs. 1 KapRL auf die Zulässigkeit einer bilanziellen Betrachtungsweise abstellend: Spindler/Stilz/*Heidinger/Benz*, Rn 262; für Vereinbarkeit des § 27 Abs. 4 mit Art 9 Abs. 1 auch *Illhardt*, Die Einlagenrückzahlung nach § 27 Abs. 4 AktG, S. 209 ff, 213.
327 KölnKomm-AktG/*Arnold*, Rn 125; *Habersack*, AG 2009, 557, 561; *K. Schmidt/Lutter/Bayer*, Rn 95 trotz des zutreffenden Hinweises auf Sec. 583 (3)(d), (5) CA 2006.

diert, somit wohl eher als offen bezeichnen³²⁸ und im Ergebnis wohl verneinen müssen. Hinsichtlich § 36 a Abs. 1 Alt. 2, der Volleinzahlung des Agios, sollte der Gedanke greifen, dass § 27 Abs. 4 später als der am 1.7.1979 in Kraft getretene § 36 a in das Gesetz eingefügt wurde und letzteren als lex posterior verdrängt.³²⁹

76 Weitere Bedenken folgen für die Neuregelung des § 27 Abs. 4 aus § 71a Abs. 1 S. 1, weil die Rückführung der als Bareinlage eingenommenen Mittel an den Aktionär im Grundsatz als finanzielle Unterstützung des Aktienerwerbes zu deuten sein könnte, für die § 71a Abs. 1 S. 1 die Nichtigkeit anordnet.³³⁰ § 71a wurde in Umsetzung von Art. 23 der Kapitalrichtlinie in das Gesetz eingefügt. Aus dem Wortlaut (statt von „Zeichnung" der Aktien ist von derem „Erwerb" die Rede) sowie aus Sinn und Zweck der Bestimmung des § 71a folgt jedoch, dass das hier niedergelegte Verbot, zur Finanzierung des Aktienerwerbs Vermögen der AG einzusetzen, jedenfalls auf den originären Aktienerwerb bei Gründung keine Anwendung findet.³³¹ § 27 Abs. 4 kollidiert somit nicht mit § 71a Abs. 1 S. 1.

77 **3. Tatbestand.** Bei dem in der Praxis auftretenden Fall des Hin- und Herzahlens wird die Bareinlage zunächst an die Gesellschaft gezahlt, die Einlagemittel werden sodann mit geringem zeitlichen Abstand zB als Darlehen oder aufgrund einer Treuhandabrede³³² an den Inferenten zurückgezahlt. Eine Altforderung des Gesellschafters besteht dabei vor Einlageleistung nicht. Nach der bisherigen Rechtsprechung des BGH³³³ war dieser Fall wie folgt zu bewerten: Die Einlage ist nicht zur freien Verfügung des Vorstandes im Sinne von § 36 Abs. 2 S. 1 bzw § 188 Abs. 2 S. 1 eingezahlt worden, weil der Inferent nichts geleistet hat; das Darlehen ist wegen Verstoßes gegen die Kapitalaufbringungsvorschriften unwirksam. Ein Darlehensrückzahlungsanspruch gem. § 488 Abs. 1 BGB ist daher nicht entstanden; ohne Rücksicht auf den von dem Gesellschafter bestimmten Tilgungszweck ist die zuletzt von dem Gesellschafter getätigte Zahlung als (Rück-)Zahlung auf die – ursprünglich nicht erfüllte – Einlageschuld zu werten.³³⁴ Eine verdeckte Sacheinlage liegt nicht vor, weil es an einer zuvor bestehenden Forderung des Gesellschafters fehlt, die als Sacheinlage dienen könnte.³³⁵

78 Nach Abs. 4 S. 1 tritt nunmehr in derartigen Fällen Befreiungswirkung hinsichtlich der Einlageverbindlichkeit unter folgenden kumulativen Tatbestandsvoraussetzungen ein:

- Die Geldeinlage muss eingezahlt sein.
- Aufgrund einer Abrede der Gründer vor Einlageleistung erfolgt nach Zahlung der Einlage eine Leistung an den Aktionär, die wirtschaftlich der Rückzahlung der Einlage entspricht.
- Das Hin- und Herzahlen ist nicht als verdeckte Sacheinlage iSv Abs. 3 zu werten.
- Der Gesellschaft steht aus dem Vorgang der Rückzahlung ein vollwertiger und jederzeit fälliger oder durch fristlose Kündigung durch die Gesellschaft fällig zu stellender Anspruch auf Rückgewähr zu.
- Das Hin- und Herzahlens wird in der Registeranmeldung nach § 37 offengelegt, wobei umstritten ist, ob die Offenlegung gem. Abs. 4 S. 2 notwendige Voraussetzung des Eintritts der Befreiungswirkung ist (vgl Rn 88).

79 Im Einzelnen gilt hierzu Folgendes: Der Gesellschafter muss zunächst seine Einlage wie geschuldet in bar erbracht haben. Zwischen Gesellschaft und Aktionär wird vor der Einlage eine Leistung an den Aktionär vereinbart, die wirtschaftlich einer Rückzahlung der Einlage entspricht. Das Gesetz geht also davon aus, dass zunächst die Einlageleistung und dann – abredegemäß – ein Rückfluss der Einlage an den Aktionär eintritt. Hinsichtlich der zeitlichen Abfolge von Einlageleistung und Zahlung macht es allerdings wegen der vergleichbaren Interessenlage keinen Unterschied, wenn der Gesellschafter zunächst – abredegemäß – zB im Wege eines Darlehens eine Zahlung von der Gesellschaft erhält und erst dann die Einlageschuld erfüllt (Her- und Hinzahlen). Bei Vorliegen der sonstigen oben genannten Tatbestandvoraussetzungen, insbesondere der Vollwertigkeit des Rückzahlungsanspruches, ist kein Grund ersichtlich, das Her- und Hinzahlen

---

328 Vgl *Herrler/Reymann*, DNotZ 2009, 914, 926 f.
329 So im Erg. wohl *Herrler/Reymann*, DNotZ 2009, 914, 927.
330 *Hüffer*, Rn 39, 45.
331 Zutreffend: *Herrler/Reymann*, DNotZ 2009, 914, 929; wohl auch KölnKomm-AktG/*Arnold*, Rn 136; trotz Art. 23 Abs. 1 Unterabs. 5 Alt. 2 der Richtlinie 2006/68/EG zur Änderung der Kapitalrichtlinie vom 6.9.2006, ABl. EU Nr. L 264/32 v. 25.9.2006, wo der originäre Erwerb im Rahmen einer Kapitalerhöhung erwähnt wird, ebenso der Gesetzgeber des ARUG, vgl Beschlussempfehlung und Bericht des Rechtsausschusses, BT-Drucks. 16/13098, S. 55 f; offen gelassen von *Bayer/J. Schmidt*, ZGR 2009, 805, 839 f; kritisch: *Hüffer*, Rn 45; aA *Habersack*, AG 2009, 557, 561 ff; differenzierend: *Illhardt*, Die Einlagenrückzahlung nach § 27 Abs. 4 AktG, S. 268 ff., der das Verbot der finanziellen Unterstützung des Art 23. Abs. 1 Kapitalrichtlinie sowohl auf den originären als auch auf den derivativen Aktienerwerb bezieht und eine richtlinienkonforme Auslegung des § 27 Abs. 4 dahingehend fordert, dass das Hin- und Herzahlen nicht zu einer Änderung in den Herrschaftsverhältnissen der Gesellschaft führen darf, aaO, S. 282.
332 BGH ZIP 2009, 713, 715 Tz 15 (Qivive); BGH NJW 2010, 1747, 1749 Tz 23 (Eurobike).
333 BGHZ 165, 113 = BGH GmbHR 2006, 43, 44; vgl auch BGHZ 165, 352 = NJW 2006, 906.
334 BGH GmbHR 2006, 43, 44.
335 BGH aaO.

für die Frage der Kapitalaufbringung anders zu behandeln. Insofern ist die Bestimmung daher analog anzuwenden.[336]

Des Weiteren muss eine entsprechende Abrede zwischen den Gründern vorliegen.[337] Liegt keine Vorabsprache der Gründer vor, ist Abs. 4 nicht anwendbar. Die Verpflichtung zur Leistung der Einlage zur freien Verfügung des Vorstandes ist nicht verletzt; ist der Rückzahlungsanspruch nicht vollwertig, findet allein § 57 Anwendung.[338] Allerdings wird vertreten, dass sich auch in den Fällen des Hin- und Herzahlens aus einem sachlichen und zeitlichen Zusammenhang eine Vermutung für eine entsprechende Abrede ergibt.[339] 80

Erforderlich ist des Weiteren nach dem Gesetzeswortlaut, dass die Abrede vor der Einlage getroffen wird. Wird die Abrede erst nach Einlageleistung des Gesellschafters getroffen, wird einerseits vertreten, dass dann allein die Kapitalerhaltungsvorschriften, dh insbesondere § 57, anwendbar seien.[340] Nach anderer Auffassung soll – entgegen dem Wortlaut der Bestimmung – Abs. 4 auch bei einer nachträglichen Vereinbarung anwendbar sein, um Umgehungen zu verhindern.[341] Dieser Meinung kann nicht entgegengehalten werden, dass nach bisheriger Auffassung bei nachträglichen Rückzahlungsvereinbarungen die als Bareinlage eingezahlten Gelder keine Leistung zur freien Verfügung des Vorstandes iSd § 36 Abs. 2 darstellten,[342] so dass ein Eintragungshindernis bestand, das nur ausgeräumt werden konnte, wenn der Vorstand die Rückzahlung der Gelder an den Inferenten verweigerte. Denn die Frage der Leistung zur freien Verfügung wird von der gesetzgeberischen Wertung in Abs. 3 und 4 in Fällen des Hin- und Herzahlens bzw bei Auszahlungen an den Gesellschafter iSv § 57 Abs. 1 nicht berührt.[343] Bei nachträglicher Abrede unterbleibt jedoch – jedenfalls wenn die Abrede erst nach Eintragung im Handelsregister getroffen wird – die Aufdeckung des Hin- und Herzahlens in der Registeranmeldung gem. Abs. 4 S. 2, so dass aus diesem Grund Abs. 4 nicht eingreift, weil die vom Gesetzgeber angestrebte Überprüfung der Erfüllungsvoraussetzungen[344] (vgl Rn 88, 91) nicht möglich ist. Eine zeitlich beschränkte Ausnahme im Interesse der Berücksichtigung einer nachträglichen Abrede ist daher nur für die Schwebezeit zwischen Einlage und Verfügung der Eintragung bzw der Eintragung zuzulassen, um eine entsprechende Nachbesserung der Registeranmeldung zu ermöglichen.[345] Dies erscheint auch im Interesse der Kapitalaufbringung sachgerecht, weil das Schutzniveau des Abs. 4, der neben der Vollwertigkeit die jederzeitige Fälligkeit bzw durch fristlose Kündigung zu erzielende Fälligkeit des Rückgewähranspruchs verlangt, höher ist als das des § 57 Abs. 1, der lediglich Vollwertigkeit des Anspruchs gegen den Gesellschafter verlangt. Erfolgt die Abrede erst nach Einreichung der Registeranmeldung bzw entsprechender registergerichtlichen Verfügung, scheidet die Anwendbarkeit von Abs. 4 aus; die Eintragung der AG erfolgt zu Recht als einfache Bargründung, so dass die nachträgliche Abrede und die entsprechende Zahlung allein § 57 Abs. 1 unterfällt. 81

Der Vorgang darf des Weiteren nicht als verdeckte Sacheinlage anzusehen sein, Abs. 3 hat somit Vorrang vor Abs. 4.[346] Insbesondere beim Cash Pooling[347] ergibt sich aus der Subsidiarität des Abs. 4 Folgendes: Besteht im Rahmen des Cash Pools zum Zeitpunkt des Zuflusses der Einlage bereits eine Altforderung des Gesellschafters gegen die Gesellschaft, besteht also ein Negativsaldo auf dem Zentralkonto zulasten der Gesellschaft, handelt es sich wirtschaftlich um die Einlage der Altforderung, dh eine verdeckte Sacheinlage, wenn der Gesellschafter zunächst seine Einlage zahlt und sodann der bestehende Negativsaldo ausgeglichen wird.[348] In Höhe eines etwaigen Differenzbetrages des Wertes der verdeckt eingebrachten Forderung haftet der Inferent nach Abs. 3. Handelt es sich dagegen um den umgekehrten Fall, dass zunächst ohne Bestehen eines Negativsaldos im Rahmen eines Cash Poolings die Einlage erbracht wird und sodann erstmalig eine Darlehensforderung gegen die Pool-führende Gesellschaft begründet wird, liegt Hin- und Herzahlen iSv Abs. 4 vor. Liegt ein Negativsaldo zulasten der Gesellschaft vor, der durch die Einlage nicht nur ausgegli- 82

---

336 Lutter/Hommelhoff/*Bayer*, GmbHG, § 19 Rn 128; *Maier-Reimer/Wenzel*, ZIP 2008, 1449, 1454; *Herrler*, DB 2008, 2347, 2348; KölnKomm-AktG/*Arnold*, Rn 139; *Blasche*, GmbHR 2010, 288, 290; BGH NJW 2010, 1747, 1749 Tz 24 (Eurobike); im Erg. zustimmend: *Wachter*, NJW 2010, 1715, 1717; kritisch *Bormann/Urlichs*, GmbHR 2008, Sonderheft MoMiG, S. 37, 43; BGH WM 2009, 612 steht nicht entgegen, weil hier noch das vor Erlass des MoMiG geltende Eigenkapitalersatzrecht angewandt wird und deswegen kein wirksamer Darlehensrückzahlungsanspruch gegen den Gesellschafter entstanden ist, so dass in der Zahlung des Gesellschafters auf die Einlage folgerichtig nur eine Leistung auf die Erstattungsforderung aus § 31 GmbHG aF gesehen wurde.
337 Hinsichtlich der Einzelheiten einer Vorabsprache vgl auch Rn 45.
338 Lutter/Hommelhoff/*Bayer*, GmbHG, § 19 Rn 109; *Wicke*, GmbHG, § 19 Rn 36; KölnKomm-AktG/*Arnold*, Rn 136.
339 BGH ZIP 2008, 1281; KölnKomm-AktG/*Arnold*, Rn 137; Lutter/Hommelhoff/*Bayer*, GmbHG, § 19 Rn 108. Vgl zur Vermutungswirkung bei verdeckter Sacheinlage Rn 46.
340 *Bormann*, GmbHR, 2007, 897, 902; Lutter/Hommelhoff/*Bayer*, GmbHG, § 19 Rn 110.
341 KölnKomm-AktG/*Arnold*, Rn 138.
342 GroßKomm-AktienR/*Röhricht*, Rn 66 f; *Büchel*, GmbHR 2007, 1065, 1067; *Markwardt*, BB 2008, 2414, 2420.
343 Zutreffend: Lutter/Hommelhoff/*Bayer*, GmbHG, § 19 Rn 110.
344 Beschlussempfehlung und Bericht des Rechtsausschusses, BT-Drucks. 16/13098, S. 55.
345 AA *Illhardt*, Die Einlagenrückzahlung nach § 27 Abs. 4 AktG, S. 77. Ergänzungen der eingereichten Anmeldung sind allerdings bis zur Verfügung der Eintragung bzw, wenn der Richter selbst einträgt, bis zur Eintragung zulässig. Die formgerecht nachgereichten Dokumente stellen einen integralen Bestandteil der Anmeldung dar, vgl *Herrler*, GmbHR 2010, 785, 788.
346 KölnKomm-AktG/*Arnold*, Rn 137.
347 Vgl allg. zum Cash Pool Rn 44 unter (4).
348 BGH ZIP 2009, 1561, 1562 (Cash Pool II).

chen, sondern positiv wird, so ist in Höhe des Negativsaldos von einer verdeckten Sacheinlage iSv Abs. 3 auszugehen, hinsichtlich des überschießenden Betrages findet Abs. 4 Anwendung.[349]

83 Die Vollwertigkeit des Rückzahlungsanspruches, der selbstverständlich wirksam sein muss,[350] liegt vor, wenn das Vermögens des Inferenten im Zeitpunkt der Rückgewähr[351] zur Erfüllung aller seiner Verbindlichkeiten ausreicht und auch nicht damit zu rechnen ist, dass zum Zeitpunkt der späteren Fälligkeit die Rückzahlung nicht oder nur teilweise möglich ist.[352] Liquide ist der Anspruch dann, wenn er jederzeit fällig ist (§ 271 BGB) oder die AG es in der Hand hat, den Anspruch jederzeit durch fristlose Kündigung fällig zu stellen.[353] Überdies ist für die Liquidität des Anspruchs zu fordern, das der Rückzahlungsanspruch dem Grunde und der Höhe nach außer Zweifel steht und Einwendungen und Einreden nicht entgegenstehen.[354] Ein Anspruch auf eine Sachleistung genügt nicht den Voraussetzungen des Rückgewährsanspruches.[355]

84 Die Fälle, in denen ein wirksamer, vollwertiger und liquider Rückgewähranspruch begründet wird und deswegen – bei Vorliegen der sonstigen Tatbestandsvoraussetzungen des Abs. 4 – die Befreiungswirkung eintritt, sind nach neuerer Rspr des BGH[356] von den Fällen abzugrenzen, in denen der Inferent oder ein ihm nahe stehender Dritter im zeitlichen Zusammenhang mit der Begründung der Bareinlageforderung entgeltlich werthaltige Dienstleistungen für die Gesellschaft erbringt. Hier liegt mangels Sacheinlagefähigkeit der Dienstleistungen[357] bzw fehlender Einlagefähigkeit künftiger Vergütungsforderungen, die wegen der Dienstleistungen entstehen[358] keine verdeckte Sacheinlage vor,[359] so dass es im Rahmen einer etwaigen verdeckten Sacheinlage auf eine ggf bereits vor der Einlage getroffene definitive Absprache der Beteiligten nicht mehr ankommt.[360] Allerdings steht der Gesellschaft wegen Bezahlung der vereinbarten Gegenleistung für eine werthaltige Dienstleistung auch kein Rückgewähranspruch iSv Abs. 4 zu, so dass weder zulässiges noch unzulässiges Hin- und Herzahlen oder Her- und Hinzahlen iSv Abs. 4 vorliegt. Ein unzulässiges Her- und Hinzahlen liegt nach der Rspr des BGH in diesen Fällen jedenfalls dann nicht vor, wenn die als Einlage eingebrachten Mittel weder rechtlich noch tatsächlich für Zwecke der Bezahlung der Dienstleistungen des Gesellschafters reserviert werden und daher der Gesellschaft uneingeschränkt zur Verfügung stehen, die Dienstleistungen tatsächlich erbracht werden, werthaltig und aus Sicht der Gesellschaft auch brauchbar sind und die gezahlte Vergütung einem Drittvergleich standhält. Denn dann erbringt die Gesellschaft die Einlage wirtschaftlich nicht aus ihrem Vermögen, weil der Zahlung eine vollwertige Gegenleistung gegenübersteht.[361]

85 Ob der Rückgewähranspruch angemessen verzinst werden muss, wird unterschiedlich beurteilt.[362] Allerdings kann ein Verzinsungserfordernis nicht deswegen verneint werden, weil zB eine Abzinsung von Forderungen des Umlaufvermögens mit Restlaufzeiten von weniger als einem Jahr handelsbilanziell generell unterbleiben darf, denn dies geschieht nur aus bilanziellen Praktikabilitätsgründen.[363] Da die Gesellschaft das Geld jedoch auch am Kapitalmarkt hätte anlegen können, erfordert die Vollwertigkeit der Forderung eine angemessene Verzinsung.[364]

---

349 BGH ZIP 2009, 1561, 1563 (Cash Pool II).
350 Beschlussempfehlung und Bericht des Rechtsausschusses, BT-Drucks. 16/13098, S. 56; KölnKomm-AktG/*Arnold*, Rn 141; ausführlich zu den Voraussetzungen des Rückzahlungsanspruches: *Illhardt*, Die Einlagenrückzahlung nach § 27 Abs. 4 AktG, S. 101 ff.
351 *Bormann*, GmbHR 2007, 897, 902; *Gehrlein*, Der Konzern 2007, 771, 782; *Herrler*, DB 2008, 2347, 2349; *Wicke*, GmbHG, § 19 Rn 36; Lutter/Hommelhoff/*Bayer*, GmbHG, § 19 Rn 115.
352 Lutter/Hommelhoff/*Bayer*, GmbHG, § 19 Rn 115, dem folgend: KölnKomm-AktG/*Arnold*, Rn 142; großzügiger: *Schall*, ZGR 2009, 126, 141 ff; *Blasche*, GmbHR 2010, 288, 293; spätere Verschlechterungen des Anspruchs werden von § 27 Abs. 4 nicht erfasst, können aber den Vorstand in Orientierung an BGHZ 179, 71 (MPS) zur Kündigung des Darlehens oder zur Anforderung von Sicherheiten zwingen; *Blasche*, aaO; zu den Handlungsmöglichkeiten bei Scheitern der Einlagetilgung mangels Werthaltigkeit des Rückzahlungsanspruchs oder Offenlegung: *Herrler*, DStR 2011, 2300.
353 *Hüffer*, Rn 42.
354 Lutter/Hommelhoff/*Bayer*, GmbHG, § 19 Rn 116.
355 *Bormann/Urlichs*, GmbHR 2008, Sonderheft MoMiG, S. 37, 43; KölnKomm-AktG/*Arnold*, Rn 141; aA *Heinze*, GmbHR 2008, 1065, 1070.
356 BGH NJW 2010, 1747 (Eurobike).
357 Vgl hierzu Rn 15; BGH NJW 2009, 2375 = ZIP 2009, 713 (Qivive) und BGH NJW 2010, 1747, 1748 (Eurobike).
358 Vgl zur fehlenden Einlagefähigkeit künftiger Forderungen vgl Rn 15.
359 BGH NJW 2010, 1747, 1748 (Eurobike) unter Bestätigung von BGH ZIP 2009, 713 (Qivive).
360 Vgl zur Vorabsprache bezogen auf Neuforderungen Rn 44 unter (1).
361 BGH NJW 2010, 1747, 1749 (Eurobike), vgl hierzu *Wachter*, NJW 2010, 1715, 1717 f unter Hinweis auf die zusätzlich zu beachtenden Sorgfaltspflichten des Vorstandes und der Regeln über die Nachgründung, die grds. auch für Dienstleistungen gelten.
362 Dagegen (im Rahmen der Kapitalerhaltung): *Drygala/Kremer*, ZIP 2007, 1289, 1293; dafür: *Heinze*, GmbHR 2008, 1065, 1071, *Eusani*, GmbHR 2009, 795, 796 f; *Blasche/König*, GmbHR 2009, 897, 899 f; *Heckschen*, DStR 2009, 166, 173; KölnKomm-AktG/*Arnold*, Rn 143.
363 *Eusani*, aaO; *Blasche/König*, aaO.
364 KölnKomm-AktG/*Arnold*, Rn 143; *Illhardt*, Die Einlagenrückzahlung nach § 27 Abs. 4 AktG, S. 109 ff.

Eine Besicherung des Rückgewähranspruches ist dagegen regelmäßig nicht erforderlich; eine Besicherung würde insbesondere einen Cash Pool administrativ verkomplizieren.[365] Im Einzelfall mag aber die Vollwertigkeit der Forderung letztlich nur bei Besicherung gegeben sein.[366] 86

Die Beweislast für Vollwertigkeit, Fälligkeit und Liquidität des Rückzahlungsanspruches, die in Abs. 4 anders als in Abs. 3 nicht geregelt ist, trägt der Gesellschafter; dies ergibt sich aus der negativen Formulierung des Abs. 4.[367] 87

Die wirtschaftlich auf Rückzahlung der Einlage gerichtete Leistung an den Inferenten oder die entsprechende Vereinbarung muss schließlich in der Registeranmeldung offengelegt werden, Abs. 4 S. 2, damit die Befreiungswirkung eintritt. Dies folgt zwar nicht unmittelbar aus dem Wortlaut der Bestimmung, ist aber im Interesse einer vom Registergericht zu überprüfenden Kapitalaufbringung erforderlich.[368] Die Offenlegung muss Art und Höhe der Leistung bzw die entsprechende Vereinbarung sowie Angaben zu Vollwertigkeit und Fälligkeit enthalten,[369] mangels gesetzlicher Anordnung nicht aber zwingend einen Werthaltigkeits- und Liquiditätsnachweis,[370] wenn dies auch in der Praxis tunlich ist.[371] 88

4. Rechtsfolgen. Liegen alle unter Rn 77 ff dargestellten Tatbestandsvoraussetzungen vor[372], tritt vollumfänglich Erfüllungswirkung hinsichtlich der Einlageschuld ein und zwar – anders als bei Abs. 3 – bereits mit Anmeldung,[373] dh vor Eintragung der AG in das Handelsregister. Der Sache nach wird die Einlageverpflichtung durch eine vollwertige und liquide schuldrechtliche Forderung substituiert.[374] Auf diese Forderung finden jedoch die Sicherungsbestimmungen der §§ 63 – 66 keine Anwendung.[375] 89

Im Hinblick auf die Tatbestandsvoraussetzungen des Hin- und Herzahlens muss darauf hingewiesen werden, dass bei Vorliegen aller Voraussetzungen zwar die Einlagepflicht des Gesellschafters erfüllt ist; davon unabhängig muß der Vorstand – zwecks Vermeidung einer eigenen Haftung – nach wirtschaftlicher Rückgewähr der Einlage an den Inferenten die Vollwertigkeit des Rückgewähranspruches permanent überprüfen und den Rückgewähranspruch bei erkennbarer Gefährdung der Rückzahlung wegen Verschlechterung der Bonität des Inferenten umgehend fällig stellen.[376] 90

Fehlt es an nur einer der genannten Tatbestandsvoraussetzungen, tritt keine Befreiungswirkung hinsichtlich der Einlageschuld ein, es gilt das vom BGH zur bisherigen Rechtslage Ausgeführte:[377] Die Einzahlung der Einlage ist eine Nichtleistung; auch keine anteilige Tilgung unterbleibt;[378] die Rückgewähr an den Inferenten begründet weder eine wirksame Darlehensschuld noch einen sonstigen wirksamen Rückgewähranspruch; zahlt der Inferent ein zweites Mal, etwa auf die vermeintliche Darlehensschuld, so erfolgt die Zahlung auf die bisher unerfüllte Einlageschuld.[379] Erforderlich hierfür ist aber, dass sich die spätere Leistung des Infe- 91

---

365 Besicherungen sind bei Cash-Pooling-Vereinbarungen unüblich; hierbei werden bestenfalls Sicherheiten zugunsten der finanzierenden Banken, nicht aber zugunsten des Pool-Führers gestellt, vgl nur *Goette*, Einführung in das neue GmbH-Recht, 2008, Rn 28.
366 KölnKomm-AktG/*Arnold*, Rn 143.
367 Lutter/Hommelhoff/*Bayer*, GmbHG, § 19 Rn 117; *Gehrlein*, Der Konzern 2007, 771, 781; Köln-Komm-AktG/*Arnold*, Rn 146; aA *Büchel*, GmbHR 2007, 1065, 1067.
368 *Heckschen*, DStR 2009, 166, 173; *Hüffer*, Rn 42; KölnKomm-AktG/*Arnold*, Rn 143; so auch BGH ZIP 2009, 713, 715 (Qivive) und BGH ZIP 2009, 1561, 1564 (Cash Pool II); OLG Stuttgart ZIP 2011, 1959 auch zur wirksamen Nachholung der Offenlegung bis zur Eintragung im Handelsregister: Lutter/Hommelhoff/*Bayer*, GmbHG, § 19 Rn 123; aA *Winter* in: Goette/Habersack, Das MoMiG in Wissenschaft und Praxis, 2009, Kap. 2 Rn 53; *Herrler*, GmbHR 2010, 785, 786 f; *Avvento*, BB 2010, 202, 203; Spindler/Stilz/*Heidinger/Benz*, Rn 248; bei fehlender Offenlegung für Beschränkung auf zivilrechtliche Haftung und strafrechtliche Sanktionen: *Illhardt*, Die Einlagenrückzahlung nach § 27 Abs. 4 AktG, S. 144 ff; *Wedemann*, GmbHR 2008, 1131, 1133; Spindler/Stilz/*Heidinger/Benz*, Rn 248 ff gegen evtl Strafbarkeit: *Altmeppen*, ZIP 2009, 1545, 1548 f.
369 *Wachter*, NotarBZ 2008, 361, 369; Lutter/Hommelhoff/*Bayer*, GmbHG, § 19, Rn 112; KölnKomm-AktG/*Arnold*, Rn 143; nach OLG München MittBayNot 2011, 331, kann das Registergericht Nachweise für die Angaben zu Liquidität und Vollwertigkeit des Rückgewähranspruchs verlangen.
370 AA OLG München, aaO; *Schall*, ZGR 2009, 126, 143; *Wachter*, NotarBZ 2008, 361, 369; aA Lutter/Hommelhoff/*Bayer*,
§ 19, GmbHG, Rn 112; KölnKomm-AktG/*Arnold*, Rn 143; *Herrler*, DB 2008, 2347, 2349.
371 Lutter/Hommelhoff/*Bayer*, § 19, GmbHG, Rn 112; Bormann/Kauka/Ockelmann/*Bormann*, Hdb GmbHR, 2009, Kap. 4 Rn 63.
372 Keine der genannten Tatbestandsvoraussetzungen darf fehlen, sog. Alles-oder-nichts-Prinzip, vgl. Lutter/Hommelhoff/*Bayer*, § 19, GmbHG, Rn 124, andernfalls entfällt die Erfüllungswirkung; zur Heilung des Hin- und Herzahlens, z.B. bei fehlender Offenlegung, Lutter/Hommelhoff/*Bayer*, § 19, GmbHG, Rn 126 f., Rowedder/Schmidt-Leithoff/*Pentz*, § 19, GmbHG, Rn 248; *Herrler*, DStR 2011, 2300; gegen Heilung: OLG Stuttgart GmbHR 2012, 215 und Roth/*Altmeppen*, § 19, GmbHG, Rn 114.
373 *Pentz*, GmbHR 2009, 505, 511. Zur Relativierung der Vorverlegung des Tilgungszeitpunktes durch Behandeln der Offenlegung als Wirksamkeitserfordernis: Spindler/Stilz/*Heidinger/Benz*, Rn 259.
374 BGH NJW 2010, 1747, 1749 (Eurobike); kritisch: *Goette*, Einführung in das neue GmbH-Recht, 2008, Rn 28; *Hüffer*, Rn 44.
375 *Hüffer*, Rn 44; KölnKomm-AktG/*Arnold*, Rn 148 mwN; so für die GmbH: *Goette*, Einführung in das neue GmbH-Recht, 2008, Rn 23.
376 *Goette*, Einführung in das neue GmbH-Recht, 2008, Rn 28; *König/Bormann*, DNotZ 2008, 652, 662; KölnKomm-AktG/*Arnold*, Rn 149.
377 BGH GmbHR 2006, 43, 44; vgl auch Rn 77.
378 KölnKomm-AktG/*Arnold*, Rn 150 mwN; *Herrler*, DB 2008, 2347, 2348.
379 BGH GmbHR 2006, 43, 44; *Hüffer*, Rn 43.

renten objektiv eindeutig der Einlageverbindlichkeit zuordnen lässt.[380] Erfolgt jedoch ein nicht den Kriterien des Abs. 4 entsprechendes Hin- und Herzahlen im Rahmen einer Cash-Pooling-Vereinbarung, tritt Erfüllung der Einlageverbindlichkeit weder durch Liquiditätsrückfluss an die Gesellschaft noch durch spätere Leistungen über den Cash Pool an Gläubiger der Gesellschaft ein, da sich die einzelnen Leistungen im Cash Pool bei Zero-Balancing nicht wie bei Rückzahlung einer vermeintlichen Darlehensschuld zweifelsfrei der noch offenen Einlage zuordnen lassen.[381]

92 **5. Übergangsregelung.** § 20 Abs. 7 EGAktG bestimmt, dass die neu geschaffene Regelung zum Hin- und Herzahlen in § 27 Abs. 4 – ebenso wie die neue Regelung zur verdeckten Sacheinlage in Abs. 3, vgl hierzu Rn 66 ff – auch für Einlageleistungen gilt, die vor dem 1.9.2009 bewirkt worden sind und diese wegen Vereinbarung einer Einlagenrückgewähr nach der Rechtslage vor dem 1. September 2009 keine Erfüllungswirkung haben. Dies ist nur dann nicht der Fall, soweit über die aus der Unwirksamkeit folgenden Ansprüche zwischen der Gesellschaft und dem Gesellschafter bereits vor dem 1.9.2009 ein rechtskräftiges Urteil ergangen oder eine wirksame Vereinbarung zwischen der Gesellschaft und dem Gesellschafter getroffen worden ist; in diesen Fällen gilt die alte Rechtslage. Zu Einzelheiten vgl Rn 68.

93 Die hier vorgesehene unechte Rückwirkung ist verfassungsgemäß (vgl Rn 67 f); da es in Altfällen aber regelmäßig an der Offenlegung des Hin- und Herzahlens bzw der diesem zugrunde liegenden Vereinbarung (vgl Rn 80 f) fehlt, kommt es nach zutr. überwiegender Ansicht[382] auf eine Offenlegung in Altfällen nicht an, um die vom Gesetzgeber erstrebte Rückwirkung nicht zu vereiteln.

94 **VII. Änderung und Beseitigung.** Rechtswirksam getroffene Festsetzungen im Sinne von § 27 Abs. 1 können nur nach Maßgabe des § 26 Abs. 4 geändert werden (vgl dazu Kommentierung zu § 26). Eine Beseitigung von Satzungsbestimmungen über die Festsetzung von Sacheinlagen oder Sachübernahmen vollzieht sich nach § 26 Abs. 5 (vgl hierzu Kommentierung zu § 26). Da hier eine Veränderungssperre für die Dauer von 30 Jahren gilt, ist es in der Praxis ratsam, umfangreiche Regelungstexte in einer Anlage zur Satzung niederzulegen, sofern hier nicht zwingend die Satzungsform gemäß § 27 Abs. 1 S. 1 erforderlich ist.[383]

§ 28 Gründer

Die Aktionäre, die die Satzung festgestellt haben, sind die Gründer der Gesellschaft.

A. Bedeutung

1 § 28 enthält die Legaldefinition für den Begriff des Gründers, soweit dieser in Vorschriften des Aktiengesetzes verwendet wird.[1] Die Gründer treffen im Rahmen des Gründungsvorgangs besondere Pflichten. Sie übernehmen die Aktien gem. § 23 Abs. 2 und damit die daraus folgende Einlageverpflichtung. Die Gründer bestellen den ersten Aufsichtsrat und den Abschlussprüfer gem. § 30 Abs. 1. Sie haben über den Hergang der Gründung gemäß § 32 einen Gründungsbericht zu erstellen und müssen sämtlich die AG zum Handelsregister anmelden (§ 36 Abs. 1). Vor allem aber trifft die Gründer die sog. Gründerhaftung (§ 46). Strafrechtlich müssen sie sich für falsche Angaben gem. § 399 Abs. 1 Nr. 1 und 2 verantworten.

B. Begriff

2 Gründer ist jeder, der im eigenen Namen **rechtswirksam an der Satzungsfeststellung mitgewirkt** hat und dabei **mindestens eine Aktie übernommen** hat.[2] Da es auf die Mitwirkung im eigenen Namen ankommt, ist somit Gründer der Treuhänder und nicht der Treugeber als eigentlich wirtschaftlich Betroffener. Gründer ist nicht der Vertreter, sondern stets der Vertretene, vorausgesetzt die Vertretungsmacht besteht. Da nur

---

380 BGHZ 165, 113, 117; BGH GmbHR 2006, 477 (Cash Pool I); BGH NZG 2008, 511, 512; BGH GmbHR 2010, 700, 702 (ADCOCOM); KölnKomm-AktG/*Arnold*, Rn 151.
381 BGH ZIP 2009, 1561, 1564 (Cash Pool II); KölnKomm-AktG/ *Arnold*, Rn 151.
382 *Altmeppen*, ZIP 2009, 1545, 1548; *Bormann/Urlichs*, GmbHR 2008, Sonderheft MoMiG, S. 37, 44; *Wälzholz*, MittBayNot 2008, 425, 432; KölnKomm-AktG/*Arnold*, Rn 152; *Heckschen*, GWR 2011, 51 unter Hinweis auf das entsprechende Urteil des LG Erfurt DZWiR 2010, 525; für Offenlegung als Vorbedingung der Erfüllungswirkung auch in Altfällen: BGH ZIP 2009, 1561, 1564 (Cash Pool II); OLG Koblenz GmbHR 2011, 579.

383 *Hüffer*, Rn 46; GroßKomm-AktienR/*Röhricht*, Rn 136.
1 Vgl §§ 23 Abs. 2, 30 Abs. 1, 31 Abs. 1, 32 Abs. 1, 33 Abs. 2 Nr. 1, 35 Abs. 1 und 2, 36 Abs. 1, 40 Abs. 1 Nr. 3, 46, 50, 160 Abs. 1 Nr. 1, 399 Abs. 1 Nr. 1 und 2. Für die Errichtung von AGs im Zuge von Umwandlungen gilt die Vorschrift nicht. §§ 36 Abs. 2, 245 UmwG sind hier vorrangig.
2 Der Gesetzeswortlaut spricht zwar nur von der Feststellung der Satzung. Aus § 23 Abs. 2 folgt jedoch, dass damit immer auch zugleich die Übernahme der Aktien verbunden sein muss (Einheitsgründung im Gegensatz zur früher zulässigen Stufengründung); vgl § 23 Rn 13.

eine rechtswirksame Mitwirkung bei der Satzungsfeststellung und Aktienübernahme jemanden zum Gründer macht, können auch von Anfang an Geschäftsunfähige oder beschränkt Geschäftsfähige, sofern sie nicht wirksam vertreten wurden, nicht Gründer werden.[3] Da es auf die Aktienübernahme ankommt, ist derjenige, von dem die Gesellschaft im Zuge der Sachübernahme den Gegenstand erwirbt, nicht Gründer. Im Falle der Übernahme einer Aktie durch mehrere Personen ist jede Person Gründer.

C. Wegfall eines Gründers

Wird ein Gründer nachträglich, aber noch vor Eintragung der AG geschäftsunfähig, so bleibt seine einmal rechtswirksam begründete Gründerstellung mit allen sich daraus ergebenden Rechtsfolgen unberührt, er bleibt also Gründer.[4] Für zukünftige Handlungen ist er freilich nicht mehr verantwortlich. Insbesondere trifft ihn die Gründerhaftung nicht, soweit diese aus Umständen herrührt, die nach Eintritt der Geschäftsunfähigkeit aufgetreten sind.[5] Eine nachträgliche Anfechtung der im Zuge der Gründung abgegebenen Willenserklärungen beseitigt rückwirkend die Gründerstellung nur, wenn die Gesellschaft noch nicht in Vollzug gesetzt wurde. Andernfalls ist der Betreffende Gründer geworden und ist die Gesellschaft nach den Regeln der fehlerhaften Gesellschaft aufzulösen und abzuwickeln.[6] 3

Bei Tod eines Gründers treten seine Erben im Wege der Gesamtrechtsnachfolge in die Rechtsstellung des Gründers ein. Allerdings haben diese die Möglichkeit, ihre Haftung gem. §§ 1967 ff BGB zu beschränken. Soweit sie selber nach dem Tod, zB im Rahmen der Handelsregisteranmeldung, an der Gründung mitwirken,[7] sind sie hieraus freilich persönlich verantwortlich. Grundsätzlich rechtfertigt der Tod keine Kündigung der Gesellschaft aus wichtigem Grund.[8] 4

§ 29 Errichtung der Gesellschaft

Mit der Übernahme aller Aktien durch die Gründer ist die Gesellschaft errichtet.

§ 29 bestimmt den Zeitpunkt, in dem die sog. Vor-AG entsteht. Mit Übernahme der Aktien durch die Gründer, die wegen des Grundsatzes der Einheitsgründung zwingend mit der notariell beurkundeten Feststellung der Satzung gem. § 23 Abs. 1 verbunden sein muss,[1] ist die AG errichtet oder besser gegründet. Ab dem Zeitpunkt der notariellen Beurkundung bis zur Eintragung ins Handelsregister besteht eine Gesamthandsgesellschaft eigener Art, welche im Rechtsverkehr als eigenständiger Träger von Rechten und Pflichten auftritt und dabei durch den Vorstand vertreten wird. Anders als die bis zur notariellen Beurkundung der Satzungsfeststellung uU bestehende Vorgründungsgesellschaft, bei der es sich idR um eine BGB-Gesellschaft handelt, ist die Vor-AG identisch mit der ab Eintragung bestehenden AG, weshalb Letztere in die gesamte Rechtsposition der Vor-AG automatisch eintritt.[2] 1

§ 30 Bestellung des Aufsichtsrats, des Vorstands und des Abschlußprüfers

(1) ¹Die Gründer haben den ersten Aufsichtsrat der Gesellschaft und den Abschlußprüfer für das erste Voll- oder Rumpfgeschäftsjahr zu bestellen. ²Die Bestellung bedarf notarieller Beurkundung.

(2) Auf die Zusammensetzung und die Bestellung des ersten Aufsichtsrats sind die Vorschriften über die Bestellung von Aufsichtsratsmitgliedern der Arbeitnehmer nicht anzuwenden.

(3) ¹Die Mitglieder des ersten Aufsichtsrats können nicht für längere Zeit als bis zur Beendigung der Hauptversammlung bestellt werden, die über die Entlastung für das erste Voll- oder Rumpfgeschäftsjahr beschließt. ²Der Vorstand hat rechtzeitig vor Ablauf der Amtszeit des ersten Aufsichtsrats bekanntzuma-

---

3 Solange die Gesellschaft noch nicht in Vollzug gesetzt wurde, ist dies unstr. Ab Invollzugsetzung der Gesellschaft ist str, ob der Betreffende zwar Mitglied, also Gründer der AG geworden ist, ohne dass sich hieraus jedoch Rechtsfolgen für diesen ergeben, oder ob er auch dann niemals Gründer geworden ist; vgl hierzu § 23 Fn 145 und 157.
4 Str, wie hier: MüKo-AktG/*Pentz*, Rn 13; aM (Ausscheiden des Gründers) Großkomm-AktienR/*Röhricht*, Rn 3; *v. Godin/Wilhelmi*, Anm. 3.
5 KölnKomm-AktG/*Kraft*, Rn 6.
6 Vgl § 23 Rn 46; str, wie hier MüKo-AktG/*Pentz*, Rn 14; *Hüffer*, Rn 3; aA (rückwirkende Beseitigung der Gründerstellung

durch Anfechtung bis zur Eintragung der AG) Großkomm-AktienR/*Röhricht*, Rn 4; KölnKomm-AktG/*Kraft*, Rn 7 (da auch Letzterer unter dem Gesichtspunkt der fehlerhaften Vorgesellschaft eine Haftung des Anfechtenden bejahen, dürfte sich der Meinungsstreit in der Praxis allerdings kaum auswirken).
7 Hierzu sind sie auf Grund der übernommenen Gründerstellung verpflichtet.
8 *Hüffer*, Rn 4; MüKo-AktG/*Pentz*, Rn 15.
1 Vgl § 23 Rn 13.
2 Vgl im Übrigen zur Vor-AG die Kommentierung zu § 41.

chen, nach welchen gesetzlichen Vorschriften der nächste Aufsichtsrat nach seiner Ansicht zusammenzusetzen ist; §§ 96 bis 99 sind anzuwenden.

(4) Der Aufsichtsrat bestellt den ersten Vorstand.

A. Inhalt und Zweck der Norm	1	V. Vergütung	9
B. Erster Aufsichtsrat	3	VI. Bekanntmachung gem. Abs. 3 S. 2	10
I. Bestellung (Abs. 1)	3	C. Erster Abschlussprüfer (Abs. 1 S. 1)	11
II. Zusammensetzung (Abs. 2)	6	I. Allgemeine Gesichtspunkte	11
III. Amtszeit	7	II. Abberufung des ersten Abschlussprüfers	12
IV. Aufgaben	8	D. Erster Vorstand	13

A. Inhalt und Zweck der Norm

1 § 30 trifft Bestimmungen über die Bestellung des ersten Aufsichtsrates, dessen Zusammensetzung und Amtsdauer, sowie die Bestellung des ersten Abschlussprüfers und des ersten Vorstandes. Der Zweck der Norm ist die Herstellung der Handlungsfähigkeit der Vor-AG.[1] Nach der Systematik des § 30 und der übrigen Gründungsvorschriften müssen die Verwaltungsorgane an dem Gründungsvorgang mitwirken, weil andernfalls die AG nicht entstehen kann.[2] Die Bestellung des ersten Abschlussprüfers erfolgt seit der Reform des Aktienrechts durch Gesetz vom 6.9.1965 (BGBl. I S. 1089) durch die Gründer, um so die früher erforderliche Hauptversammlung oder die vor der Reform mögliche Notbestellung des Abschlussprüfers durch das Registergericht, auf die es die Gründer anstelle einer kostenintensiven Hauptversammlung ankommen ließen, entbehrlich zu machen.[3]

2 Der erste Aufsichtsrat ist gem. Abs. 2 mitbestimmungsfrei; diese Einschränkung der unternehmerischen Mitbestimmung der Arbeitnehmer wird durch die gegenüber der Standardamtszeit von fünf Jahren (§ 102 Abs. 1) kürzere Amtszeit des ersten Aufsichtsrates kompensiert.[4] Sofern bei Gründung im Wege der Sacheinlage oder Sachübernahme ein Unternehmen ganz oder teilweise eingebracht oder übernommen wird, trifft § 31 eine Sonderregelung, nach der möglichst schnell die Arbeitnehmerbeteiligung im ersten Aufsichtsrat verwirklicht werden muss.

B. Erster Aufsichtsrat

3 **I. Bestellung (Abs. 1).** Die Gründer (§ 28) haben den ersten Aufsichtsrat zu bestellen, eine Ersatzbestellung durch das Gericht ist ausgeschlossen.[5] Zwar gibt es keine Verpflichtung der Gründer, den ersten Aufsichtsrat zu bestellen; die Gesellschaft wird jedoch nicht in das Handelsregister eingetragen, wenn zuvor kein Aufsichtsrat von den Gründern bestellt wurde, vgl. u.a. §§ 36 Abs. 1, 37 Abs. 4 Nr. 4. Die Gründer bestellen den ersten Aufsichtsrat durch Beschluss, bei dem nach hM die einfache Mehrheit der abgegebenen Stimmen genügen soll ohne Rücksicht darauf, ob alle Gründer erschienen sind;[6] diese Meinung überzeugt, da die Gründer anstelle einer ersten Hauptversammlung handeln; insofern ist § 133 entsprechend anzuwenden.[7] Erforderlich für eine ordnungsgemäße Beschlussfassung ist jedoch, dass alle Gründer rechtzeitig geladen wurden.[8] Bei der Stimmabgabe kann sich der Gründer vertreten lassen; die Vollmacht muss der Form des § 134 Abs. 3 (Schriftform) genügen.[9] Die Bestellung des ersten Aufsichtsrates bedarf der **notariellen Beurkundung**, bei der die anwesenden Gründer, ihr Abstimmungsverhalten sowie die auf jeden gewählten entfallenden Stimmen unter Angabe der Aktiennennbeträge der abstimmenden Gründer festzuhalten sind.[10] Die Bestellung kann mit der Feststellung der Satzung verbunden werden.[11]

---

1 MüKo-AktG/*Pentz*, Rn 6; *Hüffer*, Rn 1; KölnKomm-AktG/*Arnold*, Rn 4; Spindler/Stilz/*Gerber*, Rn 1.

2 *Hüffer*, Rn 1; GroßKomm-AktienR/*Röhricht*, Rn 2; MüKo-AktG/*Pentz*, Rn 9.

3 RegBegr. *Kropff*, S. 51 f; *Hüffer*, Rn 1; MüKo-AktG/*Pentz*, Rn 5.

4 GroßKomm-AktienR/*Röhricht*, Rn 9; *Hüffer*, Rn 1; MüKo-AktG/*Pentz*, Rn 4, 22; *Kuhlmann*, NZG 2010, 46, 48.

5 *Hüffer*, Rn 2; KölnKomm-AktG/*Arnold*, Rn 6.

6 MüKo-AktG/*Pentz*, Rn 11; *v. Godin/Wilhelmi*, Rn 2; *Hüffer*, Rn 2; GroßKomm-AktienR/*Röhricht*, Rn 4; Spindler/Stilz/*Gerber*, Rn 8.

7 MüKo-AktG/*Pentz*, Rn 11; *Hüffer*, Rn 2; K. Schmidt/Lutter/*Bayer*, Rn 4.

8 Vgl zu Einzelheiten der Ladung sowie dem Erfordernis eines Quorums von Gründern, die eine entsprechende Gründerversammlung zwecks Bestellung des Aufsichtsrates einberufen: MüKo-AktG/*Pentz*, Rn 11.

9 *Hüffer*, Rn 2; MüKo-AktG/*Pentz*, Rn 12; Spindler/Stilz/*Gerber*, Rn 6.

10 *Hüffer*, Rn 3; MüKo-AktG/*Pentz*, Rn 13; GroßKomm-AktienR/*Röhricht*, Rn 4.

11 *Hüffer*, Rn 3; der Geschäftswert nach § 97 GNotKG – ggf ergänzt durch § 107 GNotKG – ist in diesem Fall nach § 35 Abs. 1 GNotKG mit dem Geschäftswert nach §§ 108, 105 GNotKG zusammenzurechnen; vgl auch die bisher hM zu §§ 36, 47 KostO, OLG Zweibrücken FGPrax 2002, 187.

In den ersten Aufsichtsrat kann nur gewählt werden, wer die persönlichen Voraussetzungen der §§ 100, 105 erfüllt; auch ein Gründer kann Mitglied des ersten Aufsichtsrates werden.[12] Der Gewählte muss bei der Wahl zwar nicht zugegen sein,[13] muss aber die Wahl – ausdrücklich oder konkludent durch Aufnahme der Aufsichtsratstätigkeit – annehmen.[14]

Sieht die bereits festgestellte Satzung Entsenderechte gem. § 101 Abs. 2 vor, ist auch die Erklärung des Entsendeberechtigten entsprechend Abs. 1 S. 2 notariell zu beurkunden.[15] Anstelle des Entsendeberechtigten können die Gründer nur dann ein Aufsichtsratsmitglied bestellen, wenn ein endgültiger Verzicht des Entsendeberechtigten vorliegt.[16]

II. Zusammensetzung (Abs. 2). Auch die Zusammensetzung des ersten Aufsichtsrats richtet sich nach den §§ 95 ff[17] Die Gründer müssten somit die nach Gesetz erforderliche oder in der Satzung vorgesehene höhere Zahl von Aufsichtsratsmitgliedern bestellen.[18] Fehlen danach erforderliche Aufsichtsratsmitglieder, so wird die Gesellschaft nicht eingetragen.[19] Die Vorschriften über die Mitbestimmung der Arbeitnehmer im Aufsichtsrat nach DrittelbG 2004 (§ 1 ff), MitbestG, MontanMitbestG und MontanMitbestErgG finden auf den ersten Aufsichtsrat keine Anwendung (Abs. 2). Hierin ist ersichtlich eine Entscheidung des Gesetzgebers für die Mitbestimmungsfreiheit zu sehen, weil sich anderenfalls mit Blick auf die typischerweise geringen Arbeitnehmerzahlen neu gegründeter Aktiengesellschaften die Steuerung über die üblichen mitbestimmungsrechtlichen Schwellenwerte angeboten hätte, ohne dass es der Regelung des Abs. 2 bedurft hätte.[20] Nur im Ausnahmefall des § 31 (s.o. Rn 2) sind Arbeitnehmervertreter bereits in den ersten Aufsichtsrat zu wählen. Wächst die Arbeitnehmerzahl der Gesellschaft durch Verschmelzung zur Aufnahme unter Überschreitung mitbestimmungsrechtlicher Schwellenwerte an, bleibt es bei der Suspendierung der Mitbestimmung gem. Abs. 2.[21] Dies gilt auch bei Spaltung zur Aufnahme.[22] Sind nach Ablauf der Amtszeit des ersten Aufsichtsrates gem. Abs. 3 voraussichtlich Arbeitnehmervertreter erstmalig zu wählen, ist es aus praktischen Erwägungen ratsam, in der Satzung – allerdings unter Beachtung des § 95 – für den ersten Aufsichtsrat eine geringere Zahl von Aufsichtsratsmitgliedern festzulegen, als für den dann zu konstituierenden Aufsichtsrat; hierdurch wird vermieden, dass Anteilseignervertreter im Aufsichtsrat bei Konstituierung des zweiten Aufsichtsrates wegen der nun eintretenden Arbeitnehmerbeteiligung aus dem Aufsichtsrat ausscheiden müssen.[23]

III. Amtszeit. Nach der zwingenden Vorschrift des Abs. 3 S. 1 endet die Amtszeit des ersten Aufsichtsrates spätestens mit Beendigung der Hauptversammlung, die über die Entlastung gem. § 120 für das erste Rumpf- oder Vollgeschäftsjahr beschließt. Ob die Entlastung durch die Hauptversammlung erteilt oder verweigert wird, ist für die Amtsbeendigung unerheblich; erforderlich ist nur der Beschluss der Hauptversammlung über die Entlastung. Wurde der Aufsichtsrat allerdings bereits um Arbeitnehmervertreter gem. § 31 Abs. 3 ergänzt, bleiben (nur) diese bis zum Ende ihrer Bestellung, die den zeitlichen Höchstrahmen des § 102 ausschöpfen kann, im Amt. Abgesehen von dieser Ausnahme kann die Amtszeit des ersten Aufsichtsrates somit maximal ca. 20 Monate betragen.[24] Die Amtszeit des ersten Aufsichtsrates kann nach der Satzung oder einem entsprechenden, von der Satzung abweichenden Beschluss auch kürzer als die gesetzliche Höchstdauer sein, sie muss aber in jedem Falle so bestimmt werden, dass die **Amtszeit** des ersten Aufsichtsrates die **Eintragung voraussichtlich überdauert**; andernfalls müssten Gründungsprüfung und Anmeldung durch den ersten Aufsichtsrat wiederholt werden, was unbedingt vermieden werden muss.[25] Endet die Amtszeit des ersten Aufsichtsrates aufgrund einer entsprechenden Satzungsbestimmung nach Eintragung der Gesellschaft, aber vor Ablauf der in Abs. 3 S. 1 festgesetzten Höchstfrist, so ist der zweite Aufsichtsrat durch die Hauptversammlung nach den allgemeinen Regeln der §§ 95 ff AktG zu bestellen.[26] Wird bei Bestellung gegen die gesetzlich vorgesehene Höchstdauer verstoßen, ist die Bestellung zwar nicht unwirksam, sie endet aber mit Verstreichen der gesetzlich vorgesehenen Frist.[27] Gemäß § 31 Abs. 5 gilt die Begrenzung

---

12 *Hüffer*, Rn 2; GroßKomm-AktienR/*Röhricht*, Rn 6.
13 *Hüffer*, Rn 2; MüKo-AktG/*Pentz*, Rn 14.
14 MüKo-AktG/*Pentz*, Rn 14; *Hüffer*, Rn 2; KölnKomm-AktG/ *Arnold*, Rn 9; Spindler/Stilz/*Gerber*, Rn 9; K. Schmidt/Lutter/ *Bayer*, Rn 6.
15 *Hüffer*, Rn 3; GroßKomm-AktienR/*Röhricht*, Rn 4.
16 MüKo-AktG/*Pentz*, Rn 15; wohl auch *Hüffer*, Rn 2 aE.
17 GroßKomm-AktienR/*Röhricht*, Rn 7.
18 GroßKomm-AktienR/*Röhricht*, Rn 7; *Hüffer*, Rn 5.
19 MüKo-AktG/*Pentz*, Rn 15 f.
20 *Kuhlmann*, NZG 2010, 46, 48 f; der Gesetzgeber verweist in diesem Zusammenhang allerdings auf den Umstand, dass die neugegründete AG im Regelfall verhältnismäßig wenige Arbeitnehmer beschäftigen wird, vgl RegE AktG 1965 Begr, BT-Drucks. III/1915, S. 107 sowie BT-Drucks. IV/171 S. 107.
21 *Kuhlmann*, NZG 2010, 46, 49; aA *Heither*, DB 2008, 109 ff; ErfK/*Oetker*, 9. Aufl., § 6 MitbestG Rn 3 (analoge Anwendung von § 31).
22 *Kuhlmann*, NZG 2010, 46, 50.
23 GroßKomm-AktienR/*Röhricht*, Rn 8; *Hüffer*, Rn 5; Spindler/ Stilz/*Gerber*, Rn 15; K. Schmidt/Lutter/*Bayer*, Rn 8.
24 *Brox*, AG 1966, 347; MüKo-AktG/*Pentz*, Rn 25; *Hüffer*, Rn 7 mwN.
25 GroßKomm-AktienR/*Röhricht*, Rn 12; KölnKomm-AktG/*Arnold* Rn 1724; *Hüffer*, Rn 7; MüKo-AktG/*Pentz*, Rn 26; Spindler/Stilz/*Gerber*, Rn 14.
26 GroßKomm-AktienR/*Röhricht*, Rn 12.
27 *Hüffer*, Rn 7; GroßKomm-AktienR/*Röhricht*, Rn 14; K. Schmidt/Lutter/*Bayer*, Rn 11 aF; DNotI-Report 18/2008, S. 137, 138.

der Amtszeit des ersten Aufsichtsrates gem. § 30 Abs. 3 S. 1 nicht für Arbeitnehmervertreter im ersten Aufsichtsrat, die gem. § 31 Abs. 3 bestellt worden sind (vgl dazu unten § 31 Rn 8). Im Falle des Ausscheidens des Aufsichtsratsmitgliedes durch Tod, Amtsniederlegung oder Abberufung gem. § 103 müssen die Gründer – sofern die Eintragung der Gesellschaft in das Handelsregister noch nicht erfolgt ist – ein neues Aufsichtsratsmitglied in dem oben (Rn 3) geschilderten Verfahren bestellen; tritt der Wegfall eines Aufsichtsratsmitglieds nach Eintragung ein, ist ein neues Aufsichtsratsmitglied nach den allgemeinen Bestimmungen der §§ 101 ff zu bestellen. Abberufung und Amtsniederlegung vor Eintragung erfolgen nach den allgemeinen Vorschriften (§§ 103 Abs. 1 S. 2, 3; 130 Abs. 1 S. 1).[28] Die Abberufung von Aufsichtsratsmitgliedern vor Eintragung der Gesellschaft hat in notarieller Urkunde zu erfolgen, da es sich um den actus contrarius zur Bestellung handelt und insofern Abs. 1 S. 2 entsprechend anzuwenden ist. Die Rechtssicherheit gebietet, dass klare Verhältnisse über die Personen des ersten Aufsichtsrates bestehen.[29] Hieran ändert § 130 Abs. 1 S. 3 nF[30] nichts, da die Frage der Form des Widerrufs der Bestellung sonst von den Plänen der Gründer im Hinblick auf einen möglichen Börsengang abhängig wäre, die sich nach Eintragung der Gesellschaft ggf zerschlagen. Die Amtsniederlegung vor Anmeldung erfolgt nach den allgemeinen von der Literatur und Rechtsprechung herausgebildeten Regeln[31] und ist gegenüber dem Vorstand oder, wenn dieser noch nicht bestellt wurde, den Gründern zu erklären.[32] Der erste Aufsichtsrat verliert seinen Charakter als erster Aufsichtsrat nicht dadurch, dass vor Ablauf seiner Amtszeit einzelne oder alle Mitglieder wechseln.[33]

8 **IV. Aufgaben.** Der erste Aufsichtsrat hat den ersten **Vorstand** zu bestellen, Abs. 4, die **Gründungsprüfung** gem. § 33 Abs. 1 durchzuführen und bei der **Anmeldung** der Gesellschaft mitzuwirken, § 36 Abs. 1. Auch vor Eintragung vertritt der Aufsichtsrat die (Vor-) Gesellschaft gegenüber dem Vorstand gem. § 112 und hat die Geschäftsführung des Vorstandes gem. § 111 zu überwachen. Verstöße des Aufsichtsrates gegen die Gründungsvorschriften lösen die Haftung gem. § 48 aus; im Übrigen haftet der Aufsichtsrat nach den allgemeinen Vorschriften, §§ 93, 116.[34]

9 **V. Vergütung.** Aus den §§ 32 Abs. 3, 33 Abs. 2 Nr. 3 ist zu entnehmen, dass eine Vergütung des ersten Aufsichtsrates in Form von **Gründerlohn** oder eines **Sondervorteiles** zulässig ist; eine derartige Vergütung ist zwingend in der Satzung festzusetzen, § 26 Abs. 1, Abs. 3 S. 1. Die Hauptversammlung kann gem. § 113 Abs. 2 mit Wirkung für die Vergangenheit nachträglich eine Vergütung festsetzen; im Voraus erteilte Zusagen der Gründer im Hinblick auf eine Vergütung sind wegen Verstoßes gegen die insoweit abschließende Kompetenzvorschrift des § 113 Abs. 1 gem. § 134 BGB nichtig.[35]

10 **VI. Bekanntmachung gem. Abs. 3 S. 2.** Die Bestimmung dient dazu, die **Arbeitnehmerbeteiligung** im Aufsichtsrat in Gesellschaften, die der Mitbestimmung unterliegen, vorzubereiten.[36] Die Vorschrift statuiert im Übrigen, dass der Vorstand die Bekanntmachung auch dann zu initiieren hat, wenn er davon überzeugt ist, dass die Zusammensetzung des ersten Aufsichtsrats auch für die des zweiten Aufsichtsrats gilt (insoweit Abweichung von § 97 Abs. 1). Die Vorschrift bildet im Übrigen eine weitere Kompensation für das Fehlen der Arbeitnehmermitbestimmung im ersten Aufsichtsrat (vgl hierzu oben Rn 2).[37] Mindestbestandteile der Bekanntmachung gem. Abs. 3 S. 2 sind nach Ansicht des Vorstandes anwendbare gesetzliche Vorschriften für die Zusammensetzung des Aufsichtsrates (vgl § 96 Abs. 1) sowie der Hinweis auf die Wirkung des § 97 Abs. 2 S. 2 (Präklusion).[38] Die Bekanntmachung ist in den Gesellschaftsblättern, § 25 (also im Regelfall im elektronischen Bundesanzeiger), und durch Aushang in allen Betrieben der Gesellschaft und ihrer Konzernunternehmen den Arbeitnehmern zur Kenntnis zu bringen. Im Übrigen gelten die allgemeinen Bestimmungen des Statusverfahrens, §§ 97 Abs. 2 S. 1, 98, 99. Gemäß § 30 Abs. 3 S. 2 muss die Bekanntmachung rechtzeitig vor dem Ende der Amtszeit des ersten Aufsichtsrates erfolgen; erfolgt die Bekanntmachung mindestens vier bis fünf Monate vor der die Amtszeit des ersten Aufsichtsrats beendenden Hauptversammlung, so ist sie angemessen.[39] Der Vorstand ist selbst befugt, den Antrag auf gerichtliche Entscheidung gem. § 98 Abs. 1, Abs. 2 Nr. 1 zu stellen. Wird die Bekanntmachung verzögert, kann der Vorstand und ggf der erste Aufsichtsrat schadensersatzpflichtig gem. §§ 93, 116 sein;[40] an der wirksamen Bestellung der Mitglie-

---

[28] GroßKomm-AktienR/*Röhricht*, Rn 15; *Hüffer*, Rn 4; MüKo-AktG/*Pentz*, Rn 27 f.
[29] Überzeugend: MüKo-AktG/*Pentz*, Rn 29; aA *Hüffer*, Rn 4; für notarielle Beurkundung auch, allerdings unter Hinweis auf § 130: GroßKomm-AktienR/*Röhricht*, Rn 15.
[30] Neugefasst durch das Gesetz für kleine Aktiengesellschaften und zur Deregulierung des Aktienrechtes v. 2.8.1994, BGBl. I S. 1961.
[31] Vgl die Kommentierung zu § 103.
[32] *Hüffer*, Rn 4; GroßKomm-AktienR/*Röhricht*, § 80 Rn 16.
[33] RGZ 24, 54, 56 f; GroßKomm-AktienR/*Röhricht*, Rn 18; *Hüffer*, Rn 4.
[34] Vgl zu diesen Fragen GroßKomm-AktienR/*Röhricht*, Rn 19; *Hüffer*, Rn 6; MüKo-AktG/*Pentz*, Rn 31.
[35] Vgl GroßKomm-AktienR/*Röhricht*, Rn 20; *Hüffer*, Rn 8; MüKo-AktG/*Pentz*, Rn 32; Spindler/Stilz/*Gerber*, Rn 17.
[36] GroßKomm-AktienR/*Röhricht*, Rn 21; *Hüffer*, Rn 9; Spindler/Stilz/*Gerber*, Rn 18; K. Schmidt/Lutter/*Bayer*, Rn 17.
[37] GroßKomm-AktienR/*Röhricht*, Rn 21.
[38] *Hüffer*, Rn 9; K. Schmidt/Lutter/*Bayer*, Rn 18.
[39] GroßKomm-AktienR/*Röhricht*, Rn 22; *Hüffer*, Rn 9.
[40] GroßKomm-AktienR/*Röhricht*, Rn 22; *Hüffer*, Rn 9 geht ersichtlich nur von Haftbarkeit des Vorstands aus.

der ändert dies nichts.[41] Läuft die Amtszeit des ersten Aufsichtsrates vor Beendigung eines gerichtlichen Verfahrens gem. § 98 aus, so ist der neue Aufsichtsrat entweder durch eine außerordentliche Hauptversammlung oder gem. § 104 durch das Gericht zu bestellen.[42] Der bis zum Abschluss des Gerichtsverfahrens amtierende interimistische Aufsichtsrat setzt sich in diesem Fall zusammen wie der bisherige Aufsichtsrat.[43]

C. Erster Abschlussprüfer (Abs. 1 S. 1)

I. Allgemeine Gesichtspunkte. Nach den für die Bestellung des ersten Aufsichtsrates geltenden Vorschriften (vgl oben Rn 3) ist auch der erste Abschlussprüfer von den Gründern zu bestellen.[44] Die Gründer erteilen auch den **Prüfungsauftrag** aufgrund der ihnen insoweit zustehenden Annexkompetenz.[45] Abschlussprüfer können Wirtschaftsprüfungsgesellschaften oder einzelne Wirtschaftsprüfer sein, § 319 Abs. 1 HGB. Die Wirtschaftsprüfer prüfen das erste Rumpfgeschäftsjahr oder das erste volle Geschäftsjahr gem. §§ 316 ff HGB.[46] Wird kein Abschlussprüfer bestellt, ist die Gesellschaft gleichwohl ordnungsgemäß errichtet und deshalb in das Handelsregister gem. § 38 Abs. 1 einzutragen.[47] Nach Entstehen der Aktiengesellschaft durch Eintragung kann ein Abschlussprüfer durch **Beschluss des Gerichtes** gem. § 318 Abs. 4 HGB bestellt werden.[48]

II. Abberufung des ersten Abschlussprüfers. Gemäß § 318 Abs. 3 HGB kann nach Eintragung der Aktiengesellschaft der Abschlussprüfer nur durch gerichtliche Entscheidung abberufen werden; vor dem Inkrafttreten des Bilanzrichtliniengesetzes vom 19.12.1985 (BGBl. I 1985 S. 2355) konnte die Hauptversammlung den Wirtschaftsprüfer noch vor Abschluss des Prüfungsauftrages abberufen. Zwecks Sicherstellung der erforderlichen Unabhängigkeit des Abschlussprüfers ist dieses Recht der Hauptversammlung durch das Bilanzrichtliniengesetz weggefallen.[49] Vor Inkrafttreten des Bilanzrichtliniengesetzes war die Bestellung des ersten Abschlussprüfers in der Phase vor Eintragung der Gesellschaft nach allgemeiner Überzeugung[50] ohne Weiteres widerrufbar. Nach hM ist § 318 Abs. 3 HGB nunmehr bereits vor Eintragung der Gesellschaft anzuwenden, da auch hier die persönliche Unabhängigkeit des Abschlussprüfers von den Gründern sichergestellt werden muss.[51]

D. Erster Vorstand

Der erste Vorstand wird vom Aufsichtsrat gem. Abs. 4 bestellt; das Fehlen einzelner nach § 31 Abs. 1 zu bestellender notwendiger Aufsichtsratsmitglieder ist ohne Wirkung auf den Bestellungsbeschluss.[52] Für den Bestellungsbeschluss genügt die einfache Mehrheit.[53] Die Satzung darf keine qualifizierte Mehrheit für die Bestellung des ersten Vorstandes festlegen.[54] Der Bestellungsbeschluss wirkt zwar konstitutiv; ohne Vorlage des Protokolls des Bestellungsbeschlusses ist die Eintragung im Handelsregister jedoch gem. § 38 Abs. 1 abzulehnen.[55] Bestellt der erste Aufsichtsrat keinen ersten Vorstand, ist die Eintragung ebenfalls abzulehnen; die Gründer können in diesem Fall nur den ersten Aufsichtsrat abberufen und neu bestellen.[56] Der Anstellungsvertrag des Vorstandes geht bei Eintragung der Aktiengesellschaft im Wege der Gesamtrechtsnachfolge auf die durch Eintragung entstehende AG über.[57] Im Hinblick auf den vertraglichen Vergütungsanspruch des Vorstandes ist streitig, ob der Vergütungsanspruch vor Eintragung der Gesellschaft zu seiner Wirksamkeit erfordert, dass die Vergütung des Vorstands als Gründungsaufwand gem. § 26 Abs. 2 in der Satzung festgesetzt worden ist.[58] Nach richtiger und herrschender Auffassung wird das dienstvertragliche Entgelt des Vorstandes auch in der Gründungsphase nicht in erster Linie für die Mitwirkung an der Gründung, sondern für die Aufnahme der operativen Geschäftstätigkeit gezahlt und ist daher nicht in der Satzung festzusetzen.[59] Der Vorstand hat zunächst an der Gründung mitzuwirken, dh seiner Prüfungspflicht

---

[41] *Kowalski/Schmidt*, DB 2009, 551, 552; MüKo-AktG/*Pentz*, Rn 36.
[42] *Hüffer*, Rn 9.
[43] KölnKomm-AktG/*Arnold*, Rn 24; GroßKomm-AktienR/*Röhricht*, Rn 23; *Hüffer*, Rn 9; K. Schmidt/Lutter/*Bayer*, Rn 21.
[44] MüKo-AktG/*Pentz*, Rn 44; *Hüffer*, Rn 10.
[45] *Hüffer*, Rn 10; aA MüKo-AktG/*Pentz*, Rn 46, der den AR für zuständig hält.
[46] Vgl nur *Hüffer*, Rn 10.
[47] GroßKomm-AktienR/*Röhricht*, Rn 28; *Hüffer*, Rn 10; K. Schmidt/Lutter/*Bayer*, Rn 26.
[48] MüKo-AktG/*Pentz*, Rn 49; GroßKomm-AktienR/*Röhricht*, Rn 28; *Hüffer*, Rn 10.
[49] MüKo-AktG/*Pentz*, Rn 49.
[50] Vgl nur *Hüffer*, Rn 11.
[51] MüKo-AktG/*Pentz*, Rn 50; KölnKomm-AktG/*Arnold*, Rn 30; GroßKomm-AktienR/*Röhricht*, Rn 20; *Hüffer*, Rn 11; aA A/D/S, VII, § 318 HGB Rn 18.
[52] RegBegr. *Kropff*, S. 51; *Hüffer*, Rn 12.
[53] MüKo-AktG/*Pentz*, Rn 38; *Hüffer*, Rn 12.
[54] *Hüffer*, Rn 12; GroßKomm-AktienR/*Röhricht*, Rn 29; Spindler/Stilz/*Gerber*, Rn 22.
[55] Vgl § 107 Abs. 2, § 37 Abs. 4 Nr. 3.
[56] *Hüffer*, Rn 12.
[57] *Hüffer*, Rn 12; K. Schmidt/Lutter/*Bayer*, Rn 24.
[58] Dafür: *Drygala*, EWiR 2004, 783; dagegen: BGH NJW 2004, 2519 (2520); *Hüffer*, Rn 12; GroßKomm-AktienR/*Röhricht*, Rn 34; KölnKomm-AktG/*Arnold*, Rn 37; MüKo-AktG/*Pentz*, Rn 41.
[59] MüKo-AktG/*Pentz*, Rn 41.

gem. § 33 nachzukommen, an der Anmeldung der Gesellschaft mitzuwirken, § 36, sowie Bekanntmachungen gem. § 30 Abs. 3 S. 2 und, falls erforderlich, gem. § 31 Abs. 3 S. 1 zu schalten. Bereits im Gründungsstadium hat der Vorstand die Vor-AG unter eigener Verantwortung gem. § 76 zu leiten, sofern bereits operative Tätigkeit anfällt;[60] § 87 – Grundsätze der Vergütung und Anpassung der Vergütung – gilt bereits im Gründungsstadium vor Eintragung.[61] Der erste Vorstand kann bereits unter Ausschöpfung der zeitlichen Höchstdauer gem. § 84 Abs. 1 S. 1 bestellt werden, mithin für maximal fünf Jahre, gerechnet ab Beginn der Aufnahme der Amtstätigkeit.[62] Im Hinblick auf die Zusammensetzung des ersten Vorstandes gilt zunächst § 76 Abs. 2 in Verbindung mit der Satzung; ein erster Arbeitsdirektor ist, selbst bei Vorliegen der gesetzlichen Voraussetzungen nach den Mitbestimmungsgesetzen, als Mitglied des ersten Vorstandes nicht zu bestellen.[63]

§ 31 Bestellung des Aufsichtsrats bei Sachgründung

(1) ¹Ist in der Satzung als Gegenstand einer Sacheinlage oder Sachübernahme die Einbringung oder Übernahme eines Unternehmens oder eines Teils eines Unternehmens festgesetzt worden, so haben die Gründer nur so viele Aufsichtsratsmitglieder zu bestellen, wie nach den gesetzlichen Vorschriften, die nach ihrer Ansicht nach der Einbringung oder Übernahme für die Zusammensetzung des Aufsichtsrats maßgebend sind, von der Hauptversammlung ohne Bindung an Wahlvorschläge zu wählen sind. ²Sie haben jedoch, wenn dies nur zwei Aufsichtsratsmitglieder sind, drei Aufsichtsratsmitglieder zu bestellen.

(2) Der nach Absatz 1 Satz 1 bestellte Aufsichtsrat ist, soweit die Satzung nichts anderes bestimmt, beschlußfähig, wenn die Hälfte, mindestens jedoch drei seiner Mitglieder an der Beschlußfassung teilnehmen.

(3) ¹Unverzüglich nach der Einbringung oder Übernahme des Unternehmens oder des Unternehmensteils hat der Vorstand bekanntzumachen, nach welchen gesetzlichen Vorschriften nach seiner Ansicht der Aufsichtsrat zusammengesetzt sein muß. ²§§ 97 bis 99 gelten sinngemäß. ³Das Amt der bisherigen Aufsichtsratsmitglieder erlischt nur, wenn der Aufsichtsrat nach anderen als den von den Gründern für maßgebend gehaltenen Vorschriften zusammenzusetzen ist oder wenn die Gründer drei Aufsichtsratsmitglieder bestellt haben, der Aufsichtsrat aber auch aus Aufsichtsratsmitgliedern der Arbeitnehmer zu bestehen hat.

(4) Absatz 3 gilt nicht, wenn das Unternehmen oder der Unternehmensteil erst nach der Bekanntmachung des Vorstands nach § 30 Abs. 3 Satz 2 eingebracht oder übernommen wird.

(5) § 30 Abs. 3 Satz 1 gilt nicht für die nach Absatz 3 bestellten Aufsichtsratsmitglieder der Arbeitnehmer.

A. Inhalt und Zweck der Norm

1 § 31 trifft Bestimmungen für den Aufsichtsrat in dem Sonderfall, dass bei Gründung einer AG ein Unternehmen oder ein Unternehmensteil im Wege der Sacheinlage oder der Sachübernahme in die Gesellschaft aufgrund entsprechender Festsetzung in der Satzung eingebracht wird. Der Kern der Regelung des § 31 besteht darin, dass (nur) bei Einbringung eines Unternehmens oder Unternehmensteiles die unternehmerische Mitbestimmung der Arbeitnehmer bereits im ersten Aufsichtsrat verwirklicht werden muss.[1] Vor dem Hintergrund, dass im Fall des § 31 praktisch bereits von Anfang an eine Belegschaft der Vorgesellschaft oder späteren AG zuzurechnen ist, ist diese Bestimmung im Vergleich zur Situation des § 30, wo nach dem Leitbild des Gesetzgebers ein Unternehmen im Regelfall erst noch aufzubauen ist, angemessen.[2] § 31 Abs. 5 wurde durch das Gesetz für kleine Aktiengesellschaften und zur Deregulierung des Aktiengesetzes vom 2.8.1994 (BGBl. I S. 1961) eingefügt; diese Norm stellt sicher, dass die Arbeitnehmervertreter im ersten Aufsichtsrat, die nach den Mitbestimmungsgesetzen regelmäßig in einem aufwendigen und zeitraubenden Verfahren gewählt werden, nicht der Amtszeitbeschränkung für den ersten Aufsichtsrat gem. § 30 Abs. 3 S. 1 unterliegen.[3] Für die Anwendbarkeit des § 31 und der demzufolge eintretenden Mitbestimmung der Arbeitnehmer im Aufsichtsrat spielt es keine Rolle, wann sich die in der Satzung festgesetzte Einbringung des Unternehmens oder Unternehmensteiles zu vollziehen hat; mithin ist auch im Falle der Einbringung eines Unternehmens im Wege der Sacheinlage, die den zeitlichen Höchstrahmen des § 36 a Abs. 2 S. 2 ausschöpft

---

60 *Hüffer*, Rn 12.
61 *Hüffer*, Rn 12.
62 *Hüffer*, Rn 12; Spindler/Stilz/*Gerber*, Rn 23.
63 AG Bremen AG 1979, 207; *Hüffer*, Rn 12 mwN.
1 GroßKomm-AktienR/*Röhricht*, Rn 1; *Hüffer*, Rn 1; MüKo-AktG/*Pentz*, Rn 2 ff.
2 Vgl in diesem Sinne RegBegr. *Kropff*, S. 49; *Hüffer*, Rn 1; GroßKomm-AktienR/*Röhricht*, Rn 2; MüKo-AktG/*Pentz*, Rn 8.
3 GroßKomm-AktienR/*Röhricht*, Rn 21; *Hüffer*, Rn 1.

– also die Amtszeit des ersten Aufsichtsrates weit überschreitet – die unternehmerische Mitbestimmung der Arbeitnehmer bereits von Anfang an im ersten Aufsichtsrat sicherzustellen.[4]

B. Anwendungsvoraussetzungen

Voraussetzung der Anwendung des § 31 ist die Einbringung eines Unternehmens oder Unternehmensteiles im Wege von Sacheinlage oder Sachübernahme; Abs. 1 fordert ausdrücklich, dass eine derartige Einbringung in der Satzung festgesetzt worden ist.[5] Ein „Unternehmen" iSv § 31 ist nach hM die **organisatorische Zusammenfassung von sachlichen und personellen Mitteln** – dh insbesondere eine nicht unerhebliche Zahl von **Arbeitnehmern** – zu einem wirtschaftlichen Zweck, die grundsätzlich ein **Auftreten am Markt** erlaubt. Ein Unternehmensteil ist eine davon abtrennbare Wirtschaftseinheit.[6] Da der Unternehmensbegriff iSv § 31 ein funktioneller Begriff ist, der Arbeitnehmermitbestimmung sichern soll, sind die einzelnen Voraussetzungen der §§ 15 ff für § 31 nicht entscheidend.[7] Für die Anwendung der Norm ist es überdies unerheblich, ob in dem eingebrachten Unternehmen bereits ein (mitbestimmter) Aufsichtsrat bestand und ob in Zukunft überhaupt eine Mitbestimmung der Arbeitnehmer im Aufsichtsrat nach den gesetzlichen Vorschriften verwirklicht werden muss.[8] Des Weiteren kommt es nicht darauf an, ob die Gesellschaft bzw die Gründer beabsichtigen, das eingebrachte Unternehmen fortzuführen.[9]

C. Unvollständiger Gründeraufsichtsrat (Abs. 1 und 2)

I. Bestellung und Zusammensetzung. Die Gründer bestellen die Anteilseignervertreter auch im Falle des § 31 nach den Vorschriften des § 30; die in § 30 statuierten Regeln werden aber durch § 31 dahin abgeändert, dass die Gründer bei Bestellung der Aufsichtsratsmitglieder die **Plätze für die Arbeitnehmervertreter freizuhalten** haben.[10] Es kommt somit zunächst zu einem von den Gründern bestellten unvollständigen Aufsichtsrat, der allerdings nach den gesetzlichen Vorschriften bereits handlungsfähig ist und zB den ersten Vorstand bestellt (hierzu unten Rn 4). Die Gründer bestellen somit gem. Abs. 1 S. 1 nur die Anzahl von Aufsichtsratsmitgliedern, die aus Sicht der Gründer voraussichtlich aufgrund der Mitbestimmungsgesetze von der Hauptversammlung ohne Bindung an Wahlvorschläge bestellt werden könnte; anders gewendet: sie bestellen unter Berücksichtigung des einzubringenden Unternehmens oder Unternehmensteiles die ihrer Ansicht nach maßgebliche Zahl von Anteilseignervertretern.[11] Die Gründer entscheiden dies aus ihrer subjektiven Sicht unter Berücksichtigung der gesetzlichen Vorschriften für die Zusammensetzung des Aufsichtsrates, dh insbesondere unter Berücksichtigung des DrittelbG, des MontanMitbestG, des MitbestErgG und des MitbestG sowie unter Berücksichtigung des § 101 Abs. 1 (mitbestimmungsfreier Aufsichtsrat). Für die Entscheidung, wie dieser unvollständige Aufsichtsrat zusammengesetzt ist, genügt ein mit einfacher Mehrheit gefasster Beschluss, der allerdings auch das Registergericht bindet;[12] dies ist unproblematisch, weil die nach Lage der Dinge objektiv richtige Besetzung des Aufsichtsrates durch das Verfahren gem. Abs. 3 sichergestellt ist.[13] Die Gründer bestellen die Anteilseignervertreter im Aufsichtsrat, wobei die Plätze der Arbeitnehmervertreter freigehalten werden müssen. Dabei ist zu berücksichtigen, dass die Mitbestimmungsgesetze aufgrund des Verhältnisses untereinander die Prüffolge vorgeben;[14] im Einzelnen bedeutet dies:

- ist der erste Aufsichtsrat aus Sicht der Gründer gem. MontanMitbestG oder MonMitbestErgG zu bestellen, ist gem. §§ 4-9 MontanmitbestG und § 5 MonMitbestErgG die Hälfte der um ein Mitglied reduzierten Gesamtzahl (letzteres wird gem. § 8 MontanMitbestG bzw § 5 Abs. 3 MonMitbestErgG auf Vorschlag der übrigen Aufsichtsratsmitglieder gewählt) zu bestellen;
- ist der Aufsichtsrat aus Sicht der Gründer nach MitbestG zu bestellen, bestellen die Gründer die Hälfte der Gesamtzahl der Aufsichtsratsmitglieder unter Freihaltung der Plätze für diejenigen Aufsichtsratsmitglieder, die gem. § 7 MitbestG nach Maßgabe von §§ 9 ff. MitbestG als Vertreter der Arbeitnehmer oder der Gewerkschaften in den Aufsichtsrat zu wählen sind;

---

[4] GroßKomm-AktienR/*Röhricht*, Rn 2; MüKo-AktG/*Pentz*, Rn 11; *Hüffer*, Rn 2.
[5] Zur Anwendung von § 31 im Falle der Einbringung eines Unternehmens oder Unternehmensteiles im Wege der Verschmelzung zur Neugründung oder der Spaltung zur Neugründung vgl *Kuhlmann*, NZG 2010, 46, 49 f.
[6] Vgl nur Geßler/*Eckardt*, Rn 5; GroßKomm-AktienR/*Röhricht*, Rn 3; *Brox*, AG 1966, 347.
[7] Vgl GroßKomm-AktienR/*Röhricht*, Rn 3; K. Schmidt/Lutter/*Bayer*, Rn 3.
[8] GroßKomm-AktienR/*Röhricht*, Rn 3; MüKo-AktG/*Pentz*, Rn 10; RegBegr. *Kropff*, S. 50.
[9] KölnKomm-AktG/*Arnold*, Rn 5; MüKo-AktG/*Pentz*, Rn 9; GroßKomm-AktienR/*Röhricht*, Rn 3; Spindler/Stilz/*Gerber*, Rn 6.
[10] GroßKomm-AktienR/*Röhricht*, Rn 4; MüKo-AktG/*Pentz*, Rn 12 ff; Spindler/Stilz/*Gerber*, Rn 8.
[11] GroßKomm-AktienR/*Röhricht*, Rn 5; *Hüffer*, Rn 3; K. Schmidt/Lutter/*Bayer*, Rn 7.
[12] KölnKomm-AktG/*Arnold*, Rn 6; MüKo-AktG/*Pentz*, Rn 16; *Hüffer*, Rn 4.
[13] *Hüffer*, Rn 4.
[14] MüKo-AktG/*Pentz*, Rn 13 ff.

- ist der Aufsichtsrat gem. DrittelbG zu bilden, muss gem. § 4 Abs. 1 DrittelbG ein Drittel der Plätze freibleiben;
- greift nach Ansicht der Gründer kein Mitbestimmungsgesetz ein, sind alle Aufsichtsratsmitglieder von den Gründern zu bestellen, § 101 Abs. 1.[15]

Eine Ausnahme von diesen Grundsätzen gilt nur dann, wenn der nach den genannten Vorschriften von den Gründern zu bestellende Aufsichtsrat bei Freihaltung der Plätze für die Arbeitnehmervertreter und richtiger Anwendung der Gesetze nur aus zwei Mitgliedern besteht; in diesem Fall setzt sich das Prinzip der §§ 95 und 108 Abs. 2 S. 3, wonach ein Aufsichtsrat mindestens aus drei Mitgliedern besteht und diese Zahl auch mindestens für die Beschlussfähigkeit erforderlich ist, im Interesse der Vermeidung von Patt-Situationen bei Abstimmungen durch, um die Handlungsfähigkeit des unvollständigen Gründeraufsichtsrates sicherzustellen (Abs. 1 S. 2).[16]

4 **II. Aufgaben.** Der unvollständige Aufsichtsrat der Gründer bestellt den ersten Vorstand, jedoch keinen Arbeitsdirektor (§ 13 MontanMitbestG, § 13 MonMitbestErgG und § 33 MitbestG), da die personelle Entscheidung über diesen „Arbeitnehmervertreter" im Vorstand nicht den Anteilseignervertretern im Aufsichtsrat – aus denen der unvollständige Gründeraufsichtsrat ausschließlich besteht – zufallen darf.[17]

5 **III. Beschlussfähigkeit (Abs. 2).** Der unvollständige Gründeraufsichtsrat ist gem. Abs. 2 beschlussfähig, wenn die Hälfte seiner Mitglieder, mindestens aber drei Mitglieder, an der Beschlussfassung teilnehmen, sofern die Satzung nicht eine zahlenmäßig höhere Beteiligung vorschreibt. Die „Hälfte" iSv Abs. 2 meint die Hälfte unter Berücksichtigung der gesetzlich oder satzungsmäßig bestimmten Zahl von Aufsichtsratsmitgliedern; nicht maßgeblich ist die Hälfte der tatsächlich amtierenden Mitglieder, die zB ein durch Amtsniederlegung ausgeschiedenes Mitglied unberücksichtigt ließe.[18] Solange der erste im Falle des § 31 zu bildende Aufsichtsrat nur von Anteilseignervertretern, also nur unvollständig, besetzt ist, geht die Regelung in § 31 Abs. 2 zur Beschlussfähigkeit § 28 MitbestG, § 10 MontanMitbestG und § 11 MonMitbestErgG vor (allgemeine Auffassung); nach Ergänzung oder Neuwahl greift § 31 Abs. 2 nicht mehr ein.[19] Bestimmt die Satzung abweichend von Abs. 2 eine höhere Beteiligung als die Hälfte bzw mindestens drei Mitglieder, so gilt dies bereits für den ersten Aufsichtsrat; damit der erste Aufsichtsrat aber trotz unvollständiger Besetzung angesichts einer derartigen Satzungsbestimmung beschlussfähig ist, ist das Erfordernis des Quorums der jeweiligen Satzung verhältnismäßig herabzusetzen.[20]

D. Ergänzung des Gründeraufsichtsrates durch Arbeitnehmervertreter (Abs. 3)

6 Abs. 3 dient der Verwirklichung der Arbeitnehmermitbestimmung im ersten Aufsichtsrat bei Einbringung oder Übernahme von Unternehmen oder Unternehmensteilen. Nach der tatsächlich erfolgten Einlage oder Übernahme eines Unternehmens oder Unternehmensteiles ist möglichst schnell der unvollständige Gründeraufsichtsrat zu vervollständigen.[21] Dementsprechend muss der Vorstand, anders als im Fall des § 30, wo der nach den Mitbestimmungsgesetzen zutreffend besetzte Aufsichtsrat erst mit dem zweiten Aufsichtsrat vorliegt, bereits für den ersten Aufsichtsrat die das Statusverfahren gem. §§ 97 ff einleitende Bekanntmachung im Interesse der Vervollständigung des ersten Aufsichtsrates schalten.[22] Der relevante Zeitpunkt für die Bekanntmachung ist der Zeitpunkt, zu dem die Vor-AG oder AG das Unternehmen bzw den Unternehmensteil erstmalig nutzen kann.[23] Die Bekanntmachung gem. Abs. 3 S. 1 hat „unverzüglich" iSv § 121 Abs. 1 S. 1 BGB zu erfolgen.[24] Die Einbringung oder Übernahme des Unternehmens oder Unternehmensteiles kann vor oder nach der Eintragung der Gesellschaft in das Handelsregister erfolgen, selbst nach der Wahl des zweiten Aufsichtsrates.[25] Die Bekanntmachung ist selbst dann zu schalten, wenn der Vorstand derselben Auffassung über die Besetzung des Aufsichtsrates ist wie die Gründer.[26] Ist der Vorstand selbst ungewiss im Hinblick auf die zutreffende Zusammensetzung des Aufsichtsrates, kann er anstelle einer eigenen Bekanntmachung eine gerichtliche Entscheidung gem. § 98 Abs. 2 Nr. 1 beantragen.[27] Die Bekanntma-

---

15 Vgl zur Subsumtion unter die einzelnen mitbestimmungsrechtlichen Vorschriften im Einzelnen GroßKomm-AktienR/*Röhricht*, Rn 5; *Hüffer*, Rn 4; MüKo-AktG/*Pentz*, Rn 14.
16 MüKo-AktG/*Pentz*, Rn 15; *Hüffer*, Rn 4; GroßKomm-AktienR/*Röhricht*, Rn 6; vgl auch RegBegr. *Kropff*, S. 50.
17 Vgl RegBegr. *Kropff*, S. 51; *Brox*, AG 1966, 347; *Hüffer*, § 30 Rn 12; GroßKomm-AktienR/*Röhricht*, Rn 8.
18 GroßKomm-AktienR/*Röhricht*, Rn 10; *Hüffer*, Rn 5; MüKo-AktG/*Pentz*, Rn 21; aA Geßler/*Eckardt*, Rn 16; diese Auffassung geht jedoch daran vorbei, dass sich die Beschlussfähigkeit gem. § 31 Abs. 2 eng an § 108 Abs. 2 anschließen sollte, vgl RegBegr. *Kropff*, S. 50; MüKo-AktG/*Pentz*, Rn 21; K. Schmidt/Lutter/*Bayer*, Rn 13.
19 *Hüffer*, Rn 5.
20 KölnKomm-AktG/*Arnoldt*, Rn 10; GroßKomm-AktienR/*Röhricht*, Rn 11; *Hüffer*, Rn 6.
21 *Hüffer*, Rn 7; GroßKomm-AktienR/*Röhricht*, Rn 12.
22 GroßKomm-AktienR/*Röhricht*, Rn 13.
23 GroßKomm-AktienR/*Röhricht*, Rn 14 unter Hinweis auf die zu § 613 a BGB entwickelten Grundsätze; ebenso: MüKo-AktG/*Pentz*, Rn 25; *Hüffer*, Rn 8; K. Schmidt/Lutter/*Bayer*, Rn 18.
24 Vgl nur *Hüffer*, Rn 8.
25 GroßKomm-AktienR/*Röhricht*, Rn 14; *Hüffer*, Rn 8.
26 MüKo-AktG/*Pentz*, Rn 24; *Hüffer*, Rn 8; K. Schmidt/Lutter/*Bayer*, Rn 20.
27 MüKo-AktG/*Pentz*, Rn 26; *Hüffer*, Rn 8.

chung gem. Abs. 3 S. 1 löst in entsprechender Anwendung das Statusverfahren der §§ 97–99 aus; dies bedeutet insbesondere, dass die vom Vorstand als relevant bezeichnete gesetzliche Zusammensetzung des Aufsichtsrates verbindlich wird, wenn sie nicht angefochten wird bzw dass eine entsprechende gerichtliche Entscheidung verbindlich gilt, § 99 Abs. 5 S. 2. Dies bedeutet im Einzelnen Folgendes:

- Bestätigt die ungefochtene Bekanntmachung des Vorstandes oder die gerichtliche Entscheidung die Ansicht der Gründer über die Zusammensetzung des ersten Aufsichtsrats, so bleiben die von den Gründern bestellten Aufsichtsratsmitglieder im Grundsatz im Amt, Abs. 3 S. 3 Fall 1 Alt. 1 („erlischt nur"); finden die Mitbestimmungsgesetze Anwendung, ist der Aufsichtsrat um die bislang fehlenden Arbeitnehmervertreter zu ergänzen.[28] Kommt es nicht zur Ergänzung um Arbeitnehmervertreter im Aufsichtsrat, kann eine Ersatzbestellung von Aufsichtsratsmitgliedern gem. § 104 eingreifen.[29] Nach der Sondervorschrift des Abs. 3 S. 3 Fall 2 – die Vorschrift geht davon aus, dass die Gründer gem. Abs. 1 S. 2 drei Aufsichtsratsmitglieder bestellt haben, obwohl wegen drittelparitätischer Mitbestimmung nur zwei Aufsichtsratsmitglieder zu bestellen gewesen wären – erlischt das Amt **aller** drei von den Gründern bestellten Aufsichtsratsmitglieder.[30] Die Vorschrift des Abs. 3 S. 3 Fall 2 ist jedoch nicht anwendbar, wenn die Gründer aus praktischen Erwägungen eines der drei Aufsichtsratsmitglieder mit dessen Billigung nur unter der Bedingung bestellt haben, dass sein Amt bei Bestellung von Arbeitnehmervertretern erlöschen soll.[31] Eine nachträgliche Abrede, dass nur eines von drei Mitgliedern ausscheiden soll, können weder die Aufsichtsratsmitglieder untereinander noch die Gründer einvernehmlich treffen; fehlt danach die von vornherein bedingte Bestellung eines der drei Mitglieder, bleibt es bei dem Wegfall des Amtes aller drei Mitglieder.[32]
- Bestätigt die ungefochtene Bekanntmachung oder die rechtskräftige gerichtliche Entscheidung dagegen nicht die Einschätzung der Gründer, erlischt das Amt aller bisherigen Aufsichtsratsmitglieder und es ist eine vollständige Neuwahl durchzuführen.[33] Dies gilt nach hM bei jeder Fehlbesetzung, also nicht nur für den Fall der Bestellung überzähliger Aufsichtsratsmitglieder.[34] Diese Meinung überzeugt, denn es kann nicht ausgeschlossen werden, dass die Gründer im Hinblick auf das Zusammenwirken bestimmter Personen im Aufsichtsrat bei richtiger Einschätzung der Rechtslage andere Personen bestellt hätten.[35] Das Erlöschen des Amtes der Anteilseignervertreter im Aufsichtsrat vollzieht sich nach § 97 Abs. 2 S. 3 mit Beendigung der Hauptversammlung, die nach Ablauf der Frist nach § 97 Abs. 2 S. 1 einberufen wird, spätestens aber sechs Monate nach Ablauf dieser Frist; im Fall der gerichtlichen Entscheidung anstelle der ungefochtenen Bekanntmachung des Vorstandes beginnt die Sechs-Monats-Frist mit der Bekanntmachung.[36] Ist die Gesellschaft zur Zeit der Neuwahl noch nicht eingetragen, entscheiden wiederum die Gründer über die Neubesetzung des Aufsichtsrats, da eine Hauptversammlung noch nicht existiert.[37]

E. Aufsichtsrat und nachträgliche Unternehmenseinbringung (Abs. 4)

Gemäß Abs. 4 ist das Verfahren des Abs. 3 ausgeschlossen, wenn das Unternehmen oder der Unternehmensteil zeitlich nach einer Bekanntmachung gem. § 30 Abs. 3 S. 2 übernommen wird, da die Arbeitnehmermitbestimmung bereits durch die Bekanntmachung gem. § 30 Abs. 3 S. 2 verwirklicht wird. Für die Zusammensetzung des neuen Aufsichtsrates gelten die in der Bekanntmachung gem. § 30 Abs. 3 S. 2 als maßgeblich bezeichneten gesetzlichen Vorschriften; sofern diese nicht mehr zutreffen, gelten unmittelbar die §§ 97–99.[38] Die Amtszeit des von den Gründern nach Abs. 1 bestellten Aufsichtsrates endet gem. § 30 Abs. 3.[39]

F. Amtszeit

Der nach Abs. 3 ergänzte oder vollständig neu bestellte Aufsichtsrat ist dem Charakter nach erster Aufsichtsrat (vgl oben § 30 Rn 6, 7); dies bedeutet, dass die Amtszeit grundsätzlich gem. § 30 Abs. 3 S. 1 nach

---

[28] GroßKomm-AktienR/*Röhricht*, Rn 18.
[29] Geßler/*Eckardt*, Rn 24; GroßKomm-AktienR/*Röhricht*, Rn 18; vgl auch LG Hof WM 1993, 695; *Hüffer*, Rn 10; *Oetker*, ZGR 200, 19, 42.
[30] GroßKomm-AktienR/*Röhricht*, Rn 19.
[31] *Hüffer*, Rn 11; KölnKomm-AktG/*Arnold*, Rn 21; MüKo-AktG/ *Pentz*, Rn 38 f; GroßKomm-AktienR/*Röhricht*, Rn 19; *Brox*, AG 1966, 347, 349; aA ersichtlich *v. Godin/Wilhelmi*, § 33 I Rn 4.
[32] GroßKomm-AktienR/*Röhricht*, Rn 19; *Hüffer*, Rn 11.
[33] GroßKomm-AktienR/*Röhricht*, Rn 20.
[34] GroßKomm-AktienR/*Röhricht*, Rn 20; *Hüffer*, Rn 10; *Brox*, AG 1966, 347, 34 f; aA KölnKomm-AktG/*Arnold*, Rn 25; *Brauksiepe*, BB 1967, 484.
[35] Vgl *Hüffer*, Rn 10 aE.
[36] Vgl nur *Hüffer*, Rn 12.
[37] GroßKomm-AktienR/*Röhricht*, Rn 20; *Brox*, AG 19656, 347, 348; *Hüffer*, Rn 12 aE.
[38] RegBegr. *Kropff*, S. 51; KölnKomm-AktG/*Arnold*, Rn 28; *Hüffer*, Rn 13; K. Schmidt/Lutter/*Bayer*, Rn 24.
[39] *Hüffer*, Rn 13.

längstens ca. 20 Monaten endet (vgl § 30 Rn 7). Dies gilt jedoch nur für Anteilseignervertreter und für das nach MontanMitbestG oder MonMitbestErgG bestellte „weitere Mitglied".[40] Die Amtsbeendigung nach § 30 Abs. 3 S. 1 tritt ohne Rücksicht darauf ein, ob der Aufsichtsrat durch Wahl weiterer Mitglieder ergänzt wurde oder der Aufsichtsrat vollständig neu gewählt wurde.[41] Die Arbeitnehmervertreter bleiben je nach der Bestimmung bei Bestellung maximal für die Höchstdauer des § 102 im Amt (vgl oben § 30 Rn 7); § 31 Abs. 5 schließt insofern die Geltung des § 30 Abs. 3 S. 1 für sie aus.

§ 32 Gründungsbericht

(1) Die Gründer haben einen schriftlichen Bericht über den Hergang der Gründung zu erstatten (Gründungsbericht).

(2) ¹Im Gründungsbericht sind die wesentlichen Umstände darzulegen, von denen die Angemessenheit der Leistungen für Sacheinlagen oder Sachübernahmen abhängt. ²Dabei sind anzugeben

1. die vorausgegangenen Rechtsgeschäfte, die auf den Erwerb durch die Gesellschaft hingezielt haben;
2. die Anschaffungs- und Herstellungskosten aus den letzten beiden Jahren;
3. beim Übergang eines Unternehmens auf die Gesellschaft die Betriebserträge aus den letzten beiden Geschäftsjahren.

(3) Im Gründungsbericht ist ferner anzugeben, ob und in welchem Umfang bei der Gründung für Rechnung eines Mitglieds des Vorstands oder des Aufsichtsrats Aktien übernommen worden sind und ob und in welcher Weise ein Mitglied des Vorstands oder des Aufsichtsrats sich einen besonderen Vorteil oder für die Gründung oder ihre Vorbereitung eine Entschädigung oder Belohnung ausbedungen hat.

A. Inhalt und Zweck der Norm ... 1	3. Betriebserträge aus den letzten beiden Geschäftsjahren (Abs. 2 S. 2 Nr. 3) ... 7
B. Allgemeine Gesichtspunkte, Verantwortlichkeit der Gründer ... 2	D. Besondere Angaben zum Vorstand und Aufsichtsrat (Abs. 3) ... 8
C. Inhalt des Gründungsberichtes ... 3	E. Änderung des Gründungsberichtes ... 9
I. Allgemeine Angaben ... 3	F. Rechtsfolgen fehlender oder fehlerhafter Berichte ... 10
II. Besondere Angaben bei Sachgründung (Abs. 2) ... 4	
1. Vorausgegangene Rechtsgeschäfte (Abs. 2 S. 2 Nr. 1) ... 5	
2. Anschaffungs- und Herstellungskosten aus den letzten beiden Jahren (Abs. 2 S. 2 Nr. 2) ... 6	

A. Inhalt und Zweck der Norm

1 § 32 legt den Gründern die Pflicht auf, einen Gründungsbericht zu erstatten, der bei der nachfolgenden Gründungsprüfung gem. §§ 33–35 als Grundlage dient; des Weiteren **unterstützt** der Gründungsbericht die **Prüfung durch das Registergericht**, ob die Gesellschaft ordnungsgemäß errichtet ist,[1] und dient, da er zu den Handelsregisterakten genommen wird, auch der Information des Rechtsverkehrs.[2] Der Gründungsbericht zwingt die Gründer zur Offenlegung aller für den Gründungsvorgang wesentlichen Vorgänge, wobei teilweise auch auf die Vorgeschichte der Gründung eingegangen werden muss, vgl Abs. 2 Nr. 1.[3] Hierdurch wird ein weiterer Schutz gegen unzulängliche Gründungen gewährleistet.[4] Der Gründungsbericht ist zeitlich nach Feststellung der Satzung und Bestellung des ersten Aufsichtsrates und Vorstandes (arg. ex § 32 Abs. 3), aber vor dem von Vorstand und Aufsichtsrat zu erstellenden Gründungsprüfungsbericht gem. § 33 zu erstatten.[5]

B. Allgemeine Gesichtspunkte, Verantwortlichkeit der Gründer

2 Der Gründungsbericht ist in Schriftform, § 126 BGB, zu erstellen (Abs. 1); das Gesetz geht zwar von einem gemeinsam zu erstellenden und von allen Gründern (§ 28) eigenhändig zu unterzeichnendem Gründungsbericht aus; allerdings sind nach hM auch **getrennte Berichte** der einzelnen Gründer oder Ergänzungen des

---

40 Vgl nur *Hüffer*, Rn 14.
41 *Hüffer*, Rn 14; MüKo-AktG/*Pentz*, Rn 49; K. Schmidt/Lutter/*Bayer*, Rn 25.
1 RegBegr. *Kropff*, S. 52; *Hüffer*, Rn 1.
2 *Hüffer*, Rn 1; Spindler/Stilz/*Gerber*, Rn 1; K. Schmidt/Lutter/*Bayer*, Rn 1.
3 Vgl GroßKomm-AktienR/*Röhricht*, Rn 2.
4 GroßKomm-AktienR/*Röhricht*, Rn 2.
5 GroßKomm-AktienR/*Röhricht*, Rn 2; *Hüffer*, Rn 2; MüKo-AktG/*Pentz*, Rn 3.

gemeinsamen Berichtes durch die einzelnen Gründer, die der erforderlichen Form genügen, **zulässig**.[6] Verantwortlich für die Erstattung des Gründungsberichtes sind die Gründer persönlich; Stellvertretung ist nach allgM – anders als bei der Gründung der Gesellschaft, vgl § 23 Abs. 1 S. 2 – nicht zulässig; für juristische Personen handeln allerdings deren gesetzliche Vertreter,[7] die Hinzuziehung von Gehilfen für die Vorbereitung des Gründungsberichtes ist statthaft.[8] Untereinander sind die Gründer gesellschaftsrechtlich verpflichtet, an dem Gründungsbericht mitzuwirken;[9] diese Verpflichtung ist klagbar und wird erforderlichenfalls gem. § 888 Abs. 1 ZPO vollstreckt.[10]

C. Inhalt des Gründungsberichtes

I. Allgemeine Angaben. Die Absätze 2 und 3 des § 32 bilden keine erschöpfende Aufzählung des notwendigen Inhalts des Gründungsberichtes; jeder Gründungsbericht, dh auch im Falle von Bareinlagen und wenn im Einzelfall die tatbestandlichen Voraussetzungen des Abs. 3 nicht gegeben sind, muss folgende Angaben enthalten: **alle wesentlichen Umstände**; dabei ist unerheblich, ob diese bereits aus der Satzung hervorgehen. Daher sind vor allem zu vermerken: Tag der Feststellung der Satzung, Grundkapital, Stückelung der Aktien in Nennbetrags- oder Stückaktien, sowie der jeweilige Ausgabebetrag, Zahl der von jedem Gründer übernommenen Aktien, Höhe der geleisteten Bareinlage, Namen der Mitglieder des Vorstandes und Aufsichtsrates, Datum der Bestellung des ersten Vorstandes und des ersten Aufsichtsrates sowie die Zusatzangaben nach § 23 Abs. 2 Nr. 2. Des Weiteren ist anzugeben, ob einem Gründer oder Dritten Sondervorteile oder Gründerlohn gem. § 26 versprochen wurden, es ist schließlich zu vermerken, inwieweit Personenidentität zwischen Gründern und Organmitgliedern besteht.[11]

II. Besondere Angaben bei Sachgründung (Abs. 2). Im Falle von Gründungen mit Sacheinlagen oder Sachübernahmen (§ 27) sind von den Gründern gem. § 32 Abs. 2 besondere Angaben zu machen, die im Wesentlichen dazu dienen, die „Angemessenheit" der für eingelegte oder übernommene Gegenstände gewährten Leistungen nachvollziehbar darzulegen.[12] **Angemessenheit** heißt in diesem Zusammenhang **Gleichwertigkeit**;[13] dass dies nicht deutlicher im Gesetz zum Ausdruck kommt, stellt ein Redaktionsversehen des Gesetzgebers dar.[14] Erhebliche Abweichungen in der Äquivalenz bilden ein Eintragungshindernis.[15] Auch bei Sacheinlagen und Sachübernahmen ist im Hinblick darauf, ob alle wesentlichen Umstände in den Bericht aufgenommen wurden, ein objektiver Prüfungsmaßstab anzulegen.[16] Nach der Rspr sind daher zB Beschaffenheitsangaben bezogen auf den einzubringenden Gegenstand in dem Bericht zu vermerken, wie etwa Größe eines Grundstückes.[17]

1. Vorausgegangene Rechtsgeschäfte (Abs. 2 S. 2 Nr. 1). Der näheren Konkretisierung des Abs. 2 S. 1 dienen Abs. 2 S. 2 Nr. 1–3. Zu diesen Punkten muss unbedingt, und sei es auch durch eine entsprechende Fehlanzeige, Stellung genommen werden.[18] Abs. 2 S. 2 Nr. 1 verlangt die Stellungnahme zu „vorausgegangenen Geschäften". Es ist dabei zu allen solchen Rechtsgeschäften Stellung zu nehmen, deren Zweck die spätere Verwendung des Leistungsgegenstandes bei der Gründung ist.[19] Dabei ist bedeutsam, welcher Art die vorausgegangenen Geschäfte (Kauf, Tausch, Schenkung etc.) waren, wann diese geschlossen wurden und wer sie getätigt hat.[20] Zu den vorausgegangenen Rechtsgeschäften muss aufgrund seiner entsprechenden gesellschaftsvertraglichen Verpflichtung nur der Gründer Stellung nehmen; Dritte unterliegen keiner Auskunftspflicht.[21] Konsortialgeschäfte zwischen einem Kreditinstitut und den Gründern dienen nur der Platzierung der Aktien und unterfallen daher nicht dem Begriff der vorausgegangenen Geschäfte.[22]

2. Anschaffungs- und Herstellungskosten aus den letzten beiden Jahren (Abs. 2 S. 2 Nr. 2). Aufgrund dieser Vorschrift wird die Bewertung der eingebrachten Gegenstände in den zurückliegenden letzten zwei Jahren

---

6 GroßKomm-AktienR/*Röhricht*, Rn 5; MüKo-AktG/*Pentz*, Rn 9; *Hüffer*, Rn 2.
7 GroßKomm-AktienR/*Röhricht*, Rn 3; *Hüffer*, Rn 2; MüKo-AktG/*Pentz*, Rn 6; Spindler/Stilz/*Gerber*, Rn 3.
8 MüKo-AktG/*Pentz*, Rn 6; K. Schmidt/Lutter/*Bayer*, Rn 2.
9 KölnKomm-AktG/*Arnold*, Rn 3; MüKo-AktG/*Pentz*, Rn 8; *Hüffer*, Rn 2; GroßKomm-AktienR/*Röhricht*, Rn 6; aA *Ritter*, AktG 1937, § 24 Anm. 2 b.
10 KölnKomm-AktG/*Arnold*, Rn 3; GroßKomm-AktienR/*Röhricht*, aaO; *Hüffer*, Rn 2.
11 Vgl zum allg. Inhalt eines Gründungsberichts im Einzelnen: *Hüffer*, Rn 3; MüKo-AktG/*Pentz*, Rn 12; GroßKomm-AktienR/*Röhricht*, Rn 7.
12 GroßKomm-AktienR/*Röhricht*, Rn 8; MüKo-AktG/*Pentz*, Rn 15; *Hüffer*, Rn 4.
13 GroßKomm-AktienR/*Röhricht*, Rn 1; MüKo-AktG/*Pentz*, Rn 15; *Hüffer*, Rn 4; Spindler/Stilz/*Gerber*, Rn 9.
14 GroßKomm-AktienR/*Röhricht*, Rn 1; KölnKomm-AktG/*Arnold*, Rn 9.
15 GroßKomm-AktienR/*Röhricht*, aaO; *Hüffer*, Rn 4.
16 GroßKomm-AktienR/*Röhricht*, Rn 8.
17 Vgl RGZ 18, 68.
18 *Hüffer*, Rn 5; MüKo-AktG/*Pentz*, Rn 16.
19 Vgl GroßKomm-AktienR/*Röhricht*, Rn 9; MüKo-AktG/*Pentz*, Rn 18; *Hüffer*, Rn 5.
20 GroßKomm-AktienR/*Röhricht*, Rn 9; aA KölnKomm-AktG/*Arnold*, Rn 10.
21 *Hüffer*, Rn 5; MüKo-AktG/*Pentz*, Rn 19; GroßKomm-AktienR/*Röhricht*, Rn 9; Geßler/*Eckardt*, § 13 a; K. Schmidt/Lutter/*Bayer*, Rn 7.
22 GroßKomm-AktienR/*Röhricht*, Rn 10.

offen gelegt; hierdurch soll eine ggf bestehende Differenz zwischen den Aufwendungen des Einbringenden und der Gegenleistung der Gesellschaft sichtbar gemacht werden.[23] Der Begriff der Anschaffungs- und Herstellungskosten entspricht im Wesentlichen § 255 HGB.[24] Stichtag für die Rückrechnung von zwei Jahren ist nach hM der Tag der Satzungsfeststellung.[25] Fehlen Anschaffungs- und Herstellungskosten, ist eine entsprechende Fehlanzeige zu vermerken.[26] Bei Einbringung von Unternehmen im Wege von Sacheinlage und Sachübernahme werden in der Praxis auch die von dem eingebrachten Unternehmen selbst aufgewendeten Anschaffungs- und Herstellungskosten im Gründungsbericht festgehalten. Auch bei Anschaffungs- und Herstellungskosten besteht der Auskunftsanspruch nur gegenüber dem Gründer selbst, nicht gegenüber dem Dritten.[27] In der Praxis dürfte es daher sinnvoll sein, dem Dritten einen vertraglichen Auskunftsanspruch bereits vor Gründung der AG aufzuerlegen.[28] Dies ist insbesondere dann tunlich, wenn nur der Dritte sinnvoll zu Anschaffungs- und Herstellungskosten Stellung nehmen kann und daher seine Mitwirkung unbedingt erforderlich ist, um die AG zur Entstehung gelangen zu lassen.[29]

7 **3. Betriebserträge aus den letzten beiden Geschäftsjahren (Abs. 2 S. 2 Nr. 3).** Erfolgt im Zuge von Sacheinlage oder Sachübernahme ein Unternehmensübergang, müssen die Betriebserträge des Unternehmens aus den letzten beiden Geschäftsjahren angegeben werden. Der hier gebrauchte **Unternehmensbegriff** entspricht dem des § 31 (vgl hierzu oben § 31 Rn 2);[30] Stichtag für die Rückrechnung ist auch hier der Tag der Feststellung der Satzung.[31] Der Begriff des Betriebsertrages ist weder in § 32 noch anderenorts definiert. Nach allgM ist darunter bei Kapitalgesellschaften der Jahresüberschuss gem. § 275 Abs. 2 Nr. 20 HGB oder gem. § 275 Abs. 3 Nr. 19 HGB zu verstehen;[32] bei Übernahme von Unternehmen anderer Rechtsform sind Zahlen mit entsprechender Bedeutung und Aussagekraft anzugeben.[33] Im Interesse der Ermöglichung des Angemessenheitsurteils müssen insbesondere außerordentliche Erträge und außerordentliche Verluste deutlich kenntlich gemacht werden.[34] Die Aufdeckung stiller Reserven ist zwar nicht generell vorgeschrieben, kann aber tunlich sein, wenn sie Bedeutung für die Beurteilung des Wertes des einzubringenden Gegenstandes hat.[35] Hat das einzubringende Unternehmen Verluste erwirtschaftet, ist anstelle des Jahresüberschusses der Jahresfehlbetrag oder ein vergleichbarer Wert anzusetzen.[36] Fehlanzeige reicht somit nicht. Die Angaben nach Abs. 2 S. 2 Nr. 3 müssen für jedes der letzten beiden Geschäftsjahre gesondert erfolgen.[37] Bestand das einzubringende Unternehmen bisher nur für eine kürzere Zeit, ist entweder das volle Geschäftsjahr oder nur ein Gesamtbetrag bezogen auf die relevanten Angaben in den Gründungsbericht einzusetzen.[38]

D. Besondere Angaben zum Vorstand und Aufsichtsrat (Abs. 3)

8 Wurden Aktien für Rechnung eines Mitgliedes des Vorstandes oder Aufsichtsrates übernommen (Strohmanngründung) oder hat sich ein Mitglied des Vorstandes oder Aufsichtsrates einen besonderen Vorteil oder für die Gründung oder ihre Vorbereitung eine Entschädigung oder Belohnung ausbedungen, so sind die weiteren Angaben gem. Abs. 3 zu machen. Der Zweck dieser Vorschrift besteht darin, **Interessenkollisionen** bei Durchführung der Gründungsprüfung gem. § 33 Abs. 2 Nr. 2 und Nr. 3 transparent zu machen und eine Beurteilung zu ermöglichen, inwieweit sich die Gesellschaft in der Hand von Organmitgliedern befindet, mithin von diesen beherrscht wird.[39] Die Hintermänner müssen mit Namen und Anschrift bzw Sitz genannt werden.[40] Die **Angaben von Hintermännern** müssen gesondert für jedes Verwaltungsmitglied erfolgen.[41] Strohmanngründungen für Vorstand und Aufsichtsrat sind somit wegen der Einreichung des Gründungsberichtes im Handelsregister und der dortigen Aufbewahrung für jedermann nachvollziehbar.[42] Der Begriff des Sondervorteils in § 32 entspricht dem des § 26; Gründungsentschädigung und Gründerlohn un-

---

23 *Hüffer*, Rn 5; MüKo-AktG/*Pentz*, Rn 20; GroßKomm-AktienR/*Röhricht*, Rn 11.
24 Vgl nur GroßKomm-AktienR/*Röhricht*, Rn 12; K. Schmidt/Lutter/*Bayer* Rn 9.
25 *Hüffer*, Rn 5; MüKo-AktG/*Pentz*, Rn 23; KölnKomm-AktG/*Kraft*, Rn 14; GroßKomm-AktienR/*Röhricht*, Rn 12.
26 GroßKomm-AktienR/*Röhricht*, Rn 12.
27 GroßKomm-AktienR/*Röhricht*, Rn 14; K. Schmidt/Lutter/*Bayer* Rn 10.
28 AA KölnKomm-AktG/*Arnold*, Rn 14.
29 GroßKomm-AktienR/*Röhricht*, Rn 14.
30 GroßKomm-AktienR/*Röhricht*, Rn 15; *Hüffer*, § 32 Rn 5 sowie § 31 Rn 2.
31 *Hüffer*, Rn 5.
32 GroßKomm-AktienR/*Röhricht*, Rn 16; *Hüffer*, Rn 5; Spindler/Stilz/*Gerber*, Rn 13; differenzierend: MüKo-AktG/*Pentz*, Rn 25.
33 Vgl nur GroßKomm-AktienR/*Röhricht*, Rn 16.
34 Für die Angabe außerordentlicher Erträge: *Hüffer*, Rn 5; GroßKomm-AktienR/*Röhricht*, Rn 16; KölnKomm-AktG/*Arnold*, Rn 16; bereits für eine Bereinigung des Jahresüberschusses um außerordentliche Erträge und Verluste: MüKo-AktG/*Pentz*, Rn 25; K. Schmidt/Lutter/*Bayer*, Rn 12.
35 GroßKomm-AktienR/*Röhricht*, Rn 16.
36 GroßKomm-AktienR/*Röhricht*, Rn 16; *Hüffer*, Rn 5.
37 GroßKomm-AktienR/*Röhricht*, Rn 18; *Hüffer*, Rn 5; MüKo-AktG/*Pentz*, Rn 26.
38 GroßKomm-AktienR/*Röhricht*, Rn 18 aE; KölnKomm-AktG/*Arnold*, Rn 15.
39 GroßKomm-AktienR/*Röhricht*, Rn 20; *Hüffer*, Rn 6; MüKo-AktG/*Pentz*, Rn 28 Spindler/Stilz/*Gerber*, Rn 8.
40 GroßKomm-AktienR/*Röhricht*, Rn 21; MüKo-AktG/*Pentz*, Rn 29; beide für lediglich Angabe des Namens des Strohmannes.
41 MüKo-AktG/*Pentz*, Rn 29.
42 GroßKomm-AktienR/*Röhricht*, Rn 20.

terfallen dem Begriff des Gründungsaufwandes.[43] Bei der Wiedergabe von Gründungsentschädigung und Gründerlohn sind Art, Umfang und Ausgestaltung der den Verwaltungsmitgliedern im Einzelnen eingeräumten Rechte nach den Verwaltungsmitgliedern getrennt anzugeben; die Angabe von Gesamtaufwand reicht, anders als bei § 26, nicht.[44] Im Gründungsbericht besteht die Pflicht zu derartigen Erläuterungen anders als bei § 26 auch dann, wenn Dritte die Zusagen im Hinblick auf Gründerlohn oder Gründerentschädigung abgegeben haben.[45] Die Zusage von Sondervorteilen, Gründerlohn oder Gründerentschädigung an Gründer, die weder Vorstandsmitglieder noch Aufsichtsratsmitglieder sind, unterfällt nicht Abs. 3, sondern ist in den Gründungsbericht gem. Abs. 1 aufzunehmen.[46]

E. Änderung des Gründungsberichtes

Sofern sich nach Erstattung des Gründungsberichtes wesentliche Umstände ändern, muss ein Ergänzungsbericht zu den Änderungen erstattet werden oder der ursprüngliche Gründungsbericht, der ggf noch nicht zum Handelsregister eingereicht wurde, selbst geändert werden.[47]

9

F. Rechtsfolgen fehlender oder fehlerhafter Berichte

Fehlt der Gründungsbericht oder der Beitrag auch nur eines Gründers zu diesem, besteht ein **Eintragungshindernis** gemäß § 38 Abs. 1 S. 1 und S. 2.[48] Entsprechendes gilt bei offensichtlicher, dh nach Überzeugung des Gerichtes eindeutiger Fehlerhaftigkeit (Unrichtigkeit, Unvollständigkeit, Widersprüchlichkeit).[49] Ein Eintragungshindernis besteht im Übrigen bereits dann, wenn ein Gründer gem. § 33 erklärt, die Berichte bzw der Bericht sei fehlerhaft. Bei falschen oder unvollständigen Angaben haften die Gründer bzw deren Organe, § 14 StGB, strafrechtlich gem. § 399 Abs. 1 Nr. 2; da diese Norm aktionärs- bzw drittschützenden Charakter hat, kommt eine zivilrechtliche Haftung gegenüber den Aktionären und den Gläubigern der Gesellschaft gem. § 399 Abs. 1 Nr. 2 iVm § 823 Abs. 2 BGB in Betracht.[50] Im Übrigen haften die Gründer der AG gegenüber regelmäßig gem. § 46.

10

§ 33 Gründungsprüfung. Allgemeines

(1) Die Mitglieder des Vorstands und des Aufsichtsrats haben den Hergang der Gründung zu prüfen.

(2) Außerdem hat eine Prüfung durch einen oder mehrere Prüfer (Gründungsprüfer) stattzufinden, wenn
1. ein Mitglied des Vorstands oder des Aufsichtsrats zu den Gründern gehört oder
2. bei der Gründung für Rechnung eines Mitglieds des Vorstands oder des Aufsichtsrats Aktien übernommen worden sind oder
3. ein Mitglied des Vorstands oder des Aufsichtsrats sich einen besonderen Vorteil oder für die Gründung oder ihre Vorbereitung eine Entschädigung oder Belohnung ausbedungen hat oder
4. eine Gründung mit Sacheinlagen oder Sachübernahmen vorliegt.

(3) ¹In den Fällen des Absatzes 2 Nr. 1 und 2 kann der beurkundende Notar (§ 23 Abs. 1 Satz 1) anstelle eines Gründungsprüfers die Prüfung im Auftrag der Gründer vornehmen; die Bestimmungen über die Gründungsprüfung finden sinngemäße Anwendung. ²Nimmt nicht der Notar die Prüfung vor, so bestellt das Gericht die Gründungsprüfer. ³Gegen die Entscheidung ist die Beschwerde zulässig.

(4) Als Gründungsprüfer sollen, wenn die Prüfung keine anderen Kenntnisse fordert, nur bestellt werden
1. Personen, die in der Buchführung ausreichend vorgebildet und erfahren sind;
2. Prüfungsgesellschaften, von deren gesetzlichen Vertretern mindestens einer in der Buchführung ausreichend vorgebildet und erfahren ist.

(5) ¹Als Gründungsprüfer darf nicht bestellt werden, wer nach § 143 Abs. 2 nicht Sonderprüfer sein kann. ²Gleiches gilt für Personen und Prüfungsgesellschaften, auf deren Geschäftsführung die Gründer oder Personen, für deren Rechnung die Gründer Aktien übernommen haben, maßgebenden Einfluß haben.

---

43 *Hüffer*, Rn 6; KölnKomm-AktG/*Arnold*, Rn 21.
44 GroßKomm-AktienR/*Röhricht*, Rn 24; K. Schmidt/Lutter/*Bayer*, Rn 16.
45 *Hüffer*, Rn 6.
46 MüKo-AktG/*Pentz*, Rn 36; GroßKomm-AktienR/*Röhricht*, Rn 25; KölnKomm-AktG/*Arnold*, Rn 21.

47 KG OLGE 43, 299; *Hüffer*, Rn 7; MüKo-AktG/*Pentz*, Rn 37.
48 *Hüffer*, Rn 2; GroßKomm-AktienR/*Röhricht*, Rn 27.
49 GroßKomm-AktienR/*Röhricht*, Rn 27; *Hüffer*, Rn 2.
50 RGZ 157, 213, 217; MüKo-AktG/*Pentz*, Rn 10; *Hüffer*, Rn 2; GroßKomm-AktienR/*Röhricht*, Rn 27, Spindler/Stilz/*Gerber*, Rn 5.

A. Regelungsgehalt und Normzweck	1	IV. Sacheinlagen oder Sachübernahmen (Abs. 2 Nr. 4)	12
B. Gründungsprüfung durch Vorstands- und Aufsichtsratsmitglieder (Abs. 1)	3	D. Bestellung des Gründungsprüfers (Abs. 3)	13
C. Gründungsprüfung durch die Gründungsprüfer (Abs. 2)	7	I. Prüfung durch den Notar (Abs. 3 S. 1)	13
I. Vorstands- oder Aufsichtsratsmitglieder als Gründer (Abs. 2 Nr. 1)	8	II. Gerichtlich bestellter Gründungsprüfer (Abs. 3 S. 2)	16
II. Übernahme von Aktien für Rechnung eines Organmitglieds (Abs. 2 Nr. 2)	9	E. Fachliche Qualifikation des Gründungsprüfers (Abs. 4)	17
III. Gewährung von besonderen Vorteilen, einer Entschädigung oder Belohnung für Organmitglieder (Abs. 2 Nr. 3)	10	F. Persönliche Eignung des Gründungsprüfers (Abs. 5)	19
		G. Stellung des Gründungsprüfers	22
		H. Verstöße gegen Gründungsprüfungsvorschriften	24

A. Regelungsgehalt und Normzweck

1 Die Vorschrift regelt für jede Gründung das Erfordernis einer Gründungsprüfung durch sämtliche Mitglieder des Vorstands und Aufsichtsrats (Abs. 1), und zusätzlich unter den Voraussetzungen des Abs. 2 eine Prüfung durch einen externen Prüfer, dessen Bestellung in Abs. 3, dessen fachliche Qualifikation in Abs. 4 und dessen persönliche Eignung in Abs. 5 geregelt ist.

2 Durch die Vorschrift soll die Gründung von Gesellschaften verhindert werden, die nicht "die im **Interesse der künftigen Gläubiger und Aktionäre** notwendigen Sicherungen erfüllen".[1] Ebenso wie der Gründungsbericht gem. § 32 sind auch die Gründungsprüfungsberichte gem. § 37 Abs. 4 Nr. 4 der Anmeldung beizufügen, wird ihre Vollständigkeit und Richtigkeit vom Registergericht gem. § 38 Abs. 2 überprüft und muss bei einer unterlassenen oder fehlerhaften Prüfung das Gericht die Eintragung gem. § 38 Abs. 1 S. 2 ablehnen. Das Vorliegen der Unterlagen beim Registergericht fördert die **Transparenz des Gründungsvorgangs** für die Öffentlichkeit.

B. Gründungsprüfung durch Vorstands- und Aufsichtsratsmitglieder (Abs. 1)

3 In allen Fällen hat eine Gründungsprüfung durch **sämtliche Mitglieder** des Vorstands und Aufsichtsrats zu erfolgen, und zwar unabhängig von einer etwaigen Befangenheitsgefahr. Die Prüfung kann nur durch jedes Mitglied selber vorgenommen werden; **Stellvertretung ist unzulässig**.[2] Die Prüfung muss von denjenigen Organmitgliedern vorgenommen werden, die auch bei der Anmeldung gem. § 36 mitwirken. Kommt es deshalb noch vor Eintragung der AG ins Handelsregister zu einem **Wechsel bei Organmitgliedern**, soll also noch vor rechtswirksamer Entstehung der AG nach außen durch Eintragung ins Register ein altes Organmitglied ausscheiden und ein neues Eintreten, so muss dieses – auch wenn zuvor bereits die Anmeldung beim Register eingereicht wurde – die Prüfung erneut vornehmen.[3] Da die Prüfung der Gründungsprüfer gem. Abs. 2 sich auch auf die Beteiligung der Organmitglieder im Rahmen des Gründungsvorgangs beziehen muss, muss ggf auch der Gründungsprüfungsbericht ergänzt werden. Nach Möglichkeit sollte deshalb ein Wechsel von Organmitgliedern vor Eintragung der AG vermieden werden oder das ausscheidende Organmitglied zunächst nicht ersetzt werden. Letzterenfalls ist keine erneute Prüfung durchzuführen.

4 **Verweigert** ein Organmitglied die Prüfung, so kann diese trotz seiner aus der Organstellung und aus dem Dienstvertrag folgenden Verpflichtung hierzu[4] vollstreckungsrechtlich nicht durchgesetzt werden, § 888 Abs. 2 ZPO. Es kann dann jedoch abberufen werden. Die Abberufung ist im Bericht ebenso anzugeben wie etwa angegebene Gründe für die Verweigerung der Prüfung.[5]

5 **Inhaltlich** muss sich die Prüfung auf alle Umstände erstrecken, die für Aktionäre oder Gläubiger relevant sein können. Vgl im Übrigen die Kommentierung zu § 34.

6 **Strafrechtlich** sind die Organmitglieder gem. § 399 Abs. 1 Nr. 2, **zivilrechtlich** gem. § 48 gegenüber der Gesellschaft und gem. §§ 399 Abs. 1 Nr. 2 iVm 823 Abs. 2 BGB gegenüber Dritten verantwortlich.

---

1 RegBegr. *Kropff*, S. 54.
2 MüKo-AktG/*Pentz*, Rn 8.
3 MüKo-AktG/*Pentz*, Rn 6 und Großkomm-AktienR/*Röhricht*, Rn 5 stellen für das Erfordernis der Neuvornahme auf den Zeitpunkt der Anmeldung ab. Dies ist zumindest missverständlich. Da grundsätzlich sämtliche Eintragungsvoraussetzungen zum Zeitpunkt der Eintragung der AG vorliegen müssen, würde ein dem Registergericht noch vor Eintragung bekannt gewordener Wechsel bei einzelnen Organmitgliedern zu einem Eintragungshindernis führen.
4 *Hüffer*, Rn 2.
5 *Geßler/Eckhardt*, Rn 9.

C. Gründungsprüfung durch die Gründungsprüfer (Abs. 2)

Abs. 2 enthält eine **abschließende** Aufzählung der Fälle, in denen zusätzlich eine Prüfung durch externe Dritte erfolgen muss, da in diesen Fällen die Gefahr einer Beeinträchtigung der Sicherungsinteressen von Gläubigern und Aktionären als besonders groß angesehen wird. Die Bestimmung ist aus Rechtssicherheitsgründen **analogiefeindlich**. Die in Abs. 2 aufgeführten Fälle müssen bis zur Eintragung der AG vorliegen. Geschieht dies erst kurz danach, so muss eine Gründungsprüfung nicht nachgeholt werden.

I. Vorstands- oder Aufsichtsratsmitglieder als Gründer (Abs. 2 Nr. 1). Zählen Verwaltungsmitglieder zu den Gründern iSv § 28, so ist wegen der Befangenheitsgefahr eine externe Gründungsprüfung erforderlich. Ist eine Kapitalgesellschaft Gründer, so kommt es darauf an, ob ein Vertretungsorgan dieser Kapitalgesellschaft (Vorstand oder Geschäftsführer) zugleich Organmitglied der Vor-AG ist. Bei Personenhandelsgesellschaften kommt es darauf an, ob ein vertretungsberechtigter Gesellschafter Organmitglied ist.[6] Ist der gesetzliche Vertreter eines Gründers (zB ein Elternteil) zugleich Organmitglied, so ist ebenfalls eine externe Gründungsprüfung erforderlich. Nach zutreffender Ansicht gilt dies dagegen nicht bei rechtsgeschäftlicher Vertretung.[7]

II. Übernahme von Aktien für Rechnung eines Organmitglieds (Abs. 2 Nr. 2). Eine externe Gründungsprüfung ist auch dann erforderlich, wenn für Rechnung eines Organmitglieds ein Gründer Aktien übernommen hat (Strohmann). Der Umfang der übernommenen Aktien ist unerheblich. Der Aufdeckung des Strohmannverhältnisses dient die Berichtspflicht der Gründer hierüber gem. § 32 Abs. 3.

III. Gewährung von besonderen Vorteilen, einer Entschädigung oder Belohnung für Organmitglieder (Abs. 2 Nr. 3). Werden Organmitgliedern besondere Vorteile oder eine Entschädigung oder Belohnung für die Gründung oder ihre Vorbereitung gewährt, so ist ebenfalls eine externe Gründungsprüfung erforderlich. Zur Frage, wann ein Sondervorteil oder eine Entschädigung oder Belohnung vorliegt (vgl § 26 Rn 3 ff und 9). Anders als dort muss die Zusage aber nicht zwingend zulasten der Gesellschaft gehen, sondern kann auch von einem Dritten gemacht worden sein.[8]

Sind die Gründer zugleich Mitglieder des Vorstands und/oder des Aufsichtsrats und übernimmt die Gesellschaft den Gründungsaufwand nach § 26 Abs. 2, soll es sich dabei gleichzeitig um einen Sonderaufwand iSd § 26 Abs. 3 AktG handeln, der eine externe Gründungsprüfung (auch) nach Abs. 2 Nr. 3 veranlasst.[9] Eine streng am Wortlaut orientierte Auslegung spricht für dies Auffassung. Da in der Praxis fasst immer die Gründungskosten durch die Gesellschaft getragen werden, läuft diese Ansicht aber letztlich darauf hinaus, dass dann eine notarielle Gründungsprüfung gemäß Abs. 3 S. 1 iVm Abs. 2 Nr. 2 praktisch nie eingreift. Die Intention des Gesetzgebers für die 2002 eingeführte Gründungsprüfung durch den Notar gemäß Abs. 3 S. 1, nämlich bei einfachen Bargründungen die Gründung zu erleichtern, würde damit aber unterlaufen. Es spricht deshalb mehr dafür, Nr. 3 insoweit teleologisch zu reduzieren, als die Übernahme des Gründungsaufwandes durch die Gesellschaft, soweit es sich dabei alleine um die Erstattung der üblichen Kostenpositionen Notar, Gericht, Bekanntmachung und evtl Druckkosten für Aktien handelt und Gläubiger des Erstattungsanspruchs Mitglieder des Vorstands und/oder Aufsichtsrates als Gründer sind, nicht unter die Vorschrift fallen zu lassen.

IV. Sacheinlagen oder Sachübernahmen (Abs. 2 Nr. 4). Liegt eine Gründung mit Sacheinlagen oder Sachübernahmen vor, so ist – mögen diese auch noch so geringwertig sein – eine externe Gründungsprüfung erforderlich. Durch die zusätzliche Prüfung soll deren Werthaltigkeit sichergestellt werden.

D. Bestellung des Gründungsprüfers (Abs. 3)

I. Prüfung durch den Notar (Abs. 3 S. 1). Die durch das TransPuG vom 19.7.2002 (BGBl. I S. 2681) eingeführte Regelung bezweckt eine **Erleichterung des Gründungsvorgangs**,[10] indem nunmehr anstelle des gerichtlich bestellten Gründungsprüfers auch der die AG-Gründung beurkundende Notar die Prüfung vornehmen kann (Abs. 3 S. 1). Da sich die Prüfung zwingend auf die Einhaltung der materiellen Rechtsvorschriften beziehen muss und diese bei einer rein formalen Einhaltung des Beurkundungsverfahrens durch einen ausländischen Notar nicht in gleichwertiger Weise erfolgt, ist – selbst wenn man entgegen der hier vertretenen Ansicht eine Beurkundung durch ausländische Notare uU zulässt[11] – eine Prüfung durch diese

---

6 Großkomm-AktienR/*Röhricht*, Rn 11; MüKo-AktG/*Pentz*, Rn 19; weiter gehend (auch der nichtvertretungsberechtigte Gesellschafter) Geßler/*Eckhardt*, Rn 16.

7 *Hüffer*, Rn 4; Großkomm-AktienR/*Röhricht*, Rn 13; KölnKomm-AktG/*Kraft*, Rn 11; aA MüKo-AktG/*Pentz*, Rn 21.

8 KölnKomm-AktG/*Kraft*, Rn 13; MüKo-AktG/*Pentz*, Rn 24.

9 MüKo-AktG/*Pentz*, § 26 Rn 28.

10 Begr., BT-Drucks. 14/8769, S. 12.

11 Vgl dazu § 23 Rn 4 ff.

keinesfalls möglich.[12] §§ 34 und 35 finden für die Prüfung durch den Notar sinngemäß Anwendung (Abs. 3 S. 1 Hs 2). Die Prüfung durch den Notar erfolgt nur, wenn er hierzu einen Auftrag von den Gründern erhält. Es handelt sich um eine **sonstige Betreuungstätigkeit iSv § 24 BNotO**, die der Notar ablehnen darf.[13] Fraglich ist, ob die Gründer den Auftrag **nachträglich widerrufen** können. Es würde die Unabhängigkeit und Durchsetzbarkeit der notariellen Gründungsprüfung zuwider laufen, wenn die Gründer – je nach dem Ergebnis der Prüfung – den Auftrag widerrufen und einen gerichtlich bestellten Gründungsprüfer verlangen könnten.[14] Hier wird man differenzieren müssen: Solange der Prüfungsbericht des Notars noch nicht erstellt, also der ihm erteilte Auftrag erfüllt ist (maßgeblich ist das Datum der Unterschrift des Notars), ist ein Widerruf möglich. Danach hat der Notar die Prüfung jedoch gemäß Abs. 2 S. 3 "vorgenommen" und bleibt für eine gerichtliche Bestellung eines Gründungsprüfers kein Raum mehr.

14 Die **Prüfungstätigkeit** des Notars ist nicht weitgehend deckungsgleich mit derjenigen des Notars bei der Beurkundung gem. § 23 Abs. 1.[15] Sollen die Einlagen laut Gründungsbericht gem. Abs. 1 bereits erbracht sein (was die Regel sein dürfte), so muss der Notar die Einlageleistung überprüfen; sind sie noch teilweise oder noch gar nicht erbracht, so muss er auch prüfen, ob die Gründer zahlungsfähig und -willig sind, wobei sich die Überprüfung der Zahlungsfähigkeit sicherlich nur auf offenkundige Verdachtsmomente beschränken muss.[16] Eine nähere Überprüfung der Vermögensverhältnisse des Einlageverpflichteten ist weder möglich noch zumutbar.

15 Gemäß § 33 Abs. 3 S. 1 Hs 2 iVm § 35 Abs. 3 analog hat der Notar Anspruch auf eine **Honorierung**, die nicht durch das Gericht festgesetzt wird, sondern nun durch das GNotKG eine eigenständige Regelung erfahren hat: Gemäß KV-Nr. 25206 ist eine 1,0-Gebühr zu erheben, mindestens jedoch 1.000,00 EUR. Der Geschäftswert bestimmt sich nach § 123 GNotKG (Summe aller Einlagen, höchstens 10 Mio EUR).

16 **II. Gerichtlich bestellter Gründungsprüfer (Abs. 3 S. 2).** Erfolgt die Prüfung nicht durch den Notar, sei es, weil dieser in den Fällen des Abs. 2 Nr. 1 und 2 hierzu nicht beauftragt wird oder der Notar den Auftrag ablehnt, sei es, weil ein Fall von Abs. 2 Nr. 3 oder 4 vorliegt oder kumulativ neben Nr. 1 und 2 auch die Voraussetzungen von Nr. 3 oder 4 vorliegen, so bleibt es bei der Prüfung durch einen gerichtlich bestellten Gründungsprüfer. Zuständig ist gem. § 23 a Abs. 1 Nr. 2, Abs. 2 GVG iVm § 375 Nr. 3 FamFG das Amtsgericht, in dessen Bezirk der Sitz der Gesellschaft liegt. Hat die AG einen Doppelsitz, sind beide Gerichte zuständig. Das Gericht entscheidet auf Antrag. Antragsberechtigt ist der Vorstand (in vertretungsberechtigter Zahl) und/oder sämtliche Gründer.[17] In dem Antrag kann und wird idR ein Gründungsprüfer vorgeschlagen. Die Auswahlentscheidung trifft das Gericht jedoch nach seinem pflichtgemäßen Ermessen. Die vorherige Anhörung der IHK ist nun nicht mehr zwingend für das Gericht vorgeschrieben. Das Gericht entscheidet durch Beschluss, gegen den gem. Abs. 3 S. 3 das Rechtsmittel der Beschwerde eingelegt werden kann. Die Beschwerde ist binnen eines Monats (§ 63 Abs. 1, Abs. 3 FamFG) einzulegen. Beschwerdegericht ist gem. § 119 Abs. 1 Nr. 1 b GVG das OLG. Gegen die Entscheidung des Beschwerdegerichts ist die zulassungsabhängige Rechtsbeschwerde möglich (§§ 70 ff. FamFG).

E. Fachliche Qualifikation des Gründungsprüfers (Abs. 4)

17 Gemäß Abs. 4 sind als Gründungsprüfer solche Personen fachlich qualifiziert, die in der Buchführung ausreichend vorgebildet und erfahren sind (Nr. 1) sowie Prüfungsgesellschaften, bei denen mindestens ein gesetzlicher Vertreter über diese Buchführungskenntnisse verfügt (Nr. 2). Wirtschaftsprüfer, Wirtschaftsprüfungsgesellschaften, vereidigte Buchprüfer oder Buchprüfungsgesellschaften sind damit grundsätzlich fachlich qualifiziert. Aufgrund des einschränkenden ersten Halbsatzes ("wenn die Prüfung keine andere Kenntnisse fordert") besteht für diese Berufsgruppen jedoch **kein Monopol**. Vielmehr kann das Gericht auch Angehörige anderer Berufe als Gründungsprüfer bestellen, insbesondere, wenn diese über besondere Spezialkenntnisse verfügen. Buchführungskenntnisse werden aber, wenn es sich nicht um einen ganz einfach gelagerten Fall handelt, regelmäßig auch dann zusätzlich erforderlich sein.[18]

18 Abs. 4 findet auf den gem. Abs. 3 S. 1 prüfenden **Notar** keine Anwendung. Durch die Zuweisung der Prüfungskompetenz an den beurkundenden Notar statuiert das Gesetz zugleich dessen fachliche Kompetenz hierzu.

---

12 Indirekt hat der Gesetzgeber durch die Kompetenzzuweisung in § 33 Abs. 3 S. 1 dessen für die Urkundsbeteiligten nicht verzichtbare Funktion, im öffentlichen Interesse die materielle Richtigkeit des Gründungsvorgangs zu überprüfen, bestätigt. Vgl auch Begründung, BT-Drucks. 14/8769, S. 12, wo es heißt, dass der Notar anlässlich der Beurkundung ohnehin das Vorliegen der Voraussetzungen von § 34 Abs. 1 überprüfe.

13 Begr., BT-Drucks. 14/8769, S. 12; *Hermanns*, ZIP 2002, 1785, 1788.
14 *Heckschen*, ZNotP 2002, 429, 431.
15 *Grage*, RNotZ 2002, 331.
16 *Papmehl*, MittBayNot 2003, 187, 189.
17 *Hüffer*, Rn 5; aA (Gründer auch einzeln) MüKo-AktG/*Pentz*, Rn 30.
18 Großkomm-AktienR/*Röhricht*, Rn 26.

F. Persönliche Eignung des Gründungsprüfers (Abs. 5)

Zwecks Sicherstellung der Unparteilichkeit der Gründungsprüfer statuiert Abs. 5 zwingend zu beachtende Bestellungsverbote. Die Vorschrift gilt über Abs. 3 S. 1 Hs 2 auch für den beauftragten Notar als Prüfer. Abs. 5 S. 1 verweist auf § 143 Abs. 2, der seinerseits auf § 319 Abs. 2 und 3 HGB (für natürliche Personen) und § 319 Abs. 4 HGB (für Prüfungsgesellschaften) verweist. Hinsichtlich der einzelnen Bestellungshindernisse wird auf die Lektüre des Gesetzestextes und die einschlägigen Kommentierungen zu §§ 143 AktG, 319 HGB verwiesen. Hervorzuheben ist, dass gem. § 319 Abs. 3 Nr. 3 lit. a) HGB niemand zum Gründungsprüfer bestellt werden darf, der **bei der Führung der Bücher der in Gründung befindlichen AG mitgewirkt** hat.[19] Bloße Hinweise zur Beseitigung von Mängeln, die anlässlich der Prüfung festgestellt wurden, führen jedenfalls nicht zum Ausschluss.[20] Die Mitwirkung bei der Buchführung eines eingebrachten Unternehmens steht derjenigen der AG gleich.[21] Der zweite in § 319 Abs. 3 Nr. 3 lit. a) HGB erwähnte Ausschlussgrund (Mitwirkung bei der Aufstellung des Jahresabschlusses) ist idR bei der in Gründung befindlichen AG, die noch keinen Abschluss aufgestellt hat, nicht einschlägig. Die bloße Bestellung zum ersten Abschlussprüfer gem. § 30 Abs. 1 S. 1 schließt diesen nicht als möglichen Gründungsprüfer aus.

Gemäß Abs. 5 S. 2 scheiden auch solche Personen oder Prüfungsgesellschaften als Gründungsprüfer aus, auf deren Geschäftsführung die Gründer oder deren Strohmänner maßgebenden Einfluss haben. Die Vorschrift ist weit auszulegen. Sie erfasst jede Art der möglichen Einflussnahme wie zB Verwandtschaft, nahe Bekanntschaft, wirtschaftliche Abhängigkeit aufgrund der Inanspruchnahme von Darlehen etc. Es genügt, wenn die Einflussmöglichkeit auf den Gründungsprüfer mittelbar über Organe der AG besteht.[22]

Neben Abs. 5 sind auch die berufsrechtlichen Vorschriften zur Sicherstellung der Unbefangenheit der Berufsträger zu beachten, vgl zB § 49 WPO, § 3 BeurkG. Verstöße hiergegen ziehen allerdings nicht die in Rn 25 erläuterte Rechtsfolge nach sich.

G. Stellung des Gründungsprüfers

Weder der gerichtliche bestellte Gründungsprüfer noch der gem. Abs. 3 S. 1 beauftragte Notar sind Organ der Gesellschaft. Letzterer steht trotz des insoweit missverständlichen Wortlauts zur AG auch nicht in einem Auftragsverhältnis. Der Notar handelt im gesamten Spektrum seiner beruflichen Tätigkeit hoheitlich, also nicht auf privatrechtlicher Grundlage.[23] Der Begriff „Auftrag" in Abs. 3 S. 1 ist deshalb hier in einem untechnischen Sinn als Antrag oder Ersuchen, hoheitlich tätig zu werden, zu verstehen. Weder der gerichtlich bestellte Gründungsprüfer noch der Notar sind zur Annahme des Amtes verpflichtet. Beide können ihr Amt jederzeit **niederlegen**. Die Niederlegungserklärung des gerichtlich bestellten Prüfers ist gegenüber dem Gericht zu erklären, die des Notars gegenüber den Gründern. Fraglich ist, ob die Gründer dem Notar nachträglich einseitig den Auftrag wieder entziehen können. Dagegen könnte sprechen, dass gem. Abs. 1 S. 1 Hs 2 die Bestimmungen über die Gründungsprüfung sinngemäß Anwendung finden und der gerichtlich bestellte Gründungsprüfer nur vom Gericht abberufen werden darf. Die besseren Gründe sprechen aber dafür. Da nur der die Gründung beurkundende Notar prüfen darf, besteht nicht die Gefahr, dass die Gründer sich nachträglich einen ihnen genehmeren Notar aussuchen. Vielmehr bestimmt dann endgültig das Gericht den Prüfer. Sinngemäße Anwendung bedeutet in diesem Zusammenhang, dass das für die Bestellung zuständige Organ ebenso für die Entziehung der Prüfungskompetenz zuständig ist.

Der gerichtlich bestellte Gründungsprüfer **haftet** zivilrechtlich für seine Tätigkeit gem. § 49 AktG iVm § 323 HGB. Der Notar haftet dagegen gem. § 19 BNotO nach Amtshaftungsrecht, gem. S. 2 Hs 2 besteht keine Haftungsprivilegierung. § 19 BNotO ist die ausschließliche Anspruchsgrundlage für den gesamten Tätigkeitsbereich des Notars, somit auch für eine Tätigkeit iSv Abs. 3 S. 1.[24] Erwägenswert ist aber, die in §§ 49 AktG iVm 323 HGB enthaltenen gesetzlichen Wertungen im Rahmen von § 19 BNotO zu berücksichtigen.[25] Die **strafrechtliche Verantwortung** der Gründungsprüfer ergibt sich aus §§ 403, 404.

---

19 Zu den sich hierbei stellenden Abgrenzungsproblemen zwischen zulässigen Einwirkungen im Rahmen der Prüfungstätigkeit und unzulässiger Mitwirkung vgl die Verlautbarung des Vorstands der Wirtschaftsprüferkammer, DB 1996, 1434; *Neumann*, ZIP 1998, 1338; BGH ZIP 1997, 1162.
20 MüKo-AktG/*Pentz*, Rn 48.
21 Großkomm-AktienR/*Röhricht*, Rn 38.
22 Großkomm-AktienR/*Röhricht*, Rn 48.
23 Notar-Handbuch/*Starke*, 3. Aufl., K I Rn 4.
24 Vgl hierzu BGH DNotZ 1960, 265; NJW 1974, 692; Notar-Handbuch/*Haug*, 3. Aufl., J Rn 3.
25 So haftet der Notar nach Amtshaftungsrecht unbeschränkt, wohingegen die Haftung des Gründungsprüfers gem. § 49 iVm § 323 Abs. 2 S. 1 HGB bei Fahrlässigkeit auf eine Million Euro beschränkt ist. Amtshaftungsansprüche verjähren ab Kenntnis vom Anspruch gem. §§ 195, 199 Abs. 1 BGB in drei Jahren, ohne Kenntnis gem. § 199 Abs. 3 Nr. 1 BGB in zehn Jahren. Die Haftung des Gründungsprüfers verjährt dagegen in fünf Jahren gem. §§ 49 iVm 323 Abs. 5 HGB.

H. Verstöße gegen Gründungsprüfungsvorschriften

24 Eine unterlassene oder nicht formgerechte (§ 34 Abs. 2) Gründungsprüfung gem. Abs. 1 und Abs. 2 ist ein **Eintragungshindernis**. (§§ 37 Abs. 4 Nr. 4, 38 Abs. 1 S. 2). Wird die Gesellschaft gleichwohl eingetragen, ändert dies freilich nichts an der unwiderruflich wirksamen Entstehung der AG. Weder § 275 noch §§ 397, 399 FamFG finden Anwendung.

25 Da es sich bei Abs. 4 nur um eine Sollvorschrift handelt, ist die Prüfung durch einen Gründungsprüfer, der die fachlichen Qualifikationen des Abs. 4 nicht erfüllt, gleichwohl wirksam.[26] Nach zutreffender, allerdings umstrittener Meinung gilt dies dagegen für einen Verstoß gegen die persönlichen Eignungsvoraussetzungen gem. Abs. 5 nicht. Da ein befangener Gründungsprüfer in keiner Weise dem Sinn und Zweck einer Gründungsprüfung gerecht werden kann, eine Aufhebung des gerichtlichen Bestellungsbeschlusses im Wege der Beschwerde gem. §§ 402, 58 ff. FamFG mangels Interesses der Beschwerdeberechtigten aber praktisch nicht stattfindet und im Fall von Abs. 3 S. 1 mangels Vorliegens eines Bestellungsbeschlusses von vornherein ausscheidet, muss davon ausgegangen werden, dass eine Gründungsprüfung durch einen iSv Abs. 5 befangenen Gründungsprüfer automatisch unwirksam ist.[27]

§ 33 a Sachgründung ohne externe Gründungsprüfung

(1) Von einer Prüfung durch Gründungsprüfer kann bei einer Gründung mit Sacheinlagen oder Sachübernahmen (§ 33 Abs. 2 Nr. 4) abgesehen werden, soweit eingebracht werden sollen:

1. übertragbare Wertpapiere oder Geldmarktinstrumente im Sinne des § 2 Abs. 1 Satz 1 und Abs. 1 a des Wertpapierhandelsgesetzes, wenn sie mit dem gewichteten Durchschnittspreis bewertet werden, zu dem sie während der letzten drei Monate vor dem Tag ihrer tatsächlichen Einbringung auf einem oder mehreren organisierten Märkten im Sinne von § 2 Abs. 5 des Wertpapierhandelsgesetzes gehandelt worden sind,
2. andere als die in Nummer 1 genannten Vermögensgegenstände, wenn eine Bewertung zu Grunde gelegt wird, die ein unabhängiger, ausreichend vorgebildeter und erfahrener Sachverständiger nach den allgemein anerkannten Bewertungsgrundsätzen mit dem beizulegenden Zeitwert ermittelt hat und wenn der Bewertungsstichtag nicht mehr als sechs Monate vor dem Tag der tatsächlichen Einbringung liegt.

(2) Absatz 1 ist nicht anzuwenden, wenn der gewichtete Durchschnittspreis der Wertpapiere oder Geldmarktinstrumente (Absatz 1 Nr. 1) durch außergewöhnliche Umstände erheblich beeinflusst worden ist oder wenn anzunehmen ist, dass der beizulegende Zeitwert der anderen Vermögensgegenstände (Absatz 1 Nr. 2) am Tag ihrer tatsächlichen Einbringung auf Grund neuer oder neu bekannt gewordener Umstände erheblich niedriger ist als der von dem Sachverständigen angenommene Wert.

I. Allgemeines	1	3. Wahlrecht		10
II. Ausnahmen von dem Erfordernis der externen Gründungsprüfung (Abs. 1)	2	III. Nichtanwendbarkeit der Ausnahmeregelung (Abs. 2)		11
1. Einbringung von Wertpapieren oder Geldmarktinstrumenten (Abs. 1 Nr. 1)	2	1. Beeinflussung des Durchschnittspreises durch außergewöhnliche Umstände		11
a) Anforderungen an einzulegende Vermögensgegenstände	2	2. Nicht-Erreichen des beizulegenden Zeitwertes anderer Vermögensgegenstände		13
b) Gewichteter Durchschnittspreis	4			
2. Andere Vermögensgegenstände (Abs. 1 Nr. 2)	7			

1 **I. Allgemeines.** Mit dem durch das ARUG[1] eingefügten § 33 a hat der Gesetzgeber von der in Artikel 10 a der Kapitalrichtlinie[2] in der Fassung der Änderungsrichtlinie vom 6.9.2006[3] enthaltenen Deregulierungsmöglichkeit Gebrauch gemacht und entsprechende Ausnahmen von der nach § 33 zwingenden externen

---

26 AllgM, *Hüffer*, Rn 8; MüKo-AktG/*Pentz*, Rn 69.
27 MüKo-AktG/*Pentz*, Rn 71; Großkomm-AktienR/*Röhricht*, Rn 52; Geßler/*Eckhardt*, Rn 46; aA (Unwirksamkeit erst nach entsprechender Rechtsmittelentscheidung, was freilich nach Neufassung des Abs. 3 für den prüfenden Notar nicht passt) *Hüffer*, Rn 8; KölnKomm-AktG/*Kraft*, Rn 30.
1 Gesetz zur Umsetzung der Aktionärsrechterichtlinie, BGBl. I 2009, S. 2479.
2 Zweite gesellschaftsrechtliche Richtlinie des Rates, „Kapitalrichtlinie" v. 13.12.1976 – 77/91/EWG ABl. EG Nr. L 26 v. 31.1.1977 S. 1 ff.
3 Richtlinie 2006/68/EG vom 6.9.2006 zur Änderung der Richtlinie 77/91/EWG des Rates in Bezug auf die Gründung von Aktiengesellschaften und die Erhaltung und Änderung ihres Kapitals, ABl. EU Nr. L 264 v. 25.9.2006, S. 32 (nachfolgend: „Änderungsrichtlinie vom 6.9.2006").

Prüfung bei Sacheinlagen und Sachübernahmen geregelt. Liegen für die Bewertung klare Anhaltspunkte[4] vor, bedarf es nicht der externen Prüfung, da auf die vorliegenden Anhaltspunkte zurückgegriffen werden kann. Die Sachgründung ist damit in den in § 33a vorgesehenen Fällen in einem vereinfachten Verfahren mit geringerem Verwaltungsaufwand möglich.[5] Klare Anhaltspunkte im Sinne der Änderungsrichtlinie vom 6.9.2006 liegen nach § 33a vor, wenn entweder aus Börsenkursen ein gewichteter Durchschnittspreis abzuleiten ist oder wenn bereits eine sachverständige Bewertung im Hinblick auf den beizulegenden Zeitwert (fair value)[6] in einem kurzen Zeitraum vor der Einbringung stattgefunden hat. Nach der Bestimmung besteht ein Wahlrecht[7] auch bei Vorliegen der Voraussetzungen des § 33a eine externe Prüfung durchführen zu lassen, wenn die Beteiligten dies bevorzugen, etwa weil so das Risiko einer Differenzhaftung vermindert oder eine ggf aufwändigere Registeranmeldung gemäß § 37a vermieden werden kann.

II. Ausnahmen von dem Erfordernis der externen Gründungsprüfung (Abs. 1). 1. Einbringung von Wertpapieren oder Geldmarktinstrumenten (Abs. 1 Nr. 1). a) Anforderungen an einzulegende Vermögensgegenstände. Eine externe Gründungsprüfung ist nach § 33a Abs. 1 Nr. 1 nicht erforderlich, wenn übertragbare Wertpapiere oder Geldmarkinstrumente im Sinne des § 2 Abs. 1 S. 1 und Abs. 1a WpHG eingebracht werden. Diese ausnahmefähigen Vermögensgegenstände werden in Umsetzung von Art. 10a Abs. 1 S. 1 der Kapitalrichtlinie in der Fassung der Änderungsrichtlinie vom 6.9.2006 in § 33a Abs. 1 Nr. 1 zugrundegelegt. Art. 10a Abs. 1 S. 1 verweist zur Bestimmung der Begriffe „übertragbare Wertpapiere" und „Geldmarktinstrumente" auf die Richtlinie über Märkte für Finanzinstrumente vom 21.4.2004,[8] die bereits durch das WpHG umgesetzt wurde. Somit genügte zur Definition der ausnahmefähigen Vermögensgegenstände der Verweis auf das WpHG.[9] Die von § 2 WpHG erfassten Wertpapiere sind – auch wenn keine Urkunden über sie ausgestellt sind – alle Gattungen von übertragbaren Wertpapieren mit Ausnahme von Zahlungsinstrumenten, die ihrer Art nach auf den Finanzmärkten handelbar sind. Damit findet die Ausnahmevorschrift insbesondere bei Einbringung von Aktien,[10] anderen Anteilen an in- oder ausländischen juristischen Personen, Personengesellschaften und sonstige Unternehmen, soweit sie Aktien vergleichbar sind, Zertifikaten, die Aktien vertreten und Schuldtiteln (Genussscheine, Inhaber- und Orderschuldverschreibungen, Namensschuldverschreibungen, Schuldtitel vertretende Zertifikate und Optionsscheine)[11] Anwendung.[12] Geldmarkinstrumente im Sinne von § 2 Abs. 1a WpHG sind alle Gattungen von Forderungen, die nicht von § 2 Abs. 1 WpHG erfasst sind, dh alle Gattungen von Forderungen, die auf dem Geldmarkt handelbar sind, zB Schuldscheindarlehen mit Ausnahme von Zahlungsinstrumenten.[13]

Nach Abs. 1 Nr. 1 müssen die übertragbaren Wertpapiere und Geldmarktinstrumenten ferner auf einem oder mehreren organisierten Märten im Sinne von § 2 Abs. 5 WpHG gehandelt worden sein. Vereinfacht gesprochen muss daher Börsenhandel im Inland oder im EU- oder EWR-Ausland bestehen.[14]

b) Gewichteter Durchschnittspreis. Die in Rn 2 genannten Wertpapiere oder Geldinstrumente müssen des Weiteren mit dem gewichteten Durchschnittspreis bewertet werden, zu dem sie während eines definierten Zeitraumes vor Einbringung auf dem Markt gehandelt worden sind. Diese Vorgabe entspricht Art. 10a Abs. 1 S. 1 der Kapitalrichtlinie in der Fassung der Änderungsrichtlinie (vgl Rn 2), nähere Angaben zum Verfahren bei der Ermittlung des gewichteten Durchschnittspreises fehlen allerdings. Nach dem Willen des Gesetzgebers beruht dies darauf, dass ein abstrakter Maßstab festgeschrieben werden sollte, weil die von der BaFin laufend ermittelten Werte für die an deutschen organisierten Märkten gehandelten Wertpapiere zwar den Anforderungen genügen, aber nicht zwingend für die Bewertung vorgegeben werden sollen. Auch die Preise anderer Anbieter sollen insoweit berücksichtigt werden können.[15] Hieraus und aus dem systematischen Zusammenhang von § 5 Abs. 1 WpÜG-AngebotsVO – auf den der Gesetzgeber im Rahmen der Fristberechnung ausdrücklich Bezug nimmt – mit § 5 Abs. 3 WpÜG-AngebotsVO wird abgeleitet, dass der Bestimmung ein nach Umsätzen gewichteten Durchschnittspreis zugrunde liegt.[16]

Die gem. Abs. 1 Nr. 1 zugrundezulegende Referenzperiode beträgt drei Monate. Artikel 11a Abs. 1 der Kapitalrichtlinie in der Fassung der Änderungsrichtlinie spricht insofern von einer „ausreichenden Zeitspan-

---

4 Vgl den 3. Erwägungsgrund der Änderungsrichtlie vom 6.9.2006.
5 Vgl RefE ARUG vom 6. Mai 2008, S. 27.
6 Vgl zum Begriff „fair value" Art. 10a Abs. 2 der Änderungsrichtlinie vom 6. September 2006 sowie Schäfer, Der Konzern 2007, 407, 409.
7 Anders noch RefE ARUG vom 6. Mai 2008, S. 27, Wahlrecht wurde eingefügt auf Anregung des Handelsrechtsausschuss des DAV, NZG 2008, 534; zum Wahlrecht auch RegE ARUG BT-Drucks. 16/11642, S. 30; *Drinhausen/Keinath*, BB 2009, 64.
8 Richtlinie 2004/39/EG vom 21.4.2004 über Märkte für Finanzinstrumente, ABl. EU Nr. L 145, S. 1.
9 *Drinhausen/Keinath*, BB 2009, 64; *Paschos/Goslar*, AG 2009, 14, 19 unter Hinweis auf den Wegfall der nach § 183a Abs. 2 bei Inanspruchnahme der Vereinfachung von § 33a sonst zu beachtenden Sperrfrist für die Eintragung der Durchführung der Kapitalerhöhung.
10 *Seibert*, ZIP 2008, 906, 907; *Böttcher*, NZG 2008, 481, 482.
11 Vgl *U.H. Schneider/Assmann*, in: Assmann/Schneider, WpHG, § 2 Rn 7 ff.
12 KölnKomm-AktG/*Arnold*, Rn 8.
13 *Seibert*, ZIP 2008, 906, 907; KölnKomm-AktG/*Arnold*, Rn 8.
14 *Hüffer*, § 27 Rn 4.
15 RefE ARUG BT-Drucks. 16/11642, S. 30.
16 *Hüffer*, § 27 Rn 3.

ne", die Abs. 1 Nr. 1 mit der Festsetzung der Dreimonatsfrist im Sinne der zur am Aktienkurs ausgerichteten Abfindung von Aktionären ergangenen höchstrichterlichen Rechtsprechung[17] und unter Orientierung an § 5 WpÜG-AngebotsVO konkretisiert hat.[18] Die Zeitspanne von drei Monaten ist rückwärts von dem Zeitpunkt aus zu berechnen, in dem vereinbarungsgemäß Nutzen und Risiko auf die Gesellschaft übergehen, denn bei dem Begriff der „tatsächlichen Einbringung" kommt es nicht auf den Zeitpunkt der Wirksamkeit des Verfügungsgeschäftes an.[19]

6 Aus dem Erfordernis der Festlegung eines Wertes, der bei Registeranmeldung bereits feststehen muss, ergibt sich auch, dass eine nachträgliche Einbringung im Sinne von § 36a Abs. 2 S. 2 bei der vereinfachten Sachgründung im Sinne von § 33a nicht möglich ist.[20]

7 **2. Andere Vermögensgegenstände (Abs. 1 Nr. 2).** Werden andere als die in Nr. 1 aufgeführten Vermögensgegenstände eingebracht, ist nach Abs. 1 Nr. 2 ein Verzicht auf die externe Gründungsprüfung möglich, wenn die Bewertung eines unabhängigen, ausreichend vorgebildeten und erfahrenen Sachverständigen zugrunde gelegt wird, die dieser nach allgemein anerkannten Bewertungsgrundsätzen mit dem beizulegenden Zeitwert (fair value)[21] ermittelt hat und wenn der Bewertungsstichtag nicht mehr als sechs Monate vor dem Tag der tatsächlichen Einbringung (vgl dazu Rn 5) liegt. Abs. 1 Nr. 2 erfasst alle Vermögensgegenstände, die nicht bereits der Nr. 1 unterfallen, die einer Bewertung im Sinne von § 27 Abs. 2 AktG zugänglich sind.[22]

8 Für die zu fordernde Qualifikation des Sachverständigen hat sich der Gesetzgeber an § 33 Abs. 4 Nr. 1 und § 143 Abs. 1 orientiert, dh es muss ein ausreichend vorgebildeter und erfahrener Sachverständiger,[23] allerdings nicht zwingend ein Wirtschaftsprüfer[24] sein. Auszugehen ist dabei davon, dass ein Testat eines Wirtschaftsprüfers somit auf jeden Fall den Anforderungen entspricht.[25]

9 Wegen des Erfordernisses der sachverständigen Begutachtung ist der Anwendungsbereich des Abs. 1 Nr. 2 auf die Fälle beschränkt, in denen bereits eine sachverständige Bewertung aus den letzten 6 Monaten vor tatsächlicher Einbringung vorliegt; von vorbereitenden Wertgutachten kann somit immerhin Gebrauch gemacht werden;[26] eine spätere Einbringung der Sacheinlage iSv § 36a Abs. 2 S. 2 scheidet aus den oben (Rn 6) genannten Gründen auch bei § 33a Abs. 1 Nr. 2 aus.[27]

10 **3. Wahlrecht.** Da Abs. 1 davon spricht, dass von einer externen Prüfung durch Gründungsprüfer abgesehen werden kann, besteht kein Zwang, das vereinfachte Verfahren nach § 33a in Anspruch zu nehmen. Die Gründer können daher freiwillig eine Prüfung durch einen Gründungsprüfer durchführen lassen.[28] Wer das Wahlrecht auszuüben hat, ist zwar nicht ausdrücklich geregelt; aus Sinn und Zweck der Norm im Zusammenwirken mit § 37 ergibt sich jedoch, dass es einer einstimmigen Entscheidung der Gründer bedarf.[29] Diese Entscheidung kann selbstverständlich revidiert werden, wenn sich nachträglich herausstellt, dass die Voraussetzungen eines vereinfachten Verfahrens nach § 33a nicht vorliegen.[30]

11 **III. Nichtanwendbarkeit der Ausnahmeregelung (Abs. 2). 1. Beeinflussung des Durchschnittspreises durch außergewöhnliche Umstände.** Abs. 2 Alt. 1 beinhaltet eine Gegenausnahme zu Abs. 1 Nr. 1 und setzt damit Art. 10a Abs. 1 Unterabs. 2 um. Ist der gewichtete Durchschnittspreis durch außergewöhnliche Umstände erheblich beeinflusst worden, bedarf es einer externen Gründungsprüfung iSv § 33 Abs. Nr. 4. Diese Gegenausnahme berücksichtigt den Umstand, dass die Preisbildung an organisierten Märkten unter außergewöhnlichen Umständen nicht gewährleistet ist.[31] Unter außergewöhnlichen Umständen im Sinne der Bestimmung ist eine Aussetzung oder ein Erliegen des Handels der betroffenen Papiere über einen längeren Zeitraum sowie eine künstliche Anheizung durch verbotene Kursmanipulationen zu verstehen, § 20a Abs. 1 WpHG. Keine „außergewöhnliche Umstände" sind dagegen marktübliches Verhalten iSv § 20a WpHG iVm §§ 7ff. MaKonV[32] oder erlaubte Aktienrückkaufprogramme und Maßnahmen zur Kurspflege

---

17 BGHZ 147, 108; BVerfG ZIP 2007, 175.
18 RegE ARUG, BT-Drucks. 16/11642, S. 31.
19 Zutreffend: *Schäfer*, Der Konzern 2007, 407, 409; ihm folgend: KölnKomm-AktG/*Arnold*, Rn 10.
20 *Drinhausen/Keinath*, BW 2008, 2078, 2079; KölnKomm-AktG/*Arnold*, Rn 12.
21 Vgl Art. 10a Abs. 2 der Kapitalrichtlinie in der Fassung der Änderungsrichtlinie vom 6.9.2006.
22 KölnKomm-AktG/*Arnold*, Rn 12.
23 Vgl RegE ARUG, BT-Drucks. 16/11642, S. 31; KölnKomm-AktG/*Arnold*, Rn 13; BT-Drucks. 16/11642, S. 31 unter Hinweis auf die hierzu ergangene Rechtsprechung und Literatur.
24 KölnKomm-AktG/*Arnold*, Rn 13.
25 KölnKomm-AktG/*Arnold*, Rn 13; *Klasen*, BB 2008, 2696, 2699.
26 *Hüffer*, § 27 Rn 6.
27 KölnKomm-AktG/*Arnold*, Rn 16.
28 Vgl oben Rn 8; KölnKomm-AktG/*Arnold*, Rn 2; *Drinhausen/Keinath*, BB 2009, 64, 65; *Paschos/Goslar*, AG 2009, 14, 19f; *Sauter*, ZIP 2008, 1706, 1709f; *Hüffer*, Rn 7.
29 KölnKomm-AktG/*Arnold*, Rn 4.
30 KölnKomm-AktG/*Arnold*, Rn 4f.
31 RegE ARUG, BT Drucks, 16/11642, S. 31.
32 Verordnung zur Konkretisierung des Verbotes der Marktmanipulation vom 1.3.2005, BGBl. I 2005 S. 515.

bzw -stabilisierung, vorausgesetzt diese Maßnahmen bewegen sich im Rahmen der „Safe Harbour"-Regelung der VO (EG) Nr. 2273/2003 vom 22.12.2003.[33]

Zur Frage, wann die Beeinflussung des gewichteten Durchschnittspreises „erheblich" ist, enthalten weder die Richtlinien noch die RegBegr. Hinweise. Diesbezüglich wird eine Wertbeeinflussung von mindestens 5 % für ausreichend gehalten.[34] Dies dürfte allerdings eine zu niedrige Schwelle sein, da auf das eindeutige Verfehlen der üblichen Bandbreite bei sachverständiger Ermittlung des objektivierten Wertes abzustellen ist.[35]

2. Nicht-Erreichen des beizulegenden Zeitwertes anderer Vermögensgegenstände. Die in Abs. 1 Nr. 2 enthaltene tatsächliche Vermutung der angemessenen Bewertung greift nicht ein, wenn anzunehmen ist, dass der Zeitwert der Vermögensgegenstände aufgrund neuer oder neu bekannt gewordener Umstände erheblich niedriger ist als der bisher durch einen Sachverständigen festgestellte Wert. Entsprechendes soll gelten, wenn nachträglich Umstände bekannt geworden sind, die den Schluss zulassen, dass der Sachverständige zu einem anderen Bewertungsergebnis gelangt wäre.[36] Darauf, dass unterschiedliche Bewertungen vorliegen, kommt es nicht an.[37] Der maßgebliche Zeitpunkt für das Vorliegen der Gegenausnahme nach Abs. 1 Nr. 2 ist der Zeitpunkt der tatsächlichen Einbringung (vgl hierzu Rn 5).

Wenn entsprechende Umstände erst nach der Einbringung bekannt werden, scheidet die vereinfachte Sachgründung nach § 33a wegen der nach § 37a Abs. 2 abzugebenden besonderen Versicherung aus.[38]

§ 34 Umfang der Gründungsprüfung

(1) Die Prüfung durch die Mitglieder des Vorstands und des Aufsichtsrats sowie die Prüfung durch die Gründungsprüfer haben sich namentlich darauf zu erstrecken,
1. ob die Angaben der Gründer über die Übernahme der Aktien, über die Einlagen auf das Grundkapital und über die Festsetzungen nach §§ 26 und 27 richtig und vollständig sind;
2. ob der Wert der Sacheinlagen oder Sachübernahmen den geringsten Ausgabebetrag der dafür zu gewährenden Aktien oder den Wert der dafür zu gewährenden Leistungen erreicht.

(2) ¹Über jede Prüfung ist unter Darlegung dieser Umstände schriftlich zu berichten. ²In dem Bericht ist der Gegenstand jeder Sacheinlage oder Sachübernahme zu beschreiben sowie anzugeben, welche Bewertungsmethoden bei der Ermittlung des Wertes angewandt worden sind. ³In dem Prüfungsbericht der Mitglieder des Vorstands und des Aufsichtsrats kann davon sowie von Ausführungen zu Absatz 1 Nr. 2 abgesehen werden, soweit nach § 33a von einer externen Gründungsprüfung abgesehen wird.

(3) ¹Je ein Stück des Berichts der Gründungsprüfer ist dem Gericht und dem Vorstand einzureichen. ²Jedermann kann den Bericht bei dem Gericht einsehen.

A. Inhalt und Zweck der Norm	1	D. Prüfungsbericht (Abs. 2)	6
B. Allgemeine Gesichtspunkte des Umfangs der Prüfung	2	I. Form, Zahl der Exemplare	6
		II. Inhalt	7
C. Besondere Prüfungsgegenstände des Abs. 1 Nr. 1 und 2	3	III. Einreichung des Prüfungsberichtes zum Handelsregister (Abs. 3 S. 1)	8
I. Richtigkeit und Vollständigkeit der Angaben der Gründer (Abs. 1 Nr. 1)	3	IV. Einsichtsrecht	10
II. Werthaltigkeit von Sacheinlage und Sachübernahme (Abs. 1 Nr. 2)	5	E. Rechtsfolgen bei Nichteinreichung	11

A. Inhalt und Zweck der Norm

Anders als die amtliche Überschrift nahe legt, trifft § 34 keine erschöpfende Regelung zum Umfang der Gründungsprüfung, sondern beschränkt sich darauf, einige wichtige Punkte, die im Prüfungsbericht je nach Art der Gründung in jedem Fall vermerkt werden müssen, hervorzuheben (Abs. 1 Nr. 1 und 2).[1] Überdies regelt die Vorschrift einzelne besondere Form- und Inhaltsfragen (Abs. 2 und 3).[2] In neuerer Zeit wurde die

---

[33] ABl. EU Nr. L 336 v. 23.12.2003, S. 33; vgl RegE ARUG, BT-Drucks. 16/11642, S. 31; *Seibert/Florstedt*, ZIP 2008, 2145, 2150.
[34] *Zetsche*, Der Konzern 2008, 321, 330.
[35] *Hüffer*, Rn 8; KölnKomm-AktG/*Arnold*, Rn 22.
[36] RegE ARUG, BT-Drucks. 16/11642, S. 32.
[37] *Hüffer*, Rn 9.
[38] RegE ARUG, BT-Drucks. 16/11642, S. 32.
[1] GroßKomm-AktienR/*Röhricht*, Rn 2; *Hüffer*, Rn 2; MüKo-AktG/*Pentz*, Rn 5; Spindler/Stilz/*Gerber*, Rn 3.
[2] MüKo-AktG/*Pentz*, Rn 18; GroßKomm-AktienR/*Röhricht*, Rn 2; *Hüffer*, Rn 1.

Vorschrift dreimal geändert: durch das Gesetz für kleine Aktiengesellschaften und zur Deregulierung des Aktienrechts vom 2.8.1994 (BGBl. I S. 1961) ist die früher bestehende Verpflichtung, den Prüfungsbericht auch bei der IHK einzureichen, aufgehoben worden. § 34 Abs. 1 Nr. 2 wurde durch Art. 1 StückAG vom 25.3.1998 (BGBl. I S. 590) durch Ersetzen des Wortes „Nennbetrag" durch „geringsten Ausgabebetrag" dem Umstand der zukünftig möglichen Ausgabe von nennwertlosen Aktien angepasst. Zuletzt wurde § 34 Abs. 2 S. 3 durch Art. 1 Nr. 2 ARUG[3] angefügt. Systematisch dient § 34 der Erläuterung von § 33 Abs. 1 und 2, wonach sich die Prüfung auf den „Hergang der Gründung" bezieht, indem besonders wichtige Punkte der Prüfung hervorgehoben werden.[4] Die Prüfung muss sich auf alle tatsächlichen und rechtlichen Umstände beziehen, die für die Aktionäre sowie gegenwärtige und künftige Gläubiger der Gesellschaft erkennbar von Bedeutung sein können.[5] Der Umfang der Prüfung, Abs. 1, und der Berichte, Abs. 2, haben sich an den beiden Zielen der Norm, dh Unterrichtung des Rechtsverkehrs, §§ 34 Abs. 2 S. 2, 37 Abs. 4 Nr. 4, Abs. 6 iVm § 9 HGB, und Vorbereitung und Erleichterung der Prüfung durch das Registergericht, § 38, zu orientieren. Die Gründungsprüfung durch die Verwaltungsmitglieder, § 33 Abs. 1, und die externen Gründungsprüfer, § 33 Abs. 2-5 hat grundsätzlich denselben Umfang.[6] Die Angaben im Gründungsbericht gem. § 32 bilden die Grundlage der Prüfung gem. § 34.[7] Eine Sonderbestimmung enthält § 34 Abs. 2 S. 3 für den Fall der vereinfachten Sachgründung iSv § 33 a, bei der von einer externen Gründungsprüfung abgesehen wird; die Verwaltungsmitglieder sind nach dieser Bestimmung dann nur eingeschränkt prüfungs- und berichtspflichtig iSv §§ 33 Abs. 1 und 34 Abs. 2 S. 1.[8]

B. Allgemeine Gesichtspunkte des Umfangs der Prüfung

2 Gemäß § 34 sind **alle tatsächlichen und rechtlichen Umstände**, die mit der Gründung zusammenhängen, zu prüfen (allgM), dh Feststellung und Inhalt der Satzung; Ordnungsmäßigkeit und Wirksamkeit der Beurkundung einschließlich des Vorliegens erforderlicher Vollmachten, Inhalt, Gesetzmäßigkeit und Vollständigkeit der Satzung; Zahl der Gründer, Stückelung der Aktien, Ordnungsgemäßheit der Aktienübernahme, Bestellung von Aufsichtsrat, Vorstand und Abschlussprüfer, Inhalt und Richtigkeit des Gründungsberichts, § 32, Erfordernis staatlicher Genehmigungen für die Ausübung des Geschäftsbetriebes.[9] Die Prüfung hat sich dagegen nicht mit unternehmerischen Fragen, dh den personellen und wirtschaftlichen Verhältnissen der Gesellschaft, der Zweckmäßigkeit der AG als Unternehmensform, der Qualifikation der Verwaltungsmitglieder und der Frage, ob die Ausstattung mit Eigenkapital im Verhältnis zu der beabsichtigten Geschäftstätigkeit der Gesellschaft angemessen ist, zu befassen.[10] Auf die Frage, ob die Gründer voraussichtlich ihre Einlage erbringen können, ist nicht einzugehen, es sei denn, es drängt sich der Verdacht auf, dass die Aufbringung des Grundkapitals problematisch sein könnte.[11] Liegt ein Verdacht auf eine Schwindelgründung vor, bei der dritte Personen geschädigt werden sollen, ist dies im Gründungsbericht zu vermerken.[12]

C. Besondere Prüfungsgegenstände des Abs. 1 Nr. 1 und 2

3 I. Richtigkeit und Vollständigkeit der Angaben der Gründer (Abs. 1 Nr. 1). Abs. 1 Nr. 1 betrifft die **Kapitalgrundlagen** der AG. Im Einzelnen sind zu prüfen: Übernahme der Aktien gem. § 23 Abs. 2, Einlagen auf das Grundkapital, gem. § 26 – Sondervorteile, Gründerlohn, Gründungsaufwand und § 27 – Sacheinlagen und Sachübernahmen – erforderliche Festsetzungen.[13]

4 Hier ist zunächst zu prüfen, ob eine wirksame Aktienübernahme gem. § 23 Abs. 2 und eine wirksame Begründung der Einzahlungspflicht vorliegt. Im Regelfall ist noch nicht zu prüfen, ob die jeweilige Einlage und ein etwaiges Aufgeld erbracht sind, da die Erbringung von gesetzlich vorgeschriebener Einlageleistung und Aufgeld zum Zeitpunkt der Erstellung des Prüfungsberichtes noch nicht zwingend erforderlich ist, sondern erst bei der Anmeldung der Gesellschaft vorliegen muss, vgl §§ 36 Abs. 2, 36 a Abs. 1. Nur wenn Einzahlungen auf das Grundkapital zum Zeitpunkt der jeweiligen Prüfung bereits erfolgt sind, muss sich die

---

[3] Gesetz zur Umsetzung der Aktionärsrechterichtlinie vom 30.7.2009, BGBl. I 2009 S. 2479.
[4] MüKo-AktG/*Pentz*, Rn 6.
[5] GroßKomm-AktienR/*Röhricht*, Rn 3.
[6] MüKo-AktG/*Pentz*, Rn 7; GroßKomm-AktienR/*Röhricht*, Rn 3.
[7] MüKo-AktG/*Pentz*, Rn 6; GroßKomm-AktienR/*Röhricht*, Rn 9; Spindler/Stilz/*Gerber*, Rn 4.
[8] KölnKomm-AktG/*Arnold*, Rn 15 f; *Hüffer*, Rn 3.
[9] *Hüffer*, Rn 2; GroßKomm-AktienR/*Röhricht*, Rn 3; K. Schmidt/Lutter/*Bayer*, Rn 2.
[10] GroßKomm-AktienR/*Röhricht*, Rn 3; BGHZ 64, 52, 60 = NJW 1975, 974; hier wurde darauf abgestellt, dass die Frage der Lebensfähigkeit des Unternehmens nicht zu prüfen ist; *Hüffer*, Rn 2; *Saage*, ZGR 1977, 583, 685; MüKo-AktG/*Pentz* Rn 9.
[11] GroßKomm-AktienR/*Röhricht*, Rn 6; KölnKomm-AktG/ *Arnold*, Rn 6; *Hüffer*, Rn 2.
[12] GroßKomm-AktienR/*Röhricht*, Rn 3.
[13] GroßKomm-AktienR/*Röhricht*, Rn 4; Spindler/Stilz/*Gerber*, Rn 5.

Prüfung auch hierauf beziehen.[14] Im Übrigen ist im Gründungsbericht auch ohne entsprechende gesetzliche Regelung besonderes Augenmerk darauf zu legen, ob etwaig ausbedungene Sondervorteile und der Gründungsaufwand angemessen sind.[15]

II. Werthaltigkeit von Sacheinlage und Sachübernahme (Abs. 1 Nr. 2). Im Falle von Sacheinlagen oder Sachübernahmen ist im Einzelnen zu prüfen, ob der Wert des einzubringenden oder bereits eingebrachten Vermögensgegenstandes wenigstens den geringsten Ausgabebetrag der dafür zu gewährenden Aktien oder im Falle von Sachübernahmen den Wert der von der AG versprochenen Leistung erreicht. Der Begriff des „geringsten Ausgabebetrages" ist in § 9 Abs. 1 definiert. Mithin dient die Prüfung in diesem Punkt der Verhinderung einer Unterpariemission. Im Hinblick auf den Grundsatz der realen Kapitalaufbringung muss es dem Prüfungsbericht ein besonderes Anliegen sein, bei Sacheinlagen und Sachübernahmen eine mögliche Überbewertung der relevanten Vermögensgegenstände aufzudecken und zu verhindern.[16] Daneben soll der Prüfungsbericht auch etwaige Unterbewertungen feststellen und diese kenntlich machen, damit nicht bereits im Gründungsstadium gem. § 279 Abs. 1 S. 1 HGB unzulässige Willkürreserven gebildet werden.[17] Zwar prüfen Verwaltungsmitglieder und externe Gründungsprüfer vorrangig unter Zugrundelegung des Gründungsberichtes; ergeben sich jedoch im Zuge der Prüfung weitere Fragen, was in der Praxis wohl im Hinblick auf die Werthaltigkeit von Sacheinlagen und Sachübernahmen häufig der Fall sein wird, können die Gründungsprüfer hierzu die Gründer um Aufklärung bitten, § 35. Für die Beurteilung der Angemessenheit der Leistungen ist der Zeitpunkt der Prüfung maßgeblich, nicht der – voraussichtliche – Zeitpunkt der Eintragung der Gesellschaft in das Handelsregister.[18]

D. Prüfungsbericht (Abs. 2)

I. Form, Zahl der Exemplare. Abs. 2 S. 1 bestimmt, dass über jede Prüfung **schriftlich** zu berichten ist; daher ist der jeweilige Prüfungsbericht in Schriftform mit eigenhändiger Namensunterschrift aller Prüfer anzufertigen, § 126 BGB. Aus dem Wort „jede" geht hervor, dass das Gesetz von mindestens zwei getrennten Berichten ausgeht: dem Bericht der Verwaltungsmitglieder und dem Bericht der externen Gründungsprüfer. Der Grund dieser Trennung ist darin zu sehen, dass Verwaltungsmitglieder im Regelfall nicht mit derselben Unparteilichkeit berichten, wie externe Gründungsprüfer.[19] Sofern Vorstand und Aufsichtsrat in getrennten Urkunden berichten, ist dies zulässig.[20] In der Praxis ist allerdings der Bericht der Verwaltungsmitglieder in einer gemeinsamen Urkunde der Regelfall.[21] Die externen Gründungsprüfer haben im Übrigen den Prüfungsbericht der Verwaltungsmitglieder zu prüfen, vgl § 38 Abs. 2 S. 1. Die maßgebliche Grundlage für die Prüfung ist dabei der Gründungsbericht der Verwaltungsorgane. Folglich muss der Prüfungsbericht der Verwaltungsmitglieder zeitlich vor dem Prüfungsbericht der externen Gründungsprüfer erstellt werden.[22]

II. Inhalt. Die Prüfungsberichte der Verwaltungsmitglieder und der externen Gründungsprüfer müssen auf alle Gesichtspunkte eingehen, auf die sich die Prüfung gem. §§ 33 und 34 erstreckt. Diese Punkte sind im Prüfungsbericht im Einzelnen zu vermerken, damit sich das Gericht ein zutreffendes Urteil darüber bilden kann, was Gegenstand der Prüfung gewesen ist und wie und mit welcher Zuverlässigkeit die einzelnen Prüfungen durchgeführt worden sind.[23] Gemäß Abs. 2 S. 2 sind bei Sacheinlagen und Sachübernahmen auch die betreffenden Vermögensgegenstände unter Einbeziehung der Faktoren, die ihren Wert beeinflussen, darzulegen, sowie die Wertermittlungsmethoden zu vermerken.[24] Sofern es zwischen den Prüfern zu Meinungsverschiedenheiten gekommen ist, ist dies ebenfalls zu vermerken.[25] Falls Geschäfts- und Betriebsgeheimnisse berührt sind, dürfen diese in dem Prüfungsbericht nicht offen gelegt werden; § 145 Abs. 6 S. 2 ist hier nicht heranzuziehen. Vielmehr ist aus § 34 Abs. 3 S. 2, wonach der Prüfungsbericht vollständig öffentlich ist, zu folgern, dass trotz des Prüfungsvorgangs Betriebs- und Geschäftsgeheimnisse zu wahren sind.[26]

---

14 Vgl zu Vorstehendem: GroßKomm-AktienR/*Röhricht*, Rn 5 f; K. Schmidt/Lutter/*Bayer*, Rn 4.
15 HM: KölnKomm-AktG/*Arnold*, Rn 7; Geßler/*Eckardt*, Rn 11; GroßKomm-AktienR/*Röhricht*, Rn 7; MüKo-AktG/*Pentz*, § 32 Rn 13; *Hüffer*, Rn 3; K. Schmidt/Lutter/*Bayer* Rn 5.
16 GroßKomm-AktienR/*Röhricht*, Rn 8, K. Schmidt/Lutter/*Bayer* Rn 6.
17 GroßKomm-AktienR/*Röhricht*, Rn 8; *Hüffer*, Rn 3; Geßler/*Eckardt*, Rn 10; MüKo-AktG/*Pentz*, Rn 7; *Mohr*, WPg 1960, 573, 575; aA RGZ 127, 186, 192.
18 GroßKomm-AktienR/*Röhricht*, Rn 9; KölnKomm-AktG/*Arnold*, Rn 7; K. Schmidt/Lutter/*Bayer*, Rn 9; aA *Mohr*, WPg 1960, 576: Tag der Eintragung; differenzierend: *Schiller*, AG 1992, 20, 22 ff.
19 GroßKomm-AktienR/*Röhricht*, Rn 10; K. Schmidt/Lutter/*Bayer*, Rn 10.
20 GroßKomm-AktienR/*Röhricht*, Rn 10; Spindler/Stilz/*Gerber*, Rn 11: der mögliche Meinungsverschiedenheiten als Grund für getrennte Berichte benennt.
21 Hiervon gehen *Hüffer*, Rn 4; MüKo-AktG/*Pentz*, Rn 19 sowie GroßKomm-AktienR/*Röhricht*, Rn 10 aus.
22 GroßKomm-AktienR/*Röhricht*, Rn 3.
23 GroßKomm-AktienR/*Röhricht*, Rn 12; Geßler/*Eckardt*, Rn 14; *Hüffer*, Rn 4.
24 *Schiller*, AG 1992, 20, 24 f; *Hüffer*, Rn 5.
25 GroßKomm-AktienR/*Röhricht*, Rn 12; KölnKomm-AktG/*Arnold*, Rn 11.
26 MüKo-AktG/*Pentz*, Rn 22; GroßKomm-AktienR/*Röhricht*, Rn 14; KölnKomm-AktG/*Arnold*, Rn 12; unabhängig davon sind die Gründungsprüfer berechtigt, im Zuge der Gründung Geschäfts- und Betriebsgeheimnisse in Erfahrung zu bringen, vgl § 35 Rn 3.

Der durch das ARUG[27] eingefügte Abs. 2 S. 3 enthält eine Sonderregelung für den Fall der Sachgründung ohne externe Gründungsprüfung iSv § 33a. Die Berichtspflicht von Vorstand und Aufsichtsrat wird hier dadurch beschränkt, dass weder der Gegenstand der Sacheinlage oder Sachübernahme beschrieben noch angegeben werden muss, welche Bewertungsmethoden der Ermittlung des Wertes zugrunde gelegt wurden. Auch sind nach Abs. 2 S. 3 Angaben darüber, ob der Wert der Sacheinlagen und Sachübernahmen den geringsten Ausgabebetrag (§ 9 Abs. 1) der dafür zu gewährenden Aktien bzw den Wert der dafür zu gewährenden Leistungen erreicht, nicht erforderlich. Derartige Angaben sind von den Mitgliedern von Vorstand und Aufsichtsrat allerdings im Rahmen der Registeranmeldung (§ 37a) zu machen.[28] Die übrigen in Abs. 1 geregelten Berichtspflichten im Hinblick auf Richtigkeit und Vollständigkeit der Festsetzungen nach § 27 bleiben auch im Falle des § 33a bestehen.[29]

Die Gründer dürfen sich im Falle des § 33a bei ihrer Darlegung der Angemessenheit der Leistungen für Sacheinlagen und Sachübernahmen neben den Angaben nach § 32 Abs. 2 S. 2 auf die Kriterien des § 33a beschränken.[30] Die Prüfungspflicht von Vorstand und Aufsichtsrat beschränkt sich im Übrigen auf die Überprüfung, ob Umstände iSv § 33a Abs. 2 vorliegen, die die Unrichtigkeit der vorgenommenen Bewertung nahe legen könnten. Sind derartige Umstände nicht feststellbar, ist keine weiter gehende Prüfung durch Vorstand und Aufsichtsrat erforderlich.[31]

8 **III. Einreichung des Prüfungsberichtes zum Handelsregister (Abs. 3 S. 1).** Je ein Exemplar des Prüfungsberichtes der gem. § 33 Abs. 2–5 bestellten externen Gründungsprüfer ist dem Vorstand und dem Registergericht einzureichen, dh letzterem elektronisch zu übermitteln (§ 12 Abs. 2 HGB). Zuständig für die Entgegennahme des Berichtes ist das für die Eintragung der AG zuständige Amtsgericht.[32] Die externen Gründungsprüfer können ihren Bericht unmittelbar beim Gericht einreichen oder das für das Gericht bestimmte Exemplar dem Vorstand zukommen lassen, damit dieser es zusammen mit der Handelsregisteranmeldung bei Gericht einreicht, wovon auch § 37 Abs. 4 Nr. 4 ersichtlich ausgeht.[33] Wird der Prüfungsbericht von den externen Gründungsprüfern unmittelbar bei Gericht eingereicht, ist der Bericht nicht nochmals im Zuge der Anmeldung beim AG einzureichen.[34]

9 Der Prüfungsbericht der Vorstandsmitglieder und Aufsichtsratsmitglieder, § 33 Abs. 1, ist dem Registergericht ausschließlich gem. § 37 Abs. 4 Nr. 4 zusammen mit der Anmeldung einzureichen. In der Praxis dürfte es auch ohne entsprechende gesetzliche Regelung ratsam sein, die jeweiligen Berichte auch den Gründern einzureichen.[35]

10 **IV. Einsichtsrecht.** Gemäß Abs. 3 S. 2 kann jedermann den Bericht der externen Gründungsprüfer iSv § 33 Abs. 2–5 bei dem Gericht einsehen; die Darlegung eines besonderen Interesses oder gar rechtlichen Interesses ist hierfür nicht erforderlich.[36] Nach Abschaffung des Einreichungserfordernisses bei der IHK (vgl oben Rn 1) kann der Bericht nicht mehr bei der IHK eingesehen werden. Der Prüfungsbericht der Verwaltungsmitglieder kann ebenso eingesehen werden; dies folgt aus § 37 Abs. 6 iVm § 9 HGB.[37] Die Verpflichtung, in der Bekanntmachung über die Eintragung der Gesellschaft auf die Möglichkeit der Einsicht in die jeweiligen Berichte hinzuweisen, ist seit 1.9.2004 entfallen.

E. Rechtsfolgen bei Nichteinreichung

11 Werden die gesetzlich vorgeschriebenen Berichte nach § 33 Abs. 1 und 2 nicht zum Handelsregister eingereicht, unterbleibt die Eintragung der Gesellschaft, § 38 Abs. 1.[38] Wird die Gesellschaft gleichwohl eingetragen, ist die Gesellschaft wirksam entstanden; eine Löschung oder Auflösung der Gesellschaft aufgrund des Fehlens der gesetzlich vorgeschriebenen Berichte scheidet aus.[39] Bei Fehlen der nötigen Berichte kann das Gericht jedoch den Vorstand zur nachträglichen Einreichung auffordern und dies notfalls durch Zwangsgelder erzwingen, § 14 HGB.[40] Aus § 407 Abs. 2 folgt nichts Gegenteiliges, da diese Vorschrift nur

---

[27] Gesetz zur Umsetzung der Aktionärsrechterichtlinie vom 30.7.2009, BGBl. I 2009, S. 2479.
[28] RegE ARUG, BT-Drucks. 16/11642, S. 32; KölnKomm-AktG/*Arnold*, Rn 14; *Hüffer*, Rn 6.
[29] KölnKomm-AktG/*Arnold*, Rn 16.
[30] *Drinhausen/Keinath*, BB 2008, 2078, 2080; KölnKomm-AktG/*Arnold*, Rn 16.
[31] KölnKomm-AktG/*Arnold*, Rn 15.
[32] *Hüffer*, Rn 7.
[33] RGZ 130, 256; KG OLGE 24, 171; KGJ 41 A 130; *Hüffer*, Rn 7; GroßKomm-AktienR/*Röhricht*, Rn 15.
[34] *Hüffer*, Rn 7; GroßKomm-AktienR/*Röhricht*, Rn 15; K. Schmidt/Lutter/*Bayer*, Rn 15; aA Geßler/*Eckardt*, Rn 21, der von doppelter Einreichung ausgeht.
[35] GroßKomm-AktienR/*Röhricht*, Rn 15 aE.
[36] *Hüffer*, Rn 7; MüKo-AktG/*Pentz*, Rn 26; K. Schmidt/Lutter/*Bayer*, Rn 16.
[37] MüKo-AktG/*Pentz*, Rn 27; GroßKomm-AktienR/*Röhricht*, Rn 16.
[38] GroßKomm-AktienR/*Röhricht*, Rn 17; MüKo-AktG/*Pentz*, Rn 28.
[39] GroßKomm-AktienR/*Röhricht*, Rn 17; KölnKomm-AktG/*Arnold*, Rn 19.
[40] GroßKomm-AktienR/*Röhricht*, Rn 17; KölnKomm-AktG/*Arnold*, Rn 19.

verhindern soll, dass eine Anmeldung der Gesellschaft zum Handelsregister, nicht aber fehlende Unterlagen bei bereits erfolgter Anmeldung erzwungen werden.[41]

§ 35 Meinungsverschiedenheiten zwischen Gründern und Gründungsprüfern. Vergütung und Auslagen der Gründungsprüfer

(1) Die Gründungsprüfer können von den Gründern alle Aufklärungen und Nachweise verlangen, die für eine sorgfältige Prüfung notwendig sind.

(2) ¹Bei Meinungsverschiedenheiten zwischen den Gründern und den Gründungsprüfern über den Umfang der Aufklärungen und Nachweise, die von den Gründern zu gewähren sind, entscheidet das Gericht. ²Die Entscheidung ist unanfechtbar. ³Solange sich die Gründer weigern, der Entscheidung nachzukommen, wird der Prüfungsbericht nicht erstattet.

(3) ¹Die Gründungsprüfer haben Anspruch auf Ersatz angemessener barer Auslagen und auf Vergütung für ihre Tätigkeit. ²Die Auslagen und die Vergütung setzt das Gericht fest. ³Gegen die Entscheidung ist die Beschwerde zulässig; die Rechtsbeschwerde ist ausgeschlossen. ⁴Aus der rechtskräftigen Entscheidung findet die Zwangsvollstreckung nach der Zivilprozeßordnung statt.

A. Inhalt und Zweck der Norm	1	II. Verfahren	6
B. Aufklärungsobliegenheiten der Gründer (Abs. 1)	2	III. Rechtsfolgen der gerichtlichen Entscheidung	7
I. Rechtsstellung der Gründungsprüfer	2	1. Entscheidung zugunsten der Gründungsprüfer	7
II. Umfang der Auskunftsberechtigung	3	2. Entscheidung zu Ungunsten der Gründungsprüfer	9
III. Eigene Ermittlungen der Gründungsprüfer	4	D. Ansprüche der Gründungsprüfer (Abs. 3)	10
C. Meinungsverschiedenheiten zwischen Gründern und Gründungsprüfern (Abs. 2)	5		
I. Allgemeine Gesichtspunkte	5		

A. Inhalt und Zweck der Norm

Die Vorschrift, deren erster Absatz durch die „kleine" GmbH-Reform vom 4.7.1980 BGBl. I S. 836) eingefügt worden ist, soll durch die Instrumente der Regelung des Auskunftsverlangens der Gründungsprüfer, der Festlegung einer Gerichtskompetenz bei Meinungsverschiedenheiten und durch eine Vergütungsregelung gewährleisten, dass die externen Gründungsprüfer, § 33 Abs. 2 bis 5, ihre Aufgabe erfüllen können.[1] § 35 Abs. 3 S. 3 und 4 wurden zum 1.9.2009[2] wegen Abschaffung der sofortigen Beschwerde durch das Gesetz zur Reform des Verfahrens in Familiensachen und in den Angelegenheiten der freiwilligen Gerichtsbarkeit (FGG-Reformgesetz) vom 17.12.2008[3] durch § 35 Abs. 3 S. 3 nF ersetzt.

B. Aufklärungsobliegenheiten der Gründer (Abs. 1)

I. Rechtsstellung der Gründungsprüfer. Gemäß Abs. 1 können die Gründungsprüfer von den Gründern alle Aufklärungen und Nachweise verlangen, die für die gebotene sorgfältige Prüfung erforderlich sind. Dieses Recht muss nicht gegen alle Gründer gemeinsam geltend gemacht werden; der Gründungsprüfer kann seinen Ansprechpartner im Interesse der **effizientesten Aufklärung** bei Bedarf unter mehreren Gründern auswählen.[4] Das Auskunftsverlangen des Gründungsprüfers bedarf keiner Form, es kann auch mündlich mitgeteilt werden.[5] Unerheblich für das Bestehen der Berechtigung der Gründungsprüfer, Auskunft zu verlangen, ist der Umstand, dass die Gründungsprüfer im Einzelfall ggf ohne Weiteres selbst Ermittlungen aufnehmen könnten.[6] Allgemein wird davon ausgegangen, dass Abs. 1 keinen gerichtlich durchsetzbaren Anspruch auf Aufklärung und Nachweise gegen die Gründer gewährt; die Gründer unterliegen vielmehr insoweit lediglich einer Obliegenheit.[7] Da diese Auffassung im Einklang mit Abs. 2 S. 3 steht, ist ihr zu folgen. Die Auskunftsberechtigung gem. § 35 Abs. 1 steht nur den gem. § 33 Abs. 2 bis 5 bestellten externen Grün-

---

41 GroßKomm-AktienR/*Röhricht*, Rn 17; *Hüffer*, Rn 6; MüKo-AktG/*Pentz*, Rn 28.
1 Vgl GroßKomm-AktienR/*Röhricht*, Rn 1; MüKo-AktG/*Pentz*, Rn 1; *Hüffer*, Rn 1.
2 Vgl BT-Drucks. 16/6308, S. 353.
3 BGBl. I S. 2586.
4 AllgM, vgl *Hüffer*, Rn 2; GroßKomm-AktienR/*Röhricht*, Rn 2.
5 MüKo-AktG/*Pentz*, Rn 6; GroßKomm-AktienR/*Röhricht*, Rn 2.
6 KölnKomm-AktG/*Kraft*, Rn 6; GroßKomm-AktienR/*Röhricht*, Rn 2; *Hüffer*, Rn 3; aA Geßler/*Eckardt*, Rn 14.
7 MüKo-AktG/*Pentz*, Rn 7; GroßKomm-AktienR/*Röhricht*, Rn 2; KölnKomm-AktG/*Arnold*, Rn 3.

dungsprüfern zu, nicht hingegen den Verwaltungsmitgliedern, die gem. § 33 Abs. 1 ihrerseits die Gründung prüfen.[8]

3 **II. Umfang der Auskunftsberechtigung.** Der Prüfungsumfang gem. § 34 bestimmt im Einzelfall auch die Reichweite der Auskunftsberechtigung der externen Gründungsprüfer; diese umfasst mithin unter Berücksichtigung der konkreten Prüfung alle Umstände, auf die sich die Prüfung erstreckt.[9] Zwar wird damit den Gründungsprüfern ein weitgehendes Auskunftsrecht zugesprochen; eine **Grenze** findet es allerdings darin, dass das Auskunftsverlangen der Gründungsprüfer nur im **Rahmen der Erforderlichkeit** berechtigt ist, vgl Abs. 1.[10] Das Auskunftsverlangen der Gründungsprüfer darf sich auch auf Betriebs- und Geschäftsgeheimnisse beziehen;[11] derartige Informationen dürfen jedoch wegen der allgemeinen Zugänglichkeit des Gründungsprüfungsberichtes, vgl § 34 Abs. 3 S. 2, nicht in den Bericht aufgenommen werden, sondern nur als nicht in den Bericht aufzunehmende Informationen den Wissenshorizont der Prüfer erweitern.[12] Die Gründungsprüfer sind ihrerseits zur Verschwiegenheit gem. § 49 iVm § 323 Abs. 1 S. 1 HGB verpflichtet. Die Gründer können die gewünschten Informationen mündlich oder schriftlich geben; entsprechende Unterlagen müssen auf Nachfrage der Prüfer vorgelegt[13] und überlassen werden. Die Erteilung falscher Angaben wie auch das Verschweigen erheblicher Umstände ist gem. § 400 Abs. 2 strafbar.

4 **III. Eigene Ermittlungen der Gründungsprüfer.** Den Gründungsprüfern steht trotz der Regelung der Auskunftsberechtigung gem. Abs. 1 ein Recht zu, eigene Ermittlungen aufzunehmen, ohne hierzu rechtlich verpflichtet zu sein.[14] Inwieweit von diesem Recht Gebrauch gemacht wird, ist in das Ermessen der Prüfer gestellt, die zur sorgfältigen Prüfung und Abwägung aller erhaltenen Informationen verpflichtet sind.[15] Eigene Ermittlungen können darin bestehen, zusätzlich Verwaltungsmitglieder zu befragen; denn die Gründungsprüfer sind nach allgM auch berechtigt, die Verwaltungsmitglieder um Erläuterungen und Vorlage geeigneter Unterlagen zu bitten.[16] Die Verwaltungsmitglieder sind jedoch rechtlich nicht verpflichtet, Auskünfte zu erteilen oder Unterlagen vorzulegen, da § 145 Abs. 2 und § 320 Abs. 2 HGB auf das Auskunftsersuchen von Gründungsprüfern im Zuge der Gründungsprüfung nicht anwendbar sind.[17]

C. Meinungsverschiedenheiten zwischen Gründern und Gründungsprüfern (Abs. 2)

5 **I. Allgemeine Gesichtspunkte.** Bestehen Meinungsverschiedenheiten zwischen Gründungsprüfern und Gründern über den Umfang der angeforderten Aufklärungen und Nachweise, so entscheidet gem. Abs. 2 S. 1 das Gericht. Das in Abs. 2 zur Verfügung gestellte Verfahren ist lediglich bei Meinungsverschiedenheiten zwischen den externen Gründungsprüfern und den Gründern über die Berechtigung des Auskunftsersuchens dem Grunde und dem Umfang nach gegeben. Bestehen sonstige Meinungsverschiedenheiten zwischen Gründungsprüfern und Gründern – zB im Hinblick auf die Angemessenheit von Sondervorteilen oder Gründungsaufwand oder über die Bewertung einer Sacheinlage oder Sachübernahme – wie auch bei Meinungsverschiedenheiten zwischen Gründungsprüfern und Verwaltungsmitgliedern, ist das Verfahren gem. Abs. 2 nicht gegeben;[18] derartige Gesichtspunkte sind jedoch im Prüfungsbericht zu vermerken.[19]

6 **II. Verfahren.** Das Verfahren ist ein Verfahren der **freiwilligen Gerichtsbarkeit**. Erforderlich ist ein entsprechender Antrag eines Beteiligten. Ein Tätigwerden des Gerichts von Amts wegen ist gesetzlich nicht vorgesehen.[20] Eine Antragspflicht existiert nicht; bestehen Meinungsverschiedenheiten, die sonst in dem gerichtlichen Verfahren gem. Abs. 2 auszutragen wären, müssen die Beteiligten jedoch in dem Prüfungsbericht auf diese hinweisen, damit das Registergericht die fraglichen Punkte ggf besonders prüfen kann.[21] Antragsberechtigt ist jeder Gründungsprüfer, dem durch die Gründer eine Information oder ein Nachweis verweigert wird sowie jeder Gründer, der einem bestimmten Aufklärungsverlangen eines Gründungsprüfers nicht Folge leisten will.[22] Örtlich und sachlich zuständig ist das Gericht, bei dem die Gesellschaft ihren Sitz haben wird.[23] Die Entscheidung des Gerichts ergeht durch Beschluss, der gem. Abs. 2 S. 2 unanfechtbar ist. Eine Klage eines Gründungsprüfers oder Gründers zur Durchsetzung oder Abwehr eines Auskunftsverlangens

---

8 *Hüffer*, Rn 2, 6; MüKo-AktG/*Pentz*, Rn 8; K. Schmidt/Lutter/*Bayer*, Rn 2.
9 GroßKomm-AktienR/*Röhricht*, Rn 3; *Hüffer*, Rn 2; MüKo-AktG/*Pentz*, Rn 9.
10 MüKo-AktG/*Pentz*, Rn 9; K. Schmidt/Lutter/*Bayer*, Rn 3.
11 GroßKomm-AktienR/*Röhricht*, Rn 3; MüKo-AktG/*Pentz*, Rn 10; KölnKomm-AktG/*Arnold*, Rn 6.
12 GroßKomm-AktienR/*Röhricht*, Rn 3; *Hüffer*, Rn 2; MüKo-AktG/*Pentz*, Rn 10.
13 GroßKomm-AktienR/*Röhricht*, Rn 4; *Hüffer*, Rn 2; MüKo-AktG/*Pentz*, Rn 11.
14 GroßKomm-AktienR/*Röhricht*, Rn 5; *Hüffer*, Rn 3; MüKo-AktG/*Pentz*, Rn 12.
15 Vgl nur GroßKomm-AktienR/*Röhricht*, Rn 5.
16 GroßKomm-AktienR/*Röhricht*, Rn 5; *Hüffer*, Rn 3.
17 GroßKomm-AktienR/*Röhricht*, Rn 5; *Hüffer*, Rn 3; KölnKomm-AktG/*Arnold*, Rn 5; K. Schmidt/Lutter/*Bayer*, Rn 5.
18 GroßKomm-AktienR/*Röhricht*, Rn 7; MüKo-AktG/*Pentz*, Rn 13.
19 GroßKomm-AktienR/*Röhricht*, Rn 7; K. Schmidt/Lutter/*Bayer*, Rn 6.
20 GroßKomm-AktienR/*Röhricht*, Rn 8; MüKo-AktG/*Pentz*, Rn 14.
21 MüKo-AktG/*Pentz*, Rn 15.
22 GroßKomm-AktienR/*Röhricht*, Rn 8; *Hüffer*, Rn 4.
23 *Hüffer*, Rn 6; Spindler/Stilz/*Gerber*, Rn 7.

wäre wegen Fehlens des erforderlichen Rechtsschutzbedürfnisses als unzulässig abzuweisen.[24] Die Anhörung des Antragsgegners ist in dem Verfahren gem. § 35 Abs. 2 zwingend geboten, § 44 Abs. 3 FamFG[25] (bisher § 146 Abs. 1 FGG) (trotz der dort enthaltenen Einschränkung „soweit erforderlich"), Art. 103 GG.[26]

III. Rechtsfolgen der gerichtlichen Entscheidung. 1. Entscheidung zugunsten der Gründungsprüfer. Entscheidet das Gericht zugunsten der Gründungsprüfer und weigern sich die Gründer gleichwohl, die verlangten Auskünfte zu erteilen, so kann die **gerichtliche Entscheidung nicht vollstreckt** werden; allerdings wird, solange die Weigerung der Gründer anhält, der Gründungsprüfungsbericht nicht erstattet, Abs. 2 S. 3.[27] Mithin können die Gründungsprüfer aufgrund der Weigerung der Gründer von der Fertigstellung des Berichtes absehen. Das Fehlen des Gründungsprüfungsberichtes bildet ein Eintragungshindernis gem. § 38 Abs. 1 S. 2.

Wenn die Gründungsprüfer trotz der unter Missachtung der Gerichtsentscheidung fortgesetzten Weigerung der Gründer, Auskünfte zu geben, den Gründungsprüfungsbericht erstatten, ist die Rechtslage streitig. Während einerseits vertreten wird, dass die Eintragung der Gesellschaft abzulehnen sei,[28] wird andererseits vertreten, in einem solchen Fall sei der Bericht durch das Gericht hinzunehmen und bei Vorliegen der übrigen Voraussetzungen gleichwohl einzutragen, wenn die Prüfer ihre Bedenken nachträglich als unbegründet haben fallen lassen und das Gericht die Auffassung der Gründungsprüfer über die Unbegründetheit der Bedenken teilt.[29] Nach einer dritten Meinung hat das Registergericht grundsätzlich einen solchen Prüfungsbericht hinzunehmen und seiner eigenen Prüfung zugrunde zu legen.[30] Die letztgenannte Meinung überzeugt, da es eine nachträglich, vor Anmeldung der Gesellschaft noch zu modifizierende Ermessensentscheidung des externen Prüfers ist, welche Aufklärungen und Unterlagen für die Erstattung eines ordnungsgemäßen Berichtes zu geben bzw vorzulegen sind. Der Gründungsprüfer muss insbesondere sonstige zwischenzeitlich eingetretene, den Sachverhalt aufklärende Umstände berücksichtigen dürfen, die ggf das ursprüngliche Aufklärungsersuchen obsolet machen;[31] auch spricht der Wortlaut von Abs. 2 S. 3 gegen die Existenz eines gesetzlichen Verbotes, den Gründungsprüfungsbericht trotz Weigerung der Gründer, dem Auskunftsverlangen nachzukommen, zu erstatten.[32] Hat das Gericht somit den Gründungsprüfungsbericht grundsätzlich hinzunehmen, ist es aber jedenfalls erforderlich, dass der Umstand der Erstattung des Berichtes durch die Gründungsprüfer trotz der Weigerung der Gründer, einem bestimmten Auskunftsersuchen nachzukommen, im Prüfungsbericht vermerkt wird. Das Registergericht wird in einem derartigen Fall besonders sorgfältig zu prüfen haben, ob die Gesellschaft ordnungsgemäß errichtet wurde.[33] Auf eine Abänderung der zuvor gem. Abs. 2 ergangenen gerichtlichen Entscheidung, die ggf auch dem Registergericht möglich ist[34] – kommt es dabei nicht an.[35]

2. Entscheidung zu Ungunsten der Gründungsprüfer. Entscheidet das Gericht gem. Abs. 1 S. 2 gegen das Auskunftsverlangen der Gründungsprüfer, mithin gegen weiter gehende Informationen, so ist der Gründungsprüfungsbericht anhand der vorliegenden Informationen zu erstatten.[36] Im Falle der Weigerung sind die Gründungsprüfer schadensersatzpflichtig gem. § 49 iVm § 323 HGB. Allerdings können die Gründungsprüfer das Gericht um Abberufung bitten oder ihr Amt niederlegen.[37] In diesem Fall steht den Gründungsprüfern nur dann ein Auslagenersatzanspruch – kein Vergütungsanspruch – zu, wenn die bisherigen Aktivitäten für den von den dann bestellten Gründungsprüfern erstatteten Gründungsprüfungsbericht von Nutzen gewesen sind.[38]

---

24 GroßKomm-AktienR/*Röhricht*, Rn 8; vgl auch MüKo-AktG/*Pentz*, Rn 17.
25 Art. 1 des Gesetzes zur Reform des Verfahrens in Familiensachen und in den Angelegenheiten der freiwilligen Gerichtsbarkeit, BGBl. I 2008 S. 2586.
26 GroßKomm-AktienR/*Röhricht*, Rn 8; *Hüffer*, Rn 4; KölnKomm-AktG/*Arnold*, Rn 11.
27 AllgM, vgl *Hüffer*, Rn 5; GroßKomm-AktienR/*Röhricht*, Rn 9.
28 Geßler/*Eckardt*, Rn 19.
29 GroßKomm-AktienR/*Barz*, 3. Aufl., Anm. 3.
30 KölnKomm-AktG/*Kraft*, Rn 13, der davon ausgeht, dass bereits in der Tatsache der Erstellung des Berichtes zum Ausdruck komme, dass die Gründungsprüfer ihre Bedenken fallen gelassen haben; GroßKomm-AktienR/*Röhricht*, Rn 12; MüKo-AktG/*Pentz*, Rn 19; *Hüffer*, Rn 5; K. Schmidt/Lutter/*Bayer*, Rn 7.
31 GroßKomm-AktienR/*Röhricht*, Rn 12.
32 MüKo-AktG/*Pentz*, Rn 19; wohl auch GroßKomm-AktienR/*Röhricht*, Rn 12.
33 GroßKomm-AktienR/*Röhricht*, Rn 12; MüKo-AktG/*Pentz*, Rn 19; KölnKomm-AktG/*Arnold*, Rn 12; idS nun auch *Hüffer*, Rn 5.
34 MüKo-AktG/*Pentz*, Rn 16; GroßKomm-AktienR/*Röhricht*, Rn 12.
35 GroßKomm-AktienR/*Röhricht*, Rn 12; KölnKomm-AktG/*Kraft*, Rn 13.
36 GroßKomm-AktienR/*Röhricht*, Rn 13; *Hüffer*, Rn 5; MüKo-AktG/*Pentz*, Rn 20.
37 MüKo-AktG/*Pentz*, Rn 20; KölnKomm-AktG/*Arnold*, Rn 13; nur für Abberufung: GroßKomm-AktienR/*Röhricht*, Rn 13; *Hüffer*, Rn 5; Spindler/Stilz/*Gerber*, Rn 9.
38 GroßKomm-AktienR/*Röhricht*, Rn 13; *Hüffer*, Rn 6; MüKo-AktG/*Pentz*, Rn 20.

D. Ansprüche der Gründungsprüfer (Abs. 3)

10 Gemäß Abs. 3 S. 1 steht den Gründungsprüfern ein Anspruch auf **Ersatz angemessener barer Auslagen und Vergütung** ihrer Tätigkeit zu. Die Höhe der Vergütung ist weder im Aktiengesetz noch anderenorts geregelt.[39] Gemäß Abs. 3 S. 2 kann nur das Gericht die Auslagenerstattung sowie die Vergütung festsetzen; örtlich und sachlich zuständig ist das Gericht, das auch gem. Abs. 2 zuständig ist (vgl oben, Rn 5, 6); die gerichtliche Entscheidung über die Vergütung oder Auslagenerstattung ergeht im Verfahren der freiwilligen Gerichtsbarkeit durch Beschluss; das Gericht entscheidet auf einen Antrag hin, der beziffert gestellt werden kann, jedoch nicht beziffert gestellt werden muss.[40] Hiergegen ist seit dem 1.9.2009 die (einfache) Beschwerde gegeben, da Abs. 3 S. 3 Hs 1 durch das Gesetz zur Reform des Verfahrens in Familiensachen und in den Angelegenheiten der freiwilligen Gerichtsbarkeit[41] der Neuregelung des Beschwerderechtes im FamFG angepaßt wurde. Die Rechtsbeschwerde ist ausgeschlossen, Abs. 3 S. 3 Hs 2. In dem Beschlussverfahren ist die Gegenseite anzuhören.[42]

11 Das Gericht setzt die Erstattung der angemessenen Auslagen fest. Im Hinblick auf die Vergütung entscheidet das Gericht nach den für Wirtschaftsprüfer geltenden Grundsätzen; zwar ist in Ausführung von § 55 WPO bisher keine allgemeine Gebührenordnung für Wirtschaftsprüfer, die den Gebührenordnungen für Steuerberater und Rechtsanwälte vergleichbar wäre, erlassen worden.[43] Die Gebührenordnung für Pflichtprüfungen vom 11.4.1939,[44] die für die Prüfung des Jahresabschlusses privatwirtschaftlicher Unternehmen erlassen worden war, ist nicht einschlägig. Daher ist gem. §§ 612 Abs. 2, 632 Abs. 2 BGB auf die **übliche Vergütung** abzustellen. Bei der Vergütung ist die Schwierigkeit der jeweils durchzuführenden Prüfung zu berücksichtigen.[45] In der Praxis reicht der Wirtschaftsprüfer einen Antrag auf Festsetzung seiner Vergütung bei Gericht ein. Das Gericht orientiert sich bei seiner Entscheidungsfindung an den üblichen Sätzen der Wirtschaftsprüfer und Wirtschaftsprüfungsgesellschaften. Werden von der Gesellschaft im Zuge der gebotenen Anhörung (vgl oben Rn 10) Einwände gegen die Höhe der beantragten Vergütung geltend gemacht, wendet sich das Gericht an die zuständige IHK und entscheidet dann. Auslagen und Vergütung bilden einen Gründungsaufwand iSv § 26 Abs. 2.[46]

12 Auf die Vergütung gerichtete Vereinbarungen der Gründungsprüfer mit der (Vor-)AG oder Dritten sind im Interesse der Erhaltung der erforderlichen Unabhängigkeit der Gründungsprüfer unwirksam.[47] Den Gründungsprüfern steht ein Anspruch auf Vergütung auch dann zu, wenn sie den Prüfungsbericht gem. Abs. 2 S. 3 nicht erstatten.[48] Etwas anderes gilt dann, wenn sie abberufen werden oder ihr Amt unberechtigt niederlegen (vgl oben Rn 9).[49] Vor Eintragung ist Schuldnerin der Entschädigungsforderung grundsätzlich nur die Vorgesellschaft; nach Eintragung ist Schuldnerin der Entschädigungsforderung die AG.[50] Die Gründer haften nicht gesamtschuldnerisch für Entschädigungsforderung oder Auslagenersatzanspruch.[51] Etwas anderes gilt nur dann, wenn sich die Gründer unmittelbar gegenüber dem Gericht oder den Gründungsprüfern zur Zahlung der gerichtlich festgesetzten Beträge verpflichtet haben.[52]

§ 36 Anmeldung der Gesellschaft

(1) Die Gesellschaft ist bei dem Gericht von allen Gründern und Mitgliedern des Vorstands und des Aufsichtsrats zur Eintragung in das Handelsregister anzumelden.

(2) Die Anmeldung darf erst erfolgen, wenn auf jede Aktie, soweit nicht Sacheinlagen vereinbart sind, der eingeforderte Betrag ordnungsgemäß eingezahlt worden ist (§ 54 Abs. 3) und, soweit er nicht bereits zur Bezahlung der bei der Gründung angefallenen Steuern und Gebühren verwandt wurde, endgültig zur freien Verfügung des Vorstands steht.

Literatur:
Ammon, Die Anmeldung zum Handelsregister, DStR 1993, 1025; *Bachmann*, Die Einmann-AG, NZG 2001, 961; *Balser*, Der Doppelsitz von Kapitalgesellschaften, DB 1972, 2049; *Gustavus*, Die Praxis der Registergerichte zur Versicherung des GmbH-Ge-

---

39 GroßKomm-AktienR/*Röhricht*, Rn 15; MüKo-AktG/*Pentz*, Rn 23.
40 GroßKomm-AktienR/*Röhricht*, Rn 217; *Hüffer*, Rn 6.
41 BGBl. I 2008 S. 2586.
42 GroßKomm-AktienR/*Röhricht*, Rn 17.
43 WP-Handbuch 2000, Bd. I A Rn 508. Unklar insoweit GroßKomm-AktienR/*Röhricht*, Rn 15.
44 Zuletzt abgedruckt im WP-Handbuch 1985/1986, Bd. I, S. 137.
45 GroßKomm-AktienR/*Röhricht*, Rn 15; MüKo-AktG/*Pentz*, Rn 23.
46 *Hüffer*, Rn 7; KölnKomm-AktG/*Arnold*, Rn 16.
47 GroßKomm-AktienR/*Röhricht*, Rn 21.
48 *Hüffer*, Rn 6.
49 MüKo-AktG/*Pentz*, Rn 22; *Hüffer*, Rn 6.
50 GroßKomm-AktienR/*Röhricht*, Rn 19.
51 *Hüffer*, Rn 7; GroßKomm-AktienR/*Röhricht*, Rn 21.
52 *Hüffer*, Rn 7; GroßKomm-AktienR/*Röhricht*, Rn 20; KölnKomm-AktG/*Arnold*, Rn 18.

schäftsführers über die Mindesteinlagen, GmbHR 1988, 47; *Gustavus*, Möglichkeiten zur Beschleunigung des Eintragungsverfahrens bei der GmbH, GmbHR 1993, 259; *Habetha*, Verdeckte Sacheinlage, endgültige freie Verfügung, Drittzurechnung und „Heilung" nach fehlgeschlagener Bareinzahlung im GmbH-Recht, ZGR 1998, 305; *Heckschen*, Die „kleine AG" und Deregulierung des Aktienrechts – Eine kritische Bestandsaufnahme, DNotZ 1995, 275; *Henze*, Zur Problematik der verdeckten (verschleierten) Sacheinlage im Aktien- und GmbH-Recht, ZHR 1990, 105; *Hommelhoff/Kleindieck*, Schuldrechtliche Verwendungspflichten und „freie Verfügung" bei der Barkapitalerhöhung, ZIP 1987, 477; *Hüffer*, Harmonisierung des aktienrechtlichen Kapitalschutzes, NJW 1979, 1065; *ders.*, Wertmäßige statt gegenständliche Unversehrtheit von Bareinlagen im Aktienrecht, ZGR 1993, 474; *Ihring*, Gläubigerschutz durch Kapitalaufbringung bei Verschmelzung und Spaltung nach neuem Umwandlungsrecht, GmbHR 1995, 622; *Krebs/Wagner*, Der Leistungszeitpunkt von Sacheinlagen nach § 36a Abs 2 AktG, AG 1998, 467; *Lutter*, Das überholte Thesaurierungsgebot bei Eintragung einer Handelsgesellschaft im Handelsregister, NJW 1989, 2649; *Mayer*, Der Leistungszeitpunkt bei Sacheinlageleistungen im Aktienrecht, ZHR 1990, 535; *Müller*, Die Leistung der Bareinlage bei der Aktiengesellschaft „zur freien Verfügung des Vorstands", in: FS Beusch, 1993, 632; *Mutter*, Die gewerberechtliche Unzuverlässigkeit von Kapitalgesellschaften, DZWir 1995, 523; *Priester*, Voreinzahlung auf Stammeinlagen bei sanierenden Kapitalerhöhungen, in: FS Fleck, 1988, 231; *Priester*, Wertgleiche Deckung statt Bardepot?, ZIP 1994, 599; *Roth*, Verfügung über die Einlage vor Eintragung der GmbH, DNotZ 1989, 3; *Schmidt, Karsten*, Barkapitalaufbringung und „freie Verfügung" bei der Aktiengesellschaft und der GmbH, AG 1986, 106; *Terbrack*, Kommanditistenwechsel und Sonderrechtsnachfolgevermerk, Rpfleger 2003, 105; *Terbrack*, Die Eintragung einer Aktiengesellschaft im Handelsregister, Rpfleger 2003, 225; *Terbrack*, Die Anmeldung einer Aktiengesellschaft zum Handelsregister, Rpfleger 2005, 237; *Wilhelm*, Kapitalaufbringung und Handlungsfreiheit der Gesellschaft nach Aktien- und GmbH-Recht, ZHR 1988, 333; *Winkler*, Zur Anmeldung zum Handelsregister durch den Notar auf Grund rechtsgeschäftlicher Vollmacht und kraft gesetzlicher Ermächtigung, DNotZ 1986, 696.

A. Grundlagen 1	2. Scheinzahlungen etc 24
B. Anmeldung (Abs. 1) 3	3. Einzahlung auf Konto 25
I. Grundlagen 3	4. Einzahlung auf Anderkonto 27
II. Zuständigkeit, Verfahren, Form 4	5. Verwendungsabreden 29
III. Anmeldepflicht 9	II. Steuern und Gebühren 32
1. Öffentlich-rechtliche Anmeldepflicht 9	III. Verwendungsbefugnis des Vorstands vor Eintragung 33
2. Privatrechtliche Anmeldepflicht 10	
IV. Anmeldepflichtige 14	IV. Freiwillige Mehrleistungen 35
V. Vertretung 17	V. Besonderheiten bei gemischter Einlage 37
1. Gesetzliche bzw organschaftliche Vertretung 17	D. Besonderheiten der Einpersonengründung (Abs. 2 S. 2 aF) 38
2. Rechtsgeschäftliche Vertretung 18	
C. Bareinlage (Abs. 2 S. 1) 19	
I. Endgültige und freie Verfügbarkeit zugunsten des Vorstandes 23	
1. Grundlagen 23	

A. Grundlagen

Die Norm stellt klar, wer die errichtete Gesellschaft zum Handelsregister anzumelden hat (Abs. 1). Daneben wird bestimmt, dass die notwendige Anmeldung erst nach der **Mindestleistung auf die Einlagepflicht** zulässig ist und diese grundsätzlich zur **endgültigen freien Verfügung des Vorstandes** stehen muss (Abs. 2 S. 1). Zusätzlich wird für die **Einpersonengründung** eine besondere Sicherung der Kapitalaufbringung angeordnet (Abs. 2 S. 2).

§ 36 erfasst allein **Bareinlagen**. Für vereinbarte **Sacheinlagen** gilt § 36a, der eingeführt wurde durch das Gesetz zur Durchführung der Zweiten Richtlinie des Rates der Europäischen Gemeinschaften zur Koordinierung des Gesellschaftsrechts vom 13.12.1978.[1] Zusammen mit den §§ 36a, 54 Abs. 3 soll § 36 maßgeblich unseriösen Gründungen vorbeugen.[2]

B. Anmeldung (Abs. 1)

I. Grundlagen. Die Anmeldung iSd § 36 Abs. 1 ist der an das Registergericht gerichtete Antrag auf Eintragung der Gesellschaft in das Handelsregister, damit diese als **juristische Person** entstehen kann (§ 41). Sie ist **empfangsbedürftige Verfahrenshandlung** und **Organisationsakt** zugleich.[3] Ihr notwendiger Inhalt ergibt sich aus § 37 (vgl die Anm. dort). Die frühere zusätzliche Absicherung der Kapitalaufbringung bei der Einpersonengründung (Abs. 2 S. 2) ist durch das MoMiG ersatzlos gestrichen worden.

---

1 Art. 1 Nr. 6, 7 des Gesetzes vom 13.12.1978 zur Durchführung der Zweiten Richtlinie des Rates der Europäischen Gemeinschaften zur Koordinierung des Gesellschaftsrechts, BGBl. I S. 1959.

2 *Hüffer*, Rn 1.

3 MüKo-AktG/*Pentz*, Rn 6; *Hüffer*, Rn 2.

II. Zuständigkeit, Verfahren, Form. Die Anmeldung ist an das **Amtsgericht** (§ 23 a Abs. 2 Nr. 3 GVG) des in Aussicht genommenen Sitzes der Gesellschaft (§ 14) zu richten.[4] Hat die Gesellschaft einen **doppelten Sitz**, so ist bei jedem der für den jeweiligen Sitz zuständigen Amtsgericht eine Anmeldung einzureichen (vgl § 38 Rn 26).

Wird dem Antrag entsprochen, entsteht mit Eintragung die Gesellschaft als **juristische Person** (§ 41). Wird die Eintragung hingegen abgelehnt, ist die **Beschwerde** (§§ 58 ff. FamFG) zum Oberlandesgericht und gegen dessen Entscheidung ggf die **Rechtsbeschwerde** (§ 133 GVG, § 70 FamFG) zum BGH gegeben (§ 38 Rn 29 ff).

Beschwerdebefugt ist jeweils die **Vorgesellschaft**, vertreten durch den Vorstand in vertretungsberechtigter Zahl.[5] Daneben ist **jeder einzelne Gründer** als beschwerdebefugt anzusehen.[6]

Nach einer verbreiteten Ansicht ist der **Notar** nicht berechtigt, Rechtsmittel einzulegen.[7] Diese pauschale Aussage ist jedoch unzutreffend. Richtig ist vielmehr, dass der **Notar** aufgrund der **gesetzlichen Vollmachtsvermutung** des § 378 Abs. 2 FamFG dann beschwerdeberechtigt ist, wenn er den in der beurkundeten Erklärung bereits enthaltenen Eintragungsantrag ausdrücklich nochmals namens der zur Anmeldung Verpflichteten stellt. In einem solchen Fall übernimmt der Notar die Vertretung der Beteiligten mit der Folge, dass nunmehr der Notar für die zur Anmeldung Verpflichteten das Verfahren betreibt, nicht etwa beide nebeneinander.[8]

Die Anmeldung hat zumindest (§ 129 Abs. 2 BGB) in **öffentlich beglaubigter Form** zu erfolgen (§ 12 Abs. 1 HGB, § 129 Abs. 1 BGB, §§ 39, 40 BeurkG) und muss elektronisch eingereicht werden. Nicht notwendig ist eine von allen Anmeldern unterzeichnete, **einheitliche Anmeldung**. Vielmehr kann jeder Teil der Anmeldung (§ 37) gesondert abgegeben und auch eingereicht werden.

III. Anmeldepflicht. 1. Öffentlich-rechtliche Anmeldepflicht. Eine öffentlich-rechtliche Pflicht zur Anmeldung der Gesellschaft besteht nicht.[9] Daher sind auch entsprechende **registerrechtliche Zwangsmaßnahmen** ausgeschlossen (§ 407 Abs. 2 S. 1). Den Gründern steht es bis zur Eintragung der Gesellschaft in das Handelsregister frei, die Eintragungsabsicht aufzugeben und die Gründung abzubrechen.

2. Privatrechtliche Anmeldepflicht. Privatrechtlich sind die **Gründer** aus dem Gesellschaftsverhältnis untereinander zur Anmeldung verpflichtet.[10] Die **Vorstands-** und **Aufsichtsratsmitglieder** sind zur Anmeldung aus ihrer Organstellung und den der Bestellung zugrunde liegenden Rechtsverhältnissen verpflichtet.[11]

Die Verpflichtung zur Anmeldung setzt die **Ordnungsgemäßheit der Gründung** voraus und kann klageweise geltend gemacht werden.[12] Gegenüber einem **Vorstandsmitglied** wird dabei die Vorgesellschaft durch den **Aufsichtsrat** vertreten (entsprechend § 112). Gegenüber einem **Mitglied des Aufsichtsrates** vertritt bei einer solchen Klage der **Vorstand** (entsprechend § 78 Abs. 1). In der **Praxis** ist jedoch der zu bevorzugende – weil schnellere – Weg die **Abberufung** des sich zur Vornahme der Anmeldung weigernden Verwaltungsmitgliedes.

Verweigert ein Gründer die Vornahme der Anmeldung, kann er nicht nur von der Vorgesellschaft, vertreten durch den Vorstand, klageweise hierauf in Anspruch genommen werden, sondern auch von einem oder mehreren Mitgründern.[13]

Die **Vollstreckung** eines stattgebenden Urteils erfolgt nach § 888 ZPO.[14]

IV. Anmeldepflichtige. Die Gesellschaft ist durch **sämtliche Gründer** (§ 28) und **Mitglieder des Vorstandes** und des **Aufsichtsrates** zur Eintragung in das Handelsregister anzumelden (§ 36 Abs. 1). Die Anmelder han-

---

4 KölnKomm-AktG/*Kraft*, Rn 4; MüKo-AktG/*Pentz*, Rn 30; *Hüffer*, Rn 2; *Nirk*, Hb AG, Rn 240.

5 BGHZ 117, 323, 327 ff = NJW 1992, 1824 = AG 1992, 227 = WM 1991, 870 = ZIP 1992, 689; OLG Hamm DB 1992, 264 = Rpfleger 1992, 203 = OLGR Hamm 1992; Großkomm-AktienR/*Röhricht*, Rn 18; MüKo-AktG/*Pentz*, Rn 29; *Hüffer*, Rn 3; MüHb-AG/*Hoffmann-Becking*, § 3 Rn 19; *Nirk*, Hb AG, Rn 255.

6 MüKo-AktG/*Pentz*, Rn 29; abweichend: *Hüffer*, Rn 3, der nur eine Beschwerdebefugnis aller Gründer gemeinsam für gegeben hält.

7 BayObLG 1986, 203, 204 f = NJW 1987, 136 = DNotZ 1986, 692 = MittBayNot 1986, 205 = DB 1986, 1666 = BB 1986, 1532; Großkomm-AktienR/*Röhricht*, Rn 16; MüKo-AktG/*Pentz*, Rn 26; *Hüffer*, Rn 4.

8 *Krafka/Willer/Kühn*, Rn 23; für ein Beschwerderecht des beglaubigenden Notars ebenso: *Winkler*, DNotZ 1986, 696, 699 f; auch Hachenburg/*Ulmer*, GmbHG, § 7 Rn 12 und Scholz/*Winter*, GmbHG, § 7 Rn 11 für die GmbH.

9 KölnKomm-AktG/*Kraft*, Rn 14; MüKo-AktG/*Pentz*, Rn 12; *Geßler*, § 37 Rn 2; *Hüffer*, Rn 5; *Nirk*, Hb AG, Rn 241.

10 KölnKomm-AktG/*Kraft*, Rn 15; MüKo-AktG/*Pentz*, Rn 14; *Geßler*, § 37 Rn 2; *Hüffer*, Rn 5; *Nirk*, Hb AG, Rn 241.

11 KölnKomm-AktG/*Kraft*, Rn 16; MüKo-AktG/*Pentz*, Rn 15; *Geßler*, § 37 Rn 2; *Hüffer*, Rn 5.

12 MüKo-AktG/*Pentz*, Rn 17 f; *Hüffer*, Rn 5; Großkomm-AktienR/*Röhricht*, Rn 10; abweichend: KölnKomm-AktG/*Kraft*, Rn 18 f.

13 MüKo-AktG/*Pentz*, Rn 19; Großkomm-AktienR/*Röhricht*, Rn 10; abweichend: KölnKomm-AktG/*Kraft*, Rn 18 f.

14 MüKo-AktG/*Pentz*, Rn 18; *Hüffer*, Rn 5; Großkomm-AktienR/*Röhricht*, Rn 11.

deln dabei im Namen der Vorgesellschaft.[15] Diese ist kraft ihrer Teilrechtsfähigkeit auch im Eintragungsverfahren beteiligtenfähig (Rn 6).[16] Anmeldepflichtig sind auch die **stellvertretenden Vorstandsmitglieder** (§ 94).[17] **Ersatzmitglieder des Aufsichtsrates**, die zwar bestellt, aber noch nicht nachgerückt sind, sind hingegen nicht zur Anmeldung verpflichtet.[18]

Die Anmeldung hat durch so viele Verwaltungsmitglieder zu erfolgen, wie **nach Gesetz** (§§ 76 Abs. 2, 95) oder **Satzung** (§ 23 Abs. 3 Nr. 6) vorhanden sein müssen. Sind die Mitglieder noch nicht gänzlich bestellt, ist dies vor der Anmeldung zu erledigen. Im Rahmen des § 31 Abs. 1 gilt für noch nicht bestellte **Arbeitnehmervertreter** eine **Ausnahme**: hier genügt die Anmeldung durch die von den Gründern bestellten Aufsichtsratsmitglieder, es sei denn, es ist eine Neuwahl oder Ergänzung nach § 31 Abs. 3 erforderlich.[19]

Das Registergericht hat von Amts wegen (§ 26 FamFG) zu prüfen, ob alle nach § 36 Abs. 1 Verpflichteten an der Anmeldung mitgewirkt haben.[20]

V. Vertretung. 1. Gesetzliche bzw organschaftliche Vertretung. Eine gesetzliche oder organschaftliche Vertretung bei der Anmeldung (§ 36 Abs. 1) ist **zulässig**. Ist zB an der einzutragenden Gesellschaft eine **Kapital- oder Personengesellschaft** als Gründer (§ 28) beteiligt, so wird diese bei der Anmeldung durch ihre gesetzlichen Vertreter in vertretungsberechtigter Zahl vertreten.[21]

2. Rechtsgeschäftliche Vertretung. Unzulässig ist die rechtsgeschäftliche Vertretung bei der Anmeldung.[22] Dem steht zum einen entgegen, dass in der Anmeldung (§ 36) die Versicherung nach § 37 Abs. 1 S. 1 enthalten sein muss, bei der keine Stellvertretung möglich ist; zum anderen die persönliche Verantwortlichkeit der Anmelder (vgl §§ 46, 48, 399).[23] Hiervon unbeschadet bleibt die Möglichkeit, einen Dritten mit der Einreichung der Anmeldung zum Registergericht zu beauftragen.

C. Bareinlage (Abs. 2 S. 1)

Abs. 2 S. 1 regelt ausschließlich Rechtsfragen zur **Bareinlage** (Rn 2). Ergänzt wird die Bestimmung durch § 36 a Abs. 1. Für **Sacheinlagen** gilt die spezielle Regelung des § 36 a Abs. 2.

Bareinlagen sind vom **Vorstand einzufordern**,[24] der insoweit für die Vorgesellschaft handelt. Erst mit der Einforderung wird die Einlageverbindlichkeit des Gründers fällig.

Die Höhe des einzufordernden Betrages bestimmt sich nach der Satzung, die in diesem Punkt mindestens den Anforderungen des § 36 a Abs. 1 genügen muss.[25] Fehlt in der Satzung eine entsprechende Festlegung, hat der Vorstand die Höhe der Bareinlage zu bestimmen.[26]

---

15 BGHZ 117, 323, 327 ff = NJW 1992, 1824 = AG 1992, 227 = WM 1991, 870 = ZIP 1992, 689 entgegen der bis dahin hM; zustimmend BayObLG BB 1997, 1707 = NJW-RR 1998, 40 = NZG 1998, 71 = ZNotP 1997, 31 = DB 1997, 2600 = Rpfleger 1997, 531 = GmbHR 1997, 1063 = FGPrax 1997, 196; OLG Hamm DB 1992, 264 = Rpfleger 1992, 203; Großkomm-AktienR/*Röhricht*, Rn 18; MüKo-AktG/*Pentz*, Rn 29; *Hüffer*, Rn 3; *Nirk*, Hb AG, Rn 240.

16 BGHZ 117, 323, 327 ff = NJW 1992, 1824 = AG 1992, 227 = WM 1991, 870 = ZIP 1992, 689; BayObLG NJW-RR 1996, 413 = Rpfleger 1995, 506 = BB 1995, 1814 = DB 1995, 1801 = GmbHR 1995, 722; OLG Stuttgart ZIP 1992, 250, 251 = DB 1992, 133 = BB 1992, 88; Großkomm-AktienR/*Röhricht*, Rn 18; MüKo-AktG/*Pentz*, Rn 29; *Hüffer*, Rn 3.

17 KölnKomm-AktG/*Kraft*, Rn 11; MüKo-AktG/*Pentz*, Rn 9; *Hüffer*, Rn 3.

18 Großkomm-AktienR/*Röhricht*, Rn 6; KölnKomm-AktG/*Kraft*, Rn 12; MüKo-AktG/*Pentz*, Rn 9; *Hüffer*, Rn 3.

19 MüKo-AktG/*Pentz*, Rn 9; *Hüffer*, Rn 3.

20 KölnKomm-AktG/*Kraft*, Rn 12; MüKo-AktG/*Pentz*, Rn 11; *Hüffer*, Rn 3.

21 Großkomm-AktienR/*Röhricht*, Rn 6; KölnKomm-AktG/*Kraft*, Rn 10; MüKo-AktG/*Pentz*, Rn 28; *Terbrack*, Rpfleger 2005, 237, 238.

22 BayObLG 1986, 203, 205 = NJW 1987, 136 = DNotZ 1986, 692 = MittBayNot 1986, 205 = DB 1986, 1666 = BB 1986, 1532; BayObLG 1986, 454, 457 = DB 1987, 215; Großkomm-AktienR/*Röhricht*, Rn 15; KölnKomm-AktG/*Kraft*, Rn 25; MüKo-AktG/*Pentz*, Rn 26; *Geßler*, § 37 Rn 3; *Hüffer*, Rn 4; *Henn*, Handbuch des Aktienrechts, Rn 100; *Nirk*, Hb AG, Rn 241; *Ammon*, DStR, 1993, 1025, 1028; offen gelassen in RGZ 154, 276, 282; abweichend: KG JW 1932, 2626; teilweise abweichend: OLG Köln NJW 1987, 135 f = WM 1986, 1412 = ZIP 1987, 34, das zwischen Anmeldung – dabei soll Stellvertretung zulässig sein – und Versicherung gem. § 37 Abs. 1 S. 1 – dabei soll Stellvertretung nicht zulässig sein – unterscheidet, dabei aber den Wortlaut des § 37 Abs. 1 S. 1 verkennt („... in der Anmeldung ist zu erklären."), vgl dazu *Terbrack*, Rpfleger 2005, 237, 238;.*Terbrack*, Rpfleger 2003, 105, 108; *Terbrack*, DStR 2004, 1964, 1966.

23 BayObLG 1986, 203, 205 = NJW 1987, 136 = DNotZ 1986, 692 = MittBayNot 1986, 205 = DB 1986, 1666 = BB 1986, 1532; BayObLG 1986, 454, 457 = DB 1987, 215; Großkomm-AktienR/*Röhricht*, Rn 15; KölnKomm-AktG/*Kraft*, Rn 25; MüKo-AktG/*Pentz*, Rn 26; *Geßler*, § 37 Rn 3; *Hüffer*, Rn 4; *Henn*, Handbuch des Aktienrechts, Rn 100; *Ammon*, DStR, 1993, 1025, 1028; *Terbrack*, Rpfleger 2005, 237, 238.

24 RGZ 144, 348, 351; Großkomm-AktienR/*Röhricht*, Rn 44; KölnKomm-AktG/*Kraft*, Rn 27; MüKo-AktG/*Pentz*, Rn 42; *Geßler*, § 37 Rn 8; *Hüffer*, Rn 6; *Nirk*, Hb AG, Rn 243.

25 Großkomm-AktienR/*Röhricht*, Rn 45; MüKo-AktG/*Pentz*, Rn 43; *Geßler*, § 37 Rn 8; *Hüffer*, Rn 6.

26 Großkomm-AktienR/*Röhricht*, Rn 45; MüKo-AktG/*Pentz*, Rn 43.

22 Die **Mindestleistung** (§ 36 a Abs. 1) **für jede Aktie** muss erbracht sein.[27] Es reicht nicht aus, wenn die insgesamt erforderlichen Zahlungen in der Weise erbracht werden, dass **Minderzahlungen** einzelner durch Mehrzahlungen anderer Gesellschafter ausgeglichen werden.[28]

23 **I. Endgültige und freie Verfügbarkeit zugunsten des Vorstandes. 1. Grundlagen.** Bezüglich des durch den Vorstand eingeforderten Betrages der Bareinlage tritt nur dann **Erfüllungswirkung** ein, wenn er im Zeitpunkt der Anmeldung endgültig zur freien Verfügung des Vorstandes steht (§ 36 Abs. 2 S. 1). Die **freie Verfügbarkeit** ist grundsätzlich dann gegeben, wenn die Einlage **aus dem Herrschaftsbereich des Einlegers ausgesondert** und der Vorstand für die Gesellschaft über die eingelegten Barmittel im Rahmen seiner Verantwortung (§§ 76, 93 Abs. 1) verfügen kann.[29] Der Vorstand darf weder rechtlich noch tatsächlich an der **Verfügungsgewalt** über die Mittel gehindert sein.

24 **2. Scheinzahlungen etc.** Die freie Verfügbarkeit des Vorstandes ist nicht gegeben bei einer Scheineinzahlung.[30] Gleiches gilt für den Fall der Vereinbarung einer **Rückzahlung**[31] oder der Gewährung eines **Darlehens** der Vorgesellschaft an den Gründer zur Erbringung der Einlage.[32]

25 **3. Einzahlung auf Konto.** Der Regelfall in der Praxis ist die Einzahlung der Bareinlage auf ein bei einem Kreditinstitut geführtes Konto (§§ 37 Abs. 1 S. 3, 54 Abs. 3). Als Kontoinhaber kommt in erster Linie die Gesellschaft in Betracht, für die bereits im Gründungsstadium ein Konto geführt werden kann.[33] Ob als dessen Inhaber die – mangels Eintragung noch nicht wirksam entstandene (§ 41) – Gesellschaft, die Vorgesellschaft oder die Gesellschaft in Gründung angegeben ist, ist unerheblich. In allen Fällen steht das Konto bis zur Eintragung der Vorgesellschaft und danach der Gesellschaft zu, ohne dass es eines Übertragungsaktes bedarf.

26 Bei Leistung durch Einzahlung auf ein Konto (§ 54 Abs. 3) der Gesellschaft oder des Vorstandes ist freie Verfügbarkeit dann nicht gegeben, wenn es sich um ein **debitorisches Konto** handelt und die Bank die Einzahlung mit dem Schuldensaldo verrechnet.[34] Gleiches gilt für den Fall der Einzahlung auf ein **gepfändetes**[35] oder **gesperrtes**[36] **Konto**. Kann der Vorstand innerhalb einer von der Bank gewährten **Kreditlinie** über die Einlage verfügen, liegt keine Erfüllung vor.[37]

27 **4. Einzahlung auf Anderkonto.** Ob die Einzahlung der Bareinlage auf ein **treuhänderisches Konto**, etwa eines Notars, eine ordnungsgemäße Leistungserbringung iSd Abs. 2 S. 1 bewirkt, ist fraglich. Hintergrund derartiger Gestaltungen ist die **Verminderung des Vorleistungsrisikos** des Einzahlenden für den Fall des Scheiterns der Gründung.

28 **Richtiger Ansicht** nach kommt es auf den Inhalt der **Verwahrungsvereinbarung** an. Hinterlegte Beträge stehen nur dann im Zeitpunkt der Anmeldung dem Vorstand zur freien Verfügung (Abs. 2 S. 1), wenn der Treuhänder **spätestens bei Einreichung Anmeldung** zum Handelsregister zur Auszahlung an den Vorstand verpflichtet ist.[38] Ist hingegen nach der Verwahrungsvereinbarung die **Eintragung der Gesellschaft** Voraussetzung für die Auszahlung, liegt keine ordnungsgemäß erbrachte Bareinlage vor, da das Eintragungsverfahren uU sehr lange dauern oder auch gänzlich scheitern kann, die freie Verfügbarkeit des Vorstandes aber schon **im Zeitpunkt der Anmeldung** vorliegen muss.

---

27 RGZ 144, 352; KölnKomm-AktG/*Kraft*, Rn 26; MüKo-AktG/*Pentz*, Rn 44; *Geßler*, § 37 Rn 8; *Hüffer*, Rn 6.

28 RGZ 144, 352; MüKo-AktG/*Pentz*, Rn 44; *Geßler*, § 37 Rn 8; *Nirk*, Hb AG, Rn 243.

29 Vgl RGZ 144, 348, 355; OLG Frankfurt AG 1991, 402, 403; OLG Koblenz AG 1987, 88 f = WM 1987, 310 = ZIP 1986, 1559; Großkomm-AktienR/*Röhricht*, Rn 56; MüKo-AktG/*Pentz*, Rn 48; *Geßler*, § 37 Rn 6; *Hüffer*, Rn 7; *Nirk*, Hb AG, Rn 283.

30 RGZ 157, 213, 225; RG JW 1911, 514; RG JW 1912, 950; RG JW 1915, 356; BGHZ 15, 66, 69 = NJW 1954, 1844 = WM 1955, 71; BGH AG 1975, 76 = WM 1975, 177; BGH WM 1990, 157, 159 = DNotZ 1990, 437 = NJW-RR 1990, 462; BGHZ 122, 180, 185 = NJW 1993, 1983 = WM 1993, 944 = ZIP 1993, 667; OLG Frankfurt AG 1991, 402, 403 f; Großkomm-AktienR/*Röhricht*, Rn 58; KölnKomm-AktG/*Kraft*, Rn 33; MüKo-AktG/*Pentz*, Rn 55; *Hüffer*, Rn 8.

31 BGHZ 122, 180, 184 f = NJW 1993, 1983 = WM 1993, 944 = ZIP 1993, 667; Großkomm-AktienR/*Röhricht*, Rn 59; MüKo-AktG/*Pentz*, Rn 58 f; *Hüffer*, Rn 8.

32 RGZ 47, 180, 185 f; BGHZ 28, 77, 78 = NJW 1958 = WM 1958, 936; OLG Frankfurt AG 1991, 402, 404; OLG Hamburg WM 1986, 738, 740 = ZIP 1985, 1488; MüKo-AktG/*Pentz*, Rn 57; *Hüffer*, Rn 8.

33 BGHZ 45, 339, 347 = NJW 1966, 1311.

34 BGH RNotZ 2004, 267, 268; BGH NJW 1990, 226 f; OLG Düsseldorf AG 1984, 188, 191 = WM 1984, 586 = ZIP 1984, 549; OLG Frankfurt WM 1984, 1448 = ZIP 1984, 836; OLG Stuttgart AG 1995, 516, 517 = WM 1996, 395 = ZIP 1995, 1595; *Hüffer*, Rn 8; *Nirk*, Hb AG, Rn 286.

35 LG Flensburg GmbHR 1998, 739; MüKo-AktG/*Pentz*, Rn 68; *Hüffer*, Rn 8.

36 BGH GmbHR 1962, 233 = WM 1962, 644; BGHZ 119, 177, 188 f = NJW 1992, 3300 = AG 1992, 443 = WM 1992, 1775 = ZIP 1992, 1387; OLG Hamburg AG 1980, 275, 277; MüKo-AktG/*Pentz*, Rn 68; *Hüffer*, Rn 8.

37 BGH RNotZ 2004, 267, 268; abw. noch BGH NJW-RR 1996, 1249 = ZIP 1996, 1466 = MittRhNotK 1996, 415 = MittBayNot 1996, 445 = DNotZ 1997, 495 = GmbHR 1996, 772 = DStR 1996, 1416, 1417; BayObLG NZG 1998, 680 = FGPrax 1998, 151, 152; OLG Hamm GmbHR 1985, 326, 327; *Hüffer*, Rn 8.

38 Abweichend: Großkomm-AktienR/*Röhricht*, Rn 112; KölnKomm-AktG/*Lutter*, § 54 Rn 46; *Lutter*, in: FS Heinsius, S. 497, 517 ff.

5. Verwendungsabreden. In der Praxis häufig sind sogenannte Verwendungsabreden, dh Vereinbarungen über die zukünftigen Verwendungen der geleisteten Einlagen. Sie stehen der freien Verfügbarkeit des Vorstandes dann nicht entgegen, wenn der Einzahler keinen weiteren Einfluss auf die tatsächliche spätere Verwendung hat, es sich bei den Abreden also um **bloße Planungen** handelt, so zB bei **Absprachen** bezüglich beabsichtigter Investitionen der Gesellschaft.[39]

Soll dem Gründer im Rahmen einer vor Einzahlung getroffenen Verwendungsabrede die Einlage mittels **Austausches** zurückerstattet werden, liegt keine freie Verfügbarkeit über die Bareinlage (Abs. 2 S. 1) vor.[40] Hier handelt es sich um einen Verstoß gegen Abs. 2, nicht um eine Frage der Kapitalerhaltung.[41]

Insgesamt bestehen bei der Problematik der Verwendungsabreden viele Berührungspunkt mit verdeckten Sacheinlagen; wegen der weit reichenden Konsequenzen sollte Zurückhaltung bei ihrer Verwendung geboten sein.

II. Steuern und Gebühren. Ausgenommen von der freien Verfügbarkeit des Vorstandes sind diejenigen Beträge, die zur Begleichung der bei Gründung angefallenen Steuern und Gebühren benötigt wurden (§ 36 Abs. 2 S. 1). Voraussetzungen hierfür ist, dass der Gründungsaufwand wirksam zulasten der Gesellschaft in der Satzung festgelegt worden (§ 26 Abs. 2) oder kraft Gesetz von ihr zu tragen ist. Dazu gehören zB **Notar- und Bekanntmachungskosten**, ggf **Grunderwerbsteuer** und die **Vergütung der Gründungsprüfer** (§ 35 Abs. 3).[42] Nicht dazu gehören etwa **Druckkosten für Aktien, Vermittlungsprovisionen** oder **Kosten**, die im Zusammenhang mit dem **Betrieb eines übernommenen Unternehmens** entstehen.[43]

III. Verwendungsbefugnis des Vorstands vor Eintragung. Der Vorstand ist berechtigt, schon **vor Eintragung** der Gesellschaft im Handelsregister mit den eingeforderten Bareinlagen zu arbeiten, vorausgesetzt, diese sind im Zeitpunkt der Anmeldung der Gesellschaft – abzüglich der Kosten und Steuern (Abs. 2 S. 1) – **wertmäßig noch vorhanden**, sogenanntes **Erfordernis der wertgleichen Deckung**.[44] Weitergehende Einschränkungen, etwa die **Thesaurierung** auf einem Sonderkonto,[45] oder Lockerungen dergestalt, dass **ordnungsgemäßer Mittelzufluss** genügen soll,[46] ohne dass es auf das Vorhandensein der Mittel im Zeitpunkt der Anmeldung ankommt, sind abzulehnen.

Wertgleiche Deckung liegt vor, wenn mit den ordnungsgemäß erbrachten Mitteln der Bareinlage Gegenstände für die Gesellschaft angeschafft wurden, die der verwendeten Bareinlage wertmäßig entsprechen. Zum Nachweis ist idR die **Vorlage der Rechnungen** ausreichend. Ein **Wertgutachten** kann vom Registergericht nur dann verlangt werden, wenn **konkrete Zweifel** hinsichtlich der Werthaltigkeit bestehen oder Rechnungen nicht vorgelegt werden können.[47]

IV. Freiwillige Mehrleistungen. Erbringen die Gründer auf die Einlageverbindlichkeit höhere Zahlungen, als sie nach Satzung oder Einforderung des Vorstands zu zahlen haben, so haben diese nach **zutreffender Ansicht schuldbefreiende Wirkung**. Voraussetzung dabei ist, dass die Leistung – abzüglich der Kosten und Steuern (Abs. 2 S. 1) – wertmäßig im Zeitpunkt der Anmeldung im Vermögen der Gesellschaft noch vorhanden ist oder aber die Gründer etwaige Fehlbeträge im Rahmen der Vorbelastungshaftung ausgleichen müssen.[48] Letzteres ist davon abhängig zu machen, ob alle Gründer der vorzeitigen Aufnahme der Geschäfte zugestimmt haben.[49]

---

39 BGHZ 96, 231, 241 f = NJW 1986, 837 = AG 1986, 76 = WM 1986, 2 = ZIP 1986, 14; KölnKomm-AktG/*Lutter*, § 54 Rn 50 f; MüKo-AktG/*Pentz*, Rn 53; vgl auch *K. Schmidt*, AG 1986, 106, 111 f.

40 BGHZ 113, 335, 348 f = NJW 1991, 1754 = AG 1991, 230 = WM 1991, 671 = ZIP 1991, 511; BGHZ 122, 180, 184 = NJW 1993, 1983 = WM 1993, 944 = ZIP 1993, 667; *Habetha*, ZGR 1998, 305, 318 f; *Henze*, ZHR 1990, 105, 117 f; Großkomm-AktienR/*Röhricht*, Rn 77; MüKo-AktG/*Pentz*, Rn 54; *Hüffer*, Rn 9; *Nirk*, Hb AG, Rn 289.

41 So aber *K. Schmidt*, AG 1986, 106, 112 ff; *Hommelhoff/Kleindiek*, ZIP 1987, 477, 485; *Gustavus*, GmbHR 1988, 47, 49 f.

42 Großkomm-AktienR/*Röhricht*, Rn 91; KölnKomm-AktG/*Kraft*, Rn 29 f; MüKo-AktG/*Pentz*, Rn 75 f; *Hüffer*, Rn 10; *Nirk*, Hb AG, Rn 281.

43 Großkomm-AktienR/*Röhricht*, Rn 91; KölnKomm-AktG/*Kraft*, Rn 31; MüKo-AktG/*Pentz*, Rn 77 f; *Hüffer*, Rn 10; *Nirk*, Hb AG, Rn 281.

44 BGHZ 105, 300, 303 = NJW 1989, 710 = WM 1989, 16 = ZIP 1989, 27; BGHZ 119, 177, 187 f = NJW 1992, 3300 = AG 1992, 443 = WM 1992, 1775 = ZIP 1992, 1387; BGH NJW-RR 1996, 1249 = DStR 1996, 1416, 1417; LG Bonn GmbHR 1988, 193 (alle zur GmbH); Großkomm-AktienR/*Röhricht*, Rn 84 f; MüKo-AktG/*Pentz*, Rn 79; *Hüffer*, Rn 11 f; MüHb-AG/*Hoffmann-Becking*, § 3 Rn 31; *W. Müller*, in: FS Beusch, S. 632, 639 f; *Hüffer*, ZGR 1993, 474, 480 f; *Roth*, DNotZ 1989, 3, 6 f; *Nirk*, Hb AG, Rn 290 ff.

45 BayObLG NJW 1988, 1599 = AG 1989, 96 = WM 1988, 622; OLG Köln DB 1988, 955; OLG Köln ZIP 1989, 238, 240 (alle zur GmbH); KölnKomm-AktG/*Kraft*, Rn 28 ff.

46 *Hommelhoff/Kleindieck*, ZIP 1987, 477, 485; *Lutter*, NJW 1989, 2649, 2652 f; *K. Schmidt*, AG 1986, 106, 112 f; *Wilhelm*, ZHR 1988, 333, 366 f; *Priester*, ZIP 1994, 599, 601; *Priester*, in: FS Fleck, S. 231, 247.

47 MüKo-AktG/*Pentz*, Rn 80 f.

48 MüKo-AktG/*Pentz*, Rn 73; *Hüffer*, § 36 a Rn 3.

49 Großkomm-AktienR/*Röhricht*, Rn 42; *Hüffer*, § 36 a Rn 3; abweichend: MüKo-AktG/*Pentz*, Rn 73.

36 Nach einer **früheren Ansicht**,[50] die der BGH mittlerweile für die GmbH aufgegeben hat,[51] sollen freiwillige Mehrleistungen nur dann schuldbefreiend wirken, wenn sie im Zeitpunkt der Eintragung als solche tatsächlich noch vorhanden sind. Diese Ansicht ist abzulehnen.

37 **V. Besonderheiten bei gemischter Einlage.** Die Begrifflichkeit der gemischten Einlage bezeichnet die Verpflichtung eines oder mehrere Gründer, für die ihm zu gewährenden Aktien **teilweise Geld- und teilweise Sachleistungen** zu erbringen. Rechtlich werden diese **verschiedenen Einlageverpflichtungen** getrennt behandelt.[52] Zur Bemessung des mindestens vor Anmeldung in bar einzuzahlenden Betrages (§ 36 a Abs. 1) ist der Wert der Sacheinlage zu beziffern. Vor Anmeldung zu zahlen ist nur ein Viertel – oder die eingeforderte höhere Quote – des Gesamteinlageanteils abzüglich des Wertes der Sacheinlage nebst eines ggf vereinbarten Mehrbetrages (sog. Agio, § 36 a Abs. 1).[53]

D. Besonderheiten der Einpersonengründung (Abs. 2 S. 2 aF)

38 § 36 Abs. 2 S. 2 aF lautete: „Wird die Gesellschaft nur durch eine Person errichtet, so hat der Gründer zusätzlich für den Teil der Geldeinlage, der den eingeforderten Betrag übersteigt, eine Sicherung zu bestellen." Abs. 2 S. 2 aF ist im Zuge der Ermöglichung der Einpersonengründung eingeführt worden.[54] Die Vorschrift sollte insbesondere einen **Ausgleich zur fehlenden Mithaftung** anderer Aktionäre für rückständige Einlagen (§§ 64, 65) schaffen. Durch das MoMiG wurde diese Regelung ersatzlos gestrichen worden. Es bestehen daher **keine Besonderheiten** bezüglich der Kapitalaufbringung bei der Einpersonengesellschaft.

39 Abs. 2 S. 2 aF schrieb eine Besicherung allein für den nichterbrachten Teil der Geldeinlage des Alleingründers vor. Sacheinlagen wurden vom Wortlaut der Norm ausdrücklich nicht erfasst. Dennoch war streitig, ob für eine Sacheinlage, die vom alleinigen Gründer nicht vor Anmeldung zu bewirken war, **entsprechend Abs. 2 S. 2** eine Sicherung zu bestellen war.[55]
Mit dem Entfall eines Sicherungsbedürfnis für die Bareinlage und die Streichung der Regelung in Abs. 2 S. 2 entfällt die entsprechende Sicherungspflicht auch für die Sacheinlage.

§ 36 a   Leistung der Einlagen

(1) Bei Bareinlagen muß der eingeforderte Betrag (§ 36 Abs. 2) mindestens ein Viertel des geringsten Ausgabebetrags und bei Ausgabe der Aktien für einen höheren als diesen auch den Mehrbetrag umfassen.

(2) ¹Sacheinlagen sind vollständig zu leisten. ²Besteht die Sacheinlage in der Verpflichtung, einen Vermögensgegenstand auf die Gesellschaft zu übertragen, so muß diese Leistung innerhalb von fünf Jahren nach der Eintragung der Gesellschaft in das Handelsregister zu bewirken sein. ³Der Wert muß dem geringsten Ausgabebetrag und bei Ausgabe der Aktien für einen höheren als diesen auch dem Mehrbetrag entsprechen.

A. Grundlagen[1]

1 Die Norm regelt die Leistung der Einlagen im **Gründungsstadium** und soll die **Kapitalaufbringung** sichern. § 36 a Abs. 1 iVm § 36 Abs. 2 legt die Höhe des Mindestbetrages bei Bareinlagen und § 36 a Abs. 2 Umfang und Zeitpunkt der Erbringung von Sacheinlagen fest. Die Regelung wurde eingeführt durch das Gesetz zur Durchführung der Zweiten Richtlinie des Rates der Europäischen Gemeinschaften zur Koordinierung des Gesellschaftsrechts vom 13.12.1978.[2]

B. Mindestbetrag der Bareinlage (Abs. 1)

2 Der Mindestbetrag der eingeforderten Bareinlage (§ 36 Abs. 2) muss **ein Viertel des geringsten Ausgabebetrages zuzüglich des vollen ggf zu zahlenden Aufgeldes** (sog. Agio) betragen (§ 36 a Abs. 1).

---

50 RGZ 119, 293, 303 f; BGHZ 37, 75, 78 = NJW 1962, 1009 = WM 1962, 505; BGHZ 51, 157, 159 = NJW 1969, 840 = AG 1969, 327 = WM 1969, 270; BGHZ 80, 129, 137 = NJW 1981, 1452 = WM 1981, 400 = ZIP 1981, 394; Köln-Komm-AktG/*Kraft*, § 36 a Rn 8.
51 BGHZ 105, 300, 303 = NJW 1989, 710 = WM 1989, 16 = ZIP 1989, 27.
52 Großkomm-AktienR/*Röhricht*, Rn 127; KölnKomm-AktG/ *Kraft*, Rn 36; *Hüffer*, Rn 12.
53 Großkomm-AktienR/*Röhricht*, Rn 127; *Hüffer*, Rn 12.
54 BGBl. I 1994 S. 1961.
55 MüKo-AktG/*Pentz*, Rn 93; *Hüffer*, Rn 15; abweichend: Großkomm-AktienR/*Röhricht*, Rn 119, der sich strikt an Wortlaut und Stellung der Vorschrift im Gesetz orientiert; dem folgend: *Bachmann*, NZG 2001, 961, 963.
1   Zum steuerlichen Aspekt s. im Kapitel Nr. 20 (Besteuerung der AG und der KGaA) Rn 41, 97 ff.
2   BGBl. I S. 1959.

Die **Einforderung** erfolgt durch den Vorstand (vgl § 36 Rn 20), der vorbehaltlich besonderer Satzungsbestimmungen oder eines Zustimmungsvorbehalts (§ 111 Abs. 4 S. 2) die Höhe des eingeforderten Betrages festlegt.[3]

Legt die Satzung eine **höhere Quote** als die nach Abs. 1 fest, ist der Vorstand verpflichtet, diese einzufordern, anderenfalls handelt er pflichtwidrig. Da die Satzungsbestimmung nur im Innenverhältnis wirkt, reicht für die Anmeldung zum Handelsregister die Einzahlung eines der Quote des Abs. 1 entsprechenden Betrages aus, sofern nicht ein höherer Betrag vom Vorstand eingefordert wurde.[4] Die Mindestleistung für jede Aktie muss allerdings erbracht sein, es reicht nicht aus, wenn die insgesamt erforderlichen Zahlungen in der Weise erbracht werden, dass Minderzahlungen Einzelner durch Mehrzahlungen anderer ausgeglichen werden.[5]

Zahlungen der Gründer auf den gesetzlichen Mindestbetrag der Bareinlage oder einen durch Satzung bestimmten höheren Betrag befreien von der **Einlageschuld**, vorausgesetzt es liegt kein Verstoß gegen §§ 36 Abs. 2, 54 Abs. 3 vor. Zur schuldbefreienden Wirkung *freiwilliger Mehrleistungen* der Gründer vgl § 36 Rn 35 f.

C. Leistung der Sacheinlagen (Abs. 2)

Abs. 2 ist missverständlich und wird daher **unterschiedlich ausgelegt**.[6] Eingefügt wurde die Vorschrift durch das Gesetz zur Durchführung der Zweiten Richtlinie des Rates der Europäischen Gemeinschaften zur Koordinierung des Gesellschaftsrechts vom 13.12.1978 (vgl Rn 1).[7]

Nach der Gesetzeskonzeption ist es ausreichend, eine die Übertragung des Vermögensgegenstandes betreffende **schuldrechtliche Verpflichtung** – den sog. **Einbringungs-** oder auch **Sacheinlagevertrag** – vor der Anmeldung der Gesellschaft zum Handelsregister zu begründen (§ 36 a Abs. 2 S. 1). Der Einbringungsvertrag regelt meist detaillierter als die Festsetzungen in der Satzung (§ 27 Abs. 1) die Einbringungsmodalitäten. Die **Erfüllung dieser Verpflichtung durch dinglichen Vollzug** kann auf einen späteren, nach Anmeldung liegenden Zeitpunkt vereinbart werden, der allerdings längstens 5 Jahre nach Eintragung der Gesellschaft im Handelsregister liegen darf (Abs. 2 S. 2).[8] Nur in den Fällen, in denen die Erfüllung der Sacheinlageverpflichtung ohne Rechtsgeschäft erfolgt – den eher seltenen **Gebrauchs- und Nutzungsüberlassungen** – ist die Sacheinlage vor Anmeldung zu erbringen. Die **Richtigkeit dieser Ansicht** wird dadurch unterstrichen, dass vor der Einführung des § 36 a Abs. 2 das AktG keine zeitlichen Grenzen für die Erfüllung von Sacheinlageversprechen kannte. Erst die Umsetzung der Zweiten Richtlinie zur Koordinierung des Gesellschaftsrechtes, die sich in Art 9 Abs. 2 für alle Sacheinlagen damit begnügte, die vollständig Leitungserbringung spätestens innerhalb von 5 Jahren nach Aktienausgabe vorzuschreiben, führte zu einer Befristung der Leistungserbringung.[9]

Das Registergericht kann und darf in solchen Fällen, in denen die Sacheinlage erst innerhalb von 5 Jahren nach Eintragung der Gesellschaft zu erbringen ist, die **Einhaltung dieser Frist** nicht überwachen.[10] Die Gesellschaft kann aber **nach Fristablauf** auf Erbringung der Sacheinlage **klagen**.[11]

Die Art und Weise der Erfüllung der Verpflichtung zur Erbringung der Sacheinlage richtet sich nach den entsprechenden Vorschriften des materiellen Rechts. Der Vorstand muss nach der Rechtsübertragung – wie bei der Bareinlage auch (vgl § 36 Rn 23 ff) – über den Gegenstand im Interesse der Gesellschaft frei verfügen können.[12]

D. Verbot der Unterpariemission (Abs. 2 S. 3)

Der Wert der Sacheinlage muss dem **geringsten Ausgabebetrag** entsprechen nebst ggf vereinbartem **Mehrbetrag** (§ 36 a Abs. 2 S. 3). Damit wird das allgemeine Verbot der Unterpariemission (§ 9 Abs. 1) wiederholt.[13]

---

[3] MüKo-AktG/*Pentz*, Rn 7; *Hüffer*, Rn 2.
[4] *Hüffer*, Rn 2.
[5] RGZ 144, 352; MüKo-AktG/*Pentz*, § 36 Rn 44; *Geßler*, § 37 Rn 8; *Nirk*, Hb AG, Rn 243.
[6] Zum Meinungsstand vgl Großkomm-AktienR/*Röhricht*, Rn 4 f; KölnKomm-AktG/*Kraft*, Rn 9; MüHb-AG/*Hoffmann-Becking*, § 4 Rn 28.
[7] BGBl. I S. 1959.
[8] Großkomm-AktienR/*Röhricht*, Rn 6 f; MüKo-AktG/*Pentz*, Rn 12; *Hüffer*, Rn 4; MüHb-AG/*Hoffmann-Becking*, § 4 Rn 28; *Hüffer*, NJW 1979, 1065, 1067; *Krebs/Wagner*, AG 1998, 467, 468 f; abweichend: KölnKomm-AktG/*Kraft*, Rn 10 f; *Henn*, Handbuch des Aktienrechts, Rn 99; *Mayer*, ZHR 1990, 535, 542 ff, die der Auffassung sind, Sacheinlagen seien immer vor Anmeldung zu leisten. Differenzierend *Nirk*, Hb AG, Rn 244.
[9] Vgl Großkomm-AktienR/*Röhricht*, Rn 6 ff.
[10] Großkomm-AktienR/*Röhricht*, Rn 16.
[11] Großkomm-AktienR/*Röhricht*, Rn 16; MüKo-AktG/*Pentz*, Rn 24; *Hüffer*, Rn 4.
[12] Großkomm-AktienR/*Röhricht*, Rn 15; MüKo-AktG/*Pentz*, Rn 22; *Hüffer*, Rn 5.
[13] Vgl bereits BegrRegE, BT-Drucks. 8/1678.

11 Das Registergericht hat die **Werthaltigkeit der Sacheinlage** zu prüfen.[14] Es hat die Eintragung abzulehnen, wenn die Sacheinlage nicht unwesentlich hinter dem Ausgabebetrag zurückbleibt.

§ 37 Inhalt der Anmeldung

(1) ¹In der Anmeldung ist zu erklären, daß die Voraussetzungen des § 36 Abs. 2 und des § 36a erfüllt sind; dabei sind der Betrag, zu dem die Aktien ausgegeben werden, und der darauf eingezahlte Betrag anzugeben. ²Es ist nachzuweisen, daß der eingezahlte Betrag endgültig zur freien Verfügung des Vorstands steht. ³Ist der Betrag gemäß § 54 Abs. 3 durch Gutschrift auf ein Konto eingezahlt worden, so ist der Nachweis durch eine Bestätigung des kontoführenden Instituts zu führen. ⁴Für die Richtigkeit der Bestätigung ist das Institut der Gesellschaft verantwortlich. ⁵Sind von dem eingezahlten Betrag Steuern und Gebühren bezahlt worden, so ist dies nach Art und Höhe der Beträge nachzuweisen.

(2) ¹In der Anmeldung haben die Vorstandsmitglieder zu versichern, daß keine Umstände vorliegen, die ihrer Bestellung nach § 76 Abs. 3 Satz 2 Nr. 2 und 3 sowie Satz 3 entgegenstehen, und daß sie über ihre unbeschränkte Auskunftspflicht gegenüber dem Gericht belehrt worden sind. ²Die Belehrung nach § 53 Abs. 2 des Bundeszentralregistergesetzes kann schriftlich vorgenommen werden; sie kann auch durch einen Notar oder einen im Ausland bestellten Notar, durch einen Vertreter eines vergleichbaren rechtsberatenden Berufs oder einen Konsularbeamten erfolgen.

(3) In der Anmeldung sind ferner anzugeben:
1. eine inländische Geschäftsanschrift,
2. Art und Umfang der Vertretungsbefugnis der Vorstandsmitglieder.

(4) Der Anmeldung sind beizufügen
1. die Satzung und die Urkunden, in denen die Satzung festgestellt worden ist und die Aktien von den Gründern übernommen worden sind;
2. im Fall der §§ 26 und 27 die Verträge, die den Festsetzungen zugrunde liegen oder zu ihrer Ausführung geschlossen worden sind, und eine Berechnung des der Gesellschaft zur Last fallenden Gründungsaufwands; in der Berechnung sind die Vergütungen nach Art und Höhe und die Empfänger einzeln anzuführen;
3. die Urkunden über die Bestellung des Vorstands und des Aufsichtsrats;
3a. eine Liste der Mitglieder des Aufsichtsrats, aus welcher Name, Vorname, ausgeübter Beruf und Wohnort der Mitglieder ersichtlich ist;
4. der Gründungsbericht und die Prüfungsberichte der Mitglieder des Vorstands und des Aufsichtsrats sowie der Gründungsprüfer nebst ihren urkundlichen Unterlagen.

(5) Für die Einreichung von Unterlagen nach diesem Gesetz gilt § 12 Abs. 2 des Handelsgesetzbuchs entsprechend.

A. Grundlagen 1	4. Angaben nach § 24 HRV 23
B. Gegenstand und Inhalt der Anmeldung 3	C. Nachweispflichten (Abs. 1 S. 2 bis 5) 25
I. Grundlagen und Gegenstand 3	D. Anlagen (Abs. 4) 30
II. Inhalt 4	I. Satzung (Abs. 4 Nr. 1) 31
1. Erklärung zur Leistung der Einlagen (Abs. 1 S. 1) 4	II. Sondervorteile (Abs. 4 Nr. 2) 32
a) Bareinlage 7	III. Bestellung der Organe (Abs. 4 Nr. 3) 33
b) Sacheinlage 10	IV. Berichte (Abs. 4 Nr. 4) 34
2. Versicherungen der Vorstandsmitglieder (Abs. 2) 14	V. Vorlage staatlicher Genehmigungen (Abs. 4 Nr. 5 aF) 36
3. Angaben zur inländischen Geschäftsanschrift und zur Vertretungsbefugnis (Abs. 3) 18	E. Einreichung der Unterlagen (Abs. 5) 39
	F. Rechtsfolgen bei Verstößen 40

A. Grundlagen

1 Die Norm bestimmt den Inhalt der Anmeldung der Gesellschaft zum Handelsregister (§ 36) und legt die abzugebenden Erklärungen und beizufügenden Anlagen fest.

---

14 Großkomm-AktienR/*Röhricht*, Rn 17; KölnKomm-AktG/*Kraft*, Rn 15; *Krafka/Willer/Kühn*, Rn 366; *Nirk*, Hb AG, Rn 250.

Versteckt enthält § 37 auch eine **eigenständige Haftungsnorm** betreffend die Richtigkeit der Bescheinigung des als Zahlstelle beteiligten Kreditinstitutes über die Einzahlung der Bareinlage (Abs. 1 S. 4). Die **Haftung der Anmelder** für die Richtigkeit ihrer bei der Anmeldung abzugebenden Erklärungen ist geregelt in §§ 46, 48; ihre **strafrechtliche Verantwortlichkeit** für die Ordnungsgemäßheit der Angaben ergibt sich aus § 399.

B. Gegenstand und Inhalt der Anmeldung

I. Grundlagen und Gegenstand. Die Anmeldung der Gesellschaft ist der Sache nach der Antrag auf Eintragung der Gesellschaft in das Handelsregister. Wegen der mit ihr verbundenen straf- (§ 399) und zivilrechtlichen (§§ 46, 48) Verantwortung der Anmelder (§ 36 Abs. 1) kann sie nur **persönlich** abgegeben werden; eine **Stellvertretung** ist **unzulässig** (§ 36 Rn 18).[1] Daneben ist sie aus demselben Grunde in jedem Fall abzugeben, auch wenn sich die zu erklärenden Tatsachen aus anderen Umständen ergeben.[2] Zur **Form** der Anmeldung vgl § 36 Rn 8.

II. Inhalt. 1. Erklärung zur Leistung der Einlagen (Abs. 1 S. 1). In der Anmeldung ist zu erklären, dass die Voraussetzungen der §§ 36 Abs. 2, 36 a erfüllt sind. Dabei ist zwischen Erklärungen bei Bar- und bei Sacheinlagen zu unterscheiden (dazu sogleich nachfolgend Rn 7 ff). Die **Erklärungspflicht** trifft alle Anmeldepflichtigen (§ 36 Abs. 1, vgl dazu § 36 Rn 14 ff).

Es ist nicht erforderlich, dass alle notwendigen Erklärungen in **einer Urkunde** enthalten sind, jedoch muss jede Einzelurkunde dem Formerfordernis des § 12 Abs. 1 HGB genügen.[3]

Die Erklärung muss **im Zeitpunkt des Zugangs** der ordnungsgemäßen Anmeldung bei Gericht inhaltlich zutreffend sein,[4] nicht schon bei Abgabe. Muss die Anmeldung wegen (endgültiger) **Zurückweisung** des Gerichts wiederholt werden, ist auch die Erklärung nach Abs. 1 S. 1 erneut abzugeben.[5] Ist hingegen eine **Zwischenverfügung** durch das Registergericht erlassen worden (§ 26 Abs. 2 HRV), ist keine erneute Abgabe der Erklärung notwendig, sofern sich die Sachlage nicht bis zur Vorlage der zur Behebung der gerichtlichen Beanstandung erforderlichen Unterlagen verändert hat.[6]

a) Bareinlage. Bei vereinbarten Bareinlagen ist zu erklären, dass der **eingeforderte Betrag** (§ 36 a Rn 2 ff) auf jede Aktie ordnungsgemäß eingezahlt worden ist und endgültig zur freien Verfügung des Vorstandes steht (§ 36 Rn 23 ff).

Dabei ist der Betrag anzugeben, zu dem die Aktien ausgegeben werden (§ 23 Abs. 2 Nr. 2), sowie – **für jeden Gründer getrennt** – der darauf eingezahlte Betrag.[7]

Die früher bei einer **Einpersonengründung** notwendigen Angaben (vgl § 36 Abs. 2 S. 2 aF) für den Teil der Bareinlage, der den vor Anmeldung eingeforderten Teil übersteigt, sind durch die Streichung des § 36 Abs. 2 S. 2 entfallen.

b) Sacheinlage. Bei vereinbarter Sacheinlage ist zu erklären, dass der Wert der Einlage dem geringsten Ausgabebetrag sowie einem ggf festgesetztem Mehrbetrag (Agio) entspricht (vgl § 36 a Abs. 2 S. 3). Eine gesonderte **Begründung der Werthaltigkeit** der Sacheinlage im Rahmen der Erklärung nach § 37 Abs. 1 S. 1 ist nicht erforderlich.[8] Sie ergibt sich aus dem **Gründungsbericht** (§ 32 Abs. 2 S. 1) und der **Gründungsprüfung** (§ 33 Abs. 1, 2).

Zudem muss die Anmeldung Erklärungen über die Erbringung der Sacheinlagen Folgendes beinhalten: Ist die **Einlage sofort fällig**, so hat die Anmeldung die Erklärung zu enthalten, dass die Sacheinlage vollständig geleistet wurde (§ 36 a Abs. 2 S. 1).[9] Teilweise wird stattdessen eine Erklärung des Inhaltes verlangt, dass

---

[1] Großkomm-AktienR/*Röhricht*, Rn 8; MüKo-AktG/*Pentz*, Rn 12; BayObLG 1986, 203, 205 = NJW 1987, 136 = DNotZ 1986, 692 = MittBayNot 1986, 205 = DB 1986, 1666 = BB 1986, 1532; BayObLG 1986, 454, 457 = DB 1987, 215; Großkomm-AktienR/*Röhricht*, § 36 Rn 15; KölnKomm-AktG/*Kraft*, § 36 Rn 25; MüKo-AktG/*Pentz*, § 36 Rn 26; *Geßler*, Rn 3; *Hüffer*, § 36 Rn 4; *Henn*, Handbuch des Aktienrechts, Rn 100; *Nirk*, Hb AG, Rn 241; *Ammon*, DStR, 1993, 1025, 1028; offen gelassen in RGZ 154, 276, 282; abweichend: KG JW 1932, 2626; teilweise abweichend: OLG Köln NJW 1987, 135 f = WM 1986, 1412 = ZIP 1987, 34, das zwischen Anmeldung – dabei soll Stellvertretung zulässig sein – und Versicherung gem. § 37 Abs. 1 S. 1 – dabei soll Stellvertretung nicht zulässig sein – unterscheidet, dabei aber den Wortlaut des § 37 S. 1 verkennt ("... in der Anmeldung ist zu erklären."), vgl dazu *Terbrack*, Rpfleger 2003, 105, 108 f.

[2] Großkomm-AktienR/*Röhricht*, Rn 8; KölnKomm-AktG/*Kraft*, Rn 7; MüKo-AktG/*Pentz*, Rn 12; *Hüffer*, Rn 2.

[3] Großkomm-AktienR/*Röhricht*, Rn 11; KölnKomm-AktG/*Kraft*, Rn 6; MüKo-AktG/*Pentz*, Rn 14.

[4] Großkomm-AktienR/*Röhricht*, Rn 9; MüKo-AktG/*Pentz*, Rn 14.

[5] Unstr, vgl KG OLGZ 1972, 151 = NJW 1972, 951 = AG 1972, 51 = WM 1972, 834; Großkomm-AktienR/*Röhricht*, Rn 9; *Hüffer*, Rn 2.

[6] Großkomm-AktienR/*Röhricht*, Rn 10; *Hüffer*, Rn 2; abweichend: LG Gießen GmbHR 1986, 162; MüKo-AktG/*Pentz*, Rn 14.

[7] Vgl BayObLG 1979, 458; OLG Hamburg DB 1982, 694 (jeweils für GmbH); Großkomm-AktienR/*Röhricht*, Rn 12 f; KölnKomm-AktG/*Kraft*, Rn 7; MüKo-AktG/*Pentz*, Rn 17 f; *Hüffer*, Rn 3.

[8] KölnKomm-AktG/*Kraft*, Rn 8; MüKo-AktG/*Pentz*, Rn 44; *Hüffer*, Rn 4.

[9] Großkomm-AktienR/*Röhricht*, Rn 34.

die Sacheinlage zur freien Verfügung des Vorstandes steht.[10] Diese Formulierung ist dem Recht der Bareinlage entlehnt (§ 36 Abs. 2 S. 1) und bringt nichts anderes als die vollständige Leistung der Sacheinlage (§ 36a Abs. 2 S. 1) zum Ausdruck.

12 Bei erst später fällig werdenden Sacheinlagen ist zu erklären, dass sie spätestens 5 Jahre nach Eintragung der Gesellschaft im Handelsregister zu erbringen sind (§ 36a Abs. 2 S. 2). Ist ein **früherer Leistungszeitpunkt** vereinbart, so soll dieser anzugeben sein;[11] eine gesetzliche Stütze findet diese Ansicht jedoch nicht (vgl § 36a Abs. 2 S. 2).

13 Bestehen bei der Einpersonengründung **Besicherungspflichten** betreffend die **Sacheinlage** (§ 36 Abs. 2 S. 2 analog, vgl hierzu § 36 Rn 45 ff), so sind **konkrete Angaben** zu **Art, Höhe** und **Sicherungsgeber** bezüglich der bestellten Sicherungen zu machen.[12]

14 **2. Versicherungen der Vorstandsmitglieder (Abs. 2).** Jedes Vorstandsmitglied hat in der Anmeldung zu versichern, dass keine Umstände vorliegen, die seiner Bestellung nach § 76 Abs. 3 S. 2 Nr. 2 und 3 sowie S. 3, 4 entgegenstehen, und dass er über seine unbeschränkte Auskunftspflicht gegenüber dem Gericht belehrt worden ist (§ 37 Abs. 2 S. 1). Diese Versicherungen sind auch von **stellvertretenden Vorstandsmitgliedern** zu machen (§ 94).[13]

15 Bezüglich des **Inhalts der Versicherung** über Bestellungshindernisse ist in der Praxis eine gewisse Uneinheitlichkeit festzustellen. Teilweise wird eine Versicherung, die sich in der bloßen Angabe erschöpft, es liegen keine Ausschlussgründe vor, für nicht ausreichend erachtet.[14] Es empfiehlt sich daher eine inhaltlich an § 76 Abs. 3 S. 2 Nr. 2 und 3 sowie S. 3, 4 angelehnte Erklärung.

16 Liegt eine **Untersagung** nach § 76 Abs. 3 S. 4 vor, muss der Gegenstand der Untersagung genau angegeben werden, damit das Registergericht prüfen kann, ob diese der Bestellung entgegensteht.[15]

17 Die Vorstandsmitglieder haben des Weiteren zu versichern, dass sie gem. § 53 Abs. 2 BZRG (früher § 51 Abs. 2 BZRG) über ihre **unbeschränkte Auskunftspflicht** gegenüber dem Registergericht belehrt worden sind (§ 37 Abs. 2 S. 1). Damit wird verhindert, dass sie sich auf eine bloß **beschränkte Offenbarungspflicht** (§ 53 Abs. 1 Nr. 1 BZRG) berufen können. Die Belehrung kann durch das **Gericht** oder einen **Notar** erfolgen, wobei letzteres in der Praxis der Regel ist. Auch die Belehrung durch einen ausländischen Notar, durch einen Vertreter eines vergleichbaren rechtsberatenden Berufs oder einen Konsularbeamten ist möglich (§ 37 Abs. 2 S. 2). Unklar ist hier, was unter „vergleichbare rechtsberatende Berufe" fällt. Die Gesetzesbegründung nennt hier Rechtsanwälte; Steuerberater, Wirtschaftsprüfer und Angehörige vergleichbarer Berufsgruppen dürften nicht zu diesem Personenkreis zählen.[16] Eine **Verpflichtung des Notars zur Belehrung** besteht nur bei Erteilung eines entsprechenden Auftrages durch das jeweilige Vorstandsmitglied und wird nicht schon dadurch begründet, dass der Notar die Unterschriften unter der Anmeldung oder die Namenszeichnung nach § 37 Abs. 5 beglaubigt.[17]

18 **3. Angaben zur inländischen Geschäftsanschrift und zur Vertretungsbefugnis (Abs. 3).** Die Anmeldung hat neben der inländischen Geschäftsanschrift (dazu nachfolgend Rn 22a) anzugeben, welche Vertretungsbefugnis (§ 78) die Vorstandsmitglieder haben (§ 37 Abs. 3). Letzteres beruht auf der 1. Richtlinie des Rates der Europäischen Gemeinschaften zur Koordinierung des Gesellschaftsrechts.[18] Sie soll die ausdrückliche Aufnahme der Vertretungsregeln in die amtlichen Register (§ 39 Abs. 1 S. 2) sicherstellen, damit auch Ausländern ohne Kenntnis des nationalen Rechts diese Informationen allein aus dem Handelsregistereintrag ersehen können.

19 Anzugeben ist die Vertretungsbefugnis grundsätzlich nur in **abstrakter Formulierung**, etwa **Gesamtvertretung, Einzelvertretung** oder **unechte Gesamtvertretung**. Die **konkrete Vertretungsbefugnis** für jedes einzelne

---

10 MüKo-AktG/*Pentz*, Rn 45; *Hüffer*, Rn 4.
11 Großkomm-AktienR/*Röhricht*, Rn 35; KölnKomm-AktG/*Kraft*, Rn 8; MüKo-AktG/*Pentz*, Rn 45; *Hüffer*, Rn 4.
12 MüKo-AktG/*Pentz*, Rn 46; *Hüffer*, Rn 4; abweichend: Großkomm-AktienR/*Röhricht*, Rn 35, der allerdings auch eine Verpflichtung zur Bestellung von Sicherungen entsprechend § 36 Abs. 2 S. 2 verneint.
13 Großkomm-AktienR/*Röhricht*, Rn 36; MüKo-AktG/*Pentz*, Rn 47; *Hüffer*, Rn 6.
14 BayObLG 1981, 396, 398 f = DNotZ 1982, 177 mit abl. Anm. *Brambring* = GmbHR 1982, 210 = DB 1983, 2408 = Rpfleger 1982, 150 = WM 1982, 168; BayObLG BB 1984, 238 = MittBayNot 1983, 235 = BB 1984, 238 = DB 1983, 2408 = WM 1983, 1170; abweichend: OLG Thüringen GmbHR 1995, 453 = MittBayNot 1994, 570 = GmbHR 1995, 453 = OLGR Jena 1995, 41; LG Kassel Rpfleger 1982, 229; MüKo-AktG/*Pentz*, Rn 53.
15 BayObLG 1981, 396, 398 f = DNotZ 1982, 177 = GmbHR 1982, 210 = DB 1983, 2408 = Rpfleger 1982, 150 = WM 1982, 168; Großkomm-AktienR/*Röhricht*, Rn 39; MüKo-AktG/*Pentz*, Rn 53; *Hüffer*, Rn 6.
16 *Heckschen*, Das MoMiG in der notariellen Praxis, Teil C Rn 27.
17 Großkomm-AktienR/*Röhricht*, Rn 41; MüKo-AktG/*Pentz*, Rn 56; *Hüffer*, Rn 7.
18 ABlEG Nr. L 65 vom 14.3.1968, S. 8 ff.

Vorstandsmitglied ist nicht anzugeben.[19] Eine Ausnahme gilt nur, wenn Vorstandsmitglieder **unterschiedliche Vertretungsbefugnisse** haben; hier sind konkrete Angaben zur Vertretungskompetenz unter Namensnennung zu machen.[20] Etwaige **Befreiungen vom Verbot des § 181 Alt. 2 BGB** sind mit anzugeben.[21]

Wegen der Zielsetzung der Vorschrift (vgl Rn 18) ist die Vertretungsbefugnis auch dann anzugeben, wenn der Vorstand nur aus einer Person besteht und folglich nur Alleinvertretungsbefugnis gegeben sein kann.[22]

Zu den erforderlichen Angaben der Vertretungsbefugnis gehört auch eine in der Satzung enthaltene **Ermächtigung des Aufsichtsrates**, Einzelvertretung oder gemischte Gesamtvertretung anzuordnen (§ 78 Abs. 3 S. 2).[23] Hat der Aufsichtsrat von dieser Befugnis Gebrauch gemacht, ist dies ebenfalls anzugeben.[24]

Anzumelden ist die bei Gesamtvertretung geltende **passive Einzelvertretungsmacht** (§ 78 Abs. 2 S. 2) jedes einzelnen Vorstandsmitgliedes,[25] nicht aber Ermächtigungen nach § 78 Abs. 4, da diese bloß eine rechtsgeschäftliche und nicht, wie von § 37 Abs. 3 gefordert, organschaftliche Vertretungsmacht begründen.[26]

Nach § 37 Abs. 3 S. 1 Nr. 1 ist bei Anmeldung der Gesellschaft eine **inländische Geschäftsanschrift** anzugeben, die in das Handelsregister eingetragen und damit online für jeden einsehbar ist. Änderungen dieser Adresse sind **über den Notar** zur Eintragung in das Handelsregister anzumelden (§ 31 HGB). Bei einer Verletzung dieser **Aktualisierungspflicht** greifen **erleichterte Zustellungsmöglichkeiten** nach § 185 ZPO nF. Daneben **kann** die Gesellschaft einen **Zustellungsempfänger** zur Eintragung anmelden (vgl § 39 Abs. 1 S. 2).

4. Angaben nach § 24 HRV. Ergänzend zu § 37 ist in der Anmeldung das **Geburtsdatum** eines jeden Vorstandsmitgliedes anzugeben (§ 24 Abs. 1 HRV). Dies ersetzt die frühere Angabe des Berufes oder Standes, weil der Gesetzgeber das Geburtsdatum zu Recht für ein besseres Identifikationsmerkmal erachtet.[27] Fehlt diese Angabe, kann ihre Beibringung vom Registergericht mittels Zwangsgeld erzwungen werden (§ 14 HGB).

C. Nachweispflichten (Abs. 1 S. 2 bis 5)

Die Anmelder haben Nachweis zu führen, dass der auf vereinbarte **Bareinlagen** eingezahlte Betrag endgültig zur freien Verfügung des Vorstandes steht (Abs. 1 S. 2). Die Nachweispflicht erstreckt sich ausweislich des Gesetzeswortlautes nicht auf **Sacheinlagen**.

Bei dem in der Praxis häufigsten Fall der Leistung der **Bareinlage durch Kontogutschrift** (§ 54 Abs. 3, vgl § 36 Rn 25) muss dieser Nachweis durch **Bankbestätigung** geführt werden (§ 37 Abs. 1 S. 3). Diese kann auch von einer Bank außerhalb des Bundesgebietes abgegeben, sofern sie ihren Sitz in einem Mitgliedsstaat der EWR hat; sie kann sich auch auf einen Betrag in ausländischer Währung beziehen.[28]

Welche inhaltliche Bedeutung der Bankbestätigung zukommt, ist noch nicht abschließend geklärt.[29] Wegen der mit der Bestätigung verbundenen **Haftung der Bank** (Abs. 1 S. 4) kann sich ihre inhaltliche Bedeutung **richtiger Ansicht** nach nur darauf beschränken, dass der Vorstand gegenüber der Bank frei über den eingezahlten Betrag verfügen kann, keine Gegenrechte der Bank bestehen und der Bank aufgrund ihrer konkreten Rolle keine sonstigen Umstände bekannt sind, die der freien Verfügung des Vorstandes entgegenstehen, etwa eine **Pfändung**.[30]

In allen sonstigen Fällen der Leistung der Bareinlage bestimmt sich die Form des Nachweises nach den **Umständen des Einzelfalles**. Dabei ist das Registergericht befugt, im Rahmen pflichtgemäßen Ermessens **geeignete Nachweise** zu verlangen.[31]

---

19 BayObLG 1974, 49, 51 ff = DNotZ 1975, 117, 118 mA *Wolfsteiner*; OLG Frankfurt OLGZ 1970, 404, 405 = AG 1970, 148; OLG Köln OLGZ 1970, 265, 266 = BB 1970, 594; Großkomm-AktienR/*Röhricht*, 37 Rn 43; KölnKomm-AktG/*Kraft*, Rn 12; MüKo-AktG/*Pentz*, Rn 60; *Hüffer*, Rn 8; abweichend: *Gustavus*, BB 1970, 594, 595; *Lappe*, GmbHR 1970, 90 f.

20 BayObLG 1974, 49 = DNotZ 1975, 117 = MDR 1974, 495 = BB 1974, 291 = DB 1974, 527 = Rpfleger 1974, 161; OLG Köln DNotZ 1970, 748; Großkomm-AktienR/*Röhricht*, Rn 44; KölnKomm-AktG/*Kraft*, Rn 12; MüKo-AktG/*Pentz*, Rn 60; *Hüffer*, Rn 8.

21 BGHZ 87, 59, 60 f = NJW 1983, 1676 = WM 1983, 472 = ZIP 1983, 569; Großkomm-AktienR/*Röhricht*, Rn 45; MüKo-AktG/*Pentz*, Rn 61; *Hüffer*, Rn 8.

22 EuGH Slg 1974, 1201, 1207 = BB 1974, 1500; BGHZ 63, 261, 263 ff = NJW 1975, 213 = DNotZ 1975, 564 = GmbHR 1975, 38 = WM 1974, 8; OLG Köln OLGZ 1970, 265, 266 = BB 1970, 594; LG Wiesbaden BB 1970, 1503; Großkomm-AktienR/*Röhricht*, Rn 43; KölnKomm-AktG/*Kraft*, Rn 11; MüKo-AktG/*Pentz*, Rn 59; *Hüffer*, Rn 8; *Terbrack*, Rpfleger 2005, 237, 240.

23 Großkomm-AktienR/*Röhricht*, Rn 44; KölnKomm-AktG/*Kraft*, Rn 10; MüKo-AktG/*Pentz*, Rn 62; *Geßler*, Rn 17; *Hüffer*, Rn 8.

24 Großkomm-AktienR/*Röhricht*, Rn 44; KölnKomm-AktG/*Kraft*, Rn 10; MüKo-AktG/*Pentz*, Rn 62; *Hüffer*, Rn 8.

25 Großkomm-AktienR/*Röhricht*, Rn 45; KölnKomm-AktG/*Kraft*, Rn 13; MüKo-AktG/*Pentz*, Rn 61; abweichend: *Hüffer*, Rn 8.

26 Großkomm-AktienR/*Röhricht*, Rn 44; KölnKomm-AktG/*Kraft*, Rn 14; *Hüffer*, Rn 8; zweifelnd: MüKo-AktG/*Pentz*, Rn 63.

27 RegE, BT Drucks. 13/8444, 85.

28 *Hüffer*, § 54 Rn 15; MüKo-AktG/*Bungeroth*, § 54 Rn 57 ff.

29 Zum Meinungsstand vgl MüKo-AktG/*Pentz*, Rn 33.

30 Großkomm-AktienR/*Röhricht*, Rn 27; *Nirk*, Hb AG, Rn 293 f; enger: *Hüffer*, Rn 3 a; *ders.*, ZGR 1993, 474, 486 f; vermittelnd: MüKo-AktG/*Pentz*, Rn 34 ff.

31 Großkomm-AktienR/*Röhricht*, Rn 16; MüKo-AktG/*Pentz*, Rn 27 f; *Hüffer*, Rn 3.

29 Sind von dem eingezahlten Betrag bereits Steuern oder Gebühren bezahlt worden (§ 36 Abs. 2 S. 1), sind diese Vorgänge durch entsprechende Unterlagen (Zahlungsbescheide, Einzahlungsquittungen etc.) zu belegen (§ 37 Abs. 1 S. 5).

D. Anlagen (Abs. 4)

30 Der Anmeldung sind gemäß Abs. 4 eine Reihe von Anlagen beizufügen. Sie können auch nachgereicht werden, allerdings darf die Eintragung der Gesellschaft nicht erfolgen, bevor nicht alle Anlagen dem Registergericht vorliegen.

31 **I. Satzung (Abs. 4 Nr. 1).** Der Anmeldung sind die **Satzung** und die **Urkunden** beizufügen, in denen die Satzung festgestellt und die Aktien von den Gründern übernommen worden sind. Sind **Änderungen** erfolgt, so sind auch die darüber errichteten Urkunden einzureichen.

32 **II. Sondervorteile (Abs. 4 Nr. 2).** Sind zwischen den Gründern **Sondervorteile** (§ 26 Abs. 1), **Vergütung von Gründungsaufwand** (§ 26 Abs. 2), **Sacheinlagen** (§ 27 Abs. 1 S. 1 Fall 1) oder **Sachübernahme** (§ 27 Abs. 1 S. 1 Fall 2) vereinbart worden, sind der Anmeldung alle Verträge über Festsetzung und Ausführung beizufügen. Daneben ist eine **Berechnung** über den der Gesellschaft zur Last fallenden Gründungsaufwand mit Angabe der Art und Höhe der Vergütung sowie der einzelnen Empfänger beizulegen. Soweit **Gründungsaufwand** in der Satzung festgesetzt, aber noch nicht angefallen ist, ist er der Höhe nach zu schätzen.[32] Belege über angefallenen Gründungsaufwand müssen nicht beigefügt werden.[33]

33 **III. Bestellung der Organe (Abs. 4 Nr. 3).** Der Anmeldung müssen die Urkunden über die **Bestellung der amtierenden Mitglieder von Aufsichtsrat** (§ 30 Abs. 1) und **Vorstand** (§ 30 Abs. 4) als Anlage beiliegen. Die Annahme der Bestellung ist nicht gesondert nachzuweisen, da sie vom Registergericht aus der Mitwirkung bei der Anmeldung (§ 36 Abs. 1) entnommen werden kann.[34]

34 **IV. Berichte (Abs. 4 Nr. 4).** Der **Gründungsbericht** (§ 32) und die **Prüfungsberichte** der Mitglieder des Vorstandes und des Aufsichtsrates (§ 33 Abs. 1) sowie der Gründungsprüfer (§ 33 Abs. 2) sowie die **Urkunden**, auf denen diese Berichte beruhen, sind ebenfalls beizufügen, soweit sie nicht schon nach § 37 Abs. 4 Nr. 2 vorzulegen sind.

35 Haben die Gründungsprüfer ihren Bericht unmittelbar dem Gericht eingereicht, wie es § 34 Abs. 3 vorsieht, so ist die Einreichung eines weiteren Exemplares des Berichtes nicht mehr notwendig.[35]

36 **V. Vorlage staatlicher Genehmigungen (Abs. 4 Nr. 5 aF).** Die früher notwendige Vorlage von Genehmigungsurkunden für den Fall, dass der Gegenstand des Unternehmens oder eine andere Satzungsbestimmung der **staatlichen Genehmigung** bedarf (§ 37 Abs. 4 Nr. 5 aF), ist durch das MoMiG ersatzlos gestrichen worden. Mit der Streichung sollte (nur) eine Ungleichbehandlung von Aktiengesellschaften (und GmbH, dort wurde die entsprechende Vorschrift des § 8 Abs. 1 Nr. 6 GmbHG gestrichen) gegenüber sonstigen Gesellschaftsformen wie OHG, KG uä sowie ggü. Einzelkaufleuten beseitigt werden.[36] Daher ist nicht etwa die Vorlagepflicht von jeglicher Genehmigungsurkunde schlechthin entfallen, sondern nur von solchen, die nicht durch **Spezialgesetz** ausdrücklich angeordnet sind. Dies bedeutet, dass beispielsweise die Vorlage einer allgemeinen gewerberechtlichen Erlaubnis nicht mehr notwendig ist. Für eine Erlaubnis nach §§ 32, 43 KWG verbleibt es aber dabei, dass diese zur Eintragung vorzulegen ist. In vielen Fällen verlangen die Registergerichte auch dann eine Erlaubnis, wenn mit dem Fehlen der Genehmigung zugleich ein unzulässiger Firmengebrauch einher gehen würde, wie dies beispielsweise bei **Steuerberatungs-** (§ 43 Abs. 4 iVm § 53 StBerG) oder **Rechtsanwaltsgesellschaften** (§ 59k Abs. 2 BRAO) der Fall ist.

37 Hinsichtlich der Genehmigungsbedürftigkeit des Unternehmensgegenstandes (§ 23 Abs. 3 Nr. 2) nach den vorstehenden Grundsätzen ist auf die **objektiv konkret beabsichtigte Betätigung** der Gesellschaft abzustellen.[37] Es reicht aus, wenn nur ein Teil des Unternehmensgegenstandes hierunter fällt. Gegebenenfalls hat der Registerrichter zur Konkretisierung aufzufordern.[38] Ist allein eine **einzelne Betriebsanlage** oder ein **einzelnes Rechtsgeschäft** genehmigungspflichtig, so folgt daraus nicht ein Genehmigungserfordernis für den Unternehmensgegenstand.[39]

---

32 Großkomm-AktienR/*Röhricht*, Rn 48; KölnKomm-AktG/*Kraft*, Rn 24; MüKo-AktG/*Pentz*, Rn 71; *Hüffer*, Rn 10.
33 Großkomm-AktienR/*Röhricht*, Rn 48; KölnKomm-AktG/*Kraft*, Rn 24; MüKo-AktG/*Pentz*, Rn 71; *Hüffer*, Rn 10.
34 Großkomm-AktienR/*Röhricht*, Rn 50; KölnKomm-AktG/*Kraft*, Rn 25; MüKo-AktG/*Pentz*, Rn 72; *Hüffer*, Rn 11.
35 Großkomm-AktienR/*Röhricht*, Rn 51; KölnKomm-AktG/*Kraft*, Rn 26; MüKo-AktG/*Pentz*, Rn 74; *Hüffer*, Rn 12.
36 Begr. RegE des MoMiG, BT-Drucks. 16/6140, S. 34.
37 OLG Celle NJW 1964, 1964 f; OLG Frankfurt OLGZ 1979, 493 f = WM 1980, 22; BayObLG DB 1990, 1079; Großkomm-AktienR/*Röhricht*, Rn 52; KölnKomm-AktG/*Kraft*, Rn 29; MüKo-AktG/*Pentz*, Rn 78; *Hüffer*, Rn 13.
38 OLG Köln OLGZ 1981, 428, 430 f = WM 1981, 805 = ZIP 1981, 736; Großkomm-AktienR/*Röhricht*, Rn 52; MüKo-AktG/*Pentz*, Rn 78; *Hüffer*, Rn 13.
39 BayObLG DB 1979, 2028; Großkomm-AktienR/*Röhricht*, Rn 52; KölnKomm-AktG/*Kraft*, Rn 29; MüKo-AktG/*Pentz*, Rn 78; *Hüffer*, Rn 13.

Bei **Zweifeln** des Registerrichters hinsichtlich der Genehmigungsbedürftigkeit des Unternehmensgegenstandes kann er die Industrie- und Handelskammer um Auskunft ersuchen oder die Beibringung einer **behördlichen Bescheinigung über die Genehmigungsfreiheit** durch die Gesellschaft verlangen.[40] Letzteres Vorgehen ist in der Praxis die Regel. Eine erteilte **behördliche Genehmigung** ist ebenso **bindend** für das Gericht wie ein entsprechendes **Negativattest**.[41] 38

E. Einreichung der Unterlagen (Abs. 5)

Die Einreichung der Unterlagen richtet sich nach § 12 Abs. 2 HGB, dh sie sind elektronisch, ggf mit einem elektronischen Zeugnis § 39 a BeurkG) versehen, einzureichen.[42] 39

F. Rechtsfolgen bei Verstößen

Wird die Anmeldung nicht den in § 37 genannten Anforderungen gerecht, liegt keine ordnungsgemäße Anmeldung iSd § 38 Abs. 1 S. 1 vor. Bei **behebbaren Mängeln** der Anmeldung hat das Gericht zur Nachbesserung durch Zwischenverfügung (§ 26 S. 2 HRV) aufzufordern.[43] Sind die Mängel nicht zu beheben oder wird die ordnungsgemäße Zwischenverfügung nicht behoben, so ist die Eintragung abzulehnen. Die Eintragung darf dann nicht abgelehnt werden, wenn allein die Zeichnung der Vorstandsmitglieder (§ 37 Abs. 5) fehlt (vgl dazu oben Rn 39). 40

Erfolgt die Eintragung, obwohl die Anmeldung nicht ordnungsgemäß erfolgt ist, so ist die Gesellschaft gleichwohl wirksam entstanden; ggf noch fehlende Unterlagen können vom Registergericht nachgefordert werden (§ 14 HGB). Die Voraussetzungen für eine **Nichtigkeitsklage** (§ 275) oder **Amtslöschung** (§§ 397, 399 FamFG) sind nicht gegeben.[44] 41

Zu den **zivil- und strafrechtlichen Folgen** bei falschen Erklärungen, Versicherungen und Angaben der Anmelder vgl die Ausführungen zu §§ 46, 48, 399. 42

§ 37 a Anmeldung bei Sachgründung ohne externe Gründungsprüfung

(1) ¹Wird nach § 33 a von einer externen Gründungsprüfung abgesehen, ist dies in der Anmeldung zu erklären. ²Der Gegenstand jeder Sacheinlage oder Sachübernahme ist zu beschreiben. ³Die Anmeldung muss die Erklärung enthalten, dass der Wert der Sacheinlagen oder Sachübernahmen den geringsten Ausgabebetrag der dafür zu gewährenden Aktien oder den Wert der dafür zu gewährenden Leistungen erreicht. ⁴Der Wert, die Quelle der Bewertung sowie die angewandte Bewertungsmethode sind anzugeben.

(2) In der Anmeldung haben die Anmeldenden außerdem zu versichern, dass ihnen außergewöhnliche Umstände, die den gewichteten Durchschnittspreis der einzubringenden Wertpapiere oder Geldmarktinstrumente im Sinne von § 33 a Abs. 1 Nr. 1 während der letzten drei Monate vor dem Tag ihrer tatsächlichen Einbringung erheblich beeinflusst haben könnten, oder Umstände, die darauf hindeuten, dass der beizulegende Zeitwert der Vermögensgegenstände im Sinne von § 33 a Abs. 1 Nr. 2 am Tag ihrer tatsächlichen Einbringung auf Grund neuer oder neu bekannt gewordener Umstände erheblich niedriger ist als der von dem Sachverständigen angenommene Wert, nicht bekannt geworden sind.

(3) Der Anmeldung sind beizufügen:
1. Unterlagen über die Ermittlung des gewichteten Durchschnittspreises, zu dem die einzubringenden Wertpapiere oder Geldmarktinstrumente während der letzten drei Monate vor dem Tag ihrer tatsächlichen Einbringung auf einem organisierten Markt gehandelt worden sind,
2. jedes Sachverständigengutachten, auf das sich die Bewertung in den Fällen des § 33 a Abs. 1 Nr. 2 stützt.

---

[40] BayObLGZ 1976, 12 = BB 1976, 437 = WM 1976, 855; BayObLG DB 1979, 2028; OLG Köln OLGZ 1981, 428 = WM 1981, 805 = ZIP 1981, 736; Großkomm-AktienR/*Röhricht*, Rn 52; MüKo-AktG/*Pentz*, Rn 79.

[41] BGHZ 102, 209, 217 = NJW 1988, 1087 = WM 1988, 379 = ZIP 1988, 433 = GmbHR 1988, 135 = DB 1988, 644; Großkomm-AktienR/*Röhricht*, Rn 52; KölnKomm-AktG/*Kraft*, Rn 31; MüKo-AktG/*Pentz*, Rn 79; *Hüffer*, Rn 13.

[42] Zu Einzelheiten vgl *Terbrack* in: Beck´sches Handbuch der eG, § 3 Rn 101 ff.

[43] Vgl BayObLGZ 1987, 449, 450 f = DNotZ 1988, 515 = NJW-RR 1988, 869; OLG Hamm Rpfleger 1990, 426.

[44] Großkomm-AktienR/*Röhricht*, Rn 62; MüKo-AktG/*Pentz*, Rn 96; *Hüffer*, Rn 19; teilweise abweichend: *Baumbach/Hueck*, GmbHG, Rn 5.

1 AktG § 38

A. Grundlagen

1 Mit dem **ARUG** sind erstmals Ausnahme von dem zwingenden Erfordernis der externen Gründungsprüfung zugelassen worden. Gemäß § 33a Abs. 1 nF kann die Gesellschaft auf die Prüfung verzichten, wenn es sich bei dem Einlagegegenstand um Vermögenswerte handelt, für deren Bewertung schon eindeutige Anhaltspunkte vorliegen. Dies soll dann gegeben sein, wenn entweder feststellbare Börsenpreise oder Bewertungsgutachten bereits vorliegen. In diesen Fällen wird unterstellt, dass die Werthaltigkeit der Einlagegegenstände bereits objektiv festgestellt wurde und daher eine erneute Prüfung wenig sinnvoll wäre.

B. Anmeldung (Abs. 1)

2 Verzichtet die Gesellschaft auf eine externe Gründungsprüfung unter den Voraussetzungen der §§ 33a ff, so ist dies in der Handelsregisteranmeldung ausdrücklich zu erklären (37a Abs. 1 S. 1). Zusätzlich ist der Gegenstand jeder Sacheinlage oder Sachübernahme zu beschreiben (§ 37a Abs. 1 S. 2). In der Anmeldung muss die Erklärung enthalten sein, dass der Wert der Sacheinlagen oder Sachübernahmen den geringsten Ausgabebetrag der dafür zu gewährenden Aktien oder den Wert der dafür zu gewährenden Leistungen erreicht (§ 37 Abs. 1 S. 3). Dies entspricht dem in § 36a Abs. 2 S. 3 normierten Verbot der Unterpariemmission. Des Weiteren sind zwingend anzugeben, die Quelle der Bewertung sowie die angewandten Bewertungsmethoden (37a Abs. 1 S. 4). Hiermit sind gemeint ggf zugrundegelegte Wertgutachten sowie die darin enthaltenen allgemein anerkannten Bewertungsmethoden, die dem Gutachten zugrundegelegt worden sind.

C. Versicherung (Abs. 2)

3 Die Anmeldenden (vgl § 36) haben ausdrücklich zu versichern, dass ihnen außergewöhnliche Umstände, die den gewichteten Durchschnittspreis der einzubringenden Wertpapiere oder Geldmarktinstrumente während der letzten drei Monate vor dem Tag ihrer tatsächlichen Einbringung erheblich beeinflusst haben könnten, oder Umstände, die darauf hindeuten, dass der beizulegende Zeitwert der Vermögensgegenstände am Tag ihrer tatsächlichen Einbringung aufgrund neuer oder neu bekannt gewordener Umstände erheblich niedriger ist als der von dem Sachverständigen angenommene Wert, nicht bekannt sind (vgl hierzu die Kommentierung zu § 33a).

D. Anlagen (Abs. 3)

4 Der Registeranmeldung sind beizufügen die Unterlagen, die einer Bewertung zum Börsenkurs zugrundeliegen (§ 37a Abs. 3 Nr. 1) bzw die bereits vorhandenen Sachverständigengutachten (§ 37a Abs. 3 Nr. 2).

§ 38 Prüfung durch das Gericht

(1) ¹Das Gericht hat zu prüfen, ob die Gesellschaft ordnungsgemäß errichtet und angemeldet ist. ²Ist dies nicht der Fall, so hat es die Eintragung abzulehnen.

(2) ¹Das Gericht kann die Eintragung auch ablehnen, wenn die Gründungsprüfer erklären oder es offensichtlich ist, daß der Gründungsbericht oder der Prüfungsbericht der Mitglieder des Vorstands und des Aufsichtsrats unrichtig oder unvollständig ist oder den gesetzlichen Vorschriften nicht entspricht. ²Gleiches gilt, wenn die Gründungsprüfer erklären oder das Gericht der Auffassung ist, daß der Wert der Sacheinlagen oder Sachübernahmen nicht unwesentlich hinter dem geringsten Ausgabebetrag der dafür zu gewährenden Aktien oder dem Wert der dafür zu gewährenden Leistungen zurückbleibt.

(3) ¹Enthält die Anmeldung die Erklärung nach § 37a Abs. 1 Satz 1, hat das Gericht hinsichtlich der Werthaltigkeit der Sacheinlagen oder Sachübernahmen ausschließlich zu prüfen, ob die Voraussetzungen des § 37a erfüllt sind. ²Lediglich bei einer offenkundigen und erheblichen Überbewertung kann das Gericht die Eintragung ablehnen.

(4) Wegen einer mangelhaften, fehlenden oder nichtigen Bestimmung der Satzung darf das Gericht die Eintragung nach Absatz 1 nur ablehnen, soweit diese Bestimmung, ihr Fehlen oder ihre Nichtigkeit

1. Tatsachen oder Rechtsverhältnisse betrifft, die nach § 23 Abs. 3 oder auf Grund anderer zwingender gesetzlicher Vorschriften in der Satzung bestimmt sein müssen oder die in das Handelsregister einzutragen oder von dem Gericht bekanntzumachen sind,

2. Vorschriften verletzt, die ausschließlich oder überwiegend zum Schutze der Gläubiger der Gesellschaft oder sonst im öffentlichen Interesse gegeben sind, oder
3. die Nichtigkeit der Satzung zur Folge hat.

A. Grundlagen 1	H. Prüfungsbeschränkungen hinsichtlich der Satzungsbestimmungen (Abs. 4) 20
B. Prüfungspflicht und Prüfungsumfang 2	I. Obligatorische bzw. bekannt zu machendes beinhaltende Satzungsbestimmungen (Abs. 4 Nr. 1) 23
C. Prüfungszeitpunkt 5	
D. Nachmeldepflicht 8	
E. Ordnungsgemäße Errichtung und Anmeldung (Abs. 1 S. 1) 9	II. Fakultative Satzungsbestimmungen (Abs. 4 Nr. 2) 24
I. Ordnungsgemäße Errichtung 9	III. Gesamtnichtigkeit der Satzung (Abs. 4 Nr. 3) .. 25
II. Ordnungsgemäße Anmeldung 11	
F. Prüfung der Berichte und Kapitalgrundlagen (Abs. 2) 12	I. Gerichtliche Zuständigkeit und Verfahren, Kosten 26
I. Gründungs- und Prüfungsberichte (Abs. 2 S. 1) 13	I. Zuständigkeit 26
II. Sacheinlagen und Sachübernahmen (Abs. 2 S. 2) 16	II. Verfahren 27
G. Rein formale Prüfung (Abs. 3) 19	III. Kosten 33

A. Grundlagen

Nach § 38 hat das Registergericht die formell- und materiellrechtlichen Voraussetzungen der Gesellschaftsgründung zu prüfen. Damit soll **unseriösen und missglückten Gründungen** vorgebeugt werden. Zu diesem Zweck hat das Registergericht ein umfangreiches Prüfungsrecht (Abs. 1 S. 1), das in Abs. 3, eingefügt durch das ARUG vom 30.7.2009 (Art. 1 Nr. 4),[1] sowie durch Abs. 4, angefügt durch das Handelsrechtsreformgesetz vom 22.6.1998 (Art. 8 Nr. 2),[2] eine nicht unerhebliche Einschränkung und Konkretisierung gefunden hat.

B. Prüfungspflicht und Prüfungsumfang

Das Registergericht hat zu prüfen, ob die Gesellschaft ordnungsgemäß errichtet und angemeldet ist (§ 38 Abs. 1 S. 1). Hieraus folgt sowohl ein Prüfungsrecht als auch eine Prüfungspflicht. Kommt die Prüfung des Gerichts zu einem negativen Ergebnis, so hat es – vorbehaltlich des Erlasses einer Zwischenverfügung (§ 26 S. 2 HRV) – die Eintragung abzulehen (§ 38 Abs. 1 S. 2). Im Umkehrschluss haben die Beteiligten aber auch einen **Anspruch auf Eintragung**, wenn keine Mängel der Gründung oder Anmeldung festgestellt wurden.[3]

Das Gericht hat alle formellen und materiellen Eintragungsvoraussetzungen zu prüfen. Dabei hat es seine Prüfung zunächst auf die vorgelegten Unterlagen zu beschränken. Ergeben sich aus ihnen keine Anhaltspunkte für Zweifel, so ist eine genauere Prüfung zu unterlassen.[4] Auf die Richtigkeit der Angaben darf sich das Gericht grundsätzlich verlassen.

Das Gericht darf – abgesehen vom gesetzlichen Mindestinhalt – nicht prüfen, ob die Satzung zweckmäßig, vollständig und interessengerecht ist.[5] Gleiches gilt für die **rein wirtschaftlichen Erwägungen**, etwa ob das Grundkapital der Gesellschaft ausreichend ist, den in Aussicht genommenen Geschäftsbetrieb aufzunehmen und zu führen.[6]

C. Prüfungszeitpunkt

Die gerichtliche Prüfung erfolgt grundsätzlich aufgrund des Sachstandes, wie er sich im **Zeitpunkt der Einreichung der Anmeldung** ergibt.[7] Ausnahmsweise ist das Gericht aber bei begründeten Zweifeln darüber, ob Eintragungsvoraussetzungen nach Einreichung der Anmeldung und vor Eintragung der Gesellschaft weggefallen sind, berechtigt, zusätzliche Nachweise diesbezüglich anzufordern.[8]

Bei Voraussetzungen, die selbst vom Gesetz nur auf den Zeitpunkt der Anmeldung nachzuweisen sind, gilt diese Ausnahme nicht, so inbesondere bei der **Leistung der eingeforderten Bareinlagen** zur freien Verfügung

---

1 BGBl. I S. 2479.
2 BGBl. I S. 1474.
3 Großkomm-AktienR/*Röhricht*, Rn 1; MüKo-AktG/*Pentz*, Rn 8; *Nirk* Hb AG, Rn 253.
4 BayObLG 1973, 158, 160 = NJW 1973, 2068; Großkomm-AktienR/*Röhricht*, Rn 7, 9; MüKo-AktG/*Pentz*, Rn 18; *Hüffer*, Rn 2; iE ebenso *Nirk*, Hb AG Rn 253.
5 BayObLG 1982, 368, 373 = WM 1983, 248 = ZIP 1983, 57; Großkomm-AktienR/*Röhricht*, Rn 31 f; *Hüffer*, Rn 3.
6 KG JW 1924, 1178; Großkomm-AktienR/*Röhricht*, Rn 30; KölnKomm-AktG/*Kraft*, Rn 8; *Hüffer*, Rn 3; *Krafka/Willer/Kühn*, Rn 368; *Nirk*, Hb AG, Rn 252.
7 Großkomm-AktienR/*Röhricht*, Rn 13; MüKo-AktG/*Pentz*, Rn 20; *Hüffer*, Rn 4; *Ihring*, GmbHR 1995, 622, 627.
8 Großkomm-AktienR/*Röhricht*, Rn 13; *Hüffer*, Rn 4.

des Vorstandes (§ 36 Abs. 2 S. 1). Hier kann das Gericht keine aktualisierten Nachweise während des laufenden Eintragungsverfahrens verlangen.

7 Bei **Sacheinlagen** wird teilweise vertreten, dass ihr Wert im Zeitpunkt der Eintragung dem Gericht nachgewiesen sein muss, was dieses u.a. berechtigen würde, **aktualisierte Wertgutachten** nachzufordern.[9] Zum Teil wird auch vertreten, dass es insoweit auf den Zeitpunkt der eigenen gerichtlichen Prüfung[10] bzw des Erlasses seiner Entscheidung[11] ankomme. Nach **richtiger Ansicht** ist bei der Frage des Wertes von Sacheinlagen – wie auch im GmbHG (vgl § 9 Abs. 1 GmbHG) – auf den **Zeitpunkt der Anmeldung** der Gesellschaft abzustellen.[12]

D. Nachmeldepflicht

8 Eine Pflicht der Anmelder zur **Mitteilung von Änderungen**, die sich nach Einreichung der Anmeldung ergeben haben und diese betreffen, existiert nicht. Ausgenommen sind solche Änderungen, die auch bei schon erfolgter Eintragung der Gesellschaft anzumelden wären, etwa **Satzungsänderungen** (§ 181 Abs. 1 S. 1).[13]

E. Ordnungsgemäße Errichtung und Anmeldung (Abs. 1 S. 1)

9 **I. Ordnungsgemäße Errichtung.** Das Gericht hat die ordnungsgemäße Errichtung der Gesellschaft zu prüfen. Dabei hat es die **Wirksamkeit der Satzungsfeststellung** (§ 23), bei der Beteiligung einer **ausländischen Gesellschaft** deren Rechtsfähigkeit, die **Zulässigkeit des Gesellschaftszweckes** und des Unternehmensgegenstandes, Firma (§ 18 HGB, § 4), Grundkapital (§ 6), die **vollständige Aktienübernahme** (§ 29) sowie die ordnungsgemäße **Festsetzung von Sondervorteilen, Gründungsaufwand, Sacheinlagen und Sachübernahme** in der Satzung (§§ 26, 27) zu untersuchen.[14] Die Pflicht und Befugnis des Registergerichts zur inhaltlichen Überprüfung der Satzung wird durch § 38 Abs. 4 **eingeschränkt** (vgl zu den Gründen Rn 38 und zu Einzelheiten Rn 22 ff).

10 Nicht überprüfen darf das Gericht die **wirtschaftliche Grundlage** der Gesellschaft,[15] das Vorliegen einer sog. **Strohmanngründung**, da dies eine zulässige Form der Gesellschaftsgründung ist, die **Zweckmäßigkeit und Interessengerechtheit der einzelnen Satzungsbestimmungen**, sofern nicht der gesetzliche Mindestinhalt betroffen ist, die Rechtmäßigkeit der Erteilung einer **gesetzlichen Genehmigung** (vgl § 37 Rn 38) sowie **sprachliche und redaktionelle Aspekte** der Satzung.

11 **II. Ordnungsgemäße Anmeldung.** Bei der Prüfung der Ordnungsgemäßheit der Anmeldung ist in erster Linie zu kontrollieren, ob die **sachliche und örtliche Zuständigkeit** des Gerichts gegeben ist, die **Mindesteinzahlung auf die Bareinlage** (§ 36 a Abs. 1) erbracht sind sowie die Vereinbarungen zu eventuell vereinbarten **Sacheinlagen** vollständig sind (§ 36 a Abs. 2). Daneben erstreckt sich die Prüfung darauf, ob die Anmeldung von allen Anmeldepflichtigen vorgenommen wurde (§ 36 Rn 16) und sie den Anforderungen des § 37 gerecht wird.

F. Prüfung der Berichte und Kapitalgrundlagen (Abs. 2)

12 Das Gericht hat den Gründungsbericht, die Berichte der Verwaltungsmitglieder (dazu nachfolgend Rn 13 ff) sowie bei vereinbarter Sacheinlage oder Sachübernahme deren Werthaltigkeit (dazu nachfolgend Rn 16 ff) zu prüfen.

13 **I. Gründungs- und Prüfungsberichte (Abs. 2 S. 1).** Die Prüfungspflichten des Registergerichts beziehen sich auch auf eine eventuelle Fehlerhaftigkeit des Gründungsberichtes (§ 32) und des Prüfungsberichtes der Verwaltungsmitglieder (§§ 33 Abs. 1, 34). Das Gericht kann die Eintragung der Gesellschaft ablehnen, wenn die Gründungsprüfer erklären oder es offensichtlich ist, dass der **Gründungsbericht** oder der **Prüfungsbericht der Mitglieder des Vorstands und Aufsichtsrats** unrichtig oder unvollständig ist oder den gesetzlichen Anforderungen nicht entspricht (§ 38 Abs. 2 S. 1).

14 Erklären die Gründungsprüfer, dass der Gründungsbericht oder der Prüfungsbericht der Verwaltungsmitglieder **fehlerhaft** ist, so darf sich das Gericht diese Beanstandung nicht ungeprüft zu Eigen machen, son-

---

[9] MüKo-AktG/*Pentz*, Rn 25.
[10] *Hüffer*, Rn 9.
[11] KölnKomm-AktG/*Kraft*, Rn 13.
[12] Großkomm-AktienR/*Röhricht*, Rn 13.
[13] Großkomm-AktienR/*Röhricht*, Rn 14; MüKo-AktG/*Pentz*, Rn 27 f; *Hüffer*, Rn 3.
[14] *Hüffer*, Rn 7; *Krafka/Willer/Kühn*, Rn 366.
[15] Eine Ausnahme gilt nur dort, wo entweder die Gründer zur Deckung von Vorbelastungen der Gesellschaft wirtschaftlich nicht instande sind oder die offensichtliche Unterkapitalisierung der Gesellschaft auf eine Schädigung der Gläubiger angelegt ist, vgl MüKo-AktG/*Pentz*, Rn 46 mwN; iÜ vgl KG JW 1924, 1178; Großkomm-AktienR/*Röhricht*, Rn 30; Köln-Komm-AktG/*Kraft*, Rn 8; *Hüffer*, Rn 3; *Krafka/Willer/Kühn*, Rn 368.

dern hat diese auf ihre **Plausibilität** überprüfen.[16] Teilt das Gericht die Bedenken, so kann es sie Eintragung verweigern, muss dies aber nicht. Trotz dieses Ermessensspielraums wird in derartigen Fällen eine Eintragung kaum in Betracht kommen.[17]

Ist die **Fehlerhaftigkeit des Gründungsberichtes** oder des Prüfungsberichtes der Verwaltungsmitglieder **offensichtlich**, kann das Gericht ebenfalls die Eintragung der Gesellschaft ablehnen (§ 38 Abs. 2 S. 2). Die Offensichtlichkeit des Mangels muss nach **überwiegender Ansicht** zur Überzeugung des Gerichts **zweifelsfrei** feststehen, was mögliche Nachforschungen des Gerichts bei berechtigten Zweifeln nach § 26 FamFG notwendig machen kann.[18]

II. Sacheinlagen und Sachübernahmen (Abs. 2 S. 2). Sind Sacheinlagen oder Sachübernahmen vereinbart (§ 27), kann das Gericht die Eintragung ablehnen, wenn es der Auffassung ist oder die Gründungsprüfer erklären, dass der **Wert der Sacheinlage oder -übernahme** nicht unwesentlich hinter dem geringsten Ausgabebetrag (§ 9 Abs. 1) der dafür zu gewährenden Aktien oder dem Wert der dafür zu gewährenden Leistungen zurückbleibt (§ 38 Abs. 2 S. 2).

Das Tatbestandsmerkmal der **nicht unwesentlichen Überbewertung** trägt den Schwierigkeiten bei einer Bewertung Rechnung ist und dahin zu verstehen, dass die **übliche Bandbreite** von Bewertungsdifferenzen überschritten sein muss.[19]

Zur **mangelnden Werthaltigkeit** oder **überhöhten Gegenleistung** nach der Erklärung der Gründungsprüfer gelten die Ausführungen zu Abs. 2 S. 1 sinngemäß (Rn 14).

Zur Auffassung des Gerichts, dass eine mangelnde Werthaltigkeit oder überhöhte Gegenleistung gegeben ist, gelten im Ergebnis die Grundsätze zu Berichtsmängeln (Rn 15). Die **gerichtliche Prüfung** erfolgt **richtiger Ansicht** nach auf den Zeitpunkt der Anmeldung (vgl oben Rn 5).

G. Rein formale Prüfung (Abs. 3)

Die Vorschrift des § 38 Abs. 3 wurde durch das ARUG eingefügt. Sie beschränkt in den Fällen des § 37a Abs. 1 S. 1 die grundsätzlich bestehende materielle Wertprüfungspflicht des Registergerichts. Prüfungsgegenstand ist in diesen Fällen allein das Vorliegen der nach § 37a geforderten Voraussetzungen. Diese rein formale Prüfung erstarkt dann wieder zu einer echten Wertprüfungspflicht des Handelsregisters, wenn eine Überbewertung offenkundig und erheblich ist. Offenkundig ist die Überbewertung dann, wenn die ihr zugrundeliegenden Tatsachen dem Registergericht bereits (anderweitig) bekannt sind.

H. Prüfungsbeschränkungen hinsichtlich der Satzungsbestimmungen (Abs. 4)

Die Intention des durch das Handelsrechtsreformgesetz vom 26.8.1998 (Art. 8 Nr. 2)[20] angefügten § 38 Abs. 4 liegt in der **Begrenzung der Prüfungskompetenz der Registergerichte**. Das registergerichtliche Verfahren soll – entsprechend seinem Sinn und Zweck – hinsichtlich der Satzungsbestimmungen (§ 23 Abs. 3–5) nur auf das für die Eintragung erforderliche Maß zurückgeführt und die Eintragung hierdurch beschleunigt werden.[21] Hintergrund dieser Regelung waren zum Teil erhebliche Verzögerungen im Eintragungsverfahren wegen der – in der Praxis auch noch uneinheitlich gehandhabten – Beanstandung einzelner Bestimmungen der Satzung. Die umfangreiche Rechtsprechung der Oberlandesgerichte hierzu schwankte zwischen den Aussagen, die bloße Zweckmäßigkeit von Satzungsregelungen sei nicht zu untersuchen,[22] unklare Vorschriften seien nicht zu beanstanden[23] und der Forderung, widersprüchliche Regelungen seien zu beanstanden, wenn sie auch für Dritte von Bedeutung sein könnten.[24][25]

Die Regelung ist **abschließend**, dh die Ablehnung der Eintragung der Gesellschaft wegen des Satzungsinhaltes darf nur nach Maßgabe des Abs. 4 erfolgen.[26] Darüber hinaus darf das Gericht bezüglich des Satzungsinhaltes weder Anregungen geben und Nachforschungen anstellen noch Beanstandungen erlassen.

---

16 MüKo-AktG/*Pentz*, Rn 54; *Geßler*, Rn 4; enger wohl Großkomm-AktienR/*Röhricht*, Rn 33 f iVm KölnKomm-AktG/*Kraft*, Rn 10, die von einer ungeprüften Übernahme der Erklärung der Gründungsprüfer ausgehen.
17 KölnKomm-AktG/*Kraft*, Rn 16; *Hüffer*, Rn 8.
18 Großkomm-AktienR/*Röhricht*, Rn 38; MüKo-AktG/*Pentz*, Rn 57; KölnKomm-AktG/*Kraft*, Rn 11; *Geßler*, Rn 5; *Hüffer*, Rn 8.
19 Großkomm-AktienR/*Röhricht*, Rn 41; MüKo-AktG/*Pentz*, Rn 60; KölnKomm-AktG/*Kraft*, Rn 12; *Hüffer*, Rn 9; dazu auch *Nirk*, Hb AG, Rn 254.
20 BGBl. I S. 1474.
21 BegrRegE ZIP 1996, 997 iVm der Begründung zu § 9c GmbHG, ZIP 1996, 998 f.
22 BayObLGZ 1974, 479, 483 = AG 1974, 224 = WM 1975, 634.
23 OLG Köln WM 1981, 1263.
24 BayObLG GmbHR 1993, 167 = DB 1993, 156.
25 *Gustavus*, GmbHR 1993, 259, 263.
26 MüKo-AktG/*Pentz*, Rn 70; *Geßler*, Rn 2a; *Hüffer*, Rn 11.

22 Abs. 4 Nr. 1 betrifft den obligatorischen, Abs. 4 Nr. 2 den fakultativen Satzungsinhalt. Auf alle – also obligatorische wie fakultative – Satzungsbestimmungen bezieht sich Abs. 4 Nr. 3. Deshalb beginnt die registerrechtliche Prüfung sinnvollerweise mit der Einhaltung der letztgenannten Vorschrift.[27]

23 **I. Obligatorische bzw bekannt zu machendes beinhaltende Satzungsbestimmungen (Abs. 4 Nr. 1).** Das Registergericht muss und darf prüfen, ob die Satzung alle obligatorischen Bestimmungen enthält. Hierzu gehören die Angaben nach §§ 23 Abs. 3 und 4, 26, 27. Zu den im Handelsregister einzutragenden oder vom Gericht bekannt zu machenden Tatsachen und Rechtsverhältnissen, die ebenfalls zu prüfen sind, zählen die Angaben über die **Vertretungsbefugnis des Vorstandes** (§§ 39 Abs. 1 S. 2, 78 Abs. 2, 3), die **Dauer der Gesellschaft** oder über **genehmigtes Kapital** (§§ 39 Abs. 2, 262 Abs. 1 Nr. 1, 202 Abs. 2).[28]

24 **II. Fakultative Satzungsbestimmungen (Abs. 4 Nr. 2).** Satzungsbestimmungen, die nicht kraft Gesetz in der Satzung enthalten sein müssen, sind der Prüfungskompetenz des Registergerichts grundsätzlich entzogen. Die Ablehnung der Eintragung kann in derartigen Fällen nur dort erfolgen, wo die Bestimmung ausschließlich oder überwiegend Vorschriften verletzt, die ausschließlich dem Gläubigerschutz oder sonst dem öffentlichen Interesse dienen (Abs. 4 Nr. 2). Dies gilt jedoch nicht dort, wo die Nichtigkeit der Satzungsbestimmung die **Gesamtnichtigkeit der Satzung** nach sich zieht (vgl Abs. 4 Nr. 3, dazu nachfolgend Rn 25).[29]

25 **III. Gesamtnichtigkeit der Satzung (Abs. 4 Nr. 3).** Das Registergericht muss die Eintragung ablehnen, wenn eine **mangelhafte, fehlende** oder **nichtige Satzungsbestimmung** die Nichtigkeit der gesamten Satzung zur Folge hat. Dabei bezieht sich Abs. 4 Nr. 3 sowohl auf obligatorische als auch auf fakultative Satzungsbestimmungen.

I. Gerichtliche Zuständigkeit und Verfahren, Kosten

26 **I. Zuständigkeit.** Da die Anmeldung an das Amtsgericht (§ 23 a Abs. 2 Nr. 3 GVG) des **in Aussicht genommenen Sitzes** der Gesellschaft (§ 14) zu richten ist (vgl § 36 Rn 4),[30] ist von diesem die Prüfung gem. § 38 vorzunehmen. Hat die Gesellschaft einen **doppelten Sitz**, prüft jedes Gericht eigenständig und unabhängig von dem anderen Gerichten des in Aussicht genommenen Sitzes.[31] Korrespondierend hierzu ist bei jedem der für den jeweiligen Sitz zuständigen Amtsgericht eine Anmeldung einzureichen (vgl § 36 Rn 4).[32] **Funktional zuständig** ist der Richter (§§ 3 Nr. 2 d, 17 Nr. 1 a RpflG).

27 **II. Verfahren.** Sind die Eintragungsvoraussetzungen gegeben, besteht ein **Anspruch auf Eintragung.** Der Richter hat die Eintragung zu verfügen (§ 25 HRV). Aus seiner Verfügung, die vom Urkundsbeamten der Geschäftsstelle ausgeführt wird, muss sich der Wortlaut der Eintragung ergeben (§ 27 HRV). Zum Inhalt der Eintragung vgl § 39. Mit der Eintragung im Handelsregister entsteht die Gesellschaft als juristische Person (§ 41).

28 Stehen der Eintragung behebbare Mängel entgegen, hat das Gericht durch eine Zwischenverfügung (§ 26 S. 2 HRV) Abhilfe zu ermöglichen.[33] Sind die Mängel nicht zu beheben, hat das Gericht die Eintragung abzulehnen. Es kann – aus Gründen der Kostenersparnis für die Anmelder – auch die Rücknahme des Eintragungsantrages nahe legen.[34]

29 Wird die Eintragung abgelehnt, ist die **Beschwerde** (§§ 58 ff. FamFG) zum Oberlandesgericht und gegen dessen Entscheidung ggf die **Rechtsbeschwerde** (§ 133 GVG, § 70 FamFG) zum Bundesgerichtshof gegeben (vgl auch § 36 Rn 5).

30 **Beschwerdebefugt** ist jeweils die **Vorgesellschaft**, vetreten durch den Vorstand in vertretungsberechtigter Zahl.[35] Daneben ist nach **zutreffender Ansicht jeder einzelne Gründer** als beschwerdebefugt anzusehen.[36]

31 Nach einer verbreiteten Ansicht ist der **Notar** nicht berechtigt, **Rechtsmittel** einzulegen. Diese pauschale Aussage ist jedoch unzutreffend. Richtig ist vielmehr, dass der Notar aufgrund der gesetzlichen Vollmachtsvermutung des § 378 Abs. 2 FamFG dann beschwerdeberechtigt ist, wenn er den in der beurkundeten Erklärung bereits enthaltenen Eintragungsantrag ausdrücklich nochmals namens der zur Anmeldung Verpflichteten stellt. In einem solchen Fall übernimmt der Notar die Vertretung der Beteiligten mit der Folge,

---

[27] MüKo-AktG/*Pentz*, Rn 72; iE ebenso *Hüffer*, Rn 11.
[28] MüKo-AktG/*Pentz*, Rn 79; *Hüffer*, Rn 11.
[29] *Hüffer*, Rn 11.
[30] KölnKomm-AktG/*Kraft*, § 36 Rn 4; MüKo-AktG/*Pentz*, § 36 Rn 30; *Hüffer*, § 36 Rn 2; *Nirk*, Hb AG, Rn 240.
[31] OLG Düsseldorf AG 1988, 50, 51 = WM 1987, 1195; *Hüffer*, Rn 15.
[32] KölnKomm-AktG/*Kraft*, § 36 Rn 5; MüKo-AktG/*Pentz*, § 36 Rn 30; *Hüffer*, § 36 Rn 2; *Balser*, DB 1972, 2049.
[33] OLG Hamm NJW 1963, 1554; Großkomm-AktienR/*Röhricht*, Rn 43; *Hüffer*, Rn 16.
[34] OLG Hamm OLGZ 1973, 265, 266 f.
[35] BGHZ 117, 323, 327 ff = NJW 1992, 1824 = AG 1992, 227 = WM 1991, 870 = ZIP 1992, 689; OLG Hamm DB 1992, 264 = DB 1992, 264 = Rpfleger 1992, 203 = OLGR Hamm 1992, 145; Großkomm-AktienR/*Röhricht*, § 36 Rn 18; MüKo-AktG/*Pentz*, § 36 Rn 29; *Hüffer*, § 36 Rn 3; MüHb-AG/*Hoffmann-Becking*, § 3 Rn 19.
[36] MüKo-AktG/*Pentz*, § 36 Rn 29; abweichend: *Hüffer*, § 36 Rn 3, der nur eine Beschwerdebefugnis aller Gründer gemeinsam für gegeben hält.

dass nunmehr der Notar für die zur Anmeldung Verpflichteten das Verfahren betreibt, nicht etwa beide nebeneinander.[37]

Im Beschwerdeverfahren ist ein **neuer Sachvortrag** ebenso wie der **zwischenzeitliche Wegfall eines Eintragungshindernisses** zu berücksichtigen (§ 26 FamFG). 32

III. Kosten. Die Eintragung ist gebührenpflichtig (§ 58 Abs. 1 GNotKG). Das Gericht ist befugt, einen **Kostenvorschuss** zu verlagen (§ 13 GNotKG). Die Gebühren sind **richtlinienkonformen** auszulegen,[38] dh die Eintragungsgebühren dürfen nur nach dem tatsächlichen Aufwand, nicht aber bezogen auf das Kapital erhoben werden.[39] 33

Kostenschuldner sind gesamtschuldnerisch die Gründer sowie die Gesellschaft (§§ 22 ff, 32 Abs. 1 GNotKG). Die Kosten können in der Satzung als Gründungsaufwand festgesetzt werden (§ 26 Abs. 2). 34

§ 39 Inhalt der Eintragung

(1) ¹Bei der Eintragung der Gesellschaft sind die Firma und der Sitz der Gesellschaft, eine inländische Geschäftsanschrift, der Gegenstand des Unternehmens, die Höhe des Grundkapitals, der Tag der Feststellung der Satzung und die Vorstandsmitglieder anzugeben. ²Wenn eine Person, die für Willenserklärungen und Zustellungen an die Gesellschaft empfangsberechtigt ist, mit einer inländischen Anschrift zur Eintragung in das Handelsregister angemeldet wird, sind auch diese Angaben einzutragen; Dritten gegenüber gilt die Empfangsberechtigung als fortbestehend, bis sie im Handelsregister gelöscht und die Löschung bekannt gemacht worden ist, es sei denn, dass die fehlende Empfangsberechtigung dem Dritten bekannt war. ³Ferner ist einzutragen, welche Vertretungsbefugnis die Vorstandsmitglieder haben.

(2) Enthält die Satzung Bestimmungen über die Dauer der Gesellschaft oder über das genehmigte Kapital, so sind auch diese Bestimmungen einzutragen.

A. Grundlagen

Mit der Eintragung der Gesellschaft im Handelsregister entsteht diese als juristische Person (§ 41). In diesem Zusammenhang bestimmt § 39 **abschließend** den Inhalt des Handelsregistereintrages. Die Norm bezweckt im Wesentlichen die Offenlegung der Gesellschaftsverhältnisse, was u.a. auch dadurch abgesichert wird, dass das Handelsregister von jedermann ohne Nachweis eines besonderen Interesses eingesehen werden kann (§ 9 Abs. 1 HGB). Eine Änderung hat die Norm durch die Umsetzung der 1. Richtlinie des Rates der Europäischen Gemeinschaften zur Koordinierung des Gesellschaftsrechts[1] erfahren. Diese bewirkte die ausdrückliche Aufnahme der Vertretungsregeln in die amtlichen Register (§ 39 Abs. 1 S. 2), damit auch Ausländern ohne Kenntnis des nationalen Rechts diese Informationen allein aus dem Handelsregistereintrag ersehen können (vgl § 37 Rn 18). 1

Die Eintragung der Gesellschaft erfolgt im Handelsregister B (§§ 3 Abs. 3, 43 HRV) unter Angabe des Eintragungsdatums (§ 15 HRV). Zu Einzelheiten des Eintragungsverfahrens vgl § 38 Rn 26 ff. 2

B. Inhalt der Eintragung

I. Notwendiger Inhalt (Abs. 1). In das Handelsregister sind einzutragen die **Firma** (§§ 4, 23 Abs. 3 Nr. 1), der **Sitz** (§§ 5, 23 Abs. 3 Nr. 1) – bei Doppelsitz alle Sitze –, die inländische **Geschäftsanschrift** (§ 37 Abs. 3 Nr. 1), der **Gegenstand** (§§ 3, 23 Abs. 3 Nr. 2) und die **Höhe des Grundkapitals**[2] (§§ 7, 23 Abs. 3 Nr. 3). 3

Des Weiteren ist der **Tag der Satzungsfeststellung** (§ 23), der dem Tag der notariellen Beurkundung dieses Vorgangs entspricht, einzutragen. Bei **vollmachtloser Vertretung** eines Gründers bei Feststellung der Satzung ist nicht zusätzlich das Datum der Abgabe der Genehmigungserklärung anzugeben, da diese Rückwirkung hat (§ 184).³ Ist hingegen die Satzung an **verschiedenen Tagen durch aufeinander bezugnehmende Ur-** 4

---

37 *Krafka/Willer/Kühn*, Rn 23; ebenso für ein Beschwerderecht des beglaubigenden Notars: *Winkler*, DNotZ 1986, 696, 699 f; auch Hachenburg/*Ulmer*, GmbHG § 7 Rn 12 und Scholz/*Winter*, GmbHG § 7 Rn 11 für die GmbH.
38 Vgl Art 12 e der Gesellschaftssteuerrichtlinie vom 17.7.1969 – 69/335/EWG – ABlEG Nr. L 249 vom 3.10.1969 S. 25 ff und EUGH Slg 1997 – I, 6783 = NJW 1998, 2809 = NZG 1998, 274 = WM 1998, 2193 = ZIP 1998, 206.

39 BayObLG NJW 1999, 652 = AG 1999, 272 = NZG 1999, 159 = ZIP 1999, 359; OLG Köln NJW 1999, 1341 = BB 1999, 436 = WM 1999, 1629 = OLGR Köln 1999, 111 = RIW 1999, 302; LG Hildesheim WM 1998, 2373; *Hüffer*, Rn 18.
1 ABlEG Nr. L 65 vom 14.3.1968, S. 8 ff.
2 Und zwar in Zahlen, nicht in Buchstaben, vgl *Terbrack*, Rpfleger 2003, 225, 226.
3 Großkomm-AktienR/*Röhricht*, Rn 2; KölnKomm-AktG/*Kraft*, Rn 4; MüKo-AktG/*Pentz*, Rn 12; *Hüffer*, Rn 2.

kunde errichtet worden, sind sämtliche Daten zu vermerken. Entsprechendes gilt bei **nachträglichen Änderungen** der Satzung.[4]

5 Die **Vor- und Nachnamen**, das **Geburtsdatum** und der **Wohnort** (nicht die genaue Anschrift) **aller Vorstandsmitglieder**, einschließlich der **Stellvertreter** (§ 94), sind in das Register einzutragen (§ 43 Nr. 4 HRV). Die Angabe des Berufes ist seit dem Handelsrechtsreformgesetz vom 22.6.1998[5] nicht mehr einzutragen; der Gesetzgeber hält das Geburtsdatum für ein besseres Identifikationsmerkmal (vgl § 37 Rn 23).[6] Der **Vorstandsvorsitzende** ist besonders zu bezeichnen (§ 43 Nr. 4 HRV).

6 Ferner ist die aus Gesetz oder Satzung folgende **Vertretungsbefugnis der Vorstandsmitglieder** (§ 78) einzutragen; insoweit sind die Angaben in der Anmeldung (§ 37 Abs. 3) maßgeblich. Zu Einzelheiten vgl § 37 Rn 18 ff.

6a Neben der inländischen Geschäftsanschrift kann auch ein Empfangsbevollmächtigter in das Handelsregister eingetragen werden, der neben den Vertretern der Gesellschaft als zusätzlicher Zustellungsempfänger dient (Abs. 1 S. 2). Gegenüber diesem Zustellungsbevollmächtigten können nicht nur Zustellungen erfolgen, sondern auch Willenserklärungen abgegeben werden.[7]

7 **II. Erweiterter Inhalt (Abs. 2).** Enthält die Satzung der Gesellschaft Bestimmungen zur **Dauer der Gesellschaft** (§ 262 Abs. 1 Nr. 1) oder zu **genehmigtem Kapital** (§ 202 Abs. 1), so ist dies in das Handelsregister einzutragen.

8 Wurde im Gründungsstadium **bedingtes Kapital** (§ 192 Abs. 1) geschaffen, ist dies ebenfalls einzutragen (§ 195). Diese Eintragung muss nicht mit Eintragung der Gesellschaft, sondern kann später vorgenommen werden.[8]

C. Eintragungsmängel

9 Gründungs- und Verfahrensmängel sowie Mängel der Errichtung werden mit Eintragung der Gesellschaft im Handelsregister grundsätzlich **geheilt**.[9] Zu den Ausnahmen vgl §§ 275, 276 und §§ 397, 399 FamFG. Etwas anderes gilt dann, wenn die Eintragung nicht von allen zur Anmeldung Verpflichteten vorgenommen wurde oder überhaupt eine Anmeldung fehlt.[10] Hier kann eine **Löschung von Amts** wegen erfolgen (§ 395 FamFG).

10 Sind einzelne **Eintragungen unrichtig oder unvollständig**, ist das Gericht zur Berichtigung verpflichtet (§ 17 HRV). Hierauf können die Anmelder durch (formlosen) Antrag oder Beschwerde nach §§ 58 ff FamFG hinwirken.[11]

§ 40 (aufgehoben)

§ 41 Handeln im Namen der Gesellschaft vor der Eintragung. Verbotene Aktienausgabe

(1) ¹Vor der Eintragung in das Handelsregister besteht die Aktiengesellschaft als solche nicht. ²Wer vor der Eintragung der Gesellschaft in ihrem Namen handelt, haftet persönlich; handeln mehrere, so haften sie als Gesamtschuldner.

(2) Übernimmt die Gesellschaft eine vor ihrer Eintragung in ihrem Namen eingegangene Verpflichtung durch Vertrag mit dem Schuldner in der Weise, daß sie an die Stelle des bisherigen Schuldners tritt, so bedarf es zur Wirksamkeit der Schuldübernahme der Zustimmung des Gläubigers nicht, wenn die Schuldübernahme binnen drei Monaten nach der Eintragung der Gesellschaft vereinbart und dem Gläubiger von der Gesellschaft oder dem Schuldner mitgeteilt wird.

(3) Verpflichtungen aus nicht in der Satzung festgesetzten Verträgen über Sondervorteile, Gründungsaufwand, Sacheinlagen oder Sachübernahmen kann die Gesellschaft nicht übernehmen.

---

4 Großkomm-AktienR/*Röhricht*, Rn 2; KölnKomm-AktG/*Kraft*, Rn 4; MüKo-AktG/*Pentz*, Rn 12; *Hüffer*, Rn 2; *Krafka/Willer/Kühn*, Rn 370.
5 BGBl. I S. 1474.
6 RegE, BT-Drucks. 13/8444, 85.
7 *Heckschen*, Das MoMiG in der notariellen Praxis, Rn 800 ff.
8 Großkomm-AktienR/*Röhricht*, Rn 6; MüKo-AktG/*Pentz*, Rn 18; *Hüffer*, Rn 3; *Terbrack*, Rpfleger 2003, 225, 227.
9 Großkomm-AktienR/*Röhricht*, Rn 8; MüKo-AktG/*Pentz*, Rn 22; *Hüffer*, Rn 4; *Krafka/Willer/Kühn*, Rn 376 ff.
10 Großkomm-AktienR/*Röhricht*, Rn 8; KölnKomm-AktG/*Kraft*, Rn 7; MüKo-AktG/*Pentz*, Rn 23; *Hüffer*, Rn 4; *Nirk*, Hb AG, Rn 257.
11 Großkomm-AktienR/*Röhricht*, Rn 9; KölnKomm-AktG/*Kraft*, Rn 9; MüKo-AktG/*Pentz*, Rn 25; *Hüffer*, Rn 5.

(4) ¹Vor der Eintragung der Gesellschaft können Anteilsrechte nicht übertragen, Aktien oder Zwischenscheine nicht ausgegeben werden. ²Die vorher ausgegebenen Aktien oder Zwischenscheine sind nichtig. ³Für den Schaden aus der Ausgabe sind die Ausgeber den Inhabern als Gesamtschuldner verantwortlich.

Literatur:
Bachmann, Die Einmann-AG, NZG 2001, 961; *Beuthien*, Die Vorgesellschaft im Privatrechtssystem, ZIP 1996, 306 ff, 360 ff; *ders.*, Wer sind die Handelnden? Warum und wie lange müssen sie haften? – Zum Sinn, Inhalt, Reichweite und Dauer der Handelndenhaftung –, GmbHR 2013, 1 ff; *Bruski*, Die Gründungsphase der Aktiengesellschaft bei der Spaltung zur Neugründung, AG 1997, 17; *Ensthaler*, Haftung der Gesellschafter einer Vor-GmbH: Innenhaftung oder Außenhaftung, BB 1997, 257; *Gummert*, Die Haftungsverfassung der Vor-GmbH nach der jüngsten Rechtsprechung des BGH, DStR 1997, 1007; *John*, Die Gründung der Einmann-GmbH, 1986; *Kleindiek*, Zur Gründerhaftung in der Vor-GmbH, ZGR 1997, 427; *Raiser/Veil*, Die Haftung der Gesellschafter einer GründungsGmbH, BB 1996, 1344; *Weimar*, Die Haftungsverhältnisse der Vor-AG in neuerer Sicht, AG 1992, 69; *ders.*, Entwicklungen im Recht der werdenden Aktiengesellschaft, DStR 1997, 1170; *Werner*, Ausgewählte Fragen zum Aktienrecht, AG 1990, 1; *Wiedenmann*, Zur Haftungsverfassung der Vor-AG: Der Gleichlauf von Gründerhaftung und Handelnden-Regress, ZIP 1997, 2029.

A. Überblick 1	2. Auswirkungen der Eintragung auf die Haftung der Gründer und der Handelnden 21
B. Die Vorgründungsgesellschaft 3	D. Die Einpersonen-Vorgesellschaft 22
I. Allgemeines 3	I. Allgemeines 22
II. Rechtsnatur 4	II. Rechtsnatur 23
C. Die Vorgesellschaft (Abs. 1 S. 1) 5	III. Innenbeziehungen 24
I. Allgemeines 5	IV. Außenbeziehungen 25
II. Rechtsnatur 6	V. Rechtsfolgen der Eintragung 26
III. Innenbeziehung 7	E. Die Handelndenhaftung (Abs. 1 S. 2) 27
1. Allgemeines 7	I. Allgemeines 27
2. Gesellschaftsorgane 8	II. Person des Handelnden 29
a) Vorstand 9	III. Haftungsvoraussetzungen 30
b) Aufsichtsrat 10	1. Rechtsgeschäftliches Handeln 30
c) Hauptversammlung 11	2. Handeln im Namen der Gesellschaft .. 31
IV. Pflichten und Haftung der Gründer 13	3. Handeln vor Eintragung und gegenüber einem gesellschaftsfremden Dritten 32
V. Außenbeziehungen 16	IV. Haftungsinhalt 33
1. Rechtsstellung 16	V. Verjährung 35
2. Vertretung 17	VI. Regressansprüche der Handelnden 36
3. Organhaftung 18	F. Schuldübernahme (Abs. 2 und 3) 37
4. Haftung der Gründer 19	G. Übertragungs- und Ausgabeverbot (Abs. 4) ... 40
VI. Rechtsfolgen der Eintragung 20	
1. Allgemeines 20	

A. Überblick

Auf dem Weg zur Entstehung der Aktiengesellschaft lassen sich drei verschiedene Stadien unterscheiden, die jeweils zu unterschiedlichen Rechten und Pflichten für die Beteiligten führen. Zum einen das Vorgründungsstadium, in dem es zur Gründung einer sog. **Vorgründungsgesellschaft** kommen kann. Zum andern das Stadium zwischen der Errichtung der Gesellschaft und ihrer Eintragung im Handelsregister, in dem die Gesellschaft in Form der sog. **Vorgesellschaft** besteht. Schließlich das Stadium nach der Eintragung der Gesellschaft in das Handelsregister, ab dem die Gesellschaft als **juristische Person** in Form der Aktiengesellschaft besteht.

§ 41 betrifft die Rechtsverhältnisse der Aktiengesellschaft und der Gründungsgesellschafter im Stadium einer zwar gem. § 23 errichteten, aber noch nicht in das Handelsregister eingetragenen **Vorgesellschaft**. Abs. 1 S. 1 stellt insoweit klar, dass vor der Eintragung in das Handelsregister keine juristische Person besteht. Abs. 2 S. 2 knüpft hieran die persönliche Haftung der Beteiligten, die vor der Eintragung im Namen der Gesellschaft gehandelt haben. Abs. 2 und Abs. 3 regeln die Übernahme von Verpflichtungen durch die Gesellschaft nach ihrer Eintragung sowie die dadurch bewirkte Enthaftung der handelnden Gründer. Abs. 4 S. 1 schließt die Übertragung von Aktien sowie die Ausgabe von Zwischenscheinen und damit den Gesellschafterwechsel im Gründungsstadium aus. Abs. 4 S. 2 und 3 regeln die weiteren an den Ausschluss der Übertragung geknüpften Rechtsfolgen.

B. Die Vorgründungsgesellschaft

I. Allgemeines. Vor der Satzungsfeststellung schließen die Gründer häufig einen speziellen **Vorvertrag**, in dem sie sich gegenseitig dazu verpflichten, unter bestimmten, im Vorvertrag näher festgelegten Voraussetzungen eine Aktiengesellschaft zu gründen. Der auf die Gründung einer Aktiengesellschaft gerichtete Vorvertrag bedarf entsprechend § 23 Abs. 1 der **notariellen Beurkundung**.[1] Die **Formbedürftigkeit** betrifft allerdings nur diejenigen Bestimmungen des Vorvertrags, die sich auf die Verpflichtung zur Gründung der Aktiengesellschaft beziehen. Sonstige Nebenabreden der Gründer, zB Treuhandabreden oder Beteiligungsabsprachen, sind nicht formbedürftig.[2] Die **Vollmacht** zum Abschluss eines entsprechenden Vorvertrages bedarf grundsätzlich nicht der notariellen Beurkundung, es sei denn, die Vollmacht bindet den Vollmachtgeber bereits soweit, dass sie im Ergebnis mit dem Abschluss des Vorvertrages gleichzusetzen ist.[3]

4 **II. Rechtsnatur.** Durch den Abschluss des Vorvertrages entsteht zwischen den Gründern eine sog. **Vorgründungsgesellschaft**, die in der Regel eine Gesellschaft bürgerlichen Rechts ist. Hierbei handelt es sich regelmäßig um eine **Innengesellschaft**, deren Zweck auf die Gründung der Aktiengesellschaft gerichtet ist. Im Einzelfall kann die Vorgründungsgesellschaft auch eine Offene Handelsgesellschaft sein, und zwar wenn sie ein voll kaufmännisches Unternehmen betreibt, das später in die Aktiengesellschaft eingebracht werden soll.[4] Die Rechtsverhältnisse der Vorgründungsgesellschaft und der an ihr beteiligten Gründer richten sich nach dem Vorgründungsvertrag und im Übrigen nach den §§ 705 ff BGB oder, soweit eine Offene Handelsgesellschaft vorliegt, nach den §§ 105 ff HGB. Aktienrechtliche Vorschriften finden auf die Vorgründungsgesellschaft keine Anwendung.[5] Der Zweck der Vorgründungsgesellschaft, eine Aktiengesellschaft zu errichten, ist mit der Feststellung der Satzung und der Errichtung der Aktiengesellschaft gem. § 23 erreicht. Die **Zweckerreichung** führt deshalb in der Regel zur **Vollbeendigung** der Vorgründungsgesellschaft, welche die Liquidation und die Auseinandersetzung der Gesellschafter gem. §§ 730 ff BGB bzw gem. §§ 145 ff HGB zur Folge hat. Lediglich dann, wenn ein über die Errichtung und die Feststellung der Satzung hinausgehender Zweck bestanden hat, besteht die Vorgründungsgesellschaft weiter.[6]

C. Die Vorgesellschaft (Abs. 1 S. 1)

5 **I. Allgemeines.** Im Gegensatz zur Vorgründungsgesellschaft, deren Errichtung im Belieben der Gründer steht, ist die **Vorgesellschaft** ein **notwendiges Durchgangsstadium** auf dem Wege des Entstehens der Aktiengesellschaft als juristische Person. Die Vorgesellschaft **entsteht mit ihrer Errichtung**, dh mit der Feststellung ihrer Satzung gem. § 23 unter Übernahme sämtlicher Aktien durch die Gründer iSd § 29. Sie **endet mit der Eintragung** der Aktiengesellschaft in das Handelsregister. Dies ist in der Regel das Handelsregister der AG selbst, es sei denn, besondere Vorschriften bestimmen einen späteren Zeitpunkt, wie zB §§ 123 Abs. 1 Nr. 2, 130 Abs. 1 S. 2 iVm 135 Abs. 1 S. 1 UmwG für die Spaltung zur Neugründung. In diesem Fall entsteht die juristische Person gleichzeitig mit dem Vollzug des Vermögenstransfers vom übertragenden Rechtsträger auf den neuen Rechtsträger, dh mit Eintragung der Spaltung in das Handelsregister des übertragenden Rechtsträgers.[7] Scheitert hingegen die Eintragung, zB durch einen Auflösungsbeschluss der Gründer entsprechend § 262 analog[8] oder durch rechtskräftige Ablehnung des Eintragungsantrages durch das Handelsregister, führt dies zur Auflösung der Vorgesellschaft analog § 726 BGB.[9] Mit der Auflösung tritt die Vorgesellschaft dann in das Liquidationsstadium ein und wird abgewickelt.

6 **II. Rechtsnatur.** Abs. 1 S. 1 stellt zwar fest, dass die Aktiengesellschaft vor der Registereintragung „als solche", dh als juristische Person, nicht besteht. Die Rechtsprechung[10] hat jedoch schon früh die (**Mehrpersonen-)Vorgesellschaft als eigenständige Organisationsform anerkannt** (zur Einpersonen-Vorgesellschaft siehe unten Rn 22 ff). Ihrer Rechtsnatur nach ist die Vorgesellschaft deshalb weder eine Gesellschaft bürgerlichen Rechts noch – falls die Voraussetzungen des § 1 Abs. 2 HGB vorliegen – eine Offene Handelsgesellschaft noch ein Verein.[11] Bei der Mehrpersonengründung ist die Vorgesellschaft vielmehr eine **Gesamthandsgesellschaft eigener Art**.[12] Als Gesamthandsgesellschaft ist die Vorgesellschaft **teilrechtsfähig** und damit ein von den Gründern zu unterscheidendes Rechtssubjekt, dem Rechte und Verbindlichkeiten zugerechnet werden können.[13] Die Vorgesellschaft ist deshalb Rechtsträger des Gesellschaftsvermögens, zB bereits geleistete Einlagen der Gründer.[14] Aufgrund der Rechtsform der Gesamthandsgesellschaft eigener Art und des im

---

1 BGH WM 1988, 163, 164; KölnKomm-AktG/*Kraft*, Rn 11 mwN.
2 BGH WM 1973, 67, 68; KölnKomm-AktG/*Kraft*, Rn 11.
3 MüKo-AktG/*Pentz*, Rn 15.
4 BGH NJW 1984, 2164; BGH GmbHR 1985, 214; BGH NJW 1985, 1828; BGH GmbHR 1992, 164; OLG Karlsruhe GmbHR 1988, 482, 483.
5 Geßler/*Eckhardt*, § 29 Rn 43.
6 KölnKomm-AktG/*Kraft*, Rn 17; MüKo-AktG/*Pentz*, Rn 21.
7 Lutter/*Teichmann*, UmwG, § 135 Rn 3; *Bruski*, AG 1997, 17, 18 f.
8 MüKo-AktG/*Pentz*, Rn 48.
9 Lutter/*Hommelhoff*, GmbHG, § 11 Rn 8; Hachenburg/*Ulmer*, GmbHG, § 11 Rn 38 mwN.
10 BGHZ 21, 242, 246 = NJW 1956, 1435.
11 BGHZ 21, 242, 246 = NJW 1956, 1435; BGHZ 45, 338, 347 = NJW 1966, 1311, 1312; BGHZ 51, 30, 32 = NJW 1969, 509; BGHZ 117, 323, 326 f = NJW 1992, 1824; BGHZ 143, 314, 319 = NJW 2000, 1193 f.
12 BGHZ 80, 129, 135 = NJW 1981, 1373; BGHZ 143, 314, 319 = NJW 2000, 1193; KölnKomm-AktG/*Kraft*, Rn 34; Geßler/*Eckhardt*, § 29 Rn 20; Hüffer, Rn 4; *Henn*, Handbuch des Aktienrechts, Rn 88; MüKo-AktG/*Pentz*, Rn 24.
13 BGHZ 80, 129 ff = NJW 1981, 1373; BGHZ 117, 323, 326 f = NJW 1992, 1824; MüHb-AG/*Hoffmann-Becking*, § 3 Rn 30; Großkomm-AktienR/*Röhricht*, § 29 Rn 5; Hüffer, Rn 4.
14 MüKo-AktG/*Pentz*, Rn 29; Hüffer, Rn 4.

UmwG vorgesehenen numerus clausus der umwandlungsfähigen Rechtsträger, der die Vorgesellschaft ausdrücklich nicht erfasst, ist die Vorgesellschaft nicht umwandlungsfähig.[15]

III. Innenbeziehung. 1. Allgemeines. Aufgrund der Rechtsnatur einer Gesamthandsgesellschaft eigener Art sind die **Innenbeziehungen** der Vorgesellschaft nur teilweise gesetzlich geregelt. Insoweit gilt ein „**Sonderrecht**", das sich aus den Gründungsvorschriften, den satzungsmäßigen Bestimmungen sowie dem Recht der rechtsfähigen Gesellschaft, soweit hierfür nicht die Eintragung Voraussetzung ist, zusammensetzt.[16] Zur Bestimmung der Innenbeziehungen der Vorgesellschaft sind deshalb zunächst die **aktienrechtlichen Gründungsvorschriften** zu betrachten, zB die Bestellung des ersten Aufsichtsrats, Abschlussprüfers und Vorstands gem. § 30 Abs. 1 und 4, die Erstellung des Gründungsberichts gem. § 32 Abs. 1, die Anmeldung der Gesellschaft zur Eintragung der Gesellschaft im Handelsregister gem. § 36 Abs. 1, der Einlageleistung sowie ihre Einforderung gem. §§ 36 Abs. 2, 36 a. Soweit die anzuwendenden Gründungsvorschriften mangels eines entsprechenden Regelungsinhalts für die nähere Konkretisierung der Innenbeziehungen nicht herangezogen werden können, sind die Regelungen der **Satzung** zu berücksichtigen. Erst wenn sich weder aus den Gründungsvorschriften noch aus der Satzung Anhaltspunkte für die zu klärenden Fragen hinsichtlich der Innenbeziehungen ergeben, kann auf die für die eingetragene **Aktiengesellschaft geltenden Bestimmungen** zurückgegriffen werden.[17] Dies gilt jedoch nur insoweit, als die Regelungen der bereits bestehenden Gesellschaft ihrem Sinn und Zweck nach bereits auf die Vorgesellschaft Anwendung finden können oder ob hierfür die Eintragung der Gesellschaft vorausgesetzt wird.

2. Gesellschaftsorgane. Die Vorgesellschaft hat die gleichen Organe wie die später eingetragene Aktiengesellschaft. Notwendige Organe der Vorgesellschaft sind deshalb der Vorstand, der Aufsichtsrat und die Hauptversammlung (Gründerversammlung).

a) Vorstand. Der bei der Errichtung der Gesellschaft bestellte **erste Vorstand** handelt als **Vertretungsorgan**[18] und nicht als Bevollmächtigter der Gründer für die Vorgesellschaft. Die bestellten ersten Vorstandsmitglieder sind insoweit zur Leitung der Vorgesellschaft gem. § 76 Abs. 1 berechtigt und verpflichtet. Die **Geschäftsführungsbefugnis** des Vorstands ist allerdings im Gründungsstadium – insbesondere bei Bargründung – grundsätzlich auf die Handlungen beschränkt, die zur Eintragung der Gesellschaft in das Handelsregister erforderlich sind.[19] Anders ist dies hingegen nur bei Sacheinlagen oder wenn die Satzung eine vorzeitige Geschäftsaufnahme vorsieht oder sämtliche Gründungsgesellschafter einer weiter gehenden Geschäftstätigkeit des Vorstandes zugestimmt haben.[20] Die Weiterführung des Unternehmens für Rechnung der Vorgesellschaft ist in diesem Fall nicht nur das Recht, sondern auch die Pflicht des Vorstands. Soweit der Vorstand die ihm im Gründungsstadium zustehende Geschäftsführungsbefugnis allerdings überschreitet, stehen der Gesellschaft gem. § 93 Schadensersatzansprüche gegen ihn zu. Auch die **Vertretungsmacht** des Vorstands ist nach der wohl überwiegenden Auffassung[21] entsprechend der Geschäftsführungsbefugnis des Vorstandes im Gründungsstadium auf solche Geschäfte beschränkt, die der Herbeiführung der Eintragung dienen oder durch die Satzung im Gründungsstadium bereits getätigt werden dürfen oder denen die Gründer zugestimmt haben. Die Gegenansicht,[22] die bereits im Gründungsstadium für den Vorstand eine unbeschränkte Vertretungsmacht iSd § 82 Abs. 1 annehmen will, überzeugt nicht. § 82 setzt die Eintragung der Aktiengesellschaft voraus, findet also auf die Vertretungsbefugnis der Vorstandsmitglieder im Gründungsstadium gerade keine Anwendung.[23]

b) Aufsichtsrat. Die Gründungsgesellschafter bestellen gem. § 30 Abs. 1 S. 1 den ersten Aufsichtsrat. Die Bestellung bedarf gem. § 30 Abs. 1 S. 2 der **notariellen Beurkundung**. Im Übrigen finden die allgemeinen Vorschriften zur Bestellung des Aufsichtsrats Anwendung, zB §§ 100 ff. Die gründungsbezogenen Pflichten des ersten Aufsichtsrats ergeben sich aus den §§ 30, 33, 34 und 36. Zudem bestehen auch bereits im Stadium der Vorgesellschaft für den Aufsichtsrat die darüber hinausgehenden Überwachungspflichten gem. § 111. Dies ist insbesondere dann der Fall, wenn die Gründer einer vorzeitigen Geschäftsaufnahme im Gründungsstadium zugestimmt haben. Des Weiteren treffen den Aufsichtsrat die allgemeinen Aufgaben gem. § 112.

---

15 Lutter/*Lutter*, UmwG, § 3 Rn 5; *Stratz*, in: Schmitt/Hörtnagel/Stratz, UmwG, § 3 Rn 16.
16 BGHZ 21, 242, 246 = NJW 1956, 1435; BayObLG NJW 1965, 2254; KölnKomm-AktG/*Kraft*, Rn 23; *Henn*, Handbuch des Aktienrechts, Rn 88.
17 MüKo-AktG/*Pentz*, Rn 27.
18 BGHZ 80, 129, 139 = NJW 1981, 1373.
19 MüKo-AktG/*Pentz*, Rn 34; MüHb-AG/*Wiesner*, § 19 Rn 25.
20 BGHZ 80, 129, 139 = NJW 1981, 1373; BayObLGZ 1965, 294, 305 f = NJW 1965, 2254; LG Heidelberg AG 1998, 197, 198.
21 BGHZ 80, 129, 139 = NJW 1981, 1373; BayObLGZ 1965, 294, 305 f = NJW 1965, 2254; MüHb-AG/*Hoffmann-Becking*, § 3 Rn 33; *Hommelhoff/Freytag*, DStR 1997, 1367, 1368; *Wiedenmann*, ZIP 1997, 2029, 2032; *Hüffer*, Rn 6; *Geßler/Eckardt*, § 29 Rn 24 f; *Henn*, Handbuch des Aktienrechts, Rn 91.
22 MüKo-AktG/*Pentz*, Rn 34 f; *K. Schmidt*, GesR, § 27 II Rn 4 a; *Weimar*, AG 1992, 69, 72 f.
23 *Hüffer*, Rn 11.

11 **c) Hauptversammlung.** Die Gründungsgesellschafter üben ihre Rechte hinsichtlich der Angelegenheiten der Gesellschaften entsprechend § 118 Abs. 1 in der Hauptversammlung (Gründerversammlung) aus.[24] Für die **Einberufung der Hauptversammlung** gelten die §§ 121 ff. Da die Gründer der Gesellschaft in der Regel bekannt sein werden, wird häufig keine Bekanntmachung der Einberufung in den Gesellschaftsblättern erforderlich sein, sondern der Vorstand kann die Hauptversammlung mittels eingeschriebenem Brief gem. § 121 Abs. 4 einberufen. Soweit eine **Vollversammlung** iSd § 121 Abs. 6 vorliegt, können die Gründer zudem auf die Einberufungserfordernisse, die vielfach auf die Einberufung einer Publikumsgesellschaft zugeschnitten sind, gänzlich verzichten. Für die Durchführung der Hauptversammlung gelten die §§ 129 ff entsprechend. Über den Gang der Hauptversammlung ist eine **Niederschrift** gem. § 130 anzufertigen. Ausreichend ist insoweit eine vom **Aufsichtsratsvorsitzenden unterzeichnete Niederschrift** gem. § 130 Abs. 1 S. 3, soweit keine Beschlüsse gefasst werden, für die das Gesetz eine 3/4- oder größere Mehrheit bestimmt (zB in §§ 179 Abs. 2 S. 1, 179 a Abs. 1, 182 Abs. 1 S. 1, 193 Abs. 1 S. 1, 202 Abs. 2 S. 2, 207 Abs. 2, 221 Abs. 2 S. 2, 222 Abs. 1 S. 1, 229 Abs. 2, 237 Abs. 1 S. 2, 262 Abs. 1 Nr. 2, 274 Abs. 1 S. 2, 293 Abs. 1 S. 2 etc.). In diesen Fällen oder bei Verlangen einer Minderheit gem. § 120 Abs. 1 S. 2, §§ 137 und 147 Abs. 1 ist eine **notarielle Beurkundung der Niederschrift** gem. § 130 Abs. 1 S. 1 erforderlich.

12 Die Beschlüsse der Gründer in der Hauptversammlung werden grundsätzlich mit **einer einfachen Stimmenmehrheit** gem. § 133 Abs. 1 gefasst, zB Bestellung des ersten Aufsichtsrats und des ersten Abschlussprüfers iSd § 30 Abs. 1. Satzungsänderungen bedürfen hingegen eines einstimmigen Beschlusses und der Zustimmung aller Gründer.[25] Die Anwendung der §§ 241 ff auf **Mängel der Beschlussfassung** der Hauptversammlung der Vorgesellschaft ist gesetzlich zwar nicht geregelt. Für die Vor-GmbH ist allerdings von der wohl überwiegenden Auffassung[26] anerkannt, dass die Bestimmungen der §§ 241 ff auf mangelhafte Beschlüsse entsprechend angewendet werden können. Insoweit spricht viel dafür, die §§ 241 ff auch auf die Vor-Aktiengesellschaft anzuwenden.[27]

13 **IV. Pflichten und Haftung der Gründer.** Neben der Pflicht, die fälligen Einlagen zu leisten, sind die Gründer vor allem verpflichtet, alles Erforderliche zu tun, um die Gesellschaft zur Eintragung zu bringen. Diese **Förderungspflicht** kann im Einzelfall auch dazu führen, dass die Gründer einer hierzu erforderlichen Satzungsänderung zuzustimmen haben.[28] Soweit ein Gründer diese Pflichten verletzt, ist er den anderen Gründern zum Ersatz des sich für sie daraus ergebenden Schadens verpflichtet.[29]

14 Sind die Gründer mit einem vorzeitigen Geschäftsbeginn, dh vor der Eintragung in das Handelsregister, einverstanden, trifft sie zudem die Pflicht zur **Unterbilanzhaftung**. Die Unterbilanzhaftung der Gründer wurde von der neueren Rechtsprechung[30] unter Aufgabe des „Vorbelastungsverbots" zum Schutz des Kapitals der werdenden Gesellschaft entwickelt. Nach Ansicht der älteren Rechtsprechung[31] konnte die Vorgesellschaft zwar die zur Herbeiführung der Eintragung in das Handelsregister erforderlichen, vorbereitenden Rechtsgeschäfte tätigen. Vorbelastungen der Aktiengesellschaft mit Verbindlichkeiten, die aus einer darüber hinausgehenden Geschäftstätigkeit der Vorgesellschaft herrührten, sollten hingegen ausgeschlossen sein. Nunmehr ist es anerkannt, dass die Gründer den Vorstand zur Vornahme von Geschäften ermächtigen können, die über die zur Erlangung der Rechtsfähigkeit notwendigen Rechtsgeschäfte hinausgehen.[32] Die sich aus der Vornahme von solchen Geschäften für die Vorgesellschaft ergebenden Rechte und Pflichten gehen mit der Eintragung der Aktiengesellschaft vollständig auf diese über. Bleibt allerdings aufgrund von sich aus der Zeit der Vorgesellschaft ergebenden Vorbelastungen das tatsächliche Gesellschaftsvermögen im Zeitpunkt der Eintragung hinter dem Betrag des Nennkapitals zurück (**Unterbilanz**), haften die Gründer der eingetragenen Aktiengesellschaft für den entstandenen Differenzbetrag.[33] Das Vorliegen einer Unterbilanz wird dabei regelmäßig nur durch die Aufstellung einer **Vermögensbilanz auf den Stichtag der Eintragung** festgestellt werden können.[34] Hat die vor der Eintragung aufgenommene Geschäftstätigkeit der Vorgesellschaft bereits zu einer Organisationseinheit geführt, die als Unternehmen anzusehen ist, das über seine einzelnen Vermögenswerte hinaus eigene Vermögenswerte darstellt, ist die Bewertung des Vermögens in der **Vorbelastungsbilanz** nach der **Ertragswertmethode** durchzuführen.[35] Dementsprechend ist auch ein

---

24 *Hüffer*, Rn 7; MüKo-AktG/*Pentz*, Rn 38.
25 *Geßler/Eckhardt*, § 29 Rn 32; *Hüffer*, Rn 7; MüKo-AktG/*Pentz*, Rn 39; vgl zur GmbH auch OLG Köln WM 1996, 207 mwN.
26 BGHZ 80, 212, 214 = NJW 1981, 2125; Scholz/*K. Schmidt*, GmbHG, § 11 Rn 46; aA Hachenburg/*Ulmer*, GmbHG, § 11 Rn 33.
27 MüKo-AktG/*Pentz*, Rn 40.
28 MüKo-AktG/*Pentz*, Rn 41.
29 *Flume*, Die juristische Person, § 5 III 2; MüKo-AktG/*Pentz*, Rn 41; vgl zum Recht der GmbH Scholz/*K. Schmidt*, GmbHG, § 11 Rn 43 mwN.
30 BGHZ 80, 129, 140 ff = NJW 1981, 1373 ff.
31 BGHZ 45, 338, 342 f = NJW 1966, 1311; BGHZ 65, 378, 383 = NJW 1976, 419.
32 MüHb-AG/*Hoffmann-Becking*, § 3 Rn 33; *Hüffer*, Rn 8 mwN.
33 BGHZ 80, 129, 140 ff = NJW 1981, 1373; *Wiedenmann*, ZIP 1997, 2029, 2031 ff mwN.
34 Hachenburg/*Ulmer*, GmbHG, § 11 Rn 29; *Hüffer*, Rn 9.
35 Vgl insoweit zur Vor-GmbH: BGH GmbHR 1999, 31; *Habersack/Lüssow*, NZG 1999, 629 ff; Hachenburg/*Ulmer*, GmbHG, § 11 Rn 89; *Lutter/Hommelhoff*, GmbHG, § 11 Rn 20 mwN.

Geschäfts- bzw **Firmenwert** zu berücksichtigen.[36] Mehrere Gründer haften dabei nicht als Gesamtschuldner, sondern anteilig nach dem Verhältnis ihrer durch die Aktienübernahme begründeten Einlagepflichten.[37] Die Haftung umfasst auch eine bereits eingetretene **Überschuldung** und kann also den Betrag des Grundkapitals übersteigen.[38]

Scheitert hingegen die Eintragung aufgrund der von der Vorgesellschaft bereits im Gründungsstadium produzierten Anlaufverluste, trifft die Gründer eine entsprechende **Verlustdeckungspflicht**. In diesem Fall haften die Gründer für die Verluste der Vorgesellschaft nicht nur bis zur Höhe ihrer Einlageverpflichtung, sondern unbeschränkt gegenüber der Vorgesellschaft in Abwicklung.[39] Wie bei der Unterbilanzhaftung handelt es sich bei der Verlustdeckungspflicht um Innenhaftung gegenüber der Vorgesellschaft; den Gläubigern stehen keine Ansprüche gegen die Gründer zu. 15

V. Außenbeziehungen. 1. Rechtsstellung. Als Gesamthandsgesellschaft eigener Art ist die Vorgesellschaft **teilrechtsfähig**.[40] Damit ist die Vorgesellschaft **namensfähig**.[41] Zur Vermeidung einer Irreführung des Rechtsverkehrs hat sie allerdings den Zusatz „i.G." (in Gründung) zu verwenden.[42] Die Vorgesellschaft ist noch kein Formkaufmann iSd § 3 iVm § 6 HGB, da § 3 die Eintragung der Gesellschaft voraussetzt.[43] Soweit die Vorgesellschaft allerdings im Gründungsstadium bereits ein Handelsgewerbe iSd § 1 Abs. 2 HGB betreibt, ist sie als Kaufmann zu qualifizieren.[44] Der von der Vorgesellschaft verwendete Name ist in diesem Fall Firma iSd § 17 HGB.[45] Hinsichtlich des Zeitpunkts für den Beginn des wettbewerblichen Firmenschutzes (Priorität) ist nicht auf die Eintragung im Handelsregister, sondern auf die Aufnahme der geschäftlichen Betätigung der Vorgesellschaft abzustellen.[46] Unabhängig von dem Vorliegen der Kaufmannseigenschaft ist die Vorgesellschaft **buchführungspflichtig**[47] und, soweit sie bereits eine bilanzierungspflichtige Tätigkeit ausübt, **bilanzierungspflichtig**.[48] Aufgrund ihrer Teilrechtsfähigkeit ist die Vorgesellschaft darüber hinaus **aktiv**[49] und **passiv**,[50] **parteifähig, insolvenz- und vergleichsfähig**,[51] **scheck- und wechselfähig**,[52] **kontofähig**,[53] **komplementärfähig**,[54] **gründerfähig**[55] sowie **grundbuchfähig**.[56] Die Vorgesellschaft ist darüber hinaus **beteiligten- und beschwerdefähig** im FGG-rechtlichen Verfahren der eigenen Eintragung.[57] 16

2. Vertretung. Die Vorgesellschaft wird im Rechtsverkehr durch die für sie handelnden Organe, dh den Vorstand vertreten.[58] Der Vorstand hat dabei allerdings **keine unbeschränkte Vertretungsmacht**. Der **Umfang** der organschaftlichen Vertretungsmacht des Vorstands bestimmt sich vielmehr nach dem Satzungsinhalt oder danach, ob sämtliche Gesellschafter[59] den im Gründungsstadium zu tätigenden Rechtsgeschäften zugestimmt haben. Das Vorbelastungsverbot der früheren Rechtsprechung[60] wurde durch die neue Rechtsprechung[61] aufgegeben, so dass der Vorstand im Rahmen seiner (beschränkten) Vertretungsmacht sämtliche Rechtsgeschäfte für die Vorgesellschaft tätigen kann. Der Kapitalschutz der Vorgesellschaft wird insoweit durch die Unterbilanz- und Verlustdeckungshaftung der Gründer gewährleistet.[62] 17

3. Organhaftung. Die Vorgesellschaft muss sich die eine Schadensersatzpflicht auslösenden Handlungen, zB unerlaubte Handlungen iSd §§ 823 ff BGB, ihrer Organe bzw der Mitglieder ihrer Organe analog § 31 18

---

36 BGH WM 1998, 2530 f.
37 LG Heidelberg AG 1998, 197, 198 f; vgl zur GmbH BGHZ 134, 333, 339 = NJW 1997, 1507.
38 *Hüffer*, Rn 9.
39 OLG Karlsruhe AG 1999, 131, 132; LG Heidelberg AG 1998, 197, 198 f; MüHb-AG/*Hoffmann-Becking*, § 3 Rn 35; *Hüffer*, Rn 9 a; *Wiedenmann*, ZIP 1997, 2029, 2030 ff; für die Vor-GmbH vgl BAG v. 25.1.2006 – 10 AZR 238/05, BB 2006, 1146 ff.
40 BGHZ 117, 323, 326 f = NJW 1992, 1824; *K. Schmidt*, GesR, § 27 II 4; *Hüffer*, Rn 4 und 10.
41 LG Düsseldorf NJW-RR 1987, 874; Großkomm-AktienR/*Barz*, § 29 Rn 7.
42 MüKo-AktG/*Pentz*, Rn 51; aA Hachenburg/*Ulmer*, GmbHG, § 11 Rn 47.
43 *Hüffer*, § 3 Rn 2 und § 41 Rn 10; MüKo-AktG/*Pentz*, Rn 51.
44 BGHZ 120, 103, 106 = NJW 1993, 459.
45 BGHZ 120, 103, 106 = NJW 1993, 459; *Hüffer*, Rn 10; Großkomm-HGB/*Hüffer*, § 17 Rn 14.
46 BGHZ 120, 103, 106 = NJW 1993, 459; *Hüffer*, Rn 10.
47 Großkomm-HGB/*Hüffer*, § 242 Rn 38; MüKo-AktG/*Pentz*, Rn 51.
48 Großkomm-HGB/*Hüffer*, § 242 Rn 38; *Schiller*, BB 1991, 2403, 2404.
49 BGH NJW 1998, 1079; *Weimar*, AG 1992, 69, 70; Geßler/*Eckardt*, § 29 Rn 12; *Hüffer*, Rn 10; Hachenburg/*Ulmer*, GmbHG, § 11 Rn 50 mwN; aA KölnKomm-AktG/*Kraft*, Rn 36.
50 BAG NJW 1963, 680, 681; BGHZ 79, 239, 241 = NJW 1981, 873, 874; OLG Hamburg BB 1973, 1505; OLG Hamm WM 1985, 658, 659; *Weimar*, AG 1992, 69, 70; Großkomm-AktienR/*Barz*, § 29 Rn 8; MüKo-AktG/*Pentz*, Rn 52.
51 BayObLGZ 1965, 294, 301 = NJW 1966, 2254 ff; OLG Nürnberg AG 1967, 362 f; *Weimar*, AG 1992, 69, 70.
52 *Hüffer*, Rn 10; MüKo-AktG/*Pentz*, Rn 52.
53 BGH WM 1962, 644; MüKo-AktG/*Pentz*, Rn 52; BGHZ 45, 338, 347 = NJW 1966, 1311.
54 BGHZ 80, 129 = NJW 1981, 1373.
55 *Hüffer*, Rn 10; MüKo-AktG/*Pentz*, Rn 52.
56 BGHZ 45, 338, 348 f = NJW 1966, 1311; BayObLG BB 1986, 549.
57 BGHZ 117, 323, 325 ff = NJW 1992, 1824; BayObLG NJW-RR 1996, 413; OLG Stuttgart ZIP 1992, 250, 251.
58 BGHZ 80, 129, 139 = NJW 1981, 1373.
59 *Hüffer*, Rn 11; Hommelhoff/Freytag, DStR 1997, 1367, 1368; *Wiedenmann*, ZIP 1997, 2029, 2032; Großkomm-AktienR/*Barz*, § 29 Rn 10; aA MüKo-AktG/*Pentz*, Rn 35 und 53; Hachenburg/*Ulmer*, GmbHG, § 11 Rn 36 und 31.
60 Vgl hierzu BGHZ 45, 338, 342 f = NJW 1966, 1311; BGHZ 65, 378, 383 = NJW 1976, 419.
61 BGHZ 80, 129, 133 ff = NJW 1981, 1373.
62 Siehe oben Rn 14 und 15.

BGB zurechnen lassen.[63] Eine Exkulpation ist nicht möglich. Die Haftung gem. § 31 BGB führt allerdings nicht zu einer persönlichen Haftung der Gründer, da diese selbst nicht für die Vorgesellschaft tätig werden und im Übrigen nur im Innenverhältnis gegenüber der Gesellschaft haften.[64]

19 **4. Haftung der Gründer.** Ob und inwieweit die Gründer im Außenverhältnis haften, ist umstritten. Nach der Rechtsprechung[65] haften die Gründer grundsätzlich nicht im Außenverhältnis, sondern **nur im Innenverhältnis**, da die Unterbilanz- und Verlustdeckungshaftung der Gründer als ausreichende, reine Innenhaftung ausgestaltet und eine weiter gehende, unbeschränkte Außenhaftung den Gründern unzumutbar sei. Die Gläubiger haben deshalb grundsätzlich zunächst die Vorgesellschaft in Anspruch zu nehmen und ggf deren Ansprüche auf Verlustdeckung gegen die Gründer zu pfänden.[66] Lediglich in den Fällen, in denen ein Vorgehen gegen die Vorgesellschaft aussichtslos ist, zB weil sie nicht zur Eintragung gelangt ist, ihre Betriebstätigkeit eingestellt hat, vermögenslos und ohne Stammkapital oder überschuldet ist, lässt die Rechtsprechung[67] und die ihr folgende Auffassung in der Literatur[68] ausnahmsweise ein **direktes Vorgehen der Gläubiger** gegen die Gründungsgesellschafter **im Wege des Durchgriffs** zu. Dies gilt auch im Fall der Einpersonen-Vorgesellschaft.[69] Die Gegenansicht in der Literatur,[70] die im Wesentlichen aufgrund einer Interessenabwägung zugunsten der Gläubiger für eine persönliche Außenhaftung der Gründer, ähnlich der Haftungsverhältnisse der OHG, plädiert, überzeugt insoweit nicht. Die Interessen der Gläubiger sind durch die Unterbilanz- und Verlustdeckungshaftung der Gründer und die ausnahmsweise zulässigen Durchgriffsmöglichkeiten der Gläubiger sowie durch die parallel greifende Handelndenhaftung iSd Abs. 1 S. 2 hinreichend geschützt.[71] Eine weiter gehende Ausdehnung des Gläubigerschutzes erscheint insoweit nicht sachgerecht. Zudem ist die Vorgesellschaft gerade nicht dem Recht der Personenhandelsgesellschaften angenähert,[72] sondern stellt eine Gesamthandsgesellschaft eigner Art dar. Aus diesen Gründen erscheint die in der neueren Rechtsprechung vertretene Auffassung der grundsätzlichen Innenhaftung, verbunden mit der Möglichkeit des Durchgriffs im Einzelfall, sachgerechter und damit vorzugswürdig.

20 **VI. Rechtsfolgen der Eintragung. 1. Allgemeines.** Wird die Vorgesellschaft eingetragen, entsteht gem. Abs. 1 S. 1 die Aktiengesellschaft in Form der juristischen Person. Gleichzeitig endet die Vorgesellschaft **ohne Liquidation**.[73] Die von der Aktiengesellschaft zur Zeit ihres Bestehens begründeten Rechte und Pflichten gehen im Wege der **Gesamtrechtsnachfolge** auf die Aktiengesellschaft als juristische Person über.[74] Gleichzeitig entstehen in der Aktiengesellschaft als juristische Person Rechte und Pflichten, die von den Gründern in der Satzung zugunsten oder zulasten der eingetragenen Aktiengesellschaft vereinbart wurden. Hierzu gehören zB die Ansprüche auf Leistung der Bareinlage gem. §§ 36, 36 a, Nebenverpflichtungen der Aktionäre gem. § 55, Pflichten aus der Vereinbarung von Sacheinlagen oder -übernahmen gem. § 27 oder von Sondervorteilen iSd § 26.

21 **2. Auswirkungen der Eintragung auf die Haftung der Gründer und der Handelnden.** Liegt im Zeitpunkt der Eintragung eine Unterbilanz der Aktiengesellschaft vor, entstehen in diesem Zeitpunkt Ansprüche der Aktiengesellschaft aus **Unterbilanzhaftung** gegen die Gründer.[75] Die Unterbilanzhaftung der Gründer kompensiert das von der neueren Rechtsprechung[76] aufgegebene Vorbelastungsverbot. Die Gründer haften dabei nicht als Gesamtschuldner, sondern **anteilig entsprechend den von ihnen übernommenen Einlagen**.[77] Die Ansprüche der eingetragenen Aktiengesellschaft gegen die Gründer aus Unterbilanzhaftung sind mit der Eintragung der Gesellschaft in das Handelsregister sofort fällig und vom Vorstand gegen die Gründer sofort geltend zu machen.[78] Der **Umfang der Unterbilanzhaftung** der Gründer ergibt sich aus einer auf den Zeitpunkt der Eintragung der Gesellschaft in das Handelsregister aufzustellenden Vermögensbilanz (siehe

---

63 KölnKomm-AktG/*Kraft*, Rn 54; MüKo-AktG/*Pentz*, Rn 54; *Hüffer*, Rn 13.
64 MüKo-AktG/*Pentz*, Rn 54; *Hüffer*, Rn 13; *Wiedenmann*, ZIP 1997, 2029, 2032 mwN.
65 BGHZ 80, 129, 144 = NJW 1981, 1373; BGHZ 134, 333 = NJW 1997, 1507 ff; OLG Karlsruhe AG 1999, 131, 132; LG Heidelberg AG 1998, 197, 198 f.
66 LG Heidelberg AG 1998, 197, 198 f.
67 BGH NJW 1996, 1210, 1212; 1997, 1507, 1508 f; LG Heidelberg AG 1998, 197, 198 f.
68 LG Heidelberg AG 1998, 197, 199; Hachenburg/*Ulmer*, GmbHG § 11 Rn 67; *Wiedenmann*, ZIP 1997, 2029, 2033; *Hüffer*, Rn 15; *Hartmann*, WiB 1997, 66, 70 f; *Ulmer*, ZIP 1996, 733, 734 ff.
69 BGH NJW 1997, 1507, 1509, siehe unter Rn 25.
70 *Altmeppen*, NJW 1997, 3272 ff; *Beuthien*, GmbHR 1996, 309 ff; *Ensthaler*, BB 1997, 257 ff; *Raab*, WM 1999, 1596 ff; *K. Schmidt*, GesR § 34 III 3 c; MüKo-AktG/*Pentz*, Rn 65 mwN.
71 *Ulmer*, ZIP 1997, 733, 736; *Wiedenmann*, ZIP 1997, 2029, 2033; *Weimar*, DStR 1997, 1170, 1174.
72 BGHZ 143, 314, 319 = NJW 2000, 1193.
73 *Hüffer*, Rn 16.
74 BGHZ 80, 129, 137, 140 = NJW 1981, 1373; zum GmbH-Recht Hachenburg/*Ulmer*, GmbHG, § 11 Rn 73 ff mwN; aA MüKo-AktG/*Pentz*, Rn 108; KölnKomm-AktG/*Kraft*, Rn 62, die keine Gesamtrechtsnachfolge, sondern die Identität von Vorgesellschaft und juristischer Person nach der Eintragung annehmen (Identitätstheorie).
75 MüHb-AG/*Hoffmann-Becking*, § 3 Rn 31; *K. Schmidt*, GesR, § 11 IV 2 b und § 27 II 2 c; *Weimar*, AG 1992, 69, 72.
76 BGHZ 80, 129, 141 = NJW 1981, 1373; BGH NJW 1998, 233 mwN.
77 BGHZ 80, 129, 141 = NJW 1981, 1373; BGH WM 1982, 14.
78 MüKo-AktG/*Pentz*, Rn 116, 117; Hachenburg/*Ulmer*, GmbHG, § 11 Rn 90.

oben Rn 14). Mit der Eintragung der Vorgesellschaft in das Handelsregister erlischt zudem die parallel zur Innenhaftung der Gründer existierende Handelndenhaftung iSd Abs. 1 S. 2.[79] Neben der Beendigung der auf das Gründungsstadium zugeschnittenen Haftungsverhältnisse der Gründer und der Handelnden entstehen mit der Eintragung der Gesellschaft im Handelsregister und dem Vorliegen der übrigen Voraussetzungen die Ansprüche der eingetragenen Aktiengesellschaft gegen die Gründer iSd § 46, gegen im Rahmen der Gründung beteiligte Dritte iSd § 47 und gegen die Mitglieder der Organe gem. § 48.

D. Die Einpersonen-Vorgesellschaft

I. Allgemeines. Mit dem Gesetz für kleine Aktiengesellschaften und zur Deregulierung des Aktienrechts[80] wurde die Gründung der Einpersonen-Aktiengesellschaft gem. § 2 zugelassen. Eine Einpersonengründung, dh die Errichtung einer **Einpersonen-Vorgesellschaft**, liegt vor, wenn die Satzung der Gesellschaft gem. § 23 durch den Alleingründer festgestellt wird. Dieser kann eine natürliche oder eine juristische Person sein.[81] Die Satzungsfeststellung ist eine einseitige, nicht empfangsbedürftige Willenserklärung des Gründers über die Errichtung der Gesellschaft.[82] Im Falle der **Spaltung zur Neugründung** entsteht die **Einpersonen-Vorgesellschaft** allerdings erst mit der Zustimmung der Gesellschafter zum Spaltungsplan gem. § 135 Abs. 1 S. 1 iVm §§ 125 S. 1, 13 Abs. 1, 13 Abs. 1 S. 1 UmwG.

II. Rechtsnatur. Im Gegensatz zur Mehrpersonen-Vorgesellschaft ist bei der Einpersonen-Vorgesellschaft in der Literatur umstritten, ob es sich dabei um eine **teilrechtsfähige Wirkungseinheit** handelt oder ob bis zur Eintragung in das Handelsregister lediglich ein **Sondervermögen des Alleingründers** besteht. Die Auffassungen in der Literatur,[83] die sich für ein Sondervermögen des Alleingründers aussprechen, begründen ihre Ansicht im Wesentlichen damit, dass es im geltenden Recht keine „Einpersonen-Gesamthandsgesellschaft" gibt und die Annahme einer Teilrechtsfähigkeit der Einpersonen-Vorgesellschaft mit dem geltenden Recht deshalb nicht vereinbar sei. Die wohl überwiegenden Vertreter der Teilrechtsfähigkeit[84] sehen hingegen in der ausdrücklichen Zulassung der Einpersonen-Vorgesellschaft in § 2 eine Gleichstellung mit der Mehrpersonen-Vorgesellschaft durch den Gesetzgeber im Hinblick auf ihre Rechtsnatur. Dem ist zuzustimmen. Mit der Zulassung der Einpersonengründung in § 2 und der Pflicht des Einpersonengründers zur vollständigen Einlageleistung gem. § 36 Abs. 2, § 36 a Abs. 1 und insbesondere der Pflicht zur Sicherheitsleistung iSd § 36 Abs. 2 S. 2 hat der Gesetzgeber die Einpersonen-Vorgesellschaft der Mehrpersonen-Gesellschaft gleichgestellt und geht insoweit offensichtlich von einer **Teilrechtsfähigkeit auch der Einpersonen-Vorgesellschaft** aus. Die Gleichstellung von Mehrpersonen- und Einpersonen-Vorgesellschaft wird für die Einpersonen-Vorgesellschaft in Form der GmbH inzwischen auch in der Rechtsprechung[85] anerkannt. Im Hinblick auf die vergleichbare Situation bei der Einpersonen-Vorgesellschaft im Aktienrecht sind keine Gründe ersichtlich, die einer Übertragung der vorgenannten Rechtsprechung zur Einpersonen-Vor-GmbH auf die Einpersonen-Vor-AG entgegenstehen könnten. Im Übrigen führt die Annahme eines Sondervermögens des Alleingründers zu einer Vielzahl von konstruktiven Schwierigkeiten hinsichtlich der Erbringung von (Sach-)Einlagen durch den Alleingründer.[86] Der Auffassung, die die **Einpersonen-Vorgesellschaft nicht als Sondervermögen, sondern als teilrechtsfähige Organisationsform** eigener Art qualifiziert, ist deshalb zuzustimmen.

III. Innenbeziehungen. Ebenso wie die Mehrpersonen-Vorgesellschaft gilt für die Innenbeziehungen der Einpersonen-Vorgesellschaft ein „**Sonderrecht**", das sich aus den Gründungsvorschriften, den satzungsmäßigen Bestimmungen sowie dem Recht der eingetragenen Aktiengesellschaft, soweit hierfür nicht die Eintragung Voraussetzung ist, zusammensetzt.[87] Die Einpersonen-Vorgesellschaft hat insbesondere ebenso wie die Mehrpersonen-Vorgesellschaft einen gegen den Gründer gerichteten Anspruch auf Zahlung der Einlage und ggf auf Leistung einer Sicherung gem. § 36 Abs. 1 S. 2.[88] Die Organstruktur des AktG gilt auch für die Einmann-Vorgesellschaft.[89] Den **Aufsichtsrat** und den **Vorstand** treffen deshalb die gleichen Organpflichten wie bei der Mehrpersonen-Vorgesellschaft. Dies gilt grundsätzlich auch für die Pflichten des **Alleingründers**

---

79 MüKo-AktG/*Pentz*, Rn 109; *Hüffer*, Rn 25; zum Recht der Vor-GmbH: BGHZ 76, 320, 323 = NJW 1980, 1630 f.
80 BGBl I 1994 S. 1961.
81 MüKo-AktG/*Pentz*, Rn 73.
82 *Hüffer*, § 2 Rn 4 a; MüKo-AktG/*Pentz*, Rn 73.
83 *Bruski*, AG 1997, 17, 20; *Hüffer*, Rn 17 c; für die Einmann-Vor-GmbH: *Lutter/Hommelhoff*, GmbHG, § 1 Rn 14 und § 11 Rn 18; *Ulmer*, BB 1980, 1001 ff.
84 *Bachmann*, NZG 2001, 961, 962; MüKo-AktG/*Pentz*, Rn 76 ff, 79; *Ammon/Görlitz*, Die kleine Aktiengesellschaft, S. 32; *Raiser*, Recht der Kapitalgesellschaften, 1992, § 26 Rn 58; zum Recht der Einpersonen-Vor-GmbH: Scholz/*K. Schmidt*, GmbHG, § 11 Rn 147; MüHb-GmbHR/*Gummert*,
§ 16 Rn 99; *John*, die Gründung der Einmann-GmbH, S. 13, 36 ff.
85 OLG Dresden GmbHR 1997, 215, 217; wohl auch der BGH, der bis zu Scheitern der Eintragung einer Einpersonen-GmbH von einer Vermögenstrennung zwischen dem Gesellschaftsvermögen einerseits und dem Privatvermögen des Alleingründers andererseits ausgeht, also gerade kein Sondervermögen des Alleingesellschafters annimmt, BGH DStR 1999, 943, 944.
86 MüKo-AktG/*Pentz*, Rn 76 ff mwN.
87 MüKo-AktG/*Pentz*, Rn 79.
88 *Bachmann*, NZG 2001, 961, 963 mwN.
89 Großkomm-AktienR/*Brändel*, § 1 Rn 143; *Hüffer*, § 42 Rn 2.

(**Unterbilanz-** und **Verlustdeckungshaftung**) gegenüber der Vorgesellschaft. Abweichend zur Rechtslage bei der Mehrpersonen-Vorgesellschaft treffen den Einmann-Gründer allerdings **keine Verpflichtungen**, am Entstehen der Gesellschaft als juristische Person mitzuwirken, da der Einmann-Gründer in seiner Entschließung, die **Gesellschaft anzumelden**, frei ist.[90] Kommt es **nicht zur Eintragung** der Einpersonen-Vorgesellschaft, zB weil der Alleingründer die Eintragungsabsicht endgültig aufgegeben hat, erlischt die Einpersonen-Vorgesellschaft **liquidationslos**.[91] Sämtliche Rechtspositionen der Einpersonen-Vorgesellschaft gehen automatisch auf den **Alleingründer im Wege der Gesamtrechtsnachfolge** über.[92]

25 **IV. Außenbeziehungen.** Geht man von der hier vertretenen Auffassung aus, dass auch die Einpersonen-Vorgesellschaft **eine teilrechtsfähige Wirkungseinheit** ist, ist die Einpersonen-Vorgesellschaft ebenso wie die Mehrpersonen-Vorgesellschaft ein eigenständiges Zuordnungsobjekt von Rechten und Pflichten, das mit seiner Errichtung gem. § 23 entsteht.[93] Die Einpersonen-Vorgesellschaft kann deshalb wie eine Mehrpersonen-Vorgesellschaft am Rechtsverkehr teilnehmen. Sie kann **Inhaberin eines Bankkontos** sein, ist **wechselrechtsfähig, parteifähig, insolvenzfähig** und **grundbuchfähig**.[94] Im Rechtsverkehr wird die Einpersonen-Vorgesellschaft durch ihren Vorstand kraft organschaftlicher Vertretungsmacht vertreten und verpflichtet. Ebenso wie bei der Mehrpersonen-Vorgesellschaft ist diese jedoch auf die Geschäfte zur Herbeiführung der Eintragung oder auf die mit Zustimmung des Gründers vorzunehmende Rechtsgeschäfte beschränkt. Anders als bei der Mehrpersonen-Vorgesellschaft sehen allerdings auch die Vertreter des Innenhaftungskonzepts[95] in der Einpersonen-Vorgesellschaft eine Ausnahme vom Grundsatz der ausschließlichen Innenhaftung der Gründer mit der Folge, dass die Gläubiger unmittelbar auf das Vermögen des Gründungsgesellschafters zurückgreifen können. Damit trifft den Gründer bei der Einpersonen-Vorgesellschaft **eine unbeschränkte Außenhaftung**, die bei der Mehrpersonen-Vorgesellschaft nur ausnahmsweise im Wege des Durchgriffs zulässig ist (siehe oben Rn 19).

26 **V. Rechtsfolgen der Eintragung.** Die Einpersonen-Vorgesellschaft wird gem. Abs. 1 S. 1 mit ihrer Eintragung in das Handelsregister zur juristischen Person und **endet ohne Liquidation**. Die von der Einpersonen-Vorgesellschaft zur Zeit ihres Bestehens begründeten Rechte und Pflichten gehen **im Wege der Gesamtrechtsnachfolge** auf die Aktiengesellschaft als juristische Person über.[96] Ggf greift für den Alleingründer die **Unterbilanzhaftung** gegenüber der eingetragenen Aktiengesellschaft im Zeitpunkt der Eintragung. Die im Gegensatz zur Mehrpersonen-Vorgesellschaft bestehende **Außenhaftung des Alleingründers gegenüber den Gläubigern endet** hingegen mit der Eintragung.[97] Im Übrigen hat die Eintragung der Vorgesellschaft in das Handelsregister die gleichen Auswirkungen auf die Einpersonen-Vorgesellschaft wie auf die Mehrpersonen-Vorgesellschaft (siehe oben Rn 20 f).

E. Die Handelndenhaftung (Abs. 1 S. 2)

27 **I. Allgemeines.** Abs. 1 S. 2 regelt die **persönliche Haftung** derjenigen, die vor der Eintragung der Vorgesellschaft in das Handelsregister in ihrem Namen handeln (sog. **Handelndenhaftung**). Handeln mehrere, so haften sie als **Gesamtschuldner**. Ursprünglich sollte diese Vorschrift eine Geschäftstätigkeit für die Gesellschaft vor ihrer Eintragung verhindern (sog. **Straffunktion**).[98] In der Folgezeit wurde in der Handelndenhaftung insbesondere ein Instrument gesehen, mit dem die Gläubiger der Gesellschaft vor dem Risiko geschützt werden sollten, im Falle der Nichteintragung keinen Schuldner zu haben (sog. **Sicherungsfunktion**).[99] Die Rechtsprechung[100] sah zudem den Zweck der Vorschrift darin, die Gründer und Vorstandsmitglieder zur beschleunigten Anmeldung der Gesellschaft zu bewegen (sog. **Druckfunktion**).

28 Im Hinblick auf die von der neueren Rechtsprechung[101] entwickelten Grundsätze zur Unterbilanz- und Verlustdeckungshaftung der Gründer sowie hinsichtlich der Teilrechtsfähigkeit und damit der Schuldnereigenschaft der Vorgesellschaft ist der Zweck der Handelndenhaftung unter den vorgenannten Gesichtspunkten grundsätzlich fraglich geworden. Hinzu kommt, dass der Anwendungsbereich der Handelndenhaftung iSd Abs. 1 S. 2 in der Regel gering ist, da die Haftung der Vorstandsmitglieder im Zeitpunkt der Eintragung der Vorgesellschaft in das Handelsregister entfällt und damit die für die Vorgesellschaft mit der Zustim-

---

90 MüKo-AktG/*Pentz*, § 41 Rn 79 und § 36 Rn 14; *Bachmann*, NZG 2001, 961, 963.
91 BGH DStR 1999, 943, 944; LG Berlin GmbHR 1988, 71.
92 BayObLG GmbHR 1987, 393 m.Anm. von *Schmidt*, 393 f; LG Berlin GmbHR 1988, 71; Scholz/K. Schmidt, GmbHG, § 11 Rn 148 mwN.
93 MüKo-AktG/*Pentz*, Rn 79; *Bachmann*, NZG 2001, 961, 962; Scholz/K. Schmidt, GmbHG, § 11 Rn 149 mwN.
94 Scholz/K. Schmidt, GmbHG, § 11 Rn 149; *John*, Die Gründung der Einmann-GmbH, S. 37, 47.
95 BGHZ 134, 333, 341 = NJW 1997, 1507, 1509; *Bachmann*, NGZ 2001, 961, 963; *Hüffer*, Rn 17 e.
96 *Hüffer*, Rn 17 g; Scholz/K. Schmidt, GmbHG, § 11 Rn 157 mwN.
97 BGH NZG 1999, 960, 961 f; MüKo-AktG/*Pentz*, Rn 808.
98 RGZ 55, 302, 304.
99 BGHZ 53, 210, 214 = NJW 1970, 806, 808.
100 BGHZ 47, 25 ff = NJW 1967, 8281.
101 BGHZ 80, 129, 140 ff = NJW 1981, 1373 ff; OLG Karlsruhe AG 1999, 131, 132; LG Heidelberg AG 1998, 197, 198 f.

mung der Gründer begründeten Verbindlichkeiten im Wege der Gesamtrechtsnachfolge auf die Gesellschaft übergehen.[102] Die Handelndenhaftung iSd Abs. 1 S. 2 wird damit nur noch in dem Fall relevant, in dem der Vorstand Rechtsgeschäfte für die Vorgesellschaft ohne das Einverständnis der Gründer und damit ohne Vertretungsmacht getätigt hat, so dass die daraus resultierenden Verbindlichkeiten nicht mit der Eintragung auf die Aktiengesellschaft übergehen.[103]

II. Person des Handelnden. Gemäß Abs. 1 S. 2 haftet, wer vor der Eintragung der Vorgesellschaft in das Handelsregister in ihrem Namen handelt. Als Handelnde kommen somit in erster Linie die einzelnen **Mitglieder des Vertretungsorgans der Vorgesellschaft, also des Vorstandes**, in Betracht.[104] Die Vorstandsmitglieder haften auch dann, wenn sie nicht selbst unmittelbar handeln, sondern andere Personen vorschieben oder als Bevollmächtigte handeln lassen.[105] Für die Haftung der Vorstandsmitglieder ist die Wirksamkeit ihrer Bestellung nicht erforderlich.[106] Die Vorstandsmitglieder haften allerdings nicht für Verbindlichkeiten, die nach der Beendigung ihres Amtes entstanden sind.[107] **Andere Personen** als Vorstandsmitglieder, zB Prokuristen oder Handlungsgehilfen, haften grundsätzlich nicht gem. Abs. 1 S. 2.[108] Diese Personen haften nur dann, wenn sie **faktisch** wie Mitglieder des Vorstands, dh wie ein Organmitglied, im Rechtsverkehr auftreten und handeln.[109] **Die Gründer** sind ebenfalls nicht Handelnde iSd Abs. 1 S. 2, und zwar auch dann nicht, wenn sie der Aufnahme von Geschäften vor der Eintragung zugestimmt haben.[110] Eine Haftung der Gründer iSd Abs. 1 S. 2 kommt lediglich dann in Betracht, wenn diese wie faktische Organmitglieder im Rechtsverkehr auftreten.

III. Haftungsvoraussetzungen. 1. Rechtsgeschäftliches Handeln. Die Handelndenhaftung iSd Abs. 1 S. 2 greift nur dann ein, wenn die betreffenden Personen im Namen der Gesellschaft handeln. Voraussetzung ist damit ein **rechtsgeschäftliches Handeln**. Dies setzt voraus, dass zB das betreffende Vorstandsmitglied entweder unmittelbar oder mittelbar über einen Dritten selbst am Vertragsschluss beteiligt ist.[111] Nach der Rechtsprechung[112] ist hierfür ausreichend, dass das betreffende Vorstandsmitglied einem Dritten wirksam Vertretungsmacht erteilt oder im Fall der Gesamtvertretung ein anderes Vorstandsmitglied wirksam ermächtigt, so dass dieses allein handeln kann. Nicht ausreichend für die Begründung der Haftung iSd Abs. 1 S. 2 ist es, wenn die übrigen Vorstandsmitglieder ein einzelvertretungsberechtigtes Vorstandsmitglied beim Abschluss von Rechtsgeschäften lediglich gewähren lassen.[113] **Kein rechtsgeschäftliches Handeln** im vorgenannten Sinne und damit keine Haftung der Vorstandsmitglieder besteht hingegen bei Ansprüchen aus gesetzlichen Schuldverhältnissen, zB bei Ansprüchen aus unerlaubter Handlung[114] oder auf Zahlung von Sozialversicherungsbeiträgen.[115] In der Literatur[116] wird es insoweit allerdings auch als ausreichend angesehen, wenn es sich um Ersatzansprüche aus Vertrag oder um Rückforderungsansprüche aus ungerechtfertigter Bereicherung handelt. Teilweise werden auch Ansprüche aus einer Geschäftsführung ohne Auftrag für ausreichend erachtet.[117]

2. Handeln im Namen der Gesellschaft. Der Wortlaut des Abs. 1 S. 2 setzt ein Handeln **im Namen der Gesellschaft** voraus. Die Rechtsprechung[118] vertritt insoweit die Auffassung, dass hierunter ein Handeln im Namen der künftigen, dh durch die Eintragung als solche entstehenden Aktiengesellschaft zu verstehen sei. Lediglich dann, wenn sich durch Auslegung des Rechtsgeschäfts ergebe, dass zugleich im Namen der Vorgesellschaft und der künftigen juristischen Person gehandelt wurde, lässt die Rechtsprechung[119] ein Handeln im Namen der Vorgesellschaft genügen. Nach der wohl überwiegenden Ansicht in der Literatur[120] greift Abs. 1 S. 2 auch dann, wenn die Vorstandsmitglieder **für die Vorgesellschaft** gehandelt haben. Dem

---

102 BGHZ 80, 182, 183; MüHb-AG/*Hoffmann-Becking*, § 4 Rn 36 mwN.
103 KölnKomm-AktG/*Kraft*, Rn 111; MüHb-AG/*Hoffmann-Becking*, § 4 Rn 36; MüKo-AktG/*Pentz*, Rn 127.
104 BGHZ 65, 378, 381 = NJW 1976, 419; KölnKomm-AktG/ *Kraft*, Rn 94.
105 BGHZ 53, 206, 208 = NJW 1970, 1043; Geßler/*Eckardt*, Rn 35; MüKo-AktG/*Pentz*, Rn 132.
106 MüKo-AktG/*Pentz*, Rn 132.
107 BAG ZIP 1998, 839 ff.
108 BGHZ 66, 359, 361 = NJW 1976, 1685.
109 BGHZ 51, 30, 35 = NJW 1969, 509, 511; BGHZ 65, 378, 388 f = NJW 1976, 419, 420; BGH NJW 1980, 287.
110 BGHZ 47, 25, 28 f = NJW 1967, 828; BGHZ 72, 45, 46 = NJW 1978, 1978; *Hüffer*, Rn 20; KölnKomm-AktG/*Kraft*, Rn 94; MüKo-AktG/*Pentz*, Rn 132; aA Wilhelm, DB 1996, 921, 922 f.
111 MüKo-AktG/*Pentz*, Rn 138.
112 BGHZ 53, 210, 214 = NJW 1970, 806 f; OLG Hamburg NJW-RR 1986, 116.
113 OLG Hamburg NJW-RR 1986, 116; MüKo-AktG/*Pentz*, Rn 138; Scholz/K. Schmidt, GmbHG, § 11 Rn 103.
114 MüKo-AktG/*Pentz*, Rn 137; *Hüffer*, Rn 21.
115 BSGE 60, 29, 31 f = ZIP 1986, 645 f; Großkomm-AktienR/ *Barz*, Rn 20; KölnKomm-AktG/*Kraft*, Rn 99.
116 *Hüffer*, Rn 21; MüKo-AktG/*Pentz*, Rn 137; Hachenburg/ *Ulmer*, GmbHG, § 11 Rn 108.
117 *Hüffer*, Rn 21; gegen eine Einbeziehung der GoA Großkomm-AktienR/*Barz*, Rn 20; KölnKomm-AktG/*Kraft*, Rn 99; MüKo-AktG/*Pentz*, Rn 137.
118 BGH NJW 1974, 1284; BGHZ 72, 45, 47 = NJW 1978, 1978; OLG Hamm WM 1985, 658, 660.
119 BGHZ 42, 45, 47 = NJW 1978, 1978; BGHZ 91, 148, 149 = NJW 1984, 2164.
120 Großkomm-AktienR/*Barz*, Rn 20; *Hüffer*, Rn 22; Werner, AG 1990, 1, 9; Scholz/K. Schmidt, GmbHG, § 11 Rn 107; Hachenburg/*Ulmer*, GmbHG, § 11 Rn 109.

ist zuzustimmen, um das Risiko einer häufig zufälligen Haftung iSd Abs. 1 S. 2 zu vermeiden.[121] Zur Begründung der Handelndenhaftung iSd Abs. 1 S. 2 ist es deshalb ausreichend, wenn sich aus dem Auftreten des Handelnden ergibt, dass er nicht im eigenen Namen, sondern **im Namen der Vorgesellschaft** handeln will.

3. Handeln vor Eintragung und gegenüber einem gesellschaftsfremden Dritten. Die Haftung gem. Abs. 1 S. 2 greift zudem nur dann, wenn **vor der Eintragung der Gesellschaft**, dh im Stadium der Vorgesellschaft, gehandelt worden ist. Ein Handeln im Stadium der Vorgründungsgesellschaft genügt nicht.[122] Weitere, ungeschriebene Haftungsvoraussetzung ist, dass der Handelnde **gegenüber einem gesellschaftsfremden Dritten**, also nicht gegenüber den Gründern oder solchen Personen, die der Gesellschaft beitreten wollen oder gegenüber Mitgliedern der Organe der Vorgesellschaft, gehandelt hat.[123]

IV. Haftungsinhalt. Gemäß Abs. 1 S. 2 haften die Handelnden persönlich. Die Haftung ist **akzessorisch**.[124] Der Haftungsinhalt und -umfang entspricht demjenigen der Gesellschaft. Die Gläubiger können nicht gem. § 179 Abs. 1 BGB analog zwischen Schadensersatz und Erfüllung wählen.[125] Der Höhe nach ist die **Haftung unbeschränkt**. Sie erlischt allerdings mit der Eintragung der Vorgesellschaft ins Handelsregister.[126] Dies gilt auch für Ansprüche aus **Dauerschuldverhältnissen**.[127] Die Handelnden können gegenüber den Gläubigern entsprechend § 129 HGB die gleichen Einreden und Einwendungen geltend machen, auf die sich auch die Gesellschaft berufen könnte.[128] Die Handelndenhaftung iSd des Abs. 1 S. 2 findet auch auf den Fall Anwendung, in dem das Vorstandsmitglied im Stadium der Vorgesellschaft ohne Vertretungsmacht handelt.[129] Dem Handelnden ist in diesem Fall allerdings der Einwand der Gesellschaft, der Handelnde habe keine Vertretungsmacht besessen, nicht möglich.[130] Mehrere Vorstandsmitglieder haften im Übrigen als **Gesamtschuldner** iSd § 421 ff BGB, soweit sie als Gesamtvertreter für die Vorgesellschaft gehandelt haben.

Abs. 1 S. 2 ist dispositiv, dh die Haftung kann durch eine Vereinbarung zwischen den Handelnden und den entsprechenden Geschäftspartnern **ausgeschlossen** werden[131] oder der Geschäftspartner verzichtet nachträglich auf seine Ansprüche.

V. Verjährung. Forderungen der Gläubiger gem. Abs. 1 S. 2 verjähren in der Verjährungsfrist, in der die gegen die Gesellschaft gerichtete Forderung jeweils verjährt,[132] Bei Fehlen der Vertretungsmacht verjährt die Forderung aus Abs. 1 S. 2 in dem Zeitraum, in dem die (hypothetisch) gegen die Gesellschaft gerichtete Forderung verjähren würde.[133] Die Unterbrechung der Verjährung gegenüber der Gesellschaft griff früher nicht zugleich auch für die Verjährung des Anspruchs auf Handelndenhaftung gegenüber dem Handelnden.[134] Dies dürfte auch für die Hemmung der Verjährung iSd §§ 203 ff BGB nach Inkrafttreten des Schuldrechtmodernisierungsgesetzes zum 1.1.2002 gelten.

VI. Regressansprüche der Handelnden. Haben die Vorstandsmitglieder pflichtgemäß gehandelt und werden sie dennoch gem. Abs. 1 S. 2 in Anspruch genommen, stehen ihnen gem. §§ 611, 675, 670 BGB **Befreiungs- und Aufwendungsersatzansprüche gegen die Vorgesellschaft** bzw nach der Eintragung gegen die juristische Person zu.[135] Aufgrund der akzessorischen Haftung der Handelnden besteht zwischen dem Vorstandsmitglied und der Gesellschaft keine Gesamtschuld.[136] Hat der Handelnde ohne Vertretungsbefugnis gehandelt, richtet sich der Regress gegen die Gesellschaft grundsätzlich nach den Bestimmungen der Geschäftsbesorgung ohne Auftrag gem. §§ 670, 683 BGB. Soweit der Vorstand pflichtwidrig gehandelt hat, scheiden Regressansprüche aus. Aufgrund der gesamtschuldnerischen Haftung der Vorstandsmitglieder untereinander können einzelnen in Anspruch genommenen Handelnden zudem Regressansprüche **gegen** weitere nach Abs. 1 S. 2 **haftbare Vorstandsmitglieder** zustehen. Nachdem die Rechtsprechung[137] die Haftung der Gründer auf eine reine Innenhaftung beschränkt hat, ist davon auszugehen, dass auch die Handelnden – ebenfalls wie die Gläubiger – allenfalls auf Ansprüche der Gesellschaft gegen die Gründer zur Verlustdeckung zugreifen können.[138] Lediglich dann, wenn der Handelnde von der Gesellschaft mangels Vermögens keine Erstattung seiner Aufwendungen erlagen kann oder feststeht, dass die Gesellschaft den Handelnden im Falle eine drohenden Inanspruchnahme nicht wird befreien können, dürften den Handelnden – entsprechend den Ausnahmen vom Innenhaftungskonzept der Rechtsprechung – Ansprüche direkt gegen die Gründer zustehen.

F. Schuldübernahme (Abs. 2 und 3)

Eine Schuldübernahme setzt gem. §§ 414, 415 BGB die Zustimmung des Gläubigers voraus. Gemäß Abs. 2 ist die **Zustimmung** des Gläubigers allerdings ausnahmsweise **entbehrlich**, wenn die Aktiengesellschaft innerhalb von drei Monaten nach ihrer Eintragung mit dem Schuldner vereinbart, eine in **ihrem Namen vor der Eintragung** eingegangene Verpflichtung zu übernehmen und dies dem Gläubiger von ihr oder dem Schuldner mitgeteilt wird. Abs. 2 sieht damit eine **vereinfachte Form der Schuldübernahme** vor. Dies ist zwar grundsätzlich für alle Schulden möglich, soll jedoch in erster Linie die Enthaftung der Handelnden iSd Abs. 1 S. 2 erleichtern und knüpft damit an Abs. 1 S. 2 an.[139] Die Schuldübernahme iSd § 42 Abs. 2 ist zwischen der durch Eintragung als juristische Person entstandenen Aktiengesellschaft und dem vor der Eintragung in ihrem Namen handelnden Vorstandsmitglied zu vereinbaren. Eine stillschweigende oder konkludent abgeschlossene Vereinbarung wie zB bei Dauerverträgen, die von der Aktiengesellschaft tatsächlich abgewickelt werden,[140] genügt insoweit. Bei Abschluss der Vereinbarung zur Schuldübernahme sind die Beschränkungen des § 181 BGB (Verbot des In-Sich-Geschäfts) zu berücksichtigen. Die Gesellschaft wird gegenüber dem Vorstand durch die Aufsichtsratsmitglieder gem. § 112 vertreten. 37

Soweit der Handelnde nicht im Namen der künftigen Aktiengesellschaft gehandelt hat, ist Abs. 2 nicht anwendbar. Es verbleibt in diesem Fall bei der notwendigen Mitwirkung des Gläubigers gem. §§ 414, 415 BGB. Die praktische Bedeutung der erleichterten Enthaftung gem. Abs. 2 ist allerdings aufgrund der Gesamtrechtsnachfolge, bei der die Rechte und Pflichten der Vorgesellschaft auf die eingetragene Aktiengesellschaft übergehen, gering. Abs. 2 wird lediglich in dem Fall relevant, in dem die Vorgesellschaft mangels Vertretungsbefugnis der Vorstandsmitglieder nicht verpflichtet wurde und dementsprechend keine Rechte und Pflichten der Vorgesellschaft im Wege der Gesamtrechtsnachfolge auf die eingetragene Aktiengesellschaft übergehen. In diesem Fall führt die Schuldübernahme gem. Abs. 2 zur Schuldbefreiung zugunsten des Vorstandes, der ansonsten wegen der fehlenden Verpflichtung der Vorgesellschaft selbst haften würde.[141] 38

Die Schuldübernahme gem. Abs. 2 ist ausnahmsweise gem. Abs. 3 **unzulässig**, wenn Verpflichtungen aus Verträgen übernommen werden sollen, die in der Satzung nicht festgesetzt sind und **Sondervorteile, Gründungsaufwand, Sacheinlagen** oder **Sachübernahmen** betreffen. Auch eine etwaige Zustimmung des Gläubigers ist in diesem Fall unerheblich. Abs. 3 soll insoweit eine Umgehung der §§ 26, 27 und 52 verhindern.[142] Im Hinblick auf diese Vorschriften ist Abs. 3 allerdings überflüssig.[143] Sind die vorgenannten Verträge nicht in der Satzung enthalten, so sind die Verträge gem. §§ 26 und 27 nichtig, so dass sie nicht übernommen werden können. Sie können nur gem. § 52 neu abgeschlossen werden.[144] 39

G. Übertragungs- und Ausgabeverbot (Abs. 4)

Gemäß Abs. 4 S. 1 ist die **Übertragung** von Anteilsrechten im Stadium der Vorgesellschaft, dh vor Eintragung der Aktiengesellschaft, **ausgeschlossen**. Abs. 4 S. 1 betrifft damit die Mitgliedschaft in der Vorgesellschaft.[145] Ein **Eintritt** und ein **Ausscheiden** von Gründungsgesellschaftern kann deshalb nicht durch die Übertragung der Mitgliedschaft gem. §§ 398, 430 BGB[146] erfolgen. Ebenso ist die **Pfändung** oder **Verpfändung** der Anteile im Stadium der Vorgesellschaft ausgeschlossen.[147] Ein **Gesellschafterwechsel** im Stadium der Vorgesellschaft kann allein durch eine einstimmige Satzungsänderung gem. § 23 durchgeführt werden.[148] Werden dennoch Aktien oder Zwischenscheine in diesem Stadium übertragen, ist die Übertragung gem. Abs. 4 S. 2 iVm § 134 BGB nichtig. 40

Umstritten ist hingegen, ob eine Übertragung der Anteile unter der **aufschiebenden Bedingung der Eintragung** der Aktiengesellschaft zulässig ist. Gegen die Zulässigkeit der Übertragung und der aufschiebenden Bedingung wird von Teilen der Literatur[149] eingewandt, dass dieser Möglichkeit der Gesetzeslaut entgegenstehe und im Übrigen das bei einer Satzungsänderung im Stadium der Vorgesellschaft greifende Einstim- 41

---

139 *Hüffer*, Rn 27; KölnKomm-AktG/*Kraft*, Rn 79; MüKo-AktG/*Pentz*, Rn 154.
140 KölnKomm-AktG/*Kraft*, Rn 81.
141 *Hüffer*, Rn 28; MüKo-AktG/*Pentz*, Rn 155.
142 RegBegr. *Kropff*, S. 60; Großkomm-AktienR/*Barz*, Rn 27.
143 *Hüffer*, Rn 29; KölnKomm-AktG/*Kraft*, Rn 84.
144 Großkomm-AktienR/*Barz*, Rn 27; KölnKomm-AktG/*Kraft*, Rn 84.
145 KölnKomm-AktG/*Kraft*, Rn 112; *Hüffer*, Rn 30.
146 MüKo-AktG/*Pentz*, Rn 62; KölnKomm-AktG/*Kraft*, Rn 112.
147 Großkomm-AktienR/*Barz*, Rn 29; MüKo-AktG/*Pentz*, Rn 162.
148 *Hüffer*, Rn 30; MüKo-AktG/*Pentz*, Rn 162; zur GmbH BGHZ NJW 1997, 1507.
149 Großkomm-AktienR/*Barz*, Rn 29; *Hüffer*, Rn 30.

migkeitsprinzip und der bestehende Formzwang iSd § 23 umgangen werde. Dieser Auffassung ist mit der Gegenansicht[150] nicht zu folgen. Das Übertragungsverbot iSd Abs. 4 S. 1 betrifft allein die Anteilsrechte im Stadium der Vorgesellschaft. Mit der Eintragung in das Handelsregister entstehen jedoch Mitgliedschaftsrechte an eine Aktiengesellschaft als juristische Person. Deren Übertragung unterliegt dem auf die juristische Person anzuwendenden Recht und ist deshalb weder an ein Einstimmigkeits- oder Formerfordernis gebunden. Abs. 4 S. 1 steht deshalb einer Übertragung von Aktien aufschiebend bedingt auf die Eintragung der Gesellschaft in das Handelsregister nicht entgegen.

42 Das Verbot der Ausgabe von Aktien oder Zwischenscheinen gem. Abs. 4 S. 1 dient dem Schutz des Rechtsverkehrs. Es soll verhindern, dass schon vor der Eintragung der Vorgesellschaft in das Handelsregister Aktienurkunden oder Zwischenscheine in Umlauf gebracht werden und der Rechtsverkehr dadurch über das Bestehen einer Aktiengesellschaft getäuscht wird. Untersagt ist die Ausgabe der Aktien und Zwischenscheine, dh die Überlassung an den Gründer. Die Vorbereitung der Ausgabe ist hingegen nicht untersagt.[151] Werden dennoch Aktien oder Zwischenscheine ausgegeben, so ist die Ausgabe gem. Abs. 4 S. 2 iVm § 134 BGB nichtig. Eine gültige wertpapiermäßige Verbriefung erfolgt deshalb nicht. Für den Schaden haften die Ausgeber gem. Abs. 4 S. 3 als Gesamtschuldner. Die Ausgabe von Aktien oder Zwischenscheinen ist zudem gem. § 405 Abs. 1 Nr. 2 eine **Ordnungswidrigkeit**.

§ 42 Einpersonen-Gesellschaft

Gehören alle Aktien allein oder neben der Gesellschaft einem Aktionär, ist unverzüglich eine entsprechende Mitteilung unter Angabe von Name, Vorname, Geburtsdatum und Wohnort des alleinigen Aktionärs zum Handelsregister einzureichen.

Literatur:
Bachmann, Die Einmann-AG, NZG 2001, 961; *Blanke*, Private Aktiengesellschaft und Deregulierung des Aktienrechts, BB 1994, 1505; *Hoffmann-Becking*, Gesetz zur „kleinen AG" – unersetzliche Randkorrekturen oder grundlegende Reform?, ZIP 1995, 1; *Lutter*, Das neue „Gesetz für kleine Aktiengesellschaften und zur Deregulierung des Aktienrechts", AG 1994, 429.

A. Überblick

1 § 42 wurde durch das Gesetz für kleine Aktiengesellschaft und zur Deregulierung des Aktienrechts[1] eingeführt und durch Art. 8 Nr. 4 Handelsreformgesetz vom 22.6.1998[2] neu gefasst. § 42 sieht für die **Einpersonen-Aktiengesellschaft** eine besondere Mitteilungs- bzw Einreichungspflicht der Gesellschaft gegenüber dem Registergericht vor, mit dem das Bestehen einer Einpersonen-Gesellschaft publik gemacht werden soll. Dadurch soll der Schutz der Gesellschaftsgläubiger verbessert werden.[3] § 42 gilt nicht nur für die **Einpersonen-Gründung**, sondern auch für die **nachträgliche** Entstehung einer Einpersonen-Gesellschaft.[4]

B. Rechtsverhältnisse der Einpersonen-Gesellschaft

2 Die Gründung einer Einpersonen-Gesellschaft ist gem. § 42 zulässig. Die Einpersonen-Gesellschaft liegt vor, wenn sich alle Aktien in der Hand eines Gesellschafters oder daneben in der Hand der Gesellschaft selbst befinden.[5] Die Einpersonen-Gesellschaft ist eine juristische Person.[6] Gesellschafter kann eine natürliche oder eine juristische Person oder eine Personengesellschaft (Gesamthand) sein, die die Einpersonen-Gesellschaft im Wege der Feststellung der Satzung durch ein einseitiges Rechtsgeschäft iSd § 23 gründet. Für den Teil der Geldeinlage, der den eingeforderten Betrag übersteigt, hat der Alleingründer gem. § 36 Abs. 2 S. 2 zusätzlich eine Sicherung zu bestellen.

3 Im Hinblick auf die Organisation der Einpersonen-Gesellschaft bestehen grundsätzlich keine Unterschiede zur Mehrpersonen-Gesellschaft. Ebenso wie diese hat die Einpersonen-Gesellschaft einen Vorstand, Aufsichtsrat und eine Hauptversammlung. Der Alleingründer kann dabei gem. § 76 Abs. 2 Alleinvorstand sein. Auf Rechtsgeschäfte zwischen dem alleinigen Gesellschafter und der Gesellschaft findet § 181 BGB Anwendung.[7] Die Gesellschaft wird in diesem Fall vom Aufsichtsrat gegenüber dem Vorstand gem. § 112 vertre-

---

150 KölnKomm-AktG/*Kraft*, Rn 113; MüKo-AktG/*Pentz*, Rn 164; v. Godin/Wilhelmi, Rn 23.
151 MüKo-AktG/*Pentz*, Rn 166.
1 BGBl. I 1994 S. 1961.
2 BGBl. I 1998 S. 1474.
3 *Lutter*, AG 1994, 429, 434; MüKo-AktG/*Pentz*, § 242 Rn 7.
4 *Hoffmann-Becking*, ZIP 1995, 1, 3; *Lutter*, AG 1994, 429, 434.
5 Großkomm-AktienR/*Brändel*, § 1 Rn 141; KölnKomm-AktG/*Kraft*, § 1 Rn 64.
6 *Hüffer*, Rn 2; KölnKomm-AktG/*Kraft*, § 1 Rn 69.
7 Großkomm-AktienR/*Brändel*, § 1 Rn 123; KölnKomm-AktG/*Kraft*, § 1 Rn 17; MüKo-AktG/*Pentz*, Rn 14.

ten. Die **Hauptversammlung** ist **Vollversammlung** und kann gem. § 121 Abs. 6 ohne die Einhaltung der in §§ 121 bis 128 genannten Anforderungen abgehalten werden. Für die Protokollierung genügt demnach gem. § 130 Abs. 1 S. 3 grundsätzliche eine vom Aufsichtsratsvorsitzenden zu unterzeichnende Niederschrift aus, soweit keine Beschlüsse gefasst werden, für die das Gesetz eine 3/4- oder größere Mehrheit bestimmt. In diesen Fällen bleibt es bei einer notariellen Beurkundung. Da es sich bei der Einpersonen-Gesellschaft um eine juristische Person handelt, ist das Vermögen der Gesellschaft grundsätzlich von dem des einzigen Gesellschafters getrennt (**Trennungsprinzip**). Lediglich in gesetzlich vorgesehenen Ausnahmefällen, zB in §§ 62 Abs. 2, 302 f, 309 Abs. 4 S. 3, 317 Abs. 4 und in den von der Rechtsprechung[8] vorgesehenen Ausnahmefällen besteht die Möglichkeit einer Durchbrechung des Trennungsprinzips.

C. Mitteilungspflicht

Gemäß § 42 besteht die Pflicht zur Mitteilung bzw zur Einreichung, wenn die Aktien einem Aktionär allein oder neben der Gesellschaft einem Aktionär gehören. § 42 betrifft gleichermaßen die Einmann-Gründung wie die nachträgliche Anteilsvereinigung.[9] Die Aktien **gehören** dem Alleinaktionär oder der Aktiengesellschaft, wenn er bzw die Aktiengesellschaft Eigentümer (Inhaber des Vollrechts) der Aktien ist.[10] Sicherungseigentum genügt insoweit.[11] Teilweise wird in der Literatur[12] unter Hinweis auf den Gesetzeszweck vertreten, dass § 16 Abs. 4 auch auf die Mitteilungspflicht iSd § 42 Anwendung findet. Dieser Ansicht ist nicht zuzustimmen. Die Gegenmeinung[13] weist zu Recht darauf hin, dass eine entsprechende Fiktion iSd § 16 Abs. 4 in § 42 ebenso wie in den §§ 20 Abs. 1 S. 2, 21 Abs. 1 S. 2 und 328 Abs. 1 S. 3 ausdrücklich hätte aufgenommen werden müssen, wenn § 16 Abs. 4 auch im Bereich des § 42 Anwendung hätte finden sollen. Dem ist zuzustimmen, so dass § 16 Abs. 4 im Rahmen des § 42 **keine** Anwendung findet.

Dem Gericht ist zunächst mitzuteilen, dass alle Aktien einem Aktionär oder neben ihm der Gesellschaft selbst gehören. Eine Mitteilung, die lediglich pauschal das Bestehen einer Einpersonen-Aktiengesellschaft angibt, ist nicht ausreichend.[14] Handelt es sich bei dem einzigen Aktionär um eine **natürliche Person**, ist in der Mitteilung sein Name, Vorname, Geburtsdatum und Wohnort (wie in § 40 ist die Angabe der Gemeinde ausreichend) anzugeben. Die volle Anschrift muss nicht mitgeteilt werden.[15] Ist der Alleingesellschafter ein **Einzelkaufmann** und sind die Aktien dem von ihm betriebenen Unternehmen zuzurechnen, sind zudem die Firma und ihre Hauptniederlassung anzugeben.[16] Handelt es sich bei dem einzigen Aktionär um eine **juristische Person** oder eine **Personenhandelsgesellschaft**, ist die Firma und der Sitz der Gesellschaft anzugeben. Bei einer **Gesellschaft bürgerlichen Rechts** sind die Namen, Vornamen, die Geburtsdaten und der Wohnort jedes einzelnen Gesellschafters anzugeben.

Die Mitteilung ist unverzüglich iSd § 121 Abs. 1 S. 1 BGB, schriftlich durch die Vorstandsmitglieder in vertretungsberechtigter Zahl gem. § 78 bei dem Registergericht (Amtsgericht) am Sitz der Gesellschaft iSd § 14 einzureichen.[17] Die Mitteilung wird dort gem. § 8 Abs. 2 HRV in den für die Gesellschaft geführten Aktenband übernommen. Eine Handelsregistereintragung erfolgt nicht.

§§ 43 und 44 (aufgehoben)

§ 45 Sitzverlegung

(1) Wird der Sitz der Gesellschaft im Inland verlegt, so ist die Verlegung beim Gericht des bisherigen Sitzes anzumelden.

(2) ¹Wird der Sitz aus dem Bezirk des Gerichts des bisherigen Sitzes verlegt, so hat dieses unverzüglich von Amts wegen die Verlegung dem Gericht des neuen Sitzes mitzuteilen. ²Der Mitteilung sind die Eintragungen für den bisherigen Sitz sowie die bei dem bisher zuständigen Gericht aufbewahrten Urkunden beizufügen; bei elektronischer Registerführung sind die Eintragungen und die Dokumente elektronisch zu übermitteln. ³Das Gericht des neuen Sitzes hat zu prüfen, ob die Verlegung ordnungsgemäß beschlossen und § 30 des Handelsgesetzbuchs beachtet ist. ⁴Ist dies der Fall, so hat es die Sitzverlegung einzutragen und hierbei die ihm mitgeteilten Eintragungen ohne weitere Nachprüfung in sein Handelsregister zu übernehmen. ⁵Mit

---

[8] BGHZ 68, 312, 314 f; 78, 318, 333; BGH WM 1961, 1103.
[9] *Planck*, GmbHR 1995, 501 502; MüKo-AktG/*Pentz*, Rn 5.
[10] *Hüffer*, Rn 4.
[11] *Hüffer*, Rn 4.
[12] *Hoffmann-Becking*, ZIP 1995, 1, 3; *Kindler*, NJW 1994, 3041, 3043; *Lutter*, AG 1994, 429, 434.
[13] *Blanke*, BB 1994, 1505, 1506; *Heckschen*, DNotZ 1995, 275, 279; *Hüffer*, Rn 4; MüKo-AktG/*Pentz*, Rn 21.
[14] *Hüffer*, Rn 5; MüKo-AktG/*Pentz*, Rn 24.
[15] MüKo-AktG/*Pentz*, Rn 24.
[16] MüKo-AktG/*Pentz*, Rn 24.
[17] *Ammon/Görlitz*, Die kleine Aktiengesellschaft, 1995, S. 41 f; *Hüffer*, Rn 5.

der Eintragung wird die Sitzverlegung wirksam. ⁶Die Eintragung ist dem Gericht des bisherigen Sitzes mitzuteilen. ⁷Dieses hat die erforderlichen Löschungen von Amts wegen vorzunehmen.

(3) ¹Wird der Sitz an einen anderen Ort innerhalb des Bezirks des Gerichts des bisherigen Sitzes verlegt, so hat das Gericht zu prüfen, ob die Sitzverlegung ordnungsgemäß beschlossen und § 30 des Handelsgesetzbuchs beachtet ist. ²Ist dies der Fall, so hat es die Sitzverlegung einzutragen. ³Mit der Eintragung wird die Sitzverlegung wirksam.

Literatur:
Di Marco, Der Vorschlag der Kommission für eine Vierzehnte Richtlinie – Stand und Perspektiven, ZGR 1999, 3; *Werlauff*, Ausländische Gesellschaften für inländische Aktivität, ZIP 1999, 867.

A. Überblick

1 § 45 regelt die registerrechtliche Behandlung der Verlegung des Gesellschaftssitzes im Inland. Abs. 1 betrifft allgemein die Verlegung des Gesellschaftssitzes. Abs. 2 behandelt die Verlegung des Sitzes in einen anderen Gerichtsbezirk und Abs. 3 die Verlegung innerhalb des gleichen Bezirks. Die „faktische" Sitzverlegung, dh das Auseinanderfallen zwischen dem satzungsmäßigen und dem tatsächlichen Sitz, die Sitzverlegung in das Ausland sowie die Sitzverlegung einer ausländischen Gesellschaft in das Inland werden nicht behandelt.[1] Die Norm wurde durch Art. 9 Nr. 2 EHUG vom 10.11.2006 (BGBl. I S. 2553) in Abs. 2, durch Aufhebung von Abs. 3 sowie durch die Umstellung des bisherigen Abs. 4 zu Abs. 3 geändert.

B. Sitzverlegung im Inland (Abs. 1–3)

2 Die Sitzverlegung in einen **anderen Gerichtsbezirk im Inland** iSd Abs. 1 und 2 stellt eine von der Hauptversammlung zu beschließende Satzungsänderung iSd §§ 5, 23 Abs. 3 Nr. 1 dar. Sie ist gem. § 181 Abs. 1 durch den Vorstand in vertretungsberechtigter Zahl und in öffentlich beglaubigter Form iSd § 12 HGB beim Handelsregister, bei dem die Gesellschaft bisher ihren Sitz hat, anzumelden. Die Anmeldung kann auch durch einen vom Vorstand Bevollmächtigten erfolgen.[2] Das bisherige Sitzgericht prüft die **formelle Ordnungsgemäßheit** der Anmeldung, dh ob die Form nach § 12 HGB gewahrt ist, die Vertretungsverhältnisse zutreffend sind, ob eine vollständige Satzung mit der nach § 181 Abs. 1 S. 2 Hs 2 erforderlichen Bescheinigung eines Notars, die Niederschrift über die der Satzungsänderung zugrunde liegende Hauptversammlung sowie die Anlagen iSd § 130 Abs. 5 mit eingereicht wurden. Das bisherige Sitzgericht nimmt keine materielle Prüfung der Anmeldung vor.[3] Ist die Anmeldung nach seiner Ansicht ordnungsgemäß, hat das Gericht den Beschluss über die Sitzverlegung gem. Abs. 2 S. 2 von Amts wegen unverzüglich dem **Gericht des neuen Sitzes** mitzuteilen. Dieser Mitteilung sind gem. Abs. 2 S. 2 die bisherigen Eintragungen für den bisherigen Sitz sowie die bei dem bisher zuständigen Gericht aufbewahrten Urkunden beizufügen. Bei elektronischer Registerführung sind die vorgenannten Unterlagen gem. Abs. 2 S. 2 2 Hs elektronisch zu übermitteln. Wird das Register nach wie vor in Papierform geführt, verbleibt es bei dem bisherigen Versendungsverfahren.[4] Die Löschung der bisherigen Eintragungen beim Sitzgericht erfolgt erst nach der Eintragungsnachricht des neuen Sitzgerichts gem. Abs. 2 S. 7. Eine Eintragung des Beschlusses über die Sitzverlegung im Handelsregister des bisherigen Sitzgerichts erfolgt nicht, da die allgemeine Bestimmung des § 181 Abs. 3 durch die spezielle Regelung in Abs. 2 S. 5 verdrängt wird.[5]

3 Das **Gericht des neuen Sitzes**, hat gem. Abs. 2 S. 3 zu prüfen, ob die Sitzverlegung ordnungsgemäß erfolgt ist und § 30 HGB beachtet wurde. Ist dies der Fall, hat es gem. Abs. 2 S. 4 die Sitzverlegung einzutragen und hierbei die ihm mitgeteilten Eintragungen ohne weitere Nachprüfung in sein Handelsregister zu übernehmen. Damit ist die Sitzverlegung gem. Abs. 2 S. 5 **wirksam**. Die Eintragung ist dem Gericht des bisherigen Sitzes gem. Abs. 2 S. 6 mitzuteilen und zudem gem. § 10 HGB im elektronischen Verfahren bekannt zu machen. Ist das Prüfungsergebnis des Gerichts des neuen Sitzes negativ, dh sind nach dessen Ansicht nicht alle materiellen und formellen Voraussetzungen für eine Sitzverlegung gegeben, hat es den Vorgang an das Gericht des bisherigen Sitzes zurückzureichen, so dass dieses die Anmeldung abzuweisen hat. Dies entspricht dem Grundgedanken, den Registerverkehr bei dem Gericht des Gesellschaftssitzes zu konzentrieren, welcher durch die erneuten Änderungen der §§ 13 ff HGB durch Art. 1 Nr. 3 bis 7 EHUG noch verstärkt

---

1 Vgl hierzu OLG Zweibrücken NJW 1990, 3092.
2 *Hüffer*, Rn 2.
3 OLG Frankfurt FGPrax 2002, 184, 185; OLG Köln Rpfleger 1975, 251 f; LG Düsseldorf BB 1966, 1036.
4 RegBegr. BT-Drucks. 16/960, S. 66.
5 *v. Godin/Wilhelmi*, Rn 2; MüKo-AktG/*Pentz*, Rn 10; *Hüffer*, Rn 4.

wurde.⁶ § 45 Abs. 3 aF, nach dem eine Zusatzbekanntmachung wesentlicher Gesellschaftsverhältnisse bei einer noch jungen AG erforderlich war, ist durch Art. 9 Nr. 3 b EHUG entfallen.

Für **Sitzverlegungen innerhalb desselben Gerichtsbezirks** im Inland bleibt das bisherige Sitzgericht zuständig. Es hat sowohl die Förmlichkeiten der Anmeldung, die Ordnungsgemäßheit der Satzungsänderung sowie die Erfüllung der Anforderungen des § 30 HGB zu prüfen und bei positivem Ergebnis der Prüfung die Sitzverlegung gem. Abs. 3 S. 2 einzutragen und nach § 10 HGB im elektronischen Verfahren bekannt zu machen. Im Falle von Beanstandungen hat es die Eintragung abzulehnen. **4**

C. Sitzverlegung mit Auslandsbezug

Sowohl die Sitzverlegung aus dem **Inland in das Ausland** als auch der umgekehrte Fall, dh die Sitzverlegung einer **ausländischen Gesellschaft in das Inland**, werden in § 45 nicht geregelt. Nach der bislang wohl überwiegenden Auffassung⁷ führt der Beschluss der Hauptversammlung, den Verwaltungssitz aus dem Inland in das Ausland zu verlegen, zur Auflösung und Abwicklung der Gesellschaft. Dies gilt auch für eine Sitzverlegung innerhalb der Europäischen Union.⁸ In seinem „Cortesio"-Urteil hat der EUGH jedoch nunmehr in einem *obiter dictum* dargelegt, dass Gesellschaften aufgrund der Niederlassungsfreiheit nicht daran gehindert werden dürfen, ihren Satzungssitz grenzüberschreitend identitätswahrend mit gleichzeitiger Umwandlung in eine Rechtsform des Zielstaats zu verlegen, soweit das Recht des Zielstaats dies zulasse.⁹ In einem solchem Fall dürfe das nationale Recht bei grundsätzlich nicht die Auflösung und Abwicklung der Gesellschaft im Wegzugsstaat anordnen. Diese neue Rechtsprechung des EUH steht im Widerspruch zu der bisherigen deutschen Gerichtspraxis, die bisher bei einer grenzüberschreitenden Sitzverlegung entweder die Auflösung der Gesellschaft angenommen oder die Sitzverlegung für nicht eintragungsfähig gehalten hat.¹⁰ Die bisherige Deutsche Rechtsprechung ist insoweit nicht mehr europarechtskonform. Es bleibt mithin abzuwarten, ob und inwieweit der Gesetzgeber auf der Sekundärrechtebene reagiert oder sich die Deutsche Rechtsprechung anpasst. Verlegt eine Aktiengesellschaft aus einem EU-Mitgliedstaat ihren Verwaltungssitz aus dem Ausland in das Inland, so hat der Zuzugsstaat diese Kapitalgesellschaft ausländischer Rechtsform anzuerkennen.¹¹ Nach der Rechtsprechung des EuGH besteht zudem die Möglichkeit, dass eine EU-Kapitalgesellschaft ihren tatsächlichen Sitz unter formaler Behandlung als „Zweigniederlassung" in einen anderen Mitgliedstaat verlegt, ohne ihr Gesellschaftsstatut wechseln zu müssen.¹² Verlegt hingegen eine Kapitalgesellschaft aus einem Drittstaat (nicht EU-Staat) ihren effektiven Verwaltungssitz in das Inland, so ist diese ausländische Gesellschaft entsprechend ihrer Tätigkeit entweder als GBR oder als OHG zu qualifizieren.¹³ **5**

Anhang zu § 45 (Zweigniederlassungen, §§ 13–13 g HGB)

Literatur:
Plesse, Neuregelung des Rechts der Offenlegung von Zweigniederlassungen, DStR 1993, 133; *Seibert*, Die Umsetzung der Zweigniederlassungs-Richtlinie der EG in deutsches Recht, GmbHR 1992, 738; *ders.*, Neuordnung des Rechts der Zweigniederlassung im HGB, DB 1993, 1705.

§ 13 HGB   Zweigniederlassungen von Unternehmen mit Sitz im Inland

(1) ¹Die Errichtung einer Zweigniederlassung ist von einem Einzelkaufmann oder einer juristischen Person beim Gericht der Hauptniederlassung, von einer Handelsgesellschaft beim Gericht des Sitzes der Gesellschaft, unter Angabe des Ortes und der inländischen Geschäftsanschrift der Zweigniederlassung und des Zusatzes, falls der Firma der Zweigniederlassung ein solcher beigefügt wird, zur Eintragung anzumelden.

---

6 *Hüffer*, Rn 5; aA LG Leipzig AG 2004, 459; MüKo-AktG/*Pentz*, Rn 16, nachdem das Gericht des neuen Sitzes über eine Ablehnung der Eintragung zu entscheiden hat, ohne dass der Vorgang an das Gericht des bisherigen Sitzes zurückzugeben ist.

7 BGHZ 25, 134, 144 = NJW 1957, 1433; BayObLGZ 1992, 113 = NJW-RR 1993, 43; OLG Düsseldorf FGPrax 2001, 127; OLG Hamm ZIP 1997, 1696 f; OLG Hamm FGPrax 2001, 123; OLG Zweibrücken NJW 1990, 3092; MüKo-BGB/*Ebenroth*, Anh. Art. 10 EGBGB Rn 181 ff; 220; MüKo-AktG/*Pentz*, Rn 23; *Staudinger/Großfeld*, IntGesR, Rn 630 ff; aA MüKo-AktG/*Hüffer*, § 262 Rn 36; KölnKomm-AktG/*Kraft*, § 262 Rn 36, die den Beschluss gem. § 241 Nr. 3 AktG für nichtig halten.

8 OLG Hamm ZIP 1997, 1696, 1697 m.Anm. *Neye*; *Staudinger/Großfeld*, IntGesR, Rn 657 ff mwN.

9 EUGH v. 16.12.2008 – Rs C-210/06 (Cartesio), Rn 112; GmbH 2009 81, 91; *Knof/Mock*, ZIP 2009, 30 ff; *Kindler*, NZG 2009, 130 ff; *Zimmer/Naendrup*, NJW 2009, 545 ff; *Werner*, GmbHR 2009, 181; *Otte/Rietschel*, GmbHR 2009, 983 ff jew. mwN.

10 Vgl zB OLG München GmbHR 2007, 1273 ff; OLG Brandenburg, GmbHR 2005, 484, 485; BayObLG GmbHR 2004, 49, 491 jew. mwN.

11 EuGH NJW 1999, 2027 (Centros); EuGH NJW 2002, 3614 (Überseering); EuGH NJW 2003, 3331 (Inspire Art).

12 MüKo-AktG/*Altmeppen*, Europ Niederlassungsfreiheit, Kapitel 2, I Rn 185 mwN.

13 *Hüffer*, § 1 Rn 36 mwN.

²In gleicher Weise sind spätere Änderungen der die Zweigniederlassung betreffenden einzutragenden Tatsachen anzumelden.
(2) Das zuständige Gericht trägt die Zweigniederlassung auf dem Registerblatt der Hauptniederlassung oder des Sitzes unter Angabe des Ortes sowie der inländischen Geschäftsanschrift der Zweigniederlassung und des Zusatzes, falls der Firma der Zweigniederlassung ein solcher beigefügt ist, ein, es sei denn, die Zweigniederlassung ist offensichtlich nicht errichtet worden.
(3) Die Absätze 1 und 2 gelten entsprechend für die Aufhebung der Zweigniederlassung.

A. Überblick

1 § 13 HGB regelt die im Zusammenhang mit der Errichtung und Aufhebung einer Zweigniederlassung (Filiale) eines **Unternehmens mit Sitz im Inland** auftretenden registerrechtlichen Verfahrensfragen. Hierzu stimmt § 13 HGB das registerrechtliche Verfahren des Gerichts der Hauptniederlassung und das der Zweigniederlassung aufeinander ab. Dies dient der Konzentration und damit der Beschleunigung des registerrechtlichen Verfahrens insgesamt. Durch die Änderungen der §§ 13 HGB der durch Art. 1 Nr. 3 bis 7 EHUG eingeführten elektronische Registerführung wurde die bisher schon vorhandene Konzentration des Registerverkehrs auf das Gericht des Gesellschaftssitzes noch verstärkt. Eine weitere Änderung erfolgte durch das MoMiG vom 23.10.2008 (BGBl. I S. 2026) nach dem auch die inländische Geschäftsanschrift anzumelden und einzutragen ist.

B. Zweigniederlassung von Unternehmen mit Sitz im Inland (§ 13 Abs. 1–3 HGB)

2 Gemäß § 13 Abs. 1 S. 1 HGB ist der Rechtsträger (Einzelkaufmann, juristische Person oder Handelsgesellschaft) einer Zweigniederlassung verpflichtet, deren Errichtung zur Eintragung in das Handelsregister anzumelden. Da die Aktiengesellschaft notwendige Handelsgesellschaft iSd § 3 Abs. 1 ist, hat auch sie die Errichtung einer Zweigstelle zur Eintragung anzumelden. Die **Hauptniederlassung** einer Aktiengesellschaft ist deren Niederlassung am satzungsmäßigen Sitz der Gesellschaft.[1] Die **Zweigniederlassung** einer Aktiengesellschaft ist ein von ihrer Hauptniederlassung räumlich getrennter Teil des Unternehmens, von dem aus unter dessen Leitung dauerhaft selbstständig Geschäfte abgeschlossen werden und der die dafür erforderliche **sachliche** und **personelle Organisation** besitzt.[2] Sie ist somit ein verselbstständigter Teil des (Gesamt-) Unternehmens, von dem aus wesentliche Geschäfte **selbstständig** getätigt werden. Hierzu ist in sachlicher Hinsicht erforderlich, dass die Zweigniederlassung auch bei Wegfall der Hauptniederlassung als eigenes Unternehmen weitergeführt werden kann.[3] Voraussetzung hierfür ist wiederum nach der herrschenden Meinung,[4] dass der Zweigniederlassung ein gesonderter Teil des Geschäftsvermögens der Aktiengesellschaft zugewiesen ist, den diese selbstständig und insbesondere mit einer **gesonderten** (nicht notwendigerweise bei der Zweigniederlassung geführten) **Buchführung** verwaltet. In **personeller Hinsicht** muss die Zweigniederlassung von einem Leiter geführt werden, der die mit der Niederlassung verbundenen Geschäfte selbstständig abschließen kann. Der Leiter ist zwar gegenüber dem Vorstand weisungsgebunden. Dies steht seiner Selbstständigkeit jedoch nicht entgegen.[5]

3 Trotz der gewissen Selbstständigkeit der Zweigniederlassung ist diese kein eigenes Unternehmen und insbesondere kein selbstständiger Rechtsträger. Die Zweigniederlassung verfügt über keine eigene Rechtspersönlichkeit und kann deshalb nicht Trägerin von Rechten und Pflichten sein und ist nicht parteifähig.[6] Die Zweigniederlassung kann allerdings eine **besondere Firma** haben, so lange der Zusammenhang mit der Hauptniederlassung deutlich zum Ausdruck kommt.[7] Ist das nicht der Fall, kann die Firma der Zweigniederlassung identisch mit derjenigen der Hauptniederlassung sein, oder einen einheitlichen Firmenkern mit dieser haben. In jedem Fall hat die Firma der Zweigniederlassung gem. § 4 stets einen Hinweis auf die Rechtsform der Aktiengesellschaft zu enthalten. Die Möglichkeit der Zweigniederlassung, eine besondere Firma zu führen, wird vor allem in den Fällen relevant, in denen die Aktiengesellschaft ein von ihr erworbe-

---

[1] BayObLG WM 1981, 1396 f; MüKo-AktG/*Heider*, § 5 Rn 9; Großkomm-HGB/*Hüffer*, vor § 13 Rn 23 mwN; aA Köln-Komm/*Kraft*, § 5 Rn 16.
[2] Großkomm-HGB/*Hüffer*, vor § 13 Rn 9 ff; *Hüffer*, Anh. § 45, § 13 HGB Rn 4; MüKo-AktG/*Pentz*, Anh. § 45 Rn 17.
[3] BayObLG DB 1979, 1936; Großkomm-HGB/*Hüffer*, vor § 13 Rn 13; MüKo-AktG/*Pentz*, Anh. § 45, § 13 HGB Rn 20.
[4] BayObLG WM 1979, 1270 f; *Hüffer*, Anh. § 45, § 13 HGB Rn 5; MüKo-AktG/*Pentz*, Anh. § 45, § 13 HGB Rn 20.
[5] Großkomm-HGB/*Hüffer*, vor § 13 Rn 14; MüKo-AktG/*Pentz*, Anh. § 45, § 13 HGB Rn 20.
[6] BGHZ 4, 62, 65 = NJW 1952, 182; *Hüffer*, Anh. § 45, § 13 HGB Rn 6.
[7] BayObLG BB 1992, 944; BayObLG BB 1990, 1364.

nes Handelsgeschäft unter der bisherigen Firma nunmehr als Zweigniederlassungsfirma gem. § 22 HGB fortführen will.[8]

Die Zweigniederlassung ist **errichtet**, wenn die sachlichen und personellen Organisationsmaßnahmen ergriffen werden, die es der Zweigniederlassung ermöglichen, selbstständig und räumlich getrennt von der Hauptniederlassung wesentliche Geschäfte zu tätigen.[9] Die Aufnahme des Geschäftsbetriebs ist hierfür allerdings nicht erforderlich.[10] Die Eintragung der Zweigniederlassung in das Handelsregister hat nur **deklaratorische Bedeutung**.[11] Für die Errichtung der Zweigniederlassung ist der Vorstand der Aktiengesellschaft zuständig.[12] Allerdings kann die Zustimmung des Aufsichtsrats erforderlich sein, soweit die Satzung der Aktiengesellschaft oder ein Beschluss des Aufsichtsrats dies ausdrücklich vorsieht.[13]

Die Errichtung der Zweigniederlassung ist gem. § 13 Abs. 1 S. 1 HGB von der Aktiengesellschaft beim **Gericht des Gesellschaftssitzes** zur Eintragung **anzumelden**. Sie wird dabei durch ihren Vorstand in vertretungsberechtigter Zahl vertreten. Letzteres war in § 13a Abs. 2 S. 1 HGB aF noch ausdrücklich normiert, wurde aber wegen der Selbstverständlichkeit dieser Tatsache durch Art. 1 Nr. 4 EHUG aufgehoben.[14] Die Anmeldung hat die Mitteilung der Errichtung einer Zweigniederlassung, die Angabe ihres Ortes, ihrer inländischen Geschäftsanschrift und des Zusatzes, falls der Firma der Zweigniederlassung ein solcher beigefügt wird. Die gem. § 13a Abs. 2 HGB aF vorgesehene Beifügung einer öffentlich beglaubigten Abschrift der Satzung ist mit Aufhebung des § 13a Abs. 2 S. 2 HGB aF durch Art. 1 Nr. 4 EHUG entfallen. Die Anmeldung erfolgt elektronisch in öffentlich beglaubigter Form iSd § 12 Abs. 1 S. 1 HGB.[15] Spätere **Änderungen** der Tatsachen, welche die Zweigniederlassung betreffen und eintragungspflichtig sind, zB Änderungen des Ortes oder des Zusatzes der Zweigniederlassung, sind gem. § 13 Abs. 1 S. 2 HGB in gleicher Weise anzumelden, wie die Zweigniederlassung. Dieser Zusatz ersetzt den durch das EHUG aufgehobenen § 13c HGB aF. Gemäß § 13 Abs. 2 HGB ist das Gericht des Gesellschaftssitzes zuständig für die Prüfung der Anmeldung der Zweigniederlassung und zwar in formeller und materieller Hinsicht. Das Sitzgericht prüft insbesondere, ob die angemeldete Niederlassung überhaupt eine Zweigniederlassung sein kann. Ergeben sich keine Beanstandungen, verfügt das Sitzgericht die Eintragung und die inhaltsgleiche Bekanntmachung, welche gem. § 8a bzw 10 S. 1 HGB beide im elektronischen Verfahren erfolgen. Das Sitzgericht trägt die Zweigniederlassung in Spalte 2b des für die AG vom Registergericht geführten Registerblatts ein. Gemäß § 13 Abs. 2 HGB iVm § 43 Nr. 2 HRV sind einzutragen die Tatsache der Errichtung, Ort und Postleitzahl der Zweigniederlassung, deren inländische Geschäftsanschrift sowie, falls vorhanden, ein Zusatz welcher der Firma der Zweigniederlassung beigefügt ist. Der Wortlaut des § 13 Abs. 2 HGB scheint insoweit von einer eigenen Firma der Zweigniederlassung auszugehen. Gemeint dürfte allerdings sein, dass der Zusatz, den die AG ihrer Firma zur Kennzeichnung der Zweigniederlassung beigefügt hat, einzutragen ist.[16] Die gem. § 13 Abs. 1 S. 2 HGB aF vorgesehene Weiterleitung an das Gericht der Zweigniederlassung ist durch Art. 1 Nr. 3 ff EHUG entfallen.

Gemäß § 13 Abs. 3 HGB gelten die Bestimmungen des § 13 Abs. 1 und 2 HGB über die Errichtung der Zweigniederlassung entsprechend für ihre **Aufhebung**. Die Aufhebung einer Zweigniederlassung, dh wenn ihr Geschäftsbetrieb eingestellt oder die vorgenannten Voraussetzungen für ihre Existenz nicht mehr bestehen, ist dementsprechend beim Sitzgericht durch den Vorstand anzumelden und zwar elektronisch in öffentlich beglaubigter Form. Bei einem positiven Ergebnis der Prüfung des Sitzgerichts verfügt dieses die Eintragung der Aufhebung in Spalte 2b des für die AG vom Registergericht geführten Registerblatts und macht die Eintragung bekannt. Die frühere Weiterleitung an das Gericht der Zweigniederlassung ist entfallen.

§ 13 a bis § 13 c HGB

(Aufgehoben durch Art. 1 Nr. 4 EHUG vom 10.11.2006, BGBl. I S. 2553)

§ 13 d HGB   Sitz oder Hauptniederlassung im Ausland

(1) Befindet sich die Hauptniederlassung eines Einzelkaufmanns oder einer juristischen Person oder der Sitz einer Handelsgesellschaft im Ausland, so haben alle eine inländische Zweigniederlassung betreffenden An-

---

8 Großkomm-HGB/*Hüffer*, § 22 Rn 53; *Hüffer*, § 4 Rn 21.
9 *Hüffer*, Anh. § 45, § 13 HGB Rn 7; MüKo-AktG/*Pentz*, Anh. § 45, § 13 HGB Rn 27.
10 Großkomm-HGB/*Hüffer*, vor § 13 Rn 16; *Hüffer*, Anh. § 45, § 13 HGB Rn 7.
11 FGPrax 2004, 45, 46.
12 BayObLGZ 1992, 59, 60.
13 Gemäß § 11 Abs. 4 S. 2, zuletzt durch das am 26.7.2002 in Kraft getretene Transparenz- und Publizitätsgesetz, BGBl. I 2002 S. 2681, hat die Satzung der Aktiengesellschaft oder ein Beschluss des Aufsichtsrats die zustimmungspflichtigen Rechtsgeschäfte abschließend aufzuzählen.
14 RegBegr. BT-Drucks. 16/ 960, S. 46.
15 *Hüffer*, Anh. § 45, § 13 HGB Rn 8; MüKo-AktG/*Pentz*, Anh. § 45, § 13 HGB Rn 35.
16 *Hüffer*, Anh. § 45, § 13 HGB Rn 13.

meldungen, Einreichungen und Eintragungen bei dem Gericht zu erfolgen, in dessen Bezirk die Zweigniederlassung besteht.
(2) Die Eintragung der Errichtung der Zweigniederlassung hat auch den Ort und die inländische Geschäftsanschrift der Zweigniederlassung zu enthalten; ist der Firma der Zweigniederlassung ein Zusatz beigefügt, so ist auch dieser einzutragen.
(3) Im übrigen gelten für die Anmeldungen, Einreichungen, Eintragungen, Bekanntmachungen und Änderungen einzutragender Tatsachen, die die Zweigniederlassung eines Einzelkaufmanns, einer Handelsgesellschaft oder einer juristischen Person mit Ausnahme von Aktiengesellschaften, Kommanditgesellschaften auf Aktien und Gesellschaften mit beschränkter Haftung betreffen, die Vorschriften für Hauptniederlassungen oder Niederlassungen am Sitz der Gesellschaft sinngemäß, soweit nicht das ausländische Recht Abweichungen nötig macht.

A. Überblick

1   § 13 d HGB betrifft registerrechtliche Verfahrensfragen im Hinblick auf **inländische Zweigniederlassungen** von **ausländischen Unternehmen**. Ausländische Unternehmen iSd § 13 d HGB sind solche, die ihre Hauptniederlassung bzw ihren Sitz im Ausland haben und deshalb nicht in einem Register bei einem deutschen Gericht eingetragen sind. Durch § 13 d HGB soll deshalb sichergestellt werden, dass die im Rechtsverkehr im Zusammenhang mit einer inländischen Zweigniederlassung erforderlichen Angaben über das ausländische Unternehmen zur Verfügung stehen.[17] § 13 d HGB wird dazu zusätzlich durch die §§ 13 e und 13 f HGB ergänzt. Durch Art. 1 Nr. 5 EHUG vom 10.11.2006 (BGBl. I S. 2553) ist das frühere Zeichnungserfordernis in § 13 d Abs. 2 und Abs. 3 HGB aF entfallen.

B. Sitz oder Hauptniederlassung im Ausland (§ 13 d Abs. 1–3 HGB)

2   § 13 d HGB betrifft einen ausländischen Einzelkaufmann, eine ausländische juristische Person oder eine ausländische Handelsgesellschaft, die eine Zweigniederlassung im Inland haben. Juristische Personen iSd § 13 d Abs. 1 HGB sind dabei nur solche, die nicht gleichzeitig Handelsgesellschaften sind, wie sich aus der Unterscheidung zwischen diesen beiden Rechtsträgern in § 13 d Abs. 1 HGB ergibt.[18] **Ausländische Aktiengesellschaften** werden deshalb von § 13 d HGB erfasst, weil sie Handelsgesellschaften mit Sitz im Ausland sind. Darauf, ob im Recht der ausländischen Aktiengesellschaft eine dem § 3 entsprechende Regelung existiert, kommt es insoweit nicht an.[19] Ob die ausländische Gesellschaft als eine ausländische Aktiengesellschaft zu qualifizieren ist, richtet sich danach, ob sie mit einer deutschen Aktiengesellschaft bzw den dieser in Art. 1 der 2. Richtlinie des Rates vom 13.12.1996 (Kapitalrichtlinie) gleichgestellten ausländischen Aktiengesellschaften vergleichbar ist.[20] Zu den wesentlichen Merkmalen im Rahmen der Vergleichbarkeitsprüfung vgl die Ausführungen zu § 13 e Rn 2. Weitere Voraussetzung ist, dass die ausländische Aktiengesellschaft ihren Sitz im Ausland haben muss. Maßgeblich ist insoweit der kollisionsrechtliche Sitzbegriff,[21] dh der effektive Verwaltungssitz muss sich im Ausland befinden. Allerdings ist hier zwischen Drittstaaten und EU-Staaten zu unterscheiden. Liegt der Gründungsort der Gesellschaft in einem EU-Staat, so ist die Zweigniederlassung auch dann einzutragen, wenn der Verwaltungssitz im Inland liegt.[22] Bei Drittstaaten ist die Eintragung hingegen abzulehnen.[23]

3   Hat die ausländische Aktiengesellschaft eine inländische Zweigniederlassung, dh hat die ausländische Aktiengesellschaft im Inland einen Unternehmensteil eingerichtet, der auf Dauer zum selbstständigen Geschäftsbetrieb bestimmt ist, haben gem. § 13 d Abs. 1 HGB alle die inländische Zweigniederlassung betreffenden Anmeldungen, Einreichungen und Eintragungen bei dem Gericht zu erfolgen, in dessen Bezirk die Zweigniederlassung besteht. Das früher in § 13 d Abs. 2 und Abs. 3 HGB aF vorgesehene Zeichnungserfordernis, dh eine Unterschriftsprobe, wurde durch Art. 1 Nr. 5 EHUG gestrichen, da es nicht zur elektronischen Registerführung passt.[24] **Das Gericht der Zweigniederlassung ist insoweit international und örtlich für die vorgenannten Handlungen**[25] **zuständig**. Dementsprechend prüft das Gericht der Zweigniederlassung gem. § 13 d Abs. 2 HGB die Anmeldung der inländischen Zweigniederlassung einer ausländischen Aktiengesell-

---

[17] *Hüffer*, Anh. § 45, § 13 d HGB Rn 1; MüKo-AktG/*Pentz*, Anh. § 45, § 13 d HGB Rn 2.
[18] MüKo-AktG/*Pentz*, Anh. § 45, § 13 d HGB Rn 8.
[19] *Hüffer*, Anh. § 45, § 13 d HGB Rn 2; MüKo-AktG/*Pentz*, Anh. § 45, § 13 d HGB Rn 8.
[20] *Kindler*, NJW 1993, 3301, 3303; *Koller/Roth/Morck*, HGB, § 13 d Rn 5 und § 13 e Rn 2.
[21] *Staudinger/Großfeld*, IntGesR, Rn 26 ff, 38 ff; *Heymann/Sonnenschein/Weitemeyer*, HGB, § 13 d Rn 2; *Hüffer*, Anh. § 45, § 13 d HGB Rn 2.
[22] OLG Celle GmbHR 2003, 523, 533; OLG Naumburg GmbHR 2003, 533, 534.
[23] *Hüffer*, Anh. § 45, § 13 d HGB Rn 2.
[24] RegBegr. BT-Drucks. 16/960, S. 47.
[25] *Hüffer*, Anh. § 45, § 13 d HGB Rn 4.

schaft zur Eintragung in das Handelsregister in formeller und materieller Hinsicht. Ist das Ergebnis der Prüfung positiv, so hat im Umfang des § 13 d Abs. 2 HGB die Eintragung zu erfolgen. Diese erfolgt im elektronischen Verfahren und wird gem. § 10 HGB bekannt gemacht. Im Übrigen verweist § 13 d Abs. 3 HGB auf das Heimatrecht der ausländischen Gesellschaft, sofern es sich bei dieser nicht um eine Aktiengesellschaft, eine Kommanditgesellschaft auf Aktien oder um eine GmbH handelt. Für diese sehen die §§ 13 e ff HGB eigenständige Bestimmungen vor.

§ 13 e HGB   Zweigniederlassungen von Kapitalgesellschaften mit Sitz im Ausland

(1) Für Zweigniederlassungen von Aktiengesellschaften und Gesellschaften mit beschränkter Haftung mit Sitz im Ausland gelten ergänzend zu § 13 d die folgenden Vorschriften.

(2) ¹Die Errichtung einer Zweigniederlassung einer Aktiengesellschaft ist durch den Vorstand, die Errichtung einer Zweigniederlassung einer Gesellschaft mit beschränkter Haftung ist durch die Geschäftsführer zur Eintragung in das Handelsregister anzumelden. ²Bei der Anmeldung ist das Bestehen der Gesellschaft als solcher nachzuweisen. ³Die Anmeldung hat auch eine inländische Geschäftsanschrift und den Gegenstand der Zweigniederlassung zu enthalten. ⁴Daneben kann eine Person, die für Willenserklärungen und Zustellungen an die Gesellschaft empfangsberechtigt ist, mit einer inländischen Anschrift zur Eintragung in das Handelsregister angemeldet werden; Dritten gegenüber gilt die Empfangsberechtigung als fortbestehend, bis sie im Handelsregister gelöscht und die Löschung bekannt gemacht worden ist, es sei denn, dass die fehlende Empfangsberechtigung dem Dritten bekannt war. ⁵In der Anmeldung sind ferner anzugeben

1. das Register, bei dem die Gesellschaft geführt wird, und die Nummer des Registereintrags, sofern das Recht des Staates, in dem die Gesellschaft ihren Sitz hat, eine Registereintragung vorsieht;
2. die Rechtsform der Gesellschaft;
3. die Personen, die befugt sind, als ständige Vertreter für die Tätigkeit der Zweigniederlassung die Gesellschaft gerichtlich und außergerichtlich zu vertreten, unter Angabe ihrer Befugnisse;
4. wenn die Gesellschaft nicht dem Recht eines Mitgliedstaates der Europäischen Union oder eines anderen Vertragsstaates des Abkommens über den Europäischen Wirtschaftsraum unterliegt, das Recht des Staates, dem die Gesellschaft unterliegt.

(3) ¹Die in Absatz 2 Satz 5 Nr. 3 genannten Personen haben jede Änderung dieser Personen oder der Vertretungsbefugnis einer dieser Personen zur Eintragung in das Handelsregister anzumelden. ²Für die gesetzlichen Vertreter der Gesellschaft gelten in Bezug auf die Zweigniederlassung § 76 Abs. 3 Satz 2 und 3 des Aktiengesetzes sowie § 6 Abs. 2 Satz 2 und 3 des Gesetzes betreffend die Gesellschaften mit beschränkter Haftung entsprechend.

(3 a) ¹An die in Absatz 2 Satz 5 Nr. 3 genannten Personen als Vertreter der Gesellschaft können unter der im Handelsregister eingetragenen inländischen Geschäftsanschrift der Zweigniederlassung Willenserklärungen abgegeben und Schriftstücke zugestellt werden. ²Unabhängig hiervon können die Abgabe und die Zustellung auch unter der eingetragenen Anschrift der empfangsberechtigten Person nach Absatz 2 Satz 4 erfolgen.

(4) Die in Absatz 2 Satz 5 Nr. 3 genannten Personen oder, wenn solche nicht angemeldet sind, die gesetzlichen Vertreter der Gesellschaft haben die Eröffnung oder die Ablehnung der Eröffnung eines Insolvenzverfahrens oder ähnlichen Verfahrens über das Vermögen der Gesellschaft zur Eintragung in das Handelsregister anzumelden.

(5) ¹Errichtet eine Gesellschaft mehrere Zweigniederlassungen im Inland, so brauchen die Satzung oder der Gesellschaftsvertrag sowie deren Änderungen nach Wahl der Gesellschaft nur zum Handelsregister einer dieser Zweigniederlassungen eingereicht zu werden. ²In diesem Fall haben die nach Absatz 2 Satz 1 Anmeldepflichtigen zur Eintragung in den Handelsregistern der übrigen Zweigniederlassungen anzumelden, welches Register die Gesellschaft gewählt hat und unter welcher Nummer die Zweigniederlassung eingetragen ist.

A. Überblick

§ 13 e HGB knüpft an die für die Zweigniederlassungen ausländischer Unternehmen geltende allgemeine Bestimmung des § 13 d HGB an und ergänzt diese hinsichtlich Zweigniederlassungen einer **ausländischen Aktiengesellschaft** oder einer ausländischen GmbH. Zweck der Vorschrift ist es, eine gesteigerte Publizität der Rechtsverhältnisse von Kapitalgesellschaften mit Sitz im Ausland zu erreichen. Hierzu statuiert § 13 e HGB für die Aktiengesellschaft und die GmbH umfangreiche zusätzliche Anforderungen an die Anmeldung. Die zuletzt durch das MoMiG vom 23.10.2008 (BGBl. I S. 2026) durchgeführten Änderungen betreffen die Anmeldung und Eintragung der inländischen Geschäftsanschrift (§ 13 e Abs. 2 S. 3 HGB) sowie von Gesellschaftsvertretern mit inländischer Geschäftsanschrift (§ 13 e Abs. 2 S. 4 HGB), Bestellungshindernisse für die gesetzlichen Vertreter in Bezug auf die Zweigniederlassung (§ 13 e Abs. 3 S. 2 HGB) und Empfangsvertretung und Zustellugen (§ 13 e Abs. 3 a HGB).

B. Zweigniederlassungen von Kapitalgesellschaften mit Sitz im Ausland (§ 13 e Abs. 1–5 HGB)

§ 13 e Abs. 1 HGB setzt für dessen Anwendbarkeit voraus, dass es sich bei der ausländischen Gesellschaft um eine **ausländische Aktiengesellschaft** oder GmbH handelt. Ob dies der Fall ist, richtet sich danach, ob die ausländische Gesellschaft mit eine deutschen Aktiengesellschaft vergleichbar ist bzw ob die ausländische Gesellschaft den in der Kapitalrichtlinie des Rates vom 13.12.1996[26] gleichgestellten ausländischen Aktiengesellschaften vergleichbar ist.[27] Die ausländische Gesellschaft ist mit einer deutschen Aktiengesellschaft vergleichbar, wenn sie nach ihrem Heimatrecht der Rechtsstruktur einer deutschen Aktiengesellschaft entspricht. Wesentlich hierfür ist insbesondere eine körperschaftliche Organisation, eine eigene Rechtspersönlichkeit und ein Grundkapital, das in Beteiligungsquoten (Aktien) zerlegt ist.[28] Mit einer deutschen Aktiengesellschaft vergleichbar sind insbesondere die Aktiengesellschaften Österreichs, der Schweiz und die in Art. 1 der 2. Richtlinie des Rates vom 13.12.1996[29] aufgeführten ausländischen Aktiengesellschaften. Weitere Voraussetzung für den Anwendungsbereich des § 13 e Abs. 1 HGB ist, dass die Aktiengesellschaft ihren Sitz im Ausland hat. Bei Drittstaaten entscheidet insoweit der effektive Verwaltungssitz, bei EU-Staaten der Inkorporationsort.[30]

Gemäß § 13 e Abs. 2 S. 1 HGB ist die **Errichtung** einer **inländischen Zweigniederlassung** einer ausländischen Aktiengesellschaft durch den Vorstand der Gesellschaft zur Eintragung in das Handelsregister anzumelden. Vorstand ist, wer nach dem Heimatrecht der ausländischen Gesellschaft eine dem Vorstand einer deutschen Aktiengesellschaft vergleichbare Stellung bzw Funktion bei der ausländischen Gesellschaft einnimmt.[31] Neben dem Vorstand in der nach dem Heimatrecht vorgeschriebenen, vertretungsberechtigten Zahl können auch Prokuristen oder Bevollmächtigte die Errichtung der Zweigniederlassung anmelden, soweit sie nach dem Heimatrecht der ausländischen Gesellschaft vergleichbare Handlungen vornehmen können.[32]

Nach § 13 e Abs. 2 S. 2–5 HGB hat die Anmeldung neben der Erklärung der Errichtung einer Zweigniederlassung umfangreiche zusätzliche Nachweise zu enthalten. Nachzuweisen ist zunächst gem. § 13 e Abs. 2 S. 2 HGB das Bestehen der Gesellschaft „als solcher", dh ob die Gesellschaft nach ihrem Heimatrecht **wirksam entstanden ist**.[33] Wie dieser Nachweis zu führen ist, bestimmt sich nach dem Heimatrecht der ausländischen Gesellschaft.[34] Ob der Nachweis erbracht ist, prüft das Registergericht. Ausreichend kann insoweit zB die Vorlage eines Registerauszuges eines ausländischen Handelsregisters sein.[35] Die Anmeldung muss gem. § 13 e Abs. 2 S. 3 HGB weiterhin die Tatsache der Errichtung einer Zweigniederlassung, deren inländische Geschäftsanschrift sowie den Gegenstand der Zweigniederlassung, dh den Schwerpunkt des dort betriebenen Geschäfts enthalten.[36] Durch die Pflicht zur Angabe der inländischen Geschäftsanschrift sollen iVm § 13 e Abs. 3 a HGB Auslandszustellungen vermieden werden.[37] § 13 e Abs. 2 S. 4 HGB ermöglicht die Anmeldung und Eintragung einer Person mit inländischer Geschäftsanschrift, die für Willenserklärungen und Zustellungen an die Gesellschaft empfangsberechtigt ist, zB einen Gesellschafter, Notar oder Steuerberater.[38] Gemäß § 13 e Abs. 2 S. 5 Nr. 1–4 HGB sind in der Anmeldung die folgenden weiteren Angaben zu machen: Gemäß Nr. 1 ist das ausländische Register, bei dem die ausländische Gesellschaft geführt wird, und die Nummer des Registereintrags anzugeben, sofern das Recht des Sitzstaates eine entsprechende Registereintragung vorsieht. Gemäß Nr. 2 ist die Rechtsform der Gesellschaft anzugeben. Hierunter ist die Bezeichnung nach dem Recht und in der Sprache des Sitzstaates zu verstehen.[39] Nach Nr. 3 sind alle Personen anzugeben, die befugt sind, für die Tätigkeit der Zweigniederlassung die Gesellschaft gerichtlich und außergerichtlich zu vertreten. Anzugeben sind auch ihre einzelnen Befugnisse, zB Umfang der Vertretungsmacht, Einzel- oder Gesamtvertretung, Prokura etc. Anzugeben sind nur Vertreter, die tatsächlich vorhanden

---

[26] 77/91/EWG, ABl. EG Nr. L 26 S. 1 vom 31.1.1997; vVgl auch den Abdruck bei *Habersack*, Europäisches GesR, 1999, Rn 206.
[27] *Koller/Roth/Morck*, HGB, § 13 e Rn 2; *Kindler*, NJW 1993, 3301, 3303.
[28] MüKo-AktG/*Pentz*, Anh. § 45, § 13 e HGB Rn 9.
[29] Vgl hierzu Fn 27.
[30] *Hüffer*, Anh. § 45, § 13 d HGB Rn 2.
[31] *Hüffer*, Anh. § 45, § 13 e HGB Rn 3; MüKo-AktG/*Pentz*, Anh. § 45, § 13 e HGB Rn 33.
[32] *Hüffer*, Anh. § 45, § 13 e HGB Rn 3; MüKo-AktG/*Pentz*, Anh. § 45, § 13 e HGB Rn 35.
[33] *Hüffer*, Anh. § 45, § 13 e HGB Rn 4.
[34] MüKo-AktG/*Pentz*, Anh. § 45, § 13 e HGB Rn 39.
[35] *Heymann/Sonnenschein/Weitemeyer*, HGB, § 13 e Rn 8.
[36] *Hüffer*, Anh. § 45, § 13 e HGB Rn 6.
[37] *Hüffer*, Anh. § 45, § 13 e HGB Rn 5.
[38] *Baumbach/Hopt*, HGB, § 13 e Rn 3.
[39] *Hüffer*, Anh. § 45, § 13 e HGB Rn 7; MüKo-AktG/*Pentz*, Anh. § 45, § 13 e HGB Rn 45.

sind.[40] Gemäß Nr. 4 ist zudem das Heimatrecht der Gesellschaft anzugeben, soweit diese nicht dem Recht eines Mitgliedsstaats der EU oder eines Vertragsstaates des EWR unterliegt. Welches Recht in diesem Fall anzugeben ist, richtet sich danach, ob der betreffende Staat entweder der Sitz- oder der Gründungstheorie folgt.[41]

Veränderungen in der Person der ständigen Vertretung der Zweigniederlassung oder ihrer Vertretungsbefugnis sind gem. § 13e Abs. 3 S. 1 HGB zur Eintragung an den vorhandenen ständigen Vertreter anzumelden. § 13e Abs. 3 S. 2 HGB lässt die in § 76 Abs. 3 S. 2 und 3 normierten Bestellungshindernisse auf die gesetzlichen Vertreter (Vorstandsmitglieder) der Gesellschaft entsprechende Anwendung finden, allerdings nur in Bezug auf die Zweigniederlassung. § 13e Abs. 3a HGB ermöglicht die Empfangsvertretung, wenn Willenserklärungen gegenüber der Gesellschaft abzugeben oder Zustellungen zu bewirken sind, und zwar jeweils durch den ständigen Vertreter iSd § 13e Abs. 2 S. 5 Nr. 3 HGB oder durch den Sondervertreter mit einer inländischen Geschäftsanschrift iSd § 13e Abs. 2 S. 4 HGB. Gemäß § 13e Abs. 4 HGB haben der ständigen Vertreter der Zweigniederlassung oder der Vorstand[42] die Eröffnung oder Ablehnung der Eröffnung eines Insolvenzverfahrens oder eines ähnlichen Verfahrens zur Eintragung anzumelden.

Errichtet die ausländische Aktiengesellschaft im Inland mehrere Zweigniederlassungen, hat die Aktiengesellschaft die Option, die Satzung sowie deren Änderungen nur zum Handelsregister einer dieser Zweigniederlassungen einzureichen. Soweit der Vorstand von dieser Möglichkeit Gebrauch macht, hat er jedoch bei den übrigen Handelsregistern der restlichen Zweigniederlassungen gem. § 13e Abs. 5 S. 2 HGB zur Eintragung anzumelden, bei welchem Registergericht die Satzung eingereicht und unter welcher Nummer die Zweigniederlassung dort eingetragen ist.

§ 13f HGB Zweigniederlassungen von Aktiengesellschaften mit Sitz im Ausland

(1) Für Zweigniederlassungen von Aktiengesellschaften mit Sitz im Ausland gelten ergänzend die folgenden Vorschriften.

(2) ¹Der Anmeldung ist die Satzung in öffentlich beglaubigter Abschrift und, sofern die Satzung nicht in deutscher Sprache erstellt ist, eine beglaubigte Übersetzung in deutscher Sprache beizufügen. ²Die Vorschriften des § 37 Abs. 2 und 3 des Aktiengesetzes finden Anwendung. ³Soweit nicht das ausländische Recht eine Abweichung nötig macht, sind in die Anmeldung die in § 23 Abs. 3 und 4 sowie den §§ 24 und 25 Satz 2 des Aktiengesetzes vorgesehenen Bestimmungen und Bestimmungen der Satzung über die Zusammensetzung des Vorstandes aufzunehmen; erfolgt die Anmeldung in den ersten zwei Jahren nach der Eintragung der Gesellschaft in das Handelsregister ihres Sitzes, sind auch die Angaben über Festsetzungen nach den §§ 26 und 27 des Aktiengesetzes und der Ausgabebetrag der Aktien sowie Name und Wohnort der Gründer aufzunehmen. ⁴Der Anmeldung ist die für den Sitz der Gesellschaft ergangene gerichtliche Bekanntmachung beizufügen.

(3) Die Eintragung der Errichtung der Zweigniederlassung hat auch die Angaben nach § 39 des Aktiengesetzes sowie die Angaben nach § 13e Abs. 2 Satz 3 bis 5 zu enthalten.

(4) ¹Änderungen der Satzung der ausländischen Gesellschaft sind durch den Vorstand zur Eintragung in das Handelsregister anzumelden. ²Für die Anmeldung gelten die Vorschriften des § 181 Abs. 1 und 2 des Aktiengesetzes sinngemäß, soweit nicht das ausländische Recht Abweichungen nötig macht.

(5) Im übrigen gelten die Vorschriften der §§ 81, 263 Satz 1, § 266 Abs. 1 und 2, § 273 Abs. 1 Satz 1 des Aktiengesetzes sinngemäß, soweit nicht das ausländische Recht Abweichungen nötig macht.

(6) Für die Aufhebung einer Zweigniederlassung gelten die Vorschriften über ihre Errichtung sinngemäß.

(7) Die Vorschriften über Zweigniederlassungen von Aktiengesellschaften mit Sitz im Ausland gelten sinngemäß für Zweigniederlassungen von Kommanditgesellschaften auf Aktien mit Sitz im Ausland, soweit sich aus den Vorschriften der §§ 278 bis 290 des Aktiengesetzes oder aus dem Fehlen eines Vorstands nichts anderes ergibt.

A. Überblick

§ 13f HGB ergänzt die §§ 13d und 13e HGB nochmals und speziell im Hinblick auf Zweigniederlassungen von **ausländischen Aktiengesellschaften**. Die Bestimmungen in § 13f HGB bilden somit nach § 13e HGB eine weitere Sonderregelung im Hinblick auf das registerrechtliche Verfahren bei inländischen Zweigniederlassungen von ausländischen Aktiengesellschaften. Durch Art. 1 Nr. 6 EHUG wurde § 13f. Abs. 2 HGB aF mehrfach geändert, § 13f. Abs. 4 HGB aF vollständig gestrichen sowie die bisherige Nummerierung der Absätze entsprechend umgestellt.

---

40 Kindler, NJW 1993, 3301, 3305; Heidinger, MittBayNot 1998, 72, 73 f.
41 Hüffer, An § 45, § 13e HGB Rn 7.
42 MüKo-AktG/Pentz, Anh. § 45, § 13e HGB Rn 52.

B. Zweigniederlassungen von Aktiengesellschaften mit Sitz im Ausland (§ 13 f Abs. 1–7 HGB)

2 Die §§ 13 ff HGB werden durch § 13 f. Abs. 1–7 HGB ergänzt. Gemäß § 13 f. Abs. 2 HGB hat die **Anmeldung der Errichtung** der Zweigniederlassung einer **ausländischen Aktiengesellschaft** neben den Angaben iSd § 13 e Abs. 2 HGB zusätzlich die Satzung in öffentlich beglaubigter Abschrift und, sofern die Satzung nicht in deutscher Sprache erstellt ist, eine beglaubigte Übersetzung in deutscher Sprache und die Zeichnung von Unterschriften der Vorstandsmitglieder in beglaubigter Form zu enthalten. Beglaubigungen im Ausland genügen insoweit.[43] § 13 f. Abs. 2 S. 2 HGB stellt zudem klar, dass die Vertretungsbefugnis der Vorstandsmitglieder iSd § 37 Abs. 3 anzugeben ist. Ferner sind gem. § 13 f. Abs. 2 S. 3 HGB die Zusatzangaben iSd § 23 Abs. 3 und 4 und § 24 und § 25 S. 2 sowie die Bestimmungen der Satzung über die Zusammensetzung des Vorstands in die Anmeldung aufzunehmen, soweit sich keine Abweichungen aus dem Heimatrecht ergeben. Einer Angabe zur Strafffreiheit bedarf es hingegen nicht, da § 13 f. Abs. 2 S. 2 HGB nicht auf § 37 Abs. 2 verweist. Eine Verweisung auf § 37 Abs. 5 und 6 ist durch Art. 1 Nr. 6 lit. a, aa EHUG entfallen. Bei Gesellschaften, die noch keine zwei Jahre im Handelsregister eingetragen sind, bedarf es gem. § 13 f. Abs. 2 S. 3 Hs 2 HGB zusätzlich der Angabe über die Festsetzungen gem. §§ 26 und 27, des Ausgabebetrags der Aktien sowie der Namen und des Wohnorts der Gründer soweit nicht auch insoweit das ausländische Recht vorgeht. Diese Neufassung des § 13 f. Abs. 2 S. 3 HGB aF geht auf Art. 1 Nr. 6 lit. a, bb EHUG zurück. Gemäß § 13 f. Abs. 2 S. 4 HGB ist der Anmeldung weiterhin die Bekanntgabe des ausländischen Sitzgerichts, soweit ergangen, beizufügen.

3 Bei zulässiger Anmeldung sind die Angaben iSd § 13 f. Abs. 3 HGB, insbesondere auch die aus § 39 ersichtlichen Angaben und die Zusatzangaben aus § 13 e Abs. 2 S. 5 Nr. 1–4 HGB in das Handelsregister **einzutragen**. Die Eintragung ist gem. § 13 f. Abs. 4 HGB iVm § 10 HGB im elektronischen Verfahren bekannt zu machen. Die Eintragung und die Bekanntmachung haben jeweils nur deklaratorische Bedeutung.[44]

4 Nach § 13 f. Abs. 4 und 5 HGB iVm §§ 81, 181 Abs. 1 und 2, 263 S. 1, 266 Abs. 1 und und 273 Abs. 1 S. 1 sind **Änderungen** der Satzung der ausländischen Aktiengesellschaft, Änderungen des Vorstands oder seiner Vertretungsbefugnis, die Auflösung der ausländischen Aktiengesellschaft, die Personen der Abwickler und ihrer Vertretungsbefugnis sowie der Abwicklungsbeschluss der ausländischen Aktiengesellschaft zur Eintragung in das Handelsregister anzumelden, soweit das Heimatrecht dem nicht entgegensteht.

5 Die Vorschriften des § 13 f HGB hinsichtlich der Errichtung einer inländischen Zweigniederlassung einer ausländischen Aktiengesellschaft gelten gem. § 13 f. Abs. 6 HGB sinngemäß auch für die **Aufhebung** einer inländischen Zweigniederlassung und gem. § 13 f. Abs. 7 HGB auch für Zweigniederlassungen von Kommanditgesellschaften auf Aktien mit Sitz im Ausland, soweit sich aus den Vorschriften der §§ 278 bis 290 oder aus dem Fehlen eines Vorstandes nichts anderes ergibt.

§ 13 g HGB Zweigniederlassungen von Gesellschaften mit beschränkter Haftung mit Sitz im Ausland

(vom Abdruck wurde abgesehen, da § 13 g HGB nur für die GmbH relevant ist)

§ 46 Verantwortlichkeit der Gründer

(1) ¹Die Gründer sind der Gesellschaft als Gesamtschuldner verantwortlich für die Richtigkeit und Vollständigkeit der Angaben, die zum Zwecke der Gründung der Gesellschaft über Übernahme der Aktien, Einzahlung auf die Aktien, Verwendung eingezahlter Beträge, Sondervorteile, Gründungsaufwand, Sacheinlagen und Sachübernahmen gemacht worden sind. ²Sie sind ferner dafür verantwortlich, daß eine zur Annahme von Einzahlungen auf das Grundkapital bestimmte Stelle (§ 54 Abs. 3) hierzu geeignet ist und daß die eingezahlten Beträge zur freien Verfügung des Vorstands stehen. ³Sie haben, unbeschadet der Verpflichtung zum Ersatz des sonst entstehenden Schadens, fehlende Einzahlungen zu leisten und eine Vergütung, die nicht unter den Gründungsaufwand aufgenommen ist, zu ersetzen.

(2) Wird die Gesellschaft von Gründern durch Einlagen, Sachübernahmen oder Gründungsaufwand vorsätzlich oder aus grober Fahrlässigkeit geschädigt, so sind ihr alle Gründer als Gesamtschuldner zum Ersatz verpflichtet.

(3) Von diesen Verpflichtungen ist ein Gründer befreit, wenn er die die Ersatzpflicht begründenden Tatsachen weder kannte noch bei Anwendung der Sorgfalt eines ordentlichen Geschäftsmannes kennen mußte.

---

[43] Großkomm-HGB/*Hüffer*, § 12 Rn 31 mwN.
[44] *Hüffer*, Anh. § 45, § 13 f HGB Rn 5.

(4) Entsteht der Gesellschaft ein Ausfall, weil ein Aktionär zahlungsunfähig oder unfähig ist, eine Sacheinlage zu leisten, so sind ihr zum Ersatz als Gesamtschuldner die Gründer verpflichtet, welche die Beteiligung des Aktionärs in Kenntnis seiner Zahlungsunfähigkeit oder Leistungsunfähigkeit angenommen haben.

(5) ¹Neben den Gründern sind in gleicher Weise Personen verantwortlich, für deren Rechnung die Gründer Aktien übernommen haben. ²Sie können sich auf ihre eigene Unkenntnis nicht wegen solcher Umstände berufen, die ein für ihre Rechnung handelnder Gründer kannte oder kennen mußte.

Literatur:
Schürmann, Die Rechtsnatur der Gründerhaftung im Aktienrecht, 1968.

A. Überblick

§ 46 betrifft die **zivilrechtliche Haftung** der **Gründer** und ihrer **Hintermänner** gegenüber der durch Eintragung in das Handelsregister als juristische Person entstandenen Aktiengesellschaft für objektive Verstöße gegen Gründungsvorschriften im Rahmen der Gründung der Aktiengesellschaft. Die subjektiven Voraussetzungen der Haftung sind – je nach Pflichtverstoß – unterschiedlich stark ausgebildet. Zweck der Vorschrift ist es insbesondere, die Aufbringung des satzungsmäßigen Grundkapitals sicherzustellen und gleichzeitig bei einer Verletzung der entsprechenden Kapitalaufbringungsvorschriften einen haftungsmäßigen Ausgleich zu schaffen.[1] Die **strafrechtliche** Verantwortlichkeit der Gründer richtet sich nach § 399 Abs. 1 Nr. 1. Sie bleibt allerdings hinter der zivilrechtlichen Verantwortung iSd § 46 insoweit zurück, als § 399 Abs. 1 Nr. 1 auf unrichtige Angaben „zum Zwecke der Eintragung der Gesellschaft" abstellt, wohingegen § 46 auf Angaben „zum Zwecke der Gründung" abstellt und deshalb einen weiteren Anwendungsbereich hat.

B. Verantwortlichkeit der Gründer (Abs. 1–5)

I. Allgemeines. Nach der wohl herrschenden Meinung[2] ist der Charakter der Haftung iSd § 46 deliktsähnlich. Dem ist nicht zuzustimmen. Zu Recht weist die Gegenmeinung[3] darauf hin, dass sich die Haftung der Gründer aus ihrer Beteiligung an der Gesellschaft ergibt und deshalb einen spezifisch gesellschaftsrechtlichen Charakter hat. Dieser Auffassung ist zuzustimmen. Aus diesem Grund scheidet im Fall der Geltendmachung der Haftungsansprüche gegen die Gründer der Gerichtsstand wegen unerlaubter Handlung nach § 32 ZPO aus. Ansprüche aus § 46 können vielmehr nur gem. § 12 ZPO am allgemeinen Gerichtsstand des Beklagten oder nach § 22 ZPO am Sitz der Gesellschaft geltend gemacht werden. **Gläubiger** ist die im Handelsregister als juristische Person eingetragene Aktiengesellschaft.[4] Der Anspruch nach § 46 richtet sich dabei gegen die Gründer als **Schuldner**, dh gegen diejenigen Gesellschafter iSd § 28, die die Satzung gem. § 23 festgestellt haben. Durch § 46 wird die Haftung der Gründer nicht abschließend geregelt. Die Gesellschaft kann vielmehr auch Ansprüche gegen die Gründer aus § 826 BGB oder § 823 Abs. 2 BGB iVm § 263 StGB haben.[5] Zu berücksichtigen ist allerdings, dass § 46 selbst nicht ein Schutzgesetz iSd § 823 Abs. 2 BGB zugunsten der Aktiengesellschaft ist.[6] Auch Ansprüche Dritter gegen die Gründer werden durch § 46 nicht ausgeschlossen. Diese – namentlich Aktionäre und Gläubiger der Gesellschaft – können vielmehr Ansprüche aus § 823 Abs. 2 BGB iVm § 263 StGB oder iVm § 399 Abs. 1 Nr. 1 oder aus § 826 BGB gegen die Gründer geltend machen.[7]

II. Haftung für die Richtigkeit von Angaben und gleichgestellte Fälle (Abs. 1). Gemäß Abs. 2 S. 1 sind die Gründer gegenüber der Aktiengesellschaft als Gesamtschuldner für die Richtigkeit und Vollständigkeit von Angaben die zum Zwecke ihrer Gründung zu machen sind, verantwortlich. Die Angaben, für deren Richtigkeit und Vollständigkeit gehaftet wird, sind in Abs. 1 S. 1 abschließend aufgezählt. Es handelt sich dabei um die erforderlichen Angaben im Hinblick auf die **Übernahme der Aktien** iSd § 23 Abs. 2, die **Einzahlung auf die Aktien** iSd § 37 Abs. 1 iVm §§ 36 Abs. 2, 36 a, die **Verwendung der eingezahlten Beträge** iSd §§ 36 Abs. 2, 37 Abs. 1 S. 5, die **Sondervorteile** iSd § 36 Abs. 1, den **Gründungsaufwand** iSd § 26 Abs. 2 und die **Sacheinlagen und Sachübernahmen** iSd § 27 Abs. 1. Diese Angaben müssen nach Abs. 1 **zum Zwecke der**

---

1 BGHZ 64, 52, 58 = NJW 1975, 974, 975 f; *Mülbert*, ZHR 154 (1990), 145, 150 Fn 16.
2 Großkomm-AktienR/*Barz*, Rn 2; Geßler/*Eckardt*, vor § 46–51 Rn 2, KölnKomm-AktG/*Kraft*, Rn 14.
3 *Hüffer*, Rn 2; MüKo-AktG/*Pentz*, Rn 13; *Schürmann*, Die Rechtsnatur der Gründerhaftung, 1968, S. 99 ff; für die GmbH vgl Hachenburg/*Ulmer*, GmbHG, § 9 a Rn 11.
4 Großkomm-AktienR/*Barz*, Rn 2; *v. Godin/Wilhelmi*, vor §§ 46–49 Rn 3.
5 *Hüffer*, Rn 3; MüKo-AktG/*Pentz*, Rn 15.
6 *Hüffer*, Rn 3.
7 BGHZ 96, 231, 243 = NJW 1986, 837, 838 f; BGHZ 105, 121, 123 ff = NJW 1988, 2794 ff; Großkomm-AktienR/*Barz*, Rn 4; KölnKomm-AktG/*Kraft* Rn 8 ff; zum teilweise ungeklärten Verhältnis zwischen dem Anspruch der Aktiengesellschaft aus § 46 und den Ansprüchen der Aktionäre bzw der Gründer Vgl MüKo-AktG/*Pentz*, Rn 78 ff.

Gründung der Aktiengesellschaft, dh im Rahmen des Gründungsverfahrens gemacht worden sein. Dies ist dann der Fall, wenn die vorgenannten Angaben zB gegenüber dem Registergericht im Gründungsbericht nach § 32 oder in der Anmeldung der Gesellschaft zur Eintragung nach § 37, gegenüber dem beurkundenden Notar, den Verwaltungsmitgliedern oder dem Gründungsprüfer gemacht werden.[8]

4 Der Haftungstatbestand iSd Abs. 1 S. 1 ist erfüllt, wenn die vorgenannten Angaben im Zeitpunkt ihrer Abgabe **objektiv unrichtig oder unvollständig** sind. Die Angaben sind unvollständig, wenn für die Gründung relevante Informationen, zB die Sachübernahme eines Einlagegegenstandes, fehlen oder die Darstellung im Gründungsbericht unzutreffend ist.[9] Maßgeblich für die Beurteilung der Unrichtigkeit oder Unvollständigkeit der Angabe ist der **Zeitpunkt der Abgabe**, zB bei Angaben gegenüber dem Registergericht der Eingang der Anmeldung.[10] Die Gründer haften insoweit auch für **Erklärungen Dritter**, selbst wenn diese eigenmächtig gehandelt haben sollten.[11] Die Gründer haben allerdings die Möglichkeit, durch eine rechtzeitige **Berichtigung** oder **Ergänzung** der zunächst unrichtigen oder unvollständigen Angaben bis zur Eintragung eine Haftungsbefreiung zu erreichen.[12] Die Gründer sind zudem gem. Abs. 3 von der Haftung befreit, wenn sie die Tatsachen, die eine Ersatzpflicht begründen, weder kannten noch bei Anwendung der Sorgfalt eines ordentlichen Geschäftsmanns kennen mussten. **Subjektive** Voraussetzung für die Haftung nach Abs. 1 ist damit **Vorsatz** oder **Fahrlässigkeit** (auch leichte) des betreffenden Gründers.

5 Gemäß Abs. 1 S. 2 sind die Gründer zudem dafür verantwortlich, dass die zur Annahme der Einzahlung auf das Grundkapital gem. § 54 Abs. 3 bestimmte Stelle dazu in der Lage ist und die eingezahlten Beträge gem. § 36 Abs. 2 S. 1 endgültig zur freien Verfügung des Vorstands stehen. Wählt der Vorstand die Zahlstelle aus, so haben die Gründer diesen bei seiner Auswahlentscheidung zu überwachen.[13] Im Hinblick auf die freie Verfügbarkeit des Vorstands über die eingezahlten Beträge haben die Gründer sicherzustellen, dass die Einlage aus dem Herrschaftsbereich des Einlegers ausgesondert und dem Vorstand so übergeben wird, dass er nach eigenem Ermessen und unter Berücksichtigung seiner Verantwortung für die Gesellschaft iSd §§ 46, 93 Abs. 1 über die Einlage verfügen kann.[14]

6 Der **Haftungsumfang** richtet sich nach Abs. 1 S. 3. Danach sind die Gründer der Gesellschaft gegenüber zum Ersatz der Nachteile verpflichtet, die diese durch die unrichtigen bzw unvollständigen Angaben erlitten hat. Ein Mitverschulden der Gesellschaft iSd § 254 BGB können die Gründer im Hinblick auf den Sinn und Zweck des § 46 Abs. 1 S. 1 nicht geltend machen.[15] Die **Verjährung** richtet sich nach § 51.

7 **III. Haftung für Schäden der Gesellschaft durch Einlagen, Sachübernahmen und Gründungsaufwand (Abs. 2).** Gemäß Abs. 2 sind die Gründer der Gesellschaft gegenüber zum Ersatz des Schadens verpflichtet, die dieser durch Einlagen (Bar- oder Sacheinlagen), Sachübernahmen oder Gründungsaufwand entstanden sind. **Objektive** Voraussetzung ist somit ein Schaden der Gesellschaft. Schädigungen durch Einlagen können zB durch Scheinzahlungen oder Überbewertungen von Sacheinlagen, Schädigungen durch den Gründungsaufwand können zB durch überhöhte Vergütungen des Aufwands der Gründer während des Gründungsstadiums entstehen.[16] **Subjektiv** tritt die Haftung **aller** Gründer gem. Abs. 2 ein, wenn wenigstens **ein** Gründer **vorsätzlich** oder **grob fahrlässig** gehandelt hat. Leichte Fahrlässigkeit führt damit im Gegensatz zu Abs. 1 nicht zur Tatbestandsverwirklichung.

8 Liegen die vorgenannten Haftungsvoraussetzungen vor, haften alle Gründer als Gesamtschuldner iSd §§ 421 ff BGB der Gesellschaft gegenüber auf Schadensersatz iSd §§ 249 ff BGB. Dies bedeutet, dass die Gründer zB im Falle der **Überbewertung einer Sacheinlage** der Gesellschaft gegenüber gesamtschuldnerisch für den Ersatz der Differenz zwischen wirklichem und festgestelltem Wert haften.[17] Wurde der Wert eines Gegenstandes bei der **Sachübernahme** überhöht angegeben, hat die Gesellschaft gegen die Gründer einen Anspruch auf Erstattung der Differenz zwischen wirklichem und angegebenem Wert oder einen Anspruch auf Ersatz des festgesetzten Wertes unter Rückgabe des Gegenstandes an den betreffenden Gründer.[18] Bei überhöhtem **Gründungsaufwand** haften die Gründer der Gesellschaft gesamtschuldnerisch auf Zahlung der Differenz zwischen dem angemessenen und dem tatsächlich geleisteten Betrag.[19] Die **Verjährung** richtet sich nach § 51.

9 **IV. Entlastungsbeweis, Haftung für Leistungsunfähigkeit und Hintermänner (Abs. 3–5).** Abs. 3 regelt die Möglichkeit einer **Befreiung von der Haftung** nach Abs. 1 oder Abs. 2. Danach ist eine Haftung iSd Abs. 1

---

[8] *Hüffer*, Rn 6; MüKo-AktG/*Pentz*, Rn 23.
[9] BGH BB 1958, 891.
[10] Großkomm-AktienR/*Barz*, Rn 6 und 12; Geßler/*Eckardt*, Rn 14; *Hüffer*, Rn 7.
[11] Großkomm-AktienR/*Barz*, Rn 5; KölnKomm-AktG/*Kraft*, Rn 20.
[12] *Hüffer*, Rn 7; MüKo-AktG/*Pentz*, Rn 28.
[13] Großkomm-AktienR/*Barz*, Rn 12; KölnKomm-AktG/*Kraft*, Rn 31.
[14] OLG Frankfurt AG 1991, 402, 403; OLG Koblenz AG 1987, 88 f.
[15] BGHZ 64, 52, 61 = NJW 1975, 974, 976; MüKo-AktG/*Pentz*, Rn 32.
[16] *Hüffer*, Rn 11.
[17] Großkomm-AktienR/*Barz*, Rn 14; KölnKomm-AktG/*Kraft*, Rn 36.
[18] Großkomm-AktienR/*Barz*, Rn 14; *Hüffer*, Rn 13 mwN.
[19] *Hüffer*, Rn 13; MüKo-AktG/*Pentz*, Rn 49.

oder Abs. 2 eines einzelnen Gründers **ausgeschlossen**, wenn er die Tatsachen, die die Haftung iSd Abs. 1 oder iSd Abs. 2 begründen, weder kannte noch bei Anwendung der Sorgfalt eines ordentlichen Geschäftsmannes kennen musste. Die anzuwendende Sorgfalt ist dabei nicht diejenige eines jeden Geschäftsmanns, sondern diejenige eines Geschäftsmannes, der sich an Gründungen zu beteiligen pflegt.[20] Die Beweislast für die Exkulpation trägt der Gründer.

Gemäß Abs. 4 haften die Gründer der Gesellschaft gesamtschuldnerisch auf Ersatz des Ausfalls, den diese dadurch erleidet, dass ein **Gründer zahlungsunfähig** oder **unfähig** ist, eine **Sacheinlage zu leisten**, soweit sie die Beteiligung des betreffenden Gründers in Kenntnis seiner Zahlungsunfähigkeit oder Leistungsunfähigkeit angenommen haben. Entgegen dem Wortlaut („Aktionär") betrifft Abs. 4 allein die Beteiligung eines Gründers im Rahmen der Feststellung der Satzung nach § 23.[21] Insoweit handelt es sich um ein Redaktionsversehen. **Objektive** Voraussetzung für die gesamtschuldnerische Haftung der Gründer gem. Abs. 4 ist die Zahlungsunfähigkeit eines Gründungsaktionärs, also der Fall, dass dieser nicht in der Lage ist, die von ihm versprochene Bareinlage in voller Höhe zu leisten. Maßgebend ist insoweit der Zeitpunkt der Beteiligung des Gründers, dh der Zeitpunkt der Feststellung der Satzung nach § 23. Gleiches gilt, wenn der Gründer im Zeitpunkt seiner Beteiligung die von ihm versprochene Sacheinlage nicht leisten kann. Die Gründe hierfür sind unerheblich.[22] **Subjektiv** müssen die Gründer gem. Abs. 4 **positive Kenntnis** von der Zahlungsunfähigkeit des betreffenden Gründers oder seiner Unfähigkeit zur Leistung der Sacheinlage haben. Die subjektiven Tatbestandsvoraussetzungen sind damit noch enger als in Abs. 1 und Abs. 2. Abs. 3 gilt nicht. Soweit sich ein Gründer bei der Satzungsfeststellung vertreten lässt, wird ihm gem. § 166 BGB die etwaige Kenntnis seines Vertreters zugerechnet.[23]

Die Gründer haften gem. Abs. 4 iVm §§ 249 ff iVm §§ 421 ff BGB der Gesellschaft gegenüber gesamtschuldnerisch auf den Ersatz der Schäden, den diese durch den Ausfall erlitten hat. Im Fall der Bareinlage ist deshalb der Betrag, mit dem der betreffende Gründer ausgefallen ist, im Fall der nicht erbrachten Sacheinlage deren Realwert in Geld zu ersetzen.[24] Die **Verjährung** richtet sich nach § 51.

Abs. 5 regelt die sog. **Strohmanngründung** und vergleichbare Fälle, in denen ein Gründer für Rechnung eines **Hintermannes** die Gründung der Gesellschaft vorgenommen und für Rechnung der Hintermänner Aktien übernommen hat. Abs. 5 S. 1 stellt insoweit klar, dass der Hintermann ebenso haftet, als wenn er sich selbst als Gründer bei der Gründung der Aktiengesellschaft beteiligt hätte. Dementsprechend gilt auch der Verschuldensmaßstab iSd § 46 für den Hintermann. Zusätzlich haftet der Hintermann gem. Abs. 5 S. 2 auch dann, wenn er selbst keine Kenntnis von den haftungsbegründenden Tatsachen hatte oder haben konnte, jedoch der für seine Rechnung handelnde Gründer die haftungsbegründenden Tatsachen kannte oder kennen musste. Der Hintermann haftet insoweit **verschärft**. Abs. 5 ist allerdings nicht auf die Fälle der Kapitalerhöhung anzuwenden.[25] Die **Verjährung** richtet sich ebenfalls nach § 51.

§ 47 Verantwortlichkeit anderer Personen neben den Gründern

Neben den Gründern und den Personen, für deren Rechnung die Gründer Aktien übernommen haben, ist als Gesamtschuldner der Gesellschaft zum Schadenersatz verpflichtet,

1. wer bei Empfang einer Vergütung, die entgegen den Vorschriften nicht in den Gründungsaufwand aufgenommen ist, wußte oder nach den Umständen annehmen mußte, daß die Verheimlichung beabsichtigt oder erfolgt war, oder wer zur Verheimlichung wissentlich mitgewirkt hat;
2. wer im Fall einer vorsätzlichen oder grobfahrlässigen Schädigung der Gesellschaft durch Einlagen oder Sachübernahmen an der Schädigung wissentlich mitgewirkt hat;
3. wer vor Eintragung der Gesellschaft in das Handelsregister oder in den ersten zwei Jahren nach der Eintragung die Aktien öffentlich ankündigt, um sie in den Verkehr einzuführen, wenn er die Unrichtigkeit oder Unvollständigkeit der Angaben, die zum Zwecke der Gründung der Gesellschaft gemacht worden sind (§ 46 Abs. 1), oder die Schädigung der Gesellschaft durch Einlagen oder Sachübernahmen kannte oder bei Anwendung der Sorgfalt eines ordentlichen Geschäftsmannes kennen mußte.

---

20 *Hüffer*, Rn 14.
21 KölnKomm-AktG/*Kraft*, Rn 38; Geßler/*Eckardt*, Rn 23; MüKo-AktG/*Pentz*, Rn 51.
22 *Hüffer*, Rn 15.
23 *Hüffer*, Rn 16.
24 *Hüffer*, Rn 17; MüKo-AktG/*Pentz*, Rn 58.
25 OLG Köln ZIP 1992, 1478, 1479 f.

A. Überblick

1 § 47 ergänzt die Haftung der Gründer iSd § 46 im Hinblick auf die Sicherung der Kapitalaufbringung durch die Erweiterung des haftungspflichtigen Personenkreises. Die Haftung wird gem. § 47 Nr. 1 und 2 zusätzlich auf die sog. **Gründergenossen** sowie gem. § 47 Nr. 3 auf die **Emittenten** erstreckt. § 47 betrifft die **zivilrechtliche Haftung** der Gründergenossen und Emittenten gegenüber der Gesellschaft. Sie ist gem. § 53 sinngemäß auch auf die Nachgründung anzuwenden. Die **strafrechtliche Verantwortlichkeit** der Emittenten bestimmt sich nach § 399 Abs. 1 Nr. 3. Diese bleibt, ebenso wie im Parallelfall des § 46, hinter der zivilrechtlichen Haftung des § 47 zurück, da sie nur auf falsche Angaben und das Verschweigen erheblicher Umstände in der öffentlichen Ankündigung **selbst abstellt**.

B. Verantwortlichkeit anderer Personen neben den Gründern (Nr. 1–3)

2 **I. Allgemeines.** Neben den Gründern und den Personen, für deren Rechnung die Gründer Aktien übernommen haben, haften in den Fällen des § 47 Nr. 1–3 die sog. **Gründergenossen** sowie die **Emittenten**, die den Vertrieb der Aktien übernommen haben. Ebenso wie im Fall des § 46 sieht die herrschende Meinung[1] die Haftung aus § 47 als deliktsähnlich an. Dem ist ebenso wie im Fall des § 46 mit der Gegenmeinung[2] nicht zuzustimmen, da auch die Haftung aus § 47 einen spezifischen gesellschaftsrechtlichen Charakter hat. Der **Gerichtsstand** zur Geltendmachung von Ansprüchen iSd § 47 bestimmt sich deshalb nicht nach § 32 ZPO, sondern nach dem allgemeinen Gerichtsstand iSd § 12 ZPO. Ebenso gilt – wie in den Fällen der Prospekthaftungsklagen, in denen der Gerichtsstand des § 22 ZPO als einschlägig angesehen wird, da die in Anspruch genommenen Personen zwar nicht Mitglieder der Gesellschaft sind, diesen jedoch als Initiatoren oder Gestalter nahe stehen[3] – der Gerichtsstand der Mitgliedschaft iSd § 22 ZPO.[4] **Gläubiger** des Anspruchs aus § 47 ist die durch Eintragung in das Handelsregister wirksam entstandene Aktiengesellschaft. **Schuldner** ist derjenige, der einen der in § 47 Nr. 1–3 beschriebenen Haftungstatbestand verwirklicht hat.

3 Neben der Haftung aus § 47 bleiben etwaige weitere Ansprüche der Gesellschaft unberührt. Der Gesellschaft können deshalb neben dem Anspruch aus § 47 auch Ansprüche aus §§ 812 ff BGB, aus §§ 826, 840 BGB, §§ 823 Abs. 2, 840 BGB iVm § 263 StGB zustehen. § 47 ist allerdings kein Schutzgesetz iSd § 823 Abs. 2 BGB.[5]

4 **II. Haftung wegen verheimlichten Empfangs einer Vergütung (Nr. 1).** Gemäß 47 Nr. 1 haftet der Empfänger einer Vergütung, die entgegen den Vorschriften nicht in den Gründungsaufwand aufgenommen wurde, wenn er entweder **positiv wusste** oder den Umständen nach **annehmen musste**, dass die Verheimlichung beabsichtigt oder erfolgt war, oder wenn er **wissentlich** an der Verheimlichung des Gründungsaufwands mitgewirkt hat. **Objektiv** setzt § 47 Nr. 1 deshalb einen Verstoß gegen § 26 Abs. 2 voraus, dh den Empfang eines nicht in der Satzung festgesetzten Gründungsaufwands, zB Gründungsentschädigung oder Gründerlohn, voraus. Empfänger dieses Gründungsaufwands muss eine Person sein, die nicht zu den Gründern oder ihren Hintermännern iSd § 46 Abs. 5 gehört. In **subjektiver** Hinsicht ist gem. § 47 Nr. 1 entweder **Vorsatz** oder **Fahrlässigkeit** (auch leichte) erforderlich, damit die Haftung iSd § 47 Nr. 1 eingreift. Fahrlässig handelt der Empfänger nur dann, wenn er verpflichtet war, Nachforschungen darüber anzustellen, ob die Gründer den Gründungsaufwand ordnungsgemäß in der Satzung festgesetzt haben.[6]

5 Der haftende Empfänger von unter Verstoß gegen § 26 Abs. 2 ausgezahlten Gründungsaufwand haftet der Gesellschaft gegenüber auf **Schadensersatz** iSd §§ 249 ff BGB. Der Empfänger hat deshalb mindestens den unzulässigerweise erhaltenen Betrag zurückzuerstatten.[7] Ebenso wie im Fall des § 46 ist auch bei § 47 der Einwand des Mitverschuldens nach § 254 BGB ausgeschlossen.[8] Mehrere Beteiligte haften gesamtschuldnerisch iSd §§ 421 ff BGB. Die Haftung aus § 47 Nr. 1 tritt dabei neben die Haftung der Gründer und Hintermänner aus § 46. Die **Verjährung** richtet sich nach § 51.

6 **III. Mitwirkung bei Schädigung der Aktiengesellschaft durch Einlagen oder Sachübernahmen (Nr. 2).** § 47 Nr. 2 knüpft an die Haftung der Gründer nach § 46 Abs. 2 oder Abs. 5 an. Für eine Haftung der Gründergenossen iSd § 47 Nr. 2 müssen deshalb zunächst die objektiven und subjektiven Voraussetzungen für eine Haftung der Gründer oder ihre Hintermänner iSd § 46 Abs. 2 oder 5 erfüllt sein. Ist dies der Fall, haften Dritte, dh die Gründergenossen, wenn sie mit **Vorsatz** an einer vorsätzlichen oder grob fahrlässig begangenen Schädigung der Gesellschaft durch Einlagen (Bar- oder Sacheinlagen) oder Sachübernahmen mitgewirkt haben. Die Mitwirkung kann zB dadurch verwirklicht werden, indem der Gründergenosse als Berater

---

1 KölnKomm-AktG/*Kraft*, Rn 3; Geßler/*Eckardt*, Rn 3 mwN.
2 *Hüffer*, Rn 2; MüKo-AktG/*Pentz*, Rn 10.
3 BGHZ 756, 231 ff = NJW 1980, 1470 f; Zöller/*Vollkommer*, ZPO, § 22 Rn 8 mwN.
4 *Hüffer*, Rn 2; MüKo-AktG/*Pentz*, Rn 10.
5 *Hüffer*, Rn 3.
6 Großkomm-AktienR/*Barz*, Nr. 4; KölnKomm-AktG/*Kraft*, Rn 11.
7 *Hüffer*, Rn 6; KölnKomm-AktG/*Kraft*, Rn 3.
8 MüKo-AktG/*Pentz*, Rn 17.

an den die Haftung des § 46 Abs. 2 oder 5 auslösenden Handlungen der Gründer mitgewirkt hat.[9] Der Anspruch aus § 47 Nr. 2 ist ebenso wie im Fall des § 47 Nr. 1 auf **Schadensersatz** gerichtet. Die Gründergenossen haften dabei neben den Gründern als Gesamtschuldner iSd §§ 421 ff BGB. Die **Verjährung** richtet sich nach § 51.

IV. Haftung des Emittenten (Nr. 3). § 47 Nr. 3 betrifft die Haftung des Emittenten, der vor Eintragung der Gesellschaft in das Handelsregister oder in den ersten **zwei Jahren** nach ihrer Eintragung die Aktien der Aktiengesellschaft öffentlich ankündigt, um sie in den Verkehr einzuführen, obwohl er die Unrichtigkeit oder Unvollständigkeit der Angaben, die zum Zwecke der Gründung der Gesellschaft gemacht wurden oder die Schädigung der Gesellschaft durch Einlagen oder Sachübernahmen kannte oder unter Anwendung der Sorgfalt eines ordentlichen Geschäftsmanns kennen musste. **Objektive** Voraussetzung ist deshalb zunächst eine **öffentliche Ankündigung** von Aktien der Gesellschaft **zum Zwecke der Einführung in den Verkehr** durch den Emittenten. Eine öffentliche Ankündigung zur Einführung in den Verkehr liegt vor, wenn ein nicht enger begrenzter Personenkreis aufgefordert wird, die von den Gründern übernommenen Aktien zu **erwerben**, zB durch Zeitungsanzeigen, Prospekte oder sonstige Werbemittel.[10] Ziel muss also eine Markteinführung sein, bei dem die Aktien der Gründer Dritten erstmalig angeboten werden.[11] Anders als in den Fällen des § 47 Nr. 1 und 2 kann der Emittent iSd § 47 Nr. 3 auch der Gründer selbst sein. Weiterhin muss der objektive Tatbestand des § 46 Abs. 1 oder Abs. 2 erfüllt sein, dh die Angaben, die zum Zwecke der Gründung gemacht worden sind, müssen unrichtig oder unvollständig sein oder die Gesellschaft muss durch Einlagen oder Sachübernahmen geschädigt worden sein. In **subjektiver** Hinsicht muss der Emittent **vorsätzlich** oder **fahrlässig** (auch leicht fahrlässig) gehandelt haben. Der Emittent muss also entweder wissen, dass einer der Tatbestände iSd § 46 Abs. 1 oder Abs. 2 verwirklicht wurde oder er hätte es bei Anwendung der Sorgfalt eines ordentlichen, mit Emissionen befassten Geschäftsmannes erkennen können. Damit besteht für den Emittenten die Pflicht, die Richtigkeit und Vollständigkeit der Angaben hinsichtlich der Übernahme der Aktien, die Einzahlung auf die Aktien, die Verwertung der eingezahlten Beträge, die Sondervorteile, den Gründungsaufwand, die Sacheinlagen und die Sachübernahme vor der Markteinführung **zu überprüfen**.[12] Weiterhin hat der Emittent zu prüfen, ob die Gesellschaft durch Einlagen oder Sachübernahmen geschädigt worden ist.

Der Anspruch der Gesellschaft gegen den Emittenten richtet sich auf **Schadensersatz** iSd §§ 249 ff BGB und entspricht seinem Umfang nach der Haftung der Gründer in den Fällen des § 46 Abs. 1 oder Abs. 2. Im Falle der **Kapitalerhöhung** findet § 47 Nr. 3 nach der herrschenden Meinung[13] zu Recht entsprechend Anwendung. Der 2-Jahres-Zeitraum beginnt in diesem Fall mit der Eintragung der Kapitalerhöhung mit derjenigen der Gesellschaft.[14] Im Falle der Ankündigung von **Wandelschuldverschreibungen** ist § 47 Nr. 3 mit der wohl überwiegenden Meinung[15] nicht anzuwenden, da in diesem Fall das Grundkapital nicht in gleicher Weise wie bei der Gründung oder der Kapitalerhöhung gefährdet ist. Auch die **Verjährung** der Haftung des Emittenten aus § 47 Nr. 3 richtet sich nach § 51.

Ansprüche **Dritter**, zB der Aktienerwerber, ergeben sich aus § 47 Nr. 3 nicht. § 47 Nr. 3 ist auch nicht Schutzgesetz iSd § 823 Abs. 2 BGB. Ansprüche Dritter können sich allerdings aus § 823 Abs. 2 BGB iVm § 399 Abs. 1 Nr. 3 oder aus **Prospekthaftung** nach §§ 44 ff BörsG, § 13 VerkProspG sowie der allgemeinen Prospekthaftung aus zivilrechtlichen Grundsätzen, zB Auskunftsvertrag, Sachwalterhaftung etc. ergeben.

§ 48 Verantwortlichkeit des Vorstands und des Aufsichtsrats

¹Mitglieder des Vorstands und des Aufsichtsrats, die bei der Gründung ihre Pflichten verletzen, sind der Gesellschaft zum Ersatz des daraus entstehenden Schadens als Gesamtschuldner verpflichtet; sie sind namentlich dafür verantwortlich, daß eine zur Annahme von Einzahlungen auf die Aktien bestimmte Stelle (§ 54 Abs. 3) hierzu geeignet ist, und daß die eingezahlten Beträge zur freien Verfügung des Vorstands stehen. ²Für die Sorgfaltspflicht und Verantwortlichkeit der Mitglieder des Vorstands und des Aufsichtsrats bei der Gründung gelten im übrigen §§ 93 und 116 mit Ausnahme von § 93 Abs. 4 Satz 3 und 4 und Abs. 6.

---

9 *Hüffer*, Rn 8; MüKo-AktG/*Pentz*, Rn 20.
10 Geßler/*Eckardt*, Rn 15; *v. Godin/Wilhelmi*, Rn 6.
11 *Hüffer*, § 37 Rn 9.
12 Großkomm-AktienR/*Barz*, Rn 6; MüKo-AktG/*Pentz*, Rn 29; KölnKomm-AktG/*Kraft*, Rn 23.
13 Großkomm-AktienR/*Barz*, Rn 12; *Hüffer*, Rn 12; KölnKomm-AktG/*Kraft*, Rn 25; MüKo-AktG/*Pentz*, § 417 Rn 34; aA Geßler/*Eckardt*, Rn 14.
14 Großkomm-AktienR/*Barz*, Rn 12; *Hüffer*, Rn 12; MüKo-AktG/*Pentz*, Rn 34; aA *v. Godin/Wilhelmi*, Rn 6, nach denen die Zweijahresfrist mit der Eintragung der Gesellschaft beginnt.
15 *Hüffer*, Rn 12; KölnKomm-AktG/*Kraft*, Rn 27; MüKo-AktG/*Pentz*, Rn 35; aA Großkomm-AktienR/*Barz*, Rn 8.

A. Überblick

1 § 48 regelt die Haftung der Verwaltungsmitglieder, dh der Mitglieder des **Vorstands** und des **Aufsichtsrats** gegenüber der eingetragenen Aktiengesellschaft für Pflichtverletzungen im Gründungsstadium. § 48 ergänzt insoweit die §§ 46 und 47. Ebenso wie diese bezweckt § 48 den Schutz vor Schäden der Gesellschaft im Rahmen der Gründung und insbesondere die Erbringung des Grundkapitals. § 48 betrifft insoweit die **zivilrechtliche Haftung** der Verwaltungsmitglieder gegenüber der Gesellschaft. Die **strafrechtliche Verantwortlichkeit** der Mitglieder des Vorstands und des Aufsichtsrats richtet sich nach § 399 Abs. 1 Nr. 1 und 2 sowie nach § 405 Abs. 1 Nr. 1 und 2.

B. Verantwortlichkeit des Vorstands und des Aufsichtsrats

2 **I. Allgemeines.** Ebenso wie die Haftung aus den §§ 46 und 47 basiert die Haftung aus § 48 auf den besonderen Beziehungen des Vorstands und des Aufsichtsrats gegenüber der Gesellschaft und ist deshalb eine spezifisch gesellschaftsrechtliche Organhaftung.[1] Der Gegenmeinung,[2] die die Haftung aus § 48 als eine vertragliche Haftung qualifizieren will, ist deshalb nicht zu folgen. Denn die Verantwortlichkeit der Verwaltungsmitglieder basiert auf ihrer Stellung als Organ und nicht auf ihrem Anstellungsverhältnis. Dementsprechend ist der Gerichtsstand für die Geltendmachung von Ansprüchen aus § 48 nicht der Gerichtsstand der unerlaubten Handlung iSd § 32 ZPO, sondern der allgemeine Gerichtsstand iSd § 12 ZPO oder der Gerichtsstand des Erfüllungsortes iSd § 29 ZPO. **Gläubiger** des Anspruchs ist die eingetragene Aktiengesellschaft. **Schuldner** ist dasjenige Vorstands- oder Aufsichtsratsmitglied, das den Haftungstatbestand iSd § 48 S. 1 verwirklicht hat.

3 Die Haftung nach § 48 ist nicht abschließend. Neben der Haftung nach § 48 können deshalb insbesondere Ansprüche der Gesellschaft nach §§ 826, 840 BGB oder §§ 823 Abs. 2, 840 BGB iVm § 266 StGB in Betracht kommen. § 48 ist allerdings kein Schutzgesetz iSd § 823 Abs. 2 BGB. Ansprüche Dritter bleiben durch die Haftung gegenüber der Gesellschaft nach § 48 ebenfalls unberührt.

4 **II. Haftung der Mitglieder des Vorstands und des Aufsichtsrats (S. 1).** Gemäß § 48 S. 1 haften die Mitglieder des Vorstands und des Aufsichtsrats (Verwaltungsmitglieder) bei der Verletzung von Pflichten, die ihnen bei der Gründung obliegen. **Objektive Haftungsvoraussetzung** ist deshalb eine Verletzung der Sorgfaltspflicht des Vorstands oder des Aufsichtsrats bei der Gründung. § 48 S. 1 nennt hierzu insbesondere die Pflicht der Verwaltungsmitglieder, die zur Annahme von Einzahlungen auf die Aktien bestimmte Stellen auf ihre Eignung hin zu prüfen und dafür Sorge zu tragen, dass die eingezahlten Beträge dem Vorstand zur freien Verfügung stehen. Die Verwaltungsmitglieder dürfen sich insoweit nicht auf die Angaben der Gründer verlassen, sondern haben diese eigenständig zu überprüfen.[3] Daneben obliegt den Verwaltungsmitgliedern die Pflicht, den Gründungshergang gem. § 33 Abs. 1 iVm § 34 Abs. 1 und 2 zu prüfen und über das Ergebnis schriftlich zu berichten, die Gesellschaft gem. § 36 Abs. 1 ordnungsgemäß zur Eintragung in das Handelsregister anzumelden, die Verschwiegenheit gem. §§ 93 Abs. 1 S. 2, 116, 404 zu wahren und keine vertraulichen Angaben oder Geheimnisse der Gesellschaft zu offenbaren, soweit sie hierzu nicht zB gegenüber dem Registergericht verpflichtet sind. Zudem hat der Vorstand die Pflicht, gem. § 36 den Wert der vor Eintragung der Gesellschaft in das Handelsregister geleisteten Einlagen einschließlich der Sacheinlagen zu erhalten und keine Einlagen zurückzugewähren, ein als Sacheinlage bereits eingebrachtes Unternehmen ordnungsgemäß zu führen[4] und, falls dies erforderlich sein sollte, schon vor der Eintragung der Gesellschaft in das Handelsregister für diese tätig zu werden. Der Aufsichtsrat hat insbesondere in diesem Fall gem. § 111 Abs. 1 die Pflicht, die Handlungen und Erklärungen des Vorstands zu überwachen.

5 In **subjektiver Hinsicht** haben die Verwaltungsmitglieder gem. § 48 S. 2 iVm §§ 93 und 116 die Sorgfalt eines ordentlichen und gewissenhaften Geschäftsleiters anzuwenden. Die Beweislast für die Anwendung entsprechender Sorgfalt tragen gem. § 48 S. 2 iVm § 93 Abs. 2 S. 2 die Verwaltungsmitglieder. Die Haftung der Verwaltungsmitglieder ist gem. § 48 S. 2 iVm § 93 Abs. 4 S. 1 allerdings ausgeschlossen, soweit die in Frage stehende Handlung des Verwaltungsmitglieds auf einem gesetzmäßigen **Beschluss der Hauptversammlung** beruht.[5]

6 Der Anspruch aus § 48 S. 1 geht auf **Schadensersatz** iSd §§ 249 ff BGB. Verwaltungsmitglieder haben deshalb insbesondere nicht geleistete oder verloren gegangene Einlagen sowie Schäden der Gesellschaft zu ersetzen, die sich zB aus unzureichender Gründungsprüfung gem. §§ 33 Abs. 1, 34 ergeben.[6] Die Verwal-

---

1 *Hüffer*, Rn 1; MüKo-AktG/*Pentz*, Rn 9.
2 Großkomm-AktienR/*Barz*, Rn 10; KölnKomm-AktG/*Kraft*, Rn 5.
3 MüKo-AktG/*Pentz*, Rn 13.
4 *Hüffer*, Rn 3; MüKo-AktG/*Pentz*, Rn 21.
5 *Hüffer*, Rn 3; MüKo-AktG/*Pentz*, Rn 22.
6 Großkomm-AktienR/*Barz*, Rn 7 v. *Godin/Wilhelmi*, Rn 6; *Hüffer*, Rn 5; KölnKomm-AktG/*Kraft*, Rn 14.

tungsmitglieder haften dabei mit den Gründern und den Gründergenossen als Gesamtschuldner iSd §§ 421 ff BGB.

III. **Verzicht, Vergleich, Verjährung, Einziehungsrecht des Gläubigers (S. 2).** Gemäß § 48 S. 2 gelten für die Haftung des Vorstands und des Aufsichtsrats die §§ 93 und 116 mit Ausnahme von § 93 Abs. 4 S. 3 und S. 4 und Abs. 6. An die Stelle dieser Regelungen treten die §§ 50 und 51, die im Wesentlichen mit den §§ 93 Abs. 4 S. 3 und 4, Abs. 6 und 116 übereinstimmen. Allerdings kommt es für den Fristbeginn nicht auf die Entstehung des Anspruchs, sondern auf die **Eintragung** der Aktiengesellschaft in das Handelsregister an. 7

Ein der Handlung des Verwaltungsmitglieds zugrunde liegender Hauptversammlungsbeschluss sowie ein **Verzicht** oder ein **Vergleich** der Gesellschaft schließen die Ersatzpflicht der Verwaltungsmitglieder gegenüber den Gläubigern gem. § 93 Abs. 5 S. 3 nicht aus. Die **Verjährung** richtet sich nach § 51. Gemäß § 48 S. 2 iVm § 93 Abs. 5 kann der Anspruch der Gesellschaft aus § 48 S. 1 auch von den **Gläubigern geltend gemacht, dh eingezogen** werden, soweit diese von der Gesellschaft selbst keine Befriedigung erlangen können. 8

§ 49 Verantwortlichkeit der Gründungsprüfer

§ 323 Abs. 1 bis 4 des Handelsgesetzbuchs über die Verantwortlichkeit des Abschlußprüfers gilt sinngemäß.

Literatur:
Hopt, Die Haftung des Wirtschaftsprüfers – Rechtsprobleme zu § 332 HGB (§ 168 AktG aF) und zur Prospekt- und Auskunftshaftung, WPg 1986, 461 ff und 498 ff.

A. Überblick

§ 49 iVm § 323 HGB regelt die **zivilrechtliche Haftung** der Gründungsprüfer gegenüber der Gesellschaft. § 49 ergänzt insoweit die Haftung der Gründer, der Gründergenossen, der Emittenten und die der Verwaltungsmitglieder iSd §§ 46, 47 und 48. Die **strafrechtliche** Verantwortlichkeit der Gründungsprüfer und ihrer Gehilfen ergibt sich aus §§ 403 und 404. Die Bestimmungen der §§ 323 Abs. 1–4 HGB wurden durch Art. 2 Nr. 11 des Gesetzes zur Kontrolle und Transparenz im Unternehmensbereich (KonTraG) vom 27.4.1998,[1] durch Art. 8 des Finanzmarktförderungsgesetz vom 21.6.2002[2] sowie durch Art. 6 WPRefG vom 1.12.2003[3] geändert und lauten seitdem: 1

§ 323 HGB   Verantwortlichkeit des Abschlußprüfers

(1) ¹Der Abschlußprüfer, seine Gehilfen und die bei der Prüfung mitwirkenden gesetzlichen Vertreter einer Prüfungsgesellschaft sind zur gewissenhaften und unparteiischen Prüfung und zur Verschwiegenheit verpflichtet; § 57b der Wirtschaftsprüferordnung bleibt unberührt. ²Sie dürfen nicht unbefugt Geschäfts- und Betriebsgeheimnisse verwerten, die sie bei ihrer Tätigkeit erfahren haben. ³Wer vorsätzlich oder fahrlässig seine Pflichten verletzt, ist der Kapitalgesellschaft und, wenn ein verbundenes Unternehmen geschädigt worden ist, auch diesem zum Ersatz des daraus entstehenden Schadens verpflichtet. ⁴Mehrere Personen haften als Gesamtschuldner.
(2) ¹Die Ersatzpflicht von Personen, die fahrlässig gehandelt haben, beschränkt sich auf eine Million Euro für eine Prüfung. ²Bei Prüfung einer Aktiengesellschaft, deren Aktien zum Handel im regulierten Markt zugelassen sind, beschränkt sich die Ersatzpflicht von Personen, die fahrlässig gehandelt haben, abweichend von Satz 1 auf vier Millionen Euro für eine Prüfung. ³Dies gilt auch, wenn an der Prüfung mehrere Personen beteiligt gewesen oder mehrere zum Ersatz verpflichtende Handlungen begangen worden sind, und ohne Rücksicht darauf, ob andere Beteiligte vorsätzlich gehandelt haben.
(3) Die Verpflichtung zur Verschwiegenheit besteht, wenn eine Prüfungsgesellschaft Abschlußprüfer ist, auch gegenüber dem Aufsichtsrat und den Mitgliedern des Aufsichtsrats der Prüfungsgesellschaft.
(4) Die Ersatzpflicht nach diesen Vorschriften kann durch Vertrag weder ausgeschlossen noch beschränkt werden.

---

1   BGBl. I 1998 S. 786 ff.
2   BGBl. I 2002 S. 2010 ff.
3   BGBl. I 2003 S. 2446 ff.

B. Verantwortlichkeit des Abschlußprüfers (§ 49 iVm § 323 Abs. 1–4 HGB)

2 Gemäß § 323 Abs. 1 S. 1 sind die Gründungsprüfer, ihre Gehilfen und, soweit es sich bei den Gründungsprüfern um eine Prüfungsgesellschaft handelt, deren gesetzliche Vertreter zur gewissenhaften und unparteiischen Prüfung sowie zur Verschwiegenheit verpflichtet.

3 Die Pflicht zur **gewissenhaften Prüfung** bedeutet, dass die Prüfung nach bestem Wissen und Können durchzuführen ist, um den Zweck der Gründungsprüfung iSd §§ 32 und 33, dh die Verhinderung von Scheingründungen aufzudecken und ihnen von vorneherein vorzubeugen.[4] Was eine gewissenhafte Prüfung ausmacht, ist im Zweifel im Einzelfall näher zu konkretisieren. Zu beachten sind dabei insbesondere die Berufsauffassungen des Standes der Wirtschaftsprüfer, insbesondere zu den Grundsätzen ordnungsgemäßer Durchführung für Abschlussprüfungen, ordnungsgemäßer Berichterstattung bei Abschlussprüfungen sowie für die Erteilung von Bestätigungsvermerken bei Abschlussprüfungen.[5] Die Pflicht zur **unparteiischen** Durchführung der Prüfung bedeutet, dass sich der Gründungsprüfer nicht von Interessen einer einzelnen Gruppe beeinflussen lassen darf, insbesondere nicht von den Ansichten der Organe der Gesellschaft, sondern die Prüfung ausschließlich im Interesse des gesamten Unternehmens durchzuführen hat.[6] Die in § 323 Abs. 1 S. 1 HGB normierte **Verschwiegenheitpflicht** ist das Gegenstück zu dem umfangreichen Informationsrecht des Gründungsprüfers nach § 35 Abs. 1 und bezieht sich nicht nur auf die in § 323 Abs. 1 S. 2 HGB genannten Geschäfts- und Betriebsgeheimnisse, sondern auch auf alle sonstigen Umstände, die nach dem Willen der Beteiligten geheim bleiben sollen.[7] Ist eine Prüfungsgesellschaft Abschlussprüfer, besteht gem. § 49 iVm § 323 Abs. 3 HGB die Verschwiegenheitspflicht auch gegenüber dem Aufsichtsrat und den Mitgliedern des Aufsichtsrats der Prüfungsgesellschaft. Gemäß § 49 iVm § 323 Abs. 1 S. 2 HGB ist es den Gründungsprüfern zudem verwehrt, Geschäfts- und Betriebsgeheimnisse, die sie bei ihrer Tätigkeit erfahren haben, unbefugt zu verwerten. Das Verwertungsverbot erstreckt sich sowohl auf die Verwertung der Geheimnisse zu eigenem als auch auf die Verwertung zu mittelbarem Nutzen, zB die Weitergabe an Dritte gegen die Einräumung von Vorteilen.[8] **Subjektiv** setzt die Haftung des Gründungsprüfers gem. § 49 iVm § 323 Abs. 1 S. 3 HGB **vorsätzliches** oder **fahrlässiges** (auch leicht fahrlässiges) Verhalten voraus.

4 **Gläubiger** ist die Gesellschaft. Der Anspruch aus § 49 iVm § 323 Abs. 1 S. 3 HGB der Gesellschaft oder eines mit ihr verbundenen Unternehmens iSd § 15, geht auf Schadensersatz iSd § 249 ff BGB. Sind zB die Einlagen fehlerhaft bewertet worden, ist die Gesellschaft so zu stellen wie sie stünde, wenn die betroffene Einlage tatsächlich den ihr beigemessenen Wert gehabt hätte. Ebenso sind fehlende Einlagen der Gesellschaft zu erstatten.[9] Der Einwand des Mitverschuldens ist insoweit ausgeschlossen.[10] Mehrere Personen haften gem. § 49 iVm § 323 Abs. 1 S. 4 HGB als Gesamtschuldner.

5 Die Haftung von Personen, die fahrlässig gehandelt haben, **beschränkt sich gem. § 49 iVm § 323 Abs. 2 S. 1 und S. 2 HGB auf eine Million EUR und bei börsennotierten Aktiengesellschaften auf vier Millionen EUR für eine Prüfung**. Dies gilt gem. § 49 iVm § 323 Abs. 2 S. 3 HGB auch dann, wenn an der Prüfung mehrere Personen beteiligt gewesen oder mehrere zum Ersatz verpflichtende Handlungen begangen worden sind und ohne Rücksicht darauf, ob andere Beteiligte vorsätzlich gehandelt haben.

6 Die Haftung aus § 49 iVm § 323 HGB kann gem. § 323 Abs. 4 HGB vertraglich weder ausgeschlossen noch beschränkt werden. Eine entgegenstehende Vereinbarung ist nach § 134 BGB nichtig.[11] Die **Verjährung** der Ansprüche der Gesellschaft aus § 49 iVm § 323 HGB richtet sich nach der Regelverjährung iSd §§ 195, 199 BGB.

§ 50 Verzicht und Vergleich

[1]Die Gesellschaft kann auf Ersatzansprüche gegen die Gründer, die neben diesen haftenden Personen und gegen die Mitglieder des Vorstands und des Aufsichtsrats (§§ 46 bis 48) erst drei Jahre nach der Eintragung der Gesellschaft in das Handelsregister und nur dann verzichten oder sich über sie vergleichen, wenn die Hauptversammlung zustimmt und nicht eine Minderheit, deren Anteile zusammen den zehnten Teil des Grundkapitals erreichen, zur Niederschrift Widerspruch erhebt. [2]Die zeitliche Beschränkung gilt nicht, wenn der Ersatzpflichtige zahlungsunfähig ist und sich zur Abwendung des Insolvenzverfahrens mit seinen Gläubigern vergleicht oder wenn die Ersatzpflicht in einem Insolvenzplan geregelt wird.

---

4 MüKo-AktG/*Pentz*, Rn 23.
5 Koller/Roth/*Morck*, HGB, § 323 Rn 3; *Hopt*, WPg 1986, 498, 503.
6 Koller/Roth/*Morck*, HGB, § 323 Rn 3.
7 v. Godin/*Wilhelmi*, § 168 Rn 3; KölnKomm-AktG/*Kraft*, Rn 18.
8 MüKo-AktG/*Pentz*, Rn 31; BeckBil-Komm/*Budde/Hense*, § 323 HGB Rn 51.
9 KölnKomm-AktG/*Kraft*, Rn 14; MüKo-AktG/*Pentz*, Rn 37.
10 Großkomm-AktienR/*Barz*, Rn 12; KölnKomm-AktG/*Kraft*, Rn 27.
11 Koller/Roth/*Morck*, HGB, § 323 Rn 7.

A. Überblick

§ 50 betrifft den **Verzicht** und den **Vergleich** der Gesellschaft im Hinblick auf ihre Ansprüche aus den §§ 46–48. Die zeitliche Einschränkung der Dispositionsfreiheit der Gesellschaft hinsichtlich eines Verzichts und eines Vergleichs soll – wie bei den §§ 46 bis 49 – zum einen die Aufbringung des Grundkapitals absichern. Zum anderen dient § 50 dem Minderheitenschutz.[1] Aus diesem Grund ist der Verzicht der Gesellschaft auf Ansprüche aus den §§ 46 bis 48 sowie ein Vergleich hierüber nur unter einschränkenden Bedingungen zulässig und möglich.

B. Verzicht und Vergleich

§ 50 erfasst nur Ansprüche der Gesellschaft gegen die Gründer und ihre Hintermänner iSd § 46, die Gründergenossen iSd § 47 und die Mitglieder des Vorstands und des Aufsichtsrats iSd § 48. Ansprüche der Gesellschaft gegen den Gründungsprüfer, seine Gehilfen und die mit der Prüfung betrauten gesetzlichen Vertreter einer Prüfungsgesellschaft nach § 49 sowie sonstige Ansprüche der Gesellschaft, zB aus § 826, § 823 Abs. 2 BGB, werden von § 50 **nicht erfasst**.[2] Ansprüche aus den vorgenannten Anspruchsgrundlagen unterliegen deshalb nicht den strengeren Voraussetzungen des § 50. Ein Verzicht oder ein Vergleich ist insoweit vielmehr nach allgemeinen Grundsätzen möglich.

Der **Verzicht** iSd § 50 entspricht dem Erlassvertrag gem. § 397 Abs. 1 BGB sowie dem negativen Schuldanerkenntnis gem. § 397 Abs. 2 BGB.[3] **Vergleich** iSd § 50 ist sowohl Vergleich iSd § 779 BGB als auch der Prozessvergleich.[4] § 50 erstreckt sich darüber hinaus auch auf alle sonstigen Rechtsgeschäfte, die in ihren Wirkungen einem Verzicht oder einem Vergleich gleichkommen, so zB ein Klageverzicht iSd § 306 ZPO, das Anerkenntnis gegenüber einer negativen Feststellungsklage gem. § 307 ZPO oder die Annahme einer Leistung an Erfüllung Statt, wenn deren Wert hinter dem Wert des Anspruchs zurückbleibt.[5]

§ 50 schränkt den Verzicht und Vergleich der Gesellschaft auf Ansprüche aus den §§ 46–48 in dreierlei Weise ein: **Erstens** sind sowohl ein Verzicht als auch ein Vergleich vor Ablauf von drei Jahren nach der Einführung der Aktiengesellschaft in das Handelsregister unzulässig. Ein entsprechender Verzicht oder Vergleich vor dem Fristablauf iSd § 50 S. 1 ist gem. § 134 BGB nichtig. **Zweitens** ist auch ein drei Jahre nach Eintragung der Gesellschaft in das Handelsregister abgeschlossener Verzicht oder Vergleich gem. § 50 S. 1 nur zulässig, wenn die Hauptversammlung diesem zugestimmt hat. **Drittens** ist erforderlich, dass keine Aktionärsminderheit, deren Anteile zusammen 10 % des Grundkapitals erreichen, Widerspruch zu Protokoll erklärt hat. Ist zwar die Frist iSd § 50 S. 1 gewahrt, fehlt es jedoch an der erforderlichen Zustimmung der Hauptversammlung oder hat eine Minderheit, deren Anteile zusammen mindestens 10 % des Grundkapitals erreicht, Widerspruch zu Protokoll erhoben, ist der Verzicht oder Vergleich zwar nicht iSd § 134 BGB nichtig. Die vom Vorstand für die Gesellschaft in diesem Zusammenhang abgegebenen Erklärungen wirken jedoch nicht gegen die Aktiengesellschaft, weil es dem Vorstand insoweit an der erforderlichen Vertretungsmacht iSd § 164 Abs. 1 BGB fehlt.[6]

Die zeitliche Beschränkung gilt gem. § 50 S. 2 allerdings nicht, wenn der Ersatzpflichtige **zahlungsunfähig** ist und sich zur Abwendung des Insolvenzverfahrens mit seinen Gläubigern vergleicht oder wenn die Ersatzpflicht in einem Insolvenzplan geregelt wird. Die Zahlungsunfähigkeit bestimmt sich dabei nach § 17 InsO. Auch die drohende Zahlungsunfähigkeit und die Verschuldung iSd § 18 und § 19 InsO erfüllt im Hinblick auf den mit diesen Vorschriften verfolgten Sinn und Zweck das Merkmal der Zahlungsunfähigkeit iSd § 50 S. 2.[7] Der in § 50 S. 2 erwähnte **Insolvenzplan** ist der Plan iSd §§ 217 ff. InsO.[8]

§ 51 Verjährung der Ersatzansprüche

¹Ersatzansprüche der Gesellschaft nach den §§ 46 bis 48 verjähren in fünf Jahren. ²Die Verjährung beginnt mit der Eintragung der Gesellschaft in das Handelsregister oder, wenn die zum Ersatz verpflichtende Handlung später begangen worden ist, mit der Vornahme der Handlung.

---

1 RegBegr. *Kropff*, S. 66.
2 Großkomm-AktienR/*Barz*, Rn 2; KölnKomm-AktG/*Kraft*, Rn 3.
3 KölnKomm-AktG/*Kraft*, Rn 6; MüKo-AktG/*Pentz*, Rn 11.
4 *Hüffer*, Rn 4; MüKo-AktG/*Pentz*, Rn 11.
5 Großkomm-AktienR/*Barz*, Rn 4; KölnKomm-AktG/*Kraft*, Rn 7, 9 und 29 f; *Rosenberg/Schwab/Gottwald*, ZPO, § 133 IV 1 2.
6 *Hüffer*, Rn 4; MüKo-AktG/*Pentz*, Rn 21 und 24.
7 MüKo-AktG/*Pentz*, Rn 19.
8 MüKo-AktG/*Pentz*, Rn 20.

A. Überblick

1 § 51 betrifft die Verjährungsregelung für sämtliche Ersatzansprüche der Gesellschaft gegen die Gründer, Gründergenossen, Emittenten, Vorstands- und Aufsichtsratsmitglieder und Gründungsprüfer aus den §§ 46 bis 48. Die Vorschrift ist zwingend. Sie gilt nach der wohl herrschenden Meinung[1] allerdings nicht für konkurrierende Ansprüche, zB Ansprüche aus § 826 oder § 823 Abs. 2 BGB. Dem ist zuzustimmen. Beide Regelungskomplexe bestehen unabhängig voneinander, so dass für einen etwaigen Vorrang der Verjährungsfristen nach § 51 vor § 852 BGB keine Gründe ersichtlich sind.

B. Verjährung der Ersatzansprüche

2 Gemäß § 51 S. 1 bestimmt – wie in den §§ 93 Abs. 6, 116, 117 Abs. 6 – eine fünfjährige Verjährungsfrist für Ansprüche aus den §§ 46 bis 48. Im Hinblick auf den Verjährungsbeginn unterscheidet § 51 S. 2 allerdings zwischen zwei Fällen: Wurde die zum Ersatz verpflichtende Handlung **bis zum Zeitpunkt der Eintragung** der Gesellschaft in das Handelsregister begangen, beginnt die Verjährung abweichend von § 200 S. 1 BGB mit der Eintragung der Gesellschaft in das Handelsregister. Der Lauf der Frist bestimmt sich nach § 187 Abs. 1 iVm § 188 Abs. 2 BGB. Wurde die zum Ersatz verpflichtende Handlung hingegen **nach Eintragung der Gesellschaft** in das Handelsregister begangen, beginnt die Verjährungsfrist ab dem Zeitpunkt, in dem die Handlung vorgenommen wurde. In beiden Fällen kommt es auf die Kenntnis der Gesellschaft von der zum Ersatz verpflichtenden Handlung oder den Zeitpunkt des Schadenseintritts nicht[2] an. Die Hemmung der Verjährung bestimmt sich nach den allgemeinen Vorschriften iSd §§ 203 ff BGB.

§ 52 Nachgründung

(1) ¹Verträge der Gesellschaft mit Gründern oder mit mehr als 10 vom Hundert des Grundkapitals an der Gesellschaft beteiligten Aktionären, nach denen sie vorhandene oder herzustellende Anlagen oder andere Vermögensgegenstände für eine den zehnten Teil des Grundkapitals übersteigende Vergütung erwerben soll, und die in den ersten zwei Jahren seit der Eintragung der Gesellschaft in das Handelsregister geschlossen werden, werden nur mit Zustimmung der Hauptversammlung und durch Eintragung in das Handelsregister wirksam. ²Ohne die Zustimmung der Hauptversammlung oder die Eintragung im Handelsregister sind auch die Rechtshandlungen zu ihrer Ausführung unwirksam.

(2) ¹Ein Vertrag nach Absatz 1 bedarf der schriftlichen Form, soweit nicht eine andere Form vorgeschrieben ist. ²Er ist von der Einberufung der Hauptversammlung an, die über die Zustimmung beschließen soll, in dem Geschäftsraum der Gesellschaft zur Einsicht der Aktionäre auszulegen. ³Auf Verlangen ist jedem Aktionär unverzüglich eine Abschrift zu erteilen. ⁴Die Verpflichtungen nach den Sätzen 2 und 3 entfallen, wenn der Vertrag für denselben Zeitraum über die Internetseite der Gesellschaft zugänglich ist. ⁵In der Hauptversammlung ist der Vertrag zugänglich zu machen. ⁶Der Vorstand hat ihn zu Beginn der Verhandlung zu erläutern. ⁷Der Niederschrift ist er als Anlage beizufügen.

(3) ¹Vor der Beschlußfassung der Hauptversammlung hat der Aufsichtsrat den Vertrag zu prüfen und einen schriftlichen Bericht zu erstatten (Nachgründungsbericht). ²Für den Nachgründungsbericht gilt sinngemäß § 32 Abs. 2 und 3 über den Gründungsbericht.

(4) ¹Außerdem hat vor der Beschlußfassung eine Prüfung durch einen oder mehrere Gründungsprüfer stattzufinden. ²§ 33 Abs. 3 bis 5, §§ 34, 35 über die Gründungsprüfung gelten sinngemäß. ³Unter den Voraussetzungen des § 33 a kann von einer Prüfung durch Gründungsprüfer abgesehen werden.

(5) ¹Der Beschluß der Hauptversammlung bedarf einer Mehrheit, die mindestens drei Viertel des bei der Beschlußfassung vertretenen Grundkapitals umfaßt. ²Wird der Vertrag im ersten Jahr nach der Eintragung der Gesellschaft in das Handelsregister geschlossen, so müssen außerdem die Anteile der zustimmenden Mehrheit mindestens ein Viertel des gesamten Grundkapitals erreichen. ³Die Satzung kann an Stelle dieser Mehrheiten größere Kapitalmehrheiten und weitere Erfordernisse bestimmen.

(6) ¹Nach Zustimmung der Hauptversammlung hat der Vorstand den Vertrag zur Eintragung in das Handelsregister anzumelden. ²Der Anmeldung ist der Vertrag mit dem Nachgründungsbericht und dem Bericht

---

[1] v. Godin/Wilhelmi, Rn 1; Hüffer, Rn 1; KölnKomm-AktG/Kraft, Rn 2; MüKo-AktG/Pentz, Rn 2 und 6; aA Großkomm-AktienR/Barz, Rn 2.

[2] MüKo-AktG/Pentz, Rn 9 und 10.

der Gründungsprüfer mit den urkundlichen Unterlagen beizufügen. ³Wird nach Absatz 4 Satz 3 von einer externen Gründungsprüfung abgesehen, gilt § 37a entsprechend.

(7) ¹Bestehen gegen die Eintragung Bedenken, weil die Gründungsprüfer erklären oder weil es offensichtlich ist, daß der Nachgründungsbericht unrichtig oder unvollständig ist oder den gesetzlichen Vorschriften nicht entspricht oder daß die für die zu erwerbenden Vermögensgegenstände gewährte Vergütung unangemessen hoch ist, so kann das Gericht die Eintragung ablehnen. ²Enthält die Anmeldung die Erklärung nach § 37a Abs. 1 Satz 1, gilt § 38 Abs. 3 entsprechend.

(8) Einzutragen sind der Tag des Vertragsschlusses und der Zustimmung der Hauptversammlung sowie der oder die Vertragspartner der Gesellschaft.

(9) Vorstehende Vorschriften gelten nicht, wenn der Erwerb der Vermögensgegenstände im Rahmen der laufenden Geschäfte der Gesellschaft, in der Zwangsvollstreckung oder an der Börse erfolgt.

Literatur:
Bayer/Lieder, Einbringung von Dienstleistungen in die AG, NZG 2010, 86; *Bork/Stangier,* Nachgründende Kapitalerhöhung mit Sacheinlagen?, AG 1984, 320; *Dormann/Fromholzer,* Offene Fragen der Nachgründung nach dem NaStraG, AG 2001, 242; *Eisolt,* Neuregelung der Nachgründung durch das Namensaktiengesetz, DStR 2001, 748; *Hartmann/Barcaba,* Die Anforderungen an den Bericht des Aufsichtsrats im Nachgründungsverfahren, AG 2001, 437; *Holzapfel/Roschmann,* Nachgründung gemäß § 52 AktG, in: FS Bezzenberger, 2000, S. 163; *Jäger,* Die Nachgründungsproblematik aus Sicht der Holding-AG, NZG 1998, 370; *Knott,* Nachgründung im Anschluss an Börsengänge, BB 1999, 806; *Koch,* Die Nachgründung, 2002; *Krieger,* Zur Reichweite des § 52 AktG, in: FS Claussen, 1997, S. 223; *Laub,* Die Nachgründung nach § 52 AktG als kapitalerhaltende Norm, 2004; *Lieder,* Rechtsfragen der aktienrechtlichen Nachgründung nach ARUG, ZIP 2010, 964; *Lutter/Ziemons,* Die unverhoffte Renaissance der Nachgründung, ZGR 1999, 479; *Martens,* Nachgründungskontrolle beim Formwechsel einer GmbH in eine AG, ZGR 1999, 548; *Mülbert,* Anwendung der Nachgründungsvorschriften auf die Sachkapitalerhöhung?, AG 2003, 136; *Pentz,* Zur beabsichtigten Änderung des § 52 AktG im RefE des Gesetzes zur Namensaktien und zur Erleichterung der Stimmrechtsausübung – Namensaktiengesetz (NaStraG), NZG 2000, 225; *Pentz,* Die Änderung des Nachgründungsrechts durch das NaStraG, NZG 2001, 346; *Priester,* Neue Regelungen zur Nachgründung, DB 2001, 467; *Reichert,* Probleme der Nachgründung nach altem und neuem Recht, ZGR 2001, 555; *Schmidt/Seipp,* Berechnung der Vergütung von Miet- und Leasingverträgen im Rahmen der Nachgründung gemäß § 52 Abs. 1 AktG, ZIP 2000, 2089; *Walter/Hald,* Nachgründungsvorschriften bei der Holding-AG zu beachten?, DB 2001, 1183; *Weisshaupt,* Die Heilung „vergessener" Nachgründungsgeschäfte, ZGR 2005, 726 *Werner,* Zum Anwendungsbereich von § 52 AktG nach der Neufassung durch das NaStraG, ZIP 2001, 1403; *Wilhelm,* Kapitalaufbringung und Handlungsfreiheit der Gesellschaft nach Aktien- und GmbH-Recht, ZHR 152 (1988), 333; *Zimmer,* Die Nachgründungsvorschriften des § 52 AktG – Tatbestand und Reichweite sowie Möglichkeit der Heilung unwirksamer Rechtsgeschäfte, DB 2000, 1265.

A. Einleitung

§ 52 bezeichnet mit dem **Begriff „Nachgründung"** entgegen dem ersten Anschein des Wortlauts keinen organisationsrechtlichen Akt im Gründungsverfahren der Aktiengesellschaft. Die Nachgründung bezeichnet den Abschluss eines schuldrechtlichen Vertrages,[1] den die Aktiengesellschaft in den ersten zwei Jahren ihres Bestehens mit Gründern oder Großaktionären schließt, um Vermögensgegenstände für eine zehn Prozent des Grundkapitals übersteigende Vergütung zu erwerben. Ein solcher Vertrag wird, soweit keine der Ausnahmen nach Abs. 9 eingreift, nur nach Zustimmung der Hauptversammlung und mit Eintragung in das Handelsregister wirksam (Abs. 1 S. 1) und muss zudem in der Form des Abs. 2 geschlossen sein. **Zweck** der Nachgründung ist der Umgehungsschutz für die Grundsätze der Sachgründung.[2] Nach verbreiteter Ansicht dient er zudem dem Schutz der Gesellschaft vor übermäßiger Einflussnahme durch die Gründer.[3] § 52 unterwirft die Nachgründung ähnlichen Regeln zur Sicherung der Kapitalaufbringung, wie sie nach §§ 27, 33 ff für die Sachgründung gelten. Damit verhindert § 52 den einfachen Umgehungsfall, dass die Gründer nach einer Bargründung den Vorstand der Aktiengesellschaft veranlassen, die Barmittel für den Erwerb solcher Gegenstände zu verwenden, die bereits im Wege einer Sachgründung hätten eingelegt werden können. Insbesondere in seiner früheren Fassung ging § 52 noch wesentlich über diesen Anwendungsbereich hinaus. Damit erwies er sich im Gründerboom der späten Neunziger als erhebliche Behinderung für junge Aktiengesellschaften.[4] Der Gesetzgeber schränkte den Anwendungsbereich von § 52 daraufhin durch das NaStraG[5] erheblich ein, indem der Tatbestand der Nachgründung auf Aktionäre beschränkt wurde, die entweder Gründer der AG iS des § 28 AktG sind oder eine Beteiligung von mehr als 10 Prozent am Grundkapital aufweisen (vgl Rn 5). Zudem wurde der Ausnahmetatbestand des Abs. 9 gegenüber der früheren Fassung

---

1 GroßKomm-AktienR/*Priester,* Rn 3; KölnKomm-AktG/*Arnold,* Rn 5; MüKo-AktG/*Pentz,* Rn 12.
2 MüHb-AG/*Hoffmann-Becking,* § 4 Rn 41; *Hüffer,* Rn 1; MüKo-AktG/*Pentz,* Rn 10; *Koch,* S. 15 ff.
3 BGHZ 110, 47, 55; Grigoleit/*Vedder,* Rn 1; einschränkend: *Koch,* S. 18 ff.
4 Vgl Begr. des Entwurfs des NaStraG, BT-Drucks. 14/4051, S. 10.
5 Art. 1 Nr. 3 NaStraG v. 18.1.2001 (BGBl. I S. 123); zur Entstehungsgeschichte vgl MüKo-AktG/*Pentz,* Rn 1 ff; hierzu auch *Lieder,* ZIP 2010, 964.

erheblich erweitert, indem Verträge im Rahmen der laufenden Geschäfte generell vom Anwendungsbereich ausgenommen worden sind (vgl Rn 7 ff). Durch das Gesetz zur Umsetzung der Aktionärsrechterichtlinie (ARUG)[6] wurde § 52 AktG erneut geändert: Die Bekanntmachung des Vertrags kann nunmehr auch durch das Internet erfolgen (Abs. 2 S. 4). Die Prüfung des Gründungsprüfers kann unter den Voraussetzungen des § 33a entfallen (§ 52 Abs. 4 S. 3, für die Anmeldung gilt dann gemäß § 52 Abs. 6 S. 3 die Regelung des § 37a entsprechend; zur Prüfungspflicht des Gerichts in diesem Fall: § 52 Abs. 6 S. 3 nF in Verbindung mit § 37a). Zudem wurde die Regelung des § 52 Abs. 10 aufgehoben, der an die früher im Bereich der verdeckten Sacheinlage gemäß § 27 Abs. 3 aF eintretende Unwirksamkeit anknüpfte. Mit der Neuregelung der verdeckten Sacheinlage war § 52 Abs. 10 obsolet geworden.

Die Grundsätze der **verdeckten Sacheinlage**, die gleichfalls dem Schutz der Gründungsvorschriften dienen, sind auch nach der Neufassung des § 52 weiterhin anwendbar.[7] Nach der neuen Konzeption des Aktienrechts stehen beide Rechtsfiguren eigenständig nebeneinander.[8] Soweit beide Rechtsfiguren einschlägig sind, ist jedoch die Abgrenzung auf der Rechtsfolgenseite nicht abschließend geklärt, da im Bereich des § 27 schuldrechtliches und dingliches Geschäft wirksam sind, § 52 Abs. 1 hingegen die Unwirksamkeit der Geschäfte vorsieht.[9] Im Anschluss an *Lieder*[10] ist von einem Vorrang des § 52 auszugehen, da nur dies dem weitergehenden Schutzzweck der Nachgründungsvorschriften gerecht wird.

2 Im **Überblick** regelt § 52 die tatbestandlichen Voraussetzungen der Nachgründung in Abs. 1 (Grundsatz) und Abs. 9 (Ausnahmen). Liegt ein Nachgründungsvertrag vor und greift keine dieser Ausnahmen, so wird der Vertrag nur wirksam, wenn er die Schriftform wahrt (Abs. 2 S. 1). Die Aktiengesellschaft hat eine Hauptversammlung abzuhalten, bei deren Einladung sie eine besondere Publizität zu beachten hat (Abs. 2 S. 2 bis 5). Vor der Hauptversammlung hat eine Prüfung durch den Aufsichtsrat (Abs. 3) und – sofern nicht ein Fall des § 33a vorliegt – einen gerichtlich zu bestellenden Nachgründungsprüfer stattzufinden (Abs. 4). Der Beschluss der Hauptversammlung bedarf der in Abs. 5 genannten Mehrheit. Der Vertrag ist in das Handelsregister eingetragen (Abs. 6 bis 8).

B. Nachgründungsvertrag

3 **I. Tatbestand (Abs. 1 S. 1).** Der **Zeitraum**, in dem die Aktiengesellschaft die besonderen Anforderungen zur Nachgründung nach § 52 einzuhalten hat, beginnt mit ihrer Eintragung im Handelsregister (§ 52 Abs. 1 S. 1) und dauert für die folgenden zwei Jahre. Für die **Fristberechnung** gelten die §§ 187, 188 BGB, wobei das maßgebliche Ereignis der Zeitpunkt des Abschlusses des schuldrechtlichen Vertrages ist.[11] Das gilt auch dann, wenn der Vertrag unter einer aufschiebenden Bedingung oder Befristung geschlossen ist oder die Leistung erst später fällig wird.[12] Für die Fristberechnung ist unerheblich, ob die Zustimmung der Hauptversammlung innerhalb oder außerhalb der Zweijahresfrist erfolgt[13] Für Verträge, die vor der Eintragung der Aktiengesellschaft im Handelsregister im Namen der Vorgesellschaft geschlossen werden, gilt § 52 nach seinem ausdrücklichen Wortlaut nicht. Die Wirksamkeit der im Namen der Vorgesellschaft geschlossenen Verträge bestimmt sich nach den Gründungsvorschriften, insbesondere den Grundsätzen der verdeckten Sacheinlage und den Grundsätzen zur Vertretungsmacht des Vorstands der Vorgesellschaft.[14] Auf Aktiengesellschaften, die durch einen **Formwechsel** entstanden sind, ist § 52 mit der Maßgabe anwendbar, dass sich die Zweijahresfrist ab dem Wirksamwerden des Formwechsels bemisst (§ 220 Abs. 3 S. 2 UmwG).[15] Der Erwerb einer **Vorratsgesellschaft** stellt nach neuerer Rechtsprechung[16] eine wirtschaftliche Neugründung dar. Die Zweijahresfrist beginnt mit dem Zeitpunkt der wirtschaftlichen Neugründung, dh mit dem Zeitpunkt des Eingangs der Erklärung des Vorstands über die Offenlegung der wirtschaftlichen Neugründung und der Abgabe der entsprechenden Versicherungen bei dem zuständigen Handelsregister.[17] Ein erneuter Fristlauf ist für den Rechtsverkehr auch im Hinblick auf die Nichtigkeitsfolge des § 52 nicht unbillig, seit durch die NaStraG nur Großaktionäre betroffen sind (vgl Rn 5).

---

6 Zu den Änderungen im Bereich des § 52: *Herler/Reymann*, DNotZ 2009, 914, 920 ff.
7 BGHZ 110, 47, 52 f; MüHb-AG/*Hoffmann-Becking*, § 4 Rn 32; MüKo-AktG/*Pentz*, Rn 10; Grigoleit/*Vedder*, Rn 2; *Priester*, DB 2001, 467, 470; zur verdeckten gemischten Sacheinlage *Stiller/Redeker*, ZIP 865 ff.
8 *Lieder*, ZIP 2010, 964, 968.
9 Ausführlich zu diesem Rechtsfolgenkonflikt: *Lieder*, ZIP 2010, 964, 969 ff; hierzu auch *Herrler/Reimann*, DNotZ 2009, 914, 921 f; zur früheren Rechtslage (vor Neufassung des § 27 AktG): BGH AG 2008, 383.
10 *Lieder*, ZIP 2010, 964, 969 ff, auch zu den damit verbundenen Rechtsfolgen (Heilung der verdeckten Sacheinlage).
11 Grigoleit/*Vedder*, Rn 12.
12 KölnKomm-AktG/*Kraft*, Rn 12.
13 MüKo-AktG/*Pentz*, Rn 20.
14 MüKo-AktG/*Pentz*, Rn 8; auch *Hüffer*, § 1 Rn 3.
15 *Hüffer*, Rn 10 mwN.
16 BGH Rpfleger 2003, 195 = NZG 2003, 170 = GmbHR 2003, 227.
17 *Gerber*, Rpfleger 2004, 469, 471; vor der Rechtsprechung zur wirtschaftlichen Neugründung wurde bereits auf den Zeitpunkt der Eintragung der maßgebenden Satzungsänderungen, nicht auf die Ersteintragung der Vorratsgesellschaft abgestellt, vgl Koch, die Nachgründung, S. 5 mwN.

Vertragsgegenstand einer Nachgründung ist die schuldrechtliche Verpflichtung zum Erwerb eines Vermögensgegenstandes. § 52 Abs. 1 nennt als Vermögensgegenstand beispielhaft vorhandene oder herzustellende Anlagen. Nach allgemeiner Meinung erfasst er darüber hinaus alle Gegenstände, die nach § 27 Abs. 1 im Rahmen einer Gründung in der Satzung festzusetzen sind. Streitig ist insbesondere die Behandlung von **Dienstleistungen**. Sie sollen nach verbreiteter Ansicht von § 52 nicht erfasst werden, da sie gemäß § 27 Abs. 2 nicht einlagefähig sind.[18] Nach richtiger Ansicht erfordert der Umgehungsschutz des § 52 ihre Einbeziehung ebenso wie die sonstiger nicht einlagefähiger Gegenstände.[19] Allerdings kann der Ausnahmetatbestand des § 52 Abs. 9 eröffnet sein (Dienstleistungsvertrag als laufendes Geschäft der Gesellschaft). Für die Nachgründung unerheblich ist der Geschäftstyp des schuldrechtlichen Vertrags, etwa Kauf, Werkvertrag oder Leasing.[20] Auf **Verschmelzungsverträge** oder **Spaltungs- und Übernahmeverträge** einer Aktiengesellschaft als übernehmendem Rechtsträger, die seit weniger als zwei Jahren im Handelsregister eingetragen ist, sind die Nachgründungsvorschriften entsprechend anwendbar (§§ 67, 125 UmwG). Eine **Sachkapitalerhöhung** ist keine Nachgründung. Sofern die Sachkapitalerhöhung jedoch innerhalb von zwei Jahren nach der Neugründung erfolgt, findet § 52 entsprechende Anwendung.[21] Das hat zur Folge, dass zusätzlich zur externen Prüfung nach § 183 Abs. 3 und § 53 Abs. 4 der Aufsichtsrat einen Nachgründungsbericht zu erstatten hat, die Hauptversammlung neben der Kapitalerhöhung mit den Mehrheitserfordernissen des § 52 Abs. 5 auch über die Zustimmung zum Sacheinlagevertrag beschließen muss und das Registergericht neben der Kapitalerhöhung auch den Sacheinlagevertrag in das Handelsregister einträgt. § 52 ist bei dem **Erwerb neuer Gesellschaftsanteile** an einer anderen Gesellschaft im Weg der Gründung oder Kapitalerhöhung nach Erlass des NaStraG nur dann einschlägig, wenn Gründer oder Großaktionäre iSd § 52 Abs. 1 an dieser Gesellschaft beteiligt sind.[22] Keine Anwendung findet § 52 nach überwiegender Meinung auf **Verträge von Tochtergesellschaften** der Aktiengesellschaft, es sei denn, die Tochtergesellschaft wird für den anderen Vertragsteil erkennbar in Umgehungsabsicht in den Vertragsschluss eingeschaltet.[23] Nicht anwendbar ist § 52 ferner auf **Unternehmensverträge**.[24]

Seit Erlass des NaStraG ist der Kreis der von § 52 erfassten **Vertragspartner** der Aktiengesellschaft in einer Nachgründung auf die Gründer der Aktiengesellschaft beschränkt sowie auf deren Aktionäre, die mit mehr als zehn Prozent am Grundkapital beteiligt sind. Den **Gründern** gleichzustellen sind Personen, die der Aktiengesellschaft im Gründungsstadium beitreten.[25] Die Gründereigenschaft bleibt nach dem Schutzzweck des § 52 auch dann bestehen, wenn der Gründer vor Vertragsschluss aus der Aktiengesellschaft ausgeschieden ist, da das Ausscheiden nicht zwingend seinen Einfluss auf die Gesellschaft beseitigt.[26] Ob ein **Aktionär** mit mehr als zehn Prozent am Grundkapital der Aktiengesellschaft beteiligt ist, beurteilt sich nach dem Zeitpunkt des Vertragsschlusses. Eine frühere oder spätere Erhöhung oder Verminderung seiner Beteiligung ist für die Anwendung von § 52 unerheblich.[27] Keine Nachgründung liegt nach dem Wortlaut der Vorschrift vor, wenn der Aktionär die Beteiligungsschwelle von zehn Prozent erst durch eine Sachkapitalerhöhung (vgl Rn 4) überschreitet.[28] Noch nicht abschließend geklärt ist, in welcher Weise die Beteiligungen Dritter, insbesondere nahe stehender Personen, bei der Beteiligung des vertragsschließenden Aktionärs oder Gründers hinzuzurechnen sind,[29] etwa entsprechend den zu § 32 a Abs. 3 GmbHG entwickelten Grundsätzen.[30] Außerhalb solcher Hinzurechnungen sind Verträge mit Dritten und Minderheitsaktionären nach Erlass des NaStraG nachgründungsfrei, soweit deren Einschaltung in den Vertragsschluss nicht einer Umgehung von § 52 dient.[31]

---

18 Geßler/*Hefermehl*, Rn 8; KölnKomm-AktG/*Arnold*, Rn 18, vgl auch LG Köln AG 2003, 167 (Erbringung von Dienstleistungen an junge AG gegen eine Anzahlung, die die Hälfte des Grundkapitals erreicht); vgl zur Erfüllung der Einlageschuld durch entgeltliche Dienstleistungen BGH NZG 2010, 343 (Eurobike) und BGH NZG 2009, 747; hierzu: *Herrler*, NZG 2010, 407 und *Bayer/Lieder*, NZG 2010, 86.
19 Spindler/Stilz/*Heidinger*, Rn 32; *Hüffer*, Rn 4; Grigoleit/*Vedder*, Rn 11; *Krieger*, in: FS Claussen, 1997, S. 223, 226 f; *Bayer/Lieder*, NZG 2010, 86, 92.
20 Spindler/Stilz/*Heidinger*, Rn 11.
21 Für eine entsprechende Anwendung: OLG Oldenburg, AG 2002, 620; MüHb-AG/*Hoffmann-Becking*, § 4 Rn 34; *Hüffer*, Rn 8 sowie § 183 Rn 5; KölnKomm-AktG/*Kraft*, Rn 62; Grigoleit/*Vedder*, Rn 17; aA *Mülbert*, AG 2003, 136, 139 f; *Kley*, RNotZ 2003, 17, 21 ff und *Bork/Stangier*, AG 1984, 320, 322 f.
22 Dagegen: *Hüffer*, Rn 12; *Koch*, S. 245 f; wie hier vor Erlass des NaStraG *Krieger*, in: FS Claussen, S. 223, 234 f; MüKo-AktG/*Pentz*, Rn 18.
23 *Hüffer*, Rn 12; *Priester*, DB 2001, 467, 469; *Reichert*, ZGR 2001, 554, 572 f; enger: MüHb-AG/*Krieger*, § 56 Rn 21; weiter: Holzapfel/Roschmann, in: FS Bezzenberger, 2000, S. 163, 188.
24 MüKo-AktG/*Pentz*, Rn 13.
25 *Hüffer*, Rn 3; *Priester*, DB 2001, 467 f; *Werner*, ZIP 2001, 1403.
26 *Dormann/Fromholzer*, AG 2001, 243; *Werner*, ZIP 2001, 1403 f; aA *Priester*, DB 2001, 467, 468.
27 Grigoleit/*Vedder*, Rn 9; *Werner*, ZIP 2001, 1403 f.
28 *Dormann/Fromholzer*, AG 2001, 242, 245; zweifelnd: *Priester*, DB 2001, 467, 469.
29 *Hüffer*, Rn 3; *Dormann/Fromholzer*, AG 2001, 242, 243 f; *Priester*, DB 2001, 467, 469.
30 Für eine § 32 a Abs. 3 GmbHG entsprechende Zurechnung: *Hüffer*, Rn 3; Grigoleit/*Vedder*, Rn 9; vgl zum GmbH-Recht: *K. Schmidt*, GmbHR 1999, 1269, 1271 f.
31 Begründung des Entwurfs des NaStraG, BT-Drucks. 14/4051, 10; *Priester*, DB 2001, 467, 469; *Werner*, ZIP 2001, 1403, 1404 f.

6 Die Nachgründung setzt eine **Vergütung** für den Nachgründungsgegenstand voraus, die zehn Prozent des Grundkapitals der Aktiengesellschaft übersteigt. Maßgeblich ist die gesamte Gegenleistung, bei Sachleistungen der Gegenwert des erworbenen Gegenstandes.[32] Wird der Erwerb in mehrere Verträge aufgespalten, sind die Einzelvergütungen zusammenzurechnen.[33] Maßgeblich für das Verhältnis von Vergütung und **Grundkapital** ist der Zeitpunkt des Vertragsschlusses.[34] Das Grundkapital entspricht in der Regel der im Handelsregister eingetragenen Grundkapitalziffer. Hinzuzurechnen ist eine noch nicht im Handelsregister eingetragene Kapitalerhöhung aus bedingtem Kapital, auf die bereits Bezugsaktien ausgegeben wurden.[35] Sie ist, anders als sonstige Kapitaländerungen (§§ 198, 203 Abs. 1, 224), ohne Eintragung im Handelsregister wirksam (§ 200). Streitig ist, ob die Grenze von zehn Prozent des Grundkapitals eng am Wortlaut der Norm oder weit auszulegen ist.[36] Ein Teil des Schrifttums erachtet Verträge zumindest dann als nachgründungsfrei, wenn die Vergütung ausschließlich aus künftigen Gewinnen geleistet werden soll.[37] Diese Ansicht hat praktisch keine große Relevanz. Ferner wird eine Nachgründungsfreiheit gefordert, wenn die Vergütung aus freien Rücklagen geleistet werden soll.[38] Diese Ansicht ist abzulehnen. Das Gesetz kennt keine hinreichend erkennbare Bindung für freie Rücklagen, die zur Vermeidung einer Nachgründung verwendet werden sollen. Die Verwendung einer Rücklage würde voraussetzen, dass der betroffene Teil der Rücklage nur ein einziges Mal zu diesem Zweck eingesetzt werden kann und danach für die Dauer der Nachgründungsfrist weder für eine Ausschüttung noch für eine Kapitalerhöhung aus Gesellschaftsmitteln zur Verfügung steht. Insbesondere aus der Bilanz der Aktiengesellschaft wäre eine entsprechende Bindung nicht ersichtlich. Ein bloßer Vermerk bei der Aufstellung oder der Feststellung des Jahresabschlusses[39] kann dem Schutzinteresse des Rechtsverkehrs vor der Nichtigkeitsfolge des § 52 nicht genügen.

7 **II. Ausnahmen (Abs. 9).** § 52 Abs. 9 regelt die **Ausnahmen zur Nachgründung.** Mit der Neufassung des Abs. 9 durch das NaStraG wurde eine Angleichung des § 52 Abs. 9 an die zwingenden Vorgaben des Art. 1 Abs. 2 der sog. Kapitalrichtlinie[40] vorgenommen. Nunmehr sind Nachgründungsverträge im Sinne des § 52 Abs. 1 nachgründungsfrei, wenn der Erwerb im Rahmen der laufenden Geschäfte der Gesellschaft, in der Zwangsvollstreckung oder an der Börse erfolgt. Diese Ausnahmen sind eng auszulegen, nachdem das NaStraG den Anwendungsbereich des § 52 Abs. 1 durch die Beschränkung auf Geschäfte mit Gründern und Großaktionären erheblich reduziert hat.[41] Für Nachgründungsverträge, die zugleich eine verdeckte Sacheinlage darstellen, hat Abs. 9 zur Folge, dass eine Heilung durch das Nachgründungsverfahren (vgl Rn 1) ausscheidet.[42]

8 Der **Erwerb im Rahmen der laufenden Geschäfte** ist an die Stelle der bisherigen Anlehnung von § 52 Abs. 9 aF an den Unternehmensgegenstand getreten. Somit ist nicht mehr notwendig, dass der Erwerb den satzungsmäßigen Gegenstand des Unternehmens bildet. Von der neuen Fassung des Ausnahmetatbestands erfasst sind Geschäfte, deren Vornahme für den konkreten Geschäftsbetrieb dieser Gesellschaft normal sind und die von Zeit zu Zeit immer wieder vorkommen.[43] Auch der Erwerb von Vermögensgegenständen kann hierzu zählen, beispielsweise sind die Voraussetzungen des Abs. 9 bei einem Immobilienerwerb durch eine Immobilienmanagement – AG zu bejahen.[44] Nur in den vorgenannten Grenzen nachgründungsfrei sind Geschäfte zum Aufbau der unternehmensinternen Infrastruktur oder der Erwerb von Beteiligungen durch eine Holding-AG.[45] Zu weit geht die Ansicht, alle gewöhnlichen Geschäfte iSd § 116 HGB freizustellen.[46]

9 Der **Erwerb in der Zwangsvollstreckung** nach § 52 Abs. 9 setzt entgegen einer verbreiteten Ansicht nicht voraus, dass die Gesellschaft die Vollstreckung selbst betreibt.[47] Eine solche Einschränkung wäre mit dem Wortlaut und dem Gesetzeszweck der Norm nicht zu vereinbaren. Ein übermäßiger Gründereinfluss ist in der Zwangsvollstreckung nicht zu erwarten. Der Zwangsvollstreckung gleichzustellen sind der Erwerb aufgrund Pfandverkaufs nach § 1233 Abs. 2 BGB und der Erwerb vom Insolvenzverwalter (§§ 165 f, 173 InsO).[48]

---

32 KölnKomm-AktG/*Kraft*, Rn 14; MüKo-AktG/*Pentz*, Rn 22.
33 *Hüffer*, Rn 5; MüKo-AktG/*Pentz*, Rn 24.
34 MüKo-AktG/*Pentz*, Rn 21 f.
35 *Hüffer*, § 52 Rn 5, § 200 Rn 3.
36 Dagegen: *Holzapfel/Roschmann*, in: FS Bezzenberger, 2000, S. 163, 168; MüKo-AktG/*Pentz*, Rn 23.
37 Großkomm-AktienR/*Priester*, Rn 3; KölnKomm-AktG/*Kraft*, Rn 14.
38 *Hüffer*, Rn 5; *Koch*, S. 41 f; *Reichert*, ZGR 2001, 554, 563 ff.
39 *Reichert*, ZGR 2001, 554, 569.
40 Zweite Richtlinie des Rates der Europäischen Gemeinschaften zur Koordinierung des Gesellschaftsrechts vom 13.12.1976 (77/91/EWG), ABl. EG Nr. L 26 vom 31.1.1977, S. 1 ff.
41 *Priester*, DB 2001, 467, 470; *Eisolt*, DStR 2001, 748, 753; *Koch*, S. 93.
42 AA MüKo-AktG/*Pentz*, Rn 52.
43 LG Hagen Rpfleger 2002, 461, 462; *Lutter/Ziemons*, ZGR 1999, 478, 496; *Pentz*, NZG 2001, 346; *Eisolt*, DStR 2001, 748, 752.
44 LG Hagen Rpfleger 2002, 461, 462.
45 *Koch*, S. 103 f; *Hüffer*, Rn 18; aA *Walter/Hald*, DB 2001, 1183 ff und zur alten Rechtslage *Jäger*, NZG 1998, 370, 372.
46 So aber *Dormann/Fromholzer*, AG 2001, 242, 246; *Pentz*, NZG 2001, 346, 352 und zur alten Rechtslage *Lutter/Ziemons*, ZGR 1999, 479, 487 f; wie hier: *Priester*, DB 2001, 467, 470; *Koch*, S. 93, 100 ff.
47 *Eisolt*, DStR 2001, 748, 753; MüKo-AktG/*Pentz*, Rn 59; *Grigoleit/Vedder*, Rn 11; aA *Hüffer*, Rn 19; KölnKomm-AktG/*Kraft*, Rn 57.
48 *Hüffer*, Rn 19; MüKo-AktG/*Pentz*, Rn 58.

Mit dem NaStraG wurde eingeführt, dass der **Erwerb an der Börse** nach § 52 Abs. 9 nachgründungsfrei ist. **10**
Erfasst wird jede Börse, auch Warenbörsen.⁴⁹ Der Gesetzgeber hielt die Gefahr einer unbotmäßigen Einflussnahme der Gründer und eine Gefahr für die Kapitalaufbringung an der Börse für gering. Unberücksichtigt blieb das Risiko illiquider Märkte.

C. Nachgründungsverfahren

I. Schriftform und Publizität (Abs. 2). § 52 Abs. 2 S. 1 verlangt für den Nachgründungsvertrag die **Schriftform**, soweit keine strengere Form vorgeschrieben ist, etwa notarielle Beurkundung nach § 311b BGB oder § 15 GmbHG. Rechtsfolge eines Verstoßes gegen die Formvorschrift ist die Nichtigkeit des Nachgründungsvertrages (§ 125 S. 1 BGB). Die Nichtigkeit wird nicht durch die Eintragung des Vertrages in das Handelsregister geheilt.⁵⁰ Die Schriftform muss spätestens im Zeitpunkt der Berichterstattung durch den Aufsichtsrat (§ 52 Abs. 3) eingehalten sein.⁵¹ **11**

§ 52 Abs. 2 S. 2 bis 6 regeln die **Publizität** des Nachgründungsvertrages entsprechend dem zu Unternehmens- und Umwandlungsverträgen vorgeschriebenen Verfahren. Das Verfahren dient der Unterrichtung der Aktionäre, damit sie sich auf die Beschlussfassung in der Hauptversammlung vorbereiten können. Von der Einberufung der Hauptversammlung an ist der Vertrag in dem Geschäftsraum der Gesellschaft zur Einsicht der Aktionäre auszulegen (§ 52 Abs. 2 S. 2). Sein wesentlicher Gegenstand wird zugleich nach § 124 Abs. 2 S. 2 bei der Einberufung bekannt gemacht. Jedem Aktionär ist auf Verlangen unverzüglich eine Abschrift des Vertrages zu erteilen (§ 52 Abs. 2 S. 3). Die AG ist von den in S. 2 und S. 3 genannten Pflichten nach der durch das ARUG aufgenommenen Regelung des § 52 Abs. 2 S. 4 befreit, wenn der Vertrag über die Internetseite der Gesellschaft zugänglich ist.⁵² In der Hauptversammlung ist der Vertrag zugänglich zu machen (nach § 52 Abs. 2 S. 5 aF: war der Vertrag „auszulegen", die Neufassung ermöglicht die elektronische Veröffentlichung) und zu Beginn der Verhandlung vom Vorstand zu erläutern. Fehler in diesem Verfahren machen den Zustimmungsbeschluss der Hauptversammlung anfechtbar nach § 243 Abs. 1.⁵³ Ergänzt wird diese Publizität durch die Amtspflicht des die Hauptversammlung protokollierenden Notars, den Vertrag nach § 52 Abs. 2 S. 6 als Anlage zu seiner Niederschrift zu nehmen. Ein Verstoß gegen diese Vorschrift hat keine Auswirkungen auf die Wirksamkeit des Zustimmungsbeschlusses (vgl § 130 Rn 36). **12**

II. Prüfung und Hauptversammlung (Abs. 3 bis 5). Vor der Beschlussfassung der Hauptversammlung hat der **Aufsichtsrat** den Nachgründungsvertrag zu prüfen und schriftlich Bericht zu erstatten.⁵⁴ Für seinen Nachgründungsbericht gilt § 32 Abs. 2 und 3 entsprechend. Gemäß § 52 Abs. 4 ist der Vertrag zudem von einem **externen Nachgründungsprüfer** zu prüfen, und zwar ebenfalls vor der Beschlussfassung der Hauptversammlung.⁵⁵ § 33 Abs. 3 bis 5, §§ 34, 35 gelten für den Prüfer entsprechend. Fehlt der Nachgründungsbericht oder der Prüfungsbericht zum Zeitpunkt der Hauptversammlung, so ist der Zustimmungsbeschluss anfechtbar (§ 243 Abs. 1).⁵⁶ § 52 sieht nunmehr in der Neufassung durch das ARUG die Möglichkeit einer vereinfachten Nachgründung vor: In Anlehnung an die vereinfachte Sachgründung ist eine externe Prüfung des Nachgründungsvertrags unter den Voraussetzungen des § 33a entbehrlich (§ 52 Abs. 4 S. 3).⁵⁷ **13**

Die **Hauptversammlung** beschließt über den Nachgründungsvertrag mit den in Abs. 5 S. 1 und 2 genannten Mehrheiten. Die Satzung kann größere Mehrheiten und weitere Erfordernisse vorschreiben, nicht aber geringere (Abs. 5 S. 3). Beschlussgegenstand ist die Zustimmung zu dem Vertragsschluss. Ein bloßer Entlastungsbeschluss für den Vorstand, der den Nachgründungsvertrag geschlossen und dies im Geschäftsbericht erwähnt hat, genügt nicht.⁵⁸ Wird die Zustimmung verweigert, so ist der Vertrag endgültig unwirksam. Fehlt eine wirksame Zustimmung der Hauptversammlung, so wird dieser Mangel nach dem eindeutigen Wortlaut des Abs. 1 S. 1 nicht durch die Eintragung des Vertrages in das Handelsregister geheilt.⁵⁹ **14**

III. Registerverfahren (Abs. 6 bis 8). Der Nachgründungsvertrag, nicht der Zustimmungsbeschluss der Hauptversammlung, ist nach der Beschlussfassung der Hauptversammlung zur Eintragung in das Handelsregister anzumelden (§ 52 Abs. 6 S. 1). Die **Anmeldung** erfolgt durch den Vorstand in vertretungsberechtig- **15**

---

49 *Hartmann/Barcaba*, AG 2001, 437, 442.
50 *Hüffer*, Rn 7; KölnKomm-AktG/*Kraft*, Rn 17 f; MüKo-AktG/*Pentz*, Rn 50, 63; *Hüffer*, Rn 7.
51 MüKo-AktG/*Pentz*, Rn 63.
52 Hierzu *Lieder*, ZIP 2010, 964, 972.
53 *Hüffer*, Rn 13; KölnKomm-AktG/*Kraft*, Rn 18; MüKo-AktG/*Pentz*, Rn 32, 67.
54 Vgl *Hartmann/Barcaba*, AG 2001, 437, 442 ff; zum Umfang der Prüfung im Hinblick auf die Änderung des § 34: *Lieder*, ZIP 2010, 964, 965 ff; Muster eines Nachgründungsberichts des Aufsichtsrats bei *Happ*, S. 464 ff; Beck'sches Formularbuch Aktienrecht, B III 2, S. 130 ff.
55 Zu den Anforderungen an den Prüfungsbericht: Grigoleit/*Vedder*, Rn 24; Muster eines Nachgründungsberichts des Prüfers bei *Happ*, S. 466 ff; Beck'sches Formularbuch Aktienrecht, B III 4, S. 134 ff.
56 MüKo-AktG/*Pentz*, Rn 53 f; *Hüffer*, Rn 14; aA Großkomm-AktienR/*Barz*, Rn 11: Nichtigkeit des Zustimmungsbeschlusses.
57 Ausführlich zur vereinfachten Nachgründung: *Lieder*, ZIP 2010, 964 ff.
58 RGZ 121, 99, 104; Großkomm-AktienR/*Barz*, Rn 8; MüKo-AktG/*Pentz*, Rn 33; *Hüffer*, Rn 15.
59 MüKo-AktG/*Pentz*, Rn 50, 61.

ter Zahl in der Form des § 12 HGB.[60] Der Anmeldung sind die in § 52 Abs. 6 S. 2 aufgeführten Anlagen beizufügen. Nicht erwähnt ist dabei die Niederschrift über die Hauptversammlung, da der Vorstand sie bereits nach § 130 Abs. 5 zu den Registerakten zu reichen hat (vgl § 130 Rn 38). Die Einreichung des Nachgründungsvertrages kann durch Bezugnahme auf die Niederschrift der Hauptversammlung ersetzt werden, da der Vertrag nach § 52 Abs. 2 S. 6 Anlage zur Niederschrift über die Hauptversammlung ist.[61] Im vereinfachten Nachgründungsverfahren (somit bei Entbehrlichkeit einer externen Prüfung) ist nach § 52 Abs. 6 iVm § 37a Abs. 1 zu erklären, dass von der externen Gründungsprüfung abgesehen wurde. Die Voraussetzungen des § 33a müssen nicht dargelegt werden. Hingegen sind der Vertragsgegenstand und dessen Wert unter Mitteilung der Quelle der Bewertung und der Bewertungsmethode sowie unter Beifügung der Werthaltigkeitsbelege anzugeben, die Angemessenheit der Gegenleistung ist darzulegen.[62] Erforderlich ist weiterhin eine Versicherung des Vorstandes, dass keine außergewöhnlichen Umstände iSv § 33a Abs. 2 vorliegen, die geeignet sind, die Werthaltigkeit des Vertragsgegenstandes in Frage zu stellen (§ 52 Ab. 6 S. 3 iVm § 37a Abs. 2).

16 Das **Registergericht** prüft, ob eine materiell und formell ordnungsgemäße Anmeldung vorliegt, § 52 Abs. 1 S. 1 einschlägig ist und die formellen Voraussetzungen der Abs. 2 bis 5 beachtet wurden. Ferner prüft das Gericht die formellen und materiellen Voraussetzungen nach Abs. 7, die weitgehend den Anforderungen des Gründungsverfahrens (§ 38 Abs. 2) entsprechen. Bei dem vereinfachten Nachgründungsverfahren sind die Voraussetzungen des § 33a durch das Gericht nicht zu prüfen. Nur in Evidenzfällen – dh bei offenkundiger und erheblicher Überbewertung – kann das Gericht die Eintragung ablehnen (§ 52 Abs. 7 S. 2 iVm § 38 Abs. 3 S. 2). Entdeckt das Gericht einen Fehler in den eingereichten Unterlagen, erlässt es eine Zwischenverfügung (§ 26 HRV). Wird der Fehler nicht beseitigt, ist das Gericht nach allgemeiner Ansicht verpflichtet, die Eintragung abzulehnen.[63] Andernfalls trägt es die Tatsache des Vertragsschlusses in das Handelsregister ein und sorgt für die Bekanntmachung (§ 10 HGB) mit dem Inhalt nach § 52 Abs. 8 S. 2.

D. Rechtsfolgen

17 Der Nachgründungsvertrag wird mit seiner Eintragung in das Handelsregister **wirksam**, wenn er die Schriftform wahrt (Abs. 2) und ihm die Hauptversammlung mit der erforderlichen Mehrheit zugestimmt hat (Abs. 1 S. 1). Die sonstigen Voraussetzungen des Abs. 2 bis 8 sind nach der Eintragung des Vertrages in das Handelsregister für dessen Wirksamkeit unerheblich.[64] Bis zu seiner Eintragung in das Handelsregister bleibt der Vertrag **schwebend unwirksam**. Endgültig unwirksam wird er, wenn die Hauptversammlung die Zustimmung verweigert (vgl Rn 14) oder das Registergericht die Eintragung des Vertrages nach Ausnutzung des Rechtswegs endgültig abgelehnt hat.[65] Der Schwebezustand während des Nachgründungsverfahrens kann für den anderen Vertragsteil eine Belastung darstellen. Falls der Nachgründungsvertrag für diesen Fall keine Regelung enthält, kann dem anderen Vertragsteil nach § 242 BGB ein Recht zur Lösung vom Vertrag zustehen, wenn sich die Durchführung des Nachgründungsverfahrens unbotmäßig verzögert.[66] Ist das Nachgründungsverfahren nach Ablauf der Zweijahresfrist noch nicht abgeschlossen, so kann das Verfahren abgebrochen und der Vertragsschluss ohne Beachtung des § 52 neu vorgenommen werden.[67] Mit dem Wortlaut des § 52 nicht vereinbar ist die Ansicht, dass der Vorstand den Vertrag nach Ablauf der Zweijahresfrist einseitig genehmigen kann.[68]

18 Die nach Abs. 1 S. 1 schwebende oder letztlich endgültige Unwirksamkeit des schuldrechtlichen Nachgründungsvertrages erstreckt sich jeweils gemäß Abs. 1 S. 2 auch auf das **dingliche Ausführungsgeschäft**. Mit Wirksamwerden des Nachgründungsvertrages wird das Ausführungsgeschäft ohne Weiteres wirksam. Das gilt auch für die Auflassung eines Grundstücks, da die schwebende Unwirksamkeit des § 52 keine Bedingung im Sinne des § 925 Abs. 2 BGB ist.[69]

---

60 MüKo-AktG/*Pentz*, Rn 37; *Hüffer*, Rn 16; zum Inhalt der Registeranmeldung (mit Muster) *Krafka/Willer/Kühn*, Registerrecht, S. 498 ff.
61 Vgl zum Unternehmensvertrag MüKo-AktG/*Altmeppen*, § 294 Rn 22; *Hüffer*, § 294 Rn 7; KölnKomm-AktG/*Koppensteiner*, § 294 Rn 10. Anders, wenn die Niederschrift auf den Vertrag verweist, vgl § 130 Rn 36.
62 *Lieder*, ZIP 2010, 964, 966.
63 MüKo-AktG/*Pentz*, Rn 40; *Hüffer*, Rn 17, vgl zum Umfang der Prüfungskompetenz *Krafka/Willer/Kühn*, Registerrecht, S. 500.
64 KölnKomm-AktG/*Kraft*, Rn 45; MüKo-AktG/*Pentz*, Rn 50.
65 MüKo-AktG/*Pentz*, Rn 43.
66 Vgl zum Meinungsstand KölnKomm-AktG/*Arnold*, Rn 41 f; MüKo-AktG/*Pentz*, Rn 44 ff.
67 Großkomm-AktienR/*Barz*, Rn 4; aA *Hartmann/Barcaba*, AG 2001, 437, 445.
68 So aber *Krieger*, in: FS Claussen, 1997, S. 223, 236 f; ähnlich: *Zimmer*, DB 2000, 1265, 1270.
69 *Hüffer*, Rn 9.

§ 53 Ersatzansprüche bei der Nachgründung

¹Für die Nachgründung gelten die §§ 46, 47, 49 bis 51 über die Ersatzansprüche der Gesellschaft sinngemäß. ²An die Stelle der Gründer treten die Mitglieder des Vorstands und des Aufsichtsrats. ³Sie haben die Sorgfalt eines ordentlichen und gewissenhaften Geschäftsleiters anzuwenden. ⁴Soweit Fristen mit der Eintragung der Gesellschaft in das Handelsregister beginnen, tritt an deren Stelle die Eintragung des Vertrags über die Nachgründung.

A. Allgemeines

§ 53 ist im Zusammenhang mit der **Nachgründung** nach § 52 zu lesen (vgl § 52 Rn 1 ff). Die Vorschrift ergänzt § 52 um die Regelung der haftungsrechtlichen Verantwortung insbesondere des Vorstands und Aufsichtsrats. Ebenso wie § 52 bestimmte Rechtsgeschäfte in den ersten zwei Jahren seit der Eintragung der Aktiengesellschaft in das Handelsregister dem Prüfungsmaßstab des Gründungsrechts der Aktiengesellschaft unterstellt (vgl § 52 Rn 11 ff), erklärt § 53 das Haftungsrecht der Gründung auf die Verantwortlichen der Nachgründung für anwendbar und passt es zugleich den Besonderheiten der Nachgründung an. 1

B. Haftungsbestimmungen (S. 1)

Nach § 53 S. 1 gelten für die Nachgründung die §§ **46, 47, 49 bis 51** sinngemäß. Aus § 46 Abs. 1 S. 1 ergibt sich die Haftung für die Richtigkeit von Angaben im Rahmen der Nachgründung, aus § 46 Abs. 2 die Haftung, wenn die Gesellschaft durch den Vertragsgegenstand oder sonst im Zusammenhang mit der Nachgründung geschädigt wird. Die Beweislastverteilung ergibt sich sinngemäß aus § 46 Abs. 3. Die Haftung der Gründergenossen und Emittenten richtet sich nach § 47 entsprechend, die Haftung der Gründungsprüfer (§ 52 Abs. 4) nach § 49 entsprechend. Für die Haftungsmodalitäten gelten die §§ 50, 51 entsprechend. 2

C. Haftungsbesonderheiten (S. 2 bis 4)

Für die Haftung im Rahmen der Nachgründung bestimmen § 53 S. 2 bis 4 drei **Besonderheiten** gegenüber der Gründungshaftung. Erstens treten im Rahmen der Haftung nach § 46 an die Stelle der Gründer die Mitglieder von Vorstand und Aufsichtsrat. Die Haftung, der Vorstand und Aufsichtsrat im Rahmen der Gründung unterliegen (§ 48), ist durch § 53 S. 1 nicht für entsprechend anwendbar erklärt. Zweitens stellt § 53 S. 3 klar, dass der Sorgfaltsmaßstab der Mitglieder von Vorstand und Aufsichtsrat nicht auf das Maß des ordentlichen Geschäftsmanns nach § 46 Abs. 3 herabgesetzt ist, sondern der Maßstab eines ordentlichen und gewissenhaften Geschäftsleiters nach §§ 93, 116 auch im Rahmen der Nachgründung anwendbar bleibt.[1] Die Haftungstatbestände der §§ 93, 116 bleiben hiervon unberührt.[2] § 46 Abs. 5 findet nur dann Anwendung, wenn die Vorstands- und Aufsichtsratsmitglieder für Hintermänner tätig geworden sind.[3] Drittens tritt beim Fristbeginn nach § 53 S. 4 die Eintragung des Nachgründungsvertrages in das Handelsregister an die Stelle der Eintragung der Gesellschaft. 3

Dritter Teil Rechtsverhältnisse der Gesellschaft und der Gesellschafter

§ 53a Gleichbehandlung der Aktionäre

Aktionäre sind unter gleichen Voraussetzungen gleich zu behandeln.

Literatur:
Diekmann/Leuering, Der Referentenentwurf eines Gesetzes zur Unternehmensintegrität und Modernisierung des Anfechtungsrechts, NZG 2004, 249; *Dreher*, Treuepflichten zwischen Aktionären und Verhaltenspflichten bei Stimmrechtsbündelung, ZHR 157 (1993), 150; *Ganske*, Das Zweite gesellschaftsrechtliche Koordinierungsgesetz vom 13. Dezember 1978, DB 1978, 2461; *Henn*, Die Gleichbehandlung der Aktionäre in Theorie und Praxis, AG 1985, 240; *Hueck*, Der Grundsatz der gleichmäßigen Behandlung im Aktienrecht, 1958 (zit.: *Hueck*, Grundsatz); *Henze*, Die Treupflicht im Aktienrecht, BB 1996, 489; *Hüffer*, Harmonisierung des aktienrechtlichen Kapitalschutzes, NJW 1979, 1065; *ders.*, Zur gesellschaftsrechtlichen Treupflicht als richterrechtlicher Generalklausel, in: FS Steindorff, 1990, S. 59; *Koppensteiner*, Treuwidrige Stimmabgabe bei Kapitalgesellschaften, ZIP 1994, 1325; *Lutter*, Die entgeltliche Ablösung von Anfechtungsrechten – Gedanken zur aktiven Gleichbehandlung im Aktienrecht, ZGR 1978, 347; *ders.*, Materielle und förmliche Erfordernisse des Bezugsrechtsausschlusses – Besprechung der Entscheidung BGHZ 71,

---

1 KölnKomm-AktG/*Arnold*, Rn 5; MüKo-AktG/*Pentz*, Rn 12; aA *Hüffer*, Rn 3.
2 *Hüffer*, Rn 3; Grigoleit/*Vedder*, Rn 3.
3 Grigoleit/*Vedder*, Rn 3.

40 (Kali und Salz), ZGR 1979, 401; *ders.*, Die Treupflicht des Aktionärs, ZHR 153 (1989), 446; *Müller*, Zum Entwurf eines Gesetzes zur Durchführung der Zweiten Richtlinie des Rates der Europäischen Gemeinschaften zur Koordinierung des Gesellschaftsrechts, WPg 1978, 565; *K. Schmidt*, Gesellschaftsrecht, 2002, S. 462, 801; *ders.*, Verfolgungspflichten, Verfolgungsrecht und Aktionärsklagen, NZG 2005, 796; *Voges*, Zum Grundsatz der Gleichbehandlung im Aktienrecht, AG 1975, 197; *Wiedemann*, Gesellschaftsrecht I, 1980, S. 427; *Winter*, Mitgliedschaftliche Treuebindungen im GmbH-Recht, 1988; *Zöllner*, Die Schranken mitgliedschaftlicher Stimmrechtsmacht bei den privatrechtlichen Personenverbänden, 1963 (zit.: *Zöllner*, Schranken).

A. Grundlagen 1	III. Ungleichbehandlung 14
I. Inhalt und Zweck der Norm 1	IV. Willkürverbot 16
II. Rechtsnatur 3	C. Rechtsfolgen 17
B. Gleichbehandlungsgebot 4	I. Hauptversammlungsbeschlüsse 18
I. Allgemeines 4	II. Maßnahmen der Verwaltung 19
II. Gleichbehandlungsmaßstab 7	III. Schadensersatz 24
1. Grundsatz 7	IV. Beweislast 25
2. Modifikationen 9	D. Treuepflicht 26

A. Grundlagen

1 I. Inhalt und Zweck der Norm. § 53 a fixiert den aktienrechtlichen Gleichbehandlungsgrundsatz. Danach ist die Gesellschaft als der Normadressat[1] verpflichtet, jeden Aktionär unter gleichen Voraussetzungen wie alle anderen Aktionäre zu behandeln.
Der aktienrechtliche Gleichbehandlungsgrundsatz ist also ein Gebot zur relativen Gleichbehandlung.[2] Die Vorschrift geht zurück auf das Gesetz zur Durchführung der EG-Kapitalschutzrichtlinie[3] vom 13.12.1978.[4] Mit ihrer Einführung wurde das bis dahin geltende Recht nicht geändert.[5] Vielmehr wurde durch die Vorschrift ein allgemein anerkannter zentraler Grundsatz des Aktienrechts in den Gesetzestext aufgenommen,[6] der u.a. in den §§ 12, 60, 131 Abs. 4, 134 Abs. 1 und 2, 186, 271 zum Ausdruck kommt.[7]

2 Die Vorschrift bezweckt den individuellen Schutz des einzelnen Aktionärs vor Maßnahmen der Gesellschaftsorgane (Beschlüsse der Hauptversammlung und Verwaltungshandeln). Sie richtet sich an die Organe der AG (Hauptversammlung und Verwaltung); die Aktionäre sind sich untereinander grundsätzlich nicht zur Gleichbehandlung verpflichtet. In der Praxis bewirkt das Gleichbehandlungsgebot primär den Schutz der Minderheit, gilt aber auch für eine Bevorzugung der Minderheit durch die Gesellschaft.[8]
Das Gleichbehandlungsgebot ist Maßstab für die Gestaltung des Gesellschaftsverhältnisses zwischen der Gesellschaft und ihren Aktionären (mitgliedschaftlicher Bereich),[9] wobei ein Verstoß dem Aktionär gegenüber der Gesellschaft ein Abwehrrecht gewährt (siehe Rn 17 ff).
Die Regelung greift nicht bei jeder Rechtsbeziehung der Gesellschaft zum Aktionär. § 53 a gilt vielmehr nur in dem mitgliedschaftlichen Bereich. Außerhalb des mitgliedschaftlichen Bereichs kann die Gesellschaft im Rahmen der Einschränkungen des § 57 mit einzelnen Aktionären oder Dritten Rechtsgeschäfte ohne Bindung an das Gleichbehandlungsgrundsatz tätigen.[10]
Auch die zeitliche Geltung des Gleichbehandlungsgebots wird bestimmt von der Dauer der Mitgliedschaft; eine vormitgliedschaftliche Gleichbehandlungspflicht gibt es nicht.[11] Allerdings entfaltet es Nachwirkung auf solche ehemaligen Aktionäre, denen noch Rechte und Pflichten zustehen, die auf der früheren Mitgliedschaft beruhen.[12]
Eine Verpflichtung der einzelnen Aktionäre zur Gleichbehandlung untereinander besteht nach der hM nicht (zur Treuepflicht siehe Rn 26 ff).[13] Der einzelne Aktionär ist als Bieter allerdings nach § 3 Abs. 1 WpÜG und den spezifischen Ausprägungen in §§ 19, 31 Abs. 3, 32, 35 WpÜG zur einer übernahmerechtlichen Gleichbehandlung verpflichtet.

3 II. Rechtsnatur. Die **Pflicht der Organe** der Gesellschaft, die Aktionäre unter gleichen Voraussetzungen gleich zu behandeln, ergibt sich als selbstverständlicher Bestandteil unmittelbar aus der Mitgliedschaft und ist für die Beziehungen zwischen Gesellschaft und Aktionär, soweit die Satzung nichts Abweichendes bestimmt (vgl Rn 11 ff), verbindlich.[14] Das Recht auf Gleichbehandlung ist dabei kein subjektives, zu den

---

1 MüKo-AktG/*Bungeroth*, Rn 5.
2 K. Schmidt/Lutter/*Fleischer*, Rn 3.
3 Art. 42 der 2. gesellschaftsrechtlichen EWG-Richtlinie, ABl Nr. L 26/1 v. 31.1.1977.
4 BGBl. I 1978 S. 1959.
5 *Ganske*, DB 1978, 2461, 2462; RegE mit Begr. BT-Drucks. 8/1678, S. 13.
6 *Hüffer*, NJW 1979, 1065, 1068; *Henn*, AG 1985, 240, 241 f; *Voges*, AG 1975, 197 ff.
7 Spindler/Stilz/*Cahn/v. Spannenberg*, Rn 10.
8 KölnKomm-AktG/*Drygala*, Rn 9.
9 MüKo-AktG/*Bungeroth*, Rn 7.
10 KölnKomm-AktG/*Drygala*, Rn 22 mwN.
11 Spindler/Stilz/*Cahn/v. Spannenberg*, Rn 7; KölnKomm-AktG/*Drygalla*, Rn 7.
12 Spindler/Stilz/*Cahn/v. Spannenberg*, Rn 7.
13 MüKo-AktG/*Bungeroth*, Rn 5; *Hüffer*, Rn 4; KölnKomm-AktG/*Drygala*, Rn 18; OLG Celle WM 1974, 1013, 1014.
14 *Hüffer*, Rn 3 mwN.

Mitgliedschaftsrechten hinzutretendes Recht,[15] es ist vielmehr **Bestandteil der mitgliedschaftlichen Stellung** des einzelnen Aktionärs, strukturell vergleichbar mit dem Stimmrecht oder dem allgemeinen Bezugsrecht (Bezugsstammrecht).[16]

B. Gleichbehandlungsgebot

I. Allgemeines. Das Gebot der Gleichbehandlung bedeutet das Verbot, Aktionäre ohne sachlich rechtfertigenden Grund, dh **willkürlich ungleich zu behandeln**.[17] Nicht jede objektive Ungleichbehandlung stellt einen Verstoß gegen den Gleichbehandlungsgrundsatz dar. Vielmehr muss zu der objektiven Ungleichbehandlung hinzukommen, dass **keine sachliche Rechtfertigung** für die Differenzierung[18] gegeben ist oder die Differenzierung weder nach der Satzung zulässig ist, noch der Betroffene zugestimmt hat.

Der Gleichbehandlungsgrundsatz ist zwingend; er kann als solcher nicht durch die Satzung abbedungen werden.[19] Eine entsprechende **Satzungsregelung** bzw ein entsprechender **Hauptversammlungsbeschluss** wäre nach § 241 Nr. 3 nichtig. Das Recht auf Gleichbehandlung steht auch nicht pauschal zur Disposition des Aktionärs; er kann jedoch im Einzelfall einer Abweichung von dem Grundsatz zustimmen.[20]

Einige **gesetzliche Vorschriften** (§§ 11, 12 iVm §§ 23 Abs. 3 Nr. 4, 60 Abs. 3, 134 Abs. 1 S. 2–4) sehen hingegen die Möglichkeit abweichender Satzungsregelungen vor. In diesen Fällen steht das Gleichbehandlungsgebot zur **Disposition des Satzungsgebers**. Bei **nachträglichen Satzungsänderungen** ist jedoch zu berücksichtigen, dass in der nachträglichen Änderung des Gleichbehandlungsmaßstabes durch Satzungsänderung gleichfalls ein Verstoß gegen den Gleichbehandlungsgrundsatz liegen kann.[21]

II. Gleichbehandlungsmaßstab. 1. Grundsatz. Ausgangspunkt des Gleichbehandlungsgebots ist die Situation des einzelnen Aktionärs. Denn das Gleichbehandlungsgebot verlangt die gleichmäßige Behandlung der Aktionäre „unter gleichen Voraussetzungen".[22] Daraus ergibt sich, dass der Maßstab, anhand dessen das Vorliegen einer relevanten Gleich- bzw Ungleichbehandlung zu messen ist, ein variabler ist. Zum einen kommt es auf die konkreten Umstände des betroffenen Aktionärs an, zum anderen auf die Rechtsposition, die durch die jeweilige Maßnahme berührt wird.[23]

Entsprechend der Konzeption der AG als Kapitalgesellschaft gilt im gesetzlichen Regelfall das Verhältnis der Beteiligung am Grundkapital bei den sog. **Hauptrechten** (zB Stimmrecht (§§ 12, 134), Gewinnbezugsrecht (§§ 58 Abs. 4, 60), Bezugsrecht neuer Aktien bei Kapitalerhöhung (§ 186), Beteiligung am Liquidationserlös (§ 271)) als Maßstab für die Gleichbehandlung.[24] Inwieweit die Satzung andere Maßstäbe festlegen kann, richtet sich bei der Gewinnverteilung nach § 60 Abs. 3, bei dem Stimmrecht nach § 12 iVm § 134, bei dem Bezugsrecht nach § 186 und bei den Liquidationsrechten nach § 271.

Soweit sog. **Hilfsrechte** (insbesondere Rede- und Auskunftsrecht in der Hauptversammlung, Befugnis zur Anfechtung von Hauptversammlungsbeschlüssen) betroffen sind, ist grundsätzlich eine Gleichbehandlung nach Köpfen maßgebend.[25] In Bezug auf das Rederecht kann die Höhe der Kapitalbeteiligung im Einzelfall jedoch eine unterschiedliche Behandlung hinsichtlich der Redezeit rechtfertigen.[26]

2. Modifikationen. Einige Vorschriften des Aktiengesetzes enthalten Bestimmungen, die eine Abweichung von der Beteiligungsquote als maßgeblichem Gleichbehandlungsmaßstab zulassen bzw vorschreiben.

Das Aktienrecht sieht bereits mit der Differenzierung nach der Leistung der Einlagen für die **Gewinnbeteiligung** (§ 60 Abs. 2), die Teilhabe an einem **Liquidationserlös** (§ 271 Abs. 3) und dem Beginn des **Stimmrechts** (§ 134 Abs. 2 S. 2) einen von der Beteiligung abweichenden Gleichbehandlungsmaßstab vor.

Die Satzung kann darüber hinaus in bestimmten Fällen einen abweichenden Maßstab für die Gleichbehandlung bestimmen. Für die **Gewinnverteilung** kann gemäß § 60 Abs. 3 ein von der gesetzlichen Regel abweichender Verteilungsmaßstab festgelegt werden. Ebenso können bei der Gewinnverteilung bevorzugte Vorzugsaktien geschaffen werden (§§ 139, 11) Für den **Beginn des Stimmrechts** kann die Satzung festlegen, dass diese mit der Leistung der Mindesteinlage beginnt (§ 134 Abs. 2 S. 3). Eine von der gesetzlichen Rege-

---

15 So die ganz herrschende Auffassung, vgl MüKo-AktG/*Bungeroth*, Rn 4; *Hüffer*, Rn 4; KölnKomm-AktG/*Drygala*, Rn 10.
16 K. Schmidt/Lutter/*Fleischer*, Rn 14.
17 KölnKomm-AktG/*Drygala*, Rn 9, 16; *Hüffer*, Rn 4; BGHZ 33, 175, 186.
18 BGHZ 33, 175, 186; MüKo-AktG/*Bungeroth*, Rn 14 f.
19 *Henn*, AG 1985, 240, 243; KölnKomm-AktG/*Drygala*, Rn 28; *Hüffer*, Rn 5; MüKo-AktG/*Bungeroth*, Rn 17.
20 Siehe hierzu näher MüKo-AktG/*Bungeroth*, Rn 19 f.
21 KölnKomm-AktG/*Drygala*, Rn 28 ff.
22 Spindler/Stilz/*Cahn/v. Spannenberg*, Rn 12.
23 Spindler/Stilz/*Cahn/v. Spannenberg*, Rn 12.
24 BGHZ 70, 117, 121; vgl MüKo-AktG/*Bungeroth*, Rn 12; Spindler/Stilz/*Cahn/v. Spannenberg*, Rn 10.
25 MüKo-AktG/*Bungeroth*, Rn 13; *Hüffer*, Rn 7, KölnKomm-AktG/*Drygala*, Rn 26.
26 MüKo-AktG/*Bungeroth*, Rn 13; *Hüffer*, Rn 7; KölnKomm-AktG/*Drygalla*, Rn 26; ablehnend Spindler/Stilz/*Cahn/v. Spannenberg*, Rn 17 mwN, die darauf abstellen, die Höhe des Anteilsbesitzes könne zur Rechtfertigung von Ordnungsmaßnahmen wegen Rechtsmissbrauchs herangezogen werden.

lung abweichende **Verteilung des Liquidationserlöses** kann sich ergeben, soweit die Satzung unterschiedliche Aktiengattungen vorsieht (§§ 271 Abs. 2, 11).

12 Gehören einem Aktionär mehrere Aktien, so kann die Satzung einer nicht börsennotierten Gesellschaft das **Stimmrecht** durch Festsetzung eines **Höchstbetrages** oder von Abstufungen beschränken (§ 134 Abs. 1 S. 2).

13 Eine weitere mögliche Einschränkung des allgemeinen Gleichbehandlungsgrundsatzes ergibt sich aus § 11, der **Aktien mit unterschiedlichen Rechten** zulässt (**Aktiengattungen**). Hierbei können in der Satzung **Vorrechte** festgelegt werden, insbesondere hinsichtlich der Verteilung des Gewinns (§ 60 Abs. 3) oder des Gesellschaftsvermögens bei Auflösung (§ 271 Abs. 2). In der Zulassung von unterschiedlichen Aktiengattungen liegt jedoch nur eine **partielle Einschränkung** des Gleichbehandlungsgrundsatzes, da innerhalb der jeweiligen Gattungen der Grundsatz der Gleichbehandlung in vollem Umfang gilt.[27] Auch zwischen den Gattungen wird der Grundsatz der Gleichbehandlung nach § 53a nicht außer Kraft gesetzt, vielmehr beschränkt sich die Ungleichbehandlung lediglich auf die satzungsmäßig festgelegten Sonderrechte, da (und soweit) es an der für die Gleichbehandlung vorausgesetzten Vergleichbarkeit fehlt.[28]

13a Abweichungen vom Gleichbehandlungsgebot finden sich im **Konzernrecht** und bei **Beteiligungen der öffentlichen Hand**. Zugunsten eines herrschenden Unternehmens besteht die gesonderte Einwirkungsmöglichkeit als Aktionär auf die Gesellschaft als beherrschtem Unternehmen (§§ 308, 311 Abs. 1, 323), auf ihre Rechnungslegung (§§ 294 Abs. 3 HGB, 131 Abs. 4 S. 3) und den Abschluss von Unternehmensverträgen (§§ 291 ff).[29] Bei Beteiligungen der öffentlichen Hand sind Aufsichtsratsmitglieder, die auf Veranlassung einer Gebietskörperschaft in den Aufsichtsrat gewählt oder entsandt worden sind, nach § 394 von der persönlichen Verschwiegenheitspflicht gegenüber dieser Gebietskörperschaft weitgehend freigestellt. Für mehrheitlich an einer Gesellschaft beteiligte Gebietskörperschaften bestehen Einwirkungsmöglichkeiten auf die Abschlussprüfung und Einsichtnahme in die Bücher (§§ 53, 54 Haushaltsgrundsätzegesetz).[30]

14 **III. Ungleichbehandlung.** Für die Feststellung einer Ungleichbehandlung sind allein **objektive Kriterien** maßgebend; auf subjektive Elemente, wie zB Vorsatz oder Bewusstsein, kommt es dagegen nicht an.[31]

15 Hinsichtlich der Art und Weise der Ungleichbehandlung ist zwischen **formaler** und **materieller Ungleichbehandlung** zu differenzieren. Eine **formale Ungleichbehandlung** ist gegeben, wenn bestimmte Aktionäre bereits äußerlich ungleich behandelt werden (zB Ausschluss des Bezugsrechts). Eine **materielle Ungleichbehandlung** liegt vor, wenn sich die Maßnahme zwar gleichermaßen an alle Aktionäre richtet, die Aktionäre jedoch durch die Maßnahme unterschiedlich betroffen sind (Beispiel Kapitalherabsetzung im Verhältnis 10:1 im Hinblick auf diejenigen Aktionäre, die weniger als zehn Aktien besitzen).[32] Diese, sich aus den persönlichen Voraussetzungen des einzelnen Aktionärs ergebende, ungleichmäßige Betroffenheit muss jedoch gerade aus dem mitgliedschaftlichen Verhältnis herrühren, um im Rahmen des § 53a relevant zu sein; außerhalb der gesellschaftsrechtlichen Beziehung liegende Umstände, etwa die steuerliche Behandlung vereinnahmter Dividenden bei den Aktionären oder die finanzielle Möglichkeit, Bezugsrechte auszuüben, sind unbeachtlich.[33]

16 **IV. Willkürverbot.** Eine Ungleichbehandlung von Aktionären begründet jedoch nur einen Verstoß gegen das Gebot der Gleichbehandlung, wenn sie nicht sachlich gerechtfertigt oder, sofern zulässig, durch die Satzung gedeckt ist und daher willkürlich erfolgt. Die Ungleichbehandlung ist **zulässig**, wenn eine Differenzierung durch **Sachgründe gerechtfertigt** ist.[34] Dabei genügt es für eine sachliche Rechtfertigung jedoch nicht, dass eine Maßnahme im Gesellschaftsinteresse liegt. Es müssen vielmehr die allgemein als Schranken für einen Eingriff in Mitgliedschaftsrechte entwickelten Grundsätze der **Geeignetheit**, **Erforderlichkeit** und **Verhältnismäßigkeit** herangezogen werden.[35] Somit ist eine Ungleichbehandlung sachlich nur gerechtfertigt, wenn sie geeignet ist, ein bestimmtes Interesse der Gesellschaft zu erreichen, die mildeste von mehreren in Betracht kommenden Handlungsalternativen darstellt und dabei das Gesellschaftsinteresse das Mitgliedschaftsinteresse des betroffenen Aktionärs überwiegt.[36]

---

27 MüKo-AktG/*Bungeroth*, Rn 22; OLG Düsseldorf BB 1973, 910, 912.
28 MüKo-AktG/*Bungeroth*, Rn 22; OLG Düsseldorf BB 1973, 910, 912.
29 MüKo-AktG/*Bungeroth*, Rn 26; Spindler/Stilz/*Cahn/Senger*, Rn 29 ff.
30 Großkomm-AktienR/*Henze/Notz*, Rn 49; MüKo-AktG/*Bungeroth*, Rn 27.
31 KölnKomm-AktG/*Drygala*, Rn 12.
32 *Hüffer*, Rn 9; KölnKomm-AktG/*Drygala*, Rn 12.
33 So auch KölnKomm-AktG/*Drygala*, Rn 15.
34 BGHZ 33, 175, 186; *Wiedemann*, Gesellschaftsrecht, S. 430; KölnKomm-AktG/*Drygala*, Rn 16.
35 Vgl BGHZ 71, 40, 45; 80, 69, 74; 83, 319, 321; KölnKomm-AktG/*Drygalla*, Rn 17; *Lutter*, ZGR 1979, 401, 403 f.
36 So auch KölnKomm-AktG/*Drygalla*, Rn 17.

C. Rechtsfolgen

Im Hinblick auf die Rechtsfolgen einer Verletzung des Gleichbehandlungsgrundsatzes ist zwischen Verstößen aufgrund von Beschlüssen der Hauptversammlung und solchen, die auf Maßnahmen der Verwaltung basieren, zu unterscheiden.[37] **17**

I. Hauptversammlungsbeschlüsse. Ein Hauptversammlungsbeschluss, der gegen das Gleichbehandlungsgebot verstößt, ist in der Regel nur **anfechtbar**.[38] Die Nichtigkeit des Beschlusses kommt nur in Betracht, wenn die Ungleichbehandlung mit dem Wesen der Aktiengesellschaft unvereinbar (§ 241 Nr. 3) oder sittenwidrig (§ 241 Nr. 4) ist.[39] **18**

II. Maßnahmen der Verwaltung. Die Rechtsfolgen bei Maßnahmen der Verwaltung, die gegen den Gleichbehandlungsgrundsatz verstoßen, hängen von der Art der Maßnahme ab. So kann der Verstoß gegen den Gleichbehandlungsgrundsatz die **Unwirksamkeit** der Rechtshandlung zur Folge haben oder deren Durchsetzbarkeit gegenüber den Aktionären einschränken. **19**

Hat die Ungleichbehandlung eine **ungleiche Belastung** zur Folge, so steht den benachteiligten Aktionären regelmäßig ein **Leistungsverweigerungsrecht** zu. Eine ungleiche Einlagenforderung (vgl § 63) begründet daher ein Leistungsverweigerungsrecht der benachteiligten Aktionäre.[40] Besteht die Ungleichbehandlung in einer **unzulässigen Vorteilsgewährung** (vgl § 57), ist das Rechtsgeschäft nichtig (siehe Rn 22). **20**

In speziellen Fällen kann der betroffene Aktionär auch die (nachträgliche) aktive Herstellung der Gleichbehandlung durch die Gesellschaft verlangen (**Leistungsrecht**), also so gestellt zu werden, wie die bevorzugten Aktionäre gestellt sind.[41] Das kann zum Beispiel bei einer genehmigungspflichtigen Veräußerung **vinkulierter Namensaktien** der Fall sein: Der veräußernde Aktionär, der unter gleichen Bedingungen seine Aktien veräußern will wie zuvor ein anderer Aktionär, dem die Zustimmung (vgl § 68 Abs. 2) erteilt wurde, hat grundsätzlich einen Anspruch auf Erteilung der Genehmigung,[42] wobei aber zu berücksichtigen ist, dass die Gesellschaft ihre Praxis der Erteilung der Genehmigung aus sachlichem Grund ändern kann.[43] **21**

Gesetzlich speziell geregelt, letztlich jedoch auch eine Ausprägung des Gleichbehandlungsgrundsatzes, ist der Anspruch auf aktive Gleichbehandlung im Rahmen des § 131 Abs. 4. Dieser gewährt den Aktionären einen Anspruch, Informationen, die anderen Aktionären außerhalb der Hauptversammlung gegeben wurde, auf Verlangen in der Hauptversammlung zu erhalten.

War die von der Verwaltung vorgenommene Maßnahme allerdings (aus anderen Gründen als dem Verstoß gegen § 53a) rechts- bzw pflichtwidrig, kann der benachteiligte Aktionär keine Gleichbehandlung verlangen. Ein Anspruch auf Gleichbehandlung im Unrecht besteht nicht.[44]

Daher können benachteiligte Aktionäre im Falle einer Zuwendung ungleicher **geldwerter Vorteile** an einzelne Aktionäre wegen § 57 **keine** Gleichstellung oder Ausgleich verlangen. Die Korrektur des Verstoßes gegen das Gleichbehandlungsgebot hat hier dadurch zu erfolgen, dass die Gesellschaft ihre **Rückgewähransprüche** aus §§ 57, 62 gegen die begünstigten Aktionäre verfolgt.[45] § 62 vermittelt den benachteiligten Aktionären jedoch weder einen Anspruch gegen die Gesellschaft auf Rechtsverfolgung noch einen Anspruch gegen die begünstigten Aktionäre auf Rückgewähr der erhaltenen Zuwendungen. Die Vorstandsmitglieder, und bei Verletzung ihrer Überwachungspflichten auch die Aufsichtsratsmitglieder, machen sich jedoch gemäß §§ 93, 116 schadensersatzpflichtig, falls die Rückgewähransprüche nicht geltend gemacht werden. Zur **Durchsetzung** kann die Hauptversammlung bei Untätigkeit der Gesellschaft die Entlastung von Vorstand und Aufsichtsrat verweigern und ihnen das Vertrauen entziehen (§§ 120, 84 Abs. 3 S. 2) sowie die von ihr gewählten Aufsichtsratsmitglieder abberufen (§ 103 Abs. 1). Stellen die begünstigten Aktionäre jedoch die Stimmenmehrheit in der Hauptversammlung, kann die Minderheit gegebenenfalls eine **Sonderprüfung** gemäß § 142 Abs. 2 sowie nach § 147 die **Geltendmachung von Schadensersatzansprüchen** nach §§ 93, 116 gegen Vorstand und Aufsichtsrat und möglicherweise auch nach § 117 gegen die durch die unzulässigen Zuwendungen begünstigten Aktionäre erwirken.[46] **22**

Abzulehnen ist die teilweise vertretene Auffassung, dass ein benachteiligter Aktionär bei Verzögerung der Geltendmachung der Rückgewähransprüche aus § 62 einen Anspruch gegen die Gesellschaft auf **Vorteils-** **23**

---

[37] Zu Einzelfällen von Gleichbehandlungsverstößen auf Grund von HV-Beschlüssen oder Maßnahmen der Verwaltung siehe KölnKomm-AktG/*Drygala*, Rn 56 ff.
[38] So die ganz hM: RGZ 118, 67, 72 f; RG JW 1935, 1776; BGH BB 1960, 880, 881; *Zöllner*, Schranken, S. 416; *Henn*, AG 1985, 240, 248; MüKo-AktG/*Bungeroth*, Rn 28; KölnKomm-AktG/*Drygala*, Rn 37; *Hüffer*, Rn 12.
[39] MüKo-AktG/*Bungeroth*, Rn 29.
[40] MüKo-AktG/*Bungeroth*, Rn 31; KölnKomm-AktG/*Drygala*, Rn 40.
[41] BGH WM 1972, 931, 933; MüHb-AG/*Wiesner*, § 17 Rn 11.
[42] MüKo-AktG/*Bungeroth*, § 68 Rn 73; MüKo-AktG/*Bungeroth*, Rn 32; KölnKomm-AktG/*Drygala*, Rn 42.
[43] MüKo-AktG/*Bayer*, § 68 Rn 73.
[44] KölnKomm-AktG/*Drygala*, Rn 44; Spindler/Stilz/*Cahn/v. Spannenberg*, Rn 35.
[45] MüKo-AktG/*Bungeroth*, Rn 33; siehe auch KölnKomm-AktG/*Drygala*, Rn 45.
[46] Zur Durchsetzung der Rückgewähransprüche durch die Aktionäre vgl MüKo-AktG/*Bungeroth*, § 62 Rn 113 ff.

ausgleich bei der Verteilung des Bilanzgewinns erhalten soll.[47] Eine derartige Vorteilsausgleichung würde gedanklich eine Befreiung der begünstigten Aktionäre von ihrer Rückgewährpflicht voraussetzen, die jedoch an § 66 Abs. 2 scheitert.[48] Ohne Befreiung von der Rückgewährpflicht läge in dem Vorteilsausgleich eine Ungleichbehandlung zugunsten der zunächst benachteiligten Aktionäre, da diese nicht von der Rückgewährungspflicht betroffen wären.

24 **III. Schadensersatz.** Schadensersatzansprüche nach § 823 Abs. 1 oder § 823 Abs. 2 BGB scheiden aus, da weder der Gleichbehandlungsgrundsatz ein von **§ 823 Abs. 1 BGB** geschütztes Rechtsgut noch § 53 a ein **Schutzgesetz** iSv § 823 Abs. 2 BGB ist.[49] Bei vorsätzlicher Verletzung kommen Schadensersatzansprüche auf der Grundlage des § 117 in Betracht, sowie gemäß § 826 BGB gegen die handelnden Vorstände bzw aus § 826 iVm § 31 BGB gegen die Gesellschaft bei einem qualifizierten Verstoß, der zugleich die Voraussetzungen einer sittenwidrigen Schädigung erfüllt.[50]

25 **IV. Beweislast.** Die Ungleichbehandlung hat grundsätzlich derjenige zu beweisen, der eine Verletzung des § 53 a behauptet. Die Gesellschaft trifft dagegen die Darlegungs- und Beweislast hinsichtlich der Gründe, die uU die Ungleichbehandlung rechtfertigen (sachliche Rechtfertigung durch besondere Tatsachen, Geeignetheit, Erforderlichkeit und Angemessenheit der Maßnahme).[51]

D. Treuepflicht

26 Von dem Gleichbehandlungsgebot ist die **mitgliedschaftliche Treuepflicht** zu unterscheiden, die im Verhältnis zwischen den Aktionären und der Gesellschaft einerseits und zwischen den Aktionären andererseits gilt.[52] Sie tritt ergänzend neben das Gleichbehandlungsgebot, um dessen beschränkten Schutz zu erweitern (bzw ist das hinter dem Gleichbehandlungsgebot stehende umfassendere Prinzip, das im Verhältnis von Gesellschaft und Aktionär im Gleichbehandlungsgebot eine konkrete Ausprägung findet).[53] Beide Institute sind funktional vergleichbar.
Ebenso wie das Gleichbehandlungsgebot folgt die Treuepflicht als selbstverständlicher **Bestandteil aus der Mitgliedschaft** in der Gesellschaft.[54] Allerdings besteht die Treuepflicht zwischen den einzelnen Aktionären untereinander und gegenüber der Gesellschaft.[55] Auch wenn die primären Adressaten der Treuepflicht die Aktionäre sind, können doch auch mittelbare Aktionäre, etwa Treugeber und stille Gesellschafter, diesen Bindungen unterliegen.[56] Sonstige Dritte, wie beispielsweise Stimmrechtsvertreter, unterliegen nicht der mitgliedschaftlichen Treuepflicht.[57] Allerdings kann ein Stimmrechtsvertreter bei treuwidriger Stimmabgabe entsprechend dem Gedanken des § 179 Abs. 1 BGB dann auf Schadensersatz haften, wenn er die Vollmachtgeber nicht benennt.[58]

27 Die **Geltung** einer Treuepflicht bei der Aktiengesellschaft zwischen den Aktionären war in der Literatur lange umstritten.[59] Bezweifelt wurde die Notwendigkeit einer umfassenden gesellschaftsrechtlichen Treuepflicht, welche bei Personengesellschaften und der GmbH wegen der häufig engen persönlichen Bindung der Mitglieder zum Schutze der gegenseitigen Interessen bejaht wurde; für die AG hingegen, als rechtlich umfassend im AktG normierte und vom Bestand ihrer einzelnen Mitglieder weitgehend unabhängige, entpersonalisierte Organisationsform bestünde hierfür kein Anlass. Dem wurde entgegen gehalten, dass die Treuepflicht als eine die Rechte und Pflichten der Aktionäre überwölbende, umfassende, gesellschaftsrechtliche Bindung für die gesetzlich nicht normierten Fälle erforderlich sei.[60]

28 Dem hat sich die Literatur und Rechtsprechung (erstmalig in der „Linotype"-Entscheidung des BGH, ergänzt durch die „Girmes"-Entscheidung) angeschlossen und die Treuepflicht auch bei der AG anerkannt, wobei die dogmatische Einordnung weiterhin umstritten – praktisch jedoch nahezu folgenlos – ist.[61] Der Geltungsgrund besteht in der aus der Gesellschaft resultierenden organisationsrechtlichen Sonderverbindung, welche gemeinsame Interessen begründet und damit einen Rahmen für die Ausübung der Einwirkungsmöglichkeiten der Aktionäre vorgibt.[62]

---

47 So *Lutter*, ZGR 1978, 369 f; einschränkend: KölnKomm-AktG/*Drygala*, Rn 45.
48 Vgl hierzu auch MüKo-AktG/*Bungeroth*, Rn 35.
49 KölnKomm-AktG/*Drygala*, Rn 46.
50 Zu § 823 Abs. 2 BGB vgl auch *Hueck*, Grundsatz, S. 295; MüKo-AktG/*Bungeroth*, Rn 38.
51 Vgl *Wiedemann*, Gesellschaftsrecht, Band I, 1980, S. 430; KölnKomm-AktG/*Zöllner*, Einl. Rn 146.
52 BGHZ 103, 184, 194 f (Linotype); 129, 136, 142 ff (Girmes).
53 *Hüffer*, Rn 2, 14; MüKo-AktG/*Fleischer*, Rn 12.
54 *Hüffer*, Rn 15; Spindler/Stilz/*Cahn/v. Spannenberg*, Rn 39.
55 *Hüffer*, Rn 19 ff; Spinder/Stilz/*Cahn/v. Spannenberg*, Rn 49 f.
56 Spindler/Stilz/*Cahn/v. Spannenberg*, Rn 47.
57 BGHZ 129, 136, 148 f; K. Schmidt/Lutter/*Fleischer*, Rn 51.
58 BGHZ 129, 136, 149.
59 Überblick bei MüKo-AktG/*Hüffer*, § 243 Rn 52; *Hüffer*, Rn 14; siehe auch *Dreher*, ZHR 157 (1993), 150, 152 Fn 11, und *Lutter*, ZHR 153 (1989), 446, 452 ff.
60 BGHZ 103, 184, 194 f (Linotype); 129, 136 (Girmes); *Hüffer*, Rn 14.
61 BGHZ 103, 184, 194 f; Überblick über die Entwicklung der Rspr in MüKo-AktG/*Hüffer*, § 243 Rn 50 f; Großkomm-AktienR/*Henze/Notz*, Anh. § 53 a Rn 13 ff.
62 BGHZ 103, 184, 195; *Dreher*, ZHR 157 (1993) 150, 153.

Kern der Treuepflicht ist die Forderung, **gesellschaftsschädigende Handlungen** zu unterlassen und den Gesellschaftszweck fördernde Handlungen vorzunehmen. Anders gewendet gebietet die Treuepflicht dem einzelnen Aktionär, in angemessener Weise auf die **berechtigten Interessen der Gesellschaft** und die mitgliedschaftlichen Interessen[63] der **anderen Aktionäre** Rücksicht zu nehmen.[64] Dabei ist das praktisch bedeutsamere Element der Treuepflicht die **Schrankenfunktion**, dh die Begrenzung der Ausübung von Aktionärsrechten durch die Verpflichtung zur Rücksichtnahme,[65] während die eine aktive Handlungspflicht der Aktionäre begründende Förderpflicht nur in Ausnahmefällen einschlägig ist.[66] Ferner ist zu unterscheiden, ob es um die Ausübung eines **gesellschaftsbezogenen** (zB Stimmrecht) oder eines **eigennützigen** (zB Gewinnbezugsrecht) **Mitgliedschaftsrechts** geht.[67] Die Bindung an die Treuepflicht hinsichtlich des Stimmverhaltens wirkt sich insbesondere bei der **Ausübung einer Stimmrechtsmehrheit** aus, richtet sich jedoch auch an eine Minderheit,[68] die ebenfalls der Treuebindung bei der Ausübung ihrer Rechte unterliegt. Diese Bindung erfasst dabei nicht nur gesicherte Mehrheits- oder Minderheitspositionen, sondern ist auch für Zufallsmehrheiten bzw sich zufällig ergebende Sperrminderheiten anwendbar,[69] so dass letztlich jeder Aktionär, unabhängig von seiner Stimmrechtsmacht, die Bindungen der Treuepflicht zu beachten hat. Die Treuepflicht stellt damit ein Abwehrrecht der Gesellschaft und des einzelnen Aktionärs gegen eine **willkürliche und unverhältnismäßige Rechtsausübung** anderer Aktionäre dar. Für die Abdingbarkeit der Treuepflicht durch Satzungsregelungen gilt das zum Gleichbehandlungsgrundsatz Gesagte entsprechend (siehe Rn 5 f).

Als deutlichste und in der Rechtsprechung anerkannte Ausprägung des Grundsatzes der Treuepflicht ist die **materielle Beschlusskontrolle** zu nennen.[70] Sie beschränkt sich aber nicht hierauf.[71] Soweit die Einwirkung eines Mehrheitsaktionärs auf die Gesellschaft außerhalb von Beschlussfassungen der Hauptversammlung betroffen sind, finden sich in §§ 308 ff, insbesondere in §§ 311 ff, für den Fall des Fehlens eines Beherrschungsvertrages spezielle gesetzliche Regelungen.

Auch die missbräuchliche Erhebung von Anfechtungsklagen gegen HV-Beschlüsse begründet einen Verstoß gegen die Treuepflicht. Hierbei handelt es sich um Fälle der illoyalen, grob eigennützigen Rechtsausübung, zumeist in der Absicht, sich den „Lästigkeitswert" dieser Klagen von der Gesellschaft abkaufen zu lassen.[72] Ebenso kann die Treuepflicht dem Aktionär insoweit Grenzen bei der Ausübung des Rede- und des Fragerechts setzen, als die Durchführung der Hauptversammlung in angemessener Zeit verhindert würde.[73]

Der Verstoß gegen die Treuepflicht kann verschiedene Rechtsfolgen nach sich ziehen. Unter Verstoß gegen die Treuebindungen zustande gekommene Hauptversammlungsbeschlüsse sind anfechtbar.[74] Darüber hinaus kann die treuwidrige Stimmrechtsausübung zu deren **Nichtigkeit** und damit Unbeachtlichkeit bei der Stimmauswertung führen.[75] Ebenso können sich aus treuwidrigem Verhalten Erfüllungsansprüche des Aktionärs auf ihm treuwidrig versagte Leistungen (insbesondere die Zustimmung zur Anteilsübertragung bei vinkulierten Aktien) sowie Unterlassungsansprüche hinsichtlich eines treuwidrigen Verhaltens ergeben.[76] Der Verstoß gegen die Treuepflicht kann ferner eine **Schadensersatzpflicht** bewirken.[77] Steht der Schadensersatzanspruch der Gesellschaft gegen einen ihrer Aktionäre zu, so kann dieser, sofern die Gesellschaft ihn nicht selbst verfolgt, gemäß § 148 auch von den Aktionären im eigenen Namen eingeklagt werden, wobei diese Klage auf Leistung an die Gesellschaft zu richten ist. Es handelt sich damit um eine *actio pro socio*[78] und, da die Aktionäre ein fremdes Recht im eigenen Namen einklagen, um einen gesetzlich geregelten Fall der Prozessstandschaft.[79]

---

63 So Spindler/Stilz/*Cahn/v. Spannenberg*, Rn 50.
64 K. Schmidt/Lutter/*Fleischer*, Rn 54.
65 K. Schmidt/Lutter/*Fleischer*, Rn 55, Spindler/Stilz/*Cahn/v. Spannenberg*, Rn 38.
66 K. Schmidt/Lutter/*Fleischer*, Rn 55, 58.
67 *Hüffer*, Rn 16; im Ansatz ebenso K. Schmidt/Lutter/*Fleischer*, Rn 55.
68 BGHZ 129, 136, 143 ff.
69 *Hüffer*, Rn 17.
70 *Hüffer*, Rn 17, 20; *ders.*, § 243 Rn 24 ff mwN.
71 *Hüffer*, Rn 20; weitere Beispiele bei *Lutter*, ZHR 153 (1989) 446, 458 ff.
72 Siehe hierzu § 245 Rn 28 ff; *Hüffer*, § 245 Rn 22 ff; K. Schmidt/Lutter/*Schwab*, § 245, Rn 36 ff, Großkomm-AktienR/*Henze/Notz*, Anh. § 53 a Rn 24; zur sich daraus ergebenden Schadensersatzpflicht des Aktionärs aus § 826 BGB OLG Frankfurt am Main NZG 2009, 222.
73 Spindler/Stilz/*Cahn/v. Spannenberg*, Rn 38.
74 *Hüffer*, Rn 21; *ders.*, § 243 Rn 24 ff.
75 BGHZ 102, 172, 176; BGH ZIP 1991, 23, 24; BGH ZIP 1993, 1228, 1230; OLG Hamburg ZIP 1991, 1430, 1434 f; OLG Stuttgart AG 2000, 369, 371; *Hüffer*, Rn 22; KölnKomm-AktG/*Drygala*, Rn 138; aA *Koppensteiner*, ZIP 1994, 1325.
76 KölnKomm-AktG/*Drygala*, Rn 129 f; K. Schmidt/Lutter/*Fleischer*, Rn 68 f.
77 KölnKomm-AktG/*Drygala*, Rn 131, K. Schmidt/Lutter/*Fleischer*, Rn 70, Spindler/Stilz/*Cahn/v. Spannenberg*, Rn 57.
78 Die Frage, ob das Klagerecht der Aktionäre eine *actio pro socio* darstellt, ist streitig, da insb. die Rechtsfigur der *actio pro socio* im Aktienrecht umstritten ist. Unstreitig stellen die Ausnahmefälle der §§ 309 Abs. 4 S. 1 und 2, 317 Abs. 4, 318 Abs. 4 eine gesetzlich normierte *actio pro socio* dar. Ob das Klagerecht des § 148 ein Fall der *actio pro socio* oder der Prozessstandschaft ist, hat dabei nur theoretische Relevanz. Überzeugend ist das Argument, dass auf eine Publikumsgesellschaft wie der AG die Rechtsfigur der *actio pro socio* nicht zugeschnitten ist und daher im Aktienrecht höchstens im Ausnahmefall anzusehen ist. K. *Schmidt*, NZG 2005, 796, 799, MüKo-AktG/*Altmeppen*, § 309 Rn 122 ff.
79 *Hüffer*, Rn 19; *Winter*, S. 307 ff; *Diekmann/Leuering*, NZG 2004, 249, 250.

Entgegen der früher hM ist die Geltendmachung des Schadensersatzanspruchs auch nicht nachrangig zu einer möglichen Beschlussanfechtung. Wird eine Anfechtungsklage nicht erhoben, kann dies allerdings einen im Rahmen des § 254 BGB zu berücksichtigenden Verstoß gegen die Schadensminderungspflicht darstellen.[80]

§ 54 Hauptverpflichtung der Aktionäre

(1) Die Verpflichtung der Aktionäre zur Leistung der Einlagen wird durch den Ausgabebetrag der Aktien begrenzt.

(2) Soweit nicht in der Satzung Sacheinlagen festgesetzt sind, haben die Aktionäre den Ausgabebetrag der Aktien einzuzahlen.

(3) ¹Der vor der Anmeldung der Gesellschaft eingeforderte Betrag kann nur in gesetzlichen Zahlungsmitteln oder durch Gutschrift auf ein Konto bei einem Kreditinstitut oder einem nach § 53 Abs. 1 Satz 1 oder § 53b Abs. 1 Satz 1 oder Abs. 7 des Gesetzes über das Kreditwesen tätigen Unternehmen der Gesellschaft oder des Vorstands zu seiner freien Verfügung eingezahlt werden. ²Forderungen des Vorstands aus diesen Einzahlungen gelten als Forderungen der Gesellschaft.

(4) ¹Der Anspruch der Gesellschaft auf Leistung der Einlagen verjährt in zehn Jahren von seiner Entstehung an. ²Wird das Insolvenzverfahren über das Vermögen der Gesellschaft eröffnet, so tritt die Verjährung nicht vor Ablauf von sechs Monaten ab dem Zeitpunkt der Eröffnung ein.

Literatur:
Geßler, Die Umwandlung von Krediten in haftendes Kapital; in: FS Möhring, 1975, S. 173; *Heinsius*, Kapitalerhöhung bei der Aktiengesellschaft gegen Geldeinlagen und Gutschrift der Einlagen auf einem Konto der Gesellschaft bei der Emissionsbank, in: FS Fleck, 1988, S. 89; *Hofmann*, Voreinzahlungen auf Anteile an Kapitalgesellschaften und Genossenschaften, AG 1963, 261; *Hommelhoff/Kleindiek*, Schuldrechtliche Verwendungspflichten und „freie Verfügung" bei der Kapitalerhöhung, ZIP 1987, 477; *Hüffer*, Wertmäßige statt gegenständliche Unversehrtheit von Bareinlagen im Aktienrecht, ZGR 1993, 474; *Ihrig*, Die endgültige freie Verfügung über die Einlage von Kapitalgesellschaften, 1991; *Ulmer*, Rechtsfragen der Barkapitalerhöhung bei der GmbH, GmbHR 1993, 189; *Wolany*, Voreinzahlung auf Aktien, AG 1966, 78, 118, 148.

A. Inhalt und Zweck der Norm 1	4. Freiwillige Leistungen 19
B. Einlagepflicht (Abs. 1) 2	D. Erfüllung der Einlagepflicht 20
I. Allgemeines 2	I. Bareinlage vor Sacheinlage (Abs. 2) 20
II. Inhalt 4	II. Einzahlung (Abs. 3) 21
III. Umfang 5	1. Allgemeines 21
IV. Schuldner der Einlagepflicht 7	2. Zeitlicher Rahmen 22
C. Zusätzliche Pflichten 11	3. Zahlungsarten 23
I. Überblick 11	a) Grundsatz 23
II. Unselbstständige Nebenpflichten (Hilfspflichten) 12	b) Barzahlung 24
III. Schuldrechtliche Vereinbarungen ... 13	c) Kontogutschrift 25
1. Zulässigkeit 13	4. Freie Verfügbarkeit 29
2. Begründung und Aufhebung 14	E. Verjährung (Abs. 4) 33
3. Inhalt und Auslegung 17	F. Rechtsfolgen 37

A. Inhalt und Zweck der Norm

1 § 54 regelt die **Einlagepflicht** der Aktionäre und ergänzt §§ 36 Abs. 2 und 36a. Die Einlagepflicht stellt die wesentliche Pflicht der Aktionäre gegenüber der Gesellschaft dar. Abs. 1 trägt dem **Prinzip der Haftungsbeschränkung** Rechnung und begrenzt die Einlagepflicht auf den Ausgabebetrag der Aktien. Abs. 2 stellt den grundsätzlichen **Vorrang der Bareinlage vor Sacheinlage** klar. Abs. 3 bestimmt die **Voraussetzungen für die schuldbefreiende Leistung** der Einlage vor Anmeldung der Gesellschaft. Damit steht § 54 Abs. 3 in engem Zusammenhang mit den §§ 36 Abs. 2, 36a Abs. 1. Durch das Gesetz zur Anpassung von Verjährungsvorschriften an das Gesetz zur Modernisierung des Schuldrechts[1] wurde in § 54 Abs. 4 eine spezielle **Verjährungsregelung** für die Einlagepflicht geschaffen.

---

[80] KölnKomm-AktG/*Drygala*, Rn 134 mwN; einen Vorrang der Beschlussanfechtung bejahend Spindler/Stilz/*Cahn*/v. Spannenberg, Rn 58.

[1] G v. 9.12.2004 (BGBl. I S. 3214).

B. Einlagepflicht (Abs. 1)

I. Allgemeines. Durch Übernahme der Aktien bei der **Gründung** (§ 29) oder durch **Zeichnung** neuer Aktien im Rahmen einer Kapitalerhöhung (§ 185, bei einer bedingten Kapitalerhöhung iVm § 198 Abs. 2 S. 1 und bei einer Kapitalerhöhung aus genehmigten Kapital iVm § 203 Abs. 1 S. 1) entsteht die Einlagepflicht des Aktionärs. Sie hat denselben Rechtsgrund wie die Entstehung des Mitgliedschaftsrechts und ist die **mitgliedschaftliche Pflicht** des Aktionärs, seine Einlage in Form der Bareinlage oder – wenn und soweit in Satzung oder Kapitalerhöhungsbeschluss bestimmt – als Sacheinlage zu erbringen.

Die Rechte und Pflichten aus der Mitgliedschaft beruhen zwar auf demselben Rechtsgrund, stehen jedoch nicht in einem **synallagmatischen** Verhältnis,[2] da es an einer funktionalen Verknüpfung im Sinne einer Gegenleistung fehlt.[3] Die §§ 320 ff BGB finden daher keine Anwendung.

Der Grundsatz der Trennung der Einlagepflicht von den mitgliedschaftlichen Rechten des Aktionärs wird in bestimmten Sonderregelungen durchbrochen. § 134 Abs. 2 macht bei einem Aktionär, der seiner Einlagepflicht nicht nachkommt, das Stimmrecht von der Leistung der Einlage abhängig, § 60 Abs. 2 und § 271 Abs. 3 differenzieren hinsichtlich der Gewinnverteilung bzw für die Verteilung eines Liquidationsabschlusses anhand der unterschiedlich erbrachten Einlageleistung, und § 64 gestattet der Gesellschaft den **Ausschluss** des Aktionärs zur Durchsetzung der Einlagenforderung im Falle der Nichtzahlung der Bareinlage.[4] Darüber hinaus kann die Satzung gemäß § 63 Abs. 3 **Vertragsstrafen** festsetzen.[5]

II. Inhalt. Die Einlagepflicht des Aktionärs ist idR auf eine bestimmte **Geldleistung** gerichtet. Ausnahmsweise kann die Einlagepflicht auch durch **Sacheinlagen** erfüllt werden (§ 27 Abs. 1). Sacheinlagen sind nur zulässig, wenn durch **Satzung** oder bei Kapitalerhöhungen durch **Beschluss** der Gegenstand der Sacheinlage, Person des Einlegers und Nennbetrag der zu gewährenden Aktien ausdrücklich bestimmt sind (§§ 27 Abs. 1, 183, 194, 205). Sind diese Bedingungen nicht erfüllt, ist die Vereinbarung einer Sacheinlage unwirksam. An ihre Stelle tritt dann die Verpflichtung des Aktionärs, seine Einlage durch Bareinlage zu leisten (§§ 27 Abs. 3, 183 Abs. 2, 194 Abs. 2, 205 Abs. 3). Ferner können auch Unmöglichkeit, Verzug und Mangelhaftigkeit des Gegenstands der Sacheinlage dazu führen, dass sich die Sacheinlagepflicht in eine Bareinlagepflicht wandelt.[6]

Die Einlagepflicht entsteht bei der Gründung einer Gesellschaft mit Feststellung der Satzung (§ 23 Abs. 1), bei einer Kapitalerhöhung mit dem Zustandekommen des Zeichnungsvertrags (§ 185 Abs. 1). Bei Geldeinlagen wird der Anspruch mit der Einforderung durch den Vorstand fällig, bei Sacheinlagen entsprechend den Festlegungen in der Gründungssatzung bzw im Kapitalerhöhungsbeschluss.[7]

III. Umfang. § 54 Abs. 1 legt die **Obergrenze** der Einlagepflicht fest. Danach wird die Obergrenze durch den **Ausgabebetrag** der Aktien bestimmt. Ist über den geringsten Ausgabebetrag (§ 9 Abs. 1) hinaus ein **Agio** festgesetzt, so ist dieses im Ausgabebetrag enthalten (§ 9 Abs. 2). Eine Untergrenze der Einlagepflicht ergibt sich nicht aus § 54 Abs. 1, sondern aus § 9 Abs. 1, wonach der geringste Ausgabebetrag mindestens dem Nennwert oder dem auf die einzelne Stückaktie entfallenden anteiligen Betrag des Grundkapitals entsprechen muss (Verbot der Unterpariemission).

Eine teilweise **Durchbrechung** des Grundsatzes der Beschränkung der Einlagepflicht auf den Ausgabebetrag ist in dem Fall zu sehen, wenn die Sacheinlage einen höheren Wert als den Ausgabebetrag der hierfür auszugebenden Aktien hat; in diesem Fall leistet der Aktionär über den Ausgabebetrag hinaus, er erhält dafür jedoch keine im Verhältnis zu seiner „Mehrleistung" stehende höhere Aktienzahl.[8] Ist dies nicht gewünscht, muss in die Satzung oder den Kapitalerhöhungsbeschluss eine Regelung aufgenommen werden, nach der ein übersteigender Wert der Sacheinlage dem Einleger vergütet wird („**Gemischte Sacheinlage**").[9]

IV. Schuldner der Einlagepflicht. Grundsätzlich ist der jeweilige Aktionär, und zwar der Übernehmer bzw Zeichner oder der Erwerber der Aktien, **Schuldner** der Einlagepflicht. Die originäre Einlagepflicht des Aktionärs endet zwar mit dem **Übergang** der Aktien auf den Erwerber, ihn kann aber die (subsidiäre) **Haftung** aus § 65 treffen. Werden Aktien, mit denen eine **Bareinlageverpflichtung** verbunden ist, durch **Rechtsgeschäft** übertragen oder gehen sie im Wege der **Gesamtrechtsnachfolge** über, geht die Einlagepflicht als nicht isolierbarer Teil der Mitgliedschaft ohne Rücksicht auf den Erwerbsgrund auf den Erwerber über.[10] Demgegenüber trifft eine **Sacheinlageverpflichtung** immer nur den Aktionär, der sich hierzu verpflichtet hat,

---

2 RGZ 122, 339, 349; *Hüffer*, Rn 2; MüKo-AktG/*Bungeroth*, Rn 5.
3 KölnKomm-AktG/*Drygala*, Rn 5.
4 Großkomm-AktienR/*Henze*, Rn 8; KölnKomm-AktG/*Drygala*, Rn 5.
5 K. Schmidt/Lutter/*Fleischer*, Rn 5.
6 KölnKomm-AktG/*Drygala*, Rn 7; MüKo-AktG/*Bungeroth*, Rn 6; *Hüffer*, Rn 10.
7 MüKo-AktG/*Bungeroth*, Rn 86.
8 *Hüffer*, Rn 5; MüKo-AktG/*Bungeroth*, Rn 8.
9 Siehe hierzu § 27 Rn 24; *Hüffer*, § 27 Rn 8.
10 *Hüffer*, Rn 4; MüKo-AktG/*Bungeroth*, Rn 12.

und seinen Gesamtrechtsnachfolger.[11] Der Erwerber schuldet jedoch die entsprechende Bareinlage, wenn die Sacheinlage nicht geleistet wird oder werden kann (hierzu Rn 4 aE).[12]

8 Hat die Gesellschaft entgegen § 10 Abs. 2 vor der vollen Leistung des Ausgabebetrages **Inhaberaktien** ausgegeben (zB wenn durch eine verdeckte Sacheinlage die Bareinlageforderung der Gesellschaft nicht erfüllt ist), ist ein gutgläubiger Erwerber schutzwürdig in seinem Vertrauen darauf, dass die Einlage bereits voll erbracht worden ist.[13] Nicht der Erwerber, sondern der **ursprüngliche Aktionär** schuldet in diesen Fällen die (Rest-)Einlage.[14] Das gilt nach hM auch beim Erwerb von Namensaktien, soweit die Teilleistungen entgegen § 10 Abs. 2 überhaupt nicht oder mit einem überhöhten Betrag über der Teilleistung in der Urkunde angegeben sind.[15] Der Begriff der **Gutgläubigkeit** entspricht dabei dem des § 932 Abs. 2 BGB.[16] Danach ist der Erwerber gutgläubig, der die noch offene Einlageverpflichtung ohne grobe Fahrlässigkeit nicht kennt. Die Gesellschaft trägt dabei entsprechend der Regelungen des § 932 Abs. 2 BGB und des § 62 Abs. 1 die **Beweislast** für das Fehlen der Gutgläubigkeit.

9 Einen gutgläubigen Erwerb von **Zwischenscheinen** nach § 10 Abs. 3 gibt es dagegen nicht. Hierbei fehlt es nämlich an einer mit § 10 Abs. 2 vergleichbaren gesetzlichen Vertrauensgrundlage. Ein überhöhter Tilgungsvermerk auf dem Zwischenschein vermittelt dem Aktionär lediglich **Schadensersatzansprüche** gegen den bisherigen Aktionär bzw gegen den Urheber des unrichtigen Vermerks. Solche „falschen" Zwischenscheine sind wie unrichtige Quittungen anzusehen, die ebenfalls nicht den guten Glauben an deren Richtigkeit schützen.[17]

10 Für den rechtsgeschäftlichen Erwerb von Aktien, auf die **Sacheinlagen** zu leisten sind, gilt, dass die Sacheinlageverpflichtung nicht auf den Erwerber übergeht; der bisherige Aktionär bleibt Schuldner der Sacheinlage.[18] Die Grundsätze des Gutglaubenserwerbs finden nur insoweit Anwendung, wie der Erwerber für die ausstehende Sacheinlage mit der subsidiären Bareinlageverpflichtung haftet (vgl Rn 4 aE).[19]

C. Zusätzliche Pflichten

11 **I. Überblick.** Die §§ 54, 55 regeln die Einlagenpflicht (Hauptpflicht) und etwaige mitgliedschaftliche Nebenleistungspflichten der Aktionäre. Diese Regelungen sind abschließend und zwingend, so dass über die nach §§ 54, 55 zulässigen Pflichten hinaus keine mitgliedschaftlichen Pflichten des Aktionärs begründet werden können.[20]

11a Die mitgliedschaftlichen Nebenpflichten können als **selbstständige Pflichten** gem. § 55 und **unselbstständige Pflichten** (Hilfspflichten) auftreten (siehe hierzu Rn 12). Neben der Einlagenpflicht, den selbstständigen Nebenpflichten gem. § 55 und den Hilfspflichten können in der Satzung auch schuldrechtliche Pflichten und **freiwillige Leistungen** enthalten sein. Die Aufnahme in die Satzung ändert hingegen nichts an ihrer schuldrechtlichen Natur; sie bestehen nur gegenüber dem jeweiligen Vertragspartner und gehen bei Aktienübertragung nicht auf den Erwerber über.[21]
Die aktienrechtliche Treuepflicht hingegen ist keine Pflicht in diesem Sinne, sondern eine allgemeine, übergeordnete mitgliedschaftliche Bindung.[22]

12 **II. Unselbstständige Nebenpflichten (Hilfspflichten).** Die Begründung sog. unselbstständiger Nebenpflichten (Hilfspflichten) zur **Sicherung ausstehender Einlagen** durch die Satzung ist zulässig. So erlaubt § 63 Abs. 3 für den Fall rückständiger Einlagen in der Satzung, Vertragsstrafen festzulegen. Darüber hinaus ist die Begründung von Nebenpflichten zulässig, die lediglich die Erfüllung ausstehender Einlagen sichern sollen, insbesondere die Stellung von Sicherheiten.[23] Solche Pflichten müssen in der Satzung festgelegt werden und erlöschen endgültig mit vollständiger Erfüllung der Einlageverpflichtung. Mit Ausnahme der nach § 63 Abs. 3 zugelassenen Vertragsstrafen dürfen derartige Pflichten weder einen selbstständigen vermögensrechtlichen Inhalt haben, noch darf ihre Einhaltung durch Vertragsstrafen erzwungen werden.[24]

13 **III. Schuldrechtliche Vereinbarungen. 1. Zulässigkeit.** Zwar ist die Begründung zusätzlicher **mitgliedschaftlicher Verpflichtungen** über die §§ 54, 55 hinaus unzulässig, gleichwohl können sich die Aktionäre

---

11 MüKo-AktG/*Bungeroth*, Rn 13; *Hüffer*, Rn 4.
12 *Hüffer*, Rn 4; MüKo-AktG/*Bungeroth*, Rn 13.
13 RGZ 144, 138, 145; OLG Köln AG 2002, 92 f; *Hüffer*, § 10 Rn 6; MüKo-AktG/*Bungeroth*, Rn 14 ff.
14 Vgl auch *Hüffer*, Rn 4; KölnKomm-AktG/*Drygala*, Rn 17, 20.
15 KG JW 1927, 2434, 2435; MüKo-AktG/*Bungeroth*, Rn 15; KölnKomm-AktG/*Drygala*, Rn 17; Großkomm-AktienR/*Henze*, Rn 22 (mN zur Gegenmeinung, nach der der Erwerber nur ein individuelles Leistungsverweigerungsrecht hat).
16 KölnKomm-AktG/*Drygala*, Rn 19; MüKo-AktG/*Bungeroth*, Rn 17.
17 KG JW 1927, 2434, 2435; MüKo-AktG/*Bungeroth*, Rn 16.
18 *Hüffer*, Rn 4; MüKo-AktG/*Bungeroth*, Rn 13.
19 *Hüffer*, Rn 4; MüKo-AktG/*Bungeroth*, Rn 20.
20 KölnKomm-AktG/*Drygala*, Rn 23 ff; Spindler/Stilz/Cahn/v. Spannenberg, Rn 25.
21 Großkomm-AktienR/*Henze*, Rn 53 ff; KölnKomm-AktG/*Drygala*, Rn 33, 41; MüKo-AktG/*Bungeroth*, Rn 34 ff.
22 Siehe ausführlich § 53 a Rn 26 ff.
23 RGZ 92, 315, 317; RG JW 1930, 2712, 2713.
24 KölnKomm-AktG/*Drygala*, Rn 26; MüKo-AktG/*Bungeroth*, Rn 27.

durch **schuldrechtliche Vereinbarungen** mit der Gesellschaft oder untereinander zu beliebigen Leistungen verpflichten.[25] Solche Vereinbarungen binden jedoch den einzelnen Aktionär persönlich und sind von den mitgliedschaftlichen Pflichten unabhängig. Daher kann die Einhaltung schuldrechtlicher Pflichten auch nur mit **schuldrechtlichen Mitteln** verfolgt werden und nicht mit Sanktionen des Gesellschaftsrechts.[26] Ein Aktionär kann folglich nicht wegen der Verletzung schuldrechtlicher Pflichten aus der Gesellschaft ausgeschlossen werden; das gilt auch, wenn der Aktionär sich dieser Möglichkeit freiwillig unterworfen hat.[27]

2. Begründung und Aufhebung. Die **Begründung** schuldrechtlicher Vereinbarungen ist grundsätzlich **formfrei** möglich, soweit nicht allgemeine Vorschriften eine besondere Form vorschreiben. Die Vereinbarung kann auch ausdrücklich als schuldrechtliche Vereinbarung in die Satzung aufgenommen werden, was jedoch nicht erforderlich ist.[28] In Zweifelsfällen muss durch **Auslegung** der jeweiligen Satzungsbestimmung bestimmt werden, ob sie **schuldrechtlicher oder mitgliedschaftlicher** Natur ist.[29] Begründet die Satzung hierbei eine Pflicht, die sowohl schuldrechtlich als auch mitgliedschaftlich geregelt werden könnte, ist diese **im Zweifel** als mitgliedschaftlich auszulegen.[30] Bei personenbezogenen Verpflichtungen wird man jedoch von einer schuldrechtlichen Vereinbarung ausgehen.[31] **14**

Schuldrechtliche Vereinbarungen der Aktionäre können durch **Aufhebungsvertrag** nach § 311 Abs. 1 BGB wieder beseitigt oder durch vertragliche Vereinbarungen geändert werden. Die Aufhebung und Änderung kann dabei idR **formlos** erfolgen, auch wenn die schuldrechtliche Vereinbarung in die Satzung aufgenommen wurde. Ein satzungsändernder **Hauptversammlungsbeschluss** nach §§ 179 ff ist weder erforderlich noch zur Aufhebung bzw Änderung der schuldrechtlichen Vereinbarung ausreichend.[32] Ein Hauptversammlungsbeschluss kann aber einen wirksamen Aufhebungs- bzw Änderungsvertrag darstellen, wenn alle an der schuldrechtlichen Vereinbarung Beteiligten einvernehmlich der Satzungsänderung zugestimmt haben.[33] **15**

Im Gegensatz zu den mitgliedschaftlichen Rechten und Pflichten gehen die **schuldrechtlichen Pflichten** bei einer Aktienübertragung nicht auf den Erwerber über. Eine schuldrechtliche Verpflichtung geht nur auf einen Erwerber über, wenn er **Gesamtrechtsnachfolger** des verpflichteten Aktionärs ist oder eine rechtsgeschäftliche Übertragung im Wege der vertraglichen **Schuldübernahme** nach §§ 414, 415 BGB stattgefunden hat. Handelt es sich um vinkulierte Namensaktien nach § 68 Abs. 2, kann die **Zustimmung** der Gesellschaft zur Übertragung der Aktie von der Übernahme der Verpflichtung durch den Erwerber abhängig gemacht werden.[34] **16**

3. Inhalt und Auslegung. Gegenstand schuldrechtlicher Vereinbarungen können vor allem **Leistungs- und Unterlassungspflichten** sein, die als mitgliedschaftliche Verpflichtung unzulässig wären. Die Aktionäre können sich zB verpflichten, der Gesellschaft zusätzliche Mittel zur Verfügung zu stellen. Sie können sich auch zu bestimmten Dienst- oder Sachleistungen verpflichten. Es können auch Verpflichtungen hinsichtlich der **Ausübung der Mitgliedschaftsrechte** einschließlich Veräußerungs- und Verfügungsbeschränkungen eingegangen werden, soweit § 136 Abs. 2 dem nicht entgegensteht. **17**

Für schuldrechtliche Vereinbarungen gelten die **Auslegungsgrundsätze** der §§ 133, 157 BGB.[35] **18**

4. Freiwillige Leistungen. Freiwillige Zusatzleistungen von Aktionären sind zulässig. Sie müssen jedoch tatsächlich **freiwillig** erfolgen, dh die Gesellschaft darf sie nicht durch rechtliche Nachteile erzwingen können. Eine Abrede, die **Sanktionen** für den Fall der Nichtleistung androht, ist daher wegen Verstoßes gegen § 54 nach § 134 BGB bzw ein entsprechender Hauptversammlungsbeschluss nach § 241 Nr. 3 nichtig.[36] Umgekehrt ist es aber zulässig, den Aktionären für bestimmte Zusatzleistungen gewisse **Vorteile** in Aussicht zu stellen.[37] Zwar stellt diese Gewährung von Vorteilen zugleich für diejenigen Aktionäre einen Nachteil dar, die nicht in den Genuss dieser Vorteile gelangen, weil sie die entsprechenden Zusatzleistungen nicht erbringen. Gleichwohl wird diese Art der Nachteilszufügung bzw Vorteilsgewährung als zulässig erachtet.[38] Die Zulässigkeit ist entsprechend des **Gleichbehandlungsgebotes** (§ 53 a) nur gegeben, wenn die Möglichkeit, **19**

---

[25] RGZ 79, 332, 335; 83, 216, 218; 84, 328, 330 f; BayObLG NGZ 2002, 583, 584; KölnKomm-AktG/*Drygala*, Rn 31; MüKo-AktG/*Bungeroth*, Rn 30, 33; *Hüffer*, Rn 7.
[26] MüKo-AktG/*Bungeroth*, Rn 30; Spindler/Stilz/*Cahn/v. Spannenberg*, Rn 32.
[27] MüKo-AktG/*Bungeroth*, Rn 30.
[28] AllgM., vgl *Priester*, DB 1979, 681 mwN.
[29] Hierzu näher MüKo-AktG/*Bungeroth*, Rn 36 f.
[30] MüKo-AktG/*Bungeroth*, Rn 36; *Priester*, DB 1979, 681, 684; *Hüffer*, § 23 Rn 5; vgl auch KölnKomm-AktG/*Zöllner*, § 179 Rn 31, der zwingend von einer korporationsrechtlichen Verpflichtung ausgeht.
[31] *Priester*, DB 1979, 681, 684; enger: MüKo-AktG/*Bungeroth*, Rn 36.
[32] MüKo-AktG/*Bungeroth*, Rn 40; *Priester*, DB 1979, 681, 685.
[33] Siehe MüKo-AktG/*Bungeroth*, Rn 40.
[34] MüKo-AktG/*Bungeroth*, Rn 42; KölnKomm-AktG/*Drygala*, Rn 45.
[35] MüKo-AktG/*Bungeroth*, Rn 38; Spindler/Stilz/*Cahn/v. Spannenberg*, Rn 33; *Priester*, DB 1979, 681, 686.
[36] *Hüffer*, Rn 9.
[37] *Hüffer*, Rn 9; MüKo-AktG/*Bungeroth*, Rn 29; Großkomm-AktienR/*Henze*, Rn 9.
[38] Vgl hierzu *Hüffer*, Rn 9; MüKo-AktG/*Bungeroth*, Rn 29.

durch Zusatzleistungen bestimmte Vorteile zu erlangen, allen Aktionären in gleicher Weise offen steht.[39] Das Verbot der **Einlagenrückgewähr** (§ 57) ist ebenfalls zu beachten.

D. Erfüllung der Einlagepflicht

20 **I. Bareinlage vor Sacheinlage (Abs. 2).** Nach Abs. 2 haben die Aktionäre ihre **Einlage in Geld** zu erbringen, soweit nicht die Satzung oder der entsprechende Kapitalerhöhungsbeschluss die Erfüllung der Einlage durch Sacheinlage bestimmt. Abs. 2 enthält für die Bareinlage die **allgemeine Regel**, dass die Aktionäre die Einlage in Höhe des Ausgabebetrages einzuzahlen haben. Ergänzt wird die Vorschrift durch die §§ 63-66 und bezweckt ebenso die Sicherung der realen Kapitalaufbringung.[40] Die Einlagenerfüllung durch **Sacheinlage** richtet sich im Wesentlichen nach § 36a Abs. 2 (iVm § 188 Abs. 2 S. 1). Darüber hinaus müssen nach § 27 Abs. 1 in der Satzung sowie gemäß §§ 183 Abs. 1, 194 Abs. 1, 205 Abs. 2 im entsprechenden Kapitalerhöhungsbeschluss Einzelheiten hinsichtlich der Erbringung der Sacheinlage enthalten sein.

21 **II. Einzahlung (Abs. 3). 1. Allgemeines.** Abs. 3 regelt die **Art und Weise** der Zahlungen auf die **Einlageverpflichtung** und erfasst alle Zahlungen auf eingeforderte Bareinlagen **vor Eintragung der Gesellschaft**[41] bzw vor Eintragung einer **Kapitalerhöhung**.[42] Systematisch gehört die Vorschrift zu den §§ 36 Abs. 2, 36a Abs. 1, die den Zeitpunkt und Umfang der Mindesteinlage nach der Eintragung regeln. Auf Sacheinlagen findet § 54 Abs. 3 hingegen keine Anwendung.[43] Für die Leistung auf Sacheinlagen gelten neben § 36a Abs. 2 die allgemeinen Regeln (Übertragung des Eigentums, Abtretung etc.). § 54 Abs. 3 verfolgt den Zweck, die **Kapitalaufbringung** im Stadium der Gesellschaftsgründung sowie der Kapitalerhöhung zu sichern und gegen **Scheineinzahlungen** zu schützen. Erfüllung kann daher nur in den Grenzen des Abs. 3 erfolgen.

22 **2. Zeitlicher Rahmen.** Nach seinem Wortlaut bezieht sich Abs. 3 auf den Zeitraum **vor Anmeldung** der Gesellschaft. Entsprechend dem Zweck der Vorschrift, **Sicherung der Kapitalaufbringung** im Gründungsstadium, ist der Anwendungsbereich über den Zeitpunkt der Anmeldung hinaus auf den **Zeitpunkt der Eintragung** zu erweitern. Abs. 3 gilt daher für alle Zahlungen, die vor Eintragung der Gesellschaft eingefordert und geleistet wurden.[44] Auf Zahlungen nach Eintragung der Gesellschaft findet Abs. 3 keine Anwendung, und zwar auch dann nicht, wenn sie bereits vor der Anmeldung eingefordert wurden; nach Eintragung kann nur nach den §§ 362 ff BGB befreiend geleistet werden.

23 **3. Zahlungsarten. a) Grundsatz.** Um die reale **Kapitalaufbringung** sicherzustellen, beschränkt Abs. 3 die **erfüllungstauglichen** Leistungsformen[45] auf **Barzahlung** und **Kontogutschrift**; andere Arten der Erfüllung scheiden aus.[46] Daher sind insbesondere die Leistung an Erfüllungs statt (§ 364 Abs. 1 BGB), die Aufrechnung (§§ 387 ff BGB) oder die Leistung an einen Dritten (§§ 362 Abs. 2, 185 BGB) ausgeschlossen.[47] Führt die unzulässige Leistung jedoch dazu, dass der Gesellschaft frei verfügbare Mittel tatsächlich zufließen, zB durch die Veräußerung des an Erfüllungs statt Geleisteten, wird die offene Einlageforderung nachträglich getilgt. Im Übrigen kann der Einlageschuldner das ohne **Tilgungswirkung** Geleistete nur durch Geltendmachung von **Bereicherungsansprüchen** nach § 812 BGB zurückfordern, wobei dieser Anspruch nach § 66 Abs. 1 nicht gegenüber der Einlageforderung aufgerechnet werden kann. Soweit der Einlageschuldner ohne Tilgungswirkung geleistet hat, bleibt er zur Erfüllung der Einlage weiter verpflichtet.

24 **b) Barzahlung.** Die Einlageleistung kann in **gesetzlichen Zahlungsmitteln** erbracht werden. Die Zahlungsmittel sind der **Gründungsgesellschaft**, vertreten durch ihren Vorstand, nach den §§ 929 ff BGB zu übereignen.[48] „Leistung an den Vorstand" bedeutet Leistung an ihn als Organ der Gründungsgesellschaft, wobei die Gründungsgesellschaft und mit Eintragung die Gesellschaft **Eigentümerin** des Bargeldes wird.[49] Eine **Scheckzahlung** steht der Barzahlung nicht gleich und stellt damit kein mögliches Zahlungsmittel nach Abs. 3 dar.

25 **c) Kontogutschrift.** Nach Abs. 3 wird die Leistung auf die Einlage auch durch **Gutschrift** auf ein **Konto der Gesellschaft** oder des Vorstands gestattet. Die Gründungsgesellschaft besitzt vor der Eintragung zwar noch

---

39 Großkomm-AktienR/*Henze*, Rn 79; *Hüffer*, Rn 9; MüKo-AktG/*Bungeroth*, Rn 29.
40 MüKo-AktG/*Bungeroth*, Rn 43.
41 MüKo-AktG/*Bungeroth*, Rn 46 (vgl auch Rn 74 ff); Köln-Komm-AktG/*Drygala*, Rn 58.
42 MüKo-AktG/*Bungeroth*, Rn 45 f; KölnKomm-AktG/*Drygala*, Rn 61; Großkomm-AktienR/*Henze*, Rn 83.
43 KölnKomm-AktG/*Drygala*, Rn 62; MüKo-AktG/*Bungeroth*, Rn 46.
44 Entspricht allg. Ansicht, vgl OLG Koblenz AG 1990, 497, 498; MüKo-AktG/*Bungeroth*, Rn 46; *Hüffer*, Rn 11.
45 OLG Frankfurt AG 1991, 402, 403; MüKo-AktG/*Bungeroth*, Rn 77.
46 Vgl auch *Ulmer*, GmbHR 1993, 189, 190 f; *Hüffer*, ZGR 1993, 474, 476 f.
47 Vgl zur mangelnden Befreiung von der Einlageschuld in diesen Fällen auch RGZ 94, 61, 62 f; 144, 138, 146; 156, 23, 31.
48 MüKo-AktG/*Bungeroth*, Rn 53; *Hüffer*, Rn 13.
49 KölnKomm-AktG/*Drygala*, Rn 66.

keine eigene **Rechtspersönlichkeit**, ist aber gleichwohl zur Entgegennahme der eingeforderten Beträge zuständig und kontofähig (Abs. 3 S. 1). Auch der **Vorstand** ist in seiner Funktion als Organ der Gründungsgesellschaft kontofähig (Abs. 3 S. 1). Die Erfüllungswirkung tritt erst mit vorbehaltloser Gutschrift der kontoführenden Stelle ein.

Als kontoführende Stellen kommen nur **Kreditinstitute** (§§ 1 Abs. 1, 2 Abs. 1 KWG) oder nach § 53 Abs. 1 S. 1 oder § 53 b Abs. 1 S. 1 oder Abs. 7 KWG tätige Unternehmen in Betracht, wobei das Unternehmen jedenfalls über eine Banklizenz nach dem Recht des jeweiligen Sitzstaats verfügen muss.[50]

Die Kontogutschrift hat **in Euro** zu erfolgen, soweit es sich um ein inländisches Kreditinstitut oder um eines in einem EG-Mitgliedstaat handelt, das der Eurozone angehört. Streitig ist jedoch die **Erfüllungswährung**, soweit eine Kontogutschrift außerhalb der Eurozone erfolgen soll. Teilweise wird gefordert, auch eine Gutschrift in der Währung des jeweiligen Landes zuzulassen.[51] Dann würde jedoch durch das mit einer solchen Zahlung verbundene **Währungsrisiko** mit der Zahlungspflicht nach Abs. 1 kollidieren und daher im Widerspruch zu dem Grundsatz der realen Kapitalaufbringung stehen.[52]

Ist ein **Kreditinstitut als Mitgründer** zu einer Einlage verpflichtet, kann das Kreditinstitut für die Gründungsgesellschaft oder deren Vorstand ein Konto führen, auf das jeder andere Einlagenschuldner mit befreiender Wirkung leisten kann. Eine andere Frage ist, ob sich das Kreditinstitut von seiner **eigenen Einlagepflicht** durch Gutschrift auf das bei ihm geführte Konto befreien kann. Im Schrifttum wird diese Möglichkeit überwiegend bejaht.[53] Für eine wirksame Einlagenleistung spricht vor allem, dass das Kreditinstitut eine Bestätigung über die Einzahlung des Ausgabebetrages und dessen freier Verfügbarkeit für den Vorstand abzugeben hat (§ 37 Abs. 1) und diese **Einzahlungsbestätigung** sowohl die Einzahlung nach außen dokumentiert als auch eine selbstständige Haftung des Kreditinstitutes neben der Einlageverpflichtung begründet (§ 37 Abs. 1 S. 4).[54] Damit reduziert sich die Frage der Einzahlung auf ein eigenes Konto auf die **Bonität** des Kreditinstitutes, die sich aber bei jeder nach Abs. 3 zulässigen Tilgung der Einlagenschuld durch Zahlung auf ein Bankkonto stellt.[55]

4. Freie Verfügbarkeit. Die nach Abs. 3 zulässigen Zahlungen müssen zur **freien Verfügung** des Vorstands geleistet werden.[56] Freie Verfügbarkeit liegt vor, wenn die Einlage dem Vorstand so übermittelt wurde, dass er nach eigenem Ermessen unter Berücksichtigung seiner Verantwortung für die Gesellschaft über die Einlage verfügen kann.[57] Insbesondere fehlt es an der Erlangung uneingeschränkter Verfügungsmacht, wenn die Einzahlung unter der Vereinbarung alsbaldiger **Rückzahlung** geleistet wird oder in anderer Weise ein Rückfluss an den Einleger vereinbart wird.[58] Gleiches gilt, wenn der Einlagepflichtige seine Zahlung aus einem **Kredit**, den ihm die Gesellschaft selbst gewährt oder für den sie eine **Bürgschaft** übernommen hat, leistet.[59] Im Übrigen ist die freie Verfügbarkeit nur erfüllt, wenn jeglicher **Zugriff** des Kreditinstituts auf die gutgeschriebene Einlageleistung ausgeschlossen ist,[60] insbesondere das AGB-Pfandrecht des Kreditinstituts für das Konto, auf das die Einlagen zu zahlen sind, abbedungen wurde.

An einer Leistung zur „freien Verfügbarkeit" des Vorstands fehlt es regelmäßig auch bei der Vereinbarung **verdeckter Sacheinlagen** (siehe § 27 Rn 34 ff).[61]

Überdies können auch Maßnahmen des Vorstands, wie etwa die **Vereinbarung der Mitwirkung Dritter** bei der Verfügung über das Konto, und **Rechte Dritter**, insbesondere des Kreditinstituts, die Tilgung der Einlageschuld an dem Erfordernis der „freien Verfügbarkeit" scheitern lassen. Bei **Vereinbarungen** zwischen Einlageschuldner und Vorstand über die **Verwendung der Mittel**, auch wenn diese nicht den mittelbaren oder unmittelbaren Rückfluss der Leistung an den Einleger vorsehen, fehlt es an der freien Verfügbarkeit, wenn der Einleger den Vorstand an der freien Verfügung hindern kann bzw dem Vorstand kein eigenständiger Entscheidungsspielraum bei der Mittelverwendung verbleibt.[62] **Zahlungspläne** auf Leistungen an Dritte ste-

---

50 KölnKomm-AktG/*Drygala*, Rn 71; Spindler/Stilz/*Cahn/v. Spannenberg*, Rn 62.
51 *Hüffer*, Rn 16; Spindler/Stilz/*Cahn/v. Spannenberg*, Rn 56 f; KölnKomm-AktG/*Drygala*, Rn 74 ff.
52 Großkomm-AktienR/*Henze*, Rn 87; aA KölnKomm-AktG/*Drygala*, Rn 74, 76.
53 *Hüffer*, Rn 17; Großkomm-AktienR/*Henze*, Rn 95 f; *Heinsius*, in: FS Fleck, S. 89, 102 f; *Geßler*, in: FS Möhring, S. 173, 175 f; ablehnend: MüKo-AktG/*Bungeroth*, Rn 65, da eine solche Gutschrift rechtlich jedoch nichts als ein abstraktes Schuldanerkenntnis oder Schuldversprechen (ist); so auch KölnKomm-AktG/*Lutter*, Rn 37.
54 Großkomm-AktienR/*Henze*, Rn 31 f.
55 *Hüffer*, Rn 17 aE.
56 Vgl auch § 36 Abs. 2.
57 *Hüffer*, Rn 18.
58 BGH ZIP 2002, 799, 801.
59 RGZ 47, 180, 185 f; 98, 276, 277; BGHZ 28, 77, 78.
60 Großkomm-AktienR/*Henze*, Rn 113; *Hüffer*, Rn 18, der die Zugriffsmöglichkeit des Kreditinstituts auf den gutgeschriebenen Betrag durch entsprechende vertragliche Vereinbarungen ausschließen will.
61 BGH ZIP 1991, 511, 515 mwN; BGH ZIP 2002, 799, 801; im Erg auch Großkomm-AktienR/*Henze*, Rn 108 f; aA *Hommelhoff/Kleindiek*, ZIP 1987, 477, 486 ff.
62 BGHZ 96, 231, 242 f; Spindler/Stilz/*Cahn/v. Spannenberg*, Rn 77.

hen dem Erfordernis der freien Verfügbarkeit jedoch nicht entgegen, auch wenn sie mit dem Einleger abgesprochen sind.[63]

32 Nach Abs. 3 S. 1 ist die Einforderung der Einlagen Voraussetzung der nach Abs. 3 eintretenden **Erfüllungswirkung**. Daher führen Zahlungen, die ohne Einforderung geleistet werden, nicht zur Erfüllung der Einlageschuld. Die Eintragung der Gesellschaft in das Handelsregister führt nicht ohne Weiteres dazu, dass vor der Eintragung ohne Einforderung gezahlte Beträge die Einlageforderung erlöschen lassen. Es bedarf hierzu vielmehr eines **nachträglichen Annahmeaktes** der Gesellschaft, der konkludent oder durch eine nachträgliche Aufforderung zur Leistung der Einlagen ausgeübt werden kann. Dieser nachträglich ausgeführte Annahmeakt macht die Zahlung jedoch nur dann wirksam, soweit die eingezahlten Beträge noch in bar oder als Guthaben auf einem frei verfügbaren Konto vorhanden sind.[64]

E. Verjährung (Abs. 4)

33 Abs. 4 regelt die Verjährung der Einlageforderungen der Gesellschaft gegenüber den Gesellschaftern. Die Verjährungsfrist beträgt zehn Jahre und beginnt mit Fälligkeit des Einlageanspruchs, welche bei Geldeinlagen mit der Einforderung durch den Vorstand nach § 63 Abs. 1 in der jeweiligen Höhe eintritt.[65] Bei Sacheinlagen hängt die Fälligkeit von den Festlegungen in der Gründungssatzung bzw im Kapitalerhöhungsbeschluss ab, wobei die zeitlichen Grenzen des § 36 a Abs. 2 zu beachten sind.[66]

34 Für die Einlageneinforderung bestehen, außer für die zur Eintragung erforderlichen Mindestbeträge, keine zeitlichen Grenzen. Der Vorstand der Gesellschaft kann im Rahmen seines pflichtgemäßen Ermessens (zeitlich unbegrenzt) ausstehende Einlagen einfordern. Noch ausstehende Einlagen sollten vor späteren Kapitalerhöhungen gegen Einlage (§ 182 Abs. 4) bzw vor Ausgabe neuer Aktien eingefordert werden (§ 203 Abs. 3).[67]

35 Bei der Berechnung der Verjährungsfristen für noch nicht verjährte Einlagenforderungen ist die Rückwirkungsregelung des Art. 229 § 12 Abs. 2 S. 2 EGBGB zu beachten. Dabei ist für die Verjährungszeit der Einlageforderung nach § 54 Abs. 4 nur die Zeit seit dem 1.1.2002 einzuberechnen.[68]

36 Im Falle der Insolvenzeröffnung bestimmt Abs. 4 S. 2 eine Verjährungshemmung von sechs Monaten hinsichtlich noch nicht verjährter Einlageansprüche.

F. Rechtsfolgen

37 Ein Verstoß gegen Abs. 1 führt aufgrund seines **zwingenden** Charakters zur **Nichtigkeit** des Hauptversammlungsbeschlusses oder der entsprechenden Satzungsbestimmung. Haben die Aktionäre dennoch zu viel geleistet, so können sie überschüssige Leistungen nach § 812 BGB zurückfordern.

38 Ist gemäß Abs. 3 in zulässiger Weise auf die Einlage geleistet worden, so tritt nach § 362 BGB **Erfüllungswirkung** ein; die Einlageschuld wird in Höhe des gezahlten Betrages getilgt. Tilgungswirkung tritt ebenfalls ein, soweit vor Eintragung der Gesellschaft über die nach § 36 a Abs. 1 hinausgehenden Beträge geleistet wird.[69]

39 Leistet ein Einlageschuldner unter Verstoß gegen Abs. 3, so tritt keine Erfüllungswirkung ein. Die Einlageforderung bleibt weiter bestehen, der Einlageschuldner kann jedoch das ohne **Tilgungswirkung** Geleistete nach § 812 BGB zurückverlangen. Eine **Aufrechnung** des Bereicherungsanspruches mit der Einlagenforderung ist jedoch ausgeschlossen (§ 66 Abs. 1 S. 2).

---

63 KölnKomm-AktG/*Arnold*, § 36 Rn 46; *Hommelhoff/Kleindiek*, ZIP 1987, 477, 485 f.
64 MüKo-AktG/*Bungeroth*, Rn 74.
65 Der Grund für die eigenständige Verjährungsregelung in Abs. 4 besteht darin, dass nach Ansicht des Gesetzgebers die seit der Schuldrechtsreform zum 1.1.2002 geltende allgemeine Verjährungsfrist (§§ 195, 199 BGB) weder im Hinblick auf die Dauer der Frist noch im Hinblick auf deren Beginn auf den Einlagenanspruch der Gesellschaft passte. Siehe auch BT-Drucks. 15/3653, S. 20, liSp Mitte.
66 MüKo-AktG/*Bungeroth*, Rn 86.
67 MüKo-AktG/*Bungeroth*, Rn 87.
68 BGH NZG 2008, 311, 313; ausführlich MüKo-AktG/*Bungeroth*, Rn 80 ff.
69 BGH NJW 1989, 710. Dagegen wurde früher vertreten, dass Gesellschafter, die während des Gründungsstadiums über die gesetzlich oder statuarisch vorgesehenen Beträge hinaus freiwillig mehr auf die Einlage geleistet haben, nur insoweit frei werden, als diese Zahlungen der Gesellschaft im Zeitpunkt der Eintragung unverbraucht zur Verfügung stehen; vgl zur früheren Rechtsprechung BGHZ 37, 75, 78; 51, 157, 159 f; 80, 129, 137.

Anhang zu § 54 Schutzgemeinschaftsvertrag

▶ Die Unterzeichner sind Aktionäre der delta software-AG mit Sitz in Essen, eingetragen im Handelsregister des Amtsgerichts Essen unter HR B 1534. Die Gesellschaft wird nachfolgend „AG" genannt. Das Gesellschaftskapital der delta software-AG beträgt 150.000 EUR. Die Gesellschaft ist nicht börsennotiert.

Die Unterzeichner schließen folgenden

Schutzgemeinschaftsvertrag

§ 1 Gegenstand, Zweck und Sitz der Schutzgemeinschaft

1. An der AG sind die Unterzeichner, nachfolgend auch als „Mitglieder" bezeichnet, als Aktionäre entsprechend der dieser Vereinbarung als Anlage beigefügten Auflistung beteiligt.
2. Die vorliegende Vereinbarung erfasst alle Aktien der Mitglieder an der AG. Bei einer Kapitalerhöhung und dem Erwerb weiterer Aktien von Mitgliedern oder Dritten erstreckt sich die vorliegende Vereinbarung auf die hinzuerworbenen Aktien der Mitglieder, ohne dass es einer ergänzenden Vereinbarung bedarf. Treten aufgrund einer Unternehmensumwandlung bzw -umstrukturierung andere Gesellschaftsbeteiligungen an die Stelle dieser Aktien, gilt die vorliegende Vereinbarung für diese Anteile entsprechend.
3. Zweck der Gesellschaft ist die Gewährleistung der einheitlichen Ausübung der Aktionärsrechte sowie die Erhaltung des Aktienbesitzes in der Hand der jeweiligen Mitglieder dieser Schutzgemeinschaft.
4. Die Gesellschaft ist eine Gesellschaft bürgerlichen Rechts ohne Gesamthandsvermögen (Innengesellschaft).
5. Sitz der Gesellschaft ist Essen.

§ 2 Geschäftsführung

1. Die Mitglieder wählen einen Geschäftsführer, dem die Erledigung der laufenden Angelegenheiten der Schutzgemeinschaft obliegt, sowie einen Stellvertreter, der die Aufgaben des Geschäftsführers wahrnimmt, wenn dieser an der Amtsausübung aus tatsächlichen oder rechtlichen Gründen verhindert ist. Geschäftsführer und Stellvertreter dürfen weder dem Vorstand noch dem Aufsichtsrat der AG angehören.
2. Geschäftsführer und stellvertretender Geschäftsführer üben ihr Amt für die Dauer von fünf Jahren aus, gerechnet ab dem Tag der Bestellung. Sie können jederzeit durch Beschluss der Mitgliederversammlung, der einer Zweidrittelmehrheit der abgegebenen Stimmen bedarf, abberufen werden. Der Geschäftsführer und sein Stellvertreter können mit einer Frist von einem Monat ihr Amt durch schriftliche Erklärung niederlegen.
3. Der Geschäftsführer und der stellvertretende Geschäftsführer erhalten für ihre Tätigkeit keine Vergütung, können jedoch von den anderen Mitgliedern entsprechend deren Beteiligungsquote an der AG Ersatz ihrer Auslagen verlangen.

§ 3 Mitgliederversammlung und Beschlussfassung

1. Die Mitglieder beschließen über Angelegenheiten der Schutzgemeinschaft, insbesondere über
   a) Bestellung und Abberufung des Geschäftsführers der Schutzgemeinschaft;
   b) Ausübung des Stimm- und Antragsrechts in der Hauptversammlung;
   c) Aufnahme neuer Mitglieder in die Schutzgemeinschaft.
2. Beschlüsse der Mitglieder werden grundsätzlich in einer Mitgliederversammlung gefasst. Auf Anordnung des Geschäftsführers können Beschlüsse auch fernmündlich, schriftlich, per Telefax oder e-Mail gefasst werden, wenn keines der Mitglieder widerspricht.
3. Der Geschäftsführer beruft die Mitgliederversammlung schriftlich unter Mitteilung der Tagesordnung ein. Hierbei ist eine Einberufungsfrist von 14 Tagen zu wahren, sofern nicht besondere Umstände eine Verkürzung der Frist erfordern.
4. Die Mitgliederversammlung ist nur beschlussfähig, wenn mindestens drei Viertel ihrer Mitglieder anwesend sind. Ist dies nicht der Fall, hat der Geschäftsführer eine zweite Versammlung unter Wahrung einer Einberufungsfrist von zwei Wochen einzuberufen, die unabhängig von der Zahl der erschienenen Mitglieder beschlussfähig ist.
5. Ist ein Mitglied an der Teilnahme der Mitgliederversammlung verhindert, kann es sich durch ein anderes Mitglied oder durch einen Angehörigen der rechts-, steuer- und wirtschaftsberatenden Berufe aufgrund schriftlicher Vollmacht, die dem Geschäftsführer vor dem Beginn der Versammlung vorzulegen ist, vertreten lassen.
6. Den Vorsitz der Versammlung führt der Geschäftsführer, im Falle einer Verhinderung der stellvertretende Geschäftsführer. Ist dieser ebenfalls verhindert, leitet das an Lebensjahren älteste Mitglied der Schutzgemeinschaft die Versammlung.
7. Beschlüsse werden mit einfacher Mehrheit der abgegebenen Stimmen gefasst, soweit nicht dieser Vertrag abweichende Mehrheitserfordernisse vorsieht. Bedarf ein Beschluss der AG kraft Gesetzes oder Satzung einer qualifizierten Mehrheit, gilt dies gleichermaßen für den Beschluss, den die Gesellschaft bürgerlichen Rechts über diesen Tagesordnungspunkt trifft. Ist nach der Satzung der AG oder kraft Gesetzes die Zustimmung eines Aktionärs erforderlich, gilt dies entsprechend für den Beschluss der Schutzgemeinschaft. Eine Änderung dieses Vertrages kann nicht durch Beschluss, sondern nur durch Vereinbarung aller Mitglieder erfolgen.

8. Jede Stückaktie an der AG gewährt eine Stimme.
9. Beschlüsse sind in einer Niederschrift festzuhalten. Aufzunehmen sind der Beschlussgegenstand, das Beschlussverfahren und das Beschlussergebnis. Das Protokoll ist von dem Versammlungsleiter zu unterzeichnen und den Mitgliedern zu übersenden. Beschlussmängel können nur innerhalb einer Frist von einem Monat nach Zugang des Protokolls durch schriftliche Erklärung gegenüber dem Geschäftsführer gerügt werden.

§ 4 Ausübung des Stimm- und Antragsrechts in der Hauptversammlung

1. Die Mitglieder sind verpflichtet, ihr Stimm- und Antragsrecht in der Hauptversammlung der AG nach Maßgabe der Beschlussfassung der Mitgliederversammlung auszuüben.
2. Soweit die Mitgliederversammlung der Schutzgemeinschaft dies beschließt, sind die Mitglieder verpflichtet, dem Geschäftsführer eine schriftliche Stimmvollmacht zu erteilen.

§ 5 Angebotsverpflichtung bei der Übertragung von Aktien

1. Beabsichtigt ein Mitglied, ein oder mehrere Aktien an der AG zu auf Dritte zu übertragen, die nicht Mitglieder der Schutzgemeinschaft sind, hat es die Aktien vorher den anderen Mitgliedern zum Erwerb anzubieten. Soweit zwischen den übrigen Mitgliedern keine abweichende Vereinbarung zustande kommt, steht das Erwerbsrecht den Mitgliedern im Verhältnis ihrer Beteiligung an der AG zu.
2. Das Angebot ist schriftlich durch eingeschriebenen Brief gegenüber den Angebotsempfängern zu erklären. Die Angebotsempfänger können innerhalb einer Frist von einem Monat, gerechnet ab Zugang des Angebots, die Annahme erklären. Die Annahme ist schriftlich zu erklären. Entscheidend für die Fristwahrung ist der Zugang des Schreibens.
3. Lehnt ein Mitglied das Angebot ab oder nimmt das Angebot nicht fristwahrend an, geht das Erwerbsrecht auf die übrigen Mitglieder im Verhältnis ihrer Beteiligung an der AG über. Das veräußerungswillige Mitglied ist verpflichtet, die Aktien den übrigen Mitgliedern durch eingeschriebenen Brief anzubieten. Ziffer 2 gilt entsprechend.
4. Wird das Angebot angenommen, hat das anbietende Mitglied die Aktien auf die oder den Erwerber unverzüglich zu übertragen. Der Kaufpreis bemisst sich nach dem Wert, den das Mitglied im Fall einer Veräußerung an Dritte erzielen könnte (Veräußerungswert). Können sich die Beteiligten nicht über den Wert der Aktie verständigen, entscheidet ein durch die Industrie- und Handelskammer Essen zu benennender Sachverständiger für beide Beteiligten verbindlich. Der Sachverständige entscheidet auch über die Kosten seiner Inanspruchnahme. Jeder Erwerber schuldet nur den Kaufpreis hinsichtlich der von ihm erworbenen Anteile, eine gesamtschuldnerische Haftung der Erwerber besteht nicht.
5. Wird das Angebot weder nach Ziff. 2 noch nach Ziff. 3 angenommen, kann das Mitglied über die Aktien frei verfügen. Ist die Übertragung nicht zwölf Monate nach Ablauf der in Ziff. 3 genannten Frist vollzogen, sind die Anteile den Mitgliedern erneut nach Ziff. 2 und 3 anzubieten.

§ 6 Vertragsstrafen

1. Verstößt ein Mitglied gegen eine Bestimmung dieses Vertrages, ist eine sofort fällige Vertragsstrafe verwirkt.
2. Die Vertragsstrafe beträgt
   a) für jeden Verstoß gegen die Pflicht, das Stimmrecht entsprechend den Beschlüssen der Mitgliederversammlung auszuüben (§ 4 Ziff. 1):
   ... EUR pro Stückaktie des Mitglieds
   b) für jeden Verstoß gegen die Pflicht, eine Stimmvollmacht iSd § 4 Ziff. 2 zu erteilen:
   ... EUR pro Stückaktie des Mitglieds
   c) für jeden Verstoß gegen die Pflichten in § 5 Ziff. 2 und Ziff. 3 (Pflicht zur Abgabe eines Angebotes) sowie § 5 Ziff. 4 (Pflicht zur Übertragung):
   50 Prozent des nach § 5 Ziff. 4 zu ermittelnden Wertes der übertragenen Aktien.
3. Gläubiger der Vertragsstrafe sind die übrigen Mitglieder entsprechend deren Beteiligung an der AG. Die Vertragsstrafe ist sofort fällig und zu Händen des Geschäftsführers zu zahlen, der den Betrag an die Mitglieder weiterleitet. Der Geschäftsführer ist berechtigt, die Zahlung geltend zu machen und bei Zahlungsverzug im Namen der Mitglieder die Zahlung anzumahnen. Zahlungen sind im Verzugsfalle mit zehn Prozent p.a. zu verzinsen.
4. Den Mitgliedern bleibt es vorbehalten, einen weitergehenden Schaden geltend zu machen.

§ 7 Dauer der Gesellschaft/Beendigung der Beteiligung

1. Die Gesellschaft wird auf unbestimmte Zeit gegründet.
2. Ein Mitglied scheidet aus der Schutzgemeinschaft aus
   a) bei einer Kündigung nach Ziff. 3 mit Ablauf der Kündigungsfrist
   b) bei einer Einziehung seiner sämtlichen Aktien mit dem Zeitpunkt der Wirksamkeit der Einziehung
   c) im Fall einer Veräußerung oder Übertragung seiner sämtlichen Aktien mit dem Übertragungszeitpunkt.

   Die Gesellschaft wird mit den übrigen Gesellschaftern fortgeführt. Entsprechendes gilt bei Vorliegen anderer Gründe, die nach dem Gesetz zur Auflösung der Gesellschaft führen würden.

3. Eine ordentliche Kündigung kann nur mit einer Frist von zwölf Monaten zum Schluss des Geschäftsjahrs der AG erklärt werden, erstmals zum ... Die Kündigung bedarf der Schriftform. Sie ist gegenüber dem Geschäftsführer zu erklären. Das Recht zur außerordentlichen Kündigung (§ 723 Abs. 1 S. 2 BGB) bleibt hiervon unberührt.
4. Verstirbt ein Mitglied, wird die Gesellschaft mit den bzw dem Erben fortgeführt. Wird hinsichtlich der Aktien ein Vermächtnis angeordnet, wird die Schutzgemeinschaft mit dem Vermächtnisnehmer fortgeführt, sofern der Vermächtnisnehmer der Schutzgemeinschaft beitritt.

§ 8 Schlussbestimmungen

1. Änderungen und Ergänzungen dieses Vertrages bedürfen der Schriftform. Dies gilt auch für eine Aufhebung des Schriftformerfordernisses.
2. Ist eine der vertraglichen Bestimmungen unwirksam, wird die Wirksamkeit der übrigen Vertragsregelungen hierdurch nicht berührt. An die Stelle der unwirksamen Bestimmung tritt diejenige zulässige Regelung, die der unwirksamen Bestimmung möglichst nahe kommt. Im Fall einer Regelungslücke gilt diejenige Regelung als vereinbart, die die Beteiligten bei Abschluss aufgenommen hätten, wenn ihnen die Notwendigkeit einer Regelung bewusst gewesen wäre. ◄

§ 55 Nebenverpflichtungen der Aktionäre

(1) ¹Ist die Übertragung der Aktien an die Zustimmung der Gesellschaft gebunden, so kann die Satzung Aktionären die Verpflichtung auferlegen, neben den Einlagen auf das Grundkapital wiederkehrende, nicht in Geld bestehende Leistungen zu erbringen. ²Dabei hat sie zu bestimmen, ob die Leistungen entgeltlich oder unentgeltlich zu erbringen sind. ³Die Verpflichtung und der Umfang der Leistungen sind in den Aktien und Zwischenscheinen anzugeben.

(2) Die Satzung kann Vertragsstrafen für den Fall festsetzen, daß die Verpflichtung nicht oder nicht gehörig erfüllt wird.

A. Inhalt und Zweck der Norm

Nach § 55 können Aktionären unter bestimmten Voraussetzungen **Nebenleistungspflichten** auferlegt werden. Eine Leistungspflicht nach § 55 ist fakultativ und kommt nur **neben der Einlagepflicht** nach § 54 in Betracht. Die Vorschrift geht auf § 212 HGB 1897 zurück, der zugunsten der Bedürfnisse der Zuckerrübenindustrie im 19. Jahrhundert eingeführt wurde. Mit dieser Regelung sollte die Möglichkeit der Begründung einer mitgliedschaftlichen Lieferverpflichtung der Rübenbauern geschaffen werden. Diese Regelung wurde ins AktG von 1937 und auch im Rahmen der Reform 1965 weitgehend unverändert übernommen; sie hat jedoch in der Praxis keine größere Bedeutung erlangt.

B. Nebenleistungspflicht

I. Begründung. Die Verpflichtung der Aktionäre zu Nebenleistungspflichten ist nur bei **vinkulierten Namensaktien** iSv § 68 Abs. 2 zulässig. Nach § 55 Abs. 1 S. 1 sind Nebenleistungspflichten nach Inhalt und Umfang in der **Satzung** festzulegen.[1] Die Aufnahme in einem gesonderten Vertrag genügt nicht.[2] Einer Regelung aller Einzelheiten der Nebenleistungsverpflichtung in der Satzung bedarf es dabei nicht, es genügt vielmehr wenn die Satzung für Art, Umfang und Inhalt der Nebenleistungspflicht einen Rahmen vorgibt, der dann nach billigem Ermessen bei der Einforderung der Leistung ausgefüllt wird.[3] Die Satzung muss auch bestimmen, ob die Leistungen **entgeltlich** oder **unentgeltlich** erbracht werden müssen (Abs. 1 S. 2). Die Höhe des Entgelts muss dagegen nicht in der Satzung enthalten sein; es genügt die Angabe, ob für die Leistungen ein Entgelt gezahlt werden soll oder nicht.[4] Über die Höhe des Entgelts können unter Beachtung des § 315 BGB die Gesellschaftsorgane entscheiden (vgl Rn 7). Die Nebenleistungspflichten und der Umfang der Leistungen sind auf den Aktienurkunden und Zwischenscheinen anzugeben, jedoch nur soweit Aktienurkunden vorhanden sind. Fehlen die Regelungen über Inhalt und Umfang der Nebenleistungspflicht oder

---

1 RGZ 79, 332, 336; 83, 216, 218; *Hüffer*, Rn 2; KölnKomm-AktG/*Drygala*, Rn 14.
2 MüKo-AktG/*Bungeroth*, Rn 5; K. Schmidt/Lutter/*Fleischer*, Rn 8.
3 K. Schmidt/Lutter/*Fleischer*, Rn 8; KölnKomm-AktG/*Drygala* Rn 15.
4 MüKo-AktG/*Bungeroth*, Rn 7; KölnKomm-AktG/*Drygala* Rn 21ff.

ob die Leistung unentgeltlich oder entgeltlich erfolgt, so entsteht keine mitgliedschaftliche Nebenleistungspflicht. Dabei bleibt die Mitgliedschaft selbst von der Unwirksamkeit der Nebenleistungspflicht unberührt.[5]

3 Nebenleistungspflichten werden neben der Einlagepflicht geschuldet. Sie können diese nicht ersetzen, da die Einlagepflicht **zwingende Hauptpflicht** des Aktionärs ist (§ 54). Nebenleistungspflichten können den Aktionären sowohl in der **Gründungssatzung** auferlegt werden als auch durch spätere **Satzungsänderung**. Die **nachträgliche Einführung** bedarf allerdings nach § 180 Abs. 1 der Zustimmung aller betroffenen Aktionäre. Das gilt ebenfalls für die Erhöhung bestehender Nebenleistungspflichten.[6] Nach § 55 Abs. 1 S. 3 muss die Verpflichtung sowie deren Umfang in den Aktien und Zwischenscheinen angegeben werden. Hierbei genügt es aber, lediglich den äußeren Rahmen der Nebenleistungen anzugeben; Einzelheiten des Umfangs der Nebenleistungspflichten müssen nicht dargestellt werden.[7]

4 **II. Rechtsnatur der Nebenleistungspflicht.** Die Nebenleistungspflicht entspringt der **Mitgliedschaft** des Aktionärs und ist somit **mitgliedschaftliche Pflicht**,[8] die zusammen mit der Aktie übertragen wird (vgl Rn 9). Das Stammrecht auf Nebenleistungen kann durch die Gesellschaft nicht abgetreten werden, auch nicht mit Zustimmung des betroffenen Aktionärs.[9] Fällig gewordene Ansprüche auf die konkrete Nebenleistung können jedoch übertragen werden, weil sie mit Fälligkeit selbstständige von der Mitgliedschaft losgelöste Ansprüche verkörpern.[10] Auf die geschuldeten Leistungen sind die §§ 241 ff BGB und, soweit ein Entgelt für die Nebenleistungspflicht besteht, die §§ 320 ff BGB entsprechend anzuwenden. Eine direkte Anwendung scheidet aus, da es sich um mitgliedschaftliche und keine schuldrechtlichen Verpflichtungen handelt.[11]

5 **III. Inhalt der Nebenleistungspflicht.** Nach § 55 Abs. 1 S. 1 können Nebenleistungspflichten nur wiederkehrende, nicht in Geld bestehende Leistungen zum Gegenstand haben. Der **Leistungsbegriff** ist hier der des § 241 BGB.[12] Danach kann es sich bei diesen Leistungen um sämtliche **Handlungen und Unterlassungen** handeln, soweit das Gesetz nicht entgegensteht. Es kommen jedoch nur Leistungen in Frage, die weder **einmalig noch dauerhaft** sind. Daher ist zB die Pflicht, ein bestimmtes Grundstück zu verschaffen, als einmalige Leistung, ein Wettbewerbsverbot dagegen als dauernde Leistung unzulässig.[13] Durch den Ausschluss dauernder Leistungen ist die Möglichkeit, Unterlassungen zu vereinbaren, erheblich eingeschränkt. Nebenleistungspflichten dürfen ferner nicht gem. §§ 134, 138 BGB gegen ein gesetzliches Verbot oder gegen die guten Sitten verstoßen und sind in ihrer zulässigen Ausgestaltung durch das Gleichbehandlungsgebot (§ 53 a) und der gesellschaftsrechtlichen Treuepflicht begrenzt.[14]

6 Nebenleistungen dürfen weder **mittelbar** noch **unmittelbar** in **Geld** bestehen (Abs. 1 S. 1). Dadurch soll eine **Umgehung** der Einlagevorschriften verhindert werden. Hierbei scheiden nicht nur unmittelbare **Geldzahlungspflichten** aus, sondern auch solche Verpflichtungen, die mit einer Zahlungspflicht verbunden sind oder die festlegen, dass beim Eintritt bestimmter Ereignisse Zahlungen zu leisten sind.[15] Unzulässig ist somit auch die Pflicht zur Übernahme von Garantien oder Bürgschaften.[16] Auch entgeltliche Verpflichtungen zur **Warenabnahme** durch den Aktionär oder die Pflicht, sich der entgeltlichen Vermittlung der Gesellschaft beim Abschluss von Geschäften zu bedienen, scheiden aus.[17]

7 Die Nebenleistungspflicht kann **entgeltlich** oder **unentgeltlich** sein (Abs. 1 S. 2). Dabei sind auch **Mischformen** zulässig, dh ein Teil der Nebenleistungspflichten kann entgeltlich, ein anderer unentgeltlich ausgestaltet werden. Um einer Umgehung des **Verbots der Einlagenrückgewähr** vorzubeugen, schreibt § 61 vor, dass das Entgelt den Wert der Nebenleistung nicht übersteigen darf.

7a Die Nebenleistungspflicht kann in der Satzung durch **Vertragsstrafen** flankiert sein. Die Vertragsstrafe widerspricht dabei nicht dem Grundsatz, dass Nebenleistungspflichten nicht auf Geld gerichtet sein dürfen, da sie nur deren Erfüllung sichert. Allerdings darf die Vertragsstrafe nur die betreffenden, fällig gewordenen Einzelleistungen erfassen, nicht die Nebenleistungspflicht an sich,[18] dh bei Inanspruchnahme der Vertragsstrafe entfällt gem. § 340 Abs. 1 BGB lediglich der Erfüllungsanspruch der Gesellschaft hinsichtlich der konkret fällig gewordenen Einzelleistung, während die Nebenleistungsverpflichtung als solche fortbesteht.[19] Zur weiteren Sicherung der Nebenleistungspflicht kann auch die Erteilung der aufgrund der Vinkulierung stets erforderlichen Zustimmung der Gesellschaft an bestimmte Voraussetzungen geknüpft werden. Dies versagt allerdings für Fälle der Übertragung im Rahmen der Gesamtrechtsnachfolge.[20]

---

5 Großkomm-AktienR/*Henze*, Rn 62; Spindler/Stilz/*Cahn/v. Spannenberg*, Rn 51.
6 RGZ 91, 166, 169; 121, 238, 241; 136, 313, 317; MüKo-AktG/*Bungeroth*, Rn 8; KölnKomm-AktG/*Drygala* Rn 46.
7 MüKo-AktG/*Bungeroth*, Rn 10.
8 RGZ 136, 313, 315.
9 RGZ 136, 313, 315; MüKo-AktG/*Bungeroth*, Rn 20; aA zur Genehmigungsfähigkeit K. Schmidt/Lutter/*Fleischer*, Rn 24.
10 MüKo-AktG/*Bungeroth*, Rn 21.
11 *Hüffer*, Rn 3; MüKo-AktG/*Bungeroth*, Rn 22.
12 *Hüffer*, Rn 3; KölnKomm-AktG/*Drygala*, Rn 10; MüKo-AktG/*Bungeroth*, Rn 14.
13 *Hüffer*, Rn 4; MüKo-AktG/*Bungeroth*, Rn 16; KölnKomm-AktG/*Drygala*, Rn 11 f mit weiteren Beispielen.
14 MüKo-AktG/*Bungeroth*, Rn 14.
15 *Hüffer*, Rn 4.
16 MüKo-AktG/*Bungeroth*, Rn 15; KölnKomm-AktG/*Drygala*, Rn 13.
17 MüKo-AktG/*Bungeroth*, Rn 15.
18 MüKo-AktG/*Bungeroth*, Rn 27 f.
19 K. Schmidt/Lutter/*Fleischer*, Rn 21.
20 MüKo-AktG/*Bungeroth*, Rn 30.

IV. Leistungsstörungen. Für **Leistungsstörungen** bei der Erfüllung von Nebenleistungspflichten gelten die einschlägigen Regeln des BGB entsprechend, insbesondere die §§ 275, 280 ff, 323 ff, 437 ff BGB bei dauerhafter Unmöglichkeit für den Aktionär. Darüber hinaus kann die Erfüllung der Nebenleistungspflicht durch entsprechende **Vertragsstrafenregelungen** sichergestellt werden, die gemäß § 55 Abs. 2 als Satzungsregelungen ausdrücklich zulässig sind. Eine **Kaduzierung** nach § 64 kommt als Sanktion jedoch nicht in Betracht, da sie nach den §§ 63, 64 einen **Verstoß** gegen die Einlagepflicht voraussetzt.

V. Übertragung der Aktie. Voraussetzung für die Auferlegung von Nebenleistungspflichten ist, dass die mit der Nebenleistungspflicht verbundene Aktie als **vinkulierte Namensaktie** nur mit **Zustimmung** der Gesellschaft rechtsgeschäftlich übertragen werden kann (§ 68 Abs. 2). Wird die Aktie veräußert, so geht die Nebenleistungspflicht als Bestandteil der Mitgliedschaft ohne Weiteres auf den Erwerber über. Der Veräußerer wird frei und haftet auch nicht subsidiär, er bleibt aber zur Erbringung etwaiger **rückständiger Nebenleistungen** verpflichtet.[21]

Im Falle einer rechtsgeschäftlichen Übertragung kommt ein gutgläubig „**lastenfreier**" Erwerb in Betracht. Ein **gutgläubiger Erwerber** wird deshalb nicht Schuldner der Nebenleistungspflicht, soweit in der Aktienurkunde die Nebenleistungsverpflichtung sowie ihr Umfang nicht oder nicht vollständig angegeben ist.[22] Da es sich bei der Nebenleistungspflicht um eine **mitgliedschaftliche Verpflichtung** handelt, die nicht von der Aktie getrennt werden kann, wird der Veräußerer der Aktie auch im Falle eines gutgläubig lastenfreien Erwerbs, von etwaigen bereits rückständigen Einzelleistungen abgesehen, von der Pflicht zu Nebenleistungen frei.[23] Sie besteht folglich gegen den gutgläubigen Erwerber nicht. **Erwirbt ein Dritter** die Aktie in Kenntnis oder grob fahrlässiger Unkenntnis der Verpflichtung, ist er zur Leistung der Nebenleistungen verpflichtet.[24]

C. Beendigung der Nebenleistungspflicht

Nebenleistungspflichten können auf einen **bestimmten Zeitraum befristet** werden und enden dann zu dem in der Satzung festgelegten Zeitpunkt. Ferner können Nebenleistungspflichten durch entsprechende **Satzungsänderung** aufgehoben werden; eine bloße **vertragliche Aufhebung** ist hingegen nicht ausreichend. Bei der Aufhebung von entgeltlichen Lieferverpflichtungen wird teilweise verlangt, dass der satzungsändernde Beschluss der Zustimmung der betroffenen Aktionäre bedarf.[25] Ferner führt die Aufhebung der Vinkulierung der Aktien zu einer Beendigung der Nebenleistungspflicht.[26]

Die Nebenverpflichtung des Aktionärs endet grundsätzlich mit der **Auflösung** der Gesellschaft, soweit Nebenleistungen nicht für Abwicklungszwecke benötigt werden. Rückständige Leistungen können gleichwohl eingefordert werden. Das rechtliche Schicksal von Nebenpflichten im Fall einer **Insolvenz** der Gesellschaft ist streitig; da gemäß § 262 Abs. 1 Nr. 3 die Gesellschaft durch die Eröffnung des Insolvenzverfahrens aufgelöst wird, sollte für die Insolvenz das Gleiche wie für den Fall der Auflösung gelten.[27] Bei einem **Erlöschen** der Gesellschaft durch Verschmelzung bleiben die Nebenleistungspflichten bestehen, die Ansprüche auf diese Leistungen gehen im Wege der **Gesamtrechtsnachfolge** auf die aufnehmende Gesellschaft über (vgl §§ 20 Abs. 1 Nr. 1, 73 UmwG). Gleiches gilt für Fälle der formwechselnden Umwandlung (§ 202 Abs. 1 Nr. 1 UmwG).

Beendigung der Nebenleistungspflicht durch ordentliche **Kündigung** bedarf einer diesbezüglichen Vereinbarung in der Satzung. Ob eine außerordentliche Kündigung aus wichtigem Grund möglich ist, ist umstritten, da hierdurch das Gleichgewicht von Rechten und Pflichten zulasten der anderen Aktionäre beeinträchtigt wird. Dem steht jedoch der übergeordnete Rechtsgrundsatz entgegen, dass niemand auf unbegrenzte Zeit ohne die Möglichkeit einer Loslösung an einer Leistungspflicht festgehalten werden darf.

Sofern die Nebenleistungspflicht für den Aktionär unzumutbar ist und eine Veräußerung der Aktien als Mittel zur Befreiung von der Leistungspflicht völlig unverhältnismäßige Konsequenzen nach sich ziehen würde, sollte eine außerordentliche Kündigung nach hM zulässig sein.[28]

---

21 *Hüffer*, Rn 7; KölnKomm-AktG/*Drygala*, Rn 53; MüKo-AktG/ *Bungeroth*, Rn 21.
22 RGZ 82, 72, 73; KölnKomm-AktG/*Drygala*, Rn 56; MüKo-AktG/*Bungeroth*, Rn 42.
23 MüKo-AktG/*Bungeroth*, Rn 43.
24 Näher hierzu: Spindler/Stilz/*Cahn/v. Spannenberg*, Rn 24; KölnKomm-AktG/*Drygala*, Rn 56 f; MüKo-AktG/*Bungeroth*, Rn 44; K. Schmidt/Lutter/*Fleischer*, Rn 26.

25 Str, vgl hierzu KölnKomm-AktG/*Drygala*, Rn 51 f, 65; *Hüffer*, Rn 8.
26 MüKo-AktG/*Bungeroth*, Rn 35.
27 *Hüffer*, Rn 8; KölnKomm-AktG/*Drygala*, Rn 69; MüKo-AktG/ *Bungeroth*, Rn 38 f.
28 *Hüffer*, Rn 9; KölnKomm-AktG/*Drygala*, Rn 33; MüKo-AktG/ *Bungeroth*, Rn 49.

D. Rechtsfolgen

14 Liegen die nach Abs. 1 S. 1 und 2 erforderlichen Satzungsregelungen nicht vor (Regelung des Inhalts und Umfangs sowie der Regelung über die Unentgeltlichkeit bzw Entgeltlichkeit), so ist die gesamte Nebenleistungsabrede unwirksam; es können keine mitgliedschaftlichen Nebenleistungspflichten entstehen.[29] Allerdings wird dadurch nicht die Wirksamkeit der Gesellschaft oder etwa der Mitgliedschaften tangiert.[30] Dagegen berührt ein Verstoß gegen Abs. 1 S. 3 weder die Wirksamkeit der Aktien und Zwischenscheine noch die Gültigkeit der Nebenleistungspflichten. Es besteht allerdings die Gefahr des gutgläubig lastenfreien Erwerbs.[31]

§ 56 Keine Zeichnung eigener Aktien; Aktienübernahme für Rechnung der Gesellschaft oder durch ein abhängiges oder in Mehrheitsbesitz stehendes Unternehmen

(1) Die Gesellschaft darf keine eigenen Aktien zeichnen.

(2) ¹Ein abhängiges Unternehmen darf keine Aktien der herrschenden Gesellschaft, ein in Mehrheitsbesitz stehendes Unternehmen keine Aktien der an ihm mit Mehrheit beteiligten Gesellschaft als Gründer oder Zeichner oder in Ausübung eines bei einer bedingten Kapitalerhöhung eingeräumten Umtausch- oder Bezugsrechts übernehmen. ²Ein Verstoß gegen diese Vorschrift macht die Übernahme nicht unwirksam.

(3) ¹Wer als Gründer oder Zeichner oder in Ausübung eines bei einer bedingten Kapitalerhöhung eingeräumten Umtausch- oder Bezugsrechts eine Aktie für Rechnung der Gesellschaft oder eines abhängigen oder in Mehrheitsbesitz stehenden Unternehmens übernommen hat, kann sich nicht darauf berufen, daß er die Aktie nicht für eigene Rechnung übernommen hat. ²Er haftet ohne Rücksicht auf Vereinbarungen mit der Gesellschaft oder dem abhängigen oder in Mehrheitsbesitz stehenden Unternehmen auf die volle Einlage. ³Bevor er die Aktie für eigene Rechnung übernommen hat, stehen ihm keine Rechte aus der Aktie zu.

(4) ¹Werden bei einer Kapitalerhöhung Aktien unter Verletzung der Absätze 1 oder 2 gezeichnet, so haftet auch jedes Vorstandsmitglied der Gesellschaft auf die volle Einlage. ²Dies gilt nicht, wenn das Vorstandsmitglied beweist, daß es kein Verschulden trifft.

Literatur:
Boesebeck, Regelung der wechselseitigen Beteiligung im RefE eines AktG, BB 1959, 15; *ders.*, Wechselseitig beteiligte Unternehmen nach dem RegE eines AktG, AG 1961, 331; *Cahn/Farrenkopf*, Abschied von der qualifizierten wechselseitigen Beteiligung, AG 1984, 178; *Ganske*, Das Zweite gesellschaftsrechtliche Koordinierungsgesetz, DB 1978, 2461; *Hettlage*, Darf sich eine Kapitalgesellschaft durch die Begründung einer wechselseitigen Beteiligung an der Kapitalaufbringung ihrer eigenen Kapitalgeber beteiligen?, AG 1967, 249; *Kropff*, Die wechselseitige Beteiligung nach dem Entwurf eines AktG, DB 1959, 15; *Lutter*, Kapital, Sicherung der Kapitalaufbringung und Kapitalerhaltung in den Aktien- und GmbH-Rechten der EWG, 1964; *Müller*, Zum Entwurf eines Gesetzes zur Durchführung der Zweiten Richtlinie des Rates der Europäischen Gemeinschaften zur Koordinierung des Gesellschaftsrechts (Kapitalschutzrichtlinie), WPg 1978, 565.

A. Inhalt und Zweck der Norm	1	D. Übernahme von Aktien für Rechnung der Gesellschaft oder ein abhängiges oder in Mehrheitsbesitz stehendes Unternehmen (Abs. 3)	11
B. Verbot der Übernahme eigener Aktien durch die Gesellschaft (Abs. 1)	2	I. Tatbestand	11
I. Tatbestand	2	II. Aktienübernahme für Rechnung der Gesellschaft oder eines abhängigen Unternehmens	12
II. Rechtsfolgen eines Verstoßes und Heilung	3	III. Rechtsfolgen einer Aktienübernahme nach Abs. 3	16
C. Verbot der Übernahme von Aktien durch ein abhängiges oder in Mehrheitsbesitz stehendes Unternehmen (Abs. 2)	5	IV. Nachträgliche Übernahme für eigene Rechnung (Abs. 3 S. 3)	18
I. Tatbestand	5	E. Mittelbarkeit nach Abs. 3	20
1. Adressaten	5	F. Haftung der Vorstandsmitglieder (Abs. 4)	21
2. Betroffene Gestaltungen	6		
II. Rechtsfolgen eines Verstoßes	8		

---

[29] RGZ 79, 332, 335; 83, 216, 218; *Hüffer*, Rn 10.
[30] KölnKomm-AktG/*Drygala*, Rn 49; MüKo-AktG/*Bungeroth*, Rn 11.
[31] RGZ 82, 72, 73; MüKo-AktG/*Bungeroth*, Rn 11.

A. Inhalt und Zweck der Norm

§ 56 untersagt in Abs. 1 die **Zeichnung** eigener Aktien durch die Gesellschaft. In den weiteren Absätzen werden etwaige **Umgehungsgestaltungen** für unzulässig erklärt und mit einschneidenden Rechtsfolgen belegt. Abs. 2 verbietet die **Übernahme** von Aktien durch ein **abhängiges** oder im **Mehrheitsbesitz** der Gesellschaft stehendes Unternehmen. Nach Abs. 3 wird der Erwerb von Aktien für **Rechnung der Gesellschaft** bzw für Rechnung der von ihr abhängigen oder in ihrem Mehrheitsbesitz stehenden Unternehmen dadurch sanktioniert, dass den Erwerber zwar **volle Pflichten** treffen, er aber **keinerlei Rechte** hat. Abs. 4 ergänzt diese Bestimmungen um die **Haftung** der Vorstandsmitglieder auf die volle Einlage. Die Vorschrift dient damit im Wesentlichen der **Sicherung der realen Kapitalaufbringung** der Gesellschaft und dem Schutz der inneren Ordnung der Gesellschaft vor Manipulierungen der Gesellschaft von ihren eigenen Mehrheitsverhältnissen. 1

§ 56 leitet sich im Wesentlichen von der 2. gesellschaftsrechtlichen EWG-Richtlinie (Kapitalschutzrichtlinie) ab. Die Regelungen des § 56 entsprechen dabei den Vorgaben des Art. 18 der Kapitalschutzrichtlinie.[1] 1a

B. Verbot der Übernahme eigener Aktien durch die Gesellschaft (Abs. 1)

I. Tatbestand. Abs. 1 verbietet der Gesellschaft, **eigene Aktien** zu zeichnen. Der Begriff „zeichnen" erfasst jede Form des **originären** Erwerbs eigener Aktien[2] aus einer ordentlichen **Kapitalerhöhung** (§ 185), aus **genehmigtem Kapital** (§ 203 Abs. 1), und ferner den Bezug von Bezugsaktien aus **bedingtem Kapital** (§ 192).[3] Der Erwerb eigener Aktien bei einer Kapitalerhöhung aus **Gesellschaftsmitteln** ist dagegen zulässig (§ 215 Abs. 1), da diese nicht der Kapitalbeschaffung dient.[4] 2

II. Rechtsfolgen eines Verstoßes und Heilung. Ein Verstoß gegen das Selbstzeichnungsverbot des Abs. 1 macht die Zeichnungs- oder Bezugserklärung nach § 134 BGB **nichtig**;[5] die Kapitalerhöhung darf weder angemeldet noch im Handelsregister eingetragen werden bzw Bezugsaktien dürfen nicht ausgegeben werden. Kommt es dennoch zur **Eintragung der Kapitalerhöhung**, so werden nach herrschender Auffassung[6] die nichtigen Zeichnungserklärungen **geheilt**, mit der Folge, dass die Mitgliedschaftsrechte grundsätzlich wirksam entstehen. Bei der Ausgabe von Bezugsaktien ist streitig, wann diese wirksam entstehen,[7] mit Ausgabe oder erst im Zeitpunkt der deklaratorischen Eintragung des Umfangs der Ausgabe von Bezugsaktien (§ 201 Abs. 1).[8] 3

Der Gesellschaft stehen aus solchen Aktien aber **keine Rechte** zu. In Ermangelung einer speziellen gesetzlichen Regelung sind die §§ 71 b, 71 c im Falle des unrechtmäßigen originären Aktienerwerbs **entsprechend** anzuwenden.[9] So trifft die Gesellschaft nach § 71 c die Pflicht, die eigenen Aktien binnen Jahresfrist zu veräußern. Scheitert die fristgemäße Veräußerung, so sind die Aktien gemäß § 237 einzuziehen (§ 71 c Abs. 3). Zur Haftung der Vorstandsmitglieder siehe Rn 21 ff. 4

C. Verbot der Übernahme von Aktien durch ein abhängiges oder in Mehrheitsbesitz stehendes Unternehmen (Abs. 2)

I. Tatbestand. 1. Adressaten. Abs. 2 S. 1 verbietet für **abhängige** oder in **Mehrheitsbesitz** stehende Unternehmen die **Übernahme** von Aktien der Gesellschaft. Die Rechtsform des Unternehmens ist dabei unerheblich. Der **Mehrheitsbesitz** richtet sich nach § 16, die Definition des **abhängigen** Unternehmens nach § 17. Unter Abs. 2 S. 1 fällt auch die Form von Abhängigkeit, die auf einem **Beherrschungsvertrag** nach § 291 beruht, da § 56 Abs. 2 neben der Sicherstellung der realen Kapitalaufbringung auch der Verhinderung von Stimmrechtsmanipulationen durch Vermeidung von sogenannten Verwaltungsstimmen dient, also Stimmrechten, die auf Weisung des Vorstands der Gesellschaft ausgeübt werden können.[10] 5

---

1 Hierzu näher *Ganske*, DB 1978, 2461, 2463; *Müller*, WPg 1978, 565, 569.
2 *Hüffer*, Rn 3; KölnKomm-AktG/*Drygala*, Rn 6; MüKo-AktG/*Bungeroth*, Rn 8.
3 Der Verbotstatbestand des § 56 Abs. 1 erfasst theoretisch auch die Übernahme von Aktien bei der Gründung, wobei die Möglichkeit der Übernahme eigener Aktien durch die in Gründung befindliche Gesellschaft nur schwer vorstellbar ist.
4 *Hüffer*, Rn 3.
5 *Hüffer*, Rn 4; KölnKomm-AktG/*Drygala*, Rn 9; MüKo-AktG/*Bungeroth*, Rn 8; *Ganske*, DB 1978, 2461, 2463; *Müller*, WPg 1978, 569.
6 *Hüffer*, Rn 5; KölnKomm-AktG/*Drygala*, Rn 11; MüKo-AktG/*Bungeroth*, Rn 13.
7 MüKo-AktG/*Bungeroth*, Rn 14.
8 KölnKomm-AktG/*Drygala*, Rn 12.
9 *Hüffer*, Rn 6; KölnKomm-AktG/*Drygala*, Rn 13 f; MüKo-AktG/*Bungeroth*, Rn 17.
10 MüKo-AktG/*Bungeroth*, Rn 24; *Hüffer*, Rn 7. Danach gehört zum Zweck des § 56 nicht nur die Sicherung der realen Kapitalaufbringung, sondern ebenfalls der Entstehung gesellschaftsschädlicher Stimmrechtsmanipulationen vorzubeugen.

6 **2. Betroffene Gestaltungen.** Abs. 2 erfasst nur den **originären Aktienerwerb**; der derivative Erwerb ist abschließend in § 71 d geregelt. § 56 Abs. 2 verbietet verschiedene Formen der Übernahme von Aktien der **herrschenden** oder mit **Mehrheit** beteiligten Gesellschaft. Als **verbotene Erwerbsarten** kommen in der Regel die Zeichnung junger Aktien im Rahmen einer **Kapitalerhöhung gegen Einlagen** (§ 185) oder der Ausnutzung eines **genehmigten Kapitals** (§ 203 Abs. 1) und die Ausübung eines **Umtausch- oder Bezugsrechts** im Rahmen einer bedingten Kapitalerhöhung (§ 198) in Betracht. Nicht erfasst wird der Fall der Übernahme junger Aktien bei der Kapitalerhöhung aus **Gesellschaftsmitteln** (§ 215 Abs. 1; vgl Rn 2).

7 Die Übernahme von Aktien für **Rechnung der Gesellschaft** durch ein abhängiges oder in Mehrheitsbesitz stehendes Unternehmen unterfällt dem Anwendungsbereich von Abs. 2 und 3. Zunächst gilt Abs. 3. Statt der Übernahme auf eigene Rechnung (Abs. 3 S. 3) kommt dabei allerdings zur Beendigung nur die **Veräußerung** der Aktien an **Dritte** in Betracht, da eine Übernahme der Aktien auf eigene Rechnung durch das abhängige oder in Mehrheitsbesitz stehende Unternehmen nach Abs. 2 unzulässig ist.

8 **II. Rechtsfolgen eines Verstoßes.** Abs. 2 S. 2 stellt klar, dass **Verstöße** gegen Abs. 2 S. 1 nicht zur **Unwirksamkeit** der Übernahme führen.

Dies gilt jedoch nicht für **schuldrechtliche Verpflichtungen** etwa im Rahmen eines schuldrechtlichen Übernahmevertrages. Solche schuldrechtlichen Vereinbarungen fallen nicht unter Abs. 2 S. 2 und sind gemäß § 134 BGB nichtig.[11] Das **Registergericht** muss einen auf einer solchen Kapitalübernahme beruhenden **Eintragungsantrag** ablehnen, denn trotz wirksamer Zeichnung handelt es sich um einen **Gesetzesverstoß** (gegen Abs. 2 S. 1).[12] Bei der **Ausgabe von Bezugsaktien** aus einer bedingten Kapitalerhöhung muss dem Eintragungsantrag aufgrund des deklaratorischen Charakters der Eintragung dagegen entsprochen werden; anders jedoch, wenn man davon ausgeht, dass die Bezugsaktien erst mit der deklaratorischen Eintragung (§ 201 Abs. 1) wirksam werden (vgl Rn 3). Zur **Haftung** der Vorstandsmitglieder siehe Rn 21 ff.

9 Hat das abhängige oder in Mehrheitsbesitz stehende Unternehmen unter Verstoß gegen Abs. 2 S. 1 Aktien der Gesellschaft erworben, so ist nach Abs. 2 S. 2 die Aktienübernahme trotzdem wirksam. Es kommen die **§§ 71 b bis 71 d** zur Anwendung, die nicht nur auf den **derivativen Erwerb**, sondern auch auf den **Besitz von Aktien** durch ein von der Gesellschaft abhängiges oder in ihrem Mehrheitsbesitz stehendes Unternehmen abstellen. Da die Aktienübernahme gem. Abs. 2 S. 2 wirksam ist, treffen den Übernehmer alle Pflichten und Nebenpflichten aus der Mitgliedschaft. Das übernehmende Unternehmen ist daher zur Einlagenleistung und ggf zur Erfüllung der Nebenleistungen verpflichtet.

Dagegen stehen dem Übernehmer aus den verbotswidrig übernommenen Aktien **keinerlei Mitgliedschaftsrechte**, insbesondere kein Stimmrecht zu (§ 71 d S. 2, 4 iVm § 71 b).

Vielmehr ist die Gesellschaft in entsprechender Anwendung von § 71 d S. 2, 4 iVm § 71 c verpflichtet, die verbotswidrig übernommenen Aktien innerhalb eines Jahres zu veräußern und im Falle des Verstoßes gegen diese Veräußerungspflicht die Aktien nach § 237 einzuziehen.[13]

10 Über Aktien, die unter Verstoß gegen Abs. 2 S. 1 gezeichnet wurden, hat die Gesellschaft im **Anhang** zum Jahresabschluss nach § 160 Abs. 1 Nr. 1 **Angaben** zu Bestand, Zugang, Verwertung, Erlös und Erlösverwendung zu machen.

Zur Einlagenhaftung und Schadensersatzansprüchen des Vorstandes siehe Rn 21 ff.

D. Übernahme von Aktien für Rechnung der Gesellschaft oder ein abhängiges oder in Mehrheitsbesitz stehendes Unternehmen (Abs. 3)

11 **I. Tatbestand.** Abs. 3 regelt den Fall, dass Aktien **für Rechnung der Gesellschaft** oder für Rechnung eines **abhängigen** oder in ihrem **Mehrheitsbesitz** stehenden Unternehmens übernommen werden. Die Vorschrift erfasst sämtliche Formen der originären **Aktienübernahme**, nicht jedoch den derivativen Aktienerwerb. So fallen die Übernahme als **Gründer** bzw als **Zeichner** bei einer Kapitalerhöhung gegen Einlagen oder im Rahmen der Ausnutzung eines **genehmigten Kapitals** oder in Ausübung eines **Umtausch- bzw Bezugsrechts** bei einer bedingten Kapitalerhöhung in den Anwendungsbereich von Abs. 3. Auf die Aktienübernahme im Rahmen einer Kapitalerhöhung aus **Gesellschaftsmitteln** findet die Vorschrift keine Anwendung (siehe auch Rn 2 aE).

12 **II. Aktienübernahme für Rechnung der Gesellschaft oder eines abhängigen Unternehmens.** Die Aktienübernahme für Rechnung der Gesellschaft kommt idR aufgrund eines vertraglich begründeten Rechtsverhältnisses zwischen der Gesellschaft und dem Übernehmer zustande. Dabei kann es sich zB um **Auftrag** (§ 662

---

11 *Hüffer*, Rn 10; KölnKomm-AktG/*Drygala*, Rn 30; MüKo-AktG/*Bungeroth*, Rn 36.

12 So die hM, vgl KölnKomm-AktG/*Drygala*, Rn 28 mwN.

13 Vgl hierzu näher KölnKomm-AktG/*Drygala*, Rn 32 f.

BGB), **Geschäftsbesorgungsvertrag** (§ 675 BGB), **Kommissionsgeschäft** (§§ 383, 406 HGB) oder auch um eine **Geschäftsführung ohne Auftrag** (§ 677 BGB) handeln.

Voraussetzung für eine Übernahme für Rechnung der Gesellschaft ist die mittelbare Stellvertretung des Zeichners für die Gesellschaft. Nach außen tritt der Zeichner im eigenen Namen auf, im Innenverhältnis handelt er jedoch für Rechnung der Gesellschaft oder eines abhängigen oder im Mehrheitsbesitz stehenden Unternehmens. Im Gegensatz dazu findet Abs. 3 keine Anwendung bei offener Stellvertretung, da in diesen Fällen bereits Abs. 1 und Abs. 2 einschlägig sind. Ob eine Übernahme für Rechnung der Gesellschaft vorliegt, hängt davon ab, ob die Gesellschaft das mit der Aktienübernahme verbundene **wirtschaftliche Risiko** trägt.[14]

Das trifft vor allem zu, wenn die spätere **Eigenübernahme** der Aktien durch die Gesellschaft geplant ist. Wird dagegen die **Weiterveräußerung** der Aktien bezweckt, liegt eine Risikoübernahme der Gesellschaft zumindest dann vor, wenn der Aktienübernahme im **Innenverhältnis** zwischen Gesellschaft und Übernehmer eine **vertragliche Abrede** zugrunde liegt, nach der die Gesellschaft als Geschäftsherr die Aufwendungen zu tragen hat (§ 670 BGB). Ist der Anspruch auf **Aufwendungsersatz** vertraglich abbedungen, trägt die Gesellschaft das wirtschaftliche Risiko ausnahmsweise nicht. Auch eine Kursgarantie der Gesellschaft zugunsten des Übernehmers fällt unter Abs. 3. Auf die **Weisungsgebundenheit** des Übernehmers kommt es dagegen nicht an.

Bei Kapitalerhöhungen unter der üblichen Einschaltung einer **Emissionsbank** oder eines sog. **Emissionskonsortiums** findet Abs. 3 Anwendung, wenn die Bank oder das Konsortium das mit der Übernahme der Aktien verbundene **Risiko nicht voll übernimmt**.[15] Für nicht durch die Bank oder das Konsortium platzierte Aktien gilt, dass zur Vermeidung der Rechtsfolgen des Abs. 3 der Übernahmevertrag zwischen Gesellschaft und dem Konsortium nicht vorsehen darf, dass die Gesellschaft etwaige **Mindererlöse zu vergüten** oder die nicht platzierten Aktien unter bestimmten Voraussetzungen zurückzunehmen hat.[16] Die vollständige Risikoübernahme kann jedoch durch eine entsprechende **Provision** vergütet werden.[17]

Der Übernahme von Aktien für Rechnung der Gesellschaft nach Abs. 3 gleichgestellt ist die Übernahme **für Rechnung** eines **abhängigen** oder in **Mehrheitsbesitz** stehenden Unternehmens. Die Voraussetzungen des Handelns für Rechnung eines abhängigen oder in Mehrheitsbesitz stehenden Unternehmens entsprechen denen des Handelns für Rechnung der Gesellschaft.

III. Rechtsfolgen einer Aktienübernahme nach Abs. 3. Die unter Abs. 3 fallende Aktienübernahme ist zulässig, der Gesetzgeber knüpft sie jedoch an für den Übernehmer wesentliche **nachteilige Rechtsfolgen**. Solange der Übernehmer die Aktien nicht für eigene Rechnung übernommen hat, hat er nach Abs. 3 S. 3 alle **mitgliedschaftlichen Pflichten**, aber keine **mitgliedschaftlichen Rechte**. Der Übernehmer wird zwar Aktionär und ist damit zur Erbringung der **Einlage** verpflichtet und ggf bestehende **Nebenpflichten** sind von ihm zu erfüllen. Nach Abs. 3 S. 3 stehen ihm jedoch **keinerlei Rechte** aus der Aktie zu. Davon werden alle mit der Aktie verbundenen Rechte erfasst, einschließlich der Teilhabe an einem Liquidationserlös.

Das **Innenverhältnis** zwischen der Gesellschaft und dem Übernehmer bleibt **wirksam** und schuldrechtliche Vereinbarungen bleiben bestehen. Der Übernehmer kann nach Abs. 3 S. 1 daraus jedoch **keine Ansprüche** gegen die Gesellschaft herleiten, auch nicht **Aufwendungsersatz** nach § 670 BGB fordern.[18] Das folgt mittelbar aus § 56 Abs. 3 S. 2, den **Kapitalaufbringungsgrundsätzen** sowie dem Verbot der **Einlagenrückgewähr** nach § 57 Abs. 1.[19] Daher kann er keinen Ersatz eines Mindererlöses aus der Verwertung verlangen. Die Gesellschaft hingegen kann gegen den Übernehmer sämtliche Ansprüche aus dem Innenverhältnis erheben (zB Herausgabe des Erlöses gemäß §§ 667 BGB; 384 Abs. 2 HGB).[20] Der Übernehmer ist weiterhin an etwaige schuldrechtliche Vereinbarungen über Verwertungen und Weisungen gebunden.

Die Gesellschaft hat nach § 160 Abs. 1 Nr. 1 im Anhang zum Jahresbericht **Angaben** zu Bestand, Zugang, Verwertung, Erlös und Erlösverwendung zu machen.

IV. Nachträgliche Übernahme für eigene Rechnung (Abs. 3 S. 3). Die Rechte aus den Aktien stehen dem **Übernehmer** erst zu, wenn er diese für **eigene Rechnung** übernommen hat. Da der Übernehmer im Fall des Abs. 3 S. 3 bereits Eigentümer der Aktien und Inhaber der Mitgliedschaftsrechte ist, genügt die **Auflösung** des Innenverhältnisses. Dabei richtet sich die Auflösung des Innenverhältnisses in erster Linie nach dessen Inhalt. In der Regel beruht das Innenverhältnis auf einer **vertraglichen Vereinbarung**, so dass zu seiner Auflösung ebenfalls eine vertragliche Abrede oder eine Kündigung notwendig ist. Teilweise wird in Ausnahme-

---

14 Großkomm-AktienR/*Henze*, Rn 47 ff; *Hüffer*, Rn 12; Spindler/Stilz/*Cahn/v. Spannenberg*, Rn 44, 46; OLG Hamm BeckRS 2007, 17939.
15 Hierzu näher MüKo-AktG/*Bungeroth*, Rn 59; KölnKomm-AktG/*Drygala*, Rn 61 f; *Lutter*, AG 1970, 186 ff.
16 MüKo-AktG/*Bungeroth*, Rn 59.
17 Im Einzelnen hierzu MüKo-AktG/*Bungeroth*, Rn 60 ff.
18 *Hüffer*, Rn 14; MüKo-AktG/*Bungeroth*, Rn 70; KölnKomm-AktG/*Drygala*, Rn 66 ff.
19 *Hüffer*, Rn 14.
20 KölnKomm-AktG/*Drygala*, Rn 74; K. K. Schmidt/Lutter/*Fleischer*, Rn 27.

fällen auch das Recht zur **Kündigung** aus wichtigem Grund bejaht (siehe hierzu auch § 55 Rn 13. Sinngemäß gelten die dort genannten Gründe auch hier).[21]

19 Nach der Übernahme der Aktie für eigene Rechnung stehen dem Aktienübernehmer sämtliche Aktionärsrechte zu. Aus dem in Abs. 3 verankerten Grundsatz, dass den Übernehmer alle mit der Aktienübernahme verbundenen Pflichten treffen, er aber keinerlei Rechte erhält, folgt, dass er für einen etwaigen **Wertverlust** keinen Ausgleich verlangen kann, jedoch einen eventuellen **Wertzuwachs** an die Gesellschaft abzuführen hat.[22]

E. Mittelbarkeit nach Abs. 3

20 Nach überwiegender Auffassung der Literatur[23] findet Abs. 3 auch auf die Fälle Anwendung, in denen der Aktienübernehmer **für Rechnung eines Dritten** handelt, der **seinerseits für Rechnung der Gesellschaft** oder für ein von ihr abhängiges oder in ihrem Mehrheitsbesitz stehendes Unternehmen tätig ist. In dieser Stufenkonstellation greift jedoch nur die Rechtsfolge aus Abs. 3 S. 3 entsprechend mit der Folge, dass dem Übernehmer und dem Dritten keine Rechte aus den Aktien zustehen. Denn dem Dritten würden, hätte er selbst für Rechnung der Gesellschaft gezeichnet, sowieso keine Rechte aus der Aktie zustehen. Da der Dritte nicht Übernehmer ist, bleibt für Abs. 3 S. 1 und 2 kein Raum.[24]

F. Haftung der Vorstandsmitglieder (Abs. 4)

21 Die Haftung der Vorstandsmitglieder gem. Abs. 4 beruht auf der europäischen Kapitalschutzrichtlinie, welche in Art. 18 Abs. 3 S. 1 die Haftung der Leitungsorgane bei Verstößen gegen Art. 18 der Richtlinie vorsieht und in Art. 18 Abs. 3 S. 2 die Möglichkeit der gesetzlichen Regelung einer Exkulpation einräumt.[25]

22 Die Einlagenhaftung der Vorstandsmitglieder gem. Abs. 4 ist von Schadensersatzansprüchen aus § 93 der Gesellschaft gegen die Vorstände zu unterscheiden, die grundsätzlich nebeneinander treten.[26]

23 Abs. 4 zufolge **haftet** jedes einzelne **Vorstandsmitglied** auf die **volle Einlage**, wenn Aktien entgegen der Absätze 1 und 2 gezeichnet wurden. Die Einlagenhaftung trifft ausschließlich die Vorstandsmitglieder der Gesellschaft. Mehrere Vorstandsmitglieder haften als **Gesamtschuldner**.[27] Die Haftung erlischt, sobald die Einlage vom Schuldner geleistet wurde. Die Vorstandsmitglieder können sich von der Haftung nach Abs. 4 nur dann befreien, wenn sie ihr fehlendes **Verschulden** nachweisen können; sie tragen hierfür die **Beweislast**. Hinsichtlich der Exkulpation ist der Nachweis erforderlich, dass das betreffende Vorstandsmitglied mit dem Zeichnungsvorgang nicht befasst war und auch keine Verletzung einer Pflicht zur Überwachung der übrigen Vorstandsmitglieder vorlag.[28] Das nach Abs. 4 leistende Vorstandsmitglied kann vom Schuldner (Strohmann, abhängiges Unternehmen) **Erstattung** oder **Herausgabe** der Aktien verlangen.[29] Ersatzweise kommt auch eine Haftung der übrigen Vorstandsmitglieder nach Kopfteilen gemäß § 426 BGB in Betracht.

24 **Schadensersatzansprüche** gegen den Vorstand bzw über § 116 gegen den Aufsichtsrat sind Gegenstand des § 93.[30] Gemäß § 93 Abs. 3 Nr. 3 haften die Leitungsorgane für den der Gesellschaft entstandenen Schaden, welcher sich aus der Verhinderung oder Verzögerung der Gründung oder Kapitalerhöhung ergeben kann oder aus einer unvollständigen realen Kapitalaufbringung.

25 Der Anspruch auf Einlagenhaftung verjährt mangels besonderer rechtlicher Regelungen entsprechend den allgemeinen Vorschriften des BGB.

§ 57 Keine Rückgewähr, keine Verzinsung der Einlagen

(1) ¹Den Aktionären dürfen die Einlagen nicht zurückgewährt werden. ²Als Rückgewähr gilt nicht die Zahlung des Erwerbspreises beim zulässigen Erwerb eigener Aktien. ³Satz 1 gilt nicht bei Leistungen, die bei Bestehen eines Beherrschungs- oder Gewinnabführungsvertrags (§ 291) erfolgen oder durch einen vollwertigen Gegenleistungs- oder Rückgewähranspruch gegen den Aktionär gedeckt sind. ⁴Satz 1 ist zudem nicht

---

21 *Hüffer*, Rn 16; MüKo-AktG/*Bungeroth*, Rn 78; KölnKomm-AktG/*Drygala*, Rn 82.
22 MüKo-AktG/*Bungeroth*, Rn 80; KölnKomm-AktG/*Drygala*, Rn 83.
23 MüKo-AktG/*Bungeroth*, Rn 81.
24 Hierzu näher MüKo-AktG/*Bungeroth*, Rn 84 f; KölnKomm-AktG/*Drygala*, Rn 91.
25 *Hüffer*, Rn 17; MüKo-AktG/*Bungeroth*, Rn 4.
26 Bürgers/Körber/*Westermann*, Rn 16; K. Schmidt/Lutter/*Fleischer*, Rn 31.
27 *Hüffer*, Rn 17; KölnKomm-AktG/*Drygala*, Rn 35.
28 Bürgers/Körber/*Westermann*, Rn 16; K. Schmidt/Lutter/*Fleischer*, Rn 30.
29 K. Schmidt/Lutter/*Fleischer*, Rn 30; *Hüffer*, Rn 17.
30 K. Schmidt/Lutter/*Fleischer*, Rn 31.

anzuwenden auf die Rückgewähr eines Aktionärsdarlehens und Leistungen auf Forderungen aus Rechtshandlungen, die einem Aktionärsdarlehen wirtschaftlich entsprechen.

(2) Den Aktionären dürfen Zinsen weder zugesagt noch ausgezahlt werden.

(3) Vor Auflösung der Gesellschaft darf unter die Aktionäre nur der Bilanzgewinn verteilt werden.

Literatur:
Abrell, Der Begriff des aktienrechtlichen Sondervorteils bei entgeltlichen Geschäften der Gesellschaft mit ihrem Mehrheitsaktionär, BB 1974, 1463; *Altmeppen*, Zur Vermögensbindung in der faktisch abhängigen AG, ZIP 1996, 693; *ders.*, „Upstream-loans", Cash Pooling und Kapitalerhaltung nach neuem Recht, ZIP 2009, 49; *Arbeitskreis zum „Deutschen Telekom III-Urteil des BGH*, CFl 2011, 377; *Bayer/Lieder*, Darlehen der GmbH an Gesellschafter und Sicherheiten aus dem GmbH-Vermögen für Gesellschafterverbindlichkeiten, ZGR 2005, 133; *Bommert*, Verdeckte Vermögensverlagerungen im Aktienrecht,1989; *Bosse*, Zulässigkeit des individuell ausgehandelten Rückkaufs eigener Aktien („Negotiated repurchase") in Deutschland; *Brändel*, Die Erledigung aktienrechtlicher Anfechtungsverfahren durch Vergleich, in: FS Vieregge, 1995, S. 69; *Breit*, Ansprüche des Aktionärs gegen die AG aus dem Erwerb eigener Aktien, ZHR 76 (1915), 415; *Brockfeld*, Darlehen der AG und der GmbH an ihre Gesellschafter, 1987; *Cahn*, Kapitalerhaltung im Konzern, 1998; *ders.*, Das richterrechtliche Verbot der Kreditvergabe an Gesellschafter und seine Folgen, Der Konzern 2004, 235; *Canaris*, Die Rückgewähr von Gesellschaftereinlagen durch Zuwendungen an Dritte, in: FS Fischer, 1979, S. 31; *Diekgräf*, Sonderzahlungen an opponierende Kleinaktionäre im Rahmen von Anfechtungs- und Spruchstellenverfahren, 1990; *ders.*, Zur Rechtsmissbräuchlichkeit der Anfechtungsklagen eines Aktionärs, WuB II A § 243 AktG 3.91; *Ebenroth*, Die verdeckten Vermögenszuwendungen im transnationalen Konzern, 1979; *Eichholz*, Das Recht konzerninterner Darlehen, 1993; *Eppler*, Der räuberische Aktionär im Handels- und Steuerrecht, DB 1991, 1346; *Fabritius*, Vermögensbindung in AG und GmbH – tiefgreifender Unterschied oder grundsätzliche Identität?, ZHR 144 (1980), 628; *Fiedler*, Verdeckte Vermögensverlagerungen bei Kapitalgesellschaften, 1994; *Fleischer*, Überlassung einer Marke der AG an einen Aktionär als verbotene Einlagenrückgewähr, EWiR 1996, 197; *Fleischer/Thaten*, Einlagenrückgewähr und Übernahme des Prospekthaftungsrisikos durch die Gesellschaft bei der Platzierung von Altaktien, NZG 2011, 1081; *Früh*, Kreditbesicherung und Mithaftung bei Krediten an Konzernunternehmen, GmbHR 2000, 105; *Gail*, Aktienrechtliche Rückgewähr von Einlagen und steuerliche Gewinnausschüttung – Gemeinsamkeiten und Unterschiede, WPg 1970; 237; *Gebauer*, Börsenprospekthaftung und Kapitalerhaltungsgrundsatz in der Aktiengesellschaft, 1999; *Geßler*, Zur Anfechtung wegen Strebens nach Sondervorteilen (§ 243 Abs 2 AktG), in: FS Barz, 1974, S. 97; *Gottschalk*, Die deliktische Haftung für falsche Ad-hoc-Mitteilungen, DStR 2005, 1648; *Habersack/Schürnbrand*, Cash Management und Sicherheitenbestellung bei AG und GmbH im Lichte des richterrechtlichen Verbots der Kreditvergabe an Gesellschafter, NZG 2004, 689; *Hentzen*, Konzerninnenfinanzierung nach BGHZ 157, 72, ZGR 2005, 480; *Henze*, Die Treuepflicht im Aktienrecht, BB 1996, 489; *ders.*, Vermögensbindungsprinzip und Anlegerschutz, NZG 2005, 115; *ders.*, Konzernfinanzierung und Besicherung, WM 2005, 717; *Hettlage*, Darf sich eine Kapitalgesellschaft durch die Begründung einer wechselseitigen Beteiligung an der Kapitalaufbringung ihrer eigenen Kapitalgeber beteiligen? AG 1967, 249; *ders.*, Die AG als Aktionär, AG 1981, 92; *Holtermann*, Verbotene Kapitalrückzahlung und verdeckte Gewinnausschüttung durch Dritte im Recht der AG, BB 1988, 1538; *Horn*, Aktien- und konzernrechtlicher Vermögensschutz der AG und der Gang an die Börse, ZIP 1987, 1225; *Huber*, Zum Aktienerwerb durch ausländische Tochtergesellschaften, in: FS Duden, 1977, S. 137; *Hutter/Stürwald*, EM.TV und die Haftung für fehlerhafte Ad-hoc-Mitteilungen, NJW 2005, 2428; *Joost*, Grundlagen und Rechtsfolgen der Kapitalerhaltungsregeln im Aktienrecht, ZHR 149 (1985), 419; *Jula/Breitbarth*, Liquiditätsausgleich im Konzern durch konzerninterne Darlehen, AG 1997, 256; *Junker*, Der Sondervorteil im Sinne des § 26 AktG, ZHR 159 (1995), 207; *Kort*, Abkauf von Anfechtungsrechten und Rechtsanwaltshaftung, DB 1992, 1765; *ders.*, Anlegerschutz und Kapitalerhaltungsgrundsatz, NZG 2005, 708; *ders.*, Die Haftung der AG nach §§ 826, 31 BGB bei fehlerhaften Ad-hoc-Mitteilungen, NZG 2005, 496; *Korte*, Aktienerwerb und Kapitalschutz bei Umwandlungen, WiB 1997, 953; *Krämer/Baudisch*, Neues zur Börsenprospekthaftung und zu den Sorgfaltsanforderungen beim Unternehmenskauf, WM 1998, 1161; *Kühbacher*, Darlehen an Konzernunternehmen, 1993; *Lutter*, Kapital, Sicherung der Kapitalaufbringung und Kapitalerhaltung in den Aktien- und GmbH-Rechten der EWG, 1964; *ders.*, Die entgeltliche Ablösung von Anfechtungsrechten – Gedanken zur aktiven Gleichbehandlung im Aktienrecht, ZGR 1978, 347; *ders.*, Verdeckte Leistungen und Kapitalschutz, in: FS Stiefel, 1987, S. 505; *ders.*, Zur Unzulässigkeit von Zahlungen an den Aktionär als Gegenleistung für die Rücknahme von Anfechtungsrechten, WuB II A § 62 AktG 1.88; *ders.*, Zur Abwehr räuberischer Aktionäre, in: FS 40 Jahre Der Betrieb, 1988, S. 193; *Maier-Reimer*, Kreditsicherung und Kapitalersatz in der GmbH, in: FS Rowedder, 1994, S. 245; *Martens*, Die Vergleichs- und Abfindungsbefugnis des Vorstands gegenüber opponierenden Aktionären, AG 1988, 118; *Mennicke*, Verbotene Einlagenrückgewähr mangels Tilgungswirkung und eigenkapitalersetzendes Aktionärsdarlehen, NZG 1999, 162; *Messer*, Kreditbesicherung im Konzern, ZHR 159 (1995), 375; *Michalski*, Ungeklärte Fragen bei der Einlagenrückgewähr im Aktienrecht, AG 1980, 261; *Möllers*, Das Verhältnis der Haftung wegen sittenwidriger Schädigung zum gesellschaftsrechtlichen Kapitalerhaltungsgrundsatz – EM.TV und Comroad, BB 2005, 1637; *Mülbert*, Sicherheiten einer Kapitalgesellschaft für Verbindlichkeiten ihres Gesellschafters, ZGR 1995, 578; *W. Müller*, Zum Entwurf eines Gesetzes zur Durchführung der zweiten Richtlinie des Rates der Europäischen Gemeinschaften zur Koordinierung des Gesellschaftsrechts (Kapitalschutzrichtlinie), WPg 1978, 565; *Reidenbach*, Cash Pooling und Kapitalerhalt nach neuer höchstrichterlicher Rechtsprechung, WM 2004, 1421; *Renzenbrink/Holzner*, Das Verhältnis von Kapitalerhaltung und Ad-Hoc-Haftung, BKR 2002, 434; *Reymann*, Die Verpfändung von GmbH-Geschäftsanteilen, DNotZ 2005, 425; *Rosengarten*, Die Rechtsfolgen eines „verdeckten" Verstoßes gegen § 57 AktG: Endgültiger Abschied von der Nichtigkeit, ZHR 168 (2004), 708; *Schlaus*, Auskauf opponierender Aktionäre, AG 1988, 113; *Schön*, Kreditbesicherung durch abhängige Kapitalgesellschaften, ZHR 159 (1995), 351; *Schwark*, Prospekthaftung und Kapitalerhaltung in der AG, in: FS Raisch, 1995, S. 269; *Seibold*, Haftungsrisiken beim konzernweiten Cash Pooling, Finanz Betrieb 2005, 77; *Seidel*, Cash-Pooling nur noch im Vertragskonzern?, DStR 2004, 1130; *Sieger/Hasselbach*, Konzernfinanzierung durch Cash Pools und Kapitalerhöhung; *Sonnenhol/Groß*, Besicherung von Krediten Dritter an Konzernunternehmen, ZHR 159 (1995), 388; *Sonnenhol/Stützle*, Auswirkungen des Verbots der Einlagenrückgewähr auf Nichtgesellschafter, WM 1983, 2; *Verhoeven/Heck*, Zur Rückgewähr von Einlagen durch Verpfändung von Vermögensteilen an einzelne Aktionäre – §§ 57, 62 AktG, AG 1977, 232; *Vetter*, Darlehen der GmbH an ihren Gesellschafter und Erhaltung des Stammkapitals – Zugleich Anmerkung zu BGH, Urteil vom 24.11.2003 – II ZR 171/01, BB 2004, 293, BB 2004, 1509; *Wenzel*, Die Vereinbarkeit von Sicherheitsbestellungen mit gesellschaftsrechtlichen Kapitalerhaltungsvorschriften,

WiB 1996, 10; *Wessels*, Aufsteigende Finanzierungshilfen in GmbH und AG, ZIP 2004, 793; *Westermann/Paefgen*, Kritische Überlegungen zum Telekom III-Urteil des BGH und seinen Folgen, FS Hoffmann-Becking, 2013, S. 1363; *Westermann/Wilhelmi*, Zum Kapitalerhaltungsgrundsatz im Aktienrecht speziell bei Finanzierung eines Beteiligtenerwerbs aus Mitteln der AG, DZWir 1996, 249; *Wiedemann/Strohn*, Die Zulässigkeit einer Konzernumlage im Aktienrecht, AG 1979, 113; *Wilhelm*, Die Vermögensbindung bei der AG und der GmbH und das Problem der Unterkapitalisierung, in: FS Flume, 1978, Band II, S. 337; *Wilken*, Unzulässige Einlagenrückgewähr gemäß §§ 57, 62 AktG, WiB 1996, 163; *Windbichler*, Missbräuchliche Aktionärsklagen einschließlich Abfindungsregelungen, in: *Timm*, Missbräuchliches Aktionärsverhalten, RWS-Forum 4 (1990), S. 35; *Winter*, § 57 AktG: kein Verbotsgesetz i.S. des § 134 BGB, NZG 2012, 1371; *Würdinger*, Aktienrecht und das Recht verbundener Unternehmen, 1981; *Zeidler*, Zentrales Cashmanagement im faktischen Aktienkonzern, 1999.

Eigenkapitalersatz: *Claussen*, Kapitalersetzende Darlehen und Sanierungen durch Kreditinstitute, ZHR 147 (1983), 195; *ders.*, Kapitalersatzrecht und Aktiengesellschaft, AG 1985, 173; *ders.*, Betriebswirtschaft und Eigenkapitalersatz, in: FS Forster, 1992, S. 139; *Farrenkopf*, „Kapitalersetzende" Gesellschafterdarlehen bei der AG, 1984; *Farrenkopf/Cahn*, Die Rechtsprechung des BGH zu den sogenannten kapitalersetzenden Gesellschafterdarlehen, AG 1983, 151; *Fischer*, Die Bedeutung eines Rangrücktritts für den Überschuldungsstatus, GmbHR 2000, 66; *Fleischer*, Finanzplankredite und Eigenkapitalersatz im Gesellschaftsrecht, 1995; *ders.*, Eigenkapitalersetzende Gesellschafterdarlehen und Überschuldungsstatus, ZIP 1996, 773; *ders.*, Covenants und Kapitalersatz, ZIP 1998, 313; *ders.*, Der Finanzplankredit im Gesamtgefüge der einlagegleichen Gesellschafterleistungen, DStR 1999, 1774; *Früh*, Eigenkapitalersetzende Gesellschafterkredite; *Goette*, Einige Aspekte des Eigenkapitalersatzrechts aus richterlicher Sicht, ZHR 162 (1998), 223; *Groth*, Überschuldung und eigenkapitalersetzende Gesellschafterdarlehen, 1995; *Haas*, Fragen zum Adressatenkreis des Eigenkapitalersatzrechts, DZWir 1999, 177; *Habersack*, Der Finanzplankredit und das Recht der eigenkapitalersetzenden Gesellschafterhilfen, ZHR 161 (1997), 457; *ders.*, Eigenkapitalersatz im Gesellschaftsrecht, ZHR 162 (1998), 201; *Heilmann*, Kapitalersetzende Darlehen bei Aktiengesellschaften, KTS 1983, 513; *Herget*, Das Zurücktreten mit Forderungen bei Überschuldung der AG, AG 1974, 137; *Herrmann*, Fremdfinanzierung durch Gesellschafter aus handelsrechtlicher und konkursrechtlicher Sicht, in: 50 Jahre Wirtschaftsprüferberuf, 1981, S. 151; *Hirte*, Aktuelle Schwerpunkte im Kapitalersatzrecht, in: *Hommelhoff/Röhricht*, Gesellschaftsrecht 1997, RWS-Forum 10 (1998), S. 145; *Hommelhoff*, Eigenkapital-Ersatz im Konzern und in Beteiligungsverhältnissen, WM 1984, 1105; *ders.*, Eigenkapitalersetzende Gesellschafterdarlehen und Konkursantragspflicht, in: FS Döllerer, 1988, S. 245; *Immenga*, Kapitalersetzende Aktionärsdarlehen als Haftkapital? ZIP 1983, 1405; *Junker*, Das eigenkapitalersetzende Aktionärsdarlehen, ZHR 156 (1992), 394; *Kersting*, Die Haftung des Rechtsnachfolgers hinsichtlich einer für ein eigenkapitalersetzendes Darlehen gewährten Sicherheit nach dem Anfechtungsgesetz, GmbHR 1998, 915; *Ketzer*, Eigenkapitalersetzende Aktionärsdarlehen, 1989; *Klaus*, Gesellschafterfremdfinanzierung und Eigenkapitalersatz bei der AG und der GmbH, 1994; *Krause*, Die Gewährung von Aktien beim Unternehmenskauf, RWS-Forum Gesellschaftsrecht 2003, S. 301; *Kruppa*, Die Bankhaftung bei der Sanierung einer Kapitalgesellschaft im Insolvenzfall, 1982; *Lutter/Hommelhoff/Timm*, Finanzierungsmaßnahmen zur Krisenabwehr in der AG, BB 1980, 737; *Maier-Raimer*, Kreditsicherung und Kapitalersatz in der GmbH, in: FS Rowedder, 1994, S. 245; *Mennicke*, Verbotene Einlagenrückgewähr mangels Tilgungswirkung und eigenkapitalersetzendes Aktionärsdarlehen, NZG 1999, 162; *Menzel*, Die Bedeutung der BGH-Rechtsprechung zu den Gesellschafterdarlehen für die Unternehmenssanierung, AG 1982, 197; *Michalski*, Die neuere Entwicklung der Rechtsprechung im Bereich der eigenkapitalersetzenden Gesellschafterleistungen, DZWir 1991, 285; *Michalski/de Vries*, Eigenkapitalersatz, Unterkapitalisierung und Finanzplankredite, NZG 1999, 181; *A. Müller*, Regeln für eigenkapitalersetzende Gesellschafterdarlehen bei der GmbH und ihre Übertragbarkeit auf die AG, 1987; *Mühlhoff*, Kapitalersatzrecht und Kompetenzordnung der AG, 1989; *Mülbert/Leuschner*, Aufsteigende Darlehen im Kapitalhaltungs- und Konzernrecht – Gesetzgeber und BGH haben gesprochen; *Preissler*, Eigenkapitalersetzende Darlehen und konsortiale Kreditvergabe durch Banken, 1997; *Priester*, Verlustanzeige und Eigenkapitalersatz, ZGR 1999, 533; *Sieker*, Die Verzinsung eigenkapitalersetzender Darlehen, ZGR 1995, 250; *Steinbeck*, Zur systematischen Einordnung des Finanzplankredits, ZGR 2000, 503; *Timm/Geuting*, Kapitalersatz im Unternehmensverbund und Disponibilität der Kapitalersatzregeln, ZIP 1992, 525; *Veil*, Eigenkapitalersetzende Aktionärsdarlehen, ZGR 2000, 223; *Weber*, Bilanzierung und Prüfung von kapitalersetzenden Darlehen an Aktiengesellschaften beim Darlehensgeber (Teil I), WPg 1986, 1; *Wiedemann*, Eigenkapital und Fremdkapital, in: FS Beusch, 1993, S. 893; *Zöllner/Winter*, Folgen der Nichtigerklärung durchgeführter Kapitalerhöhungsbeschlüsse, ZHR 158 (1994), 59.

A. Einführung	1
B. Anwendungsbereich	4
I. Verbot der Einlagenrückgewähr (Abs. 1 S. 1)	4
1. Überblick	4
2. Offene und verdeckte Einlagenrückgewähr	7
3. Gewährung von Darlehen an Aktionäre	19
4. Eigenkapitalersetzende Aktionärsdarlehen	25
II. Das Zinsverbot (Abs. 2)	27
III. Verbot sonstiger Vermögensverteilung (Abs. 3)	29
IV. Ausnahmen vom Verbot der Einlagenrückgewähr	30
1. Erwerb eigener Aktien	31
2. Leistungen der Gesellschaft bei Bestehen von Unternehmensverträgen	32
3. Faktischer Konzern	33
4. Eingliederung	34
5. Kapitalherabsetzung	35
6. Abschlagszahlungen auf den Bilanzgewinn	36
7. Vergütung von Nebenleistungen	37
8. Erwerb wechselseitiger Beteiligungen	38
V. Leistungen an Dritte, durch Dritte oder unter Dritten	39
1. Leistungen an Dritte	40
2. Leistungen durch Dritte	44
3. Leistungen unter Dritten	45
C. Rechtsfolgen einer verbotenen Einlagenrückgewähr	46
I. Herrschende Meinung	46
II. Neuere Sichtweise	51
III. Stellungnahme	52
IV. Rechtsgeschäfte zwischen Gesellschaft und Aktionär	54
V. Rechtsgeschäfte mit Dritten	56

A. Einführung

Gemäß § 1 Abs. 1 S. 2 steht den Gläubigern einer AG als Haftungsmasse für deren Verbindlichkeiten lediglich das Gesellschaftsvermögen zur Verfügung. Diese Haftungsbegrenzung macht es zum Schutze der Gesellschaftsgläubiger erforderlich, einerseits zu gewährleisten, dass von Anfang an das **verlautbarte Gesellschaftsvermögen** auch **tatsächlich vorhanden** ist, und andererseits die **vorhandene Gesellschaftsvermögen** vor dem Zugriff der Aktionäre **zu schützen**. Diesem Zweck dienen **zwei Gruppen** von Vorschriften im Aktiengesetz: Zum einen die Vorschriften über die **Kapitalaufbringung** bei Gründung und späteren Kapitalerhöhungen der AG (insbesondere § 9 Abs. 1 (Verbot der Unterpariemission) und §§ 36 Abs. 2, 54 Abs. 2, 36 a (Verpflichtung der Aktionäre zur Leistung ihrer Einlagen), zum anderen die Vorschriften über die **Kapitalerhaltung**. Zu der **letzteren Gruppe** gehört § 57 und bildet zusammen mit § 59 (Abschlagszahlung auf den Bilanzgewinn), § 62 (Haftung der Aktionäre beim Empfang verbotener Leistungen) sowie §§ 71 ff (Beschränkung des Erwerbs eigener Aktien) einen einheitlichen Regelungskomplex zum **Erhalt des Gesellschaftsvermögens**. 1

Während sich die Vorschriften zur Kapitalaufbringung prinzipiell nur auf das Grundkapital und allenfalls auf ein Agio beziehen, erstrecken sich die Vorschriften über die **Kapitalerhaltung** auf das **gesamte Gesellschaftsvermögen**. Dies unterscheidet die AG von der GmbH, bei der nach § 30 GmbHG nur die Stammkapitalziffer den Zugriff der Gesellschafter begrenzt.[1] 2

§ 57 ist nach zutreffender Ansicht ein **Verbotsgesetz** im Sinne von § 134 BGB[2] und kann durch Satzungsbestimmung **nicht abbedungen oder abgeschwächt** werden (§ 23 Abs. 5).[3] 3

B. Anwendungsbereich

I. Verbot der Einlagenrückgewähr (Abs. 1 S. 1). 1. Überblick. Abs. 1 S. 1 enthält die **Kernaussage der Vorschrift**, wobei der Wortlaut den tatsächlichen Umfang des gewährten Schutzes nur unvollkommen wiedergibt. Im Rahmen des § 57 spielt es nämlich keine Rolle, ob das Zurückgewährte die Einlage im Sinne des § 54 darstellt; es kommt weder auf den ursprünglichen Einlagegegenstand an noch auf die Person, welche die Einlage geleistet hat. Gleichgültig ist auch, ob der Empfänger von Leistungen im Sinne des § 57 seine Einlage bereits erbracht hat oder nicht. Vielmehr verbietet Abs. 1 S. 1 **jede Leistung der AG an** einzelne oder alle **Aktionäre** aufgrund ihrer Mitgliedschaft (*causa societatis*), wenn sie nicht Verteilung des Bilanzgewinns oder ausnahmsweise gesetzlich zugelassen ist (zu den Ausnahmen siehe Rn 30 ff).[4] Damit geht der Kapitalschutz bei der Aktiengesellschaft – wie bereits erwähnt – über den des § 30 GmbHG hinaus. Jede **wertmäßige Beeinträchtigung** des Gesellschaftsvermögens zugunsten eines oder mehrerer Aktionäre jenseits der Verteilung von Bilanzgewinn und der zulässigen Ausnahmen reicht bereits aus, um von einer verbotenen Einlagenrückgewähr im Sinne des Abs. 1 S. 1 zu sprechen.[5] 4

Verboten gemäß Abs. 1 S. 1 ist nicht erst die Leistung selbst, sondern auch bereits die **Zusage** einer verbotenen Einlagenrückgewähr. 5

In zeitlicher Hinsicht gilt das Verbot des § 57 **ab Eintragung der Gesellschaft** ins Handelsregister und nach Maßgabe der §§ 271, 272 auch noch im **Abwicklungsstadium**.[6] 6

2. Offene und verdeckte Einlagenrückgewähr. Eine Einlagenrückgewähr kann **offen** oder **verdeckt** erfolgen. Eine **offene Einlagenrückgewähr**, also die unbemäntelte Rückzahlung von Einlagen an Aktionäre, kommt in der Praxis eher selten vor. Beispiele dafür sind: Gewinnausschüttung trotz fehlenden oder aufgrund nichtigen Jahresabschlusses oder Gewinnverwendungsbeschlusses;[7] Vorauszahlungen auf Dividenden, soweit nicht von § 59 gedeckt;[8] Prämien auf langjährige Mitgliedschaft[9] oder Gewährung von Abfindungen gegen Rücknahme von Anfechtungsklagen,[10] soweit solche Leistungen nicht durch andere Geschäfte verschleiert werden. 7

---

1 Vgl zB BGH ZIP 1999, 1352 mAnm. *Altmeppen*; vertiefend: *Lutter* in: FS Stiefel, S. 505, 523 f; relativierend *Wilhelm* in: FS Flume, Bd. II, S. 337, 348.
2 Siehe dazu näher Rn 46 ff.
3 Großkomm-AktienR/*Henze*, Rn 6.
4 AllgM; RGZ 107, 161, 168; BGH NJW 1992, 2821; KG NZG 1999, 161 mAnm. *Mennicke*; OLG Frankfurt AG 1996, 324, 325 = BB 1996, 445, 446; OLG Koblenz AG 1977, 231 f mAnm. *Verhoeven/Heck*; *Hüffer*, Rn 2.
5 Heute unstrittig, vgl RGZ 146, 84, 94; BGH NZG 2008, 106, 107; OLG Frankfurt AG 1992, 194, 196; OLG Frankfurt AG 1996, 324, 325 = BB 1996, 445, 446; *Hüffer*, Rn 2; KölnKomm-AktG/*Drygala*, Rn 16; MüKo-AktG/*Bayer*, Rn 9.
6 AllgM; RGZ 81, 404, 412; *Hüffer*, Rn 1.
7 Eingehend dazu Großkomm-AktienR/*Henze*, Rn 26.
8 RGZ 107, 161, 168; MüHb-AG/*Wiesner*, § 16 Rn 43.
9 KölnKomm-AktG/*Drygala*, Rn 35.
10 HM; BGH NJW 1992, 2821; *Brandes*, WM 1994, 2177, 2181; *Kessler*, AG 1995, 120 f; *Hüffer*, Rn 5; *Lutter*, ZGR 1978, 347, 354; aA *Martens*, AG 1988, 118 ff, der u.a. dem Vorstand ein Ermessen zugestehen will, zur Abwendung von Gesellschaftsschaden Zahlungen an Aktionäre vorzunehmen, jedoch eine Pflicht des Vorstandes sieht, die Zahlung alsbald zurückzufordern; insb. zum gerichtlichen Vergleich *Brändel* in: FS Vieregge, S. 69, 72 ff.

8 Eine wesentlich größere Bedeutung für die Praxis hat die **verdeckte Einlagenrückgewähr**. Eine solche kann im Rahmen von **Umsatzgeschäften**, welche die AG mit einem oder mehreren **Aktionären** tätigt, auftreten. Grundsätzlich darf die AG zwar mit ihren Aktionären wie mit jedem Dritten zu marktüblichen Konditionen Geschäfte abschließen und entsprechende Leistungen an den Aktionär erbringen. Dabei hat die AG die auch bei Drittgeschäften üblichen Geschäftsrisiken zu tragen und darf in diesem Rahmen auch „schlechte" Geschäfte mit ihren Aktionären tätigen. Probleme unter dem Gesichtspunkt des Kapitalschutzes ergeben sich jedoch, wenn bei einem Umsatzgeschäft mit einem oder mehreren Aktionären **von vornherein** ein **objektives Missverhältnis** zwischen Leistung und Gegenleistung besteht.[11] In diesem Fall wird das Gesellschaftsvermögen durch das Geschäft von vornherein objektiv zugunsten des Aktionärs gemindert und es liegt eine (verdeckte) Einlagenrückgewähr im Sinne der Vorschrift vor. In die Diskussion ist im Zusammenhang mit dem sog. „**Telekom III**"-Urteil des BGH die Frage geraten, welche Bemessungsgrundsätze für eine **gleichwertige Gegenleistung** zur Kompensation einer Leistung an den Aktionär im Sinne des Abs. 1 S. 1 anzulegen sind. Der BGH spricht in diesem Zusammenhang davon, dass „nicht bezifferbare Vorteile [...] nach der maßgeblichen ‚bilanziellen' Betrachtungsweise" keine ausreichende Kompensation darstellten.[12] Diese Aussagen werden von der überwiegenden Literatur in der Weise verstanden, dass der BGH lediglich **bilanzierbare Vorteile** als Kompensation anerkennen würde.[13] Ein solches Verständnis wäre mit Recht kritisch zu bewerten.[14] Die Aussagen des BGH sind allerdings nicht zwingend in diese Richtung zu verstehen. So weist insbesondere *Bergmann* in seiner Funktion als Vorsitzender Richter am BGH darauf hin, dass auch der Senat in seinem Urteil in Rn 25 den Begriff „bilanziell" in Anführungszeichen gesetzt habe und damit lediglich verhindern wollte, dass als Gegenleistung auch nicht fassbare, schwammige Vorteile wie etwa die bessere Präsenz an Börsen berücksichtigt würden.[15] So verstanden, hat das „Telekom III"-Urteil lediglich eine Klarstellung dahin gehend gebracht, dass Vorteile in jeder Weise konkret erfassbar und somit bezifferbar sein müssen, und liegt damit auf einer Linie mit der vorzugswürdigen Ansicht, die genau dies verlangt, aber auch ausreichen lässt.[16] Der Vorwurf der dogmatischen Inkonsequenz des BGH, weil der von ihm verlangte Freistellungsanspruch den (scheinbar) verlangten bilanziellen Grundsätzen nicht standhalte, verliert damit ebenfalls sein Fundament und kann vielmehr als Argument dafür herangezogen werde, dass der BGH gerade keine Bilanzierbarkeit im engeren Sinne verlangt.[17]

9 **Umstritten** ist, ob zur Annahme einer verbotenen Einlagenrückgewähr über das objektive Missverhältnis zwischen Leistung und Gegenleistung hinaus auch ein **subjektives Element** vorliegen muss – ob es also erforderlich ist, dass die Gesellschaft das für sie objektiv ungünstige Geschäft mit dem oder den Aktionären bewusst nur aufgrund ihrer Mitgliedschaft (causa societatis) getätigt hat.[18] Dies ist **mit der hM zu verneinen**. Der Schutz des Gesellschaftsvermögens und damit auch der Gesellschaftsgläubiger muss objektiv gewährleistet werden und kann nicht davon abhängen, ob der Vorstand der Gesellschaft bewusst wegen der Aktionärsstellung des Geschäftspartners oder aber unbewusst ungünstige Konditionen eingegangen ist. Dies ergibt sich auch aus der gesetzgeberischen Wertung des § 62 Abs. 1 S. 2, wonach der gute Glaube der Aktionäre daran, dass sie zum Bezug von Leistungen durch die Gesellschaft berechtigt waren, nur bei der offenen Gewinnverteilung geschützt ist. In allen anderen Fällen führt bereits das objektive Vorliegen einer verbotenen Leistung im Sinne des § 62 Abs. 1 S. 1 zum Rückgewähranspruch der Gesellschaft gegen den Aktionär. Schließlich würde die Gesellschaft bei der Durchsetzung von Rückforderungsansprüchen auch vor unangemessene Schwierigkeiten gestellt und so der Kapitalschutz ausgehöhlt werden, wenn sie das Vorliegen subjektiver Elemente nachweisen müsste.

10 In der Praxis kann jedoch bereits die **Beurteilung**, ob ein **objektives Missverhältnis** von Leistung und Gegenleistung besteht, erhebliche **Schwierigkeiten bereiten**. Zur Gewährleistung eines effizienten Kapitalschutzes kann den Beteiligten in dieser Frage grundsätzlich **kein Bewertungsspielraum** zugestanden werden.[19] Ein solcher besteht im Rahmen der Regelungen zur Kapitalaufbringung und zum Kapitalschutz auch sonst nicht und würde den Schutz des Gesellschaftsvermögens unangemessen aufweichen. Soweit sich Preise, zB

---

11 OLG Frankfurt AG 1992, 194, 196; OLG Koblenz AG 1977, 231 f m Anm. *Verhoeven/Heck*; Übersicht bei *Horn*, ZIP 1987, 1225, 1226 ff.

12 BGH NZG 2011, 829, 832.

13 *Westermann/Paefgen* in: FS Hoffmann-Becking, S. 1363, 1368; *Fleischer/Thaten*, NZG 2011, 1081, 1082.

14 Zur Kritik ausführlich *Westermann/Paefgen* in: FS Hoffmann-Becking, S. 1363, 1368 mwN in Fn 23; Arbeitskreis zum „Deutsche Telekom III-Urteil" des BGH, CFL 2011, 377 ff.

15 *Foerster*, Bericht über die Diskussion des Referats Bergmann – Gesellschaftsrecht in der Diskussion 2011, S. 27.

16 *Fleischer*, ZIP 2007, 1969, 1975; *Fleischer/Thaten*, NZG 2011, 1081, 1082; *Westermann/Paefgen* in: FS Hoffmann-Becking, S. 1363, 1368; aA Marsch-Barner/Schäfer/*Meyer*, § 7 Rn 21.

17 Siehe hierzu *Fleischer/Thaten*, NZG 2011, 1081, 1082; zur Bilanzierbarkeit eines Freistellungsanspruchs BeckBil-Komm/*Kozikowski/Schubert*, § 253 Rn 157.

18 Vgl zum Meinungsstand Großkomm-AktienR/*Henze*, Rn 46 f; *Hüffer*, Rn 10 f, jeweils mwN.

19 Großkomm-AktienR/*Henze*, Rn 42; *Hüffer*, Rn 9; aA wohl *Gail*, WPg 1970, 237, 240, der wie bei der Bilanzerstellung mangels feststehender Bewertungsnormen einen Ermessensspielraum der Gesellschaft sieht, wobei unzulässige Einlagenrückgewähr erst dann vorliegen soll, wenn auf Grund von Tatsachen eine andere Bewertung zwingend gewesen wäre; ähnlich KölnKomm-AktG/*Drygala*, Rn 56 f.

Börsen- oder Marktpreise, ermitteln lassen, sind diese daher grundsätzlich maßgebend. Wird von solchen Preisen zum Nachteil der AG abgewichen, bedarf dies einer besonderen Rechtfertigung.[20] Besteht dagegen, wie in der Praxis häufig (zB bei Veräußerung von Beteiligungen oder Unternehmensteilen), **kein fester Markt- oder objektiv richtiger Preis**, stellt sich die Frage nach den Bewertungsgrundlagen. Hier kann es den Beteiligten nicht verwehrt sein, den Preis anhand anerkannter **Bewertungsmethoden** zu ermitteln.[21] Diese werden in aller Regel nicht zu einem festen Preis, sondern zu einer **Preisspanne** führen. In solchen Fällen kann von einem objektiven Missverhältnis solange nicht ausgegangen werden, wie der gezahlte Preis **innerhalb dieser Spanne liegt**.[22]

Betrifft das Umsatzgeschäft die **Veräußerung von börsennotierten Aktien**, ist allein deren **Börsenkurs**, gegebenenfalls zuzüglich eines Paketzuschlages, als (Mindest-) Preis zulässig.[23] Nach Einführung des WpÜG erscheint es in diesem Zusammenhang zulässig, wenn der Kaufpreis für börsennotierte Aktien deren gewichteten durchschnittlichen inländischen Börsenkurs während der letzten drei Monate vor Abschluss des Kaufvertrages erreicht und der Erwerber von der Gesellschaft nicht innerhalb dieses Zeitraums Aktien zu einem höheren als diesem Preis erworben hat (Rechtsgedanke aus §§ 4 und 5 WpÜG-Angebotsverordnung). **11**

Werden junge Aktien aus einer **Kapitalerhöhung** unter Inanspruchnahme des Kapitalmarktes platziert, so erfolgt dies in aller Regel unter Einschaltung von Kreditinstituten. Diese lassen sich vertraglich durch die AG von sämtlichen Haftungsansprüchen nach BörsG (§§ 44 ff) und VerkProspG (§ 13) freistellen. Eine solche **Freistellung ist zulässig**, da die Gesellschaft auch ohne Einschaltung des Kreditinstituts selbst den entsprechenden Ansprüchen ausgesetzt wäre **und** der Erlös aus dem Verkauf der jungen Aktien der Gesellschaft zufließt.[24] Anders ist dies zu beurteilen bei sogenannten **Secondary Offerings**, also der Platzierung von Aktien aus dem Altbestand der Aktionäre. In diesem Fall kommt der Erlös aus der Platzierung allein dem Altaktionär zugute. Für eine **Freistellung** von Haftungsrisiken seitens der Gesellschaft ist daher **kein Raum**. Sie wäre als Verstoß gegen § 57 anzusehen.[25] Der BGH hat in diesem Zusammenhang nach dem bereits in Rn 8 erwähnten „Telekom III"-Urteil ausdrücklich entschieden, dass ein Verstoß gegen § 57 vorliegt, wenn die Gesellschaft bei einer Platzierung von Altaktien das **Prospekthaftungsrisiko für den Altaktionär** gegenüber den Konsortialbanken übernimmt, ohne dabei eine Vereinbarung über die Freistellung von der Haftung mit dem Altaktionär zu treffen und keine konkret bezifferbaren Vorteile zur Kompensation der Leistung in Betracht kommen.[26] **12**

Ungeklärt ist in diesem Zusammenhang weitergehend das Verhältnis der **kapitalmarktrechtlichen Prospekthaftungsregeln** und der **Haftung der Gesellschaft für falsche Ad-hoc-Mitteilungen** gegenüber den Erwerbern der Aktien zu § 57. Macht die Gesellschaft bei Platzierung von Aktien am Kapitalmarkt unrichtige oder unvollständige Angaben in dem Wertpapierprospekt (§ 3 Abs. 1, Abs. 3 WpPG), so haftet sie den Erwerbern auf Schadensersatz (§§ 44 ff. BörsG; 13 VerkProspG). Ebenso können Schadensersatzansprüche der Anleger gegen die Gesellschaft aufgrund (vorsätzlich) falscher Ad-hoc-Mitteilungen aus §§ 37b, 37c WpHG (bzw vor deren Inkrafttreten §§ 826, 31 und 823 Abs. 2, 31 BGB iVm § 15 WpHG) entstehen.[27] Wie derartige Zahlungen mit § 57 in Einklang zu bringen sind, ist nicht gesetzlich geregelt. Zum Teil wird die Ansicht vertreten, das Problem stelle sich nicht, da die Verletzung der Informationspflicht zeitlich vor dem Erwerb der Aktionärsstellung liege.[28] Diese Ansicht überzeugt nicht, da sie außer Acht lässt, dass § 57 auch bei Leistungen an künftige Aktionäre eingreift. Überwiegend wird zwischen **derivativem** (Zulässigkeit der Zahlung) und **originärem** (Unzulässigkeit der Zahlung) **Aktienerwerb unterschieden**.[29] Soweit von der grundsätzlichen Zulässigkeit von Schadensersatzzahlungen ausgegangen wird, sollen diese nach einer Ansicht auf das Grundkapital und gesetzliche Rücklagen übersteigendes Vermögen der AG beschränkt bleiben.[30] Der **BGH** hatte im Jahr 2005 erstmals Gelegenheit, zu der Problematik Stellung zu nehmen.[31] In seiner Entscheidung führt er aus, dass jedenfalls bei **Schadensersatzansprüchen** von Kapitalanlegern aufgrund **vorsätzlicher sittenwidriger Schädigung** und **vorsätzlichen Verstoßes** gegen § 400 AktG als Schutzgesetz im Sinne von § 823 Abs. 2 BGB der Kapitalschutz des § 57 dem Anlegerschutz gegenüber **nachrangig** sei.[32] Da **13**

---

20 BGH NJW 1987, 1194, 1195; Großkomm-AktienR/*Henze*, Rn 41.
21 Großkomm-AktienR/*Henze*, Rn 42.
22 Großkomm-AktienR/*Henze*, Rn 42; KölnKomm-AktG/*Drygala*, Rn 65.
23 Großkomm-AktienR/*Henze*, Rn 43.
24 Großkomm-AktienR/*Henze*, Rn 55 mwN.
25 *Westermann/Paefgen* in: FS Hoffmann-Becking, S. 1363, 1381; *Technau*, AG 1998, 445, 457.
26 BGH NZG 2011, 829, 830.
27 Vgl dazu OLG Frankfurt NZG 2005, 516; OLG München NZG 2005, 518 („Comroad"); OLG München NZG 2005, 679; *Kort*, NZG 2005, 496 ff.
28 *Kümpel*, Bank- und KapitalmarktR 2000, Rn 9.340 ff.
29 Vgl OLG Frankfurt NZG 1999, 1072, 1074; grundlegend RGZ 71, 97 f; 88, 271, 272; Großkomm-AktienR/*Henze*, Rn 19 f; *ders.*, NZG 2005, 115 ff.
30 *Zöllner/Winter*, ZHR 158 (1994), 59, 78; aA OLG Frankfurt NZG 2005, 516, 518; OLG München NZG 2005, 518, 519; *Renzenbrink/Holzner*, BKR 2002, 434, 438 f; MüKo-AktG/*Bayer*, Rn 29.
31 BGH NJW 2005, 2450, 2452 f („EM.TV"); siehe dazu die Besprechungen von *Gottschalk*, DStR 2005, 1648; *Hutter/Stürwald*, NJW 2005, 2428; *Kort*, NZG 2005, 708; *Möllers*, BB 2005, 1637.
32 BGH NJW 2005, 2450, 2452.

das Gesellschaftsvermögen durch die Belastung mit einem daraus folgenden Schadensersatzanspruch nicht stärker in Anspruch genommen werde als bei deliktischen Ansprüchen außenstehender Gläubiger, sei auch **keine Beschränkung der Schadensersatzpflicht** auf das Grundkapital und gesetzliche Rücklagen übersteigendes Vermögen vorzunehmen.[33] Die Frage, ob grundsätzlich zwischen derivativem und originärem Aktienerwerb zu unterscheiden ist, hat der BGH offen gelassen.

14 Nach hier vertretener Auffassung sollte den **kapitalmarktrechtlichen Vorschriften** als den spezielleren und neueren[34] Regelungen **Vorrang vor § 57** eingeräumt werden[35] und zwar unabhängig davon, ob es sich um originären oder derivativen Aktienerwerb handelt.[36] Die vom Gesetzgeber zum Schutz eines funktionierenden Kapitalmarkts erlassenen Vorschriften würden **weitgehend leer laufen**, wenn § 57 der von ihnen vorgesehenen Rechtsfolge der Schadensersatzleistung entgegenstünde. Zu Recht sehen die entsprechenden Gesetze deshalb auch keine Ausnahmen vor und bieten keine Anhaltspunkte für eine solche Differenzierung; vielmehr gilt der Vorrang speziellerer und neuerer Regelungen grundsätzlich allgemein, wenn sich dem Gesetz selbst keine Beschränkung auf bestimmte Sachverhalte entnehmen lässt. Außerdem besteht bei Inanspruchnahme des Kapitalmarkts ein besonderes Bedürfnis nach dem Schutz des Anlegerpublikums, dem Vorrang vor § 57 gegeben werden muss. Die Anleger sind insoweit – trotz ihrer Stellung als Aktionäre – nicht weniger schützenswert als sonstige Gläubiger der Gesellschaft.[37] Sie treten der Gesellschaft bei Verfolgung ihrer Ersatzansprüche nicht in ihrer Eigenschaft als Gesellschafter, sondern wie jeder andere Gläubiger von Schadensersatzforderungen gegenüber.[38] Für eine Beschränkung des Schadensersatzanspruchs auf das gesetzliche Rücklagen und Grundkapital übersteigende Gesellschaftsvermögen findet sich im Gesetz ebenfalls keine Stütze, so dass die Gesellschaft mit ihrem gesamten Vermögen haftet.

15 Gibt die Gesellschaft eine **Wandelschuldverschreibung** (§ 221) an ihre Aktionäre aus, darf sie ihren Aktionären auf das Darlehen keinen höheren als den marktüblichen Zins bezahlen. Der marktübliche Zins ist allerdings **nicht** der Zins vergleichbarer Wandelanleihen, sondern der vergleichbarer Anleihen **ohne** Wandlungsrecht. Die durch das Wandlungsrecht erzielte Vergünstigung bei der Kapitalaufnahme stammt aus dem Vermögen der **Aktionäre**, die bereit sind, sich über das Wandlungsrecht verwässern zu lassen, und muss daher im Rahmen des § 57 außer Betracht bleiben.

16 Nach allgemeiner Ansicht stellt auch die Gewährung von **Kursgarantien** durch die AG stets einen Verstoß gegen § 57 dar.[39] Davon ist nach zutreffender Auffassung aber eine **Ausnahme** zu machen, wenn im Rahmen eines Unternehmensverkaufs der gesamte oder ein Teil des Kaufpreises in Aktien gezahlt werden soll und – etwa aufgrund der Vereinbarung einer Haltefrist – eine Kursgarantie für diese gewährt wird:[40] hier stellt die Kursgarantie lediglich die Erfüllung des Kaufpreisanspruchs in seiner ursprünglichen Höhe sicher. In einer solchen Konstellation wäre es nicht sachgerecht, dem Verkäufer, dem anstelle der Zahlung des Kaufpreises in Geld Aktien übertragen werden, das Kursrisiko aufzubürden.

17 Unter bestimmten Umständen erstreckt sich das Verbot der Einlagenrückgewähr auch auf Leistungen der Gesellschaft an Dritte, Leistungen durch Dritte sowie Leistungen unter Dritten. Zu den Einzelheiten siehe Rn 39 ff.

18 **Weitere Beispiele** für eine verdeckte Einlagenrückgewähr sind: Zahlung einer überhöhten Vergütung für Nebenleistungen; Zahlung überhöhter Provisionen oder überhöhter Gehälter; Veräußerung von Beteiligungen an einen Aktionär zu einem Preis, der 30 % unter dem (später) durch Gutachten festgestellten Wert der Anteile liegt;[41] Vertragsklauseln wonach ein Schuldner der Gesellschaft befreiend an einen Aktionär leisten darf;[42] Anweisung der AG an ihren Schuldner, an einen Aktionär zu leisten, obwohl der Aktionär nicht Gläubiger der AG ist;[43] Rückzahlung eines mangels wirksamer Kündigung noch nicht zur Tilgung fälligen Darlehens durch die AG an den Kreditgeber (hier: Ehegatte des Aktionärs), wodurch der Aktionär, der sich für dieses Darlehen verbürgt hatte, vorzeitig von seiner Bürgenschuld befreit wird;[44] Übernahme von

---

33 BGH NJW 2005, 2450, 2452.
34 Dies trifft unzweifelhaft für die im Jahr 2002 im Rahmen des Vierten Finanzmarktförderungsgesetzes neu eingeführten §§ 37b, 37c WpHG zu; für die zitierten börsenrechtlichen Vorschriften gilt dies zumindest nach der Modernisierung aufgrund des Dritten Finanzmarktförderungsgesetzes 1998 (in Bezug auf deren frühere Fassung ging KölnKomm-AktG/*Lutter*, 2. Aufl. 1988, § 71 Rn 69 von einem Vorrang der aktienrechtlichen Kapitalerhaltungsvorschriften aus, da diese aufgrund ihrer Neufassung im Umsetzung der Zweiten Gesellschaftsrechtlichen Richtlinie der EG vom 13.12.1976 die neueren Vorschriften seien).
35 So auch die Regierungsbegründung zum Dritten Finanzmarktförderungsgesetz, BT-Drucks. 13/8933, S. 78; LG Frankfurt ZIP 1998, 641, 645 mAnm. *Huber*; *Kort*, NZG 2005, 496, 498; *Schwark*, § 45 BörsG Rn 13.
36 LG Frankfurt ZIP 1998, 641, 645 (insoweit obiter dictum); MüKo-AktG/*Bayer*, Rn 23; *Hüffer*, Rn 3; ein originärer Aktienerwerb durch betroffene Kapitalanleger dürfte jedoch eher selten vorkommen, so dass dieser Frage keine große praktische Relevanz zukommen wird.
37 OLG München NZG 2005, 518, 520.
38 *Gottschalk*, DStR 2005, 1648, 1652.
39 Vgl Großkomm-AktienR/*Henze*, Rn 68; MüKo-AktG/*Bayer*, Rn 86.
40 *Krause*, Tagungsband zum RWS-Forum Gesellschaftsrecht 2003, S. 301, 318 ff.
41 Zur GmbH: OLG Karlsruhe WM 1984, 656, 660.
42 Zur GmbH: BGHZ 81, 311, 318 ff.
43 RGZ 107, 161, 167.
44 KG NZG 1999, 161 mAnm. *Mennicke*.

Werkleistungen durch die AG zu einem nicht kostendeckenden Preis;[45] unzulässiger Erwerb eigener Aktien (siehe dazu auch Rn 31); Abschluss eines Vergleichs mit einem Aktionär, der nach Sach- und Streitstand nicht gerechtfertigt ist;[46] Überlassung einer Marke an den ausscheidenden Aktionär ohne äquivalenten Ausgleich.[47]

3. Gewährung von Darlehen an Aktionäre. In der Praxis haben insbesondere die Gewährung von **Darlehen an Aktionäre** sowie die Bestellung von **Sicherheiten für** von **Aktionären** eingegangene Verbindlichkeiten durch die AG Bedeutung erlangt.[48] Während es der AG nach früherer Rechtslage grundsätzlich – von einigen Ausnahmen (zB § 71a) abgesehen – nicht verwehrt war, ihren Aktionären zu marktüblichen Konditionen Kredite zu gewähren oder zu ihren Gunsten Sicherheiten zu bestellen, soweit diese Geschäfte einem Drittvergleich standhielten,[49] wurde dies nach einem **Urteil des BGH zur Kapitalerhaltung in der GmbH**[50] nur noch unter sehr **engen Voraussetzungen** als zulässig angesehen. Der BGH hatte in diesem Urteil entschieden, dass die Gewährung von Darlehen durch eine GmbH an ihre Gesellschafter auch bei Werthaltigkeit des Rückzahlungsanspruchs gegen § 30 GmbHG verstößt, wenn sie nicht aus freien Rücklagen oder Gewinnvorträgen, sondern zulasten des gebundenen Vermögens der Gesellschaft erfolgte. Eine Ausnahme sollte allenfalls dann möglich sein, wenn die Darlehensvergabe im Interesse der Gesellschaft lag, die Darlehensbedingungen einem Drittvergleich standhielten und die Kreditwürdigkeit des Gesellschafters selbst bei Anlegung strengster Maßstäbe außerhalb jedes vernünftigen Zweifels stand oder die Rückzahlung des Darlehens durch werthaltige Sicherheiten voll gewährleistet war.[51] Diese Rechtsprechung des BGH hatte man grundsätzlich auf die AG übertragen müssen, da insoweit keine Unterschiede zwischen AG und GmbH bestehen. Dies bedeutete, dass – sofern nicht die vom BGH genannten Ausnahmekriterien erfüllt sind – Darlehen an Aktionäre grundsätzlich nur noch **aus dem festgestellten Bilanzgewinn** gewährt werden durften, da in der AG aufgrund der umfassenden Bindung des § 57 kein „freies" Vermögen existiert.[52]

Dieser Rechtsprechung wurde in neuerer Zeit in doppelter Weise entgegengetreten. Zum einen bestimmt der durch das Gesetz zur Modernisierung des GmbH-Rechts und zur Bekämpfung von Missbräuchen (MoMiG)[53] eingefügte Abs. 1 S. 3 Alt. 2, dass keine verbotene Leistung an den Aktionär vorliegt, wenn der Rückgewähranspruch gegen den Aktionär vollwertig ist. Ausweislich der Gesetzesbegründung zum MoMiG ist dies die **Rückkehr zur bilanziellen Betrachtungsweise**, wie sie vor der oben genannten Rechtsprechung allgemein anerkannt war.[54] Die vorherige Rechtsprechung des BGH hatte den Vermögensschutz des § 57 zu einem gegenständlichen Schutz erweitert.[55] Ferner kehrte der BGH bereits in einem *obiter dictum* zur bilanziellen Betrachtungsweise zurück und verfestigte diese Ansicht nunmehr ausdrücklich in seinem jüngsten Urteil zu diesem Problemkreis.[56] Entscheidend ist auch hier, dass der Rückgewähranspruch vollwertig ist.

Maßstab für die **Vollwertigkeit** eines Rückgewähranspruchs ist eine vernünftige kaufmännische Beurteilung, wie sie auch bei der Bewertung von Forderungen aus Drittgeschäften im Rahmen der Bilanzierung (§ 253 HGB) maßgeblich ist. Vollwertigkeit ist danach gegeben, wenn dem Rückgewähranspruch unter Berücksichtigung der Bonität des Darlehensnehmers kein über das allgemeine Kreditrisiko hinausgehendes Risiko anhaftet oder hinreichende Sicherheiten bestehen.[57] Eine an Sicherheit grenzende Wahrscheinlichkeit der Darlehensrückzahlung ist nicht erforderlich.[58] Maßgeblicher Zeitpunkt für die Beurteilung der Vollwertigkeit ist die Valutierung des Darlehens.[59]

Anders stellt sich die Rechtslage im **AG-Vertragskonzern** dar: Das Verbot des § 57 wird hier durch den, aufgrund des MoMiG neu gefassten, § 291 Abs. 3 und den neu eingefügten § 57 Abs. 1 S. 3 Alt. 1 ausdrücklich ausgeschlossen, soweit zwischen der Mutter und der Tochter ein Beherrschungs- oder Gewinnab-

---

45 BGH NJW 1987, 1194, 1195.
46 BGH NJW 1992, 2821; *Brandes*, WM 1994, 2177, 2181; *Diekgräf*, Sonderzahlungen an opponierende Kleinaktionäre im Rahmen von Anfechtungs- und Spruchstellenverfahren, 1990, S. 242, 248 ff.
47 OLG Frankfurt AG 1996, 324, 325 = BB 1996, 445, 446 = DZWir 1996, 244 mAnm. *Westermann/Wilhelmi* = WiB 1996, 163 mAnm. *Wilken*.
48 Ausführlich: Großkomm-AktienR/*Henze*, Rn 49 ff.
49 Vgl dazu Voraufl. § 57 Rn 12 mwN in Fn 18.
50 BGHZ 157, 72 = BGH vom 24.11.2003, II ZR 171/01 = NJW 2004, 1111.
51 BGH NJW 2004, 1111, 1112.
52 Vgl *Cahn*, Der Konzern 2004, 235, 243 f; *Wessels*, ZIP 2004, 793, 796; ähnlich auch *Bayer/Lieder*, ZGR 2005, 133, 146 f; differenzierend *Seidel*, DStR 2004, 1130, 1131 f, der dies nur annimmt, wenn der Aktionär unternehmerisch beteiligt ist, also mehr als 25 % der Gesellschaftsanteile hält; offen gelassen von *Reidenbach*, WM 2004, 1421, 1427 und von *Seibold*, Finanz Betrieb 2005, 77, 80; kritisch zu diesem Ergebnis *Vetter*, BB 2004, 1509, 1513; aA *Henze*, WM 2005, 717, 720 f, der von der Zulässigkeit einer Darlehensvergabe ausgeht, soweit sie aus dem die gesetzliche Rücklage und die Grundkapitalziffer übersteigenden Gesellschaftsvermögen erfolgt.
53 BGBl. I 2008, 2026.
54 RegBegr. zum MoMiG BT-Drucks. 16/6140 S. 119 unter Verweis auf die Ausführungen zu § 30 GmbHG, S. 94.
55 RegBegr. zum MoMiG BT-Drucks. 16/6140 S. 119 unter Verweis auf die Ausführungen zu § 30 GmbHG, S. 94.
56 BGH NZG 2011, 829; schon zuvor *obiter* BGH NZG 2009, 107.
57 *Mülbert/Leuschner*, NZG 2009, 281, 282.
58 BGH NZG 2009, 107, 108.
59 *Mülbert/Leuschner*, NZG 2009, 281, 282.

führungsvertrag besteht. Während vor der Reform durch das MoMiG nur Leistungen „aufgrund" eines Beherrschungs- oder Gewinnabführungsvertrages nicht vom Verbot der Einlagerückgewähr erfasst waren, genügt nach dem neuen Wortlaut bereits die bloße Existenz eines Beherrschungs- oder Gewinnabführungsvertrags für die Privilegierung.[60] Damit sollen auch solche Leistungen vom Verbot der Einlagenrückgewähr befreit werden, die an Dritte auf Veranlassung des herrschenden Unternehmens erfolgen, beispielsweise an andere Konzernunternehmen oder an Unternehmen, die mit dem herrschenden Unternehmen oder anderen Konzernunternehmen in Verbindung stehen.[61] Der Dispens des Verbots des § 57 AktG beschränkt sich folglich nicht nur auf Leistungen zwischen den Vertragsteilen des Unternehmensvertrags.[62] An seine Stelle tritt der Verlustausgleichsanspruch aus § 302.[63]

23 Im **faktischen AG-Konzern** werden die §§ 57 ff nach herrschender Meinung durch die speziellere Regelung des § 311 jedenfalls solange verdrängt, bis das herrschende Unternehmen den von § 311 vorgesehenen Nachteilsausgleich entweder erbracht oder endgültig verweigert hat.[64] Diese Ansicht wurde in einer neueren Entscheidung von der höchstrichterlichen Rechtsprechung bestätigt.[65]

24 Eine **Ausnahme** vom Verbot des § 57 ist in Bezug auf die Darlehensvergabe durch **Kreditinstitute** in Form von Aktiengesellschaften zuzulassen. Anderenfalls wäre es diesen praktisch unmöglich, denjenigen ihrer Kunden, die gleichzeitig Aktionäre sind, Darlehen zu gewähren. Dass die Darlehensvergabe an Aktionäre eines Kreditinstituts grundsätzlich nicht als Verstoß gegen § 57 gewertet wird, folgt aber aus einem Umkehrschluss zu § 15 Abs. 1 S. 1 Nr. 10 KWG, der die Kreditvergabe an Unternehmen, die mit mehr als 10 % am Kapital des Kreditinstituts beteiligt sind, von der mit einstimmigem Beschluss gefassten Zustimmung der Geschäftsleitung abhängig macht und damit die gesellschaftsrechtliche Zulässigkeit einer solchen Kreditvergabe voraussetzt.[66]

25 **4. Eigenkapitalersetzende Aktionärsdarlehen.** Ein weiterer Problemkreis eröffnete sich bis zur Einführung des Abs. 1 S. 4 durch das MoMiG im Zusammenhang mit sog. **eigenkapitalersetzenden Gesellschafterdarlehen**, der in der Praxis insbesondere im Zusammenhang mit der GmbH diskutiert wurden.[67] Auch bei der **Aktiengesellschaft** konnten unter bestimmten Umständen von einem Aktionär an die Gesellschaft gewährte Darlehen und sonstige Leistungen ganz oder teilweise **in haftendes Eigenkapital** der Gesellschaft **umqualifiziert werden**.[68] Auf solche Aktionärsdarlehen durfte die Gesellschaft gemäß § 57 weder Zins- noch Rückzahlungen leisten.

26 Mit Einführung des Abs. 1 S. 4 durch das MoMiG ist das in S. 1 statuierte Verbot der Einlagenrückgewähr nicht anzuwenden auf die Rückgewähr eines Aktionärsdarlehens und Leistungen auf Forderungen aus Rechtshandlungen, die einem Aktionärsdarlehen wirtschaftlich entsprechen. Ausweislich der Gesetzesbegründung wird die Rechtsfigur des eigenkapitalersetzenden Gesellschafterdarlehens mit der Einfügung des Abs. 1 S. 4 aufgegeben.[69] Die möglichen mit der Aufgabe dieser Rechtsfigur einhergehenden Schutzlücken werden durch ergänzende Regelungen in anderen Vorschriften geschlossen. So ist die Rückzahlung eines Gesellschafterkredits während des normalen Bestehens der Gesellschaft unproblematisch. Kritisch sind hingegen Zahlungen im Vorfeld einer Insolvenz. Solche Zahlungen, sofern sie im letzten Jahr vor der Eröffnung der Insolvenz erfolgten, werden nun von § 135 Abs. 1 Nr. 2 InsO erfasst.[70]

27 **II. Das Zinsverbot (Abs. 2).** Abs. 2 konkretisiert das Verbot der Einlagenrückgewähr und verbietet ausdrücklich die **Zusage** und **Zahlung von Zinsen** auf die Einlage. Zinsen sind alle wiederkehrenden, in ihrer Höhe bestimmten oder bestimmbaren Zahlungen, die an einen Aktionär ohne Rücksicht auf den festgestellten Bilanzgewinn geleistet werden.[71] Das Verbot gilt insbesondere für die Zusage und Zahlung fester Dividendengarantien.[72] Von der Regelung **nicht erfasst** werden hingegen zulässige Abschläge auf den Bilanzge-

---

60 KölnKomm-AktG/*Drygala*, Rn 98; *Hüffer* Rn 17.
61 Begr. des Rechtsausschuss zum MoMiG BT-Drucks. 16/9737, S. 57 unter Verweis auf die Ausführungen zu § 30 GmbHG, S. 56.
62 Begr. des Rechtsausschuss zum MoMiG BT-Drucks. 16/9737, S. 102 unter Verweis auf die Ausführungen zu § 30 GmbHG, S. 98.
63 KölnKomm-AktG/*Drygala*, Rn 98; *Hüffer*, Rn 17.
64 KölnKomm-AktG/*Drygala*, Rn 105 ff; *Hüffer*, § 311 Rn 49 mwN. Vgl dazu auch unten Rn 33.
65 BGH NZG 2009, 107, 108.
66 *Cahn*, Der Konzern 2004, 235, 244. Zu einem ähnlichen Ergebnis gelangt man mit der von *Seidel* (siehe oben Fn 52) vorgeschlagenen Differenzierung.
67 Vor Inkrafttreten des MoMiG §§ 32 a und 32 b GmbHG sowie Rechtsprechungsgrundsätze analog §§ 30, 31 GmbHG; wegen der Fülle der Veröffentlichungen wird auf die diesbezügliche Kommentarliteratur verwiesen. Insoweit grundlegend zum Verhältnis zwischen GmbH- und Aktienrecht BGHZ 90, 381 f; vgl zuletzt BGH NZG 2005, 712ff; neuere Übersicht bei *Veil*, ZGR 2000, 223 ff.
68 BGHZ 90, 381ff; Großkomm-AktienR/*Henze*, Rn 98 f; MüHb-AG/*Wiesner*, § 16 Rn 50; MüKo-AktG/*Bayer*, Rn 178 f; *Veil*, ZGR 2000, 223 ff.
69 RegBegr. zum MoMiG BT-Drucks. 16/6140 S. 119 unter Verweis auf die Ausführungen zu § 30 GmbHG, S. 95.
70 RegBegr. zum MoMiG BT-Drucks. 16/6140 S. 119 unter Verweis auf die Ausführungen zu § 30 GmbHG, S. 95.
71 Großkomm-AktienR/*Henze*, Rn 162; MüKo-AktG/*Bayer*, Rn 115.
72 Unstr, vgl *Hüffer*, Rn 21; MüKo-AktG/*Bayer*, Rn 115.

winn (§ 59), Vorabdividenden (§ 60) sowie Vorzugsdividenden (§§ 139 ff). Ebenso wie bei § 57 Abs. 1 S. 1 erfasst das Verbot des Abs. 2 auch Leistungen an, durch sowie unter Dritten (siehe hierzu Rn 39 ff). Der Wortlaut des Abs. 2 erfasst sowohl das **Kausalgeschäft** (Zusage) als auch das **Erfüllungsgeschäft** (Zahlung der Zinsen). 28

III. **Verbot sonstiger Vermögensverteilung (Abs. 3).** Abs. 3 verbietet es, vor Auflösung der Gesellschaft mehr als den Bilanzgewinn unter den Aktionären zu verteilen. Damit wiederholt Abs. 3 das allgemeine Verbot aus Abs. 1 S. 1. 29

IV. **Ausnahmen vom Verbot der Einlagenrückgewähr.** Das Gesetz kennt **Ausnahmen** vom Verbot der Einlagenrückgewähr. Diese Ausnahmetatbestände sind **abschließend** im Gesetz geregelt und weder erweiternder Auslegung noch satzungsmäßiger Ausweitung zugänglich. 30

1. **Erwerb eigener Aktien.** Erwirbt die Gesellschaft eigene Aktien, so liegt darin grundsätzlich ein Verstoß gegen Abs. 1 S. 1, weil die Zahlung des Kaufpreises nicht Verteilung von Bilanzgewinn ist. Von diesem Grundsatz erlaubt Abs. 1 S. 2 jedoch eine Ausnahme, indem der zulässige Erwerb eigener Aktien (§§ 71 ff) freigestellt wird. Dies bezieht sich freilich nur auf den **Erwerbsgrund** (Rückerwerb von Aktien), nicht jedoch auf den gezahlten **Preis**. Erfolgt der Erwerb zu einem **überhöhten Preis**, unterfällt er wieder grundsätzlich dem **Verbot** der Einlagenrückgewähr. **Streitig** ist, ob in diesem Fall das Erwerbsgeschäft insgesamt unzulässig ist,[73] wie von der hM vertreten, oder ob sich der Verstoß gegen § 57 ausnahmsweise nur auf den überschießenden Betrag erstreckt.[74] Der hM ist beizupflichten, da die Ausnahme des Abs. 1 S. 2 nur den Erwerbsgrund von der Anwendung des Abs. 1 S. 1 freistellen will. Bei Zahlung eines überhöhten Preises gibt es für die Freistellung keinen Raum. 31

2. **Leistungen der Gesellschaft bei Bestehen von Unternehmensverträgen.** Bei Vorliegen eines **Beherrschungs- oder Gewinnabführungsvertrages** ordnet § 291 Abs. 3 an, unter anderem § 57 auf Leistungen der Gesellschaft nicht anzuwenden.[75] Solche Leistungen sind daher zulässig. **Betriebspacht- und Betriebsüberlassungsverträge** sind von der Privilegierung des § 57 Abs. 1 S. 3 Alt. 1 nicht erfasst. Für sie ist in § 292 Abs. 3 lediglich eine Ausnahme von der Nichtigkeitsfolge bei Verstoß gegen die §§ 57 ff vorgesehen. 32

3. **Faktischer Konzern.** Gemäß § 311 Abs. 1 darf ein herrschendes Unternehmen seinen Einfluss dazu benutzen, eine abhängige AG dazu zu veranlassen, ein für sie nachteiliges Geschäft vorzunehmen oder eine Maßnahme zu ihrem Nachteil zu treffen oder zu unterlassen, vorausgesetzt, die der AG daraus resultierenden Nachteile werden in dem laufenden Geschäftsjahr ausgeglichen oder es wird ihr zumindest zum Ende des Geschäftsjahres ein Rechtsanspruch auf Nachteilsausgleich eingeräumt. § 57 ist damit in solchen Konstellationen für die Dauer des laufenden Geschäftsjahres suspendiert.[76] Erst wenn nach Ablauf des Geschäftsjahres ein entsprechender Ausgleich nicht gewährt wurde, erhält § 57 – dann allerdings in vollem Umfang – wieder Wirksamkeit. In diesem Fall treten die Ansprüche aus Einlagenrückgewähr neben die Ansprüche aus §§ 317 und 318.[77] 33

4. **Eingliederung.** Bei der Eingliederung gemäß §§ 319 ff ist die Anwendung des § 57 vollständig ausgeschlossen (§ 323 Abs. 2). Das Vermögen der eingegliederten AG genießt keinen Bestandsschutz. 34

5. **Kapitalherabsetzung.** Bei der **ordentlichen** Kapitalherabsetzung kommt es zur Rückzahlung der Einlage. Diese ist bei Beachtung der Vorschriften der §§ 222 ff – insbesondere §§ 222 Abs. 3 und 225 Abs. 2 – ebenso zulässig wie bei der Kapitalherabsetzung **durch Einziehung von Aktien** gemäß §§ 237 ff[78] Bei der **vereinfachten** Kapitalherabsetzung (§§ 229 ff) darf es jedoch wegen § 230 nicht zur Rückzahlung von Einlagen kommen.[79] 35

6. **Abschlagszahlungen auf den Bilanzgewinn.** Auch Abschlagszahlungen auf den Bilanzgewinn stellen ihrer Natur nach eine Einlagenrückgewähr dar, sind jedoch vom Gesetz im Rahmen des § 59 zugelassen. 36

---

[73] Hüffer, Rn 16; KölnKomm-AktG/Drygala, Rn 96; MüKo-AktG/Bayer, Rn 117: Der Zweck der Ausnahme bestimme auch deren Reichweite, daher insgesamt Nichtigkeit von Verpflichtungs- und Verfügungsgeschäft; zum individuell ausgehandelten Rückkauf eigener Aktien Bosse, NZG 2000, 16 ff.

[74] Großkomm-AktienR/Henze, Rn 183: Die Ausnahmeregelung des Abs. 1 S. 2 rechtfertige auch die Abweichung vom Grundsatz der Nichtigkeit von Verpflichtungs- und Verfügungsgeschäft insgesamt.

[75] Die Rechtmäßigkeit der Weisung gemäß § 308 AktG ist nach neuer Rechtslage keine Voraussetzung mehr für die Privilegierung, da es nur noch auf das Bestehen des Vertrags ankommt, Hüffer, § 291 Rn 36; KölnKomm-AktG/Drygala, Rn 98, 102. Vgl dazu auch oben Rn 22.

[76] HM, BGH NZG 2009, 107, 108; OLG München NZG 2005, 181, 183; OLG Hamm ZIP 1995, 1263, 1271; LG Düsseldorf AG 1979, 290, 291 f; OLG Frankfurt AG 1996, 324, 327; OLG Stuttgart AG 1994, 411, 412; Großkomm-AktienR/Henze Rn 194; KölnKomm-AktG/Drygala, Rn 105, MüKo-AktG/Bayer, Rn 146 f, jeweils mwN.

[77] OLG Hamm ZIP 1995, 1263, 1271; LG Düsseldorf AG 1979, 290, 291 f; Großkomm-AktienR/Henze, Rn 169; Hüffer, Rn 6; aA Michalski, AG 1980, 261, 264 f, der einen Vorrang der §§ 317, 318 annimmt.

[78] So auch BFH AG 1980, 312; Großkomm-AktienR/Henze, Rn 185; Hüffer, Rn 6; KölnKomm-AktG/Drygala, Rn 117; MüKo-AktG/Bayer, Rn 136 f.

[79] Großkomm-AktienR/Henze, Rn 185.

37 **7. Vergütung von Nebenleistungen.** § 61 erlaubt es, Nebenleistungen, zu denen der Aktionär nach der Satzung neben der Erbringungen der Einlage verpflichtet ist, entsprechend zu vergüten. Eine Vergütung, die über den Wert der Leistungen hinausgeht, ist jedoch unzulässig.

38 **8. Erwerb wechselseitiger Beteiligungen.** Der Aufbau wechselseitiger Beteiligungen zwischen Kapitalgesellschaften führt im Ergebnis bei den beteiligten Gesellschaften zu einer Vermögensminderung und ist deshalb als (indirekte) Rückgewähr der Einlage zu qualifizieren. Dennoch erlaubt das Gesetz den Aufbau wechselseitiger Beteiligungen im Rahmen der Vorgaben des § 71 d.

39 **V. Leistungen an Dritte, durch Dritte oder unter Dritten.** Das Verbot der Rückgewähr von Einlagen erstreckt sich zunächst auf **Leistungen** der AG **an ihre Aktionäre**. Leistungen Dritter an Aktionäre der AG, Leistungen der AG an Dritte und Leistungen unter Dritten werden unter dem Gesichtspunkt des Kapitalschutzes nur relevant, soweit sie rechtlich oder wirtschaftlich **für Rechnung** des Aktionärs (Leistungen der AG an Dritte) oder der AG (Leistungen Dritter an Aktionäre) erfolgen. Solche Konstellationen fallen ebenfalls in den Anwendungsbereich des § 57. Ob es sich dabei um eine erweiterte Auslegung oder analoge Anwendung des § 57 handelt, wird wenig erörtert, ist für die Praxis jedoch letztlich auch ohne Belang.[80]

40 **1. Leistungen an Dritte.** Erbringt die AG eine Leistung, die sie nicht an ihre Aktionäre erbringen dürfte, zwar formal an einen Dritten, bei **wirtschaftlicher Betrachtung** jedoch tatsächlich an den Aktionär, unterliegt diese Leistung dem Verbot der Einlagenrückgewähr.

41 Beispiele für solche Konstellationen sind Leistungen an eine von dem Aktionär **beherrschte Gesellschaft**[81] bzw im umgekehrten Fall an die den Aktionär beherrschende Gesellschaft;[82] Leistungen an **Stellvertreter** oder **Bevollmächtigte** des Aktionärs, wenn sie mitgliedschaftliche Rechte des Aktionärs für diesen geltend machen[83] sowie Leistungen an **Strohmänner**[84] oder **nahe Angehörige** des Aktionärs, wie beispielsweise Ehegatten oder minderjährige Kinder (Rechtsgedanke aus §§ 89 Abs. 3 S. 1; 115 Abs. 2).[85]

42 Ferner handelt es sich um eine verbotene Einlagenrückgewähr, wenn die verbotene Leistung an einen Dritten erfolgt, der **zuvor Aktionär** der Gesellschaft war, die Leistung der Gesellschaft in einem sachlichen und zeitlichen Zusammenhang mit der Aktionärseigenschaft des Dritten steht und mit Rücksicht auf diese gewährt wurde.[86] In diesen Fällen kann es nicht von Bedeutung sein, dass die Gesellschaft ihre Leistungen formal an einen Dritten erbringt. Gleiches muss gelten, wenn die Leistung an einen künftigen Aktionär erfolgt.[87]

43 Ein **Pfandgläubiger** unterliegt nicht ohne Weiteres den Beschränkungen der Kapitalerhaltungsregeln. Dies gilt jedoch nur solange, wie dem Pfandgläubiger **keine atypischen Befugnisse** eingeräumt wurden, die es ihm ermöglichen, die Geschicke der Gesellschaft ähnlich einem Gesellschafter zu bestimmen.[88]

44 **2. Leistungen durch Dritte.** Grundsätzlich kann jeder Dritte Leistungen an Aktionäre der Gesellschaft erbringen. Führt dies jedoch **indirekt** zu einer **Schmälerung** des **Gesellschaftsvermögens der AG**, so müssen auch diese Leistungen an Abs. 1 S. 1 gemessen werden. Der Grundfall einer solchen Leistungsbeziehung liegt vor, wenn der **Dritte** kraft Vereinbarung mit der Gesellschaft **von dieser Ersatz** der an die Aktionäre erbrachten Leistungen **fordern kann** und damit wirtschaftlich nicht mehr auf eigenes Risiko bzw eigene Rechnung, sondern auf **Risiko und Rechnung der Gesellschaft** handelt.[89] Ein Beispiel für derartige Leistungen durch Dritte sind Leistungen durch Tochtergesellschaften der AG, die mit dieser durch einen Gewinnabführungs- oder Beherrschungsvertrag verbunden sind. In diesem Fall ist die Gesellschaft kraft Gesetzes zur Übernahme der Verluste ihrer Tochtergesellschaft verpflichtet. Auch ohne Bestehen eines solchen Vertrages sind Leistungen von Gesellschaften, die von der AG **abhängig** sind oder in deren **Mehrheitsbesitz** stehen, nach denselben Kriterien zu beurteilen wie Leistungen der AG selbst.[90]

---

80 Für Analogie wohl *Canaris* in FS Fischer, S. 31 f; *Hüffer*, Rn 14; MüKo-AktG/*Bayer*, Rn 47 f.
81 BGHZ 81, 311, 315 (für die GmbH).
82 OLG Hamm ZIP 1995, 1263, 1269 f; vgl auch BGH NJW 1996, 589, 590 (für die GmbH).
83 Großkomm-AktienR/*Henze*, Rn 83; *Hüffer*, Rn 14; KölnKomm-AktG/*Drygala*, Rn 126.
84 BGH NZG 2008, 106; OLG Hamburg AG 1980, 275, 279.
85 BGH ZIP 1986, 456, 458; KG NZG 1999, 161 mAnm. *Mennicke*.
86 OLG Frankfurt AG 1996, 324, 325; OLG Hamburg AG 1980, 275, 278; zum erforderlichen sachlichen und zeitlichen Zusammenhang zwischen Leistung und Aktionärseigenschaft vgl KölnKomm-AktG/*Drygala*, Rn 119: bis zu 6 Monate; BGHZ 132, 141, 146 hat sich zur GmbH lediglich insoweit festgelegt, als jedenfalls bei einem Zeitraum von mehr als drei Jahren der zeitliche Zusammenhang entfällt.
87 BGH NZG 2008, 106; OLG Hamburg AG 1980, 275, 278; *Canaris* in: FS Fischer, S. 31, 32; Großkomm-AktienR/*Henze*, Rn 80; *Hüffer*, Rn 14; KölnKomm-AktG/*Drygala*, Rn 119; MüKo-AktG/*Bayer*, Rn 57.
88 MüKo-AktG/*Bayer* Rn 61; Schmidt/Lutter/*Fleischer*, Rn 31; siehe auch BGHZ 119, 191, 195 (für die Verpfändung von GmbH-Anteilen); zustimmend *Lutter/Hommelhoff*, GmbHG, § 32 a/b Rn 54; *Reymann*, DNotZ 2005, 425, 445; aA KölnKomm-AktG/*Dryala* Rn 125.
89 AllgM; vgl OLG Hamburg AG 1980, 275, 278 (obiter dictum); *Hüffer*, Rn 13; KölnKomm-AktG/*Drygala*, Rn 120; MüKo-AktG/*Bayer*, Rn 48.
90 Vgl nur Großkomm-AktienR/*Henze*, Rn 76 mwN; KölnKomm-AktG/*Dryala*, Rn 121.

3. Leistungen unter Dritten. Aus den vorstehenden Ausführungen ergibt sich bereits, dass auch Leistungen unter Dritten dem Verbot der Einlagenrückgewähr unterfallen können, wenn die Leistung wirtschaftlich auf Risiko und für Rechnung der AG an – bei wirtschaftlicher Betrachtung – einen oder mehrere ihrer Aktionäre erfolgt. Zu denken wäre hier beispielsweise an Leistungen durch eine im Mehrheitsbesitz der AG stehende Gesellschaft an den Ehegatten des Aktionärs. 45

C. Rechtsfolgen einer verbotenen Einlagenrückgewähr

I. Herrschende Meinung. Die in der älteren aktienrechtlichen Rechtsprechung und Literatur allgemein vertretene und bis vor Kurzem noch hM sieht § 57 als **Verbotsgesetz** im Sinne von § **134 BGB** an. Ein Verstoß gegen § 57 soll danach sowohl bei der **offenen** wie auch bei der **verdeckten Einlagenrückgewähr** grundsätzlich zur **Nichtigkeit** des **schuldrechtlichen Rechtsgeschäfts** führen,[91] wobei selbständige Teile oder verbundene Rechtsgeschäfte in den Grenzen des § 139 BGB erhalten bleiben können. Unbeachtlich sei, ob die Verpflichtung mündlich, schriftlich oder in anderer Weise begründet werden sollte. Nichtig seien in solchen Fällen auch Verpflichtungen, die durch Satzungsbestimmung oder Hauptversammlungsbeschluss begründet werden sollten.[92] 46

Innerhalb der früher hM besteht nahezu Einigkeit darüber, dass sich jedenfalls bei einem **offenen Verstoß** gegen das Verbot der Einlagenrückgewähr die **Nichtigkeit** auch auf das **dingliche Geschäft** hinsichtlich der Leistung der Gesellschaft erstreckt, während das Erfüllungsgeschäft des Aktionärs wirksam bleibt.[93] Der AG sollen in diesem Fall sowohl **dingliche Ansprüche** auf Herausgabe und ggf Folgeansprüche (§§ 985, 1007 BGB) als auch Ansprüche aus § 62 zustehen; Ansprüche aus ungerechtfertigter Bereicherung (§§ 812 ff BGB) werden als von der speziellen Regel des § 62 verdrängt angesehen. 47

Die Rechtsfolge eines **verdeckten** Verstoßes gegen das Verbot der Einlagenrückgewähr ist hingegen innerhalb der früher hM umstritten: während teilweise die Nichtigkeit nur des schuldrechtlichen Rechtsgeschäfts angenommen wird,[94] geht die überwiegende Auffassung auch hier von der Nichtigkeit sowohl des schuldrechtlichen wie des dinglichen Rechtsgeschäfts aus, wenn es mit einem **Aktionär** abgeschlossen wurde.[95] 48

Erfolgt die verbotene Einlagenrückgewähr allerdings durch eine Leistung der Gesellschaft an einen **Dritten**, wird von der **weit überwiegenden Ansicht** nur in bestimmten **Ausnahmefällen** die Erstreckung der Nichtigkeit auf das dingliche Geschäft angenommen.[96] Der Dritte sei nämlich, von den nachfolgend beschriebenen Ausnahmefällen abgesehen, **nicht Adressat des Verbotes** der Einlagenrückgewähr. Etwas anderes soll nur gelten, wenn der Dritte mit dem Aktionär bei wirtschaftlicher Betrachtungsweise identisch ist, beispielsweise bei Leistungen an den faktischen, ehemaligen oder zukünftigen Aktionär sowie an Personen, die mit einem Aktionär familiär verbunden sind (siehe oben Rn 39 ff). 49

Die Nichtigkeit des Geschäfts mit dem Dritten wird ferner bejaht, wenn er mit dem Aktionär oder dem Vorstand der Gesellschaft zum Nachteil der Gesellschaft kollusiv **zusammengewirkt** hat oder der Verstoß gegen § 57 **evident** war.[97] In diesen Fällen muss der Dritte sich wie ein Aktionär gem. § 57 behandeln lassen, mit der Folge, dass sich die Nichtigkeitsfolge auch auf das zwischen ihm und der Gesellschaft abgeschlossene Geschäft erstreckt. 50

II. Neuere Sichtweise. In der neueren Literatur finden sich zunehmend Stellungnahmen, die – mit teils unterschiedlichem Ansatz – der Annahme der Nichtigkeit nach § 134 BGB entgegentreten. So wird vertreten, § 57 stelle **zwar ein Verbotsgesetz** im Sinne von § 134 BGB dar,[98] dies führe aber **weder zur Nichtigkeit** des gegen § 57 verstoßenden **Verpflichtungs- noch des Verfügungsgeschäfts**.[99] Die AG sei lediglich nicht verpflichtet (und auch nicht berechtigt), die aus einem solchen Rechtsgeschäft folgenden Verpflichtungen zu erfüllen.[100] Andere sehen in § 57 schon **kein Verbotsgesetz** gemäß § 134 BGB.[101] Teilweise wird auch angenommen, ein Verstoß gegen § 57 führe jedenfalls nicht zur Nichtigkeit der betreffenden Rechtsgeschäfte ge- 51

---

[91] So 2. Aufl. Rn 43 f; RGZ 77, 71, 73; RGZ 107, 161, 166; OLG Koblenz DB 1977, 816; Geßler/Hefermehl/Bungeroth, Rn 71; Großkomm-AktienR/Henze, Rn 200; Hüffer, Rn 23 f; KölnKomm-AktG/Drygala, Rn 132 f.

[92] Zur Satzungsbestimmung vgl § 23 Abs. 5; zum Hauptversammlungsbeschluss § 241 Nr. 3; zu weiteren Einzelheiten siehe Großkomm-AktienR/Henze, Rn 202.

[93] RGZ 107, 161, 166; Geßler/Hefermehl/Bungeroth, Rn 71; Hüffer, Rn 23; Großkomm-AktienR/Henze, Rn 201 ff; rezipierend KölnKomm-AktG/Drygala, Rn 132 ff.

[94] Dazu KölnKomm-AktG/Lutter, 2. Aufl. 1988, Rn 69 f mwN.

[95] Geßler/Hefermehl/Bungeroth, Rn 75; Großkomm-AktienR/Henze, Rn 210 mwN.

[96] Großkomm-AktienR/Henze, Rn 214 mwN; Hüffer, Rn 24.

[97] Vgl nur BGH WM 1982, 1402; OLG Hamburg AG 1980, 278, 279 f; zur Kollusion BGH NJW 1989, 26; zur Evidenz Palandt/Ellenberger, BGB, § 164 Rn 14.

[98] MüKo-AktG/Bayer, Rn 154.

[99] MüKo-AktG/Bayer, Rn 165.

[100] MüKo-AktG/Bayer, Rn 155.

[101] MüKo-BGB/Armbrüster, § 134 Rn 72; K. Schmidt, GesR, 2002, § 29 II 2 b aa (anders aber für den Fall, dass das Rechtsgeschäft gerade darauf abzielt, das Verbot des § 57 zu umgehen); Staudinger/Sack, § 134 BGB Rn 196 und 245 (aA noch Vorauflage Rn 202, 245).

mäß § 134 BGB.[102] Ob dies daraus folgt, dass § 57 schon gar nicht als Verbotsgesetz in diesem Sinne qualifiziert wird oder ob lediglich die Nichtigkeit als Rechtsfolge des § 134 BGB nicht eingreifen soll, wird dabei nicht weiter erörtert.

52 **III. Stellungnahme.** Der früher hM ist insoweit zu folgen, als § 57 ein **Verbotsgesetz** im Sinne von § **134 BGB** darstellt. Eine Regelung ist Verbotsgesetz gemäß § 134 BGB, wenn sie den Inhalt oder die Vornahme eines Rechtsgeschäfts untersagt, also das Rechtsgeschäft als solches missbilligt.[103] Unzweifelhaft wendet sich die Regelung des § 57 gegen den Inhalt von Rechtsgeschäften, die zur Einlagenrückgewähr verpflichten bzw eine solche Verpflichtung erfüllen.

53 **Abzulehnen** ist mit der neueren Sichtweise aber die **Nichtigkeitsfolge** für solche Rechtsgeschäfte als **Rechtsfolge des § 134 BGB**: Die Vorschrift erklärt Rechtsgeschäfte, die gegen gesetzliche Verbote verstoßen, nur dann für nichtig, wenn „sich nicht aus dem Gesetz ein anderes ergibt". „Ein anderes" ergibt sich aber, wenn das Verbotsgesetz selbst die Sanktion eines Verstoßes regelt und für die Nichtigkeitsfolge des § 134 BGB keinen Raum mehr lässt.[104] Die Rechtsfolgen einer verbotenen Einlagenrückgewähr sind in § 62 **abschließend** geregelt, so dass für die Sanktion des § 134 BGB kein Raum bleibt.

Die Sichtweise der früher hM war historisch dadurch bedingt, dass das Aktiengesetz von 1937 keine Regelung zur Rückgewähr von unter Verstoß gegen § 57 empfangene Leistungen enthielt. Infolgedessen war die Annahme der Nichtigkeit gemäß § 134 BGB notwendig, um dogmatisch einen Rückgewähranspruch begründen zu können.[105] Nach Einführung des § 62 ist ein Rückgriff auf die allgemeinen zivilrechtlichen Rückgewähransprüche aber nicht mehr erforderlich, so dass es auch der Nichtigkeitsfolge des § 134 BGB nicht mehr bedarf.[106]

Der früher hM ist zwar zuzugeben, dass die Nichtigkeitsfolge einen umfassenderen Schutz der Gläubiger im Fall der Insolvenz des begünstigten Gesellschafters gewährleistet, da der AG als Folge der Nichtigkeit dinglicher Rechtsgeschäfte Eigentumsherausgabeansprüche zustehen und sie somit im Insolvenzfall nicht auf eine Quote an der Insolvenzmasse beschränkt ist. Die Ausgestaltung der Kapitalschutzvorschriften in der AG zwingt aber nicht zur Annahme eines derart umfassenden Gläubigerschutzes.

Die neuere Sichtweise führt auch zu einem konzeptionellen Gleichlauf des Kapitalschutzes der AG und der GmbH.[107] Bei letzterer besteht seit jeher ein eigenständiger Rückgewähranspruch für Leistungen, die unter Verstoß gegen die Kapitalerhaltungsvorschriften erbracht werden: Verstöße gegen § 30 GmbHG führen hier nach ganz überwiegender Ansicht in Rechtsprechung und Literatur aufgrund der Spezialregelung in § 31 GmbHG nicht zur Nichtigkeit der entsprechenden Rechtsgeschäfte gemäß § 134 BGB.[108] Die **unterschiedliche Strenge der Kapitalerhaltungsvorschriften** in Aktienrecht und GmbH-Recht kann eine abweichende Beurteilung dieser Frage **nicht rechtfertigen**, denn als Folge ergibt sich daraus nur eine unterschiedlich weit ausgestaltete Vermögensbindung in GmbH und AG auf der **Tatbestandsseite**. Daraus folgt aber nicht, dass die **Rechtsfolgen** im Fall der Missachtung dieser Vermögensbindung unterschiedlich ausgestaltet sein müssen.[109]

54 **IV. Rechtsgeschäfte zwischen Gesellschaft und Aktionär.** Konsequenz der hier vertretenen Auffassung ist für den Fall eines gegen § 57 verstoßenden Rechtsgeschäfts, dass **weder das schuldrechtliche Verpflichtungs- noch das dingliche Erfüllungsgeschäft nichtig** sind, und zwar unabhängig davon, ob es sich um eine offene oder verdeckte Einlagenrückgewähr handelt.

55 Hat sich die AG einem Aktionär gegenüber schuldrechtlich zu einer gegen § 57 verstoßenden Leistung verpflichtet, kann und muss sie die Erfüllung jedoch verweigern.[110] Das folgt aus dem Grundsatz, dass eine Leistung, die nach Empfang zurückzugewähren wäre, nicht verlangt werden darf.[111] Die zum Teil auch auf der Grundlage der unter Rn 46 genannten Auffassung vertretene Annahme, im Fall der verdeckten Einlagenrückgewähr sei das entsprechende Geschäft unter Vereinbarung des **marktgerechten Preises** als geschlossen anzusehen,[112] ist abzulehnen. Eine derartige „geltungserhaltende Reduktion" lässt sich mit Sinn und Zweck des Kapitalschutzes **nicht vereinbaren**; sie würde die Beteiligten geradezu ermuntern, verbotene Geschäfte abzuschließen, da sie jedenfalls die rechtlich zulässige Gegenleistung von der Gesellschaft erhielten

---

102 *Joost*, ZHR 149 (1985), 419, 421ff; *Rosengarten*, ZHR 168 (2004), S. 708, 719 ff; in diesem Sinne auch OLG München NZG 2012, 706; LG München I AG 2004, 159, 160.
103 Staudinger/*Sack/Seibl*, § 134 Rn 30.
104 Staudinger/*Sack/Seibl*, § 134 Rn 67.
105 Dazu ausführlich *Joost*, ZHR 149 (1985), 419, 423 ff.
106 OLG München NZG 2012, 706; *Joost*, ZHR 149 (1985), 419, 426; *Rosengarten*, ZHR 168 (2004), 708, 720.
107 KölnKomm-AktG/*Drygala*, Rn 135.
108 Vgl dazu BGH NJW 2001, 3123, 3124; NJW 1997, 2599, 2600 f; NJW 1988, 139, 140; NJW 1985, 2947; NJW 1978, 160, 162; Baumbach/*Hueck/Fastrich*, GmbHG, § 30 Rn 67; Roth/*Altmeppen*, § 30 Rn 151 jeweils mwN.
109 Vgl MüKo-AktG/*Bayer*, Rn 164; *Winter*, NZG 2012, 1371, 1372; aA Großkomm-AktienR/*Henze*, Rn 205.
110 KölnKomm-AktG/*Drygala* Rn 136; MüKo-AktG/*Bayer*, Rn 165; *K. Schmidt*, GesR, 2002, § 29 II 2 b aa.
111 Vgl Palandt/*Grüneberg*, § 242 BGB, Rn 52 („Dolo agit, qui petit, quod statim redditurus est").
112 *Würdinger*, Aktienrecht, 1981, S. 38, der insoweit mit § 139 BGB argumentiert.

und behalten dürften. Ist das Geschäft bereits vollzogen, folgen Rückgewähransprüche der Gesellschaft allein aus § 62.[113]

V. Rechtsgeschäfte mit Dritten. Liegt die verbotene Einlagenrückgewähr in einer Leistung der AG an Dritte, die jedoch bei wirtschaftlicher Betrachtung **als Leistung an den Aktionär** anzusehen ist (also Leistung an einen faktischen, ehemaligen oder zukünftigen Aktionär sowie an diesem familiär verbundene Personen, vgl oben Rn 39 ff), so kann hinsichtlich des **schuldrechtlichen Geschäfts** nichts anderes gelten als für Leistungen direkt an Aktionäre. Es gelten daher die vorstehenden Ausführungen entsprechend. Ist das Rechtsgeschäft bereits **erfüllt**, stehen der AG Rückgewähransprüche **entsprechend § 62** zu.[114] 56

Bei Rechtsgeschäften mit **sonstigen Dritten** müsste die schuldrechtliche Verpflichtung infolge des Nichteingreifens der Nichtigkeitsfolge grundsätzlich erfüllt werden, wenn man mit der **hM** davon ausgeht, dass gegenüber Dritten, die nicht einem Aktionär gleichgestellt sind, **keine unmittelbaren Ansprüche** gemäß § 62 bestehen.[115] Der AG würden dann nur Ausgleichsansprüche gegenüber dem Aktionär aus § 62 zustehen. Dasselbe würde im Fall der bereits erbrachten Leistung gelten, für die ebenfalls der Aktionär Wertersatz gemäß § 62 leisten müsste.
Wenn man demgegenüber mit der hier vertretenen Auffassung annimmt, dass sich der **Rückgewähranspruch aus § 62 auch auf sonstige Dritte erstreckt**, die dem Aktionär zuzurechnen sind,[116] kann (und muss) auch diesen gegenüber die Leistung aufgrund der „Dolo agit"-Einrede verweigert werden.
Dementsprechend bestünde ein Rückgewähranspruch der AG **unmittelbar gegenüber dem Dritten**, wenn die Leistung bereits an ihn erbracht wurde.[117] 57

Erfolgt die verbotene Leistung **durch Dritte für Rechnung der AG** (siehe oben Rn 44), steht der AG ebenfalls aus den dargestellten Gründen ein Leistungsverweigerungsrecht gegenüber dem Aufwendungsersatzanspruch des Dritten (§ 670 BGB) bzw im Fall der Erfüllung ein Rückgewähranspruch entsprechend § 62 zu.[118] 58

§ 58 Verwendung des Jahresüberschusses

(1) ¹Die Satzung kann nur für den Fall, daß die Hauptversammlung den Jahresabschluß feststellt, bestimmen, daß Beträge aus dem Jahresüberschuß in andere Gewinnrücklagen einzustellen sind. ²Auf Grund einer solchen Satzungsbestimmung kann höchstens die Hälfte des Jahresüberschusses in andere Gewinnrücklagen eingestellt werden. ³Dabei sind Beträge, die in die gesetzliche Rücklage einzustellen sind, und ein Verlustvortrag vorab vom Jahresüberschuß abzuziehen.

(2) ¹Stellen Vorstand und Aufsichtsrat den Jahresabschluß fest, so können sie einen Teil des Jahresüberschusses, höchstens jedoch die Hälfte, in andere Gewinnrücklagen einstellen. ²Die Satzung kann Vorstand und Aufsichtsrat zur Einstellung eines größeren oder kleineren Teils des Jahresüberschusses ermächtigen. ³Auf Grund einer solchen Satzungsbestimmung dürfen Vorstand und Aufsichtsrat keine Beträge in andere Gewinnrücklagen einstellen, wenn die anderen Gewinnrücklagen die Hälfte des Grundkapitals übersteigen oder soweit sie nach der Einstellung die Hälfte übersteigen würden. ⁴Absatz 1 Satz 3 gilt sinngemäß.

(2 a) ¹Unbeschadet der Absätze 1 und 2 können Vorstand und Aufsichtsrat den Eigenkapitalanteil von Wertaufholungen bei Vermögensgegenständen des Anlage- und Umlaufvermögens und von bei der steuerrechtlichen Gewinnermittlung gebildeten Passivposten, die nicht im Sonderposten mit Rücklageanteil ausgewiesen werden dürfen, in andere Gewinnrücklagen einstellen. ²Der Betrag dieser Rücklagen ist entweder in der Bilanz gesondert auszuweisen oder im Anhang anzugeben.

(3) ¹Die Hauptversammlung kann im Beschluß über die Verwendung des Bilanzgewinns weitere Beträge in Gewinnrücklagen einstellen oder als Gewinn vortragen. ²Sie kann ferner, wenn die Satzung sie hierzu ermächtigt, auch eine andere Verwendung als nach Satz 1 oder als die Verteilung unter die Aktionäre beschließen.

(4) Die Aktionäre haben Anspruch auf den Bilanzgewinn, soweit er nicht nach Gesetz oder Satzung, durch Hauptversammlungsbeschluß nach Absatz 3 oder als zusätzlicher Aufwand auf Grund des Gewinnverwendungsbeschlusses von der Verteilung unter die Aktionäre ausgeschlossen ist.

---

113 Zum Inhalt des Rückgewähranspruchs siehe Kommentierung zu § 62.
114 MüKo-AktG/*Bayer*, Rn 166; vgl dazu auch die Kommentierung zu § 62 Rn 9 ff.
115 So MüKo-AktG/*Bayer*, Rn 166; vgl zum Meinungsstand Kommentierung zu § 62 Rn 12.
116 Vgl Kommentierung zu § 62 Rn 13.
117 So auch *Rosengarten*, ZHR 168 (2004), 708, 724 f; näher dazu Kommentierung zu § 62 Rn 13.
118 MüKo-AktG/*Bayer*, Rn 167.

(5) Sofern die Satzung dies vorsieht, kann die Hauptversammlung auch eine Sachausschüttung beschließen.

Literatur:

zu § 58 insgesamt: *Becker,* Satzungsmäßige Ermächtigung der Verwaltung einer AG zur Bildung freier Rücklagen, BB 1966, 764; *Busse von Colbe,* Der Konzernabschluss als Bemessungsgrundlage für die Gewinnermittlung, in: FS Goerdeler, 1987, S. 61; *Frey,* Zur Problematik der aktienrechtlichen Gewinnverwendung, BB 1968, 275; *Geßler,* Der Bedeutungswandel der Rechnungslegung im Aktienrecht, „75 Jahre Deutsche Treuhand-Gesellschaft 1890–1965", 1965; *Gollnick,* Gewinnverwendung im Konzern, JA 1992, 18; *Haller,* Probleme der Bilanzierung der Rücklagen und des Bilanzergebnisses einer AG nach neuem Bilanzrecht, DB 1987, 645; *Hoffmann,* Phasengleiche Vereinnahmung von Dividenden – Bestandsaufnahme zur Rechtslage nach der Entscheidung des EuGH, in: *Herzig,* Europäisierung des Bilanzrechts, 1997, S. 2; *Martens,* Gewinnverwendung und Gewinnverteilung in der AG, in: FS Claussen, 1997, S. 279; *Mertens,* Zur Auslegung und zum Verhältnis von § 76 und § 58 AktG im Hinblick auf uneigennützige Aktivitäten der AG, in: FS Goerdeler, 1987, S. 349; *Siegel/Bareis/Rückle/Schneider/Sigloch/Streim/Wagner,* Stille Reserven und aktienrechtliche Informationspflichten, ZIP 1999, 2077; *Staber,* Satzungsmäßige Ermächtigung der Verwaltung einer AG zur Bildung freier Rücklagen (§ 58 Abs 2 AktG), BB 1966, 1254.

zu § 58 Abs. 2 a: *Harms/Küting/Weber,* Die Wertaufholungskonzeption des neuen Bilanzrechts – eine handels- und steuerrechtliche Analyse, DB 1986, 653; *Nickol,* Die Maßgeblichkeiten der Handels- und Steuerbilanzen füreinander nach neuem Bilanzrecht, BB 1987, 1772; *Niehus,* Wertaufholung und umgekehrte Maßgeblichkeit, BB 1987, 1353.

zur Rücklagenbildung im Konzern: *Beusch,* Rücklagen im Konzern, in: FS Goerdeler, 1987, S. 25; *Geßler,* Rücklagenbildung bei Gewinnabführungsverträgen, in: FS Meilicke, 1985, S. 18; *ders.,* Rücklagenbildung im Konzern, AG 1985, 257; *ders.,* Rücklagenbildung nach § 58 Absatz 2 AktG 1965 im Konzern, WPg 1986, 229; *Götz,* Rücklagenbildung in der Unternehmensgruppe, in: FS Moxter, 1994, S. 573; *Lutter,* Zur Binnenstruktur des Konzerns, in: FS Westermann, 1974, S. 347; *ders.,* Rücklagenbildung im Konzern, in: FS Goerdeler, 1987, S. 327; *Theissen,* Rücklagenbildung im Konzern, ZHR 156 (1992), 174; *Thomas,* Rücklagenbildung im Konzern, ZGR 1985, 365.

zu § 58 Abs. 5 AktG: *Häger/Forst,* Probleme bei der Verwendung von Tochtergesellschafts-Anteilen, EStB 2002, 335; *Hasselbach/Wicke,* Sachausschüttungen im Aktienrecht, NZG 2001, 599; *Knigge,* Änderungen des Aktienrechts durch das Transparenz- und Publizitätsgesetz, WM 2002, 1729; *Lutter/Leinekugel/Rödder,* Die Sachdividende, ZGR 2002, 204; *W. Müller,* Die Änderungen im HGB und die Neuregelung der Sachdividende durch das Transparenz- und Publizitätsgesetz, NZG 2002, 752; *Schüppen,* To comply or not to comply – that's the question! „Existenzfragen" des Transparenz- und Publizitätsgesetzes im magischen Dreieck kapitalmarktorientierter Unternehmensführung, ZIP 2002, 1269; *Seibert,* Das „TransPuG", NZG 2002, 608.

A.	Einführung	1	F.	Anspruch der Aktionäre auf den Bilanzgewinn
B.	Grundbegriffe	3		(Abs. 4) ... 39
C.	Einstellung von Beträgen in andere Gewinnrücklagen bei Feststellung des Jahresabschlusses (Abs. 1 bis 2 a)	13	F.	Sachdividende (Abs. 5) ... 49
				I. Satzungsbestimmung ... 50
				II. Konkretisierung des Ausschüttungsgegenstandes ... 53
	I. Feststellung des Jahresabschlusses durch die Hauptversammlung (Abs. 1)	14		III. Gewinnverwendungsbeschluss ... 55
	II. Feststellung des Jahresabschlusses durch Vorstand und Aufsichtsrat (Abs. 2)	21		IV. Bewertung der Sachdividende ... 57
			G.	Rechtsfolgen bei Verstoß gegen § 58 ... 59
	III. Einstellung in Sonderrücklage durch Vorstand und Aufsichtsrat (Abs. 2 a)	26		I. Maßnahmen im Jahresabschluss (Abs. 1 und Abs. 2) ... 59
	IV. Rücklagenbildung im Konzern	30		II. Verstöße gegen Abs. 2 a ... 61
D.	Rücklagenbildung und sonstige Maßnahmen im Gewinnverwendungsbeschluss (Abs. 3)	33		III. Verstöße gegen Abs. 3 und 4 ... 62
				IV. Verstöße gegen Abs. 5 ... 64

A. Einführung

1 § 58 regelt die **Kompetenzen** von Vorstand, Aufsichtsrat und Hauptversammlung bei der Verwendung des von der Gesellschaft erwirtschafteten Jahresüberschusses. Im Kern geht es dabei um den Ausgleich der **divergierenden Interessen** zwischen den **Aktionären**, die eine angemessene Verzinsung des von ihnen geleisteten Eigenkapitals erwarten, und dem Interesse der **Verwaltung** an einer möglichst hohen Eigenkapitalausstattung der AG.

2 Die Vorschrift knüpft an die überwiegend im HGB niedergelegten Regeln über den Jahresabschluss und die Gewinnermittlung an (§§ 242 ff HGB, aber auch §§ 150 ff) und verwendet deren Terminologie.

B. Grundbegriffe

3 Der **Jahresabschluss** der AG besteht aus der Bilanz, der Gewinn- und Verlustrechnung (GuV) sowie dem Anhang (§§ 242 Abs. 3; 264 Abs. 1 S. 1; 284 ff HGB); § 266 HGB enthält das Gliederungsschema für die Bilanz und § 275 HGB die Gliederungsschemata für die GuV.

4 Der Saldo aus allen in die Gewinn- und Verlustrechnung einbezogenen Positionen (§ 275 HGB) wird, wenn er positiv ausfällt, als **Jahresüberschuss** bzw, wenn er negativ ausfällt, als **Jahresfehlbetrag** bezeichnet.

Für die AG schreibt § 158 vor, die Gewinn- und Verlustrechnung um bestimmte in § 158 angegebene Positionen **zu ergänzen**, die wiederum zur Position **Bilanzgewinn** (positiver Betrag) bzw **Bilanzverlust** (negativer Betrag) führen.

Gewinnrücklagen bilden einen Unterposten in der Position „**Eigenkapital**" in der Bilanz der Gesellschaft (§ 266 Abs. 3 A III HGB). Sie werden aus den ganz oder teilweise thesaurierten positiven Ergebnissen vorangegangener Geschäftsjahre gebildet (§ 272 Abs. 3 HGB).

Gewinnrücklagen sind gemäß dem Gliederungsschema des § 266 HGB in **gesetzliche Rücklagen, Rücklagen für Anteile an einem herrschenden oder mehrheitlich beteiligten Unternehmen, satzungsmäßige Rücklagen** und **andere Gewinnrücklagen** zu unterteilen (§ 266 Abs. 3 A III HGB).

Gesetzliche Rücklagen sieht das Aktiengesetz für die AG in § 150 vor. Danach muss die Gesellschaft **5 %** des um einen Verlustvortrag aus dem Vorjahr geminderten Jahresüberschusses in die gesetzliche Rücklage einstellen, bis diese zusammen mit den Kapitalrücklagen nach § 272 Abs. 2 Nr. 1 bis 3 HGB **10 % des Grundkapitals** bzw einen in der Satzung bestimmten höheren Teil des Grundkapitals erreicht (§ 150 Abs. 2). In der Bilanz eines vertraglich beherrschten Unternehmens müssen anstelle der in § 150 Abs. 2 bestimmten Beträge die in § 300 festgelegten Beträge in die gesetzliche Rücklage eingestellt werden.

Die Rücklage für eigene Anteile muss die Gesellschaft bilden, wenn sie eigene Aktien erworben hat (§§ 71 ff), während **satzungsmäßige Rücklagen** solche sind, deren Bildung in der Satzung der Gesellschaft zwingend vorgeschrieben ist.

Unter den Sammelbegriff **andere Gewinnrücklagen** fallen schließlich diejenigen Rücklagen, die nicht einer der drei vorstehenden Kategorien zugeordnet werden können; sie werden **ohne** gesetzliche oder satzungsmäßige **Verpflichtung** gebildet und können daher auch entsprechend frei wieder aufgelöst werden.[1]

Gemäß § 152 Abs. 3 sind für die einzelnen Gewinnrücklagen in der Bilanz oder im Anhang jeweils gesondert anzugeben:

- die Beträge, welche die Hauptversammlung aus dem Bilanzgewinn des Vorjahres eingestellt hat;
- die Beträge, die aus dem Jahresüberschuss des Geschäftsjahres eingestellt werden; und
- die Beträge, die für das Geschäftsjahr entnommen werden.

Neben den Gewinnrücklagen sieht § 266 HGB die Bilanzposition „**Kapitalrücklage**" vor (§ 266 Abs. 3 A II HGB). Sie ist ebenfalls Teil des bilanziellen Eigenkapitals der Gesellschaft (§ 266 Abs. 3 A HGB). In die Kapitalrücklage sind sämtliche der Gesellschaft von ihren Aktionären neben dem Grundkapital zugeführten Einzahlungen in das Eigenkapital, also insbesondere ein **Agio**, einzustellen.[2]

C. Einstellung von Beträgen in andere Gewinnrücklagen bei Feststellung des Jahresabschlusses (Abs. 1 bis 2 a)

§ 58 Abs. 1 bis 2a regelt, in welchem Umfang Beträge bei **Feststellung des Jahresabschlusses** in andere Gewinnrücklagen eingestellt werden dürfen. Die Vorschrift differenziert danach, ob der Jahresabschluss von der **Hauptversammlung** (Abs. 1) oder von **Vorstand und Aufsichtsrat** festgestellt wird (Abs. 2), wie es in der Regel der Fall ist.

I. Feststellung des Jahresabschlusses durch die Hauptversammlung (Abs. 1). Die Regelung des Abs. 1 setzt voraus, dass die Hauptversammlung den Jahresabschluss feststellt. Grundsätzlich fällt dies allerdings gemäß §§ 172, 173 Abs. 1 in die **Kompetenz** von **Vorstand und Aufsichtsrat**. Von besonderen **Ausnahmefällen** abgesehen,[3] stellt die Hauptversammlung jedoch nur dann den Jahresabschluss fest, wenn Vorstand und Aufsichtsrat dies beschließen oder der Aufsichtsrat den Jahresabschluss nicht gebilligt hat (§ 173 Abs. 1).

Gemäß Abs. 1 kann die **Satzung** für den Fall der Feststellung des Jahresabschlusses durch die Hauptversammlung **vorschreiben**, dass bestimmte Beträge aus dem Jahresüberschuss in andere Gewinnrücklagen einzustellen sind. Die **Satzung** der Gesellschaft muss die entsprechende Regelung nach allgM **selbst treffen** – eine **Ermächtigung** der Hauptversammlung durch die Satzung **genügt** insoweit **nicht**.[4] Unzulässig ist auch eine Satzungsbestimmung, die zwar einen bestimmten Höchstbetrag für die Zuführung zu den anderen Gewinnrücklagen vorsieht, die Hauptversammlung aber dazu ermächtigt, auch geringere Beträge in diese Rücklagen einzustellen.[5] Im Rahmen einer zulässigen Satzungsbestimmung bleibt der Hauptversammlung

---

1 Großkomm-AktienR/*Henze*, Rn 18; KölnKomm-AktG/*Drygala*, Rn 11.
2 Ausführliche Einzelheiten BeckBil-Komm/*Förschle/Kofahl*, § 272 Rn 160 ff.
3 Bei der Abwicklung nach § 270 Abs. 2 S. 1 und im Rahmen der Kapitalherabsetzung mit Rückwirkung, § 234 Abs. 2.
4 A/D/S, Rn 35 f; Großkomm-AktienR/*Henze*, Rn 25; *Hüffer*, Rn 6; KölnKomm-AktG/*Drygala*, Rn 29; MüKo-AktG/*Bayer*, Rn 26.
5 A/D/S, Rn 39 f; Großkomm-AktienR/*Henze*, Rn 26; *Hüffer*, Rn 6; Geßler/*Hefermehl/Bungeroth*, Rn 34.

daher nach **hM kein Ermessensspielraum** – sie ist **verpflichtet**, die in der Satzung vorgesehenen Zuführungen vorzunehmen.[6]

16 Nach zutreffender **hM**, die sich auf den Wortlaut der Vorschrift stützen kann, ist in diesem Zusammenhang erforderlich, dass die Satzung eindeutig den Betrag der Zuführung entweder als absolute Zahl oder als festen Prozentsatz des Jahresüberschusses vorgibt.[7]

17 Enthält die Satzung überhaupt keine Bestimmung über die Dotierung von Gewinnrücklagen, bleibt es bei der gesetzlichen Regelung des § 173 Abs. 2 S. 2. In diesem Fall darf die Hauptversammlung bei Feststellung des Jahresabschlusses nur die Beträge in Gewinnrücklagen einstellen, die nach dem Gesetz einzustellen sind – die Hauptversammlung kann daher lediglich die Dotierung der gesetzlichen Rücklage nach § 150 bzw nach § 300 vornehmen.[8]

18 Ein Hauptversammlungsbeschluss über die Einstellung bestimmter Beträge in andere Gewinnrücklagen bei Feststellung des Jahresabschlusses **ohne** entsprechende **Satzungsermächtigung** ist gem. § 256 Abs. 1 Nr. 4 **nichtig**. Allerdings kann die Hauptversammlung ohne besondere Ermächtigung gem. Abs. 3 S. 1 im Beschluss über die **Gewinnverwendung** Beträge in Gewinnrücklagen einstellen (siehe dazu Rn 33 ff).[9]

19 Abs. 1 S. 2 gibt zum Schutz der Minderheit der Aktionäre eine **Obergrenze** für die satzungsmäßige Ermächtigung zur Einstellung von Beträgen in andere Gewinnrücklagen vor. Danach kann **höchstens die Hälfte des Jahresüberschusses** in andere Gewinnrücklagen eingestellt werden, wobei Beträge, die in die **gesetzliche Rücklage** einzustellen sind, und ein **Verlustvortrag** vorab vom Jahresüberschuss abgezogen werden müssen (Abs. 1 S. 3). Darüber hinaus sind nach allg. Meinung in analoger Anwendung von Abs. 1 S. 3 vorab zusätzlich gegebenenfalls eine **Sonderrücklage** (§ 218 S. 2) und **Zuweisungen zur Kapitalrücklage** (§ 232) vom Jahresüberschuss abzuziehen.[10]

20 Sieht die Satzung vor, dass mehr als die gemäß Abs. 1 S. 2 zulässigen Beträge in andere Gewinnrücklagen einzustellen sind, führt dies nach hM **nicht** zur **Nichtigkeit** der entsprechenden Satzungsbestimmung.[11] Diese bleibt, reduziert auf das gesetzlich zulässige Maß, wirksam – die Hauptversammlung bleibt daher in diesen Fällen verpflichtet, die Hälfte des Jahresüberschusses in die anderen Gewinnrücklagen einzustellen.[12]

21 **II. Feststellung des Jahresabschlusses durch Vorstand und Aufsichtsrat (Abs. 2).** Stellen Vorstand und Aufsichtsrat den Jahresabschluss fest, **können** sie einen Teil des Jahresüberschusses, höchstens jedoch die Hälfte, in andere Gewinnrücklagen einstellen. Diese Regelung ist insoweit **zwingendes Recht**, als Vorstand und Aufsichtsrat **nicht** zur Einstellung von Beträgen in andere Gewinnrücklagen **verpflichtet** werden können.[13] Die Entscheidung über die Einstellung von Beträgen in andere Gewinnrücklagen steht daher im Ermessen von Vorstand und Aufsichtsrat. Dieses Ermessen ist allerdings in Ausnahmefällen eingeschränkt. Beispielsweise wird nach einer Abschlagszahlung auf den Bilanzgewinn (§ 59) zu Recht angenommen, die Verwaltung sei zumindest insoweit gebunden, als wenigstens ein der Abschlagssumme entsprechender Bilanzgewinn erhalten bleiben müsse.[14]

22 Die Satzung kann gem. Abs. 2 S. 2 Vorstand und Aufsichtsrat zur Einstellung eines **größeren** oder **kleineren** Teils des Jahresüberschusses in andere Gewinnrücklagen **ermächtigen**,[15] jedoch nicht verpflichten.[16]

23 Teilweise wird die Ansicht vertreten, die Satzungsermächtigung könne nicht zur Einstellung des **gesamten Jahresüberschusses** in andere Gewinnrücklagen ermächtigen. Dies wird entweder mit dem Wortlaut von Abs. 2 S. 2, der nur zur Einstellung eines „Teils" ermächtige,[17] oder mit dem Rechtsgedanken aus § 254 begründet.[18] Dem ist nicht zuzustimmen.[19] Gemäß Abs. 2 S. 3 dürfen Vorstand und Aufsichtsrat aufgrund einer Satzungsermächtigung keine Beträge in andere Gewinnrücklagen einstellen, wenn und soweit die an-

---

6 *A/D/S*, Rn 38 f; Großkomm-AktienR/*Henze*, Rn 25; *Hüffer*, Rn 6; KölnKomm-AktG/*Drygala*, Rn 31; MüKo-AktG/*Bayer*, Rn 26; aA *Gail*, WPg 1966, 425, 428; *Werther*, AG 1966, 305 ff.

7 *A/D/S*, Rn 40; Großkomm-AktienR/*Henze*, Rn 26; KölnKomm-AktG/*Drygala*, Rn 31; MüKo-AktG/*Bayer*, Rn 26; aA Vorauflage Großkomm-AktienR/*Barz* (3. Aufl. 1973), § 58 Anm. 12, der Ausnahmen zumindest insoweit zulassen will, als der Hauptversammlung die Befugnis eingeräumt werden kann, hinter dem satzungsgemäßen Betrag zurückzubleiben, wenn keine wirtschaftliche und finanzielle Notwendigkeit für die Bildung von Rücklagen in der satzungsgemäßen Höhe besteht.

8 *A/D/S*, Rn 34; *Hüffer*, Rn 6; KölnKomm-AktG/*Drygala*, Rn 29; MüKo-AktG/*Bayer*, Rn 25.

9 Großkomm-AktienR/*Henze*, Rn 34.

10 *A/D/S*, Rn 20 ff, 23; Großkomm-AktienR/*Henze*, Rn 31; *Hüffer*, Rn 8; KölnKomm-AktG/*Drygala*, Rn 35.

11 *A/D/S*, Rn 44; Großkomm-AktienR/*Henze*, Rn 32; MüKo-AktG/*Bayer*, Rn 34.

12 *A/D/S*, Rn 44; Großkomm-AktienR/*Henze*, Rn 32; MüKo-AktG/*Bayer*, Rn 34; aA *Mutze*, AG 1966, 173, 178.

13 *A/D/S*, Rn 50; Großkomm-AktienR/*Henze*, Rn 36; *Hüffer*, Rn 11; MüKo-AktG/*Bayer*, Rn 38 f.

14 *A/D/S*, Rn 61; Großkomm-AktienR/*Henze*, Rn 44; *Hüffer*, Rn 10; MüKo-AktG/*Bayer*, Rn 50.

15 Für börsennotierte Gesellschaften war bis zur Änderung des § 58 durch das am 26.7.2002 in Kraft getretene Gesetz zur weiteren Reform des Aktien- und Bilanzrechts zur Transparenz und Publizität (TransPubIG) lediglich die Einstellung eines größeren Teils des Jahresüberschusses zulässig.

16 *A/D/S*, Rn 51 f; Großkomm-AktienR/*Henze*, Rn 36; *Hüffer*, Rn 11.

17 *Eckardt*, NJW 1967, 369; *Geßler*, DB 1966, 215, 216; *Rosencrantz*, NJW 1969, 666.

18 *Schäfer*, BB 1966, 229, 233; wohl auch *v. Gleichenstein*, BB 1966, 1047.

19 BGHZ 55, 359, 360 f; *A/D/S*, Rn 52; *Hüffer*, Rn 12; KölnKomm-AktG/*Drygala*, Rn 47; MüKo-AktG/*Bayer*, Rn 44.

deren Gewinnrücklagen nach Einstellung die Hälfte des Grundkapitals übersteigen würden. Damit enthält das Gesetz selbst eine Grenze für die Einstellung von Beträgen in andere Gewinnrücklagen, eine weitere – niedriger liegende – Grenze lässt sich dem Gesetz, auch unter Berufung auf den ungenauen Wortlaut der Norm, nicht entnehmen.

Streitig ist, wie konkret die Ermächtigung in der Satzung gefasst sein muss. In der Literatur wird es teilweise als ausreichend angesehen, wenn die Ermächtigungsklausel den **Wortlaut des Gesetzes** wiedergibt.[20] Eine weiter gehende Auffassung verlangt darüber hinaus die Angabe einer **eindeutigen Obergrenze** für die Zuweisung von Beträgen, zB als Prozentsatz des Jahresüberschusses.[21] Dieser zweiten Ansicht ist der Vorzug zu geben, da die Aktionäre wissen müssen, worauf sie sich bei einer Beteiligung an der Gesellschaft einlassen.[22] Zu empfehlen sind daher Formulierungen wie „bis zu [...] % des Jahresüberschusses" oder „den ganzen Jahresüberschuss abzüglich des für die Ausschüttung einer Dividende von 4 %[23] erforderlichen Betrags".[24] 24

Auch im Rahmen des Abs. 2 sind vom Jahresüberschuss zunächst Abzüge in demselben Umfang wie in Abs. 1 vorzunehmen. Auf die vorstehenden Ausführungen kann daher verwiesen werden (vgl Rn 19). 25

III. Einstellung in Sonderrücklage durch Vorstand und Aufsichtsrat (Abs. 2 a). Nach Abs. 2 a können Vorstand und Aufsichtsrat den Eigenkapitalanteil von bestimmten **Wertaufholungen** unbeschadet der Absätze 1 und 2 in andere Gewinnrücklagen einstellen. Wann eine Wertaufholung geboten ist, ergibt sich aus § 280 HGB. Danach ist einem Vermögensgegenstand in der Bilanz **Wert zuzuschreiben**, wenn auf diesen nach § 253 Abs. 2 S. 3, Abs. 3 HGB oder § 254 S. 1 HGB Abschreibungen vorgenommen wurden und sich in einem späteren Geschäftsjahr herausstellt, dass die Gründe dafür nicht mehr bestehen. Die Regelung des § 58 Abs. 2 a ermöglicht es der Gesellschaft, die aus dem Wertaufholungsgebot des § 253 Abs. 5 HGB[25] resultierende Erhöhung des Jahresergebnisses durch einen entsprechenden Passivposten zu neutralisieren. Die Regelung dient daher der **Bindung von Vermögen** im Unternehmen. 26

Durch das BilMoG wurden die §§ 247 Abs. 3 und 273 HGB, die zur Einstellung von Passivposten, die bei der **steuerrechtlichen Gewinnermittlung** gebildet wurden und nicht im Sonderposten mit Rücklagenanteil ausgewiesen werden dürfen, in andere Gewinnrücklagen ermächtigen, aufgehoben. 27

Zuständig für die Einstellung in andere Gewinnrücklagen nach Abs. 2 a sind **Vorstand und Aufsichtsrat**. Einstellungen gem. Abs. 2 a erfolgen unabhängig von den Einstellungen nach Abs. 1 und 2 und sind daher bei den danach bestehenden Beschränkungen **nicht** mitzurechnen. 28

Einstellungen in andere Gewinnrücklagen nach Abs. 2 a sind gem. Abs. 2 a S. 2 entweder in der Bilanz gesondert auszuweisen oder im Anhang anzugeben. 29

IV. Rücklagenbildung im Konzern. Besondere Fragen ergeben sich hinsichtlich der Rücklagenbildung bei Unternehmen im Vertrags- und im faktischen Konzern. 30

Bei Bestehen eines Gewinnabführungsvertrages hat die verpflichtete Gesellschaft gemäß § 291 Abs. 1 ihren gesamten **Gewinn** an die berechtigte Gesellschaft abzuführen. Unter dem nach § 291 Abs. 1 abzuführenden Gewinn ist der Jahresüberschuss abzüglich der gesetzlichen Rücklage nach § 300 und eines Verlustvortrages für das vergangene Jahr, sowie abzüglich des für die Aktivierung selbst geschaffener immaterieller Vermögensgegenstände des Anlagevermögens ausschüttungsgesperrte Betrag nach § 268 Abs. 8 HGB[26] zu verstehen (§ 301 S. 1). § 301 S. 2 zeigt, dass auch bei Bestehen eines Gewinnabführungsvertrages andere Gewinnrücklagen bei der verpflichteten Gesellschaft dotiert werden dürfen. Umstritten ist allerdings, ob auch in diesen Fällen § 58 Abs. 2 auf die Dotierung anderer Gewinnrücklagen anzuwenden ist,[27] oder ob allein der Inhalt des Gewinnabführungsvertrages maßgeblich ist.[28] Entscheidend ist letztlich, ob die Dotierung der Gewinnrücklagen mittelbar die Ausschüttungsinteressen von Aktionären der Tochtergesellschaft beeinträchtigen kann. In diesem Fall müssen die Grenzen des § 58 Abs. 2 beachtet werden. Für die Praxis unerheblich ist in dem Zusammenhang, ob dieses Ergebnis aus einer Analogie zu § 291 Abs. 3 oder durch teleologische Reduktion von § 58 Abs. 2 gewonnen wird. 31

---

20 A/D/S, Rn 53; Großkomm-AktienR/*Henze*, Rn 39; Köln-Komm-AktG/*Drygala*, Rn 48.
21 *Eckardt*, NJW 1967, 369 f; *Hüffer*, Rn 11; MüKo-AktG/*Bayer*, Rn 46.
22 *Hüffer*, Rn 11; MüKo-AktG/*Bayer*, Rn 46.
23 Die Mindestdividende von 4 % folgt aus § 254 Abs. 1, der eine Anfechtungsmöglichkeit vorsieht, wenn der Gewinnausschüttung infolge der Einstellung in Gewinnrücklagen oder durch Gewinnvortrag 4 % des Grundkapitals unterschreitet.
24 Vgl LG Hamburg NJW 1969, 664, 666 mAnm. *Rosencrantz*; MüKo-AktG/*Bayer*, Rn 46.

25 Das sich aus dem § 280 HGB ergebende Wertaufholungsgebot wurde umfassend und rechtsformunabhängig in § 253 Abs. 5 HGB integriert, siehe RegBegr. BilMoG BT-Drucks. 16/10067, S. 68.
26 Siehe RegBegr. zum BilMoG BT-Drucks. 16/10067, S. 64.
27 Bejahend, wenn außenstehende Aktionäre vorhanden sind, die eine Garantiedividende abhängig vom Gewinn der Tochtergesellschaft oder dem Gewinn der Muttergesellschaft erhalten, A/D/S, Rn 78; Großkomm-AktienR/*Henze*, Rn 48 f; *Hüffer*, Rn 15.
28 So jedenfalls für 100 %ige Tochtergesellschaften Großkomm-AktienR/*Henze*, Rn 48; MüKo-AktG/*Bayer*, Rn 56.

32 Auch im faktischen Konzern wird die Anwendung von § 58 diskutiert, da die Einstellung von Beträgen in Gewinnrücklagen auf der Ebene von Tochtergesellschaften mittelbar den bei der Muttergesellschaft zur Ausschüttung an die Aktionäre bereitstehenden Betrag schmälert. Die konzernweite Anwendung von § 58 wird allerdings zu Recht überwiegend abgelehnt,[29] da sie zur Behandlung des Konzerns als ein einheitliches Unternehmen führen würde. Dies ist dem deutschen Recht jedoch bislang fremd.

D. Rücklagenbildung und sonstige Maßnahmen im Gewinnverwendungsbeschluss (Abs. 3)

33 Die Hauptversammlung beschließt mit einfacher Mehrheit gemäß § 174 Abs. 1 über die Verwendung des **Bilanzgewinns**. Sie ist dabei in ihrer Beschlussfassung weitgehend **frei**, insbesondere ist sie nicht an den Gewinnverwendungsvorschlag der Verwaltung gebunden.[30]

34 Die Hauptversammlung hat nach Abs. 3 folgende Möglichkeiten der Gewinnverwendung: **Ausschüttung an die Aktionäre, Einstellung in Gewinnrücklagen, Gewinnvortrag** oder – bei entsprechender Satzungsermächtigung – **andere Verwendungen**.

35 Für die Dotierung von Gewinnrücklagen im **Gewinnverwendungsbeschluss** gibt es grundsätzlich **keine** gesetzliche **Obergrenze**. Zu beachten ist jedoch die Anfechtungsmöglichkeit nach § 254 (siehe Rn 36 a)

36 Beschließt die Hauptversammlung, den Gewinn auf **neue Rechnung** vorzutragen, so erhöht sich der Gewinn des Folgejahres automatisch um den entsprechenden Betrag (§ 158 Abs. 1 S. 1 Nr. 1). Auch hier ist die Hauptversammlung in ihrer Entscheidung frei, allerdings besteht ebenfalls die Anfechtungsmöglichkeit nach § 254.

36a Der **Gewinnverwendungsbeschluss** ist gemäß § **254 Abs. 1** anfechtbar, wenn die Hauptversammlung über die gesetzlichen und satzungsmäßigen Pflichten hinaus Beträge aus dem Bilanzgewinn in Gewinnrücklagen einstellt oder als Gewinn vorträgt, obwohl dies bei vernünftiger kaufmännischer Beurteilung nicht notwendig ist, um die Lebens- und Widerstandsfähigkeit der Gesellschaft für einen übersehbaren Zeitraum zu sichern, und dadurch unter die Aktionäre kein Gewinn in Höhe von mindestens 4 % des Grundkapitals abzüglich von noch nicht eingeforderter Einlagen verteilt werden kann. Für die Anfechtung des Gewinnverwendungsbeschlusses ist gemäß § 254 Abs. 2 ein **Quorum** von mindestens 5 % des Grundkapitals oder eines anteiligen Betrages von 500.000 EUR erforderlich. Aufgrund dieser hohen Hürden hat die Anfechtung des Gewinnverwendungsbeschlusses nach § 254 in der Praxis nahezu keine Bedeutung erlangt.

37 Enthält die **Satzung** eine entsprechende **Ermächtigung**, so kann die Hauptversammlung gemäß Abs. 3 S. 2 auch eine **andere Verwendung** des Bilanzgewinns beschließen. Zu denken ist hier beispielsweise an die Förderung gemeinnütziger Zwecke.[31] Die Satzung kann nach allgM auch eine **Verpflichtung** zu anderen Verwendungen begründen, da Abs. 4 den Anspruch der Aktionäre auf den Bilanzgewinn unter anderem unter den **Vorbehalt der Satzung** stellt.[32]

38 Nach allgM ist auch eine Satzungsbestimmung zulässig, welche die Hauptversammlung zur **Ausschüttung** des Bilanzgewinns **verpflichtet**.[33] Ob die Satzung dagegen die **Ausschüttung des Bilanzgewinns ganz** oder **teilweise ausschließen** kann, wird wenig erörtert, ist aber zu **bejahen**:[34] Abs. 3 sieht insoweit keine Einschränkung der Gestaltungsfreiheit für die Satzung vor und eine solche kann auch nicht aus Abs. 1 geschlossen werden, da diese Bestimmung die Feststellung des Jahresabschlusses und **nicht** den Beschluss über die Verwendung des Bilanzgewinns betrifft.[35]

E. Anspruch der Aktionäre auf den Bilanzgewinn (Abs. 4)

39 Die Aktionäre haben gemäß Abs. 4 **Anspruch** auf den **Bilanzgewinn**, allerdings nur, soweit dieser nicht nach Gesetz oder Satzung, durch Hauptversammlungsbeschluss nach Abs. 1 bzw Abs. 3 oder als zusätzlicher Aufwand aufgrund des Gewinnverwendungsbeschlusses von der Verteilung unter die Aktionäre ausge-

---

29 *Beusch*, in: FS Gordeler, 1987, S. 25 f; *Hüffer*, Rn 17; *Thomas*, ZGR 1985, 379 f; *Werner*, in: FS Stimpel, 1985, S. 935, 952; aA *Geßler*, AG 1985, 257 f; *Götz*, AG 1984, 85, 93 f; *ders.*, in: FS Moxter, 1994, S. 573, 576 ff, 587 ff, die sämtlich im Fall des Verstoßes von der Nichtigkeit des Jahresabschlusses ausgehen; differenzierend KölnKomm-AktG/*Drygala*, Rn 71 f; siehe auch KölnKomm-AktG/*Lutter* (2. Aufl. 1988), Rn 38 ff, 41 ff, der allerdings nur pflichtwidriges Handeln des Vorstands annimmt.

30 BGH NJW 1994, 323, 325; MüKo-AktG/*Bayer*, Rn 81.

31 MüKo-AktG/*Bayer*, Rn 91.

32 A/D/S, Rn 122; Großkomm-AktienR/*Henze*, Rn 81; *Hüffer*, Rn 25; KölnKomm-AktG/*Drygala*, Rn 110; MüKo-AktG/*Bayer*, Rn 91.

33 BGHZ 84, 303, 305; A/D/S, Rn 133; Großkomm-AktienR/*Henze*, Rn 83.

34 So auch MüKo-AktG/*Bayer*, Rn 87 und 92.

35 Großkomm-AktienR/*Henze*, Rn 84 mwN.

schlossen ist. Der Anspruch auf den Bilanzgewinn ist ein zentrales **mitgliedschaftliches Vermögensrecht** der Aktionäre, das **unlösbar mit der Mitgliedschaft verbunden** ist.[36]

Der **mitgliedschaftliche Gewinnbeteiligungsanspruch** aus Abs. 4 ist von dem **schuldrechtlichen Zahlungsanspruch** des Aktionärs aufgrund wirksamen Gewinnverwendungsbeschlusses **zu unterscheiden**. Der mitgliedschaftliche Gewinnbeteiligungsanspruch gibt dem Aktionär das Recht, die Herbeiführung des Gewinnverwendungsbeschlusses – gegebenenfalls im Wege der Klage – zu verlangen, wenn der Gewinnverwendungsbeschluss nicht innerhalb der Frist des § 175 Abs. 1 S. 2 zustande gekommen ist.[37] Da die Hauptversammlung aufgrund der Regelung des § 58 Abs. 3 über den Inhalt des Beschlusses frei entscheiden kann, kann ein bestimmter Beschlussinhalt jedoch nicht eingeklagt werden. Ein obsiegendes Urteil ist folglich nur nach § 888 ZPO vollstreckbar, nicht nach § 894 ZPO.[38] 40

Mit Wirksamwerden des Gewinnverwendungsbeschlusses entsteht der schuldrechtliche Anspruch des einzelnen Aktionärs auf Zahlung des entsprechend seiner Beteiligung auf ihn entfallenden Anteils am Ausschüttungsbetrag (§ 60).[39] Dieser **Zahlungsanspruch ist selbstständig verkehrsfähig** und kann ohne die Mitgliedschaft abgetreten, ver- oder gepfändet werden.[40] 41

Ein **nichtiger** oder durch Anfechtungsklage **vernichteter Gewinnverwendungsbeschluss** kann **keine Grundlage** für die Verteilung an die Aktionäre sein. Erfolgt dennoch eine Ausschüttung an die Aktionäre, liegt darin eine gemäß § 57 **verbotene Einlagenrückgewähr** (siehe dazu die Kommentierung zu § 57), allerdings dürfen die Aktionäre bei Gutgläubigkeit erhaltene Leistungen gemäß § 62 Abs. 1 S. 2 behalten (siehe dazu die Kommentierung zu § 62). 42

Inhaltlich ist der **Auszahlungsanspruch**, vorbehaltlich der Regelung des Abs. 5 (Sachdividende), auf **Geldzahlungen** gerichtet. Die Ausschüttung einer **Sachdividende** ist gemäß Abs. 5 zulässig, wenn die Satzung dies vorsieht (siehe dazu Rn 49 ff). 43

Der entstandene **Zahlungsanspruch** ist **unentziehbar**, kann also ohne Zustimmung aller Aktionäre nicht durch einen weiteren Hauptversammlungsbeschluss aufgehoben oder geändert werden.[41] Der **Zahlungsanspruch** des Aktionärs ist mangels abweichender Bestimmung in der Satzung oder im Gewinnverwendungsbeschluss **sofort fällig** (§ 271 Abs. 1 BGB),[42] die Gesellschaft kann jedoch während der für die Auszahlung erforderlichen Frist gemäß § 286 Abs. 4 BGB nicht in Zahlungsverzug geraten.[43] 44

Die Aktionäre der Gesellschaft haben nach hM Anspruch auf **Verbriefung** ihres Dividendenzahlungsanspruches, es sei denn, dieser Anspruch ist in der **Satzung** ausgeschlossen,[44] was in der Praxis jedenfalls für börsennotierte Gesellschaften die Regel ist. Die Verbriefung des Dividendenzahlungsanspruchs erfolgt im **Dividendenschein**, der auch Gewinnanteilsschein oder Coupon genannt wird. Dividendenscheine werden als **Inhaberpapiere** ausgestellt. Regelmäßig werden mehrere Dividendenscheine (Coupons) zusammen mit einem Erneuerungsschein (Talon) und der Aktie ausgegeben (zusammen sog. Mantel). Dividendenscheine werden dann auch als Inhaberpapiere ausgestellt, wenn es sich um Namensaktien handelt.[45] 45

Als Inhaberpapiere gelten für Dividendenscheine grundsätzlich die §§ 793 ff BGB, so dass der Inhaber des Dividendenscheins Leistung an sich beanspruchen kann. Die Gesellschaft wird daher auch bei Leistung an den Nicht-Berechtigten, der aber in Besitz des Dividendenscheins ist, von ihrer Dividendenzahlungspflicht frei (§ 793 Abs. 1 S. 2 BGB), es sei denn, die Gesellschaft kannte die fehlende Berechtigung des Inhabers.[46] Wie bei allen Inhaberpapieren folgt das „Recht aus dem Papier" dem „Recht am Papier", der Dividendenanspruch steht also dem jeweiligen Eigentümer des Dividendenscheins zu. Die Übertragung richtet sich folglich nach den §§ 929 ff BGB.[47] 46

Im Falle von abhanden gekommenen oder vernichteten Dividendenscheinen gewährt § 804 Abs. 1 BGB eine Erleichterung gegenüber anderen Inhaberpapieren. Hat der Inhaber des Dividendenscheins dessen Verlust oder Vernichtung der Gesellschaft innerhalb der Vorlegungsfrist (§ 801 Abs. 2 BGB) angezeigt, so kann der bisherige Inhaber nach Ablauf der Vorlegungsfrist von der Gesellschaft Zahlung verlangen, vorausgesetzt, 47

---

36 BGHZ 7, 263, 264; A/D/S, Rn 140; Großkomm-AktienR/*Henze*, Rn 86; *Hüffer*, Rn 26; KölnKomm-AktG/*Drygala*, Rn 112, 130; MüKo-AktG/*Bayer*, Rn 100.
37 BGHZ 124, 111, 123; Großkomm-AktienR/*Henze*, Rn 87; *Hüffer*, Rn 26; KölnKomm-AktG/*Drygala*, Rn 127; MüKo-AktG/*Bayer*, Rn 99.
38 MüKo-AktG/*Bayer*, Rn 99.
39 *Hüffer*, Rn 28; MüKo-AktG/*Bayer*, Rn 103.
40 RGZ 98, 318, 320; A/D/S, Rn 140; Großkomm-AktienR/*Henze*, Rn 94; *Hüffer*, Rn 28; KölnKomm-AktG/*Drygala*, Rn 135; MüKo-AktG/*Bayer*, Rn 113; im Gegensatz dazu ist der Anspruch auf den Bilanzgewinn als mitgliedschaftliches Recht nicht übertragbar.
41 BGHZ 23, 150, 157; Großkomm-AktienR/*Henze*, Rn 95; *Hüffer*, Rn 28; KölnKomm-AktG/*Drygala*, Rn 135; MüKo-AktG/*Bayer*, Rn 115.
42 MüKo-AktG/*Bayer*, Rn 114.
43 *Hüffer*, Rn 28.
44 Großkomm-AktienR/*Henze*, Rn 105; MüKo-AktG/*Bayer*, Rn 125, jew.mwN Begründet wird dieser Anspruch, der gesetzlich nicht vorgesehen ist, mit der allgemeinen Üblichkeit der Ausstellung von Dividendenscheinen; aA KölnKomm-AktG/*Drygala*, Rn 149.
45 *Hüffer*, Rn 29.
46 Großkomm-AktienR/*Henze*, Rn 107.
47 Großkomm-AktienR/*Henze*, Rn 110; MüKo-AktG/*Bayer*, Rn 128.

vor Ablauf der Vorlegungsfrist wurde der Dividendenschein nicht von einer anderen Person vorgelegt oder der Anspruch aus dem Dividendenschein gerichtlich geltend gemacht (§ 804 Abs. 2 BGB).[48]

48 Der Anspruch auf Ausgabe neuer Dividendenscheine folgt aus der Aktie und wird in der Regel nicht selbstständig verbrieft. Der als letzter Abschnitt des Bogens ausgedruckte Erneuerungsschein (Talon) ist deshalb kein Wert- sondern ein Legitimationspapier.[49] Der Talon legitimiert seinen Inhaber zum Bezug weiterer Dividendenscheine, solange der Aktionär nicht widerspricht. In diesem Fall entfaltet der Widerspruch Sperrwirkung zugunsten des Aktionärs. Der Talon ist nicht selbstständig übertragbar.[50]

F. Sachdividende (Abs. 5)

49 Der Dividendenanspruch der Aktionäre war bis zum Inkrafttreten des Gesetzes zur weiteren Reform des Aktien- und Bilanzrechts, zu Transparenz und Publizität (Transparenz- und Publizitätsgesetz – TransPublG) vom 26.7.2002[51] nach allgemeiner Meinung allein auf **Geldzahlung** gerichtet.[52] Die Ausschüttung einer Sachdividende – also jeder anderen als einer Geldleistung – an die Aktionäre bedurfte unter dem damals geltenden Recht nach nahezu einhelliger Auffassung der Zustimmung **aller Aktionäre**, die auch durch einstimmigen Hauptversammlungsbeschluss erteilt werden konnte.[53] Seit Inkrafttreten des TransPublG kann die Hauptversammlung auch eine Sachausschüttung beschließen. Voraussetzung dafür sind eine entsprechende Bestimmung in der **Satzung** der Gesellschaft sowie ein **Sachausschüttungsbeschluss** der Hauptversammlung. Eine Sachdividende in Form eigener Aktien hat jüngst die Deutsche Telekom AG ausgeschüttet.[54] Beschlossen wurde dabei die Ausschüttung eines Betrags von 0,70 EUR pro Aktie, wobei die Aktionäre zwischen der Gewährung in Geld oder des Gegenwerts in eigenen Aktien der Gesellschaft wählen konnten.

50 **I. Satzungsbestimmung.** Ausweislich der Regierungsbegründung dient das Erfordernis einer Satzungsbestimmung dem **Überraschungsschutz** des Aktionärs. Dieser soll die Möglichkeit haben, bereits vor der Hauptversammlung, in der eine Sachdividende beschlossen wird, zu erfahren, dass dies in der betreffenden Gesellschaft grundsätzlich möglich ist.[55]

51 Der **satzungsändernde Beschluss**, der die Ausschüttung von Sachdividenden ermöglichen soll, unterliegt außerdem nach dem Willen des Gesetzgebers der **gerichtlichen Inhaltskontrolle**, bei der das schutzwürdige Interesse von Minderheitsaktionären an einer Barausschüttung zu berücksichtigen ist.[56] Die Regierungsbegründung macht allerdings deutlich, dass ein solches schutzwürdiges Interesse in der Regel zumindest dann nicht besteht, wenn lediglich die Ausschüttung **börsengehandelter Werte** zugelassen wird, da der Aktionär solche Werte rasch veräußern könne. Anders sei dies bei der Ausschüttung von nicht fungiblen Werten, die nach Auffassung des Gesetzgebers der Bardividende wirtschaftlich nicht ohne Weiteres gleichzusetzen sei.[57]

52 Inwieweit satzungsändernde Beschlüsse, welche die Ausschüttung von Sachdividenden ermöglichen sollen, zulässig sind, hängt in hohem Maße von den Umständen des Einzelfalls ab. Dies erhöht für die Praxis die Rechtsunsicherheit. Bei Familiengesellschaften, in denen die Aktionäre über lange Zeit hohe Bardividenden erhalten haben, werden beispielsweise an die Zulassung einer Sachdividende strengere Anforderungen zu stellen sein als bei großen börsennotierten Aktiengesellschaften mit breitem Streubesitz, da bei ersteren regelmäßig ein ungleich höheres und auch schutzwürdigeres Interesse der Minderheitsaktionäre an einer Bardividende besteht. Für die Praxis empfiehlt es sich, die Möglichkeit der Sachausschüttung auf fungible Werte, insbesondere solche, die auf einem Markt im Sinne des § 3 Abs. 2 gehandelt werden, zu begrenzen, um Anfechtungsrisiken zu minimieren.

53 **II. Konkretisierung des Ausschüttungsgegenstandes.** Das Gesetz trifft keine Aussage zu der Frage, welches Organ der Gesellschaft die **Kompetenz** hat, den **Gegenstand** der Sachausschüttung zu bestimmen. Da aber auch die Sachdividende eine Dividende darstellt, gelten insoweit die **allgemeinen Regeln**. Danach unterbrei-

---

48 Großkomm-AktienR/*Henze*, Rn 108.
49 RGZ 74, 339, 341; Großkomm-AktienR/*Henze*, Rn 114; MüKo-AktG/*Bayer*, Rn 131.
50 AllgM; Großkomm-AktienR/*Henze*, Rn 114; *Hüffer*, Rn 30; KölnKomm-AktG/*Drygala*, Rn 161; MüKo-AktG/*Bayer*, Rn 132.
51 BGBl. I S. 2681.
52 Großkomm-AktienR/*Henze*, Rn 94; KölnKomm-AktG/*Drygala*, Rn 162; *Lutter/Leinekugel/Rödder*, ZGR 2002, 204, 205.
53 Großkomm-AktienR/*Henze*, Rn 94 mwN; aA *Lutter/Leinekugel/Rödder*, ZGR 2002, 204, 209 ff, die auch unter dem früheren Recht Sachausschüttungen mit Mehrheitsbeschluss für zulässig hielten, wenn der ausgeschüttete Sachgegenstand von jedermann ohne weiteres verkauft werden könne.
54 Siehe dazu die Informationen unter Tagesordnungspunkt 2 der Einladung zur Hauptversammlung der Deutschen Telekom AG vom 16. Mai 2013, abrufbar unter <www.telekom.com>, sowie die ebenfalls auf der Internetseite zugänglichen Dividendeninformationen.
55 BT-Drucks. 14/8769, 12.
56 BT-Drucks. 14/8769, 13; aA die hM in der Literatur, siehe etwa *Hüffer*, Rn 31; KölnKomm-AktG/*Drygala*, Rn 173; Spindler/Stilz/*Cahn/v.Spannenberg*, Rn 104, jew. mwN.
57 BT-Drucks. 14/8769, 13.

ten Vorstand und Aufsichtsrat einen Vorschlag zur Verwendung des Bilanzgewinns, an den die Hauptversammlung allerdings **nicht** gebunden ist (siehe Rn 33).[58]

Beschließt die Hauptversammlung gegen den Willen der Verwaltung die Ausschüttung von wesentlichen Vermögensgegenständen – beispielsweise Beteiligungen an wesentlichen Tochtergesellschaften – so kann es zu **Konflikten** mit der **Leitungsmacht des Vorstandes** (§ 76 S. 1) kommen.[59] Da es sich jedoch auch bei der Sachdividende um die Verwendung des Bilanzgewinns handelt, die allein der Entscheidungskompetenz der Hauptversammlung unterliegt, muss das Leitungsinteresse des Vorstands hinter die Kompetenz der Hauptversammlung zurücktreten.[60]

III. Gewinnverwendungsbeschluss. Die Hauptversammlung fasst den Beschluss zur Ausschüttung der Sachdividende mit **einfacher Mehrheit**.[61] Lediglich in Fällen, in denen die Ausschüttung in die Nähe von **Strukturmaßnahmen** im Sinne der „Gelatine"-Urteile[62] kommt, wird eine qualifizierte Mehrheit für den Ausschüttungsbeschluss erforderlich sein.[63]

Angesichts dessen, dass der für die Sachdividende erforderliche satzungsändernde Beschluss bereits einer vorgelagerten Inhaltskontrolle unterliegt,[64] kann eine **Anfechtung** des Gewinnverwendungsbeschlusses nicht allein auf den Umstand der Sachausschüttung gestützt werden. Wenn der ausgeschüttete Vermögenswert für einen oder mehrere Aktionäre einen **ungleich höheren Wert** als für andere Aktionäre besitzt, kann der Hauptversammlungsbeschluss jedoch wegen Gewährung eines **Sondervorteils** für einen Aktionär (§ 243 Abs. 2) oder einer **sonstigen Ungleichbehandlung** der Aktionäre (§ 53a) angefochten werden. Zu denken wäre hier beispielsweise an Sachverhalte, in denen sich der Mehrheitsaktionär die Kontrolle über eine operative Tochtergesellschaft der AG im Wege der Sachdividende verschafft.

IV. Bewertung der Sachdividende. Der Gesetzgeber hat die Frage, ob die ausgeschütteten Sachwerte nach ihrem **Buch-** oder ihrem **Marktwert** bewertet werden müssen, ausdrücklich offen gelassen.[65] Diese Frage war bereits unter der alten Rechtslage umstritten. Teilweise wurde die Ansicht vertreten, die ausgeschütteten Sachwerte dürften zu Buchwerten angesetzt werden, da die Verteilung von Gewinnen kein Umsatzgeschäft, sondern lediglich eine gesellschaftsinterne Maßnahme darstelle.[66] Nach anderer Ansicht war es erforderlich, die ausgeschütteten Vermögensgegenstände nach ihrem Marktwert zu bewerten.[67]

Den Vertretern der erstgenannten Meinung ist zuzugeben, dass mit der Dividende **bilanziell** nicht mehr als der Bilanzgewinn, der allein den Aktionären zusteht (§§ 57 Abs. 3, 58 Abs. 4), ausgeschüttet wird. Diese Überlegung greift jedoch zu kurz. Sie lässt außer Acht, dass nach den strikten Regeln des Aktiengesetzes zur Kapitalerhaltung den Aktionären vor Auflösung der Gesellschaft bei **wirtschaftlicher Betrachtung** nicht mehr als der Bilanzgewinn zugewendet werden darf.[68] Genau dies wäre aber Folge einer allein formal auf den Buchwert abstellenden Betrachtung. Richtigerweise muss die Bewertung der auszuschüttenden Vermögensgegenstände daher nach ihrem Marktwert erfolgen.[69] Zutreffend wird in diesem Zusammenhang auch darauf hingewiesen, dass das Steuerrecht bei der Ausschüttung von einem Realisierungstatbestand ausgeht,[70] so dass die Bewertung der Sachdividende nach ihrem Marktwert auch mit der steuerlichen Behandlung übereinstimmt.

G. Rechtsfolgen bei Verstoß gegen § 58

I. Maßnahmen im Jahresabschluss (Abs. 1 und Abs. 2). Wie bereits oben (Rn 18 ff) dargelegt, ist ein ohne entsprechende Satzungsermächtigung gefasster Hauptversammlungsbeschluss über die Einstellung von Beträgen in andere Gewinnrücklagen gemäß § 256 Abs. 1 Nr. 4 nichtig.[71] Dasselbe gilt, wenn die entsprechende Satzungsklausel mangels hinreichender Bestimmtheit nichtig ist und daher nicht als Satzungsermächtigung herangezogen werden kann.[72]

---

58 W. *Müller*, NZG 2002, 752, 758. Das Vorschlagsrecht kann auch als Minderheitenrecht nach § 122 Abs. 2 oder als Gegenantrag nach § 126 S. 1 zum Gegenstand der Beschlussfassung der Hauptversammlung gemacht werden.
59 W. *Müller*, NZG 2002, 752, 758.
60 AA KölnKomm-AktG/*Drygala*, Rn 179; Spindler/Stilz/*Cahn/v. Spannenberg*, Rn 108.
61 BT-Drucks. 14/8769, 12.
62 BGH NZG 2004, 571 und BGH NZG 2004, 575; siehe auch BGHZ 83, 122 ff ("Holzmüller").
63 W. *Müller*, NZG 2002, 752, 758.
64 BT-Drucks. 14/8769, 12.
65 BT-Drucks. 14/8769, 13.
66 *Lutter/Leinekugel/Rödder*, ZGR 2002, 204, 215 ff, die auch ins Feld führen, dass das deutsche Recht nicht dem Substanzerhaltungsprinzip, sondern dem Nominalwertprinzip folge, S. 221; vgl auch MüKo-AktG/*Bayer*, Rn 110.
67 W. *Müller*, NZG 2002, 752, 758 f; *Hüffer*, Rn 33.
68 *Hüffer*, Rn 33; KölnKomm-AktG/*Drygala*, Rn 180.
69 *Hüffer*, Rn 33; KölnKomm-AktG/*Drygala*, Rn 184; Schmidt/Lutter/*Fleischer*, Rn 60; Spindler/Stilz/*Cahn/v. Spannenberg*, Rn 110, jew. mwN; aA MüKo-AktG/*Bayer*, Rn 110 mwN.
70 *Lutter/Leinekugel/Rödder*, ZGR 2002, 204, 229 f; W. *Müller*, NZG 2002, 752, 758 f.
71 AllgM *A/D/S*, Rn 146 f; Großkomm-AktienR/*Henze*, Rn 116; *Hüffer*, Rn 34; KölnKomm-AktG/*Drygala*, Rn 40; MüKo-AktG/*Bayer*, Rn 134.
72 Großkomm-AktienR/*Henze*, Rn 116.

60 Anders ist es dagegen, wenn eine Satzungsermächtigung zwar besteht, diese jedoch die zulässige Höchstgrenze des Abs. 1 S. 2 überschreitet. Dies führt nach hM nicht zur Nichtigkeit der Satzungsbestimmung, vielmehr bleibt diese in dem auf das gesetzlich zulässige Maß reduzierten Umfang wirksam (siehe Rn 20). Die Nichtigkeit des Jahresabschlusses wird gemäß § 256 Abs. 6 mit Ablauf von sechs Monaten seit Bekanntmachung des Jahresabschlusses im Bundesanzeiger geheilt. Dies führt zugleich zur Heilung des Gewinnverwendungsbeschlusses (§ 253 Abs. 1 S. 2).

61 **II. Verstöße gegen Abs. 2 a.** Wird ein Sonderposten gemäß Abs. 2 a zu hoch angesetzt, so führt auch dies zur Nichtigkeit des Jahresabschlusses gemäß § 256 Abs. 1 Nr. 4. Heilung tritt auch in diesem Fall entsprechend § 256 Abs. 6 ein.

62 **III. Verstöße gegen Abs. 3 und 4.** Ein Gewinnverwendungsbeschluss ist nichtig, wenn er nicht auf dem festgestellten Jahresabschluss beruht (§ 241 Nr. 3, 3. Fall, § 253 Abs. 1 S. 1). Im Übrigen führen Verstöße gegen § 58 Abs. 3 oder gegen die Satzung lediglich zur Anfechtbarkeit nach §§ 243 Abs. 1, 254 Abs. 1 S. 1.

63 Verstöße gegen § 58 Abs. 4 machen den entsprechenden Beschluss anfechtbar im Rahmen des § 254.

64 **IV. Verstöße gegen Abs. 5.** Beschließt die Hauptversammlung die Ausschüttung einer Sachdividende ohne entsprechende Satzungsermächtigung, ist dieser Beschluss nichtig. Anfechtbar ist der Gewinnverwendungsbeschluss nach den allgemeinen Regeln, also insbesondere bei Ungleichbehandlung der Aktionäre oder Zuwendung eines Sondervorteils (siehe Rn 56).

§ 59 Abschlagszahlung auf den Bilanzgewinn

(1) Die Satzung kann den Vorstand ermächtigen, nach Ablauf des Geschäftsjahrs auf den voraussichtlichen Bilanzgewinn einen Abschlag an die Aktionäre zu zahlen.

(2) ¹Der Vorstand darf einen Abschlag nur zahlen, wenn ein vorläufiger Abschluß für das vergangene Geschäftsjahr einen Jahresüberschuß ergibt. ²Als Abschlag darf höchstens die Hälfte des Betrags gezahlt werden, der von dem Jahresüberschuß nach Abzug der Beträge verbleibt, die nach Gesetz oder Satzung in Gewinnrücklagen einzustellen sind. ³Außerdem darf der Abschlag nicht die Hälfte des vorjährigen Bilanzgewinns übersteigen.

(3) Die Zahlung eines Abschlags bedarf der Zustimmung des Aufsichtsrats.

Literatur:
Eder, Aktuelle Aspekte der Vorabausschüttung, BB 1994, 1260; *Siebel/Gebauer*, Interims-Dividende, AG 1999, 385.

A. Regelungsgegenstand und Systematik

1 Die Regelung in § 59 enthält eine Ausnahme zu dem in § 58 aufgestellten Grundsatz, indem sie unter bestimmten Umständen **Abschlagszahlungen** auf den Bilanzgewinn des **abgelaufenen Geschäftsjahres** erlaubt. Die praktische Bedeutung von § 59 ist allerdings gering geblieben.[1]

B. Anwendungsbereich

2 **I. Voraussetzungen.** Voraussetzung für die Zahlung eines Abschlags auf den Bilanzgewinn ist zunächst eine entsprechende **Ermächtigung in der Satzung** der Gesellschaft. Diese Ermächtigung kann in der **Gründungssatzung** enthalten oder durch spätere **Satzungsänderung** eingeführt worden sein. Ein Beschluss der **Hauptversammlung** ist als Grundlage für eine Abschlagszahlung **nicht ausreichend**.[2]

3 Erforderlich ist ferner ein Beschluss des **Vorstands** über die Abschlagszahlung sowie die **Zustimmung des Aufsichtsrates** der Gesellschaft. In beiden Fällen bedarf es eines Beschlusses des gesamten Organs; eine Delegierung des Beschlusses auf Ausschüsse ist gemäß § 107 Abs. 3 S. 3 nicht zulässig.[3] Die Zustimmung des **Aufsichtsrates** muss – anders als dies der Wortlaut nahe legt, vgl. §§ 183, 184 BGB – *vor* Zahlung des Abschlags erfolgen.[4]

---

[1] MüKo-AktG/*Bayer*, Rn 3.
[2] *Hüffer*, Rn 2.
[3] Großkomm-AktienR/*Henze*, Rn 14, 18; *Hüffer*, Rn 2; KölnKomm-AktG/*Drygala*, Rn 11; MüKo-AktG/*Bayer*, Rn 9 f.
[4] Großkomm-AktienR/*Henze*, Rn 15; *Hüffer*, Rn 2; KölnKomm-AktG/*Drygala*, Rn 11; MüKo-AktG/*Bayer*, Rn 10.

Der Dividendenabschlag darf nur für das **vergangene** Geschäftsjahr gezahlt werden. Anders als bei der GmbH, bei der Abschlagszahlungen auf Gewinne des laufenden Geschäftsjahres zulässig sind,[5] sind bei der AG Abschlagszahlungen auf den Gewinn des **laufenden Geschäftsjahres unzulässig**.[6]

Die Abschlagszahlung auf den Bilanzgewinn darf nur erfolgen, wenn ein **vorläufiger Jahresabschluss** einen Jahresüberschuss ausweist (Abs. 2 S. 1). Abschlagszahlungen auf Basis von Schätzungen oder Überschlagsrechnungen sind daher nicht zulässig. Erforderlich sind eine Bilanz sowie eine Gewinn- und Verlustrechnung (§ 242 Abs. 3 HGB) nach den für die AG geltenden Ansatz-, Bewertungs- und Gliederungsvorschriften.[7] Der erforderliche Jahresabschluss ist lediglich insofern vorläufig, als er der Prüfung und Feststellung, sowie eines Anhangs und Lageberichts nicht bedarf.[8]

Der Dividendenabschlag ist gemäß Abs. 2 auf die **Hälfte** des Betrages begrenzt, der von dem Jahresüberschuss nach Dotierung der nach Gesetz oder Satzung vorgeschriebenen Gewinnrücklagen verbleibt. Er darf außerdem 50 % des **vorjährigen Bilanzgewinns** nicht übersteigen. § 59 stellt insoweit **Höchstgrenzen** für zulässige Abschlagszahlungen auf den Bilanzgewinn auf. In der Satzung können **strengere** Voraussetzungen für eine Abschlagszahlung auf den Bilanzgewinn vorgesehen werden.[9]

II. Rechtsfolgen. Bei Einhaltung aller Voraussetzungen entsteht mit Erfüllung des letzten Tatbestandsmerkmals – regelmäßig dem Zustimmungsbeschluss des Aufsichtsrates – der Anspruch des Aktionärs auf Ausschüttung der Abschlagszahlung. Dieser Anspruch steht dem einzelnen Aktionär als separates verkehrsfähiges und sofort fälliges Gläubigerrecht zu, über das er **selbstständig verfügen** kann. Die Zahlung des Abschlags ist **keine Ergebnisverwendung** im Sinne des § 268 Abs. 1 HGB.[10] Im Beschluss über die Gewinnverwendung ist allerdings die Zahlung des Abschlags informationshalber anzugeben, da sonst die Angaben des § 174 Abs. 2 kein vollständiges Bild vermitteln würden.[11]

Stellt sich im Nachhinein heraus, dass die Aktionäre Abschlagsdividenden erhalten haben, obwohl die gesetzlichen Voraussetzungen dafür nicht vorlagen, so sind sie gemäß § 62 Abs. 1 S. 1 zur Rückgewähr der erhaltenen Leistungen verpflichtet.

§ 60 Gewinnverteilung

(1) Die Anteile der Aktionäre am Gewinn bestimmen sich nach ihren Anteilen am Grundkapital.

(2) ¹Sind die Einlagen auf das Grundkapital nicht auf alle Aktien in demselben Verhältnis geleistet, so erhalten die Aktionäre aus dem verteilbaren Gewinn vorweg einen Betrag von vier vom Hundert der geleisteten Einlagen. ²Reicht der Gewinn dazu nicht aus, so bestimmt sich der Betrag nach einem entsprechend niedrigeren Satz. ³Einlagen, die im Laufe des Geschäftsjahrs geleistet wurden, werden nach dem Verhältnis der Zeit berücksichtigt, die seit der Leistung verstrichen ist.

(3) Die Satzung kann eine andere Art der Gewinnverteilung bestimmen.

Literatur:
Horbach, Der Gewinnverzicht des Großaktionärs, AG 2001, 78; *Buchetmann,* Die teileingezahlte Aktie – insbesondere die Rechtsstellung der Inhaber teileingezahlter Aktien, 1972; *Henn,* Die Gleichbehandlung der Aktionäre in Theorie und Praxis, AG 1985, 240; *Hueck,* Der Grundsatz der gleichmäßigen Behandlung im Privatrecht, 1958; *Lutter,* Die genossenschaftliche Aktiengesellschaft, 1978; *Simon,* Rückwirkende Dividendengewährung beim genehmigten Kapital?, AG 1960, 148; *Wündisch,* Können junge Aktien mit Dividendenberechtigung für ein bereits abgelaufenes Geschäftsjahr ausgestattet werden?, AG 1960, 320.

A. Einführung

Die Aktionäre der AG haben gemäß § 58 Abs. 4 Anspruch auf Auszahlung des Bilanzgewinns, soweit dieser im Gewinnverwendungsbeschluss (§ 174) zur Verteilung an die Aktionäre vorgesehen ist. § 60 regelt in diesem Zusammenhang die konkrete **Aufteilung** des zur Ausschüttung vorgesehenen Bilanzgewinns unter den Aktionären.

Der in Abs. 1 und 2 enthaltene **gesetzliche Gewinnverteilungsschlüssel** steht gemäß Abs. 3 zur Disposition der Aktionäre durch entsprechende **Satzungsbestimmung**. In der Praxis wird von dieser Möglichkeit, die

---

5 Vgl *Lutter/Hommelhoff,* GmbHG, § 29 Rn 45 mwN.
6 Großkomm-AktienR/*Henze,* Rn 4; KölnKomm-AktG/*Drygala,* Rn 9; MüKo-AktG/*Bayer,* Rn 7.
7 *Hüffer,* Rn 3; MüKo-AktG/*Bayer,* Rn 8.
8 MüKo-AktG/*Bayer,* Rn 8.
9 Großkomm-AktienR/*Henze,* Rn 9; MüKo-AktG/*Bayer,* Rn 6.
10 *Eder,* BB 1994, 1260, 1261; Großkomm-AktienR/*Henze,* Rn 26; *Hüffer,* Rn 4.
11 Großkomm-AktienR/*Henze,* Rn 27; *Hüffer,* Rn 4; KölnKomm-AktG/*Drygala,* Rn 18; MüKo-AktG/*Bayer,* Rn 19.

Gewinnverteilung abweichend vom gesetzlichen Gewinnverteilungsschlüssel in der Satzung zu regeln, häufig Gebrauch gemacht.

B. Der gesetzliche Gewinnverteilungsschlüssel (Abs. 1 und 2)

3 Nach Abs. 1 bestimmt sich der Anteil der Aktionäre am Gewinn nach ihrer **quotalen Beteiligung** am Grundkapital der Gesellschaft. Bei Nennbetragsaktien ist demnach das Verhältnis zwischen Nennbetrag und Grundkapital, bei Stückaktien das Verhältnis von Anzahl der Stückaktien zum Grundkapital entscheidend. Ein nach § 9 Abs. 2 in den Ausgabebetrag eingerechnetes und geleistetes Aufgeld (Agio) findet nach allgM keine Berücksichtigung bei Ermittlung der Gewinnquote, da es keine Leistung auf das Grundkapital darstellt.[1]

4 In Abs. 2 macht das Gesetz von diesem Grundsatz der quotalen Beteiligung **zwei Ausnahmen**. Sind Einlagen auf das Grundkapital nicht auf alle Aktien in demselben Verhältnis geleistet, so erhalten die Aktionäre gemäß Abs. 2 S. 1 zunächst vorab einen Betrag von **4 %** der **geleisteten Einlagen** aus dem verteilbaren Gewinn (sog. Vorabdividende). Reicht der verteilbare Gewinn dafür nicht aus, so ist der **Prozentsatz** dieser Vorabdividende entsprechend **zu reduzieren**.

5 Nach zutreffender **hM** sind auch im Rahmen des Abs. 2 S. 1 zur Berechnung der geleisteten Einlagen allein Einlagen auf das **Grundkapital** und **nicht** auch ein etwaiges **Agio** zu berücksichtigen, da sich jedenfalls die gesetzliche Gewinnverteilung, wie Abs. 1 zeigt, allein nach dem Anteil am Grundkapital richtet.[2] Hat ein Aktionär im Fall des Abs. 2 S. 1 Einlagen **vor Fälligkeit** geleistet, so werden diese bei Berechnung der Vorabdividende gleichfalls **nicht** berücksichtigt.[3]

6 Eine weitere Differenzierung sieht das Gesetz in Abs. 2 S. 3 für den Fall vor, dass Einlagen **im Laufe des Geschäftsjahres** geleistet wurden. In diesem Fall werden die geleisteten Einlagen **zeitanteilig** berücksichtigt. Die Regelung des Abs. 2 S. 3 hat insbesondere Bedeutung für junge Aktien aus unterjährig durchgeführten **Kapitalerhöhungen**. Auch bei Volleinzahlung solcher jungen Aktien ist daher zunächst die Vorabdividende von 4 % zu verteilen. Maßgeblich ist hierbei, wann die fälligen Einlagen auf junge Aktien im Laufe des Jahres tatsächlich erfolgten.

7 Verbleibt nach Verteilung der 4 %igen Vorabdividende verteilbarer Bilanzgewinn, ist dieser (Rest-) Gewinn nach dem Verteilungsschlüssel des Abs. 1 – also nach Anteilen am Grundkapital – unter den Aktionären zu verteilen.[4]

C. Satzungsmäßiger Gewinnverteilungsschlüssel (Abs. 3)

8 Der gesetzliche Gewinnverteilungsschlüssel steht gemäß Abs. 3 zur Disposition der Aktionäre. Diese können **in der Satzung** abweichende Regeln zur Gewinnverteilung vorsehen. Soweit die Satzung die Gewinnverteilung nicht abschließend regelt, gilt ergänzend der gesetzliche Gewinnverteilungsschlüssel. Wird oder ist eine satzungsmäßige Regelung undurchführbar bzw trifft sie keine Regelung, so finden insoweit Abs. 1 und 2 unbeschränkte Anwendung.[5]

9 Das Recht der Aktionäre, abweichende Vereinbarungen in der Satzung zu treffen, erstreckt sich **nur** auf den **Gewinnverteilungsschlüssel**, in der Satzung können jedoch keine abweichenden **Kompetenzen** für die Gewinnverteilung festgelegt werden. Die Satzung muss also Art und Umfang der Abweichung selbst festlegen; die Ermächtigung eines Organs der Gesellschaft entsprechende Regelungen zu erlassen wäre unzulässig.[6]

10 Die abweichende Gewinnverteilung kann in der **Gründungssatzung** und später durch **Satzungsänderung** festgelegt werden.[7] Im Fall der späteren Einführung eines abweichenden Gewinnverteilungsschlüssels bedarf es neben eines Beschlusses zur Satzungsänderung gemäß §§ 179 ff auch der Zustimmung **jedes einzelnen betroffenen Aktionärs**, zu dessen **Ungunsten** der Gewinnverteilungsschlüssel verändert werden soll.[8]

---

1 Großkomm-AktienR/*Henze*, Rn 9; *Hüffer*, Rn 2; KölnKomm-AktG/*Drygala*, Rn 10; MüKo-AktG/*Bayer*, Rn 8.

2 Großkomm-AktienR/*Henze*, Rn 14; *Hüffer*, Rn 3; KölnKomm-AktG/*Drygala*, Rn 14; MüKo-AktG/*Bayer*, Rn 10; aA Geßler/Hefermehl/*Bungeroth*, Rn 7 ff, die mit dem Argument, Abs. 2 S. 1 verwende lediglich die Begriffe "der geleisteten Einlagen" jedoch ohne den Zusatz "auf das Grundkapital", annehmen, dass bei der Ermittlung der Quote für die Vorabdividende ein geleistetes Agio zu berücksichtigen sei.

3 Großkomm-AktienR/*Henze*, Rn 12; *Hüffer*, Rn 3; KölnKomm-AktG/*Drygala*, Rn 15.

4 Großkomm-AktienR/*Henze*, Rn 10; KölnKomm-AktG/*Drygala*, Rn 17.

5 RGZ 104, 349, 350 f; Großkomm-AktienR/*Henze*, Rn 16; MüKo-AktG/*Bayer*, Rn 14.

6 BGHZ 84, 303, 311 = BGH NJW 1983, 282; Großkomm-AktienR/*Henze*, Rn 18; *Hüffer*, Rn 6; KölnKomm-AktG/*Drygala*, Rn 24; MüKo-AktG/*Bayer*, Rn 16.

7 Großkomm-AktienR/*Henze*, Rn 18; *Hüffer*, Rn 8; KölnKomm-AktG/*Drygala*, Rn 27 f; MüKo-AktG/*Bayer*, Rn 19.

8 Großkomm-AktienR/*Henze*, Rn 21; *Hüffer*, Rn 8; KölnKomm-AktG/*Drygala*, Rn 28, 31; MüKo-AktG/*Bayer*, Rn 19; aA Spindler/Stilz/*Cahn*, Rn 21 ff: Sonderbeschluss der benachteiligten Aktionäre analog §§ 141 Abs. 3, 179 Abs. 3.

Wird die abweichende Gewinnverteilung für junge Aktien aus einer unterjährig durchgeführten Kapitalerhöhungen geregelt, so kann das Erfordernis der Zustimmung aller Aktionäre nicht uneingeschränkt gelten. Da die Kapitalerhöhung auch eine Satzungsänderung ist, kann die abweichende Gewinnverteilungsregelung auch im **Kapitalerhöhungsbeschluss** getroffen werden.[9] Werden dabei die jungen Aktien mit Bezugsrecht der Altaktionäre ausgegeben, so ist nach **allgM** neben dem Beschluss zur Satzungsänderung (§§ 179 ff) die Zustimmung aller Altaktionäre **nicht** erforderlich; der erforderliche Ausgleich findet durch das Bezugsrecht der Altaktionäre statt.[10] Nach zutreffender hM gilt dies auch, wenn die jungen Aktien unter Ausschluss des Bezugsrechts ausgegeben werden; in diesem Fall wird der Eingriff in die Rechtsposition der Altaktionäre im Rahmen der Prüfung, ob ein Ausschluss des Bezugsrechts zulässig ist, einbezogen.[11] Dadurch werden die Interessen der Altaktionäre angesichts der strengen Anforderungen an den Ausschluss des Bezugsrechts ausreichend geschützt.

Weitere Beispiele für abweichende Satzungsbestimmungen sind: Schaffung von Vorzugsaktien und Gewinnverteilung unter Berücksichtigung von Nebenleistungen (§ 55).

§ 61 Vergütung von Nebenleistungen

Für wiederkehrende Leistungen, zu denen Aktionäre nach der Satzung neben den Einlagen auf das Grundkapital verpflichtet sind, darf eine den Wert der Leistungen nicht übersteigende Vergütung ohne Rücksicht darauf gezahlt werden, ob ein Bilanzgewinn ausgewiesen wird.

§ 61 statuiert eine **Ausnahme** von dem Verbot der Einlagenrückgewähr nach § 57 Abs. 1 S. 1.[1] Voraussetzung für die Zulässigkeit der Vergütung ist allerdings, dass die Entgeltlichkeit der Nebenleistung in der **Satzung** festgelegt ist (vgl § 55 Abs. 1 S. 2). Ohne eine solche Satzungsbestimmung darf die Vergütung nicht gezahlt werden, wenn die Satzung nach dem 1.1.1966 beschlossen wurde (§ 410).

Die Höhe der Vergütung darf den **Wert der Nebenleistung nicht übersteigen**, wobei der Wert der Leistung im Moment der Leistungserbringung zu bestimmen ist. Der Wert der Leistung ist der **marktübliche Anschaffungswert** im vorgesehenen Leistungszeitpunkt.[2] Da der jeweilige Marktwert der Leistung zwingend die Obergrenze für die Vergütung darstellt, kann die Satzung nach zutreffender Ansicht **keine Mindestvergütung** vorsehen.[3] Trifft die Satzung keine besonderen Bestimmungen, so entscheidet der Vorstand über die Höhe der Vergütung.

Der Vergütungsanspruch hat – ebenso wie das Dividendenrecht – **mitgliedschaftlichen Charakter** und kann nur zusammen mit der Aktie übertragen werden.[4] Ist die Nebenleistung allerdings erbracht, so ist der Anspruch auf ihre Vergütung eigenständig übertragbar.[5]

§ 62 Haftung der Aktionäre beim Empfang verbotener Leistungen

(1) ¹Die Aktionäre haben der Gesellschaft Leistungen, die sie entgegen den Vorschriften dieses Gesetzes von ihr empfangen haben, zurückzugewähren. ²Haben sie Beträge als Gewinnanteile bezogen, so besteht die Verpflichtung nur, wenn sie wußten oder infolge von Fahrlässigkeit nicht wußten, daß sie zum Bezuge nicht berechtigt waren.

(2) ¹Der Anspruch der Gesellschaft kann auch von den Gläubigern der Gesellschaft geltend gemacht werden, soweit sie von dieser keine Befriedigung erlangen können. ²Ist über das Vermögen der Gesellschaft das Insolvenzverfahren eröffnet, so übt während dessen Dauer der Insolvenzverwalter oder der Sachwalter das Recht der Gesellschaftsgläubiger gegen die Aktionäre aus.

(3) ¹Die Ansprüche nach diesen Vorschriften verjähren in zehn Jahren seit dem Empfang der Leistung. ²§ 54 Abs. 4 Satz 2 findet entsprechende Anwendung.

---

9 OLG Celle ZIP 1989, 511, 513; Großkomm-AktienR/*Henze*, Rn 22; *Hüffer*, Rn 9; KölnKomm-AktG/*Drygala*, Rn 33 ff; MüKo-AktG/*Bayer*, Rn 22.
10 Großkomm-AktienR/*Henze*, Rn 22; *Hüffer*, Rn 9; KölnKomm-AktG/*Drygala*, Rn 33; MüKo-AktG/*Bayer*, Rn 23.
11 Großkomm-AktienR/*Henze*, Rn 23 f; KölnKomm-AktG/*Drygala*, Rn 35 f; MüKo-AktG/*Bayer*, Rn 24 und wohl auch *Hüffer*, Rn 9; aA Geßler/*Hefermehl*/Bungeroth, Rn 26.

1 Großkomm-AktienR/*Henze*, § 61 Rn 4; *Hüffer*, § 61 Rn 1.
2 Großkomm-AktienR/*Henze*, § 61 Rn 12; *Hüffer*, Rn 2; KölnKomm-AktG/*Drygala*, Rn 6; MüKo-AktG/*Bayer*, Rn 5.
3 RGZ 48, 102, 105; *Hüffer*, Rn 2; aA KölnKomm-AktG/*Drygala*, Rn 8; MüKo-AktG/*Bayer*, Rn 6.
4 Großkomm-AktienR/*Henze*, Rn 7 f; *Hüffer*, Rn 3; KölnKomm-AktG/*Drygala*, Rn 16; MüKo-AktG/*Bayer*, Rn 10.
5 MüKo-AktG/*Bayer*, Rn 11.

A. Einführung	1	d) Leistungen an, durch und unter Dritten	9
B. Regelungsgehalt	2	2. Anspruchsinhalt und Konkurrenzen	14
I. Rückgewähr verbotener Leistungen (Abs. 1 S. 1)	2	II. Schutz gutgläubiger Dividendenempfänger (Abs. 1 S. 2)	18
1. Voraussetzungen	2	III. Geltendmachung des Rückgewähranspruchs durch Gläubiger und Insolvenzverwalter	27
a) Empfang einer Leistung	2	IV. Verjährung (Abs. 3)	33
b) Aktienrechtlich verbotene Leistung	5		
c) Gläubiger und Schuldner des Rückgewähranspruchs	7		

A. Einführung

1 § 62 regelt die **Rückgewähr von Leistungen**, die Aktionäre **entgegen** den Vorschriften des **Aktiengesetzes** empfangen haben. Für diese Fälle begründet die Vorschrift einen **spezifisch aktienrechtlichen Rückgewähranspruch**. Sie dient damit – insbesondere im Zusammenspiel mit § 57, dem in der Praxis häufigsten Anwendungsfall des § 62 – der **Kapitalerhaltung** bei der AG. Gegenüber anderen Anspruchsgrundlagen für die Rückforderung zu Unrecht empfangener Leistungen zeichnet sich § 62 insbesondere dadurch aus, dass er, außer bei zu Unrecht bezogenen Gewinnanteilen, **weder Verschulden noch Bösgläubigkeit** seitens des Empfängers der Leistung voraussetzt.

B. Regelungsgehalt

2 **I. Rückgewähr verbotener Leistungen (Abs. 1 S. 1). 1. Voraussetzungen. a) Empfang einer Leistung.** Die Rückgewährverpflichtung nach Abs. 1 S. 1 setzt voraus, dass der Aktionär eine **Leistung** von der Gesellschaft empfangen hat. Der Begriff der Leistung ist dabei **weit zu verstehen** und erfasst alle Arten von Leistungen, die einen **Vermögenswert** besitzen,[1] ohne Rücksicht auf ihren Gegenstand.[2]

3 **Beispiele** für solche Leistungen sind: Geldzahlungen der Gesellschaft an ihre Aktionäre; Überlassung einer Sache oder eines Rechts; Erbringung von Dienstleistungen durch die Gesellschaft an den Aktionär; Eingehung von Verbindlichkeiten oder Gewährung von Sicherheiten zugunsten des Aktionärs; die Duldung des Gebrauchs gesellschaftseigener Einrichtungen ohne angemessenes Entgelt und auch die Eingehung des Prospekthaftungsrisikos bei Platzierung von Altaktien.[3]

4 Besondere Probleme ergeben sich, wenn Leistungen der AG durch, an oder unter Dritten erbracht werden; siehe dazu Rn 9 ff.

5 **b) Aktienrechtlich verbotene Leistung.** Die Leistung der Gesellschaft muss **aktienrechtlich verboten** sein. Den **Hauptanwendungsfall** verbotener Leistungen bilden in diesem Zusammenhang Leistungen, die gegen das **Verbot der Einlagenrückgewähr** aus § 57 verstoßen. Einzelheiten zum Verbot der Einlagenrückgewähr gemäß § 57 sind in der dortigen Kommentierung dargestellt. Weitere **Beispiele** sind Dividendenzahlungen aufgrund eines nichtigen Gewinnverwendungsbeschlusses;[4] verbotene Abschlagszahlungen auf den Bilanzgewinn (§ 59) oder die überhöhte Vergütung von Nebenleistungen (§ 61).

6 Aktienrechtlich verboten sind nicht nur Leistungen, die gegen zwingendes Aktienrecht verstoßen, von § 62 erfasst werden vielmehr auch Leistungen, die unter **Verstoß** gegen **zulässige Satzungsbestimmungen** erbracht werden, beispielsweise Dividendenzahlungen unter Nichtbeachtung eines satzungsmäßigen Gewinnverteilungsschlüssels.[5]

7 **c) Gläubiger und Schuldner des Rückgewähranspruchs.** Gläubiger des Rückgewähranspruchs ist die **Gesellschaft**. Nach Abs. 2 S. 1 können unter bestimmten Voraussetzungen **neben** der Gesellschaft auch deren **Gläubiger** den Anspruch aus § 62 geltend machen (siehe dazu Rn 27 ff). Gesellschaftsgläubiger haben jedoch insoweit **kein eigenes materielles**, sondern nur ein **prozessuales** Recht.

8 **Schuldner** des Erstattungsanspruchs ist grundsätzlich der **Aktionär** als Empfänger der Leistung.[6] Entscheidend ist in diesem Zusammenhang, dass der Empfänger die Leistung zu einem Zeitpunkt **empfangen** hat, in

---

[1] OLG Frankfurt AG 1996, 324, 325; Großkomm-AktienR/*Henze*, Rn 13; *Hüffer*, Rn 6; KölnKomm-AktG/*Drygala*, Rn 44; MüKo-AktG/*Bayer*, Rn 30.

[2] *Hüffer*, Rn 6; obwohl § 56 AktG 1937 insoweit den Begriff "Zahlungen" verwendete, stellte auch die seinerzeit ganz hM maßgeblich und erweiternd darauf ab, ob der Gesellschaft Vermögenswerte entzogen wurden; siehe Nachweise bei Großkomm-AktienR/*Henze*, Rn 13.

[3] BGH NZG 2011, 829 ff, siehe dazu § 57 Rn 12 f.

[4] Der Rückforderungsanspruch entfällt in diesem Fall allerdings mit Heilung der Nichtigkeit des Gewinnverwendungsbeschlusses.

[5] Großkomm-AktienR/*Henze*, Rn 17; *Hüffer*, Rn 8; KölnKomm-AktG/*Drygala*, Rn 48; MüKo-AktG/*Bayer*, Rn 38; aA noch die Erstauflage von KölnKomm-AktG/*Lutter*, Rn 14.

[6] Großkomm-AktienR/*Henze*, Rn 20; *Hüffer*, Rn 4; KölnKomm-AktG/*Drygala*, Rn 20; MüKo-AktG/*Bayer*, Rn 11.

dem er **Aktionär der Gesellschaft** war.[7] Scheidet der Aktionär **nach Empfang der Leistung** aus der Gesellschaft aus, hat dies auf das Bestehen des Rückgewähranspruchs nach § 62 **keinen Einfluss** mehr.[8] Die besonderen Fragen, die sich im Rahmen des § 62 bei aktienrechtlich verbotenen Leistungen an, durch oder unter **Dritten** ergeben, werden nachfolgend näher dargestellt.

d) **Leistungen an, durch und unter Dritten.** Als spezifisch aktienrechtlicher Rückgewähranspruch trifft § 62 grundsätzlich allein den Aktionär. Aktienrechtlich verbotene Leistungen können jedoch unter bestimmten Umständen auch an, durch oder unter Dritten erfolgen (zu Einzelheiten siehe § 57 Rn 39 ff). Nach Ansicht der **hM** ist auch in diesen Fallkonstellationen – von den nachfolgend dargestellten **Ausnahmen** abgesehen – nicht der Dritte als unmittelbarer Leistungsempfänger, sondern allein der mittelbar durch die Leistung begünstigte **Aktionär** Schuldner des Rückgewähranspruchs aus Abs. 1 S. 1.[9]

Erfolgt die verbotene Leistung der Gesellschaft allerdings an **ehemalige** oder **zukünftige Aktionäre** aufgrund ihrer früheren bzw künftigen Aktionärsstellung (siehe dazu § 57 Rn 42), so gewährt die hM der Gesellschaft zu Recht einen Rückgewähranspruch aus Abs. 1 S. 1 gegen den **Leistungsempfänger**.[10]

Gleiches gilt, wenn verbotene Leistungen an **faktische Aktionäre** erbracht werden (siehe dazu § 57 Rn 40 f).[11] **Beispiele** dafür sind: Leistungen an den „**Strohmann**"-Aktionär,[12] Leistungen an **nahe Angehörige** des Aktionärs[13] sowie Leistungen an **Treugeber** und Hintermänner.[14] Neben dem Dritten haftet in diesen Fällen **auch** der Aktionär aus Abs. 1 S. 1.[15]

In allen anderen Fällen, in denen aktienrechtlich verbotene Leistungen an, durch oder unter Dritten erfolgen, kann die Gesellschaft nach **hM** gegen den Dritten keine Ansprüche aus § 62 geltend machen.[16]

Der Ansicht der hM ist nicht zu folgen. Wird nämlich die Reichweite des in § 57 verankerten Verbots auf Leistungen an, durch oder unter Dritten erstreckt, so ist es nur folgerichtig, auch die **Rückabwicklung** der aktienrechtlich verbotenen Leistung in **analoger Anwendung** von § 62 den **spezielleren** aktienrechtlichen Vorschriften zu unterwerfen. Dass die Leistung in diesen Fällen nicht mit Rücksicht auf die eigene Mitgliedschaft des Dritten erfolgt, stellt kein zwingendes Argument gegen die analoge Anwendung des § 62 dar. Auch die **hM** kommt immerhin zum Zwecke der Gewährleistung effizienten Kapitalschutzes nicht umhin, die allgemeinen Vorschriften für die Rückabwicklung aktienrechtlich verbotener Leistungen an, durch oder unter Dritten für bestimmte Fälle so zu modifizieren, dass sie der aktienrechtlichen Rückgewährverpflichtung nahe kommen.

2. Anspruchsinhalt und Konkurrenzen. Der Anspruch aus Abs. 1 S. 1 richtet sich auf **Rückgewähr** der verbotswidrig empfangenen Leistung. Dem Anspruchsschuldner stehen dabei **keine Einreden** hinsichtlich des **Wegfalls des Erlangten** zu.[17] Das Gesellschaftsvermögen ist grundsätzlich so herzustellen, wie es ohne die verbotene Leistung bestanden hätte, geschuldet ist also Rückgewähr des geleisteten Gegenstands in das Gesellschaftsvermögen.[18]

Durch Abs. 1 S. 1 wird ein **gesetzliches Schuldverhältnis** begründet, so dass die §§ 275 ff BGB im Fall der Leistungsstörung eingreifen.[19] Ist daher die Rückgewähr der empfangenen Leistung **unmöglich**, so schuldet der Verpflichtete bei Vorliegen der gesetzlichen Voraussetzungen **Schadensersatz**. Kann das Geleistete seiner Natur nach nicht zurückgewährt werden, beispielsweise im Fall von Dienstleistungen etc, richtet sich der Anspruch entsprechend § 346 Abs. 2 BGB auf Ersatz des Wertes der erhaltenen Leistung.[20]

---

7 Großkomm-AktienR/*Henze*, Rn 21; *Hüffer*, Rn 4; KölnKomm-AktG/*Drygala*, Rn 21; MüKo-AktG/*Bayer*, Rn 12.
8 Großkomm-AktienR/*Henze*, Rn 21; MüKo-AktG/*Bayer*, Rn 13.
9 Großkomm-AktienR/*Henze*, Rn 22 f; *Hüffer*, Rn 5; KölnKomm-AktG/*Drygala*, Rn 23 ff; MüKo-AktG/*Bayer*, Rn 11.
10 BGHZ 13, 49, 54 ff (zur GmbH); OLG Koblenz AG 1977, 231 f; OLG Hamburg AG 1980, 275, 278 f; OLG Frankfurt AG 1996, 324, 325 f m Anm. *Wilken*, WiB 1996, 163; Großkomm-AktienR/*Henze*, Rn 27; KölnKomm-AktG/*Drygala*, Rn 34; *Hüffer*, Rn 5; MüKo-AktG/*Bayer*, Rn 13.
11 BGH NZG 2008, 106; KölnKomm-AktG/*Drygala*, Rn 35.
12 *Canaris* in: FS Fischer, 1979, S. 31, 41; MüKo-AktG/*Bayer*, Rn 18.
13 KG NZG 1999, 161 mAnm. *Mennicke*; BGH NJW 1982, 387, 388.
14 BGH NZG 2011, 829, 830, 834.
15 Großkomm-AktienR/*Henze*, Rn 23 mwN.
16 BGH AG 1981, 227; OLG Düsseldorf AG 1980, 273, 274; Großkomm-AktienR/*Henze*, Rn 29; KölnKomm-AktG/*Drygala*, Rn 38; MüKo-AktG/*Bayer*, Rn 11; Schmidt/Lutter/*Fleischer*, Rn 15.
17 Großkomm-AktienR/*Henze*, Rn 40; *Hüffer*, Rn 8; KölnKomm-AktG/*Lutter*, Rn 29.
18 Großkomm-AktienR/*Henze*, Rn 39; *Hüffer*, Rn 8; Geßler/Hefermehl/Bungeroth, Rn 21; aA *Joost*, ZHR 149 (1985), 419, 420; MüKo-AktG/*Bayer*, Rn 47 f; *K. Schmidt*, GesR, 2002, § 29 II 2 b; Schmidt/Lutter/*Fleischer*, Rn 18, die lediglich eine rechnerische Bindung und daher eine Pflicht zum Wertersatz annehmen.
19 Großkomm-AktienR/*Henze*, Rn 40; *Hüffer* Rn 8; Vorauflage KölnKomm-AktG/*Lutter*, Rn 26; aA KölnKomm-AktG/*Drygala*, Rn 61 ff.
20 *Hüffer*, Rn 8; ebenso Großkomm-AktienR/*Henze*, Rn 41; Geßler/Hefermehl/Bungeroth, Rn 23; *Hüffer*, Rn 9; ‚Vorauflage KölnKomm-AktG/*Lutter*, Rn 26 (noch zu § 346 S. 2 BGB in der Fassung vor Inkrafttreten des Schuldrechtsmodernisierungsgesetzes).

16 Im Falle einer **verdeckten Einlagenrückgewähr** hat der Verpflichtete zur Gewährleistung effizienten Kapitalschutzes die gesamte erhaltene Leistung an die Gesellschaft zurückzugeben und nicht etwa nur einen positiven Saldo aus Leistung und Gegenleistung.[21]

17 **Neben** dem spezielleren Anspruch aus Abs. 1 S. 1 bestehen **keine** Ansprüche aus ungerechtfertigter Bereicherung (§§ 812 ff BGB).[22] Dingliche Herausgabeansprüche (§§ 985, 1007 BGB) können jedoch – einschließlich etwaiger Nebenansprüche – neben § 62 bestehen;[23] dasselbe gilt für Ansprüche aus unerlaubter Handlung (§§ 823 ff BGB). Etwas anderes muss gelten, wenn neben dem Verstoß gegen § 57 ein gesonderter Grund für die Nichtigkeit des betroffenen Rechtsgeschäfts besteht, der eine eigenständige Rückabwicklung nach sich ziehen würde. Diese Konstellation kann allerdings nur dann auftreten, wenn der hier vertretenen Ansicht gefolgt wird, dass ein Verstoß gegen § 57 weder zur Nichtigkeit des schuldrechtlichen noch des dinglichen Rechtsgeschäfts führt.

18 **II. Schutz gutgläubiger Dividendenempfänger (Abs. 1 S. 2).** Abs. 1 S. 2 schützt Aktionäre, die verbotene Leistungen gutgläubig als Dividenden oder als Abschlagszahlungen auf Dividenden (§ 59) bezogen haben. In diesem Fall müssen sie die empfangenen Leistungen nicht an die Gesellschaft zurückgewähren.

19 **Beispiele** sind: Zahlungen der Gesellschaft aufgrund eines **nichtigen** oder durch Anfechtungsklage **vernichteten** Gewinnverwendungsbeschlusses.

20 Die bezogene Leistung muss **objektiv** Bezug von Gewinnanteilen sein – ihre Grundlage also in dem **mitgliedschaftlichen** Gewinnbezugsrecht haben.[24] Bei **objektiv anderen** Leistungen ist kein Raum für die Anwendung der Ausnahme des Abs. 1 S. 2. Dies gilt auch dann, wenn der Aktionär einem **Irrtum** über die **Natur der Leistung** unterliegt. Insoweit hilft ihm seine Gutgläubigkeit nicht.

21 **Beispiele** für Leistungen, die aus diesem Grunde **nicht** unter Abs. 1 S. 2 fallen, sind: Zinszahlen auf partiarische Darlehen, Zahlungen auf gewinnabhängige Genussrechte sowie Zahlungen gewinnabhängiger Tantiemen oder Boni. Sämtliche dieser Leistungen haben ihre Grundlage nicht in dem mitgliedschaftlichen Gewinnanspruch, sondern in einem schuldrechtlichen Vertrag.

22 Der Aktionär muss die Dividenden gutgläubig bezogen haben. Der gute Glaube muss sich dabei auf die **Berechtigung zum Bezug** der Dividenden beziehen. Er fehlt bei Kenntnis oder fahrlässiger Unkenntnis der Nichtberechtigung. Dabei wird die Fahrlässigkeit nach Maßgabe der allgemeinen Regeln (§ 276 BGB) bestimmt. Beachtlich ist danach auch ein Rechtsirrtum – wenn der Aktionär also ohne Fahrlässigkeit glaubt, er dürfe die entsprechende Leistung beziehen. In der Praxis haben Irrtumsfälle allerdings nahezu keine Bedeutung.

23 Der gute Glaube muss zum **Zeitpunkt des Empfangs** der Leistung vorhanden sein.[25]

24 Hat der Aktionär seinen vermeintlichen Dividendenanspruch an einen Dritten abgetreten und leistet die Gesellschaft infolgedessen an den Dritten, so muss der Leistungsempfänger nach Abs. 1 S. 2 die Leistung behalten dürfen, wenn der Aktionär diesbezüglich gutgläubig war. Anderenfalls wäre nämlich der Aktionär im Innenverhältnis gegenüber dem Dritten zum Ausgleich verpflichtet und würde schlechter stehen, als wenn er zunächst selbst die Leistung empfangen und unmittelbar danach an den Dritten weitergegeben hätte.[26]

25 Sind **Dritte** Schuldner des Rückgewähranspruchs aus Abs. 1 S. 1, also nach hM ehemalige, zukünftige oder faktische Aktionäre (siehe dazu Rn 9 ff), wäre es nicht überzeugend, dem Dritten die Begünstigung des Abs. 1 S. 2 vorzuenthalten, obwohl der Dritte ansonsten für die Zwecke des Kapitalschutzes wie der Aktionär behandelt wird.[27] Dasselbe gilt für sonstige Dritte, sofern man den Anwendungsbereich des § 62 auch auf sie erstreckt (siehe dazu Rn 13).

---

[21] Großkomm-AktienR/*Henze*, Rn 43; Geßler/*Hefermehl*/*Bungeroth*, Rn 24; *Hüffer*, Rn 8; aA *Flume*, ZHR 144 (1980), 18, 23 f: Sinn des Gesetzes sei nicht, konkrete Gegenstände, sondern das Vermögen zu erhalten; siehe zu alternativen Lösungsansätzen KölnKomm-AktG/*Drygala*, Rn 61 ff; MüKo-AktG/*Bayer*, Rn 82 ff.

[22] *Hüffer*, Rn 10; KölnKomm-AktG/*Drygala*, Rn 74; Schmidt/Lutter/*Fleischer*, Rn 20; *Theusinger*/*Wolf*, NZG 2012, 901.

[23] OLG Frankfurt aM BB 1996, 445, 446; KG NZG 1999, 161; Großkomm-AktienR/*Henze*, 4. Aufl., Rn 59; *Hüffer*, Rn 10; KölnKomm-AktG/*Drygala*, Rn 75; *Wiesner* in: MüHdbGesR, Band 4, 2. Aufl., § 16 Rn 55; aA offenbar nur *Bommert*, Verdeckte Vermögensverlagerung im Aktienrecht, 1989, S. 103 ff, der jedoch u.a. die Verjährungsvorschrift des § 62 Abs. 3 AktG als Spezialvorschrift ansieht, die insoweit die bereicherungsrechtlichen Regelungen verdränge.

[24] In Betracht kommen Dividendenzahlungen auf Grund eines Beschlusses nach § 174 Abs. 2 Nr. 2 oder eine gemäß § 59 zulässige Abschlagszahlung, Großkomm-AktienR/*Henze*, Rn 65; *Hüffer*, Rn 11; KölnKomm-AktG/*Drygala*, Rn 79; MüKo-AktG/*Bayer*, Rn 61.

[25] Großkomm-AktienR/*Henze*, Rn 80; *Hüffer*, Rn 11; KölnKomm-AktG/*Drygala*, Rn 85; MüKo-AktG/*Bayer*, Rn 70.

[26] Großkomm-AktienR/*Henze*, Rn 84 f; MüKo-AktG/*Bayer*, Rn 72, jeweils mwN; dies muss richtigerweise auch dann gelten, wenn der Dritte selbst bösgläubig war, da die Interessenlage sich für den gutgläubigen Aktionär nicht anders darstellt (aA hierzu wohl Geßler/*Hefermehl*/*Bungeroth*, Rn 43, § 58 Rn 134).

[27] Großkomm-AktienR/*Henze*, Rn 91 f; MüKo-AktG/*Bayer*, Rn 75.

Als Ausnahmeregelung ist Abs. 1 S. 2 grundsätzlich einer erweiternden oder analogen Anwendung **nicht zugänglich**.[28]

III. **Geltendmachung des Rückgewähranspruchs durch Gläubiger und Insolvenzverwalter.** Der Rückgewähranspruch aus Abs. 1 ist grundsätzlich vom **Vorstand** der Gesellschaft für diese **geltend zu machen**. Abs. 2 erlaubt dies jedoch auch **Gläubigern** der Gesellschaft.

Für die Stellung als Gläubiger ausreichend ist jede gegen die Gesellschaft gerichtete Forderung. Unerheblich ist dabei, ob die Forderung des Gläubigers den Rückgewähranspruch der AG über- oder unterschreitet.[29] Irrelevant ist ferner, wann der Dritte Gläubiger der Gesellschaft geworden ist oder wird, solange er zumindest im Zeitpunkt der **letzten mündlichen Verhandlung** seines Prozesses gegen den Aktionär Gläubiger der Gesellschaft ist.[30] Der Anspruch des Gläubigers gegen die Gesellschaft muss allerdings rechtlich durchsetzbar sein. Ein noch nicht fälliger Anspruch gewährt daher nicht die Rechte aus Abs. 2 S. 1.[31]

Weitere Voraussetzung für die Geltendmachung des Rückgewähranspruchs der Gesellschaft durch einen Gesellschaftsgläubiger ist, dass dieser von der Gesellschaft **keine Befriedigung** seiner Forderung erlangen kann. **Nicht hinreichend** ist in diesem Zusammenhang, wenn sich die Gesellschaft weigert, einen objektiv bestehenden Anspruch zu erfüllen.[32] Vielmehr muss die Uneinbringlichkeit der Forderung auf der objektiven Illiquidität der Gesellschaft beruhen.[33] Der Gesellschaftsgläubiger kann darüber nicht nur anhand einer fruchtlosen Vollstreckung oder der Nichteröffnung des Insolvenzverfahrens mangels Masse Beweis antreten, sondern auch mithilfe der von der Gesellschaft geführten Bücher.[34] Ein Vollstreckungstitel des Gesellschaftsgläubigers gegen die Gesellschaft ist daher nicht zwingend erforderlich.

Nach zutreffender hM kann der Gläubiger nur **Leistung an die Gesellschaft**, nicht jedoch Leistung an sich verlangen.[35]

Der beklagte Aktionär kann im Prozess mit dem Gesellschaftsgläubiger zunächst die Einwendungen geltend machen, die ihm im Verhältnis zur AG zustünden. Ferner kann der Aktionär auch Einreden und Einwendungen der Gesellschaft gegenüber dem Gesellschaftsgläubiger verwerten, da Voraussetzung für die Geltendmachung des Rückgewähranspruchs durch den Aktionär ist, dass diesem ein durchsetzbarer Anspruch gegen die Gesellschaft zusteht. Einreden und Einwendungen, die dem Aktionär aus einem Verhältnis zum Gläubiger zustehen, kann er dagegen in dem Prozess nicht verwerten, da der Gläubiger ausschließlich Rechte der Gesellschaft geltend macht, auf die sein Verhältnis zum Aktionär keinen Einfluss hat.[36]

Bei Insolvenz der AG ist es Aufgabe des Insolvenzverwalters oder Sachwalters, Rückgewähransprüche der Gesellschaft zu verfolgen. Damit ergänzt § 62 Abs. 2 S. 2 die Bestimmungen des § 280 InsO, indem er Rechtsverfolgung durch die AG auch dann ausschließt, wenn dies nach §§ 72 ff InsO möglich wäre.

IV. **Verjährung (Abs. 3).** Rückgewähransprüche aus § 62 verjähren in zehn Jahren seit dem Empfang der Leistung. Für die Berechnung der Frist, deren Hemmung sowie deren Unterbrechung gelten die allgemeinen Vorschriften (§§ 194 ff BGB).[37]

§ 63 Folgen nicht rechtzeitiger Einzahlung

(1) ¹Die Aktionäre haben die Einlagen nach Aufforderung durch den Vorstand einzuzahlen. ²Die Aufforderung ist, wenn die Satzung nichts anderes bestimmt, in den Gesellschaftsblättern bekanntzumachen.

(2) ¹Aktionäre, die den eingeforderten Betrag nicht rechtzeitig einzahlen, haben ihn vom Eintritt der Fälligkeit an mit fünf vom Hundert für das Jahr zu verzinsen. ²Die Geltendmachung eines weiteren Schadens ist nicht ausgeschlossen.

(3) Für den Fall nicht rechtzeitiger Einzahlung kann die Satzung Vertragsstrafen festsetzen.

---

28 *Hüffer*, Rn 11.
29 Großkomm-AktienR/*Henze*, Rn 120; *Hüffer*, Rn 14; MüKo-AktG/*Bayer*, Rn 87; aA *v. Godin/Wilhelmi*, § 62, die eine Klagebefugnis des Gesellschaftsgläubigers maximal bis zur Höhe seines Anspruches bejahen.
30 Großkomm-AktienR/*Henze*, Rn 121; *Hüffer*, Rn 14; Köln-Komm-AktG/*Drygala*, Rn 104; MüKo-AktG/*Bayer*, Rn 89.
31 Großkomm-AktienR/*Henze*, Rn 122; *Hüffer*, Rn 14; Köln-Komm-AktG/*Drygala*, Rn 107; MüKo-AktG/*Bayer*, Rn 87.
32 Großkomm-AktienR/*Henze*, Rn 126; *Hüffer*, Rn 14; Köln-Komm-AktG/*Drygala*, Rn 106; MüKo-AktG/*Bayer*, Rn 90.
33 Großkomm-AktienR/*Henze*, Rn 125; *Hüffer*, Rn 14; Köln-Komm-AktG/*Drygala*, Rn 106; MüKo-AktG/*Bayer*, Rn 90.
34 Großkomm-AktienR/*Henze*, Rn 128.
35 Großkomm-AktienR/*Henze*, Rn 108; *Hüffer*, Rn 14; Köln-Komm-AktG/*Drygala*, Rn 109; MüKo-AktG/*Bayer*, Rn 84 f; aA die früher hM, vgl *v. Godin/Wilhelmi*, Rn 7, die mit dem Argument, § 62 Abs. 2 S. 1 diene der einfachen und schnellen Befriedigung des Gläubigers, diesem zubilligen wollten, Leistung von der AG an sich selbst verlangen zu können.
36 Großkomm-AktienR/*Henze*, Rn 129 f; *Hüffer*, Rn 15; Köln-Komm-AktG/*Drygala*, Rn 113 ff; MüKo-AktG/*Bayer*, Rn 93 f; jeweils mwN.
37 Zu möglichen Auswirkungen der Neuregelung des Verjährungsrechtes durch das Schuldrechtsmodernisierungsgesetz *Schnorr*, DStR 2002, 1269; *Schockenhoff/Fiege*, ZIP 2002, 917; vgl auch MüKo-AktG/*Bayer*, Rn 107 ff.

A. Grundlagen

1 § 63 regelt die Fälligstellung noch offener Einlagepflichten (Abs. 1) und die Rechtsfolgen bei nicht rechtzeitiger Einzahlung (Abs. 2 und 3). Zusammen mit §§ 64 bis 66 dient die Vorschrift damit der **realen Kapitalaufbringung**.[1] Mit „Einlagen" meint § 63 ausschließlich Geldleistungen („Einzahlung") auf das Grundkapital nach § 54 (nicht: Nebenleistungen nach § 55, Nebenpflichten nach Abs. 2 und 3 oder Rückgewähransprüche nach § 62) und ein etwaiges Agio.[2] Für Sacheinlagen kann die Satzung entspr. Regelungen treffen. Auf welchem Rechtsgrund (Gründung oder Kapitalerhöhung) die Einlagepflicht beruht, ist unerheblich. Dabei ist § 63 auch dann anwendbar, wenn Geldleistungen entgegen den gesetzlichen (§§ 36 Abs. 2, 36 a Abs. 1) oder satzungsmäßigen Vorgaben über die Mindesteinzahlung vor Eintragung der AG bzw Kapitalerhöhung nicht erbracht wurden.[3]

B. Aufforderung zur Einzahlung (Abs. 1)

2 **I. Aufforderung.** Zuständig für die Entscheidung über die Aufforderung zur Einzahlung ist ausschließlich und unabdingbar der Vorstand.[4] Dies gilt auch im Fall der Abtretung oder Verpfändung der Einlageforderung.[5] Mit Eröffnung des Insolvenzverfahrens geht die Zuständigkeit auf den Insolvenzverwalter über. Der Vorstand entscheidet nach pflichtgemäßem **Ermessen** im Unternehmensinteresse. Satzungsregelungen oder Beschlüsse der HV, die dieses Ermessen einschränken, sind für den Vorstand wirkungslos.[6] Jedoch kann die Aufforderung im Innenverhältnis gem. § 111 Abs. 4 S. 2 von der Zustimmung des AR abhängig gemacht werden.[7] Für die Aufforderung als solche genügt das Handeln von Vorstandsmitgliedern in vertretungsberechtigter Zahl. **Bekanntzumachen** ist die Aufforderung in den Gesellschaftsblättern (§ 25). Jedoch kann die Satzung eine hiervon abw. Form bestimmen (zB Brief oder E-Mail).

3 Inhaltlich muss die Aufforderung **eindeutig und bestimmt** sein.[8] Insb. sind die Adressaten hinreichend genau zu bezeichnen. Zudem muss klar erkennbar sein, in welchem Umfang und zu welchem Zeitpunkt die noch offenen Einlageforderungen fällig gestellt werden sollen. Firma und Sitz der AG sind anzugeben. Auch muss die Aufforderung den Vorstand als Urheber der Erklärung erkennen lassen. In materieller Hinsicht ist **§ 53 a zu beachten**.[9] Eine Ungleichbehandlung der Aktionäre kommt danach nur aus sachlichen Gründen in Betracht. Zulässige Anknüpfungspunkte können sein: unterschiedliche Aktiengattungen oder Ausgabebedingungen sowie der Umfang der bislang erbrachten Leistungen.[10] Verstöße gegen § 53 a machen die Aufforderung zwar nicht unwirksam. Jedoch steht übervorteilten Aktionären im Umfang der Ungleichbehandlung ein Leistungsverweigerungsrecht gegenüber der AG aus § 242 BGB zu.[11]

4 **II. Adressaten.** Nach dem Wortlaut des Abs. 1 S. 1 ist die Aufforderung an „die Aktionäre" zu richten. Gemeint sind hiermit die **aktuellen Einlageschuldner**, die ihre Hauptleistungspflicht noch nicht vollständig erfüllt haben. Einlageschuldner sind im Regelfall die Inhaber der Mitgliedschaft.[12]

5 Im Fall der Ausgabe von **Namensaktien** ergeben sich die Adressaten damit primär aus dem Aktienregister (arg: § 67 Abs. 2).[13] Fallen Eintragung und materielle Berechtigung auseinander oder wird ein Aktienregister (uU entgegen § 67) nicht geführt, kann nach zutr. Auffassung auch der materiellrechtliche Inhaber der Mitgliedschaft Adressat der Aufforderung sein.[14] Gleiches gilt, wenn die Eintragung gem. § 67 Abs. 4 S. 5 als Platzhalter erfolgt. Mit Veräußerung der Aktie gehen noch offene Einlagepflichten auf den Erwerber über. Eine bereits erfolgte Fälligstellung wirkt auch gegen den Erwerber; einer erneuten Aufforderung zur Leistung bedarf es daher nicht.[15] Demgegenüber sind die Nebenpflichten aus Abs. 2 und 3 (Rn 8 ff) personengebunden und treffen damit nur denjenigen Aktionär, der den eingeforderten Betrag nicht rechtzeitig (dh fristgemäß) einzahlt. Vor dem Erwerb begründete Nebenpflichten sind dementspr weiterhin gegen den Veräußerer geltend zu machen.[16]

6 Anders als Namensaktien oder Zwischenscheine dürfen **Inhaberaktien** nicht ausgegeben werden, bevor die Einlagepflicht vollständig erfüllt ist (§ 10 Abs. 2 S. 1). Geschieht dies dennoch, gilt § 63 auch hier.[17] In diesem Fall schuldet grdsl der gegenwärtige Inhaber die (Rest-)Einlage und ist damit richtiger Adressat der

---

1 MüKo-AktG/*Bayer*, Rn 2; *Hüffer*, Rn 1.
2 Spindler/Stilz/*Cahn*, Rn 4; *Hüffer*, Rn 2; Bürgers/Körber/*Westermann*, Rn 2.
3 OLG Hamburg AG 2007, 500, 502; s. auch MüKo-AktG/*Bayer*, Rn 2.
4 K. Schmidt/Lutter/*Fleischer*, Rn 11; Hölters/*Solveen*, Rn 5.
5 AllgM, statt aller MüKo-AktG/*Bayer*, Rn 44 mwN.
6 MüKo-AktG/*Bayer*, Rn 25.
7 *Hüffer*, Rn 5; MüHb-AG/*Wiesner*, § 16 Rn 10.
8 KölnKomm-AktG/*Drygala*, Rn 19; *Hüffer*, Rn 6.
9 MüHb-AG/*Wiesner*, § 16 Rn 10; Bürgers/Körber/*Westermann*, Rn 5.
10 Großkomm-AktienR/*Gehrlein*, Rn 27; MüKo-AktG/*Bayer*, Rn 30.
11 K. Schmidt/Lutter/*Fleischer*, Rn 15; KölnKomm-AktG/*Drygala*, Rn 18.
12 Spindler/Stilz/*Cahn*, Rn 7; *Hüffer*, Rn 3.
13 K. Schmidt/Lutter/*Fleischer*, Rn 7; Spindler/Stilz/*Cahn*, Rn 7.
14 Grigoleit/Grigoleit/*Rachlitz*, Rn 6 f.
15 K. Schmidt/Lutter/*Fleischer*, Rn 8; *Hüffer*, Rn 3.
16 Spindler/Stilz/*Cahn*, Rn 8.
17 Ganz hM, statt aller MüKo-AktG/*Bayer*, Rn 11 mwN.

Aufforderung. Abw gilt, wenn die Aktie gutgläubig lastenfrei erworben wurde; denn dann haftet der Veräußerer weiter auf die Einlage (§ 54 Rn 8). Kommt der Veräußerer in diesem Fall der Aufforderung zur Einzahlung nicht fristgemäß nach, erscheint es nur folgerichtig, dass ihn auch die Nebenpflichten aus Abs. 2 und 3 treffen.[18]

III. Rechtswirkungen. Mit Ablauf der in der Aufforderung gesetzten Zahlungsfrist werden die Einlageforderungen **fällig** (soweit Fälligkeit nicht schon nach §§ 36 Abs. 2, 36a, 188 Abs. 2 eingetreten ist).[19] Eine vorzeitige Leistungserbringung ist zulässig (§ 271 Abs. 2 BGB), allerdings nicht vor Bekanntmachung der Zahlungsaufforderung. 7

C. Folgen nicht rechtzeitiger Einzahlung (Abs. 2 und 3)

I. Zinsen, Schadensersatz (Abs. 2). Ab Fälligkeit sind rückständige Einlageforderungen in eingeforderter Höhe mit 5 % p.a. zu **verzinsen** (Abs. 2 S. 1), es sei denn, die AG befindet sich in Annahmeverzug (§ 301 BGB). Da es sich um Fälligkeitszinsen handelt, kommt es auf Verzug (§ 286 BGB) oder Verschulden nicht an.[20] Die Vorschrift ist zwingend (§ 23 Abs. 5).[21] Höhere Zinsen können uU als Verzugsschaden oder Vertragsstrafe zu zahlen sein (Rn 9 f). 8

Abs. 2 S. 2 stellt klar, dass die Regelung in Abs. 2 S. 1 die Geltendmachung eines weiteren Schadens nicht ausschließt. Entspr Ansprüche können sich insb. als **Verzugsfolge** aus §§ 286 ff ergeben.[22] Einer gesonderten, verzugsbegründenden Mahnung bedarf es nicht, wenn die Aufforderung, wie allg. üblich, eine Zahlungsfrist enthält (§ 286 Abs. 2 Nr. 1 oder 2 BGB). Allerdings muss die Aufforderung dem Aktionär in diesem Fall (nachweisbar) zugehen, was nur bei Übersendung per eingeschriebenem Brief sichergestellt ist.[23] Nicht zuletzt vor diesem Hintergrund ist bei Gesellschaften mit überschaubarem Aktionärskreis die Aufnahme einer entspr. Öffnungsklausel in die Satzung empfehlenswert. 9

II. Vertragsstrafen (Abs. 3). Für den Fall nicht rechtzeitiger Einzahlung kann die Satzung Vertragsstrafen vorsehen. Für sie gelten die allg. **Vorschriften** (§§ 339 ff BGB, § 348 HGB). Denkbar ist zB eine über § 63 Abs. 2 S. 1 (uU auch § 288 BGB) hinausgehende Verzinsung oder auch der Ausschluss des Gewinnbezugsrechts (arg: § 60 Abs. 3).[24] Nicht als Vertragsstrafe festgesetzt werden kann der Entzug der Mitgliedschaft (arg: § 64) oder die Suspendierung einzelner aus ihr folgenden Rechte (zB Stimmrecht).[25] Fälligkeitszinsen und Vertragsstrafe können nebeneinander geschuldet sein, auf einen Verzugsschaden ist die Vertragsstrafe gem. §§ 341 Abs. 2, 340 Abs. 2 BGB anzurechnen. 10

§ 64 Ausschluß säumiger Aktionäre

(1) Aktionären, die den eingeforderten Betrag nicht rechtzeitig einzahlen, kann eine Nachfrist mit der Androhung gesetzt werden, daß sie nach Fristablauf ihrer Aktien und der geleisteten Einzahlungen für verlustig erklärt werden.

(2) ¹Die Nachfrist muß dreimal in den Gesellschaftsblättern bekanntgemacht werden. ²Die erste Bekanntmachung muß mindestens drei Monate, die letzte mindestens einen Monat vor Fristablauf ergehen. ³Zwischen den einzelnen Bekanntmachungen muß ein Zeitraum von mindestens drei Wochen liegen. ⁴Ist die Übertragung der Aktien an die Zustimmung der Gesellschaft gebunden, so genügt an Stelle der öffentlichen Bekanntmachungen die einmalige Einzelaufforderung an die säumigen Aktionäre; dabei muß eine Nachfrist gewährt werden, die mindestens einen Monat seit dem Empfang der Aufforderung beträgt.

(3) ¹Aktionäre, die den eingeforderten Betrag trotzdem nicht zahlen, werden durch Bekanntmachung in den Gesellschaftsblättern ihrer Aktien und der geleisteten Einzahlungen zugunsten der Gesellschaft für verlustig erklärt. ²In der Bekanntmachung sind die für verlustig erklärten Aktien mit ihren Unterscheidungsmerkmalen anzugeben.

(4) ¹An Stelle der alten Urkunden werden neue ausgegeben; diese haben außer den geleisteten Teilzahlungen den rückständigen Betrag anzugeben. ²Für den Ausfall der Gesellschaft an diesem Betrag oder an den später eingeforderten Beträgen haftet ihr der ausgeschlossene Aktionär.

---

18 Anders die wohl hM, s. Großkomm-AktienR/*Gehrlein*, Rn 17; *Hüffer*, Rn 4, je mwN; wie hier MüKo-AktG/*Bayer*, Rn 24; Spindler/Stilz/*Cahn*, Rn 9; K. Schmidt/Lutter/*Fleischer*, Rn 7.
19 K. Schmidt/Lutter/*Fleischer*, Rn 21; Grigoleit/*Grigoleit/Rachlitz*, Rn 14.
20 Vgl Spindler/Stilz/*Cahn*, Rn 19; Hölters/*Solveen*, Rn 10.
21 *Hüffer*, Rn 8; MüKo-AktG/*Bayer*, Rn 49.
22 Grigoleit/*Grigoleit/Rachlitz*, Rn 15.
23 BGHZ 110, 47, 77 = NJW 1990, 982; *Hüffer*, Rn 8 mwN.
24 Näher MüKo-AktG/*Bayer*, Rn 56.
25 AllgM, statt aller MüKo-AktG/*Bayer*, Rn 56 mwN.

A. Grundlagen 1	2. Ausschlusserklärung (Abs. 3) 5
B. Kaduzierungsverfahren (Abs. 1 bis 3) 2	C. Rechtsfolgen der Kaduzierung (Abs. 4) 6
I. Voraussetzungen, Zuständigkeit (Abs. 1) 2	I. Materielle Wirkungen 6
II. Verfahrensgang (Abs. 1 bis 3) 3	II. Ausgabe neuer Urkunden (Abs. 4 S. 1) 8
1. Nachfristsetzung (Abs. 1 und 2) 3	III. Ausfallhaftung (Abs. 4 S. 2) 9

A. Grundlagen

1 Die Vorschrift knüpft an § 63 an und ergänzt die dort in Abs. 2 und 3 geregelten Sanktionen um ein Verfahren zum Ausschluss säumiger Aktionäre (sog. Kaduzierung). „Ausschluss" ist dabei im Sinne eines entschädigungslosen Verlusts der Mitgliedschaft sowie schon erbrachter Teilleistungen zu verstehen (Rn 6). Bezweckt ist, durch Androhung dieser Rechtsfolgen den Zahlungsdruck auf säumige Aktionäre zu erhöhen. Im Zusammenspiel mit §§ 63, 65 dient § 64 damit der **realen Kapitalaufbringung**.[1] Aufgrund der Anknüpfung an § 63 ist der Anwendungsbereich der Vorschriften weitgehend deckungsgleich (s. daher zunächst dort Rn 1 und 6). Anders als § 63 enthält § 64 allerdings in vollem Umfang **zwingendes Recht** (§ 23 Abs. 5). Dementspr kann der Anwendungsbereich der Vorschrift durch Satzungsregelung weder auf Sacheinlagen ausgedehnt noch sonst erweitert oder beschränkt werden.[2]

B. Kaduzierungsverfahren (Abs. 1 bis 3)

2 **I. Voraussetzungen, Zuständigkeit (Abs. 1).** Voraussetzung für das Betreiben des Verfahrens ist, dass die Einlageforderung **trotz ihrer Fälligkeit nicht erfüllt** ist („nicht rechtzeitig eingezahlt"). Damit steht das Verfahren grds unter denselben Voraussetzungen wie die Sanktionen des § 63 Abs. 2 und 3 (s. dort Rn 1 ff).[3] Vorliegen müssen die Verfahrensvoraussetzungen von Anbeginn des Verfahrens bis zu dessen Abschluss (Rn 5). Unzulässig wird die Kaduzierung damit insb. dann, wenn der rückständige (dh fällige, aber nicht rechtzeitig eingezahlte) Einlagebetrag noch vor Wirksamwerden des Ausschlusses vollständig eingezahlt wird.[4] Gleiches gilt, wenn die AG die noch offene Einlageforderung abtritt oder die Aktie vor Abschluss des Verfahrens gutgläubig lastenfrei erworben wird.[5] Wie auch die Zahlungsaufforderung nach § 63 ist die Entscheidung über das Betreiben des Verfahrens Geschäftsführungsaufgabe des Vorstands; für sie gelten dieselben formalen und materiellen Anforderungen (s. § 63 Rn 2 f).

3 **II. Verfahrensgang (Abs. 1 bis 3). 1. Nachfristsetzung (Abs. 1 und 2).** Eingeleitet wird das Verfahren durch Nachfristsetzung, verbunden mit der Androhung, dass Aktionäre nach Fristablauf ihrer Aktien und der geleisteten Einlagen für verlustig erklärt werden. Da die Einlageforderung zum Zeitpunkt der Verfahrenseinleitung fällig sein muss, kommt eine Verbindung mit der Zahlungsaufforderung nach § 63 nicht in Betracht.[6] Ausreichend gewarnt vor den Folgen der Kaduzierung sind die betroffenen Aktionäre nur bei hinreichender **Individualisierung**. Dem sollte durch Angabe der Serie und Aktiennummer nebst Zahlungsrückstand Rechnung getragen werden;[7] die namentliche Nennung ist zweckmäßig, aber nicht erforderlich. Auch im Übrigen muss die Erklärung eindeutig und unmissverständlich sein. Die Androhung sollte daher möglichst dem Wortlaut von Abs. 1 aE folgen.[8]

4 Die **Mindestdauer** der Nachfrist beträgt drei Monate (Abs. 2 S. 2), wobei die Frist entweder durch Angabe eines Anfangstermins und der Dauer der Laufzeit (zB „drei Monate ab Bekanntmachung") oder durch Angabe eines konkreten Endtermins bestimmt werden kann.[9] Für die Fristenberechnung gelten §§ 187, 188 BGB. Die Nachfrist muss drei Mal in den Gesellschaftsblättern (§ 25) **bekannt gemacht** werden; zu den erforderlichen Mindestabständen s. Abs. 2 S. 3. Bei vinkulierten Namensaktien ist die öffentliche Bekanntmachung fakultativ. An ihre Stelle kann eine individuelle, einmalige Erklärung mit einer Mindestnachfrist von einem Monat treten (Abs. 2 S. 4).

5 **2. Ausschlusserklärung (Abs. 3).** Aktionäre, die den eingeforderten Einlagebetrag auch innerhalb der Nachfrist nicht in vollem Umfang einzahlen, kann (nicht: „muss")[10] der Vorstand aus der Gesellschaft ausschließen. Eine Erklärungsfrist sieht § 64 nicht vor, jedoch gelten die allg. Grundsätze der Verwirkung.[11]

---

1 K. Schmidt/Lutter/*Fleischer*, Rn 1; MüKo-AktG/*Bayer*, Rn 1.
2 MüKo-AktG/*Bayer*, Rn 12; MüHb-AG/*Wiesner*, § 16 Rn 13.
3 Zutr MüKo-AktG/*Bayer*, Rn 9; Großkomm-AktienR/*Gehrlein*, Rn 8.
4 Aufgelaufene Zinsen sind uU nach § 367 Abs. 1 BGB mit der Einlageleistung zu verrechnen, näher hierzu Spindler/Stilz/*Cahn*, Rn 12 f.
5 MüKo-AktG/*Bayer*, Rn 16, 22 und 57.
6 AllgM, zur GmbH ausdr. KG OLGR 19, 370 f, OLG München GmbHR 1985, 56; s. auch K. Schmidt/Lutter/*Fleischer*, Rn 18 mwN.
7 *Hüffer*, Rn 5; KölnKomm-AktG/*Drygala*, Rn 34.
8 So auch Grigoleit/*Grigoleit/Rachlitz*, Rn 4; Spindler/Stilz/*Cahn*, Rn 25.
9 *Hüffer*, Rn 5 mwN.
10 KölnKomm-AktG/*Drygala*, Rn 31; Bürgers/Körber/*Westermann*, Rn 5.
11 Vgl KG OLG Rspr 1, 435, 436; MüKo-AktG/*Bayer*, Rn 50.

Daher sollte der Ausschluss in angemessener Frist erfolgen. Ebenso wie bei der Androhung sind die betroffenen Aktien auch hier anhand ihrer allg. Unterscheidungsmerkmale zu individualisieren (Rn 3). **Wirksam** wird der Ausschluss **mit (einmaliger) Bekanntmachung** der Erklärung in den Gesellschaftsblättern (§ 25).[12] Anders als bei der Nachfristsetzung (Rn 4) ist die öffentliche Bekanntmachung auch bei vinkulierten Namensaktien zwingend.

C. Rechtsfolgen der Kaduzierung (Abs. 4)

I. Materielle Wirkungen. Für die betroffenen Aktionäre bedeutet die Kaduzierung den **entschädigungslosen** **Verlust** sämtlicher aus der Mitgliedschaft folgenden Rechte und Pflichten sowie schon geleisteter Einlagen. Bereits fällige Dividendenansprüche bleiben den Aktionären aber erhalten (ebenso wie etwaige Drittgläubigeransprüche).[13] Umgekehrt lässt die Kaduzierung bereits entstandene Haftungsansprüche der AG nach § 63 Abs. 2 und 3 unberührt.[14] An Stelle der ursprünglichen Einlagepflicht trifft die Aktionäre nunmehr die Ausfallhaftung nach § 64 Abs. 4 S. 2 (Rn 9). Soweit dingliche Rechte (zB Pfandrecht oder Nießbrauch) an den kaduzierten Aktien bestehen, gehen diese ersatzlos unter.[15] Die Erfüllung schuldrechtlicher, auf die Mitgliedschaft bezogener Ansprüche wird den Aktionären mit der in §§ 280, 283 BGB angeordneten Rechtsfolge gem. § 275 BGB unmöglich.[16] Aufgrund der rechtsgestaltenden Wirkung der Ausschlusserklärung sind die einmal eingetretenen Rechtsfolgen unumkehrbar.

Anders als die Zwangseinziehung nach §§ 237 ff führt die Kaduzierung allerdings **nicht** zum **Untergang der** **Mitgliedschaft** als solcher (arg: § 65 Abs. 3). Nach heute herrschender und überzeugender Auffassung geht die Mitgliedschaft mit Wirksamwerden des Ausschlusses ipso iure auf die AG über.[17] Verwerten darf die AG die auf diesem Weg erworbene Mitgliedschaft allein nach Maßgabe des § 65. §§ 71 ff finden auf sie keine Anwendung.[18] Auch eine Aktivierung der kaduzierten Mitgliedschaft in der Bilanz kommt nicht in Betracht, da der Wert über die (bereits aktivierte) Einlageforderung nicht hinausgeht. § 160 Abs. 1 Nr. 2 gilt aber entspr.[19]

II. Ausgabe neuer Urkunden (Abs. 4 S. 1). Ist die kaduzierte Mitgliedschaft **einzelverbrieft**, werden die Aktienurkunden mit Wirksamwerden des Ausschlusses ohne weitere Erklärung kraftlos.[20] Für diesen Fall (dh nicht bei Globalverbriefung und auch nicht bei unverbriefter Mitgliedschaft) sieht Abs. 4 S. 1 zwingend an Stelle der alten die Ausgabe neuer Urkunden vor. Zwingend benötigt werden die neuen Urkunden zur Verwertung der kaduzierten Mitgliedschaft nach § 65 (s. dort Rn 4). Die kraftlosen Urkunden muss die AG nach zutr. Auffassung analog § 952, 985 BGB aus dem Verkehr ziehen.[21] In den neuen Urkunden ist neben den jeweils geleisteten Teilzahlungen auch der rückständige (dh fällige, aber nicht rechtzeitig eingezahlte) Betrag anzugeben; die Regelung in § 65 Abs. 1 S. 4 führt dazu, dass die Beträge insgesamt als „eingezahlt" zu kennzeichnen sind.[22]

III. Ausfallhaftung (Abs. 4 S. 2). Mit Wirksamwerden der Kaduzierung wird der ausgeschlossene Aktionär zum Ausfallschuldner der AG. Seine Haftungsverantwortlichkeit umfasst den gesamten rückständigen (dh im Zeitpunkt des Ausschlusses fälligen, aber nicht rechtzeitig eingezahlten) Einlagebetrag sowie sämtliche vom Vorstand zukünftig eingeforderten Beträge (nicht: Nebenpflichten nach § 63 Abs. 2 und 3) und damit nicht weniger als die **gesamte noch offene Einlageschuld**. Allerdings haftet der ausgeschlossene Aktionär nur **subsidiär** („für den Ausfall der Gesellschaft"). Voraussetzung für seine Inanspruchnahme ist damit, dass der im Zeitpunkt des Ausschlusses rückständige Einlagebetrag weder bei den Vormännern (§ 65 Abs. 1) noch durch Verwertung der kaduzierten Mitgliedschaft (§ 65 Abs. 3) vollumfänglich erlöst werden kann.[23] Für zukünftig eingeforderte Beträge ist die Haftung nachrangig zu der Ausfallhaftung der Erwerber der kaduzierten Mitgliedschaft.[24]

---

12 *Hüffer*, Rn 6; MüHb-AG/*Wiesner*, Rn 16; Grigoleit/*Grigoleit/* *Rachlitz*, Rn 5.
13 K. Schmidt/Lutter/*Fleischer*, Rn 30; Grigoleit/*Grigoleit/Rachlitz*, Rn 7.
14 MüKo-AktG/*Bayer*, Rn 63; Hölters/*Solveen*, Rn 13.
15 Großkomm-AktienR/*Gehrlein*, Rn 44; Spindler/Stilz/*Cahn*, Rn 40.
16 Vgl MüKo-AktG/*Bayer*, Rn 65; KölnKomm-AktG/*Drygala*, Rn 39.
17 Zum Streitstand *Hüffer*, Rn 8; MüKo-AktG/*Bayer*, Rn 69 f, je mwN auch zur Gegenauffassung.
18 AllgM, statt aller *Hüffer*, Rn 8.
19 Großkomm-AktienR/*Gehrlein*, Rn 46; *Hüffer*, Rn 8.
20 Spindler/Stilz/*Cahn*, Rn 45; Bürgers/Körber/*Westermann*, Rn 15.
21 Str, wie hier MüKo-AktG/*Bayer*, Rn 74; Spindler/Stilz/*Cahn*, Rn 45; aA etwa Großkomm-AktienR/*Gehrlein*, Rn 50; Bürgers/Körber/*Westermann*, Rn 15.
22 *Hüffer*, Rn 9; KölnKomm-AktG/*Drygala*, Rn 48.
23 K. Schmidt/Lutter/*Fleischer*, Rn 41; Spindler/Stilz/*Cahn*, Rn 50.
24 Großkomm-AktienR/*Gehrlein*, Rn 57; *Hüffer*, Rn 9.

§ 65 Zahlungspflicht der Vormänner

(1) ¹Jeder im Aktienregister verzeichnete Vormann des ausgeschlossenen Aktionärs ist der Gesellschaft zur Zahlung des rückständigen Betrags verpflichtet, soweit dieser von seinen Nachmännern nicht zu erlangen ist. ²Von der Zahlungsaufforderung an einen früheren Aktionär hat die Gesellschaft seinen unmittelbaren Vormann zu benachrichtigen. ³Daß die Zahlung nicht zu erlangen ist, wird vermutet, wenn sie nicht innerhalb eines Monats seit der Zahlungsaufforderung und der Benachrichtigung des Vormanns eingegangen ist. ⁴Gegen Zahlung des rückständigen Betrags wird die neue Urkunde ausgehändigt.

(2) ¹Jeder Vormann ist nur zur Zahlung der Beträge verpflichtet, die binnen zwei Jahren eingefordert werden. ²Die Frist beginnt mit dem Tage, an dem die Übertragung der Aktie zum Aktienregister der Gesellschaft angemeldet wird.

(3) ¹Ist die Zahlung des rückständigen Betrags von Vormännern nicht zu erlangen, so hat die Gesellschaft die Aktie unverzüglich zum Börsenpreis und beim Fehlen eines Börsenpreises durch öffentliche Versteigerung zu verkaufen. ²Ist von der Versteigerung am Sitz der Gesellschaft kein angemessener Erfolg zu erwarten, so ist die Aktie an einem geeigneten Ort zu verkaufen. ³Zeit, Ort und Gegenstand der Versteigerung sind öffentlich bekanntzumachen. ⁴Der ausgeschlossene Aktionär und seine Vormänner sind besonders zu benachrichtigen; die Benachrichtigung kann unterbleiben, wenn sie untunlich ist. ⁵Bekanntmachung und Benachrichtigung müssen mindestens zwei Wochen vor der Versteigerung ergehen.

A. Grundlagen

1 § 65 steht in unmittelbarem Regelungszusammenhang mit §§ 63, 64 und betrifft die **Verwertung der** im Verfahren nach § 64 **kaduzierten Mitgliedschaft**. Konkret ordnet § 65 (1.) die Haftung der im Aktienregister eingetragenen (un-)mittelbaren Rechtsvorgänger des ausgeschlossenen Aktionärs (sog. Vormänner) für den rückständigen Einlagebetrag (Abs. 1 und 2) und (2.) für den Fall, dass der Betrag von den Vormännern nicht zu erlangen ist, den Verkauf der kaduzierten Mitgliedschaft an (Abs. 3). Flankiert werden die Verwertungspflichten im Interesse der realen Kapitalaufbringung und zum Schutz des ausgeschlossenen Aktionärs (der gem. § 64 Abs. 4 S. 2 Ausfallschuldner der AG ist) von zwingenden (§ 23 Abs. 5) Verfahrensvorgaben.[1] Anders als bei §§ 63, 64 besteht für den Vorstand im Anwendungsbereich des § 65 **kein Ermessensspielraum**; bei wirksamer Kaduzierung muss er zwingend nach Maßgabe des § 65 vorgehen.[2]

B. Haftung der Vormänner (Abs. 1 und 2)

2 I. Haftungsvoraussetzungen (Abs. 1). Grundlegende Voraussetzung für die in Abs. 1 S. 1 angeordnete Haftung der Vormänner (dh der (un-)mittelbaren Rechtsvorgänger) des ausgeschlossenen Aktionärs ist, dass die im Verfahren nach § 64 durchgeführte **Kaduzierung rechtmäßig** und der erfolgte Ausschluss damit wirksam ist.[3] Nach Abs. 1 S. 1 haften grds nur Vormänner, die **im Aktienregister der AG eingetragen** sind (§ 67 Abs. 2). Fallen Eintragung und materielle Berechtigung auseinander (str, vgl auch § 63 Rn 5)[4] oder wird ein Aktienregister (uU entgegen § 67) nicht geführt, ist über den Wortlaut der Vorschrift hinaus auch der materiellrechtliche Inhaber der Mitgliedschaft Vormann iSd Abs. 1 S. 1.[5] Gleiches gilt, wenn die Eintragung im Aktienregister gem. § 67 Abs. 4 S. 5 als Platzhalter erfolgte oder entgegen § 10 Abs. 2 S. 1 Inhaberaktien ausgegeben wurden.[6]

3 Im Übrigen setzt die Einstandspflicht eines Vormanns voraus, dass dessen **Nachmänner zahlungsunfähig** sind. Für den unmittelbaren Vormann des ausgeschlossenen Aktionärs ist dies gleichbedeutend mit der bedingungslosen Haftung allein in Folge der Kaduzierung; aufgrund der Regelung in § 64 Abs. 4 S. 2 ist die Zahlungsfähigkeit des ausgeschlossenen Aktionärs in diesem Fall ohne Belang.[7] Weitere Vormänner haften demgegenüber nur im **Stufen- bzw Staffelregress**, dh in umgekehrter zeitlicher Reihenfolge ihrer Anteilsinhaberschaft. Erforderlich ist also stets, dass wenigstens für einen Teil des rückständigen Einlagebetrags bei den Nachmännern des in Anspruch Genommenen keine Befriedigung zu erlangen ist (Unzulässigkeit des

---

1 Zur insoweit doppelten Schutzrichtung des § 65 vgl *Hüffer*, Rn 1.
2 *Hüffer*, Rn 2; MüKo-AktG/*Bayer*, Rn 7.
3 BGH NZG 2002, 333 = AG 2002, 618; Großkomm-AktienR/*Gehrlein*, Rn 9; Bürgers/Körber/*Westermann*, Rn 3; K. Schmidt/Lutter/*Fleischer*, Rn 5 mwN.
4 Wie hier Grigoleit/*Grigoleit/Rachlitz*, Rn 1; anders die hM, s. etwa Großkomm-AktienR/*Gehrlein*, Rn 15; MüKo-AktG/*Bayer*, Rn 22; Bürgers/Körber/*Westermann*, Rn 4.
5 Statt vieler *Hüffer*, Rn 2; K. Schmidt/Lutter/*Fleischer*, Rn 9.
6 Für den Fall der Ausgabe nicht voll eingezahlter Inhaberaktien auch *Hüffer*, Rn 2; MüKo-AktG/*Bayer*, Rn 24, je mwN.
7 MüKo-AktG/*Bayer*, Rn 27; Spindler/Stilz/*Cahn*, Rn 20; Hölters/*Solveen*, Rn 3.

Sprungregresses).[8] Darlegungs- und beweispflichtig hierfür ist die AG, wobei ihr die (widerlegliche) Vermutung des Abs. 1 S. 3 zugute kommt. Keine Haftungsvoraussetzung stellt die Benachrichtigung nach Abs. 1 S. 2 dar.

II. Haftungsmodalitäten (Abs. 1 und 2). Die Vormänner haften ausschließlich für den **rückständigen**, dh fälligen, aber nicht rechtzeitig eingezahlten, **Einlagebetrag**, abzüglich etwaiger Teilzahlungen ihrer Nachmänner (nicht: für Nebenforderungen nach § 63 Abs. 2 und 3 oder Kosten des Kaduzierungsverfahrens).[9] Mit vollständiger Zahlung erwirbt der (rechtmäßig) in Anspruch genommene Vormann kraft Gesetzes die nach § 64 kaduzierte Mitgliedschaft.[10] War die kaduzierte Mitgliedschaft einzelverbrieft (s. hierzu § 64 Rn 8), schuldet der Vormann Zahlung nur **Zug um Zug** gegen Aushändigung der nach § 64 Abs. 4 S. 1 neu auszugebenden Urkunde (Abs. 1 S. 4). IÜ steht dem Vormann im Umfang seiner Zahlung ein vertraglicher Schadensersatzanspruch gegenüber seinem unmittelbaren Nachmann zu.[11]

Abs. 2 S. 1 beschränkt die Haftung der Vormänner auf Einlagebeträge, die **binnen zwei Jahren** nach Anmeldung (gemeint ist die Mitteilung nach § 67 Abs. 3) der Anteilsübertragung zum Aktienregister eingefordert werden. „Eingefordert" sind die Beträge erst mit Ablauf der in der Zahlungsaufforderung (§ 63 Abs. 1) bestimmten Zahlungsfrist.[12] Für Beträge, die zum Zeitpunkt ihres Ausscheidens aus der AG schon fällig waren, haften die Vormänner ohne die Beschränkung des § 65 Abs. 2 S. 1. Die Zweijahresfrist berechnet sich nach §§ 187 Abs. 1, 188 Abs. 2 BGB mit der Besonderheit, dass entgegen § 187 Abs. 1 BGB der Tag der Mitteilung mitzurechnen ist (Abs. 2 S. 2). Wird ein Aktienregister (uU entgegen § 67) nicht geführt, ist für den Fristbeginn der Veräußerungszeitpunkt maßgeblich.[13] Nicht zu verwechseln mit der Befristung nach § 65 Abs. 2 ist die **Verjährung der Regressforderung**; sie richtet sich nach §§ 195, 199 Abs. 1 BGB.

C. Verkauf der Aktie (Abs. 3)

I. Voraussetzungen, Verkaufspflicht. Nur für den Fall, dass die Zahlung des rückständigen Betrags von den Vormännern nicht zu erlangen ist, ordnet Abs. 3 S. 1 den Verkauf der „Aktie" – präziser: Mitgliedschaft (denn Abs. 3 gilt auch bei fehlender Verbriefung) – durch die AG an. Daraus folgt: Ein Eintritt in den Verkaufsprozess nach Abs. 3 kommt nur bei zuvor **erfolglos durchgeführtem Regressverfahren** (Abs. 1 und 2) in Betracht. Liegt diese Voraussetzung vor, ist der Vorstand zum Eintritt in den Verkaufsprozess verpflichtet.[14] Der Prozess muss **unverzüglich** (dh ohne schuldhaftes Zögern iSd § 121 Abs. 1 S. 1 BGB) nach Abschluss des Regressverfahrens, bei fehlenden Vormännern nach Wirksamwerden der Kaduzierung (s. § 64 Rn 5), eingeleitet werden. Dies schließt es aber nicht in jedem Fall aus, dass der Vorstand im Interesse der AG günstigere Marktbedingungen für den Verkauf abwartet.[15]

II. Verkaufsprozess. Bei der Ausgestaltung des Verkaufsprozesses unterscheidet Abs. 3 danach, ob die Aktie börsennotiert ist oder nicht. **Börsennotierte Aktien** muss der Vorstand zwingend über die Börse verkaufen (Abs. 3 S. 1 Alt. 1). Börsennotiert sind die Aktien, wenn sie im regulierten Markt (§§ 32 ff. BörsG) oder im Freiverkehr (§ 48 BörsG) gehandelt werden.[16] **Nicht börsennotierte Aktien** (und nicht verbriefte Mitgliedschaften) sind zwingend im Wege öffentlicher Versteigerung zu verwerten (Abs. 3 S. 1 Alt. 2), die grdsl am Sitz der AG stattzufinden hat. Nur wenn ein angemessener Erlös dort nicht zu erwarten ist, darf sie an einem anderen geeigneten Ort erfolgen. Die Entscheidung hierüber trifft der Vorstand nach pflichtgemäßem Ermessen.[17] IÜ gilt § 383 Abs. 3 BGB. Zeit, Ort und Gegenstand der Versteigerung sind mindestens zwei Wochen vorher **öffentlich bekannt zu machen** (Abs. 3 S. 3 und 5). Mit demselben zeitlichen Vorlauf sind der ausgeschlossene Aktionär und seine Vormänner (formlos) bes. zu benachrichtigen (Abs. 3 S. 4 und 5); untunlich wird die Benachrichtigung nur in seltenen Ausnahmefällen sein.[18]

III. Rechtsfolgen. Der Käufer erwirbt die Aktie mit allen Rechten und Pflichten. Anders als im Regressverfahren (Rn 4) erfolgt der **Erwerb qua Rechtsgeschäft**.[19] Die Zahlungsforderung gegen den Erwerber ist nach zutr. Ansicht Einlage-, nicht Kaufpreisforderung, so dass für sie insb. § 66 Abs. 1 gilt.[20] Erreicht oder übersteigt der Kaufpreis den rückständigen Einlagebetrag, wird die offene Einlageschuld mit Kaufpreiszahlung vollständig getilgt. Ein etwaiger Mehrerlös ist als Ertrag zu verbuchen; nicht in Betracht kommt eine

---

8 Vgl *Hüffer*, Rn 4; Spindler/Stilz/*Cahn*, Rn 18 f; KölnKomm-AktG/*Drygala*, Rn 16.
9 Statt aller und mwN K. Schmidt/Lutter/*Fleischer*, Rn 17.
10 *Hüffer*, Rn 6; MüHb-AG/*Wiesner*, § 16 Rn 21.
11 Ausführlich MüKo-AktG/*Bayer*, Rn 64 ff; Spindler/Stilz/*Cahn*, Rn 37.
12 Spindler/Stilz/*Cahn*, Rn 47; Hölters/*Solveen*, Rn 7.
13 Str, wie hier MüKo-AktG/*Bayer*, Rn 46; Spindler/Stilz/*Cahn*, Rn 45; aA *Hüffer*, Rn 7: Zeitpunkt der Kenntniserlangung.
14 Heute unstr, Großkomm-AktienR/*Gehrlein*, Rn 55; K. Schmidt/Lutter/*Fleischer*, Rn 26.
15 Ganz hM, s. nur Spindler/Stilz/*Cahn*, Rn 50; MüKo-AktG/*Bayer*, Rn 79, je mwN.
16 Vgl MüKo-AktG/*Bayer*, Rn 83.
17 Großkomm-AktienR/*Gehrlein*, Rn 64; KölnKomm-AktG/*Drygala*, Rn 51.
18 MüKo-AktG/*Bayer*, Rn 86; KölnKomm-AktG/*Drygala*, Rn 52; *Hüffer*, Rn 9.
19 Grigoleit/*Grigoleit/Rachlitz*, Rn 9.
20 Heute hM, *Hüffer*, Rn 10; MüKo-AktG/*Bayer*, Rn 95 f mwN auch zur Gegenauffassung; so zur GmbH bereits BGHZ 42, 89, 93 = NJW 1964, 1954.

Verrechnung mit noch nicht fälligen Einlageforderungen (str).[21] Bleibt der Kaufpreis hinter dem rückständigen Einlagebetrag zurück, gilt die offene Einlageschuld im Verhältnis zwischen AG und Erwerber gleichwohl als in vollem Umfang getilgt. Gleichsam erlöschen die Regressansprüche gegen die Vormänner; für den ausgefallenen Betrag haftet allein der ausgeschlossene Aktionär nach § 64 Abs. 4 S. 2.[22]

§ 66 Keine Befreiung der Aktionäre von ihren Leistungspflichten

(1) [1]Die Aktionäre und ihre Vormänner können von ihren Leistungspflichten nach den §§ 54 und 65 nicht befreit werden. [2]Gegen eine Forderung der Gesellschaft nach den §§ 54 und 65 ist die Aufrechnung nicht zulässig.

(2) Absatz 1 gilt entsprechend für die Verpflichtung zur Rückgewähr von Leistungen, die entgegen den Vorschriften dieses Gesetzes empfangen sind, für die Ausfallhaftung des ausgeschlossenen Aktionärs sowie für die Schadenersatzpflicht des Aktionärs wegen nicht gehöriger Leistung einer Sacheinlage.

(3) Durch eine ordentliche Kapitalherabsetzung oder durch eine Kapitalherabsetzung durch Einziehung von Aktien können die Aktionäre von der Verpflichtung zur Leistung von Einlagen befreit werden, durch eine ordentliche Kapitalherabsetzung jedoch höchstens in Höhe des Betrags, um den das Grundkapital herabgesetzt worden ist.

A. Grundlagen

1 § 66 ist die zentrale Norm im Recht der Kapitalaufbringung und -erhaltung.[1] Zu diesem Zweck ordnen Abs. 1 und 2 ein umfassendes und in der Sache zwingendes (§ 23 Abs. 5) Befreiungs- und Aufrechnungsverbot für Einlage- und einlageähnliche Forderungen der AG an. Für Fälle der ordentlichen Kapitalherabsetzung und der Kapitalherabsetzung durch Einziehung von Aktien enthält Abs. 3 eine Ausnahme vom Befreiungsverbot. Ihrem Sinn und Zweck (Kapitalschutz) entspr, gilt die Vorschrift grdsl auch in der Liquidation (§ 264 Abs. 3) und in der Insolvenz der AG.[2] Weitgehend unanwendbar ist § 66 auf wirksam abgetretene Forderungen (zur Abtretung selbst s. Rn 2).[3]

B. Befreiungs- und Aufrechnungsverbot (Abs. 1 und 2)

2 **I. Befreiungsverbot (Abs. 1 S. 1).** Das in Abs. 1 S. 1 angeordnete Befreiungsverbot gilt zunächst für **Einlagepflichten** iSd § 54 (nicht: Nebenleistungen nach § 55 oder Nebenpflichten nach § 63 Abs. 2 und 3),[4] und zwar unabhängig davon, ob es sich um Geld- oder Sacheinlagen handelt.[5] Unerheblich ist, auf welchem Rechtsgrund (Gründung oder Kapitalerhöhung) die Einlagepflicht beruht[6] und ob die Einlage vor (§§ 36 Abs. 2, 36 a, 188 Abs. 2) oder nach (§ 63 Abs. 1) Anmeldung zum HR zu leisten ist. Der Einlagepflicht iSd § 54 ausdrücklich gleich stellt § 66 Abs. 1 S. 1 die **Regresspflicht der Vormänner** nach § 65 Abs. 1. Schließlich erfasst das Befreiungsverbot über seinen Wortlaut hinaus grdsl auch (1.) Ansprüche, welche die Einlage ersetzen bzw funktionsgleich mit dem Einlageanspruch sind oder diesen ergänzen (zB Haftungsansprüche nach § 37 Abs. 1 S. 4[7] oder die Differenzhaftung des Inferenten bei Sacheinlagen)[8] sowie (2.) die Abtretung und (Ver-)Pfändung von Einlage- und Regressansprüchen, wenn die AG im Gegenzug keine vollwertige Gegenleistung erhält.[9]

3 Sinn und Zweck des § 66 (Rn 1) erfordern eine **weite Auslegung** der Verbotsanordnung. Eine „Befreiung" liegt dementspr immer dann vor, wenn die Ansprüche der AG qua Rechtsgeschäft (nicht der Fall bei Verjährung oder Verwirkung) nach Grund, Höhe, Inhalt oder Leistungszeitpunkt aufgehoben oder beeinträchtigt werden.[10] Verboten sind damit neben einem (Teil-)Erlass (§ 397 Abs. 1 BGB) sämtliche Vereinbarungen, die zu wirtschaftlich vergleichbaren Ergebnissen führen.[11] Hiervon ist insb. auszugehen bei: negativem

---

21 Wie hier Spindler/Stilz/*Cahn*, Rn 62; KölnKomm-AktG/*Drygala*, Rn 58; aA etwa Grigoleit/*Grigoleit/Rachlitz*, Rn 10.
22 Statt vieler Spindler/Stilz/*Cahn*, Rn 59 f; aA Grigoleit/*Grigoleit/Rachlitz*, Rn 9.
1 KölnKomm-AktG/*Drygala*, Rn 2; MüKo-AktG/*Bayer*, Rn 3.
2 Näher Großkomm-AktienR/*Gehrlein*, Rn 73 ff; K. Schmidt/Lutter/*Fleischer*, Rn 28.
3 MüKo-AktG/*Bayer*, Rn 73; K. Schmidt/Lutter/*Fleischer*, Rn 24.
4 KölnKomm-AktG/*Drygala*, Rn 4; MüKo-AktG/*Bayer*, Rn 8.
5 Großkomm-AktienR/*Gehrlein*, Rn 3; *Hüffer*, Rn 2.
6 Vgl BGH WM 2005, 2397, 2398; OLG Hamburg AG 2007, 500, 501; KölnKomm-AktG/*Drygala*, Rn 6.
7 OLG Hamburg AG 2007, 500, 503 f.
8 BGHZ 191, 364, 373 (Babcock) = AG 2012, 87 mit Bespr. *Verse*, ZGR 2012, 875; Spindler/Stilz/*Vatter*, § 9 Rn 20; K. Schmidt/Lutter/*Fleischer*, Rn 3.
9 Vgl OLG Hamburg AG 2007, 500, 501; näher Spindler/Stilz/*Cahn*, Rn 37 ff; Grigoleit/*Grigoleit/Rachlitz*, Rn 12 f.
10 Großkomm-AktienR/*Gehrlein*, Rn 10; K. Schmidt/Lutter/*Fleischer*, Rn 4.
11 MüKo-AktG/*Bayer*, Rn 11; *Hüffer*, Rn 4.

Schuldanerkenntnis (§ 397 Abs. 2 BGB); Zustimmung zu einer befreienden Schuldübernahme (§§ 414 f BGB); pactum de non petendo; Stundung; Novation; Leistung an Erfüllungs Statt (§ 364 Abs. 1 BGB; anders bei Leistung erfüllungshalber); Umwandlung einer Bar- in eine Sacheinlagepflicht und umgekehrt mit Ausnahme des § 27 Abs. 5; Annahme einer mangelhaften Sacheinlage; Einlageleistung aus Darlehensmitteln der Gesellschaft oder die Besicherung entspr. Drittkredite.[12] (Prozess-)Vergleiche (§ 779 BGB) unterliegen dem Verbot, wenn tatsächliche oder rechtliche Ungewissheit über den Bestand oder Umfang des Anspruchs nicht bestehen.[13]

II. Aufrechnungsverbot (Abs. 1 S. 2). 1. Aufrechnung durch Aktionäre, Vormänner. Abs. 1 S. 2 verbietet den Aktionären (§ 54) und ihren Vormännern (§ 65) eine Aufrechnung (§§ 389 ff BGB) gegen Einlage- bzw Regressforderungen der AG. Damit wird der Gefahr begegnet, dass zum Nachteil der AG und deren Gläubigern mit nicht vollwertigen Forderungen aufgerechnet wird.[14] Wirtschaftlich gleich steht der Aufrechnung die Geltendmachung eines **Zurückbehaltungsrechts** (§ 273 Abs. 1 BGB), so dass Abs. 1 S. 2 hier entspr. gilt.[15] IÜ ist der sachliche Anwendungsbereich des Aufrechnungsverbots deckungsgleich mit demjenigen des Abs. 1 S. 1 (Rn 2).

2. Aufrechnung durch AG. Nicht in Abs. 1 S. 2 geregelt ist die Aufrechnung mit entspr. Forderungen durch die AG. Ein generelles (und damit über § 54 Abs. 3 hinausgehendes)[16] Aufrechnungsverbot besteht daher nicht. Aus der **Wertung des Abs. 1 S. 1** folgt indes, dass eine solche Aufrechnung nur dann zulässig ist, wenn sie nicht zu einer (Teil-)Befreiung von der Einlagepflicht führt.[17] Grdsl ist dies nur dann nicht der Fall, wenn die Gegenforderung des Aktionärs bzw Vormanns vollwertig, fällig und liquide ist.[18] Abw kann im Einzelfall dann gelten, wenn die Einlageforderung der AG ihrerseits nicht mehr vollwertig ist.[19] **Darlegungs- und beweispflichtig** für die Voraussetzungen, unter denen eine Aufrechnung zulässig ist, ist der Aktionär bzw Vormann als Einlageschuldner.[20]

III. Entsprechende Anwendung (Abs. 2). Gem. Abs. 2 gelten das Befreiungs- und Aufrechnungsverbot des Abs. 1 entspr. für: (**1.**) **Ansprüche nach § 62 Abs. 1** auf Rückgewähr von Leistungen, die entgegen §§ 57, 59, 60, 61 empfangen wurden (Abs. 2 Fall 1), und zwar unabhängig von der Person des Rückgewährschuldners (uU kann dies auch ein Nichtaktionär sein, § 62 Rn 8 ff).[21] Schon nach dem Wortlaut nicht erfasst sind Rückgewähransprüche gegen Dritte, die der AG bei Verstößen gegen § 57 Abs. 1 S. 1 nur nach §§ 812 ff BGB haften.[22] (**2.**) **Ansprüche gegen den ausgeschlossenen Aktionär nach § 64 Abs. 4 S. 2** (Abs. 2 Fall 2), die zwar aus der ursprünglichen Aktionärsstellung erwachsen, der Sache nach aber keine Einlagepflicht sind.[23] (**3.**) **Schadensersatzansprüche wegen nicht gehöriger Leistung einer Sacheinlage** (Abs. 2 Fall 3). „Nicht gehörig" ist die Leistung in allen Fällen der Leistungsstörung (Unmöglichkeit, Verzug und Sachmangel).[24] Allerdings lebt in diesen Fällen die (Abs. 1 unmittelbar unterfallende) Barleistungspflicht des Aktionärs wieder auf (vgl § 54 Rn 4) mit der Folge, dass es einer gesonderten Regelung insoweit nicht bedurft hätte. Auch gelten die Verbote des Abs. 1 nicht für Ersatzansprüche, die über die Höhe der Einlageschuld hinausgehen.[25]

C. Befreiung durch Kapitalherabsetzung (Abs. 3)

Abs. 3 sieht für die ordentliche Kapitalherabsetzung (§§ 222 ff) und für die Kapitalherabsetzung durch Einziehung von Aktien (§§ 237 ff) eine **Ausnahme vom Befreiungsverbot** des § 66 Abs. 1 S. 1 vor. Bei der vereinfachten Kapitalherabsetzung (§§ 229 ff) kommt eine Befreiung nach § 230 S. 1 nicht in Betracht. Ungeachtet des Wortlauts gilt § 66 Abs. 3 auch für Verpflichtungen nach § 64 Abs. 4 S. 2 und § 65 Abs. 1.[26] Durch eine **ordentliche Kapitalherabsetzung** dürfen die Aktionäre nur bis zur Höhe des Herabsetzungsbe-

---

12 Hierzu ausführlich und mit weiteren Bsp MüKo-AktG/*Bayer*, Rn 11 ff; Spindler/Stilz/*Cahn*, Rn 8 ff.
13 Ganz hM, BGHZ 191, 364, 374 (Babcock) = AG 2012, 87 mit Bespr. *Verse*, ZGR 2012, 875; vgl auch Großkomm-AktienR/*Gehrlein*, Rn 3; Bürgers/Körber/*Westermann*, Rn 4.
14 *Hüffer*, Rn 5; K. Schmidt/Lutter/*Fleischer*, Rn 7.
15 Spindler/Stilz/*Cahn*, Rn 36; Grigoleit/*Grigoleit/Rachlitz*, Rn 6.
16 Zur Unzulässigkeit einer Aufrechnung mit Einlageforderungen, die vor Eintragung der AG bzw Kapitalerhöhung zu erfüllen sind s. *Hüffer*, Rn 6; KölnKomm-AktG/*Drygala*, Rn 22.
17 MüKo-AktG/*Bayer*, Rn 38 mwN; für die GmbH auch BGHZ 15, 52, 57 = NJW 1954, 1842; BGH NJW 1992, 2229, 2231.
18 AllgM, statt aller MüKo-AktG/*Bayer*, Rn 38 f, mwN.
19 MüKo-AktG/*Bayer*, Rn 48; *Hüffer*, Rn 6; so auch für die GmbH BGHZ 15, 52, 57 f = NJW 1954, 1842; BGH NJW 1979, 216.
20 BGHZ 191, 364, 383 (Babcock) = AG 2012, 87 mit Bespr. *Verse*, ZGR 2012, 875; MüHb-AG/*Wiesner*, § 16 Rn 28; aA etwa Spindler/Stilz/*Cahn*, Rn 29; Grigoleit/*Grigoleit/Rachlitz*, Rn 10.
21 MüKo-AktG/*Bayer*, Rn 60.
22 AllgM, statt aller und mwN K. Schmidt/Lutter/*Fleischer*, Rn 18.
23 *Hüffer*, Rn 9; Hölters/*Solveen*, Rn 13.
24 Großkomm-AktienR/*Gehrlein*, Rn 4; Spindler/Stilz/*Cahn*, Rn 6; *Hüffer*, Rn 10.
25 Zutr Großkomm-AktienR/*Gehrlein*, Rn 5; KölnKomm-AktG/*Drygala*, Rn 4; *Hüffer*, Rn 10; aA etwa MüKo-AktG/*Bayer*, Rn 63.
26 K. Schmidt/Lutter/*Fleischer*, Rn 21; Bürgers/Körber/*Westermann*, Rn 15.

trags von ihrer Einlageschuld befreit werden (Abs. 3 Hs 2). Unter welchen Voraussetzungen eine Befreiung iÜ zulässig ist, regelt Abs. 3 nicht. Bei der ordentlichen Kapitalherabsetzung bedarf es hierzu eines gesonderten Erlassvertrags (§ 397 Abs. 1 BGB), der neben den Herabsetzungsbeschluss tritt.[27] Weitere Einschränkungen ergeben sich aus § 225 und § 53 a.[28] Für die **Kapitalherabsetzung durch Einziehung von Aktien** gilt Abs. 3 Hs 2 nicht. Da hier die Mitgliedschaft untergeht, ist es folgerichtig, wenn die Aktionäre in vollem Umfang von ihren Einlagepflichten befreit werden, zumal Gläubiger der AG über §§ 237, 225 geschützt sind.[29]

D. Rechtsfolgen von Verstößen

8   HV-Beschlüsse, die gegen § 66 (auch Abs. 3 Hs 2) verstoßen, sind gem. § 241 Nr. 3 nichtig.[30] Für **Rechtsgeschäfte** folgt dieselbe Rechtsfolge aus § 134 BGB, und zwar sowohl auf Verpflichtungs- als auch auf Verfügungsebene.[31] Folgerichtig besteht die Einlageforderung der AG in diesen Fällen fort. Gleichwohl erbrachte Leistungen können die Aktionäre nach §§ 812 ff kondizieren; entspr. Ansprüche unterliegen aber wiederum § 66 Abs. 1 S. 2.[32] Auch ein Zurückbehaltungsrecht (§ 273 BGB) vermögen sie nicht zu begründen.[33]

§ 67 Eintragung im Aktienregister

(1) ¹Namensaktien sind unter Angabe des Namens, Geburtsdatums und der Adresse des Inhabers sowie der Stückzahl oder der Aktiennummer und bei Nennbetragsaktien des Betrags in das Aktienregister der Gesellschaft einzutragen. ²Der Inhaber ist verpflichtet, der Gesellschaft die Angaben nach Satz 1 mitzuteilen. ³Die Satzung kann Näheres dazu bestimmen, unter welchen Voraussetzungen Eintragungen im eigenen Namen für Aktien, die einem anderen gehören, zulässig sind. ⁴Aktien, die zu einem inländischen, EU- oder ausländischen Investmentvermögen nach dem Kapitalanlagegesetzbuch gehören, dessen Anteile oder Aktien nicht ausschließlich von professionellen und semiprofessionellen Anlegern gehalten werden, gelten als Aktien des inländischen, EU- oder ausländischen Investmentvermögens, auch wenn sie im Miteigentum der Anleger stehen; verfügt das Investmentvermögen über keine eigene Rechtspersönlichkeit, gelten sie als Aktien der Verwaltungsgesellschaft des Investmentvermögens.

(2) ¹Im Verhältnis zur Gesellschaft gilt als Aktionär nur, wer als solcher im Aktienregister eingetragen ist. ²Jedoch bestehen Stimmrechte aus Eintragungen nicht, die eine nach Absatz 1 Satz 3 bestimmte satzungsmäßige Höchstgrenze überschreiten oder hinsichtlich derer eine satzungsmäßige Pflicht zur Offenlegung, dass die Aktien einem anderen gehören, nicht erfüllt wird. ³Ferner bestehen Stimmrechte aus Aktien nicht, solange ein Auskunftsverlangen gemäß Absatz 4 Satz 2 oder Satz 3 nach Fristablauf nicht erfüllt ist.

(3) Geht die Namensaktie auf einen anderen über, so erfolgen Löschung und Neueintragung im Aktienregister auf Mitteilung und Nachweis.

(4) ¹Die bei Übertragung oder Verwahrung von Namensaktien mitwirkenden Kreditinstitute sind verpflichtet, der Gesellschaft die für die Führung des Aktienregisters erforderlichen Angaben gegen Erstattung der notwendigen Kosten zu übermitteln. ²Der Eingetragene hat der Gesellschaft auf ihr Verlangen innerhalb einer angemessenen Frist mitzuteilen, inwieweit ihm die Aktien, als deren Inhaber er im Aktienregister eingetragen ist, auch gehören; soweit dies nicht der Fall ist, hat er die in Absatz 1 Satz 1 genannten Angaben zu demjenigen zu übermitteln, für den er die Aktien hält. ³Dies gilt entsprechend für denjenigen, dessen Daten nach Satz 2 oder diesem Satz übermittelt werden. ⁴Absatz 1 Satz 4 gilt entsprechend; für die Kostentragung gilt Satz 1. ⁵Wird der Inhaber von Namensaktien nicht in das Aktienregister eingetragen, so ist das depotführende Institut auf Verlangen der Gesellschaft verpflichtet, sich gegen Erstattung der notwendigen Kosten durch die Gesellschaft an dessen Stelle gesondert in das Aktienregister eintragen zu lassen. ⁶§ 125 Abs. 5 gilt entsprechend. ⁷Wird ein Kreditinstitut im Rahmen eines Übertragungsvorgangs von Namensaktien nur vorübergehend gesondert in das Aktienregister eingetragen, so löst diese Eintragung keine Pflichten infolge des Absatzes 2 und nach § 128 aus und führt nicht zur Anwendung von satzungsmäßigen Beschränkungen nach Absatz 1 Satz 3.

---

[27] Statt aller *Hüffer*, Rn 11, mwN; KölnKomm-AktG/*Drygala*, Rn 66.

[28] K. Schmidt/Lutter/*Fleischer*, Rn 22; Grigoleit/*Grigoleit*/Rachlitz, Rn 16.

[29] MüKo-AktG/*Bayer*, Rn 32; *Hüffer*, Rn 11.

[30] K. Schmidt/Lutter/*Fleischer*, Rn 29; Grigoleit/*Grigoleit*/Rachlitz, Rn 15, je mwN.

[31] RGZ 124, 380, 383; RGZ 133, 81, 83; *Hüffer*, Rn 12; MüHbAG/*Wiesner*, § 16 Rn 24.

[32] Großkomm-AktienR/*Gehrlein*, Rn 82; K. Schmidt/Lutter/*Fleischer*, Rn 29.

[33] MüKo-AktG/*Bayer*, Rn 88; KölnKomm-AktG/*Drygala*, Rn 62; Hölters/*Solveen*, Rn 18.

(5) ¹Ist jemand nach Ansicht der Gesellschaft zu Unrecht als Aktionär in das Aktienregister eingetragen worden, so kann die Gesellschaft die Eintragung nur löschen, wenn sie vorher die Beteiligten von der beabsichtigten Löschung benachrichtigt und ihnen eine angemessene Frist zur Geltendmachung eines Widerspruchs gesetzt hat. ²Widerspricht ein Beteiligter innerhalb der Frist, so hat die Löschung zu unterbleiben.

(6) ¹Der Aktionär kann von der Gesellschaft Auskunft über die zu seiner Person in das Aktienregister eingetragenen Daten verlangen. ²Bei nichtbörsennotierten Gesellschaften kann die Satzung Weiteres bestimmen. ³Die Gesellschaft darf die Registerdaten sowie die nach Absatz 4 Satz 2 und 3 mitgeteilten Daten für ihre Aufgaben im Verhältnis zu den Aktionären verwenden. ⁴Zur Werbung für das Unternehmen darf sie die Daten nur verwenden, soweit der Aktionär nicht widerspricht. ⁵Die Aktionäre sind in angemessener Weise über ihr Widerspruchsrecht zu informieren.

(7) Diese Vorschriften gelten sinngemäß für Zwischenscheine.

Literatur:
Baums, Der Eintragungsstopp bei Namensaktien, in: FS Uwe Hüffer, 2010, S. 15; *Bayer,* Gesellschafterliste und Aktienregister, in: FS Martin Winter, 2011, S. 9; *Bayer/Lieder,* Umschreibungsstopp bei Namensaktien vor Durchführung der Hauptversammlung, NZG 2009, 1361; *Büllesbach/Klawitter/Miedbrodt,* Das neue Namensaktiengesetz, DStR 2001, 666; *DAV-Handelsrechtsausschuss,* Stellungnahme zum RefE eines Gesetzes zur Namensaktie und zur Erleichterung der Stimmrechtsausübung – Namensaktiengesetz (NaStraG), NZG 2000, 443; *Diekmann,* Namensaktien bei Publikumsgesellschaften, BB 1999, 1985; *Diekmann/Merkner,* Erhöhte Transparenzanforderungen im Aktien- und Kapitalmarktrecht, NZG 2007, 921; *Dißars,* Antragsbefugnis von Namensaktionären im Spruchverfahren über ein Squeeze-out, BB 2004, 1293; *Drygala,* Namensaktien im freien Meldebestand, NZG 2004, 893; *Eder,* Die rechtsgeschäftliche Übertragung von Aktien, NZG 2004, 107; *Eisolt,* Neuregelung der Nachgründung durch das Namensaktiengesetz, DStR 2001, 784; *Goedecke/Heuser,* NaStraG: Erster Schritt zur Öffnung des Aktienrechts für moderne Kommunikationstechniken, BB 2001, 369; *Grigoleit/Rachlitz,* Beteiligungstransparenz aufgrund des Aktienregisters, ZHR 174 (2010), 12; *Grundmann,* Das neue Depotstimmrecht nach der Fassung im Regierungsentwurf zum ARUG, BKR 2009, 31; *Grumann/Soehlke,* Namensaktie und Hauptversammlung, DB 2001, 576; *Happ,* Vom Aktienbuch zum elektronischen Aktionärsregister, in: FS Gerold Bezzenberger, 2000, S. 111; *Hasselmann,* Die Gesellschafterliste nach § 40 GmbHG – Inhalt und Zuständigkeit, NZG 2009, 449; *ders.,* Die Gesellschafterliste nach § 40 GmbHG – Erstellung und Einreichung durch Geschäftsführer und Notare, NZG 2009, 486; *Heidinger/Blath,* Die Legitimation zur Teilnahme an der Hauptversammlung nach Inkrafttreten des UMAG, DB 2006, 2275; *Huep,* Die Renaissance der Namensaktien – Möglichkeiten und Probleme im geänderten aktienrechtlichen Umfeld, WM 2000, 1623; *Hüther,* Namensaktien, Internet und die Zukunft der Stimmrechtsvertretung, AG 2001, 68; *Kindler,* Der Aktionär in der Informationsgesellschaft, NJW 2001, 1678; *Kort,* Die Errichtung eines Aktienregisters nach § 67 AktG – Leitungsaufgabe, einfache Geschäftsführungsaufgabe oder Vertretungsmaßnahme?, NZG 2005, 963; *Leuering,* Das Aktienbuch, ZIP 1999, 1745; *ders.,* Zur Antragsbefugnis im Spruchverfahren, EWiR 2003, 1165 f; *Lieder,* Der Namensaktionär im gesellschaftsrechtlichen Spruchverfahren, NZG 2005, 159; *Marsch-Barner,* Zur neueren Entwicklung im Recht der Namensaktie, in FS: Uwe Hüffer, 2010, S. 628; *Müller-v. Pilchau,* Zur Offenlegungspflicht des Namensaktionärs nach § 67 Abs. 4 AktG – Auskunftsverlangen ohne Sanktionsfolgen?, AG 2011, 775; *Noack,* Das Aktienrecht der Krise – das Aktienrecht in der Krise?, AG 2009, 227; *ders.,* Neues Recht für Namensaktionäre – Zur Änderung des § 67 AktG durch das Risikobegrenzungsgesetz, NZG 2008, 721; *ders.,* ARUG: das nächste Stück der Aktienrechtsreform in Permanenz, NZG 2008, 441; *ders.,* Namensaktie und Aktienregister: Einsatz für Investor Relations und Produktmarketing, DB 2001, 27; *ders.,* Die Umstellung von Inhaber- auf Namensaktien, in: FS Gerold Bezzenberger, 2000, S. 291; *ders.,* Neues Recht für die Namensaktie – Zum Referentenentwurf eines NaStraG, ZIP 1999, 1993; *ders.,* Die Namensaktie – Dornröschen erwacht, DB 1999, 1306; *v. Nussbaum,* Neue Wege zur Online-Hauptversammlung durch ARUG, GWR 2009, 215; *ders.,* Zu Nachweisstichtag (record date) und Eintragungssperre bei Namensaktien, NZG 2009, 456; *Quass,* Nichtigkeit von Hauptversammlungsbeschlüssen wegen eines Umschreibestopps im Aktienregister?, AG 2009, 432; *Scherer,* Neuregelung für Grundstücksgeschäfte mit einer GbR – Rückschritt auf dem Weg zur Rechtsfähigkeit der GbR, NJW 2009, 3063; *U.H. Schneider,* Missbräuchliches Verhalten durch Private Equity, NZG 2007, 888; *U.H. Schneider/Müller-v. Pilchau,* Der nicht registrierte Namensaktionär – zum Problem der freien Meldebestände, AG 2007, 181; *dies.,* Vollrechtstreuhänder als Namensaktionäre – die Pflicht zur Offenlegung und deren Auslandswirkung, WM 2011, 721; *Schroeter,* Vinkulierte Namensaktien in der Europäischen Aktiengesellschaft (SE), AG 2007, 854; *Seibert,* Aus dem Gesetzgebungsverfahren zur Änderung des § 67 AktG – Entwurf eines Gesetzes zur Namensaktie und zur Erleichterung der Stimmrechtsausübung (Namensaktiengesetz – NaStraG), in: FS Martin Peltzer, 2001, S. 469; *Siems,* Der anonyme Aktionär, ZGR 2003, 218; *Tröder,* Erste Erfahrungen mit den Auswirkungen des NaStraG auf die Praxis der Hauptversammlung, RNotZ 2001, 439; *Wicke,* Hauptversammlung ohne Aktionär, ZIP 2005, 1397; *Wiedemann,* Die Übertragung und Vererbung von Mitgliedschaftsrechten bei Handelsgesellschaften, 1965; *Wieneke,* Der Einsatz von Aktien als Akquisitionswährung, NZG 2004, 61; *Zöllner,* Die Zurückdrängung des Verkörperungselements bei den Wertpapieren, in: FS Ludwig Raiser, 1974, S. 249.

A. Einführung 1	2. Eintragung weiterer Tatsachen 10
I. Normzweck 1	III. Verpflichtung der Aktionäre (Abs. 1 S. 2) 11
II. Gesetzesgeschichte 2	1. Zweck der Mitteilungspflicht 12
B. Namensaktien und Aktienregister (Abs. 1) 3	2. Verpflichteter ist der Inhaber der Aktie 13
I. Grundlagen 3	IV. Ermächtigung zu Satzungsregelungen für Legitimationsaktionäre iSd Abs. 1 S. 3 14
1. Namensaktien 3	1. Zulässigkeit von Dritteintragungen 14
2. Aktienregister 5	2. Zulässige Satzungsregelungen 15
II. Eintragungen in das Aktienregister durch die AG (Abs. 1 S. 1) 7	V. Ausnahmeregelung für Investmentfonds (Abs. 1 S. 4) 16
1. Namensaktien und ihre Inhaber 7	

C. Eintragungswirkungen (Abs. 2) 17	3. Frist 35
I. Unwiderlegbare Vermutung 17	4. Aufdecken von Verwahrketten 36
II. Stimmrechtsausschluss im Fall des Abs. 1 S. 3 (Abs. 2 S. 2) 20	5. Sonderregelung für Investmentfonds 37
	6. Kostenerstattung 38
III. Stimmrechtsauschluss im Fall des Abs. 4 S. 2, 3 (Abs. 2 S. 3) 21	7. Rechtsfolge bei Nichtbeachtung 39
	III. Eintragungspflicht als Platzhalter (Abs. 4 S. 5) . 40
D. Übergang der Namensaktie (Abs. 3) 22	IV. Wirkung einer vorübergehenden Eintragung (Abs. 4 S. 7) 41
I. Mitteilung und Nachweis 23	
II. Löschung und Neueintragung 26	F. Löschung und Berichtigung von Eintragungen (Abs. 5) 42
E. Mitteilungspflichten (Abs. 4) 29	
I. Pflicht zur Angabenübermittlung der Kreditinstitute und gleichgestellter Institute (Abs. 4 S. 1) 30	I. Voraussetzungen der Löschung 43
	II. Widerspruch gegen die Löschung 44
	III. Rechtsfolgen der Löschung 49
1. Mitteilungspflicht 30	IV. Pflicht der AG zur Durchführung der Löschung 50
2. Persönlicher und sachlicher Anwendungsbereich 31	
	G. Umgang mit Daten des Aktienregisters (Abs. 6) . 51
3. Kostenerstattung 32	I. Auskunftsanspruch 51
II. Mitteilungspflicht des Eingetragenen über das Eigentum der gehaltenen Aktien (Abs. 4 S. 2 bis 4) 33	II. Verwendung der Daten durch die Gesellschaft . 54
	1. Gesellschaftsaufgaben und Investor Relations-Maßnahmen 55
1. Umfang der Mitteilungspflicht 33	2. Werbung für das Unternehmen 56
2. Keine materiellen Voraussetzungen 34	H. Aktienregister und Zwischenscheine (Abs. 7) 57

A. Einführung

1 **I. Normzweck.** § 67 regelt die Eintragung der Inhaber von Namensaktien und Zwischenscheinen in das Aktienregister. Die Regelung verfolgt im Wesentlichen zwei Ziele[1] und soll sowohl der Rechtsklarheit über die Person des Aktionärs (**Transparenz der Aktionärsstruktur**)[2] als auch der Steigerung der **Verwaltungseffizienz der AG**, zB bei der Durchsetzung der realen Kapitalaufbringung[3] oder der Durchführung einer Hauptversammlung, dienen.

2 **II. Gesetzesgeschichte.** Schon im AktG 1965 regelte der § 67 die Führung des Aktienregisters (früher: „Aktienbuch").[4] Seit 2000 wurde die Norm durch eine Reihe von **Änderungsgesetzen** in erheblichem Umfang modifiziert. Größere Änderungen erfolgten durch das NaStraG[5] im Jahr 2001 und durch das Risikobegrenzungsgesetz in 2008.[6] Ergänzungen wurden seit dem Jahr 2000 ferner vorgenommen in Abs. 4 und Abs. 6 durch das UMAG[7] und das EHUG.[8] Durchgehend unverändert blieben in dieser Zeit die Abs. 3 und 7. Zuletzt wurde § 67 durch das **Risikobegrenzungsgesetz**[9] von 2008 geändert. Betroffen waren die Abs. 1, 2, 4 und 6. Aufgrund der kritischen Haltung des Gesetzgebers gegenüber der Beteiligung von bestimmten Finanzinvestoren war eines der Hauptziele der Novellierung die **Steigerung der Transparenz des Aktienregisters**.[10] Insbesondere sollen gegenüber der Gesellschaft seither solche Aktionäre offengelegt werden, für die bislang lediglich sog. Nominees eingetragen waren. Die Änderungen wirken sich unter Transparenzgesichtspunkten vor allem auf Erwerbsvorgänge unterhalb der Eingangsmeldeschwelle des WpHG iHv 3 % aus. Insofern zielen die Änderungen klar darauf ab, ein „Heranschleichen" auch unterhalb dieser Schwelle zu erschweren.[11] Die Änderungen waren nicht unumstritten, da angenommen wurde, dass sie die Handelbarkeit von Namensaktien verschlechtern und deshalb zu Kursabschlägen führen können.[12]

Durch Art. 9 Nr. 4a EHUG[13] von 2007 wurde lediglich in Abs. 4 ein neuer Satz angefügt. Aufgrund dieser Regelung müssen Kreditinstitute für die Übergangszeit bis zur Übertragung an den Erwerber nicht im Akti-

---

1 Hüffer, Rn 1; MüKo-AktG/Bayer, Rn 1; Spindler/Stilz/Cahn, Rn 1.
2 Vgl hierzu neuerdings insb. Begr. RegE BT-Drucks. 16/7438, S. 14.
3 Bereits aus dem Aktienregister ergibt sich für die AG, wer Schuldner von ausstehenden Einlagen ist. Dazu: Geßler/Bungeroth, Rn 2; Hüffer, Rn 1.
4 KölnKomm-AktG/Lutter/Drygala, Rn 1; Großkomm-AktieR/Merkt, Rn 26; infolge der Tendenz zur Führung von Aktienbüchern in elektronischer Form wurde das Aktienbuch in Aktienregister umbenannt.
5 Art. 1 Gesetz zur Namensaktie und zur Erleichterung der Stimmrechtsausübung (NaStraG), BGBl. I 2001 S. 123.
6 Art. 3 Nr. 1 Gesetz zur Begrenzung der mit Finanzinvestitionen verbundenen Risiken (Risikobegrenzungsgesetz), BGBl. I 2008 S. 1666.
7 Art. 1 Nr. 1 Gesetz zur Unternehmensintegrität und Modernisierung des Anfechtungsrechts (UMAG), BGBl. I 2005 S. 2802.
8 Art. 9 Gesetz über elektronische Handelsregister und Genossenschaftsregister sowie das Unternehmensregister (EHUG), BGBl. I 2006 S. 2553.
9 Art. 3 Nr. 1 Gesetz zur Begrenzung der mit Finanzinvestitionen verbundenen Risiken (Risikobegrenzungsgesetz), BGBl. I 2008 S. 1666.
10 Begr. RegE, BT-Drucks. 16/7438, S. 14; KölnKomm-AktG/Lutter/Drygala, Rn 2.
11 Noack, NZG 2008, 721; Diekmann/Merkner, NZG 2007, 921; U.H. Schneider/Müller-v.Pilchau, AG 2007, 181, 182.
12 So die Bedenken im Bundesrat, vgl Begr. RegE, BT-Drucks. 16/7438, S. 18; kritisch auch Noack, NZG 2008, 721, 725.
13 Gesetz über elektronische Handelsregister und Genossenschaftsregister sowie das Unternehmensregister (EHUG), BGBl. I 2006 S. 2553.

enregister eingetragen werden (heute Abs. 4 S. 7).[14] Die Mitwirkungspflichten der Kreditinstitute nach Abs. 4 wurden 2005 durch das **UMAG**[15] ausgedehnt.[16] Art. 1 Nr. 1 UMAG fügte in Abs. 4 einen neuen S. 2 ein (heute Abs. 4 S. 5). Demnach ist das depotführende Institut auf Verlangen der AG gegen Erstattung der Kosten zur Eintragung im Aktienregister verpflichtet, sofern der Inhaber der Namensaktien nicht eingetragen wird.

Davor wurde die Vorschrift durch Art. 1 Nr. 5 **NaStraG**[17] maßgeblich modifiziert.[18] Die Änderungen reflektierten die Auswirkungen der Einbeziehung von Namensaktien in die Girosammelverwahrung bei der Deutsche Börse Clearing AG sowie die Entwicklung elektronisch geführter Aktienregister. Dieser gewachsenen Bedeutung der Namensaktie und die veränderten Rahmenbedingungen machten eine Anpassung der Gesetzeslage erforderlich.[19] Zu den **Änderungen der Vorschrift** durch das NaStraG gehörten: die Neuregelung der in das Aktienregister einzutragenden Identifikationsmerkmale der Namensaktionäre (Abs. 1), die sachlich veränderte Übernahme des § 68 Abs. 3 aF in § 67 Abs. 3, die Regelung der Pflichten der bei Erwerb von Namensaktien beteiligten Kreditinstitute bei der Übermittlung von Aktionärsdaten und die Übernahme der hierfür entstehenden Kosten durch die Gesellschaft (Abs. 4), die gegenüber der früheren Formulierung erfolgte Neuformulierung des § 67 Abs. 3 aF in Abs. 5, die grundlegende Neuregelung des Einsichtsrechts des Abs. 5 als reduzierter Auskunftsanspruch des Aktionärs über die zu seiner Person eingetragenen Daten sowie die Regelung der Verwendung der Registerdaten durch die AG (Abs. 6) sowie die wortgleiche Übernahme der Regelung über Zwischenscheine des Abs. 4 in Abs. 7.

B. Namensaktien und Aktienregister (Abs. 1)

I. Grundlagen. 1. Namensaktien. Das Gesetz stellt es der AG – außer bei teileingezahlten Aktien, die zwingend als Namensaktien auszugeben sind (§ 10 Abs. 2 S. 1) – frei, ob die Aktien auf den Inhaber oder den Namen lauten (§ 10 Abs. 1). Die Satzung muss bestimmen, ob Inhaber- oder Namensaktien ausgestellt werden (vgl § 23 Abs. 3 Nr. 5). Die Umwandlung von Inhaber- in Namensaktien erfolgt durch Satzungsänderung.[20]

Die Bedeutung von Namensaktien hat seit der Jahrtausendwende deutlich zugenommen.[21] Während in den 1990er Jahren noch weit mehr Inhaber- als Namensaktien ausgegeben waren,[22] geht der Trend nun klar zur Namensaktie.[23] Diese Entwicklung wurde durch das NaStraG unterstützt. Die Gründe hierfür sind höhere Transparenz, internationale Anerkennung, angeglichene Verkehrsfähigkeit ggü der Inhaberaktie, Flexibilität, Rechtssicherheit, Möglichkeit der Vinkulierung, Handhabung als Akquisitionswährung und bessere Möglichkeiten im Rahmen der Investor Relations.

Ihrer Rechtsnatur nach sind Namensaktien **geborene Orderpapiere**, dh Orderpapiere kraft Gesetzes. Sie sind durch Indossament (§ 68 Abs. 1 S. 1) oder durch Abtretung (§§ 398, 413 BGB bzw § 18 DepotG) übertragbar.[24]

2. Aktienregister. Eine bestimmte **Form** für die Führung des Aktienregisters schreibt Abs. 1 nicht vor.[25] Die durch das NaStraG eingefügte Verwendung des Begriffs „Aktienregister" stellt klar, dass das Verzeichnis nicht nur in Buch- oder Karteiform (vgl § 239 Abs. 4 HGB),[26] sondern auch als elektronische Datenbank geführt werden kann.[27] In der Praxis hat sich heute die Führung elektronischer Aktienregister durchgesetzt, die von spezialisierten Dienstleistern (zB Deutsche Börse Systems AG, Registrar Services GmbH, ADEUS Aktienregister-Service GmbH) angeboten wird.

Abs. 1 S. 1 **verpflichtet die Gesellschaft** zur Führung und fortlaufenden Aktualisierung des Aktienregisters, wenn diese Namensaktien oder Zwischenscheine ausgibt. Die Bestimmung begründet einen klagbaren Anspruch jedes Aktionärs gegen die AG auf Einrichtung und Führung des Aktienregisters.[28] Darüber hinaus ist eine Klage auf Eintragung ins Aktienregister möglich.[29] Die Führung des Aktienregisters obliegt dem

---

14 Begr. RegE, BT-Drucks. 16/2781, S. 88.
15 Gesetz zur Unternehmensintegrität und Modernisierung des Anfechtungsrechts (UMAG), BGBl. I 2005 S. 2802.
16 KölnKomm-AktG/*Lutter/Drygala*, Rn 1 aE.
17 Art. 1 Gesetz zur Namensaktie und zur Erleichterung der Stimmrechtsausübung (NaStraG), BGBl. I 2001 S. 123.
18 Zum Gang des Gesetzgebungsverfahrens: Großkomm-AktienR/*Merkt*, Rn 2; *Seibert*, in: FS Peltzer, 2001, S. 469; Spindler/Stilz/*Cahn*, Rn 5 f; das NaStraG darstellend: *Büllesbach/Klawitter/Miedbrodt*, DStR 2001, 666.
19 Begr. RegE, BT-Drucks. 14/4051, S. 1 f; Müko-AktG/*Bayer*, Rn 12; grundlegend zur Zurückdrängung des Verkörperungselements bei Aktien: *Zöllner*, in: FS Raiser, 249, S. 251 ff.
20 Vgl im Einzelnen: *Noack*, in: FS Bezzenberger, 2000, S. 291, 300; *Happ*, in: FS Bezzenberger, 2000, S. 111, 126.
21 *Grumann/Soehlke*, DB 2001, 576, 580.
22 Dazu: Spindler/Stilz/*Cahn*, Rn 5.
23 KölnKomm-AktG/*Lutter/Drygala*, Rn 4.
24 Darstellend: *Eder*, NZG 2004, 107, 108 f.
25 Zum Aktienregister siehe: OLG München NZG 2005, 756; Großkomm-AktienR/*Merkt*, Rn 26 ff.
26 *Hüffer*, Rn 5.
27 Begr. RegE, BT-Drucks. 14/4051, S. 10.
28 OLG Hamm NZG 2009, 437; *Hüffer*, Rn 5; KölnKomm-AktG/*Lutter/Drygala*, Rn 7.
29 OLG Hamm NZG 2009, 437; demnach beträgt der Streitwert 1/10 bis 1/4 des Wertes des Aktienpakets.

Vorstand als Kollegialorgan, der sich hierzu der Hilfe unternehmensexterner Dritter bedienen darf.[30] Die Errichtung des Aktienregisters bedarf der Mitwirkung des gesamten Vorstandes.[31] Es wird anhand der von einer zentralen Wertpapiersammelbank verwalteten und zur Verfügung gestellten Informationen aktualisiert.[32] Die vollständige Delegierung dieser Aufgabe auf Dritte unter Verzicht auf die Weisungsbefugnis des Vorstands und dessen jederzeitige Zugriffsmöglichkeit ist unzulässig. Grundsätzlich sind Änderungen umgehend einzutragen. Allgemein anerkannt ist jedoch, dass Eintragungen im Aktienregister für eine angemessene Zeit vor der Hauptversammlung ausgesetzt werden können (sog. **Umschreibungsstopp**), damit unter Vermeidung technischer Schwierigkeiten die Berechtigung der Hauptversammlungsteilnehmer nach Abs. 2 rechtzeitig festgestellt werden kann.[33] Das Interesse an einer ordnungsgemäßen Vorbereitung der Hauptversammlung überwiegt insoweit das Interesse eines Erwerbers an der raschen Eintragung in das Aktienregister. Der Gesetzgeber hat dies bei Namensaktien für so selbstverständlich erachtet, dass er ausdrücklich auf eine positivrechtliche Regelung verzichtet hat.[34]

Die Bearbeitungszeit ist nicht auf den technisch unvermeidbaren Zeitraum beschränkt, sondern in Anlehnung an die demselben Zweck dienende Frist für den Zugang des Nachweises der Teilnahmeberechtigung bei Inhaberaktien bzw die Anmeldefrist zu bestimmen.[35] Regelmäßig werden daher Zeiträume von bis zu sieben Tagen vor der Hauptversammlung als angemessen angesehen.[36]

7 II. Eintragungen in das Aktienregister durch die AG (Abs. 1 S. 1). 1. Namensaktien und ihre Inhaber. Abs. 1 S. 1 schreibt die Eintragung von Namensaktien unter Benennung des Inhabers nach Name, Geburtsdatum und Adresse sowie der Stückzahl oder der Aktiennummer und bei Nennbetragsaktien des Betrages in das Aktienregister vor. Ergänzend dazu kann die Satzung weitere Angaben verlangen (§ 23 Abs. 5 S. 2).[37] Inhaberaktien und unverkörperte Mitgliedschaftsrechte sind nicht eintragungspflichtig.[38] Auch wenn die AG entsprechende Aufzeichnungen als „Aktienbuch" oder „Aktienregister" führt, wird hieraus kein Aktienregister mit der hieran anknüpfenden Vermutungswirkung der Eintragung (Abs. 2).[39] § 67 gilt nur für ordnungsgemäß errichtete Aktienregister.[40]

8 Die Eintragungspflicht beginnt mit Ausgabe der Aktien oder Zwischenscheine. Derjenige, der zum Zeitpunkt der Ausgabe der Urkunden Inhaber der Mitgliedschaft ist, ist daher als erster Berechtigter einzutragen. Bei einer Umstellung von Inhaber- auf Namensaktien beginnt die Eintragungspflicht mit der Eintragung der Satzungsänderung in das Handelsregister.[41] Die Ersteintragung hat der Vorstand von sich aus vorzunehmen; eines Antrages des Aktionärs bedarf es hierzu nicht.[42] Inhaber iSd Abs. 1 ist auch der Sicherungseigentümer sowie der (Vollrechts-)Treuhänder.[43]

9 Die im Einzelnen nach Abs. 1 einzutragenden **Angaben zur Person des Inhabers** wurden zuletzt durch das NaStraG modifiziert. Einzutragen sind der Name, Geburtsdatum und Adresse des Aktionärs. Unter **Name** ist bei natürlichen Personen der Vor- und Zuname zu verstehen, wobei die Abkürzung des Vornamens mit dem Anfangsbuchstaben ausreichend ist.[44] **Adresse** bezeichnet im Regelfall die postalische Anschrift.[45] Ausreichend ist auch die Angabe einer Büroadresse, eines Zustellungsbevollmächtigten sowie die E-Mail-Adresse, sofern nicht aus besonderen Gründen (zB bei teileingezahlten Aktien) eine zustellungsfähige Anschrift

---

30 OLG München NZG 2005, 756; zustimmend: *Kort*, NZG 2005, 963; *Diekmann*, BB 1999, 1985; *Happ*, in: FS Bezzenberger, 2000, S. 111, 117; *Leuering*, ZIP 1999, 1746; Müko-AktG/*Bayer*, Rn 5, 12; Spindler/Stilz/*Cahn*, Rn 19; vgl im Übrigen § 239 HGB und die hierzu aufgestellten Grundsätze zur Fernbuchführung, hierzu insb. Großkomm-HGB/*Hüffer*, § 238 Rn 33.

31 OLG München NZG 2005, 756.

32 *Noack*, ZIP 1999, 1993, 1995; Müko-AktG/*Bayer*, Rn 12 ff.

33 Begr. RegE, BT-Drucks. 14/4051, S. 11; Begr. RegE, BT-Drucks. 15/5092, S. 14; BGH ZIP 2009, 2051, 2052; LG Köln NZG 2009, 467, 468; Semler/Volhardt/*Bärwaldt*, Arbeitshb HV, § 10 Rn 41; MüKo-AktG/*Bayer*, Rn 93; K. Schmidt/Lutter/*Bezzenberger*, Rn 23; Obermüller/Werner/Winden/*Butzke*, Hauptversammlung der Aktiengesellschaft, E Rn 101; Spindler/Stilz/*Cahn*, Rn 68; *Hüffer*, Rn 20; *Quaß*, AG 2009, 433, 434; *Schaaf*, Praxis der Hauptversammlung, Rn 308; *v. Nussbaum*, NZG 2009, 456, 457; Bürgers/Körber/*Wieneke*, Rn 27; v. Rosen/Seifert/*Wieneke*, Namensaktie, S. 229, 244 ff; K. Schmidt/Lutter/*Ziemons*, § 123 Rn 16; *Grigoleit/Rachlitz*, ZHR 174 (2010), 12, 28 ff.

34 BGH ZIP 2009, 2051, 2052; Begr. RegE, BT-Drucks. 15/5092, S. 14.

35 Vgl BGH ZIP 2009, 2051, 2052; *Bayer/Lieder*, NZG 2009, 1361, 1362; Spindler/Stilz/*Cahn*, Rn 68; *Hüffer*, Rn 20; K. Schmidt/Lutter/*Ziemons*, § 123 Rn 16.

36 Vgl Begr. RegE, BT-Drucks. 15/5092, S. 14, in der ein Umschreibestopp von sieben Tagen als hM bezeichnet wird; außerdem: Begr. RegE, BT-Drucks. 14/4051, S. 11; LG Köln NZG 2009, 467, 468; Semler/Volhardt/*Bärwaldt*, Arbeitshb HV, § 10 Rn 41; MüKo-AktG/*Bayer*, Rn 93; Obermüller/Werner/Winden/*Butzke*, Hauptversammlung der Aktiengesellschaft, E Rn 101; *Hüffer*, Rn 20; *v. Nussbaum*, NZG 2009, 456, 457; Bürgers/Körber/*Wieneke*, Rn 27; MüHdb-AG/*Wiesner*, § 14 Rn 41; allgemeiner, für einen „kurzen" Zeitraum: *Schaaf*, Praxis der Hauptversammlung, Rn 316; v. Rosen/Seifert/*Wieneke*, Namensaktie, S. 229, 245, 247.

37 *Kindler*, NJW 2001, 1678, 1680.

38 *Hüffer*, Rn 6.

39 AllgM: RGZ 34, 110, 117; OLG Neustadt MDR 1956, 109, 110; Geßler/*Bungeroth*, Rn 20; *Hüffer*, Rn 10; KölnKomm-AktG/*Lutter/Drygala*, Rn 7 f; aA RGZ 86, 154 ff; Großkomm-AktienR/*Merkt*, Rn 26.

40 OLG München NZG 2005, 756, 757.

41 *Diekmann*, BB 1999, 1985, 1986; bspw für einen Fall der Umstellung: BGH ZIP 2004, 2093.

42 *Hüffer*, Rn 6; KölnKomm-AktG/*Lutter/Drygala*, Rn 8.

43 Ausführlich: KölnKomm-AktG/*Lutter/Drygala*, Rn 15 ff; Müko-AktG/*Bayer*, Rn 20.

44 *Diekmann*, BB 1999, 1985, 1986.

45 Dies entspricht § 67 Abs. 1 aF zur Angabe des „Wohnorts".

erforderlich ist.[46] Die durch das NaStraG hinzugetretene Angabe des **Geburtsdatums** ersetzt die nach bisherigem Recht erforderliche Angabe des Berufs. Neue Angaben sind nur erforderlich, soweit es zu neuen Eintragungsvorgängen kommt.[47] Die umfassende Aktualisierung der Aktienregister wird daher erst nach und nach eintreten. Ist der Aktionär juristische Person, rechtsfähige Personengesellschaft oder Einzelkaufmann, so sind die Firma und der Sitz aufzunehmen. Im Falle einer **BGB-Außengesellschaft** sind aufgrund der fehlenden Registerpublizität auch weiterhin die Gesellschafter namentlich aufzunehmen.[48] Hier gilt insoweit nichts anderes als bei der Eintragung der Gesellschafter einer GbR in das Grundbuch.[49] Ferner bedarf es der Aufnahme von Adresse und Geburtsdatum der Gesellschafter.[50] Ziel dieser Angaben ist zwar nur die Individualisierung des Inhabers, welche bei dem idR kleinen Kreis der Gesellschafter einer BGB-Außengesellschaft bereits durch den Namen ermöglicht sein dürfte.[51] Gleichwohl sind für die Gesellschafter in der BGB-Außengesellschaft – entsprechend dem § 47 Abs. 2 S. 2 GBO nF – die Regeln für die Person des Inhabers anzuwenden. Dies dient der Rechtssicherheit und -einheit sowie dem Ausschluss von Verwechselungen.

Der Inhalt der **Angaben zu den Aktien** bestimmt sich danach, ob das Aktionärsregister alphabetisch oder nach Aktiennummern geführt wird (Personal- oder Realfoliensystem). Bei der alphabetischen Gliederung des Aktionärsregisters genügt die Angabe des Betrags bzw der Zahl. Im Falle der Eintragung nach Aktiennummern müssen die Aktien einzeln nach Serie und Nummer individualisierbar sein.[52]

2. Eintragung weiterer Tatsachen. Der Vorstand ist zusätzlich zur selbstständigen Eintragung weiterer Rechtsänderungen verpflichtet, sofern diese Änderungen in der Mitgliedschaft gründen. Im Einzelnen betrifft dies die Änderung des Nennbetrages, die Umwandlung in Inhaberaktie (§ 24), eine Kaduzierung (§ 64), die Kraftloserklärung (§§ 72 f), die Zusammenlegung (§ 222 Abs. 4 S. 2) und die Einziehung (§ 237).[53] Eintragungsfähig, aber nicht -pflichtig, sind ferner dingliche Belastungen wie **Nießbrauch und Pfandrecht**[54] sowie die Anordnung der Testamentsvollstreckung.[55] Werden diese eintragungsfähigen Angaben zusätzlich eingetragen, so können ohne auch im Verhältnis zur AG von der Legitimationswirkung des Aktienregisters profitieren.[56] Über die Pflichtangaben hinausgehende Qualifikationen (**Kürangaben**) dürfen nach nun hM[57] ins Aktienregister eingetragen werden.[58]

Da seit dem Risikobegrenzungsgesetz nach Abs. 6 ein Aktionär grundsätzlich nur noch die ihn selbst betreffenden Daten erfragen kann, sind die früheren datenschutzrechtlichen Bedenken entfallen. Grundsätzlich kommt den Kürangaben aber keine Legitimationswirkung im Verhältnis zu Dritten zu. Eintragungsfähig sind beispielsweise die Angaben zur Berechtigung des Aktionärs (als Erbe oder Vorerbe) oder die Erteilung einer Vollmacht.[59]

III. Verpflichtung der Aktionäre (Abs. 1 S. 2). Der Inhaber einer Aktie hat nach Abs. 1 S. 2 neuerdings die Pflicht, die für eine Eintragung notwendigen Informationen der AG zur Verfügung zu stellen.[60] Die durch das Risikobegrenzungsgesetz eingeführte Mitteilungspflicht soll die Vollständigkeit des Aktienregisters gewährleisten. Damit dient sie zugleich der vom Gesetzgeber angestrebten **Steigerung der Transparenz** des Aktienregisters zugunsten der AG.[61] In Verbindung mit Abs. 4 soll sie zudem ermöglichen, die Verwahrkette bis hin zum **wahren Inhaber** der Namensaktie offenzulegen.[62]

1. Zweck der Mitteilungspflicht. Durch die Statuierung einer Mitteilungspflicht des Inhabers wurde die über Jahre unbefriedigende Situation bei dem Erwerb und der Veräußerung von Aktien und den damit verbundenen Aktienregisterpflichten gelöst. Ohne diese Mitteilungspflicht des Aktieninhabers konnte es zuvor

---

46 Begr. RegE, BT-Drucks. 14/4051, S. 11.
47 Begr. RegE, BT-Drucks. 14/4051, S. 11.
48 Trotz Anerkennung der Rechts- und Parteifähigkeit der Außen-GbR, vgl BGH NJW 2001, 1056, dazu: *K. Schmidt*, NJW 2001, 993 f; wie hier: Spindler/Stilz/*Cahn*, Rn 19; aA *Happ*, in: FS Bezzenberger, 2000, S. 111, 121; Großkomm-AktienR/*Merkt*, Rn 32.
49 Aus diesem Grund wurde im Immobiliarsachenrecht, trotz der Anerkenntnis der Grundbuchfähigkeit einer GbR durch den BGH NJW 2009, 594, die Pflicht zur Eintragung der GbR-Gesellschafter in der GBO normiert, siehe § 47 Abs. 2 GBO nF mWv 18.8.2009 eingeführt durch G v. 11.8.2009 (BGBl. I S. 2713); dazu: *Scherer*, NJW 2009, 3063.
50 So auch Spindler/Stilz/*Cahn*, Rn 19; aA Müko-AktG/*Bayer*, Rn 27; *Happ*, in: FS Bezzenberger, 2000, S. 111, 121; aA auch noch in der Vorauflage zu § 67 vor der Einführung des § 47 Abs. 2 GBO nF, dort Rn 9.
51 *Cahn* verweist dazu auf, § 1629a BGB, Spindler/Stilz/*Cahn*, Rn 19.

52 *Hüffer*, Rn 8.
53 KölnKomm-AktG/*Lutter/Drygala*, Rn 30 ff; Geßler/*Bungeroth*, Rn 16 f.
54 *Hüffer*, Rn 9; KölnKomm-AktG/*Lutter/Drygala*, Rn 33; Spindler/Stilz/*Cahn*, Rn 23; *Wiedemann* S. 399, 424; aA Geßler/*Bungeroth*, Rn 12; vergleichend zur Belastung von GmbH-Geschäftsanteilen vgl *Hasselmann*, NZG 2009, 449, 451.
55 *Hüffer*, Rn 9.
56 Zur hM: KölnKomm-AktG/*Lutter/Drygala*, Rn 33 ff mwN.
57 So auch: Müko-AktG/*Bayer*, Rn 29 f; *Bayer*, in: FS Winter, 2011, S. 9, 17; *Noack*, DB 1999, 1306, 1307.
58 Darstellend: Spindler/Stilz/*Cahn*, Rn 22.
59 KölnKomm-AktG/*Lutter/Drygala*, Rn 31.
60 *Noack*, NZG 2008, 721.
61 *Noack*, AG 2009, 227, 235; Begr. RegE, BT-Drucks. 16/7438, S. 13.
62 Begr. RegE, BT-Drucks. 16/7438, S. 13.

zu sog. **Leerposten** im Aktienregister kommen.[63] Der Altaktionär konnte ausgetragen werden, ohne dass sich der Erwerber bei der Gesellschaft melden musste. Die erforderliche Mitteilung war nach § 67 Abs. 3 idF des NaStraG in das Ermessen des Erwerbers gestellt. Die Abkopplung der Austragung des alten von der Eintragung des neuen Inhabers wurde durch das NaStraG auch explizit angestrebt. Hintergrund war das Ziel des NaStraG, die Lage des Veräußernden zu verbessern. Vor Inkrafttreten des NaStraG konnte ein veräußernder Aktieninhaber nur durch Neueintragung des Erwerbers ausgetragen werden. Konnte oder wollte der Erwerber jedoch nicht eingetragen werden, so wurde der Veräußerer an seiner Inhaberposition festgehalten (**Lock-in-Effekt**). Auch das depotführende Kreditinstitut, welches nach Abs. 4 S. 1 zur Mitteilung verpflichtet ist, konnte zuvor nicht gegen den Widerspruch des Depotkunden die Mitteilung vornehmen.[64] Dies erschien unbillig. Der einzige Vorteil dieser Regelung bestand darin, dass die ersetzende Eintragung vor dem Inkrafttreten des NaStraG ein **vollständiges Aktienregister** gewährleistete. Die daraus folgende Unbilligkeit gegenüber dem Veräußerer wollte der Gesetzgeber nicht länger aufrechterhalten und versuchte dies durch das NaStraG zu lösen. Wie sich zeigte, erfolgte dies wiederum zulasten der Vollständigkeit des Aktienregisters. Die Möglichkeit von Leerposten im Aktienregister wurde teilweise übersehen oder als nicht problematisch bewertet. Mit der Möglichkeit zur Ersatzeintragung des depotführenden Kreditinstitutes nach Art. 4 S. 2, welche durch das UMAG 2005 eingeführt wurde, sollte Abhilfe geschaffen, aber auch die ohnehin gängige Praxis für zulässig erklärt werden. Auf Verlangen der AG konnte nun anstelle des Aktionärs das **depotführende Kreditinstitut als Platzhalter**[65] eingetragen werden. Gegenüber der heutigen Regelung blieben jedoch Nachteile für den veräußernden Aktionär bestehen: Die Ersatzeintragung erfolgte auf Verlangen der AG, nicht auf Verlangen des Aktionärs, und sie beanspruchte zusätzliche Zeit. Durch die Statuierung der Mitteilungspflicht des Inhabers nach Abs. 1 S. 2 wurde eine sachgerechte Lösung entwickelt. Derjenige, der Rechte aus einer Aktie gegenüber der AG für sich in Anspruch nimmt, hat auch die Pflicht zur Mitteilung seiner Daten an die AG.

13 **2. Verpflichteter ist der Inhaber der Aktie.** Die Mitteilungsverpflichtung trifft den Inhaber der Aktie.[66] Inhaber iSd Abs. 1 S. 2 wird nur der **sachenrechtliche Eigentümer der Namensaktie**.[67] Vor dem Hintergrund, dass Abs. 1 nicht nur dazu dient, die Vollständigkeit des Registers zu gewährleisten, sondern auch darauf abzielt, vollständige Transparenz hinsichtlich der „wahren Inhaber der Namensaktie" zu erreichen, kann diese enge Auslegung aber auch hinterfragt werden. Für die Inhaberschaft wäre auch eine Anknüpfung an eine „**wirtschaftliche Inhaberstellung**" oder eine „**Inhaberstellung mit Veräußerungsmacht**" denkbar.[68] *Noack*[69] knüpft hingegen – mit ähnlichen Argumenten – nicht an die sachenrechtliche Eigentümerstellung an, sondern an die **Inhaberstellung**, welche durch ein **Finanzinstitut iSd § 123 Abs. 3 S. 2 AktG** nachgewiesen wird.[70] Diese Auffassung ist abzulehnen. Richtigerweise ist iRd Abs. 1 S. 2 allein an die sachenrechtliche Eigentümerstellung anzuknüpfen.[71] Dies folgt aus Wortlaut, Systematik und Historie der Norm. Der **Wortlaut** spricht lediglich von „Inhaber". Es wird gerade kein Bezug genommen auf die Person, der die Aktien „gehören". Die Einbeziehung von Treuhandverhältnissen oder ähnlichen Verhältnissen wird im AktG grundsätzlich durch die entsprechende Wortwahl („gehören") aufgezeigt.[72] Zwar kann mit Blick auf den **Sinn und Zweck** der Vorschrift eine Einengung auf den sachenrechtlichen Eigentümer durchaus hinterfragt werden, sie ist aber die einzig praktikable Lösung zur Durchsetzung der Normziele. Mitteilungspflichten nach Abs. 1 S. 2 für einen Treugeber würden zudem die Offenlegung aller Rechtsverhältnisse erfordern und könnte erheblichen Zeit- und Kostenaufwand begründen. Dieses Ergebnis wird auch durch die Regierungsbegründung[73] bestätigt, nach der Treuhandverhältnisse oder ähnliche Verhältnisse explizit nicht erfasst werden sollen. Ein gegenteiliger Vorschlag wurde im Gesetzgebungsverfahren bewusst abgelehnt.[74]

14 **IV. Ermächtigung zu Satzungsregelungen für Legitimationsaktionäre iSd Abs. 1 S. 3. 1. Zulässigkeit von Dritteintragungen.** Legitimationsaktionäre können sich im Aktienregister als Aktionäre eintragen lassen. Sie sind zwar nicht Eigentümer der Aktie, aber sie gelten sowohl gegenüber der Gesellschaft als auch im Verhältnis zu Dritten als Aktionäre.[75] Ihnen wird lediglich eine dahin gehende Ermächtigung des Eigentü-

---

63 *U.H.Schneider/Müller-v.Pilchau*, AG 2007, 181; ferner *Drygala*, NZG 2004, 893; KölnKomm-AktG/*Lutter/Drygala*, Rn 13.
64 *Noack*, NZG 2008, 721.
65 *Noack*, NZG 2008, 721.
66 *Noack*, NZG 2008, 721, 723.
67 So die hM: KölnKomm-AktG/*Lutter/Drygala*, Rn 15 mwN; aA *Noack*, NZG 2008, 721, 723.
68 Angedacht auch von *Noack*, NZG 2008, 721, 723; dargestellt von KölnKomm-AktG/*Lutter/Drygala*, Rn 16.
69 Dabei bezieht er sich allerdings auf den Auskunftsanspruch nach § 67 Abs. 4. Dieser Gedanke könnte auf Abs. 1 S. 2 übertragen werden, siehe *Noack*, NZG 2008, 721, 723 aE.
70 Vgl KölnKomm-AktG/*Lutter/Drygala*, Rn 15 und insb. Fn 40.
71 KölnKomm-AktG/*Lutter/Drygala*, Rn 15; aA *Noack*, NZG 2008, 721, 723.
72 Insofern unklar: KölnKomm-AktG/*Lutter/Drygala*, Rn 15.
73 Begr. RegE, BT-Drucks. 16/7438, S. 14.
74 Begr. RegE, BT-Drucks. 16/7438, S. 14.
75 OLG Stuttgart ZIP 2003, 2024 f; *Hüffer*, § 129 Rn 12; MüHb-AG/*Wiesner*, § 14 Rn 60.

mers nach § 185 BGB erteilt,[76] dass sie die Rechte aus der Aktie für den Eigentümer wahrnehmen.[77] Die Eintragung erfolgt **im eigenen Namen** für **fremde Aktien** (sog. **Legitimationseintragung**). Die Eintragung als Legitimationsaktionär ist häufig für Depotbanken relevant, wenn diese als Platzhalter nach Abs. 4 oder auf Wunsch des Eigentümers eingetragen werden. Entsprechende **Dritteintragungen** bleiben auch nach Inkrafttreten des Risikobegrenzungsgesetzes **zulässig**. Insofern hat sich die Rechtslage nicht geändert.[78] Abs. 1 S. 3 gibt der AG jedoch die Möglichkeit, einschränkende **Voraussetzungen für die Eintragung** von Legitimationsaktionären in der **Satzung festzulegen**.

Durch entsprechende Satzungsbeschränkungen mag sich im Einzelfall die **Transparenz der Aktionärsstruktur** erhöhen. Gleichwohl kann dieses Ziel nur begrenzt erreicht werden.[79] Der Vorbehalt der Satzungsregelung erfasst nur die Fälle der Eintragung im eigenen Namen für fremde Aktien, nicht aber den Fall der Eintragung im eigenen Namen von eigenen Aktien, die für fremde Rechnung gehalten werden. Letzteres umschreibt vor allem **Treuhandverhältnisse** oder ähnliche schuldrechtliche Vereinbarungen, bei denen die Personen, denen die Aktien tatsächlich „gehören", verdeckt bleiben.[80] Die Aufstellung von Voraussetzungen für die Eintragung von Treugebern und ähnlichen Personen wird durch Abs. 1 S. 3 nicht unter Vorbehalt gestellt. Eine solche Satzungsregelung wäre auch nicht zulässig und würde gegen § 23 Abs. 5 verstoßen.[81] Demnach darf die Satzungsautonomie nicht über die durch § 67 ermöglichten Fälle hinaus erweitert werden. Vollständige Transparenz ist damit auch durch Satzungsregelungen nicht gewährleistet. Sollen Beschränkungen oder Voraussetzungen für die Eintragung von Legitimationsaktionären aufgestellt werden, so bedarf dies einer **Satzungsänderung**.

2. Zulässige Satzungsregelungen. Die inhaltlichen Ausgestaltungsmöglichkeiten von Voraussetzungen iSd Abs. 1 S. 3 sind vielfältig. Denkbar sind vor allem satzungsmäßige Höchstgrenzen für Legitimationseintragungen und satzungsmäßige Offenlegungspflichten, welche in Abs. 2 S. 2 sogar explizit als Ausgestaltungsmöglichkeiten benannt sind. Jedoch ist eine AG nicht auf diese beiden Formen beschränkt.

Hinsichtlich der **Höchstgrenzen für Legitimationseintragungen** lässt sich über eine **sinnvolle Grenze** für die maximale Beteiligungshöhe streiten. Mehr Transparenz sollte dabei nicht zum Nachteil der Verkehrsfähigkeit der Aktien herbeigeführt werden. Für ein Verbot der Eintragung jeglicher Legitimationsaktionäre wird in der Regel kein Interesse bestehen und auch kein praktisches Bedürfnis.[82] Unterhalb der Beteiligungsgrenze von 0,5 % kann ein Aktionär kaum nennenswerten Einfluss nehmen, so dass ein berechtigtes Interesse an der Beteiligungstransparenz von Minderheitsaktionären grundsätzlich zu verneinen ist. Aus diesem Grund nennt die Gesetzesbegründung[83] auch **Grenzen zwischen 0,5 bis 2 %** der Stimmrechte.[84] Ähnliche Grenzen scheinen auch für Meldepflichten sinnvoll. Eine höhere satzungsmäßige Grenze, also eine über der 3 %-Schwelle, würde für Mitteilungspflichten zudem keinen Sinn machen, da ab dieser Beteiligungshöhe die **kapitalmarktrechtlichen Meldepflichten** des WpHG eingreifen.[85]

Gerade vor dem Hintergrund, dass durch satzungsmäßige Beschränkung von Legitimationseintragungen und Meldepflichten die Aktionäre in ihrem Handeln erheblich eingeengt werden können, stellt sich die Frage, inwiefern einzelne Aktionäre dagegen **Rechtsschutz** suchen können.[86] Die Einführung von solchen Beschränkungen ist durch Abs. 1 S. 3 und Abs. 2 S. 2 ausdrücklich gestattet und kann daher an sich nicht angreifbar sein. In Betracht kommt aber eine Anfechtung der Ausgestaltung von Satzungsklauseln unter bestimmten Umständen. Die Aktionäre sind gemäß § 53 a AktG gleich zu behandeln. Dagegen verstoßende Satzungsbestimmungen sind anfechtbar. *Lutter/Drygala*[87] nehmen eine Anfechtbarkeit von satzungsmäßigen Beschränkungen dann an, wenn diese die **Fungibilität und Handhabbarkeit der Aktien unangemessen beeinträchtigen**.

V. Ausnahmeregelung für Investmentfonds (Abs. 1 S. 4). Investmentfonds können von bestimmten Pflichten ausgenommen sein. Diese sollen auf diese Weise davor bewahrt werden, umfangreiche Angaben zu ihren Fondsanlegern machen zu müssen. Hält der Investmentfonds die Anteile nicht nur für einen Dritten, sondern stehen die gehaltenen Anteile auch in seinem Miteigentum (sog. **Miteigentumslösung**), so wäre der Fonds grundsätzlich zur Aufdeckung verpflichtet, wem die Aktien gehören (Abs. 1 S. 3 und durch Verweis

---

[76] *Noack*, NZG 2008, 721 aE.
[77] Eingehend: *Grigoleit/Rachlitz*, ZHR 174 (2010), 12, 30 ff; *Hüffer*, § 129 Rn 12.
[78] *Grigoleit/Rachlitz*, ZHR 174 (2010), 12, 31 f.
[79] So auch: *Grigoleit/Rachlitz*, ZHR 174 (2010), 12, 25 ff; *Noack*, NZG 2008, 721, 725; *U.H.Schneider/Müller-v.Pilchau*, AG 2007, 181, 188.
[80] Vgl hierzu mit Blick auf Treuhandgestaltungen eingehend *Grigoleit/Rachlitz*, ZHR 174 (2010), 12, 25, die insoweit von einem „legalen Umgehungsmodell" sprechen.
[81] *Grigoleit/Rachlitz*, ZHR 174 (2010), 12, 25; KölnKomm-AktG/*Lutter/Drygala*, Rn 19.
[82] *Grigoleit/Rachlitz*, ZHR 174 (2010), 12, 43.
[83] Begr. RegE, BT-Drucks. 16/7438, S. 13 aE.
[84] Einschränkend: *Grigoleit/Rachlitz*, ZHR 174 (2010), 12, 44, nach denen unterhalb der Schwelle von 1 % eine Offenlegung der Dritteintragung im Interesse der Gesellschaft regelmäßig ausreiche.
[85] KölnKomm-WpHG/*Hirte*, § 21 Rn 1 ff.
[86] KölnKomm-AktG/*Lutter/Drygala*, Rn 26.
[87] KölnKomm-AktG/*Lutter/Drygala*, Rn 27.

Abs. 4 S. 2).[88] Diese Pflicht würde zusätzlich Zeit-, Kosten- und Verwaltungsaufwand produzieren und durch die Weiterleitung der Kosten im Ergebnis insbesondere Kleinanleger treffen. Zudem werden die vom Risikobegrenzungsgesetz ins Auge gefassten Finanzinvestoren in der Regel ohnehin nicht über diese Anlageform investieren, da sie keinen direkten Stimmrechtseinfluss bietet. Sachlich erfasst die Ausnahme die Satzungsregel in **Abs. 1 S. 3** und – durch Verweis – auch die Aufdeckungspflicht auf Nachfrage der Gesellschaft gem. **Abs. 4 S. 2.** Der persönliche Anwendungsbereich umfasst sowohl in- als auch ausländische Investmentfonds. Voraussetzung ist dabei, dass **zumindest eine natürliche Person** als Anleger am Fonds beteiligt ist.[89]

C. Eintragungswirkungen (Abs. 2)

17 **I. Unwiderlegbare Vermutung.** Mit Eintragung in das Aktienregister gilt der Eingetragene im Verhältnis zur AG als Aktionär (Abs. 2), selbst wenn er materiellrechtlich nicht Inhaber der Aktien ist.[90] Die ordnungsgemäße Eintragung begründet damit die **unwiderlegbare Vermutung**[91] – und nicht die Fiktion[92] – der materiellen Berechtigung des Aktionärs gegenüber der Gesellschaft. Nach teilweise vertretener Ansicht soll diese Wirkung auch eine größere Ausstrahlungskraft haben,[93] obwohl der Gesetzgeber eine solch weitreichende Auswirkung offensichtlich nicht vor Augen hatte.[94] Dabei soll die unwiderlegbare Vermutung im Falle der **Verschmelzung** im Verhältnis zu dem übernehmenden Rechtsträger auch für die Antragsbefugnis zur Bestimmung einer angemessenen Zuzahlung gelten.[95] Anknüpfungspunkt und Grundlage ist insoweit der mit der Eintragung in das Aktienregister verbundene registereigene Rechtsschein.[96] Diese Rechtsscheinwirkung erstreckt sich demnach auch auf die Antragsbefugnis von Namensaktionären im **Spruchverfahren** im Anschluss an einen **Squeeze-out oder eine Eingliederung.**[97]

Dies bedeutet freilich nicht, dass die Eintragung **Voraussetzung für die Wirksamkeit des Rechtsübergangs** wäre.[98] Ein Mangel des Übertragungstatbestandes wird durch die Eintragung auch nicht geheilt.[99] **Abs. 2 wirkt insoweit nur** zwischen der AG und dem Eingetragenen, nicht hingegen gegenüber Dritten. Die Norm ermöglicht **nicht den Erwerb vom Nichtberechtigten.** Verfügt also ein Nichtaktionär als eingetragener Scheinaktionär iSd Abs. 2 über die Aktie, so kann ein Dritter diese nicht wirksam aufgrund des Abs. 2 erwerben.

Die Vermutungswirkung dient der **Vereinfachung des Rechtsverkehrs** und insbesondere einer effizienteren Verwaltung des Aktienregisters.[100] Durch die Wirkung als unwiderlegliche Vermutung bei Nichteintragung ist sie aber zugleich ein **wirksames Sanktionsmittel,** um die Vollständigkeit und Aktualität des Aktienregisters zu gewährleisten.

18 Voraussetzung für die Vermutungswirkung des Abs. 2 ist eine **formal ordnungsgemäße Eintragung** des Rechtsübergangs.[101] Ist diese Voraussetzung nicht erfüllt, wird der Veräußerer gegenüber der AG weiterhin als Aktionär behandelt. Die inhaltliche Unrichtigkeit der Eintragung hat keinen Einfluss auf deren formale Ordnungsmäßigkeit. Dies gilt ebenfalls im Hinblick auf die Wahrung der Sorgfaltspflichten durch die Gesellschaft bei der Prüfung der Voraussetzungen nach Abs. 3 und bei der Eintragung ohne einen ausreichenden Nachweis des Rechtsübergangs.[102]

---

88 KölnKomm-AktG/*Lutter/Drygala*, Rn 28 ff.
89 KölnKomm-AktG/*Lutter/Drygala*, Rn 28.
90 KG Berlin NJW-RR 2003, 542, 543; Großkomm-AktienR/ *Merkt*, Rn 48.
91 Dafür die hM: OLG Frankfurt AG 2008, 550; OLG Frankfurt NZG 2006, 667, 669; OLG Jena AG 2004, 268, 269; OLG Hamburg AG 2003, 694; OLG Zweibrücken WM 1997, 622, 623 = AG 1997, 140; OLG Celle AG 1984, 266, 268 = WM 1984, 494, 496 (Pelikan); *Hüffer*, Rn 13; Großkomm-AktienR/ *Merkt*, Rn 49; KölnKomm-AktG/*Lutter/Drygala*, Rn 42; *Lieder*, NZG 2005, 159, 160; Müko-AktG/*Bayer*, Rn 39 ff; siehe auch Begr. RegE, BT-Drucks. 14/4051, S. 11.
92 So Teile der Literatur, vgl: *Baumbach/Hueck*, AktG, Rn 10; *v.Godin/Wilhelmi*, Rn 6 f.
93 OLG Frankfurt NZG 2006, 667, 669; Spindler/Stilz/*Cahn*, Rn 29.
94 Ähnlich: OLG Frankfurt NZG 2006, 667, 669.
95 OLG Frankfurt NJW-RR 2004, 125, 126; KG Berlin ZIP 2000, 498, 500; Müko-AktG/*Bayer*, Rn 37, 67.
96 OLG Celle WM 1984, 494, 496 (Pelikan); KölnKomm-AktG/ *Lutter/Drygala*, Rn 70; *Wiedemann*, S. 133.
97 OLG Frankfurt NZG 2006, 667, 669; OLG Hamburg NZG 2004, 45 f = ZIP 2003, 2301; zustimmend: *Lieder*, NZG 2005, 159 ff; *Leuering*, EWiR 2003, 1165 f; Spindler/Stilz/*Drescher*, § 3 SpruchG Rn 11; *Hüffer*, Anh. § 305, § 3 SpruchG Rn 1, § 327 f Rn 4; KölnKomm-SpruchG/*Wasmann*, § 3 Rn 24; ablehnend: *Dißars*, BB 2004, 1293, 1294.
98 OLG Hamm NZG 2009, 437; *Bayer*, in: FS Winter, 2011, S. 9, 22.
99 OLG Hamm NZG 2009, 437; so schon RGZ 79, 162, 163; 86, 160, 161; 123, 279, 282; *Bayer*, in: FS Winter, 2011, S. 9, 22; *Hüffer*, Rn 11; KölnKomm-AktG/*Lutter/Drygala*, Rn 42; missverständlich demgegenüber: OLG Frankfurt aM NJW-RR 1999, 334: „[...] war der Anfechtungsgegner mangels Eintragung in das Aktienbuch nicht stimmberechtigter Aktionär".
100 KölnKomm-AktG/*Lutter/Drygala*, Rn 43.
101 Vgl im Einzelnen: RGZ 86, 154, 159; 123, 279, 285; Geßler/ *Bungeroth*, Rn 39 ff; *Bayer*, in: FS Winter, 2011, S. 9, 27 ff; *Hüffer*, Rn 12; KölnKomm-AktG/*Lutter/Drygala*, Rn 50; Spindler/Stilz/*Cahn*, Rn 31.
102 OLG Celle WM 1984, 494, 497.

Auf die durch Abs. 2 begründete Vermutung kann sich unabhängig von ihrer materiellen Richtigkeit nicht nur die AG (Erfüllung der Einlagepflicht etc.), sondern auch der **Aktionär** berufen.[103] Der Eingetragene kann daher alle mitgliedschaftlichen Rechte gegenüber der AG ausüben, zB das Stimmrecht, den Anspruch auf Dividendenzahlungen,[104] Minderheitenrechte[105] und das Recht auf Teilnahme an der Hauptversammlung. Die frühere Streitfrage, ob die Satzung die Teilnahme an der Hauptversammlung von einer Hinterlegung der Namensaktien abhängig machen darf, hat sich durch die Neufassung des § 123 durch das UMAG erledigt.[106] Solche Hinterlegungsklauseln sind unzulässig.[107] Bei Namensaktien ergibt sich die Berechtigung aus dem Aktienregister und der Vermutung nach Abs. 2 AktG. Lediglich bei Inhaberaktien kann die Gesellschaft einen Nachweis fordern (vgl dazu den Wortlaut des § 123 Abs. 3 AktG). Für Namensaktien ermöglicht § 123 Abs. 2, die Teilnahme von der Anmeldung als satzungsmäßige Voraussetzung abhängig zu machen.[108] Nach § 123 Abs. 2 S. 2 darf die Anmeldefrist zum Schutz des Aktionärs höchstens 7 Tage betragen.[109] Dabei kann die Gesellschaft bei Namensaktien Aktualisierungen im Aktienregister für einen an der Anmeldefrist orientierten Zeitraum vor Durchführung der Hauptversammlung aussetzen (sog. Umschreibungs-/Eintragungsstopp oder Registersperre).[110] Dies ist heute gängige Praxis.[111] Auf eine solche Sperre und den entsprechenden Stichtag (**record date**)[112] ist hinzuweisen.[113] Wird ein solcher Eintragungsstopp nicht festgelegt, muss auf ein Fehlen entgegen der sonst üblichen Praxis nicht hingewiesen werden.[114]

II. Stimmrechtsausschluss im Fall des Abs. 1 S. 3 (Abs. 2 S. 2). Stimmrechte aus Namensaktien bestehen gemäß Abs. 2 S. 2 dann nicht, wenn die nach Abs. 1 S. 3 satzungsmäßig bestimmten Vorgaben und Beschränkungen nicht beachtet wurden. Dabei gilt der **Stimmrechtsausschluss** nicht für jedweden denkbaren Satzungsverstoß, sondern nur **für die beiden in Abs. 2 S. 2 genannten Fälle**. Dies sind das **Überschreiten von Höchstgrenzen** für Legitimationsaktionäre und die Nichtbefolgung von satzungsmäßigen **Pflichten zur Offenlegung von Fremdeigentum**.

Hinsichtlich einer Nichterfüllung der Satzungsvoraussetzungen erfasst diese auch die **Schlechterfüllung**, dh falsche oder unrichtige Auskünfte, und ebenfalls die **nicht fristgerechten Erfüllung** der satzungsmäßigen Aufklärungspflicht. Der Stimmrechtsverlust setzt, ebenso wie nach § 20 Abs. 7 und § 28 WpHG, ein „**Vertretenmüssen**" voraus.[115]

Der Stimmrechtsausschluss tritt als **Rechtsfolge** für **die Zeit der Nichterfüllung** ein und endet mit Beseitigung des Satzungsverstoßes. Es handelt sich also um ein „**Ruhen**" **des Stimmrechts** und nicht um dessen Verlust.[116] Im Gegensatz zu § 20 Abs. 7 sowie § 28 WpHG betrifft diese Sanktion aber ausschließlich das **Stimmrecht** und hat keinen Einfluss auf andere Rechte aus der Aktie, wie zB den Dividendenanspruch.

III. Stimmrechtsauschluss im Fall des Abs. 4 S. 2, 3 (Abs. 2 S. 3). Das Stimmrecht aus einer Aktie kann nach Abs. 2 S. 3 auch dann nicht ausgeübt werden, wenn einem Auskunftsverlangen der AG nicht nachgekommen wurde. Ein solcher Stimmrechtsverlust tritt nicht nur ein, wenn der unmittelbar Eingetragene die Auskunft verweigert, sondern auch dann, wenn in der Verwahrkette eine berechtigte Person (Abs. 4 S. 3) dieser Aufforderung nicht nachkommt. Damit hat sich der Eingetragene das Fehlverhalten seiner Hintermänner zuzurechnen.[117] Zweck der Regelung ist es, die vom Gesetzgeber bezweckte Offenlegung von Falschinformationen durchzusetzen. Dem Eingetragenen wird es insoweit zugemutet, alle Auskunftspflichten in einer Verwahrkette zu überwachen, um so einer Sanktion zu entgehen. Ein „Nicht-Erfüllen" der Auskunftspflicht ist gleich Abs. 2 S. 2 zu verstehen, so dass auch Schlecht- und Späterfüllung erfasst werden. Der Stimmrechtsverlust setzt auch hier ein „Vertretenmüssen" voraus.[118]

---

103 OLG Celle WM 1984, 494, 496; LG Köln AG 1981, 81; Geßler/*Bungeroth*, Rn 26 f; *Hüffer*, Rn 14; KölnKomm-AktG/*Lutter/Drygala*, Rn 43; aA wohl RGZ 86, 160 f; 123, 279, 286.
104 Dies gilt mit Ausnahme des Falles, dass der Anspruch auf Zahlung von Dividende durch einen besonderen Gewinnanteilsschein gesondert verbrieft ist und damit einer unabhängigen Legitimation unterliegt; vgl *Diekmann*, BB 1999, 1985, 1986.
105 Vgl hierzu OLG Zweibrücken AG 1997, 140 f.
106 Darstellend: KölnKomm-AktG/*Lutter/Drygala*, Rn 65 mwN.
107 KölnKomm-AktG/*Lutter/Drygala*, Rn 65.
108 *Hüffer*, Rn 14; KölnKomm-AktG/*Lutter/Drygala*, Rn 66.
109 KölnKomm-AktG/*Lutter/Drygala*, Rn 75; für Online-Hauptversammlungen vgl *v. Nussbaum* GWR 2009, 215.
110 BGH ZIP 2009, 2051; OLG Köln AG 2009, 448, ausführlich: BeckRs 2009 08169; Goedecke/Heuser, BB 2001, 369, 372; für die Zulässigkeit eines „record date" auch die Regierungsbegründung, Begr. RegE, BT-Drucks. 14/4051, S. 11; aA noch vor Inkrafttreten des NaStraG: *Diekmann*, BB 1999, 1985, 1989; kritisch auch Großkomm-AktienR/*Merkt*, Rn 101.
111 OLG Köln AG 2009, 448; ausführlich: BeckRs 2009 08169.
112 *v. Nussbaum*, NZG 2009, 456.
113 LG Köln NZG 2009, 467, insb. zur Auswirkung eines *record date* auf eine Gesamtrechtsnachfolge, siehe *Heidinger/Blath*, DB 2006, 2275, 2277.
114 So OLG Köln AG 2009, 448; LG Köln NZG 2009, 467.
115 Dafür KölnKomm-AktG/*Lutter/Drygala*, Rn 75; *Grigoleit/Rachlitz*, ZHR 174 (2010), 12, 53.
116 KölnKomm-AktG/*Lutter/Drygala*, Rn 80.
117 KölnKomm-AktG/*Lutter/Drygala*, Rn 78.
118 So KölnKomm-AktG/*Lutter/Drygala*, Rn 79.

D. Übergang der Namensaktie (Abs. 3)

22 Die aus dem früheren § 68 Abs. 3 übernommene und durch das NaStraG präzisierte Vorschrift normiert den Rechtsübergang bei Übertragung von Namensaktien und dessen Behandlung im Aktienregister.

23 **I. Mitteilung und Nachweis.** Die für die Löschung und Neueintragung im Aktienregister erforderlichen **Mitteilungen** gegenüber der AG können durch den Erwerber, durch den Veräußerer und auch durch beide gemeinsam abgeben werden. Letzteres entspricht dem gesetzlichen Leitbild des neuen Abs. 3, wonach bewusst zwischen Eintragungs- und Löschungsmitteilung getrennt wird.[119]

24 Auf die Mitteilung sind, ebenso wie die nach dem AktG von 1965 erforderliche Anmeldung einer **geschäftsähnlichen Handlung**,[120] die allgemeinen Regeln über Willenserklärungen analog anwendbar, §§ 104 ff BGB. Praktisch erfolgt die Mitteilung zur Umschreibung regelmäßig im Wege der elektronischen Datenübermittlung seitens der Wertpapiersammelbank an das elektronische Aktienregister.[121] Das in diesem Zusammenhang tätig werdende Kreditinstitut handelt als Bote für den materiell Berechtigten.

25 Der zu erbringende **Nachweis des Rechtsübergangs**, der an die Stelle der bisher erforderlichen Vorlage der Aktienurkunden tritt, ist von der Art der Mitteilung und dem Erwerbstatbestand abhängig. Erfolgt der Rechtsübergang im Wege der Girosammelverwaltung, so darf die Gesellschaft, wenn Zweifel an der Richtigkeit der Mitteilung nicht begründet sind, auf die Richtigkeit der automatischen Mitteilung durch das Kreditinstitut vertrauen.[122] Im Übrigen besteht keine tatsächliche Vermutung zugunsten der Richtigkeit der Mitteilungen, so dass hier die Prüfung des angemeldeten Rechtsübergangs durch Vorlage einer schriftlichen Abtretungserklärung, Indossamentenkette oder eines Erbscheins erforderlich bleibt. Die Pflicht zur Vorlage der Aktie (§ 68 Abs. 3 S. 2 aF) ist durch das NaStraG weggefallen.

26 **II. Löschung und Neueintragung.** Der Vorstand bzw der mit der Registerführung beauftragte Dienstleister nimmt die Umschreibung des Aktienregisters durch Löschung des bisherigen und Neueintragung des neuen Namensaktionärs vor, wenn Mitteilung und Nachweis erfolgt sind. Abs. 3 unterscheidet nach Inkrafttreten des NaStraG zwischen der Mitteilung über die Löschung und der Mitteilung über die Neueintragung von Namensaktien.[123] Die Eintragung kann damit auch ohne Nennung des Erwerbers oder eines Treuhänders erfolgen. Hier wird keine Umschreibung vorgenommen, sondern nur eine Löschung des bisherigen Aktionärs mit der Folge, dass im Leerposten im Aktienregister entsteht (sog. **freier Meldebestand**).[124] Diesem Umstand soll durch die Mitteilungspflicht nach Abs. 1 S. 2 und die Eintragung von Depotbanken als Platzhalter nach Abs. 4 S. 5 abgeholfen werden.

27 Die Umschreibung hat im Interesse der Identität von materieller und formeller Aktionärsstellung **unverzüglich** zu erfolgen. Mit Blick auf die Möglichkeit elektronischer Umbuchungen dürfte insoweit ein Zeitrahmen von maximal 24 Stunden angemessen sein.[125]

28 Bei ordnungsgemäßer Mitteilung und entsprechendem Nachweis ist die Gesellschaft zur Löschung und Neueintragung verpflichtet. Abs. 3 begründet insoweit einen **klagbaren Anspruch**.[126] Der Vorstand kann die Eintragung in einer angemessen kurzen Frist vor der Hauptversammlung aussetzen,[127] um die Teilnahmeberechtigung rechtzeitig festzustellen und die Übereinstimmung des Teilnehmerverzeichnisses (§ 129 Abs. 1 S. 2) mit dem Aktienregister zu gewährleisten.[128] Das Interesse an einer ordnungsgemäßen Vorbereitung der Hauptversammlung überwiegt insoweit das Interesse eines Erwerbers an der raschen Eintragung in das Aktienregister.[129] Die Bearbeitungszeit ist nicht auf den technisch unvermeidbaren Zeitraum beschränkt, sondern in Anlehnung an die demselben Zweck dienende Frist für den Zugang des Nachweises der Teilnahmeberechtigung bei Inhaberaktien bzw die Anmeldefrist zu bestimmen.[130] Die zulässige Frist darf sieben Tage keinesfalls übersteigen.[131] Auch die Satzung kann eine längere Frist nicht begründen.[132]

Weigert sich der Vorstand, eine Löschung bzw Eintragung im Aktienregister vorzunehmen bzw zu veranlassen, so handelt der Vorstand pflichtwidrig und macht sich haftbar. Gegen den Vorstand kommen Scha-

---

[119] Ebenso: KölnKomm-AktG/*Lutter/Drygala*, Rn 90.
[120] *Hüffer*, Rn 17; zu der nach früherem Recht erforderlichen „Anmeldung"; ebenso: Geßler/*Bungeroth*, § 68 Rn 178.
[121] Vgl im Einzelnen Begr. RegE, BT-Drucks. 14/4051, S. 11.
[122] Begr. RegE, BT-Drucks. 14/4051, S. 11.
[123] *Drygala*, NZG 2004, 893.
[124] *U.H.Schneider/Müller-v.Pilchau*, AG 2007, 181; *Drygala*, NZG 2004, 893; siehe auch AusschussBer, BT-Drucks. 14/4618, S. 13; DAV-Handelsrechtsausschuss, NZG 2000, 443, 445; Müko-AktG/*Bayer*, Rn 87 f.
[125] *Huep*, WM 2000, 1623, 1629 f.
[126] *Hüffer*, Rn 20; Geßler/*Bungeroth*, § 68 Rn 189; KölnKomm-AktG/*Lutter/Drygala*, Rn 7.
[127] Siehe Rn 6.
[128] Begr. RegE, BT-Drucks. 14/4051, S. 11; *Hüffer*, Rn 20.
[129] BGH ZIP 2009, 2052; Begr. RegE, BT-Drucks. 15/5092, S. 14.
[130] BGH ZIP 2009, 2052; *Bayer/Lieder*, NZG 2009, 1362; Spindler/Stilz/*Cahn*, Rn 68; *Hüffer*, Rn 20; K. Schmidt/Lutter/*Ziemons*, § 123 Rn 16.
[131] Begr. RegE, BT-Drucks. 14/4051, S. 11; vgl insoweit auch § 123 Abs. 4; Begr. RegE, BT-Drucks. 15/5092, S. 14; LG Köln NZG 2009, 468; *Bärwaldt*, Arbeitshb HV, § 10 Rn 41; MüKo-AktG/*Bayer*, Rn 93; Obermüller/Werner/Winden/*Butzke*, HV, E Rn 101; *Hüffer*, Rn 20; *v. Nussbaum*, NZG 2009, 457; Bürgers/Körber/*Wieneke*, Rn 27; MüHb-AG/*Wiesner*, § 14 Rn 41; allgemeiner für einen „kurzen" Zeitraum: *Schaaf*, Praxis der HV, Rn 316; v. Rosen/Seifert/*Wieneke*, Namensaktie, S. 229, 245, 247.
[132] *Hüffer*, Rn 20.

densersatzansprüche seitens der AG[133] und der Aktionäre in Betracht.[134] Eine unmittelbare Haftung der AG für ihre Organe ist über die Zurechnung nach § 31 BGB analog denkbar.

E. Mitteilungspflichten (Abs. 4)

Abs. 4 regelt die Rechte und Pflichten der am Aktienhandel Beteiligten bei der Übertragung oder Verwahrung von Namensaktien.[135] Die Vorschrift folgt dem Leitbild der Vollständigkeit des Aktienregisters,[136] dh durch dieses soll aktuell und umfassend über die Struktur der Namensaktionäre Auskunft gegeben werden. Ursprünglich umfasste der Absatz nur zwei Sätze und richtete sich allein an die mitwirkenden Kreditinstitute. Nach der Novellierung durch das Risikobegrenzungsgesetz normiert der Absatz nun auch Mitteilungspflichten für die eingetragenen Aktionäre iSd Abs. 2 (insbes Legitimationsaktionäre), die tatsächlichen Berechtigten und für Investmentfonds. In der Gesetzessystematik wäre eine Aufgliederung in vier Absätze sinnvoller gewesen, zB Abs. 4 a bis 4 c. Insbesondere die durch das Risikobegrenzungsgesetz neu eingeführten S. 2 bis 4 bilden einen eigenen Regelungskomplex und müssen zusammenhängend betrachtet werden. 29

I. Pflicht zur Angabenübermittlung der Kreditinstitute und gleichgestellter Institute (Abs. 4 S. 1). 1. Mitteilungspflicht. Nach Abs. 4 S. 1 sind die mitwirkenden Kreditinstitute verpflichtet, die „zur Führung des Aktienregisters erforderlichen Angaben [...] zu übermitteln". Diese Verpflichtung wurde durch das NaStraG im Jahr 2001 eingeführt. Zwar ist seit 2008 neuerdings auch der Inhaber von Namensaktien aufgrund des Abs. 1 S. 2 zur Mitteilung der Angaben verpflichtet. Wäre diese Verpflichtung der Kreditinstitute aber nicht normiert, müsste der Vorstand für die Aktualisierung allein auf die Mitteilungen der Erwerber und Veräußerer warten. Dies kann zusätzlichen Kosten- und Zeitaufwand verursachen. Die verpflichtende Einbindung der Kreditinstitute dient daher vor allem der **Effizienzsteigerung bei der Herstellung der Aktionärstransparenz** und schafft zudem **Rechtsklarheit**. Der AG steht damit ein eigenes Recht zu.[137] Während in der Vergangenheit das Recht zur Beteiligung von Kreditinstituten bei der Angabenmitteilung für das Aktienregister nicht zweifelsfrei war, sind diese zur Übermittlung nun ohne Zweifel **berechtigt** und sogar **verpflichtet**. Dies gilt so lange, bis dem eine abweichende Weisung des Kunden entgegensteht.[138] Das Kreditinstitut darf aber auch dann eine Eintragung nicht veranlassen, wenn die Satzung ein Verbot von Dritteintragungen enthält und das Institut eine entgegenstehende Weisung erhält; eine der Satzung widersprechende Weisung des Rechtsinhabers ist insoweit unbeachtlich.[139] 30

2. Persönlicher und sachlicher Anwendungsbereich. Abs. 4 S. 1 richtet sich hinsichtlich des **persönlichen Anwendungsbereichs** an die „mitwirkenden Kreditinstitute". Dabei sind nach §§ 67 Abs. 4 S. 3, 125 Abs. 5 AktG Finanzdienstleistungsinstitute im Sinne des § 1 Abs. 1 a KWG sowie Unternehmen im Sinne der §§ 53 Abs. 1 S. 1, 53 b Abs. 1 S. 1, Abs. 7 KWG Kreditinstituten gleichgestellt. Wirken mehrere Kreditinstitute zusammen, so ist wohl jedes beteiligte Institut zur Weitergabe verpflichtet. Die zu übermittelnden Registerdaten (**sachlicher Anwendungsbereich**) umfassen neben Erwerb, Veräußerung und Verwahrung auch Namens- oder Adressänderungen sowie die erstmalige Umstellung auf Namensaktien und bloße Depotänderungen.[140] Die beteiligten Kreditinstitute sind daher grundsätzlich zur Mitteilung der Registerdaten berechtigt und auch im Verhältnis zur Gesellschaft verpflichtet, wenn der Kunde nicht widerspricht.[141] 31

3. Kostenerstattung. Mit der Verpflichtung des Kreditinstituts zur Übermittlung der Daten an die Gesellschaft korrespondiert deren Pflicht zur **Übernahme** der hierdurch entstehenden **notwendigen Kosten** (Abs. 4 S. 1).[142] Entgegen der ursprünglichen Vorstellung des Rechtsausschusses[143] kam eine zu treffende Kostenregelung im Rahmen einer Verbändevereinbarung nicht zustande. Stattdessen erging auf der Grundlage der §§ 67 Abs. 4, 128 Abs. 6 S. 1 Nr. 1 die Verordnung des BMJ über den Ersatz von Aufwendungen der Kreditinstitute vom 17.3.2003,[144] zuletzt geändert durch Art. 15 ARUG vom 30.7.2009.[145] Deren § 3 32

---

133 So bspw aus § 280 Abs. 1 BGB wegen Verletzung einer Sonderverbindung und aus § 93 Abs. 2 AktG, vgl dazu: KölnKomm-AktG/*Lutter*/*Drygala*, Rn 105.
134 Angedacht wird eine Haftung für die Verletzung des Mitgliedschaftsrechtes als „sonstiges Recht" gem. § 823 Abs. 1 BGB. Ob durch eine Nichtbeachtung des § 67 Abs. 3 AktG ein Verletzung von konkreten mitgliedschaftlichen Rechten – wie im „Schärenkreuzer"-Fall des BGH (BGHZ 110, 323) – vorliegt, darf bezweifelt werden; kritisch auch KölnKomm-AktG/*Lutter*/*Drygala*, Rn 106.
135 Großkomm-AktienR/*Merkt*, Rn 108 ff.
136 Mit diesen Worten die Begr. RegE, BT-Drucks. 14/4051, S. 11.
137 KölnKomm-AktG/*Lutter*/*Drygala*, Rn 108.
138 *Noack*, NZG 2008, 721; KölnKomm-AktG/*Lutter*/*Drygala*, Rn 108.
139 *Grigoleit*/*Rachlitz*, ZHR 174 (2010), 12, 48 f.
140 Begr. RegE, BT-Drucks. 14/4051, S. 11.
141 Begr. RegE, BT-Drucks. 14/4051, S. 11; *Goedecke*/*Heuser*, BB 2001, 369, 370; vgl *Hüffer*, Rn 21, der einen Widerspruch des Aktionärs für unerheblich erachtet.
142 AusschussBer, BT-Drucks. 14/4618, S. 13.
143 Vgl AusschussBer, BT-Drucks. 14/4618, S. 13.
144 BGBl. I 2003 S. 885.
145 Gesetz zur Umsetzung der Aktionärsrichtlinie (ARUG), BGBl. I 2009 S. 2479.

Abs. 1 regelt abschließend und pauschal, welche Beträge als Ersatz der notwendigen Kosten verlangt werden können.

33 **II. Mitteilungspflicht des Eingetragenen über das Eigentum der gehaltenen Aktien (Abs. 4 S. 2 bis 4).**
1. Umfang der Mitteilungspflicht. Durch das Risikobegrenzungsgesetz wurde eine Mitteilungspflicht für den eingetragenen Aktionär eingeführt, welche durch ein Verlangen der AG ausgelöst wird. Auf Anfrage der AG hat der **Eingetragene der AG mitzuteilen, ob und ggf von wem er das Recht ableitet, im Register eingetragen zu sein.** Ist der Eingetragene selbst Eigentümer, hat er dies mitzuteilen; der Legitimationsaktionär hat Auskunft darüber zu erteilen, für wen er die Aktien hält. Letzterer muss aber **nicht den tatsächlichen Inhaber mitteilen.**[146] Die Auskunftspflicht beschränkt sich auf denjenigen, der ihm gegenüber als dinglich Berechtigter gilt. Andernfalls müsste man annehmen, dass der Auskunftspflichtige die sachenrechtliche Lage vollständig recherchiert und aufdeckt. Gegen eine solche Aufdeckung des tatsächlichen Eigentümers („ultimate investor") sprechen Wortlaut, Systematik, Historie und Telos der Norm.[147] Das Auskunftsrecht **erfasst nicht schuldrechtliche Vereinbarungen** zwischen eingetragenem und tatsächlichem Inhaber, so dass insbesondere keine Auskünfte über Treuhandverhältnisse oder ähnliches gegeben werden muss. In diesen Fällen hat der Eingetragene allein mitzuteilen, dass er selbst Eigentümer ist. Das Halten für fremde Rechnung darf er verschweigen.[148]

34 **2. Keine materiellen Voraussetzungen.** Das Gesetz stellt **keine materiellen Voraussetzungen** für das Auskunftsverlangen auf. Der Vorstand kann es nach seinem unternehmerischen Ermessen pflichtgemäß ausüben. Eine entgegen dem Gesetz aufgestellte, zusätzliche Anforderung würde den Regelungszweck vereiteln. Das Auskunftsverlangen darf nicht willkürlich oder rechtsmissbräuchlich sein.[149] Durch die Satzung kann eine AG sich selbst Beschränkungen oder Voraussetzung für die Wahrnehmung des Auskunftsrechts auferlegen. Allein durch die Aufstellung von Beteiligungsschwellen für Legitimationsaktionäre nach Abs. 1 S. 3 ergibt sich jedoch noch keine Beschränkung des Auskunftsrechts.[150] Auch gegenüber Legitimationsaktionären mit geringen Beteiligungen gilt das Auskunftsverlangen unbeschränkt und ohne zusätzlichen Begründungsaufwand.

35 **3. Frist.** Die Erklärung hat innerhalb einer **angemessenen Frist** zu erfolgen. Auslegungskriterien für die Angemessenheit bietet das Gesetz nicht direkt; die Frist kann aber durch die Komplexität der Sachlage bestimmt werden.[151] Die Gesetzesbegründung nennt die Dauer von **14 Tagen.**[152] Dies dürfte vorerst als Mindestfrist angesehen werden, um Rechtssicherheit für die Praxis zu gewähren.[153]

36 **4. Aufdecken von Verwahrketten.** Durch Abs. 4 S. 3 wird die Auskunftspflicht für die **Verwahrkette** beibehalten, dh leitet derjenige, für den der Eingetragene die Aktie hält, seine Berechtigung ebenfalls von einer anderen Person ab, so trifft auch diese die Auskunftspflicht.[154] Damit hat jeder Berechtigte mitzuteilen, ob er selbst Eigentümer ist oder wiederum seine Berechtigung ableitet. Die Pflicht umfasst auch die Angaben zur Person. Theoretisch ist die Auskunftspflicht unbegrenzt und wäre bis zum wahren Berechtigten fortführbar, so dass die Verwahrkette „von der Gesellschaft von hinten aufgerollt"[155] werden könnte. In der Praxis dürfte eine Aufdeckung von vielgliedrigen Verkettungen an den **Kosten** (siehe Abs. 4 S. 4 Hs 2) und den zu beachtenden **Fristen** (jede Auskunftsfrist beträgt 14 Tage) scheitern. Zudem wäre ohnehin keine absolute Transparenz zu erreichen, da schuldrechtliche Vereinbarungen wie Treuhandverhältnisse nicht aufdeckungspflichtig sind.

37 **5. Sonderregelung für Investmentfonds.** Abs. 4 S. 4 Hs 1 normiert bezüglich der Auskunftspflicht für **Investmentfonds** einen Verweis auf die Sonderregelungen in Abs. 1 S. 4. Durch Investmentfonds verwaltete Aktien, die in der Miteigentums- oder Treuhandlösung gehalten werden, gelten als Eigentum des Fonds. Verfügt letzterer über keine eigene Rechtspersönlichkeit, gelten sie als Aktien der das Investmentvermögen verwaltenden Gesellschaft.

38 **6. Kostenerstattung.** Abs. 4 S. 4 Hs 3 normiert durch Verweis eine **Kostenerstattung** für die Auskunftspflicht. Dem Auskunftspflichtigen sind die entstehenden notwendigen Kosten zu erstatten, welche durch § 3 der Verordnung des BMJ über den Ersatz von Aufwendungen der Kreditinstitute vom 17.3.2003,[156] zuletzt geändert durch Art. 15 ARUG vom 30.7.2009,[157] abschließend und pauschal geregelt sind.

---

146 Noack, NZG 2008, 721, 723 f.
147 KölnKomm-AktG/Lutter/Drygala, Rn 119 ff.
148 Kritisch U.H. Schneider/Müller-v.Pilchau, WM 2011, 721, 723, 726.
149 Dazu: Diekmann/Merkner, NZG 2007, 921, 926.
150 So aber KölnKomm-AktG/Lutter/Drygala, Rn 108; Lutter/Drygala fordern in diesem Fall einen zusätzlichen Begründungsaufwand.
151 KölnKomm-AktG/Lutter/Drygala, Rn 121.
152 Begr. RegE, BT-Drucks. 16/7438, S. 14.
153 KölnKomm-AktG/Lutter/Drygala, Rn 121 aE.
154 Noack, NZG 2008, 721, 723 f.
155 Dazu: KölnKomm-AktG/Lutter/Drygala, Rn 108.
156 BGBl. I 2003 S. 885.
157 Gesetz zur Umsetzung der Aktionärsrichtlinie (ARUG), BGBl. I 2009 S. 2479.

7. Rechtsfolge bei Nichtbeachtung. Wird die Auskunftspflicht nicht erfüllt, dann verliert der Eingetragene sein Stimmrecht.[158] Es bleibt der Gesellschaft aber unbenommen, diese Rechtsfolge zu vermeiden, indem sie ihr Auskunftsverlangen zurücknimmt.[159] Neben dem **Stimmrechtsverlust** nach § 67 Abs. 2 S. 3 ist für den Eingetragenen auch eine **Schadensersatzpflicht** aus § 280 Abs. 1 BGB iVm der rechtlichen Sonderverbindung zwischen Eingetragenem und der AG denkbar. Zudem handelt der Nichtmeldende **ordnungswidrig** nach § 405 Abs. 2 a.

III. Eintragungspflicht als Platzhalter (Abs. 4 S. 5). Durch das **UMAG** wurde eine Ersatzeintragungspflicht eingeführt, welche heute in Abs. 4 S. 5 normiert ist und vor Inkrafttreten des Risikobegrenzungsgesetzes in Abs. 4 S. 2 geregelt war. Danach muss sich das Kreditinstitut gegen Erstattung der notwendigen Kosten „gesondert", also kenntlich als Platzhalter, in das Aktienregister eintragen lassen, wenn der Inhaber von Namensaktien nicht in das Aktienregister eingetragen wird und die Gesellschaft die Eintragung des Kreditinstituts verlangt. Der Grund liegt darin, dass die Vorteile der Namensaktie nur dann zur Geltung kommen, wenn alle Aktionäre eingetragen sind.[160] Widerspricht ein Aktionär der Eintragung, soll wenigstens das depotführende Kreditinstitut eingetragen werden.[161] Dies entspricht der bisherigen Praxis.[162] Damit folgt auch diese Regelung dem Zweck der Transparenzerhöhung bezüglich der Aktionärsstruktur. Der Rechtsausschuss, auf dessen Empfehlung[163] die Einfügung beruhte, äußerte die Erwartung, dass sich die Emittenten und die Kreditwirtschaft hinsichtlich einer sinnvollen und praktikablen Anwendung dieser von der Gesellschaft gezielt steuerbaren Eintragungsverpflichtung einigen werden.[164] Wegen der „gesonderten Eintragung" werden Meldepflichten nach dem WpHG bei dem depotführenden Institut nicht ausgelöst.[165] Nach § 137 Abs. 7 S. 1 darf das eingetragene Kreditinstitut das Stimmrecht nicht ohne Ermächtigung des Berechtigten ausüben.

IV. Wirkung einer vorübergehenden Eintragung (Abs. 4 S. 7). Bestimmte Vorgaben greifen dann nicht ein, wenn ein Kreditinstitut im Rahmen einer Übertragung der Aktien nur vorübergehend als Platzhalter iSd Abs. 4 S. 5 eingetragen wird. Nach Abs. 4 S. 7 löst eine solche vorübergehende Platzhaltereintragung bei einer Übertragung keine Pflichten nach Abs. 2 aus und führt auch nicht zur Anwendung von Abs. 1 S. 3 (Satzungsbeschränkungen) oder § 128.

F. Löschung und Berichtigung von Eintragungen (Abs. 5)

Abs. 5 regelt die Voraussetzungen der Berichtigung des Aktienregisters durch die Löschung von Eintragungen sowie deren Berichtigung durch den Vorstand. Die Vorschrift entspricht weitgehend dem § 67 Abs. 3 aF.

I. Voraussetzungen der Löschung. Der Vorstand hat das Löschungsverfahren einzuleiten, wenn er der Ansicht ist, dass jemand zu Unrecht als Aktionär in das Aktienregister eingetragen ist.[166] Dies ist der Fall, wenn die Eintragung nicht ordnungsgemäß erfolgte oder zum Zeitpunkt ihrer Vornahme inhaltlich unrichtig war.[167] Es muss daher nicht notwendiger Weise an der materiellrechtlichen Berechtigung fehlen. Die nachträgliche Unrichtigkeit der Eintragung, zB wegen Rechtsübergang, rechtfertigt keine Löschung. In diesem Fall kommt nur eine Umschreibung nach Abs. 3 in Betracht. Die Gesellschaft kann Schreibfehler und andere offensichtliche Unrichtigkeiten ohne Beachtung des Verfahrens nach Abs. 5 jederzeit berichtigen, solange dies nicht zu einer Löschung des Eingetragenen führt.[168]

II. Widerspruch gegen die Löschung. Die Löschung unrichtiger Eintragungen setzt die **vorherige Benachrichtigung** der Beteiligten und die Gewährung einer **angemessenen Frist** zur Geltendmachung eines Widerspruchs voraus (Abs. 5 S. 1). Liegt ein fristgemäßer Widerspruch eines Beteiligten vor, muss die AG zunächst von der Löschung absehen. Die einseitige oder gar rechtsmissbräuchliche Löschung unrichtiger Eintragungen unter Nichtbeachtung dieses Verfahrens ist unzulässig; sie gilt gegebenenfalls als nicht erfolgt.[169]
Beteiligte iSd Vorschrift sind der Eingetragene, der Vormann sowie der mittelbare Vormann, soweit dessen Haftung nicht nach § 65 Abs. 2 erloschen ist.[170] Nicht Beteiligte sind Inhaber beschränkt dinglicher Rechte

---

158 Siehe Rn 21 f.
159 *Müller- v. Pilchau,* AG 2011, 775, 778.
160 Begr. RegE, BT-Drucks. 15/5092, S. 28.
161 Begr. RegE, BT-Drucks. 15/5092, S. 28.
162 Begr. RegE, BT-Drucks. 15/5092, S. 28.
163 Begr. RegE, BT-Drucks. 15/5092, S. 28.
164 Begr. RegE, BT-Drucks. 15/5092, S. 29.
165 Bericht Rechtsausschuss, BT-Drucks. 15/5693, S. 16; KölnKomm-AktG/*Lutter/Drygala,* Rn 116; Bürgers/Körber/*Wieneke,* Rn 15 aE.
166 Müko-AktG/*Bayer,* Rn 104.
167 KölnKomm-AktG/*Lutter/Drygala,* Rn 123; Müko-AktG/*Bayer,* Rn 103.
168 *Hüffer,* Rn 23; KölnKomm-AktG/*Lutter/Drygala,* Rn 131.
169 OLG Zweibrücken AG 1997, 140 f.
170 *Hüffer,* Rn 24; KölnKomm-AktG/*Lutter/Drygala,* Rn 134 ff.

(zB Nießbraucher, Pfandgläubiger), da der Bestand ihres Rechtes nicht von der Eintragung bzw Nichteintragung des Aktionärs berührt wird.[171]

46 Die Beteiligten sind von der Gesellschaft über das Löschungsverfahren zu informieren. Die **Benachrichtigung** muss die „Löschungsabsicht" klar erkennen lassen. Die **Frist** zur Geltendmachung eines Widerspruchs ist dann angemessen, wenn sie den Beteiligten ausreichend Zeit zur inhaltlichen und rechtlichen Prüfung lässt.[172]

47 Die AG kann gegen den Widersprechenden nur mit **Klage auf Rücknahme des Widerspruchs** in Form einer Leistungsklage vorgehen.[173] **Klagebefugt** ist jeder Beteiligte, der ein eigenes rechtlich geschütztes Interesse an der Löschung hat. Dies sind neben der AG, wegen der ihr zugewiesenen Berechtigung zur Berichtigung des Aktienregisters, der unmittelbare Vormann sowie die mittelbaren Vormänner aufgrund ihres Erwerbesrechts bei Kaduzierung gemäß § 65 Abs. 1 S. 4.[174] Vom KG Berlin[175] wird grundsätzlich angenommen, dass ein Recht auf Rücknahme des Widerspruchs gegen die Löschungsabsicht im Lichte von § 242 BGB verwirkt werden kann.

48 Die **Löschung** richtet sich nach § 239 Abs. 2 und 3 HGB. Erforderlich ist daher ein datierter Löschungsvermerk, der bei konventioneller Führung des Aktienregisters mit Unterschrift zu erfolgen hat.[176]

49 **III. Rechtsfolgen der Löschung.** Die Löschung beseitigt die durch die Eintragung begründete Vermutung (Abs. 2) allein **für die Zukunft (ex nunc)** mit der Folge, dass der unmittelbare Vormann des Gelöschten im Verhältnis zur AG als Aktionär gilt.[177] Hauptversammlungsbeschlüsse, die unter Mitwirkung des zu Unrecht Eingetragenen zustande gekommen sind, werden in ihrer Wirksamkeit nicht berührt. Die Rückabwicklung unter den Beteiligten erfolgt nach den allgemeinen Grundsätzen.

50 **IV. Pflicht der AG zur Durchführung der Löschung.** Die Gesellschaft ist zur Durchführung des Löschungsverfahrens verpflichtet, wenn die Eintragung zu Unrecht erfolgt ist. Die Vorschrift begründet einen **klagbaren Anspruch** des von der Eintragung Betroffenen **gegen die AG**.[178] Die Klage ist dabei grundsätzlich auf Durchführung der notwendigen Verfahrensschritte (dh Benachrichtigung der Beteiligten und Aufforderung unter Fristsetzung, ihren Widerspruch geltend zu machen) zu richten. Die Klage auf Löschung ist nur dann statthaft, wenn der Anspruchsberechtigte die Zustimmung aller Beteiligten vorlegt. Liegt kein Widerspruch vor, so kann die Löschung verlangt werden. Widerspricht einer der Beteiligten, so kann die Gesellschaft zwar auf Rücknahme des Widerspruchs klagen; sie ist jedoch hierzu nicht verpflichtet. Sie kann vielmehr den Beteiligten darauf verweisen, die Klärung der Rechtslage selbstständig herbeizuführen.[179]

G. Umgang mit Daten des Aktienregisters (Abs. 6)

51 **I. Auskunftsanspruch.** Mit der Neuregelung des Abs. 6 durch das NaStraG wurde das nach dem AktG 1965 bestehende Einsichtsrecht des Namensaktionärs weitgehend eingeschränkt und durch das Recht auf Auskunft bzgl der Eintragungen zur eigenen Person ersetzt.[180] Die Neufassung folgt einerseits **datenschutzrechtlichen Bedenken** („gläserner Aktionär")[181] sowie andererseits der Überlegung, dass durch die §§ 21 ff WpHG eine ausreichende Transparenz der Anteilseignerstrukturen innerhalb der AG gewährleistet sei.[182] Die mit der Einschränkung des Einsichtsrechts verbundenen Beschränkungen der Kommunikationsmöglichkeiten[183] der Namensaktionäre untereinander sind durch das mit dem UMAG eingeführte Aktionärsforum weitgehend entfallen. Im Übrigen kann ein Einsichtsrecht nach der Regierungsbegründung zum NaStraG weiterhin unter den Voraussetzungen des § 810 BGB gegeben sein.[184]

52 **Auskunftsberechtigt** ist alleine der Namensaktionär hinsichtlich der zu seiner Person eingetragenen Daten (Abs. 6 S. 1). Die Vorschrift ist rein deklaratorisch (vgl § 34 BDSG). Der Anspruch entsteht mit der Eintra-

---

171 Str: Geßler/*Bungeroth*, Rn 69; KölnKomm-AktG/*Lutter/Drygala*, Rn 137; MüHb-AG/*Wiesner*, § 14 Rn 49; Müko-AktG/*Bayer*, Rn 108; aA *Hüffer*, Rn 24; *Baumbach/Hueck*, AktG, Rn 11; Spindler/Stilz/*Cahn*, Rn 79.
172 Ähnlich auch *Hüffer*, Rn 24, der mit Hinweis auf § 246 Abs. 1 eine Frist von weniger als einem Monat nur in Ausnahmefällen für gerechtfertigt ansieht.
173 KG Berlin NJW-RR 2003, 542; *Hüffer*, Rn 25; nicht jedoch auf Zustimmung zur Löschung, da hierauf kein Anspruch besteht; so aber KölnKomm-AktG/*Lutter/Drygala*, Rn 139; vgl auch Geßler/*Bungeroth*, Rn 79; Bereicherungsanspruch auf Rückgewähr der Buchposition, dh auf Mitwirkung bei der Löschung, besteht.
174 *Hüffer*, Rn 25; KölnKomm-AktG/*Lutter/Drygala*, Rn 140; Geßler/*Bungeroth*, Rn 77 f.
175 KG Berlin NJW-RR 2003, 542, 543 aE.
176 *Hüffer*, Rn 25.
177 *Hüffer*, Rn 26; KölnKomm-AktG/*Lutter/Drygala*, Rn 141 ff; Geßler/*Bungeroth*, Rn 86 ff.
178 *Hüffer*, Rn 26; KölnKomm-AktG/*Lutter/Drygala*, Rn 145; Müko-AktG/*Bayer*, Rn 115.
179 *Hüffer*, Rn 27; KölnKomm-AktG/*Lutter/Drygala*, Rn 153; Geßler/*Bungeroth*, Rn 85; *Baumbach/Hueck*, AktG, Rn 11.
180 OLG Celle NZG 2006, 791, 792.
181 Zum Geheimhaltungsinteresse der übrigen Aktionäre siehe OLG Celle NZG 2006, 791, 792; v. Rosen/Seifert/*Dammann/Kummer*, Die Namensaktie, S. 45, 57 ff; v. Rosen/Seifert/*Seibert*, Die Namensaktie, S. 11, 22 f; *Noack*, ZIP 1999, 1993, 1997.
182 Begr. RegE, BT-Drucks. 11/4051, S. 11.
183 Müko-AktG/*Bayer*, Rn 128.
184 Begr. RegE, BT-Drucks. 11/4051, S. 11; siehe auch: Müko-AktG/*Bayer*, Rn 129 mwN.

gung in das Aktienregister (vgl Abs. 2).[185] Der Auskunftsanspruch erfasst den vollständigen Datenbestand des Aktionärs und zwar unabhängig davon, ob die Daten mit oder ohne das Einverständnis des Aktionärs gespeichert wurden. Die Form der **Auskunftserteilung** ist gesetzlich nicht geregelt; sie muss jedenfalls in für den Aktionär zumutbarer Weise erfolgen. Dabei kann sich die Gesellschaft nicht allein auf die Einsichtsmöglichkeit an ihrem Sitz berufen, sondern muss im Zweifelsfall schriftlich Auskunft erteilen.[186] Dies kann auch online oder telefonisch erfolgen; ein Anspruch hierauf besteht hingegen nicht.[187] Voraussetzung ist in jedem Fall, dass zur Identifikation des Auskunftsbegehrenden hinreichende Sicherungsstandards gewährleistet sind.[188]

Bei **nichtbörsennotierten Gesellschaften** (§ 3 Abs. 2) kann die Satzung Weiteres bestimmen, dh einen umfassenden, auch die Registerdaten anderer Aktionäre betreffenden, Auskunftsanspruch gewähren (Abs. 6 S. 2).[189] 53

II. Verwendung der Daten durch die Gesellschaft. Die durch das NaStraG neu aufgenommenen Regelungen in Abs. 6 S. 3 bis 5 sehen eine Zweckbindung für die Verwendung der Registerdaten durch die Gesellschaft vor. Dabei differenziert das Gesetz zwischen der Datenverwendung für Aufgaben der Gesellschaft gegenüber den Aktionären und Maßnahmen der Produktwerbung. 54

1. Gesellschaftsaufgaben und Investor Relations-Maßnahmen. Die Regelungen dienen zunächst der Wahrnehmung der aktienrechtlichen Aufgaben durch die AG (zB § 125 Abs. 2 Nr. 3). Daneben kann die Gesellschaft die in dem Aktienregister enthaltenen Informationen und die ihr nach Abs. 4 S. 2 und S. 3 mitgeteilten Daten auch für Investor Relations-Maßnahmen nutzen.[190] Hierzu gehören alle Marketingmaßnahmen für die Aktie, die über die gesetzlichen und börslichen Publizitätspflichten hinausgehen.[191] Die Vorschrift gestattet neben der Kontaktaufnahme zu den Aktionären auch die umfassende Auswertung des Datenmaterials durch EDV-technische Analysemethoden, bspw zur Erstellung einer Aktionärsdemographie, Haltedauer, Wanderbewegungen etc.[192] Dies gilt nicht nur für die Gesellschaft selbst, sondern auch für die Entwicklung verbundener Unternehmen.[193] Praktische Bedeutung kommt dem Marketing für die Aktie insbesondere bei der Vorbereitung einer Kapitalerhöhung und bei Unternehmensübernahmen zu. In dem erstgenannten Fall ist jeweils zu prüfen, ob die selektive Ansprache einzelner Aktionäre einen Verstoß gegen den aktienrechtlichen Gleichbehandlungsgrundsatz (§ 53 a) darstellen kann. In einer Übernahmesituation kann sich die Frage stellen, ob das übernahmerechtliche Neutralitätsgebot des Vorstands der Zielgesellschaft nicht dessen Verpflichtung begründet, dem Bieter die in dem Aktienregister gespeicherten Daten zur Verfügung zu stellen. 55

2. Werbung für das Unternehmen. Die Verwendung der Daten ist auch zum Zwecke der Werbung für das Unternehmen (einschließlich der Produktwerbung) zulässig, solange der Aktionär einer solchen Nutzung nicht widerspricht (Abs. 6 S. 4).[194] Der Begriff der „Verwendung" umfasst dabei auch die Übermittlung der Daten an Konzerngesellschaften, die die Daten zur Werbung für das Unternehmen einsetzen.[195] Grundlage der Regelung ist die in der Regierungsbegründung zum Ausdruck gekommene Vermutung, dass der Aktionär als Anleger ein grundsätzliches Interesse daran hat, welche Produkte und Leistungen die Gesellschaft anbietet.[196] Die Aktionäre sind in angemessener Weise über ihr Widerspruchsrecht zu informieren (Abs. 5). Hierbei kann auf die zu § 355 Abs. 2 BGB entwickelten Grundsätze zurückgegriffen werden.[197] 56

H. Aktienregister und Zwischenscheine (Abs. 7)

Die Vorschrift ordnet die entsprechende Anwendung von Abs. 1 bis 6 auf Zwischenscheine an. Der Inhaber von Zwischenscheinen und die AG können sich damit ausdrücklich auch auf das in Abs. 6 enthaltene Auskunftsrecht und die Verwendungsbefugnis für die Registerdaten berufen. Dies wurde durch die Verschiebung der Regelung an das Ende des § 67 durch das NaStraG (vgl Rn 22) explizit klargestellt.[198] 57

---

185 *Hüffer* Rn 29; KölnKomm-AktG/*Lutter/Drygala*, Rn 153; Geßler/*Bungeroth*, Rn 101.
186 Vgl *Kindler*, NJW 2001, 1678, 1681 unter Hinweis auf Art. 12 der EG-Datenschutzrichtlinie; Müko-AktG/*Bayer*, Rn 103.
187 *Huep*, WM 2000, 1623, 1629.
188 Begr. RegE, BT-Drucks. 14/4051, S. 11; *Huep*, WM 2000, 1623, 1629.
189 So ausdrücklich Begr. RegE, BT-Drucks. 14/4051, S. 11; zu den zugrunde liegenden Vorschlägen: DAV-Handelsrechtsausschuss, NZG 2000, 443, 445.
190 Begr. RegE, BT-Drucks. 14/4051, S. 12; *Noack*, DB 2001, 27, 28 f.
191 *Kindler*, NJW 2001, 1678, 1682.
192 *Kindler*, NJW 2001, 1678, 1682; *Noack*, DB 2001, 27, 28; Müko-AktG/*Bayer*, Rn 133.
193 *Noack*, DB 2001, 27, 29.
194 Begr. RegE, BT-Drucks. 14/4051, S. 12.
195 *Noack*, DB 2001, 27, 29.
196 Begr. RegE, BT-Drucks. 14/4051, S. 12.
197 Im Einzelnen: *Noack*, DB 2001, 27, 29 f.
198 Begr. RegE, BT-Drucks. 14/4051, S. 12.

§ 68 Übertragung von Namensaktien. Vinkulierung

(1) ¹Namensaktien können auch durch Indossament übertragen werden. ²Für die Form des Indossaments, den Rechtsausweis des Inhabers und seine Verpflichtung zur Herausgabe gelten sinngemäß Artikel 12, 13 und 16 des Wechselgesetzes.

(2) ¹Die Satzung kann die Übertragung an die Zustimmung der Gesellschaft binden. ²Die Zustimmung erteilt der Vorstand. ³Die Satzung kann jedoch bestimmen, daß der Aufsichtsrat oder die Hauptversammlung über die Erteilung der Zustimmung beschließt. ⁴Die Satzung kann die Gründe bestimmen, aus denen die Zustimmung verweigert werden darf.

(3) Bei Übertragung durch Indossament ist die Gesellschaft verpflichtet, die Ordnungsmäßigkeit der Reihe der Indossamente, nicht aber die Unterschriften zu prüfen.

(4) Diese Vorschriften gelten sinngemäß für Zwischenscheine.

Literatur:
Siehe auch vor § 67; *Asmus*, Die vinkulierte Mitgliedschaft, 2001; *Barthelmeß/Braun*, Zulässigkeit schuldrechtlicher Verfügungsbeschränkungen über Aktien zugunsten der Aktiengesellschaft, AG 2000, 172; *Bayer*, Gesetzliche Zuständigkeit der Hauptversammlung für die Zustimmung zur Übertragung vinkulierter Namensaktien auf einen künftigen Mehrheitsaktionär, in: FS Uwe Hüffer, 2010, S. 35; *Boesebeck*, Nochmals: Übertragung vinkulierter Namensaktien durch den Alleinaktionär, Entgegnung auf Wilhelmi, NJW 1952, 324; 1116; *Bork*, Vinkulierte Namensaktien in Zwangsvollstreckung und Insolvenz des Aktionärs, in: FS Wolfram Henckel, 1995, S. 23; *Eder*, Die rechtsgeschäftliche Übertragung von Aktien, NZG 2004, 107; *Goette*, Aktuelle Rechtsprechung des Bundesgerichtshofs zum Aktienrecht (Teil II), DStR 2005, 603; *Heller/Timm*, Übertragung vinkulierter Namensaktien in der Aktiengesellschaft, NZG 2006, 257; *Hüffer*, Kompetenzfragen bei der Zustimmung zur Übertragung vinkulierter Namensaktien, in: FS Martin Winter, 2011, S. 279; *Immenga*, Vertragliche Vinkulierung von Aktien?, AG 1992, 79; *ders.*, Mehrheitserfordernis bei der Abstimmung der Hauptversammlung über die Übertragung vinkulierter Namensaktien, BB 1992, 2446; *Iversen*, Die außerbörsliche Übertragung von Aktien unter Beachtung des sachenrechtlichen Bestimmtheitsgrundsatzes, AG 2008, 736; *Jütten*, Einbeziehung vinkulierter Namensaktien in die Girosammelverwahrung, Die Bank 1997, 112; *Kölling*, Namensaktien im Wandel der Zeit – "NaStraG", NZG 2000, 631; *Kiesewetter/Spengler*, Hauptversammlungszuständigkeit bei Veräußerung und Erwerb von Gesellschaftsvermögen im Rahmen von M&A-Transaktionen, Der Konzern 2009, 451; *Kossmann*, Der Anspruch auf Genehmigung zur Übertragung vinkulierter Namensaktien, BB 1985, 1364; *Kümpel*, Zur Girosammelverwahrung und Registerumschreibung vinkulierter Namensaktien, WM 1983 Sonderbeilage Nr. 8 zu Heft 36; *Liebscher*, Umgehungsresistenz von Vinkulierungsklauseln, ZIP 2003, 825; *Liebscher/Lübke*, Die zwangsweise Verwertung vinkulierter Anteile – zur angeblich vinkulierungsfreien Pfand- und Insolvenzverwertung, ZIP 2004, 241; *Lutter*, Die Rechte und Pflichten des Vorstands bei der Übertragung vinkulierter Namensaktien, AG 1992, 369; *Lutter/Grunewald*, Zum Umgehung von Vinkulierungsklauseln in Satzungen von Aktiengesellschaften und Gesellschaften mbH, AG 1989, 109; *dies*, Gesellschaften als Inhaber vinkulierter Aktien und Geschäftsanteile, AG 1989, 409; *Nodoushani*, Rechtsfragen bei der Aktienpfändung, WM 2007, 289; *Mentz/Fröhling*, Die Formen der rechtsgeschäftlichen Übertragung von Aktien, NZG 2002, 201; *Mirow*, Die Übertragung von Aktien im Aktienkaufvertrag – Formen – Lösungshilfen für die Praxis, NZG 2008, 52; *Otto*, Gebundene Aktien: Vertragliche Beschränkungen der Ausübung und Übertragbarkeit von Mitgliedschaftsrechten zugunsten der AG, AG 1991, 369; *Schlitt*, Die neuen Marktsegmente der Frankfurter Wertpapierbörse, AG 2003, 57; *Reichert*, Folgen der Anteilsvinkulierung für Umstrukturierung von Gesellschaften mit beschränkter Haftung und Aktiengesellschaften nach dem Umwandlungsgesetz 1995, GmbHR 1995, 176; *Karsten Schmidt*, Aktionärs- und Gesellschafterzuständigkeiten bei der Freigabe vinkulierter Aktien und Geschäftsanteile, in: FS Karl Beusch, 1993, S. 759; *Schroeter*, Vinkulierte Namensaktien in der Europäischen Aktiengesellschaft (SE), AG 2007, 854; *Serick*, Die Anwendung von Regeln zu vinkulierten Geschäftsanteilen (RGZ 159 S. 272) auf vinkulierte Namensaktien, in: FS Wolfgang Hefermehl, 1976, S. 427; *Sieveking/Technau*, Das Problem sogenannter "disponibler Stimmrechte" zur Umgehung der Vinkulierung von Namensaktien, AG 1989, 17; *Stupp*, Anforderungen an die Vinkulierungsklausel bei Namensaktien, NZG 2005, 205; *Ulmer*, Die vinkulierte Namensaktie, in: FS Walter Schmidt-Rimpler, 1957, S. 261; *H.P. Westermann*, Vinkulierung von GmbH-Geschäftsanteilen und Aktien – Ermessensfreiheit der Zustimmungsentscheidung, in: FS Ulrich Huber 2006, S. 997; *Wiedemann*, Die Übertragung und Vererbung von Mitgliedschaftsrechten bei Handelsgesellschaften, 1965; *Wilhelmi*, Übertragung vinkulierter Namensaktien durch den Alleinaktionär, NJW 1952, 324; *Wirth*, Vinkulierte Namensaktien: Ermessen des Vorstandes bei der Zustimmung zur Übernahme – Ein Instrument zur Abwehr feindlicher Übernahmen?, DB 1992, 617.

A. Einführung 1	2. Betroffene Rechtsgeschäfte 14
B. Übertragung von Namensaktien (Abs. 1) 3	III. Umgehungsgeschäfte 15
I. Übertragung durch Indossament 3	IV. Zustimmung der Gesellschaft 16
II. Form und Inhalt des Indossaments 4	V. Rechtsfolgen von Zustimmung und Verweigerung 18
III. Sinngemäße Anwendung des WG (Abs. 1 S. 2) . 5	D. Prüfungspflicht der Gesellschaft (Abs. 3) 20
IV. Funktionen des Indossaments 7	E. Entsprechende Anwendung für Zwischenscheine (Abs. 4) 21
V. Weitere Übertragungsformen 9	
C. Vinkulierte Namensaktien (Abs. 2) 10	F. Vinkulierte Namensaktien und Börsenhandel 22
I. Allgemeines 10	
II. Einführung und Aufhebung der Vinkulierung .. 12	
1. Ausgestaltung durch die Satzung 12	

A. Einführung

§ 68 regelt die Übertragung von Namensaktien und Zwischenscheinen sowie die Behandlung ihrer Übertragung im Aktienregister. Die Vorschrift lässt gemäß Abs. 1 die Übertragung der Namensaktie durch Indossament zu und stellt damit klar, dass es sich bei Namensaktien um geborene Orderpapiere handelt.[1] Abs. 2 regelt die Vinkulierung der Namensaktien, Abs. 3 die Prüfung der Übertragung durch die Gesellschaft.

Die Vorschrift wurde zuletzt durch Art. 1 Nr. 6 **NaStraG** vom 18.1.2001[2] neu geregelt. Die Änderungen erfassten neben dem zweiten Teil der Überschrift („Vinkulierung" statt „Umschreibung im Aktienbuch") die Einfügung des Wortes „auch" in Abs. 1 S. 1 sowie die Neuregelung des § 68 Abs. 4 aF, der in Abs. 3 geregelt ist. § 68 Abs. 3 aF wurde aufgehoben und in veränderter Form in § 67 Abs. 3 übernommen. Mittelbaren Einfluss auf die in § 68 Abs. 2 enthaltene Regelung hat § 289 Abs. 4 Nr. 2 HGB, welcher durch das **Übernahmerichtlinie-Umsetzungsgesetz**[3] mit Wirkung zum 14.7.2006 geändert wurde, wonach eine an einem regulierten Markt iSd § 2 Abs. 7 WpÜG zugelassene AG oder KGaA in ihrem Lagebericht Übertragungsbeschränkungen und damit auch satzungsmäßige Vinkulierungsklauseln offenlegen muss.

B. Übertragung von Namensaktien (Abs. 1)

I. Übertragung durch Indossament. Namensaktien können gemäß Abs. 1 S. 1 durch Indossament übertragen werden (zu den weiteren Übertragungsformen vgl Rn 9). Die Übertragung der Namensaktien ist nicht von der Eintragung in das Aktienregister abhängig.[4] Aus diesem Grund wirkt sich auch ein im Vorfeld der Hauptversammlung verfügter Umschreibungsstopp auf die Übertragbarkeit der Aktien nicht aus.[5] Die Eintragung begründet lediglich die in § 67 Abs. 2 niedergelegte Vermutung der Mitgliedschaft des Aktionärs gegenüber der Gesellschaft.[6] Namensaktien sind **geborene Orderpapiere** (nicht Rektapapiere), da der Berechtigte durch seine namentliche Nennung in der Urkunde oder durch eine Indossamentenkette ausgewiesen wird.[7] Dies gilt auch für den Fall einer Vinkulierung.[8] Abs. 1 S. 1 lässt die Übertragung der Mitgliedschaft durch **Indossament** zu, schreibt diese aber nicht zwingend vor.[9] Die Übertragung durch Indossament kann nicht durch negative Orderklausel ausgeschlossen werden.[10] Für die Übertragung indossierter Namensaktien ist neben einer schriftlichen Übertragungserklärung auf der Urkunde (Indossament) die Übereignung der Urkunde durch Einigung und Übergabe oder eines Übergabesurrogats gemäß §§ 929 ff BGB erforderlich.[11]

II. Form und Inhalt des Indossaments. Das Indossament kann entweder als **Voll- oder Blankoindossament** ausgestaltet sein (vgl Art. 13 Abs. 2 WG). Blankoindossierte Namensaktien können in entsprechender Anwendung von Art. 14 Abs. 2 Nr. 3 WG durch Übereignung nach §§ 929 ff BGB übertragen werden. Die Blankoindossierung ist Voraussetzung für die Depot- und Börsenfähigkeit der Namensaktien (vgl Rn 21).

III. Sinngemäße Anwendung des WG (Abs. 1 S. 2). Für die Übertragung durch Indossament finden Art. 12, 13 und 16 des WG sinngemäß Anwendung. Die Verweisung ist **nicht abschließend**; insbesondere stehen dem Erwerber blankoindossierter Namensaktien die Möglichkeiten des Art. 14 Abs. 2 WG zur Verfügung.[12] Schließlich kommen auch die Vorschriften über das Prokura- und Pfandindossament zur Anwendung (Art. 18, 19 WG).[13]

Der Text der gemäß Abs. 1 S. 2 ausdrücklich anwendbaren **Vorschriften des WG** lautet:

Art. 12

(1) Das Indossament muss unbedingt sein. Bedingungen von denen es abhängig gemacht wird, gelten als nicht geschrieben.
(2) Ein Teilindossament ist nichtig.
(3) Ein Indossament an den Inhaber gilt als Blankoindossament.

---

1 Dazu: KölnKomm-AktG/*Lutter/Drygala*, Rn 7; *Iversen*, AG 2008, 736, 739.
2 BGBl. I 2001 S. 123.
3 Gesetz zur Umsetzung der Richtlinie 2004/25/EG des Europäischen Parlaments und des Europäischen Rates vom 21.4.2004 betreffend Übernahmeangebote, BGBl. I 2006 S. 1426.
4 *Mirow*, NZG 2008, 52, 54; KölnKomm-AktG/*Lutter/Drygala*, Rn 14.
5 K. Schmidt/Lutter/*Bezzenberger*, § 67 Rn 23.
6 *Mirow*, NZG 2008, 52, 54.
7 Großkomm-AktienR/*Merkt*, Rn 14.
8 KölnKomm-AktG/*Lutter/Drygala*, Rn 9.
9 Vgl insoweit auch Begr. RegE, BT-Drucks. 14/4051, S. 12.
10 Geßler/*Bungeroth*, Rn 5; *Hüffer*, Rn 2; MüHb-AG/*Wiesner*, § 14 Rn 7.
11 BGH NJW 1958, 302; BGH WM 1975, 947 f; Geßler/*Bungeroth*, Rn 6; *Hüffer*, Rn 4; KölnKomm-AktG/*Lutter/Drygala*, Rn 13 f; *Mirow*, NZG 2008, 52, 54; aA Zöllner WPR, § 14 I 1 b: formloser Begebungsvertrag.
12 Geßler/*Bungeroth*, Rn 13; KölnKomm-AktG/*Lutter/Drygala*, Rn 9 ff.
13 Geßler/*Bungeroth*, Rn 52, 58; KölnKomm-AktG/*Lutter/Drygala*, Rn 9 ff.

Art. 13

(1) Das Indossament muss auf den Wechsel oder ein mit dem Wechsel verbundenes Blatt (Anhang) gesetzt werden. Es muss von dem Indossanten unterschrieben werden.
(2) Das Indossament braucht den Indossatar nicht zu bezeichnen und kann selbst in der bloßen Unterschrift des Indossanten bestehen (Blankoindossament). In diesem letzteren Falle muss das Indossament, um gültig zu sein, auf die Rückseite des Wechsels oder auf den Anhang gesetzt werden.

Art. 16

(1) Wer den Wechsel in den Händen hat, gilt als rechtmäßiger Inhaber, sofern er sein Recht durch eine ununterbrochene Reihe von Indossamenten nachweist, und zwar auch dann, wenn das letzte ein Bankoindossament ist. Ausgestrichene Indossamente gelten hierbei als nicht geschrieben. Folgt auf ein Blankoindossament ein weiteres Indossament, so wird angenommen, dass der Aussteller dieses Indossaments den Wechsel durch das Blankoindossament erworben hat.
(2) Ist der Wechsel einem früheren Inhaber irgendwie abhanden gekommen, so ist der neue Inhaber, der sein Recht nach den Vorschriften des vorstehenden Absatzes nachweist, zur Herausgabe des Wechsels nur verpflichtet, wenn er ihn in bösem Glauben erworben hat und ihm beim Erwerb eine grobe Fahrlässigkeit zur Last fällt.

7 **IV. Funktionen des Indossaments.** Gemäß Art. 16 Abs. 1 WG iVm § 68 Abs. 1 S. 2 wird derjenige widerlegbar als Eigentümer der Urkunde vermutet, der die Urkunde in Händen hält und sein Recht durch eine ununterbrochene Indossamentenkette nachweist (**Legitimationsfunktion**).[14] Ist Letztere unterbrochen, so kann die Lücke durch den Nachweis eines anderen Erwerbstatbestandes (zB durch Erbschein oder Abtretungsurkunde) überwunden werden.[15] Durch Blankoindossament wird keine Unterbrechung der Indossamentenkette begründet (Art. 16 Abs. 1 S. 3 WG).

8 Art. 16 Abs. 2 WG begründet zudem einen **Gutglaubensschutz**, indem die Mitgliedschaft bei einer vollständigen Indossamentenkette auch dann auf den gutgläubigen Erwerber übertragen wird, wenn die Aktie dem Berechtigten „irgendwie" abhanden gekommen ist.[16] Diese Form der Übertragung wird damit gegenüber den sachenrechtlichen Übertragungsmöglichkeiten erweitert.[17] Neben dem unfreiwilligen Besitzverlust gilt dies auch bei Verfügungen Dritter ohne entsprechende Befugnis oder Vertretungsmacht[18] sowie beim Erwerb von einem beschränkt Geschäftsfähigen.[19] Dies gilt auch bei vinkulierten Namensaktien mit der Einschränkung, dass der Rechtsübergang von der Zustimmung der Gesellschaft abhängig ist (vgl Rn 16 ff).[20] Art. 16 Abs. 2 schützt den Erwerber aber nicht, wenn die Mitgliedschaft nicht oder nicht in der Form ihrer Verkörperung besteht.[21] In einem solchen Fall würde der Rechtserwerb nicht zulasten irgendeines tatsächlich Berechtigten gehen, sondern würde die Zahl der Mitgliedschaften erweitern, was dem Prinzip der Übereinstimmung von Grundkapital und Mitgliedschaften widersprechen würde.[22]

9 **V. Weitere Übertragungsformen.** Das der Namensaktie zugrundeliegende Mitgliedschaftsrecht kann neben dem Indossament – auch wenn dies praktisch eine Ausnahme darstellt – durch **Abtretung** gemäß §§ 398, 413 BGB übertragen werden.[23] Das Recht am Papier folgt in diesem Fall dem Recht aus dem Papier (§ 952 BGB analog). Ob für die Übertragung der Aktien per Abtretung eine Übergabe der Urkunde hinzutreten muss, ist umstritten.[24] Die Praxis geht weiterhin vom Erfordernis einer physischen Übergabe aus.[25] Ferner kommt auch eine Übertragung nach **§ 18 Abs. 3 DepotG** durch Absendung eines Stückeverzeichnisses in Betracht. Erforderlich ist hierbei eine Blankoindossierung der Namensaktien, da andernfalls die erforderliche Vertretbarkeit nach § 5 Abs. 1 DepotG nicht gegeben ist.[26]

---

14 KölnKomm-AktG/*Lutter/Drygala*, Rn 17.
15 Geßler/*Bungeroth*, Rn 18; KölnKomm-AktG/*Lutter/Drygala*, Rn 17 f.
16 *Mirow*, NZG 2008, 52, 54.
17 KölnKomm-AktG/*Lutter/Drygala*, Rn 20; *Mirow* spricht von „besser gestellt", siehe NZG 2008, 52, 54.
18 BGHZ 26, 268, 272 = NJW 1958, 462.
19 BGH NJW 1951, 402; *Baumbach/Hefermehl* Art. 16 WG Rn 10; Geßler/*Bungeroth*, Rn 22; *Mirow*, NZG 2008, 52, 54; aA KölnKomm-AktG/*Lutter/Drygala*, Rn 23.
20 *Hüffer*, Rn 9.
21 KölnKomm-AktG/*Lutter/Drygala*, Rn 25.
22 KölnKomm-AktG/*Lutter/Drygala*, Rn 25.
23 Darstellend: *Eder*, NZG 2004, 107; *Mirow*, NZG 2008, 52, 54; *Iversen*, AG 2008, 736, 739; Großkomm-AktienR/*Merkt*, Rn 117 ff; grundlegend: RGZ 77, 268, 276; 86, 154, 157; LG Mannheim AG 1967, 83, 84.
24 Dafür: RGZ 88, 290, 292; BGH NJW 1958, 302, 303; dagegen: *Habersack/Mayer*, WM 2000, 1678, 1682; KölnKomm-AktG/*Lutter/Drygala*, Rn 35; *Hüffer*, Rn 3: „jedenfalls für Inhaberaktien"; MüHb-AG/*Wiesner*, § 14 Rn 14; Müko-AktG/*Bayer*, Rn 30.
25 *Mentz/Fröhling*, NZG 2002, 201, 203.
26 *Kümpel*, WM 1983, Sonderbeilage Nr. 8 zu Heft 36, S. 8 ff; KölnKomm-AktG/*Lutter/Drygala*, Rn 35.

C. Vinkulierte Namensaktien (Abs. 2)

I. Allgemeines. Vinkulierte[27] Namensaktien sind Aktien, deren Übertragung durch die Satzung an die Zustimmung der Gesellschaft gebunden ist (Abs. 2 S. 1).[28] Die Regelung ist **abschließend**; die Übertragbarkeit der Namensaktie kann über Abs. 2 hinaus nicht mit dinglicher Wirkung beschränkt werden.[29] Weder durch Satzungsregelungen noch in Form vertraglicher Erwerbs- oder Veräußerungsverbote, Vorkaufsrechte oder Vorbehalte können weitergehenden Verfügungsbeschränkungen begründet werden.[30] Etwas Anderes gilt für Übertragungsbeschränkungen, die rein schuldrechtlicher Natur sind.[31] Pflichtwidrige Verfügungen über die Aktien binden in diesem Fall alleine den Aktionär; sie entfalten keine dingliche Wirkung (§ 137 BGB). Die Aufnahme eines Hinweises über die Vinkulierung in die Aktienurkunde ist nicht erforderlich.[32] Eine Vinkulierung ist im Übrigen auch dann möglich, wenn die Namensaktie noch nicht verbrieft ist und lediglich gemäß §§ 398, 413 BGB übertragen werden kann.[33] Sie kann die Namensaktien insgesamt oder nur einen bestimmten Teil betreffen. Mit der Umwandlung von Namensaktien in Inhaberaktien entfällt die Vinkulierung automatisch.[34]

Die Vinkulierung von Namensaktien war bislang vor allem in der **Versicherungswirtschaft** verbreitet. Sie dürfte allerdings mit dem wachsenden Rückgriff auf die Namensaktie zunehmend an Bedeutung gewinnen. **Zwingende Vinkulierungsregelungen** kennt die Rechtsordnung bei Aktien von Wirtschaftsprüfungs- und Buchführungsgesellschaften (§§ 28 Abs. 5 S. 2, 130 Abs. 2 WPO), Steuerberatungsgesellschaften (§ 50 Abs. 5 S. 2 StBerG), börsennotierten Luftverkehrsgesellschaften (§ 2 Abs. 1 LuftNaSiG), Kapitalanlagegesellschaften (§ 92 InvG) und gemeinnützigen Wohnungsbauunternehmen (§ 3 Abs. 5 WGGDV).[35] Die Vinkulierung ist zudem Voraussetzung für die Begründung satzungsmäßiger Nebenleistungspflichten (§ 55 Abs. 1) und die Einräumung eines Entsenderechts in den Aufsichtsrat (§ 101 Abs. 2 S. 2). Zu den mit der Vinkulierung darüber hinaus verfolgten **Interessen der Gesellschaft** gehören[36] die Sicherung der Erfüllung offener Einlagenpflichten, insbesondere bei teileingezahlten Aktien, die Kontrolle von Beteiligungsveräußerungen im Hinblick auf das Eindringen Dritter (insbesondere bei Familiengesellschaften) sowie die Kontrolle der Beteiligungsverhältnisse innerhalb des Gesellschafterkreises.[37]

Die Zulässigkeit und Grenzen der Vinkulierbarkeit von Namensaktien in einer Europäischen Aktiengesellschaft (Societas Europaea – kurz: SE) bestimmt sich mangels einschlägiger gemeinschaftsrechtlicher Regelung aufgrund von Art. 9 Abs. 1 lit. b der SE-VO nach dem nationalen Aktienrecht am Sitz der SE, so dass ebenfalls § 68 maßgeblich ist.[38]

II. Einführung und Aufhebung der Vinkulierung. 1. Ausgestaltung durch die Satzung. Die Vinkulierung kann allein durch die Satzung begründet werden.[39] Diese kann nach Abs. 2 S. 4 die Gründe konkretisieren, aus denen die Zustimmung zur Übertragung verweigert werden darf. Im Regelfall geschieht dies in der **ursprünglichen Satzung** durch die Gründer. Die **nachträgliche Einführung** einer Vinkulierungsklausel ist an die Voraussetzungen des § 180 Abs. 2 gebunden; erforderlich ist insoweit die Zustimmung aller durch die nachträgliche Regelung betroffenen Aktionäre. Entsprechendes gilt für die Verschärfung einer bereits vorhandenen Vinkulierungsregelung. Die Beseitigung oder Erleichterung der Vinkulierung erfordert keine Zustimmung aller betroffenen Aktionäre, da keine relevante Belastung für diese hierdurch eintritt.[40]

Die Vinkulierung erstreckt sich auch auf die jungen Aktien aus einer **Kapitalerhöhung**, wenn die Satzung eine Vinkulierung aller Aktien vorsieht. Einer ausdrücklichen Erwähnung im Kapitalerhöhungsbeschluss bedarf es hierzu nicht.[41] Ist nur ein Teil der Aktien vinkuliert, so muss der Kapitalerhöhungsbeschluss festlegen, ob und in welchem Umfang die jungen Aktien einer Vinkulierung unterliegen. In diesem Fall bedarf es gemäß § 180 Abs. 2 ebenfalls der Zustimmung der mit einem Bezugsrecht ausgestatteten Inhaber nicht

---

[27] Der Begriff „Vinkulierung" stammt von *vinculum* (lat. Band, Fessel), dazu: Großkomm-AktienR/*Merkt*, Rn 193.

[28] *Stoppel*, AG 2008, 147 f.

[29] KölnKomm-AktG/*Lutter/Drygala*, Rn 36.

[30] AllgM: BayOLG ZIP 1989, 638, 641; LG Offenburg AG 1989, 134, 137 (Burda/Springer); MüHb-AG/*Wiesner*, § 14 Rn 18; Müko-AktG/*Bayer*, Rn 39.

[31] BayOLG ZIP 1989, 638, 642; *Barthelmeß/Braun*, AG 2000, 172 ff; *Lutter/Grunewald*, AG 1989, 409, 410 f; Müko-AktG/*Bayer*, Rn 41; aA *Immenga*, AG 1992, 79, 80 ff; *Otto*, AG 1991, 369, 372 ff.

[32] OLG Hamburg AG 1970, 230.

[33] BGH AG 2004, 673; hierzu: *Goette*, DStR 2005, 603, 606 f; OLG Celle AG 2005, 438, 439.

[34] OLG Hamburg AG 1970, 230.

[35] KölnKomm-AktG/*Lutter/Drygala*, Rn 59.

[36] Großkomm-AktienR/*Merkt*, Rn 199 ff.

[37] Vgl hierzu im Einzelnen *Heller/Timm*, NZG 2008, 257; ferner: *Asmus*, S. 43 ff; *Hüffer*, Rn 10; KölnKomm-AktG/*Lutter/Drygala*, Rn 58; *H.P.Westermann*, in: FS Huber, S. 997, 1001 ff.

[38] Dazu ausführlich: *Schroeter*, AG 2007, 854 ff; Großkomm-AktienR/*Merkt*, Rn 537–547.

[39] *H.P.Westermann*, in: FS Huber, S. 997, 999.

[40] MüHb-AG/*Wiesner*, § 14 Rn 19.

[41] LG Bonn AG 1970, 18, 19; *Asmus*, S. 231 f; KölnKomm-AktG/*Lutter/Drygala*, Rn 61; MüHb-AG/*Wiesner*, § 14 Rn 20; Großkomm-AktienR/*Merkt*, Rn 264.

vinkulierter Namensaktien, wenn diese im Rahmen der Ausübung ihrer Bezugsrechte vinkulierte Namensaktien erhalten.[42] Abs. 2 ist daneben auch auf die Übertragung von **Bezugsrechten** (§ 186) anwendbar.[43]

14 **2. Betroffene Rechtsgeschäfte.** Die Zustimmung der Gesellschaft nach Abs. 2 S. 1 bezieht sich alleine auf die Übertragung der Aktien und daher nur auf das **dingliche Verfügungsgeschäft**, nicht auf das schuldrechtliche Verpflichtungsgeschäft (siehe Rn 10).[44] Eine Satzungsklausel, nach der bereits das schuldrechtliche Grundgeschäft an die Zustimmung der AG gebunden ist, verstößt gegen § 23 Abs. 5 und ist damit nichtig.[45] Gegenstand der Verfügung muss die **rechtsgeschäftliche Übertragung** der Namensaktien sein. Hierzu gehören der Vollzug von Vermächtnissen durch die Erben und die Auseinandersetzung von Miterbengemeinschaften[46] ebenso wie die Begründung eines Treuhandverhältnisses[47] und schließlich auch die Legitimationsübertragung.[48] Dem gleichzustellen ist die Verpfändung der vinkulierten Namensaktien und die Bestellung eines Nießbrauchrechts.[49] Nicht von der Vinkulierung erfasst sind Fälle der Gesamtrechtsnachfolge, dh insbesondere der Erbfall, die Begründung einer ehelichen Gütergemeinschaft sowie umwandlungsrechtliche Vorgänge wie Verschmelzung und Spaltung.[50] Auch die Pfändung der Aktien in der Zwangsvollstreckung nach § 808 ZPO ist grundsätzlich ohne Zustimmung des Vorstands zulässig.[51] Hier wird erst mit der Verwertung der gepfändeten Wertpapiere (§ 821 ZPO) eine Zustimmung nach Abs. 2 erforderlich, die im Hinblick auf das Verwertungsinteresse des Aktionärs nur aus wichtigem Grund versagt werden darf (str).[52] Das Gleiche gilt für die Verwertung der Aktien im Falle der Insolvenz des Aktionärs.[53] Verfügungen des Alleinaktionärs, solche, an denen alle Aktionäre als Veräußerer oder Erwerber beteiligt sind, sowie der Erwerb eigener Aktien durch die Gesellschaft unterliegen keinem Zustimmungserfordernis.[54] Eine Zustimmung wird in diesen Fällen – wie auch im GmbH-Recht – für entbehrlich gehalten, da „es nichts als eine leere Form wäre".[55]

15 **III. Umgehungsgeschäfte.** Die durch die Vinkulierung eintretende Erschwerung der Veräußerbarkeit der Aktien wirft immer wieder die Frage einer möglichen Umgehung der Vinkulierungsklausel auf.[56] Erscheinungsformen hierfür sind zum einen mittelbare Anteilsübertragungen (zB die Übertragung der Anteile einer Beteiligungsgesellschaft) sowie der Zugriff auf einzelne Aktionärsrechte in Form von Stimmrechtsvollmachten, Stimmbindungsverträgen und Treuhandvereinbarungen.[57] Im Einzelfall kann das zugrundeliegende Rechtsgeschäft zu einer **unzulässigen Umgehung** der Vinkulierungsklausel führen, wenn hierdurch der Zweck der Vinkulierung, insbesondere im Falle eines unerwünschten Fremdeinflusses, umgangen wird.[58] Rechtsfolge einer Umgehung ist richtigerweise nicht die Nichtigkeit nach § 138 BGB,[59] sondern die schwebende Unwirksamkeit des Umgehungsgeschäfts, da dadurch die Vereinbarung für die Gesellschaft analog § 68 Abs. 2 genehmigungsfähig bleibt.[60]

16 **IV. Zustimmung der Gesellschaft.** Die **Entscheidung** über die Erteilung der Zustimmung **obliegt dem Vorstand** (Abs. 2 S. 2).[61] Durch die Satzung kann die Entscheidungszuständigkeit nach Abs. 2 S. 3 auf den Aufsichtsrat oder die Hauptversammlung, nicht aber auf einen einzelnen Aktionär oder eine Aktionärsgruppe übertragen werden.[62] Beschließt die Hauptversammlung über die Erteilung der Zustimmung, so ist der veräußernde Aktionär stimmberechtigt.[63] Eine statutarische Mehrfachzuständigkeit in der Form, dass mehrere Organe nebeneinander über die Zustimmung entscheiden, würde dagegen die Übertragbarkeit der Aktie er-

---

42 *Hüffer*, Rn 13; MüHb-AG/*Wiesner*, § 14 Rn 20.
43 MüHb-AG/*Wiesner*, § 14 Rn 20; *Geßler/Bungeroth*, Rn 79.
44 RGZ 132, 149, 157; *Hüffer*, Rn 11; MüHb-AG/*Wiesner*, § 14 Rn 21; *Heller/Timm*, NZG 2008, 257.
45 *Heller/Timm*, NZG 2008, 257.
46 OLG Düsseldorf ZIP 1987, 227; *Hüffer*, Rn 11.
47 *Serick*, in: FS Hefermehl, 1974, S. 427, 440 ff; *Hüffer*, Rn 11.
48 *Serick*, in: FS Hefermehl, 1974, S. 427, 433 ff; *Lutter/Grunewald*, ZIP 1989, 109, 114; *Hüffer*, Rn 11.
49 KölnKomm-AktG/*Lutter/Drygala*, § 68 Rn 42 ff; MüHb-AG/*Wiesner*, § 14 Rn 21.
50 *Hüffer*, Rn 11; MüHb-AG/*Wiesner*, § 14 Rn 21.
51 *Bork*, in: FS Henckel, 1995, S. 23, 28; *Hüffer*, Rn 11; KölnKomm-AktG/*Lutter/Drygala*, Rn 55; *Nodoushani* WM 2007, 289; MüHb-AG/*Wiesner*, § 14 Rn 22.
52 *Liebscher/Lübke*, ZIP 2004, 241 ff; *Bork*, in: FS Henckel, 1995, S. 23, 32 ff mwN; *Hüffer*, Rn 11; KölnKomm-AktG/*Lutter/Drygala*, Rn 55; MüHb-AG/*Wiesner*, § 14 Rn 22; MüKo-AktG/*Bayer*, Rn 111; aA v. *Godin/Wilhelmi*, Anm. 13.
53 KölnKomm-AktG/*Lutter/Drygala*, § 68, Rn 56; MüHb-AG/*Wiesner*, § 14 Rn 22.
54 So die hM: OLG München NZG 2005, 756, 757 f; *Boesebeck*, NJW 1952, 1116; *Wiedemann*, S. 101 f; MüHb-AG/*Wiesner*,
§ 14 Rn 22; Großkomm-AktienR/*Merkt*, Rn 327; ablehnend: *Heller/Timm*, NZG 2008, 257, 258; *Wilhelmi*, NJW 1952, 324; jedoch *ders.* anschließend aA in: v.*Godin/Wilhelmi*, Anm. 11.
55 RFH JW 1929, 2205; darstellend, aber aA: *Heller/Timm*, NZG 2008, 257.
56 Vgl *Asmus*, S. 137 ff; *Liebscher*, ZIP 2003, 825; *Lutter/Grunewald*, ZIP 1989, 109, 110 ff.
57 KölnKomm-AktG/*Lutter/Drygala*, Rn 112.
58 BGH WM 1987, 70, 71; LG Berlin WM 1990, 978, 980; *Asmus*, S. 161 ff; *Lutter/Grunewald*, ZIP 1989, 109, 110 ff; *Sieveking/Technau*, AG 1989, 17, 18 f.
59 BGH NJW 1987, 780; *Geßler/Hefermehl/Bungeroth*, Rn 157 ff; RGZ 69, 134, 137; *Sieveking/Technau*, AG 1989, 17, 19.
60 *Baumbach/Hueck*, AktG, Rn 7; *Hüffer*, Rn 12; *Lutter/Grunewald*, AG 1989, 109, 110 ff; KölnKomm-AktG/*Lutter/Drygala*, Rn 118; MüKo-AktG/*Bayer*, Rn 120; *Spindler/Stilz/Cahn*, Rn 80.
61 Dazu ausführlich: *Stoppel*, AG 2008, 147, 150 f.
62 So auch: *Heller/Timm*, NZG 2006, 257; Großkomm-AktienR/*Merkt*, Rn 366; *Asmus*, S. 72; MüHb-AG/*Wiesner*, § 14 Rn 26.
63 BGHZ 48, 163, 167 (zur GmbH); *Hüffer*, Rn 14; KölnKomm-AktG/*Lutter/Drygala*, Rn 83 ff.

heblich erschweren und ist daher unzulässig.[64] Eine Ausnahme hierfür gilt für gestaffelte Entscheidungszuständigkeiten, zB wenn ein anderes Organ über innergesellschaftliche Rechtsmittel entscheiden soll.[65] Die Abgabe der maßgeblichen Willenserklärung im Außenverhältnis obliegt alleine dem Vorstand.[66] Verstößt dieser gegen die abweichende Entscheidungszuständigkeit im Innenverhältnis, so ist die von ihm abgegebene Willenserklärung nur dann unwirksam, wenn gleichzeitig ein evidenter Missbrauch seiner organschaftlichen Vertretungsmacht oder Kollusion vorliegt.[67]

Im Schrifttum wird teilweise vertreten, für die Genehmigung zur Übertragung vinkulierter Namensaktien bestehe bei gleichzeitiger Begründung einer Abhängigkeit gegenüber dem Erwerber eine ungeschriebene Hauptversammlungszuständigkeit.[68] Insoweit begründe der Mehrheitserwerb eine schwerwiegende, strukturändernde Organisationsmaßnahme im Sinne der „Holzmüller"-Grundsätze,[69] die nach der „Macrotron"-Entscheidung[70] des BGH auf ebenso tief in Mitgliedschaftsrechte eingreifende Konstellationen übertragen werden können.[71] Zwar seien nach der „Gelatine"-Entscheidung[72] nur ausnahmsweise und in engen Grenzen ungeschriebene Mitwirkungsbefugnisse der Hauptversammlung bei Maßnahmen anzuerkennen, die das Gesetz dem Vorstand als Leitungsaufgabe zuweist.[73] Diese Entscheidung stehe der Anwendung aber nicht entgegen, da keine originäre Aufgabe des Vorstandes vorläge, sondern die Aktionäre den Vorstand erst durch die Satzungsgestaltung ermächtigen.[74] Drohe daher durch den Erwerb einer Mehrheitsbeteiligung die Gefahr einer tiefgreifenden strukturändernden Maßnahme, sei nach dieser Auffassung eine ungeschriebene Zuständigkeit der Hauptversammlung anzuerkennen.[75] Für eine Zuständigkeit der Hauptversammlung spräche ferner, dass bei einer drohenden Abhängigkeit bzw Konzernierung die Hauptversammlung mit einer Mehrheit von mindestens drei Vierteln für entsprechende Maßnahmen beschließen müsste.[76] Demgegenüber wird nach richtiger Auffassung auch im Fall eines Mehrheitserwerbs der Vorstand als zuständiges Organ angesehen, soweit in der Satzung keine abweichende Regelung getroffen wird.[77] Für diese Ansicht spricht insbesondere die gesetzlich angelegte Zuständigkeitsordnung, die eine Zuständigkeit der Hauptversammlung nur dann vorsieht, wenn die Satzung eine solche ausdrücklich anordnet (Abs. 2 S. 3). Soweit eine entsprechende Regelung nicht in die Satzung mit aufgenommen wurde, so muss diese Entscheidung für die Zuständigkeit des Vorstandes respektiert werden.[78] Die ausdrückliche Erwähnung der Zuständigkeit der Hauptversammlung in den Vorschriften des WpÜG, des AktG und des UmwG spricht im Umkehrschluss vielmehr gegen eine generelle Zuständigkeit der Hauptversammlung. Die Kompetenz des Vorstandes beruht nicht auf einer gesetzlichen Grundlage, sondern folgt aus der Satzung. Es erscheint verfehlt, eine Zuständigkeit der Hauptversammlung aufgrund einer satzungsähnlichen Maßnahme nach den Grundsätzen der „Holzmüller"-Entscheidung zu fordern, obwohl bereits eine Zuständigkeitsentscheidung durch die Satzung getroffen wurde. Für dieses Ergebnis spricht auch die Konzernoffenheit[79] und dass anderenfalls die Übertragbarkeit erschwert wird.[80] Zudem bleibt es der Hauptversammlung unbenommen, die Zuständigkeit an sich zu ziehen.[81]

Die Entscheidung hat sich zuerst an den Vorgaben der Satzung (vgl Rn 12 f) zu orientieren. Enthält diese keine ausdrückliche Regelung, so hat der Vorstand bzw das sonst satzungsgemäß zuständige Organ nach **pflichtgemäßem Ermessen** zu entscheiden. Hierbei sind die Gesellschaftsinteressen einerseits und die Interessen des übertragungswilligen Aktionärs unter Berücksichtigung des aktienrechtlichen Gleichbehandlungsgebotes (§ 53 a)[82] andererseits gegeneinander abzuwägen. Im Rahmen seiner Ermessensausübung hat das zur Entscheidung befugte Organ auch zu berücksichtigen, dass die Vinkulierung nicht zu einer auf unab-

---

64 MüHb-AG/*Wiesner*, § 14 Rn 26; *Heller/Timm*, NZG 2006, 257.
65 Geßler/*Bungeroth*, Rn 117; MüHb-AG/*Wiesner*, § 14 Rn 26.
66 *Hüffer*, Rn 15; Geßler/*Bungeroth*, Rn 133 f; zur Anwendbarkeit der „Holzmüller/Gelatine"-Grundsätzen bei vinkulierten Namensaktien: Großkomm-AktienR/*Merkt*, Rn 367; ferner: *Kiesewetter/Spengler*, Der Konzern 2009, 451, 454.
67 *K. Schmidt*, in: FS Beusch, 1993, S. 759, 770.
68 *Bayer*, in: FS Hüffer, 2010, S. 35, 37 ff; Großkomm-AktienR/*Merkt*, Rn 367 ff; Müko-AktG/*Bayer*, Rn 64; *Reichert*, GmbHR 1995, 176, 177; *K. Schmidt*, in: FS Beusch, 1993, S. 759, 768 ff, bzgl SE ebenso: *Schroeter*, AG 2007, 854, 860.
69 *K. Schmidt* in: FS Beusch, 1993, S. 759, 768 ff; BGHZ 83, 122 (Holzmüller).
70 BGHZ 153, 47, 53 ff (Macrotron).
71 *Bayer*, in FS Hüffer, 2010, S. 37, 43 unter Verweis auf BGHZ 153, 47, 53 ff (Macrotron).
72 BGHZ 159, 30 (Gelatine).
73 BGHZ 159, 30; BGH NZG 2004, 575.
74 Zuletzt ausführlich: *Bayer*, in: FS Hüffer, 2010, S. 37, 43 f; aA Spindler/Stilz/*Cahn*, Rn 50.
75 *Bayer*, in: FS Hüffer, 2010, S. 37, 45; Großkomm-AktienR/*Merkt*, Rn 368.
76 *Bayer*, in: FS Hüffer, 2010, S. 37, 44 unter Verweis auf § 33 Abs. 2 WpÜG, §§ 293 Abs. 1, 319, 320 AktG, §§ 13, 65 UmwG.
77 *Hüffer*, Rn 15; *ders.* in: FS Winter, 2011, S. 279, 296; *Immenga*, BB 1992, 2446 ff; MüHb-AG/*Wiesner*, § 14 Rn 24; K. Schmidt/Lutter/*Bezzenberger*, Rn 28; Spindler/Stilz/*Cahn*, Rn 50.
78 *Immenga*, BB 1992, 2446, 2447.
79 *Hüffer*, Rn 15.
80 MüHb-AG/*Wiesner*, § 14 Rn 24; K. Schmidt/Lutter/*Bezzenberger*, Rn 28; *Hüffer*, in: FS Winter, 2011, S. 279, 285.
81 Spindler/Stilz/*Cahn*, Rn 50.
82 Hierzu im Einzelnen: LG Aachen AG 1992, 410, 412; Müko-AktG/*Bayer*, Rn 73.

sehbare Zeit angelegte Unveräußerlichkeit der Aktien führen darf.[83] Weitere Ermessensschranken können schließlich in Sonderkonstellationen wie dem Vorliegen eines Übernahmeangebotes bestehen.[84] Die Verweigerung der Zustimmung bedarf keiner sachlichen Rechtfertigung;[85] dies gilt umgekehrt in gleicher Weise für die Abgabe der Zustimmung, auch dann, wenn die Gesellschaft durch die Übertragung vom Erwerber abhängig wird.[86] Derjenige, der sich auf die Pflichtwidrigkeit beruft, trägt hierfür die Darlegungs- und Beweislast.[87]

18 **V. Rechtsfolgen von Zustimmung und Verweigerung.** Die ohne Zustimmung der Gesellschaft erfolgte Übertragung der Aktien ist zunächst schwebend unwirksam. Mit Erteilung der Zustimmung wird die Verfügung wirksam, mit ihrer Versagung endgültig unwirksam.[88] Wurde die Zustimmung durch die Gesellschaft unzulässigerweise versagt, kann die erforderliche Willenserklärung gemäß § 894 ZPO durch rechtskräftiges Urteil ersetzt werden. Mit Versagung der Zustimmung kann die Übertragung nur durch Neuvornahme der Verfügung und eine neue Zustimmung der Gesellschaft erreicht werden.

19 Die Verweigerung der Zustimmung durch die AG hat grundsätzlich keinen Einfluss auf die Wirksamkeit des schuldrechtlichen Kausalgeschäfts zwischen dem veräußernden Aktionär und dem Erwerber. Im Einzelfall kommt jedoch eine Rechtsmängelhaftung des Veräußerers nach allgemeinen Grundsätzen in Betracht. Wird der Verschaffungsanspruchs des Erwerbers an einen Dritten abgetreten, so hat der veräußerungswillige Aktionär die Gesellschaft erneut zur Abgabe ihrer Zustimmung aufzufordern. Bei einer pflichtwidrigen Versagung der Zustimmung kommen **Schadensersatzansprüche** des Aktionärs gegenüber der Gesellschaft in Betracht.[89]

D. Prüfungspflicht der Gesellschaft (Abs. 3)

20 Abs. 3 verpflichtet die AG, die Ordnungsmäßigkeit der Indossamentenkette zu überprüfen. Ausreichend ist eine **Formalprüfung** durch den Vorstand, die sich auf den objektiven Nachweis der Übertragungsvorgänge beschränkt.[90] Eine weitergehende Prüfung steht grundsätzlich im Ermessen des Vorstands; er muss sie durchführen, wenn konkrete Anhaltspunkte für einen Übertragungsmangel vorliegen.[91]

E. Entsprechende Anwendung für Zwischenscheine (Abs. 4)

21 Die Vorschriften sind auf Zwischenscheine entsprechend anwendbar (vgl auch § 67 Rn 40).

F. Vinkulierte Namensaktien und Börsenhandel

22 Vinkulierte Namensaktien können trotz der damit einhergehenden eingeschränkten Übertragbarkeit an einer Börse gehandelt werden.[92] Aufgrund § 5 Abs. 1 BörsZulV ist hierfür Voraussetzung, dass die Aktie frei handelbar ist. Bei vinkulierten Namensaktien ist dies gegeben, wenn sie ein Blankoindossament (vgl oben Rn 4) tragen oder ihnen eine blanko unterzeichnete Abtretungserklärung oder ein Blankoumschreibungsantrag des Veräußerers beigefügt ist.[93] Bei Aktien, deren Erwerb einer Zustimmung bedarf, muss gemäß § 5 Abs. 2 Nr. 2 BörsZulV gewährleistet sein, dass das Zustimmungserfordernis nicht zu einer Störung des Börsenhandels führt. Regelmäßig liegt bereits deshalb keine Störung im Sinne des § 5 Abs. 2 Nr. 2 BörsZulV vor, weil vinkulierte Namensaktien in die Girosammelverwahrung einbezogen werden können und der Handel über das System CARGO ebenfalls effektiv abgewickelt werden kann.[94] Die Gesellschaft hat gegenüber der Zulassungsstelle regelmäßig die Verpflichtung zu übernehmen, von der Möglichkeit, die Zustimmung zur Übertragung der Aktien zu verweigern, nur unter engen Voraussetzungen Gebrauch zu machen.[95] Ein Vertrag zugunsten Dritter und ein hieraus resultierender Anspruch auf Zustimmung, insbeson-

---

83 BGH NJW 1987, 1019, 1020; LG Aachen AG 1992, 410, 411 ff; *Hüffer*, Rn 15; KölnKomm-AktG/*Lutter/Drygala*, Rn 30; *Lutter*, AG 1992, 369, 370 ff; Müko-AktG/*Bayer*, Rn 81; aA RGZ 132, 149, 156: „freies Ermessen".
84 KölnKomm-AktG/*Lutter/Drygala*, Rn 81 f; aA Geibel/ Süßmann/*Schwennicke*, § 33 Rn 55 f.
85 LG Aachen AG 1992, 410, 411 ff; *Lutter*, AG 1992, 369, 372 f; aA *Immenga*, AG 1992, 79, 82 f.
86 *Hüffer*, Rn 15.
87 *Hüffer*, Rn 15; KölnKomm-AktG/Lutter/Drygala, Rn 30; aA *Kossmann*, BB 1985, 1364, 1367.
88 RGZ 132, 149, 157 (Victoria); BGHZ 13, 179, 187 = NJW 1954, 1155 (zur KG); *Hüffer*, Rn 16; MüHb-AG/*Wiesner*, § 14 Rn 29.
89 MüHb-AG/*Wiesner*, § 14 Rn 32; Geßler/*Bungeroth*, Rn 147.

90 Dazu: Großkomm-AktienR/*Merkt*, Rn 183 ff.
91 *Hüffer*, Rn 17; KölnKomm-AktG/*Lutter/Drygala*, Rn 93.
92 RGZ 132, 149, 156 (Victoria); LG Aachen AG 1992, 410; Großkomm-AktienR/*Merkt*, Rn 226; *Lutter*, AG 1992, 369, 372; MüHb-AG/*Wiesner*, § 14 Rn 35; *Wirth*, DB 1992, 617, 618; aA *Kölling*, NZG 2000, 631, 633.
93 Zuletzt: Großkomm-AktienR/*Merkt*, Rn 228 mwN.
94 *Groß*, Kapitalmarktrecht, BörsZulV, §§ 1–12 Rn 10; Großkomm-AktienR/*Merkt*, Rn 236; *Jütten*, Die Bank 1997, S. 112; *Schlitt*, AG 2003, 57, 61; *Schwark/Heidelbach*, § 5 BörsZulV Rn 3.
95 RGZ 132, 149, 156 (Victoria); LG Aachen AG 1992, 410; *Lutter*, AG 1992, 369, 372; MüHb-AG/*Wiesner*, § 14 Rn 35; *Schanz*, Börseneinführung, § 3 Rn 162.

dere des veräußerungswilligen Aktionärs oder eines Erwerbers, wird nicht begründet.[96] Das gesellschaftsrechtliche Zustimmungserfordernis des Abs. 2 führt regelmäßig jedenfalls dann nicht zu einer Störung des Börsenhandels, soweit der Emittent gegenüber der Geschäftsführung schriftlich erklärt, nie oder nur in außergewöhnlichen Fällen aufgrund des Gesellschaftsinteresses die Zustimmung zu verweigern.[97]

Anhang zu § 68: Aktienkaufvertrag

▶ **Aktienkauf- und Übertragungsvertrag**

zwischen

Herrn Klaus Müller, geboren am 14. März 1967, wohnhaft in 40077 Düsseldorf, Escher Weg 17

– Herr Klaus Müller nachfolgend "der Verkäufer" genannt –

und

Frau Rita Schultze, geboren am 15. August 1970, wohnhaft in 80756 München, Am See 15

– Frau Rita Schultze nachfolgend "der Käufer" genannt –

Vorbemerkung

Der Verkäufer ist Aktionär der Top- Immobilien – AG mit Sitz in Düsseldorf, eingetragen im Handelsregister des Amtsgerichts Düsseldorf unter HRB 89447. Das Grundkapital der AG beträgt 500.000,– EUR und ist eingeteilt in 500.000 auf den Namen lautender Stückaktien mit einem rechnerischen Anteil von einem Euro je Aktie. Der Verkäufer hält 100.000 Stückaktien. Diese Aktien sind in einer Aktienurkunde verbrieft, welche sich in unmittelbarem Eigenbesitz des Verkäufers befinden. Die Satzung der AG sieht keine Vinkulierung vor, so dass die nachfolgende Übertragung keiner Zustimmung bedarf.

Dies vorangestellt, schließen die Vertragsbeteiligten folgenden Aktienkauf- und Übertragungsvertrag.

§ 1 Verkauf

Der Verkäufer verkauft seine sämtlichen vorbezeichneten Aktien nebst allen Nebenrechten dem dies annehmenden Käufer.

§ 2 Gewinnberechtigung

Die auf die Aktien entfallenden Gewinne des laufenden Geschäftsjahres sowie die noch nicht verwendeten Gewinne früherer Geschäftsjahre stehen ausschließlich dem Erwerber zu.

§ 3 Kaufpreis

1. Der Kaufpreis beträgt zwei Euro für jede Aktie, somit insgesamt 200.000,– EUR (in Worten: zweihunderttausend Euro).
2. Der Kaufpreis ist fällig und zahlbar zum 31. Dezember 2013 auf das Konto des Verkäufers bei der X-Bank Düsseldorf, BLZ 820 000 000, Kontonummer 4185 387.
3. Bei rechtzeitiger Zahlung ist der Kaufpreis nicht zu verzinsen. Nicht rechtzeitig gezahlte Beträge sind mit acht Prozentpunkten über dem jeweiligen Basiszinssatz p.a. zu verzinsen.

§ 4 Übergang der Inhaberschaft

1. Der Verkäufer tritt seine Aktienrechte gemäß § 398 BGB an den dies annehmenden Käufer unter der aufschiebenden Bedingung der vollständigen Kaufpreiszahlung (jedoch ohne Berücksichtigung etwaiger Verzugszinsen) ab.
2. Der Verkäufer verpflichtet sich, dem Käufer Zug um Zug gegen Kaufpreiszahlung die Aktienurkunde herauszugeben.
3. Beide Vertragsparteien verpflichten sich wechselseitig, der Gesellschaft die Veräußerung unter Vorlage einer notariell beglaubigten Abschrift dieser Urkunde unverzüglich nach der Kaufpreiszahlung anzuzeigen, damit die Löschung und Neueintragung im Aktienregister erfolgen kann.

§ 5 Garantien

1. Der Verkäufer garantiert gegenüber dem Käufer, dass
   a) er alleiniger Inhaber der veräußerten Aktien ist,
   b) zum Zeitpunkt des Übergangs der Aktien diese frei von Rechten Dritter sind,

---

[96] RGZ 132, 149, 156 (Victoria); LG Aachen AG 1992, 410; *Lutter*, AG 1992, 369, 372; MüHb-AG/*Wiesner*, § 14 Rn 35.

[97] Schäfer/Hamann/*Gebhardt*, KMG, § 5 BörsZulV Rn 16; *Groß*, Kapitalmarktrecht, BörsZulV, §§ 1–12 Rn 10; Großkomm-AktienR/*Merkt*, Rn 231 ff.

c) alle auf die Aktien entfallenden Einlageverpflichtungen vollumfänglich erfüllt sind und keine Rückgewähr der Einlagen erfolgt ist,
d) keine Nachzahlungs-, Nebenleistungs- oder sonstige vergleichbare Verpflichtungen bestehen, sowie
e) er nicht anderweitig über diese verfügt hat und diese frei von Rechten Dritter sind.
2. Eine weitergehende Haftung wird nicht übernommen. Insbesondere haftet der Verkäufer weder für den Ertrag der Aktien noch für den Ertrag des Unternehmens oder einzelner Unternehmensgegenstände.
3. Der Verkäufer erklärt jedoch zur Erfüllung seiner Aufklärungspflichten, dass ihm keine Umstände bekannt sind, aufgrund derer die finanzielle Existenz des Unternehmens gefährdet wäre.

§ 6 Verschwiegenheit

Jede Vertragspartei verpflichtet sich, Stillschweigen über diese Vereinbarung zu bewahren, sofern keine gesetzliche Verpflichtung zur Offenlegung besteht.

§ 7 Sonstiges

1. Mündliche Nebenabreden sind nicht getroffen. Änderungen und Ergänzungen zu dieser Vereinbarung bedürfen der Schriftform. Dasselbe gilt für die Aufhebung des Schriftformerfordernisses.
2. Ist eine der vertraglichen Bestimmungen unwirksam, wird die Wirksamkeit der übrigen Vertragsregelungen hierdurch nicht berührt. An die Stelle der unwirksamen Bestimmung tritt diejenige zulässige Regelung, die der unwirksamen Bestimmung möglichst nahe kommt. Im Fall einer Regelungslücke gilt diejenige Regelung als vereinbart, die die Beteiligten bei Abschluss aufgenommen hätten, wenn ihnen die Notwendigkeit einer Regelung bewusst gewesen wäre.
3. Der Käufer trägt die Kosten dieses Vertrags sowie die Kosten der Vertragsdurchführung. Jeder Beteiligte trägt jedoch selbst die Kosten seines Rechtsberaters.
4. Dieser Vertrag unterliegt ausschließlich deutschem Recht. Für Streitigkeiten zwischen den Vertragsparteien aufgrund dieses Vertrags ist ausschließlich das Landgericht Düsseldorf zuständig.

Düsseldorf, den 15. Dezember 2013

(Unterschriften) ◄

§ 69 Rechtsgemeinschaft an einer Aktie

(1) Steht eine Aktie mehreren Berechtigten zu, so können sie die Rechte aus der Aktie nur durch einen gemeinschaftlichen Vertreter ausüben.

(2) Für die Leistungen auf die Aktie haften sie als Gesamtschuldner.

(3) ¹Hat die Gesellschaft eine Willenserklärung dem Aktionär gegenüber abzugeben, so genügt, wenn die Berechtigten der Gesellschaft keinen gemeinschaftlichen Vertreter benannt haben, die Abgabe der Erklärung gegenüber einem Berechtigten. ²Bei mehreren Erben eines Aktionärs gilt dies nur für Willenserklärungen, die nach Ablauf eines Monats seit dem Anfall der Erbschaft abgegeben werden.

Literatur:
Grossfeld/Spennemann, Die Teilnahmeberechtigung mehrerer gesetzlicher Vertreter von Gesellschaften in Mitgliederversammlungen von Kapitalgesellschaften und Genossenschaften, AG 1979, 128; *Klump*, Die obligatorische Gruppenvertretung – Gesellschaftsrechtliche Fragen bei Personengesellschaften, Kapitalgesellschaften, erbrechtliche Folgeprobleme, ZEV 1999, 305; *Schörnig*, Die gesellschaftsrechtliche Zulässigkeit einer obligatorischen Gruppenvertretung bei Personen- und Kapitalgesellschaften durch eine sog. Vertreterklausel, ZEV 2002, 343; *Schwichtenberg*, Gemeinschaftliche Berechtigung bei Geschäftsanteilen bzw Aktien, die zum Gesellschaftsvermögen einer OHG oder KG gehören, DB 1976, 375.

A. Regelungsinhalt, Normzweck

1   Die **Realteilung** einer Aktie ist nach § 8 Abs. 5 ausgeschlossen. Demgegenüber kann eine Aktie mehreren Beteiligten einer Rechtsgemeinschaft zustehen. Regelungsgegenstand des § 69 sind die Folgefragen, die sich aus der gemeinschaftlichen Berechtigung ergeben, und zwar hinsichtlich der Ausübung von Mitgliedschaftsrechten (Abs. 1), der Haftung der Berechtigten (Abs. 2) und der passiven Vertretungsmacht für die Entgegennahme von Willenserklärungen der Gesellschaft (Abs. 3). Ebenso wie die Parallelvorschrift des § 18 GmbHG[1] ist Regelungsziel der **Schutz der Gesellschaft** vor Nachteilen und Unsicherheiten, die sich aus der Inhaberschaft mehrerer Berechtigter ergeben können.[2]

---

1   Hierzu: *Wicke*, GmbHG, 2. Aufl. 2011, § 18 Rn 1 ff; *Bayer* in: Lutter/Hommelhoff, GmbHG, 18. Aufl., § 18 Rn 1 ff.

2   Grigoleit/*Rachlitz*, Rn 1; KölnKomm-AktG/*Lutter/Drygalla*, Rn 2 f.

B. Anwendungsbereich

Nach dem systematischen Zusammenhang mit den §§ 67, 68 ist Hauptanwendungsbereich des § 69 die Berechtigung mehrerer an einer **Namensaktie**. Die Regelung findet jedoch gleichermaßen Anwendung auf Inhaberaktien und unverkörperte Mitgliedschaftsrechte.[3]

Voraussetzung der Absätze 1 bis 3 ist die Berechtigung mehrerer Personen an einer Aktie. Es kommt lediglich auf die **dingliche Zuordnung der Mitgliedschaft** an, nicht auf den Zuordnungsgrund.[4] Mangels dinglicher Zuordnung ist daher der **stille Gesellschafter** kein Berechtigter iSd § 69.[5] Hinsichtlich der Mitgliedschaft einer AG oder GmbH ist die **juristische Person** Aktionärin, eine Rechtsgemeinschaft liegt nicht vor.[6]

Bei **Gesamthandsgemeinschaften** und -gesellschaften ist eine gemeinsame Zuständigkeit mehrerer ausgeschlossen, wenn die Aktie der Gemeinschaft als Rechtssubjekt und nicht den Gesamthändern zugeordnet wird. Daher ist der Anwendungsbereich des § 69 nicht eröffnet hinsichtlich der OHG und der KG,[7] der **Vor-AG** und der **Vor-GmbH**,[8] der BGB-(Außen-)Gesellschaft[9] und des „nicht rechtsfähigen" Vereins (§ 54 BGB).[10] Demgegenüber sind die **Erbengemeinschaft** und die **Gütergemeinschaft** keine von den Gesamthändern zu unterscheidende Rechtssubjekte, so dass eine Mehrheit von Berechtigten iSd § 69 vorliegt.[11]

Eine Rechtsgemeinschaft an einer Aktie ist bei **Bruchteilsgemeinschaften** (§§ 741 ff BGB) zu bejahen. Hiervon ausgenommen ist die **Girosammelverwahrung** (§§ 5 ff. DepotG), bei der die Begründung von Bruchteilseigentum der Hinterleger lediglich der Funktionsfähigkeit der Sammelverwahrung dient.[12]

C. Bestellung eines gemeinschaftlichen Vertreters (Abs. 1)

I. Erfordernis der Bestellung. Die Bestellung eines Vertreters ist keine Rechtspflicht, sondern eine **Obliegenheit**. Die AG kann die Bestellung daher nicht klageweise durchsetzen.[13] Die Bestellung eines Vertreters nach Abs. 1 ist ausgeschlossen, wenn ein Amtstreuhänder (insb. Testamentsvollstrecker) die Mitgliedschaftsrechte ausübt.[14]

§ 69 Abs. 1 kann durch die Satzung nicht abbedungen werden (§ 23 Abs. 5 S. 1), ist jedoch im Einzelfall verzichtbar (zB Zulassung aller Miterben zur Stimmabgabe).[15]

II. Bestellung des Vertreters. Zum gemeinsamen Vertreter kann jede natürliche oder juristische Person bestellt werden. Vertreter kann auch ein **Verwaltungsmitglied** sein. Allerdings kann die Bevollmächtigung eines Verwaltungsmitglieds im Hinblick auf § 136 nachteilig sein (Stimmverbot des Vertreters insb. hinsichtlich der Beschlussfassung über seine Entlastung als Vorstandsmitglied). Die Bestellung mehrerer Personen ist zulässig, sofern **Gesamtvertretung** angeordnet wird.[16]

Die **Voraussetzungen der Bestellung** des Bestellers richten sich nach den Vereinbarungen bzw gesetzlichen Vorschriften der jeweiligen Rechtsgemeinschaft. Die Bestellung stellt bei einer **Erbengemeinschaft** keine Verfügung über einen Nachlassgegenstand dar (§ 2040 BGB), sondern eine Verwaltungsmaßnahme (§ 2038 BGB). Daher ist die einfache Mehrheit ausreichend.[17]

Beschränkungen der Vertretungsmacht sind sowohl in zeitlicher Hinsicht (zB Bevollmächtigung für ein Geschäftsjahr) als auch hinsichtlich des Gegenstandes der Vertretungsmacht möglich (zB Ausübung des Stimmrechts in der Hauptversammlung).[18] Unzulässig sind hingegen Vorbehalte, nach denen im Außenverhältnis die Zustimmung der Berechtigten zur Ausübung einzelner Rechte erforderlich ist.[19]

---

[3] *Hüffer*, Rn 1.
[4] MüHb-AG/*Semler*, § 36 Rn 10.
[5] KölnKomm-AktG/*Lutter/Drygalla*, Rn 5.
[6] *Grigoleit/Rachlitz*, Rn 4.
[7] MüHb-AG/*Semler*, § 36 Rn 10, *Nirk*, Hb AG, Rn 494.
[8] *Hüffer*, Rn 3.
[9] Vgl zur Rechtsfähigkeit der GbR: BGH NJW 2001, 2056; *K. Schmidt*, NJW 2001, 993 ff; Palandt/*Sprau*, § 705 BGB Rn 24 mwN.
[10] Vgl zur Rechtsfähigkeit des "nicht-rechtsfähigen" Vereins: *K. Schmidt*, NJW 2001, 993, 1002 f; Palandt/*Ellenberger*, § 54 BGB Rn 7.
[11] Die Erbengemeinschaft ist nach hM nicht rechtsfähig, BGH NJW 2006, 3715, 3716; 2002, 3389; Palandt/*Weidlich*, § 2032 BGB Rn 1; aA *Eberl-Borges*, ZEV 2002, 125 ff.
[12] KölnKomm-AktG/*Lutter/Drygalla*, Rn 16; Spindler/Stilz/*Cahn*, Rn 9; vgl zur Girosammelverwahrung *Mentz/Fröhling*, NZG 2002, 201, 204 ff.
[13] KölnKomm-AktG/*Lutter/Drygalla*, Rn 26.
[14] Zur Testamentsvollstreckung im Bereich des Aktienrechts: *Frank*, ZEV 2002, 389; zur Rechtskumulation bei gleichzeitiger Vorstands- oder Aufsichtsratstätigkeit: *Frank*, NZG 2002, 898; allg. zur Testamentsvollstreckung im Unternehmensbereich: *Dickhuth-Harrach*, Handbuch der Erbfolgegestaltung, 1. Aufl. 2011, S. 1357 ff.
[15] *Hüffer*, Rn 6; Grigoleit/*Rachlitz*, Rn 7; *Schörnig*, ZEV 2002, 343, 350.
[16] *Hüffer*, Rn 4; Spindler/Stilz/*Cahn*, Rn 12.
[17] BayObLG AG 1968, 330, 331, ebenso zu § 18 GmbHG: *Bayer* in: Lutter/Hommelhoff, § 18 Rn 8.
[18] KölnKomm-AktG/*Lutter/Drygalla*, Rn 22; Grigoleit/*Rachlitz*, Rn 6; einschränkend unter Berufung auf den Wortlaut des Abs. 1 *Hüffer*, Rn 4.
[19] *Hefermehl/Bungeroth*, § 69 Rn 32.

11 **Schriftform** der Bevollmächtigung ist zwar nicht vorgesehen, jedoch im Hinblick auf § 174 BGB[20] sowie hinsichtlich 134 Abs. 3 S. 2 (Zulassung zur Stimmabgabe grundsätzlich nur bei Bevollmächtigung in Textform) empfehlenswert.

12 **III. Ausübung der Mitgliedschaftsrechte.** Der Vertreter übt – vorbehaltlich einer gegenständlichen Beschränkung der Vollmacht – alle Mitgliedschaftsrechte für die Berechtigten aus. Dies erfasst insb. die Ausübung des **Stimm-, Rede- und Antragsrechts** in der HV und die Entgegennahme der Dividenden.[21] Auch die **Anfechtung von Beschlüssen** (§§ 245 ff) erfolgt durch den Vertreter. Bleibt dieser allerdings untätig, kann auch einer der Berechtigten Anfechtungsklage erheben.[22]

13 § 69 Abs. 1 findet keine Anwendung auf **Verfügungen** (Übertragung, Nießbrauch, Verpfändung) über das Mitgliedschaftsrecht. Miterben müssen für die Ausübung von Aktienoptionen (stock options) keinen gemeinsamen Vertreter bestellen, die Ausübung kann dann jedoch nur gemeinschaftlich erfolgen (§ 2040 BGB).[23]

D. Gesamtschuldnerische Haftung (Abs. 2)

14 Die gesamtschuldnerische Haftung (§ 426 BGB) betrifft in erster Linie die **Einlagepflicht** (§ 54), gilt jedoch auch für Leistungs- und Haftungsansprüche der Gesellschaft aus den §§ 55, 62, 63 und 65.[24] Auch die Regelung des Abs. 2 setzt voraus, dass eine Aktie mehreren Personen zugeordnet wird. Demnach kann die AG zB bei der Beteiligung einer OHG deren Gesellschafter nicht aus Abs. 2 in Anspruch nehmen, sondern nur aus § 128 HGB.[25]

15 Die Gesamtschuldnerhaftung kann weder durch Satzungsregelung noch durch Rechtsgeschäft abbedungen werden (Vgl auch § 66). Die **Beschränkung der Erbenhaftung** (§§ 2059 ff BGB) ist zwar grundsätzlich möglich. Bei **Namensaktien** können sich die Miterben jedoch nicht auf die Haftungsbeschränkung berufen, wenn sie in das Aktienregister eingetragen worden sind (§ 67 Abs. 2).[26]

E. Willenserklärungen der AG (Abs. 3)

16 Ist ein Vertreter iSd Abs. 1 bestellt worden oder nimmt ein Amtstreuhänder (zB Testamentsvollstrecker) die Mitgliedschaftsrechte der Berechtigten wahr, ist die Erklärung gegenüber dem Vertreter bzw Amtstreuhänder abzugeben. Ist kein Amtstreuhänder zuständig und unterbleibt die Bestellung eines Vertreters iSd Abs. 1, gilt zum Schutz der AG jeder der Berechtigten als empfangszuständig (Abs. 3 S. 1).

17 Abs. 3 gilt nur für **Erklärungen gegenüber einzelnen Aktionären**, nicht für Erklärungen, die sich an sämtliche Aktionäre richten („Öffentliche" Erklärungen). § 69 Abs. 3 ist insb. anwendbar hinsichtlich der Erklärungen nach den §§ 64 Abs. 2 S. 4, 65 und 237 sowie bezüglich der Aufforderung zur Einzahlung der Einlage, sofern die Satzung abweichend von § 63 Abs. 1 S. 2 eine Aufforderung an die einzelnen Aktionäre vorsieht.[27]

18 Bei **mehreren Erben** ist jeder Miterbe nur für die Erklärungen empfangszuständig, die nach Ablauf eines Monats seit dem Anfall der Erbschaft abgegeben werden (Abs. 3 S. 2). Die „Schonfrist" läuft unabhängig davon, ob die Erben Kenntnis vom Erbfall erlangen. Ein besonderer Schutz des Nächstberufenen, der aufgrund einer Ausschlagung rückwirkend vom Erbfall an als Erbe gilt (§ 1953 Abs. 2 BGB), ist nicht vorgesehen. Die Monatsfrist gilt auch zugunsten der **Nacherben**, die Frist beginnt mit dem Nacherbfall.[28]

§ 70 Berechnung der Aktienbesitzzeit

[1]Ist die Ausübung von Rechten aus der Aktie davon abhängig, daß der Aktionär während eines bestimmten Zeitraums Inhaber der Aktie gewesen ist, so steht dem Eigentum ein Anspruch auf Übereignung gegen ein Kreditinstitut, Finanzdienstleistungsinstitut oder ein nach § 53 Abs. 1 Satz 1 oder § 53 b Abs. 1 Satz 1 oder Abs. 7 des Gesetzes über das Kreditwesen tätiges Unternehmen gleich. [2]Die Eigentumszeit eines Rechtsvorgängers wird dem Aktionär zugerechnet, wenn er die Aktie unentgeltlich, von seinem Treuhänder, als Ge-

---

20 Nach Auffassung von Spindler/Stilz/*Cahn*, Rn 14 findet § 174 BGB keine Anwendung, so dass die Zurückweisung der Vollmacht seitens der AG ausgeschlossen sein soll.
21 KölnKomm-AktG/*Lutter/Drygalla*, Rn 27.
22 Vgl zur Anfechtungsbefugnis eines Miterben: BGH NJW 1989, 2694 (zu § 18 GmbHG).
23 *Kolmann*, ZEV 2002, 216, 218.
24 KölnKomm-AktG/*Lutter/Drygalla*, Rn 35.
25 Anders: *Hüffer*, Rn 6, der bei einer Verpflichtungsfähigkeit der Rechtsgemeinschaft eine gesamtschuldnerische Mithaftung der Beteiligten aus § 69 Abs. 2 ableitet.
26 *Hüffer*, Rn 7; *Crezelius*, Unternehmensrecht, Rn 382; aA Grigoleit/*Rachlitz*, Rn 8 (Vorrang der erbrechtlichen Grundsätze).
27 *Hüffer*, Rn 8.
28 *Hefermehl/Bungeroth*, § 69 Rn 47; Grigoleit/*Rachlitz*, Rn 9.

samtrechtsnachfolger, bei Auseinandersetzung einer Gemeinschaft oder bei einer Bestandsübertragung nach § 14 des Versicherungsaufsichtsgesetzes oder § 14 des Gesetzes über Bausparkassen erworben hat.

A. Regelungsgegenstand

Die in den §§ 142 Abs. 2 S. 2, 147 Abs. 1 S. 2, 258 Abs. 2 S. 4, 265 Abs. 3 S. 2, 315 S. 2 sowie in § 318 Abs. 3 S. 3 HGB vorgesehenen Minderheitsrechte setzen die Glaubhaftmachung voraus, dass die Aktionäre, die die Minderheit bilden, seit mindestens drei Monaten vor Beginn der Hauptversammlung Inhaber ihrer Aktien sind. § 70 regelt die bei der Ermittlung der Besitzzeit zu berücksichtigende **Zurechnung von Vorbesitzzeiten**. Die Regelung findet auch Anwendung auf die Berechnung von Besitzzeiten, die nach der Satzung Voraussetzung der Geltendmachung von Aktionärsrechten sind.[1]

B. Übereignungsansprüche gegen Institute und Unternehmen im Kreditwesen (S. 1)

Der Zeitraum, in dem dem Aktionär ein Übereignungsanspruch gegen ein Kreditinstitut oder eines der anderen in § 70 S. 1 genannten Unternehmen zusteht, wird dem Aktionär zugerechnet. Der Anspruch des Aktionärs muss sich richten gegen ein Kreditinstitut (§§ 1 Abs. 1, 2 Abs. 1 KWG), ein Finanzdienstleistungsinstitut (§§ 1 Abs. 1a, 2 Abs. 6 KWG), ein ausländisches Unternehmen mit Zweigstellen im Inland (§ 53 Abs. 1 S. 1 KWG) oder ein Unternehmen mit grenzüberschreitendem Bankgeschäft im EWR-Raum (§ 53 b Abs. 1, Abs. 7 KWG).[2]

Der Begriff der Übereignung ist nicht iS der §§ 929 ff BGB zu verstehen, gemeint ist jeder Anspruch auf Verschaffung einer Aktie bzw von gattungsmäßig bestimmten Aktien.[3] Hierzu zählen der **Auslieferungsanspruch bei Sammelverwahrung** (§ 5 DepotG) sowie die Ansprüche der Hinterleger bei **Tauschverwahrung** (§ 10 DepotG), **ausgeübter Ermächtigung** (§ 13 DepotG) und **unregelmäßiger Verwahrung** (§ 15 DepotG).[4] Ansprüche aus **Effektenkommission** (§ 18 DepotG) sind dann zu berücksichtigen, wenn ein Zwischenerwerb des Kommissionärs vereinbart wurde.[5] Kein Anspruch iSd § 70 S. 1 besteht bei der **Sonderverwahrung** (§ 2 DepotG), vielmehr bleibt der Hinterleger Eigentümer.[6]

C. Zurechnung der Eigentumszeit des Rechtsvorgängers (S. 2)

Ein **unentgeltlicher Erwerb** liegt vor bei einer Schenkung unter Lebenden (§§ 516 ff BGB) oder von Todes wegen (§ 2301 BGB). Auch der Vermächtnisnehmer (§§ 2147 ff BGB) kann sich auf § 70 S. 2 berufen, sofern er keine Gegenleistung erbracht hat (zB Vermächtnis in Form eines Ankaufsrechts).

Der **Erwerb von einem Treuhänder** erfasst jede Form der Treuhand (echte und unechte, eigennützige und uneigennützige).[7] Nicht hierzu zählt die sog. **Legitimationszession** (Vgl § 129 Abs. 3), da bei dieser das Vollrecht weiterhin dem Aktionär zusteht.[8]

Fälle der **Gesamtrechtsnachfolge** sind: der Erbfall (§ 1922 BGB), die Vereinbarung der Gütergemeinschaft (§ 1416 BGB), die Verschmelzung (§§ 20 Abs. 1 Nr. 1, 73 UmwG), der Formwechsel (§ 202 Abs. 1 Nr. 1 UmwG) und die Anwachsung (§ 142 HGB).

Vorbesitzzeiten sind zu berücksichtigen bei der **Auseinandersetzung einer Bruchteils- oder Gesamthandsgemeinschaft**, so dass insbesondere dem Miterben, der im Wege der Erbauseinandersetzung Aktien erwirbt, die Vorbesitzzeit der Erbengemeinschaft zugerechnet wird.

Eine Zurechnung erfolgt des Weiteren bei **Bestandsübertragungen** nach § 14 VAG und § 14 BausparkG. Diese führen nicht zu einer Gesamtrechtsnachfolge, sondern stellen eine rechtsgeschäftliche Übertragung einer Vermögensgesamtheit dar.[9]

---

1 Spindler/Stilz/*Cahn*, Rn 1.
2 Vgl hierzu § 54 Rn 27.
3 Hüffer, Rn 2; Vgl zu den Formen der rechtsgeschäftlichen Übertragung von Aktien: *Mentz/Fröhling*, NZG 2002, 201.
4 Hüffer, Rn 3.
5 KölnKomm-AktG/*Lutter/Drygalla*, Rn 12.
6 Vgl *Schimansky/Bunte/Lwowski/Gößmann*, BankR-Hdb Bd. II, § 72 IV Rn 121.
7 KölnKomm-AktG/*Lutter/Drygalla*, Rn 20; Spindler/Stilz/*Cahn*, Rn 11.
8 Hüffer, Rn 4.
9 Spindler/Stilz/*Cahn*, Rn 14.

§ 71 Erwerb eigener Aktien

(1) Die Gesellschaft darf eigene Aktien nur erwerben,
1. wenn der Erwerb notwendig ist, um einen schweren, unmittelbar bevorstehenden Schaden von der Gesellschaft abzuwenden,
2. wenn die Aktien Personen, die im Arbeitsverhältnis zu der Gesellschaft oder einem mit ihr verbundenen Unternehmen stehen oder standen, zum Erwerb angeboten werden sollen,
3. wenn der Erwerb geschieht, um Aktionäre nach § 305 Abs. 2, § 320b oder nach § 29 Abs. 1, § 125 Satz 1 in Verbindung mit § 29 Abs. 1, § 207 Abs. 1 Satz 1 des Umwandlungsgesetzes abzufinden,
4. wenn der Erwerb unentgeltlich geschieht oder ein Kreditinstitut mit dem Erwerb eine Einkaufskommission ausführt,
5. durch Gesamtrechtsnachfolge,
6. auf Grund eines Beschlusses der Hauptversammlung zur Einziehung nach den Vorschriften über die Herabsetzung des Grundkapitals,
7. wenn sie ein Kreditinstitut, Finanzdienstleistungsinstitut oder Finanzunternehmen ist, aufgrund eines Beschlusses der Hauptversammlung zum Zwecke des Wertpapierhandels. Der Beschluß muß bestimmen, daß der Handelsbestand der zu diesem Zweck zu erwerbenden Aktien fünf vom Hundert des Grundkapitals am Ende jeden Tages nicht übersteigen darf; er muß den niedrigsten und höchsten Gegenwert festlegen. Die Ermächtigung darf höchstens fünf Jahre gelten; oder
8. aufgrund einer höchstens fünf Jahre geltenden Ermächtigung der Hauptversammlung, die den niedrigsten und höchsten Gegenwert sowie den Anteil am Grundkapital, der zehn vom Hundert nicht übersteigen darf, festlegt. Als Zweck ist der Handel in eigenen Aktien ausgeschlossen. § 53a ist auf Erwerb und Veräußerung anzuwenden. Erwerb und Veräußerung über die Börse genügen dem. Eine andere Veräußerung kann die Hauptversammlung beschließen; § 186 Abs. 3, 4 und § 193 Abs. 2 Nr. 4 sind in diesem Fall entsprechend anzuwenden. Die Hauptversammlung kann den Vorstand ermächtigen, die eigenen Aktien ohne weiteren Hauptversammlungsbeschluß einzuziehen.

(2) ¹Auf die zu den Zwecken nach Absatz 1 Nr. 1 bis 3, 7 und 8 erworbenen Aktien dürfen zusammen mit anderen Aktien der Gesellschaft, welche die Gesellschaft bereits erworben hat und noch besitzt, nicht mehr als zehn vom Hundert des Grundkapitals entfallen. ²Dieser Erwerb ist ferner nur zulässig, wenn die Gesellschaft im Zeitpunkt des Erwerbs eine Rücklage in Höhe der Aufwendungen für den Erwerb bilden könnte, ohne das Grundkapital oder eine nach Gesetz oder Satzung zu bildende Rücklage zu mindern, die nicht zur Zahlung an die Aktionäre verwandt werden darf. ³In den Fällen des Absatzes 1 Nr. 1, 2, 4, 7 und 8 ist der Erwerb nur zulässig, wenn auf die Aktien der Ausgabebetrag voll geleistet ist.

(3) ¹In den Fällen des Absatzes 1 Nr. 1 und 8 hat der Vorstand die nächste Hauptversammlung über die Gründe und den Zweck des Erwerbs, über die Zahl der erworbenen Aktien und den auf sie entfallenden Betrag des Grundkapitals, über deren Anteil am Grundkapital sowie über den Gegenwert der Aktien zu unterrichten. ²Im Falle des Absatzes 1 Nr. 2 sind die Aktien innerhalb eines Jahres nach ihrem Erwerb an die Arbeitnehmer auszugeben.

(4) ¹Ein Verstoß gegen die Absätze 1 oder 2 macht den Erwerb eigener Aktien nicht unwirksam. ²Ein schuldrechtliches Geschäft über den Erwerb eigener Aktien ist jedoch nichtig, soweit der Erwerb gegen die Absätze 1 oder 2 verstößt.

Literatur:

Aha, Verbot des Erwerbs eigener Aktien nach den §§ 71 ff AktG und eigener Genussscheine nach § 10 Abs. 5 S. 5 KWG, AG 1992, 218; *Baum*, Rückerwerbsangebote für eigene Aktien: übernahmerechtlicher Handlungsbedarf?, ZHR 167 (2003), 580; *Behrens/Renner*, Keine vGA beim Rückerwerb eigener Aktien infolge öffentlichen Erwerbsangebots, AG 2006, 664; *Bosse*, Handel in eigenen Aktien durch die Aktiengesellschaft, WM 2000, 806; *ders.*, Mitarbeiterbeteiligung und Erwerb eigener Aktien, NZG 2001, 594; *Broichhausen*, Mitwirkungskompetenz der Hauptversammlung bei der Ausgabe von Wandelschuldverschreibungen auf eigene Aktien, NZG 2012, 86; *Büdenbender*, Eigene Aktien und Aktien an der Muttergesellschaft, DZWir 1998, 1, 55; *Cahn/Ostler*, Eigene Aktien und Wertpapierleihe, AG 2008, 221; *Claussen*, Aktienrechtsreform 1997, AG 1996, 481; *ders.*, Wie ändert das KonTraG das Aktiengesetz?, DB 1998, 177; *Diekmann/Merkner*, Die praktische Anwendung des WpÜG auf öffentliche Angebote zum Erwerb eigener Aktien, ZIP 2004, 836; *Ekkenga*, Kurspflege und Kursmanipulation nach geltendem und künftigem Recht, WM 2002, 317; *Escher-Weingart/Kübler*, Erwerb eigener Aktien, ZHR 162 (1998), 537; *Fleischer/Körber*, Der Rückerwerb eigener Aktien und das Wertpapiererwerbs- und Übernahmegesetz, BB 2001, 2589; *Gätsch/Bracht*, Die Behandlung eigener Aktien im Rahmen der Mitteilungs- und Veröffentlichungspflichten nach §§ 21, 22 und 28a WpHG, AG 2011, 813; *Gamerdinger/Saupe*, Kontrolle ausländischer Direktinvestitionen in der Bundesrepublik – Eine Untersuchung der Kriterien, Möglichkeiten und Notwendigkeiten, AG 1976, 1, 29; *Ganske*, Das Zweite Gesellschaftsrechtliche Koordinierungsgesetz, DB 1978, 2461; *Geber/zur Megede*, Aktienrückkauf – Theorie und Kapitalmarktpraxis unter Beachtung der „Safe harbor"-Verordnung (EG Nr. 2273/2003), BB 2005, 1861; *Gelhausen*, Bilanzierung zur Einziehung erworbener Aktien und Kapitalschutz, in: FS Baetge, 2007, S. 192; *Grobecker/Michel*, Rückkauf eigener Aktien: Die Grenzen des § 71 Abs. 1 Nr. 8 AktG, DStR 2001, 1757; *Grüger*,

Kurspflegemaßnahmen durch den Erwerb eigener Aktien – Verstoß gegen das Verbot der Marktmanipulation nach § 20 a WpHG?, BKR 2010, 221; *Günther/Muche/White,* Zulässigkeit des Rückkaufs eigener Aktien in den USA und Deutschland – vor und nach KonTraG, RIW 1998, 337; *Habersack,* Das Andienungs- und Erwerbsrecht bei Erwerb und Veräußerung eigener Anteile, ZIP 2004, 1121; *Heer,* Unternehmensakquisitionen im Wege der Sachkapitalerhöhung – im Spannungsfeld zwischen Differenzhaftung und verbotenem Erwerb eigener Aktien, ZIP 2012, 2325; *Hillebrandt/Schremper,* Analyse des Gleichbehandlungsgrundsatzes beim Rückkauf von Vorzugsaktien, BB 2001, 533; *Hitzer/Simon/Düchting,* Behandlung eigener Aktien der Zielgesellschaft bei öffentlichen Übernahmeangeboten, AG 2012, 237; *Huber,* Rückkauf eigener Aktien, in: FS Kropff, 1997, S. 101; *Hüffer,* Harmonisierung des aktienrechtlichen Kapitalschutzes, NJW 1979, 1065; *Hüttemann,* Erwerb eigener Anteile im Bilanz- und Steuerrecht nach BilMoG, Festschrift für Norbert Herzig zum 65. Geburtstag, 2010, 595; *Janberg,* Einige Betrachtungen zur Belegschaftsaktie, AG 1960, 177; *Johannsen-Roth,* Der Einsatz von Eigenkapitalderivaten beim Erwerb eigener Aktien, ZIP 2011, 407; *Käpplinger/Käpplinger,* Möglichkeiten des Repricings von Aktienoptionsplänen, WM 2004, 712; *Kau/Leverenz,* Mitarbeiterbeteiligung und leistungsgerechte Vergütung durch Aktien-Options-Pläne, BB 1998, 2269; *Kellerhals/Rausch,* Liberalisierung von Aktienrückkäufen: Bundesdeutsche Erfahrungen, AG 2000, 222; *Kessler/Suchan,* Erwerb eigener Aktien und dessen handelsbilanzielle Behandlung, BB 2000, 2529; *Kiem,* Der Erwerb eigener Aktien bei der kleinen AG, ZIP 2000, 209; *Kindl,* Der Erwerb eigener Aktien nach dem KonTraG, DStR 1999, 1276; *Klein,* Abwehrmöglichkeiten gegen feindliche Übernahmen in Deutschland, NJW 1997, 2085; *Klingberg,* Der Aktienrückkauf nach dem KonTraG aus bilanzieller und steuerlicher Sicht, BB 1998, 1575; *Koch,* Der Erwerb eigener Aktien – Kein Fall des WpÜG, NZG 2003, 61; *Kort,* Pflichten von Vorstands- und Aufsichtsratsmitgliedern beim Erwerb eigener Aktien zwecks Vorstandsvergütung, NZG 2008, 823; *Kocher,* Sind Ermächtigungen der Hauptversammlungen zur Verwendung eigener Aktien analog § 202 I AktG auf fünf Jahre befristet?, NZG 2010, 172; *König,* Anmerkung zu BGH, Urteil vom 20.9.2011, II ZR 234/09, jurisPR-HaGesR 12/2011, Anmerkung 3; *Kopp/Metzner,* Rechtliche Aspekte der Finanzierung des Rückkaufs von Wandelschuldverschreibungen durch vorherige Kapitalerhöhung oder Emission neuer Wandelschuldverschreibungen, AG 2012, 856; *Kraft/Altvater,* Die zivilrechtliche, bilanzielle und steuerliche Behandlung des Rückkaufs eigener Aktien, NZG 1998, 448; *Kröner/Hadzic,* Der Erwerb eigener Anteile nach § 71 Abs. 1 Nr. 8 AktG unter Berücksichtigung von § 50c EStG, DB 1998, 2133; *Kropff,* Gesellschaftsrechtliche Auswirkungen der Ausschüttungssperre in § 268 Abs. 8 HGB, in: FS Uwe Hüffer, 2010, S. 539; *ders.,* Nettoausweis des Gezeichneten Kapitals und Kapitalschutz, ZIP 2009, 1137; *Kuhn,* Arbitragegeschäfte der Aktienbanken in eigenen Aktien, NJW 1973, 833; *Lenz/Linke,* Rückkauf eigener Aktien nach dem Wertpapiererwerbs- und Übernahmegesetz, AG 2002, 420; *Leuering,* Der Rückerwerb eigener Aktien im Auktionsverfahren, AG 2007, 435; *Lingemann/Wasmann,* Mehr Kontrolle und Transparenz im Aktienrecht: Das KonTraG tritt in Kraft, BB 1998, 853; *Ludwig,* Ertragsteuerliche Behandlung von eigenen Anteilen im Betriebsvermögen einer Kapitalgesellschaft, DStR 2003, 1646; *Lutter,* Optionsanleihen ausländischer Tochtergesellschaften, AG 1972, 125; *Lutter/Gehling,* Anmerkung zu OLG Frankfurt a.M. (Urt v 30.1.1992, 16 U 120/90), WuB II A. § 71a AktG 1.92; *Martens,* Der Erwerb eigener Aktien zum Umtausch im Verschmelzungsverfahren, in: FS Boujong, 1996, S. 335; *ders.,* Die Vergleich- und Abfindungsbefugnis des Vorstands gegenüber opponierenden Aktionären, AG 1998, 118; *ders.,* Erwerb und Veräußerung eigener Aktien im Börsenhandel, AG 1996, 337; *Merkt/Mylich,* Einlage eigener Aktien und Rechtsrat durch den Aufsichtsrat, NZG 2012, 525; *Meyer,* Wandelschuldverschreibungen, BB 1955, 551; *Meyer/Ludwig,* Aktienoptionen für Aufsichtsräte ade?, ZIP 2004, 940; *Mick,* Aktien- und bilanzsteuerrechtliche Implikationen beim Einsatz von Eigenkapitalderivaten beim Aktienrückkauf, DB 1999, 1201; *Müller,* Zum Entwurf eines Gesetzes zur Durchführung der Zweiten Richtlinie des Rates der Europäischen Gemeinschaften zur Koordinierung des Gesellschaftsrechts (Kapitalschutzrichtlinie), WPg 1978, 565; *Oechsler,* Die Wertpapierleihe im Anwendungsbereich des § 71 AktG, AG 2010, 526; *ders.,* Die neue Kapitalgrenze beim Rückerwerb eigener Aktien (§ 71 Abs. 2 Satz 2 AktG), AG 2010, 105; *ders.,* Der ReE zum Wertpapiererwerbs- und Übernahmegesetz – Regelungsbedarf bei der Zielgeraden!, NZG 2001, 817; *Oser/Kropp,* Eigene Anteile im Gesellschafts-, Bilanz- und Steuerrecht, Der Konzern 2012, 185; *Otto,* Obligatorische Bindungsverträge, NZG 2013, 930; *Paefgen,* Die Gleichbehandlung beim Aktienrückerwerb im Schnittfeld von Gesellschafts- und Übernahmerecht, ZIP 2002, 1509; *ders.,* Eigenkapitalderivate bei Aktienrückkäufen und Managementbeteiligungsmodellen, AG 1999, 67; *Peltzer,* Die Neuregelung des Erwerbs eigener Aktien im Lichte der historischen Erfahrungen, WM 1998, 322; *Podewils,* Anmerkung zu OLG Stuttgart, Urteil vom 25.11.2009, 20 U 5/09, jurisPR-HaGesR 2/2010, Anmerkung 3; *Posner,* Der Erwerb eigener Aktien in der US-amerikanischen Unternehmenspraxis, AG 1994, 312; *Preusche,* „Altbestand" eigener Aktien und Veräußerungspflichten nach §§ 71 ff AktG, BB 1982, 1638; *Reichert/Harbarth,* Veräußerung und Einziehung eigener Aktien, ZIP 2001, 1441; *Richter/Gittermann,* Die Verknüpfung von Kapitalerhöhung und Rückerwerb eigener Aktien bei Mitarbeiteraktienprogrammen, AG 2004, 277; *Richter,* Aktienoptionen für den Aufsichtsrat?, BB 2004, 949; *Rieckers,* Ermächtigung des Vorstands zu Erwerb und Einziehung eigener Aktien, ZIP 2009, 700; *Rittner,* Zur Verantwortung des Vorstands nach § 76 Abs. 1 AktG 1965, AG 1973, 120; *Saria,* Schranken beim Erwerb eigener Aktien nach § 71 Abs. 1 Nr. 8, NZG 2000, 458; *Schäfer,* Aktuelle Probleme der Mitarbeiterbeteiligung nach In-Kraft-Treten des KonTraG, NZG 1999, 531; *Schander,* Der Rückkauf eigener Aktien nach KonTraG und Einsatzpotentiale bei Übernahmetransaktionen, ZIP 1998, 2087; *Schanz,* Feindliche Übernahmen und Strategien der Verteidigung, NZG 2000, 337; *Schlaus,* Auskauf opponierender Aktionäre, AG 1988, 113; *Schmid/Mühlhäuser,* Rechtsfragen des Einsatzes von Aktienderivaten beim Aktienrückkauf, AG 2001, 493; *dies.,* Die Gegenleistung beim Erwerb eigener Aktien mittels Optionen, AG 2004, 342; *Schmid/Wiese,* Bilanzielle und steuerliche Behandlung eigener Aktien, DStR 1998, 993; *Schockenhoff/Wagner,* Ad-hoc-Publizität beim Aktienrückkauf, AG 1999, 548; *Schönle,* Erwerb eigener Aktien durch Kreditinstitute nach dem neuen Aktiengesetz, ZfgK 1966, 148; *Seibert,* Kontrolle und Transparenz im Unternehmensbereich (KonTraG), WM 1997, 1; *Seibt/Bremkamp,* Erwerb eigener Aktien und Ad-hoc-Publizitätspflicht, AG 2008, 469; *Singhof/Weber,* Neue kapitalmarktrechtliche Rahmenbedingungen für den Erwerb eigener Aktien, AG 2005, 549; *Stallknecht/Schulze-Uebbing,* Der Rückerwerb eigener Aktien durch nicht börsennotierte Aktiengesellschaften, AG 2010, 657; *Tollkühn,* Die Schaffung von Mitarbeiteraktien durch kombinierte Nutzung von genehmigtem Kapital und Erwerb eigener Aktien unter Einschaltung eines Kreditinstituts, NZG 2004, 594; *Trapp/Schlitt/Becker,* Die CoMEN-Transaktion der Commerzbank und die Möglichkeit ihrer Umsetzung durch andere Emittenten, AG 2012, 57; *van Aerssen,* Erwerb eigener Aktien und Wertpapierhandelsgesetz: Neues von der Schnittstelle Gesellschaftsrecht/Kapitalmarktrecht, WM 2000, 391; *Vetter,* Die Gegenleistung für den Erwerb einer Aktie bei Ausübung einer Call Option, AG 2003, 478; *ders.,* Die Gegenleistung beim Erwerb eigener Aktien mittels Call Optionen, AG 2004, 344; *Vetter,* Stock Options für Aufsichtsräte – Ein Widerspruch?, AG 2004, 234; *von Rosen/Helm,* Der Erwerb eigener Aktien durch die Gesellschaft, AG 1996, 434; *Wachter,* Kurzkommentar zu OLG München Beschluss vom 8.5.2012 – 31 Wx 155/12, EWiR 2012, 543; *Wagner,* Zur aktienrechtlichen Zulässigkeit von Share Matching-Plänen, BB 2010, 1739; *Wastl,* Erwerb eigener Aktien nach dem Referentenentwurf zur Änderung des AktG und des HGB, DB 1997,

461; *Weiß*, Aktienoptionsprogramme nach dem KonTraG, WM 1999, 353; *Weiss*, Put Option auf eigene Aktien kraft Gesamtrechtsnachfolge?, AG 2004, 127; *Werner*, Ausgewählte Fragen zum Aktienrecht, AG 1972, 93; *Westermann*, Aktienrechtliche Grenzen einer Übernahme von Umwandlungs- und Kurspflegekosten durch die Gesellschaft, in: FS Peltzer, 2001, S. 613; *Wiechers*, Die Beteiligung von Aufsichtsratsmitgliedern am Unternehmenserfolg über die Ausgabe von Wandelschuldverschreibungen und die Bedienung von Aktienbezugsrechten, DB 2003, 595; *Wieneke*, Rückerwerb und Wiederveräußerung von Wandelschuldverschreibungen durch die emittierende Gesellschaft, WM 2013, 1540; *Wieneke/Förl*, Die Einziehung eigener Aktien nach § 237 Abs. 3 Nr. 3 AktG – Eine Lockerung des Grundsatzes der Vermögensbindung?, AG 2005, 189; *Witt*, „Selbst-Angebote" und WpÜG: Die Zielgesellschaft als Bieterin?, BB 2002, Heft 31, I; *Ziebe*, Die Regelung des Erwerbs eigener Aktien in den Mitgliedstaaten der Europäischen Gemeinschaft, AG 1982, 175; *Zilias/Lanfermann*, Die Neuregelung des Erwerbs und Haltens eigener Aktien, WPg 1980, 61, 89.

A. Übersicht zu den §§ 71–71 e	1
I. Allgemeines	1
II. Anwendungsbereich der §§ 71–71 e	4
1. Eigene „Aktien"	4
2. „Erwerb" eigener Aktien	5
3. Verhältnis zu anderen Vorschriften	9
III. Auslegungsmaßstab, Beweislast	10
B. Übersicht zu § 71	11
I. Fälle, in denen der Erwerb eigener Aktien zulässig ist (Abs. 1)	12
1. Abwendung eines schweren, unmittelbar bevorstehenden Schadens (Abs. 1 Nr. 1)	13
a) Schaden	14
b) „Schwerer" Schaden	15
c) „Unmittelbar bevorstehender" Schaden	16
d) „Notwendigkeit" des Erwerbs eigener Aktien zur Schadensabwendung	18
e) Einzelfälle	19
aa) Befriedigung anderweitig nicht mehr durchsetzbarer Forderungen	20
bb) Abwehr eines Baisseangriffes oder spekulativer Kursstürze	21
cc) Abwehr einer „Überfremdung"	22
dd) Machtkampf unter Aktionären	23
ee) „Abkauf" von Anfechtungsklagen	24
ff) Kurspflege/Realisierung von Kursgewinnen	25
2. Belegschaftsaktien (Abs. 1 Nr. 2)	26
a) Arbeitsverhältnis zur Gesellschaft oder einem mit ihr verbundenen Unternehmen	27
b) Gegenwärtiges oder ehemaliges Arbeitsverhältnis	28
c) Absicht, die Aktien den Arbeitnehmern zum Erwerb anzubieten	29
d) Umwidmung bereits vorhandener eigener Aktien	30
e) Gleichbehandlungsgrundsatz, weitere Voraussetzungen (Abs. 2) und Berichtspflicht (Abs. 3 S. 1)	31
f) Bedingungen der Abgabe von Belegschaftsaktien, Angemessenheit	32
3. Abfindung von Aktionären (Abs. 1 Nr. 3)	33
a) Fälle der Abfindung nach Aktiengesetz	34
aa) § 305 Abs. 2	34
bb) § 320 b	35
cc) Verwendungsabsicht	36
b) Fälle der Abfindung nach UmwG	37
aa) § 29 Abs. 1 UmwG	37
bb) § 125 S. 1 iVm § 29 Abs. 1 UmwG	38
cc) § 207 UmwG	39
c) Erweiterung auf nicht ausdrücklich geregelte Fälle?	40
d) Anzahl der zu erwerbenden eigenen Aktien: Vorhandene eigene Aktien als Erwerbshindernis?	41
e) Weitere Voraussetzungen	42
f) Veräußerungspflicht	43
4. Unentgeltlicher Erwerb, Einkaufskommission eines Kreditinstituts (Abs. 1 Nr. 4)	44
a) Unentgeltlicher Erwerb	45
b) Einkaufskommission	46
5. Gesamtrechtsnachfolge (Abs. 1 Nr. 5)	49
a) Erbfolge	50
b) Verschmelzung durch Aufnahme mit der AG als übernehmender Rechtsträgerin	51
c) Gesamtrechtsnachfolge gemäß § 140 Abs. 1 S. 2 HGB	52
6. Hauptversammlungsbeschluss zur Einziehung bei Kapitalherabsetzung (Abs. 1 Nr. 6)	53
7. Hauptversammlungsbeschluss zum Zwecke des Wertpapierhandels bei Kreditinstituten, Finanzdienstleistungsinstituten oder Finanzunternehmen (Abs. 1 Nr. 7)	57
8. Ermächtigung durch die Hauptversammlung (Abs. 1 Nr. 8)	59
a) Inhalt des Hauptversammlungsbeschlusses	61
b) Zweck des Erwerbs (Abs. 1 Nr. 8 S. 2)	63
c) Gleichbehandlung der Aktionäre bei Erwerb und Veräußerung der eigenen Aktien (Abs. 1 Nr. 8 S. 3 und 4)	65
d) Veräußerung ohne Gleichbehandlung (Abs. 1 Nr. 8 S. 5)	69
e) Einziehungsermächtigung (Abs. 1 Nr. 8 S. 6)	72
f) Sonstige Anforderungen	74
II. Weitere Voraussetzungen für den zulässigen Erwerb eigener Aktien in bestimmten Fällen (Abs. 2)	75
1. Begrenzung auf 10 % des Grundkapitals	76
a) Grundkapital	77
b) Einzubeziehende Aktien	78
2. Kapitalgrenze	79
a) Hypothetische Rücklage für eigene Anteile	80
b) Keine Minderung des Grundkapitals oder gebundener Rücklagen	81
c) Maßgeblicher Zeitpunkt	83
3. Volle Einzahlung des Ausgabebetrages	84
III. Besondere Unterrichtungs- und Ausgabepflichten nach Erwerb (Abs. 3)	85
1. Pflicht des Vorstands zur Unterrichtung der Hauptversammlung in den Fällen des Abs. 1 Nr. 1 und 8 (Abs. 3 S. 1)	86
a) Gründe und Zweck des Erwerbs	87
b) Zahl der erworbenen Aktien, Betrag des Grundkapitals, Anteil am Grundkapital	88
c) „Gegenwert der Aktien"	89

d) Bericht in der Hauptversammlung, Auskunftsrecht 90	c) Rechtsfolgen der Nichtigkeit 101
e) Rechtsfolgen bei Verstoß 91	aa) Ansprüche der AG 102
2. Pflicht zur Ausgabe von Belegschaftsaktien (Abs. 3 S. 2)................. 92	bb) Ansprüche des Veräußerers 103
3. Sonstige Publizitätspflichten 95	cc) Verhältnis von Rückübertragungsanspruch des Veräußerers gemäß §§ 812 ff BGB und Veräußerungspflicht gemäß § 71 c Abs. 1 104
IV. Rechtsfolgen von Verstößen gegen Abs. 1 oder Abs. 2 (Abs. 4) 96	
1. Wirksamkeit des dinglichen Erwerbs (Abs. 4 S. 1) 97	3. Sonstige Rechtsfolgen eines Verstoßes gegen Abs. 1 oder Abs. 2 105
2. Unwirksamkeit des schuldrechtlichen Geschäfts (Abs. 4 S. 2)................. 98	a) Schadensersatzansprüche der AG gegen die Verwaltung........................ 105
a) „Schuldrechtliches" Grundgeschäft 99	b) Schadensersatzansprüche des Veräußerers gegen die AG.................... 106
b) Nichtigkeit „soweit der Erwerb gegen die Abs. 1 oder 2 verstößt" 100	c) Ordnungswidrigkeit 107

A. Übersicht zu den §§ 71–71 e

I. Allgemeines. Die §§ 71–71 e regeln abschließend (§ 23 Abs. 5 S. 1), unter welchen Bedingungen die AG Rechte an ihren eigenen Aktien erwerben darf.[1] Daraus folgt systematisch das grundsätzliche **Verbot des Erwerbs eigener Aktien** durch eine AG.[2] Von großer praktischer Bedeutung ist dabei das **Verbot von Umgehungen**. §§ 71 a, 71 d untersagen in weitem Umfang Umgehungsgeschäfte ohne Rücksicht auf eine Umgehungsabsicht. In der Praxis kann es daher leicht dazu kommen, dass Rechtsgeschäfte geschlossen werden, die – unbeabsichtigt – mittelbar einen Erwerb von Rechten der AG an eigenen Aktien beinhalten und deshalb nach den §§ 71 ff ganz oder teilweise nichtig sind.

Die Regelungen zum Erwerb eigener Aktien gehen in ihrer heutigen Struktur im Wesentlichen auf das 2. EG-Koordinierungsgesetz v. 13.12.1978[3] zurück, mit dem die EG-Kapitalschutzrichtlinie umgesetzt wurde. Seither sind die §§ 71–71 e inhaltlich im Wesentlichen geändert worden durch das Zweite Finanzmarktförderungsgesetz v. 26.7.1994,[4] durch das Umwandlungsbereinigungsgesetz v. 28.10.1994,[5] durch das Begleitgesetz zum Gesetz zur Umsetzung von EG-Richtlinien zur Harmonisierung bank- und wertpapieraufsichtsrechtlicher Vorschriften v. 22.10.1997,[6] durch das Stückaktiengesetz vom 25.3.1998,[7] durch das KonTraG vom 27.4.1998,[8] durch das Gesetz zur Modernisierung des GmbH-Rechts und zur Bekämpfung von Missbräuchen (MoMiG) vom 23.10.2008,[9] durch das Gesetz zur Modernisierung des Bilanzrechts (BilMoG) vom 26.5.2009[10] und durch das Gesetz zur Umsetzung der Aktionärsrechterichtlinie (ARUG), vom 30.7.2009.[11]

Als Zweck des grundsätzlichen Verbots eines Erwerbs eigener Aktien werden angeführt:

- **Kapitalaufbringung:** Das weitgehende Verbot des Erwerbs eigener Aktien, die nicht voll eingezahlt sind (Abs. 2 S. 3) soll eine Konfusion, dh das Erlöschen des Einlageanspruchs in der Hand der AG verhindern.[12]
- **Kapitalerhaltung:** Der Erwerb der Aktie durch die AG gegen Zahlung eines Kaufpreises an den ausscheidenden Aktionär ist an sich eine Einlagenrückgewähr (daher § 57 Abs. 1 S. 2).[13]
- **Gleichbehandlung:** Derjenige Aktionär, der seine Aktien an die AG veräußert, wird aus dem gesellschaftlichen Risiko entlassen und damit ggf gegenüber den Mitaktionären privilegiert.[14]

---

1 Zur historischen Entwicklung MüKo-AktG/*Oechsler*, Rn 26 ff; *Peltzer*, WM 1998, 322, 324 ff.
2 Diese Systematik des Gesetzes ist durch die weitgehende Liberalisierung des Erwerbs eigener Aktien mit Einführung des § 71 Abs. 1 Nr. 8 zwar nicht geändert, in ihrer Bedeutung jedoch erheblich relativiert worden; siehe *Kraft/Altvater*, NZG 1998, 448, 449; *Peltzer*, WM 1998, 322, 323; *van Aerssen*, WM 2000, 391, 393; *Schockenhoff/Wagner*, AG 1999, 548; *Wastl*, DB 1997, 461, 462; *Kindl*, DStR, 1999, 1276; Marsch/Barner/Schäfer/*Schäfer*, Handbuch börsennotierte AG, § 50 Rn 4; Schüppen/Schaub/*Pajunk*, Münchener Anwaltshandbuch Aktienrecht, § 31 Rn 2, 9.
3 BGBl I 1978 S. 1959.
4 BGBl I 1994 S. 1749.
5 BGBl I 1994 S. 3210.
6 BGBl I 1997 S. 2567.
7 BGBl I 1998 S. 590.
8 BGBl I 1998 S. 768.
9 BGBl I 2008 S. 2026.
10 BGBl I 2009 S. 1102.
11 BGBl I 2009 S. 2479.
12 KölnKomm-AktG/*Lutter/Drygala*, Rn 17; MüKo-AktG/*Oechsler*, Rn 20. Zur Untauglichkeit eigener Aktien als Sacheinlage BGH NZG 2011, 1271 mit zust. Anm. *König*, jurisPR-HaGesR 12/2011 Anm. 3; differenzierend *Merkt/Mylich*, NZG 2012, 525, 526 f; s.a. Kommentierung zu § 183.
13 LG Memmingen, Urt. v. 11.8.2010 – 2 HK O 515/10, 2 HKO 515/10 – Rn 17: Kapitalerhaltung zum Schutz aller Aktionäre und Gläubiger, nicht aber einzelner (kein Schutzgesetz im Sinne von § 823 Abs. 2 BGB); *Nirk*, Hb AG, Rn 5.689; *Henn*, Handbuch des Aktienrechts, § 6 Rn 190 f; Bürgers/Körber/*Wieneke*, Rn 1; MüKo-AktG/*Oechsler*, Rn 1; Picot/Mentz/Seydel/*Duggal*, Die Aktiengesellschaft bei Unternehmenskauf und Restrukturierung, Teil IX Rn 5 f; *Büdenbender*, DZWir 1998, 55, 56.
14 *Peltzer*, WM 1998, 322, 327; *Escher-Weingart/Kübler*, ZHR 162 (1998), 537, 539; MüKo-AktG/*Oechsler*, Rn 22; *Habersack*, ZIP 2004, 1121, 1122.

- **Doppelrisiko:** Das gesellschaftliche Risiko geht im Umfang der erworbenen eigenen Aktien auf die AG über und wird für die verbleibenden Aktionäre insoweit zum Doppelrisiko: Wertverlust der von den Aktionären gehaltenen Aktien und zugleich Wertverlust der von der AG selbst gehaltenen Aktien.[15]
- **Schutz der Kompetenzverteilung:** Die Verwaltung (Vorstand/Aufsichtsrat) soll keine unangemessen starke Stellung erhalten (daher § 71 b).[16]
- **Schutz des Kapitalmarkts:** Die AG kann durch den Erwerb eigener Aktien den Börsenkurs künstlich in die Höhe treiben. Der Anleger, der den Grund für die Kursbildung nicht kennt, kann getäuscht werden.[17]

4 II. Anwendungsbereich der §§ 71–71 e. 1. Eigene „Aktien". Die §§ 71–71 e beziehen sich auf den Erwerb von Rechten an eigenen „Aktien". Mit „Aktie" ist die **Mitgliedschaft in der AG** gemeint. Keine Rolle spielt es, ob und ggf wie diese Mitgliedschaft verbrieft ist, etwa in einer Globalurkunde oder in mehreren Aktienurkunden oder in Form von Zwischenscheinen (§ 10 Abs. 3, 4).[18] „Aktie" im Sinne der §§ 71–71 e ist auch ein Miteigentumsanteil an einer Aktie.[19] Nach herrschender Meinung fällt daher der Erwerb durch Gutschrift auf einem Girosammeldepot (§§ 5 ff. DepotG) unter die §§ 71 ff[20] Der Erwerb eines Gesamthandsanteils an Aktien fällt ebenfalls unter die §§ 71 ff, siehe aber Rn 8. Keine „Aktien" im Sinne der §§ 71–71 e sind nach herrschender Meinung Wandelschuldverschreibungen, Gewinnschuldverschreibungen (§ 221 Abs. 1 S. 1), Genussrechte (§ 221 Abs. 3), Bezugsrechte oder Gewinnanteil-(Dividenden-)Scheine.[21] Derartige Rechte darf die AG also erwerben. Sie kann solche Rechte jedoch nicht geltend machen, sondern nur durch Weiterveräußerung verwerten. Zur Frage, ob die §§ 71-71 e auf den (originären) Erwerb junger Aktien anwendbar sind, siehe Rn 9.

5 2. „Erwerb" eigener Aktien. „Erwerb" eigener Aktien iSd §§ 71 ff ist das **dingliche Rechtsgeschäft**, durch das die AG (oder eine ihr gemäß § 71 d S. 1, 2 gleichgestellte Person) auf Dauer oder vorübergehend, alleine oder gemeinsam mit anderen, Rechtsinhaber einer Aktie der AG wird. „Erwerb" ist dagegen nicht das schuldrechtliche Geschäft, das dem dinglichen Rechtsgeschäft zugrunde liegt, denn Abs. 4 S. 2 spricht gerade vom „schuldrechtlichen Geschäft über den Erwerb".[22] Der Erwerb kann auf Kauf, Tausch, Schenkung, Kommissionsgeschäft, Sicherungsabrede, Zwangsvollstreckung, Erbfolge, Umwandlung oder sonstigen rechtlichen Tatbeständen beruhen. Zum Pfandrechtserwerb siehe die Kommentierung zu § 71 e.

6 Der Erwerb einer **Kaufoption** (Call Option) durch die AG ist kein Erwerb eigener Aktien und auch kein schuldrechtliches Geschäft über den Erwerb eigener Aktien, solange die AG nicht zur Ausübung der Kaufoption verpflichtet ist. Erst mit Ausübung der Kaufoption durch die AG entsteht das schuldrechtliche Geschäft über den Erwerb, das dann ggf gemäß Abs. 4 S. 2 unwirksam ist.[23] Dagegen sind **Verkaufsoptionen** (Put Options) mit der AG als Stillhalter nach wohl überwiegender Ansicht als schuldrechtliches Geschäft über den Erwerb eigener Aktien anzusehen, das bei Fehlen einer Rechtfertigung nach den §§ 71 ff (insbe-

---

15 Geßler, Rn 3; Baumbach/Hueck, AktG, Rn 3; MüKo-AktG/Oechsler, Rn 19; Habersack, ZIP 2004, 1121, 1122.
16 KölnKomm-AktG/Lutter/Drygala, Rn 19; Hüffer, Rn 1; v. Godin/Wilhelmi, Anm. 2; Bürgers/Körber/Wieneke, Rn 1; MüKo-AktG/Oechsler, Rn 23; Großkomm-AktienR/Merkt, Rn 5; Büdenbender, DZWir 1998, 55, 56; Escher-Weingart/Kübler, ZHR 162 (1998), 537, 539; Picot/Mentz/Seydel/Duggal, Die Aktiengesellschaft bei Unternehmenskauf und Restrukturierung, Teil IX Rn 5 f; Habersack, ZIP 2004, 1121, 1122; für die GmbH auch RGZ 103, 64, 67.
17 KölnKomm-AktG/Lutter/Drygala, Rn 19; MüKo-AktG/Oechsler, Rn 25; Baumbach/Hueck, AktG, Rn 3; Peltzer, WM 1998, 322, 327; Picot/Mentz/Seydel/Duggal, Die Aktiengesellschaft bei Unternehmenskauf und Restrukturierung, Teil IX Rn 5 f; Habersack, ZIP 2004, 1121, 1122.
18 MüKo-AktG/Oechsler, Rn 92; Hüffer, Rn 4; KölnKomm-AktG/Lutter/Drygala, Rn 24.
19 MüKo-AktG/Oechsler, Rn 92; KölnKomm-AktG/Lutter/Drygala, Rn 24; Hüffer, Rn 4.
20 MüKo-AktG/Oechsler, Rn 92; KölnKomm-AktG/Lutter/Drygala, Rn 24; aA wohl: v. Godin/Wilhelmi, Anm. 15.
21 KölnKomm-AktG/Lutter/Drygala, Rn 25; MüKo-AktG/Oechsler, Rn 94; Hüffer, Rn 5; MüHb-AG/Wiesner, § 15 Rn 9; Bürgers/Körber/Wieneke, Rn 3; v. Godin/Wilhelmi, Anm. 2; Baumbach/Hueck, AktG, Rn 4; Großkomm-AktienR/Merkt, Rn 153 f; Wieneke, WM 2013, 1540, 1541 f; Kopp/Metzner, AG 2012, 856, 857; aA: Meyer, BB 1955, 551; zu Beschränkungen nach dem KWG siehe Aha, AG 1992, 218, 225 ff.
22 Wie hier: Grobecker/Michel, DStR 2001, 1757, 1763; Schüppen/Schaub/Pajunk, Münchener Anwaltshandbuch Aktienrecht, § 31 Rn 9; so gemeint offenbar auch von Geßler/Hefermehl/Bungeroth, Rn 16; siehe auch Schmid/Mühlhäuser, AG 2001, 493, 494 und Mick, DB 1999, 1201, 1203 (die jedoch zu Unrecht meinen, die Unwirksamkeit des schuldrechtlichen Geschäfts gemäß § 71 Abs. 4 S. 2 trete erst ein, wenn eigene Aktien dinglich erworben werden, siehe Rn 101; aA: Hüffer, Rn 4; KölnKomm-AktG/Lutter/Drygala, Rn 32; MüKo-AktG/Oechsler, Rn 73; Bürgers/Körber/Wieneke, Rn 2.
23 MüKo-AktG/Oechsler, Rn 82; KölnKomm-AktG/Lutter/Drygala, Rn 25, 38; Hüffer, Rn 4; Bürgers/Körber/Wieneke, Rn 5; Trapp/Schlitt/Becker, AG 2012, 57, 64 f; Bosse, WM 2000, 806, 809; Grobecker/Michel, DStR 2001, 1757, 1763; Schmid/Mühlhäuser, AG 2001, 493, 494; Mick, DB 1999, 1201, 1203; Schüppen/Schaub/Pajunk, Münchener Anwaltshandbuch Aktienrecht, § 31 Rn 9; Johannsen-Roth, ZIP 2011, 407, 408.

sondere Hauptversammlungsbeschluss gemäß § 71 Abs. 1 Nr. 8) gemäß § 71 Abs. 4 S. 2 unwirksam ist und nach herrschender Meinung auch gegen § 57 verstößt („Kursgarantie").[24]

Da schon der **vorübergehende Erwerb** eigener Aktien verboten ist, werden auch solche Erwerbsvorgänge von den §§ 71 ff erfasst, die auf den folgenden schuldrechtlichen Geschäften beruhen: Reportgeschäft (AG erwirbt eigene Aktien mit der Verpflichtung zum späteren Wiederverkauf);[25] Deportgeschäft (AG veräußert eigene Aktien mit der Verpflichtung zum Wiederkauf);[26] unregelmäßige Verwahrung (§§ 13, 15 DepotG, § 700 BGB);[27] Wertpapierdarlehen (§ 15 Abs. 3 DepotG).[28] Kein Fall eines verbotenen Erwerbs ist es, wenn die AG lediglich **Verfügungsbefugnis** über eigene Aktien erlangt, etwa im Rahmen einer unechten Treuhand[29] (Ermächtigungstreuhand, Vollmachttreuhand), bei der der Treugeber kein Eigentum auf die AG überträgt.[30] Umstritten sind folgende Konstellationen: Tauschverwahrung (§§ 10, 11 DepotG);[31] Eigentumserwerb im Rahmen einer echten Treuhand;[32] Legitimationsübertragung.[33] Meines Erachtens sollte in all diesen Fällen im Interesse der Rechtssicherheit ausschließlich darauf abgestellt werden, ob die AG (dauerhaft oder vorübergehend) Eigentum an eigenen Aktien erwirbt. Das ist bei der Tauschverwahrung und beim Erwerb im Rahmen einer echten Treuhand der Fall, nicht jedoch bei der Legitimationsübertragung (siehe § 129 Abs. 3 S. 1).

Kein Erwerb eigener Aktien der AG ist es, wenn die AG **Anteile an** einem anderen **Unternehmen** erwirbt, das seinerseits Aktien der AG hält.[34] Nach der Literatur soll die AG allerdings eine Beteiligung an dem anderen Unternehmen dann nicht erwerben dürfen, wenn das Vermögen des anderen Unternehmens ausschließlich oder fast ausschließlich aus Aktien der AG besteht.[35] Hiervon abgesehen darf die AG aber eine Beteiligung an einem anderen Unternehmen erwerben, das Aktien der AG hält, auch wenn dieses von der AG abhängig ist oder in deren Mehrheitsbesitz steht (oder diese Situation aufgrund des Beteiligungserwerbs eintritt).[36] Für die vom Unternehmen gehaltenen Aktien gelten dann § 71 d S. 3 iVm § 71 Abs. 2 S. 1, § 71 c Abs. 2, 3, § 71 d S. 4 iVm § 71 b und (bei Kapitalgesellschaften) § 272 Abs. 4 HGB.[37] Um etwas anderes geht es, wenn die AG von einer anderen AG abhängig ist oder in deren Mehrheitsbesitz steht und Aktien dieser anderen AG erwirbt. Es handelt sich dann aus Sicht der anderen AG um einen gemäß § 71 d S. 2 ggf verbotenen Erwerb eigener Aktien dieser anderen AG.

3. Verhältnis zu anderen Vorschriften. §§ 71 ff betreffen den (derivaten) Erwerb von Aktien im Sinne von **bereits vorhandenen Mitgliedschaften**, nicht aber den (originären) Erwerb junger Aktien.[38] Der Erwerb **junger** Aktien bei Gründung oder Kapitalerhöhung ist in § 56 bzw § 215 geregelt. Allerdings sind die §§ 71 b, 71 c und teilweise § 71 d auf originär erworbene Aktien anwendbar.[39] § 64 regelt abschließend das Kaduzierungsverfahren und geht den §§ 71 ff vor. Nach der Rechtsprechung stehen die §§ 71 ff einer Haftung der AG gegenüber Anlegern für fehlerhafte Ad-hoc-Mitteilungen gemäß § 31 BGB analog, § 826 BGB,

---

24 Bürgers/Körber/*Wieneke*, Rn 5; MüKo-AktG/*Oechsler*, Rn 81; KölnKomm-AktG/*Lutter/Drygala*, § 57 Rn 36, 21; Großkomm-AktienR/*Hinze*, § 57 Rn 68; *Nirk*, Hb AG, Rn 5.683; *Schockenhoff/Wagner*, AG 1999, 548, 557; *Paefgen*, AG 2000, 67, 70; *Schmid/Wiese*, DStR 1998, 993; aA: *Schmid/Mühlhäuser*, AG 2001, 493, 496; wohl auch *Johannsen-Roth*, ZIP 2011, 407, 409; zum Sonderfall der Gewährung einer Put Option durch eine Gesellschaft, die später auf die AG verschmolzen wird, siehe *Weiss*, AG 2004, 127, 128 ff.
25 MüKo-AktG/*Oechsler*, Rn 76; Großkomm-AktienR/*Merkt*, Rn 145; *Baumbach/Hueck*, AktG, Rn 5; Bürgers/Körber/*Wieneke*, Rn 4.
26 MüKo-AktG/*Oechsler*, Rn 76; Großkomm-AktienR/*Merkt*, Rn 145; *Baumbach/Hueck*, AktG, Rn 5; Bürgers/Körber/*Wieneke*, Rn 4.
27 MüKo-AktG/*Oechsler*, Rn 77; *Hüffer*, Rn 4; KölnKomm-AktG/*Lutter/Drygala*, Rn 32; *Henn*, Handbuch des Aktienrechts, § 6 Rn 192; Großkomm-AktienR/*Merkt*, Rn 145.
28 *Geßler/Hefermehl/Bungeroth*, Rn 19; Großkomm-AktienR/*Merkt*, Rn 146; differenzierend: *Cahn/Ostler*, AG 2008, 221, 231 f; *Oechsler*, AG 2010, 526, 530 ff s.a. BGH NZG 2011, 1271 und Vorinstanz OLG Hamburg AG 2010, 502, 504.
29 Zu den Begriffen „echte" und „unechte" Treuhand: Palandt/*Bassenge*, § 903 BGB Rn 34.
30 *Hüffer*, Rn 6; *Geßler/Hefermehl/Bungeroth*, Rn 22; KölnKomm-AktG/*Lutter/Drygala*, Rn 42; A/D/S, § 160 Rn 28, 36; MüKo-AktG/*Oechsler*, Rn 78, 86.
31 Für Verbot: OLG Hamburg AG 2010, 502, 504; MüKo-AktG/*Oechsler*, Rn 77; gegen Verbot: KölnKomm-AktG/*Lutter/Drygala*, Rn 41; *Hüffer*, Rn 6; Bürgers/Körber/*Wieneke*, Rn 4.
32 Für Verbot: OLG Hamburg AG 2010, 502, 504; MüKo-AktG/*Oechsler*, Rn 78; KölnKomm-AktG/*Lutter/Drygala*, Rn 42; *Baumbach/Hueck*, AktG, Rn 5; *Hüffer*, Rn 4; *Henn*, Handbuch des Aktienrechts, § 6 Rn 194; gegen Verbot: Großkomm-AktienR/*Merkt*, Rn 146; v. *Godin/Wilhelmi*, Anm. 2; siehe auch FG Düsseldorf, EFG 1977, 231, 233.
33 Gegen Verbot die hM: *Hüffer*, Rn 6; MüKo-AktG/*Oechsler*, Rn 87; Großkomm-AktienR/*Merkt*, Rn 147; A/D/S, § 160 Rn 36; v. *Godin/Wilhelmi*, Anm. 2; KölnKomm-AktG/*Lutter/Drygala*, Rn 42; Bürgers/Körber/*Wieneke*, Rn 4; Spindler/Stilz/*Cahn*, Rn 38; für Verbot: *Baumbach/Hueck*, AktG, Rn 5.
34 Großkomm-AktienR/*Merkt*, Rn 155; MüKo-AktG/*Oechsler*, Rn 95; *Hüffer*, Rn 5; MüHb-AG/*Wiesner*, § 15 Rn 9; KölnKomm-AktG/*Lutter/Drygala*, Rn 44.
35 Großkomm-AktienR/*Merkt*, Rn 156; MüKo-AktG/*Oechsler*, Rn 95; KölnKomm-AktG/*Lutter/Drygala*, Rn 44; Bürgers/Körber/*Wieneke*, Rn 6; so wohl auch: *Hüffer*, Rn 5; MüHb-AG/*Wiesner*, § 15 Rn 9 („Durchgriffsgesichtspunkte").
36 Anders (zu Unrecht): Picot/Mentz/Seydel/*Duggal*, Die Aktiengesellschaft bei Unternehmenskauf und Restrukturierung, Teil IX Rn 11; dagegen (zu Recht): *Geßler/Hefermehl/Bungeroth*, Rn 25; Großkomm-AktienR/*Merkt*, Rn 156; *Nirk*, Hb AG, Rn 5.691.
37 *Geßler/Hefermehl/Bungeroth*, Rn 25; ausführlich: *Büdenbender*, DZWir 1998, 53, 58 ff.
38 KölnKomm/*Lutter/Drygala* Rn 26; Großkomm-AktienR/*Merkt* Rn 144; Spindler/Stilz/*Cahn* Rn 36; MüKo-AktG/*Oechsler* Rn 88; K. Schmidt/Lutter/*Bezzenberger*, Rn 7.
39 § 71 b Rn 2; § 71 c Rn 2; § 71 d Rn 52, 53, 56, 57, 62, 63. Zum Meinungsstreit hinsichtlich der Anwendbarkeit von § 71 a Abs. 1 auf den originären Erwerb von Aktien s. § 71 a Rn 3.

§ 823 Abs. 2 BGB iVm § 400 AktG oder § 263 StGB sowie Ansprüchen aus Prospekthaftung auf Naturalrestitution in Form der Erstattung des gezahlten Kaufpreises gegen Übertragung der erworbenen Aktien nicht entgegen.[40] Neben den §§ 71 ff sind – soweit anwendbar – § 33 WpÜG, § 14, § 15, § 20 a, § 26 Abs. 1 S. 2 iVm S. 1, Abs. 2, Abs. 3 und § 21 Abs. 1 S. 1, Abs. 2, § 26 a, § 30 b Abs. 1 Nr. 2 WpHG, §§ 19, 20, 21, 3 a, 3 b, 3 c WpAIV, Art. 8 Richtlinie 2003/6/EG des Europäischen Parlaments und des Rates vom 28.1.2003 über Insider-Geschäfte und Marktmanipulation (Missbrauch) und die Verordnung (EG) Nr. 2273/2003 der Kommission vom 22.12.2003 zur Durchführung der Richtlinie 2003/6/EG des Europäischen Parlaments und des Rates – Ausnahmeregelungen für Rückkaufprogramme und Kursstabilisierungsmaßnahmen – zu beachten (Einzelheiten siehe Kommentierung zu WpÜG und WpHG). Es war lange umstritten, ob auf ein öffentliches Angebot der AG auf Erwerb ihrer Aktien das **WpÜG** anwendbar ist.[41] Die BaFin hat ihre frühere Praxis geändert und wendet seit August 2006 das WpÜG auf öffentliche Angebote des Erwerbs eigener Aktien nicht mehr an.[42] Wollte man dagegen das WpÜG anwenden, so wären die Vorschriften des WpÜG und der WpÜG-Angebotsverordnung zu beachten, soweit sie nicht Dualität von Bieter und Zielgesellschaft voraussetzen oder im Einzelfall von den §§ 71 ff verdrängt werden.[43] Zur Rücknahme von Aktien bei der Investmentaktiengesellschaft mit veränderlichem Kapital siehe § 116 KAGB.

10 **III. Auslegungsmaßstab, Beweislast.** Nach verbreiteter Auffassung in der Literatur soll sich aus dem grundsätzlichen Verbot des Erwerbs von Rechten an eigenen Aktien ergeben, dass die in §§ 71 ff geregelten Ausnahmen eng auszulegen sind. Ferner soll die Beweislast für die Voraussetzungen der §§ 71 ff denjenigen treffen, der sich auf diese Ausnahmen beruft.[44] Das geht meines Erachtens in dieser Allgemeinheit zu weit. Die §§ 71 ff regeln detailliert, unter welchen Voraussetzungen der Erwerb eigener Aktien zulässig ist. Nach dem Willen des Gesetzgebers soll der Erwerb von Rechten an eigenen Aktien zulässig sein, wenn die Schutzvorkehrungen der §§ 71 ff eingehalten werden. Für eine stets „enge" Auslegung der §§ 71 ff besteht vor diesem Hintergrund kein Anlass. Was die Beweislast angeht, so gilt der zivilprozessuale Grundsatz, dass in der Regel diejenige Partei, die sich auf eine ihr günstige Norm beruft, die tatsächlichen Voraussetzungen zur Begründung dieser Norm beweisen muss. Das kann im Einzelfall auch diejenige Partei sein, die sich auf die Unwirksamkeit des Erwerbs eigener Aktien beruft.[45]

B. Übersicht zu § 71

11 Abs. 1 regelt in den Nummern 1 bis 8 enumerativ diejenigen Fälle, in denen die AG eigene Aktien erwerben darf. Abs. 2 schreibt für einzelne dieser Fälle weitere Zulässigkeitsvoraussetzungen vor. Verstöße gegen die in Abs. 1 oder 2 geregelten Voraussetzungen führen gemäß Abs. 4 zwar nicht zur Unwirksamkeit des Erwerbs, jedoch zur Nichtigkeit des schuldrechtlichen Geschäfts über den Erwerb (Rn 96 ff). Abs. 3 ordnet

---

40 BGH ZIP 2008, 829, 830; ZIP 2008, 410, 411; ZIP 2008, 407, 408; ZIP 2007, 1564; ZIP 2007, 1560, 1561; WM 2005, 1358, 160 = ZIP 2005, 1270, 1272 f; OLG Köln Urteil vom 25.10.2007 – 18 U 164/06; OLG München DB 2005, 1447, 1448 f = NZG 2005, 518, 519 f = WM 2005, 1270 f; NZG 2005, 679, 681 = ZIP 2005, 1141, 1143 f; OLG Frankfurt AG 2006, 584; 586; Urteil vom 17.1.2006 – 5 U 147/04 – Rn 65; WM 2005, 1266, 1268 f = NZG 2005, 516, 517 f; NZG 1999, 1072, 1074; LG Frankfurt BKR 2003, 766, 769; LG Frankfurt NZG 2003, 786, 787.

41 Für Anwendbarkeit: *Witt*, BB 2002, Heft 31 S. I; *Lenz/Linke*, AG 2002, 420, 422; *Paefgen*, ZIP 2002, 1509, 1513; *Fleischer/Körber*, BB 2001, 2589; *Oechsler*, NZG 2001, 817, 818 f; *Thaeter/Brandl/Thaeter*, Öffentliche Übernahmen, § 1 Rn 2; *Picot/Mentz/Seydel/Duggal*, Die Aktiengesellschaft bei Unternehmenskauf und Restrukturierung, Teil IX Rn 98 ff und die frühere Praxis der BaFin (siehe Merkblatt der BaFin http://www.bafin.de/merkblaetter/0507.htm, aufgehoben mit Bekanntmachung vom 9.8.2006, http://www.bafin.de/bekanntmachungen/060809.htm); differenzierend: MüKo-AktG/*Oechsler*, Rn 228 ff; gegen Anwendbarkeit des WpÜG: *Steinmeyer/Häger*, WpÜG, § 1 Rn 6; *Koch*, NZG 2003, 61, 64 f; *Süßmann*, AG 2002, 424 f; *Angerer* in: *Geibel/Süßmann*, WpÜG, § 1 Rn 108; KK-WpÜG/*Versteegen*, § 1 Rn 22; *Baums/Thoma/Baums/Hecker*, WpÜG, § 1 Rn 104 ff (nur Einzelanalogie); *Schüppen/Schaub/Pajunk*, Münchener Anwaltshandbuch Aktienrecht, § 31 Rn 58; *Baum*, ZHR 167 (2003), 580 ff und seit 8.8.2006 auch die BaFin (so).

42 Siehe Veröffentlichung der BaFin „Aufsicht über Wertpapiererwerbs-, Übernahme- und Pflichtangebote nach dem WpÜG" auf der BaFin-Website unter <www.BaFin.de/cln_116/nn_724104/SharedDocs/Artikel/DE/Unternehmen/BoersennotierteUnternehmen/Unternehmensuebernahmen/allgemein.html und das frühere Merkblatt der BaFin http://www.bafin.de/merkblaetter/0507.htm>, aufgehoben mit Bekanntmachung vom 9.8.2006, <www.bafin.de/bekanntmachungen/060809.htm>.

43 MüKo-AktG/*Oechsler*, Rn 228 ff; KK-WpÜG/*Hirte*, § 10 Rn 104 ff, § 27 Rn 14; KK-WpÜG/*Seydel*, § 11 Rn 35, 58; *Fleischer/Kalss*, Das neue Wertpapiererwerbs- und Übernahmegesetz, 2002, § 3 Nr. 5 a); Baums/Thoma/*Baums/Hecker*, WpÜG, § 1 Rn 104 f; *Diekmann/Merkner*, ZIP 2004, 836; *Paefgen*, ZIP 2002, 1509, 1517 f; *Oechsler*, NZG 2001, 817, 818 f; früheres Merkblatt der BaFin <www.bafin.de/merkblaetter/0507.htm> (aufgehoben mit Bekanntmachung vom 9.8.2006, <www.bafin.de/bekanntmachungen/060809.htm>); s.a. die Kommentierung zum WpÜG.

44 *Geßler/Hefermehl/Bungeroth*, Rn 12, 126; *Hüffer*, Rn 3; *Nirk*, Hb AG, Rn 401.

45 Gegen eine restriktive Auslegung nunmehr auch KölnKomm-AktG/*Lutter/Drygala*, Rn 31; differenzierend auch: MüKo-AktG/*Oechsler*, Rn 68, 101; s.a. LAG Berlin-Brandenburg Urteil vom 30.3.2009 – 10 Sa 70/09 – Rn 24, das die Darlegungs- und Beweislast für eine Nichtigkeit gemäß § 71 Abs. 1 S. 2 der AG auferlegt.

für bestimmte Erwerbsfälle außerdem die Unterrichtung der Hauptversammlung (Rn 85 ff) und die Veräußerung von Belegschaftsaktien an (Rn 92 ff).

I. Fälle, in denen der Erwerb eigener Aktien zulässig ist (Abs. 1). Abs. 1 regelt in seinen Ziffern 1.-8. **enumerativ** diejenigen Fälle, in denen die AG eigene Aktien erwerben darf. Zu beachten ist, dass Abs. 2 für einige dieser Fälle weitere Voraussetzungen regelt (Rn 75 ff). Sind die Voraussetzungen des Abs. 1 Nr. 1–8 und/oder des Abs. 2 nicht erfüllt, so ist zwar nicht der dingliche Erwerb, jedoch das schuldrechtliche Geschäft hierüber unwirksam (Abs. 4 Rn 96 ff). Außerdem hat die Gesellschaft die rechtswidrig erworbenen eigenen Aktien gemäß § 71 c Abs. 1 innerhalb eines Jahres nach ihrem Erwerb zu veräußern (§ 71 c Rn 3 ff). 12

1. Abwendung eines schweren, unmittelbar bevorstehenden Schadens (Abs. 1 Nr. 1). Gemäß Abs. 1 Nr. 1 darf die Gesellschaft eigene Aktien erwerben, wenn der Erwerb notwendig ist, um einen **schweren, unmittelbar bevorstehenden Schaden** von der Gesellschaft abzuwenden. Der Erwerb ist gemäß Abs. 2 nur zulässig, wenn die erworbenen eigenen Aktien zusammen mit anderen bereits gehaltenen eigenen Aktien nicht mehr als 10 % des Grundkapitals betragen (Abs. 2 S. 1, s. Rn 76 ff), wenn die Gesellschaft im Zeitpunkt des Erwerbs eine Rücklage in Höhe der Aufwendungen für den Erwerb der eigenen Anteile ohne Verletzung der Kapitalgrenze bilden könnte (Abs. 2 S. 2, s. Rn 79 ff) und wenn der Ausgabebetrag der Aktien voll geleistet ist (Abs. 2 S. 3, s. Rn 84). Der Vorstand hat außerdem der nächsten Hauptversammlung über den Erwerb eigener Aktien gemäß Abs. 3 S. 1 zu berichten (Rn 85 ff). 13

a) Schaden. Schaden ist jede mittelbare oder unmittelbare Vermögenseinbuße (zum Merkmal des unmittelbaren Bevorstehens siehe Rn 16). Dazu gehört nach herrschender Meinung auch entgangener Gewinn (§ 252 BGB).[46] Entgangener Gewinn in diesem Sinne ist jedoch nicht ein aus der Veräußerung eigener Aktien erzielbarer Gewinn.[47] Desgleichen ist ein drohender Kursverlust eigener Aktien, die sich bereits im Eigentum der AG befinden, kein „Schaden", der den Erwerb weiterer eigener Aktien zur Kursstützung rechtfertigt.[48] Der Schaden muss **der AG** drohen, nicht den Aktionären oder den Organmitgliedern.[49] Damit die Anordnung des Gesetzes, dass schuldrechtliche Vereinbarungen über den unzulässigen Erwerb eigener Aktien unwirksam sind (Abs. 4 S. 2), nicht ins Leere geht, ist der Begriff des Schadens teleologisch dahin zu reduzieren, dass solche Schäden ausgenommen sind, die der AG gerade aus der Unwirksamkeit derartiger schuldrechtlicher Vereinbarungen entstehen können.[50] Zu Einzelfällen eines Schadens siehe Rn 19 ff. 14

b) „Schwerer" Schaden. Wann ein „schwerer" Schaden vorliegt, ist nicht geklärt. Einigkeit besteht, dass der Schaden nicht existenzbedrohend sein muss.[51] Sicher ist auf der anderen Seite, dass nicht jeder beliebige Schaden ausreicht. Der Schaden muss im Verhältnis zur Größe der AG eine **erhebliche Vermögenseinbuße** darstellen.[52] Umstritten ist, ob bei der Bewertung des Schadens dieser mit den drohenden Risiken der Gesellschaft aus dem Erwerb eigener Aktien abzuwägen ist („Relationstheorie").[53] 15

c) „Unmittelbar bevorstehender" Schaden. Der Schaden muss „unmittelbar bevorstehen". Damit sollen einerseits eine gewisse **zeitliche Nähe** und andererseits eine gewisse **Wahrscheinlichkeit** des Schadenseintritts gewährleistet werden. Nach herrschender Meinung bedeutet das aber weder, dass der Schaden sofort einzutreten droht, noch dass der Schaden mit absoluter Sicherheit eintreten wird.[54] Die Festlegung, welcher Grad an zeitlicher Nähe und Wahrscheinlichkeit gegeben sein muss, ist naturgemäß unscharf. Die Literatur bedient sich großzügiger Formulierungen, nach denen der Schaden nicht erst in „ferner Zukunft" zu erwarten und die Eintrittswahrscheinlichkeit nicht mit „erheblichen Unsicherheiten" behaftet sein darf.[55] 16

---

46 *Hüffer*, Rn 7; MüKo-AktG/*Oechsler*, Rn 104; KölnKomm-AktG/*Lutter/Drygala*, Rn 47; *Günther/Muche/White*, RIW 1998, 337, 340; Großkomm-AktienR/*Merkt*, Rn 160.

47 MüKo-AktG/*Oechsler*, Rn 104; KölnKomm-AktG/*Lutter/Drygala*, Rn 47; Großkomm-AktienR/*Merkt*, Rn 160.

48 MüKo-AktG/*Oechsler*, Rn 104; KölnKomm-AktG/*Lutter/Drygala*, Rn 47; *Grüger*, BKR 2010, 221, 223.

49 BFH WM 1977, 1264, 1265; *Hüffer*, Rn 7; MüKo-AktG/*Oechsler*, Rn 105; KölnKomm-AktG/*Lutter/Drygala*, Rn 47; MüHb-AG/*Wiesner*, § 15 Rn 11; *Nirk*, Hb AG, Rn 402; *Günther/Muche/White*, RIW 1998, 337, 340; *Kuhn*, NJW 1973, 833, 834; *Schüppen/Schaub/Pajunk*, Münchener Anwaltshandbuch Aktienrecht, § 31 Rn 23.

50 *Geßler/Hefermehl/Bungeroth*, Rn 41; *Lutter*, AG 1972, 125, 130.

51 KölnKomm-AktG/*Lutter/Drygala*, Rn 61; MüKo-AktG/*Oechsler*, Rn 109; Großkomm-AktienR/*Merkt*, Rn 163; *Hüffer*, Rn 7; *Nirk*, Hb AG, Rn 5.821; Marsch-Barner/Schäfer/*Schäfer*, Handbuch börsennotierte AG, § 50 Rn 11; Schüppen/Schaub/*Pajunk*, Münchener Anwaltshandbuch Aktienrecht, § 31

Rn 23; Picot/Mentz/Seydel/*Duggal*, Die Aktiengesellschaft bei Unternehmenskauf und Restrukturierung, Teil IX Rn 15; Bürgers/Körber/*Wieneke*, Rn 9.

52 Bürgers/Körber/*Wieneke*, Rn 9; *Aha*, AG 1992, 218, 219; ähnlich: Picot/Mentz/Seydel/*Duggal*, Die Aktiengesellschaft bei Unternehmenskauf und Restrukturierung, Teil IX Rn 15.

53 Dagegen: *Hüffer*, Rn 7; MüKo-AktG/*Oechsler*, Rn 108; KölnKomm-AktG/*Lutter/Drygala*, Rn 61; *Nirk*, Hb AG, Rn 402; Bürgers/Körber/*Wieneke*, Rn 9; Spindler/Stilz/*Cahn*, Rn 50; dafür: Großkomm-AktienR/*Merkt*, Rn 164; *Kuhn*, NJW 1973, 833, 835; *Aha*, AG 1992, 218, 222.

54 KölnKomm-AktG/*Lutter/Drygala*, Rn 62; Geßler/Hefermehl/*Bungeroth*, Rn 45, 47; *Hüffer*, Rn 7; Zilias/Lanfermann, WPg 1980, 61, 62 f; *Müller*, WPg 1978, 565, 569; MüKo-AktG/*Oechsler*, Rn 110; Picot/Mentz/Seydel/*Duggal*, Die Aktiengesellschaft bei Unternehmenskauf und Restrukturierung, Teil IX Rn 16; enger: *Kuhn*, NJW 1973, 833, 834.

55 Geßler/Hefermehl/*Bungeroth*, Rn 45, 47; KölnKomm-AktG/*Lutter/Drygala*, Rn 62; *Hüffer*, Rn 7; MüKo-AktG/*Oechsler*, Rn 110; *Günther/Muche/White*, RIW 1998, 337, 340.

17 Nach herrschender Literaturmeinung soll der Erwerb eigener Aktien auch zur Beseitigung eines **bereits eingetretenen Schadens** gerechtfertigt sein.[56] Diese Ansicht ist wegen Art. 19 Abs. 2 S. 1 der EG-Kapitalschutzrichtlinie **problematisch**. Meines Erachtens lässt sich ein bereits eingetretener Schaden nicht mehr verhindern oder aus der Welt schaffen. Er rechtfertigt daher nicht den Erwerb eigener Aktien. Jedoch kann sich ein eingetretener Schaden verschlimmern. Auch kann ein bestimmtes schadensbegründendes Ereignis künftig weitere Schäden verursachen. In derartigen Konstellationen kann ein weiterer schwerer Schaden unmittelbar bevorstehen, der den Erwerb eigener Aktien rechtfertigt.

18 d) **„Notwendigkeit" des Erwerbs eigener Aktien zur Schadensabwendung.** Der Erwerb eigener Aktien muss **objektiv notwendig** sein, damit der unmittelbar bevorstehende Schaden abgewendet werden kann. Auf die subjektiven Vorstellungen des Vorstands kommt es nach herrschender Meinung nicht an, auch nicht auf einen subjektiven Schadensabwendungswillen.[57] Notwendigkeit setzt zunächst voraus, dass der Erwerb eigener Aktien zur Schadensabwehr überhaupt **geeignet** ist. Geeignetes Mittel ist nur ein solches, das den unmittelbar bevorstehenden Schaden mit hinreichender Sicherheit und dauerhaft zu verhindern geeignet ist. Nach wohl herrschender Meinung muss der Erwerb eigener Aktien darüber hinaus das **einzige** geeignete **Mittel** zur Schadensabwehr sein.[58] Denkbar ist aber, dass der Erwerb eigener Aktien als (notwendiger) Bestandteil eines ganzen Bündels von Gefahrenabwehrmaßnahmen dient.

19 e) **Einzelfälle.** Literatur und Rechtsprechung diskutieren eine Reihe von Einzelfällen, in denen es jeweils im Kern um die Frage geht, ob der AG ein „Schaden" droht:

20 aa) **Befriedigung anderweitig nicht mehr durchsetzbarer Forderungen.** Nach allgemeiner Ansicht darf die AG **zur Befriedigung ihrer Forderungen** eigene Aktien von einem Schuldner der AG erwerben, wenn dieser Schuldner kein anderes Vermögen zur Erfüllung seiner Verbindlichkeiten hat.[59]

21 bb) **Abwehr eines Baisseangriffes oder spekulativer Kursstürze.** Nach verbreiteter Meinung (mit jeweils unterschiedlichen Nuancen) soll der Erwerb eigener Aktien zulässig sein, um Kursstürze aufzufangen, die auf „Spekulationen" oder „gezielten Baisseangriffen" beruhen, wenn mit derartigen Kursstürzen eine Gefahr für die AG selbst verbunden ist (Gefährdung des Kredits, Verschlechterung des Umtauschverhältnisses bei einer bevorstehenden Verschmelzung mit der AG als aufnehmender Gesellschaft).[60] Meines Erachtens reichen bloße Spekulationen nicht aus, vielmehr muss es sich um einen **gezielten Baisseangriff** oder um im Markt gestreute **Fehlinformationen** handeln, die zu den Kursverlusten und daraus folgend zu einer Gefahr für die AG führen. Anderenfalls handelt es sich um einen marktkonformen Kursrückgang, der nicht den Erwerb eigener Aktien rechtfertigt.[61]

22 cc) **Abwehr einer „Überfremdung".** Ob und in welchem Umfang der Erwerb eigener Aktien zur Verhinderung des Erwerbs von Aktien durch einen Dritten eingesetzt werden dürfen, ist umstritten. Nach einer älteren Ansicht soll bereits die „Überfremdung" als solche den Erwerb eigener Aktien rechtfertigen.[62] Nach der Gegenansicht ist ein Erwerb eigener Aktien zur Verhinderung des Erwerbs durch Dritte auf Basis des Abs. 1 Nr. 1 generell unzulässig.[63] Eine vermittelnde Meinung hält den Erwerb eigener Aktien nur dann für zulässig, wenn damit der Erwerb durch einen Dritten verhindert werden soll, der den angestrebten **Einfluss zur**

---

56 MüKo-AktG/*Oechsler*, Rn 110; KölnKomm-AktG/*Lutter/Drygala*, Rn 62; Spindler/Stilz/*Cahn*, Rn 51; *Müller*, WPg 1978, 565, 569; Zilias/Lanfermann, WPg 1980, 61, 62; *Ziebe*, AG 1982, 176, jeweils unter unzureichender Berufung auf die RegBegr, BT-Drucks. 8/1678 14, 15; aA: Schwerdtfeger/*Mildner*, Rn 5.

57 MüKo-AktG/*Oechsler*, Rn 112; KölnKomm-AktG/*Lutter/Drygala*, Rn 63, *Hüffer*, Rn 8; Großkomm-AktienR/*Merkt*, Rn 169; anders: *v. Godin/Wilhelmi*, Anm. 4, der sowohl objektive Notwendigkeit als auch subjektiven Abwendungswillen fordert.

58 OLG Hamburg AG 2010, 502, 505; MüKo-AktG/*Oechsler*, Rn 111; Geßler/Hefermehl/*Bungeroth*, Rn 48; Großkomm-AktienR/*Merkt*, Anm. 8; *v. Godin/Wilhelmi*, Anm. 4; *Aha*, AG 1992, 218, 219; Hitzer/Simon/Düchting, AG 2012, 237, 238; wohl ebenso, wenn auch leicht abweichend („tauglichstes Mittel"): KölnKomm-AktG/*Lutter/Drygala*, Rn 63; *Hüffer*, Rn 8; Schüppen/Schaub/*Pajunk*, Münchener Anwaltshandbuch Aktienrecht, § 31 Rn 23; Bürgers/Körber/*Wieneke*, Rn 11.

59 *Hüffer*, Rn 9; Geßler/Hefermehl/*Bungeroth*, Rn 51; KölnKomm-AktG/*Lutter/Drygala*, Rn 48; *Kuhn*, NJW 1973, 833, 834; Picot/Mentz/Seydel/*Duggal*, Die Aktiengesellschaft bei Unternehmenskauf und Restrukturierung, Teil IX Rn 18; Bürgers/Körber/*Wieneke*, Rn 12; *Heer*, ZIP 2012, 2325, 2329.

60 *Hüffer*, Rn 9; KölnKomm-AktG/*Lutter/Drygala*, Rn 50; noch weiter gehend: Geßler/Hefermehl/*Bungeroth*, Rn 54 f; *Henn*, Handbuch des Aktienrechts, § 6 Rn 200; *Kuhn*, NJW 1973, 833, 834; *Günther/Muche/White*, RIW 1998, 337, 340; enger: MüKo-AktG/*Oechsler*, Rn 127; Bürgers/Körber/*Wieneke*, Rn 14; aA: *Singhof/Weber* AG 2005, 549, 565; MüHb-AG/*Wiesner*, § 15 Rn 11; Marsch-Barner/Schäfer/*Schäfer*, Handbuch börsennotierte AG, § 50 Rn 11, jeweils unter Berufung auf § 20 a WpHG und die Zuständigkeit der BaFin; kritisch auch *Grüger*, BKR 2010, 221, 222 ff.

61 In diesem Sinne möglicherweise auch das obiter dictum in BGH NJW 1994, 1410, 1411 („Marktstörungen").

62 *Baumbach/Hueck*, AktG, Anm. 6; *Kuhn*, NJW 1973, 833, 834.

63 KölnKomm-AktG/*Lutter/Drygala*, Rn 54; MüKo-AktG/*Oechsler*, Rn 116 ff, 124; *Henn*, Handbuch des Aktienrechts, § 6 Rn 200; Bürgers/Körber/*Wieneke*, Rn 15; *Schwennicke*, in: Geibel/Süßmann, WpÜG, § 33 Rn 69; *v. Godin/Wilhelmi*, Anm. 3; Marsch-Barner/Schäfer/*Schäfer*, Handbuch börsennotierte AG, § 50 Rn 11 unter Berufung auf die Regelung durch das WpÜG.

Schädigung der AG einsetzen will (Ausplünderung, Vernichtung, Verdrängung vom Markt).[64] Geht es um ein öffentliches Übernahmeangebot iSd § 29 WpÜG, so ist § 33 WpÜG zu beachten (Einzelheiten siehe Kommentierung zu § 33 WpÜG).

dd) **Machtkampf unter Aktionären.** Nach herrschender Ansicht rechtfertigt ein Machtkampf unter Aktionären in der Regel nicht den Erwerb eigener Aktien. Eine Ausnahme will die überwiegende Meinung dann zulassen, wenn der Machtkampf der **AG schadet**, weil Vertragspartner das Vertrauen in die AG verlieren.[65]

ee) **„Abkauf" von Anfechtungsklagen.** Umstritten ist, ob der Erwerb eigener Aktien dadurch gerechtfertigt ist, dass die AG hierdurch Anfechtungsklagen der veräußernden Aktionäre erledigt.[66] Nach einer vermittelnden Ansicht ist der Erwerb eigener Aktien zu diesem Zweck **ausnahmsweise** zulässig, wenn eine eindeutig unbegründete Anfechtungsklage wichtige Maßnahmen verzögert.[67] Unter Berücksichtigung des Merkmals der **„Notwendigkeit"** des Erwerbs eigener Aktien, wie es von der wohl herrschenden Meinung verstanden wird (siehe Rn 18), dürfte Derartiges allerdings nur in Betracht kommen, soweit nicht ein Freigabeverfahren oder sonstige Mittel Abhilfe schaffen können.[68]

ff) **Kurspflege/Realisierung von Kursgewinnen.** Die AG darf eigene Aktien im Rahmen des Abs. 1 Nr. 1 **nicht** zu Zwecken der **allgemeinen Kurspflege** erwerben (zu Baisseangriffen und Streuung von Fehlinformationen siehe aber Rn 21).[69] Ebenso wenig ist der Erwerb eigener Aktien zur Realisierung eines **Kursgewinns** oder zur Verhinderung eines Kursverlustes bereits gehaltener eigener Aktien zulässig (Rn 14). Siehe aber für Kreditinstitute, Finanzdienstleistungsinstitute und Finanzunternehmen die Vorschrift des Abs. 1 Nr. 7 (Rn 57 f). Ungeklärt ist nach wie vor, ob und unter welchen Voraussetzungen eine Kursstabilisierung im Zusammenhang mit einer Börseneinführung im Rahmen des Abs. 1 Nr. 1 zulässig ist.[70] Der „safe harbor" für Stabilisierungsmaßnahmen gemäß §§ 14 Abs. 3, 20a Abs. 3 WpHG iVm Art. 7 ff der Verordnung (EG) Nr. 2273/2003 der Kommission vom 22.12.2003 zur Durchführung der Richtlinie 2003/6/EG des Europäischen Parlaments und des Rates – Ausnahmeregelungen für Rückkaufprogramme und Kursstabilisierungsmaßnahmen – begründet nur eine Freistellung von den Verboten des Insiderhandels und der Marktmanipulation, beantwortet aber nicht die Frage, ob die Voraussetzungen des Abs. 1 Nr. 1 erfüllt sind (siehe auch Erwägungsgrund 4 der Verordnung (EG) Nr. 2273/2003 der Kommission vom 22.12.2003).

2. Belegschaftsaktien (Abs. 1 Nr. 2). Gemäß Abs. 1 Nr. 2 darf die AG eigene Aktien erwerben, wenn die Aktien Personen zum Erwerb angeboten werden sollen, die in einem **Arbeitsverhältnis** zu der Gesellschaft oder einem mit ihr verbundenen Unternehmen stehen oder standen.[71] Der Erwerb eigener Aktien zu diesem Zweck ist gemäß Abs. 2 nur zulässig, wenn die erworbenen eigenen Aktien zusammen mit anderen bereits gehaltenen eigenen Aktien nicht mehr als 10 % des Grundkapitals betragen (Abs. 2 S. 1, s. Rn 76 ff), wenn die Gesellschaft im Zeitpunkt des Erwerbs eine Rücklage in Höhe der Aufwendungen für den Erwerb der eigenen Anteile ohne Verletzung der Kapitalgrenze bilden könnte (Abs. 2 S. 2, s. Rn 79 ff) und wenn der

---

64 So im Zusammenhang mit Bezugsrechtsausschluss: BGH NJW 1961, 26; offen: BFH WM 1977, 1264, 1265 = AG 1977, 230, 231; im Einzelnen differenzierend: *Hüffer*, Rn 9; Geßler/Hefermehl/*Bungeroth*, Rn 56 f; Steinmeyer/*Häger*, WpÜG, § 33 Rn 86; KölnKomm-AktG/*Lutter*/Drygala, Rn 56; Gamerdinger/*Saupe*, AG 1976, 29, 34; *Werner*, AG 1972, 96; *Aha*, AG 1992, 218, 220; Günther/Muche/*White*, RIW 1998, 337, 340; Schüppen/Schaub/*Pajunk*, Münchener Anwaltshandbuch Aktienrecht, § 31 Rn 23; Thaeter/Brandi/*Brandi*, Öffentliche Übernahmen, § 6 Rn 508; Picot/Mentz/Seydel/*Duggal*, Die Aktiengesellschaft bei Unternehmenskauf und Restrukturierung, Teil IX Rn 20; K. Schmidt/Lutter/*Bezzenberger*, Rn 57; weitergehend: Spindler/Stilz/*Cahn*, Rn 57, der auch die Beteiligung eines bestimmten Aktionärs für sich genommen als möglichen Schadensfall sieht.

65 Geßler/Hefermehl/*Bungeroth*, Rn 58; KölnKomm-AktG/*Lutter*/Drygala, Rn 58; Großkomm-AktienR/*Merkt*, -Rn 172; dagegen: *Henn*, Handbuch des Aktienrechts, § 6 Rn 201; RFH JW 1929, 2183, 2184.

66 Gegen Zulässigkeit: *Hüffer*, Rn 10; Günther/Muche/*White*, RIW 1998, 337, 340; Schüppen/Schaub/*Pajunk*, Münchener Anwaltshandbuch Aktienrecht, § 31 Rn 23; Zätzsch/*Maul*, Beck'sches Handbuch der AG, § 4 Rn 146; für Zulässigkeit: Großkomm-AktienR/*Merkt*, Rn 173; Baumbach/*Hueck*, AktG, Rn 6.

67 Geßler/Hefermehl/*Bungeroth*, Rn 59; KölnKomm-AktG/*Lutter*/Drygala, Rn 59; *ders.*, ZGR 1978, 360 f; MüHb-AG/*Wiesner*,

§ 15 Rn 11; MüKo-AktG/*Oechsler*, Rn 119 f; Bürgers/Körber/*Wieneke*, Rn 13; *Martens*, AG 1988, 118, 120; *Schlaus*, AG 1988, 113, 116.

68 Restriktiver: Spindler/Stilz/*Cahn*, Rn 56 („kaum jemals zu bejahen").

69 *Hüffer*, Rn 10; KölnKomm-AktG/*Lutter*/Drygala, Rn 47; Geßler/Hefermehl/*Bungeroth*, Rn 52; Großkomm-AktienR/*Merkt*, Rn 178; Bürgers/Körber/*Wieneke*, Rn 14; v. Godin/*Wilhelmi*, Anm. 3; Baumbach/*Hueck*, AktG, Rn 6; Geßler, Rn 9; *Grüger*, BKR 2010, 221, 222 ff; *Aha*, AG 1992, 218, 219.

70 Großzügig vor Einführung des § 71 Abs. 1 Nr. 8: OLG Frankfurt WM 1992, 572, 576; ähnlich weitgehend *Westermann*, in: FS Peltzer, 2001, S. 613, 625 f; K. Schmidt/Lutter/*Bezzenberger*, Rn 53; Spindler/Stilz/*Cahn*, Rn 55; strenger dagegen: Lutter/*Gehling*, WuB II A. § 71 a AktG 1.92; *Hüffer*, § 71 Rn 10, § 71 a Rn 3; Picot/Mentz/Seydel/*Duggal*, Die Aktiengesellschaft bei Unternehmenskauf und Restrukturierung, Teil IX Rn 19; *Grüger*, BKR 2010, 221, 222 ff; kritisch auch BGH WM 1993, 1787, 1790 = AG 1994, 32, 34; im Ergebnis verneinend wegen der Möglichkeit einer Hauptversammlungsermächtigung gemäß § 71 Abs. 1 Nr. 8: MüKo-AktG/*Oechsler*, Rn 127; allein auf § 71 Abs. 1 Nr. 8 abstellend auch: *Ekkenga*, WM 2002, 317, 319 ff, 324.

71 Zur Problematik der Kombination von genehmigtem Kapital und Erwerb eigener Aktien zur Schaffung von Belegschaftsaktien siehe *Tollkühn*, NZG 2004, 594; *Richter/Gittermann*, AG 2004, 277.

Ausgabebetrag der Aktien voll geleistet ist (Abs. 2 S. 3, s. Rn 84). Als Belegschaftsaktien nach Abs. 1 Nr. 2 erworbene eigene Aktien sind gemäß Abs. 3 S. 2 innerhalb eines Jahres nach ihrem Erwerb an die Arbeitnehmer auszugeben (Rn 92 ff).

27 **a) Arbeitsverhältnis zur Gesellschaft oder einem mit ihr verbundenen Unternehmen.** „Arbeitnehmer" ist nicht steuerrechtlich oder sozialversicherungsrechtlich, sondern im Sinne eines arbeitsrechtlichen Beschäftigungsverhältnisses zu verstehen. Neben Angestellten und Arbeitern sind auch Prokuristen und sonstige leitende Angestellte einbezogen, **nicht** aber **Vorstands-, Aufsichtsratsmitglieder oder sonstige Organmitglieder**, freie Mitarbeiter oder Berater.[72] Das Arbeitsverhältnis kann mit der AG selbst oder mit einem verbundenen Unternehmen (§ 15) bestehen bzw bestanden haben.

28 **b) Gegenwärtiges oder ehemaliges Arbeitsverhältnis.** Abs. 1 Nr. 2 umfasst nicht nur die Ausgabe von Belegschaftsaktien an gegenwärtige Arbeitnehmer, sondern auch an frühere Arbeitnehmer. Das umfasst Betriebsrentner,[73] aber auch vorzeitig ausgeschiedene Arbeitnehmer.

29 **c) Absicht, die Aktien den Arbeitnehmern zum Erwerb anzubieten.** Der Erwerb eigener Aktien ist zulässig, wenn die Aktien Arbeitnehmern zum Erwerb angeboten werden „sollen". Erforderlich und ausreichend ist eine entsprechende (ernsthafte) **Absicht**. Zuständig für die Abgabe von Belegschaftsaktien (Geschäftsführungsmaßnahme) ist der **Vorstand**. Es bedarf also einer entsprechenden Absicht des Vorstands. Wenn darüber hinaus gemäß § 111 Abs. 4 S. 2 ein Zustimmungsvorbehalt des Aufsichtsrats besteht, liegt eine „Absicht" zur Vergabe von Belegschaftsaktien nur dann vor, wenn das Vorhaben des Vorstands außerdem die Zustimmung des **Aufsichtsrats** hat. Dagegen kommt es für die „Absicht" nicht auf eine Zustimmung des Betriebsrats nach § 87 Abs. 1 Betriebsverfassungsgesetz an.[74] Auch muss die Absicht noch nicht an die Arbeitnehmer oder sonstige Personen kommuniziert worden sein. Für das Bestehen der erforderlichen Absicht wird in der Literatur (zum Teil materiellrechtlich, zum Teil zu Beweiszwecken) das Vorliegen entsprechender schriftlich protokollierter Vorstands- und Aufsichtsratsbeschlüsse verlangt, wobei ein Teil der Stimmen sogar die Festlegung **konkreter Erwerbskonditionen** verlangt.[75] Wenn eine ernsthafte Absicht zur Abgabe besteht, kommt es für die Zulässigkeit des Erwerbs eigener Aktien nicht darauf an, ob die Belegschaftsaktien später tatsächlich an die Arbeitnehmer abgegeben werden (siehe aber die Ausgabepflicht gemäß Abs. 3 S. 2, s. Rn 92 ff, und § 71 c, s. Rn 6, 11 ff).[76]

30 **d) Umwidmung bereits vorhandener eigener Aktien.** Die AG kann anstelle des Erwerbs eigener Aktien zum Zwecke der Ausgabe von Belegschaftsaktien auch bereits vorhandene eigene Aktien **umwidmen**.[77] Nach einem Teil der Literatur ist die AG hierzu vor der Ausgabe von Belegschaftsaktien sogar verpflichtet, und zwar auch, soweit abhängige oder im Mehrheitsbesitz stehende Unternehmen Aktien der AG halten (§ 71 d S. 3), wenn diese Aktien frei verfügbar sind.[78] Eine derartige generelle Pflicht gibt das Gesetz meines Erachtens nicht her. Die Verwaltung muss aber im Rahmen ihrer **Sorgfaltspflicht** prüfen, ob bereits vorhandene eigene Aktien (ggf solche von mittelbaren Stellvertretern und Tochterunternehmen) für andere gesetzmäßige Zwecke benötigt werden oder im Interesse der AG besser für die Belegschaftsaktien eingesetzt werden sollten. Außerdem sind die 10 %-Grenze gemäß Abs. 2 S. 1 (Rn 26, 76 ff) und die Pflichten zur Veräußerung gemäß Abs. 3 S. 2 (Rn 92 ff) und gemäß § 71 c zu beachten.

31 **e) Gleichbehandlungsgrundsatz, weitere Voraussetzungen (Abs. 2) und Berichtspflicht (Abs. 3 S. 1).** Beim **Erwerb** eigener Aktien zum Zweck der Ausgabe von Belegschaftsaktien muss die AG den **Gleichbehandlungsgrundsatz** gemäß § 53 a beachten: Allen Aktionären ist die Gelegenheit zu geben, sich am Erwerb der eigenen Aktien durch Veräußerung ihrer Aktien quotal zu beteiligen.[79] Zur Grenze von **10 % des Grundka-**

---

[72] LG Mainz NZG 2005, 325; LG Gießen Teilurteil vom 13.3.2007 – 6 O 34/05, Berufungsinstanz: OLG Frankfurt aM NZG 2008, 836 f; MüKo-AktG/*Oechsler*, Rn 140; KölnKomm-AktG/*Lutter/Drygala*, Rn 74; *Baumbach/Hueck*, AktG, Rn 8; Großkomm-AktienR/*Merkt*, Rn 195; Bürgers/Körber/*Wieneke*, Rn 17; *Wagner*, BB 2010, 1739, 1740; *Bosse*, NZG 2001, 594, 596; *Kort*, NZG 2008, 823, 824; siehe aber: *Hüffer*, Rn 12, der – unter mE unzutreffender Berufung auf RegBegr, BT-Drucks. 12/6679 83 – auch andere Begünstigte einbeziehen will, die zur AG in einem „vergleichbaren Verhältnis" stehen. Zur Unzulässigkeit des Erwerbs eigener Aktien zur Bedienung von Aktienoptionen von Aufsichtsratsmitgliedern siehe §§ 71 Abs. 1 Nr. 8 S. 5 Hs 2, 193 Abs. 2 Nr. 4, BGH WM 2004, 629 ff und Rn 64.

[73] RegBegr, BT-Drucks. 12/6679 83, reSp.

[74] KölnKomm-AktG/*Lutter/Drygala*, Rn 70.

[75] KölnKomm-AktG/*Lutter/Drygala*, Rn 38; MüKo-AktG/*Oechsler*, Rn 142; Großkomm-AktienR/*Merkt*, Rn 191; weiter gehend: *Bosse*, NZG 2001, 594, 596; MüHb-AG/*Wiesner*, § 15 Rn 13; *Hüffer*, Rn 13.

[76] *Hüffer*, Rn 13; Geßler/Hefermehl/Bungeroth, Rn 67; KölnKomm-AktG/*Lutter/Drygala*, Rn 70 f; Großkomm-AktienR/*Merkt*, Rn 191; *v. Godin/Wilhelmi*, Anm. 5; *Baumbach/Hueck*, AktG, Rn 8; *Bosse*, NZG 2001, 594, 596.

[77] KölnKomm-AktG/*Lutter/Drygala*, Rn 86; MüKo-AktG/*Oechsler*, Rn 143; siehe auch OLG Koblenz NZG 2003, 182, 184: Hauptversammlung darf Vorstand ermächtigen, ursprünglich auf der Basis des § 71 Abs. 1 Nr. 8 erworbene eigene Aktien als Belegschaftsaktien gemäß § 71 Abs. 1 Nr. 2 an Arbeitnehmer zu veräußern.

[78] Geßler/Hefermehl/Bungeroth, Rn 80 f; Großkomm-AktienR/*Merkt*, Rn 200 mit weiteren Differenzierungen.

[79] Zutreffend: *Paefgen*, ZIP 2002, 1509, 1510, 1511; siehe auch die Erläuterungen zu § 71 Abs. 1 Nr. 8, Rn 65 ff.

pitals siehe Rn 76 f; zur **Kapitalgrenze** siehe Rn 79 ff; zum Erfordernis der **vollen Einzahlung** der Aktien siehe Rn 84; zur **Berichtspflicht** des Vorstands siehe Rn 85 ff.

f) **Bedingungen der Abgabe von Belegschaftsaktien, Angemessenheit.** Abs. 1 Nr. 2 sagt über die **Bedingungen** der Abgabe von Belegschaftsaktien nichts aus. Da die Abgabe von Belegschaftsaktien für die AG mit Kosten verbunden ist, insbesondere, wenn – wie in der Regel – die Belegschaftsaktien verbilligt an die Arbeitnehmer abgegeben werden, muss sich die Abgabe nach allgemeiner Ansicht im Rahmen des **Üblichen** halten und unter Berücksichtigung der Lage der AG **angemessen** sein.[80] Andernfalls begehen die verantwortlichen Vorstands- und Aufsichtsratsmitglieder eine Sorgfaltspflichtverletzung und machen sich schadensersatzpflichtig (§§ 93, 116). Zur Pflicht zur Ausgabe der Belegschaftsaktien (Abs. 3 S. 2) siehe Rn 92 f; zu sonstigen Veräußerungspflichten (§ 71 c Abs. 1) siehe § 71 c Rn 3 ff.

3. Abfindung von Aktionären (Abs. 1 Nr. 3). Gemäß Abs. 1 Nr. 3 darf die AG eigene Aktien erwerben, um Aktionäre in bestimmten Fällen nach dem Aktiengesetz oder dem UmwG abzufinden. Zu diesem Zweck erworbene eigene Aktien dürfen gemäß Abs. 2 zusammen mit anderen bereits gehaltenen eigenen Aktien nicht mehr als **10 % des Grundkapitals** betragen (Rn 76 ff). Die hypothetische Rücklage für eigene Aktien gemäß Abs. 2 S. 2 darf nicht die **Kapitalgrenze** verletzen (Rn 79 ff). Auf die eigenen Aktien muss – anders als bei einem Erwerb nach Abs. 1 Nr. 1, 2, 4, 7 und 8 – der Ausgabebetrag nicht voll geleistet sein.

a) **Fälle der Abfindung nach Aktiengesetz. aa) § 305 Abs. 2.** Schließt eine AG einen **Beherrschungs- und/ oder Gewinnabführungsvertrag** (§ 291), so muss gemäß § 305 Abs. 1 der „andere Vertragsteil" (dh das Unternehmen, unter dessen Leitung die AG sich unterstellt bzw an das die AG ihren Gewinn abführt) auf Verlangen eines außenstehenden Aktionärs dessen Aktien gegen eine angemessene Abfindung erwerben. Wenn der „andere Vertragsteil" eine nicht abhängige und nicht im Mehrheitsbesitz stehende AG mit Sitz im Inland ist, muss diese AG als Abfindung eigene Aktien gewähren. Wenn der „andere Vertragsteil" von einer inländischen AG abhängig ist oder in deren Mehrheitsbesitz steht, müssen entweder Aktien der herrschenden AG oder eine Barabfindung gewährt werden. Je nach Fall muss eine AG als „anderer Vertragsteil" eines Beherrschungs- und/oder Gewinnabführungsvertrages also entweder eigene Aktien oder Aktien der sie beherrschenden AG anbieten. Für den Fall des § 305 Abs. 2 Nr. 2 gestattet dabei § 71 Abs. 1 Nr. 3 sowohl den Erwerb durch die AG als „anderer Vertragsteil" als auch durch die herrschende AG.[81]

bb) **§ 320 b.** Im Falle einer **Eingliederung** einer AG durch Mehrheitsbeschluss in eine andere inländische AG (Hauptgesellschaft), sind die ausgeschiedenen Aktionäre der eingegliederten AG gemäß § 320 b angemessen durch Gewährung von eigenen Aktien der Hauptgesellschaft abzufinden. Wenn die Hauptgesellschaft eine abhängige Gesellschaft ist, so hat der ausgeschiedene Aktionär nach seiner Wahl Anspruch auf eigene Aktien der Hauptgesellschaft oder auf Barabfindung (§ 320 b Abs. 1 S. 2 und 3). Zur Erfüllung des Abfindungsanspruches muss die Hauptgesellschaft eigene Aktien erwerben, was ihr durch § 71 Abs. 1 Nr. 3 ermöglicht wird.

cc) **Verwendungsabsicht.** Anders als in den Fällen nach dem UmwG (siehe Rn 37 ff) muss die AG bei § 305 Abs. 2 und § 320 b zunächst eigene Aktien erwerben, um diese dann zur Abfindung von Aktionären zu verwenden. Der Erwerb eigener Aktien ist deshalb nach § 71 Abs. 1 Nr. 3 in diesen Fällen nur zulässig, wenn eine entsprechende **ernsthafte Verwendungsabsicht** besteht. Die Verwendungsabsicht muss nicht nur beim Vorstand, sondern auch beim Aufsichtsrat vorhanden sein, da die Hauptversammlung des „anderen Vertragsteils" über den Beherrschungs- und/oder Gewinnabführungsvertrag auf Vorschlag des Vorstands und des Aufsichtsrats abzustimmen hat (§ 293 Abs. 2 S. 1, Abs. 1 S. 4, § 179 Abs. 1 S. 1, § 124 Abs. 3 S. 1). Wie im Falle des § 71 Abs. 1 Nr. 2 (siehe Rn 29) sollte die Verwendungsabsicht des Vorstands und des Aufsichtsrats schon zu Beweiszwecken durch entsprechende **schriftliche Beschlussfassungen** dokumentiert sein. **Umstritten** ist, wie weit die Willensbildung der beteiligten **Hauptversammlungen** fortgeschritten sein muss: Zum Teil wird verlangt, dass die Zustimmungsbeschlüsse beider beteiligten Hauptversammlungen bereits vor dem Erwerb gefasst sind oder zumindest aufgrund der Mehrheitsverhältnisse feststeht, dass die Hauptversammlungsbeschlüsse zustande kommen werden, etwa weil die nötige Stimmenmehrheit gesichert ist.[82] Nach anderer Ansicht ist es ausreichend, dass mit dem Zustandekommen der geplanten Hauptversamm-

---

[80] MüKo-AktG/*Oechsler*, Rn 146; *Hüffer*, Rn 12; KölnKomm-AktG/*Lutter/Drygala*, Rn 79; Großkomm-AktienR/*Merkt*, Rn 198; *v. Godin/Wilhelmi*, Anm. 5; *Baumbach/Hueck*, AktG, Rn 8; *Rittner*, AG 1973, 113, 120; *Janberg*, AG 1960, 175, 177; weitergehend wohl: Bürgers/Körber/*Wieneke*, Rn 17; nach Lockerungen suchend auch *Wagner*, BB 2010, 1739, 1740 f.

[81] KölnKomm-AktG/*Lutter/Drygala*, Rn 89; MüKo-AktG/*Oechsler*, Rn 152; Bürgers/Körber/*Wieneke*, Rn 20.

[82] *Hüffer*, Rn 14; KölnKomm-AktG/*Lutter/Drygala*, Rn 105; Picot/Mentz/Seydel/*Duggal*, Die Aktiengesellschaft bei Unternehmenskauf und Restrukturierung, Teil IX Rn 28; K. Schmidt/Lutter/*Bezzenberger*, Rn 63; strenger: Schwerdtfeger/*Mildner*, § 71 Rn 12 (Beschlüsse müssen grundsätzlich gefasst sein).

lungsbeschlüsse gerechnet werden kann.[83] Um einen möglichst flexiblen, schonenden Rückkauf der eigenen Aktien zu ermöglichen, sollte es meines Erachtens ausreichen, dass das Zustandekommen der Hauptversammlungsbeschlüsse überwiegend wahrscheinlich ist. Wegen des Verbots des Insiderhandels (§ 14 WpHG) setzt der Rückkauf von Aktien, die Insiderpapiere sind (§ 12 WpHG), aber in aller Regel voraus, dass das Vorhaben der Strukturmaßnahme öffentlich bekannt ist.[84]

37 **b) Fälle der Abfindung nach UmwG. aa) § 29 Abs. 1 UmwG.** Bei der **Verschmelzung** einer AG als der übernehmenden Rechtsträgerin mit einem Rechtsträger anderer Rechtsform muss die AG gemäß § 29 Abs. 1 S. 1 jedem widersprechenden Anteilsinhaber den Erwerb seiner Anteile gegen eine angemessene Barabfindung anbieten. Auf dieses Angebot ist § 71 Abs. 4 S. 2 nicht anwendbar (§ 29 Abs. 1 S. 1 Hs 2 UmwG). Das Angebot ist also wirksam, auch wenn es gegen § 71 Abs. 2 verstößt. Gemäß § 29 Abs. 1 S. 2 gilt das Gleiche, wenn zwei AGs verschmelzen und die neuen Anteile an dem übernehmenden Rechtsträger Verfügungsbeschränkungen unterworfen sind. In beiden Fällen des § 29 Abs. 1 UmwG ist die AG, wenn der widersprechende Anteilsinhaber das Angebot annimmt, verpflichtet, eigene Aktien zu erwerben. Dies wird durch § 71 Abs. 1 Nr. 3 ermöglicht.

38 **bb) § 125 S. 1 iVm § 29 Abs. 1 UmwG.** Gemäß § 125 S. 1 UmwG gilt § 29 UmwG in bestimmten Fällen der **Spaltung** entsprechend, nämlich bei der Aufspaltung (§ 123 Abs. 1 UmwG) und der Abspaltung (§ 123 Abs. 2 UmwG), nicht jedoch bei der Ausgliederung (§ 123 Abs. 3 UmwG). Der oder die übernehmenden oder neuen Rechtsträger sind in den Fällen der Aufspaltung und Abspaltung also zur Barabfindung von widersprechenden Anteilsinhabern des übertragenden Rechtsträgers gegen Erwerb seiner Anteile verpflichtet.

39 **cc) § 207 UmwG.** Gemäß § 207 Abs. 1 S. 1 UmwG hat beim **Formwechsel** der formwechselnde Rechtsträger jedem Anteilsinhaber, der gegen den Formwechselbeschluss Widerspruch erklärt, den Erwerb seiner umgewandelten Anteile oder Mitgliedschaften gegen eine angemessene Barabfindung anzubieten. Auf dieses Angebot ist § 71 Abs. 4 S. 2 nicht anwendbar (§ 207 Abs. 1 S. 1 Hs 2). Das Angebot ist also wirksam, auch wenn es gegen § 71 Abs. 2 verstößt. Wenn der Anteilsinhaber das Angebot annimmt, ist der formwechselnde Rechtsträger zum Erwerb eigener Anteile verpflichtet. Wandelt sich der Rechtsträger im Rahmen des Formwechsels in eine AG um, ermöglicht ihm § 71 Abs. 1 Nr. 3 den erforderlichen Erwerb eigener Aktien.

40 **c) Erweiterung auf nicht ausdrücklich geregelte Fälle?** Abs. 1 Nr. 3 ist nach Wortlaut und Gesetzesbegründung abschließend.[85]

41 **d) Anzahl der zu erwerbenden eigenen Aktien: Vorhandene eigene Aktien als Erwerbshindernis?** Der Erwerb eigener Aktien zum Zwecke der Abfindung gemäß Abs. 1 Nr. 3 muss sich auf eine Anzahl eigener Aktien beschränken, die dem realistischerweise zu **erwartenden Bedarf** (zzgl eines gewissen **Sicherheitsaufschlags**) entspricht. Nach einem Teil der Literatur soll Abs. 1 Nr. 3 den Erwerb eigener Aktien darüber hinaus nur insoweit rechtfertigen, als die AG (bzw ihre Tochterunternehmen oder mittelbaren Stellvertreter) nicht bereits über andere eigene Aktien verfügt.[86] Aus dem Wortlaut des Abs. 1 Nr. 3 ergibt sich eine derartige pauschale Schranke nicht. Jedoch muss die Verwaltung (Vorstand, Aufsichtsrat) stets sorgfaltsgemäß prüfen, ob bereits vorhandene eigene Aktien verwendet werden können oder für andere gesetzmäßige Zwecke benötigt werden.

42 **e) Weitere Voraussetzungen.** Zur Grenze von **10 % des Grundkapitals** siehe Rn 76 ff; zur **Kapitalgrenze** siehe Rn 79 ff. Bei einem Erwerb eigener Aktien nach Abs. 1 Nr. 3 müssen diese nicht voll eingezahlt sein.

43 **f) Veräußerungspflicht.** Werden eigene Aktien gemäß Abs. 1 Nr. 3 rechtmäßig erworben und dann wider Erwarten nicht zur Abfindung von Aktionären benötigt, besteht eine Pflicht zur Veräußerung dieser Aktien ggf nach § 71c Abs. 2 (siehe § 71c Rn 11 ff). Darüber hinaus wird zum Teil angenommen, die AG habe in Anwendung des Rechtsgedankens des § 71c Abs. 1 eine Pflicht zur umgehenden Veräußerung der nicht benötigten eigenen Aktien.[87] Meines Erachtens muss der Vorstand im Rahmen seiner Sorgfaltspflicht prüfen, ob es angezeigt ist, die eigenen Aktien im Interesse der Gesellschaft umgehend zu veräußern, oder ob das

---

83 Geßler/*Hefermehl*/*Bungeroth*, Rn 100; *Nirk*, Hb AG, Rn 409; Großkomm-AktienR/*Merkt*, Rn 214; MüKo-AktG/*Oechsler*, Rn 163; wohl auch Bürgers/Körber/*Wieneke*, Rn 23.

84 Insoweit zutreffend: Spindler/Stilz/*Cahn*, Rn 74, der allerdings die Verwendungsabsicht offenbar bereits dann als gegeben ansieht, wenn das Vorhaben öffentlich bekannt ist.

85 Fraktionsbegründung BT-Drucks. 12/6699, 177, liSp; *Hüffer*, Rn 15; Bürgers/Körber/*Wieneke*, Rn 22; dagegen: *Martens*, in: FS Boujong, 1996, S. 335, 341; MüKo-AktG/*Oechsler*, Rn 156 ff.

86 Geßler/*Hefermehl*/*Bungeroth*, Rn 102; Großkomm-AktienR/ *Merkt*, Rn 219.

87 MüKo-AktG/*Oechsler*, Rn 163; wohl auch KölnKomm-AktG/ *Lutter*/*Drygala*, Rn 90, 85.

weitere Halten der eigenen Aktien, etwa im Hinblick auf einen sich abzeichnenden anderen, von den §§ 71 ff gedeckten Verwendungszweck, gerechtfertigt ist.

4. Unentgeltlicher Erwerb, Einkaufskommission eines Kreditinstituts (Abs. 1 Nr. 4). Der Erwerb eigener 44
Aktien ist gemäß Abs. 1 Nr. 4 zulässig, wenn er **unentgeltlich** geschieht oder wenn ein Kreditinstitut mit dem Erwerb eine **Einkaufskommission** durchführt. Der Erwerb ist nur zulässig, wenn auf die Aktien der **Ausgabebetrag voll geleistet** ist (Abs. 2 S. 3, Rn 84). Die Obergrenze von 10 % gemäß Abs. 2 S. 1 gilt aber nicht. Auch kommt es nicht darauf an, ob die hypothetische Rücklage für eigene Anteile gemäß Abs. 2 S. 2 das Grundkapital oder Rücklagen mindern würde. Zu beachten ist jedoch die Veräußerungspflicht gemäß § 71 c Abs. 2 (§ 71 c Rn 11 ff).

a) Unentgeltlicher Erwerb. Der Erwerb eigener Aktien ist unentgeltlich, wenn die AG für die Aktien **keine** 45
Gegenleistung zu erbringen hat.[88] Als unentgeltlicher Erwerb kommt zB der Erwerb im Rahmen der Erfüllung einer **Schenkung** oder eines **Vermächtnisses** in Betracht. Dass die AG dabei für Schenkungs- und Erbschaftssteuer haftet, schadet nicht.[89] Der Erwerb ist dagegen entgeltlich, wenn es sich um eine gemischte Schenkung oder um ein Vermächtnis mit Auflage handelt. Praktische Bedeutung kann die unentgeltliche Überlassung im Zusammenhang mit Sanierungsfällen haben: Gemäß § 237 Abs. 3 Nr. 1 brauchen bei unentgeltlicher Überlassung für eine Kapitalherabsetzung durch Einziehung die Vorschriften über die ordentliche Kapitalherabsetzung nicht befolgt zu werden.

b) Einkaufskommission. „Einkaufskommission" meint das Kommissionsgeschäft gemäß § 383 HGB, und 46
zwar in derjenigen Variante, bei der die **AG als Kommissionär** gewerbsmäßig Wertpapiere für Rechnung eines anderen (des Kommittenten) im eigenen Namen kauft. Gemäß § 384 Abs. 2 HGB ist der Kommissionär verpflichtet, dem Kommittenten das aus der Geschäftsbesorgung erlangte Wertpapier herauszugeben. § 71 Abs. 1 Nr. 4 erlaubt es Kreditinstituten (§§ 1 Abs. 1, 2 Abs. 1 KWG), eigene Aktien in Ausführung einer Einkaufskommission zu erwerben. Voraussetzung ist, dass ein **wirksamer Kommissionsvertrag** mit der Verpflichtung der AG zur Durchführung einer Einkaufskommission besteht. § 71 Abs. 1 Nr. 4 rechtfertigt **nicht** den **vorsorglichen Erwerb** eigener Aktien zur Ausführung erwarteter Kommissionsverträge.[90] Führt die AG die Einkaufskommission durch **Selbsteintritt** aus (§ 400 Abs. 1 Alt. 1 HGB), dh liefert sie die einzukaufenden eigenen Aktien selbst als Verkäufer, so ist auch dies durch § 71 Abs. 1 Nr. 4 gedeckt. Dabei ist der Deckungskauf zur Ermöglichung des Selbsteintritts erlaubt. Unklar ist aber, ob die AG, wenn sie die Einkaufskommission mit bereits vorhandenen eigenen Aktien erfüllt, die dadurch eingetretene Bestandsminderung durch Nacherwerb eigener Aktien wieder auffüllen darf.[91]

Anders ist die Rechtslage bei der **Verkaufskommission**: Zunächst ist festzuhalten, dass bei der Ausführung 47
einer regulären Verkaufskommission die AG **nicht Eigentümer** der betroffenen Aktien wird. Sie erhält **lediglich** die **Verfügungsbefugnis**, die dingliche Übereignung der Aktien vom Verkaufskommissionär an den Erwerber zu vereinbaren.[92] Ein Erwerb eigener Aktien könnte aber ggf stattfinden, wenn die AG im Rahmen einer Verkaufskommission den **Selbsteintritt** gemäß § 400 Abs. 1 Alt. 2 HGB erklärt. Eine analoge Anwendung des § 71 Abs. 1 Nr. 4 wird auf diesen Fall von der herrschenden Meinung verneint.[93] Wegen des eindeutigen Wortlauts des § 71 Abs. 1 Nr. 4 verbietet sich auch eine Ausweitung auf Eigenhändlergeschäfte[94] (siehe aber Abs. 1 Nr. 7).

Erwirbt die AG eigene Aktien in Ausführung einer Einkaufskommission und **scheitert** die Durchführung 48
des Kommissionsgeschäfts anschließend (der Kommissionär nimmt die Aktien nicht ab), so führt dies nicht zur Unzulässigkeit des Erwerbs eigener Aktien.[95] Die so erworbenen eigenen Aktien sind gemäß § 71 c **Abs. 2** innerhalb von drei Jahren nach dem Erwerb zu veräußern, soweit sie 10 % des Grundkapitals übersteigen, nach Ablauf dieser Frist sind sie gemäß § 237 einzuziehen.[96] Unabhängig von dieser Vorschrift muss die Verwaltung jedoch im Rahmen ihrer Sorgfaltspflicht prüfen, ob es angezeigt ist, die eigenen Akti-

---

[88] AA *Merkt/Mylich*, NZG 2012, 525, 526: „lediglich rechtlich vorteilhaft" analog § 107 BGB.
[89] OLG Hamburg AG 2010, 502, 505; *Hüffer*, Rn 16; MüKo-AktG/*Oechsler*, Rn 166; Großkomm-AktienR/*Merkt*, Rn 221; KölnKomm-AktG/*Lutter/Drygala*, Rn 220; *Geßler*, Rn 20.
[90] MüKo-AktG/*Oechsler*, Rn 167; Großkomm-AktienR/*Merkt*, Rn 226; KölnKomm-AktG/*Lutter/Drygala*, Rn 222, 223; Marsch/Barner/Schäfer/*Schäfer*, Handbuch börsennotierte AG, § 50 Rn 30; siehe auch FG Düsseldorf EFG 1977, 231, 232 f.
[91] Dagegen: Geßler/*Hefermehl/Bungeroth*, Rn 113; Großkomm-AktienR/*Barz*, 3. Aufl. 1973, § 71 Anm. 22; dafür: MüKo-AktG/*Oechsler*, Rn 169; unklar: KölnKomm-AktG/*Lutter/Drygala*, Rn 223.
[92] *Baumbach/Hopt*, HGB, § 383 Rn 17; KölnKomm-AktG/*Lutter/Drygala*, Rn 224; *Hüffer*, Rn 17.
[93] *Hüffer*, Rn 17; Großkomm-AktienR/*Merkt*, Rn 224; *Baumbach/Hueck*, AktG, Rn 11; v. Godin/*Wilhelmi*, Anm. 9; MüKo-AktG/*Oechsler*, Rn 169; A/D/S, § 160 Rn 39; Bürgers/Körber/*Wieneke*, Rn 25; aA: KölnKomm-AktG/*Lutter/Drygala*, Rn 225, der jedoch „tunlichste Zurückhaltung" und die Beschränkung auf einen „notwendigen Mindesthandelsbestand" fordert.
[94] Ebenso: Geßler/*Hefermehl/Bungeroth*, Rn 113; Großkomm-AktienR/*Barz*, 3. Aufl. 1973, § 71 Anm. 22; *Schönle*, ZfgK 1966, 148, 150.
[95] *Hüffer*, Rn 17; MüKo-AktG/*Oechsler*, Rn 150; KölnKomm-AktG/*Lutter/Drygala*, Rn 221.
[96] KölnKomm-AktG/*Lutter/Drygala*, Rn 222; aA (§ 71 c Abs. 1 analog): MüKo-AktG/*Oechsler*, Rn 169.

en im Interesse der Gesellschaft umgehend zu veräußern oder ob das weitere Halten der eigenen Aktien, etwa im Hinblick auf einen sich abzeichnenden anderen Verwendungszweck, gerechtfertigt ist.

49 **5. Gesamtrechtsnachfolge (Abs. 1 Nr. 5).** Erwirbt die AG das Vermögen einer anderen Person im Wege einer Gesamtrechtsnachfolge und gehören zum Vermögen dieser Person Aktien der AG, so ist der damit stattfindende Erwerb eigener Aktien durch die AG gemäß Abs. 1 Nr. 5 zulässig. Dieser Erwerb eigener Aktien unterliegt weder der 10 %-Grenze des Abs. 2 S. 1 noch der Kapitalgrenze des Abs. 2 S. 2. Die erworbenen Aktien müssen auch nicht gemäß Abs. 2 S. 3 voll eingezahlt sein. Jedoch gilt die Veräußerungspflicht gemäß § 71 c Abs. 2 (§ 71 c Rn 11 ff). Als Gesamtrechtsnachfolge kommen folgende Fälle in Betracht:

50 a) **Erbfolge.** Die AG kann gemäß § 1937 BGB durch **Testament** oder gemäß § 1941 Abs. 1 BGB durch **Erbvertrag** als Erbe eingesetzt sein. Mit dem Tode des Erblassers geht dann das gesamte Vermögen einschließlich der Aktien auf die AG über (§ 1922 Abs. 1 BGB). Die Erfüllung eines Vermächtnisses ist keine Gesamtrechtsnachfolge und ist ggf nach dem – strengeren – Abs. 1 Nr. 4 Alt. 1 erlaubt (unentgeltlicher Erwerb). Ist die AG nicht Alleinerbin, sondern Mitglied einer Erbengemeinschaft, so erwirbt die AG durch den Erbfall gemäß Abs. 1 Nr. 5 einen Gesamthandsanteil an eigenen Aktien. Wird die Erbengemeinschaft auseinander gesetzt und soll die AG im Zuge dieser Auseinandersetzung eigene Aktien erwerben, so gilt nicht Abs. 1 Nr. 5. Der Erwerb im Zuge der Auseinandersetzung ist dann nur zulässig, wenn er durch einen der anderen Tatbestände des § 71 gerechtfertigt ist.

51 b) **Verschmelzung durch Aufnahme mit der AG als übernehmender Rechtsträgerin.** Verschmilzt die **AG als übernehmende Rechtsträgerin** gemäß § 2 Nr. 1 UmwG mit einem oder mehreren Rechtsträgern, die Aktien der AG halten, so findet eine Gesamtrechtsnachfolge statt (§ 20 Abs. 1 Nr. 1 UmwG), in deren Rahmen die AG eigene Aktien zulässigerweise erwirbt.[97] Die übernehmende AG **darf** ihr Grundkapital zur Durchführung der Verschmelzung nicht erhöhen, soweit auf die vom übertragenden Rechtsträger gehaltenen Aktien der Ausgabebetrag nicht voll geleistet ist (§ 68 Abs. 1 S. 1 Nr. 3 UmwG). Ist auf die Aktien der Ausgabebetrag voll geleistet, so **braucht** die übernehmende AG insoweit ihr Grundkapital nicht zu erhöhen (§ 68 Abs. 1 S. 2 Nr. 2 UmwG).

52 c) **Gesamtrechtsnachfolge gemäß § 140 Abs. 1 S. 2 HGB.** Eine AG als Gesellschafterin einer Personenhandelsgesellschaft kann unter den Voraussetzungen des § 140 Abs. 1 S. 2 HGB das Vermögen der Personenhandelsgesellschaft einschließlich dazugehöriger eigener Aktien der AG erwerben.[98]

53 **6. Hauptversammlungsbeschluss zur Einziehung bei Kapitalherabsetzung (Abs. 1 Nr. 6).** Gemäß Abs. 1 Nr. 6 ist der Erwerb eigener Aktien aufgrund eines Beschlusses der Hauptversammlung zur **Einziehung** nach den Vorschriften über die Herabsetzung des Grundkapitals zulässig. Die 10 %-Grenze des Abs. 2 S. 1 und die Kapitalgrenze des Abs. 2 S. 2 gelten nicht. Auch kommt es nicht darauf an, ob die Aktien voll eingezahlt sind, Abs. 2 S. 3 gilt nicht. Zu beachten sind aber § 71 c Abs. 2 und 3 (§ 71 c Rn 11 ff).

54 Gemäß § 237 Abs. 1 S. 1 Alt. 2 können Aktien „nach Erwerb durch die Gesellschaft" eingezogen werden. Gemäß § 237 Abs. 2 S. 1 sind dabei die Vorschriften über die **ordentliche Kapitalherabsetzung** zu befolgen. Die Vorschriften über die ordentliche Kapitalherabsetzung brauchen **nicht** befolgt zu werden, wenn Aktien, auf die der Ausgabebetrag voll geleistet ist, der Gesellschaft **unentgeltlich** zur Verfügung gestellt werden (§ 237 Abs. 3 Nr. 1) oder wenn Aktien **zulasten des Bilanzgewinns** oder einer anderen **Gewinnrücklage**,[99] soweit diese zu diesem Zweck verwandt werden können, eingezogen werden (§ 237 Abs. 3 Nr. 2) oder wenn **Stückaktien** eingezogen werden und der Beschluss der Hauptversammlung bestimmt, dass sich durch die Einziehung der Anteil der übrigen Aktien am Grundkapital gemäß § 8 Abs. 3 erhöht (§ 237 Abs. 3 Nr. 3).[100] Auch in derartigen Fällen bedarf die Einziehung jedoch eines Hauptversammlungsbeschlusses (§ 237 Abs. 4 S. 1). Die erworbenen eigenen Aktien sind in Höhe ihres Nennbetrages bzw rechnerischen Wertes in der Vorspalte offen vom Posten „Gezeichnetes Kapital" abzusetzen (**§ 272 Abs. 1 a S. 1 HGB**).

55 Vor dem Erwerb gemäß Abs. 1 Nr. 6 muss ein entsprechender **Hauptversammlungsbeschluss** (Rn 54) vorliegen. Der Hauptversammlungsbeschluss braucht noch nicht in das Handelsregister eingetragen zu sein.[101]

---

97 Zum Sonderfall des verschmelzungsbedingten Übergangs einer Stillhalterverpflichtung bei Put Option siehe *Weiss*, AG 2004, 127; zum verschmelzungsbedingten Übergang einer Verpflichtung auf die AG zur Leistung von Schadensersatz, Zug um Zug gegen Rückübertragung von Aktien der AG, siehe BAG AG 2006, 632, 625.

98 *Hüffer*, Rn 18; Geßler/*Hefermehl/Bungeroth*, Rn 118; Köln-Komm-AktG/*Lutter/Drygala*, Rn 230 (mit Bedenken wegen Missbrauchsgefahr); MüKo-AktG/*Oechsler*, Rn 171.

99 Wohl auch zulasten der Kapitalrücklage gemäß § 272 Abs. 2 Nr. 4 HGB, s. OLG München AG 2012, 563, 564 mit zust.

Kurzkommentar *Wachter*, EWiR 2012, 543, 544; *Hüffer*, § 237 Rn 34; Spindler/Stilz/*Marsch-Barner*, § 237 Rn 31; aA möglicherweise: Bürgers/Körber/*Becker* § 237 Rn 43; K. Schmidt/Lutter/*Veil* § 237 Rn 38 ff.

100 *Wieneke/Förl*, AG 2005, 189, 195 wollen diese Form der Einziehung nur zulassen, wenn zugleich entweder die Voraussetzungen des § 237 Abs. 3 Nr. 1 oder des § 237 Abs. 3 Nr. 2 erfüllt sind.

101 Geßler/*Hefermehl/Bungeroth*, Rn 120; MüKo-AktG/*Oechsler*, Rn 178; aA (zu Unrecht, siehe § 239 Abs. 2): *v. Godin/Wilhelmi*, Anm. 11.

Die AG darf nur so viel eigene Aktien erwerben, wie in dem Hauptversammlungsbeschluss vorgesehen ist. Nach einem Teil der Literatur müssen bereits vorhandene, „frei verfügbare" eigene Aktien vorrangig verwertet werden.[102] Das trifft meines Erachtens nur mit der Maßgabe zu, dass Aktien dann „frei verfügbar" sind, wenn sie bei sorgfaltsgemäßer Prüfung nicht zu anderen, gemäß §§ 71 ff zulässigen, Zwecken benötigt werden.

Beim Erwerb eigener Aktien zum Zweck der Einziehung muss die AG den **Gleichbehandlungsgrundsatz gemäß § 53 a** beachten: Allen Aktionären ist die Gelegenheit zu geben, sich am Erwerb der eigenen Aktien durch Veräußerung ihrer Aktien quotal zu beteiligen.[103]

7. Hauptversammlungsbeschluss zum Zwecke des Wertpapierhandels bei Kreditinstituten, Finanzdienstleistungsinstituten oder Finanzunternehmen (Abs. 1 Nr. 7). Gemäß Abs. 1 Nr. 7 können ein Kreditinstitut (§ 1 Abs. 1, § 2 Abs. 1 KWG), ein Finanzdienstleistungsinstitut (§ 1 Abs. 1a, § 2 Abs. 6 KWG) oder ein Finanzunternehmen (§ 1 Abs. 3 KWG) eigene Aktien zum Zwecke des Wertpapierhandels aufgrund eines entsprechenden **Beschlusses der Hauptversammlung** erwerben. Der Beschluss der Hauptversammlung muss (ausdrücklich) bestimmen, dass die Ermächtigung **zum Zwecke des Wertpapierhandels** erteilt wird und der Handelsbestand **5 % des Grundkapitals am Ende jeden Tages** nicht übersteigen darf. Der Hauptversammlungsbeschluss muss den niedrigsten und höchsten „Gegenwert" festlegen, dh **Mindestpreis** und **Höchstpreis**, zu denen die AG eigene Aktien erwerben darf. Der Preis darf wegen § 57 nicht überhöht sein (s.a. Rn 61). Die Ermächtigung darf höchstens **fünf Jahre** gelten. Die gesetzliche Höchstfrist betrug ursprünglich 18 Monate und wurde durch das ARUG mit Wirkung zum 1.9.2009 auf fünf Jahre heraufgesetzt. Die jeweilige Frist kann, auch während ihrer Laufzeit, **erneuert** werden.[104] Wenn eine Erneuerung der Ermächtigung während des Fristlaufs beschlossen wird, ist fraglich, inwieweit die noch laufende Frist zu berücksichtigen ist. Denkbar wäre eine aufschiebend befristete Ermächtigung von fünf Jahren, die mit Ablauf der noch laufenden Frist wirksam wird. Es erscheint jedoch nicht völlig ausgeschlossen, dass dies als unzulässige Umgehung der Höchstgrenze von fünf Jahren anzusehen wäre. Sicherheitshalber sollte deshalb entweder die noch laufende Ermächtigung aufgehoben werden oder der Rest der noch laufenden Frist von der Frist der neuen Ermächtigung abgezogen werden.[105]

Genügt der Hauptversammlungsbeschluss den gesetzlichen Anforderungen nicht, so ist er gemäß § 241 Nr. 3 nichtig. Der Erwerb eigener Aktien aufgrund eines solchen nichtigen Hauptversammlungsbeschlusses ist unzulässig (§ 71 Abs. 4). Gemäß Abs. 2 S. 1 darf der Gesamtbetrag eigener Aktien, die nach Abs. 1 Nr. 7 und Abs. 1 Nr. 1–3 erworben werden, **10 % des Grundkapitals** nicht überschreiten (Abs. 2 S. 1, s. Rn 76 ff). Der Erwerb ist außerdem nur zulässig, wenn die AG die hypothetische Rücklage gemäß Abs. 2 S. 2 ohne Verletzung der **Kapitalgrenze** bilden könnte (Abs. 2 S. 2, s. Rn 79 ff). Auf die eigenen Aktien muss der **Ausgabebetrag voll geleistet** sein (Abs. 2 S. 3, s. Rn 84). Zur Veräußerungspflicht nach § 71 c Abs. 2 siehe § 71 c Rn 11 ff.

8. Ermächtigung durch die Hauptversammlung (Abs. 1 Nr. 8). Gemäß Abs. 1 Nr. 8 kann die Hauptversammlung einer AG eine höchstens fünf Jahre geltende Ermächtigung zum Erwerb eigener Aktien erteilen, die den niedrigsten und höchsten Gegenwert sowie den Anteil am Grundkapital, höchstens 10 %, festlegt. § 71 Abs. 1 Nr. 8 ist durch das KonTraG v. 27.4.1998 eingeführt worden. Mittlerweile sind Ermächtigungen gemäß Abs. 1 Nr. 8 Standardmaßnahmen börsennotierter Aktiengesellschaften. Auch deshalb hat der Gesetzgeber durch das ARUG mit Wirkung zum 1.9.2009 die gesetzliche Höchstfrist von ursprünglich 18 Monaten auf fünf Jahre heraufgesetzt und die Pflicht zur Unterrichtung der BaFin gemäß § 71 Abs. 3 S. 3 aF gestrichen.[106]

Der Hauptversammlungsbeschluss muss nach dem Gesetzeswortlaut keinen besonderen Zweck des Erwerbs eigener Aktien vorgeben. Jedoch ist als Zweck der **Handel in eigenen Aktien ausgeschlossen** (Rn 63). Gemäß Abs. 1 Nr. 8 erworbene Aktien dürfen zusammen mit anderen eigenen Aktien nicht mehr als **10 % des Grundkapitals** betragen (Abs. 2 S. 1, s. Rn 76 ff). Der Erwerb ist nur zulässig, wenn die hypothetische Rücklage für eigene Aktien gemäß Abs. 2 S. 2 ohne Verletzung der **Kapitalgrenze** gebildet werden kann (Abs. 2 S. 2, s. Rn 79 ff). Nach dem OLG München soll ein Hauptversammlungsbeschluss zum Erwerb eigener Aktien anfechtbar sein, wenn zum Zeitpunkt der Beschlussfassung keinerlei Aussicht besteht, die Ka-

---

[102] Geßler/Hefermehl/Bungeroth, Rn 123; Baumbach/Hueck, AktG, Rn 13; dagegen: Wieneke/Förl, AG 2005, 189 (Fn 8).
[103] Paefgen, ZIP 2002, 1509, 1510, 1511; MüKo-AktG/Oechsler, Rn 179; siehe auch die Erläuterungen zu § 71 Abs. 1 Nr. 8 unter Rn 65 ff.
[104] RegBegr, BT-Drucks. 12/6679, 84.
[105] Hüffer, Rn 19 b; siehe auch Grobecker/Michel, DStR 2001, 1757.
[106] RegBegr, BT-Drucks. 16/11642, 25, reSp und 26, liSp; Gegenäußerung der Bundesregierung zur Stellungnahme des Bundesrates BT-Drucks. 16/11642, 57, liSp.

pitalgrenze einzuhalten.[107] Aktien dürfen nur erworben werden, wenn der **Ausgabebetrag** auf sie **voll geleistet** ist (Abs. 2 S. 3, s. Rn 84). Zur **Berichtspflicht** des Vorstands gemäß Abs. 3 S. 1 siehe Rn 85 ff.

61 a) **Inhalt des Hauptversammlungsbeschlusses.** Der Hauptversammlungsbeschluss muss eine **Frist von höchstens fünf Jahren** definieren, innerhalb welcher der Erwerb eigener Aktien zulässig ist.[108] Für die Verwendung derart erworbener Aktien gilt die Fünfjahresfrist des Abs. 1 Nr. 8 S. 1 **nicht**.[109] Entgegen einigen Literaturstimmen[110] gilt mE für die Verwendung auch nicht analog § 202 Abs. 1 eine Fünfjahresfrist.[111] Der Gesetzgeber hat eine solche Frist nicht gewollt, und diese erscheint angesichts des eigenen differenzierten Schutzinstrumentariums des Abs. 1 Nr. 8, Abs. 2 und 3 nicht erforderlich. Der Hauptversammlungsbeschluss muss den niedrigsten und höchsten „Gegenwert" festlegen, dh den **Mindestpreis** und den **Höchstpreis**, den die AG für die eigenen Aktien zahlen darf. Zulässig ist es, den niedrigsten und höchsten Gegenwert in Anknüpfung an den Börsenkurs zu definieren.[112] Der Rückerwerbspreis darf nicht überhöht sein (§ 57).[113] Mindest- und Höchstpreis sollten daher so festgelegt werden, dass der Vorstand voraussichtlich in der Lage sein wird, aus der Spannbreite den angemessenen (marktgerechten) Kaufpreis zu wählen. Der Hauptversammlungsbeschluss muss festlegen, wie viel **Prozent des Grundkapitals** in eigenen Aktien erworben werden darf. Es geht hier nicht um die Gesamtgrenze aller eigenen Aktien, welche die AG gemäß Abs. 2 S. 1 insgesamt halten darf („Bestandsgrenze"). Diese gilt unabhängig von der Festlegung im Hauptversammlungsbeschluss und bildet die absolute Grenze für jeglichen Erwerb aufgrund der Ermächtigung (Rn 76 ff). Die Prozentangabe im Hauptversammlungsbeschluss betrifft vielmehr die Höchstzahl der aufgrund der Ermächtigung insgesamt erwerbbaren Aktien.[114] Sie darf **höchstens 10 %** des Grundkapitals betragen.[115] Ein Hauptversammlungsbeschluss, der die gesetzlich vorgeschriebenen Mindestangaben nicht enthält, ist gemäß § 241 Nr. 3 **nichtig**.[116] Der Erwerb eigener Aktien aufgrund eines solchen nichtigen Hauptversammlungsbeschlusses ist unzulässig (Abs. 4).

62 Der Hauptversammlungsbeschluss muss keinen **Zweck für den Erwerb** eigener Aktien bezeichnen.[117] Die Hauptversammlung ist berechtigt, jedoch nicht verpflichtet, den Zweck im Hauptversammlungsbeschluss festzulegen. Der Hauptversammlungsbeschluss kann einen **Beschluss über die Veräußerung** enthalten (Rn 69 ff) und den Vorstand ermächtigen, die Aktien ohne weiteren Hauptversammlungsbeschluss **einzuziehen** (Rn 72 ff). Der Hauptversammlungsbeschluss wird, falls die Satzung keine weiteren Erfordernisse festlegt und vorbehaltlich des § 71 Abs. 1 Nr. 8 S. 5 iVm § 186 Abs. 3 S. 2, durch Mehrheitsbeschluss gefasst (§ 133

---

107 OLG München NZG 2002, 678, 679 = AG 2003, 163; diese Entscheidung wird von MüKo-AktG/*Oechsler*, Rn 193 insoweit nicht richtig wiedergegeben, als von Nichtigkeit gesprochen wird.
108 Zur Verlängerung siehe Kommentierung zu § 71 Abs. 1 Nr. 7 Rn 57.
109 RegBegr, BT-Drucks. 13/9712, 13 liSp; OLG Frankfurt aM Urteil vom 13.11.2007 – 5 U 26/06 – Rn 21; MüKo-AktG/*Oechsler*, Rn 198; *Geßler* – Rn 26; Bürgers/Körber/*Wieneke*, Rn 31; *Günther/Muche/White*, RIW 1998, 337, 342; *Weiß*, WM 1999, 353, 361; *Schaefer*, NZG 1999, 531, 532; *Kindl*, DStR 1999, 1276, 1278; *Kraft/Altvater*, NZG 1996, 446, 449.
110 K. Schmidt/Lutter/*Bezzenberger*, Rn 38; MüKo-AktG/*Oechsler*, Rn 283; KölnKomm-AktG/*Lutter/Drygala*, Rn 198.
111 Wie hier Großkomm-AktienR/*Merkt*, Rn 253, 298; *Kocher*, NZG 2010, 172, 173 f.
112 RegBegr, BT-Drucks. 13/9712, 13, liSp; OLG Hamburg ZIP 2005, 1074, 1078; *Hüffer*, Rn 19 e; MüKo-AktG/*Oechsler*, Rn 199; *Kiem*, ZIP 2000, 209, 211; *Kessler/Suchan*, BB 2000, 2529, 2530; zur Problematik der Berechnung des Gegenwertes bei Erwerb und Ausübung von Call Options: *Vetter*, AG 2003, 478; *Schmid/Mühlhäuser*, AG 2004, 342; *Vetter*, AG 2004, 344; zur Festlegung des Erwerbspreises bei nicht börsennotierten AGs: *Stallknecht/Schulze-Uebbing*, AG 2010, 657, 658 ff.
113 *Hüffer*, § 57 Rn 16; KölnKomm-AktG/*Lutter/Drygala*, § 57 Rn 33; MüKo-AktG/*Bayer*, § 57 Rn 76; *Kiem*, ZIP 2000, 209, 211; OLG Hamburg, ZIP 2005, 1074, 1079: vertretbarer Handlungsspielraum 5 % über oder unter dem durchschnittlichen Börsenpreis bei Erwerb über die Börse, 10 % über oder unter dem durchschnittlichen Börsenpreis bei öffentlichem Kaufangebot; weiter gehend: MüKo-AktG/*Oechsler*, Rn 199; Bürgers/Körber/*Wieneke*, Rn 32; *Zätzsch/Maul*, Beck'sches Handbuch der AG, § 3 Rn 158; strenger: Großkommentar/*Henze*, § 57 Rn 65. Bei nicht börsennotierten AGs sollten zur

Vermeidung eines Verstoßes gegen § 57 die Preise aktueller, repräsentativer Aktienverkäufe oder Kapitalerhöhungen herangezogen oder eine Unternehmensbewertung durchgeführt werden; zum Ganzen: *Stallknecht/Schulze-Uebbing*, AG 2010, 657, 658 ff.
114 RegBegr, BT-Drucks. 13/9712, 13; MüKo-AktG/*Oechsler*, Rn 205; *Kessler/Suchan*, BB 2000, 2529, 2530; *Kraft/Altvater*, NZG 1998, 448, 450; *Kindl*, DStR 1999, 1276, 1278; Grobecker/*Michel*, DStR 2001, 1757; *Weiß*, WM 1999, 353, 361; *Schüppen/Schaub/Pajunk*, Münchener Anwaltshandbuch Aktienrecht, § 31 Rn 38; aA: *Bosse*, WM 2000, 806, 807 f.
115 Zu mehrfachen Ermächtigungen siehe *Grobecker/Michel*, DStR 2001, 1757.
116 *Hüffer*, Rn 19 e; MüKo-AktG/*Oechsler*, Rn 195; abweichend: Schüppen/Schaub/*Pajunk*, Münchener Anwaltshandbuch Aktienrecht, § 31 Rn 33, wonach das Fehlen eines Mindestpreises nur zur Anfechtbarkeit führen soll.
117 RegBegr, BT-Drucks. 13/9712, 13, reSp; OLG Hamburg ZIP 2005, 1074, 1079; LG Gießen Teilurteil vom 13.3.2007 – 6 O 34/05, Berufungsinstanz: OLG Frankfurt aM NZG 2008, 836 f; LG Berlin AG 2000, 328, 329 = NZG 2000, 944, 945; MüKo-AktG/*Oechsler*, Rn 206; *Hüffer*, Rn 19 f; *Geßler*, Rn 28; *Kessler/Suchan*, BB 2000, 2529, 2531; *Kiem*, ZIP 2000, 211; *Kindl*, DStR 1999, 1276, 1278; *Westermann*, in: FS Peltzer, 2001, S. 613, 624; Marsch/Barner/Schäfer/*Schäfer*, Handbuch börsennotierte AG, § 50 Rn 21; Picot/Mentz/Seydel/*Duggal*, Die Aktiengesellschaft bei Unternehmenskauf und Restrukturierung, Teil IX Rn 35; Bürgers/Körber/*Wieneke*, Rn 31; Schwerdtfeger/*Mildner*, § 71 Rn 25; aA: MüHb-AG/*Wiesner*, § 15 Rn 17; *Bosse*, NZG 2000, 923, 924 unter allerdings unzutreffender Berufung auf *Saria*, NZG 2000, 458, 462; siehe auch noch de lege ferenda: *Seibert*, WM 1997, 1, 9; *Claussen*, AG 1996, 481, 491; *Martens*, AG 1996, 337, 343; offen gelassen von OLG München NZG 2002, 678, 679.

Abs. 1). Enthält der Hauptversammlungsbeschluss eine Ermächtigung zur Einziehung, sind ggf weitere Erfordernisse zu beachten (Rn 72).

b) Zweck des Erwerbs (Abs. 1 Nr. 8 S. 2). Gemäß Abs. 1 Nr. 8 S. 2 ist als Zweck des Erwerbs eigener Aktien aufgrund Hauptversammlungsbeschlusses der **„Handel in eigenen Aktien ausgeschlossen"**. Gemeint ist: Zweck des Erwerbs eigener Aktien darf nicht die Gewinnerzielung durch Erwerb und Veräußerung sein.[118] Die Realisierung eines Veräußerungsgewinns alleine besagt noch nicht, dass Zweck des Erwerbs der Aktien der Handel mit eigenen Aktien war. Fortlaufender Erwerb und Veräußerung eigener Aktien sind aber ein Indiz für einen unzulässigen Handel in eigenen Aktien.[119] Darüber hinaus soll nach der Regierungsbegründung der Erwerb eigener Aktien zur **„kontinuierlichen Kurspflege"** unzulässig sein.[120] Zum Verbot der Marktmanipulation gemäß § 20 a WpHG siehe Kommentierung dort.

63

Der Hauptversammlungsbeschluss **kann** (muss nicht, siehe oben Rn 62) **den Zweck des Erwerbs eigener Aktien festlegen**. Die **Verwaltung** ist dann hieran **gebunden**. Ein Erwerb eigener Aktien unter Verletzung des von der Hauptversammlung vorgegebenen Zwecks ist unzulässig (Abs. 4). Gibt die Hauptversammlung keinen Zweck vor, so entscheidet hierüber die Verwaltung[121]. Zulässig ist dann jeder Zweck, der nicht den Handel in eigenen Aktien (und laut Regierungsbegründung auch nicht eine kontinuierliche Kurspflege) beinhaltet. In Betracht kommen insbesondere (stets vorbehaltlich der Sorgfaltspflicht gemäß § 93): Verminderung des Eigenkapitals zulasten freier Rücklagen zur **Erhöhung der Eigenkapitalrendite** (Leverage-Effekt) und **Verbesserung des Börsenkurses**;[122] **Ausschüttung überschüssiger Liquidität** an die Aktionäre anstelle einer Dividende bei Wahrung der Dividendenkontinuität;[123] Signal des Vorstands, dass er Aktien für unterbewertet hält („Signaling");[124] **Herabsetzung der „Shareholder Servicing"-Kosten**;[125] **Aktienoptionsprogramme** (beachte in diesem Falle die Geltung von § 193 Abs. 2 Nr. 4, s. Rn 70); Bedienung von **Wandel- oder Optionsrechten**,[126] nach dem BGH jedoch **nicht** die Bedienung von **Aktienoptionen für Aufsichtsratsmitglieder**;[127] bei nicht börsennotierten Gesellschaften die **einvernehmliche Auflösung von Patt-Situationen**;[128] geplante Verwendung der Aktien als **Tauschwährung** für eine Verschmelzung oder Akquisition;[129] Vorbereitung der **Einziehung** gemäß § 237 Abs. 1 S. 1 Alt. 2 (zur Möglichkeit der Ermächtigung durch die

64

---

118 *Huber*, in: FS Kropff, 1997, S. 101, 120 f; *Lutter*, AG 1997 August-Sonderheft S. 52, 56; *Hüffer*, Rn 19 i; Marsch/Barner/Schäfer/*Schäfer*, Handbuch börsennotierte AG, § 50 Rn 21; *Grüger*, BKR 2010, 221, 224 Fn 52; Hitzer/Simon/Düchting, AG 2012, 237, 239; wohl auch: MüKo-AktG/*Oechsler*, Rn 214 f; enger offenbar *Johannsen-Roth*, ZIP 2011, 407, 409 („planmäßig manipulative Einflussnahme des Vorstands auf den Aktienkurs"); zur Abgrenzung vom Begriff „Handel" im Sinne von Art. 8 Richtlinie 2003/6/EG des Europäischen Parlaments und des Rates vom 28.1.2003 über Insider-Geschäfte und Marktmanipulation (Marktmissbrauch) und der Verordnung (EG) Nr. 2273/2003 der Kommission vom 22.12.2003 siehe Marsch-Barner/Schäfer/*Schäfer*, Handbuch börsennotierte AG, § 50 Rn 2; Singhof/Weber, AG 2005, 549, 554 (Fn 64); Geber/zur Megede, BB 2005, 1861, 1865.
119 *Hüffer*, Rn 19 i; Picot/Mentz/Seydel/*Duggal*, Die Aktiengesellschaft bei Unternehmenskauf und Restrukturierung, Teil IX Rn 40; Bürgers/Körber/*Wieneke*, Rn 35.
120 RegBegr, BT-Drucks. 13/9712, 13, liSp; einschränkend: MüKo-AktG/*Oechsler*, Rn 218; demgegenüber jegliche, auch zeitlich beschränkte, Kurspflege ablehnend: *Grüger*, BKR 2010, 221, 226.
121 Nach dem OLG München ist eine vertragliche Bindung der AG hinsichtlich des Erwerbs oder der Veräußerung eigener Aktien wegen Verstoßes gegen die eigenverantwortliche Leitung der AG durch den Vorstand unwirksam, OLG München NZG 2013, 459, 462; s.a BGH NZG 2013, 220, 222 (offen lassend) und *Otto*, NZG 2013, 930, 932.
122 RegBegr, BT-Drucks. 13/9712, 13, liSp; *Lutter*, AG 1997 August-Sonderheft S. 52, 56, liSp; *Huber*, in: FS Kropff, 1997, S. 101,109; *Peltzer*, WM 1998, 322, 323; *Posner*, AG 1994, 312, 314; *Kellerhals/Rausch*, AG 2000, 222, 223; *Kiem*, ZIP 2000, 209; *Kindl*, DStR 1999, 1276, 1277; *Mick*, DB 1999, 1201; *Kraft/Altvater*, NZG 1998, 448; MüKo-AktG/*Oechsler*, Rn 1; Schüppen/Schaub/*Pajunk*, Münchener Anwaltshandbuch Aktienrecht, § 31 Rn 8; Picot/Mentz/Seydel/*Duggal*, Die Aktiengesellschaft bei Unternehmenskauf und Restrukturierung, Teil IX Rn 1 ff.
123 *Von Rosen/Helm*, AG 1996, 434, 437 f; *Posner*, AG 1994, 312, 314; *Kiem*, ZIP 2000, 209; *Kröner/Hadzic*, DB 1998, 2133; *Escher-Weingart/Kübler*, ZHR 162 (1998), 537, 556; MüKo-AktG/*Oechsler*, Rn 8; Bürgers/Körber/*Wieneke*, Rn 30; Schüppen/Schaub/*Pajunk*, Münchener Anwaltshandbuch Aktienrecht, § 31 Rn 7; Picot/Mentz/Seydel/*Duggal*, Die Aktiengesellschaft bei Unternehmenskauf und Restrukturierung, Teil IX Rn 7 f.
124 *Peltzer*, WM 1998, 322, 323; *von Rosen/Helm*, AG 1996, 434, 437; *Posner*, AG 1994, 312, 314; *Kellerhals/Rausch*, AG 2000, 222, 223, *Kröner/Hadzic*, DB 1998, 2133; *Claussen*, DB 1998, 177, 180; *Escher-Weingart/Kübler*, ZHR 162 (1998), 537, 556; MüKo-AktG/*Oechsler*, Rn 1; Schüppen/Schaub/*Pajunk*, Münchener Anwaltshandbuch Aktienrecht, § 31 Rn 8.
125 *Kellerhals/Rausch*, AG 2000, 222, 224; MüKo-AktG/*Oechsler*, Rn 9; Picot/Mentz/Seydel/*Duggal*, Die Aktiengesellschaft bei Unternehmenskauf und Restrukturierung, Teil IX Rn 7 f.
126 *Hüffer*, Rn 19 g; *Reichert/Harbarth*, ZIP 2001, 1441, 1448; *Claussen*, AG 1996, 481, 490; *Wiechers*, DB 2003, 595, 597 f; Picot/Mentz/Seydel/*Duggal*, Die Aktiengesellschaft bei Unternehmenskauf und Restrukturierung, Teil IX Rn 7 f.
127 BGH WM 2004, 629 ff unter Berufung auf den Verweis des § 71 Abs. 1 Nr. 8 S. 5 auf § 193 Abs. 2 Nr. 4 und § 192 Abs. 2 Nr. 3 und die Gesetzgebungsmaterialien zum KonTraG (BT Drucks. 13/9712, 11, 24); Vorinstanz OLG Schleswig-Holstein NZG 2003, 176; siehe auch: *Vetter*, AG 2004, 234; Meyer/Ludwig, ZIP 2004, 940; *Richter*, BB 2004, 949.
128 RegBegr, BT-Drucks. 13/9712, 13 f.
129 *Bosse*, NZG 2000, 594; *Claussen*, AG 1996, 481, 490; *Kiem*, ZIP 2000, 209; *Escher-Weingart/Kübler*, ZHR 162 (1998), 337, 352; MüKo-AktG/*Oechsler*, Rn 12, 157, 291; Picot/Mentz/Seydel/*Duggal*, Die Aktiengesellschaft bei Unternehmenskauf und Restrukturierung, Teil IX Rn 1 ff.

Hauptversammlung zur Einziehung gemäß § 71 Abs. 1 Nr. 8 S. 6 siehe Rn 72 f); **Einführung an einer Börse**;[130] nach *Hüffer* auch die Schaffung der Voraussetzungen des § 62 UmwG.[131] Die Abwehr von Übernahmeversuchen (falls sorgfaltsgemäß) kommt ebenfalls in Betracht.[132] Liegt ein öffentliches Übernahmeangebot gemäß § 29 WpÜG vor, so ist § 33 WpÜG zu beachten[133] (siehe auch Kommentierung zu § 33 WpÜG).

65 c) **Gleichbehandlung der Aktionäre bei Erwerb und Veräußerung der eigenen Aktien (Abs. 1 Nr. 8 S. 3 und 4).** Sowohl Erwerb als auch Veräußerung der eigenen Aktien müssen dem **Grundsatz der Gleichbehandlung** der Aktionäre genügen (§ 53 a). Gemäß § 71 Abs. 1 Nr. 8 S. 4 ist dem Gleichbehandlungsgrundsatz genügt, wenn **Erwerb und Veräußerung über die Börse** stattfinden.[134] Nach der Regierungsbegründung ist mit „Börse" der Handel in allen Marktsegmenten im In- und Ausland gemeint, der zu einem Börsenpreis führt.[135] Während das Gesetz die Veräußerung außerhalb der Börse in Abs. 1 Nr. 8 S. 5 regelt (Rn 69 ff), schweigt es zum **Erwerb außerhalb der Börse**. Diskutiert werden folgende Modelle:[136]

- **Festpreisangebot** (fixed price tender offer):[137] Die AG bietet allen Aktionären den Rückerwerb zu einem Festpreis an. Bei Überzeichnung ist zwischen den interessierten Aktionären nach ihren Beteiligungsquoten zu repartieren.
- **Handel mit übertragbaren Andienungsrechten** (transferable put rights): Die Gesellschaft gibt übertragbare Andienungsrechte an die Aktionäre im Verhältnis ihrer quotalen Beteiligung aus.[138] Die Andienungsrechte sind handelbar. Der einzelne Aktionär kann wählen, ob er das Andienungsrecht ausübt oder durch Veräußerung verwertet.
- **Holländische Auktion** (dutch auction tender offer): Die AG nennt einen Höchstpreis für den Rückerwerb. Alle Aktionäre können diesen oder einen niedrigeren Preis bieten. Die Aktionäre werden nach der Höhe der gebotenen Preise „von unten nach oben" berücksichtigt, bis die gewünschte Zahl der Aktien zugeteilt ist. Der zuletzt berücksichtigte Annahmepreis gilt.[139]

66 **Festpreisangebot** und **Handel mit übertragbaren Andienungsrechten** genügen nach allgemeiner Ansicht dem Gleichbehandlungsgebot. Den Aktionären sollte zur Wahrnehmung ihres Beteiligungsrechts analog § 186 Abs. 1 S. 2 eine Frist von mindestens zwei Wochen eingeräumt werden.[140] Ein Vorstandsbericht analog § 186 Abs. 4 S. 2 ist nicht erforderlich, da § 71 Abs. 1 Nr. 8 S. 5 den Bericht nur für eine andere „Veräußerung", nicht einen anderen „Erwerb" vorschreibt.[141] Die **Holländische Auktion** wird wegen möglicher Überforderung des einzelnen Aktionärs zum Teil als **problematisch angesehen**.[142] Ein **individuell ausgehandelter Rückerwerb** (negotiated repurchase) genügt dem Gleichbehandlungsgrundsatz, wenn entweder allen Aktionären quotal die Veräußerung zu gleichen Bedingungen ermöglicht wird[143] (was jedoch im Fall eines oftmals erwünschten Paketerwerbs von einzelnen Aktionären gerade nicht möglich ist) oder eine Ungleichbehandlung sachlich gerechtfertigt ist (siehe Rn 67). Auch bei Wahrung des Gleichbehandlungsgrundsatzes

---

130 *Reichert/Harbarth*, ZIP 2001, 1441, 1447; RegBegr, BT-Drucks. 13/9712, 14, liSp; diese Überlegung und die von MüKo-AktG/*Oechsler*, Rn 307 erwogene Rückabwicklung eines gescheiterten Übernahmevertrags erscheinen aber wegen der 10 %-Grenze gemäß § 71 Abs. 2 S. 1 und dem Erfordernis von 25 % Streubesitz gemäß § 9 Abs. 1 S. 2 BörsZulV für Erstnotierungen weniger praxisrelevant.
131 *Hüffer*, Rn 19 g, Rn 15.
132 *Schwennicke*, in: *Geibel/Süßmann*, WpÜG, § 33 Rn 69; *Steinmeyer/Häger*, WpÜG, § 33 Rn 86; *Klein*, NJW 1997, 2085, 2087; *Schander*, ZIP 1998, 2087, 2088 f; *Schanz*, NZG 2000, 337, 345; *Kiem*, ZIP 2000, 209; *Mick*, DB 1999, 1201; MüKo-AktG/*Oechsler*, Rn 10, 294 ff; *Picot/Mentz/Seydel/Duggal*, Die Aktiengesellschaft bei Unternehmenskauf und Restrukturierung, Teil IX Rn 1 ff, 7 f.
133 Zum Verhältnis eines Vorratsbeschlusses gemäß § 33 Abs. 2 WpÜG zur Ermächtigung gemäß § 71 Abs. 1 Nr. 8 siehe MüKo-AktG/*Oechsler*, Rn 296 ff; KK-WpÜG/*Hirte*, § 33 Rn 92, 100 f; Geibel/Süßmann/*Schwennicke*, WpÜG, § 33 Rn 75; *Hitzer/Simon/Düchting*, AG 2012, 237, 240 ff.
134 Kritisch hierzu *Huber*, in: FS Kropff, 1997, S. 102, 113; *Paefgen*, ZIP 2002, 1509, 1510; *Paefgen*, AG 1999, 67, 69.
135 RegBegr, BT-Drucks. 13/9712, 13, reSp; zustimmend *Hüffer*, Rn 19 k; *Reichert/Harbarth*, ZIP 2001, 1221; MüKo-AktG/*Oechsler*, Rn 215.
136 MüKo-AktG/*Oechsler* Rn 228 ff; *Stallknecht/Schulze-Uebbing*, AG 2010, 657, 661 ff; *Leuering*, AG 2007, 435; *Paefgen*, ZIP 2002, 1509; *Hillebrandt/Schremper*, BB 2001, 533; *Bosse*, NZG 2000, 16; *Kiem*, ZIP 2000, 209, 212 f; *Kindl*, DStR 1999, 1276; 1279; *Günther/Muche/White*, RIW 1998, 337, 338; *Escher-Weingart/Kübler*, ZHR 162 (1998), 337, 346 f; *Kraft/Altvater*, NZG 1998, 448, 449 f; *Huber*, in: FS Kropff, 1997, S. 102, 114 f; *Wastl*, DB 1997, 461, 462; Marsch/Barner/Schäfer/*Schäfer*, Handbuch börsennotierte AG, § 50 Rn 41 ff; Schüppen/Schaub/*Pajunk*, Münchener Anwaltshandbuch Aktienrecht, § 31 Rn 49 f; *Habersack*, ZIP 2004, 1121, 1125, 1127; *Baum*, ZHR 167 (2003), 580, 590 f; *Behrens/Renner*, AG 2006, 664.
137 Dazu auch OLG Hamburg ZIP 2005, 1074, 1079 (Festpreis, der den durchschnittlichen Börsenkurs um nicht mehr als 10 % über- oder unterschreitet).
138 Zum Teil wird vertreten, derartige Andienungsrechte seien bereits Bestandteil der Mitgliedschaft und müssten nicht erst von der Gesellschaft gewährt werden, *Habersack*, ZIP 2004, 1121, 1123, 1125.
139 Ausführlich: *Leuering*, AG 2007, 435.
140 So auch *Kiem*, ZIP 2000, 209, 212, aA: *Leuering*, AG 2007, 435, 442.
141 OLG Hamburg ZIP 2005, 1074, 1079.
142 *Kindl*, DStR 1999, 1276, 1279; *Huber*, in: FS Kropff, 1997, S. 103, 116; dagegen: MüKo-AktG/*Oechsler*, Rn 241; *Baum*, ZHR 167 (2003), 580, 590; *Leuering*, AG 2007, 435, 442; *Stallknecht/Schulze-Uebbing*, AG 2010, 657, 666 ff.
143 *Günther/Muche/White*, RIW 1998, 337, 342; *Escher-Weingart/Kübler*, ZHR 162 (1998), 537, 561.

darf der Preis für die Aktien nicht unangemessen hoch sein, da dies gegen § 57 verstoßen würde (siehe auch Rn 61).[144]

Ungleichbehandlungen (zB Paketerwerb) verstoßen dann nicht gegen den Gleichbehandlungsgrundsatz, wenn sie **im Gesellschaftsinteresse sachlich gerechtfertigt**, dh geeignet, notwendig und angemessen sind.[145] Nicht geklärt ist, welche **formalen Anforderungen** an eine (sachlich gerechtfertigte) **Ungleichbehandlung beim Erwerb außerhalb der Börse** zu stellen sind. Nach verbreiteter Ansicht hat jeder Aktionär ein „umgekehrtes Bezugsrecht" (Andienungsrecht).[146] Dabei ist umstritten, ob dieses Recht durch Mehrheitsbeschluss[147] oder analog §§ 186 Abs. 3, 4, 203 Abs. 2 nur durch Hauptversammlungsbeschluss mit 3/4-Mehrheit (bzw durch Vorstandsbeschluss aufgrund einer entsprechenden Ermächtigung der Hauptversammlung mit 3/4-Mehrheit)[148] oder sogar nur mit Zustimmung aller Aktionäre ausgeschlossen werden kann.[149] Meines Erachtens ist es erforderlich, aber auch ausreichend, dass die Hauptversammlung unter Wahrung der Voraussetzungen der §§ 186 Abs. 3, Abs. 4, 203 Abs. 2 (sachliche Rechtfertigung im Interesse der Gesellschaft, Vorstandsbericht) mit 3/4-Mehrheit eine Ungleichbehandlung beim Erwerb außerhalb der Börse beschließt bzw den Vorstand hierzu ermächtigt. 67

Verstöße gegen den Gleichbehandlungsgrundsatz führen zur Rechtswidrigkeit des Erwerbs eigener Aktien mit der Rechtsfolge der Veräußerungspflicht gemäß § 71c Abs. 1.[150] Zur Frage der Anwendbarkeit des WpÜG siehe Rn 9. 68

d) Veräußerung ohne Gleichbehandlung (Abs. 1 Nr. 8 S. 5). Gemäß Abs. 1 Nr. 8 S. 5 kann die Hauptversammlung eine „andere" Veräußerung beschließen. Gemeint ist eine Veräußerung, die **nicht über die Börse** geschieht und **auch sonst nicht** die Aktionäre **gleich behandelt**. Gemäß § 71 Abs. 1 Nr. 8 S. 5 Hs 2 sind dann § 186 Abs. 3, 4 und § 193 Abs. 2 Nr. 4 entsprechend anwendbar: Der Bezugsrechtsausschluss bedarf eines Hauptversammlungsbeschlusses mit 3/4 des bei der Beschlussfassung vertretenen Grundkapitals und einer besonderen sachlichen Rechtfertigung (siehe Kommentierung zu § 186).[151] Nach Teilen der Literatur kann die Hauptversammlung den Vorstand auch **ermächtigen**, das **Bezugsrecht auszuschließen**, wenn hierfür eine **sachliche Rechtfertigung** besteht.[152] Ein Ausschluss des Bezugsrechts gilt gemäß **§ 186 Abs. 3 S. 4** als sachlich gerechtfertigt, wenn die eigenen Aktien 10 % des Grundkapitals nicht überschreiten und der Verkaufspreis den Börsenpreis nicht wesentlich unterschreitet.[153] Der Ausschluss des Bezugsrechts bedarf gemäß § 186 Abs. 4 S. 1 einer ausdrücklichen Bekanntmachung und gemäß § 186 Abs. 4 S. 2 eines Vorstandsberichts mit Begründung des vorgeschlagenen Verkaufspreises. Die Anforderungen an den Vorstandsbericht entsprechen denjenigen im unmittelbaren Anwendungsbereich des § 186 Abs. 4 S. 2[154] (Einzelheiten siehe Kommentierung zu § 186). 69

Die entsprechende Anwendung des **§ 193 Abs. 2 Nr. 4** soll sicherstellen, dass durch die Veräußerung eigener Aktien zur Bedienung von Aktienoptionen **nicht** die Vorschriften über das **bedingte Kapital** umgangen werden.[155] Der Verweis auf § 193 Abs. 2 Nr. 4 gilt deshalb nur dann, wenn eigene Aktien an Bezugsberechtigte abgegeben werden sollen, die zu einem der in **§ 192 Abs. 2 Nr. 3** genannten Personenkreise gehören.[156] Der BGH schließt aus dem Verweis und den Gesetzgebungsmaterialien zum KonTraG des Weiteren, dass die Bedienung von Aktienoptionen für Aufsichtsratsmitglieder nicht zulässig ist (Rn 64). Zu den Anforderungen des § 193 Abs. 2 Nr. 4 siehe Kommentierung zu § 193. **Umstritten** ist, ob entgegen dem Geset- 70

---

[144] OLG Hamburg ZIP 2005, 1074, 1079: Vertretbarer Handlungsspielraum 5 % über oder unter dem durchschnittlichen Börsenpreis bei Erwerb über die Börse, 10 % über oder unter dem durchschnittlichen Börsenpreis bei öffentlichem Kaufangebot; weiter gehend: MüKo-AktG/*Oechsler*, § 71, Rn 199; *Zätzsch/Maul*, Beck'sches Handbuch der AG, § 3 Rn 158; strenger: Großkommentar/*Henze*, § 57 Rn 65; siehe auch: Rn 61.

[145] Beispiel der Regierungsbegründung: Auflösung einer Patt-Situation zwischen zwei Gesellschafterstämmen; RegBegr, BT-Drucks. 13/9712, 14, liSp; siehe auch: *Bosse*, NZG 2000, 16, 18 f.

[146] OLG Hamburg ZIP 2005, 1074, 1079 und die in den folgenden drei Fußnoten zitierte Literatur; gegen Andienungsrecht: *Spindler/Stilz/Cahn*, Rn 121; *Johannsen-Roth*, ZIP 2011, 407, 412.

[147] *Kiem*, ZIP 2000, 209, 214; MüKo-AktG/*Oechsler*, Rn 224; *Habersack*, ZIP 2004, 1121, 1126; *Zätzsch/Maul*, Beck'sches Handbuch der AG, § 3 Rn 162 (Mehrheitsbeschluss gemäß § 133 Abs. 1).

[148] *Paefgen*, ZIP 2002, 1509, 1511 und AG 1999, 67, 70; *Diekmann/Merkner*, ZIP 2004, 836, 841; K. Schmidt/Lutter/*Bezzenberger*, Rn 31.

[149] *Peltzer*, WM 1998, 322, 329; *Schwerdtfeger/Mildner*, § 71 Rn 30; „strikte" Einhaltung des Gleichbehandlungsgebots verlangen auch: RegBegr, BT-Drucks. 13/9712, 13, reSp.

[150] RegBegr, BT-Drucks. 13/9712, 14, liSp.

[151] *Reichert/Harbarth*, ZIP 2001, 1442; *Broichhausen*, NZG 2012, 86, 87; *Hitzer/Simon/Düchting*, AG 2012, 237, 240.

[152] *Kiem*, ZIP 2000, 209, 212; *Huber*, in: FS Kropff, 1997, S. 101, 119; *Habersack*, ZIP 2004, 1121, 1126.

[153] *Kindl*, DStR 1999, 1276, 1280; *Günther/Muche/White*, RIW 1998, 331; *Huber*, in: FS Kropff, 1997, S. 101, 118.

[154] OLG Hamburg ZIP 2005, 1074, 1080 f; OLG Frankfurt aM v. 13.11.2007 – 5 U 26/06 – Rn 21.

[155] Aus diesem Grund gegen eine entsprechende Anwendung auf Share Matching-Pläne: *Wagner*, BB 2010, 1739, 1742 f.

[156] So auch RegBegr, BT-Drucks. 13/9712, 14, liSp; *Kessler/Suchan*, BB 2000, 2529, 2531; *Weiß*, WM 1999, 353, 362; *Schüppen/Schaub/Pajunk*, Münchener Anwaltshandbuch Aktienrecht, § 31 Rn 69; *Wiechers*, DB 2003, 595, 598 (Fn 44); offen gelassen von LG Berlin NZG 2000, 944, 945.

zeswortlaut neben § 193 Abs. 2 Nr. 4 auch § **193 Abs. 2 Nr. 3** (Ausgabebetrag) **analog** anwendbar ist.[157] Umstritten ist ferner, ob es bei Aktienoptionsprogrammen mit dem Verweis auf § 193 Abs. 2 Nr. 4 sein Bewenden hat oder zusätzlich auch der **Verweis auf § 186 Abs. 3, 4** gilt, so dass es eines Hauptversammlungsbeschlusses mit 3/4-Mehrheit und eines vorbereitenden Vorstandsberichts bedarf.[158] Nach dem LG Berlin muss die Hauptversammlung nicht schon in dem Beschluss über die Ermächtigung zum Erwerb eigener Aktien über die Ausgabebedingungen entscheiden, sondern kann zunächst einen Ermächtigungsbeschluss ohne Zweckvorgabe fassen und dann in einem gesonderten Beschluss über die Veräußerung der eigenen Aktien an die Optionsberechtigten die Bedingungen festlegen.[159]

71 Die Hauptversammlung kann für die Veräußerung Vorgaben machen, diese insbesondere von einem erneuten Hauptversammlungsbeschluss abhängig machen.

72 e) **Einziehungsermächtigung (Abs. 1 Nr. 8 S. 6).** Gemäß § 71 Abs. 1 Nr. 8 S. 6 kann die Hauptversammlung den Vorstand ermächtigen, die eigenen Aktien **ohne weiteren Hauptversammlungsbeschluss einzuziehen.** Sind die Voraussetzungen des § 71 Abs. 1 Nr. 8 S. 6, Abs. 2 erfüllt, kann der Vorstand die eigenen Aktien einziehen, ohne dass es eines weiteren Hauptversammlungsbeschlusses nach den Vorschriften über die Einziehung bedarf.[160] **Unklar** ist aber, ob die Einziehungsermächtigung durch einfachen Mehrheitsbeschluss **ohne Sonderbeschluss** ggf vorhandener besonderer Gattungen erteilt werden kann. Damit würden (falls nicht ein Fall des § 237 Abs. 3 vorliegt) die Regelungen in § 237 Abs. 2 S. 1 iVm § 222 Abs. 1 und 2 umgangen, die eine Beschlussfassung durch Dreiviertelmehrheit und entsprechende Sonderbeschlüsse mehrerer Gattungen vorschreiben. Vorsorgliche Einhaltung der § 237 Abs. 2 S. 1 iVm § 222 wird in der Literatur zum Teil empfohlen.[161] Bezieht sich die Ermächtigung aber auf eine Einziehung gemäß § 237 Abs. 3, so ist ein einfacher Hauptversammlungsbeschluss mit einfacher Stimmenmehrheit ausreichend, falls die Satzung nichts anderes vorschreibt[162] und nicht § 179 Abs. 3 oder § 141 Abs. 1 eingreifen.

73 Ist der Vorstand zur Einziehung ermächtigt, so übt der Vorstand diese Ermächtigung im Rahmen seines **pflichtgemäßen Ermessens** aus und unter Berücksichtigung der Vorgaben, welche die Hauptversammlung in dem Ermächtigungsbeschluss ggf gemacht hat. Nach einer Literaturansicht soll der Vorstand verpflichtet sein, die Aktien den Aktionären wieder anzubieten, wenn die Einziehung unterbleibt.[163] Das trifft in dieser Allgemeinheit meines Erachtens nicht zu. Abs. 1 Nr. 8 schreibt nicht vor, dass eigene Aktien wieder veräußert werden müssen. Der Vorstand muss jedoch sorgfaltsgemäß prüfen, ob der Behalt der eigenen Aktien im Interesse der AG gerechtfertigt ist. Die Veräußerung kann im Hauptversammlungsbeschluss auch angeordnet werden.

74 f) **Sonstige Anforderungen.** Zur Grenze von **10 % des Grundkapitals** gemäß Abs. 2 S. 1 siehe Rn 76 ff, zur **Kapitalgrenze** gemäß Abs. 2 S. 2 siehe Rn 79 ff, zur **vollen Leistung der Einlage** auf die eigenen Aktien gemäß Abs. 2 S. 3 siehe Rn 84, zur **Berichtspflicht** des Vorstands gegenüber der Hauptversammlung gemäß Abs. 3 S. 1 siehe Rn 85 ff.

75 II. **Weitere Voraussetzungen für den zulässigen Erwerb eigener Aktien in bestimmten Fällen (Abs. 2).** Abs. 2 enthält weitere Voraussetzungen (Begrenzung auf 10 % des Grundkapitals, Kapitalgrenze, volle Leistung des Ausgabebetrages), die in bestimmten Konstellationen erfüllt sein müssen, damit der Erwerb eigener Aktien zulässig ist. Dabei ist jeweils zu **unterscheiden,** um **welchen Erwerbstatbestand** des Abs. 1 Nr. 1–8 es sich handelt. Ein Verstoß gegen die Vorschriften des Abs. 2 führt zur Unwirksamkeit des schuldrechtlichen Geschäfts über den Erwerb eigener Aktien gemäß Abs. 4 S. 2, nicht jedoch zur Unwirksamkeit des dinglichen Erwerbs (näheres Rn 96 ff).

---

[157] Dagegen: *Bosse,* NZG 2001, 594, 596; *Kessler/Suchan,* BB 2000, 2529, 2532; *Weiß,* WM 1999, 353, 361; *Schüppen/Schaub/Pajunk,* Münchener Anwaltshandbuch Aktienrecht, § 31 Rn 46; *Picot/Mentz/Seydel/Duggal,* Die Aktiengesellschaft bei Unternehmenskauf und Restrukturierung, Teil IX Rn 34; dafür: MüHb-AG/*Krieger,* § 63 Rn 50; MüKo-AktG/*Oechsler,* Rn 263; *Käpplinger/Käpplinger,* WM 2004, 712, 715.

[158] Dafür: OLG Schleswig-Holstein NZG 2003, 176, 180; MüKo-AktG/*Oechsler,* Rn 259; Spindler/Stilz/*Cahn,* Rn 139; *Kau/Leverenz,* BB 1998, 2269, 2274; *Lingemann/Wasmann,* BB 1998, 853, 860; Schüppen/Schaub/*Pajunk,* Münchener Anwaltshandbuch Aktienrecht, § 31 Rn 70; K. Schmidt/Lutter/*Bezzenberger;* Rn 48 (3/4-Mehrheit ja, Vorstandsbericht nein); dagegen: *Hüffer,* Rn 19 j; *Weiß,* WM 1999, 353, 362; *Bosse,* NZG 2001, 594, 597; Bürgers/Körber/*Wieneke,* Rn 42.

[159] LG Berlin NZG 2000, 944, 945; kritisch dazu: MüKo-AktG/*Oechsler,* Rn 261; *Bosse,* NZG 2000, 923; Schüppen/Schaub/*Pajunk,* Münchener Anwaltshandbuch Aktienrecht, § 31 Rn 71.

[160] OLG München AG 2012, 563, 564 mit zust. Kurzkommentar *Wachter,* EWiR 2012, 543, 544.

[161] *Hüffer,* Rn 19 n; § 222 Rn 18; *Kessler/Suchan,* BB 2000, 2529, 2532; *Zätzsch/Maul,* Beck'sches Handbuch der AG, § 3 Rn 165 (letztere jedenfalls für Sonderbeschluss gemäß § 222 Abs. 2); aA: *Hillebrandt/Schremper,* BB 2001, 533; MüKo-AktG/*Oechsler,* Rn 280, 284 und Bürgers/Körber/*Wieneke,* Rn 44, die eine ohnehin in der Einziehung gemäß § 71 Abs. 1 Nr. 8 S. 6 nur unter den Voraussetzungen des § 237 Abs. 3 für zulässig halten.

[162] *Hüffer,* § 237 Rn 35; MüHb-AG/*Krieger,* § 62 Rn 25; MüKo-AktG/*Oechsler,* § 237 Rn 103.

[163] *Hüffer,* Rn 19 n; MüKo-AktG/*Oechsler,* Rn 285.

1. Begrenzung auf 10 % des Grundkapitals. In den Fällen des Erwerbs eigener Aktien nach Abs. 1 Nr. 1, 2, 3, 7 oder 8 dürfen auf die erworbenen Aktien zusammen mit anderen Aktien der Gesellschaft, welche die Gesellschaft bereits erworben hat und noch besitzt, nicht mehr als 10 % des Grundkapitals entfallen (Abs. 2 S. 1). Diese 10 %-Grenze besagt nicht, wie viel eigene Aktien die AG nach dem jeweiligen Erwerbstatbestand erwerben darf, sondern bestimmt eine **absolute Obergrenze** für die Gesamtzahl aller eigenen Aktien (egal, wie erworben), welche die AG nach Abschluss eines der genannten Erwerbstatbestände halten darf („**Bestandsgrenze**").

a) Grundkapital. Zur Berechnung der 10 %-Grenze ist das Grundkapital maßgeblich, wie es zum Zeitpunkt des Erwerbs gesellschaftsrechtlich besteht.[164] Bei der Ermittlung des Grundkapitals ist also nicht etwa der Nennbetrag oder der rechnerische Wert bereits erworbener oder der zu erwerbenden eigenen Anteile abzusetzen, wie dies seit BilMoG handelsbilanziell gemäß § 272 Abs. 1a S. 1 HGB vorgesehen ist (offene Absetzung des Nennbetrags/rechnerischen Wertes eigener Anteile in der Vorspalte vom Gezeichneten Kapital). Maßgeblich ist vielmehr das gesamte Grundkapital ohne diese Absetzung. Anhand der Gesamtzahl der bereits erworbenen und der zu erwerbenden eigenen Aktien ist dann zu ermitteln, ob diese 10 % des Grundkapitals überschreitet. (Ehemaliges) **genehmigtes Kapital** zählt zum Grundkapital nur, soweit es **ausgenutzt** und die entsprechende Durchführung der Kapitalerhöhung in das Handelsregister **eingetragen** worden ist (§ 202 Abs. 1 S. 1 iVm § 189). (Ehemaliges) **bedingtes Kapital** zählt zum Grundkapital nur, soweit die betroffenen Aktien **ausgegeben** worden sind (§ 200). Aktien, die der AG aus einer **Kapitalerhöhung aus Gesellschaftsmitteln** zuzurechnen sind (§ 215 Abs. 1) sind ebenfalls zu berücksichtigen, wenn der Beschluss über die Erhöhung des Kapitals aus Gesellschaftsmitteln in das Handelsregister **eingetragen** ist (§ 211 Abs. 1).[165] Maßgeblicher Zeitpunkt für die Berechnung der 10 %-Grenze ist das Grundkapital zum Zeitpunkt des fraglichen Erwerbs eigener Aktien.

b) Einzubeziehende Aktien. Mit „noch besitzt" meint das Gesetz nicht den Besitz iSd § 854 BGB, sondern die Rechtsinhaberschaft. Hinzuzurechnen sind gemäß § 71 d S. 3 alle Aktien, welche ein Dritter (**mittelbarer Stellvertreter**) für Rechnung der Gesellschaft hält und Aktien, welche abhängige oder im Mehrheitsbesitz der AG stehende Unternehmen (**Tochterunternehmen**) halten. Keine Rolle spielt es, ob das betroffene Tochterunternehmen seinen Sitz im In- oder Ausland hat.[166] Entsprechendes gilt für den Aktienbestand von **mittelbaren Stellvertretern von Tochterunternehmen** (§ 71 d S. 3 iVm § 71 Abs. 2 S. 1). Gemäß § 71 e Abs. 1 S. 1 sind auch diejenigen eigenen Aktien hinzuzurechnen, welche die AG (sowie mittelbare Stellvertreter und Tochterunternehmen) **in Pfand genommen** hat. Keine Rolle spielt, ob die anzurechnenden Aktien zulässig oder unzulässig erworben worden sind.

2. Kapitalgrenze. Ein Erwerb eigener Aktien nach Abs. 1 Nr. 1, 2, 3, 7 oder 8 ist nur zulässig, wenn die Gesellschaft im Zeitpunkt des Erwerbs eine Rücklage in Höhe der Aufwendungen für den Erwerb bilden könnte, ohne das Grundkapital oder eine nach Gesetz oder Satzung zu bildende Rücklage zu mindern, die nicht zur Zahlung an die Aktionäre verwandt werden darf (sogenannte **Kapitalgrenze**, Abs. 2 S. 2). Die Regelung ist durch das BilMoG neu gefasst worden (dazu Rn 80). Nach dem OLG München soll ein Hauptversammlungsbeschluss zum Erwerb eigener Aktien anfechtbar sein, wenn zum Zeitpunkt der Beschlussfassung keinerlei Aussicht besteht, die eigenen Aktien ohne Verstoß gegen Abs. 2 S. 2 zu erwerben.[167]

a) Hypothetische Rücklage für eigene Anteile. Abs. 2 S. 2 ordnet an, dass der Erwerb eigener Aktien in den Fällen des Abs. 1 Nr. 1 bis 3, 7 und 8 nur zulässig ist, wenn die Gesellschaft im Zeitpunkt des Erwerbs eine Rücklage in Höhe der Aufwendungen für den Erwerb bilden „könnte", ohne das Grundkapital oder eine nach Gesetz oder Satzung zu bildende Rücklage zu mindern, die nicht zur Zahlung an die Aktionäre verwandt werden darf. Es ist also hypothetisch eine Rücklage für eigene Anteile zu bilden. Der hypothetische Charakter der Rücklage geht auf Rechtsänderungen zurück, die durch das BilMoG eingeführt wurden: Nach alter Rechtslage (§§ 265 Abs. 3 S. 2, 266 Abs. 2 B.III.2., 253 Abs. 1 S. 1 HGB aF) waren eigene Aktien auf der Aktivseite als Umlaufvermögen in **Höhe der Anschaffungskosten** zu bilanzieren.[168] Gemäß § 272 Abs. 4 S. 1 HGB aF war in eine **Rücklage für eigene Anteile** der Betrag einzustellen, der auf der Aktivseite der Bilanz für die eigenen Anteile anzusetzenden Betrag entsprach. Die Pflicht zur Bildung der Rückla-

---

[164] *Hüffer*, Rn 21; KölnKomm-AktG/*Lutter/Drygala*, Rn 206; MüKo-AktG/*Oechsler*, Rn 310; Großkomm-AktienR/*Merkt*, Rn 327.

[165] KölnKomm-AktG/*Lutter/Drygala*, Rn 213; Großkomm-AktienR/*Merkt*, Rn 327; *Baumbach/Hueck*, AktG, Rn 10.

[166] KölnKomm-AktG/*Lutter/Drygala*, Rn 213; Großkomm-AktienR/*Barz*, 3. Aufl. 1973, § 71 Anm. 34; MüKo-AktG/*Oechsler*, Rn 64.

[167] OLG München NZG 2002, 678, 679 = AG 2003, 163; siehe auch Rn 60.

[168] Zur Bilanzierung und steuerrechtlichen Behandlung nach altem Recht siehe BMF-Schreiben vom 2.12.1998, DStR 1998, 2011; siehe auch BFH BB 2005, 1380, 1382 = DB 2005, 1087, 1088; BFHE 179, 326; FG Niedersachsen EFG 1974, 513 f; *Gelhausen*, in: FS Baetge 2007, 192; *Ludwig*, DStR 2003, 1646; *Klingberg*, BB 1998, 1575.

ge galt bei jedem Erwerb eigener Aktien, unabhängig davon, ob und auf welchem Erwerbstatbestand des § 71 Abs. 1 Nr. 1–8 er beruhte (zur Auflösung bei Einziehung oder Wiederveräußerung nach alter Rechtslage s. § 272 Abs. 4 S. 2 HGB aF). Zweck der Rücklage für eigene Anteile war es, die Aktivierung eigener Aktien zu **neutralisieren** und in dieser Höhe eine **Ausschüttungssperre** herzustellen.[169] Nach neuer Rechtslage gemäß BilMoG sind, hinsichtlich von Geschäftsjahren, die nach dem 31.12.2009 beginnen,[170] nunmehr folgende Vorschriften zu beachten: Anstelle einer Aktivierung der eigenen Anteile und Rücklagenbildung ist gemäß § 272 Abs. 1 a HGB nF der Nennbetrag bzw der rechnerische Wert von eigenen Anteilen in der Vorspalte offen von dem Posten „Gezeichnetes Kapital" abzusetzen.[171] Der Unterschiedsbetrag zwischen dem Nennbetrag/rechnerischen Wert und den Anschaffungskosten der eigenen Anteile ist mit den frei verfügbaren Rücklagen zu verrechnen. Aufwendungen, die Anschaffungsnebenkosten sind, sind als Aufwand des Geschäftsjahres zu buchen. Werden eigene Anteile wieder veräußert, entfällt die Absetzung des Nennbetrags/rechnerischen Wertes in der Vorspalte. Ein den Nennbetrag/rechnerischen Wert übersteigender Differenzbetrag aus dem Veräußerungserlös ist bis zur Höhe des mit den frei verfügbaren Rücklagen verrechneten Betrages in die jeweiligen Rücklagen einzustellen. Ein darüber hinausgehender Differenzbetrag ist in die Kapitalrücklage gemäß § 272 Abs. 2 Nr. 1 HGB einzustellen. Die Nebenkosten der Veräußerung sind Aufwand des Geschäftsjahres (§ 272 Abs. 1 b HGB). Nach neuer Rechtslage ist somit beim (unmittelbaren) Erwerb eigener Anteile keine Rücklage mehr zu bilden.[172] Der Zweck, eine Ausschüttungssperre zu bewirken, soll nach dem Willen des Gesetzgebers aber in der gleichen Weise wie nach altem Recht gewährleistet werden.[173] Daher ist gemäß § 71 Abs. 2 S. 2 nunmehr hypothetisch eine Rücklage zu bilden. Des Weiteren haben abhängige Kapitalgesellschaften auch nach neuer Rechtslage weiterhin eine Rücklage für Anteile an einem herrschenden oder mit Mehrheit beteiligten Unternehmen zu bilden (§ 272 Abs. 4 HGB).

81 **b) Keine Minderung des Grundkapitals oder gebundener Rücklagen.** Durch die hypothetische Bildung einer Rücklage für eigene Anteile dürfen weder das Grundkapital noch solche Rücklagen gemindert werden, die nach Gesetz oder Satzung nicht zu Zahlungen an die Aktionäre verwandt werden dürfen. Zum Begriff des Grundkapitals siehe Rn 77. Rücklagen, die nach dem Gesetz nicht zu Zahlungen an die Aktionäre verwandt werden dürfen, sind: die **gesetzliche Rücklage** gemäß § 150 Abs. 1, § 266 Abs. 3 A.III.1. HGB, die **Kapitalrücklagen gemäß § 272 Abs. 2 Nr. 1–3 HGB** und die **Rücklagen für Anteile** an einem herrschenden oder mit Mehrheit beteiligten Unternehmen gemäß § 272 Abs. 4 HGB, § 266 Abs. 3 A.III.2. HGB.[174] Die Rücklage für eigene Anteile kann also gebildet werden aus: **Jahresüberschuss, Kapitalrücklage gemäß § 272 Abs. 2 Nr. 4 HGB, Gewinnvortrag und freien** (dh nicht satzungsgemäß gebundenen) **Gewinnrücklagen**.[175] Nicht geklärt ist, ob die gemäß § 268 Abs. 8 HGB gebundenen Rücklagen gesperrt sind.[176]

82 Da der Gesetzgeber mit den Änderungen durch das BilMoG an der Ausschüttungssperre materiell nichts ändern wollte, müssen mE bei der Prüfung der Kapitalgrenze neben den neu zu erwerbenden eigenen Aktien bereits erworbene und noch gehaltene eigene Anteile mit ihrem Nennbetrag/rechnerischen Wert berücksichtigt werden: Nach alter Rechtslage blieb nämlich beim Erwerb eigener Anteile das Gezeichnete Kapital grundsätzlich in voller Höhe in der Bilanz stehen. Die Rücklage für eigene Anteile war in voller Höhe der Anschaffungskosten zu bilden, und diese Rücklagenbildung durfte das Grundkapital nicht beeinträchtigen. Die Ausschüttungssperre umfasste also (auch) den Nennbetrag/rechnerischen Wert der eigenen Anteile. Nach neuer Rechtslage ist nunmehr gemäß § 272 Abs. 1a S. 2 HGB nur der Unterschiedsbetrag zwischen

---

169 A/D/S, § 272 HGB Rn 183; Oechsler, AG 2010, 105, 106; Zilias/Lanfermann, WPg 1980, 89.

170 Art. 66 Abs. 3 S. 1, Abs. 5 EGHGB. Zur Bilanzierung und steuerlichen Behandlung nach neuem Recht siehe BMF-Schreiben vom 27.11.2013, GZ IV C2 - S 2742/07/10009, DOK 2013/1047768.

171 In der Literatur wird zT vorgeschlagen, das derart reduzierte Gezeichnete Kapital als „Ausgegebenes Kapital" auszuweisen, BeckBil-Komm/Förschle/Hoffmann, § 272 HGB Rn 135.

172 Nach BGH NZG 2011, 1271 sind eigene Aktien keine taugliche Sacheinlage bei Kapitalerhöhungen (s.a. § 71 Rn 3 Fn 12). Der BGH stützt dies auf zwei Erwägungen: 1. Der Gesellschaft werde mit der Überlassung der alten Aktien als Teil des Grundkapitals real kein neues Kapital zugeführt. 2. Wegen der nach § 272 Abs. 4 S. 1 HGB aF notwendigen Rücklage für eigene Anteile erhalte die Gesellschaft keinen Vermögenszuwachs. Die erste Erwägung hat auch nach neuer Rechtslage Bestand, während die zweite Erwägung nach neuer Rechtslage nunmehr auf die offene Absetzung des Nennbetrages/rechnerischen Wertes der eigenen Anteile von Gezeichnetem Kapital, auf die Verrechnung der weiteren Anschaffungskosten mit den freien Rücklagen und auf die Buchung der Anschaffungsnebenkosten als Aufwand zu stützen wäre.

173 BilMoG-Gesetzentwurf der Bundesregierung vom 30.7.2008 BT-Drucks. 16/10067, 101.

174 In der Literatur wird vertreten, dass zwecks Wahrung der vollen Ausschüttungssperre, an der der BilMoG-Gesetzgeber festhalten wollte, eine (gesetzlich nicht ausdrücklich geregelte) Rücklage wegen eigener Anteile wegen zweckgebundene Gewinnrücklage in Höhe des Nennbetrags/rechnerischen Wertes der eigenen Anteile zu bilden sei – BeckBil-Komm/Förschle/Hoffmann, § 272 HGB Rn 134 f; Oechsler, AG 2010, 105, 109 f; auch Hüttemann, FS Herzig 2010, 595, 601 f (§ 237 Abs. 5 analog); s.a. Rn 82. Eine solche Rücklage dürfte ebenfalls nicht zu Zahlungen an die Aktionäre verwandt werden.

175 OLG München AG 2012, 563, 564 mit zust. Kurzkommentar Wachter, EWiR 2012, 543, 544; BeckBil-Komm/Förschle/Hoffmann, § 272 HGB Rn 133; BeckBil-Komm/Förschle/Kofahl, 6. Aufl. 2006, § 272 HGB Rn 119; WP-Handbuch/Gelhausen, Rn 288; A/D/S, § 272 HGB Rn 189 f; Zilias/Lanfermann, WPg 1980, 89 ff.

176 Dafür: Hüffer, Rn 21 a; Kropff, in: FS Hüffer 2010, 539, 545 ff.

dem Nennbetrag/rechnerischen Wert und den Anschaffungskosten der eigenen Anteile mit frei verfügbaren Rücklagen zu verrechnen, während der Nennbetrag/rechnerische Wert offen vom Gezeichneten Kapital abgesetzt wird. In Höhe des abgesetzten Nennbetrags/rechnerischen Wertes ergibt sich ein potenzieller „Überschuss" frei verfügbarer Rücklagen. Wenn das BilMoG nach dem Willen des Gesetzgebers den Kapitalschutz gemäß bisheriger Rechtslage nicht lockern soll, dann muss man konsequenterweise bei der hypothetischen Rücklagenbildung gemäß § 71 Abs. 2 S. 2 einen Vorerwerb eigener Anteile, die noch gehalten werden, berücksichtigen. Im Ergebnis sollten also bei der hypothetischen Rücklagenbildung die Aufwendungen für den Erwerb der eigenen Anteile zuzüglich des Nennbetrags/rechnerischen Wertes der bereits erworbenen und noch gehaltenen eigenen Anteile angesetzt werden.[177]

c) **Maßgeblicher Zeitpunkt.** Für die Frage, ob die hypothetische Rücklage für eigene Anteile das Grundkapital oder gebundene Rücklagen mindert, ist der **Zeitpunkt des Erwerbs maßgeblich** (nunmehr ausdrücklich: Abs. 2 S. 2), nicht der Zeitpunkt der Aufstellung des Jahresabschlusses. Die Verwaltung muss also prüfen, ob bei Erstellung einer Zwischenbilanz auf den Zeitpunkt des Erwerbs der eigenen Aktien die Bildung der hypothetischen Rücklage das Grundkapital oder gebundene Rücklagen mindern würde. **Darüber hinaus** vertrat ein Teil der Literatur zur Rechtslage vor BilMoG, die Verwaltung habe zu prüfen, ob unter Berücksichtigung der absehbaren Entwicklung **bis zum nächsten Jahresabschlussstichtag** zu erwarten ist, dass am nächsten Jahresabschlussstichtag noch genügend freie Mittel zur Rücklagenbildung vorhanden sind.[178] Angesichts des Wortlauts des Abs. 2 S. 2, der ausdrücklich vom „Zeitpunkt des Erwerbs" spricht, ist fraglich, ob diese Ansicht noch haltbar ist. Auch schon nach der Regierungsbegründung zur Novelle von 1978 war die Kapitalgrenze nur auf den Zeitpunkt des Erwerbs der eigenen Aktien zu prüfen.[179] Einen anderen Fall betrifft die Entscheidung des OLG München v. 28.1.2002, nach der ein Ermächtigungsbeschluss gemäß Abs. 1 Nr. 8 anfechtbar sein soll, wenn von Anfang an feststeht, dass der Vorstand die Ermächtigung zu keinem Zeitpunkt ohne Verletzung der Kapitalgrenze ausüben kann.[180]

3. Volle Einzahlung des Ausgabebetrages. In den Fällen eines Erwerbs eigener Aktien nach Abs. 1 Nr. 1, 2, 4, 7 oder 8 ist der Erwerb nur zulässig, wenn auf die Aktien der Ausgabebetrag **voll geleistet** ist (Abs. 2 S. 3). Ausgabebetrag sind der **geringste Ausgabebetrag** im Sinne von § 9 Abs. 1 und ein gemäß Satzung oder Kapitalerhöhungsbeschluss darauf ggf zu zahlendes **Agio** (§ 9 Abs. 2).[181] Zweck der Regelung ist es, zu verhindern, dass offene Einlageforderungen durch den Erwerb seitens der AG erlöschen (Konfusion).[182]

III. Besondere Unterrichtungs- und Ausgabepflichten nach Erwerb (Abs. 3). Abs. 3 regelt für den Erwerb eigener Aktien gemäß Abs. 1 Nr. 1 und 8 bestimmte Pflichten des Vorstands bzw der Gesellschaft zur Unterrichtung der Hauptversammlung (dazu Rn 86 ff). Die Pflicht zur Unterrichtung der BaFin über Ermächtigungen gemäß Abs. 1 Nr. 8 ist durch das ARUG mit Wirkung zum 1.9.2009 entfallen; sonstige kapitalmarktrechtliche Mitteilungs- und Veröffentlichungspflichten bleiben aber unberührt (dazu Rn 95). Beim Erwerb eigener Aktien nach Abs. 1 Nr. 2 ist die AG zur Ausgabe der Aktien an die Arbeitnehmer innerhalb eines Jahres verpflichtet (Rn 92 ff). Ein Verstoß gegen die Pflichten gemäß Abs. 3 führt nicht zur Unwirksamkeit des Erwerbs oder des zugrunde liegenden schuldrechtlichen Geschäfts. Jedoch liegt eine Sorgfaltspflichtverletzung seitens der Verwaltung vor (im Einzelnen Rn 91). Zu beachten ist, dass gemäß § 71 d S. 4 die Unterrichtungs- und Ausgabepflichten auch dann bestehen, wenn ein mittelbarer Stellvertreter oder ein abhängiges oder im Mehrheitsbesitz stehendes Unternehmen Aktien der AG hält, die der AG als eigene Aktien zuzurechnen sind (§ 71 d Rn 43 ff).

1. Pflicht des Vorstands zur Unterrichtung der Hauptversammlung in den Fällen des Abs. 1 Nr. 1 und 8 (Abs. 3 S. 1). In den Fällen eines Erwerbs eigener Aktien gemäß Abs. 1 Nr. 1 oder 8 durch die AG (oder Tochterunternehmen oder mittelbare Stellvertreter, § 71 d S. 4) hat der Vorstand der AG die **nächste Hauptversammlung** über die **Gründe und den Zweck** des Erwerbs, über die Zahl der erworbenen Aktien

---

177 So auch Oser/Kropp, Der Konzern 2012, 185, 187 („implizite Ausschüttungssperre"); siehe auch BeckBil-Komm/Förschle/Hoffmann, § 272 HGB Rn 134 f und Oechsler, AG 2010, 105, 109 f, die vorschlagen, zum Kapitalschutz eine (gesetzlich nicht ausdrücklich geregelte) Rücklage wegen eigener Anteile bzw zweckgebundene Gewinnrücklage in Höhe des Nennbetrags/rechnerischen Wertes der eigenen Anteile zu bilden; auch Hüttemann, FS Herzig 2010, 595, 601 f (§ 237 Abs. 5 analog); aA: Kropff, ZIP 2009, 1137, 1141.
178 Geßler/Hefermehl/Bungeroth, Rn 34; Kessler/Suchan, BB 2000, 2529, 2530; Schüppen/Schaub/Pajunk, Münchener Anwaltshandbuch Aktienrecht, § 31 Rn 13, 14; Bürgers/Körber/Wieneke, Rn 46; wohl auch KölnKomm-AktG/Lutter/Drygala, Rn 216.
179 RegBegr, BT-Drucks. 8/1678, 15, liSp; in diesem Sinne wohl auch OLG Stuttgart ZIP 2009, 2386, 2388 ff; Zilias/Lanfermann, WPg 1980, 89, 91 f und MüKo-AktG/Oechsler, Rn 320; aA möglicherweise Rieckers, ZIP 2009, 700, 702, 703, der eine Doppelprüfung zu verlangen scheint; aA zu § 33 Abs. 2 S. 1 GmbHG auch OLG Rostock NZG 2013, 543, 545 f (Zeitpunkt des schuldrechtlichen Geschäfts) – n. rkr.
180 OLG München NZG 2002, 678, 679 = AG 2003, 163, s.a. Rn 60, 79.
181 RegBegr, BT-Drucks. 8/1678, 16, liSp; Hüffer, Rn 20.
182 KölnKomm-AktG/Lutter/Drygala, Rn 64; MüKo-AktG/Oechsler, Rn 326.

und den auf sie entfallenden Betrag des Grundkapitals, über deren Anteil am Grundkapital sowie über den Gegenwert der Aktien zu unterrichten (Abs. 3 S. 1). Zu in Pfand genommenen Aktien siehe § 71e Rn 21. Gemäß **§ 160 Abs. 1 Nr. 2** ist außerdem im **Anhang**[183] **zum Jahresabschluss** über den Erwerb und die Veräußerung sowie den Bestand (jeglicher) eigener Aktien und in Pfand genommener Aktien zu berichten, auch soweit Tochterunternehmen und mittelbare Stellvertreter involviert sind. Die Anforderungen des § 160 Abs. 1 Nr. 2 sind mit denen des § 71 Abs. 3 S. 1 zwar nicht identisch. Dennoch besteht ein Zusammenhang: Genügen die Angaben im Anhang zum Jahresabschluss den Anforderungen des Abs. 3 S. 1 und ist die nächste Hauptversammlung nach Erwerb eigener Aktien diejenige, in welcher der Jahresabschluss vorgelegt wird, so ist die Unterrichtungspflicht gemäß Abs. 3 S. 1 durch die Vorlage des Jahresabschlusses erfüllt.[184] Dabei ist jedoch Folgendes zu beachten: In jeder Hauptversammlung muss über den Erwerb eigener Aktien berichtet werden, wenn dieser Erwerb vor der Hauptversammlung stattgefunden hat und über ihn noch nicht ordnungsgemäß berichtet worden ist. Sind vor einer Hauptversammlung, jedoch nach dem letzten Jahresabschlussstichtag eigene Aktien erworben worden, so reichen die Angaben nach § 160 Abs. 1 Nr. 2 schon deshalb nicht aus, weil diese eigenen Aktien im Anhang nicht berücksichtigt sein können. Gemäß **§ 37w Abs. 3 S. 2 (bzw S. 3) WpHG** haben Inlandsemittenten die Erläuterungen über eigene Aktien gemäß § 160 Abs. 1 Nr. 2 (bzw IAS 32.34) auch in den Halbjahresfinanzbericht aufzunehmen. Entsprechendes gilt aufgrund Verweises für die Quartalsberichte von Emittenten, deren Aktien zum regulierten Markt der Frankfurter Wertpapierbörse, Teilbereich mit weiteren Zulassungsfolgepflichten (Prime Standard), zugelassen sind (§ 51 Abs. 1 Börsenordnung für die Frankfurter Wertpapierbörse).

87 **a) Gründe und Zweck des Erwerbs.** Der Vorstand hat über **Gründe und Zweck des Erwerbs** eigener Aktien zu berichten. Die Angabe des einschlägigen Erwerbstatbestands (Abs. 1 Nr. 1 oder Nr. 8) ist hierfür erforderlich, jedoch nicht ausreichend.[185] Vielmehr muss im Einzelnen erläutert werden, warum die **Tatbestandsmerkmale des Abs. 1 Nr. 1** (schwerer, unmittelbar bevorstehender Schaden, Notwendigkeit des Erwerbs eigener Aktien zur Schadensabwehr) **bzw Abs. 1 Nr. 8** (Hauptversammlungsermächtigung, Zweck des Erwerbs, Erwerb über Börse etc.) erfüllt sind.

88 **b) Zahl der erworbenen Aktien, Betrag des Grundkapitals, Anteil am Grundkapital.** Sowohl bei Nennbetrags- als auch bei Stückaktien sind die Zahl und der auf sie entfallene Betrag des Grundkapitals anzugeben (zB: „3.000 Nennbetragsaktien mit einem Nennbetrag von je 1 EUR" oder „3.000 Stückaktien mit einem rechnerischen Anteil am Grundkapital von je 1 EUR"). Weiter ist der „Anteil am Grundkapital" anzugeben. Das bezieht sich auf § 8 Abs. 4. Es geht also um das Verhältnis der erworbenen eigenen Aktien zum Gesamtgrundkapital (zB: „0,5 % des Grundkapitals" oder „5/1000 des Grundkapitals").

89 **c) „Gegenwert der Aktien".** Mit dem Wort „Gegenwert" meint das Gesetz nicht den tatsächlichen Wert der erworbenen eigenen Aktien, sondern den **Preis**, den die AG für die eigenen Aktien gezahlt hat oder noch zahlen muss (ggf auch in der Form von Sach- oder Dienstleistungen).[186]

90 **d) Bericht in der Hauptversammlung, Auskunftsrecht.** Der Vorstand hat den Bericht in der nächsten Hauptversammlung zu erstatten. Unter den Voraussetzungen des § 131 kann der Aktionär neben dem Vorstandsbericht in der Hauptversammlung Auskunft über den Erwerb eigener Aktien verlangen. Nach dem OLG Frankfurt am Main kann aber der Vorstand in der Hauptversammlung einer Aktienbank das Auskunftsverlangen eines Aktionärs, über 5.000 Einzelvorgänge mit etwa 25.000 Einzelangaben informiert zu werden, wegen unzumutbarer Blockierung der Hauptversammlung zurückweisen.[187] Nach dem BGH kann das Auskunftsbegehren eines Aktionärs durch die Gelegenheit zur **Einsicht in vorbereitete Aufzeichnungen** während der Hauptversammlung erfüllt werden, namentlich, wenn sich der Aktionär wegen der Fülle der Daten anhand der Aufzeichnungen schneller und zuverlässiger unterrichten kann als durch eine mündliche Information.[188]

91 **e) Rechtsfolgen bei Verstoß.** Unterlässt der Vorstand die Unterrichtung gemäß Abs. 3 S. 1, so ist die Unterrichtungspflicht nicht erfüllt und muss bei der **nächsten** Hauptversammlung erfüllt werden. Außerdem liegt ein Verstoß der Vorstandsmitglieder gegen ihre Sorgfaltspflicht gemäß § 93 Abs. 1 vor. Aufsichtsratsmitglieder, die unterlassen, auf die Erfüllung der Berichtungspflicht hinzuwirken, begehen ebenfalls eine Sorgfaltspflichtverletzung (§ 116 iVm § 93 Abs. 1). Wird eine gemäß § 131 begehrte Auskunft über den Erwerb

---

[183] Bei Kleinstkapitalgesellschaften ggf unter der Bilanz, s. § 160 Abs. 3 AktG, § 267a, § 264 Abs. 1 S. 5 HGB.

[184] RegBegr, BT-Drucks. 8/1678, 15, liSp; *Geßler*, Rn 10; *Hüffer*, Rn 22; KölnKomm-AktG/*Lutter/Drygala*, Rn 65; MüKo-AktG/*Oechsler*, Rn 328, 332; *Hüffer*, NJW 1979, 1065, 1068f.

[185] BGH NJW 1987, 3186, 3190.

[186] *Geßler/Hefermehl/Bungeroth*, Rn 61; KölnKomm-AktG/*Lutter/Drygala*, Rn 65.

[187] OLG Frankfurt DB 1983, 2184 = BB 1983, 1646 = WM 1983, 1071.

[188] BGH NJW 1987, 3186, 3190; Vorinstanz OLG Frankfurt WM 1986, 615, 617.

eigener Aktien nicht erteilt, kann dies zur Anfechtbarkeit der Beschlüsse über die Entlastung von Vorstand und Aufsichtsrat führen.[189]

2. Pflicht zur Ausgabe von Belegschaftsaktien (Abs. 3 S. 2). Gemäß Abs. 3 S. 2 sind Aktien, die nach Abs. 1 Nr. 2 erworben wurden (Belegschaftsaktien), innerhalb eines Jahres nach ihrem Erwerb an die Arbeitnehmer auszugeben. Zu den Voraussetzungen eines Erwerbs von Belegschaftsaktien gemäß Abs. 1 Nr. 2 siehe Rn 26 ff. Der Erwerb setzt u.a. die **ernsthafte Absicht** der Verwaltung voraus, die Belegschaftsaktien tatsächlich an Arbeitnehmer abzugeben (Einzelheiten Rn 29). Abs. 1 Nr. 2 darf nicht zur Kurspflege missbraucht werden.[190] Abs. 3 S. 2 soll deshalb sicherstellen, dass die Belegschaftsaktien tatsächlich ausgegeben werden. Die Jahresfrist verpflichtet den Vorstand, das Programm zur Abgabe von Belegschaftsaktien derart auszugestalten, dass die **Abgabe** aller erworbenen eigenen Aktien an die Arbeitnehmer **innerhalb der Jahresfrist möglich und wahrscheinlich ist**. Die Jahresfrist beginnt mit dem Tag, an dem die AG die eigenen Aktien erwirbt und ist gemäß §§ 187 Abs. 1, 188 Abs. 2 BGB zu berechnen.[191] Wird die Jahresfrist überschritten, ohne dass die Belegschaftsaktien abgegeben sind, so wird der Erwerb eigener Aktien nicht etwa unzulässig. Durch den Ablauf der Jahresfrist erledigt sich auch nicht die Pflicht zur Abgabe gemäß Abs. 3 S. 2. Vielmehr ist die Verwaltung weiterhin verpflichtet, die Belegschaftsaktien, soweit möglich, umgehend auszugeben.[192] Die Überschreitung der Jahresfrist ist jedoch eine Sorgfaltspflichtverletzung seitens der verantwortlichen Vorstands- und Aufsichtsratsmitglieder (Rn 94).

Fraglich ist, wie mit den eigenen Aktien zu verfahren ist, wenn sich die Ausgabe der Belegschaftsaktien erledigt. Eine **Erledigung** kann mehrere Gründe haben: So kann die Ausgabe von Belegschaftsaktien wegen **Unmöglichkeit** scheitern (zB wegen fehlender Nachfrage der Arbeitnehmer) oder die Verwaltung entscheidet (sorgfaltsgemäß), das ursprünglich ernsthaft beabsichtigte **Belegschaftsaktienprogramm aufzugeben** (zB weil die Ausgabe von Belegschaftsaktien wegen eines zwischenzeitlich eingetretenen Wertverlustes der eigenen Aktien einen unangemessenen Schaden der AG verursachen würde).[193] Eine Erledigung des Belegschaftsaktienprogramms liegt auch dann vor, wenn es im Wesentlichen durchgeführt wird und nur noch Restbestände von Belegschaftsaktien vorhanden sind, die sich nicht mehr verwerten lassen.[194] Nach einem großen Teil der Literatur soll die Verwaltung bei Erledigung des Belegschaftsaktienprogramms in Analogie zu § 71c Abs. 1 verpflichtet sein, die eigenen Aktien umgehend bzw innerhalb Jahresfrist zu veräußern.[195] Das trifft meines Erachtens nicht zu. Die Verwaltung ist vielmehr verpflichtet, sorgfaltsgemäß zu prüfen, ob nach Erledigung des Belegschaftsaktienprogramms noch eine Rechtfertigung zum Besitz der eigenen Aktien besteht, etwa weil sich abzeichnet, dass die AG die eigenen Aktien demnächst für andere rechtmäßige Zwecke benötigen wird.[196] Außerdem gilt **§ 71c Abs. 2**.

Für ein **Überschreiten der Jahresfrist** des Abs. 3 S. 2 sieht das Gesetz **keine ausdrückliche Sanktion** vor. Eine Ordnungswidrigkeit nach § 405 Nr. 4 liegt nicht vor. Zwangsgelder nach § 407 Abs. 1 S. 1 können nicht festgesetzt werden.[197] Das Überschreiten der Jahresfrist, sofern es nicht auf einem Scheitern oder einer rechtmäßigen Erledigung des Belegschaftsaktienprogramms beruht, ist jedoch eine **Sorgfaltspflichtverletzung** seitens der beteiligten Vorstands- und Aufsichtsratsmitglieder (§§ 93, 116). Ein durch diese Sorgfaltspflichtverletzung entstehender Schaden kann zB darin bestehen, dass die AG bei der Veräußerung der eigenen Aktien wegen zwischenzeitlich eingetretener **Kursverluste** weniger umsetzt, als bei Einhaltung der Jahresfrist möglich gewesen wäre.

3. Sonstige Publizitätspflichten. Vor Inkrafttreten des ARUG am 1.9.2009 hatte die AG die BaFin unverzüglich über eine Ermächtigung der Hauptversammlung zum Erwerb eigener Aktien gemäß Abs. 1 Nr. 8 zu unterrichten (Abs. 3 S. 3 aF). Diese Unterrichtungspflicht ist durch das ARUG mit Wirkung zum 1.9.2009 aufgehoben worden. Aus Sicht des Gesetzgebers besteht kein Informationsbedürfnis der BaFin, da die bloße Ermächtigung des Vorstandes zum Rückkauf eigener Aktien keine erhebliche Kursrelevanz hat. Nach der Ansicht des Gesetzgebers ist für die Überwachung des Marktes erst der tatsächliche Start des Rückkaufpro-

---

189 BGH NJW 1987, 3186, 3190 f; OLG Frankfurt WM 1990, 2116, 2119.
190 RegBegr, BT-Drucks. 8/1678, 15, reSp.
191 Geßler/Hefermehl/Bungeroth, Rn 83; Müller, WPg 1978, 565, 569.
192 Geßler/Hefermehl/Bungeroth, Rn 87; Zilias/Lanfermann, WPg 1980, 61, 63 f; Geßler, Rn 13; Hüffer, Rn 23; KölnKomm-AktG/Lutter/Drygala, Rn 85; MüHb-AG/Wiesner, § 15 Rn 13; MüKo-AktG/Oechsler, § 71 Rn 335.
193 Geßler/Hefermehl/Bungeroth, Rn 90.
194 Geßler/Hefermehl/Bungeroth, Rn 89; Zilias/Lanfermann, WPg 1980, 61, 64.
195 KölnKomm-AktG/Lutter/Drygala, Rn 85; Hüffer, Rn 23; Müller, WPg 1978, 565, 573; MüHb-AG/Wiesner, § 15 Rn 13; MüKo-AktG/Oechsler, § 71 Rn 335, § 71c Rn 7; Picot/Mentz/Seydel/Duggal, Die Aktiengesellschaft bei Unternehmenskauf und Restrukturierung, Teil IX Rn 44; K. Schmidt/Lutter/Bezzenberger, Rn 59; Bürgers/Körber/Wieneke, Rn 49; Spindler/Stilz/Cahn, Rn 61; wohl auch Geßler, Rn 13; aA: Preusche, BB 1982, 1638, 1640; Ganske, DB 1978, 2461, 2464.
196 Im Sinne einer solchen Einzelfallabwägung wohl auch Geßler/Hefermehl/Bungeroth, Rn 91; gegen analoge Anwendung des § 71c Abs. 1 auch: Preusche, BB 1982, 1638, 1640; Ganske, BB 1978, 2461, 2464.
197 Preusche, BB 1982, 1638, 1640; KölnKomm-AktG/Lutter/Drygala, Rn 85; Geßler/Hefermehl/Bungeroth, Rn 87.

gramms relevant, der regelmäßig mit einer Ad-hoc-Mitteilung nach § 15 WpHG bekannt gemacht wird.[198] Zur **Ad-hoc-Mitteilungspflicht** gemäß **§ 15 WpHG**, zum Verbot des **Insiderhandels** gemäß **§ 14 WpHG** und zum Verbot der Marktmanipulation gemäß **§ 20 a WpHG** siehe die Kommentierung zum WpHG. Weitere **Mitteilungs- und Veröffentlichungspflichten** börsennotierter AGs bestehen – soweit anwendbar – gemäß § 26 Abs. 1 S. 2 iVm S. 1, Abs. 2, Abs. 3 und § 21 Abs. 1 S. 1, Abs. 2, § 26 a, § 30 b Abs. 1 Nr. 2 WpHG, §§ 19, 17 f, 20, 3 a, 3 b, 20, 3 c WpAIV und aufgrund der Verordnung (EG) Nr. 2273/2003 der Kommission vom 22.12.2003 zur Durchführung der Richtlinie 2003/6/EG des Europäischen Parlaments und des Rates – Ausnahmeregelungen für Rückkaufprogramme und Kursstabilisierungsmaßnahmen.[199]

96 **IV. Rechtsfolgen von Verstößen gegen Abs. 1 oder Abs. 2 (Abs. 4).** Ein Verstoß gegen Abs. 1 oder Abs. 2 macht den **Erwerb** eigener Aktien **nicht unwirksam** (Abs. 4 S. 1). Ein **schuldrechtliches Geschäft** über den Erwerb eigener Aktien ist jedoch **nichtig**, soweit der Erwerb gegen Abs. 1 oder Abs. 2 verstößt (Abs. 4 S. 2).

97 **1. Wirksamkeit des dinglichen Erwerbs (Abs. 4 S. 1).** Die §§ 71 ff enthalten ein grundsätzliches Verbot des Erwerbs eigener Aktien (Rn 1). Ein Erwerb eigener Aktien unter Verstoß gegen Abs. 1 oder Abs. 2 würde deshalb an sich gemäß § 134 BGB zur Nichtigkeit des Erwerbs führen. Dies verhindert Abs. 4 S. 1 und schafft damit die Voraussetzung für Veräußerung und Einziehung rechtswidrig erworbener eigener Aktien gemäß § 71 c.[200] § 71 Abs. 4 S. 1 lässt eine mögliche Nichtigkeit des Erwerbs eigener Aktien aus **anderen Rechtsgründen** unberührt, zB aufgrund Anfechtung wegen arglistiger Täuschung (§§ 123, 142 Abs. 1 BGB), Sittenwidrigkeit (§ 138 BGB), Geschäftsunfähigkeit (§ 105 BGB).[201] Außerdem kann die Nichtigkeit des schuldrechtlichen Grundgeschäfts gemäß § 71 Abs. 4 S. 2 (siehe Rn 99 ff) zugleich zur Nichtigkeit des dinglichen Erwerbs führen, wenn nach dem Willen der Parteien die Wirksamkeit des dinglichen Erwerbs von der Wirksamkeit des schuldrechtlichen Grundgeschäfts abhängig sein sollte (§ 139 BGB). Letzteres ist nach herrschender Meinung beim Report- und Deportgeschäft[202] der Fall.[203]

98 **2. Unwirksamkeit des schuldrechtlichen Geschäfts (Abs. 4 S. 2).** Gemäß Abs. 4 S. 1 ist ein **schuldrechtliches Geschäft** über den Erwerb eigener Aktien **nichtig**, soweit der Erwerb gegen Abs. 1 oder Abs. 2 verstößt. Auch wenn auf der Grundlage des nichtigen schuldrechtlichen Geschäfts ein dinglicher Erwerb eigener Aktien stattfindet, bleibt es bei der Nichtigkeit des schuldrechtlichen Geschäfts. Eine „Heilung" durch Erfüllung ist also nicht möglich.[204]

99 **a) „Schuldrechtliches" Grundgeschäft.** Abs. 4 S. 2 gilt **nur** für **schuldrechtliche** Grundgeschäfte, auf denen der Erwerb eigener Aktien beruht. Für Vermächtnisse gilt § 2171 BGB. Für Umwandlungen gelten die §§ 29 Abs. 1 S. 1 Hs 2, 125 S. 1, 207 Abs. 1 S. 1 Hs 2.[205] § 71 a Abs. 2 geht dem § 71 Abs. 4 S. 2 vor.[206]

100 **b) Nichtigkeit „soweit der Erwerb gegen die Abs. 1 oder 2 verstößt".** Abs. 4 S. 2 besagt, dass ein schuldrechtliches Geschäft nichtig ist, „soweit der Erwerb gegen die Abs. 1 oder 2 verstößt". In der Literatur wird hieraus zum Teil geschlossen, dass ein schuldrechtliches Grundgeschäft schon dann wegen Verstoßes gegen Abs. 1 oder Abs. 2 nichtig ist, wenn zum Zeitpunkt des Abschlusses des schuldrechtlichen Geschäfts die Voraussetzungen für einen zulässigen Erwerb eigener Aktien nicht gegeben sind, selbst wenn diese Voraussetzungen später eintreten; es müsse dann ein neues schuldrechtliches Geschäft geschlossen werden.[207] Dies bedarf differenzierter Betrachtung. Abs. 4 S. 2 stellt darauf ab, ob der Erwerb gegen Abs. 1 oder Abs. 2 verstößt. Das schuldrechtliche Geschäft ist also nur **nichtig**, soweit es **auf einen Erwerb eigener Aktien gerichtet** ist, der **gegen Abs. 1 oder Abs. 2 verstoßen würde**.[208] Dabei ist zu beachten, dass Vereinbarungen über den (künftigen) Erwerb eigener Aktien (oder nach § 71 d gleichgestellte Transaktionen) oft zu einem Zeitpunkt geschlossen werden, zu dem noch gar nicht feststeht, ob bei Fälligkeit des Erwerbs eigener Aktien die Voraussetzungen des Abs. 1 oder Abs. 2 erfüllt sind. Hier kann das schuldrechtliche Grundgeschäft unter Umständen nach §§ 133, 157 BGB dahin auszulegen oder gemäß § 140 BGB umzudeuten sein, dass die

---

[198] RegBegr, BT-Drucks. 16/11642, 25, reSp und 26, liSp; Gegenäußerung der Bundesregierung zur Stellungnahme des Bundesrates BT-Drucks. 16/11642, 57, liSp.

[199] Zu den Publizitätspflichten siehe *Rieckers*, ZIP 2009, 700, 701, 704 ff; *Seibt/Brennkamp*, AG 2008, 469, 470; *Gätsch/Bracht*, AG 2011, 813.

[200] RegBegr, BT-Drucks. 8/1678, 16, liSp.

[201] KölnKomm-AktG/*Lutter/Drygala*, Rn 247; Großkomm-AktienR/*Merkt*, Rn 360; Geßler/*Hefermehl/Bungeroth*, Rn 132; MüHb-AG/*Wiesner*, § 15 Rn 22; *Kessler/Suchan*, BB 2000, 2529, 2536.

[202] Zu diesen Begriffen Rn 7.

[203] Geßler/*Hefermehl/Bungeroth*, Rn 132; KölnKomm-AktG/*Lutter/Drygala*, Rn 247; Großkomm-AktienR/*Merkt*, Anm. 26;

v. Godin/Wilhelmi, Anm. 15; *Baumbach/Hueck*, AktG, Rn 15; MüKo-AktG/*Oechsler*, Rn 340.

[204] MüKo-AktG/*Oechsler*, Rn 341; Großkomm-AktienR/*Merkt*, Anm. 27; *v. Godin/Wilhelmi*, Anm. 15.

[205] Fraktionsbegründung BT-Drucks. 12/6699, 94, liSp, S. 146 reSp.

[206] Geßler/*Hefermehl/Bungeroth*, Rn 135; *Baumbach/Hueck*, AktG, Rn 15.

[207] Geßler/*Hefermehl/Bungeroth*, Rn 134; KölnKomm-AktG/*Lutter/Drygala*, Rn 246.

[208] Zu weitgehend: *Schmid/Mühlhäuser*, AG 2001, 493, 494, die eine Unwirksamkeit gemäß § 71 Abs. 4 S. 2 erst dann annehmen, wenn der dingliche Erwerb stattgefunden hat; so möglicherweise auch *Heer*, ZIP 2012, 2325, 2331.

Parteien sich nur zu einem nach § 71 Abs. 1 und Abs. 2 zulässigen Erwerb eigener Aktien verpflichten wollten.

c) Rechtsfolgen der Nichtigkeit. Führt Abs. 4 S. 2 zur Nichtigkeit oder Teilnichtigkeit des schuldrechtlichen Grundgeschäfts, so können weder die AG noch der Vertragspartner insoweit Erfüllung verlangen. Sind in Erfüllung des nichtigen schuldrechtlichen Grundgeschäfts bereits Aktien auf die AG dinglich wirksam übertragen worden und/oder hat die Gesellschaft die Gegenleistung erbracht, so gilt Folgendes: 101

aa) Ansprüche der AG. Die Erbringung einer Gegenleistung für den unzulässigen Erwerb eigener Aktien ist eine verbotene **Einlagenrückgewähr** gemäß § 57 Abs. 1. Die AG kann deshalb alle derart erbrachten Zahlungen und Leistungen gemäß § 62 Abs. 1 S. 1 zurückverlangen. Der Anspruch kann von den Gläubigern der AG geltend gemacht werden, soweit diese von der AG keine Befriedigung erlangen können (§ 62 Abs. 2 S. 1). Steuerlich kann es sich um eine **verdeckte Gewinnausschüttung** handeln.[209] Der Anspruch der AG aus § 62 Abs. 1 S. 1 kann gemäß § 66 Abs. 2 iVm Abs. 1 **nicht erlassen** oder **aufgerechnet** werden. Der Anspruch verjährt in 10 Jahren seit dem Empfang der Leistung (§ 62 Abs. 3 S. 1). Umstritten ist, ob die AG neben dem Anspruch aus § 62 Abs. 1 S. 1 auch einen Bereicherungsanspruch hat.[210] Der Veräußerer kann nach herrschender Meinung wegen seines Bereicherungsanspruches auf Herausgabe der übertragenen Aktien (Rn 104) **kein Zurückbehaltungsrecht** gegenüber dem Anspruch der AG aus § 62 Abs. 1 S. 1 geltend machen.[211] 102

bb) Ansprüche des Veräußerers. Der Anspruch des Veräußerers auf Rückübertragung der Aktien richtet sich **ausschließlich nach Bereicherungsrecht** (§§ 812 ff BGB). Nach verbreiteter Meinung kann der Veräußerer die Rückübertragung der Aktien nicht verlangen, wenn er die Nichtigkeit des schuldrechtlichen Grundgeschäfts kannte (§ 814 BGB).[212] Der Anspruch des Veräußerers auf Rückübereignung entfällt auch, soweit die AG gemäß § 818 Abs. 3 BGB **entreichert** ist, zB wegen Weiterveräußerung zu einem schlechteren Kurs. Das gilt allerdings nicht, wenn die AG die Unwirksamkeit des schuldrechtlichen Grundgeschäfts kannte (§§ 819 Abs. 1, 818 Abs. 4 BGB).[213] 103

cc) Verhältnis von Rückübertragungsanspruch des Veräußerers gemäß §§ 812 ff BGB und Veräußerungspflicht gemäß § 71c Abs. 1. Besteht ein Anspruch des Veräußerers auf Rückübertragung der Aktien aus ungerechtfertigter Bereicherung, so muss die AG ihre **Veräußerungspflicht** gemäß § 71c Abs. 1 durch Übertragung der Aktien auf den Veräußerer erfüllen. Ist ihr dies nicht möglich, weil sie die Aktien weiterveräußert hat, obwohl sie von der Unwirksamkeit des schuldrechtlichen Geschäfts wusste, so haftet sie dem Veräußerer auf **Schadensersatz** gemäß §§ 819 Abs. 1 iVm 818 Abs. 4, 292, 989 BGB.[214] Besteht kein Rückübertragungsanspruch des Veräußerers, zB wegen § 814 BGB, so ist die AG nicht verpflichtet, die Veräußerungspflicht gemäß § 71c Abs. 1 durch Rückübertragung auf den Veräußerer zu erfüllen. Zu den Modalitäten der Veräußerung gemäß § 71c Abs. 1 siehe § 71c Rn 7 ff. Besteht ein Rückübertragungsanspruch des Veräußerers zwar, ist dieser aber nicht ermittelbar (zB bei Erwerb über Börse), zur Rücknahme nicht bereit oder ist eine Rückübertragung aus anderen Gründen nicht möglich, so muss die AG ihre Veräußerungspflicht gemäß § 71c Abs. 1 dennoch innerhalb der Jahresfrist erfüllen. Eine Schadensersatzpflicht der AG gegenüber dem Veräußerer nach §§ 819 Abs. 1, 818 Abs. 4, 292, 989 BGB besteht in diesem Falle mangels Verschuldens nicht.[215] 104

3. Sonstige Rechtsfolgen eines Verstoßes gegen Abs. 1 oder Abs. 2. a) Schadensersatzansprüche der AG gegen die Verwaltung. Ein Erwerb eigener Aktien unter Verstoß gegen Abs. 1 oder Abs. 2 ist eine **Sorgfaltspflichtverletzung** der verantwortlichen Vorstands- und Aufsichtsratsmitglieder (§§ 93 Abs. 3 Nr. 3, 116). Schäden, die der AG hierdurch entstehen, sind von den verantwortlichen Vorstands- und Aufsichtsratsmit- 105

---

[209] BFH WM 1977, 1264 = AG 1977, 230; BFH NJW 1997, 214 (für die GmbH); BMF-Schreiben v. 2.12.1998, DStR 1998, 2011, 2012 (II. 17.).

[210] Dagegen: KölnKomm-AktG/*Lutter/Drygala*, Rn 252; *Geßler/Hefermehl/Bungeroth*, Rn 141; *Nirk*, Hb AG, Rn 5.843; *Preusche*, BB 1982, 1640; Großkomm-AktienR/*Merkt*, Anm. 28; dafür: *v. Godin/Wilhelmi*, Anm. 15; *Hüffer*, NJW 1979, 1065, 1069; *Zilias/Lanfermann*, WPg 1980, 61, 65 Fn 19.

[211] KölnKomm-AktG/*Lutter/Drygala*, Rn 252; MüKo-AktG/*Oechsler*, Rn 342; *Bürgers/Körber/Wieneke*, Rn 54; *Preusche*, BB 1982, 1638, 1640; aA: *Hüffer*, NJW 1979, 1065, 1069.

[212] *Geßler/Hefermehl/Bungeroth*, Rn 139; Großkomm-AktienR/*Merkt*, Rn 386; *Baumbach/Hueck*, AktG, Rn 15; wohl auch: *v. Godin/Wilhelmi*, Anm. 15; aA: KölnKomm-AktG/*Lutter/Drygala*, Rn 250; MüKo-AktG/*Oechsler*, § 71 Rn 342, § 71c Rn 16.

[213] *Geßler/Hefermehl/Bungeroth*, Rn 140; KölnKomm-AktG/*Lutter/Drygala*, Rn 250.

[214] *Geßler/Hefermehl/Bungeroth*, Rn 143; *Hüffer*, NJW 1979, 1065, 1069; *Zilias/Lanfermann*, WPg 1980, 61, 65; *Preusche*, BB 1982, 1638, 1640; *Aha*, AG 1992, 218, 224; MüKo-AktG/*Oechsler*, c Rn 16.

[215] *Geßler/Hefermehl/Bungeroth*, Rn 144; *Preusche*, BB 1982, 1638, 1640.

gliedern zu ersetzen.²¹⁶ Gesellschafter, die den Erwerb eigener Aktien veranlasst haben, haften ggf gemäß § 117.

106 **b) Schadensersatzansprüche des Veräußerers gegen die AG.** Nach *Bungeroth* ist ein Anspruch des Veräußerers auf **Schadensersatz** aus §§ 311 Abs. 2 Nr. 1, 241 Abs. 2, 280 Abs. 1 S. 1 BGB (**Verschulden bei den Vertragsverhandlungen**) anzunehmen, wenn der AG Fahrlässigkeit oder Vorsatz bei der Eingehung des rechtswidrigen Geschäfts über den Erwerb eigener Aktien vorzuwerfen ist,²¹⁷ jedoch ggf unter Berücksichtigung eines Mitverschuldens des Veräußerers (§ 254 BGB).

107 **c) Ordnungswidrigkeit.** Gemäß § 405 Abs. 1 Nr. 4 lit. a) handelt **ordnungswidrig**, wer als Mitglied des Vorstands oder des Aufsichtsrats oder als Abwickler entgegen § 71 Abs. 1 Nr. 1–4 oder Abs. 2 eigene Aktien der Gesellschaft erwirbt. Die Ordnungswidrigkeit kann mit einer **Geldbuße** bis zu 25.000 EUR geahndet werden (§ 405 Abs. 4). Zum Zwangsgeld bei Nichtbefolgung des § 71 c siehe § 71 c Rn 25.

§ 71 a Umgehungsgeschäfte

(1) ¹Ein Rechtsgeschäft, das die Gewährung eines Vorschusses oder eines Darlehens oder die Leistung einer Sicherheit durch die Gesellschaft an einen anderen zum Zweck des Erwerbs von Aktien dieser Gesellschaft zum Gegenstand hat, ist nichtig. ²Dies gilt nicht für Rechtsgeschäfte im Rahmen der laufenden Geschäfte von Kreditinstituten oder Finanzdienstleistungsinstituten sowie für die Gewährung eines Vorschusses oder eines Darlehens oder für die Leistung einer Sicherheit zum Zweck des Erwerbs von Aktien durch Arbeitnehmer der Gesellschaft oder eines mit ihr verbundenen Unternehmens; auch in diesen Fällen ist das Rechtsgeschäft jedoch nichtig, wenn die Gesellschaft im Zeitpunkt des Erwerbs eine Rücklage in Höhe der Aufwendungen für den Erwerb nicht bilden könnte, ohne das Grundkapital oder eine nach Gesetz oder Satzung zu bildende Rücklage zu mindern, die nicht zur Zahlung an die Aktionäre verwandt werden darf. ³Satz 1 gilt zudem nicht für Rechtsgeschäfte bei Bestehen eines Beherrschungs- oder Gewinnabführungsvertrags (§ 291).

(2) Nichtig ist ferner ein Rechtsgeschäft zwischen der Gesellschaft und einem anderen, nach dem dieser berechtigt oder verpflichtet sein soll, Aktien der Gesellschaft für Rechnung der Gesellschaft oder eines abhängigen oder eines in ihrem Mehrheitsbesitz stehenden Unternehmens zu erwerben, soweit der Erwerb durch die Gesellschaft gegen § 71 Abs. 1 oder 2 verstoßen würde.

Literatur:
Bayer/Lieder, Einbringung von Dienstleistungen in die AG, NZG 2010, 86; *Büdenbender*, Eigene Aktien und Aktien an der Muttergesellschaft, DZWir 1998, 1, 55; *Fleischer*, Finanzielle Unterstützung des Aktienerwerbs und Leveraged Buyout, AG 1996, 494; *Habersack*, Die finanzielle Unterstützung des Aktienerwerbs – Überlegungen zu Zweck und Anwendungsbereich des § 71 a Abs. I 1 AktG, in: FS Röhricht, 2005, 155; *ders.*, Verdeckte Sacheinlage und Hin- und Herzahlen nach dem ARUG – gemeinschaftsrechtlich betrachtet, AG 2009, 557; *Herrler*, Erfüllung der Einlageschuld und entgeltliche Dienstleistungen durch Aktionäre, NZG 2010, 407; *Hofmeister*, Entgeltliche Dienstvereinbarungen und Kapitalaufbringung bei Gründung der AG, AG 2010, 261; *Kerber*, Die aktienrechtlichen Grenzen der finanziellen Unterstützung des Aktienerwerbs im Buy-out-Verfahren, DB 2004, 1027; *ders.*, Unternehmenserwerb im Wege der Schuldübernahme und nachfolgender Verschmelzung, NZG 2006, 50; *ders.*, Anmerkung zu LG Düsseldorf, Urteil vom 28.10.2005 – 39 O 180/04, ZIP 2006, 522; *ders.*, Das Urteil des LG Düsseldorf vom 28.9.2006 in Sachen „Babcock Borsig/HDW": Die Klärung der tatbestandlichen Reichweite von § 71 a AktG wird bewusst vermieden; *Lutter/Wahlers*, Der Buyout: Amerikanische Fälle und die Regeln des deutschen Rechts, AG 1989, 1; *Medicus*, Kurzkommentar zu BGH, Urteil vom 12.9.2006 – XI ZR 296/05, EWiR 2007, 97; *Nodoushani*, Financial Assistance und Konzerninnenfinanzierung, Der Konzern 2008, 385; *Nuyken*, Finanzielle Unterstützung bei Private-Equity-Transaktionen – Fallstudien zu § 71 a AktG, ZIP 2004, 1893; *Oechsler*, Das Finanzierungsverbot des § 71 a Abs. 1 S. 1 AktG bei Erwerb eigener Aktien – Schutzzweck und praktische Anwendung, ZIP 2006, 1661; *Sieger/Hasselbach*, Die Übernahme von Gewährleistungen durch die Aktiengesellschaft bei Kapitalerhöhung und Aktientausch, BB 2004, 60; *Singhof*, Zur finanziellen Unterstützung des Erwerbs eigener Aktien durch Kreditinstitute, NZG 2002, 745; *Westermann*, Aktienrechtliche Grenzen einer Übernahme von Umwandlungs- und Kurspflegekosten durch die Gesellschaft, in: FS Peltzer, 2001, S. 613.

---

216 Siehe dazu OLG Stuttgart, Urt. v. 25.11.2009 – 20 U 5/09, ZIP 2009, 2386, 2387, 2390 f, wonach der Schaden in Höhe der abgeflossenen Mittel zu vermuten ist, sich das verantwortliche Verwaltungsmitglied aber durch den Nachweis entlasten kann, dass die Mittel dem Gesellschaftsvermögen endgültig wieder zugeführt sind. Hierzu *Podewils*, jurisPR-HaGesR 2/2010, Anm. 3. Siehe auch OLG Hamburg AG 2010, 502, 506 ff; LG Gießen, Teilurteil vom 13.3.2007 – 6 O 34/05, Berufungsinstanz: OLG Frankfurt aM NZG 2008, 836 f; zu diesem Fall ferner *Kort*, NZG 2008, 823.

217 Geßler/Hefermehl/*Bungeroth*, Rn 147 f.

A. Übersicht zu § 71a 1
B. Die Regelungen des § 71a 2
   I. Verbot der Finanzierung des Aktienerwerbs Dritter (Abs. 1) 2
     1. Nichtigkeit von Rechtsgeschäften über Finanzierungsleistungen (Abs. 1 S. 1) 3
       a) Finanzierungsleistungen 4
         aa) Vorschuss 4
         bb) Darlehen 5
         cc) Sicherheit 6
         dd) Sonstige Finanzierungsleistungen? ... 7
       b) Empfänger der Finanzierungsleistung .. 8
       c) Verwendungsabrede 9
       d) Finanzierungsleistung durch mittelbare Stellvertreter oder Tochterunternehmen 10
       e) Rechtsfolgen: Nichtigkeit des schuldrechtlichen Rechtsgeschäfts, Haftung der Verwaltung 11
     2. Ausnahmen für bestimmte Rechtsgeschäfte von Kreditinstituten oder Finanzdienstleistungsinstituten und für Belegschaftsaktien (Abs. 1 S. 2) 12
       a) Laufende Geschäfte von Kreditinstituten oder Finanzdienstleistungsinstituten 13
       b) Belegschaftsaktien 14
       c) Kapitalgrenze 15
         aa) Höhe der hypothetischen Rücklage? 16
         bb) Kumulierung von Finanzierungsleistungen? 17
     3. Ausnahme für Rechtsgeschäfte bei Bestehen eines Beherrschungs- oder Gewinnabführungsvertrages (Abs. 1 S. 3) 17a
   II. Verbot des Erwerbs von Aktien für Rechnung der AG (Abs. 2) 18
     1. Betroffene Rechtsgeschäfte 19
     2. Beteiligte des Rechtsgeschäfts 21
     3. Rechtsgeschäfte für Rechnung eines abhängigen oder im Mehrheitsbesitz stehenden Unternehmens? 22
     4. Wirksamkeit des Rechtsgeschäfts bei Wahrung des § 71 Abs. 1 und Abs. 2 (jedoch vorbehaltlich des § 71d S. 1) 23
       a) Maßgeblicher Zeitpunkt für das Vorliegen der Voraussetzungen des § 71 Abs. 1 und Abs. 2 24
       b) Berücksichtigung von bereits gehaltenen eigenen Aktien 25
       c) § 71d S. 1 26
     5. Folgen eines Verstoßes gegen Abs. 2 27
       a) Ganze oder teilweise Nichtigkeit des Rechtsgeschäfts 27
       b) Folgen der (Teil-)Nichtigkeit 28

A. Übersicht zu § 71a

Die Überschrift zu § 71a „Umgehungsgeschäfte" ist irreführend. Zum einen sind Umgehungen auch in § 71d geregelt. Zum anderen geht § 71a Abs. 1 über die Regelung von Umgehungen hinaus: Nach **§ 71a Abs. 1** ist es der AG nämlich **generell** verboten, den Erwerb von Aktien der AG durch Dritte mit Vorschüssen, Darlehen oder Sicherheitsleistungen (im Folgenden auch: „**Finanzierungsleistungen**") zu unterstützen. Dabei spielt keine Rolle, ob die Finanzierungsleistung und/oder das finanzierte Geschäft die Voraussetzungen des § 71 Abs. 1 und Abs. 2 erfüllen oder nicht. § 71a Abs. 2 dagegen untersagt Rechtsgeschäfte, nach denen ein Dritter für Rechnung der AG Aktien an dieser erwerben soll oder darf, wenn und soweit der direkte Erwerb durch die AG gegen § 71 Abs. 1 oder Abs. 2 verstoßen würde.

B. Die Regelungen des § 71a

I. Verbot der Finanzierung des Aktienerwerbs Dritter (Abs. 1). Gemäß Abs. 1 S. 1 ist ein Rechtsgeschäft nichtig, das die Gewährung eines Vorschusses oder eines Darlehens oder die Leistung einer Sicherheit durch die AG an einen anderen zum Zweck des Erwerbs von Aktien der AG zum Gegenstand hat (Rn 3 ff). Abs. 1 S. 2 nimmt von diesem Verbot Rechtsgeschäfte im Rahmen der laufenden Geschäfte von Kreditinstituten oder Finanzdienstleistungsinstituten sowie Finanzierungsleistungen an Arbeitnehmer aus, wenn die Kapitalgrenze gewahrt bleibt (Rn 12 ff). Ausgenommen sind zudem Rechtsgeschäfte bei Bestehen eines Beherrschungs- oder Gewinnabführungsvertrages (Abs. 1 S. 3).

1. Nichtigkeit von Rechtsgeschäften über Finanzierungsleistungen (Abs. 1 S. 1). Abs. 1 S. 1 verbietet es der AG, sich durch Gewährung eines **Vorschusses**, eines **Darlehens** oder durch die Leistung einer **Sicherheit** an der Finanzierung des Erwerbs von Aktien der AG durch einen Dritten zu beteiligen. Zweck des Verbots ist es, Risiken für die AG zu vermeiden, die aus einer solchen Finanzierungsleistung entstehen: **Fällt die AG** mit ihrem **Aufwendungsersatzanspruch** oder ihrem Rückzahlungsanspruch gegen den Kreditnehmer **aus**, so trägt die AG die Kosten des Erwerbs der Aktien im Ergebnis selbst. Das ist eine Einlagenrückgewähr und eine Verlagerung des gesellschaftlichen Risikos auf die AG.[1] Abs. 1 S. 1 gilt **auch**, wenn der **unmittelbare Erwerb** eigener Aktien durch die AG nach § 71 Abs. 1 und Abs. 2 **zulässig wäre**.[2] Umstritten ist, ob Abs. 1

---

1 KölnKomm-AktG/*Lutter/Drygala*, Rn 6; Geßler/*Hefermehl*/*Bungeroth*, Rn 4 f; *Geßler*, Rn 2; MüKo-AktG/*Oechsler*, Rn 3 f.

2 RegBegr. BT-Drucks. 8/1678, 16 liSp; *Hüffer*, Rn 3; Bürgers/Körber/*Wieneke*, Rn 1.

nur auf den (derivaten) Erwerb bereits ausgegebener Aktien anwendbar ist[3] oder auch auf den (originären) Erwerb junger Aktien.[4] Die Entscheidungsgründe des BGH-Urteils vom 1. Februar 2010 – II ZR 173/08 („Eurobike")[5] werden in der Literatur zum Teil dahin ausgelegt, dass der BGH Abs. 1 im Rahmen des originären Erwerbs von Aktien für nicht anwendbar hält.[6]

4 a) **Finanzierungsleistungen. aa) Vorschuss.** Ein **Vorschuss** ist eine Leistung, welche die AG an einen Dritten (ganz oder teilweise) erbringt, obwohl die Leistung erst später fällig ist.[7]

5 **bb) Darlehen.** Gemeint sind **Darlehen** (§ 488 Abs. 1 BGB),[8] Sachdarlehensverträge (§ 607 Abs. 1 BGB) und **sonstige Kredite** (Stundungen, stille Einlagen).[9]

6 **cc) Sicherheit.** Finanziert ein Dritter den Erwerb der Aktien, so ist es der AG verboten, für den Aufwendungsersatz oder die Rückzahlungsansprüche dieses Dritten **Sicherheit** zu leisten. Keine Rolle spielt, worin die Sicherheit besteht (Bürgschaft, Grundpfandrechte, Sicherungsübereignung, Sicherungsabtretung, Garantie, Patronatserklärung, Verpfändung, Hinterlegung, Wechselakzept, Sonstiges).[10]

7 **dd) Sonstige Finanzierungsleistungen?** Über die Fälle Vorschuss, Darlehen und Sicherheit hinaus gilt Abs. 1 S. 1 wohl auch für solche **Finanzierungsleistungen**, durch die die AG **wirtschaftlich gleichermaßen** wie durch einen Vorschuss, ein Darlehen oder eine Sicherheitsleistung (oder sogar in stärkerem Maße) **belastet** wird.[11] Nach dem LG Düsseldorf soll Abs. 1 S. 1 jedoch nur für solche sonstige Finanzierungsleistungen gelten, bei denen die AG „liquide" Vermögenswerte weggibt oder sich zu deren Weggabe verpflichtet.[12] Indessen erscheint eine derartige Beschränkung zu eng, falls mit „liquide" mehr als nur „werthaltig" gemeint sein sollte. Erstreckt man § 71a auf sonstige Finanzierungsleistungen, so dürfte es eher darauf ankommen, ob die AG (gerade) zu Finanzierungszwecken das Risiko eines Vermögensverlustes eingeht und die Übernahme dieses Risikos einem Vorschuss, Darlehen oder einer Sicherheitsleistung wirtschaftlich vergleichbar ist oder darüber sogar hinausgeht. Nicht geklärt ist, ob und unter welchen Voraussetzungen Kurspflegevereinbarungen und (angemessene) Kurspflegegebühren im Zusammenhang mit Börseneinführungen gegen Abs. 1 S. 1 verstoßen.[13]

8 **b) Empfänger der Finanzierungsleistung.** Das Verbot des Abs. 1 S. 1 betrifft ausschließlich den Fall, dass die AG Finanzierungsleistungen zum Erwerb ihrer Aktien durch **Dritte** erbringt.[14] Die Zulässigkeit von Finanzierungsmaßnahmen, die sich auf einen Erwerb eigener Aktien **der AG selbst** beziehen, richtet sich dagegen nach § 71, § 71a Abs. 2 und § 71d. Eine nach § 71a Abs. 1 S. 1 verbotene Finanzierungsleistung muss nicht notwendig an denjenigen fließen, der die Aktien der AG erwerben will. Auch **Finanzierungsleistungen an andere Dritte** fallen jedenfalls dann unter das Verbot des § 71a Abs. 1 S. 1, wenn sie dem Erwer-

---

3 So Bürgers/Körber/*Wieneke* Rn 2; K. Schmidt/Lutter/*Bezzenberger* Rn 20; ebenso (es sei denn, die Aktien werden im Wege des mittelbaren Bezugsrechts gemäß § 186 Abs. 5 erworben): MüKo-AktG/*Oechsler*, Rn 15; Großkomm-AktienR/*Merkt*, Rn 43; offen lassend: Beschlussempfehlung und Bericht des Rechtsausschusses des Bundestages zu § 27 Abs. 4, BT-Drucks. 16/13098, S. 38; Bayer/*Lieder*, NZG 2010, 86, 91.

4 So Spindler/Stilz/*Cahn/v.Spannenberg* § 56 Rn 13, § 71a Rn 16; KölnKomm-AktG/*Lutter/Drygala* Rn 21; Habersack, AG 2009, 557, 563.

5 BGH AG 2010, 246, 247 Rn 17.

6 Hofmeister, AG 2010, 261, 264; Herrler, NZG 2010, 407, 410.

7 Hüffer, Rn 2; MüKo-AktG/*Oechsler*, Rn 16; KölnKomm-AktG/*Lutter/Drygala*, Rn 28. Um eine „Vorschuss" soll es sich nach dem LG Göttingen WM 1992, 1373 ebenfalls handeln, wenn die AG einem Aktionär einen bestimmten Verkaufspreis für seine Aktien garantiert (siehe auch Rn 8). Es dürfte dabei aber eher um eine "Sicherheit" gehen.

8 Hüffer, Rn 2; KölnKomm-AktG/*Lutter/Drygala*, Rn 28; MüKo-AktG/*Oechsler*, Rn 17.

9 KölnKomm-AktG/*Lutter/Drygala*, Rn 5; Hüffer, Rn 2: MüKo-AktG/*Oechsler*, Rn 17.

10 Hüffer, Rn 2; KölnKomm-AktG/*Lutter/Drygala*, Rn 5; MüKo-AktG/*Oechsler*, Rn 13; Singhof, NZG 2002, 745, 746.

11 Insoweit konsequent hat das OLG Frankfurt WM 1992, 572, 576 die Gewährung eines Zuschusses als Fall des § 71a Abs. 1 S. 1 angesehen; siehe auch LG Mainz NZG 2005, 325, das einen Zuschuss an ein Vorstandsmitglied zur Finanzierung eines Bankdarlehens für den Aktienerwerb allerdings als Verstoß gegen § 71a Abs. 2 angenommen hat; siehe ferner Singhof, NZG 2002, 745, 746; MüKo-AktG/*Oechsler*, Rn 19 f; Bürgers/Körber/*Wieneke*, Rn 3; Sieger/Hasselbach, BB 2004, 60, 62; Nodoushani, Der Konzern 2008, 385, 387.

12 Deshalb soll nach dem LG Düsseldorf die Zustimmung der AG zur befreienden Schuldübernahme einer Cash-Pool-Zahlungsverpflichtung des Veräußerers durch den Erwerber keine sonstige Finanzierungsleistung sein (selbst wenn die Bonität des Erwerbers schlechter ist als die des Veräußerers) – LG Düsseldorf, DB 2005, 2512, 2513 = Der Konzern 2006, 138, 141 ff = ZIP 2006, 516 (offen gelassen vom Berufungsgericht OLG Düsseldorf NZG 2007, 273; Revision nicht zugelassen, BGH Beschluss vom 11.12.2007 – XI ZR 342/06); s.a. Nuyken, ZIP 2004, 1893, 1894, 1896 f; Habersack, in: FS Röhricht, 2005, 155, 172; aA: Kerber, DB 2004, 1027, 1028; ders., NZG 2006, 522 f; ders., ZIP 2006, 522; ders., NZG 2007, 254; Oechsler, ZIP 2006, 1661, 1665.

13 Nach der weitergehenden Entscheidung OLG Frankfurt WM 1992, 572, 576 sollen Kurspflegemaßnahmen zu Zwecken der Börseneinführung zur Gefahrenabwehr gerechtfertigt sein und gebührenpflichtige Kurspflegeaufträge analog § 71 Abs. 1 Nr. 1 nicht gegen § 71a Abs. 1 S. 1 verstoßen. Ähnlich weitgehend Westermann, in: FS Peltzer, S. 613, 623 ff mit Zustimmung Hüffer, Rn 3; strenger dagegen: Lutter/Gehling, WuB II A. § 71a AktG 1.92; MüKo-AktG/*Oechsler*, Rn 22; kritisch auch BGH WM 1993, 1787, 1790 = AG 1994, 32, 34.

14 KölnKomm-AktG/*Lutter/Drygala*, Rn 25; Geßler, Rn 2; Geßler/*Hefermehl/Bungeroth*, Rn 4.

ber zuzurechnen sind.[15] Darüber hinaus liegt nach dem **LG Göttingen** eine unzulässige Finanzierungsleistung auch dann vor, wenn die AG (oder ihr Tochterunternehmen, § 71 d S. 2) sich verpflichtet, die Veräußerung ihrer Aktien zu vermitteln, und dem Aktionär die Erzielung eines bestimmten Verkaufspreises für diese Aktien garantiert.[16]

c) **Verwendungsabrede.** Das Rechtsgeschäft über die Finanzierungsleistung ist nur dann gemäß Abs. 1 S. 1 nichtig, wenn es – ausdrücklich oder konkludent – zum Inhalt hat, dass die Finanzierungsleistung gerade im Hinblick auf den Erwerb der Aktien erbracht wird.[17] Nach herrschender Meinung gilt Abs. 1 S. 1 **auch**, wenn das Rechtsgeschäft erst **nach dem Erwerb** der Aktien geschlossen wird, um dem Erwerber den Bestand der Aktien sichern. Das gilt erst recht, wenn von Anfang an vereinbart war, dass der Erwerb zunächst zwischenfinanziert und die Zwischenfinanzierung nach Erwerb durch die AG übernommen wird.[18]

d) **Finanzierungsleistung durch mittelbare Stellvertreter oder Tochterunternehmen.** Gemäß § 71 d S. 4 gilt das Verbot des § 71 a Abs. 1 S. 1 entsprechend, wenn die Finanzierungsleistung von einem Dritten für Rechnung der AG oder von einem Unternehmen erbracht wird, das von der AG abhängig ist oder in ihrem Mehrheitsbesitz steht (§ 71 d Rn 48 ff).

e) **Rechtsfolgen: Nichtigkeit des schuldrechtlichen Rechtsgeschäfts, Haftung der Verwaltung.** Nach Abs. 1 S. 1 ist das Rechtsgeschäft, das die Finanzierungsleistung „zum Gegenstand hat", **nichtig**, dh nicht die Finanzierungsleistung selbst, sondern das ihr zugrunde liegende **Kausalgeschäft**.[19] Denkbar ist allerdings, dass das schuldrechtliche Geschäft und die Finanzierungsleistung nach dem Willen der beteiligten Vertragspartner derart miteinander verbunden sind, dass die Nichtigkeit des schuldrechtlichen Geschäfts auch die Finanzierungsleistung selbst erfasst. Ist der Leistungsempfänger außerdem Aktionär, so verstößt die Finanzierungsleistung ggf gegen § 57 Abs. 1 und ist gemäß **§§ 62, 66** rückabzuwickeln.[20] Die Ansprüche des Leistungsempfängers (und – falls §§ 62, 66 nicht anwendbar sind – die Ansprüche der AG) richten sich nach den §§ 812 ff BGB.[21] Abschluss und Durchführung eines Rechtsgeschäfts unter Verstoß gegen § 71 a Abs. 1 S. 1 sind **Sorgfaltspflichtverletzungen** der verantwortlichen Vorstands- und Aufsichtsratsmitglieder, die für einen dadurch entstehenden Schaden schadensersatzpflichtig sind (§§ 93, 116).

2. Ausnahmen für bestimmte Rechtsgeschäfte von Kreditinstituten oder Finanzdienstleistungsinstituten und für Belegschaftsaktien (Abs. 1 S. 2). Gemäß Abs. 1 S. 2 gilt das Verbot von Rechtsgeschäften über Finanzierungsleistungen nicht, wenn diese im Rahmen der laufenden Geschäfte von Kreditinstituten oder Finanzdienstleistungsinstituten oder zum Zweck des Erwerbs von Aktien durch Arbeitnehmer der AG oder eines mit ihr verbundenen Unternehmens geschlossen werden. Das Rechtsgeschäft ist auch in diesen Ausnahmefällen nichtig, wenn bei einem Erwerb der Aktien durch die AG die Kapitalgrenze (Rn 15) verletzt würde.

a) **Laufende Geschäfte von Kreditinstituten oder Finanzdienstleistungsinstituten.** Kreditinstitute (§ 1 Abs. 1, § 2 Abs. 1 KWG) oder **Finanzdienstleistungsinstitute** (§ 1 Abs. 1 a, § 2 Abs. 6 KWG), die den Aktienerwerb ihrer Kunden finanzieren, würden in der Rechtsform der AG wegen § 71 a Abs. 1 S. 1 gegenüber Instituten anderer Rechtsformen **Wettbewerbsnachteile** erleiden. Deshalb sind Finanzierungsleistungen in-

---

15 *Fleischer*, AG 1996, 494, 500; *Hüffer*, Rn 2; *Geßler/Hefermehl/Bungeroth*, Rn 9; *MüKo-AktG/Oechsler*, Rn 32 f.
16 LG Göttingen WM 1992, 1373, 1375.
17 KölnKomm-AktG/*Lutter/Drygala*, Rn 39; *Geßler/Hefermehl/Bungeroth*, Rn 6; *Hüffer*, Rn 3; *Geßler*, Rn 2; *Picot/Mentz/Seydel/Duggal*, Die Aktiengesellschaft bei Unternehmenskauf und Restrukturierung, Teil IX Rn 68; *Nuyken*, ZIP 2004, 1893, 1894; *Nodoushani*, Der Konzern 2008, 385, 389 f; weiter gehend wohl: *MüKo-AktG/Oechsler*, Rn 35 (Willensbildung ausreichend, rechtsgeschäftliche Einigung nicht erforderlich).
18 KölnKomm-AktG/*Lutter/Drygala*, Rn 40; *Hüffer*, Rn 3; *Lutter/Wahlers*, AG 1989, 1, 9; *MüKo-AktG/Oechsler*, Rn 36; *Fleischer*, AG 1996, 494, 500 f; siehe auch LG Mainz NZG 2005, 325, das den dortigen Fall allerdings über § 71 a Abs. 2 gelöst hat.
19 *Hüffer*, Rn 4; *MüKo-AktG/Oechsler*, Rn 40; KölnKomm-AktG/*Lutter/Drygala*, Rn 50; *Nuyken*, ZIP 2004, 1893, 1894; für einen Fall, in dem die Nichtigkeit zu Lasten der AG ging, siehe BGH ZIP 2006, 2219, 2121 f und OLG Frankfurt NZG 2004, 419 (kein Anspruch auf vertragliche Darlehenszinsen).
20 Siehe dazu die Entscheidung des XI. Zivilsenats des BGH vom 13.11.2007 – XI ZR 294/07, BGH ZIP 2008, 118, 119, wonach sich der Rückzahlungsanspruch gemäß §§ 57 Abs. 1 S. 1,

62 Abs. 1 S. 1 auch gegen den faktischen und künftigen Aktionär richtet, wenn zwischen der Finanzierungsleistung und dem Erwerb der Aktien ein enger sachlicher und zeitlicher Zusammenhang besteht und die Leistung mit Rücksicht auf die künftige Aktionärseigenschaft erbracht wird. Dabei sieht der BGH eine Leistung "mit Rücksicht auf die künftige Aktionärseigenschaft" bereits dann als gegeben an, wenn die Finanzierungsleistung "zum Erwerb der Aktien" erbracht wird. Bei dieser Sichtweise richten sich die Ansprüche der AG in den meisten Fällen nach §§ 62, 66. So auch bereits *Schwerdtfeger/Mildner*, § 71 a Rn 5. Siehe ferner LAG Berlin-Brandenburg Urteil vom 30.3.2009 – 10 Sa 70/09 – Rn 29, das (m. E. zu Unrecht) annimmt, §§ 62, 66 würden von einer arbeitsvertraglichen Verfallfrist verdrängt.
21 *Hüffer*, Rn 4; *Geßler/Hefermehl/Bungeroth*, Rn 10; KölnKomm-AktG/*Lutter/Drygala*, Rn 55; abweichend: *MüKo-AktG/Oechsler*, Rn 41, der stets § 62 und daneben §§ 812 ff BGB anwenden will; offen gelassen vom XI. Zivilsenat des BGH, ZIP 2008, 118, 119, der aber in den meisten Fällen zur Anwendung der §§ 62, 66 kommt (siehe Fn 17); siehe auch LAG Berlin-Brandenburg Urteil vom 30.3.2009 – 10 Sa 70/09 – Rn 25, das zu Lasten der AG § 817 S. 2 BGB und eine arbeitsvertragliche Verfallfrist angewandt hat.

soweit von dem Verbot ausgenommen.[22] Das setzt aber voraus, dass die Finanzierungsleistung „im Rahmen der laufenden Geschäfte des jeweiligen Kreditinstituts bzw Finanzdienstleistungsinstituts" erbracht wird. Ob die jeweilige Finanzierungsleistung zum **laufenden Geschäft** gehört, bestimmt sich nach der **Praxis des konkret betroffenen** Kreditinstituts bzw Finanzdienstleistungsinstituts, nicht nach der die Branchenüblichkeit.[23] Gewährt eine Bank Kreditkonditionen, die für das reguläre Wertpapiergeschäft dieser Bank, in dessen Rahmen sie regelmäßig Kredit zur Beschaffung von Wertpapieren vergibt, unüblich sind, so liegt laut BGH kein laufendes Geschäft im Sinne des § 71a Abs. 1 S. 2 vor und der Kreditvertrag ist nichtig.[24] Zur Kapitalgrenze siehe Rn 15.

14 **b) Belegschaftsaktien.** Im Interesse der Förderung von Arbeitnehmerbeteiligungen ist die AG berechtigt, Finanzierungsleistungen an **Arbeitnehmer** (§ 71 Rn 27) der AG oder eines mit ihr **verbundenen Unternehmens** (§ 15) zum Zweck des Erwerbs von Aktien der AG durch diese Arbeitnehmer zu erbringen. Zur Kapitalgrenze Rn 15.

15 **c) Kapitalgrenze.** Die Ausnahmen gemäß Abs. 1 S. 2 gelten nur, wenn bei einem Erwerb der Aktien durch die Gesellschaft diese eine **Rücklage in Höhe der Aufwendungen für den Erwerb** bilden könnte, ohne das Grundkapital oder eine nach Gesetz oder Satzung zu bildende Rücklage zu mindern, die nicht zur Zahlung an die Aktionäre verwandt werden darf (sog. Kapitalgrenze, siehe § 71 Rn 79 ff). Die Rücklage ist **nur hypothetisch**, nicht tatsächlich **zu bilden**. In diesem Zusammenhang stellen sich zwei Fragen:

16 **aa) Höhe der hypothetischen Rücklage?** Umstritten ist zunächst, mit **welchem Betrag** die hypothetische Rücklage zu bilden ist. In Betracht kommen die gesamten Anschaffungskosten (in der Regel also der Kaufpreis) für die Aktien, deren Erwerb die AG finanziert.[25] In Betracht kommt aber auch, dass lediglich auf den **Finanzierungsbeitrag** der AG (Höhe des Vorschusses, Höhe des Darlehens, Betrag einer möglichen Inanspruchnahme aus der geleisteten Sicherheit) abzustellen ist.[26] Dieser Finanzierungsbeitrag kann niedriger, ggf aber auch höher sein als die Anschaffungskosten (zB, wenn die AG aus einer von ihr gestellten Bürgschaft auf Zahlung nicht nur des Kaufpreises, sondern auch von Verzugszinsen und Kosten haftet). Wegen des Schutzzwecks der Kapitalerhaltung sollte meines Erachtens der Finanzierungsbeitrag maßgeblich sein.

17 **bb) Kumulierung von Finanzierungsleistungen?** Da die Rücklage für eigene Anteile nur hypothetisch, nicht jedoch tatsächlich zu bilden ist, kommt es bei der betroffenen AG bilanziell zu keiner Bindung von Mitteln. Das scheint zu ermöglichen, dass bei jedem Fall von Finanzierungsleistungen die Ausnahmevorschrift des Abs. 1 S. 2 erneut und ohne Berücksichtigung einer **Vorbelastung** durch bereits erbrachte Finanzierungsleistungen zu prüfen ist. Dies würde dem Zweck des Abs. 1 und seiner europarechtlichen Grundlage (Art. 23 Abs. 2 S. 2 der EG-Kapitalschutzrichtlinie) jedoch zuwiderlaufen. Entscheidend ist dabei meines Erachtens nicht, ob die Finanzierungsleistung zu Umgehungszwecken formal in mehrere selbstständige Rechtsgeschäfte aufgeteilt ist.[27] Vielmehr sollte bei jedem Finanzierungsgeschäft geprüft werden, ob die AG **aus vorangegangenen Finanzierungsgeschäften noch in Anspruch genommen werden kann** (insbesondere weil der Kaufpreis für die erworbenen oder zu erwerbenden Aktien noch nicht vollständig geleistet ist). Für jedes Finanzierungsgeschäft, aus dem die AG noch haften kann, ist die **hypothetische Rücklage** für eigene Anteile **in Höhe des noch im Risiko stehenden Finanzierungsbeitrages** der AG zu bilden. Auf der Grundlage einer hypothetischen Kumulierung aller dieser Rücklagen ist dann zu prüfen, ob ein weiteres Finanzierungsgeschäft ohne Verletzung der Kapitalgrenze geschlossen werden kann.[28]

17a **3. Ausnahme für Rechtsgeschäfte bei Bestehen eines Beherrschungs- oder Gewinnabführungsvertrages (Abs. 1 S. 3).** Gemäß Abs. 1 S. 3 gilt das Verbot des S. 1 nicht für Rechtsgeschäfte bei Bestehen eines Beherrschungs- oder Gewinnabführungsvertrages (§ 291). Diese Ausnahmeregelung wurde durch das MoMiG mit Wirkung zum 1.11.2008 eingeführt und soll einen Gleichlauf mit § 57 Abs. 1 S. 3 Fall 1 gewährleisten: Danach gilt das Verbot der Einlagenrückgewähr nicht für Leistungen, die bei Bestehen eines Beherrschungs- oder Gewinnabführungsvertrages erbracht werden.[29] Mit der Einführung des § 71a Abs. 1 S. 3 wollte der Gesetzgeber klarstellen, dass Finanzierungsleistungen (wie Leistungen, die eine Einlagenrückgewähr darstellen) bei Bestehen eines Beherrschungs- oder Gewinnabführungsvertrages entgegen Abs. 1 S. 1 zulässig sind. Dies war lange umstritten.[30] Trotz des weiten Wortlauts des Abs. 1 S. 3 „bei Bestehen eines

---

22 MüKo-AktG/*Oechsler*, Rn 44; *Singhof*, NZG 2002, 745, 747.
23 BGH ZIP 2006, 2119, 2120; *Hüffer*, Rn 5; KölnKomm-AktG/*Lutter/Drygala*, Rn 59; differenzierend: MüKo-AktG/*Oechsler*, Rn 46.
24 BGH ZIP 2006, 2119, 2120; dazu *Medicus*, EWiR 2007, 97.
25 So KölnKomm-AktG/*Lutter/Drygala*, Rn 64.
26 So Geßler/*Hefermehl*/*Bungeroth*, Rn 15; *Singhof*, NZG 2002, 745, 748 ff.
27 Darauf abstellend Geßler/*Hefermehl*/*Bungeroth*, Rn 13.
28 So wohl auch: *Singhof*, NZG 2002, 745, 751 und MüKo-AktG/*Oechsler*, Rn 49.
29 Beschlussempfehlung und Bericht des Rechtsausschusses zu dem Gesetzentwurf der Bundesregierung BT-Drucks. 16/9737, 57 reSp.
30 Zum Streitstand nach alter Rechtslage KölnKomm-AktG/*Lutter/Drygala*, Rn 44; MüKo-AktG/*Oechsler*, Rn 13.

Beherrschungs- oder Gewinnabführungsvertrages" ist die Ausnahme allerdings nicht stets erfüllt, wenn die Gesellschaft irgendeinen Beherrschungs- oder Gewinnabführungsvertrag geschlossen hat. Vielmehr geht es nach Vorstellung des Gesetzgebers um Fälle, bei denen die Gesellschaft mit einem (herrschenden) Unternehmen einen Beherrschungs- oder Gewinnabführungsvertrag geschlossen hat und eine Finanzierungsleistung an dieses herrschende Unternehmen oder an Dritte auf Veranlassung des herrschenden Unternehmens, zB an andere Konzernunternehmen oder an Unternehmen, die mit dem herrschenden Unternehmen oder anderen Konzernunternehmen in Geschäftsverbindungen stehen, erbringt.[31] Indessen ist angesichts des eindeutigen Gesetzeswortlauts, der auch einen reinen Gewinnabführungsvertrag ausreichen lässt, nicht erforderlich, dass das herrschende Unternehmen die abhängige AG anweist, die Finanzierungsleistung zu erbringen. Vielmehr dürfte die Ausnahme gemäß Abs. 1 S. 3 auch gelten, wenn die AG die Finanzierungsleistung auf eigene Initiative erbringt,[32] wobei allerdings die allgemeinen Sorgfaltspflichten gemäß §§ 93, 116 unberührt bleiben. Noch ungeklärt ist weiterhin, ob das Verbot des Abs. 1 S. 1 trotz Bestehens eines Beherrschungs- und Gewinnabführungsvertrages „wieder auflebt", wenn der Anspruch der abhängigen AG auf Verlustausgleich gemäß § 302 nicht werthaltig ist.[33] Umstritten bleiben dürfte auch, ob § 71a Abs. 1 S. 1 im faktischen Konzern anwendbar ist.[34]

II. Verbot des Erwerbs von Aktien für Rechnung der AG (Abs. 2). Gemäß Abs. 2 ist ein Rechtsgeschäft **18** nichtig, das die AG mit einem anderen schließt, wenn dieser andere (im Folgenden auch: „mittelbarer Stellvertreter") berechtigt oder verpflichtet sein soll, Aktien der AG für Rechnung der AG zu erwerben oder für Rechnung eines abhängigen (§ 17) oder eines im Mehrheitsbesitz (§ 16) der AG stehenden Unternehmens („**Tochterunternehmen**"), soweit der Erwerb durch die AG gegen § 71 Abs. 1 oder Abs. 2 verstoßen würde. § 71a Abs. 2 betrifft die **mittelbare** Stellvertretung. Fälle, in denen jemand **unmittelbar** im Namen der AG auftritt, werden von § 71 erfasst.[35] Zum Verhältnis zwischen § 71a Abs. 2 und § 71d siehe § 71d Rn 17ff.

1. Betroffene Rechtsgeschäfte. Rechtsgeschäfte im Sinne des Abs. 2 sind alle zwischen der Gesellschaft und **19** dem mittelbaren Stellvertreter geschlossenen **Vereinbarungen** (oder von der Gesellschaft **einseitig abgegebenen Erklärungen**), nach denen der mittelbare Stellvertreter verpflichtet oder berechtigt sein soll, im eigenen Namen und **für Rechnung der AG** oder eines Tochterunternehmens Aktien der AG zu erwerben. „Für Rechnung" der AG bedeutet, dass im Innenverhältnis zwischen AG und mittelbarem Stellvertreter **der Erwerb wirtschaftlich der AG zugerechnet** werden soll.[36] In Betracht kommen zB Auftrag (§ 662 BGB), Geschäftsbesorgung (§ 675 BGB), Kommission (§ 383 HGB), kommissionsähnliche Geschäfte (§ 406 HGB) oder Konsortien, bei denen einzelne Mitglieder im eigenen Namen, aber für Rechnung auch der anderen Mitglieder Aktien erwerben.[37] Bei derartigen Rechtsgeschäften hat der mittelbare Stellvertreter einen (ganzen oder teilweisen)[38] **Aufwendungsersatzanspruch** für die Kosten, die ihm im Zusammenhang mit dem Erwerb eigener Aktien entstehen (§ 670 BGB, ggf iVm § 675 Abs. 1 BGB, § 396 Abs. 2 HGB). Dieser Anspruch belastet die AG wirtschaftlich wie ein unmittelbarer Erwerb eigener Aktien. Daher regelt § 71a Abs. 2, dass derartige Rechtsgeschäfte nur in den Grenzen des § 71 Abs. 1 und Abs. 2 zulässig sind. Wenn die Voraussetzungen der §§ 71 Abs. 1 und Abs. 2 allerdings **erfüllt** sind (zu den weiteren Anforderungen des § 71d S. 1 beim Erwerb zur Einziehung siehe § 71d Rn 19), ist das Rechtsgeschäft über die mittelbare Stellvertretung **zulässig, verstößt** dann insoweit also **auch nicht gegen § 57 Abs. 1**.[39]

Abs. 2 gilt schon für Rechtsgeschäfte, nach denen der mittelbare Stellvertreter nur „berechtigt", nicht aber **20** verpflichtet ist, die Aktien für Rechnung der AG bzw des Tochterunternehmens zu erwerben. **Einseitige Erklärungen** der AG sind **ausreichend**.[40] Abs. 2 ist auch anwendbar, wenn **erst nachträglich** vereinbart wird, dass der mittelbare Stellvertreter bereits erworbene Aktien für Rechnung der AG oder eines Tochterunter-

---

31 Beschlussempfehlung und Bericht des Rechtsausschusses zu dem Gesetzentwurf der Bundesregierung BT-Drucks. 16/9737, 57 reSp, 56 liSp unten, reSp oben.
32 KölnKomm-AktG/*Lutter/Drygala*, Rn 46.
33 Dagegen: *Hüffer*, Rn 6a; dafür: KölnKomm-AktG/*Lutter/Drygala*, Rn 47; zur alten Rechtslage s.a. Spindler/Stilz/*Cahn*, Rn 19; MüKo-AktG/*Oechsler*, Rn 13; KölnKomm-AktG/*Koppensteiner*, § 308 Rn 50.
34 Dafür: KölnKomm-AktG/*Lutter/Drygala*, Rn 48; *Hüffer*, Rn 6a; zur alten Rechtslage s.a. K. Schmidt/Lutter/*Bezzenberger*, Rn 18; Spindler/Stilz/*Cahn*, Rn 21; MüKo-AktG/*Oechsler*, Rn 13; Großkomm-AktienR/*Merkt*, § 71 Rn 22; *Nodoushani*, Der Konzern 2008, 385, 388 f.
35 MüKo-AktG/*Oechsler*, Rn 54; KölnKomm-AktG/*Lutter/Drygala*, Rn 68.
36 Geßler/*Hefermehl/Bungeroth*, Rn 26; Großkomm-AktienR/*Merkt*, Rn 68, ähnlich: MüKo-AktG/*Oechsler*, Rn 54 (Übernahme des wesentlichen Teils des Risikos).
37 *Hüffer*, Rn 7; KölnKomm-AktG/*Lutter/Drygala*, Rn 71; Geßler/*Hefermehl/Bungeroth*, Rn 25; Großkomm-AktienR/*Merkt*, Rn 67, 73 ff; *Baumbach/Hueck*, AktG, § 71 Rn 22; *v. Godin/Wilhelmi*, § 71 Anm. 20; MüKo-AktG/*Oechsler*, Rn 55 ff.
Nach dem LG Mainz NZG 2005, 325 soll ein Zuschuss an ein Vorstandsmitglied zur Finanzierung eines Bankkredites für den Aktienerwerb ein Fall des § 71a Abs. 2 sein. Richtig wäre es wohl gewesen, § 71 Abs. 1 und/oder § 57 anzuwenden.
38 Geßler/*Hefermehl/Bungeroth*, Rn 28; KölnKomm-AktG/*Lutter/Drygala*, Rn 73; Großkomm-AktienR/*Merkt*, Rn 75; MüKo-AktG/*Oechsler*, Rn 50.
39 *Hüffer*, Rn 8; Geßler/*Hefermehl/Bungeroth*, Rn 21; KölnKomm-AktG/*Lutter/Drygala*, Rn 66; Geßler, Rn 4; *v. Godin/Wilhelmi*, § 71 Anm. 20.
40 Geßler/*Hefermehl/Bungeroth*, Rn 24; wohl auch: MüKo-AktG/*Oechsler*, Rn 52 ("Option").

nehmens halten soll. Unerheblich ist, ob die zu erwerbenden bzw erworbenen Aktien auf die AG bzw das Tochterunternehmen übertragen werden sollen.[41] Nach herrschender Meinung gilt Abs. 2 entsprechend für die **Geschäftsführung ohne Auftrag**.[42] Umstritten ist, ob Abs. 2 voraussetzt, dass die AG (bzw das Tochterunternehmen) ein Weisungsrecht gegenüber dem mittelbaren Stellvertreter hat.[43] Wegen des Wortlauts („berechtigt") und wegen des Normzwecks kommt es meines Erachtens nicht auf ein Weisungsrecht der AG an, sondern auf den Aufwendungsersatzanspruch des mittelbaren Stellvertreters.

21 **2. Beteiligte des Rechtsgeschäfts.** Ein „anderer" im Sinne des Abs. 2 kann jede natürliche oder juristische Person oder (teil)rechtsfähige Personengesellschaft sein. Es kann sich auch um ein Unternehmen handeln, das mit der AG verbunden ist (§ 15).[44] Wird das Rechtsgeschäft nicht von der AG selbst, sondern von einem ihrer Tochterunternehmen geschlossen, gilt § 71a Abs. 2 aufgrund der Verweisung des § 71d S. 4 entsprechend (§ 71d Rn 50).

22 **3. Rechtsgeschäfte für Rechnung eines abhängigen oder im Mehrheitsbesitz stehenden Unternehmens?** Soweit ersichtlich, sind bislang keine Anwendungsfälle für § 71a Abs. 2 Alt. 2 relevant geworden. Beachtet man die **rechtliche Selbstständigkeit** der AG und ihrer Tochterunternehmen, so gilt bei einem Rechtsgeschäft, dass ein Tochterunternehmen schließt, § 71d S. 4 iVm § 71a Abs. 2. Tritt die AG als Stellvertreterin eines Tochterunternehmens auf, so gilt dasselbe. Jedoch kann die AG nicht ein Rechtsgeschäft „für Rechnung" eines Tochterunternehmens schließen, es sei denn, dieses Tochterunternehmen wirkt an dem Rechtsgeschäft mit.[45]

23 **4. Wirksamkeit des Rechtsgeschäfts bei Wahrung des § 71 Abs. 1 und Abs. 2 (jedoch vorbehaltlich des § 71d S. 1).** Gemäß § 71a Abs. 2 ist das Rechtsgeschäft zwischen der AG und dem anderen nichtig, „soweit der Erwerb durch die Gesellschaft gegen § 71 Abs. 1 oder Abs. 2 verstoßen würde". Maßgeblich für die Wirksamkeit des Rechtsgeschäfts ist also folgende **Hypothese**: Würde es gegen § 71 Abs. 1 oder Abs. 2 verstoßen, wenn die AG anstelle des mittelbaren Stellvertreters die Aktien selbst erwürbe?

24 **a) Maßgeblicher Zeitpunkt für das Vorliegen der Voraussetzungen des § 71 Abs. 1 und Abs. 2.** Nach Teilen der Literatur muss die **hypothetische Zulässigkeit** eines unmittelbaren Erwerbs der Aktien durch die AG zu **zwei Zeitpunkten** geprüft werden: zum einen zum **Zeitpunkt des Abschlusses des Rechtsgeschäfts** zwischen der AG und dem mittelbaren Stellvertreter; zum anderen zum **Zeitpunkt des Erwerbs** der Aktien durch den mittelbaren Stellvertreter.[46] Ferner wird vertreten, das Rechtsgeschäft sei nichtig, wenn die Voraussetzungen des § 71 Abs. 1 und Abs. 2 bei Abschluss des Rechtsgeschäfts nicht vorliegen, selbst wenn sie später eintreten; ein zunächst wirksames Rechtsgeschäft werde nichtig, wenn die Voraussetzungen des § 71 Abs. 1 und Abs. 2 nach Abschluss des Rechtsgeschäfts (auch nur vorübergehend) wegfallen.[47] Demgegenüber ist meines Erachtens bei jedem Rechtsgeschäft zu prüfen, ob es ggf nach den §§ 133, 157 BGB dahin auszulegen ist oder gemäß § 140 BGB umgedeutet werden kann, dass der Erwerb durch den mittelbaren Stellvertreter unter dem Vorbehalt der Voraussetzungen des § 71 Abs. 1 und Abs. 2 steht.

25 **b) Berücksichtigung von bereits gehaltenen eigenen Aktien.** Soweit im Rahmen des § 71a Abs. 2 die Voraussetzungen des § 71 Abs. 2 S. 1 (10%-Grenze) zu prüfen sind, müssen die Aktien, welche die AG und/oder Personen, deren Aktienbestand gemäß **§ 71d S. 3 der AG zuzurechnen** ist, halten, **mitgerechnet** werden. Dazu gehören auch Aktien, die der mittelbare Stellvertreter aufgrund früherer Vereinbarungen oder aufgrund nachträglicher Vereinbarungen bereits für Rechnung der AG oder eines ihrer Tochterunternehmen hält.[48]

26 **c) § 71d S. 1.** Verstößt ein Rechtsgeschäft nicht gegen § 71a Abs. 2, weil der Erwerb durch die AG selbst gemäß § 71 Abs. 1 oder Abs. 2 zulässig wäre, so ist im Falle eines Erwerbs zu Zwecken der **Einziehung**

---

[41] MüKo-AktG/*Oechsler*, Rn 54; KölnKomm-AktG/*Lutter/Drygala*, Rn 73; Großkomm-AktienR/*Merkt*, Rn 69.

[42] Geßler/*Hefermehl/Bungeroth*, Rn 31; *Hüffer*, Rn 8; KölnKomm-AktG/*Lutter/Drygala*, Rn 71; Großkomm-AktienR/*Merkt*, Rn 74; *Baumbach/Hueck*, AktG, § 71 Rn 22; Bürgers/Körber/*Wieneke*, Rn 15; K. Schmidt/Lutter/*Bezzenberger*, Rn 25; aA: MüKo-AktG/*Oechsler*, Rn 59 und Spindler/Stilz/*Cahn*, Rn 69 (die im Ergebnis aber Ansprüche aus Geschäftsführung ohne Auftrag verneinen).

[43] Für Weisungsrecht als Voraussetzung: KölnKomm-AktG/*Lutter/Drygala*, Rn 73; wohl auch: MüKo-AktG/*Oechsler*, Rn 12; gegen Weisungsrecht als Voraussetzung: Geßler/*Hefermehl/Bungeroth*, Rn 28.

[44] Geßler/*Hefermehl/Bungeroth*, Rn 23; KölnKomm-AktG/*Lutter/Drygala*, Rn 71; Großkomm-AktienR/*Merkt*, Rn 66; *Baumbach/Hueck*, AktG, § 71 Rn 19.

[45] KölnKomm-AktG/*Lutter/Drygala*, Rn 76; Geßler/*Hefermehl/Bungeroth*, Rn 30; für direkte Anwendung des § 71a Abs. 2 auf mittelbare Stellvertretung eines Tochterunternehmens: MüKo-AktG/*Oechsler*, Rn 62; Bürgers/Körber/*Wieneke*, Rn 14.

[46] Geßler/*Hefermehl/Bungeroth*, Rn 34 f; KölnKomm-AktG/*Lutter/Drygala*, Rn 77; Bürgers/Körber/*Wieneke*, Rn 12; offenbar nur auf den Zeitpunkt des Erwerbs abstellend: MüKo-AktG/*Oechsler*, Rn 63.

[47] Geßler/*Hefermehl/Bungeroth*, Rn 35 f.

[48] Missverständlich KölnKomm-AktG/*Lutter/Drygala*, Rn 77.

(§ 71 Abs. 1 Nr. 6) zusätzlich § 71 d S. 1 zu berücksichtigen: Diese Vorschrift untersagt den Erwerb durch mittelbare Stellvertreter zu Einziehungszwecken (Einzelheiten § 71 d Rn 19).

5. Folgen eines Verstoßes gegen Abs. 2. a) Ganze oder teilweise Nichtigkeit des Rechtsgeschäfts. Gemäß Abs. 2 ist das Rechtsgeschäft zwischen der Gesellschaft und dem mittelbaren Stellvertreter nichtig, „soweit" der unmittelbare Erwerb der Aktien durch die AG gegen § 71 Abs. 1 oder Abs. 2 verstoßen würde. Die Nichtigkeit erfasst also **nur den Teil des Rechtsgeschäfts**, der **gegen § 71 Abs. 1 oder Abs. 2 verstößt**. Insbesondere ist denkbar, dass bei einem Verstoß gegen die 10 %-Grenze des § 71 Abs. 2 S. 1 das Rechtsgeschäft in dem Umfang wirksam bleibt, zu dem der vereinbarte Aktienerwerb die 10 %-Grenze nicht überschreitet. Bei Teilnichtigkeit muss in jedem Einzelfall gemäß § 139 BGB (ggf unter Berücksichtigung einer salvatorischen Klausel) geprüft werden, ob dies zur Nichtigkeit des gesamten Rechtsgeschäfts führt. 27

b) Folgen der (Teil-)Nichtigkeit. Die (Teil-)Nichtigkeit betrifft **nur das Rechtsgeschäft zwischen der AG und dem mittelbaren Stellvertreter**. Die **Vereinbarungen** des mittelbaren Stellvertreters **mit dem Veräußerer** der Aktien bleiben **unberührt**,[49] sofern nicht ausnahmsweise der Mangel des Rechtsgeschäfts zwischen AG und mittelbarem Stellvertreter auf die Vereinbarung zwischen mittelbarem Stellvertreter und Veräußerer der Aktien durchschlägt (zB wegen einer auflösenden Bedingung oder wegen Wegfalls der Geschäftsgrundlage). Der **mittelbare Stellvertreter wird** also in der Regel aufgrund des Aktienerwerbs **Aktionär** und bleibt dies auch bis zur Weiterveräußerung. Allerdings ist **fraglich**, ob der mittelbare Stellvertreter aus den erworbenen Aktien **Rechte** geltend machen kann. Dies ist ihm nach Ansicht eines Teils der Literatur gemäß § 71 d S. 3 iVm § 71 b verwehrt (Einzelheiten § 71 d Rn 18). 28

Soweit das Rechtsgeschäft zwischen AG und mittelbarem Stellvertreter gemäß Abs. 2 nichtig ist, können **weder die AG noch der mittelbare Stellvertreter Ansprüche aus dem Rechtsgeschäft** herleiten. Weder hat der mittelbare Stellvertreter Anspruch auf Aufwendungsersatz noch hat die AG Anspruch auf Übereignung der Aktien oder auf Herausgabe des Erlangten, zB des Veräußerungserlöses.[50] Wenn der mittelbare Stellvertreter aufgrund eines nichtigen Rechtsgeschäfts in Erfüllung eines vermeintlichen „Herausgabeanspruchs" der AG Aktien auf die AG überträgt, hat er einen Herausgabeanspruch nach **Bereicherungsrecht** (§§ 812 ff BGB), der bei Kenntnis des mittelbaren Stellvertreters von der Nichtigkeit des Rechtsgeschäfts ausgeschlossen ist (§ 814 BGB). Die **AG haftet verschärft**, wenn ihr die Nichtigkeit des Rechtsgeschäfts bekannt war (§§ 819 Abs. 1, 818 Abs. 4, 292, 989 BGB).[51] Ist die AG nach § 71 c Abs. 1 aktienrechtlich zur Veräußerung der erworbenen Aktien verpflichtet, erfüllt sie diese Pflicht ggf durch Erfüllung eines bereicherungsrechtlichen Herausgabeanspruches des mittelbaren Stellvertreters.[52] Erbringt die AG aufgrund eines gemäß § 71 a nichtigen Rechtsgeschäfts Leistungen an den anderen (Entgelt, Aufwendungsersatz), ist nach einem Teil der Literatur § 62 anwendbar, ohne dass differenziert wird, ob der andere Aktionär der AG ist.[53] Nach der Gegenansicht gilt § 62 nur dann, wenn der mittelbare Stellvertreter Aktionär geworden ist und in dieser Eigenschaft Leistungen der AG erhalten hat, anderenfalls §§ 812 ff BGB.[54] 29

Abschluss und Durchführung eines nach Abs. 2 nichtigen Rechtsgeschäfts sind **Sorgfaltspflichtverletzungen** der daran beteiligten Vorstands- und Aufsichtsratsmitglieder. Für den entstehenden Schaden sind die verantwortlichen Vorstands- und Aufsichtsratsmitglieder gemäß §§ 93, 116 ersatzpflichtig. Zu internationalen Sachverhalten siehe auch § 71 d Rn 68 ff. 30

§ 71 b Rechte aus eigenen Aktien

Aus eigenen Aktien stehen der Gesellschaft keine Rechte zu.

Literatur:
Busch, Eigene Aktien in der Kapitalerhöhung, AG 2005, 429; *Gätsch/Bracht*, Die Behandlung eigener Aktien im Rahmen der Mitteilungs- und Veröffentlichungspflichten nach §§ 21, 22 und 26 a WpHG, AG 2011, 813.

A. Übersicht	1	III. Betroffene Rechte	5
B. Regelungsgehalt	2	1. Stimmrecht	6
I. Anwendungsbereich	2	2. Anfechtungsrecht	8
II. Ruhen der Rechte aus eigenen Aktien	4	3. Minderheitenrechte	9

---

[49] *Büdenbender*, DZWir 1998, 1, 6; MüKo-AktG/*Oechsler*, Rn 65.
[50] *Geßler/Hefermehl/Bungeroth*, Rn 38; KölnKomm-AktG/*Lutter/Drygala*, Rn 78; Großkomm-AktienR/*Merkt*, Rn 78; MüKo-AktG/*Oechsler*, Rn 64; aA: BAG AG 1963, 342.
[51] *Geßler/Hefermehl/Bungeroth*, Rn 39.
[52] *Geßler/Hefermehl/Bungeroth*, Rn 40; siehe auch § 71 c Rn 8.
[53] KölnKomm-AktG/*Lutter/Drygala*, Rn 78; *v. Godin/Wilhelmi*, § 71 Anm. 20; MüKo-AktG/*Oechsler*, Rn 64.
[54] *Geßler/Hefermehl/Bungeroth*, Rn 41; Großkomm-AktienR/*Merkt*, Rn 79.

4. Dividendenrecht	10	6. Bezugsrecht	12
5. Anteil am Liquidationserlös	11	**IV. Pflichten aus der Aktie**	13

A. Übersicht

1 Gemäß § 7 b ruhen sämtliche Rechte der AG aus ihren eigenen Aktien. § 71 b soll die eigenen Aktien in der Hand der AG „neutralisieren".[1] Die Vorschrift dient damit u.a. dem Schutz der Kompetenzverteilung zwischen Verwaltung und Hauptversammlung (siehe § 71 Rn 3).

B. Regelungsgehalt

2 I. Anwendungsbereich. § 71 b gilt für **alle** eigenen Aktien, welche die AG hält. Es spielt keine Rolle, ob die AG die Aktien **rechtmäßig oder rechtswidrig** erworben hat. § 71 b gilt auch, wenn die AG entgegen dem Verbot des § 56 eigene Aktien **gezeichnet** hat. § 71 d S. 4 erweitert den Anwendungsbereich des § 71 b erheblich: Nicht nur die AG selbst, sondern auch **mittelbare Stellvertreter**, welche im eigenen Namen, jedoch für Rechnung der AG, Aktien halten, haben keine Rechte aus diesen Aktien. Entsprechendes gilt für von der AG **abhängige** (§ 17)[2] oder **im Mehrheitsbesitz** der AG (§ 16) **stehende Unternehmen** und für mittelbare Stellvertreter solcher Unternehmen. Umstritten ist, ob § 71 b gilt, wenn ein mittelbarer Stellvertreter Aktien aufgrund eines unwirksamen Rechtsverhältnisses mit der AG oder einem Tochterunternehmen der AG hält (Einzelheiten § 71 d Rn 18).

3 § 71 b ordnet nicht nur das Ruhen aller Rechte aus Aktien an, die der AG gehören, sondern auch das Ruhen aller Rechte aus dinglichen Rechten der AG an solchen Aktien, insbesondere aus einem **Nießbrauch**.[3] § 71 b gilt nicht, wenn die AG ein **Pfandrecht** an Aktien erworben hat. Derartige Aktien sind nach wie vor Eigentum des Pfandschuldners, der die Rechte aus den verpfändeten Aktien ausüben kann. Wenn allerdings der Pfandschuldner das Dividendenrecht gemäß § 1296 BGB an die AG verpfändet hat, kann die AG das Dividendenrecht nicht ausüben[4] (§ 71 e Rn 20).

4 II. Ruhen der Rechte aus eigenen Aktien. Die Aktie als Mitgliedschaftsrecht bleibt von dem Erwerb durch die AG unberührt. § 71 b vernichtet die Aktie nicht, sondern führt lediglich zu einem **Ruhen** der Rechte aus der Aktie. Wird die Aktie an einen Dritten veräußert, der nicht in § 71 d S. 1 oder 2 erwähnt ist, so **leben die Rechte aus der Aktie wieder auf**.[5] Da die Rechte aus den eigenen Aktien nur ruhen, die Aktien jedoch als Mitgliedschaftsrechte bestehen, sind die eigenen Aktien **mitzuzählen**, wenn es nach Vorschriften des Aktiengesetzes auf die **Höhe des Grundkapitals** ankommt. Das gilt auch für die Vorschriften über Minderheitenrechte. Dagegen sind die eigenen Aktien nicht mitzuzählen, wenn es auf das in einer Hauptversammlung vertretene Grundkapital ankommt.[6] Auch existieren ausdrückliche Regelungen, nach denen eigene Aktien nicht mitzuzählen sind (zB §§ 16 Abs. 2 S. 2, 320 Abs. 1 S. 2).

5 III. Betroffene Rechte. § 71 b gilt für **sämtliche Mitwirkungsrechte und Vermögensrechte** (Ausnahme: § 215 Abs. 1, s. Rn 12). Im Einzelnen:

6 1. Stimmrecht. Die AG hat aus eigenen Aktien **kein Stimmrecht in der Hauptversammlung**. Dementsprechend kann sie sich **auch nicht** durch einen Bevollmächtigten bei der Stimmrechtsausübung **vertreten lassen** oder durch **Legitimationsübertragung** eine Ermächtigung zur Stimmrechtsausübung erteilen.[7] Werden eigene Aktien Dritten überlassen, so liegt eine **Ordnungswidrigkeit** gemäß § 405 Abs. 3 Nr. 5 vor, die mit einer **Geldbuße** bis zu 25.000 EUR geahndet werden kann (§ 405 Abs. 4). Entsprechendes gilt für Aktien, die von mittelbaren Stellvertretern oder Tochterunternehmen der AG gehalten werden.

7 Umstritten ist, ob die AG **von einem Dritten bevollmächtigt** bzw per Legitimationsübertragung ermächtigt werden darf, die Stimmrechte aus dessen Aktien auszuüben. Es handelt sich nicht um einen Fall des § 71 b, da die betroffenen Aktien sich nicht im Eigentum der AG befinden. Ein Teil der Literatur hält die AG den-

---

1 Geßler/Hefermehl/Bungeroth, Rn 1; Hüffer, Rn 1.
2 Siehe hierzu den GmbH-Fall OLG München WM 1995, 898.
3 MüKo-AktG/Oechsler, Rn 7; Baumbach/Hueck, AktG, § 71 Rn 17; KölnKomm-AktG/Lutter/Drygala, Rn 2, § 71 e Rn 53.
4 KölnKomm-AktG/Lutter/Drygala, Rn 9; Geßler/Hefermehl/Bungeroth, § 71 e Rn 49; Großkomm-AktienR/Merkt, Rn 13 Anm. 43.
5 MüKo-AktG/Oechsler, Rn 17; KölnKomm-AktG/Lutter/Drygala, Rn 4; Hüffer, Rn 3; Baumbach/Hueck, AktG, § 71 Rn 23; Großkomm-AktienR/Merkt, Rn 14; v. Godin/Wilhelmi, § 71 Anm. 21.
6 MüKo-AktG/Oechsler, Rn 10; KölnKomm-AktG/Lutter/Drygala, Rn 8; Großkomm-AktienR/Merkt, Rn 15; zu den Mitteilungs- und Veröffentlichungspflichten nach §§ 21, 22 und 26 a WpHG siehe Gätsch/Bracht, AG 2011, 813.
7 MüKo-AktG/Oechsler, Rn 9, 10; Hüffer, Rn 5, KölnKomm-AktG/Lutter/Drygala, Rn 8; Großkomm-AktienR/Merkt, Rn 18; Spindler/Stilz/Cahn, Rn 8; v. Godin/Wilhelmi, § 71 Anm. 21; Baumbach/Hueck, AktG, § 71 Rn 23; siehe auch OLG Köln v. 13.8.1991 – 22 U 65/91, OLG Report Köln 1991, 8: Das Mitzählen von Stimmrechten unter Verstoß gegen § 71 b führt bei Kausalität zur Anfechtbarkeit des betroffenen Hauptversammlungsbeschlusses, nicht aber zur Nichtigkeit.

noch in Analogie zu § 136 Abs. 2 für nicht berechtigt, derartige Stimmen in der Hauptversammlung auszuüben.[8]

2. Anfechtungsrecht. Die AG hat aus eigenen Aktien **keine Befugnis zur Anfechtung von Hauptversammlungsbeschlüssen** nach § 245 Nr. 1 bis 3 und keine Befugnis zur Erhebung von Nichtigkeitsklagen gemäß § 249 Abs. 1 S. 1. Es bleibt jedoch bei der Befugnis des Vorstands gemäß §§ 245 Nr. 4, 249 Abs. 1 S. 1.

3. Minderheitenrechte. Minderheitenrechte und das Zustimmungsrecht gemäß § 180 hat die AG aus eigenen Aktien nicht.[9] Soweit Vorschriften über Minderheitenrechte auf die Höhe des Grundkapitals abstellen, sind jedoch die eigenen Aktien der AG mitzuzählen (s. Rn 4).

4. Dividendenrecht. Die AG hat **keinen Anspruch auf Dividende** gemäß § 60 oder auf Abschlagszahlung gemäß § 59. Der Bilanzgewinn ist also ohne Berücksichtigung der von der AG gehaltenen eigenen Aktien an die übrigen Aktionäre auszuschütten.[10] Nach allgemeiner Meinung hat deshalb der Erwerber eines Gewinnanteilsscheins aus eigenen Aktien der AG keinen Anspruch auf Dividende.[11] Das gilt nach herrschender Meinung selbst dann, wenn der Dividendenschein **vor** Erwerb der Aktien durch die AG von der Aktie getrennt worden ist.[12] Der Inhaber eines solchen Dividendenscheins behält aber einen Dividendenzahlungsanspruch, der durch einen entsprechenden Gewinnverwendungsbeschluss entstanden ist, wenn die Aktie erst nach dessen Entstehung von der AG erworben wird.[13]

5. Anteil am Liquidationserlös. Die AG hat keinen Anspruch auf Beteiligung am Liquidationserlös (§ 271), selbst wenn sie Vorzugsaktien mit Liquidationspräferenz halten sollte.[14] Reicht das Liquidationsguthaben also nicht zur Befriedigung aller Vorzugsaktionäre aus, so wird es nur zwischen den Vorzugsaktionären mit Ausnahme der AG verteilt. Die Stammaktionäre nehmen nicht etwa an einem Liquidationsguthaben der AG teil.

6. Bezugsrecht. Ein unmittelbares **Bezugsrecht** steht der AG aus eigenen Aktien nicht zu, wie sich bereits aus § 56 Abs. 1 ergibt. Da das mittelbare Bezugsrecht ein aus dem unmittelbaren Bezugsrecht hergeleitetes, mitgliedschaftliches Vermögensrecht ist, steht der AG gemäß § 71 b **auch kein mittelbares Bezugsrecht** zu.[15] Kraft ausdrücklicher Regelung in § 215 Abs. 1 nehmen die von der AG gehaltenen eigenen Aktien jedoch an einer **Kapitalerhöhung aus Gesellschaftsmitteln** teil (erst recht Aktien, die von mittelbaren Stellvertretern oder Tochterunternehmen gehalten werden).

IV. Pflichten aus der Aktie. § 71 b regelt nicht, wie mit **Pflichten** aus eigenen Aktien der AG zu verfahren ist. Nach allgemeiner Ansicht **ruhen** diese und leben mit der Veräußerung der Aktien an einen Dritten wieder auf.[16] Nach herrschender Meinung gehen Pflichten, die während der Zeit des Aktieneigentums der AG **fällig** werden, durch **Konfusion** unter.[17] Offene Bareinlageverpflichtungen leben nach Veräußerung der Aktien wieder auf; dies führt jedoch nicht zum Wiederaufleben einer Haftung von Voraktionären gemäß § 65 Abs. 1, die vor der AG Eigentümer der Aktie waren.[18]

Nach der Literatur **ruhen** die mitgliedschaftlichen **Pflichten nicht**, solange die Aktie von einem **mittelbaren Stellvertreter** (§ 71 d S. 1), oder von einem **Tochterunternehmen** (§ 71 d S. 2) gehalten wird. Die rechtliche Selbstständigkeit des mittelbaren Stellvertreters bzw des Tochterunternehmens wird hier also beachtet.[19] Fällige Einlageverpflichtungen müssen demnach vom Dritten bzw von Tochterunternehmen erfüllt werden. Das bedeutet im Ergebnis eine mittelbare Selbsteinlage, entspricht wirtschaftlich aber der Konfusion von Einlageansprüchen, die während der unmittelbaren Inhaberschaft der AG fällig werden (Rn 13).

---

8 Hüffer, Rn 5; KölnKomm-AktG/Lutter/Drygala, Rn 11; Schwerdtfeger/Mildner, § 71 b Rn 3; aA: MüKo-AktG/Oechsler, Rn 6, Großkomm-AktienR/Merkt, Rn 12; v. Godin/Wilhelmi, § 71 Anm. 21; zweifelnd auch Bürgers/Körber/Wieneke, Rn 7.
9 Geßler/Hefermehl/Bungeroth, Rn 11.
10 Für die GmbH: BGH NJW 1995, 1027, 1028.
11 Hüffer, Rn 5; MüKo-AktG/Oechsler, Rn 11; KölnKomm-AktG/Lutter/Drygala, Rn 13; Großkomm-AktienR/Merkt, Rn 20; v. Godin/Wilhelmi, § 71 Anm. 21.
12 Geßler/Hefermehl/Bungeroth, Rn 13; Hüffer, Rn 5, KölnKomm-AktG/Lutter/Drygala, Rn 13; Nirk, Hb AG, I Rn 421; v. Godin/Wilhelmi, § 71 Anm. 21; aA: Großkomm-AktienR/Merkt, Rn 20.
13 MüKo-AktG/Oechsler, Rn 11; Geßler/Hefermehl/Bungeroth, Rn 13; wohl auch: v. Godin/Wilhelmi, § 71 Anm. 21.
14 MüKo-AktG/Oechsler, Rn 13; KölnKomm-AktG/Lutter/Drygala, Rn 14; Hüffer, Rn 4, v. Godin/Wilhelmi, § 71 Anm. 21; Baumbach/Hueck, AktG, § 71 Rn 23; für die GmbH: RGZ 103, 64, 66.
15 KölnKomm-AktG/Lutter/Drygala, Rn 16; MüKo-AktG/Oechsler, Rn 12; Hüffer, Rn 4, Großkomm-AktienR/Merkt, Rn 22; v. Godin/Wilhelmi, § 71 Anm. 22, 23; Baumbach/Hueck, AktG, § 71 Rn 23; aA: Busch, AG 2005, 429, 432 ff (Bezugsrecht kann von der AG nicht ausgeübt, jedoch veräußert werden).
16 Hüffer, Rn 6, Geßler/Hefermehl/Bungeroth, Rn 17; KölnKomm-AktG/Lutter/Drygala, Rn 26; MüKo-AktG/Oechsler, Rn 16.
17 Geßler/Hefermehl/Bungeroth, Rn 17; KölnKomm-AktG/Lutter/Drygala, Rn 26; Hüffer, Rn 6, MüHb-AG/Wiesner, § 15 Rn 24; MüKo-AktG/Oechsler, Rn 15 f; aA: Bürgers/Körber/Wieneke, Rn 8.
18 RGZ 98, 276, 278; BayObLG OLG Rechtsprechung, Band 14, 355, 356; MüKo-AktG/Oechsler, Rn 11; KölnKomm-AktG/Lutter/Drygala, § 65 Rn 10, 12, § 71 b Rn 17.
19 KölnKomm-AktG/Lutter/Drygala, Rn 28; MüKo-AktG/Oechsler, Rn 15; MüHb-AG/Wiesner, § 15 Rn 27.

§ 71c Veräußerung und Einziehung eigener Aktien

(1) Hat die Gesellschaft eigene Aktien unter Verstoß gegen § 71 Abs. 1 oder 2 erworben, so müssen sie innerhalb eines Jahres nach ihrem Erwerb veräußert werden.

(2) Entfallen auf die Aktien, welche die Gesellschaft nach § 71 Abs. 1 in zulässiger Weise erworben hat und noch besitzt, mehr als zehn vom Hundert des Grundkapitals, so muß der Teil der Aktien, der diesen Satz übersteigt, innerhalb von drei Jahren nach dem Erwerb der Aktien veräußert werden.

(3) Sind eigene Aktien innerhalb der in den Absätzen 1 und 2 vorgesehenen Fristen nicht veräußert worden, so sind sie nach § 237 einzuziehen.

Literatur:
Podewils, Anmerkung zu OLG Stuttgart, Urteil vom 25.11.2009, 20 U 5/09, jurisPR-HaGesR 2/2010, Anmerkung 3; *Büdenbender*, Eigene Aktien und Aktien an der Muttergesellschaft, DZWir 1998, 1, 55; *Preusche*, „Altbestand" eigener Aktien und Veräußerungspflichten nach §§ 71 ff AktG, BB 1982, 1638; *Reichert/Harbarth*, Veräußerung und Einziehung eigener Aktien, ZIP 2001, 1441; *Zilias/Lanfermann*, Die Neuregelung des Erwerbs und Haltens eigener Aktien, WPg 1980, 61, 89.

A. Übersicht 1	3. Dreijahresfrist 14
B. Regelungsgehalt 3	4. Von der Veräußerungspflicht betroffene Aktien 15
I. Pflicht zur Veräußerung rechtswidrig erworbener Aktien innerhalb eines Jahres (Abs. 1) 3	5. Wegfall der Veräußerungspflicht 16
1. Jahresfrist 4	6. Modalitäten der Veräußerung 17
2. Unrechtmäßiger Erwerb durch Tochterunternehmen 5	7. Berichtpflicht gemäß § 160 Abs. 1 Nr. 2 S. 2 18
3. Verhältnis zu § 71 Abs. 3 S. 2 (Pflicht zur Ausgabe von Belegschaftsaktien) 6	III. Pflicht zur Einziehung (Abs. 3) 19
4. Modalitäten der Veräußerung 7	1. Verfahren der Einziehung 20
a) Veräußerung zur Befriedigung von Bereicherungsgläubigern 8	2. Beschluss der Hauptversammlung 21
b) Sonstige vorrangige Zwecke, Gleichbehandlungsgebot 9	3. Keine Kapitalherabsetzung unter den Mindestbetrag des Grundkapitals 22
c) Berichtspflicht 10	4. Fortbestehendes Recht zur Veräußerung trotz Ablaufs der Fristen des Abs. 1 bzw Abs. 2 23
II. Pflicht zur Veräußerung rechtmäßig erworbener Aktien jenseits der 10 %-Grenze innerhalb von drei Jahren (Abs. 2) 11	IV. Rechtsfolgen von Verstößen gegen § 71c 24
1. Rechtmäßig erworbene Aktien 12	1. Ordnungswidrigkeiten 24
2. 10 %-Grenze 13	2. Zwangsgeld 25
	3. Schadensersatzansprüche 26

A. Übersicht

1 § 71c verfolgt **zwei Zwecke**: Zum einen soll **verhindert** werden, dass die AG **rechtswidrig erworbene eigene Aktien dauerhaft behält**. Zu diesem Zweck ordnet Abs. 1 an, dass die Gesellschaft eigene Aktien, die sie unter Verstoß gegen § 71 Abs. 1 oder Abs. 2 erworben hat, innerhalb eines Jahres nach dem Erwerb wieder veräußern muss. Zum anderen soll **gewährleistet** werden, dass der **Bestand an rechtmäßig erworbenen eigenen Aktien** der AG langfristig **10 % des Grundkapitals nicht übersteigt**. Zu diesem Zweck ordnet Abs. 2 an, dass die AG Aktien, welche sie in zulässiger Weise erworben hat, insoweit innerhalb von drei Jahren nach dem Erwerb veräußern muss, als ein Betrag von 10 % des Grundkapitals überschritten ist. Um der Jahresfrist des Abs. 1 und der 3-Jahresfrist des Abs. 2 Nachdruck zu verleihen, ordnet Abs. 3 an, dass Aktien, die nicht innerhalb dieser Fristen veräußert worden sind, nach § 237 einzuziehen sind.

2 Gemäß **§ 71d S. 4** gilt **§ 71c entsprechend** für Aktien, welche ein von der AG abhängiges oder im Mehrheitsbesitz stehendes Unternehmen (**Tochterunternehmen**) hält, und für Aktien, die ein Dritter (**mittelbarer Stellvertreter**) im eigenen Namen, jedoch für Rechnung der AG oder eines Tochterunternehmens hält. § 71c gilt außerdem analog für Aktien, welche die AG ausnahmsweise originär erworben hat.[1] Ob und in welchem Umfang § 71c auf eigene Aktien anwendbar ist, welche die AG vor dem 1.7.1979 (dh bei Inkrafttreten des § 71c in der heute im Wesentlichen geltenden Fassung) erworben hat, ist umstritten.[2]

---

[1] *Hüffer*, Rn 3; KölnKomm-AktG/*Lutter/Drygala*, Rn 7; MüKo-AktG/*Oechsler*, Rn 6.

[2] Einzelheiten bei KölnKomm-AktG/*Lutter/Drygala*, Rn 18 f; *Hüffer*, Rn 3; Geßler/Hefermehl/*Bungeroth*, Rn 6, 12; *Zilias/Lanfermann*, WPg 1980, 96; *Preusche*, BB 1982, 1638, 1639.

B. Regelungsgehalt

I. Pflicht zur Veräußerung rechtswidrig erworbener Aktien innerhalb eines Jahres (Abs. 1). Gemäß § 71 c Abs. 1 muss die AG eigene Aktien, die sie unter **Verstoß gegen § 71 Abs. 1 oder Abs. 2** erworben hat, innerhalb eines Jahres nach dem Erwerb veräußern. Ein Erwerb eigener Aktien unter Verstoß gegen § 71 Abs. 1 oder Abs. 2 ist trotz Unwirksamkeit des schuldrechtlichen Kausalgeschäfts wirksam (§ 71 Abs. 4 S. 1). Um den rechtswidrigen Zustand zu beenden, der durch den (dinglich wirksamen) Erwerb entstanden ist, ordnet § 71 c Abs. 1 die Veräußerung an.[3] Zur Abgrenzung der Veräußerungspflicht gemäß § 71 c von derjenigen gemäß § 71 Abs. 3 S. 2 s. Rn 6 und § 71 Rn 92 ff.

1. Jahresfrist. Die **Jahresfrist** berechnet sich gemäß §§ 187 Abs. 1, 188 Abs. 2 Alt. 1 BGB. Es ist also für jede einzelne Aktie, die unter Verstoß gegen § 71 Abs. 1 oder Abs. 2 erworben wurde, zu prüfen, an welchem Tag das Eigentum an dieser Aktie auf die AG überging. Fristablauf ist der Ablauf des Tages des folgenden Jahres, der durch seine Benennung (Datum) dem Tage entspricht, an dem das Eigentum erworben wurde.

2. Unrechtmäßiger Erwerb durch Tochterunternehmen. Gemäß § 71 d S. 4 gilt die Pflicht zur Veräußerung gemäß § 71 c Abs. 1 auch für solche Aktien, welche ein **Tochterunternehmen** rechtswidrig erworben hat (Nichtbeachtung des § 71 Abs. 1 Nr. 1 bis 5, 7 oder 8 oder Abs. 2 iVm § 71 d S. 1, 2). Zur Veräußerung ist nicht das Tochterunternehmen selbst, sondern die AG verpflichtet. Die AG kann sich aber gemäß § 71 d S. 5 das Eigentum an den Aktien verschaffen, um die Veräußerungspflicht zu erfüllen (Einzelheiten § 71 d Rn 61 ff). Nach herrschender Meinung gilt die Pflicht zur Veräußerung gemäß § 71 c Abs. 1 **dagegen nicht** für solche Aktien, die ein „mittelbarer Stellvertreter" der AG oder eines Tochterunternehmens der AG rechtswidrig erworben hat (Einzelheiten § 71 d Rn 17 ff).

3. Verhältnis zu § 71 Abs. 3 S. 2 (Pflicht zur Ausgabe von Belegschaftsaktien). Gemäß § 71 Abs. 3 S. 2 sind **Belegschaftsaktien**, welche die AG – rechtmäßig – gemäß **§ 71 Abs. 1 Nr. 2** erworben hat, **innerhalb eines Jahres** nach ihrem Erwerb an die Arbeitnehmer auszugeben (Einzelheiten § 71 Rn 92 ff). Wird die Frist des § 71 Abs. 3 S. 2 überschritten, so wird der Erwerb der Belegschaftsaktien hierdurch nicht rechtswidrig. Auch eine nachträgliche **Erledigung** des Belegschaftsaktienprogramms macht den Erwerb der Belegschaftsaktien nicht rechtswidrig. § 71 c Abs. 1 ist in diesen Fällen also eigentlich nicht anwendbar. Dennoch nimmt ein **Teil der Literatur** für diesen Fall eine Pflicht zur Veräußerung in **Analogie zu § 71 c Abs. 1** an (Einzelheiten § 71 Rn 93). § 71 c Abs. 1 (nicht § 71 Abs. 3 S. 2) gilt jedenfalls stets dann, wenn die Belegschaftsaktien rechtswidrig erworben wurden, etwa weil der Vorstand keine ernstliche Absicht zur Ausgabe von Belegschaftsaktien hatte (Einzelheiten § 71 Rn 29).

4. Modalitäten der Veräußerung. Es fällt in die **Zuständigkeit des Vorstands**, die Pflicht zur Veräußerung eigener Aktien gemäß Abs. 1 zu erfüllen. Gegebenenfalls besteht ein Zustimmungsvorbehalt des Aufsichtsrats (§ 111 Abs. 4 S. 2). Bei der Entscheidung darüber, an wen die eigenen Aktien zu veräußern sind, unterliegt die Verwaltung den folgenden **Bindungen**:

a) Veräußerung zur Befriedigung von Bereicherungsgläubigern. Gemäß § 71 Abs. 4 S. 2 ist ein schuldrechtliches Geschäft über den Erwerb eigener Aktien nichtig, soweit der Erwerb gegen § 71 Abs. 1 oder Abs. 2 verstößt (Einzelheiten § 71 Rn 98 ff). Die AG ist daher gemäß §§ **812 ff** BGB verpflichtet, die rechtswidrig erworbenen Aktien **an den Veräußerer** zurückzuübereignen. Bei Verstoß gegen diese Pflicht kann die AG unter Umständen gemäß § 819 Abs. 1 iVm §§ 818 Abs. 4, 292, 989 BGB auf **Schadensersatz** haften (Einzelheiten § 71 Rn 104). Besteht ein Rückübertragungsanspruch des Veräußerers nicht, zB wegen § 814 BGB, oder ist der Veräußerer nicht identifizierbar, so kann der Vorstand die Aktie auch an Dritte veräußern. Dabei sind jedoch ggf die im Folgenden (Rn 9) erläuterten Bindungen zu beachten.

b) Sonstige vorrangige Zwecke, Gleichbehandlungsgebot. Liegt bereits ein **Beschluss der Hauptversammlung** über die **Einziehung** der betroffenen Aktien vor, so ist der Vorstand hieran gebunden.[4] Sind ferner Aktionäre mit Aktien **abzufinden** (§ 71 Abs. 1 Nr. 3), so hat der Vorstand nach pflichtgemäßem Ermessen zu prüfen, ob die betroffenen Aktien zu diesem Zweck verwendet werden sollen.[5] Nach pflichtgemäßem Ermessen kann der Vorstand die Aktien auch zur Ausgabe von **Belegschaftsaktien** verwenden.[6] In Betracht

---

[3] Hingegen hat der einzelne Aktionär keinen individuellen Anspruch auf Unterlassung des rechtswidrigen Erwerbs, da § 71 kein Schutzgesetz im Sinne des § 823 Abs. 2 BGB ist. So LG Memmingen, Urt. v. 11.8.2010 – 2 HK O 515/10, 2 HKO 515/10 – Rn 17.

[4] Geßler/*Hefermehl*/*Bungeroth*, Rn 20 f; KölnKomm-AktG/*Lutter*/*Drygala*, Rn 36.

[5] Geßler/*Hefermehl*/*Bungeroth*, Rn 19; strenger (Pflicht zur Verwendung zu diesem Zweck): KölnKomm-AktG/*Lutter*/*Drygala*, Rn 35.

[6] Geßler/*Hefermehl*/*Bungeroth*, Rn 19; KölnKomm-AktG/*Lutter*/*Drygala*, Rn 37; MüKo-AktG/*Oechsler*, § 71 Rn 275, weiter gehend (Bindung): § 71 c Rn 39.

kommt auch eine Entscheidung des Vorstands, nach der die Aktien als Gegenleistung im Rahmen eines **Tauschgeschäftes**, etwa beim Erwerb eines anderen Unternehmens gegen Gewährung von Aktien an den Unternehmensveräußerer,[7] verwendet werden. Kommt die Verwaltung nach pflichtgemäßer Prüfung zu dem Ergebnis, dass die Aktien weder einzuziehen noch an abzufindende Aktionäre oder Arbeitnehmer abgegeben werden sollen, so hat der Vorstand die betroffenen Aktien zum **bestmöglichen Preis** zu veräußern. Eine Veräußerung unter Wert kann eine **verdeckte Gewinnausschüttung** darstellen.[8] Bei der Veräußerung ist der **Grundsatz der Gleichbehandlung der Aktionäre** (§ 53 a) zu beachten. Sind die Aktien börsennotiert, so sind sie nach herrschender Meinung **über die Börse** zu veräußern.[9] Bei nicht börsennotierten Aktien ist nach bestrittener Ansicht eine öffentliche Versteigerung analog §§ 65 Abs. 3, 226 Abs. 3 durchzuführen.[10] Umstritten ist auch, ob den Aktionären analog § 186 ein Bezugsrecht zusteht.[11]

10 c) **Berichtpflicht.** Der Vorstand hat im Anhang[12] zum Jahresabschluss gemäß **§ 160 Abs. 1 Nr. 2 S. 2** über die Veräußerung der Aktien zu berichten (siehe Kommentierung zu § 160 und § 71 Rn 85 ff).

11 **II. Pflicht zur Veräußerung rechtmäßig erworbener Aktien jenseits der 10 %-Grenze innerhalb von drei Jahren (Abs. 2).** Gemäß Abs. 2 ist die AG verpflichtet, Aktien, die sie in zulässiger Weise erworben hat und noch besitzt, innerhalb einer Frist von drei Jahren nach dem Erwerb zu veräußern, soweit diese Aktien einen Betrag von 10 % des Grundkapitals überschreiten. Mit „besitzt" meint das Gesetz nicht Besitz im Sinne der §§ 854 ff BGB, sondern die Rechtsinhaberschaft an der Aktie.[13]

12 **1. Rechtmäßig erworbene Aktien.** § 71 c Abs. 2 gilt (nur) für Aktien, welche die AG **rechtmäßig** erworben hat. Der Verweis der Vorschrift auf § 71 Abs. 1 ist unvollständig. Gemeint sind sowohl Abs. 1 als auch Abs. 2 des § 71.[14]

13 **2. 10 %-Grenze.** Für Zwecke des § 71 c Abs. 2 (anders: § 71 Abs. 2 S. 1, siehe § 71 Rn 76 ff) kommt es alleine darauf an, ob die Gesamtzahl **rechtmäßig** erworbener eigener Aktien den Betrag von 10 % des Grundkapitals überschreitet. Bei der Ermittlung werden **rechtswidrig erworbene Aktien nicht mitgezählt**. Derartige Aktien sind bereits nach § 71 c Abs. 1 innerhalb der Einjahresfrist zu veräußern.[15] Zum Begriff des Grundkapitals siehe § 71 Rn 77. Gemäß § 71 d S. 3 sind auch solche Aktien mitzuzählen, welche ein mittelbarer Stellvertreter oder ein Tochterunternehmen oder ein mittelbarer Stellvertreter für Rechnung eines Tochterunternehmens hält. Umstritten ist, ob darüber hinaus auch solche Aktien mitzuzählen sind, welche die AG, mittelbare Stellvertreter oder Tochterunternehmen in Pfand genommen haben (Einzelheiten § 71 e Rn 19).[16]

14 **3. Dreijahresfrist.** Die Dreijahresfrist ist gemäß §§ 187 Abs. 1, 188 Abs. 2 Alt. 1 BGB zu berechnen (vgl Rn 4). Für den **Beginn einer Dreijahresfrist** ist jeweils auf den **Zeitpunkt des Erwerbs einer Aktie** abzustellen, durch den sich der Bestand rechtmäßig erworbener eigener Aktien auf einen Betrag von mehr als 10 % des Grundkapitals erhöht. Mit jedem solcher Erwerbsvorgänge beginnt **jeweils eine eigene Dreijahresfrist**.[17] Wird die Überschreitung der 10 %-Grenze durch eine Kapitalherabsetzung verursacht, so beginnt die Dreijahresfrist erst mit der Handelsregistereintragung der Kapitalherabsetzung zu laufen.[18]

15 **4. Von der Veräußerungspflicht betroffene Aktien.** Die Pflicht zur Veräußerung gilt nur für einen **Teil** rechtmäßig erworbener Aktien, der 10 % des Grundkapitals **übersteigt**. Die Pflicht zur Veräußerung bezieht sich dabei nicht gerade auf diejenigen Aktien, durch deren Erwerb die 10 %-Grenze überschritten wurde. Vielmehr kann der Vorstand (vorbehaltlich bestehender vertraglicher Bindungen) darüber entscheiden, welche Aktien veräußert werden, um den Bestand auf 10 % herabzusenken. Entscheidend ist allein,

---

7 KölnKomm-AktG/*Lutter*/*Drygala*, Rn 28.
8 BFHE 142, 453, 458 = BStBl II 1985, 227, 230 = GmbHR 1985, 236, 238; FG Niedersachsen GmbHR 2000, 784, 785 = EFG 2000, 818, 819.
9 OLG Oldenburg WM 1995, 924, 926 f; OLG Oldenburg AG 1994, 417, 418; KölnKomm-AktG/*Lutter*/*Drygala*, Rn 38; Geßler/*Hefermehl*/*Bungeroth*, Rn 17; *Hüffer*, Rn 7; MüKo-AktG/*Oechsler*, Rn 20; Spindler/Stilz/*Cahn*, Rn 13; *Reichert*/ *Harbarth*, ZIP 2001, 1441, 1449.
10 KölnKomm-AktG/*Lutter*/*Drygala*, Rn 38; Geßler/*Hefermehl*/ *Bungeroth*, Rn 17; aA: MüKo-AktG/*Oechsler*, Rn 20.
11 Dagegen: Geßler/*Hefermehl*/*Bungeroth*, Rn 18; dafür: MüKo-AktG/*Oechsler*, § 71 Rn 249, § 71 c Rn 20 (in Analogie zu § 71 Abs. 1 Nr. 8 S. 3 bis 5 und deshalb an dem Verfahren einer öffentlichen Versteigerung zweifelnd); Schwerdtfeger/*Mildner*, § 71 c Rn 10; K. Schmidt/Lutter/*Bezzenberger*, Rn 10; *Reichert*/ *Harbarth*, ZIP 2001, 1441, 1449 (die eine Veräußerung analog § 71 Abs. 1 Nr. 8 S. 5 iVm § 186 Abs. 3 S. 4 für zulässig halten); differenzierend: KölnKomm-AktG/*Lutter*/*Drygala*, Rn 38 (soweit es "verlangt" wird und der Börsenpreis zugrunde gelegt wird); ähnlich: Spindler/Stilz/*Cahn*, Rn 13.
12 Bei Kleinstkapitalgesellschaften ggf unter der Bilanz, s. § 160 Abs. 3 AktG, § 267 a, § 264 Abs. 1 S. 5 HGB.
13 MüKo-AktG/*Oechsler*, Rn 10, 9; KölnKomm-AktG/*Lutter*/ *Drygala*, Rn 17.
14 *Hüffer*, Rn 4; MüKo-AktG/*Oechsler*, Rn 10; KölnKomm-AktG/*Lutter*/*Drygala*, Rn 16.
15 *Hüffer*, Rn 4; Geßler/*Hefermehl*/*Bungeroth*, Rn 7; KölnKomm-AktG/*Lutter*/*Drygala*, Rn 13; *Büdenbender*, DZWir 1998, 1, 9.
16 Für Berücksichtigung: KölnKomm-AktG/*Lutter*/*Drygala*, Rn 14; MüKo-AktG/*Oechsler*, Rn 10; Spindler/Stilz/*Cahn*, Rn 5; gegen Berücksichtigung: Geßler/*Hefermehl*/*Bungeroth*, Rn 7.
17 MüKo-AktG/*Oechsler*, Rn 12; KölnKomm-AktG/*Lutter*/ *Drygala*, Rn 16; *Hüffer*, Rn 5.
18 MüKo-AktG/*Oechsler*, Rn 12.

dass der Bestand an rechtmäßig erworbenen eigenen Aktien auf 10 % des Grundkapitals beschränkt bleibt.[19]

5. Wegfall der Veräußerungspflicht. Die Pflicht zur Veräußerung rechtmäßig erworbener eigener Aktien gemäß § 71 c Abs. 2 **entfällt**, wenn der Bestand an rechtmäßig erworbenen Aktien **aus anderen Gründen** auf 10 % des Grundkapitals oder darunter **herabsinkt**. Das kann etwa auf eine Kapitalerhöhung zurückzuführen sein oder auf die Veräußerung von Aktien durch Tochterunternehmen oder mittelbare Stellvertreter, deren Aktienbestand der AG gemäß § 71 d S. 3 zugerechnet wird.[20]

6. Modalitäten der Veräußerung. Die Veräußerung fällt als Geschäftsführungsmaßnahme in die Zuständigkeit des Vorstands (ggf mit Zustimmungsvorbehalt des Aufsichtsrats, Rn 7). Bei der Entscheidung über die Veräußerung können Bindungen zu berücksichtigen sein: Ein bereits bestehender Hauptversammlungsbeschluss zur Einziehung der Aktien bindet den Vorstand (§ 71 Abs. 1 Nr. 6).[21] Auch bei Aktien, die ein Kreditinstitut im Rahmen einer Einkaufskommission erworben hat (§ 71 Abs. 1 Nr. 3), besteht ggf eine Pflicht zur Veräußerung der Aktien an den Kommittenten.[22] Entsprechendes gilt für Aktien, die als Belegschaftsaktien oder zur Abfindung von Aktionären erworben wurden.[23] Soweit der Vorstand im Übrigen keinen rechtlichen Bindungen bei der Veräußerung unterliegt, gelten die Erläuterungen zur bestmöglichen Verwertung und Gleichbehandlung der Aktionäre in Rn 9 entsprechend.

7. Berichtspflicht gemäß § 160 Abs. 1 Nr. 2 S. 2. Der Vorstand hat im Anhang[24] zum Jahresabschluss gemäß § 160 Abs. 1 Nr. 2 S. 2 über die Veräußerung der Aktien zu berichten (siehe Kommentierung zu § 160 und § 71 Rn 85).

III. Pflicht zur Einziehung (Abs. 3). Gemäß Abs. 3 sind Aktien, die nicht innerhalb der Einjahresfrist des Abs. 1 bzw der Dreijahresfrist des Abs. 2 veräußert worden sind, nach § 237 einzuziehen. Die Pflicht zur Einziehung entsteht mit Ablauf der jeweiligen Frist. Es spielt keine Rolle, warum die betroffenen Aktien während der Veräußerungsfrist nicht veräußert worden sind.

1. Verfahren der Einziehung. Gemäß § 237 Abs. 2 S. 1 sind bei der Einziehung die Vorschriften über die **ordentliche Kapitalherabsetzung** zu befolgen (§§ 222 bis 228). Gemäß § 237 Abs. 3 brauchen die Vorschriften über die ordentliche Kapitalherabsetzung unter den dort genannten Voraussetzungen dagegen nicht befolgt zu werden. Auch bei einem vereinfachten Verfahren und ohne Beachtung der Vorschriften über die ordentliche Kapitalherabsetzung bedarf es jedoch eines **Hauptversammlungsbeschlusses** (§ 237 Abs. 4), es sei denn, es liegt eine Einziehungsermächtigung gemäß § 71 Abs. 1 Nr. 8 S. 6 oder gemäß § 237 Abs. 3 Nr. 3 Hs 2 vor. In die Kapitalrücklage ist ein Betrag einzustellen, der dem Gesamtnennbetrag der eingezogenen Aktien entspricht (§ 237 Abs. 5).

2. Beschluss der Hauptversammlung. Der nach § 237 Abs. 4 ggf erforderliche **Beschluss der Hauptversammlung** ist vom Vorstand **unverzüglich herbeizuführen**. Ausreichend ist es, wenn der Beschluss auf die Tagesordnung für die **nächste ordentliche Hauptversammlung** gesetzt wird.[25] Der Beschluss der Hauptversammlung bedarf einer Mehrheit von mindestens 3/4 des bei der Beschlussfassung vertretenen Grundkapitals, soweit nicht die Satzung eine größere Kapitalmehrheit bestimmt (§ **222 Abs. 1**). Existieren mehrere **Gattungen** von stimmberechtigten Aktien, so bedarf die ordentliche Kapitalherabsetzung der Zustimmung jeder Gattung durch **Sonderbeschluss** mit einer Mehrheit von 3/4 des bei der Beschlussfassung vertretenen Grundkapitals der jeweiligen Gattung (§ 222 Abs. 2 iVm Abs. 1). Im Falle einer **vereinfachten Kapitalherabsetzung** gemäß § 237 Abs. 3 bedarf der Beschluss lediglich einer **einfachen Stimmenmehrheit**, soweit nicht die Satzung eine größere Mehrheit vorschreibt (§ 237 Abs. 4 S. 2, 3). In diesem Fall bedarf es bei Vorhandensein mehrerer stimmberechtigter Gattungen nach herrschender Meinung (vorbehaltlich der §§ 141 Abs. 1, 179 Abs. 3) keiner Sonderbeschlüsse.[26] Kommt der Hauptversammlungsbeschluss nicht zustande, so ist der Vorstand erneut zur Veräußerung der Aktien verpflichtet. Es gelten aber nicht mehr die Fristen des § 71 c Abs. 1 oder Abs. 2. Vielmehr muss der Vorstand die Aktien unverzüglich veräußern.[27]

---

19 RegBegr, BT-Drucks. 8/1678, 16 reSp; KölnKomm-AktG/*Lutter/Drygala*, Rn 28; MüKo-AktG/*Oechsler*, Rn 14.
20 KölnKomm-AktG/*Lutter/Drygala*, Rn 29.
21 KölnKomm-AktG/*Lutter/Drygala*, Rn 36; *Reichert/Harbarth*, ZIP 2001, 1441, 1449.
22 *Hüffer*, Rn 7.
23 *Geßler/Hefermehl/Bungeroth*, Rn 15; KölnKomm-AktG/*Lutter/Drygala*, Rn 33; MüKo-AktG/*Oechsler*, Rn 18.
24 Bei Kleinstkapitalgesellschaften ggf unter der Bilanz, s. § 160 Abs. 3 AktG, § 267 a, § 264 Abs. 1 S. 5 HGB.
25 *Hüffer*, Rn 8; KölnKomm-AktG/*Lutter/Drygala*, Rn 45; MüKo-AktG/*Oechsler*, Rn 22.
26 Gegen Sonderbeschluss: *Hüffer*, § 237 Rn 35; MüKo-AktG/*Oechsler*, § 237 Rn 103; Großkomm-AktienR/*Schilling*, § 237 Rn 35; MüHb-AG/*Krieger*, § 62 Rn 25; aA: KölnKomm-AktG/*Lutter/Drygala*, § 237 Rn 47.
27 *Hüffer*, Rn 8; KölnKomm-AktG/*Lutter/Drygala*, Rn 47; Geßler/*Hefermehl/Bungeroth*, Rn 30; wohl auch: MüKo-AktG/*Oechsler*, Rn 24, mit dem Hinweis, ein Verstoß sei keine Ordnungswidrigkeit.

22 **3. Keine Kapitalherabsetzung unter den Mindestbetrag des Grundkapitals.** Durch die Kapitalherabsetzung gemäß §§ 237 Abs. 2 S. 1, 222 ff bzw 237 Abs. 3 bis 5 darf das Grundkapital **nicht unter den Mindestbetrag** von 50.000 EUR (§ 7) herabgesetzt werden. Droht dies, so ist eine Kapitalherabsetzung nur bei gleichzeitiger Kapitalerhöhung auf den Mindestbetrag des Grundkapitals zulässig. Wenn eine solche Kapitalerhöhung nicht möglich ist, weil – wie in der Regel anzunehmen – keine Zeichner der neuen Aktien gefunden werden können, ist die Durchführung der Einziehung unmöglich. Die Veräußerungspflicht lebt dann nur wieder auf, soweit die Veräußerung noch möglich ist.[28]

23 **4. Fortbestehendes Recht zur Veräußerung trotz Ablaufs der Fristen des Abs. 1 bzw Abs. 2.** Durch Ablauf der Jahresfrist des § 71 Abs. 1 bzw der Dreijahresfrist des § 71 c Abs. 3 ist der Vorstand zwar verpflichtet, unverzüglich die Einziehung der Aktien zu veranlassen. Solange aber die Hauptversammlung den Beschluss über die Einziehung noch nicht gefasst hat, **bleibt der Vorstand berechtigt**, die Aktien zu **veräußern**.[29] Das Recht zur Veräußerung enthebt den Vorstand allerdings nicht von der Pflicht zur unverzüglichen Veranlassung der Einziehung.

24 **IV. Rechtsfolgen von Verstößen gegen § 71 c. 1. Ordnungswidrigkeiten.** Gemäß § 405 Abs. 1 Nr. 4 b), c) ist es eine **Ordnungswidrigkeit**, wenn gemäß § 71 c Abs. 1 oder Abs. 2 zu veräußernde eigene Aktien **nicht angeboten** oder die zur **Vorbereitung der Beschlussfassung** über die Einziehung eigener Aktien gemäß § 71 c Abs. 3 erforderlichen Maßnahmen nicht getroffen werden. Für die Ordnungswidrigkeit haften die wegen Vorsatzes (§ 10 OWiG) verantwortlichen Vorstandsmitglieder, Aufsichtsratsmitglieder oder Abwickler. Die Ordnungswidrigkeit kann mit einer **Geldbuße** bis zu 25.000 EUR geahndet werden (§ 405 Abs. 4).

25 **2. Zwangsgeld.** Gemäß § 407 Abs. 1 kann das Handelsregistergericht Vorstandsmitglieder oder Abwickler durch die Festsetzung von **Zwangsgeld** von bis zu 5.000 EUR zur Befolgung der Pflichten aus § 71 c anhalten.

26 **3. Schadensersatzansprüche.** Entsteht der AG durch die (fahrlässige oder vorsätzliche) Nichtbefolgung des § 71 c ein Schaden, so haften die verantwortlichen Vorstands- und Aufsichtsratsmitglieder (ggf Abwickler) gemäß §§ 93, 116 der AG auf **Schadensersatz**.[30] Ein Schaden kann zB der Kursverlust sein, den die AG durch den Verzug bei einer Veräußerung erlitten hat. War ein rechtswidriger Erwerb eigener Aktien (§ 71 c Abs. 1) schon als solcher auf eine Sorgfaltspflichtverletzung zurückzuführen, so haften die verantwortlichen Verwaltungsmitglieder auch aus diesem Grunde.[31]

§ 71 d Erwerb eigener Aktien durch Dritte

¹Ein im eigenen Namen, jedoch für Rechnung der Gesellschaft handelnder Dritter darf Aktien der Gesellschaft nur erwerben oder besitzen, soweit dies der Gesellschaft nach § 71 Abs. 1 Nr. 1 bis 5, 7 und 8 und Abs. 2 gestattet wäre. ²Gleiches gilt für den Erwerb oder den Besitz von Aktien der Gesellschaft durch ein abhängiges oder ein im Mehrheitsbesitz der Gesellschaft stehendes Unternehmen sowie für den Erwerb oder den Besitz durch einen Dritten, der im eigenen Namen, jedoch für Rechnung eines abhängigen oder eines im Mehrheitsbesitz der Gesellschaft stehenden Unternehmens handelt. ³Bei der Berechnung des Anteils am Grundkapital nach § 71 Abs. 2 Satz 1 und § 71 c Abs. 2 gelten diese Aktien als Aktien der Gesellschaft. ⁴Im übrigen gelten § 71 Abs. 3 und 4, §§ 71 a bis 71 c sinngemäß. ⁵Der Dritte oder das Unternehmen hat der Gesellschaft auf ihr Verlangen das Eigentum an den Aktien zu verschaffen. ⁶Die Gesellschaft hat den Gegenwert der Aktien zu erstatten.

Literatur:
Burgard, Rechtsfragen der Konzernfinanzierung, AG 2006, 527; *Cahn/Farrenkopf*, Abschied von der qualifizierten wechselseitigen Beteiligung?, AG 1984, 178; *Ganske*, Das Zweite Gesellschaftsrechtliche Koordinierungsgesetz vom 13. Dezember 1978, DB 1978, 2461; *Hettlage*, Darf sich eine Kapitalgesellschaft durch die Begründung einer wechselseitigen Beteiligung an der Kapitalaufbringung ihrer eigenen Kapitalgeber beteiligen?, AG 1967, 249; *Huber*, Zum Aktienerwerb durch ausländische Tochtergesellschaften, in: FS Konrad Duden, 1977, S. 137; *Müller*, Zum Entwurf eines Gesetzes zur Durchführung der Zweiten Richtlinie des Rates der Europäischen Gemeinschaften zur Koordinierung des Gesellschaftsrechts (Kapitalschutzrichtlinie), WPg 1978, 565; *Preusche*, „Altbestand" eigener Aktien und Veräußerungspflichten nach §§ 71 ff AktG, BB 1982, 1638; *Spickhoff*, Der verbots-

---

[28] Geßler/Hefermehl/Bungeroth, Rn 32; KölnKomm-AktG/Lutter/Drygala, Rn 49; unklar: MüKo-AktG/Oechsler, Rn 22.
[29] Hüffer, Rn 8; KölnKomm-AktG/Lutter/Drygala, Rn 51; MüKo-AktG/Oechsler, Rn 23; Büdenbender, DZWir 1998, 1, 8.
[30] OLG Stuttgart ZIP 2009, 2386, 2390; hierzu Podewils, jurisPR-HaGesR 2/2010, Anm. 3.
[31] LG Memmingen, Urt. v. 11.8.2010 – 2 HK O 515/10, 2 HKO 515/10 – Rn 17.

widrige Rückerwerb eigener Aktien: Internationales Privatrecht und Europäische Rechtsangleichung, BB 1997, 2593; *Zilias/Lanfermann*, Die Neuregelung des Erwerbs und Haltens eigener Aktien, WPg 1980, 61, 89.

A. Übersicht	1
B. Regelungsgehalt	3
I. Erwerb oder Besitz von Aktien der AG durch mittelbare Stellvertreter der AG (S. 1)	3
1. Einhaltung des § 71 Abs. 1 Nr. 1 bis 5, 7 oder 8 als Voraussetzung der Rechtmäßigkeit des Erwerbs oder Besitzes durch mittelbare Stellvertreter	5
a) § 71 Abs. 1 Nr. 1 (Schadensabwehr)	6
b) § 71 Abs. 1 Nr. 2 (Belegschaftsaktien)	7
c) § 71 Abs. 1 Nr. 3 (Abfindung von Aktionären)	8
d) § 71 Abs. 1 Nr. 4 (unentgeltlicher Erwerb oder Einkaufskommission eines Kreditinstituts)	9
e) § 71 Abs. 1 Nr. 5 (Gesamtrechtsnachfolge)	10
f) § 71 Abs. 1 Nr. 7 (Erwerb zum Zwecke des Wertpapierhandels bei Kreditinstituten, Finanzdienstleistungsinstituten oder Finanzunternehmen aufgrund Hauptversammlungsbeschlusses)	11
g) § 71 Abs. 1 Nr. 8 (Ermächtigung der Hauptversammlung)	12
2. Einhaltung des § 71 Abs. 2 als weitere Voraussetzung der Rechtmäßigkeit des Erwerbs oder Besitzes durch mittelbare Stellvertreter (10 %-Grenze, Kapitalgrenze, volle Leistung des Ausgabebetrages)	13
a) 10 %-Grenze	13
b) Kapitalgrenze	14
c) Volleinzahlung	15
3. Rechtsfolgen eines zulässigen Erwerbs von Aktien durch den mittelbaren Stellvertreter	16
4. Rechtsfolgen eines rechtswidrigen Erwerbs von Aktien durch den mittelbaren Stellvertreter – das Verhältnis von § 71 a Abs. 2 und § 71 d S. 3 bis 6	17
II. Erwerb oder Besitz von Aktien der AG durch Tochterunternehmen oder durch mittelbare Stellvertreter von Tochterunternehmen (S. 2)	20
1. Tochterunternehmen. Wechselseitig beteiligte Unternehmen	21
2. Einhaltung des § 71 Abs. 1 Nr. 1 bis 5, 7 oder 8 als Voraussetzung der Rechtmäßigkeit des Erwerbs oder Besitzes durch Tochterunternehmen	23
a) § 71 Abs. 1 Nr. 1 (Schadensabwehr)	24
b) § 71 Abs. 1 Nr. 2 (Belegschaftsaktien)	25
c) § 71 Abs. 1 Nr. 3 (Abfindung von Aktionären)	26
d) § 71 Abs. 1 Nr. 4 (Unentgeltlicher Erwerb oder Einkaufskommission eines Kreditinstituts)	27
e) § 71 Abs. 1 Nr. 5 (Gesamtrechtsnachfolge)	28
f) § 71 Abs. 1 Nr. 7 (Erwerb zum Zwecke des Wertpapierhandels bei Kreditinstituten, Finanzdienstleistungsinstituten oder Finanzunternehmen aufgrund Hauptversammlungsbeschlusses)	29
g) § 71 Abs. 1 Nr. 8 (Ermächtigung durch Hauptversammlungsbeschluss)	30
3. § 71 Abs. 2 (10 %-Grenze, Kapitalgrenze, volle Leistung des Ausgabebetrages)	31
4. Rechtsfolgen eines zulässigen Erwerbs von Aktien durch das Tochterunternehmen	32
5. Rechtsfolgen eines rechtswidrigen Erwerbs von Aktien durch ein Tochterunternehmen	33
6. Erwerb von Aktien durch mittelbare Stellvertreter von Tochterunternehmen	34
7. Erwerb von Aktien durch Tochterunternehmen als mittelbare Stellvertreter der AG	36
a) Beurteilung der Rechtmäßigkeit gemäß §§ 71 a Abs. 2, 71 d S. 1	37
b) Zulässiger Erwerb	38
c) Rechtswidriger Erwerb	39
III. Zurechnung der Aktien zur AG gemäß § 71 Abs. 2 S. 1 und § 71 c Abs. 2 (S. 3:)	40
IV. Entsprechende Geltung von § 71 Abs. 3 und Abs. 4, §§ 71 a bis 71 c (S. 4)	42
1. Verweis auf § 71 Abs. 3	43
a) Pflicht zur Unterrichtung der Hauptversammlung gemäß § 71 Abs. 3 S. 1	44
b) Veräußerungspflicht bei Belegschaftsaktien gemäß § 71 Abs. 3 S. 2	45
c) Vormalige Pflicht zur Unterrichtung der BaFin gemäß § 71 Abs. 3 S. 3	46
2. Verweis auf § 71 Abs. 4	47
3. Entsprechende Geltung des § 71 a	48
a) § 71 a Abs. 1 (Finanzierungsleistungen)	49
b) § 71 a Abs. 2	50
4. Entsprechende Geltung des § 71 b	51
a) Mittelbarer Stellvertreter der AG	52
b) Tochterunternehmen	53
c) Mittelbarer Stellvertreter eines Tochterunternehmens	54
5. Entsprechende Geltung des § 71 c	55
a) Mittelbarer Stellvertreter der AG	56
b) Tochterunternehmen	57
c) Mittelbarer Stellvertreter eines Tochterunternehmens	58
d) Tochterunternehmen als mittelbarer Stellvertreter der AG	59
e) Rechtsfolgen eines Verstoßes gegen die Veräußerungs- und Einziehungspflichten	60
V. Pflicht zur Verschaffung des Eigentums an den Aktien (S. 5)	61
1. Mittelbarer Stellvertreter der AG	62
2. Tochterunternehmen	63
3. Tochterunternehmen als mittelbarer Stellvertreter der AG	65
4. Mittelbarer Stellvertreter eines Tochterunternehmens	66
VI. Erstattung des „Gegenwerts" der Aktien (S. 6)	67
VII. Internationale Sachverhalte	68

A. Übersicht

1 Zweck des § 71 d ist es, den Erwerb und Besitz eigener Aktien durch **Dritte für Rechnung der Gesellschaft** und durch **abhängige oder im Mehrheitsbesitz stehende Unternehmen** dem Erwerb durch die Gesellschaft im **Wesentlichen gleichzustellen**.[1] Es soll verhindert werden, dass die AG die Vorschriften über den Erwerb eigener Aktien dadurch umgeht, dass sie von ihr abhängige oder in ihrem Mehrheitsbesitz stehende Unternehmen (**Tochterunternehmen**) oder Dritte, die für ihre Rechnung handeln (**mittelbare Stellvertreter**), einschaltet. Entsprechendes gilt für den Fall, dass ein mittelbarer Stellvertreter für ein Tochterunternehmen der AG handelt. Auf eine Umgehungsabsicht kommt es bei § 71 d nicht an.

2 Da der Erwerb von Aktien durch Tochterunternehmen oder mittelbare Stellvertreter dem unmittelbaren Erwerb durch die AG im Wesentlichen gleichgestellt werden soll, ordnet § 71 d S. 3 an, dass derartig erworbene Aktien zur Berechnung der 10 %-Grenze gemäß §§ 71 Abs. 2 S. 1, 71 c Abs. 2 mitzuzählen sind.[2] Durch den Verweis auf § 71 Abs. 3 (Berichtspflichten, Veräußerungspflichten) und Abs. 4 (Unwirksamkeit des schuldrechtlichen Geschäfts) sowie § 71 a (Finanzierungsgeschäfte, mittelbare Stellvertretung), § 71 b (Ausschluss der Rechte) und § 71 c (Veräußerungspflichten) sollen die mittelbar erworbenen eigenen Aktien auch in den Rechtsfolgen gleichgestellt werden, wobei dies im Verhältnis zwischen § 71 a Abs. 2 und § 71 d S. 3 bis 6 problematisch ist (Einzelheiten Rn 17 ff). § 71 d S. 5 und S. 6 verpflichten den mittelbaren Stellvertreter bzw das Tochterunternehmen, die erworbenen Aktien auf die AG zu übertragen, damit diese ihre Pflichten zur Veräußerung der Aktien erfüllen kann.[3]

B. Regelungsgehalt

3 **I. Erwerb oder Besitz von Aktien der AG durch mittelbare Stellvertreter der AG (S. 1).** Gemäß § 71 d S. 1 darf ein Dritter, der im eigenen Namen, jedoch für Rechnung der AG handelt (mittelbarer Stellvertreter), Aktien der AG nur erwerben oder besitzen, soweit dies der Gesellschaft nach § 71 Abs. 4 Nr. 1 bis 5, 7 und 8 und Abs. 2 gestattet wäre. Zum Begriff des „Erwerbs" siehe § 71 Rn 5 ff. Mit „**Besitz**" ist nicht der Besitz im Sinne des § 854 BGB gemeint, sondern die **Rechtsinhaberschaft an der Aktie**. Zum Begriff des mittelbaren Stellvertreters siehe § 71 a Rn 18 ff. Ein Fall mittelbarer Stellvertretung liegt nicht nur dann vor, wenn der mittelbare Stellvertreter Aktien der AG für Rechnung der AG erwirbt, sondern auch dann, wenn die AG mit dem mittelbaren Stellvertreter vereinbart, dass Aktien, die sich bereits im Eigentum des mittelbaren Stellvertreters befinden, für Rechnung der AG gehalten werden sollen (s. schon § 71 a Rn 19). Gemäß § 71 d S. 2 gilt § 71 d S. 1 entsprechend, wenn ein mittelbarer Stellvertreter für ein Tochterunternehmen der AG tätig wird (s. Rn 34 f).

4 § 71 d S. 1 verbietet einerseits einen Erwerb oder Besitz durch den mittelbaren Stellvertreter, wenn der Erwerb oder Besitz durch die AG selbst gegen § 71 Abs. 1 Nr. 1 bis 5, 7 oder 8 oder gegen Abs. 2 verstieße. Andererseits **legalisiert** die Vorschrift den Erwerb oder Besitz durch einen mittelbaren Stellvertreter, wenn die genannten Vorschriften eingehalten werden. Es liegt dann insoweit auch **kein Verstoß gegen § 57 Abs. 1** vor. Zum Verhältnis des § 71 d S. 1, 3 bis 6 zu § 71 a Abs. 2 Alt. 1 siehe Rn 17 ff.

5 **1. Einhaltung des § 71 Abs. 1 Nr. 1 bis 5, 7 oder 8 als Voraussetzung der Rechtmäßigkeit des Erwerbs oder Besitzes durch mittelbare Stellvertreter.** Der mittelbare Stellvertreter darf gemäß § 71 d S. 1 Aktien der AG erwerben oder besitzen, wenn dies der AG nach § 71 Abs. 1 bis 5, 7 oder 8 und Abs. 2 gestattet wäre. § 71 Abs. 1 Nr. 6 dagegen kommt nach dem Gesetzeswortlaut **nicht** als Rechtfertigungstatbestand in Betracht: Nach überwiegender Ansicht darf deshalb nur die AG selbst, nicht ein mittelbarer Stellvertreter Aktien der AG zu Zwecken der Einziehung erwerben.[4] Für die Frage, ob die Voraussetzungen eines der Tatbestände des § 71 Abs. 1 Nr. 1 bis 5, 7 oder 8 vorliegt, ist auf die AG mit folgenden Maßgaben abzustellen:

6 **a) § 71 Abs. 1 Nr. 1 (Schadensabwehr).** Der **schwere Schaden**, zu deren Abwendung der Erwerb notwendig ist, muss **der AG** unmittelbar bevorstehen, nicht dem mittelbaren Stellvertreter.[5] Zu Einzelheiten und weitere Voraussetzungen siehe § 71 Rn 13 ff.

7 **b) § 71 Abs. 1 Nr. 2 (Belegschaftsaktien).** Der mittelbare Stellvertreter muss die Aktien zu dem Zweck erwerben, sie Arbeitnehmern der AG oder eines mit der AG **verbundenen Unternehmens** anzubieten. Zu weiteren Voraussetzungen siehe § 71 Rn 26 ff.

---

1 RegBegr, BT-Drucks. 8/1678, 16 reSp.
2 RegBegr, BT-Drucks. 8/1678, 17 liSp.
3 RegBegr, BT-Drucks. 8/1678, 17 liSp.
4 *Hüffer*, Rn 3; KölnKomm-AktG/*Lutter/Drygala*, Rn 90, 108; MüKo-AktG/*Oechsler*, Rn 5; aA: Geßler/*Hefermehl/Bungeroth*, Rn 72, siehe auch Rn 19.
5 *Hüffer*, Rn 3; KölnKomm-AktG/*Lutter/Drygala*, Rn 106.

c) **§ 71 Abs. 1 Nr. 3 (Abfindung von Aktionären).** Wenn die AG zur Erfüllung der in § 71 Abs. 1 Nr. 3 genannten **Abfindungsansprüche** eigene Aktien erwerben darf, so darf dies auch ihr mittelbarer Stellvertreter. Einzelheiten siehe § 71 Rn 33 ff.

d) **§ 71 Abs. 1 Nr. 4 (unentgeltlicher Erwerb oder Einkaufskommission eines Kreditinstituts).** Der unentgeltliche Erwerb durch den mittelbaren Stellvertreter setzt voraus, dass dieser keine Gegenleistung zu erbringen hat.[6] Bei der **Einkaufskommission** kommt es darauf an, ob die **AG** ein Kreditinstitut ist und mit ihr ein Einkaufskommissionsgeschäft besteht, zu dessen Abschluss und/oder Erfüllung sie sich eines mittelbaren Stellvertreters bedient.[7] Es kommt nicht etwa darauf an, ob der mittelbare Stellvertreter ein Kreditinstitut ist.[8] Zur Rechtslage bei Tochterunternehmen siehe Rn 27. Einzelheiten zu den Voraussetzungen des § 71 Abs. 1 Nr. 4 siehe § 71 Rn 44 ff.

e) **§ 71 Abs. 1 Nr. 5 (Gesamtrechtsnachfolge).** Für Zwecke des § 71 Abs. 1 Nr. 1 Nr. 5 kommt es darauf an, dass der **mittelbare Stellvertreter** Gesamtrechtsnachfolger ist. Erwirbt der mittelbare Stellvertreter als Erbe, infolge einer Umwandlung (bei Rechtsträgern im Sinne des UmwG) oder gemäß § 140 Abs. 1 S. 2 HGB durch Gesamtrechtsnachfolge Aktien der AG, so ist dies zulässig, weil die AG in derselben Situation gemäß § 71 Abs. 1 Nr. 5 als Gesamtrechtsnachfolgerin die Aktien hätte erwerben können.[9]

f) **§ 71 Abs. 1 Nr. 7 (Erwerb zum Zwecke des Wertpapierhandels bei Kreditinstituten, Finanzdienstleistungsinstituten oder Finanzunternehmen aufgrund Hauptversammlungsbeschlusses).** Entscheidend ist, ob die **AG** Kreditinstitut, Finanzdienstleistungsinstitut oder Finanzunternehmen ist.[10] Der erforderliche Hauptversammlungsbeschluss muss von der **Hauptversammlung der AG** gefasst werden (nicht von derjenigen des mittelbaren Stellvertreters, sollte es sich bei diesem um eine AG handeln). Der Hauptversammlungsbeschluss der AG braucht den Erwerb durch mittelbare Stellvertreter nicht ausdrücklich zu erwähnen. Zu den weiteren Voraussetzungen siehe § 71 Rn 57 f.

g) **§ 71 Abs. 1 Nr. 8 (Ermächtigung der Hauptversammlung).** Ein mittelbarer Stellvertreter kann Aktien der AG für deren Rechnung erwerben oder besitzen, wenn die **Hauptversammlung der AG** (nicht des mittelbaren Stellvertreters in der Rechtsform der AG) einen Ermächtigungsbeschluss gefasst hat, der den Anforderungen des § 71 Abs. 1 Nr. 8 genügt (Einzelheiten § 71 Rn 59 ff). Der Hauptversammlungsbeschluss der AG braucht den Erwerb durch mittelbare Stellvertreter nicht ausdrücklich zu erwähnen.

2. Einhaltung des § 71 Abs. 2 als weitere Voraussetzung der Rechtmäßigkeit des Erwerbs oder Besitzes durch mittelbare Stellvertreter (10 %-Grenze, Kapitalgrenze, volle Leistung des Ausgabebetrages). a) 10 %-Grenze. § 71 Abs. 2 S. 1 ordnet für die Erwerbstatbestände des § 71 Abs. 1 Nr. 1 bis 3, 7 und 8 an, dass die erworbenen Aktien zusammen mit anderen Aktien, welche die Gesellschaft bereits erworben hat und noch besitzt, nicht mehr als 10 % des Grundkapitals betragen (Einzelheiten § 71 Rn 76 ff). Für Zwecke eines Erwerbs eigener Aktien durch den mittelbaren Stellvertreter gemäß § 71 d S. 1 ist also zu prüfen, ob die eigenen Aktien der AG und die des mittelbaren Stellvertreters bei den genannten Erwerbstatbeständen die 10 %-Grenze überschreiten. Als eigene Aktien der AG gelten dabei auch solche von **Tochterunternehmen** und **anderen mittelbaren Stellvertretern** der AG sowie von mittelbaren Stellvertretern von Tochterunternehmen (§ 71 d S. 3), ferner die von diesen Subjekten **in Pfand genommenen Aktien** (§ 71 e Abs. 1 S. 1). Für Einzelheiten der Berechnung der 10 %-Grenze siehe § 71 Rn 76 ff.

b) **Kapitalgrenze.** Gemäß § 71 Abs. 2 S. 2 ist der Erwerb eigener Aktien in den Fällen des § 71 Abs. 1 Nr. 1 bis 3, 7 und 8 nur zulässig, wenn die Gesellschaft im Zeitpunkt des Erwerbs eine Rücklage in Höhe der Aufwendungen für den Erwerb bilden könnte, ohne das Grundkapital oder eine nach Gesetz oder Satzung zu bildende Rücklage zu mindern, die nicht zur Zahlung an die Aktionäre verwandt werden darf („Kapitalgrenze"; Einzelheiten siehe § 71 Rn 79 ff). Beim Erwerb eigener Aktien durch mittelbare Stellvertreter im Rahmen des § 71 d S. 1 ist **hypothetisch** zu prüfen, ob die AG, würde sie die Aktien unmittelbar selbst erwerben, die Rücklage ohne Verletzung der Kapitalgrenze bilden könnte. **Tatsächlich zu bilden** ist die Rücklage **weder bei der AG noch beim mittelbaren Stellvertreter.**

c) **Volleinzahlung.** Gemäß § 71 Abs. 2 S. 3 ist der Erwerb in den Fällen des § 71 Abs. 1 Nr. 1, 2, 4, 7 und 8 nur zulässig, wenn auf die Aktien der **Ausgabebetrag voll geleistet** ist. Auch der mittelbare Stellvertreter darf in diesen Fällen gemäß § 71 d S. 1 also nur voll eingezahlte Aktien erwerben. Für Einzelheiten zur Volleinzahlung siehe § 71 Rn 84.

---

6 *Hüffer*, Rn 3.
7 KölnKomm-AktG/*Lutter/Drygala*, Rn 109.
8 So aber (mE zu Unrecht) *Hüffer*, Rn 3.
9 *Hüffer*, Rn 3; auch MüKo-AktG/*Oechsler*, Rn 40 (für Tochterunternehmen).
10 *Hüffer*, Rn 3.

16 **3. Rechtsfolgen eines zulässigen Erwerbs von Aktien durch den mittelbaren Stellvertreter.** Erwirbt ein mittelbarer Stellvertreter **rechtmäßig** unter Beachtung des § 71 d S. 1 iVm § 71 Abs. 1 Nr. 1 bis 5, 7 und 8, Abs. 2 Aktien der AG, so richten sich die Rechtsfolgen nach den einschlägigen Regelungen des **§ 71 d S. 3 bis 6**: Die vom mittelbaren Stellvertreter gehaltenen Aktien gelten für Zwecke der **10 %-Grenze** gemäß § 71 Abs. 2 S. 1 und § 71 c Abs. 2 als Aktien der Gesellschaft (§ 71 d S. 3, Einzelheiten Rn 40 f). Die **AG** muss die **Berichtspflichten** und die **Veräußerungspflicht** bei Belegschaftsaktien gemäß § 71 Abs. 3 im Hinblick auf die von mittelbaren Stellvertretern gehaltenen Aktien erfüllen. Zu den Angaben im Anhang zum Jahresabschluss etc. siehe § 160 Abs. 1 Nr. 2 und oben § 71 Rn 86. Dem mittelbaren Stellvertreter stehen gemäß **§ 71 b keine Rechte aus den Aktien** zu. Die Aktien sind gemäß § 71 c Abs. 2 und Abs. 3 innerhalb der dort geregelten Fristen zu **veräußern** bzw **einzuziehen**, soweit sie 10 % des Grundkapitals überschreiten (§ 71 d S. 4, Einzelheiten s. Rn 55 ff). Der mittelbare Stellvertreter muss der AG das Eigentum an den Aktien gegen Erstattung des Gegenwertes verschaffen (§ 71 d S. 5 und S. 6, Einzelheiten Rn 61 ff und 67).

17 **4. Rechtsfolgen eines rechtswidrigen Erwerbs von Aktien durch den mittelbaren Stellvertreter – das Verhältnis von § 71 a Abs. 2 und § 71 d S. 3 bis 6.** Erwirbt ein „mittelbarer Stellvertreter" Aktien der AG **unter Verstoß gegen § 71 d S. 1**, weil kein Rechtfertigungstatbestand nach § 71 Abs. 1 Nr. 1 bis 5, 7 oder 8 besteht oder weil § 71 Abs. 2 verletzt ist, so stellt sich die **Frage**, welche Rechtsfolgen sich hieraus ergeben. Entscheidend ist **das Verhältnis zwischen § 71 d S. 3 bis 6 und § 71 a Abs. 2**: Gemäß **§ 71 a Abs. 2** ist ein **Rechtsgeschäft** zwischen der AG und einem „mittelbaren Stellvertreter" **nichtig**, soweit der Erwerb durch die AG gegen § 71 Abs. 1 oder Abs. 2 verstoßen würde (Einzelheiten § 71 a Rn 18 ff). Die von § 71 a Abs. 2 angeordnete Nichtigkeit des Rechtsverhältnisses zwischen AG und „mittelbarem Stellvertreter" bedeutet für sich genommen, dass zwischen der AG und dem „mittelbaren Stellvertreter" keine Rechtsbeziehung besteht, die es rechtfertigen würde, die vom „mittelbaren Stellvertreter" erworbenen Aktien gemäß § 71 d S. 3 der AG zuzurechnen – mit Unterrichtungs- und Veräußerungspflichten der AG gemäß § 71 d S. 4 und Verschaffungsanspruch gemäß § 71 d S. 5 und 6. Der Wortlaut des § 71 d scheint aber eine Geltung auch beim rechtswidrigen Erwerb nicht auszuschließen. Damit stellt sich die Frage, welche Vorschrift hinsichtlich der Rechtsfolgen eines rechtswidrigen Erwerbs von Aktien durch den „mittelbaren Stellvertreter" vorgeht: § 71 a Abs. 2 (Nichtigkeit) oder § 71 d S. 3 bis 6 (Zurechnung etc.). **Nach herrschender Meinung geht § 71 a Abs. 2 vor**: Verstößt das Rechtsgeschäft zwischen AG und „mittelbarem Stellvertreter" gegen § 71 a Abs. 2, so ist es nichtig. Die Rechtsfolgen richten sich nach den Grundsätzen, die für § 71 a Abs. 2 gelten (§ 71 a Rn 27 ff). Demgegenüber ist nach herrschender Meinung **§ 71 d S. 3 bis 6 nur dann anwendbar**, wenn der mittelbare Stellvertreter **zulässigerweise** unter Beachtung des § 71 d S. 1 Aktien der AG erworben hat.[11]

18 Innerhalb der herrschenden Meinung ist **streitig**, ob von der Unanwendbarkeit des § 71 d S. 3 bis 6 im Falle eines nach § 71 a Abs. 2 nichtigen Rechtsgeschäfts insofern eine Ausnahme zu machen ist, als der „mittelbare Stellvertreter" von den **Mitgliedschaftsrechten** gemäß § 71 d S. 4 iVm § 71 b ausgeschlossen sein soll. Die **überwiegende Ansicht** will **§ 71 b** auf den „mittelbaren Stellvertreter" **anwenden**, selbst wenn das Rechtsgeschäft zwischen der AG und dem „mittelbaren Stellvertreter" gemäß § 71 a Abs. 2 nichtig ist.[12] Dagegen sollte mE schon aus Gründen der Rechtssicherheit erwogen werden, § 71 d S. 4 iVm § 71 b nicht auf den „mittelbaren Stellvertreter" anzuwenden, dessen Rechtsverhältnis zur AG gemäß § 71 a Abs. 2 nichtig ist. Allein dass sich die AG und der „mittelbare Stellvertreter" über die Nichtigkeit gemäß § 71 a Abs. 2 ggf faktisch hinwegsetzen können, rechtfertigt die Anwendung des § 71 b, wie § 136 Abs. 2 zeigt, nicht.[13]

19 Das Verhältnis der unterschiedlichen Rechtsfolgen gemäß § 71 a Abs. 2 und § 71 d S. 3 bis 6 wirft ein **weiteres Problem** auf beim rechtswidrigen Erwerb von Aktien durch einen mittelbaren Stellvertreter **zu Zwecken des § 71 Abs. 1 Nr. 6 (Einziehung)**: Wenn die Voraussetzungen des § 71 Abs. 1 Nr. 6 und Abs. 2 bei der AG erfüllt sind, das Rechtsgeschäft zwischen AG und mittelbarem Stellvertreter also nicht gemäß § 71 a Abs. 2 unwirksam ist, stellt sich die Frage, welche Rechtsfolgen sich aus § 71 d S. 1 ergeben. Nach dem Wortlaut dieser Vorschrift darf der mittelbare Stellvertreter keine Aktien der AG zu Einziehungszwecken erwerben, da § 71 Abs. 1 Nr. 6 ausdrücklich ausgenommen ist. Nach einer Ansicht ist deshalb sowohl das Rechtsgeschäft zwischen AG und mittelbarem Stellvertreter als auch der Vertrag zwischen mittelbarem Stellvertreter

---

[11] *Hüffer*, Rn 9; KölnKomm-AktG/*Lutter/Drygala*, Rn 103; MüKo-AktG/*Oechsler*, Rn 4; A/D/S, § 160 Rn 28; Großkomm-AktienR/*Merkt*, Rn 13; Bürgers/Körber/*Wieneke*, Rn 9; aA: Spindler/Stilz/*Cahn*, Rn 17 ff; teilweise aA auch: *Zilias/Lanfermann*, WPg 1980, 61, 66, 68; wN für abweichende Meinungen im Hinblick auf die Rechtslage vor dem Inkrafttreten des Gesetzes zur Durchführung der 2. Richtlinie des Rates der Europäischen Gemeinschaften zur Koordinierung des Gesellschaftsrechts bei Geßler/*Hefermehl*/Bungeroth, Rn 70.

[12] *Hüffer*, Rn 10; KölnKomm-AktG/*Lutter/Drygala*, Rn 102; Großkomm-AktienR/*Merkt*, Rn 26; *Baumbach/Hueck*, AktG, § 71 Rn 24; MüKo-AktG/*Oechsler*, Rn 15; Bürgers/Körber/*Wieneke*, Rn 9; Schwerdtfeger/*Mildner*, § 71 d Rn 6; K. Schmidt/Lutter/*Bezzenberger*, Rn 9; aA: Geßler/*Hefermehl*/Bungeroth, Rn 82; für § 71 Abs. 6 S. 2 aF: *v. Godin/Wilhelmi*, § 71 Anm. 22.

[13] Geßler/*Hefermehl*/Bungeroth, Rn 82 f; s.a. Spindler/Stilz/*Cahn*, Rn 30.

und dem Veräußerer der Aktien nichtig.[14] Nach der Gegenansicht handelt es sich um ein Redaktionsversehen des Gesetzgebers; der mittelbare Stellvertreter dürfe Aktien zu Einziehungszwecken erwerben.[15]

II. Erwerb oder Besitz von Aktien der AG durch Tochterunternehmen oder durch mittelbare Stellvertreter von Tochterunternehmen (S. 2). Gemäß § 71 d S. 2 gelten die Beschränkungen des § 71 d S. 1 auch für den Erwerb oder den Besitz von Aktien durch ein Tochterunternehmen sowie für den Erwerb oder den Besitz durch einen mittelbaren Stellvertreter des Tochterunternehmens (**Zweck: Schutz vor Umgehung**). § 71 d S. 2 iVm S. 1 verbietet einerseits den Erwerb oder Besitz von Aktien durch ein Tochterunternehmen, wenn der Erwerb oder Besitz durch die AG gegen § 71 Abs. 1 Nr. 1 bis 5, 7 oder 8 oder Abs. 2 verstieße. Andererseits **legalisiert** § 71 d S. 2 iVm S. 1 den Erwerb und Besitz durch Tochterunternehmen, wenn diese Vorschriften eingehalten werden. Es liegt **dann insoweit auch kein Verstoß gegen § 57 Abs. 1 vor.** § 71 d S. 2 ist nicht anwendbar, wenn ein Tochterunternehmen Aktien erwirbt, die nach den §§ 71 ff der AG bereits als „eigene" zuzurechnen sind, dh wenn das Tochterunternehmen die Aktien von der AG selbst, von einem anderen Tochterunternehmen oder von einem (rechtmäßig bestellten) mittelbaren Stellvertreter erwirbt.[16]

1. Tochterunternehmen. Wechselseitig beteiligte Unternehmen. Ob ein Unternehmen im Mehrheitsbesitz der AG steht, richtet sich nach § 16. Was ein abhängiges (das Gesetz meint: von der AG abhängiges) Unternehmen ist, richtet sich nach § 17. Zu beachten ist, dass sowohl der Mehrheitsbesitz als auch die Abhängigkeit über mehrere Tochterunternehmen sowie über mittelbare Stellvertreter vermittelt sein können (§§ 16 Abs. 4, 17 Abs. 2). Das Umgehungsverbot des § 71 d S. 2 gilt also auch für Enkel- und Urenkelgesellschaften etc. Denkbar ist auch, dass ein Tochterunternehmen von mehreren Konzernmüttern der AG abhängig ist.[17]

Wenn eine AG und ein anderes Unternehmen **wechselseitige Beteiligungen** im Sinne des § 19 Abs. 1 begründen oder halten, **ohne** dass das andere Unternehmen im **Mehrheitsbesitz** der AG steht oder von dieser abhängig ist, gilt § 71 d S. 2 nach herrschender Meinung nicht (Extremfall: wechselseitige Beteiligungen von jeweils bis zu 50 % ohne Beherrschung).[18] Zu beachten ist aber § 328. Besteht dagegen eine **einseitig qualifizierte wechselseitige Beteiligung** gemäß § 19 Abs. 2, bei der die AG das andere Unternehmen beherrscht, so gilt nach herrschender Meinung § 71 d S. 2.[19] Insbesondere ruhen die Mitgliedschaftsrechte des beherrschten Unternehmens an der AG gemäß § 71 d S. 4 iVm § 71 b. Die 10 %-Grenze ist gemäß § 71 d S. 4 iVm § 71 c einzuhalten. **Umstritten** ist, ob die Veräußerungspflicht auch bei **beidseitig qualifizierten wechselseitigen Beteiligungen** gemäß § 19 Abs. 3 gilt.[20]

2. Einhaltung des § 71 Abs. 1 Nr. 1 bis 5, 7 oder 8 als Voraussetzung der Rechtmäßigkeit des Erwerbs oder Besitzes durch Tochterunternehmen. Das Tochterunternehmen darf gemäß § 71 d S. 2 iVm S. 1 Aktien der AG nur dann erwerben oder besitzen, wenn dies der AG nach § 71 Abs. 1 bis 5, 7 oder 8 und Abs. 2 gestattet wäre. Zum Begriff des „Erwerbs" siehe § 71 Rn 5 ff, zu „Besitz" Rn 3. § 71 Abs. 1 Nr. 6 rechtfertigt den Erwerb oder Besitz durch ein Tochterunternehmen nicht. Zum Zwecke der Einziehung darf nur die AG selbst eigene Aktien erwerben.[21] Für die Frage, ob einer der Rechtfertigungstatbestände des § 71 Abs. 1 Nr. 1 bis 5, 7 oder 8 vorliegt, ist auf die AG mit folgenden Maßgaben abzustellen:

a) § 71 Abs. 1 Nr. 1 (Schadensabwehr). Der schwere Schaden, zu deren Abwendung der Erwerb notwendig ist, muss **der AG** unmittelbar bevorstehen, nicht dem Tochterunternehmen. Ein Schaden, der dem Tochterunternehmen selbst droht, kann deren Erwerb nur rechtfertigen, wenn sich der **drohende Schaden des Tochterunternehmens** zugleich als schwerer, unmittelbar bevorstehender **Schaden der AG** darstellt.[22] Für die weiteren Voraussetzungen des § 71 Abs. 1 Nr. 1 siehe § 71 Rn 13 ff. Über den Erwerb durch das Tochterunternehmen hat der Vorstand der AG gemäß § 71 d S. 4 iVm § 71 Abs. 3 S. 1 in der **Hauptversammlung der AG zu berichten**. Es findet also keine Unterrichtung der Hauptversammlung eines Tochterunterneh-

---

14 KölnKomm-AktG/*Lutter/Drygala*, § 71 a Rn 66.
15 Geßler/*Hefermehl/Bungeroth*, Rn 72.
16 Geßler/*Hefermehl/Bungeroth*, Rn 13; KölnKomm-AktG/*Lutter/Drygala*, Rn 20; für den umgekehrten Fall auch: MüKo-AktG/*Oechsler*, Rn 26.
17 BGHZ 72, 193, 198.
18 Geßler/*Hefermehl/Bungeroth*, Rn 7; KölnKomm-AktG/*Lutter/Drygala*, Rn 17; *Hüffer*, § 19 Rn 6, 8, § 71 d Rn 7; aA: *Hettlage*, AG 1967, 249, 253.
19 Geßler/*Hefermehl/Bungeroth*, Rn 7; KölnKomm-AktG/*Lutter/Drygala*, Rn 17; *Hüffer* § 19 Rn 6, § 71 d Rn 7; MüKo-AktG/*Bayer*, § 19 Rn 49 f; MüKo-AktG/*Oechsler*, § 71 Rn 31; MüHb-AG/*Krieger*, § 68 Rn 113; *Emmerich*, in: Emmerich/Habersack, Aktien- und GmbH-Konzernrecht, § 19 Rn 16; KölnKomm-AktG/*Koppensteiner*, § 19 Rn 10; aA: *Cahn/Farrenkopf*, AG 1984, 178, 179.
20 Dafür die mittlerweile wohl überwiegende Meinung: *Emmerich*, in: Emmerich/Habersack, Aktien- und GmbH-Konzernrecht, § 19 Rn 18; MüKo-AktG/*Bayer*, § 19 Rn 51; Großkomm-AktienR/*Windbichler*, § 19 Rn 35; KölnKomm-AktG/*Koppensteiner*, § 19 Rn 7; K. Schmidt/Lutter/*Bezzenberger*, Rn 20; dagegen (wegen Perplexität): *Hüffer*, Rn 7, § 19 Rn 8; *Cahn/Farrenkopf*, AG 1984, 178, 179; KölnKomm-AktG/*Lutter/Drygala*, Rn 75 (*Lutter* vertritt dies jedoch nur für Altfälle).
21 MüKo-AktG/*Oechsler*, Rn 41; KölnKomm-AktG/*Lutter/Drygala*, Rn 23.
22 MüKo-AktG/*Oechsler*, Rn 23; KölnKomm-AktG/*Lutter/Drygala*, Rn 24.

mens in der Rechtsform der AG statt.²³ Für die Notwendigkeit des Erwerbs zur Schadensabwehr sollte keine Rolle spielen, ob auch die AG selbst die Aktien zur Schadensabwehr erwerben könnte. Sonst könnte die Notwendigkeit des Erwerbs sowohl bei der AG als auch beim Tochterunternehmen stets wegen der Möglichkeit eines Erwerbs durch den jeweils anderen verneint werden.²⁴

25 b) **§ 71 Abs. 1 Nr. 2 (Belegschaftsaktien).** Ein Tochterunternehmen kann gemäß § 71 d S. 2 unter den Bedingungen des § 71 Abs. 1 Nr. 2 Aktien der AG zur Ausgabe an **Arbeitnehmer der AG**, des **Tochterunternehmens** selbst oder anderer mit der AG **verbundener Unternehmen** erwerben.²⁵ Für die weiteren Voraussetzungen des § 71 Abs. 1 Nr. 2 siehe § 71 Rn 26 ff. Gemäß § 71 d S. 4 gilt die Jahresfrist gemäß § 71 Abs. 3 S. 2 entsprechend. **Umstritten** ist, ob hieraus die **Ausgabepflicht des Tochterunternehmens oder der AG** selbst folgt. Zum Teil wird vertreten, die AG sei von Anfang an zur Ausgabe verpflichtet.²⁶ Nach anderer Ansicht ist die AG erst zur Ausgabe verpflichtet, wenn sie die Aktien von Tochterunternehmen gemäß § 71 d S. 5, 6 erworben hat.²⁷ Nach einer differenzierenden Ansicht soll die AG von Anfang an der Ausgabepflicht unterliegen, wenn sie den Erwerb der Aktien durch das Tochterunternehmen veranlasst hat, anderenfalls erst nach Erwerb gemäß § 71 d S. 5.²⁸ Meines Erachtens sollte aus Gründen der Rechtssicherheit die Ausgabepflicht nur für denjenigen gelten, der diese Pflicht tatsächlich erfüllen kann. Das ist bei der AG erst dann der Fall, wenn sie die Aktien gemäß § 71 d S. 5 erworben hat. Bis zu diesem Erwerb ist das Tochterunternehmen zur Ausgabe verpflichtet. Durch den Erwerb seitens der AG beginnt die Jahresfrist des § 71 Abs. 3 S. 2 jedoch nicht neu zu laufen.²⁹

26 c) **§ 71 Abs. 1 Nr. 3 (Abfindung von Aktionären).** Das Tochterunternehmen kann Aktien der AG erwerben, damit Aktionäre nach den in § 71 Abs. 1 Nr. 3 genannten Tatbeständen abgefunden werden (Einzelheiten § 71 Rn 33 ff). Es spielt keine Rolle, ob das zur Abfindung verpflichtete Unternehmen die **AG**, das **Tochterunternehmen** selbst oder ein sonstiges mit der AG **verbundenes Unternehmen** ist.³⁰

27 d) **§ 71 Abs. 1 Nr. 4 (Unentgeltlicher Erwerb oder Einkaufskommission eines Kreditinstituts).** Der unentgeltliche Erwerb durch das Tochterunternehmen setzt voraus, dass das Tochterunternehmen keine Gegenleistung zu erbringen hat.³¹ Bei der Durchführung einer Einkaufskommission durch ein Kreditinstitut ist wie folgt zu differenzieren: Ist die **AG selbst ein Kreditinstitut**, so darf sie eigene Aktien erwerben, um eine von ihr vereinbarte Einkaufskommission auszuführen (Einzelheiten § 71 Rn 44 ff). Sie darf deshalb zur Erfüllung einer von ihr vereinbarten Einkaufskommission auch ein Tochterunternehmen einschalten, selbst wenn dieses Tochterunternehmen nicht Kreditinstitut ist. **Darüber hinaus** ist § 71 d S. 2 iVm § 71 Abs. 1 Nr. 4 Alt. 2 erweiternd dahin auszulegen, dass das **Tochterunternehmen** Aktien der AG auch dann erwerben darf, wenn es **selbst Kreditinstitut** ist und eine eigene Einkaufskommission über Aktien der AG ausführt, und zwar selbst dann, wenn die AG kein Kreditinstitut ist und/oder an dem Einkaufskommissionsvertrag nicht beteiligt ist.³²

28 e) **§ 71 Abs. 1 Nr. 5 (Gesamtrechtsnachfolge).** Gemäß § 71 d S. 2, 1 darf das Tochterunternehmen Aktien der AG im Wege der Gesamtrechtsnachfolge (Einzelheiten § 71 Rn 49 ff) erwerben, wenn es selbst Gesamtrechtsnachfolger ist.³³

29 f) **§ 71 Abs. 1 Nr. 7 (Erwerb zum Zwecke des Wertpapierhandels bei Kreditinstituten, Finanzdienstleistungsinstituten oder Finanzunternehmen aufgrund Hauptversammlungsbeschlusses).** Entscheidend ist, ob die **AG** Kreditinstitut, Finanzdienstleistungsinstitut oder Finanzunternehmen ist.³⁴ Auch der erforderliche Hauptversammlungsbeschluss muss von der **Hauptversammlung der AG** gefasst werden (nicht von derjenigen eines Tochterunternehmens in der Rechtsform der AG). Der Hauptversammlungsbeschluss der AG braucht den Erwerb durch Tochterunternehmen nicht ausdrücklich zu erwähnen. In erweiternder Auslegung des § 71 d S. 2 iVm § 71 Abs. 1 Nr. 7 ist außerdem davon auszugehen, dass ein Tochterunternehmen in der Rechtsform der AG, das Kreditinstitut, Finanzdienstleistungsinstitut oder Finanzunternehmen ist, auf der Grundlage eines Beschlusses ihrer eigenen Hauptversammlung gemäß § 71 Abs. 1 Nr. 7 Aktien der

---

23 KölnKomm-AktG/*Lutter/Drygala*, Rn 25; MüKo-AktG/*Oechsler*, Rn 49; *Zilias/Lanfermann*, WPg 1980, 52.
24 Geßler/*Hefermehl/Bungeroth*, Rn 18.
25 MüKo-AktG/*Oechsler*, Rn 37; KölnKomm-AktG/*Lutter/Drygala*, Rn 26; *Zilias/Lanfermann*, WPg 1980, 61, 63 Fn 11.
26 Geßler/*Hefermehl/Bungeroth*, Rn 20; *Zilias/Lanfermann*, WPg 1980, 61, 66; MüKo-AktG/*Oechsler*, Rn 53, 10; Bürgers/*Körber/Wieneke*, Rn 12; wohl auch K. Schmidt/Lutter/*Bezzenberger*, Rn 14.
27 KölnKomm-AktG/*Lutter/Drygala*, Rn 28.
28 *Hüffer*, Rn 15; K. Schmidt/Lutter/*Cahn*, Rn 47.
29 So aber möglicherweise: *Hüffer*, Rn 15; dagegen: MüKo-AktG/*Oechsler*, Rn 53 (allerdings auf der Grundlage seiner Annahme einer von Anfang an bestehenden Ausgabepflicht der AG).
30 MüKo-AktG/*Oechsler*, Rn 38; KölnKomm-AktG/*Lutter/Drygala*, Rn 29.
31 MüKo-AktG/*Oechsler*, Rn 39; KölnKomm-AktG/*Lutter/Drygala*, Rn 33.
32 KölnKomm-AktG/*Lutter/Drygala*, Rn 31; Geßler/*Hefermehl/Bungeroth*, Rn 24; MüKo-AktG/*Oechsler*, Rn 39; wohl auch: *Hüffer*, Rn 5 iVm Rn 3.
33 MüKo-AktG/*Oechsler*, Rn 40; KölnKomm-AktG/*Lutter/Drygala*, Rn 33.
34 *Hüffer*, Rn 5, 3; MüKo-AktG/*Oechsler*, Rn 42.

herrschenden AG zum Zwecke des Wertpapierhandels erwerben kann, selbst wenn die herrschende AG nicht Kreditinstitut, Finanzdienstleistungsinstitut oder Finanzunternehmen ist.[35] Zu den weiteren Voraussetzungen des § 71 Abs. 1 Nr. 7 siehe § 71 Rn 57 f.

g) § 71 Abs. 1 Nr. 8 (Ermächtigung durch Hauptversammlungsbeschluss). Das Tochterunternehmen kann Aktien der AG erwerben oder besitzen, wenn die **Hauptversammlung der AG** einen Ermächtigungsbeschluss gefasst hat, der den Anforderungen des § 71 Abs. 1 Nr. 8 genügt (Einzelheiten § 71 Rn 59 ff). Es kommt also nicht auf einen Hauptversammlungsbeschluss eines Tochterunternehmens in der Rechtsform der AG an. Der Hauptversammlungsbeschluss der AG braucht den Erwerb durch Tochterunternehmen nicht ausdrücklich zu erwähnen. **30**

3. § 71 Abs. 2 (10 %-Grenze, Kapitalgrenze, volle Leistung des Ausgabebetrages). Siehe zunächst die Ausführungen zum mittelbaren Stellvertreter, die entsprechend für Tochterunternehmen gelten (Rn 13 ff). Zu beachten ist, dass **Tochterunternehmen** in der Rechtsform der Kapitalgesellschaft gemäß **§ 272 Abs. 4 HGB** verpflichtet sind, eine **Rücklage für die Aktien der AG** zu bilden. Für die Kapitalgrenze des § 71 Abs. 2 S. 2 kommt es jedoch **nicht** auf die **bilanzielle Situation des Tochterunternehmens** an.[36] Im Rahmen des § 71 d S. 2 iVm S. 1 und § 71 Abs. 2 S. 2 ist vielmehr **allein hypothetisch** zu prüfen, ob die **AG** die Rücklage ohne Verletzung der Kapitalgrenze bilden könnte. Eine Pflicht der Geschäftsführung des Tochterunternehmens, den Erwerb der Aktien nur durchzuführen, wenn die Rücklage gemäß § 272 Abs. 4 HGB beim Tochterunternehmen aus freien Mitteln gebildet werden kann, ließe sich allenfalls aus der allgemeinen Sorgfaltspflicht von Vorstand und Aufsichtsrat herleiten.[37] **31**

4. Rechtsfolgen eines zulässigen Erwerbs von Aktien durch das Tochterunternehmen. Erwirbt ein Tochterunternehmen rechtmäßig unter Beachtung des § 71 d S. 2, 1 iVm § 71 Abs. 1 Nr. 1 bis 5, 7 oder 8, Abs. 2 Aktien der AG, so richten sich die Rechtsfolgen nach den einschlägigen Regelungen des § 71 d S. 3 bis 6 (s. Rn 40 ff und die Zusammenfassung zum mittelbaren Stellvertreter Rn 16). **32**

5. Rechtsfolgen eines rechtswidrigen Erwerbs von Aktien durch ein Tochterunternehmen. Erwirbt ein Tochterunternehmen Aktien der AG unter **Verstoß gegen § 71 d S. 2, 1**, weil kein Rechtfertigungstatbestand gemäß § 71 Abs. 1 Nr. 1 bis 5, 7 oder 8 erfüllt ist oder ein Verstoß gegen § 71 Abs. 2 vorliegt, so gilt § 71 d S. 4 iVm § 71 Abs. 4: Der **dingliche Erwerb** der Aktien durch das Tochterunternehmen ist zwar **wirksam**, das **schuldrechtliche Geschäft** über den Erwerb der Aktien jedoch **nichtig** (Einzelheiten § 71 Rn 96 ff). Da die Aktien dinglich Eigentum des Tochterunternehmens geworden sind, gilt bis zur Rückgängigmachung des Erwerbs § 71 d S. 3 bis 6: **Zurechnung** der Aktien für Zwecke der 10 %-Grenze gemäß § 71 Abs. 2 S. 1 und § 71 c Abs. 2 (§ 71 d S. 3, siehe auch Rn 40 f); **Berichtspflichten** gemäß § 71 Abs. 3 (Einzelheiten Rn 43 ff und § 71 Rn 85 ff); **Ruhen der Rechte** gemäß § 71 b (§ 71 d S. 4, Rn 53); **Pflicht zur Veräußerung und Einziehung** gemäß § 71 c Abs. 1, 3 (§ 71 d S. 4, Einzelheiten Rn 55 ff). Zu den Angaben im Anhang zum Jahresabschluss etc. siehe § 160 Abs. 1 Nr. 2 und oben § 71 Rn 86). Das Tochterunternehmen hat die Aktien gegen Erstattung des Gegenwertes der AG zu verschaffen (§ 71 d S. 5, 6, Einzelheiten Rn 61 ff, Rn 67). **33**

6. Erwerb von Aktien durch mittelbare Stellvertreter von Tochterunternehmen. Gemäß § 71 d S. 2 Alt. 2 gilt § 71 d S. 1 entsprechend, wenn **ein mittelbarer Stellvertreter** für Rechnung eines Tochterunternehmens Aktien der AG erwirbt oder besitzt. Für die Prüfung, ob der Erwerb durch den mittelbaren Stellvertreter des Tochterunternehmens rechtmäßig ist, ist darauf abzustellen, ob das **Tochterunternehmen** gemäß § 71 d S. 2 Alt. 1 iVm S. 1 die Aktien erwerben dürfte. Im Rahmen dieser Prüfung ist die Zulässigkeit eines hypothetischen Erwerbs durch die AG selbst zu prüfen. Es ist für den jeweiligen Rechtfertigtatbestand des § 71 Abs. 1 Nr. 1 bis 5, 7, 8 mit den Maßgaben abzustellen, die in den Rn 24 ff erläutert sind. Der mittelbare Stellvertreter eines Tochterunternehmens darf also Aktien der AG nicht zu Einziehungszwecken erwerben, da dies dem Tochterunternehmen selbst verboten ist (beim mittelbaren Stellvertreter der AG ist dagegen umstritten, ob er Aktien zu Einziehungszwecken erwerben darf, siehe Rn 19).[38] Da § 71 d S. 4 u.a. auf § 71 a Abs. 2 verweist, ergibt sich hinsichtlich der Rechtsfolgen eines Erwerbs durch den mittelbaren Stellvertreter des Tochterunternehmens dieselbe Problematik wie beim mittelbaren Stellvertreter der AG: Auch hier gilt, dass die Regelung des § **71 a Abs. 2** vorgeht.[39] Das **Rechtsgeschäft zwischen Tochterunternehmen** **34**

---

35 AA offenbar: MüKo-AktG/*Oechsler*, § 71 Rn 305, § 71 d Rn 42, der diesen Fall über eine Ermächtigung gemäß § 71 Abs. 1 Nr. 8 lösen will; wie hier: Bürgers/Körber/*Wieneke*, Rn 7.

36 MüKo-AktG/*Oechsler*, Rn 46; KölnKomm-AktG/*Lutter/Drygala*, Rn 41; *Hüffer*, Rn 5, 4; aA: *Burgard*, AG 2006, 527, 535.

37 Für eine solche Sorgfaltspflicht KölnKomm-AktG/*Lutter/Drygala*, Rn 40; Großkomm-AktienR/*Merkt*, Rn 55; zweifelnd: Geßler/Hefermehl/Bungeroth, Rn 29.

38 Geßler/Hefermehl/Bungeroth, Rn 92; KölnKomm-AktG/*Lutter/Drygala*, Rn 127.

39 MüKo-AktG/*Oechsler*, Rn 29; KölnKomm-AktG/*Lutter/Drygala*, Rn 126; *Hüffer*, Rn 23.

und mittelbarem Stellvertreter ist deshalb gemäß §§ 71 d S. 4, 71 a Abs. 2 **nichtig**, wenn die Voraussetzungen des § 71 Abs. 1 und Abs. 2 nicht erfüllt sind. Die §§ 71 d S. 3 bis 6 gelten dann nicht. Die Aktien werden der AG nicht zugerechnet, ein Anspruch der AG gegen den mittelbaren Stellvertreter auf Verschaffung der Aktien besteht nicht. Wegen der Einzelheiten, insbesondere der strittigen Anwendbarkeit des § 71 b, siehe Rn 17 ff.

35 Ist das Rechtsgeschäft über die mittelbare Stellvertretung dagegen **wirksam**, so richten sich die Rechtsfolgen nach den einschlägigen Regelungen des § 71 d S. 3 bis 6 (Einzelheiten Rn 40 ff). Macht die AG von ihrem Recht Gebrauch, das Eigentum an den Aktien herauszuverlangen (§ 71 d S. 5), so **geht** dieser Anspruch einem Anspruch des Tochterunternehmens gemäß § 667 BGB vor.[40] Der von der AG an den mittelbaren Stellvertreter gezahlte Gegenwert ist dann in der Regel vom mittelbaren Stellvertreter gemäß § 667 BGB an das Tochterunternehmen herauszugeben (abzüglich Aufwendungsersatz gemäß § 670 BGB und ggf Honorar).

36 **7. Erwerb von Aktien durch Tochterunternehmen als mittelbare Stellvertreter der AG.** Das Gesetz regelt nicht ausdrücklich den Fall, dass ein Tochterunternehmen Aktien der AG im eigenen Namen, jedoch für Rechnung der AG erwirbt oder besitzt, das **Tochterunternehmen** also als **mittelbarer Stellvertreter** der AG auftritt. Es dürften folgende Grundsätze gelten:

37 a) **Beurteilung der Rechtmäßigkeit gemäß §§ 71 a Abs. 2, 71 d S. 1.** Die „Doppelstellung" des Tochterunternehmens als mittelbarer Stellvertreter der AG und Tochterunternehmen der AG ist **vorrangig** nach den Vorschriften über die **mittelbare Stellvertretung** zu beurteilen. Insbesondere gilt der **Vorrang des § 71 a Abs. 2** gegenüber § 71 d S. 1 (siehe Rn 17 ff).[41] Das Rechtsgeschäft über die mittelbare Stellvertretung ist also gemäß § 71 d S. 4 iVm § 71 a Abs. 2 **nichtig**, wenn der Erwerb durch die AG selbst gegen § 71 Abs. 1 oder Abs. 2 verstoßen würde.

38 b) **Zulässiger Erwerb.** Könnte eine AG unter Wahrung des § 71 Abs. 1 und Abs. 2 eigene Aktien erwerben, so darf dies auch ein Tochterunternehmen als mittelbarer Stellvertreter der AG (§ 71 d S. 4 iVm § 71 a Abs. 2). Umstritten ist dies allein für den Fall des § 71 Abs. 1 Nr. 6 (Erwerb zur Einziehung), da dieser Tatbestand in § 71 d S. 1 nicht aufgeführt ist (Einzelheiten Rn 19). Hat das Tochterunternehmen als mittelbarer Stellvertreter der AG rechtmäßig Aktien der AG erworben, so gilt § 71 d S. 3 bis 6. Die vom Tochterunternehmen gehaltenen Aktien sind der AG im Rahmen des § 71 Abs. 2 S. 1 und § 71 c Abs. 2 als eigene **zuzurechnen**. Es gilt die **Berichtspflicht** gemäß § 71 Abs. 3 S. 1 (Rn 44). Es gilt ggf die **Veräußerungspflicht** gemäß § 71 c Abs. 2, bei Belegschaftsaktien die Veräußerungspflicht gemäß **§ 71 Abs. 3 S. 2** (Einzelheiten Rn 45). Das Tochterunternehmen als mittelbarer Stellvertreter hat der AG gemäß § 71 d S. 5, 6 gegen Zahlung des Gegenwertes das **Eigentum** an den Aktien **zu verschaffen** (Einzelheiten Rn 61 ff, Rn 67).

39 c) **Rechtswidriger Erwerb.** Würde ein Erwerb der Aktien durch die AG gegen § 71 Abs. 1 oder Abs. 2 verstoßen, so ist das Rechtsgeschäft zwischen der AG und ihrem Tochterunternehmen über die mittelbare Stellvertretung gemäß § 71 d S. 4 iVm § 71 a Abs. 2 **nichtig**. Wegen dieser Unwirksamkeit des Rechtsverhältnisses zwischen AG und Tochterunternehmen ist das Tochterunternehmen **kein mittelbarer Stellvertreter**. Das Tochterunternehmen besitzt die Aktien dann also nicht in seiner Eigenschaft als mittelbarer Stellvertreter, sondern **allein in seiner Eigenschaft als Tochterunternehmen**. Es gelten die Rechtsfolgen des § 71 d für den rechtswidrigen Erwerb durch Tochterunternehmen (siehe Rn 33).[42]

40 **III. Zurechnung der Aktien zur AG gemäß § 71 Abs. 2 S. 1 und § 71 c Abs. 2 (S. 3:).** Gemäß § 71 d S. 3 sind Aktien der AG, die von mittelbaren Stellvertretern oder Tochterunternehmen gehalten werden, bei der Berechnung der 10 %-Grenze des § 71 Abs. 2 S. 1 und der 10 %-Grenze des § 71 c Abs. 2 als Aktien der AG anzusehen. Zur 10 %-Grenze des § 71 Abs. 2 S. 1 siehe § 71 Rn 76 f; zur 10 %-Grenze des § 71 c Abs. 2 siehe § 71 c Rn 13. Auf der Grundlage der Erläuterungen zu § 71 d S. 1 und S. 2 gilt die Zurechnung gemäß § 71 d S. 3 für folgende Aktien:

- von einem mittelbaren Stellvertreter der AG rechtmäßig für Rechnung der AG gehaltene Aktien (Rn 16);
- von einem mittelbaren Stellvertreter eines Tochterunternehmens der AG rechtmäßig für Rechnung des Tochterunternehmens gehaltene Aktien (Rn 35);
- von einem Tochterunternehmen rechtmäßig gehaltene Aktien (Rn 32);
- von einem Tochterunternehmen rechtswidrig gehaltene Aktien (Rn 33);

---

40 *Hüffer*, Rn 24; KölnKomm-AktG/*Lutter/Drygala*, Rn 129; MüKo-AktG/*Oechsler*, Rn 30.
41 Geßler/*Hefermehl/Bungeroth*, Rn 95.
42 Geßler/*Hefermehl/Bungeroth*, Rn 96.

- von einem Tochterunternehmen rechtmäßig als mittelbarer Stellvertreter der AG gehaltene Aktien (Rn 38);
- von einem Tochterunternehmen rechtswidrig als „mittelbarer Stellvertreter" der AG gehaltene Aktien (Rn 39).

Dagegen gilt die Zurechnung gemäß § 71 d S. 3 **nicht** für folgende Fälle: **41**
- von einem „mittelbaren Stellvertreter" rechtswidrig unter Verstoß gegen § 71 a Abs. 2 für Rechnung der AG gehaltene Aktien (Rn 17);
- von einem „mittelbaren Stellvertreter" rechtswidrig unter Verstoß gegen §§ 71 d S. 4, 71 a Abs. 2 für Rechnung eines Tochterunternehmens der AG gehaltene Aktien (Rn 34).

IV. Entsprechende Geltung von § 71 Abs. 3 und Abs. 4, §§ 71 a bis 71 c (S. 4). § 71 d S. 4 verweist für den **42** Erwerb von Aktien durch mittelbare Stellvertreter oder Tochterunternehmen auf einen Großteil der Vorschriften der §§ 71 ff. Das bedeutet im einzelnen Folgendes:

1. Verweis auf § 71 Abs. 3. Zu § 71 Abs. 3 siehe zunächst § 71 Rn 85 ff. Der Verweis auf § 71 Abs. 3 gilt **43** nicht, wenn ein „mittelbarer Stellvertreter" der AG oder des Tochterunternehmens rechtswidrig Aktien der AG erwirbt oder hält. Wegen der Nichtigkeit des zugrunde liegenden Rechtsgeschäfts gemäß § 71 a Abs. 2 fehlt es nämlich an einer mittelbaren Stellvertretung. Die entsprechende Geltung des § 71 Abs. 3 wirkt sich in den übrigen Fällen wie folgt aus:

a) **Pflicht zur Unterrichtung der Hauptversammlung gemäß § 71 Abs. 3 S. 1.** Erwirbt ein mittelbarer Stell- **44** vertreter oder ein Tochterunternehmen Aktien der AG, so hat der Vorstand der Hauptversammlung **der AG** (nicht etwa eines Tochterunternehmens oder mittelbaren Stellvertreters in der Rechtsform der AG) über die Gründe und den Zweck des Erwerbs etc. zu berichten (Einzelheiten § 71 Rn 85 ff). Zu den Angaben im Anhang zum Jahresabschluss etc. siehe § 160 Abs. 1 Nr. 2 und die Kommentierung § 71 Rn 86. Dasselbe gilt, wenn ein mittelbarer Stellvertreter für Rechnung eines Tochterunternehmens Aktien der AG erwirbt.

b) **Veräußerungspflicht bei Belegschaftsaktien gemäß § 71 Abs. 3 S. 2.** Erwirbt ein mittelbarer Stellvertreter **45** oder ein Tochterunternehmen der AG oder ein mittelbarer Stellvertreter eines Tochterunternehmens Aktien der AG zur Ausgabe an Arbeitnehmer der AG oder verbundener Unternehmen, so gilt die **Pflicht zur Ausgabe innerhalb eines Jahres** nach Erwerb gemäß § 71 Abs. 3 S. 2 entsprechend (Einzelheiten § 71 Rn 92 ff). Zur Frage, ob diese Pflicht das Tochterunternehmen oder die AG trifft, siehe Rn 25.

c) **Vormalige Pflicht zur Unterrichtung der BaFin gemäß § 71 Abs. 3 S. 3.** Gemäß § 71 Abs. 3 S. 3 aF war **46** bis zum Inkrafttreten des ARUG am 1.9.2009 die BaFin unverzüglich zu unterrichten, wenn die Hauptversammlung eine Ermächtigung zum Erwerb eigener Aktien gemäß § 71 Abs. 1 Nr. 8 beschließt. Eine solche **Ermächtigung umfasst auch den Erwerb eigener Aktien durch mittelbare Stellvertreter** oder **Tochterunternehmen** der AG, ohne dass dies ausdrücklich in dem Ermächtigungsbeschluss erwähnt sein muss. Der Verweis des § 71 d S. 4 auf § 71 Abs. 3 S. 3 aF war deshalb nur dann relevant, wenn die Hauptversammlung (was möglich ist) eine Ermächtigung beschließt, die auf den Erwerb durch mittelbare Stellvertreter oder Tochterunternehmen beschränkt ist.

2. Verweis auf § 71 Abs. 4. § 71 Abs. 4 besagt, dass ein Verstoß gegen § 71 Abs. 1 oder Abs. 2 zur Unwirk- **47** samkeit des schuldrechtlichen Geschäfts über den Erwerb eigener Aktien führt, den dinglichen Erwerb jedoch unberührt lässt (Einzelheiten § 71 Rn 96 ff). Der Verweis in § 71 d S. 4 auf § 71 Abs. 4 soll diese Regelung auf den Erwerb durch mittelbare Stellvertreter und Tochterunternehmen übertragen. Wegen des Vorrangs des § 71 a Abs. 2 gegenüber § 71 d S. 1 (siehe Rn 17) spielt dieser Verweis jedoch nur für den **rechtswidrigen** Erwerb durch ein **Tochterunternehmen** und für den **rechtswidrigen** Erwerb durch einen **mittelbaren Stellvertreter zu Einziehungszwecken** (§ 71 Abs. 1 Nr. 6) eine Rolle. In derartigen Fällen ist der Vertrag zwischen dem Veräußerer der Aktien und dem Tochterunternehmen (bzw dem mittelbaren Stellvertreter im Rahmen des § 71 Abs. 1 Nr. 6) unwirksam. Soweit erfüllt worden ist, richten sich die gegenseitigen Ansprüche nach §§ 812 ff BGB. Der Veräußerer kann Rückübertragung der Aktien, das Tochterunternehmen Rückzahlung eines etwa bezahlten Entgeltes verlangen, soweit nicht § 814 BGB entgegensteht. **Unklar** ist, ob daneben zugunsten der AG oder des Tochterunternehmens § 62 anwendbar ist. Die praktische Bedeutung liegt vor allem in dem Ausschluss von Aufrechnungs- und Zurückbehaltungsrechten des Veräußerers. Nach wohl allgemeiner Ansicht hat die **AG** im Zusammenhang mit dem rechtswidrigen Aktienerwerb ihres Tochterunternehmens **keinen Anspruch gegen den Veräußerer nach § 62**.[43] Umstritten ist, ob das **Tochter-**

---

[43] Geßler/*Hefermehl*/*Bungeroth*, Rn 35; *Hüffer*, Rn 16; Großkomm-AktienR/*Merkt*, § 71 Anm. 33; KölnKomm-AktG/*Lutter*/*Drygala*, Rn 46; Schwerdtfeger/*Mildner*, § 71 d Rn 11.

unternehmen in der Rechtsform der AG (oder sogar rechtsformunabhängig) einen Anspruch gemäß § 62 analog hat.[44] Gegebenenfalls hat der Veräußerer wegen der Nichtigkeit des schuldrechtlichen Veräußerungsgeschäfts Schadensersatzansprüche gegen das Tochterunternehmen aus Verschulden bei den Vertragsverhandlungen gemäß §§ 311 Abs. 2 Nr. 1, 241 Abs. 2, 280 Abs. 1 S. 1 BGB[45] (§ 71 Rn 106).

48 **3. Entsprechende Geltung des § 71a.** § 71a regelt in seinen Absätzen 1 und 2 unterschiedliche Sachverhalte (Einzelheiten § 71a Rn 2ff). Für die analoge Anwendung auf mittelbare Stellvertreter und Tochterunternehmen ist wie folgt zu unterscheiden:

49 a) **§ 71a Abs. 1 (Finanzierungsleistungen).** Gemäß § 71a Abs. 1 ist ein Vertrag nichtig, nach dem die AG zum Zweck des Erwerbs ihrer Aktien einem anderen einen Vorschuss, ein Darlehen oder eine Sicherheitsleistung gewährt (Einzelheiten § 71a Rn 2ff). Soweit Rechtsgeschäfte über derartige Finanzierungsleistungen mit der AG unwirksam sind, sind sie es auch, wenn sie nicht von der AG, sondern an deren Stelle von einem mittelbaren Stellvertreter, einem Tochterunternehmen oder einem mittelbaren Stellvertreter eines Tochterunternehmens geschlossen werden. Die **Ausnahmen des § 71a Abs. 1 S. 2** gelten mit folgenden Maßgaben: Wenn die **AG Kreditinstitut oder Finanzdienstleistungsinstitut** ist und die Finanzierungsgeschäfte zu ihrem laufenden Geschäft gehören, können auch Tochterunternehmen die Finanzierungsgeschäfte abschließen, jedenfalls wenn sie selbst Kredit- oder Finanzdienstleistungsinstitut sind.[46] Dasselbe gilt wegen des Normzwecks (siehe § 71a Rn 13) meines Erachtens, wenn (nur) das Tochterunternehmen Kreditinstitut oder Finanzdienstleistungsinstitut ist und das Finanzierungsgeschäft zu dessen laufendem Geschäft gehört. Die Finanzierung des Erwerbs von **Belegschaftsaktien** durch Arbeitnehmer rechtfertigt den Erwerb durch Tochterunternehmen sowohl dann, wenn es um **Arbeitnehmer des Tochterunternehmens** selbst als auch dann, wenn es um Arbeitnehmer der **AG** oder sonstiger **verbundener Unternehmen** geht.[47] Gemäß § 71a Abs. 1 S. 2 Hs 2 ist trotz Vorliegens der genannten Ausnahmen das Rechtsgeschäft über die Finanzierung dennoch nichtig, wenn die AG im Zeitpunkt des Erwerbs eine Rücklage in Höhe der Aufwendungen für den Erwerb nur bei Verletzung der **Kapitalgrenze** bilden könnte (Einzelheiten § 71a Rn 15ff). Dabei dürfte auf die Bildung der (hypothetischen) Rücklage bei der AG, nicht bei dem Tochterunternehmen, abzustellen sein.[48] Gemäß § 71a Abs. 1 S. 3 gilt das Verbot des § 71a Abs. 1 S. 1 nicht für Rechtsgeschäfte bei Bestehen eines Beherrschungs- oder Gewinnabführungsvertrages (Einzelheiten § 71a Rn 17a) Übertragen auf mittelbare Stellvertreter und Tochterunternehmen der AG bedeutet dies mE Folgendes: Mittelbare Stellvertreter und Tochterunternehmen der AG dürfen aus Sicht der AG Finanzierungsleistungen im Sinne des § 71a Abs. 1 S. 1 erbringen, wenn die AG selbst dies aufgrund der Ausnahme des § 71a Abs. 1 S. 3 dürfte, da sie beherrschtes Unternehmen im Rahmen eines Beherrschungs- oder Gewinnabführungsvertrages ist und deshalb zB auf Veranlassung des herrschenden Unternehmens an das herrschende Unternehmen oder an Dritte die Finanzierungsleistung erbringen dürfte. Es kommt also darauf an, ob die AG beherrschtes Unternehmen im Rahmen eines Beherrschungs- oder Gewinnabführungsvertrages ist. Dagegen sollte es nicht eine Rolle spielen, ob (auch) ein Beherrschungs- oder Gewinnabführungsvertrag mit dem mittelbaren Stellvertreter oder dem Tochterunternehmen besteht. Etwaige eigene Kapitalschutzvorschriften, die für den mittelbaren Stellvertreter oder das Tochterunternehmen gelten, bleiben aber unberührt. Sind die Voraussetzungen für eine **Ausnahme nach § 71a Abs. 1 S. 2 oder S. 3 nicht erfüllt, ist das Rechtsgeschäft** über die Finanzierung zwischen dem Tochterunternehmen und dem Finanzierungsnehmer **unwirksam** (Einzelheiten § 71a Rn 11). Umstritten ist, ob dies auch für Finanzierungsgeschäfte gilt, die ein mittelbarer Stellvertreter für Rechnung der AG vornimmt. Zum Teil wird vertreten, der Verweis des § 71d S. 4 auf § 71a Abs. 1 führe zur Unwirksamkeit des Rechtsgeschäfts zwischen AG und mittelbarem Stellvertreter, während das Geschäft zwischen mittelbarem Stellvertreter und Finanzierungsnehmer wirksam bleibe.[49] Nach anderer Ansicht ist – wie bei Tochterunternehmen – das Rechtsgeschäft über die Finanzierung zwischen dem mittelbaren Stellvertreter und dem Finanzierungsnehmer unwirksam.[50]

50 b) **§ 71a Abs. 2.** Gemäß § 71a Abs. 2 ist ein Rechtsgeschäft zwischen der Gesellschaft und einem anderen **nichtig**, nach dem der andere Aktien der AG für Rechnung der AG oder eines Tochterunternehmens der AG erwerben darf oder soll, soweit der Erwerb durch die AG gegen § 71 Abs. 1 oder Abs. 2 verstoßen wür-

---

[44] Für Anspruch analog § 62, wenn Tochtergesellschaft eine AG ist: *Hüffer*, Rn 16; MüKo-AktG/*Oechsler*, Rn 55; KölnKomm-AktG/*Lutter/Drygala*, Rn 46 (auch GmbH); K. Schmidt/Lutter/*Bezzenberger*, Rn 17; K. Schmidt/Lutter/*Cahn*, Rn 49; für Anspruch analog § 62 unabhängig von der Rechtsform der Tochtergesellschaft: Schwerdtfeger/*Mildner*, § 71d Rn 11; gegen Anspruch analog § 62: Geßler/*Hefermehl*/Bungeroth, Rn 36.
[45] Geßler/*Hefermehl*/Bungeroth, Rn 37.
[46] KölnKomm-AktG/*Lutter/Drygala*, Rn 50.
[47] KölnKomm-AktG/*Lutter/Drygala*, Rn 51, siehe auch § 71a Rn 14.
[48] KölnKomm-AktG/*Lutter/Drygala*, Rn 52; MüKo-AktG/*Oechsler*, Rn 56.
[49] *Hüffer*, Rn 12; KölnKomm-AktG/*Lutter/Drygala*, Rn 123; offenbar auch K. Schmidt/Lutter/*Bezzenberger*, Rn 10.
[50] MüKo-AktG/*Oechsler*, § 71a Rn 34; Spindler/Stilz/*Cahn*, Rn 54.

de (Einzelheiten § 71 a Rn 18 ff). Der Verweis des § 71 d S. 4 auf § 71 a Abs. 2 bedeutet, dass ein Rechtsgeschäft zwischen einem Tochterunternehmen der AG und einem mittelbaren Stellvertreter, nach dem der mittelbare Stellvertreter für Rechnung des Tochterunternehmens Aktien der AG erwerben darf oder soll, unwirksam ist, soweit der Erwerb durch das Tochterunternehmen gegen § 71 d S. 2 iVm S. 1 verstoßen würde.[51]

4. Entsprechende Geltung des § 71 b. Gemäß § 71 b stehen der AG **aus eigenen Aktien keine Rechte** zu (Einzelheiten § 71 b Rn 4 ff). Der Verweis des § 71 d S. 4 auf diese Vorschrift besagt Folgendes: 51

a) **Mittelbarer Stellvertreter der AG.** Beim **mittelbaren Stellvertreter** der AG ist zunächst zu prüfen, ob das Rechtsgeschäft zwischen diesem und der AG gemäß § 71 a Abs. 2 nichtig ist. **Ob bei Nichtigkeit** des Rechtsgeschäfts § 71 b anwendbar ist, der **mittelbare Stellvertreter** also **keine Rechte** aus den erworbenen Aktien geltend machen kann, ist **umstritten** (Einzelheiten Rn 18). Ist das Rechtsgeschäft **wirksam**, so gilt § 71 d S. 4 iVm § 71 b. Der mittelbare Stellvertreter hat also **keine Rechte aus den Aktien** (Einzelheiten § 71 b Rn 4 ff). Übernimmt der mittelbare Stellvertreter Aktien als Gründer oder Zeichner oder aus bedingtem Kapital, so stehen ihm nach der Vorschrift des **§ 56 Abs. 3 S. 3**, die dem § 71 b insoweit vorgeht, keine Rechte zu, bevor er die Aktien für eigene Rechnung übernommen hat (Einzelheiten siehe Kommentierung § 56). **Pflichten** aus den erworbenen Aktien **ruhen nicht**, da Gläubiger (AG) und Schuldner (mittelbarer Stellvertreter) nicht identisch sind. Für die **Einzahlungsverpflichtung** des mittelbaren Stellvertreters als Aktionär gemäß § 54 gilt § 66: Der mittelbare Stellvertreter kann weder mit einem Aufwendungsersatzanspruch nach § 670 BGB aufrechnen noch ein Zurückbehaltungsrecht geltend machen.[52] Das gilt aber nicht für Nebenverpflichtungen gemäß § 55.[53] 52

b) **Tochterunternehmen.** Erwirbt ein Tochterunternehmen Aktien der AG – **rechtmäßig** oder **rechtswidrig**[54] –, so stehen dem Tochterunternehmen gemäß § 71 d S. 4 iVm § 71 b **keine Rechte** aus diesen Aktien zu (Einzelheiten § 71 b Rn 4 ff). Streitig ist, ob diese Rechtsfolge auch Dividendenansprüche umfasst.[55] § 71 d S. 4 iVm § 71 b gilt entsprechend, wenn ein Tochterunternehmen rechtswidrig, gemäß **§ 56 Abs. 2 S. 2** jedoch wirksam, Aktien der AG als Gründer oder Zeichner oder aus bedingtem Kapital übernimmt.[56] 53

c) **Mittelbarer Stellvertreter eines Tochterunternehmens.** Ist das Rechtsverhältnis zwischen Tochterunternehmen und mittelbarem Stellvertreter gemäß § 71 d S. 4 iVm § 71 a Abs. 2 **nichtig**, so ist **umstritten**, ob der mittelbare Stellvertreter gemäß § 71 b von den Rechten aus den Aktien ausgeschlossen ist (Rn 18). Ist das Rechtsgeschäft zwischen Tochterunternehmen und mittelbarem Stellvertreter **wirksam**, so gilt **§ 71 b**. 54

5. Entsprechende Geltung des § 71 c. Gemäß § 71 c Abs. 1 sind rechtswidrig erworbene eigene Aktien innerhalb eines Jahres zu veräußern (Einzelheiten s. § 71 c Rn 4 ff). Gemäß § 71 c Abs. 2 sind rechtmäßig erworbene eigene Aktien, soweit sie 10 % des Grundkapitals überschreiten, innerhalb von drei Jahren nach dem Erwerb zu veräußern (Einzelheiten siehe § 71 c Rn 11 ff). Nicht fristgerecht veräußerte Aktien sind einzuziehen (§ 71 c Abs. 3, Einzelheiten siehe § 71 c Rn 19 ff). Der Verweis des § 71 d S. 4 auf § 71 c bedeutet im einzelnen Folgendes: 55

a) **Mittelbarer Stellvertreter der AG.** § 71 d S. 4 gilt für den mittelbaren Stellvertreter der AG nur dann, wenn das Rechtsverhältnis zwischen AG und mittelbarem Stellvertreter wirksam ist (Rn 17). Deshalb kommt für den mittelbaren Stellvertreter der AG praktisch nur die Anwendung des § 71 c Abs. 2 und Abs. 3 in Betracht. Die **Veräußerungspflicht** trifft **ausschließlich die AG**, nicht den mittelbaren Stellvertreter.[57] Die AG kann sich die Aktien zu diesem Zweck sowohl aufgrund des Anspruches gemäß **§ 667 BGB** als auch aufgrund des Anspruches gemäß **§ 71 d S. 5 verschaffen** (Einzelheiten s. Rn 62). Aktien, welche ein mittelbarer Stellvertreter der AG originär erwirbt, fallen nicht unter § 71 d S. 4 iVm § 71 c. § 56 Abs. 3 geht hier als Spezialvorschrift vor. 56

b) **Tochterunternehmen.** Bei einem Erwerb oder Besitz von Aktien der AG durch ein Tochterunternehmen kommen sowohl § 71 c Abs. 1, Abs. 3 als auch § 71 c Abs. 2, Abs. 3 in Betracht. Die Pflicht zur Veräußerung und ggf zur Einziehung trifft nach herrschender Meinung **ausschließlich die AG**, nicht das Tochterun- 57

---

51 MüKo-AktG/*Oechsler*, Rn 57; KölnKomm-AktG/*Lutter/Drygala*, Rn 53; unklar: *Hüffer*, Rn 17, der meint, § 71 a Abs. 2 könne "schon tatbestandlich nicht vorliegen".
52 Geßler/*Hefermehl*/*Bungeroth*, Rn 86; KölnKomm-AktG/*Lutter/Drygala*, Rn 112.
53 Geßler/*Hefermehl*/*Bungeroth*, Rn 85.
54 Geßler/*Hefermehl*/*Bungeroth*, Rn 40; *Hüffer*, Rn 18; KölnKomm-AktG/*Lutter/Drygala*, Rn 54.
55 Dagegen: MüKo-AktG/*Oechsler*, Rn 58; *Cahn/Farrenkopf*, AG 1984, 178, 180; dafür: Geßler/*Hefermehl*/*Bungeroth*, Rn 37; KölnKomm-AktG/*Lutter/Drygala*, Rn 57.
56 *Hüffer*, Rn 18; KölnKomm-AktG/*Lutter/Drygala*, Rn 57; Geßler/*Hefermehl*/*Bungeroth*, Rn 40; MüKo-AktG/*Oechsler*, Rn 59.
57 Geßler/*Hefermehl*/*Bungeroth*, Rn 88; Bürgers/Körber/*Wieneke*, Rn 22.

ternehmen.[58] Zur Erfüllung dieser Pflichten kann sich die AG die Aktien aufgrund des Anspruches gemäß § 71 d S. 5 von dem Tochterunternehmen beschaffen (Einzelheiten Rn 63). Die Abgrenzung von § 71 c Abs. 1 und Abs. 2 kann Probleme bereiten, wenn das Tochterunternehmen **erst nach Erwerb der Aktien abhängiges oder im Mehrheitsbesitz stehendes Unternehmen** der AG geworden ist. In diesem Fall hat das Tochterunternehmen die Aktien rechtmäßig erworben, der **Besitz** stellt sich aber ggf als **rechtswidrig** dar. Nach herrschender Meinung ist in derartigen Fällen **§ 71 c Abs. 2** anzuwenden.[59] Die Veräußerungs- und Einziehungspflicht gilt **auch** für solche Aktien, welche das Tochterunternehmen **originär gemäß § 56 Abs. 2 S. 2** erworben hat.[60] Die Veräußerungspflicht der AG gemäß § 71 d S. 4 iVm § 71 c bedeutet nicht, dass das Tochterunternehmen in der Verfügung über die Aktien beschränkt wäre. Bis zu dem Zeitpunkt, zu dem die AG ihren Verschaffungsanspruch gemäß § 71 d S. 5 geltend macht, **kann das Tochterunternehmen** die (rechtswidrig oder rechtmäßig) erworbenen Aktien wieder **veräußern** und damit eine Veräußerung und Einziehung gemäß § 71 c hinfällig machen, ohne dass sich das Tochterunternehmen gegenüber der AG dadurch schadensersatzpflichtig machen würde.[61]

58 **c) Mittelbarer Stellvertreter eines Tochterunternehmens.** Ebenso wie beim mittelbaren Stellvertreter der AG kommt § 71 d S. 4 iVm § 71 c nur zur Anwendung, wenn das Rechtsgeschäft zwischen Tochterunternehmen und mittelbarem Stellvertreter **wirksam** ist (Rn 17, 34). Es gelten die Erläuterungen zum mittelbaren Stellvertreter der AG entsprechend (siehe oben Rn 56). Zur Veräußerung und Einziehung verpflichtet ist auch hier alleine die AG, nicht das Tochterunternehmen oder deren mittelbarer Stellvertreter. Die AG kann sich die Aktien aufgrund des Herausgabeanspruchs gemäß § 71 d S. 5 direkt vom mittelbaren Stellvertreter des Tochterunternehmens beschaffen (Einzelheiten siehe Rn 66).

59 **d) Tochterunternehmen als mittelbarer Stellvertreter der AG.** Ist das Rechtsgeschäft zwischen AG und Tochterunternehmen über die mittelbare Stellvertretung wirksam, so ist das Tochterunternehmen **wie ein mittelbarer Stellvertreter** der AG zu behandeln (Rn 37). § 71 d S. 4 iVm § 71 c Abs. 2, 3 gilt dann wie beim mittelbaren Stellvertreter der AG (siehe oben Rn 56). Ist das Rechtsgeschäft über die mittelbare Stellvertretung **nichtig**, so gilt § 71 d S. 4 iVm § 71 c wie unter Rn 57 erläutert.

60 **e) Rechtsfolgen eines Verstoßes gegen die Veräußerungs- und Einziehungspflichten.** Kommt die AG ihren Pflichten gemäß § 71 d S. 4 iVm § 71 c nicht nach (ggf durch Geltendmachung des Anspruchs gemäß § 71 d S. 5), so handelt es sich um eine **Sorgfaltspflichtverletzung** der verantwortlichen Vorstands- und Aufsichtsratsmitglieder. Die Vorstandsmitglieder begehen eine **Ordnungswidrigkeit** gemäß § 405 Abs. 1 Nr. 4 b) bzw c) (Geldbuße bis zu 25.000 EUR, § 405 Abs. 4). Gemäß § 407 Abs. 1 S. 1 können die Vorstandsmitglieder vom Handelsregistergericht durch Festsetzung von **Zwangsgeld** von bis zu 5.000 EUR zur Erfüllung der Pflichten aus § 71 d S. 4 iVm § 71 c angehalten werden.[62]

61 **V. Pflicht zur Verschaffung des Eigentums an den Aktien (S. 5).** Gemäß § 71 d S. 5 haben der mittelbare Stellvertreter oder das Tochterunternehmen der AG auf deren Verlangen das **Eigentum an den Aktien zu verschaffen**. Zweck dieser Vorschrift ist es, der AG die Erfüllung ihrer Veräußerungs- und Einziehungspflichten gemäß § 71 d S. 4 iVm § 71 c zu ermöglichen.[63] Der Zweck des Verschaffungsanspruchs erschöpft sich aber nicht in § 71 c: Da die vom mittelbaren Stellvertreter bzw Tochterunternehmen erworbenen Aktien gemäß § 71 d S. 3 der AG als eigene zugerechnet werden (mit allen nachteiligen Folgen für die Dispositionsfreiheit der AG), soll die AG die Möglichkeit haben, die Aktien an sich zu ziehen und darüber zu verfügen. Mit „Eigentum verschaffen" meint das Gesetz die Übertragung der Mitgliedschaft in der jeweils erforderlichen Form: Abtretung gemäß §§ 413, 398 BGB, Übereignung der Aktienurkunde (ggf mit Indossament), Übertragung eines Miteigentumsanteils gemäß § 6 Depotgesetz).[64] Der Anspruch auf Übertragung der Aktien entsteht erst, wenn die AG die Übertragung „verlangt". Es bedarf also einer entsprechenden **einseitigen Erklärung der AG**, die den mittelbaren Stellvertreter bzw dem Tochterunternehmen zugehen muss. Der Anspruch richtet sich auf Übertragung der Aktien Zug-um-Zug gegen Zahlung des „Gegenwerts" gemäß § 71 d S. 6 (Rn 67). Erwirbt die AG, nachdem sie die Übertragung verlangt hat, die Aktien,

---

58 KölnKomm-AktG/*Lutter/Drygala*, Rn 63; MüKo-AktG/*Oechsler*, Rn 60, 61; *Zilias/Lanfermann*, WPg 1980, 66; *Preusche*, BB 1982, 1640; *Hüffer*, Rn 19; Bürgers/Körber/*Wieneke*, Rn 22; wohl auch: RegBegr, BT-Drucks. 18/1678, 17 liSp; aA: *Müller*, WPg 1978, 572.

59 MüKo-AktG/*Oechsler*, Rn 61; KölnKomm-AktG/*Lutter/Drygala*, Rn 69; aA: *Cahn/Farrenkopf*, AG 1984, 178 ff.

60 *Hüffer*, Rn 19; KölnKomm-AktG/*Lutter/Drygala*, Rn 66; Geßler/*Hefermehl/Bungeroth*, Rn 50.

61 *Hüffer*, Rn 21; Geßler/*Hefermehl/Bungeroth*, Rn 58; KölnKomm-AktG/*Lutter/Drygala*, Rn 83; *Preusche*, BB 1982, 1638 Fn 4.

62 Geßler/*Hefermehl/Bungeroth*, Rn 52; KölnKomm-AktG/*Lutter/Drygala*, Rn 72; *Zilias/Lanfermann*, WPg 1980, 61, 69; siehe auch RegBegr, BT-Drucks. 8/1678, 17 liSp.

63 RegBegr, BT-Drucks. 8/1678, 17 liSp; *Hüffer*, Rn 20; MüKo-AktG/*Oechsler*, Rn 63; KölnKomm-AktG/*Lutter/Drygala*, Rn 79; *Müller*, WPg 1978, 572; *Ganske*, DB 1978, 2461, 2464; *Zilias/Lanfermann*, WPg 1980, 66; *Preusche*, BB 1982, 1640.

64 *Hüffer*, Rn 20; MüKo-AktG/*Oechsler*, Rn 65; KölnKomm-AktG/*Lutter/Drygala*, Rn 79.

so unterliegt dieser Erwerbsvorgang nicht noch einmal den §§ 71 ff. Die Aktien werden der AG nämlich bereits gemäß § 71 d S. 3 zugerechnet.[65]

1. Mittelbarer Stellvertreter der AG. Der Anspruch der AG gemäß § 71 d S. 5 gegen den mittelbaren Stellvertreter tritt neben den in der Regel bestehenden Anspruch gemäß § 667 BGB. **§ 71 d S. 5** gilt beim mittelbaren Stellvertreter **nur** dann, wenn das Rechtsverhältnis zwischen AG und mittelbarem Stellvertreter **wirksam** ist. Anderenfalls werden die vom „mittelbaren Stellvertreter" gehaltenen Aktien der AG nicht zugerechnet und sind von dieser auch nicht gemäß § 71 d S. 4 iVm § 71 c zu veräußern/einzuziehen (Rn 17). Anders als ein Tochterunternehmen (s. Rn 63) hat der mittelbare Stellvertreter unter Umständen aufgrund des Rechtsverhältnisses mit der AG einen **Anspruch auf Abnahme** der Aktien zu seiner Entlastung. Je nach Rechtsverhältnis kann der mittelbare Stellvertreter der AG dem Anspruch auf Übertragung der Aktien seine Aufwendungsersatzansprüche gemäß § 670 BGB als Einrede entgegenhalten. Erwirbt ein mittelbarer Stellvertreter originär Aktien der AG, so gilt § 71 d S. 5 nicht. **§ 56 Abs. 3 geht** dann **vor**.[66] Anders als ein Tochterunternehmen (Rn 57, 63) darf der mittelbare Stellvertreter die Aktien nur dann veräußern, wenn ihm dies aufgrund des Rechtsverhältnisses mit der AG gestattet ist.

2. Tochterunternehmen. Der Anspruch der AG gemäß § 71 d S. 5 besteht sowohl bei **zulässigem** als auch bei **rechtswidrigem** Erwerb von Aktien durch ein Tochterunternehmen. Er bezieht sich auch auf Aktien, welche das Tochterunternehmen **gemäß § 56 Abs. 2 S. 2 originär** erworben hat. Ferner erstreckt sich der Anspruch auch auf solche Aktien, welche das Tochterunternehmen **schon vor der Begründung der Abhängigkeit bzw des Mehrheitsbesitzes** erworben hat.[67] Das Tochterunternehmen hat keinen Anspruch gegen die AG auf Ausübung des Rechts gemäß § 71 d S. 5 (beim mittelbaren Stellvertreter mag das aufgrund des Rechtsverhältnisses zur AG anders sein, s. Rn 62). Das Tochterunternehmen ist aber berechtigt, bis zur Ausübung des Rechts gemäß § 71 d S. 5 durch die AG über die Aktien zu verfügen (Rn 57).

Hat das Tochterunternehmen die Aktien rechtswidrig erworben, so ist das schuldrechtliche Rechtsgeschäft zwischen dem Tochterunternehmen und dem Veräußerer der Aktien gemäß § 71 d S. 4 iVm § 71 Abs. 4 S. 2 unwirksam. Das Tochterunternehmen sieht sich dann (vorbehaltlich des § 814 BGB) zugleich einem Bereicherungsanspruch des Veräußerers und dem Anspruch der AG gemäß § 71 d S. 5 ausgesetzt. Nach herrschender Meinung **geht der Rückübertragungsanspruch des Veräußerers vor**. Die AG ist nicht berechtigt, ihren Anspruch aus § 71 d S. 5 geltend zu machen. Droht jedoch die **Jahresfrist des § 71 c Abs. 1** abzulaufen, ohne dass das Tochterunternehmen die Aktien dem Veräußerer zurückübertragen hat, ist die AG zur Durchsetzung ihres Anspruchs gemäß § 71 d S. 5 berechtigt. Das Tochterunternehmen haftet dem Veräußerer gemäß §§ 819 Abs. 1, 818 Abs. 4 BGB verschärft, wenn es die Unwirksamkeit des schuldrechtlichen Rechtsgeschäfts zwischen ihm und dem Veräußerer kennt. Daraus folgt eine Schadensersatzpflicht des Tochterunternehmens gegenüber dem Veräußerer, wenn das Tochterunternehmen die Unmöglichkeit der Rückübertragung verschuldet (§§ 819 Abs. 1, 818 Abs. 4, 292, 989 BGB). Ein Verschulden liegt vor, wenn das Tochterunternehmen die Aktien der AG übertragen hat, obwohl diese deren Anspruch gemäß § 71 d S. 5 wegen Vorrangs des Rückübertragungsanspruches des Veräußerers nicht geltend machen durfte. Ein Verschulden liegt auch vor, wenn das Tochterunternehmen die Rückübertragung der Aktien auf den Veräußerer schuldhaft verzögert hat.[68]

3. Tochterunternehmen als mittelbarer Stellvertreter der AG. Ist das Rechtsverhältnis über die mittelbare Stellvertretung zwischen der AG und dem Tochterunternehmen wirksam, so gelten die Ausführungen zum mittelbaren Stellvertreter der AG (Rn 62). Ist dagegen das Rechtsverhältnis über die mittelbare Stellvertretung unwirksam, so gelten die Ausführungen zum Tochterunternehmen (Rn 63 f).

4. Mittelbarer Stellvertreter eines Tochterunternehmens. § 71 d S. 5 gilt nur, wenn das Rechtsverhältnis zwischen dem mittelbaren Stellvertreter und dem Tochterunternehmen wirksam ist (Rn 17, 34). Bei Wirksamkeit des Rechtsverhältnisses zwischen dem mittelbaren Stellvertreter und dem Tochterunternehmen hat die AG **direkt gegen den mittelbaren Stellvertreter** des Tochterunternehmens eines Herausgabeanspruch gemäß § 71 d S. 5. Dieser Anspruch **geht einem Anspruch des Tochterunternehmens aus § 667 BGB vor**.[69]

VI. Erstattung des „Gegenwerts" der Aktien (S. 6). Gemäß § 71 d S. 6 kann der mittelbare Stellvertreter der AG bzw das Tochterunternehmen (bzw der mittelbare Stellvertreter des Tochterunternehmens) verlangen, dass die AG ihm den „Gegenwert der Aktien" erstattet, wenn die AG gemäß § 71 d S. 5 die Übertragung

---

65 MüKo-AktG/*Oechsler*, Rn 68; KölnKomm-AktG/*Lutter/Drygala*, Rn 82.
66 Geßler/*Hefermehl/Bungeroth*, Rn 90, 2.
67 Geßler/*Hefermehl/Bungeroth*, Rn 55; KölnKomm-AktG/*Lutter/Drygala*, Rn 81.
68 Zum Ganzen: MüKo-AktG/*Oechsler*, Rn 66; KölnKomm-AktG/*Lutter/Drygala*, Rn 84; *Hüffer*, Rn 21; *Zilias/Lanfermann*, WPg 1980, 67; teilweise abweichend: *Preusche*, BB 1982, 1638, 1640.
69 Geßler/*Hefermehl/Bungeroth*, Rn 94; KölnKomm-AktG/*Lutter/Drygala*, Rn 129.

der Aktien verlangt. Der Anspruch auf Übertragung der Aktien und der Anspruch auf Erstattung des Gegenwertes stehen im **Zug-um-Zug-Verhältnis** (§ 274 Abs. 1 BGB). Umstritten ist, was unter „Gegenwert" zu verstehen ist. Nach herrschender Meinung handelt es sich – jedenfalls soweit Tochterunternehmen betroffen sind – um den **Verkehrswert der Aktien** zum Zeitpunkt der Übertragung der Aktien auf die AG (am Markt erzielbarer Verkaufspreis, ggf Börsenkurs).[70] Beim mittelbaren Stellvertreter (der AG oder des Tochterunternehmens) werden unter „Gegenwert" jedoch zum Teil auch die **Aufwendungen** verstanden, die der mittelbare Stellvertreter bei der Anschaffung der Aktien hatte,[71] da der mittelbare Stellvertreter nach dem Geschäftsbesorgungsverhältnis weder einen Gewinn erzielen noch einen Verlust erleiden solle.[72] Weitergehende Ansprüche eines Tochterunternehmens gegen die AG lässt § 71 d S. 6 unberührt (zB §§ 311, 317, 117).[73]

68 **VII. Internationale Sachverhalte.** § 71 d dient dem Schutz der AG vor Umgehungen der §§ 71 ff durch das Einschalten von mittelbaren Stellvertretern und Tochterunternehmen. Für die Anwendung des § 71 d auf Fälle mit Auslandsbezug ist deshalb zunächst maßgeblich, ob auf die AG deutsches Recht anwendbar ist.[74] Das richtet sich nach den Regeln des internationalen Gesellschaftsrechts. Im Folgenden wird unterstellt, dass die AG deutschem Recht unterliegt („deutsche AG").

69 Ob ein Unternehmen für Zwecke des § 71 d als Tochterunternehmen einer deutschen AG anzusehen ist, richtet sich nach deutschem Recht (§§ 16, 17).[75] Hält ein ausländisches Tochterunternehmen (oder ein ausländischer mittelbarer Stellvertreter der AG) Aktien einer deutschen AG, so richten sich die Rechtsfolgen dieses Aktieneigentums nach § 71 d. Insbesondere sind die Aktien gemäß § 71 d S. 3 der deutschen AG als eigene zuzurechnen. Dem ausländischen Tochterunternehmen (oder mittelbaren Stellvertreter) stehen gemäß § 71 d S. 4 iVm § 71 b keine Rechte aus den Aktien zu. Die Veräußerungs- und Einziehungspflichten gemäß § 71 d S. 4 iVm § 71 c und der Verschaffungsanspruch gemäß § 71 d S. 5, 6 gelten.[76] Umstritten ist, ob § 71 d anwendbar ist, wenn ein deutsches Tochterunternehmen in der Rechtsform der AG Anteile an einer ausländischen Mutter-AG erwirbt oder besitzt.[77]

70 Nicht geklärt ist auch die Anwendbarkeit des § 71 d auf **schuldrechtliche Verträge** mit Auslandsbezug über den Erwerb eigener Aktien, Finanzierungsleistungen und mittelbare Stellvertretungen. § 71 d S. 4 iVm § 71 Abs. 4 S. 2 gilt nach überwiegender Ansicht nicht für einen schuldrechtlichen Vertrag zwischen einem ausländischen Tochterunternehmen (oder mittelbaren Stellvertreter) der deutschen AG und einem Aktienveräußerer, wenn auf diesen Vertrag nach Vertragsstatut ausländisches Recht anwendbar ist.[78] Umstritten ist, ob Rechtsgeschäfte mit Dritten gemäß § 71 a Abs. 1 bzw Abs. 2 unwirksam sind, wenn der betroffene Vertrag gemäß Vertragsstatut ausländischem Recht unterliegt.[79] § 71 d S. 4 iVm § 71 a gilt aber nicht, wenn eine ausländische AG oder eines ihrer Tochterunternehmen einen mittelbaren Stellvertreter mit dem Erwerb oder Besitz ihrer Aktien beauftragt oder eine Finanzierungsleistung vereinbart, selbst wenn auf den Vertrag deutsches Recht anwendbar sein sollte.[80]

§ 71 e Inpfandnahme eigener Aktien

(1) ¹Dem Erwerb eigener Aktien nach § 71 Abs. 1 und 2, § 71 d steht es gleich, wenn eigene Aktien als Pfand genommen werden. ²Jedoch darf ein Kreditinstitut oder Finanzdienstleistungsinstitut im Rahmen der laufenden Geschäfte eigene Aktien bis zu dem in § 71 Abs. 2 Satz 1 bestimmten Anteil am Grundkapital als Pfand nehmen. ³§ 71 a gilt sinngemäß.

---

70 Hüffer, Rn 22; Geßler/Hefermehl/Bungeroth, Rn 63 f; KölnKomm-AktG/Lutter/Drygala, Rn 85 f; Großkomm-AktienR/Merkt, Rn 85; Spindler/Stilz/Cahn, Rn 58; Müller, WPg 1978, 565, 572; aA (Aufwendungsersatz): Zilias/Lanfermann, WPg 1980, 61, 67; K. Schmidt/Lutter/Bezzenberger, Rn 16; MüKo-AktG/Oechsler, Rn 69.

71 Geßler/Hefermehl/Bungeroth, Rn 91; Spindler/Stilz/Cahn, Rn 58.

72 KölnKomm-AktG/Lutter/Drygala, Rn 113; Spindler/Stilz/Cahn, Rn 58.

73 Geßler/Hefermehl/Bungeroth, Rn 66; auch Geßler, Rn 2.

74 MüKo-AktG/Oechsler, Rn 62; KölnKomm-AktG/Lutter/Drygala, Rn 136; Großkomm-AktienR/Merkt, § 71 Rn 411.

75 KölnKomm-AktG/Lutter/Drygala, Rn 136; Geßler/Hefermehl/Bungeroth, Rn 99.

76 Geßler/Hefermehl/Bungeroth, Rn 99 f; KölnKomm-AktG/Lutter/Drygala, Rn 138 f; Spickhoff, BB 1997, 2593.

77 Dagegen: MüKo-AktG/Oechsler, § 71 Rn 62; dafür: KölnKomm-AktG/Lutter/Drygala, Rn 144.

78 Geßler/Hefermehl/Bungeroth, Rn 103, 107; KölnKomm-AktG/Lutter/Drygala, Rn 138, 146; Spickhoff, BB 1997, 2593 ff, 2603; Huber, in: FS Duden, 1977, 137, 149 f; aA möglicherweise: MüKo-AktG/Oechsler, § 71 Rn 58, § 71 d.

79 Dagegen: Geßler/Hefermehl/Bungeroth, Rn 103, 105; dafür: KölnKomm-AktG/Lutter/Drygala, Rn 142; generell an das Gesellschaftsstatut anknüpfend und damit die Anwendbarkeit von § 71 a bejahend auch: MüKo-AktG/Oechsler, § 71 Rn 60 f, jeweils mwN.

80 Geßler/Hefermehl/Bungeroth, Rn 108.

(2) ¹Ein Verstoß gegen Absatz 1 macht die Inpfandnahme eigener Aktien unwirksam, wenn auf sie der Ausgabebetrag noch nicht voll geleistet ist. ²Ein schuldrechtliches Geschäft über die Inpfandnahme eigener Aktien ist nichtig, soweit der Erwerb gegen Absatz 1 verstößt.

Literatur:
Beeser, Inpfandnahme von Eigenaktien, AcP 159 (1960), 56; *Büdenbender*, Eigene Aktien und Aktien an der Muttergesellschaft, DZWir 1998, 1, 55; *Cahn/Ostler*, Eigene Aktien und Wertpapierleihe, AG 2008, 221; *Oechsler*, Die Wertpapierleihe im Anwendungsbereich des § 71 AktG, AG 2010, 526; *Ziebe*, Die Regelung des Erwerbs eigener Aktien in den Mitgliedstaaten der Europäischen Gemeinschaft, AG 1982, 175; *Zilias/Lanfermann*, Die Neuregelung des Erwerbs und Haltens eigener Aktien, WPg 1980, 61, 89.

A. Übersicht 1	b) Rechte und Pflichten aus den in Pfand genommenen Aktien, Nichtanwendbarkeit des § 71 b 20
B. Regelungsgehalt 2	
I. Gleichstellung mit dem Erwerb eigener Aktien, Ausnahme für Kreditinstitute und Finanzdienstleistungsinstitute (Abs. 1) 2	c) Entsprechende Geltung der Unterrichtungspflicht gemäß § 71 Abs. 3 S. 1? ... 21
1. Anwendungsbereich des Abs. 1 3	d) Pflicht zur Angabe im Anhang gemäß § 160 Abs. 1 S. 1 Nr. 2 22
2. Entsprechende Anwendung des § 71 Abs. 1 und Abs. 2 (Abs. 1 S. 1) 5	5. Entsprechende Anwendung von § 71 d: Inpfandnahme durch mittelbare Stellvertreter und Tochterunternehmen 23
a) Entsprechende Anwendung von § 71 Abs. 1: Rechtfertigungstatbestände 6	a) § 71 d S. 1: Inpfandnahme durch mittelbare Stellvertreter der AG 24
aa) § 71 Abs. 1 Nr. 1: Abwendung eines schweren, unmittelbar bevorstehenden Schadens 7	b) § 71 d S. 2: Inpfandnahme durch Tochterunternehmen oder mittelbare Stellvertreter eines Tochterunternehmens der AG 26
bb) § 71 Abs. 1 Nr. 2, 3, 4 (Alt. 2), 6, 7: Belegschaftsaktien, Abfindung, Einkaufskommission, Einziehung, Hauptversammlungsbeschluss von Kreditinstituten etc. zum Zwecke des Wertpapierhandels 8	c) § 71 d S. 3: Zurechnung der von mittelbaren Stellvertretern oder Tochterunternehmen in Pfand genommenen Aktien zu den eigenen Aktien der AG .. 28
cc) § 71 Abs. 1 Nr. 4 (Alt. 1): Unentgeltlichkeit 9	d) § 71 d S. 4: Verweis auf §§ 71 Abs. 3 und 4, 71 a bis 71 c 29
dd) § 71 Abs. 1 Nr. 5: Gesamtrechtsnachfolge 10	e) § 71 d S. 5 und 6: Keine Pflicht zur Verschaffung der Aktien 30
ee) § 71 Abs. 1 Nr. 8: Ermächtigung der Hauptversammlung 11	6. Sinngemäße Anwendung des § 71 a (Abs. 1 S. 3) 31
b) Entsprechende Anwendung von § 71 Abs. 2: 10 %-Grenze, Kapitalgrenze, Volleinzahlung 12	a) Sinngemäße Geltung des § 71 a Abs. 1: Finanzierungsleistungen 31
aa) 10 %-Grenze 13	b) Sinngemäße Geltung des § 71 a Abs. 2: Mittelbare Stellvertretung 33
bb) Kapitalgrenze 14	II. Rechtsfolgen des Verstoßes gegen das Verbot der Inpfandnahme eigener Aktien (Abs. 2) 34
cc) Volleinzahlung 15	1. Unwirksamkeit der Inpfandnahme bei nicht voller Leistung des Ausgabebetrages (Abs. 2 S. 1) 35
3. Zusätzlicher Rechtfertigungstatbestand gemäß Abs. 1 S. 2: Inpfandnahme durch Kreditinstitute oder Finanzdienstleistungsinstitute im Rahmen der laufenden Geschäfte 16	2. Nichtigkeit schuldrechtlicher Geschäfte (Abs. 2 S. 2) 36
4. Rechtsfolgen einer Inpfandnahme eigener Aktien 17	3. Rückabwicklung unwirksamer schuldrechtlicher Rechtsgeschäfte 37
a) Zurechnung der in Pfand genommenen Aktien zu den eigenen Aktien der AG .. 18	4. Haftung von Verwaltung und Aktionären; Ordnungswidrigkeit 38

A. Übersicht

§ 71 e stellt die Inpfandnahme eigener Aktien durch die AG im Wesentlichen dem Erwerb eigener Aktien gleich. § 71 e bezweckt **Kapitalerhaltung** und **Umgehungsschutz**. Es soll verhindert werden, dass die AG im Vertrauen auf das Pfandrecht an eigenen Aktien Forderungen begründet, deren Befriedigung zweifelhaft ist. In Krisenzeiten droht der AG, dass sie sich aus den verpfändeten Aktien wegen deren Wertverlustes nicht voll befriedigen kann. Ein Kursverfall kann die AG bei der Pfandverwertung ggf zwingen, die Aktien selbst zu erwerben. Da dies wegen des möglichen Totalausfalls der Forderung dann in der Regel gemäß § 71

Abs. 1 Nr. 1 auch gerechtfertigt sein dürfte, droht schon mit der Inpfandnahme eigener Aktien eine „Umgehung" der Vorschriften über den Erwerb eigener Aktien.[1]

B. Regelungsgehalt

I. Gleichstellung mit dem Erwerb eigener Aktien, Ausnahme für Kreditinstitute und Finanzdienstleistungsinstitute (Abs. 1). Gemäß Abs. 1 S. 1 steht es dem Erwerb eigener Aktien nach § 71 Abs. 1 und Abs. 2, § 71d gleich, wenn eigene Aktien als Pfand genommen werden (Einzelheiten Rn 3ff). Ausgenommen sind Inpfandnahmen durch Kreditinstitute oder Finanzdienstleistungsinstitute im Rahmen der laufenden Geschäfte (Einzelheiten Rn 16ff). Für die Inpfandnahme gilt § 71a gemäß § 71e Abs. 1 S. 3 sinngemäß (Einzelheiten Rn 31ff).

1. Anwendungsbereich des Abs. 1. Zum Begriff „Aktien" siehe § 71 Rn 4. Mit „Inpfandnahme" ist gemeint, dass die AG **rechtsgeschäftlich** eigene Aktien als Pfand nimmt durch Bestellung eines Pfandrechts gemäß §§ 1274 Abs. 1 S. 1, 398 BGB bzw (bei Einzelverbriefung der Aktien) gemäß §§ 1274 Abs. 1 S. 2, 1205, 1206, 1292 (Namensaktien) oder § 1293 (Inhaberaktien) BGB. „Rechtsgeschäftlich" ist die Bestellung eines Pfandrechts auch, wenn sie auf **allgemeinen Geschäftsbedingungen** beruht.[2] Nicht unter § 71e fallen dagegen der Erwerb eines **Pfandrechts kraft Gesetzes** (insbesondere §§ 397, 404 HGB) und das **Pfändungspfandrecht** gemäß § 804 ZPO.[3] Umstritten ist, ob § 71e für den Fall gilt, dass aufgrund **rechtsgeschäftlicher Übertragung** einer pfandrechtsgesicherten **Forderung** das Pfandrecht gemäß §§ 398, 401, 1250 BGB übergeht. Die wohl überwiegende Ansicht bejaht die Anwendbarkeit des § 71e.[4] § 71e gilt aber **nicht**, wenn die AG ein Pfandrecht dadurch gemäß §§ 412, 398, 401, 1250 BGB erwirbt, dass eine durch das Pfandrecht gesicherte **Forderung gesetzlich** auf die AG **übergeht**.[5] Damit sind die Fälle der Gesamtrechtsnachfolge vom Anwendungsbereich des § 71e an sich ausgeschlossen. Umstritten ist aber, ob § 71e für den Erwerb durch eine Gesamtrechtsnachfolge gilt, die auf rechtsgeschäftlichem Handeln der AG beruht (Erbvertrag, Umwandlung).[6] Diejenigen Stimmen, die § 71e anwenden, kommen gemäß § 71e Abs. 1 S. 1 iVm § 71 Abs. 1 Nr. 5 letztlich auch zur Zulässigkeit des Pfandrechtserwerbs (Rn 10). Die praktische Bedeutung des Streits liegt in der Zurechnung der durch Gesamtrechtsnachfolge in Pfand genommenen Aktien zu den eigenen Aktien gemäß § 71e Abs. 1 S. 1 iVm § 71d S. 3, § 71 Abs. 2 S. 1 und § 71c Abs. 2.

§ 71e gilt **nicht** für die **Sicherungsübertragung**. Diese wird bereits als Erwerb eigener Aktien von § 71 unmittelbar erfasst (siehe § 71 Rn 5).[7] Keine Inpfandnahme gemäß § 71e ist die Begründung eines **Zurückbehaltungsrechts** (§§ 273, 320 BGB). Dagegen soll § 71e nach verbreiteter Ansicht auf vertraglich begründete Zurückbehaltungsrechte dann **anwendbar** sein, wenn diese eine Verwertungsbefugnis und ein Recht auf **abgesonderte Befriedigung** in der Insolvenz gewähren.[8]

2. Entsprechende Anwendung des § 71 Abs. 1 und Abs. 2 (Abs. 1 S. 1). Gemäß § 71e Abs. 1 S. 1 „steht" es dem Erwerb eigener Aktien nach §§ 71 Abs. 1 und Abs. 2, 71d „gleich", wenn eigene Aktien als Pfand genommen werden. Das bedeutet: Die Inpfandnahme eigener Aktien (einschließlich der in § 71d angesprochenen Umgehungstatbestände, dazu Rn 23ff) ist grundsätzlich verboten, es sei denn, sie ist nach Maßgabe der §§ 71 Abs. 1 und Abs. 2, 71d erlaubt.

a) Entsprechende Anwendung von § 71 Abs. 1: Rechtfertigungstatbestände. Zur Rechtfertigung einer Inpfandnahme eigener Aktien kommen nach dem Gesetzeswortlaut die Tatbestände des § 71 Abs. 1 Nr. 1 bis 8 in Betracht. Tatsächlich greift aber nur ein Teil der Tatbestände:

aa) § 71 Abs. 1 Nr. 1: Abwendung eines schweren, unmittelbar bevorstehenden Schadens. Die AG kann – wie beim Erwerb eigener Aktien – eigene Aktien in Pfand nehmen, wenn dies zur **Abwendung** eines schwe-

---

1 Geßler/Hefermehl/Bungeroth, Rn 2; KölnKomm-AktG/Lutter/Drygala, Rn 6; kritisch: MüKo-AktG/Oechsler, Rn 1.
2 Hüffer, Rn 2; Geßler/Hefermehl/Bungeroth, Rn 5; KölnKomm-AktG/Lutter/Drygala, Rn 7; Großkomm-AktienR/Merkt, Rn 5.
3 KölnKomm-AktG/Lutter/Drygala, Rn 8; Hüffer, Rn 2; Geßler/Hefermehl/Bungeroth, Rn 6, 10; Großkomm-AktienR/Merkt, Rn 6; Baumbach/Hueck, AktG, § 71 Rn 16; v. Godin/Wilhelmi, § 71 Anm. 16.
4 Für Anwendung des § 71e: MüKo-AktG/Oechsler, Rn 8; Geßler/Hefermehl/Bungeroth, Rn 7f; KölnKomm-AktG/Lutter/Drygala, Rn 4; gegen Anwendung des § 71e: Großkomm-AktienR/Merkt, Rn 7.
5 KölnKomm-AktG/Lutter/Drygala, Rn 4; Geßler/Hefermehl/Bungeroth, Rn 9; Großkomm-AktienR/Merkt, Rn 7.
6 Für Anwendbarkeit des § 71e: Geßler/Hefermehl/Bungeroth, Rn 9; Großkomm-AktienR/Merkt, Rn 16; Beeser, AcP 159 (1960), 56, 66 Fn 39; wohl auch Schwerdtfeger/Mildner, § 71e Rn 3; MüKo-AktG/Oechsler, Rn 16; gegen Anwendbarkeit des § 71e: Hüffer, Rn 3; KölnKomm-AktG/Lutter/Drygala, Rn 12; Spindler/Stilz/Cahn, Rn 6.
7 Hüffer, Rn 2; MüKo-AktG/Oechsler, Rn 9; KölnKomm-AktG/Lutter/Drygala, Rn 6; Großkomm-AktienR/Merkt, Rn 9; Baumbach/Hueck, AktG, § 71 Anm. 16; siehe aber Cahn/Ostler, AG 2008, 221, 227f, die § 71e auf Wertpapierpensionsgeschäfte anwenden wollen; dagegen: Oechsler, AG 2010, 526 ff; missverständlich: v. Godin/Wilhelmi, § 71 Anm. 16.
8 KölnKomm-AktG/Lutter/Drygala, Rn 9; Geßler/Hefermehl/Bungeroth, Rn 11; Beeser, AcP 159 (1960), 56, 70f; MüKo-AktG/Oechsler, Rn 8.

ren, unmittelbar bevorstehenden **Schadens der AG notwendig** ist. Zu den einzelnen Tatbestandsmerkmalen des § 71 Abs. 1 Nr. 1 siehe § 71 Rn 13 ff. Praktischer Hauptanwendungsfall ist die Inpfandnahme eigener Aktien zur **Sicherung einer gefährdeten Forderung**, für die keine sonstigen Sicherheiten zur Verfügung stehen.[9] In Betracht kommt sowohl die Inpfandnahme **nach** Begründung der Forderung als auch **gleichzeitig mit** Begründung der Forderung.[10] Nach einer Literaturansicht soll letzteres aber nur dann zulässig sein, wenn die Begründung der Forderung selbst zur Abwehr eines schweren, unmittelbar bevorstehenden Schadens notwendig ist.[11]

bb) § 71 Abs. 1 Nr. 2, 3, 4 (Alt. 2), 6, 7: Belegschaftsaktien, Abfindung, Einkaufskommission, Einziehung, Hauptversammlungsbeschluss von Kreditinstituten etc. zum Zwecke des Wertpapierhandels. Durch die in § 71 Abs. 1 Nr. 2, 3, 4 (Alt. 2) und 6 genannten Tatbestände lässt sich eine Inpfandnahme eigener Aktien **nicht** rechtfertigen. Die dort bezeichneten Verwendungszwecke (Belegschaftsaktien, Abfindung von Aktionären, Ausführung einer Einkaufskommission, Einziehung von Aktien) setzen voraus, dass die AG **volle Verfügungsbefugnis** über die Aktien erhält. Dies lässt sich durch eine Inpfandnahme nicht erreichen, da das Pfandrecht lediglich die Befugnis zur öffentlichen Versteigerung (§§ 1235, 1293 BGB) bzw zum Verkauf zum Börsenkurs (§§ 1221, 1293, 1295 BGB) gewährt.[12] Hinsichtlich der Möglichkeit von Kreditinstituten, Finanzdienstleistungsinstituten und Finanzunternehmen, sich durch Hauptversammlungsbeschluss zum Erwerb eigener Aktien zwecks Wertpapierhandels ermächtigen zu lassen, ist umstritten, ob dies entsprechend für die Inpfandnahme eigener Aktien gilt.[13] Zugunsten der laufenden Geschäfte von Kreditinstituten und Finanzdienstleistungsinstituten gilt allerdings ohnehin die Ausnahme des Abs. 1 S. 2.

cc) § 71 Abs. 1 Nr. 4 (Alt. 1): Unentgeltlichkeit. Aufgrund des Verweises auf § 71 Abs. 1 Nr. 4 Alt. 1 ist die **unentgeltliche Inpfandnahme** eigener Aktien zulässig, jedoch nur wenn der Ausgabebetrag voll geleistet ist (§ 71e Abs. 2 S. 1, s. Rn 35). Ob die Inpfandnahme „unentgeltlich" ist, richtet sich nach den Kriterien, welche Rechtsprechung und Literatur zu § 4 Anfechtungsgesetz und § 134 InsO entwickelt haben.[14] Folgende Fälle sind zu unterscheiden: Erwirbt die AG das Pfandrecht **zugleich** mit der Begründung der Forderung und ist die **Forderung entgeltlich**, so ist auch die Inpfandnahme entgeltlich, so dass eine Rechtfertigung nach § 71 Abs. 1 Nr. 4 Alt. 1 ausscheidet.[15] Wird dagegen die pfandrechtsgesicherte **Forderung** für die AG **unentgeltlich** begründet, so ist auch der damit einhergehende Pfandrechtserwerb unentgeltlich.[16] Entsprechendes gilt, wenn die AG durch Abtretung unentgeltlich eine Forderung erwirbt, die durch ein Pfandrecht an eigenen Aktien gesichert ist.[17] Hat die AG bereits eine Forderung (entgeltlich oder unentgeltlich) und wird zur Sicherung dieser Forderung nachträglich ein Pfandrecht begründet, so handelt es sich um eine zulässige Inpfandnahme dann, wenn die **nachträgliche Begründung** des Pfandrechts für die AG **unentgeltlich** ist, dh, wenn die AG dem Schuldner dafür keinerlei Vorteil gewährt (keine Stundung, Aussetzung der Verzinsung, Teilverzicht etc.).[18] Umstritten ist, ob die Pfandrechtsbestellung entgeltlich ist, wenn nicht der Schuldner der (entgeltlichen) Forderung selbst, sondern ein dritter Aktionär der AG ein Pfandrecht an seinen Aktien zur Sicherung der Forderung einräumt.[19] Meines Erachtens kommt es auch in dieser Konstellation allein darauf an, ob die Begründung bzw der Erwerb der Forderung und/oder des Pfandrechts für die AG entgeltlich ist.

dd) § 71 Abs. 1 Nr. 5: Gesamtrechtsnachfolge. Eine Gesamtrechtsnachfolge in das Pfandrecht ist nur aufgrund gesetzlicher Vorschrift möglich (Vererbung, Umwandlung, § 140 Abs. 1 S. 2 HGB). Auf einen **gesetzlichen Erwerb** des Pfandrechts ist § 71e an sich **nicht anwendbar**, so dass ein derartiger Pfandrechtserwerb unbeschränkt zulässig ist. Das wird allerdings von einem Teil der Literatur für solche Fälle der Gesamtrechtsnachfolge in Frage gestellt, denen ein rechtsgeschäftliches Handeln der AG vorausgeht (Erbvertrag, Umwandlung, s. schon Rn 3). Für diese Literaturstimmen ergibt sich die Zulässigkeit der Gesamtrechts-

---

9 Geßler/*Hefermehl*/*Bungeroth*, Rn 17; Großkomm-AktienR/ *Merkt*, Rn 13; KölnKomm-AktG/*Lutter*/*Drygala*, Rn 13; *Ziebe*, AG 1982, 180; zweifelnd: MüKo-AktG/*Oechsler*, Rn 13.
10 Zu eng wohl: *Hüffer*, Rn 3; zweifelnd: MüKo-AktG/*Oechsler*, Rn 13.
11 Geßler/*Hefermehl*/*Bungeroth*, Rn 17; mit dieser Tendenz auch: MüKo-AktG/*Oechsler*, Rn 13.
12 Geßler/*Hefermehl*/*Bungeroth*, Rn 23; KölnKomm-AktG/*Lutter*/ *Drygala*, Rn 12; Großkomm-AktienR/*Merkt*, Rn 12.
13 Dagegen: Spindler/Stilz/*Cahn*, Rn 6; Schwerdtfeger/*Mildner*, § 71e Rn 3; Großkomm-AktienR/*Merkt*, Rn 17; dafür: KölnKomm/*Lutter*/*Drygala*, Rn 17; MüKo-AktG/*Oechsler*, Rn 15.
14 Geßler/*Hefermehl*/*Bungeroth*, Rn 24; KölnKomm-AktG/*Lutter*/ *Drygala*, Rn 14; Großkomm-AktienR/*Merkt*, Rn 14; *Beeser*, AcP 159 (1960), 67.
15 Geßler/*Hefermehl*/*Bungeroth*, Rn 25; KölnKomm-AktG/*Lutter*/ *Drygala*, Rn 14; aA: MüKo-AktG/*Oechsler*, Rn 14.
16 Geßler/*Hefermehl*/*Bungeroth*, Rn 25; zu eng: *Hüffer*, Rn 3.
17 Geßler/*Hefermehl*/*Bungeroth*, Rn 26; KölnKomm-AktG/*Lutter*/ *Drygala*, Rn 14; Großkomm-AktienR/*Merkt*, Rn 14; *Beeser*, AcP 159 (1960), 67.
18 Geßler/*Hefermehl*/*Bungeroth*, Rn 27; KölnKomm-AktG/*Lutter*/ *Drygala*, Rn 14; MüKo-AktG/*Oechsler*, Rn 14 (mit dem Hinweis, dass ein Verzicht auf ein außerordentliches Kündigungsrecht ein "Entgelt" sein kann).
19 Für Entgeltlichkeit: Geßler/*Hefermehl*/*Bungeroth*, Rn 25; KölnKomm-AktG/*Lutter*/*Drygala*, Rn 15; für Unentgeltlichkeit: Großkomm-AktienR/*Merkt*, Rn 14.

nachfolge dann erst aus § 71 e Abs. 1 S. 1 iVm § 71 Abs. 1 Nr. 5.[20] Die praktische Bedeutung des Streits liegt in der Zurechnung der durch Gesamtrechtsnachfolge in Pfand genommenen Aktien zu den eigenen Aktien gemäß § 71 e Abs. 1 S. 1 iVm § 71 d S. 3, § 71 Abs. 2 S. 1 und § 71 c Abs. 2.

11 **ee) § 71 Abs. 1 Nr. 8: Ermächtigung der Hauptversammlung.** Seit der Einführung des § 71 Abs. 1 Nr. 8 durch das KonTraG vom 27.4.1998 verweist § 71 e Abs. 1 S. 1 auch auf § 71 Abs. 1 Nr. 8. Ausweislich der Regierungsbegründung zum KonTraG und der Formulierung des § 71 Abs. 1 Nr. 8 ging es dem Gesetzgeber bei der Ermächtigung der Hauptversammlung um den **Erwerb** eigener Aktien, dh die Erlangung der vollen Verfügungsbefugnis.[21] Nach verbreiteter Literaturmeinung soll sich aber eine Ermächtigung der Hauptversammlung auch auf die Inpfandnahme eigener Aktien erstrecken können.[22]

12 **b) Entsprechende Anwendung von § 71 Abs. 2: 10 %-Grenze, Kapitalgrenze, Volleinzahlung.** Zur Rechtfertigung einer Inpfandnahme eigener Aktien kommen nur die Schadensabwehr (§ 71 Abs. 1 Nr. 1), Unentgeltlichkeit (§ 71 Abs. 1 Nr. 4 Alt. 1) oder ggf die Gesamtrechtsnachfolge (§ 71 Abs. 1 Nr. 5) in Betracht (siehe oben Rn 6 ff). Der Verweis in § 71 e Abs. 1 S. 1 auf § 71 Abs. 2 bedeutet deshalb für die Inpfandnahme eigener Aktien Folgendes:

13 **aa) 10 %-Grenze.** Bei der Inpfandnahme eigener Aktien zur **Schadensabwehr** (§ 71 Abs. 1 Nr. 1) dürfen gemäß § 71 e Abs. 1 S. 1 iVm § 71 Abs. 2 S. 1 die in Pfand zu nehmenden Aktien zusammen mit vorhandenen eigenen Aktien sowie ggf anderen bereits in Pfand genommenen eigenen Aktien **nicht mehr als 10 % des Grundkapitals** betragen. Zum Begriff des Grundkapitals siehe § 71 Rn 77. Gemäß § 71 e Abs. 1 S. 1 iVm § 71 d S. 3 sind bei der Berechnung der Gesamtzahl der eigenen Aktien und der in Pfand genommenen Aktien solche Aktien und Pfandrechte mitzurechnen, die von mittelbaren Stellvertretern, Tochterunternehmen der AG oder mittelbaren Stellvertretern von Tochterunternehmen der AG gehalten werden. Die 10 %-Grenze gilt nicht für die unentgeltliche Inpfandnahme (§ 71 Abs. 1 Nr. 4 Alt. 1) oder den Pfandrechtserwerb durch Gesamtrechtsnachfolge (§ 71 Abs. 1 Nr. 5).

14 **bb) Kapitalgrenze.** Bei der Inpfandnahme eigener Aktien zur Schadensabwehr gemäß § 71 Abs. 1 Nr. 1 gilt die **Kapitalgrenze** des § 71 Abs. 2 S. 2: Der Erwerb eigener Aktien ist nur zulässig, wenn die Gesellschaft im Zeitpunkt des Erwerbs eine Rücklage in Höhe der Aufwendungen für den Erwerb bilden könnte, ohne das Grundkapital oder eine nach Gesetz oder Satzung zu bildende Rücklage zu mindern, die nicht zu Zahlungen an die Aktionäre verwandt werden darf (Einzelheiten § 71 Rn 79 ff). Bei einer Inpfandnahme eigener Aktien ist eine **Rücklage nicht zu bilden**.[23] Es ist deshalb **nur hypothetisch** zu prüfen, ob die AG, wenn sie die in Pfand zu nehmenden Aktien erwürbe, die Rücklage ohne Verletzung der Kapitalgrenze bilden könnte. Die Höhe der hypothetisch zu bildenden Rücklage entspricht dem Verkehrswert der Aktien, höchstens jedoch der Höhe der gesicherten Forderung.[24]

15 **cc) Volleinzahlung.** Die Inpfandnahme eigener Aktien zur **Schadensabwehr** (§ 71 Abs. 1 Nr. 1) oder bei **Unentgeltlichkeit** (§ 71 Abs. 1 Nr. 4 Alt. 1) ist nur zulässig, wenn auf die Aktien der **Ausgabebetrag voll geleistet** ist (siehe § 71 Rn 84). Das gilt nicht für den Fall des Pfandrechtserwerbs durch Gesamtrechtsnachfolge (§ 71 Abs. 1 Nr. 5).

16 **3. Zusätzlicher Rechtfertigungstatbestand gemäß Abs. 1 S. 2: Inpfandnahme durch Kreditinstitute oder Finanzdienstleistungsinstitute im Rahmen der laufenden Geschäfte.** Gemäß Abs. 1 S. 2 dürfen **Kreditinstitute** (§§ 1 Abs. 1, 2 Abs. 1 KWG) oder **Finanzdienstleistungsinstitute** (§§ 1 Abs. 1 a, 2 Abs. 6 KWG) im Rahmen der laufenden Geschäfte eigene Aktien bis zu der 10 %-Grenze des § 71 Abs. 2 S. 1 als Pfand nehmen. Zweck dieser Ausnahme ist es, **Wettbewerbsnachteile** von Banken in der Rechtsform der AG zu **vermeiden**.[25] Die Inpfandnahme muss zum **laufenden Geschäft** des betroffenen Kreditinstituts oder Finanzdienstleistungsinstituts gehören (zum Begriff „laufendes Geschäft" siehe § 71 a Rn 13). Die Inpfandnahme ist nur zulässig, wenn die **10 %-Grenze** des § 71 Abs. 2 S. 1 gewahrt ist (zur 10 %-Grenze siehe § 71 Rn 76 ff). Dabei sind nicht nur die vom Kreditinstitut bzw Finanzdienstleistungsinstitut selbst gehaltenen oder in Pfand genommenen eigenen Aktien zu berücksichtigen, sondern auch solche, die von mittelbaren Stellvertretern, Tochterunternehmen oder deren mittelbaren Stellvertretern gehalten werden bzw in Pfand genommen wor-

---

20 Geßler/Hefermehl/Bungeroth, Rn 29; Großkomm-AktienR/Merkt, Rn 16; A/D/S, § 160 Anm. 123; wohl auch: MüKo-AktG/Oechsler, Rn 16.
21 RegBegr, BT-Drucks. 13/9712, 13 ff.
22 MüKo-AktG/Oechsler, Rn 17; KölnKomm-AktG/Lutter/Drygala, Rn 16; Bürgers/Körber/Wieneke, Rn 5; Spindler/Stilz/Cahn, Rn 10; K. Schmidt/Lutter/Bezzenberger, Rn 3; aA: Großkomm-AktienR/Merkt, Rn 17; Schwerdtfeger/Mildner, § 71 e Rn 3.

23 Dies war schon vor Inkrafttreten des BilMoG hM: Hüffer, Rn 4; MüKo-AktG/Oechsler, Rn 19; KölnKomm-AktG/Claussen/Korth, § 272 HGB Rn 63 am Ende; Bürgers/Körber/Wieneke, Rn 6; aA: KölnKomm-AktG/Lutter/Drygala, Rn 24.
24 Hüffer, Rn 4; Geßler/Hefermehl/Bungeroth, Rn 20; KölnKomm-AktG/Lutter/Drygala, Rn 24; Nirk, Hb AG, I Rn 5.837; Bürgers/Körber/Wieneke, Rn 6; aA: MüKo-AktG/Oechsler, Rn 19 (fiktiver Zinssatz).
25 KölnKomm-AktG/Lutter/Drygala, Rn 15; Hüffer, Rn 5.

den sind.[26] Die Kapitalgrenze (§ 71 Rn 79 ff) gilt nicht. Auch müssen die in Pfand genommenen eigenen Aktien nicht voll eingezahlt sein.[27] Gemäß Ziffer 14 Abs. 3 S. 2 **AGB-Banken** in der Fassung vom 31.10.2009 gilt die AGB-mäßige Bestellung eines Pfandrechts an Wertpapieren des Kunden, die sich im Besitz einer inländischen Geschäftsstelle befinden, nicht für eigene Aktien der Bank. Es bedarf also einer Individualvereinbarung.

4. Rechtsfolgen einer Inpfandnahme eigener Aktien. Die gesellschaftsrechtlichen Rechtsfolgen einer wirksamen Inpfandnahme (zur Unwirksamkeit der Inpfandnahme nicht voll eingezahlter Aktien und zu den schuldrechtlichen Folgen einer wirksamen, aber rechtswidrigen Inpfandnahme s. Rn 34 ff) ergeben sich aus dem Verweis des § 71 e Abs. 1 S. 1 auf §§ 71 Abs. 1 und Abs. 2, 71 d:

a) **Zurechnung der in Pfand genommenen Aktien zu den eigenen Aktien der AG.** Abs. 1 S. 1 stellt die Inpfandnahme eigener Aktien dem Erwerb eigener Aktien gleich. Das bedeutet, dass die in Pfand genommenen eigenen Aktien **mitgezählt** werden müssen, wenn nach **§ 71 Abs. 2 S. 1** geprüft wird, ob der weitere Erwerb eigener Aktien (oder ggf die Inpfandnahme eigener Aktien) die Grenze von 10 % des Grundkapitals überschreitet.[28] Bei einer Verletzung der 10 %-Grenze sind gemäß § 71 c Abs. 1 die rechtswidrig erworbenen eigenen Aktien innerhalb einer Jahresfrist zu veräußern (§ 71 c Rn 3 ff). Die in Pfand genommenen eigenen Aktien sind also für § 71 c Abs. 1 insofern relevant, als sie über § 71 Abs. 2 S. 1 den Erwerb eigener Aktien quantitativ beschränken und das **Risiko einer Verletzung der 10 %-Grenze** des § 71 Abs. 2 S. 1 mit Veräußerungspflicht gemäß § 71 c Abs. 1 **erhöhen.** Auf die **in Pfand genommenen eigenen Aktien selbst** ist die **Veräußerungspflicht** des § 71 c Abs. 1 jedoch **nicht anwendbar.**

Umstritten ist, ob die Zurechnung in Pfand genommener eigener Aktien zum Bestand eigener Aktien eine Veräußerungspflicht gemäß **§ 71 c Abs. 2** verursachen kann. Nach dieser Vorschrift sind rechtmäßig erworbene eigene Aktien innerhalb einer Dreijahresfrist zu veräußern, soweit sie 10 % des Grundkapitals überschreiten (Einzelheiten § 71 c Rn 11 ff). **Einigkeit** besteht zunächst darüber, dass die **in Pfand genommenen Aktien selbst nicht nach § 71 c zu veräußern** sind, da dies ein zu weitgehender Eingriff in die Rechte der Aktionäre darstellen würde, die ihre Aktien verpfändet haben.[29] **Strittig** ist aber, ob die in Pfand genommenen Aktien zum Bestand eigener Aktien im Rahmen des **§ 71 c Abs. 2 mitzuzählen** sind mit der Folge, dass zwar nicht die in Pfand genommenen Aktien, jedoch die eigenen Aktien in dem Umfang zu veräußern sind, der zur Herabsetzung auf die 10 %-Grenze erforderlich ist.[30]

b) **Rechte und Pflichten aus den in Pfand genommenen Aktien, Nichtanwendbarkeit des § 71 b.** Die Rechte aus der Aktie stehen auch bei Inpfandnahme nach wie vor den Aktionären zu. § 71 e verweist deshalb bewusst **nicht auf § 71 b**.[31] Davon zu **unterscheiden** ist die gesetzliche oder rechtsgeschäftliche Inpfandnahme des **Dividendenanspruchs**. Diese fällt nicht unter § 71 e (§ 71 Rn 4). Erwirbt die AG ein Pfandrecht am Dividendenanspruch, so kann sie gemäß § 71 b hieraus keinen Anspruch auf Dividende herleiten (siehe auch § 71 b Rn 10).[32]

c) **Entsprechende Geltung der Unterrichtungspflicht gemäß § 71 Abs. 3 S. 1?** Ob die **Unterrichtungspflicht** des § 71 Abs. 3 S. 1 bei der Inpfandnahme eigener Aktien gilt, ist umstritten.[33] Zu empfehlen ist, dass der Vorstand die Hauptversammlung vorsorglich unterrichtet, zumal die Publizität der Inpfandnahme wegen der Pflichtangabe im Anhang gemäß § 160 Abs. 1 S. 1 Nr. 2 (Rn 22) ohnehin nicht vermieden werden kann.

d) **Pflicht zur Angabe im Anhang gemäß § 160 Abs. 1 S. 1 Nr. 2.** In jedem **Anhang**[34] zum Jahresabschluss (sowie in den Finanzberichten börsennotierter AGs) sind Angaben über den Bestand an Aktien zu machen, die die AG, ein Tochterunternehmen oder ein mittelbarer Stellvertreter der AG oder des Tochterunternehmens in Pfand genommen hat (§ 160 Abs. 1 S. 1 Nr. 2; siehe Kommentierung § 160 und § 71 Rn 86).

---

26 Geßler/*Hefermehl*/Bungeroth, Rn 33; KölnKomm-AktG/*Lutter*/Drygala, Rn 29; Ziebe, AG 1982, 175, 180.
27 Geßler/*Hefermehl*/Bungeroth, Rn 30; Ziebe, AG 1982, 175, 180.
28 *Hüffer*, Rn 8; MüKo-AktG/*Oechsler*, Rn 18; KölnKomm-AktG/*Lutter*/Drygala, Rn 42.
29 RegBegr, BT-Drucks. 8/1678, 17 liSp; *Hüffer*, Rn 8; MüKo-AktG/*Oechsler*, Rn 23; KölnKomm-AktG/*Lutter*/Drygala, Rn 41; Zilias/Lanfermann, WPg 1980, 61, 68; Ziebe, AG 1982, 175, 180 f; Büdenbender, DZWir 1998, 1, 2.
30 So *Hüffer*, Rn 8; KölnKomm-AktG/*Lutter*/Drygala, Rn 43; Bürgers/Körber/*Wieneke*, Rn 11; Spindler/Stilz/*Cahn*, Rn 17; Schwerdtfeger/*Mildner*, § 71 e Rn 11; weitergehend: K. Schmidt/Lutter/*Bezzenberger*, Rn 9; dagegen: MüKo-AktG/

Oechsler, Rn 23; aA im Falle einer zulässigen Inpfandnahme auch: Bürgers/Körber/*Wieneke*, Rn 12.
31 RegBegr, BT-Drucks. 8/1678, 17 liSp; KölnKomm-AktG/*Lutter*/Drygala, Rn 40; *Hüffer*, Rn 8; MüKo-AktG/*Oechsler*, Rn 23.
32 KölnKomm-AktG/*Lutter*/Drygala, Rn 40; MüKo-AktG/*Oechsler*, Rn 23.
33 Gegen Geltung: Geßler/*Hefermehl*/Bungeroth, Rn 22; für Geltung: Ziebe, AG 1982, 180; MüKo-AktG/*Oechsler*, Rn 21; Bürgers/Körber/*Wieneke*, Rn 4; offen gelassen von: KölnKomm-AktG/*Lutter*/Drygala, Rn 52.
34 Bei Kleinstkapitalgesellschaften ggf unter der Bilanz, s. § 160 Abs. 3 AktG, § 267 a, § 264 Abs. 1 S. 5 HGB.

23 **5. Entsprechende Anwendung von § 71 d: Inpfandnahme durch mittelbare Stellvertreter und Tochterunternehmen.** Gemäß § 71 e Abs. 1 S. 1 steht die Inpfandnahme eigener Aktien dem Erwerb eigener Anteile nach § 71 d gleich. Das bedeutet: **Mittelbare Stellvertreter** und **Tochterunternehmen** sowie mittelbare Stellvertreter von Tochterunternehmen der AG dürfen Aktien der AG nur insoweit in Pfand nehmen, als dies die AG selbst nach Maßgabe des § 71 e dürfte. Der pauschale Verweis des § 71 e Abs. 1 S. 1 auf § 71 d geht allerdings zu einem großen Teil ins Leere (siehe im Einzelnen die folgenden Randnummern).

24 a) **§ 71 d S. 1: Inpfandnahme durch mittelbare Stellvertreter der AG.** Da § 71 e Abs. 1 S. 3 die sinngemäße Geltung des § 71 a anordnet (Rn 31 ff), ergibt sich für die Stellung des mittelbaren Stellvertreters bei Inpfandnahmen für Rechnung der AG dieselbe **Kollision** von **§ 71 a Abs. 2** mit **§ 71 d S. 1** wie beim Erwerb durch mittelbare Stellvertreter (§ 71 d Rn 17): Hier wie dort geht **§ 71 a Abs. 2** dem **§ 71 d S. 1 vor**: Auch bei einer Inpfandnahme ist das Rechtsgeschäft zwischen AG und „mittelbarem Stellvertreter" also **nichtig**, wenn die Inpfandnahme nach Maßgabe des § 71 e Abs. 1 S. 1 iVm § 71 Abs. 1 und Abs. 2, § 71 d unzulässig ist.[35] Ist das Rechtsgeschäft über die Inpfandnahme durch den „mittelbaren Stellvertreter" gemäß § 71 e Abs. 1 S. 3 iVm § 71 a Abs. 2 unwirksam, so gelten die **Rechtsfolgen des § 71 d S. 3 bis 6** schon aus diesem Grunde **nicht**. Aus demselben Grund ist § 71 e Abs. 2 nicht auf das Rechtsverhältnis zwischen Aktionär und „mittelbarem Stellvertreter" anwendbar.

25 Wie bei der AG selbst (Rn 5 ff) richtet sich auch bei ihrem mittelbaren Stellvertreter die Zulässigkeit der Inpfandnahme danach, ob einer der Rechtfertigungstatbestände des § 71 Abs. 1 Nr. 1, Nr. 4 Alt. 1, ggf Nr. 5 oder des § 71 e Abs. 1 S. 2 vorliegt: Im Rahmen des § 71 Abs. 1 Nr. 1 kommt es darauf an, ob **der AG** ein schwerer, unmittelbar bevorstehender **Schaden** droht. Unentgeltlichkeit setzt voraus, dass die Inpfandnahme für den **mittelbaren Stellvertreter unentgeltlich** ist (siehe auch § 71 d Rn 9). Im Rahmen eines Erwerbs per Gesamtrechtsnachfolge kommt es darauf an, ob der **mittelbare Stellvertreter Gesamtrechtsnachfolger** ist (siehe auch § 71 d Rn 10). Für Zwecke des § 71 e Abs. 1 S. 2 dürfte es darauf ankommen, ob die AG Kreditinstitut oder Finanzdienstleistungsinstitut ist und ob die Inpfandnahme sich im Rahmen der laufenden Geschäfte der AG hält (siehe auch § 71 d Rn 9). Die gesellschaftsrechtlichen Rechtsfolgen einer zulässigen Inpfandnahme durch einen mittelbaren Stellvertreter für Rechnung der AG entsprechen denen bei der unmittelbaren Inpfandnahme durch die AG (siehe oben Rn 17 ff).

26 b) **§ 71 d S. 2: Inpfandnahme durch Tochterunternehmen oder mittelbare Stellvertreter eines Tochterunternehmens der AG.** Ein Tochterunternehmen der AG darf Aktien der AG nur dann in Pfand nehmen, wenn dies der AG selbst erlaubt wäre. In Betracht kommen also wiederum nur die Rechtfertigungstatbestände des § 71 Abs. 1 Nr. 1, Nr. 4 Alt. 1 ggf Nr. 5 und § 71 e Abs. 1 S. 2. Im Rahmen des § 71 Abs. 1 Nr. 1 ist auf den **Schaden der AG**, nicht des Tochterunternehmens, abzustellen. Für Zwecke des § 71 Abs. 1 Nr. 4 Alt. 1 muss die Inpfandnahme **für das Tochterunternehmen unentgeltlich** sein. Im Rahmen des § 71 Abs. 1 Nr. 5 muss das **Tochterunternehmen Gesamtrechtsnachfolger** des Pfandrechts sein. Der Rechtfertigungstatbestand des § 71 e Abs. 1 S. 2 soll nach der Literatur nur erfüllt sein, wenn das **Tochterunternehmen Kreditinstitut oder Finanzdienstleistungsinstitut** ist und die Inpfandnahme im Rahmen seiner laufenden Geschäfte durchführt.[36]

27 Die **rechtswidrige** Inpfandnahme von Aktien der AG durch eines ihrer Tochterunternehmen führt zu den **Rechtsfolgen des Abs. 2** (Rn 34 ff). Die Inpfandnahme ist also nichtig, wenn der Ausgabebetrag auf die Aktien nicht voll geleistet ist. Ist die Inpfandnahme dagegen **zulässig** (oder ist der Ausgabebetrag voll geleistet, Abs. 1 S. 1), so gelten die gesellschaftsrechtlichen Rechtsfolgen für die **Inpfandnahme durch die AG entsprechend** (Rn 17 ff). Anders liegt es bei einer Inpfandnahme durch einen **mittelbaren Stellvertreter eines Tochterunternehmens**. Wegen der Geltung des § 71 a Abs. 2 aufgrund des Verweises in § 71 e Abs. 1 S. 3 und § 71 d S. 4 ist das Rechtsverhältnis über eine rechtswidrige mittelbare Stellvertretung **nichtig** (es gelten die Ausführungen in Rn 24). Tritt ein Tochterunternehmen rechtmäßig als mittelbarer Stellvertreter der AG auf, so gelten die Regeln über die rechtmäßige mittelbare Stellvertretung entsprechend (Rn 25, 17 ff), bei rechtswidriger mittelbarer Stellvertretung durch das Tochterunternehmen gilt § 71 e Abs. 2 (bei Volleinzahlung der in Pfand genommenen Aktien gelten also die in Rn 17 ff erläuterten gesellschaftsrechtlichen Rechtsfolgen entsprechend).

28 c) **§ 71 d S. 3: Zurechnung der von mittelbaren Stellvertretern oder Tochterunternehmen in Pfand genommenen Aktien zu den eigenen Aktien der AG.** Aktien, welche mittelbare Stellvertreter der AG oder Tochterunternehmen der AG oder mittelbare Stellvertreter von Tochterunternehmen der AG in Pfand genommen haben, sind den eigenen Aktien der AG im Rahmen des **§ 71 Abs. 2 S. 1 zuzurechnen**. Mittelbar wir-

---

[35] Geßler/*Hefermehl*/Bungeroth, Rn 65; KölnKomm-AktG/*Lutter*/Drygala, Rn 49; *Hüffer*, Rn 9; MüKo-AktG/*Oechsler*, Rn 22.

[36] Geßler/*Hefermehl*/Bungeroth, Rn 59; KölnKomm-AktG/*Lutter*/Drygala, Rn 45.

ken sie sich damit auch auf die Veräußerungspflicht gemäß § 71c Abs. 1 aus (siehe oben Rn 18). Die Erläuterungen zur strittigen Anwendbarkeit des § 71c Abs. 2 gelten entsprechend (siehe oben Rn 19).[37]

d) § 71d S. 4: Verweis auf §§ 71 Abs. 3 und 4, 71a bis 71c. Soweit § 71d S. 4 auf die **Unterrichtungspflicht** gemäß § 71 Abs. 3 S. 1 verweist, gelten die Ausführungen unter Rn 21 entsprechend. Der Verweis auf § 71 Abs. 3 S. 2 und 3 geht ins Leere, soweit der Rechtfertigungstatbestand des § 71 Abs. 1 Nr. 2 betroffen ist (Rn 8). Der Verweis auf § 71 Abs. 4 geht wegen der **Sonderregelung des § 71e Abs. 2** ins Leere.[38] Der Verweis des § 71d S. 4 auf § 71a ist wegen § 71e Abs. 1 S. 3 überflüssig. Ins Leere geht der Verweis auf § 71b, da diese Vorschrift für in Pfand genommene Aktien ohnehin nicht anwendbar ist (Rn 20). Zur Anwendung des § 71c Rn 18 f.

e) § 71d S. 5 und 6: Keine Pflicht zur Verschaffung der Aktien. Der Verweis auf § 71d S. 5 und 6 geht ins Leere: Ein **Anspruch der AG auf Übertragung der Aktien** besteht nicht, weil der mittelbare Stellvertreter bzw das Tochterunternehmen als Pfandgläubiger die Aktien nicht übertragen können. Dasselbe gilt für das Pfandrecht als solches, da dieses **nicht isoliert übertragen** werden kann (§§ 1250 Abs. 1 S. 1, 1273 Abs. 2 S. 1, 1293 BGB). Denkbar wäre ein Anspruch auf Abtretung der durch das Pfand gesicherten Forderung. Auch ein solcher Anspruch ist jedoch zu verneinen, da eine solche Abtretung nicht den Zweck des § 71d S. 5, 6 erfüllen könnte, die AG in die Lage zu versetzen, die Aktien gemäß § 71c zu veräußern.[39]

6. Sinngemäße Anwendung des § 71a (Abs. 1 S. 3). a) Sinngemäße Geltung des § 71a Abs. 1: Finanzierungsleistungen. Gemäß § 71a Abs. 1 sind Rechtsgeschäfte nichtig, nach denen die AG einen Vorschuss, ein Darlehen oder eine Sicherheit dafür gewährt, dass ein anderer Aktien der AG erwirbt (Finanzierungsleistungen, § 71a Rn 4 ff). Die sinngemäße Anwendung des § 71a im Rahmen des § 71e kann wegen der **Akzessorietät des Pfandrechts** (§ 1250 Abs. 1 S. 2 BGB) nur folgende Fälle erfassen: Finanzierungsleistung der AG für den **Erwerb einer Forderung** durch einen Dritten, die durch ein Pfandrecht an Aktien der AG gesichert ist, oder Finanzierungsleistung der AG für die **Pfandrechtsbestellung** an Aktien der AG zur Sicherung der Forderung eines Dritten.[40] Rechtsgeschäfte, die derartige Finanzierungsleistungen zum Gegenstand haben, sind gemäß § 71e Abs. 1 S. 3 iVm § 71a Abs. 1 S. 1 **nichtig**. Dagegen sind Finanzierungsleistungen **wirksam**, soweit die Voraussetzungen des § 71a Abs. 1 S. 2 Alt. 1 eingehalten sind (Finanzierungsleistungen von Kreditinstituten oder Finanzdienstleistungsinstituten im Rahmen der laufenden Geschäfte, Einzelheiten § 71a Rn 13 ff). Auch sind Finanzierungsleistungen gemäß § 71a Abs. 1 S. 3 bei Bestehen eines Beherrschungs- oder Gewinnabführungsvertrages zulässig (Einzelheiten § 71a Rn 17a). Die Ausnahme des § 71a Abs. 1 S. 2 Alt. 2 (Belegschaftsaktien) gilt dagegen nicht (Rn 8). Zur Einhaltung der Kapitalgrenze im Rahmen einer hypothetischen Rücklagenbildung s. Rn 14 und § 71a Rn 15 ff).

Fraglich ist, ob die sinngemäße Geltung des § 71a auch die **Ausnahme des § 71e Abs. 1 S. 2** erfasst. Damit wäre es Kreditinstituten und Finanzdienstleistungsinstituten erlaubt, im Rahmen ihrer laufenden Geschäfte Inpfandnahmen eigener Aktien zu finanzieren, sofern die 10 %-Grenze des § 71 Abs. 2 S. 1 eingehalten wird. Auf die Einhaltung der Kapitalgrenze gemäß § 71a Abs. 1 S. 1 Hs 2 käme es dann nicht an. Die Frage ist eine Folge der wenig geglückten Verweisungstechnik des Gesetzgebers. Zwar spricht die systematische Stellung des § 71e Abs. 1 S. 3 dafür, die Ausnahme des § 71e Abs. 1 S. 2 auch im Rahmen des § 71a zu berücksichtigen. Für Finanzierungsleistungen von Kreditinstituten oder Finanzdienstleistungsinstituten dürfte aber **§ 71a Abs. 1 S. 2 sachnäher** sein und vorgehen: Dann ist bei Finanzierung der Inpfandnahme eigener Aktien die Kapitalgrenze, nicht jedoch die 10 %-Grenze zu beachten.

b) **Sinngemäße Geltung des § 71a Abs. 2: Mittelbare Stellvertretung.** Aufgrund des Verweises in § 71e Abs. 1 S. 3 auf § 71a Abs. 2 sind alle Rechtsgeschäfte zwischen der AG und einem Dritten (**mittelbarer Stellvertreter**) grundsätzlich **nichtig**, nach denen der mittelbare Stellvertreter berechtigt oder verpflichtet sein soll, für Rechnung der AG oder eines Tochterunternehmens der AG Aktien der AG in Pfand zu nehmen. Derartige Rechtsgeschäfte sind **nur wirksam**, wenn der Pfandrechtserwerb durch die AG selbst gemäß § 71e Abs. 1 S. 1 iVm § 71 Abs. 1 und Abs. 2 oder gemäß § 71e Abs. 1 S. 2 zulässig wäre.[41] Entsprechendes gilt für den Fall, dass der mittelbare Stellvertreter für Rechnung der AG eine **Forderung erwerben** soll, die durch ein Pfandrecht an Aktien der AG gesichert ist. Zur Auswirkung des Verweises auf § 71a Abs. 2 siehe Rn 24.

---

37 Geßler/*Hefermehl*/*Bungeroth*, Rn 55; KölnKomm-AktG/*Lutter*/*Drygala*, Rn 50 f.
38 Geßler/*Hefermehl*/*Bungeroth*, Rn 56.
39 KölnKomm-AktG/*Lutter*/*Drygala*, Rn 46; Geßler/*Hefermehl*/*Bungeroth*, Rn 57; *Hüffer*, Rn 9; mit abweichender Begründung (Anwendbarkeit des § 71c generell verneinend): MüKo-AktG/*Oechsler*, Rn 22.
40 Geßler/*Hefermehl*/*Bungeroth*, Rn 45; KölnKomm-AktG/*Lutter*/*Drygala*, Rn 38; zu eng wohl: *Hüffer*, Rn 6, der lediglich den Erwerb von Gesellschaftsansprüchen erwähnt; praktische Relevanz verneinend: MüKo-AktG/*Oechsler*, Rn 27.
41 Geßler/*Hefermehl*/*Bungeroth*, Rn 47.

34 **II. Rechtsfolgen des Verstoßes gegen das Verbot der Inpfandnahme eigener Aktien (Abs. 2).** Abs. 2 enthält eine **selbstständige Regelung** über die Rechtsfolgen eines Verstoßes gegen Abs. 1. Der Verweis des § 71e Abs. 1 S. 1 auf § 71d S. 4 iVm § 71 Abs. 4 geht deshalb ins Leere (Rn 29).

35 **1. Unwirksamkeit der Inpfandnahme bei nicht voller Leistung des Ausgabebetrages (Abs. 2 S. 1).** Verstößt die Inpfandnahme eigener Aktien gegen Abs. 1 und ist der **Ausgabebetrag** auf die betroffenen eigenen Aktien **nicht voll geleistet** (Mindestausgabebetrag zuzüglich durch Satzung oder Kapitalerhöhungsbeschluss festgelegtes Agio, s. § 71 Rn 84), so ist die **Inpfandnahme unwirksam**. Diese Regelung besagt umgekehrt, dass die **Inpfandnahme voll eingezahlter Aktien** trotz eines Verstoßes gegen Abs. 1 **dinglich wirksam ist**.[42] § 134 BGB gilt insoweit nicht. Unberührt bleiben sonstige Nichtigkeitsgründe, insbesondere eine vertragliche Erstreckung der Nichtigkeit des schuldrechtlichen Geschäfts auch auf die dingliche Inpfandnahme. Die Nichtigkeit der Inpfandnahme gilt auch für rechtswidrige Inpfandnahmen nicht voll eingezahlter Aktien durch Tochterunternehmen oder mittelbare Stellvertreter. Werden voll eingezahlte Aktien rechtswidrig in Pfand genommen und bestehen keine sonstigen Nichtigkeitsgründe, so sind die (zwar rechtswidrig, jedoch dinglich wirksam) in Pfand genommenen eigenen Aktien den eigenen Aktien der AG gemäß § 71 Abs. 2 S. 1 und § 71c (mit dem Maßgaben gemäß Rn 17ff) zuzurechnen, und zwar bis zu dem Zeitpunkt, zu dem die dingliche Inpfandnahme rückgängig gemacht wird.

36 **2. Nichtigkeit schuldrechtlicher Geschäfte (Abs. 2 S. 2).** Gemäß Abs. 2 S. 2 soll ein schuldrechtliches Geschäft über die Inpfandnahme eigener Aktien nichtig sein, „soweit der Erwerb gegen Abs. 1 verstößt". Gemeint ist: Das Rechtsgeschäft, nach dem sich der Aktionär **verpflichtet**, seine Aktien der AG (oder deren Tochterunternehmen oder mittelbaren Stellvertreter) **zu verpfänden**, ist unwirksam. Da die wohl überwiegende Meinung § 71e auch auf die **Abtretung von Forderungen**, die durch ein Pfandrecht an eigenen Aktien gesichert sind, anwendet (Rn 3), ist nach dieser Ansicht auch ein Rechtsgeschäft nichtig, in dem sich jemand verpflichtet, eine Forderung, die mit einem Pfandrecht an eigenen Aktien der AG gesichert ist, an die AG, einen mittelbaren Stellvertreter oder ein Tochterunternehmen der AG abzutreten. Der Verstoß gegen Abs. 1 führt für sich genommen zur **Unwirksamkeit nur des schuldrechtlichen Geschäfts**. Handelt es sich um **voll eingezahlte Aktien**, so ist die **dingliche Inpfandnahme** (ggf die dingliche Abtretung der pfandrechtsgesicherten Forderung) gemäß Abs. 2 S. 1 **wirksam** (Rn 35), wenn das dingliche Geschäft nicht aus anderen Gründen unwirksam ist. Die Unwirksamkeit des schuldrechtlichen Geschäfts über die Inpfandnahme lässt auch den Bestand der zu sichernden Forderung unberührt, es sei denn, die Forderung hängt nach dem Willen der Parteien vom Bestand der schuldrechtlichen Vereinbarung über die Pfandrechtsbestellung ab.[43]

37 **3. Rückabwicklung unwirksamer schuldrechtlicher Rechtsgeschäfte.** Ist die **dingliche Inpfandnahme** wegen fehlender Volleinzahlung der Aktien gemäß Abs. 2 S. 1 **unwirksam**, so ist kein Pfandrecht an den Aktien entstanden. Gegebenenfalls übergebene Aktienurkunden oder Zwischenscheine kann der Aktionär nach §§ 985 BGB herausverlangen.[44] Werden **voll eingezahlte Aktien** unter Verstoß gegen Abs. 1 verpfändet oder wird eine Forderung, die durch ein Pfandrecht an voll eingezahlten Aktien gesichert ist, unter Verstoß gegen Abs. 1 an die AG (bzw Tochterunternehmen, mittelbare Stellvertreter) abgetreten, so ist **das nichtige schuldrechtliche Geschäft** nach den §§ 812ff BGB **rückabzuwickeln**. Der Aktionär kann also Aufhebung der Pfandrechtsbestellung (vorbehaltlich des § 814 BGB) und Rückgabe ggf ausgehändigter Aktienurkunden oder Zwischenscheine verlangen. Bei einer unwirksamen Vereinbarung über die Abtretung einer pfandrechtsgesicherten Forderung (Rn 3, 36) kann der Abtretungsgeber die **Rückabtretung** der pfandrechtsgesicherten Forderung verlangen. Dem Anspruch kann die AG uU Zurückbehaltungsrechte oder gesetzliche Pfandrechte als Einrede entgegenhalten. Ist die Leistung der AG eine Einlagenrückgewähr gemäß § 57 Abs. 1, so gelten die §§ 62, 66.[45]

38 **4. Haftung von Verwaltung und Aktionären; Ordnungswidrigkeit.** Die rechtswidrige Inpfandnahme eigener Aktien ist eine **Sorgfaltspflichtverletzung**, für die die verantwortlichen Vorstands- und Aufsichtsratsmitglieder im Falle eines Schadens der AG auf **Schadensersatz** haften (§§ 93 Abs. 3 Nr. 3, 116). Hat ein Aktionär die Inpfandnahme veranlasst, so ist eine Haftung gemäß § 117 möglich. Die AG kann im Zusammenhang mit einem unwirksamen Pfandrechtserwerb dem Vertragspartner ggf wegen Verschuldens bei den Vertragsverhandlungen auf Schadensersatz haften (§ 71 Rn 106).[46] Die rechtswidrige Inpfandnahme eigener Aktien ist gemäß § 405 Abs. 1 Nr. 4a) eine **Ordnungswidrigkeit** der vorsätzlich handelnden Vorstands-

---

42 MüKo-AktG/*Oechsler*, Rn 29; KölnKomm-AktG/*Lutter/Drygala*, Rn 32; *Hüffer*, Rn 7; aA möglicherweise: *Ziebe*, AG 1982, 175, 180.
43 KölnKomm-AktG/*Lutter/Drygala*, Rn 33; *Hüffer*, Rn 7; Geßler/*Hefermehl/Bungeroth*, Rn 37; dies "in der Regel nicht" annehmend: MüKo-AktG/*Oechsler*, Rn 30.
44 Geßler/*Hefermehl/Bungeroth*, Rn 38; Großkomm-AktienR/*Merkt*, Rn 28; KölnKomm-AktG/*Lutter/Drygala*, Rn 34.
45 Geßler/*Hefermehl/Bungeroth*, Rn 40 f.
46 Geßler/*Hefermehl/Bungeroth*, Rn 42.

und Aufsichtsratsmitglieder (ggf Abwickler), die mit einer Geldbuße von bis zu 25.000 EUR geahndet werden kann.

§ 72 Kraftloserklärung von Aktien im Aufgebotsverfahren

(1) ¹Ist eine Aktie oder ein Zwischenschein abhanden gekommen oder vernichtet, so kann die Urkunde im Aufgebotsverfahren nach dem Gesetz über das Verfahren in Familiensachen und in den Angelegenheiten der freiwilligen Gerichtsbarkeit für kraftlos erklärt werden. ²§ 799 Abs. 2 und § 800 des Bürgerlichen Gesetzbuchs gelten sinngemäß.

(2) Sind Gewinnanteilscheine auf den Inhaber ausgegeben, so erlischt mit der Kraftloserklärung der Aktie oder des Zwischenscheins auch der Anspruch aus den noch nicht fälligen Gewinnanteilscheinen.

(3) Die Kraftloserklärung einer Aktie nach §§ 73 oder 226 steht der Kraftloserklärung der Urkunde nach Absatz 1 nicht entgegen.

A. Bedeutung der Norm 1	III. Verfahren 11
I. Gegenstand und Zweck 1	1. Zuständigkeit 11
II. Abgrenzung zu weiteren Verfahren ... 3	2. Antragsberechtigter 12
B. Kraftloserklärung (Abs. 1) 8	3. Antragsbegründung 13
I. Aktien oder Zwischenscheine 8	4. Rechtsfolge 15
II. Abhandenkommen oder Vernichtung .. 9	C. Gewinnanteilscheine (Abs. 2) 17
1. Abhandenkommen 9	D. Konkurrenzen (Abs. 3) 21
2. Vernichtung 10	

A. Bedeutung der Norm

I. Gegenstand und Zweck. § 72 eröffnet das Verfahren zur Kraftloserklärung von Aktien im Wege des 1 Aufgebotsverfahrens nach den Bestimmungen des FamFG (§§ 433 ff. FamFG). Die zwingende (§ 23 Abs. 5) Vorschrift korrespondiert mit § 799 BGB,[1] geht diesem aber vor und bezieht in den Anwendungsbereich auch Namensaktien und Zwischenscheine (§ 8 Abs. 6) mit ein.[2] § 72 bezieht sich nur auf die Urkunde, nicht auf die Mitgliedschaft.[3]

Bezweckt ist zum einen der Schutz des Aktionärs vor Nachteilen, die ihm durch das Abhandenkommen er- 2 wachsen, etwa Nachteile bei der Rechtsausübung (Vorlegungspapier), Risiko gutgläubigen Erwerbs durch Dritte (§§ 932, 935 Abs. 2 BGB). Die Gefahr für den Aktionär besteht darin, dass der bloße Besitz zur Rechtsausübung und zur Entgegennahme von Leistungen legitimiert; der Emittent oder die von ihm beauftragten Zahlstellen (Kreditinstitute) haben grundsätzlich keine Prüfungspflicht. Zum anderen eröffnet die Kraftloserklärung als Folge des Aufgebotsverfahrens einen Anspruch des Aktionärs gegen die Gesellschaft auf Erteilung neuer Urkunden (§ 72 Abs. 1 S. 2, § 800 BGB) gegen Kostenerstattung.[4] § 72 hat praktische Bedeutung bei effektiven Stücken, etwa bei eigen- oder bankmäßiger Sonderverwahrung („Streifbandverwahrung") gem. § 2 DepotG.[5]

II. Abgrenzung zu weiteren Verfahren. § 72 ist abzugrenzen von der Kraftloserklärung durch die AG selbst 3 gem. §§ 73, 226.

Neben dem Verfahren zur Kraftloserklärung gem. Abs. 1 kann der Aktionär das Abhandenkommen im 4 **Bundesanzeiger** veröffentlichen, was gem. § 367 HGB den gutgläubigen Erwerb (§§ 932, 935 Abs. 2 BGB) durch ein Kreditinstituts (nicht sonstiger Dritter) befristet ausschließt.[6] Die Verlustveröffentlichung meldet das Wertpapier lediglich als abhanden gekommen, nicht jedoch, dass der Inhaber Nichtberechtigter ist. Der Aussteller hat daraufhin nicht ohne Weiteres ein Leistungsverweigerungsrecht. In praxi ist deshalb zusätzlich das Aufgebotsverfahren gem. Abs. 1 stets durchzuführen.

---

1 §§ 793 ff BGB gelten unmittelbar nur für Inhaberpapiere, die Forderungsrechte verbriefen (zB Inhaberschuldverschreibung); entsprechend aber auch für solche Inhaberpapiere, die Mitgliedschaftsrechte verbriefen, soweit nicht speziellere Vorschriften, etwa des AktG, eingreifen.
2 KölnKomm-AktG/*Lutter*, Rn 2.
3 Großkomm-AktienR/*Barz*, Anm. 3.
4 Vgl § 10 Abs. 5 zum Ausschluss des Anspruchs des Aktionärs auf Verbriefung seiner Rechte.
5 Als Verwahrungsart ist indes weiter verbreitet die „Haussammelverwahrung" (§ 1 Abs. 2 DepotG) und die „Girosammelverwahrung" (§ 5 Abs. 1 DepotG), bei denen Wertpapiere ungetrennt in einheitlichem Sammelbestand verwahrt werden. Der Aktionär verliert bei Einlieferung sein Alleineigentum an den Wertpapieren, gem. § 7 Abs. 1 Hs 2 DepotG kann er die eingelieferten Stücke nicht zurückfordern. Es besteht lediglich ein Anspruch auf Herausgabe einer bestimmten Menge aus dem Sammelbestand, weshalb die eingelieferten Stücke nicht abhandenkommen können.
6 Dies gilt nicht für Erneuerungsscheine (Talons), weil es sich dabei nicht um Wertpapiere, sondern um Legitimationspapiere handelt.

5 Das Abhandenkommen kann ferner über ein Kreditinstitut zur **Oppositionsliste**[7] gemeldet werden. Die Veröffentlichung in der Oppositionsliste schließt den guten Glauben zwar nicht unmittelbar aus. Der Schutz des Aktionärs ergibt sich aber daraus, dass Kreditinstitute nach Nr. 17 der Bedingungen für Wertpapiergeschäfte gehalten sind, Wertpapiere bei Einlieferung auf Erwähnung in der Oppositionsliste zu prüfen (sog. Prüfung auf Lieferbarkeit). Mit Opposition belegte Wertpapiere gelten als nicht lieferbar.[8]

6 Um den Aktionär während des Aufgebotsverfahrens zu schützen, besteht im Fall des Abhandenkommens von **Inhaberaktien** die Möglichkeit, bei Einleitung des Aufgebotsverfahrens gem. § 802 BGB, § 480 FamFG auf Antrag gegen den Aussteller des Wertpapiers und seine Zahlstellen ein **gerichtliches Zahlungsverbot** zu erlassen (Wirkung gem. § 136 BGB). § 480 FamFG eröffnet die beantragte Zahlungssperre nur für Inhaberpapiere, nicht für Namensaktien oder andere Orderpapiere. Dies gilt auch für den Fall von blanko indossierten Papieren. Mit der gerichtlichen Zahlungssperre ist die Benachrichtigung von der Einleitung des Aufgebotsverfahrens zu verbinden. Das Verbot ist in gleicher Weise wie das Aufgebot öffentlich bekannt zu machen.

7 Ferner besteht Herausgabeanspruch aus § 985 BGB gegen den nichtberechtigten Inhaber.

B. Kraftloserklärung (Abs. 1)

8 I. **Aktien oder Zwischenscheine.** § 72 gilt für Aktien (Inhaber- und Namensaktien) und Zwischenscheine (§ 8 Abs. 6). Für Gewinnanteilscheine (Coupons) gilt weder § 72 Abs. 1 noch § 799 BGB (§ 799 Abs. 1 S. 2 BGB), siehe aber § 72 Abs. 2 und § 804 BGB (Verlustanzeige gegenüber Gesellschaft). Erneuerungsscheine (Talons) sind ebenso nicht von § 72 erfasst und nicht Gegenstand des Aufgebotsverfahrens. Dies ist für den Schutz des Aktionärs unschädlich, weil die Ausgabe neuer Coupons durch Widerspruch verhindert werden kann, § 75.

9 II. **Abhandenkommen oder Vernichtung. 1. Abhandenkommen.** Abhandenkommen ist weiter zu verstehen als der unfreiwillige Verlust des unmittelbaren Besitzes (§§ 858, 935 BGB). Die Urkunde ist schon dann abhandengekommen, wenn sie zwar nicht vernichtet, der Inhaber aber den Besitz derart verloren hat, dass er aus tatsächlichen Gründen nicht mehr auf sie zugreifen kann.[9] Der Verlust kann auch mit Willen des Inhabers entstanden sein (in Faschingslaune lässt der Inhaber die Papiere wegfliegen).[10]

10 **2. Vernichtung.** Vernichtung liegt nicht erst bei Substanzverzehr, sondern bereits dann vor, wenn der wesentliche Inhalt oder Unterscheidungsmerkmale nicht mehr zuverlässig erkennbar sind, so dass ein Urkundenaustausch gem. § 74 nicht mehr möglich ist.[11] Ist die Urkunde dagegen nur beschädigt, gelangt § 74 zur Anwendung.

11 III. **Verfahren. 1. Zuständigkeit.** Es gelten seit dem 1.9.2009 die §§ 433 ff. FamFG, insb. die §§ 466 ff. FamFG. Die früher anwendbaren §§ 946 ff ZPO, insb. die §§ 1003 bis 1023 ZPO, sind zum Stichtag weggefallen. Zuständig ist das Amtsgericht (§ 23 a Abs. 2 Nr. 7 GVG) des Erfüllungsortes gemäß Urkunde, im Übrigen das des allgemeinen Gerichtsstands der Gesellschaft (Gesellschaftssitz; § 466 FamFG).

12 **2. Antragsberechtigter.** Antragsberechtigt ist gem. § 467 Abs. 1 FamFG bei Inhaberaktien und blanko indossierten Papieren derjenige, der bei Verlust oder Vernichtung unmittelbarer Besitzer war. Bei Namensaktien oder Zwischenscheinen ohne Blankoindossament derjenige, der sich durch Indossamente oder Abtretungen legitimieren kann. Die Eintragung im Aktienregister (§ 67 Abs. 2) ist für die Antragsberechtigung unerheblich, weil das gerichtliche Aufgebotsverfahren nicht die Ausübung von Rechten gegenüber der AG betrifft.[12]

13 **3. Antragsbegründung.** Die Voraussetzungen der Antragsbegründung ergeben sich aus § 468 FamFG. Der Antragsteller hat entweder eine Abschrift der Urkunde beizubringen oder den wesentlichen Inhalt der Urkunde und alles anzugeben, was zu ihrer vollständigen Erkennbarkeit erforderlich ist (§ 468 Nr. 1 FamFG), wozu auch die Angabe der Aktiennummer gehört.[13] Weiter sind der Verlust und diejenigen Tatsachen

---

[7] Sammelliste mit Opposition belegter Wertpapiere, die Kreditinstitute in Zusammenarbeit mit den "Wertpapier-Mitteilungen" (WM Gruppe) entwickelt haben. Um eine Aufnahme in die Oppositionsliste zu erreichen, sind die Aktien bei einem Kreditinstitut als abhanden gekommen zu melden, die sie wiederum der Oppositionsliste melden (wenn der Betroffene mit der Offenlegung seines Namens einverstanden ist). Für Zins- und Gewinnanteilscheine, die fällig sind oder zum nächsten Einlösungstermin fällig werden, besteht keine Prüfungspflicht anhand der Oppositionsliste.

[8] Siehe § 16 Abs. 1 lit. d) der Bedingungen für Geschäfte an der Frankfurter Wertpapierbörse vom 12.10.2009.

[9] HM, siehe OLG Stuttgart NJW 1995, 1154, 1155; Geßler/Hefermehl/Bungeroth, Rn 11; KölnKomm-AktG/Lutter, Rn 3; MüKo-BGB/Hüffer, § 799 Rn 5; aA Baumbach/Hueck, AktG, Rn 4; v. Godin/Wilhelmi, Rn 3.

[10] KölnKomm-AktG/Lutter, Rn 3.

[11] Hüffer, Rn 3.

[12] KölnKomm-AktG/Lutter, Rn 4 mwN.

[13] BGH AG 1990, 78, 80.

glaubhaft zu machen, von denen die Berechtigung des Antragstellers abhängt, das Aufgebotsverfahren zu beantragen (§ 468 Nr. 2 FamFG); der Antragsteller muss die Versicherung an Eides statt anbieten (§ 468 Nr. 3 FamFG).

Um den Aktionär in die Lage zu versetzen, die Antragsvoraussetzungen erfüllen zu können, hat die AG als Ausstellerin eine Unterstützungspflicht gem. § 799 Abs. 2 BGB iVm § 72 Abs. 1 S. 2 (Erteilung von Auskunft, Ausstellung erforderlicher Zeugnisse).[14]

4. Rechtsfolge. Sind Besitz und Verlust glaubhaft gemacht, erlässt das Gericht ein Aufgebot. Das ist die Aufforderung an den unbekannten Inhaber, spätestens bis zum Aufgebotstermin seine Rechte anzumelden. In dem Aufgebot wird die Kraftloserklärung der Urkunde angedroht (§ 469 FamFG). Nach Ablauf der Aufgebotsfrist – höchstens ein Jahr (§ 476 FamFG) – erfolgt die Kraftloserklärung durch Ausschließungsbeschluss (§ 478 FamFG). Derjenige, der den Ausschließungsbeschluss erwirkt, darf die Rechte aus der Urkunde geltend machen (§ § 479 Abs. 1 FamFG). Ferner entsteht ein Anspruch auf Erteilung neuer Urkunden, § 800 BGB, § 72 Abs. 1 S. 2. Werden Ersatzurkunden ausgestellt, sind diese nur lieferbar, wenn die AG diese mit dem Vermerk „Ersatzurkunde" versieht.[15]

Da § 72 sich nur auf die Urkunde und nicht auf die Mitgliedschaft bezieht, kommt dem Ausschlussurteil materielle Wirkung nicht zu, weil auch das Abhandenkommen die Frage der materiellen Berechtigung unberührt lässt. Die Urteilswirkung ist allein in der Legitimation des Aktionärs zu finden.[16] Solange die neue Urkunde nicht ausgestellt ist, fehlt es an einer Verbriefung der Mitgliedschaft, weshalb die Übertragung nicht nach §§ 929 ff BGB, sondern nach §§ 398, 413 BGB erfolgt.[17]

C. Gewinnanteilscheine (Abs. 2)

Gewinnanteilscheine (Coupons) können nicht selbstständig aufgeboten und für kraftlos erklärt werden.[18] Hier ist zu unterscheiden, ob einerseits fällige Gewinnanteilscheine oder nicht fällige Inhaber-Gewinnanteilscheine oder andererseits Namens-Gewinnanteilscheine vorliegen.

Für **fällige Gewinnanteilscheine** ist die Kraftloserklärung bedeutungslos. Gehen sie verloren oder kommen sie abhanden, ist nach § 804 BGB (Verlustanzeige gegenüber Gesellschaft) zu verfahren. Entscheidender Zeitpunkt für die Fälligkeit ist das Datum des Ausschlussurteils.[19]

Für Gewinnanteilscheine, die auf den **Inhaber** ausgegeben sind und noch **nicht fällig** sind, gilt gem. Abs. 2, dass mit der Kraftloserklärung der Aktie oder des Zwischenscheins auch der Anspruch aus den Gewinnanteilscheinen erlischt. Es erlischt der Zahlungsanspruch aus dem Wertpapier, nicht jedoch der aus der Mitgliedschaft, so dass Dividendenzahlung auch ohne Scheine verlangt werden können.[20]

Nach dem eindeutigen Wortlaut des Abs. 2 werden **Namens-Gewinnanteilscheine** nicht erfasst. Unabhängig vom Ausschlussurteil bleiben sie gültig. Nur wenn sie selbst auch untergegangen oder abhanden gekommen sind, können selbstständige Aufgebotsverfahren nach § 808 Abs. 2 S. 2 BGB oder § 365 Abs. 2 HGB möglich sein. Im Übrigen bleibt sonst nur das Verfahren nach § 804 BGB.

D. Konkurrenzen (Abs. 3)

Abs. 3 hat klarstellende Funktion. Das Aufgebotsverfahren bleibt aus Gründen des Aktionärsschutzes auch nach einer Kraftloserklärung durch die AG möglich.[21]

§ 73 Kraftloserklärung von Aktien durch die Gesellschaft

(1) ¹Ist der Inhalt von Aktienurkunden durch eine Veränderung der rechtlichen Verhältnisse unrichtig geworden, so kann die Gesellschaft die Aktien, die trotz Aufforderung nicht zur Berichtigung oder zum Umtausch bei ihr eingereicht sind, mit Genehmigung des Gerichts für kraftlos erklären. ²Beruht die Unrichtigkeit auf einer Änderung des Nennbetrags der Aktien, so können sie nur dann für kraftlos erklärt werden, wenn der Nennbetrag zur Herabsetzung des Grundkapitals herabgesetzt ist. ³Namensaktien können nicht

---

14 Neben § 1007 ZPO weiter hilfreich zur Erfüllung der Voraussetzungen der §§ 1010 Abs. 2, 1011 Abs. 2, 1012 ZPO.
15 Siehe § 16 Abs. 4 der Bedingungen für Geschäfte an der Frankfurter Wertpapierbörse vom 12.10.2009.
16 Str, vgl Geßler/*Hefermehl/Bungeroth*, Rn 24 ff; KölnKomm-AktG/*Lutter*, Rn 6 ff; wie hier *Hüffer*, Rn 5.
17 Str, wie hier *Baumbach/Hefermehl*, WPR, Rn 31; *Zöllner*, WPR, § 2 II 1 b.
18 Ebenso Talons. Sie verlieren mit der Kraftloserklärung des Hauptpapiers jegliche Wirkung. Nach Ausschlussurteil hat der Aktionär Anspruch auf Erteilung neuer Talons.
19 KölnKomm-AktG/*Lutter*, Rn 12.
20 Str, wie hier Geßler/*Hefermehl/Bungeroth*, Rn 29; *Hüffer*, Rn 6; aA KölnKomm-AktG/*Lutter*, Rn 13.
21 *Kropff*, S. 93.

deshalb für kraftlos erklärt werden, weil die Bezeichnung des Aktionärs unrichtig geworden ist. ⁴Gegen die Entscheidung des Gerichts ist die Beschwerde zulässig; eine Anfechtung der Entscheidung, durch die die Genehmigung erteilt wird, ist ausgeschlossen.

(2) ¹Die Aufforderung, die Aktien einzureichen, hat die Kraftloserklärung anzudrohen und auf die Genehmigung des Gerichts hinzuweisen. ²Die Kraftloserklärung kann nur erfolgen, wenn die Aufforderung in der in § 64 Abs. 2 für die Nachfrist vorgeschriebenen Weise bekanntgemacht worden ist. ³Die Kraftloserklärung geschieht durch Bekanntmachung in den Gesellschaftsblättern. ⁴In der Bekanntmachung sind die für kraftlos erklärten Aktien so zu bezeichnen, daß sich aus der Bekanntmachung ohne weiteres ergibt, ob eine Aktie für kraftlos erklärt ist.

(3) ¹An Stelle der für kraftlos erklärten Aktien sind, vorbehaltlich einer Satzungsregelung nach § 10 Abs. 5, neue Aktien auszugeben und dem Berechtigten auszuhändigen oder, wenn ein Recht zur Hinterlegung besteht, zu hinterlegen. ²Die Aushändigung oder Hinterlegung ist dem Gericht anzuzeigen.

(4) Soweit zur Herabsetzung des Grundkapitals Aktien zusammengelegt werden, gilt § 226.

Literatur:
Herbig, Die Kraftloserklärung von Aktien, DJ 1935, 112.

A. Gegenstand und Zweck

1 § 73 regelt die Kraftloserklärung von Aktien durch die Gesellschaft selbst, wenn der **Inhalt** der Urkunde **unrichtig** geworden ist. Die Vorschrift findet ferner Anwendung auf den Umtausch von Aktien bei Verschmelzung durch Aufnahme und Neugründung sowie bei Formwechsel, §§ 72, 73, 248 UmwG. Wie bei §§ 72, 74 geht es nur um die Urkunde und nicht um die Mitgliedschaft.[1] Die Anwendung des Verfahrens gem. § 73 steht im pflichtgemäßen Ermessen der Gesellschaft; es handelt sich um eine Maßnahme der Verwaltung, zuständig ist der Vorstand.[2] Wird das (fakultative) Verfahren durchgeführt, ist § 73 zwingend zu beachten (§ 23 Abs. 5).[3]

2 Bezweckt ist die Anpassung der Urkundenlage an solche Veränderungen, die sich aus dem Grundverhältnis zwischen Aktionär und Gesellschaft ergeben. Insoweit ist – im Unterschied zu §§ 72, 74 – ein Bezug zur Mitgliedschaft in Gestalt einer wertpapierrechtlichen Konsequenz[4] gegeben.

B. Kraftloserklärung durch die Gesellschaft (Abs. 1)

3 **I. Aktienurkunden.** „Aktienurkunden" meint **Inhaber-** und auch **Namensaktien**, ebenso **Zwischenscheine**[5] (§ 8 Abs. 6), obwohl diese hier (anders §§ 72, 74) nicht ausdrücklich genannt sind. Für Gewinnanteilscheine (Coupons) und Erneuerungsscheine (Talons) gilt § 73 nicht.

4 **II. Unrichtigwerden des Urkundeninhalts nach Ausgabe.** Der **Urkundeninhalt** muss aufgrund einer Veränderung der rechtlichen Verhältnisse **unrichtig** geworden sein. Rechtliche Verhältnisse meint die der Gesellschaft (Firma, Sitz, Gegenstand) oder der konkreten Mitgliedschaft (Herabsetzung des Nennbetrags der Aktien zur Herabsetzung des Grundkapitals (Rn 5), §§ 222 Abs. 4 S. 1, 229 Abs. 3, Umwandlung von Inhaber- in Namensaktien, Umwandlung von Stamm- in Vorzugsaktien, Übergang von Nennbetrags- zu Stückaktien, Verschmelzung).[6] Urkundeninhalt und Inhalt der Mitgliedschaft müssen auseinander fallen.

5 Ändert sich der **Nennbetrag**, ist die Urkunde zwar unrichtig; eine Kraftloserklärung findet gleichwohl gem. Abs. 1 S. 2 grundsätzlich nicht statt[7] (Ausnahme: Ordentliche oder vereinfachte Kapitalherabsetzung durch Denomination gem. §§ 222 Abs. 4 S. 1, 229 Abs. 3). Bei bloßer Neustückelung kommt eine Kraftloserklärung also nicht in Frage. Danach wäre auch bei Währungsumstellungen das Verfahren zur Kraftloserklärung ausgeschlossen. Im Hinblick auf die **Euro-Umstellung** gelangt Abs. 1 S. 2 jedoch gem. § 4 Abs. 6 S. 1 EGAktG[8] nicht zur Anwendung mit der Folge, dass auf DM lautende Urkunden für kraftlos erklärt werden können, sobald die Nennbeträge auf Euro umgestellt sind. Wegen des amtlichen Umrechnungskurses dürfte es aber kein pflichtwidrig ausgeübtes Ermessen des Vorstandes sein, wenn in diesem Fall das Verfahren zur Kraftloserklärung nicht beschritten wird.

---

1 Baumbach/Hueck, AktG, Anm. 6; Geßler/Hefermehl/Bungeroth, Rn 1.
2 KölnKomm-AktG/Lutter, Rn 3.
3 KölnKomm-AktG/Lutter, Rn 24.
4 Hüffer, Rn 1.
5 Geßler/Hefermehl/Bungeroth, Rn 9; KölnKomm-AktG/Lutter, Rn 5.
6 Hüffer, Rn 2; KölnKomm-AktG/Lutter, Rn 5 ff.
7 Für Stückaktien bedeutungslos, § 8 Abs. 3 S. 1.
8 Eingefügt durch Art. 3 § 2 Nr. 4 EuroEG v. 9.6.1998, BGBl. I S. 1242.

Namensaktien können nicht deshalb für kraftlos erklärt werden, weil die Bezeichnung des Aktionärs unrichtig geworden ist (Abs. 1 S. 3); der Aktionär ergibt sich aus § 67 Abs. 2. § 73 Abs. 1 S. 3 gilt auch für Zwischenscheine.[9]

Eine „Änderung" der rechtlichen Verhältnisse setzt voraus, dass die ausgegebene Urkunde richtig war. War der Inhalt der Urkunde von Anfang an unrichtig, scheidet § 73 aus. Die Gesellschaft ist dann verpflichtet, jeden Rechtsschein aus solchen Urkunden zu beseitigen, ggf durch Schadensersatz gegenüber gutgläubigen Dritten. Der Aktionär hat weiterhin einen Anspruch gegen die Gesellschaft (auf deren Kosten) auf Ausstellung einer inhaltlich zutreffenden Urkunde.[10]

III. Kraftloserklärung durch die Gesellschaft. Vor der Einleitung des Verfahrens zur Kraftloserklärung ist die **vergebliche Aufforderung** notwendig, die Aktien zur Berichtigung oder zum Umtausch einzureichen. Sodann entscheidet der **Vorstand**[11] im pflichtgemäßen Ermessen (§ 76 Abs. 1), ob das Verfahren eingeleitet werden soll, wobei die Aktionäre gleichbehandelt werden müssen (§ 53 a). Ein Beschluss der Hauptversammlung ist nicht erforderlich, eine Bindung an die Zustimmung des Aufsichtsrates ist gem. § 111 Abs. 4 S. 2 möglich. Aus der Unrichtigkeit ergibt sich nicht stets die Pflicht zur Kraftloserklärung. Soweit eine Irreführung nicht zu befürchten ist, handelt der Vorstand auch dann pflichtgemäß, wenn er das Verfahren vorübergehend nicht einleitet.[12]

Die Kraftloserklärung durch die Gesellschaft setzt die **gerichtliche Genehmigung** voraus. Es handelt sich um eine Registersache, §§ 374, 375 Nr. 3 FamFG. Zuständig ist das Amtsgericht als Registergericht des Gesellschaftssitzes (§ 14), § 377 FamFG. Der Antrag der Gesellschaft erfolgt durch den Vorstand in vertretungsberechtigter Weise. Das Gericht prüft, ob die Voraussetzungen für eine Kraftloserklärung vorliegen und ferner – praktisch kaum relevant – die Fehlerfreiheit der Ermessensausübung durch den Vorstand. Die Entscheidung ergeht durch Beschluss, gegen den – nur wenn der Antrag abgewiesen wird – das Rechtsmittel der Beschwerde gegeben ist (Abs. 1 S. 4).

C. Aufforderung zur Einreichung (Verfahren; Abs. 2)

Die Gesellschaft hat hinreichend bestimmt die betroffenen Aktionäre aufzufordern, ihre Urkunden freiwillig zur Berichtigung oder zum Umtausch einzureichen. Dabei ist die Kraftloserklärung anzudrohen und auf die Genehmigung des Gerichts hinzuweisen. Aus dem Wortlaut wird deutlich, dass zum Zeitpunkt der Aufforderung die Genehmigung des Gerichts bereits vorliegen muss. Die Aufforderung erfolgt durch dreimalige Bekanntmachung in sämtlichen Gesellschaftsblättern (§ 25), §§ 64 Abs. 2, 73 Abs. 2 S. 2. Die einzuhaltenden Fristen ergeben sich aus § 64 Abs. 2, 3 (dreimonatige Frist zur Einreichung, Angabe des Fristablaufs [aus Gründen der Rechtsklarheit sollte ein bestimmtes Datum angegeben werden], die beiden weiteren Aufforderungen müssen in mindestens dreiwöchigem Abstand ergehen, die dritte mindestens einen Monat vor Fristablauf). Bei **vinkulierten Namensaktien** genügt eine einmalige Einzelaufforderung mit einer Frist von mindestens einem Monat, § 64 Abs. 2 S. 4.

Die Kraftloserklärung erfolgt durch Bekanntgabe in den Gesellschaftsblättern (Abs. 2 S. 3), wobei die betroffenen Aktien eindeutig bezeichnet sein müssen, etwa durch Stücknummern (Abs. 2 S. 4). Sie darf erst nach Ablauf der angegebenen Frist erfolgen und sollte dann innerhalb von sechs bis 12 Monaten nach dem gesetzten Stichtag erfolgen. Danach verliert das Aufforderungsverfahren – ebenso die gerichtliche Genehmigung – seine Wirkung und ist erneut durchzuführen (Verwirkung).[13] Die Wirkung der Kraftloserklärung tritt mit der vollständigen Bekanntmachung in allen Gesellschaftsblättern ein, also mit der letzten Publikation.[14] Ob die Gesellschaft für kraftlos erklärt, steht auch nach dem durchgeführten Aufforderungsverfahren weiterhin in ihrem Ermessen. In gleicher Lage müssen aber alle Aktionäre gleich behandelt werden.[15]

D. Rechtsfolgen (Abs. 3)

Die Kraftloserklärung führt zum **Verlust der wertpapiermäßigen Verbriefung** des Mitgliedschaftsrechts, wobei die Mitgliedschaft selbst unberührt bleibt.[16] Die Urkunde kann nicht mehr als Mittel zur Übertragung dienen, so dass damit auch ein gutgläubiger Erwerb ausscheidet. Nach hM erstreckt sich die Wirkung

---

9 Geßler/Hefermehl/Bungeroth, Rn 16.
10 Baumbach/Hueck, AktG, Anm. 3; KölnKomm-AktG/Lutter, Rn 8.
11 Auch im Insolvenzverfahren; dann ist jedoch Zusage des Insolvenzverwalters im Hinblick auf die entstehenden Kosten notwendig.
12 Heider, AG 1998, 1, 6; Ihring/Streit, NZG 1998, 201, 204; Seibert, ZGR 1998, 1, 18.
13 Geßler/Hefermehl/Bungeroth, Rn 33.
14 Hüffer, Rn 5.
15 KölnKomm-AktG/Lutter, Rn 16.
16 BGH AG 1990, 78, 80.

der Kraftloserklärung nicht nur auf den Mantel, sondern auch auf den Bogen, also auch auf (noch nicht fällige) Gewinnanteilscheine und Erneuerungsscheine.[17]

13 Gemäß Abs. 3 Alt. 1 hat die Gesellschaft neue Aktien auszugeben, soweit nicht die Satzung nach § 10 Abs. 5 den Anspruch des Aktionärs auf Verbriefung seines Anteils ausgeschlossen oder eingeschränkt hat. Die Satzungsregelung geht also Abs. 3 Alt. 1 vor.[18] Etwa aus Anlass der Euro-Umstellung kann so die Situation entstehen, dass die auf DM lautenden Aktien wegen Unrichtigkeit entweder zurückgegeben oder für kraftlos erklärt werden, ohne dass der Aktionär neue Urkunden erhält, wenn die Satzung einen Ausschluss gem. § 10 Abs. 5 vorsieht. Dann bleibt es bei Globalverbriefung. Die Urkunden sind „an den Berechtigten" auszugeben. Der anspruchstellende Aktionär hat sich also zu legitimieren, etwa durch die alten Papiere oder anderweitig. Bei Namensaktien und Zwischenscheinen muss der Berechtigte im Aktienregister eingetragen sein, § 67 Abs. 2.

14 Besteht zugunsten der Gesellschaft ein Recht zur Hinterlegung, kann sie die Aktien auch hinterlegen. Das Hinterlegungsrecht begründet gleichzeitig eine Hinterlegungspflicht bei Vorliegen der Voraussetzung zur Hinterlegung. Ob ein Recht zur Hinterlegung besteht, folgt aus § 372 BGB. Anwendungsfälle sind etwa Annahmeverzug des Berechtigten; Ungewissheit darüber, wer Berechtigter ist; Person des Berechtigten ist unbekannt. Diese Fälle werden praktisch nur relevant, wenn der Berechtigte Selbstverwahrer ist. Die Hinterlegung muss zwar nicht unter Verzicht auf die Rücknahme (§ 376 Abs. 2 Nr. 1 BGB) erfolgen;[19] dies empfiehlt sich jedoch, weil die Gesellschaft dann gem. 378 BGB von ihrer Verpflichtung frei wird.

15 Aushändigung und Hinterlegung sind dem Registergericht des Gesellschaftssitzes anzuzeigen (Abs. 3 S. 2). Die Anzeige ist zwangsgeldbelegt, § 407 Abs. 1, § 14 HGB. Diese Sanktion bezieht sich auch auf die tatsächliche Aushändigung und Hinterlegung.[20] Die Kosten der neuen Aktien und des gesamten Verfahrens sind von der Gesellschaft zu tragen.

E. Zusammenlegung von Aktien (Abs. 4)

16 Abs. 4 hat klarstellende Funktion. Beruht die inhaltliche Unrichtigkeit auf einer Zusammenlegung der Aktien zwecks Herabsetzung des Grundkapitals gem. § 222 Abs. 4 S. 2, bleibt es bei dem Verfahren nach § 226. § 73 gelangt dann nicht zur Anwendung. Findet aber eine Kapitalherabsetzung durch Herabsetzung des Nennbetrags und nicht durch Zusammenlegung der Aktien statt, ist § 73 anzuwenden.

§ 74 Neue Urkunden an Stelle beschädigter oder verunstalteter Aktien oder Zwischenscheine

[1]Ist eine Aktie oder ein Zwischenschein so beschädigt oder verunstaltet, daß die Urkunde zum Umlauf nicht mehr geeignet ist, so kann der Berechtigte, wenn der wesentliche Inhalt und die Unterscheidungsmerkmale der Urkunde noch sicher zu erkennen sind, von der Gesellschaft die Erteilung einer neuen Urkunde gegen Aushändigung der alten verlangen. [2]Die Kosten hat er zu tragen und vorzuschießen.

A. Gegenstand und Zweck

1 § 74 korrespondiert mit § 798 BGB – ist für Aktien und Zwischenscheine indes die Spezialvorschrift – und regelt den **Austausch** beschädigter oder verunstalteter Stücke. Die Norm ergänzt § 72; Abgrenzungsmerkmal ist die Erkennbarkeit des wesentlichen Inhalts und der Unterscheidungsmerkmale der Urkunde. Ist dies der Fall, verkörpert die Urkunde weiterhin das Mitgliedschaftsrecht und kann Legitimationsgrundlage gegenüber der Gesellschaft sein.[1] Das Aufgebotsverfahren (§ 72) ist dann nicht durchzuführen, es gelangt § 74 zur Anwendung. Bei Unrichtigkeit des Inhalts der Urkunde ist § 73 anzuwenden. Zweck ist die Wiederherstellung der durch die Beschädigung oder Verunstaltung beeinträchtigten Handelsfähigkeit (zum Umlauf geeignet).[2] § 74 ist zwingendes Recht, abweichende Regelungen können weder in der Satzung noch in der Urkunde getroffen werden.[3]

---

17 *Baumbach/Hueck*, AktG, Anm. 6; *Herbig*, DJ 1935, 112, 115; *Hüffer*, Rn 6; KölnKomm-AktG/*Lutter*, Rn 20; aA Geßler/*Hefermehl/Bungeroth*, Rn 41.
18 Vorrang der Satzung eingefügt durch Art. 1 Nr. 7 KonTraG.
19 So aber KölnKomm-AktG/*Lutter*, Rn 22.
20 *Hüffer*, Rn 8 mwN.
1 K. Schmidt/Lutter/*T. Bezzenberger*, §§ 72–75 Rn 2.
2 *Hüffer*, Rn 1.
3 KölnKomm-AktG/*Lutter*, Rn 7; Schlegelberger/*Quassowski*, AktG 1937, § 68 Anm. 2.

B. Voraussetzungen

§ 74 gilt für Aktien (Inhaber- und Namensaktien) und Zwischenscheine (§ 8 Abs. 6).[4] Für Gewinnanteilscheine (Coupons) und Erneuerungsscheine (Talons) gilt § 74 nicht. Lautet der Gewinnanteilschein auf den Inhaber, was der regelmäßige Fall sein dürfte, kommt § 798 BGB zur Anwendung.

Die Urkunde muss so beschädigt oder verunstaltet sein, dass sie zum Umlauf nicht mehr geeignet ist. Beschädigungen sind zB Löcher, Risse, Brandstellen, Radierungen; Verunstaltungen sind zB Verschmutzung, Aufschriften, Überdrucke, Knicke. Die Schnelligkeit oder Klarheit der Identifizierung der Urkunde muss erschwert sein,[5] bloße Schönheitsfehler genügen indes nicht. Hinsichtlich börsennotierter Aktien ist zu beachten, dass Wertpapiere, die wesentliche Beschädigungen aufweisen, als nicht lieferbar gelten.[6]

Inhalt und Identität der Urkunde müssen noch sicher zu erkennen sein (Aktiennummer). Sonst liegt ein Fall der Vernichtung vor, der gem. § 72 behandelt wird.

C. Rechtsfolgen

Der Berechtigte, dh der Aktionär, das ist der Inhaber der Urkunde oder bei Namensaktien der im Aktienregister Eingetragene, § 67 Abs. 2, kann von der Gesellschaft Zug um Zug gegen Aushändigung der alten Urkunde die Erteilung einer neuen Urkunde verlangen. Das Mitgliedschaftsrecht wird dann durch die neue Urkunde verkörpert, die die Stückenummer der alten Urkunde trägt. Die alte Urkunde ist zu vernichten, die neue Urkunde darf dann nicht als Ersatzurkunde gekennzeichnet werden.

Die Kosten, insbesondere des Drucks, trägt der Anspruchsteller (§ 74 S. 2), der vorschusspflichtig ist. Verzicht auf Kostentragung durch die Gesellschaft verstieße gegen Verbot der Einlagenrückgewähr, § 57 Abs. 1 S. 1.[7]

§ 75 Neue Gewinnanteilscheine

Neue Gewinnanteilscheine dürfen an den Inhaber des Erneuerungsscheins nicht ausgegeben werden, wenn der Besitzer der Aktie oder des Zwischenscheins der Ausgabe widerspricht; sie sind dem Besitzer der Aktie oder des Zwischenscheins auszuhändigen, wenn er die Haupturkunde vorlegt.

A. Gegenstand und Zweck

§ 75 korrespondiert mit § 805 BGB – ist für Gewinnanteilscheine indes die Spezialvorschrift – und regelt die Ausgabe neuer Gewinnanteilscheine (Coupons), wenn Inhaber des Erneuerungsscheins (Talon)[1] und Besitzer der Aktie oder des Zwischenscheins verschiedene Personen sind.[2] Der Besitz der Aktienurkunde oder des Zwischenscheins (§ 8 Abs. 6) geht der Inhaberschaft des Erneuerungsscheins vor, weil dieser (lediglich) Legitimationspapier, die Aktie hingegen Wertpapier ist.[3] Deshalb verhindert der Widerspruch des Besitzers der Aktie oder des Zwischenscheins die Ausgabe neuer Gewinnanteilscheine an den Inhaber des Erneuerungsscheins. Damit wird die für Erneuerungsscheine fehlende Möglichkeit der Durchführung des Aufgebotsverfahrens gem. § 72 kompensiert. Im Gegensatz zu § 805 BGB ist § 75 zwingendes Recht, abweichende Regelungen können weder in der Satzung noch in der Urkunde getroffen werden.[4]

B. Widerspruch (Hs 1)

§ 75 Hs 1 setzt voraus, dass Inhaber des Erneuerungsscheins und Besitzer der Aktie verschiedene Personen sind. Berechtigt zum Widerspruch ist der Besitzer des Hauptpapiers (Aktie, auch Namensaktie oder Zwischenschein). Die Besitzlage richtet sich nach §§ 854 ff BGB; mittelbarer Besitz (§ 868 BGB) – etwa bei Bankverwahrung – genügt[5] (anders sogleich bei § 75 Hs 2). Der Besitz ist der Gesellschaft auf Verlangen nachzuweisen. Die Eintragung im Aktienregister ist nicht ausreichend, andererseits nach dem eindeutigen

---

[4] Geßler/Hefermehl/Bungeroth, Rn 4.
[5] KölnKomm-AktG/Lutter, Rn 3; vgl auch zB § 60 Abs. 2 der Börsenordnung für die Frankfurter Wertpapierbörse (abgedruckt bei Schwark, Börsengesetz, Anhang), wonach die Druckausstattung der Wertpapiere eine sichere und leichte Abwicklung des Wertpapierverkehrs ermöglichen muss.
[6] Vgl zB § 23 Abs. 1 lit. c) der Bedingungen für Geschäfte an der Frankfurter Wertpapierbörse (abgedruckt bei Schwark, aaO).
[7] Geßler/Hefermehl/Bungeroth, Rn 12.

[1] Zur Bedeutung des Erneuerungsscheins siehe Geßler/Hefermehl/Bungeroth, Rn 3; Hüffer, § 58 Rn 30.
[2] Das Gesetz bezeichnet Aktie und Zwischenschein als Haupturkunde, § 75 Hs 2.
[3] RGZ 74, 339, 341; 77, 333, 336.
[4] KölnKomm-AktG/Lutter, Rn 8.
[5] Großkomm-AktienR/Barz, Anm. 3; Geßler/Hefermehl/Bungeroth, Rn 7.

Wortlaut aber auch nicht erforderlich.[6] Geht der Gesellschaft ein Widerspruch[7] zu (§ 130 BGB), dürfen Gewinnanteilscheine nicht an den Inhaber des Erneuerungsscheins ausgehändigt werden (Sperrwirkung). Händigt die Gesellschaft gleichwohl aus, ist sie zum Schadensersatz verpflichtet. Der Widerspruch kann im Übrigen mit Wirkung für die Zukunft von dem Inhaber der Haupturkunde zurückgenommen werden. Die Legitimationswirkung des Erneuerungsscheins lebt dann wieder auf.

3 Geht der Gesellschaft kein Widerspruch zu (§ 130 BGB), sind die Gewinnanteilscheine dem Inhaber des Erneuerungsscheins gem. dessen Legitimationswirkung (oder für die Gesellschaft besser Liberationswirkung) auszuhändigen.

C. Leistung an Besitzer der Haupturkunde nach Vorlegung (Hs 2)

4 Dem Besitzer der Aktie oder des Zwischenscheins sind die Gewinnanteilscheine auszuhändigen, wenn er die Haupturkunde vorlegt. Ist die andere Person, die Inhaber des Erneuerungsscheins ist, gleichzeitig Inhaber der Aktienurkunde und hat der mittelbare Besitzer widersprochen, so kann die Gesellschaft an keinen leisten, bevor nicht die beteiligten Person im Innenverhältnis ihre Berechtigung geklärt haben. Im Übrigen gilt Folgendes:

5 Bei **Inhaberaktien** handelt es sich bei dem Anspruch auf Aushändigung neuer Gewinnanteilscheine um einen Anspruch aus dem Inhaberpapier. Die Gesellschaft braucht nur an den Inhaber zu leisten, ist aber zur Leistung an ihn auch verpflichtet. Gläubiger des Anspruchs aus dem Inhaberpapier ist – im Gegensatz zum Widerspruchsrecht – nur der **unmittelbare Besitzer**, was aus der Vorlagepflicht gem. § 75 Hs 2 folgt.

6 Auch bei **Namensaktien** oder **Zwischenscheinen** kommt es auf den unmittelbaren Besitz und die Vorlegung an. Darüber hinaus müssen Inhaber von Namensaktien oder Zwischenscheinen im Aktienregister eingetragen sein (§ 67 Abs. 2).[8] Dies kann dem Wortlaut des § 75 zwar nicht entnommen werden, ebenso ist für das Widerspruchsrecht eine Eintragung nicht erforderlich. Der Leistungsanspruch aus § 75 Hs 2 folgt aber unmittelbar aus der Mitgliedschaft als Aktionär gegenüber der Gesellschaft und weist einen graduellen Unterschied zum Widerspruchsrecht auf, das als Rechtsfolge keine Leistungspflicht der Gesellschaft, sondern (lediglich) eine Sperrfunktion nach sich zieht. Aus Sinn und Zweck der Vorschrift kann eine gewollte Entwertung des Aktienregisters nicht gefolgert werden.

Vierter Teil Verfassung der Aktiengesellschaft

Erster Abschnitt
Vorstand

§ 76 Leitung der Aktiengesellschaft

(1) Der Vorstand hat unter eigener Verantwortung die Gesellschaft zu leiten.

(2) ¹Der Vorstand kann aus einer oder mehreren Personen bestehen. ²Bei Gesellschaften mit einem Grundkapital von mehr als drei Millionen Euro hat er aus mindestens zwei Personen zu bestehen, es sei denn, die Satzung bestimmt, daß er aus einer Person besteht. ³Die Vorschriften über die Bestellung eines Arbeitsdirektors bleiben unberührt.

(3) ¹Mitglied des Vorstands kann nur eine natürliche, unbeschränkt geschäftsfähige Person sein. ²Mitglied des Vorstands kann nicht sein, wer

1. als Betreuter bei der Besorgung seiner Vermögensangelegenheiten ganz oder teilweise einem Einwilligungsvorbehalt (§ 1903 des Bürgerlichen Gesetzbuchs) unterliegt,
2. aufgrund eines gerichtlichen Urteils oder einer vollziehbaren Entscheidung einer Verwaltungsbehörde einen Beruf, einen Berufszweig, ein Gewerbe oder einen Gewerbezweig nicht ausüben darf, sofern der Unternehmensgegenstand ganz oder teilweise mit dem Gegenstand des Verbots übereinstimmt,
3. wegen einer oder mehrerer vorsätzlich begangenen Straftaten

---

6 KölnKomm-AktG/*Lutter*, Rn 4.
7 Es genügt eine allgemein gehaltene Erklärung, die ohne besonderen Anlass das Nichteinverständnis mit einer etwaigen Ausgabe der Gewinnanteilscheine an einen gegenwärtigen oder künftigen Inhaber des Erneuerungsscheins zum Ausdruck bringt, Geßler/*Hefermehl*/*Bungeroth*, Rn 9.
8 Str, wie hier *Hüffer*, Rn 4; KölnKomm-AktG/*Lutter*, Rn 7; aA Großkomm-AktienR/*Barz*, Anm. 3; Geßler/*Hefermehl*/*Bungeroth*, Rn 14 f.

a) des Unterlassens der Stellung des Antrags auf Eröffnung des Insolvenzverfahrens (Insolvenzverschleppung),
b) nach den §§ 283 bis 283 d des Strafgesetzbuchs (Insolvenzstraftaten),
c) der falschen Angaben nach § 399 dieses Gesetzes oder § 82 des Gesetzes betreffend die Gesellschaften mit beschränkter Haftung,
d) der unrichtigen Darstellung nach § 400 dieses Gesetzes, § 331 des Handelsgesetzbuchs, § 313 des Umwandlungsgesetzes oder § 17 des Publizitätsgesetzes,
e) nach den §§ 263 bis 264 a oder den §§ 265 b bis 266 a des Strafgesetzbuchs zu einer Freiheitsstrafe von mindestens einem Jahr

verurteilt worden ist; dieser Ausschluss gilt für die Dauer von fünf Jahren seit der Rechtskraft des Urteils, wobei die Zeit nicht eingerechnet wird, in welcher der Täter auf behördliche Anordnung in einer Anstalt verwahrt worden ist.

³Satz 2 Nr. 3 gilt entsprechend bei einer Verurteilung im Ausland wegen einer Tat, die mit den in Satz 2 Nr. 3 genannten Taten vergleichbar ist.

Literatur:
Aschenbeck, Personenidentität bei Vorständen in Konzerngesellschaften (Doppelmandat im Vorstand), NZG 2000, 1015; *Baumann*, Die Kenntnis juristischer Personen des Privatrechts von rechtserheblichen Umständen, ZGR 1973, 284; *Deutscher Anwaltverein*, Stellungnahme des Handelsrechtsausschusses des Deutschen Anwaltsvereins eV zum Fragenkatalog der Regierungskommission „Corporate Governance – Unternehmensführung – Unternehmenskontrolle – Modernisierung des Aktienrechts" vom 7.11.2000, NZG 2001, 181; *Fleischer*, Unternehmensspende und Leitungsermessen des Vorstands im Aktienrecht, AG 2001, 171; *Götz*, Leitungssorgfalt und Leitungskontrolle der Aktiengesellschaft hinsichtlich abhängiger Unternehmen, ZGR 1998, 524; *Hoffmann-Becking*, Vorstands-Doppelmandate im Konzern, ZHR 150 (1986), 570; *Hofmeister*, Veräußerung und Erwerb von Beteiligungen bei der Aktiengesellschaft: Denkbare Anwendungsfälle der Gelatine-Rechtsprechung, NZG 2008, 47; *Holtmann*, Personelle Verflechtungen auf Konzernführungsebene, 1989; *Hommelhoff*, Satzungsmäßige Eignungsvoraussetzungen für Vorstandsmitglieder einer Aktiengesellschaft, BB 1977, 324; *ders.*, Die Konzernleitungspflicht, 1982; *Kind*, Darf der Vorstand einer AG Spenden an politische Parteien vergeben?, NZG 2000, 567; *Kort*, Vorstandshandeln im Spannungsverhältnis zwischen Unternehmensinteresse und Aktionärsinteressen, AG 2012, 605; *Liebscher*, Ungeschriebene Hauptversammlungszuständigkeiten im Lichte von Holzmüller, Macrotron und Gelatine, ZGR 2005, 1; *Lutter*, Anwendbarkeit der Altersbestimmungen des AGG auf Organpersonen, BB 2007, 725; *Lutter/Krieger*, Rechte und Pflichten des Aufsichtsrats, 5. Auflage 2008 (zit.: *Lutter/Krieger*, AR); *Mertens*, Der Vorstand darf zahlen, AG 2000, 157; *Möhring*, Das neue Aktiengesetz, NJW 1966, 1; *Müller-Michaels*, Muss sich Ethik lohnen? Wider die ökonomische Rechtfertigung von Corporate Social Responsibility, AG 2011, 101; *Oltmanns*, Die Einführung des EURO bei der Aktiengesellschaft, in: *Dörner/Menold/Pfitzer* (Hrsg.), Reform des Aktienrechts, der Rechnungslegung und Prüfung, 1999, S. 57; *Overlack*, Der Einfluss der Gesellschafter auf die Geschäftsführung in der mitbestimmten GmbH, ZHR 141 (1977), 125; *Passarge*, Vorstands-Doppelmandate – ein nach wie vor aktuelles Thema, NZG 2007, 441; *Priester*, Aufstellung und Feststellung des Jahresabschlusses bei unterbesetztem Vorstand, in: FS Kropff, 1997, S. 591; *Säcker*, Die Anpassung der Satzung der Aktiengesellschaft an das Mitbestimmungsgesetz, DB 1977, 1791; *Semler*, in: FS Stiefel, 1987, S. 719; *Stein*, § 6 Abs. 2 S. 2 GmbHG, § 76 Abs. 3 S. 2 AktG: Verfassungswidrige Berufsverbote?, AG 1987, 165; *Teichmann*, Die Bestellung eines Ausländers zum Geschäftsführer einer deutschen GmbH, IPrax 2000, 110.

A. Norminhalt und Normschwerpunkt ... 1	E. Eigenverantwortliche Leitung des Vorstands im Konzern ... 12
B. Vorstand als Leitungsorgan ... 2	F. Anzahl der Vorstandsmitglieder (Abs. 2) ... 19
I. Vorstand ist zwingend ... 2	I. Gesetzlich geforderte Anzahl ... 19
II. Vorgesellschaft ... 3	II. Fehlerhafte Zusammensetzung ... 20
III. Leitungsaufgabe obliegt Gesamtvorstand ... 4	III. Arbeitsdirektor ... 22
IV. Leitung der Gesellschaft ... 5	G. Persönliche Anforderungen an Vorstandsmitglieder ... 23
1. Leitung und Geschäftsführung ... 5	I. Natürliche, unbeschränkt geschäftsfähige Person ... 23
2. Gesellschaft als Gegenstand der Leitungsaufgabe ... 6	II. Auswahlrichtlinien in der Satzung, DCGK ... 24
3. Unter eigener Verantwortung ... 7	III. Andere Bestellungshindernisse ... 25
4. Leitungsermessen und Deutscher Corporate Governance Kodex (DCGK) ... 9	
C. Vorstand und Vorstandsmitglieder ... 10	
D. Haftung der Gesellschaft für Vorstandsmitglieder und leitende Angestellte ... 11	

A. Norminhalt und Normschwerpunkt

Die Vorschrift normiert die Leitungsaufgabe (Leitungsrecht und Leitungspflicht) des Vorstands als Kollegialorgan (Abs. 1), die zahlenmäßige Zusammensetzung des Vorstands (Abs. 2) und die persönlichen Anforderungen an Vorstandsmitglieder (Abs. 3, verschärft 2008 durch das MoMiG). Schwerpunkt ist das Regierungsrecht des Vorstands als Kollegialorgan (Abs. 1). Dieses grenzt die Aufgaben des Vorstands gegenüber Hauptversammlung und Aufsichtsrat ab (**externe Kompetenzabgrenzung**), die Norm ist insoweit komplementär zum Überwachungs- und Beratungsrecht des Aufsichtsrats (§ 111) und zum Recht zu Grundlagenentscheidungen der Hauptversammlung (§ 119). Das Regierungsrecht grenzt ferner das Recht des Gesamtvorstands gegenüber den einzelnen Vorstandsmitgliedern ab (**interne Kompetenzabgrenzung**), es wird insoweit durch § 77 ergänzt.

B. Vorstand als Leitungsorgan

2 **I. Vorstand ist zwingend.** Ohne Vorstand wird eine AG nicht ins Handelsregister eingetragen (*arg e* § 39). Fällt der Vorstand weg (Tod, Abberufung, Amtsniederlegung, Betreuung mit Einwilligungsvorbehalt, Verurteilung wegen Insolvenzstraftat, Abs. 3), bleibt der Bestand der AG unberührt, diese wird aber handlungsunfähig und der Vorstand muss neu bestellt werden (durch Aufsichtsrat, § 84, notfalls durch Gericht, § 85). Fällt der Vorstand vor Eintragung weg, bleibt die Anmeldung wirksam (§ 130 Abs. 2 BGB), bis zur Bestellung (Ergänzung) eines vertretungsberechtigten Vorstands besteht jedoch ein Eintragungshindernis. Der Vorstand muss „Vorstand" heißen. Andere Bezeichnungen in der Satzung führen zur Ablehnung der Eintragung. Zweigniederlassungen können keinen eigenen Vorstand haben.

3 **II. Vorgesellschaft.** Bei Bargründungen dürfen und können Vorstandsmitglieder regelmäßig nur Geschäfte vornehmen, die zur Herbeiführung der Eintragung erforderlich sind, bei Sachgründungen regelmäßig unbeschränkt.[1]

4 **III. Leitungsaufgabe obliegt Gesamtvorstand.** Dies schließt jedoch Spartenorganisation mit Zuständigkeit einzelner Vorstandsmitglieder für einzelne Sparten nicht aus, wenngleich die Kollegialverantwortung dadurch faktisch beeinträchtigt wird; Kernbereich der Kollegialverantwortung und Überwachungspflicht des Gesamtorgans bleiben.[2]

5 **IV. Leitung der Gesellschaft. 1. Leitung und Geschäftsführung.** Die **Geschäftsführung** beinhaltet sämtliche tatsächlichen und rechtlichen Handlungen für die AG. Die **Leitung** beschränkt sich auf grundlegende Entscheidungen (unverzichtbarer Kern der Vorstandsfunktion),[3] u.a. Zielkonzeption, Organisation, Führungsgrundsätze, Besetzung von Führungspositionen, Unternehmensplanung, Strategie, Geschäftspolitik (va hinsichtlich Finanzierung, Personalwesen, Verwaltung, Investitionen, Beschaffung, Entwicklung, Produktion, Vertrieb), sowie andere Entscheidungen von größerer Bedeutung. Zu den zwingend dem Gesamtvorstand zugewiesenen Leitungsaufgaben gehören auch die gesetzlich dem Vorstand als Kollegialorgan ausdrücklich zugewiesenen Aufgaben (§§ 83, 90, 91, 92, 110 Abs. 1, 119 Abs. 2, 121 Abs. 2, 170, 245 Nr. 4). Einzelne Vorstandsmitglieder können mit der Vorbereitung solcher Aufgaben betraut werden. Durchführung und Verantwortung müssen jedoch bei Gesamtvorstand bleiben.

6 **2. Gesellschaft als Gegenstand der Leitungsaufgabe.** Gesellschaft ist gleichbedeutend mit Unternehmen der Gesellschaft.[4]

7 **3. Unter eigener Verantwortung.** Der Vorstand leitet die AG aus **eigenem** Recht und weisungsfrei, dh weder im Auftrag des Aufsichtsrats noch der Hauptversammlung noch eines maßgeblichen Aktionärs auch wenn dieser die öffentliche Hand ist.[5] Der Aufsichtsrat ist auf Überwachung beschränkt und greift in die Geschäftsleitung des Vorstands lediglich passiv ein durch Zustimmungsvorbehalte (§ 111 Abs. 4); das Initiativrecht ist dagegen dem Vorstand vorbehalten. Die Hauptversammlung ist von der Geschäftsführung ausgeschlossen, es sei denn, der Vorstand verlangt Beschluss der Hauptversammlung (§ 119 Abs. 2, zur Pflicht, bei Grundsatzmaßnahmen Beschluss der Hauptversammlung herbeizuführen).[6] Das Weisungsrecht gegenüber dem Vorstand wird ausnahmsweise begründet durch Beherrschungsvertrag (§ 308) oder bei Eingliederung (§ 323); außerhalb von Unternehmensverträgen sind vertragliche Vereinbarungen mit Dritten über die Erfüllung der Leitungsaufgabe des Vorstands (zB „Outsourcing"-Verträge, Verträge mit Gewerkschaften über eine bestimmte Unternehmensorganisation) unzulässig („Selbstbindungsverbot" des Vorstands).[7] Unwiderrufliche Generalvollmacht ist unzulässig. Widerrufliche Generalvollmacht darf sich nicht auf Grundsatzentscheidungen des Vorstands, sondern nur auf Vollzug von Führungsentscheidungen bezie-

---

1 MüHb-AktG/*Wiesner*, § 19 Rn 31.
2 Vgl KölnKomm-AktG/*Mertens*, Rn 49; MüHb-AktG/*Wiesner*, § 19 Rn 17. Vgl auch unten § 77 Rn 9.
3 Vgl *Hüffer*, Rn 8.
4 Str, vgl *Hüffer*, Rn 9; KölnKomm-AktG/*Mertens*, Rn 6 ff.
5 VGH Kassel AG 2013, 35.
6 Vgl „Gelatine"-Entscheidungen BGHZ 159, 30 ff = ZIP 2004, 993 ff (hierfür unabdingbar Dreiviertelmehrheit erforderlich); BGH NZG 2007, 234; *Hofmeister*, NZG 2008, 47 ff; „Holzmüller"-Entscheidung BGHZ 83, 122, 131 = NJW 1982, 1703 f; hinsichtlich des Rückzugs von der Börse unter Verweis auf Art. 14 GG: BGH NJW 2003, 1032 = ZIP 2003, 387 (Macroton: hierfür einfache Mehrheit ausreichend). Zu den Grenzen vgl auch OLG Köln v. 15.1.2009 – 18 U 205/07; OLG Stuttgart NZG 2006, 790.
7 Vgl KölnKomm-AktG/*Mertens*, Rn 40, 43 ff mwN; AT 9 Abs. 4 des Rundschreibens 5/2007 (MaRisk) der BaFin vom 30.10.2007. Zur begrenzten Zulässigkeit von Betriebsführungsverträgen vgl KölnKomm-AktG/*Mertens*, Rn 47.

hen. Die Delegation von Leitungsaufgaben ist nur eingeschränkt zulässig und mit einer Auswahl- und Überwachungspflicht verbunden.[8]

Verantwortung bedeutet nach sachgemäßem unternehmerischem Ermessen des Vorstands,[9] nicht willkürlich. In der Gesellschaft verankerte **maßgebliche Interessen** sind zu berücksichtigen. Dazu gehören Interessen der Aktionäre (Wertsteigerung, „Shareholder Value",[10] Dividendenzahlungen), der Arbeitnehmer (Arbeitsplatzsicherung) und der Allgemeinheit (Gemeinwohl, moralische Grundwerte, Arbeitsplatzschaffung und -sicherung, Bonität).[11] Keine der maßgeblichen Interessen ist vorrangig. Der Vorstand muss bei Interessenkonflikt alle betroffenen Interessen in seine Ermessensentscheidung einbeziehen. Bei der Schwerpunktbildung steht ihm jedoch ein weiter Ermessensspielraum zu. Schranken des Ermessensspielraums bestehen insoweit, als der Vorstand für Bestand des Unternehmens und dauerhafte Rentabilität (Unternehmenserfolg) sorgen muss,[12] solange die Hauptversammlung keinen Liquidationsbeschluss fasst. Dies gilt schon deshalb, weil ohne Bestandssicherung auch Arbeitsplätze in Gefahr sind. Dauerhafte Rentabilität ist nicht gleich kurzfristige Gewinnmaximierung. Erhöhte Aufwendungen an Arbeitnehmer reduzieren zwar kurzfristig den Gewinn, können aber zur Zufriedenheit und erhöhter Produktivität beitragen. **Spenden**,[13] Sponsoring, Stipendien etc. (nicht jedoch Schmier- und Bestechungsgelder)[14] tragen zum Ansehen der Gesellschaft und ihrer Produkte in Öffentlichkeit und Politik oder zur Attraktivität der Gesellschaft für begehrte Fachkräfte bei und führen somit langfristig zu erhöhter Rentabilität.[15] Ermessensgrenzen dürften überschritten sein, wenn solche Ausgaben unverhältnismäßig hoch sind oder aus sachfremden Erwägungen getätigt werden,[16] zB Unterstützung einer ausländischen politischen Gruppierung aus ideologischen Gründen. Ein Verzicht auf Geschäftsbeziehungen mit Unternehmen in Ländern, in denen Menschenrechte missachtet werden, oder vergleichbare selbstauferlegte Beschränkungen sind vertretbar, solange die Rentabilität dadurch nicht ernsthaft gefährdet wird.[17]
Zur Verhaltenspflicht des Vorstands im Rahmen einer Übernahme (Neutralitätspflicht), vgl die Erläuterungen zu § 33 Wertpapiererwerbs- und Übernahmegesetz.

4. Leitungsermessen und Deutscher Corporate Governance Kodex (DCGK). Bei börsennotierten Gesellschaften hat der Vorstand die strategische Ausrichtung des Unternehmens mit dem Aufsichtsrat abzustimmen (Ziffer 3.2 DCGK). Hierdurch wird das Leitungsermessen eingegrenzt. Da dieses Abstimmungsgebot sehr vage ist, wird von der Möglichkeit der Nichtanwendungserklärung (§ 161), in der Praxis, soweit erkennbar, kein Gebrauch gemacht. Gleiches gilt für das Gebot der Leitung mit dem Ziel nachhaltiger Wertschöpfung unter Berücksichtigung der Belange der Aktionäre, seiner Arbeitnehmer und der sonstigen dem Unternehmen verbundenen Gruppen („*stakeholders*") gem. Ziffer 4.1.1 DCGK sowie für das Gebot der Sorge für die Einhaltung der gesetzlichen Bestimmungen und unternehmensinternen Richtlinien innerhalb des Konzerns („*compliance*") gem. Ziffer 4.1.3 DCGK.

C. Vorstand und Vorstandsmitglieder

Beide sind Organ der AG. Jedes Vorstandsmitglied ist gesetzlicher Vertreter der AG.[18] Besitz eines Vorstandsmitglieds für AG ist Besitz der AG. Wissen und fahrlässige Unkenntnis eines Vorstandsmitglieds sind der AG ohne Rücksicht auf Vertretungsbefugnis (auch nach seinem Ausscheiden) zuzurechnen,[19] sofern nicht der Aufsichtsrat zuständig ist (§ 112, zB Kenntnis im Rahmen von § 199 Abs. 1 S. 1 Nr. 2 BGB wegen Anspruchs gegen Vorstand nach § 823 BGB). Bei Willensmängeln kommt es auf das konkret handelnde Vorstandsmitglied an.[20] Auch tatsächliche Umstände, die bei einem Vorstandsmitglied vorliegen, werden AG zugerechnet (Befangenheit eines Vorstandsmitglieds, Ehebruch von Vorstandsmitglied mit Frau eines Angestellten begründet außerordentliches Kündigungsrecht).

---

8 Vgl *Froesch*, DB 2009, 722.
9 BGHZ 125, 239, 248 f = NJW 1994, 1410, 1412 (Deutsche Bank).
10 MüKo-AktG/*Spindler*, Rn 76 f; entgegen der angelsächsischen Shareholder Primacy Norm besteht dabei jedoch kein Vorrang, vielmehr ist im Rahmen der interessenpluralistischen Zielkonzeption auch ein Handeln gegen die Aktionärsinteressen möglich, vgl OLG Frankfurt AG 2011, 918 f.
11 Vgl *Hüffer*, Rn 12; KölnKomm-AktG/*Mertens*, Rn 16; MüHb-AktG/*Wiesner*, § 19 Rn 20 ff; *Kort*, AG 2012, 605 ff.
12 OLG Hamm AG 1995, 512, 514 (Harpener/Omni); KölnKomm-AktG/*Mertens*, Rn 22.
13 Mit der gebotenen Zurückhaltung auch an politische Parteien und zur Zwangsarbeiterentschädigung, vgl KölnKomm-AktG/*Mertens*, Rn 35 f; *ders.*, AG 2000, 157, 158 ff (zu Stiftungen);
MüKo-AktG/*Spindler*, Rn 87; *Fleischer*, AG 2001, 171, 179 f; *Kind*, NZG 2000, 567, 568 f.
14 Großkomm-AktienR/*Kort*, Rn 77; vgl auch Ziff. 4.3.2. des Deutschen Corporate Governance Kodex für börsennotierte Unternehmen.
15 Vgl *Fleischer*, AG 2001, 171, 179; *Kind*, NZG 2000, 567, 568; BGH NJW 2002, 1585 f.
16 In diesen Fällen kommt sogar der Vorwurf der Untreue (§ 266 StGB) in Frage, BGH NJW 2002, 1585, 1587; *Hüffer*, Rn 14.
17 Vgl KölnKomm-AktG/*Mertens*, Rn 32; MüKo-AktG/*Spindler*, Rn 91.
18 Vgl § 26 Abs. 2 S. 1 BGB.
19 Vgl BGHZ 41, 282, 287; KölnKomm-AktG/*Mertens*, Rn 63 ff mwN; dazu umfassend, aber aA *Baumann*, ZGR 1973, 284 ff; Großkomm-AktienR/*Kort*, Rn 162 ua.
20 Vgl hierzu im Einzelnen § 78 Rn 7.

D. Haftung der Gesellschaft für Vorstandsmitglieder und leitende Angestellte

11 Die AG haftet für dienstliche Handlungen und Unterlassungen (auch Organisations- oder Überwachungsverschulden) der Vorstandsmitglieder und leitenden Angestellten gem. § 31 BGB (nicht § 831 BGB mit Entlastungsmöglichkeit). Die dienstliche Sphäre wird nicht bereits durch Überschreitung der Geschäftsführungsbefugnis verlassen (selbst bei vorsätzlich unerlaubter Handlung),[21] sondern nur bei erkennbarem Herausfallen aus der typischen Vorstandstätigkeit (Private Vergnügungsreise im Anschluss an Geschäftsreise).[22] Keine Mithaftung der Gesellschaft besteht bei Schadensersatzansprüchen der Gesellschaft gegen Vorstandsmitglieder. Im vertraglichen Bereich kann entgegen § 278 S. 2, § 276 Abs. 3 BGB die Haftung wegen Vorsatzes nicht im Voraus erlassen werden.[23] Die Haftung für Vorstandsmitglieder im Gründungsstadium setzt sich nach Eintragung fort. Keine Haftung der entsendenden AG ist bei schädigendem Verhalten eines Doppelvorstandsmitglieds in aufnehmender AG[24] gegeben. Eventuell besteht aber eine Haftung aus § 117.

E. Eigenverantwortliche Leitung des Vorstands im Konzern

12 Bei Konzernbegründung durch **Ausgliederung** wesentlicher Betriebsteile besteht eine Einschränkung des Geschäftsleitungsrechts des Vorstands durch Pflicht zur Einholung der Zustimmung der Hauptversammlung (mit Dreiviertel-Mehrheit).[25]

13 Der Vorstand der herrschenden AG im Konzern hat nach hM keine Konzernleitungspflicht für Tochtergesellschaften im gleichen Umfang wie für herrschende AG, sondern lediglich **Konzernkoordinationspflicht** und Pflicht zur Überwachung als Teil der Leitungspflicht für das herrschende Unternehmen.[26]

14 Der Vorstand der **eingegliederten** Gesellschaft ist weisungsabhängig (§ 323 Abs. 1), § 76 Abs. 1 gilt nicht.

15 Der Vorstand der abhängigen Gesellschaft bei **Beherrschungsvertrag** ist weisungsabhängig (§ 308 Abs. 1), § 76 Abs. 1 gilt nicht.

16 Der Vorstand der abhängigen Gesellschaft ohne Beherrschungsvertrag (**faktischer Konzern**) ist nicht weisungsabhängig, § 76 Abs. 1 gilt uneingeschränkt, nachteilige Weisungen sind ausgleichspflichtig (§ 311). Der Vorstand darf nachteilige Weisungen nur befolgen, wenn Einzelausgleich nach § 311 Abs. 1 erwartbar ist, sonst macht er sich unter den Voraussetzungen des § 93 ersatzpflichtig.[27] Für Vorstand der abhängigen Gesellschaft steht das Gesellschaftsinteresse im Vordergrund, bei Widerstreit zwischen Gesellschaftsinteresse und Konzerninteresse ist eine Abstimmung anzustreben.[28]

17 **Vorstandsdoppelmandate** im Konzern sind sowohl bei Holdingstruktur (Obergesellschaft ist reine Holding) als auch bei Stammhauskonzern (Obergesellschaft ist operativ tätig und Holding) anzutreffen[29] und grundsätzlich zulässig.[30]
Die Einwilligung beider Aufsichtsräte zum Doppelmandat ist erforderlich (§ 88 Abs. 1 S. 2).

18 **Problembereiche:** qualifizierter faktischer Konzern (mit Verlustübernahme analog § 302), Personalunion kann zwar zu qualifiziert faktischem Konzern beitragen, begründet diesen aber nicht zwingend;[31] Interessenkollision: Gesellschaften können im Einzelfall unterschiedliche Interessen haben; **Lösung:** Stimmverbot für betroffenes Vorstandsmitglied aus § 34 BGB analog[32] oder sogar Pflicht zur Niederlegung *eines* Vorstandsamtes, falls fundamentaler Interessenwiderstreit oder Dauerinteressenkollision.[33]

F. Anzahl der Vorstandsmitglieder (Abs. 2)

19 **I. Gesetzlich geforderte Anzahl.** Grundsätzlich sind Alleinvorstand oder mehrköpfiger Vorstand zulässig (Abs. 2 S. 1). Die Satzung muss Zahl oder Regeln für Festlegung der Zahl enthalten (§ 23 Abs. 3 Nr. 6), die Bestimmung des Rahmens durch Satzung (Mindest- und/oder Höchstzahl) und Festlegung der konkreten Zahl durch Gesamtaufsichtsrat (nicht Ausschuss) oder – außer bei mitbestimmter AG, § 29 MitbestG –

---

21 BGHZ 98, 148, 152 = AG 1987, 16 f.
22 RGZ 128, 229, 233 (zu GmbH).
23 KölnKomm-AktG/*Mertens*, Rn 73 mwN.
24 BGHZ 90, 381, 396 f = AG 1984, 181, 185; teilweise ablehnend: KölnKomm-AktG/*Mertens*, Rn 82 ff; MüKo-AktG/*Spindler*, Rn 60.
25 BGHZ 159, 30 ff = ZIP 2004, 993 ff (Gelatine); BGH 83, 122 (Holzmüller) = NJW 1982, 1703, 1705 f.
26 Vgl *Hüffer*, Rn 17; KölnKomm-AktG/*Mertens*, Rn 5 mwN; MüKo-AktG/*Spindler*, Rn 49 f; aA MüHb-AktG/*Wiesner*, § 19 Rn 12; *Götz*, ZGR 1998, 524 f; *Hommelhoff*, Die Konzernleitungspflicht, 1982, S. 43 ff, 112.
27 OLG Hamm AG 1995, 512, 514 (Harpener/Omni).
28 KölnKomm-AktG/*Mertens*, Rn 56, str.
29 Vgl *Holtmann*, Personelle Verflechtungen, 1989, S. 89 ff.
30 Unstr, vgl *Hüffer*, Rn 21; KölnKomm-AktG/*Mertens*, Rn 112; MüHb-AktG/*Wiesner*, § 19 Rn 29, § 20 Rn 10; Passarge, NZG 2007, 441; BGH v. 9.3.2009 – II ZR 170/07, BGHZ 180, 105.
31 Vgl *Hüffer*, Rn 21; MüHb-AktG/*Wiesner*, § 20 Rn 10; *Aschenbeck*, NZG 2000, 1015, 1019; KölnKomm-AktG/*Mertens*, Rn 113.
32 Vgl *Hoffmann-Becking*, ZHR 150, 570, 580; *Semler*, in: FS Stiefel, 1987, S. 719, 757 f; *Passarge*, NZG 2007, 441, 442; aA *Hüffer*, § 77 Rn 8; MüHb-AktG/*Wiesner*, § 19 Rn 29; Großkomm-AktienR/*Kort*, Rn 184 ff.
33 MüKo-AktG/*Spindler*, Rn 58.

durch Hauptversammlung ist zulässig. Innerhalb des Rahmens entscheidet der Aufsichtsrat. Bei einem Grundkapital von über 3 Mio EUR ist eine Mindestzahl von zwei Vorstandsmitgliedern (von denen eines stellvertretend iSv § 94 sein kann)[34] erforderlich, es sei denn, die Satzung bestimmt, dass der Vorstand aus einer Person besteht (Abs. 2 S. 2). Diese Vorschrift ist verunglückt.[35] Die Satzung kann bei einem Grundkapital von über 3 Mio EUR auch vorsehen, dass der Vorstand aus einer oder mehreren Mitgliedern bestehen kann[36] oder dass die Zahl der Vorstandsmitglieder vom Aufsichtsrat[37] oder von der Hauptversammlung[38] bestimmt wird (was die Zulässigkeit von nur einem Vorstandsmitglied beinhaltet). Nach Ziff. 4.2.1. des Deutschen Corporate Governance Kodex „soll" der Vorstand börsennotierter Unternehmen mehrköpfig besetzt sein.

II. Fehlerhafte Zusammensetzung. Überbesetzung: Die Bestellung des/der letzten Vorstandsmitglieds/er ist zwar satzungswidrig, aber wirksam. Das Handelsregister ist zur Eintragung verpflichtet. Der Aufsichtsrat ist zur Abberufung aus wichtigem Grund oder Einleitung von Satzungsänderung verpflichtet, um einen satzungskonformen Zustand herzustellen. Die Vertretung nach außen und die Mitwirkung des überzähligen Vorstandsmitglieds bei der Willensbildung des Gesamtvorstands sind wirksam. 20

Unterbesetzung: Die Vertretung nach außen ist wirksam, soweit Vertretungsberechtigte in ausreichender Zahl handeln.[39] Sieht das Gesetz Tätigkeit des Vorstands als Kollegialorgan vor (zB §§ 83, 90 bis 92, 121 Abs. 2, 170 Abs. 1 und 2, 172, 245 Nr. 4), ist der Vorstand hingegen **handlungsunfähig**.[40] Der Aufsichtsrat ist zur Bestellung von weiterem Vorstandsmitglied oder der Einleitung von Satzungsänderung verpflichtet, um einen satzungskonformen Zustand herzustellen, notfalls durch gerichtliche Bestellung (§ 85). 21

III. Arbeitsdirektor. Vorschriften über Bestellung eines Arbeitsdirektors bleiben von Abs. 2 S. 1 und 2 unberührt (Abs. 2 S. 3). Sofern Arbeitsdirektor zu bestellen ist (§ 13 Abs. 1 MontanMitbestG, § 13 MontanMitbestErgG, § 33 Abs. 1 MitbestG 1976), sind demnach mindestens zwei Vorstandsmitglieder erforderlich.[41] 22

G. Persönliche Anforderungen an Vorstandsmitglieder

I. Natürliche, unbeschränkt geschäftsfähige Person. Nur solche Personen sind vorstandsfähig (Abs. 3 S. 1). Sie dürfen auch nicht unter Betreuung mit Einwilligungsvorbehalt (§§ 1896 ff, 1903 BGB) stehen. Gesellschaften/juristische Personen sind nicht vorstandsfähig. Geschäftsfähigkeit: §§ 2, 104 ff BGB, bei Ausländern entscheidet Heimatstatut (Art. 7 EGBGB).[42] Eine Bestellung trotz Bestellungshindernis ist nach § 134 BGB nichtig. 23

Die Staatsangehörigkeit ist unerheblich (auch wenn ausschließlich ausländische Vorstandsmitglieder), Aufenthalts-, Arbeits- oder Gewerbeerlaubnis sind nicht erforderlich,[43] es sei denn, Einreisevisum ins Inland ist nur erschwert oder mit zeitlicher Verzögerung zu erhalten.[44] Ein ausländischer Wohnsitz ist unerheblich. Ein Vorstandsmitglied kann, muss aber nicht Aktionär sein (Prinzip der Fremdorganschaft).

II. Auswahlrichtlinien in der Satzung, DCGK. Persönliche Eignungsvoraussetzungen können in Satzung enthalten sein, Auswahlermessen des Aufsichtsrats muss jedoch erhalten bleiben.[45] Dies gilt auch bei mitbestimmter AG, sofern Mitbestimmungsrechte dadurch nicht geschmälert werden.[46] Insbesondere sind Auswahlrichtlinien für den Arbeitsdirektor unzulässig.[47] Nach jüngerer Gegenansicht darf sich der Aufsichtsrat über Satzungsrichtlinien nach pflichtgemäßem Ermessen hinwegsetzen.[48] 24

---

34 Großkomm-AktienR/*Kort*, Rn 201; *Bürger*, DB 1966, 101.
35 Vgl *Oltmanns*, Die Einführung des EURO bei der Aktiengesellschaft, 1999, S. 57, 71.
36 LG Köln AG 1999, 137 f; *Hüffer*, Rn 22; KölnKomm-AktG/*Mertens*, Rn 93.
37 BGH ZIP 2002, 217; Großkomm-AktienR/*Kort*, Rn 195.
38 Großkomm-AktienR/*Kort*, Rn 195.
39 Vgl LG Berlin AG 1991, 244, 245; *Hüffer*, Rn 23; KölnKomm-AktG/*Mertens*, Rn 95; *Möhring*, NJW 1966, 1, 5.
40 BGH AG 2002, 241, 242; AG 2002, 289; LG Heilbronn AG 2000, 373, 374; LG Dresden AG 1999, 46, 47; LG Münster NZG 1998, 352; Großkomm-AktienR/*Meyer-Landrut* (1. Aufl. 1973), Anm. 5; *Möhring*, NJW 1966, 1, 5 f; MüKo-AktG/*Spindler*, Rn 97; aA Großkomm-AktienR/*Kort*, Rn 199, 202; KölnKomm-AktG/*Mertens*, Rn 96 f; MüHb-AktG/*Wiesner*, § 19 Rn 37; *Priester*, in: FS Kropff, 1997, S. 591, 597 f; differenzierend: *Hüffer*, Rn 23 und MüKo-AktG/*Hüffer*, § 256 Rn 38, der nur Vorstandsmaßnahmen mit rechtsgeschäftlichem Charakter, wie Feststellung des Jahresabschlusses (§§ 172, 256 Abs. 2), generell von Wirksamkeit ausnehmen will.
41 HM, vgl *Hüffer*, Rn 24; KölnKomm-AktG/*Mertens*, Rn 93; Großkomm-AktienR/*Kort*, Rn 203; aA *Overlack*, ZHR 141, 125, 128 f.
42 MüKo-AktG/*Spindler*, Rn 104; Großkomm-AktienR/*Kort*, Rn 208.
43 MüHb-AktG/*Wiesner*, § 20 Rn 1; OLG Düsseldorf DB 1977, 1840.
44 Vgl OLG Frankfurt FGPrax 2001, 124; OLG Hamm FGPrax 1999, 233, 234; OLG Köln GmbHR 1999, 182, 183 (jeweils zur GmbH); *Teichmann*, IPrax 2000, 110, 113 f mwN; aA OLG Dresden NZG 2003, 628.
45 HM, vgl *Hüffer*, Rn 26; MüKo-AktG/*Spindler*, § 84 Rn 108; KölnKomm-AktG/*Mertens*, Rn 116; MüHb-AktG/*Wiesner*, § 20 Rn 5.
46 HM, vgl *Hüffer*, Rn 26; Hanau/Ulmer, MitbestG, § 31 Rn 13; MüHb-AktG/*Wiesner*, § 20 Rn 6; MüKo-AktG/*Spindler*, Rn 109, str.
47 Großkomm-AktienR/*Kort*, Rn 224.
48 KölnKomm-AktG/*Mertens*, Rn 117; *Hommelhoff*, BB 1977, 322, 324 f; *Lutter/Krieger*, AR, § 7 Rn 340; *Säcker*, DB 1977, 1791, 1792 f; aA Großkomm-AktienR/*Kort*, Rn 225.

Bei börsennotierten Aktiengesellschaften soll der Aufsichtsrat nach Ziff. 5.1.2. DCGK auf Vielfalt („*diversity*") achten und eine Altersgrenze für Vorstandsmitglieder festlegen.[49]

25 **III. Andere Bestellungshindernisse.** § 76 Abs. 3 S. 2 bis 4 aF ist 2008 durch das MoMiG verschärft worden. Die wesentliche Änderung besteht in der Ausweitung des Katalogs der Straftatbestände, die ein Bestellungshindernis begründen, und der Einbeziehung ausländischer Straftaten.

- Verurteilung (inkl. rechtskräftiger Strafbefehl) wegen Insolvenzstraftat (§§ 283 bis 283 d StGB), wegen falschen Angaben nach § 399 AktG oder § 82 GmbHG, wegen unrichtigen Darstellungen nach § 400 AktG, § 311 HGB, § 313 UmwG oder § 17 PublG, wegen anderen Vermögensdelikten nach §§ 263 bis 264a StGB oder §§ 265b bis 266a StGB (Verurteilung muss hier mindestens ein Jahr betragen). Frist: fünf Jahre ab Rechtskraft. Die Verfassungsmäßigkeit der Regelung ist umstritten.[50]
- Berufsverbot (durch gerichtliches Urteil, zB § 70 StGB, oder vollziehbaren, nicht unbedingt bestandskräftigen Verwaltungsakt, zB § 35 Abs. 1 GewO), das sich ganz oder teilweise mit dem (satzungsmäßigen oder tatsächlich ausgeübten) Unternehmensgegenstand deckt.
- Mitgliedschaft im Aufsichtsrat (§ 105 Abs. 1).

25a Eine Bestellung trotz Vorliegen eines Bestellungshindernisses ist nach § 134 BGB nichtig.[51] Bei späterem Entfallen des Bestellungshindernisses lebt die Bestellung nicht von selbst wieder auf. Tritt das Bestellungshindernis während der Amtsdauer ein, endet die Bestellung *ex lege*; einer separaten Abberufung bedarf es nicht.[52] Bei Handeln eines Vorstandsmitglieds, in dessen Person ein Ausschlussgrund vorliegt, kommt im Außenverhältnis die Rechtsscheinhaftung nach § 15 HGB zur Anwendung.[53]
Der Anstellungsvertrag mit dem Vorstandsmitglied, bei dem ein Ausschlussgrund vorliegt, kann von der Nichtigkeit miterfasst werden, wenn der Abschluss selbst als Verstoß gegen das gesetzliche Bestellungsverbot zu werten ist.[54] Andernfalls begründet das Wegfallen der Amtstauglichkeit zumindest einen wichtigen Grund zur Kündigung.[55]
Ist nach Entfallen des Bestellungshindernisses weiterhin eine Amtsinhaberschaft gewünscht, kann eine erneute Bestellung vorgenommen werden, die als wiederholte Bestellung iSv § 84 Abs. 1 S. 2 gilt.

26 Außerhalb des Aktienrechts finden sich weitere Bestellungshindernisse: Verfassungsrechtlich ist eine Vorstandsbestellung dem Bundespräsidenten und Mitgliedern der Bundesregierung gemäß Art. 55 Abs. 2 und Art. 66 GG untersagt. Eine dennoch erfolgte Bestellung ist nach § 134 BGB nichtig.[56] Für die Bestellung von Vorständen einer Steuerberatungs-, Wirtschaftsprüfungs- und Rechtsanwaltsgesellschaft ergeben sich berufsrechtlich nach § 50 Abs. 1 und 2 StBerG, § 28 Abs. 2 S. 1 WPO und § 59f BRAO Besonderheiten. Ein Verstoß kann zum Widerruf der berufsrechtlichen Anerkennung der betroffenen Gesellschaft führen. Übernehmen Wirtschaftsprüfer oder Steuerberater entgegen § 43a Abs. 3 WPO bzw § 57 Abs. 4 StBerG eine Vorstandstätigkeit außerhalb von berufsständischen Gesellschaften, ist die Bestellung zwar nicht unwirksam, kann jedoch ebenfalls berufsrechtliche Folgen für den Bestellten nach sich ziehen.[57]

§ 77 Geschäftsführung

(1) ¹Besteht der Vorstand aus mehreren Personen, so sind sämtliche Vorstandsmitglieder nur gemeinschaftlich zur Geschäftsführung befugt. ²Die Satzung oder die Geschäftsordnung des Vorstands kann Abweichendes bestimmen; es kann jedoch nicht bestimmt werden, daß ein oder mehrere Vorstandsmitglieder Meinungsverschiedenheiten im Vorstand gegen die Mehrheit seiner Mitglieder entscheiden.

(2) ¹Der Vorstand kann sich eine Geschäftsordnung geben, wenn nicht die Satzung den Erlaß der Geschäftsordnung dem Aufsichtsrat übertragen hat oder der Aufsichtsrat eine Geschäftsordnung für den Vorstand erläßt. ²Die Satzung kann Einzelfragen der Geschäftsordnung bindend regeln. ³Beschlüsse des Vorstands über die Geschäftsordnung müssen einstimmig gefaßt werden.

---

49 Eine Altersgrenze könnte jedoch gegen das AGG verstoßen, vgl *Lutter*, BB 2007, 725, 730.
50 Vgl KölnKomm-AktG/*Mertens*, Rn 106; *Stein*, AG 1987, 165, 171 ff.
51 OLG Hamm ZIP 2011, 527 (zu GmbH); BayObLG DB 1983, 2408 (zu GmbH); OLG Naumburg FG Prax 2000, 121; *Hüffer*, Rn 28; KölnKomm-AktG/*Mertens*, Rn 105; MüHb-AktG/ *Wiesner*, § 20 Rn 8; nach aA ist die Bestellung nur schwebend unwirksam bis das Bestellungshindernis entfällt: K. Schmidt/ Lutter/*Seibt*, Rn 28; wohl auch MüKo-AktG/*Hefemehl*/Spindler/*Kalss*, Rn 93.
52 OLG München GmbHR 2011, 430 (zu GmbH); Spindler/Stilz/ *Fleischer*, Rn 140; *Fleischer*/*Thüsing*, Handbuch Vorstandsrecht, 2006, § 4 Rn 17.
53 Großkomm-AktienR/*Kort*, Rn 221; Spindler/Stilz/*Fleischer*, Rn 140.
54 KölnKomm-AktG/*Mertens*, Rn 126.
55 Großkomm-AktienR/*Kort*, Rn 221; KölnKomm-AktG/*Mertens*, Rn 126.
56 *v. Münch*/*Kunig*, GG, Art. 66 Rn 12.
57 BGH AG 1996, 366 f.

Vierter Teil | Verfassung der Aktiengesellschaft § 77 AktG

Literatur:
Erle, Das Vetorecht des Vorstandsvorsitzenden in der Aktiengesellschaft, AG 1987, 7; *Fleischer*, Zur Verantwortlichkeit einzelner Vorstandsmitglieder bei Kollegialentscheidungen im Aktienrecht, BB 2004, 2645; *Hoffmann/Preu*, Der Aufsichtsrat, 5. Auflage 2002; *Hoffmann-Becking*, Vorstands-Doppelmandate im Konzern, ZHR 150 (1986), 570; *ders.*, Zur rechtlichen Organisation der Zusammenarbeit im Vorstand der AG, ZGR 1998, 497; *Ihrig/Dietz/Wagner*, in: Arens, Anwaltsformulare Gesellschaftsrecht, 2007; *Priester*, Stichentscheid beim zweiköpfigen Vorstand, AG 1984, 253; *Säcker*, Die Geschäftsordnung für das zur gesetzlichen Vertretung eines mitbestimmten Unternehmens befugte Organ, DB 1977, 1993; *Wicke*, Der CEO im Spannungsverhältnis zum Kollegialprinzip, NJW 2007, 3755.

A. Norminhalt und Normschwerpunkt 1	II. Regelungen in der Praxis, Einzelzuständigkeiten, Gesamtzuständigkeit 9
B. Prinzip der Gesamtgeschäftsführung (Abs. 1) 2	III. Mehrheitsbeschluss 10
I. Geschäftsführung, Geschäftsleitung, Vertretung 2	IV. Vetorecht 11
II. Gesetzliches Leitbild: Einstimmigkeit 3	D. Geschäftsordnung (Abs. 2) 12
III. Form der Willensbildung, Beschluss 4	I. Zuständigkeit 12
IV. Gefahr im Verzug 5	II. Form 13
V. Stimmverbot, §§ 34, 28 BGB analog 6	III. Inhalt 14
C. Abweichende Bestimmungen durch Satzung oder Geschäftsordnung (Abs. 1 S. 2) 7	IV. Änderung der Verhältnisse 15
I. Ausdrückliche Regelung in Geschäftsordnung oder Satzung 8	E. Mitbestimmte Gesellschaften 16

A. Norminhalt und Normschwerpunkt

§ 77 regelt den Grundsatz der und Ausnahmen zur **Gesamtgeschäftsführung** im mehrgliedrigen Vorstand (Abs. 1) und regelt die **Vorstandsgeschäftsordnung** (Abs. 2). 1

B. Prinzip der Gesamtgeschäftsführung (Abs. 1)

I. Geschäftsführung, Geschäftsleitung, Vertretung. Die **Geschäftsführung** beinhaltet sämtliche tatsächlichen und rechtlichen Handlungen für die AG, sowohl intern (zB organisatorische Maßnahmen des Gesamtvorstandes oder einzelner Vorstandsmitglieder, der Willensbildungsprozess des Gesamtvorstandes)[1] als auch extern (gegenüber Dritten).[2] Die **Geschäftsleitung** beschränkt sich dagegen auf grundlegende Entscheidungen (§ 76 Rn 5). Die Geschäftsführung betrifft das Innenverhältnis („Dürfen"), die **Vertretung** das Außenverhältnis („Können"). 2

II. Gesetzliches Leitbild: Einstimmigkeit. Grundsätzlich ist eine einstimmige Entscheidung erforderlich. Die Geschäftsführungsmaßnahme muss also unterbleiben, wenn nur ein Vorstandsmitglied widerspricht. Suspendierte Vorstandsmitglieder sind nicht zu berücksichtigen (vgl § 84 Rn 29), ebenso wenig Nennvorstände („Bereichsvorstände") ohne Vorstandsamt.[3] Mehrheitsentscheidungen nur bei entsprechender Regelung in Satzung oder Geschäftsordnung (Abs. 1 S. 2). 3

III. Form der Willensbildung, Beschluss. Der Beschluss ist mangels Regelung in Satzung oder Geschäftsordnung formfrei (innerhalb und außerhalb ordentlicher Vorstandssitzungen, mündlich, fernmündlich, telegraphisch, per E-Mail, konkludent,[4] fehlendes Protokoll lässt Wirksamkeit des Beschlusses unberührt). Das Prinzip der Einstimmigkeit (außer für Einberufung der Hauptversammlung, § 121 Abs. 2) macht den förmlichen Widerspruch zur Verhinderung der Maßnahme überflüssig.[5] Die Stimmabgabe (durch Mitwirkung am Beschluss, oder Nachgenehmigung) ist empfangsbedürftige Willenserklärung. Konkludente Zustimmung ist möglich zB bei Urlaubsabwesenheit zu üblichen Geschäften. Eine vorherige Generalzustimmung ist unzulässig[6] (Höchstpersönlichkeit, § 27 Abs. 3, § 664 BGB analog). Die Zustimmung durch Boten ist zulässig, wegen Höchstpersönlichkeit jedoch keine Stellvertretung. Zur Wirksamkeit ist grundsätzlich Zugang an sämtliche anderen Vorstandsmitglieder erforderlich.[7] In der Praxis werden jedoch die anderen Vorstandsmitglieder Einzelne von ihnen zur Entgegennahme auch in ihrem Namen (Empfangsboten) ausdrücklich oder konkludent ermächtigen. Widerruf der Zustimmung nach Zugang ist nur aus wichtigem Grund möglich, besonders bei nachträglicher Änderung der Sachlage. 4

IV. Gefahr im Verzug. Nicht erreichbare Vorstandsmitglieder (Abwesenheit allein reicht nicht) dürfen übergangen werden (§ 115 Abs. 2 HGB, § 744 Abs. 2 BGB analog). Sie sind unverzüglich nachträglich zu 5

---

1 KölnKomm-AktG/*Mertens*, § 77 Rn 4.
2 *Hüffer*, Rn 3; KölnKomm-AktG/*Mertens*, Rn 2.
3 *Hüffer*, Rn 5; *Hoffmann-Becking*, ZGR 1998, 497, 510.
4 OLG Frankfurt AG 1986, 233; anders bei Aufsichtsrat, vgl § 108 Rn 2 ff.
5 *Erle*, AG 1987, 7 f; *Priester*, AG 1984, 253 f; *Hüffer*, Rn 6.
6 KölnKomm-AktG/*Mertens*, Rn 7.
7 *Hüffer*, Rn 7; MüKo-AktG/*Spindler*, Rn 21 f.

unterrichten und können widersprechen, aber nur, solange Maßnahme noch nicht durchgeführt.[8] Andere Vorstandsmitglieder müssen sich bemühen, das übergangene Vorstandsmitglied vor Durchführung zu informieren.

6   **V. Stimmverbot, §§ 34, 28 BGB analog.** Bei **Rechtsgeschäften** und -streitigkeiten zwischen Vorstandsmitglied und AG ist der Betroffene (analog §§ 34, 28 BGB) nicht stimmberechtigt.[9] Stimmabgabe trotz Stimmverbots ist unwirksam. Der Stimmverbotsgrundsatz der §§ 34, 28 BGB ist jedoch nicht allgemein übertragbar auf andere Interessenkollisionen.[10]

C. Abweichende Bestimmungen durch Satzung oder Geschäftsordnung (Abs. 1 S. 2)

7   Die Satzung oder Geschäftsordnung kann vom Prinzip der Gesamtgeschäftsführung abweichen.

8   **I. Ausdrückliche Regelung in Geschäftsordnung oder Satzung.** Fehlt eine schriftliche Geschäftsordnung (und gibt es auch keine Regelung in der Satzung), bleibt es beim Einstimmigkeitsprinzip. Gleiches gilt, wenn Geschäftsordnung und Satzung die Frage der Mehrheit/Einstimmigkeit offen lassen. Allenfalls kann die Mittragung des Mehrheitsbeschlusses durch überstimmte Minderheit als konkludente Zustimmung zur Mehrheitsmeinung interpretiert werden.[11] Dies sollte jedoch nur geschehen, wenn anzunehmen ist, dass sich die Minderheit der Mehrheitsmeinung beugen wollte. Vertretungsregelungen (Gesamt-/Alleinvertretungsberechtigung) haben keine Indizwirkung für Geschäftsführungsbeschlüsse.[12]

9   **II. Regelungen in der Praxis, Einzelzuständigkeiten, Gesamtzuständigkeit.** Es besteht eine große Regelungsfreiheit. Funktionsbereiche (Produktion, Vertrieb), Regionen, Sparten können einzelnen oder mehreren Vorstandsmitgliedern oder Vorstandsmitgliedern zusammen mit Prokuristen zugewiesen werden. Es bleibt jedoch bei der Gesamtzuständigkeit des Vorstands für Leitungsaufgaben einschließlich der dem Vorstand als Gesamtorgan gesetzlich zugewiesenen Aufgaben (§§ 121 Abs. 2, 170 Abs. 1 etc.).[13] Ferner hat jedes Vorstandsmitglied eine allgemeine Aufsichtspflicht gegenüber den anderen Vorstandsmitgliedern (Pflicht des Gesamtvorstandes zur Selbstkontrolle).[14] Aus dieser Aufsichtspflicht leitet sich Berichtspflicht des jeweils zuständigen Vorstandsmitglieds ab. Der Aufsichts- und Berichtspflicht wird (außer bei kritischen Situationen) durch Information innerhalb von Vorstandssitzungen genügt.[15] Bei Missständen entsteht jedoch sofortige Informationspflicht des betroffenen Vorstandsmitglieds, mangels Abhilfe besteht Pflicht zur Information des Aufsichtsrats.[16]

10 **III. Mehrheitsbeschluss.** Die einfache oder qualifizierte Mehrheit ist in Satzung oder Geschäftsordnung regelbar, auch unterschieden nach Regelungsgegenständen. Gleichstand bedeutet Ablehnung, außer wenn Stichentscheid eines Vorstandsmitglieds (besonders des Vorsitzenden oder des für das betroffene Ressort zuständigen Mitglieds) vorgesehen ist.[17] Mit Ausnahme des Stichentscheids hat jedes Vorstandsmitglied die gleiche Stimmkraft. Im zweigliedrigen Vorstand ist ein Stichentscheid unzulässig.[18]

11 **IV. Vetorecht.** Einzelnen Vorstandsmitgliedern (besonders dem Vorsitzenden oder dem für das betroffene Ressort zuständigen Mitglied) kann ein Vetorecht eingeräumt werden.[19] Unzulässig dagegen ist das Alleinentscheidungsrecht eines Vorstandsmitglieds oder Entscheidungsrecht einer Minderheit (Abs. 1 S. 2). Die Position des Vorstandsvorsitzenden der eines *Chief Executive Officer* nach angelsächsischem Modell (mit Weisungsrecht und/oder Richtlinienkompetenz) anzunähern, ist mit dem deutschen Kollegialprinzip nicht zu vereinbaren.[20] Das Vetorecht dagegen steht nicht im Widerspruch zu Abs. 1 S. 2, da es nur entscheidungsverhindernd ist und dem gesetzlichen Prinzip der Einstimmigkeit entspricht.[21] Die Mindermeinung, die dem Vetorecht nur aufschiebende Wirkung bis zu zweiter Vorstandsentscheidung einräumen will,[22] ist abzulehnen.[23] In **mitbestimmten** Gesellschaften ist wegen des Gleichbehandlungsgebots des § 33 MitBestG ein allgemeines Vetorecht einzelner Vorstandsmitglieder ausgeschlossen.[24] Zulässig sind aber nach zutref-

---

8   KölnKomm-AktG/*Mertens*, Rn 7; *Hüffer*, Rn 6.
9   *Hüffer*, Rn 8; MüKo-AktG/*Spindler*, Rn 22; KölnKomm-AktG/*Mertens*, Rn 29.
10 *Hüffer*, Rn 8; teilweise anders hinsichtlich Vorstandsdoppelmandaten *Hoffmann-Becking*, ZHR 150 (1986), 570, 580 f.
11 *Hüffer*, Rn 9; KölnKomm-AktG/*Mertens*, Rn 8.
12 MüKo-AktG/*Spindler*, Rn 10; KölnKomm-AktG/*Mertens*, Rn 8.
13 Vgl § 76 Rn 4.
14 VG Frankfurt aM AG 2005, 264; *Fleischer*, BB 2004, 2645; *Hüffer*, Rn 15; KölnKomm-AktG/*Mertens*, Rn 18.
15 MüKo-AktG/*Spindler*, Rn 59; MüKo-AktG/Spindler, § 93 Rn 135 ff; MüHb-AktG/*Wiesner*, § 22 Rn 15.
16 *Hüffer*, Rn 15; LG Lüneburg ZInsO 2013, 1322.

17 KölnKomm-AktG/*Mertens*, Rn 9; *Hüffer*, Rn 11.
18 OLG Karlsruhe AG 2001, 93, 94; OLG Hamburg AG 1985, 251 f; aA *Bürkle*, AG 2012, 232 ff.
19 OLG Karlsruhe AG 2001, 93, 94; Großkomm-AktienR/*Kort*, Rn 27; MüKo-AktG/*Spindler*, Rn 17 f mwN; offen lassend: BGHZ 89, 48, 58 = NJW 1984, 733, 736 (Reemtsma).
20 Vgl hierzu *Wicke*, NJW 2007, 3755, 3758.
21 KölnKomm-AktG/*Mertens*, Rn 11 mwN.
22 *Hoffmann/Preu*, Der Aufsichtsrat, 5. Aufl. 2003, Rn 245; *Bezzenberger*, ZGR 1996, 665 ua.
23 Ebenso: *Hüffer*, Rn 12.
24 BGHZ 89, 48, 59 = NJW 1984, 733, 736 (Reemtsma); KölnKomm-AktG/*Mertens*, Rn 10.

fender Ansicht das Vetorecht des Arbeitsdirektors für seinen Bereich und das Vetorecht anderer Vorstandsmitglieder, sofern es für den Bereich des Arbeitsdirektors nicht ausgeübt werden darf.[25]

D. Geschäftsordnung (Abs. 2)

I. Zuständigkeit. Grundsätzlich ist der Vorstand zuständig, der einstimmig beschließen muss (Abs. 2 S. 3, ebenso bei Änderung der Geschäftsordnung). Zuständig wird jedoch Aufsichtsrat, wenn dieser die Geschäftsordnung erlässt oder die Satzung die Zuständigkeit auf den Aufsichtsrat verlagert (Abs. 2 S. 1); in diesen Fällen kann der Vorstand auch keine „ergänzende Geschäftsordnung" für nicht vom Aufsichtsrat geregelte Geschäftsordnungsfragen beschließen. Hat der Vorstand die Geschäftsordnung erlassen, braucht der Aufsichtsrat diese nicht ausdrücklich aufzuheben, wenn er selbst die Geschäftsordnung erlässt. Diese wird vielmehr von selbst unwirksam. Die Satzung kann nicht vorsehen, dass der Vorstand (mit oder ohne Zustimmung des Aufsichtsrats) Erlasskompetenz hat,[26] zulässig jedoch ist eine Satzungsregelung, wonach der Vorstand mit Zustimmung des Aufsichtsrats oder der Aufsichtsrat Erlasskompetenz hat.[27] Einzelfragen können durch Satzung verbindlich geregelt werden (Abs. 2 S. 2). Damit ist gemeint, dass nur einige wenige Fragen der Geschäftsordnung, an deren Regelung die Hauptversammlung ein besonderes Interesse haben muss, nicht hingegen die Mehrzahl der Geschäftsordnungsregelungen von der Satzung festgeschrieben werden können. Denn ein Kernbereich organisatorischer Flexibilität muss beim Vorstand (bzw Aufsichtsrat) verbleiben.[28]

II. Form. Schriftlichkeit ist erforderlich.[29] Einer eigenhändigen Unterschrift (wie bei § 126 BGB) bedarf es nicht. Ausreichend ist eine schriftlich abgefasste und ordnungsgemäß (durch Aufsichtsrat, vgl § 107 Abs. 2, bzw Vorstand) beschlossene Geschäftsordnung.

III. Inhalt. Inhaltlich gibt es keine gesetzliche Eingrenzung. Typischerweise sind enthalten Regeln über Sitzungshäufigkeit, Einladung und Sitzungsablauf, Ressort- und Gesamtverantwortung mit Verweis auf Geschäftsverteilungsplan als Teil der Geschäftsordnung, Katalog zustimmungspflichtiger Maßnahmen, Berichtspflichten innerhalb Vorstand und gegenüber Aufsichtsrat, Planungspflichten, Ausschüsse, Geltungsdauer.[30] Für börsennotierte Unternehmen vgl ferner Ziffer 4.2.1 DCGK.

IV. Änderung der Verhältnisse. Hierzu gehören u.a. Wechsel vom eingliedrigen zum mehrgliedrigen Vorstand und umgekehrt durch Wegfall oder Neubestellung eines Vorstandsmitglieds, Ernennung eines Arbeitsdirektors aufgrund der Änderung des Mitbestimmungsstatuts. Geschäftsordnung bleibt in den nicht betroffenen Regelungen in Kraft (kein Erfordernis der Zustimmung eines neuen Vorstandsmitglieds)[31] und muss gegebenenfalls vom zuständigen Organ geändert (zB hinsichtlich des Geschäftsverteilungsplans bei Wechsel im Vorstand oder bei Einführung eines Arbeitsdirektors) oder ergänzt werden.

E. Mitbestimmte Gesellschaften

Das Prinzip der Gesamtgeschäftsführung gilt auch bei paritätischer Mitbestimmung.[32] Mehrheitsbeschlussregelungen (auch mit Stichentscheid eines Vorstandsmitglieds, besonders des Vorsitzenden) in Geschäftsordnung sind zulässig. Das Gebot der Gleichberechtigung des Arbeitsdirektors (§ 33 MitBestG) verbietet jedoch allgemeines Vetorecht einzelner Vorstandsmitglieder (insbesondere des Vorstandsvorsitzenden) bei Vorstandsbeschlüssen. Zulässig sind hingegen nach zutreffender Ansicht Vetorecht anderer Vorstandsmitglieder, sofern es für den Bereich des Arbeitsdirektors nicht ausgeübt werden darf, und Vetorecht des Arbeitsdirektors für seinen Bereich (vgl Rn 11).[33] Es besteht keine Pflicht zum Erlass einer Geschäftsordnung.[34] Wird eine Geschäftsordnung erlassen, muss sie den Kernbereich des Arbeitsdirektors (Arbeit und Soziales) beachten.[35]

---

25 Vgl KölnKomm-AktG/*Mertens*, Rn 48; aA *Hüffer*, Rn 13; BGHZ 89, 48, 59 = NJW 1984, 733, 736 (Reemtsma).
26 MüHb-AktG/*Wiesner*, § 22 Rn 20; KölnKomm-AktG/*Mertens*, Rn 43; Großkomm-AktienR/*Kort*, Anm. 66; aA Großkomm-AktienR/*Meyer-Landrut* (1. Aufl. 1973), Anm. 7.
27 Vgl *Hüffer*, Rn 19.
28 *Hoffmann-Becking*, ZGR 1998, 497, 505; *Hüffer*, Rn 20; Großkomm-AktienR/*Kort*, Rn 72; aA *v. Godin/Wilhelmi*, Anm. 10; Großkomm-AktienR/*Meyer-Landrut* (1. Aufl. 1973), Anm. 7; MüKo-AktG/*Spindler*, Rn 63, der Geschäftsordnung für vollständig bzw weitgehend durch Satzung regelbar hält.
29 MüKo-AktG/*Spindler*, Rn 54; Großkomm-AktienR/*Kort*, Anm. 78 f; KölnKomm-AktG/*Mertens*, Rn 40; *Hüffer*, Rn 21; aA Großkomm-AktienR/*Meyer-Landrut* (1. Aufl. 1973), Anm. 10.
30 Vgl *Happ*, Aktienrecht, 8.01; Arens//Ihrig/Dietz, Anwaltformulare Gesellschaftsrecht, § 6 Rn 185, 217; für mitbestimmte Gesellschaften bei *Säcker*, DB 1977, 1993, 1998 f.
31 *Hoffmann-Becking*, ZGR 1998, 497, 500; *Hüffer*, Rn 22; MüKo-AktG/*Spindler*, Rn 46.
32 MüHb-AktG/*Wiesner*, § 22 Rn 4; *Hüffer*, Rn 1.
33 Vgl KölnKomm-AktG/*Mertens*, Rn 48; aA *Hüffer*, Rn 13 und 23; BGHZ 89, 48, 59 (Reemtsma) = NJW 1984, 733, 736.
34 *Hüffer*, Rn 22; KölnKomm-AktG/*Mertens*, Rn 49; aA *Ulmer/Habersack/Henssler*, MitBestR, § 33 Rn 44 mwN.
35 KölnKomm-AktG/*Mertens*, Rn 48; *Ulmer/Habersack/Henssler*, MitBestR, § 33 Rn 43 ff; *Hoffmann-Becking*, ZGR 1998, 497, 505 f.

§ 78 Vertretung

(1) ¹Der Vorstand vertritt die Gesellschaft gerichtlich und außergerichtlich. ²Hat eine Gesellschaft keinen Vorstand (Führungslosigkeit), wird die Gesellschaft für den Fall, dass ihr gegenüber Willenserklärungen abgegeben oder Schriftstücke zugestellt werden, durch den Aufsichtsrat vertreten.

(2) ¹Besteht der Vorstand aus mehreren Personen, so sind, wenn die Satzung nichts anderes bestimmt, sämtliche Vorstandsmitglieder nur gemeinschaftlich zur Vertretung der Gesellschaft befugt. ²Ist eine Willenserklärung gegenüber der Gesellschaft abzugeben, so genügt die Abgabe gegenüber einem Vorstandsmitglied oder im Fall des Absatzes 1 Satz 2 gegenüber einem Aufsichtsratsmitglied. ³An die Vertreter der Gesellschaft nach Absatz 1 können unter der im Handelsregister eingetragenen Geschäftsanschrift Willenserklärungen gegenüber der Gesellschaft abgegeben und Schriftstücke für die Gesellschaft zugestellt werden. ⁴Unabhängig hiervon können die Abgabe und die Zustellung auch unter der eingetragenen Anschrift der empfangsberechtigten Person nach § 39 Abs. 1 Satz 2 erfolgen.

(3) ¹Die Satzung kann auch bestimmen, daß einzelne Vorstandsmitglieder allein oder in Gemeinschaft mit einem Prokuristen zur Vertretung der Gesellschaft befugt sind. ²Dasselbe kann der Aufsichtsrat bestimmen, wenn die Satzung ihn hierzu ermächtigt hat. ³Absatz 2 Satz 2 gilt in diesen Fällen sinngemäß.

(4) ¹Zur Gesamtvertretung befugte Vorstandsmitglieder können einzelne von ihnen zur Vornahme bestimmter Geschäfte oder bestimmter Arten von Geschäften ermächtigen. ²Dies gilt sinngemäß, wenn ein einzelnes Vorstandsmitglied in Gemeinschaft mit einem Prokuristen zur Vertretung der Gesellschaft befugt ist.

Literatur:
Ekkenga, Insichgeschäfte geschäftsführender Organe im Aktien- und GmbH-Recht unter besonderer Berücksichtigung der Einmann-Gesellschaft, AG 1985, 40; *Knapp*, Auswirkungen des MoMiG auf Aktiengesellschaften und ihre Organmitglieder, DStR 2008, 2371; *Köhl*, Der Prokurist in der unechten Gesamtvertretung, NZG 2005, 197; *Raiser/Veil*, Mitbestimmungsgesetz, 5. Auflage 2009; *Schwarz*, Vertretungsregelungen durch den Aufsichtsrat (§ 78 Abs. 3 S. 2 AktG) und Vorstandsmitglieder (§ 78 Abs. 4 S. 1 AktG).

A. Norminhalt und Normschwerpunkt	1	C. Vertretung nach dem Gesetz (Abs. 2)	13
B. Vertretung der AG (Abs. 1)	2	I. Grundsatz der Gesamtvertretung	13
I. Vertretung, Organstreit, Geschäftsführung	2	II. Handeln in Gesamtvertretung	14
II. Vertretung durch Vorstand	3	III. Passivvertretung	15
III. Umfang der Vertretungsmacht	4	D. Abweichende Bestimmungen durch Satzung oder Aufsichtsrat (Abs. 3)	16
IV. Insichgeschäfte, Mehrvertretung	5	I. Alleinvertretung	17
V. Gerichtliche Vertretung	6	II. Echte Gesamtvertretung	18
VI. Wissenszurechnung, Willensmängel	7	III. Unechte Gesamtvertretung	19
VII. Vertretungsbeschränkung nach § 32 MitBestG, § 15 MontanMitBestG	8	E. Einzelermächtigung (Abs. 4)	20
VIII. Handeln in Vertretung	9	I. Anwendungsbereich, Form, Wirkung	20
IX. Nachgenehmigung	10	II. Umfang	21
X. Bevollmächtigte	11	III. Widerruf	22
XI. Passivvertretung durch den Aufsichtsrat	12		

A. Norminhalt und Normschwerpunkt

1 § 78 regelt die Vertretung der AG (Abs. 1), das Prinzip der Gesamtvertretung im mehrgliedrigen Vorstand (Abs. 2), Alleinvertretung (Abs. 3) und Einzelermächtigung gesamtvertretungsberechtigter Vorstandsmitglieder (Abs. 4). Durch das MoMiG wurden Ergänzungen für den Fall der Führungslosigkeit („Firmenbestattung") vorgenommen (Abs. 1 S. 2, Abs. 2 S. 2 Hs 2 und S. 3 und 4). Dadurch sollen Zustellungen gegenüber Gesellschaften sichergestellt werden, die über kein vertretungsberechtigtes Organ mehr verfügen, speziell in den Fällen der Zustellungsvereitelung zur Vermeidung eines ordentlichen Insolvenzverfahrens. Diese Erweiterung der Vertretung bezieht sich nur auf die Passivvertretung, nicht jedoch auf die Aktivvertretung.[1]

B. Vertretung der AG (Abs. 1)

2 **I. Vertretung, Organstreit, Geschäftsführung.** Vertretung ist rechtsgeschäftliches Handeln gegenüber Dritten im Namen der AG. Nicht davon umfasst sind Rechtsbeziehungen zwischen Organen der AG und da-

---

[1] Vgl auch MüKo-AktG/*Spindler*, Rn 133.

raus erwachsende Streitigkeiten, zB zwischen Vorstand und Aufsichtsrat (Organstreit).[2] **Geschäftsführung** (§ 77) betrifft das Innenverhältnis („Dürfen"), Vertretung das Außenverhältnis („Können").

II. Vertretung durch Vorstand. Grundsätzlich vertritt der Vorstand die AG. Ausnahmen sind im Gesetz ausdrücklich normiert: § 112 (Aufsichtsrat), § 147 Abs. 3 (besonderer Vertreter), § 246 Abs. 2 S. 2, § 249 Abs. 1 S. 1, § 250 Abs. 3, § 251 Abs. 3, § 253 Abs. 2, § 254 Abs. 1 S. 1, § 255 Abs. 3, § 256 Abs. 7, § 257 Abs. 2 S. 1 (Vorstand und Aufsichtsrat), § 265 Abs. 2 (Abwickler), § 50, § 52 Abs. 1, § 53, § 93 Abs. 4 S. 3, § 116, § 117 Abs. 4, § 179a Abs. 1, § 293 Abs. 1, § 295, § 309 Abs. 3 S. 1, § 310 Abs. 4, § 317 Abs. 4, § 318 Abs. 4 (Vorstand mit Zustimmung der Hauptversammlung), § 184 Abs. 1, § 188 Abs. 1 (Vorstand und Aufsichtsratsvorsitzender).

III. Umfang der Vertretungsmacht. Der Umfang der Vertretungsmacht ist grundsätzlich unbeschränkt (auch nicht durch Unternehmensgegenstand)[3] und nicht beschränkbar (§ 82 Abs. 1).[4] Grenzen ergeben sich aus den allgemeinen Vertretungsregeln (Kollusion, Missbrauch der Vertretungsmacht, die dem Geschäftspartner bekannt oder grob fahrlässig (evident) unbekannt ist, §§ 138, 242 BGB)[5] sowie bei Vorgesellschaft.[6]

IV. Insichgeschäfte, Mehrvertretung. Insichgeschäfte (§ 181 Alt. 1 BGB) sind stets verboten, Gestattung nach § 181 BGB scheidet aus. Stattdessen vertritt der Aufsichtsrat die AG (§ 112). Die **Mehrvertretung** (§ 181 Alt. 2 BGB) kann durch Satzung (§ 78 Abs. 3 S. 1 analog) oder vom Aufsichtsrat aufgrund einer entsprechenden Satzungsermächtigung (§ 78 Abs. 3 S. 2 analog)[7] gestattet werden (im Einzelfall oder generell). Eine generelle Befreiung vom Mehrvertretungsverbot ist im Handelsregister einzutragen. Aufsichtsratsbeschluss und Handelsregisteranmeldung sollten konkret „Befreiung vom Mehrvertretungsverbot (§ 181 Alt. 2 BGB)" nennen. Zum Sonderfall der Ermächtigung gesamtvertretungsberechtigter Vorstandsmitglieder zum alleinigen Handeln (§ 78 Abs. 4) vgl Rn 20 ff.

V. Gerichtliche Vertretung. Diese obliegt dem Vorstand in gleichem Umfang wie außergerichtliche Vertretung (vgl Rn 3). Der Vorstand vertritt die AG demnach auch, wenn Aufsichtsratsmitglieder gegen Feststellung der Nichtigkeit von Aufsichtsratsbeschlüssen klagen.[8] Zur Parteibezeichnung der AG in Schriftsätzen und Urteilen gehört die Nennung der Vorstandsmitglieder, sofern der Vorstand die AG vertritt (§ 130 Nr. 1, § 253 Abs. 4, § 313 Abs. 1 Nr. 1 ZPO). Zustellung an nur ein Vorstandsmitglied genügt (§ 171 Abs. 3 ZPO), außer wenn die AG durch Vorstand und Aufsichtsrat vertreten wird (§ 246 Abs. 2 S. 2).[9] Vorstandsmitglieder sind als Partei, nicht als Zeugen, zu vernehmen in Prozessen, in denen sie die AG vertreten (§ 455 Abs. 1 S. 1 ZPO). Das Gericht legt fest, welche Vorstandsmitglieder vernommen werden (§ 455 Abs. 1 S. 2, § 449 ZPO). Bei Führungslosigkeit (§ 78 Abs. 1 S. 2) erfolgen Zustellungen gegenüber dem Aufsichtsrat; prozessgestaltende Erklärungen können für die Gesellschaft jedoch nur durch den Vorstand abgegeben werden. Bei eidesstattlicher Versicherung in der Zwangsvollstreckung (§§ 807, 883, 899 ff ZPO) hat die Abgabe grundsätzlich durch beim Abgabezeitpunkt amtierende Vorstandsmitglieder in vertretungsberechtigter Zahl zu erfolgen.[10] Bei vorzeitiger Amtsniederlegung können auch ehemalige Vorstandsmitglieder – nicht jedoch Aufsichtsratsmitglieder in analoger Anwendung von § 78 Abs. 1 S. 2 – herangezogen werden.[11]

VI. Wissenszurechnung, Willensmängel. Wissen (zB Bösgläubigkeit) nur eines Vorstandsmitglieds wird der AG (nicht jedoch den anderen Vorstandsmitgliedern)[12] zugerechnet,[13] auch wenn dieses Vorstandsmitglied an dem konkretem Rechtsgeschäft nicht beteiligt ist.[14] Dagegen sollen Willensmängel auch nur eines Vorstandsmitglieds beachtlich sein (und ggf zur Anfechtbarkeit nach §§ 119, 123 BGB führen).[15] Hierin liegt

---

2 Vgl § 90 Rn 24 f.
3 *Hüffer*, Rn 5.
4 *Hüffer*, Rn 5; MüHb-AktG/*Wiesner*, § 23 Rn 2.
5 *Hüffer*, Rn 9; MüHb-AktG/*Wiesner*, § 23 Rn 2, 19; BGHZ 50, 112, 114 = NJW 1968, 1379; vgl auch § 82 Rn 6.
6 Vgl § 82 Rn 30; Bargründung: beschränkt auf Herbeiführung der Eintragung, Sachgründung (Unternehmen): Vornahme aller gewöhnlichen Geschäfte, Großkomm-AktienR/*Habersack*, § 82 Rn 3 mwN.
7 *Hüffer*, Rn 7; MüHb-AktG/*Wiesner*, § 23 Rn 22; MüKo-AktG/*Spindler*, Rn 118; aA *Ekkenga*, AktG 1985, 40, 42; Großkomm-AktienR/*Habersack*, Rn 17: keine Satzungsermächtigung erforderlich.
8 BGHZ 122, 342, 345 f mwN = NJW 1993, 2307, 2308; hiervon zu unterscheiden ist Organstreit (Streitigkeiten zwischen den Organen der AG), deren Zulässigkeit umstritten ist, vgl *Hüffer*, Rn 2 und § 90 Rn 16 ff.
9 Vgl § 246 Rn 46.
10 OLG Hamm WM 1984, 1343, 1344; OLG Hamm OLGZ 1985, 227, 228 mwN (jeweils zur GmbH); KölnKomm-AktG/*Mertens*, Rn 22; *Hüffer*, Rn 4; aA OLG Frankfurt Rpfleger 1976, 27 (zur GmbH).
11 OLG Hamm OLGZ 1985, 227, 229 mwN; OLG Stuttgart ZIP 1984, 113, 114 (zur GmbH).
12 Somit keine Wissensinfektion anderer AG, bei der gutgläubiges Vorstandsmitglied ebenfalls Vorstandsmitglied ist, BGH NJW 2001, 359, 360.
13 *Hüffer*, Rn 3; einschränkend: Großkomm-AktienR/*Kort*, § 76 Rn 162; unverständlich: Schüppen/Schaub/*Tomat*, MAH Aktienrecht, § 22 Rn 172, wonach gutgläubiger Erwerb durch AG nur möglich sein soll, wenn nur eines von mehreren Vorstandsmitgliedern wusste (§§ 892, 932 BGB) oder infolge von grober Fahrlässigkeit nicht wusste (§ 932 BGB), dass der Veräußerer nicht Eigentümer war.
14 *Hüffer*, Rn 3, 12; MüHb-AktG/*Wiesner*, § 23 Rn 25; BGHZ 41, 282, 287 = NJW 1964, 1367.
15 *Hüffer*, Rn 12; MüKo-AktG/*Spindler*, Rn 88; Großkomm-AktienR/*Kort*, § 76 Rn 165; Großkomm-AktienR/*Habersack*, Rn 26, 33.

mE nur dann kein Widerspruch, wenn auch bei Zurechnung der Kenntnis eines Vorstandsmitglieds an alle anderen Vorstandsmitglieder Willensmängel mindestens noch bei einem Vorstandsmitglied verbleiben. Dies ist etwa nicht der Fall, wenn ein Vorstandsmitglied über eine Tatsache getäuscht wird, die einem anderen Vorstandsmitglied bekannt ist; in diesem Fall beseitigt die Kenntniszurechnung die Täuschung.

8 **VII. Vertretungsbeschränkung nach § 32 MitBestG, § 15 MontanMitBestG.** § 32 MitbestG, § 15 Montan-MitbestG regeln die Vermeidung der Kumulation der Mitbestimmung, die einträte, wenn bei mitbestimmter Ober- und Untergesellschaft (mindestens 25 % Anteilsbesitz) Anteilseigneraufsichtsratsmitglieder der Untergesellschaft durch Gesellschafterversammlung/Hauptversammlung, dh maßgeblich durch Vorstand der Obergesellschaft bestimmt würden, wobei der Vorstand der Obergesellschaft seinerseits von dem mitbestimmtem Aufsichtsrat bestellt wird. Darüber hinaus sollen Grundlagenentscheidungen (Unternehmensverträge, Umwandlung, Auflösung) bei mitbestimmten Untergesellschaften, die mitbestimmte Obergesellschaft haben, wie in unabhängigen mitbestimmten Gesellschaften allein von den Anteilseignern entschieden werden. Die Kumulation der Mitbestimmung wird dadurch vermieden, dass die Anteilseignerbank des Aufsichtsrats der Obergesellschaft „durchregieren" und die Bestellung der Anteilseignerbank der Untergesellschaft (bzw die Grundlagenentscheidung) verbindlich bestimmen kann. Der Vorstand ist an diese Bestimmung gebunden. Bindung bedeutet, dass mangels Beschlusses des Obergesellschaftsaufsichtsrats oder bei Vorliegen eines abweichenden Aufsichtsratsbeschlusses die Stimme des Vorstands in der Gesellschafterversammlung/Hauptversammlung der Untergesellschaft unzulässig und zurückzuweisen ist.[16] Eine gleichwohl erfolgte Abstimmung kann das Vorstandsmitglied schadensersatzpflichtig machen. Der Beschluss ist nach allgemeinen Regeln anfechtbar, wenn sich die fehlerhafte Mitwirkung an der Abstimmung auf das Ergebnis ausgewirkt haben kann und nicht die nachträgliche Genehmigung durch die Anteilseignerbank des Aufsichtsrats erfolgt.[17]

9 **VIII. Handeln in Vertretung.** Dies richtet sich nach §§ 164 ff BGB, kann sich also auch aus den Umständen ergeben (§ 164 Abs. 1 S. 2 BGB).

10 **IX. Nachgenehmigung.** Fehlende Vertretung (zB im Falle des § 32 MitBestG oder bei Handeln nur eines gesamtvertretungsberechtigten Vorstandsmitglieds) kann vom zuständigen Organ genehmigt werden (§ 177 BGB). Dies gilt auch, wenn Vorstand fälschlicherweise (in den Fällen des § 112) statt des Aufsichtsrats die AG vertritt.[18] Haftung des *falsus procurator* nach § 179 BGB, wobei im Regelfall wegen Transparenz des Handelsregisters Haftungsausschluss nach § 179 Abs. 3 BGB eingreifen dürfte.

11 **X. Bevollmächtigte.** Einzelvollmachten, Handlungsvollmachten (§ 54 HGB), Prokuren (§ 48 HGB), Generalvollmachten werden vom Vorstand erteilt. Auch „Bereichsvorstand"-Vollmachten fallen hierunter. Vollmachten dürfen jedoch die Vertretungsmacht des Vorstands nicht einschränken und müssen widerruflich sein.[19] Ein Bevollmächtigter vertritt die AG, nicht den Vorstand (anders bei Handelsregisteranmeldungs-Vollmacht).[20] Die Satzung kann die Vollmachtserteilung nicht verbindlich regeln (zB, dass nur Gesamtprokura erteilt werden darf).[21] Das Zustimmungserfordernis des Aufsichtsrats nach § 111 Abs. 4 S. 2 hat keine Wirkung im Außenverhältnis, dh eine zustimmungswidrig erteilte Vollmacht ist wirksam. Das Registergericht hat deshalb Prokura ohne Prüfung der Zustimmung einzutragen.[22]

12 **XI. Passivvertretung durch den Aufsichtsrat.** Bei Führungslosigkeit (Abs. 1 S. 2) wird Gesellschaft, soweit an sie Willenserklärungen gerichtet werden, durch Aufsichtsrat vertreten (eingeführt 2008 durch MoMiG). Dem Aufsichtsrat muss die Führungslosigkeit nicht bekannt sein. Die passive Vertretungsmacht des Aufsichtsrats besteht unabhängig von der Möglichkeit, nach § 85 Abs. 1 einen Vorstand oder nach § 57 Abs. 1 ZPO einen Prozesspfleger gerichtlich bestellen zu lassen; wegen der nur passiven Vertretungsmacht des Aufsichtsrats fehlt es für die Anträge nach § 85 Abs. 1 oder nach § 57 Abs. 1 ZPO nicht am Rechtsschutzbedürfnis.

---

16 Vgl *Raiser*, MitBestG, § 32 Rn 24 mwN.
17 Vgl *Raiser*, MitBestG, § 32 Rn 24 mwN; *Hüffer*, Rn 8 b.
18 Vgl § 82 Rn 6; § 112 Rn 6 f; *Ulmer/Habersack/Henssler*, MitBestR, § 32 Rn 16; OLG Celle AG 2003, 433; OLG Karlsruhe AG 1996, 224, 225 f; für gerichtliche Vertretung: BGH NJW 1987, 254; BGH NJW 1989, 2055 f; BGH NJW 1999, 3263 f; BAG AG 2002, 459 f; BGH v. 20.12.2007 – IX ZP 210/2005, für rechtsgeschäftliche Vertretung offen lassend: BGH WM 1993, 1630, 1631; aA (Rechtsgeschäft ist unheilbar nichtig, § 134 BGB): OLG Stuttgart AG 1993, 85, 86; OLG Hamburg WM 1986, 972; *Stein*, AG 1999, 28, 35 f; KölnKomm-AktG/*Mertens*, Rn 5.
19 Vgl auch *Hüffer*, Rn 10; MüKo-AktG/*Spindler*, Rn 109; KölnKomm-AktG/*Mertens*, Rn 74; MüHb-AktG/*Wiesner*, § 23 Rn 23. Einzelheiten sind streitig.
20 Vgl § 81 Rn 5.
21 KölnKomm-AktG/*Mertens*, Rn 75; *Hüffer*, Rn 10; MüKo-AktG/*Spindler*, Rn 104; Großkomm-AktienR/*Habersack*, Rn 58.
22 BGHZ 50, 112, 114 = NJW 1968, 1379.

C. Vertretung nach dem Gesetz (Abs. 2)

I. Grundsatz der Gesamtvertretung. Mangels abweichender Satzungsbestimmung wird AG nur von sämtlichen Vorstandsmitgliedern vertreten. Gesetzlicher Regelfall ist praxisfremd. Ausnahme zur gesetzlichen Gesamtvertretung besteht bei Insolvenzantrag, den jedes Vorstandsmitglied allein stellen kann (§ 15 Abs. 1 InsO).[23] Bei Verhinderung eines Vorstandsmitgliedes kann AG im gesetzlichen Regelfall nicht wirksam vertreten werden.[24] Verhinderung rechtfertigt keine Ersatzbestellung durch Gericht (§ 85).[25] Bei Wegfall von Vorstandsmitglied(ern) ist wirksame Vertretung unmöglich und Ersatzbestellung erforderlich, wenn gesetzliche (§ 76 Abs. 2 S. 2) oder satzungsmäßig geforderte Anzahl an Vorstandsmitgliedern nicht vorhanden und verbliebene Vorstandsmitglieder allein AG nicht vertreten können, weil der gesetzliche Regelfall der Gesamtvertretung nicht von der Satzung abbedungen ist oder weniger als die zur gemeinschaftlichen Vertretung berechtigten Vorstandsmitglieder vorhanden sind.[26]

II. Handeln in Gesamtvertretung. Willenserklärungen können gleichzeitig oder getrennt abgegeben werden. Die Zustimmung eines Vorstandsmitglieds zur Willenserklärung eines anderen kann auch intern erfolgen (§ 182 Abs. 1 BGB).

III. Passivvertretung. Die Abgabe von Willenserklärungen (und geschäftsähnlichen Handlungen, wie Mahnung, Mängelrüge) gegenüber nur einem Vorstandsmitglied (bei Führungslosigkeit gegenüber einem Aufsichtsratsmitglied, nicht unbedingt dem Vorsitzenden) genügt (Alleinvertretung, § 78 Abs. 1 S. 2). Gleiches gilt für Zustellung von Klage an AG (§ 171 Abs. 3 ZPO; vgl Rn 6). Zustellung von Schriftstücken möglich an „XY AG – Vorstand" oder an „XY AG – Herrn YZ, Vorstandsmitglied" (bei Führungslosigkeit an „XY AG – Aufsichtsrat" oder an „XY AG – Herrn YZ, Aufsichtsratsmitglied") unter der im Handelsregister eingetragenen Geschäftsanschrift oder wahlweise an „XY AG, c/o Herrn EP" unter der im Handelsregister eingetragenen Anschrift der empfangsberechtigten Person (§ 39 Abs. 1 S. 2). Wenn das Geschäftslokal an der eingetragenen Adresse geschlossen ist und kein weiterer Empfangsberechtigter gem. § 39 Abs. 1 S. 2 eingetragen ist, so kann über § 15 a HGB iVm 185 Nr. 2 ZPO sofort eine öffentliche Zustellung erfolgen.

D. Abweichende Bestimmungen durch Satzung oder Aufsichtsrat (Abs. 3)

Die Satzung kann selbst konkrete Regelungen treffen oder den Aufsichtsrat zu Regelungen ermächtigen. Ein bloßer Hauptversammlungsbeschluss genügt dagegen nicht.[27] Als vom Gesetz abweichende Regelungen kommen in Frage: Alleinvertretung (Rn 17), echte Gesamtvertretung (Rn 18), unechte Gesamtvertretung (Rn 19), nicht dagegen Ausschluss eines Vorstandsmitglieds von der Vertretung.[28] Für jedes Vorstandsmitglied kann eine individuelle Regelung getroffen werden. Der Aufsichtsrat kann die Regelung selbst oder durch einen Ausschuss treffen (§ 107 Abs. 3).

I. Alleinvertretung. Alleinvertretung bedeutet Vertretungsbefugnis eines Vorstandsmitglieds ohne Mitwirkung anderer (Vorstandsmitglieder oder Prokuristen). Inhaltliche Beschränkung der Alleinvertretungsberechtigung ist ausgeschlossen (§ 82 Abs. 1).

II. Echte Gesamtvertretung. Echte Gesamtvertretung bedeutet Vertretungsbefugnis durch zwei oder mehr Vorstandsmitglieder. Die Terminologie ist unterschiedlich.[29] Möglich ist auch die **halbseitige Gesamtvertretung** (ein Vorstandsmitglied hat Alleinvertretungsmacht, ein anderes nur Gesamtvertretungsmacht). Bei Passivvertretung stets Alleinvertretungsbefugnis (Abs. 2 S. 2, vgl Rn 15).

III. Unechte Gesamtvertretung. Unechte Gesamtvertretung ist gegeben bei der Vertretung durch ein Vorstandsmitglied zusammen mit einem Prokuristen (Abs. 3 S. 1). Dadurch darf die Vertretung nur erleichtert, nicht verschärft werden,[30] der Prokurist darf also nur anstelle eines anderen Vorstandsmitglieds mitwirken müssen. Die Vertretung durch den Alleinvorstand, ein alleinvertretungsberechtigtes Vorstandsmitglied oder gemeinschaftlich handelnde gesamtvertretungsberechtigte Vorstandsmitglieder darf also nicht zusätzlich von der Mitwirkung eines Prokuristen abhängig gemacht werden.[31] Bei unechter Gesamtvertretung erwirbt der Prokurist nach hM[32] gleiche organschaftliche Vertretungsmacht wie ein Vorstandsmitglied über die Prokura hinaus (also zB auch für Grundstücksgeschäfte in Abweichung von § 49 Abs. 2 HGB). Ein Proku-

---

23 Bei Stellung des Insolvenzantrags durch Vorstandsmitglieder in nicht vertretungsberechtigter Zahl muss allerdings Insolvenzgrund glaubhaft gemacht werden (§ 15 Abs. 2 S. 1 InsO).
24 BGHZ 34, 27, 29 = NJW 1961, 506 (zur GmbH); *Hüffer*, Rn 11.
25 MüKo-AktG/*Spindler*, § 85 Rn 4; KölnKomm-AktG/*Mertens*, § 85 Rn 2.
26 Vgl hierzu auch § 76 Rn 22; *Hüffer*, Rn 11.
27 Auch nicht bei Einmann-AG: Schüppen/Schaub/*Tomat*, MAH Aktienrecht, § 22 Rn 175; *Hüffer*, Rn 7.
28 KölnKomm-AktG/*Mertens*, Rn 31; MüKo-AktG/*Spindler*, Rn 34.
29 „Gemeinschaftliche Vertretung durch zwei oder mehrere Vorstandsmitglieder": *Hüffer*, Rn 18; MüKo-AktG/*Spindler*, Rn 39.
30 BGHZ 13, 61, 65 = NJW 1954, 1158; BGHZ 26, 330, 333 (zur KG).
31 KölnKomm-AktG/*Mertens*, Rn 35.
32 BGHZ 62, 166, 170 = NJW 1974, 1194 (zur GmbH); Großkomm-AktienR/*Habersack*, Rn 46; *Hüffer*, Rn 17 mwN.

rist kann deshalb auch bei der Anmeldung zum Handelsregister (außer der eigenen Prokura)[33] in unechter Gesamtvertretung mitwirken.[34] Auch bei Passivvertretung ist der Prokurist dem Vorstandsmitglied gleichgestellt und somit alleinvertretungsbefugt (Abs. 3 S. 3).

E. Einzelermächtigung (Abs. 4)

20 **I. Anwendungsbereich, Form, Wirkung.** Einzelermächtigung bedeutet die Ermächtigung (nicht Bevollmächtigung!) einzelner Vorstandsmitglieder zur Einzelvertretung durch gesamtvertretungsberechtigte Vorstandsmitglieder. Die Ermächtigung muss durch Vorstandsmitglieder in vertretungsberechtigter Zahl vorgenommen werden, wobei der Adressat der Ermächtigung nach hM[35] selbst bei der Ermächtigung mitwirken darf. Die Ermächtigungserklärung kann gegenüber dem Ermächtigtem oder einem Geschäftspartner erfolgen (*arg e* § 182 Abs. 1 BGB). Sie ist formlos wirksam (*arg e* § 182 Abs. 2 BGB).[36] Bei unechter Gesamtvertretung stehen Prokuristen den Vorstandsmitgliedern gleich; Prokuristen können also wie Vorstandsmitglieder ermächtigen und ermächtigt werden (§ 78 Abs. 4 S. 2). Durch Ermächtigung erstarkt Gesamtvertretungsmacht zur organschaftlichen Alleinvertretungsmacht,[37] soweit ein Vorstandsmitglied ermächtigt wird, und zur alleinvertretungsberechtigten Vollmacht,[38] soweit (bei unechter Gesamtvertretung) ein Prokurist ermächtigt wird.[39]

21 **II. Umfang.** Die Beschränkung auf bestimmte Geschäfte oder bestimmte Arten von Geschäften ist erforderlich (Abs. 4 S. 1), anderenfalls würde die Zuständigkeit des Aufsichtsrats zur Festlegung von Einzel- oder Gesamtvertretungsberechtigung ausgehöhlt.[40] Die Beschränkung muss gegenständlich und ausreichend konkret sein, nicht nur betragsmäßig.
Unzulässig deshalb: „gesamte Geschäftsbeziehung zur Hausbank",[41] es sei denn aus den Umständen ergibt sich eine Einschränkung (bei Hausbank wird nur Zahlungsverkehr oder Dispositionskredit geringen Umfangs abgewickelt).
Zulässig: „Einkaufsgeschäfte bis 10.000 EUR im Einzelfall".[42]

22 **III. Widerruf.** Der Widerruf ist jederzeit, formlos und ohne Begründung möglich. Zum Widerruf berechtigt sind Vorstandsmitglieder (bei unechter Gesamtvertretung auch Prokuristen) in gleicher Weise wie bei der Erteilung.[43] Zusätzlich ist jedes Vorstandsmitglied oder jeder Prokurist, der an Ermächtigungserteilung mit gewirkt hat, einzeln widerrufsberechtigt (*arg e* § 116 Abs. 3 S. 2 HGB, Vertrauensverlust).[44] Im Außenverhältnis gelten für den Widerruf der Ermächtigung §§ 170, 171 BGB.

§ 79 (aufgehoben)

§ 80 Angaben auf Geschäftsbriefen

(1) ¹Auf allen Geschäftsbriefen gleichviel welcher Form, die an einen bestimmten Empfänger gerichtet werden, müssen die Rechtsform und der Sitz der Gesellschaft, das Registergericht des Sitzes der Gesellschaft und die Nummer, unter der die Gesellschaft in das Handelsregister eingetragen ist, sowie alle Vorstandsmitglieder und der Vorsitzende des Aufsichtsrats mit dem Familiennamen und mindestens einem ausgeschriebenen Vornamen angegeben werden. ²Der Vorsitzende des Vorstands ist als solcher zu bezeichnen. ³Werden Angaben über das Kapital der Gesellschaft gemacht, so müssen in jedem Falle das Grundkapital sowie, wenn auf die Aktien der Ausgabebetrag nicht vollständig eingezahlt ist, der Gesamtbetrag der ausstehenden Einlagen angegeben werden.

---

33 BayObLGZ 1973, 158, 159 = NJW 1973, 2068.
34 RGZ 134, 303, 304; KölnKomm-AktG/*Mertens* Rn 36 mwN.
35 *Hüffer*, Rn 19; KölnKomm-AktG/*Mertens*, Rn 53; zweifelhaft.
36 Hiervon ist die Frage zu unterscheiden, ob zur Wahrung der Schriftform in Mietverträgen (§ 550 BGB) der Ermächtigte auf die Ermächtigung ausdrücklich hinweisen muss; bejahend: BGH AG 2010, 162, kritisch: *Weiner*, MDR 2010, 184, *Timme/Hülk*, NZG 2010, 177.
37 BGH AG 1986, 259 = WM 1986, 315, 316; *Hüffer*, Rn 20; Großkomm-AktienR/*Habersack*, Rn 50 mwN; aA noch RGZ 80, 180, 182: bloße Handlungsvollmacht iSv § 54 HGB.
38 Anders bei Handeln des Prokuristen in unechter Gesamtvertretung mit einem Vorstandsmitglied: unbegrenzte organschaftliche Vertretungsmacht, s. Rn 19.

39 *Hüffer*, Rn 20; KölnKomm-AktG/*Mertens*, Rn 59.
40 BGH AG 1986, 259 = WM 1986, 315, 316; KölnKomm-AktG/*Mertens*, Rn 55 mwN; *Hüffer*, Rn 21.
41 BGH AG 1986, 259 = WM 1986, 315, 316; OLG Celle WM 1967, 1230, 1231.
42 Vgl *Hüffer*, Rn 21.
43 *Hüffer*, Rn 22; Großkomm-AktienR/*Habersack*, § 77 Anm. 56; aA *v. Godin/Wilhelmi*, Anm. 10; Großkomm-AktienR/*Meyer-Landrut* (1. Aufl. 1973), Anm. 20: Beschluss des Gesamtvorstands erforderlich.
44 KölnKomm-AktG/*Mertens*, Rn 60; *Hüffer*, Rn 22; aA MüKo-AktG/*Spindler*, Rn 72.

(2) Der Angaben nach Absatz 1 Satz 1 und 2 bedarf es nicht bei Mitteilungen oder Berichten, die im Rahmen einer bestehenden Geschäftsverbindung ergehen und für die üblicherweise Vordrucke verwendet werden, in denen lediglich die im Einzelfall erforderlichen besonderen Angaben eingefügt zu werden brauchen.

(3) ¹Bestellscheine gelten als Geschäftsbriefe im Sinne des Absatzes 1. ²Absatz 2 ist auf sie nicht anzuwenden.

(4) ¹Auf allen Geschäftsbriefen und Bestellscheinen, die von einer Zweigniederlassung einer Aktiengesellschaft mit Sitz im Ausland verwendet werden, müssen das Register, bei dem die Zweigniederlassung geführt wird, und die Nummer des Registereintrags angegeben werden; im übrigen gelten die Vorschriften der Absätze 1 bis 3 für die Angaben bezüglich der Haupt- und der Zweigniederlassung, soweit nicht das ausländische Recht Abweichungen nötig macht. ²Befindet sich die ausländische Gesellschaft in Abwicklung, so sind auch diese Tatsache sowie alle Abwickler anzugeben.

Literatur:
Bärwaldt/Schabacker, Angaben auf Geschäftspapieren inländischer Zweigniederlassungen ausländischer Kapitalgesellschaften, AG 1996, 461; *Fleischer*, Organpublizität im Aktien-, Bilanz- und Kapitalmarktrecht, NZG 2006, 561; *Glaus/Gabel*, Praktische Umsetzung der Anforderungen zu Pflichtangaben in E-mails, BB 2007, 1744; *Hoeren/Pfaff*, Pflichtangaben im elektronischen Geschäftsverkehr aus juristischer und technischer Sicht, MMR 2007, 207; *Kindler*, GmbH-Reform und internationales Gesellschaftsrecht, AG 2007, 721; *Maaßen/Orlikowski-Wolf*, Stellt das Fehlen von Pflichtangaben in der Geschäftskorrespondenz einen Wettbewerbsverstoß dar?, BB 2007, 561; *Mutter*, Pflichtangaben auf Geschäftsbriefen auch im E-Mail-Verkehr?, GmbHR 2001, 336; *Rath/Hausen*, Viel Lärm um nichts? Pflichtangaben in geschäftlichen E-Mails, K&R 2007, 113; *Roth/Groß*, Pflichtangaben und Bestellschein im Internet, K&R 2002,12; *Schmittmann/Ahrens*, Pflichtangaben in E-Mails – Ist die elektronische Post ein Geschäftsbrief?, DB 2002, 1038.

A. Allgemeines	1	4. Vorstandsmitglieder	12
I. Entstehung der Norm	1	5. Vorsitzender des Aufsichtsrats	13
II. Zweck der Norm	2	II. Fakultative Angaben	14
B. Geschäftsbriefe	4	1. Angaben zum Kapital	14
I. Begriff	4	2. Rechtsfolgen	15
II. Bestimmter Empfänger	6	D. Ausnahmen	16
III. Innerbetrieblicher Geschäftsverkehr	8	I. Bestehende Geschäftsverbindung	17
C. Angaben auf Geschäftsbriefen	9	II. Vordrucke	18
I. Zwingende Angaben	9	E. Bestellscheine	20
1. Rechtsform	9	F. Geschäftsbriefe ausländischer Zweigniederlassungen (Abs. 4)	21
2. Sitz	10		
3. Registergericht und -nummer	11	G. Rechtsfolgen bei Verstoß	23

A. Allgemeines

I. Entstehung der Norm. Die Fassung der Norm geht zurück auf die EG-Publizitätsrichtlinie,¹ die mit dem EG-KoordG 1969² umgesetzt wurde. Das Gesetz geht teilweise über die Vorgaben der Richtlinie hinaus (Abs. 1 = Angaben über leitende Personen), bleibt aber teilweise dahinter zurück (Abs. 2 = Einschränkung). Abs. 4 (Regelung für Zweigniederlassungen) wurde eingefügt durch Art. 3 Nr. 2 des Durchführungsgesetzes.³ Abs. 1 S. 3 (Angaben zum Kapital) geht in der jetzigen Fassung zurück auf Art. 1 Nr. 1 StückAG.⁴ Durch das MoMiG⁵ wurde Abs. 4 S. 1 zur Klarstellung marginal dahin gehend geändert, dass die Vorschriften der Absätze 1 bis 3 „für die Angaben bezüglich der Haupt- und Zweigniederlassung" gelten.

II. Zweck der Norm. Die Vorschrift bezweckt die Offenlegung wesentlicher Gesellschaftsverhältnisse; sie soll es namentlich auch ausländischen Geschäftspartnern erleichtern, registergerichtliche Informationen über die Gesellschaft einzuholen und gleichzeitig über rechtlich relevante Tatsachen informiert zu werden.⁶ Die Angabe von Registergericht und Registernummer ermöglicht den schnellen Zugriff auf die Daten des Handelsregisters.⁷ Die namentlichen Angaben der Organmitglieder dienen der aktienrechtlichen Organpu-

---

1 Erste Richtlinie des Rates der Europäischen Gemeinschaften zur Koordinierung des Gesellschaftsrechts – ABl. EG 1968 Nr. L 65/8; abgedruckt bei *Lutter*, Europäisches Unternehmensrecht, 4. Aufl., S. 101 ff. Zur geschichtlichen Entwicklung der Norm vgl Spindler/Stilz/*Fleischer*, Rn 2.
2 Gesetz v. 15.8.1969, BGBl. I S. 1146.
3 Gesetz v. 22.7.1993 zur Durchführung der elften EG-Richtlinie, BGBl. I S. 1282.
4 Stückaktiengesetz v. 25.3.1998, BGBl. I S. 590.
5 Gesetz v. 23.10.2008, BGBl. I S. 2026.
6 Vgl *Hüffer*, Rn 1, 2; Großkomm-AktG/*Habersack*, Rn 1; MüKo-AktG/*Spindler*, Rn 1; KölnKomm-AktG/*Mertens*, Rn 3; Spindler/Stilz/*Fleischer*, AktG, Rn 1; zur GmbH: LG Berlin WM 1991, 1615,1616; Scholz/*Schneider*, GmbHG, § 35 a Rn 2; Rowedder/Schmidt-Leithoff/*Koppensteiner*, GmbHG, § 35 a Rn 2.
7 Vgl BT-Drucks. 13/8444, S. 61 zur Einführung von § 37 a HGB; Spindler/Stilz/*Fleischer*, Rn 1; ferner: MüKo-HGB/*Krebs*, § 37 a Rn 2.

blizität.[8] Die Vorschrift gilt nicht nur für den Geschäftsverkehr mit dem EG-Ausland, sondern auch für den mit Geschäftspartnern in anderen ausländischen Staaten. Die Regel greift nach der ausdrücklichen Bestimmung des Abs. 4 auch für solche ausländische Gesellschaften ein, die im Inland eine Zweigniederlassung unterhalten.

3   Die vergleichbare Regelung für die GmbH findet sich in § 35 a GmbHG. Die Vorschrift wurde inhaltlich durch das HRefG 1998 ausgedehnt auf Einzelkaufleute (§ 37 a HGB),[9] gleichzeitig wurden die Publizitätspflichten für Personenhandelsgesellschaften (§§ 125 a, 177 a HGB) angepasst; sie gelten auch für die GmbH & Co. KG.[10]

B. Geschäftsbriefe

4   **I. Begriff.** Wie auch in vergleichbaren Bestimmungen (§ 35 a GmbHG, § 25 a GenG, §§ 37 a, 125 a, 177 a HGB) ist der Begriff Geschäftsbrief weit auszulegen.[11] Er umfasst jede von der Aktiengesellschaft ausgehende schriftliche Mitteilung an einen Empfänger außerhalb des Unternehmens; der Begriff des Geschäftsbriefes deckt sich nicht mit dem des Handelsbriefes iSv § 257 Abs. 2 HGB, letzterer ist enger gefasst.[12] Das gilt nicht nur bei der Anbahnung von Geschäftsbeziehungen, sondern auch im Rahmen schon bestehender.[13] Die äußere Form oder der Inhalt sind nicht entscheidend. Geschäftsbriefe sind auch Geschäftsrundschreiben, Postkarten, gleichförmige Verkaufsangebote, Rechnungen, Quittungen, Preislisten, Lieferscheine, Auftrags- und Empfangsbestätigungen; auch graphische Darstellungen von Geschäftsverhältnissen, die innerhalb von Vertragsverhandlungen übergeben werden.[14] Ferner zählen dazu Schreiben, die ein Arbeitsverhältnis begründen, ändern oder beenden, also gerichtet an eigene Arbeitnehmer,[15] nicht aber Weisungen. Der gesellschaftsinterne Schriftverkehr wird vom Tatbestand nicht erfasst.[16] Erfasst werden aber Mitteilungen an Aktionäre im Rahmen von Drittgeschäften, sowie die Korrespondenz zwischen rechtlich selbstständigen Konzernunternehmen.[17] Nicht als Geschäftsbriefe einzustufen sind von der Gesellschaft ausgestellte **Wertpapiere**, wie Wechsel, Scheck, da sie keine über die Funktion des Wertpapiers hinausgehende Mitteilung an einen bestimmten Empfänger enthalten. Nicht zu den Geschäftsbriefen zählen auch rein persönliche Mitteilungen, wie Glückwunsch- oder Kondolenzschreiben.[18]

5   Unerheblich für die Eigenschaft als Geschäftsbrief ist die **Art der Übermittlung**. Deshalb fallen grundsätzlich unter diesen Begriff Postkarten, Telebrief, Telefax aber auch Telegramme und Fernschreiben.[19] Für eine Mitteilung per E-Mail im Internet ist dies streitig, da nur eine digitale, aber keine verkörperte Erklärung vorliegt.[20] Da aber nach der Ergänzung von § 126 Abs. 3 BGB die schriftliche Form durch die elektronische ersetzt werden kann, muss auch das geschäftliche E-Mail die für einen Geschäftsbrief erforderlichen Angaben enthalten.[21] Durch das EHUG[22] ist mit der neuen Formulierung in Abs. 1 S. 1 – Geschäftsbriefen „gleichviel welcher Form" – ausdrücklich klargestellt worden, dass die Bestimmung auf alle Geschäftsbriefe, unabhängig von ihrer Form Anwendung findet.[23] Der Gesetzgeber hat somit klargestellt, dass nicht nur E-Mails, sondern auch Fernschreiben und Telegramme unter den Begriff des Geschäftsbriefes fallen. Bei E-

---

8   Eingehend *Fleischer*, NZG 2006, 561 ff.
9   Dazu näher Röhricht/v. Westphalen/*Ammon*/*Ries*, HGB, § 37 a Rn 1 ff.
10 Siehe Rowedder/Schmidt-Leithoff/*Koppensteiner*, GmbHG, § 35 a Rn 5.
11 AllgM, vgl *Hüffer*, Rn 2; Spindler/Stilz/*Fleischer*, Rn 4; Scholz/ *Schneider*, GmbHG, § 35 a Rn 3; Baumbach/Hueck/Zöllner, GmbHG, § 35 a Rn 7; Röhricht/v. Westphalen/*Ammon*/*Ries*, HGB, § 37 a Rn 10; vgl auch BT-Drucks. 13/8444, 61.
12 Vgl Spindler/Stilz/*Fleischer*, Rn 4 mwN.
13 Vgl LG Heidelberg NJW-RR 1997, 355 zu § 35 a GmbHG; ferner Spindler/Stilz/*Fleischer*, Rn 4; Scholz/*Schneider*, GmbHG, § 35 a Rn 3.
14 Vgl *Hüffer*, Rn 2; Spindler/Stilz/*Fleischer*, Rn 4; Baumbach/ Hueck/Zöllner, GmbHG, § 35 a Rn 7; Scholz/*Schneider*, GmbHG, § 35 a Rn 3.
15 Str, wie hier Spindler/Stilz/*Fleischer*, Rn 6; MüKo-AktG/*Spindler*, Rn 16. Lutter/Hommelhoff, GmbHG, § 35 a Rn 2; ähnlich: Scholz/*Schneider*, GmbHG, § 35 a Rn 3, der allerdings weiter gehend offenbar jedes Schreiben im Rahmen eines Arbeitsverhältnisses als Geschäftsbrief einstufen will; aA Baumbach/ Hueck/Zöllner, GmbHG, § 35 a Rn 7.
16 Vgl Großkomm-AktG/*Habersack*, Rn 6 mwN; Spindler/Stilz/ *Fleischer*, Rn 6; ferner unten Rn 8.
17 Vgl Spindler/Stilz/*Fleischer*, Rn 6.
18 Vgl Großkomm-AktG/*Habersack*, Rn 4; Spindler/Stilz/*Fleischer*, Rn 6; Lutter/Hommelhoff, GmbHG, § 35 a Rn 2; Baumbach/Hueck/Zöllner, GmbHG, § 35 a Rn 2; aA LG Detmold GmbHR 1991, 23 – für Postscheck; Scholz/*Schneider*, GmbHG, § 35 a Rn 3; MüKo-HGB/*Krebs*, § 37 a Rn 5.
19 Vgl dazu BT-Drucks. 13/8444, 61 u. RefE zum EHUG unten bei Fn 24; wie hier: Spindler/Stilz/*Fleischer*, Rn 5; *Schmittmann/Ahrens*, DB 2002, 1038, 1039; Baumbach/Hueck/Zöllner, GmbHG, § 35 a Rn 7; Röhricht/v. Westphalen/*Ammon*/ *Ries*, HGB, § 37 a Rn 11; aA vor der Gesetzesänderung für Telegramme und Fernschreiben, die allerdings für den Geschäftsverkehr nahezu bedeutungslos geworden sind: Großkomm-AktG/*Habersack*, Rn 4 m. zahlr. Nachw. auch zur Gegenmeinung; ferner Scholz/*Schneider*, GmbHG, § 35 a Rn 3.
20 Dazu näher *Mutter*, GmbHR 2001, 336, 337.
21 Wie hier schon vor der Gesetzesänderung, *Schmittmann/ Ahrens*, DB 2002, 1038, 1041; MüKo-AktG/*Spindler*, Rn 15; Großkomm-AktG/*Habersack*; Rn 4; vgl auch Spindler/Stilz/ *Fleischer*, Rn 5; Baumbach/Hueck/Zöllner, GmbHG, § 35 a Rn 7; Rowedder/Schmidt-Leithoff/*Koppensteiner*, GmbHG, § 35 a Rn 6; Röhricht/v. Westphalen/*Ammon*/*Ries*, HGB, § 37 a Rn 11; MüKo-HGB/*Krebs*, § 37 a Rn 5.
22 Gesetz v. 10.11.2006, BGBl. I S. 2553.
23 EHUG-Gesetzentwurf abrufbar im Internet unter www.bmj.de/ Gesetzentwuerfe/Handels- und Wirtschaftsrecht mit Pressemitteilung vom 7.4.2005.

Mails müssen die Pflichtangaben im E-Mail selbst enthalten sein, das Anführen im Anhang oder Hyperlink genügt nicht.[24]

II. Bestimmter Empfänger. Der Geschäftsbrief muss an einen bestimmten Empfänger gerichtet sein. Das ist dann der Fall, wenn die geschäftliche Mitteilung selbst oder der Umschlag an eine **individuell bezeichnete Person** oder ein **bestimmtes Unternehmen** gerichtet ist, also alle Schreiben, die zu geschäftlichen Zwecken einem externen Empfänger zugehen sollen.[25] Der Zuschnitt des Inhalts ist nicht maßgebend. 6

Nicht an einen bestimmten Empfänger adressiert und damit nicht angabepflichtig iS der Vorschrift sind Werbeschriften, Postwurfsendungen, Zeitschriftenanzeigen und sonstige öffentliche Bekanntmachungen, wenn sie sich an einen **unbestimmten Personenkreis** oder nur an den Personenkreis einer bestimmten **Berufsgruppe** (zB Rechtsanwälte, Architekten etc.) richten.[26] 7

III. Innerbetrieblicher Geschäftsverkehr. Nicht unter § 80 fällt der interne Schriftverkehr, wozu auch der mit dem Betriebsrat oder den gesellschaftsrechtlichen Organen sowie der zwischen Abteilungen und Niederlassungen des Unternehmens zu zählen ist; nicht erfasst werden auch Schreiben an Mitarbeiter, es sei denn, es handelt sich um einen Geschäftsbrief, welcher die Begründung, Abänderung oder Beendigung des Arbeitsverhältnisses betrifft. Nicht erfasst werden auch Schreiben an die Aktionäre, soweit sie nur gesellschaftsrechtliche Beziehungen betreffen, wie zB Ladungen zur Hauptversammlung.[27] Hingegen sind die Angaben erforderlich für den Schriftverkehr zwischen rechtlich selbstständigen Konzernunternehmen.[28] Wegen des fehlenden geschäftsbezogenen Inhalts werden Mitteilungen, die ausschließlich persönlicher Natur sind, von der Bestimmung nicht erfasst, zB Glückwunsch- oder Kondolenzschreiben.[29] 8

C. Angaben auf Geschäftsbriefen

I. Zwingende Angaben. 1. Rechtsform. Die Rechtsform darf, unabhängig von der Art ihrer Eintragung im Handelsregister stets in abgekürzter Form, zB „AG" aufgeführt werden. Deren Bedeutung ist allgemein bekannt und international gebräuchlich.[30] 9

2. Sitz. Der in den Geschäftsbrief aufzunehmende Sitz ist stets der satzungsmäßige Sitz der Gesellschaft iSv § 5 AktG und § 17 ZPO. Die Angaben haben Bedeutung für den allgemeinen Gerichtsstand. Auch wenn der Absendeort mit dem Sitz der Gesellschaft übereinstimmt, genügt die bloße Angabe des Absendeortes nicht.[31] Stammt der Brief von einer Zweigniederlassung muss auch der Sitz der Hauptniederlassung angegeben werden. Die bloße Ortsangabe beim Datum ist nicht ausreichend.[32] 10

3. Registergericht und -nummer. Diese Angaben sind erforderlich, um dem Geschäftspartner den schnellen Zugriff zu relevanten Daten im Handelsregister zu ermöglichen. Die abgekürzte Wiedergabe, zB AG München, HRB 100000 ist zulässig, weil im Geschäftsverkehr auch allgemein verständlich.[33] 11

4. Vorstandsmitglieder. Geschäftsbriefe müssen alle Vorstandsmitglieder der Gesellschaft mit vollständiger Nennung des Familiennamens und mindestens einem ausgeschriebenen Vornamen aufführen. Die Hinzufügung weiterer Vornamen ist zulässig. Stellvertretende Vorstandsmitglieder sind **ohne Stellvertreterzusatz** aufzuführen.[34] Hingegen ist der Vorsitzende des Vorstands, nicht aber der Vorstandssprecher, als solcher zu bezeichnen; die entsprechende Angabe kann vor oder hinter dem Namen stehen.[35] 12

5. Vorsitzender des Aufsichtsrats. Nach dem Gesetz ist nur die Aufführung des Vorsitzenden des Aufsichtsrats, nicht aber sämtlicher Mitglieder erforderlich. 13

---

24 Vgl Spindler/Stilz/*Fleischer*, Rn 5 mwN.
25 ZB Großkomm-AktG/*Habersack*, Rn 7; Spindler/Stilz/*Fleischer*, Rn 7; Scholz/*Schneider*, GmbHG, § 35 a Rn 4.
26 AllgM, zB *Hüffer*, Rn 2; Großkomm-AktG/*Habersack*, Rn 7; Spindler/Stilz/*Fleischer*, Rn 7; Scholz/*Schneider*, GmbHG, § 35 a Rn 4; Lutter/Hommelhoff, GmbHG, § 35 a Rn 3; Baumbach/Hueck/*Zöllner*, GmbHG, § 35 a Rn 7.
27 Ähnlich: Großkomm-AktG/*Habersack*, Rn 6; aA KölnKomm-AktG/*Mertens*, Rn 8; wohl auch MüKo-AktG/*Spindler*, Rn 22, der von einer Angabepflicht auf jeder Mitteilung ausgeht, die von der Gesellschaft an eine andere Rechtsperson geht.
28 Wie hier Scholz/*Schneider*, GmbHG, § 35 a Rn 5; Baumbach/Hueck/*Zöllner*, GmbHG, § 35 a Rn 7; aA zB Hachenburg/*Mertens*, GmbHG, § 35 a Rn 4.
29 Siehe o. Rn 4; vgl Spindler/Stilz/*Fleischer*, Rn 6; MüKo-AktG/*Spindler* Rn 16.
30 HM, zB Großkomm-AktG/*Habersack*, Rn 13; *Hüffer*, Rn 3 mwN; Spindler/Stilz/*Fleischer*, Rn 13; jetzt auch MüKo-AktG/*Spindler*, Rn 5.
31 Vgl Spindler/Stilz/*Fleischer*, Rn 6; MüKo-AktG/*Spindler* Rn 8.
32 Vgl Großkomm-AktG/*Habersack*, Rn 13; *Hüffer*, Rn 3; Spindler/Stilz/*Fleischer*, Rn 13; Scholz/*Schneider*, GmbHG, § 35 a Rn 8.
33 Vgl Spindler/Stilz/*Fleischer*, Rn 13 mwN.
34 Ein Stellvertreterzusatz darf nicht ins Handelsregister eingetragen werden: BGH ZIP 1998, 152 auf Vorlage von BayObLG GmbHR 1997, 410. Dies entspricht auch einer EG-richtlinienkonformen Auslegung; dazu Scholz/*Schneider*, GmbHG, § 44 Rn 14. Deshalb erscheint es konsequent, eine solche „interne Hierarchie", die ohne Außenwirkung ist, auch auf den Geschäftsbriefen nicht zu verlautbaren; ähnlich wie hier: Großkomm-AktG/*Habersack*, Rn 14; Spindler/Stilz/*Fleischer*, Rn 14; zweifelnd: *Hüffer*, Rn 3. Siehe auch unten § 94 Rn 6, 7.
35 *Fleischer*, NZG 2006, 561, 563; Spindler/Stilz/*Fleischer*, Rn 14.

14 **II. Fakultative Angaben. 1. Angaben zum Kapital.** Die wenig geglückte Vorschrift des Abs. 1 S. 3 lässt Angaben über das Kapital zu, schreibt sie aber **nicht zwingend** vor. Werden aber solche Angaben gemacht, müssen sie ausnahmslos den gesetzlichen Vorgaben entsprechen, dh es ist die Höhe des Grundkapitals anzugeben und falls es noch nicht vollständig eingezahlt ist, der Gesamtbetrag der noch ausstehenden Bareinlagen; maßgeblich ist der Ausgabebetrag der Aktien.[36] Sacheinlagen werden nicht erfasst, sie sind nach § 36 a Abs. 2 von vornherein voll zu leisten. Falls sie dennoch nicht voll geleistet sein sollten, sind Angaben darüber nach dem Gesetzeswortlaut nicht zwingend erforderlich.[37]

15 **2. Rechtsfolgen.** Im Ergebnis sind Angaben zum Kapital insgesamt wenig informativ, weil sie keine Auskunft über die tatsächlichen Vermögensverhältnisse der AG geben; denn das anzugebende Grundkapital kann längst verloren sein. Man sollte daher von vornherein auf diese Angaben verzichten, da sie nichts über die Bonität der Gesellschaft aussagen. Ein Schutz wegen irreführender Angaben wäre nur unter den Voraussetzungen der §§ 1, 3 UWG, § 826 BGB gegeben; praktische Bedeutung kann diesen theoretischen Anspruchsgrundlagen aber nicht beigemessen werden.[38]

D. Ausnahmen

16 **Keine Geschäftsbriefe** sind – aus Zweckmäßigkeitsgründen – Mitteilungen und Berichte, für die im Rahmen einer bestehenden Geschäftsverbindung üblicherweise **Vordrucke**, in die nur noch besondere Angaben einzufügen sind, verwendet werden. Damit ist durch Abs. 2 die **Veröffentlichungspflicht** nach Abs. 1 mehrfach **eingeschränkt**. Die Ausnahmeregelung setzt kumulativ voraus, dass

- bereits eine Geschäftsverbindung besteht,
- es sich um bloße Information für den Geschäftspartner handelt,
- die Vordrucke im Geschäftsverkehr allgemein oder in einer besonderen Geschäftssparte üblicherweise verwendet werden.[39]

Die Üblichkeit ist branchenspezifisch und abgestellt auf den Einzelfall festzustellen; sie muss sich auch auf die Ausgestaltung des Vordrucks erstrecken. Zusätzlich müssen die ausfüllungsbedürftigen Teile im Bereich des Üblichen sein.[40]

17 **I. Bestehende Geschäftsverbindung.** Der Geschäftspartner muss im Rahmen einer bestehenden Geschäftsverbindung die sonst nach Abs. 1 erforderlichen Angaben bereits kennen und deshalb kein Informationsdefizit haben. Für die Annahme einer bestehenden Geschäftsverbindung kann ein vorher stattgefundener, auch einmaliger Kontakt genügen, wenn der Geschäftspartner die erforderlichen Angaben dabei erhalten hat.[41] Andererseits kann ein Informationsdefizit aber auch dann bestehen, wenn die entsprechenden Angaben zeitlich weit, zB länger als ein Jahr, zurückliegen. Die Ausnahme gilt grundsätzlich nur für Informationen, nicht aber für rechtsgeschäftliche Erklärungen. Dennoch wendet die Praxis allgemein die Ausnahmevorschrift nicht nur auf Lieferscheine, Versandanzeigen, Abholbenachrichtigungen, Kontoauszüge etc, sondern auch auf Rechnungen und Mahnungen an.[42]

18 **II. Vordrucke.** Der Vordruck (= Formular) hat einen vorgefertigten Inhalt, der lediglich durch die im Einzelfall notwendigen Angaben ergänzt wird. Er muss **branchenüblich Verwendung** finden. Ob dies zutrifft, ist Tatfrage. Vordrucke, die ein Unternehmen speziell für seinen Geschäftsbereich verwendet, die sonst aber in der Branche keine Verwendung finden, fallen nicht unter den Begriff „Vordruck" iS dieser Bestimmung. Die ausfüllungsbedürftigen Teile des Vordrucks müssen sich ebenfalls im Rahmen des Üblichen halten. Schließlich muss auch die jeweilige Ausgestaltung des Formulars üblich sein.[43]

19 Die Ausnahmeregelung des Abs. 2 gilt auch für Mitteilungen an Behörden, Industrie- und Handelskammern sowie Wirtschaftsverbände, soweit dafür üblicherweise Vordrucke verwendet werden.[44]

---

36 Vgl Spindler/Stilz/*Fleischer*, Rn 15; *Hüffer*, Rn 4.
37 Wie hier im Grundsatz: *Hüffer*, Rn 4; Spindler/Stilz/*Fleischer*, Rn 15 mwN; Hachenburg/*Mertens*, GmbHG, § 35 a Rn 10; differenzierend: Großkomm-AktG/*Habersack*, Rn 15; Scholz/ *Schneider*, GmbHG, § 35 a Rn 12. soweit zur Begründung für eine Angabepflicht auf die §§ 1, 3 UWG verwiesen wird, ist dies nicht überzeugend, weil daraus primär keine gesellschaftsrechtlichen Verpflichtungen erwachsen können.
38 Ähnlich Spindler/Stilz/*Fleischer*, Rn 15.
39 Im Hinblick auf Art. 4 der Publizitätsrichtlinie, der an sich keinen Ausnahmetatbestand kennt, ist die Befreiung nur bei enger Auslegung zu bejahen, so Spindler/Stilz/*Fleischer*, Rn 8.
40 Vgl Spindler/Stilz/*Fleischer*, Rn 9; MüKo-AktG/*Spindler*, Rn 21.
41 Vgl *Einmahl*, AG 1969, 136; Spindler/Stilz/*Fleischer*, Rn 10; Scholz/*Schneider*, GmbHG, § 35 a Rn 16.
42 Vgl KölnKomm-AktG/*Mertens*, Rn 11; *Hüffer*, Rn 5; ferner: Großkomm-AktG/*Habersack*, Rn 11; aA MüKo-HGB/*Krebs*, § 37 a Rn 10.
43 Vgl KölnKomm-AktG/*Mertens*, Rn 11; Großkomm-AktG/*Habersack*, Rn 10; Spindler/Stilz/*Fleischer*, Rn 9.
44 Vgl Spindler/Stilz/*Fleischer*, Rn 9; KölnKomm-AktG/*Mertens*, Rn 12; Großkomm-AktG/*Habersack*, Rn 10; auch Oetker/ *Schlingloff*, HGB, § 37 a Rn 8; Röhricht/v. Westphalen/*Ammon/Ries*, HGB, § 37 a Rn 21.

E. Bestellscheine

Die Ausnahme von der Veröffentlichungspflicht ist in keinem Fall, auch nicht bei laufender Geschäftsbeziehung, auf Bestellscheine anwendbar (Abs. 3). Diese mussten nach den europarechtlichen Vorgaben entsprechend Art. 4 der Publizitätsrichtlinie im Gesetz ohne Ausnahme zwingend als Geschäftsbriefe eingeordnet werden.[45] Bestellscheine sind zwar auch Vordrucke, gelten aber nicht als solche und sind nach Abs. 1 zu behandeln; sie dienen ihrem Inhalt nach einer Vertragsvorbereitung.[46]

F. Geschäftsbriefe ausländischer Zweigniederlassungen (Abs. 4)

Ganz allgemein besteht die Angabepflicht nach Abs. 1 von vornherein auch für **Auslandsbriefe** inländischer Gesellschaften. Diese Pflicht wurde durch Abs. 4 ausgedehnt auf inländische Zweigniederlassungen ausländischer Gesellschaften mit Sitz im Ausland, es sei denn, das ausländische Recht macht Abweichungen erforderlich. Anzugeben ist grundsätzlich das inländische Register, bei dem die Zweigniederlassung geführt wird und die Nummer des Registereintrags (vgl dazu § 13 d HGB); § 80 Abs. 1 bis 3 gelten sinngemäß.[47] Durch die Änderung, dh. die Verpflichtung von Angaben über die Zweigniederlassung und die Hauptniederlassung, wird klargestellt, dass auch inländische Zweigniederlassungen ausländischer Gesellschaften künftig die Angaben nach Abs. 1 bis 3 auf ihren Geschäftsbriefen machen müssen, und zwar in Form einer doppelten Angabeverpflichtung. Diese bezieht sich sowohl auf die ausländische Haupt- als auch auf die inländische Zweigniederlassung. Damit wurde der Meinungsstreit[48] über das Bestehen einer doppelten Angabeverpflichtung zu Recht zugunsten einer Stärkung der Transparenz und des Gläubigerschutzes entschieden. Ergänzend wird festgestellt, dass die Angaben in deutscher Sprache zu erfolgen haben.[49]

Es muss immer die vollständige ausländische Firma einschließlich des Rechtsformzusatzes in der Originalsprache angegeben werden;[50] die ausländische Rechtsform ist nicht zu übersetzen Sämtliche Verlautbarungen haben aber in deutscher Sprache zu erfolgen.[51] Zulässig und häufig auch zum besseren Verständnis geboten, sind allerdings erläuternde Klammerzusätze (zB AG nach spanischem Recht).[52] Als Sitz ist der Gesellschaftssitz anzugeben, unabhängig davon ob das Heimatrecht der ausländischen Gesellschaft der Sitz- oder der Gründungstheorie folgt. Weiterhin müssen die Registerangaben der ausländischen Gesellschaft aufgeführt werden. Wenn das Register nicht bei einem Gericht geführt wird, ist die Behörde anzugeben, die das Register führt.[53] Das ausländische Recht macht dann Abweichungen erforderlich, wenn für die ausländische Gesellschaft ein Register überhaupt nicht besteht oder nach dem dortigen Recht eine Eintragung nicht erforderlich ist.[54] Befindet sich die Gesellschaft in Abwicklung, ist in Ergänzung zu § 268 Abs. 4, der nur für aufgelöste inländische Gesellschaften gilt, auf die Abwicklung hinzuweisen; die Angabe der Abwickler tritt an die Stelle der Angabe der Vorstandsmitglieder (Abs. 4 S. 2).[55]

G. Rechtsfolgen bei Verstoß

Die Bestimmung ist nicht Formvorschrift, sondern **Ordnungsvorschrift**. Das Registergericht muss bei einem Verstoß ein Zwangsgeldverfahren gegen die Vorstandsmitglieder einleiten, wenn die Gesellschaft den Vorgaben von § 80 nicht nachkommt; insoweit steht dem Registergericht kein Ermessen zu (dazu unten § 407 Abs. 1 „sind durch Festsetzung von Zwangsgeld anzuhalten").[56] Die Einhaltung der Formvorschrift ist zwar keine Gültigkeitsvoraussetzung für die mit diesen Geschäftsbriefen abgegebenen rechtsgeschäftlichen Erklärungen;[57] fehlende, unvollständige oder unrichtige Angaben können aber für den Geschäftspartner der AG ein Irrtumsanfechtungsrecht nach § 119 Abs. 2 BGB oder Ansprüche aus c.i.c. begründen; sie kön-

---

45 Dazu *Hüffer*, Rn 6; Spindler/Stilz/*Fleischer*, Rn 11; Köln-Komm-AktG/*Mertens*, Rn 13.
46 Spindler/Stilz/*Fleischer*, Rn 11; Großkomm-AktG/*Habersack*, Rn 12.
47 Vgl *Kindler*, NJW 1993, 3301; Spindler/Stilz/*Fleischer*, Rn 16.
48 Dazu *Bärwaldt/Schabacker*, AG 1996, 461 f.
49 Vgl RegE MoMiG, BT-Drucks. 16/6140, S. 43 zur Parallelvorschrift 35 a GmbHG; Spindler/Stilz/*Fleischer*, Rn 16.
50 MüKo-AktG/*Spindler*, Rn 25.
51 Vgl Spindler/Stilz/*Fleischer*, Rn 16.
52 Die überwiegende Meinung in der Literatur hält allerdings die Angabe ohne Einschränkung für zwingend; vgl Spindler/Stilz/*Fleischer*, Rn 16 mit zahlreichen Nachweisen.
53 Vgl *Bärwaldt/Schabacker*, AG 1996, 461, 463.
54 Vgl *Bärwaldt/Schabacker*, AG 1996, 461.
55 Vgl Großkomm-AktG/*Habersack*, Rn 9; Spindler/Stilz/*Fleischer*, Rn 16.
56 Vgl Spindler/Stilz/*Fleischer*, Rn 18; Näheres zur Zwangsgeldbewehrung und zum Zwangsgeldverfahren siehe unten § 407 Rn 5 f. Die im Gesetz als Zwangsgeld bezeichnete Sanktion ist weder Strafe noch Geldbuße. Der missverständliche frühere Ausdruck "Ordnungsstrafe" ist durch EGStGB vom 2.3.1974 (BGBl. I S. 469) abgeschafft. Dennoch wird – unzutreffend – der Begriff immer noch verwendet, zB auch in neuer Auflage von MüKo-AktG/*Spindler*, Rn 26; Lutter/Hommelhoff, GmbHG, § 35 a Rn 6; auch Scholz/*Schneider*, GmbHG, § 35 a Rn 22, obwohl es sich auch nach § 79 GmbHG um Zwangsgeld handelt. Zwangsgeld hat auch rechtlich eine andere Qualität als eine Ordnungsstrafe; dazu unten § 407 Rn 5, 6.
57 Vgl Großkomm-AktG/*Habersack*, Rn 17; *Hüffer*, Rn 8; Köln-Komm-AktG/*Mertens*, Rn 2; Spindler/Stilz/*Fleischer*, Rn 18; Scholz/*Schneider*, GmbHG, § 35 a Rn 22, je mwN.

nen ferner zur Haftung aus Rechtsscheingesichtspunkten[58] führen.[59] § 80 ist kein **Schutzgesetz** iSv § 823 Abs. 2 BGB.[60] Entsteht beim Empfänger des Geschäftsbriefes wegen Verletzung der Angabepflichten ein Vermögensschaden können die verantwortlichen Vorstandsmitglieder und gegebenenfalls die Gesellschaft (§ 280 Abs. 1 iVm § 311 Abs. 2 BGB) auf Schadensersatz in Anspruch genommen werden.[61] Die Verletzung der Angabepflicht begründet aber keinen Verstoß gegen § 1 UWG wegen eventuell eintretender Kostenersparnis.[62] Möglich erscheint aber die Annahme eines unlauteren Verhaltens nach § 4 Nr. 11 UWG.[63] Ein Verstoß gegen § 3 UWG scheidet aus.[64]

§ 81 Änderung des Vorstands und der Vertretungsbefugnis seiner Mitglieder

(1) Jede Änderung des Vorstands oder der Vertretungsbefugnis eines Vorstandsmitglieds hat der Vorstand zur Eintragung in das Handelsregister anzumelden.

(2) Der Anmeldung sind die Urkunden über die Änderung in Urschrift oder öffentlich beglaubigter Abschrift beizufügen.

(3) ¹Die neuen Vorstandsmitglieder haben in der Anmeldung zu versichern, daß keine Umstände vorliegen, die ihrer Bestellung nach § 76 Abs. 3 Satz 2 Nr. 2 und 3 sowie Satz 3 entgegenstehen, und daß sie über ihre unbeschränkte Auskunftspflicht gegenüber dem Gericht belehrt worden sind. ²§ 37 Abs. 2 Satz 2 ist anzuwenden.

Literatur:
Lehmann/Heinsius, Aktienrecht und Mitbestimmung, 7. Auflage 1992; *Frels*, Handelsregisterliche Fragen bei der Vorstandsbestellung, AG 1967, 227.

A. Norminhalt und Normschwerpunkt	1	C. Anmeldung	5
B. Anmeldepflichten	2	I. Zuständigkeit, Form und Inhalt	5
I. Änderung der personellen Zusammensetzung des Vorstands (Abs. 1 Alt. 1)	2	II. Beifügung der Änderungsurkunden (Abs. 2)	7
II. Änderungen in der Person eines Vorstandsmitglieds	3	D. Versicherungen (Abs. 3)	8
		E. Rechtsfolgen	9
III. Änderung der Vertretungsbefugnis (Abs. 1 Alt. 2)	4	F. Rechtsmittel	10
		G. Kosten der Eintragung	11

A. Norminhalt und Normschwerpunkt

1 § 81 dient der Aktualität und Richtigkeit des Handelsregisters. Die Vorschrift stellt sicher, dass Änderungen des Vorstands und der Vertretungsbefugnis der Vorstandsmitglieder Publizität erlangen, und ergänzt somit die bei der Gründung geltenden Publizitätsregeln in § 37 Abs. 2 und 3, § 39 Abs. 1. Dies liegt nicht nur im Interesse des Rechtsverkehrs, sondern wegen der Publizität des Handelsregisters (§ 15 Abs. 1 HGB) auch im Interesse der Gesellschaft.[1] Parallelvorschrift: § 39 GmbHG.

B. Anmeldepflichten

2 **I. Änderung der personellen Zusammensetzung des Vorstands (Abs. 1 Alt. 1).** Alle Änderungen der personellen Zusammensetzung des Vorstands einschließlich stellvertretender Vorstandsmitglieder (§ 94) und Notvorstand sind anmeldepflichtig. Anzumelden sind das Ausscheiden sowie die Bestellung von Vorstandsmitgliedern. Die Ursachen hierfür sind unerheblich und werden im Handelsregister nicht eingetragen. Soll der Amtsbeginn zu einem späteren Zeitpunkt erfolgen, ist dies entsprechend anzumelden und einzutragen.[2] Dauer oder Verlängerung der Amtszeit werden nicht eingetragen. Überholte Änderungen sind nach hM

---

58 LG Heidelberg GmbHR 1997, 447; näher dazu Großkomm-AktG/*Habersack*, Rn 18.
59 Zum Ganzen *Hüffer*, Rn 8; näher *Bärwaldt/Schabacker*, AG 1996, 461, 467.
60 Str. wie hier Heidel/Schall/*Ammon*, HGB, § 37 a Rn 11; Oetker/*Schlingloff*, HGB, § 37 a Rn 10; aA *Hüffer*, Rn 8; KölnKomm-AktG/*Mertens*, Rn 2; Großkomm-AktG/*Habersack*, Rn 17; MüKo-AktG/*Hefermehl/Spindler*, Rn 25.
61 Vgl OLG Düsseldorf NJW-RR 2004, 41,42; Spindler/Stilz/*Fleischer*, Rn 18.
62 Vgl KG DB 1991, 1510; Rowedder/Schmidt-Leithoff/*Koppensteiner*, GmbHG, § 35 A Rn 19; *Lutter/Hommelhoff*, GmbHG, § 35 A Rn 6; zu zivilrechtlichen Folgen insgesamt, vgl auch Spindler/Stilz/*Fleischer*, Rn 18.
63 Vgl Spindler/Stilz/*Fleischer*, Rn 18 mN
64 Dazu OLG Brandenburg, BB 2007, 1749.
1 KölnKomm-AktG/*Mertens*, Rn 2.
2 Großkomm-AktienR/*Meyer-Landrut* (1. Aufl. 1973), Anm. 1; *Frels*, AG 1967, 227 ff.

nicht anmeldepflichtig, etwa wenn ein ausgeschiedenes Vorstandsmitglied vor Anmeldung des Ausscheidens wieder bestellt wurde.[3] Dies gilt ebenso für den umgekehrten Fall, dass ein Vorstandsmitglied bis zur Anmeldung wieder ausgeschieden ist.[4] Überholte Änderungen sind aber anmeldefähig; überholte Bestellung und nachfolgendes Ausscheiden sollten angemeldet werden, da der Vertrauensschutzes des § 15 Abs. 1 HGB nach hM[5] auch besteht, wenn die an sich gebotene Voreintragung der Bestellung nicht erfolgt ist[6] (Dritter hat anderweitig von Bestellung Kenntnis erlangt).

II. Änderungen in der Person eines Vorstandsmitglieds. Diese sind zwar keine Änderungen des Vorstands iSv § 81, dennoch teilweise anmeldepflichtig und teilweise eintragungsfähig: Änderung von Vor- oder Nachnamen (zB durch Heirat)[7] einschließlich sonstiger Namensbestandteile (Prof., Dr.)[8] sind zur Identifikation des Vorstandsmitglieds anmeldepflichtig. Änderung der in § 43 Nr. 4 b) HRV genannten Angaben (Geburtsdatum, Wohnort (nicht volle Adresse), Vorstandsvorsitzender,[9] stellvertretender Vorstandsvorsitzender, nicht hingegen „stellvertretendes Vorstandsmitglied")[10] sind eintragungsfähig, aber nicht eintragungspflichtig. Nicht eintragungsfähig sind Titel, die keine Namensbestandteile sind („Direktor", „Arbeitsdirektor", „Präsident").[11]

III. Änderung der Vertretungsbefugnis (Abs. 1 Alt. 2). Möglich ist der Wechsel von Einzel- zur Gesamtvertretung und umgekehrt sowie der Wechsel von echter auf unechte Gesamtvertretung. Einzelermächtigung im Sinne von § 78 Abs. 4 ist nicht anmeldepflichtig/eintragungsfähig, da sie sich nicht generell auf die Vertretungsbefugnis bezieht. Bei Änderung der (abstrakten) Vertretung durch Satzungsänderung (§ 181) genügt deren Anmeldung (ohne gesonderte Anmeldung nach § 81), falls hieraus die neue Vertretungsbefugnis der Vorstandsmitglieder positiv hervorgeht und sie nicht der bisherigen Eintragung der (konkreten) Vertretungsbefugnis widerspricht (vgl auch Rn 6). Nach § 81 Abs. 1 anmelde-/eintragungspflichtig ist hingegen, wenn eine Satzungsregelung über Vertretungsbefugnis ersatzlos gestrichen wird und die gesetzliche Regelung (§ 78 Abs. 2) wieder auflebt (*arg e* § 39 Abs. 1).[12]

C. Anmeldung

I. Zuständigkeit, Form und Inhalt. Anmelden müssen die Vorstandsmitglieder in vertretungsberechtigter Zahl, bei unechter Gesamtvertretung auch ein Vorstandsmitglied in Gemeinschaft mit einem Prokuristen.[13] Die Anmeldung ist elektronisch in notariell beglaubigter Form[14] (§ 12 Abs. 1 HGB) einzureichen. Vollmachtserteilung durch den Vorstand (nicht durch AG, so dass AG-Prokura oder AG-Handlungsvollmacht nicht ausreicht)[15] zur Anmeldung ist in öffentlich beglaubigter Form (§ 12 Abs. 1 S. 2 HGB) möglich, soweit keine höchstpersönlichen Erklärungen (Versicherung gemäß § 81 Abs. 3 S. 1) abgegeben werden müssen; bei im Ausland weilenden Vorstandsmitgliedern kann die Belehrung auch schriftlich (durch in- oder ausländischen Notar, Vertreter eines vergleichbaren rechtsberatenden Berufs oder Konsularbeamten) erfolgen; Handelsregisteranmeldung oder Vollmacht hierzu muss jedoch notariell beglaubigt werden (mit Apostille) oder beim deutschen Konsulat erfolgen. Ausgeschiedene Vorstandsmitglieder können ihr Ausscheiden nicht selbst anmelden, haben aber einen klagbaren Anspruch gegen die AG (vertreten durch Vorstand) auf Anmeldung.[16] Möglich ist, das Wirksamwerden des Ausscheidens des Vorstandmitglieds auf den Eingang der Unterlagen bei Gericht zu verlegen, so dass die Anmeldung noch von dem ausscheidenden Vorstandsmitglied vorgenommen werden kann. Neu bestellte Vorstandsmitglieder können ihre Bestellung selbst anmelden, müssen jedoch ihre Anmeldebefugnis gesondert nachweisen.[17]

---

3 MüKo-AktG/*Spindler*, Rn 11; Großkomm-AktienR/*Habersack*, Anm. 5; KölnKomm-AktG/*Mertens*, Rn 5.
4 AA *Lutter/Hommelhoff*, GmbHG, § 39 Rn 2.
5 BGHZ 116, 37, 44 f; BGHZ 55, 267, 272; *Baumbach/Hopt*, HGB, § 15 Rn 11.
6 *Scholz/Schneider*, GmbHG, § 39 Rn 3.
7 Großkomm-AktienR/*Habersack*, Anm. 6; *v. Godin/Wilhelmi*, Anm. 3.
8 MüKo-AktG/*Spindler*, Rn 5; *Baumbach/Hueck*, AktG, Rn 2; nach KölnKomm-AktG/*Mertens*, Rn 7 ist nur der Doktor-Titel Namensbestandteil, eine Änderung demnach anmeldepflichtig, der Prof.-Titel ist hingegen nur eintragungsfähig.
9 LG Stuttgart BB 1953, 870.
10 BGH NJW 1998, 1071, 1072; BayObLG GmbHR 1997, 410 f; Großkomm-AktienR/*Habersack*, Rn 6 und § 94 Rn 15; MüKo-AktG/*Spindler*, § 94 Rn 9; *Hüffer*, § 94 Rn 3; aA noch OLG Düsseldorf NJW 1969, 1259; OLG Stuttgart NJW 1960, 2150; KölnKomm-AktG/*Mertens*, § 94 Rn 6.
11 *Hüffer*, Rn 3; KölnKomm-AktG/*Mertens*, Rn 4; *Lehmann/Heinsius*, Aktienrecht und Mitbestimmung, S. 44; aA *Lutter/Hommelhoff*, GmbHG, § 39 Rn 3; Rowedder/Schmidt-Leithoff/*Koppensteiner*, GmbHG, § 39 Rn 4; *Scholz/Schneider*, GmbHG, § 39 Rn 4.
12 KölnKomm-AktG/*Mertens*, Rn 8; Großkomm-AktienR/*Habersack*, Rn 7; *Hüffer*, Rn 4.
13 Großkomm-AktienR/*Habersack*, Rn 8.
14 Zu Ersatzformen (wie beglaubigte Abschrift, § 42 BeurkG) vgl BayObLG WM 1975, 1193 f; Großkomm-HGB/*Hüffer*, § 12 Rn 4; *Baumbach/Hopt*, HGB, § 12 Rn 1.
15 BayObLGZ 1982, 198, 200; OLG Köln BB 1986, 2088; KölnKomm-AktG/*Mertens*, Rn 9.
16 *Hüffer*, Rn 5; KölnKomm-AktG/*Mertens*, Rn 13: im Falle des Obsiegens Ersatz der Anmeldeerklärung durch Urteil, § 894 ZPO.
17 Großkomm-AktienR/*Habersack*, Rn 10.

Wird die Vertretungsbefugnis durch Satzungsänderung verändert, muss der Vorstand in vertretungsberechtigter Zahl nach der alten Satzung anmelden, da die Satzungsänderung erst mit ihrer Eintragung wirksam wird (§ 181 Abs. 3). Falls der Vorstand durch das Ausscheiden eines Vorstandsmitglieds die Gesellschaft nicht mehr vertreten kann, muss Ergänzung des Vorstands erfolgen (durch Aufsichtsrat, § 84, oder Gericht, § 85).

6 **Inhalt** der Anmeldung: Bei der **Bestellung** eines neuen Vorstandsmitglieds ist dessen konkrete Vertretungsbefugnis nur anzumelden, wenn sie von satzungsmäßiger Normalvertretung abweicht, zB „Herr xy ist von dem Doppelvertretungsverbot des § 181 Alt. 2 BGB befreit". Sicherheitshalber sollte man jedoch eine konkrete Vertretungsbefugnis auch dann anmelden, wenn sie der satzungsmäßigen Normalvertretung entspricht, zB „Herr xy vertritt die Gesellschaft zusammen mit einem anderen Vorstandsmitglied oder einem Prokuristen". Abstrakte (satzungsmäßige) Vertretungsbefugnis muss nur bei einer Satzungsänderung angemeldet werden. Bei **Beendigung** des Amtes genügt „Herr xy ist nicht mehr Vorstandsmitglied". Gründe (Tod etc.) müssen nicht angegeben werden.

7 **II. Beifügung der Änderungsurkunden (Abs. 2).** Durch die Pflicht zur Beifügung der Urkunden soll das Registergericht in die Lage versetzt werden zu prüfen, ob die Änderung der Anmeldung eingetreten ist. Bei Bestellung/Abberufung/regulärem Amtsende muss der vom Aufsichtsratsvorsitzenden (oder ggf seinem Stellvertreter) unterzeichnete Beschluss des Aufsichtsrats,[18] aus dem sich die Beschlussfähigkeit und Beschlussfassung mit Stimmenmehrheit ergibt, bei Amtsniederlegung das entsprechende Schreiben des Vorstandsmitglieds, bei Ausscheiden durch Tod Sterbeurkunde des Vorstandsmitglieds, jeweils in Urschrift oder öffentlich beglaubigter Abschrift, vorgelegt werden. Urschriften müssen nicht notariell beglaubigt sein (ebenso Vollmachten, § 11 FamFG, anders bei Anmeldevollmachten, § 12 Abs. 1 S. 2 HGB). Es gilt der Amtsermittlungsgrundsatz (§ 26 FamFG); das Gericht kann deshalb bei berechtigten Zweifeln an Wirksamkeit weitere Urkunden und Nachweise fordern.[19] Dagegen werden Grund der Abberufung und Berechtigung der Amtsniederlegung nicht geprüft, da diese für Beendigung des Amtes unmaßgeblich sind.[20]

D. Versicherungen (Abs. 3)

8 Versicherungen der Vorstandsmitglieder betreffen das Fehlen von Bestellungshindernissen und die Belehrung über die unbeschränkte Auskunftspflicht gegenüber dem Registergericht. Die Versicherung ist strafbewehrt (§ 399 Abs. 1 Nr. 6) und höchstpersönlich, so dass Stellvertretung ausgeschlossen ist (zur Versicherung von im Ausland weilenden Vorstandsmitgliedern, vgl Rn 5).

E. Rechtsfolgen

9 Die Eintragung der anmeldepflichtigen Tatsachen ist nur **deklaratorisch** (Bestellung zum Vorstandsmitglied wird mit Annahme durch Vorstandsmitglied und nicht erst mit Eintragung wirksam).[21] Dies gilt nicht, wenn Vertretungsbefugnisse durch Satzung geändert werden (§ 181 Abs. 3). Eintragung/Nichteintragung der nach § 81 Abs. 1 anmeldepflichtigen Tatsachen ist für § 15 Abs. 1 HGB und den hierzu entwickelten Rechtsscheingrundsätzen (auch bei fehlender Voreintragung) bedeutsam (s. auch Rn 2); die AG muss demnach die Kenntnis des Dritten von der noch nicht eingetragenen Änderung der Vertretungsverhältnisse beweisen. § 15 Abs. 1 HGB gilt nur gegenüber Dritten (nicht gegenüber Aktionären als solchen oder Organen der AG).[22] Eine Sonderregelung beinhaltet § 121 Abs. 2 S. 2, wonach im Handelsregister eingetragene Vorstandsmitglieder berechtigt sind, eine Hauptversammlung einzuberufen. Bei Nichtanmeldung kann das Registergericht **Zwangsgeld** verhängen (§ 14 HGB iVm §§ 388 ff. FamFG, nicht § 407). Die Abgabe einer falschen Versicherung ist nach § 399 Abs. 1 Nr. 6 **strafbar**.

F. Rechtsmittel

10 Bei Ablehnung der Eintragung sind Erinnerung (§ 11 RpflG) und danach Beschwerde (durch Vorstandsmitglieder oder AG)[23] möglich.

---

18 Eventuell auch Anstellungsvertrag, nicht jedoch bloßes Kündigungsschreiben, KölnKomm-AktG/*Mertens*, Rn 16.
19 Vgl *Hüffer*, Rn 7; OLG Düsseldorf NZG 2001, 229, 230 (zur GmbH).
20 Vgl hierzu § 84 Rn 26.
21 Großkomm-AktienR/*Habersack*, Rn 13.
22 MüKo-AktG/*Spindler*, Rn 25.
23 Vgl KölnKomm-AktG/*Mertens*, Rn 19 mwN.

G. Kosten der Eintragung

Diese sind von der AG, nicht von den Vorstandsmitgliedern zu tragen, auch wenn die AG der Zahlungspflicht nicht nachkommt.[24]

Anhang zu § 81: Handelsregisteranmeldung

▶ **Registeranmeldung – Bestellung eines Vorstandsmitglieds**

An das Amtsgericht Düsseldorf

– Handelsregister –

agilo-AG

HR B 1234

Die Unterzeichner, die Herren Hans Fey und Klaus Dolfen, als gemeinschaftlich zur Vertretung befugte Vorstandsmitglieder der vorbezeichneten Gesellschaft melden zur Eintragung in das Handelsregister an:

Herr Klaus Dolfen, geboren am 14.3.1969, wohnhaft in 40239 Düsseldorf, Ringstr. 15, ist durch Beschluss des Aufsichtsrats vom 31. August 2013 zum weiteren Vorstandsmitglied der Gesellschaft bestellt worden. Er vertritt die Gesellschaft gemeinschaftlich mit einem anderen Vorstandsmitglied oder mit einem Prokuristen.

Herr Klaus Dolfen versichert, dass keine Umstände vorliegen, aufgrund deren er nach § 76 Abs. 3 S. 2 und 3 AktG vom Amt eines Vorstandes ausgeschlossen wäre, er somit

a) nicht aufgrund eines gerichtlichen Urteils oder einer vollziehbaren Entscheidung einer Verwaltungsbehörde einen Beruf, einen Berufszweig, ein Gewerbe oder einen Gewerbezweig nicht ausüben darf,
b) noch nie – weder im In- noch im Ausland – wegen einer oder mehrerer vorsätzlich begangener Straftaten verurteilt worden ist,
c) und dass er noch nie aufgrund einer behördlichen Anordnung in einer Anstalt verwahrt worden ist,
d) er vom beglaubigenden Notar über seine unbeschränkte Auskunftspflicht gegenüber dem Registergericht belehrt worden ist.

Als Anlage fügen wir den Beschluss des Aufsichtsrats vom 31. August 2013 über die Bestellung sowie die Annahmeerklärung des Vorstandsmitglieds bei.

Inländische Geschäftsanschrift unverändert wie folgt: 41000 Düsseldorf, Hermesallee 5.[1]

Düsseldorf, den 05. September 2013

(Beglaubigungsvermerk des Notars) ◀

▶ **Registeranmeldung – Abberufung eines Vorstandsmitglieds**

An das Amtsgericht Düsseldorf

– Handelsregister –

agilo-AG

HR B 1234

Die Unterzeichner, die Herren Hans Fey und Klaus Dolfen, als gemeinschaftlich zur Vertretung befugte Vorstandsmitglieder der vorbezeichneten Gesellschaft melden zur Eintragung in das Handelsregister an:

Herr Heinz-Günther Driesen ist aus dem Vorstand der Gesellschaft ausgeschieden.

Als Anlage fügen wir den Beschluss des Aufsichtsrats vom 27. November 2013 über den Widerruf der Bestellung bei.

Düsseldorf den 15. Dezember 2013

(Beglaubigungsvermerk des Notars) ◀

---

[24] MüKo-AktG/*Spindler*, Rn 17; KölnKomm-AktG/*Mertens*, Rn 20.
[1] Diese Angabe muss gemacht werden, soweit bisher keine Geschäftsanschrift für die Gesellschaft im Handelsregister eingetragen ist. Für weitere Anmeldungen wird diese Angabe ebenfalls empfohlen, da sich bei den Registergerichten eine Praxis dahin gehend entwickelt hat, bei Fehlen der Angabe um entsprechende Ergänzung zu bitten, was dann zu einer Verzögerung der Eintragung führt.

§ 82 Beschränkungen der Vertretungs- und Geschäftsführungsbefugnis

(1) Die Vertretungsbefugnis des Vorstands kann nicht beschränkt werden.

(2) Im Verhältnis der Vorstandsmitglieder zur Gesellschaft sind diese verpflichtet, die Beschränkungen einzuhalten, die im Rahmen der Vorschriften über die Aktiengesellschaft die Satzung, der Aufsichtsrat, die Hauptversammlung und die Geschäftsordnungen des Vorstands und des Aufsichtsrats für die Geschäftsführungsbefugnis getroffen haben.

Literatur:
Fleischer, Reichweite und Grenzen der unbeschränkten Organvertretungsmacht im Kapitalgesellschaftsrecht, NZG 2005, 529; *Wiedemann*, Die Übertragung und Vererbung von Mitgliedschaftsrechten bei Handelsgesellschaften, 1965.

A. Norminhalt und Normschwerpunkt 1	2. Beschränkungen durch Hauptversammlung 9
B. Unbeschränkbarkeit der Vertretungsmacht (Abs. 1) 2	3. Beschränkungen durch Aufsichtsrat 10
I. Keine Einschränkungsmöglichkeit 2	4. Beschränkungen durch Vorstands-/
II. Rechtsfolgen 6	Aufsichtsratsgeschäftsordnung 11
C. Beschränkungen der Geschäftsführungsbefugnis (Abs. 2) 7	II. Rechtsfolgen bei Überschreiten der Geschäftsführungsbefugnis 12
I. Beschränkungsmöglichkeiten 7	
1. Beschränkungen durch Satzung 8	

A. Norminhalt und Normschwerpunkt

1 Die Vorschrift verneint Beschränkungsmöglichkeiten der Vertretungsmacht („Können" oder Außenverhältnis, Abs. 1) und bejaht Beschränkungsmöglichkeiten der Geschäftsführungsbefugnis („Dürfen" oder Innenverhältnis, Abs. 2). Die Trennung zwischen Außen- und Innenverhältnis dient dem Schutz des Rechtsverkehrs. Dieser allgemein im deutschen Gesellschaftsrecht geltende Grundsatz steht im Gegensatz zu der im anglo-amerikanischen Rechtskreis geltenden ultra-vires-Doktrin,[1] nach der eine juristische Person nur für die in der Satzung festgelegten Zwecke rechts- und handlungsfähig ist. Auf die Vor-AG findet § 82 keine Anwendung.[2] Parallelvorschriften: § 269 Abs. 5 für Abwickler; § 50 HGB für Prokuristen; § 126 Abs. 2, § 161 Abs. 2 HGB für persönlich haftende Gesellschafter in OHG/KG; § 37 Abs. 2 GmbHG für Geschäftsführer; § 27 Abs. 2 GenG für Vorstand der Genossenschaft; anders aber § 26 Abs. 2 S. 2 BGB für Vorstand eines Vereins.

B. Unbeschränkbarkeit der Vertretungsmacht (Abs. 1)

2 **I. Keine Einschränkungsmöglichkeit.** Die Unbeschränkbarkeit der Vertretungsbefugnis betrifft die organschaftliche Vertretungsmacht. Abs. 1 gilt nicht für die Bevollmächtigung. Eine Beschränkung kommt weder durch Satzung (zB durch Verlangen einer bestimmten Form, mit der Vorstandsmitglied für AG kontrahieren muss) noch durch Beschluss oder Anstellungsvertrag oder auf irgendeine andere Weise in Betracht. Damit unterliegt die Vertretungsmacht des Vorstands nur den **gesetzlichen Beschränkungen**, nämlich den gesetzlichen Verboten (§§ 134, 138 BGB), der Verlagerung der Vertretungsbefugnis auf ein anderes Organ oder dem Erfordernis der Zustimmung eines anderen Organs.

3 **Verlagerung auf ein anderes Organ:** § 84 Abs. 1 und 3 (Bestellung und Widerruf der Bestellung von Vorstandsmitgliedern), § 112 (Vertretung der AG durch Aufsichtsrat gegenüber Vorstandsmitgliedern), § 147 Abs. 3 (Geltendmachung von Ersatzansprüchen durch besondere Vertreter aufgrund Minderheitsverlangen), §§ 246 Abs. 2, 249 (Anfechtungs-/Nichtigkeitsklage gegen AG vertreten durch Vorstand und Aufsichtsrat).

4 **Zustimmungserfordernis:** Für die wirksame Vertretung der AG ist gesetzlich zB in folgenden Fällen die Zustimmung der Hauptversammlung erforderlich: § 52 Abs. 1 (Nachgründung), §§ 50, 93 Abs. 4 S. 3 (Verzicht oder Vergleich über Schadensersatzansprüche gegenüber Gründern, Vorstandsmitgliedern und Aufsichtsratsmitgliedern), § 68 Abs. 2 S. 3 (Zustimmung zur Übertragung von vinkulierten Namensaktien, falls Satzung dies vorsieht), § 179 a Abs. 1 (vertragliche Verpflichtung der AG zur Übertragung ihres gesamten

---

1 RegBegr. *Kropff*, S. 103.
2 Vgl § 78 Rn 4; Großkomm-AktienR/*Habersack*, Rn 3: Bargründung: beschränkt auf Herbeiführung der Eintragung, Sachgründung (Unternehmen): Vornahme aller gewöhnlichen Geschäfte; ähnlich *Hüffer*, § 41 Rn 11; aA MüKo-AktG/*Pentz*, § 41 Rn 34 f mwN: volle Vertretungsmacht wie nach Eintragung.

Vermögens),³ §§ 293, 295 (Abschluss und Änderung von Unternehmensverträgen), §§ 13, 65, 73 UmwG (Verschmelzungsverträge).
Der Zustimmung des Aufsichtsrats für eine wirksame Vertretung der AG bedarf es zB in folgenden Fällen: § 68 Abs. 2 S. 3 (Zustimmung zur Übertragung von vinkulierten Namensaktien, falls Satzung dies vorsieht), § 89 (Kreditgewährung an Vorstandsmitglieder, Prokuristen, Generalhandlungsbevollmächtigte), § 114 Abs. 1 (Abschluss von Dienst- oder Werkverträgen mit Aufsichtsratsmitgliedern für Tätigkeiten höherer Art), § 115 (Kreditgewährung an Aufsichtsratsmitglieder).
Die Vorschrift findet bei Rechtsgeschäften der AG mit/gegenüber Dritten genauso Anwendung, wie bei gesellschaftsinternen Geschäften mit Außenwirkung, zB Zustimmung zur Übertragung vinkulierter Namensaktien nach § 68 Abs. 2 S. 2.⁴ Nicht ausgeschlossen durch § 82 Abs. 1 ist der Abschluss von Verträgen unter der aufschiebenden Bedingung (§ 158 Abs. 1 BGB) der Zustimmung des Aufsichtsrats oder der Hauptversammlung oder der Satzungsänderung (Erweiterung des Unternehmensgegenstandes), da dies lediglich eine schuldrechtliche Vereinbarung mit dem Vertragspartner, nicht aber eine Beschränkung der Vertretungsbefugnis ist.⁵

II. Rechtsfolgen. Überschreitet der Vorstand im Außenverhältnis die im Innenverhältnis eingeräumten Befugnisse, so sind diese Handlungen gegenüber der AG **wirksam**. Ist die Zustimmung eines anderen Organs für Wirksamkeit erforderlich (zB bei Übertragung vinkulierter Namensaktien, § 68 Abs. 2), gilt **Genehmigungsfähigkeit** nach §§ 177 ff BGB (inklusive Haftung des Vorstands nach § 179 BGB, die aber meist an der Erkennbarkeit des Vertretungsmangels scheitern dürfte, § 179 Abs. 3 BGB). Dies gilt auch, soweit dem Vorstand, wie zB in den Fällen des § 84 Abs. 1 und 3, § 112 die Zuständigkeit überhaupt fehlt.⁶ Unbeschränkte Vertretungsmacht findet ihre Grenze bei Missbrauchsfällen. Dazu gehört das bewusste und gewollte Zusammenwirken von Vorstand und Drittem zum Nachteil der AG (**Kollusion**); ein kollusiv abgeschlossenes Rechtsgeschäft ist nach hM gem. § 138 BGB nichtig,⁷ so dass die AG nicht verpflichtet wird, aber Vorstandsmitglied und Dritter nach §§ 826, 840 BGB haften.⁸ Überschreitet der Vorstand die Grenzen seiner Geschäftsführungsbefugnis bewusst⁹ zum Nachteil¹⁰ der AG, und war dies dem Vertragspartner bekannt oder musste es ihm bekannt sein, weil es aus den Umständen sofort und ohne Nachforschungen erkennbar war (**Evidenz**), so kann nach hM¹¹ dem Erfüllungsanspruch des Vertragspartners die Arglisteinrede nach § 242 BGB entgegengehalten werden. Einfache Fahrlässigkeit des Vertragspartners ohne Evidenz genügt für Arglisteinrede dagegen nicht.¹² Evidenz ist stets anzunehmen bei Geschäften zwischen AG und Vorstands- oder Aufsichtsratsmitgliedern oder Angestellten (Anstellungsverträge, Drittgeschäfte),¹³ nicht jedoch in jedem Fall mit Aktionären.¹⁴

C. Beschränkungen der Geschäftsführungsbefugnis (Abs. 2)

I. Beschränkungsmöglichkeiten. Beschränkungen, die Vorstandsmitglieder im Innenverhältnis einzuhalten haben, können sich ergeben aus Satzung, Hauptversammlungsbeschluss, Aufsichtsratsbeschluss oder Vor-

---

3 Das in der "Holzmüller"-Entscheidung (BGHZ 83, 122 = BGH NJW 1982, 1703) aufgestellte und nunmehr in den "Gelatineentscheidungen" (BGHZ 159, 30 ff = ZIP 2004, 993 ff) bestätigte Zustimmungserfordernis der Hauptversammlung betrifft dagegen nicht das Außenverhältnis.

4 *Hüffer*, Rn 3; MüKo-AktG/*Spindler*, Rn 29; KölnKomm-AktG/*Mertens*, Rn 6; *Wiedemann*, S. 112.

5 RGZ 115, 296, 302; KG OLGR 42, 221; *Hüffer*, Rn 3; MüKo-AktG/*Spindler*, Rn 15; Großkomm-AktienR/*Habersack*, Rn 16; KölnKomm-AktG/*Mertens*, Rn 7; *v. Godin/Wilhelmi*, Anm. 5.

6 Vgl § 78 Rn 10; § 112 Rn 6 f; OLG Celle AG 2003, 433; OLG Karlsruhe AG 1996, 224, 225 f; für gerichtliche Vertretung: BGH NJW 1987, 254; BGH NJW 1989, 2055 f; BGH NJW 1999, 3263 f; BAG AG 2002, 459 f; für rechtsgeschäftliche Vertretung offen lassend: BGH WM 1993, 1630, 1631; aA (Rechtsgeschäft ist unheilbar nichtig, § 134 BGB): OLG Stuttgart AG 1993, 85, 86; OLG Hamburg WM 1986, 972; *Stein*, AG 1999, 28, 35 f; KölnKomm-AktG/*Mertens*, § 78 Rn 5.

7 BGH NJW 1989, 26, 27 (zur KG); MüKo-AktG/*Spindler*, Rn 59; Großkomm-AktienR/*Habersack*, Rn 11; KölnKomm-AktG/*Mertens*, Rn 8, 41; aA OLG Hamburg GmbHR 1992, 609, 610; *Lutter/Hommelhoff*, GmbHG, § 35 Rn 22, 24: Es gelten §§ 177 ff BGB, die Wirksamkeit des Rechtsgeschäfts hängt demnach von der Genehmigung der AG ab.

8 RGZ 145, 311, 315; KölnKomm-AktG/*Mertens*, Rn 41.

9 BGHZ 50, 112, 115 = NJW 1968, 1379; BGH NJW 1988, 2241, 2243; *Hüffer*, Rn 7; aA OLG Zweibrücken NZG 2001, 763; Großkomm-AktienR/*Habersack*, Rn 12; *Baumbach/Hueck*, GmbHG, § 37 Rn 48 (bewusstes Handeln nicht erforderlich).

10 AA Großkomm-AktienR/*Habersack*, Rn 12: Nachteil ist nicht erforderlich.

11 BGHZ 127, 239, 241 f; KölnKomm-AktG/*Mertens*, Rn 40; Großkomm-AktienR/*Habersack*, Rn 13; *Hüffer*, Rn 7; aA *Lutter/Hommelhoff*, GmbHG, § 35 Rn 22, 24; *Schmidt*, HandelsR, § 16 Abs. 3 S. 4 b: Es gelten § 177 ff BGB analog, wogegen jedoch spricht, dass gesetzlich unbeschränkbare Vertretungsmacht nicht überschritten, sondern nur missbraucht werden kann.

12 BGHZ 127, 239, 241 f; Rowedder/Schmidt-Leithoff/*Koppensteiner*, GmbHG, § 37 Rn 52; anders noch BGHZ 50, 112, 114.

13 Vgl auch BGHZ 38, 26, 34 ff = NJW 1962, 2344, 2346 f; KölnKomm-AktG/*Mertens*, Rn 43 f; aA Großkomm-AktienR/*Habersack*, Rn 17 f, wonach bei Rechtsgeschäften zwischen AG und Organen (Aufsichtsräten, Vorständen) oder Konzerngesellschaften § 82 Abs. 1 in teleologischer Reduktion nicht anwendbar ist und § 82 Abs. 2 auch im Außenverhältnis gilt.

14 *Fleischer*, NZG 2005, 529; Großkomm-AktienR/*Habersack*, Rn 18 f.

stands-/Aufsichtsratsgeschäftsordnung. Abs. 2 stellt jedoch ausdrücklich klar, dass Beschränkungen nur im Rahmen der aktienrechtlichen Vorschriften zulässig sind, so dass zwingende Regelungen über die Zuständigkeit von Organen nicht durch Satzung, Geschäftsordnung etc. unterlaufen werden dürfen.

1. Beschränkungen durch Satzung. Der **Unternehmensgegenstand** der AG (§ 23 Abs. 3 Nr. 2) begrenzt die Geschäftsführungsbefugnis des Vorstands. Je konkreter der Unternehmensgegenstand gefasst ist, desto größer ist die Bindung des Vorstands. So kann der Unternehmensgegenstand auch bestimmte Maßnahmen verbieten, zB durch genaue Festlegung der zu produzierenden Waren. In jedem Fall muss aber die Leitungsmacht des Vorstands (§ 76 Abs. 1) gewahrt bleiben, was zweifelhaft ist, wenn der Unternehmensgegenstand dem Vorstand zu enge Fesseln oder Zielvorgaben auferlegt[15] (dies ist allerdings bei einer politischen oder weltanschaulichen Satzungsvorgabe, zB keine Rüstungsproduktion,[16] noch nicht anzunehmen).[17] Der Vorstand ist auch an einen ggf in der Satzung beschriebenen **Gesellschaftszweck** gebunden. Ohne besondere Bestimmung liegt dieser in der Regel in der Gewinnerzielung. Damit ist eine gemeinnützige Tätigkeit von Geschäftsführungsbefugnis in der Regel nicht gedeckt.[18]

2. Beschränkungen durch Hauptversammlung. Nach § 83 Abs. 1 kann der Vorstand durch die Hauptversammlung dazu verpflichtet werden, Maßnahmen vorzubereiten, die in ihre Zuständigkeit fallen. Dazu gehört der Abschluss von Verträgen, die zu ihrer Wirksamkeit der Zustimmung der Hauptversammlung bedürfen (zB Unternehmensverträgen, § 293 Abs. 1, § 295 Abs. 1, s. auch Rn 4). Zudem entscheidet die Hauptversammlung über Fragen der Geschäftsführung auf Verlangen des Vorstands (§ 119 Abs. 2). Der Vorstand muss das Ergebnis eines solchen Hauptversammlungsbeschlusses beachten und umsetzen (§ 83 Abs. 2). Diese Umsetzungspflicht beinhaltet gleichzeitig eine nach Abs. 2 zulässige Einschränkung der Geschäftsführungsbefugnis. Nach der Holzmüllerentscheidung[19] und den Gelatineentscheidungen[20] ist der Vorstand bei schwerwiegenden Eingriffen in Rechte und Interessen der Aktionäre (dort: Ausgliederung eines Betriebes, der den wertvollsten Teil des Gesellschaftsvermögens darstellte, auf eine dazu errichtete Tochtergesellschaft) nicht nur berechtigt, sondern verpflichtet, gem. § 119 Abs. 2 eine Entscheidung der Hauptversammlung herbeizuführen. Eine solche Vorlagepflicht liegt immer dann vor, wenn der Vorstand vernünftigerweise nicht annehmen kann, er dürfte die Entscheidung in ausschließlich eigener Verantwortung treffen.[21]

3. Beschränkungen durch Aufsichtsrat. Der Aufsichtsrat (nicht Beirat) kann nach § 111 Abs. 4 S. 2 bestimmte Geschäfte seiner Zustimmung unterwerfen (nur Vetorecht, kein Initiativrecht). Verweigert der Aufsichtsrat seine Zustimmung in obstruktiver und unternehmensschädigender Weise, ist eine Notzuständigkeit des Vorstands zur Wahrung des Unternehmensinteresses denkbar[22] (sofern die Ersatzzustimmung durch die Hauptversammlung, § 111 Abs. 4 S. 3, nicht rechtzeitig eingeholt werden kann). Neben den gewillkürten Mitwirkungsrechten nach § 111 Abs. 4 S. 2 bestehen gesetzliche Mitwirkungsrechte des Aufsichtsrats, die die Geschäftsführungsbefugnis (nicht aber die Vertretungsbefugnis) des Vorstands einschränken (zB § 202 Abs. 3 S. 2); diese fallen jedoch nicht unter die Beschränkungen, die der Aufsichtsrat iSv § 82 Abs. 2 getroffen hat.

4. Beschränkungen durch Vorstands-/Aufsichtsratsgeschäftsordnung. Die Vorstandsgeschäftsordnung kann von Aufsichtsrat oder von Vorstand erlassen werden (§ 77 Abs. 2). Sie kann als beschränkende Maßnahmen iSv § 82 Abs. 2 Geschäftsverteilungsplan und Katalog zustimmungspflichtiger Geschäfte enthalten. Aufsichtsratsgeschäftsordnung kann ebenfalls Geschäftsführungsbefugnis des Vorstands einschränken (selten). Außerhalb der gesetzlichen Geschäftsführungsbeschränkungen des Abs. 2 ist eine Beschränkungsregelung in Vorstandsdienstverträgen üblich.[23]

II. Rechtsfolgen bei Überschreiten der Geschäftsführungsbefugnis

- **Schadensersatzansprüche** der AG (§ 93 Abs. 2);
- wichtiger Grund für **Widerruf der Bestellung** (§ 84 Abs. 3) und **Kündigung** des Anstellungsvertrages.
- Pflichtverstoß hat **grundsätzlich keine Auswirkung** für das abgeschlossene Geschäft außer in den Fällen des Missbrauchs der Vertretungsmacht (s. Rn 6).

---

15 *Hüffer*, Rn 10; Großkomm-AktienR/*Habersack*, Rn 26; KölnKomm-AktG/*Mertens*, Rn 11 f; *v. Godin/Wilhelmi*, Anm. 8.
16 Vgl KölnKomm-AktG/*Mertens*, Rn 19.
17 Einzelheiten str, vgl KölnKomm-AktG/*Mertens*, Rn 21; *Hüffer*, Rn 10; MüKo-AktG/*Spindler*, Rn 34 f.
18 *Hüffer*, Rn 9.
19 BGHZ 83, 122 = BGH NJW 1982, 1703.
20 BGHZ 159, 30 ff = ZIP 2004, 993 ff; BGH NZG 2007, 234; BGH DStR 2009, 280.
21 BGHZ 83, 122, 131; BGHZ 159, 30 ff = ZIP 2004, 993 ff; OLG München AG 1995, 232, 233; LG Stuttgart AG 1992, 236, 237 f; LG Frankfurt AG 1993, 287, 288 f; LG Hamburg AG 1997, 238.
22 Vgl KölnKomm-AktG/*Mertens*, § 76 Rn 29.
23 MüKo-AktG/*Spindler*, Rn 66.

§ 83 Vorbereitung und Ausführung von Hauptversammlungsbeschlüssen

(1) ¹Der Vorstand ist auf Verlangen der Hauptversammlung verpflichtet, Maßnahmen, die in die Zuständigkeit der Hauptversammlung fallen, vorzubereiten. ²Das gleiche gilt für die Vorbereitung und den Abschluß von Verträgen, die nur mit Zustimmung der Hauptversammlung wirksam werden. ³Der Beschluß der Hauptversammlung bedarf der Mehrheiten, die für die Maßnahmen oder für die Zustimmung zu dem Vertrag erforderlich sind.

(2) Der Vorstand ist verpflichtet, die von der Hauptversammlung im Rahmen ihrer Zuständigkeit beschlossenen Maßnahmen auszuführen.

Literatur:
Hommelhoff, Der aktienrechtliche Organstreit, ZHR 143 (1979), 288; *Stodolkowitz*, Gerichtliche Durchsetzung von Organpflichten in der Aktiengesellschaft, ZHR 154 (1990), 1; *Werner*, Ausgewählte Fragen zum Aktienrecht, AG 1972, 93; *Zöllner*, Die so genannten Gesellschafterklagen im Kapitalgesellschaftsrecht, ZGR 1988, 392.

A. Norminhalt und Normschwerpunkt

Die Norm ermöglicht der Hauptversammlung, mangels eigenen Organisationsapparats auf den Vorstand (als Hilfsorgan) zur Vorbereitung und Ausführung der Maßnahmen in ihrer Zuständigkeit zurückzugreifen. Die Zuständigkeit der Hauptversammlung findet sich dagegen in anderen Vorschriften (insbesondere § 119) und der Satzung. § 83 Abs. 1 bezieht sich auf die Vorbereitung, Abs. 2 auf die Ausführung solcher Hauptversammlungsmaßnahmen durch den Vorstand.

B. Vorbereitungspflicht (Abs. 1)

I. Maßnahmen der Hauptversammlung. Vorbereitungspflicht besteht für alle Maßnahmen, für die die Hauptversammlung zuständig ist. Unbeachtlich ist, ob die Maßnahme der Hauptversammlung im Außenverhältnis (zB Zustimmung der Hauptversammlung zur Übertragung von vinkulierten Namensaktien § 68 Abs. 2) oder nur im Innenverhältnis (zB Ermächtigung des Vorstands zur Ausgabe von Wandel- oder Gewinnschuldverschreibungen oder zur Gewährung von Genussscheinen, § 221)[1] wirkt oder ob die Hauptversammlung nur auf Verlangen eines anderen Organs zuständig wird (zB Zustimmung zu einem zustimmungspflichtigen Geschäft auf Verlangen des Vorstands nach Ablehnung der Zustimmung durch den Aufsichtsrat gem. § 111 Abs. 4 S. 3,[2] Entscheidung über Geschäftsführungsmaßnahmen auf Verlangen des Vorstands gem. § 119 Abs. 2).[3] In den Fällen, in denen die Hauptversammlung erst auf Verlangen eines anderen Organs zuständig wird, besteht erst ab diesem Verlangen eine Vorbereitungspflicht nach § 83 Abs. 1 S. 3.

Der Vorstand muss grundsätzlich **nur auf Verlangen** der Hauptversammlung, dh aufgrund eines von ihr gefassten Beschlusses, tätig werden (s. Rn 4). Dagegen hat der Vorstand die Pflicht zur Vorbereitung der regelmäßig wiederkehrenden Hauptversammlungsbeschlüsse, ohne dass es eines entsprechenden Beschlusses bedarf (insbesondere Vorbereitung der Beschlussfassung über Gewinnverwendung und Entlastung in der ordentlichen Hauptversammlung durch Vorlage von Jahresabschluss, Lagebericht und Bericht des Aufsichtsrats, § 120 Abs. 3 S. 2). Zur Vorbereitung einer Beschlussfassung der Hauptversammlung über die Inanspruchnahme von Vorstandsmitgliedern ist in sinngemäßer Anwendung von § 83 Abs. 1 S. 1, § 112 der Aufsichtsrat verpflichtet.[4]

II. Verträge. Beispiele für Verträge, die nur mit Zustimmung der Hauptversammlung wirksam werden, sind: § 293 Abs. 1, § 295 Abs. 1 (Abschluss und Änderung eines Unternehmensvertrags); Verzicht auf oder Vergleich über Ersatzansprüche (insbesondere § 93 Abs. 4 S. 3), §§ 13, 65, 73 UmwG (Verschmelzungsverträge), § 52 Abs. 1 (Nachgründungsverträge), § 179a (Übertragung des gesamten Gesellschaftsvermögens). Mit § 83 Abs. 1 S. 2 kann die Hauptversammlung nicht nur zustimmungsbedürftige Verträge verhindern, sondern ihr kommt für diese Verträge ein **Initiativrecht** zu. Der Vorstand ist demnach auch dann zur Vorbereitung und zum Abschluss des Vertrags verpflichtet, wenn er den Vertrag selbst nicht abschließen will.[5]

---

1 KölnKomm-AktG/*Mertens*, Rn 2; aA Großkomm-AktienR/*Habersack*, Rn 6; *Werner*, AktG 1972, S. 93, 99; *Hüffer*, Rn 2.
2 KölnKomm-AktG/*Mertens*, Rn 2; aA Großkomm-AktienR/*Habersack*, Rn 6; *Werner*, AktG 1972, S. 93, 99; *Hüffer*, Rn 2.
3 KölnKomm-AktG/*Mertens*, Rn 2; Großkomm-AktienR/*Habersack*, Rn 6; MüKo-AktG/*Spindler*, Rn 6; *Hüffer*, Rn 2.
4 KölnKomm-AktG/*Mertens*, Rn 6.
5 RegBegr. *Kropff*, S. 104; Großkomm-AktienR/*Habersack*, Rn 8; MüKo-AktG/*Spindler*, Rn 9; KölnKomm-AktG/*Mertens*, Rn 3; *Werner*, AG 1972, 93, 98.

4 **III. Auf Verlangen der Hauptversammlung.** Das Verlangen der Hauptversammlung – welches sich auf eine konkrete Maßnahme oder einen konkreten Vertrag beziehen muss[6] – erfolgt durch Beschluss, der der jeweils erforderlichen Mehrheit für die betreffende Maßnahme bedarf. Damit soll eine unnötige Vorbereitung des Vorstands verhindert werden.[7] Wenn der Beschluss der Hauptversammlung bei mehreren Aktiengattungen zur Wirksamkeit die Zustimmung der Aktionäre jeder Gattung voraussetzt (zB § 179 Abs. 3, § 182 Abs. 2, § 222 Abs. 2), ist dies auch für den Weisungsbeschluss erforderlich.[8] Vorbereitungspflicht des Vorstands besteht (analog § 83 Abs. 1) beim Verlangen einer Mehrheit der außenstehenden Aktionäre (§ 309 Abs. 3 S. 1),[9] nicht jedoch beim Verlangen einer qualifizierten Minderheit oder eines einzelnen Aktionärs, die/der zB Bestellung von Sonderprüfern (§ 142 Abs. 2 und 4, § 258 Abs. 2 S. 3) oder Geltendmachung von Ersatzansprüchen (§ 147, § 309 Abs. 4 S. 1) erzwingen kann.[10] In der KGaA ist das Verlangen der Hauptversammlung auch ohne Zustimmung der persönlich haftenden Gesellschafter (§ 285 Abs. 2) wirksam, da das Verlangen nach § 83 die Kundgabe des Willens der Aktionärsmehrheit ermöglichen soll und den persönlich haftenden Gesellschaftern die Zustimmung zum Beschluss über die vorbereitete Maßnahme erhalten bleibt.

C. Ausführungspflicht (Abs. 2)

5 Ausführungspflicht betrifft vor allem die Umsetzung von Kapitalmaßnahmen, die Einreichungen und Anmeldungen zum Handelsregister, Durchführung von Unternehmens- und Umwandlungsverträgen. Die Pflicht besteht auch, wenn die Hauptversammlung erst durch Verlangen des Vorstands zuständig wird (§ 119 Abs. 2). Der Vorstand ist nur zur Ausführung gesetzmäßiger Beschlüsse der Hauptversammlung verpflichtet, nicht jedoch, wenn Hauptversammlung unzuständig ist, wenn sich Vorstand bei Ausführung schadensersatzpflichtig machen würde oder wenn die Ausführung den Gesellschaftsinteressen grob zuwider laufen würde.[11] Die Ausführungspflicht ergibt sich allein aus dem Hauptversammlungsbeschluss, eine gesonderte Anordnungsverfügung der Hauptversammlung ist nicht erforderlich.

D. Rechtsfolgen bei Verstoß

6 ■ **Schadensersatzpflicht** des Vorstands (§ 93 Abs. 2).
■ Nichterfüllung der Vorbereitungs- oder Ausführungspflicht kann wichtigen Grund für die **Abberufung** des Vorstandsmitglieds darstellen (§ 84 Abs. 3).
■ **Erfüllungsklage** der AG, vertreten durch den Aufsichtsrat (§ 112), gegen säumigen Vorstand,[12] nicht jedoch Ersatzvornahme.

E. Vorbereitungs- und Ausführungspflicht des Aufsichtsrats

7 Pflichten aus § 83 werden auf Aufsichtsrat verlagert, wenn es um Maßnahmen gegen den Vorstand geht (*arg e* § 112).

§ 84 Bestellung und Abberufung des Vorstands

(1) ¹Vorstandsmitglieder bestellt der Aufsichtsrat auf höchstens fünf Jahre. ²Eine wiederholte Bestellung oder Verlängerung der Amtszeit, jeweils für höchstens fünf Jahre, ist zulässig. ³Sie bedarf eines erneuten Aufsichtsratsbeschlusses, der frühestens ein Jahr vor Ablauf der bisherigen Amtszeit gefaßt werden kann. ⁴Nur bei einer Bestellung auf weniger als fünf Jahre kann eine Verlängerung der Amtszeit ohne neuen Aufsichtsratsbeschluß vorgesehen werden, sofern dadurch die gesamte Amtszeit nicht mehr als fünf Jahre beträgt. ⁵Dies gilt sinngemäß für den Anstellungsvertrag; er kann jedoch vorsehen, daß er für den Fall einer Verlängerung der Amtszeit bis zu deren Ablauf weitergilt.

---

6 KölnKomm-AktG/*Mertens*, Rn 8.
7 RegBegr. *Kropff*, S. 104.
8 MüKo-AktG/*Spindler*, Rn 11 f; KölnKomm-AktG/*Mertens*, Rn 4; MüHb-AktG/*Wiesner*, § 25 Rn 79.
9 KölnKomm-AktG/*Mertens*, Rn 5.
10 KölnKomm-AktG/*Mertens*, Rn 5; Großkomm-AktienR/*Habersack*, Rn 10; *Hüffer*, Rn 4; aA MüKo-AktG/*Spindler*, Rn 11 f.
11 MüKo-AktG/*Spindler*, Rn 17 ff; KölnKomm-AktG/*Mertens*, Rn 7.
12 MüKo-AktG/*Spindler*, Rn 25; *Hommelhoff*, ZHR 143 (1979), 288, 310; *Stodolkowitz*, ZHR 154 (1990), 1, 9 f; MüHb-AG/*Wiesner*, § 25 Rn 81; aA KölnKomm-AktG/*Mertens*, Rn 8; ders., ZHR 154 (1990), 24, 34 f; Großkomm-AktienR/*Habersack*, Rn 15; *Zöllner*, ZGR 1988, 392, 415; *Hüffer*, Rn 6: Aktionärsklage wegen verletzter Mitgliedschaft.

Vierter Teil | Verfassung der Aktiengesellschaft § 84 AktG

(2) Werden mehrere Personen zu Vorstandsmitgliedern bestellt, so kann der Aufsichtsrat ein Mitglied zum Vorsitzenden des Vorstands ernennen.

(3) ¹Der Aufsichtsrat kann die Bestellung zum Vorstandsmitglied und die Ernennung zum Vorsitzenden des Vorstands widerrufen, wenn ein wichtiger Grund vorliegt. ²Ein solcher Grund ist namentlich grobe Pflichtverletzung, Unfähigkeit zur ordnungsmäßigen Geschäftsführung oder Vertrauensentzug durch die Hauptversammlung, es sei denn, daß das Vertrauen aus offenbar unsachlichen Gründen entzogen worden ist. ³Dies gilt auch für den vom ersten Aufsichtsrat bestellten Vorstand. ⁴Der Widerruf ist wirksam, bis seine Unwirksamkeit rechtskräftig festgestellt ist. ⁵Für die Ansprüche aus dem Anstellungsvertrag gelten die allgemeinen Vorschriften.

(4) Die Vorschriften des Gesetzes über die Mitbestimmung der Arbeitnehmer in den Aufsichtsräten und Vorständen der Unternehmen des Bergbaus und der Eisen und Stahl erzeugenden Industrie vom 21. Mai 1951 (Bundesgesetzbl. I S. 347) – Montan-Mitbestimmungsgesetz – über die besonderen Mehrheitserfordernisse für einen Aufsichtsratsbeschluß über die Bestellung eines Arbeitsdirektors oder den Widerruf seiner Bestellung bleiben unberührt.

Literatur:

Bauer, Rechtliche und taktische Probleme bei der Beendigung von Vorstandsverhältnissen, DB 1992, 1413; *Bauer/Diller*, Kopplung von Abberufung und Kündigung bei Organmitgliedern. Zulässige Gestaltung oder sittenwidrige Falle?, GmbHR 1998, 809; *Baums*, Der Geschäftsleitervertrag – Begründung, Inhalt und Beendigung der Rechtsstellung der Vorstandsmitglieder und Geschäftsführer in den Kapitalgesellschaften und Genossenschaften, 1987; *ders.*, Aktienoptionen für Vorstandsmitglieder, in: FS Claussen, 1997, S. 3; *Bezzenberger*, Der Vorstandsvorsitzende der Aktiengesellschaft, ZGR 1996, 661; *Brandner*, Zur gerichtlichen Vertretung der Gesellschaft gegenüber ausgeschiedenen Vorstandsmitgliedern/Geschäftsführern, in: FS Quack, 1991, S. 201; *Deutsch/Kahlo*, Zur Ausschlussfrist des § 626 Abs. 2 BGB bei fristloser Kündigung eines GmbH-Geschäftsführers durch die Gesellschafterversammlung, DB 1983, 811; *Fleck*, Das Organmitglied – Unternehmer oder Arbeitnehmer?, in: FS Hilger und Stumpf, 1983, S. 197; *ders.*, Das Dienstverhältnis der Vorstandsmitglieder und Geschäftsführer in der Rechtsprechung des BGH, WM 1985, 677; *ders.*, Das Dienstverhältnis der Vorstandsmitglieder und Geschäftsführer in der Rechtsprechung des BGH, WM 1994, 1957; *Götz*, Die vorzeitige Wiederwahl von Vorständen, AG 2002, 305; *Hohenstatt/Willemsen*, Abfindungsobergrenzen in Vorstandsverträgen, NJW 2008, 3462; *Hoffmann-Becking*, Zum einverständlichen Ausscheiden von Vorstandsmitgliedern, in: FS Stimpel, 1985, S. 589; *ders.*, Zur rechtlichen Organisation der Zusammenarbeit im Vorstand der AG, ZGR 1998, 497; *Hommelhoff*, 100 Bände BGHZ: Aktienrecht, ZHR 151 (1987), 493; *Hüffer*, Wandlungen im Recht des Handelskaufs, ZHR 161 (1997), 214; *Janzen*, Vorzeitige Beendigung von Vorstandsamt und -vertrag, NZG 2003, 468; *Krieger*, Personalentscheidungen des Aufsichtsrats, 1981; *Lehmann*, Zur rechtlichen Beurteilung von Vorstandsverträgen mit nicht beschlussfähigem Aufsichtsratsausschuss, in: FS Barz, 1974, S. 189; *Lutter/Krieger*, Rechte und Pflichten des Aufsichtsrats, 5. Auflage 2008 (zit.: *Lutter/Krieger*, AR); *Martens*, Vertretungsorgan und Arbeitnehmerstatus in konzernabhängigen Gesellschaften, in: FS Hilger und Stumpf, 1983, S. 437; *ders.*, Die außerordentliche Beendigung von Organ- und Anstellungsverhältnis, in: FS Werner, 1984, S. 495; *ders.*, Erwerb und Veräußerung eigener Aktien im Börsenhandel, AG 1996, 337; *ders.*, Die Vorstandsvergütung auf dem Prüfstand, ZHR 169, 124 (2005); *Mertens*, Verfahrensfragen bei Personalentscheidungen des mitbestimmten Aufsichtsrats, ZGR 1983, 189; *Meyer-Landrut*, Zur Suspendierung eines Vorstandsmitglieds einer Aktiengesellschaft, in: FS Robert Fischer, 1979, S. 477; *Reuter*, Die aktienrechtliche Zulässigkeit von Konzernanstellungsverträgen, AG 2011, 274; *Säcker*, Aufsichtsratsausschüsse nach dem MitBestG 1976, 1979; *ders.*, Rechtsprobleme beim Widerruf der Bestellung von Organmitgliedern und Ansprüche aus fehlerhaften Anstellungsverträgen, in: FS Gerhard Müller, 1981, S. 745; *Schneider*, Aktienoptionen als Bestandteil der Vergütung von Vorstandsmitgliedern, ZIP 1996, 1769; *Schwark*, Spartenorganisation in Großunternehmen und Unternehmensrecht, ZHR 142 (1978), 203; *Semler*, Leitung und Überwachung der Aktiengesellschaft, 2. Auflage 1996; *Ulmer*, Stimmrechtsschranken für Aufsichtsratsmitglieder bei eigener Kandidatur zum Vorstand, NJW 1982, 2288; *Tschöpe/Wortmann*, Abberufung und außerordentliche Kündigung von geschäftsführenden Organvertretern – Grundlagen und Verfahrensfragen, NZG 2009, 85 und NZG 2009, 161; *Wiesner*, Zum Beginn der Ausschlussfrist des § 626 Abs. 2 BGB bei Kenntniserlangung durch Organmitglieder, BB 1981, 1533; *Zimmermann*, Vertrauensentzug durch die Hauptversammlung und Stimmrechtsausübung, in: FS Rowedder, 1994, S. 593.

A. Norminhalt und Normschwerpunkt 1	E. Vorstandsvorsitzender (Abs. 2) 16
B. Bestellung und Anstellungsvertrag (Abs. 1) 2	F. Widerruf der Bestellung (Abs. 3) 19
C. Bestellung (Abs. 1) 3	I. Verfahren 19
I. Zustandekommen 3	II. Wichtiger Grund 20
II. Zuständigkeit, Bestellungsbeschluss 4	1. Allgemeines 20
III. Dauer der Bestellung (Abs. 1 S. 1 und 2) 5	2. Beispiele 22
1. Fünfjahresgrenze 5	a) Grobe Pflichtverletzung 22
2. Verlängerung 7	b) Unfähigkeit zur ordnungsgemäßen
3. Folgen der Bestellung 8	Geschäftsführung 23
IV. Mängel der Bestellung 9	c) Vertrauensentzug durch die Hauptver-
D. Anstellungsvertrag 10	sammlung 24
I. Rechtsnatur 10	d) Unbenannte wichtige Gründe 25
II. Zuständigkeit 12	III. Unberechtigter Widerruf 26
III. Möglichkeit eines Anstellungsvertrags mit	IV. Rechtsschutz des Vorstandsmitglieds 27
einem Dritten 13	V. Sonstige Möglichkeiten 29
IV. Dauer des Anstellungsvertrags 14	1. Suspendierung (vorläufige Amtsenthe-
V. Fehlerhafter und fehlender Anstellungsvertrag . 15	bung) 29

2. Amtsniederlegung	30	I. Überblick	33
3. Einvernehmliche Aufhebung	31	II. Wichtiger Grund	34
G. Widerruf der Ernennung zum Vorstandsvorsitzenden (Abs. 3)	32	III. Zweiwöchige Ausschlussfrist	36
H. Beendigung des Anstellungsvertrags	33	IV. Montan-Mitbestimmung (Abs. 4)	38

A. Norminhalt und Normschwerpunkt

1 Die Vorschrift betrifft die Bestellung von Vorstandsmitgliedern (Abs. 1) und deren Abberufung aus wichtigem Grund (Abs. 3), Ernennung des Vorstandsvorsitzenden und Widerruf der Ernennung (Abs. 2 und 3), die Wechselwirkung zwischen dem korporationsrechtlichen Vorstandsamt und dem schuldrechtlichen Anstellungsvertrag, die unterschiedliche Wege gehen können[1] (Abs. 1 und 3) sowie die Zuständigkeit des Aufsichtsrats für Bestellung, Abberufung, Anstellungsvertrag und Ernennung des Vorstandsvorsitzenden (Abs. 1 bis 3, mit Sonderrechten für die Arbeitnehmer-Aufsichtsratmitglieder bei der Wahl des Arbeitsdirektors in montanmitbestimmten Gesellschaften, Abs. 4). Die Satzung kann die Zuständigkeit des Aufsichtsrats nicht anders regeln (vgl § 23 Abs. 5). Die Begrenzung der Amtszeit der Vorstandsmitglieder auf höchstens fünf Jahre dient vor allem der Autorität des Aufsichtsrats, die bei übermäßig lang dauernder Bestellung faktisch untergraben würde.

B. Bestellung und Anstellungsvertrag (Abs. 1)

2 Organschaftliches Vorstandsamt und schuldrechtlicher Vorstandsdienstvertrag sind unterschiedliche Rechtsverhältnisse und können unterschiedliche Wege gehen. Die Bestellung kann im Dienstvertrag enthalten sein, ist aber in der Praxis meist einem gesonderten Bestellungsbeschluss vorbehalten. Erfolgt die Bestellung vor Abschluss des Dienstvertrages, hat das Vorstandsmitglied idR Anspruch auf Abschluss eines Dienstvertrages zu fairen Bedingungen.[2] Anhaltspunkte für die Bedingungen können bereits bestehende Dienstverträge mit anderen Vorstandsmitgliedern sein. Um Streitigkeiten über den Inhalt des Vertrages zu vermeiden, sollte man die Bestellung stets erst dann vornehmen, wenn der Dienstvertrag ausverhandelt ist.

C. Bestellung (Abs. 1)

3 **I. Zustandekommen.** Die Bestellung ist ein mehrstufiger Akt bestehend aus Bestellungsbeschluss des Aufsichtsrats, dessen Kundgabe an ein zukünftiges Vorstandsmitglied, Annahmeerklärung durch dieses (auch konkludent zB durch Arbeitsaufnahme) und Entgegennahme der Annahmeerklärung durch den Aufsichtsrat (Annahmeerklärung kann auch vor Bestellungserklärung liegen). Formerfordernisse bestehen nicht. Die Satzung kann zwar formale Anforderungen an Bestellung stellen, diese sind jedoch keine Wirksamkeitsvoraussetzung.[3] Die Konkretisierung der Bestellung (Amtszeit, Vertretungsberechtigung, Befreiung vom Verbot der Doppelvertretung, Zuweisung eines Geschäftsbereichs) ist möglich, aber nicht notwendig. Besonderheiten gelten für den Arbeitsdirektor in mitbestimmten Gesellschaften, der mit einer Kernzuständigkeit für Arbeit und Soziales bestellt werden muss.[4] Der rechtstheoretische Streit über das Wesen der Bestellung (mitwirkungsbedürftige Maßnahme der körperschaftlichen Selbstverwaltung[5] oder Vertrag)[6] spielt in der Praxis keine Rolle.

4 **II. Zuständigkeit, Bestellungsbeschluss.** Für die Bestellung ist ausschließlich der Gesamtaufsichtsrat zuständig.[7] Satzungsmäßige Einschränkungen (zB Vorschlagsrecht des Vorstands) oder vertragsmäßige Bindungen sind unzulässig.[8] Der Aufsichtsrat ist auch bei Insolvenz zuständig.[9] Die Übertragung der Zuständigkeit auf einen Ausschuss ist gemäß § 107 Abs. 3 S. 2 ausgeschlossen. Die Bestellung erfolgt durch Beschluss (§ 108 Abs. 1) mit einfacher Mehrheit (Ausnahme: § 31 MitbestG), wobei eine konkludente Beschlussfassung, etwa durch Duldung der Vorstandstätigkeit, ausgeschlossen ist.[10] Die Satzung kann keine qualifizierte Mehr-

---

1 "Trennungstheorie", vgl KölnKomm-AktG/*Mertens*, Rn 2 mwN.
2 Vgl KölnKomm-AktG/*Mertens*, Rn 6.
3 MüKo-AktG/*Spindler*, Rn 18 f.
4 Vgl § 77 Rn 16.
5 KölnKomm-AktG/*Mertens*, Rn 3; *Hüffer*, Rn 4.
6 *Baums*, Der Geschäftsleitervertrag, S. 40.
7 AllgM, siehe statt aller KölnKomm-AktG/*Mertens*, Rn 8.
8 *Hüffer*, Rn 5; KölnKomm-AktG/*Mertens*, Rn 9: auch hinsichtlich des unverbindlichen Vorschlagsrechts des Vorstandes, weil dadurch ein gewisser Druck auf den Aufsichtsrat ausgeübt wird, aA MüKo-AktG/*Spindler*, Rn 14.
9 OLG Nürnberg AG 1991, 446, 447 (Maxhütte); *Schmidt*, AG 2011, 1 ff.
10 BGHZ 41, 282, 286 = NJW 1964, 1367; OLG Dresden AG 2000, 43, 44.

heit vorschreiben.[11] Kein Stimmrechtsausschluss besteht für ein Aufsichtsratsmitglied bei seiner eigenen Bestellung zum Vorstandsmitglied.[12]

III. Dauer der Bestellung (Abs. 1 S. 1 und 2). 1. Fünfjahresgrenze. Die Bestellung erfolgt nach Ermessen des Aufsichtsrats (Satzungsvorgaben sind unzulässig)[13] auf **höchstens fünf Jahre**, wobei eine wiederholte Bestellung oder Verlängerung der Amtszeit zulässig ist. Nach Ziff. 5.1.2 Abs. 2 S. 1 DCGK sollte bei der Erstbestellung die maximal mögliche Bestelldauer von fünf Jahren nicht die Regel sein. Eine Vereinbarung über eine automatische Verlängerung der Amtszeit nach Ablauf der fünf Jahre ist gemäß § 134 BGB nichtig,[14] ebenso Verträge mit dem Vorstandsmitglied oder Dritten (besonders Mehrheitsaktionär), die die Ermessensentscheidung des Aufsichtsrats einschränken (zB durch Abfindungsregelungen) oder finanzielle Verpflichtungen über den Fünfjahreszeitraum hinaus begründen (zB Altersversorgung wird sofort nach Ausscheiden gezahlt); zulässig ist aber Zusage der Weiterbeschäftigung als Angestellter zu angemessenen Konditionen einschließlich Kündigungsmöglichkeit, wenn der Vorstandsdienstvertrag (außer aus in der Person des Vorstandsmitglieds liegenden wichtigen Gründen) ausläuft.[15]

Das Gesetz bezweckt, dass der Aufsichtsrat alle fünf Jahre bewusst über die weitere Bestellung entscheidet, und ermöglicht die Trennung vom Vorstandsmitglied ohne weitere Maßnahmen (zB rechtliche Auseinandersetzung). Jedoch ist innerhalb des Fünfjahreszeitraums eine Verlängerung ohne erneuten Beschluss möglich, wenn die Bestellung zunächst auf einen kürzeren Zeitraum erfolgte und die Gesamtdauer von dem ursprünglichem Bestellungsbeschluss erfasst ist[16] (zB Laufzeit zunächst drei Jahre, wenn keine Kündigung erfolgt, Verlängerung auf fünf Jahre). Für die Berechnung der Fünfjahresfrist ist der Beginn der Amtszeit maßgeblich, nicht die Bestellungserklärung und nicht die Registereintragung der Bestellung oder (bei Neugründung) der Gesellschaft.[17] Bei mangelnder Befristung im Bestellungsbeschluss gilt idR fünfjährige Amtszeit[18] (§ 157 BGB), es sei denn, Umstände (zB die vorherige Amtszeit betrug nur drei Jahre) deuten auf kürzere Amtszeit hin. Bei fälschlicherweise längerer Frist als fünf Jahre gilt fünf Jahre.[19] Eine **Mindestdauer** für die Bestellung ist gesetzlich nicht vorgeschrieben. Jedoch kann eine übermäßig kurzfristige Bestellung durch den Aufsichtsrat pflichtwidrig sein, da die sinnvolle Leitung der AG eine gewisse Mindestdauer voraussetzt.[20] Eine zu kurz bemessene Befristung ist gleichwohl wirksam. Die Mindestdauer sollte ein Jahr betragen, es sei denn, das Vorstandsmitglied wird bewusst nur für eine noch kürzere Überbrückungszeit bestellt.[21] Die Kündbarkeit der Bestellung innerhalb des fünfjährigen Höchstzeitraums kann vorbehalten werden, allerdings nur in der Weise, dass Festlaufzeit und Verlängerungszeiten mindestens ein Jahr betragen, sonst würde die Autonomie des Vorstandsmitglieds unterminiert;[22] dagegen kann dem Vorstandsmitglied ein freies Kündigungsrecht (außer zur Unzeit) vorbehalten werden.[23]

2. Verlängerung. Die Verlängerung kann wiederum nur auf höchstens fünf Jahre erfolgen. Der Beschluss über die Verlängerung kann höchstens ein Jahr vor Ablauf der Amtszeit – mit sofortiger Wirkung oder mit Wirkung zum Zeitpunkt des Ablaufs der Amtszeit – gefasst werden (Abs. 1 S. 3). Zulässig bleibt aber einvernehmliche Aufhebung der restlichen Amtszeit (zB nach drei Jahren) und eine Neubestellung für fünf Jahre.[24] Nach Ziff. 5.1.2 Abs. 2 S. 2 DCGK soll eine Wiederbestellung vor Ablauf eines Jahres vor Ende der Bestelldauer bei gleichzeitiger Aufhebung der laufenden Bestellung jedoch nur bei Vorliegen besonderer Umstände erfolgen. Das Vorstandsmitglied hat keinen Anspruch auf Verlängerung seiner Bestellung, auch wenn diese weniger als fünf Jahre beträgt.[25]

3. Folgen der Bestellung. Die Rechte und Pflichten als Vorstandsmitglied umfassen u.a. Geschäftsleitung (§ 76), Geschäftsführung (§ 77), Vertretung (§ 78), Wettbewerbsverbot (§ 88), Verschwiegenheitspflicht (§ 93 Abs. 1 S. 3) und darüber hinaus eine allgemeine Treuepflicht,[26] deren Umfang vergleichbar ist mit der Treuepflicht eines geschäftsführenden Gesellschafters in einer Personengesellschaft.[27]

---

11 MüKo-AktG/*Spindler*, Rn 18 f; KölnKomm-AktG/*Mertens*, Rn 8; *Baumbach/Hueck*, AktG, § 108 Rn 4.
12 HM, vgl *Hoffmann-Becking*, § 31 Rn 59; aA *Hüffer*, § 108 Rn 9; MüKo-AktG/*Habersack*, § 108 Rn 32.
13 KölnKomm-AktG/*Mertens*, Rn 17.
14 BGHZ 10, 187, 194 f = NJW 1953, 1465, 1466.
15 Vgl KölnKomm-AktG/*Mertens*, Rn 11.
16 KölnKomm-AktG/*Mertens*, Rn 13.
17 *Hüffer*, Rn 7; KölnKomm-AktG/*Mertens*, Rn 15.
18 OGH AG 2001, 100, 102; MüKo-AktG/*Spindler*, Rn 38; KölnKomm-AktG/*Mertens*, Rn 16; *v. Godin/Wilhelmi*, Anm. 5; MüHb-AktG/*Wiesner*, § 20 Rn 30.
19 KölnKomm-AktG/*Mertens*, Rn 13.
20 Vgl OLG Karlsruhe AG 1973, 310, 311; KölnKomm-AktG/*Mertens*, Rn 20; MüKo-AktG/*Spindler*, Rn 37.
21 MüKo-AktG/*Spindler*, Rn 37; KölnKomm-AktG/*Mertens*, Rn 20; MüHb-AktG/*Wiesner*, § 20 Rn 31.
22 KölnKomm-AktG/*Mertens*, Rn 22.
23 KölnKomm-AktG/*Mertens*, Rn 23.
24 BGH AG 2012, 677 ff; *Paschos* AG 2012, 736 ff; *Willemer*, AG 1977, 130; *Krieger*, Personalentscheidungen des Aufsichtsrats, 1981, 126; *Bauer/Krets*, DB 2003, 811; aA ("Umgehung") *Hüffer*, Rn 7; KölnKomm-AktG/*Mertens*, Rn 18; *Götz*, AG 2002, 305, 306; MüKo-AktG/*Spindler*, Rn 44.
25 KölnKomm-AktG/*Mertens*, Rn 19.
26 *Hüffer*, Rn 9; MüKo-AktG/*Spindler*, § 76 Rn 14; KölnKomm-AktG/*Mertens*, § 93 Rn 57 ff.
27 *Hüffer*, Rn 9 mwN.

9 IV. Mängel der Bestellung. Eine mangelhafte Bestellung liegt etwa vor bei fehlendem Beschluss des Gesamtaufsichtsrats,[28] bei Vorliegen oder Eintritt eines gesetzlichen Unfähigkeitsgrundes (§ 76 Abs. 3, § 105 Abs. 1), oder wenn ein Vorstandsmitglied seine Tätigkeit nach Ablauf seiner Amtszeit ohne Fortsetzungsbeschluss des Aufsichtsrats weiter ausübt. Ist bei solch mangelhafter Bestellung das Organverhältnis durch Tätigwerden des Vorstandsmitglieds tatsächlich in Vollzug gesetzt worden, so ist vergleichbar den Grundsätzen fehlerhafter Gesellschafts- und Dienstverhältnisse das Organverhältnis wie ein wirksam zustande gekommenes zu behandeln, das durch Widerruf nach Abs. 3 oder Amtsniederlegung endet.[29]

D. Anstellungsvertrag

10 I. Rechtsnatur. Das Anstellungsverhältnis des Vorstandsmitglieds ist ein Dienstvertrag in Form eines Geschäftsbesorgungsvertrags (§§ 611, 675 BGB).[30] Vorstandsmitglieder üben aufgrund ihrer Organstellung für die Gesellschaft Arbeitgeberfunktionen[31] aus; sie sind damit keine Arbeitnehmer und auch nicht sozialversicherungspflichtig.[32] Trotzdem ist die Anwendung einzelner arbeitsrechtlicher Schutzvorschriften nicht ausgeschlossen. Diese kommen grundsätzlich in Betracht, sofern die persönliche und wirtschaftliche Existenz des Vorstandsmitglieds in Anbetracht ihrer Stellung schutzbedürftig ist.[33]

11 Anwendbar sind auf Vorstandsmitglieder[34] zB § 622 BGB (Kündigungsfristen bei Arbeitsverhältnissen) für ordentliche Kündigung des Vorstandsmitglieds[35] (nur anwendbar in den seltenen Fällen, in denen Anstellungsvertrag keine feste Laufzeit vorschreibt und feste Laufzeit auch nicht konkludent aus Bestellungsfrist abgeleitet werden kann; stets sind auch in diesen Fällen Mindestlaufzeiten zu beachten, vgl Rn 6), § 615 BGB (Entgeltzahlung bei Annahmeverzug und Betriebsrisiko),[36] § 616 BGB (Entgeltfortzahlung bei vorübergehender Dienstverhinderung),[37] § 630 BGB (Anspruch auf Zeugniserteilung),[38] § 670 (Anspruch auf Auslagenersatz und Freistellung von nicht schuldhaft im Interesse der Gesellschaft eingegangenen Haftungen, wozu nicht Geldstrafen und Geldbußen zählen; auch auf Abschluss einer Vermögensschadenshaftpflichtversicherung (D&O-Insurance) besteht mangels vertraglicher Regelung kein Anspruch),[39] §§ 850 ff ZPO (Pfändungsschutz der Bezüge der Vorstandsmitglieder).[40] Das Bundesurlaubsgesetz gilt nicht, gleichwohl hat jedes Vorstandsmitglied auch ohne vertragliche Regelung Anspruch auf angemessenen Urlaub und bei Nichtinanspruchnahme aus betrieblichen Gründen auch Anspruch auf Abfindung in Geld (analog § 7 BUrlG).[41] Betriebliche Übungen und der Grundsatz der Gleichbehandlung von Vorstandsmitgliedern[42] können bei Auslegung von Vorstandsanstellungsverträgen vorsichtig herangezogen werden,[43] es muss aber bedacht werden, dass sich der Vorstand durch großzügige betriebliche Übungen (zB unbegrenzte Übertragbarkeit von Urlaubsansprüchen in Folgejahre) nicht selbst begünstigen kann. Insolvenzsicherung von Versorgungsansprüchen (§ 7 BetrAVG) besteht, solange Vorstandsmitglied nicht (allein oder mit anderen, „Gruppentheorie") AG beherrscht.[44] Tritt die Beherrschung erst während der Tätigkeit für die AG ein, sind die im Zeitraum fehlender Beherrschung erdienten Anwartschaften insolvenzgesichert.[45] Die Versagung von Ruhegeld kommt nur bei außerordentlichen Pflichtverletzungen in Frage.

War das Vorstandsmitglied vor seiner Ernennung bereits Angestellter bei der Gesellschaft, kann ohne besondere Vereinbarung nicht von einem Ruhen des Arbeitsvertrages während der Vorstandszeit ausgegangen werden. Der Wechsel vom Arbeitsvertrag zum Vorstandsdienstvertrag bedarf der Schriftform (§ 623 BGB); diese ist auch dann gewahrt, wenn durch Abschluss des schriftlichen Vorstandsdienstvertrags die Aufhebung des vorhergehenden Arbeitsverhältnisses konkludent vermutet wird.[46] Die Gesellschaft wird beim Abschluss des neuen Vorstandsdienstvertrages als auch bei der Aufhebung des alten Anstellungsvertrages durch den Aufsichtsrat vertreten.[47] Lag indessen zu Beginn der Vorstandstätigkeit noch kein Arbeitsver-

---

[28] BGHZ 41, 282, 286 = NJW 1964, 1367.
[29] *Hüffer*, Rn 10; MüKo-AktG/*Spindler*, Rn 232; KölnKomm-AktG/*Mertens*, Rn 29 f; *Baums*, Der Geschäftsleitervertrag, 1987, S. 153 ff, 163 ff, 204 ff; *Lutter/Krieger*, AR, § 7 Rn 360.
[30] BGHZ 10, 187, 191 = NJW 1953, 1465; KölnKomm-AktG/*Mertens*, Rn 33.
[31] BGHZ 12, 1, 8 = NJW 1954, 505, 506; BGHZ 79, 38, 41 = NJW 1981, 757; *Fleck*, in: FS Hilger und Stumpf, 1983, S. 197.
[32] SGB VI § 1 S. 4, seit 1.1.2004 gilt die Sozialversicherungsfreiheit allerdings nur noch hinsichtlich der Vorstandstätigkeit (und in konzernzugehörigen Beschäftigungen); vgl auch BSG 85, 214, 218 f; KölnKomm-AktG/*Mertens*, Rn 40; OLG Hamm GmbHR 2007, 820 mit Anm. Haase.
[33] MüHb-AktG/*Wiesner*, § 21 Rn 6; KölnKomm-AktG/*Mertens*, Rn 35.
[34] Siehe ausf. Übersicht bei KölnKomm-AktG/*Mertens*, Rn 36; v. Godin/Wilhelmi, Anm. 9.
[35] BGHZ 91, 217, 219 f; KölnKomm-AktG/*Mertens*, Rn 36.
[36] BGH WM 1978, 109, 111; KölnKomm-AktG/*Mertens*, Rn 58.
[37] KölnKomm-AktG/*Mertens*, Rn 57.
[38] KölnKomm-AktG/*Mertens*, Rn 36; BGHZ 49, 30, 31 (für GmbH).
[39] Zu Einzelheiten vgl KölnKomm-AktG/*Mertens*, Rn 76 ff.
[40] *Hüffer*, Rn 18.
[41] KölnKomm-AktG/*Mertens*, Rn 74.
[42] KölnKomm-AktG/*Mertens*, Rn 37 und (bzgl Versorgungszusagen) Rn 61.
[43] BGH AG 1995, 188 f.
[44] BGHZ 77, 94, 96 ff = NJW 1980, 2254, 2256; KölnKomm-AktG/*Mertens*, Rn 36.
[45] KölnKomm-AktG/*Mertens*, Rn 36.
[46] BAG NJW 2007, 3228.
[47] *Thüsing* in: Fleischer, Vorstandsrecht, § 4 Rn 60.

hältnis mit der Gesellschaft vor, so kann im Vorstandsdienstvertrag nicht wirksam geregelt werden, dass allgemein für den Fall der Beendigung der Organstellung das Anstellungsverhältnis als Arbeitsverhältnis weitergeführt wird.[48]
Zum Inhalt von Vorstandsanstellungsverträgen vgl *Hümmerich/Lücke/Maurer*, Arbeitsrecht, 7. Aufl. 2011, § 1 Rn 358 ff, 506 ff.

II. Zuständigkeit. Zuständig für den Abschluss sowie die Änderungen[49] des Anstellungsvertrags ist der Aufsichtsrat als Vertreter der AG (§ 112). Der Aufsichtsrat entscheidet durch Beschluss (§ 108). Bei Nichtbeachtung der Zuständigkeit des Aufsichtsrats ist der Anstellungsvertrag gemäß § 134 BGB nichtig. Satzung oder Hauptversammlungsbeschluss kann keine verbindlichen Maßgaben für Anstellungsvertrag festlegen.[50] Bei börsennotierten Gesellschaften kann die Hauptversammlung lediglich – in für den Aufsichtsrat nicht bindender Weise – über die Billigung des Vergütungssystems beschließen (§ 120 Abs. 4).[51] Vorbereitung und Abschluss des Anstellungsvertrags können (anders als die Bestellung) einem Ausschuss (Personalausschuss, Präsidialausschuss) überlassen werden. § 107 Abs. 3 S. 3 schließt § 84 Abs. 1 S. 5 nicht aus.[52] Seit dem VorstAG (2009) obliegt die Vergütungsbemessung jedoch zwingend dem Gesamtaufsichtsrat (§ 107 Abs. 3 S. 3 verweist auch auf § 87 Abs. 1 und Abs. 2 S. 1 und 2). Dies führt dazu, dass für den Vorstandsdienstvertrag idR eine gespaltene Zuständigkeit besteht: Laufzeit und Vergütungsbestandteile sind Sache des Gesamtaufsichtsrats, die anderen Elemente können einem Ausschuss überantwortet werden. Dem Ausschuss ist untersagt, mit dem Anstellungsvertrag die Bestellung durch den Aufsichtsrat bereits vorher festzulegen oder durch Kündigung des Anstellungsvertrages die Beendigung des Vorstandsamtes zu präjudizieren[53] (s. auch Rn 4 und 33). Auch Ressortzuweisung durch den Ausschuss im Anstellungsvertrag ist ausgeschlossen, da damit in die Zuständigkeit des Gesamtaufsichtsrat für die Geschäftsordnung (§§ 77 Abs. 2 S. 1, § 107 Abs. 3) eingegriffen würde.[54] Der Ausschuss muss aus mindestens drei Personen bestehen.[55] Generell dürfen Regelungen im Anstellungsvertrag weder andere Organe noch den Aufsichtsrat selbst in seiner Entschließungsfreiheit beeinträchtigen. Zulässig ist es jedoch, einem Vorstandsmitglied ein bestimmtes Ressort zuzusagen; beschließt der Aufsichtsrat danach eine Änderung des Geschäftsverteilungsplans und weist dieses Ressort einem anderen Vorstandsmitglied zu, hat das betroffene Vorstandsmitglied ein Recht zur Kündigung des Anstellungsvertrags aus wichtigem Grund, verbunden mit einem Schadensersatzanspruch (§ 628 Abs. 2 BGB).[56]

III. Möglichkeit eines Anstellungsvertrags mit einem Dritten. Ein Anstellungsvertrag kann nach noch hM[57] auch mit einem Dritten (besonders mit herrschendem Unternehmen bei abhängiger AG, „Konzernanstellungsvertrag") abgeschlossen werden. Probleme ergeben sich aus dem Widerstreit zwischen arbeitsvertraglichem Weisungsrecht der Muttergesellschaft und der Leitungsbefugnis des Vorstands nach § 76[58] (anders nur, solange Beherrschungsvertrag oder Eingliederung existiert, im Hinblick auf § 308 Abs. 2, § 323 Abs. 1).[59] Wegen der Gefahr des Auseinanderlaufens von Bestellung und Dienstvertrag (zB Kündigung des Anstellungsvertrags durch Muttergesellschaft, Fortgeltung der Bestellung bei Tochtergesellschaft) ist von Konzernanstellungsverträgen abzuraten.[60]

IV. Dauer des Anstellungsvertrags. Die Höchstdauer von fünf Jahren gilt gemäß Abs. 1 S. 5 Hs 1 auch für den Anstellungsvertrag. Beim Abschluss des Anstellungsvertrags auf unbestimmte Zeit oder für mehr als fünf Jahre endet er mit Ablauf der Fünfjahresfrist oder der kürzeren Bestellungsfrist. Eine Weitergeltung für den Fall der Verlängerung der Amtszeit kann vereinbart werden, Abs. 1 S. 5 Hs 2. Wird nur die Amtszeit verlängert und schweigt der Anstellungsvertrag, verlängert sich der Anstellungsvertrag um die neue Amtszeit, wenn sich nicht aus den Umständen ergibt, dass über Konditionen des Anstellungsvertrages neu verhandelt werden sollte.[61] Als wichtiger Kündigungsgrund iSv § 626 BGB kann der Widerruf der Bestellung aus wichtigem Grund (Abs. 3) vereinbart werden; das Vorstandsmitglied behält in diesem Falle den Vergü-

---

48 LAG Berlin-Brandenburg v. 23.4.2008 – 15 Sa 193/08; BAG v. 26.8.2009, ZIP 2009, 2073, hierzu kritisch *Pomberg*, EWiR 2010, 73.
49 *Baums*, in: FS Claussen, 1997, S. 3, 15; *Hüffer*, Rn 12; *ders.*, ZHR 161 (1997), 214, 219 ff; *Martens*, AG 1996, 337, 345 f; *Schneider*, ZIP 1996, 1769, 1773.
50 KölnKomm-AktG/*Mertens*, Rn 49, str.
51 Vgl hierzu auch *Vetter*, ZIP 2009, 1307.
52 BGHZ 41, 282, 285 = NJW 1964, 1367; BGHZ 65, 190, 191 = NJW 1976, 145, 146; *Lehmann*, in: FS Barz, 1974, S. 189; *Hüffer*, Rn 12.
53 *Henze*, HRR-AktienR, Rn 339 f; KölnKomm-AktG/*Mertens*, Rn 10.
54 KölnKomm-AktG/*Mertens*, Rn 47.
55 BGHZ 65, 190, 191 ff = NJW 1976, 145; KölnKomm-AktG/*Mertens*, Rn 54; *Fleck*, WM 1994, 1957 ff.
56 Zu Einzelheiten vgl KölnKomm-AktG/*Mertens*, Rn 43 f.
57 Für zulässig halten ihn: *Hüffer*, Rn 14; *Krieger*, Personalentscheidungen des Aufsichtsrats, 1981, S. 186 f; *Martens*, in: FS Hilger und Stumpf, 1983, S. 437, 442; dagegen: KölnKomm-AktG/*Mertens*, Rn 51; MüHb-AktG/*Wiesner*, § 21 Rn 3; *Baums*, Der Geschäftsleitervertrag, 1987, S. 73 f. Für Geschäftsführer einer GmbH s. BGHZ 75, 209, 219 = NJW 1980, 595; zweifelnd: *Lutter/Krieger*, AR, § 7 Rn 431.
58 MüHb-AktG/*Wiesner*, § 21 Rn 3.
59 MüHb-AktG/*Wiesner*, § 21 Rn 3; *Hüffer*, Rn 14.
60 *Lutter/Krieger*, AR, § 7 Rn 431; *Hüffer*, Rn 14; aA *Arnold/Born*, AG 2005, R428, R430: Drittanstellungsvertrag sollte jedoch dem Aufsichtsrat der abhängigen Gesellschaft zur Kenntnis gebracht werden.
61 KölnKomm-AktG/*Mertens*, Rn 50 geht grundsätzlich von Nichtverlängerung aus.

tungsanspruch, wenn die Unwirksamkeit des Widerrufs nach Abs. 3 S. 4 rechtskräftig festgestellt wird.[62] Die rechtliche Selbstständigkeit von Vorstandsamt und Anstellungsvertrag kann jedoch zu verschiedenen Laufzeiten führen (zB vorzeitige Abberufung bei Fortgeltung des Anstellungsvertrages, vgl Abs. 3 S. 5 und Rn 2). Die Kündbarkeit eines Anstellungsvertrags ohne feste Laufzeit ist in gleicher Weise beschränkt wie die Kündbarkeit der Bestellung (Mindestlaufzeiten, vgl Rn 6), für Kündigungsfristen gilt § 622 BGB (vgl Rn 11). Eine stillschweigende Verlängerung des Anstellungsvertrags durch Weiterbeschäftigung nach § 625 BGB wird durch § 84 Abs. 1 ausgeschlossen.[63]

15 **V. Fehlerhafter und fehlender Anstellungsvertrag.** Wegen der rechtlichen Trennung von Bestellung und Anstellung betreffen Mängel des Anstellungsvertrags (zB Abschluss des Vertrages durch Aufsichtsratsausschuss ohne Beschluss des Gesamtaufsichtsrats über Vergütungselemente) nur diesen.[64] Ist ein nichtiger Anstellungsvertrag tatsächlich in Vollzug gesetzt worden, so gelten Grundsätze des fehlerhaften Anstellungsvertrags.[65] Danach bleibt der Vertrag (einschließlich Vergütungsanspruch) wirksam, bis er durch Kündigung (seitens des Vorstandsmitglieds oder des Aufsichtsrats) oder einvernehmliche Aufhebung endet, eine rückwirkende Beseitigung ist grundsätzlich ausgeschlossen.[66] Fehlt ein Anstellungsvertrag, so führt die Bestellung im Zweifel zum konkludenten Abschluss eines Anstellungsvertrages, auf dessen Ausfüllung mit konkreten fairen Bedingungen (einschließlich angemessener Vergütung, § 612 BGB) das bestellte Vorstandsmitglied Anspruch hat;[67] besondere Umstände können jedoch auf eine unentgeltliche Tätigkeit schließen lassen.

E. Vorstandsvorsitzender (Abs. 2)

16 Zur Ernennung des Vorstandsvorsitzenden (und ggf eines stellvertretenden Vorstandsvorsitzenden) bei einem Mehrpersonenvorstand ist ein Beschluss des Gesamtaufsichtsrats erforderlich. Die Übertragung auf einen Ausschuss ist gemäß § 107 Abs. 3 S. 3 nicht möglich. Die Satzung kann die Ernennung eines Vorstandsvorsitzenden weder vorschreiben noch untersagen.[68] Privilegierte Vertretungsbefugnis ist mit der Vorsitzendenposition nicht verbunden.[69] Die Ernennung zum Vorstandsvorsitzenden folgt den gleichen Regeln wie Bestellung von Vorstandsmitgliedern (Rn 3), insbesondere ist das Einverständnis des Vorsitzenden erforderlich.[70] Die Ernennung ist auf die Dauer der Bestellung zum Vorstandsmitglied beschränkt. Nach § 29 MitbestG beschließt in paritätisch mitbestimmter AG der Aufsichtsrat mit einfacher Mehrheit. Das besondere Verfahren des § 31 MitbestG ist für die Ernennung zum Vorstandsvorsitzenden (wohl jedoch für dessen Bestellung zum Mitglied des Vorstands) nicht anwendbar.[71]

17 Der Vorstandsvorsitzende ist auf Geschäftsbriefen (§ 80 Abs. 1 S. 2) sowie im Anhang des Jahresabschlusses (§ 285 Nr. 10 S. 2 HGB) aufzuführen. Er vertritt den Vorstand als Kollegialorgan, ist Sitzungsleiter und koordiniert die Vorstandsarbeit.[72] Die Einräumung von Stichentscheid oder Vetorecht für Vorsitzenden in der Satzung oder Geschäftsordnung ist möglich,[73] sofern es sich nicht um eine mitbestimmte AG handelt.[74] Die Eintragung im Handelsregister als Vorstandsvorsitzender ist nicht erforderlich, registerrechtlich aber nach § 43 Nr. 4 HRV möglich.

18 Vom Vorstandsvorsitzenden ist der Vorstandssprecher abzugrenzen. Falls kein Vorstandsvorsitzender vom Aufsichtsrat bestellt ist, kann der Vorstand im Rahmen seiner Geschäftsordnungskompetenz nach § 77 Abs. 2 S. 1 einen Vorstandssprecher ernennen.[75] Mögliche Aufgaben des Vorstandssprechers sind Sitzungsleitung und Repräsentationsfunktionen (Einzelheiten in Vorstandsgeschäftsordnung). Die Grenze ist dort erreicht, wo der Vorstandssprecher zum tatsächlichen Vorsitzenden mutiert (allgemeine Führung der Vor-

---

62 KölnKomm-AktG/*Mertens*, Rn 50.
63 OLG Karlsruhe AG 1996, 224, 227; MüKo-AktG/*Spindler*, Rn 69; Großkomm-AktienR/*Meyer-Landrut* (1. Aufl. 1973), Anm. 11; *Hüffer*, Rn 17; *Krieger*, Personalentscheidungen des Aufsichtsrats, 1981, S. 123; einschränkend: KölnKomm-AktG/*Mertens*, Rn 14: § 625 BGB (stillschweigende Verlängerung) möglich innerhalb der Fünfjahresfrist.
64 Wegen fehlerhafter Bestellung, siehe Rn 9.
65 BGHZ 113, 237, 247 f; BGHZ 41, 282, 288 ff = NJW 1964, 1367; BGHZ 65, 190, 195 = NJW 1976, 145, 146; BGH NJW 1998, 3567; BGH NJW 2000, 2983 f; OLG Schleswig AG 2001, 651, 653; KölnKomm-AktG/*Mertens*, Rn 52; *Baums*, Der Geschäftsleitervertrag, 1987, S. 153 ff, 195 f; *Baumbach/Hueck*, AktG, Rn 7; *K. Schmidt*, GesR, § 14 III 2 b; § 28 II 2 d; aA MüKo-AktG/*Spindler*, Rn 234.
66 Vgl KölnKomm-AktG/*Mertens*, Rn 52 mwN.
67 KölnKomm-AktG/*Mertens*, Rn 53.
68 KölnKomm-AktG/*Mertens*, Rn 88, str.
69 KölnKomm-AktG/*Mertens*, Rn 90, teilweise abweichend: *Krieger*, Personalentscheidungen des Aufsichtsrats, 1981, S. 250.
70 MüKo-AktG/*Spindler*, Rn 101; MüHb-AktG/*Wiesner*, § 24 Rn 2.
71 So die hM: KölnKomm-AktG/*Mertens*, Rn 87; *Hüffer*, Rn 20; Hanau/Ulmer/*Ulmer*, MitbestG, § 30 Anm. 8 mwN; MüHb-AktG/*Wiesner*, § 24 Rn 2; aA *Krieger*, Personalentscheidungen des Aufsichtsrats, 1981, S. 254; *Säcker*, Aufsichtsratsausschüsse, 1979, S. 61.
72 *Krieger*, Personalentscheidungen des Aufsichtsrats, 1981, S. 244 f; *Bezzenberger*, ZGR 1996, 661, 662 f; MüHb-AktG/*Wiesner*, § 24 Rn 3; KölnKomm-AktG/*Mertens*, § 107 Rn 32; *Schwark*, ZHR 142 (1978), 203, 208.
73 *Hüffer*, Rn 21; MüHb-AG/*Wiesner*, § 24 Rn 3; aA *Bezzenberger*, ZGR 1996, 665 ff.
74 BGHZ 89, 48, 59 = NJW 1984, 733, 736 (Reemtsma).
75 MüHb-AktG/*Wiesner*, § 24 Rn 4; *Krieger*, Personalentscheidungen des Aufsichtsrats, 1981, S. 255 f; *Lutter/Krieger*, AR, § 7 Rn 460; Großkomm-AktienR/*Kort*, § 77 Anm. 57 f.

standsarbeit).[76] Mit der Ernennung eines Vorsitzenden enden automatisch die Aufgaben des Vorstandssprechers.[77]

F. Widerruf der Bestellung (Abs. 3)

I. Verfahren. Der Widerruf der Bestellung beendet die Organstellung. Die Abberufung ist zum Handelsregister anzumelden (§ 81 Abs. 1). Wegen der rechtlichen Trennung (Rn 2) wird durch den Widerruf der Bestellung das Anstellungsverhältnis nicht berührt (§ 84 Abs. 3 S. 5). Im Widerruf liegt jedoch idR die konkludente Erklärung einer außerordentlichen Kündigung.[78] Für den Widerruf ist der Gesamtaufsichtsrat zuständig (§§ 84 Abs. 3 S. 1, 107 Abs. 2 S. 3), wobei Übertragung auf einen Ausschuss nicht möglich ist. Widerruf erfolgt durch eindeutigen und endgültigen[79] Beschluss gemäß § 108 und Erklärung gegenüber dem Vorstandsmitglied (§ 130 Abs. 1 S. 1 BGB). Fehlt es an einem der beiden, ist Widerruf unwirksam. Rückwirkende Genehmigung durch nachträglichen Aufsichtsratsbeschluss ist nicht möglich.[80] Zur Abgabe der Erklärung, nicht aber zur Entscheidung selbst,[81] kann ein Mitglied des Aufsichtsrats bevollmächtigt werden,[82] ein Erklärungsbote (auch anderes Vorstandsmitglied) kann eingesetzt werden.[83] Mangels Vorlage des zugrunde liegenden Aufsichtsratsbeschlusses oder einer Vollmachtsurkunde in Urschrift kann das Vorstandsmitglied die Kündigung durch den Aufsichtsratsvorsitzenden oder einen anderen Bevollmächtigten oder Boten nach § 174 S. 1 BGB zurückweisen.[84] Die Zweiwochenfrist des § 626 Abs. 2 BGB gilt nicht für den Widerruf der Bestellung, dieser ist aber nach Ablauf einer angemessenen Frist verwirkt. In einer **mitbestimmten** AG ist das mehrstufige Widerrufsverfahren des § 31 MitbestG zu beachten (§ 31 Abs. 5 MitbestG). Um die Monatsfrist des § 31 Abs. 3 S. 1 MitbestG nicht faktisch zu verkürzen, beginnt die Zweiwochenfrist des § 626 Abs. 2 BGB für eine Kündigung des Anstellungsvertrags nicht zu laufen, solange das mehrstufige Widerrufsverfahren nicht beendet ist.[85]

II. Wichtiger Grund. 1. Allgemeines. Das Vorliegen eines wichtigen Grundes (Abs. 3 S. 1) ist Voraussetzung, da sich aus einer jederzeitigen Widerrufbarkeit ergebende Abhängigkeit des Vorstandsmitglieds mit der eigenverantwortlichen Leitungsfunktion des Vorstands (§ 76 Abs. 1) nicht zu vereinbaren wäre.[86] Eine Bestellung unter auflösender Bedingung ist deshalb unzulässig (außer für den Fall der rechtskräftigen Wiedereinsetzung des abberufenen Vorgängers).[87] Ein wichtiger Grund ist gegeben, wenn eine Fortsetzung des Organverhältnisses bis zum Ende der Amtszeit für AG unzumutbar ist.[88] Für die Frage der Zumutbarkeit ist richtigerweise nur auf Interessen der AG abzustellen, die Interessen des Vorstandsmitglieds werden im Rahmen der Kündigung des Anstellungsvertrages aus wichtigem Grund (§ 626 BGB) berücksichtigt.[89] Das Vorliegen eines wichtigen Grundes ist voll justiziabel (kein Beurteilungsspielraum des Aufsichtsrats).[90] Liegt ein wichtiger Grund vor, besteht jedoch ein Ermessen des Aufsichtsrats, ob er Vorstandsmitglied tatsächlich abberuft oder nicht.[91] Liegt ein wichtiger Grund bei mehreren Vorstandsmitgliedern vor, besteht auch ein Ermessen, welches von diesen Mitgliedern abberufen werden soll.[92]

Die beispielhafte Aufzählung wichtiger Gründe in Abs. 3 S. 2 „grobe Pflichtverletzung", „Unfähigkeit zur ordnungsgemäßen Geschäftsführung", „Vertrauensentzug durch die Hauptversammlung" ist nicht abschließend („namentlich"). Der Grund muss nicht in der Person des Vorstandsmitglieds, sondern in der Fortsetzung des Vorstandsamtes liegen, auch Verschulden des Vorstandsmitglieds ist nicht erforderlich.[93] Die Beweis- und Darlegungslast der entsprechenden Tatsachen obliegt der AG.[94]

---

76 *Hoffmann-Becking*, ZGR 1998, 497, 517.
77 MüHb-AktG/*Wiesner*, § 24 Rn 6.
78 *Hüffer*, Rn 24; KölnKomm-AktG/*Mertens*, Rn 94.
79 Nicht ausreichend ist ein Beschluss, dem Vorstand solle fristlos gekündigt werden, "sofern dieser gegen ihn erhobene Vorwürfe nicht entkräften kann"; ein "innerer Wille" der Aufsichtsratsmitglieder, auf jeden Fall zu kündigen, ist unbeachtlich OLG Karlsruhe AG 2005, 210 = ZIP 2004, 2377.
80 OLG Karlsruhe AG 2005, 210 = ZIP 2004, 2377.
81 BGH AG 2005, 475.
82 MüKo-AktG/*Spindler*, Rn 111; MüHb-AktG/*Wiesner*, § 20 Rn 52.
83 BGHZ 12, 327, 334 = NJW 1954, 797; MüKo-AktG/*Spindler*, Rn 111; KölnKomm-AktG/*Mertens*, Rn 96.
84 OLG Düsseldorf AG 2004, 321; LG Kleve EWiR 2003, 679.
85 MüHb-AktG/*Wiesner*, § 20 Rn 41; *Hüffer*, Rn 25; *Krieger*, Personalentscheidungen des Aufsichtsrats, 1981, S. 180; *Martens*, in: FS Werner, 1984, S. 495, 510; aA LG Ravensburg EWIR 1985, 415; KölnKomm-AktG/*Mertens*, Rn 143; Hanau/Ulmer/*Ulmer*, MitbestG, § 31 Rn 43.
86 RegBegr. *Kropff*, S. 106.
87 KölnKomm-AktG/*Mertens*, Rn 21.
88 *Fleck*, WM 1985, 677, 680; BGH LM BGB § 626 Nr. 8.
89 So auch MüHb-AktG/*Wiesner*, § 20 Rn 44; *Krieger*, Personalentscheidungen des Aufsichtsrats, 1981, S. 132; aA *Hüffer*, Rn 25; MüKo-AktG/*Spindler* Rn 116 f; KölnKomm-AktG/*Mertens*, Rn 103; Großkomm-AktienR/*Meyer-Landrut*, Anm. 32.
90 KölnKomm-AktG/*Mertens*, Rn 104; aA *Krieger*, Personalentscheidungen des Aufsichtsrats, 1981, S. 138 ff.
91 BGHZ 13, 188, 193 = BGH NJW 1954, 1155, 1156; *Hommelhoff*, ZHR 151 (1987), 493, 497; Großkomm-AktienR/*Meyer-Landrut*, Anm. 33; KölnKomm-AktG/*Mertens*, Rn 104, 107; aA Hanau/Ulmer/*Ulmer*, MitbestG, § 31 Rn 32; MüHb-AG/*Wiesner*, § 20 Rn 50.
92 OLG Stuttgart AG 2003, 211; OLG Stuttgart NZG 2002, 971.
93 BGH ZIP 1992, 760, 761; *Hüffer*, Rn 27; KölnKomm-AktG/*Mertens*, Rn 103.
94 BGH AG 2007, 446, 447 (zu Genossenschaft); *Hüffer*, Rn 27.

22 **2. Beispiele. a) Grobe Pflichtverletzung.** Eine grobe Pflichtverletzung liegt vor bei: Missbrauch von Gesellschaftsvermögen für eigene Zwecke;[95] mangelnde Offenheit gegenüber Aufsichtsrat;[96] Schwere Störung des Vertrauensverhältnisses mit nachgeordneter Führungsebene,[97] hohe Schulden oder Eröffnung des Insolvenzverfahrens über das Vermögen des Vorstandmitglieds;[98] strafbare Handlungen, auch im Privatbereich,[99] Fälschung von Belegen;[100] Manipulationen in der Bilanz und im Warenlager;[101] unberechtigter Urlaub;[102] Bestechlichkeit;[103] Verletzung der Berichterstattungspflichten gemäß § 90;[104] Nichtbeachtung eines Zustimmungsvorbehalts gemäß § 111 Abs. 4 S. 2;[105] nicht jedoch Androhung einer Klage gegen AG, wenn Rechtsstandpunkt des Vorstandsmitglieds vertretbar.[106]

23 **b) Unfähigkeit zur ordnungsgemäßen Geschäftsführung.** Unfähigkeit wird bejaht bei: mangelnden Kenntnissen;[107] dauernden Streitigkeiten unter den Vorstandsmitgliedern, die die Zusammenarbeit gefährden[108] oder Zerwürfnis zwischen Vorstand und Aufsichtsrat;[109] lang andauernder Krankheit;[110] Fehlen von Fähigkeiten zur Bewältigung von Ausnahmesituationen (Krisen).[111]

24 **c) Vertrauensentzug durch die Hauptversammlung.** Weitere Gründe (neben dem endgültigen[112] Vertrauensentzug) müssen nicht angeführt werden.[113] Ein persönlicher Vorwurf gegen das Vorstandsmitglied ist nicht erforderlich. Vertrauensentzug ist sogar möglich, wenn bei Meinungsverschiedenheit über wesentliche Unternehmensentscheidungen das Vorstandsmitglied objektiv betrachtet im Recht ist.[114] Vertrauensentzug darf aber nicht aus offenbar unsachlichen Gründen erfolgen. Unsachlichkeit ist zB anzunehmen, wenn Entziehung des Vertrauens willkürlich erfolgt oder lediglich vorgeschoben wird oder die damit verfolgten Zwecke rechtswidrig sind oder wenn der Vertrauensentzug auf Gründen beruht, trotz deren Kenntnis dem Vorstandsmitglied vorher Entlastung erteilt wurde.[115] Die Beweislast dafür, dass Abberufung aus unsachlichen Gründen erfolgte, trägt Vorstandsmitglied.[116]
Vertrauensentzug erfordert den Beschluss der Hauptversammlung (§ 118 Abs. 1, auch in Form der Nichtentlastung),[117] Vertrauensentzug außerhalb der Hauptversammlung ist nicht möglich.[118] Eine nachträgliche Genehmigung des Widerrufs des Aufsichtsrats durch die Hauptversammlung ist ausgeschlossen; der Beschluss muss dem Widerruf vorausgehen.[119]

25 **d) Unbenannte wichtige Gründe.** Hierzu gehören zB Zweifel an sachgemäßer Ausübung des Amtes im Hinblick auf Wechsel des Mehrheitsaktionärs bei Identifizierung des Vorstandsmitglieds mit der alten Mehrheit in außergewöhnlichem Maße;[120] massive Ablehnung durch die Mitarbeiter (Streik);[121] Wiedereinsetzung des aus wichtigem Grund abberufenen Vorgängers (vgl Rn 20); uU massiver Druck durch Dritten (Hausbank).[122]

26 **III. Unberechtigter Widerruf.** Abs. 3 S. 4 dient der Rechtsklarheit und dem Verkehrsschutz und will Unklarheiten über das Bestehen des organschaftlichen Verhältnisses vermeiden. Die Vorschrift bezieht sich –

---

95 BGH WM 1984, 29 f.
96 BGHZ 20, 239, 246 = NJW 1956, 906; OGH AG 2001, 100, 104.
97 Vgl LG Köln AG 2004, 570.
98 OLG Hamburg BB 1954, 978.
99 BGH NJW 1956, 1513.
100 OLG Hamm GmbHR 1985, 119, 120.
101 OLG Düsseldorf WM 1992, 14, 19.
102 RG Warn Rspr 1906, 237.
103 BGH WM 1967, 679.
104 Großkomm-AktienR/*Meyer-Landrut*, Anm. 32; LG Berlin AG 2002, 682; LG München I AG 2005, 131: jedoch nur nach vorheriger ergebnisloser Abmahnung (außer bei besonders schwerem Verstoß).
105 OLG Stuttgart AG 2013, 599.
106 LG Darmstadt AG 1987, 318, 319; zur Beweislast vgl OLG München AG 2007, 361 f; BGH AG 2007, 446 ff.
107 OLG Stuttgart GmbHR 1957, 59, 60.
108 BGH AG 1998, 519, 520; BGH WM 1984, 29 f; OLG Köln ZIP 1987, 1120.
109 KölnKomm-AktG/*Mertens*, Rn 101.
110 KölnKomm-AktG/*Mertens*, Rn 134.
111 MüHb-AktG/*Wiesner*, § 20 Rn 46; *Semler*, Leitung und Überwachung der Aktiengesellschaft, 2. Aufl. 1996, S. 132 f.
112 MüKo-AktG/*Hefermehl/Spindler*, Rn 127.
113 *Hüffer*, Rn 29.
114 BGH NJW 1975, 1657 = AG 1975, 242; *Henze*, HRR-AktienR, Rn 315; *Säcker*, in: FS Gerhard Müller, 1981, S. 745, 746 ff.
115 MüHb-AktG/*Wiesner*, § 20 Rn 49; zum Vertrauensentzug aus offenbar unsachlichen Gründen vgl *Hüffer*, Rn 29; KG ZIP 2003; 1042, 1046 f.
116 LG Frankfurt NZG 2009, 986 (LS.) = BeckRS 2009, 20036.
117 KölnKomm-AktG/*Mertens*, Rn 105; KölnKomm-AktG/*Zöllner*, (1. Aufl. 1970) § 120 Rn 42; MüHb-AktG/*Wiesner*, § 20 Rn 50; aA LG München I AG 2005, 701 (Vertrauensentzug wird in der Hauptversammlung nicht vom Tagesordnungspunkt Entlastung abgedeckt); KölnKomm-AktG/*Zöllner*, (1. Aufl. 1970) § 120 Rn 42; *Zimmermann*, in: FS Rowedder, 1994, S. 593, 594; Großkomm-AktienR/*Meyer-Landrut*, Anm. 35; *v. Godin/Wilhelmi*, § 120 Anm. 5; *Hüffer*, Rn 30: Vertrauensentzug ist auch zukunftsorientiert, Entlastung nur vergangenheitsorientiert, Stimmverbot des § 136 greift nur bei Entlastung, nicht bei Vertrauensentzug; differenzierend MüKo-AktG/*Spindler*, Rn 127.
118 BGH WM 1962, 811; KölnKomm-AktG/*Mertens*, Rn 105 f; Großkomm-AktienR/*Meyer-Landrut*, Anm. 35; aA bei Vorliegen besonderer Umstände *Henze*, HRR AktienR, Rn 317; *Säcker*, in: FS Gerhard Müller, 1981, S. 745, 751 Fn 13.
119 *Hüffer*, Rn 30.
120 KölnKomm-AktG/*Mertens*, Rn 109; MüKo-AktG/*Spindler*, Rn 124.
121 KölnKomm-AktG/*Mertens*, Rn 110.
122 BGH AG 2007, 125.

trotz weiter gehenden Wortlauts – lediglich auf das Vorliegen des wichtigen Grundes.[123] Auch wenn kein wichtiger Grund vorliegt, ist der Widerruf wirksam und die Bestellung des Vorstandsmitglieds beendet. Nur die rechtskräftige Feststellung (Endurteil im Hauptsacheverfahren)[124] der Unwirksamkeit des Widerrufs wegen Fehlens eines wichtigen Grunds führt zur Wiedereinsetzung des Vorstandsmitglieds mit Wirkung **ex nunc**.[125] Fehlt dagegen der Aufsichtsratsbeschluss oder ist dieser wegen Verfahrensmangels ungültig (zB Widerrufsbeschluss durch einen Aufsichtsratsausschuss), so endet die Bestellung nicht, die Unwirksamkeit der Bestellung wird vom Gericht mit Wirkung **ex tunc** festgestellt.[126] Bei Wiedereinsetzung des Vorstandsmitglieds durch rechtskräftige Entscheidung wird die Zeit der Abberufung für die Berechnung der Amtsdauer mitgerechnet.[127]

IV. Rechtsschutz des Vorstandsmitglieds. Die Klage des Vorstandsmitglieds gegen den Widerruf ist gegen die AG, vertreten durch den Aufsichtsrat (§ 112),[128] zu richten.[129] Es handelt sich um eine **Gestaltungsklage**, wenn die Unwirksamkeit der Abberufung mangels Vorliegens eines wichtigen Grunds begehrt wird, da es um die Wiedereinsetzung als Vorstandsmitglied geht.[130] Eine **Feststellungsklage** ist zu erheben, wenn die Wirksamkeit oder Existenz des Aufsichtsratsbeschlusses bestritten wird.[131] Da der Aufsichtsratsbeschluss nachholbar ist (§ 244 analog), ist in diesen Fällen Klage auf Feststellung der Unwirksamkeit, hilfsweise Wiedereinsetzung als Vorstandsmitglied, sinnvoll. Die Feststellungsklage ist ferner angebracht, wenn ein Vorstandsmitglied nach Abberufungsbeschluss sein Amt aus wichtigem Grund niederlegt oder die Amtszeit zwischenzeitlich abgelaufen ist. Auf formeller Ebene prüft das Gericht das Vorliegen eines gültigen Aufsichtsratsbeschlusses. Fehlt dieser, ist das Vorstandmitglied nicht wirksam abberufen und die Klage erfolgreich. Andernfalls ist in materieller Hinsicht weiter zu prüfen, ob ein wichtiger Grund vorliegt. Dabei ist primär der dem Aufsichtsratsbeschluss zugrunde liegende Sachverhalt zu berücksichtigen. Möglich ist jedoch, weitere Gründe als Hilfstatsachen zu berücksichtigen oder nachzuschieben.[132] Letzteres setzt allerdings voraus, dass Gründe neu entstanden sind (und neuer Aufsichtsratsbeschluss gefasst und dem Vorstandsmitglied mitgeteilt wird) oder dass bei Erklärung des Widerrufs schon vorhandene Gründe dem Aufsichtsrat nicht bekannt waren; anderenfalls ist Nachschieben unzulässig.[133] Streitwert (§ 3 ZPO) richtet sich nach dem Interesse des Vorstandsmitglieds, die Gesellschaft zu leiten (bzw Interesse der AG, dass Vorstandsmitglied nicht leitet), nicht hingegen nach der Vergütungshöhe oder den Folgen der Abberufung.[134]

Einstweiliger Rechtsschutz ist nur möglich, wenn die Wirksamkeit des Aufsichtsratsbeschlusses angegriffen wird (nichtig, weil formell fehlerhaft oder evident willkürlich oder gesetzeswidrig, oder zumindest vernichtbar und tatsächlich angefochten),[135] nicht hingegen bei bloßem Bestreiten des wichtigen Grundes (da Schwebezustand vermieden werden soll).[136] Der Verfügungsgrund folgt aus der Dauer des Hauptsacheverfahrens.[137] Falls auf andere Art und Weise effektiver Rechtsschutz nicht gewährleistet werden kann, ist die Untersagung eines bestimmten Abstimmungsverhaltens im Rahmen eines Aufsichtsratsbeschlusses mit den Mitteln einer einstweiligen Verfügung möglich.[138]

V. Sonstige Möglichkeiten. 1. Suspendierung (vorläufige Amtsenthebung). Wesen und Zulässigkeit der Suspendierung sind umstritten: Nach einer Ansicht ist die Suspendierung ein echter, aber zeitlich begrenzter Widerruf iSv § 84, so dass dessen Voraussetzungen und Verfahren eingehalten werden müssen.[139] Nach zweiter Ansicht handelt es sich lediglich um eine kurzzeitige, vorläufige Amtsenthebung, wobei allerdings die Voraussetzungen des Widerrufs ebenfalls eingehalten werden müssen.[140] Nach dritter Ansicht ist für die Suspendierung schon der schwerwiegende Verdacht eines Verhaltens, das einen Widerruf rechtfertigt, aus-

---

123 OLG Stuttgart AG 1985, 539, 540; MüHb-AktG/*Wiesner*, § 20 Rn 52, unstr.
124 MüKo-AktG/*Spindler*, Rn 130; *Hüffer*, Rn 32, 34, nicht nur Urteil iRv einstweiliger Verfügung.
125 MüKo-AktG/*Spindler*, Rn 130; KölnKomm-AktG/*Mertens*, Rn 100; abweichend *Hüffer*, Rn 34: „rückwirkend".
126 OLG Stuttgart AG 1985, 193; LG München I AG 1986, 142 ff (Aigner); KölnKomm-AktG/*Mertens*, Rn 98; MüKo-AktG/*Spindler*, Rn 132; MüHb-AktG/*Wiesner*, § 20 Rn 52.
127 KölnKomm-AktG/*Mertens*, Rn 24.
128 Nicht: AG vertreten durch Vorstand (unzulässige Klage), BGH WM 1990, 630; BGH AG 1991, 269 f; *Brandner*, in: FS Quack, 1991, S. 201 f; BGH NJW 1997, 318.
129 So auch die neuere Rspr: BGH NJW 1981, 2748, 2749; BGH WM 1984, 532; OLG Koblenz AG 1980, 282; siehe auch MüHb-AktG/*Wiesner*, § 20 Rn 53; MüKo-AktG/*Spindler*, Rn 132; anders noch die mittlerweile überholte Rspr: BGHZ 13, 188, 191 = NJW 1954, 998.
130 KG AG 1984, 24, 25; MüKo-AktG/*Spindler*, Rn 132; KölnKomm-AktG/*Mertens*, Rn 116; *Hüffer*, Rn 34; MüHb-AktG/*Wiesner*, § 20 Rn 53.
131 MüKo-AktG/*Spindler*, Rn 132; *Hüffer*, Rn 34.
132 Spindler/Stilz/*Fleischer*, Rn 133.
133 BGHZ 13, 188, 194 ff = NJW 1954, 998; BGH WM 1962, 109, 111; LG München I AG 2005, 131; MüKo-AktG/*Spindler*, Rn 134; KölnKomm-AktG/*Mertens*, Rn 121.
134 BGH WM 1995, 1316 f; *Hüffer*, Rn 34.
135 KölnKomm-AktG/*Mertens*, Rn 99 ff.
136 OLG Hamm GmbHR 2002, 327, 328; KölnKomm-AktG/*Mertens*, Rn 97; Großkomm-AktienR/*Meyer-Landrut*, Anm. 29; *Hüffer*, Rn 32, 34; MüHb-AG/*Wiesner*, § 20 Rn 54; *Heidel*, AG-Report 2013, S. 342, will bei evidentem Fehlen eines wichtigen Grundes vorläufigen Rechtsschutz zulassen.
137 OLG Stuttgart AG 1985, 193 (Dornier).
138 OLG München ZIP 2013, 2200.
139 LG München I AG 1986, 142 (Aigner); MüKo-AktG//*Spindler*, Rn 143 f; *Baums*, Der Geschäftsleitervertrag, 1987, S. 348.
140 KG AG 1984, 24, 25; OLG München AG 1986, 234, 235; *Krieger*, Personalentscheidungen des Aufsichtsrats, 1981, S. 154 f; *v. Godin/Wilhelmi*, Anm. 12; KölnKomm-AktG/*Mertens*, Rn 152 wohl auch *Lutter/Krieger*, AR, § 7 Rn 378, 380.

reichend;[141] dies entspricht einem Bedürfnis der Praxis, der dritten Ansicht ist somit der Vorzug zu geben.[142] Nach einer Suspendierung kann das Vorstandsmitglied Wiedereinsetzung durch Klage oder einstweilige Verfügung begehren oder sein Amt aus wichtigem Grund niederlegen.

30 **2. Amtsniederlegung.** Die Amtsniederlegung ist eine einseitige Erklärung des Vorstandsmitglieds über das Ausscheiden aus dem Organverhältnis. Die Erklärung ist an die AG, vertreten durch den Aufsichtsrat (§ 112), dieser wiederum vertreten durch den Aufsichtsratsvorsitzenden, zu richten. Der Anstellungsvertrag muss nicht gleichzeitig gekündigt werden.[143] Auch die Amtsniederlegung erfordert das Vorliegen eines wichtigen Grundes (zB ungerechtfertigte Entlastungsverweigerung), wird aber (analog § 84 Abs. 3 S. 4) mit Zugang der Erklärung wirksam, selbst wenn das Vorliegen eines wichtigen Grundes zweifelhaft ist[144] oder wenn die Begründung ganz fehlt;[145] dann ist die AG zur Kündigung des Anstellungsverhältnisses aus wichtigem Grund berechtigt.[146] Eine rechtsmissbräuchliche Amtsniederlegung ist jedoch unwirksam,[147] was bei Handlungsfähigkeit des Aufsichtsrats regelmäßig nicht der Fall ist. Auch in der Krise und nach Insolvenzeröffnung begegnet die Amtsniederlegung sämtlicher Vorstände grundsätzlich keinen Bedenken (im Falle der Führungslosigkeit ist jedes Aufsichtsratsmitglied zur Stellung des Insolvenzantrags verpflichtet, § 15 a Abs. 3 InsO), es sei denn, die AG wird dadurch handlungsunfähig, dass zuvor schon sämtliche Aufsichtsratsmitglieder ihre Amtsniederlegung erklärt haben und keine Hauptversammlung zur Wahl neuer Aufsichtsratsmitglieder einberufen wurde.[148]

31 **3. Einvernehmliche Aufhebung.** Die einvernehmliche Aufhebung der Bestellung erfordert keinen wichtigen Grund und ist jederzeit möglich.[149] Für die AG handelt der Gesamtaufsichtsrat, der durch Beschluss entscheidet (§ 108); ausgeschlossen ist die Beschlussfassung durch den Ausschuss (Rechtsgedanken des § 107 Abs. 3 S. 3).[150] In der mitbestimmten AG ist das Verfahren nach § 31 MitbestG zu beachten.

G. Widerruf der Ernennung zum Vorstandvorsitzenden (Abs. 3)

32 Die Grundsätze für den Widerruf der Bestellung gelten entsprechend, wobei sich der wichtige Grund auf die Funktion als Vorstandsvorsitzender beziehen muss. In der mitbestimmten AG gilt das mehrstufige Widerrufsverfahren (§ 31 Abs. 5 MitbestG) nicht (sondern § 108).

H. Beendigung des Anstellungsvertrags

33 **I. Überblick.** Abs. 3 S. 5 verweist für den Anstellungsvertrag auf die allgemeinen Vorschriften. Ein Anstellungsvertrag ist somit nur durch außerordentliche Kündigung gemäß § 626 BGB zu beenden, so dass ein wichtiger Grund vorliegen muss und die Ausschlussfrist von zwei Wochen zu beachten ist.[151] Die Kündigungserklärung erfolgt durch den Aufsichtsrat (§ 112) aufgrund eines eindeutigen und endgültigen Aufsichtsratsbeschlusses,[152] wobei Bevollmächtigung oder Botenschaft möglich ist.[153] Fehlt es an einem Aufsichtsratsbeschluss, ist Kündigung unwirksam. Rückwirkende Genehmigung durch nachträglichen Aufsichtsratsbeschluss ist nicht möglich.[154] Kündigung wird mit Zugang wirksam (§ 130 Abs. 1 S. 1 BGB). Im Gegensatz zum Widerruf der Bestellung kann der erforderliche Beschluss des Aufsichtsrats (§ 108) einem Ausschuss übertragen werden (§ 84 Abs. 3 S. 5 wird in § 107 Abs. 3 S. 3 nicht erwähnt).[155] Eine Grenze besteht, sofern die dem Gesamtaufsichtsrat obliegende Entscheidung über den Widerruf der Bestellung durch den Ausschuss vorweggenommen würde. Somit darf die Kündigung nicht erfolgen, solange der Widerruf

---

141 MüHb-AktG/*Wiesner*, § 20 Rn 61; *Meyer-Landrut*, in: FS Robert Fischer, 1979, S. 477, 485.
142 AA *Hüffer*, Rn 35, der diese Lösung zwar für plausibel, aber nicht von § 84 Abs. 3 gedeckt hält.
143 MüHb-AktG/*Wiesner*, § 20 Rn 56.
144 BGHZ 78, 82, 84; BGHZ 121, 257, 260; KölnKomm-AktG/*Mertens*, Rn 163; MüHb-AktG/*Wiesner*, § 20 Rn 55; *Henze*, HRR-AktienR, Rn 330 f; aA MüKo-AktG/*Spindler*, Rn 146: wichtiger Grund überhaupt nicht erforderlich, Amtsniederlegung nur bei Missbrauch (zur Unzeit) unzulässig.
145 BGHZ 121, 257, 261 f (für GmbH); OLG Düsseldorf FG Prax 2001, 82; *Hüffer*, Rn 36.
146 BGHZ 78, 82, 88 = NJW 1980, 2415, 2416; BGH NJW 1987, 1435, 1436; BGH AG 1984, 266.
147 OLG Düsseldorf FG Prax 2001, 82.
148 OLG Dresden NotBZ 2005, 112.
149 OLG Karlsruhe AG 1996, 224, 227; MüHb-AktG/*Wiesner*, § 20 Rn 57; *Hüffer*, Rn 37; *Krieger*, Personalentscheidungen des Aufsichtsrats, 1981, S. 147.
150 BGHZ 79, 38, 41 f = NJW 1981, 757, 758 f; *Hoffmann-Becking*, in: FS Stimpel, 1985, S. 589, 593; zum relevanten Veröffentlichungszeitpunkt nach § 37 b Abs. 1 WpHG vgl: OLG Stuttgart NZG 2007, 352 f.
151 Vgl LG München I AG 2005, 131; eine hilfsweise ordentliche Kündigung entfaltet ebenfalls keine Wirkung, wenn ein wichtiger Grund iSd § 84 Abs. 3 S. 1 nicht vorliegt. Anderenfalls würde durch die Möglichkeit des Rechts zur ordentlichen Kündigung die zwingende Regelung des § 84 Abs. 3 S. 1 umgangen, LG München I aaO.
152 Nicht ausreichend ist Beschluss, dem Vorstand solle fristlos gekündigt werden, "sofern dieser gegen ihn erhobene Vorwürfe nicht entkräften kann"; ein "innerer Wille" der Aufsichtsratsmitglieder, auf jeden Fall kündigen zu wollen, ist unbeachtlich OLG Karlsruhe AG 2005, 210 = ZIP 2004, 2377.
153 OLG Düsseldorf AG 2012, 511.
154 OLG Karlsruhe AG 2005, 210 = ZIP 2004, 2377.
155 BGHZ 65, 190, 193 = NJW 1976, 145.

noch nicht beschlossen ist (vgl Rn 12).[156] Als zulässig wird angesehen, wenn der Ausschuss die Kündigung mit der Maßgabe beschließt, dass diese nur bei Widerruf der Bestellung erklärt werden soll.[157] Gleiches gilt bei einvernehmlicher Vertragsaufhebung.[158] Eine Regelung im Anstellungsvertrag, wonach die Kündigung der Zustimmung des Aufsichtsrats (also des Gesamtaufsichtsrats) bedarf, ist zu beachten.[159] Bei Streitigkeiten aus dem Anstellungsverhältnis sind wegen der Organstellung der Vorstandmitglieder (vgl Rn 10) nicht die Arbeits-, sondern die ordentlichen Gerichte zuständig, §§ 2 Abs. 4, 5 Abs. 1 S. 3 ArbGG.

II. Wichtiger Grund. § 626 Abs. 1 BGB hat selbstständige Bedeutung, so dass der wichtige Grund für den Widerruf der Bestellung nicht zur Rechtfertigung der außerordentlichen Kündigung geeignet sein muss.[160] Jedoch rechtfertigt ein wichtiger Grund zur Kündigung des Anstellungsvertrags stets auch den Widerruf der Bestellung.[161] 34

Ein wichtiger Grund nach § 626 Abs. 1 BGB ist gegeben, wenn nach Abwägung der relevanten **beiderseitigen** (anders als für Widerrufsentscheidung) Interessen die Fortsetzung des Anstellungsvertrags bis zu seiner ordentlichen Beendigung für die AG nicht zumutbar ist.[162] Bei der Abwägung sind insbesondere die Schwere der Verfehlung, deren Folgen für AG, Größe des Verschuldens, evtl gegebene Wiederholungsgefahr sowie die sozialen Folgen für den Betroffenen zu berücksichtigen.[163] Grobe Pflichtverletzung kann einen wichtigen Grund darstellen, bei Unfähigkeit sind Belange des Vorstandsmitglieds, vor allem soziale Folgen, zu berücksichtigen. Dagegen stellt allein der Vertrauensentzug durch Hauptversammlung per se keinen wichtigen Grund zur Kündigung dar.[164] Entscheidend für die außerordentliche Kündigung ist der Grund für den Vertrauensentzug durch Hauptversammlung. Unberechtigte Amtsniederlegung durch ein Vorstandsmitglied ist eine gröbliche Pflichtverletzung und damit ein wichtiger Grund.[165] Bei minder schwerem Fall von wichtigem Grund ist eine vorherige **Abmahnung** angebracht. Bei Stützung auf Verdachtsmomente ist eine vorherige Anhörung geboten. Abmahnung ist aber nicht grundsätzlich erforderlich, da Vorstand Arbeitgeberfunktion wahrnimmt.[166] Eine Pflicht zur Anhörung vor Kündigung kann aber vertraglich vereinbart werden. Fehlende Anhörung führt in diesem Falle zur Nichtigkeit der Kündigungserklärung.[167] Darlegungs- und Beweislast für die einen wichtigen Grund begründenden Tatsachen trägt AG. Es ist möglich, den Widerruf der Bestellung als auflösende Bedingung des Anstellungsvertrags zu vereinbaren[168] (ansonsten ist vertragliche Erweiterung wichtiger Gründe ausgeschlossen). Der Anstellungsvertrag endet dann aber erst mit Ablauf der nach § 622 Abs. 2 S. 1 BGB maßgeblichen Frist.[169] Die Kündigung des Anstellungsvertrages aus wichtigem Grund führt nicht zu einer Suspendierung des Anstellungsvertrages, wie dies § 84 Abs. 3 S. 4 für die Bestellung vorsieht. Ist die Bestellung wirksam widerrufen und besteht der Anstellungsvertrag fort (zB weil kein wichtiger Grund iSv § 626 BGB vorliegt), so kann das Vorstandsmitglied zu einer angemessenen Dienstleistung außerhalb des Vorstands verpflichtet werden.[170] Der Anstellungsvertrag kann **vom Vorstandsmitglied** aus wichtigem Grund gekündigt werden, so zB bei Widerruf der Bestellung, Verweigerung der Entlastung durch Hauptversammlung, Konzernierung (vertraglich oder faktisch) mit anderem Unternehmen, unverschuldetem Vertrauensbruch mit Aufsichtsrat. 35

III. Zweiwöchige Ausschlussfrist. Nach Ablauf der zweiwöchigen Ausschlussfrist des § 626 Abs. 2 BGB ist eine Kündigung unwirksam. Zum Teil wird vertreten, dass die Zweiwochenfrist für Organmitglieder mangels Schutzbedürftigkeit nicht gilt.[171] Bei der mitbestimmten AG läuft die Zweiwochenfrist erst nach Ablauf des mehrstufigen Widerrufverfahrens (§ 31 Abs. 5, vgl Rn 19). Dies gilt auch, wenn der Arbeitsdirektor nur seine Funktion, nicht aber sein Vorstandsamt verliert. 36

Die Frist beginnt mit zuverlässiger und möglichst vollständiger positiver Kenntnis[172] des Aufsichtsrats von den den wichtigen Grund begründenden Tatsachen, bei einer Kette von Ereignissen des letzten Gliedes[173] (§ 626 Abs. 2 S. 1 BGB). Dies ist nicht der Fall, wenn noch weitere Aufklärungen erforderlich sind,[174] die allerdings zügig durchgeführt werden müssen.[175] Dagegen ist Kenntnis aller mit dem Kündigungsgrund zu- 37

---

156 BGHZ 79, 38, 44 = NJW 1981, 757; BGHZ 83, 144, 150 = NJW 1982, 1528; BGHZ 89, 48, 56 = NJW 1984, 733.
157 MüHb-AktG/*Wiesner*, § 21 Rn 73; *Hoffmann-Becking*, in: FS Stimpel 1985, S. 589, 595 ff.
158 BGHZ 79, 38, 43 = NJW 1981, 757; *Hüffer*, Rn 38 a.
159 KG AG 2005, 205 = NZG 2004, 1165.
160 Unstr, s. zB BGH WM 1995, 2064, 2065.
161 BGH NJW-RR 1996, 156; OLG Düsseldorf WM 1992, 14, 19; KölnKomm-AktG/*Mertens*, Rn 91.
162 MüKo-BGB/*Henssler*, § 626 Rn 29 ff.
163 BGH NJW-RR 1996, 156; BGH NJW 1993, 463; MüHb-AktG/*Wiesner*, § 21 Rn 78.
164 *Säcker*, in: FS Gerhard Müller, 1981, S. 745, 746 ff.
165 BGH NJW 1978, 1435, 1437 (für GmbH); BGHZ 1978, 82, 85 = NJW 1980, 2415.
166 BGH NZG 2007, 674.
167 KG AG 2005, 205 = NZG 2004, 1165.
168 BGH NJW 1989, 2683 f; *Henze*, HRR-AktienR, Rn 341; *Bauer*, DB 1992, 1413, 1414 f; einschränkend *Bauer/Diller*, GmbHR 1998, 809, 812 f; BGH GmbHR 1989, 415; *Happ*, Aktienrecht, 2007, S. 882; *Tschöpe/Wortmann*, NZG 2009, 85, 87; zu Fragen der Abfindung vgl auch *Hohenstatt/Willemsen*, NJW 2008, 3462 ff.
169 *Hüffer*, Rn 40; BGH NJW 1989, 2683 f; KölnKomm-AktG/*Mertens*, Rn 138.
170 KölnKomm-AktG/*Mertens*, Rn 141.
171 *Martens*, in: FS Werner 1984, S. 495 ff.
172 BAG NZA 2006, 101, 1211; BAG NZA 2007, 744.
173 KölnKomm-AktG/*Mertens*, Rn 146.
174 BGH NJW 1996, 1403.
175 KölnKomm-AktG/*Mertens*, Rn 145.

sammenhängenden Tatsachen nicht notwendig.[176] Unterschiedlich beurteilt wird, ob Kenntnis aller Mitglieder des Aufsichtsrats[177] erforderlich ist oder Kenntnis eines Mitglieds[178] genügt oder Kenntnis des Aufsichtsratsvorsitzenden zu fordern ist.[179] Für die GmbH nimmt die Rechtsprechung an, dass die Ausschlussfrist erst beginnt, wenn der Sachverhalt einer Gesellschafterversammlung unterbreitet wird, deren Einberufung nicht unangemessen verzögert worden ist. Grund hierfür ist, dass die Gesellschafterversammlung die Überlegungsfrist ausschöpfen können soll.[180] Dies kann auf den Aufsichtsrat der AG übertragen werden: Die Frist läuft ab dem Tag der Aufsichtsratssitzung, wenn die Sitzung mit zumutbarer Beschleunigung (außerordentliche Sitzung unter Wahrung der Ladungsfristen) einberufen wird.[181] Verzögert der Aufsichtsratsvorsitzende nach Kenntnis der Kündigungsgründe die Einberufung unangemessen, muss sich der Aufsichtsrat so behandeln lassen, als habe er nach Ablauf einer angemessenen Frist zur Einberufung einer Sitzung Kenntnis von den Kündigungsgründen erlangt.[182] Die Frist kann bei zwischen Aufsichtsrat und Vorstand vereinbartem Moratorium zur Vorbereitung einvernehmlicher Beendigung gehemmt sein. Weitere Gründe können im Rechtsstreit nachgeschoben werden, soweit sie bei Ausspruch der Kündigung objektiv vorlagen und dem Aufsichtsrat nicht länger als zwei Wochen vor dem Nachschieben bekannt geworden waren.[183] Ein Sachzusammenhang zwischen ursprünglichem Grund und nachgeschobenem Grund ist nicht erforderlich,[184] es sei denn, dass der früher bekannt gewordene Grund schon iSv § 626 Abs. 2 BGB verfristet war.[185] Einer gesonderten Beschlussfassung des Aufsichtsrats über die nachgeschobenen Gründe bedarf es nicht, da der dafür ohnehin zuständige Aufsichtsrat die Gesellschaft im Prozess vertritt.[186]

38 **IV. Montan-Mitbestimmung (Abs. 4).** § 84 Abs. 4 stellt klar, dass § 13 Abs. 1 S. 2 und 3 MontanMitbestG unberührt bleibt, wonach der Arbeitsdirektor gegen die Stimmen der Mehrheit der Aufsichtsratsmitglieder der Arbeitnehmervertreter nicht bestellt oder abberufen werden kann.

Anhang zu § 84 Vorstand

Muster Registeranmeldung siehe in Anh. zu § 81 AktG (Rn 13).

I. Anstellungsvertrag mit einem Vorstandsmitglied

39 ▶ **Anstellungsvertrag**

zwischen der agilo-AG,

nachfolgend „die Gesellschaft",

vertreten durch den Aufsichtsrat der Gesellschaft,

dieser wiederum vertreten durch den Aufsichtsratsvorsitzenden, Herrn Dr. Bernd Meier,

und Herrn Hubertus Gilles, nachfolgend „das Vorstandsmitglied"

Durch Beschluss des Aufsichtsrats vom 23. Dezember 2013 wurde Herr Gilles für die Zeit vom 01. Januar 2014 bis zum 31. Dezember 2017 zum Mitglied des Vorstands bestellt.

Zur Regelung der Anstellungsbedingungen schließen die Beteiligten den folgenden Dienstvertrag:

§ 1 Aufgaben des Vorstandsmitglieds

1. Das Vorstandsmitglied leitet gemeinsam mit den anderen Mitgliedern des Vorstands die Geschäfte der Gesellschaft. Ungeachtet der Gesamtverantwortung des Vorstands leitet das Vorstandsmitglied den ihm nach dem Geschäftsverteilungsplan zugewiesenen Ressortbereich.
2. Die Aufgaben und Pflichten ergeben sich aus den gesetzlichen Bestimmungen, der Satzung, der Geschäftsordnung des Vorstands sowie aus diesem Anstellungsvertrag.
3. Das Vorstandsmitglied erklärt sich bereit, auf Wunsch des Aufsichtsrats Aufsichtsratsmandate oder vergleichbare Mandate in verbundenen Unternehmen, Beteiligungsgesellschaften sowie in Verbänden, denen

---

176 Palandt/*Weidenkaff*, § 626 Rn 23.
177 BGH AG 1981, 47, 48; BAGE 29, 158, 164 ff = NJW 1978, 723; KölnKomm-AktG/*Mertens*, Rn 144; *Fleck*, WM 1985, 677, 680; *Wiesner*, BB 1981, 1533; 1536 ff.
178 BGHZ 41, 282, 287 = NJW 1964, 1357; Großkomm-AktienR/*Meyer-Landrut*, (1. Aufl. 1973) Anm. 41.
179 Vgl bei *Wiesner*, BB 1981, 1533, 1538 f.
180 BGHZ 139, 89, 92 ff = NJW 1998, 3274; *Deutsch/Kahlo*, DB 1983, 811, 813 f; ebenso für Aufsichtsrat einer GmbH: BGH NZG 2002, 46, 47 ff.
181 OLG München AG 2012, 753, 756 f; OLG Jena NZG 1999, 1069 für Verwaltungsrat eines Kreditinstituts; *Hüffer*, Rn 42; *Wiesner*, BB 1981, 1533, 1539.
182 OLG Karlsruhe AG 2005, 210 = ZIP 2004, 2377.
183 Vgl BGH AG 2004, 142; BGH AG 1998, 519.
184 Vgl BGH ZIP 1992, 32; LG Duisburg Beck RS 2013, 18073.
185 Vgl BGH ZIP 2001, 1957; BGH AG 2004, 142.
186 BGH NJW-RR 1998, 1409; LG Duisburg Beck RS 2013, 18073; aA OLG Stuttgart AG 2013, 599.

die Gesellschaft angehört, auszuüben. Soweit das Vorstandsmitglied aus solchen Mandaten eine Vergütung erzielt, wird er sie an die Gesellschaft abführen.

Das Vorstandsmitglied verpflichtet sich, diese Ämter unverzüglich niederzulegen, wenn die Bestellung zum Vorstandsmitglied widerrufen wird, das Vorstandsmitglied sein Amt als Vorstandsmitglied niederlegt oder das Amtsverhältnis aus anderen Gründen beendet wird.

§ 2 Vertragsdauer

1. Der Vertrag wird geschlossen für den Zeitraum vom 01. Januar 2014 bis zum 31. Dezember 2017. Erfolgt eine erneute Bestellung, verlängert sich dieser Vertrag für die Dauer der Amtszeit. Beabsichtigt die Gesellschaft, das Anstellungsverhältnis nicht zu verlängern oder es in anderer Weise zu beenden, so hat sie dies dem Vorstandsmitglied spätestens sechs Monate vor der Beendigung schriftlich anzukündigen. Unterlässt die Gesellschaft die Ankündigung oder geht die Ankündigung verspätet zu, so sind die Bezüge nach § 3 auf die Dauer von sechs Monaten nach Zugang der Ankündigung, längstens jedoch für sechs Monate nach Beendigung des Anstellungsverhältnisses weiterzuzahlen. Die Ankündigung und die Weiterzahlung der Vergütung entfallen, wenn das Anstellungsverhältnis aus einem vom Vorstandsmitglied verschuldeten wichtigen Grund, nach Vollendung seines 65. Lebensjahres, infolge von Berufsunfähigkeit oder Tod nicht verlängert oder beendet wird.
2. Das Recht zur außerordentlichen Kündigung bleibt unberührt.
3. Wird die Bestellung gemäß § 84 Abs. 3 AktG widerrufen, legt das Vorstandsmitglied sein Amt nieder oder endet das Amtsverhältnis aufgrund einer Umwandlung der Gesellschaft, endet zugleich dieser Anstellungsvertrag mit Ablauf der in § 622 Abs. 1 und 2 BGB genannten Fristen.

Das Vorstandsmitglied erhält im Falle der Beendigung nach Absatz 1 eine Abfindung für die vorzeitige Beendigung des Anstellungsvertrages. Die Abfindungshöhe richtet sich nach der Gesamtzahl der Monate (maximal jedoch 24 Monate), die zwischen vorzeitiger Beendigung und dem Zeitpunkt nach Ziff. 1 liegen. Pro Monat werden... EUR zu Grunde gelegt. Die Abfindung ist als Einmalzahlung fällig und zahlbar zum vorzeitigen Beendigungstermin. Die Versteuerung der Abfindung obliegt dem Vorstandsmitglied.

Ein Anspruch auf Zahlung einer Abfindung besteht nicht, wenn das Vorstandsmitglied sein Amt ohne Vorliegen eines wichtigen Grundes niedergelegt hat oder ein wichtiger Grund vorliegt, der die Gesellschaft zum Ausspruch einer fristlosen Kündigung berechtigt (§ 626 BGB).

3. Die Kündigung oder Aufhebung des Vertrags ist nur dann wirksam, wenn sie schriftlich erfolgt.
4. Bei Beendigung des Dienstverhältnisses ist das Vorstandsmitglied verpflichtet, unverzüglich sämtliche geschäftlichen Unterlagen sowie etwaige Ablichtungen geschäftlicher Unterlagen, die sich in seinem Besitz befinden, dem Vorstand auszuhändigen. Ein Zurückbehaltungsrecht, gleich aus welchem Rechtsgrund, ist ausgeschlossen.
5. Die Gesellschaft behält sich vor, das Vorstandsmitglied im Falle des Widerrufs der Bestellung oder der Amtsniederlegung für die restliche Vertragsdauer von der Dienstleistungspflicht freizustellen. Die Freistellung erfolgt unter Anrechnung etwaiger Resturlaubsansprüche und unter Anrechnung eines anderweitigen Verdienstes, den das Vorstandsmitglied in der Freistellungszeit erzielt. § 615 S. 2 BGB findet entsprechende Anwendung. Die erfolgsabhängige Tantieme nach § 3 Ziff. 2 ist für Zeiten der Freistellung nicht geschuldet. Die Verpflichtung, vor einer Nebentätigkeit gemäß § 12 die Genehmigung des Aufsichtsrats einzuholen, und das Verbot einer Konkurrenztätigkeit während der Anstellungszeit bleiben von einer etwaigen Freistellung unberührt.

§ 3 Bezüge

1. Das Vorstandsmitglied erhält ein festes Jahresgehalt von... EUR, das in zwölf gleichen monatlichen Teilbeträgen jeweils am Monatsende ausgezahlt wird.
2. Des Weiteren erhält das Vorstandsmitglied eine erfolgsabhängige Tantieme. Berechnungsgrundlage für die Tantieme ist die EBIT-Marge im Konzernabschluss der Gesellschaft. Ab einer EBIT-Marge im Geschäftsjahr von 5% bis zu einer maximalen EBIT-Marge von 25 % wird ein linearer Bonus bezahlt der bei 5% EBIT-Marge bei Null beginnt und bis 25 % EBIT-Marge auf 80 % des jährlichen Fixgehalts im Geschäftsjahr ansteigt. Die Auszahlung erfolgt zur Hälfte nach Feststellung des betreffenden Jahresabschlusses; zur anderen Hälfte erfolgt die Auszahlung nach Feststellung des zweiten darauf folgenden Jahresabschlusses, sofern in diesen zwei Jahren jeweils ein positives EBIT erwirtschaftet wurde.
3. Im Eintritts- und Austrittsjahr werden Jahresgehalt (Ziff. 1) und Tantieme (Ziff. 2) zeitanteilig gezahlt.

§ 4 Fortzahlung der Bezüge im Krankheits- und Todesfalle

1. Im Krankheitsfall zahlt die Gesellschaft die Bezüge iSd § 3 für die Dauer von sechs Monaten fort, längstens jedoch bis zum Ablauf der Vertragslaufzeit gemäß § 2 Ziff. 1. Dauert die Erkrankung länger als sechs Monate an, wird die Tantieme für das jeweilige Geschäftsjahr um jeweils 1/12 für jeden vollen Monat der Erkrankung gekürzt.
2. Das Vorstandsmitglied muss sich auf die Zahlungen iS der Ziff. 1 Leistungen anrechnen lassen, die es von der gesetzlichen oder privaten Krankenversicherung für die Krankheitsdauer erhält.
3. Verstirbt das Vorstandsmitglied während der Vertragslaufzeit, werden die Bezüge gemäß § 3 für den laufenden Monat sowie für die Dauer von sechs weiteren Monaten an seine Ehefrau fortgezahlt.

§ 5 Dienstwagen

1. Die Gesellschaft überlässt dem Vorstandsmitglied für die Dauer seiner Amtstätigkeit einen Dienstwagen vom Typ... Die Gesellschaft behält sich vor, das Fahrzeug durch einen anderen, gleichwertigen Dienstwagen zu ersetzen. Das Vorstandsmitglied ist zur Privatnutzung des Dienstwagens berechtigt.
2. Das Vorstandsmitglied ist verpflichtet, den Dienstwagen unverzüglich herauszugeben, wenn seine Bestellung widerrufen wird, er sein Amt niederlegt oder das Amtsverhältnis aus anderen Gründen endet. Ein Zurückbehaltungsrecht, gleich aus welchem Rechtsgrund, ist ausgeschlossen.
3. Das Vorstandsmitglied ist auch im Krankheitsfall sowie in anderen Fällen der unverschuldeten Arbeitsverhinderung zur Nutzung des Dienstwagens berechtigt.
4. Die Gesellschaft trägt die Betriebs- und Unterhaltungskosten des Fahrzeugs. Sie wird das Fahrzeug vollkaskoversichern.
5. Die Versteuerung des geldwerten Vorteils obliegt dem Vorstandsmitglied.

§ 6 Kostenerstattung

1. Kosten, die dem Vorstandsmitglied in Ausübung seiner Tätigkeit entstehen und sich im angemessenen Umfang halten, erstattet die Gesellschaft nach Vorlage entsprechender Belege.
2. Die Erstattung von Reisekosten richtet sich nach den jeweils gültigen Reisekostenrichtlinien der Gesellschaft.

§ 7 Urlaub

1. Das Vorstandsmitglied hat Anspruch auf einen Jahresurlaub von insgesamt 30 Arbeitstagen pro Jahr. Die Urlaubszeiten sind mit dem Aufsichtsratsvorsitzenden und den anderen Vorstandsmitgliedern abzustimmen.
2. Kann der Urlaub im Austrittsjahr nicht vollumfänglich gewährt werden, ist die Gesellschaft in entsprechender Anwendung des § 7 Abs. 4 BUrlG zur Abgeltung des Urlaubs verpflichtet.

§ 8 Versicherungsschutz

1. Die Gesellschaft wird eine Unfallversicherung für das Vorstandsmitglied abschließen, die folgende Leistungen vorsieht:
   250.000 EUR im Todesfall
   500.000 EUR bei Vollinvalidität.
   Die Auszahlung erfolgt an die durch das Vorstandsmitglied genannte Person bzw an die durch das Vorstandsmitglied genannten Personen in der durch ihn bestimmten Rangfolge. Hat das Vorstandsmitglied keine Person benannt, erfolgt die Auszahlung an die Ehefrau des Vorstandsmitglieds, im Falle des Vorversterbens der Ehefrau oder im Falle der Ehescheidung an die Abkömmlinge des Vorstandsmitglieds zu gleichen Teilen.
   Im Einzelnen gelten die Versicherungsbedingungen, die diesem Vertrag als Anlage beigefügt werden.
2. Die Gesellschaft hat eine Vermögensschadenhaftpflichtversicherung („D & O-Police") abgeschlossen, durch die jedes Vorstandsmitglied nach Maßgabe der allgemeinen Versicherungsbedingungen und vorbehaltlich eines Selbstbehaltes[1] von 10 % des Schadens bis zur Höhe des Eineinhalbfachen der festen jährlichen Vergütung des Vorstandsmitglieds gem. § 3 Ziff. 1 vor einer Inanspruchnahme durch die Gesellschaft oder durch Dritte aufgrund fahrlässig verursachter Vermögensschäden geschützt wird. Die Gesellschaft wird diesen Versicherungsschutz aufrechterhalten. Vom Versicherungsschutz erfasst ist die gerichtliche und außergerichtliche Abwehr unbegründeter Schadensersatzansprüche. Eine Kopie der Versicherungsbedingungen wird diesem Vertrag als Anlage beigefügt.
3. Die Gesellschaft leistet hinsichtlich der in Ziff. 1 und 2 genannten Versicherungen die Prämienzahlungen an den Versicherer. Soweit das Finanzamt die Prämienzahlung als geldwerten Vorteil bewertet, obliegt dem Vorstandsmitglied die Versteuerung.

§ 9 Pensionsregelung

1. Die Gesellschaft zahlt an das Vorstandsmitglied auf Lebenszeit ein monatliches Ruhegeld, wenn das Vorstandsmitglied mit Vollendung des 65. Lebensjahres aus dem Unternehmen ausscheidet und das Anstellungsverhältnis zu diesem Zeitpunkt mindestens zehn Jahre bestanden hat.
   Scheidet das Vorstandsmitglied vor Vollendung des 65. Lebensjahres aus, steht dem Vorstandsmitglied ein zeitanteiliger Anspruch auf Altersversorgung zu, wenn das Anstellungsverhältnis zum Zeitpunkt des Ausscheidens mindestens zehn Jahre bestanden hat. Pensionszahlungen werden auch in diesem Fall erstmals nach Vollendung des 65. Lebensjahres geleistet.
2. Nach zehnjähriger Dienstzeit beträgt das Ruhegehalt 30 Prozent des pensionsfähigen Einkommens. Für jedes weitere Dienstjahr steigt das Ruhegehalt um 1 Prozent, maximal jedoch bis 60 Prozent. Als Dienstbeginn wird zur Berechnung der Pensionsbezüge der... zu Grunde gelegt.
   Pensionsfähiges Einkommen ist das vom festen Jahresgehalt (§ 3 Ziff. 1 dieses Vertrages) abgeleitete Monatsgehalt im Monat des Ausscheidens. Die Tantieme (§ 3 Ziff. 2) sowie sonstige Leistungen der Gesellschaft bleiben unberücksichtigt.

---

[1] Vgl § 93 Abs. 2 S. 3, eingeführt durch das VorstAG (2009).

Bei der Bemessung der Dienstzeit werden angefangene Dienstjahre ratierlich berücksichtigt. Berücksichtigungsfähig sind nur Dienstjahre bis zur Vollendung des 65. Lebensjahres.

3. Wird das Anstellungsverhältnis aufgrund einer Berufsunfähigkeit iS der gesetzlichen Rentenversicherung aufgehoben, nachdem das Dienstverhältnis mindestens zehn Jahre bestanden hat, erhält das Vorstandsmitglied eine Invalidenrente, deren Höhe 50 Prozent des pensionsfähigen Einkommens iS der Ziff. 2 Abs. 2 beträgt.
4. Verstirbt das Vorstandsmitglied **nach** Vollendung des 65. Lebensjahres, erhält seine Witwe eine Hinterbliebenenversorgung, die 60 Prozent der zuletzt an das Vorstandsmitglied geleisteten Pension beträgt.
Verstirbt das Vorstandsmitglied **vor** Vollendung des 65. Lebensjahres, stehen seiner Witwe Pensionsansprüche in Höhe von 60 Prozent der Pension zu, die das Vorstandsmitglied erzielt hätte, wenn er zum Todeszeitpunkt bereits pensioniert worden wäre.
Voraussetzung ist in beiden Fällen, dass
   a) zum Todeszeitpunkt das Dienstverhältnis mindestens 10 Jahre bestanden hat (unverfallbare Anwartschaft);
   b) die Ehe zum Todeszeitpunkt mindestens 5 Jahre bestanden hat;
   c) die Ehegatten zum Todeszeitpunkt weder getrennt leben noch ein Scheidungsantrag seitens eines Ehegatten gestellt wurde.
Die Zahlungsverpflichtung der Gesellschaft endet mit Wiederverheiratung der Witwe.
5. Die Gesellschaft wird die Versorgungszahlungen iS der Ziff. 2 bis 4 in dreijährigen Abständen unter Berücksichtigung der Preisentwicklung und der Lage der Gesellschaft überprüfen.
6. Die vorgenannten Leistungen werden nicht erbracht für den Zeitraum, in dem
   a) das Vorstandsmitglied eine Karenzentschädigung nach § 11 Ziff. 2 erhält oder
   b) seine Ehefrau Leistungen nach § 4 Ziff. 3 erhält.
7. Die vorgenannten Versorgungszahlungen sind jeweils zum Monatsende fällig.
8. Soweit dem Vorstandsmitglied aufgrund seiner bisherigen Tätigkeit als Arbeitnehmer der Gesellschaft unverfallbare Ansprüche auf Leistungen der betrieblichen Altersversorgung zustehen, erfolgt eine Anrechnung des unverfallbaren Anteils auf Zahlungen dieser Pensionsvereinbarung.
9. Die Gesellschaft kann die Versorgungszusage ganz oder teilweise widerrufen, wenn bei Erteilung der Zusage vorliegende Verhältnisse sich derart nachhaltig verändern, dass der Gesellschaft die Aufrechterhaltung der Zusage auch unter Berücksichtigung der Belange des Versorgungsempfängers nicht mehr zugemutet werden kann.

§ 10 Diensterfindungen

Die Vorschriften des Gesetzes über Arbeitnehmererfindungen gelten entsprechend für Erfindungen des Vorstandsmitglieds im Tätigkeitsbereich der Gesellschaft oder einer verbundenen Gesellschaft.

§ 11 Wettbewerbsvereinbarung/Geheimhaltungspflichten

1. Das Vorstandsmitglied verpflichtet sich, weder für ein Unternehmen freiberuflich, selbstständig oder unselbstständig tätig zu werden, das mit der Gesellschaft oder einem verbundenen Unternehmen in Konkurrenz steht, noch ein solches Unternehmen zu gründen, zu erwerben oder sich an einem solchen Unternehmen zu beteiligen.
2. Das Vorstandsmitglied verpflichtet sich, nach Beendigung des Vertragsverhältnisses für die Dauer von zwei Jahren weder für ein Unternehmen freiberuflich, selbstständig oder unselbstständig tätig zu werden, das mit der Gesellschaft oder einem verbundenen Unternehmen in Konkurrenz steht, noch ein solches Unternehmen zu gründen, zu erwerben oder sich an einem solchen Unternehmen zu beteiligen. Als Konkurrenzunternehmen in diesem Sinne gelten alle Unternehmen, deren Unternehmensgegenstand sich auf eine oder mehrere der folgenden Tätigkeiten erstrecken:... Der örtliche Geltungsbereich erstreckt sich auf:...
3. Für die Dauer des Wettbewerbsverbots zahlt die Gesellschaft eine Entschädigung, deren Höhe 50 Prozent des Festgehaltes gemäß § 3 Ziff. 1 beträgt. Die Tantieme (§ 3 Ziff. 2) und etwaige sonstige Leistungen bleiben bei der Bemessung der Karenzentschädigung außer Betracht.
4. Die Gesellschaft behält sich vor, vor der Beendigung des Anstellungsvertrages durch schriftliche Erklärung auf das Wettbewerbsverbot zu verzichten mit der Folge, dass die Verpflichtung zur Zahlung der Entschädigung mit dem Ablauf von sechs Monaten nach Zugang der Erklärung endet. Jede Vertragspartei kann, nachdem sie das Anstellungsverhältnis durch fristlose Kündigung aus wichtigem Grund wirksam beendet hat, durch schriftliche Erklärung gegenüber der anderen Vertragspartei vom Wettbewerbsverbot zurücktreten. Die Erklärung ist nur dann wirksam, wenn sie der anderen Partei spätestens einen Monat nach dem Zugang der Kündigungserklärung zugeht.
5. Für jeden Fall der Zuwiderhandlung gegen dieses nach Ziff. 1 oder Ziff. 2 Wettbewerbsverbot verpflichtet sich das Vorstandsmitglied, eine Vertragsstrafe in Höhe von 100.000,- EUR zu zahlen. Liegt ein Dauerverstoß vor (Verstoß über einen längeren Zeitraum als einem Monat, zB im Rahmen eines Dauerschuldverhältnisses), ist die Vertragsstrafe für jeden angefangenen Monat neu verwirkt. Unterlassungsansprüche und weitergehende Schadenersatzansprüche bleiben vorbehalten.

6. Das Vorstandsmitglied verpflichtet sich, über alle ihm im Rahmen seiner Tätigkeit oder sonst bekannt gewordenen geschäftlichen und betrieblichen Angelegenheiten der Gesellschaft und/oder aller mit ihr verbundenen Unternehmen stillschweigen zu bewahren. Das Vorstandsmitglied verpflichtet sich weiter, diese Informationen nicht zu eigenen oder zu fremden Zwecken zu verwenden. Diese Geheimhaltungsverpflichtung dauert auch nach Beendigung des Anstellungsverhältnisses fort. Übt das Vorstandsmitglied nach Beendigung dieses Anstellungsvertrags eine berufliche Tätigkeit aus, kann er dabei sein als Vorstandsmitglied erworbenes Wissen einsetzen, sofern er dabei die Beschränkungen aus dem nachvertraglichen Wettbewerbsverbot beachtet.

§ 12 Nebentätigkeiten

Jede selbstständige und unselbstständige, entgeltliche oder unentgeltliche Nebentätigkeit bedarf der Genehmigung des Aufsichtsrats.

§ 13 Ausschlussfristen

Ansprüche der Gesellschaft und des Vorstandsmitglieds aus dem Anstellungsverhältnis verfallen, wenn der Anspruchsberechtigte den Anspruch nicht innerhalb einer Frist von sechs Monaten, berechnet ab dem Zeitpunkt der Fälligkeit, durch schriftliche Erklärung gegenüber der anderen Vertragspartei geltend macht. Entscheidend für die Fristwahrung ist der Zugang der Erklärung.

§ 14 Aufhebung des Arbeitsvertrages

Vor seiner Bestellung zum Vorstandsmitglied war das Vorstandsmitglied als leitender Angestellter für die Gesellschaft tätig. Mit Abschluss dieses Dienstvertrages wird der zwischen der Gesellschaft und dem Vorstandsmitglied bestehende Arbeitsvertrag vom... aufgehoben. Die Vertragsbeziehungen der Beteiligten richten sich künftig ausschließlich nach diesem Dienstvertrag. Das Vorstandsmitglied kann auch nach Beendigung dieses Vertrages keine Rechte aus dem früheren Arbeitsverhältnis herleiten, insbesondere keinen Anspruch auf Beschäftigung bei der Gesellschaft oder einem verbundenen Unternehmen.

§ 15 Schlussbestimmungen

1. Die vorliegenden Anstellungsvereinbarungen sind abschließend, mündliche Nebenabreden wurden nicht geschlossen. Jede Änderung und Ergänzung dieses Vertrages ist nur wirksam, wenn sie schriftlich erfolgt. Dasselbe gilt für die Aufhebung des Schriftformerfordernisses.
2. Sollte eine der Vertragsbestimmungen unwirksam sein, wird die Wirksamkeit der übrigen Bestimmungen nicht berührt. An die Stelle der unwirksamen Regelung tritt eine rechtlich wirksame Bestimmung, die der unwirksamen Bestimmung möglichst nahe kommt.
3. Der Aufsichtsrat hat durch Beschluss vom... dem Abschluss dieses Vertrages zugestimmt und den Aufsichtsratsvorsitzenden zur Unterzeichnung ermächtigt. Eine Kopie dieses Beschlusses wird dieser Vereinbarung als Anlage beigefügt. ◄

II. Aufhebungsvertrag

Die agilo-AG, nachfolgend „die Gesellschaft" genannt,

vertreten durch den Aufsichtsrat, dieser wiederum vertreten durch

den Aufsichtsratsvorsitzenden, Herrn Dr. Bernd Meier,

und

Herr Hubertus Gilles, nachfolgend „Vorstandsmitglied" genannt

schließen den folgenden

Aufhebungsvertrag

§ 1 Beendigung des Amts- und Anstellungsverhältnisses

1. Die Beteiligten sind sich darüber einig, dass das zwischen ihnen bestehende Anstellungsverhältnis auf Veranlassung der Gesellschaft zum 31.12.2013 endet. Bis zu diesem Zeitpunkt wird das Anstellungsverhältnis entsprechend den vertraglichen Absprachen und den gesetzlichen Vorschriften abgewickelt.
2. Das Vorstandsmitglied erklärt durch die Unterzeichnung dieses Vertrages zugleich die Niederlegung des Vorstandsamtes zum 31.8.2013. Es verpflichtet sich, seine Aufsichtsratsämter in verbundenen Unternehmen zum selben Zeitpunkt niederzulegen.

§ 2 Freistellung

1. Das Vorstandsmitglied wird vom 1.9.2013 bis zum 31.12.2013 unwiderruflich von der Verpflichtung zur Dienstleistung freigestellt. Die Freistellung erfolgt unter Fortzahlung der Bezüge. Etwaige Urlaubsansprüche werden durch die Freistellung abgegolten.

2. Soweit das Vorstandsmitglied in der Freistellungsvergütung anderweitigen Verdienst erzielt, ist dieser auf die Bezüge anzurechnen. § 615 S. 2 BGB findet entsprechende Anwendung. Anrechnungsfrei sind Beträge in einer monatlichen Höhe von... EUR. Sofern das Vorstandsmitglied eine anderweitige – freiberufliche, selbstständige oder unselbstständige – Tätigkeit während der Freistellungszeit aufnimmt, wird es den Aufsichtsratsvorsitzenden über diese Tätigkeit unter Angabe des Verdienstes benachrichtigen.
3. Das Verbot, während der Dauer des Anstellungsvertrages Wettbewerbshandlungen zu unterlassen, wird durch die Freistellung weder aufgehoben noch eingeschränkt.
4. Dem Vorstandsmitglied steht es während der Freistellungszeit frei, Vortrags- und Seminartätigkeiten auf eigene Rechnungen aufzunehmen sowie Veröffentlichungen und Publikationen vorzunehmen, ohne dass es einer Genehmigung des Aufsichtsrats bedarf. Eine etwaige Vergütung ist nicht nach Ziff. 2 anzurechnen.
5. Das Vorstandsmitglied wird auch während der Freistellungszeit für Auskünfte zur Verfügung stehen, die seine Tätigkeit für die Gesellschaft oder ein verbundenes Unternehmen betreffen.

§ 3 Bezüge

Das Vorstandsmitglied erhält für das Jahr 2013 vollumfänglich das vertraglich vereinbarte feste Jahresgehalt. Die Tantieme für das Jahr 2013 wird pauschaliert in Höhe von... EUR und mit dem Festgehalt für den Monat Dezember ausgezahlt.

§ 4 Abfindung

1. Zum Ausgleich für die vorzeitige Beendigung des Vertragsverhältnisses und den Verlust des sozialen Besitzstandes zahlt die Gesellschaft an das Vorstandsmitglied eine Abfindung gemäß § 34 Abs. 1, 24 Nr. 1 a EStG in Höhe von... EUR.
2. Der Abfindungsanspruch entsteht mit Abschluss dieser Vereinbarung und ist ab diesem Zeitpunkt vererblich. Die Abfindungszahlung wird zum 31.12.2013 ausgezahlt.

§ 5 Übergangsgeld

Das Vorstandsmitglied erhält das unter §... des Anstellungsvertrages vom... vorgesehene Übergangsgeld für die Dauer von (...) Monaten. Das Übergangsgeld beträgt... EUR und wird erstmals für Januar 2014 ausgezahlt.

§ 6 Betriebliche Altersversorgung

Die Beteiligten sind sich darüber einig, dass dem Vorstandsmitglied unverfallbare Ansprüche auf Leistungen der betrieblichen Altersversorgung nach Maßgabe der Pensionsvereinbarung vom... zustehen. Als pensionsfähige Dienstzeit wird der Zeitraum vom 1.3.1995 bis zum 31.12.2013 zugrunde gelegt.

§ 7 Dienstwagen

1. Das Vorstandsmitglied kann den ihm überlassenen Dienstwagen während der Freistellungszeit in angemessenen Umfang für private Zwecke nutzen, jedoch nicht für Auslandsfahrten.
2. Das Vorstandsmitglied hat die Option, den Dienstwagen zum Buchwert zu erwerben. Er kann diese Option bis zum 30.11.2013 durch schriftliche Erklärung gegenüber dem Aufsichtsratsvorsitzenden ausüben.
3. Das Vorstandsmitglied wird die Autotelefonkarte spätestens zum 31.12.2013 zurückgeben. Sofern es die Option nach Ziff. 2 nicht ausübt, hat das Vorstandsmitglied spätestens zum 31.12.2013 die Fahrzeugschlüssel und -papiere zurückzugeben.

§ 8 Rückgabeverpflichtungen

1. Das Vorstandsmitglied wird spätestens zum 31.12.2013 alle in seinem Besitz befindlichen Unterlagen, Schriftstücke, Entwürfe uä, die Angelegenheiten der Gesellschaft betreffen, einschließlich etwaiger Ablichtungen und Duplikate zurückgeben.
2. Ein Zurückbehaltungsrecht, gleich aus welchem Grunde, ist ausgeschlossen.

§ 9 Wettbewerbsvereinbarung

Die Beteiligten heben einvernehmlich das nachvertragliche Wettbewerbsverbot vom... auf, so dass weder die Gesellschaft noch das Vorstandsmitglied Ansprüche aus der Wettbewerbsabrede herleiten können. Die Verpflichtung, während der Freistellungszeit Konkurrenzhandlungen zu unterlassen, bleibt hiervon unberührt.

§ 10 Presseerklärung

1. Diesem Vertrag liegt als Anlage eine zwischen den Vertragsparteien abgestimmte Pressemitteilung bei, die die Gesellschaft anlässlich des Ausscheidens des Vorstandsmitglieds herausgeben wird.
2. Von der Presseerklärung abweichende sowie zusätzliche Verlautbarungen in Bezug auf die Beendigung des Anstellungsverhältnisses sind nur in beiderseitigem Einvernehmen zulässig.

§ 11 Zeugnis

Das Vorstandsmitglied erhält das in der Anlage beigefügte Zeugnis. Die Gesellschaft wird Auskünfte nur im Sinne dieses Zeugnisses erteilen.

§ 12 Ausgleich von Ansprüchen

1. Mit Erfüllung dieser Vereinbarung sind alle wechselseitigen Ansprüche der Parteien endgültig erledigt. Unberührt bleiben Pensionsansprüche sowie die nachvertragliche Verschwiegenheitspflicht des Vorstandsmitglieds über alle Angelegenheiten der Gesellschaft.
2. Das Vorstandsmitglied hat während seiner Dienstzeit seine Pflichten als Vorstandsmitglied gewissenhaft erfüllt, so dass beide Vertragsparteien davon ausgehen, dass der Gesellschaft keine Schadensersatzansprüche gegen das Vorstandsmitglied aufgrund der Verletzung vertraglicher oder gesetzlicher Vorstandspflichten zustehen.
3. Das Vorstandsmitglied war vor seiner Bestellung zum Vorstandsmitglied leitender Angestellter der Gesellschaft. Die Vertragsparteien sind sich darüber einig, dass der Arbeitsvertrag vom... durch den Dienstvertrag vom... aufgehoben wurde, so dass das Vorstandsmitglied aus dem Arbeitsvertrag keine Ansprüche herleiten kann, insbesondere keine Beschäftigungsansprüche gegen die Gesellschaft oder ein verbundenes Unternehmen.

§ 13 Sonstiges

1. Das Vorstandsmitglied wird Stillschweigen wahren über das Zustandekommen und den Inhalt dieser Vereinbarung.
2. Jede Seite trägt die mit dem Zustandekommen und der Durchführung des Vertrages verbundenen eigenen Kosten sowie die Kosten ihrer Berater.
3. Dieser Vertrag regelt die Beendigung des Anstellungsvertrages abschließend. Mündliche oder schriftliche Nebenabreden sind nicht getroffen worden.
4. Ergänzungen und Änderungen dieser Aufhebungsvereinbarung bedürfen zu ihrer Wirksamkeit der Schriftform. Dasselbe gilt für die Aufhebung des Schriftformerfordernisses.
5. Ist eine der Regelungen dieses Vertrages unwirksam, wird die Wirksamkeit der übrigen Regelungen hierdurch nicht berührt. An die Stelle der unwirksamen Bestimmung tritt diejenige zulässige Regelung, die der unwirksamen Bestimmung möglichst nahe kommt. Im Fall einer Regelungslücke gilt die Regelung als vereinbart, die die Vertragsparteien aufgenommen hätten, wenn sie sich bei Abschluss dieser Vereinbarung der Regelungslücke bewusst gewesen wären.
6. Der Aufsichtsrat hat durch Beschluss vom... dem Abschluss dieses Vertrages zugestimmt und den Aufsichtsratsvorsitzenden zur Unterzeichnung des Vertrages ermächtigt. Eine Kopie dieses Beschlusses wird dieser Vereinbarung als Anlage beigefügt. ◀

III. Abberufung/Kündigung/Bestellung

41 ▶ **Niederschrift über die Sitzung des Aufsichtsrats der agilo-AG**

vom 15.8.2013

in Düsseldorf

Anwesend waren alle Mitglieder des Aufsichtsrats, nämlich:

Herr Dr. Bernd Meier als Vorsitzender des Aufsichtsrats

sowie Frau Renate Giebes und Herr Werner Flatten als Mitglieder des Aufsichtsrats.

Sämtliche Aufsichtsratsmitglieder verzichteten auf die Einhaltung von Frist- und Formvorschriften hinsichtlich der Einladung zur heutigen Aufsichtsratssitzung.

Der Aufsichtsratsvorsitzende legte im Einzelnen dar, dass das Vorstandsmitglied Hubertus Gilles durch die Beteiligung an einem Konkurrenzunternehmen der Gesellschaft, nämlich an der megatec GmbH, in besonders schwerwiegender Form gegen das Wettbewerbsverbot gemäß § 11 des Anstellungsvertrages sowie gegen die Treuepflicht verstoßen hat. Der Aufsichtsratsvorsitzende hat am 8.8.2013 Kenntnis von diesem Vorgang erlangt und die Aufsichtsratssitzung noch am selben Tag einberufen.

TOP 1: Beschlussfassung über die sofortige Abberufung des Vorstandsmitglieds Herrn Hubertus Gilles

Der Vorsitzende erläuterte den Sachverhalt. Dieser wurde sodann eingehend diskutiert. Schließlich beschloss der Aufsichtsrat einstimmig:

Die Bestellung des Herrn Hubertus Gilles zum Vorstandsmitglied der agilo-AG wird gemäß § 84 Abs. 3 AktG mit sofortiger Wirkung widerrufen. Der Aufsichtsratsvorsitzende wird ermächtigt, den Widerruf der Bestellung gegenüber dem Vorstandsmitglied zu erklären.

TOP 2: Beschlussfassung über die Kündigung des Anstellungsvertrages des Herrn Hubertus Gilles aus wichtigem Grund

Der Aufsichtsrat beschloss sodann einstimmig:

Der Anstellungsvertrag von Herrn Hubertus Gilles vom 15.1.2010 wird aus wichtigem Grund mit sofortiger Wirkung gekündigt (§ 626 BGB). Der Aufsichtsratsvorsitzende wird ermächtigt, die Kündigung gegenüber dem Vorstandsmitglied zu erklären.

Die Kündigung wird auf die gleichen Gründe gestützt, die dem Widerruf der Bestellung zugrunde liegen.

TOP 3: Bestellung eines neuen Vorstandsmitglieds

Der Aufsichtsrat beschloss einstimmig nach Vorlage des Entwurfes des Anstellungsvertrages, der diesem Protokoll als Anlage beigefügt wird:

Herr Klaus Dolfen, geboren am 14.3.1969, wohnhaft in Düsseldorf, wird für die Zeit vom 1.1.2014 bis 31.12.2017 zum Vorstandsmitglied bestellt.

Er vertritt die Gesellschaft gemeinsam mit einem anderen Vorstandsmitglied oder mit einem Prokuristen. Er wird von dem Mehrvertretungsverbot (§ 181 Alt. 2 BGB) befreit.

Dem Abschluss des Anstellungsvertrags wird zugestimmt. Der Aufsichtsratsvorsitzende wird ermächtigt, den diesem Beschluss als Anlage beigefügten Anstellungsvertrag mit Herrn Dolfen abzuschließen.

Weitere Beschlüsse wurden nicht getroffen.

Düsseldorf, den 15.8.2013

...

Unterschrift des Aufsichtsratsvorsitzenden ◄

§ 85 Bestellung durch das Gericht

(1) ¹Fehlt ein erforderliches Vorstandsmitglied, so hat in dringenden Fällen das Gericht auf Antrag eines Beteiligten das Mitglied zu bestellen. ²Gegen die Entscheidung ist die Beschwerde zulässig.

(2) Das Amt des gerichtlich bestellten Vorstandsmitglieds erlischt in jedem Fall, sobald der Mangel behoben ist.

(3) ¹Das gerichtlich bestellte Vorstandsmitglied hat Anspruch auf Ersatz angemessener barer Auslagen und auf Vergütung für seine Tätigkeit. ²Einigen sich das gerichtlich bestellte Vorstandsmitglied und die Gesellschaft nicht, so setzt das Gericht die Auslagen und die Vergütung fest. ³Gegen die Entscheidung ist die Beschwerde zulässig; die Rechtsbeschwerde ist ausgeschlossen. ⁴Aus der rechtskräftigen Entscheidung findet die Zwangsvollstreckung nach der Zivilprozeßordnung statt.

A. Norminhalt und Normschwerpunkt

Die Vorschrift regelt die Bestellung von Vorstandsmitgliedern durch das Gericht in dringenden Fällen, sofern die AG nicht mehr die erforderlichen Vorstandsmitglieder hat. Mit der Möglichkeit der Bestellung eines Notvorstands wird die Handlungs- und Prozessfähigkeit der AG gesichert,[1] wenn der Aufsichtsrat seiner Pflicht zur Bestellung von fehlenden Vorstandsmitgliedern (§ 84 Abs. 1) nicht nachkommt. Parallelvorschrift: § 29 BGB für Vorstand des Vereins.

B. Voraussetzungen der gerichtlichen Bestellung (Abs. 1)

I. Fehlen eines erforderlichen Vorstandsmitglieds. Das Vorstandsmitglied muss **fehlen**, bloße Verhinderung ist nicht ausreichend (vgl § 105 Abs. 2, wo ausdrücklich zwischen fehlendem und verhindertem Vorstandsmitglied unterschieden wird).[2] Das Fehlen eines Vorstandsmitglieds entsteht zB durch Tod, Amtsniederlegung, Widerruf der Bestellung. Dagegen liegt kein Fehlen vor, wenn das Vorstandsmitglied sein Amt nur vorübergehend nicht ausüben kann.[3] **Erforderlichkeit** des Vorstandsmitglieds kann sich ergeben aus Gesetz (§ 76 Abs. 2 S. 2 oder 3)[4] oder Satzung (zB Vorstand besteht aus mindestens zwei Personen) und besteht,

---

1 RegBegr. *Kropff*, S. 107 f.
2 MüKo-AktG/*Spindler*, Rn 4; KölnKomm-AktG/*Mertens*, Rn 2; *Hüffer*, Rn 2.
3 MüKo-AktG/*Spindler*, Rn 4.
4 Bestellung zum Arbeitsdirektor ist Gericht jedoch verwehrt, vgl KölnKomm-AktG/*Mertens*, Rn 2.

auch wenn passive Vertretung der AG bei Führungslosigkeit durch Aufsichtsrat gesichert (§ 78 Abs. 1) ist. Ob Erforderlichkeit auch bei Fehlen eines für dringende Geschäftsführungsmaßnahmen erforderlichen Mitglieds anzunehmen ist[5] (zB Finanzvorstand, der für die Aufstellung des Jahresabschlusses gebraucht wird), ist zweifelhaft. In diesen Fällen können nämlich entsprechende Aufgaben auch von Angestellten unter der Verantwortung eines anderen Vorstandsmitglieds erledigt werden.

II. Dringender Fall. Ein dringender Fall ist gegeben, wenn der AG, ihren Aktionären, Organmitgliedern, Gläubigern, der Belegschaft oder Dritten erhebliche Nachteile drohen und der Aufsichtsrat nicht tätig wird oder nicht schnell genug tätig werden kann.[6] Die Möglichkeit der Bestellung eines Interims-Aufsichtsrats (§ 104 Abs. 2) zur Bestellung des Vorstands ist als längerer Weg nicht vorrangig.[7] Dies gilt auch für die Möglichkeit der Einberufung der Hauptversammlung durch eine Minderheit (§ 122).[8] Ist eine Prozesspflegschaft nach § 57 ZPO bestellt, so fehlt die Dringlichkeit, soweit die Befugnisse des Pflegers reichen.[9] Gleiches gilt, wenn Gesellschaft durch einen Abwesenheitspfleger mit identischem Wirkungskreis vertreten wird.[10] Jedoch schließt die bloße Möglichkeit der Pflegerbestellung die Dringlichkeit im Sinne des § 85 nicht aus.[11]

C. Verfahren der Bestellung

Das Verfahren richtet sich nach §§ 375 ff FamFG. Die örtliche Zuständigkeit richtet sich nach dem Landgerichtsbezirk, in dem die Gesellschaft ihren Sitz hat (§ 377 Abs. 1 FamFG). Für einen Landgerichtsbezirk ist das Amtsgericht, in dessen Bezirk das Landgericht seinen Sitz hat, ausschließlich zuständig (§ 376 Abs. 1 FamFG). Die Landesregierungen sind ermächtigt, die Zuständigkeiten abweichend zu regeln (§ 376 Abs. 2 FamFG). Die Bestellung erfolgt durch den Richter (§ 17 Nr. 2 lit. a RpflG). Der erforderliche Antrag kann von jedem Beteiligten schriftlich oder zu Protokoll der Geschäftsstelle (§§ 23, 25 FamFG) gestellt werden. Beteiligt ist, wer ein schutzwürdiges Interesse hat, was außer bei der Gesellschaft und Organmitgliedern auch bei Dritten (zB Aktionär, dem aus dem Fehlen des Vorstandsmitglieds Wertminderung seiner Beteiligung droht) der Fall sein kann.[12] Die Entscheidung erfolgt durch Beschluss, der einer Begründung bedarf und mit Bekanntmachung und Annahme des Bestellten wirksam wird (§ 40 FamFG).[13] Die Bestellung ist gemäß § 81 im Handelsregister einzutragen, es sei denn, sie erfolgt nur für eine ganz bestimmte Maßnahme.[14] **Rechtsmittel** gegen die **Ablehnung** der Bestellung ist die Beschwerde (§§ 58 ff. FamFG) des Antragstellers (§ 59 Abs. 2 FamFG). Wenn dem Antrag **stattgegeben** wurde, steht die Beschwerde jedem hierdurch in seinen Rechten Beeinträchtigten offen (§ 59 Abs. 1 FamFG, nämlich AG, übrigen Vorstandsmitgliedern, Aufsichtsrat, nicht jedoch den Aktionären, da diese nicht unmittelbar betroffen sind).[15] Das Beschwerdegericht kann das Vorstandsmitglied durch eine andere Person ersetzen.[16]

D. Stellung der gerichtlich bestellten Vorstandsmitglieder

Ein gerichtlich bestelltes Vorstandsmitglied hat grundsätzlich die gleiche Rechtsstellung wie die vom Aufsichtsrat nach § 84 Abs. 1 bestellten Vorstandsmitglieder. Das Gericht darf die Art der **Vertretungsmacht** nicht ändern, also zB dem Notvorstand anstelle der in der Satzung vorgesehenen unechten Gesamtvertretungsmacht Einzelvertretungsmacht erteilen.[17] Enthält der Bestellungsbeschluss keine Angaben über die Art der Vertretungsmacht, gilt Gesetz (§ 78 Abs. 2) bzw Satzung.[18] Der Umfang der Vertretungsmacht ist auch bei einem gerichtlich bestelltem Vorstandsmitglied nach § 82 Abs. 1 nicht beschränkbar. Die **Geschäftsführungsbefugnis** kann jedoch in dem gerichtlichen Bestellungsbeschluss eingeschränkt (oder sogar auf einzel-

---

5 So KölnKomm-AktG/*Mertens*, Rn 3.
6 *Hüffer*, Rn 3; MüKo-AktG/*Spindler*, Rn 7; KölnKomm-AktG/*Mertens*, Rn 4; Großkomm-AktienR/*Meyer-Landrut*, Anm. 2.
7 BayObLGZ 1987, 29, 34 f; OLG Celle NJW 1964, 112, 113; NJW 1965, 504, 505; MüKo-AktG/*Spindler*, Rn 7; KölnKomm-AktG/*Mertens*, Rn 5; *Hüffer*, Rn 3.
8 OLG Frankfurt AG 1987, 48.
9 OLG Celle NJW 1965, 504, 505.
10 KG Rpfleger 2005, 440 = DB 2005, 1730; KG AG 2007, 400.
11 OLG Celle NJW 1965, 504, 505; MüKo-AktG/*Spindler*, Rn 8; KölnKomm-AktG/*Mertens*, Rn 6.
12 KölnKomm-AktG/*Mertens*, Rn 9.
13 Str., s. Meinungsübersicht bei KölnKomm-AktG/*Mertens*, Rn 12.
14 KölnKomm-AktG/*Mertens*, Rn 14.
15 OLG Frankfurt NJW 1955, 1929; KölnKomm-AktG/*Mertens*, Rn 13.
16 BGHZ 24, 47, 52.
17 MüKo-AktG/*Spindler*, Rn 16; aA KölnKomm-AktG/*Mertens*, Rn 16; KG OLGZ 1965, 332, 334 f: Alleinvertretungsmacht des Notvorstands in satzungsmäßig mehrgliedrigem und gesamtvertretungsberechtigtem Vorstand ist zulässig.
18 AA offenbar KölnKomm-AktG/*Mertens*, Rn 16, der die Art der Vertretungsmacht (zB Alleinvertretungsmacht) aus der Vertretungsmacht des weggefallenen Vorstandsmitglieds ableiten will.

nes Geschäft beschränkt) werden.[19] Enthält der Bestellungsbeschluss keine Angaben über Umfang der Geschäftsführungsbefugnis, gilt Gesetz (§ 77 Abs. 1) bzw Satzung.[20]

I. Erlöschen des Amtes (Abs. 2). Die Bestellung endet mit Auslaufen der Frist, für die das Vorstandsmitglied bestellt wird (eine solche muss aber nicht festgelegt werden), spätestens jedoch mit Mangelbehebung (zB mit Vorstandsbestellung durch Aufsichtsrat und Amtsannahme oder mit Zulassung eines Alleinvorstands in Satzung), nicht jedoch mit der Erfüllung der dem Notvorstand gestellten Aufgabe oder dem Entfallen der Dringlichkeit (Zeitpunkt wäre zu unklar).[21] Ansonsten ist die Abberufung durch das Gericht bei Vorliegen eines wichtigen Grundes möglich,[22] nicht aber durch den Aufsichtsrat gemäß § 84 (dieser kann jedoch Antrag auf Abberufung stellen und im Falle der Ablehnung mit Beschwerde dagegen vorgehen).[23]

II. Vergütung und Auslagen (Abs. 3). Das bestellte Ersatzmitglied hat gem. Abs. 3 Anspruch auf Ersatz angemessener Auslagen und auf Vergütung gegen die AG, die mangels Einigung zwischen AG und Ersatzmitglied vom Gericht festzusetzen sind. Die Amtsübernahme kann von der Zahlung eines Vorschusses abhängig gemacht werden.[24]

III. Sonstiges. Die grundlose Amtsniederlegung des Notvorstands kann einen Schadensersatzanspruch nach § 93 begründen, nicht jedoch, wenn die Aufgabe erfüllt oder die Dringlichkeit entfallen ist.[25]

§ 86 (aufgehoben)

§ 86 wurde wegen Unklarheit des sonst vom Gesetz nicht verwendeten Begriffs „Jahresgewinn", wegen überwiegend abweichender Tantiemeregelungen in der Praxis (Anknüpfung an EBIT(DA) oä) und wegen ausreichender Berücksichtigung von Gewinnbeteiligungen in § 87 Abs. 1[1] aufgehoben durch das Transparenz- und Publizitätsgesetz (TransPublG) vom 19.7.2002 (BGBl. I S. 2681).

§ 87 Grundsätze für die Bezüge der Vorstandsmitglieder

(1) ¹Der Aufsichtsrat hat bei der Festsetzung der Gesamtbezüge des einzelnen Vorstandsmitglieds (Gehalt, Gewinnbeteiligungen, Aufwandsentschädigungen, Versicherungsentgelte, Provisionen, anreizorientierte Vergütungszusagen wie zum Beispiel Aktienbezugsrechte und Nebenleistungen jeder Art) dafür zu sorgen, dass diese in einem angemessenen Verhältnis zu den Aufgaben und Leistungen des Vorstandsmitglieds sowie zur Lage der Gesellschaft stehen und die übliche Vergütung nicht ohne besondere Gründe übersteigen. ²Die Vergütungsstruktur ist bei börsennotierten Gesellschaften auf eine nachhaltige Unternehmensentwicklung auszurichten. ³Variable Vergütungsbestandteile sollen daher eine mehrjährige Bemessungsgrundlage haben; für außerordentliche Entwicklungen soll der Aufsichtsrat eine Begrenzungsmöglichkeit vereinbaren. ⁴Satz 1 gilt sinngemäß für Ruhegehalt, Hinterbliebenenbezüge und Leistungen verwandter Art.

(2) ¹Verschlechtert sich die Lage der Gesellschaft nach der Festsetzung so, dass die Weitergewährung der Bezüge nach Absatz 1 unbillig für die Gesellschaft wäre, so soll der Aufsichtsrat oder im Falle des § 85 Absatz 3 das Gericht auf Antrag des Aufsichtsrats die Bezüge auf die angemessene Höhe herabsetzen. ²Ruhegehalt, Hinterbliebenenbezüge und Leistungen verwandter Art können nur in den ersten drei Jahren nach Ausscheiden aus der Gesellschaft nach Satz 1 herabgesetzt werden. ³Durch eine Herabsetzung wird der Anstellungsvertrag im übrigen nicht berührt. ⁴Das Vorstandsmitglied kann jedoch seinen Anstellungsvertrag für den Schluß des nächsten Kalendervierteljahrs mit einer Kündigungsfrist von sechs Wochen kündigen.

(3) Wird über das Vermögen der Gesellschaft das Insolvenzverfahren eröffnet und kündigt der Insolvenzverwalter den Anstellungsvertrag eines Vorstandsmitglieds, so kann es Ersatz für den Schaden, der ihm durch die Aufhebung des Dienstverhältnisses entsteht, nur für zwei Jahre seit dem Ablauf des Dienstverhältnisses verlangen.

Literatur:
Baums, Aktienoptionen für Vorstandsmitglieder, in: FS Claussen, 1997, S. 3; *Bosse*, Das Gesetz zur Angemessenheit der Vorstandsvergütung (VorstAG) – Überblick und Handlungsbedarf, BB 2009, 1650; *Feudner*, Regeln für Vorstandsbezüge – Iustitia est

---

19 Nicht jedoch in der Insolvenz, BayObLGZ 1988, 61 f = AG 1988, 301, 303 f; KölnKomm-AktG/*Mertens*, Rn 16.
20 AA offenbar KölnKomm-AktG/*Mertens*, Rn 16, der Umfang der Geschäftsführungsbefugnis aus Geschäftsführungsbefugnis des weggefallenen Vorstandsmitglieds ableiten will.
21 KölnKomm-AktG/*Mertens*, Rn 18; aA Großkomm-AktienR/*Meyer-Landrut*, Anm. 6.
22 KölnKomm-AktG/*Mertens*, Rn 19 str; dagegen hat Vorstandsmitglied Recht auf einfache Beschwerde, *Mertens*, Rn 20.
23 KölnKomm-AktG/*Mertens*, Rn 19.
24 *Hüffer*, Rn 6.
25 Vgl KölnKomm-AktG/*Mertens*, Rn 17.
1 Begründung zum TransPublG v. 6.2.2002, S. 27 f.

constans et perpetua voluntas ius suum cuique tribuendi, NZG 2007, 779; *Fleischer*, Das Gesetz zur Angemessenheit der Vorstandsvergütung (VorstAG), NZG 2009, 801; *Fonk*, Die Zulässigkeit von Vorstandsbezügen dem Grunde nach, NZG 2005, 248; *Gaul/Janz*, Wahlkampfgetöse im Aktienrecht: Gesetzliche Begrenzung der Vorstandsvergütung und Änderung der Aufsichtsratstätigkeit, NZA 2009, 809; *Hoffmann-Becking*, Gestaltungsmöglichkeiten bei Anreizsystemen, NZG 1999, 797; *ders.*, Rechtliche Anmerkungen zur Vorstands- und Aufsichtsratsvergütung, ZHR 169, 155 (2005); *Hüffer*, Wandlungen im Recht des Handelskaufs, ZHR 161 (1997), 214; *Jaeger*, Die Auswirkungen des VorstAG auf die Praxis von Aufhebungsvereinbarungen, NZA 2010, 128; *Jahn*, Lehren aus dem Fall Mannesmann, ZRP 2004, 179; *van Kann/Keiluweit*, Das neue Gesetz zur Angemessenheit der Vorstandsvergütung – Wichtige Reform oder Viel Lärm um nichts?, DStR 2009, 1587; *Käpplinger*, Zur aktienrechtlichen Zulässigkeit von Abfindungszahlungen, NZG 2003, 573; *Klöhn*, Die Herabsetzung der Vorstandsvergütung gem. § 87 Abs. 2 AktG in der börsennotierten Aktiengesellschaft, ZGR 2012, 1; *Koch*, Die Herabsetzung der Vorstandsbezüge gemäß § 87 Abs. 2 AktG nach dem VorstAG, WM 2010, 49; *Kort*, Zivilrechtliche Folgen unangemessen hoher Vorstandsvergütung – eine „Mannesmann"-Spätlese, DStR 2007, 1127; *Krieger*, Personalentscheidungen des Aufsichtsrats, 1981; *Lingemann*, Angemessenheit der Vorstandsvergütung – Das VorstAG ist in Kraft, BB 2009, 1918; *Lutter*, Corporate Governance und ihre aktuellen Probleme, vor allem – Vorstandsvergütung und ihre Schranken, ZIP 2003, 737; *Mertens*, Vorstandsvergütung in börsennotierten Aktiengesellschaften, AG 2011, 57; *Nikolay*, Die neuen Vorschriften zur Vorstandsvergütung – Detaillierte Regelungen und offene Fragen, NJW 2009, 2640; *Notthoff*, Rechtliche Fragestellungen bei Abschluss einer Directors' & Officers' Versicherung, NJW 2003, 1350; *Seibert*, Das VorstAG – Regelungen zur Angemessenheit der Vorstandsvergütung, WM 2009, 1489; *Tegtmeier*, Die Vergütung von Vorstandsmitgliedern, 1998; *Thüsing*, Die Angemessenheit von Vorstandsbezügen, DB 2003, 1612; *Ulmer*, in: FS Canaris 2007, 451; *Weiß*, Aktienoptionspläne für Führungskräfte, 1999; *Wollburg*, Unternehmensinteresse bei Vergütungsentscheidungen, ZIP 2004, 646.

A. Norminhalt und Normschwerpunkt 1	C. Verschlechterung in den Verhältnissen der Gesellschaft (Abs. 2) 8
B. Angemessenheit der Gesamtleistungen (Gesamtbezüge und Versorgungsleistungen; Abs. 1) 2	I. Verschlechterung der Lage der Gesellschaft 9
I. Gesamtbezüge 2	II. Unbilligkeit der Fortgewährung 10
II. Versorgungsleistungen (Ruhegehalt, Hinterbliebenenbezüge und verwandte Leistungen; Abs. 1 S. 4) 3	III. Ausmaß der Herabsetzung 11
	IV. Versorgungsleistungen 12
III. Angemessenheit 4	V. Herabsetzung 13
IV. Verstoß gegen Angemessenheitsverbot 6	VI. Anstellungsvertrag 14
V. Börsennotierte Unternehmen (Abs. 1 S. 2 und 3) 7	VII. Sonderkündigungsrecht 15
	D. Insolvenz (Abs. 3) 16

A. Norminhalt und Normschwerpunkt

1 § 87 bezweckt den Schutz der AG, ihrer Aktionäre und Gläubiger vor übermäßigen Bezügen der Vorstandsmitglieder. § 87 ist eine dem § 138 BGB vorgelagerte Schranke für die Ermessensentscheidung des Aufsichtsrats bei der Festlegung der Vorstandsbezüge. § 87 regelt nicht die Frage, ob überhaupt eine Vergütung geschuldet ist, dies bestimmt sich gemäß § 612 BGB danach, ob die Entgeltlichkeit aus der objektiven Sicht des Aufsichtsrats zu erwarten war (wofür bei personalistisch geprägten Start-Up-Unternehmen keine Vermutung besteht).[1] § 87 Abs. 2 betrifft die Herabsetzung der Bezüge in der Krise der AG verbunden mit einem Sonderkündigungsrecht des Vorstandsmitglieds. Abs. 3 betrifft das Sonderkündigungsrecht des Insolvenzverwalters und die Begrenzung des damit einhergehenden Schadensersatzanspruchs auf zwei Jahre seit Kündigung.

Durch VorstAG (2009) wurde § 87 für Vorstandsdienstverträge oder -verlängerungen ab 5.8.2009 verschärft, um Exzessen bei Managerboni entgegenzuwirken.[2] Eine Übergangsregelung wurde nicht erlassen, weshalb die Neuregelung nur für die künftige Festsetzung von Vorstandsvergütungen gilt. Altverträge bleiben von der Änderung unberührt. Zudem wurde die Gehaltsfestsetzung zwingend dem Gesamtaufsichtsrat zugewiesen (§ 107 Abs. 3 S. 3 iVm § 87 Abs. 1 und 2); die bisher übliche Praxis der Gehaltsfestsetzung durch den Vorstandsausschuss hat das VorstAG unterbunden. Für Unternehmen des Finanzsektors, die Staatshilfe in Anspruch nehmen, gelten Sonderregelungen (§ 10 Abs. 2 S. 1 Nr. 3 FMStFG iVm § 5 Abs. 2 Nr. 4 FMStFV). Für Kreditinstitute und Finanzdienstleistungsinstitute sind zudem die Bestimmungen der InsitutsVergV[3] und für Versicherungen die Bestimmungen der VersVergV[4] zu beachten.

---

1 OLG Stuttgart AG 2003, 211.
2 *Lingemann*, BB 2009, 1918 ff.
3 Verordnung über die aufsichtsrechtlichen Anforderungen an Vergütungssysteme von Instituten vom 6.10.2010, BGBl. I S. 1374.
4 Verordnung über die aufsichtsrechtlichen Anforderungen an Vergütungssysteme im Versicherungsbereich vom 6.10.2010, BGBl. I S. 1379.

B. Angemessenheit der Gesamtleistungen (Gesamtbezüge und Versorgungsleistungen; Abs. 1)

I. Gesamtbezüge. Dies sind alle Aktivbezüge und Vergünstigungen (sonstigen Nebenleistungen), die das Vorstandsmitglied als Gegenleistung für seine Tätigkeit (nicht als angemessene Gegenleistung für ein Drittgeschäft) in seinem Privatbereich erhält (u.a. freies Wohnrecht, privater Telefonanschluss, Firmenfahr- oder -flugzeug, Hauspersonal, verbilligte Einkaufsmöglichkeit, Versicherungsprämien).[5] Hierzu gehören auch Aktienoptionen, worauf das Gesetz seit dem VorstAG ausdrücklich hinweist; sollen diese mit bedingtem Kapital unterlegt oder aus genehmigtem Kapital unter Ausschluss des Bezugsrechts der Aktionäre oder aus eigenen Aktien der AG bedient werden, muss die Hauptversammlung eingebunden werden (§§ 193 Abs. 2 Nr. 4, 202, 71 Abs. 1 Nr. 8); ansonsten (wenn AG das Recht hat, statt Aktien deren Wert zu vergüten, sog. virtuelle Aktienoptionen) kann der Aufsichtsrat allein handeln. Auch wenn die Hauptversammlung bedingtes Kapital (genehmigtes Kapital, Recht zum Erwerb eigener Aktien) geschaffen hat, entscheidet allein der Aufsichtsrat, ob einem Vorstandsmitglied Aktienoptionen gewährt werden.[6] Gewinnbeteiligungen (Tantiemen) waren vor dem Transparenz- und Publizitätsgesetz (TransPubIG) vom 19.7.2002 (BGBl. I S. 2681) in § 86 ausdrücklich geregelt und unterfallen nunmehr nur noch dem Angemessenheitsmaßstab des § 87. Bei Zuwendungen, die teilweise privat, teilweise dienstlich begründet sind (zB Fahrer), ist nur der private Anteil in die Gesamtbezüge einzubeziehen. Vergünstigungen, die zwar auch im Privatbereich wirken, aber ihre Ursache in der Vorstandsposition haben (zB Bodyguard), gehören nicht dazu. Nachträgliche (zuvor im Dienstvertrag nicht vereinbarte) Sonderzahlungen, die ausschließlich belohnenden Charakter haben und dem Unternehmen keinen zukunftsbezogenen Nutzen bringen (kompensationslose Anerkennungsprämien), sind unzulässig.[7]

II. Versorgungsleistungen (Ruhegehalt, Hinterbliebenenbezüge und verwandte Leistungen; Abs. 1 S. 4). Hierzu gehören Leistungen nach dem Gesetz zur Verbesserung der betrieblichen Altersversorgung vom 19.12.1974 (BGBl. I S. 3610) ebenso wie jede andere Form der Vergütung, die vom Eintritt in den Ruhestand, Tod oder von der Berufsunfähigkeit abhängig ist, wie etwa die Zurverfügungstellung eines Fahrzeugs mit Fahrer auf Lebenszeit.[8] Abs. 1 S. 4 iVm S. 1 (Angemessenheitsgebot) gilt entsprechend für die Änderung von Versorgungsleistungen/-zusagen an bereits ausgeschiedene Vorstandsmitglieder (vgl § 112 Rn 2).

III. Angemessenheit. Gesamtleistungen (Gesamtbezüge und Versorgungsleistungen) müssen angemessen sein in Bezug auf **Aufgaben des Vorstandsmitglieds**, seine **Leistungen** (neu eingeführt 2009 durch das VorstAG) sowie die **Lage der Gesellschaft** Gute Orientierung liefert die Marktstudie von *Kienbaum* zur Vergütung von Vorstandsmitgliedern, die in regelmäßigen Abständen aktualisiert wird.[9] Ausgehend von Marktdaten sind aber individuelle Parameter zu berücksichtigen, nämlich Qualifikation, Erfahrung und Marktwert des Vorstandsmitglieds, Verhandlungsposition, Position innerhalb der AG (üblicherweise besteht eine Abstufung vom Vorstandsvorsitzenden zum Vertriebsvorstand und von diesem zum Finanzvorstand), Dauer der Firmenzugehörigkeit, familiäre Situation.[10] Die Leistungen des Vorstandsmitglieds können die Vergütung insoweit beeinflussen, als aus den in der Vergangenheit für das Unternehmen erzielten Erfolgen auch in Zukunft entsprechende Erfolge für die Gesellschaft zu erwarten sind. Eine bloße Honorierung der Leistungen der Vergangenheit ist indessen unzulässig.[11] Zur Lage der Gesellschaft als Angemessenheitskriterium gehören Größe, Profitabilität und Branche. Eine schlechte Lage bedeutet nicht unbedingt niedrige Vorstandsvergütung, wenn die für eine Sanierung geeignete Persönlichkeit angesichts des hohen Risikos nur gegen entsprechende Vergütung gefunden werden kann (Gefahrenzulage).[12]

Die Zuständigkeit der Hauptversammlung zum Erlass von Richtlinien zur Vorstandsvergütung in der Satzung[13] ist angesichts der Aufsichtsratszuständigkeit abzulehnen.[14] Allerdings steht der Hauptversammlung seit dem VorstAG (2009) ein den Aufsichtsrat nicht bindendes Recht zur Beschlussfassung über die Billigung des Vergütungssystems zu (§ 120 Abs. 4).[15] Hinsichtlich des Anteils von festen und variablen Vergü-

---

[5] Nicht jedoch Prämien für die sog. Vermögensschaden-Haftpflichtversicherung (D&O-Insurance), die überwiegend im Interesse der Gesellschaft abgeschlossen wird, ebenso *Notthoff*, NJW 2003, 1350, 1354; aA *Hüffer*, § 84 Rn 16; kritisch für den Fall, dass kein angemessener Selbstbehalt vereinbart wird (was nach dem VorstAG ab 2009 ohnehin nicht mehr zulässig ist, § 93 Abs. 2 S. 3): *Ulmer*, in: FS Canaris, 2007, S. 451, 462 ff.

[6] OLG Braunschweig AG 1999, 84 f; OLG Stuttgart AG 1998, 529, 530.

[7] BGH DB 2006, 323 = AG 2006, 110 (Mannesmann).

[8] LG Essen Urteil vom 10.2.2006, NRG 2006 356.

[9] *Kienbaum*, Vorstandsstudie 2011, 35. Ausgabe.

[10] Vgl *Tegtmeier*, Die Vergütung von Vorstandsmitgliedern, 1998, S. 276 ff.

[11] BGH DB 2006, 323 = AG 2006, 110 (Mannesmann).

[12] OLG Karlsruhe AG 2012, 464, 466; vgl *Hoffmann-Becking*, NZG 1999, 797, 798.

[13] Dafür *Hüffer*, Rn 2, soweit Satzungsrichtlinien nicht auf Beschränkung der Personalkompetenz des Aufsichtsrats hinauslaufen, ähnlich *Thüsing*, ZGR 2003, 257, 469 ff.

[14] So auch KölnKomm-AktG/*Mertens*, Rn 3; *Krieger*, Personalentscheidungen des Aufsichtsrats, 1981, S. 165; MüHb-AktG/*Wiesner*, § 21 Rn 30.

[15] Vgl hierzu *Bosse*, BB 2009, 1650, 1653.

tungsbestandteilen besteht ein großer Ermessensspielraum des Aufsichtsrats; ein variabler Anteil muss jedoch den Erfolg für die AG in adäquater Weise abbilden. Die Vereinbarung der vollen Bezüge bis zum Vertragsende im Falle der Kündigung aus von Vorstandsmitglied zu verantwortendem wichtigen Grund ist unangemessen und beeinträchtigt Aufsichtsrat übermäßig in seiner Freiheit zur Organbestellung; das Gehalt nach Kündigung ist auf angemessenen Betrag zu reduzieren (geltungserhaltende Reduktion).[16] Bei Versorgungsleistungen ist Angemessenheit grundsätzlich zum Zeitpunkt der Zusage zu beurteilen und richtet sich nach Aufwand für AG.

Seit dem VorstG (2009) hat der Aufsichtsrat dafür zu sorgen, dass die Gesamtbezüge die übliche Vergütung nicht ohne besondere Gründe übersteigen. Dies bedeutet nicht, dass stets zulässig ist, was in anderen Unternehmen üblich ist. Hierdurch würde ein Aufschaukelungseffekt ermöglicht. Vielmehr bedeutet Üblichkeit die Branchen-, Größen- und Landesüblichkeit (horizontale Vergleichbarkeit) sowie das Lohn- und Gehaltsgefüge im Unternehmen (Vertikalität); dabei soll darauf geachtet werden, dass die Vergütungsstaffelung im Unternehmen beim Vorstand nicht Maß und Bezug zu den Vergütungsgepflogenheiten und dem Vergütungssystem im Unternehmen im Übrigen verliert.[17] Unüblichkeit dürfte anzunehmen sein bei rein umsatzbezogenen Tantiemen (ohne Rücksicht auf das Ergebnis) sowie bei Aktienoptionen, die sich ausschließlich am Börsenkurs orientieren (ohne Rücksicht auf das Ergebnis oder die allgemeine Börsenkursentwicklung). Gesamtbezüge, die die Üblichkeit übersteigen, sind gleichwohl zulässig, wenn besondere Gründe vorliegen. Hierzu gehört vor allem die Anwerbung eines Kandidaten, der für das Unternehmen außergewöhnliche Kenntnisse und Fähigkeiten mitbringt und nur für Gesamtbezüge oberhalb der Üblichkeit rekrutierbar ist. Ein solcher Grund ist jedoch kein Freibrief für jegliche Abweichung von der Üblichkeit. Vielmehr wird bei zunehmender Entfernung von der Üblichkeit eine zunehmend zwingende Notwendigkeit des betreffenden Kandidaten zu fordern sein.[18]

Variable Vergütungsbestandteile müssen sich am Ziel der Nachhaltigkeit orientieren. Dieser für börsennotierte Gesellschaften seit dem VorstAG (2009) gesetzlich normierte Grundsatz (vgl Rn 7) gilt auch für nicht börsennotierte Gesellschaften.[19] Der Begriff der Nachhaltigkeit ist ausschließlich zeitlich zu verstehen, nicht im Sinne einer Ausrichtung auf soziale oder ökologische Ziele.[20]

6 IV. Verstoß gegen Angemessenheitsverbot. Ein Verstoß führt zur Schadensersatzpflicht des Aufsichtsrats nach § 116. Nichtigkeit und damit Rückforderbarkeit des überhöhten Teils tritt nach hM[21] nur unter den strengeren Maßstäben des § 138 BGB ein.[22] Dies ist zweifelhaft, da man das Vorstandsmitglied nicht als schützenswerten, schwächeren Verhandlungspartner ansehen kann. Erwägenswert ist deshalb eine Rückforderbarkeit des überhöhten Teils aus § 134 BGB iVm § 87.

7 V. Börsennotierte Unternehmen (Abs. 1 S. 2 und 3). Bei börsennotierten Unternehmen muss der Aufsichtsrat seit dem VorstAG (2009) die Vergütungsstruktur auf eine nachhaltige Unternehmensentwicklung ausrichten. Den Grundsatz der Nachhaltigkeit konkretisiert das Gesetz in doppelter Weise: Erstens sollen variable Vergütungsbestandteile eine mehrjährige Bemessungsgrundlage haben. Dabei ist auch eine Mischung aus kurzfristigeren und längerfristigen Anreizen möglich, wenn im Ergebnis ein langfristiger Verhaltensanreiz erzeugt wird. Mehrjährigkeit bedeutet, dass nicht nur die Auszahlung hinausgeschoben sein darf, vielmehr müssen die variablen Bestandteile auch an negativen Entwicklungen im gesamten Bemessungszeitraum von mindestens drei bis vier Jahren[23] teilnehmen.[24] Zweitens soll der Aufsichtsrat für außerordentliche Entwicklungen eine Begrenzungsmöglichkeit vereinbaren. Von außerordentlichen Entwicklungen (zB Unternehmensübernahmen, Veräußerung von Unternehmensteilen, Hebung stiller Reserven, externen Einflüssen) soll er nicht ohne Beschränkungsmöglichkeit profitieren.[25] Zu den außerordentlichen Entwicklungen sollten auch Erträge aus Finanztransaktionen außerhalb des Kerngeschäftes des Unternehmens gerechnet werden. Die Vergütungsbeschränkung kann durch eine Betragsobergrenze („*cap*") oder durch eine Ausklammerung von Ergebnisbestandteilen außerhalb des Kerngeschäfts oder durch eine Kombination von beidem erfolgen. Möglich ist auch, die Erfolgsbeteiligung degressiv auszugestalten; nachteilig wirkt dabei, dass

---

16 Vgl *Nirk*, Hb AG, Rn 656 mwN.
17 Beschlussempfehlung und Bericht des Rechtsausschusses, BT-Drucks. 16/13433, S. 15.
18 Vgl hierzu auch *Seibert*, WM 2009, 1489, 1490; *van Kann/Keiluweit*, DStR 2009, 1587 ff; *Bosse*, BB 2009, 1650 ff; *Lingemann*, BB 2009, 1918, 1919.
19 Beschlussempfehlung und Bericht des Rechtsausschusses, BT-Drucks. 16/13433, S. 16.
20 So auch *Louven/Ingwersen*, BB 2013, 1219; aA *Röttgen/Kluge*, NJW 2013, 900.

21 MüKo-AktG/*Spindler*, Rn 80; KölnKomm-AktG/*Mertens*, Rn 3; *Hüffer*, Rn 8; *Kort*, DStR 2007, 1127, 1128.
22 *Feudner*, NZG 2007, 779, 780.
23 *Seibert*, WM 2009, 1489, 1490; *Fleischer*, NZG 2009, 801, 803 plädiert für eine an § 193 Abs. 2 Nr. 4 orientierte vierjährige Frist.
24 Beschlussempfehlung und Bericht des Rechtsausschusses, BT-Drucks. 16/13433, S. 16.
25 Beschlussempfehlung und Bericht des Rechtsausschusses, BT-Drucks. 16/13433, S. 16.

der Vorstand aus Eigeninteresse darum bemüht sein könnte, besonders gute Erträge eines Jahres in das kommende Jahr zu schieben, um mit einem höheren Prozentsatz daran zu partizipieren.
Vgl hierzu auch Ziffern 4.2.2 bis 4.2.5 DCGK.

C. Verschlechterung in den Verhältnissen der Gesellschaft (Abs. 2)

Seit dem VorstAG (2009) sollen bei einer Verschlechterung der Lage die Bezüge auf eine angemessene Höhe herabgesetzt werden, wenn eine Weitergewährung unbillig wäre. Diese Herabsetzungsregel verschärft den früheren Rechtszustand in fünffacher Hinsicht: „Verschlechterung der Lage" genügt statt früher „wesentliche Verschlechterung"; „Unbilligkeit" genügt statt früher „schwere Unbilligkeit"; „soll der Aufsichtsrat herabsetzen" statt früher „ist berechtigt"; Herabsetzung auf die „angemessene Höhe" statt früher Berechtigung „zu einer angemessenen Herabsetzung"; „Ruhegehalt, Hinterbliebenenbezüge und verwandte Leistungen" können anders als früher herabgesetzt werden. Hauptverschärfung ist die „soll"-Regel. Danach ist der Aufsichtsrat nur noch bei Vorliegen besonderer Umstände berechtigt, von einer Herabsetzung der Vergütung abzusehen.[26] Er hat in jedem Falle der Lageverschlechterung die Unbilligkeit einer unveränderten Gewährung von Vorstandsbezügen zu prüfen und bejahendenfalls hierüber sowie ggf über eine Vergütungsherabsetzung Beschluss zu fassen. Widrigenfalls droht ihm Haftung nach § 116.

I. Verschlechterung der Lage der Gesellschaft. Verschlechterung der Lage liegt zB vor, wenn die Gesellschaft Entlassungen oder Lohnkürzungen vornehmen muss und keine Gewinne mehr ausschütten kann.[27] Drohende Insolvenz erfüllt diese Voraussetzung stets. Teilliquidation des Gesellschaftsvermögens bedeutet nicht notwendigerweise eine Verschlechterung.[28] Ebenso wenig davon umfasst ist die bloße nachträgliche Feststellung, dass Bezüge überhöht festgesetzt wurden, oder eine schlechte Leistung des Vorstandsmitglieds, welche die Bezüge unangemessen hoch erscheinen lässt. Die Beweislast für das Vorliegen einer Verschlechterung der Lage für die gesamte Dauer der Herabsetzung liegt bei der AG.[29]

II. Unbilligkeit der Fortgewährung. Voraussetzung hierfür ist nicht unbedingt, dass die Belastung mit den Vorstandsbezügen die AG in finanzielle Not bringt. Es genügt, dass es zu einem krassen Missverhältnis zwischen der wirtschaftlichen Lage der AG und den Vorstandsgehältern kommt. Dabei sind auch die persönlichen Verhältnisse der Vorstandsmitglieder (familiäre Verpflichtungen) zu berücksichtigen.[30] Da die Herabsetzungsbefugnis des Aufsichtsrats ein Lösungsrecht vom vertraglich Vereinbarten darstellt, wird eine Herabsetzung auch künftig im Lichte von Art. 14 GG und somit restriktiv zu beurteilen sein.[31] Allerdings ist von einer Unbilligkeit auszugehen, wenn das Vorstandsmitglied pflichtwidrig gehandelt hat. Aber auch ohne pflichtwidriges Handeln liegt eine Unbilligkeit dann vor, wenn die Verschlechterung in die Zeit der Vorstandsverantwortung des betroffenen Mitglieds fällt und ihm zurechenbar ist.[32]

III. Ausmaß der Herabsetzung. Dieses muss sich an dem Grad der Verschlechterung, der ursprünglichen Angemessenheit des Gehalts (je höher, desto eher ist eine Herabsetzung gerechtfertigt) und an der Belastbarkeit des Vorstandsmitglieds (familiäre Verhältnisse) orientieren. Die Vergütung ist (strenger als nach der früheren Gesetzeslage) auf die „angemessene Höhe" herabzusetzen, also die Höhe, die nach Abs. 1 in der jetzigen schlechteren Verfassung der Gesellschaft unter Berücksichtigung der genannten Kriterien zu gewähren wäre. Eine Herabsetzung nur bis zur Vermeidung der Unbilligkeit, selbst wenn die Vorstandsbezüge dann noch immer unangemessen hoch sind, genügt (anders als vor dem VorstAG 2009) nicht mehr. Mehrere Vorstandsmitglieder sind unter Berücksichtigung persönlicher Besonderheiten gleichermaßen zu belasten.[33] Die Dauer der Herabsetzung sollte festgelegt werden (unbefristet wäre bei erwartbarer Besserung der Lage unangemessen). Eine rückwirkende Herabsetzung ist unzulässig.

IV. Versorgungsleistungen. Versorgungsleistungen (Abs. 1 S. 4) sind von der Herabsetzung ab 2009 nur noch ausgeschlossen, wenn das Ausscheiden des Vorstandsmitglieds mehr als drei Jahre zurück liegt; ein ausgeschiedenes Vorstandsmitglied, das hervorragende Arbeit geleistet hat und nach seinem Ausscheiden den Niedergang seiner Gesellschaft mit ansehen muss, braucht kaum eine Ruhegehaltskürzung zu befürchten, da die Weiterzahlung regelmäßig nicht unbillig ist.[34] In jedem Falle zulässig ist die indirekte Herabsetzung des Ruhegehalts, wenn dieses an aktivem Gehalt bemessen ist und aktives Gehalt herabgesetzt wird.[35] Entsprechend ist bei aktiven Vorstandsmitgliedern auch eine Herabsetzung von nicht an das Gehalt ange-

---

26 *Fleischer*, NZG 2009, 801, 804.
27 Gesetzentwurf, BT-Drucks. 16/12278, S. 7; aA *Fleischer*, NZG 2009, 801, 804.
28 OLG Düsseldorf AG 2004, 324; LG Duisburg BB 1971, 145.
29 OLG Frankfurt AG 2011, 790, 792.
30 MüKo-AktG/*Spindler*, Rn 85 ff; KölnKomm-AktG/*Mertens*, Rn 10; *Hüffer*, Rn 9 a.
31 *Gaul/Janz*, NZA 2009, 809, 812.
32 van *Kann/Keiluweit*, DStR 2009, 1587, 1590; *Bosse*, BB 2009, 1650, 1651.
33 OLG Düsseldorf AG 2004, 324.
34 *Seibert*, WM 2009, 1489, 1491.
35 MüKo-AktG/*Spindler*, Rn 94; KölnKomm-AktG/*Mertens*, Rn 18.

koppelten Versorgungszusagen (Festbetragszusagen) zuzulassen, solange der Versorgungsfall noch nicht eingetreten ist; erst dann handelt es sich um Ruhegehalt, vorher nur um Zusage.[36]

13 **V. Herabsetzung.** Diese ist eine Ermessensentscheidung und erfolgt nach entsprechendem Beschluss (§ 108 Abs. 1) des Gesamtaufsichtsrats durch empfangsbedürftige Erklärung gegenüber Vorstandsmitglied. Das Ermessen muss pflichtgemäß ausgeübt werden und ist verdichtet, dh der Aufsichtsrat muss herabsetzen, wenn nicht besondere Umstände vorliegen, die eine Nichtherabsetzung rechtfertigen.[37] In klaren Fällen wird ohnehin eine Reduzierung des Ermessens auf Null anzunehmen sein.[38] Pflichtwidriges Unterlassen kann eine Schadensersatzpflicht des Aufsichtsrats auslösen (§§ 116, 93). Durch die Herabsetzungserklärung ändert sich der Vergütungsanspruch (§ 315 Abs. 2 BGB). Das Vorstandsmitglied kann sich mit einer Leistungsklage[39] auf volle Bezüge gegen die rechtswidrige Herabsetzung wehren. Das Gericht kann einer Leistungsklage auch teilweise stattgeben und damit die Herabsetzung reduzieren. Hatte bei einem **gerichtlich bestellten Vorstandsmitglied** das Gericht die Vergütung festgesetzt (§ 85 Abs. 3), ist es auch für die Herabsetzung zuständig (§ 87 Abs. 2 S. 1); gegen den Beschluss ist die Beschwerde zulässig (§ 85 Abs. 3 S. 2). Bei **nachhaltiger Besserung** der Verhältnisse steht dem Vorstandsmitglied aus § 242 BGB ein Anspruch auf Wiederanpassung des Gehalts zu.[40]

14 **VI. Anstellungsvertrag.** Dieser besteht mit Ausnahme der Höhe der Vergütung unverändert fort (Abs. 2 S. 2).

15 **VII. Sonderkündigungsrecht.** Es besteht ein einmaliges Sonderkündigungsrecht für ein Vorstandsmitglied mit Frist von sechs Wochen zum nächsten Quartalsende. Die Kündigung bleibt wirksam, auch wenn die AG die Herabsetzung nachträglich rückgängig macht.[41] Wird das Sonderkündigungsrecht nicht genutzt, läuft der Vertrag mit reduzierter Vergütung bis zum vereinbarten Vertragsende. Dem Vorstandsmitglied muss nach der Herabsetzungserklärung eine gewisse Überlegungsfrist eingeräumt werden (es ist ihm nicht zuzumuten, den Vertrag sofort zu kündigen, wenn es sechs Wochen vor Quartalsende die Herabsetzungserklärung erhält). Diese Überlegungsfrist sollte aus Gleichbehandlungsgründen ebenso lang bemessen sein (also sechs Wochen) wie die Kündigungsfrist, in der sich die AG auf Kündigung einstellen kann. Erfolgt die Herabsetzungserklärung demnach zwölf Wochen oder länger vor einem Quartalsende, kann das Vorstandsmitglied nur zu diesem Quartalsende (mit sechswöchiger Frist) kündigen; erfolgt die Herabsetzungserklärung später, ist das nächste Quartalsende maßgeblich. Erhebt das Vorstandsmitglied innerhalb der einmaligen Kündigungsfrist Klage auf volle Bezüge oder auf Bestimmung der Bezugshöhe durch Urteil, so tritt für die Fristberechnung an die Stelle der Herabsetzungserklärung des Aufsichtsrats das rechtskräftige Urteil.[42] Es gibt kein Sonderkündigungsrecht aus § 626 BGB wegen rechtmäßiger Herabsetzung der Bezüge, anders bei bewusst unberechtigter oder übermäßiger Herabsetzung unter Hinzutreten anderer Erschwerungen (Mobbing).[43]

D. Insolvenz (Abs. 3)

16 Der Insolvenzverwalter hat das Recht zur vorzeitigen Kündigung des Anstellungsverhältnisses (§ 113 InsO). Bei Eigenverwaltung (§§ 270 ff. InsO) ist die AG, vertreten durch den Aufsichtsrat, mit Zustimmung des Sachwalters (§ 279 S. 2 InsO), die aber im Außenverhältnis unbeachtlich ist, zuständig. Bei Kündigung ist Schadensersatz auf Zeitraum von zwei Jahren ab Wirksamkeit der vorzeitigen Kündigung (Kündigungsfrist beträgt drei Monate zum Monatsende, § 113 Abs. 1 S. 2 InsO), maximal bis zum regulären Ablauf der Amtszeit, begrenzt. Der Schadensersatzanspruch ist Insolvenzforderung (§ 113 Abs. 1 S. 3, §§ 38, 87 InsO). § 87 Abs. 3 betrifft auch Versorgungszusagen nach Abs. 1 S. 4, wenn eine Verkürzung des Anstellungsvertrages (Reduzierung der Dienstzeit) zu einer Reduzierung der Versorgungsleistungen führt.[44]

---

36 Vgl auch MüHb-AktG/*Wiesner*, § 21 Rn 33, der nur hinsichtlich unverfallbarer Anwartschaften ausgeschiedener Vorstandsmitglieder Anpassung ausschließt.
37 *Lingemann*, BB 2009, 1918, 1921.
38 *Seibert*, WM 2009, 1489, 1491.
39 *Hüffer*, Rn 10, für Feststellungsklage fehlt Rechtsschutzbedürfnis; ebenso *Nirk*, Hb AG, Rn 653; MüKo-AktG/*Spindler*, Rn 100; aA KölnKomm-AktG/*Mertens*, Rn 12; denkbar ist auch Klage auf Bestimmung der angemessenen Höhe durch Urteil; ebenso: *Hüffer*, Rn 10; KölnKomm-AktG/*Mertens*, Rn 12; MüKo-AktG/*Spindler*, Rn 100.
40 KölnKomm-AktG/*Mertens*, Rn 22; MüKo-AktG/*Spindler*, Rn 97; aA Großkomm-AktienR/*Meyer-Landrut*, Anm. 12.
41 KölnKomm-AktG/*Mertens*, Rn 19.
42 Vgl auch *Hüffer*, Rn 11; KölnKomm-AktG/*Mertens*, Rn 20; MüKo-AktG/*Spindler*, Rn 102.
43 *Hüffer*, Rn 12; KölnKomm-AktG/*Mertens*, Rn 21; aA MüKo-AktG/*Spindler*, Rn 103.
44 AA *Hüffer*, Rn 13; KölnKomm-AktG/*Mertens*, Rn 23.

§ 88 Wettbewerbsverbot

(1) ¹Die Vorstandsmitglieder dürfen ohne Einwilligung des Aufsichtsrats weder ein Handelsgewerbe betreiben noch im Geschäftszweig der Gesellschaft für eigene oder fremde Rechnung Geschäfte machen. ²Sie dürfen ohne Einwilligung auch nicht Mitglied des Vorstands oder Geschäftsführer oder persönlich haftender Gesellschafter einer anderen Handelsgesellschaft sein. ³Die Einwilligung des Aufsichtsrats kann nur für bestimmte Handelsgewerbe oder Handelsgesellschaften oder für bestimmte Arten von Geschäften erteilt werden.

(2) ¹Verstößt ein Vorstandsmitglied gegen dieses Verbot, so kann die Gesellschaft Schadenersatz fordern. ²Sie kann statt dessen von dem Mitglied verlangen, daß es die für eigene Rechnung gemachten Geschäfte als für Rechnung der Gesellschaft eingegangen gelten läßt und die aus Geschäften für fremde Rechnung bezogene Vergütung herausgibt oder seinen Anspruch auf die Vergütung abtritt.

(3) ¹Die Ansprüche der Gesellschaft verjähren in drei Monaten seit dem Zeitpunkt, in dem die übrigen Vorstandsmitglieder und die Aufsichtsratsmitglieder von der zum Schadensersatz verpflichtenden Handlung Kenntnis erlangen oder ohne grobe Fahrlässigkeit erlangen müssten. ²Sie verjähren ohne Rücksicht auf diese Kenntnis oder grob fahrlässige Unkenntnis in fünf Jahren von ihrer Entstehung an.

Literatur:
Böttcher/Kautzsch, Vorstandsdoppelmandate im Personengesellschaftskonzern, NZG 2009, 819; *Fleischer*, Wettbewerbs- und Betätigungsverbote für Vorstandsmitglieder im Aktienrecht, AG 2005, 336; *ders.*, Gelöste und ungelöste Probleme der gesellschaftsrechtlichen Geschäftschancenlehre, NZG 2003, 985; *Jäger*, Das nachvertragliche Wettbewerbsverbot und die Karenzentschädigung für Organmitglieder juristischer Personen, DStR 1995, 724; *Kort*, Interessenkonflikte bei Organmitgliedern der AG, ZIP 2008, 717; *Meyer*, Das „Eintrittsrecht" der Aktiengesellschaft gemäß § 88 Abs. 2 S. 2 AktG, AG 1988, 259; *Thüsing*, Nachorganschaftliche Wettbewerbsverbote bei Vorständen und Geschäftsführern, NZG 2004, 9.

A. Norminhalt und Normschwerpunkt ... 1	C. Einwilligung des Aufsichtsrats (Abs. 1 S. 1, 2 und 3) ... 6
B. Tätigkeitsverbot (Abs. 1) ... 2	D. Rechtsfolgen ... 7
I. Betroffener Personenkreis ... 2	I. Schadensersatzanspruch der AG (Abs. 2 S. 1) .. 7
II. Betrieb eines Handelsgewerbes (Abs. 1 S. 1 Alt. 1) ... 3	II. Eintrittsrecht der AG (Abs. 2 S. 2) ... 8
III. Geschäftemachen im Geschäftszweig der Gesellschaft (§ 88 Abs. 1 S. 1 Alt. 2) ... 4	III. Verjährung (Abs. 3) ... 11
IV. Andere Vorstands-/Geschäftsführerämter (Abs. 1 S. 2) ... 5	E. Nachvertragliche Wettbewerbsverbote ... 12

A. Norminhalt und Normschwerpunkt

§ 88 beinhaltet für Vorstandsmitglieder das grundsätzliche Verbot von professionellen Tätigkeiten außerhalb ihres Vorstandsamtes. Doppelter Normzweck: Das Vorstandsmitglied soll sich uneingeschränkt für die AG einsetzen (Verbot, ein Handelsgewerbe zu betreiben oder als Vorstandsmitglied, Geschäftsführer oder persönlich haftender Gesellschafter tätig zu werden). Das Vorstandsmitglied soll ferner der AG keinen Wettbewerb machen (Verbot des Geschäftemachens im Geschäftszweig der Gesellschaft).[1] Bei börsennotierten Gesellschaften wird § 88 durch Ziffer 4.3 DCGK ergänzt.

B. Tätigkeitsverbot (Abs. 1)

I. Betroffener Personenkreis. Vorstandsmitglieder (einschließlich stellvertretender, § 94), nicht jedoch vom Aufsichtsrat entsandte Vorstandsmitglieder (§ 105 Abs. 2 S. 4), Aufsichtsratsmitglieder oder Abwickler (§ 268 Abs. 3), auch wenn sie zuvor Vorstandsmitglieder waren, sind von § 88 betroffen, solange ihr Amt läuft.[2] Vorbereitungshandlungen für nachvertraglichen Wettbewerb sind zulässig, solange sie Arbeitskraft des Vorstandsmitglieds nicht unangemessen in Anspruch nehmen.[3]

---

1 *Kort*, ZIP 2008, 717, 718.
2 Nach Widerruf der Bestellung (auch ohne Kündigung des Anstellungsverhältnisses) endet Wettbewerbsverbot des § 88; vgl auch *Hüffer*, Rn 2; MüKo-AktG/*Spindler*, Rn 8 f; aA KölnKomm-AktG/*Mertens*, Rn 5: Fortwirken des § 88, wenn Bezüge weitergezahlt werden. Nach berechtigter Amtsniederlegung endet Wettbewerbsverbot des § 88 ebenfalls; vgl auch MüKo-AktG/*Spindler*, Rn 8 f; *Hüffer*, Rn 2; aA KölnKomm-AktG/*Mertens*, Rn 5: Ende des Wettbewerbsverbots auch bei unberechtigter (aber nicht rechtsmissbräuchlicher) Amtsniederlegung. Nach Amtsende kommen jedoch nachwirkende Treuepflichten und/oder ein nachvertragliches Wettbewerbsverbot in Frage, vgl Rn 12 f.
3 KölnKomm-AktG/*Mertens*, Rn 10.

3 **II. Betrieb eines Handelsgewerbes (Abs. 1 S. 1 Alt. 1).** Der Begriff des Handelsgewerbes bestimmt sich nach §§ 1 ff HGB. Nachhaltige kleingewerbliche (§ 1 Abs. 2 HGB) oder freiberufliche Tätigkeiten sind nach dem Wortlaut des § 88 Abs. 1 S. 1 nicht betroffen. Aus dem Gesichtspunkt der organschaftlichen Treuebindung sind solche Geschäfte jedoch gleichermaßen zu behandeln.[4]

4 **III. Geschäftemachen im Geschäftszweig der Gesellschaft (§ 88 Abs. 1 S. 1 Alt. 2).** Geschäftemachen ist nach hM jede auf Gewinnerzielung gerichtete Teilnahme am geschäftlichen Verkehr einschließlich Vertretung und Vermittlung, die nicht nur persönlichen Charakter hat (wie die Anlage eigenen Vermögens).[5] Diese Definition erscheint **zu eng**, weil sie die rein privaten Geschäfte des Vorstandsmitglieds, mit denen Geschäftschancen der AG zu deren Lasten ausgenutzt werden, nicht erfasst. Aus dem Gesichtspunkt der organschaftlichen Treuebindung sind solche Geschäfte in den Schutzbereich des § 88 einzubeziehen. Gleiches gilt für nicht nur untergeordnete Beteiligungen (als GmbH-Gesellschafter, Aktionär oder Kommanditist) an Gesellschaften im Geschäftszweig der AG. Tatsächlicher Geschäftszweig (der AG oder eines Konzernunternehmens)[6] ist maßgeblich, nicht satzungsmäßiger Unternehmensgegenstand.[7] Aus dem Gesichtspunkt der organschaftlichen Treuebindung sind auch Geschäftszweige einzubeziehen, in denen die AG gegenwärtig nicht tätig ist, die aber für die AG interessant sein könnten.

5 **IV. Andere Vorstands-/Geschäftsführerämter (Abs. 1 S. 2).** Grundsätzlich verboten sind (auch innerhalb eines Konzerns)[8] Tätigkeiten als Vorstandsmitglied in einer anderen AG, Geschäftsführer in einer GmbH/unternehmerisch geführten GbR und persönlich haftender Gesellschafter in einer OHG/KG (sowie vergleichbare Position in ausländischen Gesellschaften), nicht dagegen Aufsichtsratsmandate oder bloße gesellschaftsrechtliche Beteiligung (Abs. 1 S. 2 soll uneingeschränkte Arbeitskraft für AG sichern). Bei Kommanditistenstellung ist Abs. 1 S. 2 entsprechend anwendbar, wenn der Kommanditist geschäftsführend tätig ist.[9] Bei nicht geschäftsführender mehrheitlicher Kommanditistenstellung kommt „Geschäftemachen" iSv Abs. 1 S. 1 in Betracht.

C. Einwilligung des Aufsichtsrats (Abs. 1 S. 1, 2 und 3)

6 Vorherige Zustimmung ist erforderlich (§ 183 BGB), eine nachträgliche Genehmigung wirkt nur ex nunc und lässt Schadensersatzanspruch und Eintrittsrecht (§ 88 Abs. 2) unberührt.[10] Die Einwilligung muss konkret sein (auf bestimmtes Handelsgewerbe, bestimmte Geschäftsarten oder bestimmte organschaftliche Tätigkeit oder Stellung als persönlich haftender Gesellschafter), keine Banketteinwilligung. Die Einwilligung erfordert den Beschluss des Aufsichtsrats (oder eines zuständigen Ausschusses), konkludente Duldung reicht nicht.[11] Die Einwilligung kann unwiderruflich (meist bei Einzelgeschäften) oder widerruflich (meist bei bestimmten Geschäftsarten) erteilt werden. Die Satzung kann keine Einwilligung enthalten und kann die Einwilligung des Aufsichtsrats nicht verbieten.[12] Die Einwilligung findet ihre Grenze in der unabdingbaren Pflicht des Vorstandsmitglieds zur ordentlichen und gewissenhaften Geschäftsführung, die Einwilligung zur Ausnutzung von Geschäftschancen der AG durch ein Vorstandsmitglied oder zu zeitaufwendiger anderweitiger Tätigkeit, unter der das Vorstandsamt leidet, ist unzulässig und unbeachtlich;[13] ein Verstoß hiergegen kann zu einem Schadensersatzanspruch gegen den Aufsichtsrat (§§ 116, 93) und das Vorstandsmitglied (§ 88 Abs. 2) führen.

D. Rechtsfolgen

7 **I. Schadensersatzanspruch der AG (Abs. 2 S. 1).** Wegen des verbotenen Wettbewerbs hat die AG einen (im Gesetz nicht ausdrücklich geregelten) Unterlassungsanspruch gegen das Vorstandsmitglied. Dieser ist verschuldensunabhängig.[14] Verschulden ist ungeschriebenes Tatbestandsmerkmal für den Schadensersatzanspruch,[15] wobei die Beweislast beim Vorstandsmitglied liegt (analog § 93 Abs. 2 S. 2).[16] Eintritt und Höhe

---

4 KölnKomm-AktG/*Mertens*, Rn 3; OLG Frankfurt AG 2000, 518, 519; aA *Hüffer*, Rn 3.
5 BGH NJW 1997, 2055 f; BGH ZIP 1997, 1063, 1064; *Hüffer*, Rn 3.
6 Vgl KölnKomm-AktG/*Mertens*, Rn 9.
7 KölnKomm-AktG/*Mertens*, Rn 9; MüKo-AktG/*Spindler*, Rn 14 f; BGHZ 70, 331, 332 f = NJW 1978, 1001 (zu § 112 I HGB); BGHZ 89, 162, 170 = NJW 1984, 1351, 1553 (zu § 112 I HGB).
8 Vgl BGH v. 9.3.2009 – II ZR 170/07.
9 So auch *Hüffer*, Rn 4.
10 KölnKomm-AktG/*Mertens*, Rn 12; *Hüffer*, Rn 5; teilweise aA Großkomm-AktienR/*Meyer-Landrut*, Anm. 5.
11 MüKo-AktG/*Spindler*, Rn 23; KölnKomm-AktG/*Mertens*, Rn 11: Aufsichtsratsbeschluss ist jedoch auslegungsfähig; *Hüffer*, Rn 5; bei Vorstandsdoppelmandaten ist die Zustimmung beider Aufsichtsräte erforderlich und genügend, BGH ZIP 2009, 1162; zustimmend: *Blasche*, EWiR 2009, 525.
12 AA MüKo-AktG/*Spindler*, Rn 26; nach KölnKomm-AktG/*Mertens*, Rn 6, kann Satzung Richtlinien für Aufsichtsrat enthalten.
13 Vgl auch KölnKomm-AktG/*Mertens*, Rn 6.
14 MüKo-AktG/*Spindler*, Rn 27.
15 MüKo-AktG/*Spindler*, Rn 28; *Hüffer*, Rn 6.
16 KölnKomm-AktG/*Mertens*, Rn 18; MüKo-AktG/*Spindler*, Rn 28; *Hüffer*, Rn 6.

des Schadens (§§ 249 ff BGB) dagegen sind von der AG zu beweisen. Die Ausübung des Eintrittsrechts (Rn 8) verdrängt nach hM den Schadensersatzanspruch.[17]

II. Eintrittsrecht der AG (Abs. 2 S. 2). Verschulden ist wie bei Schadensersatzanspruch ungeschriebenes Tatbestandsmerkmal,[18] wobei die Beweislast beim Vorstandsmitglied liegt (analog § 93 Abs. 2 S. 2).[19] Eintritt und Höhe des Gewinns sind dagegen von der AG zu beweisen; die AG hat Anspruch auf Auskunft und Rechnungslegung.[20] Mit der Ausübung des Eintrittsrechts vermeidet die AG den oft schwierigen Schadensnachweis. Der Eintritt muss sich auf alle Geschäfte beziehen, die eine wirtschaftliche Einheit darstellen, ein selektiver Eintritt nur in günstige Geschäfte ist unzulässig. Das Eintrittsrecht entfällt, wenn die AG bei Eintritt gegen ein gesetzliches Verbot verstoßen würde.[21] Die Ausübung des Schadensersatzanspruchs (Rn 7) verdrängt nach hM das Eintrittsrecht.[22] Das Eintrittsrecht (wie bei §§ 112, 113 HGB)[23] umfasst auch die Abschöpfung des Gewinns aus verbotener Beteiligung an einer anderen Handelsgesellschaft[24] (verbotenes Geschäftemachen, vgl Rn 4); bei Gesellschafter-Geschäftsführertätigkeit beschränkt sich die Abschöpfung auf den Gewinn als Gesellschafter und gewinnabhängige Vergütungsbestandteile als Geschäftsführer. Der Eintritt wirkt nur im Innenverhältnis, das Vorstandsmitglied hat Geschäft mit Drittem für Rechnung der AG abzuwickeln und die Weisungen der AG zu beachten. Der Dritte haftet der AG unmittelbar allenfalls wegen Kollusion (§ 826 BGB).

Kürzung des Gehaltsanspruchs kommt nur in krassen Fällen grob unanständigen Verhaltens in Frage.[25]
Eine Vertragsstrafe kann im Anstellungsvertrag vorgesehen sein, die der Herabsetzungsmöglichkeit nach § 343 BGB unterliegt (§ 348 HGB gilt nicht). Die Vertragsstrafe kann nicht zusätzlich zur Gewinnherausgabe geltend gemacht werden.

III. Verjährung (Abs. 3). Die Verjährung tritt ein drei Monate nach Kenntnis (oder – ab 1.1.2005[26] – grob fahrlässiger Unkenntnis) durch sämtliche übrigen Vorstandsmitglieder (einschließlich stellvertretende Vorstandsmitglieder) und sämtliche Aufsichtsratsmitglieder (Abs. 3 S. 1). Werden einzelne Vorstands- oder Aufsichtsratsmitglieder von ihren Kollegen bewusst nicht informiert, um die Dreimonatsfrist zu verlängern, so läuft die Frist gleichwohl.[27] Die Kenntnis muss sich auf den Wettbewerbssachverhalt im Großen und Ganzen beziehen, Kenntnis der Einzelheiten ist nicht erforderlich. Die Dreimonatsfrist gilt nicht, wenn der Aufsichtsrat ohnehin nicht einwilligen durfte (Geschäftschance der AG) oder die Einwilligung pflichtwidrig erteilt hat; dann gelten die Zehn-/Fünfjahresfrist des § 93 Abs. 6[28] und die Zehn-/Dreißigjahresfrist des § 852 BGB (iVm § 826 BGB oder § 823 Abs. 2 BGB, § 266 StGB).[29] Dagegen tritt für die Ansprüche aus § 88 Abs. 2 die Verjährung spätestens nach fünf Jahren seit Anspruchsentstehung ein (Abs. 3 S. 2). Bei einem Dauerverstoß kommt es auf dessen Ende an.[30]

E. Nachvertragliche Wettbewerbsverbote

Diese sind (evtl mit Vertragsstrafe, §§ 339 ff BGB) in den Grenzen von § 1 GWB (nur bei selbstständiger Tätigkeit des ehemaligen Vorstandsmitglieds und der Möglichkeit, dass die Marktverhältnisse durch das Wettbewerbsverbot beeinflusst werden)[31] und von § 138 BGB zulässig.[32] Danach ist räumliche (zB beschränkt auf Deutschland), zeitliche (zwei Jahre idR akzeptabel)[33] und sachliche (orientiert am Geschäftsbereich der AG und der Funktion des Vorstandsmitglieds) Begrenzung erforderlich.[34] Die Zulässigkeit ergibt sich aus einer Abwägung der Interessen des ehemaligen Vorstandsmitglieds am beruflichen Fortkommen und dem Interesse der AG, dessen Know-how vom Wettbewerb fern zu halten.

---

17 KölnKomm-AktG/*Mertens*, Rn 16; MüKo-AktG/*Spindler*, Rn 29; Großkomm-AktienR/*Meyer-Landrut*, Anm. 6; aA *Hüffer*, Rn 6, der nur ausnahmsweise Bindungswirkung an Eintrittsrecht annimmt, wenn sich Vorstandsmitglied in schutzwürdiger Weise darauf eingerichtet hat.
18 MüKo-AktG/*Spindler*, Rn 30; daran zweifelnd: *Hüffer*, Rn 7.
19 KölnKomm-AktG/*Mertens*, Rn 18; MüKo-AktG/*Spindler*, Rn 30; *Hüffer*, Rn 6.
20 Vgl hierzu BGH DB 1988, 646 f.
21 KölnKomm-AktG/*Mertens*, Rn 15; *Meyer*, AG 1988, 259, 260 f; *Hüffer*, Rn 7; offen lassend: BGH WM 1986, 650, 652.
22 KölnKomm-AktG/*Mertens*, Rn 16; Großkomm-AktienR/ *Meyer-Landrut*, Anm. 6; aA MüKo-AktG/*Spindler*, Rn 29; *Hüffer*, Rn 7: jederzeitige Übergang von Schadensersatzforderung auf Eintrittsrecht.
23 BGHZ 38, 306, 308 f = NJW 1963, 646; BGHZ 89, 162, 171 = NJW 1984, 1351.
24 KölnKomm-AktG/*Mertens*, Rn 17; *Meyer*, AG 1988, 259, 260 f; Großkomm-AktienR/*Meyer-Landrut*, Anm. 7; *Hüffer*, Rn 8; aA MüKo-AktG/*Spindler*, Rn 35.
25 Vgl BGH AG 1988, 75 f; KölnKomm-AktG/*Mertens*, Rn 14.
26 Art. 29 §§ 6, 12 EGBGB in der Fassung des SchuldRModAnpG vom 9.12.2004 (BGBl. I 2004, 3214).
27 KölnKomm-AktG/*Mertens*, Rn 24.
28 KölnKomm-AktG/*Mertens*, Rn 23.
29 Vgl auch KölnKomm-AktG/*Mertens*, Rn 23.
30 KölnKomm-AktG/*Mertens*, Rn 25.
31 Vgl BGHZ 68, 6, 10 ff = NJW 1977, 804 f.
32 §§ 74 ff HGB gelten dagegen wegen Unternehmerfunktion der Vorstandsmitglieder weder unmittelbar noch mittelbar, BGHZ 91, 1, 3 ff = NJW 1984, 2366, 2367 bzgl GmbH-Geschäftsführer; *Hüffer*, Rn 10. Sie enthalten jedoch Wertungen, die auch bei der Zulässigkeit nachvertraglicher Wettbewerbsverbote von Vorstandsmitgliedern herangezogen werden können.
33 BGH WM 1974, 74, 76; BGH NJW 1994, 384, 385.
34 Vgl BGHZ 91, 1, 5; OLG Celle NZG 2001, 131, 132; OLG Düsseldorf DB 1990, 1960; OLG Hamm ZIP 1988, 1254, 1256.

13 Ein Wettbewerbsverbot, das über bloßen Kundenschutz hinausgeht, dürfte nur bei Vereinbarung eines Entgelts wirksam sein.[35] Die Höhe der Karenzentschädigung rechtfertigt kein übertriebenes Wettbewerbsverbot, ist aber in die Angemessenheitsabwägung einzubeziehen. Eine angemessene Pension ist kein Ersatz für Karenzentschädigung.[36] Das Ruhegehalt kann aber auf die Karenzentschädigung anrechenbar sein.[37] Es erfolgt keine geltungserhaltende Reduktion bei übertriebenem Wettbewerbsverbot außer bei übermäßiger zeitlicher Begrenzung.[38] Solange ein nichtiges Wettbewerbsverbot vom Vorstandsmitglied respektiert wird, bildet es den Rechtsgrund für Karenzentschädigung. Bei vorzeitiger Vertragsbeendigung wegen eines von der AG gesetzten wichtigen Grundes ist das Vorstandsmitglied entsprechend § 75 Abs. 1 HGB zur Lösung vom nachvertraglichen Wettbewerbsverbot berechtigt.[39] Bei einem bedingtem Wettbewerbsverbot (Wahlrecht für AG, ob sie nachvertragliches Wettbewerbsverbot einfordert) sollte dem Vorstandsmitglied wie einem Arbeitnehmer das Wahlrecht, dieses gegen Karenzentschädigung zu respektieren oder sich davon zu lösen, eingeräumt werden.[40]

§ 89 Kreditgewährung an Vorstandsmitglieder

(1) ¹Die Gesellschaft darf ihren Vorstandsmitgliedern Kredit nur auf Grund eines Beschlusses des Aufsichtsrats gewähren. ²Der Beschluß kann nur für bestimmte Kreditgeschäfte oder Arten von Kreditgeschäften und nicht für länger als drei Monate im voraus gefaßt werden. ³Er hat die Verzinsung und Rückzahlung des Kredits zu regeln. ⁴Der Gewährung eines Kredits steht die Gestattung einer Entnahme gleich, die über die dem Vorstandsmitglied zustehenden Bezüge hinausgeht, namentlich auch die Gestattung der Entnahme von Vorschüssen auf Bezüge. ⁵Dies gilt nicht für Kredite, die ein Monatsgehalt nicht übersteigen.

(2) ¹Die Gesellschaft darf ihren Prokuristen und zum gesamten Geschäftsbetrieb ermächtigten Handlungsbevollmächtigten Kredit nur mit Einwilligung des Aufsichtsrats gewähren. ²Eine herrschende Gesellschaft darf Kredite an gesetzliche Vertreter, Prokuristen oder zum gesamten Geschäftsbetrieb ermächtigte Handlungsbevollmächtigte eines abhängigen Unternehmens nur mit Einwilligung ihres Aufsichtsrats, eine abhängige Gesellschaft darf Kredite an gesetzliche Vertreter, Prokuristen oder zum gesamten Geschäftsbetrieb ermächtigte Handlungsbevollmächtigte des herrschenden Unternehmens nur mit Einwilligung des Aufsichtsrats des herrschenden Unternehmens gewähren. ³Absatz 1 Satz 2 bis 5 gilt sinngemäß.

(3) ¹Absatz 2 gilt auch für Kredite an den Ehegatten, Lebenspartner oder an ein minderjähriges Kind eines Vorstandsmitglieds, eines anderen gesetzlichen Vertreters, eines Prokuristen oder eines zum gesamten Geschäftsbetrieb ermächtigten Handlungsbevollmächtigten. ²Er gilt ferner für Kredite an einen Dritten, der für Rechnung dieser Personen oder für Rechnung eines Vorstandsmitglieds, eines anderen gesetzlichen Vertreters, eines Prokuristen oder eines zum gesamten Geschäftsbetrieb ermächtigten Handlungsbevollmächtigten handelt.

(4) ¹Ist ein Vorstandsmitglied, ein Prokurist oder ein zum gesamten Geschäftsbetrieb ermächtigter Handlungsbevollmächtigter zugleich gesetzlicher Vertreter oder Mitglied des Aufsichtsrats einer anderen juristischen Person oder Gesellschafter einer Personenhandelsgesellschaft, so darf die Gesellschaft der juristischen Person oder der Personenhandelsgesellschaft Kredit nur mit Einwilligung des Aufsichtsrats gewähren; Absatz 1 Satz 2 und 3 gilt sinngemäß. ²Dies gilt nicht, wenn die juristische Person oder die Personenhandelsgesellschaft mit der Gesellschaft verbunden ist oder wenn der Kredit für die Bezahlung von Waren gewährt wird, welche die Gesellschaft der juristischen Person oder der Personenhandelsgesellschaft liefert.

(5) Wird entgegen den Absätzen 1 bis 4 Kredit gewährt, so ist der Kredit ohne Rücksicht auf entgegenstehende Vereinbarungen sofort zurückzugewähren, wenn nicht der Aufsichtsrat nachträglich zustimmt.

(6) Ist die Gesellschaft ein Kreditinstitut oder Finanzdienstleistungsinstitut, auf das § 15 des Gesetzes über das Kreditwesen anzuwenden ist, gelten anstelle der Absätze 1 bis 5 die Vorschriften des Gesetzes über das Kreditwesen.

---

35 MüHb-AktG/*Wiesner*, § 21 Rn 71; KölnKomm-AktG/*Mertens*, Rn 27; aA OLG Koblenz WM 1985, 1484, 1485; *Jäger*, DStR 1995, 724, 728.
36 KölnKomm-AktG/*Mertens*, Rn 27; MüKo-AktG/*Spindler*, Rn 45 f; aA *Nirk*, Hb AG, Rn 299.
37 MüHb-AktG/*Wiesner*, § 21 Rn 71.
38 BGH NJW 1997, 3089, 3090.
39 Einzelheiten bei KölnKomm-AktG/*Mertens*, Rn 29.
40 MüHb-AktG/*Wiesner*, § 21 Rn 71.

Literatur:
Kort, Interessenkonflikte bei Organmitgliedern der AG, ZIP 2008, 717; *Kuhlmann,* Die Einwilligung des Aufsichtsrats bei Darlehen und Vorschüssen an Prokuristen einer Aktiengesellschaft, AG 2009, 109; *Schlegelberger/Quassowski,* Aktiengesetz vom 30. Januar 1937, 3. Auflage 1939.

A. Norminhalt und Normschwerpunkt	1	E. Kredite an Angehörige von Vorstandsmitgliedern und leitenden Angestellten, Strohmänner (Abs. 3)	8
B. Kredite an Vorstandsmitglieder (Abs. 1)	2	F. Kredite an „nahestehende" Gesellschaften (Abs. 4)	9
I. Kreditgewährung	2		
II. Zulässige Kleinkredite (Abs. 1 S. 5)	4	G. Rechtsfolgen (Abs. 5)	10
III. Aufsichtsratsbeschluss	5	H. Organkredite bei Kreditinstituten/Finanzdienstleistungsinstituten	11
C. Kredite an leitende Angestellte (Abs. 2 S. 1)	6		
D. Kredite an Vorstandsmitglieder und leitende Angestellte im Abhängigkeitsverhältnis (Abs. 2 S. 2)	7		

A. Norminhalt und Normschwerpunkt

§ 89 regelt die Kreditvergabe der AG (oder verbundener Unternehmen) an Vorstandsmitglieder (oder leitende Angestellte) oder an diesen nahe stehende Personen und Gesellschaften. § 89 verlangt für diese Kredite einen Aufsichtsratsbeschluss[1] (primär im Vorhinein, hilfsweise nachträglich). Ziel des § 89 ist nicht die Kapitalerhaltung (anders als bei § 43 a GmbHG), sondern die Transparenz der Vergütung. Daneben soll § 89 sichern, dass Kredite an Vorstandsmitglieder/leitende Angestellte nur im Rahmen des für die AG wirtschaftlich Vertretbaren gewährt werden.[2] Teilweise Überlagerung des § 89 durch § 112.

B. Kredite an Vorstandsmitglieder (Abs. 1)

I. Kreditgewährung. Der Begriff ist weit auszulegen. Darunter fallen sämtliche Zahlungen und Vorteilsgewährungen, auf die kein fälliger Anspruch besteht oder die unüblich sind (Darlehensgewährung, Stundung von Beträgen, die von AG vorfinanziert sind, unübliche Anzahlungen aus Drittgeschäften zwischen AG und Vorstandsmitglied, Sicherheitenstellung für Kredite Dritter, vorfällige Entnahmen (Abs. 1 S. 4),[3] Warenkredite (außer im Rahmen von Abs. 4 S. 2), nicht dagegen die marktübliche Anzahlung auf Warenlieferungen, angemessene Reisekostenvorschüsse oder die Nichtgeltendmachung eines Anspruchs wegen Uneinbringlichkeit).[4]

Unter den Begriff **Vorstandsmitglieder** fallen auch stellvertretende (§ 94), delegierte (§ 105 Abs. 2) Vorstandsmitglieder und Abwickler (§ 268 Abs. 2). Die Kreditgewährung an Aufsichtsratsmitglieder wird indessen von § 115 abgedeckt.

II. Zulässige Kleinkredite (Abs. 1 S. 5). Dies sind Kredite bis zu einem Monatsgehalt (ein Zwölftel des festen Bruttojahresgehalts inkl. fester Tantiemeanteile und Sachleistungen). Mehrere Kredite an ein Vorstandsmitglied und die in Abs. 3 genannten Nahestehenden sind zu addieren, nicht dagegen Kredite durch herrschendes und abhängiges Unternehmen. Bei einem Kredit an einen gesetzlichen Vertreter/leitenden Angestellten des herrschenden Unternehmens durch eine abhängige AG ist das Monatsgehalt beim herrschenden Unternehmen maßgeblich. Wird die Freigrenze überschritten, ist der gesamte Kredit zustimmungspflichtig. Die Kleinkreditausnahme des Abs. 1 S. 5 gilt nicht für Kredite an vorstandsnahe Gesellschaften (Abs. 4). Bei Kreditinstituten gilt die Sonderregelung des § 15 Abs. 3 KWG.

III. Aufsichtsratsbeschluss. Im Kernbereich des § 89 (Kredit an Vorstandsmitglied) ergibt sich die Zuständigkeit des Aufsichtsrats bereits aus § 112, sonst ist die Zustimmung des Aufsichtsrats zur Kreditgewährung durch den Vorstand erforderlich. Die konkludente Zustimmung des Aufsichtsrats genügt nicht. Der Beschluss des Aufsichtsrats (§§ 107, 108) oder eines zuständigen Personalausschusses (§ 107 Abs. 3)[5] ist erforderlich. Der Beschluss ist grundsätzlich vorher zu fassen (Kreditgewährung „aufgrund" eines Aufsichtsratsbeschlusses), hilfsweise nachträglich (Abs. 5). Er muss konkret sein, dh sich auf einen konkret beantragten, in Höhe (oder Höchstgrenze), Zinssatz (auch zinslos möglich) und Laufzeit (auch bloße Kündigungsfrist ist zulässig) festgelegten Kredit oder auf eine Mehrzahl von Krediten, die in ihrer Art, also hinsichtlich Anzahl, Höhe, Zinssatz und Laufzeit bestimmt sind, beziehen und darf maximal drei Monate vor Kreditgewährung gefasst werden (Abruf der vollen Kreditsumme kann auch nach Ablauf der drei Monate erfol-

---

1 Hauptversammlungsbeschluss ist nicht gem. § 241 Nr. 3 nichtig, solange er die sich aus § 89 ergebende Kompetenz des Aufsichtsrats zur Beschlussfassung über jede einzelne Auszahlung unberührt lässt, OLG Stuttgart AG 2004, 678 = DB 2004, 1768.
2 Vgl KölnKomm-AktG/*Mertens*, Rn 2; Kort, ZIP 2008, 717, 720.
3 Vgl OLG Stuttgart AG 2004, 678 = DB 2004, 1768.
4 Vgl KölnKomm-AktG/*Mertens*, Rn 11.
5 BGH WM 1991, 1258, 1259; *Kuhlmann*, AG 2009, 109, 110.

gen).[6] § 89 will den Aufsichtsrat hinsichtlich der Konditionen des Kredites nicht einschränken, sondern eine klare Willensbildung ermöglichen. Ein mangelhafter oder hinsichtlich der Modalitäten unvollständiger Aufsichtsratsbeschluss führt zu sofortiger Rückgewährspflicht (Abs. 5). Richtlinien in der Satzung zur Kreditgewährung sind nach hM zulässig.[7] Der Einwilligungsbeschluss des Aufsichtsrats ist aber auch dann wirksam, wenn er sich über Satzungsrichtlinien hinwegsetzt; eine Schadensersatzpflicht (§ 93 Abs. 3 Nr. 8) kommt bei bloßen Satzungsverstößen nicht in Betracht.[8]

C. Kredite an leitende Angestellte (Abs. 2 S. 1)

6   Durch Abs. 2 S. 1 werden Kredite an leitende Angestellte in den Schutzbereich des § 89 einbezogen. Zu den leitenden Angestellten gehören nur Prokuristen (§§ 48 ff HGB) sowie Generalhandlungsbevollmächtigte (§ 54 Abs. 1 Alt. 1 HGB), nicht jedoch andere leitende Angestellte. Unter Kredite an leitende Angestellte fallen auch Gehaltsvorschüsse.[9]

D. Kredite an Vorstandsmitglieder und leitende Angestellte im Abhängigkeitsverhältnis (Abs. 2 S. 2)

7   Durch Abs. 2 S. 2 werden Kredite an Vorstandsmitglieder/leitende Angestellte (nicht jedoch an persönlich haftende Gesellschafter) im Abhängigkeitsverhältnis (§ 17) in den Schutzbereich des § 89 einbezogen. Danach bedarf es der Zustimmung des Aufsichtsrats der AG (herrschendes Unternehmen) bei Krediten der herrschenden AG an gesetzliche Vertreter/leitende Angestellte eines abhängigen Unternehmens (gleich welcher Rechtsform) sowie der Zustimmung des Aufsichtsrats des herrschenden Unternehmens (mangels Aufsichtsrats des Gremiums mit den entsprechenden Befugnissen, wie etwa Gesellschafterversammlung der GmbH, § 46 Nr. 6 GmbHG) bei Krediten der abhängigen AG an gesetzliche Vertreter/leitende Angestellte des herrschenden Unternehmens. Hat die herrschende GmbH einen Aufsichtsrat, so kommt es auf die Kompetenzverteilung im Gesellschaftsvertrag an, mangels solcher ist der Aufsichtsrat zuständig.[10] Ist das herrschende Unternehmen eine Einzelfirma, so muss dessen Inhaber zustimmen.[11] Ist das Vorstandsmitglied der abhängigen AG gleichzeitig gesetzlicher Vertreter/leitender Angestellter des herrschenden Unternehmens, müssen bei Kreditgewährung durch die abhängige AG beide Aufsichtsgremien zustimmen.[12]

E. Kredite an Angehörige von Vorstandsmitgliedern und leitenden Angestellten, Strohmänner (Abs. 3)

8   Durch Abs. 3 S. 1 werden Kredite an Ehegatten, Lebenspartner (§ 1 LPartG) und minderjährige Kinder (auch nichteheliche und Adoptivkinder, nicht jedoch volljährige Kinder, Stief- und Pflegekinder)[13] von Vorstandsmitgliedern/leitenden Angestellten in den Schutzbereich des § 89 einbezogen. Abs. 3 S. 2 erstreckt den Schutzbereich ferner auf Strohmänner, die für die in Abs. 1 bis 3 S. 1 genannten Personen als Kreditnehmer auftreten (dadurch Absicherung von Umgehungstatbeständen).

F. Kredite an „nahestehende" Gesellschaften (Abs. 4)

9   Durch Abs. 4 werden Kredite an Gesellschaften, bei denen ein AG-Vorstandsmitglied/leitender Angestellter gleichzeitig gesetzlicher Vertreter, Aufsichtsratsmitglied (oder Beiratsmitglied)[14] oder Gesellschafter (OHG, KG)[15] ist, in den Schutzbereich des § 89 einbezogen. Dadurch erfolgt die Absicherung von Umgehungstatbeständen (Einschaltung von Drittgesellschaft). **Ausnahmen** (Abs. 4 S. 2) sind (a) Kredite an verbundene Unternehmen (§ 15,[16] weil dann die gesellschaftsrechtliche Beziehung zwischen Kreditgeber und Kreditnehmer im Vordergrund steht) sowie (b) übliche Lieferantenkredite (normaler Geschäftsverkehr soll nicht dem

---

6   KölnKomm-AktG/*Mertens*, Rn 15.
7   KölnKomm-AktG/*Mertens*, Rn 3; zweifelhaft, da Eingriff in die Zuständigkeit des Aufsichtsrats.
8   Vgl KölnKomm-AktG/*Mertens*, Rn 3.
9   AA Kuhlmann, AG 2009, 109, 113 f.
10 AA KölnKomm-AktG/*Mertens*, Rn 6.
11 MüKo-AktG/*Spindler*, Rn 37; KölnKomm-AktG/*Mertens*, Rn 3; str.
12 Vgl KölnKomm-AktG/*Mertens*, Rn 7.
13 Teilweise str, vgl KölnKomm-AktG/*Mertens*, Rn 8; *Schlegelberger/Quassowski*, § 80 Rn 9.
14 Vgl *Hüffer*, Rn 7; LG Bochum ZIP 1989, 1557, 1563 (Krupp/Rheinform).
15 Entsprechende Anwendung bei gewerblicher oder freiberuflicher GbR, KölnKomm-AktG/*Mertens*, Rn 9 mwN; aA Großkomm-AktienR/*Meyer-Landrut*, Anm. 6: Mehrheitsbeteiligung an Kapitalgesellschaft sollte ebenfalls einbezogen werden; aA KölnKomm-AktG/*Mertens*, Rn 9: nur, wenn betroffene Person herrschendes Unternehmen dieser Kapitalgesellschaft ist.
16 Nicht hierunter fallen bloße faktische Gleich- oder Unterordnungskonzerne kraft personeller Verflechtung, KölnKomm-AktG/*Mertens*, Rn 10.

Zustimmungserfordernis unterfallen, bei branchenunüblichen Lieferantenkrediten, insbesondere hinsichtlich Laufzeit oder Sicherheiten, ist Aufsichtsratszustimmung jedoch erforderlich).[17] Um den Schutzzweck des § 89 zu erreichen, müssen **Abs. 3 und 4 auch kombiniert** dem Zustimmungsvorbehalt unterfallen (zB Kredit an Gesellschaft, bei der Ehegatte des Vorstandsmitglieds Gesellschafter ist).

G. Rechtsfolgen (Abs. 5)

Die Verträge sind nicht nichtig. Der Kredit ist sofort **zurückzugewähren** (Zahlung bzw Freigabe der gestellten Sicherheit). Der Rückgewähranspruch ist der vertragliche Kreditrückzahlungsanspruch mit gesetzlich vorverlagerter Fälligkeit, deshalb haften bestellte Kreditsicherheiten auch für den Anspruch aus Abs. 5. Die Verzinsung des Rückgewähranspruchs erfolgt entsprechend Kreditvertrag, ggf höhere Verzugszinsen. Der Anspruch besteht nur gegenüber dem Kreditnehmer, nicht gegenüber einem Dritten (zB kreditgebende Bank, der AG Sicherheit eingeräumt hat), außer im Falle der Kollusion zwischen Bank und Kreditnehmer. Ein sofortiger Rückforderungsanspruch besteht auch bei fehlerhaftem oder den Anforderungen des Abs. 1 nicht genügendem Aufsichtsratsbeschluss. Nach Kreditzusage und vor Auszahlung hat die AG ein Leistungsverweigerungsrecht. Es besteht kein Aufrechnungsverbot gegen einen Anspruch aus Abs. 5.[18] Zur Vermeidung der sofortigen Rückzahlungspflicht erlaubt Abs. 5 die **Nachgenehmigung** durch den Aufsichtsrat, ein evtl Ersatzanspruch nach § 93 Abs. 3 Nr. 8 bleibt durch die Nachgenehmigung unberührt.[19] Daneben kommt die **Haftung** des Aufsichtsrats wegen pflichtwidriger (wirtschaftlich unvertretbarer) oder formell fehlerhafter Kreditgewährung (§ 116) in Betracht. Kreditbeziehungen zu Vorstandsmitgliedern sind im Jahresabschluss in den **Anhang** aufzunehmen (§ 285 Nr. 9 c HGB).

H. Organkredite bei Kreditinstituten/Finanzdienstleistungsinstituten

Bei Krediten an Organe von Kreditinstituten (§ 1 Abs. 1, § 2 Abs. 1 KWG) und Finanzdienstleistungsinstituten (§ 1 Abs. 1 a, § 2 Abs. 6 KWG) wird § 89 von §§ 15, 17 KWG verdrängt (§ 89 Abs. 6). Findet § 15 KWG hingegen keine Anwendung (§ 2 Abs. 4, 7 und 8 KWG), so ist § 89 anwendbar.

§ 90 Berichte an den Aufsichtsrat

(1) ¹Der Vorstand hat dem Aufsichtsrat zu berichten über
1. die beabsichtigte Geschäftspolitik und andere grundsätzliche Fragen der Unternehmensplanung (insbesondere die Finanz-, Investitions- und Personalplanung), wobei auf Abweichungen der tatsächlichen Entwicklung von früher berichteten Zielen unter Angabe von Gründen einzugehen ist;
2. die Rentabilität der Gesellschaft, insbesondere die Rentabilität des Eigenkapitals;
3. den Gang der Geschäfte, insbesondere den Umsatz, und die Lage der Gesellschaft;
4. Geschäfte, die für die Rentabilität oder Liquidität der Gesellschaft von erheblicher Bedeutung sein können.

²Ist die Gesellschaft Mutterunternehmen (§ 290 Abs. 1, 2 des Handelsgesetzbuchs), so hat der Bericht auch auf Tochterunternehmen und auf Gemeinschaftsunternehmen (§ 310 Abs. 1 des Handelsgesetzbuchs) einzugehen. ³Außerdem ist dem Vorsitzenden des Aufsichtsrats aus sonstigen wichtigen Anlässen zu berichten; als wichtiger Anlaß ist auch ein dem Vorstand bekanntgewordener geschäftlicher Vorgang bei einem verbundenen Unternehmen anzusehen, der auf die Lage der Gesellschaft von erheblichem Einfluß sein kann.

(2) Die Berichte nach Absatz 1 Satz 1 Nr. 1 bis 4 sind wie folgt zu erstatten:
1. die Berichte nach Nummer 1 mindestens einmal jährlich, wenn nicht Änderungen der Lage oder neue Fragen eine unverzügliche Berichterstattung gebieten;
2. die Berichte nach Nummer 2 in der Sitzung des Aufsichtsrats, in der über den Jahresabschluß verhandelt wird;
3. die Berichte nach Nummer 3 regelmäßig, mindestens vierteljährlich;
4. die Berichte nach Nummer 4 möglichst so rechtzeitig, daß der Aufsichtsrat vor Vornahme der Geschäfte Gelegenheit hat, zu ihnen Stellung zu nehmen.

---

17 Vgl *Hüffer*, Rn 7; LG Bochum ZIP 1989, 1557, 1563 (Krupp/Rheinform); KölnKomm-AktG/*Mertens*, Rn 10; MüHb-AktG/*Wiesner*, § 21 Rn 93.
18 BGH AG 1991, 398, 399; *Hüffer*, Rn 8.
19 MüHb-AktG/*Wiesner*, § 21 Rn 96; MüKo-AktG/*Spindler*, Rn 57; *Hüffer*, Rn 8.

(3) ¹Der Aufsichtsrat kann vom Vorstand jederzeit einen Bericht verlangen über Angelegenheiten der Gesellschaft, über ihre rechtlichen und geschäftlichen Beziehungen zu verbundenen Unternehmen sowie über geschäftliche Vorgänge bei diesen Unternehmen, die auf die Lage der Gesellschaft von erheblichem Einfluß sein können. ²Auch ein einzelnes Mitglied kann einen Bericht, jedoch nur an den Aufsichtsrat, verlangen.

(4) ¹Die Berichte haben den Grundsätzen einer gewissenhaften und getreuen Rechenschaft zu entsprechen. ²Sie sind möglichst rechtzeitig und, mit Ausnahme des Berichts nach Absatz 1 Satz 3, in der Regel in Textform zu erstatten.

(5) ¹Jedes Aufsichtsratsmitglied hat das Recht, von den Berichten Kenntnis zu nehmen. ²Soweit die Berichte in Textform erstattet worden sind, sind sie auch jedem Aufsichtsratsmitglied auf Verlangen zu übermitteln, soweit der Aufsichtsrat nichts anderes beschlossen hat. ³Der Vorsitzende des Aufsichtsrats hat die Aufsichtsratsmitglieder über die Berichte nach Absatz 1 Satz 2 spätestens in der nächsten Aufsichtsratssitzung zu unterrichten.

Literatur:
Amen/Groß, Rechtspflicht zur Unternehmensplanung?, WPg 2003, 1161; *Bork*, Materiell-rechtliche und prozessrechtliche Probleme des Organstreits zwischen Vorstand und Aufsichtsrat einer Aktiengesellschaft, ZGR 1989, 1; *Bosse*, TransPuG: Änderungen zu den Berichtspflichten des Vorstands und zur Aufsichtsratstätigkeit, DB 2002, 1592; *Fischer/Beckmann*, Inhalt und Qualität der Regelberichterstattung für die Mitglieder von Aufsichtsräten; DB 2009, 1661; *Hüffer*, Die leitungsbezogene Verantwortung des Aufsichtsrats, NZG 2007, 47; *Kallmeyer*, Pflichten des Vorstands der Aktiengesellschaft zur Unternehmensplanung, ZGR 1993, 104; *Kropff*, Zur Information des Aufsichtsrats über das interne Überwachungssystem, NZG 2003, 346; *Leuering*, Das Einsichts- und Prüfungsrecht des Aufsichtsrats, NJW-Spezial 2007, 123; *Lutter*, Information und Vertraulichkeit im Aufsichtsrat, 3. Auflage 2006; *ders.*, Unternehmensplanung und Aufsichtsrat, AG 1991, 249; *Lutter/Krieger*, Rechte und Pflichten des Aufsichtsrats, 5. Auflage 2008 (zit.: Lutter/Krieger, AR); *Manger*, Das Informationsrecht des Aufsichtsrats gegenüber dem Vorstand – Umfang und Grenzen, NZG 2010, 1255; *Pflugradt*, Leistungsklagen zur Erzwingung rechtmäßigen Vorstandsverhaltens, 1990; *Preußner*, Deutscher Corporate Governance Kodex und Risikomanagement, NZG 2004, 303.

A. Norminhalt und Normschwerpunkt	1	D. Erweiterung der gesetzlichen Berichtspflicht	13
B. Gegenstände und Frequenz der Berichtspflicht (Abs. 1 und 2)	2	E. Informationsrecht des Aufsichtsrats (Anforderungsberichte; Abs. 3)	14
I. Beabsichtigte Geschäftspolitik und andere grundsätzliche Fragen der Unternehmensplanung (insbesondere die Finanz-, Investitions- und Personalplanung) (Abs. 1 S. 1 Nr. 1, Abs. 2 Nr. 1)	2	I. Anforderung durch Gesamtaufsichtsrat (Abs. 3 S. 1)	14
1. Umfang der Berichtspflicht	3	II. Anforderung durch einzelnes Aufsichtsratsmitglied (Abs. 3 S. 2)	15
2. Reaktion des Aufsichtsrats	4	F. Grundsätze der Berichterstattung (Abs. 4)	16
3. Frequenz (Abs. 2 S. 1)	5	I. Gewissenhafte und getreue Rechenschaft	16
4. Wiederaufgreifenspflicht	6	II. Textform	17
II. Rentabilität (Abs. 1 S. 1 Nr. 2, Abs. 2 Nr. 2)	7	III. Rechtzeitigkeit	18
III. Gang der Geschäfte, insbesondere den Umsatz, und die Lage der Gesellschaft (Abs. 1 S. 1 Nr. 3, Abs. 2 Nr. 3)	8	G. Information des einzelnen Aufsichtsratsmitglieds (Abs. 5)	19
		I. Berichte an Gesamtaufsichtsrat	19
IV. Geschäfte, die für die Rentabilität oder Liquidität der Gesellschaft von erheblicher Bedeutung sein können (Abs. 1 S. 1 Nr. 4, Abs. 2 Nr. 4)	9	II. Berichte an Aufsichtsratsausschuss	20
		H. Sanktionen bei Berichtspflichtverletzung	21
		I. Zwangsgeldfestsetzung	22
		II. Strafbarkeit	23
		III. Leistungsklage der AG	24
V. Sonstige wichtige Anlässe (Abs. 1 S. 3)	11	IV. Leistungsklage des Aufsichtsratsmitglieds	25
C. Berichtspflicht über verbundene Unternehmen (Abs. 1 S. 2)	12	V. Schadensersatzpflicht	26
		VI. Abberufung aus wichtigem Grund, § 84	27

A. Norminhalt und Normschwerpunkt

1 § 90 betrifft die Berichtspflicht des Vorstands gegenüber dem Aufsichtsrat, spezifiziert in gegenständlicher (Abs. 1 und Abs. 4 S. 1) und zeitlicher (Abs. 2 und Abs. 4 S. 2) Hinsicht, sowie das Informationsrecht des Aufsichtsrats (Abs. 3) und der einzelnen Aufsichtsratsmitglieder (Abs. 5) gegenüber dem Vorstand. Die Vorschrift ist durch das KonTraG vom 27.4.1998 und das TransPublG vom 19.7.2002 erheblich erweitert worden. § 90 wird ergänzt durch die Berichtspflichten hinsichtlich Gegenständen, über die der Aufsichtsrat zu beschließen hat oder beschließen will, u.a. Jahresabschluss (§§ 170, 171), Abhängigkeitsbericht (§ 314), Befreiung vom Wettbewerbsverbot (§ 88), Kreditgewährung (§ 89), zustimmungspflichtige Geschäfte (§ 111 Abs. 4 S. 2). Die Berichtspflicht des Vorstands (§ 90) verdrängt die Verschwiegenheitspflicht des

Vorstands (§ 93 Abs. 1 S. 3),[1] begründet aber die Verschwiegenheitspflicht des Aufsichtsrats (§ 116 iVm § 93 Abs. 1 S. 3). Die Berichtspflicht besteht auch in vollem Umfang gegenüber konfliktgefährdeten Aufsichtsratsmitgliedern, es sei denn, es bestehen konkrete Anhaltspunkte für einen drohenden Missbrauch der Informationen. Arbeitnehmervertreter und Anteilseignervertreter sind hinsichtlich Informationsrecht und Verschwiegenheitspflicht gleich zu behandeln. Die Berichtspflicht des Vorstands korreliert mit einem hierauf gerichteten Pflichtrecht des Aufsichtsrates; dh der Aufsichtsrat muss mit geeigneten Maßnahmen darauf hinwirken, dass er die Information erhält, die er für eine sinnvolle Überwachung der Gesellschaft für erforderlich hält.[2]

B. Gegenstände und Frequenz der Berichtspflicht (Abs. 1 und 2)

I. Beabsichtigte Geschäftspolitik und andere grundsätzliche Fragen der Unternehmensplanung (insbesondere die Finanz-, Investitions- und Personalplanung) (Abs. 1 S. 1 Nr. 1, Abs. 2 Nr. 1). Das Verhältnis von Geschäftspolitik und Unternehmensplanung ist unklar. Aus dem Wort „andere" lässt sich folgern, dass „grundsätzliche Fragen der Unternehmensplanung" der **Oberbegriff** ist. Hierzu gehören die beabsichtigte Geschäftspolitik sowie die Finanz-, Investitions- und Personalplanung. Der Begriff Geschäftspolitik deutet auf die grundsätzliche Ausrichtung des Unternehmens hin (Marktsegmente, geographische Ausrichtung). Aus Abs. 1 S. 1 Nr. 1 lässt sich eine Planungspflicht des Vorstands herleiten.[3] Der Umfang der Planungspflicht ist jedoch unklar. Wegen unternehmensspezifischer Eigenheiten ist ein einheitlicher Standard nicht sinnvoll. Eine Planungspflicht ist in jedem Fall hinsichtlich der Finanzplanung des laufenden Geschäftsjahres (vor dessen Ablauf für das nachfolgende Geschäftsjahr) anzunehmen,[4] wobei diese die Auftrags-, Ertrags-, Vermögens-, und Liquiditätslage umfassen sollte. Mittelfristige und langfristige Finanzplanungen sind dagegen bei manchen Unternehmen unmöglich. Eine generelle Planungspflicht für Investitionen und Personal ist ebenfalls abzulehnen, da diese Kennziffern nicht für alle Unternehmen grundlegende Bedeutung haben. Insofern besteht eine Berichtspflicht nur, sofern eine Planung erfolgt oder vom Aufsichtsrat verlangt wird.

1. Umfang der Berichtspflicht. Die Finanz-, Investitions- und Personalplanung sowie andere Planungen (nicht jedoch bloße Planungsentwürfe), soweit sie als grundsätzliche Fragen der Unternehmensplanung zu werten sind, sind nach richtiger Ansicht vollumfänglich und nicht nur auszugsweise mitzuteilen.[5] Allerdings müssen die der Planung zugrunde liegenden Einzelberechnungen nicht mitgeteilt werden, da diese vielfach viel zu umfangreich und eher verwirrend sind. Wie detailliert die Planung zu sein hat, sollte der Aufsichtsrat deshalb in der Vorstandsgeschäftsordnung oder durch Aufsichtsratsbeschluss vorgeben.

2. Reaktion des Aufsichtsrats. In welcher Form der Aufsichtsrat die Berichte entgegenzunehmen hat und ob er durch Beschluss dazu Stellung beziehen muss, richtet sich nicht nach § 90, sondern nach der Reichweite seiner Überwachungspflicht (§ 111 Abs. 1).

3. Frequenz (Abs. 2 S. 1). Mindestens einmal jährlich, wenn nicht Änderungen der Lage oder neue Fragen eine unverzügliche Berichterstattung gebieten.[6] Hierunter fallen insbesondere Ertragseinbrüche oder wesentliche Änderungen in der Geschäftspolitik. Wesentliche Einzelgeschäfte fallen dagegen unter Abs. 1 S. 4.

4. Wiederaufgreifenspflicht. Durch das TransPublG ist eine ausdrückliche Pflicht des Vorstands zur Berichterstattung über Abweichungen von früher berichteten Zielen unter Angabe von Gründen in das Gesetz aufgenommen worden. Diese Wiederaufgreifenspflicht bestand zwar schon nach bisheriger Rechtslage, wurde aber nicht immer praktiziert und wurde deshalb ausdrücklich normiert. Unter Zielen sind nur ganz bedeutsame Zielfestlegungen, nicht allgemeine Zielaussagen gegenüber Dritten (Analysten, Presse etc.) zu verstehen.[7] Diese Wiederaufgreifenspflicht ist richtigerweise auch für Planungszeiträume anzunehmen, wenn diese abgelaufen sind.[8] So ist das Budget des Geschäftsjahres nach dessen Ablauf mit den Ist-Zahlen zu vergleichen. Nur so lassen sich Erfolg und Misserfolg des Vorstands messen.

---

1 MüHb-AktG/*Wiesner*, § 25 Rn 38; MüKo-AktG/*Spindler*, Rn 53; *Hüffer*, Rn 3, § 93 Rn 8; *ders.*, NZG 2007, 47, 50; differenzierend: KölnKomm-AktG/*Mertens*, Rn 10.
2 *Hüffer*, NZG 2007, 47, 49.
3 Vgl auch *Lutter*, AG 1991, 249, 251 f; anders *Hüffer*, Rn 4 a mwN: Planungspflicht ergebe sich aus Leitungspflicht nach Maßgabe der §§ 76 Abs. 1, 93 Abs. 1 S. 1, § 90 Abs. 1 Nr. 1 bringe insoweit nur Klarstellung; aA *Kallmeyer*, ZGR 1993, 104, 107 f.
4 Vgl auch *Hüffer*, Rn 4 a.
5 MüHb-AktG/*Wiesner*, § 25 Rn 16; aA *Hüffer*, Rn 4 b; KölnKomm-AktG/*Mertens*, Rn 33.
6 Zu den durchschnittlichen Intervallen bei börsennotierten Gesellschaften vgl Fischer/Beckmann, DB 2009, 1661, 1662.
7 Begr. zum TransPublG v. 6.2.2002, S. 29.
8 Ebenso nunmehr *Hüffer*, Rn 4 c; aA Begr. zum TransPublG v. 6.2.2002, S. 29.

7 **II. Rentabilität (Abs. 1 S. 1 Nr. 2, Abs. 2 Nr. 2).** Hierunter fallen Ertrag, Cash-Flow, Umsatzrendite, Eigenkapitalrendite, eventuell auch Gesamtkapitalrendite und Rendite wesentlicher Investitionen.[9]
Frequenz: Einmal jährlich in der Bilanzsitzung des Aufsichtsrats als Grundlage für die Bilanzfeststellung und den Vorschlag für die Verwendung des Bilanzergebnisses.

8 **III. Gang der Geschäfte, insbesondere den Umsatz, und die Lage der Gesellschaft (Abs. 1 S. 1 Nr. 3, Abs. 2 Nr. 3).** Der Gang der Geschäfte betrifft Auftragseingang, Auftragsbestand, Umsatz, Auslastung und Ertrag. Die Lage betrifft die finanzielle Situation, Positionierung im Markt und außergewöhnliche Risiken für die weitere Entwicklung. Bei einer herrschenden AG müssen sich die Angaben auch auf abhängige Unternehmen und wesentliche Beteiligungen beziehen (vgl Abs. 1 S. 2 und Rn 11). Die Berichterstattung sollte nach einem für das Unternehmen adäquaten, zwischen Vorstand und Aufsichtsrat abgestimmten Berichtsmuster erfolgen und Plan-/Ist-Vergleiche enthalten.
Frequenz: Regelmäßig, mindestens vierteljährlich. Bei einem guten Rechnungswesen und Verwendung eines gleichbleibenden Berichtsmusters, das per E-Mail verschickt werden kann (vgl Rn 17), sollte die monatliche Berichterstattung keine unzumutbare Belastung für den Vorstand darstellen. In Krisenzeiten ist auf jeden Fall ein monatliches Berichtswesen – uU im Hinblick auf die Liquidität noch häufiger – erforderlich.

9 **IV. Geschäfte, die für die Rentabilität oder Liquidität der Gesellschaft von erheblicher Bedeutung sein können (Abs. 1 S. 1 Nr. 4, Abs. 2 Nr. 4).** Die erhebliche Bedeutung ist von Größe, Gegenstand und Lage der Gesellschaft abhängig. Potenzielle erhebliche Bedeutung reicht. Eine Zustimmungspflicht nach § 111 Abs. 4 S. 2 ist nicht erforderlich. Beispiele: Erwerb oder Veräußerung von Betrieb, Betriebsteil oder Beteiligung, Gründung und Schließung von Zweigniederlassungen, Übernahme von bedeutendem Auftrag (jeweils auch durch ein abhängiges Unternehmen).

10 Maßgeblich für die Berichtspflicht ist auch, ob der Vorstand sicher von einer Billigung durch den Aufsichtsrat ausgehen darf (zB bei der Annahme eines risikolosen Großauftrags) oder ob er damit rechnen muss, dass der Aufsichtsrat Bedenken hat.
Frequenz: Fallweise. Möglichst so rechtzeitig, dass der Aufsichtsrat vor Vornahme der Geschäfte Gelegenheit hat, dazu Stellung zu nehmen (vgl auch Rn 18). Dies sollte, wenn vermeidbar, nicht in letzter Minute erfolgen, weil dem Aufsichtsrat eine gewisse Überlegungszeit zugebilligt werden sollte. Kann der gesamte Aufsichtsrat vorher nicht mehr informiert werden, soll wenigstens der Aufsichtsratsvorsitzende eingebunden werden. Ist eine vorherige Information unmöglich, so muss sie unverzüglich nachgeholt werden.

11 **V. Sonstige wichtige Anlässe (Abs. 1 S. 3).** Ergänzungsvorschrift zu Abs. 1 S. 1 Nr. 4. Sie betrifft Ereignisse, die keine Geschäfte sind, zB Rechtsstreitigkeiten, behördliche Verfügungen, Streiks, Betriebsstörungen, Schuldnerinsolvenz, aber auch eine dramatische Geschäfts- oder Liquiditätsentwicklung, die rasches Handeln erfordert, sowie Streitigkeiten im Vorstand. Als sonstiger wichtiger Anlass gilt auch ein geschäftlicher Vorgang bei einem verbundenen Unternehmen, der auf die Lage der Gesellschaft von erheblichem Einfluss sein kann (Abs. 1 S. 3 Hs 2); ein solcher Vorgang kann entweder ein Geschäft oder sonstiger nichtgeschäftlicher Anlass sein. Adressat ist (anders als bei Abs. 1 S. 1) der Aufsichtsratsvorsitzende.
Frequenz: Die Unterrichtung hat unverzüglich zu erfolgen. Der Aufsichtsratsvorsitzende hat den Gesamtaufsichtsrat spätestens in der nächsten Aufsichtsratssitzung, bei einschneidenden Vorkommnissen ggf jedoch unverzüglich, zu unterrichten (Abs. 5 S. 3 iVm Abs. 1 S. 3, der dortige Verweis auf Abs. 1 S. 2 ist Redaktionsversehen).
Bei börsennotierten Gesellschaften wird § 90 Abs. 1 S. 3 durch Ziffer 5.2 DCGK ergänzt.

C. Berichtspflicht über verbundene Unternehmen (Abs. 1 S. 2)

12 Durch das TransPublG ist die Berichtspflicht ausdrücklich auf Tochterunternehmen im Konzern und Gemeinschaftsunternehmen ausgedehnt worden. Diese Regelung bezweckte die gesetzliche Klarstellung einer nach hM[10] ohnehin bestehenden aber in der Praxis nicht immer umgesetzten Pflicht. Die Einbeziehungspflicht besteht unabhängig davon, ob im Einzelfall ein Konzernabschluss aufzustellen ist oder (wegen einer Befreiungsvorschrift) nicht.[11] Mit Abs. 1 S. 2 soll ebenfalls klargestellt werden, dass der Vorstand nicht nur die Vorgänge bei verbundenen Unternehmen berichten muss, die ihm ohne eigenes Zutun bekannt geworden sind. Er ist vielmehr verpflichtet, sich die notwendigen Informationen von sich aus im Rahmen des gesetzlich Zulässigen, faktisch Möglichen und konkret Zumutbaren zu beschaffen.[12] Der Aufsichtsrat der ab-

---

[9] KölnKomm-AktG/*Mertens*, Rn 35; MüHb-AktG/*Wiesner*, § 25 Rn 19; *Hüffer*, Rn 5.
[10] Zu Einzelheiten vgl *Lutter*, Information und Vertraulichkeit, S. 40 f; KölnKomm-AktG/*Mertens*, Rn 18 f.
[11] Begr. zum TransPublG v. 6.2.2002, S. 30.
[12] Begr. zum TransPublG v. 6.2.2002, S. 30.

hängigen AG ist indessen nicht über den Gesamtkonzern, sondern nur über den Einfluss des herrschenden Unternehmens aufgrund der Konzernpolitik zu informieren.[13]

D. Erweiterung der gesetzlichen Berichtspflicht

Satzung und Geschäftsordnung für den Vorstand (nicht jedoch die Vorstandsdienstverträge) können die nach § 90 gesetzlichen Mindesterfordernisse präzisieren und verschärfen (hinsichtlich zeitlicher Abstände und Ausführlichkeit).[14] **13**

Für börsennotierte Gesellschaften konkretisiert Ziffer 3.4 DCGK die Berichtspflichten.[15]

E. Informationsrecht des Aufsichtsrats (Anforderungsberichte; Abs. 3)

I. Anforderung durch Gesamtaufsichtsrat (Abs. 3 S. 1). Der Aufsichtsratsbeschluss (auch in Form einer Regelung in der Geschäftsordnung für den Vorstand)[16] ist als Grundlage erforderlich.[17] Ein Anforderungsverlangen an irgendein Vorstandsmitglied genügt (§ 78 Abs. 2 S. 2).[18] Die Anforderung an Angestellte der AG unter Übergehung des Vorstandes ist nur ausnahmsweise zulässig, wenn der Verdacht besteht, dass der Vorstand Informationen bewusst zurückhält.[19] Das Berichtsverlangen muss einigermaßen konkret sein. Gegenstände können auch solche sein, die in den regelmäßigen Berichten behandelt werden. Berichtsgegenstände betreffen sämtliche Angelegenheiten der Gesellschaft, ihre rechtlichen und geschäftlichen Beziehungen zu verbundenen Unternehmen sowie geschäftliche Vorgänge bei diesen Unternehmen, die auf die Lage der Gesellschaft von erheblichem Einfluss sein können. Dies ist weit auszulegen und nur bei offensichtlich sachfremdem Berichtsverlangen oder Missbrauchsgefahr nicht gegeben. Offensichtlich sachfremd ist ein Berichtsverlangen, wenn es in keinem Zusammenhang zur Überwachungs- (§ 111 Abs. 1) oder Mitentscheidungsaufgabe (§ 111 Abs. 4) des Aufsichtsrats steht, wie zB bei Einmischung ins Tagesgeschäft.[20] Missbrauchsgefahr liegt insbesondere vor, wenn zu befürchten ist, dass ein Aufsichtsratsmitglied Eigeninteressen (zB Weitergabe von Informationen an Wettbewerber) verfolgt.[21] Ein Berichtsverweigerungsrecht des Vorstands wegen öffentlich-rechtlichen Geheimhaltungspflichten (zB im militärischen Bereich) ist hingegen nicht anzuerkennen.[22] Eine vertragliche Geheimhaltungsvereinbarung mit einem Dritten (zB im Vorfeld einer Akquisition) ist im Rahmen des Notwendigen (zB Einweihung nur des Aufsichtsratsvorsitzenden) anzuerkennen.[23] Die Ablehnungsentscheidung liegt beim Vorstand.[24] Die Berichtspflicht ist vom Einsichtnahmerecht (§ 111 Abs. 2) zu unterscheiden.[25] **14**

II. Anforderung durch einzelnes Aufsichtsratsmitglied (Abs. 3 S. 2). Der Bericht ist an den Gesamtaufsichtsrat[26] zu erstatten. Was die Konkretheit und Grenzen des Berichtsverlangens sowie die Gegenstände des Berichts angeht, gilt das Gleiche wie bei Abs. 3 S. 1. Die Notwendigkeit der Unterstützung durch ein weiteres Aufsichtsratsmitglied bei Ablehnung der Berichterstattung durch Vorstand (Abs. 3 S. 2 Hs 2) ist durch das TransPublG entfallen. Das Berichterstattungsrecht einzelner Aufsichtsratsmitglieder betrifft nur Einzelberichte; periodische Berichterstattung kann von einzelnen Aufsichtsratsmitgliedern nicht verlangt werden. Ein Ablehnungsrecht des Vorstands besteht jedoch bei offensichtlich sachfremdem Berichtsverlangen (querulatorischem oder schikanösem Verhalten)[27] oder Missbrauchsgefahr (vgl Rn 14). Es besteht kein Einsichtnahmerecht (§ 111 Abs. 2) des einzelnen Aufsichtsratsmitglieds.[28] **15**

F. Grundsätze der Berichterstattung (Abs. 4)

I. Gewissenhafte und getreue Rechenschaft. Berichte haben den Grundsätzen einer gewissenhaften und getreuen Rechenschaft zu entsprechen, dh so wie ein ordentlicher Geschäftsleiter Berichte verfassen würde, um den Aufsichtsrat effizient zu informieren. **16**

---

13 Zu Einzelheiten vgl *Lutter*, Information und Vertraulichkeit, S. 52 f; KölnKomm-AktG/*Mertens*, Rn 21.
14 KölnKomm-AktG/*Mertens*, Rn 29, 31.
15 Vgl unten *Heldt/Fischer zu Cramburg*, Kommentierung hierzu unter Teil 1 Nr. 5.
16 KölnKomm-AktG/*Mertens*, Rn 17, 32.
17 MüKo-AktG/*Spindler*, Rn 37; *Hüffer*, Rn 11.
18 KölnKomm-AktG/*Mertens*, Rn 41.
19 Einzelheiten str, vgl KölnKomm-AktG/*Mertens*, Rn 44.
20 Tägliche oder wöchentliche Berichterstattung kann deshalb nicht verlangt werden, KölnKomm-AktG/*Mertens*, Rn 6.
21 KölnKomm-AktG/*Mertens*, Rn 14; *Hüffer*, Rn 12 a; vgl auch zu § 51 a GmbHG: OLG Karlsruhe OLGZ 1985, 41, 44; OLG Stuttgart OLGZ 1983, 184, 186 f.
22 KölnKomm-AktG/*Mertens*, Rn 15; Einzelheiten sind streitig.
23 Vgl KölnKomm-AktG/*Mertens*, Rn 16.
24 *Hüffer*, Rn 12 a; aA; KölnKomm-AktG/*Mertens*, Rn 14: Dispensbeschluss des Aufsichtsrats; *Lutter*, Information und Vertraulichkeit, S. 35 f: Entscheidung des Aufsichtsratsvorsitzenden.
25 Vgl hierzu *Leuering*, NJW-Spezial 2007, 123 f.
26 Zur Form vgl *Lutter*, zum Informationsanspruch des einzelnen Aufsichtsratsmitgliedes vgl Rn 19.
27 Begr. zum TransPublG v. 6.2.2002, S. 31.
28 Vgl BayObLG AG 1968, 329, 330.

17 **II. Textform.** Berichte sind (mit Ausnahme der Berichte an den Aufsichtsratsvorsitzenden aus wichtigem Anlass oder wegen gesteigerten Geheimhaltungsbedürfnisses) idR in Textform zu erstatten (§ 90 Abs. 4 S. 2 idF des TransPublG).[29] Damit dienen sie als Beweismittel und als Informationsquelle für den Abschlussprüfer.[30] IdR bedeutet, dass ein ausreichendes Maß an Flexibilität verbleiben muss und Berichte über aktuellste Entwicklungen ebenso wie besonders geheimhaltungsbedürftige Berichte uU auch mündlich erstattet werden können.[31] „In Textform" bezieht (anders als Schriftlichkeit, § 126 b BGB) die Kommunikation per E-Mail ein, wobei auf Datensicherheit bei der Versendung (zB durch Verwendung von Kennwörtern zur Öffnung von Dateien) zu achten ist.[32] Der Aufsichtsrat kann die mündliche Erläuterung schriftlicher Berichte und die schriftliche Niederlegung mündlicher Berichte verlangen. Berichte sind wahrheitsgemäß und transparent (gegliedert, verständlich, Trennung von Sachverhalt und Wertung) zu erstatten. Meinungsverschiedenheiten innerhalb des Vorstands sind anzugeben.[33]

18 **III. Rechtzeitigkeit.** Berichte sind möglichst rechtzeitig zu erstatten (§ 90 Abs. 4 S. 2 idF des TransPublG). Konkrete Fristvorgaben, dass die Berichte mit der Einladung zur Aufsichtsratssitzung oder spätestens zu einem bestimmten Tag vor der Sitzung übermittelt werden sollten, gibt es nicht. „Möglichst rechtzeitig" beinhaltet ein ausreichendes Maß an Flexibilität. Es erlaubt den Verzicht des Aufsichtsrats auf das Erfordernis der Rechtzeitigkeit für konkrete und begründete Sonderfälle. „Rechtzeitigkeit" ist ein objektives Tatbestandsmerkmal, „möglichst" bezeichnet die Sorgfaltspflicht des Vorstands. Rechtzeitigkeit bedeutet, dass die Berichte **jedenfalls vor der Sitzung** zu übermitteln sind, und zwar so zeitig, dass die Aufsichtsratsmitglieder noch die Möglichkeit haben, sie zu lesen. Je umfangreicher die Unterlagen sind und je länger sie bereits vor der Sitzung feststehen, desto früher sollten sie auch übermittelt werden. Bei Berichten, die nicht der Vorbereitung einer Sitzung dienen, muss dem Aufsichtsrat noch die Möglichkeit der Reaktion bleiben. Nichtbeachtung rechtzeitiger oder verspäteter Berichterstattung dürfte sich auf die Wirksamkeit von Aufsichtsratsbeschlüssen nur in krassen Ausnahmefällen auswirken, nämlich wenn eine Berichterstattung in Form und Zeitpunkt den Charakter einer gezielten Desinformation hat. Vorgänge besonderer Vertraulichkeit erlauben uU Mitteilung erst in der Aufsichtsratssitzung.[34]

G. Information des einzelnen Aufsichtsratsmitglieds (Abs. 5)

19 **I. Berichte an Gesamtaufsichtsrat.** Berichte des Vorstands nach § 90 werden durch den Gesamtvorstand (oder auf dessen Geheiß durch ein einzelnes Vorstandsmitglied, nicht jedoch ohne Abstimmung im Gesamtvorstand)[35] an den Gesamtaufsichtsrat zu Händen des Aufsichtsratsvorsitzenden – bei Eilbedürftigkeit an den Aufsichtsratsvorsitzenden (Abs. 1 S. 3)[36] – erstattet. Beschließt der Vorstand, keinen Bericht zu erstatten, obwohl dies nach Ansicht eines Vorstandsmitglieds dringend erforderlich wäre, oder ist ein beschlossener Bericht nach Ansicht eines Vorstandmitglieds grob falsch, kann sich das Vorstandsmitglied unmittelbar an den Aufsichtsrat wenden.[37] Bei sämtlichen (mündlichen oder in Textform erstatteten) Berichten nach § 90 besteht ein Recht des einzelnen Aufsichtsratsmitglieds auf Kenntnisnahme, dh bei nur mündlichen Berichten auf Teilnahme an der Berichterstattung, bei in Textform erstatteten Berichten auf Einsichtnahme und mündliche Erläuterung. Bei in Textform erstatteten Berichten nach § 90 besteht überdies ein Recht auf Übermittlung (Aushändigung in Papierform oder Übersendung per E-Mail),[38] wenn nicht der Gesamtaufsichtsrat anderweitig (auch durch Geschäftsordnungsregelung) beschließt. Ein Nichtübermittlungsbeschluss kann sich auch auf einzelne Aufsichtsratsmitglieder beschränken, wenn eine besondere sachliche Rechtfertigung dafür besteht.[39] Übermittlung in Form der Aushändigung kann, wenn die Geheimhaltung dies gebietet, auch zeitlich befristet werden (nur während der Sitzung).[40] Wird der Bericht entgegen Aufsichtsratsbeschluss oder trotz qualifizierter Geheimhaltungsbedürftigkeit einzelnen Aufsichtsratsmitgliedern übermittelt, begründet dies keinen Anspruch der übrigen Aufsichtsratsmitglieder auf Gleichbehandlung.[41] Der Nichtübermittlungsbeschluss lässt das Einsichtnahmerecht unberührt.[42] Ein sitzungsabwesendes Aufsichtsratsmitglied kann sich nur beim Aufsichtsratsvorsitzenden informieren, nicht jedoch erneuten Vorstandsbe-

---

29 So auch schon die hM vor dem TransPublG: KölnKomm-AktG/*Mertens*, Rn 23; *Lutter*, Information und Vertraulichkeit, S. 77 f; *Hüffer*, Rn 13; ferner jetzt MüKo-AktG/*Spindler*, Rn 35.
30 Begr. zum TransPublG v. 6.2.2002, S. 32.
31 Begr. zum TransPublG v. 6.2.2002, S. 32 f.
32 Vgl Begr. zum TransPublG v. 6.2.2002, S. 33.
33 *Hüffer*, Rn 13; differenzierend: KölnKomm-AktG/*Mertens*, Rn 22.
34 Begr. zum TransPublG v. 6.2.2002, S. 34 f.
35 Vgl KölnKomm-AktG/*Mertens*, Rn 17, 26.
36 Um den Aufsichtsratsvorsitzenden über sämtliche Entwicklungen von einiger Bedeutung auf dem Laufenden zu halten, sollte man ihm das Recht auf Anforderung sämtlicher Vorstandsprotokolle zugestehen; aA KölnKomm-AktG/*Mertens*, Rn 6 mwN.
37 Vgl auch *Lutter*, Information und Vertraulichkeit, S. 58 f; KölnKomm-AktG/*Mertens*, Rn 17, 27 f.
38 Begr. zum TransPublG v. 6.2.2002, S. 35.
39 Vgl auch KölnKomm-AktG/*Mertens*, Rn 46.
40 *Lutter*, Information und Vertraulichkeit, S. 59 f; KölnKomm-AktG/*Mertens*, Rn 47.
41 KölnKomm-AktG/*Mertens*, Rn 48; *Lutter*, Information und Vertraulichkeit, S. 60.
42 KölnKomm-AktG/*Mertens*, Rn 49.

richt verlangen. Über Berichte aus sonstigen wichtigen Anlässen (Abs. 1 S. 3) hat der Aufsichtsratsvorsitzende den Gesamtaufsichtsrat spätestens in der nächsten Aufsichtsratssitzung, bei einschneidenden Vorkommnissen ggf jedoch unverzüglich, zu unterrichten (Abs. 5 S. 3, der dortige Verweis auf Abs. 1 S. 2 ist Redaktionsversehen).

II. Berichte an Aufsichtsratsausschuss. Soweit Berichte und Vorlagen außerhalb § 90 an einen beschließenden oder vorbereitenden Ausschuss (§ 107 Abs. 3) erstattet werden, besteht kein Recht der Aufsichtsratsmitglieder, die nicht in dem Ausschuss vertreten sind, auf Einsichtnahme oder Übermittlung.[43]

H. Sanktionen bei Berichtspflichtverletzung

Die Berichtspflicht ist verletzt, wenn Berichte nicht, verspätet, unvollständig oder unrichtig erstattet werden. Daran knüpfen sich verschiedene Rechtsfolgen an:

I. Zwangsgeldfestsetzung. Diese kann durch das Registergericht erfolgen (§ 407 Abs. 1, § 35 FamFG).

II. Strafbarkeit. Diese kann sich aus § 400 Abs. 1 Nr. 1 ergeben.

III. Leistungsklage der AG. Möglich ist die Klage (nach hM) der Gesellschaft (vertreten durch Aufsichtsrat, § 112) gegen Vorstandsmitglieder als notwendige Streitgenossen[44] auf Erfüllung der Berichtspflicht. Ein einzelnes Aufsichtsratsmitglied kann für Gesamtaufsichtsrat im Wege der *actio pro socio* tätig werden,[45] es sei denn, der Gesamtaufsichtsrat hat beschlossen, nicht zu klagen, dann muss zunächst der Aufsichtsratsbeschluss angegriffen werden.[46]

IV. Leistungsklage des Aufsichtsratsmitglieds. Das einzelne Aufsichtsratsmitglied kann Klage erheben gegen die Gesellschaft (vertreten durch Vorstand)[47] auf Berichterstattung, Einsichtnahme in und Übermittlung von Berichten (Abs. 5).

V. Schadensersatzpflicht. Diese kann sich aus § 93 ergeben.

VI. Abberufung aus wichtigem Grund, § 84. Diese kann nach Abmahnung, bei gravierenden Verstößen auch ohne, erfolgen.

§ 91 Organisation; Buchführung

(1) Der Vorstand hat dafür zu sorgen, daß die erforderlichen Handelsbücher geführt werden.

(2) Der Vorstand hat geeignete Maßnahmen zu treffen, insbesondere ein Überwachungssystem einzurichten, damit den Fortbestand der Gesellschaft gefährdende Entwicklungen früh erkannt werden.

Literatur:
Berg, Korruption in Unternehmen und Risikomanagement nach § 91 Abs. 2 AktG, AG 2007, 271; *Brebeck/Herrmann,* Zur Forderung des KonTraG-Entwurfs nach einem Frühwarnsystem und zu den Konsequenzen für die Jahres- und Konzernabschlussprüfung, WPg 1997, 381; *Dreher,* Die Vorstandsverantwortung im Geflecht von Risikomanagement, Compliance und interner Revision, in: FS Hüffer, 2010, S. 161; *Hauschka/Greeve,* Compliance in der Korruptionsprävention – was müssen, was sollen, was können die Unternehmen tun?, BB 2007, 165; *Huth,* Grundsätze ordnungsmäßiger Risikoüberwachung, BB 2007, 2167; *IDW-HFA* Entwurf eines IDW-Prüfungsstandards: Grundsätze ordnungsmäßiger Berichterstattung bei Abschlussprüfungen, WPg 1998, 866; *Kremer/Klahold,* Compliance-Programme in Industriekonzernen, ZGR 2010, 113; *Kromschröder/Lück,* Grundsätze risikoorientierter Unternehmensüberwachung, DB 1998, 1573; *Lück,* Elemente eines Risiko-Managementsystems, DB 1998, 8; *ders.,* Der Umgang mit unternehmerischen Risiken durch ein Risikomanagementsystem und durch ein Überwachungssystem, DB 1998, 1925; *Preußner,* Risikomanagement in der aktienrechtlichen Verantwortung des Aufsichtsrats unter Berücksichtigung des Gesetzes zur Modernisierung des Bilanzrechts (BilMoG), NZG 2008, 574; *Reichenbach/Liebing/Kehr,* CTA Governance: Notwendigkeit und Ausgestaltung des Risikomanagements, DB 2009, 969; *Säcker,* Gesellschaftsrechtliche Grenzen spekulativer Finanztermingeschäfte – Überlegungen aus Anlass der Garantieerklärung der Bundesregierung für die Hypo Real Estate-Gruppe, NJW 2008, 3313; *Schäfer/Zeller,* Finanzkrise, Risikomodelle und Organhaftung, BB 2009, 1706; *Schneider/Schneider,* Konzern-Compliance als Aufgabe der Konzernleitung, ZIP 2007, 2061; *Theusinger/Liese,* Besteht eine Rechtspflicht zur Dokumentation von Risikoüberwachungssystemen iSd § 91 II 1 AktG?, NZG 2008, 289.

---

[43] KölnKomm-AktG/*Mertens,* Rn 25 mwN; differenzierend: *Lutter,* Information und Vertraulichkeit, S. 115 ff hinsichtlich vorbereitender Ausschüsse.

[44] HM, vgl MüKo-AktG/*Spindler,* Rn 59; MüHb-AktG/*Wiesner,* § 25 Rn 39; aA KölnKomm-AktG/*Mertens,* Rn 53: Klage einzelner Aufsichtsmitglieder gegen die Gesellschaft vertreten durch Vorstand; Einzelheiten der Klage des Aufsichtsrats gegen den Vorstand sind sehr streitig, vgl auch *Hüffer,* Rn 16 ff und *Pflugradt,* Leistungsklagen zur Erzwingung rechtmäßigen Vorstandsverhaltens, 1990, S. 7 ff.

[45] *Bork,* ZGR 1989, 1, 39 ff mwN; aA *Hüffer,* Rn 19.

[46] BGHZ 106, 54, 67 = NJW 1989, 979, 982 (Opel); OLG Stuttgart v. 30.5.2007 – 20 U 14/06.

[47] BGHZ 85, 293, 297 = NJW 1983, 991 f (Hertie); KölnKomm-AktG/*Mertens,* Rn 53; MüKo-AktG/*Spindler,* Rn 61; aA *Lutter,* Information und Vertraulichkeit, S. 72.

A. Norminhalt und Normschwerpunkt

1 § 91 konkretisiert die Leitungsverantwortung des Gesamtvorstands hinsichtlich der Buchführungspflicht (Abs. 1) und der Gefahrerkennung (Abs. 2). Abs. 2 ist eingeführt durch KonTraG vom 27.4.1998 und wird ergänzt durch § 317 Abs. 4 HGB, der bei börsennotierten AG den Umfang der Abschlussprüfung auf Früherkennungsmaßnahmen und Überwachungssystem ausdehnt. § 91 ist kein Schutzgesetz iSv § 823 Abs. 2 BGB.

B. Buchführungspflicht (Abs. 1)

2 **I. Wesen der Buchführungspflicht.** Die Buchführungspflicht (Pflicht zur Rechnungslegung bestehend aus Buchführung und Bilanzierung)[1] entspringt §§ 238 ff, 6 HGB und bezweckt den Schutz von Gläubigern und Öffentlichkeit; daneben wird der Fiskus durch §§ 140, 34 AO geschützt. § 91 Abs. 1 bezweckt dagegen Schutz der Gesellschaft und normiert (satzungsfest) die Gesamtverantwortung des Vorstands für die Installation eines ausreichenden Rechnungswesens und die grundlegenden Entscheidungen über dessen Organisation und Kontrolle.[2] Auch für die ressortmäßig nicht zuständigen Vorstandsmitglieder bleibt also die Pflicht zur Überwachung für diese Kernaufgabe des Vorstands; dies bedeutet nicht die Pflicht zu regelmäßigen Kontrollmaßnahmen, aber zum Einschreiten, wenn sich Unregelmäßigkeiten oder Unzulänglichkeiten in der Organisation (zB aus dem Prüfungsbericht des Abschlussprüfers)[3] ergeben. Diese Verantwortung kann weder an Personal (Angestellte) noch Dritte (Rechenzentrum) übertragen werden; das Buchungsgeschäft kann jedoch fachkundigem Personal, die technische Überwachung kann sachverständigen Revisoren überlassen werden;[4] dabei verbleibt stets eine Pflicht zur sorgfältigen Mitarbeiterauswahl und -überwachung. Während der **Abwicklung** trifft Buchführungspflicht die Abwickler (§ 268 Abs. 2), während des **Insolvenzverfahrens** den Insolvenzverwalter (§ 80 InsO).

3 **II. Umfang und Dauer der Buchführungspflicht.** Der Umfang ergibt sich aus §§ 238 ff HGB und beinhaltet die Aufzeichnung der Geschäftsvorgänge (§ 238 Abs. 1 HGB), Aufstellung und Unterzeichnung des Jahresabschlusses (und ggf Konzernabschlusses) durch sämtliche Vorstandsmitglieder (§§ 245, 264 Abs. 1 HGB), Errichtung des Inventars (§ 240 HGB) ebenso wie die Aufbewahrung von Unterlagen einschließlich der Aufsichtsratsprotokolle (§ 257 Abs. 1 Nr. 1 HGB, § 146 f AO).

4 Die Buchführungspflicht beginnt mit dem ersten Geschäftsvorgang (Übernahme der Aktien durch Gründer) und endet erst mit Beendigung der Abwicklung.[5]

5 **III. Sanktionen bei Pflichtverletzung.** Eine **Schadensersatzpflicht** der Vorstandsmitglieder besteht bei mangelhafter Organisation oder Überwachung der Buchführung (§ 93 Abs. 2), nicht bei einzelnen Ausreißern oder Betrügereien von sonst zuverlässigen Angestellten. Die Beweislast liegt bei den Vorstandsmitgliedern (§ 93 Abs. 2 S. 2). Verstößt der Vorstand nur gegen weiter gehende Buchführungspflichten aus Satzung oder Geschäftsordnung, kommt eine Haftung nach § 93 nicht in Betracht.[6] Schwere Verletzungen der Buchführungspflicht können den **Widerruf** der Vorstandsbestellung und die **Kündigung** des Anstellungsverhältnisses begründen.[7] Im Falle der **Insolvenz** droht Strafbarkeit nach § 283 Abs. 1 Nr. 5 bis 7, § 283 b StGB. § 91 Abs. 1 ist kein Schutzgesetz iSv § 823 Abs. 2 BGB.[8]

C. Gefahrerkennung, Überwachungssystem (Abs. 2)

6 **I. Regelungsgegenstand.** Dieser ist unklar und umstritten. Teilweise (enge Auslegung) wird darunter lediglich die Pflicht zu Maßnahmen zur Früherkennung bestandsgefährdender Entwicklungen sowie zur Einrichtung eines Überwachungssystems für diese Maßnahmen verstanden.[9] Teilweise (weite Auslegung) wird aus Abs. 2 die Pflicht zur Einrichtung eines allgemeinen Risikoüberwachungssystems abgeleitet.[10] Letztere Ansicht ist vorzugswürdig.

7 **II. Geeignete Maßnahmen zur Früherkennung bestandsgefährdender Entwicklungen.** Damit der Zweck der Vorschrift, nämlich die Entschärfung von Gefahren durch Früherkennung, erfüllt werden kann, ist eine

---

1 A/D/S, Rn 1.
2 KölnKomm-AktG/Mertens, § 90 Rn 2.
3 A/D/S, Rn 12.
4 KölnKomm-AktG/Mertens, Rn 1.
5 A/D/S, Rn 6.
6 AA A/D/S, Rn 4.
7 A/D/S, Rn 17 a.
8 MüKo-AktG/Spindler, Rn 12; KölnKomm-AktG/Mertens, Rn 7.
9 Hüffer, Rn 8 mwN: Die Einhaltung der eingeleiteten Maßnahmen ist zu überwachen. Dies folgt zwar nicht mehr aus Wortlaut der Norm, aber aus der ursprünglich als § 93 Abs. 1 S. 3 vorgesehenen Textfassung des RefE (vgl AG Sonderheft August 1997, S. 7). Derartiges (Allgemeines Risikomanagement) einzuführen, steht also allein im Leitungsermessen des Vorstands; aA Kiethe, NZG 2003, 401, 402; Preußner/Zimmermann, AG 2002, 657, 659 f.
10 Lück, DB 1998, 8 ff, 1925; IDW-HFA, WPg 1998, 866, 873 Tz 76; Preußner/Becker, NZG 2002, 846, 848.

weite Auslegung der Regelung angebracht. Unter Entwicklungen sollten deshalb nicht nur Verschlechterungen von Missständen, sondern auch andauernde Risikozustände verstanden werden, sofern sie im Zusammenwirken mit anderen Umständen für die Gesellschaft eine gesteigerte Bedrohung darstellen können. Bestandsgefährdend sind Umstände nicht nur, wenn sie allein den Bestand gefährden, sondern auch, wenn sie sich nur im Zusammenwirken mit anderen Umständen nicht nur unmaßgeblich auf die Ertrags-, Vermögens- oder Liquiditätslage auswirken.[11] Hierbei sind auch Umstände bei verbundenen Unternehmen zu berücksichtigen, soweit sie auf die Gesellschaft Auswirkungen haben können.[12] Die geeigneten Maßnahmen sind unter Berücksichtigung der besonderen Lage des Unternehmens,[13] des Risikopotenzials der Märkte[14] sowie die Größe des Unternehmens[15] zu bestimmen.

III. Überwachungssystem. Nach der überzeugenderen weiten Auslegung (vgl Rn 6) enthält Abs. 2 die Pflicht zur Einrichtung eines allgemeinen Risikoüberwachungssystems. Art und Umfang des Systems hängen von Größe und Branche der Gesellschaft ab. Das Risikoüberwachungssystem sollte von einer Risikoinventur zu einer Risikobeobachtung führen, welche die gesamte Tätigkeit der Gesellschaft umfasst und ständig fortgeschrieben wird. Zweckmäßigerweise ist ein Risikomanagementbeauftragter zu benennen, der dem Vorstand untersteht, diesem und dem Aufsichtsrat in seinen Sitzungen regelmäßig berichtet, Risiken zentral erfasst und überwacht und mit der Erstellung und Pflege eines unternehmensspezifischen Risikomanagementhandbuchs betraut wird.[16] Fehlt eine Dokumentation bezüglich des Risikofrüherkennungssystems gänzlich, so ist die Entlastung des Vorstands anfechtbar.[17] Die Überwachung dieses Risikofrüherkennungssystems fällt in den Aufgabenbereich des Aufsichtsrats.[18]

8

§ 92 Vorstandspflichten bei Verlust, Überschuldung oder Zahlungsunfähigkeit

(1) Ergibt sich bei Aufstellung der Jahresbilanz oder einer Zwischenbilanz oder ist bei pflichtmäßigem Ermessen anzunehmen, daß ein Verlust in Höhe der Hälfte des Grundkapitals besteht, so hat der Vorstand unverzüglich die Hauptversammlung einzuberufen und ihr dies anzuzeigen.

(2) ¹Nachdem die Zahlungsunfähigkeit der Gesellschaft eingetreten ist oder sich ihre Überschuldung ergeben hat, darf der Vorstand keine Zahlungen leisten. ²Dies gilt nicht von Zahlungen, die auch nach diesem Zeitpunkt mit der Sorgfalt eines ordentlichen und gewissenhaften Geschäftsleiters vereinbar sind. ³Die gleiche Verpflichtung trifft den Vorstand für Zahlungen an Aktionäre, soweit diese zur Zahlungsunfähigkeit der Gesellschaft führen mussten, es sei denn, dies war auch bei Beachtung der in § 93 Abs. 1 Satz 1 bezeichneten Sorgfalt nicht erkennbar.

Literatur:
Altmeppen/Wilhelm, Quotenschaden, Individualschaden und Klagebefugnis bei der Verschleppung des Insolvenzverfahrens über das Vermögen der GmbH, NJW 1999, 673; *Bork*, Zum Beginn des Zahlungsverbots gem § 92 II 1 AktG, NZG 2009, 775; *Brügel/Weber*, Die Haftung des Managements in der Unternehmenskrise – Insolvenz, Kapitalerhaltung und existenzvernichtender Eingriff, DB 2004, 1923; *Dahl/Schmitz*, Probleme von Überschuldung und Zahlungsunfähigkeit nach FMStG und MoMiG, NZG 2009, 567; *Fleischer*, Aktuelle Entwicklung der Managerhaftung, NJW 2009, 2337; *Fritsche/Lieder*, Persönliche Haftung und Haftungsabwicklung bei Verstoß gegen die Insolvenzantragspflicht nach § 64 Abs. 1 GmbHG und § 92 Abs. 2 AktG, DZWIR 2004, 93; *Göb*, Aktuelle gesellschaftsrechtliche Fragen in Krise und Insolvenz – April/Mai 2009, NZI 2009, 467; *Hecker/Glozbach*, Offene Fragen zur Anwendung des gegenwärtigen Überschuldungsbegriffs, BB 2009, 1544; *IDW*, Stellungnahme des Fachausschusses Recht FAR 1/1996: Empfehlungen zur Überschuldungsprüfung bei Unternehmen, WPg 1997, 22; *Knapp*, Auswirkungen des MoMiG auf Aktiengesellschaften und ihre Organmitglieder, DStR 2008, 2371; *Knof*, Die neue Insolvenzverursachungshaftung nach § 64 Satz 3 RegE-GmbHG (Teil I), DStR 2007, 1536; *Martens*, Die Anzeigepflicht des Verlustes des Garantiekapitals nach dem AktG und dem GmbHG, ZGR 1972, 254; *Roth*, Reform der Kapitalersatzrechts durch das MoMiG – Der Verzicht auf das Krisenkriterium und seine Folgen, GmbHR 2008, 1184; *Schmidt*, Verbotene Zahlungen in der Krise von Handelsgesellschaften und die daraus resultierenden Ersatzpflichten, ZHR 168, 637 (2004); *Stein*, GmbH-Geschäftsführer: Goldesel für leere Sozialkassen? – Haftungsfalle des § 266 b StGB –, DStR 1998, 1055; *Tag*, Haftung des GmbH-Geschäftsführers bei Nichtabführung der Arbeitnehmerbeiträge zur Sozialversicherung, BB 1997, 1115; *Wimmer*, Die Haftung des GmbH-Geschäftsführers, NJW 1996, 2546.

A. Norminhalt und Normschwerpunkt	1	I. Verlust des hälftigen Grundkapitals	2
B. Anzeigepflicht des Vorstands (Abs. 1)	2	II. Bewertungsregeln	3

---

11 Näher MüKo-AktG/*Spindler*, § 91, Rn 20 ff; *Berg*, AG 2007, 271, 276 f; *Hauschka/Greeve*, BB 2007, 165, 166.
12 *Schneider/Schneider*, ZIP 2007, 2061, 2062 f.
13 *Reichenbach/Liebing/Kehr*, DB 2009, 969, 970.
14 *Säcker*, NJW 2008, 3313, 3315.
15 MüKo-AktG/*Spindler*, § 91, Rn 24; *Huth*, BB 2007, 2167 ff.
16 *Lück*, DB 1998, 1925 f; vgl hierzu auch *Brebeck/Herrmann*, WPg 1997, 381, 387 f; *Kromschröder/Lück*, DB 1998, 1573.
17 LG München I NZG 2008, 319 f; *Huth*, BB 2007, 2167 ff; aA *Theusinger/Liese*, NZG 2008, 289, 290 f.
18 *Preußner*, NZG 2008, 574, 575 f; *Schäfer/Zeller*, BB 2009, 1706, 1707.

III. Zeitpunkt	4	V. Überschuldung (§ 19 Abs. 2 InsO)	12
IV. Rechtsfolge	5	VI. Ausnahmen	13
C. Zahlungsverbot (Abs. 2)	8	VII. Zahlungen an Aktionäre vor Insolvenzreife	14
I. Grundsatz	8	D. Sanktionen bei Pflichtverletzung	15
II. Art der verbotenen Zahlungen	9	I. Einberufungs- und Anzeigepflicht (Abs. 1)	15
III. Dauer des Zahlungsverbots	10	II. Zahlungsverbot (Abs. 2)	16
IV. Zahlungsunfähigkeit (§ 17 Abs. 2 InsO)	11		

A. Norminhalt und Normschwerpunkt

1 § 92 regelt Vorstandspflichten bei Verlust des hälftigen Grundkapitals (Abs. 1) sowie ein Zahlungsverbot bei Zahlungsunfähigkeit und Überschuldung (Abs. 2). Bei Zahlungen an Aktionäre wurde das Zahlungsverbot durch das MoMiG auf den Zeitraum vor Zahlungsunfähigkeit ausgedehnt. Die frühere Insolvenzantragspflicht bei Zahlungsunfähigkeit und Überschuldung (§ 92 Abs. 2 aF) ist durch das MoMiG in die InsO (§ 15a) verlagert worden. Sondervorschriften existieren für Kreditunternehmen (§ 46b KWG) und Versicherungsunternehmen (§ 88 VAG).

B. Anzeigepflicht des Vorstands (Abs. 1)

2 **I. Verlust des hälftigen Grundkapitals.** Dieser liegt vor, wenn das satzungsmäßige (nicht das eingezahlte)[1] Grundkapital mindestens zur Hälfte durch Verluste aufgezehrt ist.[2]

3 **II. Bewertungsregeln.** Maßgeblich sind Bewertungsregeln der Jahresbilanz,[3] also unter Fortführung der Buchwerte (§ 252 Abs. 1 Nr. 2 HGB, Prinzip des „going concern"), sofern eine positive Fortbestehensprognose besteht, und von (den niedrigeren) Liquidationswerten (unter Passivierung der Liquidationskosten), sofern die Fortbestehensprognose negativ ist. Stille Reserven dürfen nicht angesetzt werden,[4] es sei denn, dies wäre auch in der Jahresbilanz zulässig (Wertaufholung nach § 253 Abs. 5 HGB). Stille Reserven können jedoch durch Veräußerungen an Dritte oder innerhalb des Konzerns gehoben und somit berücksichtigt werden, da allein die Bilanz der AG und nicht des Konzerns maßgeblich ist (keine Zwischengewinneliminierung nach § 304 HGB). Der Verlust ist vorab mit Kapitalrücklage, Gewinnrücklagen (außer Rücklage für eigene Anteile),[5] Gewinnvortrag und Jahresüberschuss zu verrechnen. Eigenkapitalersetzende Aktionärsdarlehen sind (wie in der Bilanz) zu passivieren, sofern kein Rangrücktritt vorliegt.[6]

4 **III. Zeitpunkt.** Der Verlust des hälftigen Grundkapitals ergibt sich bei Aufstellung der Jahresbilanz oder einer Zwischenbilanz oder ist bei pflichtgemäßem Ermessen anzunehmen. Die letzte der drei Alternativen ist die wichtigste, da den Vorstand in einer finanziell angespannten Situation stets die Pflicht trifft, die Entwicklung des Eigenkapitals zu überwachen und regelmäßig einen aktuellen Status zu erstellen.[7]

5 **IV. Rechtsfolge.** Rechtsfolge ist die Pflicht zur unverzüglichen (§ 121 BGB) Einberufung der Hauptversammlung und Anzeige des Verlustes des hälftigen Grundkapitals. Ein Vorschlag für den Hauptversammlungsbeschluss (§ 121 Abs. 3) ist nicht erforderlich. Die Einberufung erfolgt durch den Vorstand aufgrund eines mit einfacher Mehrheit gefassten Vorstandsbeschlusses (§ 121 Abs. 2). Kann ein einzelnes Vorstandsmitglied den Mehrheitsbeschluss nicht herbeiführen, so muss es auf die Einwirkung des Aufsichtsrats auf den Vorstand (§ 111 Abs. 1) und hilfsweise auf die Einberufung der Hauptversammlung durch den Aufsichtsrat selbst (§ 111 Abs. 3) drängen, wenn es von dem hälftigem Verlust des Grundkapitals überzeugt ist. Die Hauptversammlung ist auch einzuberufen, wenn die Verlustanzeige der einzige Tagesordnungspunkt ist und die ordentliche Hauptversammlung kurze Zeit zurückliegt. Der Verwaltungsaufwand und die Kosten der Hauptversammlung sind in Kauf zu nehmen. Es besteht keine erneute Einberufungspflicht, wenn die Jahresbilanz (oder Zwischenbilanz) erneut den Verlust des hälftigen Grundkapitals ausweist, wenn der Verlust zuvor der Hauptversammlung angezeigt war; anders verhält es sich jedoch, wenn zwischenzeitlich der hälftige Verlust behoben und dies einer Hauptversammlung mitgeteilt worden war.[8]

6 Die Hauptversammlung ermöglicht den Aktionären, Entscheidungen zu treffen (zB Kapitalschnitt, §§ 229, 182, Liquidationsbeschluss, § 262 Abs. 1 Nr. 2, Veränderungen im Aufsichtsrat, §§ 103, 101). Hierfür ist

---

1 MüKo-AktG/*Spindler*, Rn 8.
2 BGH AG 1958, 293; OLG Köln AG 1978, 17, 22; KölnKomm-AktG/*Mertens*, Rn 12 f; MüHb-AktG/*Wiesner*, § 25 Rn 55 f; aA Großkomm-AktienR/*Habersack*, Rn 13 ff (Verlust = Jahresfehlbetrag) nimmt auf offene Rücklagen keine Rücksicht und ist deshalb willkürlich und abzulehnen.
3 Großkomm-AktienR/*Habersack*, Rn 18; KölnKomm-AktG/ *Mertens*, Rn 13; *Hüffer*, Rn 3; unzutreffend: BGH WM 1958, 1416, 1417, der stille Reserven in vollem Umfang berücksichtigen will; unklar OLG Köln AG 1978, 17, 22.
4 AA MüKo-AktG/*Spindler*, Rn 9 für „stille Rücklagen".
5 Str, vgl Großkomm-AktienR/*Habersack*, Rn 12; KölnKomm-AktG/*Mertens*, Rn 13.
6 AA KölnKomm-AktG/*Mertens*, Rn 13: Verbindlichkeiten bleiben auch bei Rangrücktrittserklärung Fremdkapital.
7 MüKo-AktG/*Spindler*, Rn 11.
8 Vgl Großkomm-AktienR/*Habersack*, Rn 22; KölnKomm-AktG/*Mertens*, Rn 19.

erforderlich, dass die Verwaltung Vorschläge zur Beschlussfassung über Maßnahmen zur Beseitigung des Verlustes macht (§ 124 Abs. 3, Beschluss ohne Vorschlag ist nach § 243 Abs. 1 anfechtbar). Die Hauptversammlung ist an diese Vorschläge nicht gebunden, kann also auch andere Maßnahmen beschließen[9] (zB Kapitalerhöhung statt Kapitalherabsetzung), solange diese Beschlüsse zum Tagesordnungspunkt „Maßnahmen zur Beseitigung des hälftigen Grundkapitalverlustes" iSv § 124 Abs. 4 gefasst werden.[10]

Die von der betroffenen Gesellschaft wenig geschätzte Folge der negativen Publizität wird vom Gesetz in Kauf genommen, ist aber nicht primärer Zweck des Abs. 1.[11] Würde durch sofortige Verlustanzeige der AG erheblicher Schaden zugefügt (zB wegen Gefährdung Erfolg versprechender Sanierungsverhandlungen), so handelt der Vorstand nicht schuldhaft iSv § 121 BGB, wenn er die Verlustanzeige hinausschiebt. Bei diesem Hinausschieben ist jedoch das Interesse der Aktionäre an rechtzeitiger Information ständig gegen die Chance auf ein Gelingen der Sanierung abzuwägen: je länger die Verzögerung dauert, desto größer hat die Wahrscheinlichkeit für den Sanierungserfolg und dessen Gefährdung durch eine sofortige Publizität zu sein.[12] Hat die AG Aktien oder Schuldverschreibungen an einer Börse zugelassen oder deren Zulassung beantragt, tritt neben die Pflicht nach § 92 Abs. 1 die Ad-hoc-Veröffentlichungspflicht nach § 15 WpHG. Der Verlust des hälftigen Grundkapitals ist eine veröffentlichungspflichtige Insiderinformation.[13] Würde durch sofortige Verlustanzeige der AG erheblicher Schaden zugefügt, darf der Vorstand jedoch wie bei § 92 die Anzeige hinausschieben, wenn konkrete Aussicht auf zeitnahe Behebung besteht, keine Irreführung der Öffentlichkeit zu befürchten ist und die Vertraulichkeit gewährleistet werden kann (§ 15 Abs. 3 WpHG).

Innerhalb der Liquidation ist die Pflicht aus Abs. 1 ausgesetzt, solange nicht das Unternehmen (nicht nur vorläufig) fortgeführt wird oder solange nicht ein Insolvenzplan festgestellt wird.[14]

C. Zahlungsverbot (Abs. 2)

I. Grundsatz. Bei Insolvenzreife (vgl Rn 11 ff) – nicht erst bei Ende der Insolvenzantragsfrist[15] – sowie Kenntnis davon oder böswilliger Unkenntnis[16] sind den Vorstandsmitgliedern (Liquidatoren)[17] Zahlungen verboten. Zahlungsverbot beginnt und endet grundsätzlich mit Insolvenzreife. Seit Inkrafttreten des MoMiG sind jedoch schon vor Insolvenzreife gewisse Zahlungen an Aktionäre nicht mehr zulässig (Rn 14).

II. Art der verbotenen Zahlungen. Das Zahlungsverbot ist weit auszulegen. Darunter fallen alle Geld- und sonstigen Leistungen (Lieferung von Waren, Erbringung von Dienstleistungen, Gewährung von Sicherheiten) zugunsten einzelner Gläubiger (einschließlich Sozialversicherungsträger und Fiskus).[18] Hierzu gehört zB die Einreichung von Kundenschecks auf debitorischem Gesellschaftskonto, weil dies einer Zahlung an die Bank gleichkommt,[19] nicht jedoch die Zahlung von debitorischem Bankkonto[20] oder die bloße Begründung von Verbindlichkeiten.[21]

III. Dauer des Zahlungsverbots. Das Zahlungsverbot beginnt grundsätzlich mit Insolvenzreife, nicht erst nach Verstreichen der Dreiwochenfrist für die Insolvenzanmeldung.[22] Der Vorstand kann jedoch den Beweis erbringen, dass eine Insolvenzreife nicht erkennbar war.[23] Insolvenzreife besteht bei Zahlungsunfähigkeit (Rn 11) oder Überschuldung (Rn 12).

IV. Zahlungsunfähigkeit (§ 17 Abs. 2 InsO). Diese besteht, wenn der Schuldner nicht in der Lage ist, die fälligen Zahlungspflichten zu erfüllen (§ 17 Abs. 2 S. 1 InsO), und ist in der Regel anzunehmen, wenn der Schuldner seine Zahlungen eingestellt hat (§ 17 Abs. 2 S. 2 InsO). Zahlungsunfähigkeit liegt auch vor,

---

[9] MüKo-AktG/*Spindler*, Rn 16.
[10] Vgl hierzu *Hüffer*, Rn 9 mWN (Kurzkennzeichnung in Tagesordnung grenzt den Kreis zulässiger Beschlussgegenstände ein); Kapitalerhöhung kann somit auch ohne vorherige Nennung des Höchstbetrages in der Tagesordnung beschlossen werden; vgl auch OLG Hamm DB 2005, 2236, aA OLG Frankfurt aM AG 2005, 167.
[11] BGH NJW 1979, 1829, 1831; *Hüffer*, Rn 1; aA *Martens*, ZGR 1972, 254, 272 ff: Gesetz bezweckt auch Schutz des Aktienmarktes.
[12] Vgl auch Großkomm-AktienR/*Habersack*, Rn 23; *Hüffer*, Rn 5; KölnKomm-AktG/*Mertens*, Rn 17; MüKo-AktG/*Spindler*, Rn 12. *Habersacks* Ansicht, die Maximalfrist von drei Wochen (§ 92 Abs. 2 S. 1) gelte auch für die Pflicht nach § 92 Abs. 1, findet im Gesetz keine Grundlage und ist abzulehnen.
[13] Vgl Abschnitt IV.2.2.4. des Emittentenleitfadens der Bundesanstalt für Finanzdienstleistungsaufsicht vom 28.4.2009.
[14] So auch *Hüffer*, Rn 5; aA KölnKomm-AktG/*Mertens*, Rn 18; MüKo-AktG/*Spindler*, Rn 6.
[15] BGH AG 2009, 404; vgl auch *Bork*, NZG 2009, 775.
[16] Noch hM, OLG Düsseldorf AG 1985, 276, 279; KölnKomm-AktG/*Mertens*, Rn 61 f; MüHb-AktG/*Wiesner*, § 25 Rn 70; nach neuerer Ansicht genügt bloße Erkennbarkeit, *Hüffer*, Rn 14 a.
[17] Zur Haftung des Aufsichtsrates wegen Verletzung der Pflicht, den Vorstand angemessen bei der Einhaltung des Zahlungsverbots gem. § 92 Abs. 2 zu überwachen, vgl BGH NZG 2009, 550; Göb, NZI 2009, 467, 468 f; MüKo-AktG/*Spindler*, Rn 18.
[18] MüKo-AktG/*Spindler*, Rn 59; OLG München NJW 2013, 1747, differenzierend *Primozic/Brugugnone*, NJW 2013, 1709.
[19] BGHZ 143, 184, 186 ff = NJW 2000, 668; BGH NJW 2001, 304 f; BGH NZI 2007, 418; *Hüffer*, Rn 14 a.
[20] BGH NZI 2007, 418; BGH ZIP 2010, 470, 471 (zu GmbH).
[21] *Hüffer*, Rn 14a; BGHZ 138, 211, 216 f = NJW 1998, 2667; MüKo-AktG/*Spindler*, Rn 60; aA Scholz/Schmidt, GmbHG § 64 Rn 24; Anm. *Poertzgen* zu BGH NZI 2007, 418.
[22] Vgl Großkomm-AktienR/*Habersack*, Rn 93; *Bork*, NZG 2009, 775, 776; BGH NZG 2009, 550; BGH NZI 2009, 490, 491; aA KölnKomm-AktG/*Mertens*, Rn 62.
[23] BGH ZIP 2007, 1265; MüKo-AktG/*Spindler*, Rn 62.

wenn der Schuldner für einen Zeitraum von mehr als drei Wochen nur weniger als 90 % seiner fälligen Verbindlichkeiten bedienen kann[24] (sog. Zeitpunkt-Illiquidität). Zahlungsunfähigkeit liegt dagegen nicht schon vor bei bloßer vorübergehender Zahlungsstockung (zB bei Ausbleiben erwarteter Zahlungen und überschaubarer Frist bis zur Auszahlung von Ersatzliquidität)[25] ebenso wenig bei staatlich verordnetem Zahlungsverbot oder bloßer Zahlungsunwilligkeit trotz Vorhandenseins von Zahlungsmitteln. Von Zahlungseinstellung ist auch auszugehen, wenn sich Zahlungsklagen, Vollstreckungsmaßnahmen oder Wechselproteste häufen.

12 **V. Überschuldung (§ 19 Abs. 2 InsO).** Diese liegt vor, wenn das Vermögen (Aktiva) des Schuldners die bestehenden Verbindlichkeiten (Passiva) nicht mehr deckt, es sei denn, die Fortführung des Unternehmens ist nach den Umständen überwiegend wahrscheinlich (§ 19 Abs. 2 S. 1 InsO).

Bis zum 31.12.2013 gilt die im Zuge des FMStG eingeführte und durch das FMStÄG verlängerte Fiktion des Nichtvorliegens einer Überschuldung bei positiver Fortführungsprognose. Eine solche kann angenommen werden, wenn bei ordnungsgemäß durchgeführter Finanzplanung (auch unter Einbeziehung realistisch verfügbarer Fremdmittel und Ansetzung von Liquidationswerten) die Unternehmensfortführung für ein bis zwei Jahre überwiegend wahrscheinlich ist.[26]

Ab dem 1.1.2014 – es sei denn, die jetzige Fassung des § 19 Abs. 2 InsO wird noch einmal verlängert – liegt eine Überschuldung vor, wenn das Vermögen (Aktiva) des Schuldners die bestehenden Verbindlichkeiten (Passiva) nicht mehr deckt (§ 19 Abs. 2 S. 1 InsO). Die Bewertung von Aktiva und Passiva folgt anders als bei § 92 Abs. 1 nicht den Regeln der Jahresbilanz.[27] Nach § 19 Abs. 2 InsO ist vielmehr zunächst die Fortführungsprognose zu erheben. Ist nach den Umständen die Fortführung des Unternehmens überwiegend wahrscheinlich, sind Fortführungswerte anzusetzen. Ist dies nicht der Fall, sind Liquidationswerte anzusetzen. Anschließend sind Verkehrswerte (Fortführungswerte oder Liquidationswerte, je nach dem Ausgang der Fortführungsprognose) unter Auflösung der stillen Reserven[28] anzusetzen. Für die Aktivseite („Vermögen") bedeutet dies ua: Sämtliche verwertbaren Gegenstände sind anzusetzen. Dazu gehören auch (entgegen § 248 Abs. 2 HGB) selbst geschaffene Marken, Drucktitel, Verlagsrechte, Kundenlisten oder vergleichbare immaterielle Vermögensgegenstände des Anlagevermögens.[29] Ein selbst geschaffener Geschäftswert ist beim Ansatz von Fortführungswerten stets, beim Ansatz von Liquidationswerten dann zu berücksichtigen, wenn trotz fehlender eigener Überlebensfähigkeit davon auszugehen ist, dass Drittwerber existieren, die einen solchen Geschäftswert vergüten würden. Eigene Aktien sind im Falle der Werthaltigkeit (positive Fortführungsprognose!) ansetzbar; die Rücklage für eigene Anteile (§ 272 Abs. 4 HGB) ist Teil des berücksichtigungsfähigen Eigenkapitals.[30] Nicht anzusetzen, weil nicht verwertbar, sind indessen Ingangsetzungsaufwendungen (§ 269 aF HGB)[31] und aktive latente Steuern (§ 274 Abs. 2 HGB). Aktive Rechnungsabgrenzungsposten sind nur insoweit anzusetzen, als sich aus ihnen ein Anspruch auf Rückzahlung oder Gegenleistung ableiten lässt. Forderungen (auch aus schwebenden Geschäften bei entsprechender Passivierung der Gegenleistung, auch gegen Aktionäre und Organwalter sowie auf Verlustausgleich im Vertrags- oder qualifizierten Konzern, § 302) sind anzusetzen, sofern sie auch nach Insolvenzeröffnung Bestand haben, nicht jedoch Ansprüche aus §§ 129 ff. InsO und § 92 Abs. 2, § 93 Abs. 2 Nr. 6. Beim Ansatz von Fortführungswerten ist für jeden Vermögensgegenstand der Wert anzusetzen, der dem Vermögensgegenstand als „Bestandteil des Gesamtkaufpreises für das Unternehmen in seiner konzeptgemäßen Fortführung" beizulegen ist.[32] Für die **Passivseite** („Verbindlichkeiten") bedeutet dies ua: Das Eigenkapital (§ 266 Abs. 3 A HGB) gehört nicht dazu. Zu den Passiva zählen aber Rückstellungen sowie Aktionärsdarlehen, auch wenn letztere kapitalersetzend sind.[33] Ihre Passiveneigenschaft kann jedoch durch Rangrücktritt beseitigt werden (§ 19 Abs. 2 S. 3 InsO ab 1.1.2014).[34] Unverzinslich gestundete Verbindlichkeiten und Rückstellungen sind abzuzinsen (§ 41 Abs. 2, § 45 InsO).

13 **VI. Ausnahmen.** Ausgenommen vom Zahlungsverbot (Entfallen der Pflichtwidrigkeit) sind Zahlungen, die mit der Sorgfalt eines ordentlichen und gewissenhaften Geschäftsleiters vereinbar sind. Hierunter fallen Zahlungen, die masseneutral sind, weil der Gesellschaft eine gleichwertige, im Falle der Insolvenz verwertbare Gegenleistung zufließt.[35] Hierbei ist jedoch die zeitliche Komponente zu beachten: Ist die Gegenleis-

---

24 BGH NJW 1984, 1953; BayObLG BB 1988, 1840; IDW PS 800 Stand 6.3.2009.
25 Vgl Großkomm-AktienR/*Habersack*, Rn 38.
26 BGHZ 119, 201, 214 = NJW 1992, 2891; Großkomm-AktienR/*Habersack*, Rn 51 f; *Hüffer*, Rn 12; IDW FAR 1/1996, WPg 1997, 17 ff.
27 AA KölnKomm-AktG/*Mertens*, Rn 31.
28 BGHZ 119, 201, 214 = NJW 1992, 2891, 2894; BGHZ 129, 136, 154 = NJW 1995, 1739, 1743, 1748; BGH WM 2001, 959, 960.
29 Großkomm-AktienR/*Habersack*, Rn 47; *Hüffer*, Rn 11.
30 AA offenbar MüKo-AktG/*Spindler*, Rn 27.
31 AA offenbar MüKo-AktG/*Spindler*, Rn 27.
32 IDW FAR 1/1996, WPg 1997, 22, 25; dies entspricht dem steuerlichen Teilwert (§ 10 S. 2 BewG), nicht jedoch dem (höheren) Wiederbeschaffungswert, aA offenbar *Hüffer*, Rn 11 b.
33 BGHZ 146, 264, 269 ff = NJW 2001, 1280, 1281 (zur GmbH); Großkomm-AktienR/*Habersack*, Rn 57; *Hüffer*, Rn 11 a.
34 BGHZ 146, 264, 271; OLG Düsseldorf NZG 2001, 133, 134; *Hüffer*, Rn 11 a.
35 KölnKomm-AktG/*Mertens*, Rn 59.

tung erbracht, ohne dass Zahlung zur Bedingung gemacht wurde, ist anschließende Zahlung in der Phase von Zahlungsunfähigkeit oder Überschuldung verboten. Ist Zahlung dagegen Bedingung für die Gegenleistung, entfällt Zahlungsverbot, soweit Gegenleistung vollwertig ist. Zulässig sind auch Zahlungen, die angemessen und für den Erfolg von Sanierungsbemühungen unverzichtbar sind.[36] Auch die Bedienung von Aus- und Absonderungsrechten ist zulässig,[37] ferner die Abführung von Arbeitnehmeranteilen zur Sozialversicherung oder Lohnsteuer.[38]

VII. Zahlungen an Aktionäre vor Insolvenzreife. Durch das MoMiG wurde das Zahlungsverbot erweitert auf Zahlungen an Aktionäre auch schon vor Insolvenzreife, soweit diese zur Zahlungsunfähigkeit der Gesellschaft führen mussten, es sei denn, dies war auch bei Beachtung der Sorgfalt eines ordentlichen und gewissenhaften Geschäftsleiters nicht erkennbar. Das Zahlungsverbot betrifft vor allem die Rückzahlung von Aktionärsdarlehen aus der nunmehr kodifizierten zulässigen Geldkonzentration im Konzern (*„Cash-Pooling"*, § 57 Abs. 1 S. 4) sowie existenzgefährdende „Sonderdividenden".[39] Voraussetzung ist, dass die verbotene Auszahlung zur Zahlungsunfähigkeit führen musste und auch dazu führte.[40] Nach einer Ansicht muss die Auszahlung adäquat, dh ohne Hinzutreten weiterer Kausalbedingungen zur Zahlungsunfähigkeit geführt haben.[41] Die Vorschrift müsse restriktiv ausgelegt werden,[42] die Entscheidung zu Zahlungen an Aktionäre müsse praktisch mit einer „Weichenstellung ins Aus" vergleichbar sein.[43] Diese restriktive Auslegung hat mE zur Folge, dass ein Verstoß gegen § 92 Abs. 2 S. 3 in den seltensten Fällen vorliegt, da die Zahlungsunfähigkeit typischerweise nur durch ein Zusammentreffen von Auszahlungen an Aktionäre mit anderem Liquiditätsverzehr entsteht. Zutreffenderweise sollte „führen musste" dahin gehend ausgelegt werden, dass zum Zeitpunkt der Zahlung eine überwiegende Wahrscheinlichkeit einer späteren Zahlungsunfähigkeit aufgrund des Zusammentreffens der Aktionärszahlung mit anderen objektiv zu diesem Zeitpunkt erwartbaren Liquiditätsabflüssen bestand. Bejahendenfalls hat der Vorstand dann die Entlastungsmöglichkeit, dass ihm die spätere Zahlungsunfähigkeit trotz Beachtung der Sorgfalt eines ordentlichen und gewissenhaften Geschäftsleiters nicht erkennbar war; hierbei hat er einen vorsichtigen Maßstab anzulegen und auch negative nicht ganz unwahrscheinliche Szenarien zu unterstellen. Die Einholung des Rates eines unabhängigen, fachlich qualifizierten Berufsträgers, der umfassend informiert wird, und der Befolgung von dessen Rat nach eigener Plausibilitätskontrolle entlastet den Vorstand (Beweislast liegt beim Vorstand).[44] Die Geschäftsermessensregel des § 93 Abs. 1 S. 2 kommt indessen nicht zur Anwendung.

D. Sanktionen bei Pflichtverletzung

I. Einberufungs- und Anzeigepflicht (Abs. 1). Ein Verstoß gegen die Einberufungs- und Anzeigepflicht (Abs. 1) begründet eine **Schadensersatzpflicht** gegenüber der AG nach § 93 Abs. 2. Ferner ist § 92 Abs. 1 Schutzgesetz iSv § 823 Abs. 2 BGB gegenüber der AG und – nach hM[45] – gegenüber den Aktionären, nicht jedoch gegenüber Gesellschaftsgläubigern.[46] Gegenüber Aktionären haftet ferner der Vorstand aus § 823 Abs. 1 BGB (Eingriff in Mitgliedschaftsrecht) und die AG aus § 823 Abs. 1, § 31 BGB. Dritte (besonders faktische Vorstandsmitglieder) haften aus § 830 Abs. 2 BGB wegen Teilnahme, ferner existiert eine Haftung der Aufsichtsratsmitglieder (besonders wegen Nichteinberufung der Hauptversammlung nach § 111 Abs. 3) aus §§ 116, 93.[47] Bei Verstoß gegen § 92 Abs. 1 machen sich Vorstandsmitglieder **strafbar** (§ 401 Abs. 1, Abs. 2 AktG). Es gibt keine Erzwingung der Einberufungspflicht durch **Zwangsgeld** (*arg e* § 407).

II. Zahlungsverbot (Abs. 2). Ein Verstoß gegen das Zahlungsverbot (Abs. 2) begründet einen Anspruch der AG (Insolvenzverwalter) gegen Vorstandsmitglieder auf Ersatz der Masseschmälerung (= Gesamtgläubigerschaden, § 93 Abs. 3 Nr. 6).[48] Der daneben grundsätzlich bestehende Anspruch der Gläubiger aus § 92 Abs. 2 iVm § 823 Abs. 2 BGB kann während der Insolvenz nur vom Insolvenzverwalter geltend gemacht werden (§ 92 InsO). Erstattet werden muss der verbotswidrig geleistete Betrag (Wert). Davon ist abzuziehen der Verwertungswert der in die Masse gelangten Gegenleistung; bei Befreiung von Verbindlichkeit ist

---

36 *Hüffer*, Rn 14 b.
37 KölnKomm-AktG/*Mertens*, Rn 59; Großkomm-AktienR/*Habersack*, Rn 95.
38 BGH NJW 2007, 2118 unter Aufgabe der früheren abweichenden Rechtsprechung.
39 *Knapp*, DStR 2008, 2371, 2373.
40 Begr. RegE v. 25.7.2007, BT-Drucks. 16/6140, 46.
41 *Knapp*, DStR 2008, 2371, 2373; Begr. RegE v. 25.7.2007, BT-Drucks. 16/6140, 46 f; *Knof*, DStR 2007, 1536, 1539.
42 Begr. RegE v. 25.7.2007, BT-Drucks. 16/6140, 47; *Knapp*, DStR 2008, 2371, 2373.
43 *Knapp*, DStR 2008, 2371, 2373.
44 BGH NJW 2007, 2119.
45 Großkomm-AktienR/*Habersack* Rn 26; MüKo-AktG/*Spindler*, Rn 17; MüHb-AktG/*Wiesner*, § 25 Rn 59; aA KölnKomm-AktG/*Mertens*, Rn 24; *Hüffer*, Rn 15, die § 92 Abs. 1 nur als Schutzvorschrift für die Hauptversammlung insgesamt (Information und Herstellung der Handlungsfähigkeit), nicht jedoch zu Gunsten des einzelnen Aktionärs interpretieren. Diese Differenzierung erscheint jedoch willkürlich, setzt sich die Hauptversammlung doch aus Einzelaktionären zusammen.
46 BGH NJW 1979, 1829, 1831; Großkomm-AktienR/*Habersack*, Rn 28; KölnKomm-AktG/*Mertens*, Rn 24; MüKo-AktG/*Spindler*, Rn 18; aA *Martens*, ZGR 1972, 254, 285 f.
47 BGH NZI 2009, 490, 491.
48 BGH NJW 1974, 1088, 1089; Großkomm-AktienR/*Habersack*, Rn 96; KölnKomm-AktG/*Mertens*, Rn 64.

abzuziehen die Quote, die vorrangig befriedigter Gläubiger aus der Masse erhalten hätte.[49] Eine Erstattungspflicht besteht insoweit nicht, als sie nicht erforderlich ist zur Befriedigung sämtlicher Gläubigerforderungen im Zeitpunkt der verbotenen Zahlung (keine Begünstigung der Aktionäre!). Außerhalb der Insolvenz (zB bei Masselosigkeit, § 26 InsO) können Gesellschaftsgläubiger den Anspruch pfänden.[50] Ein Insolvenzanfechtungsrecht (§§ 129 ff. InsO) begründet ein Leistungsverweigerungsrecht des Vorstandsmitglieds (weil erfolgreiche Anfechtung zur Wiederauffüllung der Masse führt).[51] Eine unterlassene Anfechtung oder der Ablauf der Verjährungsfrist (§ 146 InsO) lassen das Leistungsverweigerungsrecht jedoch entfallen.[52] Eine verbotene Zahlung begründet **keine Strafbarkeit** nach § 401. Es gibt keine Erzwingung des Zahlungsverbots durch **Zwangsgeld** (§ 407). Bei unberechtigten Zahlungen an Aktionäre nach § 92 Abs. 2 S. 3 haftet der Vorstand nur in Höhe der veranlassten Zahlung, nicht jedoch für den sog. Reflexschaden.[53]

§ 93 Sorgfaltspflicht und Verantwortlichkeit der Vorstandsmitglieder

(1) ¹Die Vorstandsmitglieder haben bei ihrer Geschäftsführung die Sorgfalt eines ordentlichen und gewissenhaften Geschäftsleiters anzuwenden. ²Eine Pflichtverletzung liegt nicht vor, wenn das Vorstandsmitglied bei einer unternehmerischen Entscheidung vernünftigerweise annehmen durfte, auf der Grundlage angemessener Information zum Wohle der Gesellschaft zu handeln. ³Über vertrauliche Angaben und Geheimnisse der Gesellschaft, namentlich Betriebs- oder Geschäftsgeheimnisse, die den Vorstandsmitgliedern durch ihre Tätigkeit im Vorstand bekanntgeworden sind, haben sie Stillschweigen zu bewahren. ⁴Die Pflicht des Satzes 3 gilt nicht gegenüber einer nach § 342 b des Handelsgesetzbuchs anerkannten Prüfstelle im Rahmen einer von dieser durchgeführten Prüfung.

(2) ¹Vorstandsmitglieder, die ihre Pflichten verletzen, sind der Gesellschaft zum Ersatz des daraus entstehenden Schadens als Gesamtschuldner verpflichtet. ²Ist streitig, ob sie die Sorgfalt eines ordentlichen und gewissenhaften Geschäftsleiters angewandt haben, so trifft sie die Beweislast. ³Schließt die Gesellschaft eine Versicherung zur Absicherung eines Vorstandsmitglieds gegen Risiken aus dessen beruflicher Tätigkeit für die Gesellschaft ab, ist ein Selbstbehalt von mindestens 10 Prozent des Schadens bis mindestens zur Höhe des Eineinhalbfachen der festen jährlichen Vergütung des Vorstandsmitglieds vorzusehen.

(3) Die Vorstandsmitglieder sind namentlich zum Ersatz verpflichtet, wenn entgegen diesem Gesetz
1. Einlagen an die Aktionäre zurückgewährt werden,
2. den Aktionären Zinsen oder Gewinnanteile gezahlt werden,
3. eigene Aktien der Gesellschaft oder einer anderen Gesellschaft gezeichnet, erworben, als Pfand genommen oder eingezogen werden,
4. Aktien vor der vollen Leistung des Ausgabebetrags ausgegeben werden,
5. Gesellschaftsvermögen verteilt wird,
6. Zahlungen entgegen § 92 Abs. 2 geleistet werden,
7. Vergütungen an Aufsichtsratsmitglieder gewährt werden,
8. Kredit gewährt wird,
9. bei der bedingten Kapitalerhöhung außerhalb des festgesetzten Zwecks oder vor der vollen Leistung des Gegenwerts Bezugsaktien ausgegeben werden.

(4) ¹Der Gesellschaft gegenüber tritt die Ersatzpflicht nicht ein, wenn die Handlung auf einem gesetzmäßigen Beschluß der Hauptversammlung beruht. ²Dadurch, daß der Aufsichtsrat die Handlung gebilligt hat, wird die Ersatzpflicht nicht ausgeschlossen. ³Die Gesellschaft kann erst drei Jahre nach der Entstehung des Anspruchs und nur dann auf Ersatzansprüche verzichten oder sich über sie vergleichen, wenn die Hauptversammlung zustimmt und nicht eine Minderheit, deren Anteile zusammen den zehnten Teil des Grundkapitals erreichen, zur Niederschrift Widerspruch erhebt. ⁴Die zeitliche Beschränkung gilt nicht, wenn der Ersatzpflichtige zahlungsunfähig ist und sich zur Abwendung des Insolvenzverfahrens mit seinen Gläubigern vergleicht oder wenn die Ersatzpflicht in einem Insolvenzplan geregelt wird.

(5) ¹Der Ersatzanspruch der Gesellschaft kann auch von den Gläubigern der Gesellschaft geltend gemacht werden, soweit sie von dieser keine Befriedigung erlangen können. ²Dies gilt jedoch in anderen Fällen als

---

[49] *Wimmer*, NJW 1996, 2546, 2551 (zu § 64 Abs. 2 GmbHG).
[50] Großkomm-AktienR/*Habersack*, Rn 100, plädiert dagegen bei Masselosigkeit auf ein Zurücktreten des (in voller Höhe pfändbaren und damit die Gläubigergleichberechtigung aushöhlenden) Anspruchs nach § 93 Abs. 3 Nr. 6 hinter den Quotenschadenanspruch nach § 823 Abs. 2 BGB iVm § 92 Abs. 3.
[51] Großkomm-AktienR/*Habersack*, Rn 99; *Hüffer*, Rn 20.
[52] Großkomm-AktienR/*Habersack*, Rn 99; *Hüffer*, Rn 20; BGHZ 131, 325, 328 ff = NJW 1996, 850 f (zu § 64 Abs. 2 GmbHG).
[53] MüKo-AktG/*Spindler*, Rn 70; *Knapp*, DStR 2008, 2371, 2373; *Roth*, GmbHR 2008, 1184, 1192.

denen des Absatzes 3 nur dann, wenn die Vorstandsmitglieder die Sorgfalt eines ordentlichen und gewissenhaften Geschäftsleiters gröblich verletzt haben; Absatz 2 Satz 2 gilt sinngemäß. ³Den Gläubigern gegenüber wird die Ersatzpflicht weder durch einen Verzicht oder Vergleich der Gesellschaft noch dadurch aufgehoben, daß die Handlung auf einem Beschluß der Hauptversammlung beruht. ⁴Ist über das Vermögen der Gesellschaft das Insolvenzverfahren eröffnet, so übt während dessen Dauer der Insolvenzverwalter oder der Sachwalter das Recht der Gläubiger gegen die Vorstandsmitglieder aus.

(6) Die Ansprüche aus diesen Vorschriften verjähren bei Gesellschaften, die zum Zeitpunkt der Pflichtverletzung börsennotiert sind, in zehn Jahren, bei anderen Gesellschaften in fünf Jahren.

Literatur:
Binder, Anforderungen an Organentscheidungsprozesse in der neueren höchstrichterlichen Rechtsprechung? – Grundlagen einer körperschaftlichen Entscheidungslehre, AG 2012, 885; *Dietz-Vellmer*, Organhaftungsansprüche in der Aktiengesellschaft: Anforderungen an Verzicht oder Vergleich durch die Gesellschaft, NZG 2011, 248; *Fest*, Darlegungs- und Beweislast bei Prognoseentscheidungen im Rahmen der Business Judgement Rule, NZG 2011, 540; *Fleischer*, Kompetenzüberschreitungen von Geschäftsleitern im Personen- und Kapitalgesellschaftsrecht. Schaden – rechtmäßiges Alternativverhalten – Vorteilsausgleichung, DStR 2009, 1204; *Fleischer*, Vorstandspflichten bei rechtswidrigen Hauptversammlungsbeschlüssen, BB 2005, 2025; *Gädtke/Wax*, Konzepte zur Versicherung des D&O-Selbstbehalts, AG 2010, 851; *Grooterhorst*, Das Einsichtnahmerecht des ausgeschiedenen Vorstandsmitglieds in Geschäftsunterlagen im Haftungsfall, AG 2011, 389; *Hohenstatt/Naber*, Die D&O-Versicherung im Vorstandsvertrag, DB 2010, 2321; *Schneider, J.*, „Unternehmerische Entscheidungen" als Anwendungsvoraussetzung für die Business Judgement Rule, DB 2005, 707.

A. Das Regelungskonzept des § 93 1	2. Besonderheiten bei unternehmerischen Entscheidungen, Business Judgement Rule (Abs. 1 S. 2) 77
I. Allgemeiner Verhaltensmaßstab 1	
II. Umfang und Dauer 2	3. Bedeutung der Busines Judgement Rule 78
B. Handlungsrahmen 6	4. Voraussetzungen des „sicheren Hafens" (Business Judgement Rule) 82
I. Gesetzes- und Satzungstreue 10	
1. Allgemeines 10	a) Unternehmerische Entscheidung 83
2. Wahrnehmung öffentlich-rechtlicher Pflichten 15	b) Informationsgrundlage 85
	c) Zum Wohle der Gesellschaft 88
3. Satzungstreue, Gläubigerschutz 19	d) Guter Glaube 91
a) Satzungstreue 19	e) Freiheit von Sonderinteresse 92
b) Kapitalerhaltung, Gläubigerschutz 20	5. Konsequenzen 95
4. Pflichtverletzung 22	C. Schaden 97
a) Eigene Verstöße des Vorstands 22	D. Verschulden 103
b) Verstöße durch die Gesellschaft 24	E. Beweislast 110
II. Treuepflicht 30	F. Gesamtschuldnerische Haftung 115
1. Inhalt der Treuepflicht 31	G. Sondertatbestände (Abs. 3) 122
a) Loyalitätspflicht 31	H. Enthaftung des Vorstands 126
b) Verbot eigennütziger Ausnutzung der Organstellung 34	I. Beschluss der Hauptversammlung 126
	II. Verzicht und Vergleich 135
c) Das Gebot zur Rücksichtnahme auf das Gesellschaftsinteresse bei eigener Interessenverfolgung 39	III. Konzernverhältnisse 144
	I. Anspruchsberechtigte 147
	I. Die Gesellschaft (Abs. 2 S. 1) 147
d) Die Pflicht zur Offenheit und zur Ermöglichung angemessener Kontrolle . 44	II. Die Aktionäre 149
	III. Die Gesellschaftsgläubiger (Abs. 5) 151
e) Gebot des wirtschaftlichen Handelns; Risikominimierung 46	IV. Insolvenzverwalter 158
	J. Weitere Haftungsbeziehungen 160
aa) Kostenreduzierung 47	I. Andere Ansprüche der Gesellschaft 160
bb) Verfolgung von Ansprüchen 49	1. Vertragliche Ansprüche 160
cc) Vermeidung unnötiger Risiken 50	2. Deliktische Ansprüche 161
dd) Versicherungsschutz 56	II. Ansprüche der Aktionäre 162
ee) Unternehmenskauf 57	1. Vertragliche Ansprüche 162
f) Das Gebot der Neutralität 58	2. Deliktische Haftung 164
g) Nachwirkende Treuepflicht 59	a) Verletzung des Mitgliedschaftsrechts ... 164
2. Pflichtverletzung 60	b) Verletzung von Schutzgesetzen (§ 823 Abs. 2 BGB) 165
III. Verschwiegenheitspflicht 62	
1. Begriff, Grundlagen 62	c) Informationsdelikthaftung (§ 826 BGB) 168
2. Bei Unternehmenskauf und Kapitalmaßnahmen 67	
	3. Rechtsfolgen 169
3. Bei Vertragsanbahnung (c.i.c.) 69	a) Mittelbare Schäden 170
4. Bei Eigeninteresse des Vorstands 70	b) Vertrauensschaden 171
5. Kein Zeugnisverweigerungsrecht 71	III. Ansprüche von Gesellschaftsgläubigern 172
IV. Sorgfalt eines ordentlichen und gewissenhaften Geschäftsleiters 73	1. Vertragliche Schadensersatzansprüche 172
	2. Deliktische Ansprüche 173
1. Gesetzlicher Maßstab (Abs. 1 S. 1) 73	3. Ansprüche von Arbeitnehmern 176

4. Ansprüche wegen Steuern und Sozialabgaben........ 177	2. Prozentuale Deckelung.................. 192
K. Verjährung (Abs. 6)............................ 179	3. Absolute Deckelung................... 193
L. D&O-Versicherung............................ 184	4. Rechtliche Bedeutung des Selbstbehalts.... 195
I. Möglichkeiten der Risikoabsicherung......... 184	III. Versicherung des Selbstbehalts............... 196
II. Selbstbehalt............................... 191	M. Prozessuales................................. 197
1. Zweck der Regelung..................... 191	I. Gerichtsstand........................... 197
	II. Prozessführung......................... 199

A. Das Regelungskonzept des § 93

1 **I. Allgemeiner Verhaltensmaßstab.** § 93 normiert in Abs. 1 objektive Verhaltenspflichten des Vorstands und definiert seine allgemeine Sorgfaltspflicht bei der Ausübung seiner Leitungsbefugnisse, wobei Abs. 1 S. 3 in besonderem Maße die Pflicht zur Verschwiegenheit hervorhebt. Abs. 2 und 3 formulieren sodann die Haftungstatbestände, Abs. 4 bis 6 die Haftungsmodalitäten. § 93 knüpft dabei an den Verschuldensgrundsatz an; eine Haftung des Vorstands für den Erfolg seiner Geschäftsführung wird nicht begründet.

2 **II. Umfang und Dauer.** Die Sorgfaltspflichten und die Haftung des Vorstands beginnen mit der Annahme des Amtes[1] und enden mit der rechtlichen Beendigung des Amtes als Vorstandsmitglied.[2] Die **Annahme** kann sich dabei auch durch schlüssiges Handeln, insbesondere Auftreten und Handeln als Vorstand ergeben.[3] Auf die Eintragung in das Handelsregister kommt es nicht an, da diese keine konstitutive Bedeutung hat.[4] Die **Beendigung** der Anstellung erfolgt regelmäßig durch Zeitablauf, durch Widerruf oder Amtsniederlegung.[5] Auf das Bestehen eines Anstellungsvertrages kommt es für die Haftung nach Abs. 2 nicht an.[6]

3 Sorgfaltspflichten und Haftung des Vorstands gegenüber der Gesellschaft entstehen aufgrund seiner Organstellung. Soweit ein Anstellungsvertrag abgeschlossen ist, stellen Pflichtverletzungen zugleich einen gesetzlichen Spezialfall der positiven Vertragsverletzung dar, der Anspruch aus § 280 BGB geht in § 93 Abs. 2 auf.[7] § 93 gilt auch schon in der Zeit bis zur Entstehung der Gesellschaft.[8]

4 Die Haftung tritt auch ein bei gerichtlich bestellten Vorstandsmitgliedern (§ 85), stellvertretenden Vorstandsmitgliedern (§ 94) und fehlerhaft bestellten Vorstandsmitgliedern, soweit sie tatsächlich für die AG tätig geworden sind.[9] Ob § 93 Abs. 2 S. 1 auch für rein **faktisch** als **Vorstandsmitglieder** agierende Personen gilt, ist offen.[10] Allerdings nimmt der BGH eine Verpflichtung zur Stellung des Insolvenzantrages in den Fällen an, in denen eine Person ohne zum Geschäftsführer bestellt worden zu sein, die Geschäfte der GmbH tatsächlich wie ein Geschäftsführer führte und ihn die Verantwortung für die Verletzung der Verpflichtung zur Stellung des Insolvenzantrages traf.[11]

5 § 93 Abs. 2 ist vollen Inhalts zwingend[12] und kann – da er auch dem Gläubigerschutz dient – nicht zugunsten der Vorstandsmitglieder gemildert werden.[13] Nach hM kann die Haftung im Anstellungsvertrag auch nicht zulasten des Vorstandsmitgliedes verschärft werden.[14] Dieser Ansicht ist nicht uneingeschränkt zu folgen. § 93 Abs. 2 normiert eine generelle typisierte Sorgfalts- und Haftungspflicht. Zwar können aufgrund § 23 Abs. 5 die organisationsrechtlichen Pflichten nicht durch den Anstellungsvertrag erweitert werden. Dies schließt jedoch nicht aus, dass ein Anstellungsvertrag auf schuldrechtlicher Ebene zusätzliche Pflichten begründet oder der Pflichtinhalt näher präzisiert und hierdurch die Haftung verstärkt wird.[15] Die Verschärfung darf sich allerdings nicht auf die generelle Vorstandstätigkeit erstrecken oder gar bis zu einer uneingeschränkten Erfolgshaftung führen. Es ist aber nicht einzusehen, wieso nicht beispielsweise einem mit speziellen EDV-Kenntnissen versehenen Vorstandsmitglied bei Einstellung im Anstellungsvertrag die Verpflichtung auferlegt werden können soll, innerhalb eines bestimmten Zeitraumes eine neue EDV aufzubauen. So-

---

1 Großkomm-AktienR/*Hopt*, Rn 35; KölnKomm-AktG/*Mertens/Cahn*, Rn 40; *Fleischer*, in: Fleischer, Hdb VorstandsR, § 11 Rn 13.
2 BGH WM 1986, 789 (GmbH); aA Großkomm-AktienR/*Hopt*, Rn 38; KölnKomm-AktG/*Mertens/Cahn*, Rn 41 (erst mit tatsächlicher Beendigung) unter Hinweis auf BGH NJW 1967, 1711, 1712.
3 BGH NJW-RR 1987, 1293; BGH NJW 1994, 2027 (jew GmbH).
4 BGH WM 1986, 789 (GmbH); Großkomm-AktienR/*Hopt*, Rn 34; KölnKomm-AktG/*Mertens/Cahn*, Rn 40; Hölters/*Hölters*, Rn 232.
5 MünchKomm/*Spindler*, Rn 13.
6 Großkomm-AktienR/*Hopt*, Rn 33; MüKo-AktG/*Spindler*, Rn 11; *Hüffer*, Rn 12.
7 Großkomm-AktienR/*Hopt*, Rn 21; *Hüffer*, Rn 11; *Fleischer*, in Fleischer, Hdb VorstandsR, § 11 Rn 3; aA MüKo-AktG/*Spindler*, Rn 10.
8 BGH WM 1986, 789 (GmbH); BGH ZIP 1989, 1390, 1392 (GmbH); Großkomm-AktienR/*Hopt*, Rn 42.
9 BGH NJW 1995, 1290, 1291; Großkomm-AktienR/*Hopt*, Rn 44; MüKo-AktG/*Spindler*, Rn 14; Hölters/*Hölters*, Rn 228; *Hüffer*, Rn 12.
10 Verneinend: KölnKomm-AktG/*Mertens/Cahn*, Rn 43 f; *Hüffer*, Rn 12; bejahend: BGH NJW 1967, 1711, 1712; Großkomm-AktienR/*Hopt*, Rn 49 f; MüKo-AktG/*Spindler*, Rn 17; Hölters/*Hölters*, Rn 229; *Fleischer*, AG 2004, 517, 528.
11 BGH NJW 1988, 1789; 2002, 1803, 1805; BGH NZG 2005, 816.
12 *Hüffer*, Rn 1 mwN.
13 BGH WM 1975, 467, 469; *Hüffer*, Rn 1.
14 KölnKomm-AktG/*Mertens/Cahn*, Rn 8; MüKo-AktG/*Spindler*, Rn 27; Spindler/Stilz/*Fleischer*, Rn 5; Hölters/*Hölters*, Rn 12; *Hüffer*, Rn 1; *Fleischer*, in Fleischer, Hdb VorstandsR, § 11 Rn 7.
15 BGH NJW 1975, 1412; Großkomm-AktienR/*Hopt*, Rn 26; KölnKomm-AktG/*Mertens/Cahn*, Rn 8, 124.

weit eine erfolgsbezogene Haftung gewünscht wird, sollte im Hinblick auf den Meinungsstreit ggf mit dem Vorstand noch ein separater Werkvertrag geschlossen werden.

B. Handlungsrahmen

§ 76 ermächtigt den Vorstand zur eigenverantwortlichen Leitung der Gesellschaft. Die Leitungsbefugnis wird dabei von vornherein und unabhängig von § 93 Abs. 1 S. 1 in dreierlei Hinsicht eingeschränkt.

Zum einen steht der Vorstand selbstverständlich bei seiner Unternehmensführung nicht über dem Gesetz, sondern muss bei seinem Handeln nicht nur selbst die einschlägigen Gesetze, Verordnungen etc. beachten, sondern auch im Unternehmen für die Einhaltung der Gesetze sorgen; dies gilt auch im Hinblick auf die Satzung der Gesellschaft (**Legalitätspflicht**).

Des Weiteren unterliegt der Vorstand als Sachwalter fremden Vermögens einer Treuepflicht gegenüber der Gesellschaft mit der Folge, dass er grundsätzlich sein Unternehmenshandeln ausschließlich am Unternehmensinteresse und nicht am Interesse Dritter oder gar eigenen Interessen ausrichten darf. Die Einhaltung der Grundsätze der Gesetzes- und Satzungstreue und der **Loyalitätspflicht** gegenüber der Gesellschaft steht nicht im Ermessen des Vorstands, sondern begrenzt von vornherein seinen Handlungsrahmen bei der unternehmerischen Leitung.

Innerhalb des so eingegrenzten Handlungsrahmens muss dem Vorstand bei der Leitung der Geschäfte des Gesellschaftsunternehmens ein **weiter Handlungsspielraum** zugebilligt werden, ohne den eine unternehmerische Tätigkeit schlechterdings nicht denkbar ist.[16] Dieser weite – zunächst nur durch die Grundsätze der Gesetzes- und Satzungstreue und der Loyalitätspflicht eingeschränkte – Handlungsrahmen erfährt nunmehr durch § 93 Abs. 1 S. 1 eine weitere Einschränkung dergestalt, dass der Vorstand bei der Leitung der Geschäfte die Sorgfalt eines ordentlichen und gewissenhaften Geschäftsleiters anzuwenden hat. Inhalt und Grenzen dieses unternehmerischen Freiraums werden damit bereits auf der Ebene der Pflichtenbindung festgeschrieben, wobei durch die Business Judgement Rule (BJR) des § 93 Abs. 1 S. 2 sichergestellt werden soll, dass die Ordnungsgemäßheit der Geschäftsführung bei Fehlentscheidungen nicht ex post sondern *ex ante* gewürdigt wird[17]

I. Gesetzes- und Satzungstreue. 1. Allgemeines. Selbstverständlich muss sich auch eine Aktiengesellschaft an die Rechtsordnung halten und die sozialpolitischen und ökologischen Auflagen erfüllen („**Compliance**" – Nr. 4.1.3 DCKG). Dazu gehört auch die Beachtung ausländischer Rechtsvorschriften, wenn diese für die Tätigkeit der AG relevant sind.[18] Verantwortungsloses Verhalten, wie beim „Lederspray"-Urteil,[19] verletzt nicht nur die Sorgfaltspflichten eines ordentlichen Geschäftsleiters, sondern ist auch strafrechtlich zu ahnden. Die Vorstandsmitglieder sind daher nicht berechtigt, Kartellvereinbarungen oder Preisabsprachen (§§ 1 ff GWB) zu treffen[20] oder einen Dritten zu bestechen (§§ 299 331 ff. StGB), selbst wenn dies zum Vorteil der Gesellschaft wäre oder wenn die Wettbewerber mit diesen verbotenen Mitteln arbeiten.[21]

Der Vorstand hat auch für ein rechtmäßiges und den **anerkannten Grundsätzen der Geschäftsmoral** entsprechendes Verhalten der Gesellschaft gegenüber Kunden, Lieferanten, Angestellten und Dritten zu sorgen.[22] Teilweise wird allerdings angenommen, dass die **Nichterfüllung einer vertraglichen Verpflichtung** für die Gesellschaft keine Pflichtverletzung darstellt, wenn sie sich im Einzelfall wirtschaftlich als günstiger erweist als deren Erfüllung.[23] Dem ist jedoch nicht zu folgen. Die Einheit der Rechtsordnung gebietet es, jede Verletzung externer Pflichten auch als Verletzung gesellschaftsinterner Pflichten anzusehen, denn sonst

---

16 BGH NJW 1997, 1926, 1927 f – ARAG/Garmenbeck; Großkomm-AktienR/*Hopt*, Rn 81 ff.
17 Vgl unten Rn 77 ff.
18 Großkomm-AktienR/*Hopt*, Rn 103 ff; MüKo-AktG/*Spindler*, Rn 79; Spindler/Stilz/*Fleischer*, Rn 27; Hölters/*Hölters*, Rn 71 ff; *Glöckner/Müller-Tautphaeus*, AG 2001, 344, 345; *Fleischer*, ZIP 2005, 141, 145; *Hermann/Olufs/Barth*, BB 2012, 1935, 1937; einschränkend aber KölnKomm-AktG/*Mertens/Cahn*, Rn 73.
19 BGH NJW 1990, 2560; dazu *Lutter*, DB 1994, 129, 131, KölnKomm-AktG/*Mertens/Cahn*, Rn 224; vgl aber unten Rn 174 f.
20 Vgl §§ 1 ff GWB.
21 Großkomm-AktienR/*Hopt*, Rn 99; KölnKomm-AktG/*Mertens/Cahn*, Rn 71; zu § 333 Abs. 1 StGB: BGH NJW 2008, 3580 – Klaussen/WM-Tickets; zu Wettbewerbsverstößen vgl Köln-

Komm-AktG/*Mertens/Cahn*, Rn 228; *Fleischer*, BB 2008, 1070, und unten Rn 175; zur Bestechung *Berg*, AG 2007, 271, 273 f.
22 KölnKomm-AktG/*Mertens/Cahn*, Rn 71; *Fleischer*, in: Fleischer, Hdb VorstandsR, § 7 Rn 13; zum Bankgeheimnis vgl BGH NJW 2006, 830 Rn 126 – Breuer; einschränkend Großkomm-AktienR/*Hopt*, Rn 101; KölnKomm-AktG/*Mertens/Cahn*, Rn 224; Spindler/Stilz/*Fleischer*, Rn 25; Hölters/*Hölters*, Rn 70; Bürgers/Körber/*Bürgers/Israel*, Rn 8.
23 Großkomm-AktienR/*Hopt*, Rn 100; Spindler/Stilz/*Fleischer*, Rn 33; Bürgers/Körber/*Bürgers/Israel*, Rn 8; *J. Koch*, ZGR 2008, 769, 785 f; *U. Schneider*, FS Hüffer, 2010, S. 905, 912, wonach die Entscheidung, ob eine vertragliche Verpflichtung erfüllt werde, eine unternehmerische Entscheidung sei; *Habersack*, FS Schneider, 2011, S. 429, 436 ff.

müsste im Einzelfall die Einhaltung einer vertraglichen Verpflichtung ggü Dritten als Pflichtverletzung ggü der AG beurteilt und ggf durch eine Schadensersatzverpflichtung sanktioniert werden.[24]

12 Bei **Rechtsgeschäften mit Dritten**, insbesondere im Umgang mit Kunden und Lieferanten ist ein ordentlicher Geschäftsleiter zu Seriosität verpflichtet.[25] Verbindlichkeiten und Verpflichtungen zur Erbringung von Lieferungen und Leistungen sollten nach dem Verhaltensgrundsatz von § 93 Abs. 1 S. 1 grundsätzlich nur eingegangen werden, wenn das Unternehmen zur vertragsgerechten Erfüllung der übernommenen Verpflichtungen in der Lage erscheint; ein Verstoß hiergegen kann uU auch eine Haftung ggü dem Vertragspartner begründen.[26] Im Geschäftsverkehr mit Dritten sind die vertraglichen Nebenpflichten, zB die Wahrung des Bankgeheimnisses, zu beachten.[27] Der Grundsatz der Vorteilsausgleichung[28] kann aber dazu führen, dass es an einem zu ersetzenden Schaden fehlt.[29]

13 Grundsätzlich ist vom Vorstand zu verlangen, dass dieser sich mit den das Unternehmen und die Leitung einer Aktiengesellschaft angehenden Gesetzesvorschriften vertraut macht.[30] Er muss zumindest über das „**Gespür" für Probleme** verfügen, um ggf Rat einzuholen, wenn er nicht selbst über ausreichende Sachkunde verfügt.[31] Bei zweifelhafter oder bestrittener Rechtslage oder bei Einführung neuen Rechtes, dessen Auslegung noch ungewiss ist, sollte er sinnvollerweise ein Rechtsgutachten einholen.[32] Jedenfalls solange sich die maßgebliche Rechtsprechung nicht einigermaßen zuverlässig prognostizieren lässt, ist es unbedenklich, sich nach der für die Gesellschaft günstigen Rechtsauffassung zu richten; der Vorstand hat bei seiner Entscheidung aber zu berücksichtigen, welche negativen Auswirkungen sich für die Gesellschaft ergeben könnten, wenn seine Rechtsauffassung sich nachträglich als unrichtig herausstellt.[33] Es gilt der **Grundsatz des „sichersten Weges"**.[34] Ist die Rechtslage zweifelhaft und die zu treffende Entscheidung eilbedürftig, so handelt das Organmitglied bei Unkenntnis nicht pflichtwidrig oder aber zumindest entschuldigt, denn je eiliger die Entscheidung, desto geringer ist die Möglichkeit, sich umfassend vorzubereiten und Entscheidungsalternativen abzuwägen.

14 Die Einhaltung der Regelungen des **Deutschen Corporate Governance Kodex (DCGK)** ist für die Gesellschaften nicht verpflichtend; es handelt sich letztlich nur um Empfehlungen, von denen abgewichen werden kann (vgl § 161). Von daher stellt die Abweichung von den Empfehlungen des DCGK keine Pflichtverletzung iSd § 93 Abs. 2 dar.[35] Die Abweichungen müssen aber bei börsennotierten Gesellschaften gem. § 161 offengelegt und begründet werden. Fehler hierbei stellen Pflichtverletzungen dar, die im Einzelfall auch zu einem Schaden der AG führen können. Dies ist etwa bei der erfolgreichen Anfechtung von Hauptversammlungsbeschlüssen wegen Verstoßes gegen § 161[36] im Hinblick auf die dann entstehenden Verfahrenskosten der Fall.[37]

15 **2. Wahrnehmung öffentlich-rechtlicher Pflichten.** Im Zuge der wachsenden Verrechtlichung des Wirtschaftslebens sind Vorstandsmitglieder zunehmend mit öffentlich-rechtlichen Pflichten belastet worden. Sie reichen von den steuerrechtlichen Pflichten über die Pflichten zur Abführung der Steuern[38] und der Sozialversicherungsbeiträge[39] bis hin zu den arbeits- und wirtschaftsrechtlichen[40] Pflichten, etwa auf dem Gebiet des Rechts der Arbeitssicherheit (Arbeitsschutz, Gesundheitsschutz, Unfallverhütung), des Umweltrechts, des Lebensmittelrechts, des Datenschutzrechts[41] etc. Des Weiteren gibt es branchenspezifische Vorschriften,

---

24 Für eine einheitliche Beurteilung auch BGH NJW 2012, 3439 Rn 22; MüKo-AktG/*Spindler*, Rn 64; Schmidt/Lutter/*Krieger/Sailer-Coceani*, Rn 6; Hölters/*Hölters*, Rn 75; *Fleischer*, in Fleischer, Hdb VorstandsR § 7 Rn 14, 22; *S. Schneider*, DB 2005, 707, 711 f; *Schäfer*, ZIP 2005, 1253, 1256; *Wiedemann*, ZGR 2011, 183, 199.
25 Großkomm-AktienR/*Hopt*, Rn 98; KölnKomm-AktG/*Mertens/Cahn*, Rn 71.
26 Vgl BGH NJW 1983, 1607, 1609 und unten Rn 151 ff.
27 Vgl BGH NJW 2006, 830 Rn 126 – Breuer.
28 Vgl unten Rn 102.
29 Ebenso Spindler/Stilz/*Fleischer*, Rn 38; Hölters/*Hölters*, Rn 257 f.; *Fleischer*, in: Fleischer, Hdb VorstandsR, § 7 Rn 24 ff.
30 OLG Stuttgart NZG 2010, 141, 143; MüKo-AktG/*Spindler*, Rn 67; vgl unten Rn 105 f.
31 BGH NJW 2007, 2118 Rn 16; *Binder*, AG 2012, 885, 890 mwN.
32 Spindler/Stilz/*Fleischer*, Rn 29; Hölters/*Hölters*, Rn 76.
33 Großkomm-AktienR/*Hopt*, Rn 99; KölnKomm-AktG/*Mertens/Cahn*, Rn 75; Hölters/*Hölters*, Rn 76; *Bayer*, FS K. Schmidt, 2009, S. 85, 92, *U. Schneider*, FS Hüffer, 2010, S. 905, 909; *Thole*, ZHR 173 (2009), 504, 519; *Wagner*, BB 2012, 652, 653; *Buck-Heeb*, BB 2013, 2247, 2250 ff.
34 *U. Schneider*, DB 2011, 99, 100.
35 MüKo-AktG/*Spindler*, § 93 Rn 30 ff; Spindler/Stilz/*Fleischer*, Rn 46; Hölters/*Hölters*, § 161 Rn 40 ff; *Hüffer*, § 161 Rn 27; *Weber-Rey/Buckel*, AG 2011, 845, 847; *Möllers/Fekonja*, ZGR 2012, 777, 809 f; vgl aber OLG Schleswig NZG 2003, 176, 179 – MobilCom, wonach die Auslegung des AktG im Lichte des DCGK zu erfolgen habe.
36 BGH NJW 2009, 2207 Rn 18 ff – Kirch/Deutsche Bank; OLG München NZG 2009, 508, 510.
37 Zu eng deshalb *Hüffer*, § 161 Rn 25 „*Praxisrelevanz des Haftungsproblems kaum zu erwarten*"; ähnlich *Kiethe*, NZG 2003, 559, 564, der allein auf kaum beweisbare Nachteile bei der Kapitalbeschaffung abstellt; ähnlich *Mülbert/Wilhelm*, ZHR 176 (2012), 286, 299 f; wie hier aber *Ettinger/Grützediek*, AG 2003, 353, 362.
38 BGH GmbHR 1985, 143 (GmbH); *Spindler*, in: Fleischer, Hdb VorstandsR, § 13 Rn 73 ff; vgl unten Rn 177.
39 BGH NJW 1998, 1484 (GmbH); *Spindler*, in: Fleischer, Hdb VorstandsR, § 13 Rn 55 f; vgl unten Rn 178.
40 Vgl zum Kartellrecht *Fleischer*, BB 2008, 1070.
41 Vgl zum Datenschutz in Bezug auf Arbeitnehmer *Dzida/Grau*, ZIP 2012, 504, 511.

die den besonderen Gefahren oder Risiken der jeweiligen Branche begegnen wollen und daher dem Vorstand spezifische Verhaltensnormen und Vorsichtsmaßnahmen auferlegen.⁴²

Für die Einhaltung dieser Bestimmungen gilt im Hinblick auf den Vorstand zunächst der Grundsatz der **Gesamtverantwortung**. Unabhängig von der Ausgestaltung der Geschäftsführungs- und Vertretungsbefugnis hat jeder Vorstand im Rahmen der laufenden Geschäftsführung für das rechtmäßige Verhalten der Gesellschaft zu sorgen und jeder Vorstand hat die Erfüllung der der Gesellschaft auferlegten öffentlich-rechtlichen Pflichten sicherzustellen.⁴³

Allerdings muss nicht jeder Vorstand persönlich die entsprechenden Pflichten wahrnehmen, idR kann er dies nicht einmal. Zu einer ordentlichen Geschäftsführung gehört der **Aufbau einer Organisationsstruktur** mit klaren Leitungs- und Verantwortungsbereichen. Für welche der unterschiedlichen Organisationsformen er sich entscheidet, steht in seinem unternehmerischen Ermessen.⁴⁴ Der Vorstand muss jedoch für eine ordentliche Organisation der innerbetrieblichen Abläufe in den einzelnen Sparten (Produktion, Einkauf, Vertrieb, etc.) sorgen und um eine ständige Verbesserung der Organisationsstruktur bemüht sein.⁴⁵ Kraft seiner Organisationsgewalt muss das Vorstandsmitglied sicherstellen, dass die der Gesellschaft obliegenden Aufgaben durch hierzu qualifizierte Personen (in der Regel Arbeitnehmer) auch tatsächlich erfüllt werden.⁴⁶

§ 130 Abs. 1 iVm Abs. 2 Nr. 2 OWiG verpflichtet den Vorstand, die **Aufsichtsmaßnahmen** durchzuführen, die erforderlich sind, in dem Unternehmen Zuwiderhandlungen gegen Pflichten zu verhindern und eine innerbetriebliche Organisationsform zu schaffen und aufrechtzuerhalten, mit der den von einem Unternehmen ausgehenden Gefahren – Sachgefahr und Gefahr kriminellen Verhaltens der im Unternehmen tätigen Personen – begegnet werden kann.⁴⁷ Darüber hinaus gehören zu den rechtlich verbindlichen Grundregeln ordnungsgemäßer Unternehmensleitung bestimmte Mindestanforderungen an die Organisation und Überwachung, und zwar sowohl im Hinblick auf die Geschäftsführung innerhalb des Vorstands, bei der Delegation von Aufgaben auf nachgeordnete Mitarbeiter und bei der Funktionsausgliederung, also der Übertragung von Aufgaben an außenstehende Dritte.⁴⁸ Soweit im Rahmen derartiger – notwendiger – Compliance-Systeme⁴⁹ den „**Compliance-Officer**" auch die Verpflichtung trifft, Straftaten gegenüber Dritten zu verhindern, obliegt diesen uU eine Garantenstellung im Sinne des § 13 Abs. 1 StGB.⁵⁰

3. Satzungstreue, Gläubigerschutz. a) Satzungstreue. Die Vorstandsmitglieder haben die Gesetz- und Satzungsmäßigkeit der Organisation und Kapitalisierung sowie der Entscheidungsprozesse innerhalb der Gesellschaft zu wahren.⁵¹ Zur Anfechtung anfechtbarer Hauptversammlungsbeschlüsse ist der Vorstand zwar berechtigt, aber nur verpflichtet, wenn der Beschluss offensichtlich die Interessen der Gesellschaft verletzt oder vom Vorstand ein pflicht- oder gesetzwidriges Verhalten fordert. Ansonsten ist der Vorstand zur Ausführung gesetzmäßiger Hauptversammlungsbeschlüsse verpflichtet.⁵²

b) Kapitalerhaltung, Gläubigerschutz. Von besonderer Bedeutung sind die Pflichten der Vorstandsmitglieder im Rahmen der Kapitalaufbringung, der Kapitalerhaltung, der Risikotrennung und der Liquiditätssicherung. Das Ziel dieser Vorschriften ist es, das gebundene Vermögen der Gesellschaft im Interesse der Gläubiger zu erhalten.⁵³ Den Sanktionen des § 93 Abs. 3 sowie der Verpflichtung zur Stellung des Insolvenzantrags nach § 15 Abs. 1 InsO ist klar zu entnehmen, dass das Grundkapital der AG für die Befriedigung aller Gesellschaftsgläubiger erhalten werden muss.

Problematisch ist, inwieweit der Vorstand berechtigt ist, **Zahlungen an einen Aktionär** oder eine sonstige, dem Aktionär nahestehende Person zu leisten, um diese ggf zur Rücknahme einer Anfechtungsklage zu bewegen.⁵⁴ Ein derartiger Vergleich kommt nur in den besonderen Fällen in Betracht, in denen sich der Vor-

---

42 Zur Berücksichtigung von Belangen des Gemeinwohls vgl *Kort,* NZG 2012, 926 und den Entwurf von Bündnis 90/Die Grünen zu einer Ergänzung des § 93 Abs. 1, BT-Drucks. 17/11686.
43 BGH WM 1986, 789; BGH NJW 1997, 130, 132 (jeweils GmbH); Großkomm-AktienR/*Hopt,* Rn 62; KölnKomm-AktG/ *Mertens/Cahn,* Rn 92; *Turiaux/Knigge,* DB 2004, 2199, 2203; *Hemeling,* ZHR 175 (2011), 368, 377; *Goette,* ZHR 175 (2011), 388, 394 f; *Nietsch,* ZIP 2013, 1449, 1450;vgl unten Rn 177.
44 MüKo-AktG/*Spindler,* Rn 147.
45 Großkomm-AktienR/*Hopt,* Rn 84; Hölters/*Hölters,* Rn 80.
46 BGH NJW 1997, 130, 132 (GmbH); OLG Hamburg NZG 2000, 1083, 1085 f; OLG Köln NZG 2001, 135, 136; Großkomm-AktienR/*Hopt,* Rn 107; KölnKomm-AktG/*Mertens/ Cahn,* Rn 83 f; Hölters/*Hölters,* Rn 81.
47 *Spindler,* in: Fleischer, Hdb VorstandsR, § 13 Rn 42 ff; KK-OWiG/*Rogall,* § 130 Rn 68; *Bock,* ZIS 2009, 68 ff.
48 BGH NJW-RR 1995, 669 f. (GmbH); Großkomm-AktienR/ *Hopt,* Rn 89 ff; MüKo-AktG/*Spindler,* Rn 82; Hölters/*Hölters,* Rn 80 ff.
49 Ausführlich hierzu Großkomm-AktienR/*Hopt,* Rn 107 ff; Hölters/*Hölters,* Rn 91 ff; *Fleischer,* in: Fleischer, Hdb VorstandsR, § 8 Rn 40 ff; *Fleischer,* AG 2003, 291; *Reichert/Ott,* ZIP 2009, 2173 ff; *Meyer-Greve,* BB 2009, 2555; *Thole,* ZHR 173 (2009), 504, 510 f; *Kremer/Klahold,* ZGR 2010, 113.
50 BGH NJW 2009, 3173 Rn 27, 32; vgl dazu unten Anhang zu § 93: § 266 StGB Rn 22, „Compliance-Beauftragter".
51 KölnKomm-AktG/*Mertens/Cahn,* Rn 67 f, Schmidt/Lutter/*Krieger/Sailer-Coceani,* Rn 6; Hölters/*Hölters,* Rn 54 ff.
52 KölnKomm-AktG/*Mertens/Cahn,* Rn 65, 69; MüKo-AktG/ *Spindler,* Rn 85; *Pentz,* in: Fleischer, Hdb VorstandsR, § 17 Rn 132.
53 *U.H. Schneider,* in: FS Werner, 1984, S. 795, 809.
54 KölnKomm-AktG/*Mertens/Cahn,* Rn 76; *Poelzig,* WM 2008, 1009, 1011.

stand im wohlverstandenen Interesse der Gesellschaft einer Erpressung beugen muss, weil sonst unverhältnismäßige Nachteile für das Unternehmen zu befürchten wären. In diesem Fall ist der Vorstand aber verpflichtet, unmittelbar nach Erledigung der Klage die gezahlten Gelder nach § 62 Abs. 1 vom Leistungsempfänger wieder zurückzuverlangen.[55] Das Problem trat früher insb. im Zusammenhang mit Strukturbeschlüssen auf; die inzwischen bestehende Möglichkeit der Freigabe (§ 246 a) hat den Druck, derartigen Erpressungsversuchen nachzugeben, allerdings deutlich minimiert.[56]

22 4. **Pflichtverletzung. a) Eigene Verstöße des Vorstands.** Verstößt der Vorstand selbst gegen das Gesetz oder die Unternehmensverfassung, so liegt ein haftungsbegründender Pflichtverstoß vor.

23 Deshalb darf der Vorstand nicht ohne vorherige Satzungsänderung Geschäfte tätigen, die über den **Unternehmenszweck** hinausgehen, da ihm hierfür die Geschäftsführungsbefugnis fehlt.[57] Verwehrt ist ihm auch eine Unterschreitung des Satzungszwecks.[58] Ggf ist eine entsprechende Satzungsänderung herbeizuführen. Im Übrigen bleiben die Vorstände der Gesellschaft zur Rückgängigmachung der Maßnahme bzw zum Schadenersatz verpflichtet.[59]

24 **b) Verstöße durch die Gesellschaft.** Soweit ein Vorstandsmitglied nicht selbst tätig ist, liegt bei einem Verstoß gegen den Grundsatz der Gesetzes- und Satzungstreue innerhalb des Unternehmens eine Pflichtwidrigkeit dieses Vorstandsmitglieds nur dann vor, wenn ihm ein Verstoß gegen die Sorgfalt eines ordentlichen und gewissenhaften Geschäftsleiters vorgeworfen werden kann; er insbesondere seine **Organisations- und Überwachungspflichten** verletzt hat.[60]

25 Ein Verstoß gegen die **Organisationspflicht** des einzelnen Vorstandsmitglieds kann zunächst dann vorliegen, wenn bei der Gesellschaft überhaupt keine organisatorischen Maßnahmen und Überwachungsmechanismen getroffen bzw angeordnet wurden, um die Beachtung der jeweiligen Gesetzes- oder Satzungsbestimmung zu gewährleisten. Der Vorstand ist in seiner Gesamtheit dafür verantwortlich, dass Gesetze und Satzungsbestimmungen eingehalten werden. Im Rahmen dieser Organisationspflicht kann der Vorstand im Rahmen der Geschäftsverteilung die Überwachung der Einhaltung von Gesetzes- und Satzungsbestimmungen bestimmten Vorstandskollegen zuordnen[61]; er kann des Weiteren Aufgaben an nachgeordnete, verlässliche Mitarbeiter delegieren oder die Verantwortlichkeit für die Einhaltung bestimmter Aufgaben auch an außenstehende Dritte (Rechtsanwälte, Steuerberater, Ingenieure etc.) übertragen.

26 Soweit der Vorstand im Rahmen einer ermessensfehlerfreien Geschäftsverteilung[62] bestimmte Aufgaben und Verantwortungen im Hinblick auf die Einhaltung des jeweils betroffenen Gesetzes- bzw der betroffenen Satzungsbestimmung auf ein Vorstandsmitglied delegiert hat (**horizontale Delegation**), wird der Grundsatz der Gesamtverantwortung des Gesamtvorstandes zwar nicht aufgehoben; er verändert aber den Inhalt der Pflichten. Das zuständige Vorstandsmitglied trägt nunmehr die volle Handlungsverantwortung für die ihm zugewiesenen Aufgaben („Ressortverantwortlichkeit"). Soweit im Verantwortlichkeitsbereich des Ressortchefs Gesetzesverstöße auftreten, trifft diesen sodann unmittelbar eine Pflichtverletzung.[63]

27 Besteht eine wirksame Geschäftsverteilung, so liegt bei den übrigen Vorstandsmitgliedern im Falle einer Gesetzes- oder Satzungsverletzung eine Pflichtverletzung nur dann vor, wenn sie der noch bei ihnen verbliebenen **Überwachungspflicht** nicht nachgekommen sind.[64] Seiner Überwachungspflicht kommt das nicht zuständige Vorstandsmitglied regelmäßig durch die Prüfung nach, ob der Vorstandskollege weiterhin die Fähigkeit besitzt, den Pflichten in seinem Zuständigkeitsbereich nachzukommen und ob das zuständige Vorstandsmitglied auch tatsächlich seine Aufgaben erfüllt. Hierzu genügt die Erörterung der wesentlichen Fragen im Gesamtvorstand, verbunden mit der regelmäßigen Nachfrage, ob eine Einschaltung des Gesamtvorstandes erforderlich ist.[65] Das Vorstandsmitglied ist berechtigt, sich Auskünfte und Unterlagen aus den anderen Ressorts direkt von Mitarbeitern der Gesellschaft geben zu lassen[66]

---

55 Vgl zum Rückgewähranspruch BGH NJW 1992, 2821; KölnKomm-AktG/*Mertens/Cahn*, Rn 76; Hölters/*Solveen*, § 57 Rn 10; *Poelzig*, WM 2008, 1009, 1012; *Ehmann*, ZIP 2008, 584, 588.

56 Vgl dazu Bayer/Hoffmann/Sawada, ZIP 2012, 897, 900; zurückhaltender aber *Poelzig*, WM 2008, 1009, 1015.

57 Vgl BGH NJW 1982, 1703, 1705; BGH NZG 2013, 293 Rn 16; *Hüffer*, Rn 21 u. § 179, Rn 9 jew mwN.

58 OLG Köln AG 2009, 416, 418.

59 BGH NJW 1982, 1703, 1706 – Holzmüller.

60 Vgl oben Rn 17 f.

61 Vgl *Nietsch*, ZIP 2013, 1449, 1451.

62 Zu den Voraussetzungen ordnungsgemäßer Geschäftsverteilung vgl Heidel/*Oltmanns*, § 77 Rn 7 ff; Großkomm-AktienR/*Hopt*, Rn 107; *Fleischer*, NZG 2003, 449, 453; *Froesch*, DB 2009, 722.

63 Vgl oben Rn 24.

64 BGH NJW 2013, 293 Rn 22; OLG Hamburg NZG 2000, 1083, 1085 f; OLG Hamm ZWH 2013, 78, 80; *Fleischer*, NZG 2003, 449, 453 f.

65 BGH NJW 1997, 130, 132 (GmbH); OLG Köln NZG 2001, 135, 136; Großkomm-AktienR/*Hopt*, Rn 62; KölnKomm-AktG/*Mertens/Cahn*, Rn 92 und § 77, Rn 25 f; oben § 77 Rn 9; *Lang/Balzer*, WM 2012, 1167, 1170 f.

66 OLG Koblenz NZG 2008, 397, 398 (GmbH).

Soweit der Vorstand Aufgaben auf nachgeordnete Mitarbeiter delegieren darf (**vertikale Delegation**),[67] muss er im Rahmen seiner Organisations- und Treuepflichten sicherstellen, dass die beauftragte Person auch tatsächlich in der Lage ist, die Aufgabe zu erfüllen und diese auch tatsächlich erfüllt.[68]
Die **Intensität** der Überwachung und Kontrolle hat sich am Maß des Risikos auszurichten, die Ausübung muss effektiv sein.[69] Erkennt das nicht zuständige Vorstandsmitglied rechtswidriges Verhalten, so muss es widersprechen (**Widerspruchspflicht**); erkennt es, dass öffentlich- oder aktienrechtliche Pflichten nicht erfüllt werden, so muss es für deren Wahrnehmung sorgen (**Erfüllungspflicht**);[70] ggf trifft ihn die Verpflichtung zur Unterrichtung des Aufsichtsrats.[71]

II. Treuepflicht. Als treuhänderischem Verwalter des ihm anvertrauten Unternehmens obliegt dem Vorstand eine besondere organschaftliche Treuepflicht.[72] Die Treuepflicht entsteht mit Annahme der Bestellung und erfährt eine **gesetzliche Ausprägung** beispielsweise im Wettbewerbsverbot (§ 88 – Nr. 4.3.1 DCKG)[73] und der Verschwiegenheitspflicht (§ 93 Abs. 1 S. 2).

1. Inhalt der Treuepflicht. a) Loyalitätspflicht. Aus der Treuepflicht folgt zunächst die absolute Loyalitätspflicht, dh die Interessen des Unternehmens haben bei jeder Tätigkeit des Vorstands im Vordergrund zu stehen; aufgrund der Treuepflicht ist der Vorstand verpflichtet, den vollen Einsatz seiner Person zu geben (Nr. 4.3.3 DCKG).[74] Er hat sich mit allen Kräften den Interessen der Gesellschaft zu widmen und seine berufliche Arbeitskraft und seine Fähigkeiten, Kenntnisse und Erfahrungen vorbehaltlos in den Dienst der Gesellschaft zu stellen; diese Pflicht ist unabdingbar.[75] Erfordert eine Situation den außergewöhnlichen Einsatz eines Vorstandsmitgliedes, so muss dieser vom Vorstand geleistet werden, auch wenn nach den Buchstaben des Anstellungsvertrages er zu diesem Einsatz nicht verpflichtet ist. Dazu kann auch der Verzicht auf ein **unangemessenes Gehalt** gehören, vgl § 87.[76] In gleicher Weise kann es treuwidrig sein, wenn ein Vorstandsmitglied einen Urlaub antritt oder diesen nicht unterbricht, wenn es die Belange der Gesellschaft erfordern.[77] Nebentätigkeiten, insbesondere Aufsichtsratsmandate außerhalb des Unternehmens sollte er daher nur mit Zustimmung des Aufsichtsrates übernehmen,[78] wobei die Zustimmung nach § 88 nur wirksam ist, soweit die Nebentätigkeit nicht die Pflichterfüllung des Vorstands bei der AG beeinträchtigt.[79]
Die Treuepflicht gebietet es dem Vorstand, sämtliche Entscheidungen ausschließlich am Wohl der Gesellschaft auszurichten und nicht die Gesellschaft zum Vorteil von Dritten zu schädigen. Er hat seine Arbeitskraft dafür einzusetzen, die Profitabilität und den Wert des Unternehmens zu steigern und zugleich die Reputation des Unternehmens gegenüber der Belegschaft, den Kunden, den Lieferanten und der Öffentlichkeit zu wahren.[80] Er hat sämtliche Maßnahmen zu unterlassen, die mit dem Gesellschaftszweck unvereinbar sind oder die Gesellschaft schädigen könnten; herabsetzende Äußerungen über die Gesellschaft und ihre Organe hat er zu unterlassen.[81] Interessenkonflikte hat er zu vermeiden, weshalb ein Vorstandsmitglied nicht zugleich die Vermögensverwaltung für einen maßgeblich beteiligten Aktionär führen darf.[82] Eine gesetzliche Ausprägung dieses Grundsatzes enthält das Wettbewerbsverbot in § 88.

b) Verbot eigennütziger Ausnutzung der Organstellung. Die Interessen der Gesellschaft haben aufgrund der Treuepflicht Vorrang vor den persönlichen Interessen eines Vorstandsmitglieds. Dieses darf nicht zum eigenen Vorteil handeln, sondern muss nur das Wohl der Gesellschaft im Auge haben, nicht aber eigene Vorteile oder Vorteile Dritter.[83]
Aus der Treuepflicht folgt u.a. das **Verbot der Nutzung von Geschäftschancen der Gesellschaft**, dh dass das Vorstandsmitglied Kenntnis von in den Geschäftskreis der Gesellschaft fallenden Geschäftschancen, auch

---

67 Vgl hierzu KölnKomm-AktG/*Mertens/Cahn*, § 76 Rn 60, § 77 Rn 22; *Fleischer*, AG 2003, 291, 292.
68 BGH WM 1980, 1190; BGH NJW 1997, 130, 131 f. (GmbH); KölnKomm-AktG/*Mertens/Cahn*, § 77 Rn 25; MüKo-AktG/*Spindler*, Rn 82; Hölters/*Hölters*, Rn 81.
69 *Fleischer*, AG 2003, 291, 294; *Goette*, ZHR 175 (2011), 388, 395 f, 399 f.
70 OLG Koblenz NZG 1998, 953, 954 (GmbH); OLG Hamburg NZG 2000, 1083, 1086; OLG Köln NZG 2000, 89, 92; 2001, 135, 136.
71 Zur Aufsichtspflicht bei Geschäftsverteilung vgl KölnKomm-AktG/*Mertens/Cahn*, Rn 92 und § 77 Rn 26 ff.
72 BGH NJW 1954, 906; 1956, 956; Großkomm-AktienR/*Hopt*, Rn 144; KölnKomm-AktG/*Mertens/Cahn*, § 77 Rn 95; MüKo-AktG/*Spindler*, Rn 92 ff; Hölters/*Hölters*, Rn 114; *Fleischer*, in: Fleischer, Hdb VorstandsR, § 9.
73 Vgl hierzu Großkomm-AktienR/*Hopt*, Rn 164 f.; *Fleischer*, AG 2005, 336, 341.
74 Großkomm-AktienR/*Hopt*, Rn 145; KölnKomm-AktG/*Mertens/Cahn*, Rn 96 f.

75 KölnKomm-AktG/*Mertens/Cahn*, Rn 97.
76 *Reichert/Ulrich*, FS Schneider, 2011, S. 1017; vgl auch OLG Köln NZG 2008, 637 (GmbH); oben § 87 Rn 6; anders aber Großkomm-AktienR/*Hopt*, im Hinblick auf das Sonderkündigungsrecht des Vorstands bei Herabsetzung seiner Bezüge; einschränkend auch *Brandes*, ZIP 2013, 1107, 1109 .
77 KölnKomm-AktG/*Mertens/Cahn*, Rn 96; Spindler/Stilz/*Fleischer*, Rn 128; Hölters/*Hölters*, Rn 115; *Fleischer*, NJW 2006, 3239, 3240 f..
78 KölnKomm-AktG/*Mertens/Cahn*, Rn 97.
79 KölnKomm-AktG/*Mertens/Cahn*, Rn 97.
80 *Hüffer*, § 76 Rn 12 ff.
81 KölnKomm-AktG/*Mertens/Cahn*, Rn 98; MüKo-AktG/*Spindler*, Rn 93.
82 KölnKomm-AktG/*Mertens/Cahn*, Rn 97; Spindler/Stilz/*Fleischer*, Rn 128.
83 BGH WM 1985, 1443 (GmbH); Großkomm-AktienR/*Hopt*, Rn 176; KölnKomm-AktG/*Mertens/Cahn*, Rn 100 f; *Fleischer*, AG 2005, 336, 337.

wenn sie ihm persönlich angeboten werden, nicht für sich selbst nutzen darf (Nr. 4.3.3 DCKG).[84] Nach der sog. Geschäftschancenlehre darf der Vorstand zunächst für sich selbst keinerlei Geschäfte tätigen, die im Bereich des tatsächlich wahrgenommenen Unternehmensgegenstandes der Gesellschaft oder mit ihr verbundener Gesellschaften liegen. Außerhalb des Unternehmensgegenstandes ist dem Vorstand die Durchführung des Rechtsgeschäftes verboten, wenn die Gesellschaft vernünftigerweise ein eigenes Interesse an der Durchführung des Geschäftes hätte.[85] Darauf, ob die Gesellschaft im konkreten Fall tatsächlich das Geschäft durchgeführt hätte, kommt es nur für den Schaden, nicht aber für die Pflichtverletzung an.[86] Vor Durchführung eines derartigen Geschäftes ist das Vorstandsmitglied verpflichtet, eine entsprechende Genehmigung des Aufsichtsrates entsprechend § 88 Abs. 1 einzuholen.[87]

36 Vorstandsmitgliedern ist es ferner untersagt, ihre Stellung dazu einzusetzen, **um persönliche Vorteile zulasten der Gesellschaft** zu erlangen.[88] Dies ist u.a. gegeben, wenn der Vorstand zum Nachteil der Gesellschaft familieneigene Zulieferbetriebe begünstigt[89] oder sich für zurückliegende Leistungen ohne jede vertragliche Grundlage exorbitante „Anerkennungsprämien" zahlen lässt.[90] Die Zulässigkeit der Überwälzung von Rechtsverteidigungskosten hängt davon ab, ob der Vorstand sich gegen eine unberechtigte Verfolgung zur Wehr setzt.[91] Alle Geschäfte zwischen dem Unternehmen einerseits und den Vorstandsmitgliedern sowie ihnen nahestehenden Personen oder ihnen persönlich nahestehenden Unternehmungen andererseits haben branchenüblichen Standards zu entsprechen.[92] Wesentliche Geschäfte sind mit dem Aufsichtsrat abzustimmen (Nr. 4.3.4 DCKG). Selbstverständlich ist dem Vorstand die Annahme von Schmiergeldern oder Provisionen – unabhängig von ihrer Höhe – bereits nach §§ 299, 266 StGB untersagt (Nr. 4.3.2 DCKG – etwa entgegengenommene Vorteile sind an die AG herauszugeben).[93]

37 In gleicher Weise ist es dem Vorstand untersagt, **Sach-, Nutzungs-, oder Leistungszuwendungen** der Gesellschaft für **persönliche Zwecke** unentgeltlich in Anspruch zu nehmen oder gar zu veranlassen, dass die Gesellschaft auf einen ihr zustehenden Vergütungsanspruch verzichtet.[94] Die von der Rechtsprechung entwickelten Grundsätze zum geldwerten Vorteil[95] können dabei als Maßstab für die Treuepflicht herangezogen werden. Soweit ein Vorstandsmitglied – ohne ausdrückliche Ermächtigung durch den Aufsichtsrat (vgl § 87) – von der Gesellschaft geldwerte Vorteile erhält, hat es aufgrund seiner organschaftlichen Treuepflicht dafür zu sorgen, dass die Gesellschaft hierfür eine angemessene Gegenleistung erhält.[96] Dabei kommt es auf die subjektive Vorstellung des Vorstandsmitglieds nicht an. Entscheidend ist, ob ein objektiver Betrachter aus der Sicht des Empfängers beim Vorstandsmitglied einen – vom Aufsichtsrat nicht genehmigten – vermögenswerten Vorteil als Gegenleistung für die Tätigkeit des Vorstands bejahen würde.[97]

38 Soweit Zweifel bestehen, ob die Inanspruchnahme betrieblicher Mittel oder Leistungen bzw Aufwendungen des Unternehmens durch das Vorstandsmitglied unentgeltlich entgegengenommen werden dürfen, ist der Vorstand verpflichtet, diese Frage mit dem Aufsichtsrat (vgl § 87) abzuklären bzw sich die Aufwendungen genehmigen zu lassen.[98] Ohne ausdrückliche Genehmigung des Aufsichtsrates ist der Vorstand zB nicht berechtigt, Firmenflugzeuge für Privatzwecke (Besuch des Opernballs in Wien) zu nutzen; dies gilt selbst dann, wenn an der Reise auch hohe Regierungsbeamte oder Aufsichtsratsmitglieder teilnehmen und man diesen „zur Pflege der politischen Landschaft" einen Gefallen tun will. Es gehört ohnehin zu den ureigenen Aufgaben eines Regierungsmitglieds, im Hinblick auf die wirtschaftlichen Interessen eines Privatunternehmens Neutralität zu wahren; bei Aufsichtsratsmitgliedern ergibt sich die Verpflichtung der Wahrung der Interessen des Unternehmens aus ihrer Organstellung.[99]

---

84 Großkomm-AktienR/*Hopt*, Rn 166 ff; KölnKomm-AktG/*Mertens/Cahn*, Rn 105 ff; MüKo-AktG/*Spindler*, Rn 92; Spindler/Stilz/*Fleischer*, Rn 136 ff; Hölters/*Hölters*, Rn 126; *Fleischer*, in: Fleischer, Hdb VorstandsR § 9 Rn 23 ff; *Fleischer*, AG 2005, 336, 337.
85 BGH WM 1977, 194; 1985, 1443, 1444 (jeweils GmbH), dagegen aber Großkomm-AktienR/*Hopt*, Rn 169; vgl auch KölnKomm-AktG/*Mertens/Cahn*, Rn 105.
86 BGH WM 1985, 1443, 1444 (GmbH); Großkomm-AktienR/*Hopt*, Rn 171.
87 KölnKomm-AktG/*Mertens/Cahn*, Rn 105; Spindler/Stilz/*Fleischer*, Rn 149; *Fleischer*, in: Fleischer, Hdb VorstandsR, § 9 Rn 37; oben § 88 Rn 6.
88 KG AG 2005, 737; Großkomm-AktienR/*Hopt*, Rn 176; Spindler/Stilz/*Fleischer*, Rn 153.
89 KölnKomm-AktG/*Mertens/Cahn*, Rn 100.
90 BGH NJW 2006, 522 Rn 16 ff – Mannesmann; dazu *Spindler*, ZIP 2006, 349; vgl auch BGH NJW 1987, 1195; Großkomm-AktienR/*Hopt*, Rn 160; KölnKomm-AktG/*Mertens/Cahn*, Rn 100.
91 Vgl *Schick*, ZWH 2012, 433, 436; *Lackhoff/Habbe*, NZG 2012, 616.
92 Großkomm-AktienR/*Hopt*, Rn 159; Hölters/*Hölters*, Rn 123.
93 BGH NJW 2001, 2476, 2477; KölnKomm-AktG/*Mertens/Cahn*, Rn 111; MüKo-AktG/*Spindler*, Rn 94; Spindler/Stilz/*Fleischer*, Rn 155; Hölters/*Hölters*, Rn 130; *Fleischer*, in: Fleischer, Hdb VorstandsR, § 9 Rn 41.
94 BGH wistra 1999, 418; OLG Naumburg NZG 1999, 353, 354; Hölters/*Hölters*, Rn 118 ff.
95 Vgl *Krüger*, in: Schmidt, EStG, 31. Aufl., 2012, § 8 Rn 31 ff.
96 BGH NJW-RR 1995, 669, 671; OLG Düsseldorf, GmbHR 1995, 227; Großkomm-AktienR/*Hopt*, Rn 182; KölnKomm-AktG/*Mertens/Cahn*, Rn 101 ff; *Fleischer*, in: Fleischer/ Hdb VorstandsR, § 9 Rn 41.
97 Vgl *Krüger*, in: Schmidt, EStG, 31. Aufl., 2012, § 8 Rn 13.
98 Vgl KölnKomm-AktG/*Mertens/Cahn*, Rn 111.
99 Vgl BGH NJW 2002, 1585, 1587; zum Zurückhaltungsgebot im politischen Bereich vgl KölnKomm-AktG/*Mertens*, § 76 Rn 38 ff.

c) **Das Gebot zur Rücksichtnahme auf das Gesellschaftsinteresse bei eigener Interessenverfolgung.** Der Umstand, dass dem Vorstand die Wahrung und Verwaltung fremden Vermögens anvertraut wurde, verbietet diesem, bei der Verfolgung eigener Interessen gegenüber der Gesellschaft das Unternehmenswohl außer Acht zu lassen und eigensüchtig ausschließlich auf seinen eigenen Vorteil bedacht zu sein. Bei der Verfolgung eigener wirtschaftlicher Belange hat vielmehr ein angemessener Interessenausgleich zu erfolgen, wobei insbesondere von Bedeutung ist, dass der Vorstand regelmäßig gegenüber dem Aufsichtsrat (vgl § 112) einen Informationsvorsprung hat. Insofern handelt ein Vorstandsmitglied pflichtwidrig, wenn es – beispielsweise durch unvollständige Information – auf Entschließungen des Aufsichtsrats Einfluss nimmt, um eine **Vergütung** zu erlangen, die unter Berücksichtigung der Verhältnisse der Gesellschaft zu den objektiven Leistungen des Vorstands in einem klaren Missverhältnis steht[100] oder bei der es sich um eine doppelte Vergütungsleistung für die gleiche Aufgabe handelt.[101] Insoweit hat der Vorstand auch bei Verhandlungen über eine Verlängerung seines Anstellungsvertrages oder bei einer rückwirkenden Änderung seiner Vergütung eine Vermögensfürsorgepflicht gegenüber der Gesellschaft iSd § 266 StGB.[102] 39

Im Rahmen seiner **Compliance-Pflicht** hat der Vorstand auch für die Einhaltung von § 87 zu sorgen. Bei Aktienoptionsplänen muss daher der Vorstand den Aufsichtsrat umfassend und richtig nicht nur darüber informieren, welche Vergütung der Vorstand bei planmäßigem Geschäftsverlauf und/oder Kursentwicklung der Aktie des Unternehmens erwarten kann. Der Vorstand muss anhand von Beispielsrechnungen dem Aufsichtsrat auch verdeutlichen, welcher Vermögensvorteil dem Vorstand nach dem Aktien-Optionsplan zu zahlen ist, wenn die Unternehmensentwicklung außergewöhnlich positiv ist und welche Vergütungen nach dem Aktienoptionsplan ggf zu zahlen sind, wenn die Entwicklung des Unternehmens selbst zwar negativ war, aufgrund eines guten Börsenumfeldes aber gleichwohl die Aktie eine – vom Vorstand nicht beeinflusste – Kurserholung erfährt.[103] 40

Beim **Management-Buy-out** sind die beteiligten Vorstandsmitglieder verpflichtet, alle Tatsachen aufzudecken, die zur Ermittlung des Unternehmenswertes erforderlich sind.[104] 41

Das Gebot der Rücksichtnahme auf das Gesellschaftsinteresse verbietet es dem Vorstand daher auch bei der Aufstellung des Jahresabschlusses, etwaige Bilanzierungs- oder Bewertungswahlrechte ausschließlich im Hinblick auf die sich aus der Bilanzierung ergebenden **Tantiemeansprüche** auszuüben: Die Treuepflicht erfordert, dass sich der Vorstand bei der Erstellung des Jahresabschlusses ausschließlich an den Interessen der Gesellschaft – nicht zuletzt auch an deren Interessen zur Steuereinsparung – orientiert. 42

Schließlich gilt das Verbot von **Insider-Geschäften** (§ 14 WpHG).[105] 43

d) **Die Pflicht zur Offenheit und zur Ermöglichung angemessener Kontrolle.** Aus der Treuepflicht folgt auch die Verpflichtung zur unbedingten Offenheit gegenüber den Vorstandskollegen und dem Aufsichtsrat, insbesondere Interessenkonflikte unverzüglich offenzulegen (Nr. 4.3.4 DCKG).[106] Die Verpflichtung zur Offenheit beschränkt sich dabei nicht auf Angaben, die unter die Berichtspflicht nach § 90 fallen. 44

Die Vorstandsmitglieder müssen der Gesellschaft eine angemessene Kontrolle darüber ermöglichen, dass sie ihrer Treuepflicht genügen. Das erfordert eine entsprechende **Dokumentation von Entscheidungsvorgängen**,[107] die im Hinblick auf die Möglichkeit einer späteren Entlastung auch im Interesse des Vorstands selbst liegt.[108] Der Gesellschaft muss durch entsprechende Aufzeichnungen, Belege und Abrechnungen eine Kontrolle darüber ermöglicht werden, ob Aufwendungen, die ihr das Vorstandsmitglied in Rechnung stellt, dienstlich veranlasst und begründet waren.[109] 45

e) **Gebot des wirtschaftlichen Handelns; Risikominimierung.** Die Treuepflicht erfordert auch die Beachtung der Grundsätze der Wirtschaftlichkeit und Sparsamkeit.[110] Dies erfordert die Vermeidung unnötiger Ausgaben, die Wahrnehmung der Vermögensrechte der Gesellschaft und die Vermeidung unnötiger Risiken.[111] 46

---

100 Vgl BGHZ 20, 239, 246 = WM 1956, 631; Großkomm-AktienR/*Hopt*, Rn 160 f; KölnKomm-AktG/*Mertens/Cahn*, Rn 107 mwN.
101 Vgl BGH NJW 2006, 522 – Mannesmann.
102 BGH NJW 2006, 522 Rn 16 ff – Mannesmann; *Annuß/Theusinger*, BB 2009, 2434, 2440; vgl unten Anh § 93 Rn 8 ff.
103 KölnKomm-AktG/*Mertens/Cahn*, § 93 Rn 108.
104 Vgl iE Großkomm-AktienR/*Hopt*, Rn 163; MüKo-AktG/*Spindler*, Rn 95.
105 Unten Kapitel 12, § 14 WpHG; Großkomm-AktienR/*Hopt*, Rn 173 ff; KölnKomm/*Mertens/Cahn*, Rn 79; *Schulz/Kuhnke*, BB 2012, 143; zum Zusammenhang von Due-Dilligence-Prüfungen und Insiderhandelsverbot *Bank*, NZG 2012, 1337; zur Strafbarkeit von Insiderhandeln vgl OLG Düsseldorf AG 2005, 44 f.
106 BGH NJW 1956, 906, Großkomm-AktienR/*Hopt*, Rn 185; *Fleischer*, in: Fleischer, Hdb VorstandsR, § 9 Rn 12.
107 Vgl *Goette*, ZHR 175 (2011), 388, 397.
108 Vgl unten Rn 110 f.
109 OLG Karlsruhe GmbHR 1962, 135; Großkomm-AktienR/*Hopt*, Rn 185; KölnKomm-AktG/*Mertens/Cahn*, Rn 110.
110 Großkomm-AktienR/*Hopt*, Rn 111.
111 Zu den im Anlegerinteresse geregelten Anforderungen an das Risikomanagement in Kapitalanlagegesellschaften vgl *Kort*, AG 2013, 582 ff.

47 **aa) Kostenreduzierung.** Ausgaben, zu denen die Gesellschaft nicht verpflichtet ist, sind nur dann zu rechtfertigen, wenn sich aus ihnen für die Gesellschaft ein Vorteil ergibt, mag dieser auch nicht unmittelbar in Geld messbar sein. Nachträgliche Anerkennungsprämien für Vorstandsmitglieder oder Pensionäre ohne **zukunftsbezogenen Nutzen** für die Gesellschaft stellen deshalb eine treuepflichtwidrige Verschwendung des Gesellschaftsvermögens dar.[112] Beim sog. **Sponsoring** darf der Vorstand privaten Präferenzen keinen unangemessenen Raum geben,[113] sondern er hat insofern sorgsam zu wirtschaften und im Rahmen einer Gesamtschau die Nähe der gesponserten Veranstaltung zum Unternehmensgegenstand und die Angemessenheit der Ausgaben im Hinblick auf die Ertrags- und Vermögenslage der Gesellschaft zu würdigen.[114] Er hat auf jeden Fall für eine innerbetriebliche Transparenz dieser Ausgaben zu sorgen, um hierdurch eine Überprüfung zu ermöglichen, ob und inwieweit bei den Repräsentationsaufwendungen bzw bei Sponsoring sachwidrige Motive, nämlich die Verfolgung persönlicher Präferenzen, vorliegen.[115] Hinsichtlich des Spendenvolumens gilt das Gebot der Angemessenheit.[116]

48 Die gleichen Erwägungen gelten bei **Repräsentationsaufwendungen**. Auch diese sind ausschließlich nach dem objektiven Nutzen der Gesellschaft unter Berücksichtigung ihrer Größe und Ertragslage und dem Nutzen für eine Kundenbindung auszurichten. Aus der Treuepflicht folgt die Verpflichtung des Schutzes des Gesellschaftsvermögens vor Verschwendung.

49 **bb) Verfolgung von Ansprüchen.** Vorstandsmitglieder sind ferner dafür verantwortlich, dass Ansprüche der Gesellschaft, soweit dies wirtschaftlich sinnvoll erscheint, durchgesetzt werden, es sei denn, dass im Einzelfall vernünftige Gründe einen Verzicht rechtfertigen.[117] Dies gilt insb. auch für Ansprüche der Gesellschaft gegen Aufsichtsratsmitglieder oder Aktionäre. Diese sind durchzusetzen, sofern nicht überwiegende Interessen des Unternehmens dagegen sprechen.[118]

50 **cc) Vermeidung unnötiger Risiken.** Jedes unternehmerische Handeln ist zwangsläufig mit Risiken behaftet, schon deshalb kann die Eingehung von Risiken nicht grundsätzlich pflichtwidrig sein.[119] Erforderlich ist aber, dass die Risiken in einem vertretbaren Verhältnis zu den jeweiligen Chancen stehen.[120] Dies erfordert vom Vorstand eine gründliche Bewertung von Chancen und Risiken (Nr. 4.1.3 DCKG).

51 Die sachgerechte Bewertung von Risiken erfordert zunächst einmal deren Kenntnis. Deshalb haben die Vorstandsmitglieder nach der gesetzlichen Wertung des § 90 Abs. 1 Nr. 2–4 sich stets ein genaues Bild von der Lage der Gesellschaft, vom Gang der Geschäfte, der Rentabilität und von allen Geschäften zu machen, die für die Rentabilität oder Liquidität der Gesellschaft von erheblicher Bedeutung sein können. Dieses bedingt zunächst ein **ordnungsgemäßes und transparentes Rechnungswesen**. Der Vorstand muss für eine Organisation sorgen, die ihm stets Übersicht über die wirtschaftliche und finanzielle Situation der AG und des Konzerns[121] jederzeit ermöglicht; hierzu gehört insbesondere auch die Einrichtung eines funktionierenden „**Frühwarnsystems**" (§ 91 Abs. 2).[122] Das einzelne Vorstandsmitglied trägt dafür selbst dann die Verantwortung, wenn aufgrund einer internen Geschäftsaufteilung ein anderes Mitglied für den kaufmännischen Bereich zuständig ist und wesentliche Teile der Buchhaltungsarbeit nicht am Sitz der AG erledigt werden.[123]

52 Aus § 90 Abs. 1 S. 1 Nr. 1 folgt darüber hinaus die Pflicht des Vorstands, eine mittel- und langfristige **Unternehmensplanung** zu erstellen.[124] Aus der mittel- und langfristigen Unternehmensplanung sind Jahrespläne (Investitions-, Finanz-, Absatz- und Personalplanung) zu entwickeln, wobei der Vorstand an die Grundsätze ordnungsgemäßer Unternehmensplanung gebunden ist.[125]

---

112 BGH NJW 2006, 522 Rn 16 ff – Mannesmann.
113 Oben § 76 Rn 8; KölnKomm-AktG/*Mertens/Cahn*, § 76 Rn 33.
114 Großkomm-AktienR/*Hopt*, Rn 120; KölnKomm-AktG/*Mertens/Cahn*, § 76 Rn 36 f.; *Fleischer*, AG 2001, 171, 175 ff.
115 BGH NJW 2002, 1585; KölnKomm-AktG/*Mertens/Cahn*, Rn 110; *Hüffer*, § 76 Rn 14.
116 BGH NJW 2002, 1585, 1586 f.; *Phillip*, AG 2000, 62, 65 (steuerliche Abzugsfähigkeit als Grenze); dagegen zu Recht aber *Fleischer*, AG 2001, 171, 178; *Laub*, AG 2002, 308, 310; *Säcker*, BB 2009, 282, 284 (5 % des ausgeschütteten Gewinns unproblematisch).
117 OLG Köln AG 2013, 570, 571; Großkomm-AktienR/*Hopt*, Rn 112; KölnKomm-AktG/*Mertens/Cahn*, Rn 89; Hölters/*Hölters*, Rn 165.
118 BGH NJW 1997, 1926, 1928 – ARAG/Garmenbeck – für Aufsichtsrat; Hölters/*Hölters*, Rn 166.
119 BGH NJW 1977, 2311, 2312; Hölters/*Hölters*, Rn 154.
120 KölnKomm-AktG/*Mertens/Cahn*, Rn 86,.
121 Vgl zur Konzernleitung und Leitungssorgfalt der Vorstandsmitglieder im Unternehmensverbund *Fleischer*, DB 2005, S. 759 f;

vgl ferner LG Berlin BKR 2002, 969, 970, dazu *Preußner/Zimmermann*, AG 2002, 657 sowie *S. Schneider/U. Schneider*, AG 2005, 57 ff.
122 BGH NJW-RR 1995, 669, 670 (GmbH); einschränkend OLG Celle WM 2008, 1745, 1746, wonach keine Verpflichtung zur Einführung und Praktizierung eines umfassenden Risikomanagementsystems bestehe; *Spindler*, in: Fleischer, Hdb VorstandsR, § 19 Rn 5.
123 BGH NJW-RR 1995, 669, 670 (GmbH); Großkomm-AktienR/*Hopt*, Rn 107.
124 Ob der Vorstand auch verpflichtet ist, eine kurzfristige Unternehmensplanung zu erstellen, erscheint zweifelhaft, weil die Kurzfristplanung mehr zum laufenden Geschäft gehört, das durchweg nicht in den Bereich der Leitung fällt (vgl KölnKomm-AktG/*Mertens/Cahn*, § 76 Rn 5 aE mwN). Eine kurzfristige Budgetplanung kann allerdings im Rahmen des § 91 Abs. 2 zu den Pflichten des Vorstands gehören, vgl *Fleischer*, in: Fleischer, Hdb VorstandsR, § 7 Rn 38.
125 Großkomm-AktienR/*Hopt*, Rn 107; KölnKomm-AktG/*Mertens/Cahn*, § 76 Rn 83.

Für die **Bewertung von Risiken** kommt es auf zwei Faktoren an: Zum einen ist dies die Wahrscheinlichkeit, mit der sich das Risiko verwirklicht, der also zunächst nur drohende Schaden also tatsächlich eintritt. Zum anderen ist auf die Höhe des drohenden Schadens abzustellen. Risiken, deren Eintritt nicht völlig unwahrscheinlich ist, dürfen nicht eingegangen werden, wenn sie unverhältnismäßig sind oder bei negativem Ausgang im Verhältnis zu den möglichen Vorteilen zu einem unangemessen hohen Nachteil führen oder gar die Existenz des Unternehmens bedrohen.[126]

Soweit **Vorgänge von erheblichem wirtschaftlichem Gewicht** zu entscheiden sind, muss der Vorstand ggf selbst die Einzelposten einer Endkalkulation überprüfen; er kann sich insoweit nicht auf die Vorarbeiten des Leiters der kaufmännischen Abteilung[127] oder auf Ratingagenturen verlassen. Devisengeschäfte machen – insbesondere bei Anhaltspunkten für Unregelmäßigkeiten – eine sorgfältige Kontrolle erforderlich.[128] Der Vorstand darf nicht leichtfertig, sondern muss gewissenhaft handeln und sich stets um eine Minimierung des Risikos bemühen. Insoweit kann er nicht an einen ihm nicht bekannten oder nach außen hin wenig vertrauenerweckenden Geschäftsbetrieb Ware auf Kredit geben, sondern muss möglicherweise lediglich ein Zug um Zug-Geschäft abschließen, sich ausreichende Sicherheiten geben oder die Verhältnisse und geschäftlichen Möglichkeiten der Firma überprüfen lassen.[129] Kredite sind nur gegen übliche Sicherheiten[130] zu gewähren; dies gilt auch bei Zahlungen an die Muttergesellschaft im Rahmen von Cash-Management-Systemen.[131] In diesem Fall hat der Vorstand laufend etwaige Änderungen des Kreditrisikos zu überwachen und ein entsprechendes Informationssystem aufzubauen.[132] Unangemessene Risiken sind zu vermeiden.[133]

Aus der Pflicht zur Risikominimierung wird wohl überwiegend geschlossen, dass es dem Vorstand verboten sei, **existenzvernichtende Risiken** einzugehen.[134] Das ist so aber nicht richtig, denn sonst müsste jede Insolvenz eine Organhaftung nach sich ziehen, weil sich hierin ja ein existenzvernichtendes Risiko realisiert hat.[135] Für die maßgebliche ex ante-Betrachtung kommt es aber eben nicht nur darauf an, welches Risiko der Gesellschaft droht, sondern auch wie hoch die **Eintrittswahrscheinlichkeit** ist:[136] Je unwahrscheinlicher die Realisierung des Risikos ist, desto größer darf der drohende Verlust für diesen Fall sein, ohne dass eine Pflichtverletzung vorliegt.[137] Völlige Risikofreiheit ist mit unternehmerischem Handeln nicht vereinbar.

dd) **Versicherungsschutz.** Zur Minimierung des Risikos gehört es auch, für einen ausreichenden Versicherungsschutz im Hinblick auf das Eigentum und das Vermögen der Gesellschaft zu sorgen.[138]

ee) **Unternehmenskauf.** Beim Erwerb einer umfangreichen Beteiligung an einer anderen Gesellschaft sind die finanziellen und wirtschaftlichen Verhältnisse des Zielunternehmens genau zu prüfen (**Due Dilligence**),[139] darüber hinaus müssen, ggf unter Mithilfe von externen Beratern, die zukünftigen Marktchancen und die Rentabilität des Zielunternehmens und die zu erwartende Belastungen für das erwerbende Unternehmen im Hinblick auf die finanziellen und managementmäßigen Anforderungen der Integration des Zielunternehmens abgewogen werden. Behauptete Synergieeffekte müssen quantifiziert und im Hinblick auf ihre tatsächliche Erreichbarkeit durch Entwicklung entsprechender Organisationspläne verifiziert werden. Im Einzelfall kann darüber hinaus die Einholung einer unabhängigen Stellungnahme zum Preis (**fairness opinion**) geboten sein.[140]

f) **Das Gebot der Neutralität.** Im Falle eines „feindlichen" Übernahmeangebotes unterliegt der Vorstand einer Neutralitätspflicht.[141] Er darf weder in die Aktionärsstruktur eingreifen noch die Chance der Aktionäre, das Angebot anzunehmen, vereiteln. Er ist jedoch berechtigt und verpflichtet, zu dem Übernahmeangebot Stellung zu nehmen[142] und im Rahmen des § 33 WpHG ggf nach einem konkurrierenden Angebot zu suchen.[143]

---

126 BGH NJW 1977, 2311, 2312; KölnKomm-AktG/*Mertens/Cahn*, Rn 86; einschränkend *Freund*, GmbHR 2011, 238, 243 Der Vorstand kann sich die Eingehung des Risikos durch die Hauptversammlung genehmigen lassen.
127 BGH WM 1971, 1548, 1549.
128 BGH AG 1980, 53, 56.
129 BGH WM 1981, 440, 441.
130 BGH NJW 1980, 1629, 1630; BGH NZG 2005, 562, 563 (Genossenschaft); Großkomm-AktienR/*Hopt*, Rn 113.
131 Vgl BGH NJW 2009, 3021; *Komo*, BB 2011, 2307.
132 BGH NJW 2009, 850 Rn 14 – MPS; BGH DStR 2012, 2451 Rn 6 (eV).
133 BGH NJW 1997, 1926, 1928 – ARAG/Garmenbeck.
134 KölnKomm-AktG/*Mertens/Cahn*, Rn 86 f.
135 Abl auch Großkomm-AktienR/*Hopt/Roth*, Rn 36; *Florstedt*, AG 2010, 315, 320 f.
136 Großkomm-AktienR/*Hopt/Roth*, Rn 36; Schmidt/Lutter/*Krieger/Sailer-Coceani*, Rn 13; Hölters/*Hölters*, Rn 154.
137 Ebenso *Redeke*, ZIP 2010, 159, 160, 162.
138 *Vetter*, AG 2000, 453, 454 f; *R. Koch*, ZGR 2006, 184, 190 ff; *Arnold/Aubel*, ZGR 2012, 113, 151 ff; zum Abschluss einer D&O-Versicherung vgl unten Rn 188 und *Fiedler*, ZWH 2013, 297, 302.
139 OLG Oldenburg NZG 2006, 434, 436 mwN (GmbH); LG München ZIP 2010, 2451, 2454; Hölters/*Hölters*, Rn 175 ff; *Mutschler/Mersman*, DB 2003, 79 ff.
140 *Fleischer*, ZIP 2011, 201, 206.
141 OLG Celle NZG 2006, 791; Großkomm-AktienR/*Hopt*, Rn 122 ff; MüKo-AktG/*Spindler*, Rn 87 f; Hölters/*Hölters*, Rn 183 ff.
142 Vgl iE unten Kapitel 14, § 33 WpÜG; KölnKomm-AktG/*Mertens/Cahn*, § 76 Rn 26; *Fuchs*, in: Fleischer, Hdb VorstandsR, § 20 Rn 93 ff; aus der Rspr BGH NZG 2008, 149.
143 Vgl unten Kapitel 14, § 27 WpÜG; *Fuchs*, in: Fleischer, Hdb VorstandsR, § 20 Rn 107 ff; *Winter/Harbarth*, ZIP 2002, 1, 3 ff; *Bürgers/Holzborn*, ZIP 2003, 2273 ff.

59 **g) Nachwirkende Treuepflicht.** Die Treuepflicht des Vorstandsmitglieds wirkt insoweit über seine Dienstzeit hinaus, als er nach seinem Ausscheiden die Ergebnisse aus seiner Vorstandstätigkeit nicht nachträglich beeinträchtigen darf.[144] Es ist einem ausgeschiedenen Vorstandsmitglied daher verboten, von der Gesellschaft abgeschlossene Verträge auf eigene Rechnung durchzuführen oder in sonstiger Weise zu beeinträchtigen oder zu vereiteln. Zwar hat ein ausgeschiedenes Vorstandsmitglied keine Pflicht mehr, die künftige Geschäftstätigkeit der Gesellschaft zu fördern oder ggf durch eigene geschäftliche Zurückhaltung wirtschaftliche Nachteile der Gesellschaft zu vermeiden.[145] Ohne besondere vertragliche Regelung besteht kein Wettbewerbsverbot mehr.[146] Das Vorstandsmitglied darf nach seinem Ausscheiden aber nicht Geschäftschancen der Gesellschaft ausbeuten oder zunichte machen, die einem Mitbewerber praktisch nicht zur Verfügung stehen und auf die das Vorstandsmitglied aufgrund seines früheren Amtes Zugriff hat.[147]

60 **2. Pflichtverletzung.** Jeder – noch so kleine – Verstoß gegen die Treuepflicht stellt eine **Pflichtverletzung** des Vorstands dar. Der Vorstand hat **keinerlei Ermessen, ob** er seinen Treuepflichten nachkommen will, hinsichtlich des „**Wie**" steht ihm dagegen ein **Auswahlermessen** zu, wenn es unterschiedliche, gleich geeignete Wege zur Wahrung der Treuepflicht gibt.

61 **Maßstab** für die Beurteilung der Frage, ob eine Verletzung der Treupflicht vorliegt, ist das **Wohl des Unternehmens**. Dies ist nach objektiven Maßstäben zu beurteilen und nicht aus der subjektiven Sicht des Vorstands. Gleichwohl führt dies nicht zu einer unangemessenen Erfolgshaftung für den Vorstand.[148] Für die Haftung kommt es nämlich nicht darauf an, ob das Vorstandsverhalten aus der Ex-post-Perspektive tatsächlich dem Unternehmenswohl gedient hat. Maßgeblich ist vielmehr die Ex-ante-Betrachtung: Eine Pflichtverletzung liegt dann nicht vor, wenn der Vorstand zum Zeitpunkt seines Handelns davon ausgegangen ist, dass sein Verhalten dem Unternehmenswohl dienen würde und diese Beurteilung auch nicht gegen die Sorgfalt eines ordentlichen Geschäftsleiters[149] verstieß. Mehr als sorgfältiges, am Wohl der Gesellschaft orientiertes Verhalten kann von niemandem verlangt werden. Es fehlt dann jedenfalls am Verschulden.[150] Der Vorstand verletzt seine Treuepflicht allerdings bereits dann, wenn er es zulässt, dass im Hinblick auf bestimmte von ihm zu verantwortende Entscheidungen aus der Sicht des Unternehmens irgendwelche berechtigten Zweifel an seiner Loyalität und Sparsamkeit laut werden können und er im Hinblick auf diese möglichen Zweifel die – mit einem potenziellen Interessenkonflikt versehene – Entscheidung nicht mit dem Gesamtvorstand oder dem Aufsichtsrat abgestimmt hat.

62 **III. Verschwiegenheitspflicht. 1. Begriff, Grundlagen.** § 93 Abs. 1 S. 2 normiert als besonderen Verhaltensstandard die **Verschwiegenheitspflicht**, die sich ohnehin bereits aus der Treue- und Loyalitätspflicht des Vorstands herleitet.[151] Die Regelung des § 93 Abs. 1 S. 2 ist abschließend und kann weder durch Satzung noch Geschäftsordnung erweitert oder eingeschränkt werden.[152] Bei börsennotierten Gesellschaften stellt die vorsätzliche Verletzung der Verschwiegenheitspflicht eine Straftat dar (§ 404).[153]

63 **Vertrauliche Angaben** sind dabei alle Informationen, die der Vorstand in dieser Eigenschaft erlangt hat und welche nicht allgemein zugänglich sind. Ob und inwieweit diese Informationen vertraulichen Charakter haben, richtet sich nicht danach, ob der Informant die Informationen als vertraulich bezeichnet hat, sondern alleine danach, inwieweit die Weitergabe der Informationen die Interessen der AG nachteilig beeinflussen kann.[154] Unter die Vertraulichkeitspflicht fallen insbesondere Meinungsäußerungen und Stimmabgaben in Organsitzungen[155] wie auch Personalangelegenheiten, Geschäftszahlen, soweit sie nicht in die Quartals- oder Jahresabschlüsse einfließen.

64 **Geheimnisse der Gesellschaft** sind Tatsachen, die nicht offenkundig sind und nach dem geäußerten oder aus dem Gesellschaftsinteresse abgeleiteten mutmaßlichen Willen auch nicht offenkundig werden sollen. Zu den Geschäftsgeheimnissen gehört daher insbesondere der Kundenstamm, Finanzpläne, wesentliche Personalentscheidungen, Herstellungs- und Produktionsverfahren etc.[156]

65 Die Verpflichtung zur Vertraulichkeit trifft alle Vorstandsmitglieder, dh auch stellvertretende, gerichtlich bestellte oder vom Aufsichtsrat entsandte Vorstandsmitglieder. Die Vertraulichkeitsverpflichtung besteht

---

144 BGH WM 1977, 197 = GmbHR 1977, 43 f; Spindler/Stilz/*Fleischer*, Rn 158.
145 BGH NJW 1986, 585, 586; Großkomm-AktienR/*Hopt*, Rn 184.
146 *Fleischer*, in: Fleischer, Hdb VorstandsR, § 9 Rn 47.
147 BGH 1977, 247; 1986, 585, 586 (jeweils GmbH); Großkomm-AktienR/*Hopt*, Rn 184; KölnKomm-AktG/*Mertens/Cahn*, Rn 112.
148 Vgl auch *Redeke*, ZIP 2010, 159, 163.
149 Vgl dazu unten Rn 73 ff.
150 Vgl auch *Binder*, AG 2012, 885, 888.
151 Großkomm-AktienR/*Hopt*, Rn 187; MüKo-AktG/*Spindler*, Rn 96; Hölters/*Hölters*, Rn 133.
152 BGH NJW 1975, 1412; Großkomm-AktienR/*Hopt*, Rn 199; MüKo-AktG/*Spindler*, Rn 97, 125; Schmidt/Lutter/*Krieger/Sailer-Coceani*, Rn 17.
153 Vgl unten § 404; MüKo-AktG/*Spindler*, Rn 98.
154 Großkomm-AktienR/*Hopt*, Rn 190 f.; MüKo-AktG/*Spindler*, Rn 100.
155 BGH NJW 1975, 1412, 1413; Spindler/Stilz/*Fleischer*, Rn 164; Hölters/*Hölters*, Rn 136.
156 Großkomm-AktienR/*Hopt*, Rn 191 ff.

grundsätzlich gegenüber jedermann, insbesondere auch dem Großaktionär[157], den finanzierenden Banken, dem Betriebsrat und dem Wirtschaftsausschuss gegenüber.[158] Eine Verletzung der Vertraulichkeit ggü einzelnen Aktionären begründet keinen „Gleichbehandlungsanspruch" eines anderen Aktionärs.[159] Die Verschwiegenheitspflicht besteht auch nach Ausscheiden aus dem Amt fort.[160]

Die Verschwiegenheitspflicht besteht nicht innerhalb des Vorstands und nicht gegenüber dem Aufsichtsrat[161] und auch nicht gegenüber dem Abschlussprüfer im Umfang seines Informationsrechtes nach § 320 Abs. 2 HGB[162] sowie gem. § 93 Abs. 1 S. 2 auch nicht gegenüber einer nach § 342 b HGB anerkannten Prüfstelle. Gegenüber der Hauptversammlung ist die Verschwiegenheitspflicht idR nur eingeschränkt,[163] es sei denn, die Hauptversammlung entscheidet gem. § 119 Abs. 2.[164] Die Verschwiegenheitspflicht besteht des Weiteren nicht, wenn die Weitergabe der Information gerade im Interesse des Unternehmens liegt (zB bei der Einschaltung von Beratern); in diesem Fall sind die Dritten jedoch ihrerseits zur Vertraulichkeit zu verpflichten, soweit sie nicht ohnehin zur Berufsverschwiegenheit verpflichtet sind.[165] Soweit das Geheimnis nicht nur einen Geschäftsbereich allein betrifft, sondern das Geheimnis von entscheidender Bedeutung für die Gesellschaft ist, darf eine Offenbarung an Personen, die nicht ihrerseits der Schweigepflicht unterliegen, gewöhnlich nur nach einer entsprechenden Ermächtigung durch den Gesamtvorstand erfolgen.[166]

2. Bei Unternehmenskauf und Kapitalmaßnahmen. Eine besondere Brisanz hat die Verschwiegenheitspflicht bei der beabsichtigten Veräußerung von Unternehmensbeteiligungen bzw bei der Verschmelzung von Unternehmensteilen mit Unternehmen Dritter sowie geplanten Kapitalerhöhungen über die Börse. Der Kaufinteressent würde seine eigenen kaufmännischen Sorgfaltspflichten verletzen, wenn er die Unternehmensbeteiligung kaufen würde, ohne sich ein eigenes Bild über den Ertragswert zu machen und die finanziellen, steuerlichen und rechtlichen Risiken im Rahmen einer **Due Diligence** prüfen zu können.[167] Bei Kapitalerhöhungen über die Börse empfehlen sich Pre-Marketing Aktivitäten einschließlich des Pilot Fishing.[168] In beiden Fällen liegt die Erteilung von Informationen an den potenziellen Erwerber bzw institutionellen Investor im Interesse der Gesellschaft.[169] Zwischen dem Informationsinteresse des potenziellen Erwerbers einerseits und dem Schutzbereich des § 93 Abs. 1 S. 2 anderseits besteht daher eine Konfliktlage. Da jedoch die Durchführung der sog. **Due Dilligence** bei einer entsprechenden Verkaufsabsicht im Interesse der Gesellschaft liegt, ist der Vorstand in diesen Fällen zur Erteilung von Auskünften und Informationen berechtigt, solange er sicherstellt, dass diese auch beim potenziellen Erwerber vertraulich bleiben.[170] In der Praxis geschieht dies durch den Abschluss einer Vertraulichkeitsvereinbarung und durch die ausschließliche Gewährung einer Einsichtnahme des Kaufinteressenten in die vertraulichen Unterlagen in einem „data room", bei der ständig auch eine Person des Vertrauens des Veräußerers anwesend ist. Damit ist sichergestellt, dass der Erwerber im Falle des Scheiterns der Verhandlung von den ihm erteilten vertraulichen Informationen keine Kopien fertigen konnte.[171] Auf jeden Fall ist ein Vorstandsbeschluss empfehlenswert.[172]

3. Bei Vertragsanbahnung (c.i.c.). In Einzelfällen kann den Vorstand gegenüber einem Vertragspartner eine Offenbarungspflicht im Hinblick auf die finanzielle Situation des Unternehmens treffen, da er sich anderenfalls eine Haftung aus culpa in contrahendo aussetzen würde.[173]

4. Bei Eigeninteresse des Vorstands. Die Einhaltung der Verschwiegenheitspflicht kann in Ausnahmefällen unzumutbar sein; dies gilt insbesondere dann, wenn das Vorstandsmitglied Ansprüche gegen die Gesellschaft geltend macht (Wahrnehmung berechtigter Interessen). Grundsätzlich hat jedoch das Geheimhaltungsinteresse der Gesellschaft den Vorrang vor dem Eigeninteresse eines Vorstandsmitglieds.[174]

---

[157] Besonderheiten können im Konzernverhältnis gelten, vgl. dazu *Blank*, NZG 2013, 801, 803 ff; *Dittmar*, AG 2013, 498, 500 ff.
[158] Näheres bei KölnKomm-AktG/*Mertens/Cahn*, Rn 119; *Körber*, in: Fleischer, Hdb VorstandsR, § 10 Rn 15.
[159] BGH NZG 2008, 149.
[160] Großkomm-AktienR/*Hopt*, Rn 216; KölnKomm-AktG/*Mertens/Cahn*, Rn 120; MüKo-AktG/*Spindler*, Rn 115.
[161] BGH NJW 1956, 906; Großkomm-AktienR/*Hopt*, Rn 203; MüKo-AktG/*Spindler*, Rn 111; einschränkend KölnKomm-AktG/*Mertens/Cahn*, Rn 116 f.
[162] Großkomm-AktienR/*Hopt*, 207; MüKo-AktG/*Spindler*, Rn 111.
[163] BGH NJW 1992, 2760, 2763; 1997, 1985, 1986 f.
[164] LG München NJW-RR 1977, 544, 545.
[165] Großkomm-AktienR/*Hopt*, Rn 211.
[166] MüKo-AktG/*Spindler*, Rn 104, 124.
[167] OLG Oldenburg NZG 2007, 434, 436; dasselbe gilt für eine Bank, die eine weitreichende Finanzierung übernimmt, vgl dazu *Seibt*, ZIP 2013, 1597, 1603.
[168] Zur Problematik des Pilot Fishing vgl *Fleischer/Bedkowski*, DB 2009, 2195.
[169] *Hüffer*, Rn 8; *Körber*, in: Fleischer, Hdb, VorstandsR, § 10 Rn 23.
[170] Großkomm-AktienR/*Hopt*, Rn 213; MüKo-AktG/*Spindler*, Rn 120; Spindler/Stilz/*Fleischer*, Rn 170 f; Hölters/*Hölters*, Rn 183 ff; *Stoffels*, ZHR 165 (2001), 362, 373 ff; *Körber*, NZG 2002, 263, 269 f; *Hameling*, ZHR 169 (2005), 274, 291; *Mielke/Molz*, DB 2008, 1955, 1957.
[171] *Schiffer/Bruß*, BB 2012, 847, 850 f; *Zumbansen/Lachner*, BB 2006, 613, 617 ff.
[172] Vgl MüKo-AktG/*Spindler*, Rn 104; *Körber*, NZG 2002, 263, 268 (erforderlich); *Rodewald/Unger*, DB 2007, 1627, 1628.
[173] Vgl hierzu Rn 172.
[174] Großkomm-AktienR/*Hopt*, Rn 215; KölnKomm-AktG/*Mertens/Cahn*, Rn 122; Spindler/Stilz/*Fleischer*, Rn 168; *Körber*, in: Fleischer, Hdb VorstandsR, § 10 Rn 17.

71 **5. Kein Zeugnisverweigerungsrecht.** Im Strafprozess ergibt sich aus § 93 Abs. 1 S. 2 kein Zeugnisverweigerungsrecht.[175] Im Zivilprozess können amtierende Vorstandsmitglieder lediglich als Partei vernommen werden und können damit ihre Vernehmung nach § 446 ZPO ablehnen und die Ablehnung mit ihrer Pflicht zur Verschwiegenheit begründen.

72 Ausgeschiedene Vorstandsmitglieder sind demgegenüber als Zeugen zu vernehmen. Inwieweit diesen aufgrund ihrer fortdauernden Schweigepflicht[176] ein Zeugnisverweigerungsrecht nach § 383 Abs. 1 Nr. 6 ZPO zusteht, ist umstritten.[177] Ein Zeugnisverweigerungsrecht ist abzulehnen. Das amtierende Vorstandsmitglied kann lediglich aufgrund der allgemeinen Vorschrift des § 446 ZPO seine Vernehmung ablehnen, weil es während seiner Amtszeit die Gesellschaft vertritt und damit Partei ist. Nach seinem Ausscheiden ist er Zeuge wie jeder andere (ehemalige) Beschäftigte der Gesellschaft, denen auch als Geheimnisträger das Zeugnisverweigerungsrecht des § 383 Abs. 1 Nr. 6 ZPO nicht zusteht. § 383 Abs. 1 Nr. 6 ZPO will demjenigen helfen, dem ein Dritter im Hinblick auf sein Amt, Stand oder Gewerbe Geheimnisse anvertraut hat. Der Informationsempfänger wird dabei regelmäßig ohnehin einer Pflicht zur Berufsverschwiegenheit unterliegen. Vorstandsmitgliedern werden jedoch nicht Geheimnisse von Dritten aufgrund ihres Amtes anvertraut; ihr Wissen ist vielmehr kraft ihrer Organstellung Wissen der Gesellschaft, die gegenüber anderen natürlichen Personen oder anderen Geheimnisträgern des Unternehmens nicht privilegiert ist.[178] Im Übrigen würde ein Zeugnisverweigerungsrecht von ausgeschiedenen Vorstandsmitgliedern bei Rechtsstreitigkeiten, in denen die Gesellschaft Prozesspartei ist, zu einer ungerechtfertigten verfahrensrechtlichen Begünstigung der Gesellschaft in ihrer Parteirolle führen.[179]

73 **IV. Sorgfalt eines ordentlichen und gewissenhaften Geschäftsleiters. 1. Gesetzlicher Maßstab (Abs. 1 S. 1).** Maßstab für die Feststellung einer Pflichtverletzung ist die Sorgfalt eines ordentlichen und gewissenhaften Geschäftsleiters. Bei dieser in § 93 Abs. 1 S. 1 normierten Sorgfaltspflicht handelt es sich nicht nur um einen **Verschuldensmaßstab**, sondern in erster Linie um einen **objektiv normierten Verhaltensmaßstab**,[180] so dass die Anforderungen an die Einhaltung der Sorgfaltspflicht weder von den individuellen Fähigkeiten des betroffenen Vorstandsmitglied noch von Usancen in dem betroffenen Unternehmen abhängen.[181] Die Sorgfaltspflicht eines Vorstandsmitglieds, dem die Leitung einer AG anvertraut ist, ist grundsätzlich umfassender als die eines gewöhnlichen Geschäftsmannes. Daher trifft das Vorstandsmitglied einer AG eine erhöhte Sorgfaltspflicht.[182]

74 Den ordentlichen Geschäftsleiter für alle Zwecke gibt es nicht. Die Sorgfalt des Vorstandsmitglieds eines Bankunternehmens ist naturgemäß eine andere als die eines Industrie- oder Versorgungsunternehmens.[183] Die Anforderungen, die an einen Vorstand zu stellen sind, variieren daher nach Art, Größe und Lage des Unternehmens und der Aufgabenverteilung unter mehreren Führungskräften; sie werden um so höher sein, je bedeutender eine Maßnahme für das Unternehmen ist. Maßstab ist danach, wie der Leiter eines Unternehmens vergleichbarer Art und Größe, der nicht mit eigenen Mitteln wirtschaftet, sondern wie ein treuhänderischer Verwalter fremden Vermögens verpflichtet ist, zu handeln hat.[184]

75 Die Verpflichtung zur Einhaltung der Sorgfalt eines ordentlichen Geschäftsmannes erfordert es zunächst, dass sich der Vorstand seiner sich aus Gesetz, Satzung und Anstellungsvertrag ergebenden Pflichten ggü der AG bewusst ist (**Legalitätspflicht**).[185] Er muss seine Pflichten kennen und diese zum Maßstab seines Handelns machen. Er darf weder selbst hiergegen verstoßen, noch darf er es zulassen, dass andere hiergegen verstoßen. Im Rahmen dieser Erfüllung der ihm obliegenden Pflichten steht dem Vorstand **kein Ermessen** zu, **ob** er seine Pflichten erfüllen will; insoweit ist er gebunden und sein Verhalten im vollem Umfang gerichtlich überprüfbar. Bei der Frage des „Wie" der Pflichterfüllung besteht dagegen ein Ermessen, wenn mehrere gleich geeignete Mittel zur Verfügung stehen (**Auswahlermessen**).

76 Das Gebot bei der Unternehmensleitung die Sorgfalt eines gewissenhaften Geschäftsleiters anzuwenden, verpflichtet den Vorstand, seine Entscheidungen gewissenhaft zu treffen und postuliert damit das Erfordernis, bei der Ausübung seines Ermessens **Gründlichkeit und Vorsicht** walten zu lassen. Um die Entscheidung vorzubereiten, hat der Vorstand die ihm zur Verfügung stehenden Erkenntnisquellen auszuschöpfen,[186] so-

---

175 Großkomm-AktienR/*Hopt*, Rn 217; MüKo-AktG/*Spindler*, Rn 116.
176 Vgl oben Rn 65.
177 Bejahend: OLG Koblenz NJW-RR 1987, 809 f; Großkomm-AktienR/*Hopt*, Rn 220; MüKo-AktG/*Spindler*, Rn 114; Hölters/*Hölters*, Rn 145; *Körber*, in: Fleischer, Hdb VorstandsR, § 10 Rn 40; differenzierend: KölnKomm-AktG/*Mertens/Cahn*, Rn 123 (nicht, wenn Gesellschaft als Prozesspartei beteiligt ist).
178 KölnKomm-AktG/*Mertens/Cahn*, Rn 121.
179 KölnKomm-AktG/*Mertens/Cahn*, Rn 121.
180 Vgl KölnKomm/*Mertens/Cahn*, Rn 11.
181 BGH WM 1971, 1548 f; 1983, 725, 726; OLG Koblenz ZIP 1991, 870, 871.
182 MüKo-AktG/*Spindler*, Rn 24.
183 Großkomm-AktienR/*Hopt*, Rn 79; MüKo-AktG/*Spindler* Rn 24; Hölters/*Hölters*, Rn 26.
184 BGH NJW 1990, 1290, 1291; OLG Koblenz ZIP 1991, 870, 871; OLG Hamm AG 1995, 512, 514; OLG Düsseldorf, AG 1997, 231, 235; *Hüffer*, Rn 4.
185 Vgl oben Rn 10 ff.
186 Vgl oben Rn 50 ff.

weit diese nicht innerbetrieblich zur Verfügung stehen, hat er sich ggf externen Rats zu bedienen;[187] nur in Ausnahmefällen – etwa bei besonderer Eilbedürftigkeit oder bei Entscheidungen von untergeordneter Bedeutung – kann sich der Vorstand auf eine summarische Prüfung beschränken. Die Intensität der Informationsbeschaffung richtet sich dabei nach dem Zeitvorlauf, dem Gewicht und der Art der zu treffenden Entscheidung und den anerkannten bilanzwirtschaftlichen Methoden[188]

2. Besonderheiten bei unternehmerischen Entscheidungen, Business Judgement Rule (Abs. 1 S. 2). Unternehmerisches Handeln ist weit mehr als die Erfüllung vorgegebener Pflichten, ihr Wesen besteht darin, zukunftsgerichtete Entscheidungen zu treffen, um den dauerhaften wirtschaftlichen Erfolg des Unternehmens zu optimieren. Diese unternehmerischen Entscheidungen sind zwangsläufig mit Risiken behaftet, die der Vorstand eingehen muss, obwohl er sie erkennt, denn Risiken sind die Kehrseite von Chancen. Die Eingehung solcher unternehmerischen Risiken darf im Falle des Fehlschlags nicht zwingend zu einer Haftung des Vorstands führen, soll unternehmerisches Handeln nicht erstickt werden. Deshalb besteht seit langem Konsens, dass für unternehmerische Entscheidungen ein anderes Haftungsregime gelten muss als für die Erfüllung von Pflichten.[189] Dies ist der Ansatzpunkt der seit 2005 in Abs. 1 S. 2 normierten Business Judgement Rule. 77

3. Bedeutung der Busines Judgement Rule. In der „ARAG/Garmenbeck"-Entscheidung hat der BGH erstmals grundlegend zur Überprüfungsfreiheit unternehmerischer Entscheidungen Stellung genommen. Er hat darin nicht nur anerkannt, *„dass dem Vorstand bei der Leitung der Geschäfte des Gesellschaftsunternehmens ein weiter Handlungsspielraum zugebilligt werden muss, ohne den eine unternehmerische Tätigkeit schlechterdings nicht denkbar ist"*,[190] sondern zugleich auch die Voraussetzungen konkretisiert, die erfüllt sein müssen, damit der Vorstand den **„safe harbour"** der unternehmerischen Entscheidung erreicht: Es muss sich *„ein von Verantwortungsbewusstsein getragenes, ausschließlich am Unternehmenswohl orientiertes, auf sorgfältiger Ermittlung der Entscheidungsgrundlagen beruhendes unternehmerisches Handeln"* vorliegen.[191] Die hierdurch ausgelöste wissenschaftliche und rechtspolitische Diskussion kulminierte in dem Entwurf eines Gesetzes zur Unternehmensintegrität und Modernisierung des Anfechtungsrechts (UMAG).[192] Der darin enthaltene Vorschlag einer Einführung eines § 93 Abs. 1 S. 2 ist so Gesetz geworden. 78

Anknüpfungspunkt dieser Regelung ist bereits das Merkmal der Pflichtverletzung und nicht erst das Verschulden.[193] Eine Anknüpfung an das Verschulden hätte nicht zu einer Haftungsbeschränkung führen können, weil der Vorstand idealerweise die Risiken, die später zum Nachteil der AG geführt haben, bewusst eingegangen ist. Rechtstechnisch erfolgt die Beschränkung der Haftung dadurch, dass das Gesetz bei Einhaltung bestimmter Verfahrensregeln die **unwiderlegliche Vermutung** aufstellt, dass keine Pflichtverletzung vorliegt.[194] Damit wird der psychologischen Erfahrungstatsache entgegengewirkt, dass die Tendenz besteht, aus dem Wissen um den Schadenseintritt den Schluss auf die schuldhafte Pflichtverletzung zu ziehen (Rückschaufehler oder hindsight bias).[195] Insgesamt stellt sich die Regelung der Business Judgement Rule als *„Übergang von einer Ergebniskontrolle zu einer Prozesskontrolle"* dar.[196] 79

Im Ergebnis erhält der Vorstand im Bereich der unternehmerischen Entscheidungen einen **Beurteilungsspielraum** bzw eine **Einschätzungsprärogative**;[197] treffen andere Personen als Vorstandsmitglieder unternehmerische Entscheidungen gelten die Regeln der Business Judgement Rule auch für diese, zB die Mitglieder des Aufsichtsrats[198] oder Insolvenzverwalter.[199] Wenn die Voraussetzungen eingehalten sind, steht die Entscheidung des Vorstands nicht zur Überprüfung durch das Gericht; sie ist nicht justitiabel. Liegen die Voraussetzungen der Business Judgement Rule dagegen nicht vor, steht die Entscheidung in vollem Umfang im Rahmen des § 93 Abs. 1 S. 1 zur Überprüfung durch die Gerichte.[200] 80

Da es bei der Business Judgement Rule um die Frage der Pflichtwidrigkeit geht, greift hier die allgemeine **Beweislastverteilung** im Rahmen des § 93.[201] Die Voraussetzungen für das Eingreifen der Business Judge- 81

---

[187] Vgl oben Rn 13.
[188] BT-Drucks. 15/5092, S. 12 (UMAG).
[189] Vgl Großkomm-AktR/*Hopt/Roth*, Rn 48 ff; KölnKomm-AktG/ *Mertens/Cahn*, Rn 12 ff.
[190] BGH NJW 1997, 1926, 1927 – ARAG/Garmenbeck.
[191] BGH NJW 1997, 1926, 1928 – ARAG/Garmenbeck.
[192] BT-Drucks. 15/5092.
[193] *Fleischer*, ZIP 2004, 685, 688; *Lutter*, ZIP 2007, 841, 842 f.
[194] Ebenso *Hüffer*, Rn 4 d; *Koch*, ZGR 2006, 769, 784; *Hopt*, ZIP 2013, 1793, 1797; aA Großkomm-AktienR/*Hopt/Roth*, Rn 12: Konkretisierung der Sorgfaltspflicht.
[195] *Fleischer*, ZIP 2004, 685, 686; *S. Schneider*, DB 2005, 707, 709; *Schäfer*, ZIP 2005, 1253 f.; *Freitag/Korch*, ZIP 2012, 2281, 2284.
[196] *Redeke*, ZIP 2011, 59, 61.
[197] BT-Drucks. 15/5092, S. 11 (UMAG); OLG Celle WM 2008, 1745, 1746; *Fleischer*, ZIP 2004, 685, 689, der allerdings zugleich als alternative Erklärung die Differenzierung zwischen „standard of conduct" und „standard of review" anbietet, vgl dazu auch Großkomm-AktienR/*Hopt/Roth*, Rn 57 sowie Spindler/Stilz/*Fleischer*, Rn 64.
[198] Unten § 116 Rn 3 ff; *Cahn*, WM 2013, 1293 ff.
[199] *Berger/Frege*, ZIP 2008, 204; *Erker*, ZInsO 2012, 199; zur Haftung der Organe im Rahmen der Eigenverwaltung *Thole/Brinkmans*, ZIP 2013, 1097 ff.
[200] *Lutter*, ZIP 2007, 841, 846.
[201] Vgl dazu unten Rn 110 ff.

ment Rule sind ggf vom Vorstand zu beweisen.[202] Das spricht für eine sorgfältige Dokumentation von Entscheidungsvorgängen, insbesondere der Informationsgrundlage für getroffene Entscheidungen.[203]

82 **4. Voraussetzungen des „sicheren Hafens" (Business Judgement Rule).** Das Erreichen des „sicheren Hafens" der Business Judgement Rule hängt von der Erfüllung folgender Voraussetzungen ab: Es muss sich um eine unternehmerische Entscheidung handeln, die der Vorstand auf der Grundlage ausreichender Informationen guten Gewissens zum Wohl der Gesellschaft trifft und ohne, dass er dabei einem Interessenkonflikt ausgesetzt ist. Eine weitergehende Konkretisierung dieser Voraussetzungen durch die Rechtsprechung steht bislang noch aus.

83 **a) Unternehmerische Entscheidung.** Das zentrale[204] Merkmal ist das der unternehmerischen Entscheidung, dieses ist abzugrenzen von den nicht unternehmerischen Entscheidungen. Das entscheidende Merkmal ist dabei das Vorliegen von **mehreren Handlungsoptionen**, wobei auch das bewusste Nichthandeln eine Handlungsoption darstellen kann.[205] Aufgrund der bestehenden Legalitätspflicht[206] besteht eine solche Handlungsalternativität dort nicht, wo nur eine einzige Entscheidung **rechtlich zulässig** ist, dann liegt keine frei unternehmerische, sondern eine gebundene Entscheidung vor.[207]

84 Ein weiteres Merkmal der unternehmerischen Entscheidung ist die **Zukunftsbezogenheit**. Sie zeichnen sich dadurch aus, dass durch sie der Erfolg des Unternehmens in der Zukunft befördert werden soll.[208] Der Hinweis darauf, dass auch bei Bilanzierungsfragen unternehmerisches Ermessen bestehe, ist kein Einwand gegen das Erfordernis der Zukunftsbezogenheit.[209] Auch diese Fragen werden im Hinblick auf die in der Zukunft liegenden Auswirkungen im Bereich des Steuerrechts, der Gewinnausschüttung und der Unternehmensbewertung getroffen.[210]

85 **b) Informationsgrundlage.** Die Entscheidung muss auf der Grundlage angemessener Informationen erfolgen. Der unbestimmte Rechtsbegriff „angemessen" trägt ein Element der Unsicherheit in diese Voraussetzung hinein. Dementsprechend ist gegenwärtig ein wesentlicher Streitpunkt, inwieweit bereits hier unternehmerisches Ermessen eingreift, das gerichtlich nicht überprüfbar ist.

86 Es ist zunächst einmal klar, dass es nicht erforderlich ist, alle[211] zur Verfügung stehenden Informationsquellen auszuschöpfen – „*Information kann nicht allumfassend sein*".[212] Auch die Informationsbeschaffung hat Kosten Nutzen Gesichtspunkten zu genügen.[213] Deshalb hängt das Maß der Informationsbeschaffung wesentlich davon ab, welches erkennbare Risiko die Entscheidung birgt.[214] Darüber hinaus ist zu berücksichtigen, welche Zeit für die Informationsbeschaffung zur Verfügung gestanden hat.[215] Ein weiterer Gesichtspunkt für die Beurteilung der Angemessenheit der Informationsbeschaffung ist die Branchenüblichkeit.[216] Diese wird ein Gericht idR nicht ohne sachverständigen Rat beurteilen können.[217]

87 Die wohl überwiegende Auffassung im Schrifttum will deshalb bereits auf die Informationsbeschaffung die Business Judgement Rule anwenden.[218] Stützen kann sie sich auf die Gesetzesbegründung, wonach dem Vorstand „*in den Grenzen seiner Sorgfaltspflicht ein erheblicher Spielraum eingeräumt (wird), den Informationsbedarf abzuwägen und sich selbst eine Annahme dazu zu bilden*".[219] Dem ist zuzustimmen: Da es nicht geboten sein kann, alle Informationen einzuholen, muss eine Auswahl unter dem Gesichtspunkt erfolgen, welche Informationen für die zu treffende Entscheidung ex ante bedeutsam sind. Schon, weil der Richter diese ex ante-Betrachtung nur schwer vornehmen bzw rekonstruieren kann, ist es geboten, dem Vorstand einen überprüfungsfreien **Beurteilungsspielraum** zuzubilligen. Zu fordern ist aber, dass er kompetente Informationsquellen unter vollständiger Darstellung des Sachverhalts ergebnisoffen befragt hat und die eingeholten Informationen keinen weiteren Informationsbedarf erkennen ließen und in sich plausibel waren.

---

202 BT-Drucks. 15/5092, S. 12 (UMAG); zu Unrecht offengelassen von OLG Celle WM 2008, 1745, 1746; aA Großkomm-AktienR/*Hopt/Roth*, Rn 69: sekundäre Darlegungslast.
203 KölnKomm-AktG/*Mertens/Cahn*, Rn 36; Hölters/*Hölters*, Rn 36.
204 AA Großkomm-AktienR/*Hopt/Roth*, Rn 17 wegen der Unbestimmtheit des Begriffs.
205 S. *Schneider*, DB 2005, 707, 709.
206 Vgl oben Rn 10 ff.
207 Großkomm-AktienR/*Hopt/Roth*, Rn 21 ff; S. *Schneider*, DB 2005, 707, 710; zu dem Problem bei bestehender Rechtsunsicherheit vgl oben Rn 13.
208 BT-Drucks. 15/5092, S. 11 (UMAG).
209 So aber Großkomm-AktienR/*Hopt/Roth*, Rn 19; *Bosch/Lange*, JZ 2009, 225, 230; krit. auch *J. Koch*, ZGR 2008, 769, 787 f.
210 Ebenso MüKo-AktG/*Spindler*, Rn 41.
211 Zu weitgehend deshalb BGH NJW 2008, 3361, 3362: „*alle verfügbaren Informationsquellen tatsächlicher und rechtlicher Art auszuschöpfen*"; ebenso OLG Düsseldorf AG 2010, 126, 128 – IKB.
212 BT-Drucks. 15/5092, S. 12 (UMAG).
213 MüKo-AktG/*Spindler*, Rn 47; *Cahn*, WM 2013, 1293, 1304.
214 Großkomm-AktienR/*Hopt/Roth*, Rn 47; Schmidt/Lutter/*Krieger/Sailer-Coceani*, Rn 13; *Peters*, AG 2010, 811, 813.
215 BT-Drucks. 15/5092, S. 12 (UMAG).
216 Ebenso Bürgers/Körber/*Bürgers/Israel*, Rn 13.
217 BGH NZG 2011, 549 Rn 25.
218 *Schäfer*, ZIP 2005, 1253, 1258; *Bosch/Lange*, JZ 2009, 225, 231; *Peters*, AG 2010, 811, 813; *U. Schneider*, DB 2011, 99, 101; *Freitag/Korch*, ZIP 2012, 2281, 2284; *Hermann/Olufs/Barth*, BB 2012, 1935, 1937; *Hopt*, ZIP 2013, 1793, 1801; und aus der Rechtsprechung OLG Celle WM 2008, 1745, 1746; zumindest einschränkend dagegen *Hüffer*, Rn 4 g (gerichtliche Plausibilitätskontrolle); *Redeke*, ZIP 2011, 59, 61.
219 BT-Drucks. 15/5092, S. 12 (UMAG).

Damit gelten hier dieselben Kriterien, wie sie von der Rechtsprechung für die erfolgreiche Berufung auf einen Verbotsirrtum wegen Beratung durch einen Fachmann aufgestellt werden.[220]

c) **Zum Wohle der Gesellschaft.** Der Vorstand muss ex ante „vernünftigerweise" angenommen haben können, dass sein Handeln dem Wohl der Gesellschaft – ein weiterer unbestimmter Rechtsbegriff – dienen würde. Dem Wohl der Gesellschaft dient alles, was geeignet ist, die **Erreichung des Gesellschaftszwecks zu fördern**. Dies kann unmittelbar dadurch geschehen, dass das Vermögen der Gesellschaft vermehrt wird. Es kann aber mittelbar auch durch eine Verringerung des Gesellschaftsvermögens geschehen, wenn dies mit einer „Renditeerwartung" verbunden ist.[221] Dies gilt für Investitionen im eigentlichen Sinne, dies gilt aber auch für sonstige Aufwendungen, wie Spenden, Sponsoringleistungen usw., wenn diese erfolgen, um die Bedingungen für eine erfolgreiche Unternehmensbetätigung zu verbessern.

Verbreitet wird die Auffassung vertreten, die Eingehung **existenzgefährdender Risiken** könne nie dem Wohle der Gesellschaft dienen und bewege sich schon deshalb außerhalb des sicheren Hafens der Business Judgement Rule.[222] Das trifft jedoch nicht uneingeschränkt zu, weil die Zulässigkeit der Eingehung von Risiken immer auch von der ex ante zu betrachtenden Eintrittswahrscheinlichkeit abhängt.[223] *Fleischer* weist zu Recht darauf hin, dass eine ständige Ausrichtung am *„worst case-Szenario"* unternehmerisches Handeln zum Erliegen bringen würde.[224]

Auch hier kommt es auf die Sichtweise ex ante an, denn ex post, im Haftungsfall, steht bereits fest, dass die Maßnahme nachteilig und damit nicht zum Wohle des Unternehmens war.[225] Darüber hinaus kommt es auf die Sichtweise des Vorstands an, nämlich darauf, was dieser „vernünftigerweise" annehmen konnte.[226] Diese darf nicht durch die Sichtweise des Gerichts ersetzt werden. Daraus folgt, dass jede nachvollziehbare, **vertretbare Entscheidung** des Vorstands zu der Frage, was überhaupt das Wohl der Gesellschaft ist und ob eine bestimmte Maßnahme diesem dienen kann, hinzunehmen ist.[227]

d) **Guter Glaube.** Obwohl im Gesetz nicht ausdrücklich erwähnt, wird allgemein akzeptiert, dass nur die unternehmerische Entscheidung pflichtgemäß ist, die guten Glaubens erfolgt.[228] Der Vorstand muss zum Zeitpunkt seiner Entscheidung subjektiv davon überzeugt sein, dem Wohle der Gesellschaft zu dienen.

e) **Freiheit von Sonderinteresse.** In engem Zusammenhang damit steht das letzte Erfordernis, die Freiheit der Entscheidung von Sonderinteressen.[229] Maßstab für die Entscheidung des Vorstands darf nur das Unternehmensinteresse sein. Damit dies gewährleistet ist, darf für den Vorstand kein anderes als dieses, insbesondere kein persönliches Interesse bestehen. Dabei kommt es gar nicht darauf an, ob er sich im Einzelfall von diesem Sonderinteresse leiten lässt, oder es ihm tatsächlich – beweisbar ist das allerdings kaum – gelingt, dieses auszublenden. Wenn er sich davon leiten ließe, handelte er schon nicht in gutem Glauben. Es darf auch **objektiv kein Sonderinteresse** vorliegen.[230]

Umstritten ist, ob der Vorstand, der ein persönliches Interesse an der Maßnahme hat, nie in den sicheren Hafen des unternehmerischen Ermessensspielraums gelangen darf, oder ob es hierfür reicht, seine persönlichen Interessen offenzulegen und das Geschäft durch den Aufsichtsrat genehmigen zu lassen. Sinnvoll ist sicher schon aus „optischen" Gründen eine Enthaltung. Haftungsrechtlich dürfte es aber ausreichen, dass der **Interessenkonflikt offengelegt** und die **Zustimmung des Aufsichtsrats** eingeholt wird.[231] In diesem Fall dürfte schon hinreichend gesichert sein, dass sich der Interessenkonflikt nicht mehr auf das konkrete Geschäft ausgewirkt hat; die Genehmigung durch den Aufsichtsrat dürfte den Zurechnungszusammenhang unterbrechen.

Bei Entscheidungen des gesamten Vorstands stellt sich die Frage, wie es sich für ein Vorstandsmitglied auswirkt, wenn bei anderen Vorstandsmitgliedern nicht offengelegte Sonderinteressen bestanden haben. Wenn man darauf abstellt, dass die Freiheit von Sonderinteressen objektiv bestehen muss, ist es folgerichtig, bei Vorstandsentscheidungen von einer „Infizierung" schon dann auszugehen, wenn nur bei einem Vorstandsmitglied ein solcher, nicht offenbarter Interessenkonflikt bestanden hat.[232]

---

220 Vgl unten Rn 106.
221 *Fleischer*, in: *Fleischer*, Hdb VorstandsR, § 7 Rn 56.
222 OLG Düsseldorf AG 2010, 126, 129 – IKB; *U. Schneider*, DB 2011, 99, 101 jeweils mwN.
223 Vgl bereits oben Rn 55.
224 *Fleischer*, NJW 2010, 1504, 1506.
225 *Schäfer*, ZIP 2005, 1253, 1257.
226 BT-Drucks. 15/5092, S. 11 (UMAG): *„Perspektivwechsel"*.
227 In diesem Sinne auch Großkomm-AktienR/*Hopt/Roth*, Rn 28, 34: „*Unverantwortlichkeit als allgemeine Grenze unternehmerischen Ermessens*"; MüKo-AktG/*Spindler*, Rn 46.
228 BT-Drucks. 15/5092, S. 11 (UMAG).
229 *Schäfer*, ZIP 2005, 1253, 1257.
230 Großkomm-AktienR/*Hopt/Roth*, Rn 41; *Schäfer*, ZIP 2005, 1253, 1257; aA KölnKomm-AktG/*Mertens/Cahn*, Rn 27.
231 Hölters/*Hölters*, Rn 38; Bürgers/*Körber/Bürgers/Israel*, Rn 14; *Diekmann/Fleischer*, AG 2013, 141, 148; BT-Drucks. 15/5092 S. 11 (UMAG); restriktiver MüKo-AktG/*Spindler*, Rn 55; Spindler/Stilz/*Fleischer*, Rn 72.
232 Ebenso *Blasche*, AG 2010, 692 ff; aA *Diekmann/Fleischer*, AG 2013, 141, 150

95 **5. Konsequenzen.** Liegen die Voraussetzungen der Business Judgement Rule vor, befindet sich der Vorstand mit seiner Entscheidung im „sicheren Hafen". Das Gericht muss diese Entscheidung als *ex ante* vertretbar hinnehmen, selbst, wenn sie sich ex post als Fiasko erweist.

96 Das bedeutet aber nicht umgekehrt, dass jede unternehmerische Entscheidung, die diese Voraussetzungen nicht erfüllt, zwingend einen Haftungsfall auslöst. Es bedeutet zunächst einmal nur, dass nicht unwiderleglich vermutet wird, dass die Entscheidung nicht pflichtwidrig war. Es bleibt dem Vorstand unbenommen, darzulegen und zu beweisen, dass eine Pflichtwidrigkeit trotzdem nicht vorgelegen hat. Das wird allerdings nur selten gelingen. Eher wird es aber möglich sein darzulegen, dass der **Pflichtwidrigkeitszusammenhang** zwischen Pflichtwidrigkeit und Schaden fehlt.[233] Insoweit ist insbesondere an den Einwand des **rechtmäßigen Alternativverhaltens** zu denken: Die Entscheidung wäre auch dann nicht anders ausgefallen, wenn die Voraussetzungen der Business Judgement Rule eingehalten worden wären. Allerdings wird es im Hinblick auf die Beweislastverteilung[234] nicht ausreichen, dass dies möglich erscheint, sondern dies muss vielmehr zur Überzeugung des Gerichts feststehen.[235]

C. Schaden

97 Durch die Pflichtverletzung des Vorstands muss der Gesellschaft ein adäquat kausaler Schaden entstanden sein. Bei einer AG kann das nur ein **Vermögensschaden** sein, weil diese nicht Trägerin von Rechtsgütern ist, die gem. § 253 BGB auch den Ersatz eines Nichtvermögensschadens rechtfertigen. Ein Vermögensschaden liegt nach der Differenzhypothese vor, wenn der tatsächliche Wert des Vermögens geringer ist als der Wert, den das Vermögen ohne das die Ersatzpflicht begründende Ereignis gehabt hätte.[236] Nachteil ist dem entsprechend jedenfalls die Verringerung der Aktiva oder die Vermehrung der Passiva der AG. Ein bloßer Aktiven- oder Passiventausch kann dagegen keinen Schaden darstellen.[237] Teilweise anders zu beurteilen ist der Schaden in den Fällen des § 93 Abs. 3.[238]

98 Ersatzfähig im Rahmen des § 93 ist nur der **unmittelbare Schaden** der AG, nicht aber ein damit in Zusammenhang stehender mittelbarer Schaden der Aktionäre, der etwa durch den Kursverlust der Aktie entsteht.[239] Dieser wird durch die Ersatzleistung an die AG kompensiert, weil nur so die Grundsätze der Kapitalerhaltung und der Gleichbehandlung der Aktionäre gewahrt werden können.[240]

99 **Aufwendungen** der AG, denen keine entsprechenden Leistungen gegenüber stehen, sind immer ein Nachteil; auf die Freiwilligkeit der Vermögenseinbuße kommt es insoweit nicht an.[241] Hierzu gehören Schadensersatzzahlungen, Bußgelder[242] und freigiebige Leistungen wie Spenden, Geschenke[243] usw. Die teilweise problematische Frage der Ersatzfähigkeit dieser Aufwendungen hängt aber nicht am Merkmal „Schaden". Ansatzpunkt ist zum einen die Frage, ob die Verursachung dieser Aufwendung **pflichtwidrig** war.[244] Denn genauso wenig, wie jedes pflichtwidrige Verhalten zu einem Schaden führt,[245] beruht nicht jeder Schaden der AG auf einem pflichtwidrigen Verhalten.[246] Zum anderen kann sich die Frage einer **Kompensation** stellen, die unter dem Gesichtspunkt der Vorteilsausgleichung zu erörtern ist.[247]

100 Nach den allgemeinen Grundsätzen kann der Schaden auch in einem **entgangenen Vorteil** liegen, der der Gesellschaft bei pflichtgemäßem Handeln des Vorstands zugeflossen wäre. Die Voraussetzungen der Ersatzfähigkeit ergeben sich aus § 252 S. 2 BGB: Der Gewinn müsste nach dem gewöhnlichen Lauf der Dinge bei pflichtgemäßem Verhalten entstanden sein.

101 Beachtet man den Grundsatz, dass Schaden nur das ist, was sich als Verringerung des Vermögens auswirkt, ist klar, dass auch eine **Vermögensgefährdung** einen ersatzfähigen Schaden darstellen kann,[248] etwa die Vergabe eines ungesicherten Darlehens oder der Abschluss eines Termingeschäfts. Der endgültige Schadens-

---

233 Vgl dazu OLG Hamm AG 1995, 512, 5514; *Fleischer*, DStR 2009, 1204, 1208.
234 Vgl unten Rn 110 ff.
235 AA wohl OLG Celle WM 2008, 1745, 1746.
236 Palandt/*Grüneberg*, Vor § 249 Rn 8; Spindler/Stilz/*Fleischer*, Rn 211.
237 AA für den Fall der Verletzung der Kompetenzen in der AG Schmidt/Lutter/*Krieger/Sailer-Coceani*, Rn 30.
238 Vgl unten Rn 123.
239 Großkomm-AktienR/*Hopt*, Rn 265; KölnKomm-AktG/*Mertens/Cahn*, Rn 60; Hölters/*Hölters*, Rn 252; vgl unten Rn 149 ff.
240 BGH NJW 1987, 1077, 1079 f.; 1988, 413, 415; 1995, 1739, 1746 f – Girmes.
241 OLG Stuttgart NZG 2010, 141, 145.
242 Hölters/*Hölters*, Rn 255; *Fleischer*, BB 2008, 1070, 1073; diff KölnKomm-AktG/*Mertens/Cahn*, Rn 56; vgl auch *Bayer*, FS K Schmidt, 2009, S. 85, 96 f, der sich für eine *„angemessene"* Beschränkung ausspricht; aA *Schöne/Petersen*, AG 2012, 700, 703, soweit Bußgelder der Gewinnabschöpfung dienen.
243 Großkomm-AktienR/*Hopt*, 269.
244 Vgl oben Rn 46 ff; ebenso MüKo-AktG/*Spindler*, Rn 155; Spindler/Stilz/*Fleischer*, Rn 212.
245 Vgl BGH NJW 2011, 221 Rn 14.
246 AA KölnKomm-AktG/*Mertens/Cahn*, Rn 59 im Hinblick auf die Beweislastverteilung.
247 Vgl unten Rn 102.
248 Zumindest missverständlich Hölters/*Hölters*, Rn 252 unter Berufung auf BGH NJW 1994, 323, 325, wo ein Schaden bei einer *„risikobehafteten Lage..., die sich noch nicht in der Bewertung des Gesamtvermögens niederschlägt"* zu Recht verneint wird; wie hier aber Rn 254.

eintritt muss nicht abgewartet werden. Ein Schaden ist vielmehr bereits dann anzunehmen, wenn das eingegangene Risiko bei der Bewertung des Vermögens zu einem Abschlag führen würde.

Gerade beim Schadensersatz wegen Vermögensgefährdung, aber nicht nur dort kommt dem Gesichtspunkt der **Vorteilsausgleichung** Bedeutung zu. Die Vorteilsausgleichung ist Ausfluss des schadensrechtlichen Bereicherungsverbotes. Vorteile des Geschädigten, die in adäquat kausalem Zusammenhang mit dem Schadensereignis stehen, müssen berücksichtigt werden, wenn dies nicht dem Zweck des Schadensersatzes widerspricht oder den Schädiger unbillig entlastet.[249] Insoweit bedarf es zur Schadensfeststellung einer alle relevanten Vor- und Nachteile einbeziehenden **Gesamtschadensbilanz**.[250] Entweder wird dadurch der Schaden gemindert, oder der Vorteil ist dem Schädiger gegen Leistung des vollständigen Ersatzes herauszugeben. Letzteres wird man bei Vermögensgefährdungen durch den Abschluss riskanter Geschäfte annehmen müssen. Als Beispiele für auszugleichende Vorteile werden Gewinne aus Kartellabsprachen[251] oder infolge der Zahlung von Bestechungsgeldern,[252] der Veräußerungserlös der Aktien bei einem Erwerb entgegen § 93 Abs. 3 Nr. 3,[253] die Verringerung der Insolvenzquote in Fällen der Haftung gemäß § 93 Abs. 3 Nr. 6,[254] Ansprüche gegen Aktionäre aus § 62[255] oder Ersatzansprüche gegen Dritte[256] angeführt. Jedenfalls die ersten beiden Beispiele erscheinen aber zweifelhaft, weil es insofern an der erforderlichen Unmittelbarkeit zwischen Vermögensabfluss und Vorteil fehlt.[257]

D. Verschulden

Die Haftung des Vorstandsmitglieds setzt voraus, dass er die objektive Pflichtverletzung und den Schaden zu vertreten hat. Nach § 276 BGB hat der Schuldner Vorsatz und Fahrlässigkeit zu vertreten. Für Vorsatz gilt dies uneingeschränkt auch im Rahmen des § 93. Fahrlässigkeit ist hier jedoch anders zu verstehen als sie in § 276 Abs. 2 BGB definiert wird. Es kommt nicht auf die im Verkehr erforderliche Sorgfalt an, Maßstab ist vielmehr die **Sorgfalt eines ordentlichen und gewissenhaften Geschäftsleiters** (§ 93 Abs. 2 S. 1). Damit gilt ein strengerer Haftungsmaßstab als im allgemeinen Recht. Es handelt sich hierbei um einen verobjektivierten Sorgfaltsmaßstab, so dass die individuellen Fähigkeiten des jeweiligen Vorstandsmitglieds ohne Bedeutung sind: Es kommt nicht darauf an, was das Vorstandsmitglied kann, sondern darauf, was es aufgrund seiner Funktion können muss. Etwa fehlende Kenntnisse muss sich das Vorstandsmitglied durch Einholung von Rat beschaffen.[258]

Das Verschulden muss sich neben der Pflichtverletzungshandlung auch auf deren Rechtswidrigkeit, die **Pflichtwidrigkeit**, und den Schaden erstrecken.

Aufgrund der im Zivilrecht geltenden Vorsatztheorie[259] muss sich der Vorsatz auch auf die **Rechtswidrigkeit bzw Pflichtwidrigkeit** der Handlung beziehen. Jeder Verbotsirrtum – sei er nun vermeidbar oder unvermeidbar – schließt deshalb Vorsatz aus.[260] Regelmäßig wird dann aber Fahrlässigkeit zu bejahen sein. Etwas anderes gilt nur in Fällen eines unvermeidbaren Verbotsirrtums.

Von einem unvermeidbaren **Verbotsirrtum** in diesem Sinne wird man regelmäßig nur dann ausgehen können, wenn das Vorstandsmitglied sich sachkundig hat beraten lassen. Die hieran von der Rechtsprechung gestellten Anforderungen sind hoch. Er kommt nur bei einer **Beratung** durch einen **qualifizierten**[261] und **unabhängigen Fachmann** in Betracht, dem **alle erforderlichen Informationen** ggf unter Offenlegung der betreffenden Unterlagen der Gesellschaft erteilt wurden.[262] Unabhängigkeit bedeutet nicht zwingend, dass es sich um einen externen Berater handeln muss, sondern verlangt nur die Einholung des Rates eines sachlich un-

---

249 BGH WM 1983, 957 f; BGH NZG 2013, 293 Rn 26 f; KölnKomm-AktG/*Mertens/Cahn*, Rn 63; Hölters/*Hölters*, Rn 256.
250 BGH NJW 1977, 425, 426; OLG Frankfurt AG 2011, 595; *Fleischer*, DStR 2009, 1204, 1206.
251 *Glöckner/Müller-Tautphaeus*, AG 2001, 344, 346; *Bayer*, FS K. Schmidt, 2009, S. 85, 94 f; *Fleischer*, BB 2008, 1070, 1073 und DStR 2009, 1204, 1210.
252 Hölters/*Hölters*, Rn 257 f.
253 OLG Stuttgart NZG 2010, 141, 145.
254 BGH NJW 2009, 2454 Rn 24.
255 BGH NJW 1977, 425, 426.
256 OLG Stuttgart NZG 2010, 141, 145 f.
257 Abl auch *Lohse*, FS Hüffer, 2010, S. 581, 599, in Bezug auf Schmiergelder; zurückhaltend ebenfalls *Thole*, ZHR 173 (2009), 504, 528 f; *Schöne/Petersen*, AG 2012, 700, 704.
258 Vgl unten Rn 106.
259 Vgl BGH NJW 2002, 3255, 3256; MüKo-BGB/*Grundmann*, § 276 Rn 158; Staudinger/*Löwisch/Caspers*, § 276 Rn 25 f.
260 MüKo-AktG/*Spindler*, Rn 160.
261 Einschränkend dazu BGH NZG 2012, 672 Rn 17: nicht zwingend Rechtsanwalt oder Wirtschaftsprüfer.
262 BGH NJW 2007, 2118 Rn 16; BGH NZG 2012, 672 Rn 16; OLG Stuttgart NZG 2010, 141, 144; *Fleischer*, NZG 2010, 121, 125.

abhängigen Beraters; persönliche Unabhängigkeit wird auch bei externen Beratern häufig nicht vorzufinden sein.[263] Dessen Rat muss zudem **zeitnah**[264] erfolgen und einer **Plausibilitätskontrolle** standhalten.[265]

107 Soweit mehrere Vorstandsmitglieder haften, tun sie dies als **Gesamtschuldner**.[266] Voraussetzung hierfür ist aber, dass für jeden von ihnen die Haftungsvoraussetzungen erfüllt sind. Eine **Zurechnung** von Pflichtverletzungen oder Verschulden **anderer Vorstandsmitglieder** erfolgt nicht.[267] Allerdings gibt es auch bei abgegrenzten Vorstandsressorts eine Gesamtverantwortung aller Vorstandsmitglieder.[268] Ein eigenes Verschulden liegt dann vor, wenn ein Vorstandsmitglied das erkennbar pflichtwidrige Verhalten eines anderen Vorstandsmitglieds duldet.[269]

108 Ebenso wenig wie dem Vorstandsmitglied das Verschulden von Vorstandskollegen zugerechnet wird, erfolgt grundsätzlich eine Zurechnung des Verschuldens sonstiger Dritter über § 278 BGB. Dritte sind regelmäßig **Erfüllungsgehilfen der AG** und nicht des Vorstands.[270] Der Vorstand haftet aber für schuldhafte Fehler bei der Auswahl, Instruktion und Überwachung von Mitarbeitern.[271]

109 Der Einwand *des* Mitverschuldens der Gesellschaft (§ 254 BGB) entlastet das Vorstandsmitglied nicht. Im Innenverhältnis zur Gesellschaft trifft die Vorstandsmitglieder immer die volle Haftung.[272]

E. Beweislast

110 Die allgemeine Regel der Darlegungs- und Beweislast geht dahin, dass jede Partei die Tatsachen darzulegen und zu beweisen hat, auf die es für die ihr günstigen Normen ankommt.[273] Eine Umkehr der Beweislast erfolgt im allgemeinen Zivilrecht in § 280 Abs. 1 S. 2 BGB für das Vertreten müssen. § 93 Abs. 2 S. 2 trifft eine hierüber noch hinausgehende Sonderregelung für die Beweislastverteilung, weil „*das jeweilige Organmitglied die Umstände seines Verhaltens und damit auch die Gesichtspunkte überschauen kann, die für die Beurteilung der Pflichtmäßigkeit seines Verhaltens sprechen, während die von ihm verwaltete Korporation in diesem Punkt immer in einer Beweisnot wäre*".[274] Deshalb ist es gerechtfertigt, die Beweislastverteilung auch gegenüber **ausgeschiedenen Vorstandsmitgliedern** eingreifen zu lassen,[275] für deren **Erben** aber eine teleologische Reduktion anzunehmen.[276]

111 Der Vorstand muss darlegen und beweisen, dass er das getan hat, was ihm § 93 Abs. 1 S. 1 gebietet, nämlich die Anwendung der Sorgfalt eines ordentlichen und gewissenhaften Geschäftsleiters.[277] Damit erstreckt sich seine Beweislast schon darauf, dass **keine objektive Pflichtverletzung** vorliegt. Gelingt dieser Nachweis, stellt sich die Frage des Verschuldens nicht mehr, gelingt er nicht, wird dem Vorstand auch der Nachweis fehlenden Verschuldens kaum gelingen können.

112 Die AG als Anspruchstellerin muss demnach nur beweisen, dass es aufgrund (haftungsausfüllende Kausalität) einer Handlung des Vorstands zu einem Schaden gekommen ist[278], die Beweislast für Vorteile, die im Rahmen der Vorteilsausgleichung anzurechnen sind, trägt allerdings der Vorstand.[279] Hierbei kommt der Gesellschaft ggf auch noch die Beweiserleichterung des § 287 ZPO zugute.[280] Allerdings trifft die AG in Be-

---

263 Ebenso *Peters*, AG 2010, 811, 816; *Selter*, AG 2012, 11, 14 f; *Wagner*, BB 2012, 651, 656; *Strohn*, ZHR 176 (2012), 137, 140 f; *Krieger*, ZGR 2012, 496, 500; *Kiefner/Krämer*, AG 2012, 498, 501; *Junker/Biederbick*, AG 2012, 898, 901; *Binder*, AG 2012, 885, 892; *Klöhn*, DB 2013, 1535; *Cahn*, WM 2013, 1293, 1303 f.; jedenfalls hat ein externer Berater aber „wegen der fehlenden Weisungsabhängigkeit den höheren Entlastungswert", vgl *Hölters/Hölters*, Rn 249. Nach *Strohn*, ZHR 176 (2012), 137, 140 kann es allerdings sogar geboten sei, einen weiteren externen Berater hinzuziehen, wenn der erste aufgrund seiner „Vorbefassung" befangen ist; einschränkend *Kiefner/Krämer*, AG 2012, 498, 500.

264 BGH NZG 2012, 672 Rn 19.

265 BGH NJW 2007, 2118 Rn 18; BGH NZG 2011, 1271 Rn 18 2012, Rn 15 ff (GmbH); *Fleischer*, NZG 2010, 121, 125; *U. Schneider*, DB 2011, 99, 102; *Müller*, NZG 2012, 981, 982; *Strohn*, ZHR 176 (2012), 137, 142; einschränkend aber *Binder*, AG 2008, 274, 286; *Krieger*, ZGR 2012, 496, 502; *Kiefner/Krämer*, AG 2012, 498, 500; zur Situation bei unklarer Rechtslage vgl *Buck-Heeb*, BB 2013, 2247, 2250 ff.

266 Vgl unten Rn 115 ff.

267 *Fleischer*, BB 2004, 2645, 2647.

268 Vgl Rn 16; krit. *Loritz/Wagner*, DStR 2012, 2189, 2192.

269 OLG Köln NZG 2001, 135, 136; KölnKomm-AktG/*Mertens/Cahn*, Rn 49; Spindler/Stilz/*Fleischer*, Rn 207; *Fleischer*, BB 2004, 2645, 2648 f.

270 BGH NZG 2011, 1271 Rn 17; zu Ausnahmen vgl KölnKomm-AktG/*Mertens/Cahn*, Rn 48; *Cahn*, WM 2013, 1293, 1302 f.

271 *Hüffer*, Rn 14.

272 Großkomm-AktienR/*Hopt*, Rn 259 f; Spindler/Stilz/*Fleischer*, Rn 210.

273 Vgl Baumbach/Lauterbach/*Hartmann*, Anh. § 286 Rn 3; Zöller/*Greger*, Vor § 284 Rn 17 a; Musielak/*Foerste*, § 286 Rn 34 ff.

274 BGH NJW 2003, 358; vgl zur Entwicklung der Rechtsprechung *Goette*, ZGR 1995, 648, 650 ff.

275 Vgl Rn 114.

276 Großkomm-AktienR/*Hopt*, Rn 296; KölnKomm-AktG/*Mertens/Cahn*, Rn 146; MüKo-AktG/*Spindler*, Rn 170; Hölters/*Hölters*, Rn 271; gegen diese Differenzierung aber *Hüffer*, Rn 17 a; *Foerster*, ZHR 176 (2012), 221, 245, der die ratio legis des § 93 Abs. 2 S. 2 aber darin sieht, dass das noch amtierende Vorstandsmitglied einen ungehinderten Zugriff auf die für seine Verteidigung erforderlichen Informationen habe, wie hier aber *Goette*, ZGR 1995, 648, 672.

277 BGH NJW 2009, 850 Rn 20 – MPS.

278 BGH NZG 2011, 549.

279 BGH NZG 2013, 293 Rn 25, 29.

280 BGH NJW 2003, 358, 359; BGH NZG 2011, 549; die Beweiserleichterung des § 287 ZPO darf allerdings erst dann greifen, wenn die Haftung des Vorstands dem Grunde nach feststeht, vgl Großkomm-AktienR/*Hopt*, Rn 278.

zug auf die Pflichtverletzung eine **sekundäre Darlegungslast**,[281] sie muss immerhin angeben, worin die Pflichtverletzung gesehen wird.[282]

Diese Beweislastverteilung gilt auch bei Inanspruchnahme **ausgeschiedener Vorstandsmitglieder**,[283] was aufgrund der inzwischen teilweise gelten zehnjährigen Verjährungsfrist gem. § 93 Abs. 6[284] erhebliche Beweisschwierigkeiten für diese mit sich bringen kann. Mit dem Ausscheiden aus dem Vorstand verlieren sie den ungehinderten Zugriff auf die Unterlagen der Gesellschaft; in ihrem Besitz befindliche Geschäftsunterlagen sind vollständig an die AG herauszugeben (§§ 667, 675 BGB).[285]

Auch der ausgeschiedene Vorstand kann jedoch im Streit über seine Haftung **Einblick in die Unterlagen** der Gesellschaft erlangen. Im Rechtsstreit kommt eine Anordnung zur Urkundenvorlegung (§ 142 ZPO) in Betracht, die allerdings eine konkrete Bezugnahme erfordert.[286] Materiellrechtlich kann sich ein Einsichtsrecht des ausgeschiedenen Vorstands aus § 810 BGB und/oder § 242 BGB ergeben.[287]

F. Gesamtschuldnerische Haftung

Haben mehrere Vorstandsmitglieder den Schaden durch eine schuldhafte Pflichtverletzung verursacht, haften sie als **Gesamtschuldner** gem. § 421 BGB (§ 93 Abs. 2 S. 1). Daraus folgt zugleich, dass die Mitverantwortlichkeit anderer Vorstandsmitglieder nicht zu einer Haftungsmilderung gem. § 254 BGB gegenüber der AG führen kann.[288]

Keine Frage der gesamtschuldnerischen Haftung ist, inwieweit Vorstandsmitglieder für Pflichtverletzungen anderer Vorstandsmitglieder haften müssen. Es gilt der Grundsatz, dass jedes Vorstandsmitglied nur für **eigene schuldhafte Pflichtverletzungen** einzustehen hat.[289]

Soweit Vorstandsmitglieder lediglich untereinander eine Aufteilung der Geschäftsbereiche verabreden, hat dies keinen Einfluss auf die Verantwortung des einzelnen Vorstandsmitglieds für das Gesamtunternehmen. Lediglich in Ausnahmefällen kann diese informelle **Geschäftsverteilung** das Vorstandsmitglied entlasten, wenn es im Hinblick auf die Persönlichkeit und Erfahrung des anderen Vorstandsmitgliedes auf eine ordnungsgemäße Führung der Geschäfte durch diesen vertrauen konnte und sich auch keinerlei Anhaltspunkte für eine Pflichtverletzung ergaben.[290]

Soweit die Satzung, Geschäftsordnung oder der Anstellungsvertrag eine Ressortverteilung vorsehen, haftet jedes Mitglied zunächst nur für seinen eigenen Zuständigkeitsbereich. Die übrigen Vorstandsmitglieder sind dabei nicht von jeder Verantwortung für die ihnen nicht zugeordneten Ressorts frei. Soweit sie die Geschäftsverteilung selbst vorgenommen haben, trifft sie die Haftung für die ordentliche Auswahl des jeweiligen Ressortleiters; auch im Falle einer Geschäftsverteilung durch die Satzung oder einer vom Aufsichtsrat erteilten Geschäftsordnung haften sie für die **gegenseitige Überwachung**; insbesondere dann, wenn ihnen Missstände im Gesamtbetrieb zur Kenntnis gekommen sind (oder infolge eigener Unachtsamkeit unbekannt geblieben sind) und sie hiergegen nicht einschritten.[291]

Vorstandsmitglieder müssen sich daher – üblicherweise in den wöchentlichen Vorstandssitzungen – darüber vergewissern, ob die anderen ihre Pflicht tun und im Notfall für Abhilfe sorgen.[292] Soweit das Verhalten eines Ressortleiters gesetzes- oder satzungswidrig ist oder dem Nachteil der Gesellschaft dient, hat das Vorstandsmitglied ein Widerspruchsrecht;[293] ggf muss sich das Vorstandsmitglied an den Aufsichtsrat wenden, der sodann einen Zustimmungsvorbehalt nach § 112 Abs. 4 S. 2 verordnen kann[294] oder die Maßnahme der Hauptversammlung vorlegt (§ 111 Abs. 3).[295]

---

281 Zur Wechselwirkung zwischen primärer und sekundärer Darlegungslast in diesen Fallkonstellationen vgl *Foerster*, ZHR 176 (2012) 221, 231.
282 BGH NJW 2003, 358.
283 BGH NJW 2003, 358; OLG Stuttgart NZG 2010, 141, 142; Großkomm-AktienR/*Hopt*, Rn 297; Spindler/Stilz/*Fleischer*, Rn 224; Schmidt/Lutter/*Krieger/Coceani*, Rn 34; aA aufgrund einer teleologischen Reduktion *Foerster*, ZHR 176 (2012) 221, 243 ff.
284 Vgl dazu unten Rn 179.
285 BGH NZG 2008, 834; *Grooterhorst*, AG 2011, 389, 390; *Deilmann/Otte*, BB 2011, 1291, 1293 mit der Einschränkung, dass dies nicht für eigene Notizen gelte.
286 BGH NJW 2007, 2989 Rn 20; Baumbach/Lauterbach/*Hartmann*, § 142 Rn 9; Musielak/*Stadler*, § 142 Rn 4; Zöller/*Greger*, § 142 Rn 6; *Loritz/Wagner*, DStR 2012, 2189, 2195 empfehlen deshalb die vorsorgliche Erstellung eines Verzeichnisses relevanter Unterlagen.
287 BGH NJW 2003, 358; OLG Frankfurt WM 1980, 1246, 1247; KölnKomm-AktG/*Mertens/Cahn*, Rn 147 Hölters/*Hölters*, Rn 270; *Semler*, AG 2005, 321, 329; *Grooterhorst*, AG 2011, 389, 395; *Krieger*, FS Schneider, 2011, S. 717, 722 ff; *Deilmann/Otte*, BB 2011, 1291, 1293 f; *Werner*, GmbHR 2013, 68, 70 f.
288 KölnKomm-AktG/*Mertens/Cahn*, Rn 50.
289 Spindler/Stilz/*Fleischer*, Rn 262; Hölters/*Hölters*, Rn 235, 245; *Fischer*, DStR 2007, 1083, 1087.
290 KölnKomm-AktG/*Mertens/Cahn*, Rn 50; vgl auch unten Rn 177 zur Haftung gem. § 69 AO.
291 OLG Hamburg NZG 2000, 1083, 1085 f; OLG Köln NZG 2001, 135, 136; Spindler/Stilz/*Fleischer*, Rn; Hölters/*Hölters*, § 93 Rn 236; *Emde*, FS Schneider, 2011, S. 295, 318 f.
292 Vgl oben Rn 26 f.
293 Vgl Großkomm-AktienR/*Kort*, § 77 Rn 22.
294 Großkomm-AktienR/*Hopt*, Rn 135; zur Pflicht des Aufsichtsrats zum Einschreiten vgl LG Bielefeld AG 2000, 136.
295 Hölters/*Hölters*, Rn 236.

120 Die gleiche Situation gilt im Falle von **Mehrheitsbeschlüssen**. Sieht die Satzung oder Geschäftsordnung Mehrheitsbeschlüsse für die Entscheidung des Vorstands vor, so sind die übrigen Vorstandsmitglieder grundsätzlich an die Entscheidung der Mehrheit gebunden und sie müssen die Entscheidung ausführen; dies gilt nicht, soweit die Mehrheitsentscheidung gesetzes- oder satzungswidrig ist oder zum Schaden der Gesellschaft führt.[296]

121 Soweit Vorstände wegen Pflichtverletzung als Gesamtschuldner haften, haften die Vorstandsmitglieder und mit ihnen möglicherweise auch die Aufsichtsratsmitglieder grundsätzlich zu gleichen Teilen (§ 426 Abs. 1 BGB), wobei im Einzelfall jedoch entsprechend § 254 BGB eine unterschiedliche abgestufte Ausgleichspflicht nach dem Grad der Verursachung und des Verschuldens besteht.[297]

G. Sondertatbestände (Abs. 3)

122 § 93 Abs. 3 zählt neun wichtige Fälle des Verstoßes des Vorstands gegen seine Pflichten im Rahmen der Kapitalaufbringung und der Kapitalerhaltung auf. Da all die Fälle des Abs. 3 bereits einen Verstoß gegen die aktienrechtlichen Vorschriften darstellen, wäre ohnehin eine Haftung des Vorstands nach Abs. 2 gegeben.[298] Wenn der Gesetzgeber hier gleichwohl eine besondere Hervorhebung der Haftung (*„insbesondere"*) vorsieht, so hat dies zunächst Bedeutung im **Verhältnis zur Haftung gegenüber Gesellschaftsgläubigern**, weil die Vorstandsmitglieder den Gläubigern der Gesellschaft in den Fällen des Abs. 3 schon bei leichter Fahrlässigkeit haften, während sie bei sonstigen Pflichtverletzungen den Gläubigern gem. Abs. 5 nur dann haften, wenn sie ihre Sorgfaltspflichten grob verletzt haben.[299]

123 Darüber hinaus enthält § 93 Abs. 3 zum anderen eine **Beweisregel**[300] bzw eine **Umformung des allgemeinen Schadensbegriffes** der §§ 249 ff BGB.[301] Soweit nämlich einer der umschriebenen Pflichtverstöße vorliegt, besteht der Schaden in den Fällen des § 93 Abs. 3 Nr. 1–3, 5–9 im Abfluss der Mittel und im Fall des Abs. 3 Nr. 4 in ihrer Vorenthaltung. Bei der Schadensberechnung ist die Verwendung des Gesellschaftsvermögens im Rahmen der in Abs. 3 genannten Tatbestände als Schaden der Gesellschaft anzusehen. In Höhe der aufgewandten Mittel ist demnach ein Schaden der Gesellschaft anzunehmen, es sei denn, die Gesellschaft hat den Fehlbetrag endgültig wieder erlangt oder er ist durch einen Wert ausgeglichen, der endgültig in das Gesellschaftsvermögen gelangt ist.[302] Die Beweislast hierfür trägt das Verwaltungsmitglied.[303] Im Rahmen von Abs. 3 findet daher keine Gesamtvermögensbetrachtung unter Einschluss bloßer Ansprüche auf Rückzahlung oder Einlagenleistung statt.[304]

124 Soweit ein über die aufgewandten Mittel hinausgehender Schaden geltend gemacht wird, trifft die Beweislast dafür denjenigen, der das Vorstandsmitglied in Anspruch nimmt; Anspruchsgrundlage ist auch hier Abs. 3.[305] Für den übersteigenden Schadensteil gilt aber nicht die Vermutung des Abs. 3, so dass die AG gem. 93 Abs. 2 daher für den übersteigenden Schaden die Beweislast trägt.[306]

125 Abs. 3 zählt folgende Fälle auf:

- **Nr. 1:** Verstoß gegen das Verbot der **Einlagenrückgewähr** nach § 57 Abs. 1 und § 230 (vereinfachte Kapitalherabsetzung): Das besondere Risiko dieser Regelung besteht darin, dass auch **verdeckte Kapitalrückzahlungen** hierzu gehören, bei denen eine Leistung der Gesellschaft an den Aktionär nicht durch eine gleichwertige Gegenleistung ausgeglichen wird.[307] Hierunter fallen auch Zahlungen an sog. „räuberische Aktionäre".[308]
- **Nr. 2:** Zahlung von Zinsen und Gewinnanteilen unter Verstoß gegen §§ 57 Abs. 2, 3, 233[309]
- **Nr. 3:** Zeichnung, Erwerb, Inpfandnahme oder Einziehung eigener Aktien oder von Aktien abhängiger oder in Mehrheitsbesitz stehender Unternehmen unter Verstoß gegen §§ 56, 71 ff, 237–239[310]
- **Nr. 4:** Vorzeitige Ausgabe von Inhaberaktien: Inhaberaktien dürfen erst ausgegeben werden, wenn der Nennbetrag oder der auf die jeweilige Stückaktie entfallende anteilige Betrag des Grundkapitals aufge-

---

296 BGH NJW 1954, 1841, 1842.
297 Großkomm-AktienR/*Hopt*, Rn 301; Hölters/*Hölters*, Rn 239, 241; *Freund*, GmbHR 2013, 785, 787 ff.
298 Großkomm-AktienR/*Hopt*, Rn 234.
299 Großkomm-AktienR/*Hopt*, Rn 236 f; MüKo-AktG/*Spindler*, Rn 193; Spindler/Stilz/*Fleischer*, Rn 257.
300 Großkomm-AktienR/*Hopt*, Rn 235.
301 *Hüffer*, Rn 22.
302 OLG Stuttgart NZG 2010, 141, 145; Spindler/Stilz/*Fleischer*, Rn 258.
303 KölnKomm-AktG/*Mertens/Cahn*, Rn 134; *Thümmel/Burkhardt*, AG 2009, 885, 890.
304 *Hüffer*, Rn 22 mwN.
305 AA noch RGZ 159, 211, 231; wie hier: KölnKomm-AktG/ *Mertens/Cahn*, Rn 134.
306 Unstr, vgl *Hüffer*, Rn 22.
307 BGH NJW 2009, 850 Rn 11 – MPS; 2011, 2719, Rn 24 – Dritter Börsengang; BGH NZG 2012, 1030 Rn 12; zu weiteren Einzelheiten vgl oben § 57 Rn 7.
308 *Poelzig*, WM 2008, 1009.
309 Zu Einzelheiten vgl oben § 57 Rn 27 f; unten § 233 Rn 11 ff.
310 Zu Einzelheiten vgl oben § 56 Rn 2, 6, 11; oben § 71 Rn 11 ff; Heidel/*Terbrack*, § 237 Rn 59 ff.

bracht worden sind (§ 9).[311] Diese Ersatzpflicht tritt auch dann ein, wenn die Bareinlagepflicht wegen der Unwirksamkeit einer Sacheinlagevereinbarung (verdeckte Sacheinlage) entsteht.[312]

- **Nr. 5:** Verteilung von Gesellschaftsvermögen, insbesondere der Verletzung der Pflichten aus § 57 Abs. 3, 225 Abs. 2, 230, 233, 237 Abs. 2, 271, 272,[313] wobei diese Fälle teilweise bereits durch Nr. 1 gedeckt sind
- **Nr. 6:** Zahlung nach Insolvenzreife:[314] Die Regelung – eine Parallelbestimmung findet sich in § 64 GmbHG[315] – ist die Konsequenz des Zahlungsverbotes, das sich aus § 92 Abs. 2 für den Fall der Insolvenzreife wegen Zahlungsunfähigkeit (§ 17 InsO) und/oder Überschuldung (§ 19 InsO) – nicht aber wegen drohender Zahlungsunfähigkeit (§ 18 InsO) – ergibt.[316] Es handelt sich nicht um einen Schadensersatzanspruch, sondern um einen **Erstattungsanspruch eigener Art**,[317] denn die verbotenen Zahlungen auf bestehende Verbindlichkeiten führen lediglich zu einer Verkürzung der Bilanzsumme, nicht aber zu einem Nachteil der AG.[318] Damit es nicht zu einer Bereicherung der Masse durch die Erstattung der Zahlungen kommt, ist dem in Anspruch genommenen Vorstand im Urteil vorzubehalten, nach Erstattung der Zahlungen an die Masse seine Rechte gegen den Insolvenzverwalter zu verfolgen; dabei deckt sich der ihm zustehende Anspruch nach Rang und Höhe mit dem Betrag, den der begünstigte Gesellschaftsgläubiger im Insolvenzverfahren erhalten hätte.[319] Dies ergibt sich aus dem von Amts wegen zu beachtenden Grundsatz der **Vorteilsausgleichung.** Dasselbe gilt für etwaige Anfechtungsansprüche (§ 143 InsO) gegen die Zahlungsempfänger.[320]
- **Nr. 7:** Unzulässige Vergütung an Aufsichtsratsmitglieder (§§ 113, 114 AktG)
- **Nr. 8:** Unzulässige Kreditgewährung an Mitglieder des Vorstands (§ 89) oder des Aufsichtsrates (§ 115)
- **Nr. 9:** Ausgabe von Bezugsaktien bei der bedingten Kapitalerhöhung außerhalb des festgesetzten Zwecks oder vor der Leitung entgegen § 199.

H. Enthaftung des Vorstands

I. Beschluss der Hauptversammlung. Nach § 93 Abs. 4 S. 1 tritt die Ersatzpflicht gegenüber der Gesellschaft nicht ein, wenn die Handlung auf einem gesetzmäßigen **Beschluss der Hauptversammlung** beruht. Soweit der Beschluss Fragen der Geschäftsführung betrifft, ist dies nur dann der Fall, wenn die Entscheidung auf einem Verlangen des Vorstands beruht (§ 119 Abs. 2).[321] Der Vorstand ist dann verpflichtet, die Beschlüsse der Hauptversammlung auszuführen (§ 83 Abs. 2), was allein schon gegen die **Pflichtwidrigkeit** des Handelns spricht.[322] Aus diesem Grund genügt ein nachträglicher Beschluss der Hauptversammlung zur Enthaftung nicht.[323] Dieses liegt nicht nur daran, dass der Vorstand in diesem Fall seine Leitungsbefugnis nicht auf die Hauptversammlung delegiert hat; eine Enthaftung des Vorstands aufgrund einer späteren Genehmigung der Handlung des Vorstands durch die Hauptversammlung würde vielmehr auch auf einen unzulässigen Verzicht auf Ersatzansprüche hinauslaufen, der nach § 93 Abs. 4 S. 3 jedoch erst drei Jahre nach der Entstehung des Anspruches zulässig sein soll.[324]

Die Verlagerung der Entscheidungsbefugnis auf die Hauptversammlung setzt einen **gesetzmäßigen Beschluss** voraus; dies bedeutet, dass die Hauptversammlung in ihrer organschaftlichen Zuständigkeit gehandelt haben muss. Abgesehen von den Fällen des § 119 Abs. 2 sind dies insbesondere **Beschlüsse über Satzungsänderungen, Kapitalerhöhung und Kapitalherabsetzung, Auflösung und Fortsetzung einer aufgelösten Gesellschaft, Abschluss eines Unternehmensvertrages, Eingliederung, Verschmelzung, Vermögensübertragung, Umwandlung.** Hat das Organ, das die Geldgeber vertritt, in den Grenzen seiner Zuständigkeit eine Maßregel beschlossen, so soll die bloße Ausführung des Beschlusses allein dem Vorstand nicht als Pflichtverletzung angerechnet werden.

---

311 Vgl oben (§ 9 Rn 4 ff.
312 BGH NZG 2008, 425 Rn 17 – Rheinmöve; 2011, 1271 Rn 12.
313 Vgl oben § 57 Rn 29; unten § 225 Rn 22 ff; § 230 Rn 3 ff; § 237 Rn 59 ff; § 271 Rn 3.
314 Vgl allg. dazu Geißler, NZG 2007, 645.
315 Deshalb sehen Habersack/Schürnbrand, WM 2005, 957, 960 § 93 nicht als Schadensersatznorm, sondern ebenso wie § 64 GmbHG als Ersatzanspruch eigener Art.
316 Zu den Voraussetzungen vgl unten § 92 Rn 8 ff.
317 Krit dazu K. Schmidt, GmbHR 2010, 1319, 1323.
318 BGH NJW 2011, 221 Rn 14 – Doberlug mwN; Schürnbrand, NZG 2010, 1207, 1208 f; Thiessen, ZGR 2011, 275, 287.
319 BGH NJW 2001, 1280, 1283.
320 OLG Oldenburg GmbHR 2004, 1014, 1015; Thiessen, ZGR 2011, 275, 289.

321 Großkomm-AktienR/Hopt, Rn 311; MüKo-AktG/Spindler, Rn 211; Schmidt/Lutter/Krieger/Sailer-Coceani, Rn 50.
322 Großkomm-AktienR/Hopt, Rn 306; KölnKomm-AktG/Mertens/Cahn, Rn 149; MüKo-AktG/Spindler, Rn 207; Spindler/Stilz/Fleischer, Rn 265; Schmidt/Lutter/Krieger/Sailer-Coceani, Rn 46; Canaris, ZGR 1978, 207, 209 sieht hierin eine Ausprägung des Arglisteinwandes.
323 Großkomm-AktienR/Hopt, Rn 314; KölnKomm-AktG/Mertens/Cahn, Rn 153.
324 MüKo-AktG/Spindler, Rn 213; Schmidt/Lutter/Krieger/Sailer-Coceani, Rn 46 einschränkend aber Hüffer, Rn 25 aE; Canaris, ZGR 1978, 207, 215 f.; Kleinhenz/Leyendecker, BB 2012, 861, 863 für den Fall der Genehmigung von Rechtsgeschäften, die erst hierdurch wirksam werden; dagegen wiederum Großkomm-AktienR/Hopt, Rn 314.

128 Gesetzmäßig ist ein Hauptversammlungsbeschluss nur dann, wenn er **weder nichtig noch anfechtbar** ist. Zur Nichtigkeit gehört auch der Fall, dass die Hauptversammlung ohne Verlangen des Vorstands (§ 119 Abs. 2) über Angelegenheiten der Geschäftsführung beschließt.[325] Ursprünglich anfechtbare Hauptversammlungsbeschlüsse werden nach Ablauf der Anfechtungsfrist des § 246 gesetzmäßig iSv § 93 Abs. 4 S. 1.[326] Die Enthaftungswirkung tritt jedoch nicht ein, wenn der Vorstand pflichtwidrig die Anfechtung des Hauptversammlungsbeschlusses unterlassen hat, obgleich er – wie im Fall des § 245 Nr. 5 – zur Anfechtung verpflichtet gewesen wäre.[327]

129 Umstritten ist, inwieweit ein nichtiger Beschluss, dessen Nichtigkeit nach § 242 nicht mehr geltend gemacht werden kann, eine **Entlastungswirkung** iSd §§ 93 Abs. 4, 116 haben soll.[328] Da § 242 der Rechtssicherheit dient und im Hinblick auf die wesentlichen Fälle des § 241 Nr. 1, 3 oder 4 noch zusätzlich eine Eintragung des Beschlusses im Handelsregister und ein Verstreichen der Dreijahresfrist verlangt, wird man im Falle einer Heilung nach § 242 dem Beschluss auch die Enthaftungswirkung nach § 93 Abs. 4 zubilligen müssen, da der Beschluss nach der Heilung der Nichtigkeit von Anfang an gültig ist.[329] Soweit der Vorstand jedoch den mangelhaften Beschluss selbst schuldhaft veranlasst hat oder dessen Beseitigung pflichtwidrig schuldhaft unterlassen hat, kann sich der Vorstand zu seiner Entlastung nicht auf diesen Beschluss berufen, weil ihm die Einrede der Arglist entgegensteht.[330]

130 Informiert der Vorstand die Hauptversammlung über die tatsächlichen Verhältnisse nicht richtig oder ausreichend, stellt dies regelmäßig eine selbstständige Verletzung der Sorgfaltspflicht dar und begründet schon aus diesem Grund einen Schadenersatzanspruch.[331]

131 Konnte der Vorstand die Nichtigkeit oder Anfechtbarkeit des Beschlusses nicht erkennen, wird dieser nach Ablauf der Anfechtungsfrist gesetzmäßig und es entfällt die Schadenersatzpflicht soweit den Vorstand nicht bei der Herbeiführung des Beschlusses die Verletzung der von ihm zu beachtenden Sorgfaltspflicht selbst vorgeworfen werden kann.[332]

132 Ändern sich die bei Beschlussfassung bestehenden Verhältnisse später grundsätzlich, kann der Vorstand verpflichtet sein, von der Ausführung zunächst abzusehen, wenn für ihn erkennbar ist, dass die Ausführung zu einer Schädigung der Gesellschaft führt. Der Vorstand muss dann aber der Hauptversammlung Gelegenheit geben, bei nächster Gelegenheit erneut über den Gegenstand zu beschließen; er darf den Beschluss nicht als nicht existent behandeln.[333]

133 Die **Billigung durch den Aufsichtsrat** führt nicht zu einem Haftungsausschluss gegenüber der Gesellschaft (vgl Abs. 4 S. 2)[334] und auch die Billigung der Maßnahme durch einen **Mehrheitsaktionär** schließt die Ersatzpflicht nicht aus. Die Ersatzpflicht wird selbst dann nicht ausgeschlossen, wenn die Maßnahme dem Willen des **Alleinaktionärs** entspricht, ohne dass ein gesetzmäßiger Hauptversammlungsbeschluss vorliegt. Allerdings wird das Vorstandsmitglied in diesem Fall wohl den Einwand der unzulässigen Rechtsausübung erheben können, wenn die Gesellschaft ihn auf Ersatz in Anspruch nehmen will.[335]

134 Nach hM führt auch der Beschluss der Hauptversammlung eines **beherrschten Unternehmens** nicht zur Enthaftung des Vorstands. Dies ergibt sich daraus, dass sonst die Kontrollpflicht des Vorstands des beherrschten Unternehmens gemäß § 308 Abs. 2 S. 2 aE unterlaufen würde.[336]

135 **II. Verzicht und Vergleich.** Nach § 93 Abs. 4 S. 3 ist ein **Verzicht auf Schadenersatzansprüche**, beispielsweise[337] durch Erlassvertrag (§ 397 BGB), negatives Schuldanerkenntnis, etwa in der Form einer **Ausgleichsklausel** in einer Aufhebungsvereinbarung,[338] und gerichtlichen oder außergerichtlichen Vergleich[339] über

---

325 KölnKomm-AktG/*Mertens/Cahn*, Rn 155; *Hüffer*, Rn 25.
326 MüKo-AktG/*Spindler*, Rn 208; *Hüffer*, Rn 25.
327 Vgl Großkomm-AktienR/*Hopt*, Rn 323; KölnKomm-AktG/*Mertens/Cahn*, Rn 156; Spindler/Stilz/*Fleischer*, Rn 273.
328 Schmidt/Lutter/*Krieger/Sailer-Coceani*, Rn 48 verneinend, da trotz Heilung keine Ausführungspflicht nach § 83 Abs. 2 bestehe, so dass auch keine Entlastung nach §§ 93, 416 stattfindet.
329 Großkomm-AktienR/*Hopt*, Rn 318; *Hüffer*, Rn 25; MüKo-AktG/*Spindler*, Rn 209; Spindler/Stilz/*Fleischer*, Rn 270; Hölters/*Hölters*, Rn 300; *Fleischer*, BB 2005, 2025, 2027.
330 Großkomm-AktienR/*Hopt*, Rn 324; KölnKomm-AktG/*Mertens/Cahn*, Rn 155.
331 KölnKomm-AktG/*Mertens/Cahn*, Rn 154.
332 *Hüffer*, Rn 26; MüKo-AktG/*Spindler*, Rn 214; Hölters/*Hölters*, Rn 301.
333 Großkomm-AktienR/*Hopt*, Rn 327; Spindler/Stilz/*Fleischer*, Rn 2275; einschränkend KölnKomm-AktG/*Mertens/Cahn*, Rn 158: „nicht zwingend".
334 Großkomm-AktienR/*Hopt*, Rn 346.
335 OLG Celle GemWW 1984, 469; KölnKomm-AktG/*Mertens/Cahn*, Rn 150; Spindler/Stilz/*Fleischer*, Rn 266; Hölters/*Hölters*, Rn 295; aA OLG Köln NZG 2013, 872, 873; Großkomm-AktienR/*Hopt*, Rn 315, 337 f; Schmidt/Lutter/*Krieger/Sailer-Coceani*, Rn 447; *Wolff/Jansen*, NZG 2013, 1165, 1168.
336 Schmidt/Lutter/*Langenbucher*, § 310 Rn 10; MüKo-AktG/*Altmeppen*, § 310 Rn 16; KölnKomm-AktG/*Koppensteiner*, § 310 Rn 9; aA *Canaris*, ZGR 1978, 207, 210 ff.
337 Zu weiteren Beispielen vgl KölnKomm-AktG/*Mertens/Cahn*, Rn 171, zu alt. Gestaltungsmöglichkeiten vgl unten Rn 141; *Grunewald*, AG 2013, 813, 816 hält die Vereinbarung einer Haftungsobergrenze für mit § 93 Abs. 4 vereinbar.
338 MüKo-AktG/*Spindler*, Rn 231; Spindler/Stilz/*Fleischer*, Rn 286; Schmidt/Lutter/*Krieger/Sailer-Coceani*, Rn 51; *Mertens*, FS Fleck, 1988, S. 209, 212; *Fleischer*, WM 2005, 909, 918.
339 Hierzu gehören auch Schiedsvergleiche iSd § 1053 ZPO, ebenso MüKo-AktG/*Spindler*, Rn 221; Schmidt/Lutter/*Krieger/Sailer-Coceani*, Rn 52, nicht aber schon der Abschluss eines Schiedsvertrages, so aber Großkomm-AktienR/*Hopt*, Rn 375; *Zimmermann*, FS Duden, 1977, S. 773, 786; *Mertens*, FS Fleck, 1988, S. 209, 211.

Ersatzansprüche der Gesellschaft gegen Vorstandsmitglieder grundsätzlich erst nach Ablauf einer **Dreijahresfrist** möglich. Die Dreijahresfrist soll der Gefahr vorbeugen, dass über einen Verzicht oder Vergleich zu einem Zeitpunkt entschieden wird, in dem sich die Auswirkungen der schädigenden Handlung noch nicht klar übersehen lassen[340] und zu dem noch die Gefahr der Rücksichtnahme ggü dem (früheren) Vorstandsmitglied besteht.[341] Das hat allerdings zur Folge, dass auch sinnvolle Einigungen behindert werden.[342] Die Frist beginnt mit der Entstehung des Anspruchs,[343] ihre Berechnung richtet sich nach §§ 187 f BGB. Bei der Geltendmachung von Schadenersatzansprüchen durch Aktionärsminderheiten nach § 148 gilt die Dreijahresfrist nicht bei einer Klagerücknahme (§ 148 Abs. 6 S. 4). Unklar ist dagegen, ob die Dreijahresfrist auch bei Vergleichen mit einer Aktionärsminderheit Anwendung findet oder ob hier § 148 Abs. 6 S. 4 analog anzuwenden ist.[344] Die Frist gilt ausnahmsweise dann nicht, wenn der Vergleich vor dem Hintergrund einer Zahlungsunfähigkeit des Vorstands oder einer Regelung in einem Insolvenzplan[345] erfolgt (§ 93 Abs. 4 S. 4), weil ein weiteres Zuwarten für die Gesellschaft dann sicher nachteilig wäre. Die Frist gilt ebenfalls nicht in der Insolvenz der AG.[346]

In Erweiterung der Ausnahmeregelung des § 93 Abs. 4 S. 4 ist daran zu denken, einen Vergleich auch dann schon vor Ablauf der Frist zuzulassen, wenn die Geltendmachung des vollen Schadensersatzanspruchs die Leistungsfähigkeit des Vorstands selbst unter Berücksichtigung der Eintrittspflicht einer **D&O-Versicherung** offensichtlich deutlich überschreitet. **Immense Schäden**, die die Leistungsfähigkeit des Vorstands offensichtlich überschreiten, kommen immer häufiger vor[347] und führen im Schrifttum zu Überlegungen einer Haftungsbegrenzung.[348] Jedenfalls kann die Gesellschaft schon im Hinblick auf ihr eigenes Prozesskostenrisiko nicht verpflichtet sein, den vollen Schadensersatz vom Vorstand zu verlangen, wenn dies dessen Leistungsfähigkeit offensichtlich übersteigt. Dann sollte es aber auch möglich sein, in dieser Situation schon vor Ablauf der Frist einen Vergleich zu schließen.[349] 136

Ein Verzicht und Vergleich nach Ablauf der Dreijahrespflicht ist ferner von einer **Zustimmung der Hauptversammlung** abhängig; Mitglieder von Vorstand und Aufsichtsrat sollen sich nicht wechselseitig verschonen.[350] Die Zustimmung ist auch für einen im Rahmen des § 148 Abs. 5 S. 2 abgeschlossenen Vergleich erforderlich. Erforderlich und genügend ist Beschlussfassung mit einfacher Stimmenmehrheit, soweit die Satzung kein höheres Quorum vorsieht (§ 133).[351] Betroffene Vorstandsmitglieder können Stimmrechte aus ihren Aktien nicht ausüben (vgl § 136 Abs. 1).[352] Weiter sind die Vorstandsmitglieder nicht stimmberechtigt, die für denselben Ersatzanspruch als Gesamtschuldner in Anspruch genommen werden können.[353] 137

Der Zustimmungsbeschluss der Hauptversammlung bleibt wirkungslos, wenn eine Minderheit von mindestens 10 % des vorhandenen, nicht des in der Hauptversammlung vertretenen, Grundkapitals gegen den Zustimmungsbeschluss Widerspruch zur Niederschrift des amtierenden Beamten (Notar) erklärt. Hiermit soll verhindert werden, dass ein etwaiges Minderheitsverlangen nach § 148 Abs. 1 zur Geltendmachung von Ersatzansprüchen gegen Mitglieder des Vorstands durch Verzicht oder Vergleich gegenstandslos gemacht wird. Die Herabsetzung des Quorums in § 148 Abs. 1 auf 1 % des Grundkapitals durch das UMAG wurde im Rahmen des § 93 Abs. 4 nicht nachvollzogen, so dass der **Minderheitenschutz** an dieser Stelle zumindest 138

---

340 Großkomm-AktienR/*Hopt*, Rn 366; KölnKomm-AktG/*Mertens/Cahn*, Rn 164 unter Hinweis auf die Begründung des RegE zum AktG 1965; MüKo-AktG/*Spindler*, Rn 221; *Dietz-Vellmer*, NZG 2011, 248, 249; *Zimmermann*, DB 2008, 687, 688; in rechtstatsächlicher Hinsicht vgl *Fischer* DStR 2007, 1083, 1088; *Wahlers/Wolff*, AG 2011, 605, 606.

341 Großkomm-AktienR/*Hopt*, Rn 353: Hölters/*Hölters*, Rn 306 f. mit krit. Anm. zu dieser ratio legis; *Harbarth*, GS Winter, S. 215, 229, befürwortet deshalb eine teleologische Reduktion der Frist für den Fall, dass die AG selbst kurzfristig einen Vergleich mit dem früheren Vorstand anstrebt, weil nur so in den Genuss der kartellrechtlichen „Kronzeugenregelung" gelangen kann.

342 Krit. auch KölnKomm-AktG/*Mertens/Cahn*, Rn 164; Schmidt/Lutter/*Krieger/Sailer-Coceani*, Rn 52; *Hüffer*, Rn 28 a; *Fleischer*, WM 2005, 909, 919; *Dietz-Vellmer*, NZG 2011, 248, 249; *Hopt*, ZIP 2013, 1793, 1803.

343 KölnKomm-AktG/*Mertens/Cahn*, Rn 165, der aber insoweit inkonsequent eine Anwendung des § 203 BGB bejaht; Spindler/Stilz/*Fleischer*, Rn 282; Hirte/Stoll, ZIP 2010, 253, 254; aA Voraufl.: § 199 Abs. 1 BGB.

344 So Hölters/*Hölters*, § 148 Rn 33; *Paschos/Neumann*, DB 2005, 1779, 1785; *Schröer*, ZIP 2005, 2081, 2086.

345 *Hirte/Stoll*, ZIP 2010, 253, 255 wollen dem ein Verbraucherinsolvenzverfahren (§§ 305 ff. InsO) gleichstellen.

346 Großkomm-AktienR/*Hopt*, Rn 383; MüKo-AktG/*Spindler*, Rn 227; Spindler/Stilz/*Fleischer*, Rn 284;.

347 Vgl die Beispiele bei *Hofmann*, NJW 2012, 1393 und *Hopt*, ZIP 2013, 1793, 1794.

348 Vgl *Semler*, AG 2005, 321, 325: Höchstgrenze bei fahrlässiger Pflichtverletzung; ähnlich *J. Koch*, AG 2012, 429: Anwendung der Grundsätze der innerbetrieblichen Schadensausgleich; *Hofmann*, NJW 2012, 1393, 1397 f: Übertragung der Rechtsprechung zur Haftungsbegrenzung im Rahmen des § 43 Abs. 2 GmbHG auf die AG; *Henze*, NJW 1998, 3309, 3311: Beachtung sozialer Gesichtspunkte; *Grunewald*, AG 2013, 813, 815; krit. zu solchen Überlegungen aber mit guten Gründen *Schöne/Petersen*, AG 2012, 700, 704 f.

349 So schon *Zimmermann*, FS Duden, 1977, S. 773, 787.

350 Großkomm-AktienR/*Hopt*, Rn 354; KölnKomm-AktG/*Mertens/Cahn*, Spindler/Stilz/*Fleischer*, Rn 278, krit. zu diesem Argument aus rechtstatsächlicher Sicht *Zimmermann*, FS Duden, 1977, S. 773, 775.

351 Großkomm-AktienR/*Hopt*, Rn 355; KölnKomm-AktG/*Mertens/Cahn*, Rn 160.

352 Großkomm-AktienR/*Hopt*, Rn 356; KölnKomm-AktG/*Mertens/Cahn*, Rn 162.

353 KölnKomm-AktG/*Mertens/Cahn*, Rn 162; im Erg. ebenso trotz Bedenken Großkomm-AktienR/*Hopt*, Rn 357.

lückenhaft ist.[354] Nur wenn ein zustimmender Hauptversammlungsbeschluss vorliegt und ein Minderheitswiderspruch nicht erfolgte, kann ein wirksamer Verzicht oder Vergleich abgeschlossen werden; ansonsten ist dieser nichtig.

139 Die strengen Regeln des § 93 Abs. 4 über die nachträgliche Enthaftung der Vorstandsmitglieder ändern nichts daran, dass – abgesehen von der Zehn-Prozent-Klausel des § 147 Abs. 2 – die **Initiative** dafür, Ersatzansprüche geltend zu machen, **beim Aufsichtsrat** liegt. Dieser ist grundsätzlich verpflichtet, neben der Rechtmäßigkeit des Vorstandshandelns auch die Ordnungsmäßigkeit, insbesondere der Unternehmensplanung, sowie Wirtschaftlichkeit und Zweckmäßigkeit der Unternehmensführung zu prüfen, da es seine Aufgabe ist, die Geschäftsführung zu überwachen (§ 111 Abs. 1).[355] Kommt der Aufsichtsrat zu dem Ergebnis, dass sich der Vorstand schadenersatzpflichtig gemacht hat, muss er aufgrund einer sorgfältigen und sachgerecht durchzuführenden Risikoanalyse abschätzen, ob und in welchem Umfang die gerichtliche Geltendmachung zu einem Ausgleich des entstandenen Schadens führt. Gewissheit, dass die Schadenersatzklage zum Erfolg führen wird, kann nicht verlangt werden. Stehen der Gesellschaft nach dem Ergebnis dieser Prüfung durchsetzbare Schadenersatzansprüche zu, hat der Aufsichtsrat diese Ansprüche grundsätzlich zu verfolgen.[356]

140 Geht der Aufsichtsrat nicht innerhalb der Verjährungsfrist von fünf bzw zehn Jahren (vgl Abs. 6) gegen den Vorstand tatsächlich vor, so läuft dies auf eine Art von **faktischem Verzicht** hinaus, an dem auch die strengen Haftungsregeln des § 93 nichts ändern können. Der Aufsichtsrat kann sich bei der Nichtgeltendmachung der Schadenersatzansprüche aber seinerseits einer eigenen entsprechenden Haftung aussetzen.[357] Soweit Vorstandsmitglieder Einfluss auf den Aufsichtsrat nehmen, von der Geltendmachung des Schadenersatzanspruches abzusehen, begründet diese Einflussnahme ihrerseits eine erneute Sorgfaltspflichtverletzung, für die eine neue Haftung begründet wird, solange die Einflussnahme auf den untätig werdenden Aufsichtsrat kausal ist.[358]

141 **Andere Rechtsgeschäfte** über den Ersatzanspruch der Gesellschaft sind zulässig, soweit dadurch nicht die Regelung des § 93 Abs. 4 S. 3 umgangen wird und der Gesellschaft ein adäquater Ersatz zufließt.[359] Insbesondere besteht die Möglichkeit der **Abtretung** der Forderung an einen Dritten, der dann nicht den Bindungen des Abs. 4 unterliegt. Dann muss der AG aber als Gegenleistung der wirtschaftliche Wert[360] der Forderung zufließen, sonst handelt es sich um eine unzulässige Umgehung.[361] Dasselbe gilt für Erstattungsleistungen an den Vorstand in der Form von Aufwendungsersatz, mag dies auch verdeckt durch entsprechende Erhöhung der Bezüge geschehen.[362] Unbedenklich sind dagegen Vereinbarungen zwischen dem Vorstand und einem Dritten, zB einem Aktionär über die Freistellung von der Verbindlichkeit oder eine Stimmbindung bezüglich eines Verzichtsbeschlusses nach Ablauf der Frist, weil dadurch das Vermögen der AG nicht unmittelbar tangiert wird.[363]

142 § 93 Abs. 4 beeinflusst auch die Möglichkeit zu Vergleichen mit einer **D&O-Versicherung**. Es ist zwar theoretisch denkbar, dass ein – dann ohne Weiteres zulässiger – Vergleich nur im Verhältnis AG – D&O-Versicherung (**Deckungsvergleich**) geschlossen wird, so dass der (Rest-)Anspruch gegen den Vorstand erhalten bleibt. Im Hinblick auf den umfassenden **Freistellungsanspruch** des Vorstands gegen die D&O-Versicherung aus dem Versicherungsverhältnis[364] wird sich diese hierauf allenfalls einlassen, soweit der weitergehende vom Vergleich nicht erfasste Anspruch die Deckungssumme übersteigt.

143 Gläubigern gegenüber wird die Ersatzpflicht weder durch einen Verzicht oder Vergleich der Gesellschaft noch dadurch aufgehoben, dass die Handlung auf einem Beschluss der Hauptversammlung beruht (vgl Abs. 5 S. 3). In der Insolvenz der AG bleiben Vergleich und Verzicht wirkungslos.

144 **III. Konzernverhältnisse.** Bei Konzernverhältnissen gelten im Hinblick auf die Verantwortlichkeit von Organmitgliedern gleiche Regeln.[365] Auch für die Ersatzansprüche aus §§ 309, 310, 317, 318 und 323 Abs. 1 verlangt ein Verzicht und ein Vergleich die Dreijahresfrist aber außerdem noch einen **Sonderbeschluss** der außenstehenden Aktionäre (§ 138) und es darf nicht eine Minderheit dieser Aktionäre, deren Anteile zu-

---

354 Krit. deshalb auch MüKo-AktG/*Spindler*, Rn 223.
355 BGH NJW 1997, 1926, 1927 – ARAG/Garmenbeck; *Henze*, NJW 1998, 3309, 3311.
356 BGH NJW 1997, 1926, 1928 – ARAG/Garmenbeck.
357 MüKo-AktG/*Spindler*, Rn 225; *Redeke*, ZIP 1549, 1550.
358 Köln/Komm-AktG/*Mertens/Cahn*, Rn 166.
359 OLG Düsseldorf AG 1989, 361, 362; KölnKomm-AktG/*Mertens/Cahn*, Rn 170.
360 AA KölnKomm-AktG/*Mertens/Cahn*, Rn 172: der Nominalwert.
361 Großkomm-AktienR/*Hopt*, Rn 377; MüKo-AktG/*Spindler*, Rn 233; *Hasselbach/Seibel*, AG 2008, 770, 772.
362 Anders soll es sich bei der Freistellung des Vorstands von Schadensersatzansprüchen Dritter verhalten, vgl *Hasselbach/Seibel*, AG 2008, 770, 776; zu Recht aber einschränkend *Zimmermann*, DB 2008, 687, 690 für den Fall, dass die Pflichtverletzung ggü einem Dritten zugleich die Voraussetzungen des § 93 Abs. 2 erfüllt.
363 *Zimmermann*, FS Duden, 1977, S. 773, 781; *Bauer/Krets*, DB 2003, 811, 812; *Hasselbach*, DB 2010, 2037, 2040.
364 Vgl dazu unten Rn 184 ff.
365 Vgl iE Großkomm-AktienR/*Hopt*, Rn 114 f; *Fleischer*, DB 2005, 759; *Schneider/Schneider*, AG 2005, 57 ff.

sammen 10 % des bei der Beschlussfassung vertretenen Grundkapitals bilden, zur Niederschrift Widerspruch erheben.[366]

Bei beherrschten Gesellschaften, mit denen kein Beherrschungsvertrag besteht, werden bei Sorgfaltspflichtverletzungen Ersatzpflichten der Mitglieder des Vorstands des herrschenden Unternehmens gegenüber der beherrschten bzw abhängigen Gesellschaft und deren Aktionären gem. § 317 Abs. 3 iVm § 317 Abs. 1 S. 2 begründet. Mitglieder des Vorstands der beherrschten Gesellschaft haften dabei ggf als Gesamtschuldner gem. § 318 Abs. 1 S. 1. Die Berufung auf einen etwaigen Beschluss der Hauptversammlung entfällt; der Minderheitenschutz greift also voll durch.

Besteht ein Beherrschungsvertrag, ist der Vorstand verpflichtet, die Weisungen des herrschenden Unternehmens zu befolgen (§ 308 Abs. 2 S. 1). Dementsprechend ist seine Haftung ausgeschlossen, es sei denn, dass die Weisung rechtswidrig war (§ 310 Abs. 3).

I. Anspruchsberechtigte

I. **Die Gesellschaft (Abs. 2 S. 1).** § 93 Abs. 2 S. 1 normiert, dass Vorstandsmitglieder, die ihre Pflichten verletzen, der Gesellschaft zum Schadenersatz verpflichtet sind; dies ist konsequent, weil sich die Pflichten des Vorstands aus seiner mit der Gesellschaft begründeten Organstellung ergeben. Die Geltendmachung der Schadensersatzansprüche erfolgt durch den **Aufsichtsrat** (§ 112), dessen Überwachungs- und Kontrollfunktion sich auch auf abgeschlossene Geschäftsvorgänge erstreckt. Zu seinen Aufgaben gehört auch die Prüfung des Bestehens von Schadenersatzansprüchen der Gesellschaft gegen den Vorstand aus dessen organschaftlicher Tätigkeit.[367] Die Hauptversammlung kann hierfür auch einen **Sonderprüfer** berufen (§ 142 Abs. 2).

Bei der Überprüfung des Bestehens von Schadensersatzansprüchen hat der **Aufsichtsrat** sorgfältig zu prüfen, ob eine klageweise Durchsetzung dieser Ansprüche Erfolg versprechend ist und ob und in welchem Umfang die gerichtliche Geltendmachung zu einem Ausgleich des entstandenen Schadens führt. Dabei hat der Aufsichtsrat zwar das unternehmerische Ermessen des Vorstands zu berücksichtigen, ihm selbst steht aber bei der Entscheidung, ob gegen den Vorstand vorzugehen ist, eine „Entscheidungsprärogative", also ein **überprüfungsfreier Beurteilungsspielraum nicht zu**.[368] Die Auffassung „*Wo das Gesellschaftsinteresse die Leitlinie des Handelns für die Gesellschaft bildet, herrscht grundsätzlich auch unternehmerisches Ermessen.*",[369] erscheint nur vordergründig logisch. § 148 Abs. 1 Nr. 4 zeigt aber, dass das Gesellschaftswohl gerade Maßstab gerichtlicher Entscheidungen sein kann, dieser Maßstab also kein Indiz für unternehmerische Entscheidungen ist.[370] Stehen der AG nach dem Ergebnis dieser Prüfung durchsetzbare Schadenersatzansprüche zu, hat der Aufsichtsrat diese Ansprüche grundsätzlich zu verfolgen und darf von der Rechtsverfolgung nur dann ausnahmsweise absehen, wenn **gewichtige Gründe des Gesellschaftswohls** dagegen sprechen und diese Umstände die Gründe, die für die Rechtsverfolgung sprechen, überwiegen oder zumindest gleichwertig sind. Anderen außerhalb des Unternehmenswohls liegenden, die Vorstandsmitglieder persönlich betreffenden Gesichtspunkten darf der Aufsichtsrat nur in Ausnahmefällen Raum geben.[371] Auf entsprechenden Beschluss der Hauptversammlung ist der Aufsichtsrat zur Geltendmachung des Schadensersatzanspruchs verpflichtet (§ 147 Abs. 1); hierfür kann durch die Hauptversammlung oder das Gericht ein besonderer Vertreter bestellt werden.[372]

II. **Die Aktionäre.** Der einzelne Aktionär kann die Ansprüche der Gesellschaft weder im eigenen Namen – im Wege einer *actio pro societate* – noch im Namen der Gesellschaft geltend machen. Einen eigenen Schadensersatzanspruch der Aktionäre sieht das Aktiengesetz nur in § 117 Abs. 1 S. 2 für eigene Schäden des Aktionärs vor. Soweit es um die Haftung des Vorstands nach § 93 Abs. 2 geht, können die Aktionäre den Ersatzanspruch nach Maßgabe des § 148 geltend machen.[373]

§ 93 Abs. 2 kann auch nicht als **Schutzgesetz** iSv § 823 Abs. 2 BGB gewertet werden, denn § 93 Abs. 1 und 2 dienen ausschließlich dem Schutz der Gesellschaft vor unsorgfältiger Geschäftsführung durch den Vorstand.[374] Die im Konzernrecht dem einzelnen Aktionär eingeräumten Klagebefugnisse – allerdings ge-

---

366 Vgl § 309 Abs. 3, § 310 Abs. 4, § 317 Abs. 4, § 318 Abs. 4, § 323 Abs. 1.
367 BGH NJW 1997, 1926, 1928 – ARAG/Garmenbeck; Schmidt/Lutter/*Krieger/Sailer-Coceani*, Rn 35.
368 Zu weitgehend deshalb in der Entscheidung LG Essen NZG 2012, 1307, 1309 – Arcandor – aufgestellte Rechtssatz, der diese Entscheidung auch nicht trägt, weil letztlich ein Verschulden des Aufsichtsrats verneint wird.
369 *Paefgen*, AG 2008, 761, 764; für die Anwendung der Business Judgement Rule auch *Goette*, ZHR 176 (2012), 588, 593 ff; tendenziell auch *Caspers*, ZHR 176 (2012), 617, 635 f; abl. ggü einer Verfolgungspflicht auch *Reichert*, FS Hommelhoff, 2012, S. 907, 917 ff.
370 Ebenso bereits *Koch*, AG 2009, 93, 96; aA *Cahn*, WM 2013, 1293, 1297.
371 BGH NJW 1997, 1926, 1928 – ARAG/Garmenbeck; Schmidt/Lutter/*Krieger/Sailer-Coceani*, Rn 35; Hölters/*Hölters*, Rn 292; Bürgers/Körber/*Bürgers/Israel*, Rn 35 a; vgl auch *Zimmermann*, DB 2008, 687, 688 f; *Koch*, AG 2009, 93, 966 ff; *Redeke*, ZIP 2008, 1549, 1551.
372 *U. Schneider*, ZIP 2013, 1985.
373 Vgl hierzu im Einzelnen: *Paschos/Neumann*, DB 2005, 1779.
374 KölnKomm-AktG/*Mertens/Cahn*, Rn 207; MüKo-AktG/*Spindler*, Rn 273; *Hüffer*, Rn 19.

151 **III. Die Gesellschaftsgläubiger (Abs. 5).** Nach § 93 Abs. 5 kann der Ersatzanspruch der Gesellschaft auch von deren **Gläubigern** geltend gemacht werden, soweit sie von dieser keine Befriedigung erlangen können. Für das Verfolgungsrecht erforderlich und genügend ist, dass die AG nicht zahlen kann; ein fruchtloser Vollstreckungsversuch ist nicht notwendig, andererseits ist die Zahlungsunwilligkeit einer zahlungsfähigen Gesellschaft für die Begründung des Verfolgungsrechtes nicht ausreichend.[376] Gläubigern, deren Forderung Eigenkapitalcharakter hat, steht dieses Recht allerdings nicht zu.[377]

152 Über die dogmatische Einordnung des den Gläubigern in Abs. 5 eingeräumten Verfolgungsrechtes besteht Streit. Einigkeit besteht darüber, dass Abs. 5 den Gläubigern den beschwerlichen Weg ersparen will, zunächst gegen die Gesellschaft zu klagen und sich dann deren Ersatzanspruch gegen den Vorstand pfänden und überweisen zu lassen.[378]

153 Früher wurde das Verfolgungsrecht als gesetzliche Prozessstandschaft angesehen,[379] heute überwiegt zu Recht die Auffassung, die in Abs. 5 die Begründung eines **eigenen Anspruches der Gläubiger** sieht.[380] Das folgt zumindest aus Abs. 5 S. 3 Alt. 2 Beruht das Handeln des Vorstands auf einem Hauptversammlungsbeschluss, ist die Haftung des Vorstands gegenüber der AG ausgeschlossen (Abs. 4 S. 1). Wenn in diesem Fall trotzdem eine Haftung gegenüber den Gläubigern besteht (Abs. 5 S. 3 Alt. 2), dann muss es sich um einen anderen Anspruch handeln, denn ein nicht bestehender Anspruch (der Gesellschaft) kann auch von den Gläubigern nicht im Wege der Prozessstandschaft geltend gemacht werden.

154 Soweit es um eine Ersatzpflicht gem. Abs. 3 geht, besteht das Verfolgungsrecht ohne Rücksicht auf die Schwere des Verschuldens des Vorstandsmitglieds. In anderen Haftungsfällen ist eine gröbliche Pflichtverletzung, also wenigstens grobe Fahrlässigkeit, erforderlich.[381] Es gilt auch hier die Umkehrung der **Beweislast** nach Abs. 2 S. 2 iVm Abs. 5 S. 2 Hs 2.[382] Ein **Verzicht, Vergleich** oder ein gesetzmäßiger **Beschluss der Hauptversammlung** kann den Gläubigern nach Abs. 5 S. 3 nicht entgegengehalten werden.[383]

155 Der Gläubiger kann und muss die Leistung an sich selbst, nicht an die AG verlangen.[384] Soweit die Gesellschaft oder andere Gläubiger bereits Klage gegen den Vorstand wegen des gleichen Anspruchs erhoben haben, kann dieser nicht die Einrede der Rechtshängigkeit (§ 261 Abs. 3 Nr. 1) erheben,[385] was wiederum ein Zusatzargument für die materielle Anspruchsvervielfältigung ist.

156 Für die Schadenersatzansprüche der Gesellschaft und der Gläubiger gilt im Hinblick auf Zahlung des in Anspruch genommenen Vorstandsmitglieds § 428 BGB entsprechend. Auch nach obsiegendem Urteil des Gläubigers kann der Vorstand daher mit befreiender Wirkung an die Gesellschaft oder an einen anderen Gläubiger zahlen, so dass sich eine umgehende Vollstreckung auch bereits aus einem nur vorläufig vollstreckbaren Urteil empfiehlt.[386] Soweit das Vorstandsmitglied gezahlt hat, kann es gegenüber der Vollstreckung eines anderen Gesellschaftsgläubigers oder der Gesellschaft mit einer Vollstreckungsgegenklage nach § 767 ZPO begegnen.[387]

157 Trotz Abs. 5 ist es nach wie vor zulässig, dass der Gläubiger zunächst die Gesellschaft verklagt und dann den Schadenersatzanspruch der Gesellschaft pfändet und sich überweisen lässt, wonach eine schuldbefreiende Leistung an die AG nicht mehr möglich wäre, wohl aber an andere Gläubiger.[388]

158 **IV. Insolvenzverwalter.** Wird über das Vermögen der AG das Insolvenzverfahren eröffnet, so wird das Verfolgungsrecht der Gläubiger ausschließlich durch den **Insolvenzverwalter** oder (bei Eigenverwaltung) durch den Sachwalter ausgeübt (vgl Abs. 5 S. 4). Gläubiger können Vorstandsmitglieder nach der Insolvenzeröffnung nicht mehr in Anspruch nehmen; gleichwohl erhobene Klagen sind als unbegründet abzuweisen.[389]

---

375 Hölters/*Hölters*, Rn 333.
376 Großkomm-AktienR/*Hopt*, Rn 407; KölnKomm-AktG/*Mertens/Cahn*, Rn 182; MüKo-AktG/*Spindler*, Rn 238.
377 BGH NJW 1993, 57, 63 f für Genussrechtsinhaber..
378 KölnKomm-AktG/*Mertens/Cahn*, Rn 179; *Hüffer*, Rn 31.
379 OLG Frankfurt WM 1977, 59, 62; *Fleischer*, in: Fleischer, Hdb VorstandsR § 11 Rn 113.
380 Großkomm-AktienR/*Hopt*, Rn 397 f; KölnKomm-AktG/*Mertens/Cahn*, Rn 180; MüKo-AktG/*Spindler*, Rn 234; Schmidt/Lutter/*Krieger/Sailer-Coceani*, Rn 55; Hölters/*Hölters*, Rn 32; Bürgers/Körber/*Bürgers/Israel*, Rn 43; Henssler/Strohn/*Dauner-Lieb*, Rn 48; *Hüffer*, Rn 32.
381 Großkomm-AktienR/*Hopt*, Rn 409; MüKo-AktG/*Spindler*, Rn 236; krit. dazu Hölters/*Hölters*, Rn 327.
382 Großkomm-AktienR/*Hopt*, Rn 409; MüKo-AktG/*Spindler*, Rn 246.
383 *Hüffer*, Rn 33.
384 MüKo-AktG/*Spindler*, Rn 239; *Hüffer*, Rn 34 mwN.
385 KölnKomm-AktG/*Mertens/Cahn*, Rn 184; *Hüffer*, Rn 34 mwN.
386 KölnKomm-AktG/*Mertens/Cahn*, Rn 184; MüKo-AktG/*Spindler*, Rn 240.
387 KölnKomm-AktG/*Mertens/Cahn*, Rn 184; MüKo-AktG/*Spindler*, Rn 245.
388 KölnKomm-AktG/*Mertens/Cahn*, Rn 181; Hölters/*Hölters*, Rn 323; *Hüffer*, Rn 34; Bürgers/Körber/*Bürgers/Israel*, Rn 43.
389 Vgl *Hüffer*, Rn 35 mwN.

War die Klage bereits anhängig, so tritt analog § 240 ZPO Unterbrechung ein, der Insolvenzverwalter kann in den Prozess eintreten.[390]

Da der Insolvenzverwalter nach § 93 Abs. 5 S. 4 das Recht der Gläubiger gegen die Vorstandsmitglieder ausübt und nach Abs. 5 S. 3 den Gläubigern gegenüber die Ersatzpflicht weder durch einen Verzicht oder Vergleich der Gesellschaft noch durch einen Hauptversammlungsbeschluss berührt wird, ist der Insolvenzverwalter nicht an die Beschränkungen von Abs. 4 S. 3 gebunden und kann sich insbesondere vergleichen.[391] Wenn Eigenverwaltung (§§ 270 ff. InsO) angeordnet ist, wird der Sachwalter anstelle des Aufsichtsrates tätig. § 93 Abs. 5 S. 4 ist Sondervorschrift gegenüber § 274 InsO. Der Sachwalter verdrängt also die Geschäftsorgane und hat die Befugnisse, die sonst dem Insolvenzverwalter zustünden.[392]

J. Weitere Haftungsbeziehungen

I. Andere Ansprüche der Gesellschaft. 1. Vertragliche Ansprüche. Der Anspruch aus § 93 Abs. 2 resultiert aus der organschaftlichen Stellung des Vorstands und trifft dementsprechend auch **faktische Organe**.[393] Im Regelfall geht mit der Bestellung zum Vorstand der Abschluss eines entsprechenden Anstellungsvertrages einher, so dass eine Pflichtverletzung zugleich einen Anspruch aus § 280 BGB begründen könnte. Dieser wird jedoch durch den Anspruch aus § 93 Abs. 2 verdrängt.[394] Ein besonderer Haftungstatbestand findet sich lediglich noch in § 88 Abs. 2 S. 1: der Verstoß gegen ein **Wettbewerbsverbot**. Selbstständige Bedeutung neben § 93 Abs. 2 hat aber vor allem die Regelung des § 88 Abs. 2 S. 2, die der AG den Eintritt in die Geschäfte ermöglicht, die unter Verstoß gegen das Wettbewerbsverbot getätigt wurden.[395]

2. Deliktische Ansprüche. Daneben kommen deliktische Ansprüche aus § 823 Abs. 1 und Abs. 2 BGB[396] sowie § 826 BGB[397] in Betracht. Aufgrund der deutlich größeren Darlegungslast für die Gesellschaft als beim Anspruch aus § 93 Abs. 2 haben diese Ansprüche praktisch nur geringe Bedeutung. Sie besteht insbesondere dann, wenn die an die Kenntnis anknüpfende Regelverjährung deliktischer Ansprüche (§ 199 BGB)[398] günstiger ist als die Verjährung nach § 93 Abs. 6. Außerdem verhindert die Feststellung im Urteil, dass der Anspruch auf einer vorsätzlich begangenen unerlaubten Handlung beruht, die Einbeziehung der Forderung in eine **Restschuldbefreiung** im Falle einer Privatinsolvenz des Vorstands (§ 302 Nr. 1 InsO).

II. Ansprüche der Aktionäre. 1. Vertragliche Ansprüche. Vertragliche Schadensersatzansprüche (§ 280 BGB) kommen unter zwei Gesichtspunkten in Betracht: Zum einen aus dem Anstellungsvertrag als Vertrag mit Schutzwirkung zugunsten Dritter. Das ist aber abzulehnen, denn § 93 verdrängt die vertragliche Haftung des Vorstands und gewährt dem **Aktionär** selbst keinen Anspruch.[399] Zum anderen aus einem rechtsgeschäftsähnlichen Schuldverhältnis (früher cic, heute § 311 Abs. 2 BGB). Das kommt insbesondere dann in Betracht, wenn der Vorstand persönlich Vertrauen des Aktionärs für sich in Anspruch nimmt und hierdurch den Aktienerwerb herbeiführt.[400]

Die Haftung des Vorstands aus einem rechtsgeschäftsähnlichen Schuldverhältnis überschneidet sich zumindest teilweise mit der **Prospekthaftung** ieS. Diese resultiert aus § 44 Abs. 2 Nr. 1 BörsG[401] und § 22 WpPG[402] und trifft (auch) die Organe des emittierenden Unternehmens persönlich.[403]

2. Deliktische Haftung. a) Verletzung des Mitgliedschaftsrechts. Das **Mitgliedschaftsrecht** des Aktionärs in der Gesellschaft kann als „sonstiges Recht" iSd § 823 Abs. 1 BGB verstanden werden.[404] Soweit ein Vor-

---

390 KölnKomm-AktG/*Mertens/Cahn*, Rn 190; MüKo-AktG/*Spindler*, Rn 250; Schmidt/Lutter/*Krieger/Sailer-Coceani*, Rn 60; *Hüffer*, Rn 35 mwN.
391 KölnKomm-AktG/*Mertens/Cahn*, Rn 192; *Hüffer*, Rn 35 mwN.
392 KölnKomm-AktG/*Mertens/Cahn*, Rn 194; *Hüffer*, Rn 35; zur Haftung des Eigenverwalters vgl *Thole/Brünkmans*, ZIP 2013, 1097.
393 Hölters/*Hölters*, Rn 229; *Fleischer* AG 2004, 517, 528; abl. *Hüffer*, Rn 12.
394 Großkomm-AktienR/*Hopt*, Rn 464; KölnKomm-AktG/*Mertens/Cahn*, Rn 4; Hölters/*Hölters*, Rn 349.
395 KölnKomm-AktG/*Mertens/Cahn*, Rn 21 f; *Fleischer*, AG 2005, 336, 346.
396 Als Schutzgesetz kommt insb. § 266 StGB in Betracht, vgl dazu Anhang zu § 93.
397 § 826 BGB hat im Gesellschaftsrecht seine wesentliche Bedeutung bei der „Existenzvernichtungshaftung", deren Adressat aber nicht die Organe, sondern die Gesellschafter sind, vgl BGH NJW 2007, 2689 Rn 23 – Trihotel; 2009, 2127 – Sanitary; BGH NZG 2012, 667 Rn 13; weitergehend aber *Tröger/*
Dangelmeyer, ZGR 2011, 558, 578 f., die auch eine persönliche Haftung der Organe der Obergesellschaft aus § 826 BGB bejahen. In Betracht kommt aber eine Haftung des Vorstands wegen Beteiligung an der Existenzvernichtung durch die Gesellschafter (§ 830 Abs. 2 BGB).
398 Vgl BGH NZG 2012, 1069 Rn 14.
399 Ebenso MüKo-AktG/*Spindler*, Rn 264; Schmidt/Lutter/*Krieger/Sailer-Coceani*, Rn 62; vgl oben Rn 150, 160.
400 BGH NZG 2008, 661 Rn 14; 2012, 1303 Rn 32; KölnKomm-AktG/*Mertens/Cahn*, Rn 220 ff; Spindler/Stilz/*Fleischer*, Rn 312.
401 Vgl dazu Heidel/*Bergdolt*, § 44 BörsG.
402 Vgl dazu unten Kapitel 13, § 22 WpPG.
403 BGH NJW 1981, 1449, 1450; BGH NZG 2008, 661 Rn 15 mwN.
404 So für die Mitgliedschaft im Verein BGH NJW 1990, 2877, 2878 – Schärenkreuzer; zur Mitgliedschaft in der AG ebenso: Hölters/*Hölters*, Rn 352; *Wiedemann*, ZGR 2011, 183, 201, der sich allerdings für einen vertragsähnlichen Anspruch ausspricht.

stand daher rechtswidrig und schuldhaft in das Substrat der durch Gesetz und Satzung ausgeformten Mitgliedsstellung eines Aktionärs eingreift, ist er dem Aktionär zum Schadenersatz verpflichtet.[405] Dies gilt insbesondere für Fälle der Verletzung der Gleichbehandlungspflicht gegenüber den Mitgliedern sowie bei Minderung des Einflusses der Mitgliedschaftsposition durch eine rechtswidrige Veränderung des Unternehmensgegenstandes oder der Organisationsstruktur der Gesellschaft ohne die gebotene Satzungsänderung.[406] Der Aktionär ist in diesen Fällen allerdings nicht allein auf einen Anspruch gegen den Vorstand zu verweisen. Er hat vielmehr einen verbandsrechtlichen Anspruch darauf, *„dass die Gesellschaft seine Mitgliedschaftsrechte achtet und alles unterlässt, was sie über das durch Gesetz und Satzung gedeckte Maß hinaus beeinträchtigt"*. Verletzt der Vorstand diesen Anspruch, so ist es Sache der Gesellschaft *„durch Organe Abhilfe zu schaffen, den betroffenen Aktionären Genüge zu tun und dafür zu sorgen, dass ihre Mitgliedsrechte künftig nicht mehr verletzt werden"*.[407] Es ist allerdings fraglich, ob das Holzmüller-Urteil in der Tat einen deliktischen Anspruch aus § 823 Abs. 1 BGB gegen die in das Mitgliedschaftsrecht eingreifenden Verwaltungsratsmitglieder begründet hat, oder nicht eher einen verbandsrechtlichen Anspruch des Aktionärs gegen die Gesellschaft auf Beachtung der aus seinem Mitgliedschaftsrecht folgenden gesellschaftsrechtlichen Befugnisse.[408]

165 **b) Verletzung von Schutzgesetzen (§ 823 Abs. 2 BGB).** Verletzt der Vorstand schuldhaft Gesetze, die den Schutz der Aktionäre bezwecken und erleidet der Aktionär hierdurch einen Nachteil, besteht ein Schadensersatzanspruch aus § 823 Abs. 2 BGB. Eine Vielzahl von Normen kommt als **Schutzgesetz** in Betracht:

166 ■ **wegen verspäteter Insolvenzantragstellung:** Es ist anerkannt, dass § 92 Abs. 2 und § 15a InsO Schutzgesetze sind. Streitig ist aber, ob sie den Schutz der Aktionäre bezwecken. Die Rechtsprechung verneint dies zu Recht, weil der Schutzzweck dieser Norm nur den Schaden von Neugläubigern der Gesellschaft erfasst, deren Anspruch erst nach Insolvenzreife entstanden ist.[409]

167 ■ **wegen fehlerhafter Informationen:** §§ 399 f,[410] §§ 263,[411] 264 StGB,[412] § 15a WpHG nF[413] nicht aber § 20a WpHG, weil dies Normen allein die Funktionsfähigkeit des Kapitalmarkts sichern sollen,[414] und § 27 WpÜG.[415] Der Schutzgesetzcharakter der §§ 238 ff HGB ist umstritten.[416]

168 **c) Informationsdeliktshaftung (§ 826 BGB).**[417] Soweit die vorgenannten Schutzgesetze nicht eingreifen, kommt auch eine Haftung des Vorstands wegen fehlerhafter Informationen des Erwerbers gem § 826 BGB in Betracht (**Informationsdeliktshaftung**). Dies setzt voraus, dass der Vorstand vorsätzlich falsche Informationen an den Kapitalmarkt gegeben hat, die konkret zu einem Aktienerwerb geführt haben.[418] Die fehlerhafte Information des Kapitalmarktes kann auch in einem **Unterlassen** einer Information bestehen, wenn diese geboten war.[419] Hinzu kommen müssen aber noch **besondere Umstände**, die die vorsätzlich fehlerhafte Information erst als **sittenwidrig** erscheinen lassen. Diese liegen idR vor, wenn der Vorstand aus eigennützigen Motiven handelt, insbesondere, um sich zu bereichern.[420]

169 **3. Rechtsfolgen.** Besteht ein Schadensersatzanspruch des Aktionärs, ist hinsichtlich des Ersatzanspruchs wie folgt zu unterscheiden:

170 **a) Mittelbare Schäden.** Ersatz für die Entwertung seiner Aktien durch Schäden der Gesellschaft kann der Aktionär gar nicht verlangen. Sowohl das **Gebot der Kapitalerhaltung** als auch der **Grundsatz der Gleichbehandlung aller Aktionäre** schließen die Geltendmachung solcher mittelbarer Schäden aus. Der Aktionär erlangt die Kompensation seines Schadens durch die Ersatzleistung an die AG. Er kann diesen Anspruch

---

405 Vgl KölnKomm-AktG/*Mertens/Cahn*, Rn 211.
406 Vgl BGH NJW 1983, 1703 – Holzmüller.
407 BGH NJW 1983, 1703, 1706 – Holzmüller.
408 Abl auch Großkomm-AktienR/*Hopt*, Rn 473; Hölters/*Hölters*, Rn 353 f.; MüKo-AktG/*Spindler*, Rn 271; MüKo-BGB/*Wagner*, § 823 Rn 173; Schmidt/Lutter/*Krieger/Sailer-Coceani*, Rn 63; für ein Nebeneinander von verbandsrechtlichem und deliktischem Anspruch dagegen KölnKomm-AktG/*Mertens/Cahn*, Rn 212.
409 BGH WM 1985, 384, 385 zu § 92 Abs. 2.
410 BGH NJW 1988, 2794, 2795; 2004, 2664, 2665; 2005, 3721, 3722.
411 BGH NJW 1992, 3167, 3172.
412 BGH NJW 1992, 241, 242; 2004, 2664, 2666 – Infomatec I; BGH NZG 2010, 1031, 1032; BGH NJW-RR 2012, 404.
413 BGH NJW 2012, 1800 Rn 57 – IKB in Abweichung zur Rechtsprechung zu § 15a WpHG aF, vgl BGH NJW 2004, 2664, 2665; KölnKomm-AktG/*Mertens/Cahn*, Rn 227.
414 BGH NJW 2012, 1800 Rn 20 ff mwN – IKB; dazu *Schmolke*, ZBB 2012, 165, 168 ff.
415 *Friedl*, NZG 2004, 448, 450 mwN; *Ebke*, FS Hommelhoff, 2012, S. 161, 178 ff.
416 Dafür: *Schnorr*, ZHR 170 (2006), 9, 14 ff; dagegen *Hopt/Merkt*, § 238 Rn 19; offengelassen BGH NJW 1994, 1801, 1804.
417 Vgl dazu MüKo-AktG/*Spindler*, Rn 295; MüKo-BGB/*Wagner* § 826 Rn 72 ff; *Fleischer*, ZIP 2005, 1805 ff; *Buck-Heeb/Diekmann*, AG 2008, 681 ff.
418 BGH NJW 2004, 2664, 2666 – Infomatec I; 2971, 2972 ff – Infomatec II; 2008, 76 Rn 16 – ComROAD IV; BGH NZG 2007, 711 Rn 16 – ComROAD VI; 2008, 382 Rn 16 – ComROAD VII; 386 Rn 16 – ComROAD VIII.
419 OLG Düsseldorf AG 2011, 706 Rn 170; OLG München, Urteil vom 18.5.2011 – 20 U 4879/10 – in Weiterführung von BGH NJW 2001, 3702.
420 BGH NJW 2004, 2971, 2973 f – Infomatec II; NJW 2012, 1800 Rn 28 – IKB; OLG Düsseldorf AG 2011, 706 Rn 170.

selbst geltend machen.[421] Eine Leistung an sich kann er nur verlangen, wenn feststeht, dass die Gesellschaft die Leistung nicht mehr benötigt.[422]

b) **Vertrauensschaden.** Anders ist die Lage, wenn der Schaden des Aktionärs im Erwerb der Aktien besteht, weil er auf fehlerhafte Informationen vertraut hat (§ 311 Abs. 2 BGB, **Prospekthaftung, Informationsdeliktshaftung**). Hier kann der Aktionär Erstattung seines Kapitaleinsatzes Zug um Zug gegen Übertragung der erworbenen Aktien verlangen.[423] Konsequenz ist, dass über § 31 BGB auch die AG selbst auf Rücknahme der Aktien gegen Erstattung der Einlage in Anspruch genommen werden kann, ohne dass dem § 57 entgegengehalten werden kann. Hier hat der **Anlegerschutz Vorrang vor dem Gläubigerschutz** und dem Gebot der Gleichbehandlung aller Aktionäre.[424]

III. **Ansprüche von Gesellschaftsgläubigern. 1. Vertragliche Schadensersatzansprüche.** Vertragliche Beziehungen kommen idR nur zwischen der AG und ihren Vertragspartnern in Betracht. Eine vertragsähnliche Haftung des Vorstands gegenüber **Gläubigern** der Gesellschaft kann sich jedoch aus der Inanspruchnahme besonderen persönlichen Vertrauens (§ 311 Abs. 2 BGB) ergeben.[425]

2. **Deliktische Ansprüche.**[426] Die **deliktische Haftung** des Vorstands gem. §§ 823 ff BGB weist wenig Besonderheiten auf. Als Schutzgesetz iSd § 823 Abs. 2 BGB kommt im Verhältnis zu den Gesellschaftsgläubigern insbesondere § 15 a InsO in Betracht.[427] Hinsichtlich der Rechtsfolge ist hier zu unterscheiden zwischen solchen Gläubigern, die schon vor Insolvenzreife Gläubiger der AG waren (Altgläubiger) und solche, die es erst danach wurden (Neugläubiger). Der Schaden der **Altgläubiger** liegt darin, dass durch das Hinzutreten neuer Gläubiger die Insolvenzquote verringert wird. Sie können deshalb nur diesen **Quotenschaden** ersetzt verlangen.[428] Der Schaden von **Neugläubigern** besteht dagegen in ihrem Ausfall in der Insolvenz, weil sie auf die fortbestehende Leistungsfähigkeit vertraut haben.[429]

Aus der Stellung als Vorstand einer AG ergibt sich **keine Garantenstellung** gegenüber Dritten, diese vor Schädigungen durch die AG bzw deren Organe oder Mitarbeiter zu bewahren.[430] Eine deliktische Haftung des Vorstands für Schäden, die Dritten aus einer mangelhaften Organisation der AG erwachsen, ist deshalb abzulehnen.[431]

Im Bereich des **gewerblichen Rechtsschutzes** können sich Ansprüche gegen den Vorstand auf Schadensersatz und/oder Unterlassung ergeben. Für Schadensersatzansprüche gilt das vorstehend zu § 823 BGB Gesagte. Für Unterlassungsansprüche wird teilweise eine Garantenstellung aufgrund der Organstellung bejaht. Der BGH lehnt dies aber zu Recht ab und verlangt auch für die **Störerhaftung** des Vorstands eine bewusste Beteiligungshandlung.[432]

3. **Ansprüche von Arbeitnehmern.** Ein Anspruch aus § 823 Abs. 2 BGB kommt für **Arbeitnehmer** aus einer ganzen Reihe von Schutzgesetzen in Betracht. Hierzu gehört auch § 266 a Abs. 2 StGB.[433] Zweifelhaft ist dies für § 7 AGG[434] Nach § 8 AltTZG ist der Arbeitgeber verpflichtet, Wertguthaben, einschließlich Arbeitgeberanteil, in geeigneter Weise gegen das Risiko seiner Zahlungsunfähigkeit abzusichern. Das BAG[435] hat den Schutzgesetzcharakter der Vorgängervorschrift § 7 d Abs. 1 SGB IV mit überzeugenden Argumenten verneint. Die Verschärfung der § 8 a AltTZG führt zu keiner andere Analyse.[436]

4. **Ansprüche wegen Steuern und Sozialabgaben.** Nach § 69 AO haftet der Vorstand, soweit Ansprüche aus dem **Steuerschuldverhältnis** infolge vorsätzlicher oder grob fahrlässiger Verletzung der ihm auferlegten Pflichten (§ 34 AO) nicht oder nicht rechtzeitig festgesetzt oder erfüllt oder soweit infolge dessen Steuervergütungen oder Steuererstattungen ohne rechtlichen Grund gezahlt werden. Grundsätzlich trifft die Verpflichtung gem. § 34 AO sämtliche Vorstandsmitglieder.[437] Etwas anderes gilt nur bei einer vorweg getroffenen, eindeutigen – und daher schriftlich festgelegten –[438] Geschäftsverteilung. Dann trifft die Haftung

---

421 BGH NJW 1987, 1077, 1079 f – IMS; 1988, 413, 415; 1995, 1739, 1746 f – Girmes; MüKo-AktG/*Spindler*, Rn 283; *Baums*, ZGR 1987, 554, 559 f.
422 BGH NJW 1995, 1739, 1747 – Girmes.
423 BGH NJW 1987, 2974, 2976; 2004, 2668, 2669 – Infomatec I.
424 BGH NJW 2005, 2450, 2452 – EM.TV; BGH NZG 2008, 382 Rn 11 – ComROAD VI.
425 BGH NJW 1983, 1607, 1609 (GmbH); Großkomm-AktienR/ *Hopt*, Rn 496 ff; *Hüffer*, Rn 21 mwN; *Spindler*, in: Fleischer, Hdb VorstandsR, § 13 Rn 4.
426 Vgl auch MüKo-BGB/*Wagner*, § 823 Rn 391 ff.
427 MüKo-BGB/*Wagner*, § 823 Rn 395;.
428 BGH NZG 2007, 347 Rn 12.
429 BGH NZG 2007, 347 Rn 13.
430 BGH NJW 2012, 3439 Rn 23 ff; anders noch BGH NJW 1990, 976, 977 f.
431 Großkomm-AktienR/*Hopt*, Rn 504 f; MüKo-AktG/*Spindler*, Rn 87; Spindler/Stilz/*Fleischer*, Rn 316 f; Hölters/*Hölters*, Rn 368; *Dannecker*, NZWiSt 2012, 441, 445.
432 BGH NJW 1987, 127, 129 – Sporthosen; BGH GRUR 2012, 1145 Rn 36 jeweils mwN; vgl auch *Spindler* in. Fleischer, Hdb VorstandsR, § 13 Rn 66 ff.
433 BAG VersR 2006, 984; MüKo-BGB/*Wagner*, § 823 Rn 405.
434 MüKo-BGB/*Thüsing*, § 15 AGG Rn 53 mwN; aA Erman/*Belling*, § 15 AGG Rn 13.
435 BAG NZA 2008, 121 Rn 28 ff.
436 Zweifelnd, wenngleich Schutzgesetzcharakter gleichfalls ablehnend: *Streit/Bürk*, DB 2008, 742, 747.
437 BFH NJW-RR 2003, 1117, 1118.
438 BFH NJW 1998, 3374, 3375; BayVGH DB 2007, 2083.

nach § 69 AO grundsätzlich zunächst nur das für die Erfüllung der steuerlichen Pflichten **zuständige Vorstandsmitglied**. Besteht jedoch Anlass zu der Vermutung, dass dieses Vorstandsmitglied seine Pflichten nicht richtig erfüllt hat, so sind alle Vorstandsmitglieder nach dem Grundsatz der Gesamtverantwortung des Vorstands für die Leitung der Gesellschaft für die Erfüllung der steuerlichen Pflichten verantwortlich, so dass jeden von ihnen die Haftung nach § 69 trifft.[439] Dies gilt insbesondere auch für den Fall, dass bei der AG eine Liquiditätskrise eingetreten ist.[440] Soweit die Vorstandsmitglieder nur intern faktisch eine Aufteilung der Geschäfte unter den Organmitgliedern vereinbart haben, bleibt die Haftung eines jeden einzelnen Mitglieds bestehen.[441]

178 Die Haftung des Vorstands gegenüber **Sozialversicherungsträgern** ergibt sich aus § 266a StGB, der als Schutzgesetz iSv § 823 Abs. 2 BGB zu verstehen ist.[442] Das Dilemma, dass einerseits die Vorenthaltung von Beiträgen des Arbeitnehmers zur Sozialversicherung strafbar ist und die mangelnde Abführung ausstehender Lohn- und Umsatzsteuer nach § 69 AO zu einer persönlichen Haftung des Vorstands führt, andererseits aber den Vorstand nach § 92 Abs. 2 und 3 und § 93 Abs. 2 und Abs. 3 Nr. 6 eine Massesicherungspflicht trifft, hat der BGH unter Änderung seiner früheren Rechtsprechung nunmehr dahin gehend gelöst, dass der Vorstand mit der Sorgfalt eines ordentlichen Geschäftsleiters handelt, wenn er auch noch im Stadium der Insolvenzreife – insbesondere nach Ablauf der Insolvenzantragspflicht – die Sozialbeiträge und Steuern abführt.[443] § 266a StGB setzt bedingten Vorsatz voraus, so dass eine Haftung nicht zuständiger Vorstandsmitglieder unter dem Gesichtspunkt der Gesamtverantwortung nicht in Betracht kommt. Für die Arbeitgeberanteile greift die persönliche Haftung der Vorstandsmitglieder nicht ein.[444]

K. Verjährung (Abs. 6)

179 Die Ansprüche aus Abs. 1–5 unterliegen gem. Abs. 6 einer differenzierten Verjährung. Die Verjährungsfrist beträgt idR **fünf Jahre**, bei börsennotierten Gesellschaften gilt aber seit dem Restrukturierungsgesetz[445] eine **zehnjährigen Verjährung**. Die Begründung für die Verlängerung der Verjährungsfrist soll in der Anonymisierung der Aktionärsbasis sowie der Ausrichtung auf kurzfristige Erfolge bei börsennortierten AGs liegen.[446] Diese Verjährungsfrist gilt auch für die Verfolgungsrechte der Gesellschaftsgläubiger und des Insolvenzverwalters.

180 § 93 Abs. 6 betrifft nur Ansprüche aus der Verwaltungstätigkeit als solche, nicht aus **anderen Vertragsverhältnissen** wie beispielsweise Kaufverträge zwischen Vorstand und Gesellschaft oder aus **Delikt**. Erfüllt ein pflichtwidriges Verhalten des Vorstands zugleich den Tatbestand einer unerlaubten Handlung so besteht Anspruchskonkurrenz; der deliktische Anspruch verjährt selbstständig nach §§ 195, 199 BGB.[447]

181 Die Verjährung **beginnt** gemäß § 200 BGB iVm § 187 Abs. 1 BGB im Zeitpunkt der Entstehung des Schadensersatzanspruchs und läuft gemäß § 188 Abs. 2 ab.[448] Entstanden ist ein Anspruch iSd § 200 BGB, sobald eine Geltendmachung durch den Berechtigten möglich wird. Soweit das Verhalten des Vorstands zu einer risikobehafteten Situation führt, der Schaden jedoch erst zu einem wesentlich späteren Zeitpunkt eintritt, ist darauf abzustellen, ob ein Schaden dem Grunde nach bereits entstanden ist und insoweit eine Klage auf Feststellung eines gegenwärtigen Schadens in Betracht kommt.[449]

182 Die Verjährung beginnt nicht vor Beendigung der pflichtwidrigen Handlung. Das bloße **Verschweigen** der pflichtwidrigen Handlung stellt zwar keine zusätzliche Pflichtverletzung dar; soweit ein Vorstandsmitglied jedoch durch pflichtwidrige Maßnahmen das schadensbegründende Ereignis verdeckt, liegt eine eigenständige neue Pflichtverletzung vor, für die eine neue Verjährungsfrist beginnt.[450] Soweit die Gesellschaft mit dem Vorstandsmitglied Verhandlungen über den Anspruch führt (vgl § 203 BGB), ist auch die Verjährung

---

439 BFH ZIP 1984, 1345, 1346; 1986, 1247; OLG Hamburg NStZ 1987, 79.
440 BFH GmbHR 2005, 1315.
441 BFH GmbHR 1985, 30, 31.
442 BGH NJW 2007, 2118, 2120; 2009, 295.
443 BGH NJW 2007, 2118, 2120; 2009, 295; BGH NZG 2011 Rn 12 f; *Streit/Bürk*, DB 2008, 742, 746.
444 KölnKomm-AktG/*Mertens/Cahn*, Rn 231.
445 BGBl. 2010 I S. 1900.
446 Begr. des RegE zum Restrukturierungsgesetz, BT-Drucks. 17/3024, S. 81, krit. dazu *Baums*, ZHR 174 (2010), 593 ff; *Hopt*, ZIP 2013, 1793, 1801; vgl aber auch zum Bedürfnis nach einer längeren Verjährungsfrist *Fischer*, DStR 2007,

1083, 1088; *Wahlers/Wolff*, AG 2011, 605, 606; *F. Schäfer*, FS Maier-Reimer, 2010, S. 583, 598.
447 Großkomm-AktienR/*Hopt*, Rn 428; KölnKomm-AktG/*Mertens/Cahn*, Rn 195; Hölters/*Hölters*, Rn 335; *F. Schäfer*, FS Maier-Reimer, 2010, S. 583, 585.
448 KölnKomm-AktG/*Mertens/Cahn*, Rn 200 mwN; *Harbarth/Jaspers*, NZG 2011, 368.
449 BGH NJW 1987, 1887, 1888; OLG München BB 1997, 1655; OLG Stuttgart NZG 2010, 141, 146; KölnKomm-AktG/*Mertens/Cahn*, Rn 200 mwN; *Harbarth/Jaspers*, NZG 2011, 368, 369.
450 BGH NJW 1987, 2008, 2010; Großkomm-AktienR/*Hopt*, Rn 440; KölnKomm-AktG/*Mertens/Cahn*, Rn 201; Hölters/*Hölters*, Rn 339; *Grunewald*, NZG 2013, 842, 845.

gegenüber dem Gläubiger gehemmt.[451] Bei Verhandlungen zwischen dem Vorstandsmitglied und einem Gläubiger, gilt die Unterbrechung dagegen nur für ihn und den Insolvenzverwalter.[452]

Die Fristen des Absatz 6 sind gesetzlich vorgegeben. Sie können vertraglich **nicht verkürzt** werden. Dagegen erscheint eine **Verlängerung** der Verjährungsfrist bis auf maximal 30 Jahre § 202 Abs. 2 BGB möglich.[453] Eine solche Regelung müsste dann allerdings auch der Inhaltskontrolle gem. § 307 BGB standhalten, wobei zu berücksichtigen ist, dass auch Gesellschaftsorgane Verbraucher iSd § 310 Abs. 3 BGB sind.[454]

L. D&O-Versicherung

I. Möglichkeiten der Risikoabsicherung. Es gibt verschiedene Möglichkeiten, das Risiko, dass die Gesellschaft durch das Handeln eines Vorstands geschädigt wird, durch eine Versicherung abzudecken. In Betracht kommt eine Vertrauensschadensversicherung, die das Risiko absichert, dass der Gesellschaft durch eine vorsätzliche unerlaubte Handlung des Vorstands eines Vermögensschaden entsteht,[455] eine Haftpflichtversicherung des Vorstands und eine sog. **D(irectors) & O(fficers) Liabillity-Versicherung**. Allein hierzu trifft das Gesetz seit dem VorstAG[456] in Absatz 2 Satz 3 eine Regelung.

Bei der D&O-Versicherung schließt die Gesellschaft zugunsten des Vorstands eine Haftpflichtversicherung ab, Versicherungsnehmer ist die Gesellschaft, versicherte Person der Vorstand.[457] Es handelt sich damit um eine **Versicherung für fremde Rechnung** iSd § 43 VVG.[458] Der Vorstand kann im Falle der Inanspruchnahme durch die Gesellschaft seinen **Freistellungsanspruch** gegen die D&O-Versicherung an die Gesellschaft abtreten (§ 108 Abs. 2 VVG).[459]

Die **Musterbedingungen des GDV** „Allgemeine Versicherungsbedingungen für die Vermögensschaden-Haftpflichtversicherung von Aufsichtsräten, Vorständen und Geschäftsführern (AVB-AVG)" sehen in Nr. 1.1 als Regelfall nur die Versicherung des Organs gegen die Inanspruchnahme durch Dritte vor:

„*Der Versicherer gewährt Versicherungsschutz für den Fall, dass ein gegenwärtiges oder ehemaliges Mitglied des Aufsichtsrates, des Vorstandes oder der Geschäftsführung der Versicherungsnehmerin oder einer Tochtergesellschaft (versicherte Personen) wegen einer bei Ausübung dieser Tätigkeit begangenen Pflichtverletzung aufgrund gesetzlicher Haftpflichtbestimmungen privatrechtlichen Inhalts für einen Vermögensschaden von Dritten, also nicht von der Versicherungsnehmerin oder einer Tochtergesellschaft oder einer anderen versicherten Person auf Schadenersatz in Anspruch genommen wird.*"

Der Versicherungsschutz gegen Ansprüche der Gesellschaft ist in Nr. 1.2 und 1.3 als Erweiterung vorgesehen:

„*1.2 Sofern mit dem Versicherer besonders vereinbart, gilt zusätzlich:*
Besteht eine **Verpflichtung** *der Versicherungsnehmerin oder einer Tochtergesellschaft, versicherte Personen für den Fall, dass diese von Dritten im Sinne von Ziffer 1.1 Absatz 1 in dem in Ziffer 1.1 beschriebenen Umfang haftpflichtig gemacht werden,* **freizustellen** *(company reimbursement), so geht der Anspruch auf Versicherungsschutz aus diesem Vertrag in dem Umfang von den versicherten Personen auf die Versicherungsnehmerin oder eine Tochtergesellschaft über, in welchem diese ihre Freistellungsverpflichtung erfüllt. Voraussetzung für den Übergang des Versicherungsschutzes ist, dass die Freistellungsverpflichtung nach Art und Umfang rechtlich zulässig ist.*
1.3 Versicherungsschutz für **Schadensersatzansprüche der Versicherungsnehmerin** *Hauptversammlung oder der Gesellschafterversammlung initiiert und auch gerichtlich geltend gemacht werden, es sei denn, der Versicherer verzichtet auf die Voraussetzung der gerichtlichen Geltendmachung. Für darüber hinausgehende Schadenersatzansprüche der Versicherungsnehmerin oder einer Tochtergesellschaft gegen versicherte Personen, die nicht unter Ziffer 1.3 Satz 1 gedeckt sind, besteht Abwehrkostenschutz im Sinne der Ziffer 4.1.*"

---

451 KölnKomm-AktG/*Mertens/Cahn*, Rn 205.
452 Großkomm-AktienR/*Hopt*, Rn 448; KölnKomm-AktG/*Mertens/Cahn*, Rn 205; zweifelnd: *Hüffer*, Rn 37.
453 *Wahlers/Wolff*, AG 2011, 605, 608; *Schwab*, NZG 2013, 521, 526; aA Großkomm-AktienR/*Hopt*, Rn 432; KölnKomm-AktG/*Mertens/Cahn*, Rn 199; Hölters/*Hölters*, Rn 336; *Harbarth/Jaspers*, NZG 2011, 368, 370.
454 BAG NJW 2010, 2827 Rn 23 (GmbH-Geschäftsführer).
455 Vgl MüKo-VVG/*Grote*, VertrauensschadenV Rn 3; Prölss/Martin/*Voit*, AVB-AVG 1 Rn 2.
456 BGBl. 2009 I S. 2509.
457 Vgl BGH NJW 2012, 3723 Rn 11.
458 KölnKomm-AktG/*Mertens/Cahn*, Rn 241; Spindler/Stilz/*Fleischer*, Rn 230; MüKo-VVG/*Grote*, VertrauensschadenV Rn 644; Prölss/Martin/*Voit*, AVB-AVG 1 Rn 6; *Dreher/Thomas*, ZGR 2009, 31, 35; *Melot de Beauregard/Gleich*, NJW 2013, 824; *Lange*, r + s. 2010, 92, 93 f. weist der Versicherung insbesondere die Vermittlerfunktion zwischen Gesellschaft und Vorstand im Schadensfall zu.
459 Spindler/Stilz/*Fleischer*, Rn 231; MüKo-VVG/*Grote*, VertrauensschadenV, Rn 658 f; vgl allerdings OLG Düsseldorf DB 2013, 2442, 2443, wonach eine „ernstliche Inanspruchnahme" Voraussetzung des Freistellungsanspruchs ist, dazu Staudinger/*Richters*, DB 2013, 2275, 2276.

187 Die Ausgestaltung der Versicherungsbedingungen im Einzelnen kann vielfältige Formen annehmen, insbesondere, wenn die D&O-Versicherung um eine Versicherung ergänzt werden soll, die den in Absatz 3 Satz 2 nunmehr zwingend vorgesehenen Eigenanteil des Vorstands abdeckt.[460] Die D&O-Versicherung wird im Regelfall auf Seiten der Gesellschaft um eine **Vertrauensschadensversicherung** zu ergänzen sein, weil die D&O-Versicherung nicht vorsätzliche Pflichtverletzungen abdeckt (Nr. 5.1 AVB-AVG).[461]

188 Der Zweck der D&O-Versicherung besteht im **Schutz der Gesellschaft gegen die Zahlungsunfähigkeit des haftenden Organs**. Die damit verbundene Haftungsfreistellung ist lediglich ein Reflex.[462] Es kann als sicher angenommen werden, dass das Haftungsrisiko des Vorstands eine verhaltenssteuernde Wirkung hat:[463] Je größer das Risiko ist, persönlich für Schäden der Gesellschaft einstehen zu müssen, desto vorsichtiger wird ein rational handelnder Vorstand agieren. Das bedeutet aber keineswegs, dass sich das Haftungsrisiko des Vorstands für die Gesellschaft positiv auswirken muss, weil es auch zu einer Absicherungs- und Risikovermeidungsmentalität führen kann, die die Erwerbsaussichten der Gesellschaft schmälert.[464]

189 Die D&O-Versicherung ist **keine Pflichtversicherung**,[465] es liegt in der Kompetenz der Gesellschaft und im unternehmerischen Ermessen der zuständigen Organe,[466] über deren Abschluss und die Höhe des abzusichernden Risikos zu entscheiden.[467] Eine Verpflichtung zum Abschluss einer solchen Versicherung ergibt sich auch nicht aus Gründen der Treuepflicht gegenüber dem Vorstand, weil die Gesellschaft mit guten Gründen Wert darauf legen kann, dass der Vorstand einem Haftungsrisiko ausgesetzt ist.[468] Bei der Abwägung ist allerdings auch das Interesse der Gesellschaft an einer Abdeckung dieses Risikos mit in Betracht zu ziehen.[469] Es ist aber möglich, den Abschluss einer solchen Versicherung im Anstellungsvertrag des Vorstands vorzusehen.[470]

190 Über die Frage, ob im Anstellungsvertrag eine D&O-Versicherung vorgesehen wird, hat im Rahmen seiner Zuständigkeit gem. § 112 der **Aufsichtsrat** zu entscheiden. Der Abschluss des Versicherungsvertrages selbst ist aber Sache des Vorstands.[471]

191 **II. Selbstbehalt. 1. Zweck der Regelung.** Die durch das VorstAG neu in Abs. 3 S. 2 aufgenommene Regelung zur D&O-Versicherung betrifft lediglich die Sonderfrage, ob es zulässig ist, das Vorstandsmitglied durch den Abschluss einer D&O-Versicherung völlig vom Haftungsrisiko freizustellen. Das wird nunmehr von Gesetzes wegen ausgeschlossen. Die Verpflichtung, einen **Selbstbehalt** des Vorstands vorzusehen, ist der Versuch, die verhaltenssteuernde Wirkung des Haftungsrisikos zu erhalten, ohne das Ausfallrisiko der Gesellschaft unerträglich zu erhöhen: In der Höhe, in der das Risiko des Vorstands durch die D&O-Versicherung nicht abgedeckt ist, trifft die Gesellschaft ein Ausfallrisiko. Hierfür sieht das Gesetz eine Deckelung des Versicherungsschutzes wie auch des Selbstbehaltes vor.[472] Diese gilt nur für den Versicherungsschutz gegen Ansprüche der Gesellschaft selbst, nicht für den Versicherungsschutz gegen **Drittansprüche**[473] und umfasst auch nicht die durch die **Rechtsverteidigung** entstehenden Kosten.[474]

192 **2. Prozentuale Deckelung.** Die prozentuale Deckelung betrifft den Versicherungsschutz. Dieser darf nicht mehr als 90 % je Schadensfall ausmachen: *„Bei jedem Schadensfall hat sich das Vorstandsmitglied mit einem vertraglich festzulegenden Prozentsatz an dem Schaden zu beteiligen, der mindestens 10 Prozent betragen muss."*[475] Schon im Hinblick darauf, dass die Gesellschaft überhaupt keine D&O-Versicherung abschließen muss, ist es selbstverständlich auch möglich, eine höhere Selbstbeteiligung vorzusehen.

---

460 Vgl MüKo-VVG/*Ihlas*, D&O, Rn 38 ff, 68 ff; *Gädtke/Wax*, AG 2010, 851, 858 ff und unten Rn 196.
461 *Hoffmann*, NJW 2012, 1393, 1395; *Seibt/Saame*, AG 2006, 901, 905.
462 Weitergehend aber die Beschlussempfehlung des Rechtsausschusses: „dienen auch der Absicherung eines Vorstandsmitglieds vor Haftungsrisiken aus seiner Tätigkeit für die Gesellschaft", BT-Drucks. 16/13433, S. 11 (VorstAG); wie hier auch Spindler/Stilz/*Fleischer*, Rn 234; Hölters/*Hölters*, Rn 401.
463 BT-Drucks. 16/13433, S. 11 (VorstAG); krit. dazu Spindler/Stilz/*Fleischer*, Rn 228; Hölters/*Hölters*, Rn 406; *Gädtke/Wax*, AG 2010, 851, 853; *Dauner-Lieb/Tettinger*, ZIP 2009, 1555, 1557 („*Glaubensfrage*"); aus betriebswirtschaftlicher Sicht *von Werder*, ZIP 2009, 500, 505 f.; positiver dagegen *R. Koch*, AG 2009, 637, 641.
464 Vgl *Hopt*, ZIP 2013, 1793, 1795.
465 BT-Drucks. 16/13433, S. 11 (VorstAG).
466 *Seibt/Saame*, AG 2006, 901, 903.
467 BGH NJW 2009, 2454 Rn 23 für Aufsichtsratmitglieder; Spindler/Stilz/*Fleischer*, Rn 236.
468 KölnKomm-AktG/*Mertens/Cahn*, Rn 243; Spindler/Stilz/*Fleischer*, Rn 237; Hölters/*Hölters*, Rn 404; *Seibt/Saame*, AG 2006, 901, 907.
469 Vgl oben Rn 56.
470 MüKo-VVG/*Ihlas*, D&O, Rn 16; *Lange*, ZIP 2004, 2221; *Hohenstatt/Naber*, DB 2010, 2321.
471 Spindler/Stilz/*Fleischer*, Rn 234; Schmidt/Lutter/*Krieger/Sailer-Coceani*, Rn 43; Hölters/*Hölters*, Rn 403; *Deilmann/Otte*, AG 2010, 323, 324; offen gelassen dagegen in BGH NJW 2009, 2454 Rn 23.
472 Vgl Spindler/Stilz/*Fleischer*, Rn 247.
473 Hölters/*Hölters*, Rn 409; *Harzenetter*, DStR 2010, 653, 654 f; *Olbrich/Kassing*, BB 2009, 1659, aA *Thüsing/Traut*, NZA 2010, 140, 141; *Kerst*, WM 2010, 594, 599.
474 Spindler/Stilz/*Fleischer*, Rn 245; Hölters/*Hölters*, Rn 409; Henssler/Strohn/*Dauner-Lieb*, Rn 62; *Harzenetter*, DStR 2010, 653, 655; *Kerst*, WM 2010, 594, 601; so auch Nr. 4.3 AVB-AVG; aA *van Kann*, NZG 2009, 1010, 1012. Zu den Kosten der Rechtsverteidigung gegen strafrechtliche Vorwürfe vgl *Fiedler*, ZWH 2013, 297.
475 BT-Drucks. 16/13433, S. 11 (VorstAG).

3. Absolute Deckelung. Die absolute Deckelung lässt dagegen eine Beschränkung des Haftungsrisikos des Vorstands zu. Dies lässt sich dem Gesetzestext allerdings allenfalls mit Schwierigkeiten entnehmen.[476] Die D&O-Versicherung darf eine **Obergrenze für die Selbstbeteiligung** des Vorstands vorsehen – Deckelung der Selbstbeteiligung. Diese Obergrenze darf allerdings nicht niedriger sein als 150 % der festen Jahresbezüge des Vorstands, einem Betrag, von dem man annehmen kann, dass der Vorstand in dieser Höhe leistungsfähig ist, so dass das Ausfallrisiko der Gesellschaft überschaubar bleibt. Es unterliegt der Risikoabschätzung der Gesellschaft, die absolute Deckelung höher anzusetzen und damit ein größeres Ausfallrisiko in Kauf zu nehmen. Zuständig hierfür ist der **Aufsichtsrat**.[477]

Nur aus den Gesetzesmaterialien, nicht aber aus dem Gesetzestext selbst ergibt sich, dass die absolute Deckelung **alle Schadensfälle eines Jahres** betrifft.[478] Offen ist aber, was unter „Jahr" zu verstehen, das Kalenderjahr,[479] das Geschäftsjahr, das Versicherungsjahr[480] oder das Anstellungsjahr des Vorstands.[481] Für letzteres spricht, dass auf die jährliche Vergütung abgestellt wird.

4. Rechtliche Bedeutung des Selbstbehalts. Die rechtliche Bedeutung der Selbstbeteiligungsregelung in Abs. 3 S. 2 ist zweifelhaft. Wenn man hierin ein gesetzliches Verbot (§ 134 BGB) sieht,[482] ist ein Versicherungsvertrag, der die Selbstbeteiligungsgrenzen unterschreitet, jedenfalls insoweit unwirksam. Hält man den Versicherungsvertrag gleichwohl für wirksam,[483] stellt der Abschluss eines solchen Vertrages jedenfalls eine Pflichtverletzung durch den Vorstand dar, für die er ggf ersatzpflichtig wäre. Für diesen Schaden dürfte die D&O-Versicherung dann auch nicht eintrittspflichtig sein, weil er vorsätzlich herbeigeführt worden ist; Fahrlässigkeit dürfte angesichts der eindeutigen Gesetzeslage ausscheiden. Praktische Relevanz dürfte diese Frage kaum haben. Die Versicherungswirtschaft dürfte bei ihren Policen den Vorgaben des Abs. 3 Satz 2 Rechnung tragen.

III. Versicherung des Selbstbehalts. Außerdem besteht auch für die Vorstände kaum Anlass, Versicherungen ohne **Selbstbehalt** abzuschließen, weil es möglich ist, auch für den Selbstbehalt Versicherungsschutz zu erlangen. Gegen die Zulässigkeit einer solchen Versicherung bestehen keine Bedenken.[484] Hierfür bietet die Versicherungswirtschaft unterschiedliche Konstruktionen an, die insbesondere danach zu unterscheiden sind, ob eine Verknüpfung mit der D&O-Versicherung erfolgt (integrierte Lösung) oder die Versicherung des Eigenanteils unabhängig davon erfolgt.[485] Es muss allerdings gewährleistet sein, dass keine Umgehung der Selbstbehaltsregelung erfolgt. Deshalb dürfen die Prämien für diese Versicherung weder offen noch verdeckt von der Gesellschaft übernommen werden.[486]

M. Prozessuales

I. Gerichtsstand. Zuständig sind die **ordentlichen Gerichte**, da die Vorstandsmitglieder keine Arbeitnehmer sind (vgl § 5 Abs. 1 S. 3 ArbGG).

Die Ansprüche aus § 93 sind solche aus dem Organschaftsverhältnis, das durch die Bestellung und Annahme zwischen der Gesellschaft und dem Mitglied des Vorstands zustande kommt. Für diese Ansprüche ist der Gerichtsstand des **Erfüllungsortes** nach § 29 ZPO gegeben. Die streitige Verpflichtung, das ist die dem Vorstand gem. § 93 obliegende Sorgfaltspflicht, ist regelmäßig am Sitz der Gesellschaft zu erfüllen.[487] Im Anwendungsbereich der EuGVVO gilt insoweit Art. 5 Nr. 1 lit. b EuGVVO. Ist die Klage auf unerlaubte

---

[476] Vgl zur Auslegung aufgrund der Gesetzesmaterialien *Dauner-Lieb/Tettinger*, ZIP 2009, 1555, 1556; *Olbrich/Kassing*, BB 2009, 1659, 1660.

[477] *Hüffer*, Rn 18 a; *Deilmann/Otte*, AG 2010, 323, 325; *Melot de Beauregard/Gleich*, NJW 2013, 824, 829; aA *Hölters/Hölters*, Rn 409, der den Vorstand für zuständig hält.

[478] „...und eine absolute Obergrenze, die für alle Schadensfälle in einem Jahr zusammen gilt...", BT-Drucks. 16/13433, S. 11 (VorstAG).

[479] *Spindler/Stilz/Fleischer*, Rn 248; *Hölters/Hölters*, Rn 409; *Bürger/Körber/Bürgers/Israel*, Rn 40 b.; *Harzenetter*, DStR 2010, 653, 656; *Olbrich/Kassing*, BB 2009, 1659; 1660; *Melot de Beauregard/Gleich*, NJW 2013, 824, 829.

[480] So wohl Nr. 4.3 AVB-AVG im Hinblick auf die für das Versicherungsjahr festgelegte Deckungssumme.

[481] Vgl *Dauner-Lieb/Tettinger*, ZIP 2009, 1555, 1556; *R. Koch*, AG 2009, 637, 644; *van Kann*, NZG 2009, 1010, 1012; *Thüsing/Traut*, NZA 2010, 140, 142.

[482] *Prölss/Martin/Voit*, AVB-AVG 4 Rn 10; *Gädtke/Wax*, AG 2010, 851, 853; *R. Koch*, AG 2009, 637, 639.

[483] *KölnKomm-AktG/Mertens/Cahn*, Rn 249; *Spindler/Stilz/Fleischer*, Rn 252; *Hölters/Hölters*, Rn 407; *Schmidt/Lutter/Krieger/Sailer-Coceani*, Rn 42; *Dauner-Lieb/Tettinger*, ZIP 2009, 1555, 1556 f; *Thüsing/Traut*, NZA 2010, 140 f; *Kerst*, WM 2010, 594, 600 f.

[484] *Spindler/Stilz/Fleischer*, Rn 255; *Gädtke/Wax*, AG 2010, 851, 852; *Dauner-Lieb/Tettinger*, ZIP 2009, 1555, 1557; *Kerst*, WM 2010, 594, 602; einschränkend aber *R. Koch*, AG 2009, 637, 645 f., der hierin zwar eine Umgehung des Gesetzeszwecks sieht, die aber keine Nichtigkeit des Vertrages zur Folge habe, weil weder der Vorstand noch die Versicherung Normadressat seien; krit. auch *Prölss/Martin/Voit*, AVB-AVG 4 Rn 12; *Harzenetter*, DStR 2010, 653, 658; *Thüsing/Traut*, NZA 2010, 140, 143.

[485] Vgl *MüKo-VVG/Ihlas*, D&O, Rn 38 ff; *Gädtke/Wax*, AG 2010, 851, 858 ff.

[486] *Schmidt/Lutter/Krieger/Sailer-Coceani*, Rn 39; *Thüsing/Traut*, NZA 2010, 140, 143; *Kerst*, WM 2010, 594, 602; *Melot de Beauregard/Gleich*, NJW 2013, 824, 829.

[487] BGH NJW-RR 1992, 800, 801; *KölnKomm-AktG/Mertens/Cahn*, Rn 9.

Handlung gestützt, so ist das Gericht des Tatortes zuständig (§ 32 ZPO bzw Art. 5 Nr. 3 EuGVVO). Das zuständige Gericht kann ggf Kraft Sachzusammenhangs auch unter Zugrundelegung von § 93 entscheiden[488] In allen Fällen gilt der allgemeine Gerichtsstand des Wohnsitzes des Beklagten (§ 13 ZPO, Art. 2 EuGVVO).

Rechtsstreitigkeiten aus § 93 sind Handelssachen (vgl § 95 Abs. 1 Nr. 4 lit. a GVG).

199 **II. Prozessführung.** Die Prozessführung ist als Annexkompetenz zu § 112 S. 1 Sache des **Aufsichtsrats**.[489] Diese Zuständigkeit gilt auch gegenüber früheren Vorstandsmitgliedern[490] sowie deren Hinterbliebenen.[491] Fehler bei der Vertretung der AG sind jedoch heilbar durch Genehmigung der bisherigen Prozessführung durch den Vorstand, die auch konkludent erfolgen kann.[492]

Anhang zu § 93: § 266 StGB

Literatur:
Fischer, StGB, 59. Aufl. 2012; *Graf/Jäger/Wittig*, Wirtschafts- und Steuerstrafrecht, 2011; *von Heintschel-Heinegg*, StGB, 2010; *Leipziger Kommentar zum StGB*, 12. Aufl. 2010 (zit. LK/*Bearb*.); *Maurach/Schroeder/Maiwald*, Strafrecht. Besonderer Teil, Teilband 1. Straftaten gegen Persönlichkeits- und Vermögenswerte, 10. Aufl. 2009; *Münchener Kommentar zum Strafrecht*, Bd. 5, §§ 263–358, 2006; *Nomos-Kommentar zum StGB*, 4. Aufl. 2013 (zit. NK/*Bearb*.); *Satzger/Schmitt/Widmaier*, Strafgesetzbuch, 2009 (zit. S/S/W-*Bearb*.); *Schönke/Schröder*, StGB, 28. Aufl. 2010 (zit. Sch/Sch/*Bearb*.); *Wessels/Hillenkamp*, Strafrecht. Besonderer Teil 2, 34. Aufl. 2011.

A. Das Regelungskonzept des § 266 StGB 1	IV. Nachteil 44
I. Regelungszweck 1	1. Verfassungsrechtliche Vorgaben 44
II. Entwicklung der Norm 2	2. Einzelfragen 47
III. Verfassungsmäßigkeit 3	a) Verringerung des Vermögens 47
B. Tatbestand 4	b) Vermögensgefährdung 50
I. Aufbau des Tatbestands 4	c) Ausgebliebene Vermögensmehrung 54
II. Täterqualifikation: Vermögensbetreuungspflicht 8	d) Kompensation 55
1. Allgemeines 10	V. Kausalität, Pflichtwidrigkeitszusammenhang, Schutzzweck der Norm 58
2. Rechtsgrundlage der Vermögensbetreuungspflicht 13	1. Äquivalente Kausalität 58
a) Gesetz 14	2. Zurechnungszusammenhang 59
b) Behördlicher Auftrag 15	a) Schutzzweck der Norm 60
c) Rechtsgeschäft 16	b) Pflichtwidrigkeitszusammenhang/rechtmäßiges Alternativverhalten 61
d) Sonstiges Treueverhältnis 17	VI. Vorsatz 62
3. Einzelfälle 22	1. Vorsatzformen 62
III. Tathandlung 23	2. Tatbestandsirrtum 66
1. Treubruch 24	C. Rechtswidrigkeit und Schuld 67
2. Missbrauch 25	D. Beteiligung 70
3. Pflichtwidrigkeit 29	E. Strafrahmen und Strafantrag 74
4. Begehung durch Unterlassen 43	F. Konkurrenzen 80

A. Das Regelungskonzept des § 266 StGB

1 **I. Regelungszweck.** Die anderen Straftatbestände des StGB aus dem Bereich der Eigentums- und Vermögensdelikte schützen das Eigentum und Vermögen vor Eingriffen von außen. § 266 komplettiert den Schutz des Vermögens, indem es auch **Eingriffe in das Vermögen „von innen"**[1] sanktioniert, nämlich durch Personen, die rechtmäßig Zugriff auf dieses haben. Vermögensträger sind vielfach aus den unterschiedlichsten Gründen gezwungen, anderen Zugriff auf ihr Vermögen zu eröffnen. Diese erhöhte Verletzlichkeit des Vermögens soll durch die Strafdrohung des § 266 StGB kompensiert werden. Kritisch wird allerdings angemerkt, dass der Vermögensschutz häufig nur ein Instrument zum Schutz anderer Güter ist, für den spezielle Tatbestände fehlen.[2]

---

488 BGH NJW 2003, 828, 829; anders aber bei int. Zuständigkeit aus § 32 ZPO, vgl BGH NJW 1996, 1411, 1413; BGH NZG 2010, 909 Rn 12.
489 Vgl unten § 112 Rn 3.
490 BGH BGH NJW-RR 1991, 926; NZG 2009, 466 Rn 7 mwN.
491 BGH NZG 2007, 31 Rn 6.
492 BGH NJW 1999, 3263; BGH NZG 2009, 466 Rn 12; vgl dazu auch *Gehle*, MDR 2011, 957.
1 BVerfG NJW 2010, 3209 Rn 87 – Landowsky; *Schünemann*, NStZ 2005, 473, 474.
2 *Perron*, GA 2009, 219, 222.

II. Entwicklung der Norm.[3] Der Untreuetatbestand fand sich von Anfang an im StGB. Die ursprüngliche Fassung war die Übernahme der Regelung des § 246 prStGB aus dem Jahre 1851; eine vergleichbare Bestimmung gab es vorher bereits in Art. 398 bayStGB von 1813. Eine weitgehende Änderung des Gesetzes im Jahre 1933 führte zu der bis auf wenige redaktionelle Änderungen auf der Tatbestandsseite und Änderungen auf der Rechtsfolgenseite auch heute noch gültigen Fassung.

III. Verfassungsmäßigkeit. Der Tatbestand ist weit gefasst und wenig konkret, das RG bezeichnete die Norm als ausfüllungsbedürftige Rahmenvorschrift.[4] Das hat seit vielen Jahren zu der Frage geführt, ob die Norm noch die Anforderungen an die **hinreichende Bestimmtheit** eines Straftatbestandes erfüllt, wie sie sich aus Art. 103 Abs. 2 GG ergeben.[5] Nachdem sich das BVerfG zweimal mit dieser Bestimmung befasst hat, kann die Frage als geklärt angesehen werden: § 266 StGB ist verfassungskonform, weil die sehr abstrakt gefassten Tatbestandsmerkmale inzwischen in der Rechtsprechung eine hinreichende Konkretisierung erfahren haben, so dass für den Bürger das Risiko der Strafbarkeit noch ausreichend erkennbar ist.[6]

B. Tatbestand

I. Aufbau des Tatbestands. Der Untreuetatbestand enthält zwei Alternativen

- den Missbrauch der durch Gesetz, behördlichen Auftrag oder Rechtsgeschäft eingeräumten Befugnis, über fremdes Vermögen zu verfügen oder einen anderen zu verpflichten (**Missbrauchstatbestand**),
- die Verletzung der ihm kraft Gesetzes, behördlichen Auftrags, Rechtsgeschäfts oder eines Treueverhältnisses obliegenden Pflicht, fremde Vermögensinteressen wahrzunehmen (**Treubruchtatbestand**).

Eine seit dem 19. Jahrhundert bestehende Streitfrage ist das **Verhältnis dieser beiden Tatbestände** zueinander. Dabei stehen sich in unterschiedlichen Ausprägungen eine monistische und eine dualistische Theorie gegenüber.[7] Der Kern des Streits ist die Frage, ob das Merkmal der Vermögensbetreuungspflicht sich nur auf den Treubruchtatbestand bezieht, oder auch auf den Missbrauchstatbestand. Die inzwischen herrschende monistische Theorie bezieht das Merkmal der Vermögensbetreuungspflicht auf beide Tatbestandsalternativen, wobei die Vermögensbetreuungspflicht einheitlich verstanden wird.[8] Die dualistischen Theorien beziehen das Merkmal der Vermögensbetreuungspflicht dagegen nur auf den Treubruchtatbestand oder definieren dieses Merkmal unterschiedlich, je nachdem, ob es um den Missbrauchs- oder den Treubruchtatbestand geht.[9] Für den Missbrauchstatbestand soll danach bereits die Vertretungsmacht die Vermögensbetreuungspflicht begründen.

Der monistischen Theorie ist zuzustimmen. Schon der Wortlaut der Norm spricht dafür, dass das Merkmal der Vermögensbetreuungspflicht für beide Tatbestandsalternativen gilt, denn der Relativsatz, der dieses Merkmal beinhaltet, bezieht sich auf das weitere Merkmal „Schaden", das aber unstreitig für beide Alternativen gilt. Für eine unterschiedliche Auslegung des Merkmals, je nach dem, um welche Alternative es geht, gibt es keine tragfähige Begründung. Diese Auffassung hat sich inzwischen auch der Gesetzgeber durch die Einführung des § 266 b StGB zu eigen gemacht. Diese Norm ist Ausfluss der „Scheckkarten"-Entscheidung des BGH,[10] wonach die Vertretungsmacht des Karteninhabers gerade nicht ausreicht, um eine Vermögensbetreuungspflicht iSd Missbrauchstatbestands zu begründen.

Der Untreue-Tatbestand setzt sich damit aus drei Elementen zusammen

- der Täterqualifikation (Vermögensbetreuungspflicht)
- der Tathandlung (Missbrauch oder Treubruch)
- dem Taterfolg (Nachteil).

Der Unterschied zwischen den beiden Tatbestandsalternativen liegt allein in der jeweiligen Tathandlung, denn Täterqualifikation und Taterfolg sind identisch. Die Tathandlungen stehen demnach nicht in einem

---

3   Zusammenfassende Darstellung in BVerfGE 126, 170 Rn 6 ff – Landowsky, insoweit in NJW 2010, 3209 nicht abgedr.; vgl auch *Maurach/Schroeder/Maiwald*, § 45 Rn 7 ff; *Perron*, GA 2009, 219, 220 f; *Gribbohm*, ZGR 1990, 1, 9 f.
4   RGSt 69, 58, 62.
5   Vgl von *Heintschel-Heinegg/Wittig*, § 266 Rn 5.
6   BVerfG NJW 2009, 2370 Rn 20 ff; 2010, 3209 Rn 85 ff – Landowsky.
7   Vgl die Darstellung des Streitstandes und der verschiedenen Theorien bei MüKo-StGB/*Dierlamm*, § 266 Rn 13 ff; SSW-StGB/*Saliger*, § 266 Rn 6; *Fischer*, § 266 Rn 6 ff.
8   BGH NJW 1972, 1904 – Scheckkarte; 1984, 2539, 2540; 2002, 1585 f; 2006, 453, 454 – Kinowelt; BGH wistra 2012, 438 Rn 4 – Kreditsachbearbeiter; MüKo-StGB/*Dierlamm*, § 266 Rn 21; NK/*Kindhäuser*, § 266 Rn 22; Graf/Jäger/Wittig/*Waßmer*, § 266 Rn 29; *Maurach/Schroeder/Maiwald*, § 45 Rn 18; *Wessels/Hillenkamp*, Rn 750.
9   Sch/Sch/*Perron*, § 266 Rn 2; LK/*Schünemann*, § 266 Rn 19, 30, 58 auf der Grundlage einer typologischen Betrachtungsweise.
10 BGH NJW 1972, 1904 – Scheckkarte.

Exklusivitätsverhältnis zueinander, vielmehr ist der **Missbrauch ein Unterfall des Treubruchs**.[11] Deshalb verzichtet die gerichtliche Praxis nicht selten auf eine eindeutige Entscheidung, ob die Tathandlung den Missbrauchs- oder Treubruchtatbestand erfüllt.[12] Ein Hinweis gem. § 265 StPO ist nur beim Übergang vom (spezielleren) Missbrauchstatbestand auf den (allgemeineren) Treubruchtatbestand geboten.

8 **II. Täterqualifikation: Vermögensbetreuungspflicht.** Die Vermögensbetreuungspflicht ist ein **besonderes persönliches Merkmal** iSd § 28 Abs. 1 StGB: Nur wer dieses Merkmal aufweist, kann überhaupt Täter einer Untreue sein.[13]

9 Schon im Hinblick auf die verfassungsrechtlich gebotene einschränkende Auslegung des Tatbestandes[14] sind hohe Anforderungen an das Bestehen einer Vermögensbetreuungspflicht zu stellen. Diese haben sich im Laufe der Zeit in der Rechtsprechung wie folgt herausgebildet.

10 **1. Allgemeines.** In dem Rechtsverhältnis zwischen Täter und Opfer – beruhe es nun auf Vertrag oder Gesetz – muss die Pflicht des Täters, die Vermögensinteresse des Opfers wahrzunehmen, wesentliche Bedeutung haben. Im vertraglichen Verhältnis muss es eine **Hauptpflicht** sein.[15] Deshalb scheiden Rechtsverhältnisse aus, bei denen nur die allgemeine Pflicht (§ 241 Abs. 2 BGB) besteht, Rücksicht auf die Rechte, Rechtsgüter und Interessen des anderen Teils zu nehmen.[16]

11 Der Täter muss bei der Wahrnehmung der Vermögensinteressen über einen gewissen **Entscheidungsspielraum** verfügen, so dass untergeordnete oder rein weisungsabhängige Tätigkeiten ausscheiden.[17] Nur, wer eine Rechtsstellung hat, die es ihm erlaubt, rechtlich wirksame Entscheidungen in Bezug auf das geschützte Vermögen zu treffen, repräsentiert den Vermögensinhaber, so dass davon gesprochen werden kann, eine etwaige Vermögensschädigung erfolge „von innen heraus". Auf die Frage, ob die Tätigkeit überwacht wird oder eine Rechenschaftspflicht besteht, kommt es dagegen nicht wesentlich an. Das im Schrifttum teilweise angeführte Kriterium der Überwachungsfreiheit[18] ist ohne signifikante Bedeutung. Sicher hat derjenige, dessen Handeln nicht überwacht wird und der keine Rechenschaft schuldet – gibt es so etwas überhaupt bei fremdnütziger Tätigkeit? –, Dispositionsfreiheit. Aber umgekehrt rechtfertigt das Bestehen solcher Kontrollen nicht die Verneinung der Entscheidungsfreiheit:[19] Auch der Vorstand einer AG ist rechenschaftspflichtig und unterliegt einer Überwachung. Im Hinblick auf den Schutzzweck der Norm, Eingriffe in das Vermögen „von innen" zu sanktionieren (Rn 1), ist das entscheidende Kriterium, dass der Täter rechtlich oder zumindest tatsächlich in der Lage ist, wie der Inhaber des Vermögens über dieses zu disponieren.

12 Fraglich ist, ob **beide Elemente kumulativ** vorliegen müssen, oder es letztlich auf eine „Gesamtbetrachtung"[20] ankommt. Im Hinblick auf die verfassungsrechtlich gebotene restriktive Auslegung des Tatbestandes spricht mehr für die Forderung, dass beide Elemente gleichermaßen vorliegen müssen, um von einer Vermögensbetreuungspflicht reden zu können[21] – die Bedeutung der Pflicht kann nicht die fehlende Dispositionsmöglichkeit kompensieren und umgekehrt. Die dagegen vorgebrachten kriminalpolitischen Bedenken[22] überzeugen nicht, denn in den Fällen der **treuhänderischen Verwahrung**, die dann mangels Entscheidungskompetenz aus dem Anwendungsbereich des § 266 herausfallen, bleibt eine Strafbarkeit gem. § 246 wegen veruntreuender Unterschlagung mit demselben Strafrahmen erhalten.[23] Dies gilt zwar nicht bei besitzlosen Sicherungsrechten für den Sicherungsnehmer, gleichwohl erscheint hier die Annahme einer Vermögensbetreuungspflicht des Sicherungsnehmers iSd § 266 StGB aus den genannten Gründen sehr fraglich.[24]

13 **2. Rechtsgrundlage der Vermögensbetreuungspflicht.** Das Gesetz zählt auf, woraus sich die Vermögensbetreuungspflicht ergeben kann, nämlich Gesetz, behördlichem Auftrag, Rechtsgeschäft oder einem sonstigen Treuverhältnis. Die einzelnen Rechtsgrundlagen der Vermögensbetreuungspflicht stehen nicht als scharf

---

11 BGH NJW 2002, 1585 f; 2006, 453, 454 – Kinowelt; 2006, 522 Rn 28 – Mannesmann; MüKo-StGB/*Dierlamm*, § 266 Rn 14; NK/*Kindhäuser*, § 266 Rn 26; SSW-StGB/*Saliger*, § 266 Rn 7; Graf/Jäger/Wittig/*Waßmer*, § 266 Rn 29, 65; *Maurach/Schroeder/Maiwald*, § 45 Rn 11; *Wessels/Hillenkamp*, Rn 749; aA LK/*Schünemann*, § 266 Rn 19; Sch/Sch/*Perron*, § 266 Rn 2 mwN.
12 BGH NJW 2006, 453, 454 – Kinowelt; 2006, 522 Rn 28 – Mannesmann; BGH wistra 2006, 306 f.
13 BGH NJW 1975, 837; BGH NStZ 2012, 316, 317; 2012, 630.
14 BVerfG NJW 2010, 3209 Rn 110 – Landowsky; MüKo-StGB/*Dierlamm*, § 266 Rn 48; NK/*Kindhäuser*, § 266 Rn 32; von Heintschel-Heinegg/*Wittig*, § 266 Rn 29; *Wessels/Hillenkamp*, Rn 770.
15 BGH NJW 1954, 1854; 1968, 1938; 1985, 2280, 2282 – Kreditkarte; 2011, 88 Rn 29 – AUB; 2011, 2819 Rn 9; BGH wistra 2012, 438 Rn 4 – Kreditsachbearbeiter; MüKo-StGB/*Dierlamm*, § 266 Rn 35, 53 ff; Sch/Sch/*Perron*, § 266 Rn 23 a; NK/*Kindhäuser*, § 266 Rn 33.
16 BGH NStZ-RR 2011, 276, 277; OLG München wistra 2010, 155, 156 f; NK/*Kindhäuser*, § 266 Rn 33; Graf/Jäger/Wittig/*Waßmer*, § 266 Rn 36.
17 BGH NJW 2011, 88 Rn 29 – AUB; 2011, 2819 Rn 9; BGH wistra 2012, 438 Rn 4 – Kreditsachbearbeiter.
18 LK/*Schünemann*, § 266 Rn 86.
19 MüKo-StGB/*Dierlamm*, § 266 Rn 48 ff.
20 BGH wistra 2012, 438 Rn 4 – Kreditsachbearbeiter.
21 Ebenso MüKo-StGB/*Dierlamm*, § 266 Rn 48; Sch/Sch/*Perron*, § 266 Rn 24; *Wessels/Hillenkamp* Rn 771.
22 Graf/Jäger/Wittig/*Waßmer*, § 266 Rn 33.
23 Vgl zum Verhältnis von Untreue und veruntreuender Unterschlagung BGH NJW 2012, 3046 Rn 5.
24 AA *Clemente*, wistra 2010, 249, 251, 254 für den Inhaber einer Sicherungsgrundschuld; vgl unten Rn 22 (Treuhänder).

voneinander abgrenzbare Tatbestandsmerkmale nebeneinander. Aus der Formulierung „sonstigen" folgt nämlich, dass Gesetz, behördlicher Auftrag oder Rechtsgeschäft nur besondere Ausformungen von Treueverhältnissen sind. Deshalb kommt der teilweise streitigen Einordnung, ob bestimmte Treuepflichten auf Gesetz, behördlichem Auftrag oder Rechtsgeschäft beruhen, keine für die Strafbarkeit erhebliche Bedeutung zu.

a) **Gesetz.** Nur in wenigen Fällen resultiert eine Vermögensbetreuungspflicht unmittelbar aus dem Gesetz. Zu denken ist an die Fälle **gesetzlicher Vertretungsmacht**.[25] Dies gilt in erster Linie für die Vermögenssorge im Rahmen der elterlichen Sorge (§§ 1629, 1638 BGB). Damit korrespondieren die Stellung des Vormunds (§ 1793 BGB) und des Betreuers mit dem Aufgabenkreis der Vermögenssorge (§ 1901 BGB). Bei Vormund und Betreuer beruht die Pflicht zur Wahrung der Vermögensinteressen allerdings auf der Bestellung zum Vormund bzw Betreuer, so dass sich diese Fälle eher unter die Kategorie der Vermögensbetreuungspflicht kraft behördlichen Auftrags subsumieren lassen. Die Verpflichtungsermächtigung im Rahmen von Geschäften zur Deckung des Lebensbedarf (§ 1357 BGB) ergibt sich dementsprechend aus dem Rechtsgeschäft der Eheschließung.

b) **Behördlicher Auftrag.** Neben den bereits erwähnten Aufgabenkreisen des **Vormunds** und **Betreuers** gehören auch weitere gerichtlich bestellte Personen wie **Insolvenzverwalter**, **Nachlassverwalter** und **Zwangsverwalter** zu den Treueverhältnissen kraft behördlichen Auftrags.

c) **Rechtsgeschäft.** Die rechtsgeschäftlich begründete Vermögensbetreuungspflicht ist die **Bevollmächtigung** (§ 167 BGB) wie die Erteilung von **Prokura** oder **Handlungsvollmacht**, aber auch die **Organbestellung** aus der sich organschaftliche Vertretungsmacht zB § 78 AktG, § 35 GmbHG ergibt. Außerdem fällt hierunter die Ermächtigung (§ 185 BGB).[26] Eine rechtsgeschäftliche Vermögensbetreuungspflicht kann auch dadurch entstehen, dass ein Vermögensbetreuungspflichtiger einem Dritten Aufgaben aus seinem Verantwortungsbereich überträgt.[27]

d) **Sonstiges Treueverhältnis.** Die sonstigen, unabhängig von Gesetz, behördlichem Auftrag oder Rechtsgeschäft bestehenden Treueverhältnisse sind nur in der zweiten Alternative der Untreue, dem Treubruchstatbestand von Bedeutung. Das ist aber kein Beleg dafür, dass der Missbrauchstatbestand kein Unterfall des Missbrauchstatbestands ist (vgl Rn 4 ff). Vielmehr ist es so, dass der Missbrauchstatbestand ein rechtsgeschäftlich wirksames Verhalten des Täters für den Vermögensträger voraussetzt, idR eine wirksame Vertretung (vgl Rn 26). Die hierfür erforderliche Vertretungsmacht/Verfügungsbefugnis, kann sich nur aus Gesetz, behördlichem Auftrag oder Rechtsgeschäft ergeben. Daraus folgt, dass sonstige Treueverhältnisse solche sind, die zwar keine Vertretungsmacht/Verfügungsbefugnis begründen, aber gleichwohl so geartet sind, dass sie vergleichbare Einwirkungen auf das fremde Vermögen ermöglichen.[28]

Auch dort, wo die Begründung des Treueverhältnisses unwirksam ist, kann gleichwohl eine nach außen wirksame Vertretungsmacht entstehen. Das gilt etwa für fehlerhaft bestellte Organe (**faktische Geschäftsführer**) einer Körperschaft[29] oder einen nicht wirksam bestellten, aber eingetragenen Prokuristen. Hierher gehören auch die Fälle einer **Anscheinsvollmacht**.[30] Diese besteht etwa auch, wenn eine nach außen kundgemachte Innenvollmacht nur im Innenverhältnis widerrufen wurde (§§ 170 ff BGB) oder solange die Abberufung eines Organs noch nicht im entsprechenden Register eingetragen worden ist. Schließlich lassen sich hierunter auch nachwirkende Pflichten nach Beendigung eines Vertragsverhältnisses einordnen.[31]

Streitig ist die Behandlung der Fälle, in denen das Rechtsgeschäft, das eine Vermögensbetreuungspflicht begründen sollte, wegen **Verstoßes gegen ein gesetzliches Verbot** (§ 134 BGB) oder **Sittenwidrigkeit** (§ 138 BGB) nichtig ist. Soweit das gesetzliche Verbot oder das Sittenwidrigkeitsurteil gerade die in Rede stehende Betreuung des Vermögens verhindern soll (zB Geldverleih zu Wucherzinsen), gebietet es die Einheit der Rechtsordnung, die Vermögensbetreuungspflicht abzulehnen: Der Täter kann nicht gleichzeitig verpflichtet sein, etwas zu tun und es zu unterlassen.[32]

Anders ist es, wenn nur dem konkreten Täter die Betreuung des Vermögens untersagt ist, zB wegen eines Berufsverbots oder fehlender Zulassung zur Ausübung des Berufs.[33] In dieser Konstellation gebietet es der Grund, aus dem der Vertrag unwirksam ist, nicht, die tatsächlich erfolgte Einräumung des Zugriffs auf das

---

25 Vgl MüKo-BGB/*Schramm*, § 164 Rn 72; Staudinger/*Schilken*, Vor §§ 164 Rn 23 f.
26 SchSch/*Perron*, § 266 Rn 10.
27 BGH NStZ 2000, 375, 376 (Mitarbeiter des Insolvenzverwalters).
28 Graf/Jäger/Wittig/*Waßmer*, § 266 Rn 43.
29 BGH NJW 2013, 624 Rn 6; MüKo-StGB/*Dierlamm*, § 266 Rn 144; SSW-StGB/*Saliger*, § 266 Rn 26; *Truck*, ZWH 2013, 150.
30 Vgl LK/*Schünemann*, § 266 Rn 40.
31 BGH NJW 2013, 624 Rn 6; MüKo-StGB/*Dierlamm*, § 266 Rn 145; SSW-StGB/*Saliger*, § 266 Rn 27.
32 BGH NJW 1956, 151, 153 – FDJ-Sekretär; MüKo-StGB/*Dierlamm*, § 266 Rn 147; Sch/Sch/*Perron*, § 266 Rn 31; SSW-StGB/*Saliger*, § 266 Rn 28.
33 BGH NJW 1984, 800 (fehlende Termingeschäftsfähigkeit).

Vermögen nicht mit der Entstehung einer Vermögensbetreuungspflicht einhergehen zu lassen. Dem steht auch der Gesichtspunkt des Opferschutzes entgegen.[34]

21 Die wohl hM steht auch bei **illegalen Vermögenswerten** (zB Beute aus einem Raubüberfall) auf dem Standpunkt, dass eine wirksame Vermögensbetreuungspflicht begründet werden kann, weil es kein nicht geschütztes Vermögen und damit keinen rechtsfreien Raum geben soll.[35] Im Hinblick auf die Einheit der Rechtsordnung erscheint es aber zweifelhaft, in Bezug auf derartige inkriminierte Vermögenswerte von einer von der Rechtsordnung zu beachtenden Pflicht zu sprechen.[36] Die in der Rechtsprechung befürchteten Strafbarkeitslücken[37] dürften kaum bestehen.

3. Einzelfälle

22
- Anlageberater: nur bei Vermögensverwaltung,[39] nicht bei reiner Beratung, weil es an der Gestaltungsmöglichkeit fehlt[40]
- Arbeitgeber: Die Pflichten des Arbeitgebers gegenüber Arbeitnehmern aus dem Arbeitsvertrag begründen nicht die für eine Vermögensbetreuungspflicht erforderliche Dispositionsbefugnis.[41]
- Aufsichtsratsmitglied[42] und zwar auch Arbeitnehmervertreter[43]
- Auslandsgesellschaft: Organe einer Gesellschaft mit ausländischer Rechtsform, zB Limited, können Täter einer Untreue z. N. dieser Gesellschaft sein.[44] Die Frage, ob eine Pflichtverletzung vorliegt, ist allerdings nach dem ausländischen Gesellschaftsrecht zu beurteilen.[45]
- Betriebsrat: Eine Vermögensbetreuungspflicht besteht zumindest hinsichtlich der vom Arbeitgeber für die Betriebsratsarbeit zur Verfügung gestellten finanziellen und sachlichen Mittel. Diese können jedenfalls in Großbetrieben ein erhebliches Ausmaß annehmen.[46]
- Buchhalter: Es fehlt der Spielraum für eigenverantwortliche Tätigkeit.[47]
- Compliance-Beauftragter: Für den Leiter der Innenrevision hat der BGH unter Bezugnahme auf Compliance-Regelungen eine Vermögensbetreuungspflicht bejaht.[48] Im Hinblick auf die regelmäßig fehlende Dispositionsbefugnis dürfte das aber abzulehnen sein.[49]
- Filialleiter[50]
- GmbH-Geschäftsführer: Die Vermögensbetreuungspflicht besteht gegenüber der Gesellschaft, nicht gegenüber den Gesellschaftern. Das soll allerdings für den Geschäftsführer einer Komplementär-GmbH anders sein. Diesem soll auch gegenüber den Kommanditisten eine Vermögensbetreuungspflicht obliegen, weil die KG mangels eigener Rechtspersönlichkeit nicht Geschädigte sein könne.[51] Das erscheint im Hinblick auf die längst erfolgte Anerkennung einer Teilrechtsfähigkeit der GbR[52] mehr als fraglich. Die Vermögensbetreuungspflicht endet mit der Insolvenzeröffnung.[53] Sie besteht auch für **faktische Geschäftsführer**.[54] Fraglich ist die Vermögensbetreuungspflicht von Strohmann-Geschäftsführern, deren Vermögensbetreuungspflicht teilweise mit der Begründung verneint wird, dass sie faktisch nicht die Stellung eines Geschäftsführers haben.[55] Dem wird man folgen können, solange der Strohmann nicht

---

[34] MüKo-StGB/*Dierlamm*, § 266 Rn 144; SSW-StGB/*Saliger*, § 266 Rn 28.
[35] BGH NJW 1956, 151, 152 f. – FDJ-Sekretär.
[36] Ebenso MüKo-StGB/*Dierlamm*, § 266 Rn 148 ff; Sch/Sch/*Perron*, § 266 Rn 31; *Fischer*, § 266 Rn 45.
[37] Vgl BGH NJW 1956, 151, 153 – FDJ-Sekretär.
[39] BGH NJW 1991, 2554; BGH NStZ 1994, 35; BGH NStZ-RR 2002, 107; OLG München wistra 2010, 155, 157; *Park/Rütters*, ZIP 2011, 434, 438; *Mölter*, wistra 2010, 53 ff.
[40] Weitergehend NK/*Kindhäuser*, § 266 Rn 87, wenn der Vermögensinhaber seine Disposition erkennbar von der Empfehlung abhängig macht; dagegen aber zu Recht Graf/Jäger/Wittig/*Waßmer*, § 266 Rn 49.
[41] BGH NStZ-RR 2011, 276, 277.
[42] BGH NJW 2002, 1585, 1588; 2006, 522 Rn 13 – Mannesmann; 2010, 92 Rn 49 – Volkert jeweils mwN; OLG Braunschweig ZIP 2012, 1860, 1863; *Krause*, NStZ 2011, 57, 58.
[43] BGH NJW 2010, 92 Rn 49 – Volkert.
[44] BGH NStZ 2010, 632.
[45] BGH NStZ 2010, 632 Rn 10; *Kraatz*, JR 2011, 58, 61; *Wilken/Stewen*, wistra 2011, 161, 168; *Radke*, NStZ 2011, 556, 558; *Fornauf/Jobst*, GmbHR 2013, 125, 128 f; aA *Rönnau*, ZGR 2005, 832, 856 f. und NStZ 2001, 558, 559 im Hinblick darauf, dass die Ausfüllung des Tatbestandsmerkmals „Vermögensbetreuungspflicht" durch ausländische Rechtsnormen gegen Art. 103 Abs. 2 GG verstoße; krit. auch *Schlösser/Mosiek*, HRRS 2010, 424, 425 f.
[46] *Rieble/Klebeck*, NZA 2006, 758, 763 f.
[47] BGH StV 1986, 203 (LS); BGH wistra 1987, 27; MüKo-StGB/*Dierlamm*, § 266 Rn 73; weitergehend BGH GA 1979, 143, 144.
[48] BGH NJW 2009, 3173 Rn 27, 32; Graf/Jäger/Wittig/*Waßmer*, § 266 Rn 49; *Ransiek*, AG 2010, 147 ff; *Zimmermann*, BB 2011, 634, 635; *Kretschmer*, StraFo 2012, 259, 262; *Grützner/Behr*, DB 2013, 561, 562; krit. aus der Sicht des Gesellschaftsrechts *Goette*, ZHR 175 (2011), 388, 398.
[49] MüKo-StGB/*Dierlamm*, § 266 Rn 88; zweifelnd auch *Michalke*, StV 2011, 245, 251.
[50] BGH wistra 2004, 105; 107.
[51] BGH NStZ 2013, 38 Rn 19; BGH NZG 2013, 1304 Rn 42 f.
[52] BGH NJW 2001, 1056.
[53] BGH NStZ 1991, 432, 433; BGH NZG 2005, 755 (Zivilsenat); diff. aber für den Fall der Bestellung eines Sequesters BGH NJW 1993, 1278.
[54] BGH StraFo 2007, 518; BGH NJW 2013, 624 Rn 6.
[55] *Sahan*, FS I. Roxin, 2012, S. 295, 300 ff.

von seiner formalen Organstellung durch Vertretung der Gesellschaft zu deren Nachteil Gebrauch macht.[56]

- Gesellschafter: soweit er eine beherrschende Stellung hat (Existenzvernichtungshaftung)[57]
- Handelsvertreter: Eine Vermögensbetreuungspflicht lässt sich bejahen, wenn der Handelsvertreter nicht nur Geschäfte vermittelt, sondern auch die Abwicklung selbst vornehmen kann.[58] Der BGH hat in einem Fall gerade wegen des mit dem Prinzipal vereinbarten Inkasso-Verbots eine Vermögensbetreuungspflicht bejaht.[59] Das erscheint sehr fraglich, denn eine Dispositionsbefugnis ist gerade nicht erkennbar.
- Insolvenzverwalter:[60] Dasselbe gilt für einen Rechtspfleger oder einen Rechtsanwalt im Rahmen einer Zwangsverwaltung[61] oder einen Gerichtsvollzieher.[62]
- Kassierer: Insoweit dürften regelmäßig Dispositionsbefugnisse fehlen. Diese bereits dann anzunehmen, wenn der Kassierer Buch führe über die Einnahmen und Ausgaben,[63] dürfte zu weit gehen.[64]
- Kommissionär[65]
- Kreditsachbearbeiter: nur, wenn ein Ermessensspielraum bei der Kreditvergabe besteht[66]
- Liquidator[67]
- Mietkaution: nur bei Wohnraum-, nicht bei Gewerbemiete[68]
- Prokurist,[69] ebenso der Handlungsbevollmächtigte[70]
- Rechtsanwalt: bei der Verwendung von Fremdgeldern[71], bei Prozessführung nur bei weitgehender Entscheidungsfreiheit[72]
- Sonderprüfer
- Steuerberater: kann sich im Einzelfall aus der konkreten Rechtsbeziehung zum Mandanten ergeben.[73]
- Stiftungsvorstand[74]
- Subventionsempfänger: nein, mangels Fremdnützigkeit[75]
- Treuhänder: Es kommt auf den Einzelfall an. Der BGH hat die Vermögensbetreuungspflicht eines Treuhänders im Rahmen eines Bauherrenmodells aufgrund der konkreten Umstände bejaht,[76] ohne dass eine Dispositionsbefugnis des Treuhänders erkennbar gewesen wäre. Auch die Entgegennahme von Zahlungen im Rahmen eines Factoring-Vertrages begründet mangels Dispositionsbefugnis keine Vermögensbetreuungspflicht.[77] Das Treuhandverhältnis, das durch die Stellung von Sicherheiten entsteht, ist eigennützig und begründet deshalb keine Vermögensbetreuungspflicht.[78]
- Vergabeverfahren: Wer im Rahmen eines Vergabeverfahrens Ausschreibungen vorbereitet und am Vergabeverfahren beteiligt ist, soll auch dann eine Vermögensbetreuungspflicht haben, wenn er die Vergabeentscheidung selbst nicht trifft, wohl weil schon durch den Ablauf des Verfahrens Einfluss auf die Entscheidung genommen werden kann.[79] Das erscheint aber zumindest fraglich, denn bei einem ordnungsgemäß ablaufenden Vergabeverfahren fehlt es in der Vorbereitung der Vergabeentscheidung an einer Entscheidungsbefugnis.
- Vorstandsmitglied[80]
- Wirtschaftsprüfer[81]

---

56 Ebenso Sch/Sch/Perron, § 266 Rn 33; für eine generelle Vermögensbetreuungspflicht dagegen MüKo-StGB/Dierlamm, § 266 Rn 81; SSW-StGB/Saliger, § 266 Rn 26.
57 BGH NJW 2001, 3622; 2004, 2248, 2253 – Bremer Vulkan; Seibt/Schwarz, AG 2010, 301, 303; Kraatz, ZStW 123 (2011), 447, 455 ff.
58 BGH NStZ 1983, 74; Graf/Jäger/Wittig/Waßmer, § 266 Rn 50; verneinend dagegen OLG Karlsruhe StraFo 2008, 38, weil die Vermögensbetreuungspflicht nicht Hauptpflicht des Handelsvertretervertrages sei.
59 BGH wistra 1992, 66.
60 BGH NStZ 1998, 246, 247, 2000, 375, 376; BGH wistra 2002, 156, 157; BGHR StGB § 266 Abs. 1 (Missbrauch 2); Schramm, NStZ 2000, 398; Momsen/Christmann, NZI 2010, 121.
61 BGH NJW 2011, 2819 Rn 11, 15 f.
62 BGH NJW 2011, 2149 Rn 4; BGH NStZ-RR 2013, 344.
63 BGH NJW 1960, 53, 54; BGH NStZ 1983, 455 – Sortenkassierer; BGHR StGB § 266 Abs. 1 (Treubruch 1); vgl auch BGH wistra 2008, 427, 428 zu einem Geldtransportunternehmen.
64 Ebenso MüKo-StGB/Dierlamm, § 266 Rn 70; NK/Kindhäuser, § 266 Rn 51 f, 86.
65 OLG Düsseldorf NJW 2000, 529, 530 mwN; OLG Karlsruhe StraFo 2008, 38.
66 BGH wistra 2012, 438 – Kreditsachbearbeiter.
67 BGH NStZ 2001, 542, 543; OLG Dresden NZG 2000, 259, 261.
68 BGH NStZ 2008, 455 f.
69 BGH GA 1964, 130 (b. Herlan).
70 BGH NStZ 2011, 280, 281.
71 KG NStZ 2008, 405.
72 BGH NJW 2013, 1615 Rn 11 – „Haus- und Hofanwalt"
73 BGH NStZ 2006, 38, 39.
74 BGH wistra 2010, 445 Rn 10; Werner, ZWH 2013, 348.
75 BGH NJW 2004, 2248, 2251 f – Bremer Vulkan;.
76 BGH wistra 1991, 265, 266.
77 BGH NStZ 1989, 72 f; BGH NJW 2008, 2451.
78 OLG Celle ZInsO 2013, 1954.
79 BayObLG NJW 1996, 268, 271.
80 BGH NJW 2006, 522 Rn 80 – Mannesmann; 2010, 92 Rn 36 – Volkert.
81 BGH NStZ 2006, 38, 39; Quick, BB 1992, 1675, 1679.

23 **III. Tathandlung.** Wie oben (Rn 7) schon dargelegt, ist der Missbrauch ein Unterfall des Treubruchs. Die Gemeinsamkeit beider Tathandlungen besteht darin, dass eine Pflichtverletzung vorliegen muss.[82] Der Unterschied besteht in der Qualität der Tathandlung.

24 **1. Treubruch.** Als Treubruch kommt **jede Handlung** in Betracht, durch die der Täter gegen die ihm obliegende Vermögensbetreuungspflicht verstößt. Es kommt jedes rechtliche oder tatsächliche Verhalten in Betracht; Beispiele sind

- eigennütziges Handeln
  - Zueignung von Sachen des Treugebers[83]
  - Missbrauch von Betriebsmitteln des Treugebers zu eigenen Zwecken[84]
  - eigennützige Verwendung von Gesellschaftsmitteln[85]
  - geheimer Vorbehalt der Erfüllungsverweigerung[86]
- Begünstigung Dritter
  - Vereitelung vorteilhafter Vertragsschlüsse[87]
  - Nichtgeltendmachung bestehender Forderungen[88]
  - Vergabe von Aufträgen aufgrund von Bestechung[89]
  - Annahme von „Einflussspenden"[90]
  - Entgegennahme von „Kick-back"-Zahlungen[91]
  - Bezahlung nicht bestehender Forderungen[92]
  - überhöhte Leistungen[93]
- Entziehung oder Gefährdung von Vermögen
  - Anlegung schwarzer Kassen[94]
  - mangelhafte Buchführung[95]
  - Leistung an den falschen Gläubiger[96]
  - Teilnahme an Scheckreiterei[97]
  - Manipulationen zulasten von Kundenkonten bei einer Bank[98]
  - Zweckwidrige Verwendung von Haushaltsmitteln[99] oder Treuhandgeldern[100]

Wesentlich ist, dass das Verhalten pflichtwidrig[101] ist. Negativ ist der Treubruch vom Missbrauch als *lex specialis* abzugrenzen.

25 **2. Missbrauch.** Nach der herkömmlichen Kurzformel ist Missbrauch **„die Überschreitung des rechtlichen Dürfens im Rahmen des rechtlichen Könnens".**[102] Diese Voraussetzung kann nur erfüllt werden, wenn Vertretungsmacht und Bindung im Innenverhältnis auseinanderfallen können,[103] also regelmäßig bei der Außenvollmacht sowie bei den gesetzlich festgelegten Vollmachten wie der Prokura und der Handlungsvollmacht sowie der organschaftlichen Vertretungsmacht.

26 Wesentlich für den Missbrauchstatbestand ist, dass der Täter sich **im Rahmen des rechtlichen Könnens** bewegt.[104] Trotz Überschreitung seiner Befugnisse im Innenverhältnis muss er im Außenverhältnis wirksam

---

82 Vgl bereits RGSt 69, 58, 60 zum Treubruchtatbestand: „dass das Gesetz hier... das Innenverhältnis zwischen dem Täter und dem Inhaber des Vermögens für maßgebend erklärt".
83 BGH NStZ 2005, 566; BGH wistra 2003, 457; 2004, 105.
84 BGH NJW 2012, 401; 2012, 3046; BGH NStZ-RR 2005, 343.
85 BGH NJW 2011, 3528; BGH NStZ 2010, 632; 2013, 38; BGH wistra 2006, 209; 2006, 265; BGH StraFo 2007, 518.
86 BGH ZIP 2001, 383.
87 BGH NStZ 2003, 540.
88 BGH NJW 2011, 2819.
89 BGH NJW 2001, 2560; 2001, 3638; 2006, 925 – Kölner Müllskandal; 2006, 2864; BGH NStZ-RR 2006, 338; BGH wistra 2001, 295; 2012, 310; *Kraatz*, ZStW 122 (2010), 522, 524.
90 BGH NSt-RR 2007, 176.
91 BGH NJW 2005, 300; BGH NStZ 2004, 568; 2007, 213; 2010, 330.
92 BGH NJW 2007, 2864; 2013, 401 Rn 31 f; BGH NStZ-RR 2005, 83; BGH wistra 2000, 466 (Scheinarbeitsvertrag); 2006, 266; 2009, 398 (fingierte Steuererstattung).
93 BGH NJW 2010, 92 – Hartz; BGH NStZ 2008, 398; 2010, 502; BGH NJW-RR 2010, 1683 (Zivilsenat).
94 BGH NJW 2007, 1760 – Kanther; 2009, 89 – Siemens; 2010, 3458 – Trienekens.
95 BGH NJW 2010, 3458 – Trienekens; 2012, 3797 – Kölner Parteispenden II; BGH NStZ 2004, 348; *Gribbohm*, ZGR 1990, 1, 17.
96 BGH NStZ 2008, 87.
97 BGH wistra 2001, 218.
98 BGH wistra 2005, 458.
99 BGH NJW 2001, 2411; 2003, 2179 NStZ-RR 2011, 82; OLG Frankfurt ZWH 2013, 68.
100 BGH NJW 2008, 1827 (Mietkaution); 2008, 2451 (Immobilienfonds); 2010, 1764 (Notar); BGH NStZ 2000, 375 (Insolvenzverwalter); 2001, 195 (Rechtsanwalt); 2007, 204 (Notar); 2010, 329 (Notar); BGH NStZ-RR 2004, 54 (Rechtsanwalt); BGH wistra 2007, 343 (Rechtsanwalt); 2008, 466 (Notar).
101 Vgl unten Rn 29 ff.
102 BGH NJW 2002, 1211, 1213; 2004, 454; BGH NStZ 2011, 280; BGHR StGB § 266 Abs. 1 (Missbrauch 2); LK/*Schünemann*, § 266 Rn 47; MüKo-StGB/*Dierlamm*, § 266 Rn 118, 122; NK/*Kindhäuser*, § 266 Rn 82; SSW-StGB/*Saliger*, § 266 Rn 21; Graf/Jäger/*Wittig/Waßmer*, § 266 Rn 68; *Fischer*, § 266 Rn 9; von Heintschell-Heinegg/*Wittig*, § 266 Rn 13; *Maurach/Schroeder/Maiwald*, § 45 Rn 19; *Wessels/Hillenkamp*, Rn 753.
103 *Fischer*, § 266 Rn 28.
104 AA LK/*Schünemann*, § 266 Rn 47, für den es ausreicht, wenn Außenmacht und Innenbefugnis überschritten werden.

handeln, es muss also eine **wirksame Vertretung** vorliegen.[105] Dort, wo der Täter seine Befugnisse auch im Außenverhältnis überschreitet, eine wirksame Stellvertretung also nicht gegeben ist, scheidet der Missbrauchstatbestand aus. In Betracht kommt dann aber eine Strafbarkeit nach dem Treubruchtatbestand. Konsequenz dieser formalen Unterscheidung – bei wirksamer Vertretung kommt Missbrauch in Betracht, sonst nur Treubruch – ist, dass auch der zivilrechtliche **Missbrauch der Vertretungsmacht** nicht unter den Missbrauchstatbestand fällt.[106] Im Zivilrecht spricht man von einem Missbrauch der Vertretungsmacht, wenn der Vertreter sich formal im Rahmen seiner Vertretungsmacht hält, aber kollusiv mit der anderen Vertragspartei zusammenwirkt. Folge ist dann die Unwirksamkeit des Rechtsgeschäfts gem. § 138 BGB.[107]

Beispielsfälle für Missbrauch sind:
- Begünstigung Dritter
  - Gewährung von Anerkennungsprämien[108]
  - Veräußerung unter Verkehrswert[109] bzw Einkauf über Verkehrswert[110]
  - Einstellung von unqualifiziertem Personal[111]
  - vorzeitige Erfüllung von Forderungen[112]
  - freiwillige Übernahme von Verpflichtungen[113]
  - Spenden und Sponsoring[114]
- Eingehung von Risiken
  - Übernahme einer Garantie[115]
  - Kreditvergabe[116] und Kreditaufnahme[117]
  - Spekulationsgeschäfte ohne Absicherung[118]
- Teilnahme an Scheckreiterei[119]
- Zahlungen unter Verstoß gegen Kapitalerhaltungsvorschriften[120]

3. Pflichtwidrigkeit. Die „Überschreitung des rechtlichen Dürfens" in der o.a. Kurzformel für den Missbrauch bedeutet die Außerachtlassung der im Innenverhältnis gesetzten Grenzen, also nichts anderes als die Pflichtwidrigkeit des Handelns, die gerade auch den Treubruch ausmacht. Maßgeblich für die Feststellung der Pflichtwidrigkeit kommt es auf das **Innenverhältnis** zwischen dem Vermögensträger und dem Täter an. Dieses Innenverhältnis wird durch das Zivilrecht und – soweit sich die Vermögensbetreuungspflicht aus behördlichem Auftrag ergibt – auch durch das öffentliche Recht geprägt. Das Merkmal der Pflichtwidrigkeit iSd § 266 Abs. 1 StGB wird deshalb teilweise als Blankettregelung angesehen.[121] Deshalb wird von einer **Akzessorietät des Tatbestandes** gesprochen.[122]

Eine verbreitete Auffassung geht dahin, dass die **Akzessorietät** des Tatbestandes zum Zivil- und öffentlichen Recht allerdings **asymmetrisch**[123] sei. Damit ist gemeint, dass die zivil- oder öffentlichrechtliche Pflichtwidrigkeit zwar eine notwendige, aber keine hinreichende Voraussetzung sei.[124] Es reiche nicht jede einfache Pflichtwidrigkeit, vielmehr erfordere die verfassungsrechtlich gebotene Eingrenzung des Tatbestandes die Beschränkung auf schwerwiegende Pflichtverletzungen. Stützen kann sich diese Auffassung im Schrifttum auf mehrere Entscheidungen des BGH, in denen auf eine „**gravierende Pflichtverletzung**" abge-

---

105 BGH NJW 2006, 925, 930 – Kölner Müllskandal; BGH NStZ 2007, 579 Rn 13; MüKo-StGB/*Dierlamm*, § 266 Rn 119; SSW-StGB/*Saliger*, § 266 Rn 21; Graf/Jäger/Wittig/*Waßmer*, § 266 Rn 81; *Hellmann*, ZIS 2007, 433, 435.
106 BGH NJW 2006, 925, 930 f. – Kölner Müllskandal; MüKo-StGB/*Dierlamm*, § 266 Rn 119; SSW-StGB/*Saliger*, § 266 Rn 21; Graf/Jäger/Wittig/*Waßmer*, § 266 Rn 82; *Fischer*, § 266 Rn 27; *Hellmann*, ZIS 2007, 433, 435; *Kraatz*, ZStW 122 (2010), 522, 527a *Schünemann*, FS I. Roxin, 2012, S. 341, 345 ff.
107 MüKo-BGB/*Schramm*, § 164 Rn 106 f; Staudinger/*Schilken*, § 167 Rn 93 ff.
108 BGH NJW 2006, 522 Rn 19 – Mannesmann.
109 BGH NJW 2003, 3717; BGH NStZ 2011, 280.
110 BGH NStZ-RR 2005, 343; BGH wistra 2003, 457.
111 BGH NStZ-RR 2006, 307.
112 BGH NStZ 2001, 542.
113 BGH NStZ-RR 2007, 31.
114 BGH NJW 2002, 1585; 2011, 88 – AUB.
115 BGH NStZ 2001, 650.
116 BGH NJW 2000, 2364, 2365; 2002, 1211, 1213 f; BGH NStZ 2012. 316; BGH ZIP 2009, 1854 – WestLB; BGH wistra 2009, 186.
117 BGH NStZ 2001, 155.
118 BGH NStZ 2011, 160.
119 BGH wistra 2001, 218.
120 BGH NStZ 2009, 153.
121 OLG Stuttgart wistra 2010, 34, 36; zust. *Kraatz*, ZStW 123 (2011), 447, 453; dagegen aber BGH NJW 2011, 88 Rn 35 – AUB: „*vielmehr... komplexes normatives Tatbestandsmerkmal*"; *Schünemann*, FS I. Roxin, 2012, S. 341, 346.
122 MüKo-StGB/*Dierlamm*, § 266 Rn 152; Sch/Sch/*Perron*, § 266 Rn 18; SSW-StGB/*Saliger*, § 266 Rn 31; Graf/Jäger/Wittig/*Waßmer*, § 266 Rn 65; von Heintschel-Heinegg-StGB/*Wittig*, § 266 Rn 35; *Saliger*, HRRS 2006, 10, 14; *Brüning/Samson*, NStZ 2009, 1089, 1090; *Bosch/Lange*, JZ 2009, 225, 226; *Seibt/Schwarz*, AG 2010, 301/304; *Kraatz*, ZStW 123, (2011), 447, 449; *Schröder*, ZStW 123 (2011), 771, 780; *Wohlers*, ZStW (2011), 791, 801.
123 MüKo-StGB/*Dierlamm*, § 266 Rn 153; SSW-StGB/*Saliger*, § 266 Rn 31; *Theile*, wistra 2010, 457, 459; *Seibt/Schwarz*, AG 2010, 301, 312 f. unter Hinweis auf §§ 142 Abs. 2 S. 1, 148 Abs. 1 Nr. 3 AktG.
124 MüKo-StGB/*Dierlamm*, § 266 Rn 154 f; SSW-StGB/*Saliger*, § 266 Rn 40 ff; *Kiethe*, NStZ 2005, 529, 531; *Matt*, NJW 2005, 389, 390; *Deiters*, ZIS 2006, 182, 189; *Wattenberg/Gehrmann*, ZBB 2010, 507, 512; *Krause*, NStZ 2011, 57, 59; *Helmrich/Eidam*, ZIP 2011, 259, 260.

stellt wurde.¹²⁵ Überzeugend ist diese Auffassung gleichwohl nicht, weil hier Fragen der Beweisführung mit solchen des Tatbestandes vermischt werden.¹²⁶ Die gebotene verfassungsrechtliche Beschränkung der Strafbarkeit ergibt sich im Wesentlichen bereits aus dem Vorsatzerfordernis. Strafbar macht sich nur, wer weiß, dass er eine Pflichtverletzung begeht, die für das zu betreuende Vermögen einen Nachteil zur Folge haben wird. Der Nachweis des Vorsatzes wird umso einfacher zu führen sein, je gravierender die Pflichtverletzung ist. Dies gilt insbesondere im Bereich der unternehmerischen Entscheidungen,¹²⁷ wo letztlich jede ex ante vertretbare Entscheidung als pflichtgemäß hinzunehmen ist, mag sie sich auch ex post als Auslöser einer Katastrophe erweisen.¹²⁸ Es gibt aber keinen Grund, den Tatbestand darüber hinaus auf gravierende Pflichtwidrigkeiten zu beschränken.

31 Im Hinblick auf den Geschäftsbesorgungscharakter des Rechtsverhältnisses, aus dem sich die Vermögensbetreuungspflicht ergibt, folgen die Grenzen des zulässigen Handelns zunächst einmal aus den **Weisungen des Vermögensträgers** (§ 665 BGB und für den Vorstand einer AG § 83 Abs. 2 AktG). Daneben ergeben sich weitere Grenzen aus Vertrag, behördlichem Auftrag oder Gesetz.

32 Zu den „ungeschriebenen" **Pflichten** des Vermögensbetreuungspflichtigen gehört, was jedem Treuhandverhältnis immanent ist (§ 93 Abs. 1 S. 2 AktG nunmehr als Business Judgement Rule¹²⁹ gesetzlich verankert und vorher vom BGH in der ARAG/Garmenbeck-Entscheidung¹³⁰ postuliert wurde: Das Handeln ist nur dann pflichtgemäß, wenn es **ohne eigene Interessen** lediglich am **Wohl des betreuten Vermögens orientiert** ist und auf **sorgfältiger Ermittlung der Entscheidungsgrundlagen** beruht.¹³¹ Der später eintretende Nachteil sagt nichts über die Pflichtwidrigkeit des Handelns.¹³² Dies folgt nicht nur aus dem „Verschleifungsverbot",¹³³ sondern auch daraus, dass jedes wirtschaftlich relevante Handeln mit mehr oder minder großen Risiken verbunden ist.

33 Die **Eingehung von Risiken** für das geschützte Vermögen bewegt sich aber nur dann im Rahmen des rechtlichen Dürfens, wenn die allgemeinen Sorgfaltspflichten für derartige Geschäfte beachtet werden.¹³⁴ Wer von den üblichen Verhaltensstandards abweicht, bewegt sich regelmäßig außerhalb des Rahmens, der einem Treuhänder gezogen ist. Diese Verhaltensstandards ergeben sich in erster Linie aus den Vorgaben des Geschäftsherrn,¹³⁵ soweit diese fehlen aus Branchenusancen, sind teilweise aber auch gesetzlich konkretisiert, wie dies etwa bei § 18 KWG der Fall ist.¹³⁶

34 Selbst eindeutig **vermögensmindernde Verhaltensweisen** sind nicht per se pflichtwidrig, wenn dem Vermögensträger dadurch ein irgendwie gearteter, aus seiner Sicht wünschenswerter Vorteil zufließt.¹³⁷ Deshalb können auch Anerkennungsprämien, auf die ein Anspruch nicht besteht¹³⁸ oder freigiebige Leistungen (Spenden, Sponsoring)¹³⁹ durchaus pflichtgemäß sein, wenn der Handelnde davon ausgehen durfte, dass damit ein Vorteil für den Vermögensträger verbunden sein würde. Dies kann auch für die freiwillige Erstattung von Geldstrafen und Verfahrenskosten gelten.¹⁴⁰

---

125 BGH NJW 2002, 1211, 1214; 2002, 1585, 1587; 2011, 88 Rn 35 („*klarer und deutlicher (evidenter) Fälle pflichtwidrigen Handelns*"); 2011, 1747 Rn 30 – Kölner Parteispenden I; ebenso OLG Hamm NStZ-RR 2012, 374 f.; OLG Celle ZInsO 2013, 1954.
126 Abl auch BGH NJW 2006, 522 Rn 33 ff – Mannesmann; LK/*Schünemann*, § 266 Rn 93 ff; NK/*Kindhäuser*, § 266 Rn 75 b; *Fischer*, § 266 Rn 61; *Graf/Jäger/Wittig/Waßmer*, § 266 Rn 108; *Schünemann*, NStZ 2005, 473 475; *Saliger*, HRRS 2006, 10, 19; *Becker/Walla/Endert*, WM 2010, 875, 878; *Schünemann*, FS I. Roxin, 2012, S. 341, 353 f; *Bittmann*, wistra 2013, 1, 6 f.
127 Vgl oben § 93 Rn 55 ff.
128 Ebenso *Fischer*, § 266 Rn 61; *Graf/Jäger/Wittig/Waßmer*, § 266 Rn 94; *Saliger*, HRRS 2006, 10, 20.
129 Vgl oben § 93 Rn 55 ff.
130 BGH NJW 1997, 1926, 1927.
131 Ähnlich BGH NJW 2006, 522 Rn 21 – Mannesmann: „*Der allgemeine Grundsatz des Zivilrechts, dass derjenige, der fremde Vermögensinteressen zu betreuen hat, ausschließlich und uneingeschränkt im Interesse des Vermögensinhabers handeln muss und das anvertraute Vermögen nicht nutzlos hingeben darf, …*".
132 Graf/Jäger/Wittig/Waßmer, § 266 Rn 66.
133 Vgl unten Rn 44.
134 BGH StV 2004, 424; BGH ZIP 2009, 1854 Rn 27 – WestLB; BGH wistra 2010, 445 Rn 11; Sch/Sch/*Perron*, § 266 Rn 18; NK/*Kindhäuser*, § 266 Rn 75; von Heintschell-Heinegg/*Wittig*, § 266 Rn 19; *Wessels/Hillenkamp*, Rn 757; *Schröder*, ZStW 123 (2011), 771, 783 ff.
135 Sch/Sch/*Perron*, § 266 Rn 20; *Knauer*, NStZ 2002, 399, 401; *Becker/Walla/Endert*, WM 2010, 875, 876.
136 BGH NJW 2000, 2364, 2365; 2002, 1211, 1213 f; BGH ZIP 2009, 1854 Rn 19, 28 – WestLB; vgl auch BVerfG NJW 2010, 3209 Rn 130 ff – Landowsky; Sch/Sch/*Perron*, § 266 Rn 20 a; *Brüning/Samson*, NStZ 2009, 1089, 1092; *Wattenberg/Gehrmann*, ZBB 2010, 507, 512.
137 Vgl BGH NJW 2006, 522 Rn 18 – Mannesmann; Sch/Sch/*Perron*, § 266 Rn 19 b.
138 BGH NJW 2006, 522 Rn 18 – Mannesmann; allg. dazu *Poguntke*, ZIP 2011, 393.
139 BGH NJW 2002, 1585, 1586; Sch/Sch/*Perron*, § 266 Rn 19 b; *Rönnau/Hohn*, NStZ 2004, 113, 120; *Deiters*, ZIS 2006, 152, 154.
140 BGH NJW 1991, 990, 991 f; *Stoffers*, JR 2010, 239, 245.

Im Hinblick darauf, dass grundsätzlich der Vermögensträger die Grenzen des Handelns des Vermögensbetreuungspflichtigen bestimmt, ist klar, dass dessen **Einverständnis** die Strafbarkeit ausschließen muss. Es fehlt dann an einer Verletzung der Vermögensbetreuungspflicht.[141] 35

Zu klären ist allerdings, unter welchen **Voraussetzungen** von einem solchen tatbestandsausschließenden Einverständnis die Rede sein kann. Voraussetzung ist zunächst einmal die Geschäftsfähigkeit des Vermögensträgers. Soweit das Einverständnis durch einen Vertreter erklärt wird, muss dieser die erforderliche Vertretungsmacht haben. Der Umstand, dass das Einverständnis auf einem **Irrtum** beruht und deshalb anfechtbar ist, ist **bedeutungslos**. Solange die Anfechtung nicht erfolgt ist, ist das Einverständnis wirksam und eine nachträgliche Anfechtung schadet nicht, weil die Rückwirkungsfiktion nicht im Strafrecht wirkt.[142] Soweit der Irrtum des Treugebers vom Treupflichtigen selbst verursacht worden ist, kann allerdings bereits hierin eine Untreue liegen. Anders ist dies, wenn die Einwilligung wegen Verstoßes gegen ein **gesetzliches Verbot** (§ 134 BGB) oder wegen **Sittenwidrigkeit** (§ 138 BGB) von Anfang an nichtig ist. In diesem Fall kann die Einwilligung die Pflichtwidrigkeit nicht ausschließen.[143] 36

Die Frage nach der Bedeutung des Einverständnisses stellt sich insbesondere bei **Verfügungen von Organen** zum Nachteil von Gesellschaften. In formeller Hinsicht bedarf es insofern der Einwilligung durch das oberste Gesellschaftsorgan (Gesellschafter- oder Hauptversammlung)[144] in Form eines entsprechenden wirksamen Beschlusses, ein formloser Konsens genügt nicht.[145] 37

Anders als eine natürliche Person kann eine Kapitalgesellschaft oder eine Körperschaft des öffentlichen Rechts nicht völlig frei über ihr Vermögen verfügen. Für Körperschaften des öffentlichen Rechts ergeben sich Beschränkungen insb. aus dem Haushaltsrecht, für Kapitalgesellschaften aus den Bestimmungen zur **Kapitalerhaltung**. Das Vermögen einer GmbH oder AG steht nur insoweit zur Disposition der Gesellschafter, wie es ausgeschüttet werden darf (§§ 30 GmbHG, 57 AktG).[146] Ein Verstoß gegen das Rückzahlungsverbot ist deshalb immer eine Verletzung der Treupflicht.[147] Kapital, das im Wege der Gewinnverwendung ausgeschüttet werden dürfte, steht dagegen zur freien Disposition der Gesellschafter. Darauf, ob die Verwendung im Wege der Gewinnausschüttung oder der verdeckten Gewinnausschüttung erfolgt, kommt es für die Wirksamkeit der Einwilligung nicht an.[148] 38

Früher fiel unter dieses Verbot auch die Rückgewähr **kapitalersetzender Gesellschafterdarlehen**.[149] Mit der Abschaffung der §§ 32a, 32b GmbHG aF durch das MoMiG[150] lässt sich das aber nicht mehr aufrecht erhalten. Eine Rückzahlung ist aber dann untersagt und deshalb eine Verletzung der Treupflicht gegeben, wenn diese zur Zahlungsunfähigkeit der Gesellschaft führen müsste (§§ 64 S. 3 GmbHG, 92 Abs. 2 S. 3 AktG).[151] 39

Bei der AG bestehen allerdings weitergehende Kapitalbindungen als bei der GmbH. Das **Verbot der Einlagenrückgewähr** (§ 57 AktG) verbietet nicht nur die Ausschüttung des Grundkapitals, sondern – abgesehen von Ausschüttung des Bilanzgewinns – jede Leistung an Aktionäre, denen keine gleichwertige Gegenleistung gegenübersteht, unabhängig davon, ob das Grundkapital angetastet wird, oder nicht.[152] Im Hinblick darauf, dass § 57 AktG ein Verbotsgesetz iSd § 134 BGB ist,[153] wäre eine entsprechende Beschlussfassung der Aktionäre unwirksam und könnte den Vorstand deshalb weder binden noch entlasten.[154] 40

---

141 BGH NJW 2006, 522 Rn 31 – Mannesmann; 2009, 89 Rn 40 – Siemens; 2010, 3458 Rn 34 – Trienekens; 2012, 2366 Rn 30; BGH NStZ 2010, 89 Rn 24; BGH NStZ-RR 2012, 80 Rn 12; BGH wistra 2010, 445 Rn 15; LK/*Schünemann*, § 266 Rn 124; MüKo-StGB/*Dierlamm*, § 266 Rn 129; Sch/Sch/*Perron*, § 266 Rn 21; NK/*Kindhäuser*, § 266 Rn 67; SSW-StGB/*Saliger*, § 266 Rn 45; Graf/Jäger/Wittig/*Waßmer* § 266 Rn 144; *Fleck*, ZGR 1990, 31, 35.

142 AA BGH NJW 2006, 522 Rn 34 – Mannesmann, wonach auch eine auf Willensmängeln beruhende Einwilligung unwirksam sein soll unter Hinweis auf *Fischer*, § 266 Rn 92; ebenso LK/*Schünemann*, § 266 Rn 124; MüKo-StGB/*Dierlamm*, § 266 Rn 130; NK/*Kindhäuser*, § 266 Rn 67; SSW-StGB/*Saliger*, § 266 Rn 46; Graf/Jäger/Wittig/*Waßmer*, § 266 Rn 145. Im Hinblick auf die Akzessorietät der Pflichtwidrigkeit ist es aber inkonsequent, auf die Kriterien für die Wirksamkeit einer strafrechtlichen Einwilligung abzustellen und nicht auf die zivil- oder ggf öffentlichrechtliche Wirksamkeit.

143 BGH NJW 2006, 522 Rn 34 – Mannesmann; MüKo-StGB/*Dierlamm*, § 266 Rn 137; *Fischer*, § 266 Rn 92.

144 BGH NJW 2010, 3458 Rn 35 – Trienekens; 2012, 2366 Rn 30; BGH ZWH 2013, 66 Rn 15.

145 BGH NJW 2010, 3458 Rn 36 – Trienekens mwN; *Brand/Kanzler*, ZWH 2012, 1, 2; aA MüKo-StGB/*Dierlamm*, § 266 Rn 136; NK/*Kindhäuser*, § 266 Rn 71.

146 LK/*Schünemann*, § 266 Rn 253; MünchKommm-StGB/*Dierlamm* § 266 Rn 137; *Kohlmann*, FS Werner (1984), S. 387, 396; *Fleck*, ZGR 1990, 31, 34; *Arens*, GmbHR 2010, 905, 908.

147 BGH NStZ 2009, 153, 154; 2010, 89 Rn 24; BGH NStZ-RR 2013, 345 Rn 5.

148 MüKo-StGB/*Dierlamm*, § 266 Rn 139.

149 BGH NStZ 2009, 153, 154 f.

150 BGBl. I 2008 S. 2026.

151 LK/*Schünemann*, § 266 Rn 253; Graf/Jäger/Wittig/*Waßmer*, § 266 Rn 152, 155; *Fischer*, § 266 Rn 97a; *Bittmann*, NStZ 2009, 113, 117 f; *Weiß*, GmbHR 2011, 350, 356 f; zur Bedeutung des § 64 S. 3 GmbHG vgl auch BGH NStZ 2010, 89 Rn 29.

152 Vgl Heidel/*Drinhausen*, § 57 Rn 7 ff.

153 Heidel/*Drinhausen*, § 57 Rn 3.

154 AA im Hinblick auf den Schutzzweck des § 266 StGB und den ultima ratio-Charakter des Strafrechts MüKo-StGB/*Dierlamm*, § 266 Rn 140; Sch/Sch/*Perron*, § 266 Rn 21 c; *Brand*, AG 2007, 681, 688; wie hier aber Graf/Jäger/Wittig/*Waßmer*, § 266 Rn 157; von Heintschel-Heinegg/*Wittig*, § 266 Rn 22.2; *Dannecker*, FS Samson (2010), S. 257; 276.

41 Während der Schutz des Stamm- bzw Grundkapitals als Grenze der Einwilligung der Gesellschafter weitgehend[155] Konsens ist, ist umstritten, ob sich eine weitere Grenze aus dem **Verbot existenzvernichtender Eingriffe**[156] ergibt. Der BGH hat dies in einer Reihe von Entscheidungen bejaht.[157] Im Schrifttum hat dies Zustimmung gefunden,[158] aber auch Widerspruch.[159] Dieser wird damit begründet, dass die von der Rechtsprechung entwickelte Existenzvernichtungshaftung dem Gläubigerschutz dient und damit außerhalb des Schutzbereichs der Treuepflicht ggü der Gesellschaft liege. Das verkennt jedoch den Ansatz: Die Einwilligung der Gesellschafter ist in diesen Fällen wegen des Rechtsformmissbrauchs sittenwidrig (§ 138 BGB) und damit nichtig und kann deshalb die Pflichtwidrigkeit des Handelns des Gesellschaftsorgans nicht beseitigen.[160]

42 Weitere Einschränkungen des Tatbestandes ergeben sich daraus, dass zwischen der Pflichtwidrigkeit und dem Nachteil ein besonderer, über die bloße Kausalität hinausgehender Zurechnungszusammenhang bestehen muss (vgl dazu unten Rn 59 ff).

43 **4. Begehung durch Unterlassen.** Die Untreue kann in beiden Tatbestandsalternativen auch durch Unterlassen verwirklicht werden.[161] Die Garantenstellung ergibt sich schon aus der Vermögensbetreuungspflicht. Der Missbrauchstatbestand kann allerdings nur durch solche Verhaltensweisen erfüllt werden, denen ein rechtsgeschäftlicher Erklärungswert zukommt. Das gilt in erster Linie für das Schweigen auf kaufmännische Bestätigungsschreiben.[162]

44 IV. Nachteil. 1. Verfassungsrechtliche Vorgaben. Angesichts der Weite und relativen Unbestimmtheit der von § 266 erfassten Tathandlungen kommt dem Merkmal „Nachteil" eine besondere Bedeutung bei der Begrenzung des Tatbestandes zu. Dies ist inzwischen durch mehrere verfassungsrechtliche Entscheidungen deutlich gemacht worden. Daraus ergeben sich folgende Vorgaben für die Auslegung des Merkmals „Nachteil":

- Es darf nicht zu einer „Verschleifung" von Tathandlung und Taterfolg (Nachteil) kommen, sondern der Taterfolg muss **selbstständige, strafbarkeitsgrenzende Funktion** haben. Deshalb darf nicht bereits aus der Pflichtwidrigkeit des Handelns auf den Nachteil geschlossen werden.[163]
- Es ist zu beachten, dass der Untreuetatbestand ein **Verletzungs- und kein bloßes Gefährdungsdelikt** ist und der Gesetzgeber sich bewusst dafür entschieden hat, den Versuch der Untreue nicht unter Strafe zu stellen. Als Nachteil darf deshalb nur eine bereits konkret eingetretene Vermögensverschlechterung angesehen werden,[164] die sich in aller Regel nach Grundsätzen ordnungsgemäßer Bilanzierung jedenfalls im Sinne eines Mindestschadens beziffern lassen muss.[165]

45 Es gibt zwei unterschiedliche Definitionsansätze des Nachteils: Man kann den Nachteil in der Differenz zwischen dem Vermögen vor und nach der Tat (**Differenzhypothese**)[166] oder aber in der Differenz zwischen dem Ist- und dem Sollstand des Vermögens nach der schädigenden Handlung sehen (**Erfüllungsinteresse**).[167] Im ersten Fall werden zwei tatsächlich zu unterschiedlichen Zeitpunkten gegebene Vermögenswerte miteinander verglichen, im zweiten Fall dagegen ein realer und ein hypothetischer Vermögenswert zum identischen Zeitpunkt. Bedeutung kann die Abweichung für die Erfassung **ausgebliebener Vermögensmehrungen** besitzen:[168] Ist das Vermögen vor und nach der Tathandlung gleich, liegt nach der Differenzhypothese kein Nachteil vor. Nach der anderen Auffassung kann dagegen trotzdem ein Nachteil gegeben sein, weil eine Vermögensmehrung ausgeblieben ist. Beispiel: Ein erheblicher Geldbetrag wird über geraume Zeit im Safe verwahrt, anstatt ihn zinsbringend als Tagesgeld anzulegen (vgl unten Rn 54).

46 Verfassungsrechtlich ist auch die weitere Definitionen unbedenklich, weil es richtig ist, dass Gewinnaussichten – trotz des handelsrechtlichen Bilanzierungsverbots (§ 252 Abs. 1 Nr. 4 HGB) – bereits einen wirt-

---

155 Kritisch aber Sch/Sch/*Perron*, § 266 Rn 21 b; SSW-StGB/*Saliger*, § 266 Rn 86 f; *Wessing/Krawczyk*, NZG 2011, 1297, 1298.
156 Vgl BGH NJW 2001, 3622, 3623 – Bremer Vulkan; 2007, 2689, Rn 18 ff – Trihotel. 2009, 2127 Rn 18 – Sanitary.
157 BGH NJW 2001, 3622, 3623 – Bremer Vulkan (Zivilsenat); 2012 2366 Rn 30; BGH NStZ 2010, 89 Rn 26; BGH NStZ-RR 2012, 80 Rn 13; 2013, 345 Rn 5; grundlegend *Fleck*, ZGR 1990, 31, 36 f.
158 MüKo-StGB/*Dierlamm*, § 266 Rn 138; Graf/Jäger/Wittig/Waßmer, § 266 Rn 155; *Brand*, AG 2007, 681, 689.
159 *Weller*, ZIP 2007, 1681, 1688; *Livonius*, wistra 2009, 91, 93 f; *Habetha*, NZG 2012, 1134, 1139 f; *Fornauf/Jobst*, GmbHR 2013, 125, 126 f.
160 Vgl BGH NStZ 2010, 89 Rn 28.
161 Vgl BGH NJW 1990, 332; 2011, 2819 Rn 12; BGH NStZ-RR 1997, 357.
162 MüKo-StGB/*Dierlamm*, § 266 Rn 123; NK/*Kindhäuser*, § 266 Rn 91; SSW-StGB/*Saliger*, § 266 Rn 22; *Fischer*, § 266 Rn 32.
163 BVerfG NJW 2010, 3209 Rn 148 – Landowsky; 2013, 365, 366; in diesem Sinne bereits früher BGH NJW 1994, 603, 605; vgl auch Graf/Jäger/Wittig/Waßmer, § 266 Rn 66; *Saliger*, HRRS 2006, 10, 14; *Bittmann*, wistra 2013, 1.
164 BVerfG NJW 2009, 2370 Rn 36 f; zu den damit verbundenen Problemen vgl *Bittmann*, wistra 2013, 1, 5.
165 BVerfG NJW 2010, 3209 Rn 149 – Landowsky; skeptisch zur Möglichkeit der bilanziellen Erfassung sämtlicher Schäden aber *Saliger*, ZIS 2011, 902, 907.
166 BVerfG NJW 2010, 2370 Rn 24; MüKo-StGB/*Dierlamm*, § 266 Rn 177.
167 RGSt 73, 283, 285.
168 Vgl auch BVerfG NJW 2010, 3209 Rn 102 – Landowsky.

schaftlichen Wert darstellen.[169] Berücksichtigt man den wirtschaftlichen Wert dieser Chancen bei der Ermittlung des Vermögens, stellt deren Nichtwahrnehmung und damit das Ausbleiben von Gewinnen auch nach der Differenzhypothese einen Nachteil dar. Die Einbeziehung entgangener Gewinne in den Nachteil ist auch im Hinblick auf die Regelung des § 252 BGB konsequent (vgl unten Rn 54). Hieraus ergibt sich aber auch die Grenze dessen, was bei entgangenen Gewinnen noch als Nachteil angesehen werden kann, nämlich nur das Ausbleiben solcher Gewinne, deren Erzielung nach dem gewöhnlichen Verlauf der Dinge oder aufgrund der konkreten Umstände mit Wahrscheinlichkeit zu erwarten war. Auch nur diese werden einen bezifferbaren Wert haben; der Nachteil erfasst also nicht das Ausbleiben maximal möglicher Gewinne. Diese Nachteile lassen sich ohne Weiteres mit der Differenzhypothese erfassen, was gegen die vom RG[170] vorgenommene Unterscheidung zwischen Schaden iSd § 263 StGB und Nachteil iSd § 266 StGB spricht, die Begriffe sind vielmehr synonym zu verstehen[171] und stellen wiederum nichts anderes dar als der Schaden iSd § 93 AktG (vgl oben § 93 Rn 97).

2. Einzelfragen. a) Verringerung des Vermögens. Tatsächlich erfolgte **Vermögensabflüsse** werfen die geringsten Schwierigkeiten auf. Sie stellen nach der Differenzhypothese – soweit sie nicht durch anzurechnende Vorteile kompensiert werden (dazu Rn 55) – eindeutig einen Nachteil dar, weil hierdurch der Wert des Vermögens verringert wird. Hierunter fallen auch **Spenden- oder Schmiergeldzahlungen**[172] oder die Verpflichtung zur Zahlung von **Bußgeldern, Geldstrafen, Schadensersatz oder Steuernachzahlungen**.[173]   47

Ein Nachteil aufgrund eines Vermögensabflusses ist dann zu bejahen, wenn Vermögen der **Dispositionsmöglichkeit** des Inhabers zumindest vorübergehend entzogen ist, denn die Möglichkeit jederzeit über einen Vermögensgegenstand verfügen zu können, ist ein wesentlicher Inhalt jedes Vermögensrechtes. Deshalb stellt auch das Führen „**schwarzer Kassen**", von denen der Vermögensinhaber nichts weiß, bereits einen Nachteil dar, weil ihm die Dispositionsmöglichkeit entzogen wird, selbst wenn der Vermögenswert später im Interesse des Berechtigten eingesetzt wird.[174]   48

Die Dispositionsmöglichkeit ist im Zusammenhang mit der Feststellung des Nachteils nicht gleich zu setzen mit der **Dispositionsfreiheit**, also der Freiheit, über die Verwendung seines Vermögens zu entscheiden. § 266 StGB schützt das Vermögen und nicht die Entscheidungsfreiheit.[175] Deshalb stellt die weisungs- oder **zweckwidrige Verwendung** von Geldern, insbesondere von Haushaltsmitteln für sich genommen noch keinen Schaden dar – dies wäre die unzulässige Gleichsetzung von Pflichtverletzung und Nachteil -, sondern erst die daraus resultierende Verringerung des Vermögens. Diese kann bei Gleichwertigkeit der Gegenleistung aber auch darin liegen, dass ein öffentlicher Zweck mit dem Einsatz der Mittel nicht erreicht wurde (**Zweckverfehlung**) oder die Mittelverwendung den Berechtigten in Zahlungsschwierigkeiten oder zur Aufnahme von Krediten gebracht und damit seine **wirtschaftliche Bewegungsfreiheit** geschmälert hat.[176]   49

b) Vermögensgefährdung. Auch die Gefahr, dass sich das Vermögen in Zukunft verringern wird, kann bereits einen Vermögensschaden darstellen. Das ist dann zu bejahen, wenn bereits das Bestehen dieser Gefahr bei einer Vermögensbewertung zu einem Abschlag führen würde – die Möglichkeit eines künftigen Verlustes muss so real sein, dass sie sich bereits in der Gegenwart auswirkt.[177] Im kaufmännischen Bereich ist das für alle Umstände anzunehmen, die einen ordentlichen Kaufmann dazu veranlassen würden entweder – bei drohender künftiger Inanspruchnahme – eine **Rückstellung** zu bilden bzw – bei drohenden künftigen Werteinbußen – eine **Wertberichtigung**[178] vorzunehmen. Nur dann ist auch eine Quantifizierung des Nachteils möglich, die schon im Hinblick auf die Unterscheidung zwischen Vollendung und (straflosem) Versuch geboten ist.[179] Der Wert des Nachteils durch die Gefährdung wird dabei regelmäßig niedriger sein als der Verlust bei Realisierung des Risikos.[180] Die Bewertungsfragen sind mit erheblichen Unsicherheiten behaftet, die nicht zulasten des Beschuldigten gelöst werden dürfen, insb. kann das handelsbilanzielle Vorsichtsprin-   50

---

169 BVerfG NJW 2010, 3209 Rn 122 – Landowsky.
170 RGSt 73, 283, 285.
171 LK/*Schünemann*, § 266 Rn 132; Sch/Sch/*Perron*, § 266 Rn 39.
172 BGH NStZ 2001, 432, 433; BGH NJW 2011, 88 – AUB.
173 *Gribbohm*, ZGR 1990, 1, 13; vgl aber unten Rn 60.
174 BGH NStZ 1984, 549, 550; BGH NJW 1994, 603, 605 – BND; 2009, 89 Rn 43 ff – Siemens; 2010, 3458 Rn 41 f. – Trienekens; dagegen aber *Schünemann*, StraFo 2010, 1, 9.
175 BGH NJW 1998, 913, 914 – Staatstheater; 2002, 2801, 2803 – Drittmittel; BGH wistra 2010, 445 Rn 18; MüKo-StGB/*Dierlamm*, § 266 Rn 219; Sch/Sch/*Perron*, § 266 Rn 40; *Saliger*, ZIS 2011, 902, 913.

176 BVerfG NJW 2013, 365, 367; BGH NJW 1994, 603, 605 – BND; 1998, 913, 914 – Staatstheater; 2001, 2411, 2413; BGH NStZ 2003, 545; 2011, 520, 521; BGH wistra 2010, 445 Rn 18; *Kiethe*, NStZ 2005, 529, 533; krit. dazu *Saliger*, HRRS 2006, 10, 13.
177 *Gribbohm*, ZGR 1990, 1, 12.
178 Vgl BGH NJW 2008, 2451 Rn 19; 2012, 2370 Rn 7; BGH NStZ 2010, 329, 330; *Nack*, StraFo 2008, 277, 279; *Hefendehl*, FS Samson, 2010, S. 295, 301.
179 BVerfG NJW 2010, 3209 Rn 149 ff – Landowsky.
180 BVerfG NJW 2010, 3209 Rn 141 – Landowsky.

zip hier nicht angewendet werden, sondern es ist der wirtschaftliche Wert anzusetzen.[181] Vielfach wird er nur durch Hinzuziehung von Sachverständigen zu klären sein.[182]

51 Zu den Vermögensgefährdungen gehören etwa die **Eingehung riskanter Geschäfte**, insbesondere ungesicherte Darlehensgewährungen[183] oder die Übernahme von Bürgschaften,[184] aber auch Verhaltensweisen, die die Durchsetzung berechtigter Ansprüche gefährden oder die Gefahr unberechtigter Inanspruchnahme begründen. Dies kann etwa durch verschleiernde oder unterbliebene **Buchführung** geschehen[185] oder bei der Aufgabe von Sicherheiten.[186]

52 Problematisch erscheint zumindest auf den ersten Blick die – bei wirtschaftlicher Betrachtung völlig berechtigte – Gleichstellung von Gefährdung und Schaden dann, wenn feststeht, dass sich das **Risiko nicht realisiert hat**, etwa weil der ungesichert vergebene Kredit tatsächlich in voller Höhe zurückgezahlt worden ist. Wenn man nicht das Konzept der schadensgleichen Vermögensgefährdung ganz aufgeben will, wird man auch in dieser Fallkonstellation den Nachteil bejahen müssen[187] und dem Ausbleiben des endgültigen Nachteils im Rahmen der Strafzumessung Rechnung tragen können.

53 Für die Verfolgungsverjährung bedeutsam ist, dass die Untreue zwar bereits mit Eintritt der Gefährdung vollendet ist, die Tat aber erst durch Eintritt der Gefahr beendet wird.[188]

54 **c) Ausgebliebene Vermögensmehrung.** Auch das Ausbleiben von Vorteilen kann ein Nachteil iSd § 266 sein.[189] Die Frage ist, welche Voraussetzungen erfüllt sein müssen, damit sich das Ausbleiben eines Vorteils als Nachteil darstellt. Teilweise wird darauf abgestellt, dass bereits ein rechtlich begründeter Anspruch im Sinne einer **Anwartschaft** vorliegen müsse.[190] Das erscheint jedoch zu eng. Auch über § 252 BGB wird nicht nur der zukünftige Gewinn ersetzt, auf den bereits ein Anspruch bestanden hat, sondern schon der, der nach dem gewöhnlichen Lauf der Dinge entstanden wäre. In Umkehrung der Bestimmung des Nachteils bei der Vermögensgefährdung, wird man immer dann von einem Nachteil ausgehen können, wenn ein erst in der Zukunft erwarteter Gewinn bereits in der Gegenwart einen messbaren Wert hat. Dies ist sicher der Fall bei Anwartschaften. Andere Beispielsfälle sind die **vorfällige Erfüllung** tatsächlich bestehender Verbindlichkeiten, weil dadurch dem Berechtigten die Möglichkeit entzogen wird, bis zur Fälligkeit den Vermögenswert gewinnbringend einzusetzen,[191] oder die Ablehnung lukrativer Angebote.[192] Nichts anderes geschieht aber dann, wenn der Täter die sich ihm bietende Möglichkeit, Vermögen gewinnbringend einzusetzen, verstreichen lässt, indem er die tatsächlich bestehende Möglichkeit, Gewinne zu erzielen, nicht wahrnimmt.[193] Es ist dann eine Beweisfrage, ob die Gewinnerzielungsmöglichkeit tatsächlich bestanden hat und die Gewinnerzielungsaussicht so konkret war, dass man hinreichend zuverlässig damit rechnen konnte. Derartige Aussichten schlagen sich bei der Vermögensbewertung zwar nicht im Substanzwert, aber im **Ertragswert** eines Vermögensgegenstandes nieder, der gerade die zukünftig zu erzielenden Erträge erfasst. Von daher sind auch diese Gewinnaussichten quantifizierbar: Ein bestimmter Geldbetrag in einem Safe hat einen anderen Ertragswert als derselbe Geldbetrag auf einem Festgeldkonto. Eine weitere Konstellation ist die Vereinbarung sog. **„Kick-back"-Zahlungen**. Wenn nicht festgestellt werden kann, dass diese zu einer Preiserhöhung geführt haben, hätte jedenfalls die Möglichkeit bestanden, in Höhe dieser Zahlungen eine

---

[181] *Wattenberg/Gehrmann*, ZBB 2010, 507, 513.
[182] *Peglau*, wistra 2012, 368, 369; krit. zum Wert von Sachverständigengutachten aber *Wessing/Krawczyk*, NZG 2010, 1121, 1124; *Hefendehl*, wistra 2012, 325, 328 f; vgl auch die Vorschläge zur prakt. Umsetzung von *Bittmann*, wistra 2013, 1, 5 und NStZ 2013, 72 ff.
[183] BVerfG NJW 2009, 2370 Rn 38; 2010, 3209 Rn 142 – Landowsky.
[184] BGH NStZ-RR 2006, 378.
[185] BGH NStZ 2001, 3638, 3640; 2010, 3458 Rn 41 – Trienekens; *Gribbohm* ZGR 1990, 1, 17; *Mosenheuer*, NStZ 2004, 179, 180, der allerdings bei der unzureichenden buchhalterischen Erfassung von Zahlungen und Forderungen unterscheiden will.
[186] BGH NStZ 2007, 579 Rn 16, wo allerdings eine konkrete Gefahr des Ausfalls der gesicherten Forderung verlangt wird.
[187] So ausdrücklich BGH NJW 2008, 2451 Rn 20; vgl auch BGH NJW 2004, 2248, 2253 – Bremer Vulkan –, wo ein Gefährdungsschaden auch bei Ausbleiben eines zivilrechtlichen Schadens bejaht wird; ebenso von Heintschel-Heinegg/*Wittig*, § 266 Rn 44; *Nack*, StraFo 2008, 277, 278; *Hefendehl*, FS Samson,

2010, S. 295, 304; *Wattenberg/Gehrmann*, ZBB 2010, 507, 512; *Wohlers*, ZStW 123 (2011), 791, 812; *Blasche*, WM 2011, 343, 351; *Bittmann*, NStZ 2011, 361, 368; NStZ 2012, 57, 61; *Peglau*, wistra 2012, 368, 370. Für konsequent hält dies auch *Becker*, HRRS 2012, 237, 240, der gerade deswegen aber Zweifel an den Prämissen anmeldet; krit. auch *Wessels/Hillenkamp*, Rn 776.
[188] BGH NStZ 2001, 650.
[189] Ebenso BGH NJW 2011, 88 Rn 41 – AUB; SSW-StGB/*Saliger*, § 266 Rn 24; *Seibt/Schwarz*, AG 2010, 301, 308; *Brammsen*, ZIP 2009, 1504, 1511; BGH NJW 1983, 1807, 1809 mit der Einschränkung, dass das Schädigungsverbot des § 266 nicht gleichbedeutend sei mit dem Gebot der Gewinnmaximierung.
[190] LK/*Schünemann*, § 266 Rn 135; MüKo-StGB/*Dierlamm*, § 266 Rn 185.
[191] Vgl BGH NStZ 2001, 542, 544, BGH NJW 2010, 3458 Rn 45 – Trienekens.
[192] Vgl BGH NStZ 2004, 540, 541.
[193] In diesem Sinne auch Sch/Sch/*Perron*, § 266 Rn 46; NK/*Kindhäuser*, § 266 Rn 97 f.

Preisreduzierung zu erreichen.[194] Ist auch das ausgeschlossen, zB aufgrund einer verbindlichen Gebührenordnung, scheidet ein Nachteil aus.[195]

d) **Kompensation.** Die Feststellung des Nachteils auf der Grundlage der Differenzhypothese erfordert den Vergleich zweier Vermögensbestände zu unterschiedlichen Zeitpunkten. In diesen Vermögensvergleich sind auch die durch Tathandlung in das geschützte Vermögen geflossenen Vorteile mit einzubeziehen: Liegt die Untreuehandlung darin, dass ein Vermögensgegenstand unter seinem Verkehrswert weggegeben wird, liegt der Nachteil nicht im Verkehrswert, sondern in der Differenz zwischen Verkehrswert und erzieltem Preis. Für die Feststellung und Quantifizierung des Nachteils kommt es deshalb auf einen **Gesamtvermögensvergleich** an.[196]

Wesentlich ist, was als Kompensation mit in die Vermögensbewertung einzubeziehen ist. Zu verneinen ist dies jedenfalls, für **Schadensersatz- und Herausgabeansprüche gegen den Täter** selbst, die aus der Tathandlung resultieren.[197] Dies ergibt sich schon daraus, dass diese Ansprüche gerade von der Bejahung eines Schadens abhängig sind. Das kann bei der eigennützigen Verwendung von treuhänderisch verwaltetem Geld allerdings dann anders zu beurteilen sein, wenn der Täter entsprechende Finanzmittel bereit hält, um den Herausgabeanspruch bei Fälligkeit erfüllen zu können.[198]

Auszuschließen sind auch solche Werte, die dem geschützten Vermögen erst später zufließen, weil es für die Schadensermittlung auf den Zeitpunkt unmittelbar nach der Tathandlung ankommt.[199] Dasselbe gilt für Ansprüche gegen eine Versicherung wegen der Schädigung. Es bleiben damit solche Vorteile übrig, die dem geschützten Vermögen in unmittelbarem Zusammenhang mit der Tathandlung als Gegenleistung für den mit der Tathandlung verbundenen Vermögensabfluss zugeflossen sind, sich quasi als Kehrseite des Vermögensabflusses darstellen. Unmittelbarkeit ist dabei nicht zeitlich zu verstehen, sondern liegt vor, *„wenn keine weitere, selbstständige Handlung mehr hinzutreten muss, damit der kompensationsfähige Vermögenszuwachs entsteht"*.[200] Deshalb sind etwa die durch die Zahlung von Bestechungsgeldern erzielten Gewinne nicht bei der Nachteilsermittlung zu berücksichtigen, weil sie zwar Folge der Tathandlung sind, aber unmittelbar auf dieser beruhen.[201]

V. Kausalität, Pflichtwidrigkeitszusammenhang, Schutzzweck der Norm. 1. Äquivalente Kausalität. Zwischen der Tathandlung in Form des Missbrauchs und dem Nachteil muss Kausalität besteht. Dies ist nach der Äquivalenzformel dann der Fall, wenn die Tathandlung nicht hinweggedacht bzw – beim Unterlassen – hinzugedacht werden kann, ohne dass der Nachteil entfiele. Es ist nicht erforderlich, dass ein unmittelbarer Zusammenhang zwischen pflichtwidrigem Tun und Vermögensnachteil besteht.[202]

2. Zurechnungszusammenhang. Die äquivalente Kausalität ist allerdings sehr weit. Schon im Hinblick auf die verfassungsrechtlich gebotene restriktive Auslegung des Tatbestandes ist es deshalb sinnvoll, die Kriterien der objektiven Zurechenbarkeit, die vor allem bei Fahrlässigkeitsdelikten von Bedeutung sind, hinter denen aber allgemeine strafrechtliche Prinzipien stehen,[203] fruchtbar zu machen.[204] Objektiv zurechenbar ist ein Verhalten nur dann wenn hierdurch eine rechtlich missbilligte Gefahr für das verletzte Rechtsgut geschaffen wurde und gerade diese Gefahr sich im tatsächlichen Erfolg niedergeschlagen hat.

a) **Schutzzweck der Norm.** Ein wesentliches Einschränkungskriterium ist, dass der Schutzzweck der verletzten Treuepflicht gerade in der Vermeidung des eingetretenen Nachteils bestanden haben muss.[205] Das führt dazu, dass die Verletzung solcher Pflichten des Treupflichtigen, die nicht vermögensbezogen sind, aus

---

194 BGH NJW 2002, 2801, 2802 – Drittmittel; 2005, 300, 305 – System Schreiber; 2006, 925, 931 – Kölner Müllskandal; BGH NZG 2013, 1304 Rn 40; SSW-StGB/*Saliger*, § 266 Rn 24; NK/*Kindhäuser*, § 266 Rn 114; krit. dazu *Kraatz*, ZStW 122 (2010), 525, 544 f. und aus kriminologischer Sicht *Bernsmann*, GA 2007, 219, 233 ff.
195 BGH NStZ 2010, 330 Rn 14 (HOAI).
196 BVerfG NJW 2009, 3209 Rn 118 – Landowsky; BGH NJW 2001, 2411, 2413; 2001, 3528, 3529; BGH NStZ 2010, 330; BGH NJW 2011, 88 Rn 41 – AUB; BGH NJW-RR 2010, 1683 Rn 14 (Zivilsenat); MüKo-StGB/*Dierlamm*, § 266 Rn 177; Sch/Sch/*Perron*, § 266 Rn 40; NK/*Kindhäuser*, § 266 Rn 106; SSW-StGB/*Saliger*, § 266 Rn 55.
197 BGH NJW 2009, 89 Rn 45 – Siemens; BGH NJW 2012, 3797 Rn 10 – Kölner Parteispenden II; NK/*Kindhäuser*, § 266 Rn 107; SSW-StGB/*Saliger*, § 266 Rn 57.
198 BGH NJW 2008, 2451; BGH NStZ 2008, 455, 456 – Mietkaution; KG NStZ 2008, 405; OLG Hamm NStZ 2010, 334, 335.
199 BGH NJW 2011, 3528, 3529; BGH wistra 2012, 233; SSW-StGB/*Saliger*, § 266 Rn 55.
200 BGH NJW 2011, 88 Rn 45 – AUB.
201 Vgl auch oben § 93 Rn 102; aA wohl SSW-StGB/*Saliger*, § 266 Rn 61 und HHRS 2006, 10, 23, woin diesen Fällen allerdings ein Vermögensnachteil verneint wird.
202 BGH NJW 2011, 1747 Rn 59 – Kölner Parteispenden II gegen BGH NJW 2009, 3173 Rn 33, wo die Untreue deshalb verneint wurde, weil zwischen der Pflichtverletzung und dem Nachteil ein weiterer Zwischenschritt erforderlich war; zust. *Mosiek*, HRRS 2009, 565, 566 und zu den Divergenzen in der weiteren Rspr des BGH in diesem Punkt *Mosiek*, HRRS 2012, 454 ff.
203 Vgl Sch/Sch/*Lenckner/Eisele*, Vor § 13 Rn 91 ff; *Fischer*, Vor § 13 Rn 24 ff.
204 Vgl SSW-StGB/*Saliger*, § 266 Rn 79; *Saliger*, HRRS 2006, 10, 21 ff.
205 BGH NJW 2011, 88 Rn 35 – AUB; 2011, 1747 Rn 25 – Kölner Parteispenden II; *Rönnau/Hohn*, NStZ 2004, 113, 114; *Brammsen*, ZIP 2009, 1504, 1506; *Corsten*, wistra 2010, 206, 208; *Brand/Sperling*, AG 2011, 233, 243; abl. aber SSW-StGB/*Saliger*, § 266 Rn 83; *Saliger*, HRRS 2006, 10, 22.

dem Tatbestand der Untreue ausscheiden. Dies gilt etwa für die allgemeine Legalitätspflicht, dem jedes Organ einer Gesellschaft unterliegt (vgl oben § 93 Rn 10 ff). Der Zweck dieser Pflicht besteht nicht darin, die Gesellschaft vor Schäden durch Strafzahlungen und Verfahrenskosten zu bewahren, sondern ist die Konsequenz der Bindung der Gesellschaft an die Gesetze. Damit fallen diese Schäden nicht in den Schutzzweck der Norm.[206] Aus diesem Grund stellt auch die Nichtabführung von Bestechungsgeldern an den Treugeber keine Untreue dar, denn das Verbot der Annahme von Bestechungsgeldern soll den Treugeber nicht vor dem Schaden bewahren, der dadurch entsteht, dass er die Bestechungsgelder nicht erhält.[207] Die hier verletzte Pflicht zur Abführung ergibt sich aus § 667 BGB, sie ist keine Hauptpflicht des Treuepflichtigen.[208]

61 **b) Pflichtwidrigkeitszusammenhang/rechtmäßiges Alternativverhalten.** Das Merkmal des Pflichtwidrigkeitszusammenhang erfordert es, dass die Handlung, die zum Nachteil geführt hat, nicht nur pflichtwidrig gewesen sein muss, sondern die verletzte Pflicht gerade dafür sorgen sollte, dass dieser Nachteil nicht eintritt (**funktionaler Zusammenhang**).[209] Daran fehlt es vielfach bei der Verletzung von Verfahrensvorschriften oder Kompetenzüberschreitungen, weil es nahe liegt, dass auch bei Einhaltung der verletzten Verfahrens- oder Zuständigkeitsbestimmungen der Nachteil eingetreten wäre.[210] Ein anderer Anwendungsfall dieses Einschränkungskriteriums liegt darin, dass der Täter den Nachteil gerade durch Ausnutzung seiner Vermögensbetreuungspflicht bewirkt haben muss,[211] denn sonst fehlt es an einer Schädigung des Vermögens „von innen" heraus (vgl Rn 1). Der Bankvorstand, der eine Zweigstelle seiner Bank überfällt, begeht – wie jeder andere auch – einen Raub bzw eine räuberische Erpressung, aber eben keine Untreue.

62 **VI. Vorsatz. 1. Vorsatzformen.** Untreue erfordert Vorsatz, weitere subjektive Voraussetzungen bestehen nicht, insbesondere ist eine Bereicherungsabsicht nicht erforderlich. Im Hinblick auf die Weite des objektiven Tatbestandes kommt dem Vorsatzerfordernis erhebliche strafbarkeitsbeschränkende Wirkung zu, was es erforderlich macht, an den Nachweis strenge Anforderungen zu stellen.[212]

63 Vorsatz gibt es in drei Erscheinungsformen: als **Absicht** (dolus directus 1. Grades) – die Verwirklichung des Tatbestandes ist das Ziel des Täters -, als **unbedingter Vorsatz** (dolus directus 2. Grades) – der Täter weiß, dass er den Tatbestand verwirklicht und will dies auch, um ein außertatbestandliches Ziel zu erreichen – und als **bedingten Vorsatz** (dolus eventualis). Der Eventualvorsatz erfordert jedenfalls ein kognitives Element: Der Täter muss erkennen, dass er möglicherweise durch sein Verhalten den Tatbestand der Untreue erfüllt. Streitig ist, ob darüber hinaus ein **voluntatives Element** erforderlich ist.[213] Die hM bejaht dies zu Recht, weil dieses das wesentliche Abgrenzungskriterium zur **bewussten Fahrlässigkeit** ist,[214] und verlangt, dass der Täter den Erfolgseintritt billigend in Kauf nimmt.[215] „Billigen" bedeutet dabei nicht eine Haltung der inneren Zustimmung zur Tatbestandsverwirklichung, sondern ist bereits dann zu bejahen, wenn der Täter „*sich um der Erreichung des erstrebten Zieles willen damit abfindet, mag ihm auch der Erfolgseintritt an sich unerwünscht sein*".[216] Fehlt es hieran, weil der Täter hinreichenden Grund hatte, auf den Nichteintritt des tatbestandsmäßigen Erfolges zu vertrauen, liegt nur – straflose – bewusste Fahrlässigkeit vor.

64 Schon im Hinblick darauf, dass der subjektive Tatbestand der Untreue nicht – wie bei §§ 253, 263 StGB – durch das Erfordernis einer Bereicherungsabsicht weiter beschränkt wird, kommt der Abgrenzung von bedingtem Vorsatz und bewusster Fahrlässigkeit gerade bei Vermögensgefährdungen erhebliche Bedeutung zu. Verbindliche Kriterien sind hierzu in der Rechtsprechung des BGH noch nicht entwickelt worden,[217] diese muss vielmehr als noch im Fluss begriffen angesehen werden, wobei vielfach Fragen der dogmatischen Abgrenzung mit Fragen der **Beweisführung** vermischt werden.[218] Dies beruht darauf, dass gerade in den problematischen Fällen der Vorsatz idR aus dem Vorliegen objektiver Umstände geschlossen werden muss.

65 Während das Wissenselement des bedingten Vorsatzes zumeist eindeutig zu bejahen oder zu verneinen ist, bietet gerade das voluntative Element, die „**Billigung**" des Erfolgseintritts, Schwierigkeiten. Im Bereich der

---

206 Das dürfte auch mit der fehlenden Unmittelbarkeit in BGH NJW 2009, 3173 Rn 33 gemeint sein. Zivilrechtlich können sich daraus aber gleichwohl Ersatzansprüche ergeben und deren Nichtverfolgung kann dann eine untreuerelevante Pflichtverletzung darstellen, vgl *Brand/Petermann*, WM 2012, 62, 65 f.
207 BGH NJW 2002, 2801, 2802; BGH wistra 2001, 545; anders aber BGH NJW 1988, 2483, 2485, wo die Verschleierung eines Anspruchs aus § 88 Abs. 2 S. 2 AktG als Untreue gewertet wurde.
208 NK/*Kindhäuser*, § 266 Rn 99; *Kindhäuser/Goy*, NStZ 2003, 291 f.
209 BGH wistra 2013, 104 Rn 3 („innerer Zusammenhang").
210 BGH NJW 2000, 2364; BGH wistra 2013, 104 Rn 3; *Kraatz*, ZStW 123 (2011) 447, 472 f, 480.
211 SSW-StGB/*Saliger*, § 266 Rn 81; *Rönnau/Hohn*, NStZ 2004, 113, 114; *Saliger*, HRRS 2006, 10, 18.
212 BGH NJW 2000, 2364, 2365; 2001, 2411, 2414; zu Recht krit. zur Geeignetheit dieses Kriteriums zur Beschränkung der Strafbarkeit aber MüKo-StGB/*Dierlamm*, § 266 Rn 238; LK/*Schünemann*, § 266 Rn 190; *Saliger*, HRRS 2006, 10, 23.
213 Vgl zum Streitstand Sch/Sch/*Sternberg-Lieben*, § 15 Rn 73 a ff.
214 BGH NStZ 2008, 451.
215 *Fischer*, § 15 Rn 9 b.
216 BGH NStZ 2008, 93; 2009, 91; 2009, 629, 630.
217 *Perron*, GA 2009, 219, 230 hält die Tatgerichte deshalb für überfordert.
218 Vgl BGH NJW 2000, 2364, 2365; wie hier *Fischer*, StraFo 2008, 269, 273.

Tötungsdelikte ist der Beweisgrundsatz entwickelt worden, dass umso eher eine Billigung des Erfolgseintritts anzunehmen ist, je höher die **Wahrscheinlichkeit dieses Erfolgseintritts** ist: Wer handelt, obwohl der tatbestandsmäßige Erfolg mit hoher oder höchster Wahrscheinlichkeit eintreten wird, wird sich idR nicht damit entlasten können, er habe diesen aber nicht gebilligt und darauf vertraut, dass er nicht eintreten werde. Zum Teil ist in der Rechtsprechung des BGH aber die Auffassung vertreten worden, dass diese Grundsätze nicht uneingeschränkt auf die Untreue übertragen werden könnten: *„Der Grad der Wahrscheinlichkeit eines Erfolgseintritts allein kann kein Kriterium für die Entscheidung der Frage sein, ob der Angekl. mit dem Erfolg auch einverstanden war."*[219] Bei der Vermögensgefährdung reiche es nicht aus, dass sich die Billigung auf die Gefährdung beziehe, sie müsse sich auf den endgültigen Schadenseintritt erstrecken.[220] Dies ist allerdings mit der Vorsatzdogmatik nicht vereinbar: Wenn der Nachteil in der Gefährdung liegt, dann braucht sich der Vorsatz auch nur hierauf zu beziehen[221] und nicht zusätzlich auch noch auf ein bereits außerhalb des objektiven Tatbestandes liegendes weiteres Merkmal, die Realisierung des Risikos.[222] Es erscheint deshalb auch im Rahmen der Untreue konsequent und grundsätzlich richtig, vom Grad des Risikos auf die Billigung des Erfolgseintritts zu schließen. Es ist dabei nur zu berücksichtigen, dass es für die Feststellung des bedingten Vorsatzes nicht ausreicht, dass das Handeln des Täters riskant war. Es kommt – für den Schluss von der Kenntnis auf die Billigung – vielmehr darauf an, in welchem Maß der Täter bewusst das **erlaubte Risiko überschritten** hat. Wirtschaftliches Handeln ist immer risikobehaftet. Strafrechtliche Relevanz besitzt die Eingehung von Risiken überhaupt erst, wenn das Maß des für jeden Einzelfall gesondert zu beurteilenden zulässigen Risikos überschritten wird, denn sonst fehlt es bereits an der Pflichtwidrigkeit, so dass sich die Vorsatzfrage nicht stellt.[223] Maßgeblich ist darüber hinaus, die Risikobeurteilung des Täters, war ihm die Überschreitung des erlaubten Risikos bewusst? Ein Indiz hierfür ist regelmäßig der Gad der Pflichtwidrigkeit des Handelns: Je offensichtlicher es ist, dass der Täter durch sein Verhalten seine Pflichten verletzt, desto klarer ist auch die Überschreitung des erlaubten Risikos,[224] jedenfalls soweit die Pflichtenbindung auch die Funktion einer Risikobegrenzung hat. Entgegen der in der Rechtsprechung des BGH geäußerten Auffassung,[225] ist dagegen die Höhe des drohenden Nachteils – Eingehung existenzgefährdender Risiken – für sich genommen kein überzeugendes Indiz für die Billigung des Nachteils, denn die Höhe des drohenden Nachteils besagt nichts über die Wahrscheinlichkeit seines Eintritts. Bedeutsam ist die Höhe des möglichen Schadens nur für die Beurteilung des erlaubten Risikos.[226]

2. Tatbestandsirrtum. Der Vorsatz muss sich auf alle Merkmale des gesetzlichen Tatbestandes beziehen. Nimmt der Täter irrtümlich Umstände an, bei denen der Tatbestand nicht erfüllt wäre, liegt ein vorsatzausschließender Tatbestandsirrtum (§ 16 StGB) vor. Besondere Bedeutung hat dies für die Merkmale „missbraucht" bzw „verletzt", die eine Pflichtwidrigkeit des Handelns voraussetzen (vgl Rn 29 ff). Die Pflichtwidrigkeit der Handlung ist kein allgemeines Rechtswidrigkeitsmerkmal mit der Folge, dass ein Irrtum hierüber ein Verbotsirrtum (§ 17 StGB) wäre, sondern normatives Tatbestandsmerkmal, so dass auch ein Irrtum hierüber ein Tatbestandsirrtum ist.[227] Ein solcher Irrtum liegt aber nur vor, wenn sich der Täter über die Tatsachen irrt, die die Pflichtwidrigkeit seines Handelns begründen, kennt er diese dagegen und hält er sich gleichwohl irrtümlich für berechtigt, handelt es sich um einen Irrtum im Wertungsbereich, der lediglich als Verbotsirrtum zu behandeln ist.[228]

C. Rechtswidrigkeit und Schuld

Die Rechtswidrigkeit der Untreue entfällt nur dann, wenn ein Rechtfertigungsgrund eingreift. Die Zustimmung des Vermögensinhabers stellt bereits ein tatbestandsausschließendes Einverständnis und nicht erst eine auf der Ebene der Rechtswidrigkeit festzustellende Einwilligung dar (vgl Rn 35 ff). Dasselbe gilt für die **mutmaßliche Einwilligung**,[229] wenn eine Einwilligung nicht rechtzeitig eingeholt werden kann, diese aber

---

[219] BGH NJW 2000, 2364, 2365 f; einschränkend aber BGH NJW 2002, 1211, 1216.
[220] BGH NJW 2002, 1760 Rn 63 – Kanther; OLG Hamburg NStZ 2010, 335, 336.
[221] *Nack,* StraFo 2008, 277, 278; *Bosch/Lange,* JZ 2009, 225, 228, 236 f; aA *Fischer,* § 266 Rn 183 f. unter Hinweis darauf, dass es sich beim Gefährdungsschaden um einen normativen Schaden handele, der zur Vorverlagerung der Strafbarkeit führe.
[222] Ebenso BGH NJW 2008, 2451 Rn 18 f.
[223] Auch Sch/Sch/*Perron,* § 266 Rn 50 spricht sich für eine Beschränkung des Tatbestandes auf obj. Ebene aus; ebenso *Wessels/Hillenkamp,* Rn 782; *Maurach/Schroeder/Maiwald,* § 45 Rn 49; *Park/Rütters,* StV 2011, 434, 437; *Helmrich,* NZG 2011, 1252, 1255.
[224] In diesem Sinne auch *Bernsmann,* GA 2007, 219, 231.
[225] BGH NJW 2002, 1211, 1216.
[226] Vgl oben § 93 Rn 53.
[227] BVerfG NJW 2010, 3209 Rn 97 – Landowsky; BGH NJW 2007, 1760 Rn 58 – Kanther; BGH NJW 2011, 88 Rn 35 – AUB; LK/*Schünemann,* § 266 Rn 193.
[228] BGH NStZ 2009, 694 Rn 47; aA Sch/Sch/*Perron,* § 266 Rn 49; *Jakobs,* NStZ 2005, 276, 277 f; diff. BGH NJW 2006, 522 Rn 83, 85 – Mannesmann; zum gesamttatbewertenden Merkmal allg. vgl LK/*Schünemann,* § 266 Rn 193 f.
[229] *Fischer,* Vor § 32 Rn 4; Sch/Sch/*Perron,* § 266 Rn 48; *Maurach/Schroeder/Maiwald,* § 45 Rn 45; *Hellmann,* ZIS 2007, 433, 437.

wahrscheinlich erteilt worden wäre.²³⁰ Ein entsprechender Irrtum des Täters ist demgemäß ein Tatbestandsirrtum.

68 Rechtfertigungsgründe die noch am ehesten eingreifen könnten, sind
- erlaubte **Selbsthilfe** bei Vermögensverfügungen zugunsten des Täters (§ 229 BGB)
- ein **rechtfertigender Notstand** bei Verletzung der Pflicht zur Vertraulichkeit im Rahmen von rechtlichen Auseinandersetzungen zur Wahrung berechtigter eigener Interessen.²³¹ Dasselbe wird man bei der Verletzung der Pflicht zur Vertraulichkeit zur Wahrung öffentlicher Interessen („Whistleblowing") annehmen müssen.²³²

69 Als Schuldausschließungsgrund kommt insbesondere ein **Verbotsirrtum** (§ 17 StGB) in Betracht, wenn der Täter sein Verhalten irrtümlich nicht für pflichtwidrig hält. In Abgrenzung zum Tatbestandsirrtum²³³ liegt ein Verbotsirrtum allerdings nur dann vor, wenn der Täter alle Merkmale kennt, die das Verbotensein seiner Handlung begründen, er aber gleichwohl aufgrund einer unzutreffenden rechtlichen Wertung sein Verhalten für pflichtgemäß hält.²³⁴

D. Beteiligung

70 Die Vermögensbetreuungspflicht ist ein **strafbarkeitsbegründendes persönliches Merkmal** iSd § 28 Abs. 1 StGB (vgl Rn 8 ff). Wer hierüber nicht verfügt, kann nicht Täter, sondern allenfalls Teilnehmer der Untreue sein. Soweit die Vermögensbetreuungspflicht – etwa in Konzernrechtsverhältnissen – bei einer juristischen Person liegt, ist sie deren Organen zuzurechnen (§ 14 StGB).

71 **Mittäterschaft** (§ 25 Abs. 2 StGB) ist möglich, wenn mehrere Vermögensbetreuungspflichtige zum Nachteil des Geschädigten zusammenwirken. Dies kommt insbesondere auch bei **Kollegialentscheidungen** in Betracht.²³⁵ **Mittelbare Täterschaft** kommt in Betracht, wenn der Vermögensbetreuungspflichtige die schädigende Handlung durch einen Dritten begehen lässt, der entweder selbst nicht vermögensbetreuungspflichtig ist oder vorsatzlos handelt.

72 **Teilnehmer** (Anstifter und Gehilfe) kann auch sein, wer das besondere persönliche Merkmal der Vermögensbetreuungspflicht nicht aufweist. Der im Schrifttum vertretenen Einschränkung, dass nicht Teilnehmer sein könne, wer nur seine eigenen wirtschaftlichen Interessen verfolge, zB der Vorstand, der sich vom Aufsichtsrat ein unangemessen hohes Gehalt zusichern lasse,²³⁶ ist zu widersprechen. Berechtigtes Gewinnstreben geht nicht so weit, bewusst an der Begehung von Straftaten durch Dritte mitzuwirken – sonst dürfte auch Hehlerei nicht bestraft werden. Diese Grenze ist nicht erst bei kollusivem Zusammenwirken überschritten,²³⁷ sondern bereits dann, wenn die Treuepflichtverletzung des anderen erkannt und hieran mitgewirkt wird.

73 Soweit Teilnehmer nicht vermögensbetreuungspflichtig sind, gilt für sie die zwingende Strafmilderung des § 28 Abs. 1 StGB.²³⁸ Eine doppelte Strafmilderung gem. § 27 StGB und § 28 Abs. 1 StGB erfolgt aber nicht, wenn nur aufgrund einer mangelnden Täterqualifikation vom Gehilfenstatus des Beteiligten ausgegangen wird.²³⁹

E. Strafrahmen und Strafantrag

74 Der **Regelstrafrahmen** des § 266 Abs. 1 StGB sieht Geldstrafe – fünf bis 360 Tagessätze (vgl § 40 Abs. 1 S. 2 StGB) – oder Freiheitsstrafe von einem Monat (vgl § 38 Abs. 2 StGB) bis zu fünf Jahren vor. Für Teilnehmer, auf die das besondere persönliche Merkmal der Vermögensbetreuungspflicht nicht zutrifft, gilt gem. §§ 28 Abs. 1, 49 Abs. 1 Nr. 2 StGB eine Strafobergrenze von drei Jahren und neun Monaten. Auch bei der Tatbegehung durch Unterlassen kommt eine Strafmilderung in Betracht (§§ 13 Abs. 2, 49 Abs. 1 Nr. 2 StGB).²⁴⁰

---

230 *Fischer*, § 266 Rn 90.
231 Vgl *Fischer*, § 203 Rn 46; Sch/Sch/*Lenckner/Eisele*, § 203 Rn 30, 33; zum Ausschluss der Strafbarkeit wegen hypothetischer Einwilligung des Opfers vgl *Rönnau*, StV 2011, 753, 755.
232 Vgl dazu EGMR NJW 2011, 3501.
233 Vgl dazu oben Rn 66.
234 BGH NJW 2006, 522 Rn 85 – Mannesmann; zust. *Rönnau*, NStZ 2006, 218, 221; *Marwinkel*, ZStW 123 (2011), 548, 567, 569; ebenso OLG Braunschweig ZIP 2012, 1860, 1863; krit. dagegen *Ransiek*, NJW 2006, 814, 816;.

235 Vgl dazu MüKo-StGB/*Dierlamm*, § 266 Rn 245 ff; *Knauer*, NStZ 2002, 399, 403 f; soweit der BGH zwischen verschiedenen Mitgliedern eines Gremiums differenziert (NJW 2000, 2364, 2366; 2002, 1211, 1216), betrifft dies die Feststellung der objektiven Pflichtwidrigkeit des Handelns, also die Tatbestandsmäßigkeit und nicht die Frage der Mittäterschaft.
236 *Thomas*, FS Rissing-van Saan, 2010, S. 669, 676 f.
237 So aber *Thomas*, FS Rissing van Saan, 2010, S. 669, 683.
238 BGH NStZ-RR 2008, 6; aA Sch/Sch/*Perron*, § 266 Rn 52.
239 BGH NJW 1975, 837 f; BGH NStZ 2012, 613.
240 BGH NJW 1990, 332 f; BGH NStZ-RR 1997, 357 f; aA Sch/Sch/*Perron*, § 266 Rn 53.

Nach § 266 Abs. 2 StGB iVm § 263 Abs. 3 StGB[241] erfolgt in **besonders schweren Fällen** eine Strafrahmenverschiebung. Der Strafrahmen beträgt dann sechs Monate bis zehn Jahre, der gemäß §§ 28 Abs. 1, 49 Abs. 1 StGB gemilderte Strafrahmen einen Monat bis sieben Jahre und sechs Monate.

§ 266 Abs. 2 StGB iVm § 263 Abs. 3 StGB ist eine **Strafzumessungsregelung** und keine Qualifikation. Auch hierfür gilt das Bestimmtheitsgebot des Art. 103 Abs. 2 GG, wobei es das BVerfG[242] allerdings genügen lässt, dass anhand der von der Rechtsprechung entwickelten Kriterien ermittelt werden kann, was unter einem besonders schweren Fall zu verstehen ist.[243] Die Regelbeispiele in § 263 Abs. 2 S. 2 StGB haben den Charakter von Indizien, die bei Vorliegen gewichtiger Strafmilderungsgründe gleichwohl nicht zwingend zur Strafrahmenverschiebung führen müssen.[244] Die Regelbeispiele sind aber auch nicht abschließend, so dass ähnliche gelagerte Fälle ebenfalls zur Strafrahmenverschiebung führen können.[245]

Von den Regelbeispielen des § 263 Abs. 3 StGB dürfte die **Nr. 5** (Vortäuschen eines Versicherungsfalles) im Rahmen des § 266 StGB keine Bedeutung haben. Eine gewerbs- oder bandenmäßige Begehung (§ 263 Abs. 3 Nr. 1 StGB) erscheint möglich,[246] allerdings muss sich der Wille dann auf die Begehung von Untreuestraftaten beziehen.[247] Bei **Nr. 2** (Vermögensverlust großen Ausmaßes) wird ein tatsächlicher Vermögensverlust und nicht lediglich eine schadensgleiche Vermögensgefährdung, also ein bloß buchmäßiger Vermögensverlust zu fordern sein.[248] **Nr. 4** (Amtsträger) dürfte schon im Hinblick auf das strafzumessungsrechtliche Doppelverwertungsverbot (§ 46 Abs. 3 StGB) keine Anwendung finden, wenn sich allein aus der Amtsträgereigenschaft die Vermögensbetreuungspflicht ergibt.[249]

Ausgeschlossen ist ein besonders schwerer Fall aufgrund der Verweisung auf § 243 Abs. 2 StGB, wenn die Tat nur zu einem geringfügigen Schaden (Grenze: etwa 25–30 €)[250] geführt hat. Bei **Geringwertigkeit** besteht darüber hinaus ein Strafantragserfordernis (§§ 266 Abs. 2 StGB iVm § 248 StGB).

Ein weiteres **Strafantragserfordernis** ergibt sich aus der Verweisung auf § 247 StGB, wenn der Täter mit dem Geschädigten verwandt ist oder in häuslicher Gemeinschaft lebt. Diese Regelung kann auch bei Taten zulasten einer Personengesellschaft Anwendung finden, wenn der Täter mit allen Gesellschaftern verwandt ist oder in häuslicher Gemeinschaft lebt, weil diese und nicht die Gesamthandsgemeinschaft Träger des Vermögens seien.[251] Dasselbe gilt kein Kapitalgesellschaften dann, wenn es sich um Vermögen handelt, dass die Gesellschafter durch Beschluss als Gewinn hätten ausschütten können.[252]

F. Konkurrenzen

Tateinheit ist mit einer Vielzahl von Tatbeständen möglich. Aus dem Bereich des StGB ist dabei insbesondere an alle Eigentums- und Vermögensdelikte, insb. § 263 StGB zu denken. Voraussetzung hierfür ist, dass der Täter die Schädigung des zu betreuenden Vermögens durch eine Täuschung bewirkt hat.[253] Nach Aufgabe der „Interessentheorie" kommt auch Tateinheit von § 266 StGB und Insolvenzdelikten (§§ 283 ff. StGB) in Betracht.[254] Ebenfalls tateinheitlich mit Untreue zusammentreffen können Bestechlichkeit und Bestechung im geschäftlichen Verkehr (§ 299 StGB)[255] bzw Vorteilsnahme (§ 331 StGB) und Bestechlichkeit (§ 332 StGB).[256]

Tatmehrheit liegt dann vor, wenn der Tatentschluss zu Untreue dem Entschluss zur anderen Tat vorangeht oder nachfolgt. Dies ist zB der Fall, wenn der Täter zunächst Sachen unter Wert verkauft und dann den Treugeber über die Höhe des Preises täuscht, um eine höhere Provision zu erlangen.[257]

§ 266 StGB verdrängt im Wege der **Gesetzeskonkurrenz** die Unterschlagung und zwar auch in der Form der veruntreuenden Unterschlagung.[258] Insoweit liegt Subsidiarität vor. Untreue kann etwa hinter § 263 StGB

---

241 Zur Kritik an dieser Bezugnahme vgl Sch/Sch/*Perron*, § 266 Rn 53.
242 NJW 3627 Rn 14.
243 Krit zum Argument der hinreichenden Konkretisierbarkeit in anderem Zusammenhang *Kempf/Schilling*, NJW 2012, 1849, 1852.
244 *Fischer*, § 46 Rn 91 mwN.
245 *Fischer*, § 46 Rn 93.
246 BGH wistra 2013, 390; aA MüKo-StGB/*Dierlamm*, § 266 Rn 258: *„unsinnig"*.
247 *Fischer*, § 266 Rn 191.
248 BGH NJW 2003, 3717; BGH wistra 2007, 306, 307; zust. *Rotsch*, ZStW 117, 577, 595 f unter Hinweis darauf, dass „Verlust" und „Schaden" keine Synonyme seien; MüKo-StGB/*Dierlamm* hält die Vorschrift dagegen für verfassungswidrig, weil die Untreue im Schnitt zu einen Schaden von 100.000 € führe, sodass regelmäßig der Grenzwert von 50.000 € überschritten werde; dagegen aber mit guten Gründen LK/*Schünemann*, § 266 Rn 218.
249 Ebenso *Fischer*, § 266 Rn 190; Sch/Sch/*Perron*, § 266 Rn 53; MüKo-StGB/*Dierlamm*. § 266 Rn 261; LK/*Schünemann*, § 266 Rn 218; aA BGH NStZ 2000, 592.
250 BGHR StGB § 248 a (Geringwertig 1): 25 €; KG StraFo 2011, 65: 30 €.
251 BGH wistra 2012, 233 Rn 10, 15.
252 BGH NStZ-RR 2005, 86.
253 BGH NStZ 2008, 340 Rn 1.
254 BGH NJW 2012, 2366 Rn 11 ff m. zust. Anm. Brand; dazu *Habetha*, NZG 2012, 1134; *Radtke*, GmbHR 2012, 962.
255 BGH wistra 2012, 310 Rn 20 ff.
256 BGH NJW 2001, 2560, 2561; BGH NStZ 2009, 445.
257 BGH NStZ 2011, 280.
258 BGH NJW 2012, 3046 Rn 5.

im Wege der mitbestraften Nachtat zurücktreten, wenn die Untreue nur zur Sicherung oder Verwertung der durch den Betrug erlangten Stellung dient.[259]

§ 94 Stellvertreter von Vorstandsmitgliedern

Die Vorschriften für die Vorstandsmitglieder gelten auch für ihre Stellvertreter.

Literatur:
Breinl, Versicherungsfreiheit in der Angestelltenversicherung auch für stellvertretende Vorstandsmitglieder einer Aktiengesellschaft, BB 1969, 1358; *Meier*, Der Rechtsstatus des Verhinderungsvertreters in Sparkassen – Arbeitnehmer oder Organmitglied?, NZA 2009, 702; *Schlaus*, Das stellvertretende Vorstandsmitglied, DB 1971, 1653.

A. Norminhalt und Normschwerpunkt

1 Die Vorschrift normiert die Zulässigkeit der Ernennung von „stellvertretenden Vorstandsmitgliedern" und bestimmt, dass Rechte und Pflichten von stellvertretenden Vorstandsmitgliedern mit denen von „ordentlichen" Vorstandsmitgliedern identisch sind. Demnach gelten für sie insbesondere die §§ 76 bis 93, aber auch alle außerhalb des Aktiengesetz liegende Vorschriften, die Vorstandsmitglieder betreffen (zB aus dem Sozialversicherungsrecht, Insolvenzrecht, Steuerrecht, Strafrecht).

2 In der Praxis unterscheiden sich stellvertretende Vorstandsmitglieder von ordentlichen meist dadurch, dass sie sich erst noch bewähren sollen und deshalb eine kürzere Amtszeit sowie eingeschränkte Ressortzuständigkeiten (häufig zusammen mit einem ordentlichen Vorstandsmitglied, s. Rn 12) haben. In der Außenwirkung soll mit dem Begriff „stellvertretend" die hierarchische Abstufung innerhalb des Vorstands deutlich gemacht werden.[1]

B. Rechtsposition des stellvertretenden Vorstandsmitglieds

3 Das stellvertretende Vorstandsmitglied ist vollwertiges Vorstandsmitglied, also nicht nur, wenn ein anderes Vorstandsmitglied verhindert ist (anders als der stellvertretende Aufsichtsratsvorsitzende, der die Aufgaben des Aufsichtsratsvorsitzenden nur im Falle von dessen Verhinderung hat, § 107 Abs. 1 S. 3). Die Bezeichnung „stellvertretend" ist deshalb irreführend. Hieraus folgt:

4 **I. Bestellung, Abberufung, Hochstufung. Bestellung und Abberufung** erfolgen durch den Gesamtaufsichtsrat, der hierzu auch befugt ist, wenn die Satzung nicht ausdrücklich zur Bestellung von stellvertretenden Vorstandsmitgliedern ermächtigt oder dies sogar – unter Verstoß gegen § 23 Abs. 5 – untersagt. Für den Anstellungsvertrag ist nach §§ 84 Abs. 1 S. 5, 107 Abs. 3 der Gesamtaufsichtsrat oder (mit Ausnahme der Vergütungsfestlegung) ein Aufsichtsratsausschuss zuständig.

5 Die **Hochstufung** eines stellvertretenden Vorstandsmitglieds zum ordentlichen Vorstandsmitglied oder umgekehrt obliegt wie die Bestellung dem Gesamtaufsichtsrat, ist aber kein echter Bestellungsakt, sondern nur die Änderung einer vorstandsinternen Rangordnung. Das komplizierte Bestellungsverfahren des § 31 Abs. 2 bis 4 MitBestG bei paritätisch mitbestimmten Gesellschaften muss deshalb nach zutreffender Ansicht nicht eingehalten werden.[2] Aus der rechtlichen Gleichwertigkeit von ordentlichem und stellvertretendem Vorstandsmitglied folgt ferner, dass ein **Arbeitsdirektor** auch als stellvertretendes Vorstandsmitglied bestellt werden kann, solange diesem die Kernbefugnisse in Personal- und Sozialangelegenheiten zustehen und nicht eine offensichtliche Zurücksetzung des Arbeitsdirektors daraus abzuleiten ist[3] (zB wenn Arbeitsdirektor grundsätzlich nur als stellvertretendes Vorstandsmitglied bestellt wird oder betreffende Person trotz seines Alters und seiner Erfahrung nur wegen seiner Funktion als Arbeitsdirektor nur zum stellvertretenden Vorstandsmitglied berufen wird).

6 **II. Handelsregister, Geschäftsbriefe.** Bestellung und Abberufung von stellvertretenden Vorstandsmitgliedern sind zum **Handelsregister** anzumelden und einzutragen (§§ 39, 81, § 43 Nr. 4 Handelsregisterverfügung). Der Stellvertreterzusatz ist jedoch weder eintragungspflichtig noch eintragungsfähig.[4]

---

259 BGH NStZ 2001, 195, 196.
  1 Vgl KölnKomm-AktG/*Mertens*, Rn 3; MüHb-AktG/*Wiesner*, § 24 Rn 23; *Hüffer*, Rn 2 mwN.
  2 Ebenso Großkomm-AktienR/*Habersack*, Rn 13; *Hüffer*, Rn 4; aA KölnKomm-AktG/*Mertens*, Rn 7; *Hanau/Ulmer*, MitBestG, § 31 Rn 6; MüHb-AktG/*Wiesner*, § 24 Rn 26.
  3 So auch *Hüffer*, Rn 4; Großkomm-AktienR/*Habersack*, Rn 14; KölnKomm-AktG/*Mertens*, Rn 9; MüHb-AktG/*Wiesner*, § 24 Rn 27; aA *Hanau/Ulmer*, MitBestG, § 33 Rn 23.
  4 BGH NJW 1998, 1071, 1072; BayObLGZ 1997, 107, 112 = NJW-RR 1997, 673; MüHb-AktG/*Wiesner*, § 24 Rn 25; *Hüffer*, Rn 3 mwN; aA noch OLG Stuttgart NJW 1960, 2150; OLG Düsseldorf NJW 1969, 1259; KölnKomm-AktG/*Mertens*, Rn 6.

Da der Stellvertreterzusatz zur Irreführung geeignet ist, darf er auch nicht auf **Geschäftsbriefen** verwendet werden.[5]

III. Vertretungsmacht. Wie beim ordentlichen Vorstandsmitglied ist die Vertretungsmacht des stellvertretenden Vorstandsmitglieds **unbeschränkt und unbeschränkbar** (§ 82 Abs. 1). Die Art der Vertretungsbefugnis (Einzelvertretungsberechtigung, echte oder unechte Gesamtvertretungsberechtigung) des stellvertretenden Vorstandsmitglieds ist in das Handelsregister einzutragen. Unzulässig ist demnach, die Vertretungsbefugnis von der Verhinderung eines anderen Vorstandsmitglieds abhängig zu machen oder an die Art der Vertretungsbefugnis eines anderen Vorstandsmitglieds anzukoppeln. Unzulässig ist ebenso ein vollständiger Ausschluss der Vertretungsmacht des stellvertretenden Vorstandsmitglieds.

Bei **passiver Stellvertretung** (§ 78 Abs. 2 S. 2) genügt Willenserklärung gegenüber einem stellvertretenden Vorstandsmitglied.

Die **Grenzen der Vertretungsmacht** (§ 181 BGB, § 112, Missbrauch der Vertretungsmacht) gelten für stellvertretende Vorstandsmitglieder in gleicher Weise wie für ordentliche Vorstandsmitglieder.

Verlangt das Gesetz ein **Handeln sämtlicher Vorstandsmitglieder** (zB bei der Anmeldung der Gründung, § 36), so sind auch die stellvertretenden Vorstandsmitglieder angesprochen.

IV. Geschäftsführung, Leitung. Die **Geschäftsführung** obliegt nach dem gesetzlichen Leitbild sämtlichen Vorstandsmitgliedern, somit auch den stellvertretenden (§ 77 Abs. 1 S. 1). Sieht die Satzung oder Vorstandsgeschäftsordnung Mehrheitsentscheidungen vor, so zählen die stellvertretenden Vorstandsmitglieder mit.[6] Auch die Zuweisung von Ressortzuständigkeiten an stellvertretende Vorstandsmitglieder ist wie bei ordentlichen Vorstandsmitgliedern zulässig. Ein stellvertretendes Vorstandsmitglied kann aber auch – vorbehaltlich der unentziehbaren Leitungs- und Überwachungsaufgabe (s. Rn 13) – ohne Zuweisung eines Ressorts bestellt werden oder (wie häufig in der Praxis) ein Ressort zusammen mit einem anderen (ordentlichen) Vorstandsmitglied zugewiesen bekommen, dem die Primärverantwortung obliegt.[7] Ein Weisungsrecht des primärverantwortlichen Vorstandsmitglieds gegenüber dem stellvertretenden Vorstandsmitglied ist hiermit jedoch nicht verbunden.[8] Ressortzuständigkeit kann dem stellvertretenden Vorstandsmitglied auch in der Weise eingeräumt werden, dass sie nur zum Leben erwacht, wenn primärverantwortliches Vorstandsmitglied wegfällt oder verhindert ist[9] (in dieser Ausgestaltung ist die Verwendung der Bezeichnung „stellvertretendes Vorstandsmitglied" noch am ehesten sinnvoll).

Das Recht und die Pflicht zur **Leitung** der Gesellschaft (dh Grundlagenentscheidungen,[10] § 76) sind unabdingbar und unentziehbar und obliegen dem stellvertretenden Vorstandsmitglied deshalb wie jedem anderen.[11] Zur Leitungspflicht gehört auch die ressortübergreifende Pflicht zur Überwachung der Rechtmäßigkeit der Geschäftsführung durch die anderen Vorstandsmitglieder.[12] Wie bei ordentlichen Vorstandsmitgliedern besteht jedoch mangels konkreter Verdachtsmomente keine Pflicht zur Information über andere Ressorts außerhalb regulärer Vorstandssitzungen.[13] Eine im Vergleich zu ordentlichen Vorstandsmitgliedern reduzierte Überwachungspflicht für stellvertretende Vorstandsmitglieder, die bis zum Wegfall eines anderen Vorstandsmitglieds ohne Ressortbereich sind (vgl Rn 12), ist jedoch nicht anzuerkennen. Insbesondere kann das stellvertretende Vorstandsmitglied sich nicht auf mangelnde Informationsmöglichkeiten berufen, sondern muss bei Informationsdefiziten den Aufsichtsrat einschalten oder das Amt niederlegen.

Zweiter Abschnitt
Aufsichtsrat

§ 95 Zahl der Aufsichtsratsmitglieder

¹Der Aufsichtsrat besteht aus drei Mitgliedern. ²Die Satzung kann eine bestimmte höhere Zahl festsetzen. ³Die Zahl muß durch drei teilbar sein. ⁴Die Höchstzahl der Aufsichtsratsmitglieder beträgt bei Gesellschaften mit einem Grundkapital

bis zu	1 500 000 Euro	neun,
von mehr als	1 500 000 Euro	fünfzehn,

---

[5] Ebenso *Hüffer*, § 80 Rn 3; ähnlich: Großkomm-AktienR/*Habersack*, Rn 16: "sollte unterbleiben"; vgl auch § 80 Rn 12.
[6] MüHb-AktG/*Wiesner*, § 24 Rn 24.
[7] Vgl *Schlaus*, DB 1971, 1654, 1655; Großkomm-AktienR/*Habersack*, Rn 6; MüHb-AktG/*Wiesner*, § 24 Rn 23; KölnKomm-AktG/*Mertens*, Rn 4 spricht von „Schirmherrschaft".
[8] Ebenso *Hüffer*, Rn 2; *Meier*, NZA 2009, 702.
[9] Vgl auch KölnKomm-AktG/*Mertens*, Rn 4.
[10] Vgl § 76 Rn 5.
[11] *Hüffer*, Rn 3; KölnKomm-AktG/*Mertens*, Rn 4; Großkomm-AktienR/*Habersack*, Rn 7.
[12] Vgl § 77 Rn 9.
[13] Vgl § 77 Rn 9.

von mehr als 10 000 000 Euro einundzwanzig.

⁵Durch die vorstehenden Vorschriften werden hiervon abweichende Vorschriften des Gesetzes über die Mitbestimmung der Arbeitnehmer vom 4. Mai 1976 (Bundesgesetzbl. I S. 1153), des Montan-Mitbestimmungsgesetzes und des Gesetzes zur Ergänzung des Gesetzes über die Mitbestimmung der Arbeitnehmer in den Aufsichtsräten und Vorständen der Unternehmen des Bergbaus und der Eisen und Stahl erzeugenden Industrie vom 7. August 1956 (Bundesgesetzbl. I S. 707) – Mitbestimmungsergänzungsgesetz – nicht berührt.

Literatur:
Lutter, Der Aufsichtsrat im Wandel der Zeit – von seinen Anfängen bis heute, in: Bayer/Habersack, Aktienrecht im Wandel, Band II, 2007, S. 389.

A. Regelungsgegenstand und -zweck 1	2. Verminderung 12
B. Mitgliederzahl 4	C. Rechtsfolgen bei Verstoß 13
I. Gesetzliche Grundregel der Mindestzahl 4	I. Unterbesetzung 13
II. Satzungsbestimmungen 6	II. Bestellung überzähliger Aufsichtsratsmitglieder ... 15
III. Dreiteilbarkeit 7	
IV. Höchstzahl 8	
V. Änderung der Höchstzahl 10	
1. Erhöhung 10	

A. Regelungsgegenstand und -zweck

1 § 95 setzt den Aufsichtsrat als zwingend notwendiges Organ der AG voraus. Die AG muss einen Aufsichtsrat haben.[1]

2 Die Vorschrift begrenzt die Satzungsautonomie im Hinblick auf die Zahl der Aufsichtsratsmitglieder. Zum einen ist bezweckt, die Möglichkeiten der Hauptversammlung zur Einflussnahme einzuschränken. Zum anderen soll mit der Festlegung von Höchstzahlen der Aufsichtsratsmitglieder die Effektivität des Aufsichtsrates gesichert werden.[2] Eine variable Zahl der Aufsichtsratsmitglieder ist nicht zulässig (dazu unten Rn 6).

3 § 95 S. 5 stellt fest, dass die Vorschriften über die Zusammensetzung der Aufsichtsräte nach dem Mitbestimmungsgesetz, Montan-Mitbestimmungsgesetz und Mitbestimmungsergänzungsgesetz als speziellere Regelungen ggf Vorrang haben. § 95 ist somit nur für die Gesellschaften von Bedeutung, die keinem der genannten Mitbestimmungsgesetze unterliegen.[3]

B. Mitgliederzahl

4 **I. Gesetzliche Grundregel der Mindestzahl.** Der Aufsichtsrat muss nach § 95 S. 1 **jedenfalls aus drei Mitgliedern** bestehen. Eine niedrigere Zahl kann in der Satzung nicht festgelegt werden, allerdings eine höhere.

5 Eine mit der Mindestzahl von drei Mitgliedern übereinstimmende Regelung enthält § 108 Abs. 2 S. 3 für die Beschlussfähigkeit des Aufsichtsrates. Daher kann eine nur dreiköpfige Besetzung des Aufsichtsrates zu praktischen Problemen führen, weil dann schon die Verhinderung eines Mitglieds den Aufsichtsrat beschlussunfähig machen kann.[4]

6 **II. Satzungsbestimmungen.** In der Satzung kann die Mitgliederzahl unter Berücksichtigung der Sätze 2 bis 4 höher als mit drei Mitgliedern festgelegt werden. Die Satzung muss eine bestimmte höhere Zahl nennen. Variable Angaben in der Weise, dass wenigstens sechs, höchstens aber 12 Aufsichtsratsmitglieder gewählt werden, sind unzulässig, da damit der Hauptversammlung der Handlungsspielraum eingeräumt würde, den das Gesetz gerade vermeidet. Als zulässig wird eine Satzungsbestimmung angesehen, wonach der Aufsichtsrat jeweils aus der im Hinblick auf das Grundkapital höchstzulässigen Anzahl von Mitgliedern bestehen soll.[5]

7 **III. Dreiteilbarkeit.** Aus § 95 S. 3 ergibt sich, dass die Zahl der Mitglieder in mitbestimmungsfreien oder dem Drittelbeteiligungsgesetz (DrittelbG)[6] unterliegenden Aufsichtsräten durch drei teilbar sein muss. Hiermit wird berücksichtigt, dass die Zahl der Arbeitnehmervertreter nach § 4 Abs. 1 DrittelbG jeweils 1/3 der Aufsichtsratsmitglieder beträgt.[7]

---

[1] KölnKomm-AktG/Mertens/Cahn, Rn 7.
[2] RegBegr. Kropff, S. 125.
[3] KölnKomm-AktG/Mertens/Cahn, Rn 6.
[4] KölnKomm-AktG/Mertens/Cahn, Rn 11.
[5] KölnKomm-AktG/Mertens/Cahn, Rn 14.
[6] Das DrittelbG hat zum 1.7.2004 das BetrVG 1952 abgelöst (näher dazu unter § 96 Rn 8); einen Überblick bieten Huke/Prinz, BB 2004, 2633.
[7] Eine SE-Beteiligungsvereinbarung kann eine Zahl von Aufsichtsratsmitgliedern vorsehen, die nicht durch drei teilbar ist, LG Nürnberg-Fürth BB 2010, 1113 m. zust. Anm. Teichmann.

IV. Höchstzahl. Abgestuft nach dem Grundkapital der Gesellschaft werden in § 95 S. 4 Höchstzahlen festgelegt. Die Zahl der Aufsichtsratsmitglieder kann hiernach keinesfalls mehr als 21 betragen. Bei der Berechnung der Höchstzahl sind alle Mitglieder zu berücksichtigen. Die Art ihrer Bestellung (§ 101 Abs. 1) spielt keine Rolle. Ersatzmitglieder werden nicht mitgezählt. Ihre Mitgliedschaft beginnt erst mit dem Wegfall des zunächst bestellten Aufsichtsratsmitglieds (§ 101 Abs. 3 S. 2). Die gelegentlich zum Ehrenmitglied des Aufsichtsrats ernannten Personen sind bei der Berechnung ebenfalls nicht zu berücksichtigen.[8]

Maßgebend für die Berechnung ist das **tatsächlich ausgegebene Grundkapital**. Dabei spielt es keine Rolle, ob die Einlagen schon voll geleistet sind. Eine bedingte Kapitalerhöhung ist – solange die neuen Aktien noch nicht ausgegeben sind – nicht zu berücksichtigen. Auch der Betrag einer genehmigten Kapitalerhöhung, deren Durchführung noch nicht eingetragen ist, bleibt außer Betracht (§§ 203 Abs. 1 S. 1, 189).

V. Änderung der Höchstzahl. 1. Erhöhung. Durch **Satzungsänderung** kann die Zahl der Aufsichtsratsmitglieder in den Grenzen des § 95 S. 4 erhöht werden. Die Hauptversammlung kann gleichzeitig mit dem die Satzung ändernden Beschluss die weiteren Aufsichtsratsmitglieder zuwählen. Deren Amtszeit beginnt jedoch erst mit der Eintragung der Satzungsänderung (§ 181 Abs. 3).

Wird aufgrund einer **Kapitalerhöhung** eine höhere Zahl an Aufsichtsratsmitgliedern zulässig, hat dies allein keinerlei Auswirkungen. Erst die dann mögliche Satzungsänderung führt zu einer Veränderung der Höchstzahl.

2. Verminderung. Bei Verminderung der Höchstzahl durch Satzungsänderung oder Kapitalherabsetzung und damit Unterschreitung der Schwellenzahl des § 95 S. 4 ergeben sich teilweise Schwierigkeiten, die durch die Rechtsprechung nicht in vollem Umfang geklärt sind. Zu fragen ist zunächst, ob die Gesellschaft der Mitbestimmung unterliegt oder nicht. Vermindert sich bei einer **mitbestimmungsfreien Gesellschaft** durch **eine Satzungsänderung oder eine Kapitalherabsetzung** die gesetzliche Höchstzahl, so bleiben die Aufsichtsratsmitglieder bis zum Ablauf ihrer Amtszeit im Amt, sofern sie von der Hauptversammlung nicht abberufen werden.[9] Jedoch kann die Hauptversammlung **überzählige Aufsichtsratsmitglieder** gemäß § 103 Abs. 1 abberufen und so für die Einhaltung der geänderten Satzung sorgen.[10]

Für die **mitbestimmte Gesellschaft** wird überwiegend vertreten, dass die **Satzungsänderung** erst mit Ablauf der Amtsperiode Geltung erlangt.[11] Das BAG hat die Streitfrage eingehend behandelt, sich aber nicht definitiv entschieden.[12] Nach anderer Auffassung kann ein Statusverfahren nach den §§ 97 ff stattfinden.[13] Verringert sich im Aufsichtsrat einer mitbestimmten Gesellschaft die höchstzulässige Mitgliederzahl durch **Kapitalherabsetzung**, wird das Statusverfahren gem. §§ 97 ff durchgeführt.[14] Die Aufsichtsratsmitglieder bleiben bis zum Abschluss des Statusverfahrens im Amt.

C. Rechtsfolgen bei Verstoß

I. Unterbesetzung. Ein Aufsichtsrat, der weniger als drei Mitglieder aufweist, ist **beschlussunfähig**, wie aus § 108 Abs. 2 S. 3 folgt.

Soweit ein Aufsichtsrat mit weniger Mitgliedern besetzt ist, als in der Satzung vorgesehen ist, hat dies für seine Funktionsfähigkeit grundsätzlich keine Folgen. Erst wenn die zur Beschlussfassung erforderliche Anzahl von Mitgliedern nicht mehr erreicht wird, ist seine Funktionsfähigkeit nicht mehr gegeben.

II. Bestellung überzähliger Aufsichtsratsmitglieder. Die Wahl eines Aufsichtsratsmitgliedes, die dazu führt, dass die sich aus § 95 S. 4 ergebende Höchstzahl überschritten wird, ist **nichtig** (§ 250 Abs. 1 Nr. 3). Ein Beschluss, mit dem mehrere Aufsichtsratsmitglieder in einem Wahlgang gewählt werden, ist bei einem Überschreiten der Höchstzahl insgesamt nichtig.[15] Bei getrennten Wahlgängen lässt sich regelmäßig eine zeitliche Reihenfolge herstellen. Dann beschränkt sich die Nichtigkeit allein auf die Überzahl. Hauptversammlungsbeschlüsse sind gem. § 243 Abs. 1 anfechtbar, durch die mehr Aufsichtsratsmitglieder gewählt werden, als dies nach der Satzung zulässig ist.[16] Zur Anfechtbarkeit des Wahlbeschlusses kann es bei sonstigen Verletzungen des Gesetzes kommen.[17] Wirken überzählige Aufsichtsratsmitglieder bei der Beschlussfassung mit, ergibt sich Folgendes: Beschlüsse eines Aufsichtsrats, dessen Zusammensetzung nicht den

---

[8] KölnKomm-AktG/*Mertens/Cahn*, Rn 15; MüKo-AktG/*Habersack*, Rn 14.
[9] *Hüffer*, Rn 5; KölnKomm-AktG/*Mertens/Cahn*, Rn 25.
[10] KölnKomm-AktG/*Mertens/Cahn*, Rn 27; *Hüffer*, Rn 5; MüKo-AktG/*Habersack*, Rn 18; aA *Oetker*, ZHR 149, 575, 586.
[11] OLG Dresden ZIP 1997, 589, 591; OLG Hamburg AG 1989, 64, 66; *Hüffer*, Rn 5; KölnKomm-AktG/*Mertens/Cahn*, Rn 26; *Hanau/Ulmer*, MitbestG, § 7 Rn 13.
[12] BAG DB 1990, 1142 = WM 1990, 633, 635.
[13] *Oetker*, ZHR 149 (1985), 575, 580 ff; dagegen: MüKo-AktG/*Habersack*, Rn 19.
[14] *Hüffer*, Rn 5; K. Schmidt/Lutter/*Drygala* Rn 14; *Oetker*, ZHR 149(1985), 575, 577 ff.
[15] KölnKomm-AktG/*Mertens/Cahn*, Rn 17; *Hüffer*, Rn 7; MüKo-AktG/*Habersack* Rn 25.
[16] K. Schmidt/Lutter/*Drygala*, Rn 18.
[17] *Hüffer*, Rn 7 mit Beispiel: Wahl von 6 Mitgliedern, obwohl § 95 S. 1 gilt.

zwingenden gesetzlichen Vorgaben entspricht, sind fehlerhaft.[18] Hierbei ist für den Aufsichtsrat die Regelung des § 96 Abs. 2 zu beachten. Danach kann vor Abschluss des in § 97 bzw in §§ 98, 99 geregelten Verfahrens nicht geltend gemacht werden, dass ein Aufsichtsrat nicht nach den für ihn geltenden gesetzlichen Vorschriften zusammengesetzt ist.

§ 96 Zusammensetzung des Aufsichtsrats

(1) Der Aufsichtsrat setzt sich zusammen bei Gesellschaften, für die das Mitbestimmungsgesetz gilt, aus Aufsichtsratsmitgliedern der Aktionäre und der Arbeitnehmer,
- bei Gesellschaften, für die das Montan-Mitbestimmungsgesetz gilt, aus Aufsichtsratsmitgliedern der Aktionäre und der Arbeitnehmer und aus weiteren Mitgliedern,
- bei Gesellschaften, für die die §§ 5 bis 13 des Mitbestimmungsergänzungsgesetzes gelten, aus Aufsichtsratsmitgliedern der Aktionäre und der Arbeitnehmer und aus einem weiteren Mitglied,
- bei Gesellschaften, für die das Drittelbeteiligungsgesetz gilt, aus Aufsichtsratsmitgliedern der Aktionäre und der Arbeitnehmer,
- bei Gesellschaften für die das Gesetz über die Mitbestimmung der Arbeitnehmer bei einer grenzüberschreitenden Verschmelzung gilt, aus Aufsichtsratsmitgliedern der Aktionäre und der Arbeitnehmer,
- bei den übrigen Gesellschaften nur aus Aufsichtsratsmitgliedern der Aktionäre.

(2) Nach anderen als den zuletzt angewandten gesetzlichen Vorschriften kann der Aufsichtsrat nur zusammengesetzt werden, wenn nach § 97 oder nach § 98 die in der Bekanntmachung des Vorstands oder in der gerichtlichen Entscheidung angegebenen gesetzlichen Vorschriften anzuwenden sind.

Literatur:
Beuthien, Mitbestimmungsvereinbarungen nach geltendem und künftigem Recht, ZHR 148 (1984), 95; *Fabricius*, Erweiterung der Arbeitnehmer-Beteiligung im Aufsichtsrat einer Aktiengesellschaft gem § 76 BetrVG 1952 auf rechtsgeschäftlicher Grundlage, in: FS Hilger und Stumpf, 1983, S. 155; *Hanau*, Sicherung unternehmerischer Mitbestimmung, insbesondere durch Vereinbarung, ZGR 2001, 75; *Hommelhoff*, Vereinbarte Mitbestimmung, ZHR 148 (1984), 118; *Huke/Prinz*, Das Drittelbeteiligungsgesetz löst das Betriebsverfassungsgesetz 1952 ab, BB 2004, 2633; *Janott/Gressinger*, Heilende Kraft des Kontinuitätsprinzips oder Perpetuierung nichtiger Aufsichtsratswahlen?, BB 2013, 2120; *Raiser*, Privatautonome Mitbestimmungsregelungen, BB 1977, 1461; *Stück*, Aktuelle Rechtsfragen der Aufsichtsratswahl nach dem MitbestG 1976, DB 2004, 2582.

A. Regelungsgegenstand und -zweck	1	IV. Drittelbeteiligungsgesetz	8
B. Möglichkeiten der Aufsichtsratszusammensetzung	2	V. Mitbestimmung bei grenzüberschreitender Verschmelzung	8a
I. Mitbestimmungsgesetz 1976	2	VI. Mitbestimmungsfreie Unternehmen	9
II. Montan-Mitbestimmungsgesetz	3	C. Mitbestimmungsvereinbarungen	11
III. Montan-Mitbestimmungsergänzungsgesetz	5	D. Kontinuitätsgrundsatz	12

A. Regelungsgegenstand und -zweck

1 Die Vorschrift ist durch das Mitbestimmungsgesetz vom 4.5.1976 neu gefasst worden. Sie verweist in § 96 Abs. 1 auf die für die Zusammensetzung des Aufsichtsrates bestehenden speziellen mitbestimmungsrechtlichen Regelungen. Auf diese Weise werden sie in den Zusammenhang des Aktiengesetzes integriert, haben aber darin **keinen eigenen Regelungsgehalt**.[1] Abs. 2 soll in Verbindung mit den §§ 97 bis 99 für Rechtssicherheit sorgen. Der Gesellschaft soll es möglich sein, im Rahmen eines Statusverfahrens zu klären, welche der gesetzlich vorgeschriebenen Formen der Aufsichtsratszusammensetzung einschlägig ist.

Das traditionelle deutsche Mitbestimmungsrecht bezieht bei der Wahl der Aufsichtsratsmitglieder der Arbeitnehmer einer deutschen AG nach ganz überwiegender Meinung die in ausländischen Betrieben beschäftigten Arbeitnehmer nicht ein.[2] Daher wird diskutiert, ob die Vorschriften gegen Gemeinschaftsrecht verstoßen (Diskriminierungsverbot, Art. 18 AEUV; Arbeitnehmerfreizügigkeit, Art. 45 AEUV).[3] Hingegen bezieht das gemeinschaftsrechtlich geprägte Mitbestimmungsrecht (SEBG, MgVG) grundsätzlich alle Arbeitnehmer ein und führt auch für Arbeitnehmer im Ausland zu Mitbestimmungsrechten.[4]

---

18 KölnKomm-AktG/*Mertens/Cahn*, § 108 Rn 86.
1 KölnKomm-AktG/*Mertens/Cahn*, Rn 2.
2 MüKo-AktG/*Gach*, § 3 MitbestG, Rn 19.
3 *Hellwig/Behm*, AG 2009, 261, 263.
4 *Habersack*, JbItalR 21 (2008), 19, 41.

B. Möglichkeiten der Aufsichtsratszusammensetzung

I. Mitbestimmungsgesetz 1976. Der Anwendungsbereich des Mitbestimmungsgesetzes (MitbestG) ergibt sich aus den §§ 1, 4, 5 MitbestG. Es werden u.a. Unternehmen in der Rechtsform einer AG oder KGaA[5] erfasst, die in der Regel mehr als 2.000 Arbeitnehmer beschäftigen, nicht der Montan-Mitbestimmung unterfallen und nicht zu den Tendenzbetrieben gehören. Der Aufsichtsrat ist hier **paritätisch** zusammengesetzt. Seine Größe hängt von der Zahl der in der Gesellschaft und in den nachgeordneten Konzernunternehmen[6] insgesamt beschäftigten Arbeitnehmern ab. Der Aufsichtsrat hat je nach Arbeitnehmerzahl des Unternehmens 12, 16 oder 20 Mitglieder, es sei denn, die Satzung bestimmt etwas anderes (§ 7 Abs. 1 MitbestG). Unter den Arbeitnehmervertretern im Aufsichtsrat müssen sich nach § 7 Abs. 2 MitbestG zwei bzw drei (bei 20 Mitgliedern) Vertreter von im Unternehmen vertretenen Gewerkschaften befinden. In dem Unternehmen ist jede Gewerkschaft vertreten, zu deren Mitgliedern wenigstens ein Arbeitnehmer gehört.[7] Während die Aktionäre ihre Aufsichtsratsmitglieder nach § 101 bestellen, bestehen Wahlordnungen zur Wahl der Arbeitnehmervertreter (§§ 9 ff. MitbestG).[8] Dem Aufsichtsratsvorsitzenden, der gemäß § 27 MitbestG gewählt wird, kommt bei Stimmengleichheit ein **Doppelstimmrecht** zu (§ 29 Abs. 2 MitbestG). Da die Aufsichtsratsmitglieder der Aktionäre ihre Entscheidung für einen Aufsichtsratsvorsitzenden gem. § 27 Abs. 2 S. 2 MitbestG durchsetzen können, ist das verfassungsrechtlich gebotene Übergewicht der Aktionäre abgesichert.[9]

II. Montan-Mitbestimmungsgesetz. Das Gesetz über die Mitbestimmung der Arbeitnehmer in den Aufsichtsräten und Vorständen der Unternehmen des Bergbaus und der Eisen und Stahl erzeugenden Industrie (Montan-MitbestG) betrifft Gesellschaften aus den genannten Industriezweigen, die in der Regel mehr als 1.000 Arbeitnehmer beschäftigen. Die Einzelheiten ergeben sich aus § 1 Montan-MitbestG. Der Aufsichtsrat ist paritätisch mit Aktionärs- und Arbeitnehmervertretern besetzt. Zusätzlich wird er mit einem „**neutralen**" **Mitglied** besetzt. Der im Regelfall aus elf Mitgliedern bestehende Aufsichtsrat (§ 4 Abs. 1 S. 1 Montan-MitbestG) kann bei Erreichen entsprechender Kapitalschwellenwerte durch Satzungsbestimmung auf 15 bzw 21 Mitglieder vergrößert werden (§ 9 Montan-MitbestG).

Die Hauptversammlung wählt alle Aufsichtsratsmitglieder, auch die Vertreter der Arbeitnehmer, es sei denn, aufgrund einer Satzungsbestimmung werden Anteilseignervertreter in den Aufsichtsrat entsandt.[10] Allerdings ist die Hauptversammlung hinsichtlich der Arbeitnehmervertreter an Wahlvorschläge der Betriebsräte bzw Konzernbetriebsräte gebunden. § 8 Montan-MitbestG bestimmt, dass das neutrale Mitglied durch die Hauptversammlung auf Vorschlag der übrigen Aufsichtsratsmitglieder gewählt wird. Kann sich der Aufsichtsrat nicht mit der erforderlichen Mehrheit auf einen Vorschlag einigen oder ist die Hauptversammlung nicht bereit, dem Vorschlag des Aufsichtsrats zu folgen, findet ein **Vermittlungsverfahren** statt (§ 8 Montan-MitbestG).

III. Montan-Mitbestimmungsergänzungsgesetz. Herrschende Unternehmen, die selbst die Voraussetzungen des Montan-MitbestG nicht erfüllen, haben das Montan-Mitbestimmungsergänzungsgesetz (Montan-MitbestErgG) zu beachten, wenn der Unternehmenszweck des Konzern durch Unternehmen gekennzeichnet ist, die ihrerseits in den Anwendungsbereich des Montan-MitbestG fallen. Das BVerfG hatte 1999 die Regelung, wonach eine solche Kennzeichnung schon vorlag, wenn die montanmitbestimmten Konzernunternehmen insgesamt mehr als 2000 Arbeitnehmer beschäftigen, für verfassungswidrig erklärt.[11] Die gesetzliche Neuregelung des § 3 Abs. 2 S. 1 Nr. 2 MonMitbestErgG zum 1.7.2004 bezieht eine Konzernobergesellschaft nun auch ein, wenn die montanbestimmten Konzernunternehmen mindestens 20 % aller im Konzern angestellten Arbeitnehmer beschäftigen.[12] Die Verfassungsmäßigkeit der Neuregelung wird bezweifelt.[13]

Der Aufsichtsrat besteht hier grundsätzlich aus 15 Mitgliedern, wobei die Satzung allerdings auch hier 21 Mitglieder vorsehen kann, wenn eine bestimmte Grundkapitalschwelle erreicht wird.

Der Aufsichtsrat wird wiederum aus Vertretern der Anteilseigner und der Arbeitnehmer in gleicher Zahl und einem weiteren neutralen Mitglied besetzt. Dessen Bestellung erfolgt unter Beachtung des § 8 Montan-MitbestG (§ 5 Abs. 3 S. 2 Montan-MitbestErgG). Abweichend vom Montan-MitbestG erfolgt die Wahl der Arbeitnehmervertreter entweder durch Delegierte, die ihrerseits wieder von den Arbeitnehmern aller Kon-

---

5 Zu den Rechten und Pflichten des Aufsichtsrats in der KGaA vgl § 287 und die Kommentierung von *Wichert* in diesem Band.
6 Zu den konzernrechtlichen Fragestellungen vgl *Hüffer*, Rn 4.
7 BAG DB 1993, 95; *Stück*, DB 2004, 2582.
8 1., 2. und 3. Wahlordnung zum Mitbestimmungsgesetz vom 27.5.2002 (BGBl. I S. 1682, 1708, 1741) in den durch Verordnung vom 10.10.2005 (BGBl. I S. 2927) geänderten Fassungen.
9 K. Schmidt/Lutter/*Drygala*, Rn 4.
10 KölnKomm-AktG/*Mertens/Cahn*, Rn 8.
11 BVerfG NJW 1999, 1535 = BB 1999, 598.
12 BGBl. I S. 974.
13 *Huke/Prinz*, BB 2004, 2633, 2638.

zernunternehmen gewählt werden oder in unmittelbarer Wahl (§ 7 Montan-MitbestErgG). Die Einzelheiten ergeben sich aus der Wahlordnung.[14]

8 **IV. Drittelbeteiligungsgesetz.** Das Drittelbeteiligungsgesetz (DrittelbG) löste mit Wirkung ab dem 1.7.2004 die §§ 76 bis 87a BetrVG 1952 ab.[15] Der Gesetzgeber wollte die Regelungen anwenderfreundlich neu fassen, ohne den bisherigen Geltungsbereich und den Inhalt des Gesetzes zu verändern.[16] Es betrifft grds. die gleichen Unternehmen wie bis dahin das BetrVG 1952; das sind AG, KGaA, GmbH, VVaG und eG. Gesellschaften, die weder dem MitbestG noch dem Montan-MitbestG unterfallen und in der Regel mehr als 500 Arbeitnehmer beschäftigen, werden von den Mitbestimmungsregeln des Drittelbeteiligungsgesetzes erfasst.[17] Erfasst werden auch Gesellschaften mit weniger als 500 Arbeitnehmern, die vor dem 10.8.1994 eingetragen worden sind und keine Familiengesellschaft[18] sind. Die Verfassungsmäßigkeit der damit verbundenen Regelungen für Neu- und Altfälle wird vom OLG Düsseldorf[19] mit Hinweis auf BVerfGE 99, 367 bejaht. Zudem muss die Gesellschaft mindestens fünf Arbeitnehmer haben.[20] Bei Eintragung nach diesem Datum kommt es allein auf die Beschäftigtenzahl an. Ausnahmen gelten für sog. **Tendenzbetriebe oder Unternehmen von Religionsgemeinschaften** (§ 1 Abs. 2 S. 1 Nr. 2 und S. 2 DrittelbG).
Die Zahl der Aufsichtsratmitglieder bestimmt sich wie für die mitbestimmungsfreie Gesellschaft nach § 95. Zu einem Drittel muss der Aufsichtsrat aus Vertretern der Arbeitnehmer bestehen, die grundsätzlich durch alle wahlberechtigten Arbeitnehmer in unmittelbarer Wahl bestimmt werden (§ 5 DrittelbG). Frauen und Männer sollen entsprechend ihrem zahlenmäßigen Verhältnis im Unternehmen unter den Aufsichtsratsmitgliedern der Arbeitnehmer repräsentiert sein (§ 4 Abs. 4 DrittelbG). Die Anteilseignervertreter sind gemäß § 101 zu bestellen.

8a **V. Mitbestimmung bei grenzüberschreitender Verschmelzung.** Das Gesetz über die Mitbestimmung der Arbeitnehmer bei einer grenzüberschreitenden Verschmelzung (MgVG),[21] das am 29.12.2006 in Kraft trat, setzt den arbeitsrechtlichen Teil der EU-Richtlinie 2005/56/EG über die Verschmelzung von Kapitalgesellschaften aus verschiedenen Mitgliedstaaten in innerstaatliches Recht um. Die grenzüberschreitende Verschmelzung selbst ist seit der Novellierung des UmwG in 2007 in §§ 122a UmwG geregelt.[22] Das Gesetz gilt gemäß § 3 Abs. 1 MgVG für eine aus einer grenzüberschreitenden Verschmelzung hervorgehende Gesellschaft mit Sitz in Deutschland. Unabhängig vom Sitz ist das Gesetz auf inländische Arbeitnehmer einer aus einer grenzüberschreitenden Verschmelzung hervorgegangenen Gesellschaft anzuwenden. Weiter gilt es für inländische beteiligte Gesellschaften, betroffene Tochtergesellschaften und betroffene Betriebe.

8b Gemäß § 5 MgVG finden die Regelungen des Gesetzes Anwendungen, wenn eine von drei Fallgestaltungen gegeben ist:

- Nr. 1: Mindestens eine der beteiligten Gesellschaften beschäftigte in den sechs Monaten vor der Veröffentlichung des Verschmelzungsplans mehr als 500 Arbeitnehmer; es bestand ein Mitbestimmungssystem im Sinne des § 2 Abs. 7 MgVG.
- Nr. 2: Das für die aus der Verschmelzung hervorgehende Gesellschaft maßgebende Recht sieht nicht den gleichen Umfang an Mitbestimmung im Hinblick auf den Anteil der Arbeitnehmervertreter in Organen, Ausschüssen oder Gremien vor, wie er in den an der Verschmelzung beteiligten Gesellschaften bestand.
- Nr. 3: Das Sitzstaatsrecht räumt den Arbeitnehmern in Betrieben eines anderen Mitgliedstaats nicht den gleichen Anspruch auf Ausübung von Mitbestimmungsrechten ein, wie sie für die Arbeitnehmer in dem Mitgliedstaat bestehen, in dem die aus der grenzüberschreitenden Verschmelzung hervorgehende Gesellschaft ihren Sitz hat.

8c Die Mitbestimmung und damit auch die Anzahl der Arbeitnehmervertreter im Aufsichtsrat soll vorrangig durch freie Vereinbarung zwischen dem Unternehmen und einem nach § 7 MgVG zu bildenden besonderen Verhandlungsgremium festgelegt werden, § 22 Abs. 1 Nr. 3 MgVG. Der Satzungsgeber ist an die vereinbarte Anzahl der Arbeitnehmervertreter gebunden.[23] Vereinbarungen über die Gesamtgröße des Gremiums werden – gegebenenfalls entgegen § 23 Abs. 5 – als zulässig angesehen.[24]

---

14 Art. 4 der Verordnung zur Änderung der 1., 2. und 3. Wahlordnung zum Mitbestimmungsgesetz und zur Neufassung der Wahlordnung zum Mitbestimmungsergänzungsgesetz vom 10.10.2005, BGBl. I S. 2927.
15 *Melot de Beauregard*, DB 2004, 1430.
16 BT-Drucks. 15/2542, S. 1.
17 Art. 1 des ersten Gesetz zur Vereinfachung der Wahl der Arbeitnehmervertreter in den Aufsichtsrat vom 18.5.2004, BGBl. I S. 974; einen Überblick bieten *Huke/Prinz*, BB 2004, 2633.
18 Eine Familiengesellschaft liegt vor, wenn deren Aktionär eine einzelne natürliche Person ist oder deren Aktionäre untereinander im Sinne von § 15 Abs. 1 Nr. 2 bis 8, Abs. 2 AO verwandt oder verschwägert sind, § 1 Abs. 1 Nr. 1 S. 2 DrittelbG.
19 OLG Düsseldorf ZIP 2011, 1564, 1565 f.
20 BGH NZG 2012, 421.
21 BGBl. I S. 3332.
22 Vgl. 2. Ges. zur Änderung des UmwG vom 19.4.2007 (BGBl. I S. 542).
23 RegBegr. BT-Drucks. 16/2922, 26.
24 K. Schmidt/Lutter/*Drygala*, Rn 18; nach *Hüffer*, Rn 11b, sind die Einzelheiten ungeklärt.

Kommt eine freie Vereinbarung nicht zustande oder ist diese nicht gewollt, findet die Mitbestimmung kraft Gesetzes Anwendung, § 23 MgVG. Der Arbeitnehmeranteil im Aufsichtsrat bemisst sich dann nach dem höchsten Anteil an Arbeitnehmervertretern, wie er in den Organen der beteiligten Gesellschaften vor Eintragung der Verschmelzung bestanden hat, § 24 Abs. 1 MgVG.

VI. Mitbestimmungsfreie Unternehmen. Die Gesellschaften, die keiner Mitbestimmungsregelung unterfallen, bestellen die Aufsichtsratsmitglieder nach § 101. Der Aufsichtsrat ist dann **ohne Arbeitnehmervertreter** zusammengesetzt.

Mitbestimmungsfrei sind seit dem Inkrafttreten des „Gesetz für kleine Aktiengesellschaften und zur Deregulierung des Aktienrechts" vom 2.8.1994[25] Aktiengesellschaften, die weniger als 500 Arbeitnehmer beschäftigen und nach dem 10.8.1994 in das Handelsregister eingetragen worden sind. Damit wurde die kleine Aktiengesellschaft wie die GmbH von der Mitbestimmung im Aufsichtsrat freigestellt.[26] Für Unternehmen, die vor dem 10.8.1994 im Handelsregister eingetragen worden sind, gilt dies nur, wenn sie Familiengesellschaften sind.[27] Nicht von der Mitbestimmung betroffen ist auch die arbeitnehmerlose AG bzw Aktiengesellschaften mit weniger als fünf Arbeitnehmern,[28] soweit hier nicht Arbeitnehmer aufgrund einer Konzernklausel zu berücksichtigen sind.[29] Ausgenommen sind sog. Tendenzunternehmen, die unmittelbar und überwiegend politischen, koalitionspolitischen, konfessionellen, karitativen, erzieherischen, wissenschaftlichen oder künstlerischen Bestimmungen oder Zwecken der Berichterstattung oder Meinungsäußerungen dienen, und Unternehmen der Religionsgemeinschaften (§ 1 Abs. 4 MitbestG, § 1 Abs. 2 S. 1 Nr. 2 und S. 2 DrittelbG).

C. Mitbestimmungsvereinbarungen

Allein das MgVG kennt eine durch Verhandlung zwischen der Leitung und dem Besonderen Verhandlungsgremium erarbeitete Mitbestimmungsvereinbarung (vgl oben Rn 8 c). Somit kann durch Aufnahme einer ausländischen Gesellschaft erreicht werden, dass eine AG zu **vom deutschen Mitbestimmungsrecht abweichenden Regelungen** gelangt.

Die Einschätzung der Zulässigkeit **statusändernder Mitbestimmungsvereinbarungen** außerhalb des MgVG, die ein Aufsichtsratsmodell zum Gegenstand haben, das den gesetzlichen Vorgaben nicht entspricht, ist uneinheitlich. Die wohl überwiegende Meinung geht davon aus, dass entsprechende Mitbestimmungsvereinbarungen wegen Verstoßes gegen zwingendes Gesetzesrecht nichtig sind und Abweichungen von § 96 Abs. 1 und 2 wegen § 23 Abs. 5 nicht in Betracht kommen.[30] Nach anderer Auffassung sind Mitbestimmungsvereinbarungen möglich.[31] Danach bezieht sich § 23 Abs. 5 nur auf die Vorschriften des Aktiengesetzes und nicht auf die speziellen Mitbestimmungsregelungen. Hiergegen wird wiederum eingewandt, dass die mitbestimmungsrechtlichen Vorgaben so zu lesen sind, als ob sie in den Text der §§ 95 ff aufgenommen worden wären.[32] Im Ergebnis ist festzustellen, dass die Zulässigkeit von statusändernden Mitbestimmungsvereinbarungen außerhalb des MgVG de lege lata keinesfalls zweifelsfrei, vielmehr mit vielen Unklarheiten[33] behaftet und daher **negativ zu beurteilen** ist.[34] Der Hauptversammlung bleibt es unbenommen, freiwillig Vertreter der Arbeitnehmer nach § 101 Abs. 1 zu bestellen und diese somit als Anteilseignervertreter zu sehen.[35] Die Parität zugunsten der durch die Arbeitnehmerseite gestellten Aufsichtsräte darf aber nicht überschritten werden. Die Zulässigkeit der Absicherung der Zuwahl von Arbeitnehmervertretern durch Stimmbindungsverträge ist streitig.[36]

---

25 BGBl. I S. 1961 f.
26 BT-Drucks. 12/6721, abgedruckt (mit Ausnahme der Allgemeinen Begründung) in ZIP 1994, 247, 254.
27 Vgl oben Fn 18.
28 BGH NZG 2012, 421; OLG Jena AG 2011, 638 = DB 2011, 1686 im Anschluss an die frühere Rspr zu § 76 Abs. 6 S. 1 bis 3 und § 77 Abs. 1 bis 3 BetrVG 1952; aA (weniger als drei Arbeitnehmer): MüKo-DrittelbG/*Gach*, § 1 Rn 13, MüKo-AktG/*Habersack*, Rn 18.
29 Vgl im Einzelnen KölnKomm-AktG/*Mertens/Cahn*, Rn 14; MüHb-AG/*Hoffmann-Becking*, § 28 Rn 5.
30 *Hüffer*, Rn 3; KölnKomm-AktG/*Mertens/Cahn*, Rn 14, 18 f; MüHb-AG/*Hoffmann-Becking*, § 28 Rn 49; *Hommelhoff*, ZHR 148 (1984), 118, 134.
31 *Fabricius*, in: FS Hilger und Stumpf, 1983, S. 155, 158 f; *Hanau*, ZGR 2001, 75, 90 f; *Raiser*, BB 1977, 1461; in engen Grenzen auch MüKo-AktG/*Semler*, (2. Aufl.), Rn 51 ff.
32 *Hüffer*, Rn 3.
33 *Hanau*, ZGR 2001, 75, 108.
34 Vgl auch Arbeitskreis „Unternehmerische Mitbestimmung" mit dem Vorschlag, das Mitbestimmungsrecht allgemein für Mitbestimmungsvereinbarungen zu öffnen, ZIP 2009, 885 und die diesbezüglichen Stellungnahmen von *Hommelhoff*, ZIP 2009, 1785; *Teichmann*, ZIP 2009, 1787; *Kraushaar*, ZIP 2009, 1789 und *Hellwig/Behme*, ZIP 2009, 1791.
35 K. Schmidt/Lutter/*Drygala*, Rn 24.
36 Zustimmend bspw: Großkomm-AktienR/*Hopt/Roth*, Rn 31; K. Schmidt/Lutter/*Drygala*, Rn 25; ablehnd KölnKomm-AktG/*Mertens/Cahn*, Rn 17; MüKo-AktG/*Semler* (2. Aufl.), Rn 69; *Hommelhoff*, ZHR 148 (1984), 118, 140.

D. Kontinuitätsgrundsatz

12 Ist der Aufsichtsrat zunächst im Widerspruch zu den aufgrund der Unternehmensstruktur zu beachtenden gesetzlichen Vorschriften zusammengesetzt worden, oder haben sich die tatsächlichen Verhältnisse so geändert, dass die vormals zu beachtenden Vorschriften nicht mehr einschlägig, vielmehr andere Bestimmungen zu beachten sind, stellt Abs. 2 aus Gründen der Rechtssicherheit das sog. **Kontinuitätsprinzip** auf. Dieser bestimmt, dass der Aufsichtsrat in seiner bisherigen Zusammensetzung bestehen bleibt. Der Aufsichtsrat ist weiterhin beschlussfähig. Die Aufsichtsratsmitglieder können weiterhin gleichberechtigt an der Beschlussfassung teilnehmen.[37] In einem **Statusverfahren gemäß den §§ 97 bis 99** kann dann über die richtige Zusammensetzung des Aufsichtsrats entschieden werden. Bis zum Abschluss dieses Verfahrens gilt die Zusammensetzung des Aufsichtsrats als richtig.[38]

Bezugspunkt für die Beurteilung der Frage, ob der Aufsichtsrat gem. § 96 Abs. 2 nach anderen als den zuletzt angewandten gesetzlichen Vorschriften zusammengesetzt wird, ist die tatsächliche Praxis der Gesellschaft, also die gesetzlichen Vorschriften, die bei der letzten Aufsichtsratswahl – möglicherweise fehlerhaft – angewandt wurden.[39] Eine eventuelle Nichtigkeit der letzten Wahl gem. § 250 Abs. 1 Nr. 1 hat somit keine andauernde Wirkung für die Folgewahl.[40]

§ 97 Bekanntmachung über die Zusammensetzung des Aufsichtsrats

(1) ¹Ist der Vorstand der Ansicht, daß der Aufsichtsrat nicht nach den für ihn maßgebenden gesetzlichen Vorschriften zusammengesetzt ist, so hat er dies unverzüglich in den Gesellschaftsblättern und gleichzeitig durch Aushang in sämtlichen Betrieben der Gesellschaft und ihrer Konzernunternehmen bekanntzumachen. ²In der Bekanntmachung sind die nach Ansicht des Vorstands maßgebenden gesetzlichen Vorschriften anzugeben. ³Es ist darauf hinzuweisen, daß der Aufsichtsrat nach diesen Vorschriften zusammengesetzt wird, wenn nicht Antragsberechtigte nach § 98 Abs. 2 innerhalb eines Monats nach der Bekanntmachung im Bundesanzeiger das nach § 98 Abs. 1 zuständige Gericht anrufen.

(2) ¹Wird das nach § 98 Abs. 1 zuständige Gericht nicht innerhalb eines Monats nach der Bekanntmachung im Bundesanzeiger angerufen, so ist der neue Aufsichtsrat nach den in der Bekanntmachung des Vorstands angegebenen gesetzlichen Vorschriften zusammenzusetzen. ²Die Bestimmungen der Satzung über die Zusammensetzung des Aufsichtsrats, über die Zahl der Aufsichtsratsmitglieder sowie über die Wahl, Abberufung und Entsendung von Aufsichtsratsmitgliedern treten mit der Beendigung der ersten Hauptversammlung, die nach Ablauf der Anrufungsfrist einberufen wird, spätestens sechs Monate nach Ablauf dieser Frist insoweit außer Kraft, als sie den nunmehr anzuwendenden gesetzlichen Vorschriften widersprechen. ³Mit demselben Zeitpunkt erlischt das Amt der bisherigen Aufsichtsratsmitglieder. ⁴Eine Hauptversammlung, die innerhalb der Frist von sechs Monaten stattfindet, kann an Stelle der außer Kraft tretenden Satzungsbestimmungen mit einfacher Stimmenmehrheit neue Satzungsbestimmungen beschließen.

(3) Solange ein gerichtliches Verfahren nach §§ 98, 99 anhängig ist, kann eine Bekanntmachung über die Zusammensetzung des Aufsichtsrats nicht erfolgen.

Literatur:
Göz, Statusverfahren bei Änderungen in der Zusammensetzung des Aufsichtsrats, ZIP 1998, 1523; *Hellwig/Behme*, Die Verpflichtung von Vorstand und Aufsichtsrat zur Einleitung des Statusverfahrens (§§ 97, 98 AktG), FS Peter Hommelhoff, 2012, S. 343; *Kiem/Uhrig*, Der umwandlungsbedingte Wechsel des Mitbestimmungsstatuts – am Beispiel der Verschmelzung durch Aufnahme zwischen AGs, NZG 2001, 680; *Kowalski/Schmidt*, Das aktienrechtliche Statusverfahren nach §§ 96 Abs. 2, 97 ff AktG – (k)ein Fallstrick im Gesellschaftsrecht, DB 2009, 551; *Krause*, Zur Bedeutung des Unionsrechts für die unternehmerische Mitbestimmung, AG 2012, 485; *Oetker*, Der Anwendungsbereich des Statusverfahrens nach den §§ 97 ff AktG, ZHR 149 (1985), 575; *ders.*, Das Recht der Unternehmensmitbestimmung im Spiegel der neueren Rechtsprechung, ZGR 2000, 19; *Schnitker/Grau*, Aufsichtsratswahlen und Ersatzbestellung von Aufsichtsratsmitgliedern im Wechsel des Mitbestimmungsmodells, NZG 2007, 486.

A. Regelungsgegenstand und -zweck

1 Die Zusammensetzung des Aufsichtsrats zu ändern kann erforderlich werden, wenn aufgrund von Veränderungen im Unternehmen die Zusammensetzung nicht mehr den gesetzlichen Bestimmungen entspricht, weil die maßgebliche Form der Mitbestimmung gewechselt hat oder innerhalb derselben Form der Mitbestimmung zwingende gesetzliche Schwellenwerte überschritten werden. Das in den §§ 97 bis 99 geregelte

---

37 OLG Düsseldorf WM 1996, 87; *Hüffer*, Rn 13 mwN.
38 KölnKomm-AktG/*Mertens/Cahn*, Rn 23.
39 *Janott/Gressinger*, BB 2013, 2120, 2123.
40 *Janott/Gressinger*, BB 2013, 2120, 2124.

Statusverfahren erlaubt es, eine alsbaldige Entscheidung herbeizuführen, wenn Streit oder Ungewissheit über das für die Zusammensetzung anzuwendende Recht besteht. Zu beachten ist, dass nicht jede Streitfrage, die die Besetzung des Aufsichtsrats betrifft, mit diesem Verfahren geklärt werden kann. Die Gültigkeit von Satzungsbestimmungen, von Gesellschafterbeschlüssen, Wahlen oder Abberufungsentscheidungen müssen in anderen gerichtlichen Verfahren ausgetragen werden.[1] Im Statusverfahren lässt sich nur prüfen, ob der Aufsichtsrat nach den in § 96 Abs. 1 gegebenen Regeln zusammengesetzt ist. Das Statusverfahren ist nicht nur auf[2] Aktiengesellschaften, sondern auf sämtliche Gesellschaften, die der Mitbestimmung unterliegen, anwendbar (§ 6 Abs. 2 MitbestG, § 1 Abs. 1 Nr. 5 DrittelbG) zusätzlich auch auf die mitbestimmten KGaA (§ 278 Abs. 3) und GmbH (§ 27 EGAktG).[3] Formwechsel im Rahmen von Umwandlungsvorgängen machen ebenfalls ein Statusverfahren erforderlich, wenn sich hierdurch Bildung und Zusammensetzung des Aufsichtsrates ändern. Die mit dem Statusverfahren beabsichtigte sichere Rechtsgrundlage[4] wird in einem **zweistufigen Verfahren** gewonnen:[5] Die erste Stufe stellt die Bekanntmachung des Vorstandes (§ 97) oder die gerichtliche Entscheidung (§ 98) dar. Hier soll Klarheit über die anzuwendende Vorschrift gefunden werden. In einer zweiten Stufe werden sodann die Zusammensetzung des Aufsichtsrates und die Bestimmungen der Satzung den in der ersten Stufe festgestellten Vorschriften angepasst.

B. Pflicht des Vorstands zur Bekanntmachung

I. Voraussetzung. Der Vorstand ist zur Einleitung eines Statusverfahren verpflichtet, wenn er der Auffassung ist, dass der Aufsichtsrat nicht mehr nach für ihn maßgebenden gesetzlichen Vorschriften zusammengesetzt ist. Denn es gehört zu den Pflichten des Vorstands, die **Gesetzmäßigkeit der Organisation der Gesellschaft** zu gewährleisten.[6] Der entsprechende Beschluss des Vorstands muss einstimmig (§ 77) oder mit der in der Satzung bzw Geschäftsordnung erforderlichen Mehrheit gefasst werden.[7]

Der Vorstand kann sich in seiner Beschlussfassung nur auf gesetzliche Vorschriften über die Zusammensetzung des Aufsichtsrats beziehen. Ein Statusverfahren ist **bei Satzungsänderungen nicht anwendbar.**[8] Auch eine analoge Anwendung scheidet aus.[9] Rechtssicherheit wird im Hinblick auf Satzungsänderungen durch § 181 Abs. 3 erreicht.[10] Wird der Aufsichtsrat vergrößert, wird die Zuwahl weiterer Mitglieder mit der Eintragung der Satzungsänderung wirksam. Wird er verkleinert, bleibt es bei den bisherigen Mitgliedern bis zum Ablauf ihrer Amtszeit (vgl § 95 Rn 12).

Praktische Bedeutung erlangt die Vorschrift vor allem bei einem **Wechsel des mitbestimmungsrechtlichen Status** der Gesellschaft und bei Veränderungen der für die Größe des Aufsichtsrates relevanten Schwellenzahlen innerhalb eines mitbestimmungsrechtlichen Aufsichtsratssystems.[11] Damit ergeben sich jedenfalls drei Fallgestaltungen, die den Vorstand zur Einleitung des Statusverfahrens verpflichten:[12]

- Die Gesellschaft ist unrichtigerweise mitbestimmungsfrei oder mitbestimmt. Beispiel: Die Gesellschaft wird mitbestimmungsfrei infolge dauernden Absinkens der Arbeitnehmerzahl unter 500.[13]
- Die Gesellschaft ist zutreffend mitbestimmt, aber der Umfang der Mitbestimmung ist unrichtigerweise zu gering oder zu hoch (drittelparitätisch versus paritätisch).
- Die Gesellschaft ist zutreffend paritätisch mitbestimmt, aber der Aufsichtsrat ist gemessen an den in § 7 Abs. 1 MitbestG genannten Schwellenwerten zu klein oder zu groß.

Als eine weitere Fallgruppe wird der **Verstoß gegen höherrangiges EU-Recht** bei der Wahl der Arbeitnehmervertreter im Aufsichtsrat genannt.[14] Der Ausschluss der ausländischen Arbeitnehmervertreter im Aufsichtsrat bedeutet nach dieser Meinung eine ungerechtfertigte Diskriminierung aller im Ausland beschäftigten Arbeitnehmer (Art. 18 AEUV). Eine Beschränkung der Freizügigkeit (Art. 45 AEUV) wird im Hinblick auf inländische Arbeitnehmer gesehen, die nach einem Wechsel in einen ausländischen Betrieb auch ihr pas-

---

1 OLG Hamburg WM 1988, 1487, 1488.
2 *Kowalski/Schmidt*, DB 2009, 551, 553; MüKo-AktG/*Habersack*, Rn 9.
3 *Göz*, ZIP 1998, 1523.
4 Zur Entstehungsgeschichte vgl *Oetker*, ZHR 149 (1985), 575, 576.
5 *Hüffer*, Rn 1.
6 KölnKomm-AktG/*Mertens/Cahn*, §§ 97 bis 99 Rn 3.
7 *Hüffer*, Rn 2.
8 OLG Hamburg WM 1988, 1487, 1488; KölnKomm-AktG/*Mertens/Cahn*, §§ 97 bis 99 Rn 44; *Göz*, ZIP 1998, 1523, 1526; MüKo-AktG/*Habersack*, Rn 14; aA BAG DB 1990, 1142 = WM 1990, 633, 636.
9 *Hüffer*, Rn 3; *Oetker*, ZGR 2000, 19, 21; anders noch *ders.*, ZHR 149 (1985), 575, 584; für eine Anwendung des § 97 in mitbestimmungsfreien Gesellschaften bei Reduzierung der Höchstzahl der Aufsichtsratsmitglieder in Folge einer Kapitalherabsetzung *Hellwig/Behme*, FS Hommelhoff, S. 343, 354 (Fn 54).
10 K. Schmidt/Lutter/*Drygala*, Rn 6.
11 *Hüffer*, Rn 3; zum mitbestimmungsbedingten Wechsel des Mitbestimmungsstatuts eingehend *Kiem/Uhrig*, NZG 2001, 680, 681 ff sowie die Kommentierung zu § 197 UmwG.
12 Vgl *Hellwig/Behme*, FS Hommelhoff, S. 343, 354.
13 OLG Frankfurt ZIP 2011, 21, 22 f.
14 *Hellwig/Behme*, AG 2009, 261, 262 ff; *dies*, ZIP 2010, 871 ff; *dies*, FS Hommelhoff, S. 343, 355 ff.

sives Wahlrecht und evtl ihr Aufsichtsratsmandat verlieren. Die Überlegungen haben Zuspruch[15] und Ablehnung[16] erfahren. Der Vorstand, der sich mit dieser Argumentation auseinandersetzt, wird bedenken müssen, dass sie im Ergebnis entweder zu einem mitbestimmungsfreien Aufsichtsrat[17] oder zu einer europarechtskonformen Ausweitung der Anwendung des Mitbestimmungsgesetzes auf die Belegschaften ausländischer Betriebe führt.[18] Die These der Unionsrechtswidrigkeit wird daher abgelehnt.[19] Um eine begrüßenswerte Europäisierung der deutschen Mitbestimmung zu erreichen, ist der Gesetzgeber gefordert. Änderungen der für den Gruppenproporz gemäß § 15 Abs. 2 MitbestG relevanten Verhältnisse, die die gruppenmäßige Zusammensetzung der Arbeitnehmervertreter betreffen, rechtfertigen ein Statusverfahren nicht.[20]

5 **II. Verfahren.** Der Vorstand hat den Beschluss unverzüglich bekannt zu machen. Eine vorherige Abstimmung mit dem Aufsichtsrat ist möglich und ggf sinnvoll und stellt kein schuldhaftes Zögern dar.[21]

6 Die Bekanntmachung muss in den **Gesellschaftsblättern**[22] und in sämtlichen Betrieben der Gesellschaft und Konzernunternehmen durch **Aushang** erfolgen. Maßgeblich für die Einmonatsfrist des Abs. 2 ist allein der Zeitpunkt der Bekanntmachung im elektronischen Bundesanzeiger.[23]

7 Die Bekanntmachung hat mindestens folgenden Inhalt aufzuweisen:
- Nach Auffassung des Vorstands ist der Aufsichtsrat nicht gesetzmäßig zusammengesetzt (Abs. 1 S. 1);
- Genaue Bezeichnung der nach Auffassung des Vorstands maßgebenden gesetzlichen Vorschriften (Abs. 1 S. 2);
- Information darüber, dass der Aufsichtsrat auf der Basis der genannten gesetzlichen Grundlage zusammengesetzt wird, wenn das nach § 98 Abs. 1 zuständige Gericht nicht innerhalb eines Monats nach dem Zeitpunkt der Bekanntmachung im elektronischen Bundesanzeiger von nach § 98 Abs. 2 Antragsberechtigten angerufen wird (Abs. 1 S. 3).

8 Fakultativ kann angegeben werden, welches Gericht zuständig ist und wer die Antragsberechtigten des § 98 Abs. 2 sind. Zwingend ist dies jedoch nicht.[24]

9 Innerhalb der Einmonatsfrist steht es dem Vorstand frei, die Bekanntmachung zu widerrufen, wenn er ihren Eintritt nicht mehr für gesetzmäßig hält.[25]

10 **III. Wirkung der nicht angefochtenen Bekanntmachung.** Wird die Bekanntmachung durch Fristablauf unanfechtbar, muss nach in der Bekanntmachung als maßgebend bezeichneten gesetzlichen Vorschriften ein **neuer Aufsichtsrat** bestellt werden (Abs. 2 S. 1). Der Vorstand kann sich jetzt von seiner eigenen Bekanntmachung nicht mehr lösen. Anders lautende Bestimmungen der Satzung treten außer Kraft (Abs. 2 S. 2) und dürfen für die Wahl des neuen Aufsichtsrates nicht mehr zugrunde gelegt werden.[26] Ist erstmals ein mitbestimmter Aufsichtsrat zu bilden oder wechselt das Mitbestimmungsmodell, hat der Vorstand unverzüglich das Wahlverfahren einzuleiten.[27] Mit Beendigung der ersten Hauptversammlung, die nach Ablauf der Einmonatsfrist einberufen wird, spätestens sechs Monate nach Fristablauf treten die widersprechenden Satzungsbestimmungen außer Kraft. Das Amt der bisherigen Aufsichtsratsmitglieder endet ebenfalls spätestens mit Fristablauf (Abs. 2 S. 3). Während dieser Übergangsfrist gilt noch das bisherige Mitbestimmungsregime.[28] Alle Mitglieder des Aufsichtsrats, auch die Personen, die schon bislang Mitglied waren, müssen neu bestellt werden. Die Bestellung kann schon vor Wirksamwerden der Satzungsanpassung vorgenommen werden; der Amtsbeginn erfolgt jedoch erst mit der Satzungsänderung.[29] Abweichend von § 179 Abs. 2 genügt für eine Beschlussfassung über die neuen Satzungsbestimmungen zur Zusammensetzung des Aufsichtsrats die einfache Stimmenmehrheit (Abs. 2 S. 4).

11 **IV. Wirkung der Anfechtung der Bekanntmachung.** Wenn innerhalb der Einmonatsfrist die nach § 98 Abs. 2 Antragsberechtigten eine gerichtliche Entscheidung beantragt haben, tritt diese an die Stelle der Bekanntmachung des Vorstandes und führt zu deren Unwirksamkeit. Bis zur **rechtskräftigen Entscheidung** bleibt es bei der bisherigen Zusammensetzung des Aufsichtsrats.[30] Kommt es nicht zu einer gerichtlichen

---

15 *Habersack*, ZIP 2009, Beilage Heft 48, 1, 3 ff.
16 *Krause*, AG 2012, 485 ff; *Oetker*, ErfurterKomm-MitbestG, Einl. Rn 5 a; *Teichmann*, ZIP 2009, Beilage Heft 48, 10 ff; *ders.* ZIP 2010, 874 f.
17 Vgl *Hellwig/Behme*, FS Hommelhoff, S. 343, 361.
18 *Teichmann*, ZIP 2010, 874, 875.
19 Ausführlich *Krause*, AG 2012, 485ff.
20 *Hüffer*, Rn 3; MüKo-AktG/*Habersack*, Rn 14; str, vgl *Hanau/ Ulmer*, § 15 MitbestG Rn 15 aE.
21 *Hüffer*, Rn 4.
22 Dh, sie ist mindestens im elektronischen Bundesanzeiger zu veröffentlichen (§ 25).
23 KölnKomm-AktG/*Mertens/Cahn*, §§ 97 bis 99 Rn 16.
24 *Hüffer*, Rn 4; KölnKomm-AktG/*Mertens/Cahn*, §§ 97 bis 99 Rn 12.
25 KölnKomm-AktG/*Mertens/Cahn*, §§ 97 bis 99 Rn 18; MüKo-AktG/*Habersack*, Rn 27.
26 KölnKomm-AktG/*Mertens/Cahn*, §§ 97 bis 99 Rn 25.
27 K. Schmidt/Lutter/*Drygala*, Rn 14.
28 *Arnold/Lumpp*, AG 2010, R156.
29 *Schnitker/Grau*, NZG 2007, 486 ff.
30 *Hüffer*, Rn 6; *Hanau/Ulmer*, MitbestG, § 6 Rn 24.

Entscheidung, weil der entsprechende Antrag zurückgenommen wird, sollte um der Rechtssicherheit Willen ein neues Bekanntmachungsverfahren eingeleitet werden.[31]

V. Bekanntmachungssperre. Ist bereits ein gerichtliches Verfahren gemäß §§ 98, 99 anhängig, ist gemäß § 97 Abs. 3 eine Bekanntmachung des Vorstands ausgeschlossen. Erfolgt ungeachtet dessen dennoch eine Bekanntmachung, kommt ihr rechtlich keinerlei Wirkung zu. 12

Nach rechtskräftiger gerichtlicher Entscheidung, deren Durchführung verpflichtend ist (§ 98 Abs. 4), darf der Vorstand eine abweichende Bekanntmachung vornehmen.[32] Kommt es zu einem neuen gerichtlichen Verfahren, sind alle Tatsachen, die im früheren Verfahren vorgebracht worden sind oder hätten vorgebracht werden können, mit der Folge präkludiert, dass nur neue Tatsachen zu einer erneuten Änderung des anzuwendenden Aufsichtsratsmodells führen können.[33] Im Ergebnis führen nur **neue Tatsachen** zu einer erneuten Änderung durch gerichtliche Entscheidung. 13

§ 98 Gerichtliche Entscheidung über die Zusammensetzung des Aufsichtsrats

(1) Ist streitig oder ungewiss, nach welchen gesetzlichen Vorschriften der Aufsichtsrat zusammenzusetzen ist, so entscheidet darüber auf Antrag ausschließlich das Landgericht, in dessen Bezirk die Gesellschaft ihren Sitz hat.

(2) ¹Antragsberechtigt sind
1. der Vorstand,
2. jedes Aufsichtsratsmitglied,
3. jeder Aktionär,
4. der Gesamtbetriebsrat der Gesellschaft oder, wenn in der Gesellschaft nur ein Betriebsrat besteht, der Betriebsrat,
5. der Gesamt- oder Unternehmenssprecherausschuss der Gesellschaft oder, wenn in der Gesellschaft nur ein Sprecherausschuss besteht, der Sprecherausschuss,
6. der Gesamtbetriebsrat eines anderen Unternehmens, dessen Arbeitnehmer nach den gesetzlichen Vorschriften, deren Anwendung streitig oder ungewiß ist, selbst oder durch Delegierte an der Wahl von Aufsichtsratsmitgliedern der Gesellschaft teilnehmen, oder, wenn in dem anderen Unternehmen nur ein Betriebsrat besteht, der Betriebsrat,
7. der Gesamt- oder Unternehmenssprecherausschuss eines anderen Unternehmens, dessen Arbeitnehmer nach den gesetzlichen Vorschriften, deren Anwendung streitig oder ungewiss ist, selbst oder durch Delegierte an der Wahl von Aufsichtsratsmitgliedern der Gesellschaft teilnehmen, oder, wenn in dem anderen Unternehmen nur ein Sprecherausschuss besteht, der Sprecherausschuss,
8. mindestens ein Zehntel oder einhundert der Arbeitnehmer, die nach den gesetzlichen Vorschriften, deren Anwendung streitig oder ungewiß ist, selbst oder durch Delegierte an der Wahl von Aufsichtsratsmitgliedern der Gesellschaft teilnehmen,
9. Spitzenorganisationen der Gewerkschaften, die nach den gesetzlichen Vorschriften, deren Anwendung streitig oder ungewiß ist, ein Vorschlagsrecht hätten,
10. Gewerkschaften, die nach den gesetzlichen Vorschriften, deren Anwendung streitig oder ungewiß ist, ein Vorschlagsrecht hätten.

²Ist die Anwendung des Mitbestimmungsgesetzes oder die Anwendung von Vorschriften des Mitbestimmungsgesetzes streitig oder ungewiß, so sind außer den nach Satz 1 Antragsberechtigten auch je ein Zehntel der wahlberechtigten in § 3 Abs. 1 Nr. 1 des Mitbestimmungsgesetzes bezeichneten Arbeitnehmer oder der wahlberechtigten leitenden Angestellten im Sinne des Mitbestimmungsgesetzes antragsberechtigt.

(3) Die Absätze 1 und 2 gelten sinngemäß, wenn streitig ist, ob der Abschlußprüfer das nach § 3 oder § 16 des Mitbestimmungsergänzungsgesetzes maßgebliche Umsatzverhältnis richtig ermittelt hat.

(4) ¹Entspricht die Zusammensetzung des Aufsichtsrats nicht der gerichtlichen Entscheidung, so ist der neue Aufsichtsrat nach den in der Entscheidung angegebenen gesetzlichen Vorschriften zusammenzusetzen. ²§ 97 Abs. 2 gilt sinngemäß mit der Maßgabe, daß die Frist von sechs Monaten mit dem Eintritt der Rechtskraft beginnt.

---

31 Vgl *Hüffer*, Rn 6; *K. Schmidt/Lutter/Drygala*, Rn 18; aA MüKo-AktG/*Habersack*, Rn 37, Vorstand habe Möglichkeit zur erneuten Bekanntmachung, anderenfalls bleibe es bei der bisherigen Zusammensetzung.

32 *Hüffer*, Rn 7; *Hanau/Ulmer*, MitbestG, § 6 Rn 25.

33 KölnKomm-AktG/*Mertens/Cahn*, §§ 97–99 Rn 20; MüKo-AktG/*Habersack*, Rn 39; anders noch in der 2. Aufl. Rn 84 (*Semler*).

A. Regelungsgegenstand und -zweck

1 Die Vorschrift bestimmt die Zuständigkeit sowie die Antragsberechtigten für eine gerichtliche Entscheidung über die Zusammensetzung des Aufsichtsrates und zudem die Pflicht, die Zusammensetzung des Aufsichtsrates zu ändern, falls er nicht der gerichtlichen Entscheidung entspricht.

2 Der Gesetzgeber hat die Zuständigkeit auf die **ordentliche Gerichtsbarkeit** konzentriert und damit zur Vermeidung einer Zuständigkeitszersplitterung die Arbeitsgerichtsbarkeit nicht einbezogen.[1] Andere Verfahrensmöglichkeiten bestehen neben § 98 nicht.[2]

B. Gerichtliche Zuständigkeit

3 Nach Abs. 1 ist das Landgericht des Sitzes der Gesellschaft zuständig. Im Falle eines Doppelsitzes sind beide Sitzgerichte zuständig.[3]
Die frühere allgemeine Zuständigkeit der Zivilkammern besteht nicht mehr. Seit 1.11.2005 ist mit Inkrafttreten des Gesetz zur Unternehmensintegrität und Modernisierung des Anfechtungsrechts (UMAG) die **Kammer für Handelssachen** zuständig, wenn eine solche bei dem zur Entscheidung berufenen Landgericht gebildet ist.[4] Ursprünglich hatte der Gesetzgeber davon abgesehen, die Kammer für Handelssachen für zuständig zu erklären. Die Mitwirkung der dort regelmäßig auch von der Arbeitgeberseite gestellten Handelsrichter sollte vermieden werden, um schon den Anschein fehlender Neutralität zu vermeiden.[5] Diese Regelungen – bisher in Abs. 1 S. 1 Hs 2, S. 2 und S. 3 enthalten – sind durch das Gesetz zur Reform des Verfahrens in Familiensachen und in den Angelegenheiten der freiwilligen Gerichtsbarkeit (FGG-Reformgesetz) vom 17.12.2009[6] gestrichen und ohne inhaltliche Änderung in § 71 Abs. 2 Nr. 4 lit. b und § 95 Abs. 2 Nr. 2 GVG eingefügt worden. Damit soll eine zentrale Regelung im GVG an die Stelle verschiedener einzelgesetzlicher Bestimmungen treten.[7]
Eine **Verfahrenskonzentration** bei einem Landgericht für mehrere Landgerichtsbezirke wird durch § 71 Abs. 4 GVG ermöglicht.

C. Antragsberechtigte

4 **I. Abs. 2 Nr. 1–5.** Ohne weitere Voraussetzungen sind antragsberechtigt:
- der Vorstand als Organ nach entsprechender Beschlussfassung (Nr. 1),
- die einzelnen Mitglieder des Aufsichtsrates (Nr. 2),
- jeder Aktionär (Nr. 3),[8]
- der Gesamtbetriebsrat bzw Betriebsrat (Nr. 4),
- der Gesamt- oder Unternehmenssprecherausschuss bzw Sprecherausschuss (Nr. 5).

5 **II. Abs. 2 Nr. 6–10.** Antragsberechtigt sind:
- der Gesamtbetriebsrat bzw Betriebsrat eines anderen Unternehmens (Nr. 6),
- der Gesamt- oder Unternehmenssprecherausschuss bzw Sprecherausschuss eines anderen Unternehmens (Nr. 7),
- eine Mindestzahl von Arbeitnehmern (Nr. 8),
- Spitzenorganisationen der Gewerkschaften (Nr. 9),
- Gewerkschaften (Nr. 10).

6 Die Antragsberechtigung ist hier gegeben, wenn die genannten Einrichtungen, Organisationen bzw die Mindestzahl von Arbeitnehmern, Belange von Wahlberechtigten oder Vorschlagsberechtigten wahrnehmen oder nach den in Frage stehenden Vorschriften selbst Vorschlagsrecht hätten. Der Streit oder die Ungewissheit müssen sich auf gerade diese Vorschriften beziehen.[9]

7 **III. Streit über Umsatzverhältnis (Abs. 3).** Nach § 3 Abs. 2 Nr. 1 Montan-MitbestErgG ist der Unternehmenszweck eines Konzerns für die Frage der Anwendbarkeit der einschlägigen Mitbestimmungsregelungen u.a. aufgrund von Umsatzverhältnissen zu bestimmen. Gegebenenfalls gilt § 5 Abs. 2 Montan-MitbestErgG für das herrschende Unternehmen. Bei Streit über die zugrunde zu legenden **Umsatzverhältnisse** gelten die

---

1 RegBegr. *Kropff*, S. 129.
2 *Hüffer*, Rn 1.
3 MüKo-AktG/*Habersack*, Rn 7.
4 BGBl. I S. 2802.
5 Ausschussbericht bei *Kropff*, S. 130.
6 BGBl. I S. 2586.
7 Vgl RegE, BT-Drucks. 16/6308, S. 319.
8 OLG Jena DB 2011, 1686: analoge Anwendung von § 245 Nr. 1 und 3 mangels Regelungslücke nicht erforderlich.
9 *Hüffer*, Rn 4.

Absätze 1 und 2 sinngemäß. Der Antrag auf gerichtliche Überprüfung setzt voraus, dass die angebliche Unrichtigkeit des Umsatzverhältnisses für die Zusammensetzung des Aufsichtsrates Bedeutung hat.[10]

IV. Durchführungspflicht (Abs. 4). Mit der Entscheidung des Gerichts wird der Antrag entweder

- abgewiesen oder
- festgestellt, dass der Aufsichtsrat nach den angegebenen gesetzlichen Vorschriften zusammenzusetzen ist.

1. Abweisender Beschluss. Der Aufsichtsrat bleibt im Amt, die Zusammensetzung ändert sich nicht. Der Vorstand hat die Entscheidung zum **Handelsregister** einzureichen (§ 99 Abs. 5 S. 2).

2. Beschluss über veränderte Zusammensetzung. Der Aufsichtsrat ist nach den im Beschluss genannten Vorschriften neu zusammenzusetzen, § 97 Abs. 2 gilt sinngemäß. Mit Rechtskraft der Entscheidung beginnt die Frist von sechs Monaten; der Vorstand hat die Hauptversammlung rechtzeitig einzuberufen und erforderliche Satzungsänderungen vorzuschlagen. Ein Hauptversammlungsbeschluss, der bei der Wahl der Aufsichtsratsmitglieder nicht der gerichtlichen Entscheidung folgt, ist gemäß § 250 Abs. 1 Nr. 1 nichtig.

§ 99 Verfahren

(1) Auf das Verfahren ist das Gesetz über das Verfahren in Familiensachen und in den Angelegenheiten der freiwilligen Gerichtsbarkeit anzuwenden, soweit in den Absätzen 2 bis 5 nichts anderes bestimmt ist.

(2) ¹Das Landgericht hat den Antrag in den Gesellschaftsblättern bekanntzumachen. ²Der Vorstand und jedes Aufsichtsratsmitglied sowie die nach § 98 Abs. 2 antragsberechtigten Betriebsräte, Sprecherausschüsse, Spitzenorganisationen und Gewerkschaften sind zu hören.

(3) ¹Das Landgericht entscheidet durch einen mit Gründen versehenen Beschluss. ²Gegen die Entscheidung des Landgerichts findet die Beschwerde statt. ³Sie kann nur auf eine Verletzung des Rechts gestützt werden; § 72 Abs. 1 Satz 2 und § 74 Abs. 2 und 3 des Gesetzes über das Verfahren in Familiensachen und in den Angelegenheiten der freiwilligen Gerichtsbarkeit sowie § 547 der Zivilprozessordnung gelten sinngemäß. ⁴Die Beschwerde kann nur durch die Einreichung einer von einem Rechtsanwalt unterzeichneten Beschwerdeschrift eingelegt werden. ⁵Die Landesregierung kann durch Rechtsverordnung die Entscheidung über die Beschwerde für die Bezirke mehrerer Oberlandesgerichte einem der Oberlandesgerichte oder dem Obersten Landesgericht übertragen, wenn dies der Sicherung einer einheitlichen Rechtsprechung dient. ⁶Die Landesregierung kann die Ermächtigung auf die Landesjustizverwaltung übertragen.

(4) ¹Das Gericht hat seine Entscheidung dem Antragsteller und der Gesellschaft zuzustellen. ²Es hat sie ferner ohne Gründe in den Gesellschaftsblättern bekanntzumachen. ³Die Beschwerde steht jedem nach § 98 Abs. 2 Antragsberechtigten zu. ⁴Die Beschwerdefrist beginnt mit der Bekanntmachung der Entscheidung im Bundesanzeiger, für den Antragsteller und die Gesellschaft jedoch nicht vor der Zustellung der Entscheidung.

(5) ¹Die Entscheidung wird erst mit der Rechtskraft wirksam. ²Sie wirkt für und gegen alle. ³Der Vorstand hat die rechtskräftige Entscheidung unverzüglich zum Handelsregister einzureichen.

(6) ¹Die Kosten können ganz oder zum Teil dem Antragsteller auferlegt werden, wenn dies der Billigkeit entspricht. ²Kosten der Beteiligten werden nicht erstattet.

A. Allgemeines 1	2. Befristete Beschwerde 9
B. Verfahrensregeln 3	3. Entscheidung des Oberlandesgerichts 11
I. Echtes Streitverfahren 3	4. Keine weitere Beschwerde 14
II. Bekanntmachungspflicht 4	5. Ermächtigung 15
III. Anhörungspflicht 5	IV. Wirkung der Entscheidung 16
C. Gerichtliche Entscheidung 6	V. Einreichung zum Handelsregister 18
I. Zuständigkeit 6	D. Kosten 19
II. Entscheidung des Landgerichts 7	I. Gerichtskosten 19
III. Rechtsmittel 8	II. Außergerichtliche Kosten 20
1. Beschwerdebefugnis 8	

---

[10] RegBegr. *Kropff*, S. 130.

A. Allgemeines[1]

1 Die Bestimmung regelt das gerichtliche Verfahren, wenn Streit oder Ungewissheit über die Zusammensetzung des Aufsichtsrats besteht (§ 98 Abs. 1 S. 1). Sachlich muss es sich um einen in § 97 Abs. 1 definierten Streit handeln; andere Streitigkeiten, zB Auswirkungen von Satzungsänderungen unterfallen nicht dem Verfahren nach § 99.[2] Nach dem Gesetz (Abs. 1) ist auf das Verfahren allgemein das Gesetz über das Verfahren in Familiensachen und in den Angelegenheiten der freiwilligen Gerichtsbarkeit (FamFG) anzuwenden, die Abs. 1 bis 5 gehen aber als **lex specialis** den allgemeinen FamFG-Bestimmungen vor. Schließlich finden die Vorschriften und Grundsätze der ZPO Anwendung, soweit das FamFG auf sie verweist oder ihre Geltung unabhängig von einer entsprechenden Verweisung veranlasst ist. Der Gesetzgeber hält diese Verfahrensweise zur Regelung solcher Streitigkeiten für weit besser geeignet als das **ZPO-Verfahren**.[3] Der **Amtsermittlungsgrundsatz** (§ 26 FamFG) und die dadurch erreichte Einschränkung der Parteidisposition ließen es angezeigt erscheinen, diese Verfahrensart für das **gesamte Aktienrecht** zu übernehmen. Nach Stellung des Antrags auf gerichtliche Entscheidung ist die Dispositionsbefugnis der Parteien beendet. Bis zur abschließenden Entscheidung hat das Gericht von Amts wegen den Sachverhalt vollständig zu ermitteln, in die Verhandlung einzubringen und festzustellen. Es gibt keine Mitwirkungspflicht bei der Sachverhaltsaufklärung und keine förmliche Beweislast, wohl aber eine Darlegungslast, deren Unterlassen sich im Einzelfall negativ für die Partei oder Beteiligte auswirken kann, die ihr nicht nachkommt. Aus dem Amtsermittlungsgrundsatz folgt, dass **Anerkenntnis- oder Versäumnisurteile ausgeschlossen sind**.[4]

2 Die Bedeutung von § 99 ist nicht auf die Streitigkeiten nach §§ 97, 98 beschränkt. Die Bestimmung kommt durch entsprechende Verweisungen, wenn auch mit Modifikationen, für zahlreiche andere Verfahren zur Anwendung. Das gilt:

- für das Auskunftsrecht des Aktionärs (§ 132 Abs. 3), allerdings mit der Einschränkung dass das Oberlandesgericht im Beschwerdeverfahren als zweite Tatsacheninstanz entscheidet und gegen dessen Entscheidung eine Rechtsbeschwerde zum BGH nur nach Zulassung durch das OLG zulässig ist (vgl § 70 Abs. 1 FamFG).
- für die Bestellung der Mitglieder des nächsten Aufsichtsrats (§ 30 Abs. 3 S. 2),
- für die Bestellung des Aufsichtsrats bei einer Sachgründung (§ 31 Abs. 3 S. 2)
- für die abschließenden Feststellungen der Sonderprüfer wegen unzulässiger Unterbewertung (§ 260 Abs. 3). Danach gilt § 99 Abs. 1, Abs. 2 S. 1, Abs. 3 und 5 sinngemäß; ferner gelten die in § 260 Abs. 3 niedergelegten besonderen Bestimmungen. Für die Kostenentscheidung in solchen Verfahren kommt die spezielle Vorschrift des § 260 Abs. 4 zur Anwendung.

Andererseits wurde die Bedeutung der Vorschrift hinsichtlich ihres Umfangs stark eingeschränkt durch die eigenständige Regelung im Spruchverfahrensneuordnungsgesetz (SpruchG) vom 12.6.2003 (BGBl. I S. 838).[5] § 99 gilt aber noch für alle Spruchverfahren, in denen der Antrag vor dem 1.9.2003 gestellt worden ist (§ 17 Abs. 2 S. 1 SpruchG). Auf Beschwerdeverfahren findet das SpruchG Anwendung, wenn die Beschwerde nach dem 1.9.2003 eingelegt worden ist (§ 17 Abs. 2 S. 2 SpruchG). Aufgrund des Zeitablaufs hat aber § 99 für das Spruchverfahren inzwischen in der Praxis kaum noch Bedeutung.

B. Verfahrensregeln

3 **I. Echtes Streitverfahren.** Im Gegensatz zu den Registerverfahren handelt es sich bei dem Verfahren nach § 99 um ein sog. **echtes Streitverfahren** der freiwilligen Gerichtsbarkeit.[6] Der Begriff bezeichnet eine **besondere Verfahrensart** der freiwilligen Gerichtsbarkeit, die, von Rechtsprechung und Lehre entwickelt, heute allgemein anerkannt ist. Das Verfahren ist dadurch gekennzeichnet, dass sich regelmäßig zwei oder eine Gruppe von Beteiligten mit gegensätzlichen Interessen gegenüberstehen und das Gericht über behauptete subjektive Ansprüche entscheidet. Deshalb herrscht in diesem Verfahren weitgehend der **Dispositionsgrundsatz**, so dass Anträge bis zur Rechtskraft der Entscheidung zurückgenommen, Anerkenntnis und Verzicht abgegeben, grundsätzlich auch Vergleiche geschlossen werden können. Eine **Einwilligung** der AG als Antragsgegnerin zur **Antragsrücknahme** ist **nicht erforderlich**; § 269 Abs. 1 ZPO ist nicht, auch nicht ana-

---

1 Zur Entstehungsgeschichte der Norm eingehend MüKo-AktG/*Habersack*, Rn 4.
2 Vgl OLG Hamburg AG 1989, 64, 65.
3 RegBegr. *Kropff*, S. 133; *Hüffer*, Rn 1.
4 Vgl MüKo-AktG/*Habersack*, Rn 12.
5 Zur Entwicklung der Norm siehe 1. Aufl. Fn 3. Die Verweisung in § 306 Abs. 2 auf § 99 wurde durch Art. 2 Nr. 4 SpruchG mit Wirkung vom 31.8.2003 aufgehoben und mit Wirkung vom 1.9.2003 durch die Regelung in § 12 SpruchG ersetzt. Anders als im Entwurf vorgesehen, bleiben aber die Beschwerdegerichte – zu Recht – zweite Tatsacheninstanz. Näheres siehe unten Kap. 10 „SpruchG".
6 Vgl allg. dazu schon zum FGG, *Jansen*, FGG, 2. Aufl., vor §§ 8–18 Rn 57; eingehend: *Keidel/Schmidt*, FGG, § 12 Rn 226 ff.

log, anzuwenden.[7] An übereinstimmende **Erledigungserklärungen** der Beteiligten ist das Gericht gebunden und hat gegebenenfalls nur noch über die Kosten zu entscheiden.[8] Da aber dennoch eine **Amtsermittlungspflicht** besteht, sofern sich aus den Darlegungen der Beteiligten entsprechende Anhaltspunkte ergeben, gibt es auch keine formelle Beweislast, allenfalls eine Darlegungslast; ebenso scheidet ein Säumnisverfahren aus. Grundsätzlich können in echten Streitverfahren **Regelungen der ZPO** Anwendung finden, soweit das FamFG keine entsprechenden Vorschriften enthält und die allgemeinen FamFG-Verfahrensgrundsätze, insbesondere die Amtsermittlungspflicht, nicht entgegenstehen. Es besteht **kein Anwaltszwang**.[9] Das gilt auch für das Verfahren vor dem Landgericht; allerdings muss die Beschwerdeschrift selbst nach Abs. 3 S. 4 von einem Anwalt unterzeichnet sein.[10]

II. Bekanntmachungspflicht. Geht ein fristgerechter und zulässiger Antrag (§ 97 Abs. 1, 2) beim zuständigen Landgericht ein (§ 98 Abs. 1 S. 1), so hat das Gericht diesen Antrag, nachdem es vorher von Amts wegen die Aktivlegitimation des Antragstellers geprüft hat[11] nach Abs. 2 S. 1 in den Gesellschaftsblättern bekannt zu machen. Der Antrag ist in den **elektronischen Bundesanzeiger** einzurücken (§ 25 S. 1); er ist aber auch in den Gesellschaftsblättern zu veröffentlichen, die von der Satzung bezeichnet werden. Auch **elektronische Informationsmedien** dürfen als Gesellschaftsblätter bezeichnet werden (§ 25 S. 2). Inhaltlich zulässig ist nur ein Antrag, der eine Entscheidung über die gesetzliche Zusammensetzung des Aufsichtsrats begehrt oder überprüfen lassen will, ob der Abschlussprüfer das nach § 3 oder § 16 des Mitbestimmungsergänzungsgesetzes maßgebliche Umsatzverhältnis zutreffend ermittelt hat (§ 98 Abs. 3).[12] Die Bekanntmachung soll diejenigen über den Antrag informieren, die an der Zusammensetzung des Aufsichtsrats ein Interesse haben. Falls die Bekanntmachung unterbleibt kann dagegen Beschwerde nach allgemeinen Grundsätzen eingelegt werden[13]

III. Anhörungspflicht. Abs. 2 S. 2[14] gibt allen nach § 98 Abs. 2 Antragsberechtigten ein **Anhörungsrecht**; deshalb hat das Gericht die Pflicht, den Vorstand (Gesamtvorstand), jedes Aufsichtsratsmitglied, die nach § 98 Abs. 2 antragsberechtigten Betriebsräte, Sprecherausschüsse, Spitzenorganisationen und Gewerkschaften zu hören.[15] Dafür genügt grundsätzlich die öffentliche Bekanntmachung, ein direktes Anschreiben der einzelnen Antragsberechtigten ist nicht erforderlich. Die Bekanntmachung ist auch dann geboten, wenn, nach Meinung des Gerichts, die Zulässigkeitsvoraussetzungen nicht erfüllt sind.[16] Es empfiehlt sich, die Bekanntmachung mit einer Aufforderung zur Stellungnahme innerhalb einer bestimmten Frist zu verbinden.[17] Darüber hinaus kann das Gericht weitere materiell Beteiligte, dh Personen oder Personengruppen, die von der Entscheidung möglicherweise betroffen werden können, ebenfalls anhören. Damit wird zB den Aktionären oder Arbeitnehmern der AG (§ 98 Abs. 2 Nr. 3 und 8) die Verfahrensbeteiligung eröffnet.[18] In welcher Form die Anhörung durchgeführt wird, bestimmt das Gericht nach pflichtgemäßem Ermessen; es ist lediglich sicherzustellen, dass das rechtliche Gehör gewährt wird. Eine bestimmte Form ist nicht vorgeschrieben.[19]

C. Gerichtliche Entscheidung

I. Zuständigkeit. Zuständig ist das Landgericht am Sitz der Gesellschaft, beim Landgericht die **Zivilkammer** (§ 98 Abs. 1). Die Zuständigkeit des Landgerichts und der Rechtszug ergeben sich nun aus § 71 Abs. 2 und § 119 Abs. 1 Nr. 2 GVG. Entfallen in § 99 ist der Ausschluss der weiteren Beschwerde, die das FamFG

---

[7] Str, wie hier BayObLGZ 1973, 106, 108 f; *Hüffer*, Rn 4 mwN; KölnKomm-AktG/*Mertens*, §§ 97 bis 99, Rn 42; aA OLG Düsseldorf NJW 1980, 349; auch MüKo-AktG/*Habersack*, Rn 9 mit beachtlichen Gründen unter Hinweis auf die Rechtssicherheit; die Gesellschaft liefe ohne förmliche Einwilligung in die Antragsrücknahme Gefahr, dass der Antragsteller seinen Antrag wiederholt, ohne mit neuen Vorbringen präkludiert zu sein. Diese Bedenken scheinen aber eher rechtstheoretischer Natur zu sein, weil in solchen Fällen in aller Regel ein wiederholter Antrag an der Nichteinhaltung der Antragsfrist (§§ 97 Abs. 1 S. 3, Abs. 2) in der Praxis scheitern wird.
[8] HM, statt vieler BayObLGZ 1998, 75, 77; AG 1997, 182; NZG 2001, 608, 609; Keidel/*Kahl*, FGG, § 19 Rn 85 u. 91 f; *Ammon*, FGPrax 1998, 121, 123.
[9] OLG Düsseldorf AG 1995, 86; *Hüffer*, Rn 3.
[10] Vgl K.Schmidt/Lutter/*Drygala*, AktG, Rn 6; Spindler/Stilz/*Spindler*, AktG, Rn 14; MüKo-AktG/*Habersack*, Rn 19; soweit in diesen Fundstellen darauf hingewiesen wird, dass *Hüffer*, Rn 7 anderer Auffassung sei, kann ich dem nicht folgen: *Hüffer* sagt nur, dass „für die Beschwerde Anwaltszwang gilt". Der Sachzusammenhang ergibt, dass er damit die für die Beschwerdeschrift erforderliche Form anspricht; hingegen liegt eine explizite Äußerung zum Beschwerdeverfahren selbst nicht vor.
[11] Zum Nachweis der Aktivlegitimation im Einzelnen siehe Großkomm-AktienR/*Meyer-Landrut*, Anm. 2 mN.
[12] Vgl *Hüffer*, Rn 5.
[13] MüKo-AktG/*Habersack*, Rn 13.
[14] Die Bestimmung wurde zuletzt ergänzt durch Art. 2, Gesetz v. 23.3.2002, BGBl. I S. 1130.
[15] Zur Entwicklung der Norm siehe *Hüffer*, Rn 6 mN.
[16] Vgl *Hüffer*, Rn 5; MüKo-AktG/*Habersack*, Rn 13; aA Spindler/Stilz/*Spindler*, AktG, Rn 9 für den Ausnahmefall, dass ein Antrag „evident unzulässig" ist. Dem ist entgegenzuhalten, dass die Prüfung der Frage, ob ein Antrag evident unzulässig ist, erst im Verfahren erfolgt und nicht als Bekanntmachungsvoraussetzung behandelt werden kann.
[17] Dazu LG Mannheim ZIP 2001, 2149, 2150.
[18] MüKo-AktG/*Habersack*, Rn 14.
[19] OLG Düsseldorf ZIP 2011, 1564, 1565; MüKo-AktG/*Habersack*, Rn 15.

nicht mehr kennt. Ein Ausschluss der Rechtsbeschwerde ist nicht erforderlich, da diese ohnehin nur auf Zulassung möglich ist.[20]

7 **II. Entscheidung des Landgerichts.** Das Landgericht entscheidet durch Beschluss, der mit Gründen versehen sein muss, da die Entscheidung rechtsmittelfähig ist (unten Rn 8). Für die Bekanntmachung, auch des landgerichtlichen Beschlusses, gilt Abs. 4. Nach dessen S. 1 ist die Entscheidung dem jeweiligen Antragsteller und der Gesellschaft selbst, die durch den Vorstand vertreten wird, zuzustellen.[21] Allen sonstigen Antragsberechtigten und den im Verfahren Angehörten wird die Entscheidung nur zugestellt, wenn sie sich dem Verfahren auch formell als Antragsteller angeschlossen haben. Ferner hat das Gericht seine Entscheidung unverzüglich von Amts wegen in den Gesellschaftsblättern – somit nach § 25 im elektronischen Bundesanzeiger und den in der Satzung benannten Medien – bekanntzumachen (Abs. 4 S. 2), und zwar nur den Tenor, nicht aber die Gründe. Die Bekanntmachung ist zwingend auch dann, wenn gegen die Entscheidung bereits Beschwerde eingelegt ist. Damit wird sichergestellt, dass Beschwerdeberechtigte (nach Abs. 4 S. 3), die aber nicht Antragsteller sind, Kenntnis von der Entscheidung erlangen.[22]

Für die **Zustellung** sind über § 15 Abs. 2 iVm § 41 Abs. 1 S. 2 FamFG die Vorschriften der ZPO (§§ 166 bis 195) anzuwenden. Ohne die erforderliche Zustellung beginnt die Beschwerdefrist nicht zu laufen (§ 16 FamFG). Eine Verletzung der Formvorschriften über die Zustellung kann allerdings das Gericht nach seinem Ermessen unter den Voraussetzungen des § 187 ZPO als geheilt ansehen.[23] Nach der Grundbestimmung des § 40 Abs. 1 FamFG werden Entscheidungen der Gerichte mit ihrer Bekanntmachung wirksam. Davon gibt es aber zahlreiche **Ausnahmen**,[24] in denen das Gesetz, wie hier in Abs. 5 S. 1, anordnet, dass die Entscheidung erst mit dem Eintritt der formellen Rechtskraft wirksam wird.

8 **III. Rechtsmittel. 1. Beschwerdebefugnis.** Die Beschwerdebefugnis steht nicht nur den von der Entscheidung unmittelbar betroffenen Antragstellern, sondern darüber hinaus **jedem** nach § 98 Abs. 2 **Antragsberechtigten** zu (Abs. 4 S. 3), letzterer muss also nicht selbst Antragsteller gewesen sein.

9 **2. Befristete Beschwerde.** Das nach Abs. 3 S. 2 zulässige Rechtsmittel ist die Beschwerde, die nur auf eine Verletzung des Rechts gestützt werden kann. Die Beschwerde ist befristet; die Frist beträgt einen Monat (§ 63 FamFG). Sie kann nach § 64 FamFG nur beim Landgericht (*judex a quo*) eingelegt werden. Das Rechtsmittel kann wegen der Spezialbestimmung in Abs. 3 S. 4 nur durch eine von einem Rechtsanwalt unterzeichnete Beschwerdeschrift eingereicht werden; insoweit erscheint der Anwaltszwang hier zweckmäßig, weil das Oberlandesgericht nach revisionsrechtlichen Grundsätzen entscheidet. Für das Verfahren selbst besteht kein Anwaltszwang.

10 Die Rechtsmittelfrist beträgt nach § 63 FamFG einen Monat. Diese Frist beginnt für die Antragsteller und die Gesellschaft als Antragsgegnerin mit der an sie zu bewirkenden Zustellung. Für andere Beschwerdeberechtigte beginnt die Frist mit der Bekanntmachung im elektronischen Bundesanzeiger zu laufen; auf die Veröffentlichung in anderen Gesellschaftsblättern und in sonstigen elektronischen Informationsmedien kommt es nicht an.

11 **3. Entscheidung des Oberlandesgerichts.** Das OLG entscheidet über die Beschwerde nach revisionsrechtsähnlichen Grundsätzen, es kommen die §§ 72 Abs. 1 S. 2, 74 Abs. 2 und 3 FamFG, sowie § 547 ZPO sinngemäß zur Anwendung. Damit sind tatsächliche Feststellungen des Landgerichts grundsätzlich für das OLG bindend; diese Bindung entfällt aber, wenn verfahrensrechtlich zulässige und begründete Bedenken gegen das Zustandekommen der Feststellungen bestehen, zB wenn bei einer Zeugenvernehmung das rechtliche Gehör eines Beteiligten verletzt worden ist. Sind tatsächliche Feststellungen aktenwidrig, so muss aus den Gründen der Entscheidung (§ 69 Abs. 2 Fam FG) zu ersehen sein, aus welchen Überlegungen heraus das Gericht zu seinen Feststellungen gelangt ist.

12 Die Beschwerde ist begründet, wenn die Entscheidung des Landgerichts auf einer **Gesetzesverletzung** beruht oder auch nur beruhen kann.[25] Es kann sich dabei um die Verletzung von Verfahrensvorschriften oder um Verstöße gegen das materielle Recht handeln.

---

20 Vgl RegE zum FamFG, BT-Drucks. 16/6308, S. 353.
21 Geht man davon aus, dass die AG, weil nicht antragsberechtigt, auch nicht beschwerdeberechtigt ist, wäre sinnvollerweise die Zustellung an den Gesamtvorstand anzuordnen gewesen. *Hüffer*, Rn 8, meint, dass Zustellung an AG die Frist für die Beschwerde des Vorstands in Gang setzt; in gleichem Sinne wohl auch MüKo-AktG/*Semler*, Rn 40 u. GroßKomm-AktienR/*Meyer-Landrut*, Anm. 6. Dies erscheint nicht ohne weiteres einsichtig; abgesehen davon, dass der Gesetzgeber dann eine Zustellung an den Vorstand hätte anordnen müssen, ist die AG im Verfahren Antragsgegner und damit nach allgemeinen Grundsätzen gegen eine Entscheidung, die sie beschwert, beschwerdeberechtigt; zustimmend: MüKo-AktG/*Habersack*, Rn 19. Dies gilt vor allem, wenn ihr die Gerichtskosten des Verfahrens auferlegt werden (§ 99 Abs. 6 S. 7), sie jedoch geltend machen will, dass diese Kosten nach § 99 Abs. 6 S. 8 entweder ganz oder teilweise dem Antragsteller aufzuerlegen sind.
22 Vgl MüKo-AktG/*Habersack*, Rn 17 mwN.
23 Vgl BGH NJW 1984, 926, 927.
24 Dazu Keidel/*Schmidt*, FGG, § 16 Rn 15.
25 Wegen der Einzelheiten muss auf die Kommentierungen zu den §§ 546, 547 ZPO verwiesen werden.

Nach Abs. 3 S. 6 aF hatte das OLG bei seiner Entscheidung die Vorschrift des § 28 Abs. 2 und 3 FGG zu beachten, dh es war gegebenenfalls zur **Divergenzvorlage** verpflichtet. Ausnahmsweise ist dann zur Entscheidung über die Beschwerde der BGH zuständig gewesen, wenn nach Ansicht des OLG bei der Entscheidung über das Rechtsmittel von der Entscheidung eines anderen OLG oder des BGH, die auf einer anderen Beurteilung der Rechtsfrage beruhte, abgewichen werden sollte.[26] Ein obiter dictum, eine Hilfsbegründung in der anderen Entscheidung, eine nur gelegentliche, nicht entscheidungserhebliche Meinungsäußerung verpflichteten aber nicht zur Vorlage.[27]

Nunmehr ist gegen die Entscheidung des OLG die **Rechtsbeschwerde** nur zulässig, wenn sie das OLG zugelassen hat (§ 70 FamFG). Über die zugelassene Rechtsbeschwerde, die binnen einer Frist von einem Monat beim Rechtsbeschwerdegericht einzulegen ist (§ 71 Abs. 1 FamFG), entscheidet der Bundesgerichtshof (BGH). Es besteht Anwaltszwang, der die Einlegung der Beschwerde und das gesamte Verfahren beim BGH umfasst.[28] Weder die Zulassung noch die Nichtzulassung der Rechtsbeschwerde durch das OLG ist anfechtbar; eine **Nichtzulassungsbeschwerde** ist nicht statthaft.[29]

4. Keine weitere Beschwerde. Nach Abs. 3 S. 7 aF war die weitere Beschwerde ausgeschlossen. Bisher konnte aber nach der Rechtsprechung des BGH ein nach den gesetzlichen Vorschriften unanfechtbarer Beschluss mit einer – außerordentlichen – Beschwerde angegriffen werden, wenn er mit der geltenden Rechtsordnung schlechthin unvereinbar ist, weil er jeder gesetzlichen Grundlage entbehrt und inhaltlich dem Gesetz fremd ist; sog. **greifbare Gesetzwidrigkeit**.[30] Nunmehr hat aber der BGH (9. Zivilsenat), gestützt auf die Neufassung der Rechtsbeschwerde in § 574 ZPO (seit 1.1.2002) eine Beschwerde wegen greifbarer Gesetzwidrigkeit **generell für ausgeschlossen** erklärt und die Beschwerdeführer auf die Möglichkeit der **Gegenvorstellung** beim Ausgangsgericht verwiesen.[31] Dieser Auffassung haben sich inzwischen die OLGs praktisch einheitlich angeschlossen.[32] Nunmehr wurde aber durch Art. 4 des am 1.1.2005 in Kraft getretenen Anhörungsrügengesetzes v. 9.12.2004 (BGBl. I S. 3220) § 29 a FGG aF, jetzt § 44 FamFG, eingefügt, der im Einzelnen das Verfahren für die Anhörungsrüge ausgestaltet.[33] Die Anhörungsrüge ist erfolgreich, wenn u.a. der Anspruch eines Beteiligten auf Gewährung rechtlichen Gehörs in entscheidungserheblicher Weise verletzt wurde (§ 44 Abs. 1 Nr. 3 FamFG). Im Gesetzgebungsverfahren wurde ausdrücklich darauf hingewiesen, dass eine Erstreckung dieses Rechtsbehelfes (Anhörungsrüge) auf andere Verfahrensgrundrechte (zB Willkürverbot) nicht Gegenstand des vom Bundesverfassungsgericht erteilten Gesetzgebungsauftrages sei. Insbesondere sollen die bisher zur Anwendung gekommenen Rechtsbehelfe, wie die außerordentliche Beschwerde und die Gegenvorstellung, die von der Erweiterung der Anhörungsrüge nicht umfasst sind, auch in Zukunft nicht ausgeschlossen sein.[34]

Diese gesamte Rechtsentwicklung sieht der Gesetzgeber mit dem Inkrafttreten des FamFG als überholt an. Für einen gesetzlichen Ausschluss der früheren weiteren Beschwerde besteht keine Notwendigkeit mehr, da die Rechtsbeschwerde gegen Entscheidungen des OLG ohnehin der ausdrücklichen Zulassung bedarf.[35]

5. Ermächtigung. Aufgrund der Ermächtigung in Abs. 3 S. 5 und 6 kann eine Landesregierung, bzw. deren Landesjustizverwaltung, zur Sicherung einer einheitlichen Rechtsprechung die Entscheidung über die Beschwerde innerhalb eines Landes einem bestimmten OLG oder einem Obersten Landesgericht übertragen. Danach wurde zB in Rheinland-Pfalz das OLG Zweibrücken für alle Bezirke des Landes zuständig,[36] in Nordrhein-Westfalen wurde für, dieses Bundesland insoweit das OLG Düsseldorf zuständig.[37] Auch Bayern hat davon Gebrauch gemacht; für die Entscheidungen nach § 99 war in Bayern zunächst das BayObLG zuständig. Dieses Gericht wurde aber durch § 1 des Gerichtsauflösungsgesetzes vom 25.10.2004 (BayGVBl. S. 400) aufgelöst; allerdings wurden die bisherigen Zuständigkeiten dieses Gerichts im FGG-Bereich für das ganze Bundesland Bayern dem **OLG München** übertragen).[38] Das gilt jetzt auch für die entsprechenden Verfahren nach dem FamFG.

IV. Wirkung der Entscheidung. Die rechtskräftige Entscheidung wirkt für und gegen alle, hat also eine **inter-omnes-Wirkung** (Abs. 5 S. 2). Inhaltlich bedeutet das, dass sie die für die Zusammensetzung des Aufsichtsrats maßgeblichen Vorschriften abschließend feststellt. Die Wirkung tritt mit Rechtskraft der Entscheidung ein (Abs. 5 S. 1) ein. Danach ist jeder an diese nunmehr unangreifbaren gerichtlichen Feststellun-

---

26 Näher dazu Keidel/*Meyer-Holz*, FGG, § 28 Rn 20 ff.
27 Vgl BGH AG 2002, 85.
28 HM, vgl nur Keidel/*Meyer-Holz*, FamFG, § 71 Rn 8 u. 10.
29 Vgl Keidel/*Meyer-Holz*, FamFG, § 70 Rn 4.
30 Vgl BGH ZIP 1997, 1553; AG 2002, 85; MüKo-AktG/*Habersack* Rn 23.
31 Dazu BGH NJW 2002, 1577 mit zust. Anm. *Lipp*, NJW 2002, 1700; tendenziell ähnlich: BGH (2. Zivilsenat) AG 2004, 610.
32 Vgl zum damaligen Diskussionsstand Zöller/*Gummer*, ZPO, 25. Aufl. vor § 567 Rn 7 mwN.
33 Dazu Keidel/*Meyer-Holz*, FGG, Nachtrag 2005, § 29 a Rn 1; OLG München, FGPrax 2005, 278; OLG Zweibrücken, FGPrax 2005, 233.
34 Vgl BT-Drucks. 15/3706, S. 14.
35 Vgl BT-Drucks. 16/6308, S. 353; MüKo-AktG/*Habersack* Rn 23.
36 VO v. 22.11.1985 (GVBl. S. 267, 271).
37 VO v. 31.5.2005 (GV NRW 2005, S. 625).
38 Vgl ZustVO v. 16.11.2004, § 12 (BayGVBl. 2004, 471, 474).

gen gebunden. Damit soll nicht zuletzt im Interesse der Rechtssicherheit gewährleistet werden, dass die Organe der AG auch funktionsfähig sind und Beschlüsse des Aufsichtsrats nicht nachträglich wegen unrichtiger Zusammensetzung angefochten werden können.[39]

17 Entscheidungen des Landgerichts werden mit Ablauf der Beschwerdefrist rechtskräftig. Entscheidungen des Oberlandesgerichts, die eine Rechtsbeschwerde nicht zulassen, und die des BGH werden mit ihrem Erlass rechtskräftig, da Rechtsmittel nicht möglich sind. Insoweit kommt es auf den Zeitpunkt der Zustellung oder den der Veröffentlichung in den Gesellschaftsblättern nicht an.[40] Wird durch das OLG das Rechtsmittel zugelassen, kann Rechtskraft frühestens mit Ablauf der Beschwerdefrist eintreten.
Die **Entscheidungswirkungen** sind aber nicht in allen aktienrechtlichen Streitverfahren gleich gelagert. So wird in Spruchverfahren (§§ 304 ff) der Unternehmensvertrag durch die rechtskräftige Entscheidung rückwirkend gestaltet. Diese **Gestaltungsentscheidung** hat ebenfalls Inter-omnes-Wirkung. Anders liegt es im Auskunftsverfahren nach § 132, in dem eine Leistungsentscheidung zu treffen ist, die nur **inter partes** wirkt; deshalb enthält § 132 Abs. 3 S. 1 auch keine Verweisung auf § 99 Abs. 5 S. 2.[41]

18 **V. Einreichung zum Handelsregister.** Die vollständige rechtskräftige Entscheidung, also Tenor und Gründe, ist durch den Vorstand unverzüglich, dh ohne schuldhaftes Zögern (§ 121 Abs. 1 S. 1 BGB), zum Handelsregister einzureichen (Abs. 5 S. 3). Der Vorstand kann dazu Zwangsgeld nach § 14 HGB zur Einreichung gezwungen werden.[42] Die zum Handelsregister eingereichten Schriftstücke werden in einen Sonderband zum Registerblatt aufgenommen (§ 9 Abs. 1 HRV) und stehen dort auch jedermann zur Einsicht offen (§ 9 Abs. 1 HGB).[43] Diese **Publizität** ist wegen der Inter-omnes-Wirkung erforderlich.[44]

D. Kosten

19 **I. Gerichtskosten.** Abs. 6 S. 1–8 aF enthielt eine detaillierte Kostenregelung und ergänzte oder änderte die grundsätzlich anzuwendenden Vorschriften der Kostenordnung. Durch Art. 26 des 2. KostRMoG[45] wurde die Kostenvorschrift vereinfacht und Abs. 6 auf zwei Sätze beschränkt. Die **Neuregelung unterscheidet nicht mehr zwischen Gerichtskosten und außergerichtlichen Kosten** und spricht nur noch von Kosten. Ergänzend ist das Gerichts- und Notarkostengesetz (GNotKG)[46] nebst Anlagen heranzuziehen. Nach Abs. 6 S. 1 können aus Billigkeitsgründen die Kosten ganz oder teilweise dem Antragsteller auferlegt werden. Das ist in der Regel bei unzulässigen oder offensichtlich unbegründeten Anträgen oder bei frivoler Rechtsmitteleinlegung anzunehmen.[47]

20 **II. Außergerichtliche Kosten.** Im Gegensatz zum Erfolgsprinzip der ZPO bei der Kostenverteilung (§ 91 ZPO), stellt das FamFG-Verfahren für die Kostenerstattung auf Billigkeitsgrundsätze ab (vgl § 81 FamFG). Dem wird mit der Neuregelung Rechnung getragen. Das FamFG versteht unter dem Begriff „Kosten" sowohl die **Gerichtskosten** als auch die zur Durchführung des Verfahrens **notwendigen Aufwendungen** der Beteiligten (§ 80 Abs. 1 FamFG). Die Regelung in Abs. 6 S. 2 ist hier maßgebend, sie ordnet ohne Einschränkung an, dass Kosten der Beteiligten nicht zu erstatten sind; sie sind von jedem Beteiligten selbst zu tragen. Kostenvorschüsse sind nach §§ 14, 17 GNotKG zu erheben. Die Bewilligung von Verfahrenskostenhilfe (§§ 76, 77 FamFG), früher Prozesskostenhilfe nach § 14 FGG), ist zwar nicht von vornherein ausgeschlossen,[48] wird aber aus materiellen Gründen kaum praktische Bedeutung erlangen.

§ 100 Persönliche Voraussetzungen für Aufsichtsratsmitglieder

(1) [1]Mitglied des Aufsichtsrats kann nur eine natürliche, unbeschränkt geschäftsfähige Person sein. [2]Ein Betreuter, der bei der Besorgung seiner Vermögensangelegenheiten ganz oder teilweise einem Einwilligungsvorbehalt (§ 1903 des Bürgerlichen Gesetzbuchs) unterliegt, kann nicht Mitglied des Aufsichtsrats sein.

(2) [1]Mitglied des Aufsichtsrats kann nicht sein, wer

1. bereits in zehn Handelsgesellschaften, die gesetzlich einen Aufsichtsrat zu bilden haben, Aufsichtsratsmitglied ist,

---

[39] Näher dazu Großkomm-AktienR/*Meyer-Landrut*, § 99 Anm. 7; MüKo-AktG/*Habersack*, Rn 24.
[40] Vgl *Hüffer*, Rn 9; Spindler/Stilz/*Spindler*, AktG, Rn 19; K.Schmidt/Lutter/*Drygala*, AktG, Rn 10.
[41] Vgl *Hüffer*, Rn 10; MüKo-AktG/*Habersack*, Rn 25.
[42] Vgl MüKo-AktG/*Habersack*, Rn 26.
[43] Vgl Röhricht/v. Westphalen/*Ammon/Ries*, HGB, § 9 Rn 3; zur Übertragung der eingereichten Schriftstücke in ein elektronisches Dokument, siehe § 9 HRV.
[44] Vgl *Hüffer*, Rn 11.
[45] Kostenrechtsmodernisierungsgesetz v. 23.7.2013, BGBl. I S. 2586, in Kraft seit 1.8.2013; Art. 26 Änderung des § 99 AktG; dazu BT-Drucks. 17/11471 (neu) u. 17/13537.
[46] Vom 23.7.2013, BGBl. I S. 2586.
[47] Vgl *Hüffer*, Rn 12; ferner: OLG Düsseldorf AG 1994, 424.
[48] Vgl MüKo-AktG/*Habersack*, Rn 27.

2. gesetzlicher Vertreter eines von der Gesellschaft abhängigen Unternehmens ist,
3. gesetzlicher Vertreter einer anderen Kapitalgesellschaft ist, deren Aufsichtsrat ein Vorstandsmitglied der Gesellschaft angehört, oder
4. in den letzten zwei Jahren Vorstandsmitglied derselben börsennotierten Gesellschaft war, es sei denn, seine Wahl erfolgt auf Vorschlag von Aktionären, die mehr als 25 Prozent der Stimmrechte an der Gesellschaft halten.

²Auf die Höchstzahl nach Satz 1 Nr. 1 sind bis zu fünf Aufsichtsratssitze nicht anzurechnen, die ein gesetzlicher Vertreter (beim Einzelkaufmann der Inhaber) des herrschenden Unternehmens eines Konzerns in zum Konzern gehörenden Handelsgesellschaften, die gesetzlich einen Aufsichtsrat zu bilden haben, inne hat. ³Auf die Höchstzahl nach Satz 1 Nr. 1 sind Aufsichtsratsämter im Sinne der Nummer 1 doppelt anzurechnen, für die das Mitglied zum Vorsitzenden gewählt worden ist.

(3) Die anderen persönlichen Voraussetzungen der Aufsichtsratsmitglieder der Arbeitnehmer sowie der weiteren Mitglieder bestimmen sich nach dem Mitbestimmungsgesetz, dem Montan-Mitbestimmungsgesetz, dem Mitbestimmungsergänzungsgesetz, dem Drittelbeteiligungsgesetz und dem Gesetz über die Mitbestimmung der Arbeitnehmer bei einer grenzüberschreitenden Verschmelzung.

(4) Die Satzung kann persönliche Voraussetzungen nur für Aufsichtsratsmitglieder fordern, die von der Hauptversammlung ohne Bindung an Wahlvorschläge gewählt oder auf Grund der Satzung in den Aufsichtsrat entsandt werden.

(5) Bei Gesellschaften im Sinn des § 264 d des Handelsgesetzbuchs muss mindestens ein unabhängiges Mitglied des Aufsichtsrats über Sachverstand auf den Gebieten Rechnungslegung oder Abschlussprüfung verfügen.

Literatur:
Bachmann, Zur Umsetzung einer Frauenquote im Aufsichtsrat, ZIP 2011, 1131; *Bayer*, Grundsatzfragen der Regulierung der aktienrechtlichen Corporate Governance, NZG 2013, 1; *Breuer, R.*, Die Professionalisierung der Aufsichtsratsarbeit in der Bank, in: Hopt/Wohlmannstetter (Hrsg), Handbuch Corporate Governance von Banken, 2011, S. 515; *Bungert/Wansleben*, Wechsel eines Vorstandsmitglieds in den Aufsichtsrat, DB 2012, 2617. *Brandt/Thiele*; Zulässigkeit einer Gleichstellungsquote im Aufsichtsrat unter Berücksichtigung der Rechtsprechung des EuGH, AG 2011, 580; *Dreher*, Die Gesamtqualifikation des Aufsichtsrats – Die Rechtslage in der Normal-AG und bei beaufsichtigten Versicherungsunternehmen und Kreditinstituten, in: FS Michael Hoffmann-Becking, 2013, S. 313; *Ehlers/Nohlen*, Unabhängiger Finanzexperte und Prüfungsausschuss nach dem Bilanzrechtsmodernisierungsgesetz, GS Michael Gruson, 2009, S. 107; *Habbe/Köster*, Neue Anforderungen an Vorstand und Aufsichtsrat von Finanzinstituten, BB 2011, 265; *Habersack*, Staatliche und halbstaatliche Eingriffe in die Unternehmensführung, Gutachten E zum 69. DJT, 2012; *Hommelhoff/Mattheus*, Corporate Governance nach dem KonTraG, AG 1998, 249; *Ihrig*, Gestaltungsspielräume und –grenzen beim Wechsel vom Vorstand in den Aufsichtsrat, in: FS Michael Hoffmann-Becking, 2013, S. 617; *Jaspers*, Höchstgrenzen für Aufsichtsratsmandate nach Aktiengesetz und DCGK, AG 2011, 154; *Lutter*, Defizite für eine effiziente Aufsichtsratstätigkeit und gesetzliche Möglichkeiten der Verbesserung, ZHR 159 (1995), 287; *ders.*, Professionalisierung des Aufsichtsrats, DB 2009, 775; *Krieger*, Der Wechsel vom Vorstand in den Aufsichtsrat, FS Uwe Hüffer, 2010, S. 535; *Kropff*, Der unabhängige Finanzexperte in der Gesellschaftsverfassung, in: FS Karsten Schmidt, 2009, S. 1023; *Lüer*, Effizientere Aufsichtsräte durch die Bestellung unabhängiger Finanzexperten nach § 100 Abs. 5, 107 Abs. 3, 4 AktG, FS Georg Maier-Reimer, 2010, S. 385; *Meyer, Th.*, Der unabhängige Finanzexperte im Aufsichtsrat, 2012; *Moellers*, Professionalisierung des Aufsichtsrats, ZIP 1995, 1725; *Nebendahl*, Inkompatibilität zwischen Ministeramt und Aufsichtsratsmandat, DÖV 1988, 961; *Ruter/Rosken*, Was ist ein ehrbarer Aufsichtsrat/Beirat?, DB 2011, 1123; *Schulenburg/Brosius*, Ausgewählte aktien- und wertpapierrechtliche Fragen zu § 100 Abs. 2 Satz 1 Nr. 4 AktG, WM 2011, 58; *Semler*, Grundsätze ordnungsmäßiger Überwachung?, in: FS Martin Peltzer, 2001, S. 489; *ders.*, Anforderungen an die Befähigung eines Aufsichtsratsmitglieds, in: FS Karsten Schmidt, 2009, S. 1489; *Staake*, Der unabhängige Experte im Aufsichtsrat, ZIP 2010, 1013; *Sünner*, Die Wahl von ausscheidenden Vorstandsmitgliedern in den Aufsichtsrat, AG 2010, 111; *Vetter, E.*; Neue Vorgaben für die Wahl des Aufsichtsrats durch die Hauptversammlung nach § 100 Abs. 2 Satz 1 Nr. 4 und Abs. 5 AktG, FS Georg Maier-Reimer, 2010, S. 795; *Weber-Rey*, Erhöhte Frauenrepräsentanz und Qualitätssteigerung der Corporate Governance, in: Freidank/Velte (Hrsg.), Corporate Governace, Abschlussprüfung und Compliance, S. 241; *dies.*, Gesamtverantwortung und Sonderzuständigkeiten. Der Finanzexperte im Spannungsfeld Corporate Governance, in: Orth/Ruter/Schichold (Hrsg.), Der unabhängige Finanzexperte im Aufsichtsrat; S. 3; *v. Werder/Wieczorek*, Anforderungen an Aufsichtsratsmitglieder und ihre Nominierung, DB 2007, 297.

A. Regelungsgegenstand und -zweck 1	2. Gesetzlicher Vertreter eines abhängigen Unternehmens (Abs. 2 S. 1 Nr. 2) 9
B. Persönliche Voraussetzungen (Abs. 1) 2	3. Verbot der Überkreuz-Verflechtung (Abs. 2 S. 1 Nr. 3) 10
C. Hinderungsgründe (Abs. 2) 4	4. Verbot des unmittelbaren Wechsels vom Vorstand in den Aufsichtsrat eines börsennotierten Unternehmens (Abs. 2 S. 1 Nr. 4) 11
I. Aktienrecht 4	
1. Höchstzahl (Abs. 2 S. 1 Nr. 1) 4	
a) Grundregel 4	
b) Konzernprivileg (Abs. 2 S. 2) 7	a) Karenzzeit 11
c) Doppelzählung von Vorsitzmandaten (Abs. 2 S. 3) 8	

b) Aufhebung der Karenzzeit durch Wahl nach Vorschlag von Aktionären mit 25 % der Stimmrechte	12
5. Keine Unvereinbarkeit wegen Interessenkonflikten	13
II. Öffentliches Recht	14
1. Art. 5 Abs. 2, Art. 6 GG	14
2. Beamtengesetze	15
D. Aufsichtsratsmitglieder der Arbeitnehmer und weitere Mitglieder (Abs. 3)	16
E. Satzungsmäßige Voraussetzungen (Abs. 4)	17
F. Unabhängiger Finanzexperte bei kapitalmarktorientierten Gesellschaften (Abs. 5)	18
I. Geltungsbereich	18
II. Unabhängigkeit	19
III. Sachverstand	21
G. Rechtsfolgen bei Verstoß	22

A. Regelungsgegenstand und -zweck

1 Mit der Vorschrift soll eine effektive Überwachungstätigkeit des Aufsichtsrates erreicht werden. Die Konzentration einer Vielzahl von Aufsichtsratsmandaten auf einen verhältnismäßig kleinen Personenkreis soll vermieden werden. Abs. 3 und Abs. 4 haben für mitbestimmte Unternehmen Bedeutung.
Abs. 4 lässt es zu, dass in der Satzung weitere persönliche Voraussetzungen für Aufsichtsratsmitglieder festgelegt werden. Dies darf allerdings nicht im Hinblick auf die von der Arbeitnehmerseite gestellten Aufsichtsratsmitglieder geschehen. Abs. 5 fordert als Sonderregel für kapitalmarktorientierte Unternehmen die Besetzung des Aufsichtsrats mit mindestens einem unabhängigen Finanzexperten.
§ 100 ist zwingend zu beachten, aber nicht abschließend. Weitere persönliche Anforderungen oder auch Hinderungsgründe können sich aus anderen Vorschriften ergeben, auch aus dem öffentlichen Recht (siehe Rn 14 ff).

B. Persönliche Voraussetzungen (Abs. 1)

2 Um die persönliche Verantwortlichkeit der einzelnen Aufsichtsratsmitglieder zu erreichen, wird durch Abs. 1 ausgeschlossen, dass eine juristische Person Aufsichtsratsmitglied werden kann. Zugelassen sind nur **natürliche, unbeschränkt geschäftsfähige Personen.** Ob diese Personen Vorstandsmitglieder oder Geschäftsführer einer juristischen Person sind, ist unerheblich. Die unbeschränkte Geschäftsfähigkeit ist gegeben, wenn es sich um eine volljährige Person (§ 2 BGB) handelt, die nicht als Betreute im Sinne der §§ 1896 ff BGB ganz oder teilweise einem Einwilligungsvorbehalt nach § 1903 BGB unterliegt. Weitere persönliche Voraussetzungen wie beispielsweise Sachkunde nennt § 100 Abs. 1 nicht.[1] Diese ist allerdings nach § 4 Abs. 1 KAGG nachzuweisen. § 36 Abs. 3 KWG fordert seit Inkrafttreten des Gesetz zur Stärkung der Finanzmarkt- und Versicherungsaufsicht vom 29. Juli 2009[2] für **Mitglieder des Aufsichtsorgans eines Kreditinstitutes oder einer Finanzholding-Gesellschaft** die zur Wahrnehmung der Kontrollfunktion sowie zur Beurteilung und Überwachung der Unternehmensgeschäfte erforderliche Sachkunde.[3] Eine entsprechende Regelung besteht seither auch für die **Versicherungswirtschaft,** § 7a Abs. 4 VAG. Mit der durch das CRD IV-Umsetzungsgesetz[4] bestimmten Änderung des KWG wird in § 25d Abs. 5 1 KWG mit Wirkung ab dem 1.1.2014 bestimmt: „Die Mitglieder des Verwaltungs- oder Aufsichtsorgans eines Instituts ... müssen zuverlässig sein, die erforderliche Sachkunde zur Wahrnehmung der Kontrollfunktion sowie zur Beurteilung und Überwachung der Geschäfte, die das jeweilige Unternehmen betreibt, besitzen und der Wahrnehmung ihrer Aufgaben ausreichend Zeit widmen".[5] Ähnliche Anpassungen wurden in § 7a Abs. 4 VAG vorgenommen.

2a Die für die Aufsichtsratsmitglieder der Kreditinstitute und Versicherungsunternehmen geltenden Anforderungen können nicht verallgemeinernd auf Aufsichtsräte anderer Unternehmen übertragen werden.[6] Gleichwohl kann das fachliche **Anforderungsprofil** für ein Aufsichtsratsmitglied aus der gesetzlichen Aufgabenstellung, insbesondere aus der mit dem KonTraG[7] verfolgten Professionalisierung der Aufsichtsratstätig-

---

1 Zur Sachkunde des unabhängigen Finanzexperten gemäß § 100 Abs. 5 unten Rn 21.
2 BGBl. I S. 2305.
3 Vgl *Habbe/Köster*, BB 2011, 265; *Seibert*, DB 2009, 1167,1169; *Wittmann*, DB 2007, 2579; Beschlussempfehlung und Bericht des BT-Finanzausschuss, BT-Drucks. 16/13684, S. 29: „Sachkunde bedeutet, dass die betreffende Person im Zweifel nachweisen muss, dass sie über ein Eignung zum Verständnis der wirtschaftlichen und rechtlichen Abläufe im Tagesgeschehen ... verfügen muss."
4 Gesetz zur Umsetzung der Richtlinie 2013/36/EU über den Zugang zur Tätigkeit von Kreditinstituten und die Beaufsichtigung von Kreditinstituten und Wertpapierfirmen und zur Anpassung des Aufsichtsrechts an die Verordnung (EU) Nr. 575/2013 über Aufsichtsanforderungen an Kreditinstitute und Wertpapierfirmen (CRD IV-Umsetzungsgesetz) vom 28. August 2013, BGBl. I S 3395
5 Vgl auch den Regierungsentwurf BT-Drucks. 17/10974 und dazu *Behle*, Aufsichtsrechtliche Verantwortlichkeit, in: Habersack/Mülbert/Nobbe/Wittig (Hrsg.), Verantwortlichkeit der Organmitglieder in Kreditinstituten, Schriftenreihe der Bankrechtlichen Vereinigung, Bd. 34 (2013), S. 165 f; *Brandi/Gieseler*, NZG 2012, 1321.
6 *Hüffer*, Rn 2.
7 Art. 1 des Gesetzes zur Kontrolle und Transparenz im Unternehmensbereich v. 27.4.1998, BGBl. I S. 786.

keit[8] abgeleitet werden. Betriebswirtschaftliche und rechtliche Grundkenntnisse, ein Mindestwissen auf dem Gebiet der Bilanzierung und des Rechnungswesens erscheinen unabdingbar.[9] Der BGH verlangt mit nahezu einhelliger Zustimmung in der Literatur, dass „ein Aufsichtsratsmitglied diejenigen Mindestkenntnisse und -fähigkeiten besitzen oder (sich) aneignen muss, die es braucht, um alle normalerweise anfallenden Geschäftsvorgänge auch ohne fremde Hilfe verstehen und sachgerecht beurteilen zu können".[10] Ein Aufsichtsratsmitglied, das über besondere Fachkenntnisse verfügt ist gegenüber der Gesellschaft verpflichtet, diese einzusetzen.[11] Die Anforderungen an eine **Mindestqualifikation** verstärken sich, wenn Vorsitzmandate entweder des gesamten Gremiums oder eines Ausschusses übernommen werden.[12] Je nach Ausschusszugehörigkeit wird entsprechendes Spezialwissen hinzukommen müssen, da ein erhöhter objektiver Sorgfaltsmaßstab zu beachten ist.[13] Somit muss nicht jedes Aufsichtsratsmitglied Erfahrungen und Kenntnisse in allen für das jeweilige Unternehmen relevanten wesentlichen Bereichen (zB strategische Unternehmensführung, Controlling, Prüfungswesen, Personal) haben. Um die Leistungsfähigkeit des Aufsichtsrats insgesamt zu sichern, ist es aber erforderlich, dass die Aufsichtsratsmitglieder zusammen über die erforderlichen Kompetenzen verfügen.[14] Im Sinne einer **Mindestgesamtqualifikation** muss der Aufsichtsrat in seiner Gesamtheit das notwendige Fachwissen aufweisen, um seine Kontroll-, Beratungs- und sonstigen Aufgaben ordnungsgemäß erfüllen zu können.[15] Das aktienrechtliche Gebot einer ausreichenden Gesamtqualifikation rechtfertigt weder die Forderung einer optimalen Zusammensetzung[16] noch die Besetzung der Anteilseignersitze unter Berücksichtigung eines idealen Anforderungsprofils[17] vorzunehmen[18]. Ausdrücklich bestimmt für den Aufsichtsrat eines Kreditinstituts § 25 d Abs. 2 S. 1 KWG in der ab 1.1.2014 geltenden Fassung, dass dieser „in seiner Gesamtheit die Kenntnisse, Fähigkeiten und Erfahrungen haben (muss), die zur Wahrnehmung der Kontrollfunktion sowie zur Beurteilung und Überwachung der Geschäftsleitung des Instituts ... notwendig sind."

Während Abs. 1 nur Grundvoraussetzungen für die Mitgliedschaft im Aufsichtsrat nennt, werden in Ziff. 5.4.1 DCGK auch Anforderungen an die **Zusammensetzung des Gremiums** formuliert. Der Aufsichtsrat soll für seine Zusammensetzung konkrete Ziele benennen, die u.a. die internationale Tätigkeit, potenzielle Interessenkonflikte, die Anzahl der unabhängigen Mitglieder iSd Ziff. 5.4.2 DCGK und eine ausreichende **Vielfalt** berücksichtigen. Insbesondere sollen die Ziele eine angemessene **Beteiligung von Frauen** vorsehen. Der Aufsichtsrat wird dieses Kriterium nur erfüllen, wenn er zu einem wesentlichen Teil mit weiblichen Aufsichtsratsmitgliedern besetzt ist.[19] Mit Ziff. 5.4.1. Abs. 2 S. 2 DCGK wird unterstrichen, dass eine angemessene Beteiligung von Frauen im Aufsichtsrat zu den Regeln guter Unternehmensführung gehört. Es handelt sich nicht allein um eine gesellschaftspolitische Bestrebung,[20] wie es auf das Stichwort „Frauenquote" gestützte Beiträge verkürzt darstellen.[21] Die Bildung zweier von einander zu trennenden Ebenen aus Unternehmensrecht einerseits und gesellschaftspolitischen Anliegen andererseits überzeugt nicht. Auch die im Unternehmensrecht unstreitigen Regelungen zur Mitbestimmung lassen sich auf gesellschaftspolitische Anliegen zurückführen.[22]

Inhaltlich geht es um die **Erhöhung der Frauenrepräsentanz im Aufsichtsrat und einer damit verbundenen Qualitätssteigerung** der gemeinsam geleisteten Aufsichtsratsarbeit.[23] Nach Erhebungen der EU-KOM weisen Unternehmen mit einer angemessenen Zahl von Frauen im Aufsichtsrat bessere Ergebnisse als andere auf.[24] Die geschlechterspezifische Diversität könne einen Beitrag zur Bekämpfung von Standarddenkmustern leisten. Auch gebe es Nachweise dafür, dass Frauen unterschiedliche Führungsstile haben, an mehr Verwaltungsratssitzungen teilnehmen und eine positive Auswirkung auf die kollektive Gruppenintelligenz zeitigten.[25] Frauen in Führungspositionen wird ein positiver Einfluss auf die unternehmerische Leistungstä-

---

8 *Lutter*, DB 2009, 775; *v. Werder/Wieczorek*, DB 2007, 297.
9 *Hommelhoff/Mattheus*, AG 1998, 249, 255.
10 BGHZ 85, 293, 295 f („Hertie"); kritisch: *Möllers*, ZIP 1995, 1725, 1733.
11 BGH DB 2011, 2484 = NZG 2011,1271; vgl § 116 Rn 3.
12 *Semler* in: FS K. Schmidt, 2009, S. 1489, 1505.
13 *Hommelhoff/Mattheus*, AG 1998, 249, 255; vgl zum Sorgfaltsmaßstab § 116 Rn 2; zu den Anforderungen an den Vorsitzenden des Prüfungsausschusses DCGK Ziff. 5.3.2; zu den Qualifikationen der Mitglieder des Prüfungsausschusses vgl *Scheffler* in FS Hadding, 2004, S. 236, 258 ff.
14 *Lutter*, ZIP 2003, 417, 418; *Säcker*, BB 2004, 1462, 1463; *v. Werder/Wieczorek*, DB 2007, 297, 298; *Weber-Rey* in: Freidank/Velte, CG, Abschlussprüfung, Compliance, S. 241, 247; aA *Sünner*, ZIP 2003, 834 ff; vgl auch DCGK Ziff. 5.4.1.
15 *Dreher* in: FS Hoffmann-Becking, S. 313, 317.
16 So jedoch *Leyens*, Information des Aufsichtsrats, S. 292 f.
17 *Langenbucher*, ZGR 2012, 314, 340.
18 *Dreher* in: FS Hoffmann-Becking, S. 313, 318 f.
19 Zur Frauenquote: *Bachmann*, ZIP 2011, 1131; *Redenius-Hövermann*, ZIP 2010, 660; *Schladebach/Stefanopoulou*, BB 2010,1042.
20 So aber *Hüffer*, Rn 2 c; ähnlich *Habersack*, Gutachten E 69. DJT, S. 33 ff „Indienstnahme der Aktiengesellschaft für gesellschaftspolitische Anliegen".
21 Vgl nur *Düsing*, AnwBl 2013, S. 44: „Hin und Her um Frauenquote".
22 *Habersack*, Gutachten E 69. DJT, S. 33; *Bayer*, NZG 2013, 1, 7; *Baums*, Börsen-Zeitung Nr. 175 v. 11.9.2012, mit weiteren historischen Beispielen der Verknüpfung von Aktienrecht und politischen Anliegen.
23 Zutreffend *Weber-Rey* in: Freidank/Velte, Corporate Governance, Abschlussprüfung, Compliance, S. 241 ff.
24 EU-KOM, Grünbuch Europäischer Governance-Rahmen, KOM (2011), 164 endg.
25 EU-KOM, Grünbuch Europäischer Governance-Rahmen, KOM (2011), 164 endg., S. 7 f.

tigkeit zugesprochen.[26] Eine angemessene Anzahl von Frauen im Aufsichtsrat erhöht die Vielfalt der Kompetenzen, Berufs- und Lebenserfahrungen, Denk- und Arbeitsweisen. Neben den Experten für Finanzen, Risikocontrolling und die jeweilige Branche des Unternehmens sollten die übrigen Aufsichtsratsmitglieder möglichst Erfahrungen und Kenntnisse aus den unterschiedlichsten Bereichen in die Aufsichtsratsarbeit einbringen.[27] Es ist besonders wichtig, dass die Aufsichtsratsmitglieder über einen „gesunden Menschenverstand" verfügen, sich die notwendigen Informationen beim Vorstand holen und die Entwicklungen am jeweiligen Markt, im Kundenumfeld und bei der Produktpalette nachvollziehen.[28] Für diese Aufgaben stehen qualifizierte Frauen wie Männer in gleichem Maße zur Verfügung.[29] Damit gibt es neben dem berechtigten gesellschaftspolitischen Anliegen um eine Gleichberechtigung von Frauen schon allein **aus Corporate Governance Gesichtspunkten hinreichende Gründe für einen wesentlichen Anteil**[30] **von Frauen im Aufsichtsrat**.[31] Die Politik sieht sich zum Handeln gedrängt, da in der Bevölkerung eine große Mehrheit für eine Gleichstellung in unternehmerischen Führungspositionen bestehe und die bisherigen Selbstverpflichtungen der Wirtschaft nur wenige Erfolge zeigen, während die von Frauen in Wissenschaft, Politik und Verwaltung eingenommenen Führungspositionen signifikant angestiegen sind.[32]

2d Ein Stufenplan der BMFSFJ[33] sowie Gesetzentwürfe der Fraktion Bündnis90/Die Grünen[34] und des Landes NRW[35] haben bisher keine ausreichende Zustimmung erhalten. Ein Richtlinienentwurf der EU-Justizkommissarin sieht eine verbindliche Quote von 40 % für Frauen in Aufsichtsräten börsennotierter Unternehmen vor.[36] Nationale Regelungen existieren bereits in einer ganzen Reihe von EU-Mitgliedstaaten.[37] Mit einer **Vorgabe zur Frauenquote im Aufsichtsrat** ist somit in absehbarer Zeit zu rechnen.[38] Offen bleibt noch, ob dies als feste gesetzlich fixierte Quote oder als Verpflichtung zu einer Selbstverpflichtung erfolgen wird. Eine gesetzliche Regelung sollte auch Aufsichtsräte von nicht börsennotierten, aber mitbestimmten Unternehmen erfassen. Anteilseigner- und Arbeitnehmerseite sind bei der Berechnung der Quote getrennt zu betrachten. Anderenfalls würde bei einer Gesamtbetrachtung eine schon überproportional mit Frauen besetzte Arbeitnehmerseite dazu führen, dass die Anteilseignerseite nur noch bis zur Erreichung der (Gesamt-)Quote Frauen bestellen müsste. Das Wahlverfahren der Anteilseignerseite wäre von der jeweiligen Zusammensetzung der Arbeitnehmerbank abhängig.[39]

3 Die **Anforderungen an die Persönlichkeit** des Aufsichtsratsmitglieds sind hoch und dürfen neben den fachlichen Anforderungen nicht vernachlässigt werden. Neben den Fachqualifikationen sind weitere Schlüsselqualifikationen wie Problemlösungsfähigkeit und Veränderungskompetenz zu verlangen.[40] Durchsetzungskraft im Gespräch ist erforderlich, um die notwendig erscheinenden Fragen zu stellen. Neben dem Jahres- und ggf dem Konzernabschluss einschließlich der Lageberichte sind die Regelberichte des Vorstands nach § 90 Abs. 1 zu prüfen und zu erörtern; bei risikoreichen oder gar spekulativen Geschäften sind die Bereitschaft und Fähigkeit zu einer intensiven und häufigen Überwachung erforderlich.[41] Die Entwicklung des Unternehmens muss anhand der zur Verfügung gestellten Berichte kritisch verfolgt werden.[42] Die Informationsversorgung des Aufsichtsrats ist auch eine Holschuld, so dass der Aufsichtsrat dem Vorstand sagen muss, welche Informationen er für seinen Empfängerhorizont benötigt.[43] Das **Aufsichtsratsmandat erfordert Zeit**, um an den Sitzungen des Aufsichtsrats und der Hauptversammlung, evtl auch an Ausschusssitzungen teilnehmen zu können.[44] Dies gilt in noch größerem Maße, wenn der Vorsitz in einem Ausschuss oder im Aufsichtsrat insgesamt hinzukommt. Ausdrücklich fordert Ziff. 5.4.5 S 1 DCGK ein ausreichend bemessenes Zeitkontingent für die Wahrnehmung des Aufsichtsratsmandates. Steht die für eine ordentliche

---

26 *Brandt/Thiele*, AG 2011, S. 580 mit Hinweisen auf Studien von OECD, Gender and Sustainable Development: Maximising the economic, social and environmental role of women, 2008, und McKinsey, Woman, Matter, 2007; kritisch zu den empirischen Befunden *Hirte*, Konzern 2011, 519, 520ff.
27 *R. Breuer* in: Hopt/Wohlmannstetter, Hdb CG Banken, S. 515, 523 f.
28 *R. Breuer* in: Hopt/Wohlmannstetter, Hdb CG Banken, S. 515, 524.
29 *Weber-Rey* in: Freidank/Velte, CG, Abschlussprüfung, Compliance, S. 241, 250.
30 Die Untergrenze dürfte im aus drei oder sechs Mitgliedern bestehenden Aufsichtsrat bei einem Drittel liegen. In größeren Aufsichtsräten kann der Anteil erhöht werden.
31 EU-KOM, Grünbuch Europäischer Governance-Rahmen, KOM (2011), 164 endg, S. 7f; *Bachmann*, ZIP 2011, 1131,1132; *Weber-Rey* in: Freidank/Velte, Corporate Governance, Abschlussprüfung, Compliance, S. 241, 247 ff; aA *Habersack*, Gutachten E 69. DJT, S. 37.
32 Vgl *Bayer*, NZG 2013, 1, 8 mwN.
33 <http://www.bmfsfj.de/BMFSFJ/gleichstellung,did=172756.html>.
34 BT-Drucks. 17/3296 vom 13.10.2010.
35 BR-Drucks. 87/11 vom 11.2.2011.
36 <http://ec.europa.eu/justice/newsroom/gender-equality/news/121114_en.htm>; dazu *Jung*, BB 2013, 387 ff.
37 Francois-Poncet/Deilmann/Otte, NZG 2011, 450 ff (Belgien, Frankreich, Spanien); Frost/Linnainmaa, AG 2007, 601 ff (Dänemark, Finnland, Norwegen, Schweden); *Hopt*, ZHR 175 (2011), S. 444, 470 f (Italien).
38 *Bachmann*, ZIP 2011, 1131 ff.
39 *Bayer*, NZG 2013, 1, 9 f.
40 K. Schmidt/Lutter/*Drygala*, Rn 32.
41 *Habbe/Köster*, BB 2011, S 265, 267.
42 *Lutter*, ZHR 159, 287, 293; *Semler*, in: FS Peltzer 2001, S. 489, 497.
43 *R. Breuer* in: Hopt/Wohlmannstetter, Hdb CG Banken, S. 515, 522.
44 *Ruter/Rosken*, DB 2011, 1123, 1126; vgl auch § 25 d Abs. 1 S. 1 KWG: „Die Mitglieder des Verwaltungs- oder Aufsichtsorgans eines Instituts ... müssen ... der Wahrnehmung ihrer Aufgaben ausreichend Zeit widmen".

und gewissenhafte Amtsführung erforderliche Zeit nicht zur Verfügung, darf das Amt zur Vermeidung eines Übernahmeverschuldens nicht angenommen werden. Ergibt sich die Überlastung erst später, muss ein Rücktritt in Erwägung gezogen werden.[45]

C. Hinderungsgründe (Abs. 2)

I. Aktienrecht. 1. Höchstzahl (Abs. 2 S. 1 Nr. 1). a) Grundregel. Mitglied des Aufsichtsrats kann nicht werden, wer im Moment des Amtsantritts[46] schon **zehn Aufsichtsratsmandate** in Handelsgesellschaften hat, die gesetzlich einen Aufsichtsrat zu bilden haben. Mandate in den Aufsichtsräten von Genossenschaften, Stiftungen und VVaG sind nicht zu berücksichtigen.[47] Diese sind keine Handelsgesellschaften. Mandate in freiwillig gebildeten Überwachungs- und Beiräten bleiben unberücksichtigt, ebenso Mitgliedschaften in fakultativen Aufsichtsräten. 4

Streitig ist die Berücksichtigung von **Mandaten in ausländischen Gesellschaften**. Einigkeit besteht darüber, dass mit der – großzügig bemessenen – Beschränkung der Mandatszahl den negativen Effekten der Mehrfachbelastung auf die Qualität der Überwachung und auch der Begründung einer übertriebenen Konzentration von wirtschaftlicher Macht vorgebeugt werden soll.[48] Da in ausländischen monistischen Systemen oft nicht ohne Schwierigkeiten festgestellt werden könne, ob das Mandat einem von Abs. 1 geforderten Aufsichtsratsmandat entspricht, muss es nach einer Meinung aus Gründen der Rechtssicherheit bei der Berücksichtigung von inländischen Aufsichtsratsmandaten bleiben.[49] Bei einem Verstoß gegen Abs. 1 ist die Wahl des Aufsichtsratsmitglieds gem. § 250 Abs. 1 Nr. 4 nichtig, diese Rechtsunsicherheit sei nicht hinnehmbar. Nach der Gegenmeinung[50] ist vor allem auf Sinn und Zweck der Regelung abzustellen. Eine nur oberflächliche Wahrnehmung der zu vielen Mandate lasse sich nur vermeiden, wenn nicht nur inländische Aufsichtsratsmandate, sondern auch Mandate in ausländischen Gesellschaften berücksichtigt würden. Obgleich dieses Argument im Einklang mit den vielfältigen Bestrebungen zur Verbesserung der Verantwortlichkeit und Qualität der Aufsichtsratsarbeit steht, ergeben sich aus ihr in der Praxis erhebliche Abgrenzungsschwierigkeiten.[51] Daher ist Abs. 2 S. 1 wörtlich zu verstehen. Die Vorschrift erfasst nur Handelsgesellschaften die gesetzlich verpflichtet sind, einen Aufsichtsrat zu bilden. Nur so kann die erforderliche Rechtssicherheit gewährleistet werden. Daher sind Aufsichtsratsmandate in AG und KGaA sowie GmbH die unter § 1 Abs. 1 Nr. 1 DrittelbG oder unter die Mitbestimmungsgesetze fallen, zu berücksichtigen. Genauso zählen Mandate im Aufsichtsrat einer deutschen SE mit dualistischem System (§ 17 SEAG) mit. Die Mitgliedschaft im Verwaltungsrat einer deutschen SE mit monistischem System ist nur zu berücksichtigen, wenn das Mitglied nicht zu den geschäftsführenden Direktoren gehört, sondern eine Aufsichtsfunktion wahrnimmt.[52] 4a

In engem Zusammenhang mit Abs. 1 empfiehlt **Ziff. 5.4.5 S. 2 DCGK** für **Vorstandsmitglieder börsennotierter Gesellschaften**, nicht mehr als **drei Aufsichtsratsmandate** in konzernexternen börsennotierten Gesellschaften oder Aufsichtsgremien in konzernexternen Gesellschaften mit vergleichbaren Anforderungen wahrzunehmen. Anders als in Abs. 1 sind nur Vorstandsmitglieder börsennotierter Gesellschaften gemeint. Es werden zum einen Aufsichtsratsmandate in konzernexternen und ebenfalls börsennotierten Gesellschaften berücksichtigt. Zum anderen sind auch Mandate in „Aufsichtsgremien von Gesellschaften mit vergleichbaren Anforderungen" zu berücksichtigen. Die Äquivalenzforderung bezieht sich sowohl auf das Aufsichtsgremium als auch auf die Gesellschaft. Damit enthält die Empfehlung weder eine Beschränkung auf eine bestimmte Rechtsform der Gesellschaft noch eine Beschränkung auf bestimmte Aufsichtsgremien.[53] Es spielt ebenso keine Rolle, ob es sich um eine **in- oder ausländische Gesellschaft** handelt.[54] Die Vergleichbarkeit muss darin bestehen, dass das Mandat aufgrund der Größe, Internationalität, Komplexität usw ähnlich hohe zeitliche Anforderungen stellt, wie es bei den als Regelfall genannten börsennotierten Gesellschaften zu erwarten ist.[55] 4b

Die Vorschrift beschränkt die Zählung auf Aufsichtsratsmandate in gesetzlich verpflichtend zu bildenden Aufsichtsräten; das ist nur bei der AG, der KGaA und der GmbH mit einem Aufsichtsrat nach den Mitbestimmungsgesetzen der Fall sowie einer Kapitalanlagegesellschaft in der Rechtsform einer GmbH.[56] 5

---

45 *Potthoff/Trescher/Theisen*, Aufsichtsratsmitglied, Rn 1009; vgl auch § 36 Abs. 3 S. 1 Nr. 3 KWG, der die BaFin berechtigt, die Abberufung eines Aufsichtsratsmitglieds zu verlangen, bzw. die Ausübung der Tätigkeit zu untersagen, wenn Tatsachen vorliegen, aus denen sich ergibt, dass das Aufsichtsratsmitglied der Wahrnehmung seiner Aufgabe nicht ausreichend Zeit widmet.
46 *Hüffer*, Rn 3; *K. Schmidt/Lutter/Drygala*, Rn 4.
47 *Hüffer*, Rn 3.
48 *Jaspers*, AG 2011, 154, 155.
49 *Hüffer*, Rn 3; *Jaspers*, AG 2011, 154, 155 f.; MüHb-AG/*Hoffmann-Becking*, Rn 7.
50 *K. Schmidt/Lutter/Drygala*, Rn 6.
51 *Jaspers*, AG 2011, 154, 156.
52 KölnKomm-AktG/*Mertens/Cahn*, Rn 27.
53 *Wilsing/Wilsing*, DCGK 5.4.5 Rn 6.
54 *Jaspers*, AG 2011, 154, 159; *Wilsing/Wilsing*, DCGK 5.4.5 Rn 6; aA Großkomm-AktienR/*Hopt/Roth*, Rn 183.
55 *Jaspers*, AG 2011, 154, 160; *Wilsing/Wilsing*, DCGK 5.4.5 Rn 6.
56 § 3 S. 1 KAGG.

6 Eine einschränkende Sonderregelung besteht seit 2009[57] für unter der Aufsicht der **Bundesanstalt für Finanzdienstleistungsaufsicht** stehenden Unternehmen (§ 36 Abs. 3 S. 1 Nr. 8 und 9 KWG und § 7 a Abs. 4 S. 4 VVG). Hiernach konnten grundsätzlich nur fünf Kontrollmandate in Verwaltungs- oder Aufsichtsorganen bei unter der Aufsicht der Bundesanstalt stehenden Unternehmen ausgeübt werden. Mit Wirkung vom 1.1.2014 gilt, das eine Person nicht Mitglied des Aufsichtsrats eines Instituts sein kann, wenn sie bereits in einem anderen Institut Geschäftsleiter ist und zugleich in mehr als zwei weiteren Unternehmen Mitglied des Verwaltungs- oder Aufsichtsorgans ist oder bereits in mehr als drei anderen Unternehmen Mitglied des Verwaltungs- oder Aufsichtsorgans ist (§ 25 d Abs. 3 S. 1 Nr. 3 und 4 KWG). Ausnahmen gelten u.a. für Aufsichtsratsmandate bei Unternehmen derselben institutsbezogenen Sicherungseinrichtung bzw derselben Versicherungs- oder Unternehmensgruppe.

7 b) **Konzernprivileg (Abs. 2 S. 2).** Gemäß Abs. 2 Nr. 2 sind auf die Höchstzahl von zehn Mandaten bis zu fünf Aufsichtsratsmandate nicht anzurechnen, die ein gesetzlicher Vertreter – beim Einzelkaufmann der Inhaber – des herrschenden Unternehmens in zum **Konzern gehörenden Handelsgesellschaften** innehat, falls diese einen obligatorischen Aufsichtsrat zu bilden haben. Damit berücksichtigt das Gesetz, dass die Überwachung der Konzerntöchter im Rahmen von Aufsichtsratsmandaten zum Pflichtenkreis des Vorstandes des herrschenden Unternehmens gehört.[58] Gesetzliche Vertreter im Sinne der Vorschrift sind nur Vorstandsmitglieder oder Geschäftsführer. Das Konzernprivileg gilt für die **Teilkonzernspitze**[59] nicht.[60]

8 c) **Doppelzählung von Vorsitzmandaten (Abs. 2 S. 3).** Die seit 1998[61] bestehende Ergänzung des Abs. 2 durch S. 3 führt zur Doppelzählung der Vorsitzmandate. Der Gesetzgeber wollte damit das Amt des Vorsitzenden aufwerten, die Effizienz der Aufsichtsratsarbeit erhöhen und hat daher auch eine dem tatsächlichen Einsatz entsprechende herausgehobene Vergütung des Vorsitzenden nahe gelegt.[62] Ausgenommen von der Doppelzählung sind Vorsitzmandate im Konzern. Insoweit bleibt es bei Abs. 2 S. 2.[63]

9 **2. Gesetzlicher Vertreter eines abhängigen Unternehmens (Abs. 2 S. 1 Nr. 2).** Abs. 2 S. 1 Nr. 2 schließt aus, dass derjenige, der im Zeitpunkt der Amtsübernahme gesetzlicher Vertreter, also Vorstand oder Geschäftsführer eines von der AG abhängigen Unternehmens ist, Aufsichtsrat werden kann. Dieser **Hinderungsgrund** erstreckt sich auch auf gesetzliche Vertreter **ausländischer abhängiger Unternehmen**.[64] Im Hinblick auf leitende Angestellte ist die Vorschrift nicht anzuwenden.[65] Daher kann der Prokurist des abhängigen Unternehmens Aufsichtsratsmitglied der herrschenden AG sein.

10 **3. Verbot der Überkreuz-Verflechtung (Abs. 2 S. 1 Nr. 3).** Mit Abs. 2 S. 1 Nr. 3 wird die sog. Überkreuz-Verflechtung verboten, da sie eine unabhängige und unparteiische Überwachung der Geschäftsführung gefährdet.[66] Sie liegt vor, wenn ein Aufsichtsratsmitglied gesetzlicher Vertreter einer anderen Kapitalgesellschaft ist und deren Aufsichtsrat ein Vorstandsmitglied der AG angehört. Streitig ist, ob dies auch gilt, wenn die andere Kapitalgesellschaft lediglich über einen fakultativen Aufsichtsrat verfügt. Dafür spricht der Zweck der Vorschrift und der Wortlaut, der anders als Abs. 2 S. 1 Nr. 1 und S. 2 nicht auf die gesetzliche Verpflichtung zur Bildung eines Aufsichtsrates abhebt.[67] Die Einbeziehung ausländischer Unternehmen in das Verbot der Überkreuzverflechtung wird wegen der damit verbundenen Rechtsunsicherheit abgelehnt.[68]

11 **4. Verbot des unmittelbaren Wechsels vom Vorstand in den Aufsichtsrat eines börsennotierten Unternehmens (Abs. 2 S. 1 Nr. 4). a) Karenzzeit.** Abs. 2 S. 1 Nr. 4 ist durch das Gesetz zur Angemessenheit der Vorstandsvergütung (VorstAG) vom 31. Juli 2009[69] eingefügt worden. Die Vorschrift bezieht sich ausschließlich auf börsennotierte Unternehmen. Ehemalige Vorstandsmitglieder müssen nun eine **Karenzzeit von zwei Jahren** abwarten, bevor ein Wechsel in den Aufsichtsrat möglich ist. Die Karenzzeit soll Interessenkonflikte der Aufsichtsratsmitglieder, die zuvor Vorstandsmitglieder waren, vorbeugen.[70] Die Bereinigung früherer strategischer Fehler oder die Aufklärung von Unregelmäßigkeiten aus der eigenen Vorstandszeit sollen

---

57 Art. 1 und 2 des Gesetz zur Stärkung der Finanzmarkt- und Versicherungsaufsicht vom 29. Juli 2009, BGBl. I 2305.
58 RegBegr. BT-Drucks. 13/9712, S. 16.
59 Zum Begriff: MüHb-AG/*Hoffmann-Becking*, § 28 Rn 20, wonach eine Teilkonzernspitze dann vorliegt, wenn die Konzernspitze ihre Leitungsmacht für einen oder mehrere unternehmenspolitische Grundsatzbereiche auf die Zwischengesellschaft übertragen hat und sich selbst aller Leitungsentscheidungen, auch der bloßen Rahmenentscheidungen in diesem Bereich enthält.
60 *Hüffer*, Rn 4; aA MüHb-AG/*Hoffmann-Becking*, § 30 Rn 8 a.
61 Art. 1 Nr. 10 lit. b KonTraG v. 27.4.1998, BGBl. I S. 786, 787.
62 RegBegr. BT-Drucks. 13/9712, S. 16.
63 RegBegr. BT-Drucks. 13/9712, S. 16.
64 MüHb-AG/*Hoffmann-Becking*, § 30 Rn 10; KölnKomm-AktG/*Mertens/Cahn*, Rn 33; *Hüffer*, Rn 5.
65 *Hüffer*, Rn 5; K. Schmidt/Lutter/*Drygala*, Rn 9.
66 KölnKomm-AktG/*Mertens/Cahn*, Rn 35.
67 MüHb-AG/*Hoffmann-Becking*, § 30 Rn 11b; MüKo-AktG/*Habersack*, Rn 31; aA *Hüffer*, Rn 7 mit Darstellung des Streitstandes.
68 KölnerKomm-AktG/*Mertens/Cahn*, Rn 37; MüHb-AG/*Hoffmann-Becking*, § 30 Rn 11 b; aA K. Schmidt/Lutter/*Drygala*, Rn 11; differenzierend nach dualistisch und monistisch verfassten Auslandsgesellschaften MüKo-AktG/*Habersack*, Rn 29.
69 BGBl. I, S. 2509.
70 *Hohenstatt*, ZIP 2009, 1349, 1355.

nicht behindert werden.[71] Den damit verbundenen möglichen Informations- und Know-how-Verlust sowie die mögliche Schwächung der Überwachungskompetenz des Aufsichtsrates hat der Gesetzgeber als weniger schwerwiegend akzeptiert.[72] Wenn ehemalige Entscheidungsträger sowohl die Ergebnisse ihrer früheren Unternehmenspolitik als auch die künftige Unternehmensausrichtung überwachen, kann es zu erheblichen Interessenkonflikten kommen.[73] Insbesondere in einem Kreditinstitut ist die Tätigkeit eines ehemaligen Vorstandsmitglieds im Aufsichtsrat kritisch zu hinterfragen.[74] § 25 d Abs. 3 S. 1 Nr. 2 KWG bestimmt, dass höchstens zwei ehemalige Geschäftsleiter des Unternehmens Mitglied des Verwaltungs- oder Aufsichtsorgans sein können.

Die Karenzzeit bemisst sich vom Tag des Ausscheidens aus dem Vorstand bis zum Tag des Eintritts in den Aufsichtsrat. Für den Ablauf der Karenzfrist kommt es auf den Amtsbeginn im Aufsichtsrat und nicht auf den Zeitpunkt des Wahlbeschlusses an.[75] Die Wahl kann schon während der Karenzzeit erfolgen, wenn sie auf deren Ende aufschiebend befristet wird.[76] Der DCGK wurde in den Ziffern 5.3.2 und 5.4.4 an die Neuregelung angepasst.

b) Aufhebung der Karenzzeit durch Wahl nach Vorschlag von Aktionären mit 25 % der Stimmrechte. Die zweijährige Karenzzeit gilt jedoch nicht, falls das Aufsichtsratsmitglied aufgrund eines Vorschlags von Aktionären gewählt wird, die mehr als 25 % der Stimmen halten. Zur Rechtfertigung der **Ausnahmeregelung** wird auf die Motivation der Grundregel verwiesen. Die generelle Karenzzeit soll systematische Kontrolldefizite bei Gesellschaften im Streubesitz und die faktische Kooptation der Aufsichtsratsbesetzung durch den Vorstand vermeiden. Sollten jedoch wesentliche Eigentümer der Auffassung sein, auf die Kenntnisse und Fähigkeiten eines ehemaligen Vorstandsmitglieds nicht verzichten zu können, oder einen Generationenwechsel in einem von einer Familie kontrollierten Unternehmen ermöglichen wollen, soll dies weiterhin möglich sein.[77]

Der **Begriff des Vorschlags zur Wahl** meint den der Hauptversammlung gemachten Vorschlag des Aufsichtsrats oder eines Aktionärs, dass die Hauptversammlung eine bestimmte Person zum Aufsichtsrat wählen möge (vgl § 124 Abs. 3 S. 1, § 127 und § 137).[78] Davon sind der Beschlussantrag, mit dem die Wahl des Vorgeschlagenen beantragt wird, und die Beschlussfassung, mit der die Wahlentscheidung erfolgt, zu unterscheiden.[79] Die Aufhebung der Karenzzeit erfolgt in einem **zweistufigen Verfahren**.[80] Auf der ersten Stufe müssen Aktionäre, die mehr als 25 % der Stimmrechte an der Gesellschaft halten, sich durch einen Vorschlag für die Wahl des Vorstandsmitglieds aussprechen. Auf der zweiten Stufe erfolgt dann eine Wahl durch Beschlussfassung der Hauptversammlung. Der Bestellungsbeschluss selbst bedarf weiterhin der einfachen Mehrheit der abgegebenen Stimmen, um den Hinderungsgrund zu beseitigen.[81]

Im Regelfall wird ein Wahlvorschlag der das Quorum von 25 % der Stimmrechte erreichenden Aktionäre sinnvollerweise frühzeitig vor der Hauptversammlung dem Aufsichtsrat zugeleitet werden.[82] Dann kann dieser ihn bei den in der Einladung zur Hauptversammlung aufgeführten Wahlvorschlägen berücksichtigen (§ 124 Abs. 3 S. 1). Der **Aufsichtsrat** ist ebenso berechtigt, auch ohne bereits einen entsprechenden Aktionärsvorschlag vorliegen zu haben, einen Wahlvorschlag nach Abs. 1 S. 2 Nr. 4 zu empfehlen und die anschließende Wahl des in der Karenzzeit befindlichen Vorstandsmitglieds vorzuschlagen, denn die Voraussetzungen zur Wählbarkeit müssen erst bei Übernahme des Amtes vorliegen.[83] Er ist nicht verpflichtet, gleichzeitig einen Hilfsvorschlag zu machen. Nur wenn der Aufsichtsrat aufgrund konkreter Anhaltspunkte davon ausgehen muss, dass sein Vorschlag nicht die erforderliche Mehrheit bekommen wird, wäre sein Wahlvorschlag unzulässig. Er müsste einen anderen Kandidaten vorschlagen oder aber einen Hilfsvorschlag formulieren.[84] Aus taktischen Gründen kann es auch ratsam sein, dass der Aufsichtsrat erst in der Hauptversammlung ad hoc einen Alternativvorschlag präsentiert.[85]

---

71 Beschlussempfehlung und Bericht des Rechtsausschusses zum VorstAG, BT-Drucks. 16/13433, S. 17; zu dieser „Unterstellung" kritisch *Krieger*, FS Hüffer, S. 535.
72 *E. Vetter*, FS Maier-Reimer, S. 795, 804; *Krieger*, FS Hüffer, S. 525.
73 *König* in: Orth/Ruter/Schichold (Hrsg.), Der unabhängige Finanzexperte im Aufsichtsrat, S. 33, 52.
74 *König* in: Orth/Ruter/Schichold (Hrsg.), Der unabhängige Finanzexperte im Aufsichtsrat, S. 33, 52.
75 Ihrig, FS-Hoffmann-Becking, S. 617, 626 f.
76 *E. Vetter*, FS Maier-Reimer, S. 795, 805; *Ihrig*, FS-Hoffmann-Becking, S. 617, 626 f.
77 Beschlussempfehlung und Bericht des Rechtsausschusses zum VorstAG, BT-Drucks. 16/13433, S. 18.
78 *Krieger*, FS Hüffer, S. 520, 525.
79 *Krieger*, aaO.
80 *Bungert/Wansleben*, DB 2012, 2617, 2620; *Krieger*, FS Hüffer, S. 520, 525.
81 Beschlussempfehlung und Bericht des Rechtsausschusses zum VorstAG, BT-Drucks. 16/13433, S. 17.
82 Vgl *E. Vetter*, FS Maier-Reimer, 795, 812; Beschlussempfehlung und Bericht des Rechtsausschusses zum VorstAG, BT-Drucks. 16/13433, S 18; *Bungert/Wansleben*, DB 2012, 2617, 2620.
83 K. Schmidt/Lutter/*Drygala*, Rn 19; *Krieger*, FS Hüffer, S. 525, 530 f.
84 *Krieger*, FS Hüffer, S. 520, 535.
85 Vgl im Einzelnen *Bungert/Wansleben*, DB 2012, 2617, 2621.

12c Ebenso können einzelne **Aktionäre** nach § 127 der Hauptversammlung oder auch noch in der Hauptversammlung selbst[86] ein noch in der Karenzzeit befindliches Vorstandsmitglied zur Wahl vorschlagen. Diese Aktionäre können vor oder während der Hauptversammlung das erforderliche Quorum organisieren. Es ist nicht erforderlich, dass die vorschlagenden Aktionäre bereits zum Zeitpunkt des Wahlvorschlags über das notwendige Quorum verfügen.[87] Denn es handelt sich bei dem Wahlvorschlag der Aktionäre um ein materielles Wählbarkeitskriterium, nicht um eine Verfahrensregel.[88] Entscheidend ist das Erreichen des Quorums zeitlich vor bzw zum Zeitpunkt des Wahlbeschlusses.[89]

12d Liegt ein Wahlvorschlag des Aufsichtsrats vor oder hat ein Aktionär in der Hauptversammlung den Antrag auf Wahl eines noch der Karenzzeit unterliegenden Vorstandsmitglieds gestellt, ist **vor der eigentlichen Wahl** durch den Versammlungsleiter **festzustellen**, ob der Wahlvorschlag von Aktionären, die 25 % der Stimmrechte halten, unterstützt wird.[90]

12e Das Quorum wird auf der Grundlage der **Gesamtzahl der Stimmen** berechnet. Stimmrechte, die gegenwärtig nicht ausgeübt werden können (bspw wegen § 28 WpHG, § 59 WpÜG), werden bei der Berechnung der Gesamtstimmenzahl mitberücksichtigt.[91] Bei der Bestimmung des notwendigen Quorums bleiben sie aber unberücksichtigt, da sie gerade keinen Einfluss auf die Gesellschaft nehmen sollen.[92]

12f In Ziff. 5.4.4 S. 1 DCGK wird § 100 Abs. 1 S. 2 Nr. 4 gesetzesbeschreibend wiederholt.[93] Zusätzlich wird in S. 2 empfohlen, im Falle eines unmittelbaren Wechsels vom Vorstand in den Aufsichtsrat solle der **Wechsel in den Aufsichtsratsvorsitz** eine der Hauptversammlung zu begründende Ausnahme sein. Die Begründung einer etwaigen Absicht soll schon vor den Aufsichtsratswahlen vorliegen. Die Begründung erfordert eine **Darlegung der wesentlichen tatsächlichen Beweggründe** des Aufsichtsrates, damit von den Aktionären nachvollzogen werden kann, dass der Wechsel in den Aufsichtsratsvorsitz ausnahmsweise guter Corporate Governance entspricht.[94] Gegen die Möglichkeit, unmittelbar nach dem Ausscheiden aus dem Vorstand den Vorsitz im Aufsichtsrat oder im Prüfungsausschuss zu übernehmen, werden in der Literatur allerdings Bedenken formuliert[95]

13 **5. Keine Unvereinbarkeit wegen Interessenkonflikten.** Ungeachtet der Verpflichtung der Aufsichtsratsmitglieder, allein im Unternehmensinteresse tätig zu werden, können sich aus anderen Aufgaben für sie Interessenkonflikte ergeben. Diese können beispielsweise resultieren aus:[96]

- Verträgen mit der Gesellschaft;
- Verträgen zwischen der Gesellschaft und einem Unternehmen, zu dem das Aufsichtsratsmitglied eine Beziehung aufweist (zB Bankenvertreter);
- Erwartungen, die Interessen der Arbeitnehmer wahrzunehmen;
- Konkurrenzverhältnisse;[97]
- Take-over-Konflikte,[98]
- Anwaltliche Beratung und Vertretung in gesellschaftsrechtlichen Angelegenheiten des Hauptaktionärs.[99]

Regelmäßig können die Interessenkonflikte rechtliche Folgen haben. Die hierzu vorhandenen Literaturmeinungen sind geteilt.[100] Zu einigen Einzelfragen liegen gerichtliche Entscheidungen vor.[101] Es existiert **keine gesetzliche Regelung, die zur Unvereinbarkeit** der Übernahme bzw Beibehaltung eines Aufsichtsratsman-

---

[86] *Bungert/Wansleben*, DB 2012, 2617, 2619.
[87] *Krieger*, FS Hüffer, S. 520, 535; aA *E. Vetter*, FS Maier-Reimer, S. 795, 813 f, der neben der Einhaltung der 14-Tage-Frist nach § 126 Abs. 2 S 2 zu diesem Zeitpunkt bereits den Nachweis über die Unterstützung eines entsprechenden Quorums der Aktionäre verlangt.
[88] *Wilsing/Wilsing*, DCGK 5.4.4, Rn 4.
[89] *Bungert/Wansleben*, DB 2012, 2617, 2619; *Wilsing/Wilsing*, DCGK 5.4.4, Rn 4.
[90] *K. Schmidt/Lutter/Drygala*, Rn 19; *Krieger*, FS Hüffer, S. 525,529; *Bungert/Wansleben*, DB 2012, 2617, 2621; *Sünner*, AG 2010, 111, 117; aA *Schulenburg/Brosius*, WM 2011, 58, 61.
[91] *K. Schmidt/Lutter/Drygala*, Rn 19; *Krieger*, FS Hüffer, S. 520, 529.
[92] *Wilsing/Wilsing*, DCGK 5.4.4, Rn 6.
[93] Ziff. 5.4.4 wurde von der Regierungskommission mit der DCGK-Reform vom 18.6.2009 an die mit dem VorstAG vom 31.7.2009 mit Wirkung zum 5.8.2009 veränderte Gesetzeslage angepasst.
[94] *Wilsing/Wilsing*, DCGK 5.4.4, Rn 9 f.

[95] *Habersack*, Gutachten E 69. DJT, S. 82; *Bayer*, NZG 2013, 1, 13 mit Hinweis auf den entsprechenden Beschluss des 69. DJT.
[96] Vgl die ausführlichen Darstellungen bei *Lutter/Krieger*, AR, Rn 894 ff; MüKo-AktG/*Habersack*, Rn 61 ff.
[97] Dazu § 103 Rn 17.
[98] *Möllers*, ZIP 2006, 1615.
[99] LG Hannover, ZIP 2010, 833; kritisch hierzu: *Bürgers/Schilha*, AG 2010, 221,223.
[100] Gegen Unvereinbarkeit zB *Dreher*, JZ 1990, 896, 898ff; *Kübler*, in: FS Claussen, 1997, S. 239; *Marsch-Barner* in: Semler/v. Schenck, ARHdb, § 12 Rn 139ff; *U.H. Schneider*, BB 1995, 365 ff; *Hüffer*, ZIP 2006, 637, 638; *Hüffer*, Rn 2; § 103 Rn 13 a. Eine Unvereinbarkeit sehen zB *Lutter*, ZHR 145 (1981), 223, 236 f; *Lutter/Krieger*, AR, Rn 900; *Lutter/Kirschbaum*, ZIP 2005, 103; *Mülbert* in: Feddersen/Hommelhoff/Schneider, Corporate Governance, S. 99 f.
[101] BGH NJW 1980, 1629; OLG Hamm AG 1987, 38; OLG Hamburg ZIP 1990; 311; OLG Schleswig ZIP 2004, 1143; OLG Düsseldorf GWR 2013, 109 (Verbindungen zu Groß- oder Mehrheitsaktionär begründen keinen Interessenkonflikt iSd Ziff. 5.5.3 S. 1 DCGK idF vom 18. 6.2009).

dats aufgrund eines Interessenkonflikts führt.[102] Allerdings zwingt § 125 bei börsennotierten Gesellschaften zur Offenlegung aller Mitgliedschaften in in- und ausländischen Gesellschaften. Ziff. 5.5.2 und Ziff. 5.5.3 DCGK empfehlen die Offenlegung der Interessenkonflikte. Dabei sind die Grenzen der Vertraulichkeit im Aufsichtsrat zu beachten.[103] In Ziff. 5.4.2 empfiehlt der Kodex, dass dem Aufsichtsrat eine nach seiner Einschätzung angemessene Anzahl unabhängiger Mitglieder angehören soll (vgl Rn 19).

II. Öffentliches Recht. 1. Art. 5 Abs. 2, Art. 6 GG. Nach Art. 5 Abs. 2 GG darf der Bundespräsident dem Aufsichtsrat eines auf Erwerb gerichteten Unternehmens nicht angehören. 14
Für den Bundeskanzler und die Bundesminister ist in Art. 6 GG vorgeschrieben, dass sie nur dann dem Aufsichtsrat eines auf Erwerb gerichteten Unternehmens angehören dürfen, wenn der Bundestag dem ausdrücklich zustimmt. In § 5 Abs. 1 BMinG wird diese Regelung für die Bundesminister noch einmal ausdrücklich wiederholt. Für Parlamentarische Staatssekretäre des Bundes schreibt § 7 des Gesetzes über Parlamentarische Staatssekretäre mittels einer Verweisung auf § 5 Abs. 1 BMinG dieselbe Regelung wie für Bundesminister vor. Die in Art. 6 GG enthaltene Ausnahme für Aufsichtsräte zielt nach der Entstehungsgeschichte auf **Unternehmen mit maßgeblicher Beteiligung des Bundes**. Sinn und Zweck der Regelung ist es, dem Bund den personellen Einfluss in diesen Unternehmen zu sichern. Solche Konstellationen sind der Regelfall des Ausnahmebeschlusses.[104] Daher kommen für eine Aufsichtsratstätigkeit jedenfalls Unternehmen in Betracht, die im Verhältnis zum Bund gleich lautende Interessen verfolgen. Bei Vorliegen dieser Voraussetzungen kann die Zustimmung nicht verweigert werden, da Art. 6 GG anderenfalls leerlaufen würde.[105] Die meisten Landesverfassungen enthalten vergleichbare oder entsprechende Regelungen.[106]

2. Beamtengesetze. Nach den Bestimmungen der Beamtengesetze kann die Wahrnehmung eines Aufsichtsratsmandates eine **genehmigungspflichtige Nebentätigkeit** darstellen.[107] Weitere Anforderungen ergeben sich aus den Hinweisen für die Verwaltung von Bundesbeteiligungen vom 24.9.2001.[108] Danach sollen Bedienstete des Bundes in der Regel nicht mehr als drei Mandate annehmen.[109] Über Angelegenheiten von besonderer Bedeutung, die sie als Aufsichtsratsmitglied erfahren, haben sie ihre Behörde frühzeitig zu unterrichten.[110] Beamte des Bundes haben nach den Hinweisen für die Verwaltung von Bundesbeteiligungen den Weisungen der Behörde, auf deren Vorschlag oder Veranlassung sie in den Aufsichtsrat gewählt oder entsandt werden, grundsätzlich Folge zu leisten.[111] Aktienrechtlich ist eine Weisungsbindung von Aufsichtsratsmitgliedern jedoch abzulehnen.[112] Insbesondere besteht kein Vorrang des öffentlichen Interesses vor dem Unternehmensinteresse.[113] 15

D. Aufsichtsratsmitglieder der Arbeitnehmer und weitere Mitglieder (Abs. 3)

Abs. 3 bestimmt, dass auch aktienrechtlich die anderen persönlichen Voraussetzungen für die Aufsichtsratsmitglieder der Arbeitnehmer sowie der weiteren Mitglieder, die sich aus den einzelnen **Mitbestimmungsgesetzen** ergeben, zu beachten sind. Es geht jeweils um die **Wählbarkeitsvoraussetzungen**, bspw dass die betreffende Person in einem Arbeitsverhältnis zum Unternehmen steht. Im Übrigen gelten auch für die Aufsichtsratsmitglieder der Arbeitnehmer die Hinderungsgründe des Abs. 2. Die besonderen Voraussetzungen des Abs. 3 können durch die Satzung nicht erweitert oder eingeschränkt werden.[114] 16

E. Satzungsmäßige Voraussetzungen (Abs. 4)

Nach Abs. 4 kann die Satzung persönliche Anforderungen für die Aufsichtsratsmitglieder der Arbeitnehmer nicht fordern. 17
Für Aufsichtsratsmitglieder der Aktionäre, die von der Hauptversammlung **ohne Bindung an Wahlvorschläge** nach dem Montan-MitbestG oder dem MitbestErgG gewählt oder aufgrund der Satzung in den Aufsichtsrat entsandt werden, können jedoch persönliche Voraussetzungen wie Aktionärseigenschaft oder fachliche Qualifikationen festgelegt werden. Allerdings sind Satzungsbestimmungen, die die Wahlfreiheit der Hauptversammlung unbillig begrenzen, unzulässig. Nach hM darf die deutsche Staatsbürgerschaft als

---

102 KölnKomm-AktG/*Mertens/Cahn*, Rn 17.
103 *Priester*, ZIP 2011, 2081 ff.
104 *Herzog*, in: M/D/H/S, Art. 6 GG, Anm. 47.
105 *Nebendahl*, DÖV 1988, 961, 963.
106 KölnKomm-AktG/*Mertens/Cahn*, Rn 16.
107 Vgl § 66 Abs. 1 Nr. 1 lit. c Bundesbeamtengesetz idF der Bekanntmachung v. 31.3.1999, BGBl. I S. 675 und die Bundesnebentätigkeitsverordnung idF der Bekanntmachung v. 12.11.1987, BGBl. I S. 2376.
108 GMBl 2001, S. 950 ff.
109 GMBl 2001, S. 955 (Nr. 56).
110 GMBl 2001, S. 960 (Nr. 114).
111 GMBl 2001, S. 960 (Nr. 112).
112 Str, vgl vor §§ 394, 395 Rn 4; § 111 Rn 35.
113 *Lutter/Krieger*, AR, Rn 914; *Marsch-Barner* in Semler/v. Schenck, ARHdb, § 12 Rn 136; MüKo-AktG/*Habersack*, Rn 67 u. 73.
114 K. Schmidt/Lutter/*Drygala*, Rn 35.

Voraussetzung verlangt werden.[115] Nach anderer Auffassung entfaltet Art. 56 AEUV auch im Privatrecht mittelbare Wirkung und führt zur Unzulässigkeit einer solchen Satzungsbestimmung.[116] Große praktische Bedeutung kommt der Thematik nicht zu.[117]

F. Unabhängiger Finanzexperte bei kapitalmarktorientierten Gesellschaften (Abs. 5)

18 **I. Geltungsbereich.** Seit Inkrafttreten des Gesetzes zur Modernisierung des Bilanzrechts (BilMoG) am 29.5.2009[118] müssen kapitalmarktorientierte Unternehmen iSd § 264d HGB[119] mindestens über **ein unabhängiges Mitglied des Aufsichtsrats mit Sachverstand auf den Gebieten Rechnungslegung oder Abschlussprüfung** verfügen. Die Ergänzung des § 100 geht auf **Art. 41 der EU-Abschlussprüferrichtlinie** zurück. Dieser schreibt für Unternehmen von öffentlichem Interesse die Bildung eines Prüfungsausschusses grundsätzlich vor. Die Mitgliedstaaten können aber von diesem Grundsatz bei der Umsetzung in nationales Recht abweichen, wenn die Gesellschaften über ein anderes Gremium verfügen, das die einem Prüfungsausschuss obliegenden Aufgaben wahrnimmt und nach den einzelstaatlichen Vorschriften gebildet worden ist. Die Bundesregierung hat von dieser Möglichkeit Gebrauch gemacht und § 107 Abs. 4 als Kann-Vorschrift formuliert. Die Umsetzung der Vorgaben des Art. 41 EU-Abschlussprüferrichtlinie geschieht daher sowohl durch § 107 Abs. 4 als auch durch § 100 Abs. 5.

Die Vorschrift gilt für alle Aufsichtsratsbestellungen nach dem 29.5.2009, vgl die Übergangsvorschrift § 12 Abs. 4 EGAktG. Im Ergebnis muss spätestens beim Ausscheiden eines Mitglieds aus dem Aufsichtsrat oder dem Prüfungsausschuss mindestens ein unabhängiges und in Rechnungslegung oder Abschlussprüfung sachkundiges Mitglied bestellt bzw. gewählt werden.[120]

18a Abs. 5 ist eine **objektive Besetzungsregel**, die Anforderungen an die Zusammensetzung des Aufsichtsrats insgesamt bestimmt.[121] Sie betrifft nicht das einzelne Aufsichtsratsmandat.[122] Daher können sich Anzahl und Identität der unabhängigen und sachverständigen Mitglieder verändern. Allerdings muss immer mindestens ein Mitglied des Aufsichtsrats die Voraussetzungen des Abs. 5 erfüllen.[123] Normadressat ist in erster Linie die Hauptversammlung. Weiter kann Abs. 5 sich in mitbestimmten Gesellschaften an die zuständigen Wahlgremien oder im Fall von Entsendungsrechten an die berechtigten Aktionäre wenden. Da der Aufsichtsrat über seine Vorschlagsverantwortung auch Einfluss auf die Zusammensetzung des Gremiums nehmen kann, richtet sich Abs. 5 an die gesamte Gesellschaft.[124]

19 **II. Unabhängigkeit.** Eine gesetzliche Definition des Begriffs besteht nicht. Sie ist in Abs. 5 bewusst nicht definiert.[125] Die Begründung der Bundesregierung stellt zunächst fest, dass Unabhängigkeit über § 105 Abs. 1, Trennung von Vorstand und Aufsichtsrat, hinausgeht.[126] Unmittelbare oder mittelbare geschäftliche, finanzielle oder persönliche Beziehungen des Aufsichtsratsmitglieds zur Geschäftsleitung können gegen eine Unabhängigkeit sprechen.[127] Weiter wird unter Bezugnahme auf Erwägungsgründe der Abschlussprüferrichtlinie, die ebenfalls keine **Definition der Unabhängigkeit** enthält, auf die **Empfehlung der EU-Kommission vom 15. Februar 2005** zu den Aufgaben von nicht geschäftsführenden Direktoren / Aufsichtsratsmitgliedern / börsennotierter Gesellschaften sowie zu den Ausschüssen des Verwaltungs-/Aufsichtsrates[128] verwiesen. In Empfehlung Nr. 13.1 wird ein Mitglied der Unternehmensleitung als unabhängig bezeichnet, wenn es in keiner geschäftlichen, familiären oder sonstigen Beziehung zu der Gesellschaft, ihrem Mehrheitsaktionär oder deren Geschäftsführung steht, die einen Interessenkonflikt begründet, der sein Urteilsvermögen beeinflussen könnte.[129] Im dortigen Anhang II sind detaillierte, enge Kriterien formuliert, die gegen eine Unabhängigkeit sprechen.[130] Zwar handelt es sich bei diesen Empfehlungen nicht um einen Rechtsakt, der Vorrang vor nationalem Recht hat. Dennoch sind die Gerichte der Mitgliedstaaten nach der Rechtsprechung des EuGH verpflichtet, solche Empfehlungen zu berücksichtigen, wenn sie als Auslegungshilfe nationaler Umsetzungsvorschriften dienen können.[131] Der Begriff „Unabhängigkeit" des Abs. 5 ist daher unter

---

[115] *Hüffer*, Rn 9; MüKo-AktG/*Habersack*, Rn 41; KölnKomm-AktG/*Mertens/Cahn*, Rn 46.
[116] K. Schmidt/Lutter/*Drygala*, Rn 36.
[117] MüHb-AG/*Hoffmann-Becking*, § 30 Rn 12a.
[118] BGBl. I 2009, S. 1102.
[119] § 264d HGB (Kapitalmarktorientierte Kapitalgesellschaft): Eine Kapitalgesellschaft ist kapitalmarktorientiert, wenn sie einen organisierten Markt im Sinne des § 2 Abs. 5 des Wertpapierhandelsgesetzes durch von ihr ausgegebene Wertpapiere im Sinn des § 2 Abs. 1 S. 1 des Wertpapierhandelsgesetzes in Anspruch nimmt oder die Zulassung solcher Wertpapiere zum Handel an einem organisierten Markt beantragt hat.
[120] *Ziemons*, GWR 2009, 106,108.
[121] *Th. Meyer*, Der unabhängige Finanzexperte, S. 369 mwN (Fn 2283); *Lüer*, FS Maier-Reimer, S. 385, 395.
[122] K. Schmidt/Lutter/*Drygala*, Rn 42; *Staake*, ZIP 2010, 1013, 1019.
[123] *Staake*, ZIP 2010, 1013, 1019.
[124] *Th. Meyer*, Der unabhängige Finanzexperte, S. 370.
[125] *Hüffer*, Rn 12.
[126] RegBegr. BT-Drucks. 16/10067, S. 101.
[127] RegBegr. BT-Drucks. 16/10067, S. 101.
[128] ABlEU Nr. L 52, S. 51.
[129] ABlEU Nr. L 52, S. 56.
[130] ABlEU Nr. L 52, S. 63.
[131] Vgl *Ehlers/Nohlen*, GS Gruson, S. 107,116 mit Hinweis auf EuGH v. 13.12.1989 in der Rs. 322/88 (Grimaldi), Slg 1989, 4407, Rn 18.

Berücksichtigung der Konkretisierung durch die Empfehlungen der Kommission auszulegen.[132] Die Kriterien sollen gleichwohl keinen zwingenden Charakter haben, sondern als Leitlinie für die nationalen Gesetzgeber und Kodexverfasser dienen.[133] Sie sind lediglich Indikatoren, die die fehlende Unabhängigkeit nahelegen. Daher kann trotz Vorliegens eines Kriteriums oder mehrer Kriterien Unabhängigkeit gegeben sein und umgekehrt bei Abwesenheit aller Kriterien aufgrund anderer Umstände eine fehlende Unabhängigkeit zu besorgen sein.[134]

Somit können nur **typisierende Fallgruppen** formuliert werden, die einer weiteren Analyse im Einzelfall bedürfen:

- Die **Aktionärsstellung** ist unbedenklich.[135] Nach bislang hM ist auch ein **Aktionär mit Kontrollbeteiligung** grundsätzlich nicht anders zu beurteilen und kann das Unabhängigkeitskriterium erfüllen.[136] Das deutsche Konzernrecht lässt ausdrücklich zu, dass ein herrschendes Unternehmen die Anteilseignerseite des Aufsichtsrats mit seinen Vertretern besetzt.[137] Diese Auffassung, die die Stellung als kontrollierender Aktionär, bzw die Beziehung zu diesem, mit dem Unabhängigkeitskriterium grundsätzlich für vereinbar hält, wird vermehrt bestritten. Die Kommissionsempfehlung aus 2005 und auch die seit 2012 geltende Fassung des DCGK zeigten, dass die bisherige Argumentation von der Corporate Governance Diskussion überholt worden sei.[138] Beziehungen zu einem kontrollierenden Aktionär sind nach dieser Auffassung grundsätzlich „unabhängigkeitsschädlich".[139] Dagegen wird eingewandt, dass bei Vertretern eines kontrollierenden Aktionärs allenfalls punktuelle Interessenkonflikte bestehen und damit die von Ziff. 5.4.2 S. 2 DCGK erwähnte unabhängigkeitsgefährdende Beziehung in der Regel nicht gegeben sei.[140] Der Meinungsstreit zeigt, dass die Konzeption des deutschen Konzernrechts von der Kommissionsempfehlung und dem Ansatz des DCGK deutlich abweicht.[141] Im Ergebnis muss der Aufsichtsrat entscheiden, ob er das für die Position des Finanzexperten vorgeschlagene Aufsichtsratsmitglied für unabhängig im Sinne der durch Rechtsprechung und DCGK formulierten Anforderungen hält.[142]
- **Langjährige Mitglieder** des Aufsichtsrats werden mit Verweis auf Untersuchungen zur Behaviorial Finance und auf den in § 319a Abs. 1 Nr. 4 HGB enthaltenen Grundsatz der Prüferrotation sowie unter Berücksichtigung der Kommissionsempfehlung, die einen Zeitraum von mehr als drei Amtszeiten nennt, als nicht (mehr) unabhängig angesehen.[143]
- Teilweise wird vertreten, dass **Aufsichtsratsmitglieder der Arbeitnehmer** die geforderte Unabhängigkeit nicht haben.[144] Allerdings nimmt die Kommissionsempfehlung die im Rahmen der unternehmerischen Mitbestimmung in den Aufsichtsrat gewählten Arbeitnehmervertreter von der Abhängigkeitsvermutung ausdrücklich aus.[145] Wie alle Aufsichtsratsmitglieder haben auch die Arbeitnehmervertreter im mitbestimmten Aufsichtsrat sich strikt an den Unternehmensinteressen auszurichten. Sie dürfen und sollen die spezifischen Arbeitnehmerinteressen repräsentieren. Im Konfliktfall müssen sie jedoch das einheitliche Unternehmensinteresse wahren.[146] Damit sind Arbeitnehmervertreter nicht von vornherein als abhängig anzusehen.[147] Jedoch scheiden diejenigen Arbeitnehmervertreter als unabhängiger Finanzexperte aus, die an der Einrichtung und dem Betrieb der zu überwachenden Systeme (vgl die Auflistung in § 107 Abs. 4) maßgeblich mitgewirkt haben.[148]
- **Ehemalige Finanzvorstände** oder **leitende Angestellte** der Bereiche Rechnungswesen, Risikocontrolling und Interne Revision kommen als unabhängige Finanzexperten nicht in Betracht, da sie das System überwachen müssten, das sie selbst zuvor eingerichtet haben.[149] Damit bleibt der Wechsel dieser Personen in den Aufsichtsrat grundsätzlich möglich; sie erfüllen aber nicht das Unabhängigkeitskriterium.
- Unabhängiges Aufsichtsratsmitglied kann nach der Kommissionsempfehlung nicht sein, wer als **Geschäftspartner** zu der Gesellschaft ein Geschäftsverhältnis in bedeutendem Umfang unterhalten hat oder unterhält. Als Anhaltspunkt für fehlende Unabhängigkeit wegen einer Geschäftsbeziehung in be-

---

[132] *Ehlers/Nohlen*, GS Gruson, S. 107, 116, *Hüffer*, Rn 12.
[133] *Th. Meyer*, Der unabhängige Finanzexperte, S. 70.
[134] *K. Schmidt/Lutter/Drygala*, Rn 48.
[135] *K. Schmidt/Lutter/Drygala*, Rn 50; *Staake*, ZIP 2010,1013, 1016.
[136] *Hüffer*, Rn 15; *Gesell*, ZGR 2011, 361, 385 f; *Ihrig/Meder*, FS Hellwig, S. 163, 170ff; KölnKomm-AktG/*Mertens/Cahn*, Rn 67.
[137] OLG Düsseldorf, NZG 2013, 178, 180; *v. Werder/Wieczorek*, DB 2007, 297,301; *Bürgers/Schilha*, AG 2010, 221, 229; *Gesell*, ZGR 2011, 361, 385 f.
[138] *Bayer*, NZG 2013, 1, 11; *Scholderer*, NZG 2012, 168, 172.
[139] *Bayer*, NZG 2013, 1, 11.
[140] *Paschos/Goslar*, NZG 2012, 1361, 1363; vgl auch OLG Düsseldorf, NZG 2013, 178, 180 (zu DCGK idF v. 18.7.2009).
[141] *Habersack*, Gutachten E 69. DJT, S. 74 f.
[142] *Weber-Rey* in: Orth/Ruter/Schichold, Der unabhängige Finanzexperte im Aufsichtsrat, S. 3, 10; Hasselbach/Jakobs, BB 2013, 643, 644; aA *Stephanblome*, NZG 2013,445, 451, der keinen Beurteilungsspielraum sieht.
[143] *K. Schmidt/Lutter/Drygala*, Rn 50.
[144] *Kropff*, in: FS K. Schmidt, 2009, S. 1023, 1032; *Staake*, ZIP 2010, 1013,1016.; *Scholderer*, NZG 2012, 168, 173.
[145] AblEU Nr. L 52, S. 63.
[146] *Th. Meyer*, Der unabhängige Finanzexperte, S. 99; *Paschos/Goslar*, NZG 2012, 1361, 1364.
[147] *K. Schmidt/Lutter/Drygala*, Rn 51; *Gesell*, ZGR 2011, 361, 388.
[148] *K. Schmidt/Lutter/Drygala*, Rn 51.
[149] *K. Schmidt/Lutter/Drygala*, Rn 49; *Gesell*, ZGR 2011, 361, 389.

deutendem Umfang wird für Lieferanten und Abnehmer der Gesellschaft das Überschreiten einer Grenze von 15 % des Umsatzes des Lieferanten bzw des Einkaufs des Abnehmers genannt.[150] Dies überzeugt nicht. Unabhängig von der Frage, wie diese Umsatzverhältnisse mit angemessener Verlässlichkeit festgestellt werden können, bleibt die Orientierung an Umsätzen von 15 % unbefriedigend. Eine Geschäftsbeziehung, die einen nicht mehr als 15 % des Umsatzes liegenden Anteil betrifft, kann dennoch für Lieferanten oder Abnehmer besonders gewinnbringend sein und einen **bedeutenden Umfang am Gesamtergebnis** ausmachen. Über diese Zusammenhänge besteht außerhalb der Geschäftspartner regelmäßig keine Transparenz. Zudem ist der Verlauf der Grenze zwischen vertretbarem persönlichem Eigeninteresse des Geschäftspartners und Aufsichtsratsmitglied und dem nicht mehr akzeptablen Nachteil für die Gesellschaft mit vielen Unwägbarkeiten behaftet.[151] Daher wird es im Einzelfall kaum möglich sein, eine hinreichend sichere Indikation für die geforderte Unabhängigkeit zu erhalten, wenn die Geschäftsbeziehung mehr als nur geringfügige Ausmaße hat.

- **Vertreter der Hausbanken** des Unternehmens oder **Vertreter von Wettbewerbern** kommen als unabhängige Mitglieder des Aufsichtsrats nicht in Betracht.[152] **Beraterverträge von Aufsichtsratsmitgliedern** oberhalb von Bagatellbeträgen schließen die Annahme von Unabhängigkeit aus.[153] Dies gilt auch dann, wenn sie Themen betreffen, die nicht vom Prüfungsausschuss zu überwachen sind.

19b In der Fassung des **DCGK 2012** sind die Empfehlungen zur Unabhängigkeit von Aufsichtsratsmitgliedern überarbeitet worden.[154] Nach Ziff. 5.4.2 S. 1 DCGK soll dem Aufsichtsrat eine nach seiner Einschätzung **angemessene Zahl unabhängiger Mitglieder** angehören. Die Neufassung von S. 2 bestimmt, dass ein Aufsichtsratsmitglied insb. dann nicht als unabhängig anzusehen ist, wenn es in einer persönlichen oder einer geschäftlichen Beziehung zu der Gesellschaft, deren Organen, einem kontrollierenden Aktionär oder einem mit diesem verbundenen Unternehmen steht, die einen wesentlichen und nicht nur vorübergehenden Interessenkonflikt begründen kann. In diesem Zusammenhang ist auch die Änderung in Ziff. 5.4.1 S. 2 DCGK zu sehen, nach der der Aufsichtsrat für seine Zusammensetzung als **konkretes Ziel** jetzt auch die Anzahl der unabhängigen Aufsichtsratsmitglieder benennen soll. Ziff. 5.4.1 wurde zudem um die Empfehlung erweitert, dass der Aufsichtsrat bei seinen **Wahlvorschlägen** an die Hauptversammlung die persönlichen und die geschäftlichen Beziehungen eines jeden Kandidaten zum Unternehmen, den Organen der Gesellschaft und einem wesentlich an der Gesellschaft beteiligten Aktionär offen legen soll. Die Neufassung von Ziff. 5.4.2 S. 2 DCGK orientiert sich damit deutlich an der Kommissionsempfehlung[155] aus 2005.[156] Schon in der erstmals durchgeführten Konsultation vor der Revision des DCGK in 2012 wurde darauf hingewiesen, dass auch die **Empfehlung zur Unabhängigkeit als Prinzip** verstanden werden muss und nicht eine Art „Checkliste" darstellt.[157] Damit wird es weiterhin möglich sein, in den Gesellschaften die Frage der Unabhängigkeit im Einzelfall auf der Basis konkreter Informationen zu bewerten.

20 Der Aufsichtsrat hat somit unter Berücksichtigung dieser Hinweise zu klären, ob die vom Gesetz verlangte Unabhängigkeit vorliegt.[158] Die Beachtung der im Anhang der Kommissionsempfehlung aufgelisteten typischen Konfliktsituationen sollte helfen, die Frage der Unabhängigkeit rechtssicher zu beantworten. Der Aufsichtsrat kann zudem in seiner Geschäftsordnung **eigene Kriterien** oder Konkretisierungen für das Merkmal der Unabhängigkeit aufnehmen.[159] Der Aufsichtsrat einer börsennotierten Gesellschaft wird sich wie gerade beschrieben mit der über die gesetzliche Regelung hinausgehenden Empfehlung in Ziff. 5.4.2 DCGK auseinandersetzen müssen.

21 **III. Sachverstand.** Ein Mitglied des Aufsichtsrates muss **zusätzlich zur Unabhängigkeit über Sachverstand in Rechnungslegung und/oder Abschlussprüfung** verfügen, um unabhängiger Finanzexperte sein zu können. Nach der Begründung der Bundesregierung ist diese Person insoweit sachverständig, wenn sie beruflich mit Rechnungslegung und / oder Abschlussprüfung befasst ist oder war. Somit ist das Mindestmaß an diesbezüglichen Kenntnissen, dass von jedem Aufsichtsratsmitglied verlangt wird,[160] nicht ausreichend. Ebenso reicht die an die Mitglieder des Prüfungsausschusses generell zu stellende Anforderung einer Vertrautheit mit Rechnungslegungsfragen nicht aus.[161] Die Regierungsbegründung nimmt den geforderten Sachverstand bei steuerberatenden und wirtschaftsprüfenden Berufen oder einer speziellen beruflichen Aus-

---

150 K. Schmidt/Lutter/*Drygala*, Rn 52, mit Hinweis auf § 319a Abs. 1 Nr. 1 HGB..
151 *Th. Meyer*, Der unabhängige Finanzexperte, S. 118.
152 K. Schmidt/Lutter/*Drygala*, Rn 52; zurückhaltender („kann zweifelhaft sein") *Th. Meyer*, Der unabhängige Finanzexperte, S. 118.
153 *Bayer*, NZG 2013,1,12.
154 Vgl hierzu *Scholderer*, NZG 2012, 168; *Paschos/Goslar*, NZG 2012, 1361;.
155 ABlEU Nr. L 52, S. 63.
156 *Paschos/Goslar*, NZG 2012, 1361, 1362.
157 *Böcking/Grosz*, Stellungnahme zu den DCGK-Änderungsvorschlägen der Regierungskommission Deutscher Corporate Governance Kodex vom 29.2.2012, S. 4, <http://www.hof.uni-frankfurt.de/policyplatform/administrator/components/com_jresearch/files/publications/Boecking_Gros_Stellungnahme_Regierungskommission_DCGK.pdf>.
158 RegBegr. BT-Drucks. 16/10067, S. 102.
159 *Bröcker/Mosel*, GWR 2009, 132,133.
160 Vgl oben Rn 2 a und Fn 10.
161 *Hennrichs*, FS Hommelhoff, S. 383, 397.

bildung an. Ebenso werden Finanzvorstände, fachkundige Angestellte aus Rechnungswesen und Controlling, Analysten und langjährige Mitglieder in Prüfungsausschüssen oder Betriebsräte, die durch Weiterbildung entsprechende Fähigkeiten erworben haben, als geeignet angesehen.[162] Die Gebiete Rechnungslegung oder Rechnungsprüfung müssen einen wesentlichen Teil der beruflichen Erfahrung ausmachen.[163] **Abs. 5 verlangt jedoch nicht, dass das sachkundige Mitglied als Organmitglied einer Kapitalgesellschaft mit der Zuständigkeit für Rechnungslegung oder Rechnungsprüfung tätig gewesen sein müsste.**[164] Es reicht aus, wenn das sachverständige Mitglied fachlich in der Lage ist, die vom Vorstand gegebenen Informationen kritisch zu hinterfragen. Es ist nicht erforderlich, dass der Finanzexperte seine Kenntnisse in Rechnungslegung oder Abschlussprüfung durch eine schwerpunktmäßige Tätigkeit in einem dieser Bereiche erlangt haben muss.[165] **Entscheidend ist** somit, **dass die betreffende Person über die Expertise verfügt**, nicht aber, auf welche Weise sie diese erlangt hat.[166] Der Finanzexperte soll mit dem Abschlussprüfer problemlos kommunizieren können und eine Rolle als dessen „Sparringspartner" ausfüllen können.[167] Der Finanzexperte muss nicht nur die Fähigkeit zur begleitenden Kontrolle haben; er muss auch in der Lage sein, die Geschäftsführung des Vorstands proaktiv zu überwachen und zu begleiten. Relevante Änderungen der Bilanzierungsgrundsätze und -methoden muss der Finanzexperte beurteilen und in ihren Auswirkungen auf die Gesellschaft abschätzen können.[168] Auch im Hinblick auf Fragen der Rechnungslegung und Abschlussprüfung hat der Aufsichtsrat nicht nur eine vergangenheitsorientierte, sondern auch eine zukunftsorientierte, die Geschäftsführung beeinflussende Aufgabe.[169] Daher ist auch die vom Gesetz ermöglichte Alternativität von Finanzexpertise auf dem Gebiet der Rechnungslegung oder Abschlussprüfung nicht praxisgerecht. Ohnehin erscheint Expertise auf dem Gebiet der Abschlussprüfung ohne entsprechendes Wissen und Erfahrung auf dem Gebiet der Rechnungslegung ausgeschlossen.[170] Wenn der Finanzexperte mit dem Abschlussprüfer und dem Finanzvorstand der Gesellschaft auf Augenhöhe über die relevanten Themen und Entwicklungen in der Gesellschaft sprechen will, muss er die beiden Bereiche kumulativ abdecken können.[171] Verfügt ein Aufsichtsratsmitglied über Sachverstand entsprechend diesen Vorgaben, muss es zusätzlich auch unabhängig sein. Nur dann verfügt der Aufsichtsrat über den geforderten unabhängigen Finanzexperten.

G. Rechtsfolgen bei Verstoß

Eine **Nichtigkeit** des Wahlbeschlusses gemäß § 250 Abs. 1 Nr. 4 ist festzustellen, wenn bei Beginn der Amtszeit gegen die Voraussetzungen des § 100 Abs. 1 oder 2 verstoßen wird.
Die Anfechtbarkeit eines Wahlbeschlusses wird durch einen Verstoß gegen Anforderungen der Satzung begründet, § 251 Abs. 1. Der nachträgliche Wegfall von einer durch die Satzung geforderten persönlichen Voraussetzung führt nicht automatisch zum Amtsverlust. Hierauf kann nur mit einer Abberufung reagiert werden.[172]
Wahlbeschlüsse der Hauptversammlung die zur Folge haben, dass der **Aufsichtsrat nicht den Vorgaben des § 100 Abs. 5 entspricht, sind ebenso gem. § 251 anfechtbar**.[173] Nach anderer Auffassung besteht keine Anfechtungsmöglichkeit, da die Wahl der Aufsichtsratsmitglieder jeweils für sich betrachtet rechtmäßig sei und nicht durch eine für das Gesamtorgan geltende Anforderung beeinträchtigt werden könne.[174] Dies soll auch dann gelten, wenn der Wahlbeschluss nur ein einzelnes Mitglied betrifft, obwohl auch bis zu dessen Wahl die Anforderung des § 100 Abs. 5 nicht erfüllt ist.[175] Hiergegen ist einzuwenden, dass die Hauptversammlung bei der Wahl des Aufsichtsrates die Vorgabe des Abs. 5 zwingend beachten muss; anderenfalls ist der Aufsichtsrat unter Verletzung einer gesetzlichen Vorschrift besetzt und damit ist die Anfechtungsvoraussetzung des § 251 gegeben.[176]

---

162 RegBegr. BT-Drucks. 16/10067, S. 102.
163 AA LG München I 2010, 888.
164 LG München I DB 2010, 888.
165 OLG München ZIP 2010, 1082 = AG 2010, 639 = WM 2010, 2041 = DB 2010, 1281.
166 *Gesell*, ZGR 2011, 361, 386.
167 *Böcking/Gros*, FS Hommelhoff, S. 99, 111; *Hennrichs*, FS Hommelhoff, S. 383, 397; *Th. Meyer*, Der unabhängige Finanzexperte, S. 384.
168 *Scheffler*, AG Report 2012, R369; der im Ergebnis zutreffende Beschluss des OLG München, ZIP 2010, 1082 = AG 2010, 639 = WM 2010, 20141 = DB 2010, 181 bleibt in der Begründung hinter den nur skizzierten Anforderungen zurück.
169 Vgl *Bezzenberger/Keul*, FS Schwark, S. 121, 131.
170 *Erchinger/Melcher*, DB Beil 5/2009, 91,97; *Staake*, ZIP 2010, 1012, 1014.
171 *Th. Meyer*, Der unabhängige Finanzexperte, S. 443; *E. Vetter*, FS Maier-Reimer, S. 795, 798.
172 *Hüffer*, Rn 11.
173 *Habersack*, AG 2008, 98, 106; *Widmann*, BB 2009, 2602, 2603; *Jaspers*, AG 2009, 607, 612 f; *Henssler*, in Henssler/Strohn, § 100 Rn 19 f; *Huwer*, Prüfungsausschuss, S. 383; *KölnKomm-AktG/Mertens/Cahn*, Rn 79; *Th. Meyer*, Der unabhängige Finanzexperte, S. 395 ff; *E. Vetter*, FS Maier-Reimer, S. 795, 811; *Wardenbach*, GWR 2011, 207 (nur für die nicht mitbestimmte Gesellschaft); *Staake*, ZIP 2010, 1013,1020.
174 *Hüffer*, Rn 15; *Gesell*, ZGR 2011, 361, 393 f; *Krasberg*, Prüfungsausschuss, S. 93; *K. Schmidt/Lutter/Drygala*, Rn 62; *Sünner*, FS Uwe H. Schneider, S. 1301, 1307;.
175 *Sünner*, FS Uwe H. Schneider, S. 1301, 1307; aA *Gesell*, ZGR 2011, S. 361, 394, der in dieser Situation ein Anfechtungsrecht bejaht.
176 *KölnKomm-AktG/Mertens/Cahn*, Rn 79; *Th. Meyer*, Der unabhängige Finanzexperte, S. 396.

22a Da eine erfolgreiche Anfechtungsklage dazu führen würde, dass Aufsichtsratsmitglieder auch für die Vergangenheit als nicht bestellt anzusehen wären und damit Aufsichtsratsbeschlüsse rückwirkend rechtswidrig und damit nichtig werden könnten, wird in der Literatur und in einzelnen Gerichtsentscheidungen auf die **Lehre vom fehlerhaften Organ** zurückgegriffen.[177] Dann wäre das fehlerhaft bestellte Aufsichtsratsmitglied bis zur Beendigung des Mandats wie ein wirksames Mitglied zu behandeln und die Beschlüsse wären jedenfalls wirksam (vgl § 101 Rn 26). Der BGH hat diese Auffassung abgelehnt und entschieden, dass ein fehlerhaft bestelltes Aufsichtsratsmitglied weder für die Beschlussfähigkeit noch für die Beschlussfassung des Aufsichtsrates berücksichtigt werden kann (vgl § 101 Rn 29 und ausführlich § 250 Rn 12 ff).[178]
In der Literatur wird vertreten, ein Verstoß gegen die Besetzungsregel des § 100 Abs. 5 weise Parallelen zu den mitbestimmungsrechtlichen Besetzungsregeln auf. Eine analoge Anwendung des Statusverfahren gem. §§ 97, 98 ist nach dieser Meinung möglich.[179] Dies ist jedoch abzulehnen, da sich das Statusverfahren auf Verstöße gegen § 95 und § 96 bezieht.[180]
Fällt das Qualifikationsmerkmal „unabhängiger Finanzexperte" später weg, ist bei der nächsten anstehenden Wahl wieder eine diese Merkmale aufweisende Person zu wählen.[181]

§ 101 Bestellung der Aufsichtsratsmitglieder

(1) ¹Die Mitglieder des Aufsichtsrats werden von der Hauptversammlung gewählt, soweit sie nicht in den Aufsichtsrat zu entsenden oder als Aufsichtsratsmitglieder der Arbeitnehmer nach dem Mitbestimmungsgesetz, dem Mitbestimmungsergänzungsgesetz, dem Drittelbeteiligungsgesetz oder dem Gesetz über die Mitbestimmung der Arbeitnehmer bei einer grenzüberschreitenden Verschmelzung zu wählen sind. ²An Wahlvorschläge ist die Hauptversammlung nur gemäß §§ 6 und 8 des Montan-Mitbestimmungsgesetzes gebunden.

(2) ¹Ein Recht, Mitglieder in den Aufsichtsrat zu entsenden, kann nur durch die Satzung und nur für bestimmte Aktionäre oder für die jeweiligen Inhaber bestimmter Aktien begründet werden. ²Inhabern bestimmter Aktien kann das Entsendungsrecht nur eingeräumt werden, wenn die Aktien auf Namen lauten und ihre Übertragung an die Zustimmung der Gesellschaft gebunden ist. ³Die Aktien der Entsendungsberechtigten gelten nicht als eine besondere Gattung. ⁴Die Entsendungsrechte können insgesamt höchstens für ein Drittel der sich aus dem Gesetz oder der Satzung ergebenden Zahl der Aufsichtsratsmitglieder der Aktionäre eingeräumt werden.

(3) ¹Stellvertreter von Aufsichtsratsmitgliedern können nicht bestellt werden. ²Jedoch kann für jedes Aufsichtsratsmitglied mit Ausnahme des weiteren Mitglieds, das nach dem Montan-Mitbestimmungsgesetz oder dem Mitbestimmungsergänzungsgesetz auf Vorschlag der übrigen Aufsichtsratsmitglieder gewählt wird, ein Ersatzmitglied bestellt werden, das Mitglied des Aufsichtsrats wird, wenn das Aufsichtsratsmitglied vor Ablauf seiner Amtszeit wegfällt. ³Das Ersatzmitglied kann nur gleichzeitig mit dem Aufsichtsratsmitglied bestellt werden. ⁴Auf seine Bestellung sowie die Nichtigkeit und Anfechtung seiner Bestellung sind die für das Aufsichtsratsmitglied geltenden Vorschriften anzuwenden.

Literatur:
Austmann, Globalwahl zum Aufsichtsrat, in: FS Otto Sandrock, 1995, S. 277; *Happ*, Zur Wirksamkeit von Rechtshandlungen eines fehlerhaft bestellten Aufsichtsrates, in: FS Uwe Hüffer, 2010, S. 293; *Hoffmann-Becking*, Rechtliche Möglichkeiten und Grenzen einer Verbesserung der Arbeit des Aufsichtsrats, in: FS Hans Havermann, 1995, S. 229; *Natzel*, Das Rechtsverhältnis zwischen Aufsichtsratsmitglied und Gesellschaft unter besonderer Berücksichtigung des Mitbestimmungsrechts, DB 1959, 171 und 201; *ders.*, Bestellung von Aufsichtsratsmitgliedern, insbesondere von Arbeitnehmervertretern, AG 1959, 933; *Neu*, Rechtsprobleme bei der Bestellung von Ersatzmitgliedern für die Anteilseignervertreter im Aufsichtsrat der Aktiengesellschaft, WM 1988, 481; *Quack*, Zur „Globalwahl" von Aufsichtsratsmitgliedern der Anteilseigner, in: FS Heinz Rowedder, 1994, S. 387; *Schilling*, Die Rechtsstellung des Aufsichtsratsmitglied in unternehmensrechtlicher Sicht, in: FS Robert Fischer, 1979, S. 679 *Schroeder/Pussar*, Aufsichtsräte: Unsichere Gremienentscheidungen nach Wahlanfechtung, BB 2011, 1930; *Schürnbrand*, Zur fehlerhaften Bestellung von Aufsichtsratsmitgliedern und fehlerhaften Abberufung von Vorstandsmitgliedern, NZG 2008, S. 609; *Seeling/Zwickel*, Das Entsendungsrecht in den Aufsichtsrat einer Aktiengesellschaft als „Ewigkeitsrecht", BB 2008, 622; *Segna*, Blockabstimmung und Bestellungshindernisse bei der Aufsichtsratswahl, DB 2004, 1135; *E. Vetter*, Anfechtung der Wahl der Aufsichtsratsmitglieder, Bestandsschutzinteresse der AG und die Verantwortung der Verwaltung, ZIP 2012, 701.

---

177 OLG Frankfurt, AG 2011, 36, 40; MüKo-AktG/*Habersack*, Rn 70 f; *Happ*, FS Hüffer, S. 293, 305 ff; *Hüffer*, Rn 18; K. Schmidt/Lutter/*Drygala*, Rn 63 und § 101 Rn 35; *Schürnbrand*, NZG 2008, 609, 610 ff; ablehnend OLG Köln NZG 2011, 508, 510; kritisch auch *E. Vetter*, ZIP 2012, 701 ff.
178 BGHZ 196, 195 = NJW 2013, 1535 = NZG 2013, 456 = DB 2013, 806 = GWR 2013, 181.
179 *Staake*, ZIP 2010, 1013, 1021 f; K. Schmidt/Lutter, *Drygala*, Rn 64.
180 KölnKomm-AktG/*Mertens/Cahn*, Rn 79.
181 Vgl *Bröcker/Mosel*, GWR 2009, 132, 134.

A. Regelungsgegenstand und -zweck	1	2. Höchstzahl	13
B. Rechtsverhältnis zwischen Aufsichtsratsmitglied und Gesellschaft	2	3. Rechtsstellung der entsandten Mitglieder	14
C. Bestellung von Aufsichtsratsmitgliedern	3	4. Amtsdauer des entsandten Aufsichtsratsmitglieds	14a
I. Begriff	3	5. Beendigung des Entsenderechts	14b
II. Wahl durch Hauptversammlung (Abs. 1)	4	D. Ersatzmitglieder (Abs. 3)	15
1. Tagesordnung	4	I. Grundregel	15
2. Beschluss	5	II. Nachrücken	19
3. Listen- bzw Globalwahl versus Einzelabstimmung	7	III. Mehrheit von Ersatzmitgliedern	20
4. Erklärung der Annahme	8	E. Nichtigkeit oder Anfechtbarkeit der Bestellung	22
III. Bestellung der Arbeitnehmervertreter im Aufsichtsrat	9	I. Grundsätze	22
IV. Entsendung (Abs. 2)	10	II. Nichtigkeit	23
1. Grundsatz	10	III. Anfechtbarkeit	25

A. Regelungsgegenstand und -zweck

Die Vorschrift regelt die Bestellung der Aufsichtsratsmitglieder. Nach Abs. 1 werden die Aufsichtsratsmitglieder von der Hauptversammlung oder nach den mitbestimmungsrechtlichen Vorschriften von den Arbeitnehmern oder von Wahlmännern gewählt. Abs. 2 regelt das nur auf Satzungsgrundlage mögliche Recht bestimmter Aktionäre zur Entsendung von Aufsichtsratsmitgliedern. Die Entsendungsrechte sind auf höchstens ein Drittel der sich nach Gesetz oder Satzung ergebenden Zahl von Aufsichtsratsmitgliedern der Aktionäre begrenzt. Abs. 3 schließt die Bestellung von Stellvertretern von Aufsichtsratsmitgliedern aus. Allerdings ist es zulässig, gleichzeitig mit der Bestellung eines Aufsichtsratsmitgliedes ein Ersatzmitglied für den Fall des vorzeitigen Ausscheidens aus dem Aufsichtsrat zu bestellen.

B. Rechtsverhältnis zwischen Aufsichtsratsmitglied und Gesellschaft

Die Bewertung des Rechtsverhältnisses zwischen Aufsichtsratsmitglied und Gesellschaft ist streitig. Einigkeit besteht allein darin, dass mit der Bestellung und Annahme des Mandates ein korporationsrechtliches Verhältnis entsteht. Dessen Inhalt wird durch die Rechte und Pflichten des Aufsichtsratsmitgliedes als Teil des Organs bestimmt.[1] Die Rechtsprechung des Reichsgerichts[2] geht ebenso wie die ältere Literatur von einem daneben bestehenden Anstellungsverhältnis aus, das entweder auf vertraglicher Grundlage basiert oder aber durch Bestellung und Annahme begründet wurde.[3] Andere sprechen sich gegen ein Anstellungsverhältnis aus, ordnen aber die persönlichen Rechte und Pflichten ebenfalls dem korporationsrechtlichen Verhältnis zu.[4] Schließlich spricht sich die heute hM für ein **Verhältnis mit korporationsrechtlicher und schuldrechtlicher Doppelnatur** aus.[5] Dies überzeugt, da eine fiktive Vertragskonstruktion vermieden wird und doch die schuldrechtlichen Inhalte ihr eigenes Gewicht behalten.

C. Bestellung von Aufsichtsratsmitgliedern

I. Begriff. Unter Bestellung werden sowohl die Wahl durch die Hauptversammlung, die Wahl durch Arbeitnehmer oder Delegierte als auch die Entsendung verstanden.

II. Wahl durch Hauptversammlung (Abs. 1). 1. Tagesordnung. Die Wahl ist als Gegenstand der Tagesordnung bekannt zu machen. Dabei ist anzugeben, nach welchen gesetzlichen Vorschriften sich der Aufsichtsrat zusammensetzt und ob die Hauptversammlung an Wahlvorschläge gebunden ist (§ 124 Abs. 1 und 2).[6] Dabei hat der Aufsichtsrat **Wahlvorschläge** zu unterbreiten, die allerdings nicht bindend sind. Jeder Aktionär kann einen anderen in seinem Interesse liegenden Vorschlag machen, dem Vorstand ist dies allerdings nicht erlaubt. Die Berücksichtigung der Interessen von Minderheiten ist nicht erforderlich.[7] Aufgrund Satzungsrechts kann der Aufsichtsrat verpflichtet sein, seinen Wahlvorschlag zu begründen.[8]

---

1 *Hüffer*, Rn 2.
2 RGZ 123, 351, 354; 146, 145, 152.
3 *Baumbach/Hueck*, AktG, Rn 7.
4 MüKo-AktG/*Habersack*, Rn 67; *Natzel*, DB 1959, 171 und 201, 207; *ders.*, AG 1959, 93, 96; *Schilling*, in: FS Robert Fischer, 1979, S. 679, 691.
5 MüHb-AG/ *Hoffmann-Becking*, § 33 Rn 10; *Hüffer*, Rn 2; K. Schmidt/Lutter/*Drygala*, Rn 2; ähnlich: *Lutter/Krieger*, AR, Rn 842.
6 Bindung kann sich gem. §§ 6, 8 MontanMitbestG und § 36 Abs. 4 SEBG ergeben, anderenfalls ist der Hinweis „an Wahlvorschläge ist HV nicht gebunden" aufzunehmen; vgl *Hüffer*, Rn 8.
7 *Hüffer*, Rn 8; K. Schmidt/Lutter/*Drygala*, Rn 4.
8 KölnKomm-AktG/*Mertens/Cahn*, Rn 10; *Hoffmann-Becking*, in: FS Havermann, 1995, S. 229, 235.

Wahlvereinbarungen zwischen Aktionären und Dritten sind zulässig, solange sie nicht gegen §§ 136 Abs. 2 oder 405 Nr. 6, 7 oder Treu und Glauben verstoßen.[9] Für Wahlvereinbarungen mit Dritten wird dies jedoch bestritten.[10]

5 **2. Beschluss.** Der Leiter der Hauptversammlung bestimmt grundsätzlich über das **Wahlverfahren** und damit auch über die Reihenfolge, in der die Abstimmung über mehrere Wahlvorschläge erfolgt. Allerdings ist ein etwaiger Geschäftsordnungsbeschluss der Hauptversammlung, der eine bestimmte Reihenfolge der Abstimmung zum Gegenstand hat, zu beachten.[11]

6 Für die Beschlussfassung gilt dann das **Mehrheitsprinzip**. Die einfache Stimmenmehrheit reicht aus, soweit in der Satzung nicht andere Mehrheiten festgelegt sind.[12] Die Satzung kann allerdings auch eine relative Mehrheit genügen lassen.[13] Im Rahmen der Gesetzgebungsarbeiten haben der Rechtsausschuss und der Wirtschaftsausschuss auch erörtert, ob es sich empfiehlt, gesetzliche Vorschriften über eine Minderheitsvertretung im Aufsichtsrat zu treffen.[14] Letztlich hat diese Überlegung im Gesetz aber keinen Niederschlag gefunden.[15]

7 **3. Listen- bzw Globalwahl versus Einzelabstimmung.** Neben der immer zulässigen Einzelwahl erfolgt die Wahl mehrerer Aufsichtsratsmitglieder ganz regelmäßig in Form der sog. **Listen- oder Globalwahl**. Es werden dann alle Personen, die zur Sitzung des Aufsichtsrates zu wählen sind, in einer Liste zusammengefasst und zur Beschlussfassung gestellt. Somit kann die Liste nur insgesamt angenommen oder abgelehnt werden. Dieses Verfahren wird grundsätzlich für **zulässig** angesehen.[16] Der BGH[17] hat gegen die Sammelabstimmung über mehrere zusammenhängende Sachfragen keine Bedenken geäußert, wenn der Versammlungsleiter zuvor darauf hinweist, dass durch mehrheitliche Ablehnung der Beschlussvorlage eine Einzelabstimmung herbeigeführt werden kann und **kein anwesender Aktionär** dieser Verfahrensweise **widerspricht**. Das LG München hat hierin für die Wahlen zum Aufsichtsrat eine Parallele gesehen und festgestellt, dass das Aktiengesetz vom Grundsatz der Einzelwahl ausgeht und der Widerspruch eines in der Hauptversammlung anwesenden Aktionärs gegen die Listen- oder Blockwahl zu deren Anfechtbarkeit führt.[18] Das Verlangen eines Aktionärs auf Einzelabstimmung muss danach respektiert und dieser Antrag der Hauptversammlung zur Entscheidung vorgelegt werden.[19] Folglich sollte in der Praxis **zur Vermeidung von Risiken** bei einem Antrag eines Aktionärs auf Einzelwahl bzw einem in anderer Weise formulierten Widerspruch eine **Einzelabstimmung** durchgeführt werden.[20] Ziff. 5.4.3 DCGK fordert ebenfalls die Einzelwahl.

8 **4. Erklärung der Annahme.** Die Bestellung durch Wahlbeschluss oder Entsendung ist ein korporationsrechtlicher Akt, der der Annahme bedarf. Die Annahme der Wahl kann entweder in der Hauptversammlung oder auch außerhalb der Hauptversammlung gegenüber dem Vorstand erklärt werden. Es ist auch durchaus möglich, schon vor einem Wahlbeschluss gegenüber dem Vorstand zu erklären, das Amt im Falle einer Wahl anzunehmen. Da die Annahme kein formalisierter Akt ist, kann sie auch **konkludent** durch Aufnahme der Tätigkeit erfolgen.[21] Der Vorstand kann dem Gewählten eine angemessene Frist für die Annahme der Wahl setzen.[22] Eine Annahmefrist und andere Annahmemodalitäten können in der Satzung bestimmt werden.[23] Grundsätzlich beginnt das Amt des Aufsichtsratsmitgliedes mit der Annahme der Wahl. Allerdings ist es auch zulässig, die Wahl für einen späteren Zeitpunkt vorzunehmen, beispielsweise auf den Zeitpunkt der Eintragung der in der gleichen Hauptversammlung beschlossenen Satzungsänderung.

9 **III. Bestellung der Arbeitnehmervertreter im Aufsichtsrat.** Die Arbeitnehmervertreter im Aufsichtsrat werden nach den einschlägigen mitbestimmungsrechtlichen Vorschriften bestellt. Die §§ 9 ff. MitbestG sehen eine Delegiertenwahl oder unmittelbare Wahl durch die Arbeitnehmer vor. § 6 Montan-MitbestG bestimmt eine Wahl durch die Hauptversammlung aufgrund bindender Wahlvorschläge. Nach den §§ 7 ff. Montan-MitbestErgG ist eine Delegiertenwahl oder unmittelbare Wahl durch die Arbeitnehmer vorzunehmen. § 5

---

9 HM, vgl nur K. Schmidt/Lutter, *Drygala*, Rn 6; KölnKomm-AktG/*Mertens/Cahn*, Rn 27 ff.
10 *Hüffer*, § 133, Rn 27;. MüKo-AktG/*Habersack*, Rn 13.
11 *Hüffer*, Rn 5.
12 BGHZ 76, 191, 193 ff = NJW 1980, 1465; *Henze*, HRR-AktienR, Rn 729.
13 *Hüffer*, Rn 4.
14 RegBegr. *Kropff*, S. 140.
15 Im Anschluss an die Revision des DCGK in 2012 wird vertreten, dass die neuen Anforderungen an eine angemessene Anzahl an unabhängige Aufsichtsratsmitglieder zur Folge haben, dass in börsennotierten beherrschten Gesellschaften ein oder mehrere Vertreter der Minderheitsaktionäre im Aufsichtsrat sein müssen, vgl *Bayer*, NZG 2013, 1,11.
16 *Hüffer*, Rn 6; MüHb-AG/*Hoffmann-Becking*, § 30 Rn 19; *Quack*, in: FS Rowedder, 1994, S. 387, 389; Wilsing/*Wilsing*,
DCGK 5.4.3 Rn 2;aA KölnKomm-AktG/*Mertens/Cahn*, Rn 16 fordert für Zulässigkeit ausdrückliche Satzungsbestimmung oder eine Ermächtigung des Versammlungsleiters durch Satzungsbestimmung zur Anordnung der Listenwahl.
17 BGHZ 156, 38, 41 = DB 2003, 2115 = NZG 2003, 1023.
18 LG München DB 2004, 1090 = BB 2004, 958 = AG 2004, 330; ablehnend: *Mutter*, AG 2004, 305.
19 AA K. Schmidt/Lutter/*Drygala*, Rn 11.
20 *Segna*, DB 2004, 1135, 1137; *Linnerz*, BB 2004, 963, 964; *Hüffer*, ZIP 2006, 637, 643; aA *Fuhrmann*, ZIP 2004, 2081, 2085.
21 RGZ 152, 273, 277 zur Genossenschaft; *Hüffer*, Rn 7.
22 MüHb-AG/*Hoffmann-Becking*, § 30 Rn 22.
23 K. Schmidt/Lutter/*Drygala*, Rn 12.

Abs. 1 DrittelbG sieht eine unmittelbare Wahl durch die Arbeitnehmer vor. Im Geltungsbereich des MgVG kann das Wahl- oder Bestellungsverfahren zwischen Leitung und besonderem Verhandlungsgremium vereinbart werden, § 22 Abs. 1 Nr. 4 MgVG. Kommt eine solche Vereinbarung nicht zustande, erfolgt die Ermittlung der Arbeitnehmervertreter im Aufsichtsrat durch ein Wahlgremium (§ 25 Abs. 3 MgVG).

IV. Entsendung (Abs. 2). 1. Grundsatz. Abs. 1 gewährt den Aktionären ein Entsendungsrecht, wenn dies durch die Satzung begründet wird. Dabei handelt es sich um ein **Sonderrecht im Sinne des § 35 BGB**, das dem entsendungsberechtigten Aktionär nur durch Satzungsänderung und seine Zustimmung entzogen werden kann.[24] Auch in einer der Mitbestimmung unterliegenden AG widerspricht das Entsendungsrecht einer Aktionärin nicht aktienrechtlichen Grundprinzipien.[25] Da das Gesetz nicht verlangt, dass das Entsendungsrecht dem Umfang der Kapitalbeteiligung entspricht, ist eine Ungleichbehandlung hinzunehmen.[26] Gegebenenfalls können sich die gewählten Kapitalvertreter gegen die einheitliche Stimmrechtsausübung der entsandten Mitglieder und der Arbeitnehmervertreter nicht durchsetzen.[27] Ein Verstoß gegen Art. 14 liegt darin nicht.[28]

Die Satzung muss das Entsendungsrecht in bestimmter Weise bezeichnen. Ein **aktionärgebundenes Entsendungsrecht** ist bestimmten Aktionären zugeschrieben. Das Entsendungsrecht ist mit der Person verbunden und kann nicht rechtsgeschäftlich übertragen werden. Im anderen Fall handelt es sich um ein **aktiengebundenes Entsendungsrecht** der jeweiligen Inhaber bestimmter Aktien. Diese Möglichkeit besteht nach Abs. 2 S. 2 allerdings nur, wenn es sich um vinkulierte Namensaktien handelt. Gemäß Abs. 2 S. 3 gelten die Aktien der Entsendungsberechtigten nicht als besondere Gattung im Sinne des § 11.[29]

Das Entsenderecht zugunsten eines privaten Aktionärs ist nach Auffassung des BGH kein nach Art. 56 Abs. 1 EGV (nunmehr: Art. 63 Abs. 1 AEUV) verbotene nationale Maßnahme, die den Kapitalverkehr beschränkt.[30] Die Entscheidung des EuGH zum VW-Gesetz[31] wendet sich allein gegen vom allgemeinen Gesellschaftsrecht abweichende Sonderrechte der öffentlichen Hand, hier des Bundes und des Landes Niedersachsen. Entsendungsrechte nach § 101 Abs. 2 zugunsten von privaten bzw nicht staatlich beherrschten Aktionären werden nicht als gemeinschaftsrechtswidrige Einschränkung der Kapitalverkehrsfreiheit aufgefasst.[32]

Die Satzung kann das Entsendungsrecht grundsätzlich in beliebiger Weise einschränken.[33] Zudem empfiehlt es sich, in der Satzung das Entsendungsrecht näher auszugestalten.[34]

Die früher in Abs. 2 S. 5 enthaltene ausdrückliche Erwähnung der Entsendungsrechte nach dem VW-Gesetz ist durch Art. 2 des Gesetz zur Änderung des Gesetzes über die Überführung der Anteilsrechte an der Volkswagenwerk Gesellschaft mit beschränkter Haftung in private Hand vom 8.12.2008[35] aufgehoben worden.

2. Höchstzahl. Abs. 2 S. 4 beschränkt die entsandten Aufsichtsratsmitglieder auf ein Drittel der Zahl der Aktionärsvertreter. Eine etwa entgegenstehende Satzungsbestimmung ist nichtig. Mit der Vorschrift soll verhindert werden, dass Aktionäre ohne entsprechenden Aktienbesitz den Aufsichtsrat dominieren.

Eine Überschreitung der gesetzlich zulässigen Höchstzahl kann durch Herabsetzung der in der Satzung bestimmten Zahl an Aufsichtsratsmitgliedern entstehen. Ein entsprechender Hauptversammlungsbeschluss ist nur wirksam, wenn der Entsendungsberechtigte zugestimmt hat.[36] Zudem kann eine Überschreitung der Höchstzahl der zulässigen Entsendungsrechte durch eine Kapitalherabsetzung entstehen. Auch hier ist eine Zustimmung des Entsendungsberechtigten zur Wirksamkeit erforderlich.[37]

3. Rechtsstellung der entsandten Mitglieder. Die in § 100 oder in der Satzung bestimmten persönlichen Voraussetzungen für Aufsichtsratsmitglieder gelten auch für die entsandten Aufsichtsratsmitglieder (§ 100 Abs. 4). Auch im Übrigen haben die entsandten Aufsichtsratsmitglieder die **gleichen Rechte und Pflichten** wie gewählte Aufsichtsratsmitglieder. Die Inhaber von Entsendungsmandaten unterliegen **nicht den Wei-**

---

24 Hüffer, Rn 8; KölnKomm-AktG/Mertens/Cahn, Rn 51; K. Schmidt/Lutter/Drygala, Rn 13.
25 OLG Hamm NZG 2008, 914 = ZIP 2008, 1530; Beschwerde gegen Nichtzulassung der Revision abgewiesen durch BGH ZIP 2009, 1566.
26 OLG Hamm NZG 2008, 914, 915 = ZIP 2008, 1530; Beschwerde gegen Nichtzulassung der Revision abgewiesen durch BGH ZIP 2009, 1566.
27 Hüffer, Rn 8.
28 OLG Hamm, NZG 2008, 914, 915 f.
29 Hüffer, Rn 8.
30 BGH ZIP 2009, 1566 = AG 2009, 694; zur I. Instanz: Seelig/Zwickel, BB 2008, 622, 623.
31 EuGH BB 2007, 2423.
32 BGH ZIP 2009, 1566 = AG 2009, 694; ebenso schon Teichmann/Heise, BB 2007, 2577, 2581; Bayer/Schmidt, BB 2008, 454, 460.
33 KölnKomm-AktG/Mertens/Cahn, Rn 58.
34 MüHb-AG/Hoffmann-Becking, § 30 Rn 23.
35 BGBl. I 2369.
36 MüKo-AktG/Habersack, Rn 57; K. Schmidt/Lutter/Drygala, Rn 21.
37 K. Schmidt/Lutter/Drygala, Rn 21 (Zustimmungspflicht kann sich aus Treuepflicht ergeben), str.

sungen des Entsendungsberechtigten.[38] Das Recht des Entsendungsberechtigten erschöpft sich in der Bestellung sowie der Abberufung (§ 103 Abs. 2 S. 1) des entsandten Mitglieds. Selbstverständlich besteht ungeachtet dessen die **Möglichkeit einer tatsächlichen Einflussnahme** auf das entsandte Mitglied. Dann setzt sich dieses jedoch uU einer Schadensersatzpflicht aus oder kann sich sogar nach § 266 StGB strafbar machen. Abzulehnen ist auch die Auffassung, nach der von ihrer Gebietskörperschaft in den Aufsichtsrat entsandte Beamte weisungsgebunden sind.[39] Der Entsendungsberechtigte ist vorbehaltlich einer entsprechenden Satzungsbestimmung nicht verpflichtet, das Entsendungsrecht auszuüben.[40] Der Aufsichtsratssitz bleibt dann frei.[41] Eine gerichtliche Bestellung gem. § 104 ist möglich.[42]

14a **4. Amtsdauer des entsandten Aufsichtsratsmitglieds.** Die Amtsdauer des entsandten Aufsichtsratsmitglieds kann durch den Entsendungsberechtigten oder die Satzung unter Berücksichtigung der in § 102 bestimmten Höchstgrenze festgelegt werden.[43] Wenn das Entsendungsrecht auf einen anderen Aktionär übergeht, bleibt das Aufsichtsratsmandat bestehen. Der neue Inhaber des Entsendungsrechts kann das Aufsichtsratsmitglied abberufen und eine andere Person entsenden (§ 103 Abs. 2 S. 1). Erlischt das Entsendungsrecht, bleibt das Aufsichtsratsmandat für den festgelegten Zeitraum bestehen. Die Satzung kann aber bestimmen, dass es in diesem Fall vorzeitig endet. Liegen die Voraussetzungen des § 103 Abs. 2 S. 2 vor, kann die Hauptversammlung das entsandte Aufsichtsratsmitglied abberufen.

14b **5. Beendigung des Entsenderechts.** Ein **aktionärsgebundenes Entsenderecht** erlischt grundsätzlich mit dem Tod des Entsendeberechtigten, da es ein **höchstpersönliches Recht** ist, das nicht vererblich ist. Allerdings kann die Satzung eine Vererblichkeit vorsehen.[44] Ebenso erlischt ein **aktiengebundenes Entsenderecht**, wenn die Voraussetzungen wegfallen, also die Namensaktien in Inhaberaktien umgewandelt werden oder die Übertragbarkeit der Namensaktien nicht mehr an die Zustimmung der Gesellschaft gebunden ist (vgl Abs. 2 S. 2).

Das Entsendungsrecht kann durch Satzungsänderung entfallen. Zu dieser Satzungsänderung ist die **Zustimmung des Entsendeberechtigten** erforderlich, vgl § 35 BGB.[45] Ein dauerhafter, unwiderruflicher Verzicht auf die Ausübung des Entsendungsrechts ohne Satzungsänderung würde zu einer „schleichenden Satzungsänderung"[46] führen und ist abzulehnen. Keine Bedenken bestehen gegen einen **zeitlich begrenzten ausdrücklich erklärten Verzicht** auf die Ausübung des Entsenderechts.[47] Für diesen Fall ist ein Ersatzwahlrecht der Hauptversammlung gegeben.[48]

D. Ersatzmitglieder (Abs. 3)

15 **I. Grundregel.** Abs. 3 S. 1 erklärt die Bestellung von Stellvertretern von Aufsichtsratsmitgliedern für unzulässig. Gemäß Abs. 3 S. 2 ist jedoch die Bestellung von Ersatzmitgliedern zulässig. Dies sind Personen, die bei Wegfall eines Aufsichtsratsmitgliedes für die **verbleibende Amtszeit nachrücken**. Eine vorübergehende Verhinderung genügt nicht, um das Ersatzmitglied in den Aufsichtsrat nachrücken zu lassen.[49] Allein für das weitere, sog. neutrale Aufsichtsratsmitglied nach § 8 Abs. 1 Montan-MitbestG bzw § 5 Abs. 2 Montan-MitbestErgG kann ein Ersatzmitglied nicht bestellt werden.

16 Gesetz und Satzung können die Bestellung von Ersatzmitgliedern weder anordnen noch verbieten. Die gesetzliche Möglichkeit zur Bestellung von Ersatzmitgliedern gibt die Möglichkeit, eine nochmalige Wahl zu ersparen, die uU erheblichen Zeit- und Kostenaufwand verursachen kann.[50] Das Ersatzmitglied muss gleichzeitig und somit in derselben Hauptversammlung mit dem Aufsichtsratsmitglied bestellt werden, für das es nachrücken soll. Für seine Bestellung gelten die gleichen Regeln, die für das jeweilige Aufsichtsratsmitglied zu beachten sind. Somit hat auch das Ersatzmitglied zur Wirksamkeit der Bestellung die Annahme zu erklären.

17 Die Summe der Ersatzmitglieder darf die Anzahl der amtierenden Aufsichtsratsmitglieder nicht übersteigen, da für jedes Aufsichtsratsmitglied höchstens ein Ersatzmitglied bestellt werden kann. Aus Abs. 3 S. 2 folgt, dass Ersatzmitglieder auch für mehrere Aufsichtsratsmitglieder mit der Maßgabe bestellt werden können,

---

38 RGZ 165, 68, 79; BGHZ 36, 296, 306 = NJW 1962, 864; KölnKomm-AktG/*Mertens/Cahn*, Rn 69; *Henze*, HRR-AktienR, Rn 718; MüHb-AG/*Hoffmann-Becking*, § 30 Rn 25.
39 Str, vgl § 100 Rn 15 und vor §§ 394, 395 Rn 4.
40 MüKo-AktG/*Habersack*, Rn 44.
41 K. Schmidt/Lutter/*Drygala*, Rn 27.
42 MüKo-AktG/*Habersack*, Rn 44.
43 K. Schmidt/Lutter/*Drygala*, Rn 24.
44 *Seelig/Zwickel*, BB 2008, 622, 626.
45 *Hüffer*, Rn 8.
46 *Seelig/Zwickel*, BB 2008, 622, 627.
47 K. Schmidt/Lutter/*Drygala*, Rn 27; *Seelig/Zwickel*, BB 2008, 622, 626.
48 K. Schmidt/Lutter/*Drygala*, Rn 27; KölnKomm-AktG/*Mertens/Cahn*, Rn 80; aA MüKo-AktG/*Habersack*, Rn 44, der ebenso wie bei der bloßen Nichtausübung des Entsendungsrechts (vgl Rn 14) nur den Weg der gerichtlichen Bestellung gem. § 104 sieht.
49 Jedoch hat nach *Krauel/Fackler*, AG 2009, 686 für ein dauerhaft verhindertes Aufsichtsratsmitglied ein Ersatzmitglied nachzurücken.
50 RegBegr. *Kropff*, S. 139.

dass sie in **festgelegter Reihenfolge** nachrücken.[51] Diejenigen Aufsichtsratsmitglieder, für die ein Ersatzmitglied bestellt wird, müssen derselben Gruppe – beispielsweise der gewählten Aktionärsvertretung – angehören.[52] Bei einer solchen Verfahrensweise besteht auch die Möglichkeit, dass ein Ersatzmitglied mehrfach nachrücken kann.[53]

Wird von der Möglichkeit Gebrauch gemacht, **mehrere Ersatzmitglieder für ein Aufsichtsratsmitglied** zu bestellen, ist die Reihenfolge des Nachrückens im Voraus eindeutig festzulegen, da nur so das Nachrücken der Ersatzmitglieder bestimmbar ist;[54] Listen- oder Globalwahl sind auch hier zulässig.[55] Der Ablauf der Amtszeit des Aufsichtsratsmitgliedes, das weggefallen ist, lässt gem. § 102 Abs. 2 auch das Amt des Ersatzmitgliedes erlöschen. Allerdings kann das Ersatzmitglied auch vorher sein Mandat verlieren. Dies ist etwa der Fall, wenn die Satzung vorsieht, dass mit der Bestellung eines Nachfolgers das Mandat des Ersatzmitgliedes erlischt.[56] Ebenso verhält es sich, wenn bereits im Bestellungsbeschluss festgelegt wird, dass das Ersatzmitglied lediglich eine **Überbrückungsfunktion** bis zur Bestellung eines Nachfolgers hat.[57] Da durch eine solche Nachwahl eines Aufsichtsratsmitgliedes das nachgerückte Ersatzmitglied gleichzeitig von seinem Amt abberufen wird, bedarf diese wegen des Gleichbehandlungsgrundsatzes gemäß § 103 Abs. 1 S. 2 einer **Dreiviertel-Mehrheit**.[58] Möglich ist die Nachwahl allerdings mit einfacher Mehrheit, wenn auch für die Abberufung in der Satzung allgemein die einfache Mehrheit vorgesehen ist.[59] Das Nachrücken eines Ersatzmitgliedes kann vermieden werden, wenn durch rechtzeitiges Nachwählen eines Aufsichtsratsmitgliedes keine Vakanz entsteht.[60] Wegfall des bisherigen und Amtsbeginn des neuen Aufsichtsratsmitglieds fallen dann zusammen.

II. Nachrücken. Der Wegfall des Aufsichtsratsmitgliedes führt zum **automatischen Nachrücken** des Ersatzmitgliedes. Es bedarf keiner neuerlichen Annahme der Bestellung. Probleme können sich nur ergeben, falls die persönlichen Mandatsvoraussetzungen der §§ 100, 105 im Zeitpunkt der Annahme der Wahl noch nicht vorliegen oder aber bei Eintritt des Ersatzfalles etwa durch Rücktritt vom Vorstandsamt einer Gesellschaft oder von einem Aufsichtsratsposten, um die Voraussetzungen des § 100 Abs. 2 zu erfüllen, herbeigeführt werden sollen. Um die damit verbundenen Schwierigkeiten zu vermeiden, sollte die Annahmeerklärung des Ersatzmitgliedes mit einem entsprechenden Vorbehalt versehen werden.[61]

III. Mehrheit von Ersatzmitgliedern. Ein Ersatzmitglied kann für **ein bestimmtes**, aber auch für **mehrere bestimmte Aufsichtsratsmitglieder** bestellt werden,[62] sofern sie derselben Gruppe (zB entsandte Mitglieder der Aktionäre) angehören.[63] Dann kann das Ersatzmitglied zunächst für ein ausgeschiedenes Mitglied nachrücken und – wenn hierfür ein Nachfolger bestellt wurde – später für ein anderes ausscheidendes Mitglied nachrücken. In der Satzung oder im Wahlbeschluss sollte eine solche Regelung ausdrücklich bestimmt werden.[64]

Weiter können für ein einzelnes Aufsichtsratsmitglied mehrere Ersatzmitglieder in einer festgelegten Reihenfolge bestellt werden.[65] Neben der Einzelwahl kann auch eine Global- oder Listenwahl vorgenommen werden, indem zwei oder drei Ersatzmitglieder in einer Liste für alle gleichzeitig gewählten Mitglieder der Anteilseigner mit der Maßgabe bestellt werden, dass sie entsprechend ihrer Reihenfolge auf der Liste nach Ausscheiden eines Aufsichtsratsmitglieds nachrücken.[66]

E. Nichtigkeit oder Anfechtbarkeit der Bestellung

I. Grundsätze. Die Bestellung von Aufsichtsratsmitgliedern kann nichtig oder anfechtbar sein. Die §§ 250 bis 252 enthalten im Hinblick auf Wahlbeschlüsse entsprechende Regelungen.

II. Nichtigkeit. Das Aufsichtsratsmitglied, dessen Bestellung nichtig ist oder dessen Mitgliedschaft im Aufsichtsrat infolge späteren Wegfalls einer persönlichen Voraussetzung erlischt und das die Tätigkeit tatsächlich ausübt, ist zur ordnungsgemäßen Ausübung des Mandats verpflichtet und unterliegt der **Verantwortlichkeit** trotz nichtiger Bestellung **entsprechend den §§ 116, 93**.[67] Es besteht auch ein Vergütungsanspruch in Analogie zu den Regeln über den fehlerhaften Dienstvertrag.[68] Die Gesellschaft ist berechtigt, das betreffende Aufsichtsratsmitglied von der Mitwirkung auszuschließen. Vorstand und Aufsichtsratsvorsitzen-

---

51 KölnKomm-AktG/*Mertens/Cahn*, Rn 86.
52 BGHZ 99, 211, 212 f = NJW 1987, 902; OLG Karlsruhe WM 1986, 101; KölnKomm-AktG/*Mertens/Cahn*, Rn 86.
53 Vgl im Einzelnen *Hüffer*, Rn 14.
54 BGHZ 99, 211, 214 = NJW 1987, 902.
55 BGHZ 99, 211, 214 = NJW 1987, 902.
56 BGHZ 99, 211, 214 = NJW 1987, 902; OLG Karlsruhe WM 1986, 101.
57 BGH NJW 1988, 1214.
58 *Lutter/Krieger*, AR, Rn 1035.
59 BGHZ 99, 211 Leitsatz b.
60 BGH NJW 1988, 260, 261.
61 *Hüffer*, Rn 13.
62 BGHZ 99, 211, 214 = NJW 1987, 902, 903.
63 *Hüffer*, Rn 14.
64 *Hüffer*, Rn 14; *Semler/Wagner* in: Semler/v. Schenck, ARHdb § 2 Rn 67.
65 BGHZ 99, 211, 214 = NJW 1987, 902.
66 MüHb-AG/*Hoffmann-Becking*, § 30 Rn 29.
67 RGZ 152, 273, 279; *Hüffer*, Rn 17.
68 Großkomm-AktienR/*Meyer-Landrut*, Anm. 23.

der sind verpflichtet, auf eine Beendigung der Tätigkeit hinzuwirken, sobald sie von der Nichtigkeit der Bestellung erfahren.[69]

24 Die Mitwirkung eines nichtig bestellten Aufsichtsratsmitgliedes ist grundsätzlich unschädlich für die Beschlussfassung.[70] Wenn der Aufsichtsrat auch nach Abzug der nichtig bestellten Mitglieder beschlussfähig war und der Beschluss die erforderliche Mehrheit erhalten hat, ist er gültig.[71] Ist allerdings der Aufsichtsrat insgesamt nichtig bestellt, sind die Beschlüsse des Aufsichtsrates nichtig.[72]

25 **III. Anfechtbarkeit.** Ein Aufsichtsratsmitglied, dessen Bestellung anfechtbar ist, wirkt mit allen Rechten und Pflichten im Aufsichtsrat mit. Wenn eine Anfechtung gemäß § 251 wirksam wird, endet die Stellung als Aufsichtsratsmitglied nach überwiegender Meinung rückwirkend.[73] Dies hat zur Folge, dass das von der Anfechtungsklage betroffene Aufsichtsratsmitglied von Anfang an dem Aufsichtsrat nicht angehört hat.[74] Insbesondere wenn Wahlbeschlüsse des Aufsichtsrats oder die Billigung des Jahresabschlusses sich im Nachhinein, oft mit großem zeitlichem Abstand, als unwirksam erweisen, führt dies zu praktischen Schwierigkeiten mit schwer zu kalkulierenden Folgen.[75]

Aufgrund der schwerwiegenden Konsequenzen aus Urteilen, die die Unwirksamkeit von Aufsichtsratswahlen feststellen, werden in Rechtsprechung und Literatur verschiedene Ansätze zur Vermeidung oder Eingrenzung der Folgen für die Gesellschaft verfolgt.

26 Nach der neueren „**Lehre vom fehlerhaften Organ**" ist auch das unwirksam bestellte Mitglied des Aufsichtsrats bis zur tatsächlichen Beendigung des Mandats wie ein wirksam bestelltes Mitglied zu behandeln.[76] Bis zur Rechtskraft eines Urteils, durch das die Nichtigkeit der Bestellung festgestellt wird, nimmt das fehlerhaft bestellte und nur scheinbare Aufsichtsratsmitglied an Beschlussfassungen teil. Die Stimmabgabe wird wie die eines fehlerfrei bestellten Mitglieds behandelt. Eine Ausnahme gilt für offenkundige Rechtsverstöße, bspw gegen § 100 Abs. 1 und 2 oder § 105.[77] Nach dieser Auffassung bleibt es bei der rückwirkenden Wirkung des Anfechtungsurteils; das ungültig gewählte Aufsichtsratsmitglied kann aber nur für die Zukunft abgelöst werden.[78] Im Ergebnis wirkt sich das Anfechtungsurteil unter Berücksichtigung der „Lehre vom fehlerhaften Organ" somit erst ex nunc aus.[79] Da die Rechtsprechung zur Möglichkeit der Anwendung der Lehre vom fehlerhaften Organ noch uneinheitlich ist[80] und der BGH sich lediglich zur Anwendbarkeit auf den besonderen Vertreter zustimmend geäußert hat,[81] bietet sie der Praxis zurzeit keine sichere Grundlage.

27 Ein weiterer Lösungsansatz soll durch eine vorsorgliche gerichtliche Bestellung des durch die Anfechtungsklage betroffenen Aufsichtsratsmitglieds analog § 104 helfen.[82] Die Bestellung soll unter der aufschiebenden Bedingung stehen, dass die Wahl des Aufsichtsratsmitglieds für nichtig erklärt wird. Die Voraussetzungen für die **analoge Anwendung** des § 104 werden von der Rechtsprechung jedoch **ausdrücklich verneint**.[83] Ebenso wird die Zulässigkeit einer aufschiebend bedingten rückwirkenden Bestellung abgelehnt.[84]

28 Weiter wird argumentiert, für die Anwendung der Lehre vom fehlerhaften Organ bleibe kein Raum, da **für die Gesellschaft interessegerechte Ergebnisse** auch mit den bereits vorhandenen Instrumenten erzielt werden könnten.[85] Aus der Rechtscheinhaftung seien Beschlüsse des fehlerhaft zusammengesetzten Aufsichtsrates die die Erteilung von Aufträgen an Dritte zum Gegenstand haben, bspw die Beauftragung des Jahresabschlussprüfers, anzuerkennen. Vorstandsbestellungen werden danach über die Anwendung der Grundsätze der fehlerhaften Anstellung eines Vorstandsmitglieds gelöst.[86] Nur bei überragendem Bestandsinteresse der Gesellschaft und fehlenden sonstigen Heilungsmöglichkeiten wird von dieser Meinung die Mitwirkung des fehlerhaft bestellten Aufsichtsratsmitglieds anerkannt.[87]

---

[69] MüKo-AktG/*Habersack*, Rn 73, mit Hinweis auf BGH ZIP 2006, 177, 178.
[70] BGHZ 47, 341, 345 ff = NJW 1967, 1711.
[71] BGHZ 47, 341, 346 = NJW 1967, 1711.
[72] Zur GmbH BGHZ 11, 231, 246 = NJW 1954, 385.
[73] Str, wie hier *Hüffer*, § 252 Rn 8; MüKo-AktG/*Habersack*, Rn 71; aA *Baumbach/Hueck*, AktG, § 252 Rn 3; KölnKomm-AktG/*Mertens/Cahn*, Rn 107.
[74] *Hüffer*, § 252 Rn 8; K. Schmidt/Lutter/*Drygala*, Rn 32; *E. Vetter*, ZIP 2012, 701, 702.
[75] *Happ*, FS Hüffer, S. 293, 295 ff; K. Schmidt/Lutter/*Dygala*, Rn 33.
[76] OLG Stuttgart ZIP 2004, 2232, 2240; OLG Frankfurt AG 2011, 36, 40; *Bayer/Lieder*, NZG 2012, 1, 6; MüKo-AktG/*Habersack*, Rn 70 f; *Happ* in FS Hüffer, S. 293, 305 ff; *Hüffer*, Rn 18; K. Schmidt/Lutter/*Drygala*, Rn 32; *Schürnbrand*, NZG 2008, 609, 610 ff; ablehnend OLG Köln NZG 2011, 508, 510.
[77] MüKo-AktG/*Habersack*, Rn 72; Happ, FS *Hüffer*, S. 293, 307.
[78] *Hüffer*, § 252 Rn 8.
[79] Vgl KölnKomm-AktG/*Mertens/Cahn*, Rn 107.
[80] Zustimmend OLG Stuttgart ZIP 2004, 2232, 2240; OLG Frankfurt AG 2011, 36, 40; ablehnend OLG Köln ZIP 2008, 508; OLG Köln NZG 2011, 508.
[81] BGH ZIP 2011, 2195 f.
[82] *E. Vetter/van Laak*, ZIP 2008, 1806, 1810; *Fett/Theusinger*, AG 2010, 425, 429; *Schroeder/Pussar*, BB 2011, 1930, 1933 (gerichtliche Bestellung bis zur nächsten Hauptversammlung).
[83] OLG Köln ZIP 2008, 508 = AG 2007, 822; OLG Köln NZG 2011, 508 = ZIP 2011, 522, 523: „weder planwidrige Regelungslücke noch eine Vergleichbarkeit der Tatbestände".
[84] OLG Köln NZG 2011, 508, 509 = ZIP 2011, 522, 524; kritisch *E. Vetter*, ZIP 2012, 701, 706.
[85] Vgl im Einzelnen *E. Vetter*, ZIP 2012, 701, 707 ff.
[86] *E. Vetter*, ZIP 2012, 701, 710.
[87] *E. Vetter*, ZIP 2012, 701, 710.

Der BGH hat Anfang 2013 die Anwendung der Lehre vom fehlerhaften Organ auf diese Fallgestaltungen abgelehnt und formuliert, dass ein Aufsichtsratsmitglied, dessen Wahl nichtig ist oder für nichtig erklärt wird, für die Stimmabgabe und Beschlussfassung wie ein Nichtmitglied zu behandeln ist (vgl im Einzelnen § 250 Rn 13 ff). Nur wenn feststeht, dass die Teilnahme des Nichtmitglieds an der Abstimmung im Aufsichtsrat weder die Beschlussfähigkeit noch das Beschlussergebnis beeinflusst haben, sind die so getroffenen Beschlüsse des Aufsichtsrates dennoch wirksam. Die Gesellschaft wird dies im Rechtsstreit nur beweisen können, wenn die Abstimmung genau protokolliert wird.[88]

Der BGH stellt zur Begrenzung der praktischen Auswirkungen u.a. fest, dass außenstehende, gutgläubige Dritte in ihrem Vertrauen auf die Handlungsbefugnis des den Aufsichtsratsbeschluss Ausführenden geschützt sind.[89] Die Mitwirkung eines Nichtmitglieds an Aufsichtsratsbeschlüssen zu Vorschlägen zur Beschlussfassung an die Hauptversammlung gem. § 124 Abs. 3 S. 1 ist danach nicht relevant.[90] Organmitglieder, die die Nichtigkeit kennen oder kennen müssen, hält der BGH nicht für schutzwürdig, jedenfalls nicht über die Aufdeckung der Nichtigkeit hinaus.[91]

Die Entscheidung des BGH ist im Umgang mit möglicherweise anfechtbar oder nichtig gewählten Aufsichtsratsmitgliedern zwingend zu beachten. Es werden vielfach Unsicherheiten bleiben, die rechtssicher nur über den Rücktritt des betroffenen Aufsichtsratsmitlieds und eine nachfolgende gerichtliche Ersatzbestellung ausgeräumt werden können.[92] Um zu vermeiden, dass die Wahl sämtlicher Aufsichtsratsmitglieder nichtig ist oder für nichtig erklärt wird, muss die Wahl der Aufsichtsratsmitglieder der Anteilseignerseite rollierend erfolgen und auf Listenwahlen verzichtet werden.[93]

Anhang zu § 101 Wahl von Mitgliedern des Aufsichtsrats durch die Hauptversammlung

I. Auszug aus der Einberufung der Hauptversammlung

▶ **TOP 3 – Wahlen zum Aufsichtsrat**

Die Amtszeit der Mitglieder des gegenwärtigen Aufsichtsrats (Herren Koch, Friesinger und Bendorf) läuft zum Ende der Hauptversammlung, die über die Entlastung für das Geschäftsjahr 2013 beschließen wird, aus.

Alle Mitglieder des Aufsichtsrats haben erklärt, erneut zu kandidieren und die Wahl für den Fall ihrer Wiederwahl anzunehmen.

Der Aufsichtsrat schlägt der Hauptversammlung die Wiederwahl der genannten Mitglieder des Aufsichtsrats für die Zeit bis zur Beendigung der Hauptversammlung vor, die über die Entlastung für das vierte Geschäftsjahr nach Beginn der neuen Amtszeit beschließt. Das Geschäftsjahr, in dem die neue Amtszeit beginnt, wird dabei nicht eingerechnet.

Der Aufsichtsrat setzt sich nach §§ 96 Abs. 1, 101 Abs. 1 AktG, § 7 Abs. 1 Nr. 3 MitbestG (§ 76 Abs. 1 BetrVG 1952) zusammen. Die Hauptversammlung ist an Wahlvorschläge nicht gebunden. ◀

II. Auszug aus der Niederschrift über die Hauptversammlung

▶ **Zu TOP 3 – Wahlen zum Aufsichtsrat**

Der Vorsitzende teilte mit: Alle Mitglieder des Aufsichtsrats haben erklärt, die Wahl für den Fall ihrer Wiederwahl anzunehmen. Die Hauptversammlung ist an Wahlvorschläge nicht gebunden.

Der Vorsitzende stellte sodann TOP 3 zur Abstimmung:

„Die Mitglieder des gegenwärtigen Aufsichtsrats werden zu Wiederwahl vorgeschlagen für die Zeit bis zur Beendigung der Hauptversammlung, die über die Entlastung für das vierte Geschäftsjahr nach Beginn der neuen Amtszeit beschließt. Das Geschäftsjahr, in dem die neue Amtszeit beginnt, wird dabei nicht eingerechnet."

Die Abstimmung ergab, dass die Mitglieder des gegenwärtigen Aufsichtsrats einstimmig für die vorgenannte Amtszeit wiedergewählt wurden.

Der Vorsitzende gab das Ergebnis bekannt. ◀

---

[88] *Tielemann/Struck*, BB 2013, 1548, 1549; *Arnold/Gayk*, DB 2013, 1830, 1831 f; *Priester*, GWR 2013, 175, 177; *Kocher*, GWR 2013, 509, 510.
[89] BGHZ 196, 195 = NJW 2013, 1535 = NZG 2013, 456 = DB 2013, 806 Rn 22; dazu § 250 Rn 15.
[90] BGHZ 196, 195 = NJW 2013, 1535 = NZG 2013, 456 = DB 2013, 806 Rn 25; dazu § 250 Rn 18.
[91] BGHZ 196, 195 = NJW 2013, 1535 = NZG 2013, 456 = DB 2013, 806 Rn 23; dazu § 250 Rn 16 f.
[92] *Arnold/Gayk*, DB 2013, 1830, 1836 f; *Thielemann/Struck*, BB 2013, 1548, 1551.
[93] *Arnold/Gayk*, DB 2013, 1830, 1831.

§ 102 Amtszeit der Aufsichtsratsmitglieder

(1) ¹Aufsichtsratsmitglieder können nicht für längere Zeit als bis zur Beendigung der Hauptversammlung bestellt werden, die über die Entlastung für das vierte Geschäftsjahr nach dem Beginn der Amtszeit beschließt. ²Das Geschäftsjahr, in dem die Amtszeit beginnt, wird nicht mitgerechnet.

(2) Das Amt des Ersatzmitglieds erlischt spätestens mit Ablauf der Amtszeit des weggefallenen Aufsichtsratsmitglieds.

A. Regelungsgegenstand und -zweck

1 In Abs. 1 wird eine Höchstdauer für die Amtszeit der Aufsichtsratsmitglieder festgelegt. In Abs. 2 wird die Höchstdauer der Amtszeit des an die Stelle des weggefallenen Aufsichtsratsmitgliedes nachgerückten Ersatzmitgliedes mit dessen Amtszeit verbunden. Wie sich auch schon aus § 101 Abs. 3 S. 2 ergibt, endet die Amtszeit des nachgerückten Ersatzmitgliedes mit dem Ablauf der Amtszeit des weggefallenen Aufsichtsratsmitgliedes.

2 Anders als Abs. 2 ist Abs. 1 auf den **ersten Aufsichtsrat** einer Aktiengesellschaft unanwendbar. Nach § 30 Abs. 3 können die Mitglieder des ersten Aufsichtsrates nicht für längere Zeit als bis zur Beendigung der Hauptversammlung bestellt werden, die über die Entlastung für das erste Voll- oder Rumpfgeschäftsjahr beschließt. Dies gilt jedoch nicht für die Arbeitnehmervertreter, die bei Sachgründung gemäß § 31 Abs. 3 bestellt werden. § 31 Abs. 5 setzt § 30 Abs. 3 S. 1 außer Kraft, so dass es bei der Höchstdauer gemäß § 102 Abs. 1 bleibt.[1]

B. Amtszeit

3 **I. Gesetzliche Höchstdauer.** Aufsichtsratsmitglieder können höchstens bis zur Beendigung der Hauptversammlung bestellt werden, die über die Entlastung für das vierte Geschäftsjahr nach dem Beginn der Amtszeit beschließt. Das Geschäftsjahr, in dem die Amtszeit beginnt, wird nicht mitgerechnet, so dass sich die Höchstdauer aus der Zeit vom Beginn der Amtszeit bis zum Ende des Geschäftsjahres, in dem die Amtszeit anfängt, den sich anschließenden vier Geschäftsjahren und schließlich der Zeit vom Beginn des darauf folgenden Geschäftsjahres bis zur ordentlichen Hauptversammlung, die über die Entlastung für das vierte Geschäftsjahr beschließt, errechnet. Regelmäßig wird sich damit eine **Höchstdauer von ca. fünf Jahren** ergeben.

4 **II. Festlegung einer kürzeren Amtszeit.** Eine kürzere Amtsdauer kann für alle Aufsichtsratsmitglieder durch die Satzung vorgesehen werden. Dies gilt auch für die Arbeitnehmervertreter.[2] Die Satzung kann die Aufsichtsratsmandate **zeitlich verschieden** begrenzen, etwa bei erstmaliger Wahl eine auf drei Jahre begrenzte Amtszeit festlegen. Darin liegt kein Verstoß gegen den Grundsatz, dass die Rechtsstellung aller Aufsichtsratsmitglieder gleichwertig ist.[3] Zu beachten ist allerdings, dass bei unterschiedlicher Amtsdauer die Arbeitnehmervertreter auf die Dauer der in der Satzung vorgesehenen Amtszeit der Aufsichtsratsmitglieder gewählt werden.[4] Denn für die Amtszeit der Arbeitnehmervertreter gelten nach den mitbestimmungsrechtlichen Vorschriften[5] die Bestimmungen des § 102 AktG und der Satzung. Daher kann auch die Hauptversammlung eine Festlegung der Amtsdauer für die Arbeitnehmervertreter nicht treffen.[6] Die Hauptversammlung kann allein für die Aktionärsvertreter im Wahlbeschluss eine kürzere Amtsdauer festlegen.

5 Der entsendungsberechtigte Aktionär kann die Amtszeit des von ihm entsandten Mitglieds im Rahmen der gesetzlichen Höchstdauer frei bestimmen. Eine Satzungsregelung, die eine kürzere Amtszeit für die Aufsichtsratsmitglieder vorsieht, ist dann für das entsandte Mitglied irrelevant.[7]

6 **III. Beginn und Ende der Amtszeit.** Die Amtszeit beginnt mit der Annahme der Wahl. Sie kann aber auch später liegen, wenn für die Amtsübernahme ein bestimmter Termin festgesetzt ist.

7 Satzung oder Hauptversammlung können einen **beliebigen Endtermin** vorsehen, der nicht mit dem Ende einer Hauptversammlung übereinstimmen muss.[8] In der Praxis wird das Ende häufig auf den Schluss der Hauptversammlung gelegt, die über die Entlastung für das vierte Geschäftsjahr nach dem Beginn der Amtszeit beschließt. Für die Beendigung ist dann unerheblich, ob die Entlastung erteilt oder verweigert wird. Erfolgt die Beschlussfassung über die Entlastung nicht rechtzeitig, dh, die in § 120 Abs. 1 vorgesehene Frist

---

1 Hüffer, § 31 Rn 14.
2 KölnKomm-AktG/*Mertens/Cahn*, Rn 8; MüHb-AG/*Hoffmann-Becking*, § 30 Rn 45.
3 BGHZ 99, 211, 215 = NJW 1987, 902, 903.
4 KölnKomm-AktG/*Mertens/Cahn*, Rn 8.
5 §§ 5, 6 Montan-MitbestG; § 15 Abs. 1 MitbestG; § 10 c Abs. 1 Montan-MitbestErgG; § 5 Abs. 1 DrittelbG.
6 MüHb-AG/*Hoffmann-Becking*, § 30 Rn 45; *Hüffer*, Rn 5.
7 KölnKomm-AktG/*Mertens/Cahn*, Rn 12; *Hüffer*, Rn 4.
8 KölnKomm-AktG/*Mertens/Cahn*, Rn 17.

von acht Monaten seit Beginn des Geschäftsjahres wird nicht eingehalten, verlängert sich die Amtszeit nicht über die regelmäßigen fünf Jahre hinaus. Da keine beliebige Verlängerung der Amtsdauer der Aufsichtsratsmitglieder gegen das Gesetz möglich sein kann, werden in der Literatur verschiedene Lösungsmöglichkeiten gesucht.[9] Die Praxis hat sich an der **eindeutigen Entscheidung des BGH** zu orientieren, der für den Fall, dass die Hauptversammlung über die Entlastung eines Aufsichtsratsmitglieds in der gesetzlichen oder einer in der Satzung vorgesehenen geringeren Frist keinen Beschluss fasst, die Zugehörigkeit zum Aufsichtsrat spätestens in dem Zeitpunkt endet, in dem die Hauptversammlung über die Entlastung für das vierte Geschäftsjahr seit seinem Amtsantritt hätte beschließen müssen.[10]

C. Wiederbestellung

Während die Wiederbestellung von Aufsichtsratsmitgliedern allgemein als zulässig angesehen wird, gilt die vorzeitige **Wiederwahl vor Ablauf der Amtszeit** als **unzulässig**.[11] Die Wiederwahl eines auf die gesetzliche Höchstdauer bestellten Aufsichtsratsmitgliedes kann danach nicht vor der über die Entlastung für das vierte Geschäftsjahr beschließenden Hauptversammlung erfolgen. Möglich ist es allerdings, vorzeitig zu wählen und dabei den Rest der laufenden Amtszeit in die Berechnung der gesetzlichen Höchstdauer einzubeziehen.[12]

Eine mehrfache Wiederbestellung ist möglich. Das Gesetz kennt keine Altersgrenze, Ziffer 5.4.1 DCGK empfiehlt gleichwohl die Festlegung einer Altersgrenze für Aufsichtsratsmitglieder. Eine solche Festlegung verstößt nicht gegen das AGG.[13] Allerdings kann uU eine langjährige Mitgliedschaft dazu führen, dass die betreffende Person nicht als unabhängig iSd § 100 Abs. 5 angesehen werden kann (vgl § 100 Rn 19 a).

D. Ersatzmitglieder

Nach Abs. 2 können Ersatzmitglieder immer nur für die Dauer der Amtszeit des weggefallenen Aufsichtsratsmitgliedes nachrücken. Dies gilt nicht nur für den Fall, dass die gesetzliche Höchstdauer des Abs. 1 zu beachten ist, sondern auch, wenn eine durch Satzung oder Hauptversammlungsbeschluss verkürzte Amtszeit besteht. Im Übrigen kann durch Satzung auch bestimmt werden, dass bei Wegfallen eines Aufsichtsratsmitgliedes auf der nächsten Hauptversammlung eine Nachwahl stattfindet. Dann endet die Amtsdauer des Ersatzmitgliedes mit dem Ende der nachwählenden Hauptversammlung.[14]

§ 103 Abberufung der Aufsichtsratsmitglieder

(1) ¹Aufsichtsratsmitglieder, die von der Hauptversammlung ohne Bindung an einen Wahlvorschlag gewählt worden sind, können von ihr vor Ablauf der Amtszeit abberufen werden. ²Der Beschluß bedarf einer Mehrheit, die mindestens drei Viertel der abgegebenen Stimmen umfaßt. ³Die Satzung kann eine andere Mehrheit und weitere Erfordernisse bestimmen.

(2) ¹Ein Aufsichtsratsmitglied, das auf Grund der Satzung in den Aufsichtsrat entsandt ist, kann von dem Entsendungsberechtigten jederzeit abberufen und durch ein anderes ersetzt werden. ²Sind die in der Satzung bestimmten Voraussetzungen des Entsendungsrechts weggefallen, so kann die Hauptversammlung das entsandte Mitglied mit einfacher Stimmenmehrheit abberufen.

(3) ¹Das Gericht hat auf Antrag des Aufsichtsrats ein Aufsichtsratsmitglied abzuberufen, wenn in dessen Person ein wichtiger Grund vorliegt. ²Der Aufsichtsrat beschließt über die Antragstellung mit einfacher Mehrheit. ³Ist das Aufsichtsratsmitglied auf Grund der Satzung in den Aufsichtsrat entsandt worden, so können auch Aktionäre, deren Anteile zusammen den zehnten Teil des Grundkapitals oder den anteiligen Betrag von einer Million Euro erreichen, den Antrag stellen. ⁴Gegen die Entscheidung ist die Beschwerde zulässig.

(4) Für die Abberufung der Aufsichtsratsmitglieder, die weder von der Hauptversammlung ohne Bindung an einen Wahlvorschlag gewählt worden sind noch auf Grund der Satzung in den Aufsichtsrat entsandt sind, gelten außer Absatz 3 das Mitbestimmungsgesetz, das Montan-Mitbestimmungsgesetz, das Mitbe-

---

9 Vgl die Angaben bei *Hüffer*, Rn 3.
10 BGH DB 2002, 1928 = WM 2002, 1884; ebenso OLG München WM 2010, 357, 358.
11 RGZ 129, 180, 183 f; 166, 175, 187; *Baumbach/Hueck*, AktG, Rn 3; *Hüffer*, Rn 6; MüKo-AktG/*Habersack*, Rn 20.
12 KölnKomm-AktG/*Mertens/Cahn*, Rn 20 mwN.
13 *Kremer* in: Ringleb/Kremer/Lutter/v.Werder, DCGK, Rn 1025; *Lutter*, BB 2007, 725, 730.
14 KölnKomm-AktG/*Mertens/Cahn*, Rn 21.

stimmungsergänzungsgesetz, das Drittelbeteiligungsgesetz, das SE-Beteiligungsgesetz und das Gesetz über die Mitbestimmung der Arbeitnehmer bei einer grenzüberschreitenden Verschmelzung.

(5) Für die Abberufung eines Ersatzmitglieds gelten die Vorschriften über die Abberufung des Aufsichtsratsmitglieds, für das es bestellt ist.

Literatur:
Kübler, Aufsichtsratsmandate in konkurrierenden Unternehmen, in: FS Carsten Peter Claussen, 1997, S. 239; *Lutter*, Bankenvertreter im Aufsichtsrat, ZHR 145 (1981), 224; *ders.*, Die Unwirksamkeit von Mehrfachmandaten in den Aufsichtsräten von Konkurrenzunternehmen, in: FS Karl Beusch, 1993, S. 509; *Lutter/Kirschbaum*, Zum Wettbewerber im Aufsichtsrat, ZIP 2005, 103; *Möllers*, Interessenkonflikte von Vertretern des Bieters bei Übernahme eines Aufsichtsratsmandats der Zielgesellschaft, ZIP 2006, 1615; *Singhof*, Die Amtsniederlegung durch das Aufsichtsratsmitglied einer Aktiengesellschaft, AG 1998, 318; *Wardenbach*, Niederlegung des Aufsichtsratsmandat bei Interessenkollisionen, AG 1999, 74.

A. Regelungsgegenstand und -zweck 1	D. Abberufung aus wichtigem Grund (Abs. 3) 12
B. Abberufung der von der Hauptversammlung gewählten Aufsichtsratsmitglieder (Abs. 1) 3	I. Grundsätzliches 12
I. Grundsätzliches 3	II. Antragsberechtigung 13
II. Vertrauensentzug 6	III. Wichtiger Grund 14
III. Gesetzliche Mehrheit 7	IV. Verfahrensweg 18
IV. Satzungsmäßige Mehrheit 8	E. Abberufung nach mitbestimmungsrechtlichen Vorschriften (Abs. 4) 19
C. Abberufung der entsandten Aufsichtsratsmitglieder (Abs. 2) 9	F. Abberufung von Ersatzmitgliedern (Abs. 5) 20
	G. Sonstige Beendigung der Amtszeit 21

A. Regelungsgegenstand und -zweck

1 Die Vorschrift fasst die Regelungen über die **vorzeitige Abberufung von Aufsichtsratsmitgliedern** zusammen. Von besonderer Bedeutung ist die Möglichkeit gemäß Abs. 3, mit gerichtlicher Hilfe eine Abberufung aus wichtigem Grund von untragbar gewordenen Aufsichtsratsmitgliedern durchzusetzen, auch wenn die sonst für die Abberufung dieses Aufsichtsratsmitgliedes zuständige Stelle noch nicht über die Abberufung entschieden hat oder eine Abberufung ablehnt.[1] Abs. 5 erlaubt die Abberufung eines Ersatzmitgliedes. Zu beachten ist, dass § 103 keine abschließende Regelung der Amtsbeendigung enthält, da das Amt auch durch andere Umstände als durch Abberufung enden kann wie beispielsweise durch Amtsniederlegung oder Verlust der Wählbarkeit, die bei Arbeitnehmervertretern etwa durch Pensionierung oder Wechsel des Arbeitsplatzes eintreten kann (vgl § 24 Abs. 1 MitbestG).[2]

2 Die Vorschrift ist auch auf die Abberufung der Mitglieder des ersten Aufsichtsrates anwendbar.[3]

B. Abberufung der von der Hauptversammlung gewählten Aufsichtsratsmitglieder (Abs. 1)

3 **I. Grundsätzliches.** Die ohne Bindung an einen Wahlvorschlag gewählten Aufsichtsratsmitglieder können von der Hauptversammlung nach Abs. 1 S. 1 von ihr **jederzeit abberufen** werden. Die Bindung an einen Wahlvorschlag besteht nur bei Gesellschaften, die der Montan-Mitbestimmung unterliegen (§ 101 Abs. 1 S. 2). Im Ergebnis betrifft die Abberufung nach Abs. 1 somit ganz überwiegend die gewählten Aufsichtsratsmitglieder der Aktionäre.

4 Die **Hauptversammlung kann die Abberufungskompetenz** nicht auf ein anderes Organ übertragen.[4] Bei der Beschlussfassung über die Abberufung sind auch die Aktionäre stimmberechtigt, um die es als abzuberufende Aufsichtsratsmitglieder geht.[5]

5 Die Abberufung führt als empfangsbedürftige Willenserklärung erst mit ihrem Zugang beim Aufsichtsratsmitglied zur Beendigung des Amtes.[6] Eine formlose Mitteilung an das betroffene Aufsichtsratsmitglied reicht aus. Sie kann durch den Vorstand, den Aufsichtsratsvorsitzenden oder auch eine dritte, von der Hauptversammlung entsprechend mandatierte Person übermittelt werden.[7]

6 **II. Vertrauensentzug.** Die **Abberufung ist nicht an sachliche Erfordernisse** wie beispielsweise eine Pflichtverletzung, Amtsunfähigkeit oder sonstige Umstände **gebunden**. Da die Aufsichtsratsmitglieder der Aktionäre das Vertrauen der Hauptversammlung genießen sollen, reicht zur Abberufung mit gesetzlicher oder

---

1 Ausschuss B, *Kropff*, S. 142 f.
2 BAG AG 2001, 513.
3 KölnKomm-AktG/*Mertens/Cahn*, Rn 5.
4 KölnKomm-AktG/*Mertens/Cahn*, Rn 10.
5 *Hüffer*, Rn 4; KölnKomm-AktG/*Mertens/Cahn*, Rn 10.
6 MüHb-AG/*Hoffmann-Becking*, § 30 Rn 55.
7 KölnKomm-AktG/*Mertens/Cahn*, Rn 11; MüHb-AG/*Hoffmann-Becking*, § 30 Rn 55; aA *Hüffer*, Rn 5; MüKo-AktG/*Habersack*, Rn 19, die eine Erklärung durch den Vorstand für erforderlich halten.

satzungsmäßiger Mehrheit der Vertrauensentzug aus. Eine Entlastungsverweigerung genügt in keinem Fall.[8] Der Abberufungsbeschluss muss nicht notwendigerweise den Ausdruck Abberufung verwenden. Die Abberufung muss aber eindeutig sein.

III. Gesetzliche Mehrheit. Nach Abs. 1 S. 2 ist für einen Abberufungsbeschluss eine Mehrheit von mindestens Dreiviertel der abgegebenen Stimmen erforderlich. Eine Mehrheit des Grundkapitals ist nicht gefordert.

IV. Satzungsmäßige Mehrheit. Die Satzung kann allerdings nach Abs. 1 S. 3 andere Mehrheiten und andere Erfordernisse festlegen. So kann eine größere, aber auch eine geringere Mehrheit erforderlich sein. Zu beachten ist allerdings, dass die Regelung dann einheitlich für alle von der Hauptversammlung bestellten Aufsichtsratsmitglieder gilt und nicht etwa auf bestimmte Mitglieder beschränkt wird.[9] Eine **Abberufung** durch eine **Minderheit** ist nicht möglich. Auch eine Differenzierung der Mehrheiten nach dem Anlass der Abberufung ist unzulässig.[10]

C. Abberufung der entsandten Aufsichtsratsmitglieder (Abs. 2)

Nach Abs. 2 S. 1 können die aufgrund der Satzung entsandten Aufsichtsratsmitglieder vom Entsendungsberechtigten ohne Weiteres abberufen werden. Sie können gleichzeitig durch eine andere Person ersetzt werden. Zwingend ist dies jedoch nicht.[11] Ein wichtiger Grund zur Abberufung ist nicht erforderlich.
Eine etwaige **Vereinbarung zwischen dem Entsendungsberechtigten und dem Aufsichtsratsmitglied**, in dem auf die jederzeitige Abberufung verzichtet oder diese beschränkt wird, ist im Hinblick auf eine dennoch erfolgte Abberufung irrelevant. Sie führt ggf zu einer Schadensersatzpflicht des Entsendungsberechtigten.[12]
Abs. 2 S. 2 bestimmt, dass ausnahmsweise die Hauptversammlung auch ein entsandtes Aufsichtsratsmitglied abberufen kann, wenn die satzungsmäßigen Voraussetzungen des Entsendungsrechts weggefallen sind. Es reicht ein Hauptversammlungsbeschluss mit einfacher Stimmenmehrheit aus.

D. Abberufung aus wichtigem Grund (Abs. 3)

I. Grundsätzliches. Nach Abs. 3 kann jedes Aufsichtsratsmitglied durch eine gerichtliche Entscheidung aus wichtigem Grund abberufen werden. Die Vorschrift gibt dem Unternehmen die Möglichkeit, sich von einem Aufsichtsratsmitglied zu trennen, wenn eine **weitere Zusammenarbeit untragbar** geworden ist. Eine gerichtliche Abberufung kann im Hinblick auf jedes Aufsichtsratsmitglied beantragt werden. Es ist auch nicht erforderlich, dass sich zunächst das ordentliche Abberufungsorgan mit der Angelegenheit beschäftigt hat.[13]

II. Antragsberechtigung. Eine gerichtliche Entscheidung erfolgt nur auf Antrag. **Antragsberechtigt** ist nach Abs. 3 S. 1 **der Aufsichtsrat**. Der Antrag muss aufgrund eines mit einfacher Mehrheit der abgegebenen Stimmen[14] gefassten Beschlusses erfolgen. Antragsberechtigt ist bei aufgrund der Satzung entsandten Aufsichtsratsmitgliedern auch eine Minderheit der Aktionäre, deren Aktien mindestens 10 % des Grundkapitals oder den anteiligen Betrag von einer Million Euro erreicht. Der anteilige Betrag (vgl § 8 Abs. 3 S. 3) ergibt sich aus der Division des Grundkapitals durch die Aktienanzahl. Bei Nennbetragsaktien (vgl § 8 Abs. 1 und 2) ist der Nennbetrag der anteilige Betrag. **Dem Vorstand kommt kein Antragsrecht zu.**[15] Ungeachtet dessen, dass § 103 Abs. 3 nicht zu den Gegenständen gehört, die nach § 107 Abs. 3 S. 2 ausdrücklich dem Verbot der Überweisung bestimmter Aufgaben zur Beschlussfassung an Ausschüsse unterliegen, kann gleichwohl nur der gesamte Aufsichtsrat über den Antrag beschließen.[16] Das betroffene Mitglied ist bei der Beschlussfassung des Aufsichtsrates nicht stimmberechtigt.[17] Das führt nach früherer Rechtsprechung und einem Teil der Literatur im dreiköpfigen Aufsichtsrat zur Beschlussunfähigkeit.[18] Der BGH hat nun den Weg zu einer gerichtlichen Abberufung eröffnet. Danach muss das betreffende Aufsichtsratsmitglied in einem dreiköpfigen Aufsichtsrat an der Beschlussfassung zur Vermeidung der Beschlussunfähigkeit iSd § 108 Abs. 2 S. 2 und 3 teilnehmen, sich aber der Stimme enthalten.[19]

---

8 *Hüffer*, Rn 3.
9 BGHZ 99, 21, 215 f = NJW 1987, 902.
10 *Hüffer*, Rn 4 mwN; MüHb-AG/*Hoffmann-Becking*, § 30 Rn 54.
11 KölnKomm-AktG/*Mertens/Cahn*, Rn 20.
12 *Baumbach/Hueck*, AktG, Rn 5; MüKo-AktG/*Habersack*, Rn 27; *Scholz* in Semler/v. Schenck, ARHdb § 11 Rn 50; *Hüffer*, Rn 7.
13 KölnKomm-AktG/*Mertens/Cahn*, Rn 28.
14 MüKo-AktG/*Habersack*, Rn 34.
15 MüHb-AG/*Hoffmann-Becking*, § 30 Rn 58; *Hüffer*, Rn 12.
16 KölnKomm-AktG/*Mertens/Cahn*, Rn 29.
17 Gegen Stimmberechtigung die hM: *Hüffer*, Rn 12; KölnKomm-AktG/*Mertens/Cahn*, Rn 30; MüKo-AktG/*Habersack*, Rn 35; *Scholz* in/v. Schenck ARHdb § 11 Rn 57; BayObLG BB 2003, 2140 mAnm. *Kuthe*; MüHb-AG/*Hoffmann-Becking*, § 30 Rn 58 und § 31 Rn 58; für Stimmberechtigung: *Priester*, AG 2007, 190, 192.
18 BayObLG BB 2003, 2140 mAnm. *Kuthe*; vgl § 108 Rn 12.
19 BGH DB 2007, 1296, 1297 = BB 2007, 1185, 1187.

14 **III. Wichtiger Grund.** Der wichtige Grund, der Anlass zur Abberufung gibt, muss in der Person des Aufsichtsratsmitglieds begründet sein. Während früher argumentiert wurde, das Aufsichtsratsmitglied müsse sich krass gesellschaftswidrig verhalten oder schlechthin untragbar geworden sein,[20] wird heute ein wichtiger Grund immer dann angenommen, wenn **das weitere Mitwirken** des Aufsichtsratsmitgliedes für die Gesellschaft **unzumutbar wird,** mithin ein wichtiger Grund gem. § 84 Abs. 3 vorliegt.[21] Die gerichtliche Abberufung ist gleichwohl weiterhin Ultima Ratio, so dass unter Würdigung des Einzelfalles zu entscheiden ist, ob die Fortsetzung des Amtsverhältnisses bis zum Ablauf der Amtszeit für die Gesellschaft unzumutbar ist.[22]

15 **Verschulden wird nicht vorausgesetzt.** Bei fahrlässigen Pflichtverletzungen leichterer Art soll eine Abberufung erst im Wiederholungsfall in Betracht kommen.[23]

16 Als wichtiger Grund ist die Beteiligung von Aufsichtsratsmitgliedern an einem heimlichen Schreiben an das Bundeskartellamt mit negativer Stellungnahme zu einem angemeldeten Fusionsvorhaben angesehen worden,[24] ebenso der Umstand, dass Mitglieder des Aufsichtsrates sich unter Umgehung des Vorstandes Informationen bei Vertretern der Muttergesellschaft besorgten.[25] Eine gravierende und dauerhafte Pflichtenkollision, in der ein Aufsichtsratsmitglied als Repräsentant der Aufsichtsbehörde die Änderung des Unternehmensgegenstandes anstrebt, ist als wichtiger Grund angesehen worden.[26] Ebenso kann eine Verletzung der Verschwiegenheitspflicht über sensible Vorgänge durch ein Aufsichtsratsmitglied ausreichen,[27] uU auch die Anmaßung von Kontrollbefugnissen als Einzelperson, die nach § 111 Abs. 1 dem Aufsichtsrat als Organ obliegen.[28]

17 **Aufsichtsratsmandate in konkurrierenden Unternehmen** können mitunter im Interesse der Unternehmen, ihrer Gesellschafter und Arbeitnehmer liegen.[29] Für Konzernverhältnisse ist dies allgemein akzeptiert. In anderen Fällen wird darauf verwiesen, dass geschäftspolitische Gründe für eine solche Wahl sprechen können. Wenn eine Kooperationsbeziehung gefestigt oder die Kompetenz der betreffenden Person dem Unternehmen gesichert werden soll, wird die Aufsichtsratstätigkeit in konkurrierenden Unternehmen für sinnvoll angesehen.[30] Im Hinblick auf Banken- und Gewerkschaftsvertreter werden die Interessenkonflikte nach Meinung von *Lutter* aber als unauflösbar eingeschätzt.[31] Ein von der Bundesregierung in Erwägung gezogenes kartellrechtliches Wettbewerbsverbot für Aufsichtsratsmitglieder[32] ist nicht Gesetz geworden. Somit bleibt die vielfach diskutierte Frage bestehen, ob Personen im Aufsichtsrat, die einem Wettbewerber nahe stehen oder ihn geradezu repräsentieren, abberufen werden können oder ob sogar deren Mandat von vornherein unwirksam ist. Soweit in der Satzung keine Regelung über die Inkompatibilität enthalten ist, bleibt nur die Möglichkeit, eine Abberufung aus wichtigem Grund zu beantragen, wenn das betreffende Aufsichtsratsmitglied die **Pflichtenkollision** nicht in einer für die Gesellschaft und den Aufsichtsrat akzeptablen Art und Weise bewältigt.[33] Da es nach herrschender Meinung keine Mandatsunfähigkeit entsprechend §§ 100, 105, gibt,[34] sollte der von der Gegenansicht[35] vertretene Weg einer Analogie zu den §§ 100, 105 in der Praxis nicht verfolgt werden (vgl auch § 100 Rn 13).

18 **IV. Verfahrensweg.** Das Amtsgericht des Gesellschaftssitzes ist für die Entscheidung zuständig. Sie ergeht durch begründeten Beschluss. Als Rechtsmittel steht gemäß Abs. 3 S. 4 die Beschwerde zum OLG[36] zur Verfügung, die keine aufschiebende Wirkung hat. Daher verliert das abberufene Aufsichtsratsmitglied seine Rechte mit der Bekanntmachung der erstinstanzlichen Entscheidung. Eine stattgebende Rechtsmittelentscheidung führt zur Wiedererlangung der Position. Dies ist allerdings nicht möglich, wenn das zwischenzeitlich vakante Amt bereits mit einem Ersatzmitglied oder mit einem nachgerückten Aufsichtsratsmitglied besetzt ist.[37] Die Hauptsache wäre erledigt, die Beschwerde wäre unzulässig.[38]

---

20 BGHZ 39, 116, 123 = NJW 1963, 905.
21 *Hüffer,* Rn 10; *Lutter/Krieger,* AR, Rn 933; MüHb-AG/*Hoffmann-Becking,* § 30 Rn 59.
22 LG Frankfurt NJW 1987, 505 f; OLG Frankfurt ZIP 2008, 1382, 1384.
23 AG München ZIP 1985, 1139, 1141; *Lutter/Krieger,* AR, Rn 933.
24 LG Frankfurt NJW 1987, 505.
25 OLG Zweibrücken AG 1991, 70 = EWIR § 103 AktG, 3/90, 631 mAnm. *Altmeppen.*
26 OLG Hamburg AG 1990, 218 ff = ZIP 1990, 311 ff.
27 OLG Stuttgart, AG 2007, 218.
28 OLG Frankfurt ZIP 2008, 1382.
29 OLG Schleswig NZG 2004, 669, 670; Wilsing/*Wilsing,* DCGK 5.5.2, Rn 16.
30 Vgl *Kübler,* in: FS Claussen, 1997, S. 239, 243 ff.
31 *Lutter,* in: FS Beusch, 1993, S. 509, 510.
32 Entwurf eines Gesetzes zur Verbesserung von Transparenz und Beschränkung der Machtkonzentration in der deutschen Wirtschaft, BT-Drucks. 13/367, dazu *U.H. Schneider,* BB 1995, 365 ff.
33 *Möllers,* ZIP 2006, 1615, 1620; vgl auch DCGK, Ziff. 5.5 "Interessenkonflikte" und BGH NJW 2009, 2207, 2210: „… wesentlicher Interessenkonflikt kann nur bei breitflächigen Auswirkungen auf weite Teile der Organtätigkeit angenommen werden".
34 RGZ 165, 68, 82 (zur GmbH); BGHZ 3), 116, 123 = NJW 1963, 905; OLG Schleswig, ZIP 2004, 1143, 1144 = DB 2004, 1306; MüKo-AktG/*Habersack,* § 100 Rn 58 ff, 169 ff, *Hüffer,* Rn 13 b; *Marsch-Barner* in: Semler/v. Schenck, ARHdb, § 12 Rn 139 ff.
35 *Lutter,* ZHR 145 (1981), 224, 235 f; *ders.,* in: FS Beusch, 1993, S. 509, 518; *Lutter/Krieger,* AR, Rn 22; *Lutter/Kirschbaum,* ZIP 2005, 103 ff; K. Schmidt/Lutter/*Drygala,* Rn 17.
36 § 58 FamFG iVm § 119 Abs. 1 Nr. 1 b GVG.
37 OLG Köln AG 1989, 205, 206 = ZIP 1989, 572, 574.
38 K. Schmidt/Lutter/*Drygala,* Rn 21.

E. Abberufung nach mitbestimmungsrechtlichen Vorschriften (Abs. 4)

Mit Abs. 4 wird festgestellt, dass die speziellen mitbestimmungsrechtlichen Abberufungsregelungen Anwendung finden. Es sind § 23 MitbestG, § 11 Montan-MitbestG, § 10m Montan-MitBestErG, § 12 DrittelbG. Daneben besteht die Möglichkeit zur Abberufung der betreffenden Aufsichtsratsmitglieder aus wichtigem Grund gemäß § 103 Abs. 3.

F. Abberufung von Ersatzmitgliedern (Abs. 5)

Nach Abs. 5 können Ersatzmitglieder nach den Regeln abberufen werden, die für das Aufsichtsratsmitglied gelten, für welches das Ersatzmitglied bestellt ist. Die Abberufung nach Abs. 5 ist bereits vor einem Nachrücken möglich.[39] Die Abberufung eines in den Aufsichtsrat nachgerückten Mitglieds richtet sich nach Abs. 1 bis 4.

Das Ersatzmitglied, das in den Aufsichtsrat nachgerückt ist, scheidet automatisch mit der Wahl des neuen ordentlichen Aufsichtsratsmitglieds aus. Da die Wahl eines Nachfolgers für ein ausgeschiedenes Aufsichtsratsmitglied somit wie die **Abberufung des nachgerückten Ersatzmitglieds** wirkt, muss die Nachwahl mit der Mehrheit erfolgen, die für eine Abberufung erforderlich wäre, da für Wahl und Abberufung dasselbe Mehrheitserfordernis gelten muss.[40]

G. Sonstige Beendigung der Amtszeit

Die Amtszeit des Aufsichtsratsmitglieds kann auch aus sonstigen Gründen vorzeitig enden. Die Beendigungsgründe können sich aus den Verhältnissen der Gesellschaft selbst ergeben. Vollbeendigung, Verschmelzung und nach herrschender Meinung auch der Formwechsel[41] führen zum Amtsende. Die Eröffnung des Insolvenzverfahrens führt hingegen nicht zur Beendigung der Amtszeit.[42] Ebenso bleibt der Aufsichtsrat während der Abwicklung gem. § 264 im Amt.[43]

Die **Beendigungsgründe** können aber auch **in der Person des Aufsichtsratsmitglieds** selbst liegen. Der Tod des Aufsichtsratsmitglieds, eine erfolgreiche Wahlanfechtung oder der Verlust der gesetzlichen persönlichen Voraussetzungen für die Aufsichtsratsmitgliedschaft sowie bei Arbeitnehmervertretern der Verlust von Wählbarkeitsvoraussetzungen führen zur Beendigung der Amtszeit.

Der in der Praxis häufigste Fall der vorzeitigen Beendigung der Amtszeit ist die **Amtsniederlegung**.[44] Nach ganz herrschender Meinung ist sie auch ohne wichtigen Grund zulässig, wenn sie nicht zur Unzeit erfolgt.[45] Die Amtsniederlegung hat durch empfangsbedürftige Willenserklärung gegenüber dem Vorstand der Gesellschaft zu erfolgen.[46] Sie wird mit Zugang beim Vorstand wirksam.[47] Die fälschlicherweise gegenüber dem Aufsichtsratsvorsitzenden erklärte Niederlegung ist nicht ausreichend; dieser hat sie unverzüglich an den Vorstand weiterzuleiten.[48] Jedenfalls ist die Amtsniederlegung wirksam, wenn die Weiterleitung dann auch geschieht.[49]

§ 104 Bestellung durch das Gericht

(1) ¹Gehört dem Aufsichtsrat die zur Beschlußfähigkeit nötige Zahl von Mitgliedern nicht an, so hat ihn das Gericht auf Antrag des Vorstands, eines Aufsichtsratsmitglieds oder eines Aktionärs auf diese Zahl zu ergänzen. ²Der Vorstand ist verpflichtet, den Antrag unverzüglich zu stellen, es sei denn, daß die rechtzeitige Ergänzung vor der nächsten Aufsichtsratssitzung zu erwarten ist. ³Hat der Aufsichtsrat auch aus Aufsichtsratsmitgliedern der Arbeitnehmer zu bestehen, so können auch den Antrag stellen

1. der Gesamtbetriebsrat der Gesellschaft oder, wenn in der Gesellschaft nur ein Betriebsrat besteht, der Betriebsrat, sowie, wenn die Gesellschaft herrschendes Unternehmen eines Konzerns ist, der Konzernbetriebsrat,

---

39 MüKo-AktG/*Habersack*, Rn 54.
40 BGHZ 99, 211, 214 = NJW 1987, 902, 903.
41 *Hoffmann-Becking*, AG 1980, 269 f; *Hüffer*, Rn 16.
42 KölnKomm-AktG/*Mertens/Cahn*, Rn 53.
43 *Hüffer*, § 264 Rn 16.
44 Ausführlich dazu *Singhof*, AG 1998, 318, 320 ff.
45 Vgl nur *Hüffer*, Rn 17 mwN; *Wardenbach*, AG 1999, 74, 75.
46 *Hüffer*, Rn 17; MüHb-AG/*Hoffmann-Becking*, § 30 Rn 52; Müko-AktG/*Habersack*, § 103, Rn 61; aA (Vorstand und Aufsichtsratsvorsitzender sind originär zuständig) *Lutter/Krieger*, AR, Rn 33; MüKo-AktG/*Semler*, 2. Aufl., Rn 113.
47 OLG Stuttgart DB 2009, 1521, 1523 f.
48 *Hüffer*, Rn 17; vgl auch OLG Schleswig AG 2006, 120, 127 = DB 2006, 146, 150.
49 BGH BB 2010, 2397 m zust. Anm. *Kocher*.

2. der Gesamt- oder Unternehmenssprecherausschuss der Gesellschaft oder, wenn in der Gesellschaft nur ein Sprecherausschuss besteht, der Sprecherausschuss sowie, wenn die Gesellschaft herrschendes Unternehmen eines Konzerns ist, der Konzernsprecherausschuss,
3. der Gesamtbetriebsrat eines anderen Unternehmens, dessen Arbeitnehmer selbst oder durch Delegierte an der Wahl teilnehmen, oder, wenn in dem anderen Unternehmen nur ein Betriebsrat besteht, der Betriebsrat,
4. der Gesamt- oder Unternehmenssprecherausschuss eines anderen Unternehmens, dessen Arbeitnehmer selbst oder durch Delegierte an der Wahl teilnehmen, oder, wenn in dem anderen Unternehmen nur ein Sprecherausschuss besteht, der Sprecherausschuss,
5. mindestens ein Zehntel oder einhundert der Arbeitnehmer, die selbst oder durch Delegierte an der Wahl teilnehmen,
6. Spitzenorganisationen der Gewerkschaften, die das Recht haben, Aufsichtsratsmitglieder der Arbeitnehmer vorzuschlagen,
7. Gewerkschaften, die das Recht haben, Aufsichtsratsmitglieder der Arbeitnehmer vorzuschlagen.

[4]Hat der Aufsichtsrat nach dem Mitbestimmungsgesetz auch aus Aufsichtsratsmitgliedern der Arbeitnehmer zu bestehen, so sind außer den nach Satz 3 Antragsberechtigten auch je ein Zehntel der wahlberechtigten in § 3 Abs. 1 Nr. 1 des Mitbestimmungsgesetzes bezeichneten Arbeitnehmer oder der wahlberechtigten leitenden Angestellten im Sinne des Mitbestimmungsgesetzes antragsberechtigt. [5]Gegen die Entscheidung ist die Beschwerde zulässig.

(2) [1]Gehören dem Aufsichtsrat länger als drei Monate weniger Mitglieder als die durch Gesetz oder Satzung festgesetzte Zahl an, so hat ihn das Gericht auf Antrag auf diese Zahl zu ergänzen. [2]In dringenden Fällen hat das Gericht auf Antrag den Aufsichtsrat auch vor Ablauf der Frist zu ergänzen. [3]Das Antragsrecht bestimmt sich nach Absatz 1. [4]Gegen die Entscheidung ist die Beschwerde zulässig.

(3) Absatz 2 ist auf einen Aufsichtsrat, in dem die Arbeitnehmer ein Mitbestimmungsrecht nach dem Mitbestimmungsgesetz, dem Montan-Mitbestimmungsgesetz oder dem Mitbestimmungsergänzungsgesetz haben, mit der Maßgabe anzuwenden,
1. daß das Gericht den Aufsichtsrat hinsichtlich des weiteren Mitglieds, das nach dem Montan-Mitbestimmungsgesetz oder dem Mitbestimmungsergänzungsgesetz auf Vorschlag der übrigen Aufsichtsratsmitglieder gewählt wird, nicht ergänzen kann,
2. daß es stets ein dringender Fall ist, wenn dem Aufsichtsrat, abgesehen von dem in Nummer 1 genannten weiteren Mitglied, nicht alle Mitglieder angehören, aus denen er nach Gesetz oder Satzung zu bestehen hat.

(4) [1]Hat der Aufsichtsrat auch aus Aufsichtsratsmitgliedern der Arbeitnehmer zu bestehen, so hat das Gericht ihn so zu ergänzen, daß das für seine Zusammensetzung maßgebende zahlenmäßige Verhältnis hergestellt wird. [2]Wenn der Aufsichtsrat zur Herstellung seiner Beschlußfähigkeit ergänzt wird, gilt dies nur, soweit die zur Beschlußfähigkeit nötige Zahl der Aufsichtsratsmitglieder die Wahrung dieses Verhältnisses möglich macht. [3]Ist ein Aufsichtsratsmitglied zu ersetzen, das nach Gesetz oder Satzung in persönlicher Hinsicht besonderen Voraussetzungen entsprechen muß, so muß auch das vom Gericht bestellte Aufsichtsratsmitglied diesen Voraussetzungen entsprechen. [4]Ist ein Aufsichtsratsmitglied zu ersetzen, bei dessen Wahl eine Spitzenorganisation der Gewerkschaften, eine Gewerkschaft oder die Betriebsräte ein Vorschlagsrecht hätten, so soll das Gericht Vorschläge dieser Stellen berücksichtigen, soweit nicht überwiegende Belange der Gesellschaft oder der Allgemeinheit der Bestellung des Vorgeschlagenen entgegenstehen; das gleiche gilt, wenn das Aufsichtsratsmitglied durch Delegierte zu wählen wäre, für gemeinsame Vorschläge der Betriebsräte der Unternehmen, in denen Delegierte zu wählen sind.

(5) Das Amt des gerichtlich bestellten Aufsichtsratsmitglieds erlischt in jedem Fall, sobald der Mangel behoben ist.

(6) [1]Das gerichtlich bestellte Aufsichtsratsmitglied hat Anspruch auf Ersatz angemessener barer Auslagen und, wenn den Aufsichtsratsmitgliedern der Gesellschaft eine Vergütung gewährt wird, auf Vergütung für seine Tätigkeit. [2]Auf Antrag des Aufsichtsratsmitglieds setzt das Gericht die Auslagen und die Vergütung fest. [3]Gegen die Entscheidung ist die Beschwerde zulässig; die Rechtsbeschwerde ist ausgeschlossen. [4]Aus der rechtskräftigen Entscheidung findet die Zwangsvollstreckung nach der Zivilprozeßordnung statt.

Literatur:
Fett/Theusinger, Die gerichtliche Bestellung von Aufsichtsratsmitgliedern – Einsatzmöglichkeiten und Fallstricke, AG 2010, 425; *Niewiarra/Servatius*, Die gerichtliche Ersatzbestellung im Aufsichtsrat, in: FS Johannes Semler, 1993, S. 217.

A. Regelungsgegenstand und -zweck

Die Vorschrift regelt die Ergänzung des nicht beschlussfähigen und des unterbesetzten Aufsichtsrats durch das Gericht in den Absätzen 1 und 2. Die Absätze 3 und 4 betreffen die zu berücksichtigenden mitbestimmungsrechtlichen Sonderregelungen. Die Absätze 5 und 6 verhalten sich zur Amtsdauer und zu den Rechten gerichtlich bestellter Aufsichtsratsmitglieder.

Da die Vorschrift den Zweck hat, die **Handlungsfähigkeit des Aufsichtsrates** sicherzustellen, wenn er notwendiges Organ der Gesellschaft ist, kommt eine analoge Anwendung auf Gesellschaften mit lediglich fakultativem Aufsichtsrat, beispielsweise bei der GmbH, nicht in Betracht.[1] Die Vorschrift ist auch anwendbar, wenn über das Vermögen der Aktiengesellschaft das Insolvenzverfahren eröffnet ist.[2]

B. Ergänzung zur Behebung der Beschlussunfähigkeit (Abs. 1)

I. Antragsberechtigung und -verpflichtung des Vorstands. Die Beschlussunfähigkeit des nicht mitbestimmten Aufsichtsrats und des dem DrittelbG unterliegenden Aufsichtsrates bestimmt sich nach § 108 Abs. 2 (vgl § 108 Rn 11 ff). Für die anderen mitbestimmten Aufsichtsräte gelten § 28 MitbestG, § 10 Montan-MitbestG, § 11 MitbestErgG. Nach diesen Vorschriften liegt Beschlussunfähigkeit vor, wenn der Aufsichtsrat nicht mehr die Hälfte der gesetzlich vorgesehenen Mitglieder hat. Der Vorstand ist antragsberechtigt und auch gleichzeitig **zur unverzüglichen Antragstellung** verpflichtet, wenn nicht die rechtzeitige Ergänzung vor der nächsten Aufsichtsratssitzung zu erwarten ist. Die Vorstandsmitglieder haben den Antrag in vertretungsberechtigter Zahl zu stellen (§ 78). Wenn unechte Gesamtvertretung zugelassen ist, können auch ein Vorstandsmitglied und ein Prokurist zusammen wirken.[3]

Der Vorstand kann den Antrag auch bereits stellen, wenn die zukünftige Beschlussunfähigkeit durch Ausscheiden oder dauernde Verhinderung eines Aufsichtsratsmitgliedes feststeht, weil etwa ein Aufsichtsratsmitglied die Niederlegung seines Amtes zu einem in der Zukunft liegenden Zeitpunkt erklärt hat. Eine entsprechende Pflicht des Vorstands in dieser Situation lässt sich Abs. 1 allerdings nicht entnehmen.[4]

Nach Ziff. 5.4.3 S. 2 DCGK soll der Antrag auf gerichtliche Bestellung bis zur nächsten Hauptversammlung befristet sein, um eine stärkere Legitimation der Anteilseignervertreter in Aktien zu erreichen und das Wahlrecht der Aktionäre zu stärken.[5] Adressat dieser Empfehlung sind nur Vorstand und Aufsichtsrat, nicht jedoch andere Antragsberechtigte.[6]

Abs. 1 ist gegenüber Abs. 2 die speziellere Vorschrift. Somit hat im Falle einer zur Beschlussunfähigkeit führenden Unterschreitung der Mitgliederzahl das Gericht den Aufsichtsrat auf Antrag des Vorstands ohne Bindung an die dreimonatige Frist und ohne das Vorliegen eines dringenden Falles auf die zur Beschlussfähigkeit notwendige Mitgliederzahl zu ergänzen.[7]

II. Weitere Antragsberechtigte. Nach Abs. 1 S. 1 sind auch jedes Aufsichtsratsmitglied und jeder Aktionär antragsberechtigt. Bei mitbestimmten Gesellschaften können auch die in Abs. 1 S. 3 genannten Betriebsräte, Arbeitnehmer in einer Mindestzahl, Spitzenorganisationen der Gewerkschaften, Gewerkschaften und Sprecherausschüsse den Antrag stellen.

Abs. 1 S. 4 erweitert die Antragsberechtigung im Anwendungsbereich des Mitbestimmungsgesetzes auch auf eine Mindestanzahl der Arbeitnehmer der einzelnen Gruppen, damit die Gruppenparität gewahrt blei-

---

1 OLG Hamm AG 2000, 476, 477; *Hüffer*, Rn 1.
2 KG ZIP 2005, 1553, 1555.
3 *Hüffer*, Rn 3; KölnKomm-AktG/*Mertens/Cahn*, Rn 8.
4 K. Schmidt/Lutter/*Drygala*, Rn 4; Müko-AktG/*Habersack*, Rn 14.
5 *Kremer* in: Ringleb/Kremer/Lutter/v.Werder, DCGK, Rn 1058.
6 Wilsing/*Wilsing*, DCGK 5.4.3, Rn 4.
7 OLG Düsseldorf ZIP 2010, 473 = AG 2010, 368 = AG 2010, 750.

ben kann. Nach der Rechtsprechung hat eine Gewerkschaft die Kosten des von ihr beantragten Verfahrens selbst zu tragen.[8]

C. Ergänzung zur Herstellung der vollständigen Mitgliederzahl (Abs. 2 und 3)

6 I. **Grundsätzliches.** Gemäß Abs. 2 S. 1 kann in der **mitbestimmungsfreien Gesellschaft** der Aufsichtsrat durch das Gericht ergänzt werden, wenn die Unterschreitung der durch Gesetz oder Satzung festgelegten Mitgliederzahl mehr als drei Monate gegeben war. Eine **Sonderregelung** trifft Abs. 3 für die Aufsichtsräte mitbestimmter Gesellschaften, wobei allerdings die Mitbestimmung nach dem DrittelbG ausgenommen ist. Das Gericht kann nicht das weitere („neutrale") Aufsichtsratsmitglied bestellen, das auf Vorschlag der übrigen Aufsichtsratsmitglieder von der Hauptversammlung zu wählen ist.[9] Denn das Gericht kann die für dieses Mitglied erforderliche breite Vertrauensbasis nicht schaffen.[10]
Eine **analoge Anwendung des Abs. 2** für den Fall, dass gegen Wahlbeschlüsse für den Aufsichtsrat Anfechtungs- oder Nichtigkeitsklage erhoben wird, **kommt nicht in Betracht**. Die Gesellschaft hat keine Möglichkeit, zur Vermeidung der mit der Rückwirkung einer stattgebenden Entscheidung verbundenen Risiken, die gewählten Aufsichtsratsmitglieder gerichtlich bestellen zu lassen.[11]
Das betreffende Aufsichtsratsmitglied kann das Problem durch **Amtsniederlegung** lösen.[12] Der Vorschlag, in dieser Situation über die Anwendung der Lehre von der fehlerhaften Gesellschaft auf das Organverhältnis zu einer Lösung zu kommen,[13] wird von der Rechtsprechung abgelehnt.[14]

7 II. **Antragsberechtigte.** Wie bei der Beschlussunfähigkeit wird das Gericht nur auf Antrag tätig. Die Antragsberechtigten ergeben sich aus Abs. 1, es besteht allerdings für niemanden eine Verpflichtung zur Antragstellung.[15]

8 III. **Dringlichkeit.** Nach Abs. 2 S. 2 darf das Gericht in dringenden Fällen die ergänzende Bestellung auch **vor Ablauf der Dreimonatsfrist** des Abs. 2 S. 1 vornehmen. Das Gesetz bestimmt in Abs. 3 Nr. 2 die **Unterbesetzung des mitbestimmten Aufsichtsrats** mit Ausnahme der Mitbestimmung nach dem DrittelbG und des neutralen Mitglieds im Geltungsbereich der Montan-Mitbestimmung als **dringenden Fall**. Weitere gesetzliche Festlegungen bestehen nicht. Insbesondere folgt aus Abs. 1, dass die drohende Beschlussunfähigkeit im Gegensatz zur bereits eingetretenen Beschlussunfähigkeit nicht ausreicht.[16]

9 In Rechtsprechung und Literatur wird als dringliche Situation angesehen, wenn Entscheidungen anstehen, die für Bestand oder Struktur der Gesellschaft von **wesentlicher Bedeutung** sind.[17] Entscheidend sind die Umstände des Einzelfalls, aus denen sich gewichtige Gründe ergeben müssen, die einem weiteren Zuwarten entgegenstehen.[18] So wird es für ausreichend angesehen, wenn im Aufsichtsrat wichtige Entscheidungen zu treffen sind und nach der konkreten Zusammensetzung des Aufsichtsrates die in ihm repräsentierten Gruppen nicht im normalen Verhältnis vertreten sind und dadurch einseitige Durchsetzungschancen bestehen.[19]

D. Beschränkungen der Auswahl der zu bestellenden Mitglieder (Abs. 4)

10 I. **Beachtung der Gruppenverhältnisse.** Grundsätzlich wählt das Gericht das Aufsichtsratsmitglied frei nach pflichtgemäßem Ermessen aus.[20] Dabei hat das Gericht seine Entscheidung an den Interessen der Gesellschaft zu orientieren.[21] Abs. 4 S. 1 und 2 schränken diese Entscheidungsfreiheit jedoch ein, wenn der Aufsichtsrat auch aus Aufsichtsratsmitgliedern der Arbeitnehmer zu bestehen hat. Das Gericht muss ihn dann so ergänzen, dass das für seine Zusammensetzung vorgeschriebene **zahlenmäßige Verhältnis** hergestellt wird.[22] Probleme können sich daraus ergeben, wenn der Aufsichtsrat zur Herstellung seiner Beschlussfähigkeit ergänzt wird. Wenn hier mehrere Aufsichtsratsmitglieder fehlen und nur eines zur Herstellung der Beschlussfähigkeit bestellt wird, kann dann uU das in den Vorschriften über die Parität und über den Grup-

---

8 OLG Düsseldorf AG 1994, 424.
9 Vgl § 8 MontanMitbestG, § 5 Abs. 3 Montan-MitbestErgG.
10 *Hüffer*, Rn 8; KölnKomm-AktG/*Mertens*, Rn 23.
11 OLG Köln ZIP 2008, 508 = AG 2007, 822; OLG Köln NZG 2011, 508 und die Vorinstanz AG Bonn ZIP 2011, 177 = AG 2011, 99; *Hüffer*, Rn 6.
12 *Hüffer*, Rn 6; K. Schmidt/Lutter/*Drygala*, Rn 17; *Arnold/Gayk*, DB 2013, 1830, 1836 f; *Thielemann/Struck*, BB 2013, 1548, 1551.
13 *Bayer/Lieder*, NZG 2012, 1, 6; *Happ*, FS Hüffer, S. 293, 304; *Hüffer*, § 101 Rn 18; K. Schmidt/Lutter/*Drygala*, Rn 16; *Schürnbrand*, NZG 2008, 609 ff.
14 BGHZ 196, 195 = NJW 2013, 1535 = NZG 2013, 456 = DB 2013, 806, OLG Köln NZG 2011, 508, 510 = ZIP 2011, 522, 525, vgl § 101 Rn 29; § 250 Rn 12ff.
15 MüHb-AG/*Hoffmann-Becking*, § 30 Rn 35.
16 *Hüffer*, Rn 7.
17 AG Wuppertal DB 1971, 764; *Hüffer*, Rn 7; MüKo-AktG/*Habersack*, Rn 27; vgl auch VerfGHBay AG 2006, 209, 210.
18 OLG Hamm AG 2011, 384, 386.
19 KölnKomm-AktG/*Mertens/Cahn*, Rn 17; *Hüffer*, Rn 7; K. Schmidt/Lutter/*Drygala*, Rn 18; aA *Niewiarra/Servatius*, in: FS Semler, 1993, S. 217, 220 ff.
20 OLG Schleswig ZIP 2004, 1143 = DB 2004, 1306 = BB 2004, 1187 = AG 2004, 453.
21 OLG Hamm NZG 2013, 1099.
22 BayObLGZ 1997, 262, 264.

penproporz[23] festgelegte zahlenmäßige Verhältnis nicht hergestellt werden. Denn Abs. 4 S. 2 geht Abs. 4 S. 1 vor. In einer solchen Situation sollte das Gericht versuchen, mit der Besetzung dem richtigen Zahlenverhältnis möglichst nahe zu kommen.[24]

II. Beachtung der persönlichen Voraussetzungen. Nach Abs. 4 S. 3 muss das Gericht sowohl bei der Ergänzung zur Behebung der Beschlussunfähigkeit als auch bei der Ergänzung zur Herstellung der vollständigen Mitgliederzahl die besonderen persönlichen Voraussetzungen beachten, denen Aufsichtsratsmitglieder nach Gesetz oder Satzung entsprechen müssen.[25] In der Praxis wird die Vorschrift hauptsächlich für die **Aufsichtsratsmitglieder der Arbeitnehmerseite** Bedeutung haben (vgl § 100 Rn 16). Das Gericht kann grundsätzlich auch eine Person bestellen, die Vorstand eines konkurrierenden Unternehmens ist.[26] Abgesehen von Konzernkonstellationen wäre dies aber sinnwidrig und ermessensfehlerhaft.[27] Denn ein Aufsichtsratsmitglied kann gegebenenfalls verpflichtet sein, das Amt niederzulegen, wenn sich eine **Interessenkollision zum andauernden Pflichtenwiderstreit** verdichtet und eine andere Lösung nicht zu finden ist.[28] Lässt sich im Verfahren nach § 104 ein solcher Interessenkonflikt voraussehen, darf das Gericht den vorgeschlagenen Kandidaten nicht zum Aufsichtsratsmitglied bestellen.[29]

III. Beachtung von Vorschlagsrechten. Nach Abs. 4 S. 4 soll das Gericht Vorschläge einer Spitzenorganisation der Gewerkschaften, einer Gewerkschaft oder der Betriebsräte berücksichtigen, wenn diese ein Vorschlagsrecht hätten oder bei einer Wahl durch Wahlmänner gemeinsame Vorschläge der Betriebsräte der Unternehmen zugrunde zu legen wären. Wenn allerdings überwiegende Belange der Gesellschaft oder der Allgemeinheit der Bestellung entgegenstehen, darf das Gericht diesen Vorschlägen nicht folgen. Liegen **konkurrierende Vorschläge von Gewerkschaften** vor, darf das Gericht frei wählen.[30] Stehen keine Gründe eindeutig für oder gegen eine Person, können auch geschlechtsspezifische Kriterien zur Wahrung der Gleichberechtigung von Mann und Frau herangezogen werden.[31]

E. Gerichtliches Verfahren

Für die gerichtliche Entscheidung ist das **Amtsgericht des Gesellschaftssitzes** (§ 375 Nr. 3 iVm § 376 FamFG und § 14 FamFG) zuständig. Die Länder können abweichende Regelungen treffen (§ 376 Abs. 2 FamFG). Ungeachtet dessen, dass das Gericht bei der Entscheidung über die Person des zu ergänzenden Aufsichtsratsmitglieds mit Ausnahme der Beschränkungen nach Abs. 4 frei ist, ist es in der Praxis üblich und zweckmäßig, von Seiten des Antragstellers dem Gericht einen Vorschlag zu unterbreiten.[32]

Der gerichtliche Beschluss, der zu begründen ist, wird dem Antragsteller durch Zustellung bekannt gemacht. Bei erfolgreichem Antrag wird er auch dem Bestellten zugestellt (§ 15 Abs. 1 FamFG).[33] Die gerichtliche Bestellung wird mit der Annahme wirksam. Der Bestellte kann allerdings die Übernahme des Amtes auch ablehnen.

Nach Abs. 1 S. 4 ist gegen den Beschluss die Beschwerde innerhalb eines Monats (§ 58 FamFG) möglich. Der Fristlauf für die Beschwerde beginnt spätestens mit der Veröffentlichung der Änderung des Aufsichtsrates im elektronischen Bundesanzeiger.[34] Gegen die Entscheidung des Beschwerdegerichts ist die Rechtsbeschwerde in den Grenzen des § 70 FamFG möglich. Falls der Antrag zurückgewiesen wurde, ist nur der Antragsteller beschwerdeberechtigt (§ 59 Abs. 2 FamFG), im Übrigen jeder Antragsberechtigte.[35] Eine Beschwerdeberechtigung mit dem Ziel, dass eine Ersatzbestellung eines vakanten Aufsichtsratspostens vor Ablauf der dreimonatigen Frist des Abs. 2 S. 2 unterbleibt, steht weder einem Aktionär noch einem Aufsichtsratsmitglied zu.[36]

F. Beendigung des Amtes (Abs. 5)

I. Wahl oder Entsendung des fehlenden Mitglieds. Das Gericht kann eine **bestimmte Amtszeit** festlegen, zwingend ist dies allerdings nicht. Dann gilt die Amtszeit für die aus dem Zweck der Bestellung folgende

---

23 Vgl §§ 7 Abs. 1 und 2, 15 Abs. 2 MitbestG.
24 *Hüffer*, Rn 9; KölnKomm-AktG/*Mertens/Cahn*, Rn 19, MüKo-AktG/*Habersack*, Rn 32.
25 OLG Schleswig ZIP 2004, 1143 = DB 2004, 1306 = BB 2004, 1187 = AG 2004, 453.
26 OLG Schleswig ZIP 2004, 1143, 1144 = DB 2004, 1306, 1307 = BB 2004, 1187, 1189 = AG 2004, 453, 454; ablehnend: *Lutter/Kirschbaum*, ZIP 2005, 103 f; vgl auch § 100 Rn 10.
27 MüKo-AktG/*Habersack*, Rn 31.
28 LG Hannover ZIP 2009, 761, 762.
29 LG Hannover ZIP 2009, 761, 762; vgl auch OLG Köln ZIP 2011, 522, 524 f.
30 LG Wuppertal BB 1978, 1380; BayObLGZ 1997, 262, 265; MüKo-AktG/*Habersack*, Rn 35.
31 BayObLG AG 2005, 350, 351.
32 *Hüffer*, Rn 5.
33 Vgl BGHZ 6, 232, 235 f = NJW 1952, 1009.
34 OLG München AG 2006, 590.
35 KölnKomm-AktG/*Mertens/Cahn*, Rn 28 mwN; OLG Hamm AG 2011, 384, 385; aA *Hüffer*, Rn 5; der eine Rechtsbeeinträchtigung iSd § 59 FamFG für den Vorstand und für die Aktionäre nur ausnahmsweise für möglich hält.
36 OLG Hamm AG 2011, 384.

Höchstdauer. Nach Abs. 5 erlischt das Amt zwingend, sobald der Mangel behoben wird. Dies wird erreicht, wenn:

- Bestellungsberichtigte ihre Rechte ausüben und der Bestellte das Amt annimmt;[37]
- die Mitgliederzahl herab gesetzt wird;
- in den Fällen des Abs. 1 die Anforderungen an die Beschlussfähigkeit in der Satzung herabgesetzt werden;
- die Satzung an das geändertes Mitbestimmungsstatut angepasst wird und Bestellung und Annahme des Amtes einer ausreichenden Anzahl an Aufsichtsratsmitgliedern gegeben sind.[38]

Die Amtszeit des gerichtlich bestellten Aufsichtsratsmitglieds wird genauso geregelt wie die Amtszeit des vom Gericht bestellten Vorstandsmitglieds, § 85 Abs. 2. Ebenso wie § 85 Abs. 2 entspricht die Regelung im Wesentlichen derjenigen in § 29 BGB.[39] Damit tritt das **Amtsende** ein, wenn das **neubestellte Aufsichtsratsmitglied die Wahl oder Entsendung annimmt**.[40] Es bedarf dann keiner gerichtlichen Abberufung. Sobald der Aufsichtsrat beschlussfähig ist oder die Unterbesetzung entfallen ist, endet die gerichtliche Bestellung Kraft Gesetzes.[41] Ist der Hauptversammlungsbeschluss über die Wahl des fehlenden Aufsichtsratsmitgliedes anfechtbar, hindert dies die Beseitigung des Mangels nicht.[42] Gleiches gilt im Falle einer Anfechtungsklage (§ 251), da die Nichtigkeitsfolge erst mit Rechtskraft des der Klage stattgebenden Urteils eintritt (§ 252 Abs. 2).[43]

17 II. **Abberufung.** Durch gerichtliche Abberufung kann das Amt des gerichtlich bestellten Aufsichtsratsmitgliedes auch enden, bevor der Mangel behoben ist; § 103 Abs. 3 S. 1 und 2 gelten entsprechend, so dass eine **Abberufung ohne wichtigen Grund** nicht in Betracht kommt.[44]

18 Eine gerichtliche Abberufung kann auch erforderlich werden, wenn zunächst mehrere Aufsichtsratsmitglieder gerichtlich bestellt wurden und nun eine kleinere Anzahl neuer Mitglieder durch Wahl oder Entsenden neu bestellt werden. Falls nicht aus den Vorschriften über die Zahlenverhältnisse zwischen Arbeitnehmer- und Anteilseignervertreter oder den gewählten und entsandten Aufsichtsratsmitgliedern eine eindeutige Bestimmung folgt, hat das Gericht eine **Entscheidung über das Ausscheiden** zu treffen.[45] Eine anderweitige Behebung des Mangels ist möglich; so kann die Mitgliederzahl des Aufsichtsrates herabgesetzt werden. Durch Satzungsänderung können die Anforderungen an die Beschlussfähigkeit verändert werden.[46]

19 III. **Zeitablauf.** Bei Ablauf der in § 102 Abs. 1 festgelegten Amtszeit endet auch das Amt der gerichtlich bestellten Aufsichtsratsmitglieder kraft Gesetzes.[47] Sollten die Hauptversammlung oder Entsendungsberechtigte weiterhin nicht rechtzeitig einen Wahlbeschluss fassen bzw eine Entsendung vornehmen, führt dies nicht zu einer Fortdauer der zur bloßen Überbrückung gedachten gerichtlichen Bestellung.[48] Ggf ist nach Ablauf der Amtszeit ein erneuter gerichtlicher Beschluss erforderlich.[49]

G. Anspruch auf Auslagenersatz und Vergütung (Abs. 6)

20 Das gerichtlich bestellte Aufsichtsratsmitglied ist den anderen Aufsichtsratsmitgliedern im Hinblick auf seine Rechte und Pflichten gleichgestellt. In Abs. 6 wird ausdrücklich bestimmt, dass das gerichtlich bestellte Aufsichtsratsmitglied Anspruch auf Ersatz angemessener barer Auslagen und auch Anspruch auf angemessene Vergütung hat, falls auch den anderen Aufsichtsratsmitgliedern eine Vergütung gewährt wird. Die entsprechenden **Beträge schuldet die Gesellschaft**.

21 Auf Antrag des Aufsichtsratsmitglieds kann das Gericht über die Höhe des Auslagenersatzes und der Vergütung entscheiden. Die Vergütung ist entsprechend § 113 Abs. 1 S. 3 festzusetzen.[50] Das Gericht entscheidet durch Beschluss, die Beschwerde ist zulässig (Abs. 6 S. 3). Jedoch ist die Rechtsbeschwerde ausgeschlossen, da Streitigkeiten über die angemessene Vergütung und den Auslagenersatz keiner höchstrichterlichen Entscheidung bedürfen.[51] Nach Abs. 6 S. 4 ist der rechtskräftige Beschluss **Vollstreckungstitel**.

---

37 OLG Frankfurt AG 1987, 159.
38 Fett/Theusinger, AG 2010, 425, 428.
39 RegBegr. Kropff, S. 145.
40 OLG München AG 2006, 590.
41 Hüffer, Rn 12.
42 OLG Frankfurt AG 1987, 159, 160; BayObLG DB 2004, 2362 = AG 2005, 352.
43 Hüffer, Rn 13; MüKo-AktG/Habersack, Rn 47; aA RegBegr. Kropff, S. 144, wonach bei offensichtlich begründeter Anfechtungsklage eine Ausnahme gelten soll. Die Ausnahme ist schon wegen der dann in der Praxis auftretenden Unsicherheiten abzulehnen.
44 Hüffer, Rn 12; K. Schmidt/Lutter/Drygala, Rn 28; aA AG Berlin-Charlottenburg, AG 2005, 133 = DB 2004, 2630 (mit abl. Anm. Vetter, DB 2005, 875 ff); KölnKomm-AktG/Mertens/Cahn, Rn 36; MüKo-AktG/Habersack, Rn 52.
45 Baumbach/Hueck, AktG, Rn 18; KölnKomm-AktG/Mertens/Cahn, Rn 35.
46 Hüffer, Rn 13.
47 MüKo-AktG/Habersack, Rn 51.
48 Hüffer, Rn 13.
49 K. Schmidt/Lutter/Drygala, Rn 27.
50 Hüffer, Rn 14.
51 RegBegr. BT-Drucks. 16/6308, S 353 f.

Anhang zu § 104: Antrag auf gerichtliche Bestellung eines Aufsichtsratsmitgliedes

▶ An das

Amtsgericht

– Handelsregister –

In der Registersache

agilo Aktiengesellschaft mit dem Sitz in Düsseldorf,

HRB 12345,

überreiche ich als alleinvertretungsberechtigtes Mitglied des Vorstands:
- Sterbeurkunde des Aufsichtsratsmitgliedes Gerwin Weiland;
- Erklärung des Wirtschaftsprüfers Dr. Hubertus Müller, dass er für den Fall seiner Bestellung das Amt eines Aufsichtsratsmitgliedes annehmen wird.

Ich beantrage:
- Herrn Wirtschaftsprüfer Dr. Hubertus Müller, geboren am 18.3.1941, Düsseldorf, gemäß § 104 Abs. 2 AktG zum Mitglied des Aufsichtsrats zu bestellen.

Zur Begründung führe ich aus, dass das bisherige Mitglied des Aufsichtsrats Gerwin Weiland am 14. Dezember 2013 verstorben ist. Seit diesem Zeitpunkt gehören dem Aufsichtsrat – entgegen § 9 der Satzung – nur fünf Mitglieder an. Eine Hauptversammlung, in der eine Ergänzungswahl zum Aufsichtsrat vorgenommen werden kann, kann nicht vor Juni 2014 stattfinden.

Herr Wirtschaftsprüfer Dr. Müller erscheint aufgrund seiner langjährigen Berufserfahrung und durch seine Tätigkeit als Mitglied des Aufsichtsrats eines anderen Unternehmens für die Übernahme des Amtes geeignet. Hinderungsgründe nach § 100 AktG liegen nicht vor.

...

Der Vorstand ◀

§ 105 Unvereinbarkeit der Zugehörigkeit zum Vorstand und zum Aufsichtsrat

(1) Ein Aufsichtsratsmitglied kann nicht zugleich Vorstandsmitglied, dauernd Stellvertreter von Vorstandsmitgliedern, Prokurist oder zum gesamten Geschäftsbetrieb ermächtigter Handlungsbevollmächtigter der Gesellschaft sein.

(2) ¹Nur für einen im voraus begrenzten Zeitraum, höchstens für ein Jahr, kann der Aufsichtsrat einzelne seiner Mitglieder zu Stellvertretern von fehlenden oder verhinderten Vorstandsmitgliedern bestellen. ²Eine wiederholte Bestellung oder Verlängerung der Amtszeit ist zulässig, wenn dadurch die Amtszeit insgesamt ein Jahr nicht übersteigt. ³Während ihrer Amtszeit als Stellvertreter von Vorstandsmitgliedern können die Aufsichtsratsmitglieder keine Tätigkeit als Aufsichtsratsmitglied ausüben. ⁴Das Wettbewerbsverbot des § 88 gilt für sie nicht.

Literatur:
Brox, Erteilung, Widerruf und Niederlegung von Prokura und Handlungsvollmacht im neuen Aktienrecht, NJW 1967, 801; ders., Leitende Angestellte als Aufsichtsratsmitglieder des Unternehmens, in: FS Ficker, 1967, S. 95.

A. Regelungsgegenstand und -zweck	1	V. Rechtsfolgen bei Verstoß	10
B. Unvereinbarkeit von Aufsichtsratsmandat und geschäftsleitender Funktion (Abs. 1)	3	C. Aufsichtsratsmitglied als Stellvertreter eines Vorstandsmitglieds (Abs. 2)	12
I. Grundsätzliches	3	I. Grundsätzliches	12
II. Vorstand	4	II. Voraussetzungen und Grenzen der Bestellung	13
III. Prokurist	6	III. Rechtsstellung des Stellvertreters des Vorstandsmitglieds	16
IV. Generalhandlungsbevollmächtigter	8		

A. Regelungsgegenstand und -zweck

Die Vorschrift bestimmt die Unvereinbarkeit einer Mitgliedschaft im Aufsichtsrat mit der Mitgliedschaft im Vorstand bzw mit einer leitenden Funktion in der Gesellschaft (Abs. 1). In Abs. 2 wird hingegen eine Ausnahme zugelassen. Für einen begrenzten Zeitraum und aus besonderem Anlass kann ausnahmsweise ein Aufsichtsratsmitglied zum Stellvertreter eines Vorstandsmitglieds bestellt werden.

2 Die Vorschrift bezweckt die **Funktionstrennung** zwischen Vorstand und Aufsichtsrat.[1] Anders als beim Board-System fallen im deutschen Aktienrecht Geschäftsführung und Überwachung der Geschäftsführung auseinander. Auch auf den fakultativen Aufsichtsrat der GmbH ist Abs. 1 nach herrschender Meinung anzuwenden.[2]

B. Unvereinbarkeit von Aufsichtsratsmandat und geschäftsleitender Funktion (Abs. 1)

3 **I. Grundsätzliches.** Abs. 1 beschränkt die Inkompatibilität zwischen leitender Funktion in der Gesellschaft und einer Mitgliedschaft im Aufsichtsrat auf den Vorstand, auf Prokuristen und Generalhandlungsbevollmächtigte. Der Wortlaut lässt es nicht zu, die Inkompatibilität allgemein auf leitende Angestellte auszudehnen und damit die Prokuristen und Generalhandlungsbevollmächtigten nur als beispielhaft genannte leitende Angestellte aufzufassen.[3] Zur Vermeidung von Abgrenzungsschwierigkeiten ist der Gesetzentwurf, der noch von leitenden Angestellten sprach,[4] nicht Gesetz geworden.[5] Folglich können Angestellte, die nicht Prokuristen oder Generalhandlungsbevollmächtigte sind, Mitglieder des Aufsichtsrates sein. In mitbestimmten Gesellschaften hat dies **praktische Bedeutung für die Arbeitnehmervertreter**. Ggf können aber auch Aufsichtsratsmitglieder der Aktionäre aus dem Kreis der Angestellten kommen, solange sie nicht Prokurist oder Generalhandlungsbevollmächtigte sind.

4 **II. Vorstand.** Abs. 1 Alt. 1 schließt aus, dass ein Aufsichtsratsmitglied zugleich Vorstandsmitglied oder stellvertretendes Vorstandsmitglied (§ 94) ist. Auch eine Tätigkeit als Abwickler (§ 268 Abs. 2) ist einem Aufsichtsratsmitglied nicht möglich. Unbeachtlich ist, welche Organmitgliedschaft zuerst begründet wird. Die Norm greift jedenfalls ein.[6]

5 Kein Verstoß gegen Abs. 1 liegt vor, wenn das Aufsichtsratsmitglied dem Vorstand einer anderen Aktiengesellschaft angehört. In der Praxis kommt es häufig vor, dass das Aufsichtsratsmitglied Vorstand des herrschenden Unternehmens der Aktiengesellschaft ist. Zu beachten ist aber immer § **100 Abs. 2 S. 1 Nr. 2**. Danach darf der gesetzliche Vertreter eines abhängigen Unternehmens nicht dem Aufsichtsrat der herrschenden Aktiengesellschaft angehören (vgl § 100 Rn 9).

Eine **analoge Anwendung** des Abs. 1 auf den **Wechsel vom Vorstand in den Aufsichtsrat** der Gesellschaft ist **nicht möglich**.[7] § 100 Abs. 2 Nr. 4 lässt allerdings bei börsennotierten Unternehmen grundsätzlich einen solchen Wechsel nur nach Ablauf einer Karenzzeit von zwei Jahren zu, es sei denn die Hauptversammlung wählt auf Vorschlag von Aktionären, die mehr als 25 % der Stimmrechte haben.[8]

6 **III. Prokurist.** Nach Abs. 1 Alt. 2 kann ein Aufsichtsratsmitglied nicht zugleich Prokurist der Aktiengesellschaft sein. Dabei ist allein auf die formale Erteilung der Prokura im Sinne der §§ 48 ff HGB abzustellen.[9] Die **tatsächliche Position des Prokuristen** im Unternehmen **spielt keine Rolle**. Dies führt dazu, dass auch der sog. Titularprokurist, der keine leitende Funktion ausfüllt, nicht zugleich Aufsichtsratsmitglied sein kann.[10]

7 In § 6 Abs. 2 S. 1 MitbestG wird eine Ausnahme von § 105 Abs. 1 Alt. 2 festgelegt. Die Mitgliedschaft im Aufsichtsrat ist danach für einen Prokuristen nur ausgeschlossen, wenn er zugleich dem Vorstand unmittelbar unterstellt ist und die Prokura sich auf den gesamten Geschäftsbereich des Vorstandes erstreckt. Andere mitbestimmungsrechtliche Regelungen einschließlich des DrittelbG sehen entsprechende Ausnahmen nicht vor.

8 **IV. Generalhandlungsbevollmächtigter.** Abs. 1 Alt. 3 schließt die zeitgleiche Mitgliedschaft im Aufsichtsrat und eine Tätigkeit als zum gesamten Geschäftsbetrieb ermächtigter Handlungsbevollmächtigter aus. Damit ist die Generalhandlungsvollmacht im Sinne des § 54 Abs. 1 Alt. 1 HGB gemeint.[11] Eine weiter gehende Generalvollmacht ist nicht erforderlich. Liegt sie vor, schließt sie aber die Generalhandlungsvollmacht ein. Damit begründet sie auch die Unvereinbarkeit mit einer Mitgliedschaft im Aufsichtsrat.[12] Interne Vollmachtsbeschränkungen sind unbeachtlich. Im Interesse der Rechtsklarheit kommt es allein auf die **Außenvollmacht** an.[13]

Die Vorschrift steht nicht beispielhaft für leitende Angestellte.[14] Aus Gründen der Rechtssicherheit beschränkt sich die Anwendbarkeit auf Prokuristen und Generalhandlungsbevollmächtigte.[15]

---

1 *Hüffer*, Rn 1.
2 *Lutter/Hommelhoff*, GmbHG, § 52 Rn 9 mwN.
3 *Hüffer*, Rn 5.
4 RegBegr. *Kropff*, S. 146.
5 Ausschuss B, *Kropff*, S. 146.
6 BGH NJW 1975, 1657, 1658; *Hüffer*, Rn 2.
7 LG München I DB 2005, 1617, 1619 f; aA *Lange*, NZG 2004, 265, 268 f.
8 Vgl oben § 100 Rn 12 und Ziff. 5.4.4 DCGK.
9 *Hüffer*, Rn 3.
10 *Brox*, in: FS Ficker, 1967, S. 95, 108.
11 *Hüffer*, Rn 4.
12 KölnKomm-AktG/*Mertens/Cahn*, Rn 13.
13 *Brox*, in: FS Ficker, 1967, S. 95, 109.
14 *Hüffer*, Rn 5.
15 KölnKomm-AktG/*Mertens/Cahn*, Rn 14.

Anders als für Prokuristen enthält § 6 Abs. 2 S. 1 MitbestG für Generalhandlungsbevollmächtigte keine Ausnahmeregelung. Zur Vermeidung von Widersprüchen ist der Generalhandlungsbevollmächtigte aber wie ein Prokurist zu behandeln und wird wählbar, solange er nicht die im MitbestG genannte herausgehobene Position innehat.[16]

V. Rechtsfolgen bei Verstoß. In Abs. 1 wird festgestellt, dass die Rechtsstellung eines Aufsichtsratsmitglieds mit der eines Vorstandsmitglieds, Prokuristen oder Generalhandlungsbevollmächtigten unvereinbar ist. Ein Vorrang der Aufsichtsratsmitgliedschaft im Verhältnis zu den anderen Rechtsstellungen oder umgekehrt ein Vorrang der anderen Rechtsstellungen gegenüber der Aufsichtsratsmitgliedschaft ist in Abs. 1 nicht enthalten.[17] Daraus folgt nach dem **Prioritätsgrundsatz**, dass die Eingehung des späteren Rechtsverhältnisses unzulässig ist. Eine Ausnahme kann nur dann gelten, wenn zugleich die frühere Rechtsstellung aufgehoben wird.

Wird gleichwohl angestrebt, ein Vorstandsmitglied, einen Prokuristen oder einen Generalhandlungsbevollmächtigten zum Aufsichtsratsmitglied zu bestellen, ist die Bestellung gem. § 134 BGB nichtig. Nichtig ist auch die Bestellung eines Aufsichtsratsmitglieds in die in Abs. 1 genannten geschäftsleitenden Funktionen. Ist aber gar nicht die Verknüpfung der unvereinbaren Rechtsstellungen gewollt, sondern die Aufgabe der früheren Rechtsstellung, ist die Bestellung bis zur Niederlegung des früheren Mandats schwebend unwirksam, wird jedoch endgültig unwirksam, wenn die neue Funktion ohne Niederlegung angetreten wird.[18]

C. Aufsichtsratsmitglied als Stellvertreter eines Vorstandsmitglieds (Abs. 2)

I. Grundsätzliches. Nach Abs. 2 S. 1 kann der Aufsichtsrat Einzelne seiner Mitglieder für einen im Voraus begrenzten Zeitraum, der ein Jahr nicht überschreiten darf, zu Stellvertretern von fehlenden oder verhinderten Vorstandsmitgliedern bestellen. Das Aufsichtsratsmitglied wird dann Vorstandsmitglied, kann jedoch seine **Aufsichtsratstätigkeit** für die Zeit der Bestellung **nicht ausüben** (Abs. 2 S. 3). Eine während der Stellvertretung erfolgende Stimmabgabe im Aufsichtsrat ist nichtig.[19]

Eine analoge Anwendung des Abs. 2 auf die Vertretung von **Vorstandsmitgliedern einer Tochtergesellschaft** ist möglich.[20] Da Abs. 2 schon die ausnahmsweise Bestellung eines Aufsichtsratsmitglieds in den Vorstand erlaubt, muss dies erst recht für eine Bestellung in den Vorstand der Tochtergesellschaft möglich sein. Die Bestellung erfolgt durch einen Beschluss des Aufsichtsrats der Tochtergesellschaft.[21]

II. Voraussetzungen und Grenzen der Bestellung. Die Bestellung ist an zwei Voraussetzungen gebunden. Zum einen muss das zu vertretende Vorstandsmitglied fehlen oder verhindert sein, zum anderen muss die Bestellung eine zeitliche Grenze enthalten. Die **Höchstfrist** beträgt hierfür **ein Jahr**. Dies gilt auch bei wiederholter Bestellung oder einer Verlängerung (Abs. 2 S. 2). Geht die Bestellung über die Jahresfrist hinaus, ist sie bis zu deren Ablauf wirksam, danach unwirksam.[22] Allerdings ist es möglich, das in einem weiteren Verhinderungsfall eine erneute Bestellung gem. Abs. 2 S. 2 erfolgt. Das zu vertretende Vorstandsmitglied muss seine Vorstandstätigkeit aber zwischenzeitlich wieder aufgenommen haben, so dass die **beiden Vertretungsfälle nicht unmittelbar aufeinanderfolgen**.[23]

Ein Vorstandsmitglied fehlt, wenn die gesetzliche, durch Satzung oder Geschäftsordnung vorgeschriebene Fest- oder Mindestzahl nicht erreicht wird. Dabei sind auch stellvertretende Vorstandsmitglieder (§ 94) mit zu rechnen.[24] Ein Vorstandsmitglied ist verhindert, wenn es infolge Krankheit oder längerer Abwesenheit nicht zur Amtsausübung in der Lage ist.

Wie üblich erfolgt die Bestellung durch einen Aufsichtsratsbeschluss, der dem Bestellten bekannt zu geben ist. Er muss die Annahme des Amtes erklären. Die Bestellung kann auch einem Ausschuss des Aufsichtsrates überlassen werden. Diese Kompetenzübertragung ist dann aber in der Satzung ausdrücklich festzulegen.[25]

III. Rechtsstellung des Stellvertreters des Vorstandsmitglieds. Der Stellvertreter des Vorstandsmitglieds tritt in die Rechtsposition des fehlenden oder verhinderten Vorstandsmitglieds ein. Ist dieses etwa nur stellvertretendes Vorstandsmitglied, wird auch er nur stellvertretendes Vorstandsmitglied im Sinne des § 94. Der Umfang der Geschäftsführungsbefugnis und Vertretung richtet sich nach der **Rechtsposition des vertretenen Vorstandsmitglieds**, es sei denn, der Aufsichtsrat hat zeitgleich mit der Bestellung eine von der bisherigen Regelung abweichende Geschäftsordnung erlassen.[26]

---

16 KölnKomm-AktkG/*Mertens/Cahn*, Rn 13; K. Schmidt/Lutter/ *Drygala*, Rn 3; *Hüffer*, Rn 4.
17 KölnKomm-AktkG/*Mertens/Cahn*, Rn 7.
18 *Hüffer*, Rn 6 mwN.
19 K. Schmidt/Lutter/*Drygala*, Rn 21.
20 *Hüffer*, Rn 8; MüKo-AktG-*Habersack*, Rn 27.
21 *Hüffer*, Rn 8; MüKo-AktG/*Habersack*, Rn 27.
22 MüKo-AktG/*Habersack*, Rn 30.
23 MüKo-AktG/*Habersack*, Rn 31.
24 MüKo-AktG/*Habersack*, Rn 23.
25 Vgl MüHb-AG/*Wiesner*, § 24 Rn 30.
26 KölnKomm-AktkG/*Mertens/Cahn*, Rn 29.

17 Nach § 81 ist die Bestellung des Stellvertreters zur Eintragung in das Handelsregister anzumelden und einzutragen. Streitig ist, ob die Bestellungsdauer ebenfalls einzutragen ist.[27] Da die Vertretungsverhältnisse durch das Handelsregister publik gemacht werden sollen, ist die Frage zu bejahen.[28]

§ 106 Bekanntmachung der Änderungen im Aufsichtsrat

Der Vorstand hat bei jeder Änderung in den Personen der Aufsichtsratsmitglieder unverzüglich eine Liste der Mitglieder des Aufsichtsrats, aus welcher Name, Vorname, ausgeübter Beruf und Wohnort der Mitglieder ersichtlich ist, zum Handelsregister einzureichen; das Gericht hat nach § 10 des Handelsgesetzbuchs einen Hinweis darauf bekannt zu machen, dass die Liste zum Handelsregister eingereicht worden ist.

Literatur:
Liebscher/Scharff, Das Gesetz über elektronische Handelsregister und Genossenschaftsregister sowie das Unternehmensregister, NJW 2006, 3745; Noack, Änderungen der Unternehmenspublizität des Handelsregisters durch das EHUG 2007, NZG 2006, 801; ders, Neue Publizitätspflichten und Publizitätsmedien für Unternehmen – eine Bestandsaufnahme nach EHUG und TUG, WM 2007, 377.

A. Regelungsgegenstand und -zweck

1 Die Vorschrift betrifft die Publizität von personellen Veränderungen des Aufsichtsrats. Für den ersten Aufsichtsrat bestimmt § 37 Abs. 4 Nr. 3 a die Einreichung einer Liste der Mitglieder des Aufsichtsrats aus der Name, Vorname, ausgeübter Beruf und Wohnort ersichtlich sind. § 106 Hs 1 knüpft daran an.
Die neu gefasste Vorschrift geht auf das Gesetz über elektronische Handelsregister und Genossenschaftsregister sowie das Unternehmensregister (EHUG) vom 10.11.2006 [1] zurück und ersetzt die frühere Verpflichtung des Vorstands, jeden Wechsel der Aufsichtsratsmitglieder in den Gesellschaftsblättern bekannt zu machen und die Bekanntmachung zum Handelsregister einzureichen. Die geänderte Regelung führt dazu, dass die vollständige und aktuelle Liste der Mitglieder des Aufsichtsrats im elektronischen Handelsregister[2] problemlos über das Internet eingesehen werden kann. Das Registergericht hat lediglich einen Hinweis auf die Einreichung bekannt zu machen.

B. Pflicht zur Einreichung

2 Der Vorstand hat jede Änderung der Mitglieder des Aufsichtsrats durch Einreichung einer Mitgliederliste dem Handelsregister mitzuteilen. Unter Wechsel ist nicht nur das Ausscheiden und der Eintritt eines anderen Aufsichtsratsmitglieds zu verstehen, sondern auch das **alleinige Ausscheiden**.[3] Wie in § 37 Abs. 4 Nr. 3 a für den ersten Aufsichtsrat vorgeschrieben, sind auch bei den späteren, infolge eines Wechsels eintretenden Aufsichtsratsmitgliedern Name, Vorname, ausgeübter Beruf und Wohnort in der Liste aufzuführen.
Nach Hs 1 ist bei jeder Änderung eine **vollständige aktuelle Liste der Mitglieder des Aufsichtsrats** einzureichen. Es genügt nicht, nur die von den Veränderungen betroffenen Mitglieder in der Liste aufzuführen.
Der Vorstand ist zur Einreichung als Gesamtorgan verpflichtet und muss dabei in vertretungsberechtigter Zahl handeln. Die Einreichung hat **unverzüglich** (§ 121 Abs. 1 S. 1 BGB) zu erfolgen[4] und kann nach § 14 HGB im Zwangsgeldverfahren gegenüber den Vorstandsmitgliedern persönlich erzwungen werden.[5] Die Übermittlung einer elektronischen Aufzeichnung ist gem. § 12 Abs. 2 S. 2 Hs 1 HGB ausreichend. Die Verwendung einer qualifizierten elektronischen Signatur ist nicht notwendig. Der Gesellschaft steht es aber frei, diese zur Sicherung der Authentizität zu nutzen.[6]

---

27 Dafür plädieren: Hüffer, Rn 10; MüHb-AG/Wiesner, § 24 Rn 33; dagegen: KölnKomm-AktG/Mertens/Cahn, Rn 28; MüKo-AktG/Habersack, Rn 33;.
28 Hüffer, Rn 10.
1 BGBl. I 2006, 2553.
2 Gemäß § 10 HGB bestimmen die Landesjustizverwaltungen das elektronische Informations- und Kommunikationssystem, in dem die Gerichte Eintragungen im Handelsregister vorzunehmen haben.
3 Hüffer, Rn 2; K. Schmidt/Lutter/Drygala, Rn 2.
4 Hüffer, Rn 2.
5 K. Schmidt/Lutter/Drygala, Rn 4.
6 Baumbach/Hopt, HGB, § 12 Rn 7.

C. Gerichtliche Bekanntmachung

Nach Einreichung der aktuellen Mitgliederliste des Aufsichtsrats hat das Registergericht einen **Hinweis iSd** § 10 HGB bekannt zu machen (Hs 2). Aus dem Hinweis muss sich ergeben, dass eine aktuelle Mitgliederliste zum Handelsregister eingereicht worden ist.[7]

Die Einreichung der Mitgliederliste und die anschließende Hinweisbekanntmachung haben **keine Rechtswirkungen**. Sie dienen allein der Information.[8] Der Eintritt und das Ausscheiden der Mitglieder in den Aufsichtsrat sind von der Einhaltung des § 106 nicht abhängig.[9]

Anhang zu § 106 Bekanntmachung des Wechsels von Mitgliedern des Aufsichtsrats / Einreichung einer neuen Liste an das Handelsregister

▶ An das

Amtsgericht

– Handelsregister –

In der Registersache

agilo Aktiengesellschaft mit dem Sitz in Düsseldorf,

HRB 1234,

teilt der Unterzeichner als einzelvertretungsberechtigtes Vorstandsmitglied mit, dass infolge Amtsniederlegung des früheren Aufsichtsratsmitglieds Dr. Kohler ein Ersatzmitglied gewählt wurde, nämlich Franz-Josef Klausmüller. Der Aufsichtsrat setzt sich nunmehr wie folgt zusammen, wobei bei den Personen des Vorsitzenden und des stellvertretenden Vorsitzenden keine Änderungen erfolgt sind:

Vorname/Name	Wohnort	Beruf	Funktion
Franz-Josef Klausmüller	Köln	Rechtsanwalt	
Dipl-Kfm. Joachim Heinen	Frankfurt	Wirtschaftsprüfer/Steuerberater	Aufsichtsratsvorsitzender
Dr. Klaus Richter	Krefeld	Geschäftsführer/Kaufmann	Stellvertretender Aufsichtsratsvorsitzender

...

Der Vorstand ◀

§ 107 Innere Ordnung des Aufsichtsrats

(1) ¹Der Aufsichtsrat hat nach näherer Bestimmung der Satzung aus seiner Mitte einen Vorsitzenden und mindestens einen Stellvertreter zu wählen. ²Der Vorstand hat zum Handelsregister anzumelden, wer gewählt ist. ³Der Stellvertreter hat nur dann die Rechte und Pflichten des Vorsitzenden, wenn dieser verhindert ist.

(2) ¹Über die Sitzungen des Aufsichtsrats ist eine Niederschrift anzufertigen, die der Vorsitzende zu unterzeichnen hat. ²In der Niederschrift sind der Ort und der Tag der Sitzung, die Teilnehmer, die Gegenstände der Tagesordnung, der wesentliche Inhalt der Verhandlungen und die Beschlüsse des Aufsichtsrats anzugeben. ³Ein Verstoß gegen Satz 1 oder Satz 2 macht einen Beschluß nicht unwirksam. ⁴Jedem Mitglied des Aufsichtsrats ist auf Verlangen eine Abschrift der Sitzungsniederschrift auszuhändigen.

(3) ¹Der Aufsichtsrat kann aus seiner Mitte einen oder mehrere Ausschüsse bestellen, namentlich, um seine Verhandlungen und Beschlüsse vorzubereiten oder die Ausführung seiner Beschlüsse zu überwachen. ²Er kann insbesondere einen Prüfungsausschuss bestellen, der sich mit der Überwachung des Rechnungslegungsprozesses, der Wirksamkeit des internen Kontrollsystems, des Risikomanagementsystems und des internen Revisionssystems sowie der Abschlussprüfung, hier insbesondere der Unabhängigkeit des Abschluss-

---

7 K. Schmidt/Lutter/*Drygala*, Rn 5.
8 MüKo-AktG/*Habersack*, Rn 13.
9 MüKo-AktG/*Habersack*, Rn 13.

prüfers und der vom Abschlussprüfer zusätzlich erbrachten Leistungen, befasst. ³Die Aufgaben nach Absatz 1 Satz 1, § 59 Abs. 3, § 77 Abs. 2 Satz 1, § 84 Abs. 1 Satz 1 und 3, Abs. 2 und Abs. 3 Satz 1, § 87 Abs. 1 und Abs. 2 Satz 1 und 2, § 111 Abs. 3, §§ 171, 314 Abs. 2 und 3 sowie Beschlüsse, daß bestimmte Arten von Geschäften nur mit Zustimmung des Aufsichtsrats vorgenommen werden dürfen, können einem Ausschuß nicht an Stelle des Aufsichtsrats zur Beschlußfassung überwiesen werden. ⁴Dem Aufsichtsrat ist regelmäßig über die Arbeit der Ausschüsse zu berichten.

(4) Richtet der Aufsichtsrat einer Gesellschaft im Sinn des § 264 d des Handelsgesetzbuchs einen Prüfungsausschuss im Sinn des Absatzes 3 Satz 2 ein, so muss mindestens ein Mitglied die Voraussetzungen des § 100 Abs. 5 erfüllen.

Literatur:
Arbeitskreis Externe Unternehmensrechnung/Arbeitskreis Externe und Interne Überwachung der Unternehmung der Schmalenbach-Gesellschaft für Betriebswirtschaft, Anforderungen an die Überwachungsaufgaben von Aufsichtsrat und Prüfungsausschuss nach § 107 Abs. 3 Satz 2 AktG idF des Bilanzrechtsmodernisierungsgesetzes, DB 2009, 1279; *ders.* Überwachung der Wirksamkeit des internen Kontrollsystems und des Risikomanagementsystems durch den Prüfungsausschuss – Best Practice, DB 2011, 2101; *Böcking/Gros*, Unternehmensinterne und unternehmensexterne Überwachung der Finanzberichterstattung – Zur Einbindung des Aufsichtsrats, FS Peter Hommelhoff, 2012; *dies.*, Unternehmensüberwachung und Interne Revision – eine empirische Bestandsaufnahme, DB 2013, 709; *Fischer*, Überwachung der Compliance-, Risikomanagement- und Kontrollsysteme durch den Prüfungsausschuss, in: Orth/Ruter/Schichold (Hrsg.), Der unabhängige Finanzexperte im Aufsichtsrat, 2013, S. 111; *Gesell*, Prüfungsausschuss und Aufsichtsrat nach dem BilMoG, ZGR 2011, 361-397; *Hennerkes/Schiffer*, Ehrenvorsitzender oder Ehrenmitglied eines Aufsichtsrats – Ernennung und Kompetenzen, DB 1992, 875; *Huwer*, Der Prüfungsausschuss des Aufsichtsrats, 2008; *König*, Aufsichtliche Erwartungen an den Prüfungsausschuss des Verwaltungs- oder Aufsichtsorgans von Banken, in: Orth/Ruter/Schichold (Hrsg.), Der unabhängige Finanzexperte im Aufsichtsrat, 2013, S. 33; *Krasberg*, Der Prüfungsausschuss des Aufsichtsrats einer Aktiengesellschaft nach dem BilMoG, 2010; *Krieger*, Zum Aufsichtsratspräsidium, ZGR 1985, 338; *Th. Meyer*, Der unabhängige Finanzexperte im Aufsichtsrat, 2012; *Peus*, Besitz an Aufsichtsratsprotokollen und deren Beschlagnahme, ZGR 1987, 545; *Rellermeyer*, Aufsichtsratsausschüsse, 1986; *Scheffler*, Aufgaben und Zusammensetzung von Prüfungsausschüssen (Audit Commitees), ZGR 2003, 236; *Semler*, Ausschüsse des Aufsichtsrats, AG 1988, 60; *Siebel*, Der Ehrenvorsitzende – Anmerkungen zum Thema Theorie und Praxis im Gesellschaftsrecht, in: FS Martin Peltzer, 2001, S. 519.

A. Regelungsgegenstand und -zweck 1	I. Konstituierung 28
B. Aufsichtsratsvorsitzender und stellvertretender Aufsichtsratsvorsitzender (Abs. 1) 2	II. Einrichtung eines Prüfungsausschusses 30
I. Bestellung 2	III. Aufgaben und Arbeitsweise des Prüfungsausschusses 31
1. Wahl 2	1. Überwachung des Rechnungslegungsprozesses 34
2. Gerichtliche Bestellung 5	2. Überwachung der Wirksamkeit des Internen Kontrollsystems 35
II. Anmeldung zum Handelsregister 6	3. Überwachung der Wirksamkeit des Risikomanagementsystems 37
III. Amtszeit 7	
IV. Rechtsstellung 9	4. Überwachung des internen Revisionssystems 39
1. Aufsichtsratsvorsitzender 9	
2. Rechtsstellung des Stellvertreters des Aufsichtsratsvorsitzenden 14	5. Überwachung der Abschlussprüfung 41
V. Ehrenvorsitzender 17	6. Verpflichtungen des Plenums bei fehlendem Prüfungsausschuss 42
VI. Aufgaben und Befugnisse des Aufsichtsratsvorsitzenden nach dem DCGK 18	IV. Besetzung der Ausschüsse 43
C. Niederschrift über die Sitzungen (Abs. 2) 21	V. Verfahren der Beschlussfassung 44
I. Protokollpflicht 21	VI. Inhalt und Grenzen der Beschlussfassung .. 46
II. Beweisfunktion 24	VII. Bericht über die Arbeit in den Aufsichtsratsausschüssen (Abs. 3 S. 4) 48
III. Abschriften 26	
IV. Pflicht zur Vorlage; Beschlagnahmeverfügungen 27	E. Unabhängiger Finanzexperte im Prüfungsausschuss (Abs. 4) 49
D. Aufsichtsratsausschüsse (Abs. 3) 28	

A. Regelungsgegenstand und -zweck

1 Die Vorschrift betrifft die innere Ordnung des Aufsichtsrats. Sie sieht davon ab, einzelne Regelungen darüber zu treffen, wie der Aufsichtsrat seine Aufgaben wahrzunehmen hat.¹ So bleibt Spielraum für Regelungen in der Satzung und einer Geschäftsordnung des Aufsichtsrates. Die Vorschrift verhält sich in Abs. 1 zum Aufsichtsratsvorsitzenden und seinen Stellvertretern, in Abs. 2 zu Sitzungsniederschriften und zu Aufsichtsratsausschüssen, insbesondere einem etwa eingerichteten Prüfungsausschuss in Abs. 3. Abs. 4 fordert für kapitalmarktorientierte Gesellschaften einen unabhängigen Finanzexperten im Prüfungsausschuss. Die Vorschrift ist zwingend zu beachten. Für mitbestimmte Gesellschaften gilt sie nur, soweit sich aus den

---
1 RegBegr. *Kropff*, S. 147.

§§ 27 bis 29, 31, 32 MitbestG keine Sonderregelung ergibt. Auch in mitbestimmten Gesellschaften sind die gesetzlichen Vorgaben zwingend zu beachten. Innerhalb dieses Rahmens können in der Satzung und des darin vorgegebenen Rahmens in der Geschäftsordnung Regelungen für die innere Ordnung des Aufsichtsrates getroffen werden.[2]

B. Aufsichtsratsvorsitzender und stellvertretender Aufsichtsratsvorsitzender (Abs. 1)

I. Bestellung. 1. Wahl. Nach Abs. 1 S. 1 ist der Aufsichtsrat verpflichtet, einen Vorsitzenden und mindestens einen Stellvertreter aus seiner Mitte zu wählen. Die **Wahlberechtigung** kann durch Satzungsregelung **nicht** auf Dritte, beispielsweise die Hauptversammlung, übertragen werden.[3] Ebenso sind Beschränkungen der passiven Wählbarkeit durch Satzungsbestimmung nicht möglich.[4] Entsprechende Klauseln sind nichtig.[5] Jedes Aufsichtsratsmitglied einschließlich der zur Wahl stehenden Mitglieder ist stimmberechtigt. Die Wahl erfolgt durch Beschluss mit einfacher Stimmenmehrheit, falls die Satzung keine andere Regelung vorsieht. Die Satzung kann relative Mehrheit bestimmen, aber auch höhere Anforderungen als die einfache Mehrheit stellen.[6] Die Bestellung wird erst wirksam, wenn das gewählte Aufsichtsratsmitglied die Wahl annimmt.

Für die Gesellschaften, die nach dem MitbestG einen Aufsichtsrat zu bilden haben, enthält § 27 MitbestG eine besondere Wahlregelung für den Aufsichtsratsvorsitzenden und seinen Stellvertreter.[7] Damit soll erreicht werden, dass die Positionen des Aufsichtsratsvorsitzenden und seines Stellvertreters nicht gegen den Willen der Aufsichtsratsmitglieder der Arbeitnehmerseite ausschließlich mit Vertretern der Anteilseignerseite besetzt werden können.[8]

2. Gerichtliche Bestellung. Kommt der Aufsichtsrat seiner Pflicht zur Wahl eines Vorsitzenden nicht nach, ist eine **gerichtliche Ersatzbestellung** analog § 104 Abs. 2 nach hM **zulässig**.[9] Die Hauptversammlung kann den Aufsichtsratsvorsitzenden nicht wählen, wenn der Aufsichtsrat seiner Wahlpflicht nicht genügt,[10] eine entsprechende Satzungsbestimmung verstößt gegen § 23 Abs. 5.[11] Das Gesetz weist dem Vorsitzenden eine Vielzahl von Aufgaben zu (vgl Rn 9), so dass auf die Möglichkeit einer gerichtlichen Bestellung nicht verzichtet werden kann. Die gerichtliche Ersatzbestellung analog § 104 Abs. 2 ist für **mitbestimmte Gesellschaften** allgemein **anerkannt** und erstreckt sich auch auf den dort gesetzlich vorgeschriebenen stellvertretenden Vorsitzenden.[12]

II. Anmeldung zum Handelsregister. Nach Abs. 1 S. 2 hat der Vorstand den Aufsichtsratsvorsitzenden und seine Stellvertreter zum Handelsregister anzumelden. Es handelt sich hierbei nur um eine Mitteilung an das Registergericht, die nicht in notariell beglaubigter Form zu erfolgen braucht. Sie wird weder veröffentlicht noch in das Handelsregister eingetragen.[13] Die Anmeldung muss Namen und Anschriften des Vorsitzenden und seiner Stellvertreter enthalten.[14]

Gemäß § 80 ist der Vorsitzende des Aufsichtsrats auf den Geschäftsbriefen der AG anzugeben. Unter den Begriff des Geschäftsbriefs fallen auch Telefax, Telegramme und E-Mails (vgl § 80 Rn 5).

III. Amtszeit. Die Amtszeit des Aufsichtsratsvorsitzenden und seiner Stellvertreter kann durch Satzung, Geschäftsordnung oder Wahlbeschluss festgelegt werden. Auch eine unterschiedliche Festlegung der Amtszeit ist möglich,[15] soweit auf die Gesellschaft das MitbestG Anwendung findet, sind die Amtszeiten von Vorsitzendem und Stellvertreter jedoch zwingend gleich.[16]

Sofern Satzung, Geschäftsordnung und Wahlbeschluss keine Regelung zur Amtszeit enthalten, gilt die Wahl für die **Dauer der Amtszeit,** für die die Wahl zum Aufsichtsratsmitglied erfolgte.[17] Die Wiederwahl zum Aufsichtsratsmitglied führt nicht automatisch zur Verlängerung der Amtszeit als Vorsitzender bzw Stellvertreter. In Satzung, Geschäftsordnung oder Wahlbeschluss kann aber eine abweichende Bestimmung getroffen werden.[18] Mit dem Ausscheiden aus dem Aufsichtsrat erlischt das Amt als Vorsitzender oder stellvertre-

---

2 BVerfGE 50, 290, 324 = NJW 1979, 699; BGHZ 83, 106, 111 = NJW 1982, 1525 (Siemens); BGHZ 83, 144, 148 = NJW 1982, 1528 (Dynamit Nobel); *Lutter/Krieger*, AR, Rn 762 ff.
3 *Lutter/Krieger*, AR, Rn 656.
4 *Lutter/Krieger*, AR, Rn 658; K. Schmidt/*Drygala*, Rn 8.
5 *Hüffer*, Rn 3.
6 *Hüffer*, Rn 3; *Lutter/Krieger*, AR, Rn 660.
7 Vgl im Einzelnen KölnKomm-AktG/*Mertens/Cahn*, Anh. § 117 B § 27 MitbestG; *Lutter/Krieger*, AR, Rn 666 ff.
8 K. Schmidt/*Drygala*, Rn 7.
9 *Hüffer*, Rn 3 b; KölnKomm-AktG/*Mertens/Cahn*, Rn 23; MüKo-AktG/*Habersack*, Rn 25; *Lutter/Krieger*, AR, Rn 656; MüHb-AG/*Hoffmann-Becking*, § 31 Rn 8.
10 So aber KG DR 1941, 502; *Dietrich*, DR 1941, 482 f; *Baumbach/Hueck*, AktG, § 105 Rn 7.
11 *Hüffer*, Rn 3 b.
12 *Hüffer*, Rn 3 b; *Lutter/Krieger*, AR, Rn 671; *Semler* in Semler/v. Schenck, ARHdb, § 4 Rn 31.
13 MüHb-AG/*Hoffmann-Becking*, § 31 Rn 14.
14 *Hüffer*, Rn 8.
15 MüHb-AG/*Hoffmann-Becking*, § 31 Rn 18; KölnKomm-AktG/*Mertens/Cahn*, Rn 30; *Lutter/Krieger*, AR, Rn 666.
16 *Lutter/Krieger*, AR, Rn 672.
17 KölnKomm-AktG/*Mertens/Cahn*, Rn 31; *Lutter/Krieger*, AR, Rn 662; *Potthoff/Trescher/Theisen*, Aufsichtsratsmitglied, Rn 1079; MüKo-AktG/*Habersack*, Rn 28.
18 *Hüffer*, Rn 4; *Lutter/Krieger*, AR, Rn 540.

tender Vorsitzender jedenfalls,[19] da nur ein aktuelles Aufsichtsratsmitglied Vorsitzender oder stellvertretender Vorsitzender sein kann (Abs. 1 S. 1).
Durch Beschluss des Aufsichtsrats mit derselben Mehrheit wie beim Wahlbeschluss kann der Vorsitzende abberufen werden.[20] Vorsitzender und Stellvertreter sind bei der Abstimmung **stimmberechtigt**.[21] Satzung oder Geschäftsordnung können festlegen, dass eine Abberufung nur aus wichtigem Grund erfolgen kann.[22] Eine Abberufung aus **wichtigem Grund** ist mit einfacher Mehrheit möglich.[23] Hierbei darf der Betroffene **ausnahmsweise nicht mit stimmen**.[24]
Die Niederlegung der Funktion des Aufsichtsratsvorsitzenden bzw des stellvertretenden Aufsichtsratsvorsitzenden ist vorbehaltlich einschränkender Satzungsbestimmungen jederzeit möglich; sie kann isoliert erfolgen und muss nicht mit einer Niederlegung des Aufsichtsratsmandats verbunden werden.[25] Sie darf aber nicht zur Unzeit erfolgen.[26] Nach anderer Auffassung ist die Niederlegung zur Unzeit wirksam, kann aber zu Schadensersatzansprüchen führen.[27] Die Erklärung über die Niederlegung muss gegenüber dem Aufsichtsrat erfolgen. Erfolgt die Erklärung gegenüber dem Vorstand, ist dieser verpflichtet, die Erklärung unverzüglich an den Aufsichtsrat weiterzuleiten. Erst mit dem Zugang beim Aufsichtsrat wird die Niederlegung wirksam.[28]

9 **IV. Rechtsstellung. 1. Aufsichtsratsvorsitzender.** Der Aufsichtsratsvorsitzende hat die Sitzungen des Aufsichtsrates vorzubereiten, einzuberufen und zu leiten. Er hat die Arbeit des Aufsichtsrates und seiner Ausschüsse zu koordinieren. Im Verhältnis zu den anderen Organen der Gesellschaft, Vorstand und Hauptversammlung, kommen ihm Aufgaben zu. Er ist **Repräsentant des Aufsichtsrates**.[29] Daher dient er dem Vorstand als Ansprechpartner und Berater. Er nimmt die nach § 90 vom Vorstand zu erstellenden Berichte entgegen. Der Aufsichtsratsvorsitzende hat die Aufsichtsratsmitglieder über Berichte des Vorstands „aus sonstigen wichtigen Anlässen" (§ 90 Abs. 1 S. 3) spätestens auf der nächsten Aufsichtsratssitzung zu unterrichten (§ 90 Abs. 5 S. 3).
Die Satzung wird ihm regelmäßig die Leitung der Hauptversammlung übertragen.[30] Als Aufsichtsratsvorsitzender soll er den Bericht des Aufsichtsrates über den Jahresabschluss (§ 176 Abs. 1 S. 2), den Lagebericht und den Gewinnverwendungsvorschlag erläutern (§ 171 Abs. 1 S. 2). Gemäß § 109 Abs. 2 kann der Aufsichtsratsvorsitzende unterbinden, dass Aufsichtsratsmitglieder an der Sitzung eines Ausschusses teilnehmen, dem sie nicht angehören. Der Aufsichtsratsvorsitzende hat unverzüglich eine Sitzung einzuberufen, wenn ein Aufsichtsratsmitglied oder der Vorstand dies verlangen (§ 110 Abs. 1 S. 1). In einem weiteren Aufgabenkreis hat der Aufsichtsratsvorsitzende an Erklärungen der Gesellschaft gegenüber dem Handelsregister mitzuwirken.[31]

10 Der **Aufsichtsratsvorsitzende ist kein besonderes Organ der Gesellschaft**. Er ist lediglich ein mit besonderen Aufgaben und Befugnissen versehenes Mitglied des Organs Aufsichtsrat.[32] Daher kann er auch nicht anstelle des Aufsichtsrates entscheiden; er bedarf der Ermächtigung des Gremiums.[33] Ohne zugrunde liegenden Aufsichtsratsbeschluss bleibt das Handeln des Vorsitzenden ohne rechtliche Wirkung.[34] Auch die Satzung kann vom Aufsichtsrat zu treffende Entscheidungen nicht auf den Vorsitzenden delegieren.[35]

11 Im **Geltungsbereich des MitbestG** gelten einige **Besonderheiten**. Grundsätzlich bedürfen der Aufsichtsratsvorsitzende und sein Stellvertreter für die Wahl einer Mehrheit von zwei Dritteln der Mitglieder, aus denen er insgesamt zu bestehen hat (§ 27 Abs. 1 MitbestG). Die Abstimmung kann gleichzeitig oder getrennt vorgenommen werden.[36] Wird diese Mehrheit im **ersten Wahlgang** nicht erreicht, können die Teilnehmer des ersten Wahlgangs einvernehmlich beschließen, diesen zu wiederholen.[37] Findet ein **zweiter Wahlgang** statt, wählen die Arbeitgeberseite den Aufsichtsratsvorsitzenden und die Arbeitnehmerseite den Stellvertreter jeweils mit der Mehrheit der abgegebenen Stimmen (§ 27 Abs. 2 MitbestG). Die Beschlussfähigkeit ist gegeben, wenn mindestens die Hälfte der Mitglieder der Anteilseigner- bzw der Arbeitnehmerseite an der Wahl

---

19 *Lutter/Krieger*, AR, Rn 662; *Semler* in Semler/v. Schenck, ARHdb, § 4, Rn 36.
20 *Hüffer*, Rn 4.
21 *Hüffer*, Rn 4; *Lutter/Krieger*, AR, Rn 542; MüKo-AktG/*Habersack*, Rn 30; aA *Semler* in: Semler/v. Schenck, § 4 Rn 37.
22 *Lutter/Krieger*, AR, Rn 664.
23 MüKo-AktG/*Habersack*, Rn 31.
24 *Hüffer*, Rn 4; K. Schmidt/Lutter/*Drygala*, Rn 17; *Lutter/Krieger*, AR, Rn 542; MüKo-AktG/*Habersack*, Rn 31.
25 *Hüffer*, Rn 4.
26 *Hüffer*, Rn 4; MüHb-AG/*Hoffmann-Becking*, § 31 Rn 16..
27 MüKo-AktG/*Habersack*, Rn 34; K. Schmidt/Lutter/*Drygala*, Rn 18; *Lutter/Krieger*, AR, Rn 665.
28 *Lutter/Krieger*, AR, Rn 665.
29 *Lutter/Krieger*, AR, Rn 675.
30 MüKo-AktG/*Habersack*, Rn 57 mwN: „Kein Tätigwerden als Aufsichtsratsvorsitzender, sondern die Wahrnehmung einer hiervon zu unterscheidenden Funktion".
31 §§ 184 Abs. 1, 188 Abs. 1, 195 Abs. 1, 203 Abs. 1 iVm 188 Abs. 1, 207 Abs. 1 iVm 188 Abs. 1, 223, 229 Abs. 3, 237 Abs. 2.
32 MüHb-AG/*Hoffmann-Becking*, § 31 Rn 21.
33 *Schlitt*, DB 2005, 2007, 2008.
34 Zur Möglichkeit des Aufsichtsrats, eine Genehmigung mit Rückwirkung zu beschließen, vgl § 112 Rn 7 f.
35 KölnKomm-AktG/*Mertens/Cahn*, Rn 62; MüKo-AktG/*Habersack*, Rn 63.
36 *Lutter/Krieger*, AR, Rn 667.
37 *Döring/Grau*, NZG 2010, 1328; *Lutter/Krieger*, AR, Rn 668.

teilgenommen haben (§ 28 MitbestG). Endet die Amtszeit des Aufsichtsratsvorsitzenden oder des Stellvertreters vorzeitig, führt dies nicht zum Amtsende des anderen. Dies gilt auch, wenn beide in gemeinsamer Wahl nach § 27 Abs. 1 MitbestG gewählt wurden.[38]

Für die **Abberufung des Aufsichtsratsvorsitzenden und seines Stellvertreters** ist **§ 27 MitbestG analog** anzuwenden. Nach hM ist „spiegelbildlich" immer die Mehrheit für die Abberufung erforderlich, mit der auch die betreffende Wahl erfolgte, und somit danach zu differenzieren, ob die Wahl im ersten oder zweiten Wahlgang stattfand.[39] Dann genügt eine Abberufung mit einfacher Mehrheit der abgegebenen Stimmen derjenigen Gruppe, von der er im zweiten Wahlgang gewählt wurde. Eine Mehrheit von zwei Dritteln des gesamten Aufsichtsrats genügt nicht.[40] Nach aA ist bei einem Nichtzustandekommen der Abwahl im ersten Wahlgang in einem zweiten Wahlgang die Abberufung mit einfacher Stimmenmehrheit der Anteilseigner- bzw Arbeitnehmervertreter möglich.[41]

Kommt es bei einer Abstimmung im Aufsichtsrat zu einer Stimmengleichheit, hat der Aufsichtsratsvorsitzende bei einer Wiederholung des Beschlusses ein **Zweitstimmrecht** (§§ 29 Abs. 2 S. 1, 31 Abs. 4 S. 1 MitbestG). Der Stellvertreter hat dieses Zweitstimmrecht nicht (§§ 29 Abs. 2 S. 3, 31 Abs. 4 S. 3 MitbestG). Dies gilt auch für weitere Stellvertreter, die die Satzung der dem MitbestG unterliegenden Gesellschaft vorsehen kann.[42] Für die Wahl weiterer Stellvertreter gelten die allgemeinen Regeln der Beschlussfassung; die Satzung darf nicht festlegen, dass die weiteren Stellvertreter der Arbeitgeber- oder Arbeitnehmerseite angehören müssen.[43]

Im Anwendungsbereich des DrittelbG gelten die allgemeinen Regeln und keine Besonderheiten.

2. Rechtsstellung des Stellvertreters des Aufsichtsratsvorsitzenden. Nach Abs. 1 S. 1 muss der Aufsichtsrat einen und kann mehrere Stellvertreter des Aufsichtsratsvorsitzenden wählen. Sind mehrere Stellvertreter bestellt, kann in der Satzung, ggf auch in der Geschäftsordnung bestimmt werden, in welcher Reihenfolge die Stellvertreter den Aufsichtsratsvorsitzenden vertreten.

Nach Abs. 1 S. 3 hat der Stellvertreter die Rechte und Pflichten des Vorsitzenden, wenn dieser „verhindert" ist. Dies ist der Fall, wenn er sein Amt innerhalb der zur Verfügung stehenden Zeit nicht ausüben kann.[44] Der Grund der Verhinderung spielt keine Rolle. Nicht ausreichend ist jedoch, dass der Aufsichtsratsvorsitzende sein Amt nicht ausüben will.[45]

Wird der Stellvertreter im **Vertretungsfall** anstelle des Aufsichtsratsvorsitzenden tätig, stehen ihm die **gleichen Rechte und Pflichten** zu wie dem Aufsichtsratsvorsitzenden.

V. Ehrenvorsitzender. Die gelegentlich festzustellende Praxis, langjährige Aufsichtsratsvorsitzende im Moment ihres Ausscheidens aus dem Aufsichtsrat zum „Ehrenvorsitzenden" zu ernennen, ist **rechtlich irrelevant**. Der Ehrenvorsitzende ist Dritter, der gemäß § 109 Abs. 1 nur ausnahmsweise an Sitzungen des Aufsichtsrates teilnehmen darf.[46] Durch entsprechende Satzungsregelung kann dem Ehrenvorsitzenden allerdings die Leitung der Hauptversammlung übertragen werden.[47]

VI. Aufgaben und Befugnisse des Aufsichtsratsvorsitzenden nach dem DCGK. In Ziff. 5.2 DCGK sind die wesentlichen Aufgaben und Befugnisse des Aufsichtsratsvorsitzenden börsennotierter Gesellschaften beschrieben. Nach Abs. 1 hat er sowohl das Recht als auch die Pflicht, die Arbeit im Aufsichtsrat zu koordinieren. Als Unterfall der Koordinierungstätigkeit ist die Sitzungsleitung ausdrücklich erwähnt. Damit geht selbstverständlich auch die Einberufung und Vorbereitung der Sitzungen einher.[48] Der Aufsichtsratsvorsitzende nimmt auch die Belange des Aufsichtsrats nach außen wahr, dh er **repräsentiert** ihn, indem er etwa den Bericht des Aufsichtsrates an die Hauptversammlung erläutert.

In Ziffer 5.2 DCGK ist 2013 die Empfehlung, dass der Aufsichtsratsvorsitzende zugleich Vorsitzender der Ausschüsse sein soll, die die Vorstandsverträge behandeln, gestrichen worden. Eine solche **Kumulation der Vorsitzposten** kann zwar sinnvoll sein, ist aber für die gute Corporate Governance nach Auffassung der Kommission **nicht unbedingt erforderlich**. Zudem werde teilweise davon abgeraten, beispielsweise im UK Corporate Governance Code.[49] Den Vorsitz im Prüfungsausschuss soll der Aufsichtsratsvorsitzende nicht haben; er kann jedoch Mitglied im Prüfungsausschuss sein.

---

38 *Hüffer*, Rn 10.
39 Fitting/Wlotzke/Wissmann/*Koberski*, § 27 MitbestG, Rn 18; KölnKomm-AktG/*Mertens/Cahn* § 27 MitbestG, Rn 9; MüKo-AktG/*Habersack*, Rn 41; *Lutter/Krieger*, AR, Rn 673.
40 *Lutter/Krieger*, AR, Rn 673.
41 Döring/Grau, NZG 2010, 1328, 1330; *Säcker*, BB 2008, 2252, 2254;.
42 *Hüffer*, Rn 11.
43 *Lutter/Krieger*, AR, Rn 670.
44 *Lutter/Krieger*, AR, Rn 684.
45 MüHb-AG/*Hoffmann-Becking*, § 31 Rn 23; *Hüffer*, Rn 7; Reg-Begr. *Kropff*, S. 147 f.
46 MüHb-AG/*Hoffmann-Becking*, § 31 Rn 25; *Lutter /Krieger*, AR, Rn 685; zur abw. Praxis *Siebel*, in: FS Peltzer 2001, S. 519, 534.
47 Hennerkes/Schiffer, DB 1992, 875, 876; *Hüffer*, Rn 9.
48 Wilsing/*Wilsing*, DCGK 5.2, Rn 8.
49 <http://www.corporate-governance-code.de/ger/download/konsultationsverfahren_2013_02_05/Erlaeuterungen_Kodexaenderungsvorschlaege_2013_05_02.pdf>.

20 Abs. 3 enthält eine Empfehlung für die Zusammenarbeit mit dem Vorstand. Nach S. 1 soll der Aufsichtsratsvorsitzende zwischen den Sitzungen **regelmäßigen Kontakt** mit dem Vorstand, insb. mit dem Vorstandsvorsitzenden halten und mit ihm Fragen der Strategie, der Planung, der Geschäftsentwicklung, der Risikolage, des Risikomanagements und der Compliance des Unternehmens beraten. S. 2 greift die sich aus § 90 Abs. 1 S. 3 Hs 1 für den Vorstand ergebende Verpflichtung auf, dem Aufsichtsratsvorsitzenden aus wichtigen Anlässen zu berichten. Gemäß S. 3 soll der Aufsichtsratsvorsitzende sodann den Aufsichtsrat insgesamt unterrichten und erforderlichenfalls eine außerordentliche Sitzung einberufen. Diese Empfehlungen können als Beschreibung einer guten Praxis des laufenden Austauschs zwischen Vorstand und Aufsichtsratsvorsitzendem bezeichnet werden.[50] Der Aufsichtsratsvorsitzende ist nach § 90 Abs. 5 S. 3 ohnehin verpflichtet, die übrigen Mitglieder „spätestens" in der nächsten regulären Sitzung zu unterrichten. In Abhängigkeit von den Themen wird er schon früher Informationen zu wesentlichen Themen weitergeben oder aber von seinem Recht auf Einberufung einer Sitzung (§ 110 Abs. 1) Gebrauch machen. Zur **Minimierung des Haftungsrisikos des Aufsichtsratsvorsitzenden** infolge eines Unterlassens der Weiterleitung von Informationen[51] kann es sinnvoll sein, in einer **Informationsordnung** u.a. für bestimmte Informationen Vorlagepflichten an das Aufsichtsratsplenum zu bestimmen.[52] Eine Vorlagepflicht wird insbesondere für folgende Informationen angenommen:[53]

- Berichte nach § 90 Abs. 1 S. 1 zur Geschäftsplanung, Rentabilität, Liquidität usw.;
- Informationen des Vorstands iSd § 15 WpHG;
- Informationen zu Sachverhalten die einem Zustimmungsvorbehalt des Aufsichtsrates unterliegen;
- in Krisenzeiten alle Informationen, die für die intensivere Überwachung erforderlich sind.

C. Niederschrift über die Sitzungen (Abs. 2)

21 **I. Protokollpflicht.** Nach Abs. 2 ist über jede Sitzung des Aufsichtsrates eine Niederschrift anzufertigen, die der Vorsitzende zu unterzeichnen hat. In der Niederschrift sind der Ort und der Tag der Sitzung, die Teilnehmer, die Gegenstände der Tagesordnung, der wesentliche Inhalt der Verhandlungen und die Beschlüsse des Aufsichtsrates anzugeben.

22 Der Aufsichtsratsvorsitzende ist nicht verpflichtet, das Protokoll selbst zu führen. Er kann einen Protokollführer, der weder dem Aufsichtsrat noch dem Vorstand angehört, beauftragen, falls dem nicht widersprochen wird.[54] Kommt es über die inhaltliche Richtigkeit zwischen dem Aufsichtsratsvorsitzenden und dem Protokollführer zu Meinungsverschiedenheiten, entscheidet der Aufsichtsratsvorsitzende, da er die Verantwortung trägt.[55]

23 Es ist nicht erforderlich, den Beratungsablauf im Einzelnen wiederzugeben. Die Beschlussvorschläge sind vollständig wiederzugeben. Die Art der Beschlussfassung ist mitzuteilen. Das **Ergebnis der Abstimmung** mit der Zahl der Ja-Stimmen, Nein-Stimmen und der Enthaltungen ist zu protokollieren. Das Protokoll muss den Gang der Verhandlungen erkennen lassen und das Verständnis der Beschlussinhalte ermöglichen.

24 **II. Beweisfunktion.** Die Niederschrift über die Sitzungen ist eine Beweisurkunde.[56] Sie ist keine Wirksamkeitsvoraussetzung für die Beschlüsse des Aufsichtsrates.

25 Eine Genehmigung der Niederschrift durch den Aufsichtsrat ist nicht erforderlich.[57] Etwaige **Berichtigungswünsche** sind vom Vorsitzenden zu entscheiden.[58]

26 **III. Abschriften.** Nach Abs. 2 S. 4 ist jedem Mitglied des Aufsichtsrates auf Verlangen eine Abschrift der Sitzungsniederschrift auszuhändigen. Das Aufsichtsratsmitglied muss sich nicht auf die Möglichkeit einer Einsichtnahme beschränken. Der **Anspruch auf Aushändigung** einer Protokollabschrift kann allerdings nur in Bezug auf solche Niederschriften erhoben werden, die den Zeitraum der Aufsichtsratsmitgliedschaft betreffen.[59] Satzung oder Geschäftsordnung des Aufsichtsrates können ein Aufsichtsratsmitglied verpflichten, nach dem Ausscheiden alle in seinem Besitz befindlichen Unterlagen, die sich auf Angelegenheiten der Gesellschaft beziehen, herauszugeben.[60]

27 **IV. Pflicht zur Vorlage; Beschlagnahmeverfügungen.** Im Rahmen steuerlicher Betriebsprüfungen können die Finanzbehörden **Einsichtnahme** in die Sitzungsniederschriften verlangen.[61] Problematisch ist, in wel-

---

50 v. Schenck, AG 2010, 649, 652.
51 v. Schenck, AG 2010, 649, 653.
52 AKEIÜ, DB 2011, 2101,2103; vgl Ziff. 3.4 S 4 DCGK: „Der AR soll die Informations- und Berichtspflichten des Vorstands näher festlegen."; vgl auch Leyens, Information des AR, S. 145 ff.
53 Beispiele bei: v. Schenck, AG 2010, 649, 656, Wilsing/Wilsing, DCGK 5.2 Rn 17 f.
54 MüHb-AG/Hoffmann-Becking, § 31 Rn 51.
55 Hüffer, Rn 12.
56 Hüffer, Rn 13.
57 Lutter/Krieger, Rn 709.
58 MüHb-AG/Hoffmann-Becking, § 31 Rn 103.
59 KölnKomm-AktG/Mertens/Cahn, Rn 87.
60 BGH DB 2008, 2074.
61 BFHE (GS) 91, 351, 355 f; BFHE 92, 354, 359.

chem Umfang dies möglich ist.[62] Die Finanzbehörden können jedenfalls nicht die vollständige Vorlage aller Sitzungsniederschriften für einen bestimmten Zeitraum verlangen.[63] Möglich ist auch die Beschlagnahme von Sitzungsniederschriften durch staatliche Stellen.[64] Das BVerfG hat auch hier die **Weitergabe** aller verlangten Sitzungsniederschriften an die Voraussetzung geknüpft, dass diese für die Beweisthemen als Beweismittel von Bedeutung sein können.[65] Die Beschlagnahme muss sich gegen den Aufsichtsratsvorsitzenden als Besitzer der Aufsichtsratsprotokolle richten.[66]

D. Aufsichtsratsausschüsse (Abs. 3)

I. Konstituierung. Das Gesetz schreibt die Errichtung von Ausschüssen nicht vor, lässt aber zu, dass der Aufsichtsrat Ausschüsse bildet (Abs. 3 S. 1). Aus der Verpflichtung des Aufsichtsrates zu einer sachgerechten Selbstorganisation wird **bei größeren Unternehmen** die Bildung von Ausschüssen **zwingend erforderlich** sein.[67] Der Ausschuss kann zum einen die Aufgabe haben, Aufsichtsratsbeschlüsse vorzubereiten und auszuführen, zum anderen können sie als beschließende Ausschüsse arbeiten.[68] Der Ausschuss kann nur aus Mitgliedern des Aufsichtsrates gebildet werden. Weder durch Satzungsbestimmung noch durch Beschluss der Hauptversammlung kann dem Aufsichtsrat vorgeschrieben werden, Ausschüsse zu bilden oder dies zu unterlassen.[69] Die autonome Entscheidung des Aufsichtsrates zur Einsetzung von Ausschüssen kann sich aus einem Aufsichtsratsbeschluss oder aus der Geschäftsordnung ergeben.[70] Um den gestiegenen Anforderungen an die Arbeit des Aufsichtsrates und der damit gestiegenen Komplexität zu begegnen, wird die **Einrichtung von Ausschüssen für Teilbereiche** der Aufsichtsratsarbeit empfohlen.[71] Dies ermöglicht eine intensivere Auseinandersetzung mit einem abgegrenzten Themenkreis. Andererseits kann die Ausschussbildung zu einer Schwächung des Gesamtaufsichtsrates führen, da die Beratung in den Ausschüssen die Themen bereits in eine bestimmte Richtung lenken kann und die übrigen Mitglieder nur einen groben Überblick zu den relevanten Sachverhalten erhalten.[72] Daher ist sicherzustellen, dass der Gesamtaufsichtsrat seiner Verantwortung gerecht werden kann. Der Ausschuss hat auf dessen Willen Rücksicht zu nehmen[73] und ihn über die Ausschussarbeit regelmäßig und in ausreichender Tiefe zu informieren (Abs. 3 S. 4). Wesentliche Aufgaben des Aufsichtsrats, zum Beispiel die Festsetzung der Grundzüge der Vorstandsvergütung,[74] können nicht auf einen Ausschuss übertragen werden (Abs. 3 S. 3).

Mit Ausnahme des gem. § 27 Abs. 3 MitbestG vorgeschriebenen **Vermittlungsausschuss**[75] wird in der Praxis häufig ein **Personalausschuss**, ein **Finanzausschuss** und ein **Investitionsausschuss** gebildet. Auch ein **Präsidialausschuss** bzw Präsidium sind üblich.[76] Der Kodex empfiehlt in Ziff. 5.3.2 die Bildung eines Prüfungsausschusses, der sich insb. mit der Überwachung des Rechnungslegungsprozesses, der Wirksamkeit des internen Kontrollsystems und des internen Revisionssystems, der Abschlussprüfung, hier insb. der Unabhängigkeit des Abschlussprüfers, der vom Abschlussprüfer zusätzlich erbrachten Leistungen, der Erteilung des Prüfungsauftrags an den Abschlussprüfer, der Bestimmung von Prüfungsschwerpunkten und der Honorarvereinbarung sowie – falls kein anderer Ausschuss damit befasst ist – der Compliance befasst. Weiter wird die Einrichtung eines **Nominierungsausschusses** empfohlen, der ausschließlich aus Vertretern der Anteilseigner besetzt ist und die Wahlvorschläge des Aufsichtsrates an die Hauptversammlung vorbereitet.

§ 25 d Abs. 7 bis 12 KWG bestimmt für den Aufsichtsrat eines Kreditinstituts detaillierte Anforderungen im Hinblick auf die Einrichtung, Zusammensetzung und Arbeit der Ausschüsse. Prüfungsausschuss, Risikoausschuss, Nominierungsausschuss und Vergütungskontrollausschuss sind danach immer einzurichten; gegebenenfalls können ein gemeinsamer Prüfungs- und Risikoausschuss eingerichtet werden, § 25 d Abs. 10 KWG.

II. Einrichtung eines Prüfungsausschusses. § 107 Abs. 3 S. 2 ist mit Inkrafttreten des Gesetzes zur Modernisierung des Bilanzrechts am 29. Mai 2009[77] neu eingefügt worden. Damit wird **Art. 41 der EU-Abschluss-**

---

62 *Hüffer*, Rn 15 mwN.
63 BFHE 92, 354, 359; *Hüffer*, Rn 15.
64 LG Frankfurt NJW 1987, 787 (Beschlagnahme zugunsten des Untersuchungsausschusses "Neue Heimat" des Deutschen Bundestages).
65 BVerfGE 74, 7 ff = NJW 1987, 770; BVerfGE 77, 1, 43 ff = NJW 1988, 890, 896.
66 *Peus*, ZGR 1987, 545, 550 f.
67 *Lutter/Krieger*, AR, Rn 743; K. Schmidt/*Lutter*/*Drygala*, Rn 33; ebenso DCGK, Ziff. 5.3.1. S 1.
68 *Hüffer*, Rn 16.
69 BGHZ 83, 106, 115 = NJW 1982, 1525 (Siemens); BGHZ 122, 342, 355 = NJW 1993, 2307; *Henze*, HRR-AktienR, Rn 707 f; *Semler*, AG 1988, 60, 62 f.
70 *Lutter/Krieger*, AR, Rn 753.
71 *Lutter*, DB 2009, 775, 779.
72 Bericht der Regierungskommission Corporate Governance, 2001, BT-Drucks. 14/7515, S. 14 (Rn 56); K. Schmidt/*Lutter*,*Drygala*, Rn 35.
73 *Lutter/Krieger*, AR, 750.
74 Zwingende Verantwortung des Gesamtaufsichtsrats, eingeführt durch das Gesetz über die Angemessenheit der Vorstandsvergütung vom 31.7.2009, BGBl. I S. 2509.
75 *Hüffer*, Rn 20; *Lutter/Krieger*, AR, Rn 739 f; MüHb-AG/*Hoffmann-Becking*, § 32 Rn 12 f.
76 Vgl *Krieger*, ZGR 1985, 338; *Rellermeyer*, Aufsichtsratsausschüsse, S. 2 f; *Gittermann* in: Semler/v. Schenck, ARHdb § 6 Rn 133.
77 BGBl. I S. 1102.

prüferrichtlinie umgesetzt.[78] Art. 41 Abs. 5 der EU-Abschlussprüferrichtlinie ermöglicht den Mitgliedstaaten, auf die zwingende Einrichtung eines Prüfungsausschusses bei der Umsetzung in nationales Recht zu verzichten. Der deutsche Gesetzgeber hat diese Option im AktG genutzt. Der Prüfungsausschuss wurde als **fakultativ einzurichtender Aufsichtsratsausschuss** in den Gesetzestext aufgenommen und seine wesentlichen Kompetenzen aufgelistet. Für Kreditinstitute ist seit dem 1.1.2014 die Einrichtung eines Prüfungsausschusses jedoch verbindlich vorgeschrieben, § 25 d Abs. 9 KWG. Die Aufgaben des Prüfungsausschusses sind hier umfangreicher geregelt als im AktG. Zusätzlich hat der Prüfungsausschuss darüber zu wachen, ob die Geschäftsleitung die durch den Abschlussprüfer festgestellten Mängel behebt.[79]

Der Prüfungsausschuss hat die **Überwachungstätigkeit zu verbessern**, indem das Gremium verkleinert wird und dem Ausschuss für dessen Aufgaben ausreichend qualifizierte und möglichst unabhängige Mitglieder angehören.[80] Die **Anforderungen an die Qualifikation der Prüfungsausschussmitglieder** gehen weiter als diejenigen an die übrigen Aufsichtsratsmitglieder. Zusätzlich zu den von jedem Mitglied zu erwartenden Kenntnissen der Grundprinzipien der Rechnungslegung müssen die Prüfungsausschussmitglieder in den zu behandelnden Sachthemen bewandert sein (*financial literacy*) und den Ausführungen des Abschlussprüfers ohne Verständnisprobleme folgen und einen konstruktiven Dialog führen können.[81] Der für den Prüfungsausschuss obligatorische **unabhängige Finanzexperte** muss einen noch einmal gesteigerten bilanziellen Sachverstand aufweisen und in der Lage sein, Informationen der Gesellschaft und des Abschlussprüfers voll inhaltlich zu verstehen und zu überprüfen.[82] Der unabhängige Finanzexperte kann als Schnittstelle zur Koordination der unternehmensinternen und unternehmensexternen Überwachung der Finanzberichterstattung arbeiten.[83] Eine Erhöhung der Anzahl der *financial experts* im Prüfungsausschuss, wie ihn die EU-Kommission erwägt, würde die Qualität der Ausschussarbeit steigern und ist daher zu begrüßen.[84]

Schon bisher empfiehlt Ziff. 5.3.2 DCGK die Einrichtung eines Prüfungsausschusses. Für den Ausschussvorsitzenden werden drei Qualifikationen genannt: unabhängiger Finanzexperte; kein ehemaliges Vorstandsmitglied, dessen Bestellung vor weniger als zwei Jahren endete; nicht der Aufsichtsratsvorsitzende (Ziff. 5.2 Abs. 2 S. 2).[85] Börsennotierte Unternehmen stellen zunehmend Transparenz über Lebenslauf und beruflichen Werdegang des Finanzexperten her und erbringen Nachweise zur Unabhängigkeit.[86]

31 **III. Aufgaben und Arbeitsweise des Prüfungsausschusses.** Als **Aufgaben des Prüfungsausschusses** nennt das Gesetz:[87]

- Überwachung des Rechnungslegungsprozesses
- Überwachung der Wirksamkeit des internen Kontrollsystems
- Überwachung der Wirksamkeit des Risikomanagementsystems
- Überwachung der Wirksamkeit des internen Revisionssystems
- Überwachung der Abschlussprüfung, insb. die Unabhängigkeit des Abschlussprüfers und der von diesem zusätzlich erbrachten Leistungen.

32 Da es sich bei dem Prüfungsausschuss um einen fakultativen Ausschuss handelt, kann der Gesamtaufsichtsrat nach der Regierungsbegründung[88] und der hM diesen **Aufgabenkreis begrenzen und Aufgaben selbst übernehmen oder auch erweitern**.[89] Wenn er das Aufgabenspektrum begrenzt, muss er die übrigen Aufgaben selbst übernehmen.[90]

Nach aA kann der Aufsichtsrat, der einen Prüfungsausschuss eingerichtet hat, nicht einzelne Aufgaben wieder an sich ziehen und damit vom Gesetzeswortlaut abweichen. Abweichende Satzungs- oder Geschäftsordnungsregelungen sind nach dieser Auffassung unzulässig.[91] Der gesamte Aufsichtsrat kann sich aber parallel mit den entsprechenden Gegenständen im Rahmen seiner allgemeinen Überwachung befassen und damit im eigenen Interesse sein Haftungsrisiko mindern.[92] Für **börsennotierte Gesellschaften** empfiehlt Ziff. 5.3.2

---

78 Richtlinie 2006/43/EG des Europäischen Parlamentes und des Rates vom 17.5.2006 über Abschlussprüfung von Jahresabschlüssen und konsolidierten Abschlüssen, zur Änderung der Richtlinien 78/660/EWG und 83/349/EWG des Rates und zur Aufhebung der Richtlinie 84/253/EWG des Rates, ABl. L 2006 157 vom 9.6.2006, S. 87.
79 *König*, in: Ort/Ruter/Schichold (Hrsg.), Der unabhängige Finanzexperte im Aufsichtsrat, S. 33, 53.
80 *Habersack*, AG 2008, 98, 101.
81 *Hennrichs*, FS Hommelhoff, S. 383, 396; *Th. Meyer*, Der unabhängige Finanzexperte, S. 291; einschränkend KölnKomm-AktG/*Mertens/Cahn*, Rn 111.
82 *Gesell*, ZGR 2011, 361, 387; *Hennrichs*, FS Hommelhoff, S. 383, 397.
83 *Böcking/Gros*, in: Ort/Ruter/Schichold (Hrsg.), Der unabhängige Finanzexperte im Aufsichtsrat, S. 19, 30.
84 *Böcking/Gros*, in: Ort/Ruter/Schichold (Hrsg.), Der unabhängige Finanzexperte im Aufsichtsrat, S. 19, 30.
85 Hierzu kritisch: KölnKomm-AktG/*Mertens/Cahn*, Rn 111.
86 *Gros/Velte*, DStR 2012, 2243 ff.
87 Vgl auch *AK Externe Unternehmensrechnung / AK Externe und Interne Überwachung der Unternehmung*, DB 2009, 1279.
88 BT-Drucks. 16/10067, S. 102.
89 *Hüffer*, Rn 17 b; *Krasberg*, Prüfungsausschuss, S. 119; K. Schmidt/Lutter/*Drygala*, Rn 57; *Lanfermann/Röhricht*, BB 2009, 887, 888; *König* in: Ort/Ruter/Schichold (Hrsg.), Der unabhängige Finanzexperte im Aufsichtsrat, S. 33, 48.
90 Begr. RegE, BT-Drucks. 16/10067, S. 102.
91 *Ziemons*, GWR 2009, 106, 107.
92 *Ziemons*, GWR 2009, 106, 107; vgl auch *Lutter/Krieger*, AR, Rn 999 f.

DCGK die Erweiterung des Aufgabenkreises auf die Erteilung des Prüfauftrags an den Abschlussprüfer, die Bestimmung von Prüfungsschwerpunkten, die Honorarvereinbarung mit dem Abschlussprüfer sowie die Compliance.

Die in Abs. 3 S 2 aufgeführten Aufgaben sind nicht scharf voneinander abzugrenzen. Das Gesetz gibt auch keine hierarchische Ordnung der Begriffe her.[93] Entscheidend ist der Wille des Gesetzgebers, dass ausreichend engmaschige Informations- und Überwachungssysteme eingerichtet sind.[94]

1. Überwachung des Rechnungslegungsprozesses. Bei der Überwachung des Rechnungslegungsprozesses handelt es sich um eine Prozessüberwachung, die über die in § 171 Abs. 1 S. 1 genannte Befassung mit dem Jahresabschluss und damit etwa Fragen der rechtmäßigen Ausübung von Bewertungswahlrechten und Ermessensspielräumen hinausgeht.[95] Die Überwachung muss sich auch auf das Verfahren und die Grundsätze der Rechnungslegung beziehen[96] und die Wirksamkeit des auf die Rechnungslegung bezogenen internen Kontrollsystems berücksichtigen.[97] Dieses soll die Ordnungsmäßigkeit und Verlässlichkeit der Rechnungslegung absichern. Geschäftsvorfälle sollen zeitnah, vollständig und mit dem richtigen Wert in der richtigen Periode auf dem richtigen Konto erfasst werden. Vermögensgegenstände und Schulden müssen im Jahresabschluss korrekt angesetzt, bewertet und ausgewiesen werden.[98]

2. Überwachung der Wirksamkeit des Internen Kontrollsystems. Das **Interne Kontrollsystem (IKS)** ist ein Managementinstrument zur Unterstützung der Ziele des Unternehmens und der Reduktion von Risiken, indem es Grundsätze, Verfahren und Maßnahmen zur Umsetzung von Managemententscheidungen festlegt.[99] Damit sollen die Sicherung der Wirksamkeit und Wirtschaftlichkeit der Geschäftstätigkeit des Unternehmens, die Ordnungsmäßigkeit der internen und externen Rechnungslegung sowie die Einhaltung der maßgeblichen rechtlichen Vorschriften erreicht werden.[100] Im IKS sind die prozessintegrierten Kontrollen beschrieben. Die interne Revision prüft als prozessunabhängiges Überwachungselement die Angemessenheit und Wirksamkeit der im IKS beschriebenen Kontrollen.[101] Das IKS orientiert sich als Best Practice an dem COSO-Internal Control-Framework.[102] Unter Berücksichtigung des Geschäftsmodells des Unternehmens können die Ziele des IKS mit der Unternehmensorganisation und den Komponenten des IKS (Kontrollumfeld, Risikobeurteilung, Kontrollaktivitäten, Information und Kommunikation sowie Überwachung) in Beziehung gesetzt werden.[103]

Der Prüfungsausschuss hat die **Wirksamkeit des IKS** zu überwachen. Als wirksam kann ein System bezeichnet werden, wenn es sich zur Erreichung eines vorgegebenen Zieles eignet und keine wesentlichen Schwächen aufweist.[104] Die Wirksamkeit ist als Mindestanforderung zu verstehen; es geht nicht um ein möglichst optimales System.[105] Während es Aufgabe des Vorstands ist, über die Einrichtung und Ausgestaltung zu entscheiden und ggf für ein möglichst effizientes und effektives IKS zu sorgen, muss der Prüfungsausschuss lediglich überwachen, ob die Wirksamkeit gegeben ist.[106] Ggf kann der Prüfungsausschuss vom Vorstand die Verbesserung oder Erweiterung des IKS verlangen.[107] Sollte der Vorstand kein IKS einrichten, wird der Prüfungsausschuss in regelmäßigen Abständen prüfen müssen, ob gleichwohl die Einrichtung erforderlich ist.[108] In kapitalmarktorientierten Unternehmen ist die Einrichtung eines IKS zur **Vermeidung einer Sorgfaltspflichtverletzung** erforderlich[109] und wird damit für diese Unternehmen zur Verpflichtung.[110] Bei seiner Überwachungstätigkeit kann sich der Prüfungsausschuss auf einen mindestens jährlich vom Vorstand zu erstattenden Bericht zur Ausgestaltung und Funktion des IKS stützen. Zudem kann er eine Einschätzung der internen Revision und des Abschlussprüfers zur Wirksamkeit des IKS einfordern. Die Interne Revision nimmt in der Regel eine Systemprüfung des IKS vor.[111] Der Leiter der internen Revision kann als Aus-

---

93 AKEIÜ, DB 2011, 2101.
94 K. Schmidt/Lutter/*Drygala*, Rn 59.
95 *Lanfermann/Röhricht*, BB 2009, 887, 889.
96 K. Schmidt/Lutter/*Drygala*, Rn 60.
97 Vgl *Lanfermann/Röhricht*, BB 2009, 887, 889; *Gesell*, ZGR 2011, 361, 370.
98 IDW PS 261, Rn 22; vgl auch *Böcking/Gros*, FS Hommelhoff, S. 99, 103.
99 K. Schmidt/Lutter/*Drygala*, Rn 62.
100 Vgl IDW PS 261: Feststellung und Beurteilung von Fehlerrisiken und Reaktionen des Abschlussprüfers auf die beurteilten Fehlerrisiken.
101 *Fischer* in: Ort/Ruter/Schichold (Hrsg.), Der unabhängige Finanzexperte im Aufsichtsrat, S. 111, 116 mit Hinweis auf IDW PS 261 Tz. 34.
102 Committee of Sponsoring Organizations of the Treadway Commission (COSO) (Hrsg.), Internal Control – Integrated Framework, AICPA, Jersey NY 1992; <www.coso.org>.
103 AKEIÜ, DB 2011, 2101, 2102.
104 AKEIÜ, DB 2009, 1297, 1280.
105 AKEIÜ, DB 2009, 1297, 1280; *Gesell*, ZGR 2011, 361, 371.
106 AKEIÜ, DB 2009, 1297, 1280.
107 *Zieske/Zenkic*, Konzern 2011, 163, 165.
108 RegE BilMoG, BT-Drucks. 16/10067, S. 103.
109 RegE BilMoG, BT-Drucks. 16/10067, S. 76.
110 *Böcking/Gros*, FS Hommelhoff, S. 99, 102; *Gesell*, ZGR 2011, 361, 371.
111 *Fischer* in: Ort/Ruter/Schichold (Hrsg.), Der unabhängige Finanzexperte im Aufsichtsrat, S. 111, 125.

kunftsperson zu den Prüfungsausschusssitzungen hinzugezogen werden und die Prüfungsergebnisse können in zusammengefasster Form vorgelegt werden.[112]

37 **3. Überwachung der Wirksamkeit des Risikomanagementsystems.** Das Risikomanagementsystem (RMS) ist ein mehrstufiger Prozess. Die Risikoidentifikation, die Risikoanalyse und -bewertung bilden das gem. § 91 Abs. 2 einzurichtende System zur Früherkennung und Überwachung bestandsgefährdender Entwicklungen (Risikofrüherkennungssystem).[113] Hinzu kommen muss eine Risikosteuerung, mit der der Vorstand ein für das Unternehmen akzeptables Risikoniveau sowie die Konzeption, Umsetzung und Überwachung der Aktivitäten zur Risikobegrenzung festlegt. Weitere Prozessschritte sind die Risikokommunikation und die Risikoüberwachung.[114]

38 Die Einrichtung und die Bestimmung des Umfangs des RMS sind **Aufgabe des Vorstands** und hängen von der Größe, dem Geschäftsmodell und der wirtschaftlichen Lage der Gesellschaft ab.[115] Der Prüfungsausschuss hat auch hier zu überwachen, ob das RMS wirksam, dh zweckmäßig und ohne wesentliche Schwächen ist und ggf auf Verbesserungen oder Erweiterungen hinzuwirken. Bei seiner Überwachungstätigkeit kann sich der Prüfungsausschuss auf die **Berichte des Vorstands** stützen.[116] Im Hinblick auf für die Gesellschaft besonders risikoträchtige Aktivitäten, bspw in neuen Geschäftsfeldern im Ausland, bei dem Einsatz von Finanzderivaten oder innovativen Technologien, muss sich der Prüfungsausschuss über das entsprechende Risikomanagement besonders intensiv informieren lassen und ggf auch nachfragen. Außerdem kann sich der Prüfungsausschuss bei der Beurteilung des RMS auf die Einschätzung der **internen Revision** stützen, die im Regelfall mit der unternehmensinternen Überwachung der Funktionsfähigkeit des RMS befasst ist (vgl auch Rn 36).

39 **4. Überwachung des internen Revisionssystems.** Die in § 91 Abs. 2 mit dem KonTraG eingeführte Verpflichtung zur Einrichtung eines Risikofrüherkennungssystems brachte auch für Gesellschaften ab einer bestimmten Größe die Verpflichtung zur Einrichtung einer angemessenen internen Revision mit sich.[117] Die interne Revision erbringt **prozessunabhängige Prüfungsaktivitäten**. Mit einem systematischen und zielgerichteten Ansatz bewertet sie die Effektivität des Risikomanagements, der Kontrollen und der Führungs- und Überwachungsprozesse und hilft diese zu verbessern.[118]

40 Die **Überwachung des RMS und des IKS** fällt in das traditionelle Aufgabenfeld der internen Revision. Als prozessunabhängige Überwachungsmaßnahme ist die interne Revision sowohl Teil des internen Kontrollsystems als auch zuständig für die Überwachung der weiteren Teile des IKS. Die interne Revision überprüft fortlaufend die Wirksamkeit des IKS und RMS und berichtet dem Vorstand und den zuständigen Führungskräften in strukturierten Berichten zeitnah über ihre Feststellungen und die mit den geprüften Organisationseinheiten vereinbarten Maßnahmen zur Behebung der Mängel.[119] Sie geht dabei nach einem mit dem Vorstand abgestimmten Prüfungsplan vor. Der Vorstand ist für die angemessene Ausstattung und Organisation der internen Revision verantwortlich und hat dafür zu sorgen, dass ihr alle notwendigen Informationen zur Ausübung der unternehmensinternen Überwachungstätigkeit zur Verfügung gestellt werden. Außerhalb des Prüfungsplans kann der Vorstand die interne Revision mit Sonderprüfungen aus aktuellen Anlässen beauftragen. Die Arbeit der internen Revision ist schon aus Effizienzgründen mit der Arbeit des Abschlussprüfers eng zu verzahnen. Die interne Revision stellt dem Abschlussprüfer ihre Prüfungsberichte zur Verfügung und wird von diesem über dessen Tätigkeit und Feststellungen fortlaufend informiert. Die interne Revision kann die Abarbeitung der Feststellungen und Empfehlungen des Abschlussprüfers überwachen und dem Vorstand über den Stand der Erledigung berichten. Der Prüfungsausschuss stützt sich bei der Überwachung des IKS und RMS vor allem auf die Berichte des Vorstands und des Abschlussprüfers. Er kann auch auf die Berichte der internen Revision zugreifen.[120] Diese ist aufgrund ihrer unternehmensinternen Überwachungstätigkeit ein kompetenter Ansprechpartner für den Prüfungsausschuss. Daher ist es sinnvoll, wenn in Abstimmung mit dem Vorstand eine Berichtslinie zwischen Prüfungsausschuss und interner

---

112 *Warncke*, in: Freidank/Peemöller (Hrsg.); Corporate Governance und Interne Revision, S. 623, 631; vgl aber die Ergebnisse der empirischen Studie von *Böcking/Gros*, DB 2013, 709, 714, nach der Ergebnisse der Internen Revision in einigen börsennotierten Unternehmen immer noch ausschließlich mit dem Vorstand diskutiert werden.
113 RegE KonTraG, BT-Drucks. 13/9712, S. 15.
114 AKEIÜ, DB 2011, 2101, 2102; *Lanfermann/Röhricht*, DB 2009, 887, 889; DIIR Revisionsstandard Nr. 2 Prüfung des Risikomanagement durch die Interne Revision (www.diir.de/fileadmin/fachwissen/standards/downloads/Revisionsstandard_Nr._2.pdf; Abruf vom 19.2.2013).
115 *Krasberg*, Prüfungsausschuss, S. 174; *Huwer*, Prüfungsausschuss, S. 136,.
116 AKEIÜ, DB 2009, 1279, 1282; *Krasberg*, Prüfungsausschuss, S. 178.
117 Vgl *Hüffer*, § 91 Rn 8.
118 Vgl *The Institute of Internal Auditors* (Hrsg.), Internationale Standards für die berufliche Praxis der Internen Revision 2013, S. 7 (www.diir.de/fileadmin/fachwissen/standards/downloads/IIA_Standards_2013.pdf; Abruf vom 19.2.2013).
119 *Zieske/Zenkic*, Konzern 2011, 163, 165.
120 *Böcking/Gros*, FS Hommelhoff, S. 99, 107; *Huwer*, Prüfungsausschuss, S. 159 ff; *Warncke*, in: Freidank/Peemöller (Hrsg.); Corporate Governance und Interne Revision, S. 623, 636; *Zieske/Zenkic*, Konzern 2011, 163, 166.

Revision festgelegt wird.[121] Der Prüfungsausschuss kann so auf die Prüfungsplanung der internen Revision Einfluss nehmen und diese ggf auffordern, bestimmte Prüfungsschwerpunkte in ihrer Planung zu berücksichtigen.[122] Der Aufsichtsrat kann sich auch gem. § 111 Abs. 4 die Zustimmung zum Prüfungsplan vorbehalten und die Zustimmung auf den Prüfungsausschuss delegieren.[123] Damit wird die Unabhängigkeit der internen Revision gestärkt.[124] Die interne Revision ist zudem auch Gegenstand der Überwachung des Prüfungsausschusses. Dieser hat zu prüfen, ob die personelle und sachliche Ausstattung angemessen ist, ob die Qualität der Prüfungsplanung und -tätigkeit den Berufsstandards entspricht und regelmäßig über Quality-Assessments überprüft wird.[125]

5. Überwachung der Abschlussprüfung. Als weitere Aufgabe ist dem Prüfungsausschuss durch das BilMoG die Überwachung der Abschlussprüfung und der Unabhängigkeit des Abschlussprüfers zugewiesen. Diese Aufgabe betrifft den Einzelabschluss und den Konzernabschluss. Ggf erstreckt sie sich auch auf beauftragte Sonderprüfungen.[126]

Der Prüfungsausschuss hat den Vorschlag des Aufsichtsrates für die **Wahl des Abschlussprüfers** durch die Hauptversammlung vorzubereiten (§ 124 Abs. 3 S. 2). Schon im Vorfeld der Bestellung des Abschlussprüfers und dann während der Prüfungstätigkeit hat sich der Prüfungsausschuss mit der **Qualität der Arbeit** auseinanderzusetzen.[127] Dazu gehört auch eine Auseinandersetzung mit der fachlichen Kompetenz und den personellen Kapazitäten des Abschlussprüfers.[128] Der Abschlussprüfer übt für den Prüfungsausschuss eine **Gehilfenfunktion** bei der Überwachung des IKS, des RMS und der internen Revision sowie der Prüfung des Jahres- und Konzernabschlusses und der Lageberichte aus und ist ihm ein „Sparringspartner".[129] Diese Rolle wird durch die durch das BilMoG eingeführte Verpflichtung des Abschlussprüfers zur Teilnahme an den Sitzungen des Aufsichtsrates und des Prüfungsausschusses, die den Jahresabschluss und Konzernabschluss betreffen (§ 171 Abs. 1 S. 2), unterstrichen.[130] Hier hat der Abschlussprüfer auf wesentliche Schwächen des IKS, des RMS und der Rechnungslegung hinzuweisen.[131] Der Prüfungsausschuss hat sich mit der Frage der **Unabhängigkeit des Abschlussprüfers** auseinanderzusetzen. Dazu gehört die Kontrolle der Einhaltung der Abschlussprüferleitlinien und die Abgabe der Unabhängigkeitserklärung gem. § 321 Abs. 4a HGB.[132] Insbesondere hat sich der Prüfungsausschuss einer kapitalmarktorientierten Gesellschaft über den Umfang der vom Abschlussprüfer zusätzlich erbrachten Leistungen zu informieren. Der Abschlussprüfer hat zusätzlich über Umstände, die seine Befangenheit besorgen lassen, zu informieren (§ 171 Abs. 1 S. 3).

6. Verpflichtungen des Plenums bei fehlendem Prüfungsausschuss. Wenn der Aufsichtsrat keinen Prüfungsausschuss einrichtet, hat er die in Abs. 3 S. 2 erwähnten Aufgaben selbst wahrzunehmen.[133] Dies ergibt sich zwar nicht aus dem Gesetzeswortlaut, jedoch aus der entsprechenden Bestimmung in Art. 41 Abs. 5 Abschlussprüferrichtlinie.[134] Der gesamte Aufsichtsrat muss sich dann mit den entsprechenden Gegenständen im Rahmen seiner allgemeinen Überwachung befassen.

IV. Besetzung der Ausschüsse. Das Gesetz enthält keine ausdrückliche Angabe zur zahlenmäßigen Zusammensetzung von Aufsichtsratsausschüssen. Fest steht jedenfalls, dass es keinen Ein-Mann-Ausschuss gibt.[135] **Beschließende Ausschüsse**, die Entscheidungen zu treffen haben, müssen mit mindestens drei Mitgliedern eingesetzt werden.[136] Ein Ausschuss mit zwei Mitgliedern kann somit nur vorbereitende Aufgaben wahrnehmen; solche Aufgaben können aber auch einem einzelnen Aufsichtsratsmitglied übertragen werden.[137]

V. Verfahren der Ausschüsse. Die Verfahrensweise von Aufsichtsratsausschüssen bestimmt sich nach § 108 Abs. 3 und 4 und § 109. § 108 Abs. 2 S. 3 ist sinngemäß anzuwenden. Beschließende Ausschüsse können daher nur bei Anwesenheit von wenigstens drei Mitgliedern tätig werden.[138] Die Satzung kann nähere Regelungen über die Arbeitsweise treffen, solange sie nicht in die dem Aufsichtsrat vorbehaltene Entschei-

---

121 *Böcking/Gros*, FS Hommelhoff, S. 99, 107; *Zieske/Zenkic*, Konzern 2011, 163, 169.
122 *Lanfermann/Röhricht*, BB 2009, 887, 890.
123 AKEIÜ, DB 2000, 2281, 2284; *Hüffer*, § 111, Rn 18; *Geiersbach*, BankPraktiker 2012, 22, 25; *Th.Meyer*, Der unabhängige Finanzexperte, S. 238 f; *Scheffler*, ZGR 2003, 236, 254; aA *Krasberg*, Prüfungsausschuss, S. 190.
124 *Warncke*, in: Freidank/Peemöller (Hrsg.), Corporate Governance und Interne Revision, S. 623, 636; *Zieske/Zenkic*, Konzern, 165, 168 f.
125 *Fischer* in: Ort/Ruter/Schichold (Hrsg.), Der unabhängige Finanzexperte im Aufsichtsrat, S. 111, 126.
126 *Lanfermann/Röhricht*, DB 2009, 887, 890.
127 K. Schmidt/Lutter/*Drygala*, Rn 65.
128 *Th. Meyer*, Der unabhängige Finanzexperte, S. 235.
129 *Böcking/Gros*, FS Hommelhoff, S. 99, 109 f. mit Hinweis auf den von *Hommelhoff* geprägten Begriff des „Sparringspartners"; *Th. Meyer*, Der unabhängige Finanzexperte, S. 382 f mwN; zur Festlegung von Prüfungsschwerpunkten durch Aufsichtsrat und Abschlussprüfer *Kompenhans/Buhleier/Splinter*, Wpg 2013, 59 ff.
130 *Böcking/Gros*, FS Hommelhoff, S. 99, 110;.
131 *Hüffer*, § 171 Rn 11 b.
132 K. Schmidt/Lutter/*Drygala*, Rn 66.
133 BT-Drucks. 16/10067, S. 102; *Lanfermann/Röhricht*, BB 2009, 887; *Staake*, ZIP 2010, 1013, 1014.
134 K. Schmidt/Lutter/*Drygala*, Rn 57.
135 MüHb-AG/*Hoffmann-Becking*, § 32 Rn 18.
136 BGHZ 65, 190, 192 f = NJW 1976, 145; BGH NJW 1989, 1928, 1929; BGH ZIP 1991, 869; MüHb-AG/*Hoffmann-Becking*, § 32 Rn 18; *Henze*, HRR-AktienR, Rn 694; *Lutter/Krieger*, AR, Rn 755.
137 *Hüffer*, Rn 17.
138 *Hüffer*, Rn 19.

dungsfreiheit über die Einrichtung und Besetzung von Ausschüssen eingreift.[139] Die Satzung kann daher nicht bestimmen, dass der Aufsichtsratsvorsitzende geborener Ausschussvorsitzender ist.[140] Ist ein Aufsichtsratsmitglied zum Ausschussvorsitzenden bestellt, so hat es die üblichen Sitzungsleitenden Befugnisse, insbesondere obliegt ihm die Einberufung von Ausschusssitzungen.[141] Ist ein Ausschussvorsitzender nicht bestellt worden, ist jedes Ausschussmitglied zur Einberufung berechtigt.[142]

45 Dem Ausschussvorsitzenden kann ein **Zweitstimmrecht** für Beschlüsse des Ausschusses zustehen. Dieses kann durch den Aufsichtsrat im Rahmen einer entsprechenden Geschäftsordnung oder im Beschluss über die Bildung und Besetzung von Ausschüssen festgelegt werden. Auch eine entsprechende Satzungsbestimmung greift nach hM nicht in die Autonomie des Aufsichtsrates ein.[143]

46 **VI. Inhalt und Grenzen der Beschlussfassung.** Aus Abs. 3 S. 2 folgt im Umkehrschluss, dass der Aufsichtsrat endgültig beschließende Ausschüsse einsetzen kann.[144] Soweit in dieser Vorschrift jedoch dem Aufsichtsrat insgesamt Entscheidungen vorbehalten bleiben, ist dieser Katalog zwingend. Folgende Entscheidungen sind dem **Plenum** zugewiesen:

- Wahl des Vorsitzenden und mindestens eines Stellvertreters, § 107 Abs. 1 S. 1 iVm Abs. 3 S. 2;
- Zustimmung zur Zahlung eines Abschlages auf den Bilanzgewinn, § 59 Abs. 3;
- Erlass einer Geschäftsordnung für den Aufsichtsrat, § 77 Abs. 2 S. 1;
- erstmalige und wiederholte Bestellung von Vorstandsmitgliedern, § 84 Abs. 1 S. 1 und 3;
- Festsetzung der Vorstandsvergütung, § 87 Abs. 1 und 2[145]
- Bestellung eines Vorstandsvorsitzenden, § 84 Abs. 2;
- Widerruf der Bestellung zum Vorstandsmitglied bzw zum Vorstandsvorsitzenden aus wichtigem Grund, § 84 Abs. 3 S. 1;
- Einberufung der Hauptversammlung, § 111 Abs. 3.
- Prüfungshandlungen nach §§ 171, 314 Abs. 2 und 3.

47 Folgende Beschlüsse können u.a. einem Ausschuss übertragen werden:

- Beschluss über Anstellungsvertrag, dessen Änderung oder Kündigung,[146] wobei die Entscheidung des Plenums über Zusage oder Herabsetzung der Vergütung zu beachten ist.[147] Damit darf die Entscheidung des Plenums über die Bestellung oder Abberufung nicht präjudiziert werden.[148]
- Entscheidung über Kreditgewährungen nach § 89 Abs. 1.[149]

Der Personalausschuss kann zur Vorbereitung der Vergütungsentscheidung des Plenums Informationen sammeln und auswerten sowie mit dem künftigen Vorstandsmitglied verhandeln.[150]
Einem Ausschuss kann die Ausführung der vom Plenum gefassten Beschlüsse überlassen werden.

48 **VII. Bericht über die Arbeit in den Aufsichtsratsausschüssen (Abs. 3 S. 4).** Durch das Transparenz- und Publizitätsgesetz (TransPublG)[151] ist in Abs. 3 die Verpflichtung zum regelmäßigen Bericht über die Ausschussarbeit im Aufsichtsratsplenum ergänzt worden. Mit der Regelung soll das vom Gesetzgeber festgestellte **Informationsdefizit des Gesamtaufsichtsrates** über die Arbeit in den Aufsichtsratsausschüssen beseitigt werden. Es soll sichergestellt werden, dass das Aufsichtsratsplenum regelmäßig, dh grundsätzlich in jeder ordentlichen Aufsichtsratssitzung, über die Arbeit der Ausschüsse im vorangegangenen Berichtszeitraum informiert wird.[152] Dabei kann die Berichterstattung als mündlicher **Ergebnisbericht** erfolgen.[153] Diese ausdrückliche gesetzliche Regelung entspricht der auch schon bislang in der Literatur vertretenen Auffassung zu den Informationsansprüchen des Plenums über die Ausschusstätigkeit[154] und der allgemein üblichen Praxis.[155]

E. Unabhängiger Finanzexperte im Prüfungsausschuss (Abs. 4)

49 Die mit dem Gesetz zur Modernisierung des Bilanzrechts (BilMoG) vom 25.5.2009 eingefügte Vorschrift weitet die zum gleichen Zeitpunkt eingeführte Anforderung des § 100 Abs. 5, dass bei einer **kapitalmarkt-**

---

139 *Lutter/Krieger*, AR, Rn 762.
140 MüHb-AG/*Hoffmann-Becking*, § 32 Rn 26.
141 *Hüffer*, Rn 19; *Lutter/Krieger*, AR, Rn 764.
142 *Hoffmann-Becking*, aaO; *Rellermeyer*, Aufsichtsratsausschüsse, S. 164.
143 BGHZ 83, 106, 118 f; OLG München NJW 1981, 2201, 2202 f; LG München AG 1980, 165; *Lutter/Krieger*, AR, Rn 768.
144 *Hüffer*, Rn 18.
145 Eingefügt durch das Gesetz zur Angemessenheit der Vorstandsvergütung (VorstAG) vom 31.7.2009, BGBl. I S. 2509; vgl auch § 120 Abs. 4.
146 *Hüffer*, Rn 18.
147 *Seibert*, WM 2009, 1489, 1491.
148 BGHZ 79, 38, 40 ff = NJW 1981, 757; *Henze*, HRR-AktienR, Rn 703.
149 BGH AG 1991, 398.
150 *Annuß/Theusinger*, BB 2009, 2434, 2439.
151 Art. 1 Nr. 7 TransPublG v. 19.7.2002, BGBl. I S. 681.
152 BT-Drucks. 14/8769, S. 16.
153 BT-Drucks. 14/8769, S. 16.
154 Vgl *Lutter/Krieger*, AR, Rn 751.
155 *Bosse*, DB 2002, 1592, 1593.

orientierten Gesellschaft[156] mindestens ein Mitglied des Aufsichtsrates unabhängig sein muss und über Sachverstand in Rechnungslegung und/oder Abschlussprüfung verfügen muss, auf den Prüfungsausschuss aus. Daher muss im Prüfungsausschuss einer kapitalmarktorientierten Gesellschaft – wenn sie einen solchen Ausschuss einrichtet – **ein unabhängiger Finanzexperte** (vgl ausführlich zu den Anforderungen § 100 Rn 18 ff) Mitglied sein. Dies ist eine Mindestanforderung und darf nicht als best practice aufgefasst werden. Es ist anzuraten, mehr als nur ein Mitglied im Prüfungsausschuss zu haben, dass die erforderlichen Voraussetzungen für einen unabhängigen Finanzexperten erfüllt.[157]

Nach § 12 Abs. 4 EGAktG finden § 100 Abs. 5 und § 107 Abs. 4 keine Anwendung, solange alle Mitglieder des Prüfungsausschusses vor Inkrafttreten des BilMoG am 29.5.2009 bestellt wurden. Somit muss spätestens beim Ausscheiden eines Mitglieds aus dem Aufsichtsrat oder Prüfungsausschuss und der darauf folgenden Neubestellung der Aufsichtsrat oder gegebenenfalls eingerichtete Prüfungsausschuss über einen unabhängigen Finanzexperten verfügen.[158] 50

Anhang zu § 107 Geschäftsordnung für den Aufsichtsrat

▶ Der Aufsichtsrat der agilo-Aktiengesellschaft in Düsseldorf stellt hiermit seine 51

Geschäftsordnung

wie folgt fest:

§ 1 Allgemeines

Der Aufsichtsrat führt seine Geschäfte nach den gesetzlichen Bestimmungen, der Satzung und dieser Geschäftsordnung.

§ 2 Wahl des Vorsitzenden und des Stellvertreters

(1) In der ersten Sitzung nach seiner Wahl durch die Hauptversammlung wählt der Aufsichtsrat aus seiner Mitte einen Vorsitzenden und einen Stellvertreter. Die Wahl leitet das an Lebensjahren älteste Aufsichtsratsmitglied.
(2) Die Wahl erfolgt jeweils für die Amtsdauer der Gewählten. Scheidet einer der Gewählten vorzeitig aus dem Amt aus, hat der Aufsichtsrat unverzüglich eine Neuwahl für die restliche Amtszeit des Ausgeschiedenen vorzunehmen.

§ 3 Einberufung der Sitzungen

(1) Die Sitzungen sind unter Beachtung von § 110 Abs. 3 AktG am Sitz der Gesellschaft oder einem anderen in der Einladung bekannt zu gebenden Ort einzuberufen.
(2) Die Sitzungen werden durch den Vorsitzenden mindesten 14 Tage vorher einberufen. Bei der Berechnung der Frist werden der Tag der Absendung der Einladung und der Tag der Sitzung nicht mitgerechnet. In dringenden Fällen kann der Vorsitzenden diese Frist angemessen verkürzen und auch telegrafisch, mündlich, fernmündlich oder fernschriftlich einberufen.
(3) Mit der Einberufung sind die Gegenstände der Tagesordnung mitzuteilen; Absatz 2 gilt entsprechend. Ist eine Tagesordnung nicht ordnungsgemäß mitgeteilt, kann hierüber nur beschlossen werden, wenn anwesende Mitglieder nicht widersprechen und abwesende Mitglieder nach Zugang des Protokolls über diese Aufsichtsratssitzung nicht innerhalb von zwei Wochen beim Vorsitzenden schriftlich widersprechen.

§ 4 Beschlussfassung

(1) Beschlüsse werden in Sitzungen gefasst. Eine Beschlussfassung durch schriftliche, telegrafische, fernmündliche oder fernschriftliche Abgabe ist zulässig, wenn sie der Vorsitzende oder, bei dessen Verhinderung sein Vertreter, aus besonderem Grund anordnet und kein Mitglied widerspricht. Schriftlich, telegrafisch, fernmündlich oder fernschriftlich gefasste Beschlüsse sind vom Vorsitzenden schriftlich niederzulegen.
(2) Sitzungen werden vom Vorsitzenden geleitet. Der Vorsitzende bestimmt die Reihenfolge und Art der Abstimmung. Beantragt ein Mitglied geheime Abstimmung, so ist geheim abzustimmen.
(3) Beschlüsse und Wahlen bedürfen der Mehrheit der abgegebenen Stimmen. Ein abwesendes Mitglied kann seine schriftliche Stimmabgabe durch ein anderes Mitglied überreichen lassen.

---

156 § 264d HGB (Kapitalmarktorientierte Kapitalgesellschaft): Eine Kapitalgesellschaft ist kapitalmarktorientiert, wenn sie einen organisierten Markt im Sinne des § 2 Abs. 5 des Wertpapierhandelsgesetzes durch von ihr ausgegebene Wertpapiere im Sinn des § 2 Abs. 1 S. 1 des Wertpapierhandelsgesetzes in Anspruch nimmt oder die Zulassung solcher Wertpapiere zum Handel an einem organisierten Markt beantragt hat.

157 *Eick* in: Ort/Ruter/Schichold (Hrsg.), Der unabhängige Finanzexperte im Aufsichtsrat, S. 131, 137; *Böcking/Gros* in: Ort/Ruter/Schichold (Hrsg.), Der unabhängige Finanzexperte im Aufsichtsrat, S. 19, 30; vgl. auch oben Rn 30.
158 *Ziemons*, GWR 2009, 106, 108.

(4) Über die Sitzungen und Beschlüsse ist ein Protokoll zu fertigen, dass vom Leiter der Sitzung zu unterzeichnen und allen Mitgliedern unverzüglich zuzuleiten ist.

§ 5 Schweigepflicht

(1) Jedes Mitglied des Aufsichtsrats ist verpflichtet, Stillschweigen über alle vertraulichen Angaben und Geheimnisse der Gesellschaft, insbesondere über Betriebs- und Geschäftsgeheimnisse, zu bewahren, die ihm durch die Tätigkeit im Aufsichtsrat bekannt geworden sind. Dies gilt auch nach Beendigung der Tätigkeit im Aufsichtsrat.

(2) Bei Ablauf der Tätigkeit im Aufsichtsrat sind auf Verlangen des Vorsitzenden alle vertraulichen Unterlagen an den Vorsitzenden zurückzugeben.

(3) Beabsichtigt ein Mitglied, vertrauliche Informationen gem. Absatz 1 an Dritte weiterzugeben, hat es hierüber den Vorsitzenden vorab zu informieren. Gegen den Willen des Vorsitzenden ist die Weitergabe nur erlaubt, wenn der Aufsichtsrat ihr zugestimmt hat.

§ 6 Ausschüsse

(1) Der Aufsichtsrat kann aus seiner Mitte Ausschüsse bilden, die aus mindesten je drei Mitgliedern des Aufsichtsrats bestehen müssen. Die Ausschüsse erfüllen im Namen und in Vertretung des Aufsichtsrats die ihnen durch Beschluss des Aufsichtsrat zugewiesenen Aufgaben.

(2) Für die Ausschüsse gelten im Rahmen der gesetzlichen Vorschriften die den Aufsichtsrat betreffenden Bestimmungen der Satzung und dieser Geschäftsordnung sinngemäß.

(3) Der Ausschussvorsitzende kann Aufsichtsratsmitglieder, die dem Ausschuss nicht angehören, beratend hinzuziehen.

...

Der Vorsitzende des Aufsichtsrats ◀

§ 108 Beschlußfassung des Aufsichtsrats

(1) Der Aufsichtsrat entscheidet durch Beschluß.

(2) ¹Die Beschlußfähigkeit des Aufsichtsrats kann, soweit sie nicht gesetzlich geregelt ist, durch die Satzung bestimmt werden. ²Ist sie weder gesetzlich noch durch die Satzung geregelt, so ist der Aufsichtsrat nur beschlußfähig, wenn mindestens die Hälfte der Mitglieder, aus denen er nach Gesetz oder Satzung insgesamt zu bestehen hat, an der Beschlußfassung teilnimmt. ³In jedem Fall müssen mindestens drei Mitglieder an der Beschlußfassung teilnehmen. ⁴Der Beschlußfähigkeit steht nicht entgegen, daß dem Aufsichtsrat weniger Mitglieder als die durch Gesetz oder Satzung festgesetzte Zahl angehören, auch wenn das für seine Zusammensetzung maßgebende zahlenmäßige Verhältnis nicht gewahrt ist.

(3) ¹Abwesende Aufsichtsratsmitglieder können dadurch an der Beschlußfassung des Aufsichtsrats und seiner Ausschüsse teilnehmen, daß sie schriftliche Stimmabgaben überreichen lassen. ²Die schriftlichen Stimmabgaben können durch andere Aufsichtsratsmitglieder überreicht werden. ³Sie können auch durch Personen, die nicht dem Aufsichtsrat angehören, übergeben werden, wenn diese nach § 109 Abs. 3 zur Teilnahme an der Sitzung berechtigt sind.

(4) Schriftliche, fernmündliche oder andere vergleichbare Formen der Beschlussfassung des Aufsichtsrats und seiner Ausschüsse sind vorbehaltlich einer näheren Regelung durch die Satzung oder eine Geschäftsordnung des Aufsichtsrats nur zulässig, wenn kein Mitglied diesem Verfahren widerspricht.

Literatur:
Baums, Der fehlerhafte Aufsichtsratsbeschluss, ZGR 1983, 300; *Deilmann*, Beschlussfassung im Aufsichtsrat: Beschlussfähigkeit und Mehrheitserfordernisse, BB 2012, 2191; *Götz*, Rechtsfolgen fehlerhafter Aufsichtsratsbeschlüsse, in: FS Lüke, 1997, S. 167; *Hüffer*, Beschlussmängel im Aktienrecht und im Recht der GmbH – eine Bestandsaufnahme unter Berücksichtigung der Beschlüsse von Leitungs- und Überwachungsorganen, ZGR 2001, 833; *Kollhosser*, Wann ist eine geheime Abstimmung im Aufsichtsrat zulässig?, in: FS Walter Hadding, 2004, S. 501; *Lemke*, Der fehlerhafte Aufsichtsratsbeschluss, 1994; *Peus*, Geheime Abstimmung im Aufsichtsrat und Stimmabgabe des Vorsitzenden, DStR 1996, 1656; *U. H. Schneider*, Geheime Abstimmung im Aufsichtsrat, in: FS Robert Fischer, 1979, S. 727; *Zöllner*, Beschluss, Beschlussergebnis und Beschlussergebnisfeststellung, in: FS Marcus Lutter, 2000, S. 821.

A. Regelungsgegenstand und -zweck 1	2. Gebot ausdrücklicher Beschlussfassung.... 4
B. Beschlussfassung (Abs. 1) 2	3. Art der Abstimmung 5
I. Entscheidung 2	4. Entscheidung durch die Mehrheit.......... 7
II. Beschluss 3	III. Stimmrecht und Stimmverbot 10
1. Begriff 3	C. Beschlussfähigkeit (Abs. 2) 11

I. Gesetzliche Regelung 11	E. Beschlussfassung ohne Sitzung (Abs. 4) 19
II. Regelung durch die Satzung 14	F. Fehlerhafte Aufsichtsratsbeschlüsse 22
III. Mitbestimmungsrechtliche Regelungen 15	I. Grundsätzliches 22
D. Schriftliche Stimmabgabe (Abs. 3) 16	II. Einzelne Fallgestaltungen 23

A. Regelungsgegenstand und -zweck

Die Vorschrift fasst Bestimmungen über die Beschlussfassung des Aufsichtsrates zusammen.[1] In Abs. 1 wird bestimmt, dass der Aufsichtsrat durch Beschluss entscheidet. Ausgehend von der Überlegung, dass der Aufsichtsrat seine Beschlüsse nicht stillschweigend fassen kann,[2] folgt daraus, dass nur eine **ausdrückliche Beschlussfassung** möglich ist.[3] In Abs. 2 werden Aussagen zur Beschlussfähigkeit des Aufsichtsrates getroffen. Da das Gesetz stellvertretende Aufsichtsratsmitglieder nicht zulässt, werden in Abs. 3 Stimmboten zugelassen.[4] Abs. 4 ist durch Art. 1 Nr. 7 NaStraG vom 18.1.2001[5] neu gefasst worden. Die Möglichkeit zur Beschlussfassung unter Einsatz moderner Kommunikationsmittel ist dadurch erweitert worden.

B. Beschlussfassung (Abs. 1)

I. Entscheidung. Nach Abs. 1 trifft der Aufsichtsrat Entscheidungen nur durch Beschluss. Eine Entscheidung liegt vor, wenn ein **Organwille** gebildet werden muss. Dies ist bei der Abgabe von Willenserklärungen für die Gesellschaft, bei der Abgabe von sonstigen Erklärungen des Aufsichtsrats als Organ oder auch dann der Fall, wenn ein Aufsichtsratsmitglied durch seinen Antrag den Aufsichtsrat zu einer Entscheidung veranlasst.[6] Auch über Vorentscheidungen, die auf dem Weg zu einer Willenserklärung des Aufsichtsrats zu treffen sind, und für Stellungnahmen des Aufsichtsrats, die keine Rechtsverbindlichkeit besitzen, sind entsprechende Beschlüsse zu fassen.[7]

II. Beschluss. 1. Begriff. Der Beschluss ist das Ergebnis der **Bildung des Organwillens** durch Abstimmung über einen Antrag.[8] Der Beschluss ist ein **mehrseitiges**, aber nicht vertragliches **Rechtsgeschäft eigener Art**.[9] Die Einordnung des Beschlusses als Rechtsgeschäft, weil die Beteiligten eine den Aufsichtsrat als Organ angehende Frage verbindlich regeln wollen, entspricht der ganz herrschenden Meinung.[10] Die Mehrzahl der Stimmabgaben begründet die Mehrseitigkeit. Da die Mehrheit entscheidet und die Stimmabgaben nicht auf gleich lautende Willenserklärungen abzielen, liegt ein Vertrag nicht vor.[11]

2. Gebot ausdrücklicher Beschlussfassung. Schon aus der Gesetzesbegründung ergibt sich, dass der Aufsichtsrat seine Beschlüsse ausdrücklich fassen muss.[12] Stillschweigende oder konkludente Beschlüsse des Aufsichtsrates kommen nicht in Betracht.[13] Eine Meinungsäußerung des Aufsichtsrates, die als stillschweigende oder konkludente Zustimmung interpretiert werden kann, ist tatsächlich möglich, rechtlich aber irrelevant.[14] Nur bei ausdrücklicher Beschlussfassung können die Beschlussfähigkeit und die Stimmenverhältnisse festgestellt werden. Möglich ist allerdings, ausdrücklich gefasste Beschlüsse nach den allgemeinen Interpretationsgrundsätzen ergänzend auszulegen.[15] Jedoch ist hierbei Zurückhaltung geboten.[16] In Ziff. 3.6 DCGK wird die Vorbereitung der Beschlüsse durch **getrennte Vorbesprechungen** der Anteilseigner- und Arbeitnehmerseite angeregt und damit eine Tradition in mitbestimmten Gesellschaften aufgegriffen. Mit den getrennten Vorbesprechungen soll der Meinungsbildungsprozess erleichtert und eine Verbesserung der Diskussionskultur erreicht werden, ohne dass es schon zu Vorfestlegungen kommen dürfe.[17] Die Anregung wird teilweise kritisch gesehen, da sie dem Vorstand ermögliche, durch unterschiedliche Darstellung der Informationen die Meinungsbildung zu beeinflussen.[18] Letztlich ist es von der Situation im Einzelfall abhängig, ob die Vorbesprechungen tatsächlich zu einer Verbesserung der Diskussionskultur führen.[19]

---

1 RegBegr. *Kropff*, S. 151.
2 BGHZ 10, 194.
3 RegBegr. *Kropff*, S. 152.
4 Vgl RegBegr. *Kropff*, S. 152.
5 BGBl. I S. 123.
6 *Hüffer*, Rn 2.
7 KölnKomm-AktG/*Mertens/Cahn*, Rn 10.
8 K. Schmidt/Lutter/*Drygala*, Rn 2.
9 *Hüffer*, Rn 3; KölnKomm-AktG/*Mertens/Cahn*, Rn 7; offen gelassen in BGHZ 124, 111, 122.
10 *Zöllner*, in: FS Lutter, 2000, S. 821 mwN.
11 *Hüffer*, Rn 3.
12 RegBegr. *Kropff*, S. 151.
13 BGHZ 10, 187, 194 = NJW 1953, 1465; BGHZ 41, 282, 286 = NJW 1964, 1367; BGH NJW 1989, 1928, 1929; ausführlich *Baums*, ZGR 1983, 300, 334 ff.
14 *Hüffer*, Rn 4.
15 MüHb-AG/*Hoffmann-Becking*, § 31 Rn 61.
16 *Hüffer*, Rn 4; K. Schmidt/Lutter/*Drygala*, Rn 4.
17 Vgl Wilsing/*Wilsing*, DCGK Ziffer 3.6 Rn 3.
18 K. Schmidt/Lutter/*Drygala*, Rn 5; E. Vetter, FS Hüffer, S. 1017, 1022 empfiehlt ebenfalls eine Protokollierung der Vorbesprechungen der Gruppen mit dem Vorstand, hält aber eine Weiterleitung der Protokolle an die jeweilige andere Seite weder für notwendig noch empfehlenswert (S. 1027 f). K. Schmidt/Lutter/*Drygala* will hingegen die Protokolle der jeweils anderen Seite zugänglich machen.
19 Wilsing/*Wilsing*, DCGK Ziffer 3.6 Rn 7 f.

3. Art der Abstimmung. Der Aufsichtsratsvorsitzende leitet die Beschlussfassung, indem er den oder die Anträge zur Beschlussfassung stellt und dabei auch die Reihenfolge der Abstimmung über die uU gegensätzlichen Anträge festlegt.[20] Voraussetzung für eine Beschlussfassung ist immer ein Antrag.[21] Der Aufsichtsratsvorsitzende entscheidet auch über die Form der Abstimmung. Sie kann durch Zuruf, durch Handzeichen oder schriftlich erfolgen.

Streitig ist, ob eine **geheime Abstimmung** zulässig ist. Nach einer Meinung wird sie für unzulässig gehalten, da sie mit der persönlichen Verantwortung der Mitglieder für ihre Amtsführung nicht vereinbar wäre. Für eine Haftung nach §§ 93, 116 muss danach die Verantwortlichkeit feststehen.[22] Die Gegenmeinung führt an, die geheime Abstimmung führe im Zweifelsfall zu einer höheren Qualität der Entscheidungsfindung. Zudem wird auf Regelungen in einer Vielzahl anderer Rechtsgebiete verwiesen, in denen eine geheime Abstimmung zu den gesetzlich abgesicherten Verfahren gehört.[23] Vom Grundsatz der offenen Abstimmung ist nach dieser Meinung abzuweichen, wenn dies durch Mehrheitsentscheidung beschlossen wird.[24] Nach anderer Meinung kann hierüber auch der Aufsichtsratsvorsitzende nach pflichtgemäßem Ermessen entscheiden.[25] Den Gründen für eine geheime Abstimmung ist grundsätzlich zuzustimmen. Allerdings ist zu berücksichtigen, dass bei einer geheimen Abstimmung das Abstimmungsverhalten der einzelnen Aufsichtsratsmitglieder nicht dokumentiert wird. Das einzelne Aufsichtsratsmitglied läuft daher Gefahr, für diesen Beschluss auch persönlich zu haften. Dann kann dieses Mitglied verlangen, dass sein Abstimmungsverhalten in der Niederschrift protokolliert wird.[26]

4. Entscheidung durch die Mehrheit. Im Gesetz wird nicht erwähnt, welche Mehrheit regelmäßig für eine Beschlussfassung erforderlich ist. Nach allgemeiner Meinung gilt allerdings in Anlehnung an § 32 Abs. 1 S. 3 BGB und § 133 Abs. 1 der **Grundsatz der einfachen Mehrheit**.[27] Die Mehrheit der abgegebenen Stimmen (einfache Mehrheit) ist erreicht, wenn die Zahl der gültigen Ja-Stimmen die der gültigen Nein-Stimmen übertrifft.[28] In den anderen Fällen, einschließlich der Stimmengleichheit, ist der Antrag abgelehnt. Stimmenthaltungen werden nicht mitgezählt. Sie gelten auch nicht als Nein-Stimmen.[29] Das Erfordernis einer qualifizierten Mehrheit kann sich aus Gesetz oder Satzung ergeben. Die gesetzlichen Abweichungen stehen alle im Zusammenhang mit mitbestimmungsrechtlichen Regeln.[30] § 29 Abs. 2 und § 31 Abs. 4 MitbestG gewähren dem Aufsichtsratsvorsitzenden zur Auflösung von Pattsituationen im paritätisch zusammengesetzten Aufsichtsrat zudem ein Zweitstimmrecht.[31]

Die Satzung kann vorsehen, dass der Aufsichtsratsvorsitzende oder sein Stellvertreter bei Stimmengleichstand das Recht zum **Stichentscheid** hat.[32] Unzulässig ist es allerdings, Beschlüsse von der Zustimmung des Aufsichtsratsvorsitzenden oder eines anderen bestimmten Aufsichtsratsmitglieds abhängig zu machen bzw diesem ein Vetorecht einzuräumen.[33]

Die Satzung kann nur in engen Grenzen das Erfordernis einer qualifizierten Mehrheit bestimmen. Für alle Entscheidungen, die zum gesetzlich zwingenden Aufgabenbereich des Aufsichtsrats gehören, muss die einfache Mehrheit der abgegebenen Stimmen genügen.[34] In der Satzung kann für eine nicht paritätisch mitbestimmte Gesellschaft allerdings vorgesehen werden, dass Zustimmungen aufgrund von Zustimmungsvorbehalten nach § 111 Abs. 4 S. 2 erforderlich sind. Bei allen paritätisch mitbestimmten Aufsichtsräten kann die Satzung das Erfordernis der einfachen Mehrheit aber nicht verschärfen.[35]

III. Stimmrecht und Stimmverbot. Nach der gesetzlichen Konzeption des Aufsichtsrates haben alle Mitglieder gleiche Rechte und Pflichten. Daher können die Aufsichtsratsmitglieder auch nicht wirksam verpflichtet werden, im Falle von **Interessenkonflikten** auf die Teilnahme an sie berührenden Beratungen oder ihr Stimmrecht bei entsprechenden Beschlussfassungen zu verzichten.[36] Auch durch die Geschäftsordnung des Aufsichtsrates oder einen ad-hoc-Beschluss können entsprechende Stimmverbote nicht herbeigeführt werden.[37] Das Aufsichtsratsmitglied ist aber aus dem Gesichtspunkt der organschaftlichen Treuepflicht ver-

---

20 Grundsätze zur Abstimmungsreihenfolge bei MüHb-AG/*Hoffmann-Becking*, § 31 Rn 54 und MüHb-AG/*Semler*, § 39 Rn 10 ff.
21 *Hüffer*, Rn 6; K. Schmidt/Lutter/*Drygala*, Rn 7.
22 KölnKomm-AktG/*Mertens/Cahn*, Rn 52; *Raiser*, MitbestG, § 25 Rn 21; Baumbach/Hueck/Zöller, GmbHG, § 52 Rn 135.
23 *Hüffer*, Rn 5; Hanau/Ulmer, MitbestG, § 25 Rn 26; *U.H. Schneider*, in: FS Fischer, S. 727, 742 f; *Peus*, DStR 1996, 1656 f.
24 *Kollhosser*, FS Hadding, S. 501, 508 f; MüKo-AktG/*Habersack*, Rn 19.
25 Großkomm-AktienR/*Hopt/Roth*, Rn 43; K. Schmidt/Lutter/*Drygala*, Rn 18;.
26 *Siebel/v.Schenck*, in: Semler/v.Schenck, ARHdb § 5 Rn 124.
27 Vgl nur *Hüffer*, Rn 8; MüHb-AG/*Hoffmann-Becking*, § 31 Rn 62.
28 *Hüffer*, Rn 6.
29 Vgl BGHZ 83, 35; Palandt/*Ellenberger*, § 32 BGB Rn 7.
30 *Hüffer*, Rn 7.
31 MüHb-AG/*Hoffmann-Becking*, § 31 Rn 75 f; *Siebel/v.Schenck* in: Semler/v. Schenck, ARHdb § 5 Rn 114.
32 *Hüffer*, Rn 8; MüHb-AG/*Hoffmann-Becking*, § 31 Rn 64. Im Anwendungsbereich des MitbestG steht das Zweitstimmrecht allein dem Vorsitzenden zu (§ 29 Abs. 2 S. 3 MitbestG).
33 Statt vieler: KölnKomm-AktG/*Mertens/Cahn*, Rn 63.
34 MüHb-AG/*Hoffmann-Becking*, § 31 Rn 65; *Lutter/Krieger*, AR, Rn 730.
35 MüHb-AG/*Hoffmann-Becking*, § 31 Rn 65.
36 *Marsch-Barner* in: Semler/v. Schenck, ARHdb § 12 Rn 176.
37 *Marsch-Barner*, aaO.

pflichtet, auf Umstände hinzuweisen, die einen Interessenkonflikt begründen können.[38] Dies ermöglicht dem Aufsichtsrat seine Verpflichtung gem. DCGK 5.5.3 zur Information der Hauptversammlung über aufgetretene Interessenkonflikte und deren Behandlung zu erfüllen. Nach herrschender Meinung ist das Aufsichtsratsmitglied allerdings bei bestimmten Kollisionslagen in Analogie zu § 34 BGB vom Stimmrecht ausgeschlossen.[39] Dies ist der Fall, wenn die Beschlussfassung die Vornahme eines Rechtsgeschäfts mit einem Aufsichtsratsmitglied oder die Einleitung oder Erledigung eines Rechtsstreits zwischen diesem und der Gesellschaft betrifft.[40] Mitstimmen kann das Aufsichtsratsmitglied jedoch, wenn die Beschlussfassung seine Wahl zum Vorsitzenden oder zum Mitglied eines Ausschusses zum Gegenstand hat. Ebenso steht einem Aufsichtsratsmitglied bei der Beschlussfassung über seine eigene Bestellung zum Vorstandsmitglied Stimmrecht zu.[41]

C. Beschlussfähigkeit (Abs. 2)

I. Gesetzliche Regelung. Nach Abs. 2 S. 2 ist der Aufsichtsrat beschlussfähig, wenn mindestens die Hälfte der Mitglieder, aus denen er nach Gesetz oder Satzung insgesamt zu bestehen hat, an der Beschlussfassung teilnimmt. Der Beschlussfähigkeit steht nicht entgegen, dass dem Aufsichtsrat weniger Mitglieder als die durch die Satzung festgelegte Zahl angehören (Abs. 2 S. 4). Wenn von zwölf Mitgliedern des Aufsichtsrates sechs an der Beschlussfassung teilnehmen, liegt Beschlussfähigkeit vor.[42] Unter Teilnahme an der Beschlussfassung ist die Abgabe einer Stellungnahme zum Gegenstand der Beschlussfassung zu verstehen.[43] An der Abstimmung nimmt auch teil, wer von der Möglichkeit schriftlicher Stimmabgabe nach Abs. 3 Gebrauch macht.[44] Eine **Stimmenthaltung** bedeutet ebenfalls Teilnahme.[45] Erklärt jedoch das Aufsichtsratsmitglied ausdrücklich oder konkludent, es beteilige sich nicht an der Abstimmung, nimmt es an der Beschlussfassung nicht teil.[46] Die bloße Anwesenheit reicht nicht aus.[47]

In Abs. 2 S. 3 wird als zwingende Untergrenze die Teilnahme von wenigstens drei Mitgliedern des Aufsichtsrates an der Beschlussfassung festgelegt. Damit ist schon bei Verhinderung eines Aufsichtsratsmitglieds die Beschlussfähigkeit nicht mehr gegeben und somit von einem Aufsichtsrat mit lediglich drei Mitgliedern abzuraten.[48] Steht im dreiköpfigen Aufsichtsrat ein Stimmverbot der Beteiligung eines Aufsichtsratsmitglieds an der Beschlussfassung entgegen, kann nach umstrittener Auffassung des BayObLG eine Ergänzung nach § 104 Abs. 1 vorgenommen werden.[49] Nach neuerer Auffassung des BGH muss das betreffende Aufsichtsratsmitglied an der Beschlussfassung teilnehmen, sich jedoch der Stimme enthalten.[50]

In Abs. 2 S. 4 bestimmt die Vorschrift ausdrücklich und zwingend, dass die **unvollständige Besetzung** des Aufsichtsrates seiner Beschlussfähigkeit nicht entgegensteht solange das Hälfte-Erfordernis gewahrt ist. Denn maßgeblich ist die Soll-Stärke des Aufsichtsrats. Ein Aufsichtsrat, der nach Satzung neun Mitglieder haben soll, aber tatsächlich nur fünf hat, ist somit beschlussfähig, wenn diese an der Abstimmung teilnehmen.[51]

II. Regelung durch die Satzung. Nach Abs. 2 S. 1 kann die Satzung für die Beschlussfähigkeit **abweichende Regelungen** vorsehen, solange nicht gegen vorgehende gesetzliche Regelungen verstoßen wird. Die Satzung kann daher die Teilnahme aller Mitglieder, der Mehrheit der Mitglieder, eines geringeren Teils der Mitglieder oder einer bestimmten Zahl von Mitgliedern an der Beschlussfassung bestimmen.[52] Unzulässig wäre es allerdings, die Beschlussfähigkeit in der Satzung von der Teilnahme eines oder mehrerer bestimmter Aufsichtsratsmitglieder abhängig zu machen. Dies käme einem Vetorecht der betreffenden Mitglieder gleich.[53] Als unzulässig wird auch eine Satzungsbestimmung angesehen, wonach Stimmenthaltungen als Nichtteilnahme an der Abstimmung gewertet werden, da diejenigen Aufsichtsratsmitglieder, die sich der Stimme enthalten, auch bei der Ermittlung der Beschlussfähigkeit außer Betracht bleiben würden.[54]

---

38 K. Schmidt/Lutter/*Drygala*, Rn 14.
39 *Hüffer*, Rn 9; MüHb-AG/*Hoffmann-Becking*, § 31 Rn 59; *Lutter/Krieger*, AR, Rn 606.
40 *Hüffer*, Rn 9; *Hoffmann-Becking*, aaO.
41 KölnKomm-AktG/*Mertens/Cahn*, Rn 67; MüHb-AG/*Hoffmann-Becking*, § 31 Rn 66; *Lutter/Krieger*, AR, Rn 728, aA *Hüffer*, Rn 9.
42 Vgl OLG München, WM 2011, 2048, 2053.
43 KölnKomm-AktG/*Mertens/Cahn*, Rn 74.
44 *Hüffer*, Rn 10.
45 OLG Karlsruhe NJW 1980, 2137; *Hüffer*, Rn 10; K. Schmidt/Lutter/*Drygala*, Rn 11.
46 MüHb-AG/*Hoffmann-Becking*, § 31 Rn 57.
47 *Hüffer*, Rn 10.
48 K. Schmidt/Lutter/*Drygala*, Rn 9.
49 BayObLG BB 2003, 2140,2142 = AG 2003, 427,429 = ZIP 2003, 1194, 1197; OLG Frankfurt AG 2005, 925, 927 = WM 2006, 327, 329; *Werner*, DB 2006, 935, 937; offen gelassen von OLG München AG 2006, 337, 338; aA *Kuthe*, BB 2003, 2143 f; *Stadler/Berner*, AG 2004, 27 f; vgl auch *Henze*, BB 2005, 165, 173; *Vetter*, AG 2006, 173, 179.
50 BGH DB 2007, 1296,1297 = BB 2007, 1185, 1187 = AG 2007, 484; hierzu kritisch *Hüffer*, Rn 11.
51 *Hüffer*, Rn 11.
52 MüHb-AG/*Hoffmann-Becking*, § 31 Rn 56.
53 BGHZ 83, 151, 156 = NJW 1982, 1530 (Bilfinger & Berger); KölnKomm-AktG/*Mertens/Cahn*, Rn 63 und 80 mwN.
54 KölnKomm-AktG/*Mertens/Cahn*, Rn 81.

15 **III. Mitbestimmungsrechtliche Regelungen.** Nach § 10 Montan-MitbestG und § 11 Montan-MitbestErgG ist zwingend vorgeschrieben, dass der Aufsichtsrat beschlussfähig ist, wenn **mindestens die Hälfte der Mitglieder**, aus denen er zu bestehen hat, an der Beschlussfassung teilnimmt. § 28 MitbestG enthält eine entsprechende Regelung mit dem Zusatz, dass der Aufsichtsrat „nur" beschlussfähig ist, wenn mindestens die Hälfte der Mitglieder, aus denen er insgesamt zu bestehen hat, an der Beschlussfassung teilnimmt. Daraus folgt, dass die Satzung nicht nach unten abweichen kann.[55] Streitig ist allerdings, ob § 28 MitbestG auch eine verschärfende Abweichung „nach oben" verbietet.[56]

D. Schriftliche Stimmabgabe (Abs. 3)

16 Abs. 3 ermöglicht, im Wege der schriftlichen Stimmabgabe an der Beschlussfassung des Aufsichtsrats oder eines Ausschusses teilzunehmen. Der Gesetzgeber hat diese Möglichkeit eingeräumt, da die Möglichkeit der Bestellung von Stellvertretern von Aufsichtsratsmitgliedern nach dem Gesetz nicht besteht.[57] Die schriftliche Stimmabgabe muss durch einen **Stimmboten** überreicht werden. Als Stimmbote kommen andere anwesende Aufsichtsratsmitglieder in Betracht, Abs. 3 S. 2. Weitere Personen können nur dann Stimmboten sein, wenn ihre Teilnahme an der Sitzung durch entsprechende Satzungsregelung zugelassen wird, § 108 Abs. 3 S. 3 iVm § 109 Abs. 3.

17 Die schriftliche Stimmabgabe muss sich auf einen bestimmten Beschlussvorschlag beziehen.[58] Eine Wiedergabe im vollen Wortlaut ist nicht erforderlich.[59] Der Stimmbote darf **keinen eigenen Entscheidungsspielraum** haben.[60] Daher kann nur eine vollständig ausgefüllte und unterschriebene Stimmabgabe gültig sein.[61] Eine unterschriebene Blanko-Erklärung, die erst vom Stimmboten ausgefüllt wird, reicht nicht aus.[62] Auch die Gültigkeit einer Blanko-Erklärung, die aufgrund genauer Anweisung und nicht aufgrund eigener Ermessensentscheidung ausgefüllt wird,[63] ist abzulehnen. Zweifel an der richtigen Ausführung der Weisung blieben auch dann bestehen. Zudem würde der Aufsichtsrat auf ein bloßes Abstimmungsorgan reduziert.[64]

18 Für die Schriftform der Stimmabgabe reicht nach herrschender Meinung ein Telefax aus, da der Unterzeichner durch die Wiedergabe der Unterschrift identifiziert werden kann.[65] Damit wird die von Abs. 3 geforderte Schriftform erfüllt. Infolge der Neufassung des Abs. 4[66] ist allerdings eine Beschränkung auf die Schriftform des § 126 Abs. 1 BGB nicht mehr sinnvoll. Daher folgt aus einer analogen Anwendung des Abs. 4 auf Abs. 3, dass vorbehaltlich einer abweichenden Satzungsregelung auch Telegramm, Telex und vor allem E-Mail ausreichen.[67] Von der schriftlichen Stimmabgabe nach Abs. 3 ist die sog. **gemischte Beschlussfassung**[68] zu unterscheiden. Hier gestatten die in der Sitzung anwesenden Mitglieder dem oder den abwesenden Mitgliedern, ihre Stimme nachträglich abzugeben. Dadurch kann das abwesende Mitglied an der Beschlussfassung teilnehmen und so ggf zum Erreichen der Beschlussfähigkeit beitragen. Die hM gestattet die gemische Beschlussfassung, solange kein Aufsichtsratsmitglied widerspricht.[69] Satzung und Geschäftsordnung des Aufsichtsrates können jedoch erleichternde Regelungen treffen oder die gemischte Beschlussfassung verbieten. Es empfiehlt sich, die Frage in Satzung oder Geschäftsordnung zu regeln.[70] Aufsichtsratsmitglieder, die an der Präsenzsitzung nicht teilnehmen können, können auch über Telefon oder Videokonferenz zugeschaltet werden und auf diese Weise an der Beschlussfassung teilnehmen.[71]

---

[55] *Hüffer*, Rn 13.
[56] BGHZ 83, 151, 153 f (Bilfinger & Berger) = NJW 1982, 1530 hat die Streitfrage offen gelassen und festgestellt, dass eine entsprechende Regelung nicht zur Überparität der Anteilseignerseite führen darf; zum Streitstand vgl *Hüffer*, Rn 13.
[57] RegBegr. *Kropff* S. 152.
[58] *Lutter/Krieger*, AR, Rn 725.
[59] MüHb-AG/*Hoffmann-Becking*, § 31 Rn 84.
[60] *Hüffer*, Rn 14.
[61] *Hüffer*, aaO; MüKo-AktG/*Habersack*, Rn 56.
[62] MüHb-AG/*Hoffmann-Becking*, § 31 Rn 85; *Lutter/Krieger*, AR, Rn 724.
[63] Für die Anerkennung sprechen sich aus *Lutter/Krieger*, aaO; *Hoffmann-Becking*, aaO; MüKo-AktG/*Habersack*, § 108, Rn 50.
[64] *Hüffer*, Rn 14.
[65] *Lutter/Krieger*, AR, Rn 723; KölnKomm-AktG/*Mertens/Cahn*, Rn 25; MüKo-AktG/*Habersack*, Rn 52; aA K. Schmidt/Lutter/*Drygala*, Rn 21.
[66] Art. 1 Nr. 7 NaStraG vom 18.1.2001, BGBl. I S. 123.
[67] *Hüffer*, Rn 15; KölnKomm-AktG/*Mertens/Cahn*, Rn 25, fordert für Schriftlichkeit gem. Abs. 3 und 4 E-Mail mit elektronischer Signatur; einfache E-Mail kann als „andere vergleichbare Form" iSd Abs. 4 gesehen werden (Rn 39) oder durch Satzung oder Geschäftsordnung zugelassen werden.
[68] MüHb-AG/*Hoffmann-Becking*, § 31 Rn 88; *Lutter/Krieger*, AR, Rn 727; KölnKomm-AktG/*Mertens/Cahn*, Rn 24; K. Schmidt/Lutter/*Drygala*, Rn 26; *Deilmann*, BB 2012, 2191, 2192.
[69] *Hüffer*, Rn 16; *Lutter/Krieger*, AR, Rn 727; MüKo-AktG/*Habersack*; Rn 71; K. Schmidt/Lutter/*Drygala*, Rn 26.
[70] *Hüffer*, Rn 16.; K. Schmidt/Lutter/*Drygala*, Rn 26.
[71] *Lutter/Krieger*, AR, Rn 727; K. Schmidt/Lutter/*Drygala*, Rn 27; MüKo-AktG/*Habersack*, Rn 70.

E. Beschlussfassung ohne Sitzung (Abs. 4)

Der Aufsichtsrat kann nach Abs. 4 auch außerhalb von Sitzungen wirksam beschließen. Durch Art. 1 Nr. 7 NaStraG vom 18.1.2001[72] sind die Formanforderungen für Aufsichtsrats- oder Ausschussbeschlüsse weiter gelockert worden. Das Gesetz lässt jetzt beispielsweise Videokonferenzen zu.[73] Gegenüber der vorhergehenden Fassung soll der neuformulierte Abs. 4 eine **größere Satzungs- und Geschäftsordnungsautonomie** geben, um auf künftige Bedürfnisse flexibel reagieren zu können.[74]

Nach der gesetzlichen Regelung kann die Beschlussfassung schriftlich, fernmündlich oder in anderer vergleichbarer Form erfolgen. Vorbehaltlich einer Regelung durch Satzung oder Geschäftsordnung muss dieses Verfahren aber unterbleiben, wenn auch nur ein Aufsichtsrats- bzw Ausschussmitglied widerspricht. Durch die Satzung oder Geschäftsordnung kann die Beschlussfassung ohne Sitzung erschwert oder auch ausgeschlossen werden.[75] Auch das Widerspruchsrecht der einzelnen Aufsichtsratsmitglieder kann durch die Satzung oder die Geschäftsordnung ausgeschlossen werden.[76]

An der Beschlussfassung nimmt nur dasjenige Aufsichtsratsmitglied teil, welches für oder gegen den Antrag stimmt oder sich der Stimme enthält. Wer auf die Aufforderung zur Stimmabgabe schweigt, kann für die Beschlussfähigkeit nicht mitgezählt werden.[77]

F. Fehlerhafte Aufsichtsratsbeschlüsse

I. Grundsätzliches. Ein Beschluss des Aufsichtsrates, der nach **Inhalt oder Verfahren gegen Gesetz oder Satzung verstößt, ist nichtig.** Anders als bei Beschlüssen der Hauptversammlung wird zwischen nichtigen und lediglich anfechtbaren Beschlüssen nicht unterschieden. Durch **Feststellungsklage** kann die Nichtigkeit des fehlerhaften Beschlusses unbefristet geltend gemacht werden.[78] Der BGH und ein wesentlicher Teil der Literatur halten an diesen Grundsätzen fest und schließen eine analoge Anwendung der §§ 241 ff AktG ausdrücklich aus.[79] Ein anderer Teil der Literatur unterscheidet zwischen nichtigen und lediglich anfechtbaren Beschlüssen.[80]

Einigkeit besteht darüber, dass im Hinblick auf die Rechtsfolgen nach Art und Schwere des Mangels differenziert werden muss; allerdings sind die Rechtsfolgen und die Einzelheiten der Geltendmachung der Beschlussmängel streitig:[81]

- Verstößt der Beschlussinhalt gegen **zwingende Gesetzes- oder Satzungsbestimmungen**, führt dies zur Nichtigkeit.
- Verstößt das Beschlussverfahren gegen **zwingende gesetzliche Verfahrensregeln**, führt dies ebenfalls zur Nichtigkeit.
- Verstößt das Beschlussverfahren gegen **verzichtbare Verfahrensregeln** oder ist der **Beschlussmangel heilbar**, führt dies ebenfalls zur Nichtigkeit des Beschlusses. Allerdings erkennt der BGH hier keine Möglichkeit zur unbegrenzten Geltendmachung der Nichtigkeit an und geht von einer Verwirkung aus, wenn die Nichtigkeit nicht in einer angemessen Frist geltend gemacht wird.[82] Somit wird von einer eingeschränkten Nichtigkeit gesprochen.
- Verstößt der Beschluss gegen **bloße Ordnungsvorschriften**, ist die Wirksamkeit des Beschlusses nicht beeinträchtigt.[83] Es besteht keine Möglichkeit zur Anfechtung.

Ein **Feststellungsinteresse** zur Erhebung einer Klage auf Feststellung der (uneingeschränkten) Nichtigkeit haben die Mitglieder des Aufsichtsrates, die Mitglieder des Vorstands und Aktionäre, soweit ihr Mitgliedschaftsrecht berührt ist.[84] Die Geltendmachung der eingeschränkten Nichtigkeit ist nur den Mitgliedern des Aufsichtsrates möglich. Dies muss in angemessener Frist geschehen. Eine Erklärung gegenüber dem Auf-

---

72 BGBl. I S. 123.
73 RegBegr, BT-Drucks. 14/4051, S. 12.
74 RegBegr, BT-Drucks. 14/4051, S. 12.
75 MüHb-AG/*Hoffmann-Becking*, § 31 Rn 89; *Hüffer*, Rn 16.
76 *Hüffer*, Rn 16.
77 KölnKomm-AktG/*Mertens*, Rn 41; *Lutter/Krieger*, AR, Rn 714.
78 MüHb-AG/*Hoffmann-Becking*, § 31 Rn 106.
79 BGHZ 122, 342, 346 ff (Hamburg-Mannheimer) = NJW 1993, 2307; BGHZ 124, 111, 115 (Vereinte Krankenversicherung) = NJW 1994, 520; BGHZ 135, 244, 247 [ARAG] = NJW 1997, 1926; *Hüffer*, Rn 19; *ders.*, ZGR 2001, 833, 869; Baumbach/Hueck/Zöller, GmbHG § 52 Rn 56; Scholz/U.H. Schneider, GmbHG, § 52 Rn 311; *Götz*, in: FS Lüke, 1997, S. 167, 174 ff.
80 KölnKomm-AktG/*Mertens/Cahn*, Rn 101; *Lutter/Krieger*, AR, Rn 734 f; *Lutter/Hommelhoff*, § 52 GmbHG, § 49 f; *Baums*, ZGR 1983, 300/305 f; *Lemke*, Der fehlerhafte Aufsichtsratsbeschluss, 1994, S. 94 f; *Semler* in: Semler/v. Schenck, § 1 Rn 199 ff.
81 Vgl nur K. Schmidt/Lutter/*Drygala*, Rn 34.
82 BGHZ 122, 342, 351; zustimmend *Hüffer*, Rn 19.
83 *Hüffer*, Rn 18; K. Schmidt/Lutter/*Drygala*, Rn 35; *Lutter/Krieger*, AR, Rn 737.
84 *Lutter/Krieger*, AR, Rn 738.

23　II. Einzelne Fallgestaltungen. Als **Verfahrensmängel mit der Folge der Nichtigkeit** sind u.a. folgende Sachverhalte angeführt worden: Fehlende Beschlussfähigkeit,[87] Beschlussfassung ohne Sitzung gegen den Widerspruch eines Mitglieds,[88] Beschlussfassung über nicht in der Tagesordnung angekündigte Gegenstände gegen den Widerspruch von Aufsichtsratsmitgliedern.[89] Die Nichtladung oder der unzulässige Ausschluss eines Mitglieds wird unterschiedlich bewertet.[90]

sichtsratsvorsitzenden genügt.[85] Gegebenenfalls ist innerhalb dieser Frist Klage auf Feststellung der Nichtigkeit gegen die Gesellschaft zu erheben.[86]

24　**Mängel der einzelnen Stimmabgabe** führen allerdings nicht ohne Weiteres zur Fehlerhaftigkeit des Beschlusses. Sie sind nur relevant, wenn sich das Abstimmungsergebnis infolge der Nichtigkeit der einzelnen Stimme verändert.[91] Bei fehlender Stimmenmehrheit, etwa wegen unzutreffender Feststellung des Abstimmungsergebnisses oder Nichtigkeit einer einzelnen Stimmabgabe liegt kein positiver Beschluss vor. Daher kommt hier eine Feststellungsklage gar nicht erst in Betracht.[92] Aufsichtsratsbeschlüsse sind auch nicht deshalb nichtig, weil sie für einen Schaden der Gesellschaft ursächlich geworden sind oder werden könnten.[93]

§ 109 Teilnahme an Sitzungen des Aufsichtsrats und seiner Ausschüsse

(1) ¹An den Sitzungen des Aufsichtsrats und seiner Ausschüsse sollen Personen, die weder dem Aufsichtsrat noch dem Vorstand angehören, nicht teilnehmen. ²Sachverständige und Auskunftspersonen können zur Beratung über einzelne Gegenstände zugezogen werden.

(2) Aufsichtsratsmitglieder, die dem Ausschuß nicht angehören, können an den Ausschußsitzungen teilnehmen, wenn der Vorsitzende des Aufsichtsrats nichts anderes bestimmt.

(3) Die Satzung kann zulassen, daß an den Sitzungen des Aufsichtsrats und seiner Ausschüsse Personen, die dem Aufsichtsrat nicht angehören, an Stelle von verhinderten Aufsichtsratsmitgliedern teilnehmen können, wenn diese sie hierzu in Textform ermächtigt haben.

(4) Abweichende gesetzliche Vorschriften bleiben unberührt.

Literatur:
Kindl, Die Teilnahme an der Aufsichtsratssitzung, 1993; *U.H. Schneider*, Die Teilnahme von Vorstandsmitgliedern an Aufsichtsratssitzungen, ZIP 2002, 873.

A. Regelungsgegenstand und -zweck 1	II. Ausschließungsbefugnis des Aufsichtsratsvorsitzenden 9
B. Sitzungsteilnahme (Abs. 1) 3	D. Teilnahme von ermächtigten Personen anstelle von Aufsichtsratsmitgliedern (Abs. 3) 11
I. Aufsichtsratsmitglieder 3	I. Anordnung durch die Satzung 11
II. Vorstand 4	II. Ermächtigung 13
III. Dritte Personen 5	III. Stellung der ermächtigten Person 14
IV. Sachverständige und Auskunftspersonen 6	E. Abweichende gesetzliche Vorschriften (Abs. 4) ... 16
C. Teilnahme von Aufsichtsratsmitgliedern an Ausschusssitzungen (Abs. 2) 8	
I. Grundsätzlich Teilnahmeberechtigung 8	

A. Regelungsgegenstand und -zweck

1　Abs. 1 und Abs. 3 betreffen die Teilnahme von Personen, die nicht Aufsichtsratsmitglieder sind, an Sitzungen des Aufsichtsrates und seiner ggf gebildeten Ausschüsse. Abs. 2 betrifft die Teilnahme von Aufsichtsratsmitgliedern an Sitzungen von Ausschüssen, denen sie nicht angehören. In Abs. 4 wird klarstellend erläutert, dass abweichende gesetzliche Vorschriften, die dritten Personen ein Teilnahmerecht ermöglichen, unberührt bleiben. Die Vorschrift enthält zwingendes Recht, soweit sie nicht in Abs. 3 der Satzung einen begrenzten Regelungsspielraum eröffnet.[1] Sie ist jedoch **lediglich Ordnungsvorschrift**. Ihre Verletzung führt nicht zur Unwirksamkeit der Aufsichtsratsbeschlüsse.[2]

85　BGHZ 122, 343, 352; *Hüffer*, § 108 Rn 20; *Lutter/Krieger*, AR, 738.
86　*Hüffer*, Rn 20; *K. Schmidt/Lutter/Drygala*, Rn 40.
87　*Baums*, ZGR 1983, 300, 317; *Lutter/Krieger*, AR, Rn 736; *Götz*, in: FS Lüke, 1997, S. 167, 182.
88　MüKo-AktG/*Habersack*, Rn 76.
89　MüKo-AktG/*Habersack*, Rn 76.
90　Für Nichtigkeit hM zB Müko-AktG/*Habersack*, Rn 76; *Hanau/Ulmer*, MitbestG, § 25 Rn 38; dagegen: *Lutter/Krieger*, AR, Rn 736,; *Götz*, in: FS Lüke, 1997, S. 167, 183; entscheidend, ob Beschlussergebnis dadurch beeinflusst wurde.
91　*Hüffer*, Rn 17.
92　*Hüffer*, Rn 18; aA KölnKomm-AktG/*Mertens/Cahn*, Rn 54.
93　*Götz*, in: FS Lüke, 1997, S. 167, 184; unklar: BGHZ 135, 244, 251 ff (ARAG) = NJW 1997, 1926, 1927.
1　*Hüffer*, Rn 1.
2　BGHZ 12, 327, 330 = NJW 1954, 797; BGHZ 47, 341, 349 f = NJW 1967, 1711; KölnKomm-AktG/*Mertens/Cahn*, Rn 5.

Die Vorschrift bezweckt eine klare Abgrenzung des Aufsichtsrats gegenüber anderen Gremien, wie beispielsweise Beiräten. Die Mitglieder dieser Gremien oder andere Personen sollen durch die Teilnahme an den Aufsichtsratssitzungen keine Einflussmöglichkeiten erlangen, ohne entsprechende Verantwortung zu haben.[3] Weiter dient die Vorschrift der Arbeitsfähigkeit des Aufsichtsrates und der Erhaltung der Vertraulichkeit seiner Sitzungen.[4]

B. Sitzungsteilnahme (Abs. 1)

I. Aufsichtsratsmitglieder. Aufsichtsratsmitgliedern steht kraft ihres Amtes ein Teilnahmerecht in den Sitzungen des Aufsichtsrates zu. Von diesem **grundsätzlich unentziehbaren Teilnahmerecht** werden jedoch Ausnahmen gemacht. So kann der Aufsichtsrat beschließen, ein einzelnes Mitglied von der Teilnahme auszuschließen, wenn die konkret belegbare Befürchtung besteht, dass durch die Teilnahme wichtige Gesellschaftsbelange gefährdet werden, beispielsweise durch Geheimnisverrat.[5] Der Aufsichtsratsvorsitzende kann zudem im Rahmen der Sitzungsleitung ein Mitglied ausschließen, wenn nur so ein störungsfreier Ablauf der Sitzung gewährleistet werden kann.[6]

II. Vorstand. Der Vorstand hat kein eigenes Teilnahmerecht aus der gesetzlichen Vorschrift. Ihm kann jedoch durch entsprechende Satzungsbestimmung ein Teilnahmerecht mit der Maßgabe eingeräumt werden, dass der Aufsichtsratsvorsitzende oder der Aufsichtsrat insgesamt im Einzelfall anders entscheiden können.[7] Die Vorstandsmitglieder sind zur Teilnahme verpflichtet, wenn der Aufsichtsratsvorsitzende oder der Aufsichtsrat dies wünschen.[8] Entsprechend der ganz überwiegend geübten Praxis wird im Kodex unter Ziff. 3.6 S. 2 formuliert: „Der Aufsichtsrat soll bei Bedarf ohne den Vorstand tagen." Daraus folgt im Umkehrschluss, dass eine **regelmäßige Teilnahme der Vorstandsmitglieder** an den Sitzungen des Aufsichtsrats als „best practise" angesehen wird.[9]

III. Dritte Personen. Dritten Personen, die nicht Organmitglied sind, steht kein Teilnahmerecht zu. Damit ist die Teilnahme von Ehrenvorsitzenden, auch wenn sie frühere Vorstands- oder Aufsichtsratsmitglieder sind, nach ganz überwiegender Meinung ausgeschlossen.[10] Auch die regelmäßige Teilnahme von Beratern ist unzulässig.[11]

IV. Sachverständige und Auskunftspersonen. Die Begriffe „Sachverständige und Auskunftspersonen" sind weit auszulegen und erfassen beispielsweise auch einen erforderlichen Dolmetscher.[12] Der Begriff des Sachverständigen ist untechnisch zu verstehen. Sachverständig ist jeder, der eine **spezifische Fachkunde** besitzt.[13] In diesem Rahmen können dann auch ehemalige Vorstands- oder Aufsichtsratsmitglieder hinzugezogen werden, wenn es etwa um Vorgänge aus ihrer Amtszeit geht.[14] Zu den Sachverständigen zählt auch der **Abschlussprüfer**, der gem. § 171 Abs. 1 S. 2 an den Bilanzsitzungen teilzunehmen hat.[15] **Leitende Mitarbeiter** können in einem direkten Kontakt zum Aufsichtsrat stehen und damit die Informationsversorgung des Aufsichtsrates verbessern, wenn diese über besondere Sachkunde verfügen, die für die Arbeit des Aufsichtsrates oder seiner Ausschüsse relevant ist.[16] In Betracht kommen bspw leitende Angestellte des Rechnungswesens, des Risikocontrollings oder der Internen Revision. Nach wohl noch überwiegender Meinung ist hierzu das Einverständnis des Vorstands erforderlich.[17] Nach anderer Auffassung ist auch eine unmittelbare, nicht durch den Vorstand vermittelte Befragung zulässig.[18] Ein **Direktkontakt** zwischen Aufsichtsrat und leitenden Angestellten ist nach beiden Auffassungen **immer zulässig**, wenn der mittelbare Weg den Zweck des Kontaktes gefährden könnte, bspw wenn es um den Verdacht konkreter Pflichtverletzungen des Vorstands geht.[19] Darüber hinausgehend verpflichtet die BaFin den Leiter der Inter-

---

3 *Hüffer*, Rn 1; *Kindl*, Aufsichtsratssitzung, S. 12 f; K. Schmidt/Lutter/*Drygala*, Rn 2.
4 KölnKomm-AktG/*Mertens/Cahn*, Rn 9.
5 *Hüffer*, Rn 2; *Lutter/Krieger*, AR, Rn 699.
6 KölnKomm-AktG/*Mertens/Cahn*, Rn 12; *Hüffer*, Rn 2.
7 *Hüffer*, Rn 3; KölnKomm-AktG/*Mertens/Cahn*, Rn 17.
8 MüHb-AG/*Hoffmann-Becking*, § 31 Rn 49.
9 K. Schmidt/Lutter/*Drygala*, Rn 5; Die vom Bundesaufsichtsamt für das Versicherungswesen veröffentlichte Ansicht (VerBAV 3/2002, S. 67), künftig Satzungsbestimmungen, die den Vorstandsmitgliedern eine regelmäßige Teilnahme an den Sitzungen des Aufsichtsrats ermöglichen, nicht zu genehmigen, ist daher von *U.H. Schneider*, ZIP 2002, S. 873 ff, zutreffend als praxisfern kritisiert worden.
10 Vgl nur *Hüffer*, Rn 4; MüKo-AktG/*Habersack*, § 107 Rn 71; *Semler* in: Semler/v. Schenck, § 4 Rn 192; aA *Johannsen-Roth/Kießling*, NZG 2013, 972, 977, die einräumen, dass der Ehrenvorsitzende grds. kein Teilnahmerecht hat, der Aufsichtsrat aber ein jederzeit widerrufliches ständiges Teilnahmerecht an den Sitzungen des Aufsichtsrates einräumen kann.
11 MüHb-AG/*Hoffmann-Becking*, § 31 Rn 47 a.
12 MüHb-AG/*Hoffmann-Becking*, § 31 Rn 47 a.
13 KölnKomm-AktG/*Mertens/Cahn*, Rn 23; *Hüffer*, Rn 5; K. Schmidt/Lutter/*Drygala*, Rn 9; MüKo-AktG/*Habersack*, Rn 19; einschränkend *Dreher*, FS Ulmer, S. 87, 94 f.
14 *Hüffer*, Rn 5.
15 K. Schmidt/Lutter/*Drygala*, Rn 9.
16 *Warncke*, in: Freidank/Peemöller (Hrsg.); Corporate Governance und Interne Revision, S. 623, 633.
17 *Baums*, ZIP 1995, 11, 17; *Hüffer*, § 90 Rn 11; KölnKomm/*Mertens/Cahn*, Rn 23; K. Schmidt/Lutter/*Drygala*, Rn 21;.
18 MüKo-AktG/*Habersack*, Rn 19; Großkomm-AktienR/*Hopt/Roth*, Rn 49; *Dreher*, FS Ulmer, S. 87, 92.
19 Vgl nur KölnKomm-AktG/*Mertens/Cahn*, Rn 24; MüKo-AktG/*Habersack*, Rn 19.

nen Revision zur Unterrichtung des Aufsichtsratsvorsitzenden, wenn sich schwerwiegende Feststellungen gegen Geschäftsleiter ergeben haben und die informierte Geschäftsleitung nicht ihrerseits den Vorsitzenden des Aufsichtsrates informiert (MaRisk BT 2.4 Ziff. 5.)[20]

7 Die Entscheidung über die Hinzuziehung von Sachverständigen und Auskunftspersonen trifft der Aufsichtsratsvorsitzende. Dem Aufsichtsrat steht jedoch die Möglichkeit zu, durch einen entsprechenden Beschluss diese Entscheidung zu revidieren.[21] Die Hinzuziehung erfolgt nicht generell, sondern nur zur Beratung der Gegenstände, zu denen der Sachverständige bzw die Auskunftsperson einen Beitrag leisten können.[22] Eine regelmäßige Teilnahme würde gegen das Gesetz verstossen.

C. Teilnahme von Aufsichtsratsmitgliedern an Ausschusssitzungen (Abs. 2)

8 **I. Grundsätzlich Teilnahmeberechtigung.** Zunächst sind die dem Ausschuss angehörigen Aufsichtsratsmitglieder zur Teilnahme an den Ausschusssitzungen berechtigt und verpflichtet. Darüber hinaus sind nach Abs. 2 auch die anderen Aufsichtsratsmitglieder zur Teilnahme berechtigt. Das **als Gast teilnehmende Aufsichtsratsmitglied** kann im vollen Umfang die Unterlagen und Informationen erhalten, die auch den Ausschussmitgliedern überlassen werden. Ebenso kann es das Protokoll einsehen. Es muss allerdings nicht geladen werden.[23]

9 **II. Ausschließungsbefugnis des Aufsichtsratsvorsitzenden.** Dem Aufsichtsratsvorsitzenden steht das Recht zu, einzelne Aufsichtsratsmitglieder von der Teilnahme an Sitzungen auszuschließen. Allerdings darf der Aufsichtsratsvorsitzende die **Teilnahmebeschränkung nicht in diskriminierender Weise** ausüben.[24] Es müssen sachliche Gründe vorliegen. Eine generelle Beschränkung des Teilnahmerechts – etwa aller Arbeitnehmervertreter – wird als unzulässig angesehen.[25] Möglich ist jedoch, alle dritten Aufsichtsratsmitglieder von allen Sitzungen eines bestimmten Ausschusses auszuschließen, bspw um die Vertraulichkeit im Personalausschuss sicherzustellen.[26] Eine Ausschliessungsentscheidung des Aufsichtsratsvorsitzenden kann mit einer Klage gegen die Gesellschaft, vertreten durch den Vorstand, angegriffen werden.[27]

10 Die Ausschließungsbefugnis des Aufsichtsratsvorsitzenden kann nicht beschränkt werden.[28] Der Aufsichtsrat kann eine Entscheidung des Aufsichtsratsvorsitzenden nicht revidieren.[29] Auch kann der Aufsichtsratsvorsitzende seine Befugnis nicht auf den Ausschussvorsitzenden delegieren.[30]

D. Teilnahme von ermächtigten Personen anstelle von Aufsichtsratsmitgliedern (Abs. 3)

11 **I. Anordnung durch die Satzung.** Nach Abs. 3 kann die Satzung anordnen, dass an einer Sitzung des Aufsichtsrats und seiner Ausschüsse Personen, die dem Aufsichtsrat nicht angehören, anstelle von verhinderten Aufsichtsratsmitgliedern teilnehmen können, wenn diese sie hierzu ermächtigt haben. Eröffnet die Satzung diese Möglichkeit und enthält keinerlei Einschränkung, kann ein Aufsichtsratsmitglied im Falle seiner Verhinderung einen **Beauftragten** auch an der Sitzung eines Ausschusses teilnehmen lassen, dem er selbst nicht angehört.[31]

12 Die Satzung kann von der gesetzlich geforderten schriftlichen Ermächtigung nicht befreien, sie kann die Teilnahme von ermächtigten Personen jedoch an weitere Voraussetzungen knüpfen.[32]

13 **II. Ermächtigung.** Die Ermächtigung muss grundsätzlich für jede einzelne Sitzung erteilt werden.[33] Allein wenn von vornherein klar ist, dass das Aufsichtsratsmitglied für einen Zeitraum verhindert sein wird, der mehrere Sitzungen umfasst, kann die Ermächtigung entsprechend ausgeweitet werden.[34] Entgegen der früher geforderten Schriftform, muss die Ermächtigung heute nur noch Textform haben.[35] Damit ist **§ 126b BGB** einschlägig. Danach genügen auch unterschriftslose Erklärungen, beispielsweise Telefax oder e-Mail.[36]

14 **III. Stellung der ermächtigten Person.** Die ermächtigte Person ist Bote, nicht Stellvertreter. Das Teilnahmerecht beinhaltet kein eigenes Rede- und Antragsrecht, sondern beschränkt sich auf ein **Recht auf Anwesen-**

---

20 MaRisk idF vom 14.12.2012 (http://www.bafin.de/SharedDocs/Downloads/DE/Rundschreiben/dl_rs1210_marisk_pdf_ba.pdf?__blob=publicationFile&v=5).
21 KölnKomm-AktG/*Mertens/Cahn*, Rn 28.
22 *Hüffer*, Rn 5; *Lutter/Krieger*, AR, Rn 702.
23 *Hüffer*, Rn 6.
24 KölnKomm-AktG/*Mertens/Cahn*, Rn 32; MüHb-AG/*Hoffmann-Becking*, § 32 Rn 28.
25 *Semler* in: Semler/v. Schenck, ARHdb, § 4 Rn 129.
26 Vgl *Hüffer*, Rn 6; LG München WM 2007, 1975.
27 LG München WM 2007, 1975.
28 MüKo-AktG/*Habersack*, Rn 25.
29 *Semler* in: Semler/v. Schenck, § 4 Rn 127.
30 KölnKomm-AktG/*Mertens/Cahn*, Rn 31.
31 KölnKomm-AktG/*Mertens/Cahn*, Rn 37.
32 Einzelfälle bei KölnKomm-AktG/*Mertens/Cahn*, Rn 40.
33 *Lutter/Krieger*, AR, Rn 700.
34 KölnKomm-AktG/*Mertens/Cahn*, Rn 38.
35 Geändert durch Art. 27 Nr. 1 FormAnpG vom 13.7.2001 (BGBl. I S. 1542).
36 Vgl RegBegr, BT-Drucks. 14/4987, 18 f.

heit.[37] Der Stimmbote darf Erklärungen des verhinderten Aufsichtsratsmitglied vortragen und Anträge stellen.[38] Die Stimmabgabe richtet sich nach § 108 Abs. 3.[39]

Die ermächtigte Person kann vom Aufsichtsratsvorsitzenden nach Abs. 2 ebenso ausgeschlossen werden wie ein Aufsichtsratsmitglied selbst.[40]

E. Abweichende gesetzliche Vorschriften (Abs. 4)

Die in Abs. 4 angesprochenen unberührt bleibenden abweichenden Vorschriften sind **aufsichtsrechtliche Sonderbestimmungen**, die ein gesetzliches Teilnahme- und Rederecht für Vertreter der Aufsichtsbehörde begründen, beispielsweise § 44 Abs. 4 KWG; § 83 Abs. 1 Nr. 5 VAG; § 3 HypBG; § 3 SchiffsBG; § 2 Abs. 1 KapAnlGG. Das Teilnahme- und Rederecht bezieht sich sowohl auf die Aufsichtsratssitzungen als auch auf die Sitzungen seiner Ausschüsse.[41] Allerdings besteht keine Verpflichtung, die Aufsichtsbehörde über geplante Sitzungen zu informieren. Diese hat aber über § 44 Abs. 1 S. 1 KWG das Recht, Auskunft über geplante Termine und Themen zu erhalten.[42]

§ 110 Einberufung des Aufsichtsrats

(1) ¹Jedes Aufsichtsratsmitglied oder der Vorstand kann unter Angabe des Zwecks und der Gründe verlangen, daß der Vorsitzende des Aufsichtsrats unverzüglich den Aufsichtsrat einberuft. ²Die Sitzung muß binnen zwei Wochen nach der Einberufung stattfinden.

(2) Wird dem Verlangen nicht entsprochen, so kann das Aufsichtsratsmitglied oder der Vorstand unter Mitteilung des Sachverhalts und der Angabe einer Tagesordnung selbst den Aufsichtsrat einberufen.

(3) ¹Der Aufsichtsrat muss zwei Sitzungen im Kalenderhalbjahr abhalten. ²In nichtbörsennotierten Gesellschaften kann der Aufsichtsrat beschließen, dass eine Sitzung im Kalenderhalbjahr abzuhalten ist.

Literatur:
Baums, AktG für globalisierte Kapitalmärkte, 2001, Arbeitspapier Nr. 89, Institut für Bankrecht der Universität Frankfurt; *Bosse*, TransPublG: Änderungen zu den Berichtspflichten des Vorstands und zur Aufsichtsratstätigkeit, DB 2002, 1592; *Ihrig/Wagner*, Die Reform geht weiter: Das Transparenz- und Publizitätsgesetz kommt, BB 2002, 789; *Heller*, Die Einberufung von Aufsichtsratssitzungen – ein Risikofaktor?, AG 2008, 160.

A. Regelungsgegenstand und -zweck	1	III. Einberufungsmängel	6
B. Einberufung durch den Aufsichtsratsvorsitzenden (Abs. 1)	3	C. Selbsthilferecht (Abs. 2)	7
I. Grundsätzliches	3	I. Einberufung durch ein Aufsichtsratsmitglied oder den Vorstand	7
II. Anforderungen an die Einberufung	4	II. Voraussetzungen	9
1. Form und Frist	4	D. Zahl der Sitzungen (Abs. 3)	10
2. Inhalt	5		

A. Regelungsgegenstand und -zweck

Die Vorschrift betrifft in Abs. 1 das Recht auf Einberufung und in Abs. 2 das daran anknüpfende Recht zur Selbsthilfe. Abs. 2 und 3, die die Mindestzahl der Pflichtsitzungen festlegen, sind durch Art. 1 Nr. 8 des TransPublG vom 19.7.2002 (BGBl. I S. 2681) neu gefasst worden. Die Neufassung des Abs. 3 geht auf einen entsprechenden Vorschlag der Regierungskommission „Corporate Governance"[1] zurück, der eine deutlich verbesserte Informationsversorgung des Aufsichtsrates bezweckt.[2] Im Einzelfall kann sich aus Garantenstellung iSd § 13 StGB eine Verpflichtung des Aufsichtsratsvorsitzenden zur Einberufung ergeben, um den Vorstand durch Beschluss zur Änderung eines rechtswidrigen Handelns anzuhalten; bei Weigerung des Aufsichtsratsvorsitzenden gilt die Verpflichtung auch für einfache Aufsichtsratsmitglieder.[3]

Die Satzung kann die Art und Weise der Einberufung regeln und eine höhere Sitzungsfrequenz anordnen. Im Übrigen ist die Vorschrift in dem Sinne zwingend, dass die Satzung die Anforderungen an die Einberufung nicht erhöhen und von der Mindestzahl der Pflichtsitzung nicht befreien kann.[4]

---

37 *Hüffer*, Rn 7.
38 *Hüffer*, Rn 7.
39 Vgl dort Rn 16.
40 KölnKomm-AktG/*Mertens/Cahn*, Rn 39.
41 *Braun*, in: Boos/Fischer/Schulte-Mattler, KWG, § 44 Rn 96.
42 *Braun*, in: Boos/Fischer/Schulte-Mattler, KWG, § 44 Rn 98.
1 BT-Drucks. 14/7515, S. 47.
2 *Baums*, Aktienrecht für globalisierte Kapitalmärkte, S. 8.
3 OLG Braunschweig DB 2012, 2447 ff.
4 *Hüffer*, Rn 1.

B. Einberufung durch den Aufsichtsratsvorsitzenden (Abs. 1)

3 **I. Grundsätzliches.** Abs. 1 setzt voraus, dass die Einberufung des Aufsichtsrats durch dessen Vorsitzenden erfolgt. Ist dieser verhindert, obliegt dem stellvertretenden Aufsichtsratsvorsitzenden die Einberufung (§ 107 Abs. 1 S. 3). Sind der Vorsitzende und sein Stellvertreter nicht im Amt, können analog § 110 Abs. 2 der Vorstand oder ein Aufsichtsratsmitglied den Aufsichtsrat einberufen.[5] Das Recht, die Einberufung des Aufsichtsrats zu verlangen, steht den **Aufsichtsratsmitgliedern einzeln und dem Vorstand als Organ** zu.[6] Mit dem Verlangen auf Einberufung sind der Zweck und die Gründe darzulegen. Es ist an den Aufsichtsratsvorsitzenden zu richten, der dem Verlangen unverzüglich nachkommen muss, es sei denn, es ist rechtsmissbräuchlich.[7] Der Aufsichtsratsvorsitzende ist nicht berechtigt, die Einberufung zu verweigern, weil er sie selbst nicht für notwendig hält.[8] Im Benehmen mit dem Antragsteller kann er aber eine Beschlussfassung außerhalb der Sitzung einleiten, statt eine Sitzung einzuberufen.[9] Ist der Antragsteller damit nicht einverstanden, muss der Aufsichtsratsvorsitzende die Sitzung als Präsenzsitzung einberufen oder zu einer Videokonferenz einladen, die ebenfalls die Anforderungen an eine Sitzung erfüllt (§ 108 Abs. 4).[10] Geringe Erfolgschancen des beabsichtigten Antrags oder fehlende Zweckmäßigkeit oder Dringlichkeit des Einberufungsverlangens berechtigen nicht zur Zurückweisung des Einberufungsverlangens.[11]

4 **II. Anforderungen an die Einberufung. 1. Form und Frist.** Da die Modalitäten der Einberufung gesetzlich nicht geregelt sind, kann die Satzung entsprechende Bestimmungen treffen. Zur Vermeidung von Schwierigkeiten beim Nachweis des Zugangs der Einberufungsschreiben kann eine entsprechende Anwendung des § 121 Abs. 4 S. 1 sinnvoll sein und damit – wenn eingeschriebene Briefe versandt wurden – auf den Zugang verzichtet werden.[12] Auch wenn die Satzung eine längere Einberufungsfrist vorsieht, darf im Fall des § 110 Abs. 1 S. 1 die Einberufungsfrist nicht länger als zwei Wochen sein.[13]

5 **2. Inhalt.** Mit der Einberufung müssen Ort und Zeitpunkt sowie die Gegenstände der Tagesordnung mitgeteilt werden.[14] Die **Beschlussvorschläge** zu den einzelnen Gegenständen der Tagesordnung müssen nicht bereits mit der Einberufung übermittelt werden.[15] Ungeachtet dessen, dass es oftmals zum Zeitpunkt der Einberufung nicht möglich oder nicht tunlich ist, einen Beschlussvorschlag mit konkreten Angaben mitzuteilen,[16] ist es für die Vorbereitung der Sitzung dennoch hilfreich, möglichst frühzeitig die Beschlussanträge mitzuteilen.

6 **III. Einberufungsmängel.** Mängel der Einberufung können als Verfahrensverstöße zur Nichtigkeit des Beschlusses führen, es sei denn, dass trotz der Mängel der Aufsichtsrat vollzählig zusammengetreten ist.[17] Als Nichtigkeitsgründe werden genannt: Unangemessen kurze Ladungsfrist, fehlende Angabe von Ort und/oder Zeit der Sitzung, unterbliebene Angabe der Beschlussgegenstände.[18]

C. Selbsthilferecht (Abs. 2)

7 **I. Einberufung durch ein Aufsichtsratsmitglied oder den Vorstand.** Abs. 2 begründet ein Selbsthilferecht für den Fall, dass einem Verlangen nach Einberufung des Aufsichtsrats gemäß Abs. 1 S. 1 nicht entsprochen wird. Bislang war ein Recht jedes einzelnen Aufsichtsratsmitglieds auf Einberufung des Aufsichtsrats im Wege der Selbsthilfe nicht vorgesehen. Es mussten mindestens zwei Aufsichtsratsmitglieder einen vergeblichen Einberufungsantrag gestellt und dann die Selbsthilfemaßnahme betrieben haben. Nach der Neuregelung des Abs. 2 durch Art. 1 Nr. 8 TransPublG[19] vom 19.7.2002, wird die Stellung des einzelnen Aufsichtsratsmitgliedes entsprechend seiner Verantwortung gestärkt. Nach der Gesetzesbegründung lässt sich der Gefahr des Rechtsmissbrauchs im konkreten Einzelfall begegnen. Der Aufsichtsrat braucht der Einberufung dann keine Folge zu leisten. Das betreffende Aufsichtsratsmitglied macht sich uU schadensersatzpflichtig.[20]

8 Der Vorstand muss die Einberufung als Organ verlangen. Einzelne Vorstandsmitglieder oder eine vertretungsberechtigte Zahl können den Aufsichtsrat nicht einberufen.[21]

9 **II. Voraussetzungen.** Die Einberufung muss den üblichen Anforderungen entsprechen. Der Sachverhalt und die Tagesordnung muss jedenfalls mitgeteilt werden. Auch damit soll erreicht werden, dass der Aufsichtsrat

---

5 *Lutter/Krieger*, AR, Rn 690.
6 *Hüffer*, Rn 6.
7 MüHb-AG/*Hoffmann-Becking*, § 31 Rn 43.
8 *Lutter/Krieger*, AR, Rn 694.
9 KölnKomm-AktG/*Mertens/Cahn*, Rn 15.
10 KölnKomm-AktG/*Mertens/Cahn*, Rn 15.
11 *Hüffer*, Rn 7; KölnKomm-AktG/*Mertens/Cahn*, Rn 12.
12 *Heller*, AG 2008, 160.
13 *Hüffer*, Rn 3.
14 HM, vgl MüHb-AG/*Hoffmann-Becking*, § 31 Rn 39.
15 *Hüffer*, Rn 4; *Lutter/Krieger*, AR, Rn 692.
16 MüHb-AG/*Hoffmann-Becking*, § 31 Rn 41.
17 *Hüffer*, Rn 5.
18 *Hüffer*, aaO.
19 BGBl. I S. 2681.
20 RegBegr, BT-Drucks. 14/8769, S. 16.
21 *Hüffer*, Rn 8.

die Berechtigung eines Einberufungsverlangen abschätzen kann. Zudem lässt sich dadurch die Frage der berechtigten Zurückweisung im Einzelfall gerichtlich besser klären.[22] Aus der Mitteilung des Sachverhalts muss sich ergeben, dass die Voraussetzungen des **Selbsthilferechts**, insbesondere das vergebliche Einberufungsverlangen gegenüber dem Aufsichtsratsvorsitzenden, ferner Inhalt und Zugang des Einberufungsverlangens und das Untätigbleiben des Aufsichtsratsvorsitzenden vorliegen.[23] Die Zweiwochenfrist des Abs. 1 S. 2 gilt bei Einberufung nach Abs. 2 nicht.[24]

D. Zahl der Sitzungen (Abs. 3)

Abs. 3 war erst 1998 durch das KonTraG[25] geändert worden. Die Regierungskommission Corporate Governance hat sich dennoch dafür ausgesprochen, dass der Aufsichtsrat **bei allen Gesellschaften**, und nicht nur bei den börsennotierten, zweimal im Kalenderhalbjahr zusammentreten muss. Dem Bedürfnis in kleineren, nicht börsennotierten Gesellschaften nach einer geringeren Sitzungshäufigkeit sollte dadurch Rechnung getragen werden, dass mit Zustimmung aller Aufsichtsratsmitglieder etwas anderes als das zweimalige Zusammentreten des Aufsichtsrates im Kalenderhalbjahr beschlossen werden kann.[26] Der Gesetzgeber ist diesem Vorschlag im Wesentlichen gefolgt und hat nunmehr die im KonTraG in das Gesetz aufgenommene Verpflichtung zu einer zweimaligen Sitzung im Kalenderhalbjahr für börsennotierte Gesellschaften auf alle Gesellschaften erstreckt. Jedoch werden weiterhin keine gesetzlichen Sanktionen an die Nichteinhaltung dieser Bestimmungen geknüpft.[27] Der Aufsichtsrat kann in nicht börsennotierten Gesellschaften beschließen, dass nur einmal im Kalenderhalbjahr eine Sitzung stattfindet. Sollte ein solcher Beschluss gegen das Votum eines einzelnen Aufsichtsratsmitglied gefasst werden, so kann dieses in begründeten Fällen aufgrund der in Abs. 2 vorgenommenen Stärkung des Einberufungsrechts eines einzelnen Aufsichtsratsmitglieds eine weitere Sitzung verlangen.[28]

10

Abweichend vom bisherigen Wortlaut „Zusammentreten" stellt die Neufassung durch die Verwendung des Ausdrucks „Abhalten" klar, dass auch eine Sitzung in Form einer **Telefon- oder Videokonferenz** auf die Zahl der Pflichtsitzungen angerechnet werden kann.[29] Diese Regelung, die für die freiwilligen Zusatzsitzungen ohnehin schon in der Satzung oder der Geschäftsordnung des Aufsichtsrates bestimmt werden konnte, soll den Aufwand, der sich für die Gesellschaften aus der Erhöhung der Sitzungsfrequenz des Aufsichtsrats ergeben, begrenzen.[30] Gleichwohl soll es nach Auffassung des Gesetzgebers dabei bleiben, dass außer in begründeten Ausnahmefällen die **Aufsichtsratsmitglieder** jedenfalls **zu den Pflichtsitzungen persönlich** erscheinen.[31] Um eine physische Zusammenkunft der Aufsichtsratsmitglieder mindestens einmal im Kalenderhalbjahr sicherzustellen, kann dies in der Geschäftsordnung für den Aufsichtsrat vorgeschrieben werden.[32]

11

§ 111 Aufgaben und Rechte des Aufsichtsrats

(1) Der Aufsichtsrat hat die Geschäftsführung zu überwachen.

(2) ¹Der Aufsichtsrat kann die Bücher und Schriften der Gesellschaft sowie die Vermögensgegenstände, namentlich die Gesellschaftskasse und die Bestände an Wertpapieren und Waren, einsehen und prüfen. ²Er kann damit auch einzelne Mitglieder oder für bestimmte Aufgaben besondere Sachverständige beauftragen. ³Er erteilt dem Abschlußprüfer den Prüfungsauftrag für den Jahres- und den Konzernabschluß gemäß § 290 des Handelsgesetzbuchs.

(3) ¹Der Aufsichtsrat hat eine Hauptversammlung einzuberufen, wenn das Wohl der Gesellschaft es fordert. ²Für den Beschluß genügt die einfache Mehrheit.

(4) ¹Maßnahmen der Geschäftsführung können dem Aufsichtsrat nicht übertragen werden. ²Die Satzung oder der Aufsichtsrat hat jedoch zu bestimmen, daß bestimmte Arten von Geschäften nur mit seiner Zustimmung vorgenommen werden dürfen. ³Verweigert der Aufsichtsrat seine Zustimmung, so kann der Vorstand verlangen, daß die Hauptversammlung über die Zustimmung beschließt. ⁴Der Beschluß, durch den

---

22 RegBegr, BT-Drucks. 14/8769, S. 16.
23 *Hüffer*, Rn 9.
24 *Lutter/Krieger*, AR, Rn 696, Fn 4; MüKo-AktG/*Habersack*, Rn 36.
25 Art. 1 Nr. 11 KonTraG vom 27.4.1998, BGBl. I S. 786.
26 Regierungskommission „Corporate Governance", BT-Drucks. 14/7515, S. 47.
27 Kritisch dazu *Knigge*, WM 2002, 1729, 1732.
28 RegBegr, BT-Drucks. 14/5769, S. 17.
29 RegBegr, BT-Drucks. 14/5769, S. 17; kritisch: *Ihrig/Wagner*, BB 2002, 789, 794.
30 RegBegr, BT-Drucks. 14/8769, S. 17.
31 RegBegr, BT-Drucks. 14/8769, S. 17.
32 Vgl *Bosse*, DB 2002, 1592, 1593.

die Hauptversammlung zustimmt, bedarf einer Mehrheit, die mindestens drei Viertel der abgegebenen Stimmen umfaßt. [5]Die Satzung kann weder eine andere Mehrheit noch weitere Erfordernisse bestimmen.

(5) Die Aufsichtsratsmitglieder können ihre Aufgaben nicht durch andere wahrnehmen lassen.

Literatur:
Goette, „Zur ARAG/GARMENBECK-Doktrin, in: GS Martin Winter, 2011, S. 153; *Hoffmann-Becking*, Der Aufsichtsrat im Konzern, ZHR 159 (1995), 325; *Kort*, Compliance-Pflichten von Vorstandsmitgliedern und Aufsichtsratsmitgliedern, in: FS Klaus J. Hopt, 2010, S. 983; *Kropff*, Die Unternehmensplanung im Aufsichtsrat, NZG 1998, 613; *Lange*, Zustimmungsvorbehaltspflicht und Kataloghaftung des Aufsichtsrats nach neuem Recht, DStR 2003, 376; *Leyens*, Information des Aufsichtsrats, 2006; *ders.*, Informationsversorgung des Aufsichtsrats, in: Freidank/Velte (Hrsg), Corporate Governance, Abschlussprüfung und Compliance, 2012, S. 277; *Lieder*, Zustimmungsvorbehalte des Aufsichtsrats nach neuer Rechtslage, BB 2004, 2251; *Lutter*, Professionalisierung des Aufsichtsrats, DB 2009, 775; *ders.*, Aufsichtsrat und Sicherung der Legalität im Unternehmen, in: FS Uwe Hüffer, 2010, S. 617; *M. Winter*, Die Verantwortlichkeit des Aufsichtsrats für „Corporate Compliance", in: FS Uwe Hüffer, 2010, S. 1103; *E. Vetter*, Zur Compliance-Verantwortung des Aufsichtsrats in eigenen Angelegenheiten, in: GS Martin Winter, 2011, S. 701.

A. Regelungsgegenstand und -zweck 1	2. Einzelheiten 21
B. Überwachung der Geschäftsführung (Abs. 1) 4	D. Einberufung der Hauptversammlung (Abs. 3) 22
I. Überwachungsgegenstand 4	E. Zustimmungsvorbehalte (Abs. 4) 24
1. Geschäftsführung im Unternehmen 5	I. Allgemeines 24
2. Geschäftsführung im Konzern 6	II. Einzelfragen 25
II. Überwachungsmaßstab 8	1. Begründung von Zustimmungsvorbehalten 25
III. Umsetzung der Überwachungspflicht 9	2. Inhalt 27
1. Gesetzliche Rechte 9	3. Erteilung der Zustimmung 29
2. Gerichtliche Durchsetzung 10	a) Aufsichtsrat 29
3. Ersatzansprüche gegen Vorstandsmitglieder 12	b) Ersetzung durch Hauptversammlungsbeschluss 30
IV. Intensität der Überwachung 13	4. Vorstandshandeln ohne erforderliche Zustimmung 30a
V. Verpflichtung des Gesamtaufsichtsrates 14	III. Zustimmungsvorbehalt im Konzern 31
C. Einsichtnahme- und Prüfungsrecht (Abs. 2) 15	F. Verpflichtung zur persönlichen Wahrnehmung (Abs. 5) 33
I. Allgemeines 15	
II. Einsichts- und Prüfungsaufträge 17	
III. Abschlussprüfung 19	
1. Allgemeines 19	

A. Regelungsgegenstand und -zweck

1 Nach dem Willen des Gesetzgebers soll § 111 AktG die wichtigsten Aufgaben und Rechte des Aufsichtsrates regeln.[1] Die Norm will Aufgaben und Rechte jedoch nicht umfassend umschreiben. Bezweckt ist vielmehr, die **Überwachungsfunktion des Aufsichtsrates hervorzuheben** und damit seine Kompetenzen gegenüber dem Vorstand und in zweiter Linie auch gegenüber der Hauptversammlung abzugrenzen.[2]

2 Folgende ergänzende Befugnisse außerhalb von § 111 verdienen besondere Beachtung: Erlass einer Geschäftsordnung für den Vorstand (§ 77 Abs. 2 S. 1); Bestellung und Abberufung des Vorstandes sowie Abschluss und Kündigung der Anstellungsverträge (§ 84); Entgegennahme und Anforderung von Vorstandsberichten (§ 90);[3] Vertretung der Gesellschaft gegenüber Vorstandsmitgliedern (§ 112); Mitwirkung bei der Abgabe der Erklärung zum Corporate Governance Kodex (§ 161); Prüfung von Jahresabschluss, Lagebericht und Gewinnverwendungsvorschlag (§ 171); Mitwirkung bei der Feststellung des Jahresabschlusses (§ 172); Mitwirkung bei der Festlegung der Konditionen einer Aktienausgabe aus genehmigtem Kapital (§ 204 Abs. 1 S. 2); Prüfung des Abhängigkeitsberichts (§ 314 Abs. 2). Gegenüber der Satzung ist § 111 abschließend und zwingend. Die Satzung kann – abgesehen von § 111 Abs. 4 S. 2 – den gesetzlichen Aufgabenkreis des Aufsichtsrates weder erweitern noch einschränken.[4]

3 Neben diesen gesetzlichen Regelungen definiert der **Deutsche Corporate Governance Kodex** (DCGK) Empfehlungen und Anregungen u.a. für die Zusammenarbeit zwischen Vorstand und Aufsichtsrat auf der Basis national und international anerkannter Standards der Unternehmensführung.[5] Der DCGK richtet sich in erster Linie an börsennotierte Gesellschaften.[6] Wesentliches Element für die Umsetzung des DCGK bildet

---

[1] RegBegr. *Kropff*, S. 154.
[2] Geßler/Geßler, Rn 8.
[3] Zu den Informationsrechten des Aufsichtsrates ausführlich *Semler* in: AR-Hdb, § 1 Rn 91 ff.
[4] KölnKomm-AktG/*Mertens/Cahn*, Rn 10; *Hüffer*, Rn 1.
[5] Aktuelle Fassung vom 13.5.2013 sowie frühere Fassungen abrufbar unter <www.corporate-governance-code.de>; vgl dazu Kapitel 5 „Deutscher Corporate Governance Kodex".
[6] Aber auch nicht börsennotierten Gesellschaften wird die Beachtung des Kodex empfohlen, vgl Präambel, aaO.

die Erklärungspflicht in § 161.[7] Danach haben Vorstand und Aufsichtsrat einer börsennotierten Gesellschaft jährlich zu erklären, ob den Empfehlungen des DCGK entsprochen wurde und wird oder welche Empfehlungen nicht angewendet wurden oder werden.[8]

B. Überwachung der Geschäftsführung (Abs. 1)

I. Überwachungsgegenstand. Gemäß Abs. 1 hat der Aufsichtsrat die Geschäftsführung zu überwachen.

1. Geschäftsführung im Unternehmen. Der in Abs. 1 verwendete Begriff der Geschäftsführung ist mit demjenigen in § 77 nicht identisch, weil der Aufsichtsrat nicht jedwede Maßnahme des Vorstandes kontrollieren kann oder soll.[9] Entscheidend ist vielmehr, dass es sich um eine **Leitungsmaßnahme des Vorstandes** handelt.[10] Dazu zählt auch die Einrichtung und Kontrolle einer angemessenen Compliance-Organisation.[11] Leitungsmaßnahmen umfassen nicht nur die eigentlichen Führungsentscheidungen des Vorstandes, sondern auch wesentliche Einzelmaßnahmen. Für die erforderliche Konkretisierung kommt den Informationspflichten des § 90 besondere Bedeutung zu.[12] Es ist nicht erforderlich, dass die jeweilige Maßnahme vom Vorstand selbst ergriffen worden ist. Die Überwachungsaufgabe erstreckt sich deshalb auch auf die Tätigkeit nachgeordneter Ebenen, soweit dort Führungsentscheidungen getroffen oder wesentliche Einzelmaßnahmen ergriffen werden.[13]

2. Geschäftsführung im Konzern. Das Aktiengesetz greift die Überwachungstätigkeit des Aufsichtsrates im Konzern nur punktuell auf. So sind der Konzernabschluss und der Konzernlagebericht gemäß § 171 Abs. 1 S. 1 vom Aufsichtsrat des herrschenden Unternehmens zu prüfen. Der Abhängigkeitsbericht ist durch den Aufsichtsrat der abhängigen Gesellschaft zu prüfen (§ 314 Abs. 2).

Soweit jedoch zur Geschäftsführung des Vorstandes für die Obergesellschaft auch die Konzernleitung gehört, fällt sie in den Überwachungsbereich des Aufsichtsrates der Obergesellschaft.[14] Das kann auch die Wahrnehmung von Beteiligungsrechten einschließen. Insbesondere können auch Zustimmungsvorbehalte gemäß Abs. 4 S. 2 konzernbezogen sein.[15]

II. Überwachungsmaßstab. Nach Auffassung der Rechtsprechung ist die Überwachung der Geschäftsführung nicht auf eine **Rechtmäßigkeitsprüfung** beschränkt, sondern muss die **Zweckmäßigkeit und Wirtschaftlichkeit** der Geschäftsführung einbeziehen.[16] Zweckmäßigkeit ist, soweit ihr selbstständige Bedeutung zukommt, ergebnisorientiert zu verstehen. Der Aufsichtsrat hat insbesondere darüber zu wachen, dass der Vorstand seiner Pflicht nachkommt, für den Bestand des Unternehmens und für dauerhafte Rentabilität zu sorgen.[17] Diese Kontrolle bezieht sich nicht nur auf abgeschlossene Sachverhalte, sondern erstreckt sich auch auf **grundsätzliche Fragen der künftigen Geschäftspolitik**.[18] Der Aufsichtsrat fungiert deshalb notwendigerweise auch als **Berater** des Vorstandes. Beratung und Kontrolle gehen damit ineinander über.[19]

III. Umsetzung der Überwachungspflicht. 1. Gesetzliche Rechte. Zur Wahrnehmung seiner Rechte räumt § 111 dem Aufsichtsrat folgende Befugnisse ein: Recht zur Einsichtnahme und Prüfung (Abs. 2, Rn 15 ff); Recht zur Einberufung der Hauptversammlung (Abs. 3, Rn 22 f); Recht (und gleichzeitig Verpflichtung) zur Begründung eines Zustimmungsvorbehaltes (Abs. 4 S. 2, Rn 24 ff). Zu den an anderer Stelle im AktG eingeräumten Rechten vgl die Übersicht oben, Rn 2.

2. Gerichtliche Durchsetzung. Die Rechtsprechung hat bislang offen gelassen, ob dem Aufsichtsrat als Organ ein eigenständiges Klagerecht gegen Geschäftsführungsmaßnahmen des Vorstandes zusteht (sog. **Inter-Organklage**).[20] Die Tendenz geht dahin, unter engen Voraussetzungen eine Klage des Organs zur Abwehr von Eingriffen in die eigenen gesetzlichen Kompetenzen durch das andere Organ zuzulassen, eine Organ-

---

7 In Kraft getreten am 26.7.2002; eingeführt durch Art. 1 Nr. 16 Gesetz zur weiteren Reform des Aktien- und Bilanzrechts, zu Transparenz und Publizität (TransPublG) vom 19.7.2002, BGBl. I S. 2681; neugefasst durch Art. 5 Nr. 9 Gesetz zur Modernisierung des Bilanzrechts (Bilanzrechtsmodernisierungsgesetz – BilMoG) vom 25.5.2009, BGBl. I S. 1102, in Kraft getreten am 26.5.2009.
8 "Entsprich oder erkläre" (*comply or explain*); die Regelung beruht auf einer Empfehlung der Regierungskommission Corporate Governance, vgl *Baums* (Hrsg.), Bericht der Regierungskommission Corporate Governance, BT-Drucks. 14/7515, Rn 5 ff; vgl auch RegBegr, BT-Drucks. 14/8769, S. 21 ff.
9 *Hüffer*, Rn 3.
10 *Lutter/Krieger*, AR, Rn 63.
11 *Hüffer*, Rn 3 mwN.
12 *Hüffer*, aaO.
13 HM, s. BGHZ 75, 120, 133 = NJW 1979, 1879, 1881; *Hüffer*, Rn 3 mwN; aA *Lutter/Krieger*, AR, Rn 68 f.
14 Dennoch handelt es sich nicht um einen Konzernaufsichtsrat, vgl *Hoffmann-Becking*, ZHR 159 (1995), 325, 329 f.
15 *Hüffer*, Rn 10 mwN; ausführlich zur Überwachungstätigkeit im Konzern MüKo-AktG/*Habersack*, Rn 116 ff.
16 RG JW 1924, 1145, 1147; BGHZ 75, 120, 133 = NJW 1979, 1879, 1881; BGHZ 114, 127, 129 f = NJW 1991, 1830 = ZIP 1991, 653 (Deutscher Herold).
17 *Hüffer*, Rn 6 mwN.
18 BGHZ 114, 127, 129 f.
19 Vgl BGH, aaO; die Beratungsaufgabe des Aufsichtsrates ist weithin anerkannt, vgl Ziff. 5.1.1 und 5.2 DCGK (dazu Rn 3); MüHb-AG/*Hoffmann-Becking*, § 29 Rn 32; *Hüffer*, Rn 5, jeweils mwN.
20 BGHZ 106, 54, 59 ff = NJW 1989, 979 (Opel).

klage des Aufsichtsrates gegen den Vorstand auf rechtmäßiges Verhalten in Fragen der Geschäftsführung jedoch abzulehnen.[21]

11 Einzelne Mitglieder des Aufsichtsrates haben keine Klagemöglichkeit gegen ein kompetenzwidriges oder sogar nur allgemein rechtswidriges Verhalten des Vorstandes. Auch eine Begründung der Klagebefugnis mithilfe der Regeln der *actio pro socio* lehnt der BGH jedenfalls für solche Fälle ab, in denen Konflikte, die zwischen Mehrheit und Minderheit im Aufsichtsrat auftreten, über den Umweg eines Rechtsstreits mit dem Vorstand ausgetragen werden sollen.[22]

12 **3. Ersatzansprüche gegen Vorstandsmitglieder.** Nach der Rechtsprechung des BGH hat der Aufsichtsrat **Ersatzansprüche gegen Vorstandsmitglieder** zu prüfen und über eine Anspruchsverfolgung zu entscheiden.[23] Die Verpflichtung zur Prüfung von Ersatzansprüchen setzt nicht zwangsläufig den Eintritt eines Schadens voraus. Sie beginnt vielmehr bereits dann, wenn gegen die Gesellschaft eine auf eine mögliche Pflichtverletzung eines Vorstandsmitglieds gestützte Klage erhoben wird.[24] Die Prüfung des Aufsichtsrats erfolgt zweistufig. Sie erfordert (1.) die Feststellung des zum Schadensersatz verpflichtenden Tatbestands in tatsächlicher und rechtlicher Hinsicht sowie eine Analyse des Prozessrisikos und der Beitreibbarkeit der Forderung. Bei seiner Prüfung hat der Aufsichtsrat zu berücksichtigen, dass dem Vorstand für die Leitung der Geschäfte der Gesellschaft ein **weiter Handlungsspielraum** zugebilligt werden muss, ohne den eine unternehmerische Tätigkeit schlechterdings nicht denkbar ist.[25] Kommt er zu dem Ergebnis, dass ein Anspruch besteht und voraussichtlich auch zu einem Ausgleich des Schadens führen wird, hat er (2.) den Anspruch durchzusetzen, sofern nicht mindestens gleichwertige Belange der Gesellschaft (zB negative Auswirkungen auf das Ansehen der Gesellschaft in der Öffentlichkeit) entgegenstehen. Andere Gesichtspunkte wie zB die Verhältnismäßigkeit der Rechtsverfolgung spielen nur ausnahmsweise eine Rolle.[26]

12a Nach Aussage des BGH steht dem Aufsichtsrat ein eigenes unternehmerisches Ermessen bei seiner Entscheidung über das Vorliegen eines pflichtwidrigen Vorstandshandelns und dessen Verfolgung nicht zu.[27] Diese Aussage gilt jedoch nicht uneingeschränkt. Erstens trifft der Aufsichtsrat, soweit er im Rahmen der zweiten Prüfungsstufe aus übergeordneten Gründen des Gesellschaftswohls von einer Verfolgung absieht, eine unternehmerische Entscheidung.[28] Zweitens ist der Aufsichtsrat nicht an eine bestimmte Prüfungsreihenfolge gebunden. Ergibt eine pflichtmäße Prüfung, dass die Verfolgung eines Anspruchs ausscheidet, zB weil es an einem Schaden fehlt oder gewichtige Belange des Gesellschaftswohls einer Verfolgung entgegenstehen, kann und muss er auf kostenintensive Prüfungsschritte auf der ersten Prüfungsstufe verzichten.[29]

13 **IV. Intensität der Überwachung.** Die Intensität der vom Aufsichtsrat geschuldeten Überwachungstätigkeit richtet sich nach der Lage der Gesellschaft. Der Aufsichtsrat kann sich im Normalfall darauf beschränken, Vorstandsberichte (§ 90) zu prüfen, ggf ergänzende Berichte anzufordern und den Vorstand mit Gegenvorstellungen zu konfrontieren, solange sich dessen Maßnahmen im Rahmen des Vertretbaren halten.[30] Dabei ist eine laufende Überwachung des Vorstands in allen Einzelheiten weder zu erwarten noch zulässig.[31] Ist die Lage der Gesellschaft jedoch angespannt oder bestehen sonstige risikoträchtige Besonderheiten, so muss auch die Überwachungstätigkeit des Aufsichtsrates **entsprechend der jeweiligen Risikolage** intensiviert werden. Außerhalb einer Krisensituation gilt das insbesondere für Geschäfte, die wegen ihres Umfangs, der mit ihnen verbundenen Risiken oder ihrer strategischen Funktion für die Gesellschaft besonders bedeutsam sind.[32] Jedenfalls bei besonders bedeutsamen Geschäften, die zu einer Intensivierung der Überwachungspflichten führen, kann sich der Aufsichtsrat nicht auf die Entgegennahme der Informationen des Vorstands beschränken. Stattdessen hat er selbstständig den relevanten Sachverhalt vollständig sowie richtig zu erfassen und sich ein eigenes Urteil zu bilden.[33] In kritischer Lage kann sich die Überwachungstätigkeit bis zur

---

[21] Vgl MüHb-AG/*Hoffmann-Becking*, § 33 Rn 76 mwN; MüKo-AktG/*Habersack*, Rn 98.
[22] BGHZ aaO, 66 f; OLG Stuttgart AG 2007, 873, 875; ausführlich hierzu sowie zu den ansonsten bestehenden Klagemöglichkeiten des einzelnen Mitglieds MüHb-AG/*Hoffmann-Becking*, § 33 Rn 69 ff.
[23] BGHZ 125, 244 ff = NJW 1997, 1926 = ZIP 1997, 883 (ARAG/Garmenbeck).
[24] BGH 180, 9 Tz 9 = AG 2009, 285, 288 (Kirch/Deutsche Bank).
[25] BGH ZIP 1997, 883, 885 (ARAG/Garmenbeck).
[26] BGH, aaO, 886; detailliert zu den einzelnen Prüfungsschritten *Eichner/Höller*, AG 2011, 885.
[27] BGH, aaO.
[28] *Goette*, in GS M. Winter, S. 153, 164 ff; *Hüffer*, Rn 4 b; im Ergebnis ähnlich LG Essen ZIP 2012, 2061 (Arcandor): keine Anwendung der Business Judgment Rule, aber aufgrund des Prognosecharakters nur eingeschränkte gerichtliche Überprüfbarkeit.
[29] *Goette*, aaO, 162 ff; *Hüffer*, aaO.
[30] *Lutter/Krieger*, AR, Rn 86.
[31] MüKo-AktG/*Habersack*, § 116 Rn 36; OLG Stuttgart ZIP 2012, 1965, 1967 f (rechtskräftig): grds. keine Verpflichtung zur Prüfung einzelner Forderungen und Zahlungseingänge sowie der Buchhaltung.
[32] OLG Stuttgart ZIP 2012, 625, 631 (Piëch) (rechtskräftig); die Nichtzulassungsbeschwerde wurde zurückgewiesen, vgl BGH ZIP 2012, 2438 (mAnm *Heidel/Schatz*, EWiR 2013, 229); der Sachverhalt betraf Derivatgeschäfte der beklagten Porsche Automobil Holding SE (Porsche) auf Aktien der Volkswagen AG (VW) im Volumen von über 50 Mrd. EUR im Zusammenhang mit einer geplanten und letztendlich gescheiterten Übernahme von VW durch Porsche.
[33] OLG Stuttgart, aaO, 627 f.

vorübergehenden Unternehmensführung steigern. Das gilt insbesondere dann, wenn der Aufsichtsrat Vorstandsmitglieder auswechseln muss (§ 84).[34]

V. Verpflichtung des Gesamtaufsichtsrates. Abs. 1 verpflichtet den **Aufsichtsrat als Organ**, die Geschäftsführung zu überwachen. Eine Aufgabendelegation an Ausschüsse oder einzelne Mitglieder ist nicht möglich.[35] Der fehlende Verweis auf § 111 Abs. 1 in § 107 Abs. 3 S. 2 steht dem nicht entgegen. Der Gesetzgeber hat von einem Verweis bewusst abgesehen, weil sich die Überwachungstätigkeit eher auf tatsächlichem Gebiet und weniger in Beschlüssen vollzieht.[36] Nicht ausgeschlossen, sondern bei zunehmender Fülle von Aufgaben vielmehr geboten, ist die Inanspruchnahme der Hilfe eines Ausschusses oder einzelner Mitglieder.[37] Das ändert jedoch nichts an der Gesamtverantwortung des Organs und der haftungsrechtlichen Verantwortung seiner Mitglieder.

C. Einsichtnahme- und Prüfungsrecht (Abs. 2)

I. Allgemeines. Gemäß Abs. 2 S. 1 kann der Aufsichtsrat die Bücher und Schriften der Gesellschaft sowie die Vermögensgegenstände, namentlich die Gesellschaftskasse und die Bestände an Wertpapieren und Waren, einsehen und prüfen. Das Einsichts- und Prüfungsrecht bildet die unverzichtbare Ergänzung des in § 90 geregelten Berichtssystems.[38] **Informationsschuldner** ist in erster Linie der Vorstand. Der Aufsichtsrat kann daher grundsätzlich nicht selbst auf Datenbestände zugreifen.[39] Eine Befragung von Mitarbeitern am Vorstand vorbei ist nur ausnahmsweise zulässig, so zB bei Verdacht erheblicher Pflichtverletzungen.[40]

Die Aufzählung der in Abs. 2 S. 1 genannten Gegenstände hat lediglich exemplarischen Charakter. Das Einsichts- und Prüfungsrecht umfasst grundsätzlich den gesamten Datenbestand des Unternehmens, einschließlich schriftlicher oder digitalisierter Berichte zB der internen Revision.[41] Einschränkungen bestehen bei Vorstandsprotokollen. Vorstandsprotokolle unterliegen der Einsicht und Prüfung nur insoweit, als dies aufgrund eines konkreten Anlasses erforderlich ist. Dazu zählt zB die Klärung von etwaigen Pflichtwidrigkeiten des Vorstands.[42] Ferner besteht das Einsichtsrecht räumlich uneingeschränkt, so dass der Aufsichtsrat alle Geschäftsräume der Gesellschaft betreten darf, gleichgültig zu welchen Zwecken sie von der Gesellschaft genutzt werden.[43] Das Einsichtsrecht umfasst auch die Befugnis, Kopien der Unterlagen anzufertigen.[44]

Bei dem Prüfungsgegenstand muss es sich stets um Unterlagen oder Aktiva der **Gesellschaft** handeln. Ein Einsichts- und Prüfungsrecht bei abhängigen Gesellschaften gewährt Abs. 2 nicht.[45] Das Recht steht dem **Aufsichtsrat nur als Organ** zu, nicht aber den einzelnen Aufsichtsratsmitgliedern.[46] Er übt es nach pflichtgemäßem Ermessen aus. Dabei hat die Notwendigkeit effizienter Überwachung Vorrang vor anderen Belangen wie zB der Wahrung des Vertrauensverhältnisses oder der Rücksichtnahme auf den Ruf der Gesellschaft.[47]

II. Einsichts- und Prüfungsaufträge. Gemäß Abs. 2 S. 2 Alt. 1 kann der Aufsichtsrat auch einzelne Mitglieder mit der Ausübung des Prüfungsrechts beauftragen. Dazu bedarf es eines Beschlusses gemäß § 108 Abs. 1. Statt einzelne Mitglieder zu beauftragen, kann der Aufsichtsrat auch einen Ausschuss einsetzen.[48]

Der Aufsichtsrat kann gemäß Abs. 2 S. 2 Alt. 2 für besondere Aufgaben besondere Sachverständige (zB Wirtschaftsprüfer) beauftragen. Dazu muss es sich um konkrete Einzelangelegenheiten handeln.[49] Nicht zulässig wäre die generelle Ausübung des Einsichts- und Prüfungsrechts durch Sachverständige.[50] Der Aufsichtsrat kann den Prüfauftrag namens der Gesellschaft selbst vergeben. Der Vergütungsanspruch des Sachverständigen richtet sich gegen die Gesellschaft.[51] Im Regelfall wird jedoch der Vorstand auf Bitte des Aufsichtsrates den Auftrag erteilen.

III. Abschlussprüfung. 1. Allgemeines. Abs. 2 S. 3 wurde durch Art. 1 Nr. 12 KonTraG[52] eingeführt. Die Regelung soll die **Hilfsfunktion des Prüfers für den Aufsichtsrat** bei der Bewältigung seiner Kontrolltätig-

---

34 Zum Ganzen: *Hüffer*, Rn 7 mwN.
35 *Hüffer*, Rn 9; BGH AG 2005, 475.
36 RegBegr. *Kropff*, S. 149 f.
37 Vgl die besondere Hervorhebung des Prüfungsausschusses in § 107 Abs. 3 S. 2 sowie die Empfehlungen in Ziff. 5.3 DCGK.
38 *Hüffer*, Rn 11.
39 *Hüffer*, aaO mwN.
40 *Hüffer*, Rn 12; *Hoffmann-Becking*, ZGR 2011, 136, 149 mwN; grds. für ein selbständiges Befragungsrecht MüKo-AktG/*Habersack*, Rn 68 mwN.
41 *Hüffer*, Rn 11; *Leyens*, Information des Aufsichtsrats, S. 175 ff; 349.
42 MüKo-AktG/*Habersack*, Rn 63; KölnKomm-AktG/*Mertens*/*Cahn*, Rn 53.
43 Spindler/Stilz/*Spindler*, Rn 38.
44 Spindler/Stilz/*Spindler*, aaO mwN.
45 Lutter/Krieger, AR, Rn 244.
46 BayObLGZ 1968, 118, 121; MüHb-AG/*Hoffmann-Becking*, § 29 Rn 33.
47 *Hüffer*, aaO.
48 MüKo-AktG/*Habersack*, Rn 71.
49 BGHZ 85, 293, 296 = NJW 1983, 991 (Hertie).
50 BGH, aaO.
51 MüHb-AG/*Hoffmann-Becking*, § 29 Rn 35.
52 Gesetz zur Kontrolle und Transparenz im Unternehmensbereich (KonTraG) v. 27.4.1998, BGBl. I S. 786.

keit und die Unabhängigkeit des Prüfers vom Management unterstreichen.[53] Die Neuregelung wäre besser in § 112 eingestellt worden, weil es bei der Erteilung des Prüfungsauftrages um die Vertretung der Gesellschaft geht.[54]

20 Von der Regelung ausgenommen bleibt die Befugnis der Hauptversammlung zur Bestellung des Abschlussprüfers (§ 119 Abs. 1 Nr. 4). Die Bestellung des Konzernabschlussprüfers erfolgt durch Beschluss der Gesellschafter des Mutterunternehmens (§ 318 Abs. 1 S. 1 HGB). Auch hier erteilt nunmehr der Aufsichtsrat den Prüfauftrag, und zwar der Aufsichtsrat des Mutterunternehmens. § 111 Abs. 2 S. 3 findet insoweit sinngemäße Anwendung.[55] Gleiches gilt für den Prüfauftrag im Rahmen der fakultativen Prüfung eines Halbjahresfinanzberichts nach § 37 w Abs. 5 WpHG (vgl § 37 w WpHG Rn 39).

21 **2. Einzelheiten.** Die Vertretung der Gesellschaft durch den Aufsichtsrat erfolgt nach den üblichen Regeln (s. § 112 Rn 4 ff). Der Aufsichtsrat als Gesamtorgan oder der dafür zuständige Ausschuss müssen über die Auftragserteilung beschließen. Die Möglichkeit der Übertragung auf einen Ausschuss ergibt sich aus § 107 Abs. 3 S. 2, der § 111 Abs. 2 S. 3 nicht ausdrücklich benennt.[56] Aufsichtsrechtliche Anzeigepflichten sind vor der Auftragserteilung zu erfüllen (§ 28 Abs. 1 KWG; § 58 Abs. 2 VAG). Vertragsmängel berühren die Gültigkeit der Bestellung nicht, führen also auch nicht zur Nichtigkeit des Jahresabschlusses nach § 256 Abs. 1 Nr. 3.[57] Im Rahmen der Auftragserteilung hat der Aufsichtsrat auch die Vergütung des Prüfers zu vereinbaren.[58] Ferner kann er eigene Prüfungsschwerpunkte mit dem Prüfer festlegen.[59] Eine kontinuierliche Begleitung des Prüfungsvorgangs durch den Aufsichtsratsvorsitzenden oder einzelne Mitglieder dürfte jedoch regelmäßig eher sinnvoll sein als eine vorab erfolgende Schwerpunktsetzung.[60]

D. Einberufung der Hauptversammlung (Abs. 3)

22 Der Aufsichtsrat hat eine Hauptversammlung einzuberufen, wenn das **Wohl der Gesellschaft** es fordert (Abs. 3). Die Konkretisierung kann nur anhand der Hauptversammlungskompetenzen erfolgen. In der Regel ist daher zu verlangen, dass (1.) eine Hauptversammlung über den jeweiligen Gegenstand Beschluss fassen kann und dass (2.) dieser Beschluss bestimmten Interessen der Gesellschaft dient, die ohne ihn nicht oder nicht ohne Weiteres gewahrt werden könnten.[61] Die Einberufung der Hauptversammlung ist danach typischerweise gerechtfertigt, wenn sie **Gelegenheit zum Vertrauensentzug** gemäß § 84 Abs. 3 S. 2 erhalten soll, damit der Aufsichtsrat auf dieser Basis das Vorstandsmitglied oder den Vorstandsvorsitzenden nach § 84 Abs. 3 S. 1 abberufen kann.[62] In Fragen der Geschäftsführung hat die Hauptversammlung grundsätzlich keine Beschlusskompetenz (§ 119 Abs. 2). Ist dies im Einzelfall anders zu beurteilen,[63] hat der Aufsichtsrat die Hauptversammlung einzuberufen, sofern der Vorstand nicht schon von sich aus tätig wird. Nach hier vertretener Ansicht kann der Aufsichtsrat darüber hinaus die Hauptversammlung zur **bloßen Erörterung** einberufen.[64] Dafür spricht, dass auch die bloße Erörterung dem Wohl des Unternehmens dienen kann, weil sich der Vorstand auf diese Weise ein Bild von der Meinung der Hauptversammlung machen kann.[65] Insbesondere wird damit der scharfen Sanktion des Vertrauensentzuges vorgebeugt.[66] Die amtliche Begründung legt ebenfalls eine weite Auslegung nahe, da ihrzufolge die Hauptversammlung schon dann immer einberufen werden kann, „wenn die Mehrheit der Aufsichtsratsmitglieder die Einberufung im Interesse der Gesellschaft für erforderlich hält".[67]

23 Das Recht zur Einberufung kann nicht auf einen Ausschuss übertragen werden (§ 107 Abs. 3 S. 2). Die Kosten trägt die Gesellschaft. Unter den weiteren Voraussetzungen der §§ 93, 116 können der Gesellschaft Schadenersatzansprüche zustehen, wenn die Voraussetzungen des § 111 Abs. 3 nicht vorlagen.[68]

E. Zustimmungsvorbehalte (Abs. 4)

24 **I. Allgemeines.** In Abgrenzung zur Geschäftsleitungskompetenz des Vorstandes (§ 76 Abs. 1) stellt § 111 Abs. 4 S. 1 klar, dass dem Aufsichtsrat keine Maßnahmen der Geschäftsführung übertragen werden kön-

---

53 RegBegr, BT-Drucks. 13/9712, 16.
54 *Hüffer*, Rn 12 a mwN.
55 *Hüffer*, Rn 12 b.
56 Str; wie hier *Hüffer*, Rn 12 c mwN; aA zB K. Schmidt/*Lutter*/*Drygala*, Rn 38 unter Hinweis auf die besondere Bedeutung der Beauftragung des Abschlussprüfers als Überwachungsinstrument.
57 *Hüffer*, Rn 12 c.
58 RegBegr, aaO.
59 ZB die Prüfung der Kontrollsysteme im Unternehmen bei Derivatehandel; vgl RegBegr, aaO.
60 *Hüffer*, Rn 12 d.
61 *Hüffer*, Rn 13.
62 MüHb-AG/*Semler*, § 35 Rn 10; *Lutter*/*Krieger*, AR, Rn 123.
63 Vgl BGHZ 83, 122 = NJW 1982, 1703 (Holzmüller); BGHZ 159, 30 = NJW 2004, 1860 (Gelatine).
64 Str, ebenso: MüHb-AG/*Semler*, § 35 Rn 9; *Lutter*/*Krieger*, AR, Rn 123; K. Schmidt/*Lutter*/*Drygala*, Rn 44; aA *Hüffer*, Rn 14; KölnKomm-AktG/*Zöllner* (1. Aufl.), § 119 Rn 33.
65 *Semler*, aaO.
66 K. Schmidt/*Lutter*/*Drygala*, aaO.
67 Vgl RegBegr. *Kropff*, S. 155.
68 *Hüffer*, Rn 15.

nen.[69] Allerdings hat die Satzung oder der Aufsichtsrat gemäß Abs. 4 S. 2 zu bestimmen, dass bestimmte Arten von Geschäften nur mit seiner Zustimmung vorgenommen werden dürfen. Die **Verpflichtung zur Begründung von Zustimmungsvorbehalten** geht zurück auf Art. 1 Nr. 9 TransPublG.[70] Bis dahin stand die Einführung von Zustimmungsvorbehalten im Ermessen von Satzungsgeber und Aufsichtsrat. Nach dem Willen des Gesetzgebers soll die **Verpflichtung** zur Einführung die Einbindung des Aufsichtsrates in grundlegende Entscheidungen sicherstellen.[71] Die Einführung von Zustimmungsvorbehalten bezweckt zwar, dem Aufsichtsrat die präventive Überwachung der Geschäftsführung zu erleichtern. Das Vetorecht gegen die Maßnahmen des Vorstandes gibt ihm aber auch Einfluss auf dessen Geschäftsführung.[72] In der Praxis spielen Zustimmungsvorbehalte eine gewichtige Rolle.

II. Einzelfragen. 1. Begründung von Zustimmungsvorbehalten. Gemäß Abs. 4 S. 2 hat die Satzung oder der Aufsichtsrat Zustimmungsvorbehalte anzuordnen. Kommt die Satzung dieser Verpflichtung nach, so ist der Aufsichtsrat daran gebunden, kann also nicht seinerseits den Vorbehalt abschaffen oder diesen durch Generalkonsens leer laufen lassen.[73] Die Satzung kann die Befugnis des Aufsichtsrates auch nicht ihrerseits beschränken oder ausschließen. Die Befugnisse stehen damit selbstständig nebeneinander.[74]

Will der Aufsichtsrat von seiner Befugnis Gebrauch machen oder ist er dazu mangels Regelung in der Satzung verpflichtet, so ist ein Beschluss des Gesamtorgans erforderlich. Eine Delegation auf einen Ausschuss ist nicht zulässig (§ 107 Abs. 3 S. 2). Im Einzelfall kann durch eine Ermessensreduzierung eine Verpflichtung des Aufsichtsrates vorliegen, über die bestehenden Zustimmungsvorbehalte hinaus bestimmte Geschäfte an seine Zustimmung zu binden, so zB wenn nur noch auf diese Weise ein gesetzwidriges Vorstandshandeln zu verhindern ist[75] oder wenn ein Verdacht auf riskante und existenzgefährdende Geschäfte besteht.[76]

2. Inhalt. Zwar schreibt Abs. 4 S. 2 zwingend die Festsetzung von Zustimmungsvorbehalten vor. Gleichzeitig hat der Gesetzgeber bewusst davon abgesehen, inhaltliche Vorgaben für einen Zustimmungskatalog zu machen. Nach seinem Willen sollte durch den Zustimmungskatalog die Einbindung des Aufsichtsrates in **grundlegende Entscheidungen** sichergestellt werden.[77] Darunter fallen gemäß Ziff. 3.3 DCGK Entscheidungen oder Maßnahmen, die die Vermögens-, Finanz- oder Ertragslage des Unternehmens grundlegend verändern.[78] Satzungsgeber und Aufsichtsrat haben daher unter Berücksichtigung des Regelungsgrundes nach pflichtgemäßem Ermessen Inhalt und Umfang der Zustimmungsvorbehalte festzulegen.[79] Der so konkretisierte Zustimmungskatalog ist regelmäßig darauf zu überprüfen, ob die Überwachungsaufgabe des Aufsichtsrates seine Fortschreibung erfordert.[80]

Der Zustimmungsvorbehalt muss sich auf **bestimmte Arten von Geschäften** beziehen. Um Rechtsgeschäfte muss es sich nicht handeln. Auch unternehmensinterne Leitungsentscheidungen können an ein Zustimmungserfordernis gebunden werden, soweit sie nach ihrem Konkretisierungsgrad bestimmten Geschäften wenigstens vergleichbar sind.[81] So ist es unbedenklich, dass der Aufsichtsrat einzelne Planungsmaßnahmen wie die jährliche Budgetplanung unter Zustimmungsvorbehalt stellt.[82] Umstritten ist hingegen, ob auch Mehrjahresplanungen ganz oder teilweise unter Vorbehalt gestellt werden können.[83] Dafür spricht der Wille des Gesetzgebers bei Neufassung des Abs. 4 S. 2, die Einbindung des Aufsichtsrates in **grundlegende Entscheidungen** sicherzustellen. Die gesetzliche Kompetenzverteilung zwischen Vorstand und Aufsichtsrat steht dem nicht entgegen, da der Aufsichtsrat auch bei einer zustimmungspflichtigen Mehrjahresplanung seine abweichende geschäftspolitische Auffassung nicht mit der Forderung nach einer Neuplanung durchsetzen kann.[84]

Mit dem Zustimmungserfordernis unvereinbar wäre eine Generalklausel („alle wesentlichen Geschäfte").[85] Zulässig sind Vorbehalte für die Errichtung neuer Betriebsstätten, Erwerb von Beteiligungen, Grundstücks-

---

69 Als Ausnahme hiervon sieht § 32 MitbestG vor, dass der Vorstand eines mitbestimmten Unternehmens bei der Ausübung wesentlicher Beteiligungsrechte an einem weiteren mitbestimmten Unternehmen unter bestimmten Voraussetzungen an einen Beschluss des Aufsichtsrates gebunden ist, der ohne Beteiligung der Arbeitnehmervertreter gefasst wird; diese Regelung geht § 111 Abs. 4 S. 1 vor; vgl KölnKomm-AktG/*Mertens/Cahn*, Anh. § 117 B, § 32 MitbestG Rn 16 mwN.
70 Gesetz zur weiteren Reform des Aktien- und Bilanzrechts, zu Transparenz und Publizität (TransPublG) vom 19.7.2002, BGBl. I S. 2681, in Kraft getreten am 26.7.2002.
71 RegBegr, BT-Drucks. 14/8769, S. 17.
72 *Hüffer*, Rn 16.
73 Vgl *Hüffer*, Rn 17 a.
74 Mittlerweile ganz hM, vgl MüHb-AG/*Hoffmann-Becking*, § 29 Rn 40; *Lutter/Krieger*, AR, Rn 105.
75 BGHZ 124, 111, 127 = NJW 1994, 520 = ZIP 1993, 1862, 1867.
76 LG Bielefeld ZIP 2000, 20, 25 (Balsam).
77 RegBegr, BT-Drucks. 14/8769, S. 17.
78 Ähnlich bereits RegBegr, aaO.
79 *Hüffer*, Rn 17; K. Schmidt/Lutter/*Drygala*, Rn 52.
80 *Hüffer*, aaO.
81 *Hüffer*, Rn 18.
82 KölnKomm-AktG/*Mertens/Cahn*, Rn 86.
83 Dagegen zB *Hüffer*, aaO; *Mertens/Cahn*, aaO; dafür: *Kropff*, NZG 1998, 613, 615 ff mwN; MüKo-AktG/*Habersack*, Rn 112.
84 *Lutter/Krieger*, AR, Rn 113.
85 *Hüffer*, Rn 18.

geschäfte, Kreditaufnahmen oder Kreditvergaben, die einen bestimmten Rahmen übersteigen.[86] Nach herrschender Meinung ist es in Ausnahmefällen zulässig, auch für ein Einzelgeschäft einen Zustimmungsvorbehalt zu begründen.[87] Unzulässig ist es dagegen, ein Unterlassen des Vorstands an einen Zustimmungsvorbehalt zu knüpfen, da es faktisch auf eine Geschäftsführung durch den Aufsichtsrat hinausliefe.[88]

29 **3. Erteilung der Zustimmung. a) Aufsichtsrat.** Der Aufsichtsrat entscheidet durch Beschluss gemäß § 108 Abs. 1. Er kann die Erteilung der Zustimmung auch auf einen Ausschuss delegieren. § 107 Abs. 3 S. 2 steht dem nicht entgegen, weil er nur die Begründung von Zustimmungsvorbehalten erfasst. Nach herrschender Meinung muss grundsätzlich eine vorherige Zustimmung erfolgen.[89] Hiervon kann bei **eilbedürftigen Geschäften** abgesehen werden, wobei allerdings an die Eilbedürftigkeit strenge Anforderungen zu stellen sind.[90] Weitergehenden Ausnahmen steht der Zweck des Vorbehalts als Maßnahme präventiver Vorstandskontrolle entgegen.[91] Verletzen die Mitglieder des Aufsichtsrates bei der Entscheidung über die Zustimmung schuldhaft ihre Sorgfaltspflicht aus §§ 116 S. 1, 93 Abs. 1, haften sie auf Schadensersatz.[92]

30 **b) Ersetzung durch Hauptversammlungsbeschluss.** Verweigert der Aufsichtsrat seine Zustimmung, so kann der Vorstand verlangen, dass die Hauptversammlung über die Zustimmung beschließt (Abs. 4 S. 2). Das gilt auch dann, wenn die Zustimmung nach der Satzung erforderlich ist.[93] Erforderlich ist eine **qualifizierte Stimmenmehrheit** von drei Vierteln (Abs. 4 S. 3), nicht auch eine qualifizierte Kapitalmehrheit. Die Satzung kann hiervon nicht abweichen (Abs. 4 S. 5).

30a **4. Vorstandshandeln ohne erforderliche Zustimmung.** Ein bestehender Zustimmungsvorbehalt oder die Verweigerung der Zustimmung lässt die Vertretungsmacht des Vorstands im Außenverhältnis unberührt.[94] Bei einem evidenten Verstoß finden allerdings die Grundsätze über den Missbrauch der Vertretungsmacht Anwendung.[95] Der Vorstand begeht bei einem Verstoß in jedem Fall eine Pflichtverletzung, die unter den weiteren Voraussetzungen des § 93 Abs. 2 zu einer Schadensersatzhaftung führen kann. Ferner kommt ein Widerruf der Bestellung und, insbesondere bei mehrfachen Verstößen, auch eine Kündigung des Dienstvertrages in Betracht.[96]

31 **III. Zustimmungsvorbehalt im Konzern.** Der Aufsichtsrat hat auch die Konzernleitung durch den Vorstand zu überwachen (Rn 7). Zustimmungsvorbehalte können daher auch konzernbezogen sein. In diesem Fall sind Maßnahmen in der Untergesellschaft von der Zustimmung des Aufsichtsrates abhängig. Fehlt eine ausdrückliche Regelung, ist die Reichweite eines Zustimmungsvorbehaltes in der Satzung durch Auslegung zu ermitteln. Konzernbezogenheit ist als Ergebnis objektiver Auslegung anzunehmen, soweit der Zweck des Vorbehaltes sonst nicht erreichbar wäre; Maßnahmen im Tochterbereich müssen also nach ihrer Bedeutung den unmittelbar geregelten Fällen entsprechen.[97] Das ist der Fall, wenn das Geschäft den betreffenden Tatbestand des Zustimmungskatalogs erfüllen würde, falls das Tochterunternehmen ein rechtlich unselbstständiger Teil der Obergesellschaft wäre.[98] Diese Auslegung gilt nach zutreffender Ansicht unabhängig davon, ob die Zustimmungsvorbehalte durch die Hauptversammlung oder einen Beschluss des Aufsichtsrates begründet wurden.[99]

32 **Rechtsfolge konzernbezogener Zustimmungsvorbehalte** ist, dass der Vorstand der Obergesellschaft die Zustimmung des Aufsichtsrates einzuholen hat, soweit die Maßnahme in der Tochtergesellschaft von seiner Mitwirkung abhängt und dem keine rechtlichen Hindernisse entgegenstehen. Die Rechtslage ist insoweit wenig geklärt.[100] Im Vertrags- oder Eingliederungskonzern kann der Vorstand der Obergesellschaft den Vorstand der Untergesellschaft anweisen (§§ 308, 323), die Maßnahmen zu unterlassen, solange die Zustimmung des Aufsichtsrates nicht vorliegt. Im faktischen Konzern greift der Zustimmungsvorbehalt nur dann, wenn man eine entsprechende Einflussnahme für zulässig erachtet.[101]

---

86 *Hüffer*, aaO.
87 BGHZ 124, 111, 127 = NJW 1994, 520 = ZIP 1993, 1862; aus der Literatur: MüHb-AG/*Hoffmann-Becking*, § 29 Rn 43 mwN.
88 *Lieder*, DB 2004, 2251, 2254; *Hüffer*, Rn 17; aA *Lange*, DStR 2003, 376, 377.
89 Für die hM *Lutter/Krieger*, AR, Rn 115; *Hüffer*, Rn 19 mwN.
90 Vgl *Lutter/Krieger*, aaO.
91 Für weitergehende Ausnahmen *Seebach*, AG 2012, 70 unter Hinweis auf die uU einschneidenden Haftungsfolgen für den Vorstand.
92 BGH ZIP 2007, 224 ff; dazu § 116 Rn 18.
93 RegBegr. *Kropff*, S. 155.
94 MüKo-AktG/*Habersack*, Rn 129 mwN.
95 MüKo-AktG/*Habersack*, aaO; MüKo-AktG/*Spindler*, § 82 Rn 64; Großkomm-AktienR/*Hopt/Roth*, Rn 708 f.
96 Großkomm-AktienR/*Hopt/Roth*, Rn 712.
97 *Hüffer*, Rn 21; MüHb-AG/*Hoffmann-Becking*, § 29 Rn 45.
98 *Hoffmann-Becking*, aaO.
99 Großkomm-AktienR/*Hopt/Roth*, Rn 690; MüKo-AktG/*Habersack*, Rn 119; aA *Hüffer*, Rn 21 jeweils mwN.
100 *Hüffer*, Rn 22.
101 Str, dazu *Hüffer*, Rn 22 mwN.

F. Verpflichtung zur persönlichen Wahrnehmung (Abs. 5)

Gemäß Abs. 5 können Aufsichtsratsmitglieder ihre Aufgaben nicht durch andere wahrnehmen lassen. Damit einher geht die Regelung in § 101 Abs. 3 S. 1, wonach Stellvertreter von Aufsichtsratsmitgliedern nicht bestellt werden können. Das Aufsichtsratsmitglied muss seine Aufgaben, soweit das Gesetz nicht ausnahmsweise etwas anderes erlaubt, **selbst und allein** wahrnehmen.[102] Können andere Personen eingeschaltet werden, bleibt davon die Verantwortlichkeit des Aufsichtsratsmitgliedes unberührt.

Im Einzelnen bedeutet das:
Das Aufsichtsratsmitglied kann sich nicht vertreten lassen.[103] Zwar kann die Satzung zulassen, dass anstelle eines verhinderten Aufsichtsratsmitgliedes eine von diesem ermächtigte Person teilnimmt (§ 109 Abs. 3). Eine Stimmabgabe in rechtsgeschäftlicher Vertretung des abwesenden Aufsichtsratsmitgliedes ist aber stets ausgeschlossen.[104] Möglich ist nur die Überreichung einer schriftlichen Stimmabgabe des abwesenden Mitgliedes durch ein anderes Mitglied oder die nach § 109 Abs. 3 ermächtigte Person als Stimmbote (vgl § 108 Abs. 3).

Externe Beratungshilfe darf das einzelne Aufsichtsratsmitglied ausnahmsweise dann in Anspruch nehmen, wenn es eine konkrete Frage weder aufgrund seiner eigenen, vom Gesetz für Aufsichtsratsmitglieder vorausgesetzten Mindestkenntnisse und -fähigkeiten noch mithilfe der gesellschaftsintern zur Verfügung stehenden Beratungsmöglichkeiten, zB der Beratung und Information durch andere Aufsichtsratsmitglieder, durch den Vorstand oder durch den Abschlussprüfer, ausreichend klären kann.[105] Ein Anspruch auf generelle Zuziehung von Sachverständigen besteht jedoch nicht.[106] Der Einsatz von Hilfspersonal ist zulässig, etwa zur eigenen Sitzungsvorbereitung.[107]

Die Verpflichtung zur persönlichen Wahrnehmung umfasst auch das Gebot, das Aufsichtsratsamt weisungsfrei auszuüben.[108] Der Grundsatz der Weisungsfreiheit gilt für sämtliche Aufsichtsratsmitglieder, also auch für entsandte Anteilseignervertreter und für Arbeitnehmervertreter.[109] Auch auf Veranlassung einer Gebietskörperschaft entsandte oder gewählte Aufsichtsratsmitglieder sind nicht an Weisungen gebunden.[110] Hingegen kann bei einem fakultativen Aufsichtsrat einer GmbH ein Weisungsrecht auf gesellschaftsrechtlicher Grundlage begründet werden.[111]

§ 112 Vertretung der Gesellschaft gegenüber Vorstandsmitgliedern

¹Vorstandsmitgliedern gegenüber vertritt der Aufsichtsrat die Gesellschaft gerichtlich und außergerichtlich. ²§ 78 Abs. 2 Satz 2 gilt entsprechend.

Literatur:
Behr/Kindl, Zur Vertretung der Aktiengesellschaft gegenüber ehemaligen Vorstandsmitgliedern, DStR 1999, 119; *Hager*, Die Vertretung der Aktiengesellschaft im Prozess mit ihren früheren Vorstandsmitgliedern, NJW 1992, 352; *Steiner*, Die Vertretung der „kleinen" Aktiengesellschaft durch den Aufsichtsrat, BB 1998, 1910; *Werner*, Vertretung der Aktiengesellschaft gegenüber Vorstandsmitgliedern – Ein Beitrag zur Auslegung des § 112 AktG, ZGR 1989, 369.

A. Regelungsgegenstand und -zweck	1		I. Gesamtaufsichtsrat	4
B. Anwendungsbereich	1b		II. Übertragung auf Ausschüsse oder einzelne Mitglieder	5
I. Grundsätzlich keine Vertretung gegenüber Dritten oder Vertretung eines Dritten	1b		D. Nachweis der Vertretungsmacht	6
II. Erfasste Vorstandsmitglieder	2		E. Rechtsfolgen bei Vertretungsmangel	7
III. Sachliche Reichweite	3		I. Materiellrechtliche Fragen	7
C. Wahrnehmung der Vertretungsmacht	4		II. Prozessuale Fragen	9

---

102 KölnKomm-AktG/*Mertens/Cahn*, Rn 116.
103 MüHb-AG/*Hoffmann-Becking*, § 33 Rn 4.
104 MüHb-AG/*Hoffmann-Becking*, aaO.
105 BGHZ 85, 293, 295 ff = NJW 1983, 991 (Hertie).
106 BGH, aaO.
107 Hüffer, Rn 23.
108 HM, vgl BGH ZIP 2006, 2077; BVerwG ZIP 2011, 2054 Tz 21; MüKo-AktG/*Habersack*, Rn 136 mwN; aA *Heidel*, NZG 2012, 48, 51 ff.
109 MüKo-AktG/*Habersack*, Rn 136.
110 Str, wie hier *Hüffer*, § 394 Rn 27 ff; MüKo-AktG/*Habersack*, Rn 139; KölnKomm-AktG/*Mertens/Cahn*, Rn 117, jeweils mwN; VGH Kassel AG 2013, 35 f; wohl auch BVerwG ZIP 2011, 2054; aA zB *Heidel*, aaO, mwN: Bindung an Weisungen auf der Grundlage von § 394, soweit nicht rechtlich nachteilig für die Gesellschaft.
111 Str, wie hier *Lutter/Krieger*, AR, 1428 mwN; ebenso nunmehr BVerwG ZIP 2011, 2054, Tz 23; allerdings ist die vom BVerwG im entschiedenen Fall aufgrund einer ergänzenden Vertragsauslegung vorgenommene Ableitung eines Weisungsrechts angesichts der in der Gesellschaft vorhandenen privaten Minderheitsgesellschafter kritisch zu bewerten; zu Recht *Heidel*, aaO, 50 ff.

A. Regelungsgegenstand und -zweck

1 Die Norm bezweckt, Interessenkollisionen vorzubeugen und eine unbefangene, sachgerechte Vertretung der Gesellschaft sicherzustellen. Dabei kommt es im Interesse der Rechtssicherheit und Rechtsklarheit nicht darauf an, ob diese Besorgnis im konkreten Fall berechtigt ist. Es reicht vielmehr aus, dass aufgrund der gebotenen und typisierenden Betrachtung in derartigen Fällen regelmäßig die abstrakte Gefahr einer nicht unbefangenen Vertretung der Gesellschaft vorhanden ist.[1]

1a Von § 112 ausgenommen sind Ersatzansprüche, für deren Geltendmachung gegen Vorstandsmitglieder besondere Vertreter gemäß § 147 Abs. 2 bestellt worden sind. § 147 Abs. 2 geht § 112 vor.[2]

B. Anwendungsbereich

1b **I. Grundsätzlich keine Vertretung gegenüber Dritten oder Vertretung eines Dritten.** § 112 ermächtigt lediglich zu einer Vertretung der Gesellschaft **gegenüber Vorstandsmitgliedern**, grundsätzlich jedoch **nicht gegenüber Dritten**. § 112 findet daher nach überwiegender Auffassung keine Anwendung, wenn ein Vorstandsmitglied der herrschenden Gesellschaft zum Geschäftsführer einer **abhängigen GmbH** bestellt oder als Geschäftsführer dieser Gesellschaft abberufen wird.[3] Denn in diesem Fall wird die Gesellschaft nicht gegenüber einem Vorstandsmitglied, sondern gegenüber der abhängigen Gesellschaft vertreten.[4] § 112 greift nach überwiegender Auffassung ebenfalls nicht ein, wenn es nicht um Vertretung der Gesellschaft, sondern **eines Dritten**, wie zB einer abhängigen Gesellschaft geht. Das gilt zB für die Vertretung einer abhängigen KG beim Abschluss eines Geschäftsführer-Anstellungsvertrages mit dem Vorstandsmitglied der herrschenden Gesellschaft.[5] Ob daneben ein Ausschluss der Vertretung nach § 181 BGB in Frage kommt, ist umstritten.[6]

1c Geht es um eine Vertretung der Gesellschaft gegenüber einer Gesellschaft, an der ein Vorstandsmitglied beteiligt ist, bleibt es grundsätzlich bei der Zuständigkeit des Vorstands. Nur dann, wenn zwischen dem Vorstandsmitglied und dem Dritten **wirtschaftliche Identität** besteht, findet § 112 nach wohl überwiegender Auffassung Anwendung.[7] Wirtschaftliche Identität ist jedenfalls dann anzunehmen, wenn es sich beim Vorstandsmitglied um den Alleingesellschafter des Dritten handelt.[8] Andernfalls kann eine unbefangene, sachgerechte Vertretung der Gesellschaft (vgl Rn 1) nicht sichergestellt werden. Hingegen reicht ein maßgeblicher Einfluss ohne wirtschaftliche Identität nicht aus.[9] Ansonsten fehlte es an der erforderlichen Rechtssicherheit.[10]

2 **II. Erfasste Vorstandsmitglieder.** Gemäß § 112 vertritt der Aufsichtsrat die Gesellschaft gegenüber Vorstandsmitgliedern. Ob die Bestellung wirksam oder unwirksam erfolgt ist, spielt keine Rolle.[11] Neben **amtierenden Vorstandsmitgliedern** erfasst die Regelung nach inzwischen fast einhelliger Meinung auch die Vertretung gegenüber **ausgeschiedenen Vorstandsmitgliedern**.[12] Auch diesen gegenüber ist bei typisierender Betrachtung die abstrakte Gefahr einer nicht unbefangenen Vertretung der Gesellschaft vorhanden.[13] Das betrifft auch eine Kündigungsschutzklage des Vorstandsmitgliedes aus einem ruhenden Arbeitsverhältnis, sofern Fragen streitig sind, die ihren Ursprung in der früheren Vorstandstätigkeit haben.[14] Geschäfte im Vorfeld der Bestellung werden ebenfalls erfasst, ohne dass es darauf ankommt, ob die Bestellung später tatsächlich erfolgt.[15] Ferner steht nach zutreffender Auffassung dem Aufsichtsrat die Vertretungskompetenz zu, wenn es zwar nicht um die Ansprüche eines Vorstandsmitgliedes, aber um Ansprüche aus einem mit ihm geschlossenen Versorgungsvertrag, zB um Witwenrente geht. Das übersteigt zwar den Wortlaut des

---

1 BGH NJW 1989, 2055 = ZIP 1989, 497; BGH AG 1991, 269 = ZIP 1991, 796; BGHZ 130, 108, 111 f = NJW 1995, 2559 = ZIP 1995, 1331; BAG BB 2002, 692; zuletzt: BGH ZIP 2006, 2213 f.
2 MüKo-AktG/*Habersack*, Rn 5.
3 OLG München ZIP 2012, 1122; Großkomm-AktienR/*Hopt/Roth*, Rn 67; MüKo-AktG/*Habersack*, Rn 7; jeweils mwN; aA LG Berlin NJW-RR 1997, 1534.
4 MüKo-AktG/*Habersack*, aaO.
5 OLG Frankfurt ZIP 2006, 1904, 1906; Spindler/Stilz/*Spindler*, Rn 18; MüKo-AktG/*Habersack*, aaO.
6 Dafür: MüKo-AktG/*Habersack*, aaO; Großkomm-AktienR/*Hopt/Roth*, Rn 68 f jeweils mwN; dagegen zB Spindler/Stilz/*Spindler*, aaO.
7 OLG Saarbrücken AG 2012, 922 f; *Hüffer*, Rn 2 a; K. Schmidt/Lutter/*Drygala*, Rn 11; MüKo-AktG/*Habersack*, Rn 9; grds. ablehnend OLG München, Urt. v. 9.2.2009 – 21 U 4853/08, Rn 12 (juris); OLG München ZIP 2012, 1024 f (nicht rechtskräftig); *Honert/Schuhknecht*, GWR 2013, 479, 481; aA wohl auch Großkomm-AktienR/*Hopt/Roth*, Rn 43; offen gelassen OLG Saarbrücken AG 2001, 483-484.
8 OLG Saarbrücken AG 2012, 922 f; MüKo-AktG/*Habersack*, aaO; offen gelassen OLG München ZIP 2012, 1024, 1026 (nicht rechtskräftig).
9 K. Schmidt/Lutter/*Drygala*, Rn 11; MüKo-AktG/*Habersack*, Rn 9; KölnKomm-AktG/*Mertens/Cahn*, Rn 18; aA Spindler/Stilz/*Spindler*, Rn 8; ausdrücklich offen gelassen BGH WM 2013, 748.
10 MüKo-AktG/*Habersack*, aaO; KölnKomm-AktG/*Mertens/Cahn*, aaO mwN.
11 MüKo-AktG/*Habersack* Rn 10.
12 BGH AG 1991, 269 = ZIP 1991, 796; BGHZ 130, aaO; BGH NJW 1997, 2324 = ZIP 1997, 1108; BGH ZIP 1999, 1669, 1670; BAG BB 2002, 692; aA *Behr/Kindl*, DStR 1999, 119, 122 ff.
13 *Hüffer*, Rn 2 mwN.
14 BAG BB 2002, 692.
15 MüKo-AktG/*Habersack*, Rn 11.

§ 112, entspricht aber seinem Zweck, weil es entscheidend auf die anstellungsvertragliche Wurzel ankommt.[16] § 112 greift dagegen nach Sinn und Zweck nicht ein, wenn es im Rahmen einer Feststellungsklage zwar um die Vorstandsbesetzung geht, es sich bei dem Kläger aber nicht um ein amtierendes oder ehemaliges Vorstandsmitglied handelt.[17]

III. Sachliche Reichweite. Die ausschließliche Vertretungsmacht des Aufsichtsrates besteht für alle Rechtsgeschäfte mit Vorstandsmitgliedern (Rn 2), insbesondere auch für Beraterverträge, und für Rechtsstreitigkeiten jeder Art (Aktiv- und Passivprozesse) einschließlich der Verfolgung von Ersatzansprüchen gegen Vorstandsmitglieder.[18] Ob im Einzelfall die Interessen der Gesellschaft gefährdet erscheinen, ist nicht erheblich. Maßgeblich ist auch hier die **abstrakte Interessengefährdung**, die sich aufgrund typisierender Betrachtung ergibt.[19] Damit fallen alle Streitigkeiten in den Zuständigkeitsbereich des Aufsichtsrates, die in gegenwärtiger oder früherer Vorstandstätigkeit ihren Ursprung haben.[20] Ausnahmen in Form einer Bagatellklausel, nach der zB Geschäfte des täglichen Lebens ausgenommen sind, sieht das Gesetz nicht vor.[21] Lediglich bei Geschäften mit ausgeschiedenen Vorstandsmitgliedern ohne Bezug zur früheren Vorstandstätigkeit (sog. neutrale Geschäfte) lässt sich eine einschränkende Auslegung rechtfertigen.[22]

C. Wahrnehmung der Vertretungsmacht

I. Gesamtaufsichtsrat. § 112 enthält keine Regelung darüber, wie der Aufsichtsrat seine Vertretungsmacht auszuüben hat. Im Einzelnen gilt Folgendes: Eine Vertretung durch sämtliche Mitglieder des Aufsichtsrates reicht in jedem Fall aus. Im Falle der Aktivvertretung muss der Aufsichtsrat durch Beschluss entscheiden (§ 108 Abs. 1). Bei einem Mehrheitsbeschluss reicht eine Vertretung durch die zustimmenden Aufsichtsratsmitglieder aus.[23] Im Falle der Passivvertretung genügt gemäß §§ 112 S. 2, 78 Abs. 2 S. 2 die Abgabe der Erklärung gegenüber einem Mitglied.[24]

II. Übertragung auf Ausschüsse oder einzelne Mitglieder. Soweit anstelle des Gesamtaufsichtsrates ein Ausschuss beschließen kann (§ 107 Abs. 3), kann er auch zur Vertretung der Aktiengesellschaft bevollmächtigt werden.[25] Einzelne Aufsichtsratsmitglieder einschließlich des Aufsichtsratsvorsitzenden können nur eingeschränkt bevollmächtigt werden. Nach hM dürfen sie nicht selbst den Willen des Aufsichtsrates bilden; sie können daher nur als **Erklärungs-**, nicht als **Willensvertreter** tätig werden.[26] Dementsprechend bedarf zB die Erteilung einer Prozessvollmacht eines darauf gerichteten Beschlusses des Aufsichtsrates.[27] Auch der Aufsichtsratsvorsitzende bedarf einer besonderen Ermächtigung. Seine bloße Stellung als Vorsitzender des Aufsichtsrates reicht nicht aus.[28] Eine Erleichterung ergibt sich aber insoweit, als nach verbreiteter Auffassung der Sachbeschluss regelmäßig eine stillschweigende Ermächtigung des Vorsitzenden beinhaltet.[29] Bei unbedeutenden Vorgängen erweisen sich diese Einschränkungen als unpraktikabel.[30] Ausnahmen können jedoch nur in geringem Umfang anerkannt werden.

D. Nachweis der Vertretungsmacht

Eines besonderen Nachweises wird es bei Vertretung durch den Gesamtaufsichtsrat im Allgemeinen nicht bedürfen.[31] Im Übrigen sind je nach Lage des Einzelfalls die Geschäftsordnung oder das Protokoll der betreffenden Aufsichtsratssitzung vorzulegen. Der Nachweis kann darüber hinaus durch eine von allen Auf-

---

16 BGH ZIP 2006, 2213 f; LG München I AG 1996, 38; *Hüffer*, Rn 2 a; anders das Berufungsurteil OLG München AG 1996, 328 f.
17 BGH NJW 1997, 318 f.
18 *Hüffer*, Rn 3 mwN.
19 BGH AG 1991, 269 = ZIP 1991, 796; BGH NJW 1997, 2324 = ZIP 1997, 1108.
20 *Werner*, ZGR 1989, 369, 380 f; *Lutter/Krieger*, AR, Rn 436.
21 *Hüffer*, Rn 3.
22 *Werner*, aaO, 382 f; *Hüffer*, Rn 3; MüKo-AktG/*Habersack*, § 111 Rn 15: zB Nachfrage von Waren und Leistungen der Gesellschaft auf einem offenen Markt zu üblichen Konditionen.
23 KölnKomm-AktG/*Mertens/Cahn*, Rn 31; *Steiner*, BB 1998, 1910, 1911.
24 § 112 S. 2 wurde eingeführt durch Art. 5 Nr. 13 Gesetz zur Modernisierung des GmbH-Rechts und zur Bekämpfung von Missbräuchen (MoMiG) vom 23.10.2008, BGBl. I S. 2026, in Kraft getreten am 1.11.2008.
25 AllgM, siehe RegBegr. *Kropff*, S. 156; *Hüffer*, Rn 5.
26 BGHZ 12, 327, 334 ff = NJW 1954, 797; BGH AG 2008, 895 zur Genossenschaft; BGH ZIP 2013, 483; BGH DB 2013, 1403 f; MüKo-AktG/*Habersack*, Rn 26; *Steiner*, BB 1998, 1910, 1911; *Hüffer*, Rn 5; kritisch: *Werner*, ZGR 1989, 369, 385 ff.
27 BGH DB 2013, 1403 f; vgl dort näher: kein Stimmverbot wegen eines prozessrelevanten früheren, unter Umständen missbräuchlichen Stimmverhaltens, aber in der Regel Treuwidrigkeit einer Ablehnung bei Vereitelung der Verteidigungsmöglichkeit der Gesellschaft.
28 Str; dafür BGHZ 41, 282, 285 = NJW 1964, 1367; OLG Düsseldorf NZG 2004, 321, 322; *Hüffer*, Rn 5; KölnKomm-AktG/*Mertens/Cahn*, § 107 Rn 52; aA *Steiner*, BB 1998, 1910, 1911; MüHb-AG/*Hoffmann-Becking*, § 31 Rn 95 b; Großkomm-AktienR/*Hopt/Roth*, § 107 Rn 113; *Bednarz*, NZG 2005, 418, 422.
29 MüHb-AG/*Hoffmann-Becking*, § 31 Rn 95 a mwN; KölnKomm-AktG/*Mertens/Cahn*, aaO.
30 *Werner*, ZGR 1989, 365, 389 ff.
31 *Hüffer*, Rn 6.

sichtsratsmitgliedern unterzeichnete Vertragsurkunde oder Vollmacht erbracht werden.[32] Die Mitgliedschaft im Aufsichtsrat lässt sich durch die Niederschrift der Hauptversammlung über die Wahl der einzelnen Aufsichtsratsmitglieder nachweisen, der Aufsichtsratsvorsitz durch den Wahlbeschluss des Aufsichtsrates. Für die im Rahmen des § 112 AktG abzuschließenden Geschäfte wird dabei im Regelfall Schriftform genügen.[33]

6a Besonderheiten sind bei **einseitigen Rechtsgeschäften der Gesellschaft** zu beachten. Nach wohl hM finden insoweit §§ 174, 180 BGB entsprechende Anwendung.[34] Wird das einseitige Rechtsgeschäft wie zB eine Kündigung durch einen Bevollmächtigten vorgenommen, ist daher das Rechtsgeschäft in entsprechender Anwendung von § 174 S. 1 BGB unwirksam, wenn der Bevollmächtigte eine Vollmachturkunde nicht vorlegt und der andere das Rechtsgeschäft aus diesem Grunde unverzüglich zurückweist. Für die Praxis ist daher zu empfehlen, zB den Aufsichtsratsvorsitzenden in dem Beschluss des Aufsichtsrates zum Vollzug des Beschlusses zu ermächtigen und einen Auszug aus der Sitzungsniederschrift im Original vorzulegen.[35] Eine Ermächtigung in der Satzung reicht dagegen für sich genommen als Nachweis der Vertretungsmacht nicht aus.[36] Sie erspart lediglich die Aufnahme einer ausdrücklichen Ermächtigung im Beschluss.

E. Rechtsfolgen bei Vertretungsmangel

7 **I. Materiellrechtliche Fragen.** Die Rechtsfolgen eines Verstoßes gegen § 112 sind umstritten. Geschäfte, bei denen die Gesellschaft unter Verstoß gegen § 112 nicht vom Aufsichtsrat oder einem Aufsichtsratsausschuss vertreten wird, sind nach früher wohl überwiegender Meinung nichtig.[37] Nach anderer Auffassung sind diese Geschäfte **schwebend unwirksam** mit der Folge, dass der Aufsichtsrat sie genehmigen kann.[38] Eine vermittelnde Ansicht differenziert nach der Art des Verstoßes. Nichtigkeit gemäß § 134 BGB sei bei einem Handeln des Vorstands oder eines Dritten anzunehmen, weil in die zwingende Kompetenzzuweisung an den Aufsichtsrat eingegriffen werde. Handele es sich jedoch um bloße Vertretung ohne Vertretungsmacht durch ein Mitglied des Aufsichtsrats, sei das Geschäft lediglich schwebend unwirksam.[39] Der BGH hat für den Fall gerichtlicher Vertretung eine Genehmigung zugelassen (Rn 9), für den Fall rechtsgeschäftlicher Vertretung jedoch ausdrücklich offen gelassen.[40]

8 Richtigerweise kann die Gesellschaft, vertreten durch den Aufsichtsrat, ein Geschäft, das unter Verstoß gegen § 112 zustande gekommen ist, **stets genehmigen**. Der Schutzzweck (Rn 1) steht dem nicht entgegen, da sich die Gesellschaft schützen kann, indem sie die Genehmigung versagt.[41] Dann spricht aber auch nichts dagegen, das weitere Schicksal des Rechtsgeschäfts in die Hand des Aufsichtsrats zu legen, in dessen Kompetenz uU eingegriffen wurde.[42] Eine **Ausnahme** bilden **Gestaltungserklärungen** wie zB eine Kündigung, die der in §§ 184 Abs. 1, 185 Abs. 2 BGB an sich vorgesehenen Rückwirkung nicht zugänglich sind.[43]

9 **II. Prozessuale Fragen.** Ein Vertretungsmangel führt stets zur Unzulässigkeit der Klage. Das gilt unabhängig davon, ob sich die Gesellschaft in der Rolle der Klägerin oder der Beklagten befindet.[44] Keine Unzulässigkeit tritt ein, wenn der Vertretungsmangel erst nachträglich auftritt.[45] Der Mangel ist auch noch in der Revisionsinstanz von Amts wegen zu beachten.[46] Allerdings kann der Aufsichtsrat in den Prozess eintreten und die Prozessführung des Vorstandes – auch stillschweigend – genehmigen.[47] Im Ergebnis hilft diese Lö-

---

32 Großkomm-AktienR/*Hopt/Roth*, Rn 100.
33 In Grundbuchsachen oder bei Anmeldungen gegenüber dem Handelsregister ist dagegen ein Nachweis in beglaubigter Form erforderlich, vgl § 29 GBO und § 12 HGB; dazu näher *Steiner*, BB 1998, 1910, 1912.
34 OLG Düsseldorf AG 2004, 321, 323; OLG Düsseldorf AG 2012, 511; *Hüffer*, Rn 6; *Pusch*, RdA 2005, 170, 174; MüKo-AktG/*Habersack*, Rn 26 mwN; aA *Bauer/Krieger*, ZIP 2004, 1247, 1248 f; *Bednarz*, NZG 2005, 418, 422 ff: keine Anwendung bei einer Vertretung durch den Aufsichtsratsvorsitzenden aufgrund seiner Vertretungsbefugnis kraft Amtes; vgl auch KölnKomm-AktG/*Mertens/Cahn*, § 107 Rn 52.
35 *Pusch*, RdA 2005, 170, 174 mit weiteren Einzelheiten; § 174 BGB verlangt die Vorlage der Vollmachturkunde im Original, vgl Palandt/*Heinrichs*, § 174 BGB Rn 5.
36 MüKo-AktG/*Habersack*, Rn 29.
37 OLG Hamburg WM 1986, 972; OLG Stuttgart BB 1992, 1669 f; MüHb-AG/*Wiesner*, § 21 Rn 96.
38 OLG Karlsruhe AG 1996, 224, 225 f; OLG Celle BB 2002, 1438; OLG München ZIP 2008, 220, 222. *Werner*, ZGR 1989, 369, 392 f; *Lutter/Krieger*, AR, Rn 433; MüKo-AktG/*Habersack*, Rn 32.
39 *Hüffer*, Rn 7; KölnKomm-AktG/*Mertens/Cahn*, Rn 11; Großkomm-AktienR/*Hopt/Roth*, Rn 109; K. Schmidt/Lutter/*Drygala*, Rn 19.
40 BGH WM 1993, 1630, 1631; BGH AG 2008, 894 f zur Genossenschaft.
41 OLG München ZIP 2008, 220, 222; MüKo-AktG/*Habersack*, Rn 32 mwN.
42 MüKo-AktG/*Habersack*, aaO.
43 Vgl BGH NJW 2000, 506, 507; Palandt-*Heinrichs*, § 184 Rn 2; speziell zur Genehmigung durch den AR: OLG Karlsruhe AG 2005, 210, 211.
44 BGH NJW 1987, 254; BGH AG 1990, 359; BGH AG 1991, 269 = ZIP 1991, 796; BGHZ 130, 108, 111 ff = NJW 1995, 2559 = ZIP 1995, 1331; BGH NJW 1997, 318 = ZIP 1997, 1108; BAG AG 2002, 459 f.
45 BGH NJW 2004, 1528 für den Fall der Verschmelzung.
46 StRspr; vgl BGH ZIP 1995, 1331; BGH ZIP 1997, 1108; zuletzt: BGH ZIP 2006, 2213 f.
47 BGH NJW 1987, 254; BGH NJW 1989, 2055 f; BGH WM 1998, 557 = ZIP 1998, 508; BGH WM 1999, 2026 = ZIP 1999, 1669 f; BGH DB 2009, 779; BGH DB 2013, 1403 ff.

sung jedoch nur der klagenden Gesellschaft.[48] Ist in den Tatsacheninstanzen ein Hinweis nach § 139 Abs. 2 ZPO unterblieben, kommt eine Aufhebung und Zurückverweisung in Betracht.[49]

§ 113 Vergütung der Aufsichtsratsmitglieder

(1) [1]Den Aufsichtsratsmitgliedern kann für ihre Tätigkeit eine Vergütung gewährt werden. [2]Sie kann in der Satzung festgesetzt oder von der Hauptversammlung bewilligt werden. [3]Sie soll in einem angemessenen Verhältnis zu den Aufgaben der Aufsichtsratsmitglieder und zur Lage der Gesellschaft stehen. [4]Ist die Vergütung in der Satzung festgesetzt, so kann die Hauptversammlung eine Satzungsänderung, durch welche die Vergütung herabgesetzt wird, mit einfacher Stimmenmehrheit beschließen.

(2) [1]Den Mitgliedern des ersten Aufsichtsrats kann nur die Hauptversammlung eine Vergütung für ihre Tätigkeit bewilligen. [2]Der Beschluß kann erst in der Hauptversammlung gefaßt werden, die über die Entlastung der Mitglieder des ersten Aufsichtsrats beschließt.

(3) [1]Wird den Aufsichtsratsmitgliedern ein Anteil am Jahresgewinn der Gesellschaft gewährt, so berechnet sich der Anteil nach dem Bilanzgewinn, vermindert um einen Betrag von mindestens vier vom Hundert der auf den geringsten Ausgabebetrag der Aktien geleisteten Einlagen. [2]Entgegenstehende Festsetzungen sind nichtig.

Literatur:
Baums, Aktienoptionen für Vorstandsmitglieder, in: FS Carsten Peter Claussen, 1997, S. 3; *Fuchs*, Grenzen für eine aktienkursorientierte Vergütung von Aufsichtsratsmitgliedern, WM 2004, 2233; *Gehling*, Erfolgsorientierte Vergütung des Aufsichtsrats, ZIP 2005, 549; *Habersack*, Die erfolgsabhängige Vergütung des Aufsichtsrats und ihre Grenzen, ZGR, 2004, 721; *Hoffmann-Becking*, Rechtliche Anmerkungen zur Vorstands- und Aufsichtsratsvergütung, ZHR 169 (2005) 155–180; *Kästner*, Aktienrechtliche Probleme der D & O-Versicherung, AG 2000, 113; *dies*, Steuerrechtliche Probleme der D & O-Versicherung, DStR 2001, 195; *Krieger*, Gewinnabhängige Aufsichtsratsvergütungen, in: FS Volker Röhricht, 2005, S. 349; *Lange*, Zulässigkeitsvoraussetzungen einer gesellschaftsfinanzierten Aufsichtsrats-D & O-Versicherung, ZIP 2001, 1524; *Lutter*, Zur Zulässigkeit der Vergütung des Aufsichtsrats in Aktien der Gesellschaft, in: FS Walter Hadding, 2004, 561; *Marsch-Barner*, Aktuelle Rechtsfragen zur Vergütung von Vorstandsmitgliedern einer AG, in: FS Volker Röhricht, 2005, S. 401; *Mertens*, Beratungsverträge mit Aufsichtsratsmitgliedern, in: FS Ernst Steindorff, 1990, S. 173; *ders*, Bedarf der Abschluss einer D & O-Versicherung durch die Aktiengesellschaft der Zustimmung der Hauptversammlung?, AG 2000, 447; *Mutter*, Zur Anpassung der Vergütung von Aufsichtsräten an den Deutschen Corporate Governance Kodex, ZIP 2002, 1230; *Paefgen*, Börsenpreisorientierte Vergütung und Überwachungsaufgabe des Aufsichtsrats, WM 2004, 1169; *Schüppen/Sanna*, D & O-Versicherungen: Gute und schlechte Nachrichten!, ZIP 2002, 550; *Vetter*, Aktienrechtliche Probleme der D & O-Versicherung, AG 2000, 453.

A. Regelungsgegenstand und -zweck	1	IV. Bemessung	8
B. Vergütung	2	V. Herabsetzung	9
I. Rechtsgrundlage	2	C. Vergütung des ersten Aufsichtsrats (Abs. 2)	10
II. Vergütungsbestandteile	3	D. Erfolgsorientierte Vergütung	11
1. Allgemeines	3	I. Allgemeines	11
2. Keine Vergütung: Aufwendungsersatz	4	II. Beteiligung am Jahresgewinn (Abs. 3)	12
3. D & O-Versicherung	5	III. Aktienkursorientierte Vergütung	12a
III. Festsetzung oder Bewilligung der Vergütung	7	E. Steuerliche Behandlung	13

A. Regelungsgegenstand und -zweck

§ 113 bezweckt im Wesentlichen den Schutz der Gesellschaftsgläubiger und der Aktionäre vor überhöhten Bezügen. Gleichzeitig dient er der inneren Ordnung der Gesellschaft, indem er die Selbstbedienung der Aufsichtsratsmitglieder, aber auch die Kompetenz des Vorstandes ausschließt, über die Vergütung seines Überwachungsorgans zu befinden.[1] Die Höhe der Gesamtbezüge aller Aufsichtsratsmitglieder ist Pflichtangabe gemäß § 285 Nr. 9 lit. a HGB. § 113 Abs. 3 S. 1 wurde geändert durch Artikel 1 Nr. 9 StückAG vom 25.3.1998.[2]

---

48 *Hüffer*, Rn 8; vgl zB OLG Saarbrücken DB 2012, 922.
49 Dafür *Hager*, NJW 1992, 352, 354; anders für den arbeitsgerichtlichen Prozess: LAG Köln NZA 2000, 833, 834 f.

1 *Hüffer*, Rn 1; *Mertens*, in: FS Steindorff, S. 173 f.
2 BGBl. I S. 590; in Kraft getreten am 1.4.1998.

B. Vergütung

2 **I. Rechtsgrundlage.** Abs. 1 S. 1 setzt die Zulässigkeit der Vergütung voraus, begründet aber nicht selbst einen Vergütungsanspruch.[3] Nach heute hM besteht zwischen dem einzelnen Aufsichtsratsmitglied und der Gesellschaft **neben der körperschaftsrechtlichen Amtsstellung** kein vertragliches Anstellungsverhältnis, sondern ein **gesetzliches Schuldverhältnis**, dessen Inhalt durch die Satzung oder einen Vergütungsbeschluss der Hauptversammlung bestimmt wird (vgl § 101 Rn 2).[4] Eine Vergütung kann daher nur beansprucht werden, soweit sie in der Satzung festgesetzt oder durch einen Hauptversammlungsbeschluss bewilligt wurde (Abs. 1 S. 2). Eine stillschweigende Begründung eines Vergütungsanspruchs gemäß § 612 BGB scheidet aus.[5] Allerdings kann auch das unentgeltlich tätige Aufsichtsratsmitglied in analoger Anwendung von §§ 670, 675 BGB Ersatz seiner Aufwendungen verlangen.[6]

3 **II. Vergütungsbestandteile. 1. Allgemeines.** Zur Vergütung zählt **jede Gegenleistung** für die Tätigkeit des Aufsichtsratsmitglieds. Die in der Praxis übliche feste Vergütung pro Geschäftsjahr wird häufig mit einer **erfolgsorientierten** Vergütung (dazu näher Rn 11 ff) kombiniert. Seltener dagegen findet sich eine ausschließlich gewinnabhängige Vergütung.[7] Vergütungsbestandteile sind auch Nebenleistungen der Gesellschaft,[8] wie zB Dienstwohnungen, Dienstwagen, Warenlieferungen zu Vorzugspreisen oder Betriebsstoffe für Kraftwagen.[9] Nach der hier vertretenen Auffassung zählt die Prämie für eine sog. Directors & Officers Liability Insurance (D & O-Versicherung) nicht dazu (dazu Rn 6).

3a Zur Vermeidung von **Umgehungsgeschäften** findet § 113 auf eine Vergütung Anwendung, die durch eine abhängige Gesellschaft gezahlt wird, soweit diese nicht durch eine zulässige Vereinbarung mit der abhängigen Gesellschaft gedeckt ist.[10] Nicht erfasst wird dagegen die Zahlung durch eine Obergesellschaft.[11] Denn der Vorstand der abhängigen Gesellschaft hat keine rechtliche Möglichkeit, die Obergesellschaft zu einem bestimmten Handeln zu bewegen. Des Weiteren erfassen §§ 113, 114 unter bestimmten Voraussetzungen auch die Zahlung einer Vergütung an eine Gesellschaft, an der das Aufsichtsratsmitglied beteiligt ist (vgl im Einzelnen § 114 Rn 5 a mwN).

4 **2. Keine Vergütung: Aufwendungsersatz.** Unabhängig von einem eventuellen Vergütungsanspruch kann das Aufsichtsratsmitglied in jedem Fall analog §§ 670, 675 BGB Ersatz seiner Auslagen verlangen.[12] Einer Festsetzung in der Satzung oder einer Bewilligung durch die Hauptversammlung bedarf es dazu nicht.[13] Erstattungsfähig sind jeweils die **angemessenen Aufwendungen**, die das Aufsichtsratsmitglied nach den Umständen für erforderlich halten durfte (§ 670 BGB). Allgemein gültige Maßstäbe gibt es dafür nicht. Sowohl die Gepflogenheiten des Vorstandes bei Abrechnung seiner Dienstreisen als auch die Verfahrensweise des Aufsichtsratsmitgliedes bei Erledigung seiner übrigen beruflichen Aufgaben spielen eine Rolle.[14] Die Auslagen umfassen regelmäßig Reise-, Übernachtungs- und Verpflegungskosten, Telefongebühren, Portokosten und ähnliche Aufwendungen. Auch die Kosten von getrennten Vorbesprechungen der Aufsichtsratsmitglieder der Arbeitnehmer und der Anteilseigner zählen dazu.[15] Führt das Aufsichtsratsmitglied im Rahmen seiner gesetzlichen Klagebefugnis nach §§ 245 Nr. 5, 249, 250 Abs. 3 einen Anfechtungs- oder Nichtigkeitsprozess gegen die Gesellschaft und hat die Klage Aussicht auf Erfolg, hat es im Fall seines Unterliegens einen materiellrechtlichen Kostenerstattungsanspruch gegen die Gesellschaft.[16] Nicht erstattungsfähig sind in der Regel Personalkosten. Anderes gilt nur dann, wenn sie im Einzelfall angemessen sind (zB Schreibkosten) und die Zahlungspflicht gegenüber Dritten belegbar ist.[17] Die erstattungsfähigen Aufwendungen können über **Pauschalen** ersetzt werden.[18] Ihre Höhe muss jedoch in einem angemessenen Verhältnis zu den tatsächlich entstehenden Kosten stehen, da es sich ansonsten um nicht ordnungsgemäß zustande gekommene Vergütungen handelt.

4a Ziff. 5.4.5 Abs. 2 S. 2 DCGK empfiehlt, dass Aufsichtsratsmitglieder von der Gesellschaft bei der Wahrnehmung der für ihre Aufgaben erforderlichen Aus- und Fortbildungsmaßnahmen angemessen unterstützt werden. Auslagen für Aus- und Fortbildungsmaßnahmen sind jedoch nur insoweit zu ersetzen, als es um den

---

3 *Hüffer*, Rn 2.
4 MüHb-AG/*Hoffmann-Becking*, § 33 Rn 10; *Lutter/Krieger*, AR, Rn 842; *Hüffer*, aaO; im Ergebnis ähnlich KölnKomm-AktG/*Mertens/Cahn*, § 101 Rn 5.
5 *Hüffer*, aaO; MüHb-AG/*Hoffmann-Becking*, § 33 Rn 10.
6 *Hoffmann-Becking*, aaO.
7 *Hoffmann-Becking*, aaO, Rn 12.
8 *Hüffer*, Rn 2; KölnKomm-AktG/*Mertens/Cahn*, Rn 14.
9 *Kästner*, AG 2000, 113, 116.
10 KölnKomm-AktG/*Mertens/Cahn*, Rn 7; MüKo-AktG/*Habersack*, Rn 9.
11 *Neuhaus/Gellißen*, NZG 2011, 1361 mit weiteren Einzelheiten.
12 Vgl Spindler/Stilz/*Spindler*, Rn 9 mwN. Für eine analoge Anwendung des Aufwendungsersatzanspruches gerichtlich bestellter Aufsichtsratsmitglieder aus § 104 Abs. 6 S. 1: *Fonk*, NZG 2009, 761, 762; *Bosse/Malchow*, NZG 2010, 972. Dagegen spricht jedoch der Charakter des § 104 Abs. 6 S. 1 als Sondernorm, vgl *Hüffer*, Rn 2 b.
13 KölnKomm-AktG/*Mertens/Cahn*, Rn 10; *Hüffer*, Rn 2 b; MüHb-AG/*Hoffmann-Becking*, § 33 Rn 13.
14 *Hoffmann-Becking*, aaO, Rn 14.
15 *Hoffmann-Becking*, aaO, Rn 13.
16 *Hoffmann-Becking*, aaO, Rn 14 a; *Lutter/Krieger*, AR, Rn 845.
17 Str, wie hier *Hüffer*, Rn 2 b mwN.
18 *Lutter/Krieger*, AR, Rn 847.

Erwerb von Spezialkenntnissen im Unternehmensinteresse geht. Für den Erwerb der für die Amtsausübung notwendigen Kenntnisse und Fähigkeiten haben die Aufsichtsratsmitglieder dagegen selbst zu sorgen.[19] Ziff. 5.4.5 Abs. 2 S. 2 DCGK ist insoweit einschränkend auszulegen.[20]

3. D & O-Versicherung.[21] Nach früher überwiegender und auch heute noch vertretener Auffassung ist die Prämie für eine sog. Directors & Officers Liability Insurance (D & O-Versicherung) als Nebenleistung der Gesellschaft und damit als Vergütungsbestandteil anzusehen.[22] Begründet wird der Vergütungscharakter insbesondere mit der Freistellung des Aufsichtsratsmitglieds von einem **privaten** Vermögensrisiko.[23]

Jedoch ist mit der mittlerweile wohl hM ein Vergütungscharakter abzulehnen.[24] Zwar trifft zu, dass der Abschluss einer D & O-Versicherung das Aufsichtsratsmitglied auch von einem privaten Vermögensrisiko entlastet. Anders als beispielsweise bei einem Abschlussprüfer besteht keine gesetzliche Verpflichtung zum Abschluss einer Haftpflichtversicherung. Jedoch tritt die Entlastung von einem privaten Vermögensrisiko hinter dem **Eigeninteresse des Unternehmens** am Bestehen einer D & O-Versicherung zurück. (1.) bildet der Abschluss einer D & O-Versicherung vielfach erst die Voraussetzung, um überhaupt Aufsichtsratsmitglieder zur Mitarbeit gewinnen zu können. (2.) stellt das Unternehmen auf diese Weise sicher, dass Haftungsansprüche gegen das Aufsichtsratsmitglied abgedeckt werden, die ihrer Höhe nach typischerweise Privatvermögen übersteigen.[25] (3.) findet bei dem in der Praxis anzutreffenden Versicherungstyp der unternehmensbezogenen D & O-Versicherung das individuelle Risiko der versicherten Person keine Berücksichtigung. Üblicherweise tritt als Versicherungsnehmerin das Unternehmen auf, die Organmitglieder als versicherte Personen. Die Höhe der Versicherungsprämie richtet sich nach bestimmten Kennzahlen des Unternehmens. Neben der vorrangig maßgeblichen Bilanzsumme können auch Branche, Alter und Geschäftsgebiet in der Kalkulation eine Rolle spielen. Die unterschiedlichen Risikoprofile der Versicherten bleiben dagegen unberücksichtigt.[26] Auf die Vereinbarung eines angemessenen Selbstbehalts kommt es dabei nicht an.[27] Zwar empfiehlt Ziffer 3.8 DCGK die Vereinbarung eines Selbstbehaltes in Höhe von 10 % des Schadens bis mindestens zur Höhe des Eineinhalbfachen seiner festen jährlichen Vergütung.[28] Die Empfehlung erfolgt jedoch im Hinblick auf die verhaltenssteuernde Wirkung der Haftung und ohne Rücksicht auf einen etwaigen Vergütungscharakter der D & O-Versicherung.[29] Im Ergebnis stellt die Leistung der Versicherungsprämien aus Sicht des Aufsichtsratsmitglieds keine Gegenleistung für die Aufsichtsratstätigkeit dar, sondern einen **Ausgleich für das übernommene Haftungsrisiko**.[30]

Vor diesem Hintergrund vertreten die obersten Finanzbehörden des Bundes und der Länder für die Frage der **lohn- und einkommensteuerlichen** Behandlung der Beiträge die Auffassung, dass bei Abschluss einer D & O-Versicherung unter bestimmten Voraussetzungen von einem überwiegend eigenbetrieblichen Interesse auszugehen ist.[31]

III. Festsetzung oder Bewilligung der Vergütung. Die Vergütung kann in der Satzung festgesetzt oder von der Hauptversammlung bewilligt werden. Die Vergütung muss **beziffert** sein. Allerdings ist es zulässig, dass die Satzung oder die Hauptversammlung nur einen Gesamtbetrag der jährlichen Vergütung für alle Mitglieder festlegt und ausdrücklich dem Aufsichtsrat die Kompetenz zur Verteilung unter den Mitgliedern überlässt.[32] Dagegen fehlt es an einer ausreichenden Bezifferung, wenn die Einräumung der Möglichkeit zur

---

19 HM; vgl zB *Hüffer*, Rn 2 c; *Bosse/Malchow*, NGZ 2010, 972 f, jeweils mwN.
20 *Hüffer*, aaO.
21 Wegen Literatur vgl Angaben vor Rn 1.
22 *Hüffer*, Rn 2 a; *Kästner*, AG 2000, 113, 115 f; *dies*, DStR 2001, 195; in der Vorauflage (4. Aufl.) *Lutter/Krieger*, AR, Rn 313; K. *Schmidt/Lutter/Drygala*, Rn 12.
23 Vgl *Kästner*, DStR 2001, 195.
24 *Mertens*, AG 2000, 447, 451; KölnKomm-AktG/*Mertens/Cahn*, Rn 16; *Vetter*, AG 2000, 453, 457; *Lange*, ZIP 2001, 1524; *Schüppen/Sanna*, ZIP 2002, 550; *Ringleb*: in: Ringleb/Kremer/Lutter/v. Werder, DCGK, Rn 518; Großkomm-AktienR/*Hopt/Roth*, Rn 53; MüKo-AktG/*Habersack*, Rn 13; *Lutter/Krieger*, AR, Rn 1038; *Franz*, DB 2011, 2019.
25 *Mertens*, aaO; *Lange*, aaO; allerdings kann sich die Beurteilung dadurch verändern, dass Versicherer mittlerweile häufig versuchen, aufgrund der Schadenshäufigkeit die Innenhaftungsdeckung weitgehend einzuschränken oder gar völlig auszuschließen, vgl *Lange*, DB 2003, 1833, 1835.
26 *Mertens*, AG 2000, 447, 452; *Schüppen/Sanna*, ZIP 2002, 550 f.
27 MüKo-AktG/*Habersack*, Rn 13.
28 Bei einer D & O-Versicherung eines Vorstandsmitgliedes ist ein entsprechender Selbstbehalt gesetzlich verpflichtend (§ 93 Abs. 2 S. 3); eingeführt durch Art. 1 Nr. 2 VorstAG vom 31.7.2009, BGBl. I S. 2509, in Kraft getreten am 6.8.2009.
29 MüKo-AktG/*Habersack*, Rn 13.
30 MüKo-AktG/*Habersack*, aaO.
31 Bundesministerium der Finanzen, Schreiben v. 24.1.2002, Geschäftszeichen IV C 5 – S 2332 – 8/02; auszugsweise abgedruckt in AG 2002, 287: Annahme eines überwiegend eigenbetrieblichen Interesses, sofern (1.) die D & O-Versicherung in erster Linie der Absicherung des Unternehmens gegen Schadensersatzforderungen Dritter gegen das Unternehmen dient, (2.) im Ergebnis der Versicherungsanspruch dem Unternehmen als Versicherungsnehmer zusteht (sog. Company Reimbursement) und (3.) regelmäßig das Management als Ganzes versichert ist, nicht aber einzelne Personen sowie Basis der Prämienkalkulation nicht individuelle Merkmale der versicherten Organmitglieder, sondern Betriebsdaten des Unternehmens sind und die Versicherungssummen deutlich höher sind als typischerweise Privatvermögen.
32 MüHb-AG/*Hoffmann-Becking*, § 33 Rn 8; Spindler/Stilz/*Spindler*, Rn 23 mwN; enger (nur auf Grundlage einer Satzungsbestimmung): *Hüffer*, Rn 3; KölnKomm-AktG/*Mertens/Cahn*, Rn 48; MüKo-AktG/*Habersack*, Rn 30.

Zeichnung von Wandelanleihen dem Vorstand die Bestimmung des Begebungszeitpunktes, der Begebung in einer oder mehreren Tranchen und des Wandlungspreises überlässt.[33] Beschließt die Hauptversammlung über die Vergütung, gilt die Bewilligung im Zweifel fort, bis sie anders beschließt (sog. **Grundsatzbeschluss**).[34]

8   **IV. Bemessung.** Die Vergütung soll in einem **angemessenen Verhältnis** zu den Aufgaben der Aufsichtsratsmitglieder und zur Lage der Gesellschaft stehen (Abs. 1 S. 3). Darin liegt eine Begrenzung nach oben, jedoch keine weitere inhaltliche Vorgabe.[35] Die tatsächliche Höhe der Bezüge wird teilweise als zu niedrig eingeschätzt.[36] Die Satzung oder die Hauptversammlung können nach der Funktion oder dem besonderen Aufgabenbereich der Aufsichtsratsmitglieder differenzieren.[37] Beispielsweise empfiehlt Ziffer 5.4.6 Abs. 1 S. 2 DCGK, den Vorsitz und stellvertretenden Vorsitz im Aufsichtsrat sowie den Vorsitz und die Mitgliedschaft in Ausschüssen zu berücksichtigen. Früher erhielt der Vorsitzende häufig die doppelte und sein Stellvertreter die eineinhalbfache Nominalvergütung.[38] Mittlerweile ist eine Tendenz zu beobachten, dem Vorsitzenden das Dreifache oder sogar das Vierfache zu gewähren. Unzulässig ist jedoch eine Differenzierung zwischen Anteilseigner- und Arbeitnehmervertretern.[39] **Gewerkschaftsmitglieder** sollen die Vergütung, soweit sie eine bestimmte Höhe übersteigt, an DGB-Organisationen abführen.[40] Handelt es sich bei dem Aufsichtsratsmitglied um einen **Vertreter einer Gebietskörperschaft**, der auf Veranlassung einer Gebietskörperschaft bestellt wurde (dazu § 394 Rn 3), hat er seine Vergütung über einen bestimmten Höchstbetrag hinaus an seinen Dienstherrn abzuliefern.[41] Werden Sondervergütungen für Sonderleistungen im Rahmen der Überwachungsaufgabe gewährt, ist nach ganz hM die vertragliche Zusage ohne Festsetzung in der Satzung oder Bewilligung durch Hauptversammlungsbeschluss gemäß § 134 BGB nichtig.[42]

9   **V. Herabsetzung.** Bei Festsetzung in der Satzung kann die Hauptversammlung eine Herabsetzung mit einfacher Stimmenmehrheit beschließen (Abs. 1 S. 4). Aufgrund ihres zwingenden Charakters bedeutet die Regelung eine Abweichung vom Mehrheitserfordernis nach § 179 Abs. 2. Da es sich jedoch inhaltlich nach wie vor um eine Satzungsänderung handelt, wird sie gemäß § 181 Abs. 3 erst mit Eintragung in das Handelsregister wirksam.[43]

9a Nach Ablauf des Geschäftsjahres ist eine rückwirkende Herabsetzung unzulässig. Inwieweit eine Herabsetzung auch für das **laufende Geschäftsjahr** beschlossen werden kann, ist umstritten. In zwei jüngeren Entscheidungen hat das LG München I die Herabsetzung einer festen Vergütung im laufenden Geschäftsjahr für unzulässig gehalten[44], die rückwirkende Änderung einer variablen Vergütung jedoch gebilligt.[45] Nach zutreffender Ansicht kann jedoch eine Herabsetzung stets nur mit Wirkung *ex nunc* ab dem Zeitpunkt der Eintragung des Herabsetzungsbeschlusses beschlossen werden.[46]

9b Die fehlende Möglichkeit einer Herabsetzung für den Zeitraum **bis zur Eintragung des Herabsetzungsbeschlusses** ergibt sich aus einem Vertrauensschutz des Aufsichtsratsmitgliedes. Der Anspruch auf Zahlung einer Vergütung entsteht bereits mit Beginn des Geschäftsjahres. Die rückwirkende Herabsetzung greift daher in eine verfestigte Position des Aufsichtsratsmitgliedes ein, so dass es zu einer unzulässigen Rückwirkung kommt.[47] Anders als das LG München I und ein Teil der Literatur annimmt, steht aber auch bei einer variablen Vergütung der Vertrauensschutz einer rückwirkenden Herabsetzung entgegen.[48] Insoweit ist zu differenzieren zwischen dem berechtigten Vertrauen des Aufsichtsratsmitgliedes, eine variable Vergütung

---

33 Vgl OLG München AG 2003, 164; LG München I AG 2001, 210; mit Inkrafttreten der Neufassung von § 221 Abs. 4 S. 2 am 1.11.2005 im Rahmen des UMAG dürfte aber die Möglichkeit der Begebung von Wandelanleihen an Mitglieder des Aufsichtsrates ausgeschlossen sein, dazu unten Rn 12 b.

34 MüKo-AktG/*Habersack*, Rn 35; KölnKomm-AktG/*Mertens/Cahn*, Rn 44; MüHb-AG/*Hoffmann-Becking*, § 33 Rn 18 a.

35 *Mertens/Cahn*, aaO, Rn 30; *Hüffer*, Rn 4.

36 Dazu *Hoffmann-Becking*, aaO, Rn 19.

37 Der Gesetzgeber sieht eine Differenzierung als wünschenswert und im Einzelfall sogar als geboten an, vgl RegBegr. zum KonTraG, BT-Drucks. 13/9712, S. 16.

38 *Hoffmann-Becking*, aaO, § 33 Rn 20.

39 MüKo-AktG/*Habersack*, Rn 38.

40 Beschluss des DGB-Bundesausschusses aus Oktober 2005 mit Wirkung ab 1.1.2006 (Handelsblatt v. 25.10.2005, S. 4): Abführung bis 3.500 EUR Aufsichtsratsvergütung iHv 10 % sowie Abführung ab 3.500 EUR iHv 90 %; eine Obergrenze für den Eigenbehalt besteht nicht mehr.

41 Vgl für den Bund § 104 S. 2 Nr. 2 BBG iVm § 6 Bundesnebentätigkeitsverordnung idF der Bekanntmachung v. 12.11.1987 (BGBl. I S. 2377); zuletzt geändert durch Art. 15 G zur Neuordnung und Modernisierung des Bundesdienstrechts (Dienstrechtsneuordnungsgesetz – DNeuG) v. 5.2.2009, BGBl. I S. 160 sowie die entsprechenden Rechtsgrundlagen in den Ländern.

42 BGHZ 114, 127, 133 = NJW 1991, 1830 (Deutscher Herold); *Hüffer*, Rn 5 mwN.

43 *Hüffer*, Rn 6.

44 LG München I, Urt. v. 30.8.2012, AG 2013, 138, 140 (rechtskräftig).

45 LG München I, Urt. v. 30.8.2012, AG 2013, 474.

46 K. Schmidt/Lutter/*Drygala*, Rn 20; *Buckel*, AG 2013, 451, 456; ebenso für eine Festvergütung Spindler/Stilz/*Spindler*, Rn 36; für eine erfolgsabhängige Vergütung Großkomm-AktienR/*Hopt/Roth*, Rn 9; vertretene Auffassung einer rückwirkenden Herabsetzungsmöglichkeit für das laufende Geschäftsjahr sowohl für eine feste als auch eine variable Vergütung wird hiermit aufgegeben.

47 MüKo-AktG/*Habersack*, Rn 34 u 36; *Buckel*, AG 2013, 451, 455; bejahend für eine Festvergütung: LG München I, Urt. v. 30.8.2012, AG 2013, 138, 140 (rechtskräftig); Großkomm-AktienR/*Hopt/Roth*, Anm. 96.

48 Für eine Rückwirkung: LG München I, Urt. v. 27.12.2013, AG 2013, 474; vgl Spindler/Stilz/*Spindler*, Rn 36 mwN.

entsprechend der festgelegten Bemessungsgrundlage zu erhalten und seinem nicht geschützten Vertrauen hinsichtlich der konkreten Höhe der vom Eintreten der Erfolgsparameter abhängigen Vergütung.[49]

Nach Eintragung des Herabsetzungsbeschlusses kann jedoch nicht mehr von einer gefestigten Rechtsposition des Aufsichtsratsmitgliedes ausgegangen werden.[50] Auch bei einer Abberufung ist anerkannt, dass das Aufsichtsratsmitglied eine Vergütung nur *pro rata temporis* erhält.[51] Ferner würde ein zeitlich fortdauernder Vertrauensschutz dem Sinn und Zweck der erleichterten Herabsetzung widersprechen, eine möglichst schnelle Anpassung an geänderte Verhältnisse zu ermöglichen.[52] Das Aufsichtsratsmitglied kann daher auf die Zahlung einer Vergütung in der bis zur Eintragung der Herabsetzung geltenden Höhe vertrauen, nicht aber darüber hinaus.

C. Vergütung des ersten Aufsichtsrats (Abs. 2)

Den Mitgliedern des ersten Aufsichtsrats kann nur die Hauptversammlung eine Vergütung für ihre Tätigkeit bewilligen (Abs. 2 S. 1). Der Beschluss kann erst in der Hauptversammlung gefasst werden, die über ihre Entlastung beschließt (vgl Abs. 2 S. 2). Das Gesetz will damit den Einfluss der Gründer möglichst ausschalten.[53]

D. Erfolgsorientierte Vergütung

I. Allgemeines. Ziffer 5.4.6 Abs. 2 DCGK in der Fassung vom 15.5.2012 formuliert dazu Folgendes: „Die Mitglieder des Aufsichtsrates erhalten eine Vergütung, die in einem angemessenen Verhältnis zu ihren Aufgaben und der Lage der Gesellschaft steht. Wird den Aufsichtsratsmitgliedern eine erfolgsorientierte Vergütung zugesagt, soll sie auf eine nachhaltige Unternehmensentwicklung ausgerichtet sein." Damit empfiehlt der DCGK für Aufsichtsratsmitglieder nicht länger eine erfolgsorientierte Vergütung, sondern verweist lediglich auf die entsprechende Möglichkeit.[54] Wird allerdings von der Möglichkeit Gebrauch gemacht, empfiehlt Ziffer 5.4.6 Abs. 2 DCGK nunmehr eine Ausrichtung auf eine nachhaltige Unternehmensentwicklung.[55] Die in der Praxis übliche feste Vergütung pro Geschäftsjahr wird häufig mit einer erfolgsorientierten Vergütung kombiniert. Seltener dagegen findet sich eine ausschließlich gewinnabhängige Vergütung.[56] In der Praxis sind insbesondere (1.) dividendenabhängige Vergütungen (früher weit verbreitet)[57] sowie (2.) von internen Unternehmenskennziffern abhängige Vergütungen[58] anzutreffen. Am Aktienkurs orientierte Vergütungen finden sich dagegen zumindest bei den Gesellschaften im DAX 30 nicht mehr.[59] Die in Abs. 3 geregelte Anknüpfung an den Jahresgewinn hat von Anfang an keine große Bedeutung erlangt.

II. Beteiligung am Jahresgewinn (Abs. 3). Soweit die Vergütung der Aufsichtsratsmitglieder in einem Anteil am Jahresgewinn der Gesellschaft besteht, muss die Berechnung zwingend nach § 113 Abs. 3 erfolgen. Bezugsgröße für die Berechnung ist der Bilanzgewinn (§ 158 Abs. 1 S. 5 Nr. 5), vermindert um 4 % der auf den geringsten Ausgabebetrag der Aktien geleisteten Einlagen. Die nunmehrige Bezugnahme auf den geringsten Ausgabebetrag beruht auf der Einführung der Stückaktie. Ein Agio bleibt außer Betracht,[60] weil sich § 113 Abs. 3 S. 1 nur auf § 9 Abs. 1 bezieht, nicht aber § 9 Abs. 2.[61] Die Regelung hat in der Praxis keine große Bedeutung, da (1.) der Bilanzgewinn keinen zuverlässigen Maßstab für den operativen Erfolg eines Unternehmens darstellt[62] und (2.) sie jedenfalls die weit verbreitete Ausrichtung der Tantieme an der Dividendenhöhe zulässt.[63] Bislang nicht geklärt ist, ob der nach § 113 Abs. 3 zu errechnende Betrag bei

---

49 *Buckel*, AG 2013, 451, 455.
50 AA (Herabsetzungsmöglichkeit bei fester Vergütung erst im Folgejahr) LG München I, Urt. v. 30.8.2012, AG 2013, 138, 140; MüKo-AktG/*Habersack*, Rn 34.
51 *Buckel*, AG 2013, 451, 454 mwN.
52 Geßler/*Geßler*, Rn 27.
53 MüKo-AktG/*Habersack*, Rn 54; *Hüffer*, Rn 8.
54 *Roth*, WM 2012, 1985, 1989.
55 Kritisch zu der ausschließlichen Empfehlung einer langfristigen Erfolgskomponente Handelsrechtsausschuss des Deutschen Anwaltvereins, NZG 2012, 335, 339.
56 MüHb-AG/*Hoffmann-Becking*, § 33 Rn 12.
57 ZB 1.000 EUR für jedes Prozent Dividende, das über einen bestimmte Bezugsgröße hinausgeht, vgl dazu MüHb-AG/*Hoffmann-Becking*, § 33 Rn 20; vgl auch den Formulierungsvorschlag bei *Mutter*, ZIP 2002, 1230.
58 ZB Jahresergebnis vor Steuern (EBT), vor Zinsen und Steuern (EBIT), vor Zinsen, Steuern und Abschreibungen (EBITDA), Cashflow, oder Ergebnis pro Aktie nach der Analystenformel, vgl *Hoffmann-Becking*, ZHR 169 (2005), 155, 174.
59 *Martinius/Zimmer*, BB 2011, 3014, 3017 unter Hinweis auf die bestehende rechtliche Unsicherheit (s. Rn 12 a ff); anders noch die Situation bei *Gehling*, ZIP 2005, 549 mit einem Überblick zu den Vergütungskonzepten der Gesellschaften im DAX 30.
60 Ausschuss B, *Kropff*, S. 158.
61 *Hüffer*, Rn 9.
62 Vgl MüKo-AktG/*Habersack*, Rn 56, 58; *Gehling*, ZIP 2005, 549, 555; (1.) lässt sich der Bilanzgewinn durch Gewinnausschüttung und Thesaurierung steuern, (2.) kann die Berechnungsmethode zur Doppelberücksichtigung von Positionen führen.
63 Im Grundsatz wohl einhellige Meinung, vgl KölnKomm-AktG/*Mertens/Cahn*, Rn 22; *Hüffer*, Rn 9; einschränkend (Verteilung des Gewinns nur bis zur Obergrenze des nach § 113 Abs. 3 zu ermittelnden Betrages): *Hoffmann-Becking*, ZHR 169 (2005), 155, 174 ff; *Krieger*, in: FS Röhricht, S. 349, 359; MüKo-AktG/*Habersack*, Rn 62.

einer Ausrichtung an anderen, internen Unternehmenskennziffern als Obergrenze entsprechende Anwendung findet.[64]

12a **III. Aktienkursorientierte Vergütung.** Das geltende Recht lässt die Ausgabe **nackter Aktienoptionen (Stock Options)** an Aufsichtsratsmitglieder weder im Wege der bedingten Kapitalerhöhung nach §§ 192, 193 noch im Wege des Erwerbes eigener Aktien nach § 71 zu. Die Gewährung von Aktienoptionen an Aufsichtsratsmitglieder im Wege der **bedingten Kapitalerhöhung** ist durch § 192 ausgeschlossen. § 192 Abs. 2 Nr. 3 beschränkt den möglichen Kreis auf Arbeitnehmer und Mitglieder der Geschäftsführungen. Der BGH hat nunmehr entschieden, dass der Ausschluss von Aufsichtsratsmitgliedern bei der Gewährung im Wege des **Erwerbes eigener Aktien nach § 71** ebenfalls greift.[65] Der Verweis in § 71 Abs. 1 Nr. 8 S. 5 Hs 2 auf § 193 Abs. 2 Nr. 4 ist danach nicht als bloßer Rechtsfolgenverweis anzusehen, da § 193 Abs. 2 Nr. 4 aufgrund seiner Gesetzgebungsgebungsgeschichte seinerseits von einem auf Arbeitnehmer und Mitglieder der Geschäftsführungen beschränkten Personenkreis ausgeht.[66] Nach Auffassung des BGH habe der Gesetzgeber offensichtlich eine – der Kontrollfunktion des Aufsichtsrates uU abträgliche – Angleichung der Vergütungsinteressen von Vorstand und Aufsichtsrat mit Ausrichtung auf Aktienoptionen und damit auf den Aktienkurs, der durch gezielte Sachverhaltsgestaltungen des Managements inner- oder außerhalb der Legalität beeinflussbar und erfahrungsgemäß auch sonst nicht immer ein zuverlässiger Maßstab für den inneren Wert und den langfristigen Erfolg eines Unternehmens sei, jedenfalls bisher nicht für angebracht erachtet.[67]

12b Der BGH hat in der Mobilcom-Entscheidung in einem obiter dictum Zweifel daran geäußert, ob angesichts des gesetzgeberischen Willens ein Aktienoptionsprogramm für Aufsichtsratsmitglieder über die Begebung von Wandel- oder Optionsanleihen nach § 221 AktG realisiert werden kann.[68] Der Gesetzgeber hat diese Frage aufgegriffen und mit der am 1.11.2005 in Kraft getretenen Neufassung des § 221 Abs. 4 S. 2 geregelt, dass neben § 186 auch § 193 Abs. 2 Nr. 4 sinngemäß Anwendung findet.[69] Zur Begründung heißt es, dass mit diesem Verweis – im Anschluss an die neueste höchstrichterliche Rechtsprechung – zugleich klar sei, dass Aufsichtsräte auch nicht Bezugsberechtigte eines Aktienoptionsprogramms in Verbindung mit Wandelschuldverschreibungen oder Optionsanleihen sein könnten. Hier – wie bei der Verweisung in § 71 Ab. 1 Nr. 8 – richte sich die sinngemäße Anwendung auch auf den Kreis der möglichen Bezugsberechtigten.[70] Angesichts dieses deutlich geäußerten Willens des Gesetzgebers wird man davon ausgehen können, dass die Gewährung von Aktienoptionen über die Begebung von Wandelschuldverschreibungen oder Optionsanleihen ausscheidet.[71]

12c Ungeklärt ist, ob angesichts der Skepsis von BGH und Gesetzgeber gegenüber Aktienoptionen für Aufsichtsratsmitglieder **schuldrechtliche Regelungen** Bestand haben können, die zwar keine Bezugsrechte gewähren, wirtschaftlich aber Aktienoptionen nachzeichnen (sog. **Phantom Stocks** oder **Stock Appreciation Rights**).[72] Im Schrifttum wird unter Hinweis auf die Begründung in der Mobilcom-Entscheidung des BGH vertreten, dass jegliche Ausrichtung der Aufsichtsratsvergütung an den Aktienkurs jedenfalls insoweit unzulässig sei, als sie durch Einräumung von Erwerbsrechten auf Aktien der Gesellschaft erfolgt. Grund dafür sei die damit verbundene Angleichung der Vergütungsinteressen, die der BGH als der Kontrollfunktion des Aufsichtsrats abträglich und Verstoß gegen einen aus § 192 Abs. 2 Nr. 3 abzuleitenden allgemeinen Rechtsgedanken ansehe.[73] Dieser Auffassung steht allerdings entgegen, dass das geltende Recht eine Angleichung der Vergütungsinteressen durch eine am Jahresergebnis ausgerichtete Vergütung in § 113 Abs. 3 ausdrücklich zulässt. Sowohl die Vergütung des Vorstands als auch des Aufsichtsrats können daher auf derselben Quelle, nämlich auf dem vom Vorstand unter der Kontrolle des Aufsichtsrats erwirtschafteten und bilanzierten Jahresergebnis, beruhen.[74] Ferner ist zweifelhaft, ob die Gesetzgebungsgeschichte des § 192 Abs. 2 Nr. 3 die Auslegung des BGH trägt. Denn der Gesetzgeber hat den Ausschluss von Aufsichtsratsmitgliedern

---

64 Gegen eine Anwendung von § 113 Abs. 3: *Gehling*, ZIP 2005, 549, 555; *Marsch-Barner*, in: FS Röhricht, S. 401, 417; *Martinius/Zimmer*, BB 2011, 3014; für eine Anwendung: *Krieger*, in: FS Röhricht, S. 349, 359; MüKo-AktG/*Habersack*, Rn 62.
65 BGH NJW 2004, 1109 = AG 2004, 265 = ZIP 2004, 613 (Mobilcom).
66 BGH, aaO, ZIP 2004, 613, 615; anders noch die Vorinstanz OLG Schleswig, AG 2003, 102.
67 BGH, aaO, ZIP 2004, 613, 614.
68 BGH, aaO.
69 Art. 1 Nr. 17 des Gesetzes zur Unternehmensintegrität und Modernisierung des Anfechtungsrechts (UMAG) vom 22.9.2005, BGBl. I S. 2802.
70 RegBegr, BT-Drucks. 15/5092, 25.
71 *Habersack*, ZGR 2004, 721, 729 f; MüKo-AktG/*Habersack*, Rn 19 mwN; kritisch dazu *Hoffmann-Becking*, ZHR 169 (2005), 155, 180 unter Verweis auf die fehlende Verkörperung des gesetzgeberischen Willens im Gesetzestext.
72 Vgl näher dazu *Baums*, in: FS Claussen, S. 3, 6; MüKo-AktG/*Semler* 2. Aufl., Rn 62 f; zur Praxis der Unternehmen im DAX 30 *Gehling*, ZIP 2005, 549 f.
73 *Habersack*, ZGR 2004, 721, 728 f; *Paefgen*, WM 2004, 1169, 1173; KölnKomm-AktG/*Mertens/Cahn*, Rn 29; gegen ein striktes Verbot von aktienkursbasierten Vergütungen *Hoffmann-Becking*, ZHR 169 (2005), 155, 178 f; *Gehling*, ZIP 2005, 549, 555 ff; *Hüffer*, Rn 10; mit Einschränkungen dagegen: *Lutter*, in: FS Hadding, S. 560, 569 ff: Begrenzung der Vergütung in Aktien auf ein Viertel der Jahresvergütung; *Fuchs*, WM 2004, 2233, 2237 f: Unzulässigkeit nur im Falle einer in Abgrenzung zu einer partiellen Übereinstimmung – im Einzelfall zu beurteilenden – weitgehenden oder wesentlichen Angleichung der Vergütungsparameter von Vorstand und AR.
74 *Hoffmann-Becking*, ZHR 169 (2005), 155, 179.

ausschließlich und im Ergebnis zu Unrecht damit begründet, dass dann der Aufsichtsrat für sich selbst die Konditionen festsetzen müsste.[75] Der gesetzgeberischen Begründung beim Erlass des UMAG lässt sich ebenfalls ein generelles Verbot einer aktienkursbasierten Vergütung nicht entnehmen.[76] Im Ergebnis muss der Praxis bis zu einer Klärung dieser Frage vom Rückgriff auf Phantom Stocks oder Stock Appreciation Rights abgeraten werden.

Ungeachtet der weiteren Entwicklung bei der Behandlung aktienkursbasierter Vergütungsregelungen sollte eine Beteiligung von Aufsichtsratsmitgliedern an **Aktienbeteiligungsprogrammen** ohne Weiteres möglich sein. Denn eine Beteiligung an einem Aktienbeteiligungsprogramm unterscheidet insoweit nichts von einem von der Aufsichtsratstätigkeit losgelösten Erwerb von Aktien durch das Aufsichtsratsmitglied, der nach derzeitigem Recht unproblematisch möglich ist.[77]

12d

E. Steuerliche Behandlung[78]

Aufsichtsratsvergütungen sind bei der Gesellschaft nur zur Hälfte als Betriebsausgaben abzugsfähig (§ 10 Nr. 4 KStG). Die Beschränkung gilt jedoch weder für den Ersatz von Auslagen noch für Vergütungen für Dienstleistungen außerhalb der Aufsichtsratstätigkeit im Sinne von § 114. Bei dem Aufsichtsratsmitglied unterliegt die Vergütung der Einkommensteuer und als selbstständige Tätigkeit in der Regel auch der Umsatzsteuer. Das Aufsichtsratsmitglied kann auch ohne ausdrückliche Regelung die Erstattung der von ihm zu leistenden Umsatzsteuer verlangen.[79] Gewerkschaftsmitglieder, die einen Teil ihrer Vergütung abführen müssen, können die abgeführten Beträge vom steuerpflichtigen Einkommen abziehen.[80]

13

§ 114 Verträge mit Aufsichtsratsmitgliedern

(1) Verpflichtet sich ein Aufsichtsratsmitglied außerhalb seiner Tätigkeit im Aufsichtsrat durch einen Dienstvertrag, durch den ein Arbeitsverhältnis nicht begründet wird, oder durch einen Werkvertrag gegenüber der Gesellschaft zu einer Tätigkeit höherer Art, so hängt die Wirksamkeit des Vertrags von der Zustimmung des Aufsichtsrats ab.

(2) ¹Gewährt die Gesellschaft auf Grund eines solchen Vertrags dem Aufsichtsratsmitglied eine Vergütung, ohne daß der Aufsichtsrat dem Vertrag zugestimmt hat, so hat das Aufsichtsratsmitglied die Vergütung zurückzugewähren, es sei denn, daß der Aufsichtsrat den Vertrag genehmigt. ²Ein Anspruch des Aufsichtsratsmitglieds gegen die Gesellschaft auf Herausgabe der durch die geleistete Tätigkeit erlangten Bereicherung bleibt unberührt; der Anspruch kann jedoch nicht gegen den Rückgewähranspruch aufgerechnet werden.

Literatur:
Lutter/Kremer, Die Beratung der Gesellschaft durch Aufsichtsratsmitglieder – Bemerkungen zur Entscheidung BGHZ 114, 127 ff, ZGR 1992, 87; *Schlaus*, Verträge mit Aufsichtsratsmitgliedern gemäß § 114 AktG, AG 1968, 376; *Ziemons*, Beraterverträge mit Mitgliedern des Aufsichtsrats, GWR 2012, 451.

A. Regelungsgegenstand und -zweck

§ 114 bezweckt, sachlich ungerechtfertigte Sonderleistungen der Gesellschaft an einzelne Aufsichtsratsmitglieder und damit eine unsachliche Beeinflussung eines Aufsichtsratsmitgliedes im Sinne des Vorstandes zu verhindern.[1] Entgegen der Überschrift betrifft die Regelung **nicht sämtliche Verträge** mit Aufsichtsratsmitgliedern, sondern nur die in Abs. 1 näher eingegrenzten.[2] Erfasst werden insbesondere die sog. Beratungsverträge und sonstige Dienstleistungsverträge.[3]

1

---

75 Vgl RegBegr. KonTraG, BT-Drucks. 13/9712, S. 24; dazu *Gehling*, ZIP 2005, 549, 555 f; *Lutter*, in: FS Hadding, 561, 565.
76 Vgl RegBegr, BT-Drucks. 15/5092, 25.
77 Vgl § 136 AktG und § 15 a WpHG; zutreffend *Kremer* in Ringleb/Kremer/Lutter/v. Werder, DCGK, Rn 1100; ebenso *Gehling*, ZIP 2005, 549, 557.
78 Siehe auch im Kapitel 20 "Besteuerung der AG und der KGaA".
79 *Hoffmann-Becking*, aaO, Rn 24; MüKo-AktG/*Habersack*, Rn 52; *Hüffer*, Rn 7 mwN; anders die früher hM wie zB *Geßler/Geßler*, Rn 73.
80 BFHE 131, 506 = BStBl 1981, 29.
1 Ausschuss B, *Kropff*, S. 158.
2 *Hüffer*, Rn 1.
3 Ausschuss B, *Kropff*, S. 158.

B. Reichweite des Zustimmungsvorbehaltes (Abs. 1)

2 Der Zustimmung des Aufsichtsrates bedürfen Dienst- und Werkverträge, die mit einem Aufsichtsratsmitglied abgeschlossen werden, jedoch nicht die Aufgaben aus der Aufsichtsratstätigkeit betreffen.[4]

3 **I. Zeitlicher Anwendungsbereich.** Abs. 1 erfasst ohne Weiteres Verträge, die ein Aufsichtsratsmitglied mit der Gesellschaft **während der Dauer seines Mandates** abschließt. Hat das Aufsichtsratsmitglied einen inhaltlich unter § 114 fallenden Vertrag **vor seiner Bestellung** zum Aufsichtsratsmitglied abgeschlossen, verliert der Vertrag nach mittlerweile ganz hM für die Dauer des Aufsichtsratsmandates seine Wirksamkeit und lebt erst nach dessen Beendigung wieder auf.[5]

4 **II. Verträge im Konzern oder mit anderen Unternehmen.** Verträge eines Aufsichtsratsmitglieds der Obergesellschaft mit einem abhängigen Tochterunternehmen lösen nach mittlerweile wohl hM ebenfalls eine Zustimmungspflicht nach § 114 Abs. 1 aus.[6] Das Fehlen einer ausdrücklichen Regelung entsprechend § 115 Abs. 1 S. 2 beruht auf der kurzfristigen Einfügung im Gesetzgebungsverfahren.[7] Eine Anwendung von § 114 Abs. 1 auf Verträge eines Aufsichtsratsmitglieds einer abhängigen Gesellschaft mit der Obergesellschaft dürfte dagegen zu weit gehen.[8] Der Vorstand der abhängigen Gesellschaft hat keine rechtliche Möglichkeit, auf den Vertragsschluss mit der Obergesellschaft Einfluss zu nehmen. Der Schutzzweck des § 114 ist daher nicht berührt.[9] Ob Verträge eines Aufsichtsratsmitglieds mit **anderen Unternehmen** auch ohne deren Beherrschung durch die Gesellschaft einer Zustimmungspflicht unterliegen können, ist noch nicht geklärt.[10] Darüber hinaus gebietet der Schutzzweck des § 114 unter bestimmten Voraussetzungen eine analoge Anwendung bei Verträgen mit Gesellschaften, an denen das Aufsichtsratsmitglied beteiligt ist (dazu unten Rn 5 a).

5 **III. Dienst- oder Werkverträge des Aufsichtsratsmitgliedes.** § 114 erfasst Dienst- und Werkverträge (ohne Arbeitsverträge), die zu einer **Tätigkeit höherer Art** verpflichten. Dazu zählen insbesondere Verträge nach §§ 611, 631, 675 BGB. Eine Tätigkeit höherer Art umfasst jede Beratung oder Geschäftsbesorgung, die sich zB aufgrund der vorausgesetzten besonderen Kenntnisse oder besonderen Vertrauensstellung aus dem alltäglichen heraushebt. Das wird bei Verträgen mit Aufsichtsratsmitgliedern regelmäßig der Fall sein.[11]

5a Wird der Dienst- oder Werkvertrag nicht mit dem Aufsichtsratsmitglied persönlich, sondern mit einer Gesellschaft abgeschlossen, an der das Aufsichtsratsmitglied **beteiligt** ist, sind §§ 113, 114 unter bestimmten Voraussetzungen zur Vermeidung von **Umgehungsgeschäften** in Analogie zu § 115 Abs. 3 S. 1 Hs 1 entsprechend anzuwenden.[12] Eine analoge Anwendung ist nicht nur dann geboten, wenn es sich bei dem Aufsichtsratsmitglied um den Alleingesellschafter des Beratungsunternehmens handelt oder jedenfalls eine Abhängigkeit von dem Aufsichtsratsmitglied besteht.[13] Nach mehrfach bestätigter höchstrichterlicher Rechtsprechung ist eine entsprechende Anwendung bereits dann zu bejahen, wenn dem Aufsichtsratsmitglied aufgrund seiner Beteiligung **mittelbare Zuwendungen** zufließen, bei denen es sich nicht nur um – abstrakt betrachtet – ganz geringfügige Leistungen handelt oder die im Vergleich zu der von der Hauptversammlung festgesetzten Aufsichtsratsvergütung einen vernachlässigenswerten Umfang haben.[14] Entscheidend ist, dass die Höhe des dem Aufsichtsratsmitglied zufließenden Beratungshonorars geeignet ist, das Ziel der §§ 113, 114, die unabhängige Wahrnehmung der organschaftlichen Überwachungstätigkeit, zu gefährden.[15] Auf

---

4 MüHb-AG/*Hoffmann-Becking*, § 33 Rn 35.
5 BGHZ 114, 127, 133 ff = NJW 1991, 1830 (Deutscher Herold) für Verträge, die die organschaftliche Aufgabenstellung gemäß § 113 betreffen; BGHZ 126, 340, 346 ff = NJW 1994, 2484; *Hüffer*, Rn 2 mwN; MüKo-AktG/*Habersack*, Rn 10 mwN; für Verträge, die vor der Revisionsentscheidung am 25.3.1991 geschlossen wurden, gewährt der BGH allerdings unter bestimmten Voraussetzungen Vertrauensschutz, vgl BGHZ 114, aaO.
6 *Lutter/Kremer*, ZGR 1992, 87, 105 f; *Lutter/Krieger*, AR, Rn 872; MüKo-AktG/*Habersack*, Rn 17 f; *Hüffer*, Rn 2 b mwN; im Ergebnis ebenso BGH ZIP 2012, 1807, 1809 (Fresenius): Anwendung jedenfalls dann, wenn der Vorstand die Möglichkeit hat, den Vertragsabschluss mit der abhängigen Gesellschaft zu beeinflussen, wovon nach § 17 f im Regelfall auszugehen ist; aA MüHb-AG/*Hoffmann-Becking*, § 33 Rn 29: Zustimmungspflicht nur bei konkreten Indizien auf Missbrauch; KölnKomm-AktG/*Mertens/Cahn*, Rn 11: nur bei Umgehung im Einzelfall.
7 *Lutter/Krieger*, aaO.
8 *Lutter/Krieger*, AR, Rn 875; *Hüffer*, Rn 2 b; KölnKomm-AktG/*Mertens/Cahn*, Rn 12; aA MüKo-AktG/*Habersack*, Rn 17 mwN.
9 OLG Hamburg ZIP 2007, 814, 818; *Lutter/Krieger*, AR, Rn 875.
10 In Missbrauchsfällen dafür *Hüffer*, Rn 2 b.
11 *Hüffer*, Rn 3.
12 Mittlerweile ganz hM: BGH, Urt. v. 3.7.2006, ZIP 2006, 1529, 1531; BGH, Urt. v. 20.11.2006, ZIP 2007, 22 f; BGH, Urt. v. 2.4.2007, AG 2007, 484 f; KG AG 1997, 42, 44 f; LG Stuttgart ZIP 1998, 1275, 1280; LG Köln ZIP 2002, 1296 (rechtskräftig); KölnKomm-AktG/*Mertens/Cahn*, Rn 18; *Hüffer*, Rn 2 a; MüHb-AG/*Hoffmann-Becking*, § 33 Rn 41; *Lutter/Kremer*, ZGR 1992, 87, 106; MüKo-AktG/*Habersack*, Rn 14.
13 Vgl BGH, Urt. v. 3.7.2006, ZIP 2006, 1529, 1531 zum Fall des Alleingesellschafters; vgl ferner *Hüffer*, Rn 2 a mwN.
14 BGH, Urt. v. 20.11.2006, ZIP 2007, 22; BGH, Urt. v. 2.4.2007, AG 2007, 484 f; BGH ZIP 2012, 1807, 1809 (Fresenius); *Hüffer*, aaO mwN; kritisch KölnKomm-AktG/*Mertens/Cahn*, Rn 14 ff: nur bei Umgehungsabsicht, dann aber ohne Erfordernis einer gesellschaftsrechtlichen Beteiligung.
15 BGH, Urt. 20.11.2006, ZIP 2007, 22, vgl auch *Vetter*, AG 2006, 173, 177 mwN.

eine Beherrschung des Beratungsunternehmens kommt es nicht an.[16] Entsprechende Grundsätze gelten auch für den Abschluss eines Beratungsvertrages mit einer Personengesellschaft.[17]

IV. Außerhalb der Tätigkeit im Aufsichtsrat. Nur Verträge **außerhalb der Tätigkeit im Aufsichtsrat** begründen die Zustimmungspflicht gemäß Abs. 1. Fällt die Tätigkeit in den Aufgabenbereich des Aufsichtsrates, handelt es sich um eine verdeckte Aufsichtsratsvergütung, die nur in der Satzung festgesetzt oder von der Hauptversammlung bewilligt werden kann (§ 113 Abs. 1 S. 1). Verträge, durch die Aufsichtsratsmitgliedern eine zusätzliche Vergütung für ihre Aufsichtsratstätigkeit – auch für Sonderleistungen im Rahmen dieser Aufgaben – gewährt wird, sind wegen Umgehung des § 113 nach § 134 BGB nichtig.[18] 6

Die erforderliche Abgrenzung kann Schwierigkeiten bereiten, weil der Aufsichtsrat im Rahmen seiner Tätigkeit auch **Beratung** schuldet (vgl § 111 Rn 8).[19] Eine Abgrenzung nach dem Umfang der geschuldeten Tätigkeit lässt sich nicht durchführen. Es kann nicht darauf ankommen, ob die übernommene Beratungstätigkeit das Maß überschreitet, in dem ein Aufsichtsratsmitglied üblicherweise tätig zu werden hat. Erfordern die besonderen Verhältnisse der Gesellschaft einen über den normalen Rahmen hinausgehenden Einsatz, dann muss das Aufsichtsratsmitglied ihn gleichwohl leisten. Eine Sondervergütung kann dafür nicht beansprucht werden.[20] Die Abgrenzung kann daher nur anhand der **konkret geschuldeten Art der Tätigkeit** unter Berücksichtigung der Verhältnisse der Gesellschaft erfolgen. Dabei fällt eine Tätigkeit umso eher aus dem Aufgabenbereich des Aufsichtsrates heraus, je mehr sie Fragen eines besonderen Fachgebietes betrifft. Das kann zB die Entwicklung eines EDV-gestützten Controlling-Systems betreffen,[21] nicht aber allgemeine Bereiche der Unternehmensführung,[22] die „Beratung in betriebswirtschaftlichen Fragen",[23] „die anwaltliche Beratung in sämtlichen Angelegenheiten der Gesellschaft",[24] oder die Aufgaben einer „ausgelagerten (Konzern-)Rechtsabteilung".[25] Nicht zum Aufgabenkreis des Aufsichtsrats zählt ferner das **Tagesgeschäft**.[26] Das Tagesgeschäft umfasst in Abgrenzung zu Beratungsmandaten rechtliche Standardmandate wie Prozessvertretung, Gestaltung von Verträgen oder Vorgehen gegen Behörden.[27] 7

V. Zustimmung des Aufsichtsrates. Der Schutzzweck des § 114 verlangt, dass sowohl der Gegenstand der Leistung als auch die Höhe der Gegenleistung gegenüber dem Aufsichtsrat offen gelegt und von ihm gebilligt werden.[28] Dazu gehört, dass die Leistungen an die Gesellschaft sowie das für diese Leistungen von der Gesellschaft zu entrichtende Entgelt so konkret bezeichnet werden, dass sich der Aufsichtsrat ein eigenständiges Urteil über die Art der Leistung, ihren Umfang sowie die Höhe und Angemessenheit der Vergütung bilden kann.[29] In diesem Zusammenhang genügt nicht, wenn als Beratungsgegenstand nur beispielhaft bezeichnete Vertragsgegenstände auf Gebieten angegeben werden, die grundsätzlich auch zur Organtätigkeit gehören oder gehören können.[30] Die Bezugnahme auf eine amtliche Gebührenordnung reicht aus,[31] nicht aber auf den „üblichen Stundensatz" ohne Bezifferung[32] oder die Möglichkeit abweichender Pauschalhonorare.[33] Soweit über mündliche Beratungsverträge entschieden werden soll, muss der Vertragsinhalt vor Durchführung des Vertrages so konkret dokumentiert werden, dass diese Dokumentation den vorstehenden Anforderungen genügt.[34] Ob ein nicht hinreichend konkretisierter Vertrag nachträglich konkretisiert und dann vom Aufsichtsrat genehmigt werden kann, hat der BGH ausdrücklich offen gelassen.[35] 8

Verträge, die diese Anforderungen nicht erfüllen, sind nicht nach § 114 Abs. 1 genehmigungsfähig, sondern gemäß § 113 iVm § 134 BGB nichtig.[36] Der Aufsichtsrat kann die Entscheidung auf einen Ausschuss delegieren, weil § 114 in § 107 Abs. 3. S. 3 nicht aufgeführt ist. Das betreffende Aufsichtsratsmitglied ist analog 8a

---

16 BGH, aaO: Anwendung auch bei Halten einer 50 %-Beteiligung.
17 MüKo-AktG/*Habersack*, Rn 15 mwN; ausdrücklich zur Anwalts-GbR: BGH AG 2007, 484; OLG Hamburg ZIP 2007, 814.
18 BGHZ 114, 127, 129 = NJW 1991, 1830 (Deutscher Herold); zuletzt BGH AG 2007, 484 f.
19 *Hüffer*, Rn 5.
20 BGHZ 114, 127, 129 = NJW 1991, 1830 (Deutscher Herold).
21 OLG Köln AG 1995, 90, 91.
22 BGHZ 114, 127, 129 = NJW 1991, 1830 (Deutscher Herold).
23 BGH, Urt. v. 3.7.2006, ZIP 2006, 1529, 1533.
24 BGH, Urt. v. 2.4.2007, AG 2007, 484 f.
25 OLG Köln ZIP 2013, 516, 518 (Solarworld).
26 Großkomm-AktienR/*Hopt/Roth*, Rn 21; vgl OLG Frankfurt, Beschl. v. 23.7.2010 – 5 W 91/00, Rn 41.
27 Vgl zu weiteren Beispielen *Ziemons*, GWR 2012, 451, 453.
28 OLG Köln AG 1995, 90, 91 ff; LG Stuttgart ZIP 1998, 1275, 1278 ff; MüHb-AG/*Hoffmann-Becking*, § 33 Rn 42.
29 Vgl BGH NJW 1994, 2484 f; BGH, Urt. v. 3.7.2006, ZIP 2006, 1529, 1533; BGH, Urt. v. 20.11.2006, ZIP 2007, 22 f; BGH, Urt. v. 2.4.2007, AG 2007, 484 f.
30 Vgl BGH, Urt. v. 20.11.2006, ZIP 2007, 22 ff: zB Beratung der Gesellschaft bei dem Abschluss von Unternehmens- und Beteiligungskaufverträgen und bei der Eingehung strategischer Allianzen (Joint Ventures); OLG Köln ZIP 2013, 516, 518 (Solarworld): Erstellung eines Leitfadens für die Hauptversammlung.
31 MüHb-AG/*Hoffmann-Becking*, § 33 Rn 42.
32 LG Stuttgart ZIP 1998, 1275, 1279; *Hüffer*, Rn 6.
33 OLG Frankfurt ZIP 2005, 2322, 2324.
34 Vgl OLG Frankfurt ZIP 2005, 2322, 2324, das generell Zweifel an der Zulässigkeit mündlicher Beratungsverträge äußert; zustimmend: *Vetter*, AG 2006, 173, 179 mwN: keine nachträgliche Genehmigung eines nur mündlich geschlossenen Vertrages.
35 BGH, Urt. v. 20.11.2006, ZIP 2007, 22, 24; BGH ZIP 2012, 1807, 1809 (Fresenius); gegen eine Genehmigungsfähigkeit nach Erbringung der Leistung: OLG Frankfurt ZIP 2005, 2322, 2324; MüKo-AktG/*Habersack*, Rn 19 mwN; dafür zB K. Schmidt/Lutter/*Drygala*, Rn 19 mwN; *Lorenz/Pospiech*, NZG 2011, 81, 85 f.
36 BGH NJW 1994, 2484 f; BGH, Urt. v. 3.7.2006, ZIP 2006, 1529, 1532; BGH, Urt. v. 20.11.2006, ZIP 2007, 22 f; BGH, Urt. v. 2.4.2007, AG 2007, 484 f.

§ 34 BGB von der Abstimmung ausgeschlossen.[37] Die Zustimmung kann sowohl als Einwilligung oder als Genehmigung erteilt werden (§§ 183, 184 BGB).[38] Wird die Zustimmung versagt, entsteht mit Rücksicht auf den Zweck des § 114 kein Anspruch aus §§ 280 Abs. 1, 311 Abs. 2 BGB (c.i.c.).[39]

8b Eine zeitlich vor Vorliegen der Zustimmung gezahlte Vergütung verstößt grundsätzlich gegen Abs. 1. Daran ändert sich nichts, wenn der Aufsichtsrat den Vertrag anschließend genehmigt.[40] Unter welchen Voraussetzungen der BGH bereit sein könnte, ausnahmsweise eine Zahlung vor einer Zustimmung zuzulassen, bleibt unklar. Insbesondere hat der BGH offen gelassen, ob eine Zahlung vor Zustimmung des Aufsichtsrats ausnahmsweise dann rechtmäßig ist, wenn am Anfang eines jeden Jahres vom Aufsichtsrat eine Obergrenze für Mandate an bestimmte Aufsichtsratsmitglieder oder deren Sozietäten festgelegt wird und die einzelnen Verträge dann am Ende des Jahres dem Aufsichtsrat zur Genehmigung vorgelegt werden.[41] Bis zu einer Klärung ist daher von entsprechenden Zahlungen abzuraten.

C. Unwirksame Verträge (Abs. 2)

9 Abs. 2 S. 1 begründet einen **besonderen aktienrechtlichen Rückgewähranspruch**.[42] Danach hat das Aufsichtsratsmitglied die Vergütung sofort zurückzugewähren, falls nicht der Aufsichtsrat den Vertrag nachträglich genehmigt.[43] Bereicherungsrechtliche Besonderheiten spielen dabei keine Rolle (§§ 814, 818 BGB).[44] Unterbleibt die Rückforderung, machen sich Vorstandsmitglieder gemäß § 93 Abs. 1 und 2 schadensersatzpflichtig. Unabhängig davon besteht ein Schadensersatzanspruch aus § 93 Abs. 3 Nr. 7, wenn entgegen der Regelung des § 114 eine Vergütung gewährt wird.

9a Abs. 2 S. 1 findet auch Anwendung im Falle eines Vertrages über eine Tätigkeit im Aufgabenbereich des Aufsichtsrats, der wegen des Verstoßes gegen § 113 gemäß § 134 BGB nichtig, also nicht genehmigungsfähig ist.[45] Anspruchsgegner ist stets das Aufsichtsratsmitglied selbst.[46] Wurde der Vertrag mit einer Gesellschaft geschlossen, an der das Aufsichtsratsmitglied beteiligt ist, richtet sich der Anspruch auch gegen die Gesellschaft.[47]

10 Hat das Aufsichtsratsmitglied bereits Leistungen erbracht, kann dies einen Bereicherungsanspruch begründen (Abs. 2 S. 2 Hs 1). Es handelt sich um einen Tatbestandsverweis.[48] Die Gesellschaft kann daher zB den Einwand aus § 814 BGB erheben, wonach das Aufsichtsratsmitglied gewusst habe, dass es nicht zur Leistung verpflichtet gewesen sei.[49] Für den Bereicherungsanspruch des Aufsichtsratsmitglieds gilt das Aufrechnungsverbot des § 114 Abs. 2 S. 2 Hs 2.

§ 115 Kreditgewährung an Aufsichtsratsmitglieder

(1) ¹Die Gesellschaft darf ihren Aufsichtsratsmitgliedern Kredit nur mit Einwilligung des Aufsichtsrats gewähren. ²Eine herrschende Gesellschaft darf Kredite an Aufsichtsratsmitglieder eines abhängigen Unternehmens nur mit Einwilligung ihres Aufsichtsrats, eine abhängige Gesellschaft darf Kredite an Aufsichtsratsmitglieder des herrschenden Unternehmens nur mit Einwilligung des Aufsichtsrats des herrschenden Unternehmens gewähren. ³Die Einwilligung kann nur für bestimmte Kreditgeschäfte oder Arten von Kreditgeschäften und nicht für länger als drei Monate im voraus erteilt werden. ⁴Der Beschluß über die Einwilligung hat die Verzinsung und Rückzahlung des Kredits zu regeln. ⁵Betreibt das Aufsichtsratsmitglied ein Handelsgewerbe als Einzelkaufmann, so ist die Einwilligung nicht erforderlich, wenn der Kredit für die Bezahlung von Waren gewährt wird, welche die Gesellschaft seinem Handelsgeschäft liefert.

(2) Absatz 1 gilt auch für Kredite an den Ehegatten, Lebenspartner oder an ein minderjähriges Kind eines Aufsichtsratsmitglieds und für Kredite an einen Dritten, der für Rechnung dieser Personen oder für Rechnung eines Aufsichtsratsmitglieds handelt.

---

37 BGH, Urt. v. 2.4.2007, AG 2007, 484 f; BGH ZIP 2012, 1807, 1811 (Fresenius).
38 *Hüffer*, Rn 6; MüKo-AktG/*Habersack*, Rn 68, str; aA wohl OLG Frankfurt ZIP 2005, 2322, 2324.
39 MüKo-AktG/*Habersack*, Rn 36; offen gelassen bei *Schlaus*, AG 1968, 376, 377.
40 BGH ZIP 2012, 1807, 1809 (Fresenius); aA ein Teil der Literatur, vgl *Drygala*, ZIP 2011, 427, 429; *Pietzke*, BB 2012, 658 mwN.
41 BGH ZIP 2012, 1807 f (Fresenius).
42 *Hüffer*, Rn 7.
43 Ausschuss B, *Kropff*, S. 159.
44 *Hüffer*, Rn 8.
45 BGH, Urt. v. 3.7.2006, ZIP 2006, 1529, 1532; BGH, Urt. v. 20.11.2006, ZIP 2007, 22, 24; zustimmend: *Hüffer*, Rn 7; aA Großkomm-AktienR/*Hopt/Roth*, § 113 Rn 112 f: Rückgriff auf §§ 812 ff BGB.
46 BGH, Urt. v. 3.7.2006, ZIP 2006, 1529, 1532.
47 BGH, Urt. v. 20.11.2006, ZIP 2007, 22, 24; offen gelassen von BGH, Urt. v. 3.7.2006, ZIP 2006, 1529, 1532.
48 *Hüffer*, Rn 8.
49 Ausschuss B, *Kropff*, S. 159; erforderlich ist positive Kenntnis.

(3) ¹Ist ein Aufsichtsratsmitglied zugleich gesetzlicher Vertreter einer anderen juristischen Person oder Gesellschafter einer Personenhandelsgesellschaft, so darf die Gesellschaft der juristischen Person oder der Personenhandelsgesellschaft Kredit nur mit Einwilligung des Aufsichtsrats gewähren; Absatz 1 Satz 3 und 4 gilt sinngemäß. ²Dies gilt nicht, wenn die juristische Person oder die Personenhandelsgesellschaft mit der Gesellschaft verbunden ist oder wenn der Kredit für die Bezahlung von Waren gewährt wird, welche die Gesellschaft der juristischen Person oder der Personenhandelsgesellschaft liefert.

(4) Wird entgegen den Absätzen 1 bis 3 Kredit gewährt, so ist der Kredit ohne Rücksicht auf entgegenstehende Vereinbarungen sofort zurückzugewähren, wenn nicht der Aufsichtsrat nachträglich zustimmt.

(5) Ist die Gesellschaft ein Kreditinstitut oder Finanzdienstleistungsinstitut, auf das § 15 des Gesetzes über das Kreditwesen anzuwenden ist, gelten anstelle der Absätze 1 bis 4 die Vorschriften des Gesetzes über das Kreditwesen.

A. Regelungsgegenstand und -zweck

Die Regelung bezweckt, Missbräuche zu verhüten, die sich ergeben können, wenn ein Aufsichtsratsmitglied seine Stellung benutzt, um sich von der Gesellschaft, vertreten durch den Vorstand, einen Kredit in unangemessener Höhe oder ohne ausreichende Sicherheit geben zu lassen.[1] Sie ist § 89 nachgebildet und stimmt inhaltlich weitgehend überein. § 115 Abs. 2 wurde geändert durch Art. 3 § 28 Gesetz zur Beendigung der Diskriminierung gleichgeschlechtlicher Gemeinschaften: Lebenspartnerschaften vom 16.2.2001.[2] § 115 Abs. 5 wurde neu gefasst durch Art. 4 Nr. 7 Begleitgesetz zum Gesetz zur Umsetzung von EG-Richtlinien zur Harmonisierung bank- und wertpapieraufsichtsrechtlicher Vorschriften vom 22.10.1997.[3] Die Neufassung entspricht derjenigen in § 89 Abs. 6.

B. Einzelheiten

Die Gewährung eines Kredites an ein Aufsichtsratsmitglied oder nahe stehende Personen (Abs. 2) bedarf der **vorherigen Zustimmung (Einwilligung)** des Aufsichtsrates (Abs. 1 S. 1). Anders als § 114 erfasst die Regelung ausdrücklich auch den Vertragsabschluss mit Aufsichtsratsmitgliedern verbundener Unternehmen (Abs. 1 S. 2).[4] Einer Einwilligung bedarf es nicht bei einem sog. Warenkredit (Abs. 1 S. 5). Damit soll der Geschäftsverkehr der Gesellschaft mit ihren Abnehmern erleichtert werden. Diese Ausnahme ist eng begrenzt und gilt nicht für andere Kredite, wie zB Kredite für geleistete Dienste oder zur Beschaffung von Maschinen und Rohstoffen.[5] Abweichend von § 89 sieht § 115 weder die Möglichkeit einer sog. Entnahme (§ 89 Abs. 1 S. 4) noch eine Bagatellregelung (§ 89 Abs. 1 S. 5) vor. Kredite an Aufsichtsratsmitglieder sind in den Anhang aufzunehmen (§ 285 Nr. 9 lit. c HGB). Das gilt auch für Mitarbeiterdarlehen an Arbeitnehmervertreter. Eine Sonderregelung für Aufsichtsratsmitglieder von Kreditinstituten oder Finanzdienstleistungsinstituten enthält Abs. 5 (s. § 89 Rn 11).

§ 116 Sorgfaltspflicht und Verantwortlichkeit der Aufsichtsratsmitglieder

¹Für die Sorgfaltspflicht und Verantwortlichkeit der Aufsichtsratsmitglieder gilt § 93 mit Ausnahme des Absatzes 2 Satz 3 über die Sorgfaltspflicht und Verantwortlichkeit der Vorstandsmitglieder sinngemäß. ²Die Aufsichtsratsmitglieder sind insbesondere zur Verschwiegenheit über erhaltene vertrauliche Berichte und vertrauliche Beratungen verpflichtet. ³Sie sind namentlich zum Ersatz verpflichtet, wenn sie eine unangemessene Vergütung festsetzen (§ 87 Absatz 1).

Literatur:
Hoffmann-Becking, Rechtliche Anmerkungen zur Vorstands- und Aufsichtsratsvergütung, ZHR 169 (2005) 155–180; *Lutter*, Bankenvertreter im Aufsichtsrat, ZHR 145 (1981), 224; *ders*, Information und Vertraulichkeit im Aufsichtsrat, 3. Aufl 2006; *Peltzer*, Verschärfung der Haftung von Vorstand und Aufsichtsrat und dadurch entstehende Zielkonflikte, in: FS Walter Hadding, 2004, S. 593; *Schäfer*, Die Binnenhaftung von Vorstand und Aufsichtsrat nach der Renovierung durch das UMAG, ZIP 2005, 1253; *Schmidt-Aßmann/Ulmer*, Die Berichterstattung von Aufsichtsratsmitgliedern einer Gebietskörperschaft nach § 394 AktG, BB 1988, Sonderbeil. 13; *Schüppen*, To comply or not to comply – that's the question! „Existenzfragen" des Transparenz- und Publizitätsgesetzes im magischen Dreieck kapitalmarktorientierter Unternehmensführung, ZIP 2002, 1269; *Schwark*, Zum Haf-

---

1 RegBegr. *Kropff*, S. 160.
2 BGBl. I S. 266.
3 BGBl. I S. 2567.
4 Zur entsprechenden Anwendung von § 114 vgl oben § 114 Rn 4.
5 RegBegr. *Kropff*, S. 160.

tungsmaßstab der Aufsichtsratsmitglieder einer AG, in: FS Winfried Werner, 1984, S. 841; *Seibt*, Deutscher Corporate Governance Kodex und Entsprechens-Erklärung (§ 161 AktG-E), AG 2002, 249; *Ulmer*, Zur Haftung der abordnenden Körperschaft nach § 31 für Sorgfaltsverstöße des von ihr benannten Aufsichtsratsmitglieds, in: FS Walter Stimpel, 1985, S. 705; *ders*, Der Deutsche Corporate Governance Kodex – ein neues Regulierungsinstrument für börsennotierte Aktiengesellschaften, ZHR 166 (2002), 150; *von Falkenhausen*, Der Anwalt im Aufsichtsrat, ZIP 2013, 862; *Werner*, Aufsichtsratstätigkeit von Bankenvertretern, ZHR 145 (1981), 252.

A. Regelungsgegenstand und -zweck 1	II. Interessenkonflikte 4
B. Sorgfaltspflicht (§§ 116 S. 1, 93 Abs. 1, 116 S. 3) . 2	III. Verschwiegenheitspflicht 7
I. Grundsatz 2	1. Grundlagen 7
1. Mindeststandard 2	2. Sachlicher Umfang 8
2. Differenzierungen 3	3. Ausnahmen 11
3. Grenze bei unternehmerischen Entscheidungen (§§ 116 S. 1, 93 Abs. 1 S. 2) 3a	C. Schadensersatzpflicht der Aufsichtsratsmitglieder (§§ 116 S. 1, 93 Abs. 2 bis 6) 13
4. Verpflichtung zur Festsetzung einer angemessenen Vorstandsvergütung (S. 3) 3d	I. Allgemeines 13
	II. Pflichtverletzung 15
5. Pflichten des überstimmten Aufsichtsratsmitglieds oder bei Enthaltung 3e	III. Kausalität 17a
	IV. Rechtsprechung 18

A. Regelungsgegenstand und -zweck

1 § 116 S. 1 erklärt die Regelung über die Sorgfaltspflichten und die Verantwortlichkeit eines Vorstandsmitgliedes gemäß § 93 mit Ausnahme des Abs. 2 S. 3 für entsprechend anwendbar. Die durch Art. 1 Nr. 2 VorstAG in § 93 Abs. 2 S. 3 eingeführte Verpflichtung zur Vereinbarung eines Selbstbehaltes bei Abschluss einer D & O-Versicherung ist damit für den Aufsichtsrat nicht übernommen worden.[1] Sorgfaltspflichten und Verantwortlichkeit von Vorstands- und Aufsichtsratsmitgliedern sind jedoch nicht deckungsgleich.[2] Vielmehr muss der Regelungsgehalt des § 116 unter Berücksichtigung des besonderen Aufgabenbereichs und der Kenntnisse und Fähigkeiten eines Aufsichtsratsmitgliedes bestimmt werden. § 116 S. 2 wurde durch Art. 1 Nr. 10 TransPublG eingefügt.[3] Er bezweckt, die Verpflichtung zur Verschwiegenheit in § 116 besonders hervorzuheben.[4] § 116 S. 3 geht auf Art. 1 Nr. 2 VorstAG zurück. Er soll die Sorgfaltspflicht bei der Vergütungsfestsetzung besonders betonen.[5]

B. Sorgfaltspflicht (§§ 116 S. 1, 93 Abs. 1, 116 S. 3)

2 **I. Grundsatz. 1. Mindeststandard.** Gemäß §§ 116 S. 1, 93 Abs. 1 S. 1 haben die Mitglieder des Aufsichtsrates ihre Tätigkeit mit der Sorgfalt eines **ordentlichen und gewissenhaften Aufsichtsratsmitglieds** zu erledigen.[6] Die Leitfigur des ordentlichen Geschäftsleiters wird auf diese Weise gegen diejenige des ordentlichen Aufsichtsratsmitglieds ausgetauscht. Entsprechend der Kompetenzverteilung innerhalb der Gesellschaft tritt damit die Überwachungsfunktion des Aufsichtsratsmitgliedes in den Vordergrund.[7]

3 **2. Differenzierungen.** Der Sorgfaltsmaßstab der §§ 116 S. 1, 93 Abs. 1 ist nach heute hM ein objektiver, der für **alle Aufsichtsratsmitglieder** ohne Unterschied ihrer persönlichen Kenntnisse und Fähigkeiten gilt.[8] Jedes Aufsichtsratsmitglied, auch jeder Vertreter der Arbeitnehmer, muss diejenigen Mindestkenntnisse und -fähigkeiten besitzen oder sich aneignen, die es braucht, um alle normalerweise anfallenden Geschäftsvorgänge auch ohne fremde Hilfe verstehen und sachgerecht beurteilen zu können.[9] Allerdings kann auf Basis des geforderten Mindeststandards den unterschiedlichen Kenntnissen und Fähigkeiten durch die vom Gesetz zugelassene Arbeitsteilung Rechnung getragen werden. Aufsichtsratsmitglieder, die eine besondere Funktion übernehmen, insbesondere den Aufsichtsratsvorsitz oder die Mitgliedschaft in einem Ausschuss, unterliegen einem **strengeren Sorgfaltsmaßstab**.[10] Dasselbe gilt auch für einfache Aufsichtsratsmitglieder, sofern sie in der konkreten Angelegenheit über besondere Sachkenntnis verfügen (zB für einen Bankenvertreter bei der Prüfung der Liquidität der Gesellschaft oder einen Rechtsanwalt bei der Prüfung der rechtli-

---

1 Gesetz zur Angemessenheit der Vorstandsvergütung (VorstAG) vom 31.7.2009, BGBl. I 2509, in Kraft getreten am 5.8.2009.
2 *Hüffer*, Rn 1.
3 Gesetz zur weiteren Reform des Aktien- und Bilanzrechts, zu Transparenz und Publizität (TransPublG) v. 19.7.2002, BGBl. I S. 2681.
4 RegBegr, BT-Drucks. 14/8769, S. 18.
5 RegBegr, BT-Drucks. 16/12278, S. 6.
6 *Lutter/Krieger*, AR, Rn 982; MüHb-AG/*Hoffmann-Becking*, § 33 Rn 58.
7 *Hüffer*, Rn 2; näher zur Überwachungspflicht § 111 Rn 4 ff.
8 BGHZ 85, 293, 295 ff = NJW 1983, 991 (Hertie); KölnKomm-AktG/*Mertens/Cahn*, § 111 Rn 25; *Lutter/Krieger*, AR, Rn 1005; *Hüffer*, Rn 2; zum Einfluss des DCGK auf den Sorgfaltsmaßstab vgl Rn 17.
9 BGH, aaO.
10 Wohl unstreitig, vgl *Schwarck*, in: FS Werner, 1984, S. 841, 848; *Hüffer*, Rn 3; *Lutter/Krieger*, AR, Rn 1008; MüKo-AktG/*Habersack*, Rn 27 mwN; vgl auch § 107 Rn 30.

chen Risiken aus einem für die Gesellschaft besonders bedeutsamen Geschäft).[11] Diese Auffassung hat der BGH nunmehr bestätigt. Danach unterliegt das Aufsichtsratsmitglied, das über beruflich erworbene Spezialkenntnisse verfügt, soweit sein Spezialgebiet betroffen ist, insoweit einem erhöhten Sorgfaltsmaßstab. Denn es wird nicht selten wegen dieser speziellen Kenntnisse in den Aufsichtsrat gewählt.[12] Soweit gesetzliche Vorschriften für bestimmte Unternehmen oder Aufgaben besondere Sachkunde eines Aufsichtsratsmitglieds verlangen, ergibt sich daraus ebenfalls strengerer Sorgfaltsmaßstab.[13] Werden Fachausschüsse gebildet und wegen besonderer Fachkenntnisse mit bestimmten Aufsichtsratsmitgliedern besetzt, können sich die nicht dem Ausschuss angehörenden Mitglieder auf die allgemeine Überwachung des Ausschusses durch das Plenum beschränken.[14] Aber auch bei der Arbeit im Plenum können sich die Aufsichtsratsmitglieder auf das Urteil der mit besonderen Kenntnissen ausgestatteten Mitglieder verlassen, nachdem sie deren Urteil auf Plausibilität überprüft haben.[15]

3. Grenze bei unternehmerischen Entscheidungen (§§ 116 S. 1, 93 Abs. 1 S. 2). Gemäß §§ 116 S. 1, 93 Abs. 1 S. 2 liegt eine Pflichtverletzung nicht vor, wenn das Aufsichtsratsmitglied bei einer unternehmerischen Entscheidung vernünftigerweise annehmen durfte, auf der Grundlage angemessener Information zum Wohle der Gesellschaft zu handeln. § 93 Abs. 1 S. 2 wurde eingeführt durch Art. 1 Nr. 1 UMAG.[16] Nach dem Willen des Gesetzgebers soll auf diese Weise mit Blick auf die Verschärfung des Verfolgungsrechts einer Aktionärsminderheit (§ 148) klargestellt werden, dass eine Erfolgshaftung der Organmitglieder gegenüber der Gesellschaft ausscheidet, dass also für Fehler im Rahmen des unternehmerischen Entscheidungsspielraums nicht gehaftet wird („**Business Jugdement Rule**").[17] Die Tatbestandseinschränkung setzt nach der Begründung des Gesetzgebers fünf – teils implizite – Merkmale voraus: (1.) unternehmerische Entscheidung, (2.) Gutgläubigkeit, (3.) Handeln ohne Sonderinteressen und sachfremde Einflüsse, (4.) Handeln zum Wohle der Gesellschaft und (5.) Handeln auf der Grundlage angemessener Information.[18]

Im Rahmen des § 116 ist insbesondere zu prüfen, ob das Aufsichtsratsmitglied **unternehmerisch** tätig geworden ist. Unternehmerische Entscheidungen sind dadurch gekennzeichnet, dass sie Chancen und Risiken begründen oder bewusst in Kauf nehmen.[19] Sie müssen daher im Zeitpunkt der Entscheidung **Prognosecharakter** aufweisen.[20] Rechtlich gebundene Entscheidungen und die Verletzung von Treuepflichten sind daher in keinem Fall als unternehmerische Entscheidung anzusehen.[21] Beispiele für unternehmerische Entscheidungen sind die Bestellung von Vorstandsmitgliedern und der Widerruf oder die Ausübung von Zustimmungsrechten nach § 111 Abs. 4 S. 2.[22] Nach überwiegender Meinung zählt dazu wohl auch die Festlegung der individuellen Vergütung eines Vorstandsmitglieds (§ 87).[23] Bei seiner vergangenheitsbezogenen Überwachungstätigkeit steht dem Aufsichtsrat ein unternehmerischer Ermessensspielraum grundsätzlich nicht zu. Nur insoweit, als über das Absehen von einer Anspruchsverfolgung aus übergeordneten Gesichtspunkten zu entscheiden ist, kommt § 93 Abs. 1 S. 2 zur Anwendung.[24]

Eine Änderung der Sorgfaltspflichten ist mit der Neuregelung nicht beabsichtigt.[25] Schon bisher war in der Rechtsprechung anerkannt, dass dem Vorstand einer Aktiengesellschaft für die Leitung der Geschäfte der AG ein weiter Handlungsspielraum zugebilligt werden muss, ohne den unternehmerisches Handeln schlechterdings nicht denkbar ist.[26] Das gilt für den Aufsichtsrat bei der Mitwirkung an unternehmerischen Entscheidungen entsprechend.

---

11 LG Hamburg ZIP 1981, 194, 197; *Lutter*, ZHR 145 (1981), 224, 228; MüHb-AG/*Hoffmann-Becking*, § 33 Rn 61; *Lutter/Krieger*, AR, Rn 1008; MüKo-AktG/*Habersack*, Rn 28; aA wohl *Hüffer*, Rn 3 mwN: keine Haftungsbegründung allein durch individuelle Leistungsfähigkeit; kritisch *Selter*, AG 2012, 11, 18 f.
12 BGH AG 2011, 876, 878 (Ision). Im entschiedenen Fall hatte der als Rechtsanwalt tätige stellvertretende Aufsichtsratsvorsitzende auf der Grundlage eines von ihm entwickelten Konzepts der Einbringung einer untauglichen Sacheinlage zugestimmt; ausführlich zum Sachverhalt die Vorinstanz OLG Hamburg AG 2010, 502.
13 *Unternehmen*: § 36 Abs. 3 KWG für Mitglieder des Verwaltungs- oder Aufsichtsorgans eines Instituts, einer Finanzholding-Gesellschaft oder einer gemischten Finanzholding-Gesellschaft; § 7a Abs. 4 VAG für Mitglieder des Aufsichtsrats von Versicherungsunternehmen und der weiteren dort bezeichneten Unternehmen; eingeführt durch das Gesetz zur Stärkung der Finanzmarkt- und der Versicherungsaufsicht vom 29.7.2009, BGBl. I S. 2305, in Kraft getreten am 1.8.2009; geändert mWv 4.7.2013; *Aufgaben*: § 100 Abs. 5 für den unabhängigen Finanzexperten bei kapitalmarktorientierten Kapitalgesellschaften; eingeführt durch das BilMoG vom 25.5.2009, BGBl. I S. 1102, in Kraft getreten am 29.5.2009 (dazu oben § 100 Rn 18 ff).
14 Näher *Lutter/Krieger*, AR, Rn 1000.
15 *Lutter/Krieger*, AR, Rn 1007; MüHb-AG/*Hoffmann-Becking*, § 33 Rn 61.
16 Gesetz zur Unternehmensintegrität und Modernisierung des Anfechtungsrechts (UMAG) vom 22.9.2005, BGBl. I S. 2802, in Kraft getreten am 1.11.2005.
17 RegBegr, BT-Drucks. 15/5092, S. 11.
18 Vgl RegBegr, aaO; näher dazu § 93 Rn 88 ff.
19 MüKo-AktG/*Habersack*, Rn 40.
20 Vgl *Schäfer*, ZIP 2005, 1253, 1258.
21 MüKo-AktG/*Habersack*, Rn 40.
22 Vgl BGHZ 125, 244 ff = NJW 1997, 1926 = ZIP 1997, 883, 886 (ARAG/Garmenbeck).
23 Vgl BGH ZIP 2006, 72, 73 (Mannesmann); *Hoffmann-Becking*, ZHR 169 (2005), 155, 157 f mwN; *Hohenstatt*, ZIP 2009, 1349, 1354; aA *Schäfer*, ZIP 2005, 1253, 1258; MüKo-AktG/*Habersack*, Rn 41, jeweils mwN.
24 Vgl *Hüffer*, Rn 8; vgl dazu oben § 111 Rn 12.
25 RegBegr, BT-Drucks. 15/5092, 11.
26 Vgl BGH NJW 1997, 1926 (ARAG/Garmenbeck).

3d **4. Verpflichtung zur Festsetzung einer angemessenen Vorstandsvergütung (S. 3).** § 116 S. 3 hebt die Sorgfaltspflicht bei der Vergütungsfestsetzung besonders hervor.[27] Seine Einführung durch das VorstAG steht im Zusammenhang mit der verschärften Regelung in § 87 Abs. 1 zur Angemessenheit der Vorstandsvergütung. Eine inhaltliche Änderung ist mit § 116 S. 3 nicht verbunden.[28] Eine Abmilderung des Sorgfaltsmaßstabes aufgrund eines Beschlusses der Hauptversammlung gemäß § 120 Abs. 4 S. 1 dürfte angesichts des Wortlautes von § 120 Abs. 4 S. 2 ausscheiden. § 120 Abs. 4 S. 2 bestimmt ausdrücklich, dass der Beschluss weder Rechte noch Pflichten begründet und insbesondere die Verpflichtungen des Aufsichtsrats nach § 87 unberührt lässt (näher dazu § 120 Rn 33).

3e **5. Pflichten des überstimmten Aufsichtsratsmitglieds oder bei Enthaltung.** Wird das Aufsichtsratsmitglied bei einem Beschluss **überstimmt**, den es für fehlerhaft hält, befreit allein die Stimmabgabe gegen den Beschluss noch nicht von einer Haftung. Das Aufsichtsratsmitglied ist verpflichtet, seine Bedenken vor der Beschlussfassung gegenüber den anderen Aufsichtsratsmitgliedern deutlich zum Ausdruck zu bringen. Es empfiehlt sich, die Ablehnung des Beschlusses ausdrücklich zu Protokoll zu geben.[29] Das gilt auch dann, wenn nach hier vertretener, umstrittener, Auffassung eine geheime Abstimmung für zulässig gehalten wird (dazu oben § 108 Rn 6). Droht der Gesellschaft bei Durchführung des Beschlusses ein erheblicher Schaden, kann im Einzelfall darüber hinaus eine Klage des Aufsichtsratsmitglieds gegen die Gesellschaft auf Feststellung der Nichtigkeit eines rechtswidrigen Aufsichtsratsbeschlusses geboten sein.[30] Der drohende Schaden ist dabei gegen die mit der Klage verbundene Beeinträchtigung der weiteren Aufsichtsratstätigkeit und eine mögliche negative Wirkung in der Öffentlichkeit abzuwägen. Eine generelle Verpflichtung zur Überprüfung im Klagewege besteht aber nicht.

3f Eine **Enthaltung** schützt nicht vor einer Haftung. Das Aufsichtsratsmitglied ist grundsätzlich verpflichtet, seine Auffassung zu bekunden.[31] Gleiches gilt im Falle eines bewussten Fernbleibens.[32] Davon abzugrenzen ist der Sachverhalt, bei dem das Aufsichtsratsmitglied ausnahmsweise zur Enthaltung **verpflichtet** ist. Nach neuerer Rechtsprechung des BGH muss ein Aufsichtsratsmitglied eines dreiköpfigen Aufsichtsrats zur Herstellung einer Beschlussfähigkeit trotz eines Stimmverbots an der Beschlussfassung teilnehmen, sich jedoch der Stimme enthalten.[33] Eine Teilnahme an der Abstimmung stellte daher eine Verletzung seiner Treuepflicht zur Vermeidung von Interessenkonflikten dar.

4 **II. Interessenkonflikte.** Die Tätigkeit eines Aufsichtsratsmitgliedes ist im Regelfall nur eine Nebentätigkeit. Der Schwerpunkt der beruflichen Tätigkeit des Aufsichtsratsmitgliedes liegt typischerweise außerhalb des Unternehmens oder – bei betrieblichen Arbeitnehmervertretern – zwar innerhalb des Unternehmens, aber in einer wesentlich anderen Funktion.[34] Aus der anderweitigen Tätigkeit können sich vielfältige Interessenkonflikte ergeben. Zur sorgfältigen Amtsausübung des Aufsichtsratsmitgliedes gehört es, Interessenkonflikte zu vermeiden oder, wenn sie unvermeidlich sind und zur Pflichtenkollision werden, entsprechend der **vorrangigen Verpflichtung auf das Unternehmensinteresse** zu lösen.[35]

4a Die konkrete Umsetzung richtet sich nach Lage des Einzelfalls. Eine Patentlösung gibt es dabei nicht. Ziff. 5.5.2 DCGK empfiehlt die Offenlegung des Interessenkonflikts gegenüber dem Aufsichtsrat. Offen zu legen ist jeder Interessenkonflikt, sobald er Auswirkungen auf die Beratungen des Aufsichtsrates hat und nicht aufgrund gesetzlicher Verpflichtung anderweitig offen gelegt (zB § 285 Nr. 10 HGB) oder bereits im Aufsichtsrat bekannt ist. Aufgabe des Aufsichtsratsvorsitzenden ist es dann, auf Basis des offen gelegten Sachverhalts die erforderlichen Maßnahmen zu prüfen, insbesondere, ob ein Stimmverbot aus dem allgemeinen Rechtsgrundsatz der §§ 34 BGB und 47 Abs. 4 GmbHG eingreift.[36] Reicht eine Stimmenthaltung bei der Beschlussfassung nicht aus, kann es darüber hinaus geboten sein, auch an der Beratung nicht teilzunehmen oder das Mandat für eine bestimmte Zeit ruhen zu lassen. Als „Ultima Ratio" kommt die Niederlegung des Mandates in Betracht.[37]

5 Für **Anteilseignervertreter** können sich Interessenkonflikte insbesondere dann ergeben, wenn das Aufsichtsratsmitglied gleichzeitig als Vorstand, leitender Angestellter oder Aufsichtsrat einem anderen Unternehmen

---

27 RegBegr, BT-Drucks. 16/12278, 6.
28 Vgl näher *Hohenstatt*, ZIP 2009, 1349, 1354; kritisch: *Hüffer*, Rn 10.
29 *Lutter/Krieger*, Rn 995; MüKo-AktG/*Habersack*, Rn 38.
30 *Lutter/Krieger*, Rn 996; MüKo-AktG/*Habersack*, aaO; aA möglicherweise BGH NJW 1997, 1926 (ARAG/Garmenbeck).
31 MüKo-AktG/*Habersack*, aaO; strafrechtlich kann eine Enthaltung im Einzelfall als Mittäterschaft zu werten sein, vgl BGH ZIP 2006, 72, 78 (Mannesmann): Auslegung einer Stimmenthaltung als letztendliche Billigung des Ergebnisses, weil das Aufsichtsratsmitglied durch seine Teilnahme an der Abstimmung erst die Beschlussfähigkeit herbeiführte.
32 MüKo-AktG/*Habersack*, aaO.
33 BGH DB 2007, 1296, 1297 = BB 2007, 1185, 1187 = AG 2007, 484; näher dazu oben § 108 Rn 12.
34 *Werner*, ZHR 145 (1981), 252, 257; MüHb-AG/*Hoffmann-Becking*, § 33 Rn 63; dazu § 100 Rn 13.
35 *Hoffmann-Becking*, aaO.
36 DCGK/*Kremer*, Rn 1131; zum Stimmverbot: *Lutter/Krieger*, AR, Rn 905 mwN.
37 Vgl Ziff. 5.5.3 DCGK; *Lutter/Krieger*, AR, Rn 900; *Hoffmann-Becking*, § 33 Rn 65; *Hüffer*, Rn 5; besteht bei gerichtlicher Bestellung gemäß § 104 eine andauernde, nicht anderweitig lösbare, Pflichtenkollision, darf die betreffende Person erst gar nicht bestellt werden (vgl oben § 104 Rn 11).

verpflichtet ist.[38] In diesem Fall kann die Pflichtverletzung gegenüber dem einem Unternehmen nicht mit der Wahrnehmung der Pflichten für das andere Unternehmen gerechtfertigt werden.[39] Besonderheiten gelten bei personellen Verflechtungen **im Konzern**. Bei Bestehen eines Vertragskonzerns sind auch für das beherrschte Unternehmen nachteilige Weisungen zulässig, sofern sie im Konzerninteresse liegen und nicht unverhältnismäßig sind.[40] Im faktischen Konzern haben Aufsichtsratsmitglieder unter Berücksichtigung von § 311 zu prüfen, ob nachteilige Handlungen im Konzerninteresse liegen und ob nachteilige Maßnahmen überhaupt ausgleichsfähig sind.[41]

Auch **Arbeitnehmervertreter** haben ihre Aufsichtsratstätigkeit stets und ausschließlich am Unternehmensinteresse auszurichten.[42] Interessen- und Pflichtenkollisionen können vor allem bei Arbeitskämpfen auftreten. Im Grundsatz ist anerkannt, dass sich Arbeitnehmervertreter an rechtmäßigen Arbeitskämpfen beteiligen dürfen.[43] Streitig ist hingegen eine Beteiligung, die über die bloße Arbeitsniederlegung hinausgeht und in eine aktive Rolle übergeht.[44]

III. Verschwiegenheitspflicht. 1. Grundlagen. Gemäß §§ 116 S. 1, 93 Abs. 1 S. 3 haben Aufsichtsratsmitglieder über **vertrauliche Angaben und Geheimnisse** der Gesellschaft, namentlich Betriebs- oder Geschäftsgeheimnisse, die ihnen durch ihre Tätigkeit im Aufsichtsrat bekannt geworden sind, Stillschweigen zu bewahren. § 116 S. 2 hebt die Pflicht zur Verschwiegenheit über erhaltene **vertrauliche Berichte** und **vertrauliche Beratungen** hervor. Die Schweigepflicht gilt für alle Aufsichtsratsmitglieder in gleichem Umfang. Sowohl Anteilseignervertreter als auch Arbeitnehmervertreter haben sie gleichermaßen gegenüber Aktionären, der Belegschaft, dem Betriebsrat und den Gewerkschaften zu wahren.[45]

2. Sachlicher Umfang. Die Schweigepflicht erstreckt sich auf **vertrauliche Angaben und Geheimnisse** der Gesellschaft (dazu § 93 Rn 63 f). Ob eine Angelegenheit der Schweigepflicht unterfällt, richtet sich nach dem **objektiven** Bedürfnis der Geheimhaltung und dem Interesse des Unternehmens.[46] Weder Satzung noch Geschäftsordnung können die Schweigepflicht abschwächen oder verschärfen.[47] Möglich bleiben erläuternde Hinweise in Form von Richtlinien,[48] etwa zum Inhalt der Schweigepflicht oder das einzuhaltende Verfahren bei der Weitergabe von Informationen.[49] Diese Richtlinien haben jedoch nur Empfehlungscharakter. Auch eine vorherige Beratung mit dem Aufsichtsratsvorsitzenden kann nicht verbindlich festgelegt werden.[50] Die in Geschäftsordnungen anzutreffende Verpflichtung des Aufsichtsratsmitglieds zur Herausgabe von Geschäftsunterlagen der Gesellschaft einschließlich Duplikate nach Beendigung seiner Amtszeit stellt keine unzulässige Verschärfung der Schweigepflicht dar.[51]

Bei der Beurteilung der Frage, ob eine Angelegenheit der Schweigepflicht unterfällt, steht dem Aufsichtsratsmitglied kein Beurteilungsspielraum zu.[52] Anderenfalls käme es zu einer Lockerung der Gesetzesbindung.[53] Handelt das Aufsichtsratsmitglied jedoch nach sorgfältiger Prüfung und im Rahmen des Vertretbaren, wird man zumindest nicht von einem schuldhaften Verstoß ausgehen können.[54] In einem solchen Fall kann die Gesellschaft nur Unterlassung, nicht aber Schadensersatz verlangen.[55]

§ 116 S. 2 hebt die besondere Pflicht zur Verschwiegenheit über **erhaltene vertrauliche Berichte** und **vertrauliche Beratungen** hervor. Die Hervorhebung steht im Zusammenhang mit den Bemühungen des Gesetzgebers zur Verbesserung des Informationsflusses zwischen Vorstand und Aufsichtsrat. Dem muss nach Auffassung des Gesetzgebers eine entsprechende Verschwiegenheitspflicht gegenüber stehen.[56] In der Sache selbst sind damit keine wesentlichen Änderungen verbunden. Auch bisher war anerkannt, dass die Beratungen und Beschlüsse des Aufsichtsrates einer besonderen Vertraulichkeit unterliegen. Weder Inhalt und Verlauf der Beratung, ggf Zitate von Aufsichtsratsmitgliedern, noch das Abstimmungsergebnis oder das Ab-

---

38 Beispiel (vgl LG Dortmund AG 2002, 97 (Harpener AG)): Kenntnis von unzulässiger eigenkapitalersetzender Darlehensgewährung im herrschenden Unternehmen, bei dem das AR-Mitglied als leitender Angestellter tätig war.
39 BGH NJW 1980, 1629 (Schaffgotsch I).
40 Vgl § 308 Abs. 2; ferner *Lutter/Krieger*, AR, Rn 911.
41 *Lutter/Krieger*, AR, Rn 913.
42 *Lutter/Krieger*, AR, Rn 907; *Hoffmann-Becking*, aaO, Rn 66.
43 HM: *Lutter/Krieger*, AR, Rn 908; *Koberski* in: Wlotzke/Wissmann/Koberski/Kleinsorge, § 25 Rn 117, jeweils mwN.
44 Unzulässig: KölnKomm-AktG/*Mertens/Cahn*, § 117 B § 25 MitbestG Rn 13; *Lutter/Krieger*, aaO; aA *Koberski*, aaO, § 25 Rn 117 f; MüKo-AktG/*Habersack*, § 100 Rn 66 jeweils mwN.
45 KölnKomm-AktG/*Mertens/Cahn*, Rn 51; *Lutter/Krieger*, AR, Rn 275; *Hüffer*, Rn 7; MüHb-AG/*Hoffmann-Becking*, § 33 Rn 46; vgl OLG Stuttgart AG 2007, 218 f zur Verschwiegen-

heitspflicht eines Arbeitnehmervertreters gegenüber dem Betriebsrat.
46 BGHZ 64, 325, 329 = NJW 1975, 1412 (Bayer).
47 BGH, aaO.
48 BGH, aaO, 328.
49 *Lutter*, Information und Vertraulichkeit, Rn 720 ff; MüHb-AG/*Hoffmann-Becking*, § 33 Rn 52.
50 Str, wie hier: KölnKomm-AktG/*Mertens/Cahn*, Rn 47; *Hüffer*, Rn 7; MüKo-AktG/*Habersack*, Rn 66; *Lutter*, aaO, Rn 715, 724 ff; aA *Hoffmann/Becking*, aaO, Rn 54.
51 BGH DB 2008, 2074.
52 HM, MüHb-AG/*Hoffmann-Becking*, § 33 Rn 50; *Hüffer*, Rn 7.
53 *Hüffer*, aaO.
54 *Lutter*, Information und Vertraulichkeit, Rn 446 f.
55 *Hoffmann-Becking*, § 33 Rn 50.
56 RegBegr, BT-Drucks. 14/8769, S. 18.

stimmungsverhalten einzelner Aufsichtsratsmitglieder dürfen weitergegeben werden.[57] Ausnahmen hiervon können nur in eng begrenztem Umfang zugelassen werden.[58]

11 **3. Ausnahmen.** Eine Ausnahme gilt gemäß § 394 für Aufsichtsratsmitglieder, die auf Veranlassung einer Gebietskörperschaft in den Aufsichtsrat gewählt oder entsandt wurden, hinsichtlich der Berichte, die sie der Gebietskörperschaft zu erstatten haben. Die Verpflichtung zur Berichterstattung muss allerdings auf einer anderen gesetzlichen Vorschrift des öffentlichen Rechts beruhen (vgl § 394 Rn 5). Die beamtenrechtliche Pflicht zur Berichterstattung reicht nach der hier vertretenen Auffassung nicht aus, weil ein Beamter bei seiner Tätigkeit im Aufsichtsrat nicht im Rahmen seines Dienstverhältnisses tätig wird.[59]

11a **Öffentliche Äußerungen** sind einem Aufsichtsratsmitglied nur dann gestattet, wenn keine andere Möglichkeit besteht, schweren Schaden von der Gesellschaft abzuwenden.[60] Nach der gesetzlichen Regelung sind Konflikte innerhalb des Aufsichtsrats bzw Konflikte zwischen Vorstand und Aufsichtsrat innerhalb des Unternehmens auszutragen.[61] Dies folgt daraus, dass die Geschäftsführung bzw Vertretung dem Vorstand obliegt und der Aufsichtsrat grundsätzlich nur als „Binnenorgan" ausgestaltet ist.[62] Eine Verletzung der Sorgfaltspflicht liegt insbesondere dann vor, wenn ein unternehmensinterner Konflikt durch öffentliche Äußerungen nach außen getragen wird und dadurch die Kreditwürdigkeit der Gesellschaft gefährdet wird.[63]

12 Die Mitglieder im Aufsichtsrat einer Konzerntochtergesellschaft, die dem Vertretungsorgan der Obergesellschaft angehören oder bei der Obergesellschaft angestellt sind, sind berechtigt, vertrauliche Informationen innerhalb der Obergesellschaft weiterzugeben, soweit dies dem Zwecke einer sachgemäßen Konzernleitung dient.[64] Dieses Recht ist nicht auf den Vertragskonzern beschränkt, sondern gilt auch im faktischen Konzern.[65]

C. Schadensersatzpflicht der Aufsichtsratsmitglieder (§§ 116 S. 1, 93 Abs. 2 bis 6)

13 **I. Allgemeines.** Über § 116 S. 1 findet auch § 93 Abs. 2 bis 6 mit Ausnahme des Abs. 2 S. 3 sinngemäße Anwendung. Beweislast, gesamtschuldnerische Haftung, Verzicht, Vergleich, Geltendmachung des Ersatzanspruchs und Verjährung richten sich damit nach den für Vorstandsmitglieder geltenden Regeln (vgl § 93 Rn 110 ff). Die Gesellschaft hat daher lediglich darzulegen und zu beweisen, dass ihr durch ein möglicherweise pflichtwidriges Tun oder Unterlassen des Aufsichtsratsmitglieds ein Schaden entstanden ist. Das Aufsichtsratsmitglied muss seinerseits nach §§ 116, 93 Abs. 2 S. 2 darlegen und beweisen, dass es diese Pflichten erfüllt hat oder dass es jedenfalls an der Nichterfüllung kein Verschulden trifft[66] oder dass der Schaden auch bei pflichtgemäßem Alternativverhalten eingetreten wäre.[67] § 93 Abs. 4 S. 1 hat allerdings nur geringe praktische Bedeutung, da der Aufsichtsrat mit Ausnahme eines Beschlusses nach § 147 nicht an Beschlüsse der Hauptversammlung gebunden ist.[68] Der Abschluss einer D & O-Versicherung ist zulässig (dazu oben § 113 Rn 5f), ebenso eine Freistellungserklärung durch Dritte.[69] Durch den fehlenden Verweis auf § 93 Abs. 2 S. 3 muss bei einem Aufsichtsratsmitglied – anders als bei einem Vorstandsmitglied – nicht zwingend ein Selbstbehalt vereinbart werden.[70]

13a Die Durchsetzung von Ersatzansprüchen gegen Organmitglieder, insbesondere Aufsichtsratsmitglieder, wurde überwiegend als unbefriedigend empfunden.[71] Mit der Neuregelung der §§ 147, 148 im Rahmen des UMAG[72] beabsichtigt der Gesetzgeber, die Verfolgung von Ersatzansprüchen zu erleichtern.[73]

13b § 116 S. 1 in Verbindung mit § 93 Abs. 2 betrifft die Haftung des Aufsichtsratsmitgliedes **gegenüber der Gesellschaft**. Daneben ist auch eine Haftung gegenüber Aktionären und außenstehenden Dritten grundsätz-

---

57 BGHZ 64, 325, 330 f; KölnKomm-AktG/*Mertens/Cahn*, Rn 53 f; *Lutter/Krieger*, AR, Rn 266; *Hoffmann-Becking*, § 33 Rn 51.
58 BGH, aaO, 331.
59 Str; vgl aber auch § 394 Rn 5 mwN.
60 MüKo-AktG/*Habersack* Rn 33.
61 *Lutter*, Information und Vertraulichkeit, § 14 Rn 392 f.
62 OLG Stuttgart ZIP 2012, 625, 631 (Piëch) (rechtskräftig); Spindler/Stilz/*Spindler*, Rn 82 mwN.
63 OLG Stuttgart ZIP 2012, 625, 631 (Piëch) (rechtskräftig); die Nichtzulassungsbeschwerde wurde zurückgewiesen, vgl BGH ZIP 2012, 2438 (mAnm *Heidel/Schatz*, EWiR 2013, 229). Die Entscheidung betraf öffentliche Äußerungen zu Derivatgeschäften der beklagten Porsche Automobil Holding SE (Porsche) auf Aktien der Volkswagen AG (VW) im Volumen von über 50 Mrd. EUR im Zusammenhang mit einer geplanten und letztendlich gescheiterten Übernahme von VW durch Porsche.
64 KölnKomm-AktG/*Mertens/Cahn*, Rn 42; MüHb-AG/*Hoffmann-Becking*, § 33 Rn 48; aA *Schmidt-Assmann/Ulmer*, BB 1988, Sonderbeil. 13, S. 4; im Grundsatz ablehnend: MüKo-AktG/*Habersack*, Rn 57, der aber die Verwendung von Informationen zulässt, die durch die Zugehörigkeit zum AR erlangt wurden.
65 KölnKomm-AktG/*Mertens/Cahn*, Rn 42 mwN.
66 Speziell zum Aufsichtsrat: BGH ZIP 2009, 860 f; OLG Stuttgart ZIP 2012, 1965 f (rechtskräftig).
67 OLG Stuttgart, aaO.
68 *Hüffer*, Rn 8 a.
69 *Hüffer*, Rn 8.
70 Vgl aber die dahin gehende Empfehlung in Ziffer 3.8 S. 4 DCGK.
71 Vgl *Peltzer*, in: FS Hadding, S. 593 mwN.
72 Gesetz zur Unternehmensintegrität und Modernisierung des Anfechtungsrechts (UMAG) vom 22.9.2005, BGBl. I S. 2802, in Kraft getreten am 1.11.2005.
73 RegBegr, BT-Drucks. 15/5092, S. 20; kritisch zu den Gefahren einer Haftungsverschärfung: *Peltzer*, aaO.

lich denkbar. Sie weist jedoch aufgrund der nach innen gerichteten Tätigkeit eines Aufsichtsratsmitgliedes eine wesentlich geringere Tragweite auf als die Außenhaftung des Vorstandes. Insbesondere haben §§ 116, 93 gegenüber Aktionären und außenstehenden Dritten keinen Schutzgesetzcharakter.[74]

Nach der Rechtsprechung haftet die benennende oder entsendende Gesellschaft nicht gemäß § 31 BGB für Sorgfaltsverstöße des Aufsichtsratsmitgliedes.[75]

II. Pflichtverletzung. Eine Haftung des Aufsichtsratsmitgliedes aus §§ 116 S. 1, 93 Abs. 2 setzt eine (schuldhafte) Pflichtverletzung voraus. Das Aufsichtsratsmitglied muss daher seine Verpflichtung verletzt haben, seine Überwachungsaufgabe mit der Sorgfalt eines **ordentlichen und gewissenhaften Aufsichtsratsmitgliedes** wahrzunehmen (zum Sorgfaltsmaßstab Rn 2 ff).

Eine Pflichtverletzung kann sich auch aus einer **mangelhaften Organisation** der Aufsichtsratsarbeit ergeben.[76] Der **Aufsichtsrat als Gesamtorgan** trägt die Verantwortung für die sachgemäße Überwachung der Geschäftsführung. Die Übertragung von Aufgaben an Ausschüsse entbindet hiervon nicht. Das Gesamtorgan muss sich davon überzeugen, dass seine Ausschüsse sachgemäß arbeiten. In wesentlichen Fragen darf es sich nicht auf die Entgegennahme von Ausschussberichten beschränken.[77]

Aller Voraussicht nach werden die Verhaltensregeln des **Deutschen Corporate Governance Kodex** (dazu § 111 Rn 3) in Teilbereichen Einfluss auf die **Konkretisierung der Sorgfaltspflichten** der Organmitglieder haben.[78] Eine Ausweitung des Sorgfaltsmaßstabes und damit eine Haftungsverschärfung wird damit wohl nicht verbunden sein. Das gilt jedenfalls dann, wenn die Rechtsprechung die Nichtbefolgung einer Empfehlung nicht per se als Sorgfaltspflichtverletzung einordnet, sondern lediglich im Rahmen ihrer Prüfung berücksichtigt.[79] Ferner wird derjenige, der sich in einem bestimmten Bereich an die Verhaltensregeln des Kodex hält, zumindest eine Umkehr der Beweislast für schuldhaftes Verhalten erwarten können.[80]

III. Kausalität. Die Darlegungs- und Beweislast richtet sich nach den für Vorstandsmitglieder geltenden Regelungen (vgl oben Rn 13 und § 93 Rn 110 ff). Auch für Aufsichtsratsmitglieder ist damit der Einwand **rechtmäßigen Alternativverhaltens** nicht von vornherein ausgeschlossen. Das Aufsichtsratsmitglied hat jedoch nachzuweisen, dass der Schaden auch bei pflichtgemäßem Verhalten eingetreten wäre.[81] Geschriebene oder ungeschriebene Organisations-, Kompetenz- und Verfahrensnormen schließen den Rückgriff auf rechtmäßiges Alternativverhalten aus.[82] Andernfalls liefe die Haftung leer. Das gilt insbesondere in Fällen, in denen es um das Unterlassen der Anrufung oder der Information der anderen Aufsichtsratsmitglieder geht. Insoweit ist zu unterstellen, dass die anderen Aufsichtsratsmitglieder pflichtgemäß gehandelt hätten.[83]

IV. Rechtsprechung. Aus der Rechtsprechung sind folgende Sachverhalte bekannt geworden:[84]
Untätigkeit bei erkennbar unvertretbaren oder rechtswidrigen Geschäftsführungshandlungen

- Kein Einschreiten unter Ausschöpfung aller zur Verfügung stehenden Mittel gegen ungewöhnlich leichtfertige Maßnahmen des Vorstands;[85]
- Hinnahme unzulässiger Verzögerung der Stellung eines Insolvenzantrages in Kenntnis der Überschuldung[86] oder Zahlungsunfähigkeit;[87]
- Untätigkeit bei Gerüchten über existenzgefährdende Geschäftspraktiken des Vorstandes;[88]
- Hinnahme von unzulässigen Zahlungen des Vorstandes nach Eintritt der Insolvenzreife (Haftung aus §§ 116 S. 1, 93 Abs. 3 Nr. 6);[89]
- Keine Verfolgung von Bereicherungsansprüchen gegen den Vorstand;[90]

---

74 Detailliert zu den in Betracht kommenden Haftungstatbeständen Lutter/Krieger, AR, Rn 1019 ff; MüKo-AktG/Habersack, Rn 77 ff.
75 BGHZ 90, 381, 398 = NJW 1984, 1893; aA Ulmer, in: FS Stimpel, 1985, S. 705 ff.
76 Hüffer, Rn 9.
77 Zum Ganzen: Hüffer, Rn 9.
78 Vgl Seibt, AG 2002, 249, 250 f; Schüppen, ZIP 2002, 1269, 1271.
79 Ulmer, ZHR 166 (2002), 150, 166 f.
80 Seibt, aaO; Schüppen, aaO.
81 OLG Stuttgart ZIP 2012, 1965 f (rechtskräftig); MüKo-AktG/Habersack, Rn 69; Großkomm-AktienR/Hopt/Roth, Rn 283; vgl auch OLG München, ZIP 2008, 638 f (Kloster Andechs) (rechtskräftig), das allerdings schon die Kausalität zwischen der Nichteinberufung von Aufsichtsratssitzungen und der später eingetretenen Insolvenz verneinte und demzufolge die Beweislast nicht beim Aufsichtsratsmitglied sah.
82 Großkomm-AktienR/Hopt/Roth, Rn 283 mwN.
83 LG Hamburg ZIP 1981, 194, 196 f; MüKo-AktG/Habersack, aaO; Großkomm-AktienR/Hopt/Roth, aaO.
84 Vgl die Erläuterungen bei Lutter/Krieger, AR, Rn 984 ff; ferner Hüffer, Rn 9.
85 BGHZ 69, 207, 214 = NJW 1977, 2311.
86 Vgl BGHZ 75, 96 = NJW 1979, 1823 (Herstatt); BGH ZIP 2009, 860 f.
87 OLG Düsseldorf ZIP 2012, 2299 = AG 2013, 171 (rechtskräftig).
88 LG Bielefeld ZIP 2000, 20, 24 (Balsam); kritisch zum Prozessverfahren: Peltzer, in: FS Hadding, S. 593, 595 f.
89 BGH ZIP 2009, 860 f; OLG Düsseldorf ZIP 2012, 2299 = AG 2013, 171 (rechtskräftig); vgl auch BGH ZIP 2010, 785 f (Doberlug). Im entschiedenen Fall wies der BGH die Klage mangels eines Schadens der Gesellschaft ab, weil im Falle eines fakultativen Aufsichtsrates § 52 Abs. 1 GmbHG keinen Verweis auf § 93 Abs. 3 Nr. 6 enthält.
90 BGH, aaO, 862; im entschiedenen Fall wurde die Sache insoweit zurückverwiesen.

Verstoß gegen die Pflicht zur Selbstorganisation

- Ausübung der Aufsichtsratstätigkeit ohne eigenes Bild von Auslandsgeschäften einer vornehmlich im Ausland tätigen Gesellschaft;[91]
- Verstoß gegen die Verpflichtung, sich über erhebliche Risiken, die der Vorstand eingeht, kundig zu machen und ihr Ausmaß unabhängig vom Vorstand einzuschätzen;[92]

Vornahme oder Veranlassung eines gesellschaftsschädlichen Geschäfts oder Mitwirkung daran

- Veranlassung des Vorstandes zu gesellschaftsschädlichem Geschäft;[93]
- Zustimmung zur Veräußerung des Betriebsgrundstücks erheblich unter Wert, dessen tatsächlicher Wert leicht feststellbar war;[94]
- Zustimmung zur Gewährung von Darlehen durch fakultativen Aufsichtsrat ohne ausreichende Besicherung und auf Grundlage ungenügender Informationen, nachdem der Vorstand zuvor bestehende Zustimmungsvorbehalte verletzt hatte;[95]
- Bewilligung einer im Dienstvertrag mit einem Vorstandsmitglied nicht vereinbarten Sonderzahlung für eine geschuldete Leistung, die ausschließlich belohnenden Charakter hat und der Gesellschaft keinen zukunftsbezogenen Nutzen bringen kann (kompensationslose Anerkennungsprämie);[96]
- Zustimmung zum Abschluss eines wirtschaftlich nachteiligen Mietvertrags mit dem Vorstandsvorsitzenden ohne ausreichende eigene Prüfung;[97]
- Zustimmung zur Einbringung einer untauglichen Sacheinlage im Rahmen der Durchführung einer Kapitalerhöhung aus genehmigtem Kapital;[98]
- Veranlassung der satzungswidrigen Abrechnung von Sitzungsgeldern zu eigenen Gunsten sowie Hinnahme satzungswidriger Abrechnungen zugunsten anderer Aufsichtsratsmitglieder.[99]

Dritter Abschnitt
Benutzung des Einflusses auf die Gesellschaft

§ 117 Schadenersatzpflicht

(1) ¹Wer vorsätzlich unter Benutzung seines Einflusses auf die Gesellschaft ein Mitglied des Vorstands oder des Aufsichtsrats, einen Prokuristen oder einen Handlungsbevollmächtigten dazu bestimmt, zum Schaden der Gesellschaft oder ihrer Aktionäre zu handeln, ist der Gesellschaft zum Ersatz des ihr daraus entstehenden Schadens verpflichtet. ²Er ist auch den Aktionären zum Ersatz des ihnen daraus entstehenden Schadens verpflichtet, soweit sie, abgesehen von einem Schaden, der ihnen durch Schädigung der Gesellschaft zugefügt worden ist, geschädigt worden sind.

(2) ¹Neben ihm haften als Gesamtschuldner die Mitglieder des Vorstands und des Aufsichtsrats, wenn sie unter Verletzung ihrer Pflichten gehandelt haben. ²Ist streitig, ob sie die Sorgfalt eines ordentlichen und gewissenhaften Geschäftsleiters angewandt haben, so trifft sie die Beweislast. ³Der Gesellschaft und auch den Aktionären gegenüber tritt die Ersatzpflicht der Mitglieder des Vorstands und des Aufsichtsrats nicht ein, wenn die Handlung auf einem gesetzmäßigen Beschluß der Hauptversammlung beruht. ⁴Dadurch, daß der Aufsichtsrat die Handlung gebilligt hat, wird die Ersatzpflicht nicht ausgeschlossen.

(3) Neben ihm haftet ferner als Gesamtschuldner, wer durch die schädigende Handlung einen Vorteil erlangt hat, sofern er die Beeinflussung vorsätzlich veranlaßt hat.

---

[91] OLG Düsseldorf WM 1984, 1080.
[92] OLG Stuttgart ZIP 2012, 625, 627 ff (Piëch) (rechtskräftig). In der Entscheidung ging es um die Anfechtung eines Entlastungsbeschlusses gemäß § 243 Abs. 1. Vgl ferner BGH ZIP 2012, 2438 (mAnm *Heidel/Schatz*, EWiR 2013, 229) im Beschluss über die Zurückweisung der Nichtzulassungsbeschwerde.
[93] BGH NJW 1980, 1629 (Schaffgotsch I).
[94] LG Stuttgart AG 2000, 237.
[95] BGH ZIP 2007, 224.
[96] BGH ZIP 2006, 72 (Mannesmann), str; im zugrunde liegenden Fall ging es nicht um einen Schadensersatzanspruch aus §§ 116 S. 1, 93 Abs. 2, sondern um einen Verstoß gegen aktienrechtliche Verpflichtungen als Pflichtverletzung im Sinne einer Untreue gemäß § 266 Abs. 1 StGB; der 3. Strafsenat des BGH lehnte dabei die von weiten Teilen der aktienrechtlichen Literatur vertretenen Auffassung ab, wonach eine freiwillige Sonderzahlung – unabhängig von einer Anreizwirkung oder einem sonstigen für die Gesellschaft eintretenden Vorteil – generell zulässig sei, wenn sie den Grundsätzen nach § 87 Abs. 1 S. 1 entspreche, vgl BGH, aaO, 74 f mwN.
[97] OLG Frankfurt AG 2011, 462.
[98] BGH AG 2011, 876 (Ision). Im entschiedenen Fall legte der BGH bei dem beklagten stellvertretenden Aufsichtsratsvorsitzenden aufgrund dessen Tätigkeit als Rechtsanwalt auf dem Gebiet des Wirtschaftsrechts einen erhöhten Sorgfaltsmaßstab zugrunde, vgl oben Rn 3.
[99] OLG Braunschweig ZIP 2012, 1860 = AG 2013, 264. Im entschiedenen Fall ging es nicht um einen Schadensersatzanspruch aus §§ 116 S. 1, 93 Abs. 2, sondern um einen Verstoß gegen aktienrechtliche Verpflichtungen als Pflichtverletzung im Sinne einer Untreue gemäß § 266 Abs. 1 StGB.

(4) Für die Aufhebung der Ersatzpflicht gegenüber der Gesellschaft gilt sinngemäß § 93 Abs. 4 Satz 3 und 4.

(5) ¹Der Ersatzanspruch der Gesellschaft kann auch von den Gläubigern der Gesellschaft geltend gemacht werden, soweit sie von dieser keine Befriedigung erlangen können. ²Den Gläubigern gegenüber wird die Ersatzpflicht weder durch einen Verzicht oder Vergleich der Gesellschaft noch dadurch aufgehoben, daß die Handlung auf einem Beschluß der Hauptversammlung beruht. ³Ist über das Vermögen der Gesellschaft das Insolvenzverfahren eröffnet, so übt während dessen Dauer der Insolvenzverwalter oder der Sachwalter das Recht der Gläubiger aus.

(6) Die Ansprüche aus diesen Vorschriften verjähren in fünf Jahren.

(7) Diese Vorschriften gelten nicht, wenn das Mitglied des Vorstands oder des Aufsichtsrats, der Prokurist oder der Handlungsbevollmächtigte durch Ausübung
1. der Leitungsmacht aufgrund eines Beherrschungsvertrags oder
2. der Leitungsmacht einer Hauptgesellschaft (§ 319), in die die Gesellschaft eingegliedert ist,

zu der schädigenden Handlung bestimmt worden ist.

Literatur:
Beuthien, Art und Grenzen der aktienrechtlichen Haftung herrschender Unternehmen für Leitungsmissbrauch, DB 1969, 1781; *Brüggemeier*, Die Einflussnahme auf die Verwaltung einer Aktiengesellschaft, AG 1988, 93; *Hoffmann*, Grenzen der Einflussnahme auf Unternehmensleitungsentscheidungen durch Kreditgläubiger, WM 2012, 10; *Kau/Kukat*, Haftung von Vorstands- und Aufsichtsratsmitgliedern bei Pflichtverletzungen nach dem Aktiengesetz, BB 2000, 1045 f; *Kort*, Die Haftung des Einflussnehmers auf Kapitalgesellschaften in ausländischen Rechtsordnungen – Vorbild für ein neues Verständnis von § 117 AktG?; *Kropff*, Der "faktische Konzern" als Rechtsverhältnis (Teil I), DB 1967, 2147; *Lutter*, Die zivilrechtliche Haftung in der Unternehmensgruppe, ZGR 1982, 244; *Meilicke/Heidel*, Berücksichtigung von Schadensersatzansprüchen gem. §§ 117, 317 AktG bei der Bestimmung der angemessenen Abfindung für ausscheidende Aktionäre, AG 1989, 117; *Möllers/Hailer*, Management- und Vertriebsvergütungen bei Alternativen Investmentfonds – Überlegungen zur Umsetzung der Vergütungsvorgaben der AIFM-RL in das deutsche Recht, ZBB/JBB 2012, 178; *Semler*, Zur aktienrechtlichen Haftung der Organmitglieder einer Aktiengesellschaft, AG 2005, 321.

A. Bedeutung	1	6. Anspruchsberechtigter	12
B. Haftungstatbestände	5	II. Haftung mitwirkender Organe der Gesellschaft (Abs. 2)	14
I. Schädigende Beeinflussung (Abs. 1)	5	III. Haftung des Begünstigten (Abs. 3)	15
1. Einfluss auf die Gesellschaft	5	C. Verzicht und Vergleich (Abs. 4)	16
2. Ausübung der Einflussnahme	7	D. Verjährung (Abs. 6)	17
3. Schädigung der Gesellschaft	8	E. Negative Haftungstatbestände (Abs. 7)	18
4. Rechtswidrigkeit	9	F. Konkurrenzen	19
5. Subjektiver Tatbestand	10		

A. Bedeutung

Die Ausübung eines Einflusses auf Organe oder Repräsentanten der Gesellschaft zu deren Schaden oder zum Schaden der Aktionäre verpflichtet gem. § 117 zum Schadensersatz, – auch gegenüber den Aktionären, welche dadurch einen über den Schaden der Gesellschaft hinausgehenden eigenen Schaden erlitten haben. Neben den handelnden Organen und Repräsentanten der Gesellschaft haftet der Veranlasser der pflichtverletzenden Einflussnahme, soweit er daraus einen Vorteil erlangt hat.

Die Vorschrift bezweckt präventiv den Schutz des Gesellschaftsvermögens und damit den Schutz der Aktionäre und Gläubiger vor schädigender Einflussnahme auf die Gesellschaft.[1] Mittelbar wird damit die Integrität des Verwaltungshandelns und die Autonomie der Willensbildung geschützt.[2] Die praktische Anwendung des § 117 in Form von Aktionärsklagen ist gering geblieben.[3]

§ 117 enthält eine differenzierte Regelung zur Haftung für die schädigende Einflussnahme auf Organe oder Repräsentanten der Gesellschaft, und zwar zum Personenkreis der Anspruchsverpflichteten, zur Beweislast sowie Einzelheiten zu den Rechten der Gesellschaftsgläubiger für uneinbringliche Forderungen sowie zum Ausschluss der Haftung (Abs. 7) in typischen Fällen der Veranlassung.

---

1 Spindler/Stilz/*Schall*, Rn 5; K. Schmidt/Lutter/*Hommelhoff/Witt*, Rn 1; Hölters/*Leuering/Goertz*, Rn 1; MüKo-AktG/*Spindler*, Rn 1.

2 Vgl zum Schutzzweck *Hüffer*, Rn 1; Spindler/Stilz/*Schall*, Rn 5; Grigoleit/*Tomasic*, Rn 1; K. Schmidt/Lutter/*Hommelhoff/Witt*, Rn 1; MüKo-AktG/*Spindler*, Rn 2; Wachter/*Mayrhofer*, Rn 2; Bürgers/Körber/*Bürgers/Israel*, Rn 1.

3 *Semler*, AG 2005, 321; Spindler/Stilz/*Schall*, Rn 1; Grigoleit/*Tomasic*, Rn 1; Wachter/*Mayrhofer*, Rn 1.

4 § 117 ist ein deliktsrechtlicher Sondertatbestand.[4] Im Hinblick auf die hohen Anforderungen des subjektiven Tatbestands (Vorsatz) ist bei der Feststellung konkurrierender Ansprüche aus dem allgemeinen Deliktsrecht besondere Vorsicht geboten, da § 117 als Sondergesetz andere Haftungsnormen verdrängen kann.

B. Haftungstatbestände

5 **I. Schädigende Beeinflussung (Abs. 1). 1. Einfluss auf die Gesellschaft.** Der objektive Tatbestand setzt voraus, dass jemand "Einfluss auf die Gesellschaft" hat. Einfluss ist die **faktische Machtstellung** zur Durchsetzung gesellschaftsfremder Interessen.[5] Der Tatbestand geht über den der Abhängigkeit iSd § 17 hinaus, der eine gesellschaftsrechtliche Vermittlung des Einflusses fordert,[6] und erfasst jedwede Form der wirksamen Abhängigkeit.

6 Der Gesetzeswortlaut misst der Ursache des Einflusses keine Bedeutung zu.[7] Die Möglichkeit der Einflussnahme kann völlig unterschiedliche Gründe haben.[8] Der Einfluss kann sich zB aus einer Aktionärstellung,[9] einer Position innerhalb der Gesellschaft, zB der Stellung als Organ oder sonstiger Funktionsträger der Gesellschaft, ergeben.[10] Er kann die Folge einer vertraglichen Abhängigkeit von Kreditgebern,[11] Lieferanten oder Dienstleistern[12] sein. In Betracht kommt auch politischer sowie privater Einfluss.[13] Es ist unerheblich, ob der Einfluss durch eine natürliche oder eine juristische Person ausgeübt wird.[14] Unerheblich ist auch die Unternehmereigenschaft des Handelnden. Auch Unternehmen der öffentlichen Hand sowie Körperschaften des öffentlichen Rechts können Einfluss im Sinne des § 117 ausüben.

7 **2. Ausübung der Einflussnahme.** Voraussetzung ist ferner die **Nutzung des Einflusses** auf die Gesellschaft auf ein Mitglied des Vorstands oder des Aufsichtsrats, einen Prokuristen oder einen Handlungsbevollmächtigten.[15]

8 **3. Schädigung der Gesellschaft.** Die veranlasste Maßnahme muss zu einem Schaden der Gesellschaft, zB Abschluss ungünstiger Lieferverträge oder der Verkauf unter Wert an Dritte,[16] der ungesicherten Darlehensvergabe[17] oder der Einflussnahme auf die Festsetzung der Managementvergütung,[18] führen. Der Schaden kann auch als Folge des Unterlassens einer vorteilhaften Maßnahme, zB die Aufgabe von Geschäftschancen, bestehen.[19] Auch insoweit ist Kausalität erforderlich (doppelte Kausalität).[20] Der Schadensbegriff entspricht dem des allgemeinen Zivilrechts.[21] Er wird durch einen Vergleich des Vermögens der Gesellschaft vor und nach Vornahme der schädigenden Handlung ermittelt. Der Schaden ist ausnahmslos ein Vermögensschaden,[22] der auch in der Auslassung einer Erwerbsaussicht der Gesellschaft (entgangener Gewinn) bestehen kann.[23]

9 **4. Rechtswidrigkeit.** § 117 setzt als deliktsrechtliche Vorschrift Rechtswidrigkeit voraus. Die Rechtswidrigkeit ergibt sich nach den allgemeinen deliktsrechtlichen Grundsätzen nicht bereits aufgrund der Indizwir-

---

4 BGH WM 1992, 1812, 1819; *Hüffer*, Rn 2; KölnKomm-AktG/*Mertens*, 2. Aufl., Rn 9; Spindler/Stilz/*Schall*, Rn 3 f; insb. zum grundsätzlichen Verbot des Einflusses Spindler/Stilz/*Schall*, Rn 4; K. Schmidt/Lutter/*Hommelhoff/Witt*, Rn 2; MüKo-AktG/*Spindler*, Rn 10; Grigoleit/*Tomasic*, Rn 3; Wachter/*Mayrhofer*, Rn 2; Hölters/*Leuering/Goertz*, Rn 1; aA Kort, AG 2005, 453, nämlich Schutz der Integrität des Verwaltungshandelns.
5 Spindler/Stilz/*Schall*, Rn 15; *Brüggemeier*, AG 1988, 93, 95; Wachter/*Mayrhofer*, Rn 3.
6 *Hüffer*, Rn 3.
7 K. Schmidt/Lutter/*Hommelhoff/Witt*, Rn 6; MüKo-AktG/*Spindler*, Rn 16 ff; Wachter/*Mayrhofer*, Rn 3; Hölters/*Leuering/Goertz*, Rn 3.
8 Grigoleit/*Tomasic*, Rn 10.
9 MüKo-AktG/*Spindler*, Rn 17; vgl zur Stimmabgabe in der Hauptversammlung Grigoleit/*Tomasic*, Rn 4 und MüKo-AktG/*Spindler*, Rn 72.
10 *Brüggemeier*, AG 1988, 93, 95; *Hüffer*, Rn 2; KölnKomm-AktG/*Mertens*, 2. Aufl., Rn 12 f; Großkomm-AktienR/*Kort*, Rn 1 f; Grigoleit/*Tomasic*, Rn 8.
11 *Hoffmann*, WM 2012, 10, 13.
12 *Brüggemeier*, AG 1988, 93, 95; *Hüffer*, Rn 3; Geßler/*Kropff*, Rn 13 ff; KölnKomm-AktG/*Mertens*, 2. Aufl., Rn 12; Großkomm-AktienR/*Kort*, Rn 100; MüKo-AktG/*Spindler*, Rn 19; K. Schmidt/Lutter/*Hommelhoff/Witt*, Rn 6.
13 MüKo-AktG/*Spindler*, Rn 20; K. Schmidt/Lutter/*Hommelhoff/Witt*, Rn 6; Grigoleit/*Tomasic*, Rn 10.
14 Wachter/*Mayrhofer*, Rn 3; Bürgers/Körber/*Bürgers/Israel*, Rn 2.
15 *Hüffer*, Rn 4; Spindler/Stilz/*Schall*, Rn 16 f; MüKo-AktG/*Spindler*, Rn 21; K. Schmidt/Lutter/*Hommelhoff/Witt*, Rn 7; nach Grigoleit/*Tomasic*, Rn 10 muss entgegen der hL die Benutzung des Einflusses darüber hinaus mit Treu und Glauben unvereinbar sein.
16 *Hüffer*, Rn 5; Geßler/*Kropff*, Rn 22; KölnKomm-AktG/*Mertens*, 2. Aufl., Rn 18; Großkomm-AktienR/*Kort*, Rn 1; MüHbAG/*Wiesner*, § 27 Rn 4; Spindler/Stilz/*Schall*, Rn 19.
17 Thüringer OLG AG 2007, 2079.
18 *Möllers/Hailer*, ZBB/JBB 2012, 178, 189.
19 KölnKomm-AktG/*Mertens*, 2. Aufl., Rn 18, Großkomm-AktienR/*Kort*, Rn 139; Spindler/Stilz/*Schall*, Rn 19.
20 *Brüggemeier*, AG 1988, 93, 96; MüKo-AktG/*Spindler*, Rn 30; Grigoleit/*Tomasic*, Rn 17; Hölters/*Leuering/Goertz*, Rn 5.
21 KölnKomm-AktG/*Mertens*, 2. Aufl., Rn 19, § 93 Rn 23 ff; Spindler/Stilz/*Schall*, Rn 18; K. Schmidt/Lutter/*Hommelhoff/Witt*, Rn 8.
22 *Brüggemeier*, AG 1988, 93, 96.
23 *Hüffer*, Rn 5.

kung des Tatbestandes, sondern muss positiv festgestellt werden,[24] da der Tatbestand abstrakt zum Schutze nicht näher bestimmter Rechtsgüter formuliert ist.[25]

5. Subjektiver Tatbestand. Abs. 1 setzt zumindest bedingten Vorsatz, also Wissen und Wollen um den Eintritt des tatbestandlichen Erfolges, voraus.[26] Die Kenntnis des konkret eingetretenen Schadens nach Art und der Höhe ist nicht erforderlich.[27] Ausreichend ist, dass der Täter die schädigende Wirkung der beeinflussenden Maßnahme vorhersehen kann und sie trotzdem vornimmt.[28] So soll beispielsweise Vorsatz nicht vorliegen, wenn der Täter die Stellung eines Insolvenzantrages verhindert in der Hoffnung auf die Sanierung der Gesellschaft.[29]

Nach den allgemeinen Beweislastregeln muss der Inhaber des Anspruchs Vorsatz nachweisen.[30] Bei typischen Geschehensabläufen oder aufgrund Tatsachennähe kann wegen der sich daraus ergebenden unverschuldeten Beweisnot, zB außenstehender Aktionäre, die Anforderungen an die Beweislast erleichtert werden,[31] – nicht aber bei eigenen Ansprüchen der Gesellschaft. Hier haben sich die schädigenden Maßnahmen unmittelbar im Einflussbereich der Gesellschaft abgespielt, so dass ein Abweichen von den allgemeinen Grundsätzen der Beweislast nicht angebracht erscheint. Etwas anderes kann dann gelten, wenn Organmitglieder, Prokuristen oder Handlungsbevollmächtige mit dem Veranlasser nachweislich kollusiv zum Nachteil der Gesellschaft zusammenwirken.

6. Anspruchsberechtigter. Der Ersatzanspruch steht gemäß Abs. 1 S. 1 der Gesellschaft zu. Er wird von dem Vorstand (§ 78 Abs. 1) – gegebenenfalls bei Haftung von Vorstandsmitgliedern durch den Aufsichtsrat (§ 112) oder durch einen besonderen nach § 147 bestellten Vertreter – geltend gemacht.[32]

Darüber hinaus sieht Abs. 1 S. 2 einen unmittelbaren Schadensersatzanspruch der Aktionäre vor.[33] Die Aktionäre können nur den eigenen Schaden geltend machen, der über den Schaden der Gesellschaft gemäß Abs. 1 S. 1 hinausgeht. Hiervon nicht erfasst ist der Schaden, den der Aktionär als Reflexschaden infolge der Wertminderung der Aktie erleidet.[34] Wenn die Wertminderung zu einem unmittelbaren Schaden des Aktionärs führt, ist dieser unter den allgemeinen Voraussetzungen erstattungsfähig. Abs. 1 S. 2 beschränkt nach der Entscheidung des Gesetzgebers den Anspruch des Aktionärs auf den Ersatz seiner unmittelbaren Schäden.[35] Außerhalb des Wertverlustes der Aktien liegende Schäden sind erstattungsfähig, zB der Verlust eines Überbrückungsdarlehens durch einen Aktionär, das infolge einer durch den Aufsichtsrat verursachten Insolvenz der Gesellschaft nicht zurückbezahlt wurde,[36] oder Verluste aus der Verleitung Aktien unter Wert zu verkaufen.[37] Entsprechendes kann auch für andere adäquat kausale Schäden, zB die Kündigung und Verwertung eines kreditfinanzierten Wertpapierdepots durch die Hausbank des Aktionärs infolge des Eintritts der Unterdeckung oder eine deshalb geforderte Zinserhöhung, gelten.

II. Haftung mitwirkender Organe der Gesellschaft (Abs. 2). Die Mitglieder des Vorstands und des Aufsichtsrats der geschädigten Gesellschaft haften **gesamtschuldnerisch** gemäß §§ 421 ff BGB,[38] und zwar nicht nur die Organe, die infolge der schädigenden Einflussnahme iSd § 117 Abs. 1 gehandelt haben, sondern auch die Organe, welche es pflichtwidrig unterlassen haben, die Schädigung iSd Abs. 1 S. 1 zu verhindern.[39] Praktische Bedeutung hat diese Vorschrift nur für den direkten Anspruch der Aktionäre nach Abs. 1 S. 2, da die Ansprüche der Gesellschaft gemäß §§ 93 und 116 bestehen.[40] Nach § 117 Abs. 1 S. 2 trifft die Organe der Gesellschaft die Beweislast, ob sie die Sorgfalt eines ordentlichen und gewissenhaften Geschäftsleiters (§ 93 und § 116) angewendet haben. § 117 Abs. 2 begründet die Ersatzpflicht nicht nur gegenüber der

---

24 Vgl zum Meinungsstand: *Hüffer*, Rn 6; K. Schmidt/Lutter/*Hommelhoff/Witt*, Rn 10; Wachter/*Mayrhofer*, Rn 5; Hölters/*Leuering/Goertz*, Rn 6; Bürgers/Körber/*Bürgers/Israel*, Rn 4; Spindler/Stilz/*Schall*, Rn 22 und MüKo-AktG/*Spindler*, Rn 31 ff.
25 *Brüggemeier*, AG 1988, 93, 97; KölnKomm-AktG/*Mertens*, 2. Aufl., Rn 22; MüHb-AG/*Wiesner*, § 27 Rn 5; *Würdinger*, Aktien- und Konzernrecht, S. 144.
26 KölnKomm-AktG/*Mertens*, 2. Aufl., Rn 23; Großkomm-AktienR/*Kort*, Rn 156 ff; *Hüffer*, Rn 7; Spindler/Stilz/*Schall*, Rn 25; K. Schmidt/Lutter/*Hommelhoff/Witt*, Rn 11.
27 Geßler/*Kropff*, Rn 25; KölnKomm-AktG/*Mertens*, 2. Aufl., Rn 23.
28 *Hüffer*, Rn 7.
29 Vgl BGH NJW 1982, 2823, 2827.
30 *Hüffer*, Rn 7; KölnKomm-AktG/*Mertens*, 2. Aufl., Rn 24; MüKo-AktG/*Spindler*, Rn 43; K. Schmidt/Lutter/*Hommelhoff/Witt*, Rn 13; Wachter/*Mayrhofer*, Rn 6; Hölters/*Leuering/Goertz*, Rn 10.
31 *Hüffer*, Rn 7; aA MüKo-AktG/*Spindler*, Rn 43.
32 MüKo-AktG/*Spindler*, Rn 45; K. Schmidt/Lutter/*Hommelhoff/Witt*, Rn 20 f; Wachter/*Mayrhofer*, Rn 7; Bürgers/Körber/*Bürgers/Israel*, Rn 5.
33 *Hüffer*, Rn 9; *Kau/Kukat*, BB 2000, 1045, 1046 f; K. Schmidt/Lutter/*Hommelhoff/Witt*, Rn 23; Wachter/*Mayrhofer*, Rn 7.
34 *Hüffer*, Rn 9 mwN; Geßler/*Kropff*, Rn 38; *Meilicke/Heidel*, AG 1989, 117, 119; Großkomm-AktienR/*Kort*, Rn 167; Spindler/Stilz/*Schall*, Rn 20; MüKo-AktG/*Spindler*, Rn 52; *Semler*, AG 2005, 321, 323.
35 BGHZ 94, 55, 58; BGH JZ 1987, 781, 783 = DB 1987, 478; öOGH AG 1996, 42.
36 BGHZ 94, 55, 58 f; Grigoleit/*Tomasic*, Rn 19.
37 BGH NJW 1992, 3167; Grigoleit/*Tomasic*, Rn 19.
38 MüKo-AktG/*Spindler*, Rn 58; K. Schmidt/Lutter/*Hommelhoff/Witt*, Rn 11; Wachter/*Mayrhofer*, Rn 8; Hölters/*Leuering/Goertz*, Rn 11.
39 Wachter/*Mayrhofer*, Rn 8; aA K. Schmidt/Lutter/*Hommelhoff/Witt*, Rn 15.
40 Grigoleit/*Tomasic*, Rn 20; K. Schmidt/Lutter/*Hommelhoff/Witt*, Rn 16.

Gesellschaft, sondern auch gegenüber den Aktionären (Abs. 2 S. 3). Die Haftung ist ausgeschlossen, wenn die schädigende Handlung auf einem gesetzmäßigen Beschluss der Hauptversammlung beruht (Abs. 2 S. 3). Unerheblich ist, ob der Aufsichtsrat die schädigende Handlung gebilligt hat (Abs. 2 S. 4).

15 III. **Haftung des Begünstigten (Abs. 3).** Gemäß Abs. 3 haftet als Gesamtschuldner (§ 421 BGB) auch, wer durch die schädigende Handlung einen Vorteil erlangt hat, sofern er die Beeinflussung vorsätzlich veranlasst hat.[41] Im Unterschied zu Abs. 1, der die Bestimmung zu einer schädigenden Handlung vorsieht, tritt die Haftung iSd Abs. 3 bereits bei Veranlassung ein. Die tatbestandlichen Voraussetzungen der Veranlassung sind nicht so hoch wie bei der Anstiftung (vgl § 830 Abs. 2 BGB).[42] Bedingter Vorsatz reicht aus; hinsichtlich der Haftungsfolgen ist Fahrlässigkeit ausreichend.[43]

C. Verzicht und Vergleich (Abs. 4)

16 Die Gesellschaft kann nur unter den Voraussetzungen der §§ 93 Abs. 4 S. 3 auf die Ansprüche verzichten oder sich darüber vergleichen.[44]

D. Verjährung (Abs. 6)

17 Der Anspruch verjährt in fünf Jahren. Der Schuldner kann sich nicht auf Verjährung berufen, wenn er die Geltendmachung von Ansprüchen arglistig verhindert hat.[45]

E. Negative Haftungstatbestände (Abs. 7)

18 Unter den Voraussetzungen des Abs. 7 tritt die Haftung nicht ein bei: Schädigende Handlungen infolge der Leitungsmacht aufgrund eines Beherrschungsvertrages (Nr. 1) oder Ausübung der Leitungsmacht einer Hauptgesellschaft (§ 319), die in die Gesellschaft eingegliedert ist (Nr. 2).[46] In diesen Fällen gelten Sondervorschriften (vgl §§ 323 Abs. 1 sowie 300 f und 324). Die bisherige Haftungsprivilegierung infolge der Ausübung des Stimmrechts in der Hauptversammlung (früher Nr. 1) wurde aufgehoben.[47]

F. Konkurrenzen

19 § 117 AktG steht im System des Deliktrechts.[48] Daneben anwendbar sind die Vorschriften aus § 823 Abs. 1 BGB sowie § 826 BGB.[49] § 117 gilt nicht als Schutzgesetz iSd § 823 Abs. 2 BGB.[50]

20 Soweit Abs. 1 und 2 besondere Anforderungen an den Haftungstatbestand stellen – namentlich an die Voraussetzungen des Vorsatzes –, ist im Hinblick auf die Annahme konkurrierender Ansprüche besondere Vorsicht geboten. Hier muss genau festgestellt werden, für welchen Tatbestand die Privilegierung im § 117 gilt. Ansonsten ist § 117 frei neben den anderen deliktsrechtlichen – auch aktienrechtlichen (zB §§ 93 und 116) – Anspruchsgrundlagen anwendbar.

21 § 311 verdängt § 117 in seinem Anwendungsbereich.[51] Das Verhältnis von § 117 und § 317 ist hingegen umstritten. Erfolgt die Nachteilszufügung ohne angemessenen Ausgleich (§ 311 Abs. 2), so ist neben § 317 auch § 117 anwendbar.[52] Eine andere Ansicht[53] sieht § 317 als *lex specialis* zu § 117. Insbesondere die Unterschiede in den Schutzzielen und in der Begründung der Rechtswidrigkeit lassen es sachgerecht erschei-

---

41 K. Schmidt/Lutter/*Hommelhoff/Witt*, Rn 17.
42 *Baumbach/Hueck*, AktG, Rn 15; *Hüffer*, Rn 11; KölnKomm-AktG/*Mertens*, 2. Aufl., Rn 28; Großkomm-AktienR/*Kort*, Rn 219; MüKo-AktG/*Spindler*, Rn 63; Wachter/*Mayrhofer*, Rn 9; Hölters/*Leuering/Goertz*, Rn 13; Bürgers/Körber/*Bürgers/Israel*, Rn 7.
43 *Hüffer*, Rn 11; Spindler/Stilz/*Schall*, Rn 29; K. Schmidt/Lutter/*Hommelhoff/Witt*, Rn 17.
44 Vgl dort; Spindler/Stilz/*Schall*, Rn 31; K. Schmidt/Lutter/*Hommelhoff/Witt*, Rn 27.
45 Großkomm-AktienR/*Kort*, Rn 234 ff; Großkomm-AktienR/*Hopt*, § 93 Rn 432; § 133 Anm. 39; KölnKomm-AktG/*Mertens*, 2. Aufl., § 93 Rn 156; K. Schmidt/Lutter/*Hommelhoff/Witt*, Rn 30.
46 K. Schmidt/Lutter/*Hommelhoff/Witt*, Rn 30; Hölters/*Leuering/Goertz*, Rn 17.
47 BT-Drucks. 15/5092, 12; K. Schmidt/Lutter/*Hommelhoff/Witt*, Rn 30.
48 Spindler/Stilz/*Schall*, Rn 4.
49 Geßler/*Kropff*, Rn 44; KölnKomm-AktG/*Mertens*, 2. Aufl., Rn 47; Großkomm-AktienR, Rn 254 ff; Spindler/Stilz/*Schall*, Rn 12; K. Schmidt/Lutter/*Hommelhoff/Witt*, Rn 32; Bürgers/Körber/*Bürgers/Israel*, Rn 1.
50 *Hüffer*, Rn 14; Geßler/*Kropff*, Rn 44; KölnKomm-AktG/*Mertens*, 2. Aufl., Rn 48; MüHb-AG/*Wiesner*, § 27 Rn 16; Spindler/Stilz/*Schall*, Rn 12; K. Schmidt/Lutter/*Hommelhoff/Witt*, Rn 32; Wachter/*Mayrhofer*, Rn 14; Bürgers/Körber/*Bürgers/Israel*, Rn 1.
51 *Hüffer*, Rn 1, 14; KölnKomm-AktG/*Koppensteiner*, 3. Aufl., § 311 Rn 164; Spindler/Stilz/*Schall*, Rn 10; MüKo-AktG/*Spindler*, Rn 90; Geßler/*Kropff*, Rn 48 f; *Kropff*, DB 1967, 2147, 2150 f; *Beuthien*, DB 1969, 1781, 1784; Hölters/*Leuering/Goertz*, Rn 18; Bürgers/Körber/*Bürgers/Israel*, Rn 8.
52 *Hüffer*, Rn 14; Geßler/*Kropff*, Rn 52; KölnKomm-AktG/*Mertens*, 2. Aufl., Rn 46.
53 *Baumbach/Hueck*, AktG, § 311 Rn 6; *Brüggemeier*, AG 1988, 93, 102; *Lutter*, ZGR 1982, 244, 259.

nen, unter der Voraussetzung der §§ 17, 18 die Regelung des § 317 als *lex specialis* gegenüber dem § 117 zu betrachten.[54]

Als Folge der Erfüllung des Tatbestands des § 117 ist nicht nur an die Haftung gem. den oben genannten Vorschriften zu denken. Bei Bestehen eine beherrschenden Einflusses kann darüber hinaus ein Zusammenschlusstatbestand iSv § 37 Abs. 1 Nr. 4 GWB vorliegen, nämlich jede sonstige Verbindung von Unternehmen, aufgrund deren ein oder mehrere Unternehmen unmittelbar oder mittelbar einen wettbewerblich erheblichen Einfluss auf ein anderes Unternehmen ausüben können. Bei Erfüllung der Umsatzschwellen des § 35 GWB kann ein solcher Einfluss ein Verfahren zur Zusammenschlusskontrolle erforderlich machen.

Anhang zu § 117: Die Haftung von Stimmrechtsberatern („Proxy Advisors")

Literatur:
Fleischer, Zur Rolle und Regulierung von Stimmrechtsberatern (Proxy Advisors) im deutschen und europäischen Aktien- und Kapitalmarktrecht, AG 2012, 2; *Klöhn/Schwarz*, Die Regulierung institutioneller Stimmrechtsberater, ZIP 2012, 149; *Langenbucher*, Stimmrechtsberater, FS Hoffmann-Becking, 2013, S. 733; *Vaupel*, Ansprüche von Aktiengesellschaften gegen Stimmrechtsempfehlungen institutioneller Stimmrechtsberater, AG 2011, 63; *Wilsing*, Die Rolle der institutionellen Investoren, der Proxy Advisors und die der Aktionäre, ZGR 2012, 291.

I. Zunehmende praktische Bedeutung der Stimmrechtsberatung. Im Rahmen einer von den USA ausgehenden Entwicklung orientieren sich institutionelle Investoren bei der Ausübung ihrer Stimmrechte zunehmend an den Empfehlungen **professioneller Stimmrechtsberater**.[1] Diesem Trend liegt das (zT auch regulatorisch geweckte) Bedürfnis dieser Anleger zugrunde, Aktionärsrechte trotz zunehmender Portfoliogrößen sachgerecht auszuüben und sich dabei gegen Kritik und Haftungsgefahren zu immunisieren.[2]

II. Regulierungsdiskussion. Bislang ist die professionelle Stimmrechtsberatung in Deutschland nicht gesondert reguliert.[3] Ob dafür Bedarf besteht, ist Gegenstand intensiver Diskussion,[4] die wesentliche Impulse auch von der europäischen Ebene bezieht.[5] Die Tendenz geht dort allerdings bislang nicht zum Erlass bindender Vorgaben.[6] Die Europäische Wertpapier- und Marktaufsichtsbehörde (ESMA) hat aber im Anschluss an ein Konsultationsverfahren, das keine Hinweise auf eine systematische Fehlsteuerung der Stimmrechtsausübung durch Stimmrechtsberater erbracht hat,[7] zumindest die freiwillige Entwicklung eines **Code of Conduct** durch die Anbieter professioneller Stimmrechtsberatung angeregt und dafür Grundsätze niedergelegt, die sich schwerpunktmäßig auf die Gefahr von Interessenkonflikten sowie die Transparenz und Qualität der für die Beratung zugrunde gelegten Kriterien konzentrieren.[8] Der Code of Conduct befindet sich gegenwärtig in der Umsetzungsphase.[9]

III. Haftungsfragen. 1. Haftung gegenüber dem beratenen Aktionär. Gegenüber dem beratenen Aktionär haftet der Stimmrechtsberater für Beratungsfehler auf Basis des zwischen ihnen abgeschlossenen Vertrags nach **allgemeinen Grundsätzen**.[10] Insoweit hat er vorbehaltlich einer abweichenden vertraglichen Regelung nach §§ 280 Abs. 1 S. 2, 276 BGB bereits für einfache (vermutete) Fahrlässigkeit einzustehen.

2. Haftung gegenüber der AG. Darüber hinaus wird in der Literatur diskutiert, ob sich Schadensersatzansprüche bei Beratungsfehlern auch unmittelbar im Verhältnis zwischen AG und Stimmrechtsberater be-

---

54 *Brüggemeier*, AG 1988, 93, 102; K. *Schmidt/Lutter/Hommelhoff/Witt*, Rn 34.
1 Siehe *Fleischer*, AG 2012, 2 ff; *Vaupel*, AG 2011, 63; *Wilsing*, ZGR 2012, 291, 294.
2 Siehe näher *Fleischer*, AG 2012, 2 f; *Klöhn/Schwarz*, ZIP 2012, 149, 151 f.
3 Im Vereinigten Königreich adressiert der UK Stewardship Code als freiwilliger Verhaltenscodex für institutionelle Investoren die Stimmrechtsberatung durch eine Offenlegungsempfehlung (vgl Principle 6 der revidierten Fassung von September 2012); s.a. *Fleischer*, AG 2012, 2, 6; *Wilsing*, ZGR 2012, 291, 293.
4 Vgl DAV, Handelsrechtsausschuss, NZG 2011, 936, 940; *Fleischer*, AG 2012, 2, ff (auch zur Rechtsvergleichung); *ders.*, ZGR 2011, 155, 169 ff; *Klöhn/Schwarz*, ZIP 2012, 149 ff; *Langenbucher*, FS Hoffmann-Becking, 2013, S. 733, 744 f; *Peltzer*, NZG 2011, 961 ff; *Seibert*, FS Hoffmann-Becking, 2013, S. 1101, 1112 f; *Wilsing*, ZGR 2012, 291, 296 ff, 302 ff.
5 Siehe Grünbuch Europäischer Corporate Governance-Rahmen vom 5. April 2011 (KOM (2011) 164) Ziffer 2.5; Aktionsplan Europäisches Gesellschaftsrecht und Corporate Governance vom 12. Dezember 2012 (KOM (2012) 740), Ziffer 3.3; European Securities and Markets Authority (ESMA), Discussion Paper (ESMA/2012/212) vom 22. März 2012: An Overview of the Proxy Advisory Industry. Considerations on Possible Policy Options; ESMA Final Report (ESMA/2013/84) vom 19. Februar 2013: Feedback statement on the consultation regarding the role of the proxy advisory industry.
6 Den im Aktionsplan (s. vorige Fn) für 2013 in Aussicht gestellten Vorschlag der Kommission für eine Initiative für eine Regulierung der Stimmrechtsberatung gibt es bislang noch nicht – wohl mit Rücksicht auf die Ergebnisse des von der ESMA initiierten Konsultationsverfahrens (s. folgende Fn).
7 Siehe ESMA, Final Report (ESMA/2013/84) vom 19. Februar 2013, S. 3; vgl auch *Fleischer*, AG 2012, 2, 7.
8 Siehe ESMA, Final Report (ESMA/2013/84) vom 19. Februar 2013, S. 8 ff.
9 Siehe den von einer Arbeitsgruppe der Stimmrechtsberatungsanbieter vorgelegten Entwurf „Best Practice Principles for Governance Research Providers", abrufbar unter <www.bpp-grp.info>.
10 Vgl *Langenbucher*, FS Hoffmann-Becking, 2013, S. 733, 735; s.a. *Wilsing*, ZGR 2012, 291, 304.

gründen lassen.[11] Dafür bestehen indes kaum tragfähige Ansatzpunkte.[12] Eine **Haftung aus Sonderverbindung** wird im Regelfall nicht in Betracht kommen. Als gesellschaftsfremde Dritte unterliegen Stimmrechtsberater gegenüber der Gesellschaft, deren Aktionäre sie beraten, keiner Bindung durch die mitgliedschaftliche Treuepflicht.[13] Dies gilt selbst dann, wenn sie neben der Beratung auch mit der Stimmrechtsvertretung betraut sind.[14]

5 Auch für die Einbeziehung in den Schutzbereich des zwischen Stimmrechtsberater und beratenem Aktionär geschlossenen Vertrags nach den Grundsätzen des **Vertrags mit Schutzwirkung zugunsten Dritter** ist grundsätzlich kein Raum.[15] Insoweit muss unter Wertungsgesichtspunkten im Auge behalten werden, dass dem Aktionär bei der Ausübung seines Stimmrechts (und damit auch in Bezug auf Umfang und Qualität der die Stimmrechtsausübung vorbereitenden Überlegungen) regelmäßig ein weiter Ermessensspielraum zukommt.[16] Dieser findet zwar in der mitgliedschaftlichen Treuepflicht eine Grenze; doch ist diese weit gespannt und wird für die Beschlussfassung im Aktienrecht nur in seltenen Fällen praktisch bedeutsam.[17] Darüber hinaus begründen auch Verletzungen der Treuepflicht Schadensersatzansprüche der Gesellschaft gegen den Aktionär erst ab der Vorsatzgrenze.[18] Diese Beschränkung verfolgt das Ziel, die Aktionäre und ihre Stimmrechtsintermediäre[19] nicht durch übermäßige Haftungsrisiken von der Stimmrechtsausübung abzuschrecken.[20] Im Ergebnis sind die Aktionäre damit vor Haftungsrisiken im Zusammenhang mit ihrer Stimmrechtsausübung in weitem Umfang abgeschirmt. Angesichts dieser aktienrechtlichen Ausgangslage überzeugt es nicht, wenn allein der Umstand, dass ein institutioneller Anleger die Vorbereitung der Stimmrechtsausübung nicht intern vornehmen lässt, sondern von einem externen Dienstleister einkauft, eine Art Bypass entstehen lassen soll, der sämtliche vorgenannten Haftungsbeschränkungen umgeht und einen vom Aktionär in seinem Pflichtenkreis eingesetzten Informationsintermediär gegenüber der Gesellschaft schärfer haften lässt als den Aktionär selbst. Eben darauf liefe die Einbeziehung der Gesellschaft in den Schutzbereich des zwischen dem Aktionär und dem Stimmrechtsberater geschlossenen Vertrags hinaus; denn die daraus resultierenden Beratungspflichten können zB auch dann verletzt sein, wenn eine der Beratung entsprechende Stimmrechtsausübung (noch) nicht treupflichtwidrig wäre; zudem gilt ein strengerer Verschuldensmaßstab (vgl Rn 3).[21] Mittelbar hätte der Drittschutz daher auch für die beratenen Aktionäre nachteilige Konsequenzen, weil sich die Stimmrechtsberater die Gefahr einer Inanspruchnahme durch die Gesellschaft als zusätzliches Haftungsrisiko mit einem Preisaufschlag bezahlen lassen mussten. Damit hätte der Aktionär also die Kosten der verbesserten Rechtsschutzposition der Gesellschaft zu tragen, was in einem klaren Widerspruch zu der mit der Haftungsabschirmung verfolgten Intention steht, die Ausübung des Stimmrechts nach Möglichkeit gerade nicht zu erschweren. Der Konflikt mit den dargelegten aktienrechtlichen Wertungen entfällt erst dann, wenn der Aktionär wegen der Stimmrechtsausübung auch selbst gegenüber der Aktiengesellschaft haftet. In diesem Fall ist für die Anwendung des Instituts des Vertrags mit Schutzwirkung zugunsten Dritter allerdings schon mangels des erforderlichen Schutzbedürfnisses der AG kein Raum mehr.[22] Vor dem Erreichen dieser Grenze ist den aufgezeigten Wertungswidersprüchen in den Kategorien des Instituts des Vertrags mit Schutzwirkung zugunsten Dritter durch Verneinung der Voraussetzung der „Gläubigernähe" bzw des erforderlichen „Einbeziehungsinteresses" Rechnung zu tragen.[23] Darüber ist schon die Voraussetzung der „Leistungsnähe" der Gesellschaft keineswegs in jedem Fall erfüllt, weil die Interessen von beratenem Aktionär und Gesellschaft nicht notwendig deckungsgleich sein müssen.[24]

6 Eine Haftung des Stimmrechtsberaters nach **§ 311 Abs. 3 BGB** kommt gleichfalls nicht in Betracht.[25]

---

11 Siehe *Vaupel*, AG 2011, 63 ff; *Langenbucher*, FS Hoffmann-Becking, 2013, S. 733, 735 ff; zur Diskussion um wertpapierrechtliche Konsequenzen (insb. Stimmrechtszurechnung nach § 22 Abs. 1 S. 1 Nr. 6 und Abs. 2 S. 1 WpHG) s. (bejahend) *Vaupel*, AG 2011, 63, 74 ff; ablehnend *Kocher/Heydel*, AG 2011, 543 ff; *Seibert*, FS Hoffmann-Becking, 2013, S. 1101, 1116.
12 Zurückhaltend auch *Fleischer*, AG 2012, 2, 8 f; *Langenbucher*, FS Hoffmann-Becking, 2013, S. 733, 735 ff; weitergehend aber *Vaupel*, AG 2011, 63, 65 ff.
13 Siehe *Fleischer*, AG 2012, 2, 4; Treupflicht erwogen von *Vaupel*, AG 2011, 63, 65 (aber im Erg. unklar).
14 Vgl BGHZ 129, 136, 148 (Girmes): Keine eigenständige gesellschaftsrechtliche Treuepflicht des Stimmrechtsbevollmächtigten selbst bei gezielter Stimmbündelung; s.a. MüKo-AktG/*Bungeroth*, Vor § 53 a Rn 22; *Hüffer*, § 53 a Rn 20 b.
15 Siehe eingehend *Langenbucher*, FS Hoffmann-Becking (2013), S. 733, 735 ff; zurückhaltend auch *Fleischer*, AG 2012, 2, 9; aA *Vaupel*, AG 2011, 63, 67.
16 Vgl Spindler/Stilz/*Cahn/v. Spannenberg*, § 53 a Rn 53; *Hüffer*, § 53 a Rn 16; Hölters/*Solveen*, § 53 a Rn 18.
17 Siehe MüKo-AktG/*Bungeroth*, Vor § 53 a Rn 39.
18 Siehe BGHZ 129, 136, 162 ff; MüKo-AktG/*Bungeroth*, Vor § 53 a Rn 43; K. Schmidt/Lutter/*Fleischer*, § 53 a Rn 70; *Hüffer*, § 53 a Rn 21.
19 Siehe BGHZ 129, 136, 163 f, mit ausdrücklicher Berücksichtigung der Auswirkungen einer Haftungsanordnung auf das Verhalten von Depotbanken.
20 Siehe BGHZ 129, 136, 163 f sowie die Nachw. in Fn 18.
21 Vgl *Vaupel*, AG 2011, 63, 68 f.
22 Vgl BGHZ 129, 136, 169; MüKo-BGB/*Gottwald*, § 328 Rn 185.
23 So im Erg. auch *Langenbucher*, FS Hoffmann-Becking, 2013, S. 733, 737 f; s. zum Erfordernis des Einbeziehungsinteresses allg. MüKo-BGB/*Gottwald*, § 328 Rn 179 ff.
24 So bereits *Langenbucher*, FS Hoffmann-Becking, 2013, S. 733, 736 f, gegen *Vaupel*, AG 2011, 63, 66.
25 Siehe *Langenbucher*, FS Hoffmann-Becking, 2013, S. 733, 738 f.

Damit bleiben allein **deliktische Anspruchsgrundlagen**, deren Voraussetzungen bei Beratungsfehlern im Regelfall freilich nicht erfüllt sein werden. Insbesondere überspannt es den Anwendungsbereich von § 823 Abs. 1 BGB, unter Rückgriff auf das Recht am eingerichteten und ausgeübten Gewerbebetrieb als sonstigem Recht die wesentlichen Elemente des vertraglichen Pflichtenprogramms im Verhältnis zwischen beratenem Aktionär und Stimmrechtsberater zugunsten der Gesellschaft in das Deliktsrecht zu spiegeln.[26] Ansprüche aus § 823 Abs. 2 iVm einem Schutzgesetz, §§ 824 oder 826 BGB, mögen in krass liegenden Einzelfällen in Betracht kommen;[27] Gleiches gilt für Ansprüche aus **§ 117 AktG**.

3. Haftung gegenüber anderen Aktionären. Mangels Sonderverbindung haften Stimmrechtsberater auch gegenüber anderen als den beratenen Aktionären allenfalls nach **deliktischen Grundsätzen**. Insoweit sind zusätzlich die Beschränkungen zu berücksichtigen, die für die Geltendmachung von Reflexschäden (mittelbare Schädigung durch Wertreduktion der Aktie) gelten.[28]

Vierter Abschnitt
Hauptversammlung

Erster Unterabschnitt
Rechte der Hauptversammlung

§ 118 Allgemeines

(1) ¹Die Aktionäre üben ihre Rechte in den Angelegenheiten der Gesellschaft in der Hauptversammlung aus, soweit das Gesetz nichts anderes bestimmt. ²Die Satzung kann vorsehen oder den Vorstand dazu ermächtigen vorzusehen, dass die Aktionäre an der Hauptversammlung auch ohne Anwesenheit an deren Ort und ohne einen Bevollmächtigten teilnehmen und sämtliche oder einzelne ihrer Rechte ganz oder teilweise im Wege elektronischer Kommunikation ausüben können.

(2) Die Satzung kann vorsehen oder den Vorstand dazu ermächtigen vorzusehen, dass Aktionäre ihre Stimmen, auch ohne an der Versammlung teilzunehmen, schriftlich oder im Wege elektronischer Kommunikation abgeben dürfen (Briefwahl).

(3) ¹Die Mitglieder des Vorstands und des Aufsichtsrats sollen an der Hauptversammlung teilnehmen. ²Die Satzung kann jedoch bestimmte Fälle vorsehen, in denen die Teilnahme von Mitgliedern des Aufsichtsrats im Wege der Bild- und Tonübertragung erfolgen darf.

(4) Die Satzung oder die Geschäftsordnung gemäß § 129 Abs. 1 kann vorsehen oder den Vorstand oder den Versammlungsleiter dazu ermächtigen vorzusehen, die Bild- und Tonübertragung der Versammlung zuzulassen.

A. Gegenstand und Zweck der Norm	1	6. Hauptversammlung als Organ	37
I. Bündelung und Konzentration	1	II. Briefwahl (Abs. 2)	37a
II. Teilnahmepflichten und Öffentlichkeit	6	III. Teilnahme von Vorstand und Aufsichtsrat (Abs. 3)	38
B. Einzelheiten	9	1. Anwesenheit von Vorstand und Aufsichtsrat	39
I. Ausübung der Aktionärsrechte (Abs. 1)	9	2. Anwesenheit Dritter in der Hauptversammlung	44
1. Teilnahmerecht, Präsenz- und Online-Hauptversammlung	9	IV. Erweiterung der Öffentlichkeit (Abs. 4)	50
2. Ausübung von Aktionärsrechten	21		
3. Angelegenheiten der Gesellschaft	29		
4. Hauptversammlung	30		
5. Ordentliche und außerordentliche Hauptversammlung	31		

A. Gegenstand und Zweck der Norm

I. Bündelung und Konzentration. § 118 legt in Abs. 1 S. 1 den Grundsatz fest, dass die Aktionäre ihre Mitwirkungsrechte, vor allem das Stimmrecht, ausschließlich – soweit das Gesetz nichts anderes bestimmt – im

---

[26] Zu weitgehend daher *Vaupel*, AG 2011, 63, 69 ff, 72 (Rechtsgutsverletzung zulasten der Gesellschaft immer dann, wenn Stimmrechtsempfehlung nicht auf Grundlage von neutral, objektiv und sachkundig durchgeführten Untersuchungen abgegeben und am Interesse der beratenen Aktionäre orientiert).

[27] Vgl *Vaupel*, AG 2011, 63, 72.

[28] Vgl BGHZ 129, 136, 165 f mwN aus der Rspr; s. allg. MüKoAktG/*Spindler*, § 93 Rn 282 ff; § 117 Rn 52.

Rahmen der Hauptversammlung wahrzunehmen haben. Die Vorschrift installiert damit die Hauptversammlung als zentrales, alle Aktionäre vertretendes Organ der Aktiengesellschaft, das mindestens einmal jährlich im Rahmen seiner gesetzlich zugewiesenen Kompetenz zu entscheiden hat.[1] Die Internationalisierung des Aktionariats und die unbefriedigenden Hauptversammlungspräsenzen, die die Gefahr von unerwünschten Entscheidungen durch eine Minderheit der Aktionäre bergen, haben den Gesetzgeber des ARUG mit dem Rückenwind der europäischen Rechtsentwicklung[2] dazu bewogen, nunmehr in Abs. 1 S. 2 die (nicht präsente) Online-Teilnahme der Aktionäre im Rahmen der Hauptversammlung zuzulassen. Damit sollten ausweislich der Begründung des Regierungsentwurfs die Möglichkeiten der Aktionäre, selbst aktiv am Entscheidungsprozess der Hauptversammlung mitzuwirken, erweitert werden. Bereits nach dem vor dem Inkrafttreten des ARUG geltendem Recht war eine Übertragung der Versammlung in Ton und Bild möglich. Aufgrund der Gesetzesänderung können die Gesellschaften den Aktionären über die Satzung sogar eine aktive Teilnahme an der Versammlung auf elektronischem Wege ermöglichen. Gerade für gebietsfremde bzw im Ausland ansässige Aktionäre kann es besonders interessant sein, anstelle einer physischen Präsenz am Ort der Versammlung von der Möglichkeit einer Onlinezuschaltung und elektronischen Ausübung des Stimmrechts Gebrauch zu machen.[3] Dasselbe Ziel verfolgt die ebenfalls neu vorgesehene Option für die Gesellschaften, eine Stimmabgabe mittels Briefwahl zuzulassen.

In Erweiterung der Vorgaben der Aktionärsrechterichtlinie gelten die Regelungen über die Online-Teilnahme an einer Hauptversammlung für alle Aktiengesellschaften und nicht nur für börsennotierte; der Richtlinie kommt insoweit eine Sperrwirkung nicht zu.[4]

2 Die Institution der Hauptversammlung als oberstes Beschlussorgan der AG dient damit mehr denn je allen Aktionären als Forum, sei es durch persönliche Teilnahme, durch die Briefwahl, die Online-Teilnahme oder durch Stellvertreter (§ 135), um ihre Mitwirkungsrechte bei der Verwaltung der AG – und ihres eigenen Kapitals – zur Geltung zu bringen. Damit wird deutlich, dass es sich um Verwaltungsrechte, vornehmlich um Teilnahme-, Rede-, Frage-, Widerspruchs-, Beratungs-, Auskunfts- und vor allem Stimmrechte[5] handelt. Aktienrechtliche Vermögensrechte, wie zB das Dividendenbezugsrecht bzw Bezugsrecht bei Kapitalerhöhungen (§§ 60, 186 Abs. 1) werden an anderer Stelle geregelt.

3 Aus der Sicht der Gesellschaft wird das Mitwirkungsrecht der Aktionäre nicht nur in der Hauptversammlung gebündelt (mediatisiert), sondern auch auf diesen Termin hin konzentriert, auch wenn diese Konzentrationsmaxime durch die Zulassung der Briefwahl fraglich wird.[6] Das Gesetz verwendet allerdings den Begriff der Hauptversammlung zT auch als reine Terminbezeichnung (vgl § 123 Abs. 3).

4 Willensäußerungen einzelner Aktionäre, seien sie auch beherrschende Aktionäre im Sinne von § 17, außerhalb einer Hauptversammlung und außerhalb der durch Online-Teilnahme und (Vorab-)Briefwahl erweiterten Mitwirkung an der Willensäußerung der Hauptversammlung sind rechtlich nicht verbindlich, es sei denn derartige Willenserklärungen seien durch Unternehmensverträge für das abhängige Unternehmen relevant. Die Einhaltung der durch die Satzungsermächtigung in Abs. 1 S. 2, Abs. 2 gegebenen Erweiterungen der Willensäußerungen in oder bei Hauptversammlungen wird daher künftig entscheidende Bedeutung haben. Insbesondere die Abgrenzung zu Äußerungen außerhalb der Hauptversammlung spielt dabei eine Rolle. In diesen anderen Fällen, in denen Meinungsäußerungen beherrschender Aktionäre für die Gesellschaften nachteilige Wirkungen haben, ist dies nicht nur nach § 312 dem Aufsichtsrat zu berichten, sondern gem. § 317 Abs. 1 auch bis zur Aufstellung des Jahresabschlusses auszugleichen.

5 Erst recht gibt das Gesetz einen Schadensersatzanspruch, wenn jemand, also auch ein Nichtaktionär, seinen Einfluss zum Nachteil der Gesellschaft geltend macht (§ 117).

6 **II. Teilnahmepflichten und Öffentlichkeit.** Abs. 2 eröffnet für die Satzung die Möglichkeit (Option), dass Aktionäre auch ohne Teilnahme an der Hauptversammlung an deren Willensbildung durch Briefwahl mitwirken können. Schon bisher bestand keine Pflicht zur persönlichen Teilnahme, die Mitwirkung an der Willensbildung der Hauptversammlung war auch durch Bevollmächtigte und Stimmvertreter möglich.

Die gesetzliche Definition der Briefwahl umfasst allerdings auch neben der Schriftform die elektronische Kommunikation.

Zugleich legt die Norm in Abs. 3 fest, dass die Mitglieder von Vorstand und Aufsichtsrat an der Hauptversammlung teilnehmen sollen. Dies bedeutet, dass grundsätzlich eine Pflicht zur Teilnahme an der Hauptversammlung für diese Organmitglieder besteht; die Formulierung als Soll-Vorschrift soll die fehlende Relevanz in Bezug auf die Anfechtbarkeit zum Ausdruck bringen.[7] Diese Pflicht kann sich aber nach dem eindeutigen Wortlaut und dem Gesamtzusammenhang der Regelung nur auf die im Zeitpunkt der Hauptver-

---

1 *Hüffer*, Rn 2 mwN.
2 *Noack*, NZG 2008, 441, 444.
3 BT-Drucks. 16/11642 S. 20.
4 K. Schmidt/Lutter/*Spindler*, Rn 49.
5 *Noack*, NZG 2008, 441, 444; Großkomm-AktienR/*Mülbert*, Rn 6 mwN.
6 *Hüffer*, Rn 8 a ff mwN.
7 Spindler/Stilz/*Hoffmann*, Rn 22, insb. auch unter Hinweis auf BT-Drucks. 15/8769 S. 14; K. Schmidt/Lutter/*Spindler*, Rn 42.

sammlung amtierenden Mitglieder von Vorstand (einschließlich stellvertretender Vorstandsmitglieder) und Aufsichtsrat beziehen, wobei allerdings ausgeschiedene Organmitglieder als Gast zugelassen werden können.[8] In Ausnahmefällen kann für ehemalige Vorstandsmitglieder als nachwirkende Pflicht aus dem Vorstandsdienstvertrag eine Pflicht zur Teilnahme und Auskunftserteilung bestehen, wenn es um Vorgänge aus deren Amtszeit geht.[9]

Seit Inkrafttreten des TransPuG gestattet es § 118 Abs. 3 S. 2, durch Satzung oder eine nach § 129 Abs. 1 S. 1 zu beschließende Geschäftsordnung für die Hauptversammlung zuzulassen, dass Aufsichtsratsmitglieder in gesondert bestimmten Einzelfällen an der Hauptversammlung in Ton und Bild (per Videozuschaltung) teilnehmen können.

Abs. 4 ermöglicht beim Vorhandensein einer entsprechenden Öffnungsklausel in der Satzung die Übertragung der Hauptversammlung in Ton und Bild in dem von der Satzung festgelegten Umfang. Die Hauptversammlung rückt damit in die Nähe einer öffentlichen Veranstaltung, was vielfach dem öffentlichen Interesse und den Anforderungen des Kapitalmarkts entspricht. Nach der gesetzlichen Ermöglichung zur Zulassung der Online-Teilnahme der Aktionäre ist dies eine weitere nicht teilnahmegebundene Informationsmöglichkeit – auch – für Aktionäre.

B. Einzelheiten

I. Ausübung der Aktionärsrechte (Abs. 1). 1. Teilnahmerecht, Präsenz- und Online-Hauptversammlung. Das Teilnahmerecht ist im Aktiengesetz nicht ausdrücklich geregelt, wird aber als Ausfluss seines Mitgliedschaftsrechts und aufgrund der Möglichkeit der Ausübung der Rechte im Wesentlichen nur in der Hauptversammlung, wie sich aus Abs. 1 ergibt, anerkannt.[10] Diesem Recht auf Teilnahme ist es immanent, dass die Aktionäre in die Lage versetzt werden müssen, dem Verlauf der HV zu folgen, wobei dies für den gesamten Präsenzbereich zu gelten hat; dazu gehört die Möglichkeit, auch außerhalb des eigentlichen Versammlungssaales dem Verlauf zumindest akustisch zu folgen.[11] Allerdings lässt sich die Anfechtbarkeit eines Hauptversammlungsbeschlusses keinesfalls damit begründen, es seien technische Defekte bei der Beschallung der Nasszellen aufgetreten.[12]

Zur Ausübung ihrer Rechte in oder im Zusammenhang mit der Hauptversammlung sind **Aktionäre** nur befugt, verpflichtet sind sie dazu nicht.[13] Eine derartige Verpflichtung lässt sich auch nicht durch eine Satzungsregelung begründen.[14] Überlegungen, den Aktionären den Hauptversammlungsbesuch durch eine Zusatzdividende schmackhaft zu machen, um sog. Zufallsmehrheiten vor allem von Private-Equity-Gesellschaften zu verhindern, sind zwischenzeitlich vom Tisch.

Die im Gesetz in Abs. 1 S. 2 nunmehr durch die Satzung eröffnete Möglichkeit, Aktionäre online teilnehmen zu lassen, wirft – ebenso wie für die Briefwahl – die Frage der ausreichenden und sicheren Legitimation der Abstimmenden auf (siehe Erläuterungen zu § 123 – Record Date). Außerdem entstehen neue Anforderungen an die Präsenzerfassung (§ 130), das Rede- und Fragerecht, das Recht der Widerspruchseinlegung und damit der Anfechtungsrechte. Im Endeffekt kann damit auch die präsente Hauptversammlung durch Zuschaltung aller Aktionäre zur „virtuellen Hauptversammlung" werden,[15] wobei dann nur noch die Mitglieder der Verwaltung und (vielleicht, Abs. 3 S. 2) des Aufsichtsrats an einem Ort anwesend sind.

Nach der Regierungsbegründung zum ARUG[16] sind die online zugeschalteten Aktionäre Teilnehmer der Hauptversammlung. Allerdings sieht das Gesetz in § 118 Abs. 1 S. 2 vor, dass die Ausgestaltung dieses Online-Zugangs nicht nur durch die Satzung selbst, sondern **auch durch den Vorstand aufgrund einer Ermächtigung durch die Satzung** erfolgen kann.

Weder die Aktionärsrechte-Richtlinie, noch das Gesetz in der Fassung des ARUG zwingen die Gesellschaft zur Annahme dieses Angebots, es handelt sich um eine Option des Satzungsgebers (dh der Hauptversammlung).[17]

---

8 So K. Schmidt/Lutter/*Spindler*, Rn 37; *Hüffer*, Rn 10; Großkomm-AktienR/*Mülbert*, Rn 34; MüKo-AktG/*Kubis*, 2. Aufl., Rn 75; *E. Vetter*, AG 1991, 171, 174.
9 Vgl MüKo-AktG/*Kubis*, Rn 99; K. Schmidt/Lutter/*Spindler*, Rn 37.
10 Großkomm-AktienR/*Mülbert*, Rn 47; MüKo-AktG/*Kubis*, Rn 38.
11 LG München I AG 2011, 263; für eine nicht vergleichbare Fallkonstellation, in der im Catering-Bereich die akustische Verfolgbarkeit nur eingeschränkt war und die Gesellschaft für Abhilfe sorgte LG Frankfurt aM, Urt. v. 20.12.2011 – 3-5 O 37/11; nunmehr auch BGH AG 2013, 680 = ZIP 2013, 2257, der eine Anfechtbarkeit in dieser Situation abgelehnt hat, weil eine Übertragung der Hauptversammlung in Vor- oder Nebenräume wie den Catering-Bereich oÄ aktienrechtlich nicht verlangt werde; zust. v. Falkenhausen, ZIP 2013, 2257 f.
12 OLG Frankfurt, Beschl. v. 8.2.2006 – 12 W 185/05; OLG München AG 2006, 527, 528 = ZIP 2013, 931, 933.
13 AllgM, *arg e* § 134 Abs. 3; vgl nur MüKo-AktG/*Kubis*, Rn 98.
14 So zutreffend MüKo-AktG/*Kubis*, Rn 98.
15 *Hüffer*, Rn 8 a.
16 BT-Drucks. 16/11642, S. 26.
17 *Hüffer*, Rn 8 b; *Arnold*, Konzern 2009, 88, 92; zur Reichweite einer Satzungsermächtigung für den Vorstand allg. *Hellermann*, NZG 2008, 561.

Die **Satzungsänderung oder** die Verankerung der **Vorstandsermächtigung** in der Satzung erfolgt nach § 179 Abs. 1 mit Dreiviertel-Mehrheit der abgegebenen Stimmen. Abzusehen ist, dass über die Ausgestaltung dieser Ermächtigung wie auch über die jeweilige Fassung einer entsprechenden Satzungsregelung Streit entstehen wird.

9a Das Gesetz gibt der Gesellschaft mit der **Satzungsautonomie** in Abs. 1 einen breiten Spielraum, in dem alle denkbaren Zwischenstufen der Rechtsregulation denkbar sind.[18] Die Begründung unterscheidet zwischen der Gewährung einzelner Rechte durch die Satzung oder aufgrund Vorstandsentscheids nach Ermächtigung durch die Satzung. Die Einräumung der Ermächtigung an den Vorstand wird von der Begründung zum Regierungsentwurf[19] deswegen als sinnvoll angesehen, weil angesichts der technischen Lösungsmöglichkeiten für eine solche Online-Teilnahme starre Satzungsregelungen nur hinderlich sein könnten.

Fraglich und nicht unumstritten ist, **wie weit die Ermächtigung des Vorstands gehen kann**. Dabei wird in der Literatur mit durchaus beachtlichen Argumenten die Ansicht vertreten, entweder die Satzung oder aber der Inhalt der Satzungsermächtigung für den Vorstand müssten präzise Vorgaben dazu enthalten, welche Rechte dem Aktionär einer Online-Teilnahme entzogen werden dürften.[20] Die besseren Gründe werden aber dafür sprechen, dass hier dem Vorstand bei einer entsprechenden Ermächtigung eine relativ weitgehende Autonomie zugestanden werden muss. Hierfür spricht der Wortlaut des Gesetzes wie auch der Wille des Gesetzgebers, der davon ausging, dass die Aktionärsrechte-Richtlinie den Gesetzgeber zur Einräumung solcher Möglichkeiten zwingt, nicht aber die Gesellschaften zur Annahme dieses Angebots; darauf beruht die weite Ausgestaltung der Satzungsautonomie, wonach die Hauptversammlung die Ausübung nur einzelner Rechte, wie beispielsweise das Stimmrecht, oder auch die Rechte nur teilweise für die Onlineteilnahme eröffnen kann (zB das Fragerecht ohne Recht auf Antwort oder das Stimmrecht ohne Recht zur Onlineabgabe eines Widerspruchs zur Niederschrift).[21] Dabei muss auch gesehen werden, dass die Online-Teilnahme die Rechte gegenüber der Präsenzhauptversammlung erweitert. Daher muss die Regelung in Abs. 1 S. 2 entsprechend ihrem Wortlaut angewandt werden, wonach die Satzungsermächtigung wie auch die Ermächtigung an den Vorstand vorsehen kann, dass sämtliche oder einzelne der Rechte ganz oder teilweise im Wege elektronischer Kommunikation ausgeübt werden können. Missbräuchlichen Gestaltungen durch den Vorstand kann durch eine analoge Anwendung von § 245 Nr. 2 Rechnung getragen werden, sofern es zu einer Beeinträchtigung von Mitverwaltungsrechten der Aktionäre gekommen ist.[22]

Die teilweise Rechteeinräumung und die damit verbundene Differenzierung zwischen physisch anwesenden und online zugeschalteten Aktionären bedeutet nach nahezu einhellig vertretener Auffassung[23] keinen Verstoß gegen den Gleichbehandlungsgrundsatz des § 53a, weil dieses Gebot durch § 118 Abs. 1 S. 2 gerade eingeschränkt wird.

Nach der Grundintention der Aktionärsrechte-Richtlinie darf dem Aktionär jedoch das Stimmrecht in keinem Fall entzogen werden, dient doch diese Richtlinie der Verbesserung der Stimmrechtsausübung und der wirksamen Kontrolle durch die Aktionäre, gleich wo sie ihren Sitz haben.[24] Im Sinne einer richtlinienkonformen Gesetzesauslegung wird folglich eine entsprechende Satzungsbestimmung, die auch das Stimmrecht ausschließt, aufgrund von § 23 Abs. 5 keinen Bestand haben können; nichts anderes kann dann für die Regelung durch den Vorstand gelten – in dieser Situation wäre dann ein unter Verletzung des Stimmrechts der Online-Teilnehmer ergangener Beschluss bei Bejahung der Kausalität anfechtbar.

9b Ob der Entzug oder die Einschränkung des Fragerechts mit Art. 9 Abs. 1 der Aktionärsrechte-Richtlinie vereinbar ist, bleibt fraglich. Dort nämlich ist davon die Rede, dass jeder Aktionär das Recht hat, Fragen zu Punkten auf der Tagesordnung der Hauptversammlung zu stellen und die Gesellschaft die an sie gestellten Fragen der Aktionäre zu beantworten hat. Mittlerweile gibt es erste Entscheidungen, wonach Art. 9 Abs. 1 Aktionärsrechterichtlinie eine einschränkende Auslegung des Tatbestandsmerkmals „erforderlich" im Sinne des § 131 Abs. 1 nicht erfordere. Gegen die Annahme, Art. 9 Abs. 1 S. 1 der Richtlinie gebiete auch die Beantwortung von Fragen, die im Sinne der herkömmlichen Auslegung von § 131 Abs. 1 S. 1 nicht erforderlich sind, spricht vor allem auch die Entstehungsgeschichte der Richtlinie. Danach sollte diese Regelung die

---

18 BT-Drucks. 16/11642, S. 26; *Seibert/Florstedt*, ZIP 2008, 2145, 2146 sprechen davon, dass durch die Satzungsregelung der ganze Kanon der Verwaltungsrechte des Aktionärs erfasst wird.

19 BT-Drucks. 16/11642, S. 26.

20 So v.a. die Vorauf. Rn 9 unter Hinweis auf eine damit verbundene denkbare Selbstentmachtung der Hauptversammlung; kritisch auch Spindler/Stilz/*Hoffmann*, Rn 37.

21 BT-Drucks. 16/11642, S. 26; K. Schmidt/Lutter/*Spindler*, Rn 51; Hüffer, Rn 8 c; *Seibert/Florstedt*, ZIP 2008, 2145 f; *Arnold*, Der Konzern 2009, 88, 91 f.

22 So ausdr. Spindler/Stilz/*Hoffmann*, Rn 37.

23 Außer der Gesetzesbegründung in BT-Drucks. 16/11642, S. 26 siehe nur Spindler/Stilz/*Hoffmann*, Rn 36; Wachter/*Mayrhofer*, Rn 16; *Kersting*, NZG 2010, 130 f, wo mit eingehender Begründung auch eine Verletzung europarechtlicher Vorgaben insb. aus Art. 42 Kapitalrichtlinie und Art. 4 Aktionärsrechterichtlinie abgelehnt wird; *Arnold*, Der Konzern 2009, 88, 92.

24 Siehe Vorerwägungen 1, 2, 3, 4, 5, 10 der Aktionärsrechte-Richtlinie; im Sinne der BegrRegE (BT-Drucks. 16/11642) aber *Seibert/Florstedt*, ZIP 2008, 2145 ff; offen lassend: *Paschos/Goslar*, AG 2009, 14, 18; dazu auch *Kersting*, ZIP 2009, 2317; ders., NZG 2010, 130; *Kocher/Lönner*, AG 2010, 153.

Rechte der Aktionäre im Vergleich zu § 131 Abs. 1 S. 1 nicht erweitern, sondern seinerseits der deutschen Regelung nachempfunden werden.[25] Werden im Rahmen der Begrenzung der Aktionärsrechte bei Online-Teilnahme durch die Satzung oder den Vorstand aufgrund Satzungsermächtigung detaillierte Regelungen zum Beispiel für das Rede- und Fragerecht eingeführt (Beispiele: generelle Beschränkung der Online-Ausführungen auf eine Seite; Begrenzung der Fragen auf eine bestimmte Anzahl), so werden allerdings mit Blick auf die Regelung in Art. 9 Abs. 1 Aktionärsrechte-Richtlinie Bedenken an der Zulässigkeit bestehen.

Das Hauptproblem in diesem Zusammenhang liegt in einer Kollision des Gestaltungsrechts der Verwaltung aus § 118 Abs. 1 S. 2 denkbarerweise mit entweder der Geschäftsordnung nach § 129 Abs. 1 S. 1 oder aber mit der ebenfalls auf die Satzung gestützten Organisationsgewalt des Versammlungsleiters nach § 131 Abs. 2 S. 2. Auf eine sorgfältige Abgrenzung der jeweiligen – gleichwertigen – Ordnungsrahmen ist daher zu achten. Auch sieht Art. 8 Abs. 2 der Aktionärsrechte-Richtlinie für den Einsatz elektronischer Mittel bei der Online-Teilnahme nur solche Anforderungen oder Beschränkungen als zulässig an, die zur Feststellung der Identität der Aktionäre zur Gewährleistung der Sicherheit der elektronischen Kommunikation erforderlich sind, und dies nur in dem Maße, wie sie diesem Zweck angemessen sind. Rechtsvorschriften der Mitgliedstaaten bleiben nur insoweit davon unberührt, als sie den Entscheidungsprozess in der Gesellschaft zur Einführung oder Anwendung einer Form der Teilnahme auf elektronischem Wege betreffen. Ob die Eingrenzung der Aktionärsrechte auf Teilbereiche, wie dies § 118 Abs. 1 S. 2 vorsieht, hierunter verstanden werden kann, wird bezweifelt, wird aber noch als zulässig angesehen werden müssen. Der Regierungsentwurf[26] sieht keine Probleme, weil nur der Einsatz technischer Mittel nicht ungebührlich erschwert werden dürfe.

Nach der Zielrichtung der Aktionärsrechte-Richtlinie, wie sie beispielsweise in den Vorerwägungen 5, 8 und 9 niedergelegt ist, sollte den Aktionären eine wirksame Ausübung der mit Stimmrechtsaktien verbundenen Rechte gewährleistet sein. Auch sieht Art. 3 der Aktionärsrechte-Richtlinie grundsätzlich vor, dass kein Mitgliedstaat daran gehindert wird, Pflichten für Gesellschaften einzuführen oder sonst weitere Maßnahmen zu ergreifen, um „die Ausübung der in dieser Richtlinie genannten Rechte durch die Aktionäre zu erleichtern". Die Vereinbarkeit von § 131 Abs. 1 S. 2 mit den Vorgaben der Aktionärsrechte-Richtlinie ist durch den Beschluss des BGH vom 5.11.2013[27] mittlerweile auch höchstrichterlich geklärt. In den Gründen verweist der BGH allerdings weniger auf die Entstehungsgeschichte, sondern vor allem auf die in den Erwägungsgründen zum Ausdruck kommende Zielrichtung der Aktionärsrechterichtlinie, den ordnungsgemäßen Ablauf einer Hauptversammlung in Bezug auf Fragerecht und Antwortpflicht nicht ausschließlich durch organisatorische Maßnahmen, sondern auch durch Regelungen zur Reichweite des Fragerechts und der Antwortpflicht zu steuern. Die Beschränkung der Auskunftspflicht auf zur sachgemäßen Beurteilung des Gegenstands der Tagesordnung erforderliche Informationen sorge für einen angemessenen Ausgleich der Informationsinteressen einzelner Aktionäre mit dem allgemeinen Interesse an einer zielgerichteten und sachbezogenen Information innerhalb der Hauptversammlung.

Bosse[28] wirft die Frage auf, ob Online-Aktionäre ohne Stimmrecht zum vertretenen Grundkapital im Sinne der aktienrechtlichen Vorschriften (§ 179 Abs. 2 S. 1) zu zählen sind. Er verneint dies mit der Begründung, dass stets auf das Ergebnis der Willensäußerung des aktiv an der Abstimmung teilnehmenden Aktionärs abzustellen sei. Sein Vorschlag geht dahin, im Präsenzverzeichnis zwischen stimmberechtigtem und nicht stimmberechtigtem Grundkapital zu differenzieren; nur Letzteres dürfte zur Zahl der Ja-Stimmen ins Verhältnis gesetzt werden. Dies widerspricht allerdings der gesetzlichen Konzeption des ARUG, das online teilnehmende Aktionäre als erschienene und damit präsente Aktionäre ansieht.[29] Damit bleibt die Anwendung des Subtraktionsverfahrens möglich.[30]

9c

Die Regelung in Abs. 1 S. 2 wird trotz ihres missverständlichen Wortlauts „und ohne einen Bevollmächtigten" die Online-Teilnahme eines Bevollmächtigten zulassen; gemeint ist mit dieser Formulierung letztlich der Umstand, dass eine Teilnahme auch ohne Vertretung in der Präsenzhauptversammlung ermöglicht werden soll. Zudem wäre der Ausschluss einer Vertretung ohnehin kaum praktikabel.[31]

9d

Da der online teilnehmende Aktionär als in der Hauptversammlung erschienen gilt, ist er nach der Konzeption des Gesetzes auch gem. § 245 Nr. 1 befugt, Widerspruch einzulegen und damit auch Anfechtungsklage

9e

---

25 So OLG Stuttgart ZIP 2012, 970, insb. auch unter Hinweis auf *Noack*, FS H.P. Westermann, 2008, S. 1203, 1213; OLG Frankfurt ZIP 2012, 2502; *Hüffer*, Rn 12; zur Diskussion um das Auskunfts-und Fragerecht bei elektronischer Teilnahme auch *Kersting*, ZIP 2009, 2317; *ders.*, NZG 2010, 130; *Kocher/Lönner*, AG 2010, 153; im Ergebnis nunmehr auch BGH, Beschl. v. 5.11.2013 – II ZB 28/12; die Auffassungen insb. des OLG Stuttgart ablehnend Kersting, FS Hoffmann-Becking, 2013, S. 651, 652 ff.

26 BegrRegE ARUG, BT-Drucks. 16/11462, S. 26.
27 Beschl. v. 5.11.2013 – II ZB 28/12.
28 NZG 2009, 807, 809.
29 So die ganz hM; vgl nur BT-Drucks 16/11642, S. 26; Bürgers/Körber/*Reger*, Rn 5 c; *Noack*, WM 2009, 2289, 2292.
30 So auch *Hüffer*, Rn 8 d mwN.
31 So überzeugend Spindler/Stilz/*Hoffmann*, Rn 40.

zu erheben,³² es sei denn, dieses Recht zur Einlegung des Widerspruchs könnte wirksam durch die Satzung oder aufgrund einer entsprechenden Ermächtigung durch den Vorstand ausgeschlossen werden. Inwieweit dies möglich sein soll, ist umstritten. Der Regierungsentwurf des ARUG geht offensichtlich davon aus, einen derartigen Ausschluss des Widerspruchsrechts zuzulassen.³³ Dies überzeugt indes nicht. Wenn dem online teilnehmenden Aktionär das Stimmrecht zwingend eingeräumt wird, dann muss es ihm auch möglich sein, die Rechtmäßigkeit des gegen seine Stimme zustande gekommenen Beschlusses zu überprüfen; nur dies wird der Kontrollfunktion des Anfechtungsrechts gerecht.³⁴

10 Das Teilnahmerecht bezieht sich zunächst unzweifelhaft auf normale **Inhaberaktien**, seien sie Stück- oder Nennwertaktien (§ 8 Abs. 1), vorbehaltlich der Zugangs- und Teilnahmeberechtigung nach § 123, die auch für den Online-Aktionär als Voraussetzung seiner Online-Teilnahme gelten.

11 Teilnahmeberechtigt sind auch solche Aktionäre, die nach einer Kapitalherabsetzung mit Zusammenlegung nur noch über „isolierte Spitzen" verfügen, jedenfalls bis zum Abschluss des Zusammenlegungsverfahrens.³⁵ Mit dem Teilnahmerecht kann für diese „Spitzen-"Aktionäre allerdings kein Stimmrecht verbunden sein, da dies gegen § 134 verstoßen würde, weil Bruchteilsstimmen nicht zulässig sind und Aktien nach § 8 Abs. 5 unteilbar sind. Für die Bildung von Rechtsgemeinschaften an einer Aktie (§ 69) fehlt es bei isolierten Spitzen in der Praxis an einer Absprache der Inhaber verschiedener Spitzen zur Bestellung eines gemeinsamen Vertreters nach § 69 Abs. 1.

12 Bei **Namensaktien** (§ 10 Abs. 1) wird die Aktionärseigenschaft der Gesellschaft gegenüber (§ 67 Abs. 2) mit der Eintragung im Aktienregister begründet; demzufolge kann nur der in das Aktienregister eingetragene Aktionär an der Hauptversammlung teilnehmen.³⁶

13 **Aktionäre sind nicht** Inhaber von American Depositary Receipts (ADR's), soweit in USA derartige Zwischenrechte auf Aktien deutscher Gesellschaften von einer Depotbank ausgegeben wurden. ADR's vermitteln nämlich nur einen Anspruch gegen die Depotbank, die allein Eigentümer der zugrunde liegenden Aktien bleibt.³⁷

14 Keine Aktionäre sind weiterhin – als solche – die Inhaber von Wandelschuldverschreibungen, auch wenn sie ihre Inhaberschaft solcher Gläubigerrechte, ebenso wie bei Genussscheinen der Gesellschaft (§ 221 Abs. 1, Abs. 3), letztlich aus der Aktionärsstellung ableiten können (§ 221 Abs. 4).³⁸

15 Schließlich haben auch sonstige Gläubiger der Gesellschaft, zB aus normalen Geschäftsbeziehungen, keine Aktionärsstellung.

16 Teilnahmeberechtigt als Aktionäre sind hingegen unproblematisch **Vorzugsaktionäre** ohne Stimmrecht (§§ 12, 139), Inhaber nicht voll gezahlter Aktien (§ 134 Abs. 2) sowie auch vom Stimmverbot des § 136 Abs. 1 betroffene Aktionäre.³⁹ **Die Teilnahmeberechtigung** hängt von der **Aktionärsstellung**, dh von der Mitgliedschaft ab, **nicht vom Stimmrecht**.⁴⁰ So können bei wechselseitig beteiligten Unternehmen (§ 328) die Aktionäre mit allen Aktien teilnehmen. Die Stimmverbote sind allerdings zu beachten.

17 Das Teilnahmerecht der Aktionäre geht bei Begründung von Treuhandeigentum auf den Treuhänder über,⁴¹ bei Pfändung und Verpfändung bleibt es jedoch beim Aktionär, ebenso wie das Stimmrecht, weil diese Mitgliedschaftsrechte untrennbar mit dem Eigentumsrecht an der Aktie verbunden sind und daher nicht übergehen.⁴² Für die Nießbrauchseinräumung ist strittig, ob Teilnahme- und Stimmrecht bei den Aktionären oder beim Nießbraucher liegen; die besseren Gründe werden dafür sprechen, das Teilnahmerecht dem Aktionär zuzusprechen, weil es um die Ausgestaltung des Mitgliedschaftsrechts geht.⁴³ Es empfiehlt

---

32 BT-Drucks. 16/11642, S. 27, wo ausdrücklich darauf verwiesen wird, dass eine Änderung des § 245 Nr. 1 nach der Konzeption des ARUG nicht erforderlich ist; K. Schmidt/Lutter/*Spindler*, Rn 58; Spindler/Stilz/*Hoffmann*, Rn 36; Bürgers/Körber/*Reger*, Rn 5 c; *Hüffer*, Rn 8 d.

33 BT-Drucks. 16/11642, S. 26; ebenso Spindler/Stilz/*Hoffmann*, Rn 36; Bürgers/Körber/*Reger*, Rn 5 c; *Paschos/Goslar*, AG 2008, 605, 610 f; in diese Richtung wohl auch *Arnold*, Der Konzern 2009, 88, 92.

34 Im Erg. ebenso K. Schmidt/Lutter/*Spindler*, Rn 58; für einen Verzicht auf das Widerspruchserfordernis im Falle der Nichterkennbarkeit von Informationsmängeln *Kersting*, NZG 2010, 130, 134; zweifelnd hinsichtlich der Wirksamkeit eines Ausschlusses auch *Noack*, NZG 2008, 441, 444, der allerdings in WM 2009, 2289, 2293 hiervon abzurücken scheint, wenn er in diese Richtung negiert und als fernliegend bezeichnet, die Gesellschaft habe für einen entsprechenden Zugang zu sorgen.

35 Großkomm-AktienR/*Mülbert*, Rn 48; *Hüffer*, § 224 Rn 6; MüHb-AG/*Krieger*, § 60 Rn 30; KölnKomm-AktG/*Lutter*, 2. Aufl., § 224 Rn 12; nur Bruchteilsrechte zubilligend: OLG Hamburg WM 1991, 951.

36 Zum Problem des Umschreibestopps siehe die Kommentierung zu § 67 sowie *von Nussbaum*, NZG 2009, 456; *Quass*, AG 2009, 432 ff; aus der Rspr vor allem BGHZ 182, 272 ff; LG Köln NZG 2009, 467.

37 Großkomm-AktienR/*Mülbert*, Rn 13 mwN; *Wieneke*, AG 2001, 504.

38 Großkomm-AktienR/*Mülbert*, Rn 73 mwN; aA *Steiner*, Hauptversammlung der AG, §§ 4, 5.

39 Großkomm-AktienR/*Mülbert*, Rn 47 f; *Hüffer*, Rn 12.

40 Statt aller Großkomm-AktienR/*Mülbert*, Rn 47.

41 *Hüffer*, Rn 15; MüHb-AG/*Semler*, § 36 Rn 11; Großkomm-AktienR/*Mülbert*, Rn 50.

42 LG München I AG 2008, 904, 906; Großkomm-AktienR/*Mülbert*, Rn 50; Spindler/Stilz/*Vatter*, § 10 Rn 68; K. Schmidt/Lutter/*Ziemons*, § 12 Rn 6.

43 MüHb-AG/*Semler*, § 36 Rn 12; *Hüffer*, Rn 15; Großkomm-AktienR/*Grundmann*, § 134 Rn 81 jeweils mwN (beim Aktionär); Palandt/*Bassenge*, § 1068 Rn 3; MüKo-BGB/*Petzold*, § 1068 Rn 35; *Wedemann*, NZG 2013, 1281 ff (beim Nießbraucher).

sich daher, in die Nießbrauchsabrede eine klarstellende Vereinbarung aufzunehmen, bei der indes die Relativität der Schuldverhältnisse zu beachten ist, so dass fraglich erscheinen kann, ob bei einer Regelung nur in der schuldrechtlichen Abrede diese Wirkung gegenüber der Aktiengesellschaft entfalten kann.

Nur dort, wo das Gesetz – auch auf Zeit – die Aktionärsrechte entzieht, wie bei § 20 Abs. 7, § 56, § 71 b, bei §§ 35 ff, 59 WpÜG oder bei §§ 21 ff, 28 WpHG, besteht für die Zeit der Entziehungswirkung auch kein Teilnahme- und Stimmrecht.[44]

Das Teilnahmerecht kann jedoch durch störendes und beleidigendes Verhalten des Teilnehmers verwirkt und in der Folge durch Ordnungsmaßnahmen des Versammlungsleiters für die Dauer der Versammlung ganz oder auf Zeit entzogen werden (Saalverweis).[45]

Da das Teilnahmerecht nicht höchstpersönlich ist, wie § 134 Abs. 3 S. 1 und § 135 ausweisen, können Dritte als Vertreter des Aktionärs an der Hauptversammlung teilnehmen, wenn sie ihre Bevollmächtigung nachweisen. Dies gilt für Vertreter des Aktionärs (siehe §§ 134, 135), aber auch für gemeinsame Vertreter von Rechtsgemeinschaften an einer Aktie (§ 69 Abs. 1), ebenso wie für gesetzliche Vertreter oder bevollmächtigte Vertreter von juristischen Personen und BGB-Gesellschaften (Investmentclubs), die Aktionäre sind.[46]

2. Ausübung von Aktionärsrechten. Die aus der Mitgliedschaft folgenden **Aktionärsrechte**, soweit sie nur **in oder jetzt im Zusammenhang mit der Teilnahme an der Hauptversammlung** wirksam ausgeübt werden können, sind:

- das Teilnahmerecht (Rn 9 ff). Der Online-Teilnehmer an der Hauptversammlung zählt zu den erschienenen Aktionären und damit zur Präsenz;
- das Stimmrecht (§§ 12, 133 ff),
- das Recht, Widerspruch zu Protokoll zu erklären (§ 245 Nr. 1),
- das Rede-, Frage- und Auskunftsrecht des § 131,
- Minderheitsrechte nach §§ 96 Abs. 4 S. 3, 309 Abs. 3 S. 1, 310 Abs. 4, 317 Abs. 4, 318 Abs. 4 und
- das Recht, einen besonderen Vertreter nach § 147 Abs. 1 S. 1 für die Geltendmachung von Schadensersatzansprüchen zu bestellen.

Die gesetzliche Fiktion des Erscheinens bei Online-Teilnahme beschränkt sich nicht nur auf § 245 (Anfechtungsbefugnis nach Widerspruch des erschienenen Aktionärs), sondern gilt auch für § 121 Abs. 6 (Vollversammlung), § 129 Abs. 1 S. 2 (Verzeichnis der Aktionäre) und für § 132 Abs. 2 (Auskunftsklage).[47] Inwieweit aufgrund der Fassung des Gesetzes („… sämtliche oder einzelne ihrer Rechte ganz oder teilweise …") die Möglichkeit vorgesehen werden kann, dem Online Aktionär das Recht zum Widerspruch abzuerkennen, ist strittig, wird aber zu verneinen sein.[48]

Ein Anfechtungsrecht des online erschienenen Aktionärs wird nur dadurch eingeschränkt, dass ihm nach § 243 Abs. 3 Nr. 1 die Anfechtung versagt wird, wenn durch eine technische Störung eine Verletzung seiner „elektronischen Rechte" nach § 118 Abs. 1 S. 2, Abs. 2 und § 134 Abs. 3 eintritt, es sei denn, die Gesellschaft hat dies durch grobe Fahrlässigkeit oder Vorsatz verursacht.[49] Die Beweislast für die Beachtung der Sorgfaltspflicht nach § 93 bei der Einhaltung der Voraussetzungen der Online-Teilnahme und an der Online-Ausübung von Rechten der Aktionäre (Mitteilungen, Versands, Bekanntmachungen und Veröffentlichungen, Entgegennahme von Anträgen oder Stimmrechtsvollmachten auf elektronischem Wege) liegt jedoch beim Vorstand. Er hat dafür einzustehen, dass die eingesetzten technischen Systeme sicher sind und dem jeweiligen Stand der Technik entsprechen. Die Verwendung elektronischer Signaturen nach dem Signaturgesetz ist nicht erforderlich.[50]

Bei diesen an die Hauptversammlung gebundenen Rechten handelt es sich in Abgrenzung von den aktienrechtlichen Vermögensrechten um aus der Mitgliedschaft abgeleitete Verwaltungs- und Kontrollrechte.[51]

Nicht an die Hauptversammlung gebunden ist dagegen eine Reihe von weiteren im Gesetz jeweils gesondert geregelten Aktionärsrechten.

Sie können sowohl Vermögensrechte (Dividendenzahlungsanspruch nach §§ 58 Abs. 4 iVm Gewinnverwendungsbeschluss), Recht auf Zahlung von Abfindungen und Garantiedividenden (Ausgleichszahlung) nach §§ 293 ff, 304, 305, 327 b Abs. 2 als auch Informations- und Kontrollrechte umfassen.

---

[44] *Hüffer,* Rn 12; Großkomm-AktienR/*Mülbert,* Rn 49; MüHb-AG/*Semler,* § 36 Rn 7; KölnKomm-AktG/*Zöllner,* 1. Aufl., Rn 20; LG Hamburg AG 2002, 525; BGH NZG 2009, 827; *Paudtke,* NZG 2009, 939 ff.

[45] BVerfG NJW 2000, 349; K. Schmidt/Lutter/*Spindler,* Rn 32; *Hüffer,* Rn 13.

[46] *Hüffer,* Rn 13.

[47] BegrRegE ARUG, BT-Drucks. 16/11642, S. 27; *Hüffer,* Rn 8 a, 8 d; *Bosse,* NZG 2009, 807, 809.

[48] Hierzu näher oben Rn 9 e.

[49] Gegen diese gesetzliche Beweislastverschiebung sprechen sich *Schüppen/Tretter,* ZIP 2009, 493, 495 aus, schließlich sei die Gesellschaft Veranstalter der Online-HV.

[50] Vgl BT-Drucks. 16/11642, S. 27.

[51] *Hüffer,* Rn 7; KölnKomm-AktG/*Zöllner,* 1. Aufl., Rn 8; Großkomm-AktienR/*Mülbert,* vor §§ 118 bis 147, Rn 204 ff, jew. mwN; *Noack,* NZG 2008, 441 ff.

25 Im Einzelnen handelt es sich um
- die Anfechtungsbefugnis des nicht erschienenen Aktionärs(§ 245 Nr. 2),
- das Recht auf Nichtigkeitsklage (§ 249),
- den Anspruch auf Zugänglichmachung von Informationen nach §§ 124a, 125, 126,
- das Recht auf Einsichtnahme und Erteilung von Abschriften nach §§ 175 Abs. 2, 293 ff, 295 Abs. 1 S. 2, 327c Abs. 3 und 4; sowie § 63 Abs. 1, Abs. 3 UmwG,
- das Recht auf Sonderprüfung im faktischen Konzern (§ 315),
- das Recht auf Einsicht in das Teilnehmerverzeichnis (§ 129 Abs. 4).

26 Nach Auffassung des LG Kempten[52] haben Aktionäre auch ein berechtigtes (wirtschaftliches) Interesse auf Einsichtnahme in die für die AG geführten Grundbücher (§ 12 GBO).

27 Neben die allen Aktionären zustehenden **Rechte** treten solche **von Minderheiten**. Es handelt sich um:
- das Recht auf Einberufung der Hauptversammlung und Bekanntmachung zur Tagesordnung (§ 122 Abs. 1, Abs. 2),
- das Recht auf Sonderprüfung und dazu gehörende Sonderrechte (§ 142 Abs. 2, Abs. 4; §§ 147 Abs. 3, 258 Abs. 1).

28 Daneben bestehen noch zusätzliche **Rechte für Einzelaktionäre**, nämlich:
- das Recht auf Einleitung des Statusverfahrens nach § 98 Abs. 2 Nr. 3 und
- das Recht zur Entsendung von Aufsichtsratsmitgliedern, wenn die Satzung dies vorsieht.[53]

29 **3. Angelegenheiten der Gesellschaft.** Nicht um Angelegenheiten der Gesellschaft handelt es sich schließlich – neben den individuellen Gläubigerrechten (siehe oben) – bei den Ansprüchen zwischen Aktionären, etwa aus Konsortial- und Stimmpoolungsverträgen. Sie begründen möglicherweise Pflichten für den einzelnen Aktionär auf bestimmtes Verhalten gegenüber der Gesellschaft, zB auf einheitliche Stimmabgabe,[54] Vorab-Einigungszwänge, Andienungsrechte und Übernahmerechte für Beteiligungen, aber um aus dem Aktienrecht unmittelbar abgeleitete Angelegenheiten der Gesellschaft handelt es sich dabei nicht.

30 **4. Hauptversammlung.** Das Gesetz legt fest, dass nur die Hauptversammlung die Veranstaltung und das Beschlussorgan ist, in dem die Aktionäre ihre gesellschaftsrechtlichen Rechte geltend machen können. Nachdem die Ortsgebundenheit der Hauptversammlung durch die möglichen Satzungsregelungen nach § 118 Abs. 1 S. 2 und Abs. 2 aufgelöst wurde, gewinnt die Bedeutung der Hauptversammlung als Beschluss- und Willensbildungsorgan an Bedeutung. Eine Versammlung, die nicht nach den Regeln der §§ 121 ff einberufen wurde, ist keine Hauptversammlung im Rechtssinne, sondern allenfalls eine nicht beschlussfähige Informationsveranstaltung, wenn nicht alle Aktionäre erschienen oder vertreten sind und auf die Einhaltung der Normen der § 121 mit 128 verzichten (§ 121 Abs. 6).[55] Hauptversammlung im Rechtssinne ist jede als Hauptversammlung bezeichnete und nach den Regeln der §§ 121 ff zur Beschlussfassung einberufene Aktionärsversammlung, auch die nicht zu Ende geführte Versammlung (Abbruch, Vertagung); dies gilt insbesondere für Fristenberechnungen, die von der Hauptversammlung ausgehen (§ 121 Abs. 7, § 123 Abs. 4, § 258 Abs. 2).

31 **5. Ordentliche und außerordentliche Hauptversammlung.** Die Unterscheidung nach „ordentlicher" und „außerordentlicher" Hauptversammlung ist nur von theoretischem Interesse, da beide Hauptversammlungsarten hinsichtlich der Vorbereitung, der Einladung, der Informationspflichten der Gesellschaft und der Kreditinstitute (§§ 121 ff) den gleichen Anforderungen unterliegen.[56]

32 Die **ordentliche Hauptversammlung** ist diejenige, die innerhalb von acht Monaten (§§ 120 Abs. 1, 175 Abs. 1 S. 2) planmäßig nach Geschäftsjahresschluss
- den Jahresabschluss entgegennimmt (§ 175 Abs. 1),
- über Gewinnverwendung beschließt (§ 175 Abs. 1),
- über Entlastung von Vorstand und Aufsichtsrat entscheidet (§ 120 Abs. 1 S. 1)
- und den Abschlussprüfer bestellt (§ 318 HGB).

33 Ob *de lege ferenda* die Bestellung des Abschlussprüfers wirklich zwingend durch die Hauptversammlung erfolgen muss, kann bezweifelt werden, da das KonTraG[57] mit der Neuregelung der Auftragserteilung an den Wirtschaftsprüfer ausschließlich durch den Aufsichtsrat, nicht mehr durch den Vorstand (§ 111 Abs. 2

---

[52] AG 1990, 364.
[53] Im Einzelnen grundlegend *Henn*, BB 1982, 1185 ff.
[54] BGH AG 2009, 163.
[55] Nach BGH NZG 2009, 385 f bedarf es obendrein bei einer Vollversammlung des wenigstens konkludenten Willens aller Beteiligten, dass sie an einer Hauptversammlung teilnehmen.
[56] Vgl auch LG München I, Urt. v. 25.10.2012 – 5HK O 4278/12.
[57] BGBl. I 1998 S. 786.

S. 3), deutlich gemacht hat, dass der Abschlussprüfer Hilfsperson für den Aufsichtsrat bei der Erfüllung von dessen Kontrollaufgaben ist. Damit liegt es nahe, dass der Aufsichtsrat auch „seinen" Wirtschaftsprüfer bestellen kann, wie er ohnehin allein befugt ist, Bestellungsvorschläge hierfür zu unterbreiten (§ 124 Abs. 3 S. 1 Hs 2). Schließlich ist es für Versicherungs-Aktiengesellschaften völlig unproblematisch, dass dort der Abschlussprüfer nach § 341 k HGB ausschließlich vom Aufsichtsrat bestellt wird.

Dass in einer Hauptversammlung mit der o.g. Tagesordnung auch andere Beschlussgegenstände verabschiedet werden, wie zB die Wahl von Aufsichtsratsmitgliedern der Anteilseigner, die Zustimmung zu Unternehmensverträgen (§§ 293 ff), Umwandlungsvorgänge gemäß Umwandlungsgesetz, Squeeze-out gemäß §§ 327 a ff, sowie Strukturmaßnahmen gemäß § 119 Abs. 2, macht sie nicht zur außerordentlichen Hauptversammlung. **34**

Eine **außerordentliche Hauptversammlung** ist jede andere Hauptversammlung, die nicht den regelmäßigen Tagesordnungsinhalt (so Rn 32) hat. Typisches Beispiel hierfür ist die unverzüglich gemäß § 92 Abs. 1 einzuberufende Hauptversammlung. **35**

Aber auch Strukturmaßnahmen (§ 119 Abs. 2), Umwandlungsvorgänge und Unternehmensverträge können wegen der damit verbundenen Ingangsetzung von Fristen – vor allem aus steuerlicher Sicht bei Begründung von Organschaften – eine außerplanmäßige und damit außerordentliche Hauptversammlung erforderlich machen. Auch Kapitalmaßnahmen werden häufig in außerordentlichen Hauptversammlungen beschlossen, wenn die Gesellschaft dringend auf frisches Kapital angewiesen ist und nicht bis zur nächsten ordentlichen Hauptversammlung warten kann. **36**

6. Hauptversammlung als Organ. Ohne jeden Zweifel ist die Hauptversammlung neben Vorstand und Aufsichtsrat das dritte Organ einer Aktiengesellschaft, nachdem das Gesetz die Ausübung der Aktionärsrechte in Gesellschaftsangelegenheiten auf die Hauptversammlung konzentriert. In ihr vollzieht sich die kollektive Willensbildung der Aktionäre, weshalb sie auch als „Sitz der Aktionärsdemokratie"[58] bezeichnet wird. Aufgrund der Regelung in § 23 Abs. 5 ist die HV als Organ auch satzungsfest; ihre Aufgaben können nicht auf ein anderes Organ der Gesellschaft übertragen werden.[59] Über die Kompetenzabgrenzung selbst ergibt sich dadurch noch nichts, vielmehr folgt diese aus § 119.[60] **37**

II. Briefwahl (Abs. 2). Der neue Abs. 2 lässt es zu, durch **Satzungsbeschluss** (§ 179) unmittelbar **selbst oder** durch eine in der Satzung verankerte **Ermächtigung des Vorstands** vorzusehen, dass Aktionäre schriftlich oder im Wege elektronischer Kommunikation (Internet, E-Mail) ihre Stimmen abgeben dürfen; sie **nehmen** im Rechtssinne **nicht** an der Versammlung **teil**. **37a**

Diese Briefwahl kannte das deutsche Gesellschaftsrecht bislang nicht, allerdings wird diese Möglichkeit nunmehr durch Art. 12 der Aktionärsrechte-Richtlinie erzwungen.

Der entscheidende Unterschied zwischen der Online-Teilnahme und der Briefwahl ist die vom Gesetz angeordnete Unterscheidung, dass der **Online-Teilnehmer in der Hauptversammlung erschienen ist und somit in der Präsenz zu erfassen** ist, dass der **Briefwähler** jedoch **als nicht erschienen** gilt. Damit entfällt für ihn des Widerspruchs- und das Anfechtungsrecht aus § 245 Nr. 1; davon unberührt bleiben die jedem Aktionär offenstehenden Anfechtungsmöglichkeiten, bei denen sich die Anfechtungsbefugnis aus § 245 Nr. 2 oder 3 ergibt.[61]

Die vom Gesetz vorgesehene Alternative zwischen schriftlicher Form oder elektronischer Kommunikation bedeutet nicht zwingend Einhaltung der Schriftform des § 126 BGB; die Textform des § 126 b BGB wird ebenfalls genügen. Ebenso wenig verlangt das Aktiengesetz die Einhaltung der qualifiziert digitalen Signatur des § 126 a BGB. Auch die Briefwahl kann elektronisch erfolgen, wobei die Briefwahl mittels eines Internetformulars ausreichen wird.[62] Sofern hierbei Störungen der elektronischen Verbindungen auftreten, greift auch hier der Anfechtungsausschluss nach § 243 Abs. 3 Nr. 1.[63]

Wenn die Satzung nach § 123 Abs. 2 S. 1 nicht nur die Teilnahme, sondern auch die Ausübung des Stimmrechts davon abhängig gemacht hat, dass die Aktionäre sich vor der Versammlung anmelden, muss sich auch der Briefwähler entsprechend diesen Satzungsvorgaben anmelden.[64]

Die **Satzung** oder aber der **Vorstandsbeschluss aufgrund der Satzungsermächtigung** haben **Einzelheiten zur Briefwahl** zu regeln. Hierzu gehören die Legitimation des Aktionärs, gegebenenfalls der Hinweis auf die erforderliche Anmeldung, die Form der Stimmabgabe, die Festlegung des Termins, bis zu dem die Stimmab- **37b**

---

[58] BVerfG NJW 2000, 349, 350; *K. Schmidt*, GesR, S. 837.
[59] K. Schmidt/Lutter/*Spindler*, Rn 10; Spindler/Stilz/*Hoffmann*, Rn 5 f; *Hüffer*, Rn 1.
[60] Siehe auch K. Schmidt/Lutter/*Spindler*, Rn 9 mwN.
[61] BT-Drucks. 16/11642, S. 27; *Hüffer*, Rn 8 g; Spindler/Stilz/ *Hoffmann*, Rn 43; Bürgers/Körber/*Reger*, Rn 5 g; *Arnold*, Der Konzern 2009, 88, 93.
[62] K. Schmidt/Lutter/*Spindler*, Rn 56; Seibert/*Florstedt*, ZIP 2008, 2145, 2146 unter Verweis auf Art. 8 Abs. 1 Aktionärsrechte-Richtlinie; *Noack*, NZG 2008, 441, 445, der allerdings auch auf die Rspr und Lit. verbreitete Auffassung verweist, im Rahmen des § 312c Abs. 2 BGB sei das Internetformular der Textform nicht gleichwertig.
[63] Seibert/*Florstedt*, ZIP 2008, 2145, 2146.
[64] Paschos/Goslar, AG 2008, 605 ff.

gabe bei der Gesellschaft eingegangen sein muss, die Adresse, an die die Stimmabgabe zu richten ist. Eine Stimmabgabe kann der Hauptversammlung vorausgehen, nicht jedoch erfolgen, bevor die Tagesordnung veröffentlicht ist (§ 124), weil ohne Kenntnis des Abstimmungsgegenstands keine Willensbildung stattfinden kann.[65] Zu empfehlen ist, auch Regelungen zu treffen, in welcher Weise die abgegebene Stimme gewertet wird, falls sich am Beschlussvorschlag oder am Sachverhalt Grundlegendes ändert und ob der Aktionär ggf seine abgegebene Stimme widerrufen kann.[66] In der Sache stellen sich daher die gleichen Rechtsfragen wie bei der Bevollmächtigung von Stimmvertretern der Gesellschaft im Rahmen des § 134 Abs. 3.

Die per Briefwahl abgegebene Stimme ist Willenserklärung unter Abwesenden (§ 130 Abs. 1 BGB).[67] Dies bedeutet, dass die hierfür entwickelten Grundsätze zur Anwendung gelangen müssen. Die Stimmabgabe wird wirksam mit Zugang bei der Gesellschaft iSd § 130 Abs. 1 BGB. Dies ist der Versammlungsleiter, so dass auch ein Widerruf bis zum Beginn der Abstimmung möglich sein wird, sofern keine anderweitigen Regelungen getroffen wurden.[68]

Es empfiehlt sich, Formblätter für die Stimmabgabe, wie auch bisher bei der schriftlichen Bevollmächtigung von Stimmvertretern der Gesellschaft, entweder in Papierform oder per Internet (auch per E-Mail) zur Verfügung zu stellen. Sofern diese Vorgaben nicht in der Satzung für alle Aktionäre nachlesbar festgelegt sind, ist der Vorstand zumindest bei börsennotierten Gesellschaften für verpflichtet zu halten, die entsprechenden Erläuterungen und Informationen in der Einberufung (§ 121 Abs. 3 Nr. 1) und im Internet (§ 124a Nr. 5) bekanntzugeben.

38 **III. Teilnahme von Vorstand und Aufsichtsrat (Abs. 3).** Die Mitglieder des **Vorstands und des Aufsichtsrats sollen** an der Hauptversammlung **teilnehmen**. Die Satzung kann jedoch bestimmte Fälle vorsehen, in denen die Teilnahme von Mitgliedern des Aufsichtsrats im Wege der Bild- und Tonübertragung erfolgen darf.

39 **1. Anwesenheit von Vorstand und Aufsichtsrat.** Mit Einführung des neuen Abs. 3 S. 2 durch das TransPuG besteht die in der bisherigen Gesetzesfassung für Vorstand und Aufsichtsrat als **Pflicht** verstandene Anwesenheit in der Hauptversammlung als solche nur noch **für den Vorstand**.

40 Für die Anwesenheitspflicht der Aufsichtsratsmitglieder hat der Gesetzgeber angesichts der überwiegend passiven Rolle, die diese in der Hauptversammlung spielen, geglaubt, diese Anwesenheitspflicht aushöhlen zu können (Abs. 3 S. 2). Praktisch ist dies jedoch, soweit ersichtlich, kaum geworden.

41 Zwar besteht ein Interesse der Aktionäre auf Präsenz, schon wegen der Entlastung der Aufsichtsratsmitglieder, auch sollten sich diese einen Eindruck von den Argumenten und Anregungen der Aktionäre und vom Ablauf der Hauptversammlung machen. Zwingend sei dies aber nicht. Gerade im Hinblick auf die Internationalisierung der Aufsichtsratsbesetzung sei eine in jedem Fall bestehende Pflicht zur persönlichen Teilnahme wenig sachgerecht.[69]

42 Die Satzung selbst hat die Ausnahmefälle der Befreiung von der Präsenz zu präzisieren, wobei die Gesetzesbegründung insbesondere an weit entfernt, vor allem im Ausland wohnende Aufsichtsratsmitglieder denkt.[70] Danach muss sichergestellt werden, dass das Aufsichtsratsmitglied in der Hauptversammlung in Ton und Bild „präsent" sei, wie auch, dass das Aufsichtsratsmitglied die Hauptversammlung in voller Länge und mit allen Äußerungen in Ton und Bild verfolgen könne.

43 Bei der Formulierung der Satzungsvorschläge ist nach den Begründungen des Referentenentwurfs auf generalisierbare Fallgruppen und Konstellationen zu achten. Aber auch bei der grundsätzlichen Frage, ob der Hauptversammlung überhaupt ein solcher Satzungsänderungsvorschlag unterbreitet werden kann, muss auf die grundsätzlich **persönliche Aufgabenwahrnehmung** des Aufsichtsratsmitglieds und auf die Abgrenzung der Tatbestandsgruppen geachtet werden, bei denen eine Zuschaltung in Bild *und* Ton – eines allein genügt nicht[71] – der persönlichen Anwesenheit des Mitglieds gleichgestellt wird.

Entgegen der Kompetenzverlagerung der Satzungsermächtigung auch auf den Vorstand in Abs. 1, 2 und 4 bleibt es für die Ermächtigung nach Abs. 3 bei der Beschränkung auf die Satzung selbst.

44 **2. Anwesenheit Dritter in der Hauptversammlung.** Das Gesetz regelt bewusst **keine Anwesenheitsrechte für Dritte**. Die Hauptversammlung ist Versammlung der Aktionäre mit Vorstand und Aufsichtsrat, für Dritte gibt es kein Teilnahmerecht. Dies gilt sowohl für die Presse als auch für das Fernsehen, auch wenn es sich um große Publikumsgesellschaften handelt, denen ein hoher Aufmerksamkeitswert zukommt. Die Hauptversammlung ist von Natur aus keine öffentliche Veranstaltung.[72]

---

65 So zu Recht *Hüffer*, Rn 8 g mwN.
66 Dies legt Vorerwägung Nr. 9 der Aktionärsrechte-Richtlinie nahe.
67 *Noack*, NZG 2008, 441, 445.
68 K. Schmidt/Lutter/*Spindler*, Rn 56; Bürgers/Körber/*Reger*, Rn 5 f.
69 So BegrRegE TransPuG zu § 118 Abs. 2 aF, BT-Drucks. 14/8769, S. 19.
70 BegrRegE TransPuG zu § 118 Abs. 2 S. 2 aF, aaO; *Hüffer*, Rn 10 a.
71 BegrRegE TransPuG zu § 118 Abs. 2, aaO.
72 Erweiternd hierzu Abs. 4, siehe unten Rn 50 ff. Insgesamt hM, siehe *Hüffer*, Rn 6 mwN.

Außer den bereits Genannten können Dritte daher nur kraft gesetzlicher Anordnung oder als Gäste teilnehmen. 45

Für Vertreter der Aufsichtsbehörden (früher Bundesaufsichtsamt für das Kreditwesen, Bundesaufsichtsamt für die Versicherungswirtschaft, heute beides in der Bundesanstalt für Finanzdienstleistungen [BaFin] zusammengefasst) im Bereich des Bank- und Versicherungsrechts gibt es ein gesetzliches Teilnahmerecht (§§ 44 Abs. 1 Nr. 2 KWG, § 3 Abs. 1 BausparkG und § 83 Abs. 1 S. 1 Nr. 5 VAG). Eine Teilnahmepflicht haben die Vertreter des Abschlussprüfers in den Fällen des § 176 Abs. 2 S. 1, wenn die Hauptversammlung den Jahresabschluss feststellt. Sonst steht auch ihnen kein Teilnahmerecht zu. Die Teilnahme von Abschlussprüfern ist empfehlenswert, wenn die Hauptversammlung nach § 174 Abs. 2 aus dem Bilanzgewinn Beträge in die Gewinnrücklagen einstellt, weil sie dann evtl auftauchende Bilanzierungs- und Wertfragen vor Ort beantworten können. 46

Für die Zulassung von **Presse und Fernsehen** ist nach hM der Versammlungsleiter zuständig, insbesondere für die Beendigung von Bild- und Fernsehaufnahmen wegen der Störung des Ablaufs der Hauptversammlung. Unter diesem Gesichtspunkt ist die durchgängige Zulassung der schreibenden Presse unproblematisch.[73] Obwohl die Einladung zur Hauptversammlung selbst in aller Regel durch den Vorstand als gesetzlichen Vertreter der gastgebenden Gesellschaft erfolgt, soll die Beendigung der Gastrolle durch den Versammlungsleiter erfolgen. Unter dem Gesichtspunkt der Störung erscheint dies eher als Wahrnehmung des Hausrechts in der Hauptversammlung. Jedenfalls hat die Hauptversammlung selbst und nicht der Versammlungsleiter darüber zu entscheiden, ob die Presse bzw das Fernsehen zum Teil oder insgesamt von der Hauptversammlung ausgeschlossen werden dürfen.[74] 47

Als Gäste sind auch ehemalige Vorstands- und Aufsichtsratsmitglieder und Mitarbeiter zugelassen, ein Teilnahmerecht haben sie jedoch nicht.[75] Soweit es noch um ihre Entlastung für die Vorjahre geht, wird man von einer Teilnahmeobliegenheit als Nachwirkung der Organ- und Dienstverhältnisse sprechen können. Erzwingbar ist eine solche Teilnahme jedenfalls nicht.[76] 48

Alle Gäste haben weder ein Rede- noch ein Antragsrecht, dem anwesenden Wirtschaftsprüfer ist nach § 176 Abs. 1 S. 2 sogar die Auskunft an Aktionäre verwehrt. Auch steht Gästen kein Einblick in die Teilnehmerliste nach § 129 Abs. 4 S. 1 zu.[77] 49

IV. Erweiterung der Öffentlichkeit (Abs. 4). Abs. 4 erweitert die Öffentlichkeit für die Hauptversammlung, stellt dies allerdings unter Satzungs- bzw Geschäftsordnungsvorbehalt nach § 129 Abs. 1. Sowohl die Satzung wie auch die Geschäftsordnung können jedoch den Vorstand oder letztlich den Versammlungsleiter zu entsprechenden Maßnahmen (Zulassung von Bild-und Tonübertragungen) ermächtigen. Dies ist verfassungskonform; die Ermächtigung verstößt weder gegen das Eigentumsgrundrecht aus Art. 14 Abs. 1 GG noch gegen das Allgemeine Persönlichkeitsrecht Recht am eigenen Bild, Tonübertragung von Redebeiträgen) oder das Recht auf informationelle Selbstbestimmung.[78] Liegt eine entsprechende Ermächtigung vor, so hat der einzelne Aktionär kein Recht, der Übertragung zu widersprechen und die Unterbrechung der Übertragung während seines Beitrages zu verlangen.[79] 50

Im Gegensatz zur Zwei-Wege-Verbindung (aktive Verbindung) bei der Festlegung einer Online-Teilnahme der Aktionäre (Abs. 1 S. 2) handelt es sich bei der Übertragung nach Abs. 4 nur um eine passive Verbindung: der zugeschaltete Aktionär kann nur zuhören und ggf zusehen, nicht aber als Online-Teilnehmer gewertet werden.

Bisher war es – in Erweiterung eines Gastrechts der Presse – schon vielfach Übung geworden, die Hauptversammlung im Firmenfernsehen, in Spartenkanälen oder im Internet zu übertragen. Dies reichte von der Übertragung der Rede des Vorstandsvorsitzenden bis hin zur Vollübertragung, wobei bei einer Übertragung in das Internet interessierten Aktionären Zugang über die Zuweisung eines Passworts gewährt wurde,[80] das mit dem Informationsmaterial zur Hauptversammlung oder per E-Mail zugeteilt wurde. 51

Nun kann die Satzung, eine Geschäftsordnung für die Hauptversammlung nach § 129 Abs. 1, Vorstand oder Versammlungsleiter aufgrund Satzungs- oder Geschäftsordnungsermächtigung die öffentliche/teilöffentliche **Übertragung der gesamten Hauptversammlung** ermöglichen. Soweit dabei der Verwaltung für den Einzelfall satzungsmäßig noch ein Zustimmungsvorbehalt eingeräumt werden soll,[81] ist unklar, wie die 52

---

73 *Hüffer*, Rn 16.
74 *Hüffer*, aaO, spricht von einer tunlichen Entscheidung; ebenso KölnKomm-AktG/*Zöllner*, 1. Aufl., § 119 Rn 77; *Obermüller*, NJW 1969, 265.
75 *Vetter*, AG 1991, 171.
76 So auch *Hüffer*, Rn 10.
77 *Hüffer*, Rn 16; *Obermüller*, NJW 1969, 265.
78 LG Frankfurt/Main AG 2005, 821, 822 = NZG 2005, 520; ebenso *Hüffer*, Rn 17; K. Schmidt/Lutter/*Spindler*, Rn 62, wenn auch mit anderem Begründungsansatz als das LG Frankfurt/Main.
79 LG Frankfurt/Main AG 2005, 821, 822 = NZG 2005, 520; Bürgers/Körber/*Reger*, Rn 11; *Hüffer*, Rn 17; aA *Lenz*, EWiR 2005, 97, 98.
80 *Noack*, BB 1998, 2533; *Riegger/Mutter*, ZIP 1998, 637; *Pikó/Preissler*, AG 2002, 223.
81 So BegrRegE TranspuG zu § 118 Abs. 3, BT-Drucks. 14/8769, S. 19.

Kompetenzverteilung auszusehen hat, nachdem auch die Regierungsbegründung nur allgemein von der Verwaltung spricht, der es von Fall zu Fall überlassen sein soll, wie weitgehend die Versammlung für Außenstehende geöffnet wird.[82] Teilweise wird auf die Grundnorm des § 76 Abs. 1 abgestellt mit der Folge, dass der Vorstand alleine zuständig wäre.[83] Allerdings wird auch – wofür durchaus beachtliche Gründe sprechen – die Auffassung vertreten, dies sei Aufgabe des Versammlungsleiters, wobei auch die Möglichkeit gesehen wird, die Hauptversammlung könne sie jederzeit an sich ziehen.[84]

53 Ob künftig die gesamte Hauptversammlung, einschließlich einer ggf langwierigen Diskussion bis hin zur letzten Abstimmung zu übertragen ist, oder nur auf festgesetzte Zeit bzw nur bis zum Ablauf bestimmter Vorgänge, zB der Rede des Vorstandsvorsitzenden, bleibt gesetzlich offen. Jedenfalls besteht kein Recht auf eine Übertragung, es handelt sich allein um eine Öffnungsklausel zur freien Disposition von Satzung, Geschäftsordnung oder Vorstand und Versammlungsleiter

Die in früheren Auflagen angedeutete Entwicklung von der Präsenz-Hauptversammlung zur virtuellen Internet-Hauptversammlung ist mit dem ARUG nahezu abgeschlossen. Zwar hält der Gesetzgeber noch, zumindest formal, an einem festen Ort der Hauptversammlung fest, materiell ist damit aber die virtuelle Hauptversammlung durchaus möglich.[85]

54 Der Satzungsvorschlag oder der Geschäftsordnungsvorschlag haben die aufgeworfenen Fragen allgemein zu regeln. Im Sinne einer situationsangemessenen Reaktion des Versammlungsleiters empfiehlt es sich, in der Satzung oder in der Geschäftsordnung allgemeine Ermächtigungen niederzulegen. Im Gegensatz zu den Vorstandsermächtigungen nach § 118 Abs. 1 S. 2, Abs. 2 ist hier gegen eine allgemeine Ermächtigung nichts einzuwenden. Die Zulassung von Ton-und Bildübertragungen aus der Hauptversammlung erweitert die Rechte der Aktionäre, bietet jedoch keinen Anhalt zur Verkürzung ihrer Rechte. Von einer eingehenden Regelung in der Geschäftsordnung für die Hauptversammlung (§ 129 Abs. 1 S. 1) ist ohnehin grundsätzlich abzuraten (siehe dazu unten § 129 Rn 5 ff).

§ 119 Rechte der Hauptversammlung

(1) Die Hauptversammlung beschließt in den im Gesetz und in der Satzung ausdrücklich bestimmten Fällen, namentlich über

1. die Bestellung der Mitglieder des Aufsichtsrats, soweit sie nicht in den Aufsichtsrat zu entsenden oder als Aufsichtsratsmitglieder der Arbeitnehmer nach dem Mitbestimmungsgesetz, dem Mitbestimmungsergänzungsgesetz, dem Drittelbeteiligungsgesetz oder dem Gesetz über die Mitbestimmung der Arbeitnehmer bei einer grenzüberschreitenden Verschmelzung zu wählen sind;
2. die Verwendung des Bilanzgewinns;
3. die Entlastung der Mitglieder des Vorstands und des Aufsichtsrats;
4. die Bestellung des Abschlußprüfers;
5. Satzungsänderungen;
6. Maßnahmen der Kapitalbeschaffung und der Kapitalherabsetzung;
7. die Bestellung von Prüfern zur Prüfung von Vorgängen bei der Gründung oder der Geschäftsführung;
8. die Auflösung der Gesellschaft.

(2) Über Fragen der Geschäftsführung kann die Hauptversammlung nur entscheiden, wenn der Vorstand es verlangt.

A. Grundlagen... 1	3. Stellungnahme................................... 24
B. Einzelheiten.. 5	4. Verlangen des Vorstands................... 27
I. Willensbildung durch Beschluss............. 5	a) Voraussetzungen.......................... 27
II. Kompetenzkatalog nach Abs. 1............ 8	b) Beschlussfassung der Hauptversammm-
1. Regelmäßige Beschlussgegenstände....... 8	lungsmehrheiten......................... 29
2. Grundlagenentscheidungen................. 10	c) Wirkung..................................... 31
III. Hauptversammlungszuständigkeit kraft Vorstandsverlangens (Abs. 2)............... 14	5. Vorlagepflicht des Vorstands................ 34
1. Grundsatz: keine Geschäftsführungskompetenz................................. 14	a) Grundsätze.................................. 34
	b) Schutz der Aktionärsinteressen........ 35
	c) Sonderfall § 13 FMStBG................ 37e
2. Folgen der Vorlagepflicht.................. 22	d) Vorlagezwang?............................ 38

---

[82] BT-Drucks. 14/8769, S. 19.
[83] *Hüffer*, Rn 17; Bürgers/Körber/*Reger*, Rn 11.
[84] So Spindler/Stilz/*Drescher*, Rn 46
[85] So BegrRegE ARUG, BT-Drucks. 16/11642, S. 26; *Hüffer*, Rn 8 a. Die bisherige Praxis der Hauptversammlungen zeigt indes, dass von den Möglichkeiten der virtuellen Teilnahme eher zurückhaltend Gebrauch gemacht wird.

A. Grundlagen

Die Norm weist der Hauptversammlung ihre Beschlusskompetenzen zu, von denen sie die landläufigsten und regelmäßig wiederkehrenden beispielhaft auflistet. Im Übrigen verweist sie auf Gesetz und Satzung, wo ausdrückliche Zuständigkeiten verankert sind.

Nur soweit der Vorstand nach Abs. 2 es verlangt, kann in die durch § 119 verordnete Kompetenzaufteilung eingegriffen werden. Dies dient nicht nur dem Schutz des Vorstands, wie er sich aus § 93 Abs. 4 S. 1 ergibt,[1] sondern auch seiner Stärkung. Der Aufsichtsrat hat keine Befugnis, Fragen der Geschäftsführung oder Fragen aus seinem eigenen Kompetenzkreis der Hauptversammlung vorzulegen. Seine einzige Einwirkungsbefugnis besteht in dem Zustimmungskatalog nach § 111 Abs. 4 zu Maßnahmen des Vorstands.

Nach allgemeiner Auffassung regelt die Norm daher die Machtverteilung zwischen Hauptversammlung, Aufsichtsrat und Vorstand.[2]

Die gesetzliche Kompetenzanordnung ist wegen § 23 Abs. 5 nicht abänderbar, insbesondere besteht weder eine Allzuständigkeit der Hauptversammlung noch ein Recht auf Schließung eventueller Lücken.[3] Angesichts des abschließenden Charakters der Regelung in § 119 Abs. 1, die durch das Wort „ausdrücklich" zum Ausdruck kommt, ist der Hauptversammlung damit die Kompetenz-Kompetenz im Verhältnis zum Vorstand und den übrigen Willensbildungsorganen der Gesellschaft verwehrt.[4]

B. Einzelheiten

I. Willensbildung durch Beschluss. Neben der Entgegennahme von Jahresabschluss und Vorstandsberichten (zB § 92 Abs. 1) ist es Aufgabe der Hauptversammlung als Organ, Beschlüsse als ihre Willensäußerung zu den Gesellschaftsangelegenheiten zu fassen. Jede Hauptversammlung muss die ihr aufgegebenen Gesellschaftsthemen durch Beschluss in angemessener Frist entscheiden; ein reines Diskussionsforum zu sein, ist nicht ihre Aufgabe.[5] Eine Hauptversammlung zu Zwecken der Information und der Diskussion der Lage der Gesellschaft bleibt jedoch, wie das Beispiel von § 92 Abs. 1 zeigt, zulässig.[6]

Im Zuge der Grundbestimmung einer Hauptversammlung, durch Beschluss zu entscheiden, sind strenge Anforderungen an weltanschauliche und allgemein politische Ausführungen in der Hauptversammlung zu stellen. Hier kann entweder die Geschäftsordnung der Hauptversammlung nach § 129 Abs. 1 oder ein erfahrener Hauptversammlungsleiter Abhilfe schaffen.

Die Willenserklärung der Hauptversammlung erfolgt durch Abstimmung der stimmberechtigten Aktionäre als Einzelpersonen, sei es als präsenter Aktionär, als stimmberechtigter Online-Aktionär oder im Wege der Beschlussfassung durch Briefwahlentscheidung. Ihre individuellen Entscheidungen werden mit entsprechenden Mehrheiten (§ 133 Abs. 1, § 179 Abs. 2 S. 1) zum Beschluss des Hauptversammlungsorgans.[7] Eine rechtsgeschäftsähnliche Vertretung der Aktiengesellschaft selbst liegt damit nicht vor.[8] Der eher theoretische Streit, ob der Hauptversammlungsbeschluss ein Sozialakt[9] oder ein mehrseitiges nichtvertragliches Rechtsgeschäft[10] ist, hat keine praktischen Konsequenzen. Um rechtliche Wirkung zu entfalten, bedarf der Hauptversammlungsbeschluss der notariellen Beurkundung oder der Protokollierung mit Unterschrift des Aufsichtsratsvorsitzenden (§ 130 Abs. 1).

II. Kompetenzkatalog nach Abs. 1. 1. Regelmäßige Beschlussgegenstände. Abs. 1 nennt beispielhaft („... namentlich") die regelmäßig wiederkehrenden Beschlussgegenstände der ordentlichen Hauptversammlung. Dies sind:

- in Nr. 1 die Wahl der Aufsichtsratsmitglieder der Anteilseigner (§ 101 Abs. 1), soweit sie nicht entsandt (§ 101 Abs. 2) oder als Vertreter der Arbeitnehmer nach Mitbestimmungsrecht (§ 9 Abs. 1, Abs. 2 MitbestG, § 7 MitbestErgG, DrittelbeteiligungsG oder dem Gesetz über die Mitbestimmung der Arbeitnehmer bei einer grenzüberschreitenden Verschmelzung) gewählt werden;
- in Nr. 2 die Verwendung des Bilanzgewinns (§ 174 Abs. 1);[11]
- in Nr. 3 die Entlastung von Vorstand und Aufsichtsrat (§ 120 Abs. 1);

---

1 Großkomm-AktienR/*Mülbert*, Rn 8 mwN.
2 *Hüffer*, Rn 1; KölnKomm-AktG/*Zöllner*, 1. Aufl., Rn 20; MüKo-AktG/*Kubis*, Rn 1.
3 *Hüffer*, Rn 1; Großkomm-AktienR/*Mülbert*, Rn 7; *Henn*, Handbuch des Aktienrechts, Rn 689.
4 So ausdr. LG München I AG 2011, 211, 216; MüKo-AktG/ *Kubis*, Rn 9; Großkomm-AktienR/*Mülbert*, Rn 5.
5 Unstr, *Hüffer*, Rn 2, 4; Großkomm-AktienR/*Mülbert*, Rn 9, jeweils mwN.
6 *Hüffer*, Rn 3; *Huber*, ZIP 1995, 1740.
7 *Trouet*, NJW 1986, 1302; KölnKomm-AktG/*Zöllner*, 1. Aufl., Rn 4; *Hüffer*, Rn 12 mwN.
8 *Hüffer*, aaO.
9 So zB BGH NJW 1970, 33.
10 So jetzt BGH NJW 1989, 168.
11 Nach *Rousseau/Wasse*, NZG 2010, 535 gibt es keine HV-Kompetenz zur Entscheidung über die Verwendung eines Bilanzverlustes.

- in Nr. 4 die Bestellung der Abschlussprüfer und der Konzernabschlussprüfer (§ 318 Abs. 1 HGB), soweit wie bei Versicherungs-Aktiengesellschaften (§ 341 k Abs. 2 S. 1 HGB) keine Bestellung durch den Aufsichtsrat erfolgt.

9 Nicht in Abs. 1 genannt ist die ebenfalls jährlich wiederkehrende Feststellung des Jahresabschlusses bei der KGaA (§ 286 Abs. 1).

10 2. Grundlagenentscheidungen. Eher dem Kreis der Grundlagenentscheidungen zuzuordnen sind **weitere Kompetenzen** der Hauptversammlung. Hierbei handelt es sich um

- Nr. 5 Satzungsänderungen (§ 179);
- Nr. 6 Maßnahmen der Kapitalbeschaffung, auch mittels Wandelschuldverschreibungen und Genussrechten (§§ 182 Abs. 1, 186 Abs. 3, 192 Abs. 1: einschließlich der Ausgabe von Aktienoptionen nach §§ 192 Abs. 2, 202 Abs. 1, 203 Abs. 1, Abs. 2, § 207, § 221); und der Kapitalherabsetzung (§§ 222, 229, 237);
- Nr. 7 Bestellung von Sonderprüfern (§ 142 ff) nimmt hier eine Sonderstellung ein, verdeutlicht aber das grundsätzliche Kontrollrecht der Aktionäre;
- Nr. 8 Auflösung der Gesellschaft.

11 Hinzu tritt eine Fülle von weiteren gesetzlich normierten Hauptversammlungskompetenzen, wobei diese Zuweisung auch durch nachträgliche Gesetzesänderungen erfolgen kann.[12] Ob es ungeschriebene Hauptversammlungskompetenzen gibt, ist streitig.[13] § 119 Abs. 1 ist zumindest in dem Umfang zwingend, als dort bestimmte Kompetenzen genannt sind. Offen ist der Kompetenzkatalog nur insoweit, als das Gesetz weitere Beschlusszuständigkeiten regelt. Solche sind beispielsweise der Fortsetzungsbeschluss nach § 274 Abs. 1, Abs. 2; Zustimmung zum Abschluss und zur Änderung von Unternehmensverträgen gemäß § 293 Abs. 1, 293 Abs. 2 und § 295 Abs. 1, Eingliederungsbeschlüsse nach § 319 Abs. 1, § 320 Abs. 1, Squeeze-out-Beschlüsse nach §§ 327 a ff, Zustimmung zur Verschmelzung (§§ 65, 73 UmwG), Zustimmung zu Vermögensübertragungen (§ 179 a Abs. 1, §§ 174 ff. UmwG) sowie die Maßnahmen nach dem UmwG, die bei Beteiligung einer Aktiengesellschaft die Zustimmung durch die Hauptversammlung vorsehen, wie vor allem der Verschmelzungsbeschluss (§ 65 UmwG), der Spaltungsbeschluss (§§ 123, 125, 65 UmwG)[14] sowie der Formwechsel einer Aktiengesellschaft in eine zulässige andere Gesellschaftsform (§§ 226 ff. UmwG). Allen diesen Beschlüssen sind wesentliche Veränderungen der Grundlagen der Gesellschaft und/oder der Risikoposition der Aktionäre gemeinsam.

12 Aus der gesetzlichen Kompetenzanordnung ergibt sich jedoch auch, dass andere Organe hierfür nicht zuständig sein können. Insoweit ist eine **Kompetenzveränderung durch Satzungsfestlegungen unzulässig**.[15]
Die Einleitung eines Insolvenzverfahrens überlagert mit den Kompetenzen für Insolvenzverwalter bzw. Sachwalter und Gläubigerausschuss allerdings die aktienrechtliche Kompetenzordnung im Rahmen der geänderten Zielsetzung zur Gläubigerbefriedigung.

13 An dieser bewährten Kompetenzverteilung ist festzuhalten. Neueren, von US-amerikanischen Vorstellungen geprägten Einflüssen, die Kompetenzaufteilung zwischen Vorstand, Aufsichtsrat und Hauptversammlung zu vermengen, wie sie bei sog. operativen Aufsichtsräten, vorgeschalteten Aktionärsausschüssen und neuerdings Audit-Committees zu finden sind, ist mit Vorsicht zu begegnen.

14 III. Hauptversammlungszuständigkeit kraft Vorstandsverlangens (Abs. 2). 1. Grundsatz: keine Geschäftsführungskompetenz. Zunächst besteht schon nach dem Gesetzeswortlaut **für Fragen der Geschäftsführung keinerlei Hauptversammlungszuständigkeit.** Eine Selbstbevollmächtigung, die wiederum einen Beschlussvorschlag von Vorstand und Aufsichtsrat (§ 124 Abs. 3) voraussetzen würde, ist nicht zulässig (§ 23 Abs. 5).

15 Festzuhalten bleibt damit, dass, soweit nicht gesetzlich angeordnet, die Hauptversammlung keine Zuständigkeiten für Fragen der Geschäftsführung hat,[16] soweit nicht der Vorstand dies verlangt.

16 Die Frage, ob es neben der ausdrücklich gesetzlichen Kompetenzzuweisung noch eine ungeschriebene, aus analoger Anwendung der §§ 179 a Abs. 1, 293 Abs. 2, 319 Abs. 1, 320 Abs. 1, §§ 13 Abs. 1, 125 UmwG entwickelte gesetzliche Kompetenz geben sollte, ist umstritten.[17]

---

12 LG München I AG 1993, 195; *Hüffer*, Rn 6 ff mwN.
13 Siehe unten Rn 16 ff.
14 Erfolgt eine Ausgliederung im Wege der Einzelrechtsnachfolge, so finden die Vorschriften der §§ 1123, 125, 65 UmwG keine Anwendung; LG Hamburg DB 1997, 516; LG München I ZIP 2006, 2036, 2038 f; *Bungert*, NZG 1998, 367, 368; *Priester*, ZHR 163 [1999], 187, 192 f; aA LG Karlsruhe ZIP 1998, 385, 387 ff; *Lutter/Leinekugel*, ZIP 1998, 225 Fn 3; *Veil*, ZIP 1998, 361, 368.
15 *Hüffer*, Rn 10.
16 *Hüffer*, Rn 11, allgM.
17 Zum Diskussionsstand vgl *Hüffer*, Rn 13 f; Großkomm-AktienR/*Mülbert*, Rn 17, jeweils mwN.

Lutter entwickelte 1973 den Grundgedanken, dass es **ungeschriebene Hauptversammlungszuständigkeiten** 17 gemäß Abs. 1 gäbe.[18] Ihm folgte im Ergebnis, mit zum Teil abweichender Begründung, eine Reihe von Beiträgen.[19]

Bei diesen literarischen Vorarbeiten setzte der BGH im Jahre 1983 mit dem „**Holzmüller**"-Urteil (Seehafen- 18 Fall) an. In dem dort entschiedenen Fall ging es um die Ausgliederung des wesentlichen Betriebsvermögens (in Höhe von 80 % des Konzernvermögens) auf eine hundertprozentige Tochtergesellschaft, die allein vom Vorstand beschlossen wurde. Der BGH entschied, dass bei derartigen Geschäftsführungsmaßnahmen der Vorstand nach Abs. 2 verpflichtet sei, die Entscheidung der Hauptversammlung herbeizuführen. Grund sei, dass die Maßnahme des Vorstands „so tief in die Mitgliedsrechte der Aktionäre und deren im Anteilseigentum verkörperten Vermögensinteressen eingreife, dass der Vorstand nicht annehmen könne, er dürfe sie ausschließlich in eigener Verantwortung treffen".[20] Letztlich handele es sich um eine Ermessensreduzierung des Vorstands auf null, ob er die Hauptversammlung mit der Entscheidung über die Geschäftsführungsmaßnahme befassen solle.

Der BGH sah damit entgegen *Lutter* den Lösungsansatz im Minderheitenschutz und folgte dem Wortlaut 19 des Abs. 2.[21]

Mit den **beiden „Gelatine"-Urteilen vom 26.4.2004**[22] hat der BGH eine Reihe von bisher bestehenden Unsicherheiten und Streitfragen beseitigt, eine endgültige Klärung der Vorlagepflicht erfolgte jedoch nicht.[23] Die **Rechtsgrundlage** sieht das Gericht jetzt nicht mehr in Abs. 2, sondern in der offenen **Rechtsfortbildung**. Damit ist sowohl die reine Innenwirkung der Hauptversammlungsentscheidung als auch die Orientierung an den gesetzlich festgelegten Mitwirkungsbefugnissen der Hauptversammlung verbunden.

Der früher unterschiedliche Ansatz hatte Konsequenzen für die Frage, mit **welcher Mehrheit** die Hauptver- 20 sammlung ggf abzustimmen hat. Folgte man *Lutter* mit dem Gesamtanalogieansatz, so ergaben sich die Mehrheiten aus den analogiebegründenden Normen (§ 179a iVm § 179 Abs. 2: Dreiviertel-Mehrheit; § 293 Abs. 1: Dreiviertel-Mehrheit; § 319 Abs. 2: Dreiviertel-Mehrheit; § 320 Abs. 1: 95 %). Überdies wäre der Vorstand für die Maßnahme kraft Verlagerung der Kompetenz nicht originär handlungsbefugt, sein „Verlangen" wäre dann als Vorbereitung einer Hauptversammlungsmaßnahme nach § 83 Abs. 1 S. 1 zu werten, Ausführungshandlungen folgten aus der Pflicht nach § 83 Abs. 2.[24] Hauptversammlungsbeschlüsse entwickelten dann unmittelbare Außenwirkungen mit Rechtsgeltung,[25] die Haftungsbefreiung des Vorstands folgt ohnehin aus § 93 Abs. 4 S. 1.[26]

Folgte man dem Gesetzesansatz, so genügte in aller Regel die einfache Mehrheit.

Mit den **„Gelatine"-Entscheidungen** hat der BGH jetzt nach dem Gesamtanalogie-Ansatz (§ 179 Abs. 2; 21 § 293 Abs. 1, § 319 Abs. 2,) eine **Dreiviertel-Mehrheit der Hauptversammlungsteilnehmer** als erforderlich erklärt. Der frühere Richtungsstreit hat sich in der Praxis erledigt.

2. Folgen der Vorlagepflicht. Stellt man mit dem BGH auf eine Vorlagepflicht des Vorstands an die Haupt- 22 versammlung ab, so folgt zunächst aus einer Verletzung dieser **internen Pflicht** nur eine Schadensersatzverpflichtung des Vorstands für die der Gesellschaft erwachsenden Schäden (§ 93). Der Vorstand behält die Handlungskompetenz für die Vorlage, an der evtl Ausführungspflicht nach § 83 Abs. 2 ändert sich nichts.[27]

Der Hauptversammlungsbeschluss nach Abs. 2 ist dann **in der Außenwirkung** für die Vorstandsmaßnahme 23 **unbeachtlich**, die Maßnahme des Vorstands ohne eine solche Zustimmung oder die Genehmigung bleibt rechtswirksam.[28]

3. Stellungnahme. Die theoretische Begründung für ungeschriebene Hauptversammlungs-Kompetenzen ist 24 jetzt geklärt.[29] Letztlich führt der BGH die beiden Begründungsansätze für eine ungeschriebene Hauptversammlungskompetenz zusammen: Die Grundlage für ein ungeschriebenes Mitwirkungsrecht der Aktionäre bei Geschäftsführungsmaßnahmen ist weder aus Abs. 2 noch aus einer Gesetzesanalogie alleine herzuleiten, sondern die zutreffenden Elemente beider Ansätze, nämlich die bloß das Innenverhältnis betreffende Wirkung einerseits und die Orientierung der in Betracht kommenden Fallgestaltungen an den gesetzlich festge-

---

18 *Lutter*, DB 1973, Beilage 21/73, S. 71; *ders.*, in: FS Barz, S. 199; *ders.*, in: FS Harry Westermann, S. 347.
19 *Timm*, Konzernspitze, 1980; *Hommelhoff*, Konzernleitungspflicht, 1982; *Ulmer*, AG 1975, 15; *Rehbinder*, in: FS Coing, S. 423; *Sonnenschein*, BB 1975, 1088; *Vollmer*, BB 1977, Beilage 4, S. 1; vgl zur Übersicht über die Entwicklung und den Diskussionsstand ausführlich Großkomm-AktienR/*Mülbert*, Rn 17 ff.
20 BGHZ 83, 122, 133 = NJW 1982, 1703.
21 Zum Streitstand vgl Großkomm-AktienR/*Mülbert*, Rn 21 ff mwN; *Hüffer*, Rn 16.
22 NZG 2004, 571 u. 575 = ZIP 2004, 993.
23 *Götze*, NZG 2004, 585, 587 mwN.
24 *Hüffer*, § 83 Rn 11 mwN.
25 Großkomm-AktienR/*Mülbert*, Rn 22 mwN; K. Schmidt/Lutter/*Spindler*, Rn 26 ff.
26 Großkomm-AktienR/*Mülbert*, Rn 56, mwN.
27 Großkomm-AktienR/*Mülbert*, Rn 54 ff.
28 So BGH NJW 1982, 1703 (Holzmüller).
29 Großkomm-AktienR/*Mülbert*, Rn 21 mit Überblick über die umfangreiche Literatur und Rechtsprechung; K. Schmidt/Lutter/*Spindler*, Rn 26 ff; *Hüffer*, Rn 13 ff, 17 jew. mwN; BGH NZG 2004, 571, 575 = ZIP 2004, 993.

legten Mitwirkungsbefugnissen andererseits, werden aufgenommen und diese besondere Zuständigkeit der Hauptversammlung als Ergebnis einer offenen Rechtsfortbildung angesehen.[30]

24a Das Vorhandensein einer allgemeinen Konzernöffnungsklausel in der Satzung führt nicht zu einer Verneinung ungeschriebener Hauptversammlungskompetenzen. Dadurch erweitern die Aktionäre lediglich den Handlungsspielraum des Vorstands, der dementsprechend nicht gehalten ist, den Unternehmensgegenstand ausschließlich durch eigene operative Tätigkeit der Aktiengesellschaft zu verwirklichen, sondern dafür auch zu gründende oder zu erwerbende Gesellschaften oder Beteiligungen einsetzen darf. Des mit der Anerkennung ungeschriebener Hauptversammlungszuständigkeiten bezweckten Schutzes begeben sich die Aktionäre dadurch nicht. Vor allem trifft der zentrale Gedanke des Mediatisierungseffekts auch hier.[31]

25 Zu folgen ist der BGH-Entscheidung „Holzmüller" nach wie vor. Sie hat einen entscheidenden Vorteil: Sie hält sich an die Kompetenzverteilung des Gesetzes und bietet einen flexiblen Lösungsansatz für eine Vorlagepflicht des Vorstands als Ergebnis einer eigenverantwortlichen Unternehmensführung Sie entspricht damit den modernen Ansätzen einer Vorstandstätigkeit (§ 76) im Interesse auch der Aktionäre (Shareholder Value).[32] Im Rahmen dieser Abwägung hat nun der BGH[33] der Eigenverantwortlichkeit des Vorstands einen höheren Wert als bisher eingeräumt, was sich in **erhöhten Anforderungen** für die Verneinung seiner eigenen Zuständigkeit und **für die Bejahung der Vorlagepflicht** (dazu s.u.) niederschlägt.

26 Die Gegenmeinung hat Schwierigkeiten mit der Kompetenzabgrenzung und vor allem mit der von ihr nicht bestrittenen Tatsache,[34] dass ein von ihr als nicht kompetent angesehenes Handeln des Vorstands nach außen, gegenüber Dritten wirksam ist – anders als insbesondere bei den Strukturmaßnahmen, die zur dogmatischen Begründung der ungeschriebenen Zuständigkeit herangezogen werden.[35]

27 **4. Verlangen des Vorstands. a) Voraussetzungen.** Mit den BGH-Entscheidungen „Holzmüller" und „Gelatine" muss die Vorstandsentscheidung eine Entscheidung der Geschäftsführung sein und **keine Aufsichtsratsaufgabe**.[36] Die Entscheidung erfolgt durch **Beschluss des gesamten Vorstands** nach den Regeln des § 77, und ggf der Satzung, als Leitungsaufgabe.[37] Der Vorstand hat der Hauptversammlung eine beschlussfähige Vorlage zu liefern. Ein Beschlussvorschlag durch den Aufsichtsrat ist an sich nicht erforderlich, wegen § 124 Abs. 3 S. 1 aber empfehlenswert.

28 Mit der Bekanntgabe des Tagesordnungsbeschlussvorschlags sind den Aktionären nach den Regeln des § 124 Abs. 2 S. 2 **alle Informationen ihrem wesentlichen Inhalt nach** bekannt zu machen, die die Grundlage für die sachgerechte Entscheidung (dazu im Einzelnen zu § 124) bilden. Denn schließlich entscheidet die Hauptversammlung anstelle des verantwortlichen Leitungsorgans, bedarf also aller sachlich relevanten Informationen,[38] dazu gehören auch alle wesentlichen Wertermittlungsinformationen, wie zB Gutachten und Bewertungen.

29 **b) Beschlussfassung der Hauptversammlungsmehrheiten.** Nach jetziger Auffassung hat der Hauptversammlungsbeschluss nach Abs. 2 mit **Dreiviertel- Mehrheit** zu erfolgen,[39] wobei allerdings die Satzung weitere Erfordernisse aufstellen kann. Obwohl der Gedanke der Gesamtanalogie abzulehnen ist, sieht der BGH in den „Gelatine"-Urteilen die Voraussetzungen einer Vorlagepflicht erst in solchen Fällen erfüllt, die dem „Holzmüller"-Fall in der Wertigkeit entsprechen und damit rund 80 % des Gesellschaftsvermögens betreffen.[40] Damit seien Größenordnungen erreicht, die **nahezu satzungsändernden Charakter** hätten. Deswegen sei eine Dreiviertel-Mehrheit erforderlich.

30 Dies gilt insbesondere dann, wenn der Unternehmensgegenstand der Satzung durch die Maßnahme verändert wird, wie dies bei Veräußerungen wesentlicher Beteiligungen der Fall sein kann.

---

30 So ausdr. BGH NZG 2004, 571, 574.
31 So ausdr. BGH NZG 2004, 571, 575 mwN vor allem auch zur Gegenauffassung.
32 *Butzke* in: Obermüller/Werner/Winden, L Rn 81.
33 ZIP 2004, 993 = NZG 2004, 571, 575.
34 Großkomm-AktienR/*Mülbert*, Rn 21.
35 BGH NJW 1982, 1703; ihm folgend die Instanz-Rechtsprechung, zuletzt BGH BB 2001, 483; OLG Celle AG 2001, 357; jetzt: BGH ZIP 2004, 993 = NZG 2004, 571, 575.
36 *Kropff*, S. 165; KölnKomm-AktG/*Zöllner*, 1. Aufl., Rn 35; soweit ein Einberufungsrecht des AR bejaht wird (zB K. Schmidt/Lutter/*Drygala*, § 111 Rn 34) kann dem nicht gefolgt werden, ebenso: *Hüffer*, Rn 14.
37 BGH WM 2002, 179; dazu *Henze*, BB 2002, 847.
38 Zur Informationspflicht in derartigen Fällen BGH NJW 2001, 1277; OLG Frankfurt/Main AG 1999, 378; OLG München AG 1996, 327; LG München I AG 2007, 336; *Schockenhoff*, NZG 2001, 921; *Hüffer*, Rn 19 mwN; einschränkend: *Groß*, AG 1996, 111; *ders.*, AG 1997, 97; *Wilde*, ZGR 1998, 423; *Kort*, ZIP 2002, 685.
39 Zum früheren Recht vgl *Hüffer*, Rn 16, 20 mwN; MüHb-AG/*Semler*, § 34 Rn 42 mwN; jetzt: BGH ZIP 2004, 993 = NZG 2004, 571, 575; die danach bestehende Informationspflicht sieht *Weißhaupt*, AG 2004, 585, mwN, eingeschränkt, was so nicht richtig ist, sie hat nur andere Schwerpunkte zu setzen; *Arnold*, AG 2005, R 364.
40 OLG Hamm NZG 2008, 155, 157; LG München I ZIP 2006, 2036, 2040; Emmerich/Habersack/*Habersack*, Vor § 311 Rn 46; Spindler/Stilz/*Hoffmann*, Rn 34; *Hüffer*, Rn 18 b; *Götze*, NZG 2004, 585, 587.

c) **Wirkung.** Der Vorstand muss den Hauptversammlungsbeschluss nach § 83 Abs. 2 ausführen, ist aber zugleich von der Haftung dafür nach § 93 Abs. 4 S. 1 befreit – nicht zuletzt ein Grund für einige Vorstandsvorlagen an die Hauptversammlung.

Außenwirkung hat der Hauptversammlungsbeschluss nicht,[41] die Wirksamkeit der Vorstandsmaßnahmen bleibt von der Entscheidung der Hauptversammlung unberührt.

Der Vorstand kann die Hauptversammlungsbeschlussfassung als Genehmigung oder als Ermächtigung beantragen, ist aber letzterenfalls auch an den Wortlaut und den Sinn der Hauptversammlungsermächtigung gebunden.[42]

5. Vorlagepflicht des Vorstands. a) Grundsätze. Umstritten war, ob Fälle wie im „Holzmüller"-Fall entschieden (Ausgliederung wesentlicher Betriebsteile im Wert von annähernd 80 % des Konzernvermögens auf eine 100 %-ige Tochtergesellschaft) zu verallgemeinern seien. In aller Regel ist jedoch mit derartigen Maßnahmen auch eine wesentliche Veränderung der Ertrags-, Finanz- und Vermögenslage verbunden. **Beispiele** hierfür sind: Abgabe des ganzen Grundbesitzes als wesentliches Vermögen;[43] Vermögensübertragung der einzigen Beteiligung;[44] die Ausgliederung von Vermögensteilen in eine Tochtergesellschaft und der anschließende Börsengang dieses Unternehmens[45] (str). Die Praxis versucht, die Fälle so eng wie möglich an den „Holzmüller"-Grundfall anzulehnen und damit die Vorlagepflicht des Vorstands schon von Grund auf zu verringern. Die Literatur versucht, **allgemeine Grundsätze** zu finden, indem sie entweder auf Umsatzveränderungen (etwa 20 %), Gewinnveränderungen (etwa 15 %) bzw auf Vermögensveränderungen abstellt.[46] Der Versuch ist schwierig, wie die Diskussion um die Vorrechte auf Zeichnung von Anteilen an Tochtergesellschaften bei deren Börsengang zeigt. Überdies führt die heutige Größenordnung von Konzernen dazu, dass die Ausgliederung selbst erheblicher Vermögensteile und deren nachfolgender Börsengang als eigene Gesellschaft an den von der Literatur entwickelten Grenzwerten vielfach scheitern.

b) **Schutz der Aktionärsinteressen.** Zurückzukehren ist zu der BGH-Grundentscheidung „Holzmüller", was der BGH jetzt mit erfreulicher Klarheit getan hat. Danach hat der Vorstand die Hauptversammlung anzurufen, „wenn wegen des tiefen Eingriffs in die Mitgliedschaftsrechte der Aktionäre" er nicht annehmen darf, die Angelegenheit allein als Geschäftsführungsmaßnahme ohne Beteiligung der Aktionäre ergreifen zu können. Es geht mithin im Sinne der Rechtsprechung des BGH um den **Schutz von Individualinteressen**, nämlich der mitgliedschaftlichen Vermögens- und Verwaltungsrechte (siehe oben § 118) der Aktionäre.[47] Alle Maßnahmen, die die Vermögens- und Verwaltungsinteressen der Aktionäre schwerwiegend beeinträchtigen können, sind daher der Hauptversammlung zur Entscheidung vorzulegen.[48] Was hierbei als **schwerwiegende Beeinträchtigung** gilt, ist eine Frage der Umstände des jeweiligen Einzelfalls. In keiner der beiden „Gelatine"-Entscheidungen ist der BGH der Versuchung erlegen, einen festen Katalog der vorlagepflichtigen Maßnahmen zu formulieren.[49] Die Thematik bleibt damit eine **Frage des Einzelfalls**, wenn auch unter verschärfter Prüfung der Voraussetzungen, nachdem für eine ungeschriebene Hauptversammlungskompetenz die Größenordnung der „Holzmüller"-Konstellation erreicht sein muss.[50]

Entsprechend den obigen Grundgedanken betreffend die schwerwiegenden Beeinträchtigungen der Vermögens-, Ertrags-, Finanz- und Verwaltungs-(Stimmrechts-)Interessen der Aktionäre ist von einer Vorlagepflicht des Vorstands auszugehen

- bei **Veräußerung** von wesentlichen Vermögensteilen auch in Form der Ausgliederung im Wege der Einzelrechtsnachfolge,[51] (Mediatisierung des Aktionärseinflusses)[52] und
- bei der Abgabe bzw **Aufgabe** wesentlicher Tätigkeitsbereiche, die unmittelbar zur Verminderung des Vermögens, bzw Beeinträchtigung der Ertragslage führen, soweit damit entsprechend der Größenordnung der „Holzmüller"-Rechtsprechung (80 %) Veränderungen auch des Unternehmensgegenstands

---

41 BGH NJW 1982, 1703 (Holzmüller); BGH ZIP 2004, 993 = NZG 2004, 571, 575 (Gelatine); LG München I AG 2010, 173, 178.
42 *Hüffer*, Rn 15 mwN.
43 OLG München AG 1995, 232.
44 OLG Celle AG 2001, 357.
45 *Lutter*, AG 2000, 342.
46 Vgl zum Diskussionsstand ausführlich Großkomm-AktienR/*Mülbert*, Rn 30 mwN; *Lutter*, AG 2000, 342; vgl auch OLG Stuttgart AG 2005, 693 mwN; OLG Düsseldorf AG 2007, 363; OLG Hamm AG 2007, 421; LG Köln AG 2008, 327; LG München I AG 2007, 336.
47 Großkomm-AktienR/*Mülbert*, Rn 30 mwN; *Hüffer*, Rn 18.
48 *Hüffer*, Rn 16 ff mwN.
49 *Götze*, NZG 2004, 585, 587; OLG Stuttgart AG 2005, 693, 694.
50 *Fuhrmann*, AG 2004, 339, 340; *Götze*, NZG, 2004, 585, 587: "krasse Fälle"; vgl *Hüffer*, Rn 18 a; vgl auch *Arnold*, ZIP 2005, 1573 mwN; OLG Düsseldorf AG 2007, 363: faktische Satzungsänderung.
51 LG München I ZIP 2006, 2036, 2039 f; *Hüffer*, § 179 a Rn 12 a; Großkomm-AktienR/*Mülbert*, Rn 45, 46; *Goette*, AG 2006, 622, 627.
52 BGH AG 2007, 203; OLG Hamm AG 2008, 421.

und Satzungsänderungen, auch durch Nicht-Mehr-Ausfüllen des Satzungsgegenstands (verdeckte Satzungsänderung)[53] verbunden sind.

37 Bei einer Reihe von Vorgängen ist fraglich und umstritten, inwieweit eine **ungeschriebene Hauptversammlungskompetenz** bejaht werden kann.
Die **Entscheidung über den Börsengang** einer Aktiengesellschaft bedarf der Zustimmung ihrer Hauptversammlung.[54] Dies resultiert vor allem aus der Überlegung, dass die Aktiengesellschaft durch den Börsengang einige Möglichkeiten der Gestaltung des Innenverhältnisses verliert und vor allem auch wesentlich strengeren Transparenz- und Publizitätsanforderungen unterliegt, zumal seit dem Inkrafttreten des ARUG noch stärker zwischen börsennotierten und nicht börsennotierten Aktiengesellschaften differenziert wird.

37a Das **Delisting** bedeutet den Rückzug der Aktiengesellschaft aus einem regulierten Markt im Sinne des § 32 BörsG, wobei dies entweder durch einen vollständigen Rückzug von der Börse oder durch den Wechsel in den Freiverkehr erfolgen kann. Die börsenrechtliche Grundlage hierfür liegt in § 39 Abs. 2 BörsG, die indes von den gesellschaftsrechtlichen Fragestellungen grundlegend zu unterscheiden ist. Der BGH[55] ging hierbei davon aus, dass der Verkehrswert der Aktie und die Möglichkeit der jederzeitigen Realisierbarkeit an einem regulierten Markt vom Grundrecht des Art. 14 Abs. 1 GG erfasst sei und daher angesichts des tiefgreifenden Eingriffs in das Aktieneigentum durch dieses gesellschaftsrechtliche Delisting die Hauptversammlung dieser Maßnahme zustimmen müsse und gleichzeitig den Aktionären ein Abfindungsangebot unterbreitet werden müsse.
Der Begründungsansatz über Art. 14 Abs. 1 GG ist seit dem maßgeblichen Urteil des BVerfG vom 12.7.2012[56] nicht mehr tragfähig, nachdem dort dargelegt wurde, dass und warum die Gewährleistung des Aktieneigentums nicht die möglicherweise faktisch gesteigerte Verkehrsfähigkeit einer Aktie als Effekt des Handels im regulierten Markt umfasse. Dennoch stellt sich die Frage, ob eine Kompetenz der Hauptversammlung nicht doch bestehen kann. Wesentlich könnte dabei vor allem der Begründungsansatz über § 29 Abs. 1 UmwG sein, wonach das kalte Delisting ebenfalls der Zustimmung der Hauptversammlung bedarf. Gerade daraus wurde in der Literatur abgeleitet, das Zusammenspiel mit anderen bereits nach dem Gesetzeswortlaut abfindungspflichtigen Strukturmaßnahmen zeige, dass die Börsennotierung als wesentliches Strukturelement einer Aktiengesellschaft angesehen werde.[57]
Der BGH hat nunmehr mit Beschluss vom 8.10.2013[58] indes in Anknüpfung an die verfassungsgerichtliche Rechtsprechung und unter Aufgabe seiner früheren Rechtsprechung entschieden, bei einem Widerruf der Zulassung der Aktie zum Handel im regulierten Markt auf Veranlassung der Gesellschaft stünde den Aktionären kein Anspruch auf eine Barabfindung zu; es bedürfe weder eines Beschlusses der Hauptversammlung noch eines Pflichtangebots. Zur Begründung verweist der BGH zunächst darauf, der Widerruf der Börsenzulassung lasse die Substanz des Anteilseigentums unberührt und die mitgliedschaftliche Stellung des Aktionärs werde durch den Rückzug von der Börse – anders als bei einer Mediatisierung seiner Mitwirkungsrechte – nicht geschwächt. Ein Barabfindungsangebot werde auch nicht in entsprechender Anwendung von § 207 UmwG und § 29 UmwG gefordert. Eine Gesamtanalogie über § 119 und andere gesellschaftsrechtlichen Strukturmaßnahmen, die ein Abfindungsangebot vorsehen, lehnt der BGH unter Hinweis darauf ab, dass die Binnenstruktur der Gesellschaft durch den Rückzug von der Börse nicht verändert werde. Auch rechtfertigen die Auswirkungen auf die sich aus dem Kapitalmarktrecht ergebenden Verpflichtungen danach keine Analogie.

37b Beim Sonderfall des **Downgrading**, bei dem der Wechsel vom regulierten Markt in ein von den Börsen selbst reguliertes Segment des Freiverkehrs erfolgt – zu nennen sind vor allem das Segment „m:access" der Börse München oder der „Entry Standard" der Frankfurter Wertpapierbörse –, wurde eine ungeschriebene

---

53 Vgl OLG Stuttgart ZIP 2003, 1981; OLG Düsseldorf AG 2007, 363: faktische Satzungsänderung; LG Hanau 2007, 718: faktische Satzungsänderung; BGH, AG 2007, 203: Grenze des § 179a; LG München I AG 2007, 336: 90 % des Unternehmensvermögens.
54 So zB K. Schmidt/Lutter/*Spindler*, Rn 37; Großkomm-AktienR/*Mülbert*, Rn 30; im Grundsatz auch MüKo-AktG/*Spindler*, § 76 Rn 40; kritisch zu dieser generellen Hauptversammlungskompetenz MüKo-AktG/*Kubis*, Rn 84; Bürgers/Körber/*Reger*, Rn 20; *Trapp/Schick*, AG 2001, 381, 382 f; *Reichert*, AG 2005, 150, 157.
55 BGHZ 153, 47 = NZG 2003, 280 ff – Macrotron; ebenso BGH AG 2008, 659; AG 2010, 453; zust. *Hüffer*, Rn 24; *Lutter*, JZ 2003, 684; *K. Schmidt*, NZG 2003, 601; kritisch bereits Emmerich/Habersack/*Habersack*, Vor § 311 Rn 38; Spindler/Stilz/*Hoffmann*, Rn 43 f.
56 BVerfG NJW 2012, 3081 = NZG 2012, 826 = AG 2012, 557 = ZIP 2012, 1402 = WM 2012, 1378 – Lindner/MVS.
57 So *Klöhn*, NZG 2012, 1041 ff; im Erg. auch *Spindler*, FS Goette, 2011, S. 513, 522 f; einen anderen Ansatz über eine Treuepflicht des Vorstands zieht *Wackerbarth*, WM 2012, 2077, 2079 heran.
58 ZIP 2013, 2254 ff = NZG 2013, 1342 ff = WM 2013, 2213 ff = AG 2013, 877 ff = DB 2013, 2672 ff – Frosta; wie der BGH bereits im Anschluss an das Urteil des BVerfG KölnKomm-AktG/*Wasmann*, 3. Aufl., § 1 SpruchG Rn 25; *Kiefner/Gillessen*, AG 2012, 645, 649 ff; *Bungert/Wettich*, DB 2012, 2265, 2268 f; *Goetz*, BB 2012, 2767, 2773; zweifelnd auch schon Bürgers/Körber/*Reger*, Rn 29.

Hauptversammlungszuständigkeit auch schon vor dem Beschluss des BGH vom 8.10.2013 nicht bejaht, nachdem hier insbesondere auch kein Pflichtangebot unterbreitet werden musste.[59]

Umstritten ist, inwieweit die **Veräußerung einer Beteiligung** der Zustimmung der Hauptversammlung bedarf, die nicht nur innerhalb des Konzerns stattfindet. Soweit dies bejaht wird, wird zur Begründung vor allem auf den gezielten Eingriff in das Mitgliedschaftsrecht und nicht auf einen spezifizierten Mediatisierungseffekt hingewiesen; allerdings müssen die Schwellenwerte erreicht werden.[60] Die besseren Gründe sprechen indes für die Ansicht, den Fall einer Beteiligungsveräußerung generell vom Zustimmungserfordernis auszunehmen, es sei denn, es greift ein Fall des § 179 ein oder die Beteiligung stellt einen unternehmerischen Schwerpunkt des Unternehmensgegenstandes dar.[61] Es wird dabei insbesondere auf den fehlenden Mediatisierungseffekt verwiesen, weil eine Gegenleistung zugeflossen ist, die nunmehr der Kontrolle der Organe der Gesellschaft unterliegt. Vor allem aber lässt sich das Zustimmungserfordernis nicht mit der Sperrwirkung des § 179a in Einklang bringen.

Beim Umhängen von Beteiligungen innerhalb eines Konzerns kommt dem Mediatisierungsgedanken entsprechend den in den beiden „Gelatine"-Entscheidungen geäußerten Grundsätzen entscheidende Bedeutung zu. Wird die Tochtergesellschaft auf eine Enkelgesellschaft übertragen oder selbst zur Enkelgesellschaft, muss die Hauptversammlung zustimmen, weil die Aktionäre insoweit in ihrem Einfluss beschnitten werden.[62]

Bleibt dagegen die Tochtergesellschaft auf derselben Ebene, kann ein Mediatisierungseffekt nicht eintreten, weil dann die Einflussmöglichkeiten der Aktionäre erhalten bleiben. Dies ist beispielhaft der Fall bei der Übertragung einer Beteiligung von einer 100%-igen Tochtergesellschaft auf eine andere 100%-ige Tochtergesellschaft oder eine Gesellschaft der Fall, die mit der Muttergesellschaft über einen Beherrschungsvertrag verbunden ist.[63]

Höchstrichterlich nicht geklärt ist die weitere Frage, inwieweit ein **Beteiligungserwerb** ungeschriebene Hauptversammlungskompetenzen begründen kann, nachdem der BGH dies in seinem Nichtannahmebeschluss vom 7.2.2012[64] bei dem Erwerb der bislang von der Allianz SE gehaltenen Anteile der Dresdner Bank AG durch die Commerzbank AG offenlassen konnte. Teilweise wird unter Hinweis auf einen Mediatisierungseffekt die Frage bejaht, sofern die Beteiligungsschwellen das Wesentlichkeitserfordernis überschreiten.[65] Auch hier wird indes von einem fehlenden Zustimmungserfordernis der Hauptversammlung auszugehen sein.[66] Dies ergibt sich namentlich aus der auch vom OLG Frankfurt angestellten Erwägung, dass durch den Beteiligungserwerb im Gegensatz zur Ausgliederung wirtschaftliche Aktivitäten hinzutreten und das wirtschaftliche Risiko eines überhöhten Erwerbspreises eine Maßnahme der Mittelverwendung betrifft, die sich nicht grundsätzlich von anderen Investitionsentscheidungen unterscheidet. Eine Mediatisierung kann man gleichfalls nicht annehmen; dem Schutzbedürfnis der Aktionäre wird dadurch Rechnung getragen, dass der Erwerb der Beteiligung von der Satzungsermächtigung in jedem Fall gedeckt sein muss.

c) **Sonderfall § 13 FMStBG.** Die mittlerweile weggefallene (Sonder-)Regelung in § 13 FMStBG, die im Zuge der Gesetzgebung zur Finanzmarktstabilisierung erlassen wurde und nach der der Fonds bei der Wiederveräußerung der von ihm mittels Squeeze out erworbenen Anteile den Aktionären der betreffenden Unternehmen des Finanzsektors ein Bezugsrecht einräumen sollte, begründete keine Zuständigkeit der Hauptversammlung, um über diese Maßnahme zu entscheiden. Dies ergab sich weder aus dem Wortlaut noch aus dem Gesetzeszusammenhang; Adressat dieser Regelung war ausschließlich der Alleinaktionär, nicht aber die Hauptversammlung als Organ. Die Veräußerung von Aktien eines Aktionärs bedeutet keine Maßnahme, die eine ungeschriebene Hauptversammlungskompetenz begründen könnte. Die Hauptversammlung als Organ hat keine Kompetenz, einem Aktionär Vorgaben für sein Verhalten zu machen.[67]

---

59 OLG München NZG 2008, 755, 756 ff für den „M:access"; KG ZIP 2009, 1116, 1117 f für den „Entry Standard" der Frankfurter Wertpapierbörse; für die Auswirkungen auf das Spruchverfahren siehe die Kommentierung zu § 1 SpruchG.

60 So MüKo-AktG/*Kubis*, Rn 68; *Hüffer*, Rn 18 a; Spindler/Stilz/*Hoffmann*, Rn 30.

61 So die hM: BGH NZG 2007, 234 = AG 2007, 203 = ZIP 2007, 24 = WM 2007, 257; OLG Hamm AG 2008, 421; OLG Köln ZIP 2009, 1469, 1471 – Strabag; Bürgers/Körber/*Reger*, Rn 16; Emmerich/Habersack/*Habersack*, Vor § 311 Rn 43; *Reichert*, AG 2005, 150, 155; NZG 2008, 47, 48 ff; Spindler, FS Goette, S. 513, 519 f; MüHb-AG/*Krieger*, § 69 Rn 10.

62 Vgl BGH NZG 2004, 571 u. 575 = ZIP 2004, 993 = AG 2004, 384; Emmerich/Habersack/*Habersack*, Vor § 311 Rn 45; *Spindler*, FS Goette, S. 513, 520.

63 Siehe Bürgers/Körber/*Reger*, Rn 18; MüKo-AktG/*Kubis*, Rn 78; *Goette*, AG 2006, 622, 627; *Arnold*, ZIP 2005, 1573, 1576; *Bungert*, BB 2004, 1345, 1348.

64 NZG 2012, 347 = AG 2012, 248 = ZIP 2012, 515.

65 LG Frankfurt AG 2012, 416, 417 ff; *Spindler*, FS Goette, 2008, S. 513, 518; unter Betonung gerade auch der Beteiligung des Staates als Folge der Finanzmarktkrise; Emmerich/Habersack/*Habersack*, Vor § 311 Rn 42; Spindler/Stilz/*Hoffmann*, Rn 30; *Priester*, AG 2011, 654 ff.

66 So OLG Frankfurt DB 2010, 2788, 2789 ff = NZG 2011, 62, 63 ff; Bürgers/Körber/*Reger*, Rn 17; MüKo-AktG/*Kubis*, Rn 71; *Bungert*, BB 2004, 1435, 1350; *Hofmeister*, NZG 2008, 47, 50 f; *Nikoleyczik/Gubitz*, NZG 2011, 91 ff; MüHb-AG/*Krieger*, § 69 Rn 10; im Erg. auch *Kiefner*, ZIP 2011, 545 ff.

67 LG München I AG 2011, 211, 215 f; ebenso OLG München AG 2011, 840, 842.

38 **d) Vorlagezwang?** Da der Vorstand nach pflichtgemäßem Ermessen eine Vorlagepflicht für die Entscheidung von Geschäftsführungsmaßnahmen an die Hauptversammlung hat, stellt sich die Frage, ob der Vorstand zu einer solchen Vorlage gezwungen werden kann. Der Aufsichtsrat jedenfalls kann nur durch wiederholte Zustimmungsverweigerung nach § 111 Abs. 4 S. 3 eine Vorlage bei Divergenz zwischen ihm und dem Vorstand an die Hauptversammlung erzwingen.

39 Aktionäre hingegen haben keinen Anspruch darauf, dass der Vorstand bestimmte Maßnahmen der Geschäftsführung der Hauptversammlung zur Entscheidung vorlegt.[68] Deren alleiniger Weg bleibt der Antrag nach § 122 Abs. 2, der allerdings einen Anteil von 5 % am Grundkapital bzw dem anteiligen Betrag von 500.000 EUR voraussetzt. Rechtsprechung und Literatur verweisen den Aktionär auf den vorbeugenden **Rechtsschutz durch Unterlassungsklagen** oder auf **Schadensersatzansprüche**.

40 Will ein Aktionär geltend machen, der Vorstand habe zu einer Maßnahme die notwendige Zustimmung der Hauptversammlung nicht eingeholt, so bedarf es nicht der Anfechtungsklage gegen den Entlastungsbeschluss der Mehrheit mit einer dort nur mittelbar stattfindenden (eingeschränkten) Prüfung; vielmehr kann der Aktionär eine auf eine entsprechende Feststellung gerichtete Klage im Sinne des § 256 ZPO erheben.[69]

§ 120 Entlastung; Votum zum Vergütungssystem

(1) ¹Die Hauptversammlung beschließt alljährlich in den ersten acht Monaten des Geschäftsjahrs über die Entlastung der Mitglieder des Vorstands und über die Entlastung der Mitglieder des Aufsichtsrats. ²Über die Entlastung eines einzelnen Mitglieds ist gesondert abzustimmen, wenn die Hauptversammlung es beschließt oder eine Minderheit es verlangt, deren Anteile zusammen den zehnten Teil des Grundkapitals oder den anteiligen Betrag von einer Million Euro erreichen.

(2) ¹Durch die Entlastung billigt die Hauptversammlung die Verwaltung der Gesellschaft durch die Mitglieder des Vorstands und des Aufsichtsrats. ²Die Entlastung enthält keinen Verzicht auf Ersatzansprüche.

(3) Die Verhandlung über die Entlastung soll mit der Verhandlung über die Verwendung des Bilanzgewinns verbunden werden.

(4) ¹Die Hauptversammlung der börsennotierten Gesellschaft kann über die Billigung des Systems zur Vergütung der Vorstandsmitglieder beschließen. ²Der Beschluss begründet weder Rechte noch Pflichten; insbesondere lässt er die Verpflichtungen des Aufsichtsrats nach § 87 unberührt. ³Der Beschluss ist nicht nach § 243 anfechtbar.

A. Grundlagen	1	2. Einzelentlastung	18
I. Gegenstand der Norm	1	3. Entlastungsbeschluss und -verweigerung	22
II. Zweck der Norm	2	a) Beschluss	22
III. Begriff der Entlastung	5	b) Verweigerung	25
B. Einzelheiten	10	c) Widerruf	27a
I. Frist und Zuständigkeit	10	III. Verfahrensfragen (Abs. 3)	28
II. Gesamtentlastung (Abs. 1 S. 1) und Einzelentlastung (Abs. 1 S. 2)	13	IV. Votum zum Vergütungssystem (Abs. 4)	30
1. Gesamtentlastung	13		

A. Grundlagen

1 **I. Gegenstand der Norm.** Entgegen der Überschrift regelt die Norm nicht nur die Entlastung der Mitglieder von Vorstand und Aufsichtsrat (Abs. 1 S. 1, Abs. 2) und die wesentlichen Behandlungsthemen (Abs. 3), sondern gibt auch den Termin für die (ordentliche) Hauptversammlung vor (Abs. 1 S. 1 Hs 1). In Abs. 2 wird die Entlastungswirkung angesprochen. Der neue Abs. 4 eröffnet der Hauptversammlung erstmals die Möglichkeit, sich zum Vergütungssystem für Vorstandsmitglieder – allerdings ohne rechtlich verbindliche Wirkung – zu äußern („Say on Pay").

2 **II. Zweck der Norm.** Zum einen wird mit der Norm festgelegt, dass die Hauptversammlung als Organ der Aktionäre die Rechenschaftsberichte von Vorstand und Aufsichtsrat entgegennimmt und deren Tätigkeiten

---

[68] *Kiem*, AG 2009, 301 sieht eine solche Pflicht auch nicht beim Abschluss von sog. Investorenvereinbarungen (Fall Continental/Schaeffler).

[69] So ausdr. BGH NZG 2012, 347 = AG 2012, 248 = ZIP 2012, 515.

mit dem Entlastungsbeschluss billigt. Damit wird die Rolle der Aktionärsversammlung als oberstes Organ verfestigt.[1]

Das Gebot, Entlastung und Ergebnisverwendung zu verbinden, begründet die umfassende Rechenschafts- 3 pflicht des Vorstands und Aufsichtsrats gegenüber den Aktionären, denen damit ein umfassendes Diskussionsforum[2] über Leistung und Erfolg der von ihnen beauftragten Sachwalter zur Verfügung steht.[3]

Aus Abs. 1 S. 2 iVm Abs. 2 S. 1 wird abgeleitet, dass im Grundsatz über die Entlastung der Gremien Vor- 4 stand und Aufsichtsrat im Sinne einer Gesamtverantwortung abgestimmt wird. Entlastungsbeschlüsse für die Tätigkeit von Einzelmitgliedern erfolgen nur auf Antrag einer qualifizierten Minderheit (Abs. 1 S. 2).[4]

III. Begriff der Entlastung. Abs. 2 S. 1 bezeichnet die Entlastung als **Billigung der Verwaltung** der Gesell- 5 schaft durch die Mitglieder von Vorstand und Aufsichtsrat. Zunächst besteht unbestritten eine Gesamtverantwortung für die Verwaltung der Gesellschaft und das anvertraute Aktionärsvermögen. Die früher in Abs. 3 S. 2 festgelegte Berichtspflicht ist durch das ARUG gestrichen worden, weil die entsprechenden Vorlagepflichten sich bereits in § 175 (für die Zeit von der Einberufung bis zur Hauptversammlung) und § 176 (für die Versammlung) finden.

Die Billigung der Geschäftsführung bezieht sich daher zunächst notwendigerweise auf das abgelaufene Ge- 6 schäftsjahr, zugleich stellt die Entlastung aber auch einen Vertrauensbeweis für das laufende Geschäftsjahr dar.[5]

Die Rechtsnatur des Entlastungsbeschlusses spielt aktienrechtlich keine Rolle, weil mit der Entlastung keine 7 Rechtswirkungen verbunden sind, die einen Verlust von Ersatzansprüchen nach sich ziehen würden.[6] Ungeachtet dessen wird die Entlastung als ein spezifisch gesellschaftsrechtliches Institut angesehen werden müssen, das vor allem auch die Billigung der Geschäftsführung zum Gegenstand hat.[7]

Die aktienrechtliche Entlastung hat aufgrund der ausdrücklichen Regelung in Abs. 2 S. 2 – anders als die 8 Entlastung im sonstigen Gesellschaftsrecht[8] – keinerlei Verzichts- oder Präklusionswirkung. Sie ist damit mehr ein symbolischer, aber für das Ansehen der Verwaltung bzw einzelner Mitglieder von Vorstand und Aufsichtsrat psychologisch eminent wichtiger Akt.[9] Die erteilte Entlastung hindert daher weder eine außerordentliche Kündigung des Vorstandsmitglieds noch muss der Aufsichtsrat ein Vorstandsmitglied wegen einer verweigerten Entlastung abberufen.[10]

Wegen der fehlenden Rechtswirkung für Ersatzansprüche der Gesellschaft gibt es keine Klage auf Erteilung 9 der Entlastung. Dies ergibt sich vor allem aus der Erwägung heraus, dass es bei der Entlastung auch um das künftige Vertrauen in das Handeln der Organe und um Fragen der Zweckmäßigkeit ihres Verwaltungshandelns geht.[11]

Umstritten ist, ob der Vorstand mit Blick auf § 245 Nr. 4 anfechtungsbefugt sein kann. Dies wird indes abzulehnen sein, weil anderenfalls die Wertung des Fehlens einer Klage auf Entlastung umgangen würde.[12]

B. Einzelheiten

I. Frist und Zuständigkeit. § 120 Abs. 1 S. 1 nimmt den Zuständigkeitskatalog des § 119 Abs. 1 Nr. 3 für 10 die ordentliche Hauptversammlung auf und ordnet die Beschlussfassung über die Entlastung binnen acht Monaten nach dem Ende des vorangegangenen Geschäftsjahres an.[13] Die gleiche Frist ergibt sich aus § 175 Abs. 1 S. 2 für die Hauptversammlung zur Vorlage des Jahresabschlusses, des Lageberichts, soweit er nach § 264 Abs. 1 S. 3 HGB nicht entfallen kann, und des Aufsichtsratsberichts (§ 120 Abs. 3 S. 1 iVm § 175 Abs. 2). Die Frist berechnet sich nach §§ 187 ff BGB, weshalb auch § 193 BGB zur Anwendung gelangen muss.[14]

---

1 Großkomm-AktienR/*Mülbert*, Rn 6; *Hüffer*, Rn 1, jeweils mwN.
2 Siehe Vorauf. vor §§ 118 ff.
3 Großkomm-AktienR/*Mülbert*, Rn 6, 7 mwN.
4 Großkomm-AktienR/*Mülbert*, Rn 8.
5 HM: BGH NJW 1986, 129; BGH NJW 2003, 1032, 1033 – Macrotron; NZG 2005, 77, 78 – ThyssenKrupp; *Hüffer*, Rn 2; *von der Linden*, ZIP 2013, 2343.
6 Zutreffend: *Hüffer*, Rn 3, mit Überblick über den Diskussionsstand; siehe auch Großkomm-AktienR/*Mülbert*, Rn 12–21.
7 So die hM; siehe nur Großkomm-AktienR/*Mülbert*, Rn 20 f; *Hüffer*, Rn 3; Spindler/Stilz/*Hoffmann*, Rn 24; K. Schmidt/Lutter/*Spindler*, Rn 11; MüKo-AktG/*Kubis*, Rn 14; *Volhard/Weber*, NZG 2003, 351.
8 ZB § 46 Nr. 5 GmbHG; umfassend: *Tellis*, Die Rechtsnatur der gesellschaftsrechtlichen Entlastung, 1988; *Barner*, Die Entlastung, 1990; auch *Hüffer*, Rn 3, 13.
9 *Hüffer*, Rn 19; MüKo-AktG/*Kubis*, Rn 2; *Hügel/Klepsch*, NZG 2005, 905, 906.
10 Großkomm-AktienR/*Mülbert*, Rn 40; Spindler/Stilz/*Hoffmann*, Rn 29; *Wachter/Mayrhofer*, Rn 10; Bürgers/Körber/*Reger*, Rn 13.
11 HM; siehe nur *Hüffer*, Rn 19; KölnKomm-AktG/*Zöllner*, 1. Aufl., Rn 45; Obermüller/*Butzke*, I Rn 46; Großkomm-AktienR/*Mülbert*, Rn 50; Spindler/Stilz/*Hoffmann*, Rn 35; für die GmbH auch BGHZ 94, 324, 326 f.
12 MüHb-AG/*Semler*, § 34 Rn 31; *Hüffer*, Rn 19; aA Spindler/Stilz/*Hoffmann*, Rn 36.
13 *Volhard/Weber*, NZG 2003, 351, leiten daraus ab, dass eine spätere, wiederholte nachgeholte Entlastung nicht erforderlich sei (kritisch).
14 Bürgers/Körber/*Reger*, Rn 3; MüKo-AktG/*Kubis*, Rn 4.

10a Wird die Hauptversammlung auf einen Termin nach Ablauf dieser Frist der ersten acht Monate einberufen, so führt dieser Umstand nicht dazu, dass die auf dieser verspätet stattgefundenen Hauptversammlung gefassten Beschlüsse angefochten werden können; möglich ist indes die Verweigerung der Entlastung des Vorstands.[15] Eine Erzwingung einer Hauptversammlung durch Maßnahmen des Registergerichts gem. § 407 ist mangels Nennung – anders als bei § 175 – nicht möglich. Denkbar bleiben Anträge einer Minderheit gem. § 122; auch sind Schadenersatzansprüche aus § 93 Abs. 1 denkbar, wobei sich das Problem eines quantifizierbaren Schadens für die Gesellschaft stellt.[16]

10b Umstritten ist, ob die Frist des § 120 Abs. 1 S. 1 durch die Satzung verkürzt oder verlängert werden kann oder ob § 23 Abs. 5 entgegensteht. Die besseren Gründe werden dafür sprechen, dass diese Frist satzungsfest ist. Es handelt sich um zwingendes Recht, was sich vor allem aus dem Normzweck ergibt; gerade der Abschlussprüfer hätte nicht mehr genügend Zeit für seine Arbeiten, was das Ziel einer ordnungsgemäßen Rechenschaftslegung beeinträchtigen würde.[17]

11 Zuständig für den Entlastungsbeschluss ist ausschließlich die Hauptversammlung, § 120 ist nicht abänderbar (§ 23 Abs. 5).[18] Insbesondere können die Organe Vorstand und Aufsichtsrat sich nicht gegenseitig entlasten.

12 Bei der **Einmann-AG** bestehen keine Besonderheiten, sofern der Alleinaktionär nicht im Vorstand oder im Aufsichtsrat bzw dort vertreten ist.[19] Gehört er jedoch einem der Gremien an, so soll bei der Entlastung über dieses Gremium wegen § 136 ein Stimmverbot bestehen,[20] eine Abstimmung über die Entlastung des jeweiligen Gremiums findet dann nicht statt.[21] Jedoch bleibt die Möglichkeit, die übrigen Mitglieder des jeweiligen Gremiums einzeln zu entlasten.[22]

13 **II. Gesamtentlastung (Abs. 1 S. 1) und Einzelentlastung (Abs. 1 S. 2). 1. Gesamtentlastung.** Die Gesamtentlastung nach Abs. 1 S. 1 ist die Regel. Dies resultiert neben dem Wortlaut aus dem in §§ 77, 108 für die beiden Organe Vorstand und Aufsichtsrat jeweils niedergelegten Prinzip der Gesamtverantwortung, wobei allerdings die Gesamtentlastung keine weiterreichenden Rechtsfolgen hat als die Einzelentlastung.[23]

14 Sie erfolgt in **getrennten Abstimmungen** für das jeweilige Gremium.[24] Eine einheitliche Abstimmung über die Entlastung von Vorstand und Aufsichtsrat ist somit unzulässig; dies ergibt sich insbesondere auch aus den unterschiedlichen Aufgaben von Vorstand und Aufsichtsrat im Kompetenzgefüge einer AG.

15 Die Beschlussvorschläge für die Entlastung von Vorstand und Aufsichtsrat müssen demgemäß als notwendige Voraussetzung einer getrennten Abstimmung auch getrennt bekannt gemacht werden.

16 Der Entlastungsbeschluss der Hauptversammlung gilt für alle im Berichtszeitraum, dh im abgelaufenen Geschäftsjahr, über das die ordentliche Hauptversammlung befindet, aktiv gewesenen Mitglieder von Vorstand und Aufsichtsrat. Sofern für frühere Geschäftsjahre eine Entlastung noch nicht erfolgt ist, wie dies bei schwebenden Verfahren oder ungeklärten Vorwürfen möglich ist, sind die entsprechenden Entlastungsbeschlüsse **für das jeweilige Geschäftsjahr** gesondert zur Abstimmung zu stellen.[25]

17 Die Gesamtentlastung des Aufsichtsrats gilt auch für die AR-Mitglieder der Arbeitnehmer und für entsandte AR-Mitglieder. Für den Entsender gibt es kein Stimmverbot nach § 136.[26]

18 **2. Einzelentlastung.** Über die Entlastung der einzelnen Mitglieder, dh personenbezogen, ist nur abzustimmen, wenn die Hauptversammlung dies so beschließt oder eine Minderheit mit einem Quorum nach § 120 Abs. 1 S. 2 es beantragt. Der **Antrag auf Einzelentlastung** kann auch bereits bei der Bekanntmachung der Tagesordnungspunkte mit dem Verwaltungsvorschlag nach § 124 Abs. 3 S. 1 erfolgen.

19 Ansonsten muss in der Hauptversammlung aus ihrer Mitte ein entsprechender Antrag auf Einzelentlastung gestellt werden. Dies ist nicht zwingend als Geschäftsordnungsantrag, über den vorab entschieden werden müsste, zu verstehen. Ausreichend ist, wenn im Rahmen der Abstimmung über das gesamte Gremium inzi-

---

15 MüKo-AktG/*Kubis*, Rn 4 f; Bürgers/Körber/*Reger*, Rn 3; K. Schmidt/Lutter/*Spindler*, Rn 17; zur Frist des § 175 auch MüKo-AktG/*Hennrichs/Pöschke*, § 175 Rn 16; Spindler/Stilz/ *Euler*; § 175 Rn 15.
16 MüKo-AktG/*Kubis*, Rn 5; K. Schmidt/Lutter/*Spindler*, Rn 17; Spindler/Stilz/*Hoffmann*, Rn 5.
17 So vor allem Großkomm-AktienR/*Mülbert*, Rn 125; K. Schmidt/Lutter/*Spindler*, Rn 16; *Knur*, DNotZ 1966, 324, 339; aA KölnKomm-AktG/*Zöllner*, 1. Aufl., Rn 6.
18 *Hüffer*, Rn 1.
19 Siehe § 136 Rn 15.
20 MüKo-AktG/*Kubis*, 2. Aufl., Rn 6; aA Voraufl. § 136 Rn 14.
21 BGH NJW 1989, 2694; *Hüffer*, Rn 7, 8.
22 *Hüffer*, Rn 7.

23 OLG München AG 1995, 381; LG München I DB 2004, 1090 = NZG 2004, 626; Spindler/Stilz/*Hoffmann*, Rn 13; K. Schmidt/Lutter/*Spindler*, Rn 19; Bürgers/Körber/*Reger*, Rn 6.
24 HM; vgl OLG München AG 1995, 381; auch WM 2006, 1486; *Kropff*, S. 166; *Hüffer*, Rn 8; Bürgers/Körber/*Reger*, Rn 6; aA wenig überzeugend Spindler/Stilz/*Hoffmann*, Rn 14, der aus Gründen der Verfahrensökonomie einen Beschluss als wirksames Bündel beider Gesamtentlastungen auffassen will und eine Anfechtung nur bei einem Widerspruch zulassen will.
25 AA *Volhard/Weber*, NZG 2004, 351.
26 BGH NJW 1962, 864; KölnKomm-AktG/*Zöllner*, 1. Aufl., Rn 18; *Hüffer*, Rn 7.

dent der Antrag auf Einzelleistung mit entschieden wird[27] Er ist nach § 130 Abs. 1 S. 2 in das Protokoll aufzunehmen.

Der oder die Antragsteller haben **bei Antragstellung**, nicht erst aufgrund der Abstimmungsergebnisse, nachzuweisen,[28] dass sie über das **erforderliche Quorum** verfügen. Die Anteile am Grundkapital und der absolute Betrag bei Stückaktien werden aus der Summe der auf eine Stückaktie entfallenden Grundkapitalbeträge, bei Nennwertaktien aus der Summe der Nennwerte ermittelt. Die hohen Quorumswerte von 10 % am Grundkapital bzw 1 Mio EUR absolut führen allerdings in aller Regel dazu, dass derartige Minderheitsanträge nicht zulässig gestellt werden.

Dies führt zu der Frage, ob der Hauptversammlungsleiter von sich aus die Einzelentlastung anordnen kann oder einem unzulässigen Antrag (ohne Quorumsvoraussetzung) stattgeben darf. Nach richtiger Auffassung ist dies zu bejahen, vor allem, aber nicht nur,[29] wenn bei Einzelpersonen unterschiedliche Verantwortungsanteile oder unterschiedliche Interessenshintergründe festzumachen sind.[30] Der BGH begründet dies vor allem damit, aus dem Wortlaut des § 120 Abs. 1 S. 1 lasse sich nicht der Schluss ziehen, in allen anderen Fällen als den dort genannten dürfe nur die Gesamtentlastung erfolgen; zudem gebiete auch der der Vereinfachung und Beschleunigung dienende Normzweck des § 120 Abs. 1 S. 1 keine Gesamtentlastung, weil es sich bei dem Problem „Einzel- oder Gesamtentlastung" um eine die Zweckmäßigkeit der Leitung der Hauptversammlung betreffende und somit in die Kompetenz des Versammlungsleiters fallende Frage handele. Das von der Literatur[31] aufgeworfene Problem der gegenseitigen Entlastung von Vorstands- und Aufsichtsratsmitgliedern bei der Einzelentlastung ist ein Problem der Umgehung des Stimmverbots (§ 136) und dort zu lösen.

3. Entlastungsbeschluss und -verweigerung. a) Beschluss. Der – positive – Entlastungsbeschluss bedarf der einfachen Stimmenmehrheit des § 133 Abs. 1; wird diese nicht erreicht, ist die Entlastung verweigert.[32] Die Entlastung kann nur einheitlich für die gesamte Tätigkeit erteilt werden, Teilentlastungen für einzelne Maßnahmen oder Teilentlastungsverweigerungen sind unzulässig.[33]

Hier hilft ggf nur die Entlastungsverweigerung für die gesamte Tätigkeit, wenn die Vorwürfe gravierend sind.

Die Aktionäre entscheiden grundsätzlich nach ihrem eigenen ungebundenen Ermessen,[34] so dass nach einer früheren Auffassung auch eine mangelhafte Amtsführung gebilligt werden könne. Der Entlastungsbeschluss unterliege keiner Richtigkeitskontrolle.[35] Dies ist seit der „Macrotron"-Entscheidung des BGH so nicht mehr richtig. Ein Entlastungsbeschluss ist dann anfechtbar, wenn Gegenstand der Entlastung ein **Verhalten ist, das eindeutig einen schwerwiegenden Gesetzes- oder Satzungsverstoß darstellt**. Dem steht die Vorschrift des § 120 Abs. 2 S. 2 nicht entgegen. Die in § 243 Abs. 1 getroffene Regelung, wonach jeder gesetzes- oder satzungswidrige Beschluss der Hauptversammlung angefochten werden kann, erfährt durch die Abtrennung des Verzichts auf Schadensersatzansprüche von der Entlastung keine Durchbrechung. Anderenfalls könnte eine zur Billigung rechtsbrechenden Verhaltens entschlossene Mehrheit gegen den Widerstand einer gesetzes- und satzungstreuen Minderheit eine Entlastung der Verwaltung jederzeit durchsetzen. Dies widerspräche nicht nur der Regelung des § 243 Abs. 1, sondern wäre auch mit dem Gesichtspunkt der Treuepflicht der Mehrheit gegenüber der Minderheit nicht vereinbar.[36]

Ein solcher Verstoß liegt vor, wenn der Aufsichtsrat seine Berichtpflicht nach § 314 Abs. 2 nicht oder nicht vollständig erfüllt; auch eine Nichtbeachtung von § 171 Abs. 2 S. 1 und 2 mache die Entlastung anfechtbar.[37] Gleiches gilt für die Verletzung von Informationspflichten nach § 131, mit Erweiterung der Informationspflichten auf Rechtsvorgänger-Gesellschaften.[38] Dies resultiert aus der Überlegung, dass der Aktionär

---

27 *Hüffer*, Rn 9 mwN; *v. Ruckteschell*, AG 2007, 736, 737.
28 Zutreffend: *Hüffer*, Rn 9; Großkomm-AktienR/*Mülbert*, Rn 105.
29 Vgl BGHZ 182, 272 = ZIP 2009, 2051 = AG 2009, 824 – Umschreibungsstopp; Spindler/Stilz/*Hoffmann*, Rn 15; MüKo-AktG/*Kubis*, Rn 12; Großkomm-AktienR/*Mülbert*, Rn 106; *Hüffer*, Rn 9; aA *Stützle/Walgenbach* ZHR 155 [1991], 516, 534.
30 *v. Ruckteschell*, AG 2007, 736 empfiehlt, über den Antrag auf Einzelentlastung inzident bei der Abstimmung über die Gesamtentlastung abstimmen zu lassen; es handele sich nicht um einen Antrag zur Geschäftsordnung.
31 Großkomm-AktienR/*Mülbert*, Rn 111, 112.
32 *Hüffer*, Rn 7.
33 OLG Düsseldorf AG 1996, 273; OLG Stuttgart AG 1995, 233; *Hüffer*, Rn 12.
34 LG Frankfurt/Main AG 2002, 356.
35 OLG Hamburg WM 2002, 696; *Hüffer*, Rn 11; *Lutter*, NJW 1973, 113.
36 BGHZ 153, 47, 50 f = NZG 2003, 280 = ZIP 2003, 387 – Macrotron; BGHZ 182, 272 – Umschreibungsstopp; BGH NZG 2012, 347; BGH NJW 2012, 3235 = ZIP 2012, 1807; ZIP 2012, 2438; NZG 2013, 783; OLG Frankfurt AG 2007, 401; 2011, 36, 43; OLG München WM 2009, 265; LG München I NZG 2008, 319, 320; AG 2012, 386, 388; Spindler/Stilz/*Hoffmann*, Rn 49; *Hüffer*, Rn 12; *Weitemeyer*, NZG 2005, 341 mwN; *Schlitt*, ZIP 2004, 533; *von der Linden*, ZIP 2013, 2343, 2344 f; zum Ganzen umfassend *Kubis*, NZG 2005, 791, der jedoch eine Rechtskontrolle der Entlastungsentscheidung ablehnt.
37 LG München I ZIP 2005, 1031; OLG München AG 2006, 592.
38 So BGH NZG 2005, 77 (Thyssen/Krupp); dazu vgl *Weitemeyer*, NZG 2005, 341.

die Informationen benötigt, um entscheiden zu können, inwieweit eine die Anfechtung rechtfertigender Gesetzes-oder Satzungsverstoß vorliegt.

Anfechtbarkeit ist gegeben insbesondere bei Verstößen gegen die Berichtspflicht des Aufsichtsrats nach § 171;[39] nicht hingegen, wenn der Aufsichtsrat in seinem Bericht nicht über Verträge informiert hat, die zwischen der Gesellschaft und einer Anwaltskanzlei abgeschlossen wurden, zu der ein Mitglied des Aufsichtsrats gehört,[40] hingegen ist bei Unterlassen des vorgeschriebenen Lageberichts[41] von einer Anfechtbarkeit der Entlastung der Verantwortlichen auszugehen. Kein zur Anfechtung berechtigender Verstoß liegt in einer Missachtung des Corporate Governance Kodex,[42] wohl aber bei Unterlassen oder Unrichtigkeit der nach § 161 vorgeschriebenen Entsprechenserklärung;[43] keine Anfechtung ist gegeben bei der Billigung einer variablen Vorstandsvergütung, die sich am Aktienkurs der Konzernobergesellschaft orientiert.[44]

Die Entlastung ist dann nicht anfechtbar, wenn sich Vorstand und Aufsichtsrat bei einer Entscheidung nicht über eine zweifelsfreie Gesetzeslage hinweggesetzt haben, sondern in einer umstrittenen und nicht geklärten Frage einer vertretbaren Auffassung gefolgt sind.[45]

24a Ein Beschluss über die Entlastung erstreckt sich persönlich auf die Organmitglieder, die in diesem Zeitraum aktiv waren. Erfolgt ein Gesetzesverstoß nach dem Ausscheiden eines Mitglieds, kann sich die Verweigerung nicht auf dieses Organmitglied beziehen.[46]

24b Hinsichtlich der zeitlichen Dimension, die Auswirkungen vor allem bei § 131 Abs. 1 hat, muss zunächst auf den Zeitraum abgestellt werden, für den die Entlastung erteilt werden soll. Liegt in diesem Geschäftsjahr ein erheblicher Gesetzesverstoß vor, ist die Entlastung zu verweigern. Wirken Ereignisse aus einer Zeit vor dem zu beurteilenden Geschäftsjahr objektiv noch in dieses hinein, so sind sie für die Entlastung grundsätzlich noch von Bedeutung; bei Geschäftsvorfällen mit Dauerwirkung, die bereits Gegenstand früherer Hauptversammlungen waren, wird dies aber wohl nur dann gelten, wenn sich neue Erkenntnisse ergeben haben.[47] Im Übrigen muss es dann bei dem Grundsatz blieben, dass von der Entlastung solche Vorgänge nicht erfasst werden, über die bereits Entlastung erteilt wurde.[48]

Vorgänge aus dem laufenden Geschäftsjahr sind bei der Entlastung von Bedeutung, was sich aus dem Grundgedanken der Entlastung ergibt, die auch einen gewissen Vertrauensvorschuss für die Zukunft beinhaltet. Daher müssen insbesondere auch solche Fragen beantwortet werden, die sich auf das laufende Geschäftsjahr beziehen.[49]

25 b) Verweigerung. Die Verweigerung der Entlastung hat keine unmittelbaren Folgen für die Amtsstellung des Vorstands. Zur Abberufung ist nur der Aufsichtsrat (§ 84 Abs. 3) befugt. Wird allerdings durch Hauptversammlungsbeschluss dem Vorstand das Vertrauen entzogen, so kann – nicht muss – der Aufsichtsrat diesen Umstand als wichtigen Grund (§ 84 Abs. 3 S. 2 Fall 3) zur Entlastung (Widerruf der Bestellung, ggf außerordentliche Kündigung des Anstellungsvertrags) für das entsprechende Vorstandsmitglied ansehen.[50]

Die Einberufung zum Tagesordnungspunkt „Entlastung des Vorstands" umfasst nicht auch den Antrag, dem Vorstand durch Beschluss der Hauptversammlung das Vertrauen zu entziehen, weil der Beschluss über den Vertrauensentzug angesichts der dadurch eröffneten Möglichkeiten des § 84 Abs. 3 gegenüber der schlichten Entlastungsverweigerung ein Mehr beinhaltet und ein Aktionär angesichts der Seltenheit eines derartigen Vorgangs damit nicht rechnen muss. Daher sind ein gesonderter Beschlussvorschlag und eine gesonderte Information bei der Bekanntmachung erforderlich.[51]

26 Aufsichtsratsmitglieder werden nicht durch die Entlastungsverweigerung abberufen, vielmehr bedarf es hierzu eines ausdrücklich am Wortlaut des § 103 Abs. 1 S. 1 orientierten Beschlusses mit Dreiviertel-Mehrheit.

---

39 LG München I AG 2007, 417.
40 Vgl OLG München AG 2009, 121.
41 BGH DB 2008, 113; im Erg. auch *von der Linden*, ZIP 2013, 2343, 2344 f, der in dem Verstoß neinen formellen Informationsfehler sieht.
42 KG AG 2009, 118.
43 BGHZ 180, 9, 19 ff = NJW 2009, 2207, 2209 ff = NZG 2009, 342, 345 f = AG 2009, 285, 287 ff = ZIP 2009, 460, 463 ff = WM 2009, 459, 462 ff = DB 2009, 500, 503 ff – Kirch/Deutsche Bank; BGHZ 182, 272, 280 ff = NZG 2009, 1270, 12712 f = AG 2009, 824, 825 f = ZIP 2009, 2051, 2053 f = WM 2009, 2085, 2088 = DB 2009, 2422, 2425 – Umschreibungsstopp; OLG München AG 2008, 386 und AG 2009; 450; KölnKomm-AktG/*Lutter*, 3. Aufl., § 161 Rn 156 ff; im Erg. auch *von der Linden*, ZIP 2013, 2343, 2347 f, der indes auch hier eine Lösung über eine rein formellen Beschlussmangel als vorzugswürdig ansieht.
44 LG München I DB 2007, 2640 = AG 2008, 133.
45 Vgl nur BGH ZIP 2012, 515; BGH NJW 2012, 3235 = ZIP 2012, 1807.
46 OLG München NZG 2008, 337, 339; Bürgers/Körber/*Reger*, Rn 10.
47 BayObLG AG 2001, 424; OLG München AG 2002, 294; MüKo-AktG/*Kubis*, § 131 Rn 55; Großkomm-AktienR/*Decher*, § 131 Rn 151 f; auch *von der Linden*, ZIP 2013, 2343.
48 OLG Stuttgart AG 2011, 93; LG Frankfurt/Main AG 2005, 51; Bürgers/Körber/*Reger*, Rn 11.
49 BGHZ 32, 159, 164; LG München I, Urt. v. 16.8.2007 – 5HK O 17682/06; Großkomm-AktienR/*Decher*, § 131 Rn 153; in diese Richtung auch *von der Linden*, ZIP 2013, 2343; aA MüKo-AktG/*Kubis*, § 131 Rn 55.
50 *Hüffer*, Rn 16; *von der Linden*, ZIP 2013, 2343 f.
51 So LG München I ZIP 2005, 1598; MüKo-AktG/*Kubis*, § 124 Rn 60; *Werner*, FS Fleck, 1988, S. 401, 415 ff; aA KölnKomm-AktG/*Zöllner*, 1. Aufl., Rn 42 und § 142 Rn 15.

Eine Entlastungsverweigerung kann ein wichtiger Grund für eine sofortige Amtsniederlegung von Vorstands- und Aufsichtsratsmitgliedern sein.

c) Widerruf. Als actus contrarius zu dem Entlastungsbeschluss ist auch ein Beschluss zulässig, mit dem die bereits erteilte Entlastung widerrufen wird. Allerdings müssen dann aber wichtige Gründe vorliegen dergestalt, dass Gesetzes- oder Satzungsverstöße bekannt wurden, die bei dem Ausgangsbeschluss der Hauptversammlung weder bekannt noch für sie erkennbar waren.[52]

III. Verfahrensfragen (Abs. 3). Nach Abs. 3 S. 1 soll die Verhandlung über die Entlastung mit derjenigen über die Gewinnverwendung (§ 174) verbunden werden. Diese der Zweckmäßigkeit dienende Vorschrift wurzelt darin, dass eine Billigung der bisherigen Verwaltungstätigkeit nach der ökonomischen Grundausrichtung einer Aktiengesellschaft am besten an dem von der Verwaltung zur Beschlussfassung vorgelegten Gewinnvorschlag orientiert werden kann. Ist jedoch kein Bilanzgewinn zu verteilen, so ergibt sich daraus kein Rechtsmangel. Aus diesem Grund ist auch ein Verstoß gegen die Verbindung der beiden Verhandlungen nicht anfechtbar.[53]

Abs. 3 S. 2 schrieb vor, dass der Vorstand **Jahresabschluss, Lagebericht und Aufsichtsratsbericht** derjenigen Hauptversammlung **vorzulegen** hat, die über die Entlastung von Vorstand und Aufsichtsrat zu befinden hat. Dies ist notwendige Voraussetzung für die jeder Entlastungserteilung vorausgehende umfassende Rechenschaftspflicht der Verwaltung. Im Hinblick darauf, dass die Vorlagepflichten **bis zur Hauptversammlung** in § 175 Abs. 2 (allerdings mit der Neuerung, dass alle Vorlagepflichten entfallen, wenn das Unternehmen die dort bezeichneten Dokumente für denselben Zeitraum über die Internetseite zugänglich hält) und **in der Hauptversammlung** nach § 176 Abs. 1 geregelt und im Übrigen nach dem neuen § 124a ab der Einberufung im Internet einsehbar sind, konnte die Vorgabe hier gestrichen werden.[54] Die Verletzung dieser Informationspflichten führt trotz eines möglicherweise gefassten Entlastungsbeschlusses zum **Anfechtungsrecht** nach § 243 Abs. 1.[55] Für die Erzwingung einer Vorlagepflicht steht gemäß § 175 Abs. 2 nur das Zwangsgeldverfahren des § 407 Abs. 1 zur Verfügung.[56]

IV. Votum zum Vergütungssystem (Abs. 4). Abs. 4 wurde erst durch den Rechtsausschuss[57] in das Gesetz zur Angemessenheit der Vorstandsvergütung (VorstAG, Gesetz vom 31.7.2009, BGBl. I S. 2509) mit Wirkung vom 5.8.2009[58] eingefügt. Der Anwendungsbereich von Abs. 4 ist **auf börsennotierte Gesellschaften beschränkt.** Für kleine, sog. geschlossene Gesellschaft bedarf es eines derart ausdifferenzierten und öffentlichen Kontrollsystems nicht. Hier wird erwartet, dass die Gesellschafter im Eigeninteresse eine angemessene Vorstandsvergütung festsetzen lassen.[59]

Die Regelung schreibt vor, dass die Hauptversammlung, entweder auf **Beschlussvorschlag der Verwaltung** (Vorstand und Aufsichtsrat, § 124 Abs. 3 S. 1) **oder** aufgrund eines Verlangens **von Minderheitsaktionären nach § 122 Abs. 2** zulässig darüber entscheiden kann, ob sie das bestehende System zur Vorstandsvergütung billigt. Weder besteht eine Verpflichtung der Verwaltung, den Gegenstand auf die Tagesordnung zu setzen, noch handelt es sich um einen wiederkehrenden Beschlussgegenstand, der jährlich in der ordentlichen Hauptversammlung aufgerufen werden müsste.[60] Die Regelung erfüllt zugleich empfehlende Vorgaben der EU-Kommission.[61] Rechtliche Verbindlichkeit erlangt der Beschluss nicht, angefochten werden kann er auch nicht.

Dennoch wird damit erreicht, dass den Aktionären durch die ausdrückliche Hauptversammlungskompetenz ein **Instrument zur Kontrolle des bestehenden Vergütungssystem** gegeben wird, das zwar rechtlich nicht verbindlich ist, jedoch – ähnlich wie der Entlastungsbeschluss nach Abs. 2 S. 2 – rein tatsächliche Auswirkungen entfaltet.[62] Der Gesetzgeber erwartet, dass diese rein tatsächlichen Wirkungen eines Versammlungsbeschlusses, der ein bestehendes Vergütungssystem missbilligt, **erhebliche Öffentlichkeitswirkung** erzeugen wird und verweist hierbei auf die Erfahrungen in Großbritannien. Insoweit kommt in der Tat der hauptversammlungsöffentlichen Diskussion über das Vergütungssystem, und dabei inzident auch über die Höhe der Vergütungen, erhebliche Aufmerksamkeit zu, lenkt sie doch eine breite Öffentlichkeit auf das Thema Leistung und Verantwortung einerseits und angemessenes Entgelt der Verwaltungsmitglieder andererseits. Dabei wird sich die Diskussion erwartungsgemäß keineswegs allein an der Vergütung der Mitglieder des Vorstands, sondern mit Sicherheit auch an der des Aufsichtsrats orientieren. Ähnlich wie der Ge-

---

52 So überzeugend KölnKomm-AktG/*Zöllner*, 1. Aufl., Rn 39; Bürgers/Körber/*Reger*, Rn 11.
53 MüKo-AktG/*Kubis*, Rn 42; MüHb-AG/*Semler*, § 34 Rn 32.
54 BegrRegE ARUG, BT-Drucks. 16/11642, S. 27.
55 BGH NJW 1974, 855; KG AG 2001, 355.
56 *Hüffer*, Rn 15; KölnKomm-AktG/*Zöllner*, 1. Aufl., Rn 50.
57 BT-Drucks. 16/13433 vom 17.6.2009.
58 Siehe § 23 Abs. 3 EGAktG.
59 Siehe Begr. Rechtsausschuss, BT-Drucks. 16/13433, S. 12.
60 Siehe Begr. Rechtsausschuss, BT-Drucks. 16/13433, S. 12.
61 Empfehlung der Kommission zur Ergänzung der Empfehlungen 2004/913/EG und 2005/162/EG zur Regelung der Vergütung von Mitgliedern der Unternehmensleitung börsennotierter Gesellschaften, C. (2009), 3177 endg. vom 30.4.2009.
62 Siehe Begr. Rechtsausschuss, BT-Drucks. 16/13433, S. 12; zu ersten Erfahrungen in der Hauptversammlungspraxis vgl *Deilmann/Otte*, DB 2010, 545.

setzgeber mit der „Comply or explain"-Regelung des § 161 auf die öffentliche erzieherische Wirkung der Transparenz setzt, so soll auch die Transparenz einer Hauptversammlungsdiskussion über das Vergütungssystem eine ausreichende und angemessene, jedoch wirksame Kontrolle darstellen.[63]
Nach den ersten Erfahrungen wird überwiegend darauf verwiesen, dass sich das System über § 120 Abs. 4 bewährt habe.[64]

32 Zugleich wird erwartet, dass die Möglichkeit einer öffentlichen Diskussion in der Hauptversammlung Vorstand und Aufsichtsrat dazu anhalten, bei der Festlegung der Vorstandsvergütung gemäß § 87 besonders gewissenhaft vorzugehen.[65] Hier wird auf die **erzieherische Wirkung der Transparenz** gesetzt. Dazu trägt zwar sicherlich auch bei, dass nach § 87 Abs. 1 der Aufgabenkatalog für die Festsetzung der Gesamtbezüge von Vorstandsmitgliedern durch den (gesamten, § 107 Abs. 3 S. 3) Aufsichtsrat stringenter und detaillierter gefasst wurde und dass die Mitglieder des Aufsichtsrats nach dem neuen § 116 gesamtschuldnerisch auf Schadensersatz in Höhe desjenigen haften, was sie einem Mitglied des Vorstands über den Betrag einer angemessenen Vergütung hinaus an Gesamtbezügen gewährt haben. Andererseits werden sowohl Vorstandsmitglieder, die sich gegebenenfalls in einer Hauptversammlungsdiskussion zu den mit ihnen ausgehandelten Konditionen werden äußern müssen wir auch die Mitglieder des Aufsichtsrats vorsorglich hüten, von vornherein unangemessene Gesamtvergütungen auszuhandeln.

33 Mehr als diese erzieherische Wirkung hat der Hauptversammlungsbeschluss nach § 120 Abs. 4 aber nicht; er ist nicht rechtlich verbindlich.[66] Insbesondere **entlastet** er **den Aufsichtsrat nicht** davon, seinen Verpflichtungen nach § 87 Abs. 1 und Abs. 2 S. 1 nachzukommen. Ein das Vergütungssystem insgesamt billigender Hauptversammlungsbeschluss – solche mag ein maßgebender Aktionär sich gerne bestellen – lässt die Haftung wegen unangemessener Vergütungsfestsetzung nicht entfallen. Damit ist im Interesse des **Minderheitenschutzes** festzuhalten, dass ein Großaktionär nicht über zutreffende Bedenken hinsichtlich des Vergütungssystems und der Vergütungsgewährung sich zulasten der Minderheitsaktionäre hinwegsetzen kann.[67]
Da aber der Beschluss nach Abs. 4 S. 2 keine rechtliche, sondern nur eine tatsächliche Wirkung hat, bedarf es auch **keiner Beschlussmängelkontrolle** durch ein Anfechtungsrecht. Abs. 4 S. 3 stellt daher den Beschluss über die Billigung des Vergütungssystems von Anfechtungsverfahren nach § 243 frei. Weder dem Vorstand, noch Aktionären steht mithin eine Anfechtungsmöglichkeit gegen diesen Beschluss zur Verfügung.[68] Möglich bleibt aber die Klage auf Feststellung der Nichtigkeit des Beschlusses, wobei nur die Nichtigkeitsgründe der § 241 Nr. 1 und Nr. 2 Bedeutung erlangen werden.[69] Ebenso bleibt unberührt die Anfechtbarkeit der Entlastung des Aufsichtsrats wegen schwerwiegender Pflichtenverstöße im Zusammenhang mit der Festsetzung der Vergütung, wobei aber zu beachten ist, dass sich der Aufsichtsrat auf die Business Judgement Rule berufen kann.[70]

34 Auch die vor allem in Ziffer 4.2.5 des Deutschen Corporate Governance Kodex enthaltenen Empfehlungen, dass der Aufsichtsratsvorsitzende die Hauptversammlung in einem Vergütungsbericht über die **Grundzüge des Vergütungssystems** informiert, hängt hiermit zusammen. Zugleich korrespondiert dies mit den Anforderungen an die (Konzern-)Lageberichte nach §§ **289 Abs. 2 Nr. 5 und 315 Abs. 2 Nr. 4 HGB**. Da die Hauptversammlung nur über diese Themen diskutieren kann, zu denen sie informiert ist, erhöht dies für Gesellschaft und Aufsichtsratsvorsitzende den Druck, der Hauptversammlung auch Einzelheiten des Systems darzulegen.[71] Sofern allerdings die Hauptversammlung nach § 286 Abs. 5 S. 1 HGB beschlossen hat, Angaben über die Gesamtbezüge der einzelnen Vorstandsmitglieder (§ 285 Abs. 1 Nr. 9 lit. a S. 5 mit 9 HGB) nicht zu veröffentlichen, erstreckt sich die Informationspflicht nur auf die Grundzüge des Systems, **keinesfalls** aber auf einzelne **Vergütungsbestandteile für Einzelpersonen**.[72]

35 Der Deutsche Bundestag hatte in seiner Sitzung vom 27.6.2013 das **Gesetz zur Verbesserung der Kontrolle der Vorstandsvergütung und zur Änderung weitere aktienrechtlicher Vorschriften (VorstKoG)** beschlossen.[73] Darin sollte § 120 Abs. 4 dergestalt geändert werden, dass die Hauptversammlung der börsennotierten Gesellschaft jährlich über die Billigung des vom Aufsichtsrat vorgelegten Systems zur Vergütung der

---

63 Siehe Begr. Rechtsausschuss, BT-Drucks. 16/13433, S. 12.
64 So *Drygala*, ZRP 2012, 161; *Falkenhausen/Kocher*, AG 2010, 623, die eine empirische Untersuchung der Beschlussvorschläge der im DAX-30, im M-DAX, im S-DAX und im TEC-DAX notierten Gesellschaften für das Jahr 2010 durchführten – bei den DAX-30-Gesellschaften wurde danach ein Votum bei 27 Gesellschaften eingeholt, während bei den anderen Indizes die Zahl jeweils deutlich niedriger ausfiel; *Schüppen*, ZIP 2010, 905; insgesamt sehr viel skeptischer Spindler/Stilz/*Hoffmann*, Rn 54.
65 Siehe Begr. Rechtsausschuss, BT-Drucks. 16/13433, S. 12.
66 Siehe Begr. Rechtsausschuss, aaO.
67 Siehe Begr. Rechtsausschuss, aaO.
68 Siehe Begr. Rechtsausschuss, aaO.
69 Vgl Schmidt/Lutter/*Spindler*, Rn 65; Wachter/*Mayrhofer*, Rn 14; *v. Falkenhausen/Kocher*, AG 2010, 623, 628.
70 So zutreffend *v. Falkenhausen/Kocher*, AG 2010, 623, 628; zum Pflichtenverstoß bei der Festsetzung der Vorstandsvergütung vgl. LG München I NZG 2007, 477 f = AG 2007, 458 f.
71 Siehe Begr. Rechtsausschuss, aaO.
72 Zum gesamten Thema vgl *Fleischer*, AG 2009, 677; *Vetter*, ZIP 2009, 2136; *Deilmann/Otte*, DB 2010, 545; *Fleischer*, NZG 2009, 801; *Franz*, DB 2009, 2764; *Spindler*, NJOZ 2009, 3282; *Jaspers*, ZRP 2010, 8; *Förster*, AG 2012, 362; *Drygala*, ZRP 2012, 161; *Ihrig*, ZIP 2012 Beilage zu Heft 40, S. 1–31; *Theisen/Probst*, DB 2012, 1553.
73 Plenarprotokoll 17/250, S. 32067 f.

Vorstandsmitglieder beschließen soll. Die Darstellung des Systems sollte auch Angaben zu den höchstens erreichbaren Gesamtbezügen enthalten, aufgeschlüsselt nach dem Vorsitzenden des Vorstands, dessen Stellvertreter und einem einfachen Mitglied des Vorstands. Wie im bisherigen Recht sollte der Beschluss nicht die Wirksamkeit der Vergütungsverträge mit dem Vorstand berühren und nicht nach § 243 anfechtbar sein. Zur Begründung hatte der Rechtsausschuss des Deutschen Bundestages ausgeführt, die vorgeschlagene Regelung stärke die Eigentümerrechte durch größere Vergütungstransparenz und Übertragung von Entscheidungs- und Kontrollkompetenz an die Hauptversammlung mittels einer systemkonformen Fortschreibung des „Say-on-pay-Ansatzes" des geltenden Rechts. Durch die Befassung der Hauptversammlung mit dem System der Vorstandsvergütung soll die Rechenschaftspflicht des Aufsichtsrats gegenüber den Eigentümern verschärft werden. Der Beschluss der Hauptversammlung würde den Aufsichtsrat im Innenverhältnis binden, aber seine Vertretungsmacht (rechtliches Können) für die Gesellschaft nicht einschränken. Die vom deutschen Bundestag beschlossenen Änderungen enthielten also gegenüber dem geltenden Recht zwei zwingende Elemente: Der „Say on pay"-Beschluss wäre Pflicht und sein Inhalt verbindlich, er würde zu einem eigenen Entscheidungsrecht der Aktionäre über die Billigung oder Ablehnung des vorgelegten Systems der Vorstandsvergütung führen. Zudem komme es mit der Pflicht zur Angabe konkret bezifferter Höchstbeträge eine ganz erhebliche Verschärfung gegenüber dem geltenden Recht.[74]

Der **Bundesrat** hat in seiner Sitzung vom 20.9.2013 den Vermittlungsausschluss angerufen, weil das Gesetz zum einen zu einer unguten Gewichtsverlagerung im sorgfältig austarierten System der Befugnisse der drei Organe der Aktiengesellschaft führe; der Aufsichtsrat werde durch die Übertragung der Letztentscheidungsbefugnis über die Vorstandsvergütung auf die Hauptversammlung aufgrund der damit verbundenen Einschränkung seiner Personalhoheit erheblich geschwächt; der Kompetenzzuwachs der Hauptversammlung bewirke eine einseitige Stärkung der Kapitalinteresse zulasten der Beschäftigteninteressen, weil der – anders als die Hauptversammlung – dem Unternehmensinteresse verpflichtete Aufsichtsrat neben den Interessen der Aktionäre auch die der Beschäftigten und das Allgemeinwohlinteresse berücksichtigen müsse. Zum anderen greife die vom deutschen Bundestag beschlossene Änderung von § 120 Abs. 4 hinsichtlich des Ziels einer wirksamen Eindämmung ausfernder Managergehälter zu kurz, weil die Gefahr bestehe, dass die von Banken, internationalen Fonds und institutionellen Anlegern dominierten Hauptversammlungen im Interesse ertragreicher Renditen auch weiterhin unangemessen hohe Vorstandsgehälter bewilligen würden.[75]

Damit verfiel das Gesetz der **Diskontinuität** wegen der Wahl am 22.9.2013 zum 18. Deutschen Bundestag. Der ausgehandelte Koalitionsvertrag zwischen CDU/CSU und SPD enthält zu diesem Komplex der Vorstandsvergütung folgende Regelung: *„Um Transparenz bei der Feststellung von Managergehältern herzustellen, wird über die Vorstandsvergütung künftig die Hauptversammlung auf Vorschlag des Aufsichtsrats entscheiden."*

Zweiter Unterabschnitt
Einberufung der Hauptversammlung

§ 121 Allgemeines

(1) Die Hauptversammlung ist in den durch Gesetz oder Satzung bestimmten Fällen sowie dann einzuberufen, wenn das Wohl der Gesellschaft es fordert.

(2) ¹Die Hauptversammlung wird durch den Vorstand einberufen, der darüber mit einfacher Mehrheit beschließt. ²Personen, die in das Handelsregister als Vorstand eingetragen sind, gelten als befugt. ³Das auf Gesetz oder Satzung beruhende Recht anderer Personen, die Hauptversammlung einzuberufen, bleibt unberührt.

(3) ¹Die Einberufung muss die Firma, den Sitz der Gesellschaft sowie Zeit und Ort der Hauptversammlung enthalten. ²Zudem ist die Tagesordnung anzugeben. ³Bei börsennotierten Gesellschaften hat der Vorstand oder, wenn der Aufsichtsrat die Versammlung einberuft, der Aufsichtsrat in der Einberufung ferner anzugeben:

1. die Voraussetzungen für die Teilnahme an der Versammlung und die Ausübung des Stimmrechts sowie gegebenenfalls den Nachweisstichtag nach § 123 Abs. 3 Satz 3 und dessen Bedeutung;
2. das Verfahren für die Stimmabgabe

---

74 BT-Drucks. 17/14214, S. 16 ff; zu nähere Einzelheiten *Ziemons*, GWR 2013, 283 ff.
75 BT-Drucks. 17/14790.

a) durch einen Bevollmächtigten unter Hinweis auf die Formulare, die für die Erteilung einer Stimmrechtsvollmacht zu verwenden sind, und auf die Art und Weise, wie der Gesellschaft ein Nachweis über die Bestellung eines Bevollmächtigten elektronisch übermittelt werden kann sowie
b) durch Briefwahl oder im Wege der elektronischen Kommunikation gemäß § 118 Abs. 1 Satz 2, soweit die Satzung eine entsprechende Form der Stimmrechtsausübung vorsieht;
3. die Rechte der Aktionäre nach § 122 Abs. 2, § 126 Abs. 1, den §§ 127, 131 Abs. 1; die Angaben können sich auf die Fristen für die Ausübung der Rechte beschränken, wenn in der Einberufung im Übrigen auf weitergehende Erläuterungen auf der Internetseite der Gesellschaft hingewiesen wird;
4. die Internetseite der Gesellschaft, über die die Informationen nach § 124a zugänglich sind.

(4) [1]Die Einberufung ist in den Gesellschaftsblättern bekannt zu machen. [2]Sind die Aktionäre der Gesellschaft namentlich bekannt, so kann die Hauptversammlung mit eingeschriebenem Brief einberufen werden, wenn die Satzung nichts anderes bestimmt; der Tag der Absendung gilt als Tag der Bekanntmachung. [3]Die §§ 125 bis 127 gelten sinngemäß.

(4a) Bei börsennotierten Gesellschaften, die nicht ausschließlich Namensaktien ausgegeben haben und die Einberufung den Aktionären nicht unmittelbar nach Absatz 4 Satz 2 und 3 übersenden, ist die Einberufung spätestens zum Zeitpunkt der Bekanntmachung solchen Medien zur Veröffentlichung zuzuleiten, bei denen davon ausgegangen werden kann, dass sie die Information in der gesamten Europäischen Union verbreiten.

(5) [1]Wenn die Satzung nichts anderes bestimmt, soll die Hauptversammlung am Sitz der Gesellschaft stattfinden. [2]Sind die Aktien der Gesellschaft an einer deutschen Börse zum Handel im regulierten Markt zugelassen, so kann, wenn die Satzung nichts anderes bestimmt, die Hauptversammlung auch am Sitz der Börse stattfinden.

(6) Sind alle Aktionäre erschienen oder vertreten, kann die Hauptversammlung Beschlüsse ohne Einhaltung der Bestimmungen dieses Unterabschnitts fassen, soweit kein Aktionär der Beschlußfassung widerspricht.

(7) [1]Bei Fristen und Terminen, die von der Versammlung zurückberechnet werden, ist der Tag der Versammlung nicht mitzurechnen. [2]Eine Verlegung von einem Sonntag, einem Sonnabend oder einem Feiertag auf einen zeitlich vorausgehenden oder nachfolgenden Werktag kommt nicht in Betracht. [3]Die §§ 187 bis 193 des Bürgerlichen Gesetzbuchs sind nicht entsprechend anzuwenden. [4]Bei nichtbörsennotierten Gesellschaften kann die Satzung eine andere Berechnung der Frist bestimmen.

Red. Hinweis: Der Kommentierung wird in Abs. 4 und Abs. 4a die folgende Fassung der Vorschrift zugrunde gelegt, wie sie im Rahmen des beabsichtigten VorstKoG[1] vorgesehen war, das am 27.6.2013 vom Bundestag verabschiedet wurde[2] (wegen des bisherigen Rechtszustands wird auf die Kommentierung in der Vorauflage verwiesen):

(4) [1]Die Einberufung ist in den Gesellschaftsblättern bekannt zu machen. [2]Sind die Aktionäre der Gesellschaft namentlich bekannt, so kann die Hauptversammlung mit eingeschriebenem Brief einberufen werden, wenn die Satzung nichts anderes bestimmt; der Tag der Absendung gilt als Tag der Bekanntmachung.

(4a) Bei börsennotierten Gesellschaften, die nicht ausschließlich Namensaktien ausgegeben haben oder welche die Einberufung den Aktionären nicht unmittelbar nach Absatz 4 Satz 2 übersenden, ist die Einberufung spätestens zum Zeitpunkt der Bekanntmachung solchen Medien zur Veröffentlichung zuzuleiten, bei denen davon ausgegangen werden kann, dass sie die Information in der gesamten Europäischen Union verbreiten.

A. Grundlagen 1	III. Inhalt und Bekanntmachung
I. Gegenstand der Norm 1	(Abs. 3, Abs. 4, Abs. 4a) 17
II. Zweck der Norm 2	IV. Veröffentlichung der Einberufung (Abs. 4a) ... 38
B. Einzelheiten 3	V. Ort der Hauptversammlung (Abs. 5) 40
I. Einberufungsgründe 3	VI. Vollversammlung (Abs. 6) 48
1. Gesetzliche Fälle 3	VII. Berechnung von Fristen und Terminen
2. Weitere Gründe 4	(Abs. 7) 52
II. Einberufungsberechtigte 10	

---

[1] BT-Drucks. 17/8989.
[2] Gemäß BT-Drucks. 17/14214 S. 7 sollte § 121 wie folgt geändert werden: „a) Absatz 4 Satz 3 wird aufgehoben. b) In Absatz 4a werden die Wörter ‚und die Einberufung' durch die Wörter ‚oder welche die Einberufung' ersetzt und wird die Angabe ‚und 3' gestrichen." – Das VorstKoG ist am 20.9.2013 im Bundesrat in den Vermittlungsausschuss überwiesen worden (BR-Drucks. 637/13, BT-Drucks. 17/14790) und unterlag damit der Diskontinuität. Die Umsetzung der beabsichtigten Änderungen durch den Gesetzgeber ist weiter wahrscheinlich.

A. Grundlagen

I. Gegenstand der Norm. § 121 regelt die Grundsätze für den Zusammentritt der Hauptversammlung als nicht ständigem Organ durch Einberufung (Abs. 1), der Einberufungsberechtigung (Abs. 2), Inhalt und Bekanntmachung der Einberufung (Abs. 3, 4 und 4 a), den Ort der Hauptversammlung (Abs. 5) und den möglichen Verzicht auf alle Formalien bei der Vollversammlung (Abs. 6). Abs. 7 enthält eine für das gesamte Aktienrecht verbindliche Festlegung von Fristen und Terminen, die teilweise von dem Fristregime des BGB abweicht.

II. Zweck der Norm. § 121 gibt den gesetzlichen und nur durch die Satzung veränderbaren Rahmen für die Einberufung und die Bekanntmachung der Hauptversammlung. Formenstrenge und Vorgaben dienen der Verlässlichkeit der Aktionärsinformation und der Sicherung des Vertrauens in die Richtigkeit der Einberufung. Die Norm soll gerade im Aktionärsinteresse für eine umfassende und richtige Einberufung und Information der Aktionäre im Voraus sorgen (dazu auch, mit gleicher Zielrichtung, die nachfolgenden §§ 122–128). Damit soll eine möglichst hohe Präsenz in der Hauptversammlung gesichert werden.

§ 121 ist zwingend, soweit nicht die Satzung selbst Änderungen treffen kann (Abs. 5 S. 1) und soweit es sich nicht um eine Vollversammlung handelt (Abs. 6).

Zu beachten sind weiter die §§ 30 a–30 g und § 46 WpHG bei Gesellschaften, deren Aktien zum Handel an einer deutschen Börse zugelassen sind, sowie § 16 WpÜG für Hauptversammlungen bei einem Wertpapiererwerbs- und Übernahmeangebot.[3]

B. Einzelheiten

I. Einberufungsgründe. 1. Gesetzliche Fälle. Als besondere Gründe für die Einberufung der Hauptversammlung nennt das Gesetz ausdrücklich in § 92 Abs. 1 (Verlust des halben Grundkapitals), § 122 Abs. 1 (Minderheitsverlangen), § 175 Abs. 1 (ordentliche Hauptversammlung) sowie in § 44 Abs. 1 Nr. 3 KWG, § 3 Abs. 1 BausparkG, § 83 Abs. 1 S. 1 Nr. 6, § 147 VAG (letztere alles aufsichtsrechtliche Maßnahmen), während die „üblichen" Gründe unbenannt bleiben und die Einberufung als selbstverständlich vorausgesetzt wird. Hierbei handelt es sich um die von der Hauptversammlung durch Beschluss zu behandelnden Gegenstände des § 119, die Entgegennahme des Jahresabschlusses nach Vorlage durch den Vorstand (§ 175 Abs. 2), die Gewinnverwendung (§ 174), die Zustimmung zu Unternehmensverträgen (§ 293 ff) sowie die Weiterführung einer aufgelösten Gesellschaft (§ 274) und der Ausschluss von Minderheitsaktionären (§ 327 a).

2. Weitere Gründe. Die Satzung kann weitere Einberufungsgründe festlegen, zB die Zustimmung zur Übertragung von vinkulierten Namensaktien (§ 68 Abs. 3 S. 3 Fall 2), darf dabei jedoch nicht von der Kompetenzordnung des Aktiengesetzes abweichen.[4]

Die Einberufung „zum Wohle der Gesellschaft" ist von geringer praktischer Bedeutung.[5]

Wesentlich wichtiger sind seit den „Holzmüller"-/„Gelatine"-Entscheidungen des BGH **Strukturänderungsvorhaben** des Vorstands. Berühren diese das materielle und ideelle Interesse der Aktionäre und damit das Wohl der Gesellschaft, so hat der Vorstand eine Einberufungspflicht nach Abs. 1.[6]

Der Vorstand kann auch durch Vertrag mit Dritten zur Einberufung einer Hauptversammlung verpflichtet sein, zB bei Verträgen, die zu ihrer Wirksamkeit der Zustimmung der Hauptversammlung bedürfen.[7] Die Wirksamkeit derartiger zunächst schwebend unwirksamer Verträge kann nicht von der insoweit nicht justiziablen Entscheidung des Vorstands abhängen.[8]

Nicht erforderlich ist es, dass die Tagesordnung der Hauptversammlung Beschlussfassungen vorsieht. Auch reine Information[9] oder die Einholung eines Meinungsbildes der Hauptversammlung reichen aus.

Nach allgemeiner Auffassung ist der Vorstand bei Vorliegen von Einberufungsgründen auch zur Einberufung verpflichtet.[10]

Ruft der Vorstand eine Hauptversammlung ein, ohne dass ein Einberufungsgrund vorliegt, führt dies aber weder zur Nichtigkeit noch zur Anfechtbarkeit der auf dieser Versammlung gefassten Beschlüsse.[11]

---

[3] Vgl hierzu die Kommentierung von *Sobhi, Becker* und *Willamowski* bei den genannten Vorschriften.

[4] *Hüffer*, Rn 4; s.a. § 119 Rn 8–13; K. Schmidt/Lutter/*Ziemons*, Rn 16.

[5] Spindler/Stilz/*Rieckers*, Rn 10; MüKo-AktG/*Kubis*, Rn 9; aA K. Schmidt/Lutter/*Ziemons*, Rn 12.

[6] Ebenso im Erg., auf § 119 Abs. 2 abstellend, BGH NJW 1982, 1703; BGH BB 2001, 483; und im Erg. auch LG Frankfurt/M., Urt. v. 15.12.2009 – 3-05 O 208/09 – BeckRS 2010, 07252 (Erwerb der Dresdner Bank durch die Commerzbank); aA im Rechtszug OLG Frankfurt, Urt. v. 7.12.2010 – 5 U 29/10 – NZG 2011, 62.

[7] ZB Nachgründungsverträge, Unternehmensverträge, Verschmelzungsverträge.

[8] MüKo-AktG/*Kubis*, Rn 11;.

[9] Vgl die Einberufung der Hauptversammlung bei Verlust des hälftigen Grundkapitals nach § 92 Abs. 1.

[10] *Hüffer*, Rn 3 mwN.

[11] MüKo-AktG/*Kubis*, Rn 14.

9 Es kann wegen § 122 Abs. 1 keine allgemeine Leistungsklage des Aktionärs auf Einberufung einer Hauptversammlung erhoben werden;[12] das Gesetz bietet nur diese dort verankerte Möglichkeit der Erzwingung einer Hauptversammlung.[13]

10 **II. Einberufungsberechtigte.** Der Vorstand ist nach Abs. 2 S. 1 einberufungsberechtigt, der Aufsichtsrat nach § 111 Abs. 3 nur, wenn das Gesellschaftswohl im Sinne des Aktionärsinteresses dies erfordert. Der Vorstand behält seine Befugnis auch im Insolvenzfall, soweit der Insolvenzverwalter, zB wegen der Kosten der Hauptversammlung dies genehmigt.[14]

11 Die Einberufungsentscheidung ist **Gesamtaufgabe des Vorstands als Leitungsaufgabe** nach § 76 Abs. 1,[15] der hierüber durch Beschluss entscheidet, der der einfachen Mehrheit der abgegebenen Stimmen bedarf. Dies setzt gesetzliche und satzungsgemäße Besetzung des Vorstands voraus. Andernfalls liegt keine ordnungsgemäße Einberufung mit der Folge der Anfechtbarkeit vor.[16]

12 Im Rahmen einer Kompetenzzuweisung kann jedoch einem einzelnen Vorstandmitglied die Durchführung der Einberufung übertragen werden.[17]

13 Zur Einberufung befugt gelten die im Handelsregister eingetragenen Vorstandsmitglieder (§§ 39 Abs. 1, 81 Abs. 1, 121 Abs. 2 S. 2); es handelt sich um eine unwiderlegbare Vermutung.[18] Maßgeblicher Zeitpunkt ist die Registereintragung bei der Bekanntmachung der Einberufung.[19]

14 Letztlich kommt es aber auf die **materielle Befugnis** des Vorstands an. So kann auch ein Vorstandsmitglied einberufen, das zwar noch nicht eingetragen, jedoch wirksam bestellt ist.

15 Auch andere können kraft Gesetzes die Einberufung veranlassen, so zB der Aufsichtsrat (§ 111 Abs. 3), gerichtlich ermächtigte Minderheitsaktionäre (§ 122 Abs. 3), Liquidator und Abwickler (§ 268 Abs. 2 S. 1).[20] Auch kann die Satzung Einberufungsbefugnisse verleihen (Abs. 2 S. 3 Alt. 2). Dem Insolvenzverwalter steht in der Insolvenz der Gesellschaft kein eigenes Einberufungsrecht zu.[21]

16 Fehlt die Einberufungsbefugnis nach Gesetz oder Satzung, so sind die Beschlüsse einer derartigen Hauptversammlung gemäß §§ 124 Abs. 4, 241 Nr. 1 nichtig.[22]

17 **III. Inhalt und Bekanntmachung (Abs. 3, Abs. 4, Abs. 4 a).** Die Einberufung ist mit der Frist des § 123 Abs. 1 **in den Gesellschaftsblättern** (Abs. 4) bekannt zu machen, dh nach der Neufassung des § 25 AktG nur noch im Bundesanzeiger.[23] Bei größeren Publikumsgesellschaften wird aufgrund börsenrechtlicher Regelungen auch die Wirtschaftspresse (Börsenpflichtblätter)[24] eingeschaltet, wobei die Einladungsbekanntmachung meist in Kurzform mit Hinweis auf die Veröffentlichung im Bundesanzeiger erfolgt. Diese haben jedoch keine gesellschaftsrechtliche Relevanz.[25]

18 Abs. 3 S. 1 ordnet als **Mindestinhalt** der Bekanntmachung nur an, dass neben der Tagesordnung die Firma, der Sitz der Gesellschaft sowie Zeit und Ort der Hauptversammlung anzugeben sind.

19 Erforderlich ist daher:
- die Angabe der Firma (§ 4, mit Rechtsformzusatz, auch abgekürzt);
- der Sitz (§ 5, ggf der Doppelsitz), jedoch schadet die Auslassung des Sitzes nicht, wenn aus dem sonstigen Inhalt der Bekanntmachung der Sitz zweifelsfrei zu entnehmen ist;[26]
- die Zeit der Hauptversammlung mit Tag und Stunde, nicht jedoch die Dauer;[27] ist eine zweitägige Hauptversammlung vorgesehen, ist dies ebenfalls anzugeben;
- der Ort der Hauptversammlung mit genauer Adresse, wobei die postalische Anschrift genügt;[28]
- die Tagesordnung (Abs. 3 S. 2).

---

12 LG Frankfurt/M. AG 2001, 491.
13 Zur fehlenden Absageberechtigung der Verwaltung nach Einberufung siehe die Kommentierung zu § 122 Rn 21.
14 OLG München AG 1995, 232.
15 BGH WM 2002, 179 = AG 2002, 241; dazu Henze, BB 2002, 847.
16 BGH aaO unter Hinweis auf § 124 Abs. 4; aA K. Schmidt/Lutter/*Ziemons*, Rn 24: Nichtigkeit.
17 KölnKomm-AktG/*Noack/Zetzsche*, Rn 35.
18 Spindler/Stilz/*Rieckers*, Rn 14; *Hüffer*, Rn 7.
19 K. Schmidt/Lutter/*Ziemons*, Rn 20.
20 *Hüffer*, Rn 8 mwN.
21 KölnKomm-AktG/*Noack/Zetzsche*, Rn 48 mwN.
22 § 241 Nr. 1; BGH WM 2002, 179 = AG 2002, 242; *Hüffer*, Rn 8 mwN.
23 Es ist nur maßgeblich die elektronische Veröffentlichung; mit der Einführung eines freien elektronischen Zugangs zum amtlichen Teil des Bundesanzeigers zum 1. April 2012 wurde die bisherige Zweiteilung aufgegeben. Das neu gefasste Verkündungs- und Bekanntmachungsorgan wird seitdem unter dem alleinigen Titel „Bundesanzeiger" herausgegeben (Art. 1 Nr. 8 G vom 22. Dezember 2011, BGBl. I S. 3044, 3045). Eine gedruckte Ausgabe des neuen Bundesanzeigers ist nur für Ausnahmefälle vorgesehen. Die Printausgabe spielt hiernach für aktienrechtliche Pflichtveröffentlichungen keine Rolle mehr.
24 ZB im amtlichen Handel, § 63 Abs. 1 iVm § 70 Abs. 1 BörsZulV; s. § 121 Abs. 4 a.
25 MüKo-AktG/*Kubis*, Rn 73.
26 OLG Düsseldorf ZIP 1997, 1153, aA (Nichtigkeit) K. Schmidt/Lutter/*Ziemons*, Rn 29 mwN.
27 OLG Koblenz ZIP 2001, 1093; *Happ/Freitag*, AG 1998, 493.
28 LG Frankfurt/M., Urt. v. 24.1.2012 – 3-05 O 127/10.

Weiter sind bei **börsennotierten Gesellschaften** anzugeben: die Voraussetzungen für die Teilnahme an der Versammlung, die Ausübung des Stimmrechts sowie gegebenenfalls der durch die Satzung nach § 123 Abs. 3 S. 3 angeordnete Nachweisstichtag (*record date*) sowie dessen Bedeutung (§ 121 Abs. 3 Nr. 1). 20

Nach **Abs. 3 S. 3 Nr. 2** ist das Verfahren für die Stimmabgabe darzustellen, wobei nach a) das Verfahren bei Einschaltung eines Bevollmächtigten und nach b) das Verfahren bei der durch Satzung ermöglichten Briefwahl oder im Wege der elektronischen Kommunikation als Online-Teilnehmer (§ 118 Abs. 1 S. 2) zu erläutern sind. 21

Schließlich sind in der Einberufung nach **Abs. 3 Nr. 3** die Rechte der Aktionäre nach § 122 Abs. 2 (Ergänzung der Tagesordnung), § 126 Abs. 1 (Anträge zu Tagesordnungspunkten), § 127 (Wahlvorschläge zur Wahl von Aufsichtsratsmitgliedern oder Abschlussprüfer) und § 131 Abs. 1 (Auskunftsrecht) darzulegen. Die Einladung kann sich darauf beschränken, nur die Fristen für die Ausübung dieser Rechte anzugeben, wenn in der Einladung im Übrigen auf weitergehende Erläuterungen auf der Internetseite der Gesellschaft hingewiesen wird, wozu **Abs. 3 Nr. 4** anordnet, die Internetseite der Gesellschaft anzugeben, über die auch die Informationen nach dem neuen § 124a zugänglich sind. 22

Nicht (iSd § 3 Abs. 2) **börsennotierte** Gesellschaften können sich auf den Kurzinhalt gemäß § 121 Abs. 3 S. 1 und 2 beschränken. Für sie sind daher[29] keine Angaben mehr zu den Teilnahmevoraussetzungen in die Einberufung aufzunehmen. Dies ist jedoch kritisch zu sehen, weil viele Gesellschaften des Freiverkehrs durchaus einen großen Aktionärskreisen und auch eine nicht unerhebliche Anzahl ausländischer Investoren haben. Die Regierungsbegründung[30] denkt allerdings nur an Gesellschaften mit überschaubarem Aktionärskreis. Andererseits sind diese Gesellschaften rechtlich keineswegs gehindert, sich den strengeren Regeln für börsennotierte Gesellschaften zu unterwerfen und damit durch erhöhte Transparenz für Investoren attraktiver zu werden.[31] 23

Abs. 3 S. 3 Nr. 1 zwingt **börsennotierte Gesellschaften** dazu, die Teilnahmevoraussetzungen der Hauptversammlung, als da sind die Anmeldung und die Nachweiserbringung nach § 123 Abs. 2 und 3 (*record date*) nochmals deutlich anzugeben. Die Gesetzesbegründung wie auch der Sinn der Norm erfordert die Angabe des konkreten Datums (zu dessen Berechnung siehe unten § 121 Abs. 7). Weiter muss die Bedeutung des „record date" den Aktionären in der Einladung deutlich gemacht werden. Danach sind die Aktionäre in der Einladung darauf hinzuweisen, dass sie ihrer Rechte zur Teilnahme und Stimmabgabe verlustig gehen, wenn sie den Nachweis zum bestimmten Stichtag nicht oder nicht rechtzeitig erbringen können. Es empfiehlt sich insoweit zumindest, § 123 Abs. 3 S. 6 („Im Verhältnis zur Gesellschaft gilt für Teilnahme und Stimmrecht als Aktionär nur, wer den Nachweis erbracht hat") zu zitieren. 24

Bei Namensaktien ist es geboten, auf das Datum des Umschreibestopps hinzuweisen.[32]

Nach **Abs. 3 S. 2 Nr. 2 a** haben **börsennotierte Gesellschaften** das Verfahren für die Stimmabgabe durch einen Bevollmächtigten zu erläutern und hierbei auf die Formulare hinzuweisen, die für die Erteilung von Stimmrechtsvollmachten zu verwenden sind. § 134 Abs. 3 S. 2 ordnet an, dass die Vollmacht, ihr Widerruf und der Nachweis der Bevollmächtigung gegenüber der Gesellschaft in Textform (§ 126b BGB) zu erfolgen hat und **für börsennotierte Gesellschaften** mindestens ein Weg der elektronischen Kommunikation für die Übermittlung des Nachweises vorzusehen ist. Diese Einzelheiten sind nunmehr in der Einladung selbst unter Voraussetzungen der Teilnahme an der Stimmabgabe zu erläutern, die Internetseite ist nach Nr. 4 ohnehin anzugeben. Insbesondere für die Stimmabgabe durch einen Vertreter ist ein Hinweis auf die Formulare für die Bestellung des Bevollmächtigten aufzunehmen (vergleiche § 30a Abs. 1 Nr. 5 WpHG).[33] 25

Nach **Abs. 3 S. 3 Nr. 2 b** ist nunmehr auch näher zu erläutern, welche Voraussetzungen die Satzung für Briefwahl oder die Online-Teilnahme aufgestellt hat. Auch hier müssen die Informationen so genau sein, dass dem Aktionär keine Fragen zur Verwirklichung seines Teilnahme- und Stimmrechts offen bleiben. Insbesondere für die Briefwahl kommt eine Stimmabgabe auf einem Papiermedium, aber auch auf elektronischem Wege, wie Bildschirmdialog oder E-Mail in Betracht.[34] 26

Nach **Abs. 3 S. 2 Nr. 3** sind in der Einladung erläuternde Angaben zu den Rechten der Aktionären aufzunehmen, die Tagesordnung um neue Punkte zu ergänzen oder Gegenanträge zu bereits vorgesehenen Punkten zu stellen; weiterhin ist das Auskunftsrecht der Aktionäre zu erläutern. Die nach den gesetzlichen Normen gegebenen Fristen sind konkret, dh datumsmäßig zu berechnen und anzugeben, wobei jeweils der letzte Tag, an dem ein Verlangen nach § 122 Abs. 2 gestellt oder ein Antrag nach § 126 zugegangen sein muss, unter Angabe des Datums zu benennen sind.[35] 27

---

29 Was kritisiert wird, vgl *Paschos/Goslar*, AG 2008, 605, 606.
30 BegrRegE ARUG, BT-Drucks. 16/11642, S. 28.
31 *Paschos/Goslar*, AG 2008, 605, 606.
32 OLG Köln AG 2009, 448; *Grobecker* NZG 2010, 165; K. Schmidt/Lutter/*Ziemons*, Rn 47; offen gelassen in BGH NZG 2009, 1290.
33 BegrRegE ARUG, aaO, S. 28.
34 BegrRegE ARUG, aaO, S. 28.
35 BegrRegE ARUG, aaO, S. 28.

28 Die Gesellschaft kann sich auf die Angabe der konkreten Daten in der Einladung beschränken, wenn sie auf ihrer Internetseite allgemein verständliche Darstellungen des jeweiligen Regelungsgehalt der einschlägigen Rechtsvorschrift, ergänzt um gesellschaftsspezifische Angaben, wie etwa Adressangaben, aufgenommen hat.[36] Rechtsberatende Ausführungen, etwa zu den Voraussetzungen und Inhalt eines Quorums nach § 122 Abs. 1, fordert die Bestimmung nicht.[37]

29 Nach **Abs. 3 S. 2 Nr. 4** ist in der Einberufung die Internetseite anzugeben, über die im Vorfeld der Hauptversammlung Informationen, insbesondere nach § 124a, aber auch nach § 175 Abs. 2 S. 4 zugänglich sind.

30 Nach § 241 Nr. 1 stellt der Verstoß gegen die die börsennotierte Gesellschaft betreffende Informationspflicht des § 121 Abs. 3 S. 2 und 3 **keinen Nichtigkeitsgrund** dar – aber ein Verstoß gegen Abs. S. 1 –, berechtigt **allerdings zur Anfechtung**.[38]

31 Ob der hM[39] gefolgt werden kann, dass eine Einberufung auf einen Sonntag oder gesetzlichen Feiertag nicht möglich ist, erscheint zweifelhaft. Eine derartige Sperre ist dem Gesetz nicht zu entnehmen. Gerade zur Stärkung der Hauptsammlungspräsens sind derartige Termine nahe liegend.[40] Letztlich dürfte es hier nur auf die Zumutbarkeit für einen konkreten Termin[41] ankommen.

32 Eine **Verlegung der Hauptversammlung** auf einen neuen Termin oder an einen anderen Versammlungsort (nicht nur Tagungslokal) ist als neue Einberufung mit der entsprechenden gesetzlichen Vorlauffrist des § 123 anzusehen.[42] Eine Absage ist bis zur Eröffnung der Hauptversammlung ebenfalls möglich,[43] kann aber nur durch denjenigen erfolgen, der einberufen hat.[44] Auch hier ist daher für die Absage ein Vorstandsbeschluss erforderlich. Es empfiehlt sich, für derartige Absagen die gleiche Form der Bekanntmachung in den Gesellschaftsblättern zu wählen, um den Gedanken der Rechtsklarheit und Rechtssicherheit Rechnung zu tragen.[45] Auch die Änderung von Teilnahmebedingungen ist in der Form der fristgerechten Bekanntmachung zu veröffentlichen. Hingegen ist die Wahl eines anderen Versammlungslokals, zB bei überraschendem Andrang von Aktionären, für die das ursprüngliche Lokal nicht ausreicht, keine bekanntmachungspflichtige Tatsache. Hier muss es ausreichend sein, wenn in allgemeiner Form auf die Veränderung des Tagungslokals hingewiesen wird und am ursprünglichen Versammlungslokal ebenfalls ein Hinweis auf das neue Versammlungslokal angebracht wird. Für den Aktionärstransport und für evtl Verzögerungen muss die Verwaltung entsprechende Vorkehrungen treffen. Eine kurzzeitige Verzögerung des Hauptversammlungsbeginns wegen großen Aktionärsandrangs ist rechtlich unbedenklich.

33 Auch ein **Absetzen von Tagesordnungspunkten** ist grundsätzlich unter den gleichen Voraussetzungen wie eine Absage möglich. Ist die Hauptversammlung bereits eröffnet, kann jedoch nur noch diese durch Mehrheitsbeschluss über eine Absetzung oder Vertagung von Tagesordnungspunkten entscheiden.[46]

34 Bei einer **doppelten Einberufung** (zB von Vorstand und Aufsichtsrat) ist nur die zuerst bekannt gemachte Einberufung wirksam. Dies gilt jedoch nicht, wenn die beiden Einberufungen unterschiedliche Termine und verschiedene Tagesordnungen vorsehen.[47]

35 Alternativ ist nach **Abs. 4 S. 2** auch die Einberufung aller[48] Aktionäre mit eingeschriebenem[49] Brief möglich. Allerdings kann die Satzung hier abweichende Regelungen treffen, so dass auch eine Einberufung per Telefax oder E-Mail möglich ist.

36 Soweit die Einberufung durch eingeschriebenen Brief[50] erfolgt, bleibt der Inhalt der Einberufung (§ 123 Abs. 3 S. 1, 2 und 3) von der Form der Einberufung – nur hierauf bezieht sich § 124 Abs. 4 – unberührt.[51] Unberührt bei der Einberufung durch Einschreiben – abgesehen von § 121 Abs. 6 – bleibt auch die sinngemäße Geltung der §§ 125–127. Das Streichen des Abs. 4 S. 3[52], der dies ausdrücklich anordnete, ändert inhaltlich nichts, da diese Vorschriften im Rahmen ihres Anwendungsbereichs ohnehin gelten.[53] Anstelle des Tags der Bekanntmachung im Bundesanzeiger tritt der Tag der Absendung. Wenn die Absendung der Einschreiben nicht zeitgleich erfolgt, beginnt die Frist mit dem letzten Absendetag.[54]

---

36 BegrRegE ARUG, aaO, S. 28.
37 BegrRegE ARUG, aaO, S. 28.
38 Vgl BGH NZG 2012, 1222; NZG 2011, 1105.
39 Vgl KölnKomm-AktG/*Noack/Zetzsche*, Rn 68; K. Schmidt/ Lutter/*Ziemons*, Rn 32 jew. mwN.
40 Vgl OLG Koblenz ZIP 2001, 1095 zur Zulässigkeit der Versammlung an einem Samstag.
41 ZB nicht an Heiligabend, Weihnachtsfeiertage, Karfreitag, Ostern, ggf auch 1. Mai bei mitbestimmten Gesellschaften.
42 *Hüffer*, Rn 18; KölnKomm-AktG/*Zöllner*, Rn 40; BGH NJW 1987, 2580.
43 Zur Besonderheit bei einer Einberufung aufgrund eines Antrags nach § 122 Abs. 1 AktG siehe § 122 Rn 21.
44 KölnKomm-AktG/*Zöllner*, Rn 39, 40.
45 Großkomm/*Meyer-Landrut*, Rn 11.
46 Spindler/Stilz/*Rieckers*, Rn 83 mwN.
47 *Butzke*, Die Hauptversammlung der Aktiengesellschaft, 5. Aufl., B 101.
48 Es ist nicht möglich nur einen Teil der Aktionäre namentlich einzuberufen und die Übrigen auf die Veröffentlichung im Bundesanzeiger zu verweisen.
49 Ein Einwurfeinschreiben genügt hier nicht, vgl MüKo-AktG/ *Kubis*, Rn 31 mwN.
50 Siehe hierzu auch oben Rn 17.
51 *Hüffer*, Rn 11 f.
52 Siehe oben Fn 2.
53 Vgl RegBegr. BT-Drucks. 17/8989 S. 14.
54 *Hüffer*, Rn 11 g, h; *Lutter*, AG 1994, 429.

37 Wird nur ein Aktionär nicht geladen, führt dies zu einem Nichtigkeitsgrund nach § 241 Nr. 1. Allerdings kann der nicht geladene Aktionär die Beschlussfassungen gem. § 242 Abs. 4 S. 2 genehmigen.

IV. Veröffentlichung der Einberufung (Abs. 4 a).[55] Durch **Abs. 4 a** wird **börsennotierten Gesellschaften**, und **nur ihnen**, die Pflicht auferlegt, die Einberufung spätestens zum Zeitpunkt der Bekanntmachung in den Gesellschaftsblättern (Abs. 4) solchen Medien zur Veröffentlichung[56] zuzuleiten, bei denen davon ausgegangen werden kann, dass sie die Informationen in der gesamten Europäischen Union verbreiten. Einer europaweiten Veröffentlichung bedarf es nicht, wenn alle Aktionäre bereits unmittelbar über die Einberufung informiert werden. Dies ist einerseits der Fall, wenn die Gesellschaft ausschließlich Namensaktien ausgegeben hat, weil die Aktionäre dann gemäß § 125 Abs. 2 S. 1 zu informieren sind. Andererseits ist dies der Fall, wenn der Gesellschaft alle Aktionäre namentlich bekannt sind und die Hauptversammlung gemäß § 121 Abs. 4 S. 2 mit eingeschriebenem Brief einberufen wird.[57] 38

Die Vorschrift soll die **europaweite Information** der Aktionäre sicherstellen, was allerdings für kleine Aktiengesellschaften kaum relevant ist.[58] Die Pflicht zur Veröffentlichung in den Gesellschaftsblättern und in europaweit verbreitenden Medien wird nach einhelliger Auffassung durch die Veröffentlichung im Bundesanzeiger erfüllt.[59] Durch die (beabsichtigte[60]) Neufassung ist nunmehr auch klargestellt, dass die Zuleitungsverpflichtung bereits entfällt, wenn eine der beiden Alternativen erfüllt ist.[61] 39
Eine Verletzung des § 121 Abs. 4 a führt mangels Aufzählung in § 241 Nr. 1 nicht zur Nichtigkeit der gefassten Beschlüsse. Gemäß § 243 Abs. 3 Nr. 2 kann eine Anfechtbarkeit nicht auf eine Verletzung des § 121 Abs. 4 a gestützt werden.

V. Ort der Hauptversammlung (Abs. 5). Abs. 5 S. 1 schreibt vor, dass die Hauptversammlung am **Sitz der AG** stattfinden soll, die Satzung kann aber anderes festlegen. Die Sollvorschrift lässt bei vernünftigen Gründen auch andere Versammlungsorte zu, zB wenn der Versammlungsort keinen ausreichenden Saal bietet.[62] Jedoch ist bei Abweichung von Satzungs- oder Sitzort mit Vorsicht geboten, weil ein **unzulässiger Tagungsort** einen Anfechtungsgrund darstellt.[63] Der BGH verlangt eine eindeutig günstigere Erreichbarkeit für alle Aktionäre, als dies der Sitzort bieten könnte.[64] 40

Abs. 5 S. 2 lässt bei **börsennotierten Aktiengesellschaften** auch den **Börsensitz**[65] zu. Die Formulierung beschränkt dies jedoch nur auf Aktiengesellschaften, deren Aktien zum Handel im regulierten Markt zugelassen sind, dh im geregelten Markt. Damit ist die Anwendbarkeit nunmehr angepasst an § 3 Abs. 2, der mit dem Begriff „börsennotiert" auf den Amtlichen Handel und den Geregelten Markt abstellt. 41

Die Bestimmung des Hauptversammlungsorts durch die Satzung ist möglich, wobei nach herrschender Meinung ein weiter Spielraum eingeräumt werden kann, solange der Versammlungsort sich allgemein lokalisieren lässt (zB „Ort in der Umgebung von.."; „Stadt in Westfalen"). 42

Unzulässig ist es hingegen, der Verwaltung die freie Wahl für den Versammlungsort zu geben oder in einer Hauptversammlung den Versammlungsort für die nächste Hauptversammlung zu bestimmen.[66] 43

Eine Satzungsbestimmung für die Wahl eines Auslandsorts für die Hauptversammlung wird zwar für möglich gehalten, jedoch ist der Meinungsstand gespalten.[67] Unproblematisch ist die Wahl eines ausländischen Versammlungsorts bei der Vollversammlung (Abs. 6) und bei der Einmann-AG,[68] weil hier auf alle gesetzlichen Vorgaben verzichtet werden kann. 44

Der Grundgedanke des Aktionärsschutzes (Zugänglichkeit, Erreichbarkeit, Präsenzsicherung, Rechtssicherheit) spricht jedoch dagegen, bei Publikumsgesellschaften einen ausländischen Hauptversammlungsort zuzulassen. Bei beurkundungspflichtigen Beschlussgegenständen ist jedenfalls das Erfordernis der Gleichwertigkeit des ausländischen Notars mit dem inländischen Notar zu beachten.[69] 45

Eine Einberufung zu einer Hauptversammlung im Internet ohne nähere Ortsbestimmung (virtuelle Hauptversammlung) ist nach derzeitiger Rechtslage – Ausnahme Vollversammlung – nicht möglich.[70] 46

---

55 Siehe oben Fn 2.
56 Sog. Push-Dienste.
57 BegrRegE, BT-Drucks. 17/8989, S. 14.
58 *Zetzsche*, Der Konzern 2008, 321, 323.
59 BegrRegE ARUG, BT-Drucks. 16/11642, S. 28; *Zetzsche*, aaO; *Noack*, NZG 2008, 441, 442.
60 Siehe oben Fn 2.
61 BegrRegE, BT-Drucks. 17/8989, S. 14.
62 *Hüffer*, Rn 12.
63 HM, vgl BGH AG 1985, 188; OLG Celle NJW-RR 1998, 970; *Hüffer*, Rn 12 mwN.
64 BGH aaO, ihm folgend: OLG Dresden AG 2001, 489; vgl auch LG Frankfurt/M., Urt. v. 2.10.2007 – 3-5 O 177/07, AG 2007, 824.
65 Hier ist Vorsicht geboten, wenn aufgrund einer derartigen Satzungsregelung die Versammlung in Frankfurt am Main stattfinden soll, da unklar ist, was als Sitz der Börse gemeint ist. Ob der Sitz der Börse noch in Frankfurt am Main ist, ist nach der Verlegung des Geschäftssitzes der Deutsche Börse AG nach Eschborn zumindest zweifelhaft. Allerdings dürfte auf den Sitz der FWB abzustellen sein, der weiterhin Frankfurt am Main ist.
66 BGH NJW 1994, 320; *Brandes*, WM 1994, 2177; *Hüffer*, Rn 13.
67 Generell dagegen: OLG Hamburg OLGZ 1994, 42 (für Zürich); OLG Hamm NJW 1974, 1057; dafür: KölnKomm-AktG/*Noack/Zetzsche*, Rn 187, MüKo-AktG/*Kubis*, Rn 88; *Bungert*, AG 1995, 26.
68 *Hüffer*, Rn 15 mwN.
69 *Hüffer*, Rn 16 mwN, MüKo-AktG/*Kubis*, Rn 93.
70 KölnKomm-AktG/*Noack/Zetzsche*, Rn 190 mwN.

47 Ist die Aktiengesellschaft Zielgesellschaft eines **Übernahmeangebots**, so ist gem. § 16 Abs. 4 S. 2 WpÜG der Vorstand bei Einberufung der Hauptversammlung hinsichtlich der Frist (§ 123) und des Hauptversammlungsorts nicht an die Regelungen von Aktiengesetz und Satzung gebunden. Dies soll die Wahrnehmung der Aktionärsrechte erleichtern und sichern. Damit kommt dem Erfordernis einer leichten Erreichbarkeit und eines angemessenen Versammlungsorts besondere Bedeutung zu.

48 **VI. Vollversammlung (Abs. 6).** Abs. 6 befreit – unter der Voraussetzung, dass kein Aktionär widerspricht – von der Einhaltung aller Vorschriften des Zweiten Unterabschnitts (§§ 121–128).[71]

49 Dies setzt vollständige Präsenz der Aktionäre oder ihrer Vertreter voraus.[72] Nach der gesetzlich vorgesehenen Regelung für die Abstimmung von Online-Aktionären (§ 118 Abs. 1 S. 2) sind diese präsente Teilnehmer der Hauptversammlung, nicht hingegen die Briefwahlaktionäre (§ 118 Abs. 2). Wer also eine Vollversammlung abhalten will, darf keine Briefwahl zu lassen. Im Ergebnis muss daher das gesamte Grundkapital, auch soweit es auf Vorzugs-Aktionäre oder teileingezahlte Aktien entfällt, präsent sein. Auf das Stimmrecht kommt es nicht an, vielmehr allein auf die Aktionärseigenschaft. Ein Widerspruch nach § 245 Nr. 1 stellt grundsätzlich keinen Widerspruch nach § 121 Abs. 6 dar;[73] der Aktionär muss deutlich machen, dass er nicht nur der Beschlussfassung als solcher, sondern auch den Wirkungen einer Vollversammlung widersprechen will. Ein nach Abs. 6 erhobener Widerspruch muss dabei spätestens vor Bekanntgabe des Beschlussergebnisses durch den Versammlungsleiter erhoben werden.[74]

50 Die vollständige Befreiung von der Geltung der §§ 121–128 lässt daher die Einladung durch Unberechtigte, sonstige Einberufungsmängel, abgekürzte Fristvorgaben uÄ zu.

51 Auch die sonstigen Bekanntmachungsvorschriften, die auf § 124 verweisen, können außer Acht gelassen werden. Dies gilt insbesondere für §§ 183 Abs. 1 S. 2, 186 Abs. 4 S. 1, 203 Abs. 2 S. 2.[75]

52 **VII. Berechnung von Fristen und Terminen (Abs. 7).** In **Abs. 7** wird ein vom BGB abweichendes Fristenregime bestimmt, welches für sämtliche Fristen und Termine, die von der Versammlung zurück berechnet werden, Geltung hat. Dies soll die Praxis entlasten und die bisherigen Auslegungsspielräume über Fristenberechnung oder die Anwendung der §§ 187 bis 193 BGB auf die Berechnung von Anmelde- und Nachweisfristen beseitigen.[76] Eine Frist von sechs Tagen ist so zu bemessen, dass volle sechs Kalendertage zwischen dem Tag der Anmeldung und dem Tag der Versammlung liegen.

Das Gesetz stellt ausdrücklich klar, das einheitlich weder der Tag der Versammlung noch der Tag mitzurechnen ist, indem ein Erfolg bewirkt wird (zum Beispiel Zugang der Anmeldung) oder eine Handlung (zum Beispiel Veröffentlichung) vorgenommen werden muss. Weiterhin führt das Gesetz den Begriff des Termins im Sinne des Aktienrechts ein.[77] Hiernach handelt es sich um juristische Sekunden, die auf den Beginn des errechneten Tages, also beispielsweise 0:00 Uhr, fallen. Solche Termine sind beispielsweise für den Nachweis der Aktionärslegitimation nach § 123 Abs. 3 S. 3 und bei der Mitteilung nach § 125 Abs. 2 sowie nach § 128 Abs. 1 vorgesehen.[78]

53 Es findet **kein Schutz von Sonn- und Feiertagen** statt.[79] Denn jede Verlegung eines Termins oder Fristenendes von einem Sonnabend, Sonntag oder Feiertag auf einen zeitlich vorausgehenden oder folgenden Werktag sei weltweiten Investoren nicht zuzumuten, die weder Nachforschungen zu deutschen Feiertagen noch zu den Einzelheiten eines komplex gewordenen Fristensystems anstellen müssen sollen.[80] Richtig ist hierbei sicher, dass ausländische Investoren mit dem deutschen Feiertagswesen Schwierigkeiten haben könnten. Die Fristenberechnung findet am Ort der Gesellschaft statt, so dass der „Sprung über die Datumsgrenze" keinen Einfluss hat.

54 Abs. 7 S. 4 lässt jedoch **für nicht börsennotierte Gesellschaften** durch die Satzung eine **andere Berechnung der Fristen**, unter Einschluss des Schutzes der Feiertagsruhe,[81] zu.

---

[71] *Hoffmann-Becking*, ZIP 1995, 1.
[72] *Hüffer*, Rn 20 mwN.
[73] KölnKomm-AktG/*Noack/Zetzsche*, Rn 213.
[74] OLG Stuttgart, NZG 2013, 1151; zustimmend *Reger*, BB 2013, S. 2580.
[75] *Hüffer*, Rn 23; *Hoffmann-Becking*, ZIP 1995, 1.
[76] BegrRegE ARUG, BT-Drucks. 16/11642, S. 28; *Bosse*, NZG 2009, 807, 808; *Tettinger*, GmbHR 2008, 346 ff; LG München I AG 2009, 296 gegen LG Frankfurt/M. NZG 2008, 112, 113 (für eine Anwendung zum alten Recht); vgl zum Ganzen auch *Grobecker*, NZG 2010, 165; *Florstedt*, ZIP 2010, 761.
[77] Siehe BegrRegE ARUG, BT-Drucks. 16/11642, S. 28.
[78] Siehe BegrRegE ARUG, aaO, S. 29; vgl *Grobecker*, NZG 2010, 165; *Florstedt*, ZIP 2010, 761.
[79] Soweit die in zahlreichen Satzungen verankerten Anmeldefristen noch nach Werktagen zählen oder auf den bisherigen Wortlaut von § 123 Abs. 4 abstellen, ist Vorsicht geboten. Die Satzungen sollten auf Kalendertage umgestellt werden; *Bosse*, NZG 2008, 80 7, 808; eine Übergangsfrist sieht § 20 Abs. 3 EGAktG vor.
[80] Die BegrRegE ARUG, BT-Drucks. 16/11642, S. 29, hält dies für unzumutbar und nicht mehr zeitgemäß.
[81] *Florstedt*, ZIP 2010, 761, 762 Fn 9.

§ 122 Einberufung auf Verlangen einer Minderheit

(1) ¹Die Hauptversammlung ist einzuberufen, wenn Aktionäre, deren Anteile zusammen den zwanzigsten Teil des Grundkapitals erreichen, die Einberufung schriftlich unter Angabe des Zwecks und der Gründe verlangen; das Verlangen ist an den Vorstand zu richten. ²Die Satzung kann das Recht, die Einberufung der Hauptversammlung zu verlangen, an eine andere Form und an den Besitz eines geringeren Anteils am Grundkapital knüpfen. ³§ 142 Abs. 2 Satz 2 gilt entsprechend.

(2) ¹In gleicher Weise können Aktionäre, deren Anteile zusammen den zwanzigsten Teil des Grundkapitals oder den anteiligen Betrag von 500 000 Euro erreichen, verlangen, dass Gegenstände auf die Tagesordnung gesetzt und bekanntgemacht werden. ²Jedem neuen Gegenstand muss eine Begründung oder eine Beschlussvorlage beiliegen. ³Das Verlangen im Sinne des Satzes 1 muss der Gesellschaft mindestens 24 Tage, bei börsennotierten Gesellschaften mindestens 30 Tage vor der Versammlung zugehen; der Tag des Zugangs ist nicht mitzurechnen.

(3) ¹Wird dem Verlangen nicht entsprochen, so kann das Gericht die Aktionäre, die das Verlangen gestellt haben, ermächtigen, die Hauptversammlung einzuberufen oder den Gegenstand bekanntzumachen. ²Zugleich kann das Gericht den Vorsitzenden der Versammlung bestimmen. ³Auf die Ermächtigung muß bei der Einberufung oder Bekanntmachung hingewiesen werden. ⁴Gegen die Entscheidung ist die Beschwerde zulässig.

(4) Die Gesellschaft trägt die Kosten der Hauptversammlung und im Fall des Absatzes 3 auch die Gerichtskosten, wenn das Gericht dem Antrag stattgegeben hat.

Red. Hinweis: Der Kommentierung wird in Abs. 1 (S. 3 und 4) und in Abs. 3 (S. 5) die folgende Fassung der Vorschrift zugrunde gelegt, wie sie im Rahmen des beabsichtigten VorstKoG[1] vorgesehen war, das am 27.6.2013 vom Bundestag verabschiedet wurde[2] (wegen des bisherigen Rechtszustands wird auf die Kommentierung in der Vorauflage verwiesen):

(1) ¹Die Hauptversammlung ist einzuberufen, wenn Aktionäre, deren Anteile zusammen den zwanzigsten Teil des Grundkapitals erreichen, die Einberufung schriftlich unter Angabe des Zwecks und der Gründe verlangen; das Verlangen ist an den Vorstand zu richten. ²Die Satzung kann das Recht, die Einberufung der Hauptversammlung zu verlangen, an eine andere Form und an den Besitz eines geringeren Anteils am Grundkapital knüpfen. ³Die Antragsteller haben nachzuweisen, dass sie seit mindestens 90 Tagen vor dem Tag des Zugangs des Verlangens Inhaber der Aktien sind und dass sie die Aktien bis zur Entscheidung des Vorstands über den Antrag halten. ⁴§ 121 Absatz 7 ist entsprechend anzuwenden.

(3) ¹Wird dem Verlangen nicht entsprochen, so kann das Gericht die Aktionäre, die das Verlangen gestellt haben, ermächtigen, die Hauptversammlung einzuberufen oder den Gegenstand bekanntzumachen. ²Zugleich kann das Gericht den Vorsitzenden der Versammlung bestimmen. ³Auf die Ermächtigung muß bei der Einberufung oder Bekanntmachung hingewiesen werden. ⁴Gegen die Entscheidung ist die Beschwerde zulässig. ⁵Die Antragsteller haben nachzuweisen, dass sie die Aktien bis zur Entscheidung des Gerichts halten.

A. Grundlagen	1	2. Mindestbeteiligung	8
I. Gegenstand der Norm	1	3. Nachweis der Vorbesitzzeit	11
II. Zweck der Norm	5	4. Antrag und Adressat	14
B. Einzelheiten	6	II. Tagesordnungs-Ergänzungsrecht der Minderheit (Abs. 2)	23
I. Einberufungsrecht der Minderheit (Abs. 1)	6		
1. Aktionärsstellung	6	III. Rechtsweg (Abs. 3) und Kosten (Abs. 4)	28

---

1 BT-Drucks. 17/8989.
2 Gemäß BT-Drucks. 17/14214 S. 7 sollte § 122 wie folgt geändert werden: „a) Absatz 1 Satz 3 wird durch die folgenden Sätze ersetzt: ‚Die Antragsteller haben nachzuweisen, dass sie seit mindestens 90 Tagen vor dem Tag des Zugangs des Verlangens Inhaber der Aktien sind und dass sie die Aktien bis zur Entscheidung des Vorstands über den Antrag halten. § 121 Absatz 7 ist entsprechend anzuwenden.' b) Dem Absatz 3 wird folgender Satz angefügt: ‚Die Antragsteller haben nachzuweisen, dass sie die Aktien bis zur Entscheidung des Gerichts halten.'" – Das VorstKoG ist am 20.9.2013 im Bundesrat in den Vermittlungsausschuss überwiesen worden (BR-Drucks. 637/13, BT-Drucks. 17/14790) und unterlag damit der Diskontinuität. Die Umsetzung der beabsichtigten Änderungen durch den Gesetzgeber ist weiter wahrscheinlich.

A. Grundlagen

1 **I. Gegenstand der Norm.** Die Norm gibt Minderheiten, die 5 % vom Grundkapital auf sich vereinen (Abs. 1 S. 1) – und dies nachgewiesen mindestens seit 90 Tagen sind –, das erzwingbare (Abs. 3) Recht, eine Hauptversammlung einzuberufen.
Es wird hiermit die Ausübung versammlungsgebundener Rechte ermöglicht, auch wenn die Gesellschaft sich weigert, eine Hauptversammlung einzuberufen.

2 Mit Abs. 2 erhalten Aktionäre daneben das Recht, einer bereits einberufenen oder noch einzuberufenden Hauptversammlung Tagesordnungspunkte zur Beschlussfassung hinzuzufügen. Hier besteht eine Fristenvorgabe, wonach das Verlangen auf Ergänzung der Tagesordnung **bei börsennotierten Gesellschaften** mindestens 30 Tage vor der Versammlung dem Vorstand zugehen muss, bei den übrigen Gesellschaften verkürzt sich die Frist auf mindestens 24 Tage. Der Tag des Zugangs des Verlangens ist nicht mitzurechnen.

3 Abs. 4 schließlich regelt die Kostenfrage, sowohl für den Gerichtsweg als auch für die erzwungene Hauptversammlung bzw die Bekanntmachung erzwungener Tagesordnungspunkte.

4 Die Norm ist zwingend (§ 23 Abs. 5).[3] Der Minderheitenschutz kann jedoch gegenüber den gesetzlichen Vorgaben durch die Satzung vereinfacht werden (geringeres Quorum).

5 **II. Zweck der Norm.** Die Norm dient dem effektiven Minderheitenschutz zur Ausübung ihrer versammlungsgebundenen Rechte. Erforderlich ist jedoch ein Nachweis des Quorums und der Vorbesitzzeit (Abs. 1 S. 3). Letzteres soll insbesondere die missbräuchliche Antragstellung durch kurzfristigen Kauf zum Zweck der Obstruktion verhindern.
Ergänzt wird die Norm durch die Veröffentlichungspflichten nach § 124 Abs. 1 S. 2, wodurch Rechtsklarheit sowohl für die Aktionäre als auch für den Vorstand geschaffen wird.[4]

B. Einzelheiten

6 **I. Einberufungsrecht der Minderheit (Abs. 1). 1. Aktionärsstellung.** Nach Abs. 1 sind **alle Aktionäre, sowohl Minderheits- wie Mehrheitsaktionäre antragsbefugt.** Gleichgültig ist hierbei, ob es sich um Inhaber- oder Namensaktien, Stamm- oder Vorzugsaktien bzw teileingezahlte Aktien handelt.

7 Auch die Stellvertretung ist möglich, ebenso wie die Abwesenheitspflegschaft – insbesondere bedeutsam geworden bei Spaltgesellschaften –, wenn der Umfang der entsprechenden Ermächtigung die beantragte Tagesordnung oder Tagesordnungspunkte umfasst.[5] Die Vollmacht muss das Einberufungsverlangen decken, eine reine Stimmrechtsvertretung genügt nicht.[6] Eine evtl Vollmacht muss (entsprechend § 134 Abs. 3 S. 2) in der Textform des § 126 b BGB nachgewiesen werden, da § 135 sich nur auf die Stimmrechtsvertretung bezieht. Die Satzung kann auch hier Erleichterungen der Form vorsehen, jedoch keine Erschwerungen.

8 **2. Mindestbeteiligung.** Gefordert wird für das Einberufungsverlangen ein **Anteil von 5 % am ausgewiesenen Grundkapital**, wobei bedingtes und genehmigtes Kapital nicht eingerechnet wird. Eigene Aktien der Gesellschaft sind nicht abzusetzen.[7] Die Anteile werden entweder aus dem Nennbetrag (bei Nennbetragsaktien) oder aus dem anteiligen Grundkapital (bei Stückaktien) errechnet.

9 Die **Mindestbeteiligung** muss nachgewiesen werden, eine Vorlage von Bankbescheinigungen (Depotnachweis) oder der Hinweis auf das Aktienregister (§ 67) genügt.
Fraglich ist, ob im Hinblick auf den Wortlaut des § 67 Abs. 2 die ursprüngliche Eintragung gilt, wenn die Löschung im Aktienregister zu Unrecht erfolgte.[8] Hat der Aktionär die fehlerhafte Löschung – ggf auch über § 278 BGB – zu vertreten, kann er sich jedenfalls gegenüber der Gesellschaft auf eine Aktionärsstellung nicht berufen,[9] hier hat er zunächst die Berichtigung des Aktienregisters durchzusetzen.
Die Hinterlegung der Aktien war schon nach altem Recht nicht erforderlich,[10] aber zulässig; entweder bei Gericht (Amtsgericht), bei der Gesellschaft selbst oder beim Notar. Sie setzte allerdings die Existenz hinterlegbarer Stücke voraus, was seit der Geltung von § 10 Abs. 5 weitgehend nicht mehr der Fall ist.

10 Der Vorstand, an den das Verlangen zu richten ist, muss Zweifel an der Vollmacht und an den Nachweisen unverzüglich rügen (§ 174 BGB), spätere Rügen sind nicht zu berücksichtigen.[11]

---

3 *Hüffer*, Rn 1.
4 BegrRegE ARUG, BT-Drucks. 16/11642, S. 29.
5 OLG Frankfurt WM 1986, 642.
6 OLG Frankfurt OLGZ 1973, 137, 140; *Hüffer*, Rn 2; KölnKomm-AktG/*Noack/Zetzsche*, Rn 50.
7 HM: *Hüffer*, Rn 3; K. Schmidt/Lutter/*Ziemons*, Rn 7; KölnKomm-AktG/*Noack/Zetzsche*, Rn 26 mwN; vgl auch zum Ganzen *Kühn*, BB 1965, 1170.
8 So noch Vorauflage im Anschluss an OLG Zweibrücken AG 1997, 140.
9 In Zusammenhang mit der Klagebefugnis so LG Frankfurt, Urt. v. 9.7.2009 – 3-05 O 218/08.
10 KölnKomm-AktG/*Noack/Zetzsche*, Rn 33; *Hüffer*, Rn 3.
11 *Hüffer*, Rn 3.

3. Nachweis der Vorbesitzzeit. Nach der bisherigen Fassung und dem Verweis auf § 142 Abs. 2 S. 2 sind die Vorbesitzzeit von drei Monaten vor dem Termin und der Haltewillen bis zur Entscheidung über den Antrag „nachzuweisen". Der Nachweis erfolgt entweder durch eine Depotbescheinigung, die sowohl den Stand bei Antragstellung wie bei Verfahrensende erfasst (so die RegBegr, aaO, was aber realistischerweise von der Bank vorab nicht bestätigt werden kann) oder – was realistischer erscheint und bereits unter dem alten Recht so gehandhabt wurde – durch eine Depotbescheinigung zum Antragszeitpunkt mit einem Sperrvermerk. Um die Sperrwirkung zu entfalten, ist die Sperrverpflichtung der Bank auch gegenüber dem Gericht abzugeben.[12]

Um eine missbräuchliche Antragstellung zu verhindern, wurde die entsprechende Geltung von § 142 Abs. 2 S. 2 angeordnet. Dort müssen die für das Quorum erforderlichen Aktien bereits drei Monate vor dem Tag der Hauptversammlung erworben worden sein (**Vorbesitzzeit**), um einen gezielten Kauf der Aktien zum Zweck der Klageerhebung auf Schadenersatz zu verhindern.

Der Verweis in Abs. 1. S. 3 auf § 142 Abs. 2 S. 3 wird durch die Aktienrechtsnovelle 2013/2014 beseitigt.[13] Die Antragsteller haben danach nunmehr nachzuweisen, dass sie seit 90 Tagen vor dem Zugang des Verlangens Inhaber der Aktien sind und dass sie die Aktien bis zur Entscheidung des Vorstands über den Antrag halten. § 121 Abs. 7 ist entsprechend anzuwenden. Durch diese (beabsichtigte[14]) Neufassung sollen die Zweifelsfragen bei Berechung der Vorbesitzzeit und der Haltefrist geklärt werden.[15]

Die Änderung erscheint sachgerecht, da der Verweis auf § 142 Abs. 2 S. 2 nicht passt. § 142 Abs. 2 S. 3 setzt eine eingeberufene Hauptversammlung voraus, während es hier gerade um die Einberufung einer Hauptversammlung geht.

Zudem wird die entsprechende Anwendung von § 121 Abs. 7 angeordnet und dadurch festgelegt, dass das durch das ARUG neu geregelte System der Fristberechnung auch für die Frist des § 122 Abs. 1 S. 3 gilt. Durch die Anordnung der entsprechenden Geltung für den vom Tag des Zugangs des Einberufungsverlangens zurückzurechnenden Zeitraum wird ein einheitliches System der Fristen- und Terminberechnung bei der Einberufung der Hauptversammlung sichergestellt. Vor diesem Hintergrund wird auch die bisherige Frist von drei Monaten durch eine 90-Tage-Frist ersetzt.[16]

Durch die (beabsichtigte[17]) Neuregelung zu Abs. 3 (s. Rn 29) erfolgt weiter eine ausdrückliche Entscheidung über die im Schrifttum bislang streitige Frage,[18] bis wann die für das Quorum erforderlichen Aktien bis zur endgültigen gerichtlichen Entscheidung gehalten werden müssen.

Es ist daher konsequent, auch die Beibehaltung eines Quorums von der Antragstellung bis zur Entscheidung über den Antrag durch den Vorstand zu regeln. Da die Regelung des Abs. 1 – Einberufungsverlangen einer Aktionärsminderheit – „in gleicher Weise" für Verlangen einer Minderheit zur Ergänzung der Tagesordnung nach Abs. 2 gilt, ist die Vorbesitzzeit nach der vorgesehenen Neuregelung auch hier vom Tag des Zugangs des Verlangens bei der Gesellschaft zu berechnen und müssen die Aktionäre das Quorum bis zur Entscheidung des Vorstands über das Ergänzungsverlangen erfüllen.

Eine Vorverlegung einer bereits einberufenen Hauptversammlung durch die Verwaltung, selbst innerhalb gesetzlicher Fristen, ist dann rechtsmissbräuchlich, wenn keine sachlichen Gründe ersichtlich sind und damit die Einhaltung der Vorbesitzzeit verhindert wird. Allerdings sind die gesetzlichen Fristen nur Mindestfristen, eine längere Einberufungsfrist ist grundsätzlich unschädlich.

4. Antrag und Adressat. Der Antrag auf Einberufung der Hauptversammlung, wie auch der Antrag auf einen weiteren Beschlussgegenstand (Abs. 2), muss **schriftlich** (§ 126 BGB) gestellt werden, wobei auch hier die Satzung eine Formerleichterung vorsehen kann. Alle Aktionäre, die zusammen das Quorum von 5 % erreichen, oder ihre Vertreter müssen den Antrag unterzeichnen. Die Vorlage der Original-Vollmacht mit dem Antrag ist empfehlenswert (§ 174 BGB). Solange das Quorum erhalten bleibt, ist ein Ausscheiden von Aktionären unschädlich.[19]

Der Antrag muss unzweideutig die Einberufung verlangen und Zweck und Gründe angeben. Meist ergibt sich der Zweck aus der Mitteilung der vorgesehenen Beschlussgegenstände,[20] ggf sind bei Satzungsänderungen und Zustimmung zu Unternehmensverträgen die Informationserfordernisse des § 124 Abs. 2 S. 2 zu beachten.

---

12 BayObLG AG 2005, 244 verlangt statt des Sperrvermerks eine Verpflichtung des Kreditinstituts gegenüber dem Gericht, dass die Aktien nur mit Zustimmung des Gerichts veräußert werden.
13 Siehe oben Fn 2.
14 Siehe oben Fn 2.
15 BT-Drucks. 17/8089 S. 7.
16 BT-Drucks. 17/8089 S. 14.
17 Siehe oben Fn 2.
18 Vgl KölnKomm-AktG/*Noack/Zetzsche*, Rn 30; MüKo-AktG/*Kubis*, Rn 8 jew. mwN zum Streitstand.
19 OLG Frankfurt NZG 2005, 558; OLG Düsseldorf AG 2004, 211.
20 OLG Köln WM 1959, 1402.

16 Der Antrag muss darlegen, warum die Minderheit außerhalb der ordentlichen Hauptversammlung eine weitere (außerordentliche) Hauptversammlung verlangt und warum die Hauptversammlung überhaupt damit befasst werden soll (Angabe von Zweck und Gründen).[21]

17 Der Antrag ist **an den Vorstand** zu richten, ein an die Gesellschaft adressiertes Verlangen genügt jedoch.[22]

18 Der Aufsichtsrat kann nicht Empfänger sein. Besteht kein Vorstand, so muss zunächst ein Notvorstand nach § 85 bestellt werden.[23]

19 Das Recht auf Einberufung darf **nicht rechtsmissbräuchlich** geltend gemacht werden.[24] Insbesondere ist die Treuebindung zwischen Aktiengesellschaft und Aktionär zu beachten.[25]

20 Da aber die erforderliche Vorbesitzzeit ohnehin einen Erwerb aus Schikanegründen einschränkt, ist mit dem Gedanken des Rechtsmissbrauchs **sehr zurückhaltend** zu argumentieren, um den gesetzlich gewollten Minderheitenschutz nicht zu unterlaufen.[26] Missbrauch ist daher nur denkbar bei ersichtlich vorgeschobener Dringlichkeit, fehlender Zuständigkeit der Hauptversammlung oder gesetz- und satzungswidrigen Beschlüssen. Missbrauch ist angenommen worden bei einer Einberufung einer Hauptversammlung zum Zweck der Abwahl von Vorstand und Aufsichtsrat, die sich im Interesse des Unternehmens den Wünschen des Großaktionärs widersetzt haben.[27] Missbräuchlich ist wohl auch, wenn ein Großaktionär, der zugleich Vorstandsmitglied ist, die Zustimmung zu Unternehmensverträgen auf die Tagesordnung setzen will, ohne die Fristen nach § 124 Abs. 1 S. 2 oder die Berichterstattung nach § 293 f zu beachten[28] und ohne einen Abstimmungsvorschlag nach § 124 Abs. 3 S. 1 zu unterbreiten.
Nach dem OLG Düsseldorf[29] liegt kein Missbrauch vor, wenn ein Mehrheitsaktionär die Aufhebung eines gefassten Sonderprüfungsbeschlusses begehrt.
Missbrauch liegt auch nicht vor, wenn eine Minderheit eine Vorlagepflicht des Vorstands nach § 119 Abs. 2 darlegt und hierzu eine schlüssige Begründung abgibt.[30]
Maßgebender Beurteilungszeitpunkt ist die letzte Tatsacheninstanz beim OLG.[31] Nach dem OLG Stuttgart[32] soll Missbrauch auch dann vorliegen, wenn dem antragstellenden Aktionär zum Zeitpunkt der letzten mündlichen Verhandlung ein Zuwarten bis zur nächstfolgenden Hauptversammlung ohne Weiteres zugemutet werden kann. Angesichts der Fristen, die für eine (erfolglose) Antragstellung nach Abs. 1 und die gerichtliche Antragstellung anfallen, erscheint dies jedoch als eine Aushöhlung des aktienrechtlichen Minderheitsschutzes.[33]

21 Der Vorstand hat unverzüglich (§ 121 Abs. 1 S. 1 BGB: ohne schuldhaftes Zögern) einem regelgerechten Antrag mit einfacher Beschlussmehrheit stattzugeben und die Hauptversammlung einzuberufen,[34] und zwar in vollem Umfang. Zwar darf der Vorstand weitere Beschlussgegenstände auf die Tagesordnung setzen, nicht aber andere Tagesordnungspunkte anstelle des Minderheitsverlangens.[35] Die Einberufung erfolgt in einem solchen Fall durch den Vorstand nach den Regeln der §§ 121 Abs. 2–4, 123 ff. Die Hauptversammlung muss in angemessener Zeit stattfinden, was letztlich eine Organisationsfrage ist. Der Vorstand einer Aktiengesellschaft ist nicht verpflichtet, gesetz- oder satzungswidrige Einberufungsverlangen abzulehnen.[36]
Hat der Vorstand auf Verlangen einer Minderheit nach § 122 Abs. 1 eine Hauptversammlung einberufen, kann er diese nur noch absagen, wenn die Versammlung aufgrund äußerer Einflüsse – zB Unmöglichkeit der Nutzung des vorgesehenen Versammlungslokals – nicht mehr oder nicht sachgerecht durchgeführt werden kann.[37] Indem er dem Einberufungsverlangen nach Abs. 1 nachgekommen ist, hat er gezeigt, dass er dem Verlangen entsprechen will, mithin kann dann nicht die Versammlung vom Vorstand wieder ohne Weiteres abgesagt werden und der Aktionär auf den Weg der gerichtlichen Ermächtigung nach Abs. 3 verwiesen werden. § 122 gewährleistet das Recht einer Minderheit von Aktionären zu erreichen, dass die Hauptversammlung zusammentritt und sich mit Angelegenheiten befasst, für die sie zuständig ist und deren Behandlung die Minderheit wünscht. Damit erhält die Minderheit zugleich die Möglichkeit, andere Aktionäre für die von ihr gewünschte Beschlussfassung zu gewinnen bzw bei einer Ablehnung ihrer Anträge den

---

21 *Hüffer*, Rn 4; MüKo-AktG/*Kubis*, Rn 13.
22 MüKo-AktG/*Kubis*, Rn 11.
23 OLG Celle NJW 1964, 112; vgl *Hüffer*, Rn 15.
24 AllgM: *Hüffer*, Rn 6; KölnKomm-AktG/*Noack/Zetzsche*, Rn 65 ff mwN.
25 KG AG 2003, 500.
26 KG NZG 2011, 1429; *Heeg*, NZG 2012, 1056 mwN.
27 KG AG 2003, 500, 502.
28 AA *Scholz*, AG 2008, 11 ff.
29 OLG Düsseldorf, Urt. v. 5.7.2012 – I-6 U 69/11 – BeckRS 2012, 22395.
30 LG Frankfurt AG 2004, 218: große Zurückhaltung geboten; vgl *Hüffer*, Rn 6; MüKo-AktG/*Kubis*, Rn 18 ff; OLG Hamburg AG 2003, 643; KG AG 2003, 500, 502; OLG Düsseldorf AG 2004, 211 zu LG Duisburg AG 2004, 159; OLG Frankfurt NZG 2005, 558.
31 OLG Frankfurt NZG 2005, 558;.
32 AG 2009, 169; ebenso: LG Stuttgart AG 2008, 757; OLG München AG 2010, 84.
33 OLG Frankfurt NZG 2005, 558 mwN; *Heeg* NZG 2012, 1056.
34 *Hüffer*, Rn 7; OLG München AG 2010, 84.
35 *Hüffer*, Rn 7; OLG München AG 2010, 84.
36 OLG Düsseldorf, Urt. v. 5.7.2012 – I-6 U 69/11 – BeckRS 2012, 22395.
37 LG Frankfurt, Urt. v. 12.3.2013 – 3-05 O 114/12; zustimmend *Weber*, NZG 2013, 890; *Selter*, NZG 2013, 1133.

entsprechenden Beschluss der Hauptversammlung einer gerichtlichen Nachprüfung zu unterziehen.[38] Ansonsten könnte der Vorstand durch eine fortlaufende Einberufung und anschließende Absage die Minderheitsrechte erheblich beschränken. Der Vorstand hat bei einem statthaften Antrag nach Abs. 1 kein Ermessen, ob er eine Hauptversammlung einberuft,[39] er hat vielmehr dem Begehren nachzukommen. Mit dieser Befolgungspflicht[40] ist es nicht vereinbar, wenn der Vorstand das Recht hätte, eine auf einen Antrag nach Abs. 1 einberufene Hauptversammlung ohne Weiteres wieder abzusagen. Eine Befugnis der Geschäftsleitung zur Absage besteht hier nur dann, wenn der Aktionär nach Einberufung seinen Antrag zurücknimmt.[41] Dies ist auch sachgerecht, da der antragstellende Aktionär nach Abs. 1 in gewisser Weise mittelbar der Einberufende ist.

Die **Satzung** kann nach Abs. 1 S. 2 andere Formvorschriften und geringere Quoren-Erfordernisse im Sinne einer Erleichterung aufstellen; eine Erschwerung ist unzulässig.[42] Eine Quorumsermäßigung kann bis auf eine Aktie abgesenkt werden, was aber eher unwahrscheinlich erscheint. Erwägenswert ist hingegen die Absenkung des Quorums auf 1 % Anteil am Grundkapital bzw eine Kapitalbeteiligung von 100.000 EUR,[43] die aber vom Gesetzgeber nicht umgesetzt wurde.

II. Tagesordnungs-Ergänzungsrecht der Minderheit (Abs. 2). Aktionäre im Sinne des Abs. 1 haben ebenfalls das Recht auf Bekanntmachung von die Tagesordnung ergänzenden weiteren Beschlussgegenständen. Dies setzt voraus, dass die Hauptversammlung absehbar (§ 175 Abs. 1) oder bereits einberufen ist. § 122 Abs. 2 S. 3 legt von der Hauptversammlung rückwärts zu berechnende (§ 121 Abs. 7) **Mindestfristen für die Einreichung des Antrags** fest, wodurch nach § 124 Abs. 1 sichergestellt ist, dass sie bereits mit der Einberufung oder andernfalls unverzüglich nach Zugang gemäß § 121 Abs. 4 bzw bei börsennotierten gemäß § 121 Abs. 4a bekannt gemacht werden. In Form und Zuleitung hat dies nach den gleichen Vorgaben zu erfolgen wie die Einberufung selbst. Durch diese Fristvorgabe sind nunmehr keine Zweifel möglich, für welchen Hauptversammlungstermin der Ergänzungsantrag gelten soll. Außerdem stellen die Fristen sicher, dass die Bekanntmachungen in aller Regel noch vor dem Nachweisstichzeitpunkt für den Anteilsbesitz bei Inhaberaktien liegen. Es ist den Aktionären möglich, auf den Antrag ggf zu reagieren und ihren Stimmanteil durch den Zukauf von Aktien zu vergrößern. Vor allem aber haben die bestehenden Aktionäre noch Zeit, sich anzumelden und ihre Stimmabgabe im Hinblick auf die geänderte Tagesordnung zu bedenken.[44] Minderheitsgesellschaftern bleibt danach noch Zeit, selbst wenn die Mindestfrist nach § 123 Abs. 1 maßgebend ist, weil diese Frist, zumindest bei börsennotierten Gesellschaften, in der Praxis stets um den ausreichenden Zeitraum der Anmeldefrist (§ 123 Abs. 2 S. 4, Abs. 3 S. 1 Hs 2) verlängert wird.[45] Eine Erledigung in der Hauptsache tritt nicht ein, wenn im Verlauf eines Verfahrens die ursprünglich angedachte Hauptversammlung und die darauf bezogenen Fristen verstreichen. Denn gewollt ist die Befassung der Hauptversammlung allgemein, nicht einer fristmäßig bestimmten, sofern sich der Tagesordnungspunkt nicht aus sich selbst heraus erledigt.[46]

Die **Quorumsanforderungen** sind in diesem Fall leicht **gesenkt**. Es kommt alternativ auf entweder **5 % Anteil am Grundkapital** (zur Berechnung oben Rn 5) **oder** eine Beteiligung von **nominell 500.000 EUR** an. Dies ist zwar bei großen Publikumsgesellschaften mit über 100 Mio. EUR Grundkapital eine Erleichterung, für einen effektiven Minderheitenschutz sind diese Grenzen jedoch noch immer zu hoch.

Das Verlangen ist ebenfalls in **Schriftform** an den Vorstand zu richten, ein Nachweis der Quorumshöhe ist ebenso erforderlich wie der Vorbesitzzeit (s.o. Rn 12 ff).

Für das Verlangen einzelner Tagesordnungspunkte ergibt sich der Zweck aus dem Beschlussgegenstand selbst.[47] Die isolierte Bestimmung des Versammlungsleiters kann nicht beantragt werden.[48] Die Gründe für die Hauptversammlungsbefassung müssen hingegen vorgetragen werden.[49] Jedem neuen Gegenstand der Tagesordnung muss eine **Begründung oder eine Beschlussvorlage beigefügt** werden (Abs. 2 S. 2).

Erleichterungen des Antragsrechts für das Ergänzungsverlangen durch die Satzung hinsichtlich Form und Quorum sind zulässig, Erschwerungen hingegen unzulässig.[50]

Eine Vertagung von Beschlussgegenständen, die aufgrund eines Verlangens nach Abs. 2 auf die Tagesordnung gesetzt wurden, kommt nicht in Betracht. Es könnte sonst die Mehrheit in der Hauptversammlung durch eine fortlaufende Vertagung die Minderheitsrechte erheblich beschränken. Die Mehrheit könnte in

---

38 KG NZG 2011, 1429 mwN.
39 Vgl KölnKomm-AktG/*Noack/Zetzsche*, Rn 73; MüKo-AktG/*Kubis*, Rn 36 jew. mwN.
40 MüKo-AktG/*Kubis*, Rn 36.
41 Vgl KölnKomm-AktG/*Noack/Zetzsche*, Rn 53 mwN.
42 *Hüffer*, Rn 8.
43 *Baums* (Hrsg.), Regierungs-Kommission Corporate Governance, Rn 122.
44 OLG Frankfurt, Beschl. v. 5.12.2013 – 20 W 372/13.
45 BegrRegE ARUG, BT-Drucks. 16/11642, S. 29.
46 BGH NZG 2012, 793; KG AG 2003, 500, 501.
47 *Mertens*, AG 1997, 481; zu Beschlussvorschlägen zur Wahl des Aufsichtsrats vgl *Tielmann*, AG 2013, 704.
48 LG Marburg AG 2005, 742; es handelt sich um eine bloße Anregung, *Hüffer*, Rn 11.
49 *Mertens*, AG 1997, 481; *Hüffer*, Rn 9.
50 KölnKomm-AktG/*Noack/Zetzsche*, Rn 35 ff mwN.

jeder Hauptversammlung die Vertagung anordnen, ohne sich je inhaltlich mit dem Minderheitsbegehren auseinandersetzen zu müssen.[51] Da Abs. 2 gerade auch die Ausübung versammlungsgebundener Rechte der Minderheiten schützt, kann sich das Recht der Minderheit nicht auf das formale Recht der Ergänzung der Tagesordnung beschränken, sondern umfasst vielmehr das Recht auf eine inhaltliche Auseinandersetzung in der Hauptversammlung. Der Mehrheit der Hauptversammlung steht es natürlich frei, den Minderheitsantrag inhaltlich abzulehnen.

28 **III. Rechtsweg (Abs. 3) und Kosten (Abs. 4).** Lehnt der Vorstand das Verlangen auf Einberufung bzw Tagesordnungsergänzung ab, was ohne schuldhaftes Zögern (§ 121 Abs. 1 S. 1 BGB) erfolgen muss, so können die antragstellenden Minderheitsaktionäre bzw deren Rechtsnachfolger[52] das **Gericht anrufen**. Der Antrag ist auf Ausspruch der Ermächtigung zur Einberufung der Hauptversammlung bzw Bekanntmachung des Tagesordnungspunkts zu richten. Eine Frist für die Einreichung des Antrags ist nicht vorgegeben, zu langes Zuwarten kann jedoch die Frage nach der Dringlichkeit der Einberufung einer außerordentlichen Hauptversammlung aufwerfen.[53]

29 Das Quorum muss jeweils (noch) gegeben sein. Beteiligen sich nicht alle nach Abs. 1 oder 2 zunächst verlangenden Aktionäre und wird das Quorum bei gerichtlicher Antragstellung nur durch bislang nicht beteiligte Aktionäre erreicht, so muss zunächst ein neues Verlangen an den Vorstand gestellt werden.[54] Mit der Verfehlung oder Unterschreitung des Quorums endet die „Klagegesellschaft bürgerlichen Rechts", deren Gesellschaftszweck die Stellung des erforderlichen Quorums zur Antragstellung bzw Klageerhebung ist. Ein neu entstehendes Quorum fordert eine neue BGB-Gesellschaft.

Durch die (beabsichtigte[55]) Anfügung von Abs. 3 S. 5 wird klargestellt, dass das Quorum bis zur letztinstanzlichen Entscheidung von den Aktionären zu erfüllen ist, die bereits ursprünglich die Einberufung bzw Ergänzung verlangt hatten.[56]

30 Zuständig ist das **Amtsgericht** (Registergericht) des Gesellschaftssitzes (§ 14). Es entscheidet im Verfahren (§ 145 FamFG) gem. § 38 FamFG durch begründeten Beschluss, der Vorstand ist zu hören (§ 146 FamFG). Die Gesellschaft ist als Beteiligte gem. § 7 FamFG beizuziehen. Da es sich nicht um ein Verfahren des einstweiligen Rechtsschutzes handelt,[57] genügt bei streitigem Vorbringen Glaubhaftmachung nicht, vielmehr ist dann der volle Beweis zu erbringen, wobei das Gericht die Beweisaufnahme im Freibeweisverfahren nach § 26 FamFG durchführen kann. Das Ermächtigungsverfahren wird durch die Eröffnung des Insolvenzverfahrens über das Vermögen der Gesellschaft nicht unterbrochen.[58] Das Gericht hat dem Antrag stattzugeben, wenn das Verlangen formell und inhaltlich korrekt ist, eine Zweckmäßigkeitsprüfung erfolgt nicht.[59] Im Verfahren auf Ermächtigung einer Aktionärsminderheit zur Einberufung einer Hauptversammlung und Ergänzung der Tagesordnung gem. § 122 Abs. 1 bis 3 tritt eine Hauptsacheerledigung ein, wenn die Hauptversammlung entsprechend dem Verlangen gesetzes- und satzungsgemäß einberufen und durchgeführt worden ist.[60]

Hat der Vorstand zwischenzeitlich eine Versammlung einberufen, ohne dass bei der Tagesordnung dem Begehren entsprochen wurde, kann das Gericht den Antrag dahin gehend auslegen und bescheiden, dass eine Ergänzung der Tagesordnung erfolgen kann.

31 Zuständig für Beschwerden gegen Entscheidungen des Amtsgerichts ist das Oberlandesgericht gem. § 119 Abs. 1 Nr. 1 b GVG.[61] Das Beschwerdegericht kann gem. § 70 FamFG die Rechtsbeschwerde zum BGH zulassen.

Beschwerdeberechtigt sind bei Zurückweisung des Antrags die Antragsteller, wobei nicht alle sich beteiligen müssen, es muss jedoch durch die Beschwerdeführer das Quorum noch erreicht werden.[62] Gegenüber einer stattgebenden Entscheidung ist die vom Vorstand vertretene Gesellschaft beschwerdebefugt.

32 Das Gericht kann auch im Rahmen der Stattgabe des Antrags den Versammlungsleiter bestimmen, ein entsprechender Antrag ist eine Anregung an das Gericht.[63] Dies ist in aller Regel die nach der Satzung der Gesellschaft hierzu bestimmte Person. Von der satzungsmäßigen Regelung ist dann jedoch abzusehen, wenn die Unvoreingenommenheit fraglich ist und/oder aus Sicht des Gerichts ein neutraler Dritter die Versammlung leiten sollte.[64] Das Gericht kann auch nur anordnen, dass die nach der Satzung bestimmte Person die

---

51 *Kemmerer*, BB 2011, 3018, 3020 mwN zum Streitstand.
52 OLG Düsseldorf AG 2004, 211; nur für Gesamtrechtsnachfolge K. Schmidt/Lutter/*Ziemons*, Rn 46 mwN zum Streitstand.
53 Hölters/*Drinhausen*, Rn 22; Halberkamp/*Gierke*, NZG 2004, 494, 500.
54 Spindler/Stilz/*Willamowski*, Rn 13; Hölters/*Drinhausen*, Rn 22.
55 Siehe oben Fn 2.
56 BT-Drucks. 17/8089 S. 14.
57 KölnKomm-AktG/*Noack/Zetzsche*, Rn 94.
58 OLG Düsseldorf NZI 2013, 504.
59 *Bayer/Scholz/Weiß*, AG 2013, 743, 745 mwN; nach OLG Frankfurt, Beschl. v. 5.12.2013 – 20 W 372/13, fehlt für den gerichtlichen Antrag auf Tagesordnungsergänzung nach § 122 Abs. 2 das Rechtsschutzbedürfnis, wenn eine rechtzeitige Bekanntgabe nicht mehr erfolgen kann.
60 BGH NZG 2012, 793; OLG Düsseldorf NZI 2013, 504; KG NZG 2011, 1429 mwN.
61 KG NZG 2011, 1429; OLG Hamburg BeckRS 2012, 08665.
62 OLG Zweibrücken AG 1997, 140.
63 *Hüffer*, Rn 11.
64 K. Schmidt/Lutter/*Ziemons*, Rn 51 mwN.

Versammlung nicht leiten darf,[65] so dass dann die satzungsmäßige Vertretungsregelung eingreift. Problematisch ist es, wenn das Gericht über ein Ergänzungsverlagen zu entscheiden hat. Hier wird man annehmen müssen, dass die angeordnete Versammlungsleitung sich nur auf die Punkte des Ergänzungsverlangens bezieht und im Übrigen der satzungsmäßige Versammlungsleiter die Versammlung leitet.[66]
Hat die Gesellschaft während des Verfahrens eine Hauptversammlung mit den begehrten Tagesordnungspunkten einberufen oder die Tagesordnung einer einberufenen Hauptversammlung entsprechend ergänzt, ist das Gericht – trotz der Erledigung in der Hauptsache[67] – noch befugt, für die streitgegenständlichen Tagesordnungspunkte einen Versammlungsleiter zu bestimmen.[68]

Die **Kosten des Verfahrens** im Fall des Obsiegens der Minderheit sind von der Gesellschaft zu tragen. Soweit für das Verfahren Kosten aufgewendet wurden, wie Nachweis der Aktionärsstellung, des Quorums und Rechtsverfolgungskosten hängt die Kostenerstattung von der gerichtlichen Entscheidung über die Erstattung der außergerichtlichen Kosten (§ 81 FamFG) ab. 33

Die **Einberufung** bzw die Bekanntmachung der Tagesordnungspunkte erfolgt aufgrund der Ermächtigung durch die Aktionäre; diese müssen jedoch nach Abs. 3 S. 3 auf diese Ermächtigung hinweisen. Es genügt hier ein allgemeiner Hinweis auf die gerichtliche Ermächtigung, die Angabe von Aktenzeichen, Gericht und Datum ist nicht erforderlich.[69] Für die Einberufung gelten die allgemeinen Regelungen. Weil die Minderheit bei Ausübung der gerichtlichen Ermächtigung nicht als Organ der Gesellschaft, sondern im eigenen Namen handelt, obliegt ihr auch die organisatorische Vorbereitung der Hauptversammlung. Sie hat die Einberufung zu formulieren und bekannt zu machen, Versammlungszeit und -ort zu bestimmen, das Versammlungslokal anzumieten, den Notar zu beauftragen und die Anmietung des Versammlungsraums nebst aller technischen Hilfsmittel.[70] Zu einer Hilfestellung hierbei ist die Gesellschaft nur insoweit verpflichtet, als das Gesetz diese Aufgabe, wie zB die Befolgung der Mitteilungspflichten nach §§ 125 f oder die Auslegung zustimmungsbedürftiger Verträge, der Gesellschaft zwingend zuweist.[71] Sieht die Satzung gem. § 123 Abs. 2 S. 2 für die Teilnahme oder für die Ausübung des Stimmrechts ein Anmeldeerfordernis vor, bzw. wird gem. § 123 Abs. 3 S. 1 ein Nachweis verlangt, kann der einberufende Minderheitsaktionär in der Einberufung hierfür nur eine Gesellschaftsadresse angeben, da in beiden Fällen gesetzlich ein Zugang bei der Gesellschaft verlangt wird.[72] Angesichts des eindeutigen gesetzlichen Wortlaus kommt eine Auslegung von §§ 122 Abs. 3 und 123 Abs. 3 in praktische Konkordanz nicht Betracht. 34

Erfolgt die Einberufung der Hauptversammlung oder die Bekanntmachung ohne den Hinweis auf die gerichtliche Ermächtigung, ist sie damit nicht ordnungsgemäß erfolgt. Dies macht die Hauptversammlungsbeschlüsse anfechtbar (§ 243 Abs. 1).[73] 35

Die **Kosten der Hauptversammlung bzw der Bekanntmachung** trägt die Gesellschaft, einschließlich sonstiger Einberufungskosten. Dies gilt auch dann, wenn die Aktionäre aufgrund gerichtlicher Ermächtigung nach Abs. 3 die Hauptversammlung selbst einberufen haben. 36

Diese Regelung stellt keine **Verpflichtungsermächtigung** für die Minderheitsaktionäre dar, die Bekanntmachung und die Hauptversammlung im Namen und für Rechnung der Gesellschaft zu veranlassen, sondern es besteht nur ein Freistellungs- bzw Erstattungsanspruch.[74] Sachgerecht wäre es, wenn für die Kosten der Einberufung und der Durchführung der Hauptversammlung durch die ermächtigten Aktionäre eine direkte Zahlungsverpflichtung des Schuldners gesetzlich angeordnet würde. Nur dies kann den Streit um Art und Höhe der Freistellung und Zahlung beseitigen und führt damit allein zu dem vom Gesetzgeber gewollten effizienten Gläubiger- und Minderheitenschutz. Allerdings lässt die Gesetzesfassung wohl nur die Annahme eines Freistellungs- oder Erstattungsanspruchs zu. Hinsichtlich der durch die Hauptversammlung entstehenden Notarkosten ist allerdings nunmehr aufgrund der Kostenhaftungsregelung des § 27 Nr. 3 GNotKG von einer unmittelbaren Kostenhaftung der Gesellschaft gegenüber dem Notar auszugehen.[75] 37

---

65 AG Frankfurt WM 1988, 304.
66 Zur Zulässigkeit einer gespaltenen Versammlungsleitung OLG Hamburg BeckRS 2012, 08665; siehe auch LG Frankfurt, Urt. v. 19.6.2008 – 3-05 O 158/07, NZG 2009, 149, bestätigt durch OLG Frankfurt, Urt. v. 20.10. 2010 – 23 U 121/08, NZG 2010, 143; Revision insoweit verworfen durch Beschl. des BGH v. 13.12.2011 – II ZR 215/10, BeckRS 2012, 11540.
67 BGH NZG 2012, 793.
68 OLG Hamburg BeckRS 2012, 08665.
69 K. Schmidt/Lutter/*Ziemons*, Rn 53 mwN.
70 *Bayer/Scholz/Weiß*, AG 2013, 743, 745 mwN.
71 MüKo-AktG/*Kubis*, Rn 71 mwN.
72 *Bayer/Scholz/Weiß*, AG 2013, 743, 746 ff.
73 *Hüffer*, Rn 12.
74 MüKo-AktG/*Kubis*, Rn 73; *Hüffer*, Rn 13; K. Schmidt/Lutter/*Ziemons*, Rn 56, Hölters/*Drinhausen*, Rn 25.
75 Anders noch unter der Geltung des § 3 Nr. 3 KostO, da § 122 Abs. 4 SchVG keine Kostenübernahmeregelung des bürgerlichen Rechts darstellt, sondern als gesetzliche Vorschrift dem öffentlichen Recht zuzuordnen ist, vgl hierzu *Lappe* in: Korintenberg/Lappe/Bengel/Reimann, KostO, 18. Aufl., § 3 Rn 27.

§ 123 Frist, Anmeldung zur Hauptversammlung, Nachweis

(1) [1]Die Hauptversammlung ist mindestens dreißig Tage vor dem Tage der Versammlung einzuberufen. [2]Der Tag der Einberufung ist nicht mitzurechnen.

(2) [1]Die Satzung kann die Teilnahme an der Hauptversammlung oder die Ausübung des Stimmrechts davon abhängig machen, dass die Aktionäre sich vor der Versammlung anmelden. [2]Die Anmeldung muss der Gesellschaft unter der in der Einberufung hierfür mitgeteilten Adresse mindestens sechs Tage vor der Versammlung zugehen. [3]In der Satzung oder in der Einberufung auf Grund einer Ermächtigung durch die Satzung kann eine kürzere, in Tagen zu bemessende Frist vorgesehen werden. [4]Der Tag des Zugangs ist nicht mitzurechnen. [5]Die Mindestfrist des Absatzes 1 verlängert sich um die Tage der Anmeldefrist des Satzes 2.

(3) [1]Bei Inhaberaktien kann die Satzung bestimmen, wie die Berechtigung zur Teilnahme an der Versammlung oder zur Ausübung des Stimmrechts nachzuweisen ist; Absatz 2 Satz 5 gilt in diesem Fall entsprechend. [2]Bei börsennotierten Gesellschaften reicht ein in Textform erstellter besonderer Nachweis des Anteilsbesitzes durch das depotführende Institut aus. [3]Der Nachweis hat sich bei börsennotierten Gesellschaften auf den Beginn des 21. Tages vor der Versammlung zu beziehen und muss der Gesellschaft unter der in der Einberufung hierfür mitgeteilten Adresse mindestens sechs Tage vor der Versammlung zugehen. [4]In der Satzung oder in der Einberufung auf Grund einer Ermächtigung durch die Satzung kann eine kürzere, in Tagen zu bemessende Frist vorgesehen werden. [5]Der Tag des Zugangs ist nicht mitzurechnen. [6]Im Verhältnis zur Gesellschaft gilt für die Teilnahme an der Versammlung oder die Ausübung des Stimmrechts als Aktionär nur, wer den Nachweis erbracht hat.

Red. Hinweis: Der Kommentierung wird in Abs. 2 S. 5 die folgende Fassung der Vorschrift zugrunde gelegt, wie sie im Rahmen des beabsichtigten VorstKoG[1] vorgesehen war, das am 27.6.2013 vom Bundestag verabschiedet wurde[2] (wegen des bisherigen Rechtszustands wird auf die Kommentierung in der Vorauflage verwiesen):

(2) [1]Die Satzung kann die Teilnahme an der Hauptversammlung oder die Ausübung des Stimmrechts davon abhängig machen, dass die Aktionäre sich vor der Versammlung anmelden. [2]Die Anmeldung muss der Gesellschaft unter der in der Einberufung hierfür mitgeteilten Adresse mindestens sechs Tage vor der Versammlung zugehen. [3]In der Satzung oder in der Einberufung auf Grund einer Ermächtigung durch die Satzung kann eine kürzere, in Tagen zu bemessende Frist vorgesehen werden. [4]Der Tag des Zugangs ist nicht mitzurechnen. [5]Die Mindestfrist des Absatzes 1 verlängert sich um die Tage der Anmeldefrist.

A. Grundlagen 1	II. Verkürzung der 30-Tage-Frist
I. Vorbemerkung 1	(§ 16 Abs. 4 WpÜG) 10
II. Gegenstand der Norm 4	III. Anmeldung zur Hauptversammlung (Abs. 2
III. Zweck der Norm 5	S. 1) 13
B. Einzelheiten 6	IV. Legitimation durch Anteilsnachweis, record
I. Einberufungsfrist (Abs. 1) und Verlängerung	date (Abs. 3) 16
(Abs. 2 S. 2) 6	V. Rechsfolgen 33

A. Grundlagen

I. Vorbemerkung. Die in den letzten Jahren erfolgten Änderungen des § 123 sind Teil der Modernisierung des Aktienrechts im Rahmen des 10-Punkte-Programms, das die Nutzung moderner Kommunikationstechnologien, insbesondere des Internets, zur Verbesserung der Transparenz und zur Beschleunigung von Verfahren sowie zur Verbesserung der Beteiligungsmöglichkeiten der Aktionäre schaffen soll. Hierzu hat die Baums-Kommission[3] eine Reihe von Vorschlägen erarbeitet. Ein Themenkomplex dieser Arbeiten war die Verbesserung der Hauptversammlungspräsenz – und im Hinblick auf die Internationalisierung des Aktionariats – die Erleichterung der Stimmrechtsausübung.[4]

---

1 BT-Drucks. 17/8989.
2 Gemäß BT-Drucks. 17/14214 S. 7 sollte § 123 wie folgt geändert werden: „In § 123 Absatz 2 Satz 5 werden die Wörter ‚des Satzes 2' gestrichen." – Das VorstKoG ist am 20.9.2013 im Bundesrat in den Vermittlungsausschuss überwiesen worden (BR-Drucks. 637/13, BT-Drucks. 17/14790) und unterlag damit der Diskontinuität. Die Umsetzung der beabsichtigten Änderungen durch den Gesetzgeber ist weiter wahrscheinlich.
3 *Baums* (Hrsg.), Regierungs-Kommission Corporate Governance, Überblick, Rn 246 ff, 249.
4 Vgl NaStraG v. 18.1.2001, BGBl. I 2001, 123; aus der Literatur: *Noack*, DB 2001, 27; *Seibert*, ZIP 2001, 53.

Seit dem NastraG,[5] mit dem der rechtspolitischen Weg zur Aufgabe von Papier und zur Einführung elektronischer Medien in das Aktienrecht begonnen wurde, hat das UMAG[6] zunächst die Hinterlegung als primäre Form der Legitimation abgeschafft und durch den Bestandsnachweis für die Aktionärsrechte ersetzt. Damit sollte internationalen Erwartungen Rechnung getragen werden, wobei der Gesetzgeber erwartete, dass auch ausländische institutionelle Anleger häufiger in der Hauptversammlung präsent sein würden.[7] Die Erwartung hatte sich ausweislich älterer statistischer Erhebungen[8] zunächst erfüllt.

Aktuell ist ein **Rückgang der Präsenz** auf Hauptversammlung festzustellen.[9] Im Jahre 2013 war bei fast allen DAX-Gesellschaften ein Rückgang der Präsenz zu verzeichnen. Dabei fand der stärkste Rückgang der Präsenz bei Gesellschaften mit Namensaktien statt. Die Präsenzquote der Deutschen Börse reduzierte sich von gut 59 % auf knapp 29 %. Auch auf den Hauptversammlungen von Allianz, Daimler, Deutsche Bank und Eon waren weniger als 30 % des stimmberechtigten Kapitals vertreten.

II. Gegenstand der Norm. Die Norm regelt die Einberufungsfrist (Abs. 1) sowie die durch Satzung zu schaffende Anmeldung als Voraussetzung für die Teilnahme und die Stimmrechtsausübung (Abs. 2) und den Berechtigungsnachweis als Regelform der Legitimation und ihrer Wirkung (Abs. 3).

III. Zweck der Norm. Die Norm dient der klaren und übersichtlichen Darlegung der Einberufungsfristen, des Anteilsbesitzesnachweises sowie weiterer Teilnahmevoraussetzungen. Sie setzt damit das Transparenzgebot zugunsten der Aktionäre um, damit diese ihre Vorbereitungen auf die Hauptversammlung in sachlicher (Teilnahme/Vertreterbestellung, Stimmverhalten/Gegenantrag) und terminlicher Hinsicht ergreifen können. Letztlich dient die Norm der Informationssicherheit, der Vorbereitung der Gesellschaft und der Präsenzsicherung.[10]

B. Einzelheiten

I. Einberufungsfrist (Abs. 1) und Verlängerung (Abs. 2 S. 2). Abs. 1 S. 1 bestimmt, dass die Hauptversammlung mindestens 30 Tage[11] vor dem Tag der Hauptversammlung einzuberufen ist. Die Berechnungsvorschriften des § 121 Abs. 7 sind anzuwenden, wobei in Klarstellung von § 121 Abs. 7 S. 1 nochmals betont wird, dass der Tag der Einberufung nicht mitzählt, das Fristende muss durch Abzählen von 30 Tagen im Kalender ermittelt werden. Somit ist die Frist unabhängig von der Länge der jeweiligen Kalendermonate. Nach § 121 Abs. 7 ist der Tag der Hauptversammlung nicht mitzuzählen, künftig auch nicht mehr der Tag der Einberufungsveröffentlichung.[12] Mit Abschaffung des Sonn- und Feiertagschutzes[13] durch § 121 Abs. 7 ist sichergestellt, dass deutsche Feiertage bei der Fristenberechnung keine Rolle mehr spielen und ein Streit darüber, ob am 30. und 31. Tag einzuberufen ist, nicht mehr entstehen kann. Die Einberufung kann nur bis zum Ablauf (24 Uhr) des 31. Tages vor der Versammlung erfolgen (vorbehaltlich der Verlängerung der Frist durch Abs. 2).[14] Die Tagesanzahlen sind jeweils voll zwischen den beiden Ereignistagen und ohne Rücksicht auf Sonn- oder Feiertage zu berechnen.[15]

Als nicht mehr mitzählender Tag der Einberufung gilt aufgrund der Neufassung des § 25 der **Tag der Veröffentlichung im Bundesanzeiger.** Im Bundesanzeiger wird regelmäßig von montags bis freitags, mit Ausnahme gesetzlicher Feiertage, publiziert. Die Publikation erfolgt hier in der Regel ab 15 Uhr.[16] Bei mehrtägigen Hauptversammlungen ist der erste Versammlungstag für die Berechnung des Fristbeginns maßgeblich.[17]

Gesetzlich wird die Frist des § 123 verlängert durch die Anmeldefrist (Abs. 2 S. 2). Jede Frist im Rahmen des § 123 ist eigenständig nach § 121 Abs. 7 zu berechnen.

---

5 Vgl Noack, AG 2003, 537; Seibert/Schütz, ZIP 2004, 252; Seibert, AG 2004, 529.
6 Veröffentlicht im BGBl. I 2005, 2802 vom 22.9.2005, verkündet am 27.9.2005.
7 Seibert/Schütz, ZIP 2004, 252, 254; BegrRegE UMAG, BT-Drucks.15/5092, S. 13, 14.
8 Vgl Zetzsche, Der Konzern 2008, 321, 325 mwN.
9 Vgl FAZ v. 28.5.2013.
10 Kropff, S. 172; Hüffer, Rn 1: Dispositionsschutz; vgl BegrRegE UMAG, aaO, S. 13.
11 Eine abweichende Frist findet sich in § 7 FMStBG iVm § 16 Abs. 4 WpÜG, wonach es genügt, die Hauptversammlung spätestens am 21. Tag vor dem Tag der Hauptversammlung einzuberufen, wenn in dieser Hauptversammlungen Beschlussfassungen in Zusammenhang mit einer Rekapitalisierung nach §§ 7, 7 f FMStFG erfolgen. Unschädlich ist es, wenn in dieser Versammlung daneben auch Beschlüsse gefasst werden, die nicht darunter fallen, LG Frankfurt/M., Urt. v. 15.11.2011 – 3-5 O 30/11, BeckRS 2011, 26747; bestätigt durch Urteil des OLG Frankfurt v. 6.11.2012 – 5 U 154/11, BeckRS 2012, 23999.
12 BegrRegE UMAG, aaO, S. 30; zum Fristen- und Berechnungsthema umfassend Mimberg, AG 2005, 716, 718 mwN; Paschos/Goslar, AG 2009, 14, 15; Bosse, NZG 2009, 807, 808; Seibert/Florstedt, ZIP 2008, 2145, 2148, Florstedt, ZIP 2010, 761; Grobecker, NZG 2010, 165, jeweils mwN.
13 Bosse, NZG 2009, 807, 808; Seibert/Florstedt, ZIP 2008, 21 45, 2148; Schüppen/Tretter, ZIP 2009, 493, 496; Paschos/Goslar, AG 2009, 14, 15. Florstedt, ZIP 2010, 761; Grobecker, NZG 2010, 165.
14 BegrRegE ARUG, BT-Drucks. 16/11642, S. 29.
15 Seibert/Florstedt, ZIP 2008, 2145, 2148; Florstedt, ZIP 2010, 761; Grobecker, NZG 2010, 165.
16 Vgl die AGB unter <www.bundesanzeiger.de>.
17 LG Frankfurt/M., Urt. v. 15.12.2009 – 3-5 O 208/09, BeckRS 2010,02351.

9 Abs. 1 bestimmt aber nur eine Mindestfrist. Es ist eine Ausdehnung dieser Frist durch eine frühere Bekanntmachung der Einberufung daher durchaus zulässig. Es ist allerdings eine Grenze von etwa 10–12 Wochen vor der Hauptversammlung anzusetzen, um der Gefahr des Vergessens bei den Aktionären zu begegnen.[18] Eine Überschreitung dieser „Höchstfrist" könnte uU zur Anfechtbarkeit der in der Hauptversammlung gefassten Beschlüsse führen.

Soweit die Satzung einer Aktiengesellschaft eine abweichende kürzere Frist enthält, ist dies nach § 23 Abs. 5 S. 1 unzulässig. Dies gilt auch für mittelbare Fristverkürzungen durch andersartige, weil vom Gesetz abweichende, Anknüpfungen von Fristbeginn oder Fristende.[19] Zulässig sind hingegen Satzungsvorschriften, die die 30-Tage-Frist verlängern.[20]

10 **II. Verkürzung der 30-Tage-Frist (§ 16 Abs. 4 WpÜG).** Ist die Gesellschaft Zielgesellschaft eines Übernahmeangebots, so kann der Vorstand eine außerordentliche Hauptversammlung einberufen (§ 16 Abs. 3 WpÜG).

11 Die gesetzliche Mindestfrist wird dann durch § 16 Abs. 4 WpÜG verkürzt (14-Tage-Frist bei Übernahmesachverhalten), eine satzungsmäßige Abkürzung scheidet aus, eine satzungsmäßige Verlängerung ist möglich, aber nicht zu empfehlen.[21] auch im Rahmen von § 16 WpÜG die gilt das Fristenregime des § 121 Abs. 7.

12 Die Verkürzung der Einberufungsfrist soll es der Verwaltung ermöglichen, innerhalb kurzer Zeit die Meinung der Aktionäre einzuholen, ohne den Übernehmer in seinen Dispositionen zu lange zu behindern.[22]

13 **III. Anmeldung zur Hauptversammlung (Abs. 2 S. 1).** Abs. 2 S. 1 gewährt **Satzungsautonomie** für das **Anmeldeerfordernis**. Das Anmeldeerfordernis dient der Gesellschaft zur Hauptversammlungsvorbereitung in räumlicher und personeller Hinsicht und gibt ihr einen Überblick über die Zahl und Art der Aktionäre.[23]

14 Die **Satzung** kann die **Form der Anmeldung** (§ 126 BGB [Schriftform], § 126 b BGB [Textform, Fax, E-Mail]) vorgeben. Sie hat entsprechend dem von ihr gewählten Medium die dazu passende Adresse in der Hauptversammlungseinladung angeben (§ 123 Abs. 2 S. 2).[24] Sieht die Satzung ein Anmeldeerfordernis ohne weitere Detaillierung vor, so genügt die Mitteilung des Aktionärs, an der Hauptversammlung teilnehmen zu wollen. Mangels anderweitiger Satzungsregelung bedarf die Anmeldung keiner besonderen Form.[25] Die Übersendung eines Legitimationsnachweises nach Abs. 3 kann in der Regel als konkludente Anmeldung gewertet werden.[26] Sieht die Satzung das Anmeldeerfordernis vor, so gilt es für **Inhaber- und Namensaktionäre**, für die als erschienen gewerteten Online-Teilnehmer und – als Voraussetzung der Stimmabgabe – gleichermaßen für die Briefwahlberechtigten. Für die Anmeldung kann eine Frist gesetzt werden, die kürzer – aber nicht länger – als sechs Tage vor der Hauptversammlung sein kann. Nachdem das OLG München[27] entschieden hatte, dass eine Verkürzung der Anmeldungsfrist nach dem alten Abs. 2 S. 3 nur **durch die Satzung** selbst angeordnet werden kann, nicht auch durch das einberufende Organ, hat der Gesetzgeber überall dort, wo er eine satzungsmäßige Abweichung von gesetzlichen Regeln zulässig erklärt, mit dem ARUG auch eine **Ermächtigung der Organe durch die Satzung** für zulässig erklärt. Damit hat es das einberufende Organ (Vorstand oder Aufsichtsrat) in der Hand, die Anmeldefrist, wie auch die Frist zur Führung des Nachweises nach Abs. 3 S. 4 abzukürzen.

Es verlängert sich die 30-Tage-Ladungsfrist des Abs. 1 um die 6-Tage-Frist oder die (kürzere) satzungsgemäße Anmeldefrist, was durch die Änderung des Abs. 2 klargestellt ist.[28]

15 Für die Fristberechnung gilt ebenso der neue § 121 Abs. 7, da auch die Anmeldefrist von der Hauptversammlung rückwärts berechnet wird.

16 **IV. Legitimation durch Anteilsnachweis, record date (Abs. 3).** Abs. 3 regelt die Legitimation, dh den Nachweis des Aktionärs im Hinblick auf seine Teilnahme- und/oder Stimmrechtsausübung. Abs. 3 betrifft im Gegensatz zu Abs. 2 nur Inhaberaktien; für Namensaktien verbleibt es bei der Regelung des § 67 Abs. 2, wobei ein dem Record Date vergleichbare Wirkung durch Einführung eines sog. Umschreibestopps erzielt werden kann.[29] Weiter beinhaltet Abs. 3 für Inhaberaktien keine eigenständigen Legitimationsanforderungen. Vielmehr eröffnet Abs. 3 S. 1 bei Inhaberaktien für den Satzungsgeber iSv § 23 Abs. 5 S. 1 lediglich die Möglichkeit, Legitimationsanforderungen zu formulieren und setzt dieser Möglichkeit bei börsennotierten Gesellschaften in Abs. 3 S. 2 bis 5 zugleich inhaltliche Grenzen.[30]

---

18 Butzke, Die Hauptversammlung der Aktiengesellschaft, 5. Aufl., B 58; MüKo-AktG/Kubis, Rn 6 mwN.
19 MüKo-AktG/Kubis, Rn 7.
20 KölnKomm-AktG/Noack/Zetzsche, Rn 37 f mwN.
21 § 23 Abs. 5; Mimberg, AG 2005, 716, 720.
22 BegrRegE WpÜG, BT-Drucks. 14/7034, S. 47.
23 Hüffer, Rn 6, 10.
24 Begr. Rechtsausschuss, BT-Drucks. 15/5693, S. 17.
25 OLG Stuttgart AG 2009, 204, 211.
26 K. Schmidt/Lutter/Ziemons, Rn 17 mwN.
27 NZG 2008, 599.
28 BegrRegE, BT-Drucks.17/8989, S. 15.
29 K. Schmidt/Lutter/Ziemons, Rn 24; vgl auch die Kommentierung zu § 121 Rn 24.
30 MüKo-AktG/Kubis, Rn 16.

Abs. 3 S. 1 weist **grundsätzlich den Gesellschaften** Satzungsautonomie zu, wie **Inhaberaktionäre** ihre **Berechtigung zur Hauptversammlungsteilnahme** oder zur Stimmrechtsausübung **nachzuweisen** haben. Dies kann bei **nicht börsennotierten** Gesellschaften völlig **der Satzung überlassen** bleiben, ebenso wie der Stichtag des Nachweises (*record date*). Nach Abs. 3 S. 4 gewährt der erbrachte Nachweis die gleiche Legitimation wie die Eintragung im Aktienregister.[31]

Für **Namensaktionäre** bedarf es keiner satzungsmäßigen Legitimationsregelung, da sie sich aus § 67 Abs. 2 ergibt.

Hat die Satzung Regelungen zum Nachweis der Inhaberaktionäre getroffen, so gilt die Verlängerung der Einberufungsfrist um die satzungsmäßige Nachweisfrist entsprechend Abs. 2. S. 5 für alle Aktionäre.

Gesetzliche Mindestvorgaben macht das Gesetz nur für **Inhaberaktionäre börsennotierter AGs**. Als Regelfall wird der in Textform (§ 126 b BGB)[32] erstellte besondere Nachweis des Anteilsbesitzes durch das depotführende Kreditinstitut angenommen. Depotführendes Kreditinstitut ist dasjenige, das das letzte in der Kette des Verwahrungssystems ist und vertragliche Beziehungen mit dem Aktionär hat.[33] Diese **Nachweisregelung ist nicht abdingbar**,[34] daneben kann die Satzung aber auch die Hinterlegung der Aktien als Hauptversammlungs-Legitimation zulassen, ebenso wie sie Näheres zu Art und Weise der Berechtigung vorgeben kann. Wenn eine börsennotierte Gesellschaft ihre Satzung noch nicht an die neue Gesetzeslage angepasst hat, sondern diese (nur) noch Hinterlegungsbestimmungen enthält, gilt diese Regelung mit der Maßgabe fort, dass der für die Hinterlegung maßgebliche Zeitpunkt der Beginn des 21. Tages vor dem Tag der Hauptversammlung ist (§ 16 S. 2 EGAktG). Neben der nach wie vor fakultativen (§ 123 Abs. 3 S. 1 AktG nF) Hinterlegungsmöglichkeit kann ein Aktionär seine Berechtigung zur Hauptversammlungsteilnahme auch immer mittels eines von seinem depotführenden Institut erstellten Nachweises belegen, der den Aktienbestand zum Beginn des 21. Tages vor der Hauptversammlung (sog. Record Date) bestätigt.[35]

Derartige individuelle Anforderungen an den Nachweis können zB die Frage betreffen, ob auch ausländische Kreditinstitute außerhalb der EU den Nachweis erstellen dürfen,[36] in welcher Sprache[37] und mit welchen Angaben zum Aktionär er zu erbringen ist. Ebenso kann sie vorschreiben, dass bei Zweifeln an der Richtigkeit des Nachweises, insbesondere bei Stimmrechtsanteilen von Gewicht, der Aktionär weitere Nachweise erbringen muss, anderenfalls seine Zulassung zur Hauptversammlung und zur Stimmabgabe verweigert werden kann.[38]

Über die Form solcher **zusätzlicher Nachweise**, über Inhalte und Fristen schweigen Gesetz und amtliche Begründung. Damit wird ein **satzungsmäßiger Gestaltungsspielraum** eröffnet, der die Kosten solcher zusätzlichen Aufwendungen dem Aktionär zuweisen sollte, wenn sein Nachweis nicht tatsächlich und rechtlich eindeutig ist. Allerdings dürfen die Anforderungen nicht überspannt werden, weil sonst die Grenze zur unberechtigten Verweigerung des grundsätzlichen Teilnahmerechts überschritten würde.[39]

Bei **börsennotierten Gesellschaften** fordert das Gesetz für die Legitimation einen **Stichtag** (*record date*). Für Freiverkehrswerte empfiehlt es sich, dieser Regelung zu folgen. Dies ist der **Beginn (0.00 Uhr) des 21. Tages vor der Hauptversammlung**, auf den der Aktienbestand ermittelt wird. Damit sind internationale Standards bei der Vorbereitung von Hauptversammlungen eingeführt worden.[40] Die Berechnungsregeln des § 121 Abs. 7 gelten auch hier.[41]

Das Datum für den Nachweisstichtag (Termin iSv § 121 Abs. 7) ist **für börsennotierte** Gesellschaften **nicht satzungsdispositiv**, da im Massengeschäft der Depotführung börsennotierter Aktien eine individuelle Gestaltung des Bestätigungsstichtages zu Unübersichtlichkeit führen würde.[42]

Der **Berechtigungsnachweis** muss der Gesellschaft spätestens am 6. Tag vor der Hauptversammlung zugehen, soweit die Satzung keine kürzere Frist vorsieht. Auch sieht die Neufassung des Gesetzes in Abs. 3 S. 4 vor, dass nicht nur die Satzung selbst, sondern auch aufgrund einer Ermächtigung durch die Satzung die Verwaltung in der Einberufung eine kürzere Frist zur Mitteilung des Nachweises für den Aktienbesitz fest-

---

31 Vgl *Wicke*, ZIP 2005, 1397, 1398 mwN.
32 Vgl statt aller Palandt/*Ellenberger*, BGB, 72. Aufl., § 126 b Rn 3: Papier, Diskette, CD-ROM, E-Mail.
33 KölnKomm-AktG/*Noack/Zetzsche*, Rn 158 ff mwN.
34 BegrRegE UMAG, BT-Drucks. 15/5092, S. 13 reSp.
35 OLG München AG 2011, 342.
36 Hierzu vgl *Wilsing*, ZIP 2004, 1082, 1086.
37 BegrRegE UMAG, aaO, S. 13: "min. deutsch und englisch".
38 BegrRegE UMAG, aaO, S. 13.
39 Die allg. Zugangsvoraussetzungen nach § 118 dürfen durch die Satzung nicht generalisierend verändert oder verschärft werden, BGH, Urt. v. 20.9.2004 – II ZR 288/02, NZG 2004, 1109.
40 *Wilsing*, ZIP 2004, 1082, 1086; *Noack/Zetzsche*, AG 2002, 651, 656; *Simon/Zetzsche*, NZG 2005, 369, 372 kritisieren die Stichzeitpunkt-Regelung im Hinblick auf die Internationalität des Aktionariats als schwammig.
41 Inzwischen hatte sich als hM durchgesetzt, dass das „record date" ein Termin iSv § 121 Abs. 7 (Stichtag) ist, bei dessen Berechnung § 123 Abs. 4 aF keine Anwendung findet; vgl LG München I ZIP 2009, 568, gegen LG Frankfurt/M., Beschl. v. 2.10.2007 – 3-05 O 196/07, NZG 2008, 112 zur Rechtslage vor dem 1.9.2009.
42 BegrRegE UMAG, BT-Drucks. 15/5092, S. 13.

legen kann. Damit kann die Verwaltung flexibel auf sich verändernde Meldeumstände eingehen. Der Tag des Zugangs an die in der Einberufung mitgeteilte Adresse wird für die Frist nicht mitgerechnet.
Auch hier ist eine Zustelladresse anzugeben, um den Zugang zu „kanalisieren".[43]

26 Die 21-Tage-Frist, erweitert den Abstand zum Meldedatum und führt zum Gleichlauf von Versand- und Legitimationstermin.

27 Bei mehrtägiger Hauptversammlung ist der erste Versammlungstag maßgeblich. Bei einer vertagten Hauptversammlung bleibt es bei dem Beginn der Hauptversammlung, weil hierdurch nur eine zeitlich verzögerte Beendigung einer bereits begonnen Hauptversammlung stattfindet.[44]

28 Derjenige, der den Berechtigungsnachweis vorlegt, **gilt nur gegenüber der Gesellschaft als** teilnahme- und stimmberechtigter **Aktionär**, gleich ob er es materiellrechtlich ist oder nicht. Die Vermutung ist unwiderleglich.[45] Folglich sind **Inhaberaktionäre**, die ihre Aktien **nach dem record date erworben** haben, **weder zur Teilnahme noch zur Stimmabgabe berechtigt**. Die Gesetzesbegründung[46] erklärt dies als im Interesse der Klarheit, Eindeutigkeit und Einfachheit hinzunehmen.

29 Für **Namensaktionäre** gilt die 21-Tage-Frist nicht (Abs. 3 S. 1), jedoch können Gesellschaften einen Umschreibestopp vor der Hauptversammlung für das Aktienregister vorsehen. Nicht eingetragene Erwerber von Namensaktien nach diesem Termin gelten dann ebenfalls nicht als Aktionäre (§ 67 Abs. 2).

30 Die unwiderlegliche Vermutung gilt jeweils nur gegenüber der Gesellschaft, nicht gegenüber zB Intermediären, Verwahrern und zwischen den einzelnen Aktionären. Deren Rechtsbeziehungen richten sich nach den vertraglichen Grundlagen bzw nach § 677 BGB.

31 Bei größeren Aktienbeteiligungen kann die fehlende Teilnahme- und Stimmberechtigung praktisch bedeutsam sein. Allerdings geht die Gesetzesbegründung des UMAG davon aus, dass im Kaufvertrag eine Stimmrechtsausübungsregelung oder eine Vollmachtserteilung zugunsten des Erwerbers enthalten ist, ebenso wie üblicherweise für das Dividendenbezugsrecht. Fehlt letztere Regelung, erfolgt die Dividendenzahlung an den materiell Berechtigten unmittelbar. Stichtag für die Abrechnung ist nach den Branchenusancen regelmäßig der erste Bankarbeitstag nach dem Hauptversammlungsdatum.

32 Bei kleineren Beteiligungen mit anonymem Erwerb über die Börse ist eine solche Vertretungs- bzw Vollmachtsregelung praktisch ausgeschlossen. Ein Privatanleger, der innerhalb der 21-Tage-Frist erwirbt, hat daher kein Teilnahme- und Stimmrecht, wohl aber das Dividendenbezugsrecht. Dass der Veräußerer aus Treuepflicht im Interesse des Erwerbers stimmt, wie dies die RegBegr. anmerkt, erscheint lebensfremd. Bei Stimmabgabe ist § 405 Abs. 3 Nr. 1 zu beachten, jedoch wohl nicht einschlägig, weil der Veräußerer gegenüber der Gesellschaft relativ berechtigt ist.[47]

33 **V. Rechsfolgen.** Mit der heute hM[48] ist davon auszugehen, dass bei Zweifeln über die Teilnahmeberechtigung aufgrund der Aktionärslegitimation dem Versammlungsleiter die Prüfungs- und Entscheidungskompetenz zukommt, er diese aber ggf an Personen übertragen kann, die Einlasskontrollen vornehmen. Ein einstweiliger Rechtsschutz ist hier zwar grundsätzlich denkbar, scheidet aber aus praktischen Gründen regelmäßig aus.[49] Regelmäßig findet die Prüfung der Rechtmäßigkeit der Nichtzulassung erst im Beschlussanfechtungsverfahren statt, wobei die **Nichtzulassung von Aktionären zur Hauptversammlung** trotz Erfüllung der Teilnahmevoraussetzungen und trotz ausreichender Legitimation zur Anfechtbarkeit der in der Versammlung gefassten Beschlüsse führt.[50] Diese ausnahmslose Bejahung der Relevanz einer Zulassungsverweigerung für das Beschlussergebnis ist darin begründet, dass die Hauptversammlung das einzige Forum darstellt, auf dem der Aktionär seine Mitgliedschaftsrechte (Rederecht, Auskunftsrecht, Stimmrecht) ausüben kann.[51]

34 Beim umgekehrten Fall, nämlich der **Zulassung eines Nicht-Aktionärs** oder eines nicht ordnungsgemäß angemeldeten Aktionärs zur Hauptversammlung, wird das Stimmrecht zu Unrecht mit der Folge ausgeübt, dass die so gefassten Beschlüsse fehlerhaft zustande gekommen sind. Die zu Unrecht abgegebenen Stimmen bei der Ermittlung des Beschlussergebnisses lassen sich jedoch rechnerisch eliminieren, so dass der Erfolg einer Beschlussanfechtung davon abhängt, ob nur mit diesen Stimmen eine Mehrheit zustande kam. Weiter ist in Betracht zu ziehen, dass gerade die zu Unrecht zugelassene Person mit ihrem Redebeitrag die Mehr-

---

43 Begr. Rechtsausschuss, BT-Drucks. 15/5693, S. 17.
44 KölnKomm-AktG/*Noack/Zetzsche*, Rn 184 mwN.
45 BegrRegE UMAG, aaO, S. 29; ebenso die Vermutungswirkung § 67 Abs. 2.
46 BegrRegE UMAG, aaO, S. 28, 29.
47 BegrRegE UMAG, aaO, S. 29; vgl auch *Hüffer*, Rn 12; Schmidt/Lutter/*Ziemons*, Rn 26 ff.
48 Vgl *Butzke*, Die Hauptversammlung der Aktiengesellschaft, 5. Aufl. C 51; Spindler/Stilz/*Rieckers*, Rn 41; MüKo-AktG/*Kubis*, Rn 41 mwN; aA KölnKomm-AktG/*Noack/Zetzsche*, Rn 69 für Kompetenz des Vorstands.
49 Soweit im Vorfeld einem Aktionär mitgeteilt wird, dass ihm kein Zutritt gewährt würde, kann er ggf den Zutritt im Wege der einstweiligen Verfügung erzwingen, wobei jedoch wegen der Vorwegnahme der Hauptsache hier besondere Umstände vorliegen müssen, vgl LG Frankfurt/M., Beschlussverfügung v. 16.12.2010 – 3-05 O 185/10.
50 Dies kann im Anfechtungsrechtsstreit jedoch nur der betroffene Aktionär rügen, vgl LG Frankfurt/M., Urt. v. 12.11.2013 – 3-05 O 151/13, BeckRS 2013, 19504.
51 MüKo-AktG/*Kubis*, Rn 51 mwN zum Streitstand.

heit der Aktionäre zu einem anderen (ansonsten nicht zustande gekommenen) Abstimmungsverhalten veranlasst haben kann. Hier wird aber genau zu prüfen sein, warum gerade dieser Wortbeitrag kausal für das Abstimmungsverhalten der Mehrheit der Aktionäre war.

§ 124 Bekanntmachung von Ergänzungsverlangen; Vorschläge zur Beschlussfassung

(1) ¹Hat die Minderheit nach § 122 Abs. 2 verlangt, dass Gegenstände auf die Tagesordnung gesetzt werden, so sind diese entweder bereits mit der Einberufung oder andernfalls unverzüglich nach Zugang des Verlangens bekannt zu machen. ²§ 121 Abs. 4 gilt sinngemäß; zudem gilt bei börsennotierten Gesellschaften § 121 Abs. 4a entsprechend. ³Bekanntmachung und Zuleitung haben dabei in gleicher Weise wie bei der Einberufung zu erfolgen.

(2) ¹Steht die Wahl von Aufsichtsratsmitgliedern auf der Tagesordnung, so ist in der Bekanntmachung anzugeben, nach welchen gesetzlichen Vorschriften sich der Aufsichtsrat zusammensetzt, und ob die Hauptversammlung an Wahlvorschläge gebunden ist. ²Soll die Hauptversammlung über eine Satzungsänderung oder über einen Vertrag beschließen, der nur mit Zustimmung der Hauptversammlung wirksam wird, so ist auch der Wortlaut der vorgeschlagenen Satzungsänderung oder der wesentliche Inhalt des Vertrags bekanntzumachen.

(3) ¹Zu jedem Gegenstand der Tagesordnung, über den die Hauptversammlung beschließen soll, haben der Vorstand und der Aufsichtsrat, zur Wahl von Aufsichtsratsmitgliedern und Prüfern nur der Aufsichtsrat, in der Bekanntmachung Vorschläge zur Beschlussfassung zu machen. ²Bei Gesellschaften im Sinn des § 264d des Handelsgesetzbuchs ist der Vorschlag des Aufsichtsrats zur Wahl des Abschlussprüfers auf die Empfehlung des Prüfungsausschusses zu stützen. ³Satz 1 findet keine Anwendung, wenn die Hauptversammlung bei der Wahl von Aufsichtsratsmitgliedern nach § 6 des Montan-Mitbestimmungsgesetzes an Wahlvorschläge gebunden ist, oder wenn der Gegenstand der Beschlussfassung auf Verlangen einer Minderheit auf die Tagesordnung gesetzt worden ist. ⁴Der Vorschlag zur Wahl von Aufsichtsratsmitgliedern oder Prüfern hat deren Namen, ausgeübten Beruf und Wohnort anzugeben. ⁵Hat der Aufsichtsrat auch aus Aufsichtsratsmitgliedern der Arbeitnehmer zu bestehen, so bedürfen Beschlüsse des Aufsichtsrats über Vorschläge zur Wahl von Aufsichtsratsmitgliedern nur der Mehrheit der Stimmen der Aufsichtsratsmitglieder der Aktionäre; § 8 des Montan-Mitbestimmungsgesetzes bleibt unberührt.

(4) ¹Über Gegenstände der Tagesordnung, die nicht ordnungsgemäß bekanntgemacht sind, dürfen keine Beschlüsse gefasst werden. ²Zur Beschlussfassung über den in der Versammlung gestellten Antrag auf Einberufung einer Hauptversammlung, zu Anträgen, die zu Gegenständen der Tagesordnung gestellt werden, und zu Verhandlungen ohne Beschlussfassung bedarf es keiner Bekanntmachung.

Red. Hinweis: Der Kommentierung wird in Abs. 2 S. 1 die folgende Fassung der Vorschrift zugrunde gelegt, wie sie im Rahmen des beabsichtigten VorstKoG[1] vorgesehen war, das am 27.6.2013 vom Bundestag verabschiedet wurde[2] (wegen des bisherigen Rechtszustands wird auf die Kommentierung in der Vorauflage verwiesen):

(2) ¹Steht die Wahl von Aufsichtsratsmitgliedern auf der Tagesordnung, so ist in der Bekanntmachung anzugeben, nach welchen gesetzlichen Vorschriften sich der Aufsichtsrat zusammensetzt; ist die Hauptversammlung an Wahlvorschläge gebunden, so ist auch dies anzugeben. ²Soll die Hauptversammlung über eine Satzungsänderung oder über einen Vertrag beschließen, der nur mit Zustimmung der Hauptversammlung wirksam wird, so ist auch der Wortlaut der vorgeschlagenen Satzungsänderung oder der wesentliche Inhalt des Vertrags bekanntzumachen.

A. Grundlagen	1	I. Bekanntmachung von Ergänzungsverlangen (Abs. 1)	5
I. Gegenstand der Norm	1		
II. Zum Umfang der Informationen	3		
B. Einzelheiten	5		

---

[1] BT-Drucks. 17/8989.
[2] Gemäß BT-Drucks. 17/14214 S. 7 sollte § 124 wie folgt geändert werden: „In § 124 Absatz 2 Satz 1 werden die Wörter ‚‚ und ob die Hauptversammlung an Wahlvorschläge gebunden ist' durch die Wörter ‚; ist die Hauptversammlung an Wahlvorschläge gebunden, so ist auch dies anzugeben' ersetzt." – Das

VorstKoG ist am 20.9.2013 im Bundesrat in den Vermittlungsausschuss überwiesen worden (BR-Drucks. 637/13, BT-Drucks. 17/14790) und unterlag damit der Diskontinuität. Die Umsetzung der beabsichtigten Änderungen durch den Gesetzgeber ist weiter wahrscheinlich.

II. Informationspflichten bei besonderen Tagesordnungspunkten (Abs. 2)	7	III. Vorschläge zur Beschlussfassung (Abs. 3)	12
1. Aufsichtsratswahlen	7	IV. Unzulässige Beschlussfassung (Abs. 4)	21
2. Satzungsänderungen (Abs. 2 S. 2. Alt. 1)	9	1. Ordnungsgemäße Bekanntmachung	21
3. Zustimmungspflichtige Verträge (Abs. 2 S. 2. Alt. 2)	10	2. Abweichende Beschlussfassung	22
		3. Bekanntmachungsfreie Anträge (Abs. 4 S. 2)	26

A. Grundlagen

1 **I. Gegenstand der Norm.** § 124 regelt die Bekanntmachung von Ergänzungsverlangen von Minderheitsaktionären (Abs. 1) und die Erfordernisse zur Vorlage von Beschlussvorschlägen durch die Verwaltung. Die Vorschrift ergänzt die in § 121 geregelte Einberufung der Hauptversammlung und Bekanntgabe der Tagesordnung und die Minderheitenrechte des § 122 Abs. 1. Geregelt wird weiter die Vorlage von beschlussnotwendigen Informationen für die Aktionäre (Abs. 2, 3) sowie die Bekanntmachung von Beschlussvorschlägen bzw Wahlvorschlägen der Verwaltung. In Abs. 4 sind die Rechtsfolgen angesprochen.

2 Die Norm will die rechtzeitige Information der Aktionäre, auch über Minderheitsanträge, sicherstellen und sie vor überraschenden Tagesordnungspunkten und Beschlussvorschlägen bewahren. Zugleich wird ihnen damit eine ausreichende Frist für die Vorbereitung auf die Hauptversammlung gegeben. In gleicher Weise gilt dies auch als Vorbereitungszeit für Kreditinstitute und Aktionärsvereinigungen.[3]

3 **II. Zum Umfang der Informationen.** Entsprechend dem umfassenden Anspruch der Aktionäre auf Informationen, der ihnen als Träger der materiellen und ideellen Interessen an und in der Gesellschaft zusteht, legt das Gesetz in den §§ 124–126 umfassende Informationspflichten für die Verwaltung, in § 128 auch für Kreditinstitute und Aktionärsvereinigungen, fest.

4 Das Gesetz unterscheidet zwischen Gegenständen der Tagesordnung und den Beschlussvorschlägen sowie, je nach Beschlussgegenstand, zusätzlichen Informationen durch die Verwaltung. Streitig ist, ob die Bekanntmachung des wesentlichen Inhalts eines Beschlussgegenstands ausreichend ist oder der Aktionär Anspruch auf die vollständige Information hat. Zutreffend ist bei allen Beschlussgegenständen, deren Inhalt nicht vom Gesetz vorgegeben oder ableitbar ist, den Aktionären der Inhalt der Informationen, ggf mit zusätzlichen Erläuterungen der Verwaltung, in vollem Umfang zugänglich zu machen. Dies folgt aus ihrem umfassenden Recht auf Information.[4] Die Gesamtheit der Informationen muss es den Aktionären ermöglichen, sich rechtzeitig ein zutreffendes Bild von Art, Ausmaß und Wirkung der vorgeschlagenen Beschlüsse machen zu können.[5]

B. Einzelheiten

5 **I. Bekanntmachung von Ergänzungsverlangen (Abs. 1).** In Ergänzung zur Bekanntgabe der Tagesordnung in § 121 Abs. 3 S. 2 befasst sich § 124 Abs. 1 mit den Minderheitsverlangen nach § 122 Abs. 2. Aufgrund des dort niedergelegten Fristenregimes (bei börsennotierten Gesellschaften Zugang mindestens 30 Tage vor der Versammlung, bei anderen Gesellschaften mindestens 24 Tage vor der Versammlung, § 122 Abs. 2 S. 3) dürfte in aller Regel erreichbar sein, dass diese **Ergänzungsanträge bereits mit der Einberufung** oder anderenfalls unverzüglich (§ 121 BGB) nach Zugang des Ergänzungsverlangens bekannt gemacht werden. Die frühere Nachveröffentlichungsfrist für Ergänzungsanträge von Minderheiten von 10 Tagen ist entfallen. § 121 Abs. 4 gilt entsprechend, so dass auch das **Ergänzungsverlangen in den Gesellschaftsblättern** oder – falls die Aktionäre der Gesellschaft namentlich bekannt sind – mit eingeschriebenem Brief bekanntzumachen sind. Zudem ordnet das Gesetz an, dass für börsennotierte Gesellschaft **auch die Veröffentlichung nach § 124a** erfolgen muss. Entspricht das Minderheitsverlangen formal nicht den gesetzlichen Anforderungen, muss es der Vorstand in die gehörige Form bringen.[6]

6 Die entsprechende Geltung von § 121 Abs. 4 lässt die Bekanntmachung der Tagesordnung, aber auch von Minderheitsanträgen, durch eingeschriebenen Brief zu, wenn alle Aktionäre mit Namen und Anschrift bekannt sind und die Satzung nichts anderes bestimmt. Dann kommt es auf das Absendedatum, nicht auf das Zugangsdatum an (vgl § 121 Abs. 4 S. 1 Hs 2). Die Bekanntmachung der Minderheitsanträge muss jedoch immer der gleichen Art und Weise erfolgen wie die Bekanntmachung der Tagesordnung.[7]

---

3 *Hüffer*, Rn 1 mwN.
4 *Kropff*, S. 174; *Hüffer*, Rn 9–11; jeweils mwN.
5 BGH NJW 2001, 1277; LG Frankfurt AG 2001, 431; LG Köln AG 1999, 333; OLG Stuttgart AG 1997, 138.
6 Vgl K. Schmidt/Lutter/*Ziemons*, Rn 14 mwN; *Butzke*, Die Hauptversammlung der Aktiengesellschaft, 5. Aufl., J Rn 23; jedenfalls kann sich bei Unterlassen der Vorstand bei einer späteren Anfechtungsklage von ihm gem. § 245 Nr. 4 gegen den aufgrund des Minderheitsverlangens gefassten Beschluss nicht auf die unzureichende Form bzw Unterrichtung berufen, vgl LG Frankfurt/M., Urt. v. 12.3.2013 – 3-05 O 114/12 – BeckRS 2013, 06301.
7 Spindler/Stilz/*Rieckers*, Rn 7; Hölters/*Drinhausen*, Rn 5; aA K. Schmidt/Lutter/*Ziemons*, Rn 9.

II. Informationspflichten bei besonderen Tagesordnungspunkten (Abs. 2). 1. Aufsichtsratswahlen. Bei Wahlen zum Aufsichtsrat (§ 101 Abs. 1 S. 1) sind in der Bekanntmachung die für die Zusammensetzung des Gesamtaufsichtsrats geltenden Vorschriften zu nennen, folglich die nach § 96 geltenden Normen, wobei die Zitierung der gesetzlichen Normen genügt. Insbesondere gilt das sogenannte Status-quo-Prinzip,[8] wonach die zuletzt geltenden Regelungen für die Zusammensetzung des Aufsichtsrats, vorbehaltlich § 96 Abs. 2, gelten.[9]

Durch die (beabsichtigte[10]) Neufassung des Abs. 2 S. 1 letzter Hs wird klargestellt, dass der Hinweis, an Wahlvorschläge gebunden zu sein, nicht mehr in allen Fällen erforderlich ist, sondern nur noch, soweit tatsächlich eine derartige Bindung besteht.[11] An Wahlvorschläge ist die Hauptversammlung nur gemäß den §§ 6 und 8 des Montan-Mitbestimmungsgesetzes gebunden (§ 101 Abs. 1 S. 2). Wenn bei der Europäischen Gesellschaft (SE) eine Bindung an Wahlvorschläge gemäß § 36 Abs. 4 des Gesetzes über die Beteiligung der Arbeitnehmer in einer Europäischen Gesellschaft (SEBG) besteht,[12] ist nach der Neuregelung auch die SE künftig verpflichtet, dies bei Bekanntmachung der Tagesordnung anzugeben.

Ob die Hauptversammlung bei der Wahl an die Vorschläge gebunden ist (§ 101 Abs. 1 S. 2), ist ebenfalls mitzuteilen.

2. Satzungsänderungen (Abs. 2 S. 2. Alt. 1). Abs. 2 S. 2 Alt. 1 schreibt die Bekanntmachung des Wortlauts der vorgeschlagenen Satzungsänderung vor. Bei Vorschlägen der Verwaltung zu Grundkapitalerhöhungen muss der Höchstbetrag und der vorgeschlagene Wortlaut der hieraus resultierenden Satzungsänderung genannt werden;[13] ein Bericht zum Bezugsrecht-Ausschluss (§ 186 Abs. 4, § 202 Abs. 2 S. 2) ist ebenfalls in der Einladung und Tagesordnung bekannt zu machen.[14] Dies dient der Information und der Vorbereitung der Aktionäre.[15] Eine vergleichende Darstellung der alten wie auch der neu vorgeschlagenen Satzung in der Bekanntmachung wird nicht verlangt, sollte jedoch in der Hauptversammlung ausliegen.

3. Zustimmungspflichtige Verträge (Abs. 2 S. 2. Alt. 2). Betroffen sind hiervon Unternehmensverträge und deren Änderungen (§§ 293 ff), Verschmelzungsverträge (§§ 13, 60 ff. UmwG), Vermögensübertragungsverträge (§§ 174 ff, 179a UmwG), Nachgründungsverträge (§ 52), Verzichtserklärungen/Vergleichsverträge über Ersatzansprüche der Gesellschaft (§§ 50 S. 1, 53, 93 Abs. 4, 116, 117 Abs. 4, 309 Abs. 3, 310 Abs. 4, 317 Abs. 4, 318 Abs. 4), Ausschlussvorhaben (Squeeze-out, § 327c Abs. 1) sowie Maßnahmen, die nach den „Holzmüller"-/"Gelatine"-Grundsätzen der Zustimmung der Hauptversammlung bedürfen bzw die vom Vorstand nach § 119 Abs. 2 der Hauptversammlung zur Entscheidung vorgelegt werden.[16]

Abs. 2 S. 2 Alt. 2 fordert die **Bekanntgabe des wesentlichen Inhalts**, nicht des Wortlauts. Die Abgrenzung mag in Einzelfällen schwierig sein, **ein Zuviel ist eher anzuraten als ein Zuwenig**.[17] Die Veröffentlichung des vollständigen Textes in der Bekanntmachung wird aber nur in Ausnahmefällen verlangt werden können.[18] Relevant ist vor allem bei Maßnahmen nach § 119 Abs. 2 die Information der Aktionäre über Hintergründe und Auswirkungen der vorgeschlagenen Maßnahmen. Zu veröffentlichen ist alles, was den Aktionären die Beurteilung der wirtschaftlichen und rechtlichen Bedeutung des Beschlusses ermöglicht.[19] Bei Verträgen sind daher jedenfalls die Vertragsparteien, Haupt- und Nebenleistungspflichten,[20] Gewährleistungen, Rücktritts- und Kündigungsrechte, für die Gesellschaft nachteilige Klauseln (zB Wettbewerbsverbote) zu nennen.

Vielfach verlangen einzelne Normen, dass den Aktionären die vollständigen Unterlagen auf Verlangen zuzuleiten und in der Hauptversammlung auszulegen sind (vgl §§ 293 f, 293g Abs. 1 f, 327c Abs. 3 f, 63 Abs. 1, 4 UmwG, § 179a Abs. 2).[21] Die Gesamtheit dieser Informationen muss den Aktionär in die Lage versetzen, seine Rechte sinnvoll vorzubereiten und wahrzunehmen[22] und zu beurteilen, was die Verwaltung als wesentlichen Regelungsgehalt der Verträge bzw Maßnahmen ansieht.[23]

Bei Maßnahmen nach § 119 Abs. 2 bedeutet dies die Darstellung des Unternehmenskonzepts, der wesentlichen Einzelschritte und der Ergebnisse in der Bekanntmachung, bei einer vorhergehenden Ermächtigung

---

8 *Hüffer*, Rn 8 mwN.
9 Auf ein bereits anhängiges Statusverfahren nach § 97 und die dann ggf geltenden Regeln sollte jedoch ebenfalls hingewiesen werden.
10 Siehe oben Fn 2.
11 RegBegr. BT-Drucks. 17/8989 S. 15 f.
12 Vgl hierzu *Hohenstatt/Müller-Bonanni* in: Habersack/Drinhausen, SE-Recht, § 36 SEBG Rn 12.
13 OLG Frankfurt AG 2005, 167, 168; OLG Rostock BeckRS 2013, 13886.
14 LG Berlin DB 2005, 1320, 1321.
15 OLG Frankfurt AG 2005, 167, 168.
16 OLG Schleswig NZG 2006, 951; MüKo-AktG/*Kubis*, Rn 18 mwN.
17 OLG München DB 2002, 1543; LG Berlin DB 2005, 1320; *Deilmann/Messerschmidt*, NZG 2004, 977.
18 BGH NJW 1992, 2760 (ASEA/BBC).
19 *Wackerbarth*, AG 2002, 14; *Schockenhoff*, NZG 2001, 921; *Henze*, BB 2002, 893; BGH BB 2001, 483.
20 LG Frankfurt/M., Urt. v. 11.1.2005 – 3-05 O 106/04, ZIP 2006, 579; K. Schmidt/Lutter/*Ziemons*, Rn 44 nwN.
21 BGH BB 2001, 483.
22 OLG Stuttgart AG 1997, 138 (Kolbenschmidt); OLG Köln AG 2003, 448 (Kaufhalle).
23 BGH WM 2002, 179; OLG München ZIP 2002, 1353; LG Köln AG 1999, 333.

des Vorstands durch die Hauptversammlung auch die Darstellung des maximalen Handlungsrahmens rechtlicher und wirtschaftlicher Art.[24]

12 **III. Vorschläge zur Beschlussfassung (Abs. 3). Grundsätzlich** haben **Vorstand und Aufsichtsrat zu jedem Tagesordnungspunkt,** über den die Hauptversammlung beschließen soll, **einen eigenen Beschlussvorschlag** bekannt zu machen, es sei denn, die Tagesordnungspunkte stammt nicht von der Verwaltung, sondern von Minderheitsaktionären. Bei einzelnen **Ergänzungsanträgen** (§ 122 Abs. 2 S. 3) muss entweder eine Begründung oder ein **Beschlussvorschlag der Antragsteller** beigefügt werden.

13 In der Regel liegt ein einheitlicher Vorschlag vor, der jedoch von jedem Organ nach seinen Zuständigkeitsregeln gefasst werden muss.[25] Der Vorstand muss daher vorschriftsmäßig besetzt sein (§ 76 Abs. 2 S. 2),[26] weil es sich um eine Maßnahme der Gesamtgeschäftsführung handelt.[27] Bei inhaltlicher Abweichung zwischen den Vorschlägen von Vorstand und Aufsichtsrat, soweit nicht § 111 Abs. 4 S. 3 greift, muss jedes Gremium seinen eigenen Vorschlag unterbreiten.[28] Hat eines der Organe keinen ordnungsgemäßen Beschluss gefasst, so liegt kein ordnungsgemäßer Beschlussvorschlag mit der Folge der Anfechtbarkeit vor.[29]

14 Bei **Aufsichtsrats-**[30] **und Prüferwahlen,** auch der Wahl von Sonderprüfern, ist kein Vorschlag des Vorstands statthaft.[31] Der Vorstand soll keinen Einfluss auf die Wahl derjenigen Personen haben, die zu seiner Beaufsichtigung und Kontrolle bestellt werden.[32] Ein gleichwohl vom Vorstand gemachter Vorschlag führt zur Anfechtbarkeit des Beschlusses, wenn nach diesem Beschlussvorschlag beschlossen wurde.[33]

15 Prüfer im Sinne diese Vorschlagsrechts sind sowohl die Abschlussprüfer (§ 318 HGB) als auch die Sonderprüfer (§ 142). Das Vorschlagsrecht kann einem Aufsichtsratsausschuss überlassen werden (Argument § 107 Abs. 3 S. 2),[34] mit Ausnahme der Wahl des Abschlussprüfers. Durch die gesetzliche Vorgabe in § 264 d HGB, wonach Gesellschaften im Sinne § 264 d HGB den Vorschlag des Aufsichtsrats auf eine **Empfehlung des Prüfungsausschusses** zu stützen haben, wird deutlich, dass der Gesetzgeber in diesem Fall einen Vorschlag des gesamten Aufsichtsrats für geboten erachtet.[35] Kapitalmarktorientierte Kapitalgesellschaften haben nach § 324 S. 1 HGB einen solchen Ausschuss einzurichten. Sinn der Neuregelung ist, die Fachkompetenz des Prüfungsausschusses in die gesamte Entscheidung des Aufsichtsrats mit einzubeziehen. Unterlässt der Prüfungsausschuss eine entsprechende Empfehlung, so steht dem nicht entgegen, dass der Aufsichtsrat in seiner Gesamtbesetzung. Der Aufsichtsrat ist auch nicht an den Vorschlag des Prüfungsausschusses gebunden,[36] dürfte dies aber zu begründen haben.[37]

16 Abs. 3 S. 4 verlangt weiter, dass neben dem Namen und dem ausgeübten, dh aktuellen, Beruf auch der Wohnort, nicht Geschäftssitz, des zu Wählenden anzugeben ist. Dies soll die Eignungsbeurteilung und ggf auch die Beurteilung von Interessenkonflikten durch die Hauptversammlung ermöglichen.[38] Es besteht insoweit auch ein Zusammenhang mit der Angabepflicht nach § 285 Nr. 10 S. 1 HGB. Angaben wie Kaufmann oder gebräuchliche englische Bezeichnungen (CEO usw.) genügen nicht. Doch im Hinblick auf die Möglichkeit der Nachfrage in der Hauptversammlung sind derartige Verletzungen des § 124 Abs. 3 so marginal, dass aus der Sicht eines verständigen Aktionärs dies für die Entscheidung über seine Teilnahme und Abstimmung bei der Wahl ohne Relevanz ist.[39] Im Hinblick auf die Empfehlung in 5.4.2 des Deutschen Corporate Governance Kodex zur Unabhängigkeit von Aufsichtsratsmitgliedern, wird man jedenfalls Angaben dann machen müssen, wenn diese Unabhängigkeit nicht gegeben ist, bzw nicht ohne Weiteres er-

---

24 BGH NJW 2001, 1277; OLG München AG 1995, 232; LG Frankfurt AG 2001, 431; *Hüffer,* Rn 11 mwN; *Groß,* AG 1996, 111; *Weißhaupt,* AG 2004, 585.
25 MüKo-AktG/*Kubis,* Rn 31 ff mwN.
26 BGH WM 2002, 179 (Sachsenmilch III); nach BGH NJW 2012, 1535 und ihm folgend LG Frankfurt/M., Urt. v. 12.11.2013 – 3-05 O 151/13, BeckRS 2013, 19504, ist es für Beschlussvorschläge unschädlich, wenn an der Beschlussfassung Aufsichtsratsmitglieder mitwirken, deren Bestellung mit einer Beschlussmängelklage angegriffen ist und die ggf später Erfolg hat.
27 BGH WM 2002, 179; LG Heilbronn AG 2000, 373.
28 *Hüffer,* Rn 12.
29 LG Frankfurt/M., Urt. v. 9.3.2004 – 3/5 O 107/03, NZG 2004, 672; K. Schmidt/Lutter/*Ziemons,* Rn 22 mwN; aA Hölters/*Drinhausen,* Rn 16.
30 Nach OLG München ZIP 2005, 856 = NZG 2005, 848, soll eine Vorabstimmung von Aktionären zu Wahlen zum AR oder Aufsichtsrats-Vorsitz ein abgestimmtes Verhalten iSv § 30 Abs. 2 WpÜG darstellen, wenn dem eine gemeinsame unternehmerische Strategie zugrunde liegt; vgl *Berger/Filgut,* AG 2004, 592; *Brockhausen,* DB 2005, 1264; aA OLG Frankfurt AG 2004, 617; BGH v. 18.9.2006 – II ZR 137/05, NZG 2006, 945: nur Absprache zur Stimmabgabe in der HV; kritisch auch *Casper/Bracht,* NZG 2005, 839;.
31 Dies gilt auch für Bestätigungsbeschlüsse nach § 244 für diese Wahlen, LG Frankfurt/M., Urt. v. 12.11.2013 – 3-05 O 151/13, BeckRS 2013, 19504.
32 K. Schmidt/Lutter/*Ziemons,* Rn 26 mwN.
33 OLG Hamm AG 1986, 260; OLG München AG 2001, 193; BGH AG 2003, 319 (Hypo); OLG München AG 2003, 645 (Webac); *Hüffer,* Rn 13; MüHb-AG/*Semler,* § 35 Rn 56.
34 *Hüffer,* Rn 13; K. Schmidt/Lutter/*Ziemons,* Rn 21 mwN.
35 So auch K. Schmidt/Lutter/*Ziemons,* Rn 20.
36 KölnKomm-AktG/*Noack/Zetzsche,* Rn 71; Spindler/Stilz/*Rieckers,* Rn 33.
37 RegBegr. (BilMog) BT-Drucks. 16/10067, S. 103.
38 BegrRegE KonTraG, BT-Drucks. 13/9712, S. 17; *Rieckers* in Spindler/Stilz, AktG, 2. Aufl., Rn 35; KölnKomm-AktG/*Noack/Zetzsche,* Rn 71; in der Sitzungsniederschrift; aA gegen eine Begründungspflicht MüKo-AktG/*Kubis,* Rn 42.
39 Vgl BGH DStR 2007, 1493 und vorgehend OLG Frankfurt AG 2007, 374 sowie LG Frankfurt/M., Urt. v. 12.3.2013 – 3-05 O 114/12, BeckRS 2013, 06301; aA LG München I, Der Konzern 2007, 448; vgl auch Hölters/*Drinhausen,* Rn 18.

kennbar ist. Bei einem Vorgeschlagenen, der iSv § 100 Abs. 5 als unabhängiges Aufsichtsratsmitglied mit Sachverstand auf den Gebieten Rechnungslegung und Abschlussprüfung gelten soll, sind hierzu zusätzliche Angaben geboten, wen sich dies nicht bereits aus dem Beruf des Vorgeschlagenen ohne Weiteres ergibt.
Die Angabe von Name, Beruf und Wohnort gilt für den Prüfer entsprechend; bei Bestellung von juristischen Personen zu Prüfern reicht die Bezeichnung der Firma und ggf der Niederlassung.

Keine Vorschlagspflicht, weder für den Vorstand noch für den Aufsichtsrat, besteht bei einer Bindung der Hauptversammlung für die Wahl von Aufsichtsratsmitgliedern nach § 6 Montan-MitbestG oder bei der SE nach § 36 Abs. 4 SEBG, weil der Hauptversammlung insoweit kein Ermessensspielraum eingeräumt ist.[40] Hingegen ist ein Vorschlag für die Wahl des neutralen Mannes nach § 8 Montan-Mitbestimmungsgesetz erforderlich, weil insoweit keine Bindung der Hauptversammlung besteht;[41] der Vorschlag für den neutralen Mann nach § 8 Montan-MitbestG liegt bei allen übrigen Aufsichtsratsmitgliedern. Wird der Aussichtsrat nach dem DrittelbG oder dem MitbestG gebildet, so entscheiden im Wege des Sonderbeschlusses nur die von den Aktionären gewählten Mitglieder über den Wahlvorschlag an die Hauptversammlung (Abs. 3 S. 5).[42]

Keine Verpflichtung zu Verwaltungsvorschlägen besteht auch **bei Minderheitsverlangen** im Sinne von § 122 Abs. 1 und 2 (§ 124 Abs. 3 S. 2 Alt. 2), gleich, ob die Hauptversammlung vom Vorstand (§ 122 Abs. 1) oder von der Minderheit (§ 122 Abs. 3) einberufen wird. Zum Teil würden Fristprobleme hinsichtlich der Bekanntmachung entstehen, zum Teil sind die Gründe für die Einberufung bzw die Tagesordnungspunkte schon im Minderheitsverlangen genannt (so ausdrücklich jetzt § 122 Abs. 2 S. 2). Es steht dem Vorstand und dem Aufsichtsrat jedoch frei, freiwillig zu den entsprechenden Minderheitsanträgen Stellung zu nehmen.[43]

Der Verwaltungsvorschlag muss so gefasst sein, dass er als Beschlussantrag in der Hauptversammlung unverändert wiederholt werden kann.[44]

Alternativvorschläge[45] dürften abzulehnen sein, da den von der Gesellschaft benannten Stimmrechtsvertretern Weisungen zu konkreten Beschlussvorschlägen zu erteilen sind,[46] was bei Alternativvorschlägen ausscheidet bzw die Stimmrechtsvertreter dann nicht abstimmen können.

Die vorschlagenden **Gremien sind an ihre Vorschläge im Wesentlichen gebunden**, wenn sie zur Abstimmung gestellt werden. Zulässig ist es jedoch, die Vorschläge und damit den Tagesordnungspunkt insgesamt zurückzuziehen und nicht zur Abstimmung zu bringen. Auch die Modifizierung von Vorschlägen in der Hauptversammlung ist zulässig, solange der Wesensgehalt nicht verändert wird.[47] In diesem Rahmen können ggf neue Tatsachen Berücksichtigung finden. Dann hat dies die Verwaltung in der Hauptversammlung zu begründen.[48] Der Aktionär darf nicht durch völlig neue Vorschläge überrascht werden, auf die er sich nicht vorbereiten konnte (arg § 175 Abs. 4 S. 1). Insoweit schränkt dies auch die Änderungsbefugnis der vorschlagenden Gremien für ihre eigenen Vorschläge sachlich ein; im Einzelnen ist die Grenzziehung jedoch schwierig. Die Korrektur offensichtlicher und redaktioneller Fehler ist jederzeit möglich.[49]

IV. Unzulässige Beschlussfassung (Abs. 4). 1. Ordnungsgemäße Bekanntmachung. Nach Abs. 4 S. 1 dürfen über Gegenstände der Tagesordnung, die nicht ordnungsgemäß bekannt gemacht wurden, keine Beschlüsse gefasst werden. Verstöße gegen Abs. 1–3 führen daher zur Anfechtbarkeit (§ 243 Abs. 1), und zwar auch dann, wenn alle erschienenen Aktionäre zustimmen. Denn die Norm gilt dem Schutz auch der nicht erschienenen Aktionäre, die ohne Rücksicht auf eine Widerspruchseinlegung nach § 245 Nr. 2 Alt. 3 anfechtungsberechtigt sind.[50] Allein eine Vollversammlung nach § 121 Abs. 6 kann hiervon Ausnahmen machen. Eine Heilung nach Ablauf der Monatsfrist des § 246 Abs. 1 ist jedoch möglich.

2. Abweichende Beschlussfassung. Fraglich ist jedoch, wie weit das Verbot des Abs. 4 S. 1 geht, vor allem wie weit die Bekanntmachung der Vorschläge der Verwaltung den Gegenstand der Tagesordnung festlegt. Dies hängt weitgehend von der Formulierung der Tagesordnung und der Beschlussvorschläge (Abs. 3) ab.[51]

---

40 Hüffer, Rn 14.
41 KölnKomm-AktG/Noack/Zetzsche, Rn 79; Hüffer, Rn 14 mwN.
42 KölnKomm-AktG/Noack/Zetzsche, Rn 79; Hüffer, Rn 17.
43 Hüffer, Rn 15; K. Schmidt/Lutter/Ziemons, Rn 30; Spindler/Stilz/Rieckers, Rn 41 mwN.
44 OLG Frankfurt AG 2009, 542; LG Frankfurt/M., Urt. v. 9.3.2004 – 3/5 O 107/03, NZG 2004, 672; MüKo-AktG/Kubis, Rn 35 mwN.
45 So noch Vorauflage und die hM, vgl MüKo-AktG/Kubis, Rn 36 mwN; zweifelnd auch K. Schmidt/Lutter/Ziemons, Rn 17.

46 Vgl hierzu § 134 Rn 32.
47 OLG Hamm DB 2005, 2236; Hüffer, Rn 12; K. Schmidt/Lutter/Ziemons, Rn 18.
48 MüKo-AktG/Kubis, Rn 45.
49 LG Stuttgart WM 1992, 58; MüKo-AktG/Kubis, Rn 45.
50 BGHZ 149, 158, 164; BGHZ 153, 32, 36; KölnKomm-AktG/Noack/Zetzsche, Rn 84.
51 K. Schmidt/Lutter/Ziemons, Rn 53 ff mwN; vgl auch Scholz, AG 2008, 11 ff, der eine Bindung nur an die Tagesordnungspunkte, nicht an die Beschlussvorschläge, bejaht; dies höhlt aber die Informationsfunktion der Tagesordnung mit ihren Beschlussvorschlägen aus.

23 Lautet die Tagesordnung mit ihrem Vorschlag auf einen **Beschluss bestimmten Inhalts** (Beispiel: Änderung der Satzung gem. dem nachfolgenden Text), so ist die **Abweichung** von diesem Beschluss **unzulässig**, von Korrekturen offensichtlicher Unrichtigkeiten abgesehen,[52] weil der Gegenstand der Tagesordnung durch seine Formulierung festgeschrieben ist. Im Rahmen der Gewinnverwendung können die Aktionäre jedoch eine höhere Thesaurierung[53] oder andere Ausschüttung beschließen.[54]

24 Eine **Modifizierung ohne Wesensveränderung** des Vorschlags ist dann **möglich**, wenn dies im Interesse der Funktionsfähigkeit der Gesellschaft erforderlich ist. Beispiel: Vorschlag eines anderen Abschlussprüfers, wenn nach Bekanntmachung Vorbehalte gegen den ursprünglich vorgeschlagenen Prüfer entstehen; Vorschlag eines anderen Aufsichtsratsmitglieds bei Interessenkonflikten, Krankheit, Tod. Im Übrigen weist auch das Gesetz im Abs. 4 S. 2 darauf hin, dass Beschlussfassungen überhaupt keiner Bekanntmachung bedürfen, wenn sie aus der Mitte der Hauptversammlung zu Gegenständen der Tagesordnung gestellt werden, was im Übrigen selbst für Anträge des Großaktionärs gilt.[55] Dann muss es aber auch der Verwaltung möglich sein, in der Hauptversammlung zu Gegenständen der Tagesordnung einen anderen, jedoch wesensgleichen Vorschlag zu unterbreiten.[56]

25 Der Versammlungsleiter sollte bei Zweifeln im Interesse der Aufrechterhaltung der Funktionsfähigkeit auch über anfechtbare Tagesordnungspunkte abstimmen lassen, wenn der Verstoß weniger gravierend erscheint und sich in der Hauptversammlung kein wesentlicher Widerspruch regt. Eine Pflichtwidrigkeit ist dann nach den Grundsätzen der Interessensabwägung zu verneinen, wenn dem Verstoß die erforderliche Relevanz zur Anfechtung (§ 243 Abs. 1) fehlt.[57]

26 **3. Bekanntmachungsfreie Anträge (Abs. 4 S. 2).** Das Gesetz nennt hier Anträge in der Hauptversammlung auf Einberufung einer (weiteren) Hauptversammlung, über die ohne eine Bekanntmachung abgestimmt werden kann. Gleiches gilt auch für einen Vertagungsantrag, der Geschäftsordnungsantrag ist. Desgleichen gilt das Erfordernis der Bekanntmachung nicht für Anträge zu den angekündigten (bekannt gemachten) Tagesordnungspunkten und den dort vorgeschlagenen Beschlüssen.

27 Erfasst werden damit **allgemeine Geschäftsordnungsanträge, Gegenanträge** von Aktionären gegen Verwaltungsvorschläge,[58] Gegenvorschläge bei Aufsichtsrats- und Prüferwahl aus der Mitte der Hauptversammlung (vgl § 127 iVm § 126),[59] aber auch ein **Antrag auf Sonderprüfung** (§ 142) im Zusammenhang mit dem Entlastungsvorschlag für den Vorstand[60] oder der Antrag auf Vertrauensentzug.[61] Bei der Wahl von Aufsichtsratsmitgliedern kann jedoch nicht bekanntmachungsfrei über einen Antrag auf Sonderprüfung im Hinblick auf Vorgänge, an denen ein Kandidat als Vorstand beteiligt war, abgestimmt werden.[62]
Umstritten ist, ob über einen Antrag auf Abwahl des satzungsmäßig berufenen Versammlungsleiters abgestimmt werden kann bzw muss. Während ein erheblicher Teil der Literatur[63] dies als Satzungsänderung ablehnt, wird überwiegend in der Instanzrechtsprechung[64] dies bejaht.

28 Über die Möglichkeiten des § 122 Abs. 2 hinaus gibt es **keine Erzwingungsmöglichkeiten für Minderheiten**, derartige Anträge zur Beschlussfassung vorzulegen. Der jeweilige Gegenantrag ist mit der Entscheidung über den Verwaltungsvorschlag sachlich inzident zu entscheiden und ist, bei positivem Beschluss über diesen, abgelehnt.

---

52 OLG Celle AG 1993, 178.
53 Unter Beachtung der Grenzen des § 254.
54 K. Schmidt/Lutter/*Ziemons*, Rn 55; KölnKomm-AktG/*Noack/Zetzsche*, Rn 103 mwN.
55 So zutr. *Scholz*, AG 2008, 11; kritisch noch Vorauflage, weil damit ggf gesetzliche Informationspflichten der Verwaltung umgangen werde.
56 OLG Hamm DB 2005, 2236.
57 BGH BB 2002, 165 (Sachsenmilch III); KölnKomm-AktG/*Noack/Zetzsche*, Rn 88.
58 Nach LG München I AG 2007, 255, 256, gilt dies auch für Gegenanträge, die Satzungsänderungen beinhalten; nach OLG Rostock BeckRS 2013, 13886, sind bei angekündigten Kapitalmaßnahmen, die zugleich Satzungsänderungen beinhalten abweichende Beschlussvorschläge in der Hauptversammlung nur dann bekanntmachungsfrei, wenn sie die Essentialia des angekündigten Tagesordnungspunktes wiedergeben und ihren wirtschaftlichen Auswirkungen nicht wesentlich von den angekündigten Maßnahmen abweichen (dort abgelehnt bei Kapitalschnitt durch Zusammenlegung von Aktien im Verhältnis 100:1 bei einem von der Verwaltung angekündigten Verhältnis von 4:3).

59 *Hüffer*, Rn 19; KölnKomm-AktG/*Noack/Zetzsche*, Rn 103.
60 *Hüffer*, Rn 19; KölnKomm-AktG/*Noack/Zetzsche*, Rn 104.
61 *Hüffer*, Rn 19; KölnKomm-AktG/*Noack/Zetzsche*, Rn 105; aA Spindler/Stilz/*Rieckers*, Rn 56; auch LG München I DB 2005, 2181 hält den Antrag auf Vertrauensentzug nicht für einen Antrag im Zusammenhang mit der Entlastung.
62 LG Frankfurt /M. Urt. Vom 19.6.2008 – 3-05 O 158/07, NZG 2009, 149.
63 *Krieger*, AG 2006, 355; K. Schmidt/Lutter/*Ziemons*, Rn 67 mwN; aA KölnKomm-AktG/*Noack/Zetzsche*, Rn 110; *Koch/Falkenhausen*, BB 2005, 1068.
64 LG Frankfurt/M., Urt. v. 11.1.2005 – 3-05 O 100/04, BB 2005, 71 (wobei jedenfalls die dort getroffene Annahme der Nichtigkeit für alle Hauptversammlungsbeschlüsse ohne Abstimmung über den Abwahlantrag zu weit gehen dürfte); vgl Urt. v. 20.12.2011 – 3/5 O 37/11, BeckRS 2012, 09259 (zur Ablehnung wegen rechtsmissbräuchlicher Antragstellung); OLG Bremen BeckRS 2010, 00281; LG Köln AG 2005, 696; kritisch zur Abwahlmöglichkeit: OLG Frankfurt, Beschl. v. 26.2.2007 – 5 W 3/07, BeckRS 12075; Urt. v. 18.3.2008 – 5 U 171/06, NZG 2008, 429.

Bekanntmachungsfrei sind auch reine Verhandlungen ohne Beschlussziel, die jedoch vom Versammlungsleiter im Sinne der Verfahrensökonomie knapp gehalten werden sollten.[65] Die Bekanntmachungsfreiheit gilt jedoch nicht für die Vorlage des Jahres- und Konzernabschlusses (§ 175), die Vorlage eines Sonderprüfungsberichts (§ 145 Abs. 6. S. 5) oder die Anzeige des hälftigen Verlusts des Grundkapitals (§ 92 Abs. 1).[66]

§ 124 a Veröffentlichungen auf der Internetseite der Gesellschaft

¹Bei börsennotierten Gesellschaften müssen alsbald nach der Einberufung der Hauptversammlung über die Internetseite der Gesellschaft zugänglich sein:
1. der Inhalt der Einberufung;
2. eine Erläuterung, wenn zu einem Gegenstand der Tagesordnung kein Beschluss gefasst werden soll;
3. die der Versammlung zugänglich zu machenden Unterlagen;
4. die Gesamtzahl der Aktien und der Stimmrechte im Zeitpunkt der Einberufung, einschließlich getrennter Angaben zur Gesamtzahl für jede Aktiengattung;
5. gegebenenfalls die Formulare, die bei Stimmabgabe durch Vertretung oder bei Stimmabgabe mittels Briefwahl zu verwenden sind, sofern diese Formulare den Aktionären nicht direkt übermittelt werden.

²Ein nach Einberufung der Versammlung bei der Gesellschaft eingegangenes Verlangen von Aktionären im Sinne von § 122 Abs. 2 ist unverzüglich nach seinem Eingang bei der Gesellschaft in gleicher Weise zugänglich zu machen.

A. Grundlagen 1	4. Die Gesamtzahl der Aktien und der Stimmrechte im Zeitpunkt der Einberufung, einschließlich getrennter Angaben zur Gesamtzahl für jede Aktiengattung 11
I. Gegenstand der Norm 1	
II. Zweck der Norm 4	
B. Einzelheiten 5	
I. Internetseite der Gesellschaft 5	5. Formulare, die bei Stimmenabgabe durch Vertretung oder bei Stimmabgabe mittels Briefwahl zu verwenden sind 14
II. Gegenstände der Zugänglichmachung 8	
1. Der Inhalt der Einberufung 8	
2. Erläuterung von Tagesordnungspunkten ohne Beschluss 9	III. Zeitpunkt der Zugänglichmachung 18
3. Die der Versammlung zugänglich zu machenden Unterlagen 10	IV. Rechtsfolgen bei Verletzung 19

A. Grundlagen

I. Gegenstand der Norm. § 124 a wendet sich nur an börsennotierte Gesellschaften im Sinne von § 3 Abs. 2. Gesellschaften, deren Aktien nur im Freiverkehr oder sonstigen privatrechtlich organisierten Handelsplattformen gehandelt werden, sind daher nicht verpflichtet, die Internetpublizität des § 124 a AktG herzustellen.

Der Gesetzgeber hat angesichts der weiten Verbreitung und Nutzung des Internets keine technischen Schwierigkeiten bei der Erfüllung der Vorgaben des § 124 a erwartet.[1] Es wurde von der Ermächtigung des Art. 5 Abs. 4 S. 2 der Aktionärsrechte-Richtlinie,[2] auch die Bereitstellung in Papierform zuzulassen, kein Gebrauch gemacht.

Auch nicht börsennotierte Gesellschaften können die Unterlagen ebenfalls auf ihrer Internetseite[3] veröffentlichen. Machen sie von dieser Möglichkeit Gebrauch und stellt die Gesellschaft die Unterlagen alsbald auf ihrer Internetseite zur Verfügung, entfällt auch für sie die Verpflichtung zur Auslegung und Übersendung in Papierform. Wird in der Einberufung auf die Veröffentlichung auf der Internetseite hingewiesen, erfolgt diese jedoch nicht, so führt dies zur Anfechtbarkeit der in der Hauptversammlung gefassten Beschlüsse. Die Gesellschaft kann sich dann nicht darauf berufen, dass die Veröffentlichung und Auslage bzw Versendung in Papierform erfolgt ist.[4]

Die Veröffentlichungen auf der Internetseite müssen „alsbald"[5] nach der Einberufung der Versammlung im Bundesanzeiger erfolgen. Ausreichend ist jedenfalls, wenn die Informationen am Tag nach der Veröffentli-

---

[65] Hüffer, Rn 19.
[66] K. Schmidt/Lutter/Ziemons, Rn 68 mwN.
[1] Begr. RegE BT-Drucks. 16/11642 S. 30.
[2] Richtlinie 2007/36/EG v. 11.7.2007, ABl. Nr. L 184, S. 17.
[3] Die Internetseite eines Dienstleisters genügt nicht, MüKo-AktG/Kalss, Rn 5.
[4] LG Frankfurt/M., Urt. v. 20.12.2011 – 3-05 O 69/11, BeckRS 2012, 02303.
[5] Nach MüKo-AktG/Kalss, Rn 3, ist die Verwendung des Begriffs „alsbald" wegen der Ordnungswidrigkeitensanktion nach § 405 Abs. 3 a Nr. 2 nicht mit dem Bestimmtheitsgebot des Art. 103 GG vereinbar.

chung im elektronischen Bundesanzeiger (bzw bei Einberufung mittels eingeschriebenen Briefes oder eines anderen in der Satzung vorgesehenen Mediums gem. § 121 Abs. 4 S. 2 am Tag nach der Absendung) auf der Internetseite abrufbar sind.

3 Außerdem ordnet das Gesetz an, dass Minderheitsverlangen zur Ergänzung der Tagesordnung unverzüglich nach ihrem Eingang in gleicher Weise zugänglich gemacht werden müssen.

4 **II. Zweck der Norm.** Durch die Einfügung von § 124a wird die Internetseite von börsennotierten Gesellschaften zur zentralen Stelle des Informationsaustausches zwischen Gesellschaft und Aktionär. Sie dient der Erleichterung des Zugriffs auf die hauptversammlungsrelevanten Informationen und setzt nicht nur eine Empfehlung des damaligen Corporate Governance Kodex (2.3.1), sondern auch Art. 5 Abs. 4 der Aktionärsrechte Richtlinie um.[6]

B. Einzelheiten

5 **I. Internetseite der Gesellschaft.** Die Internetseite ist damit das gesetzlich angeordnete zentrale Medium für Informationen zwischen Gesellschaft und Aktionär. Seine Zugänglichkeit erleichtert es allen Aktionären, auch den internationalen Geldgebern, sich über die Gesellschaft und hier über die Hauptversammlung der Gesellschaft und die dort zur Beratung und Beschlussfassung anstehenden Gegenstände in vollem Umfang zu informieren.[7] Die Hoffnung,[8] damit die Hauptversammlungspräsenz zu steigern, hat sich allerdings nicht erfüllt.[9]

6 Das ARUG hat damit einen Schritt zur Öffnung der Kapitalgesellschaften für internationale Aktionäre getan.

7 Für **nicht börsennotierte Gesellschaften** verbleibt es bei den Veröffentlichungswegen über den Bundesanzeiger bzw Einschreiben, wobei ihnen die Angaben nach § 124a nicht verwehrt sind.[10]

8 **II. Gegenstände der Zugänglichmachung. 1. Der Inhalt der Einberufung.** Zu veröffentlichen ist nach § 124 Abs. 1 Nr. 1 der Inhalt der Einberufung in der durch § 121 Abs. 3 vorgegebenen Fassung und damit insbesondere die Tagesordnung. Hinzu kommt, als Inhalt der Einberufung, dass zu den einzelnen Tagesordnungspunkten Beschlussvorschläge nach § 124 Abs. 3 ebenfalls zu veröffentlichen sind.

9 **2. Erläuterung von Tagesordnungspunkten ohne Beschluss.** Das Gesetz schreibt vor, dass Tagesordnungspunkte, zu denen keine Beschlüsse der Hauptversammlung erforderlich sind, erläutert werden. Nach dem Wortlaut des Gesetzes ist nur zu erläutern, wenn solche Beschlüsse nicht erforderlich sind, was im Falle der Vorlage der Geschäftsberichte und des Berichts des Aufsichtsrats der Fall sein kann. In Betracht kommt allenfalls noch nach § 92 Abs. 2 die Anzeige des Vorstands über den Verlust des halben Grundkapitals. Nicht deutlich wird, ob an die Erläuterung besondere Anforderungen gestellt werden. Es dürfte grundsätzlich eine kurze Darstellung des Verhandlungsgegenstandes ausreichen, wobei auch darzulegen ist, dass keine Beschlüsse erforderlich sind. Damit wird den auch internationalen Aktionären nochmals verdeutlicht, dass sie insoweit keine Entscheidungsvollmachten vergeben müssen.

10 **3. Die der Versammlung zugänglich zu machenden Unterlagen.** Dabei handelt es sich vor allem um Nachgründungsverträge, Vorlage der Jahresabschlüsse mit Lageberichten, den Berichten des Aufsichtsrats und den erläuternden Berichten nach §§ 289 Abs. 4, 315 Abs. 4 HGB,[11] sowie die nach §§ 293f, 293g erforderlichen Unterlagen bei einer Hauptversammlung, die über den Abschluss von Unternehmensverträgen zu entscheiden hat, bzw den Berichten zu einer Eingliederung nach § 319 Abs. 3 und zum Ausschluss von Minderheitsaktionären nach §§ 327c Abs. 3.

11 **4. Die Gesamtzahl der Aktien und der Stimmrechte im Zeitpunkt der Einberufung, einschließlich getrennter Angaben zur Gesamtzahl für jede Aktiengattung.** Mit dieser aus dem WpHG in das Aktienrecht aufgenommenen Verpflichtung,[12] die im Referentenentwurf noch als Inhalt der Einberufung zu veröffentlichen war,[13] werden nunmehr Doppelregelungen sowohl im Aktienrecht, als auch im Wertpapierrecht verhindert.

12 Anzugeben ist die Zahl der sich nach dem Nachweiszeitpunkt des § 123 Abs. 2 ergebenden Aktien und Stimmrechte. Sofern sich zwischen diesem Nachweiszeitpunkt und dem Zeitpunkt der Einberufung Veränderungen, vor allem der Bedienung von Wandel- oder Optionsanleihen Änderungen ergeben, sind diese mit

---

6 BegrRegE ARUG, BT-Drucks. 16/11642, S. 30; *Noack*, NZG 2008, 441, 442; *Hecker/Peters*, BB 2010, 2251.
7 Vorbehalte gegen die Zugänglichkeit des Internets sind nicht mehr angebracht; *Zetzsche*, Der Konzern, 2008, 321, 324.
8 Vgl *Pluta* in Vorauflage Rn 6.
9 Vgl Pressemitteilung SdK v. 31.8.2011.
10 *Seibert/Florstedt*, ZIP 2008, 2145, 2147 und *Noack*, NZG 2008, 441, 442 sprechen von 95 % aller Emittenten und verweisen darauf, dass in DAX, TecDAX und MDAX gelistete Unternehmen zu 100 % des Internet nutzen.
11 Siehe hierfür bisher schon § 175 Abs. 2 S. 4, vgl *Noack*, NZG 2008, 441, 442.
12 Bisher enthalten in § 30b Abs. 1 Nr. 1 WpHG; vgl *Paschos/Goslar*, AG 2008, 605, 607.
13 Siehe *Paschos/Goslar*, AG 2008, 605, 607.

einzubeziehen.[14] Ebenso sind mit einzubeziehen eigene Aktien.[15] Nicht anzugeben ist, wenn Stimmrechte nach § 28 WpHG ruhen, da der Gesellschaft regelmäßig zuverlässige Informationen über unterlassenen Stimmrechtsmitteilungen fehlen.[16]

Bestehen mehrere Aktiengattungen, wie zum Beispiel neben Stammaktien Vorzugsaktien ohne Stimmrecht, so sind deren Anzahl und die ihnen jeweils zustehenden Stimmrechte jeweils gesondert anzugeben. **13**

5. Formulare, die bei Stimmenabgabe durch Vertretung oder bei Stimmabgabe mittels Briefwahl zu verwenden sind. Die von der Gesellschaft verbindlich vorgegebenen Formulare für die Stimmabgabe durch einen Bevollmächtigten oder für die Stimmenabgabe durch Briefwahl sind hier im Internet zugänglich zu machen. Dies gilt allerdings nur, wenn sie nicht bereits mit der Einberufung allen Aktionären übermittelt wurden. Die Bereitstellung eines Online-Dialogs zur Vollmachtserteilung reicht grundsätzlich aus,[17] doch ist zu berücksichtigen, dass nach § 134 Abs. 3 S. 3 eine Vollmachtserteilung ohne satzungsmäßige Erleichterung der Textform bedarf, was nach der Legaldefinition des § 126 b BGB bedeutet, dass die Erklärung in einer Urkunde oder auf andere zur dauerhaften Wiedergabe in Schriftzeichen geeigneten Weise abgegeben werden muss. **14**

Die weitestgehende Meinung[18] nimmt an, dass die Textform schon dann gewahrt ist, wenn der andere Teil den Text herunterladen kann und dieser damit dauerhaft bei ihm abrufbar ist.

Die engere, herrschende Meinung[19] verlangt, dass es tatsächlich zu einer Perpetuierung des Inhalts der Internetseite kommt, dh, dass der andere Teil den ihn betreffenden Inhalt der Internetseite auch wirklich herunterlädt (= dauerhaft speichert) oder ausdruckt, dh hier muss die Gesellschaft dafür sorgen, dass dies erfolgt.

§ 124 a S. 1 Nr. 4 erfasst nach seinem Wortlaut jedoch nur zwingend zu verwendende Formulare („zu verwenden sind"). Eine zwingende Vorgabe bestimmter Vollmachtsformulare ist aber nur für die Bevollmächtigung von gesellschaftsbenannten Stimmrechtsvertretern möglich, da bei börsennotierten Gesellschaften gem. § 134 Abs. 3 S. 3 eine Vollmachtserteilung ohne Vorgabe eines Formulars in Textform stets ausreichend ist, so dass sich die Veröffentlichungspflicht des § 124 a Abs. 1 Nr. 5 allein die für eine Bevollmächtigung von Stimmrechtsvertretern der Gesellschaft erforderlichen Formulare beschränkt. **15**

Sofern der Gesellschaft nach Veröffentlichung der Einladung im elektronischen Bundesanzeiger noch ein Ergänzungsverlangen zur Tagesordnung von Minderheitsaktionären (nach § 122 Abs. 2 mit Beschlussvorlage oder Begründung) zugegangen ist, ist es unverzüglich (§ 121 BGB) ebenfalls über das Internet zugänglich zu machen. Gemäß § 124 Abs. 1 ist die bereits ergänzte Tagesordnung ebenfalls „unverzüglich" nach Zugang des Ergänzungsverlangens bekanntzumachen und Medien gemäß § 121 Abs. 4 a zur Verbreitung zuzuleiten, wobei der Gesellschaft vor Ergänzung der Tagesordnung eine kurze Frist zur rechtlichen Prüfung des Verlangens zuzugestehen ist. Ergibt die Prüfung, dass das Ergänzungsverlangen nicht ordnungsgemäß ist, muss die Tagesordnung nicht ergänzt werden, womit auch Bekanntmachungsverpflichtung entfällt. **16**

Nicht zu veröffentlichen sind hingegen, soweit sie nicht in der Einberufung bereits enthalten sind, Gegenanträge von Aktionären nach § 126 und Wahlvorschläge von Aktionären nach § 127. Jedoch gilt hier eine eigene Bekanntmachungspflicht für börsennotierte Gesellschaften nach § 126 Abs. 1 S. 3 und § 127 S. 1. Die Herausnahme aus der Internet-Veröffentlichungspflicht nach § 124a erfolgte, weil § 243 Nr. 2 im Hinblick auf die Veröffentlichungen des § 124a die Anfechtung ausschließt.[20] **17**

III. Zeitpunkt der Zugänglichmachung. Aus der Tatsache, dass der Gesetzgeber in § 124 a S. 2 von „unverzüglich" spricht, in S. 1 für die generelle Veröffentlichungspflicht jedoch nur von „alsbald", wird gefolgert das wegen der internen Arbeitsabläufe der Gesellschaft hier Verzögerungen hingenommen werden könnten.[21] Im Interesse der Informationsverbreitung, gerade für die ausländischen Aktionäre, ist jedoch zu fordern, dass, wie nach § 121 BGB vorgesehen, die Veröffentlichung ohne schuldhaftes Zögern erfolgt,[22] was für betriebsinterne Arbeitsabläufe angemessene Zeit gewährt. **18**

IV. Rechtsfolgen bei Verletzung. Nach § 243 Abs. 3 Nr. 2 kann eine Anfechtung auf die Verletzung dieser Veröffentlichungspflicht nicht gestützt werden.[23] Die Gesellschaften gehen damit durch die erweiterte Veröffentlichungspflicht in der Regel keine Anfechtungsrisiken zusätzlicher Art ein.[24] Werden jedoch durch die Einstellung auf der Internetseite Auslage- und Übersendungspflichten ersetzt (vgl §§ 52, Abs. 2 S. 4, 175 Abs. 2 S. 4, 179a Abs. 2 S. 3, 293 f Abs. 3, 319 Abs. 3 S. 3, 327c Abs. 3) und diese nicht während des ge- **19**

---

14 *Paschos/Goslar*, AG 2008, 605, 607.
15 BegrRegE ARUG, BT-Drucks. 16/11642, S. 30.
16 K. Schmidt/Lutter/*Ziemons*, Rn 8; aA Spindler/Stilz/*Rieckers*, Rn 12.
17 Spindler/Stilz/*Rieckers*, Rn 14 mwN.
18 MüKo-BGB/*Einsele*, § 26 b Rn 9.
19 So wohl BGH NJW 2010, 3566; vgl auch *Thalmair*, NJW 2011, 14 mwN zum Streitstand.
20 BegrRegE, BT-Drucks. 16/11642, S. 30.
21 So wohl BegrRegE, BT-Drucks. 16/11642, S. 30.
22 Ähnlich wohl *Paschos/Goslar*, AG 2009, 14, 17.
23 *Seibert/Florstedt*, ZIP 2008, 2145, 2147.
24 *Paschos/Goslar*, AG 2009, 14, 17.

samten relevanten Zeitraums im Internet zugänglich gemacht, ist eine Anfechtbarkeit gegeben.[25] Von der Gesellschaft nicht zu vertretende technische Störungen oder kurzzeitige Unterbrechungen der Abrufbarkeit im Internet, etwa infolge von Wartungsarbeiten, sind jedoch nicht anfechtungsrelevant.

§ 125 Mitteilungen für die Aktionäre und an Aufsichtsratsmitglieder

(1) ¹Der Vorstand hat mindestens 21 Tage vor der Versammlung den Kreditinstituten und den Vereinigungen von Aktionären, die in der letzten Hauptversammlung Stimmrechte für Aktionäre ausgeübt oder die die Mitteilung verlangt haben, die Einberufung der Hauptversammlung mitzuteilen. ²Der Tag der Mitteilung ist nicht mitzurechnen. ³Ist die Tagesordnung nach § 122 Abs. 2 zu ändern, so ist bei börsennotierten Gesellschaften die geänderte Tagesordnung mitzuteilen. ⁴In der Mitteilung ist auf die Möglichkeiten der Ausübung des Stimmrechts durch einen Bevollmächtigten, auch durch eine Vereinigung von Aktionären, hinzuweisen. ⁵Bei börsennotierten Gesellschaften sind einem Vorschlag zur Wahl von Aufsichtsratsmitgliedern Angaben zu deren Mitgliedschaft in anderen gesetzlich zu bildenden Aufsichtsräten beizufügen; Angaben zu ihrer Mitgliedschaft in vergleichbaren in- und ausländischen Kontrollgremien von Wirtschaftsunternehmen sollen beigefügt werden.

(2) ¹Die gleiche Mitteilung hat der Vorstand den Aktionären zu machen, die es verlangen oder zu Beginn des 14. Tages vor der Versammlung als Aktionär im Aktienregister der Gesellschaft eingetragen sind. ²Die Satzung kann die Übermittlung auf den Weg elektronischer Kommunikation beschränken.

(3) Jedes Aufsichtsratsmitglied kann verlangen, daß ihm der Vorstand die gleichen Mitteilungen übersendet.

(4) Jedem Aufsichtsratsmitglied und jedem Aktionär sind auf Verlangen die in der Hauptversammlung gefassten Beschlüsse mitzuteilen.

(5) Finanzdienstleistungsinstitute und die nach § 53 Abs. 1 Satz 1 oder § 53 b Abs. 1 Satz 1 oder Abs. 7 des Gesetzes über das Kreditwesen tätigen Unternehmen sind den Kreditinstituten gleichgestellt.

A. Grundlagen	1	II. Mitteilungen an Aktionäre (Abs. 2)	17
I. Gegenstand der Norm	1	III. Mitteilungen an Aufsichtsratsmitglieder (Abs. 3)	23
II. Zweck der Norm	2	IV. Mitteilungen von Beschlüssen (Abs. 4)	26
B. Einzelheiten	5	V. Gleichstellung von Instituten (Abs. 5)	30
I. Mitteilungspflichten vor der Hauptversammlung (Abs. 1)	5	VI. Sanktionen	32

A. Grundlagen

1 **I. Gegenstand der Norm.** Abs. 1, 2 und 5 regeln Fragen der Information der Aktionäre. Abs. 1 gibt dem Vorstand zwingend auf, Kreditinstitute und Aktionärsvereinigungen rechtzeitig vor der Hauptversammlung über die Einberufung und die Tagesordnung zu informieren. Abs. 3 gibt jedem Aufsichtsratsmitglied ein Individualrecht auf Zusendung der Einberufungsinformation, und § 124 Abs. 4 verpflichtet an systematisch unzutreffender Stelle[1] – da es nicht um die Einberufung der Hauptversammlung geht – zur Mitteilung der auf der Hauptversammlung gefassten Beschlüsse an Aufsichtsratsmitglieder und Aktionäre, falls sie dies verlangen.

2 **II. Zweck der Norm.** Abs. 1 und 2 dienen der Information der Aktionäre im Vorfeld einer Hauptversammlung mithilfe der Kreditinstitute, der Aktionärsvereinigungen und der ihnen gleichgestellten Organisationen (vgl die Mitteilungspflicht nach § 128 Abs. 1), da die Bekanntmachung über den elektronischen Bundesanzeiger (§ 124) die Aktionäre häufig nicht erreicht.[2] Eine Erweiterung der Informationspflichten durch die Satzung oder die tatsächliche Handhabung der Gesellschaft (zB Versendung von Zwischen- und Geschäftsberichten) ist möglich und zulässig.[3]

3 Im Zusammenhang mit den §§ 126 bis 128 soll die Norm sicherstellen, dass Kreditinstitute und ihnen Gleichgestellte ihren eigenen Mitteilungspflichten nach § 128 Abs. 1 nachkommen können. Dies dient der Vorbereitung der Aktionäre sowie ihrer Meinungsbildung und erleichtert die Weisungserteilung. Das Zu-

---

25 LG Frankfurt, Urt. v. 20.12.2011 – 3-05 O 69/11, BeckRS 2012, 02303; K. Schmidt/Lutter/*Ziemons* Rn 28.
1 Vgl KölnKomm-AktG/*Noack/Zetzsche*, Rn 3; Spindler/Stilz/ *Rieckers*, Rn 2.
2 *Hüffer*, Rn 1; Großkomm-AktienR/*Werner*, Rn 3; Spindler/ Stilz/*Rieckers*, Rn 1.
3 *Butzke*, Die Hauptversammlung der Aktiengesellschaft, 5. Aufl., B Rn 148.

gänglichmachen im Sinne des § 126 Abs. 1, vorzugsweise durch die Internetseite der Gesellschaft ist im Hinblick auf das internationale Aktionariat nunmehr in § 126 Abs. 1 S. 3 vorgeschrieben, obwohl nach wie vor nicht alle Aktionäre einen Internetzugang haben.
Verwahren Inhaberaktionäre ihre Aktien nicht in einem Bankdepot, sind sie von dem Informationsfluss nach §§ 125 Abs. 1, 128 Abs. 1 ausgeschlossen.
Die Norm ist nicht zulasten der Aktionärsinformation abänderbar (§ 23 Abs. 5), aber durch Satzung oder tatsächliche Handhabung der Gesellschaft erweiterbar.

B. Einzelheiten

I. Mitteilungspflichten vor der Hauptversammlung (Abs. 1). Das Fristenregime des Abs. 1 wurde an die Berechnungsgrundsätze des § 121 Abs. 7 angepasst. Es rechnet von der Versammlung rückwärts und berücksichtigt mit dem Mitteilungstag 21 Tage vor der Hauptversammlung, der nicht mit in die Berechnung einzubeziehen ist (§ 125 Abs. 1 S. 2), dass Minderheitsverlangen bei **börsennotierten Gesellschaften spätestens 30 Tage** vor der Versammlung eingegangen sein müssen beziehungsweise **bei nicht börsennotierten Gesellschaften 24 Tage** vorher. Damit ist in aller Regel sichergestellt, dass Minderheitsverlangen des § 122 Abs. 2 noch Eingang in die Einberufung und deren Tagesordnung (§ 121 Abs. 3 S. 2) finden[4] und eine doppelte Mitteilung für Einberufung und Minderheitsverlangen unterbleiben kann, was den Gesellschaften unnötige Kosten vermeiden hilft.[5]
Maßgeblich für die Fristwahrung ist die Absendung der Mitteilung durch die Gesellschaft, nicht der Zugang bei dem Mitteilungsempfänger.[6]
Empfänger der Mitteilungen sind **Kreditinstitute** und **ihnen Gleichgestellte** sowie **Aktionärsvereinigungen** unter der Voraussetzung, dass sie entweder in der vorausgegangenen (ordentlichen oder außerordentlichen) Hauptversammlung Stimmrechte für Aktionäre ausgeübt oder eine solche Mitteilung verlangt haben. Die Pflicht zur Mitteilung trifft nach dem Gesetz den Vorstand, gemeint ist jedoch die Gesellschaft, so dass auch bei nicht ordnungsgemäß gebildeten bzw nicht vollständigem Vorstand, die Verpflichtung besteht.[7]
Der Begriff des Kreditinstituts ist definiert in §§ 1 Abs. 1, 2 Abs. 1 KWG. Der Begriff der Aktionärsvereinigung ist gesetzlich nicht definiert, aber sachlich und historisch geprägt von Interessenverbänden der Aktionäre, wie der Deutschen Schutzvereinigung für Wertpapierbesitz eV, oder der Schutzgemeinschaft der Kapitalanleger, die Interessen der Aktionäre durch Stimmrechtsvertretung in Hauptversammlungen übernehmen und Stellungnahmen zu aktienrechtlichen Gesetzgebungsvorhaben abgeben. Aktionärsvereinigungen sind auf Dauer angelegt und idR als eingetragener Verein organisiert, auch wenn die Rechtsform vom Gesetz nicht vorgegeben ist.[8] Die Form einer Gesellschaft bürgerlichen Rechts ist daher denkbar.[9] Eine Zusammenfassung von Aktionärsinteressen in Pool-Verträgen (Konsortial-Verträgen) trifft den Begriff der Aktionärsvereinigung nicht.[10]
Wer in der letzten Hauptversammlung Stimmrechte ausgeübt hat, ergibt sich aus dem Teilnehmerverzeichnis. Ist die Teilnahme nicht ersichtlich, muss sowohl das Kreditinstitut wie die Aktionärsvereinigung ein Mitteilungsverlangen an die Gesellschaft richten. Das Verlangen kann formlos gestellt werden, eine Frist besteht – anders als nach Abs. 2 – für den Antrag nicht.[11] Die Diskussion um die Zulässigkeit von Daueranträgen[12] ist ohne große Bedeutung, da in der Praxis zumindest für Banken und Aktionärsvereinigungen meist die Versandliste des Vorjahres übernommen wird.
Mitteilungsinhalt sind die Einladung, die Tagesordnung mit den Beschlussvorschlägen 121 Abs. 3 iVm § 124 Abs. 3) einschließlich bereits eingegangener sowie auch evtl nachträglicher Minderheitsverlangen (§ 125 Abs. 1 S. 3), wobei das Gesetz zwischen börsennotierten und nicht börsennotierten Gesellschaften differenziert.[13]
Strittig ist, ob Vorstandsberichte (zB § 186 Abs. 4 S. 2) ebenfalls mitgeteilt werden müssen. Dafür spricht die Informationsaufgabe.[14] Die meisten Gesellschaften veröffentlichen Vorstandsberichte nach §§ 186 Abs. 4 S. 2, 71 Abs. 1 Nr. 8 bzw §§ 192 Abs. 2 Nr. 3, 193 Abs. 2 Nr. 4 regelmäßig zusammen mit der Tagesordnung. Ein Zuviel an Information schadet nicht, ein Zuwenig birgt ggf Anfechtungsrisiken. Empfehlenswert ist daher auch die Mitteilung von Geschäftsbericht-Kurzfassungen.[15]

---

4 *Butzke*, aaO B Rn 136.
5 BegrRegE, BT-Drucks. 16/11642, S. 30/31; kritisch hierzu K. Schmidt/Lutter/*Ziemons*, Rn 9.
6 *Butzke*, Rn 136; *Hüffer*, Rn 5 a mwN.
7 OLG Frankfurt WM 1975, 336; *Lommatzsch*, NZG 2001, 1017; Spindler/Stilz/*Rieckers*, Rn 6 mwN.
8 *Noack*, NZG 2008, 441, 443.
9 *Hüffer*, Rn 2; Großkomm-AktienR/*Werner*, Rn 35.
10 *Butzke*, aaO, Rn 137 mwN.
11 *Hüffer*, Rn 2; Großkomm-AktienR/*Werner*, Rn 45.
12 Vgl K. Schmidt/Lutter/*Ziemons*, Rn 23 mwN.
13 Vgl KölnKomm-AktG/*Noack/Zetzsche*, Rn 21.
14 Großkomm-AktienR/*Werner*, Rn 15 mwN; LG Berlin DB 2005, 1320.
15 *Hüffer*, Rn 3.

9 Aus der Mitteilung muss sich ergeben, durch wen – Vorstand gem. § 121 Abs. 2, Aufsichtsrat gen. § 111 Abs. 3, Aktionärsminderheit gem. § 122 Abs. 1, statuarisch Berechtigten gem. § 121 Abs. 2 – oder ob die Einberufung auf ein Minderheitsverlangen erfolgt.
Einberufung mit Tagesordnung und Beschlussvorschläge nach § 124 Abs. 3 sind in der im Bundesanzeiger veröffentlichten Form mitzuteilen.

10 Auf die **Vertretungsmöglichkeit durch Bevollmächtigte**, auch Aktionärsvereinigungen ist besonders hinzuweisen. Der Hinweis auf die Möglichkeit der Bevollmächtigung der von der Gesellschaft benannten Stimmrechtsvertreter oder auf das beigefügte Vollmachtsformular genügt nicht. Ausreichend ist jedoch ein dem Gesetzeswortlaut entsprechender Hinweis.[16]

11 Bei **Wahlvorschlägen** für den Aufsichtsrat (Abs. 1 S. 3) sind **bei börsennotierten (§ 3 Abs. 2) Aktiengesellschaften** anderweitige Mandate der vorgeschlagenen Aufsichtsratsmitglieder bekannt zu machen. In Betracht kommen hier Aufsichtsratsmandate bei SE, Aktiengesellschaften und GmbHs, soweit nach § 6 Abs. 1 MitbestG ein Aufsichtsrat zu wählen ist, Genossenschaften, Versicherungsvereinen auf Gegenseitigkeit und Anstalten des öffentlichen Rechts mit wirtschaftlicher Zwecksetzung.[17] Dies soll den Aktionären die Einschätzung von Konkurrenzverhältnissen und Interessenkonflikten ermöglichen[18] (gehört aber nicht zur Bekanntmachung nach § 124 Abs. 3 S. 3) und einen Überblick über die Wählbarkeitsvoraussetzungen nach § 100 Abs. 2 (Höchstzahl der Sitze, Doppelzählung des Vorsitzes) geben. Eine Informationspflicht des Vorstands für Wahlvorschläge aus Aktionärskreisen besteht nicht, weil der Vorstand nicht verpflichtet sein soll, Nachforschungen zu betreiben und § 127 nur auf § 126 und nicht auf § 125 verweist.[19]

12 Es besteht auch eine Pflicht des Vorstands nach § 125 Abs. 1 S. 3 Hs 2 für die Angabe von Mandaten in vergleichbaren in- und ausländischen Kontrollgremien,[20] so zB in Beiräten und Verwaltungsräten, und auch beim Einheitsgremium des schweizerischen Verwaltungsrats bzw des amerikanischen Boards.[21] Dies ist auch sachgerecht, weil erst dann der gesetzgeberischen Intention der Offenlegung von drohenden Interessenkonflikten entsprochen und auch die zeitlichen Belastung des Kandidaten deutlich wird und damit auch die Möglichkeit, Aufsichtsratsaufgaben in der Gesellschaft sachgerecht wahrzunehmen. Aus diesem Grund erscheint es auch nicht sachgerecht, dass der Gesetzgeber hier Tätigkeiten für karitative und wissenschaftliche Institutionen nicht erfassen will.[22] Zweckmäßig ist es auch, in der Mitteilung die Höchstzahlregelung des § 100 Abs. 2 zu berücksichtigen, dh Konzernmandate gesondert auszuweisen und Vorsitzämter anzugeben.
Alle vergleichbaren Mandate sind auch Pflichtangaben im Anhang (§ 285 Nr. 10 S. 1 HGB).

13 Der **Begriff der Mitteilung** umfasst zwar auch die Schriftform, lässt jedoch jede andere Textform (§ 126 b BGB) zu, mit der ein Zugang bei den Kreditinstituten und Aktionärsvereinigungen erwartet werden kann und die eine Vervielfältigung zur Weitergabe an Aktionäre ermöglicht.[23] Ausreichend ist die Übermittlung eines Exemplars der Mitteilung. Damit ist auch die elektronische Mitteilung (E-Mail) vereinbar.
Die Kosten der Mitteilung hat die Gesellschaft zu tragen. Hinsichtlich der Kosten der Vervielfältigung trifft § 128 Abs. 3 Nr. 2 eine Regelung.[24]

14 Problematisch ist allerdings die Weiterleitung der Mitteilung an die Aktionäre per E-Mail. Bei börsennotierten Gesellschaften ist § 30 b Abs. 3 WpHG und europarechtlich Art. 17 Abs. 3 lit. c der Transparenzrichtlinie zu beachten.[25]

15 Da die Frist jetzt auf „mindestens 21 Tage vor der Versammlung" und nicht mehr „binnen 12 Tagen nach der Bekanntmachung der Einberufung"[26] abgestellt wird, verkürzt sich die für den Versand verbleibende Frist für die Banken (und ihnen Gleichgestellte) wesentlich.

16 Bei **Übernahmesachverhalten** verkürzt sich die Mitteilungsfrist für den Vorstand auf vier Tage (§ 16 Abs. 4 S. 3 WpÜG), auch kann die Mitteilung nach § 16 Abs. 4 S. 6 WpÜG ganz entfallen, wenn die Weiterleitung an die Aktionäre zeitlich nicht mehr möglich ist.

17 **II. Mitteilungen an Aktionäre (Abs. 2).** Nach Abs. 2 ist Empfänger (**Berechtigter**) jeder Aktionär, der eines der nachfolgenden Erfordernisse (alternativ) erfüllt:

18 Das Verlangen auf Mitteilung von Informationen können **Inhaberaktionäre** einmal für alle Zukunft stellen.[27] Für die Form des Verlangens, wie auch für den Nachweis der Aktionärseigenschaft, schreibt das Gesetz nichts vor, jedoch ist in entsprechender Anwendung des § 123 Abs. 3 die Gesellschaft berechtigt, einen Nachweis zu fordern.[28]

---

16 K. Schmidt/Lutter/*Ziemons*, Rn 10 mwN.
17 K. Schmidt/Lutter/*Ziemons*, Rn 13 mwN.
18 *Hüffer*, Rn 4.
19 *Hüffer*, Rn 4.
20 AA noch *Pluta* in Vorauflage Rn 11.
21 KölnKomm-AktG/*Noack/Zetzsche*, Rn 49 ff; K. Schmidt/Lutter/*Ziemons*, Rn 14 mwN.
22 BegrRegE KonTraG, BT-Drucks. 13/9712, S. 17.
23 *Hüffer*, Rn 5 mwN.
24 Vgl die Erläuterungen dort unter Rn 19.
25 Vgl hierzu § 128 Rn 13, Rn 18.
26 Spindler/Stilz/*Rieckers*, Rn 29.
27 BegrRegE UMAG, BT-Drucks. 15/5092, S. 15.
28 *Hüffer*, Rn 6 a; KölnKomm-AktG/*Noack/Zetzsche*, Rn 142.

Bei **nicht börsennotierten Gesellschaften** kann die Satzung ohnehin jede Nachweisform zulassen. 19
Bei Namensaktien steht das Recht nur denen, die spätestens zu Beginn des 14 Tages (Termin: 0:00 Uhr) vor 20
der Hauptversammlung im Aktenregister eingetragen sind.
Es handelt sich damit um **Namensaktionäre**, die aufgrund ihrer mit Anschrift und Adresse festgehaltenen
unmittelbaren Verbindung zur Gesellschaft von dieser selbst informiert werden können. Eine Information
über Kreditinstitute und Aktionärsvereinigungen nach § 128 ist damit nicht erforderlich. Die Fristberechnung erfolgt nach § 121 Abs. 7 von der Hauptversammlung rückwärts. Namensaktionäre, die später eingetragen werden, haben keinen Anspruch auf die (automatische) Mitteilung,[29] es bleibt jedoch sowohl die
Möglichkeit nach § 125 Abs. 2 Hs 2 als auch eine freiwillige Information durch den Vorstand. Die Teilnahme- und Stimmrechte von Namensaktionären werden dadurch nicht berührt.
Der **Inhalt der Mitteilung** nach Abs. 2 ist der gleiche wie nach Abs. 1. 21
Die Mitteilung nach Abs. 2 ist auch in **elektronischer Form** möglich, wenn die **Satzung** die Übermittlung 22
der Mitteilung **auf die elektronische Kommunikation beschränkt**. In einem derartigen Fall kann sich die
Gesellschaft grundsätzlich von der Papierform lösen.
Bei einer derartigen Satzungsregelung ist bei Widerspruch des Aktionärs gegen die elektronische Mitteilung
die Gesellschaft jedoch verpflichtet, die Mitteilung in Papierform zu übersenden, was sich bei börsennotierten Gesellschaften bereits aus § 30 b Abs. 3 Nr. 1 WpHG[30] und im Übrigen europarechtlich aus Art. 17
Abs. 3 lit. c der Transparenzrichtlinie[31] ergibt.
Dieser Widerspruch dürfte bereits in dem Verlangen eines Aktionärs liegen, der keine E-Mail-Adresse angibt.[32]
III. Mitteilungen an Aufsichtsratsmitglieder (Abs. 3). Jedes **Aufsichtsratsmitglied** ist berechtigt, die gleiche 23
Mitteilung wie die Aktionäre zu erhalten (**Individualrecht**).[33]
Verpflichtet ist der Vorstand, wenn das Aufsichtsratsmitglied dies verlangt. Die Form des Verlangens ist be- 24
liebig, ebenso die Frist hierfür. Der Vorstand hat jedoch ein geäußertes Verlangen unverzüglich (§ 121
Abs. 1 S. 1 BGB) zu erfüllen. Wie bei Kreditinstituten und Aktionärsvereinigungen kann das Aufsichtsratsmitglied für die Dauer seiner Amtszeit das Verlangen äußern.[34]
Das Individualrecht kann nicht durch Aufsichtsratsbeschluss entzogen werden,[35] wohl aber kann durch 25
Aufsichtsratsbeschluss das Verlangen für alle Mitglieder des Aufsichtsrats geäußert werden.
IV. Mitteilungen von Beschlüssen (Abs. 4). Berechtigt ist jedes Aufsichtsratsmitglied und jeder Aktionär, 26
Letzterer unabhängig von einer Eintragungsfrist im Aktienregister (§ 67), aber nur bis zu seinem Ausscheiden durch Aufgabe der Aktionärsstellung. Für Aufsichtsratsmitglieder handelt es sich um das gleiche Individualrecht wie in Abs. 3, entgegen der früheren Gesetzesfassung gibt es für Inhaberaktionäre keine Erschwernis durch Hinterlegung ihrer Aktien mehr.
Verpflichtet ist der Vorstand, der auf ein formlos gestelltes Verlangen unverzüglich (§ 121 Abs. 1 S. 1 BGB) 27
tätig werden muss.[36] Die Erfüllung der Verpflichtung soll auch elektronisch möglich sein, jedoch muss
hier berücksichtigt werden, dass dem Aktionär auch die elektronische Kenntnisnahme möglich ist. Eine im
Internet (Homepage) veröffentlichte Mitteilung oder der Verweis des Anfragenden auf diese Veröffentlichung genügt nicht, kann aber Individualanfragen vermindern.[37]
Die Mitteilung von Beschlüssen hat **unverzüglich** (§ 121 Abs. 1 S. 1 BGB) zu erfolgen, weil die Kenntnis- 28
nahme auch zur Prüfung von Anfechtungsgründen dienen kann und die Monatsfrist des § 246 Abs. 1 zu
beachten ist, die möglichst nicht verkürzt werden soll.[38] § 130 Abs. 6 legt bei **börsennotierten Gesellschaften** eine Veröffentlichungsfrist von sieben Tagen zu Grunde.[39]
Der Inhalt der Beschlussfassung ist so mitzuteilen, wie sie – ggf nach Änderungen in der Hauptversamm- 29
lung – tatsächlich beschlossen wurden. Überwiegend[40] wird angenommen, dass die Stimmverhältnisse nicht
mitzuteilen sind. Dem ist jedoch entgegenzutreten. Zum einen bedeutet dies keinen Mehraufwand für die
Gesellschaft, zum anderen werden damit die Überprüfung der Anfechtbarkeit und eventuelle Erfolgsaussichten (Relevanz, § 243 Abs. 1) erleichtert. Dies kann überflüssige Anfechtungsklagen verhindern und soll-

---

29 Versendungsstopp; *Hüffer*, Rn 6 b; der Umschreibestopp liegt in aller Regel auf dem Nachweisstichtag des § 123 Abs. 3.
30 KölnKomm-AktG/*Noack*/*Zetzsche*, Rn 75 ff; Spindler/Stilz/ *Rieckers*, Rn 25 f.
31 ABl. Nr. L 76 S. 50.
32 Paschos/Goslar, AG 2009 14, 17; K. Schmidt/Lutter/*Ziemons*, Rn 28; Hölters/*Drinhausen*, Rn 11; aA KölnKomm-AktG/ *Noack*/*Zetzsche*, Rn 77; MüKo-AktG/*Kubis*, Rn 16.
33 *Hüffer*, Rn 7 f; KölnKomm-AktG/*Noack*/*Zetzsche*, Rn 138.
34 KölnKomm-AktG/*Noack*/*Zetzsche*, Rn 146; *Hüffer*, Rn 7.
35 *Hüffer*, Rn 7.
36 *Hüffer*, Rn 8.
37 Hölters/*Drinhausen*, Rn 13; Spindler/Stilz/*Rieckers*, Rn 37 mwN.
38 *Hüffer*, Rn 8.
39 Die BegrRegE ARUG, BT-Drucks. 16/11642, S. 31, hält die Frist für keine Beeinträchtigung des Aktionärs, eine etwaige Anfechtungsklage vorzubereiten und innerhalb der Monatsfrist des § 246 Abs. 1 zu erheben.
40 Vgl Spindler/Stilz/*Rieckers*, Rn 36; MüKo-AktG/*Kubis*, Rn 35; K. Schmidt/Lutter/*Ziemons*, Rn 37 mwN.

te daher genutzt werden, zumal bei börsennotierten Gesellschaften nach § 130 Abs. 7 das Abstimmungsergebnis auf der Internetseite zu veröffentlichen ist.

Sachgerecht ist es, eine Mitteilungspflicht für abgelehnte Beschlussanträge anzunehmen, da auch die Ablehnung auf einen in der Hauptversammlung gefassten Beschluss beruht.

Nicht nachvollziehbar ist es, wenn die hM[41] eine Mitteilungspflicht nur zu Beschlüssen auf Sachanträge annimmt, nicht jedoch auf Geschäftsordnungsanträge. Dem Gesetzeswortlaut lässt sich eine solche Einschränkung nicht entnehmen.[42]

30 **V. Gleichstellung von Instituten (Abs. 5).** Die Mitteilungspflichten gegenüber Kreditinstituten und Aktionärsvereinigungen gelten nach Abs. 5 auch gegenüber **Finanzdienstleistern** (§§ 1 Abs. 1a, 2 Abs. 6 KWG) und Unternehmen nach § 53 Abs. 1 S. 1 oder § 53b Abs. 1, 7 KWG (ausländische Kreditinstitute und Finanzdienstleister). Auch diese nehmen Aktionärsinteressen bei der Stimmvertretung wahr und sind daher mitteilungsberechtigt.[43]

31 An die Empfangsberechtigung nach § 125 Abs. 5 iVm Abs. 1 knüpft die Weitergabeverpflichtung nach § 128.[44]

32 **VI. Sanktionen.** Verstöße gegen Abs. 1 S. 1 bis 4, machen Hauptversammlungsbeschlüsse anfechtbar (§ 243 Abs. 1), nicht jedoch Verstöße gegen die Soll-Vorschrift des Abs. 1 S. 5 Hs 2. Vorstand und Gesellschaft sollen das Risiko der schwierigen Abgrenzung von vergleichbaren Gremien und der rechtlichen Einordnung, insbes. bei ausländischen Kontrollgremien nicht tragen.[45]

33 Verstöße gegen Abs. 2 führen ebenfalls zur Anfechtbarkeit der Hauptversammlungsbeschlüsse.[46] Nach hM berührt generell die Verletzung der Einberufungsvorschriften, insb. der §§ 121–123 und 125–127 die Rechtmäßigkeit (§ 243 Abs. 1) der Hauptversammlungsbeschlüsse.[47]

34 Ein Verstoß gegen Abs. 3 kann das Aufsichtsratsmitglied zur Anfechtung berechtigen, wobei aber regelmäßig die erforderliche Relevanz der Verletzung für das Zustandekommen der Hauptversammlungsbeschlüsse fehlen dürfte.

Erfolgt die Mitteilung zu spät, ist mit Blick auf die Relevanz abzuwägen, ob die verbleibende Zeit zur Vorbereitung ausreichend war

35 Ein Verstoß gegen Abs. 4 gibt kein Anfechtungsrecht, weil Vorgänge nach der Hauptversammlung den Bestand von Beschlüssen generell nicht berühren können.[48] Eine zunächst wirksame Beschlussfassung kann nicht nachträglich nichtig oder anfechtbar werden. Eine Anfechtbarkeit oder Nichtigkeit wegen nachträglich eintretender Umstände wäre rechtssystematisch nur möglich, wenn bis zu diesen Umständen die Beschlussfassung schwebend unwirksam wäre. Dies ist nach der aktienrechtlichen Gesetzessystematik nicht gegeben. Wenn Umstände, die erst nach der Hauptversammlung eintreten, nach dem Willen des Gesetzgebers zur Nichtigkeit oder Anfechtbarkeit hätten führen sollen, hätte es einer ausdrücklichen gesetzlichen Regelung bedurft.[49]

Jedoch ist, ebenso wie bei Nichteinhaltung der Termine des Abs. 1 S. 1, ein Schadensersatzanspruch theoretisch denkbar, jedoch dürfte dieser regelmäßig an der Kausalität scheitern.

Als weitere Rechtsfolge einer Verletzung von Mitteilungspflichten aus § 125 kommt ein Schadensersatzanspruch der Gesellschaft – insbesondere wegen der Kosten eines erfolgreichen Anfechtungsprozesses – gegen den Vorstand (§ 93) in Betracht.[50]

Die nach Abs. 1 bis 4 Empfangsberechtigten können ihren Mitteilungsanspruch im Wege der Leistungsklage geltend machen. Die Leistungsklage ist gegenüber einer Anfechtungsklage nicht subsidiär. Praktisch kommt jedoch wegen des Zeitablaufs trotz der Vorwegnahme der Hauptsache nur eine einstweilige Verfügung in Betracht.[51]

§ 126 Anträge von Aktionären

(1) ¹Anträge von Aktionären einschließlich des Namens des Aktionärs, der Begründung und einer etwaigen Stellungnahme der Verwaltung sind den in § 125 Abs. 1 bis 3 genannten Berechtigten unter den dortigen Voraussetzungen zugänglich zu machen, wenn der Aktionär mindestens 14 Tage vor der Versammlung der

---

41 KölnKomm-AktG/*Noack/Zetzsche*, Rn 181; Spindler/Stilz/ *Rieckers*, Rn 36 mwN.
42 So auch K. Schmidt/Lutter/*Ziemons*, Rn 37; MüKo-AktG/*Kubis*, Rn 35.
43 *Hüffer*, Rn 9; *ders.*, § 70 Rn 2.
44 *Hüffer*, Rn 9.
45 RegBegr. BT-Drucks. 13/9712 S. 17; *Hüffer*, Rn 10.
46 *Hüffer*, Rn 10; *ders.*, § 243 Rn 14, § 245 Rn 19 mwN.
47 *Hüffer*, § 243 Rn 14, § 245 Rn 19, 20; MüHb-AG/*Semler*, § 41 Rn 56.
48 MüKo-AktG/*Kubis*, Rn 39.
49 LG Frankfurt/M., Urt. v. 25.11.2011 – 3-05 O 30/11, BeckRS 2011, 26747.
50 Hölters/*Drinhausen*, Rn 16; Spindler/Stilz/*Rieckers*, Rn 44.
51 Spindler/Stilz/*Rieckers*, Rn 45 mwN.

Gesellschaft einen Gegenantrag gegen einen Vorschlag von Vorstand und Aufsichtsrat zu einem bestimmten Punkt der Tagesordnung mit Begründung an die in der Einberufung hierfür mitgeteilte Adresse übersandt hat. ²Der Tag des Zugangs ist nicht mitzurechnen. ³Bei börsennotierten Gesellschaften hat das Zugänglichmachen über die Internetseite der Gesellschaft zu erfolgen. ⁴§ 125 Abs. 3 gilt entsprechend.

(2) ¹Ein Gegenantrag und dessen Begründung brauchen nicht zugänglich gemacht zu werden,
1. soweit sich der Vorstand durch das Zugänglichmachen strafbar machen würde,
2. wenn der Gegenantrag zu einem gesetz- oder satzungswidrigen Beschluß der Hauptversammlung führen würde,
3. wenn die Begründung in wesentlichen Punkten offensichtlich falsche oder irreführende Angaben oder wenn sie Beleidigungen enthält,
4. wenn ein auf denselben Sachverhalt gestützter Gegenantrag des Aktionärs bereits zu einer Hauptversammlung der Gesellschaft nach § 125 zugänglich gemacht worden ist,
5. wenn derselbe Gegenantrag des Aktionärs mit wesentlich gleicher Begründung in den letzten fünf Jahren bereits zu mindestens zwei Hauptversammlungen der Gesellschaft nach § 125 zugänglich gemacht worden ist und in der Hauptversammlung weniger als der zwanzigste Teil des vertretenen Grundkapitals für ihn gestimmt hat,
6. wenn der Aktionär zu erkennen gibt, daß er an der Hauptversammlung nicht teilnehmen und sich nicht vertreten lassen wird, oder
7. wenn der Aktionär in den letzten zwei Jahren in zwei Hauptversammlungen einen von ihm mitgeteilten Gegenantrag nicht gestellt hat oder nicht hat stellen lassen.

²Die Begründung braucht nicht zugänglich gemacht zu werden, wenn sie insgesamt mehr als 5 000 Zeichen beträgt.

(3) Stellen mehrere Aktionäre zu demselben Gegenstand der Beschlußfassung Gegenanträge, so kann der Vorstand die Gegenanträge und ihre Begründungen zusammenfassen.

A. Grundlagen	1	2. Formalien	19
I. Gegenstand der Norm	1	3. Zugänglichmachung	26
II. Zweck der Norm	3	II. Ausnahmen von der Zugänglichmachungs-	
III. Zum Informationssystem bei Gegenanträgen	4	pflicht (Abs. 2)	32
B. Einzelheiten	11	III. Recht zur Zusammenfassung (Abs. 3)	41
I. Ankündigung von Gegenanträgen (Abs. 1)	11	IV. Sanktionen	43
1. Antragsberechtigung	11		

A. Grundlagen

I. Gegenstand der Norm. Abs. 1 ist durch das TransPuG v. 25.7.2002[1] völlig umgestaltet worden. Die Regelung ist zwingend (§ 23 Abs. 5).
§ 126 dient der frühzeitigen Information der Aktionäre über Gegenanträge zu den von der Verwaltung nach § 124 bekannt gemachten Beschlussvorschlägen. Ergänzt wird § 126 durch § 127, der Wahlvorschläge durch die Aktionäre betrifft. Bei Übernahmesachverhalten kann die Zugänglichmachung unterbleiben, wenn der rechtzeitige Eingang zur Überzeugung des Vorstands mit Zustimmung des AR nicht wahrscheinlich ist (§ 16 Abs. 4 S. 8 WpÜG).

Durch die Information der in § 125 Abs. 1 genannten Berechtigten wird nämlich die Weitergabe an die Aktionäre gemäß § 128 gewährleistet. Der Informationsweg der **Zugänglichmachung** für die nach § 125 Abs. 1, 3 Berechtigten[2] hat sich inzwischen in der Terminologie verfestigt. Der Begriff wird an mehreren Stellen des Gesetzes (§§ 126 Abs. 2, 127 S. 3, 128 Abs. 2 S. 2) verwandt, die Interpretation ist Praxis und Rechtsprechung überlassen. Seine Interpretation muss daher immer aus dem Zusammenhang der jeweiligen Norm abgeleitet werden. Denn nicht immer ist Zugänglichmachen im Sinne des Gesetzes als Hinweis auf die Homepage der Gesellschaft zu verstehen.[3]

II. Zweck der Norm. § 126 ist die Vorschrift der „**Opposition**". Darunter ist die Stellung eines Gegenantrags zu einem von der Verwaltung zur Beschlussfassung gestellten Vorschlag (§ 124 Abs. 3) zu verstehen, den jeder Aktionär – auch dem Vorstand und dem Aufsichtsrat angehörige Aktionäre – einbringen kann.[4] Es handelt sich hier um ein wesentliches Instrument der Einflussnahme einzelner Aktionäre auf die Verwal-

---

[1] BGBl. I 2002 S. 2681.
[2] Vgl *Hüffer*, Rn 1 mwN.
[3] *Noack*, AG 2003, 537, 540 mwN.
[4] KölnKomm-AktG/*Noack/Zetzsche*, Rn 16.

tung der ihnen anteilig gehörenden Gesellschaft und damit um ein wesentliches Instrument der Aktionärsdemokratie und der Aktienkultur.

Die Norm bezweckt die frühzeitige Information der Aktionäre über eine beabsichtigte Opposition, weil Gegenanträge über die Homepage (Internetseite) der Gesellschaft zugänglich gemacht werden müssen. Zugleich schränkt Abs. 2 die Zugänglichmachung auf zulässige und rechtmäßige Gegenanträge ein und gibt dem Vorstand bei mehreren gleichgerichteten Anträgen ein Redaktionsrecht (Abs. 3). Das Gegenantragsrecht kann aber auch noch in der Hauptversammlung ausgeübt werden.

4 **III. Zum Informationssystem bei Gegenanträgen.** Die Regelung der Informationen über Oppositionen bringt neben dem Begriff der **Mitteilung** in § 125 Abs. 1–4 in § 126 den Begriff der **Übersendung** für Oppositionsanträge und Wahlvorschläge des Aktionärs und zusätzlich den Begriff der **Zugänglichmachung** in § 126 Abs. 1 und 2 für diese Anträge und Vorschläge.

5 Für den Begriff der **Mitteilung** hat sich die Auffassung durchgesetzt, dass hier neben der Schriftform (Post, Fax) inzwischen auch elektronische Übermittlung (E-Mail) zulässig ist, wenn der Mitteilungsempfänger deutlich macht, dass er Zugang zum entsprechenden Nachrichtenmedium hat. Offen ist hierbei die Legitimationsüberprüfung des verlangenden Aktionärs.

6 Der Aktionär muss den Gegenantrag mit Begründung an die in der Einberufung hierfür mitgeteilte Adresse in einer Form übersenden, die es der Gesellschaft ermöglicht, beides den Berechtigten zugänglich zu machen. Erforderlich ist eine schriftliche Verkörperung; eine (fern)mündliche Mitteilung genügt nicht,[5] was sich schon aufgrund der gesetzlichen Beschränkung auf 5.000 Zeichen ergibt. Das Einhalten der Schriftform iSd § 126 BGB ist nicht notwendig, aber immer ausreichend.[6] Statthaft ist auch die Übermittlung per Telefax oder in elektronischer Form, etwa per E-Mail, wenn die Gesellschaft eine entsprechende Faxnummer und/oder E-Mail-Adresse zu diesem Zweck in der Einberufung angegeben hat.[7] Der Antrag ist in deutscher Sprache zu übersenden.[8]

7 Die Gesellschaft kann für die Übersendung der Gegenanträge in der Einberufung eine Zieladresse benennen und dadurch den Zugang der Gegenanträge auf eine bestimmte Adresse konzentrieren, wobei eine Verpflichtung hierzu nicht besteht. Macht die Gesellschaft von dieser Möglichkeit Gebrauch, hat sie die Adresse konkret als solche zum Einreichen von Gegenanträgen zu bezeichnen. Bei der Adresse kann es sich um eine Postanschrift, Faxnummer oder E-Mail-Adresse der Gesellschaft handeln. Der Gegenantrag mit Begründung kann dann grundsätzlich nur noch an diese Adresse übersandt werden; an eine abweichende Adresse übersandte Anträge dürfen unberücksichtigt bleiben.[9] Gegenanträge können dann nicht per E-Mail oder Fax übermittelt werden, wenn seitens der Gesellschaft nur eine Postanschrift angegeben wurde.[10] Wurde umgekehrt nur eine E-Mail Adresse oder Faxnummer mitgeteilt, ist ein Zugang beim Sitz der Verwaltung durch Übersendung per Post oder durch Aushändigung auch nicht möglich.[11] Problematisch in Hinblick auf die Aktionärsrichtlinie ist allerdings, ob allein die Angabe einer E-Mail-Adresse genügt,[12] da dann Aktionäre ohne E-Mail-Anschluss die Wahrung ihres Gegenantragsrechts unzumutbar erschwert sein könnte. Der Zugang an Zweig- oder Außenstellen der Gesellschaft ist nur dann als ausreichend anzusehen, wenn diese den Gegenantrag noch innerhalb der Zweiwochenfrist an die Gesellschaft weitergeleitet haben.[13]

8 Der Aktionär kann seinen Gegenantrag zurücknehmen oder ändern. Hierfür gelten die gleichen Zugangsvoraussetzungen und die gleiche Form wie für den Antrag.

9 Die Regierungsbegründung zum TransPUG sieht es als statthafte Zugänglichmachung an, Gegenanträge von Aktionären künftig **ausschließlich über die Internetseite der Gesellschaft** zu veröffentlichen. Als Begründung dient die Kostspieligkeit und Fehleranfälligkeit der bisher meist in gedruckter Form erfolgenden Mitteilungen an Kreditinstitute, Aktionärsvereinigungen und Aktionäre. Zwar verfügten nicht alle Aktionäre über einen Internetanschluss, dennoch könnten schon heute wesentlich mehr Aktionäre über das Internet als über die schriftliche Information erreicht werden. Dies gelte vor allem für ausländische Aktionäre und Inhaber von (Aktien-)Fondsanteilen, die bisher Mitteilungen nach § 125 zu spät oder gar nicht erhielten. Zudem müssen Gegenanträge in der Hauptversammlung ohnedies noch gestellt werden, um behandelt werden zu können.[14]

---

5 Hölters/*Drinhausen*, Rn 8.
6 Spindler/Stilz/*Rieckers*, Rn 14.
7 KölnKomm-AktG/*Noack*/*Zetzsche*, Rn 47.
8 Spindler/Stilz/*Rieckers*, Rn 17 mwN.
9 Hölters/*Drinhausen*, Rn 8.
10 KölnKomm-AktG/*Noack*/*Zetzsche*, Rn 50; Hölters/*Drinhausen*, Rn 8 mwN.
11 KölnKomm-AktG/*Noack*/*Zetzsche*, Rn 51; Spindler/Stilz/*Rieckers*, Rn 16; aA *Pluta* in Vorauflage Rn 6; Hölters/*Drinhausen*, Rn 8, MüKo-AktG/*Kubis*, Rn 17 mwN.
12 Ablehnend K. Schmidt/Lutter/*Ziemons*, Rn 15; bejahend wohl KölnKomm-AktG/*Noack*/*Zetzsche*, Rn 49; Spindler/Stilz/*Rieckers*, Rn 16.
13 *Hüffer*, Rn 5 mwN.
14 Zum Ganzen umfassend: *Sasse*, NZG 2004, 153, 156 mwN.

Die vom Gesetzgeber eingeführte **Übermittlungsform** für Informationen hat, soweit ersichtlich, nicht zu Unsicherheiten in der Behandlung durch die Gesellschaften geführt. Die beteiligten Kreise (Kreditinstitute, Gesellschaften und Aktionäre) haben sich daran gewöhnt, als Quelle von Gegenanträgen die Internetseite des Unternehmens anzusehen.[15]

B. Einzelheiten

I. Ankündigung von Gegenanträgen (Abs. 1). 1. Antragsberechtigung. Jeder Aktionär, ohne Rücksicht auf die Zahl der von ihm gehaltenen Aktien, kann einen Gegenantrag übersenden. Der Antrag kann auch gemeinschaftlich erfolgen. Legitimationsaktionäre sind ebenfalls antragsbefugt. Die Antragsbefugnis besteht allerdings nicht, wenn keine Rechte aus Aktien bestehen (zB § 20 Abs. 7, § 28 WpHG).[16] Der Nachweis der Aktionärseigenschaft muss in der Frist des Abs. 1 erfolgen und auf den gleichen Zeitpunkt gerichtet sein, wie er für das Teilnahmerecht an der Hauptversammlung gilt. Bei eingetragenen Namensaktionären (§ 67 Abs. 2) spielt dies keine Rolle. Bei Inhaberaktien müssen die Anmeldung zur Hauptversammlung und der Berechtigungsnachweis (§ 123 Abs. 2, 3) erst sechs Tage vor dem Termin erfolgen, Gegenanträge sind jedoch mindestens 14 Tage vor der Hauptversammlung zu übersenden.

Zur **Vermeidung von Anfechtungsrisiken** sollte die Gesellschaft regelmäßig von der Aktionärsstellung ausgehen und den Gegenantrag weder als unzulässig behandeln noch vom Nachweis (Depotauszug) der Aktionärsstellung abhängig machen. In der Praxis hilft ein Blick in das Teilnehmerverzeichnis der letzten Hauptversammlung. Bei Zweifeln hat die Gesellschaft den Aktionär unverzüglich darauf hinzuweisen.[17]

Auch **Aktionärsvereinigungen und Aktionärsvertreter** können namens der von ihnen vertretenen Aktionäre, im Namen derer, die es angeht (§ 135 Abs. 5 S. 2) Opposition anmelden. Das Recht auf Gegenantrag ist ein sachlicher Anhang zum Stimmrecht und zur Stimmrechtsausübung in der Hauptversammlung.

Die Opposition muss sich gegen einen Vorschlag von Vorstand und Aufsichtsrat (bei Wahlvorschlägen nur des Aufsichtsrats, § 124 Abs. 3 S. 1) zu einem bestimmten Tagesordnungspunkt wenden.

Die Ankündigung, gegen einen Vorschlag stimmen zu wollen, genügt nicht (unstritig).[18] Der **Gegenantrag** muss eindeutig den Tagesordnungspunkt nennen, gegen den er sich richtet, und einen Gegenvorschlag, auch in Form abweichender Beschlussfassung machen; eines ausformulierten Tagesordnungsvorschlags bedarf es hingegen nicht.[19]

Ein Gegenantrag liegt auch vor, wenn die Absetzung eines Tagesordnungspunkts oder Vertagung der gesamten Hauptversammlung beantragt wird.[20] Es können auch Haupt- und Hilfsanträge gestellt werden, jedoch keine bedingten oder Alternativanträge.[21]

Der Antrag muss möglichst knapp (max 5.000 Zeichen, Abs. 2 S. 2) **begründet** werden und zudem den Namen des Aktionärs enthalten. Die Angabe des Wohnorts ist hingegen nicht erforderlich. Die Begründung muss die Argumente in knapper Form zusammenfassen, jedoch dürfen keine zu hohen Anforderungen hieran gestellt werden. Wichtig sind sachgerechte, auf das Unternehmen und den Verwaltungsvorschlag abzielende Argumentationen.

Auf die bisher geforderte Zusatzerklärung, widersprechen zu wollen und andere Aktionäre zur Zustimmung zum Gegenantrag veranlassen zu wollen, ist richtigerweise als bloße Formalie verzichtet worden.[22]

2. Formalien. Die **Adresse**, an die Opposition gerichtet werden, ist in der Einberufung, die nunmehr sachlich mit der Tagesordnung zusammengefasst ist, anzugeben.

Die Gesellschaft hat durch die Angabe einer bestimmten Adresse die Möglichkeit, innerhalb von **14 Tagen vor der Hauptversammlung** (§ 121 Abs. 7) die Gegenanträge zu bündeln.

Wird auf die Angabe einer speziellen Adresse in der Einberufung verzichtet, ist **Adresse der Gesellschaft** im Sinne des Abs. 1 nicht nur die Postanschrift, sondern auch die Faxnummer und die E-Mail-Adresse der Gesellschaft.

Trotz des Begriffs „Übersendung" ist auch die Übermittlung von Oppositionsanträgen per E-Mail statthaft, wenn die Gesellschaft eine E-Mail-Adresse ggf neben einer Faxnummer oder einer Postanschrift angegeben hat.

Aktionäre oder Aktionärsvereinigungen müssen den Gegenantrag **mindestens 14 Tage vor der Hauptversammlung** einreichen, was eine Erleichterung gegenüber der früheren Frist von sieben Tagen ab Veröffentli-

---

15 Vgl auch *Sasse*, NZG 2004, 153, 155; *Seibert/Florstedt*, ZIP 2008, 2145, 2147; *Paschos/Goslar*, AG 2008, 605, 608; *Noack*, NZG 2008, 441, 442.
16 K. Schmidt/Lutter/*Ziemons*, Rn 9 mwN.
17 KölnKomm-AktG/*Noack/Zetzsche*, Rn 20.
18 *Hüffer*, Rn 2.
19 *Hüffer*, Rn 2.
20 *Hüffer*, Rn 2; KölnKomm-AktG/*Noack/Zetzsche*, Rn 25; aA K. Schmidt/Lutter/*Ziemons*, Rn 6.
21 Hölters/*Drinhausen*, 6 mwN.
22 BegrRegE TransPuG, BT-Drucks. 14/8769, S. 20; da es aber ein offensichtliches Interesse an gegenseitiger Information gibt, wurde nun das Aktionärsforum (§ 127a) geschaffen.

chung der Bekanntmachung darstellt. Oppositionsanträge können bereits ab der Veröffentlichung der Hauptversammlungseinberufung eingereicht werden.

24 Die **Fristberechnung** erfolgt, wie bei der Hauptversammlungs-Frist, nach § 121 Abs. 7, die 14 Tage-Frist darf nicht unterschritten werden, weshalb § 126 S. 1 S. 2 anordnet, dass der Tag des Zugangs nicht mitzurechnen ist.

25 Die Stellungnahme der Verwaltung zu einem Gegenantrag ist nicht erforderlich,[23] aber statthaft. Sie muss nicht zusammen mit dem Gegenantrag zugänglich gemacht werden. Die Stellungnahme kann auch zusammenfassend für alle Gegenanträge veröffentlicht werden.[24]

26 **3. Zugänglichmachung.** Liegt ein form- und fristgerechter Gegenantrag vor, muss die Gesellschaft – soweit keine der Ausnahmen des Abs. 2 vorliegt – diesen den in § 125 Abs. 1 bis 3 aufgeführten Berechtigten zugänglich machen.

27 Zugänglich zu machen sind der Gegenantrag im Wortlaut mit dem Namen des Opponenten und die Begründung des Gegenantrags, soweit 5.000 Zeichen nicht überschritten werden.

28 Der **nicht börsennotierten Gesellschaft** stehen unterschiedliche Formen der Zugänglichmachung offen.[25] Erforderlich ist jedoch immer, dass die Berechtigten objektiv die Möglichkeit des Informationszugangs haben. Möglich ist zunächst die – auch ausschließliche – Veröffentlichung des Gegenantrags auf der gesellschaftseigenen Internetseite, wobei diese Art des Zugänglichmachens nach Abs. 1 S. 3 zwingend für börsennotierte Gesellschaften gesetzlich vorgegeben ist. Die Gesellschaft kann weiter die Berechtigten auch per Brief, Telefax oder E-Mail informieren, wobei der Gleichbehandlungsgrundsatz zu beachten ist.[26]

29 Allein **in Übernahmefällen** besteht eine Sonderregelung in § 16 Abs. 4 S. 5 WpÜG, wonach das Einstellen der Information in die Homepage mit Angabe der Fundstelle in der Hinweisbekanntmachung ausreicht.

30 Der Vorstand muss jeden einzelnen **Gegenantrag unverzüglich zugänglich machen**, wobei dem Vorstand eine angemessene Frist zur Prüfung zuzubilligen ist, ob die Pflicht zur Veröffentlichung nach Abs. 2 entfällt.[27] Ein Sammeln der Gegenanträge bis zum Ablauf der Einreichungsfrist ist nicht statthaft.[28] Eine Pflicht zur Zugänglichmachung kann nur bis zur Hauptversammlung, auf der die Gegenanträge gestellt werden sollen, angenommen werden.[29] Für eine Zugänglichmachung bis zum Ende der Anfechtungsfrist[30] besteht kein Bedürfnis, da die Gegenanträge nur von Belang sind, wenn sie tatsächlich in der Hauptversammlung gestellt werden. Ist die Gesellschaft ihrer Informationsaufgabe im Vorfeld nicht zureichend nachgekommen, hat dies ohnehin der Anfechtungskläger hinreichend substantiiert vorzutragen. Im Wege der sekundären Darlegungslast hat dann ggf die Gesellschaft darzulegen, in welcher Weise sie der Verpflichtung nach § 126 nachgekommen ist.

31 Zugänglich machen muss der Vorstand die Gegenanträge in der vom Aktionär gestellten Form, eine Veränderung darf er nicht vornehmen, soweit ihm das Gesetz in Abs. 3 keine redaktionellen Befugnisse einräumt.

32 **II. Ausnahmen von der Zugänglichmachungspflicht (Abs. 2).** Der Katalog des Abs. 2 S. 1 ist abschließend.[31] Der Katalog fasst unzulässige und rechtsmissbräuchliche bzw (Abs. 2 S. 2) übermäßige Gegenanträge und -begründungen zusammen und gibt dem Vorstand ein Recht, die Begründung zu einem Gegenantrag nicht zugänglich zu machen, wenn letztere 5.000 Zeichen überschreitet. Die Pflicht zur Zugänglichmachung des Gegenantrags selbst besteht jedoch weiter.[32] Ebenso ist die Zugänglichmachung einer zu langen Begründung statthaft.

33 Werden bei der Begründung 5.000 Zeichen überschritten, ist der Vorstand nicht verpflichtet, eine Kurzfassung herzustellen oder nur die ersten 5.000 Zeichen zugänglich zu machen; er kann dies aber tun.[33] Allerdings steigt bei einer Kürzung das Anfechtungsrisiko, so dass es uU geboten sein kann, auch eine zu lange Begründung zugänglich zu machen.

34 Abs. 2 S. 1 **Nr. 1:** Der Vorstand macht sich zB **strafbar**, wenn er Verleumdungen verbreitet (§ 192 StGB).

35 Abs. 2 S. 1 **Nr. 2: Gesetz- und satzungswidrige** Beschlüsse sind nichtig bzw anfechtbar (§ 243 Abs. 1). Dies kann formelle als auch materielle Mängel betreffen, wobei bei Zweifelhaftigkeit die Zugänglichmachung vorzunehmen ist.[34]

---

23 LG München I AG 2007, 255; *Hüffer*, Rn 6.
24 Spindler/Stilz/*Rieckers*, Rn 23.
25 KölnKomm-AktG/*Noack/Zetzsche*, Rn 59 mwN.
26 Hölters/*Drinhausen*, Rn 12 mwN.
27 KölnKomm-AktG/*Noack/Zetzsche*, Rn 64 mwN.
28 K. Schmidt/Lutter/*Ziemons*, Rn 24; Spindler/Stilz/*Rieckers*, Rn 24; KölnKomm-AktG/*Noack/Zetzsche*, Rn 64; aA *Pluta* in Vorauflage Rn 30.
29 KölnKomm-AktG/*Noack/Zetzsche*, Rn 64 mwN.
30 So noch *Pluta* in Vorauflage Rn 30.
31 LG Frankfurt AG 1992, 235 (Hornblower-Fischer); *Hüffer*, Rn 6.
32 *Hüffer*, Rn 9; Drinhausen in Hölters Rn 22; *Noack/Zetzsche* KölnKomm Rn 107 mwN.
33 *Hüffer*, Rn 8; Spindler/Stilz/*Rieckers*, Rn 42 mwN; aA (eine Kürzungsbefugnis ablehnend und damit insgesamt ablehnend ggü einer Veröffentlichungspflicht der Begründung bei Überschreiten des 5.000 Zeichen) KölnKomm-AktG/*Noack/Zetzsche*, Rn 107; MüKo-AktG/*Kubis*, Rn 37.
34 Hölters/*Drinhausen*, Rn 16.

Zu prüfen ist auch, ob die erstrebten Hauptversammlungsbeschlüsse in die Kompetenzordnung des Aktiengesetzes, insbes. die Kompetenz des Vorstands eingreifen, ohne dass dieser die Hauptversammlung nach § 119 Abs. 2 damit befasst hätte. 36

Abs. 1 Nr. 3: Bei der Prüfung dieses Tatbestands ist Vorsicht geboten, weil die Begründung **offensichtlich falsch oder irreführend** sein muss oder Beleidigungen im Sinne der §§ 185 ff. StGB enthalten muss. Während bei Beleidigungen die Prüfung relativ einfach fällt, ist der Begriff der offensichtlichen Falschheit oder der offensichtlichen Irreführung durchaus auslegungsfähig und kann zu Anfechtungsverfahren führen. Liegt jedoch ein derartiger Fall vor, ist weder die Begründung noch der Gegenantrag ohne Wiedergabe der Begründung zugänglich zu machen. 37

Abs. 2 S. 1 Nr. 4 und 5: Hier handelt es sich um **überflüssige**, weil sattsam bekannte Gegenanträge ohne eine erkennbare Aussicht auf Erfolg. Sie brauchen danach nicht, können aber zugänglich gemacht werden. 38

Abs. 2 S. 1 Nr. 6 und 7: Hier handelt es sich um **nicht ernstlich gemeinte** Anträge. Die fehlende Ernsthaftigkeit wird aus Äußerungen des Antragstellers oder aus seinem Verhalten in früheren Hauptversammlungen geschlossen. 39

Im Zweifel sind Gegenantrag mit Begründung zugänglich zu machen. Abs. 2 gibt dem Vorstand ein Recht auf die Ablehnung, verpflichtet ihn aber nicht dazu. Wenn der Aktionär in der Hauptversammlung erscheint oder vertreten ist, führen die Diskussionen um das Recht des Vorstands auf Verweigerung der Zugänglichmachung zu kontraproduktiven Diskussionen und zur Belastung des Hauptversammlungsklimas sowie ggf zu späteren Anfechtungsklagen. 40

III. **Recht zur Zusammenfassung (Abs. 3).** Bei Anträgen mehrerer Aktionäre zum gleichen Tagesordnungspunkt kann der Vorstand nach der gesetzlichen Ermächtigung in Abs. 3 Anträge und Begründungen zusammenfassen. Diese Ermächtigung läuft jedoch leer, wenn man eine unverzügliche Pflicht des Vorstands zur Zugänglichmachung eines jeden Antrags nach Eingang zutreffend bejaht.[35] 41

Die Zusammenfassung des wesentlichen Antrags, des Inhalts und der Begründungsargumente ist gesetzlich zulässig, nicht jedoch eine sinnentstellende Vermischung. Gewichtige Argumente Einzelner müssen sich wieder finden lassen.[36] Im Zeitalter der elektronischen Nachrichtenübermittlung mit den damit verbundenen geringen Kosten auch einer Belegung der Internetseite des Unternehmens, ist es dem Vorstand daher anzuraten, von redaktioneller Bearbeitung der einzelnen Anträge abzusehen und sie unverändert zugänglich zu machen. 42

IV. **Sanktionen.** Wird die Pflicht zur Zugänglichmachung verletzt, folgt daraus die Anfechtbarkeit des Hauptversammlungsbeschlusses, auf den der Gegenantrag gerichtet war,[37] da Gesetzesverletzungen iSd § 243 Abs. 1 auch Verfahrensfehler sind. Die Relevanzprüfung führt hier in der Regel nicht weiter,[38] weil die Tatsache, dass Gegenanträge nicht allgemein zugänglich waren oder zu Unrecht nicht zugänglich gemacht wurden, die Willensbildung der Aktionäre hätte beeinflussen können. Hätten sie die Gegenanträge und die Begründung gekannt, wären die Abstimmungsergebnisse möglicherweise andere gewesen. Eine andere Beurteilung kann nur erfolgen, wenn ein inhaltsgleicher Gegenantrag zugänglich war.[39] 43

Die Unterbrechung der Zugänglichkeit auf der Internetseite der Gesellschaft ist nur anfechtungsrelevant, wenn ihr in entsprechender Anwendung des § 243 Abs. 3 Nr. 1 insoweit grobe Fahrlässigkeit oder Vorsatz vorwerfbar ist.

§ 127 Wahlvorschläge von Aktionären

¹Für den Vorschlag eines Aktionärs zur Wahl von Aufsichtsratsmitgliedern oder von Abschlußprüfern gilt § 126 sinngemäß. ²Der Wahlvorschlag braucht nicht begründet zu werden. ³Der Vorstand braucht den Wahlvorschlag auch dann nicht zugänglich zu machen, wenn der Vorschlag nicht die Angaben nach § 124 Abs. 3 Satz 3 und § 125 Abs. 1 Satz 5 enthält.

A. Grundlagen

I. **Gegenstand.** In Ergänzung zu § 126 wird die Pflicht der Gesellschaft zur Zugänglichmachung von Aktionärsvorschlägen zur Wahl von Aufsichtsratsmitgliedern und Abschlussprüfern angeordnet. Wie § 126 dient auch § 127 der frühzeitigen Information der Aktionäre. Die Besonderheit liegt darin, dass die Wahlvorschläge keine Begründung enthalten müssen. Wie auch bei § 126 ist keine Voraussetzung dass dieser Wahl- 1

---

35 Siehe oben Rn 30; K. Schmidt/Lutter/*Ziemons*, sieht in § 126 Abs. 3 ein Verstoß gegen die Aktionärsrechterichtlinie.
36 *Hüffer*, Rn 10.
37 *Hüffer*, § 245 Rn 19; MüKo-AktG/*Kubis*, Rn 41 mwN.
38 Großkomm-AktienR/*Werner*, Rn 95.
39 KölnKomm-AktG/*Noack*/*Zetzsche*, Rn 113.

vorschlag vor der Hauptversammlung mitgeteilt wird. Bei der Abstimmung über die Wahlvorschläge der Aktionäre nach § 127 zum Aufsichtsrat ist § 137 zu beachten.

Satz 3 enthält ein Redaktionsversehen bei Erlass des BilMoG, wodurch mittels Einfügung eines neuen zweiten Satzes in § 124 Abs. 3 der bisherige Satz 3 zu Satz 4 wurde, die entsprechende Änderung in § 127 damals aber nicht vollzogen wurde. Dieser Redaktionsfehler sollte durch die Aktienrechtsnovelle 2013/2014 korrigiert werden.[1]

2 **II. Zweck.** Die Norm dient der Erweiterung der Informationen für Kreditinstitute, Aktionärsvertreter und Aktionäre (siehe §§ 125 f) bei Wahlvorschlägen der Aktionäre. Damit soll die rechtzeitige Meinungsbildung, Information und die Vorbereitung der Abstimmweisungen auch bei Aufsichtsrats- und Prüferwahlvorschlägen sichergestellt werden; zudem sollen die Aktionäre rechtzeitig über Konkurrenz- und Interessenlage der Aufsichtsratskandidaten informiert werden.

Nach zutr. herrschender Ansicht gilt § 127 auch für die Wahl von Sonderprüfern, besonderen Vertretern und Abwicklern sowie von Mitgliedern anderer Gremien (etwa eines Beirats), die von der Hauptversammlung zu wählen sind.[2]

B. Einzelheiten

3 § 127 verlangt einen konkreten personalisierten Wahlvorschlag. Der bloße Antrag, den Wahlvorschlag der Verwaltung abzulehnen, fällt nicht unter § 127,[3] sondern unter § 126, dh soweit er mit einer Begründung versehen ist, ist er unter den Voraussetzungen des § 126 zugänglich zu machen.

4 Wahlvorschläge der Aktionäre für Aufsichtsrats- und Abschlussprüferwahlen können, müssen aber nach § 127 S. 2 nicht begründet werden. Erfolgt die Begründung durch den Aktionär, ist diese ebenfalls – im Rahmen des § 126 Abs. 2 f – **zugänglich zu machen**.[4] Durch den Verweis auf § 126 braucht der Vorstand auch keine Wahlvorschläge zugänglich zu machen, die auf einen gesetzwidrigen Beschluss gerichtet wären, zB wenn der Vorgeschlagene die persönlichen Voraussetzungen nach § 100 nicht erfüllt oder die Versammlung nach mitbestimmungsrechtlichen Vorschriften an den Wahlvorschlag gebunden ist (§ 101 Abs. 1 S. 2). Problematisch ist bei kapitalmarktorientierten AG iSd § 264 d HGB, ob der vorgeschlagene Kandidat unabhängig ist und über die Qualifikation des § 100 Abs. 5 auf dem Gebiet der Rechnungslegung oder Abschlussprüfung verfügt. Dies wird sich in der Regel nur aus einer Begründung entnehmen lassen. Legt man zugrunde, dass bei dem Vorschlag des Aufsichtsrats für einen derartigen Kandidaten auch die entsprechenden Angaben zu machen sind, aus denen sich diese Voraussetzungen ergeben sollen (vgl § 124 Rn 18), so wird man bei dem Vorschlag eines Gegenkandidaten auch eine entsprechende Begründung durch den Aktionär erwarten dürfen. Allerdings wird der Vorstand einen ohne eine entsprechende Begründung mitgeteilten Vorschlag gleichwohl nach § 127 zugänglich machen müssen, da die Darlegung der entsprechenden Voraussetzungen noch in der Hauptversammlung erfolgen kann.

5 Nach § 127 S. 3 kann der Vorstand die **Zugänglichmachung verweigern**, wenn dem Vorschlag des Aktionärs nicht Namen, ausgeübter Beruf und Wohnort des Prüfers – bei Wirtschaftsprüfungsgesellschaften Sitz – bzw des Aufsichtsratsmitglieds beigefügt sind (§ 124 Abs. 3 S. 4).

6 Schließlich hat der Wahlvorschlag des Aktionärs bei einer **börsennotierten AG** (§ 3 Abs. 2) auch Angaben zu Mitgliedschaften der Kandidaten in anderen, gesetzlich zu bildenden Aufsichtsräten zu machen (§ 125 Abs. 1 S. 5), anderenfalls kann die Zugänglichmachung verweigert werden. Sanktionslos ist es allerdings, wenn Mitgliedschaften in vergleichbaren in- und ausländischen Kontrollgremien nicht genannt werden (vgl § 125 Rn 32). Der Aktionär soll das Risiko einer schwierigen und unsicheren Zuordnung zu vergleichbaren Gremien, insb. bei ausländischen Organisationsstrukturen, ebenso wenig tragen müssen wie die Verwaltung in vergleichbaren Fällen.[5]

7 Verletzungen der Publizitätspflicht führen zur Anfechtbarkeit des Hauptversammlungsbeschlusses, auf den sich der Wahlvorschlag des Aktionärs bezogen hat, wobei bei einer Block- oder Listenwahl die Anfechtbarkeit des gesamten Wahlbeschlusses gegeben sein kann. Bei Einzelabstimmung ist nur die Wahl der konkreten Person betroffen.

---

1 Der Kommentierung wird diese korrigierte Fassung der Vorschrift zugrunde gelegt. Die Korrektur sollte im Rahmen der beabsichtigten Aktienrechtsnovelle (BT-Drucks. 17/8989) erfolgen und wurde vom Bundestag am 27.6.2013 verabschiedet. Der Bundesrat verwies das sog. VorstKoG jedoch am 20.9.2013 in den Vermittlungsausschuss (BR-Drucks. 637/13, BT-Drucks. 17/14790), wodurch es der Diskontinuität unterlag. Gemäß BT-Drucks. 17/14214 S. 7 sollte § 127 wie folgt geändert werden: „In § 127 Satz 3 wird die Angabe ‚§ 124 Abs. 3 Satz 3' durch die Wörter ‚§ 124 Absatz 3 Satz 4' ersetzt." Die Umsetzung der beabsichtigten Änderung durch den Gesetzgeber ist weiter wahrscheinlich.
2 Hölters/*Drinhausen*, Rn 3; Spindler/Stilz/*Rieckers*, Rn 4 mwN.
3 OLG Düsseldorf AG 1968, 19; KölnKomm-AktG/*Noack/Zetzsche*, Rn 10; Spindler/Stilz/*Rieckers*, Rn 4 mwN; aA GroßKomm-AktienR/*Werner*, Rn 3.
4 *Hüffer*, Rn 1.
5 *Hüffer*, Rn 1.

Eine Anfechtbarkeit ist auch dann zu bejahen, wenn die – freiwillige – Begründung nicht zugänglich gemacht wurde und die Voraussetzungen des § 126 Abs. 2 nicht vorliegen, da auch hier in den Willensbildungsprozess der Hauptversammlung eingegriffen wurde. Auch hier dürften Relevanzgesichtspunkte nur selten greifen.

§ 127 a Aktionärsforum

(1) Aktionäre oder Aktionärsvereinigungen können im Aktionärsforum des Bundesanzeigers andere Aktionäre auffordern, gemeinsam oder in Vertretung einen Antrag oder ein Verlangen nach diesem Gesetz zu stellen oder in einer Hauptversammlung das Stimmrecht auszuüben.

(2) Die Aufforderung hat folgende Angaben zu enthalten:
1. den Namen und eine Anschrift des Aktionärs oder der Aktionärsvereinigung,
2. die Firma der Gesellschaft,
3. den Antrag, das Verlangen oder einen Vorschlag für die Ausübung des Stimmrechts zu einem Tagesordnungspunkt,
4. den Tag der betroffenen Hauptversammlung.

(3) Die Aufforderung kann auf eine Begründung auf der Internetseite des Auffordernden und dessen elektronische Adresse hinweisen.

(4) Die Gesellschaft kann im Bundesanzeiger auf eine Stellungnahme zu der Aufforderung auf ihrer Internetseite hinweisen.

(5) Das Bundesministerium der Justiz wird ermächtigt, durch Rechtsverordnung die äußere Gestaltung des Aktionärsforums und weitere Einzelheiten insbesondere zu der Aufforderung, dem Hinweis, den Entgelten, zu Löschungsfristen, Löschungsanspruch, zu Missbrauchsfällen und zur Einsichtnahme zu regeln.

A. Vorbemerkung

Die Baums-Kommission[1] hat zur Verbesserung der Kontrolle durch die Eigentümer angeregt, Möglichkeiten zur Verbesserung der Kontaktaufnahme zwischen den Inhaberaktionären, aber auch zwischen den Namensaktionären zu schaffen. Letztere können ebenfalls nicht mehr über das Aktienregister miteinander Kontakt aufnehmen, da ihnen nur noch die Einsichtnahme in ihre eigene Eintragung gestattet ist, nicht mehr in das gesamte Register (§ 67 Abs. 6 S. 1). Dem ist der Gesetzgeber mit dem UMAG nachgekommen und hat bei elektronischen Bundesanzeiger das sog. Aktionärsform eingerichtet. Allerdings ist diese Bezeichnung nicht geschützt, so dass sich im Internet noch weitere Aktionärsforen finden,[2] die aber mit dem in § 127 a geregelten nichts zu tun haben.

Die praktische Bedeutung ist gering geblieben und schwindet zusehends. Mit Stand 30.11.2013 sind 68 Einträge im Aktionärsforum verzeichnet, wobei die meisten aus den Anfangsjahren 2005–2007 datieren. Für das Jahr 2010 sind noch fünf Eintragungen, für das Jahr 2011 sind zwei Eintragungen, für das Jahr 2012 nur noch eine Eintragung und bis 20.11.2013 für das Jahr 2013 fünf Eintragungen zu finden.

B. Inhalt der Norm

Das Aktionärsforum ist ausschließlich als Internet-Plattform ausgestaltet.[3] Es handelt sich um ein gemeinsames Forum, das Aktionäre und Aktionärsvereinigungen sämtlicher Gesellschaften nutzen können. Betreiber ist nicht die jeweilige Gesellschaft,[4] sondern der elektronische Bundesanzeiger, der zur Einrichtung des Aktionärsforums verpflichtet ist (§ 1 Abs. 1 S 1 AktFoV). In der AktFoV sind die Allgemeinen Geschäftsbedingungen und Bestimmungen zur Ausgestaltung und Inanspruchnahme des Aktionärsforums geregelt. Das Forum soll den Aktionären und Aktionärsvereinigungen die Möglichkeit bieten, Aktionäre zu gemeinsamen Aktionen aufzurufen. Es darf nicht als Diskussionsforum genutzt werden, sondern dient ausschließlich der Veröffentlichung von Aufforderungen zum Stellen von Minderheitsanträgen oder der Ausübung des Stimmrechts in einem bestimmten Sinne.[5]

---

1 *Baums* (Hrsg.), Bericht der Kommission Corporate Governance, Rn 131.
2 KölnKomm-AktG/*Noack/Zetzsche*, Rn 4.
3 Zu finden unter <www.ebundesanzeiger.de>, <www.unternehmensregister.de> und <www.aktionärsforum.de> (§ 1 Abs. 1 AktFoV).
4 Zu Recht kritisch hierzu KölnKomm-AktG/*Noack/Zetzsche*, Rn 3.
5 BegrRegE BT-Drucks. 15/5092 S. 15 und § 3 Abs. 5 AktFoV.

In Abs. 2 sind die notwendigen Vorgaben zum Inhalt geregelt und in den Abs. 3 und 4 sind die Voraussetzungen für die Veröffentlichung einer Begründung und einer Gegenstellungnahme der Gesellschaft festgelegt. Schließlich ergibt sich Abs. 5 die Ermächtigung zur Regelung weitere Einzelheiten in einer Rechtsverordnung wovon durch die AktFoV Gebrauch gemacht wurde.

Nach dem Gesetz über elektronische Handelsregister und Genossenschaftsregister (EHUG), § 8 b Abs. 2 Nr. 6 HGB sind die Eintragungen im Aktionärsforum auch im Unternehmensregister einsehbar.

C. Zweck der Norm

3 Das neu geschaffene Aktionärsforum soll die Kommunikation unter den Aktionären erleichtern und ihnen die gemeinsame Stimmrechtsausübung ermöglichen. Es soll der Gegengewichtsbildung nicht nur gegen Groß- und Mehrheitsaktionäre, sondern auch gegenüber der Verwaltung einer Gesellschaft dienen und letztlich durch die gemeinsame Stimmenausübung eine bewusstere Eigentümerkontrolle durch die Aktionäre gewähren.[6]

Zur Absicherung sieht die am 25.11.2005 bekannt gemachte Aktionärsforumsverordnung (AktFoV) eine Reihe von Eingriffs-, Berichtigungs- und Löschungsmöglichkeiten für den Betreiber des elektronischen Bundesanzeigers, das Bundesministerium der Justiz, vor.

D. Einzelheiten

4 Als private Kommunikationsplattform („Pinnwand") ist das Aktionärsforum dem Auffordernden für Eintragungen nur zugänglich, wenn er sich nicht nur einem umfassenden Registrierungsverfahren unterzieht, sondern auch ein vertraglich angemessenes Entgelt, derzeit EUR 20,-- entrichtet; erst dann wird seine Aufforderung veröffentlicht. § 127 a sagt nichts über den Anspruch des Aktionärs auf Eintragung in das Aktionärsforum, ebenso wenig über das Recht zur Einsichtnahme in dieses Forum. Beides wird durch die Aktionärsforumsverordnung (AktFoV) geregelt.

5 **I. Aufforderung im Aktionärsforum (Abs. 1).** Es wird Aktionären und Aktionärsvereinigungen die Möglichkeit gegeben, eine Aufforderung zu bestimmtem Verhalten im Aktionärsforum des elektronischen Bundesanzeigers zu veröffentlichen. Die Aufforderung kann auf die Stellung eines Antrags oder eines Verlangens nach dem Aktiengesetz gemeinsam mit dem auffordernden Aktionär oder in Vertretung lauten, auch ist die Aufforderung zur Ausübung des Stimmrechts in einer bestimmten Weise in einer Hauptversammlung zugelassen.

6 Aktionär ist **jeder Aktionär**, also sowohl der Inhaberaktionär wie der Namensaktionär, ebenso aber auch Vorzugsaktionäre, unabhängig von der Aktienzahl. Selbst Aufforderungen zu bestimmtem Stimmverhalten können von Vorzugsaktionären ausgehen, obwohl sie im Normalfall kein Stimmrecht haben (§ 140 Abs. 1). Ein eigenes Stimmrecht des Auffordernden ist nach dem Gesetz nicht gefordert, weil ja – was das Aktiengesetz ausdrücklich zulässt – in Vertretung ihrer Interessen abgestimmt werden kann. Es ist nicht erforderlich, dass der Auffordernde mit den aufgeforderten Aktionären mitstimmt oder mitstimmen kann.

Die Aufforderungsbefugnis nach Abs. 1 ist weder an eine Mindestzahl von Aktien noch an eine Vorbesitzzeit gebunden. So genügt bereits der Kauf einer Aktie im Vorfeld einer Hauptversammlung, um das Aktionärsforum in vollem Umfang als Berechtigter nutzen zu können.

7 Berechtigt sind weiter Aktionärsvereinigungen iSd § 125 Abs. 1 S. 1 bzw § 135 Abs. 8. Ein besonderer Nachweis für die Berechtigung eines Aufrufs wird nicht verlangt, es genügt grundsätzlich die Versicherung des Auffordernden, dass er Aktionär der betreffenden Gesellschaft oder eine Aktionärsvereinigung ist (§ 3 Abs. 2 S 1 AktFoV). Eine Prüfungspflicht des Betreibers (elektronischer Bundesanzeiger) besteht nur bei begründetem Zweifel (§ 3 Abs. 2 AktFoV). Verliert der Auffordernde seine Eigenschaft als Aktionär oder Aktionärsvereinigung nach Veröffentlichung seiner Aufforderung, hat er die Löschung der Aufforderung zu bewirken.[7] Zur Veröffentlichung muss der Berechtigte mit dem Betreiber des Aktionärsforums einen Vertrag zu dessen Geschäftsbedingungen schließen.[8] Bei Vorliegen aller Voraussetzungen wird man von einem Kontrahierungszwang für den Betreiber des Forums ausgehen müssen.[9]

8 Neben dem Aktionär sind auch zur Veröffentlichung von Aufforderungen Aktionärsvertreter als berechtigt anzusehen, die nicht eine Aktionärsvereinigung sind. Zum einen zeigt die Zulassung der Aktionärsvereinigung, dass auch Aktionärsvertreter, zumindest der organisierten Art, berechtigt sind. Damit wäre ein Ausschluss von einzelnen Aktionärsvertretern diskriminierend und würde rechtlichen Prüfungen am Gleichheitsmaßstab des Art. 3 GG nicht standhalten, zumal in § 135 Abs. 9 die Vereinigung von Aktionären

---

6 BegrRegE UMAG, aaO, S. 31.
7 Hölters/*Drinhausen*, Rn 3.
8 BegrRegE BT-Drucks. 15/5092 S. 16.
9 KölnKomm-AktG/*Noack/Zetzsche*, Rn 22.

rechtlich gleichgestellt wird mit Personen, die sich geschäftsmäßig gegenüber Aktionären zur Ausübung des Stimmrechts in der Hauptversammlung erbieten (§ 135 Abs. 9 Nr. 1, 3).

Die Sachverhalte, aus denen sich Abstimmungsvorschläge oder Aufforderungen zum gemeinsamen Verhalten ableiten lassen, erfordern oft Sach- und Rechtsverstand, wie er auch den Aktionärsvereinigungen offensichtlich zugeschrieben wird. In diesen Fällen sind in aller Regel Fachleute eingeschaltet, denen dann auch die Vorbereitung der Antragstellung in Form der Quorums-Sammlung oder der Stimmensammlung für ein gemeinsames Auftreten in der Hauptversammlung aufgetragen wird. Die Aufforderung ist Vorbereitung der eigenen oder fremden Stimmabgabe und damit immanenter Teil des übertragbaren (§ 134 Abs. 3 S. 1, § 135 Abs. 1) Stimmrechts durch bevollmächtigte Vertreter. Überdies sind viele Aktionäre nicht bereit, ihre durch die Rechtsstellung als Inhaberaktionär zugewiesene Anonymität aufzugeben, ebenso wie im Bereich der Namensaktien die Eintragung der Banken als Platzhalter für die eigentlich Berechtigten (Legitimationsaktionär) zur Neuregelung des § 67 Abs. 4 S. 2 geführt hat.

Die Aufforderung selbst ist eher in Richtung „invitatio ad offerendum"[10] zu verstehen, eine Bindung dürfte regelmäßig nicht gewollt sein.[11]

Haben sich mehrere Aktionäre zur gleichgerichteten Stimmenausübung bereit gefunden, so hängt es von den Umständen des Einzelfalles ab, ob sie eine Gesellschaft bürgerlichen Rechts zur gemeinsamen Stimmabgabe bilden.[12]

Wenn nämlich die Aufforderung zur Stimmabgabe in einem bestimmten Sinn angenommen wird, aber außerhalb der gemeinsamen Stimmabgabe in der Hauptversammlung keine Kontakte oder Absprachen stattfinden (ohne abgestimmtes gleich laufendes Verhalten), so kann von keiner gemeinsamen Absprache zur Bildung einer Stimmengemeinschaft gesprochen werden.[13] Eine Gesellschaft bürgerlichen Rechts liegt dann nicht vor.[14]

Anders ist dies zu beurteilen, wenn vor der Hauptversammlung Verabredungen, gegebenenfalls konkrete Absprachen über angestrebte Ziele der Stimmabgabe stattfinden. Dann wird auch bei derart abgestimmtem Verhalten die Frage des „acting in concert" (§ 30 Abs. 2 WpÜG) bedeutsam,[15] obwohl die Regierungsbegründung[16] ausdrücklich darauf hinweist, dass die Norm auf punktuelles Zusammenwirken in Einzelfällen abstelle und zu keiner Zurechnung nach § 30 Abs. 2 WpÜG führe. Freilich wird dort auch ausgeführt, dass die Regelungen des WpHG (§§ 21 ff WpHG) und des WpÜG von den Auffordernden in eigener Verantwortung zu beachten seien.

Die Vorschrift des § 127 a verdrängt nicht die Zurechnungsvorschriften der §§ 22 Abs. 2 S. 1 WpHG und des § 30 Abs. 2 S. 1 WpÜG (sog. *acting in concert*), wobei beide Vorschriften eine Ausnahme für Einzelfälle vorsehen. Die Rechtsprechung[17] verlangt zutreffend für den Tatbestand des *acting in concert* ein über die Abstimmung in der konkreten Hauptversammlung hinaus langfristig angelegtes abgestimmtes Verhalten in Bezug auf die Zielgesellschaft, das sich auf eine dauerhafte Einflussnahme auf die Geschäftsleitung durch die Ausübung von Stimmrechten in der Hauptversammlung bezieht. Nach dem Wortlaut des § 127 a stellen die Aufrufe der Auffordernden dagegen eindeutig und ausdrücklich lediglich auf Einzelfälle bzw einzelne Tagesordnungspunkte einer konkreten Hauptversammlung ab. Derartige punktuelle Zusammenschlüsse reichen für eine Zurechnung der Stimmrechte iSd § 22 Abs. 2 S. 1 WpHG bzw § 30 Abs. 2 S. 1 WpÜG aber nicht aus.[18]

II. Aufforderung (Abs. 2). Die Aufforderung soll nach den Vorstellungen des Gesetzgebers in keinem Fall mehr als 500 Worte[19] umfassen.

Weder der Wortlaut noch die Begründung beschränken die Aufforderung auf Fälle, in denen die Kontaktaufnahme der Aktionäre wegen einer durch ein Quorum gebildeten Antragsberechtigung erforderlich ist.

Gegenstand können sein:

- Aufforderung zum Abstimmen zu bestimmten Tagesordnungspunkten, wobei eine solche Abstimmung nicht zu verwechseln ist mit den Gegenanträgen nach § 126 Abs. 1;[20]
- Aufforderung zur Übertragung von Stimmrechten;
- Verlangen auf Hauptversammlungseinberufung, § 122 Abs. 1;

---

10 Spindler/Stilz/Rieckers, Rn 14.
11 Vgl *Spindler*, NZG 2005, 825, 828.
12 Vgl *Spindler*, NZG 2005, 825, 828; *Hüffer*, § 133 Rn 27; *Martens*, AG 1993, 495 ff.
13 KölnKomm-AktG/*Noack/Zetzsche*, Rn 66.
14 Vgl *Spindler*, aaO, der die gleiche Frage aufwirft.
15 So auch *Spindler*, aaO; MüKo-AktG/*Kubis*, Rn 19; OLG München, ZIP 2005, 856 = NZG 2005, 848; *Berger/Filgut*, AG 2004, 592; *Brockhausen*, DB 2005, 1264; kritisch: *Casper/Bracht*, NZG 2005, 839.
16 BegrRegE UMAG, BT-Drucks. 15/5092, S. 16.
17 BGHZ 169, 98, 159; OLG Frankfurt NZG 2004, 865, 967; LG Frankfurt, Urt. v. 12.8.2008 – 3-05 O 88/08.
18 KölnKomm-AktG/*Noack/Zetzsche*, Rn 65; Hölters/*Drinhausen*, Rn 9; MüKo-AktG/*Kubis*, Rn 19; unklar K. Schmidt/Lutter/*Ziemons*, Rn 3 und Spindler/Stilz/*Rieckers*, Rn 16 wonach ggf auf die Bedeutung der Beschlussgegenstände abzustellen ist.
19 § 3 Abs. 3 S. 3 AktFoV.
20 Zur Abgrenzung zwischen Gegenantrag und Abstimmen gegen den Verwaltungsvorschlag vgl § 126 Rn 15.

- Verlangen auf Tagesordnungspunkte-Ergänzung zur Hauptversammlung, § 122 Abs. 2;
- Abstimmung über einen Wahlvorschlag, § 137;
- Verlangen der Einzelentlastung, § 120;
- Verlangen der Sonderprüfung, § 142;
- Geltendmachung von Ersatzansprüchen, § 147, 148;
- Verlangen der Sonderprüfung, § 258.

Die Aufforderung zur Abstimmung kann auch darin bestehen, dass allgemein für die Erteilung einer Vollmacht – insbesondere an die auffordernde Aktionärsvereinigung oder Aktionärsvertretung – geworben wird.[21]

Weder der Wortlaut noch die Begründung beschränken die Aufforderung auf Fälle, in denen die Kontaktaufnahme der Aktionäre wegen einer durch ein Quorum gebildeten Antragsberechtigung erforderlich ist.[22] Mithin können neben den Abstimmungsvorschlägen wie in § 128 Abs. 2 S. 1 auch Wahlvorschläge nach § 127, Anträge nach § 122 oder § 142 Abs. 2, 4, § 148 Abs. 1 oder nach § 258 unterbreitet werden. Für sie kann dann entweder um ein „mitmachen" oder um ein „macht mal für meine Interessen" geworben werden.

15 Für die Aufforderung schreibt Abs. 2 vor, Namen und die Anschrift des Aktionärs oder der Aktionärsvereinigung anzugeben (Nr. 1). Jedoch muss es sich um eine postalische, zustellungsfähige Anschrift handeln, um der Gesellschaft, deren Hauptversammlung betroffen ist, gegebenenfalls Rechtsschutz gegen die Begründung der Aufforderung zu gewähren. Eine E-Mail-Anschrift. Eine Fax-Nummer oder ein Postfach genügt hier nicht, da dies keine zustellungsfähigen Anschriften im zivilprozessualen Sinne darstellen.[23]
Weiter ist anzugeben die Firma der Gesellschaft (Nr. 2), um deren Hauptversammlung es sich handelt, sodann der Hauptversammlungstermin (Nr. 4) und schließlich der Antrag/das Verlangen selbst sowie gegebenenfalls der Vorschlag für die Ausübung von Stimmrechten (Nr. 3). § 3 Abs. 2 S. 1, Abs. 3 der AktFoV erweitert diese Pflichtangaben um die Versicherung, dass der Auffordernde wirklich Aktionär oder Aktionärsvereinigung im Sinne von § 139 Abs. 9 S. 1 Nr. 1 ist.

16 **III. Begründung der Aufforderung (Abs. 3).** Nach dem Willen des Gesetzgebers ist nicht vorgesehen, dass der Auffordernde die Begründung für seinen öffentlichen Aufruf im Aktionärsforum selbst wiedergibt. Das Aktionärsforum dient ausschließlich der Kontaktaufnahme, nicht dem Meinungsaustausch. Jedoch sieht Abs. 3 vor, dass **der Auffordernde** in der Aufforderung **auf seine Internetseite** oder **seine E-Mail-Adresse** hinweisen kann, auf der die nähere Begründung nachzulesen ist. Mehr allerdings darf dieser Hinweis im Aktionärsforum **nicht** enthalten. Die ursprüngliche Vorstellung, diese Internetseite des Auffordernden dürfe ausschließlich die Begründung der Aufforderung enthalten, ist aus praktischen Gründen fallen gelassen worden. Jetzt sieht § 5 Abs. 1 S. 1 der AktFoV vor, dass sich die **Begründung zur Aufforderung** auf dieser Internetseite unmittelbar oder mittelbar finden lassen kann (button) und dass keine missbräuchlichen Inhalte auf dieser Internetseite zu finden sind.
Der Betreiber des Forums behält sich nach § 5 Abs. 1 S. 2 der AktFoV vor, die Eintragung zu verweigern oder sie ohne Kostenerstattung zu löschen, wenn die Vorgaben nicht eingehalten werden; wobei die Einhaltung dieser Vorschrift durch Stichproben oder auf konkrete Hinweise hin überprüft werden können (§ 5 Abs. 1 S. 3 AktFoV). Streitigkeiten hierüber sind als bürgerlich-rechtliche Streitigkeiten anzusehen, da die Veröffentlichung der Aufforderung aufgrund eines Vertrags erfolgt.

17 Unklar ist, ob die in § 3 Abs. 5 Nr. 1 bis 4 AktFoV im Einzelnen genannten Missbrauchsbeispiele überhaupt für die Internetseite des Auffordernden Geltung haben können. Denn die dortigen Missbrauchseinzelfälle beziehen sich ausdrücklich auf die Aufforderung selbst, keineswegs aber auf eine Internetseite des Auffordernden. Nach dem Eingangssatz von § 3 Abs. 5 AktFoV sind die bezifferten Beispielsfälle Fälle, die nicht den Voraussetzungen von § 127a oder der AktFoV entsprechen. Die Internetseite des Auffordernden ist jedoch nicht am Maßstab des § 127a zu messen. Es ist daher **völlig offen, welche Art von missbräuchlichem Inhalt** der Betreiber des Aktionärsforums auf den Internetseiten der Auffordernden zum Anlass nimmt bzw. nehmen muss, die Eintragung zu verweigern oder ersatzlos zu löschen.

18 Die Begründung des Auffordernden selbst auf dieser Internetseite wird zudem vom Betreiber des Aktionärsforums nicht kontrolliert und nicht korrigiert; dies wäre auch kaum zumutbar. Die Form und der Umfang der Ausführungen in dieser Begründung bleiben dem Auffordernden überlassen. Soweit die Begründung daher irreführende, beleidigende, verunglimpfende oder rechtswidrig geschäftsschädigende Äußerungen zulasten der betroffenen Gesellschaft enthält, bleibt diese auf die allgemeinen Abwehransprüche und vor allem die prozessualen Rechtsbehelfe des einstweiligen Rechtsschutzes angewiesen.[24]

---

21 KölnKomm-AktG/*Noack/Zetzsche*, Rn 40.
22 So auch *Spindler*, NZG 2005, 85, 828; *Seibert*, WM 2005, 157, 159.
23 Vgl zB OLG Stuttgart BeckRS 2011, 16758 mwN.
24 BegrRegE UMAG, BT-Drucks. 15/5092, S. 16; *Hüffer*, Rn 2.

Die Gesellschaft ist daher aus eigenem Antrieb aufgerufen, die Aufforderungen, die sie betreffen, im Aktionärsforum zu verfolgen. Zu diesem Zwecke ist eine kostenpflichtige – derzeit 100 EUR p.a. – automatische Unterrichtung über Eintragungen buchbar.

IV. Stellungnahme der Gesellschaft (Abs. 4). Die Gesellschaft, die auf eine Aufforderung, gegebenenfalls auch im Sinne einer Gegenstellungnahme auf die Begründung einer Aufforderung eingehen will, kann dieses, ebenfalls entgeltlich, in der Form tun, dass sie **im Aktionärsforum** nach Abs. 4 einen **Hinweis auf ihre eigene Stellungnahme** veröffentlicht.[25] Wie auch der Hinweis auf die Begründung durch den Auffordernden, hat der Hinweis auf die Stellungnahme durch einen Link auf die Homepage der Gesellschaft zu erfolgen. Diese Stellungnahme wird in räumlicher Nähe zur Aufforderung veröffentlicht werden, so dass die Interessierten Aufforderung, Begründung und die Stellungnahme der Gesellschaft mit einem Blick umfassen können (§ 4 Abs. 1 AktFoV).

Auch für die Stellungnahme der Gesellschaft gelten § 3 Abs. 1, 4 und 5 AktFov entsprechend, was nur heißen kann, dass auch die Stellungnahme selbst auf Rechtsmissbrauch im Sinne § 3 Abs. 5 Nr. 1 bis 4 AktFoV kontrolliert und gegebenenfalls unverzüglich gelöscht wird.

Streitigkeiten zwischen Auffordernden oder Gesellschaften mit dem elektronischen Bundesanzeiger um unberechtigte Löschungen oder unberechtigt verweigerte Eintragungen sind ggf als bürgerlich-rechtliche Streitigkeit im Zivilrechtsweg zu entscheiden. Solche Streitigkeiten sind jedoch bislang nicht bekannt geworden, zumal die Gesellschaften bislang von ihrem Recht nach Abs. 4 bis 30.11.2013 insgesamt nur in zwei Fällen Gebrauch gemacht haben.

V. Verordnungsermächtigung (Abs. 5). Von der in Abs. 5 vorgesehenen Verordnungsermächtigung für das Bundesjustizministerium wurde durch die Aktionärsforumsverordnung (AktFoV) vom 22.11.2005[26] Gebrauch gemacht; sie trat am 1.12.2005 in Kraft.

Die Verordnung füllt die Ermächtigung nicht vollständig aus, weil zum Beispiel Entgelte für die Inanspruchnahme des Aktionärsforums durch die Eintragungen (Aufforderungen, Hinweise auf Stellungnahmen und Begründungen) sich erst aus den Allgemeinen Geschäftsbedingungen des Bundesanzeigers zur Inanspruchnahme des Aktionärsforums ergeben, nicht aus der Verordnung selbst.[27]

Da § 127a einen Anspruch auf die Eintragung der Aufforderung oder der Stellungnahme erst nach Vereinbarung und Zahlung des Entgelts eröffnet, aber keinen Rechtsanspruch gibt, hätte es nahe gelegen, einen solchen (bedingten) Anspruch in die Verordnung aufzunehmen. Er ergibt sich aber indirekt aus den Verweigerungs- und Löschungsmöglichkeiten des Betreibers des Bundesanzeigers, zum Beispiel in § 3 Abs. 2 S. 3, Abs. 4 S. 3, Abs. 5 S. 2; § 5 Abs. 1 S. 2 sowie § 6 Abs. 4.

Unbefriedigend ist, dass die Verordnung nochmals die Bevorzugung der Aktionärsvereinigung aus der Reihe der in § 135 Abs. 9 AktG genannten Aktionärsvertreter betont. Für diese Bevorzugung ist kein Rechtfertigungsgrund ersichtlich.

§ 127a regelt selbst nichts zur Einsichtnahme in das Aktionärsforum. Die entsprechende Befugnis, die sich an sich aus der Eigenschaft als Internetplattform von selbst ergibt, ist in § 7 Abs. 1 AktFoV geregelt. Danach ist die Einsichtnahme ohne Registrierung und ohne Entgelt jederzeit möglich. Es ist zweifelhaft, ob diese Art der neutralen Kommunikationsplattform Vorteile gegenüber den Informationsmöglichkeiten auf der Homepage einer Gesellschaft hat,[28] zumal tatsächlich ein wechselseitiger Gedankenaustausch nicht stattfindet. Im Hinblick auf den Ausbau der Internetseite der Gesellschaft zur Hauptversammlungspublikationsplattform durch § 124a könne es sachgerechter sein, wenn hier ein Forum für einen wirklichen Gedankenaustausch geschaffen würde,[29] zumal an dieser Stelle er auch von den Aktionären gesucht würde.

§ 2 Abs. 2 der AktFoV regelt die Zugriffskriterien auf das Aktionärsforum. Der Zugriff erfolgt auf die Volltexte und kann entweder über die Eingabe von Firma oder Firmenteilen (Nr. 1), das heißt auf den Namen oder Teile des Unternehmensnamens (§ 17 HGB) erfolgen. Möglich ist der Zugriff auch über die Wertpapierkennnummer WKN (Nr. 2) oder die internationale Wertpapierkennnummer ISIN (Nr. 3) sowie über die Handelsregisternummer (Nr. 4).

Nach § 2 Abs. 3 AktFoV ist die Sprache des Aktionärsforums Deutsch, zur auch beabsichtigten englische Fassung ist es bislang nicht gekommen.

---

[25] BegrRegE UMAG, BT-Drucks. 15/5092, S. 16; *Hüffer*, Rn 4.
[26] BGBl. I S. 3193 vom 25.11.2005, abzurufen unter <www.ebundesanzeiger.de>; dort sind ebenfalls die AGB des E-Bundesanzeigers sowie die Hinweise für die Nutzer des Aktionärsforums einzusehen und herunterzuladen; *Seibert*, AG 2006, 16 ff zu § 127a und den Schwächen.
[27] Die BegrRegE UMAG, BT-Drucks.15/5092, S. 17, hatte noch eine Veröffentlichung in der VO vorgesehen.
[28] So noch Vorauflage *Pluta*, Rn 24.
[29] So auch KölnKomm-AktG/*Noack/Zetzsche*, Rn 3.

§ 128 Übermittlung der Mitteilungen

(1) ¹Hat ein Kreditinstitut zu Beginn des 21. Tages vor der Versammlung für Aktionäre Inhaberaktien der Gesellschaft in Verwahrung oder wird es für Namensaktien, die ihm nicht gehören, im Aktienregister eingetragen, so hat es die Mitteilungen nach § 125 Abs. 1 unverzüglich an die Aktionäre zu übermitteln. ²Die Satzung der Gesellschaft kann die Übermittlung auf den Weg elektronischer Kommunikation beschränken; in diesem Fall ist das Kreditinstitut auch aus anderen Gründen nicht zu mehr verpflichtet.

(2) Die Verpflichtung des Kreditinstituts zum Ersatz eines aus der Verletzung des Absatzes 1 entstehenden Schadens kann im voraus weder ausgeschlossen noch beschränkt werden.

(3) ¹Das Bundesministerium der Justiz wird ermächtigt, im Einvernehmen mit dem Bundesministerium für Wirtschaft und Technologie und dem Bundesministerium der Finanzen durch Rechtsverordnung vorzuschreiben, dass die Gesellschaft den Kreditinstituten die Aufwendungen für

1. die Übermittlung der Angaben gemäß § 67 Abs. 4 und
2. die Vervielfältigung der Mitteilungen und für ihre Übersendung an die Aktionäre

zu ersetzen hat. ²Es können Pauschbeträge festgesetzt werden. ³Die Rechtsverordnung bedarf nicht der Zustimmung des Bundesrates.

(4) § 125 Abs. 5 gilt entsprechend.

A. Grundlagen

1 I. Gegenstand der Norm. § 128 wendet sich an die Kreditinstitute (§ 1 Abs. 1 KWG) und Finanzdienstleister (§ 1 Abs. 1a KWG) und betrifft deren Pflicht zur Unterrichtung der Aktionäre. § 128 Abs. 1 und 4 ergänzen § 125 Abs. 1. Seit dem ARUG regelt § 128 nicht mehr detailliert die **Pflichten und Rechte von Kreditinstituten, Aktionärsvereinigungen und Gleichgestellten** gegenüber denjenigen Aktionären, deren Aktien sie verwahren bzw auf den Hauptversammlungen vertreten, und die Vorgaben für die Wahrung der Aktionärsinteressen und interne Kontrollen hierüber.
Abstimmungsvorschläge im Interesse der Aktionäre sind nicht mehr in § 128, sondern in § 135 geregelt.

2 II. Zweck der Norm. Die Norm regelt die **Unterrichtung der Aktionäre über Mitteilungen der Gesellschaft** nach § 125 Abs. 1 und ist (neben §§ 121 Abs. 3, 124–127) wesentlicher Teil des hauptversammlungsbezogenen Informationssystems.[1] Es soll gewährleistet werden, dass die Anteilseigner im Vorfeld einer Hauptversammlung über hinreichende Informationen verfügen.[2]

3 Kreditinstitute transportieren die Mitteilungen der Gesellschaft an die anonymen Inhaberaktionäre und an solche Namensaktionäre, an deren Stelle sie ins Aktienregister eingetragen sind (Legitimationsaktionär, Treuhandverhältnis). In beiden Fällen weiß die Gesellschaft – abgesehen von Meldefällen des WpHG (§§ 21 ff) und des Aktiengesetzes (§§ 20 f) – nicht, wer ihre Eigentümer sind.
Zugleich verpflichtet dies Kreditinstitute, die Eigentümer der Gesellschaft, als deren Sachwalter sie auftreten, über Mitteilungen der Gesellschaft zu informieren. Aus § 128 ergibt sich aber nicht nur die Pflicht zur Weitergabe der von der Gesellschaft nach § 125 erhaltenen Informationen, sondern auch die Pflicht, Mitteilungen nach § 125 Abs. 1 zu verlangen, wenn Inhaberaktien zu Beginn des 21. Tages in Verwahrung genommen wurden bzw eine Eintragung des Kreditinstituts für den Aktionär im Aktienregister erfolgt ist.[3] Dies ist aufgrund der gesetzlich angeordneten Stellung als Informationsmittler auch anzunehmen, wenn das Kreditinstitut, das Aktien verwahrt, in der vergangenen Hauptversammlung keine Stimmrechte ausgeübt hat.[4]

4 Die Regelung, sichert die mittelbare Mitwirkung der Aktionäre an der Willensbildung und Stimmabgabe;[5] sie dient damit auch der Präsenzerhöhung in der Versammlung,[6] jedenfalls durch Teilnahme über Vollmachtserteilung an die Depotbank, da regelmäßig auch Formulare für eine Legitimation mit übersandt werden.[7]

5 Ob die durch das ARUG ermöglichten Öffnungen der Hauptversammlung für die Online-Teilnehmer[8] und die Erhöhung der Zahl der Abstimmenden durch die Briefwahl insgesamt zu einer Erhöhung der Präsenz in den Hauptversammlungen bzw zu einer Wahrnehmung der Rechte durch den Aktionär selbst und nicht

---

1 *Hüffer*, Rn 1.
2 RegE BT-Drucks. 16/11642 S. 31.
3 K. Schmidt/Lutter/*Ziemons*, Rn 3; Spindler/Stilz/*Rieckers*, Rn 15.
4 Hölters/*Drinhausen*, Rn 8.
5 *Hüffer*, Rn 1.
6 Großkomm-AktienR/*Werner*, Rn 2.
7 KölnKomm-AktG/*Noack/Zetzsche*, Rn 5 ff.
8 Siehe § 118 Rn 9.

durch eine bevollmächtigte Depotbank führen, bleibt abzuwarten, da derzeit diese Art der Teilnahme überwiegend noch nicht angeboten wird.
Die Einführung des „record date" und die Umstellung der Informationspflichten im Vorfeld der Hauptversammlung durch das UMAG hat zu einer Präsenzerhöhung geführt.[9]

B. Einzelheiten

I. Weitergabe von Mitteilungen (Abs. 1). Kreditinstitute sind zur Weitergabe der Mitteilungen nach § 125 Abs. 1 verpflichtet, wenn sie spätestens zu Beginn des 21. Tages (Termin iSv § 121 Abs. 7) vor der Hauptversammlung **Inhaberaktien** zur Verwahrung ins Depot (§§ 1, 2, 5, 10 DepotG) genommen haben. Die Weitergabe hat unverzüglich[10] zu erfolgen, damit Aktionäre sich rechtzeitig zur Hauptversammlung anmelden und ggf Stimmrechtsvollmachten erteilen können. Da § 128 Abs. 1 eine bestimmte Form der Weitergabe nicht vorschreibt, kann diese, unabhängig von der Art der Übermittlung durch die Gesellschaft (Abs. 1. S. 2), auch in elektronischer Form erfolgen.[11]

Der **Termin für die In-Verwahrungnahme von Inhaberaktien** läuft nicht mehr parallel mit dem Termin für **Namensaktionäre** nach § 125 Abs. 2. Dies sollte die Gleichbehandlung beider Arten bewirken.[12] Die Fristverlängerung von 14 Tage auf 21 Tage erfolgte ursprünglich auf Wunsch der Kreditinstitute und der Praxis, weil damit der Versende-Stichtag des § 128 Abs. 1 mit dem Legitimationsstichtag des § 123 Abs. 3 zusammenfiel. Die als Argument ins Feld geführten erheblichen Kostenersparnisse und Ablaufvereinfachungen für die Kreditinstitute[13] sind nicht mehr relevant, weil sowohl die Mitteilung der Gesellschaft an die Kreditinstitute und Aktionärsvereinigungen, als auch die Übermittlung dieser Mitteilungen nunmehr an die Aktionäre oder die Namensaktionäre auf elektronische Weise und damit Kosten sparend erfolgen kann. Damit ist der wirtschaftliche Zwang zum Gleichlauf der Termine für Inhaber- und Namensaktionäre entfallen.

Die **Fristberechnung** erfolgt nach § 121 Abs. 7 von der Hauptversammlung ausgehend rückwärts.

Die Festlegung des Termins bewirkt eine klare Datenlage für das Kreditinstitut mit der Folge, dass bei späterer Annahme zur Verwahrung keine Mitteilungen mehr weiterzugeben sind (Versendungsstopp).[14] Aktionäre, die Inhaberaktien binnen 21 Tagen vor der Hauptversammlung kaufen, müssen sich selbst um Informationen kümmern, an der Hauptversammlung können sie ohnehin nicht teilnehmen (§ 123 Abs. 2, 3: *record date*).

Die **Weitergabeverpflichtung** trifft das Kreditinstitut auch, wenn es für **Namensaktien**, die ihm nicht gehören, eingetragen ist (§ 67 Abs. 1), allerdings nur, wenn die Eintragung vor dem Umschreibestopp[15] vor der Hauptversammlung stattgefunden hat.[16] Denn das Gesetz legt fest, dass die Verpflichtung zur Weiterleitung der Mitteilungen nur dann besteht, wenn das Kreditinstitut für Namensaktien eingetragen wird. In Bezug auf die Hauptversammlung kann das dann nur bedeuten, dass die Eintragung ins Aktienregister mit Wirkung vor der Hauptversammlung erfolgt sein muss, auf die sich die Mitteilung der Gesellschaft bezieht. Zwar ist das eingetragene Kreditinstitut der Gesellschaft gegenüber Aktionär (§ 67 Abs. 2), in Erfüllung seiner **Treuhandpflichten für den materiell Berechtigten** ist es jedoch verpflichtet, die Mitteilungen an den wahren Aktionär weiterzuleiten.[17]

Wenn das Kreditinstitut Aktien einer Wertpapiersammelbank (Clearstream Banking AG) anvertraut hat, unterliegt nur ihm als Zwischenverwahrer der Weitergabeverpflichtung, da es für den Aktionär verwahrt.[18] Zentral- oder sonstige Zwischenverwahrer werden durch § 128 nicht erfasst, da hier die Verwahrung nicht für den Aktionär erfolgt.[19]

§ 128 Abs. 1 trifft sowohl **inländische Kreditinstitut** (§§ 1 f KWG) wie auch **inländische Zweigniederlassungen ausländischer Banken** (§§ 53 bzw 53 b KWG) mit Sitz in einem Mitgliedstaat des EWR. Nicht verpflichtet sind Institute mit Sitz außerhalb des EWR, zB US-Banken.[20] Die Pflicht besteht nur für Mitteilun-

---

9 Siehe *Zetzsche*, Der Konzern 2008, 321, 325 unter Hinweis auf ausländische Beteiligungsquoten; *Paschos/Goslar*, AG 2008, 605, 611.
10 K. Schmidt/Lutter/*Ziemons*, Rn 13; Hölters/*Drinhausen*, Rn 11; aA Spindler/Stilz/*Rieckers*, Rn 20.
11 K. Schmidt/Lutter/*Ziemons*, Rn 13; *Butzke*, Die Hauptsammlung der Aktiengesellschaft, 5. Aufl., Rn 119 mwN.
12 *Hüffer*, Rn 2, 2 a mwN.
13 Rechtsausschuss, BT-Drucks. 15/5693 S. 17.
14 *Hüffer*, Rn 2.
15 Vgl hierzu BGHZ 182, 272; *v. Nussbaum*, NZG 2009, 456; *Quass*, AG 2009, 432.
16 *Hüffer*, Rn 2 a zur früheren Frist.
17 *Hüffer*, Rn 2 a; vgl zur Stellung und Aufgabe der Banken auch KölnKomm-AktG/*Noack/Zetzsche*, Rn 32 auch zu Fragen bei mehrstufiger Verwahrung.
18 *Hüffer*, Rn 3; KölnKomm-AktG/*Noack/Zetzsche*, Rn 40; Spindler/Stilz/*Rieckers*, Rn 8.
19 KölnKomm-AktG/*Noack/Zetzsche*, Rn 41.
20 KölnKomm-AktG/*Noack/Zetzsche*, Rn 29, 45; Spindler/Stilz/*Rieckers*, Rn 6.

gen inländischer Gesellschaften.[21] Es sind jedoch auch Aktionäre im Ausland zu benachrichtigen, wenn sie Aktien derartiger Gesellschaften haben.[22]

13 Abs. 1 ist nicht disponibel, dh, die Weiterleitungspflicht kann durch Depotvertrag nicht abbedungen werden.[23] Anders wäre die Aufgabe des Kreditinstituts als Informationsmittler im Interesse eines funktionierenden Aktienwesens und damit im öffentlichen Interesse nicht erfüllbar.[24] Sofern jedoch die Gesellschaft selbst die Versendung der Mitteilungen auf die elektronische Kommunikation beschränkt hat, ist auch das Kreditinstitut auch nichts verpflichtet, mehr als eine elektronische Übermittlung der Mitteilung vorzunehmen (Abs. 1 S. 2 Hs 2).[25]
Die Aktionäre der Gesellschaft haben es daher in der Hand, durch Hauptversammlungsbeschluss die Versendung allein in elektronischer Form zu beschließen. Hat die Hauptversammlung die Versendung in Papierform ausgeschlossen,[26] so schlägt diese Versendungsvorgabe auf die Kreditinstitute hinsichtlich ihrer eigenen Übermittlungspflicht durch.
Die ist jedoch bedenklich, da durch eine entsprechende Satzungsregelung ein Aktionär dann gezwungen würde, einen E-Mail-Account zu eröffnen oder eine andere Möglichkeit des Empfangs elektronischer Mitteilungen seines depotführenden Instituts sicherzustellen, bzw der Aktionäre gezwungen würde, entsprechende Daten dem depotführenden Institut mitzuteilen, da hier in die vertragliche Regelung zwischen Aktionär und depotführendem Institut eingegriffen wird.[27]

14 Soweit die Gesetzesbegründung[28] darauf verweist, in einem solchen Fall sei es möglich, eine Papierversendung vorzunehmen, und es könnten hierzu Einzelvereinbarungen zwischen den Kreditinstituten und den Gesellschaften getroffen und die Frage der Kostenerstattung geregelt werden,[29] überzeugt dies aufgrund des (belastenden) Eingriffs in ein Vertragsverhältnis von Dritten durch eine Satzungsregelung nicht, zumal das Europarecht[30] dem Aktionär das Recht gibt, sich der elektronischen Kommunikation zu verweigern. Bei Entscheidungserheblichkeit könnte daher in einem Rechtsstreit § 128 Abs. 1 S. 2 im Wege eines Vorlagebeschlusses nach Art. 267 des Vertrages über die Arbeitsweise der Europäischen Union (AEUV) auf seine Vereinbarkeit mit Europarecht zu überprüfen sein.

15 Weiterzuleiten sind nur Mitteilungen der Gesellschaft nach § 125 Abs. 1, nicht solche nach § 126. Veränderungen und Ergänzungen der Mitteilungen der Gesellschaft sind nicht zulässig, wohl aber die zusätzliche und freiwillige Weiterleitung von Zwischenberichten und Kurzfassungen der Geschäftsberichte und sonstige übersandte Informationen,[31] wobei dies freiwillig durch das depotführende Institut geschieht und regelmäßig insoweit eine entsprechende Vereinbarung zwischen Gesellschaft und depotführenden Institut besteht.

16 **II. Keine Vorausverfügung über Schadensersatzanspruch (Abs. 2).** Die Verletzung der Weitergabeverpflichtung kann als Verletzung des Depotvertrages über § 80 BGB zu Schadensersatzansprüchen führen.[32] Eine Pflichtverletzung kann auch dann bestehen, wenn das depotführende Institut es pflichtwidrig unterlassen hat, die Übermittlung von Mitteilungen der Gesellschaft nach § 125 Abs. 1 zu verlangen. Praktisch dürfte der Schadensersatzanspruch kaum relevant sein, da der Schaden nur in seltensten Fällen bezifferbar sein dürfte und die Ursächlichkeit zwischen Verstoß und Schaden kaum darlegbar erscheint.

17 Nach Abs. 4 kann ein solcher (theoretischer) Anspruch nicht im Voraus ausgeschlossen oder beschränkt werden, insbesondere nicht durch allgemeine Geschäftsbedingungen; nachträgliche Vereinbarungen über den Anspruch sind aber zulässig.[33]
Im Vorfeld der Hauptversammlung steht bei Verletzung der Weitergabepflicht aus tatsächlichen Gründen (Zeitablauf) zu deren Durchsetzung nur der einstweilige Rechtsschutz zur Verfügung.

18 Nach § 243 Abs. 3 führt der Verstoß gegen § 128 nicht zu Konsequenzen für die Rechtmäßigkeit des Hauptversammlungsbeschlusses, weil der Pflichtenverstoß im Verantwortungskreis des Kreditinstituts entstanden und der Gesellschaft nicht zurechenbar ist.[34]
Allerdings könne eine Anfechtbarkeit – jedenfalls des Beschlusses über die Entlastung des Vorstands – dann gegeben sein, wenn ausschließlich eine elektronische Übermittlung ohne eine entsprechende Einwilligung

---

21 Großkomm-AktienR/*Werner*, Rn 5.
22 *Butzke*, Die Hauptversammlung der Aktiengesellschaft Rn 143; KölnKomm-AktG/*Noack/Zetzsche*, Rn 60.
23 *Hüffer*, Rn 4; MüKo-AktG/*Kubis*, Rn 13; aA MüHb-AG/*Semler*, § 35 Rn 83.
24 *Hüffer*, Rn 5.
25 BegrRegE ARUG, BT-Drucks. 16/11642, S. 31; kritisch hierzu („Unfreundlichkeit"): *Hüffer*, Rn 5.
26 Auf die Bedenken hinsichtlich eines solchen vollständigen Ausschlusses des Papierversands weist jedoch die BegrRegE ARUG, BT-Drucks. 16/11642, S. 31, unter Hinweis auf § 30 b Abs. 3 Nr. 1 lit. d WpHG (nicht WpÜG) selbst hin.
27 K. Schmidt/Lutter/*Ziemons*, Rn 15 f; mwN.
28 BegrRegE ARUG, BT-Drucks. 16/11642, S. 31.
29 BegrRegE ARUG, BT-Drucks. 16/11642, S. 31.
30 Art. 17 Abs. 3 lit. c der Transparenzrichtlinie, ABl. Nr. L 76 S. 50; vgl auch § 30 b Abs. 3 lit. d WpHG – elektronische Kommunikation nur bei ausdrücklicher Einwilligung.
31 KölnKomm-AktG/*Noack/Zetzsche*, Rn 67.
32 *Hüffer*, Rn 8 mwN.
33 *Hüffer*, Rn 8.
34 *Hüffer*, Rn 9.

des Aktionärs vorliegt, dh ein Verstoß gegen § 30 b Abs. 3 Nr. 1 lit. d WpHG bzw gegen Art. 17 Abs. 3 lit. c der Transparenzrichtlinie als schwerwiegender und eindeutiger Gesetzesverstoß[35] anzunehmen wäre.[36]

III. Verordnung (Abs. 3). Die Norm enthält Verordnungsermächtigungen betreffend die Kosten der Übermittlung der Meldedaten nach § 67 Abs. 4 sowie der Kosten der Weitergabe nach § 128 Abs. 1. Letztere ist in der Verordnung v. 17.6.2003, verkündet am 25.6.2003,[37] ergangen. **19**

Das Kreditinstitut kann Postgebühren und gestaffelte Pauschalbeträge für die Versendung erhalten. **20**

IV. Gleichstellung (Abs. 4). Die den Kreditinstituten nach § 125 Abs. 5 Gleichgestellten haben die gleichen Mitteilungspflichten nach § 128 Abs. 1 sowie nach § 67 Abs. 4. Dafür steht ihnen ebenso der Aufwendungsersatz nach § 128 Abs. 3 zu. **21**

Dritter Unterabschnitt
Verhandlungsniederschrift. Auskunftsrecht

Vor §§ 129–132 Versammlungsleitung und Ablauf der Hauptversammlung

Literatur:
Arnold/Carl/Götze, Aktuelle Fragen bei der Durchführung der Hauptversammlung, AG 2011, 349; *Austmann*, Verfahrensanträge in der Hauptversammlung, in: FS Hoffmann-Becking, 2013, S. 45; *Austmann/Rühle*, Wahlverfahren bei mehreren für einen Aufsichtsratssitz vorgeschlagenen Kandidaten, AG 2011, 805; *Barz*, Die große Hauptversammlung, AG 1962, Sonderbeilage I, 1; *Brox*, Fehler bei der Leitung der Hauptversammlung und ihre Folgen, DB 1965, 731; *Butzke*, Die Hauptversammlung der AG, begr. von Obermüller/Werner/Winden, 5. Auflage 2011; *Decher*, Die kritische Hauptversammlung, Liber Amicorum Wilhelm Happ (FS Happ), 2006, S. 17–30; *Ek*, Praxisleitfaden für die Hauptversammlung, 2005; *Hemeling*, Die Durchführung der Hauptversammlung – Die Chance des UMAG nutzen!, AG 2004, 262; *Hofstetter*, Von der Landsgemeinde zur proxy-Generalversammlung: Vorschläge für einen Paradigmenwechsel in der Schweiz, analoge Anregungen zur deutschen Hauptversammlung, ZGR 2008, 560; *Ihrig*, Zur Entscheidungskompetenz der Hauptversammlung in Fragen der Versammlungsleitung, in: FS Goette, 2011, S. 205; *Kuhnt*, Geschäftsordnungsanträge und Geschäftsordnungsmaßnahmen bei Hauptversammlungen, in: FS Lieberknecht, 1997, S. 45; *Martens*, Die Leitungskompetenzen auf der Hauptversammlung einer AG, WM 1981, 1010; *Marsch-Barner*, in: FS Brambring, 2011, S. 267; *Martens*, Leitfaden für die Leitung der Hauptversammlung einer AG, 3. Auflage 2003; *Martens*, Die Reform der aktienrechtlichen Hauptversammlung, AG 2004, 238; *Max*, Die Leitung der Hauptversammlung, AG 1991, 77; *Messer*, Der Vertreter des verhinderten Leiters der Hauptversammlung in der mitbestimmten AG, in: FS Kellermann, 1991, S. 299; *Mimberg/Gätsch*, Die Hauptversammlung der Aktiengesellschaft nach dem ARUG, 2010; *Quack*, Das Rederecht des Aktionärs in der Hauptversammlung, in: FS Brandner, 1996, 113; *Reinicke*, Rechtsstellung, Rechte und Pflichten des Vorsitzenden einer Hauptversammlung, Diss. Hamburg 1982; *Schaaf*, Die Praxis der Hauptversammlung, 2. Auflage 1999; *Schaaf*, Publikumshauptversammlung und Rederecht, ZIP 1997, 1324; *Semler/Volhard*, Arbeitshandbuch für die Hauptversammlung, 1999; *Steiner*, Die Hauptversammlung der AG, 1995; *Stützle/Walgenbach*, Leitung der Hauptversammlung und Mitspracherecht der Aktionäre in Fragen der Versammlungsleitung, ZHR 155 (1991), 516; *Wicke*, Die Leitung der Hauptversammlung einer Aktiengesellschaft, NZG 2007, 771.

A. Allgemeines 1	IV. Erledigung aller Tagesordnungspunkte 26
B. Bestellung, Person und Abberufung des Versammlungsleiters 2	V. Erteilung und Entziehung des Wortes 31
I. Bestellung des Versammlungsleiters 2	VI. Regelung und Durchführung des Abstimmungs- bzw Wahlverfahrens; Feststellung des Ergebnisses 33
II. Person des Versammlungsleiters 5	
III. Abberufung des Versammlungsleiters 6	VII. Unterbrechung, Vertagung und Beendigung der HV 45
1. Der gewählte Versammlungsleiter 7	
2. Der gerichtlich bestimmte Versammlungsleiter 8	D. Ausübung des Hausrechts bzw der Ordnungsgewalt des Versammlungsleiters 49
3. Der von der Geschäftsordnung bestimmte Versammlungsleiter 9	I. Grundsätze 49
	II. Maßnahmen gegenüber der Gesamtheit der Aktionäre in der HV 50
4. Der von der Satzung bestimmte Versammlungsleiter 10	III. Maßnahmen gegenüber einzelnen Aktionären . 57
C. Leitung der HV insbesondere durch allgemeine verfahrensrechtliche Maßnahmen 16	E. Rechtsschutz gegen rechtswidrige Versammlungsleitung 67
I. Die Aufgabe der Versammlungsleitung 16	F. Haftung und Versicherungsschutz des Versammlungsleiters 69
II. Eröffnung der HV 19	I. Haftung 69
III. Kontrolle von Zugangsberechtigung und Beschlussfähigkeit 23	II. D&O-Versicherung 74

---

35 Vgl hierzu BGH NZG 2012, 347; BGH, Urt. v. 10.7.2012 – II ZR 48/11; LG München I BeckRS 2012, 11175.
36 Ablehnend *Evers/Fett*, NZG 2012, 530, 533 f.
37 BGBl. I S. 885, abgedruckt in ZIP 2003, 1270 mit Begr. und Einführung von *Seibert*.

A. Allgemeines

1 Der Gang der HV ist gesetzlich kaum geregelt. Gemäß § 129 Abs. 1 kann sich die HV allerdings selbst eine Geschäftsordnung geben, auch die Satzung kann Bestimmungen über den Ablauf der HV enthalten (vgl § 129 Rn 1 ff).[1] Solche Regelungen können nicht die unmittelbar aus dem Gesetz herleitbaren Anforderungen an die Versammlungsleitung verändern (vgl § 129 Rn 3 ff).[2] Unabhängig von etwaigen solchen Regelungen folgt aus den §§ 122 Abs. 3, 130 Abs. 2 (sic "Feststellung des Vorsitzenden") als **Mindestanforderung** an eine ordnungsgemäße Zusammenkunft der Aktionäre in der HV,[3] dass eine **HV einen Versammlungsleiter** hat, der das Ergebnis der Beschlussfassungen feststellen und verkünden kann.[4] Einzig bei der Beschlussfassung innerhalb einer Einmann-AG kann grundsätzlich auf den Versammlungsleiter verzichtet werden,[5] wenn nicht die Satzung eine Regelung zur Leitung der HV enthält, zB durch den AR-Vorsitzenden.[6] Denn bei dieser beruht die Beschlussfassung nur auf der Willensäußerung des alleinigen Aktionärs, nicht aber auf einer Abstimmung, die zu leiten wäre. Gleiches gilt mE, wenn bei einer Mehrpersonen-AG nur ein Aktionär(svertreter) zur HV erscheint.[7] Aus der Funktion des Versammlungsleiters folgt zugleich, dass er für einen ordnungsgemäßen und geordneten Ablauf der HV sorgen muss. Er wird deshalb auf die Durchführung der Versammlung und damit die Wahrung der Rechte ihrer Teilnehmer stets einen entscheidenden Einfluss haben, was Anknüpfungspunkt für seine Pflicht zu nicht-parteiischer Versammlungsleitung ist (vgl Rn 16 ff).

B. Bestellung, Person und Abberufung des Versammlungsleiters

2 **I. Bestellung des Versammlungsleiters.** Über die Person des Versammlungsleiters schweigt das Gesetz. Üblich sind Festlegungen in der **Satzung**. Auch die **Geschäftsordnung** nach § 129 Abs. 1 kann ihn bestimmen, zumal die jeweilige HV (ohne vorherige Bekanntmachung) mit einfacher Mehrheit die Geschäftsordnung durchbrechen darf (vgl § 129 Rn 12).[8]

3 Ist weder in Satzung noch Geschäftsordnung ein Leiter bestimmt, muss die **HV den Leiter** wählen – grundsätzlich mit einfacher Stimmenmehrheit (vgl § 133 Abs. 1 und 2).[9] Findet eine Wahl des Versammlungsleiters statt, leitet der Einberufende den Wahlvorgang.[10] Weigert sich dieser, die Leitung zu übernehmen, oder erscheint er nicht, kann die HV die Wahl im Rahmen ihres Selbstorganisationsrechts auch auf sonstige Weise organisieren, zB indem der Aktionär, der eine Einberufung nach § 122 Abs. 3 veranlasst hat, die Leitung übernimmt[11] (vgl Rn 47), als Leiter ausgeschlossen ist auch in diesem Falle der Notar (vgl Rn 5). Zuvor hat bei entsprechendem Aktionärsverlangen eine Aussprache stattzufinden, bei der die Verwaltung analog § 131 zumal über die Person des zur Wahl Vorgeschlagenen Auskunft erteilen muss (vgl Rn 6 ff zur Neuwahl nach Abberufung).

4 Ausnahmsweise kann das Gericht einen Leiter bestellen. In Betracht kommt das regelmäßig, wenn der Vorstand einem Verlangen auf Einberufung der HV oder auf Ergänzung der Tagesordnung gem. § 122 Abs. 1

---

1 Vgl allg. *Hüffer*, § 129 Rn 1 a ff; 17; MüKo-AktG/*Kubis*, § 129 Rn 3 f; *Stützle/Walgenbach*, ZHR 155 (1991), 516, 520 ff.
2 AllgM, vgl statt aller MüKo-AktG/*Kubis*, § 129 AktG Rn 5.
3 Vgl zur mehrfachen rechtlichen Bedeutung des Begriffs "HV" vgl statt aller Großkomm-AktienR/*Mülbert*, vor §§ 118–147 Rn 15 und Rn 83.
4 AllgM, vgl statt aller Großkomm-AktienR/*Mülbert*, vor §§ 118–147 Rn 83; KölnKomm-AktG/*Zöllner*, § 119 Rn 46.
5 *Butzke*, Teil D Rn 12; MüHb-AG/*Semler*, § 36 Rn 37; aA *Ziemons*, in: Nirk/Ziemons/Binnewies, Handbuch der AG, Teil I, Rn 10.789. Weitergehend: KölnKomm-AktG/*Zöllner*, § 119 Rn 46, demzufolge auch bei "Gesellschaften mit ganz wenigen Aktionären" der Verzicht auf einen Versammlungsleiter zulässig sein kann. Hiergegen spricht erstens die Unsicherheit, bei welcher Anzahl von Aktionären die Grenze liegen soll; zweitens können selbst bei wenigen Aktionären turbulente Versammlungsabläufe drohen. Daher erscheint dem gesetzlichen Leitbild zufolge eine Versammlungsleitung im Hinblick auf mögliche Auseinandersetzungen der Aktionäre untereinander von vornherein unentbehrlich.
6 OLG Köln AG 2008, 458 = NZG 2008, 635 = ZIP 2008, 1767; aA Grigoleit/*Herrler*, Rn 6.
7 *Stützle/Walgenbach*, ZHR 155 (1991), 516, 517; *Schaaf*, Praxis der HV, Rn 410; aA *Butzke*, Teil D Rn 12; Großkomm-AktienR/*Mülbert*, vor §§ 118–147 Rn 73.
8 Str, vgl statt aller *Hüffer*, § 129 Rn 1 f; MüKo-AktG/*Kubis*, § 129 Rn 11; ähnlich Grigoleit/*Herrler*, Rn 24 unter Verweis auf §§ 6 ff. BeurkG.
9 *Hüffer*, § 129 Rn 19; *Ihrig*, FS Goette, S. 205, 209; *Butzke*, Teil D Rn 10; Spindler/Stilz/*Wicke*, Anh. § 119 Rn 3; aA *Steiner*, AG 1991, 77, 78, der in Anlehnung an das Vereinsrecht bei Schweigen von Satzung und Geschäftsordnung den Vorstandsvorsitzenden der AG als Leiter vorschlägt, was freilich aus den bei Rn 5 darzustellenden Gründen unrichtig ist.
10 KölnKomm-AktG/*Zöllner*, § 119 Rn 47; *Butzke*, Teil D Rn 10; Großkomm-AktienR/*Mülbert*, Rn 77; *Henn*, Handbuch des Aktienrechts, Rn 803; MüHb-AG/*Semler*, § 36 Rn 36; *Schaaf*, Praxis der HV, Rn 408 f; MüKo-AktG/*Kubis*, § 119 Rn 107; Grigoleit/*Herrler*, Rn 27; aA K. Schmidt/Lutter/*Ziemons*, § 129 Rn 39 und *Ziemons*, in: Nirk/Ziemons/Binnewies, Handbuch der AG, Teil I, Rn 10.787, wonach die Wahl des Versammlungsleiters nach dem sog. parlamentarischen Verfahren stattfinden soll, wonach der älteste anwesende Aktionär oder Aktionärsvertreter den Vorsitz übernimmt und unter seiner Leitung der Versammlungsleiter gewählt wird; dagegen *Höreth*, AG 2011, Rn 318 f.
11 Vgl LG Frankfurt GWR 2013, 185 = NZG 2013, 748 = ZIP 2013, 1425 (vgl dazu *Selter*, NZG 2013, 1133; *Weber*, NZG 2013, 890; *Eiff/König*, EWIR 2013, 601); Hölters/*Drinhausen*, § 129 Rn 2; Spindler/Stilz/*Wicke*, nach § 119 Rn 3; K. Schmidt/Lutter/*Ziemons*, § 129, Rn 39; *Ziemons*, in: Nirk/Ziemons/Binnewies, Handbuch der AG, Teil I, Rn 10.787 f.

oder Abs. 2 zu Unrecht nicht oder nur teilweise entsprochen hat. Dann hat das **Gericht gem. § 122 Abs. 3 S. 2 auf Antrag oder von Amts wegen** zugleich mit der Ermächtigung der Aktionärsminderheit die Person des Versammlungsleiters zu bestimmen, sofern der sonst zuständige Versammlungsleiter dem Anliegen der Minderheit nicht in gebührender Weise gerecht wird („Ermessensreduktion auf Null").[12] Mittelbar bestätigt die Kompetenz nach § 122 Abs. 3 S. 2, dass nach dem gesetzlichen Leitbild der Versammlungsleiter für eine **objektive, nicht parteiische Versammlungsleitung** zu sorgen hat (vgl Rn 16 ff) und dass Verstöße gegen diese Pflicht zu Sanktionen führen können (vgl Rn 67 f). Leitet der **falsche Versammlungsleiter** eine HV, führt das mE zur Nichtigkeit aller gleichwohl gefassten Beschlüsse (vgl § 241 Rn 7).

II. Person des Versammlungsleiters. In der Praxis bestimmen Satzung oder Geschäftsordnung meistens[13] den **Vorsitzenden des Aufsichtsrates** und im Falle von dessen Verhinderung seinen Stellvertreter oder ein anderes vom Aufsichtsrat bestimmtes Aufsichtsratsmitglied zum Leiter der HV[14] (vgl zur Nichtigkeit der Wahl auch § 250 Rn 9 ff). Die Leitung der HV ist dessen ungeachtet keine originäre Aufgabe des Aufsichtsrats(vorsitzenden).[15] Deshalb kommen als Leiter der HV **andere natürliche Personen**[16] in Betracht, sofern sie in der Lage sind, dem Verlauf der Versammlung zu folgen und deren ordnungsgemäßen Ablauf zu ermöglichen.[17] Der Versammlungsleiter muss weder Aktionär noch sonst mit der Gesellschaft verbunden sein.[18] Nicht einmal Kenntnis der deutschen Sprache soll rechtliche Voraussetzung der Versammlungsleitung sein, sofern der Leiter durch eine Simultan-Übersetzung in die Lage versetzt wird, seine Aufgaben ordnungsgemäß zu erledigen.[19] Die **Verhandlungssprache** auf einer HV einer deutschen AG ist ungeachtet des Hauptversammlungsorts grundsätzlich (anders bei Zustimmung aller Teilnahmeberechtigten mE einschließlich des Notars) die deutsche Sprache.[20] Aktionäre haben keinen Anspruch, Wortbeiträge in einer Fremdsprache zu machen; gestattet der Leiter dies, muss er grundsätzlich für die Übersetzung sorgen.[21] Gegen die Versammlungsleitung durch einen Arbeitnehmervertreter in mitbestimmten Gesellschaften werden keine Bedenken erhoben.[22] Es gibt nur für ganz wenige Personen zwingende Ausschlussgründe: Solche bestehen für den **protokollierenden Notar** (§ 130 Abs. 2), der auf seine Rolle als neutraler Beobachter beschränkt ist,[23] sowie sämtliche **Mitglieder des Vorstands**, weil diese der HV rechenschaftspflichtig sind, was eine Doppelfunktion ausschließt.[24] Vgl zur **Organstellung** des Versammlungsleiters Rn 18.

III. Abberufung des Versammlungsleiters. Über eine Abberufung des Versammlungsleiters trifft das Gesetz keine ausdrückliche Bestimmung. Daraus ist aber nicht zu schließen, dass die HV den Versammlungsleiter nicht abberufen kann. Für die Voraussetzungen einer Abberufung ist zu differenzieren:

---

12 Vgl allg. *Hüffer*, § 122 Rn 11; MüKo-AktG/*Kubis*, § 122 Rn 56; KölnKomm-AktG/*Zöllner*, § 122 Rn 32; *Butzke*, Teil D Rn 11, vertritt zutr. die Auffassung, dass das Gericht selbst dann die Befugnis hat, einen Versammlungsleiter zu bestellen, wenn der Vorstand dem Einberufungs- bzw Ergänzungsverlangen nachkommt, wenn die Aktionäre eine unangemessene Behandlung in der HV befürchten müssen; ebenso: Großkomm-AktienR/*Werner*, § 122 Rn 62; KölnKomm-AktG/*Zöllner*, § 122 Rn 33.
13 *Wilsing/von der Linden*, ZIP 2009, 641, 650, schlagen Satzungsvorschriften für die Wahl von Unternehmensfremden vor.
14 Bis zur rechtskräftigen Feststellung der Unwirksamkeit einer Wahl zum AR-Vorsitzenden bzw AR-Mitglied hat dieser die satzungsmäßige Aufgabe der HV-Leitung wahrzunehmen, OLG Frankfurt BB 2012, 2327 = NZG 2012, 942; BGH AG 2013, 387 = ZIP 2013, 720 Rn 25.
15 Daher ist der Auffassung von *Semler/Volhard*, Arbeitshb HV, 1999, Teil D Rn 11 und Großkomm-AktienR/*Mülbert*, vor §§ 118–147, Rn 76 nicht zu folgen, auch mangels Satzungsregelung vertrete der stellvertretende Aufsichtsratsvorsitzende den Vorsitzenden bei der Versammlungsleitung.
16 MüKo-AktG/*Kubis*, § 199 Rn 107.
17 *Butzke*, Teil D Rn 4.
18 *Butzke*, Teil D Rn 5; *Wilsing/von der Linden*, ZIP 2009, 641.
19 Hanseatisches OLG (Hamburg) AG 2001, 359, 363; *Wasse*, AG 2011, 685, 690; *Ziemons*, in: Nirk/Ziemons/Binnewies, Handbuch der AG, Teil I, Rn 10.782. Kritik bei MüKo-AktG/*Kubis*, § 119 Rn 107; nach Grigoleit/*Herrler*, Rn 25 zulässig nur bei Einverständnis aller, einschließlich der Beurkundenden nach § 130.
20 MüKo-AktG/*Kubis*, § 118 Rn 77; Semler/Volhard/*Volhard*, Arbeitshb HV, § 13 Rn 13; *Martens*, Leitfaden für die Leitung der HV, 72; *Wasse*, AG 2011, 685, 690; vgl zum Rechtsproblem einer fremdsprachigen deutschen HV Krause/Jenderek, NZG 2007, 246.
21 *Ziemons*, in: Nirk/Ziemons/Binnewies, Handbuch der AG, Teil I, Rn 10.1071.
22 *Steiner*, Die HV der AG, § 6 Rn 1; *Lutter*, ZGR 1977, 306, 316 und Großkomm-AktienR/*Mülbert*, vor §§ 118–147 Rn 76.
23 *Hüffer*, § 129 Rn 18 mwN; MüHb-AG/*Semler*, § 36 Rn 36; K. Schmidt/Lutter/*Ziemons*, § 129 Rn 43; er kommt selbst bei Satzungsregelung auch nicht als „provisorischer" Versammlungsleiter in Betracht, KG ZIP 2011, 172 = AG 2011, 170 (Vanguard). Vgl allg. zur HV aus Sicht des Notars *Fassbender*, RNotZ 2009, 425.
24 *Hüffer*, § 129 Rn 18 mwN; MüHb-AG/*Semler*, § 36 Rn 36; *Wilsing/von der Linden*, ZIP 2009, 641, 644; MüKo-AktG/*Kubis*, § 119 Rn 108; MüHb-AG/*Semler*, § 36 Rn 36; *Ziemons*, in: Nirk/Ziemons/Binnewies, Handbuch der AG, Teil I, Rn 10.782; nur für den Regelfall zustimmend: Hanseatisches OLG (Hamburg) NJW 1990, 1120, 1121 f = AG 1990, 394; so auch Spindler/Stilz/*Wicke*, Anh. § 119 Rn 2; aA *Max*, AG 1991, 77, 78, der das für den Vorstandsvorsitzenden in Zweifel zieht.

7 **1. Der gewählte Versammlungsleiter.** Hat die HV den Versammlungsleiter gewählt, ist sie ohne Weiteres befugt, ihn abzuwählen.[25]

8 **2. Der gerichtlich bestimmte Versammlungsleiter.** Wurde der Leiter gemäß § 122 Abs. 3 S. 2 im Interesse des Minderheitenschutzes vom Gericht bestimmt, kann die Mehrheit der HV diese hoheitliche Anordnung nicht durch eine Abwahl aushebeln.[26]

9 **3. Der von der Geschäftsordnung bestimmte Versammlungsleiter.** Der von der Geschäftsordnung bestimmte Versammlungsleiter kann in Verbindung mit der Änderung der Geschäftsordnung abgewählt werden (vgl Rn 2).

10 **4. Der von der Satzung bestimmte Versammlungsleiter.** Streitig ist die Abberufung des von der Satzung bestimmten Leiters. Rechtsprechung zu der Frage ist selten.[27] In der Literatur werden Lösungen angeboten, die bei einer freien, wenn auch einstimmigen, Entscheidung der Aktionäre beginnen[28] und die über das Erfordernis eines der Abberufung zugrunde liegenden wichtigen Grundes (so die hM)[29] bis hin zu einer gänzlichen Unzulässigkeit der Abberufung[30] reichen. Eine freie und nicht an besondere Umstände geknüpfte Entscheidung der Aktionäre scheidet mE aus, weil darin eine unzulässige, da nicht aus Rechtsgründen berechtigte Durchbrechung der Satzung läge.[31] Nicht zu folgen ist auch der Sicht der gänzlichen Unzulässigkeit der Abberufung; denn die HV braucht es nicht hinzunehmen, wenn der nach der Satzung vorgesehene Leiter der HV grobe Pflichtwidrigkeiten bei ihrer Leitung oder bei der Feststellung ihrer Beschlüsse begeht.[32] Ebenso wenig würde es angehen, wenn der nach der Satzung zuständige Leiter durch bloßes Nichterscheinen oder Untätigbleiben bzw durch – ggf pflichtwidrige – Amtsniederlegung das ordnungsgemäße Stattfinden der Versammlung und deren Beschlussfassung verhindern könnte. Eine **Amtsniederlegung** ist unstreitig zulässig, sofern ein wichtiger Grund vorliegt; auch ohne Vorliegen des wichtigen Grundes ist sie wirksam.[33] Wenn der Versammlungsleiter bei Vorliegen eines wichtigen Grundes nicht von sich aus sein Amt niederlegt, kann die HV nicht an einen Versammlungsleiter, dessen Leitung wichtige Gründe entgegenstehen, gebunden werden; ebenso wäre es unangemessen, wenn eine ordnungsgemäß einberufene HV dann, wenn ihr Versammlungsleiter nicht erscheint, ohne Erledigung der Tagesordnung auseinander gehen müsste.

---

25 MüHb-AG/*Semler*, § 36 Rn 38; Großkomm-AktienR/*Mülbert*, vor §§ 118–147 Rn 82; *Butzke*, Teil D Rn 13. Entgegen KölnKomm-AktG/*Zöllner*, § 119 Rn 48 setzt die Abberufung bei einem von der HV *frei* gewählten Leiter allerdings keinen wichtigen Grund voraus: Mit der ursprünglichen Wahl legt sich die HV keine Selbstbeschränkung für zukünftige Entscheidungen auf; rechtliche Ansatzpunkte für den von Zöller bejahten Eingriff in die Rechte der HV bestehen nicht. Im Extremfall besteht zwar die Gefahr, dass sich die HV durch Abwahl ihres Leiters selbst ihrer Handlungsfähigkeit begibt. Dem kann man aber dadurch begegnen, dass man der Aufgabe des Leiters die Pflicht entnimmt, zur Gewährleistung der zukünftigen Handlungsfähigkeit bei der Abstimmung über seine Abwahl auf die gleichzeitige Aufstellung eines Alternativkandidaten hinzuwirken, vgl *Butzke*, Teil D Rn 13 aE. Regelmäßig ist eine solche Blockade nur denkbar, wenn entgegen dem Grundsatz von § 133 Abs. 1, 2 AktG die Satzung eine andere als die einfache Mehrheit vorsieht, da abgesehen von diesem Fall ein Kandidat im Zweifel bei der Abstimmung eine relative Mehrheit erlangen wird. Für den Ausnahmefall wird die HV mE die Blockade hinzunehmen haben.

26 KölnKomm-AktG/*Zöllner*, § 122 Rn 32; *Butzke*, Teil D Rn 13; im Falle der Verhinderung des gerichtlich Bestellten wird man das Gericht für berechtigt ansehen müssen, auf Antrag, ggf auch ohne Gewährung von rechtlichem Gehör, einen anderen Versammlungsleiter zu bestellen; kommt es dazu nicht, hat die HV einen Versammlungsleiter zu wählen; entgegenstehende Satzungs- bzw Geschäftsordnungsregeln, die einer bestimmten Person das Amt verleihen, sind nicht anzuwenden, was aus der gerichtlichen Bestellung einer anderen Person nach § 122 Abs. 3 folgt.

27 Ausnahmen bilden LG Frankfurt ZIP 2005, 1176 = BB 2005, 1071 = WM 2005, 2186 = AG 2005, 892 und LG Köln AG 2005, 696 = DB 2005, 2067 = Der Konzern 2005, 759; OLG Bremen AG 2010, 256.

28 *Martens*, WM 1981, 1010 f; *Steiner*, AG 1991, 77 ff, 86; *Steiner*, Die HV der Aktiengesellschaft, § 6 Rn 5; Semler/Volhard/*Fischer*, Arbeitshb HV, § 11 Rn 16.

29 KölnKomm-AktG/*Zöllner*, § 119 Rn 48; MüHb-AG/*Semler*, § 36 Rn 38; Großkomm-AktienR/*Mülbert*, vor §§ 118–147 Rn 83; MüKo-AktG/*Kubis*, § 119 Rn 112; Grigoleit/*Herrler*, Rn 28; *Henn*, Handbuch des Aktienrechts, § 23 Rn 804; *Schaaf*, Praxis der HV, Rn 411 ff, 414; *Kuhnt*, in: FS Lieberknecht, 1997, S. 45 ff, 59 f; *Butzke*, ZIP 2005, 1164, 1166; LG Köln AG 2005, 696, 701 (Felten & Guilleaume); LG Frankfurt AG 2005, 892; Spindler/Stilz/*Wicke*, Anh. § 119 Rn 4; OLG Hamburg NZG 2001, 513, 516; OLG Bremen AG 2010, 256, 257 f.

30 *Butzke*, Teil D Rn 14; *Nirk/Reuter/Bächle*, Handbuch Aktiengesellschaft, Rn 1145; Großkomm-AktienR/*Barz*, 3. Aufl., § 119 Anm. 18; *Krieger*, AG 2006, 355; *Ihrig*, FS Goette, S. 205, 217; *Hüffer*, § 243, Rn 16; *Wilsing/v.d. Linden*, ZIP 2010, 2321, 2329; *Ziemons*, in: Nirk/Ziemons/Binnewies, Handbuch der AG, Teil I, Rn 10.792.

31 So auch Großkomm-AktienR/*Mülbert*, vor §§ 118–147 Rn 83; *Butzke*, Teil D Rn 14.

32 MüHb-AG/*Semler*, § 36 Rn 38; Großkomm-AktienR/*Mülbert*, vor §§ 118–147 Rn 83.

33 *Butzke*, Teil D Rn 15; MüKo-AktG/*Kubis*, § 119 Rn 120; Großkomm-AktienR/*Mülbert*, vor §§ 118 Rn 77; LG München AG 2007, 830 = WM 2007, 1276, bestätigt vom OLG München in Beschlüssen vom 20.11.2007 und 29.2.2008 – 7 U 3037/07.

ME ist es daher richtig, die Regelungen von Satzungen mit Blick auf Treu und Glauben auszulegen, dass die **Abberufung durch die HV aus wichtigem Grund** immer möglich ist.[34] Worin der wichtige Grund liegen kann, lässt sich nicht abschließend definieren. Im Vordergrund stehen ähnliche wie bei dem wichtigen Grund nach § 84 Abs. 3 S. 2, „namentlich" grobe Pflichtverletzung bei der Versammlungsleitung wie der Nichtzulassung zweifelsfrei legitimierter Aktionäre, Nichtzulassung von erstmals gestellten Fragen, Nichtberücksichtigung von Stimmen ohne Ansatzpunkt für Stimmverbot oder offensichtlich falsche Ergebnisfeststellungen.[35] ME sind auch darüber hinaus wichtige Gründe denkbar, die gravierende Zweifel an der Fähigkeit des bestellten Versammlungsleiters zur Leitung der HV wecken können, wie zB grobes Fehlverhalten in HV anderer AG oder strafrechtliche Verfehlungen.[36]

Dabei genügt nach § 133 Abs. 1 und 2 mE die **einfache Mehrheit** zur Abwahl. Die verbreitete Auffassung, es sei eine 3/4-Kapitalmehrheit erforderlich, ist mE nicht begründbar, da es nicht um die Änderung oder Durchbrechung der Satzung geht, sondern um die Ausschaltung eines Versammlungsleiters aus wichtigem Grund, da er seine Stellung pflichtwidrig ausübt.[37]

Wird ein schlüssig auf einen wichtigen Grund gestützter[38] Abberufungsantrag gestellt, muss der abzuberufende Versammlungsleiter[39] die Aussprache über den Antrag[40] unverzüglich eröffnen und nach deren Abschluss über den Antrag **unverzüglich abstimmen** lassen.[41] Jedenfalls muss über die Abberufung vor der Abstimmung über die Sachanträge abgestimmt werden.[42] ME unterliegt der aus wichtigem Grunde abzuberufende Versammlungsleiter einem Stimmverbot, da es einem allgemeinen Grundsatz des Gesellschaftsrechts entspricht, dass niemandem als „Richter in eigener Sache" das Stimmrecht zustehen kann.[43] Das Stimmverbot erstreckt sich angeblich nicht auch auf einen Aktionär, dessen Geschäftsführer der Versammlungsleiter ist.[44]

Es besteht **kein Erfordernis**, nach Art des konstruktiven Misstrauensvotums gemäß Art. 67 GG **die Abwahl nur unu actu mit der Neuwahl eines anderen Versammlungsleiters** vorzunehmen. Das folgt schon daraus, dass sich auch die vergleichbaren anderen aktienrechtlichen Personalentscheidungen der HV auf die negatorische Entscheidung beschränken wie zumal die Abberufung von Mitgliedern des Aufsichtsrats nach § 103 Abs. 1 und der Vertrauensentzug zulasten von Vorstandsmitgliedern nach § 84 Abs. 3. Hat die HV erfolgreich ihren Leiter aus wichtigem Grund abberufen, ist es an ihr, den neuen Versammlungsleiter (grundsätzlich mit einfacher Mehrheit, § 133 Abs. 1 und 2) zu wählen. Die Stellung fällt nicht etwa einem von der Satzung für den Fall der Verhinderung des satzungsmäßigen Versammlungsleiters vorgesehenen Aufsichtsratsmitglied zu. Denn die HV hat gerade von ihrem Recht der Selbstorganisation Gebrauch gemacht, aus wichtigem Grund eine andere als die in der Satzung vorgesehene Person mit der Versammlungsleitung zu betrauen. Auf die Stärkung des der HV zustehenden Selbstorganisationsrechts durch die Neufassung des § 129 durch Art. 1 Nr. 18 b KonTraG[45] weist mit Recht das LG Frankfurt[46] hin. Die Wahl des neuen Versammlungsleiters richtet sich nach den Grundsätzen, die bei der erstmaligen Wahl des Versammlungsleiters gelten (vgl Rn 3).[47]

---

34 Im Erg. ebenso: LG Frankfurt BB 2005, 1071 = ZIP 2005, 1176 = WM 2005, 2186 = AG 2005, 892; LG Köln AG 2005, 696 = DB 2005, 2067 = Der Konzern 2005, 759; jüngst: Hanseatisches OLG (Bremen) v. 13.11.2009 – 2 U 57/09 (n.v., zitiert nach juris); *Mülbert*, Rn 83; *Kubis*, § 119 Rn 112; *Henn*, Handbuch des Aktienrechts, § 23 Rn 804; *Schaaf*, Praxis der HV, Rn 411 ff, 414; KölnKomm-AktG/*Zöllner*, § 119 Rn 48; *von Falkenhausen/Kocher*, BB 2005, 1068; aA *Krieger*, AG 2006, 355, 363.
35 *Butzke*, ZIP 2005, 1164, 1166.
36 Vgl LG Frankfurt ZIP 2005, 1176 = WM 2005, 2186 gegen Auflagen eingestelltes strafrechtliches Ermittlungsverfahren im Zusammenhang mit der Tätigkeit des Versammlungsleiters im Vorstand eines anderen Unternehmens; enger *Butzke*, ZIP 2005, 1164, 1166 f.
37 Großkomm-AktienR/*Mülbert*, vor §§ 118–147 Rn 83; *Butzke*,Teil D Rn 14; für 3/4-Kapitalmehrheit MüKo-AktG/*Kubis*, § 119 Rn 112; *Kuhnt*, in: FS Lieberknecht, 1997, S. 45, 59, 61 f; Spindler/Stilz/*Wicke*, Anh. § 119 Rn 4; für satzungsändernde Mehrheit Grigoleit/*Herrler*, Rn 28.
38 LG Frankfurt BB 2005, 1071 = ZIP 2005, 1176 = WM 2005, 2186 = AG 2005, 892; *von Falkenhausen/Kocher*, BB 2005, 1068, 1069; OLG Hamburg AG 2001, 359; OLG Bremen AG 2010, 256 (Rn 34 bei juris) verlangt mit Recht, dass nur bei offenbarem Missbrauch – an dessen Vorliegen aus Gründen des Minderheitsschutzes strenge Anforderungen zu stellen seien – der Leiter befugt und gehalten ist, den Antrag aus eigener Kompetenz ohne Aussprache zurückzuweisen; der Leiter braucht laut LG Frankfurt BB 2012, 736 auch über einen Abwahlantrag, dessen Gründe der Antragsteller in der HV in der Vergangenheit erfolglos geltend gemacht hatte, nicht erneut abstimmen zu lassen.
39 Ein Verbot, wegen Selbstbetroffenheit die Versammlung nicht zu leiten, ist nicht ersichtlich, vgl Großkomm-AktienR/*Mülbert*, vor §§ 118–147 Rn 83; BGH NJW 2010, 3027 = ZIP 2010, 1811 zur GmbH.
40 OLG Bremen AG 2010, 256 (Rn 36 bei juris).
41 *Max*, AG 1991, 77, 86.
42 LG Frankfurt BB 2005, 1071 = ZIP 2005, 1176 = WM 2005, 2186 = AG 2005, 892.
43 Vgl zu diesem Grundsatz *Schmidt*, GesR, § 21 Abs. 2 S. 2; aA MüKo-AktG/*Kubis*, § 119 Rn 114 im Anschluss an OLG Koblenz ZIP 2001, 1095, 1096, allerdings beschränkt auf § 136 AktG.
44 OLG Koblenz ZIP 2001, 1095, 1096 (Diebels/Reginaris II).
45 BGBl. I 1998 S. 786.
46 BB 2005, 1071 = ZIP 2005, 1176 = WM 2005, 2186.
47 Großkomm-AktienR/*Mülbert*, vor §§ 118–147 Rn 83, 77 ff; MüKo-AktG/*Kubis*, Rn 114.

14 Ob ein **wichtiger Grund zur Abberufung** vorliegt, unterliegt gerichtlicher Überprüfung.[48] Liegen wichtige Gründe vor, begründet die aktienrechtliche Treuepflicht regelmäßig eine Stimmpflicht zugunsten der Abberufung, was zur Rechtswidrigkeit eines ablehnenden HV-Beschlusses und damit mE zur Nichtigkeit aller nachfolgend gefassten Beschlüsse führen kann.[49] Bejaht die HV durch den Abberufungsbeschluss den wichtigen Grund, ist das Vorliegen des wichtigen Grundes nicht justitiabel. Die HV hat eine Einschätzungsprärogative, die auf ihrem Recht zur Selbstorganisation (vgl Rn 13) beruht.[50] Die Wirkung der Abberufung tritt mit der Verkündung des Abberufungsbeschlusses ein, ohne dass es auf das wirkliche Vorliegen eines wichtigen Grundes ankäme.[51] Nachfolgend gefasste Beschlüsse sind also auch dann nicht anfechtbar, wenn ein Versammlungsleiter ohne wichtigen Grund abberufen wird.

15 Verweigert der Versammlungsleiter die Aussprache und Abstimmung über seine Abwahl aus wichtigem Grund, führt das zur **Nichtigkeit aller gleichwohl gefassten Beschlüsse** (vgl § 241 Rn 7).

C. Leitung der HV insbesondere durch allgemeine verfahrensrechtliche Maßnahmen

16 **I. Die Aufgabe der Versammlungsleitung.** Aufgabe des Versammlungsleiters ist es, im Rahmen des Gleichbehandlungsgebots nach § 53 a für die **nicht-parteiische sachgerechte Erledigung der Tagesordnungsgegenstände** Sorge zu tragen[52] (vgl Rn 4, 26 ff).

17 Dabei muss der Leiter zur Vermeidung der Überlastung von Aktionären gewisse **zeitliche Grenzen der HV** zu wahren versuchen (vgl § 131 Rn 40).[53] Ebenso wie bei der Einberufung der HV nicht angegeben zu werden braucht, wie lange diese dauert (es sei denn, die HV ist mehrtägig angesetzt), darf und braucht der Versammlungsleiter nicht anzugeben, wie lange die HV dauern wird.[54] **Mitternacht** stellt wegen §§ 241 Nr. 1, 121 Abs. 3 den Zeitpunkt längstmöglicher Dauer dar, falls die HV nur für einen Tag[55] einberufen wurde.[56] Innerhalb dieser Grenzen hat der Versammlungsleiter als Herr des Verfahrens die grundsätzliche **Organisationshoheit**, die ihm alle Rechte gibt, die er zur Erfüllung seiner Aufgabe benötigt.[57] Der Versammlungsleiter ist deshalb – vorbehaltlich der Frage einer Delegation einzelner Punkte auf die HV (vgl Rn 21, 23, 26, 27, 34, 35, 40, 45, 48, 49, 50, 57) – zuständig für die Eröffnung der HV, die Kontrolle von Zugangsberechtigung und Beschlussfähigkeit, die Erledigung der Tagesordnungspunkte, die Erteilung und die Entziehung des Wortes sowie für die Regelung und Durchführung des Abstimmungsverfahrens und die Feststellung des Abstimmungsergebnisses. Zuständig ist er zudem für etwaige Unterbrechungen der HV sowie für ihre Beendigung.

18 Bei der Versammlungsleitung handelt der Versammlungsleiter **aus eigenem Recht**[58] eigenverantwortlich. Das bedeutet mE, dass der Versammlungsleiter ein **Organ der AG** ist. Die Rspr. hat sich mit seiner Organstellung nicht befasst, in der Lit. wird sie mehrheitlich abgelehnt, gelegentlich unter Verweis auf das

---

48 *Von Falkenhausen/Kocher*, BB 2005, 1068, 1069; LG Frankfurt BB 2005, 1071 = ZIP 2005, 1176 = WM 2005, 2186 = AG 2005, 892 (WCM/Vogel).
49 OLG Frankfurt NZG 2012, 942 = BB 2012, 2327 stellt auf Relevanz ab: Ein HV-Beschluss, der unter Leitung eines unzuständigen Leiters gefasst sei, sei nur anfechtbar, „wenn konkrete Maßnahmen des unzuständigen Versammlungsleiters sich in relevanter Weise auf den angefochtenen Beschluss inhaltlich ausgewirkt haben"; ähnlich OLG Franfurt ZIP 2008, 438 = NZG 2008, 429; AG 2010, 596 = ZIP 2010, 2500.
50 AA MüKo-AktG/*Kubis*, § 119 Rn 109.
51 MüKo-AktG/*Kubis*, § 119 Rn 115; Großkomm-AktienR/*Mülbert*, vor §§ 118–147 Rn 83.
52 BGHZ 245, 248 = BGH NJW 1966, 43, 44 = AG 1966, 28; *Hüffer*, § 129 Rn 19.
53 Meist werden 10–12 Stunden inkl. Pausen als Obergrenze eines angemessenen Zeitrahmens genannt, *Hüffer*, § 129 Rn 20; *Steiner*, AG 1991, 77, 90; *Martens*, WM 1981, 1010 Fn 3, *Zöllner*, § 119 Rn 71; Spindler/Stilz/*Wicke*, Anh. § 119 Rn 9. Obwohl eine solche Grenzziehung nicht immer sinnvoll ist (vgl *Butzke*, Teil D Rn 56 ff), sollte sie von der Praxis jedenfalls nach oben hin möglichst beachtet werden, wobei Verstöße durch Überschreitung der angemessenen Dauer nicht justitiabel sind; Beendigung der HV generell oder der Behandlung einzelner Tagesordnungspunkte aus angeblichen Gründen der angemessenen Gesamtdauer führen aber zur Anfechtbarkeit der gleichwohl gefassten Beschlüsse. Der Regierungsentwurf zum UMAG meint, dass eine typische HV in 4–6 Stunden erledigt sein soll – womit freilich keinesfalls die zeitliche Obergrenze einer HV normiert worden ist, zumal diese Sicht der Verfasser des Regierungsentwurfs des UMAG im Gesetz überhaupt keinen Ausdruck gefunden hat, vgl § 131 Rn 55 f. Ziffer 2.2.4 DCGK stellt den Grundsatz einer zügigen Versammlungsleitung auf.
54 LG Mainz AG 2005, 894.
55 Vgl zur Frage der Pflicht der Einberufung der HV auf mehrere Tage OLG München BB 2011, 3021, 3024 = AG 2011, 840, 841 f.
56 Str, vgl einerseits Großkomm-AktienR/*Mülbert*, vor §§ 118–147 Rn 133; LG Stuttgart AG 1994, 425, 426; *Hüffer*, § 121 Rn 17; Spindler/Stilz/*Rieckers*, § 121 Rn 108; K. Schmidt/Lutter/*Ziemons*, § 121 Rn 35; MüHb-AG/*Semler*, § 36 Rn 47; *Steiner*, AG 1991, 77, 90; MüKo-AktG/*Kubis*, § 121 Rn 34; OLG Koblenz ZIP 2011, 1093; LG München AG 2008, 340, 342; LG Düsseldorf ZIP 2007, 1859 aA *Butzke*, Teil D Rn 57; Happ/Freitag, AG 1998, 493; KölnKomm-AktG/*Noack/Zetsche*, § 121 Rn 70; Semler/Volhard/*Reichert/Balke*, Arbeitshb HV, § 4 Rn 107.
57 BGHZ 245, 248 = BGH NJW 1966, 43, 44 = AG 1966, 28; *Hüffer*, § 129 Rn 19; Großkomm-AktienR/*Mülbert*, vor §§ 118–147 Rn 87; K. Schmidt/Lutter/*Ziemons*, § 129 Rn 44.
58 *Hüffer*, Rn 19; MüKo-AktG/*Kubis*, Rn 6; Spindler/Stilz/*Wicke*, Rn 7.

GmbH-Recht, wo der Leiter aber nur von der Gesellschafterversammlung abgeleitete Rechte hat.[59] Was ein „Organ" ist, wird unterschiedlich definiert. Die Rechtsprechung hat sich mit diesem Thema bislang nicht detailliert auseinandergesetzt, sondern in Einzelfällen Tatbestandsvoraussetzungen aufgestellt. So hat der BGH beim Abschlussprüfer darauf abgestellt, dass er in die Organisation der AG eingegliedert sei und seine Tätigkeit unabhängig von Vorstand, AR und HV ausübe.[60] *Schürnbrand* fasst die Rspr. dahin gehend zusammen, Organe müssten in die Gesellschaft organisatorisch eingegliedert und nötig sein, um die Willens- und Handlungsfähigkeit der Gesellschaft herzustellen.[61] Anerkannte Organe der AG sind der Vorstand, der AR und die HV[62], zudem der Abschlussprüfer[63] und der besondere Vertreter (vgl § 147 Rn 24 ff) – nicht aber der Sonderprüfer.[64] Die Lit. bestimmt das Organ mit vielen Unterschieden im Einzelnen anhand seiner Funktion.[65] ME folgt die Organqualität des Versammlungsleiters daraus, dass er bei der AG ein gesetzlich festgelegter, zwingend erforderlicher eigenständiger Funktionsträger bei der Abhaltung einer jeden HV ist. Diese kann ohne ihn nicht handeln, insb. keine wirksamen Beschlüsse fassen. Eine HV ohne Versammlungsleiter ist nach dem Gesetz grundsätzlich ausgeschlossen (vgl Rn 1) – ganz anders bei der GmbH.[66] Der Leiter tritt der HV aus eigenem Recht gegenüber. Deutlich wird das besonders bei der für die Wirksamkeit von Beschlüssen erforderlichen Beschlussfeststellung durch den Leiter (§ 130 Abs. 2 iVm § 241 Nr. 2) und seiner Befugnis zur Beschränkung der Rechte der Aktionäre bis hin zur Beschneidung des Fragerechts (vgl § 131 Abs. 2 S. 2). Daher ist der AG-Versammlungsleiter anders als bei der GmbH keine bloße Hilfsperson der Versammlung. Vielmehr besteht zwischen der HV und dem Versammlungsleiter ein Gefüge mit eigenständigen Kompetenzen, so dass sich beide auf Augenhöhe gegenüberstehen. Daher besitzen mE sowohl HV als auch Versammlungsleiter Organqualität,[67] der Versammlungsleiter ist ein (nichtständiges) Organ der AG.

Der **Notar**, der nach § 130 die Niederschrift fertigt, ist nicht etwa Gehilfe des Versammlungsleiters oder eine höhere Instanz, die in Fragen der Versammlungsleitung angerufen werden oder einschreiten könnte. Dessen Funktion nach dem Aktiengesetz beschränkt sich auf die Protokollierung und umfasst im Außenverhältnis keine Überwachung des Versammlungsleiters.[68]

II. Eröffnung der HV. Der Versammlungsleiter muss die HV an dem in der Einberufung angegebenen **Tag und Ort frühestens zur darin angegebenen Uhrzeit** eröffnen. Er ist für die Sicherung des grundsätzlich freien Zugangs der Aktionäre zur HV zuständig[69] (vgl Rn 23). Insb. wenn aus organisatorischen Gründen der AG noch nicht alle rechtzeitig zur HV erschienenen Aktionäre und Aktionärsvertreter die zur Teilnahme an der HV notwendigen Formalitäten erledigen konnten,[70] ist eine spätere Eröffnung geboten, damit nicht über den Kopf der noch ausgeschlossenen Aktionäre hinweg verhandelt oder gar abgestimmt wird. Ein Aktionär, der wegen unzureichenden Versammlungsraums an der Abstimmung nicht beteiligt wurde, kann nämlich die in der HV gefassten Beschlüsse gem. §§ 243 Abs. 3, 245 Nr. 2 anfechten;[71] dabei macht es keinen Unterschied, ob die Nichtbeteiligung auf ungenügend zur Verfügung gestelltem Raum oder auf sonstiger Fehlorganisation seitens der AG beruht. Der Versammlungsleiter darf **die HV später als den Umständen des Falles nach erforderlich** und nicht unangemessen lange nach dem angekündigten Termin **eröffnen.** Wenn sich der Versammlungsbeginn verzögert, darf er die Aktionäre nicht im Unklaren lassen, wann er in etwa die HV eröffnen wird (vgl Rn 45 zur Unterbrechung).

Schon bei der Eröffnung muss der Leiter darauf hinweisen, dass die Aktionäre zur Wahrung ihres Persönlichkeitsrechts während der Dauer ihres Redebeitrags die Unterbrechung **medientechnischer Aufnahmen oder Übertragungen** verlangen können – es sei denn, Satzung oder Geschäftsordnung erlauben die Übertra-

---

[59] Vgl K. Schmidt/Lutter/*Ziemons*, § 129 Rn 44; MüKoAktG/*Kubis*, § 119, Rn 184; *Bachmann* AG 1999, 210 f Fn 24 unter Verweis auf jetzt: *K. Schmidt/Seibt* in: Scholz, GmbHG, 8. Aufl., § 48 Rn 29 (jetzt: *K. Schmidt/Seibt* in: Scholz, GmbHG, 10. Aufl., § 48 Rn 32); *Marsch-Barner* in: FS Brambring, 2011, S. 267, 281.

[60] BGHZ 16, 17, 25 = WM 1955, 150; kritisch *Schürnbrand*, Organschaft im Recht der privaten Verbände, 2007, S. 214 ff, 222.

[61] *Schürnbrand*, Organschaft im Recht der privaten Verbände, 2007, S. 36 ff.

[62] Vgl statt aller *K. Schmidt*, GesR, § 26 IV 2.

[63] BGHZ 16, 17.

[64] Großkomm-AktienR/*Bezzenberger*, § 142 Rn 41.

[65] Vgl. nur *Flume*, Juristische Person, § 11 I (S. 377); *Wiedemann*, Gesellschaftsrecht I, § 4 II 3 a; *K. Schmidt*, GesR, § 14 II 1; *Schürnbrand*, Organschaft im Recht der privaten Verbände, 2007, S. 39.

[66] Vgl zu dieser *K. Schmidt/Seibt* in: Scholz, GmbHG, 10 Aufl., § 48 Rn 32; Henssler/Strohn/*Hillmann*, § 48 GmbHG, Rn 13 ff; Baumbach/Hueck/*Zöllner*, § 48 GmbHG Rn 16 ff.

[67] So auch GroßkommentarAktG/*Mülbert*, Vor §§ 118–147, Rn. 86, mit Verweis auf Ritter, Aktiengesetz, 1940, § 103 Anm. 5 a (S. 332); *Reinicke*, Rechtsstellung und Pflichten des vorsitzenden einer Hauptversammlung, Diss. Hamburg 1982, S. 25; Schürnbrand, Organschaft im Recht der privaten Verbände, 2007, S. 145 ff.

[68] Vgl OLG Düsseldorf DB 2003, 1562.

[69] Großkomm-AktienR/*Mülbert*, vor §§ 118–147 Rn 98; um den Aktionären die Anreise zu ermöglichen, wird mit Recht gefordert, dass der HV-Beginn nicht vor 10 Uhr sein darf, vgl *Stützle/Walgenbach*, ZHR 155 (1991), 516, 518.

[70] Vgl zu Fragen des freien Zugangs zur HV *Steiner*, AG 1991, 77, 80 f; zu Sicherheitskontrollen MüKo-AktG/*Kubis*, § 119 Rn 133.

[71] *Steiner*, AG 1991, 77, 80 mwN aus der Rspr; vgl auch LG Düsseldorf AG 1991, 411 f.

gung (§ 118 Abs. 4):[72] Ist die Übertragung erlaubt, ist mE im Fall der Übertragung auch die Aufzeichnung zulässig; ist die Übertragung nicht erlaubt, bleibt es mE beim Widerspruchsrecht der Aktionäre.[73] De lege lata besteht keine Pflicht, dass die Gesellschaft (Tonband-)Aufzeichnungen der HV anfertigt. Entsprechende Vorschläge hat zB die Regierungskommission Corporate Governance abgelehnt.[74] Fertigt die Gesellschaft medientechnische **Aufzeichnungen oder stenographische Protokolle** der HV an, sind diese mE auf Verlangen zumindest den Aktionären, die nach § 245 klageberechtigt sind, und in einem Prozess dem Gericht vollständig herauszugeben, § 810 BGB, § 142 Abs. 1 ZPO,[75] und zwar mE kostenlos, da solche Kosten zu den nach dem Rechtsgrundsatz des § 122 Abs. 4 von der AG zu tragenden Kosten der HV gehören; allenfalls über eine anteilige Kostenübernahme gemäß § 811 Abs. 2 BGB ließe sich diskutieren, wobei Maßstab für den Kostenanteil des Aktionärs sein anteiliger Aktienbesitz sein könnte. Während der BGH vorstehende Fragen offen gelassen hat, bejaht er einen Anspruch der Aktionäre auf Übermittlung desjenigen Teils des Tonbands bzw Protokolls, der Redebeiträge des Aktionärs sowie entsprechende Antworten des Vorstands enthält, und zwar „gegen Erstattung der Selbstkosten".[76] Die vom BGH angesprochenen „Selbstkosten" sind nur die Mehrkosten, die durch die Übersendung an den Aktionär entstehen.

21 Die – meist durch die Begrüßung konkludente – Entscheidung über die Zulassung von Pressevertretern und sonstigen **Gästen** obliegt dem Versammlungsleiter; er muss sie aber bei Widerspruch der HV überlassen.[77] Anwesenheitsrechte haben Verwaltungsmitglieder nach § 118 Abs. 3[78] und, im Falle bestimmter Gesellschaften, Vertreter von Aufsichtsbehörden.[79]

22 **Steht der Leiter nicht schon bei Beginn der HV fest**, fällt die Aufgabe der Eröffnung dem Einberufenden zu, der die Leitungsfunktion bis zur Bestellung des Versammlungsleiters inne hat[80] (vgl Rn 3, 10 zur Abwesenheit auch des Einberufenden).

23 **III. Kontrolle von Zugangsberechtigung und Beschlussfähigkeit.** Nach Eröffnung der Versammlung hat der Leiter die **ordnungsgemäße Einberufung der HV sowie die Teilnahmeberechtigung** der erschienenen Personen zu prüfen.[81] Die Möglichkeit einer Delegation dieser Aufgaben an die HV oder gar deren vorrangige Entscheidungskompetenz gibt es nicht.[82] Sonst könnte die HV nämlich durch eigenen Mehrheitsbeschluss die Voraussetzungen festlegen, die gewahrt sein müssen, damit eine ordnungsgemäße Abstimmung stattfinden kann – wobei sich bei der Frage nach der Teilnahmeberechtigung einzelner Mitglieder zusätzlich das Problem ergäbe, ob die Betroffenen selbst mitstimmen durften.[83] Die Prüfung der Einberufungs- sowie der Teilnahmevoraussetzungen ist auf das Vorliegen offensichtlicher Mängel beschränkt, die zur Nichtigkeit der Beschlüsse führen würden.[84] Dabei sollte der Versammlungsleiter einen möglichst großzügigen Maßstab anlegen; einen möglicherweise nicht teilnahmeberechtigten Aktionär wird er regelmäßig zur Teilnahme an der HV (anderes gilt beim Stimmrecht, vgl Rn 25) zulassen und eine darauf gestützte Anfechtung in Kauf nehmen, um sich nicht den Vorwurf ungeschickter Versammlungsleitung zuzuziehen, da die Verlet-

---

72 Zur Verfassungsmäßigkeit der Norm und einer Satzungsklausel („Die HV kann auszugsweise oder vollständig in Ton und Bild übertragen werden. Die Entscheidung darüber trifft der Vorsitzende des Aufsichtsrats. Die Übertragung kann auch in einer Form folgen, zu der die Öffentlichkeit uneingeschränkt Zugang hat. Die Form der Übertragung ist mit der Einladung bekannt zu machen."): LG Frankfurt AG 2005, 821.
73 Semler/Volhard/*Zuther*, Arbeitshb HV, 1999, Teil I B Rn 576; *Butzke*, Teil D Rn 25. AA *Henn*, Handbuch des Aktienrechts, § 23 Rn 28, der zwar ein Recht des Aktionärs zur Unterbrechung der Übertragung bejaht, aber keine Hinweispflicht des Leiters sieht. AA auch *Noack* NZG 2001, 1057, 1061, dem zufolge das Interesse von Gesellschaft und Mitaktionären an vollständigen Online-Übertragungen automatisch gegenüber dem Persönlichkeitsrecht des betroffenen Redners überwiegt. Die RegBegr. des § 118 Abs. 3, BT-Drucks. 14/8769, hebt ausdrücklich hervor, dass mit der Neuregelung der alte Streit entschieden werden soll, ob ein einzelner Aktionär der Aufzeichnung seines Redebeitrags widersprechen könne; das Widerspruchsrecht bestehe nach der Neuregelung nicht. Vgl zur Rechtslage vor Inkrafttreten des § 118 Abs. 3 AktG nF durch das TransPuG BGHZ 127, 107, 109.
74 Rn 114 des Berichts.
75 Str, offen gelassen in BGHZ 127, 107, 120 = NJW 1994, 3094 = AG 1994, 559; wie hier: KölnKomm-AktG/*Zöllner*, § 119 Rn 63; Großkomm-AktienR/*Barz*, 3. Aufl., § 119 Anm. 27; ähnlich: *Gehrlein*, WM 1994, 2054, 2058; *Steiner*, HV, § 8 Rn 7; aA *Butzke*, Teil N Rn 46 ff.
76 BGHZ 127, 107, 120 = NJW 1994, 3094 = AG 1994, 559.
77 *Butzke*, Teil D Rn 24; Großkomm-AktienR/*Mülbert*, vor §§ 118–147 Rn 103, vgl aber § 118 Rn 75; *Stützle/Walgenbach*, ZHR 155 (1991), 516, 526; *Steiner*, AG 1991, 77, nimmt offenbar alleinige Kompetenz des Versammlungsleiters an.
78 Vgl Großkomm-AktienR/*Barz*, 3. Aufl., § 118 Anm. 8; *Hüffer*, § 118 Rn 10; vgl auch RegBegr. zum AktG 1965, *Kropff*, Aktiengesetz, S. 164.
79 Zumal im Bereich Banken- und Versicherungsaufsicht, § 44 Abs. 1 Nr. 2 KWG, § 3 Abs. 1 BausparG, § 83 Abs. 1 Nr. 5 VAG.
80 Großkomm-AktienR/*Mülbert*, vor §§ 118–147 Rn 98.
81 Großkomm-AktienR/*Mülbert*, vor §§ 118–147 Rn 98–101; K. Schmidt/Lutter/*Ziemons*, § 129 Rn 49.
82 Großkomm-AktienR/*Mülbert*, vor §§ 118–147 Rn 100; KölnKomm-AktG/*Zöllner*, § 119 Rn 52; *Stützle/Walgenbach*, ZHR 155 (1991), 516, 523 ff AA noch *von Falkenhausen*, BB 1966, 337, 342; RGZ 106, 258, 250; 112, 109, 112; Großkomm-AktienR/*Barz*, 3. Aufl., § 123 Anm. 16.
83 KölnKomm-AktG/*Zöllner*, § 118 Rn 30 f.
84 Großkomm-AktienR/*Mülbert*, vor §§ 118–147 Rn 99 ff.

zung des Teilnahmerechts die Anfechtung begründet.[85] Die Vorlage von Eintrittskarten ist grundsätzlich nicht Voraussetzung der Teilnahme.[86] Zu den Befugnissen des Leiters gehören grundsätzlich auch Personen- und Gepäckkontrollen im Zugangsbereich der HV; diese darf der Versammlungsleiter aber nicht überspannen, will er nicht die Anfechtung von Beschlüssen riskieren.[87] Die Relevanz/Kausalität der Teilnahmeverweigerung eines nicht-teilnahmeberechtigten Aktionärs für das Beschlussergebnis (vgl allg. § 243 Rn 9 ff) wird kaum einmal zu verneinen sein; demgegenüber wird die HV-Teilnahme eines nicht teilnahmeberechtigten Aktionärs als solche kaum einmal für das Beschlussergebnis kausal sein, so dass die Teilnahme des Nichtberechtigten praktisch kein Anfechtungsrisiko begründet.

Das Teilnahmerecht steht grundsätzlich allen Aktionären zu, auch Vorzugs- und vom Stimmverbot betroffenen Aktionären sowie Inhabern nicht voll eingezahlter Aktien. Ggf können zB nach § 20 Abs. 7 AktG, § 28 WpHG Teilnahmerechte ausgeschlossen sein oder wegen Verstoßes gegen Regelungen zum Nachweis der Teilnahmeberechtigung nach § 123 Abs. 2 und 3 AktG nicht bestehen, vgl allg. § 118 Rn 9 ff und § 245 Rn 4.[88] **24**

Von der Prüfung der Zulassung zur HV zu unterscheiden ist, ob der Teilnehmende das **Stimmrecht** besitzt. Auch dieses hat der Versammlungsleiter festzustellen.[89] **25**

IV. **Erledigung aller Tagesordnungspunkte.** Aus der Pflicht des Leiters zur Gewährleistung eines ordnungsgemäßen Versammlungsablaufs folgt, dass er – vorbehaltlich einer Absetzung einzelner Tagesordnungspunkte, zu der nur die HV, nicht der Versammlungsleiter berechtigt ist (vgl Rn 48) – **grundsätzlich**[90] **alle in der Einberufung der HV enthaltenen Punkte aufrufen und einer Erledigung zuführen** muss.[91] Das soll nach Ziff. 2.2.4 DCGK zügig geschehen, worin aber kein Selbstzweck liegt. Der Versammlungsleiter ist zur **Gewährleistung des Teilnahmerechts** der Aktionäre an der HV[92] bspw verpflichtet, dafür zu sorgen, dass der Bereich, den er als **Präsenzbereich** definiert hat, ausreichend beschallt ist, so dass die Aktionäre den Abläufen der HV folgen können. Das hat überzeugend das LG München dargelegt.[93] Der BGH ist dem aber nicht gefolgt.[94] Da eine Übertragung der HV in Nebenräume aktienrechtlich nicht geschuldet sei, könne die Verletzung einer zugesagten Übertragung auch nicht die Anfechtung begründen. Dem ist indes entgegenzuhalten, dass sich die AG selbstwidersprüchlich verhält[95] und gegen ihre Selbstbindung verstößt, wenn sie gegebene Zusagen zum Ablauf der HV nicht einhält, was seinerseits ein Verstoß gegen das Gesetz ist. Wenn der Versammlungsleiter ein bestimmtes Verhalten oder Handlungen wie die Beschallung des gesamten Präsenzbereichs zusagt, müssen sich die Aktionäre auch auf die Einhaltung der Zusage verlassen können. **26**

Aus der Pflicht zur Gewährleistung eines sachgerechten Versammlungsablaufs folgt zugleich, dass der Leiter dabei nicht an die in der Einladung mitgeteilte **Reihenfolge** gebunden ist.[96] Nicht überzeugend ist eine verbreitete Auffassung, die es der HV gestatten will, den Versammlungsleiter per Beschluss an eine be- **27**

---

85 Vgl die Urteilsanmerkung von *Bayer*, EWiR 1999, 1147, zu LG München I ZIP 1999, 1213 (E'ZWO) – zweite Instanz OLG München AG 2000, 134 = ZIP 2000, 272 mit Anm. *Schaaf*, EWiR 2000, 155 = BB 2000, 582 = NJW-RR 2000, 336, wonach die erfolgreiche Anfechtung wegen „unglaubliche Borniertheit des Aufsichtsratsvorsitzenden der beklagten AG" ursächlich war, der dem von der Aktionärin M. mit Vollmacht ausgestatteten Vertreter R.M. das Recht zur Teilnahme verweigerte, weil dieser nicht mit Eintrittskarte erschienen war, die Berechtigung der M „sich jedoch aus der von der Hinterlegungsstelle zur Verfügung gestellten Aktionärsliste ergab".
86 *Arnold/Carl/Götz*, AG 2011, 349, 352 f.
87 OLG Frankfurt ZIP 2007, 629 = NZG 2007, 310 = AG 2007, 357; kritisch *Arnold/Carl/Götz*, AG 2011, 349, 352.
88 Vgl dazu statt aller *Hüffer*, § 118 Rn 12 ff.
89 *Stützle/Walgenbach*, ZHR 155 (1991), 516, 525; KölnKomm-AktG/*Zöllner*, § 118 Rn 31; § 119 Rn 60.
90 Eine Ausnahme mag in Betracht kommen bei einer von vornherein völlig überfrachteten Tagesordnung, die unmöglich mit Sinn und Verstand während der vorgesehenen Zeit erledigt werden kann.
91 *Hüffer*, § 129 Rn 19; Großkomm-AktienR/*Mülbert*, vor §§ 118–147 Rn 107; MüHb-AG/*Semler*, § 36 Rn 46; *Steiner*, AG 1991, 77, 86 f.
92 Vgl zu diesem Großkomm-AktienR/*Mülbert*, vor §§ 118, 4. Aufl., § 118 Rn 47; KölnKomm-AktG/*Zöllner*, 1. Aufl., § 118 Rn 20; MüKo-AktG/*Kubis*, § 118 Rn 37.
93 AG 2011, 263 = ZIP 2010, 1036, vorgehend Versäumnisurteil BB 2010, 1111. Das Landgericht begründet seine Entscheidung so: Dem Teilnahmerecht sei immanent, dass der Aktionär in die Lage versetzt sein muss, dem Verlauf der Hauptversammlung zu folgen. Diese Möglichkeit sei im gesamten Bereich zu gewährleisten, den der Versammlungsleiter zum Präsenzbereich erklärt habe. Wenn der Leiter Räume außerhalb des eigentlichen Versammlungssaales zum Präsenzbereich erklärte, müsse sichergestellt sein, dass in diesem Bereich die Aktionäre die Möglichkeit haben, die HV in einer Art und Weise zu verfolgen, die der entspricht, die die im Versammlungssaal anwesenden Aktionäre haben. Dazu gehöre es zumindest, der HV akustisch folgen zu können. Nur dann sei gewährleistet, dass der Aktionär von seinen weiteren Rechten, die ihm während der Hauptversammlung zustehen, Gebrauch machen könne. Der Aktionär müsse der HV im Präsenzbereich akustisch folgen können.
94 WM 2013, 2225 = ZIP 2013, 2257 unter Verweis auf OLG München ZIP 2013, 931, 933 = NZG 2013, 622.
95 Vgl allg zum *venire contra factum proprium* aufgrund vertrauenbildenden Verhaltens bzw bei unauflösbaren Selbstwiderspruch *Prütting/Schmidt-Kessel*, BGB, § 242 Rn 53 ff.
96 *Hüffer*, § 129 Rn 19; Großkomm-AktienR/*Mülbert*, vor §§ 118–147 Rn 108 mwN; MüHb-AG/*Semler*, § 36 Rn 43; vgl auch KG NJW 1957, 1680 für die Genossenschaft.

stimmte Reihenfolge zu binden (vgl § 129 Rn 6).⁹⁷ Insoweit gilt nämlich, dass derjenige, der eine Versammlung leiten soll, auch die Befugnis haben muss, den Gang der Beratungen so zu gestalten, wie es ihm sinnvoll und zweckmäßig erscheint, solange dabei nur die äußere Abwicklung der Versammlung und nicht ihre Substanz betroffen ist. Rechte einzelner Aktionäre oder der HV können durch die Festlegung der Reihenfolge der Tagesordnungspunkte grundsätzlich nicht beeinträchtigt oder betroffen werden. Daher ist nicht einsichtig, warum ihnen darüber eine Regelungskompetenz zukommen sollte. Eine solche Bindung des Versammlungsleiters an eine bestimmte Reihenfolge aufgrund eines HV-Beschlusses kann allenfalls die **Satzung** wirksam vorgeben.⁹⁸ Im Rahmen seines pflichtgemäßen Leitungsermessens ist der Versammlungsleiter deshalb grundsätzlich in der Festlegung der Reihenfolge der Tagesordnungspunkte frei. In der Praxis wird der Versammlungsleiter von der durch die Einladung vorgegebenen Reihenfolge nur aus triftigem Grund abweichen.⁹⁹

28 Die §§ 120 Abs. 3 S. 1, 175 Abs. 3 S. 2 beschränken die Versammlungsleitung kaum: Die **Entlastung von Vorstand und Aufsichtsrat** soll danach gemeinsam mit der Verwendung des Bilanzgewinns und – soweit die HV dafür zuständig ist – der Feststellung des Jahresabschlusses verhandelt werden. Diesen Vorschriften ist jedoch nur zu entnehmen, dass der Leiter für eine Behandlung dieser Punkte in derselben HV Sorge zu tragen hat, sofern die HV entsprechend einberufen ist, nicht aber, dass eine zeitlich unmittelbar zusammenhängende Diskussion und Beschlussfassung stattfinden muss.¹⁰⁰

29 Der Leiter soll auch festlegen dürfen, Tagesordnungspunkte Punkt für Punkt nacheinander verhandeln und abstimmen zu lassen oder aber alle Punkte in einer **Generaldebatte** zu erörtern und danach über alle Tagesordnungspunkte abstimmen zu lassen¹⁰¹ (vgl § 131 Rn 12).

30 Es liegt entgegen einer gelegentlich vertretenen Meinung¹⁰² nicht in der Macht des Versammlungsleiters, bereits **abgehandelte Punkte der Tagesordnung erneut aufzugreifen** oder gar erneut über sie **abstimmen zu lassen**. Das Wiedereröffnen von Tagesordnungspunkten widerspricht der Praxis in Publikums-AG. Grund für die Unzulässigkeit des Wiederaufnehmens ist, dass Aktionäre, die im Vertrauen auf die Erledigung des Tagesordnungspunkts die HV verlassen haben, beim erneuten Aufgreifen des TOP mit Frage-, Rede- und Stimmrecht sowie der Einlegung von Widersprüchen zur gerichtlichen Überprüfung praktisch ausgeschlossen wären, was mit der Wahrung berechtigter Aktionärsinteressen nicht in Einklang zu bringen ist.¹⁰³ Gerade da Hauptversammlungen bis zur Grenze der Mitternachtsstund' zeitlich unlimitiert sind, kann man von keinem Aktionär verlangen, entsprechend dem Fußball-Grundsatz „Der Ball ist rund, und das Spiel dauert zwei mal 45 Minuten"¹⁰⁴ bis zum Abpfiff nach der letzten Minute auszuharren und darauf zu warten, ob eine Angelegenheit, die ihn bewegt, noch einmal aufgerufen wird. § 244 bestätigt dieses Ergebnis: Die Bestätigung anfechtbarer Beschlüsse ist nur durch einen neuen Beschluss möglich. Das setzt eine ordnungsgemäße Beschlussfassung und damit u.a. die Beachtung der Einberufungsformalitäten voraus.

31 **V. Erteilung und Entziehung des Wortes.** Der Versammlungsleiter ist zuständig für die Erteilung und die Entziehung des Wortes (vgl zur Verhandlungssprache Rn 5). Er muss dem Aktionär das Rederecht grds. vor der Beschlussfassung ermöglichen.¹⁰⁵ Wie lange er Redezeit gewähren muss – wobei Aktionäre grundsätzlich **gleich nach Köpfen, nicht nach Stimmen** zu behandeln sind (vgl § 131 Rn 55 j)¹⁰⁶ –, hängt von der

---

97 So aber KölnKomm-AktG/*Zöllner*, § 119 Rn 54; *Hüffer*, § 129 AktG Rn 19; Semler/Volhard/*Fischer*, Arbeitshb HV, § 36 Rn 43; MüHb-AG/*Semler*, § 36 Rn 43; *Martens* WM 1981, 1010, 1024; *Steiner*, AG 1991, 77, 86. Zutreffend hingegen Großkomm-AktienR/*Mülbert*, vor §§ 118–147 Rn 108; *Wilke*, NZG 2007, 771, 772; *Bezzenberger*, ZGR 1998, 352, 361 f; *Henn*, Handbuch des Aktienrechts, § 23 Rn 818; *Stützle*/*Walgenbach*, ZHR 155 (1991) 516, 529; Spindler/Stilz/*Wicke*, Anh. § 119 Rn 7.

98 KG NJW 1957, 1680 zur Genossenschaft; *Stützle/Walgenbach*, ZHR155 (1991), 516, 529 f; MüHb-AG/*Semler*, § 36 Rn 43. AA Großkomm-AktienR/*Mülbert*, vor §§ 118–147 Rn 108.

99 *Hüffer*, Rn 19; OLG Frankfurt AG 2011, 36, 41.

100 *Hüffer*, § 175 Rn 7; *Butzke*Teil D Rn 29; MüKo-AktG/*Kropff*, 2. Aufl., § 175 AktG, Rn 18.

101 *Hüffer*, § 129 Rn 19; *Butzke*, Teil D Rn 29 ff; Großkomm-AktienR/*Mülbert*, vor §§ 118–147 Rn 109. Die Diskussion als Generaldebatte ist nicht nur üblich, sondern soll auch sinnvoller sein: *Obermüller/Werner/Winden*, aaO, weisen darauf hin, dass viele Redner vorformulierte Redetexte mitbringen, die sie nicht entsprechend einer Aufteilung nach den Tagesordnungspunkten strukturiert haben und die sie auch nicht mehr dementsprechend aufteilen wollen. Außerdem sollte der Leiter nicht veranlasst werden, den Gang der Debatte immer wieder mit Hinweis auf den vorgesehenen Diskussionsverlauf zu unterbrechen. Bedenken gegen Zulässigkeit der Generaldebatte bei *Meilicke/Heidel*, DStR 1992, 72, 74.

102 *Butzke*, Teil D Rn 40; Großkomm-AktienR/*Mülbert*, vor §§ 118–147 Rn 126 f; *Stützle/Walgenbach*, ZHR 155 (1991), 516, 536 f; aA Großkomm-AktienR/*Barz*, 3. Aufl., Anm. 36; *Möhring/Tank*, Handbuch der AG, 2. Aufl., Bd. I, Rn 463.

103 So iE auch Semler/Volhard/*Semler*, Teil I A Rn 154; KölnKomm-AktG/*Zöllner*, § 119 Rn 55, die eine Wiederaufnahme allenfalls unter sehr engen Voraussetzungen gestatten wollen; *Ziemons* in: Nirk/Ziemons/Binnewies, Handbuch der AG, Teil I, Rn 10.804 verlangt einen vorgängigen HV-Beschluss.

104 Zitat wird sowohl *S. Herberger* als auch *W. Churchill* zugeschrieben.

105 OLG Hamburg AG 2011, 677, 678 zum Antragsrecht.

106 *Henn*, Handbuch des Aktienrechts, § 23 Rn 812; KölnKomm-AktG/*Zöllner*, § 119 Rn 91.

Länge der Rednerliste und der Komplexität der Tagesordnungspunkte ab.[107] Besonderheiten gelten bei der Ermächtigung zu Redezeitbeschränkungen gemäß § 131 Abs. 2 S. 2 durch Satzungsbestimmungen auf der Grundlage des UMAG (vgl § 131 Rn 55 a ff). Der Leiter ist nicht nur zur Worterteilung verpflichtet; er muss auch dafür sorgen, dass der aufgerufene Redner seinen Beitrag ungestört leisten kann, so dass er **Störungen durch andere Anwesende unterbinden** muss.[108]

32 Bei der Erteilung des Wortes ist der Leiter nicht an die **Reihenfolge der Wortmeldungen** gebunden.[109] Aus seiner Pflicht zur ordnungsgemäßen unparteiischen Leitung (Rn 16 ff) folgt, dass er Abweichungen von der Reihenfolge der Wortmeldungen nach objektiven und erkennbaren Kriterien strukturieren muss.[110] Nochmalige Meldungen desselben Aktionärs(vertreters) sind deshalb grundsätzlich erst zu berücksichtigen, wenn die anderen Redewilligen zu dem betreffenden Tagesordnungspunkt zu Wort gekommen sind.[111] Dieser Grundsatz darf allerdings nicht zum Ausschluss oder zur Beschränkung des weiter gehenden Auskunftsrechts aus § 131 führen; Auskunftsverlangen dürfen mE grundsätzlich auf die Redezeit nicht angerechnet werden.[112] Besonderheiten gelten, wenn die Satzung auf Grundlage der Ermächtigung gemäß § 131 Abs. 2 S. 2 zur Beschränkung der Rede- und Fragezeit berechtigt (vgl § 131 Rn 55 a ff). Ein Verstoß gegen das Gleichbehandlungsgebot aus § 53 a bzw der Pflicht zu ordnungsgemäßer Versammlungsleitung wäre es zB, verbindliche Worterteilungszusagen vor Beginn der HV zu geben, den Grad der Verbundenheit zum Unternehmen als Kriterium zu wählen oder gar Opponenten oder Gesellschaftsorgane wie den Besonderen Vertreter nach § 147 gezielt an das Ende der Rednerliste zu setzen.[113] Sinnvoll soll es sein können, Personen, die voraussichtlich ähnliche Belange vertreten werden, in zeitlichem Zusammenhang zueinander sprechen zu lassen;[114] mE wird dies häufig nicht zweckmäßig sein: Das „more of the same" dient meist nicht der vom Gesetzgeber intendierten (vgl § 131 Rn 55 a) lebhaften HV mit inhaltlicher Diskussion. Verbreitet und nicht zu beanstanden ist die Praxis bei Publikums-AG, die Sprecher von allgemein bekannten Aktionärsvereinigungen wie Deutsche Schutzvereinigung für Wertpapierbesitz DSW, Schutzgemeinschaft der Kapitalanleger SdK und Verein zur Förderung der Aktionärsdemokratie VFA an den Anfang der Rednerliste zu setzen.[115] Beruht die HV oder ein Tagesordnungspunkt auf einem Verlangen nach § 122 Abs. 1 bzw Abs. 2, wird der Versammlungsleiter dem Vertreter der Aktionärsminderheit als erstem das Wort erteilen.

33 **VI. Regelung und Durchführung des Abstimmungs- bzw Wahlverfahrens; Feststellung des Ergebnisses.** Nach Schließung der Debatte eines einzelnen oder aller Tagesordnungspunkte ruft der Versammlungsleiter zur Abstimmung bzw Wahl auf. Eine Rechtspflicht zur Verlesung von Beschlussvorschlägen besteht nicht, soweit ihr Wortlaut den Aktionären zuvor in der noch aktuellen Version bekannt gemacht wurde.[116] Streitig ist, ob die Verwaltung von ihren Beschlussvorschlägen nach § 124 Abs. 3 abweichen darf; unstreitig ist lediglich, dass sie ihren Beschlussvorschlag ersatzlos fallen lassen und der Versammlungsleiter ihn dann nicht zur Abstimmung zu stellen braucht[117] (vgl § 124 Rn 20). Hat der Leiter eine Generaldebatte zu allen oder mehreren Punkten der Tagesordnung angeordnet und durchgeführt, braucht er beim Aufruf zur Abstimmung nicht erneut die Debatte über die bereits diskutierten TOP zu eröffnen.

---

[107] Meist werden 10 bis 20 Minuten für einen Erstbeitrag angemessen sein, soweit noch keine generelle Redezeitbeschränkung angeordnet wurde. Erstens kann in kürzerer Zeit der eigene Standpunkt oft nicht vernünftig dargelegt werden, zweitens gehen längere Reden zu Lasten des Rederechts anderer Aktionäre, vgl *Henn*, Handbuch des Aktienrechts, § 23 Rn 812; MüHb-AG/*Semler*, § 36 Rn 48; Großkomm-AktienR/*Mülbert*, vor §§ 118–147 Rn 153; *Steiner*, AG 1991, 77, 90 f. Zu unterscheiden hiervon ist allerdings die zeitliche Schranke für das Rederecht der Verwaltungsmitglieder. Für diese kann eine solche Beschränkung nicht gelten, weil die Verwaltung zu allen Beiträgen der Aktionäre Stellung nehmen darf und Fragen ordnungsgemäß beantworten muss, vgl Großkomm-AktienR/*Mülbert*, vor §§ 118–147 Rn 154; ein grundsätzlich unbeschränktes Rederecht mit Vorrang vor Aktionären steht auch dem Besonderen Vertreter nach § 147 zu, soweit sein Tätigkeitsbereich betroffen ist. Allerdings darf langatmige bis hinhaltende Ausübung des Rederechts der Verwaltungsmitglieder nicht zu einer Beschränkung des Frage- und Rederechts der Aktionäre führen, so dass der Versammlungsleiter auch für eine angemessene Wahrnehmung der Aufgaben der Verwaltung in der HV zB durch sachgemäße Beantwortung von Auskunftsverlangen nach § 131 Abs. 2 AktG sorgen muss.

[108] *Ziemons* in: Nirk/Ziemons/Binnewies, Handbuch der AG, Teil I, Rn 10.1125.

[109] *Hüffer*, § 129 Rn 19; MüHb-AG/*Semler*, § 36 Rn 43; Großkomm-AktienR/*Mülbert*, vor §§ 118–147 Rn 126 ff; Spindler/Stilz/*Wicke*, Anh. § 119 Rn 8.

[110] Großkomm-AktienR/*Mülbert*, vor §§ 118–147 Rn 110; *Butzke*, Teil D Rn 34; *Stützle/Walgenbach*, ZHR 155 (1991) 516, 527 f.

[111] Großkomm-AktienR/*Mülbert*, vor §§ 118–147 Rn 110; *Butzke*, Teil D Rn 35.

[112] BGHZ 44, 245, 252 = AG 1966, 28; OLG Stuttgart AG 1995, 234, 235; *Hüffer*, § 129 Rn 20; MüHb-AG/*Semler*, § 36 Rn 48; Großkomm-AktienR/*Mülbert*, vor §§ 118–147 Rn 153; *Steiner*, AG 1991, 77, 93.

[113] *Henn*, Handbuch des Aktienrechts, § 23 Rn 812; Großkomm-AktienR/*Mülbert*, vor §§ 118–147 Rn 110; *Butzke*, Teil D Rn 35; *Stützle/Walgenbach*, ZHR 155 (1991), 516, 528.

[114] *Butzke*, Teil D Rn 35.

[115] Wobei man dem Versammlungsleiter nicht die Befugnis geben kann, nach deren – vermeintlicher? – Bedeutung zu differenzieren.

[116] *Butzke*, Teil D Rn 46; *Henn*, Handbuch des Aktienrechts, § 23 Rn 824; *Steiner*, Die HV der AG, 1995, § 8 Rn 16; *Arnold/Carl/Goetze*, AG 2011, 349, 354.

[117] *Hüffer*, § 124 Rn 12; K. Schmidt/Lutter/*Ziemons*, § 124 Rn 19; Pluta, in *Heidel*, Aktienrecht, 3. Aufl. § 124 Rn 22; *Arnold/Carl/Götze*, AG 2011, 349, 354 f, auch zur Frage einer entsprechenden Selbstverpflichtung der Verwaltung.

34 Der Leiter ist nicht nur für die **Durchführung der Abstimmung und die Feststellung ihrer Ergebnisse**[118] zuständig, sondern vorbehaltlich abweichender und üblicher Bestimmungen in der Satzung zur Form der Ausübung des Stimmrechts auch für die Festlegung des **Abstimmungsverfahrens** (§ 134 Abs. 4),[119] vgl § 135 Rn 36 ff. Enthält die Satzung keine Regelungen, kann die HV dem Versammlungsleiter Vorgaben machen[120] (vgl § 134 Rn 37).

35 Liegen zu einem Gegenstand der Tagesordnung mehrere Beschlussanträge vor, entscheidet der Leiter über die **Reihenfolge der Abstimmung** bezüglich der Anträge grundsätzlich nach seinem pflichtgemäßen Ermessen.[121] Eine gesetzlich vorgegebene Reihenfolge gibt es zum Minderheitsschutz nur gemäß dem nicht verallgemeinerungsfähigen[122] § 137 bei der Abstimmung über Wahlvorschläge von Aktionären. ME hat die HV keine Befugnis, eine andere Reihenfolge zu beschließen, als vom Versammlungsleiter festgelegt.[123] Meist wird für die Reihenfolge die Verfahrensökonomie das maßgebliche Kriterium sein. Deshalb kann der Leiter regelmäßig zunächst den Antrag zur Abstimmung stellen, der voraussichtlich die meisten Stimmen erhalten wird,[124] ansonsten der weitestgehende Antrag, wenn dieser objektiv und ohne größeren Aufwand bestimmbar ist.[125]

36 Abweichend hiervon sind jedoch **Anträge gegen den Versammlungsleiter**, insbesondere solche auf Abberufung aus wichtigem Grund, unverzüglich zur Abstimmung zu bringen[126] (vgl Rn 12). Voraussetzung für die Anwendung dieses Grundsatzes ist freilich, dass die HV die Entscheidung an sich ziehen darf[127] (vgl Rn 6 ff).

37 Aus der Pflicht zur sachgerechten Leitung der HV folgt, dass über einen **Verfahrensantrag vor einem Sachantrag** abgestimmt werden muss, zumal wenn der Verfahrensantrag bei vorheriger Entscheidung über den Sachantrag seine Bedeutung verliert[128] (vgl Rn 40). Über einen Antrag auf **Sonderprüfung** muss der Versammlungsleiter vor der Entlastung abstimmen lassen, wenn damit, ggf konkludent, auch eine Vertagung der Entscheidung über die Entlastung von Vorstand und/oder Aufsichtsrat angestrebt ist[129] (vgl Rn 42). Auch sonst ist der Versammlungsleiter bei der Festlegung der Reihenfolge der Abstimmung über Beschlussanträge „gehalten, die sich aus der Art der Anträge oder dem Gegenstand der Beschlussfassung ergebenden Gesichtspunkte zu berücksichtigen, soweit sich daraus Folgerungen für eine **sachgerechte Abstimmungsreihenfolge** ergeben"; maßgebend ist insoweit die Reihenfolge, die sich „aus Gründen der Sachdienlichkeit und der sachgemäßen und unparteiischen Abwicklung der Versammlung ergibt".[130]

---

118 Vgl zur Frage, wenn zwei Versammlungsleiter unterschiedliche HV-Beschlüsse feststellen und verkünden, Heller, AG 2009, 278.
119 KölnKomm-AktG/Zöllner, § 119 Rn 59; Hüffer, § 134 Rn 34; Steiner, AG 1991, 77, 87; Martens, WM 1981, 1010, 1014; K. Schmidt/Lutter/Ziemons, § 129 Rn 54.
120 Stützle/Walgenbach, ZHR 155 (1991), 516, 534 f; Hüffer, § 134 Rn 34; Schneider, in: FS Peltzer, S. 425, 434; Hölters/Hirschmann, § 134 Rn 63; MüKo-AktG/Volhard, § 134 Rn 81; jedenfalls in Geschäftsordnung nach § 129 Abs. 1 S 1: Spindler/Stilz/Rieckers, § 134 Rn 80; K. Schmidt/Lutter/Spindler, § 134 Rn 72; grundlegend aA von der Linden, NZG 2012, 930.
121 Martens, WM 1981, 1010, 1015.
122 Hüffer, § 137 Rn 19; LG Hamburg AG 1996, 233; Arnold/Carl/Götze, AG 2011, 349, 355.
123 Stützle/Walgenbach, ZHR 155 (1991), 516, 533; Großkomm-AktienR/Meyer-Landrut, 3. Aufl., § 101 Anm. 4; Butzke, Teil D Rn 45 ff, Teil E Rn 104; OLG Hamburg AG 1981, 193, 197 f; aA Hüffer, § 129 Rn 19 (allerdings zu Unrecht unter Berufung auf Steiner, AG 1991, 77, 86, der die Frage nicht behandelt).
124 LG Hamburg WM 1996, 168, 170 = AG 1996, 233; Großkomm-AktienR/Mülbert, vor §§ 118–147 Rn 119; MüHb-AG/Semler, § 39 Rn 10; Butzke, Teil D Rn 45; Martens, WM 1981, 1010, 1015. Mit der Entscheidung für diesen Antrag, der regelmäßig der Antrag der Verwaltung sein wird, haben sich abweichende Sachanträge automatisch erledigt.
125 Zwar lehnen MüHb-AG/Semler, § 39 Rn 10; Großkomm-AktienR/Mülbert, vor §§ 118–147 Rn 119; KölnKomm-AktG/Zöllner, § 119 Rn 58; Martens, WM 1981, 1010, 1015 und Steiner, AG 1991, 77, 86 wegen der Schwierigkeiten, die sich bei der Bestimmung des weitestgehenden Antrags ergeben können, dieses Kriterium ab. Ist die Bestimmung des weitestgehenden Antrags möglich, kann bei konkurrierenden Anträgen die Vermeidung überflüssiger Abstimmungsvorgänge aber ein beachtlicher Sachgesichtspunkt sein, vgl Hüffer, § 129 Rn 19 und Brox, DB 1965, 731, 732; ebenso wohl Zellz, AG 1960, 318; zweifelnd: Hanseatisches OLG (Hamburg), DB 1981, 80, 82 = AG 1981, 193.
126 MüHb-AG/Semler, § 39 Rn 10; Großkomm-AktienR/Mülbert, vor §§ 118–147 Rn 116; Martens, WM 1981, 1010, 1015; Butzke, Teil D Rn 86 f.
127 Stützle/Walgenbach, ZHR 155 (1991), 516, 532.
128 Steiner, AG 1991, 77, 85 unter Berufung auf die GeschOBT und unter Hinweis auf die Verhandlungsführung des Deutschen Juristentages. KölnKomm-AktG/Zöllner, § 119 Rn 58; Großkomm-AktienR/Mülbert, vor §§ 118–149 Rn 118; MüHb-AG/Semler, § 39 Rn 10; Martens, WM 1981, 1010, 1015.
129 Hanseatisches OLG (Hamburg), DB 1981, 80, 82 = AG 1981, 193.
130 Hanseatisches OLG (Hamburg), aaO, im Anschluss an Großkomm-AktienR/Barz, 3. Aufl., § 119 Rn 36, 37; Geßler/Kropff, Rn 51 vor § 118; Obermüller, DB 1962, 827, 830 und DB 1965, 883, 884.

Bei **mehreren Vakanzen im Aufsichtsrat** ist nach wohl hM **Listenwahl** (Blockabstimmung) zulässig, so dass die Liste nur insgesamt angenommen oder abgelehnt werden kann.[131] Das LG München I verlangt mit gutem Grund als Voraussetzung für deren Zulässigkeit kumulativ (1) den Hinweis des Versammlungsleiters vor der Abstimmung, dass durch mehrheitliche Ablehnung der Beschlussvorlage die Einzelabstimmung herbeigeführt werden kann, und (2) dass kein anwesender Aktionär Einwände gegen diese Verfahrensweise erhebt.[132] ME ist der Versammlungsleiter, abgesehen von den Fällen des § 137, nicht verpflichtet, die Reihenfolge der Abstimmungen über mehrere Wahlvorschläge bei einer Vakanz eines AR-Postens anders als nach den allgemeinen Grundsätzen (vgl Rn 35) festzulegen. Einzelne Autoren[133] vertreten zwar, dass anders als in der Praxis üblich und von der hM gutgeheißen[134] (vgl § 101 Rn 5) die **Sukzessivwahl** (dh es wird nach Festlegung der Reihenfolge durch den Versammlungsleiter über jeden Kandidaten einzeln abgestimmt, bis einer die Mehrheit erreicht) in speziellen Konstellationen[135] gegen den Gleichbehandlungsgrundsatz verstoßen könne; sie favorisieren stattdessen eine *Alternativwahl* (alle Kandidaten stehen gleichzeitig zur Abstimmung, die Aktionäre haben eine Stimme, gewählt ist, wer die Mehrheit erringt, ggf in einem zweiten Wahlgang) oder eine *Simultanwahl* (alle Kandidaten stehen gleichzeitig zur Abstimmung, die Aktionäre haben so viele Stimmen, wie es Kandidaten gibt, gewählt ist, wer relativ die meisten Stimmen erhält, mindestens aber die einfache Mehrheit). ME sind indes Alternativ- und Simultanwahl ohne entsprechende Satzungsregel (§ 135 Abs. 4) nicht mit dem Gesetz vereinbar: Die Alternativwahl beschränkt nämlich in der Sache das Stimmrecht, da der Aktionär trotz mehrerer Wahlvorschläge nur einmal seine Stimme abgeben kann; und bei der Simultanwahl wäre entgegen § 133 Abs. 1 gewählt, wer relativ die meisten Stimmen auf sich vereint. In den speziellen Konstellationen, bei denen Fragen der Gleichbehandlung absehbar sind,[136] wird der Versammlungsleiter vor der Sukzessivwahl sorgfältig abwägen, welchen Beschlussvorschlag er als ersten zur Abstimmung stellt, und die Aktionäre eindringlich darauf aufmerksam machen, die besondere Konstellation bei der Stimmabgabe zu berücksichtigen. Sofern **mehrere Aktionärsvorschläge nach § 137** vorliegen, wird der Versammlungsleiter entsprechend vorgehen.

Eine zusammengefasste **Abstimmung über inhaltlich nicht zusammenhängende Gegenstände** der Tagesordnung ist ausgeschlossen.[137] Maßgebend dafür ist, dass das Stimmrecht nach ganz hM auch die Möglichkeit umfasst, in unterschiedlichen Beschlussgegenständen die Akzeptanz oder die Ablehnung des Beschlussvorschlags jeweils zur Geltung zu bringen,[138] vgl § 120 Rn 14 f. Insbesondere darf über die Entlastung von Vorstand und Aufsichtsrat nicht in einem Beschluss abgestimmt werden. Anders ist es nach dem BGH bei Beschlüssen über zusammenhängenden Sachfragen:[139] Jedenfalls wenn der Versammlungsleiter vor der Abstimmung darauf hinweise, dass durch die mehrheitliche Ablehnung der Beschlussvorlage eine Einzelabstimmung herbeigeführt werden könne und wenn kein Aktionär Einwände gegen die Verfahrensweise erhebe, sei die „Sammelabstimmung" zulässig.[140] Höchstrichterlich nicht geklärt ist die Lage, wenn der Ver-

---

131 LG Dortmund AG 1968, 390, 391; *Hüffer*, § 101 Rn 6; Großkomm-AktienR/*Mülbert*, vor §§ 118–147 Rn 118; KölnKomm-AktG/*Zöllner*, § 119 Rn 58; MüKo-AktG/*Semler*, 2. Aufl., § 101 Rn 39; aA Geßler/*Geßler*, § 101 Rn 31; Großkomm-AktienR/*Meyer-Landrut*, 3. Aufl., § 101 Anm. 4; Semler/Volhard/*Volhard*, Teil II D Rn 19; K. Schmidt/Lutter/*Ziemons*, § 129 Rn 40; offen gelassen vom BGH in DB 2003, 2115, 2116 = ZIP 2003, 1788 = NZG 2003, 1023. Seit BGHZ 118, 121, 124 f = BGH NJW 1992, 1962 f, wo die Ungültigkeit einer Globalwahl zum Vorstand einer Rechtsanwaltskammer primär daran festgemacht wurde, dass die Globalwahl von der Geschäftsordnung nicht ausdrücklich vorgesehen war, ist der hM allerdings mit einiger Vorsicht zu begegnen. *E contrario* kann man allerdings wohl aus § 120 Abs. 1, der die Einzelentlastung aufgrund Minderheits-Quorums vorschreibt, schließen, dass Einzelwahl nicht nötig ist. BGHZ 180, 9 = WM 2009, 459 = ZIP 2009, 460 Rn 29 f weist darauf hin, dass Satzungsregelungen, welche die Durchführung einer Listenwahl der Aufsichtsratsmitglieder in das Ermessen des Versammlungsleiters stellt, wirksam ist und nicht durch einen Geschäftsordnungsantrag einzelner Aktionäre, eine Einzelwahl durchzuführen, außer Kraft gesetzt werden kann; Ziffer 5.4.3 DCKG empfiehlt, Wahlen zum AR als Einzelwahlen durchzuführen.
132 LG München I AG 2004, 330 (HypoVereinsbank); offen gelassen BGHZ 156, 98 = AG 2003, 625; BGHZ 180, 9 = AG 2009, 285, 290.
133 *Austmann/Rühle*, AG 2011, 805, 807 ff.
134 OLG Hamburg AG 1968, 332.
135 *Austmann/Rühle*, AG 2011, 805, 808 nennen folgendes Beispiel: Die Kandidaten A und B konkurrieren um einen zu besetzenden Aufsichtsratssitz. Der Aktionär X bevorzugt A, hält aber auch B für annehmbar. Bei dem in gleicher Höhe wie X beteiligten Aktionär Y verhält es ich genau umgekehrt. Die übrigen Aktionäre favorisieren – nach Anteilen an der Grundkapital gerechnet – je zur Hälfte A oder B und halten den jeweils anderen Kandidaten für inakzeptabel. Wird nun zunächst über A abgestimmt, wird X dafür, Y dagegen stimmen. Folglich wird die Abstimmung zu einem Patt führen, der Antrag also abgelehnt. Stimmt man sodann über B ab, wird Y für diesen von ihm favorisierten Kandidaten stimmen. X, der diesen Kandidaten ebenfalls für (wenn auch nur sekundär) akzeptabel hält, wird – will er seiner Präferenzordnung treu bleiben – nun ebenfalls eine Ja-Stimme abgeben und damit eine Beschlussmehrheit für B herbeiführen. Hätte man umgekehrt zuerst über B abgestimmt, so wäre A gewählt worden.
136 Vgl vorige Fn; vgl auch *Ziemons* in: Nirk/Ziemons/Binnewies, Handbuch der AG, Teil I, Rn 10.1148.
137 Großkomm-AktienR/*Mülbert*, vor §§ 118–147 Rn 118.
138 Vgl KölnKomm-AktG/*Zöllner*, § 119 Rn 58 ("Abstimmungen sind immer rein dialektische Vorgänge der Bejahung oder Verneinung eines bestimmten Antrags").
139 Im BGH-Fall ging es um die Zustimmung zu 9 als Unternehmensverträgen nach § 292 Abs. 1 Nr. 2 AktG bezeichneten Verträgen zur Begründung von stillen Gesellschaften mit der AG zur Kapitalbeschaffung; ähnlich: Großkomm-AktienR/*Barz*, 3. Aufl., § 119 Anm. 37; *Steiner*, Die HV, § 7 Rn 12 ff.
140 BGH DB 2003, 2115, 2116 = NZG 2003, 1023 = ZIP 2003, 1788; ähnlich zuvor KG ZIP 2002, 890 (Deutsche Hypothekenbank).

sammlungsleiter keine solchen Hinweise gibt bzw Anordnungen trifft. LG und OLG[141] München halten solche Hinweise zutreffend bei engem inhaltlichem Zusammenhang der Beschlüsse für nicht erforderlich. Außerhalb dieses Bereichs hat es mE bei dem Grundsatz zu bleiben, dass über verschiedene Beschlussgegenstände jeweils einzelne Abstimmungen durchzuführen sind. Gegen die gleichzeitige Abstimmung über mehrere Verfahrens- und/oder Sachanträge zu einem TOP bestehen dann keine Bedenken, wenn das **Eventualverhältnis** zwischen den Anträgen hinreichend deutlich ist.[142]

40 § 120 Abs. 1 S. 2 räumt der HV die Entscheidungsbefugnis ein, **einzeln über die Entlastung** eines Mitglieds von Vorstand und Aufsichtsrat **abzustimmen**; über einen entsprechenden Antrag hat die HV abzustimmen. Auch eine Minderheit der HV (10 % des Grundkapitals oder anteiliger Betrag von 1 Mio. EUR) kann Einzelabstimmung durchzusetzen (vgl § 120 Rn 18 ff).[143] Nach hM darf der Versammlungsleiter Einzelentlastung auch ohne entsprechenden Beschluss oder Minderheitsvorlagen anordnen[144] (vgl § 120 Rn 21), wodurch er aber nicht das bei Gesamtentlastung bestehende Stimmverbot umgehen darf.[145] Diese Befugnis behält der Leiter auch, wenn sich in der HV für einen Beschluss nach § 120 Abs. 1 S. 2 keine Mehrheit gefunden hat.[146] Über einen Antrag auf Einzelentlastung darf der Versammlungsleiter nicht hinweggehen und sogleich Gesamtentlastung anordnen, verbunden mit dem Hinweis, jeder Aktionär, der Einzelentlastung wünsche, müsse zunächst gegen den Sachantrag auf Gesamtentlastung stimmen, der Verfahrensantrag auf Einzelabstimmung werde zur Abstimmung gestellt, wenn der Sachantrag keine Mehrheit finde. Es gilt strikt der Grundsatz: Verfahrensanträge vor Sachanträgen (vgl Rn 37).[147] Der Leiter darf die HV nicht so lange wählen lassen, bis ihm das Ergebnis gefällt: Wenn die HV die Gesamtentlastung sachlich abgelehnt hat, steht die Ablehnung der Entlastung fest. Zudem bedeutet es eine Verfälschung des Willens der HV bzw des Stimmverhaltens einzelner Aktionäre, zu verlangen, dass man gegen die Entlastung *aller* AR-Mitglieder stimmen muss, wenn man nur mit der Arbeit zB eines *einzelnen* AR-Mitglieds unzufrieden ist.

Beispiel:

Ein Stimmrechtsvertreter V hat die Weisung, für die Entlastung der AR-Mitglieder A, B, D, E und F und gegen die Entlastung des AR-Mitglieds C zu stimmen, das sein Vollmachtgeber – ein großer institutioneller Aktionär – für allerlei Unregelmäßigkeiten des Entlastungsjahres in der Verantwortung sieht. Der Leiter darf den Stimmrechtsvertreter nicht zwingen, gegen die Entlastung aller AR-Mitglieder zu stimmen, obgleich er nur einem einzigen AR-Mitglied die Entlastung verweigern soll, zumal ein solches Stimmverhalten nicht mit der Weisung in Einklang zu bringen ist, alle AR-Mitglieder außer C zu entlasten.

41 Die Frage der Zusammenfassung mehrerer Anträge zu einer Beschlussfassung ist zu trennen von dem **gleichzeitigen Einsammeln der Stimmkarten zu mehreren Anträgen**. Dies ist grundsätzlich zulässig und aus Gründen der Verfahrensökonomie prinzipiell sinnvoll.[148] Probleme können sich ergeben, wenn verschiedene Anträge in einem Abhängigkeitsverhältnis stehen. Derartiges gleichzeitiges Einsammeln von Stimmkarten erfordert besonders deutliche Hinweise des Versammlungsleiters, insbesondere wann welche Stimmkarten abzugeben und wie diese jeweils zu kennzeichnen sind.

42 Der Leiter kann innerhalb der Tagesordnungspunkte (§ 124 Abs. 4) nur ganz ausnahmsweise offensichtlich gesetzes- oder satzungswidrige oder offensichtlich sinnlose **Anträge von der Abstimmung ausschließen**.[149] Ansonsten muss er über Anträge grundsätzlich abstimmen lassen. Beispielsweise muss er ankündigungsfreie Anträge auf Sonderprüfung beim Tagesordnungspunkt Entlastung von Vorstand/Aufsichtsrat (vgl zur Ankündigungsfreiheit § 124 Rn 29)[150] zur Abstimmung stellen. Gäbe man dem Versammlungsleiter eine weiter gehende Möglichkeit, Anträge nicht zur Abstimmung zu stellen, hätte er es in der Hand, die Beschlussfassung der HV zu blockieren. Dies wäre als solches faktisch nicht effektiv justiziabel. Denn es ist nicht gesichert, ob bei einer Verweigerung der Abstimmung die Aktionäre mit einer Beschlussfeststellungsklage

---

141 ZIP 2007, 2420 = AG 2008, 92 Rn 47 bei juris, ZIP 2008, 1916 = AG 2008, 864 Rn bei juris.
142 Ganz hM, vgl Großkomm-AktienR/*Mülbert*, vor §§ 118–147 Rn 121; MüHb-AG/*Semler*, § 39 Rn 12; *Butzke*, Teil D Rn 47, E Rn 105 f; aA möglicherweise KölnKomm/AktG/*Zöllner*, § 119 Rn 58.
143 Vgl zu Verfahrensfragen in dem Zusammenhang *Steiner*, AG 1991, 77, 86.
144 *Hüffer*, § 129 Rn 10; KölnKomm-AktG/*Zöllner*, § 120 Rn 18; *Ziemons*: in: Nirk/Ziemons/Binnewies, Handbuch der AG, Teil I, Rn 10.1146; aA *Stützle/Walgenbach*, ZHR 155 (1991), 516, 534.
145 OLG München WM 1995, 842 = AG 1995, 381.
146 Grigoleit/*Herrler*, § 120 Rn 9; aA *Austmann*, in: FS Hoffmann-Becking, S. 45, 49, 65 f.
147 AA *Austmann*, in: FS Hoffmann-Becking, S. 71 unter Verweis auf *Hüffer*, § 120 Rn 9.
148 *Arnold/Carl/Götze*, AG 2011, 349, 355.
149 Tendenziell anders: Großkomm-AktienR/*Mülbert*, vor §§ 118–147; KölnKomm/AktG/*Zöllner*, § 133 Rn 125. Richtig jedoch MüHb-AG/*Semler*, § 39 Rn 9 und *Martens*, WM 1981, 1010, 1015. Hierfür spricht, dass das Gesetz es mit den §§ 245, 249 in die Hände von Aktionären und Verwaltung legt, ob sie einen rechtswidrigen Beschluss bekämpfen wollen oder ob sie ihn hinnehmen. Dem Versammlungsleiter obliegt deshalb idR nur die äußere Gestaltung des Ablaufs der HV, nicht aber die (Vor-)Entscheidung über ihre Substanz. Vgl auch *Stützle/Walgenbach*, ZHR 155 (1991), 516, 531.
150 Vgl auch *Hüffer*, § 124 Rn 19.

vorgehen können (vgl § 246 Rn 11).[151] Denkbar wäre zwar eine Klage nach § 256 ZPO oder analog § 246 festzustellen, dass durch die Verweigerung der Abstimmung Rechte der Aktionäre verletzt worden sind. Ein Aktionär kann so aber sein Ziel nicht erreichen, eine Abstimmung über den Antrag herbeizuführen. Daher besteht der regelmäßig einzig effektive Rechtsschutz in der Anfechtbarkeit des gleichwohl gefassten Beschlusses. Nur in Ausnahmefällen (mehrtägige HV) ist vorläufiger Rechtsschutz denkbar, der aber unzumutbar erscheint. Oft wird der Versammlungsleiter das Risiko der formellen Ablehnung einer Beschlussfassung vermeiden können, wenn sich der betreffende Antrag durch vorherige Abstimmung anders lautender Anträge erledigen lässt oder wenn von vornherein nicht mit einer Mehrheit für den Antrag zu rechnen ist.[152]

Verweigert der Versammlungsleiter zu Unrecht die Abstimmung zu einem Antrag, riskiert er die Anfechtbarkeit des gleichwohl zu dem Tagesordnungspunkt gefassten Beschlusses. So hat das Hanseatische OLG (Hamburg) zu Recht die Vorrangigkeit der Beschlussfassung über eine Sonderprüfung vor dem Beschluss über die Entlastung festgestellt.[153] Verhindert der Versammlungsleiter die Beschlussfassung über die Sonderprüfung vollständig, liegt die Relevanz/Kausalität dieses Verfahrensfehlers (vgl allg. § 243 Rn 9 ff) für den trotz der Verletzung der Verfahrensnormen gleichwohl gefassten Entlastungsbeschluss auf der Hand: Denn der objektiv denkende Aktionär würde die Beschlussfassung über die Entlastung der Geschäftsleitung zurückstellen, wenn die HV eine Sonderprüfung nach § 142 zur Überprüfung von deren Maßnahmen beschlossen hat. Insoweit indiziert der für die Ankündigungsfreiheit der Beschlussfassung nach § 124 Abs. 4 sprechende Sachzusammenhang auch die Relevanz der unberechtigten Verweigerung der Abstimmung über den (Sonderprüfungs-)Antrag für den gleichwohl gefassten (Entlastungs-)Beschluss. Nur in Ausnahmefällen darf der Leiter eine **Abstimmung wiederholen**, bevor er das Ergebnis festgestellt hat. In Betracht kommt dies, wenn der Leiter erkennt, dass ein Aktionär evident anders als beabsichtigt abgestimmt hat. In solchen Fällen ist er, zumal bei mutmaßlicher entscheidender Auswirkung des Irrtums auf das Ergebnis, mE zur Wiederholung verpflichtet.[154] 43

Pflichten des Leiters bei der **Feststellung und Verkündung** des jeweiligen Abstimmungsergebnisses folgen aus § 133 (vgl die Kommentierung dort). In dem Zusammenhang wurde auch die **Rolle des Notars** diskutiert.[155] 44

VII. Unterbrechung, Vertagung und Beendigung der HV. Der Leiter kann zur Wahrung oder Wiederherstellung eines sachgerechten und ordnungsgemäßen Versammlungsablaufs die HV unterbrechen.[156] Die HV kann nicht ihrerseits beschließen, dass die Unterbrechung nicht erfolgen oder von anderer Dauer als vom Leiter verkündet sein soll. Die **HV hat keine Entscheidungskompetenz zur Unterbrechung.** Denn damit würde die HV in die Pflicht des Versammlungsleiters eingreifen, für die Möglichkeit der Abarbeitung der gesamten Tagesordnung zu sorgen (vgl Rn 26); die Unterbrechung ist ein aliud zur Beendigung der HV (vgl Rn 48).[157] Der Versammlungsleiter muss die mutmaßliche Dauer der Unterbrechung (und ggf deren Verlängerung) angeben und darf nicht vor Ablauf der genannten Zeit die HV fortsetzen. Eine Unterbrechung auf die Zeit nach Mitternacht des Einberufungstages kann der Leiter nicht vornehmen, wenn die HV nur für einen einzigen Tag einberufen wurde, selbst wenn alle Anwesenden einverstanden sind (anderes gilt im Falle der Vollversammlung, § 121 Abs. 6,[158] vgl Rn 17). Der Leiter darf durch nicht erforderliche Unterbrechungen nicht die den Aktionären zur Ausübung des Frage- und Rederechts zur Verfügung stehende Zeit unangemessen verkürzen.[159] Ist eine medientechnische Übertragung der HV in den gesamten Präsenzbereich nicht gesichert (vgl Rn 26), muss der Leiter allerdings zur Ermöglichung des Teilnahmerechts regelmäßige Unterbrechungen vorsehen. 45

Der Versammlungsleiter muss die HV – notfalls vor Erschöpfung aller oder einzelner Tagesordnungspunkte – spätestens schließen (vgl Rn 17), wenn ihre Dauer **Mitternacht** zu überschreiten droht.[160] 46

Vor der Beendigung der HV muss er den Aktionären hinreichend Möglichkeiten zur **Einlegung eines Widerspruchs** nach § 245 Nr. 1 geben, nachdem er die letzten Abstimmungsergebnisse bekannt gegeben hat. 47

---

151 Vgl zu dieser statt aller auch MüKo-AktG/*Hüffer*, § 246 Rn 82; Großkomm-AktienR/*Schmidt*, § 246 Rn 98 ff.
152 *Butzke*, Teil D Rn 43.
153 Hanseatisches OLG (Hamburg) DB 1981, 80, 82.
154 Grigoleit/*Herrler*, Rn 30.
155 Im Anschluss an die Entscheidung des LG Wuppertal, ZIP 2002, 1618; dagegen: OLG Düsseldorf DB 2003, 1562 = ZIP 2003, 1562; BGHZ 180, 9 = ZIP 2009, 460 = AG 2009, 285 Rn 16 bei juris; vgl aus der Lit. zB *Krieger*, ZIP 2002, 1597.
156 *Hüffer*, § 129 Rn 19; *Henn*, Handbuch des Aktienrechts, § 24 Rn 829; MüHb-AG/*Semler*, § 36 Rn 47; KölnKomm-AktG/*Zöllner*, § 119 Rn 68; Großkomm-AktienR/*Mülbert*, vor §§ 118–147 Rn 129.
157 AA KölnKomm-AktG/*Zöllner*, § 119 Rn 68 und MüHb-AG/*Semler*, § 36 Rn 47. Zutreffend jedoch Großkomm-AktienR/*Mülbert*, vor §§ 118–147 Rn 129.
158 Großkomm-AktienR/*Mülbert*, vor §§ 118–147 Rn 135.
159 *Ziemons* in: Nirk/Ziemons/Binnewies, Handbuch der AG, Teil I, Rn 10.1127.
160 Großkomm-AktienR/*Mülbert*, vor §§ 118–147 Rn 133; LG Düsseldorf ZIP 2007, 1859 = AG 2007, 797, dazu *Wilsing*, EWiR 2007, 419; OLG Frankfurt ZIP 2008,138 = NZG 2008, 78 („in der Regel spätestens um Mitternacht"); vgl auch LG München AG 2008, 340 = WM 2008, 77 (18-stündige HV bis 4 Uhr bei Einberufung mehrtägiger HV für 0 Uhr des 2. Tages).

Zwar können nach ganz hM die Aktionäre den Widerspruchs jederzeit während der HV einlegen (vgl § 245 Rn 12). Da Zweck des Widerspruchs die Ermöglichung der Rechtswahrung ist, müssen die Aktionäre aber die Chance haben, sich die Einlegung des Widerspruchs bis zur Kenntnis der Beschlüsse und damit bis unmittelbar vor Abschluss der HV offen zu halten; zudem verlangen einzelne Landgerichte (zu Unrecht, vgl § 245 Rn 12) die Einlegung nach Beschlussfassung als Voraussetzung der Anfechtbarkeit. Daher muss den Aktionären die Möglichkeit gegeben werden, vorsorglich auch nach Beschlussfassung Widerspruch einzulegen.

48 Eine **vorzeitige Beendigung der HV** kommt nur bei offensichtlichen Einberufungsmängeln in Betracht.[161] Eine solche Anordnung wird grundsätzlich sofort wirksam – ebenso wie die reguläre Beendigung nach Erledigung aller Tagesordnungspunkte –, weil Aktionäre, die sich nach Verkündung der Beendigung entfernt haben, darauf vertrauen dürfen, dass nunmehr keine Beschlüsse oder sonstige Handlungen mehr ohne die Möglichkeit ihrer Mitwirkung bzw Wahrnehmung ergehen.[162] Die HV kann die Entscheidung des Versammlungsleiters zur Beendigung der Versammlung aufheben.[163] Sie (nicht der Leiter) hat die grundsätzliche Kompetenz zur Entscheidung über ihre Beendigung auch ohne wichtige Gründe. Abgesehen von den Fällen des § 122 Abs. 1 und 2, der der Aktionärsminderheit einen Anspruch auf Sachbehandlung der von ihnen verlangten Tagesordnungspunkte gibt, kann ihre einfache Mehrheit grundsätzlich die **Absetzung und Vertagung eines oder aller Tagesordnungspunkte** beschließen und durchsetzen.[164] Bei Einberufungen oder Ergänzungen nach § 122 muss die Minderheit der Absetzung/Vertagung zustimmen. Ohne eine solche ist die Entscheidung der HV oder des Leiters nichtig, da nicht von ihrer Kompetenz gedeckt.[165] Der Leiter muss eine Aussprache über den Vertagungsantrag ermöglichen; bei der Abstimmung sind Treuepflichten zu beachten (vgl § 122 Rn 19).[166] Abgesehen von diesen Sonderfällen ist die Beendigung der HV durch Beschluss möglich.[167] Die Ausübung dieser vorrangigen Entscheidungskompetenz der HV, die Anordnung ihrer Beendigung durch den Versammlungsleiter aufzuheben, setzt voraus, dass bei der Antragstellung über die Aufhebung der Beendigungsanordnung des Versammlungsleiters noch kein Aktionär den Saal verlassen hat.[168] Der Versammlungsleiter muss unverzüglich nach Stellung des Antrags über die Aufhebung seiner Anordnung entscheiden lassen.[169] Für die Aufhebung der Anordnung genügt nach § 133 die einfache Mehrheit.[170] Über **Anträge von Aktionären auf Beendigung der HV** muss angemessene Zeit nach der Stellung des Antrags entschieden werden.[171]

D. Ausübung des Hausrechts bzw der Ordnungsgewalt des Versammlungsleiters

49 **I. Grundsätze.** Zur Gewährleistung und Wiederherstellung eines sachgerechten und ordnungsgemäßen Verfahrensablaufs verfügt der Leiter in einem von **Gleichbehandlung (§ 53 a), Unparteilichkeit und Verhältnismäßigkeit** gezogenen Rahmen über diverse, in ihrer Legitimation aus der Aufgabe der Versammlungsleitung abgeleitete Ordnungsmittel.[172] Er kann sie nicht auf die HV delegieren.[173] Für die Autorität des Versammlungsleiters wäre eine Delegation ohnehin meist kontraproduktiv. Der Leiter kann Ordnungsmittel sowohl gegenüber der Gesamtheit der Aktionäre als auch gegenüber einzelnen Aktionären ausüben.[174] Bei Störungen durch Personen, die kein aus der Aktionärseigenschaft abgeleitetes Teilnahmerecht haben (Gäste, Medienvertreter usw), kann der Versammlungsleiter auf sein Hausrecht zurückgreifen und ihnen die

---

161 Großkomm-AktienR/*Mülbert*, vor §§ 118–147 Rn 99.
162 Großkomm-AktienR/*Mülbert*, vor §§ 118–147 Rn 133; Köln-Komm-AktG/*Zöllner*, § 119 Rn 69.
163 *Martens*, WM 1981, 1010, 1014; so auch *Ihrig*, FS Goette, S. 205, 217, für den einzig relevanten Fall der Beendigung vor der Beschlussfassung über alle Sachentscheidungen.
164 KölnKomm-AktG/*Zöllner*, § 119 Rn 65 f; MüKo-AktG/*Kubis*, § 119 Rn 141; *Barz* in Großkomm-AktienR, 3. Aufl., § 119 Anm. 33; Großkomm-AktienR/*Mülbert*, vor §§ 118–147, Rn 134; MüHb-AG/*Semler*, § 36 Rn 45 f; *Butzke*, Teil D Rn 82 (dieser stellt zutreffend fest, dass sich Vertagung und Absetzung aller bzw einzelner Tagesordnungspunkte in ihrer Wirkung völlig entsprechen; insb. bedeutet die „Vertagung" keine rechtliche Bindung der Verwaltung zur Einberufung einer HV mit denselben TOP.
165 Vgl jüngst LG Frankfurt GWR 2013, 185 = NZG 2013, 748 = ZIP 2013, 1425, vgl dazu *Selter*, NZG 2013, 1133, *Weber*, NZG 2013, 890; *Eiff/König*, EWIR 2013, 601.
166 *Wicke*, NZG 2007, 771, 772; *Martens*, Leitfaden, S. 78; Semler/Volhard*Fischer*, Arbeitshb HV, § 11 Rn 326; MüKo-AktG/*Kubis*, § 119 Rn 132; aA *Stützle/Walgenbach*, ZHR 155 (1991), 516.
167 Großkomm-AktienR/*Mülbert*, vor §§ 118–147 Rn 134; diesen Umstand nicht bedenkend: KölnKomm-AktG/*Zöllner*, § 119 Rn 69; vgl auch *Max*, AG 1991, 77, 94.
168 Ähnlich: *Henn*, Handbuch des Aktienrechts, § 23 Rn 830; Semler/Volhard/*Semler*, Teil I A Rn 155, die auf den Zeitpunkt des Beschlusses abstellen.
169 Großkomm-AktienR/*Mülbert*, vor §§ 118–147 Rn 134; KölnKomm-AktG/*Zöllner*, § 119 Rn 69.
170 *Stützle/Walgenbach*, ZHR 155 (1991), 516, 539.
171 Vgl *Ihrig*, FS Goette, S. 205, 213.
172 BGHZ 44, 245, 248 = BGH NJW 1966, 43, 44 = AG 1966, 28. Am Beispiel der Redezeitbeschränkung verfassungsrechtlich anerkannt durch BVerfG NJW 2000, 349, 351 = AG 2000, 74 = ZIP 1999, 1798.
173 Vgl Großkomm-AktienR/*Mülbert*, vor §§ 118–147 Rn 93, 138; Grigoleit/*Herrler*, Rn 31; K. Schmidt/Lutter/*Ziemons*, Rn 115; vgl auch BGHZ 44, 245 = NJW 1966, 43, 44; *Hüffer*, Rn 22; Spindler/Stilz/*Wicke*, Anh. § 119 Rn 8, zT differenzierend zwischen Leistungs- und Ordnungsaufgaben; aA MüKo-AktG/*Kubis*, Rn 115; *Semler* in: MünchHdb, § 36 Rn 40; *Martens*, WM 1981, 1010, 1012; *Max*, AG 1991, 77, 92.
174 Vgl *Martens*, WM 1981, 1010, 1010.

Grundlage ihrer Anwesenheit (im Außenverhältnis ohne Bindung an Gleichbehandlung und Verhältnismäßigkeit) entziehen.[175]

II. Maßnahmen gegenüber der Gesamtheit der Aktionäre in der HV. Gegenüber der Gesamtheit der Aktionäre in der HV kann der Leiter Maßnahmen ergreifen, zu deren wichtigsten **generellen Beschränkungen der Redezeit, Schließung der Rednerliste und Anordnung des Endes der Debatte** zählen.[176] Derartige Anordnungen fallen in die alleinige Kompetenz des Versammlungsleiters.[177] 50

Voraussetzung für ihre Anordnung ist, dass wegen vorliegender (nicht aber nur wegen zu erwartender) Wortmeldungen unter Berücksichtigung der für Fragen und Auskünfte erforderlichen Zeit eine Überschreitung des zeitlichen Rahmens der HV Mitternacht (vgl Rn 17) droht.[178] Eine rein vorsorgliche generelle Redezeitbeschränkung ist daher nicht zulässig.[179] Für Maßnahmen, die eine wesentlich frühere Beendigung der HV herbeiführen sollen, fehlt dem Versammlungsleiter die Legitimation. Er muss den zeitlichen Rahmen des Tages, für den die HV angesetzt ist, angesichts von deren Bedeutung für die Wahrnehmung der Rechte der Aktionäre voll ausschöpfen. Voraussetzung für die Zulässigkeit einer Redezeitbeschränkung ist die objektive Gefährdung der zwingenden zeitlichen Grenze der HV Mitternacht;[180] der bloße Wunsch der Verwaltung und/oder Mehrheit der Aktionäre nach zügiger HV ist kein veritabler Beschränkungsgrund.[181] Das gilt auch bei Ermächtigungen der Satzung gemäß § 131 Abs. 2 S. 2 zur Rede- und Fragezeitbeschränkung (vgl § 131 Rn 55 f). 51

Als mildestes Mittel muss der Leiter zunächst auf die **generelle Redezeitbeschränkung** zurückzugreifen,[182] wobei die Aktionäre nach Köpfen, nicht aber nach Kapitalanteilen gleich zu behandeln sind (§ 53 a).[183] Davon werden die Mitglieder der Verwaltung wegen ihrer Pflicht zur ordnungsgemäßen Fragebeantwortung und Rechenschaftslegung nicht ergriffen. Satzungsermächtigungen nach § 131 Abs. 2 S. 2 sind nicht Voraussetzungen für die Befugnis des Versammlungsleiters zu Redezeitbeschränkungen (vgl § 131 Rn 55 a). Nach und nach verschärfte Redezeitbeschränkungen sind trotz § 53 a zulässig und geboten, weil bei drohendem Zeitablauf keine vergleichbare Situation gegenüber den Vorrednern mehr gegeben ist und weil der Leiter zu Beginn der HV regelmäßig damit rechnen kann, dass mit zunehmender Dauer der Versammlung die Redebeiträge kürzer werden.[184] Hinweise des Versammlungsleiters auf die Möglichkeit sich sukzessive verschärfender Redezeitbeschränkungen zu Beginn der Debatte sind mE nicht nur geboten,[185] sondern in Hinblick auf den Gleichheitsgrundsatz (§ 53 a) eine Voraussetzung für rechtmäßige unparteiische Verhandlungsführung. Stellt sich im Laufe der Verhandlung heraus, dass die generelle Redezeitbeschränkung überhaupt nicht nötig war, der Versammlungsleiter mit seiner Prognose, dass der zeitliche Rahmen der HV überschritten werde, also falsch lag, muss er die zuvor durch die Redezeit behinderten Redner wieder zu Wort kommen lassen. Der Versammlungsleiter kann dem Gleichbehandlungsgrundsatz aller Aktionäre insb. nur gerecht werden, wenn er alle Aktionäre, die sich vor Schließung der Rednerliste gemeldet haben, zu Wort kommen lässt, ggf beschränkt auf eine bestimmte Redezeit. Die Befugnisse des Versammlungsleiters sind auf die Verhängung einer angemessenen (allgemeinen) Redezeitbeschränkung und Schließung der Wortmeldeliste beschränkt, ihm kommt keine Auswahlbefugnis zu, welche Redner er trotz rechtzeitiger 52

---

175 Butzke, Teil D Rn 76; Großkomm-AktienR/*Mülbert*, vor §§ 118–147 Rn 170; Henn, Handbuch des Aktienrechts, § 23 Rn 811.
176 MüHb-AG/*Semler*, § 36 Rn 48; Butzke, Teil D Rn 59 ff. Nachweise für abweichende Stellungnahmen aus der älteren Literatur bei Martens, WM 1981, 1010, 1013 Fn 22.
177 Stützle/Walgenbach, ZHR 155 (1991), 516, 540; Großkomm-AktienR/*Barz*, 3. Aufl., § 119 Anm. 33; KölnKomm-AktG/*Zöllner*, § 199 Rn 84; MüHb-AG/*Semler*, § 36 Rn 46; K. Schmidt/Lutter/*Ziemons*, § 129 Rn 45; Ihrig, FS Goette, S. 205, 215 ff; Hüffer, Rn 20; OLG Stuttgart AG 1995, 234; OLG Frankfurt AG 2011, 36,41; offen gelassen in BGHZ 44, 245, 247 = AG 1966, 24; aA RGZ 36, 24.
178 LG Köln AG 2005, 696, 698 (Felten & Guilleaume) unter Berufung auf Siepelt, AG 1995, 254, 256; MüKo-AktG/*Kubis*, § 119 Rn 153; gegen generelle Redezeitbeschränkungen bereits zu Beginn der HV Martens, Leitfaden für die Leitung der HV, S. 54 f; Schaaf, ZIP 1997, 1324, 1327. Vgl jüngst LG Frankfurt ZIP 2013, 578 = AG 2013, 178: Eine Einschränkung der Redezeit bzw eine Nichtzulassung von Rednern ist nur zulässig, wenn wegen der Vielzahl der angemeldeten Beiträge eine Kürzung nötig ist, um die Hauptversammlung noch in angemessener Zeit zu beenden.
179 LG Köln AG 2005, 696, 698 (Felten & Guilleaume); LG München AG 2009, 382 = ZIP 2009, 663; aA OLG Frankfurt NZG 2012, 942 = BB 2012, 2327 (10 Minuten zu Beginn der HV); NZG 2011, 1029 = ZIP 2011, 1613.
180 Hüffer, § 129 Rn 20; Großkomm-AktienR/*Mülbert*, vor §§ 118–147 Rn 152; Grüner, NZG 2000, 770, 774; Schaaf, ZIP 1997, 1324, 1326 f; Siepelt, AG 1995, 254, 256; Steiner, AG 191, 77, 90; Quack, AG 1985, 145, 146 f.
181 LG Köln AG 2005, 696, 698 (Felten & Guilleaume), gegen Martens, Leitfaden für die Leitung der HV, S. 58 f.
182 Heute ganz hM, vgl Hüffer, § 129 Rn 20; Großkomm-AktienR/*Mülbert*, vor §§ 118–147 Rn 152; KölnKomm-AktG/*Zöllner*, § 119 Rn 84. Teilweise anders: Steiner, AG 1991, 77, 91, der diese Kompetenz vorrangig der HV zuordnet.
183 Wicke, NZG 2007, 771, 773; MüHb-AG/*Semler*, § 36 Rn 42.
184 Hüffer, § 129 Rn 20; Butzke, Teil D Rn 60; Großkomm-AktienR/*Mülbert*, vor §§ 118–147 Rn 153; MüHb-AG/*Semler*, § 36 Rn 48. Zweifelnd: OLG Stuttgart AG 1995, 233, 234 = ZIP 1995, 378.
185 Großkomm-AktienR/*Mülbert*, vor §§ 118–147 Rn 153.

Meldung zu Wort kommen lässt.[186] Der Aktionär kann sein Rederecht nicht ohne förmliche Vertretung auf einen anderen übertragen; nimmt er sein Rederecht nicht wahr, verzichtet er hierauf.[187]

53 Die Zeitbeschränkung darf nicht so weit gehen, dass kein sinnvoller Redebeitrag mehr möglich ist.[188] Droht dies, muss der Leiter nach entsprechender Ankündigung die **Schließung der Rednerliste** zu dem betreffenden Tagesordnungspunkt bzw der Generaldebatte als nunmehr mildestes geeignetes und erforderliches Mittel anordnen, da typischerweise einige fundierte Beiträge die Diskussion weiter bringen als eine Vielzahl von Beiträgen, in denen der Redner seine Position mangels Zeit nicht vernünftig darlegen kann (vgl § 131 Rn 13).[189] Weitere Voraussetzung für die Schließung der Rednerliste ist, dass auch die Opposition schon Gelegenheit hatte, ihren Standpunkt angemessen darzustellen.[190]

54 Nur wenn trotz aller Bemühungen um eine Straffung die Abwicklung der HV nicht zeitgerecht möglich wäre, kann der Leiter als letztes Mittel den **Schluss der Debatte** zu dem betreffenden Tagesordnungspunkt bzw der Generaldebatte anordnen – mE aber nicht aber den Ausschluss des Fragerechts nach § 131[191] (vgl § 131 Rn 40) –, jedenfalls wenn ihm zur Beschränkung des Fragerechts nicht eine Satzungsbestimmung auf der Grundlage von § 131 Abs. 2 S. 2 zur Verfügung steht (vgl § 131 Rn 55 a ff).[192] Diese Anordnung ist jedoch anfechtungsträchtig. Kann ein von der Debatte auf diese Weise ausgeschlossener Aktionär in einem Anfechtungsprozess darlegen, dass er noch einen wesentlichen neuen Gesichtspunkt hätte beitragen können, ist die Ursächlichkeit bzw die Relevanz des Entzugs des Rederechts für den Beschluss praktisch nicht zu widerlegen.[193] Der Leiter sollte den Schluss der Debatte deshalb nur anordnen, wenn er sich zuvor durch Rückfrage vergewissert hat, dass noch nicht zum Zug gekommene Redner keine neuen Aspekte mehr vorzutragen haben.[194] Stellt sich im weiteren Verlauf der HV heraus, dass die Anordnung des Debattenschlusses doch nicht erforderlich war, um die HV zeitgerecht beenden zu können, ist der Leiter zur **Wiedereröffnung der Aussprache** verpflichtet.[195]

55 Gegebenenfalls kann es unvermeidbar sein, eine neue HV zur ordnungsgemäßen Beratung anzuberaumen und die **HV ohne Beschlussfassung vorzeitig zu schließen,** wenn die Alternative wäre, sehenden Auges eine Anfechtungsklage gegen einen infolge unberechtigten Debattenendes anfechtbaren Beschluss zu riskieren. Eine solche Entscheidung wird der Versammlungsleiter immer dann treffen, wenn sich bei der HV herausstellt, dass das Programm, das der HV in der Tagesordnung aufgegeben wurde, zu umfangreich war, um in der nach der Einberufung zur Verfügung stehenden Zeit ordnungsgemäß abgehandelt zu werden.

56 Der Versammlungsleiter darf nach dem **Verhältnismäßigkeitsprinzip** zum jeweils nächst schwereren Ordnungsmittel gegen die HV als Ganzes nur greifen, wenn er das jeweils mildere sowie Maßnahmen gegenüber einzelnen Aktionären jeweils rechtzeitig und ordnungsgemäß angewendet hat und wenn er auch dafür gesorgt hat, dass die Verwaltung sachgerecht mitwirkt. ZB darf der Versammlungsleiter den Debattenschluss nicht anordnen, wenn er zuvor nicht darauf hingewirkt hat, statt bei Auskunftserteilung Dokumente stundenlang zu verlesen, diese zur Einsicht auszulegen[196] (vgl § 131 Rn 24 f).

57 **III. Maßnahmen gegenüber einzelnen Aktionären.** Gegenüber dem einzelnen Aktionär(svertreter) steht ausschließlich dem **Versammlungsleiter, nicht aber der HV**,[197] ein Instrumentarium zur Verfügung, zu dem Abmahnung, Begrenzung des individuellen Rederechts bis hin zur gänzlichen Wortentziehung und notfalls auch Verweisung aus dem Versammlungssaal oder gar dem Gebäude (Hausverbot) zählen.[198] Das Instru-

---

186 Vgl LG Frankfurt ZIP 2013, 578 = AG 2013, 178, partiell in Abgrenzung zu LG München ZIP 2011, 376 und OLG München ZIP 2011, BB 2011, 3021, 3026 = ZIP 2011, 1955 HRE, vgl zu LG/OLG München auch *Schwichtenberg/Krenek*, BB 2012, 2127, 2128 f.
187 OLG München BB 2011, 3021, 3025 = AG 2011, 840, 843 = ZIP 2011, 1955; LG München ZIP 2011, 376 = AG 2011, 211, das auch auf die Unübertragbarkeit des Rederechts als unselbstständiges Rederecht hinweist.
188 Abweichend von den meist 10 bis 20 Minuten zu Beginn der Debatte kann bei Vorliegen wichtiger Gründe, insb. Zeitnot, die Redezeit sukzessive auf bis zu 5 Minuten herabgesetzt werden. Damit dürfte jedoch die äußerste Grenze erreicht sein, vgl *Butzke*, Teil D Rn 61; *Steiner*, AG 1991, 77, 91; LG Stuttgart AG 1994, 425, 426.
189 Vgl auch *Hüffer*, § 129 Rn 21; *Butzke*, Teil D Rn 59 f; MüHb-AG/*Semler*, § 36 Rn 48; *Grüner*, NZG 2000, 770, 774; *Siepelt*, AG 1995, 254, 257; MüKo-AktG/*Kubis*, § 119 Rn 158; LG Stuttgart AG 1994, 425, 426 = ZIP 1994, 950, 952 f; LG Köln AG 2005, 696, 698 f; Großkomm-AktienR/*Mülbert*, vor §§ 118–147 Rn 155; OLG Stuttgart WM 1995, 617 = AG 1995, 234; *Stützle/Walgenbach*, ZHR 155 (1991), 516, 541; vgl aber BVerfG AG 2000, 74 = ZIP 1999, 1798, 1800 = NJW 2000, 349 wonach das Fragerecht einem Störer ohne Grundrechtsverstoß entzogen werden kann.
190 Zutreffend: Großkomm-AktienR/*Mülbert*, vor §§ 118–147 Rn 155.
191 *Hüffer*, § 129 Rn 21; *Butzke*, Teil D Rn 64; MüHb-AG/*Semler*, § 36 Rn 48; LG Köln AG 2005, 695, 699; KölnKomm-AktG/*Zöllner*, § 119 Rn 93 f; Großkomm-AktienR/*Mülbert*, vor §§ 118–147 Rn 155.
192 Vgl LG München AG 2011, 211, 217 f = ZIP 2011, 376, OLG München AG 2011, 840, 843 = ZIP 2011, 1955 (HRE).
193 Zutreffend: KölnKomm-AktG/*Zöllner*, § 119 Rn 94.
194 Großkomm-AktienR/*Mülbert*, vor §§ 118–147 Rn 156.
195 *Ziemons* in: Nirk/Ziemons/Binnewies, Handbuch der AG, Teil I, Rn 10.1130.
196 Vgl zur Auslage statt Verlesung *Hüffer*, § 131 Rn 22; BGH AG 1987, 344, 348 = ZIP 1987, 1239 = BGHZ 101, 1.
197 BGHZ 44, 245, 248 = AG 1966, 28; *Ihrig*, FS Goette, S. 205, 215 ff.
198 MüHb-AG/*Semler*, § 36 Rn 49. Teilweise aA Großkomm-AktienR/*Mülbert*, vor §§ 118–147 Rn 157 ff, der unter bestimmten Voraussetzungen auch den Entzug des Fragerechts für zulässig hält. Das ist jedoch falsch, wie sogleich zu begründen sein wird.

mentarium (Organisationsgewalt) darf der Leiter aber nur nutzen, um den ordnungsgemäßen Ablauf der HV zu gewährleisten – also zB dass Aktionäre Anträge vor der Abstimmung stellen und begründen können.[199]

Der Leiter muss aus Gründen der **Verhältnismäßigkeit** dem Störer grundsätzlich durch **Abmahnung** die Gelegenheit zur Überprüfung seines störenden Verhaltens geben.[200] Auch sonst ist der Verhältnismäßigkeitsgrundsatz maßgebendes Kriterium für die Zulässigkeit von Maßnahmen; so muss der Leiter zB vor einer Redezeitbegrenzung abgestuft vorgehen und diese zunächst ankündigen.[201] Schon vor der Mahnung, intensiver aber noch vor den tiefer eingreifenden Ordnungsmaßnahmen, muss der Versammlungsleiter prüfen, ob wirklich der jeweilige Aktionär Veranlassung zu Ordnungsmaßnahmen gegeben hat, also juristisch gesehen der **Störer** ist. Beispielsweise gehören gelegentliche Zwischenrufe zum üblichen Standard in Hauptversammlungen. Gehen (vermeintliche) Störungen über das übliche Maß hinaus, muss der Versammlungsleiter prüfen, ob nicht andere Beteiligte, zumal typischerweise die Verwaltung, Anlass für die vermeintlichen Störungen gegeben haben. Antwortet die Verwaltung zB offensichtlich ungenau, hinhaltend oder ausweichend, ist es Aufgabe des Versammlungsleiters, auf sachgemäße Auskunftserteilung nach § 131 Abs. 2 zu dringen, nicht aber Aktionäre zu maßregeln, die das in Zwischenrufen rügen. 58

Auch sonst darf der Versammlungsleiter sein **Instrumentarium nicht aus sachfremden Erwägungen anwenden**. Beispielsweise scheidet es aus, zeitliche oder organisatorische Fehlplanungen der HV oder vorheriges Unvermögen des Versammlungsleiters bei der Leitung der HV durch Ordnungsmaßnahmen auszugleichen – etwa wenn der Versammlungsleiter unsachgemäße Dauerredner nicht zum Reden zur Sache oder Beendigung angehalten hat und im weiteren Verlauf der HV „plötzlich" feststellt, dass „unerwartet" für die Aussprache keine Zeit mehr sein soll. 59

Stört ein Aktionär durch einen Redebeitrag – zB durch nicht zur Sache gehörende oder sich mehrfach wiederholende Ausführungen,[202] nicht aber zB bei (1.) unnötiger Länge sachbezogener Äußerungen, die noch im Rahmen der generellen Redezeit liegen,[203] (2.) wiederholt denselben Fragen desselben Redners, wenn er unzureichende Antwort rügt[204] – kann der Versammlungsleiter nach der Abmahnung die **individuelle Redezeit des Aktionärs beschränken**[205] – und zwar unabhängig von einer speziellen Satzungsermächtigung auf der Grundlage von § 131 Abs. 2 S. 2 (vgl § 131 Rn 55 e). Wenn der Redner sich nicht freiwillig an die generelle oder individuelle Zeitbeschränkung hält, darf der Versammlungsleiter ihm das Wort entziehen.[206] Verlässt der Redner trotz Aufforderung und ggf Abschalten des Mikrofons[207] das Rednerpult nicht, kann der Versammlungsleiter die Wortentziehung unter Beachtung der Verhältnismäßigkeit zwangsweise durchsetzen[208] (vgl zu Anforderung an zulässige Zwangsanwendung Rn 66). Bei der Entziehung des Wortes zu Redebeiträgen ist der Betroffene darauf hinzuweisen, dass ihm sein Fragerecht aus § 131 erhalten bleibt.[209] Wegen der grundlegenden Bedeutung des Fragerechts als „Aktionärsgrundrecht"[210] für die Wahrnehmung der Aktionärsinteressen ist die Auffassung unzutreffend, der Versammlungsleiter könne einem Aktionär ebenso das Auskunftsrecht entziehen, wie er ihm das Rederecht entziehen kann (vgl § 131 Rn 13, zur Besonderheit der Satzungsermächtigung nach § 131 Abs. 2 S. 2 vgl § 131 Rn 51 a ff).[211] 60

Wird das zwangsweise Beenden der Redezeit und ggf das Fortbringen eines Aktionärs vom Rednerpult nötig, kann der Leiter nicht allein deshalb einen gleichzeitigen **Saalverweis** aussprechen: Nur möglicherweise zu erwartende Störungen außerhalb des Redebeitrags rechtfertigen den Ausschluss als tief greifenden Eingriff in die Teilnahmerechte des Aktionärs nicht.[212] Nur wenn der Aktionär(svertreter) nach seiner Entfernung vom Rednerpult oder sonst tatsächlich stört und seine Störungen nicht unverzüglich einstellt, kann der Saalverweis unmittelbar nach oder bei Andauern von Störungen durchgesetzt werden.[213] Störungen von Aktionären, die nicht im Zusammenhang mit dem Rederecht stehen (Lärm, Musik, o.ä.), können, wenn 61

---

[199] OLG Hamburg AG 2011, 677, 678 = ZIP 2011, 1209.
[200] MüHb-AG/*Semler*, § 36 Rn 49.
[201] Grigoleit/*Herrler*, Rn 31 f.
[202] KölnKomm-AktG/*Zöllner*, § 119 Rn 85; *Butzke*, Teil D Rn 65.
[203] IE auch Großkomm-AktienR/*Mülbert*, vor §§ 118–147 Rn 158 mwN zur gegenteiligen Meinung.
[204] LG München AG 2011, 763 = BB 2011, 1922.
[205] *Hüffer*, § 129 Rn 23; MüHb-AG/*Semler*, § 36 Rn 49; *Butzke*, Teil D Rn 65.
[206] KölnKomm-AktG/*Zöllner*, § 119 Rn 86; MüHb-AG/*Semler*, § 36 Rn 49; *Butzke*, Teil D Rn 65; Spindler/Stilz/*Wicke*, Anh. § 119 Rn 13.
[207] Kein zweites Mikrofon für den nachfolgenden Redner aufzustellen, soll nach zT vertretener Auffassung zur Unzulässigkeit eines Saalverweises führen, vgl Großkomm-AktienR/*Mülbert*,

vor §§ 118–147 Rn 165; *Hüffer*, § 129 Rn 23; *Siepelt*, AG 1995, 254, 259.
[208] LG Frankfurt aM AG 1984, 192, 194; LG Stuttgart AG 1994, 425, 426 f.
[209] Großkomm-AktienR/*Mülbert*, vor §§ 118–147 Rn 160; *Martens*, WM 1981, 1010, 1019; Spindler/Stilz/*Wicke*, Anh. § 119 Rn 14; Grigoleit/*Herrler*, Rn 33; implizit: BGHZ 44, 245, 252 = BGH NJW 1966, 43, 45 = AG 1996, 28.
[210] Vgl BVerfG NJW 2000, 129, 130; *K. Schmidt*, GesR, § 21 III 1.
[211] AA Großkomm-AktienR/*Mülbert*, vor §§ 118–147 Rn 160; KölnKomm-AktG/*Zöllner*, § 119 Rn 87.
[212] *Butzke*, Teil D Rn 71; KölnKomm-AktG/*Zöllner*, § 119 Rn 89 aE; aA wohl Großkomm-AktienR/*Mülbert*, vor §§ 118–147 Rn 162.
[213] *Butzke*, Teil D Rn 71.

kein milderes geeignetes Mittel erfolgreich war oder ein solches nicht zur Verfügung steht, ebenfalls durch Saalverweis geahndet werden.[214]

62 Bei der jedenfalls in größeren Hauptversammlungen üblichen Praxis, dass die Verhandlungen im Verhandlungssaal auch in äußere Säle oder sonstige Räumlichkeiten übertragen werden, wird regelmäßig keine Veranlassung bestehen, den **Störer des Gebäudes zu verweisen** (**Hausverbot**), da der Störer außerhalb des Verhandlungssaals regelmäßig nicht stört; eine Berechtigung zu einem Hausverbot wird es daher kaum einmal geben. Als milderes Mittel gegenüber einem Hausverbot muss der Versammlungsleiter daher „eine Anwesenheit des Störers in den umliegenden Präsenzbereich präferieren, um die Wahrnehmung der dorthin regelmäßig übertragenen Ausführungen zu gestatten".[215]

63 Der **Saalverweis** ist Ultima ratio[216] Ein rechtmäßiger Saalverweis hat folgende Voraussetzungen: (1.) Der Aktionär(svertreter) muss durch sein Verhalten **aktuell den reibungslosen Ablauf der HV böswillig oder sonst unzumutbar erheblich stören** oder seine Störung nur vorübergehend unterbrochen haben; (2.) **mildere Mittel** stehen nicht zur Verfügung, der Versammlungsleiter konnte die Störung auf andere Weise nicht beheben; (3.) der Saalverweis ist **angedroht** worden.[217] Nur wenn der Saalverweis rechtmäßig ist, muss der Aktionär(svertreter) den Saal verlassen. Denn das Teilnahmerecht des Aktionärs ist grundsätzlich nicht entziehbar; nur rechtmäßige Ordnungsmaßnahmen können in dieses Recht eingreifen.[218]

64 Der Versammlungsleiter muss mE den **Saalverweis zunächst befristen.** Es ist regelmäßig damit zu rechnen, dass der Betroffene nach einiger Zeit nicht weiter stören wird oder dass er durch diesen Warnschuss zur Raison gebracht werden kann.[219] Daher ist die angemessene Befristung aus Gründen der Verhältnismäßigkeit erforderlich.[220] Die Befristung entspricht der Praxis von Hauptversammlungen.

65 Der **Saalverweis führt nicht zum Verlust der anderen Aktionärsrechte.** Daher ist dem Betroffenen beim – auch befristeten – Saalverweis stets die Möglichkeit zu geben, einem Vertreter eine Stimmrechtsvollmacht (auch Untervollmacht)[221] zu erteilen oder vorsorglich[222] (vgl § 245 Rn 15) Widerspruch gegen die bevorstehenden Beschlüsse zu Protokoll zu erklären.[223] Auf diese Möglichkeiten hat der Versammlungsleiter den des Saals verwiesen Aktionär(svertreter) ausdrücklich hinzuweisen.

66 Der Versammlungsleiter kann den Saalverweis ggf durch **Zwangsmittel** durchsetzen. Einige Unklarheit besteht in der Literatur, wie sich der Versammlungsleiter zu verhalten hat, wenn sich der Aktionär(svertreter) weigert, den Saal zu verlassen, und er auch nicht geht, nachdem vom Versammlungsleiter herbeigerufene Saalordner erschienen sind, um mit dem Störer gemeinsam den Saal zu verlassen: Darf der Versammlungsleiter anordnen, dass die Saalordner unmittelbare Gewalt anwenden, indem sie zB den Störer aus dem Saal tragen? Während manche Autoren dem Versammlungsleiter solche Befugnisse zubilligen,[224] meinen andere, wenn der Aktionär „nicht freiwillig geht, ist die Anforderung polizeilicher Ordnungskräfte angezeigt".[225] Rechtsprechung zu der Frage ist nicht ersichtlich. ME ist nur letztere Auffassung zutreffend. Maßgebend ist, dass nach heute hM die Rechtsgrundlage für Ordnungsmaßnahmen des Versammlungsleiters gegenüber Aktionären nicht sein Hausrecht, sondern seine aktienrechtliche Ordnungsbefugnis ist.[226] Es ist schon zweifelhaft, ob das Hausrecht notwehrfähig ist.[227] Ob die generellen Einwände gegen die Notwehrfähigkeit des Hausrechts zutreffen, kann dahingestellt bleiben. Sie greifen jedenfalls gegen die Notwehrfähigkeit der aktienrechtlichen Ordnung: Das Hausrecht richtet sich nach außen, gegen Eindringlinge, die ohne eigenes Recht den Hausfrieden stören. Demgegenüber räumt die Ordnungsbefugnis dem Versammlungsleiter gegenüber Aktionären nur die Kompetenz ein, das zeitweilige Zusammenwirken von Personen zu ordnen, die

---

[214] *Butzke*, Teil D Rn 72; KölnKomm-AktG/*Zöllner*, § 119 Rn 88; Großkomm-AktienR/*Mülbert*, vor §§ 118–147 Rn 165.
[215] LG Köln AG 2005, 696, 700 (Felten & Guilleaume) im Anschluss an MüKo-AktG/*Kubis*, § 119 Rn 173.
[216] Vgl BGH NJW 1966, 43; OLG Bremen NZG 2007, 468.
[217] Großkomm-AktienR/*Mülbert*, 4. Aufl., vor §§ 118–147 Rn 162 f; Großkomm-AktienR/*Barz*, 3. Aufl., § 119 Anm. 32; KölnKomm-AktG/*Zöllner*, § 119 Rn 88; Geßler/*Eckardt*, § 118 Rn 46; BGHZ 44, 245, 251, 255; *Hüffer*, § 129 Rn 23; MüHb-AG/*Semler*, § 36 Rn 47; *Martens*, WM 1981, 1010, 1011; Spindler/Stilz/*Wicke*, Anh. § 119 Rn 13. Androhung soll ausnahmsweise entbehrlich sein können, Großkomm-AktienR/*Mülbert*, vor §§ 118–147 Rn 164 im Anschluss an LG Frankfurt aM AG 1984, 192, 194; LG Stuttgart AG 1994, 425, 427.
[218] AllgM, vgl statt aller *Hüffer*, § 118 Rn 13; BGH WM 1989, 63, 64 f = AG 1989, 95 = ZIP 1989, 634; BGHZ 44, 245, 251 ff = AG 1966, 28.
[219] *Butzke*, Teil D Rn 72; Grigoleit/*Herrler*, Rn 32.
[220] AA LG Frankfurt aM AG 1984, 192, 194; Großkomm-AktienR/*Mülbert*, vor §§ 118–147 Rn 163; *Martens*, WM 1981, 1010, 1012. Richtig jedoch Geßler/*Eckardt*, § 118 Rn 51.

[221] Und zwar mE auch dann, wenn die zugrunde liegende Vollmacht nicht generell das Recht zur Erteilung von Untervollmacht umfasst; diese ist ggf ergänzend auszulegen für den bei Vollmachterteilung nicht erwartbaren Fall, dass der Bevollmächtigte des Saals verwiesen wird.
[222] Juristisch mE nicht erforderlich, vgl *Hüffer*, § 245 Rn 17; *Henn*, Handbuch des Aktienrechts, Rn 815; *Stützle/Walgenbach*, ZHR 155 (1991), 516, 543; BGHZ 44, 245, 250 = AG 1966, 28.
[223] *Butzke*, Teil D Rn 72; MüHb-AG/*Semler*, § 36 Rn 49; Großkomm-AktienR/*Mülbert*, vor §§ 118–147 Rn 165.
[224] *Martens*, WM 1981, 1010, 1011; Großkomm-AktienR/*Mülbert*, vor §§ 118–147 Rn 164; KölnKomm-AktG/*Zöllner*, § 119 Rn 164; *Butzke*, Teil D Rn 73.
[225] *Semler/Volhard*, Arbeitshb HV, I D Rn 134.
[226] BGHZ 44, 245, 251 = AG 1966, 28; *Martens*, WM 1981, 1010, 1011; *Henn*, Handbuch des Aktienrechts, Rn 811; demgegenüber stellen auf das Hausrecht ab: Großkomm-AktienR/*Mülbert*, vor §§ 118–147 Rn 164; *Butzke*, Teil D Rn 73.
[227] OLG Düsseldorf NJW 1997, 3383, 3384; aA OLG Frankfurt NJW 1994, 946, 947.

mit eigenen, grundsätzlich unentziehbaren Anwesenheitsrechten im Versammlungsraum ausgestattet sind. Eine solche Kompetenz erscheint nicht notwehrfähig nach § 32 StGB, § 227 BGB. Zudem ist die Gewaltanwendung nicht iSd § 227 Abs. 2 BGB „erforderlich", da polizeiliche Hilfe regelmäßig ohne Weiteres rechtzeitig erreichbar ist. Daher scheidet auch Selbsthilfe nach § 229 BGB aus. Ohnehin erscheint die Anwendung physischer Gewalt zur Durchsetzung eines Saalverweises ein ungeeignetes Mittel der Versammlungsleitung – soll doch der Saalverweis dazu dienen, dass sich Störer beruhigen. Ordnet der Versammlungsleiter die Gewaltanwendung seiner Saaldiener an und legen diese tatsächlich Hand an, wird dies typischerweise den Aufruhr noch vergrößern. Das Einschreiten der Polizei führt demgegenüber regelmäßig zur beabsichtigten Beruhigung.

E. Rechtsschutz gegen rechtswidrige Versammlungsleitung

HV-Beschlüsse nach rechtswidriger Versammlungsleitung und Ordnungsmaßnahmen kann der betroffene Aktionär – ebenso die sonstigen Aktionäre – **anfechten**, wenn die Verletzung des Teilnahmerechts relevant / potenziell kausal für das Beschlussergebnis wurde (vgl allg. § 243 Rn 9 f).[228] ME sind bei rechtswidriger Beschränkung des Rederechts und bei Saalverweis die Gesetzesverstöße „**per se kausal bzw relevant für das Beschlussergebnis**".[229] Es kann hinsichtlich der Kausalität bzw der Relevanz des Gesetzesverstoßes nicht danach differenziert werden, ob das Anwesenheitsrecht generell oder „nur" das Rederecht durch die Ordnungsmaßnahme verletzt wurde. Denn in keinem dieser Fälle kann man ausschließen, dass der ausgeschlossene oder auf andere Weise in seinem Rede- bzw Teilnahmerecht verletzte Aktionär(svertreter) kraft seiner Redebeiträge eine andere Beschlussfassung mit herbeigeführt hätte; zudem kommt es nach der neueren Rechtsprechung des BGH[230] nicht mehr auf Kausalitätserwägungen in Hinblick auf das Verhältnis zwischen der rechtswidrigen Verfahrensmaßnahme und dem Verhalten von Aktionären oder Stimmergebnissen an, sondern auf die Verletzung des Teilnahme- und Mitwirkungsrechts des betreffenden Aktionärs als solche. 67

Eine „**Anfechtung**" **rechtswidriger Maßnahmen des Versammlungsleiters** scheidet aus, da § 243 die Anfechtung auf Beschlüsse, zumal der HV, beschränkt. Für eine Feststellungsklage (§ 256 ZPO) des Aktionärs, seine Teilnahmerechte seien durch die rechtswidrige Versammlungsleitung verletzt worden, wird regelmäßig das Rechtsschutzbedürfnis fehlen, wenn die Beschlussanfechtung möglich ist.[231] Ist diese aber nicht möglich oder angezeigt (zB mangels Beschlussfassung oder weil der Aktionär den Beschluss billigt), gibt es keine greifbaren Argumente, die man gegen das berechtigte Interesse anführen kann, die Rechtswidrigkeit der Leitungsmaßnahme gerichtlich feststellen zu lassen. **Vorläufiger Rechtsschutz** kommt in Betracht; ihn zu erreichen wird aber regelmäßig aus Zeitgründen praktisch ausscheiden.[232] 68

F. Haftung und Versicherungsschutz des Versammlungsleiters

I. Haftung. Die Frage der **Haftung für Leitungsfehler** regelt das Gesetz nicht ausdrücklich. Sie hat die Rspr. anscheinend noch nicht befasst. Literatur ist selten: *Kubis* verneint die Haftung, da der Versammlungsleiter kein Organ der AG sei; auch wenn er, wie in der Praxis üblich, die HV in seiner Eigenschaft als AR-Vorsitzender leite (vgl Rn 5), handele er nicht als AR-Mitglied, so dass Ansprüche nach § 116 ausschieden; auch rechtsgeschäftliche Haftungskonstrukte seien verfehlt; allenfalls theoretisch denkbar sei eine deliktische Haftung nach § 826 BGB.[233] *Bachmann* erwägt eine Haftung, wenn der Leiter „durch evident rechtswidrige Maßnahmen die Nichtigkeit eines Hauptversammlungsbeschlusses verursacht"; eine korporationsrechtliche oder auftragsähnliche Haftung sei „nicht undenkbar", deren Haftungsmaßstab sei jedoch auf grobe Fahrlässigkeit oder auf Vorsatz zu reduzieren.[234] Demgegenüber favorisiert *von der Linden*, teilweise im Anschluss an *Marsch-Barner*[235], eine Haftung nach den Regeln des allgemeinen Leistungsstörungsrechts, so dass der Leiter für jede, auch leichteste Fahrlässigkeit hafte, falls er die äußersten Grenzen seines Ermessens bei der Versammlungsleitung überschreite; dieser strenge Haftungsmaßstab könne bis zur Grenze des § 276 69

---

[228] BGHZ 44, 245, 250 = BGH NJW 1966, 43, 44 = AG 1966, 28; Großkomm-AktienR/*Mülbert*, vor §§ 118–147 Rn 171; KölnKomm-AktG/*Zöllner*, § 119 Rn 90; LG Köln AG 2005, 696, 700 f.

[229] Großkomm-AktienR/*K. Schmidt*, § 243 Rn 37 iVm Rn 23; Großkomm-AktienR/*Mülbert*, vor §§ 118–147 Rn 171, allerdings beschränkt auf den Saalverweis im Anschluss an die Rspr zur Verweigerung des Zugangs zur HV; OLG Düsseldorf AG 1991, 444, 445 (Jacubowski gegen Effecten-Spiegel), erste Instanz LG Düsseldorf AG 1991, 411; aA RG JW 1931, 2961, 2962; LG Stuttgart AG 1994, 425, 427; vgl auch OLG Stuttgart AG 1995, 234, 235.

[230] AG 2005, 87 = NZG 77, 79; BGHZ 149, 158, 164 f; BGHZ 153, 32, 36 f = AG 2003, 319.

[231] BGHZ 44, 245, 250 = AG 1966, 28; *Stützle/Walgenbach*, ZHR 155 (1991), 516, 543.

[232] Vgl *Marsch-Barner*, FS Brambring 2011, S. 271 ff.

[233] MüKo-AktG/*Kubis*, § 119 Rn 184.

[234] *Bachmann*, EWiR 2000, 157, 158.

[235] *Marsch-Barner*, FS Brambring 2011, S. 267, 281 f.

Abs. 3 BGB auch im Voraus durch Vereinbarung mit der AG entschärft werden.[236] *Mutter* bezeichnet den Ansatz *von der Lindens* als falsch: Soweit die Satzung dem AR-Vorsitzenden die Leitung als Aufgabe zuweise, übernehme er diese Funktion nicht in Person, sondern in ebendieser Funktion; für die übrigen Fälle sollte das „Damoklesschwert der Haftung den Betroffenen bei unentgeltlicher Tätigkeit durch eine entsprechende Anwendung des § 708 BGB ein Stück von den Schultern genommen werden"; es wäre absurd, wenn Versammlungsleitung nur noch „eine Spielwiese mutiger Altruisten" wäre.[237]

70 **Stellungnahme:** ME müssen die **Haftungsgrundsätze unabhängig von der Art der Bestellung** des Leiters[238] (vgl zu den Möglichkeiten Rn 2 ff) gelten und unabhängig von der Entgeltlichkeit der Leitung[239] – wenn nicht ausnahmsweise einmal die Beteiligten besondere vertragliche haftungserweiternde Vereinbarungen treffen (vgl Rn 73). Der Schutz der AG erfordert die Einheitlichkeit der Haftungsmaßstäbe, dieser kann zB nicht vom Zufall abhängen, ob der satzungsmäßig bestellte Versammlungsleiter leitet oder erkrankt ist und die HV aus ihrer Mitte einen Leiter wählt.

71 Unstreitig ist die **deliktische Haftung** des Leiters. Als Haftungsgrundlagen kommen §§ 826, 823 Abs. 2 BGB iVm § 266 StGB in Betracht. Die für die Haftung erforderliche Voraussetzung eines (doppelten) Vorsatzes hinsichtlich Pflichtverletzung (und Schaden) wird regelmäßig fehlen bzw durch die AG praktisch nicht nachweisbar sein.[240] Der Leiter **haftet mE nicht analog §§ 93, 116:** Er ist zwar ein Organ der AG (vgl Rn 18). Zweifelhaft ist aber schon die unbeabsichtigte Regelungslücke als Voraussetzung der Analogie angesichts der vom Gesetz vorausgesetzten besonderen Bedeutung des Versammlungsleiters für das Zustandekommen von Beschlüssen, ohne gleichzeitig Haftungsfolgen für Pflichtverstöße festzulegen. Wo der Gesetzgeber Haftung von Organen will, hat er diese ausdrücklich angeordnet: Das Gesetz normiert für die anderen Organe Vorstand, AR und Abschlussprüfer die Haftung ausdrücklich (§§ 93, 116 AktG, § 323 HGB)[241], während es für die Haftung des weiteren Organs HV keine Haftungsnormen bereithält; vielmehr belässt das Gesetz es beim Grundsatz der Haftung einzelner Aktionäre (§§ 117, 317 sowie bei treuwidriger Stimmrechtsausübung im Falle von Vorsatz nach den Grundsätzen der *Girmes/Bolko Hoffmann-*Rspr.[242]). Daraus folgt der Umkehrschluss, dass die HV als solche nicht haften soll. Jedenfalls sind die Regelungsgegenstände der §§ 93, 116 keine vergleichbaren Sachverhalte: Sie betreffen die Haftung für die Führung der Geschäfte der AG und deren Kontrolle, während der Versammlungsleiter lediglich für die Setzung des organisatorischen Rahmens der HV Beschlussfassung verantwortlich ist. Auch eine Anwendung des **allgemeinen Leistungsstörungsrechts** (§ 280 BGB) kommt mE nicht in Betracht.[243] Dieses ist nur dann anwendbar, wenn zwischen der AG und dem Versammlungsleiter ein Schuldverhältnis iSd BGB bestehen würde. Das ist aber ebenso wie bei AR-Mitgliedern zu verneinen: Deren Verhältnis zur AG ist ein **rein korporationsrechtliches Verhältnis:** Wer das Amt des AR-Mitglieds annimmt, ist damit den Regelungen des Gesetzes, der Satzung und den Beschlüssen der HV unterworfen, hierauf beruhen die organschaftlichen Rechte und Pflichte der AR-Mitglieder, „Rechte und Pflichten folgen allein aus der Organstellung" (*Hopt/Roth*), neben dem korporationsrechtlichen Verhältnis besteht – anders als beim Vorstand – kein von diesem unterschiedenes Schuldverhältnis.[244] Gleiches muss für den Versammlungsleiter gelten. Bei ihm ist kein Raum für gekünstelte Konstruktionen in der Art, dass neben dem Akt der Bestellung zum Leiter noch konkludent ein weiteres obligatorisches Rechtsverhältnis besteht. Daher bestimmen sich die Pflichten – insb. die Sorgfaltspflichten – des Versammlungsleiters und die Folgen von Pflichtverletzungen allein aus diesem Verhältnis. Der Versammlungsleiter hat danach – entsprechend dem AR-Mtglied – seine Pflichten mit der **Sorgfalt eines ordentlichen und gewissenhaften Leiters einer HV** auszuüben, der dabei wie das Organ Abschlussprüfer unparteiisch (§ 323 Abs. 1 HGB) vorzugehen hat. Hierfür muss zum Schutz der Interessen der AG und ihrer Aktionäre ein für jeden Versammlungsleiter grundsätzlich gleicher objektiver Maßstab gelten, so dass für die Anwendung der *diligentia quam in suis* nach § 708 BGB (die ohnehin schon bei Publikums-Personengesellschaft nicht anzuwenden ist[245]) kein Raum ist.[246]

72 Zu entscheiden ist dann lediglich noch die Frage des **Haftungsmaßstabs** – und zwar zwischen den Eckpunkten (1.) der Aktionärshaftung bei der Stimmrechtsausübung nur für Vorsatz[247], (2.) jeglicher Pflichtverlet-

---

236 *Von der Linden*, NZG 2013, 208, 210 ff.
237 *Mutter*, AG-Report 2013, R 161.
238 So aber *Marsch-Barner*, FS Brambring 2011, S. 267, 281 f.
239 So aber *Mutter*, AG-Report 2013, R 161.
240 MüKo-AktG/*Kubis*, § 119 Rn 184; *von der Linden*, NZG 2013, 208, 212.
241 § 93 gilt entsprechend für die Abwickler, § 268 Abs. 2 S. 1, vgl *Hüffer*, § 268 Rn 5; da der Besondere Vertreter im Rahmen seines Auftrags nach § 147 Abs. 2 S. 1 Vorstand und AR verdrängt und auch deren (Rechten und) Pflichten unterliegt, haftet er analog §§ 93, 116, vgl § 147 Rn 24.
242 BGHZ 129, 136, 162 ff, NJW 1995, 1739.
243 So aber *von der Linden*, NZG 2013, 208, 210 ff.
244 Vgl statt aller MüKo-AktG/*Habersack*, § 101 Rn 67; Großkomm-AktienR/*Hopt/Roth*, § 101 Rn 91; anders noch RGZ 123, 351, 354; 146, 145, 152 und das ältere Schrifttum, wonach durch Wahl und Annahme ein „Anstellungsvertrag" zustande kam, vgl *Baumbach/Hueck*, 13. Aufl., § 101 Rn 7.
245 Vgl *Heidel* in: NK BGB, § 708 Rn 2 ff unter Verweis auf die st. Rspr. seit BGHZ 69, 207, 209 f = NJW 1977, 2311.
246 So aber *Mutter*, AG-Report 2013, R 161.
247 BGHZ 129, 136, 162 ff = NJW 1995, 1739 unter Verweis auf § 117 Abs. 1.

zung[248] wie beim Vorstand/AR-Mitglied sowie nach § 276 Abs. 1 S. 1 BGB und (3.) Haftung für Vorsatz und Fahrlässigkeit beim Abschlussprüfer – allerdings bei Fahrlässigkeit betragsmäßig begrenzt (§ 323 Abs. 2 HGB). ME ist der richtige Maßstab **Vorsatz und grobe Fahrlässigkeit:** Der Beschränkung auf Vorsatzhaftung würde unsachgemäßer Versammlungsleitung Vorschub leisten, bei der ein besonders mutiger Versammlungsleiter auch einmal die Grenzen des gerade noch Zulässigen austesten könnte, ohne Gefahr zu laufen, persönlich für die Folgen einstehen zu müssen, die durch eine Versammlungsleitung entstehen, bei der er einfachste, naheliegende Überlegungen und Grundsätze der Rechtmäßigkeit der Versammlungsleitung ignoriert; eine Parallele zur Haftungsbeschränkung bei der Stimmrechtsausübung auf Vorsatz ist nicht einschlägig, da der Leiter nicht selbst die Stimmen ausübt, sondern die Stimmabgabe organisiert. Eine Haftung für leichte Fahrlässigkeit widerspricht der besonderen Situation, in der ein Versammlungsleiter leiten muss: Der BGH hat plastisch auf die gespannte und hektische Atmosphäre einer HV hingewiesen.[249] Der Versammlungsleiter muss häufig *ad hoc* und schnell entscheiden, regelmäßig mit äußerst kurzer Zeit für eigene Überlegung oder ggf Beratung durch Dritte, um den Ablauf der HV nicht zu verzögern. Dazu passt nicht, dass er für jede Fahrlässigkeit haften soll.

Nicht praxistauglich sind Empfehlungen zur **Vereinbarung individueller Haftungsbeschränkungen** zwischen AG und Versammlungsleiter, mit denen die Befürworter der grundsätzlichen Haftung für leichteste Fahrlässigkeit die Haftung bis zur Grenze des Vorsatzes (§ 276 Abs. 3 BGB) ausschließen wollen.[250] Solche Vereinbarungen scheiden mE ohnehin generell aus, da sie die gesetzliche, zum Schutz der AG und der Aktionäre gebotene Haftung schon dem Grunde nach beschränken würden.[251] Zudem könnten sie nur für einen Teil der Bestellungsmöglichkeiten einschlägig sein und kämen in der Praxis in den Fällen faktisch nicht in Betracht, in denen Haftungsbegrenzung in Hinblick auf typischerweise besonders turbulente oder sonst kontroverse HV besonders virulent sein könnte: bei gerichtlicher Bestellung eines Versammlungsleiters nach § 122 Abs. 3 oder Bestellung durch HV nach Abwahl des satzungsmäßigen Versammlungsleiters.

II. D&O-Versicherung. ME ist die Versammlungsleitung vom D&O-Versicherungsschutz umfasst, auch wenn diese in den Versicherungsbedingungen wie bislang üblich nicht ausdrücklich genannt ist.[252] Dies gilt zunächst für die typische **satzungsmäßige Versammlungsleitung durch AR-Mitglieder** (vgl Rn 2, 5): Nach den Musterbedingungen des Gesamtverbandes der Deutschen Versicherungswirtschaft e.V. für die „Vermögensschaden-Haftpflichtversicherung von Aufsichtsräten, Vorständen und Geschäftsführern" (AVB-AVG)[253] ist deren Gegenstand der Schutz für den Fall, dass ein Mitglied des AR, des Vorstands oder der Geschäftsführung „wegen einer bei Ausübung dieser Tätigkeit begangenen Pflichtverletzung" in Anspruch genommen wird. Diese Voraussetzung ist nach den Auslegungsgrundsätzen für Versicherungsbedingungen[254] bei der Übernahme der Versammlungsleitung durch ein AR-Mitglied als satzungsmäßiger geborener Versammlungsleiter gegeben.[255] Zwar ist die Leitung der HV keine originäre Aufgabe der AR-Mitglieder und nicht Ausübung der Überwachungsfunktion nach § 111 Abs. 1. Der Versicherungsschutz ist indes nicht auf solche originären Tätigkeiten beschränkt. Die Satzungsregelung weist die Übernahme der Versammlungsleitung dem AR-Vorsitzenden (bzw. anderem AR-Mitglied) gerade in seiner Eigenschaft als Mitglied des AR zu. Damit übt das AR-Mitglied allein aufgrund dieser seiner Funktion als AR-Mitglied die Tätigkeit der HV-Leitung für die AG aus, nicht aber etwa als Privatperson, Aktionär oder sonst unabhängig von seiner Stellung im AR. Der in der Satzung Bestimmte darf nur als AR-Mitglied aufgrund der Satzungsanordnung die Leitung der HV übernehmen. Damit handelt es sich um eine von der Versicherung gedeckte Pflichtverletzung „bei Ausübung" dieser Tätigkeit als AR-Mitglied für die AG. In anderen D&O-Versicherungsbedingungen stellt sich die in Hinblick auf die AVB-AVG vorstehend erörterte Frage überhaupt nicht.

---

248 Dafür *von der Linden*, NZG 2013, 208, 211 f; *Marsch-Barner* in: FS Brambring, 2011, S. 267, 281 (der allerdings Fahrlässigkeit bereits dann verneint, wenn Maßnahmen „in der besonderen Situation" der HV vertretbar waren, selbst wenn sie zur Anfechtbarkeit des HV-Beschlusses geführt haben).
249 BGHZ 129, 163 = NJW 1995, 1739 (Bolko Hoffmann / Girmes); *Bachmann*, EWiR 2000, 157.
250 *Von der Linden*, NZG 2013, 208, 211 (dieser nennt als Anwendungsfall, dass die AG einen Unternehmensfremden als Versammlungsleiter anstellen will, der zwar für die Aufgabe besonders geeignet sei, aber sich nur durch die Haftungsfreistellung bis zur Grenze des Vorsatzes zur Übernahme des Amtes bewegen lasse, dann liege eine solche Absprache „im ureigenen Interesse" der AG. Es erscheint allerdings mehr als zweifelhaft, ob es Interesse der AG sein kann, sich eines Versammlungsleiters zu bedienen, der nur bei Vorsatz zu haften bereit ist).
251 Bedenkenswert die Übertragung des Vorschlags von *Grunewald*, AG 2013, 813, für Vorstandsmitglieder in der Satzung Haftungsbegrenzungen der Höhe nach vorzusehen.
252 Nach Auskunft von Herrn *Dr. Horst Ihlas* von Dr. Ihlas GmbH Financial Lines Versicherungsmakler, Köln, soll das Thema der Versicherung des Versammlungsleiters vor dem Beitrag von *von der Linden*, NZG 2013, 208 „weltweit noch nicht aufgetaucht" sein; seither werde eingefordert, auch den Versammlungsleiter als versicherte Person zu bezeichnen; das würden die Versicherer ohne zusätzliche Prämie gewährleisten.
253 In der Praxis bekannter unter dem Begriff D&O-Versicherung. Vgl zu deren begrenzter Bedeutung, da sie wegen ihrer Ausrichtung an den Interessen der Versicherer nicht Marktstandard geworden sind, MüKo-VVG/*Ihlas*, 2011, D&O Rn 116 ff; *Mutter* in: Handbuch börsennotierte AG, 2. Aufl., § 22 Rn 107.
254 Vgl exemplarisch *Prölss* in: Prölss/Martin, Versicherungsvertragsgesetz, 28. Aufl., Vorbem. III Rn 1 ff.
255 Zweifel bei *von der Linden*, NZG 2013, 208, 212 („dürfte Vorsitz ... kaum zur Tätigkeit eines AR-Mitglieds rechnen").

Regelmäßig knüpft der Versicherungsschutz nämlich an die Inanspruchnahme wegen einer Pflichtverletzung an, die die versicherte Person „in ihrer Eigenschaft" als Mitglied des geschäftsführenden oder kontrollierenden Organs begangen hat,[256] was bei der Versammlungsleitung durch ein AR-Mitglied aufgrund der ihm in der Satzung zugewiesenen Aufgabe wie dargelegt ohne Weiteres zu bejahen ist.

75 ME ist auch die **Versammlungsleitung durch Nicht-AR-Mitglieder** (vgl Rn 3, 4) auch ohne ausdrückliche Vereinbarung regelmäßig von der D&O-Versicherung umfasst. Diese bezweckt die „Absicherung der Haftungsrisiken von Leitungsorganen",[257] der Organe und leitenden Angestellten der AG, der „Directors and Officers".[258] Mit der Versicherung sollen die Leitungsfunktionen der Gesellschaft umfassend durch eine Haftpflichtversicherung abgedeckt werden. Der Versammlungsleiter ist Organ der AG (vgl Rn 18), seine Aufgabe gehört zu den Leitungsaufgaben der AG, da sie unentbehrlich für die Willensbildung der Gesellschaft ist. Maßgebend für den Versicherungsschutz ist die Tätigkeit in einer Organfunktion (unabhängig von der wirksamen Bestellung).[259] Für diese gilt nach den AVB-AVG mE ein weiter Begriff, was sich auch an der Einstufung der Mitglieder von aufsichts- und geschäftsführenden Organen nach den Rechtsordnungen der anderen EU-Mitgliedstaaten als versicherte Personen zeigt. Versichert auch ohne ausdrückliche Nennung in den AVB-AVG sind zB Abwickler, Besondere Vertreter nach § 147 Abs. 2[260] sowie Komplementäre[261]. Jedenfalls bei Auslegung der Versicherungsbedingen nach ihrem Sinn und Zweck und im Wege ergänzender Vertragsauslegung[262] gelangt man mE zum Ergebnis, dass auch die anderen als die satzungsmäßigen Versammlungsleiter vom Versicherungsschutz umfasst sind. Denn sie üben aufgrund gerichtlicher oder durch das satzungsmäßige Organ vorgenommener Bestellung eine Organfunktion statt eines anderen Organmitglieds aus, dem der Versicherungsschutz bei derselben Pflichtverletzung zukäme.

Anhang zu Vor §§ 129–132: Niederschrift über die Hauptversammlung

Abgedruckt als Anhang zu § 130.

§ 129 Geschäftsordnung; Verzeichnis der Teilnehmer

(1) ¹Die Hauptversammlung kann sich mit einer Mehrheit, die mindestens drei Viertel des bei der Beschlußfassung vertretenen Grundkapitals umfaßt, eine Geschäftsordnung mit Regeln für die Vorbereitung und Durchführung der Hauptversammlung geben. ²In der Hauptversammlung ist ein Verzeichnis der erschienenen oder vertretenen Aktionäre und der Vertreter von Aktionären mit Angabe ihres Namens und Wohnorts sowie bei Nennbetragsaktien des Betrags, bei Stückaktien der Zahl der von jedem vertretenen Aktien unter Angabe ihrer Gattung aufzustellen.

(2) ¹Sind einem Kreditinstitut oder einer in § 135 Abs. 8 bezeichneten Person Vollmachten zur Ausübung des Stimmrechts erteilt worden und übt der Bevollmächtigte das Stimmrecht im Namen dessen, den es angeht, aus, so sind bei Nennbetragsaktien der Betrag, bei Stückaktien die Zahl und die Gattung der Aktien, für die ihm Vollmachten erteilt worden sind, zur Aufnahme in das Verzeichnis gesondert anzugeben. ²Die Namen der Aktionäre, welche Vollmachten erteilt haben, brauchen nicht angegeben zu werden.

(3) ¹Wer von einem Aktionär ermächtigt ist, im eigenen Namen das Stimmrecht für Aktien auszuüben, die ihm nicht gehören, hat bei Nennbetragsaktien den Betrag, bei Stückaktien die Zahl und die Gattung dieser

---

[256] So zB die Bedingungen von Chartis Europe. Die Bedingungen von VOV sehen den Versicherungsschutz für Personen im Umfange der organschaftlichen Haftung vor, die „im Einzelfall als faktische Organe" gelten. Bei CHuBB heißt es, „Versichert sind pauschal alle Organmitglieder der Unternehmensgruppe, d.h. z.B. GF, Vorstand, AR, Beiräte. Eine Einzelnennung ist nicht erforderlich."
[257] Voith in: Prölss/Martin, Versicherungsvertragsgesetz, 28. Aufl., Nr. 1 AVB-AVG Rn 1.
[258] Ihlas, D&O Directors & Officers Liability, 2. Aufl. 2009, S. 323 f, vgl auch S. 337, wo Ihlas darauf abstellt, dass bei allen Versicherungsbedingungen „die Organmitglieder versicherte Personen" sind. Ebenso MüKo-VVG/Ihlas, D&O, Rn 78 zu den versicherten Personen: „Bei allen D&O-AVB sind die Organmitglieder versicherte Personen, soweit es sich bei der Versicherungsnehmerin um eine juristische Person des Privatrechts handelt. … Die AVB-AVG nennen lediglich Vorstände, Geschäftsführer und Aufsichtsräte. Andere AVB listen Verwaltungsräte und Beiräte gleich mit auf. Dies erfolgt fast immer pauschal, das heißt ohne namentliche Benennung".
[259] Voith in: Prölss/Martin, Versicherungsvertragsgesetz, 28. Aufl., Nr. 1 AVB-AVG Rn 12.
[260] Ihlas, D&O Directors & Officers Liability, 2. Aufl. 2009, S. 351 ff.
[261] D&O für diese in ihrer Funktion als Geschäftsführungsorgan, nicht in Hinblick auf ihre unbeschränkte Haftung, vgl MüKo-VVG/Ihlas, D&O, Rn 85.
[262] Vgl zur Zulässigkeit ergänzender Auslegung von Versicherungsbedingungen Prölss in: Prölss/Martin, Versicherungsvertragsgesetz, 28. Aufl., § 1 VVG Rn 95.

Aktien zur Aufnahme in das Verzeichnis gesondert anzugeben. ²Dies gilt auch für Namensaktien, als deren Aktionär der Ermächtigte im Aktienregister eingetragen ist.

(4) ¹Das Verzeichnis ist vor der ersten Abstimmung allen Teilnehmern zugänglich zu machen. ²Jedem Aktionär ist auf Verlangen bis zu zwei Jahren nach der Hauptversammlung Einsicht in das Teilnehmerverzeichnis zu gewähren.

(5) § 125 Abs. 5 gilt entsprechend.

Literatur:
Bachmann, Die Geschäftsordnung der Hauptversammlung, AG 1999, 210; *Bezzenberger*, Die Geschäftsordnung der Hauptversammlung, ZGR 1998, 352; *Dietrich*, Voraussetzungen und Inhalte einer Geschäftsordnung der Hauptversammlung, NZG 1998, 921; *Hennerkes/Kögel*, Eine Geschäftsordnung für die Hauptversammlung, DB 1999, 81; *Isenberg*, Die Geschäftsordnung für die Organe der Aktiengesellschaft, 2005, *Max*, Die Leitung der Hauptversammlung der AG, AG 1991, 77; *Noack*, Briefwahl und Online-Teilnahme an der Hauptversammlung: der neue § 118 AktG, WM 2009, 2289; *Schaaf*, Die Geschäftsordnung der AG-Hauptversammlung, ZIP 1999, 1339; *Stützle/Walgenbach*, Leitung der Hauptversammlung und Mitspracherecht der Aktionäre in Fragen der Versammlungsleitung, ZHR 155 (1991), 516.

A. Geschäftsordnung der Hauptversammlung (Abs. 1 S. 1) ... 1	B. Teilnehmerverzeichnis und Präsenzliste (Abs. 1 S. 2, Abs. 2 bis 5) ... 16
I. Einleitung ... 1	I. Einleitung ... 16
II. Systematische Stellung und Regelungsgrenzen ... 3	II. Inhalt ... 18
III. Inhalt ... 8	1. Aktionäre und offene Stellvertreter (Abs. 1 S. 2) ... 18
IV. Verfahren ... 10	2. Vollmachtsbesitz und Fremdbesitz (Abs. 2, 3 und 5) ... 20
1. Aufstellung ... 10	3. Sonstige Angaben für die Präsenzliste ... 22
2. Aufhebung und Änderung ... 11	III. Aufstellung ... 23
3. Durchbrechung im Einzelfall ... 12	1. Zuständigkeit ... 23
V. Rechtsfolgen bei Verstößen ... 13	2. Verfahren ... 26
1. Verstoß gegen Bestimmungen der Geschäftsordnung ... 13	3. Publizität (Abs. 4 S. 1) ... 28
2. Verstöße beim Erlass der Geschäftsordnung der Hauptversammlung ... 15	IV. Rechtsfolgen bei Verstößen ... 30

A. Geschäftsordnung der Hauptversammlung (Abs. 1 S. 1)

I. Einleitung. Gemäß Abs. 1 S. 1 kann sich die Hauptversammlung eine Geschäftsordnung mit Regeln für die Vorbereitung und Durchführung der Versammlung geben. Die Vorschrift, die eine **Kompetenzzuweisung** an die Hauptversammlung als Organ der AG beinhaltet, wurde durch das Gesetz zur Kontrolle und Transparenz im Unternehmensbereich dem bisherigen § 129 AktG vorangestellt.[1] Die Vorschrift wurde seitdem mehrfach geändert, zuletzt durch das Gesetz zur Umsetzung der Aktionärsrechterichtlinie (ARUG) vom 30.7.2009. Das Schrifttum hat sich der Geschäftsordnung der Hauptversammlung erst in den letzten Jahren vertieft angenommen,[2] so dass noch viele grundlegende Fragen offen sind. 1

Durch die gesetzgeberische Bestätigung der Geschäftsordnungsautonomie wird eine größere Verbreitung der Geschäftsordnung der Hauptversammlung angestrebt. Nach der Zielsetzung des Gesetzgebers sollen Geschäftsordnungen dazu beitragen, die Hauptversammlung als "Forum für eine inhaltliche Auseinandersetzung über die Geschäftspolitik, die Arbeit der Verwaltung und die in der Verantwortung der Hauptversammlung liegenden unternehmensstrukturellen Maßnahmen" zu verfestigen.[3] Der Gesetzgeber versprach sich eine "Revitalisierung der Hauptversammlungen, eine Konzentration auf die inhaltliche Sachdebatte" und eine Verbesserung der Kontrolle durch die Aktionäre als Eigentümer des Unternehmens.[4] Zudem hoffte man, dass die Geschäftsordnung zu einer allgemeinen Handlungsanweisung für den Versammlungsleiter werden könnte. Diese Ziele wurden nicht erreicht. Vielmehr hat der Gesetzgeber durch das zwingende Mehrheitserfordernis von 75 % des vertretenen Kapitals den Erlass der Geschäftsordnung gegenüber der früheren Rechtslage erschwert.[5] Zudem bleibt inhaltlich ein begrenzter Gestaltungsfreiraum angesichts der zwingenden Rechte der Aktionäre und des Versammlungsleiters (Vgl nachfolgend Rn 6 und 7). 2

II. Systematische Stellung und Regelungsgrenzen. Gegenstand des Abs. 1 S. 1 ist in erster Linie die **formelle Geschäftsordnung** der Hauptversammlung, also die von der Hauptversammlung zu erlassende Rechtsquelle als solche, und nur andeutungsweise ihr Inhalt (vgl Rn 4). Der Erlass der Geschäftsordnung erfolgt durch 3

---

1 Art. 1 Nr. 16 KonTraG v. 27.4.1998 (BGBl. I S. 123).
2 Vgl Übersicht über das Schrifttum.
3 Begr. RegE KonTraG, BT-Drucks. 13/9712, S. 19 f, abgedruckt in ZIP 1997, 2059, 2064.
4 Begr. RegE KonTraG, BT-Drucks. 13/9712, S. 19 f, abgedruckt in ZIP 1997, 2059, 2064.
5 Vgl MüKo-AktG/*Kubis*, Rn 3: Regelung des § 129 Abs. 1 S. 1 sei "ideales Beispiel für die ungehemmte und bisweilen unsystematische Modernisierungsflut des Gesetzgebers rund um das Recht der Hauptversammlung".

Beschluss der Hauptversammlung. Dieser Beschluss ist nicht auf eine Satzungsänderung iS der §§ 179 ff gerichtet.[6] Die Geschäftsordnung der Hauptversammlung ist damit nicht formeller Satzungsbestandteil und hat keine Satzungsqualität.[7] Sie ist eine Rechtsquelle eigener Art. Der Beschluss über den Erlass der Geschäftsordnung ist nicht zum Handelsregister einzureichen.[8] Zeitlich gilt die Geschäftsordnung erstmals für die Durchführung der Hauptversammlung, die sie erlässt, und danach, soweit sie als ständige Geschäftsordnung erlassen ist, für die Vorbereitung und Durchführung der folgenden Versammlungen bis zu ihrer Aufhebung oder Änderung (**Kontinuität der Geschäftsordnung**).[9]

4 Abs. 1 S. 1 gibt zur Frage, welche Bereiche einer Geschäftsordnung der Hauptversammlung zugänglich sind, nur die weite Formulierung vor, dass Regeln zur Vorbereitung und Durchführung der Hauptversammlung gestattet sind. Viele der Vorschriften zu diesen beiden Bereichen finden sich bereits im AktG selbst (Einberufung §§ 121 bis 128, Stimmrecht §§ 133 bis 135, Teilnahmepflichten §§ 118 Abs. 2 und 176 Abs. 2). Sie sind damit der Geschäftsordnung entzogen und können dort allenfalls wörtlich wiederholt oder erläutert werden.

Ein durch die Geschäftsordnung regelbarer Bereich ergibt sich aus § 118 Abs. 4. Dieser sieht vor, dass durch die Satzung oder durch die Geschäftsordnung die Bild- und Tonübertragung der Hauptversammlung geregelt werden kann. Zudem ist in § 131 Abs. 2 S. 2 vorgesehen, dass der Versammlungsleiter durch die Satzung oder die Geschäftsordnung ermächtigt werden kann, das Rede- und Fragerecht des Aktionärs angemessen zu beschränken.[10]

5 Der Geschäftsordnung der Hauptversammlung entzogen sind ferner alle Geschäftsordnungsangelegenheiten, die von Gesetzes wegen ausschließlich der **Satzung** zugewiesen sind (etwa §§ 121 Abs. 5 S. 1, 123 Abs. 2 bis 4, 134 Abs. 4). Auch die nunmehr vorgesehene Möglichkeit der Online-Teilnahme (§ 118 Abs. 1) und Briefwahl (§ 118 Abs. 2)[11] kann nur durch die Satzung, nicht die Geschäftsordnung, zugelassen werden. Gleiches gilt für Angelegenheiten, die nach dem Gesetz sowohl in der Satzung als auch in der Geschäftsordnung der Hauptversammlung geregelt werden können (vgl § 118 Abs. 4), sofern diese in der Satzung bereits abschließend behandelt sind. Die Satzung ist gegenüber der Geschäftsordnung höherrangiges Recht.[12] Hiergegen lässt sich nicht das strengere Mehrheitserfordernis des § 129 Abs. 1 S. 1 gegenüber § 179 Abs. 2 S. 2 AktG anführen, da diesbezüglich von einem redaktionellen Versehen des Gesetzgebers auszugehen ist. Dabei gibt es bei der Geschäftsordnung der Hauptversammlung – anders als bei den Geschäftsordnungen von Aufsichtsrat[13] und Vorstand[14] – keine satzungsfesten Autonomiebereiche. Alle Fragen, die in einer Geschäftsordnung geregelt werden können, sind somit auch einer Satzungsregelung zugänglich.[15]

6 Die am schwierigsten zu handhabende Grenze für die Geschäftsordnung der Hauptversammlung ist der zwingende Kompetenzbereich des **Versammlungsleiters**. Der Kompetenzbereich des Versammlungsleiters ist gesetzlich nicht geregelt. Allerdings ist anerkannt, dass der Versammlungsleiter alle Befugnisse hat, welche er zur sachgemäßen, recht- und zweckmäßigen Durchführung der Hauptversammlung benötigt.[16] Dieses Recht leitet er nicht von der Hauptversammlung, sondern unmittelbar aus seiner Position als solcher ab. Die Geschäftsordnung kann die Leitungs- und Ordnungsbefugnisse des Versammlungsleiters nicht einschränken.[17] Zulässig sind insoweit allenfalls beschreibende Bestimmungen. Der Gesetzgeber hat durch die Neuregelung des Abs. 1 S. 1 den Handlungsspielraum der Hauptversammlung nicht zulasten des Versammlungsleiters erweitert.[18]

7 Eine weitere Grenze für Regelungen der Geschäftsordnung der Hauptversammlung bilden die **Rechte der Aktionäre**, insbesondere das Teilnahmerecht,[19] das Stimmrecht, das Recht, Widerspruch zu Protokoll zu erklären, und das Fragerecht. Allerdings sieht § 131 Abs. 2 AktG nunmehr die Möglichkeit vor, den Ver-

---

6 *Hüffer*, Rn 1 d.
7 Begr. RegE BT-Drucks. 13/9712, S. 19; *Hüffer*, Rn 1 b; *Bezzenberger*, ZGR 1998, 352, 362 f; aA *Dietrich*, NZG 1998, 921, 922 f.
8 *Hüffer*, Rn 1 b; die hieran vielfach geäußerte Kritik wurde vom Gesetzgeber nicht berücksichtigt, vgl Großkomm-AktienR/*Barz*, § 119 Rn 5.
9 *Grigoleit*/*Herrler*, Rn 3; *Bachmann*, AG 1999, 210, 212 f; *Bezzenberger*, ZGR 1998, 352, 363; MüVhb-GesR/*Hölters*, V.82 Anm. 16.
10 Hierzu: *Gerber*, BayMittNot 2006, 203, 205; *Weißhaupt*, ZIP 2005, 1766, 1796.
11 Hierzu *Noack*, WM 2009, 2289.
12 Dafür: *Bachmann*, AG 1991, 210, 212; *Hennerkes/Kögel*, DB 1999, 81, 82; *Hüffer*, Rn 1 c; dagegen: *Stützle/Walgenbach*, ZHR 155 (1991), 316, 321 f.
13 MüHb-AG/*Hoffmann-Becking*, § 31 Rn 2; *Hüffer*, § 107 Rn 23 mwN.
14 *Hüffer*, § 77 Rn 20 mwN.
15 *Isenberg*, Die Geschäftsordnung für die Organe der Aktiengesellschaft, S. 75.
16 BGHZ 44, 245, 247 f; LG Stuttgart, AG 1994, 425; *Isenberg*, Die Geschäftsordnung für die Organe der Aktiengesellschaft, S. 99; *Schaaf*, die Praxis der Hauptversammlung, Praxisleitfaden für die Hauptversammlung, S. 68.
17 *Grigoleit*/*Herrler*, Rn 6.
18 *Isenberg*, Die Geschäftsordnung für die Organe der Aktiengesellschaft, S. 101; *Dietrich*, NZG 1998, 921, 923; *Grüner*, NZG 2000, 770, 776, aA *Bachmann*, AG 1999, 210, 211 unter Hinweis auf den RegE, nach dem "Fragen ... der Person des Versammlungsleiters und seiner Leitungs- und Ordnungsbefugnisse ... aufgenommen werden können.".
19 Vgl *Hüffer*, § 118 Rn 13.

sammlungsleiter durch die Geschäftsordnung zu ermächtigen, das Frage- und Rederecht des Aktionärs zu beschränken (vgl Rn 4 und 9). Der Gleichbehandlungsgrundsatz (§ 53a AktG) kann nicht durch die Geschäftsordnung eingeschränkt werden, so dass beispielsweise die Bemessung der Redezeit nach dem Aktienbestand eine unzulässige Verkürzung von Aktionärsrechten darstellen würde.[20]

III. Inhalt. Der Gesetzgeber[21] führt hinsichtlich des möglichen Inhalts von Geschäftsordnungen folgende Regelungsbereiche auf: 8

- Fragen der Sicherheitskontrolle
- Bestimmung der Person des Versammlungsleiters und seiner Leitungs- und Ordnungsbefugnisse
- Anwesenheit des Abschlussprüfers und anderer Dritter
- Tonbandmitschnitt und das Recht einzelner Redner auf Unterbrechung der Aufzeichnung
- Aushändigung eines stenografischen Protokolls sowie Einsichtnahme in dasselbe
- Erteilung von Abschriften
- Redezeiten
- Fragerecht
- Zeitpunkt der Meldung von Redebeiträgen
- Behandlung von Rednerlisten
- Voraussetzung für den Schluss der Rednerliste
- Verfahren der Stimmauszählung
- Notwendigkeit der Verlesung von Beschlussvorschlägen und
- Ordnungsbefugnisse des Versammlungsleiters

Vorstehende Auflistung ist jedoch unter dem Vorbehalt der Befugnisse des Versammlungsleiters und der Aktionärsrechte zu sehen (oben Rn 6 und 7). Aufgrund dieser Einschränkung ist der Regelungsbereich tatsächlich wesentlich geringer. Der Schwerpunkt liegt im deskriptiven Bereich. So enthalten die im Schrifttum gängigen Muster für Geschäftsordnungen der Hauptversammlung im Schwerpunkt zumeist deskriptive Bestimmungen und nur am Rande Regelungen im eigentlichen Kompetenzbereich der Hauptversammlung.[22]
Im Bereich der **Vorbereitung der Hauptversammlung** enthält das Gesetz weitgehend abschließende Bestimmungen oder es lässt Regelungen nur durch die Satzung zu, so insbesondere für die Form der Einberufung der Hauptversammlung, die Einberufungszuständigkeit, den Ort[23] und die Teilnahmebedingungen. Eine Zuständigkeit der Hauptversammlung im Bereich der Versammlungsvorbereitung wird im Schrifttum beispielsweise für die Überprüfung der Teilnahmeberechtigung der Aktionäre und die Zulassung von Gästen diskutiert. Teils wird eine eigene Zuständigkeit der Versammlung für die Zulassungsentscheidung, teils ein bloßes Widerspruchsrecht gegen Entscheidung des Versammlungsleiters befürwortet.[24] Diese Kompetenzen können Gegenstand einer Geschäftsordnung der Hauptversammlung sein. Dabei ist es empfehlenswert, diese Rechte der Hauptversammlung zu erschweren. So können vereinzelte Aktionäre ihre Kritik an der Einlasskontrolle nicht zu störenden Geschäftsordnungsanträgen missbrauchen. Das Anfechtungsrecht eines zu Unrecht von der Versammlung ausgeschlossenen Aktionärs wird durch die Geschäftsordnung nicht berührt.

Auch zur **Durchführung der Hauptversammlung** verbleiben neben dem Gesetz und abschließenden Zuweisungen an die Satzung nur wenige Angelegenheiten für eine eigene Regelung in der Geschäftsordnung der Hauptversammlung, sofern man nicht die Kompetenzen des Versammlungsleiters durch Einführung des § 129 Abs. 1 S. 1 zugunsten der Hauptversammlung geschmälert sieht (vgl Rn 6). Als einfache Regel gilt, dass die Geschäftsordnung der Hauptversammlung zu all jenen Bereichen Regelungen enthalten kann, zu denen die Hauptversammlung im Einzelfall Geschäftsordnungsbeschlüsse fassen kann. In die Zuständigkeit der Hauptversammlung gehören die Auswahl der Person des Versammlungsleiters (zur Regelung in der Satzung vgl Rn 5),[25] das Verlesen von Beschlussvorlagen,[26] die Absetzung von Tagesordnungspunkten[27] und die Vertagung der bereits eröffneten Versammlung[28] bzw deren vorzeitige Schließung. Ferner steht der 9

---

20 *Isenberg*, Die Geschäftsordnung für die Organe der Aktiengesellschaft, S. 101 f.
21 Begr. RegE KonTraG, BT-Drucks. 13/9712, S. 19 f, abgedruckt in ZIP 1997, 2059, 2064.
22 Etwa MüVhb-GesR/*Hölters*, V.85; Spindler/Stilz/*Wicke*, Rn 10; vgl auch die Muster von *Happ*, Aktienrecht, S. 1245 ff; *Schaaf*, Die Praxis der Hauptversammlung, S. 449 ff, ders., ZIP 1999, 1339, 1342 ff; *Ek*, Praxisleitfaden für die Hauptversammlung, S. 150 ff; Beck'sches Formularbuch Aktienrecht, S. 495 ff.
23 BGH NJW 1994, 320, 322.
24 Offengelassen: BGH AG 1990, 78, 82 mwN; für eine Zuständigkeit der HV: RGZ 106, 258, 260; RGZ 112, 109, 112; dagegen: Geßler/*Eckardt*, § 118 Rn 47; KölnKomm-AktG/*Zöllner*, § 118 Rn 29 f; *Stützle/Walgenbach*, ZHR 155 (1991), 316, 324 f; auch *Dietrich*, NZG 1998, 921, 923.
25 *Dietrich*, NZG 1998, 921, 923; *Schaaf*, ZIP 1999, 1339, 1340.
26 Begr. RegE BT-Drucks. 13/9712, S. 19; *Schaaf*, ZIP 1999, 1339, 1340.
27 *Schaaf*, ZIP 1999, 1339, 1340; außer, wenn die HV auf Verlangen einer Minderheit einberufen ist, vgl MüHb-AG/*F.J. Semler*, § 36 Rn 46.
28 KölnKomm-AktG/*Zöllner*, § 119 Rn 65; *Max*, AG 1991, 77, 86; MüHb-AG/*F.J. Semler*, § 36 Rn 47; *Schaaf*, ZIP 1999, 1339, 1340.

Hauptversammlung das Recht zu, bestimmten Entscheidungen des Versammlungsleiters, die nicht unmittelbar seiner Leitungskompetenz zugehören, zu widersprechen, etwa zu Einzelheiten des Abstimmungsverfahrens,[29] die Änderung der Reihenfolge von Tagesordnungspunkten,[30] die Unterbrechung der Versammlung,[31] die Wiedereröffnung der Aussprache zu abgeschlossenen Tagesordnungspunkten und die Schließung der Versammlung.[32] Im Gesetz neu geregelt ist die Zuständigkeit für die Ton- und Bildübertragung der Hauptversammlung (§ 118 Abs. 3). Aufgrund der Änderung des § 131 AktG kann zudem der Versammlungsleiter ermächtigt werden, das Frage- und Rederecht in der Hauptversammlung zu beschränken.[33] Ferner kann die Geschäftsordnung der Hauptversammlung die Rechtsfolge eines Verstoßes gegen ihre Bestimmungen festlegen (vgl Rn 13).[34]

10 **IV. Verfahren. 1. Aufstellung.** Die Hauptversammlung erlässt ihre Geschäftsordnung durch Beschluss. Neben der einfachen Mehrheit der abgegebenen Stimmen (§ 133 Abs. 1) erfordert dieser Beschluss die Mehrheit von drei Vierteln des bei der Beschlussfassung vertretenen Grundkapitals. Damit unterliegt die Hauptversammlung, die über eine Geschäftsordnung abstimmt, selbst dann der **notariellen Beurkundung**, wenn die Gesellschaft nicht börsennotiert ist (§ 130 Abs. 1).[35] Das Mehrheitserfordernis lässt sich in der Satzung nicht herabsetzen, obwohl § 179 Abs. 2 S. 2 dies selbst für Satzungsänderungen gestattet. Dies ist widersprüchlich, zumal die Satzung höherrangiges Recht darstellt. Womöglich handelt sich um ein Redaktionsversehen des Gesetzgebers. Der Beschlussvorschlag über die Aufstellung einer Geschäftsordnung bedarf der ordnungsgemäßen **Bekanntmachung** nach § 124 Abs. 1. Allerdings muss nicht der vollständige Wortlaut wiedergegeben werden. Sofern bei Satzungsänderungen die Bekanntgabe des wesentlichen Inhalts ausreichend ist (§ 124 Abs. 2 S. 2 Alt. 2 AktG), können für die Geschäftsordnung, die gegenüber der Satzung nachrangiges Recht darstellt, keine weiterreichenden Anforderungen gelten.[36]

11 **2. Aufhebung und Änderung.** Aufhebung und Änderung einer Geschäftsordnung der Hauptversammlung sind gesetzlich nicht geregelt. Bei der **Änderung einer Geschäftsordnung** findet Abs. 1 S. 1 unmittelbare Anwendung, da diese rechtstechnisch neben der Aufhebung der früheren den Erlass einer neuer Geschäftsführungsordnung beinhaltet.[37] Abs. 1 S. 1 gilt entsprechend für die **Aufhebung der Geschäftsordnung**, so dass zusätzlich zur einfachen Stimmenmehrheit die Mehrheit von drei Viertel des bei der Beschlussfassung vertretenen Grundkapitals vonnöten ist.[38]

12 **3. Durchbrechung im Einzelfall.** Die Hauptversammlung kann für einen Einzelfall beschließen, eine Regelung ihrer Geschäftsordnung nicht anzuwenden. Sie kann sich somit im Wege eines Ad-hoc-Beschlusses über die Geschäftsordnung hinwegsetzen. Dadurch bleibt die Regelung für künftige Fälle unverändert bestehen. Die Voraussetzungen des **Durchbrechungsbeschlusses** sind ähnlich strittig wie diejenigen des Beschlusses über die Durchbrechung der Satzung. Dort wird von der herrschenden Lehre gefordert, dass die formalen Vorschriften über Satzungsänderungen beim Durchbrechungsbeschluss einzuhalten sind.[39] Entsprechend sind bei der Geschäftsordnung der Hauptversammlung die für deren Aufstellung bzw Aufhebung geltenden Grundsätze anzuwenden, insbesondere ist der Beschlussvorschlag über die Durchbrechung ordnungsgemäß bekannt zu machen.[40] Die Gegenansicht,[41] die auf die Bekanntmachung verzichtet, ist mit dem Gesetzeszweck nicht vereinbar. Die Geschäftsordnung kann die vom Gesetzgeber intendierte Straffung der Versammlung nicht gewährleisten, wenn Aktionäre ohne Bekanntmachung Anträge über die Durchbrechung der Geschäftsordnung zur Abstimmung bringen können. Richtigerweise darf die Hauptversammlung nach § 124 Abs. 4 S. 1 über einen Durchbrechungsantrag nicht beschließen, wenn er nicht ordnungsgemäß bekannt gemacht wurde. Der Versammlungsleiter hat den Antrag zurückzuweisen.

13 **V. Rechtsfolgen bei Verstößen. 1. Verstoß gegen Bestimmungen der Geschäftsordnung.** Das Gesetz enthält keine Bestimmungen über die Rechtsfolgen eines Verstoßes gegen die Geschäftsordnung der Hauptversammlung. Die Einzelheiten sind noch weitgehend ungeklärt. Im Vordergrund steht die Frage nach der Nichtigkeit oder Anfechtbarkeit von Beschlüssen der Hauptversammlung, die nach einer Verletzung der Geschäftsordnung gefasst wurden. Ob ein Verstoß deren **Anfechtbarkeit** begründen kann, ist nach dem

---

[29] KölnKomm-AktG/*Zöllner*, § 119 Rn 59.
[30] *Hüffer*, Rn 19; KölnKomm-AktG/*Zöllner*, § 119 Rn 54; *Max*, AG 1991, 77, 86; MüHb-AG/*F.J. Semler*, § 36 Rn 43; aA Geßler/*Eckardt*, vor § 118 Rn 56; *Stützle/Walgenbach*, ZHR 155 (1991), 316, 328 f.
[31] KölnKomm-AktG/*Zöllner*, § 119 Rn 68.
[32] KölnKomm-AktG/*Zöllner*, § 119 Rn 69.
[33] Vgl hierzu Begr. RefE UMAG, S. 10 (abgedruckt u.a. als Sonderbeilage zu NZG Heft 4/2004).
[34] Grigoleit/*Herrler*, Rn 8.
[35] Spindler/Stilz/*Wicke*, Rn 11.
[36] *Hüffer*, Rn 1 d; *Ek*, Praxisleitfaden für die Hauptversammlung, S. 107; *Schaaf*, ZIP 1999, 1339, 1341.
[37] MüKo-AktG/*Kubis*, Rn 10 f.
[38] *Isenberg*, Die Geschäftsordnung für die Organe der Aktiengesellschaft, S. 197; *Bachmann*, AG 1999, 210, 214; aA (einfache Mehrheit genügend): Grigoleit/*Herrler*, Rn 3; *Hüffer*, Rn 1 e; MüKo-AktG/*Kubis*, Rn 10.
[39] Einschränkend: *Bachmann*, AG 1999, 210, 214 f.
[40] *Bachmann*, AG 1999, 210, 214 f.
[41] Spindler/Stilz/*Wicke*, Rn 13; *Hüffer*, Rn 1 f.

Wortlaut von § 243 Abs. 1 zweifelhaft, da die Vorschrift einen Verstoß gegen die Satzung oder das Gesetz verlangt.[42] Mangels Satzungsqualität der Geschäftsordnung scheidet die erste Möglichkeit per se aus, so dass nur die Verletzung gesetzlicher Vorschriften in Betracht kommt. Aus der Tatsache, dass § 129 Abs. 1 S. 1 eine gesetzliche Grundlage für den Erlass einer Geschäftsordnung beinhaltet, lässt sich nicht ableiten, dass die Verletzung der Geschäftsordnung einer Verletzung des Gesetzes iS des § 243 Abs. 1 gleichkommt.[43] Ein Verstoß gegen die Geschäftsordnung kann (muss jedoch nicht) zugleich ein Verstoß gegen das Gesetz darstellen, etwa bei der unzulässigen Verkürzung von Rederechten oder einer Verletzung des Gleichbehandlungsgrundsatzes.[44] In diesem Fall ist der Beschluss anfechtbar, ohne dass auf die Verletzung der Geschäftsordnung abzustellen ist.

Eine **Nichtigkeit** von Beschlüssen der Hauptversammlung, die auf der Verletzung der Geschäftsordnung beruht, kommt in der Regel nicht in Betracht. Die Geschäftsordnung der Hauptversammlung enthält keine konstitutiven Regeln zu den Tatbeständen des § 241 Nr. 1 und 2. Ihre Vorschriften sind nicht im Sinne des § 241 Nr. 3 zum Schutz der Gläubiger gegeben und ein Verstoß gegen ihre Bestimmungen kann nicht zur Folge haben, dass ein Beschluss mit dem Wesen der Aktiengesellschaft unvereinbar ist (§ 241 Nr. 3 Alt. 1 u. 3). Möglich erscheint allenfalls, dass eine Bestimmung im Kernbereich der Geschäftsordnungskompetenz der Hauptversammlung überwiegend im öffentlichen Interesse besteht und ihre Verletzung somit § 241 Nr. 3 Alt. 2 unterfällt.[45]

2. Verstöße beim Erlass der Geschäftsordnung der Hauptversammlung. Der Beschluss über den Erlass einer Geschäftsordnung der Hauptversammlung unterliegt im Hinblick auf Nichtigkeit und Anfechtbarkeit keinen Besonderheiten. Es finden §§ 242 ff. Anwendung. Nichtig sind insbesondere solche Geschäftsordnungsbestimmungen, die den Kompetenzbereich des § 129 Abs. 1 S. 1 überschreiten.[46] Entsprechendes gilt für die Änderung, Durchbrechung oder Aufhebung der Geschäftsordnung der Hauptversammlung.

B. Teilnehmerverzeichnis und Präsenzliste (Abs. 1 S. 2, Abs. 2 bis 5)

I. Einleitung. Gemäß **Abs. 1 S. 2** ist in der Hauptversammlung ein Teilnehmerverzeichnis aufzustellen. Hierdurch soll die Durchführung der Hauptversammlung erleichtert und die teilnehmenden Personen festgehalten werden.[47] Das Verzeichnis dokumentiert, welche Aktionäre und Aktionärsvertreter zur Hauptversammlung zugelassen sind, ob die Hauptversammlung beschlussfähig ist und welche Stimmrechtsverbote bestehen. Zudem soll das Teilnehmerverzeichnis die Auszählung der Stimmen erleichtern.[48] Wenig geeignet ist das Verzeichnis zu dem Zweck, einen Überblick über die Beteiligungsverhältnisse an der Gesellschaft zu geben. Zum einen führt es nur einen Teil der Aktionäre auf, nämlich die erschienenen und die offen vertretenen (vgl Rn 18 ff). Zum anderen kann das Verzeichnis von Interessierten nicht ohne Weiteres zur Überprüfung der Beteiligungsverhältnisse eingesehen werden. Das Teilnehmerverzeichnis muss nicht mehr als Anlage zur notariellen Niederschrift über die Hauptversammlung beigefügt werden, so dass es in der Regel auch nicht mehr zum Handelsregister gelangt. Ein Einsichtsrecht haben lediglich die Aktionäre der Gesellschaft für die Dauer von zwei Jahren nach der Hauptversammlung (vgl Rn 28).

Das Gesetz verlangt die Aufstellung des Teilnehmerverzeichnisses grundsätzlich für alle Hauptversammlungen. Dies gilt auch dann, wenn es sich um eine **Vollversammlung** iS des § 121 Abs. 6 handelt, denn das Teilnehmerverzeichnis soll gerade die Feststellung ermöglichen, dass es sich um eine Vollversammlung handelt.[49] Anders als es der Wortlaut des § 129 Abs. 4 S. 1 („vor der ersten Abstimmung") vermuten lässt, ist das Teilnehmerverzeichnis auch dann aufzustellen, wenn Beschlüsse nicht geplant sind (**beschlusslose Hauptversammlungen**), da auch ohne vorherige Ankündigungen Sachbeschlüsse noch möglich sind. Somit steht erst nach der Hauptversammlung endgültig fest, ob die Versammlung tatsächlich beschlusslos verlief.[50] Lediglich bei der **Einmann-Gesellschaft**[51] ist das Teilnehmerverzeichnis entbehrlich, wenn die Niederschrift der Hauptversammlung die Anwesenheit und Vertretung des Alleinaktionärs hinreichend dokumentiert.[52]

II. Inhalt. 1. Aktionäre und offene Stellvertreter (Abs. 1 S. 2). Der Inhalt des Teilnehmerverzeichnisses bestimmt sich nach Abs. 1 S. 2 bis Abs. 3 und Abs. 5.[53] Aufzunehmen sind die Namen und die Wohnorte der

---

42 *Bachmann*, AG 1999, 210, 213 f.
43 So aber MüKo-AktG/*Kubis*, Rn 11, *Ek*, Praxisleitfaden für die Hauptversammlung, S. 109.
44 *Hüffer*, Rn 1 g.
45 Dagegen implizit *Hüffer*, Rn 1 g.
46 *Bachmann*, AG 1999, 210, 212 f.
47 *Schaaf*, Praxis der Hauptversammlung, S. 119; Spindler/Stilz/*Wicke*, Rn 16.
48 Großkomm-AktienR/*Werner*, Rn 3; MüHb-AG/*F.J. Semler*, § 36 Rn 26.
49 MüKo-AktG/*Kubis*, Rn 15.
50 MüKo-AktG/*Kubis*, Rn 15; aA Grigoleit/*Herrler*, Rn 10.
51 Großkomm-AktienR/*Werner*, Rn 4; KölnKomm-AktG/*Zöllner*, Rn 15 f.
52 Dazu *Terbrack*, RNotZ 2012, 221 ff.
53 Muster bei *Happ*, S. 1277; Beck'sches Formularbuch Aktienrecht, S. 548; *Schaaf*, Praxis der Hauptversammlung, S. 419.

erschienenen und der offen vertretenen Aktionäre anzugeben, bei den offen vertretenen Aktionären auch Namen und Wohnorte der Vertreter. Als **Name** gilt nur der Nachname. Der Vorname, die Adresse, der Beruf oder sonstige Angaben zur Person des Teilnehmers sind nach verbreiteter Auffassung allenfalls dann nötig, wenn Verwechslungsgefahr besteht.[54] Für Einzelkaufleute kann wahlweise die Firma verwandt werden, Handelsgesellschaften sind stets unter ihrer Firma aufzuführen. Der **Wohnort** ist die politische Gemeinde, in der der Aktionär seinen Erstwohnsitz hat, bei Einzelkaufleuten, die unter ihrer Firma aufgeführt sind, der Ort der Hauptniederlassung und bei Handelsgesellschaften der Sitz.[55]

19 Für jeden anwesenden oder offen vertretenen Aktionär ist die Beteiligung des Aktionärs anzugeben, im Fall von Nennbetragsaktien anhand der **Summe der Nennbeträge** seiner Aktien, bei Stückaktien anhand der **Anzahl der von ihm gehaltenen Stücke**. Hat die Gesellschaft Aktien mehrerer Gattungen, so sind für jeden Aktionär die zugehörigen Gattungen zu nennen, untergliedert in Stück- und Nennbetragsaktien einer Gattung. Aktionäre, die in der Versammlung nur mit einem Teil ihrer Aktien erscheinen, etwa weil sie nur einen Teil hinterlegt haben, sind nur mit diesem Teil in das Verzeichnis aufzunehmen.

Als anwesender Aktionär ist auch derjenige Aktionär zu verzeichnen, der sich als Online-Teilnehmer iS des § 118 Abs. 1 AktG angemeldet hat, online teilnehmende Aktionäre (nicht jedoch „Briefwahl-Aktionäre")[56] gelten als erschienene Aktionäre iS des Gesetzes.[57] Sofern das Verzeichnis nicht als Präsenzliste für die Ermittlung des Abstimmungsergebnisses dient, müssen Online-Teilnehmer und Briefwähler nicht als solche im Verzeichnis ausgewiesen werden.[58]

20 **2. Vollmachtsbesitz und Fremdbesitz (Abs. 2, 3 und 5).** § 129 Abs. 2 behandelt den sog. **Vollmachtsbesitz**, bei dem der Vertreter offen im Namen des Aktionärs auftritt, aber keine Angabe zur Person des Aktionärs macht. Diese Form der Vertretung ist nur Kreditinstituten, den in § 135 Abs. 8 (vormals Abs. 9, angepasst durch das Gesetz zur Umsetzung der Aktionärsrechterichtlinie) genannten Einrichtungen sowie gemäß § 129 Abs. 5 den in § 125 Abs. 5 genannten Einrichtungen gestattet.[59] Für diese Teilnehmer hat das Verzeichnis nur den Namen und den Wohnort des Vertreters zu enthalten, nicht den Namen des vertretenen Aktionärs. Die Untergliederung des Verzeichnisses muss gewährleisten, dass für jeden Vollmachtsbesitzer erkennbar ist, für welche Anzahl von Stückaktien bzw welche Summe an Nennbetragsaktien (jeweils unter Angabe der Gattung) er im fremden Namen und für welche er im eigenen Namen auftritt.

21 Teilnehmer, die Rechte aus Aktien eines anderen nicht kraft Vollmacht, sondern im eigenen Namen kraft einer Ermächtigung ausüben, werden als **Fremdbesitzer** oder Legitimationsaktionäre bezeichnet.[60] Abs. 3 setzt die Zulässigkeit des Fremdbesitzes voraus. Der Fremdbesitzer übt das Stimmrecht aus Aktien in der Weise aus, in der ein Nichtberechtigter nach § 185 BGB über Sachen und Rechte verfügt. Nicht zum Fremdbesitz gehört die Treuhand, bei der der Treuhänder im Außenverhältnis grundsätzlich uneingeschränkt als Inhaber der Aktien gilt, diese aber wirtschaftlich für einen anderen hält.[61] Bei Fremdbesitz ist nur der Fremdbesitzer im Teilnehmerverzeichnis einzutragen, nicht aber der Aktionär.[62] Wie beim Vollmachtsbesitzer ist getrennt zu vermerken, falls der Fremdbesitzer sowohl für eigene als auch für fremde Aktien auftritt. Dies gilt nach Abs. 3 S. 2 auch im Fall von Namensaktien, obwohl der Fremdbesitzer im Aktienregister mit allen von ihm gehaltenen Aktien nur einmal vermerkt ist. Aktien unterschiedlicher Hintermänner können zusammengefasst werden.

22 **3. Sonstige Angaben für die Präsenzliste.** Das Teilnehmerverzeichnis muss einige weitere und im Gesetz nicht zwingend vorgeschriebene Angaben enthalten, wenn es zugleich für den Versammlungsleiter als **Präsenzliste** dienen soll, mithilfe derer er die Stimmen auszählt. Hierzu zählt die Aufnahme der Stimmenzahl der Teilnehmer, falls eine getrennte Abstimmung nach Gattungen erforderlich wird, falls stimmrechtslose Vorzugsaktien vertreten sind oder falls die Einlagen auf alle oder einzelne Aktien nicht voll geleistet sind (§ 134 Abs. 2).[63] Bei Vollmachtsbesitz müssen die Angaben zu den einzelnen Vertretern weiter aufgegliedert werden, falls ein vertretendes Kreditinstitut oder eine Aktionärsvereinigung für mehrere Aktionäre zugleich, aber mit unterschiedlichen Weisungen auftritt. Es erhält in diesem Fall mehrere Stimmkarten und sollte im Verzeichnis entsprechend mit getrennten Angaben zum Aktienbesitz geführt sein. Entsprechendes gilt bei Fremdbesitz. Ferner sind Online-Teilnehmer und Briefwähler als solche zu kennzeichnen (siehe Rn 19).

---

54 *Hüffer*, Rn 3.
55 MüKo-AktG/*Kubis*, Rn 24.
56 *Herrler/Reymann*, DNotZ 2009, 815, 821.
57 *Hüffer*, § 118 Rn 8 d; *Noack*, WM 2009, 2289, 2293.
58 *Noack*, WM 2009, 2289, 2294; zur Online-Teilnahme und Briefwahl: *Wicke*, Einführung in das Recht der Hauptversammlung, das Recht der Sacheinlagen und das Freigabeverfahren nach dem ARUG, S. 22 ff.
59 *Hüffer*, Rn 11, 15.
60 Zur Stimmrechtsausübung den Legitimationsaktionär (insb. zur Geltung des § 135 Abs. 1 S. 1, Abs. 8): OLG Hamm NZG 2013, 302, 303.
61 *Geßler/Eckardt*, Rn 31.
62 *Hüffer*, Rn 12 mwN; Großkomm-AktienR/*Werner*, Rn 31.
63 Großkomm-AktienR/*Werner*, Rn 39 f; MüHb-AG/*F.J. Semler*, § 36 Rn 26.

III. Aufstellung. 1. Zuständigkeit. Aus dem Gesetz geht nicht hervor, wer für die Aufstellung des Teilnehmerverzeichnisses verantwortlich ist. Die Verantwortung obliegt nach einer Literaturauffassung dem Versammlungsleiter.[64] Nach richtiger Ansicht handelt es sich um eine **Pflicht der Gesellschaft**.[65] Die Gesellschaft hat die für die Aufstellung erforderlichen Informationen, und zwar bei Namensaktien aus dem Aktienregister, bei Inhaberaktien aus den Hinterlegungsunterlagen bzw der Anmeldung. Der Vorstand hat vor der Versammlung die notwendigen Informationen zusammenzustellen, so dass anhand der Informationen des Anmeldeverzeichnisses das Teilenehmerverzeichnis erstellt werden kann.

Dies bedeutet nicht, dass der **Versammlungsleiter** von jeglicher Verantwortung befreit ist. Der Versammlungsleiter muss prüfen, ob die Gesellschaft das Verzeichnis aufgestellt hat. Des weiteren muss er in den Grenzen des Zumutbaren überwachen, ob das Verzeichnis formal ordnungsgemäß geführt ist. Zu einer inhaltlichen Überprüfung auf seine Richtigkeit und Vollständigkeit ist der Versammlungsleiter weder in der Lage noch gesetzlich verpflichtet. Diese Rechtslage hat sich mit der Neufassung von § 129 Abs. 4 S. 2 durch das NaStraG[66] nicht geändert. Zwar wurde dem Versammlungsleiter die Unterschrift des Verzeichnisses erlassen, damit seine elektronische Führung eingeführt werden konnte.[67] Aber weiterhin darf der Versammlungsleiter erst dann in die Abstimmungen eintreten, wenn den Aktionären das ordnungsgemäße Teilnehmerverzeichnis zugänglich gemacht wurde (vgl Rn 27). Bedenken gegen die von der Gesellschaft aufgestellte Fassung des Verzeichnisses hat der Versammlungsleiter gegenüber dem Vorstand zu äußern. Werden seine Bedenken nicht ausgeräumt, ist er berechtigt und verpflichtet, die Hauptversammlung nicht zu eröffnen bzw nicht fortzuführen.[68]

Während das Teilnehmerverzeichnis nach früherer Rechtslage als Anlage der notariellen Niederschrift beizufügen war, wird es nunmehr durch die Gesellschaft verwahrt (vgl § 130 Rn 35).[69] Der Notar ist grundsätzlich nicht zur Kontrolle des Teilnehmerverzeichnisses verpflichtet. Allerdings folgt aus der Amtsstellung des Notars, dass er sich über evidente Rechtsverstöße nicht hinwegsetzen darf.[70] Fallen ihm formale oder inhaltliche Fehler im Teilnehmerverzeichnis auf, so hat er den Versammlungsleiter über seine Bedenken zu unterrichten und gegebenenfalls einen Vermerk in die Niederschrift aufzunehmen. Weitere Prüfungs- und Handlungspflichten hat der Notar nicht. Insbesondere darf er die Beurkundung nicht wegen Fehlern des Teilnehmerverzeichnisses ablehnen.[71]

2. Verfahren. Gemäß Abs. 1 S. 2 ist das Teilnehmerverzeichnis **in der Versammlung** aufzustellen. Unstreitig kann es bereits vor der Versammlung vorbereitet werden, so dass es an ihrem Beginn lediglich ergänzt wird. Hierbei wird üblicherweise das sog. Anmeldeverzeichnis als erstes Teilnehmerverzeichnis zugrunde gelegt. Für den Entwurf verwendet die Gesellschaft bei Namensaktien die für die Teilnehmer maßgeblichen Daten aus dem Aktienregister und bei Inhaberaktien aus den Hinterlegungsunterlagen bzw den Anmeldungen. Der Entwurf wird in der Regel an der Einlasskontrolle vervollständigt bzw korrigiert, so dass das Teilnehmerverzeichnis aus dem Anmeldeverzeichnis entwickelt wird. Das Verzeichnis kann **elektronisch** geführt werden.[72] Seit der Änderung von Abs. 4 muss es nicht mehr schriftlich vorliegen und vom Versammlungsleiter unterschrieben werden. Es genügt, dass der jeweilige Stand des Verzeichnisses auf einem Computerbildschirm abrufbar ist (vgl Rn 28).

Die Aufstellung ist vor **Beginn der ersten Abstimmung** abzuschließen, und das Teilnehmerverzeichnis sodann allen Teilnehmern der Versammlung zugänglich zu machen (Abs. 4 S. 1). Abstimmung in diesem Sinne bezeichnet nicht nur Abstimmungen und Wahlen zu Angelegenheiten der Tagesordnung, sondern auch zu Angelegenheiten der Geschäftsordnung der Hauptversammlung,[73] so beispielsweise die Wahl des Versammlungsleiters, wenn die Satzung oder die Geschäftsordnung der Hauptversammlung keinen Versammlungsleiter bestimmen oder die dort bestimmte Person nicht verfügbar ist. Verlassen einzelne Teilnehmer nach der Fertigstellung des Verzeichnisses die Versammlung oder kommen neue Teilnehmer hinzu, sind **Nachträge** über die einzelnen Ab- und Zugänge zu erstellen.[74] Der Versammlungsleiter prüft vor jeder Abstimmung, ob die Nachträge ordnungsgemäß erstellt wurden. Lässt er nach dem Subtraktionsverfahren abstimmen, so stellt er zudem vor jeder Abstimmung die Präsenzänderung fest. Das Teilnehmerverzeichnis ist auch dann vor der nächsten Abstimmung durch einen Nachtrag zu ergänzen, wenn die Aktionäre, die die Versammlung vor einer Abstimmung verlassen, anderen Teilnehmern eine Stimmrechtsvollmacht erteilen

---

64 MüKo-AktG/*Kubis*, Rn 24; *Henseler*, BB 1962, 1023, 1024.
65 *Hüffer*, Rn 6; KölnKomm-AktG/*Zöllner*, Rn 22; Spindler/Stilz/*Wicke*, Rn 20; *Schaaf*, Praxis der Hauptversammlung, S. 107; vgl auch Begr. RegE NaStrAG BT-Drucks. 14/4051, S. 15.
66 Art. 1 Nr. 11 d NaStraG v. 18.1.2001, BGBl. I S. 123.
67 Begr. RegE NaStraG BT-Drucks. 14/4051, S. 15.
68 *Hüffer*, Rn 7; KölnKomm-AktG/*Zöllner*, Rn 23.
69 Anders zur früheren Rechtslage: Großkomm-AktienR/*Werner*, Rn 9; KölnKomm-AktG/*Zöllner*, § 130 Rn 31 f; zu den Prüfungspflichten des Notars im Zusammenhang mit seinen Aufgaben aus § 130 Abs. 2 und 3 AktG vgl § 130 Rn 21.
70 OLG Düsseldorf AG 2003, 510, 512 f; OLG Hamburg NZG 2003, 978, 979.
71 AA KölnKomm-AktG/*Zöllner*, Rn 31.
72 *Ek*, Praxisleitfaden für die Hauptversammlung, S. 62.
73 *Hüffer*, Rn 13 mwN; aA KölnKomm-AktG/*Zöllner*, Rn 26.
74 MüHb-AG/*F.J. Semler*, § 36 Rn 30; *Hüffer*, Rn 10 mwN; aA Geßler/*Eckardt*, Rn 17 f für die Aufnahme nur von Zugängen.

und die Präsenz daher unverändert bleibt. Um Präsenzänderungen während der Abstimmung zu vermeiden, ordnet der Versammlungsleiter bei Abstimmungen nach dem Subtraktionsverfahren an, die Ein- und Ausgänge während einer Abstimmung geschlossen zu halten. Verstößt ein Aktionär gegen diese Anordnung, so muss der Zu- oder Abgang im Teilnehmerverzeichnis und in der Präsenzliste des Versammlungsleiters festgehalten werden.[75] Ist dies nicht möglich, muss die Abstimmung ohne Rückgriff auf das Subtraktionsverfahren wiederholt werden.

28 **3. Publizität (Abs. 4 S. 1).** Das Teilnehmerverzeichnis ist gemäß Abs. 4 S. 1 vor der ersten Abstimmung allen Teilnehmern **zugänglich zu machen**. Den Teilnehmern ist eine angemessene Möglichkeit zu verschaffen, das Verzeichnis auf der Hauptversammlung zur Kenntnis zu nehmen. Das kann, wie früher, durch Auslage eines Ausdrucks erfolgen oder durch die Darstellung auf einem, bei großen Versammlungen auf mehreren, Computerbildschirmen.[76] Die Einsicht steht nur Personen zu, die aufgrund eines eigenen oder fremden Teilnahmerechts in der Hauptversammlung anwesend sind. Die Gäste, der Abschlussprüfer oder die Pressevertreter, denen die Anwesenheit lediglich gestattet wurde, haben kein Recht auf Zugänglichmachung.[77] Die frühere Gegenauffassung,[78] die die Einsicht jedem Anwesenden gestattet, ist mit der neuen Gesetzesfassung nicht mehr vereinbar. Seit das Verzeichnis nicht mehr mit der Niederschrift der Hauptversammlung zum Handelsregister gelangt (vgl Rn 16), besteht eine größere Anonymität des Aktionärskreises. Der Versammlungsleiter ist berechtigt, geeignete Vorkehrungen zu treffen, damit diese gewahrt bleibt.

29 Gemäß Abs. 4 S. 2 haben die Aktionäre für die Dauer von zwei Jahren nach der Hauptversammlung das Recht, **Einsicht** in das Teilnehmerverzeichnis zu nehmen. Die Einsicht kann an einem Computerbildschirm gewährt werden. Der Aktionär hat Anrecht auf einen Ausdruck.[79] Die Kopier- und Versandkosten trägt der Aktionär, nicht die Gesellschaft[80]

30 **IV. Rechtsfolgen bei Verstößen.** Hält sich die Gesellschaft nicht an die Vorschriften des § 129 Abs. 1 S. 2 bis Abs. 4 und 5, so sind die in der Hauptversammlung gefassten Beschlüsse wegen Gesetzesverstoßes (§ 243 Abs. 1) **anfechtbar**, wenn der Beschluss auf dem Verstoß beruht. Der Kläger hat dabei lediglich die abstrakte Möglichkeit der Kausalität nachzuweisen. Die Gesellschaft muss dann beweisen, dass der Fehler keine entscheidende Auswirkung auf die Stimmauszählung hatte oder dass ein richtig geführtes Verzeichnis kein anderes Abstimmungsergebnis ergeben hätte.[81] Kein Gesetzesverstoß liegt in der bloßen objektiven Unrichtigkeit des Verzeichnisses, insbesondere wenn die Unrichtigkeit durch falsche Angaben von Seiten der Teilnehmer veranlasst wurde.[82] Der Aktionär begeht bei falschen Angaben nach § 405 Abs. 2 eine **Ordnungswidrigkeit**, wobei der Grad des erforderlichen Verschuldens streitig ist.[83] Ferner kann ihn ein fahrlässiger oder vorsätzlicher Verstoß zu **Schadensersatz** verpflichten, da § 129 ein Schutzgesetz iSd § 823 Abs. 2 BGB ist.[84]

§ 130 Niederschrift

(1) ¹Jeder Beschluß der Hauptversammlung ist durch eine über die Verhandlung notariell aufgenommene Niederschrift zu beurkunden. ²Gleiches gilt für jedes Verlangen einer Minderheit nach § 120 Abs. 1 Satz 2, § 137. ³Bei nichtbörsennotierten Gesellschaften reicht eine vom Vorsitzenden des Aufsichtsrats zu unterzeichnende Niederschrift aus, soweit keine Beschlüsse gefaßt werden, für die das Gesetz eine Dreiviertel- oder größere Mehrheit bestimmt.

(2) ¹In der Niederschrift sind der Ort und der Tag der Verhandlung, der Name des Notars sowie die Art und das Ergebnis der Abstimmung und die Feststellung des Vorsitzenden über die Beschlußfassung anzugeben. ²Bei börsennotierten Gesellschaften umfasst die Feststellung über die Beschlussfassung für jeden Beschluss auch

1. die Zahl der Aktien, für die gültige Stimmen abgegeben wurden,
2. den Anteil des durch die gültigen Stimmen vertretenen Grundkapitals,

---

75 MüKo-AktG/*Kubis*, Rn 19.
76 Begr. RegE BT-Drucks. 14/4051, S. 14 f; *Hüffer*, Rn 13.
77 MüHb-AG/*F.J. Semler*, § 36 Rn 30; Grigoleit/*Herrler*, Rn 20; *Hüffer*, Rn 13 mwN; aA Geßler/*Eckardt*, Rn 35.
78 *v. Falkenhausen*, BB 1967, 337, 340.
79 Begr. RegE BT-Drucks. 14/4051, S. 15.
80 *Hüffer*, Rn 14; *Ek*, Praxisleitfaden der Hauptversammlung, S. 63.

81 OLG Hamburg NJW 1990, 1120, 1121; Semler/Volhard/*J. Semler*, Arbeitshb HV, Rn I D 46 f; KölnKomm-AktG/*Zöllner*, Rn 33 f mwN; Grigoleit/*Herrler*, Rn 22.
82 KölnKomm-AktG/*Zöllner*, Rn 35; Semler/Volhard/*J.Semler*, Arbeitshb HV, Rn I D 48.
83 KölnKomm-AktG/*Zöllner*, Rn 35 f mwN.
84 KölnKomm-AktG/*Zöllner*, Rn 37; *Ek*, Praxisleitfaden der Hauptversammlung, S. 63.

3. die Zahl der für einen Beschluss abgegebenen Stimmen, Gegenstimmen und gegebenenfalls die Zahl der Enthaltungen.

³Abweichend von Satz 2 kann der Versammlungsleiter die Feststellung über die Beschlussfassung für jeden Beschluss darauf beschränken, dass die erforderliche Mehrheit erreicht wurde, falls kein Aktionär eine umfassende Feststellung gemäß Satz 2 verlangt.

(3) Die Belege über die Einberufung der Versammlung sind der Niederschrift als Anlage beizufügen, wenn sie nicht unter Angabe ihres Inhalts in der Niederschrift aufgeführt sind.

(4) ¹Die Niederschrift ist von dem Notar zu unterschreiben. ²Die Zuziehung von Zeugen ist nicht nötig.

(5) Unverzüglich nach der Versammlung hat der Vorstand eine öffentlich beglaubigte, im Falle des Absatzes 1 Satz 3 eine vom Vorsitzenden des Aufsichtsrats unterzeichnete Abschrift der Niederschrift und ihrer Anlagen zum Handelsregister einzureichen.

(6) Börsennotierte Gesellschaften müssen innerhalb von sieben Tagen nach der Versammlung die festgestellten Abstimmungsergebnisse einschließlich der Angaben nach Absatz 2 Satz 2 auf ihrer Internetseite veröffentlichen.

Literatur:
Bezzenberger, Die Niederschrift über eine beurkundungsfreie Hauptversammlung, in: FS Schippel, 1996, S. 361; *Blanke*, Private Aktiengesellschaft und Deregulierung des Aktienrechts, BB 1994, 1505; *Bungert*, Hauptversammlungen deutscher Aktiengesellschaften mit Auslandsbezug, AG 1995, 26; *Gehrlein*, Der Anspruch auf Einsicht in ein Hauptversammlungsprotokoll – eine gesetzesferne, aber interessengerechte Rechtsschöpfung, WM 1994, 2054; *Heckschen*, Die "kleine AG" und Deregulierung des Aktienrechts, DNotZ 1995, 275; *Hoffmann-Becking*, Gesetz zur "kleinen AG" – unwesentliche Randkorrekturen oder grundlegende Reform?, ZIP 1995, 1; *Kindler*, Die Aktiengesellschaft für den Mittelstand, NJW 1994, 3041; *Krieger*, Muss der Hauptversammlungsnotar die Stimmauszählung überwachen?, ZIP 2002, 1597; *Lamers*, Die Beurkundung der Hauptversammlung einer AG, DNotZ 1962, 287; *Lutter*, Das neue "Gesetz für kleine Aktiengesellschaften und zur Deregulierung des Aktienrechts", AG 1994, 429; *Oelrichs*, Muss der Versammlungsleiter bei der Feststellung von Haupt- oder Gesellschafterversammlungsbeschlüssen treuwidrig abgegebene Stimmen mitzählen?, GmbHR 1995, 863; *Planck*, Kleine AG als Rechtsform-Alternative zur GmbH, GmbHR 1994, 501; *Priester*, Aufgaben und Funktionen des Notars in der Hauptversammlung, DNotZ 2001, 661; *Schiessl*, Hauptversammlungen deutscher Aktiengesellschaften im Ausland, DB 1992, 823; *Schulte*, Die Niederschrift über die Verhandlung der Hauptversammlung einer AG, AG 1985, 33; *Stützle/Walgenbach*, Leitung der Hauptversammlung und Mitspracherecht der Aktionäre in Fragen der Versammlungsleitung, ZHR 155 (1991), 516; *Wilhelmi*, Der Notar in der Hauptversammlung der Aktiengesellschaft, BB 1987, 1331.

A. Einleitung 1	III. Art der Abstimmung 27
B. Erstellen der Niederschrift (Abs. 1) 5	IV. Ergebnis der Abstimmung 30
I. Pflicht zur notariellen Beurkundung ... 5	V. Feststellung des Vorsitzenden über die
II. Beurkundungspflichtige Vorgänge 10	Beschlussfassung 33
III. Notar 12	VI. Sonstige Vorgänge 34
IV. Beurkundungsverfahren 15	D. Anlagen zur Niederschrift (Abs. 3) 35
V. Prüfungs- und Hinweispflichten des Notars 19	E. Unterschrift des Notars (Abs. 4) 37
C. Inhalt der Niederschrift (Abs. 2) 25	F. Einreichung beim Handelsregister (Abs. 5) .. 38
I. Ort und Tag der Versammlung 25	G. Rechtsfolgen bei Verstößen 40
II. Name des Notars 26	

A. Einleitung

Der **Zweck** des § 130 ist es, eine ordnungsgemäße Dokumentation der Hauptversammlung zu gewährleisten. Das Gesetz erreicht diesen Zweck zum einen durch Vorschriften über die inhaltlichen und formalen Anforderungen an die Niederschrift der Hauptversammlung (Abs. 1 bis 4) und zum anderen durch die Publizität dieser Niederschrift (Abs. 5). Nicht bezweckt wird durch das Dokumentationserfordernis, die Rechtswirksamkeit der in der Versammlung gefassten Beschlüsse zu gewährleisten.[1]

§ 130 enthält eine **abschließende Regelung** zur Niederschrift der Hauptversammlung. Seine Anforderungen kann die Satzung wegen § 23 Abs. 5 nicht erleichtern oder erschweren kann. Unzulässig ist insbesondere die Anordnung einer Satzung, dass alle Hauptversammlungen einer nicht-börsennotierten Aktiengesellschaft notariell zu beurkunden sind, selbst soweit § 130 Abs. 1 S. 3 ein privatschriftliches Protokoll genügen lässt. Der Verstoß gegen solch eine Satzungsklausel führt nicht zur Nichtigkeit der auf der Versammlung gefassten Beschlüsse. § 241 Nr. 2 greift insoweit nicht ein.[2] Der Notar hat im Übrigen nicht die Amtspflicht, bloß satzungsmäßig angeordnete Beurkundung zu übernehmen. Ferner muss er das Beurkundungs-

---

1 Geßler/*Eckardt*, Rn 9 f; Großkomm-AktienR/*Werner*, Rn 3; *Priester*, DNotZ 2001, 661, 664.

2 Großkomm-AktienR/*Werner*, Rn 4; KölnKomm-AktG/*Zöllner*, Rn 3 und 50; aA Geßler/*Eckardt*, Rn 40.

verfahren nicht nach anderen Bestimmungen als denen des Gesetzes gestalten.³ Das hindert den Notar allerdings nicht, freiwillig die Beurkundung einer beurkundungsfreien Hauptversammlung zu übernehmen und seine Niederschrift um weitere Angaben, als die in § 130 vorgeschriebenen zu ergänzen (vgl Rn 34).⁴

3 Traditionell war die Protokollierung ausschließlich Aufgabe des **Notars**.⁵ Diese Formstrenge wurde für nicht-börsennotierte Aktiengesellschaften mit Erlass des Gesetzes über die Deregulierung des Aktienrechts⁶ eingeschränkt. Nach § 130 Abs. 1 S. 3 genügt für diese nunmehr eine privatschriftliche Niederschrift des Versammlungsleiters, wenn die Versammlung ausschließlich über die typischen Beschlussgegenstände einer ordentlichen Hauptversammlung und andere nicht grundlegende Angelegenheiten beschließt (vgl Rn 5 ff). Zweck dieser **Formerleichterung** ist, die Beschlussfassung der "kleinen AG" vor allem aus Kostengründen an die Rechtslage der GmbH nach § 48 GmbHG anzunähern.⁷ Die Reform ist nach verbreiteter Ansicht zu weit gegangen. Die Beziehungen zwischen Gesellschaftern einer GmbH sind derjenigen zwischen Aktionären einer AG wenig vergleichbar. Häufig haben nicht-börsennotierte Aktiengesellschaften einen ähnlich unübersichtlichen Aktionärskreis wie börsennotierte Aktiengesellschaften und benötigen den gleichen Schutz wie diese. Insbesondere lässt § 23 Abs. 5 in der Satzung der AG auch ohne Börsennotierung viele der in Gesellschaftsverträgen der GmbH üblichen individuellen Interessenausgleiche zwischen Gesellschaftern nicht oder nur sehr eingeschränkt zu, so dass es hier strengerer Formalien als Korrektiv bedarf. Im Übrigen ist bei bestimmten Beschlussgegenständen der Hauptversammlung eine zweifelsfreie Dokumentation unabkömmlich. Dies gilt insbesondere bei Wahlen zum Aufsichtsrat, bei denen ein kleiner Fehler schwerwiegende Folgen auf körperschaftliche Strukturen, wie etwa die Wirksamkeit der Bestellung von Vorstandsmitgliedern, von Kapitalerhöhungen oder von Bezugsausschlüssen, haben kann. Die in der Gesetzesbegründung zugunsten der Formerleichterung in erster Linie angeführten Notarkosten fallen in den einschlägigen Fällen zumeist nicht ins Gewicht.

4 Vorteil der notariellen Niederschrift ist, dass sie im Prozess **Beweis über die zur Niederschrift des Notars abgegebene Erklärungen** (§ 415 ZPO)⁸ und über den Ablauf der Hauptversammlung (§ 418 ZPO) erbringt. Wer vor Gericht gegen die Feststellungen der Niederschrift vorträgt, hat die Unrichtigkeit der notariellen Urkunde zu beweisen.⁹ Damit gewährleistet die notarielle Niederschrift Rechtssicherheit über den Beschlussinhalt und den Versammlungsablauf. Das bloß schriftliche Protokoll des Versammlungsleiters nach § 130 Abs. 1 S. 3 hat solch eine Beweiskraft nicht. Selbst § 416 ZPO gilt insoweit nur im Hinblick auf die Tatsache, dass der Versammlungsleiter das Protokoll erstellt hat, nicht jedoch für den Ablauf der Versammlung. Im Übrigen unterliegt die privatschriftliche Niederschrift freier Beweiswürdigung (§ 286 ZPO). Ein weiterer Vorteil der notariellen Beurkundung ist, dass der Notar gewisse Aspekte des Ablaufs der Versammlung überwacht (vgl Rn 21) und der Gesellschaft insoweit mit Rechtsrat zur Verfügung steht. Nach den Erfahrungen der letzten Jahre profitieren gerade jüngere Aktiengesellschaften von diesem Rat.

B. Erstellen der Niederschrift (Abs. 1)

5 **I. Pflicht zur notariellen Beurkundung.** Die Niederschrift der Hauptversammlungen von **börsennotierten Aktiengesellschaften** ist stets von einem Notar zu beurkunden. Der Begriff der börsennotierten Aktiengesellschaft ist legaldefiniert in § 3 Abs. 2. Er erfasst Gesellschaften, deren Aktien zu einem Markt zugelassen sind, der von staatlich anerkannten Stellen geregelt und überwacht wird, regelmäßig stattfindet und für das Publikum mittelbar oder unmittelbar zugänglich ist. Hierzu zählen der amtliche Handel und der Geregelte Markt. Seit einer Klarstellung des Gesetzgebers im Wortlaut des § 3 Abs. 2 ist unstreitig, dass hierunter nicht solche Gesellschaften fallen, die lediglich zum Freiverkehr einer Börse zugelassen sind.¹⁰ Diese gesetzgeberische Entscheidung ist unglücklich, da eine im Freiverkehr gehandelte Gesellschaft mit einer GmbH und dem für sie typischen kleinen Gesellschafterkreis nicht zu vergleichen ist. Die Vorstände dieser Gesellschaften sollten im Rahmen einer ordnungsgemäßen Geschäftsführung in der Regel die freiwillige notarielle Beurkundung wählen.

6 Befreit von der Pflicht zur notariellen Beurkundung sind nach Abs. 1 S. 3 **nicht-börsennotierte Aktiengesellschaften**, soweit in der Hauptversammlung keine Beschlüsse gefasst werden, für die das Gesetz eine Dreiviertel- oder größere Mehrheit bestimmt. In diesen Fällen reicht eine privatschriftliche Niederschrift. Nach

---

3 KölnKomm-AktG/Zöllner, Rn 50; aA Geßler/Eckardt, Rn 40.
4 Hüffer, Rn 1 und 5; KölnKomm-AktG/Zöllner, Rn 4.
5 Zur Rechtsentwicklung vgl Priester, DNotZ, 2001, 661, 662 ff; zur früheren gerichtlichen Protokollierung vgl Großkomm-AktienR/Werner, Rn 2; Schulte, AG 1985, 33.
6 Gesetz für kleine Aktiengesellschaften und zur Deregulierung des Aktienrechts v. 2.8.1994 (BGBl. I S. 1961); weitere Änderungen: § 130 Abs. 1 S. 3 AktG durch Art. 1 Nr. 19 KonTraG v. 27.4.1998 (BGBl. I S. 786), § 130 Abs. 3 AktG durch Art. 1 Nr. 12 NaStraG v. 18.1.2001 (BGBl. I S. 123).
7 Begr. BT-Drucks. 12/6721, S. 9; kritisch: Bezzenberger, in: FS Schippel, S. 631, 386; Hüffer, Rn 14 a mwN.
8 BGH NJW 1994, 320 ff.
9 Keidel/Winkler, BeurkG, § 1 Rn 12.
10 Hüffer, § 3 Rn 6, Rn 14 b.

dem Gesetz ist diese Niederschrift vom Vorsitzenden des Aufsichtsrats zu erstellen; gemeint ist hiermit der **Versammlungsleiter**.[11] Der Gesetzgeber ging von der üblichen Praxis aus, dass der Aufsichtsratsvorsitzende aufgrund der Geschäftsordnung der Hauptversammlung (vgl § 129 Rn 9), einer Geschäftsordnungsbestimmung der Satzung oder eines Beschlusses der Hauptversammlung die Position des Versammlungsleiters übernimmt.

Die privatschriftliche Niederschrift ist nicht für solche Beschlüsse zulässig, die nach Gesetz eine **Dreiviertel- oder größere Mehrheit** erfordern. Abs. 1 S. 3 bestimmt dabei nicht, welche der beiden gesetzlichen Mehrheitserfordernisse die Beurkundungspflicht auslöst, die qualifizierte Kapitalmehrheit[12] oder die qualifizierte Stimmmehrheit.[13] Nach der inzwischen herrschenden Lehre erfasst das Gesetz nur die qualifizierte **Kapitalmehrheit**.[14] Der Regierungsentwurf[15] sah statt des heutigen Mehrheitserfordernisses noch den Begriff "Grundlagenbeschlüsse" vor. Beschlussgegenstände, für die das Gesetz eine qualifizierte Stimmmehrheit vorschreibt, betreffen die Grundlagen der Gesellschaft nicht und werden vom Gesetzeszweck des Beurkundungserfordernisses daher nicht umfasst. Allerdings dürfte es ratsam sein, auch für diese Beschlussgegenstände die notarielle Beurkundung zu wählen, bis dieser Meinungsstreit höchstrichterlich geklärt ist. Das Erfordernis notarieller Beurkundung wird nicht dadurch aufgehoben, dass die Gesellschaft von einer Ermächtigung des Gesetzes, die qualifizierte Kapitalmehrheit durch Satzungsbestimmung herabzusetzen, Gebrauch gemacht hat.[16] Eine Ausdehnung der Beurkundungspflicht auf Beschlussgegenstände, die nicht der qualifizierten Mehrheit des Abs. 1 unterliegen, etwa auf sonstige Grundlagenbeschlüsse nach dem Holzmüller-Vorbild, scheidet nach dem eindeutigen Gesetzeswortlaut aus.[17]

Das Gesetz regelt nicht, ob die **gesamte Hauptversammlung** von einem Notar beurkundet werden muss, wenn nur ein Teil der Beschlussgegenstände der Tagesordnung der qualifizierten Mehrheit unterliegt. Nach herrschender Ansicht[18] ist in diesen Fällen stets die vollständige Beurkundung der Versammlung erforderlich. Der vorzeitige Abbruch hätte zur Folge, dass die Urkunde keinen vollen Beweis über die beurkundungspflichtigen Tatsachen der Hauptversammlung erbringen kann. Die Aktionäre haben das Recht, etwa einen Widerspruch bis zum Abschluss der Versammlung zu Protokoll zu erklären. Eine Teilbeurkundung hat als teilweise unterbliebene Beurkundung zur Folge, dass alle auf der Versammlung gefassten Beschlüsse nach § 241 Nr. 2 nichtig sind.

Die Durchführung einer **Vollversammlung** entbindet nicht von der Pflicht, eine Niederschrift zu erstellen. Allerdings darf der Notar bzw der Versammlungsleiter bei einer Vollversammlung entgegen § 130 Abs. 3 auf die Beifügung der Einberufungsunterlagen verzichten, vorausgesetzt kein Aktionär widerspricht der Einberufung (arg. § 121 Abs. 6).[19] Diese Ausnahme vom gesetzlichen Inhalt der Niederschrift betrifft insbesondere die **Ein-Mann-Gesellschaft**,[20] die schließlich stets eine Vollversammlung ist und auf der es naturgemäß keinen Widerspruch gibt. Nicht erforderlich, aber zweckmäßig, ist die Niederschrift bei einer **beschlusslosen Hauptversammlung**.[21]

II. Beurkundungspflichtige Vorgänge. Nach Abs. 1 S. 1 hat die Niederschrift **jeden Beschluss** einer Hauptversammlung zu dokumentieren. Der Begriff Beschluss umfasst alle Abstimmungen der Aktionäre, in erster Linie die Sachbeschlüsse zur Tagesordnung sowie die Wahlen und daneben auch die Verfahrensbeschlüsse zu Angelegenheiten der Geschäftsordnung. Für letztere ist die Aufnahme in die Niederschrift kein Wirksamkeitserfordernis. Für jeden Beschlussgegenstand ist die Annahme des Beschlussvorschlags zu protokollieren oder gegebenenfalls dessen Ablehnung, da auch die Ablehnung ein (negativer) Beschluss ist.[22]

Die Niederschrift hat nach einer ganzen Reihe von Vorschriften weitere Vorkommnisse einer Hauptversammlung zu dokumentieren, die im Gegensatz zu Beschlüssen jeweils ungeachtet der ordnungsgemäßen Protokollierung Bestand haben.[23] Gemäß § 130 Abs. 1 S. 2 sind in der Niederschrift die **Minderheitsverlangen** nach § 120 Abs. 1 S. 2 (Antrag auf Einzelentlastung), § 137 (Reihenfolge der Abstimmung über Wahl-

---

11 *Hüffer*, Rn 14e, 27a.
12 Etwa §§ 71 Abs. 1 Nr. 8 iVm 186 Abs. 3 AktG; § 129 Abs. 1 S. 1 AktG; § 179 Abs. 2 AktG; § 179a Abs. 1 AktG; § 182 Abs. 1 S. 1 AktG; § 186 Abs. 3 AktG; § 193 Abs. 1 S. 1 AktG; § 202 Abs. 2 S. 2 AktG; § 207 Abs. 2 S. 2 AktG; § 221 Abs. 1 S. 2 AktG; § 222 Abs. 1 S. 2 AktG; § 229 Abs. 2 AktG; § 237 Abs. 2 S. 1 AktG; § 262 Abs. 1 Nr. 2 AktG; § 274 Abs. 1 S. 2 AktG; § 293 Abs. 1 S. 2 AktG; § 295 Abs. 1 S. 2 AktG; § 319 Abs. 2 Nr. 2 AktG; § 65 Abs. 1 UmwG; §§ 125, 65 Abs. 1 UmwG; §§ 233, 240 UmwG.
13 Etwa § 103 Abs. 1 S. 2 AktG; § 111 Abs. 3 S. 2 AktG; § 141 Abs. 3 S. 2 AktG.
14 *Hoffmann-Becking*, ZIP 1995, 1, 7; *Hüffer*, Rn 14b; MüHb-AG/*F.J.Semler*, § 40 Rn 2; aA Semler/Volhard/*J.Semler*, Arbeitshb HV, Rn I H 3f; Heckschen, DNotZ 1995, 274, 283.
15 BT-Drucks. 12/6721, S. 3.
16 *Hoffmann-Becking*, ZIP 1995, 1, 8.
17 *Hüffer*, Rn 14c.
18 *Hoffmann-Becking*, ZIP 1995, 1, 7; *Hüffer*, Rn 14c; *Heckschen*, DNotZ 1995, 275, 284; Semler/Volhard/*J. Semler*, Arbeitshb HV, Rn I H 5; aA Happ, AktienR 10.09 Rn 1; *Lutter*, AG 1994, 429, 440; Terbrack in: Kölner Handbuch des Gesellschaftsrechts, 3. Kapitel Rn 395.
19 Großkomm-AktienR/*Werner*, Rn 51; KölnKomm-AktG/*Zöllner*, § 10 Rn 98; MüHb-AG/*F.J. Semler*, § 40 Rn 6.
20 Hierzu Geßler/*Eckardt*, Rn 41f; zur Versammlung der Einpersonengesellschaft vgl auch *Terbrack*, RNotZ 2012, 221ff.
21 Geßler/*Eckardt*, Rn 18; KölnKomm-AktG/*Zöllner*, Rn 17.
22 *Hüffer*, Rn 2; Semler/Volhard/*J.Semler*, Arbeitshb HV, Rn I H 5.
23 Im Einzelnen MüHb-AG/*F.J.Semler*, § 40 Rn 20ff.

vorschläge) und § 147 Abs. 1 (Geltendmachung von Ersatzansprüchen) zu vermerken. Ferner sind bestimmte **Widersprüche** von Aktionären "zur Niederschrift" zu erklären. Das betrifft in erster Linie den Widerspruch gegen einen Beschluss der Hauptversammlung, der gemäß § 245 Nr. 1 Voraussetzung für die Anfechtungsbefugnis eines in der Hauptversammlung erschienenen Aktionärs ist. Ein solcher Widerspruch kann jederzeit während der Versammlung erklärt werden, auch schon vor entsprechender Beschlussfassung.[24] Ferner ist dies der Widerspruch nach § 131 Abs. 5 gegen die verweigerte Auskunftserteilung.[25] Bei letzterem fordert das Gesetz nicht nur die Protokollierung des Widerspruchs selbst, sondern zudem der Frage und des Grundes der Auskunftsverweigerung, nicht jedoch sonstiger Ausführungen des Aktionärs oder der vom Aktionär als unzureichend erachteten Antwort der Gesellschaft.[26] Der Aktionär hat eindeutig klarzustellen, zu welcher Stimmkarte der Widerspruch eingelegt wird.[27] Zu beurkunden sind ferner die Widersprüche von Minderheiten von Aktionären gegen bestimmte Verzichte und Vergleiche über Ersatzansprüche (§ 50 S. 1, § 93 Abs. 4 S. 3, § 116, § 302 Abs. 3 S. 3, § 309 Abs. 3 S. 1, § 310 Abs. 4, § 317 Abs. 4, § 318 Abs. 4, § 323 Abs. 1 S. 2) sowie der Widerspruch einer Minderheit von Aktionären gegen die Wahl des Abschlussprüfers (§ 318 Abs. 3 S. 2 HGB). Dies sind die Vorgänge, die das Gesetz der Niederschrift ausdrücklich zuweist (zum weiteren Inhalt der Niederschrift vgl Rn 25 ff).

12 **III. Notar.** Die Niederschrift ist nach Abs. 1 S. 1 von einem Notar aufzunehmen, soweit die Formerleichterung des Abs. 1 S. 3 nicht ein Protokoll des Versammlungsleiters genügen lässt. Ob die Beurkundung zwingend einen **deutschen Notar** erfordert oder auch ob ein ausländischer genügt, ist umstritten. Nach einer Ansicht genügt die Niederschrift eines ausländischen Notars zumindest dann, wenn die Versammlung im Ausland stattfindet und der ausländische Notar einem deutschen Notar formal gleichwertig ist.[28] Die Befürworter dieser Ansicht stützen sich zumeist auf eine Entscheidung des Bundesgerichtshofs zur Auslandsbeurkundung von Willenserklärungen,[29] also zum Anwendungsbereich der weithin als verzichtbar erachteten Belehrungspflichten des Notars nach § 17 BeurkG. Anders als dort ergeben sich für den Notar aus § 130 nicht Belehrungspflichten, sondern Prüfungspflichten. Ob und gegebenenfalls durch wen diese verzichtbar sind, ist ungeklärt.[30] Vieles spricht dafür, dass die Prüfungspflichten nicht im Interesse einzelner Beteiligter bestehen, sondern im öffentlichen Interesse,[31] zumindest aber im Interesse sämtlicher Aktionäre, ob sie anwesend sind oder nicht. Ungeklärt ist auch, ob die Prüfungen nach § 130 zwingend die Kenntnis des deutschen Rechts voraussetzen und diese formalisiert im Amt des deutschen Notars nachprüfbar sein muss.[32] In der Praxis können diese Prüfungen, namentlich die Prüfung der ordnungsgemäßen Einberufung, des Ergebnisses der Abstimmung, der richtigen Hinweise des Versammlungsleiters auf Stimmverbote, der Feststellung von Kapital- und Stimmenmehrheiten und des Erfordernisses von Sonderbeschlüssen (vgl Rn 20), vertiefte Rechtskenntnis erfordern. Fehler einer ausländischen Urkundsperson hätten dabei in der Regel keinen Amtshaftungsanspruch zur Folge, was die Motivation zu sorgfältiger Prüfung in Einzelfällen mindern mag. Für ausländische Konzernmütter ist es sicherlich lästig, Hauptversammlungen ihrer deutschen AG-Töchter im Anwendungsbereich des Abs. 1 S. 1 mit einem deutschen Notar durchzuführen. Bis zur Klärung der vorgenannten Fragen sollte hierauf dennoch zur Sicherheit nicht verzichtet werden.

12a Häufiger diskutiert und in der Praxis teilweise erprobt ist die **Hinzuziehung eines zweiten Notars**. Dies ist zum einen dergestalt denkbar, dass parallel zwei vollständige Hauptversammlungsprotokolle unabhängig voneinander beurkundet werden, um für den Fall von Zweifeln oder den Nichtabschluss der Protokollierung durch den einen Notar eine weitere wirksame Niederschrift zu haben. Zum anderen kann der zweite Notar den protokollierenden Notar unterstützen und Widersprüche etc. aufnehmen. Er fertigt dann aber kein eigenständiges Hauptversammlungsprotokoll, sondern ist lediglich als Hilsperson des beurkundenden Notars zu behandeln.[33] Diskutiert wird zudem eine Trennung der Aufgabenbereiche der beiden Notare, wonach etwa ein Notar die gesamte Versammlung ausgenommen bspw die Widersprüche protokolliert, die allein der zweite Notar beurkundet.[34] Dies setzt aber zwingend voraus, dass die beiden Protokolle gemeinsam, also in der Gesamtschau, als „Niederschrift" iSd § 130 verstanden werden, denn jedes Protokoll für sich enthält dann ja nicht alle pflichtweisen Angaben. Hier scheint in Anbetracht der ungeklärten Rechtslage und der weitreichenden Folgen Zurückhaltung geboten.[35]

---

24 BGH AG 2007, 863; OLG Jena AG 2006, 417; OLG München AG 2007, 37; zum Ganzen vgl *Terbrack* in: Kölner Handbuch des Gesellschaftsrechts, 3. Kapitel Rn 436 ff.
25 Ausführlich dazu *Terbrack* in: Kölner Handbuch des Gesellschaftsrechts, 3. Kapitel Rn 442 ff.
26 MüHb-AG/*F.J.Semler*, § 40 Rn 21.
27 OLG München NJW-RR 2002, 105 f.
28 OLG Hamburg DB 1993, 1232 f; KölnKomm-AktG/*Zöllner*, Rn 52; Semler/Volhard/*J.Semler*, Arbeitshb HV, Rn I H 16 mwN; aA *Bungert*, AG 1995, 26 f; *Hüffer*, § 121 Rn 16; Rn 8; *Schiessl*, DB 1992, 823 ff mwN.
29 BGHZ 80, 76, 79 f.
30 Letzteres auch bei *Bungert*, AG 1995, 26, 30 f.
31 Geßler/*Eckardt*, Rn 9; Keidel/*Winkler*, BeurkG, § 37 Rn 27.
32 Dagegen: *Bungert*, AG 1995, 26, 30 f.
33 Zur Behandlung von Hilspersonen vgl ausführlich *Terbrack* in: Kölner Handbuch des Gesellschaftsrechts, 3. Kapitel Rn 452 ff.
34 In diesem Sinne sowie zum Ganzen vgl *Reul/Zetsche*, AG 2007, 561, 571.
35 So auch *Terbrack* in: Kölner Handbuch des Gesellschaftsrecht, 3. Kapitel Rn 456.

Den Beurkundungsauftrag erhält der Notar von der Gesellschaft. In der Regel wird sie vertreten vom Vor- 13
stand. Wird die Versammlung nach § 122 auf Veranlassung einer Minderheit einberufen und schaltet diese
den Notar ein, so ist strittig, ob dies ebenfalls im Namen der Gesellschaft geschieht.[36] Das ist zu bejahen,
da die Beurkundung auch in diesem Fall eine Angelegenheit der Gesellschaft und nicht der Aktionäre als
solcher ist. Die Kosten der Beurkundung fallen in jedem Fall der Gesellschaft zur Last.

Der Ausschluss des Notars von der Beurkundungstätigkeit richtet sich nach den allgemeinen beurkun- 14
dungsrechtlichen **Mitwirkungsverboten** der §§ 3 und 4 BeurkG. Diese enthalten lediglich Sollvorschriften,
mit der Folge, dass ein Verstoß gegen sie nur eine Amtspflichtverletzung des Notars darstellt, nicht aber zur
Nichtigkeit der in der Hauptversammlung gefassten Beschlüsse führt. Die in §§ 6 oder 7 BeurkG für Willenserklärungen vorgesehene Nichtigkeitsfolge bestimmter Verstöße greift für ein Tatsachenprotokoll wie
die Niederschrift über eine Hauptversammlung nicht.[37] Die Einzelheiten zu den Mitwirkungsverboten, denen der Notar in der Hauptversammlung unterliegt, sind im Schrifttum nicht abschließend geklärt und im
Detail sehr umstritten. Nach ganz herrschender Ansicht ist der Notar nicht schon deshalb von der Amtstätigkeit ausgeschlossen, weil er **Aktionär** der Gesellschaft ist. Die Hauptversammlung als solche ist keine eigene Angelegenheit der Aktionäre iSd § 3 Abs. 1 Nr. 1 BeurkG, sondern eine Angelegenheit der Gesellschaft
und ihrer Organe.[38] Die bloße Beteiligung an der Gesellschaft hindert den Notar erst dann an der Beurkundung, wenn er mehr als 5 % der Stimmrechte hält oder mit mehr als 2.500 EUR des "Haftkapitals" beteiligt ist (§ 3 Abs. 1 Nr. 9 BeurkG), oder wenn er selbst, sein Sozius oder eine der in § 3 Abs. 1 Nr. 2 bis 4
BeurkG genannten Personen wirtschaftlicher Inhaber der Gesellschaft ist, insbesondere ihr Mehrheitsgesellschafter.[39] Bei einer geringeren Beteiligung liegt eine eigene Angelegenheit des Notars iSd § 3 Abs. 1 Nr. 1
BeurkG vor, sobald er Aktionärsrechte in der Hauptversammlung ausübt.[40] Entsprechendes gilt für die
Ausübung von Aktionärsrechten durch seinen Sozius oder eine der in § 3 Abs. 1 Nr. 2 bis 4 BeurkG genannten Personen. Nach § 3 Abs. 1 Nr. 6 BeurkG ist der Notar ferner von der Beurkundung ausgeschlossen, wenn er oder eine der in § 3 Abs. 1 Nr. 4 BeurkG genannten Personen **Mitglied des Vorstands** der Gesellschaft ist. Ob dies auch für eine **Mitgliedschaft im Aufsichtsrat** gilt oder ob der Notar in diesem Fall
lediglich gemäß § 3 Abs. 3 Nr. 1 iVm Abs. 2 und 3 Nr. 1 BeurkG über das Recht zur Ablehnung zu belehren hat, ist umstritten.[41] Da der Aufsichtsrat nach § 112 zumindest in bestimmten Fällen ein zur Vertretung
der Aktiengesellschaft befugtes Organ ist, greift richtigerweise bereits das Mitwirkungsverbot des § 3
Abs. 1 Nr. 6 BeurkG. Ferner greift zugleich § 3 Abs. 1 Nr. 1 BeurkG, da die Beschlüsse der Hauptversammlung nicht nur eine eigene Angelegenheit der Gesellschaft, sondern auch eigene Angelegenheiten ihrer Organe und Organmitglieder und damit auch der Aufsichtsratsmitglieder sind.[42] Ferner ist der Notar von der
Beurkundung ausgeschlossen, wenn er oder eine der in § 3 Abs. 1 Nr. 4 BeurkG genannten Personen **außerhalb seiner Amtstätigkeit** Beratungsleistungen über die Hauptversammlung erbringt, oder sonst ein Fall des
§ 3 Abs. 1 Nr. 7 BeurkG eingreift (vgl Rn 23).

IV. Beurkundungsverfahren. § 130 regelt das **Beurkundungsverfahren** für die Niederschrift der Hauptver- 15
sammlung abschließend. Die Vorschriften über die Beurkundung von Willenserklärungen (§§ 6 bis 35
BeurkG) sind nicht anwendbar, da die Niederschrift der Hauptversammlung ein Tatsachenprotokoll und
damit keine Beurkundung von Willenserklärungen ist. Die Anwendung der für das Tatsachenprotokoll
sonst einschlägigen §§ 36 bis 43 BeurkG wird durch § 59 BeurkG verdrängt. § 130 enthält vorrangiges
Bundesrecht.[43] Als Tatsachenprotokoll wird die Niederschrift des Notars weder vorgelesen, noch wird sie
von den Teilnehmern der Versammlung genehmigt oder unterschrieben. Der Notar prüft nicht die Identität
der Teilnehmer, ihre Geschäftsfähigkeit oder ihre Vertretungsbefugnis. Letzteres ist ausschließlich Aufgabe
der Gesellschaft und wird von dieser bei Aufstellung des Teilnehmerverzeichnisses erledigt (vgl § 129
Rn 22). Der Notar darf die Beschlüsse der Hauptversammlung freiwillig nach den Vorschriften über Willenserklärungen beurkunden (§§ 6 bis 35 BeurkG), wenn er hierzu beauftragt wird. Eine Amtspflicht hierzu
hat er nicht. In diesem Fall muss er darauf achten, dass er neben den Vorschriften der §§ 8 ff. BeurkG zugleich die Anforderungen des § 130 einhält. Die bloße Übernahme der Formulierungen, die üblicherweise
bei der GmbH für Gesellschafterbeschlüsse verwendet werden, genügt diesen Anforderungen nicht. Wird
der Notar bei Gelegenheit der Hauptversammlung beauftragt, sonstige Willenserklärungen zu beurkunden,
etwa eine Verzichtserklärung nach dem UmwG, so findet § 130 auf diese Erklärungen keine Anwendung.

---

36 Geßler/*Eckardt*, Rn 50; Korinthenberg/*Lappe*, KostO, § 2 Rn 43; aA *Hüffer*, Rn 7.
37 KölnKomm-AktG/*Zöllner*, Rn 61; *Keidel/Winkler*, BeurkG, § 6 Rn 2.
38 *Hüffer*, Rn 9; *Keidel/Winkler*, BeurkG, § 3 Rn 44; aA *Baumbach/Hueck*, AktG, Rn 2.
39 Geßler/*Eckardt*, Rn 51; *Keidel/Winkler*, BeurkG, § 3 Rn 40; aA KölnKomm-AktG/*Zöllner*, Rn 58.
40 *Hüffer*, Rn 9; aA Geßler/*Eckardt*, Rn 51, der dies auf die Fälle der Beurkundung eines Widerspruchs zur Niederschrift beschränkt.
41 Semler/Volhard/*J.Semler*, Arbeitshb HV, Rn 1 H 21 mwN.
42 *Keidel/Winkler*, BeurkG, § 3 Rn 41 f; aA Geßler/*Eckardt*, Rn 52; *Hüffer*, Rn 9.
43 KölnKomm-AktG/*Zöllner*, Rn 76; *Hüffer*, Rn 11.

Sie sind ausschließlich nach den §§ 6 bis 35 BeurkG zu beurkunden und bilden beurkundungsrechtlich keinen Teil der Niederschrift der Hauptversammlung, selbst wenn sie in der gleichen Urkunde enthalten sind.

16 Die Niederschrift muss nach allgemeiner Ansicht in der Versammlung selbst aufgenommen werden. Unstreitig genügen Bild- und Tonaufzeichnungen nicht, von denen der Notar erst nach der Versammlung niederschreibt. Das Gesetz regelt allerdings nicht, inwieweit die Niederschrift noch **in der Hauptversammlung** selbst schriftlich fertig gestellt sein muss. In der Praxis bereitet der Notar die Niederschrift zumeist vor der Hauptversammlung detailliert anhand der Einladungsunterlagen zur Hauptversammlung und des Leitfadens des Versammlungsleiters vor und ergänzt sie in der Versammlung nur noch um die Ergebnisse seiner Prüfungen, besondere Vorkommnisse und sonstige Details. Unstreitig sind danach noch **Ergänzungen und Berichtigungen** gestattet, solange der Notar seine Niederschrift noch nicht unterschrieben hat (vgl Rn 37). Ob er sie auch nach dem Unterschreiben noch ändern und ergänzen darf, ist sehr strittig. Nach richtiger und mittlerweile vom BGH[44] bestätigter Ansicht bleibt ihm das gestattet, solange er noch keine beglaubigten Abschriften oder Ausfertigungen seiner Urkunde erteilt hat.[45] Anders als bei der Beurkundung von Willenserklärungen ist der Notar im Rahmen des § 130 der alleinige Aussteller seiner Urkunde. Änderungen sind ihm daher erst versagt, wenn er im Rechtsverkehr durch die Erteilung einer beglaubigten Abschrift oder einer Ausfertigung den Vertrauenstatbestand gesetzt hat, es handele sich um die endgültige Fassung der Niederschrift. Allerdings ist dem Notar bis zur Klärung dieses Meinungsstreits zu empfehlen, auf Änderungen der Niederschrift nach der Unterzeichnung seiner Urkunde zu verzichten. Zur Vermeidung der daraus entstehenden praktischen Probleme wird im Schrifttum teils empfohlen, die Unterschrift hinauszuzögern, bis die Niederschrift abgeschlossen und redigiert ist.[46] Solch ein Verfahren setzt die Wirksamkeit der in der Versammlung gefassten Beschlüsse unkontrollierbaren Risiken aus. Ein Unfall des Notars, beispielsweise, würde sonst die Wiederholung der gesamten Hauptversammlung erfordern. Der Notar sollte die Niederschrift daher möglichst unmittelbar nach Abschluss der Versammlung unterschreiben.

17 Nach Abschluss der Niederschrift, also spätestens mit Erteilung von Ausfertigungen oder beglaubigten Abschriften (vgl Rn 16), darf der Notar sie nur noch wegen **offensichtlicher Unrichtigkeit** nach Maßgabe von § 44a Abs. 2 BeurkG ergänzen.[47] Nicht abschließend geklärt ist, ob der Notar die Niederschrift daneben durch eine Nachtragsniederschrift weiter ergänzen darf.[48] Solch eine Nachtragsurkunde ist jedenfalls nicht die Niederschrift im Sinne des § 130 und kann fehlende Pflichtangaben nach Abs. 2 nicht nachholen.[49]

18 Die Niederschrift ist grundsätzlich in **deutscher Sprache** aufzunehmen (§ 5 Abs. 1 BeurkG). Auf übereinstimmendes Verlangen aller Beteiligten ist der Notar befugt, die Niederschrift auch in einer anderen Sprache zu errichten, wenn er dieser Sprache hinreichend mächtig ist (§ 5 Abs. 2 BeurkG).[50] Die Beteiligten in diesem Sinne sind alle anwesenden oder vertretenen Aktionäre sowie alle anwesenden Organmitglieder. Die Gesellschaft hat in solch einem Fall nachträglich für eine Übersetzung der Niederschrift zu sorgen und diese zusammen mit der Niederschrift gemäß § 130 Abs. 5 zum Handelsregister einzureichen. Von der Sprache der Niederschrift zu unterscheiden ist die Sprache der Hauptversammlung selbst. Wird die Hauptversammlung in einer Fremdsprache abgehalten und ist der Notar dieser Sprache nicht hinreichend mächtig, so muss er einen Dolmetscher hinzuziehen.[51] Der Notar hat allerdings nicht dafür zu sorgen, dass die Versammlungsteilnehmer der Versammlung folgen können. Weder muss er für sie einen Dolmetscher beauftragen, noch für sie eine Übersetzung der Niederschrift erstellen lassen.[52] § 16 BeurkG findet auf die Beurkundung nach § 130 keine Anwendung.

19 **V. Prüfungs- und Hinweispflichten des Notars.** Die Aufgabe des Notars in der Hauptversammlung beschränkt sich nicht darauf, die Niederschrift aufzunehmen. Der Notar hat daneben unstreitig gewisse Prüfungs- und Hinweispflichten. Deren Umfang ist in § 130 nicht ausdrücklich geregelt und im Detail sehr umstritten.

20 Unstreitig ist, dass die Pflichten des Notars im Rahmen des § 130 hinter den Belehrungs- und Beratungspflichten zurückbleiben, die ihn nach § 17 BeurkG bei der Beurkundung von Willenserklärungen treffen. Rechtsgrundlage seiner Pflichten in der Hauptversammlung ist in erster Linie § 4 BeurkG. Der Notar hat die Beurkundung abzulehnen, wenn seine Mitwirkung anhandlungen verlangt wird, mit denen erkennbar **unerlaubte oder unredliche Zwecke** verfolgt werden. Das ist etwa der Fall, wenn ein Beschluss gegen eine

---

44 BGH AG 2009, 285 ff.
45 Vgl Semler/Volhard/*J.Semler*, Arbeitshb HV, Rn I H 80; Geßler/*Eckardt*, Rn 62; KölnKomm-AktG/*Zöllner*, Rn 76; differenzierend: Großkomm-AktienR/*Werner*, Rn 47, 57.
46 So etwa *Hüffer*, Rn 11.
47 Der Rückgriff auf eine Analogie zu § 319 ZPO (vgl Großkomm-AktienR/*Werner*, Rn 43, 53 ff) ist seit Überführung des § 30 Abs. 4 der Dienstordnung für Notare in § 44a BeurkG entbehrlich.
48 Vgl *Keidel/Winkler*, BeurkG, § 44a Rn 21 ff und 29 ff.
49 Geßler/*Eckardt*, Rn 64 mwN.
50 Geßler/*Eckardt*, Rn 66, der allerdings das Verlangen eines einzigen Beteiligten für ausreichend erachtet, wenn die übrigen nicht widersprechen; wie hier Semler/Volhard/*J.Semler*, Arbeitshb HV, Rn I H 80, § 130 Rn 7; aA KölnKomm-AktG/*Zöllner*, § 119 Rn 74.
51 *Hüffer*, Rn 11; KölnKomm-AktG/*Zöllner*, § 119 Rn 77.
52 Geßler/*Eckardt*, Rn 66.

Strafvorschrift verstößt oder bezweckt, einzelne Aktionäre schwer und rechtswidrig zu schädigen. Der Notar wird mit der Ablehnung der Beurkundung stets sehr zurückhaltend umgehen, da sie nach § 241 Nr. 2 zur Nichtigkeit des Beschlusses führt. Von der Pflicht, die Beurkundung abzulehnen, ist die Frage zu unterscheiden, ob der Notar berechtigt ist, die Beurkundung abzulehnen, wenn er einen Gesetzes- oder Satzungsverstoß feststellt, der nicht die Grenze von § 4 BeurkG überschreitet (vgl Rn 24).

21 Die wesentlichen Prüfungspflichten in der Hauptversammlung treffen den Notar **unmittelbar aus § 130**. Der dort vorgeschriebene Inhalt der Niederschrift umfasst Tatsachen, die der Notar nur nach einer tatsächlichen und rechtlichen Prüfung beurkunden kann. Um **Art und Ergebnis der Abstimmung** nach Abs. 2 festzustellen, hat er zuerst zu prüfen, ob die Abstimmung (vgl Rn 27) und die Stimmauszählung (vgl Rn 28) ordnungsgemäß abgelaufen sind. Erfolgt die Stimmauszählung nach dem Subtraktionsverfahren, so hat der Notar die Präsenz in der Hauptversammlung zu prüfen, da er andernfalls das Ergebnis nicht selbst nachrechnen kann (vgl § 129 Rn 24). Für die Feststellung des rechtlichen Ergebnisses der Abstimmung (vgl Rn 31) hat er insbesondere das für den jeweiligen Beschlussgegenstand einschlägige Mehrheitserfordernis zu prüfen sowie das Erfordernis von Sonderbeschlüssen. Weitere Prüfungspflichten hat der Notar nach Abs. 3 im Rahmen der Beifügung der **Belege über die Einberufung** zu seiner Niederschrift. Er hat summarisch deren Vollständigkeit und Richtigkeit zu überprüfen und fehlende Unterlagen mit dem Versammlungsleiter abzustimmen. Etwaige Fehler hat er in der Niederschrift zu vermerken, damit die Niederschrift keinen falschen Eindruck über die Ordnungsmäßigkeit der Einberufung verschafft.

22 Neben diesen Prüfungspflichten aus § 4 BeurkG und § 130 unterliegt der Notar der allgemeinen Amtspflicht, **offensichtliche Rechtsverstöße** nicht sehenden Auges zu übergehen.[53] Mit dem öffentlichen Amt des Notars wäre es unvereinbar, wenn er den Versammlungsleiter nicht auf alle Verstöße, die er erkennt, unverzüglich hinwiese. Hilft der Versammlungsleiter dem Hinweis nicht ab, hat der Notar die Versammlung selbst zu unterrichten und den Verstoß in seiner Niederschrift zu dokumentieren.[54] Allerdings erwächst dem Notar hieraus keine weitere Überwachungs- oder Prüfungspflicht. Nur das, was er bei Gelegenheit der Versammlung erkennt, hat er zu berücksichtigen. Weite Teile des Schrifttums betrachten es darüber hinaus als Amtspflicht des Notars, allgemein darauf hinzuwirken, dass die Versammlung ordnungsgemäß durchgeführt wird und dass rechtswirksame Beschlüsse gefasst werden.[55] Für solch eine weite Auslegung der Amtspflichten des Notars findet sich weder im Wortlaut der § 130 Abs. 2 und 3 noch im Gesetzeszweck des § 130, eine ordnungsgemäße Dokumentation der Versammlung zu gewährleisten (vgl Rn 1), noch in den Vorschriften des notariellen Dienstrechts eine Grundlage. Bis zur Klärung dieser Frage und der Grenzen seiner Prüfungspflicht wird der Notar allerdings im eigenen Interesse seine Aufmerksamkeit auf alle für die Beschlussfassung relevanten Umstände ausdehnen, soweit ihm dies bei Erledigung der ihm gesetzlich zugewiesenen Aufgaben unter den Bedingungen einer Hauptversammlung möglich ist.[56]

23 Über den vorgenannten Rahmen hinaus kann der Notar mit der Gesellschaft einen **gesonderten Beratungsauftrag** vereinbaren.[57] Er kann insbesondere die Aufgabe übernehmen, die Rechtmäßigkeit der Versammlung auch über die Anforderungen der § 4 BeurkG und § 130 Abs. 2 und 3 hinaus zu überwachen und für die ordnungsgemäße und zweckmäßige Formulierung des Beschlusswortlauts zu sorgen. Solche Prüfungen werden von dem bloßen Beurkundungsauftrag als solchem und den durch diesen anfallenden Gebühren (§§ 47, 147 Abs. 2 KostO) nicht gedeckt. Der Notar wird die Übernahme des Auftrags in der Regel ausdrücklich ablehnen müssen, wenn die Gesellschaft ersichtlich eine weiter gehende Betreuung als die bloße Beurkundung der Versammlung erwartet. Nimmt er den Auftrag an, so hat er darauf zu achten, dass er nicht als Berater der Gesellschaft, der Mitglieder des Vorstands oder einzelner Aktionäre tätig wird. Der Notar ist auch in diesem Fall stets unparteiischer Betreuer aller Beteiligten (§ 14 Abs. 1 BNotO). Übernimmt der Notar einen Beratungsauftrag außerhalb seiner Amtstätigkeit, so ist ihm die Beurkundung der Hauptversammlung nach § 3 Abs. 1 Nr. 7 BeurkG verwehrt.

24 Von der Frage nach den Pflichten des Notars zu unterscheiden ist, ob der Notar ein **Recht zur Ablehnung** der Beurkundung hat, wenn er Gesetzes- oder Satzungsverstöße erkennt, diese allerdings keine zwingende Ablehnung nach § 4 BeurkG rechtfertigen. Nach richtiger Ansicht steht ihm dieses Recht nicht zu.[58] Im Fall eines **anfechtbaren Beschlusses** der Hauptversammlung würde ein Ablehnungsrecht dem Notar die Möglichkeit geben, die sofortige Nichtigkeit des Beschlusses herbeizuführen (§ 241 Nr. 2), obwohl das Gesetz

---

53 Großkomm-AktienR/*Werner*, Rn 96 f; *Hüffer*, Rn 12; KölnKomm-AktG/*Zöllner*, Rn 62 f, 65 f; MüHb-AG/*F.J.Semler*, § 40 Rn 6; Semler/Volhard/*J.Semler*, Arbeitshb HV, Rn I H 22 ff.
54 KölnKomm-AktG/*Zöllner*, Rn 71; *Wilhelmi*, BB 1987, 1331, 1335.
55 *Bezzenberger*, in: FS Schippel, 1996, 361, 379 f; KölnKomm-AktG/*Zöllner*, Rn 48; für eine generelle Prüfungspflicht *Hüffer*, Rn 5.
56 Zutreffend der Hinweis von Geßler/*Eckardt*, Rn 38 über den Zusammenhang von Amtspflichten und Haftungsrisiko des Notars.
57 Geßler/*Eckardt*, Rn 70; *Priester*, DNotZ 2001, 661, 669 f; *Lamers*, DNotZ 1962, 287, 288 f.
58 MüHb-AG/*F.J.Semler*, § 40 Rn 19; Geßler/*Eckardt*, Rn 55; aA KölnKomm-AktG/*Zöllner*, Rn 13 ff mwN.

diese Rechtsfolge nur nach Erhebung der Anfechtungsklage und einer rechtskräftigen Entscheidung des Gerichts anordnet. Richtigerweise darf der Notar diesem Verfahren außerhalb des Anwendungsbereichs von § 4 BeurkG nicht vorgreifen. Er hat der Gesellschaft insbesondere die Möglichkeit zu belassen, einen Vergleich mit anfechtungswilligen Aktionäre zu schließen, was häufig erheblichen Schaden von der Gesellschaft und ihren sonstigen Aktionären abwenden kann. Nichts anderes gilt für einen aufgrund von Einberufungsmängeln nach § 241 Nr. 2 **nichtigen Beschluss**.[59] Seit alle Einberufungsmängel durch Genehmigung des nicht geladenen Aktionärs geheilt werden können (§ 242 Abs. 2 S. 4), ist es dem Notar auch hier nicht mehr zu gestatten, dem Lauf der Dinge vorzugreifen. Ob etwas anderes bei Verstößen gegen § 241 Nr. 3 und 4 gilt, kann offen bleiben, da hier in der Regel zugleich § 4 BeurkG greift. Die anderen Nichtigkeitsgründe scheiden für eine Ablehnung der Beurkundung aus. Der Notar hat allerdings auch unterhalb der Schwelle des § 4 BeurkG die Pflicht, den Versammlungsleiter auf etwaige Zweifel an der Wirksamkeit des Beschlusses bzw die Anfechtbarkeit hinzuweisen und sie in der Niederschrift zu vermerken, falls der Versammlungsleiter keine geeigneten Konsequenzen aus dem Hinweis zieht (vgl Rn 22).

C. Inhalt der Niederschrift (Abs. 2)

25 **I. Ort und Tag der Versammlung.** Die Niederschrift hat den **Ort der Versammlung** anzugeben. Das ist die politische Gemeinde.[60] Üblich ist es, darüber hinaus die genaue Adresse des Versammlungsraums in die Niederschrift aufzunehmen, um die Übereinstimmung des Versammlungsraums mit den Angaben der Einladung festzuhalten. Der von Abs. 2 verlangte **Tag der Versammlung** bezeichnet das Datum, bei einer Versammlung, die mehrere Tage dauert, alle Daten unter Angabe, welche Beschlüsse an welchem Tag gefasst wurden.[61] Üblich ist, zudem die Uhrzeit des Beginns und des Endes der Versammlung festzuhalten. Damit wird zum einen dokumentiert, ob die Versammlung zu der in der Einladung genannten Zeit begonnen hat, und zum anderen, ob sie am letzten in der Einladung genannten Tag beendet wurde.

26 **II. Name des Notars.** Nach § 130 Abs. 2 hat die Niederschrift den **Namen des Notars** anzugeben. Seine Unterschrift nach Abs. 4 S. 1 allein genügt hierfür nicht. Ob die Angabe nur des Nachnamens oder auch des Vornamens erforderlich ist, ist strittig.[62] Zweck der Vorschrift ist, wie auch die Bezeichnung des Notars nach §§ 9 und 37 BeurkG, einzig, die Identifizierung des amtierenden Notars zu gewährleisten.[63] Die Tatsache, dass diese Frage strittig ist, wird einen vorsichtigen Notar stets dazu bewegen, seinen vollen Namen anzugeben.

27 **III. Art der Abstimmung.** Die Art der Abstimmung bezeichnet das Verfahren der Stimmabgabe und nach einer Mindermeinung auch das Verfahren der Stimmauszählung. Zur **Stimmabgabe** hat die Niederschrift anzugeben, ob die Stimmen durch Handaufheben, Aufstehen, Zuruf, durch Stimmzettel oder EDV-Stimmkarten abgegeben wurden. Umstritten ist, ob die Niederschrift ferner festzuhalten hat, wie die Stimmkraft der Aktien festgestellt wurde, also etwa dadurch, dass der Aktionär bei der Stimmabgabe die Stimmenzahl seiner Aktien zugerufen hat.[64] Insbesondere bei Abstimmungen mit Stimmkarten oder durch EDV ist davon auszugehen, dass die Stimmenzahl auf den Karten vermerkt ist, wenn sich aus der Niederschrift nichts Abweichendes ergibt. Eine ausdrückliche Angabe ist dann entbehrlich.[65] Bis dieser Meinungsstreit entschieden ist, sollte die Feststellung der Stimmkraft zur Sicherheit dennoch stets protokolliert werden. Insbesondere bei Entlastungsbeschlüssen hat die Niederschrift nach herrschender Lehre ferner anzugeben, auf welche Weise der Versammlungsleiter sichergestellt hat, dass die Stimmverbote eingehalten wurden.[66] Weitere Pflichten hat der Notar im Hinblick auf die Einhaltung der Stimmverbote nicht.

28 Umstritten ist, ob in der Niederschrift Angaben zur **Stimmauszählung** nötig sind, also ob im Wege des Subtraktionsverfahrens oder durch Zählung der Ja-Stimmen abgestimmt wurde, ob Stimmzähler eingesetzt wurden, der Versammlungsleiter die Auszählung selbst vorgenommen hat oder ob mithilfe von EDV ausgezählt wurde. Nach der herrschenden Lehre des Gesetzes gehört dies nicht in die Niederschrift.[67] Der Versammlungsleiter hat die Pflicht, das Ergebnis der Abstimmung nur nach sorgfältiger Prüfung des Auszählungsverfahrens festzustellen. Der Notar hat die Amtspflicht, diese Prüfung zu überwachen. Das Prüfungsverfahren selbst ist aber nicht Protokollinhalt.

---

59 AA noch KölnKomm-AktG/*Zöllner*, Rn 14 vor Einführung des § 242 Abs. 2 Nr. 4 AktG durch das Gesetz für kleine Aktiengesellschaften und zur Deregulierung des Aktienrechts v. 2.8.1994, BGBl. I S. 1961.
60 Geßler/*Eckardt*, Rn 12; KölnKomm-AktG/*Zöllner*, Rn 29.
61 Geßler/*Eckardt*, Rn 14; KölnKomm-AktG/*Zöllner*, Rn 29.
62 Für den Nachnamen *Hüffer*, Rn 16; KölnKomm-AktG/*Zöllner*, Rn 30; für den vollen Namen Geßler/*Eckardt*, Rn 15; MüHb-AG/*F.J. Semler*, § 40 Rn 12.
63 *Hüffer*, Rn 16; *Keidel/Winkler*, BeurkG, § 9 Rn 3.
64 *Hüffer*, Rn 18; KölnKomm-AktG/*Zöllner*, Rn 32.
65 RGZ 105, 373, 374 f.
66 KölnKomm-AktG/*Zöllner*, Rn 47 f.
67 Geßler/*Eckardt*, Rn 22; *Priester*, EWIR § 130 AktG 1/02; KölnKomm-AktG/*Zöllner*, Rn 39, § 133 Rn 58; *Schulte*, AG 1985, 33, 37; aA Großkomm-AktienR/*Werner*, Rn 19; *Hüffer*, Rn 17; LG Wuppertal ZIP 2002, 1618.

Der Notar hat in der Niederschrift zur Stimmabgabe seine **eigenen Beobachtungen** festzuhalten.[68] Üblicherweise beginnt die Niederschrift mit der Angabe, was die Satzung oder der Versammlungsleiter zur Art der Abstimmung anordnen. Diese Angabe allein genügt nach herrschender Lehre allerdings nicht, sondern es muss sich aus der Niederschrift zumindest durch Auslegung ergeben, dass diese Anordnungen auch tatsächlich durchgeführt wurden. Auf welche Weise der Notar zu dieser Feststellung gelangt, muss er nicht in die Niederschrift aufnehmen. Stellt der Versammlungsleiter in der Versammlung fest, dass seine Anordnungen eingehalten wurden, so wird sich der Notar auf die Protokollierung dieser Feststellung beschränken dürfen, wenn seine Beobachtungen nichts Abweichendes ergeben.[69] Die Gesellschaft hat bei der Organisation der Versammlung darauf zu achten, dass der Notar in der Lage ist, die Stimmabgabe selbst oder gegebenenfalls durch Hilfspersonen wahrzunehmen. 29

IV. Ergebnis der Abstimmung. Das Ergebnis der Abstimmung umfasst das zahlenmäßige Ergebnis, den Beschlusswortlaut und das rechtliche Ergebnis. Zum **zahlenmäßigen Ergebnis** protokolliert der Notar, welche Anzahl Ja-Stimmen für und welche Anzahl Nein-Stimmen gegen einen bestimmten Antrag abgegeben wurden. Der Angabe von Stimmenthaltungen bedarf es nach herrschender Lehre in der Regel nicht.[70] Etwas anderes gilt bei Abstimmungen nach dem Subtraktionsverfahren, weil das Ergebnis dort anhand der Enthaltungen ermittelt wird.[71] Ungenügend ist es, an Stelle der Stimmenzahl anzugeben, welche Kapitalbeträge für und gegen den Antrag sind, selbst wenn sich daraus die Stimmzahl errechnen lässt.[72] Das bei der Abstimmung vertretene Kapital ist nur dann zu beurkunden, wenn das Gesetz eine Kapitalmehrheit verlangt, und zwar zusätzlich zur Zahl der Stimmen. Allerdings kann in diesem Fall eine gesonderte Angabe unterbleiben, wenn sich die Kapitalmehrheit einfach aus den Stimmen errechnen lässt.[73] Sonderbeschlüsse, die etwa wegen verschiedener Aktiengattungen nach §§ 179 Abs. 3, 182 Abs. 2, 222 Abs. 2 stattfinden, werden von der Hauptversammlung gesondert gefasst und sind damit vom Notar auch gesondert zu beurkunden. Das neuere Schrifttum verlangt nicht mehr, dass das Ergebnis der Abstimmung in der Niederschrift auch bei sonstigen Abstimmungen, die nach Aktiengattungen getrennt erfolgen, aufzuteilen ist.[74] Selbstverständlich hat die Niederschrift neben der Angabe des zahlenmäßigen Ergebnisses auch den **Wortlaut des Beschlussvorschlags**, über den abgestimmt wurde, zu enthalten, damit das Ergebnis einem bestimmten Antrag zugeordnet werden kann.[75] 30

Das **rechtliche Ergebnis**, also die rechtliche Würdigung, dass ein Beschluss angenommen oder abgelehnt wurde, hat der Notar zumindest dann in die Niederschrift aufzunehmen, wenn es nach seiner Überzeugung von dem Ergebnis abweicht, das der Versammlungsleiter feststellt.[76] Die Gegenansicht,[77] die stets eine Protokollierung der rechtlichen Würdigung des Notars verlangt, ist unnötig formal. Die Ansicht,[78] die eine eigene Würdigung des Notars gar nicht verlangt, ist mit dem Gesetzeswortlaut kaum zu vereinbaren. 31

Der Notar muss das Ergebnis der Abstimmung ebenso wie die Art der Abstimmung (vgl Rn 29) aufgrund seiner **eigenen Beobachtungen** feststellen. Bei kleineren Versammlungen zählt er die Stimmen in der Praxis zumeist selbst, ohne hierzu verpflichtet zu sein. Nach herrschender Lehre kann er sich ebenso wie der Versammlungsleiter auf die Stimmzähler verlassen, wenn er, etwa durch Stichproben, einen Eindruck von der Ordnungsmäßigkeit der Auszählung verschafft hat und sich dabei keine Bedenken ergeben haben.[79] Nicht von § 130 Abs. 2 gefordert ist, dass sich aus der Niederschrift ergibt, auf welche Weise der Notar das Ergebnis ermittelt hat. Versäumt er es, sich einen hinreichenden Eindruck über die ordnungsgemäße Ermittlung der Ergebnisse zu machen, so handelt er amtspflichtswidrig mit der Folge, dass insbesondere die Beweiskraft der Niederschrift nach §§ 415, 418 ZPO angefochten werden kann. 32

V. Feststellung des Vorsitzenden über die Beschlussfassung. Nach § 130 Abs. 2 hat die Niederschrift die **Feststellung des Vorsitzenden** über die Beschlussfassung zu enthalten. Damit ist die Erklärung des Vorsitzenden über das rechtliche Ergebnis der Beschlussfassung gemeint. 33

Bei börsennotierten Gesellschaften sind seit dem ARUG[80] auch die Feststellungen des Versammlungsleiters über die **Zahl der Aktien, für die gültige Stimmen abgegeben wurden** (Abs. 2 S. 2 Nr. 1), den **Anteil des durch die gültigen Stimmen vertretenen Grundkapitals** (Abs. 2 S. 2 Nr. 2) sowie die **Zahl der für einen Be-** 33a

---

68 Großkomm-AktienR/*Werner*, Rn 19; *Hüffer*, Rn 17; Köln-Komm-AktG/*Zöllner*, Rn 59; aA *Keidel/Winkler*, BeurkG, § 37 Rn 23; *Schulte*, AG 1985, 33, 37 f, die nur die Protokollierung der Anweisungen des Vorsitzenden verlangen.
69 Entsprechend zur Protokollierung des Abstimmungsergebnisses (vgl Rn 31).
70 Geßler/*Eckardt*, Rn 24; *Hüffer*, Rn 19; KölnKomm-AktG/*Zöllner*, Rn 34; aA *Baumbach/Hueck*, AktG, Rn 5.
71 Großkomm-AktienR/*Werner*, Rn 22; *Hüffer*, Rn 19.
72 BGH AG 1995, 446; Großkomm-AktienR/*Werner*, Rn 25.
73 Offen gelassen für den umgekehrten Fall BGH AG 1995, 446.
74 *Baumbach/Hueck*, AktG, Rn 5; dagegen zu Recht: *Hüffer*, Rn 20; Großkomm-AktienR/*Werner*, Rn 23.
75 Großkomm-AktienR/*Werner*, Rn 26; *Hüffer*, Rn 19; Köln-Komm-AktG/*Zöllner*, Rn 38.
76 Großkomm-AktienR/*Werner*, Rn 26; *Hüffer*, Rn 21; *Schulte*, AG 1985, 33 38; *Wilhelmi*, BB 1987, 1331, 1334.
77 Geßler/*Eckardt*, Rn 23.
78 v. Godin/*Wilhelmi*, Rn 4.
79 KölnKomm-AktG/*Zöllner*, Rn 35, 63 f; im Einzelnen *Krieger*, ZIP 2002, 1597 f; aA LG Wuppertal ZIP 2002, 1618.
80 ARUG (Gesetz zur Umsetzung der Aktionärsrichtlinie) vom 30. Juli 2009, BGBl. I S. 2479 ff.

schluss abgegebenen Stimmen, **Gegenstimmen** und ggf **Enthaltungen** (Abs. 2 S. 2 Nr. 3) notariell zu protokollieren. Sofern kein Aktionär widerspricht, kann der Versammlungsleiter seine Feststellungen darauf beschränken, dass die für den Beschluss erforderliche Mehrheit erreicht wurde (Abs. 2 S. 3). Da jedoch börsennotierte Gesellschaften nach Abs. 6 alle vorgenannten Angaben innerhalb von sieben Tagen nach der Hauptversammlung auf ihrer Internetseite veröffentlichen müssen, wird von den verkürzten Feststellungsmöglichkeiten des Versammlungsleiters wohl nur selten Gebrauch gemacht werden.[81]

33b Die Formulierung des Vorsitzenden kann variieren, etwa dahin gehend, dass ein bestimmter Beschluss mit der erforderlichen Mehrheit zu Stande gekommen ist oder nicht, dass der Beschlussvorschlag angenommen oder abgelehnt wurde. Nach allgemeiner Ansicht muss diese Feststellung jedoch in irgend einer Form erfolgen. Ohne die Feststellung ist der Beschluss der Hauptversammlung nicht wirksam. Teile des Schrifttums lassen ausnahmsweise einen Verzicht auf die Feststellung durch den Versammlungsleiter zu, wenn diese eine bloße Förmlichkeit wäre, etwa bei Einstimmigkeit der Beschlussfassung, insbesondere bei der Einmann-Gesellschaft.[82] Bei einer falschen Feststellung zählt nur das vom Versammlungsleiter verkündete, nicht das tatsächliche Ergebnis.[83] Es muss durch eine Anfechtungsklage beseitigt werden.[84] Der Notar hat die Feststellungen des Versammlungsleiters so zu beurkunden, wie dieser sie getroffen hat. Abweichungen zu seinen eigenen Beobachtungen hat er in der Niederschrift zu vermerken.[85]

34 **VI. Sonstige Vorgänge.** Die Niederschrift hat neben den Pflichtangaben nach Abs. 2 noch die sonst im Gesetz vorgesehenen Vorgänge zu enthalten, das sind die **Minderheitsverlangen** und **Widersprüche** von Aktionären (vgl Rn 11). Daneben wird von Teilen des Schrifttums zu Unrecht verlangt, dass der Notar sämtliche Anordnungen des Versammlungsleiters oder auch alle weiteren Vorkommnisse beurkunden muss, die für die Wirksamkeit der in der Versammlung gefassten Beschlüsse erheblich sein können. In Einzelheiten unterscheiden sich die hierzu vertretenen Meinungen,[86] wobei der Meinungsstreit weitgehend dem Streit zu den Prüfungspflichten des Notars entspricht (vgl Rn 19 ff). Der Notar ist jedenfalls nicht daran gehindert, die Niederschrift um weitere Angaben über die gesetzlich vorgeschriebenen Mindestangaben hinaus zu ergänzen. Hierzu zählen beispielsweise die Protokollierung der Ordnungsmaßnahmen des Versammlungsleiters oder in unzulässiger Weise zurückgewiesene Anträge von Aktionären.[87] Ausnahmsweise sollte die Niederschrift den Namen eines abstimmenden Aktionärs erwähnen, wenn Streit über sein Stimmrecht besteht.[88] Das Fehlen dieser Angaben macht den Beschluss nicht nichtig.

D. Anlagen zur Niederschrift (Abs. 3)

35 Der Notar hat der Niederschrift der Hauptversammlung nach § 130 Abs. 3 die **Belege über die Einberufung der Versammlung** beizufügen, wenn sie nicht unter Angabe ihres Inhalts in der Niederschrift aufgeführt sind. Die frühere Pflicht, auch das Teilnehmerverzeichnis als Anlage zur Niederschrift zu nehmen, wurde durch das NaStraG[89] aufgehoben. Dieser Wegfall korrespondiert mit der Änderung des § 129, der kein schriftliches Verzeichnis mehr verlangt und das Verzeichnis zudem nur noch den Teilnehmern der Hauptversammlung und den Aktionären zugänglich macht. Bei der Vollversammlung empfiehlt es sich dennoch, dass der Notar die Beteiligten bittet, die Beifügung einer Kopie des Teilnehmerverzeichnisses freiwillig zu gestatten, um den späteren Nachweis der Vollversammlung (§ 121 Abs. 6) zu erleichtern.

36 Weitere Anlagen zur Niederschrift schreibt das Gesetz an anderen Stellen vor, etwa für den Nachgründungsvertrag (§ 52 Abs. 2 S. 6), den Unternehmensvertrag (§ 293g Abs. 2) oder die umwandlungsrechtlichen Verträge und Pläne (etwa §§ 13 Abs. 3 S. 2 UmwG). Soweit es einziger Zweck der Beifügung ist, zu dokumentieren über welchen Vertrag abgestimmt wurde, genügt die Beifügung einer unbeglaubigten Abschrift des Vertrages.[90] Handelt es sich bei dem Vertrag um eine notarielle Urkunde, so genügt es, den Vertrag durch Angabe des Notars und der Nummer seiner Urkundenrolle zu bezeichnen und auf eine Beifügung ganz zu verzichten.[91] **Nicht als Anlage** zur Niederschrift gehört der vom Aufsichtsrat festgestellte Jahresabschluss oder der Geschäftsbericht der Gesellschaft. Anders, wenn die Hauptversammlung über die Feststellung des Jahresabschlusses beschließt.[92] In Einzelfällen kann es ratsam sein, weitere **freiwillige Anla-**

---

[81] Vgl dazu auch *Terbrack* in: Kölner Handbuch des Gesellschaftsrechts, 3. Kapitel Rn 428 ff.
[82] Geßler/*Eckardt*, Rn 28; Großkomm-AktienR/*Werner*, Rn 27.
[83] Großkomm-AktienR/*Werner*, Rn 27; *Hüffer*, Rn 22; KölnKomm-AktG/*Zöllner*, Rn 39.
[84] BGHZ 104, 66, 69 f mwN.
[85] Großkomm-AktienR/*Werner*, Rn 27; *Hüffer*, Rn 23; KölnKomm-AktG/*Zöllner*, Rn 39.
[86] Vgl etwa Großkomm-AktienR/*Werner*, Rn 40; dagegen: Geßler/*Eckardt*, Rn 38.
[87] Für Beurkundungspflicht vgl KölnKomm-AktG/*Zöllner*, Rn 38; Großkomm-AktienR/*Werner*, Rn 40.
[88] Großkomm-AktienR/*Werner*, Rn 23 f; KölnKomm-AktG/*Zöllner*, Rn 35.
[89] Art. 1 Nr. 12 NaStraG v. 18.1.2001, BGBl. I S. 123.
[90] Kallmeyer/*Zimmermann*, UmwG, 2. Aufl., § 13 Rn 39; aA ohne Begründung Widmann/Mayer/*Heckschen*, Umwandlungsrecht, § 13 UmwG Rn 226.
[91] Kallmeyer/*Zimmermann*, UmwG, 2. Aufl., § 13 Rn 39; Scholz/*Priester*, 7. Aufl., § 20 KapErhG Rn 10.
[92] Geßler/*Eckardt*, Rn 47.

gen zur Niederschrift zu nehmen, so beispielsweise bei einer Vollversammlung neben einer Kopie des Teilnehmerverzeichnisses auch eine beglaubigte Kopie etwaiger Stimmrechtsvollmachten, wenn der Versammlungsleiter dies beantragt. Mit den Einladungsunterlagen beigefügt werden etwaige Berichte des Vorstands zu Beschlussgegenständen. Nach der Rechtsprechung des Bundesgerichtshofs kann ein nach § 130 Abs. 3 beigefügter Bericht zur Auslegung des in der Hauptversammlung gefassten Beschlusses herangezogen werden.[93]

E. Unterschrift des Notars (Abs. 4)

Nach § 130 Abs. 4 ist die Niederschrift vom Notar zu unterzeichnen. Entsprechend § 13 Abs. 3 S. 1 BeurkG hat der Notar die Unterschrift eigenhändig anzufertigen. Nach § 13 Abs. 3 S. 2 BeurkG soll er seine Amtsbezeichnung beifügen. Die Unterschrift muss nicht unmittelbar nach Abschluss der Versammlung geleistet werden (vgl Rn 16).[94] Beschränkt wird der Zeitpunkt der Unterschriftsleistung dadurch, dass der Notar dem Vorstand eine beglaubigte Abschrift der Niederschrift erteilen muss, damit dieser sie nach § 130 Abs. 5 unverzüglich nach der Hauptversammlung zum Handelsregister reichen kann (vgl Rn 38).

F. Einreichung beim Handelsregister (Abs. 5)

Unverzüglich nach der Versammlung hat der Vorstand nach Abs. 5 eine **öffentlich beglaubigte Abschrift** der notariellen Niederschrift und ihrer Anlagen zum Handelsregister zu reichen. Selbstverständlich besteht die Pflicht zur Einreichung auch dann, wenn die Beschlüsse der Hauptversammlung zur Eintragung in das Handelsregister anzumelden sind.[95] Da die Niederschrift von Gesetzes wegen nicht als Anlage zu den einschlägigen Handelsregisteranmeldungen vorgesehen ist, genügt in diesen die Bezugnahme auf das von der Gesellschaft nach Abs. 5 eingereichte Exemplar. In der Praxis übersendet der Notar die Niederschrift in der Regel im Auftrag des Vorstands zusammen mit der Handelsregisteranmeldung. Im Fall eines **privatschriftlichen Protokolls** nach Abs. 1 S. 3 ist gemäß Abs. 5 eine vom Versammlungsleiter (vgl Rn 6) unterzeichnete Abschrift der Niederschrift einzureichen. Seit der Neufassung des § 12 Abs. 2 HGB zum 1.1.2007 durch das EHUG[96] ist das Protokoll durch den Notar elektronisch zu übermitteln. Das Amtsgericht nimmt die elektronische Textdatei in den Registerordner der Gesellschaft. Der Richter hat ohne einen Antrag, der im Rahmen einer Handelsregisteranmeldung oder sonst gestellt wird, nicht die Amtspflicht, die Wirksamkeit der in der Versammlung gefassten Beschlüsse zu überprüfen. Das gilt auch für die Beschlüsse über die Bestellung der Mitglieder des Aufsichtsrats oder des Abschlussprüfers.[97]

Ein **Recht auf Einsicht** in den Registerordner muss nicht nachgewiesen werden, vielmehr steht der Inhalt des Registerordners jedermann **online zur Einsicht** zur Verfügung. Ein Recht auf Einsichtnahme bei der Gesellschaft oder beim Notar besteht nicht. Die Gesellschaft hat ihren Aktionären lediglich gemäß § 125 Abs. 4 auf Verlangen die gefassten Beschlüsse mitzuteilen. Der Notar ist grundsätzlich nur gegenüber dem in § 51 BeurkG genannten Personenkreis zur Erteilung von Ausfertigungen und Abschriften berechtigt und verpflichtet, nicht gegenüber jedermann. Nach § 54 EStDV erteilt der Notar daneben dem zuständigen Finanzamt eine beglaubigte Abschrift, wenn in der Hauptversammlung insbesondere Kapitalerhöhungen oder Maßnahmen nach dem Umwandlungsgesetz beschlossen wurden.

G. Rechtsfolgen bei Verstößen

Unterbleibt eine nach § 130 Abs. 1 S. 1 erforderliche notarielle Beurkundung, fehlen in der Niederschrift die nach Abs. 2 vorgeschriebenen Angaben oder fehlt die Unterschrift des Notars nach Abs. 4, so sind die von diesen Fehlern betroffenen **Beschlüsse** der Hauptversammlung nichtig (§ 241 Nr. 2). Entsprechendes gilt in den Fällen des § 130 Abs. 1 S. 3, wenn auf die notarielle Beurkundung verzichtet wurde und zudem eine Niederschrift des Versammlungsleiters (vgl Rn 6) fehlt oder fehlerhaft ist. Die Nichtigkeitsfolge greift selbst dann ein, wenn trotz des Beurkundungsfehlers kein Zweifel an der Beschlussfassung, deren Inhalt und deren Ergebnis besteht.[98] Protokolliert der Notar nicht das tatsächlich in der Hauptversammlung Geschehene, sondern ist die **Niederschrift inhaltlich unrichtig**, so sind die betroffenen Beschlüsse gleichfalls nichtig.[99] Das gilt allerdings nicht für bloße Zählfehler im Abstimmungsergebnis. Protokolliert der Notar

---

[93] BGH AG 1995, 227.
[94] KölnKomm-AktG/*Zöllner*, Rn 74; *Hüffer*, Rn 26; *Wilhelmi*, BB 1987, 1331, 1335 f.
[95] Geßler/*Eckardt*, Rn 73; *Hüffer*, Rn 27; KölnKomm-AktG/*Zöllner*, Rn 90.
[96] Gesetz über elektronische Handelsregister und Genossenschaftsregister sowie das Unternehmensregister (EHUG) vom 10.11.2006, BGBl. I S. 255 ff.
[97] AA Geßler/*Eckardt*, Rn 73; *Hüffer*, Rn 27; KölnKomm-AktG/*Zöllner*, Rn 93.
[98] BGH AG 1995, 466, 467.
[99] Großkomm-AktienR/*Werner*, Rn 113; *Hüffer*, Rn 30; KölnKomm-AktG/*Zöllner*, Rn 94.

wegen solch eines Fehlers ein unrichtiges Ergebnis, so kann jeder Aktionäre anhand einer Feststellungsklage das richtige Ergebnis feststellen und durch eine Anfechtungsklage mit den Feststellungen des Vorsitzenden vergleichen lassen. Dass der Zählfehler die Nichtigkeit des Beschlusses zur Folge haben soll, ist nicht vertretbar. Gerade bei großen Versammlungen ist das Risiko, dass den Stimmauszählern ein Additionsfehler unterläuft und der Notar dies nicht bemerkt, zu groß. **Heilung** der Nichtigkeit kennt das Gesetz nur für Beschlüsse, die in das Handelsregister einzutragen sind. Sie tritt mit deren Eintragung ein (§ 242 Abs. 1). Die unterbliebene oder fehlerhafte Beurkundung der **Minderheitsverlangen** oder der **Widersprüche** hat auf deren Wirksamkeit keine Auswirkungen,[100] erschwert der Minderheit bzw dem Aktionär jedoch den Beweis.

41 Ein Verstoß gegen § 130 Abs. 3, der Niederschrift die **Anlagen** beizufügen, hat nicht die Nichtigkeit der in der Hauptversammlung gefassten Beschlüsse zur Folge, da § 241 Nr. 2 dieses Erfordernis der Niederschrift ausdrücklich ausspart. Auch eine Anfechtbarkeit scheidet in diesem Fall zumeist aus, da ein Beschluss nicht auf dem Fehlen der vorgeschriebenen Anlagen beruhen kann.[101] Verstößt der Vorstand gegen die Pflicht aus § 130 Abs. 5 zur **Einreichung beim Handelsregister**, kann er mit einem Zwangsgeld belangt werden (§ 14 HGB).

Anhang zu § 130   Niederschrift über die Hauptversammlung

I. Privatschriftliches Protokoll der ordentlichen Hauptversammlung einer nicht-börsennotierten AG

42 ▶ **Protokoll**

über die

ordentliche Hauptversammlung der eurotravel-AG mit Sitz in Köln

Am heutigen Tage fand in den Geschäftsräumen der Gesellschaft in 50667 Köln, Domstraße 3, die ordentliche Hauptversammlung der eurotravel-AG statt.

Der Unterzeichner, Vorsitzender des Aufsichtsrats, leitete die Versammlung gemäß § 15 der Satzung. Er bestimmte zum Protokollführer Herrn Klaus Meier.

Anwesend waren:
a) die folgenden Aufsichtsratsmitglieder: ...
b) die folgenden Vorstandsmitglieder: ...
c) die in dem als Anlage 1 beigefügten Teilnehmerverzeichnis genannten Aktionäre.

Der Vorsitzende eröffnete die Versammlung um ... Uhr. Er stellte fest, dass die Hauptversammlung durch eingeschriebenen Brief an die im Namensregister eingetragenen Aktionäre unter Wahrung der Einberufungsfrist ordnungsgemäß einberufen wurde. Hierbei wurde folgende Tagesordnung bekannt gemacht:
1. Vorlage des festgestellten Jahresabschlusses zum ... und des Berichts des Aufsichtsrats
2. Verwendung des Bilanzgewinns
3. Entlastung der Vorstandsmitglieder
4. Entlastung der Aufsichtsratsmitglieder
5. Neuwahl eines Aufsichtsratsmitglieds für das ausgeschiedene Aufsichtsratsmitglied Werner Siepen.

Eine Kopie des Einberufungsschreibens wird diesem Protokoll als Anlage 2 beigefügt.

Der Vorsitzende unterzeichnete das Teilnehmerverzeichnis. Das Teilnehmerverzeichnis wurde vor der ersten Abstimmung bis zur Beendigung der Hauptversammlung zur Einsicht für die Teilnehmer ausgelegt. Der Vorsitzende stellte fest, dass alle Aktionäre anwesend sind, so dass das Grundkapital von 200.000 EUR vollständig vertreten ist. Alle Aktionäre waren während der gesamten Dauer der Hauptversammlung im Versammlungsraum anwesend.

Der Vorsitzende legte gemäß § 16 der Satzung das Abstimmungsverfahren wie folgt fest: Die Abstimmung erfolgt durch Handaufheben. Stimmenthaltungen gelten als nicht abgegebene Stimmen, werden daher bei der Zählung nicht berücksichtigt. Die Stimmzählung erfolgt durch Zählung der Ja- und Nein-Stimmen (Additionsverfahren). Der Vorsitzende legte fest, dass über die Tagesordnungspunkte getrennt abgestimmt wird.

---

100 Geßler/*Eckardt*, Rn 83; Großkomm-AktienR/*Werner*, Rn 112; KölnKomm-AktG/*Zöllner*, Rn 96, 100.

101 Geßler/*Eckardt*, Rn 80; Großkomm-AktienR/*Werner*, Rn 118; *Hüffer*, Rn 32; KölnKomm-AktG/*Zöllner*, Rn 97.

Die Tagesordnung wurde wie folgt erledigt:

TOP 1

Der festgestellte Jahresabschluss zum ..., sowie der Bericht des Aufsichtsrats lagen der Hauptversammlung vor. Die Vorlagen sind diesem Protokoll als Anlage 3 beigefügt.

Der Vorsitzende stellte fest, dass die Vorlagen seit der Einberufung der Hauptversammlung in den Geschäftsräumen der Gesellschaft zur Einsicht ausgelegen haben. Er wies darauf hin, dass eine Abschlussprüfung nach § 316 Abs. 1 HGB nicht erforderlich ist.

Der Vorsitzende des Vorstands, Herr Dr. Georg Schwartz, berichtete über die Geschäftslage und beantwortete die Fragen der Aktionäre. Anträge zur Beschlussfassung wurden nicht gestellt.

TOP 2

Der Vorsitzende stellte folgenden Vorschlag der Verwaltung zur Abstimmung:

Der Bilanzgewinn von EUR ... wird wie folgt verwendet:
a) Verteilung an die Aktionäre durch Ausschüttung einer Dividende von ... EUR je Stückaktie = ... EUR
b) Gewinnvortrag: ... EUR.

Die Abstimmung erfolgte durch Handaufheben. Die Abstimmung ergab nach Feststellung des Vorsitzenden:

... Ja-Stimmen

... Nein-Stimmen.

Der Vorsitzende stellte fest, dass der Vorschlag der Verwaltung über die Verwendung des Bilanzgewinns mit der satzungsmäßigen Mehrheit angenommen wurde.

TOP 3

Der Vorsitzende wies darauf hin, dass Vorstandsmitglieder nicht über ihre eigene Entlastung abstimmen dürfen (§ 136 AktG). Die Stimmabgabe entgegen dem Stimmverbot ist unwirksam. Das Stimmrecht des befangenen Aktionärs kann auch nicht durch einen anderen Aktionär oder sonstigen Bevollmächtigten ausgeübt werden. Die Vorstandsmitglieder nahmen nicht an der folgenden Abstimmung teil. Sie ließen das Stimmrecht auch nicht durch andere Aktionäre bzw Stimmbevollmächtigte ausüben.

Anträge auf Einzelentlastung wurden auf Nachfrage des Vorsitzenden nicht gestellt, so dass über die Gesamtentlastung des Vorstands abgestimmt wurde.

Der Vorsitzende stellte folgenden Vorschlag der Verwaltung zur Abstimmung:

Den Mitgliedern des Vorstands wird für das Geschäftsjahr ... Entlastung erteilt.

Die Abstimmung erfolgte durch Handaufheben. Die Abstimmung ergab nach Feststellung des Vorsitzenden:

... Ja-Stimmen

... Nein-Stimmen.

Der Vorsitzende stellte fest, dass der Vorschlag der Verwaltung über die Entlastung der Vorstandsmitglieder mit der satzungsmäßigen Mehrheit angenommen wurde, so dass den Vorstandsmitgliedern für das Geschäftsjahr ... Entlastung erteilt ist.

TOP 4

Der Vorsitzende wies darauf hin, dass Aufsichtsratsmitglieder nicht über ihre eigene Entlastung abstimmen dürfen (§ 136 AktG). Die Stimmabgabe entgegen dem Stimmverbot ist unwirksam. Das Stimmrecht des befangenen Aktionärs kann auch nicht durch einen anderen Aktionär oder sonstigen Bevollmächtigten ausgeübt werden. Die Aufsichtsratsmitglieder nahmen nicht an der folgenden Abstimmung teil. Sie ließen das Stimmrecht auch nicht durch andere Aktionäre bzw Stimmbevollmächtigte ausüben.

Anträge auf Einzelentlastung wurden auf Nachfrage des Vorsitzenden nicht gestellt, so dass über die Gesamtentlastung des Aufsichtsrats abgestimmt wurde.

Der Vorsitzende stellte folgenden Vorschlag der Verwaltung zur Abstimmung:

Den Mitgliedern des Aufsichtsrats wird für das Geschäftsjahr ... Entlastung erteilt.

Die Abstimmung erfolgte durch Handaufheben. Die Abstimmung ergab nach Feststellung des Vorsitzenden:

... Ja-Stimmen

... Nein-Stimmen.

Der Vorsitzende stellte fest, dass der Vorschlag der Verwaltung über die Entlastung der Aufsichtsratsmitglieder mit der satzungsmäßigen Mehrheit angenommen wurde, so dass den Aufsichtsratsmitgliedern für das Geschäftsjahr ... Entlastung erteilt ist.

TOP 5

Der Vorsitzende legte dar, dass aufgrund der Amtsniederlegung des Aufsichtsratsmitglieds Werner Siepen nach § 12 der Satzung in der nächsten Hauptversammlung ein Nachfolger zu wählen ist.

Der Vorsitzende stellte folgenden Vorschlag der Verwaltung zur Abstimmung:

An Stelle des ausgeschiedenen Aufsichtsratsmitglieds wird Herr Winfried Meier, wohnhaft 50667 Köln, Bahnstr. 12, für die restliche Amtszeit des ausgeschiedenen Aufsichtsratsmitglieds in den Aufsichtsrat gewählt.

Der Vorsitzende teilte mit, dass Herr Winfried Meier für den Fall seiner Wahl das Mandat annimmt.

Die Abstimmung erfolgte durch Handaufheben. Die Abstimmung ergab nach Feststellung des Vorsitzenden:

... Ja-Stimmen

... Nein-Stimmen.

Der Vorsitzende stellte fest, dass der Vorschlag der Verwaltung über die Neuwahl mit der satzungsmäßigen Mehrheit angenommen wurde, so dass die Hauptversammlung Herrn Winfried Meier für die restliche Amtszeit des Herrn Werner Siepen in den Aufsichtsrat gewählt hat.

Es lagen keine weiteren Wortmeldungen vor. Der Vorsitzende schloss die Versammlung um... Uhr.

..., den ...

...

(Aufsichtsratsvorsitzender der eurotravel-AG) ◄

II. Notarielle Niederschrift über eine Hauptversammlung

43 ▶ URNr. 956 für 2013

Verhandelt zu Düsseldorf, am 20. Mai 2013.

Auf Ersuchen des Vorstands der nachfolgend bezeichneten Gesellschaft begab ich, Notar im Oberlandesgerichtsbezirk Düsseldorf

Dr. Erhard Loose

mit dem Amtssitz in Düsseldorf, mich heute in die Geschäftsräume der nachbezeichneten Firma in 40227 Düsseldorf, Sonnenstr. 38, um dort über die ordentliche Hauptversammlung der

MicroMatic Forschungs- und Entwicklungs-AG

eingetragen im Handelsregister des Amtsgerichtes Düsseldorf unter HRB 8592, eine Niederschrift aufzunehmen.

I.

Ich traf dort an:
1. vom Aufsichtsrat der Gesellschaft die Herren Prof. Dr. Hartmut Graf von der Höh, Dr. Ingo Rettich und Prof. Albert Felber;
2. vom Vorstand der Gesellschaft die Herren Dr. Horst Dellbrück, Vincent Schleidgen und Frau Dr. Eva Hermann-Grüter;
3. die in dem beigefügten Teilnehmerverzeichnis aufgeführten Aktionäre und Vertreter von Aktionären.

II.

Der Vorsitzende des Aufsichtsrats, Herr Prof. Dr. Graf von der Höh, eröffnete die Versammlung um 10.30 h und übernahm den Vorsitz. Er stellte fest, dass die Hauptversammlung durch Veröffentlichung im elektronischen Bundesanzeiger Nr. 134 vom 15.3.2013 einberufen worden ist. Die Bekanntmachung enthält die folgende Tagesordnung:

1. Vorlage des festgestellten Jahresabschlusses für das Geschäftsjahr 2012, des Lageberichts, des Berichts des Aufsichtsrats.
2. Beschlussfassung über die Gewinnverwendung.
3. Entlastung der Mitglieder des Vorstands für das Geschäftsjahr 2012.
4. Entlastung der Mitglieder des Aufsichtsrats für das Geschäftsjahr 2012.
5. Wahl der Abschlussprüfer für das Geschäftsjahr 2013.
6. Verlegung des Sitzes der Gesellschaft von Düsseldorf nach Mönchengladbach und Änderung der Satzung in § 2 Abs. 1 wie folgt:

„1. Die Gesellschaft hat ihren Sitz in Mönchengladbach."

III.

Das Teilnehmerverzeichnis wurde zur Einsicht für alle Teilnehmer ausgelegt. Es blieb während der Dauer der gesamten Hauptversammlung ausgelegt. Es waren demnach 50.000 Stückaktien mit 50.000 Stimmen vertreten.

Der Vorsitzende ordnete an, dass durch Handaufheben abgestimmt werden solle. Die Tagesordnung wurde alsdann wie folgt erledigt:

1. Zu TOP 1 der Tagesordnung – Vorlage des festgestellten Jahresabschlusses für das Geschäftsjahr 2012 pp.
   Der Vorsitzende stellte fest, dass der Jahresabschluss für das Geschäftsjahr 2012, versehen mit dem uneingeschränkten Bestätigungsvermerk der WIPO Wirtschaftsprüfungsgesellschaft mbH mit dem Sitz in Düsseldorf, vorliegt, der vom Vorstand aufgestellt und vom Aufsichtsrat gebilligt worden ist. Des Weiteren liegt der Geschäftsbericht des Vorstands mit dem Bericht des Aufsichtsrats vor. Je eine Ablichtung ist dieser Urkunde als Anlage beigefügt. Der Vorsitzende erklärte, dass die vorgenannten Unterlagen seit der Einberufung der Hauptversammlung in den Geschäftsräumen der Gesellschaft zur Einsicht auslagen. Auf das Verlesen wurde allseits verzichtet.
   Herr Dr. Horst Dellbrück vom Vorstand berichtete über das Geschäftsjahr 2012 und beantwortete die von den Aktionären gestellten Fragen.
2. Zu TOP 2 der Tagesordnung – Beschlussfassung über die Gewinnverwendung
   Auf Vorschlag von Vorstand und Aufsichtsrat beschloss die Hauptversammlung mit 40.800 Stimmen gegen 9.200 Stimmen und bei keiner Enthaltung, den Reingewinn der Gesellschaft durch Zahlung einer Dividende von 15 EUR pro Stückaktie zu verwenden und den restlichen Reingewinn in Höhe von 16.801,23 EUR auf neue Rechnung vorzutragen.
3. Zu TOP 3 der Tagesordnung – Entlastung der Mitglieder des Vorstands für das Geschäftsjahr 2012
   Der Vorsitzende wies darauf hin, dass nach den gesetzlichen Bestimmungen (§ 136 AktG) bei einer Abstimmung über die eigene Entlastung die zu entlastende Person das Stimmrecht weder aus eigenen noch aus fremden Aktien ausüben, noch durch Dritte ausüben lassen könne.
   Die Hauptversammlung beschloss mit 40.000 Stimmen gegen 3.000 Stimmen und 7.000 Stimmen Enthaltung, den Mitgliedern des Vorstands für das Geschäftsjahr 2012 Entlastung zu erteilen. Bei dieser Beschlussfassung stimmten Mitglieder des Vorstandes nicht mit.
4. Zu TOP 4 der Tagesordnung – Entlastung der Mitglieder des Aufsichtsrats für das Geschäftsjahr 2012
   Der Vorsitzende wiederholte seinen Hinweis auf Stimmrechtsverbot nach § 136 AktG.
   Die Hauptversammlung beschloss mit 38.000 Stimmen gegen 3.000 Stimmen und 9.000 Stimmen Enthaltung, den Mitgliedern des Aufsichtsrats für das Geschäftsjahr 2012 Entlastung zu erteilen. Bei dieser Beschlussfassung stimmten Mitglieder des Aufsichtsrat nicht mit.
5. Zu TOP 5 der Tagesordnung – Wahl der Abschlussprüfer für das Geschäftsjahr 2013
   Die Hauptversammlung beschloss mit 50.000 Stimmen gegen keine Stimme und bei keiner Enthaltung, die WIPO Wirtschaftsprüfungsgesellschaft mbH mit dem Sitz in Düsseldorf zum Abschlussprüfer für das Geschäftsjahr 2013 zu bestellen.
6. Zu TOP 6 der Tagesordnung – Verlegung des Sitzes der Gesellschaft und entsprechende Änderung der Satzung
   Die Hauptversammlung beschloss mit 47.500 Stimmen gegen 2.500 Stimmen und bei keiner Enthaltung, den Sitz der Gesellschaft von Düsseldorf nach Mönchengladbach zu verlegen.
   Sodann beschloss die Hauptversammlung mit 47.500 Stimmen gegen 2.500 Stimmen und bei keiner Enthaltung, die Satzung in § 2 Abs. 1 wie folgt zu ändern:
   „1. Die Gesellschaft hat ihren Sitz in Mönchengladbach."

Der Vorsitzende stellte sämtliche, vorstehend aufgeführten Beschlussfassungen fest, indem er sie verkündete.

IV.

Der Vorsitzende erklärte, dass damit die Tagesordnung erledigt sei. Er schloss die Versammlung um 11.45 h.

Hierüber wurde diese Niederschrift aufgenommen und von dem Notar eigenhändig wie folgt unterschrieben ... ◀

§ 131 Auskunftsrecht des Aktionärs

(1) ¹Jedem Aktionär ist auf Verlangen in der Hauptversammlung vom Vorstand Auskunft über Angelegenheiten der Gesellschaft zu geben, soweit sie zur sachgemäßen Beurteilung des Gegenstands der Tagesordnung erforderlich ist. ²Die Auskunftspflicht erstreckt sich auch auf die rechtlichen und geschäftlichen Beziehungen der Gesellschaft zu einem verbundenen Unternehmen. ³Macht eine Gesellschaft von den Erleichterungen nach § 266 Abs. 1 Satz 2,[1] § 276 oder § 288 des Handelsgesetzbuchs Gebrauch, so kann jeder Ak-

---

[1] Richtig wohl: „Satz 3" (§ 266 Abs. 1 Satz 2 HGB regelt keine den §§ 276 oder 288 HGB vergleichbaren Erleichterungen).

tionär verlangen, daß ihm in der Hauptversammlung über den Jahresabschluß der Jahresabschluß in der Form vorgelegt wird, die er ohne Anwendung dieser Vorschriften hätte. [4]Die Auskunftspflicht des Vorstands eines Mutterunternehmens (§ 290 Abs. 1, 2 des Handelsgesetzbuchs) in der Hauptversammlung, der der Konzernabschluss und der Konzernlagebericht vorgelegt werden, erstreckt sich auch auf die Lage des Konzerns und der in den Konzernabschluss einbezogenen Unternehmen.

(2) [1]Die Auskunft hat den Grundsätzen einer gewissenhaften und getreuen Rechenschaft zu entsprechen. [2]Die Satzung oder die Geschäftsordnung gemäß § 129 kann den Versammlungsleiter ermächtigen, das Frage- und Rederecht des Aktionärs zeitlich angemessen zu beschränken, und Näheres dazu bestimmen.

(3) [1]Der Vorstand darf die Auskunft verweigern,
1. soweit die Erteilung der Auskunft nach vernünftiger kaufmännischer Beurteilung geeignet ist, der Gesellschaft oder einem verbundenen Unternehmen einen nicht unerheblichen Nachteil zuzufügen;
2. soweit sie sich auf steuerliche Wertansätze oder die Höhe einzelner Steuern bezieht;
3. über den Unterschied zwischen dem Wert, mit dem Gegenstände in der Jahresbilanz angesetzt worden sind, und einem höheren Wert dieser Gegenstände, es sei denn, daß die Hautversammlung den Jahresabschluß feststellt;
4. über die Bilanzierungs- und Bewertungsmethoden, soweit die Angabe dieser Methoden im Anhang ausreicht, um ein den tatsächlichen Verhältnissen entsprechendes Bild der Vermögens-, Finanz- und Ertragslage der Gesellschaft im Sinne des § 264 Abs. 2 des Handelsgesetzbuchs zu vermitteln; dies gilt nicht, wenn die Hauptversammlung den Jahresabschluß feststellt;
5. soweit sich der Vorstand durch die Erteilung der Auskunft strafbar machen würde;
6. soweit bei einem Kreditinstitut oder Finanzdienstleistungsinstitut Angaben über angewandte Bilanzierungs- und Bewertungsmethoden sowie vorgenommene Verrechnungen im Jahresabschluß, Lagebericht, Konzernabschluß oder Konzernlagebericht nicht gemacht zu werden brauchen;
7. soweit die Auskunft auf der Internetseite der Gesellschaft über mindestens sieben Tage vor Beginn und in der Hauptversammlung durchgängig zugänglich ist.

[2]Aus anderen Gründen darf die Auskunft nicht verweigert werden.

(4) [1]Ist einem Aktionär wegen seiner Eigenschaft als Aktionär eine Auskunft außerhalb der Hauptversammlung gegeben worden, so ist sie jedem anderen Aktionär auf dessen Verlangen in der Hauptversammlung zu geben, auch wenn sie zur sachgemäßen Beurteilung des Gegenstands der Tagesordnung nicht erforderlich ist. [2]Der Vorstand darf die Auskunft nicht nach Absatz 3 Satz 1 Nr. 1 bis 4 verweigern. [3]Sätze 1 und 2 gelten nicht, wenn ein Tochterunternehmen (§ 290 Abs. 1, 2 des Handelsgesetzbuchs), ein Gemeinschaftsunternehmen (§ 310 Abs. 1 des Handelsgesetzbuchs) oder ein assoziiertes Unternehmen (§ 311 Abs. 1 des Handelsgesetzbuchs) die Auskunft einem Mutterunternehmen (§ 290 Abs. 1, 2 des Handelsgesetzbuchs) zum Zwecke der Einbeziehung der Gesellschaft in den Konzernabschluß des Mutterunternehmens erteilt und die Auskunft für diesen Zweck benötigt wird.

(5) Wird einem Aktionär eine Auskunft verweigert, so kann er verlangen, daß seine Frage und der Grund, aus dem die Auskunft verweigert worden ist, in die Niederschrift über die Verhandlung aufgenommen werden.

Literatur:

Angerer, Die Beschränkung des Rede- und Fragerechts des Aktionärs in der Hauptversammlung, ZGR 2011, 27; *Bredol*, „Noch offene Fragen?" – Zur Nachfrageobliegenheit des Aktionärs auf der Hauptversammlung, NZG 2012, 613; *Casper*, Informationrechte der Aktionäre in Aktienrecht im Wandel, 2007, S. 546; *Decher*, Informationen im Konzern und Auskunftsrecht der Aktionäre gem. § 11 Abs. 4 AktG, ZHR 158 (1994), S. 473; *Deuss*, Das Auskunftsrecht des Aktionärs in der Hauptversammlung der Aktiengesellschaft nach § 112 AktG und das Problem der Aktienrechtsreform, 1962; *Duden*, Gleichbehandlung bei Auskünften an Aktionäre, in: FS v. Caemmerer, 1978, S. 499; *Ebenroth*, Das Auskunftsrecht des Aktionärs und seine Durchsetzung im Prozess unter besonderer Berücksichtigung des Rechtes der verbundenen Unternehmen, 1970; *Ebenroth/Koos*, Die Verfassungsmäßigkeit des Auskunftsverweigerungsrechts gem. § 131 Abs. 3 AktG bei Aktionärsfragen bezüglich stiller Reserven, BB 1995, Beilage 8, S. 1; *Ebenroth/Wilken*, Zum Auskunftsrecht des Aktionärs im faktischen Konzern, BB 1993, 1818; *Franken/Heinsius*, Das Spannungsverhältnis der allgemeinen Publizität zum Auskunftsrecht des Aktionärs, in: FS Budde, 1995, S. 213; *Frege/Nicht*, Informationserteilung und Informationsverwendung im Insolvenzverfahren, ZInsO 2012, 2217; *Götz*, Die Sicherung der Rechte der Aktionäre der Konzernobergesellschaft bei Konzernbildung und Konzernleitung, AG 1984, 85 f; *Groß*, Informations- und Auskunftsrecht des Aktionärs, AG 1997, S. 97; *Großfeld/Möhlenkamp*, Zum Auskunftsrecht des Aktionärs, ZIP 1994, S. 1425; *Habersack/Verse*, Zum Auskunftsrecht des Aktionärs im faktischen Konzern, AG 2003, 300; *Hefermehl*, Umfang und Grenzen des Auskunftsrechts des Aktionärs in der Hauptversammlung, in: FS Duden, 1977, S. 109; *Henze*, Pünktlich zur Hauptversammlungssaison: Ein Rechtsprechungsüberblick zu Informations- und Auskunftsrechten, DB 2002, 893; *Hirte*, Die Ad-hoc-Publizität im System des Aktien- und Börsenrechts, in: Das Zweite Finanzmarktförderungsgesetz in der praktischen Umsetzung, Bankrechtstag 1995, 1996, S. 47; *Hüffer*, Minderheitsbeteiligungen als Gegenstand aktienrechtlicher Auskunftsbegehren, ZIP 1996, 401; *Joussen*, Auskunftspflicht des Vorstandes nach § 131 AktG und Insiderrecht, DB 1994, 2485; *Kersting*, Erforderlichkeit der Auskunft und Aktionärsrechterichtlinie, in: FS Hoffmann-Becking, 2013, S. 651; *Kersting*, Die aktienrechtliche Beschlussanfechtung wegen unrichtiger, unvollständiger oder verweigerter Erteilung von Informationen, ZGR 2007, 319; *ders.*, Ausweitung des Fragerechts der Aktionäre, ZIP 2009, 2317; *Kiethe*, Das Recht des Aktionärs auf Auskunft über riskante Geschäfte (Risikovorsorge), NZG 2003, 401; *Kocher/Lönner*, Das Auskunftsrecht in der Hauptversammlung nach der Aktionärsrechterichtlinie, AG 2010, 153; *Koppensteiner*, Aktienrechtliches Auskunftsrecht und Unternehmensverbund, GesRZ 2008, 200; *Kort*, Das Informationsrecht des Gesellschafters der Konzernobergesellschaft, ZGR 1987, 46; *Krieger*, Auskunftanspruch der Aktionäre hinsichtlich der an anderen AG gehaltenen Anteile, DStR 1994, S. 177; *Krömker*, Der Anspruch des Paketaktionärs auf Informationsoffenbarung zum Zweck der Due Diligence, NZG 2003, 418; *Lüke*, Das Verhältnis von Auskunfts-, Anfechtungs- und Registerverfahren im Aktienrecht, ZGR 1990, S. 657; *Lutter*, Die Information der Gesellschafter und Dritter im deutschen Gesellschaftsrecht, Rivista delle società, 1981, 191; *ders.*, Fragerecht und Informationsanspruch des Aktionärs und GmbH-Gesellschafters im Konzern, AG 1995, 117; *Lutter/Wiedemann*, Gestaltungsfreiheit im Gesellschaftsrecht, 1998; *Meilicke/Heidel*, Das Auskunftsrecht des Aktionärs in der Hauptversammlung, DStR 1992, 72, 113; *Mutter*, Auskunftsansprüche des Aktionärs in der Hauptversammlung, Die Spruchpraxis der Gerichte von A-Z, 2002; *Noack*, Die Aktionärsrechte-Richtlinie, in: FS Westermann, 2008, S. 1203 ff; *Pintz*, Erweitertes Auskunftsrecht und faktische Unternehmensverbindungen, ZIP 2007, 2098; *Pöschke*, Auskunft ohne Grenzen? Die Bedeutung der Aktionärsrechterichtlinie für die Auslegung des § 131 Abs. 1 S. 1 AktG, ZIP 2010, 1221; *Reger*, Neues zum Auskunftsrecht in der Hauptversammlung, NZG 2013, 48; *Roth*, Das einheitliche Recht auf Information, Diss. jur. Hamburg, 2004; *Saenger*, Zum Auskunftsanspruch des Aktionärs über Minderheitsbeteiligungen, DB 1997, 145; *K. Schmidt*, Informationsrechte in Gesellschaften und Verbänden, 1984, S. 849; *Spindler*, Die Reform der Hauptversammlung und der Anfechtungsklage durch das UMAG, NZG 2005, 825; *Trescher*, Die Auskunftspflicht des Aufsichtsrats in der Hauptversammlung, DB 1990, 515; *Wachter*, Beschränkung des Frage- und Rederechts von Aktionären, DB 2010, 829; *Weißhaupt*, Modernisierung des Informationsmängelrechts in der Aktiengesellschaft, WM 2004, 705; *Weißhaupt*, Informationsmängel in der Hauptversammlung: die Neuregelungen durch das UMAG, ZIP 2005, 1766; *Wilsing/v.der Linden*, Statutarische Ermächtigungen des Hauptversammlungsleiters zur Beschränkung des Frage- und Rederechts, DB 2010, 1277; *Witt*, Das Informationsrecht des Aktionärs und seine Durchsetzung in den USA, Großbritannien und Frankreich, AG 2000, 257.

A. Regelungsgehalt	1
I. Verhältnis von § 131 zu anderen Auskunftsrechten	2
II. Grundrechtlicher Schutz	3
III. Disponibilität	4
IV. Rechtsfolgen von Auskunftsverletzungen	5
V. Reformüberlegungen	6
VI. Europarechtliche Fundierung	6a
B. Die Regelungen im Einzelnen	7
I. Die Auskunftspflicht (Abs. 1)	7
1. Verlangen eines Aktionärs (Abs. 1 S. 1)	7
a) Auskunftsberechtigung	7
b) Auskunftsverlangen	11
2. Auskunft des Vorstands in der Hauptversammlung (Abs. 1 S. 1)	17
a) Vorstand	17
b) Auskunft in der Hauptversammlung ...	19
c) Form der Auskunft	23
3. Erforderliche Auskünfte zu Angelegenheiten der Gesellschaft – Missbrauch (Abs. 1 S. 1 und 2)	27
a) Begriff der Angelegenheiten einschließlich Beziehungen zu verbundenen Unternehmen (Abs. 1 S. 1, S. 2)	28
b) Beziehungen zu verbundenen Unternehmen als Angelegenheiten (Abs. 1 S. 2) ..	30
c) Zur sachgemäßen Beurteilung erforderliche Auskünfte – Missbrauch möglich? (Abs. 1 S. 1)	33
aa) Begriff „erforderliche Auskünfte"	34
bb) Missbrauch?	41
d) Vorlage des vollständigen Jahresabschlusses (Abs. 1 S. 3)	45
e) Auskunftspflicht über Lage des Konzerns und die in den Konzernabschluss einbezogenen Unternehmen (Abs. 1 S. 4)	48
II. Kein Recht zur Lüge, aber Ermächtigung zu Fragebeschränkungen durch UMAG (Abs. 2) ..	55
1. Gewissenhafte und getreue Rechenschaft (Abs. 2 S. 1)	55
2. Auskunftsbeschränkung durch Versammlungsleiter (Abs. 2 S. 2)	55a
a) Bei Grundlage in der Satzung grds. zulässig	55a
b) Ohne Ermächtigung in Satzung oder Geschäftsordnung kein Beschränkungsrecht	55l
III. Auskunftsverweigerung (Abs. 3)	56
1. Drohende Nachteile (Abs. 3 Nr. 1)	61
2. Steuern (Abs. 3 Nr. 2)	63
3. Stille Reserven (Abs. 3 Nr. 3)	65
4. Bilanzierungs- und Bewertungsmethoden (Abs. 3 Nr. 4)	70
5. Strafbarkeit (Abs. 3 Nr. 5)	71
6. Auskunftsverweigerungsgründe bei Kredit- und Finanzdienstleistungsinstituten (Abs. 3 Nr. 6)	74
7. Auskünfte auf Internetseite der Gesellschaft und in HV (Abs. 3 Nr. 7)	74a
IV. Wiederholung von Auskünften außerhalb HV (Abs. 4)	75
1. Anderer Aktionär als Auskunftsempfänger (Abs. 4 S. 1 S. 3)	76
2. Auskunftserteilung	79
3. Auskunftsverlangen	80
V. Aufnahme in Niederschrift (Abs. 5)	82
VI. Beispiel-ABC	85

A. Regelungsgehalt

Die Aktionäre sind die Eigentümer ihrer Gesellschaft.[2] Die Auslegung des § 131 muss der Stellung der **Aktionäre als (wirtschaftlichen) Eigentümern ihrer Gesellschaft** entsprechen; insbesondere muss das Organ der 1

---

2 RegBegr. *Kropff*, S. 14.

Aktionäre, die HV, den Einfluss erhalten, der dieser Position entspricht.[3] Die Verwaltung hat nur verliehene Befugnisse auf Zeit. Darum ist sie den Aktionären zur Rechenschaft über ihr investiertes Kapital verpflichtet.[4] Das Auskunftsrecht besteht seit dem Aktiengesetz 1937[5] und ist im EU-Recht verankert (vgl Rn 6 a). Der Auskunftsanspruch geht auf klare, vollständige und richtige Auskünfte zu allen Gegenständen der Tagesordnung einer HV – seien sie günstig für die Verwaltung oder sei ihr die Offenbarung lästig.

I. Verhältnis von § 131 zu anderen Auskunftsrechten. Das Auskunftsrecht ist für die Aktionäre das – in seiner Bedeutung nicht zu überschätzende – Mittel, spezielle Kenntnisse zu erlangen. Es besteht **neben den sonstigen Unterrichtungspflichten**: der allgemeinen Publizität durch die Rechnungslegung;[6] kapitalmarktrechtlichen Mitteilungspflichten;[7] Mitteilungen bei der Einberufung von HV;[8] speziellen Berichtspflichten zumal vor HV-Beschlüssen[9] (mE aber auch unabhängig von diesen, daher zB auch vor der Ausnutzung von genehmigtem Kapital).[10] Die Regierungsbegründung des AktG 1965 bestätigt, dass die **daneben bestehenden Unterrichtungspflichten keinesfalls geeignet sind, das Auskunftsrecht nach § 131 zu beschränken**. Die anderen der Unterrichtung des Aktionärs dienenden Vorschriften müssen danach „durch ein Auskunftsrecht des Aktionärs ergänzt werden, mit dessen Hilfe er sich die zusätzlichen Kenntnisse beschaffen kann, die er für den sinnvollen Gebrauch seiner Rechte benötigt".[11] Neben § 131 bestehende Auskunftspflichten begrenzen § 131 also nicht. Vielmehr können sie Anknüpfungspunkte für Auskünfte nach § 131 sein; sie stellen das Minimum dessen dar, was der Aktionär nach § 131 berechtigterweise nachfragen kann. Der fragende Aktionär darf jedenfalls nicht schlechter gestellt werden als die Öffentlichkeit,[12] sein Standard der Unterrichtung darf nicht hinter der Informationspflicht aller Aktionäre zurückbleiben. Besonders deutlich wird diese Regelungsintention bei den Vorschriften, die Auskunftspflicht ausdrücklich neben der Berichtspflicht normieren, wie zB §§ 293 a, 293 g Abs. 3, 319 Abs. 3 S. 1 Nr. 3, S. 4 AktG; §§ 63 Abs. 1 Nr. 4, 64 Abs. 2 UmwG.[13] Es gilt ein kräftiges Sowohl-als-auch. Der Aktionär benötigt den Auskunftsanspruch und die sonstigen Unterrichtungsansprüche, um seine Rechte als Eigentümer zumal durch sein Stimmrecht in der HV sinnvoll und effektiv ausüben zu können.[14] Das Auskunftsrecht dient auch der Ermöglichung der Ausübung der Anfechtungsrechte (§ 245) und der Minderheitenrechte.[15] Ein **allgemeines Informationsrecht des Aktionärs außerhalb der HV** besteht nicht.[16] Es gibt auch keinen Anspruch zB des Paketaktionärs auf Informationsoffenbarung zum Zwecke einer due diligence, wenn er sein Aktienpaket einem Dritten veräußern will.[17] Etwas anderes gilt nur für Fälle wie den Bericht des Hauptaktionärs über die Angemessenheit der von ihm festgelegten Barabfindung, wenn also eine gesetzliche Pflicht besteht, Angaben zu machen oder

---

3 RegBegr. *Kropff*, S. 14.
4 Die Regierungsbegründung betont die Gewährleistung des Rechts des Aktionärs, "sich durch Fragen darüber zu vergewissern, wie der Vorstand mit dem von den Aktionären zur Verfügung gestellten Kapital gewirtschaftet hat"; RegBegr. *Kropff*, S. 184. BGHZ 86, 1, 19 = WM 1983, 54 betont mit Recht, das § 131 nicht nur eine Ausprägung des Mitgliedsrechts ist, sondern den Anspruch des Aktionärs verbürgt, Rechenschaft über die Verwaltung seines in die AG investierten Kapitals zu erhalten.
5 Vgl Reg.Begr. abgedruckt bei *Klausing*, Aktien-Gesetz 1937, zu § 112, S. 95 f: Dort heißt es, die Neufassung solle den unerträglichen Zustand beenden, dass die HV-Mehrheit darüber entscheiden könne, ob einem Aktionär Auskunft zu erteilen sei; das Fragerecht bilde „die Grundlage der Stimmrechtsausübung. Ohne das Fragerecht und den Anspruch auf Erteilung einer Auskunft ist er nicht in der Lage, sich die Unterlagen für die Abstimmung zu verschaffen und sachgemäß abzustimmen. Der Aktionär muß daher ein Recht auf Auskunftserteilung in der Hauptversammlung haben, das ihm durch diese nicht genommen werden kann ... Die erteilte Auskunft darf auch nicht so sein, daß sie gerade formal dem Gesetz genügt. Der Vorstand erfüllt vielmehr seine Auskunftspflicht nur, wenn die Auskunft den Grundsätzen einer gewissenhaften und getreuen Rechenschaft entspricht ...". Vgl zur Gesetzesgeschichte Großkomm-AktienR/*Barz*, 3. Aufl., Anm. 1; Großkomm-AktienR/*Decher*, Rn 1 f; Geßler/*Eckardt*, Rn 3 f; KölnKomm-AktG/*Zöllner*, 1. Aufl., Rn 1.
6 Vgl zur anlegerbezogenen Bedeutung der Rechnungslegung *Henn*, Handbuch des Aktienrechts, Rn 989.
7 Vgl insb. §§ 20 f, 15 WpHG, zu deren anlegerschützendem Charakter vgl Großkomm-AktienR/*Decher*, Rn 29 ff; vgl zum Verhältnis zu § 131 KölnKomm-AktG/*Kersting*, 3. Aufl., Rn 40 ff.
8 §§ 121 bis 128 AktG; vgl auch LG Düsseldorf AG 1991, 186 f, zum Anspruch auf Hinterlegung der Aktie bei der AG; Großkomm-AktienR/*Decher*, Rn 23 f; *Butzke*, Teil B Rn 69 ff; *Henn*, Handbuch des Aktienrechts, Rn 798; MüHb-AG/*Semler*, § 35 Rn 28 f; *Hüffer*, § 124 Rn 2 ff.
9 Die umstrittene Frage, dass schon *de lege lata* der Vorstand vor "Holzmüller"-Beschlüssen (BGHZ 83, 122, 131 = DB 1982, 795 = ZIP 1982, 568; vgl auch die Kommentierung von § 119) analog dieser Vorschriften Bericht erstatten muss, ist wegen der überragenden Bedeutung solcher Beschlüsse für die Gesellschaft und die Rechte und Interessen der Aktionäre mE zu bejahen, da nur so das Teilnahmerecht an der HV ordnungsgemäß ausgeübt werden kann; vgl *Pluta*, WpG, Sonderheft 2001, 114, 117; *Drinkuth*, AG 2001, 257; *Weißhaupt*, NZG 1999, 804; *Mutter*, Auskunftsansprüche, S. 48 f; *Hüffer*, § 119 Rn 19; OLG Schleswig WM 2006, 231 = AG 2006, 120 = ZIP 2006, 421.
10 Siehe im Einzelnen *Meilicke/Heidel*, DB 2000, 2358, 2359 f im Anschluss insb. an *Lutter*, BB 1981, 863; *Hirte*, Bezugsrechtsausschluss und Konzernbildung, 1986, S. 120 ff, sowie *Hüffer*, § 203 Rn 36, bis zur 4. Aufl., anders nach Privatgutachten für eine deutsche Großbank, die gegen die von ihm zuvor bejahte Berichtspflicht verstoßen hatte, ab 5. Aufl., § 203 Rn 36; aA BGHZ 164, 241 = DB 2005, 2767 = ZIP 2005, 2205 (Mangusta/Commerzbank I).
11 RegBegr. *Kropff*, S. 184; KölnKomm-AktG/*Kersting*, 3. Aufl., Rn 27.
12 MüKo-AktG/*Kubis*, Rn 6; KölnKomm-AktG/*Kersting*, 3. Aufl., Rn 35.
13 Differenzierend: Großkomm-AktienR/*Decher*, Rn 34 ff.
14 BayObLG AG 1996, 180, 181 (Allianz); RegBegr. *Kropff*, S. 184.
15 *Hüffer*, Rn 1; KölnKomm-AktG/*Zöllner*, 1. Aufl., Rn 2.
16 Vgl statt aller *Lutter*, ZIP 1997, 613, 616.
17 AA aber *Krömker*, NZG 2003, 418.

anderen Informationen zu geben, für die es der Information über die Interna bedarf. Das gilt aber nicht bei Angeboten nach dem WpÜG, da die dortigen Angebote grds. (abgesehen von §§ 39 a ff. WpÜG) nicht auf den inneren Wert der Aktiengesellschaft abstellen; verfügt der Hauptaktionär über solche Informationen zum inneren Wert aufgrund von Angaben der AG, dann müssen sie in der Angebotsunterlage bzw in den begründeten Stellungnahmen gemäß § 27 WpÜG offen gelegt werden.

II. Grundrechtlicher Schutz. Das Auskunftsrecht ist ein **eigennütziges mitgliedschaftliches Individualrecht**,[18] das jedem einzelnen Aktionär zusteht. Es ist **grundgesetzlich** durch Art. 14 Abs. 1 GG geschützt,[19] wonach aber **Inhalts- und Schrankenbestimmungen** des Eigentumsrechts und damit auch des Auskunftsrechts zulässig sind: Für das BVerfG ist das Recht des Aktionärs, Informationen über die Angelegenheiten seiner AG zu erhalten, „wesentlicher Bestandteil des Mitgliedschaftsrechts" und „mitgliedschaftliches Grundrecht";[20] Informationen seien für den Aktionär „unerlässliche Voraussetzung für die Wahrnehmung seiner mitgliedschaftlichen Rechte"; nur ein über die Angelegenheiten der Gesellschaft unterrichteter Gesellschafter könne die ihm obliegenden Aufgaben im Rahmen des Gesellschaftszwecks erfüllen; das Informationsrecht korrespondiere mit den vermögensrechtlichen Ansprüchen, die die Gesellschaftsbeteiligung vermittle. Trotz dieser Betonung der herausragenden grundrechtlichen Bedeutung des Auskunftsanspruchs ist das BVerfG in seinen konkreten Aussagen zur Inhalts- und Schrankenbestimmung recht großzügig, Möglichkeiten zur Ablehnung von Auskünften einzuräumen (vgl Rn 67 f): Der Gesetzgeber habe mit § 131 Abs. 1 S. 1 das individuelle Informationsrecht der Aktionäre gegenständlich verhältnismäßig beschränken können, da den Aktionären nur mitgliedschaftlich beschränkte Befugnisse in der AG zukämen. Auch die Verfassungsmäßigkeit von Auskunftsverweigerungsrechten bejaht das BVerfG (Entscheidung zu § 131 Abs. 3 S. 1 Nr. 3 – stille Reserven) – unter zu Recht harscher Kritik der Literatur (vgl Rn 67 f).

III. Disponibilität. Das Auskunftsrecht ist ein wirksames Instrument zumal von Minderheitsaktionären. Es steht jedem einzelnen Aktionär zu und steht nicht zur Disposition der HV oder der AG.[21] Abgesehen von der in Abs. 2 S. 2 vorgesehenen Weise (Rn 55 a ff) darf es durch **die Satzung nicht beschränkt**[22] und nach bisher wohl hL[23] nicht erweitert werden, da § 131 keinerlei Öffnungsklauseln enthalte und daher die gesetzliche Regelung satzungsfest sei. **ME darf die Satzung die Auskunftspflichten durch ergänzende Bestimmungen gemäß § 23 Abs. 5 erweitern**[24] (vgl § 23 Rn 44); erweiterte Auskunftspflichten, die jeweils unter Beachtung des Gleichbehandlungsgrundsatzes nach § 53 a[25] auch Einsichtsrechte und Auskünfte in- und außerhalb der HV vorsehen können, widersprechen nicht der vom Gesetz angeordneten Kompetenzordnung, sie entsprechen vielmehr dem vom Gesetz vorausgesetzten Leitbild des aufgrund umfassender Information objektiv entscheidenden Aktionärs. Da die Satzung die Auskunftsrechte abgesehen von der zeitlichen Beschränkung nach Abs. 2 S. 2 nicht beschränken darf, kann sie auch keine Oberzahl der zulässigen Fragen festlegen,[26] Voraussetzungen für die Auskunftsrechtsinhaberschaft festlegen[27] oder weitere Auskunftsverweigerungsgründe einführen.[28] Wohl aber darf die Satzung die dem Vorstand zustehenden Auskunftsverweigerungsrechte begrenzen,[29] da dem Vorstand nach § 131 ein Ermessen zusteht, die Auskunft zu verweigern (vgl Rn 56).

IV. Rechtsfolgen von Auskunftsverletzungen. Das Gesetz sanktioniert die Verletzung der Auskunftspflicht: Beschlüsse der HV können hinfällig werden;[30] wenn ein Beschluss auf einer verweigerten oder falschen Auskunft beruht, kann jeder[31] in der HV erschienene oder vertretene Aktionär, der Widerspruch zur Niederschrift des Notars erklärt hat, **den Beschluss anfechten** (vgl § 243 Rn 15 ff). Unrichtige Auskünfte können **Strafbarkeit** begründen (vgl § 400).[32] Die Nicht-Erteilung einer vollständigen und inhaltlich richtigen

---

18 MüKo-AktG/*Kubis*, Rn 4.
19 Vgl BGH DB 1983, 273, 276 f = AG 1983, 75, 80 = BGHZ 86, 1, 16, 19; BVerfGE ZIP 1999, 1798 = NJW 2000, 349 (Wenger).
20 Insoweit im Anschluss an *K. Schmidt*, GesR, § 21 III 1.
21 *Hüffer*, Rn 2; *Butzke*, Teil G, Rn 10 ff; KölnKomm-AktG/*Zöllner*, 1. Aufl., Rn 16; Großkomm-AktienR/*Decher*, Rn 6.
22 *Hüffer*, Rn 1, 2 a; *K. Schmidt*, GesR, § 28 IV 3 a; KölnKomm-AktG/*Zöllner*, 1. Aufl., Rn 5; Geßler/*Eckardt*, Rn 14 f; MüKo-AktG/*Kubis*, Rn 158; Spindler/Stilz/*Siems*, Rn 55.
23 MüKo-AktG/*Kubis*, Rn 158; *K. Schmidt*, GesR, § 28 IV 3 a; *Hüffer*, Rn 2 a; MüHb-AG/*Semler*, § 37 Rn 1; Großkomm-AktienR/*Decher*, Rn 18; KölnKomm-AktG/*Zöllner*, 1. Aufl., Rn 5; KölnKomm-AktG/*Kersting*, 3. Aufl., Rn 58; LG Heidelberg AG 1996, 523.
24 MüKo-AktG/*Kubis*, Rn 158; *Ebenroth*, Auskunftsrecht, S. 4, 11; Lutter/Wiedemann/*Hirte*, S. 61, 86; vgl auch BGHZ 86, 1, 19 = WM 1983, 54 = NJW 1983, 878; KG ZIP 1995, 1585, 1587 = WM 1995, 1927; BayObLG AG 1996, 180, 181 = WM 1996, 119 = DB 1996, 130; K. Schmidt/Lutter/*Spindler*, Rn 4; Großkomm-AktienR/*Decher*, Rn 10 ff; *Hüffer*, Rn 2; KölnKomm-AktG/*Kersting*, Rn 58 ff (der aber Regelungen für Auskunftserteilung außerhalb der HV für zulässig hält).
25 Vgl MüKo-AktG/*Kubis*, Rn 158; *Hüffer*, Rn 2 a, jeweils vor Inkrafttreten des UMAG.
26 AA MüKo-AktG/*Kubis*, Rn 159, 59.
27 MüKo-AktG/*Kubis*, Rn 159.
28 MüKo-AktG/*Kubis*, Rn 159.
29 MüKo-AktG/*Kubis*, Rn 159.
30 Vgl dazu Geßler/*Eckardt*, Rn 167 f; KölnKomm-AktG/*Zöllner*, 1. Aufl., Rn 93 f; MüHb-AG/*Semler*, § 37 Rn 48 f; Großkomm-AktienR/*Barz*, 3. Aufl., Anm. 30; Großkomm-AktienR/*Decker*, 4. Aufl., Rn 378 ff.
31 BGHZ 119, 1, 13 = NJW 1992, 2760 = ZIP 1992, 1227.
32 Vgl auch Geßler/*Eckardt*, Rn 169 f; MüHb-AG/*Semler*, § 37 Rn 66; KölnKomm-AktG/*Zöllner*, 1. Aufl., Rn 103.

Auskunft kann Gegenstand einer **Sonderprüfung** nach § 142 Abs. 1 sein (vgl allg. § 142).[33] Gemäß § 132 besteht der Anspruch auf **gerichtliche Entscheidung** über das Auskunftsrecht (vgl § 132). Damit ist allein die **Möglichkeit der Öffentlichkeit**[34] und der Beschlussvernichtung ein effektives Mittel des Aktionärs, die rechtmäßige und sinnvolle Verwaltung seines in der Gesellschaft investierten Kapitals zu sichern.

5a Der Vorstand ist bei schuldhafter Verletzung der Auskunftspflicht **der Gesellschaft schadensersatzpflichtig** (vgl allg. Kommentierung zu § 93).[35]

5b In Betracht kommt auch eine **Schadensersatzpflicht gegenüber den Aktionären** nach § 823 Abs. 2 BGB iVm § 400 Abs. 1 Nr. 1 oder unmittelbar iVm § 131 (vgl auch zum verwandten Themenkomplex der Haftung für fehlerhafte Ad-hoc-Informationen vgl § 15 WpHG Rn 26). § 400 Abs. 1 Nr. 1 ist unstreitig ein Schutzgesetz iSd § 823 Abs. 2 BGB.[36] Streitig ist, ob § 131 auch ein **Schutzgesetz** ist; wäre § 131 unmittelbar Schutzgesetz, würde dies für die Aktionäre den Vorteil bieten, dass auch bei fahrlässiger Verletzung von Auskunftsrechten eine Verpflichtung zum Schadensersatz besteht. Ein Schutzgesetz liegt nach der allgemein gebräuchlichen Definition vor, wenn die Norm nach ihrem Zweck und Inhalt auch dazu dienen soll, „den Einzelnen oder einzelne Personenkreise gegen die Verletzung eines bestimmten Rechtsguts zu schützen".[37] Einige Autoren verneinen die Eigenschaft als Schutzgesetz, weil § 131 weder die privaten Vermögensdispositionen noch die Privatinteressen der Aktionäre schütze, sondern neben den Interessen der Gesellschaft nur die mitgliedschaftlichen Interessen der Aktionäre.[38] Demgegenüber befürworten andere Autoren den Schutzgesetzcharakter.[39] ME ist der Schutzgesetzcharakter zu bejahen: Zu den von § 131 geschützten mitgliedschaftlichen Rechten gehört gerade auch die Vermögenskomponente. Nach dem Gesetzeszweck des § 131 ist die Verwaltung nach dieser Norm verpflichtet, den Aktionären Rechenschaft über ihr investiertes Kapital zu geben; § 131 ist ein Aspekt der Position der Aktionäre als den wirtschaftlichen Eigentümern ihrer Gesellschaft (vgl Rn 1). Das BVerfG betont, dass gerade bei Kleinaktionären wegen des Zwecks der Kapitalanlage häufig die Vermögenskomponente der Beteiligung im Vordergrund steht.[40] Da § 131 als Individualrecht insbesondere Kleinanleger schützt (vgl Rn 3),[41] schützt er gerade auch private Vermögensinteressen. Dieses Ergebnis wird durch die Neufassung des Anfechtungsrechts durch das UMAG bestätigt: § 243 Abs. 4 S. 2 verweist bei Verletzungen des Auskunftsrechts auf das Spruchverfahren, das der Sicherung der privaten Vermögensinteressen der Aktionäre dient. Damit ist der Charakter von § 131 als Schutzgesetz zu bejahen. Denn es geht gerade um den Schutz der Aktionäre, akkurate Informationen über ihr investiertes Kapital zu erhalten; die Verwaltung ist Treuhänder des von den Aktionären zur Verfügung gestellten Vermögens.[42]

5c Da alle Aktionäre das gleiche Interesse an der Beantwortung einer Frage haben können, ist der Schadensersatzanspruch nicht auf den fragenden Aktionär beschränkt; der Anspruch kann damit **jedem in der HV anwesenden Aktionär** zustehen.

5d Voraussetzung für den Schadensersatzanspruch ist jeweils, dass die fehlerhafte Information **kausal** war für einen Schaden. Für den Nachweis der Kausalität stehen dem geschädigten Aktionär mindestens Beweiserleichterungen zur Verfügung, die mE bis zur Beweislastumkehr reichen können.[43]

---

33 Vgl MüHb-AG/*Semler*, Rn 47; KölnKomm-AktG/*Zöllner*, 1. Aufl., Rn 104; MüKo-AktG/*Kubis*, Rn 174.

34 *Lutter*, AG 1985, 117, 118, spricht von der "Kontrolle durch Öffentlichkeit".

35 MüHb-AG/*Semler*, § 37 Rn 65; Großkomm-AktienR/*Decher*, Rn 406; KölnKomm-AktG/*Zöllner*, 1. Aufl., Rn 99; differenzierend: MüKo-AktG/*Kubis*, Rn 170.

36 BGH NJW 2004, 2664, 2665; KölnKomm-AktG/*Geilen*, § 400 Rn 4; MüKo-AktG/*Kubis*, Rn 171; GroßKomm-AktienR/*Otto*, § 400 Rn 4; Geßler/*Eckardt*, Rn 172.

37 Vgl statt aller Palandt/*Sprau*, § 823 BGB Rn 57.

38 So, mit Unterschieden im Einzelnen, MüKo-AktG/*Kubis* Rn 171; KölnKomm-AktG/*Zöllner*, 1. Aufl., Rn 101; *Werner*, in: FS Heinsius, 1991, Fn 53; *Butzke*, Teil G Rn 100.

39 Geßler/*Eckardt*, Rn 172; MüHb-AG/*Semler*, § 37 Rn 65; GroßKomm-AktienR/*Decher*, Rn 407; K. Schmidt/Lutter/*Spindler*, Rn 117.

40 BVerfGE 100, 289, 305 = NJW 1999, 3769 = ZIP 1999, 1436 = DB 1999, 1693 (DAT/Altana); *Hirte*, in: WpÜG, 2002, S. 27 f; der Gesetzgeber wünscht den Trend zum Erwerb von Aktien unter Renditegesichtspunkten zum Zweck der Kapitalanlage, vgl RegE zum UMAG, BT-Drucks. 50/5092, S. 21 (zu § 147).

41 GroßKomm-AktienR/*Decher* Rn 6; vgl MüKo-AktG/*Kubis*, Rn 1; KölnKomm-AktG/*Zöllner*, 1. Aufl., Rn 2; *Hüffer*, ZIP 1996, 401, 406.

42 Vgl die strafrechtliche Rspr zur Untreue in der „Ackermann/Esser/Mannesmann"-Entscheidung des BGH, BGH ZIP 2006, 73 f.

43 Vgl allg. BGH ZIP 2004, 1599 = NJW 2004, 2664 (Infomatel); BGH ZIP 2005, 1270 = NJW 2005, 2450 (EM.TV); *Fleischer*, ZIP 2005, 1805, 1807; *Edelmann*, BB 2004, 2031, 2033; OLG Frankfurt ZIP 2005, 710; KölnKomm-AktG/*Zöllner*, 1. Aufl., Rn 101; MüKo-AktG/*Kubis*, Rn 152 (trotz seines Ausgangspunkts, wonach § 131 kein Schutzgesetz sei); MüHb-AG/*Semler*, § 37 Rn 65.

Der **Umfang des Schadensersatzes** soll nach der überwiegenden Literaturmeinung auf den unmittelbaren Schaden des Aktionärs beschränkt sein, wofür die Rechtsgrundsätze der §§ 117 Abs. 1 S. 2, 317 Abs. 1 S. 2 entsprechend gelten sollen.[44] Der Begriff der Unmittelbarkeit wird sehr unterschiedlich ausgelegt.[45]

Auch eine **Schadensersatzpflicht der Gesellschaft gegenüber dem Aktionär** kommt im Grundsatz in Betracht.[46] *Zöllner* und *Kubis*, welche einen Schadensersatzanspruch des Aktionärs gegen den Vorstand ablehnen, bejahen einen solchen gegen die Gesellschaft aus Verletzung von Pflichten aus dem mitgliedschaftlichen Verhältnis,[47] die Zurechnung folgt dann aus § 31 BGB.[48] Bejaht man wie hier (vgl Rn 5 b ff) einen Anspruch gegen den Vorstand, so ist die Anspruchsgrundlage bereits in § 31 BGB iVm § 823 Abs. 2 BGB, § 131 zu erblicken.

V. Reformüberlegungen. Forderungen zur Begrenzung des Auskunftsrechts gibt es immer wieder.[49] Die Reformen von § 131 Abs. 2 S. 2, § 243 Abs. 4 S. 2 sollten ein Schlusspunkt sein, da weitere Beschränkungen die Auskunftspflicht auf ein kaum noch noch tolerable Maß reduzieren würden.[50] Alle industriepolitisch motivierten Forderungen der Beschränkung der Auskunftspflichten verkennen die höher zu bewertenden Nachteile der Beschränkung für den Kapitalmarkt. Breite und Tiefe nationaler Kapitalmärkte hängen nämlich wesentlich von der Leistungsfähigkeit minderheitsschützender Vorschriften ab.[51] Beschränkungen stehen in Widerspruch zur Stärkung des Kapitalmarkts.[52] Ein Schutz des Kapitalmarktes ohne einen Schutz der Rechte der Marktteilnehmer ist unzureichend. *Witt* hat demgemäß als Fazit einer Untersuchung über das Informationsrecht des Aktionärs in den USA,[53] Großbritannien und Frankreich – die teilweise deutlich weiter gehende Informationsmöglichkeiten als die deutschen Normen vorsehen – mit Recht festgestellt, dass § 131 und dessen Durchsetzung „einen guten Teil der Unternehmensfassung der AG und damit die Corporate Governance deutscher Unternehmen wider(spiegeln), und jede Veränderung eines einzelnen Bausteins dieses Systems... an anderer Stelle zu Fehlwirkungen führen (kann)".[54]

VI. Europarechtliche Fundierung. Eine **Europäisierung und Stärkung des Fragerechts** gibt es seit dem Vorschlag der EU-Kommission für eine Richtlinie über die Ausübung der Stimmrechte durch Aktionäre.[55] Danach sind HV „das wichtigste Forum, in dem die Aktionäre ihre Rechte wahrnehmen und sich aussprechen können", weshalb die Aktionäre die Möglichkeit haben müssten, Fragen an das Management zu richten, und das Management eine entsprechende Antwortpflicht haben müsse. Bei grenzüberschreitenden Sachverhalten müsse es möglich sein, Fragen zu stellen, ohne selbst anwesend zu sein – also zumindest per Post, aber auch durch Verwendung elektronischer Kommunikationsmittel. Alle in der HV erteilten Antworten „sollten für sämtliche Aktionäre problemlos zugänglich sein, unabhängig davon, wo sie ansässig sind; dies kann insbesondere dadurch erreicht werden, dass die Antworten auf der Webseite des Emittenten eingestellt werden". Der Richtlinien-Vorschlag ist als **Aktionärsrechte-Richtlinie** europäisches Recht geworden.[56] Die Richtlinie betrifft grds. nur Aktiengesellschaften (inklusive SE), „deren Aktien zum Handel an einem ... geregelten Markt zugelassen sind" (Art. 1 Abs. 1). Die Richtlinie bezeichnet es ausdrücklich als ihren Zweck, eine wirksame Kontrolle durch die Aktionäre „zu erleichtern und zu fördern, da sie ‚eine Grundvoraussetzung für eine solide Unternehmensführung' ist" (Erwägungsgrund 3). Nach der Richtlinie soll „jeder Aktionär ... grundsätzlich die Möglichkeit haben, Fragen zu Punkten auf der Hauptversammlung zu stellen und Antworten auf diese Fragen zu erhalten", wobei die Mitgliedstaaten festlegen können, wie und wann Fragen zu stellen und Antworten zu geben sind (Erwägungsgrund 8). Gemäß Art. 9 Abs. 1 hat „jeder" Aktionär das Recht, „Fragen zu Punkten auf der Tagesordnung der Hauptversammlung" zu stellen, die Gesellschaft beantwortet die an sie gestellten Fragen. Gemäß Art. 9 Abs. 2 bestehen Fragerecht und Antwortpflicht vorbehaltlich etwaiger Maßnahmen, die die Mitgliedstaaten ergreifen oder den Aktien-

---

44 Großkomm-AktienR/*Decher*, Rn 407.
45 MüKo-AktG/*Kubis*, Rn 171 (Schadensersatzpflicht insb. bei nachteiligen Anlageentscheidungen); KölnKomm-AktG/*Zöllner*, 1. Aufl., Rn 100 (kein Anspruch bei Verkauf der Aktien, wenn der Aktionär die Lage der Gesellschaft aufgrund der Falsch-Auskunft falsch einschätzt, sondern nur bei nachteiligen Stimmrechtsausübungen oder einer nachteiligen Entschließung hinsichtlich der Erhebung einer Anfechtungsklage); MüHb-AG/*Semler*, § 37 Rn 65 (Ersatz des Nachteils, welcher der Aktionär durch Verkauf oder Behalten der Aktien erleidet); Großkomm-AktienR/*Decher*, Rn 407 (nachteilige Anlageentscheidung des Aktionärs oder Sinken des Börsenwerts der AG aufgrund von Falschinformation).
46 Vgl MüHb-AG/*Semler*, § 37 Rn 65; Großkomm-AktienR/*Decher*, Rn 408; K. Schmidt/Lutter/*Spindler*, Rn 117.
47 KölnKomm-AktG/*Zöllner*, 1. Aufl., Rn 102; MüKo-AktG/*Kubis*, Rn 173.
48 Vgl MüKo-AktG/*Kubis*, Rn 173.
49 Vgl 1. Aufl., Rn 6; jüngst: Spindler/Stilz/*Siems*, Rn 10, 11.
50 Vgl exemplarisch zur Fragwürdigkeit der Beschränkung abfindungswertbezogener Auskunftspflichten *Meilicke*/*Heidel*, BB 2003, 1805 ff sowie allg. zu den UMAG-Beschränkungen *dies.*, DB 2004, 1479 f.
51 *Fleischer*, ZGR 2002, 757, 763 mwN.
52 Vgl insoweit die Beschlüsse beim 64. DJT 2002, abrufbar im Internet unter <www.djt.de>.
53 Rechtsvergleichend: *Lommer*, Das Auskunftsrecht des Aktionärs und die Informationsrechte der Gesellschafter der US-amerikanischen public business corporation, 2005.
54 *Witt*, AG 2000, 257.
55 KOM (2005) 685 endgültig 2005/0265 (COD).
56 „Aktionärsrechte-Richtlinie", RL 2007/36/EG, ABl. EG Nr. L 184 vom 14.7.2007, S. 17; Umsetzung in Deutschland durch das Gesetz zur Umsetzung der Aktionärsrechte-Richtlinie – ARUG – vom 30.7.2009, BGBl. I 2009 S. 2479, freilich ohne Änderung des § 131; vgl allg. zur Richtlinie *Noack*, in: FS Westermann, 2008, 1203.

gesellschaften zu ergreifen gestatten, „die Feststellung der Identität der Aktionäre, den ordnungsgemäßen Ablauf von Hauptversammlungen und ihre ordnungsgemäße Vorbereitung sowie den Schutz der Vertraulichkeit und der Geschäftsinteressen der Gesellschaft zu gewährleisten". Das Auskunftsrecht ist daher richtlinienkonform auszulegen, was mE insbesondere Bedeutung für das Kriterium nach Abs. 1 S. 1 hat, das Auskunftsverlangen zur sachgemäßen Beurteilung des Gegenstands der Tagesordnung „erforderlich" sein müssen, und für die Auskunftsverweigerungsgründe nach Abs. 3, die in der traditionellen Auslegung mE nicht alle vor dem Inhalt der Richtlinie Bestand haben können[57] (vgl Rn 35, 61 und 67 f).

B. Die Regelungen im Einzelnen

7 **I. Die Auskunftspflicht (Abs. 1). 1. Verlangen eines Aktionärs (Abs. 1 S. 1). a) Auskunftsberechtigung.** Auskunftsberechtigt ist **jeder Aktionär** – hält er auch nur eine einzige Aktie.[58] Das Auskunftsrecht ist nicht lediglich ein Hilfsrecht für die sachgemäße Ausübung des Stimmrechts. Es steht daher auch dem Aktionär zu, der vom Stimmrecht ausgeschlossen ist, dessen Aktien nicht voll eingezahlt sind oder der Vorzugsaktionär ohne Stimmrecht ist,[59] es steht auch jedem im Aktienregister Eingetragenen und dem Altaktionär bei Veräußerung seiner Inhaberaktien nach dem Record Date zu.[60] Der Obligationär und der Wandelschuldverschreibungsinhaber haben kein Auskunftsrecht. Der Aktionär muss an der HV teilnahmeberechtigt teilnehmen[61] (ggf im Wege elektronischer Kommunikation, § 118 Abs. 2 S. 2) oder zugelassen sein.

8 Das Auskunftsrecht kann durch diejenige Person ausgeübt werden, die das Stimmrecht für den Aktionär ausübt[62] – also insbesondere durch die **Bevollmächtigten** gem. § 134 Abs. 3 einschließlich § 135 Abs. 5 S. 2.[63] Das Auskunftsrecht dient auch der sachgerechten Ausübung des Stimmrechts. Die Stimmrechtsvollmacht ist umfassend in dem Sinne zu verstehen, dass „der Vertreter dadurch instand gesetzt werden soll, alles zu tun, was zur sachgemäßen Ausübung des Stimmrechts erforderlich ist,"[64] und berechtigt zur Geltendmachung des Auskunftsverlangens bei allen Punkten der Tagesordnung, auch wenn über sie nicht abgestimmt wird,[65] zumal Punkte, über die nicht abgestimmt wird (wie etwa die Vorlage des Jahresabschlusses), einen entscheidenden Einfluss auf die Stimmabgabe bei anderen Punkten – wie zB der Entlastung – haben können. Nach hM berechtigt die Vollmacht nicht zur gerichtlichen Geltendmachung des Auskunftsanspruches.[66] Dass die Reichweite der Vollmacht nicht einheitlich beurteilt wird, sollte bei ihrer Formulierung bedacht werden. Der Vollmachtgeber sollte daher vorsorglich auch zur „Ausübung des Auskunftsrechtes gem. § 131 zu allen Gegenständen der Tagesordnung, ob über sie Beschluss gefasst wird oder nicht", bevollmächtigen.

9 Auch die **Legitimationsübertragung** berechtigt zur Ausübung des Auskunftsanspruchs.[67]

10 Auskunftsberechtigt ist auch der Aktionär, der zur Stimmabgabe entschlossen ist[68] und der die Antwort auf sein Auskunftsverlangen kennt – oder zu kennen meint.[69] Ein Aktionär kann Auskunft „auch allein deshalb fordern, damit er andere Aktionäre in der Hauptversammlung ‚auf seine Seite ziehen' und von seiner be-

---

57 Vgl allg. *Kersting*, ZIP 2009, 2317; KölnKomm-AktG/*Kersting*, 3. Aufl., Rn 77 ff, 121 ff.
58 AllgM, vgl statt aller *Meilicke/Heidel*, DStR 1992, 72, 73; *Hüffer*, Rn 3; Großkomm-AktienR/*Decher*, 4. Aufl., Rn 5; MüHb-AG/*Semler*, § 37 Rn 2; so auch ausdrücklich RegBegr. Kropff, S. 185; so auch schon § 112 Abs. 1 S. 1 AktG 1937. Daher sind Differenzierungen des Anspruchs und des Umfangs der Auskunft nach der Höhe der Beteiligung, wie sie das LG Berlin vertrat (AG 1991, 34 ff = WM 1990, 978 ff), fragwürdig. Für Quorum de lege ferenda (zu Unrecht): *Joussen*, AG 2000, 241, 253; solche Erwägungen sind spätestens seit Inkrafttreten von Art. 9 Abs. 1 Aktionärsrechte-Richtlinie vom Tisch, vgl Rn 6a.
59 AllgM, vgl statt aller KölnKomm-AktG/*Zöllner*, 1. Aufl., Rn 9; KölnKomm-AktG/*Kersting*, 3. Aufl., Rn 61; Geßler/*Eckardt*, Rn 20; Großkomm-AktienR/*Decher*, Rn 85; *Meilicke/Heidel*, DStR 1992, 72, 73; MüHb-AG/*Semler*, § 37 Rn 2; OLG Stuttgart AG 2011, 93, 97 = DB 2010, 2610 = GWR 2010, 600.
60 *Hüffer*, Rn 4.
61 Vgl zB Großkomm-AktienR/*Barz*, 3. Aufl., Anm. 2; Geßler/*Eckardt*, Rn 20; *Henn*, Handbuch des Aktienrechts, § 26 Rn 872; Großkomm-AktienR/*Decher*, Rn 86; Spindler/Stilz/*Siems*, Rn 13; KölnKomm-AktG/*Kersting*, 3. Aufl., Rn 62.

62 AllgM, vgl zB Großkomm-AktienR/*Barz*, 3. Aufl., Anm. 2; Geßler/*Eckardt*, Rn 21; KölnKomm-AktG/*Zöllner*, 1. Aufl., Rn 8; Großkomm-AktienR/*Decher*, Rn 87.
63 Das Gesetz lässt weite Vollmachtsanforderungen zu, die über § 134 AktG hinausgehen, so OLG Düsseldorf AG 1991, 444; *Hüffer*, Rn 4.
64 Geßler/*Eckardt*, Rn 21; vgl auch LG Heilbronn AG 1967, 81 f.
65 *Meilicke/Heidel*, DStR 1992, 72, 113, 115 Fn 86; LG Köln AG 1991, 38; K. Schmidt/Lutter/*Spindler*, Rn 15; aA Geßler/*Eckardt*, Rn 21; *Hüffer*, Rn 4.
66 Zur von der hM verneinten Frage, ob die Vollmacht das Recht zu gerichtlichen Geltendmachung des Auskunftsanspruchs umfasst, vgl Geßler/*Eckardt*, Rn 19; *Henn*, Handbuch des Aktienrechts, 6. Aufl., § 26 Rn 872 sowie KölnKomm-AktG/*Zöllner*, 1. Aufl., Rn 8.
67 *Hüffer*, Rn 4.
68 OLG Düsseldorf DB 1987, 2512 = AG 1987, 21, 22 f gegen Vorinstanz, LG Dortmund EWiR 1986, 7; KölnKomm-AktG/*Kersting*, 3. Aufl., Rn 61.
69 *v. Godin/Wilhelmi*, Anm. 2.

reits feststehenden Entscheidung überzeugen kann".⁷⁰ Der Aktionär darf gerade auch lästige Fragen stellen und durch Fragen Opposition betreiben.⁷¹

b) Auskunftsverlangen. Die Auskunft ist nur „auf Verlangen" zu geben: Ohne Verlangen kann die Auskunftspflicht nicht nach § 131 begründet sein.⁷² Das Verlangen ist (ggf konkludent), auch wenn es als Frage an den AR oder Versammlungsleiter gerichtet ist,⁷³ **an den Vorstand gerichtet**. Es muss nach ganz hM **in der HV** gestellt werden; das Gesetz verlangt das nicht ausdrücklich; der enge Zusammenhang zwischen der Auskunft, die nach dem eindeutigen Gesetzeswortlaut „in der Hauptversammlung... zu geben" ist, und dem Verlangen soll gemäß § 118 Abs. 1 S. 1 die Notwendigkeit des ausdrücklichen Verlangens in der HV begründen. Der Versammlungsleiter muss die Auskunftsverlangen vor der Beschlussfassung ermöglichen⁷⁴ (vgl vor § 129 Rn 31).

Da das Gesetz zur Form des Verlangens schweigt, können die Auskünfte mE **auch schriftlich in der HV verlangt** werden (vgl zum Verlangen vor der HV Rn 22).⁷⁵ Die Satzung – und erst recht der Versammlungsleiter⁷⁶ – darf für das Verlangen **keine Schriftform** vorsehen, denn darin läge eine Erschwerung des Auskunftsrechts, die das Gesetz nicht zulässt und die gem. § 23 Abs. 5 rechtswidrig ist.⁷⁷ Denn nicht alle gebotenen Auskünfte sind vorhersehbar und Fragen und Anschlussfragen, oft bohrende Weiterfragen, müssen zur sachgemäßen Auseinandersetzung über einen Tagesordnungspunkt auch ad hoc in der HV gestellt werden können. Das Auskunftsverlangen ist, soweit die Satzung nicht auch andere Sprachen bestimmt, in deutscher Sprache vorzubringen. Zulässig ist aber auch jede **fremde Sprache**, soweit der Vorstand (mE genügt eines seiner Mitglieder) diese versteht.⁷⁸ Typischerweise muss das Auskunftsverlangen in einem durch den Versammlungsleiter ermöglichten Diskussionsbeitrag gestellt werden; zu weit geht indes die Auffassung, ein Zwischenruf könne kein zu beachtendes Verlangen darstellen.⁷⁹ Dies gilt zB dann, wenn der Aktionär an die Beantwortung einer zuvor gestellten Frage erinnert („Nun antworten Sie endlich") oder durch Zustimmung zahlreicher Aktionäre deutlich wird, dass ein von vielen geteiltes Informationsbegehren vorliegt. Das Auskunftsverlangen braucht nicht als Frage oder Aufforderung formuliert zu werden; es muss lediglich dem Inhalt nach deutlich sein, dass der Aktionär eine Auskunft begehrt.⁸⁰ Das kann zB darin liegen, dass ein Aktionär in seinem Redebeitrag die Blockadehaftung der Verwaltung bei der Informationserteilung zu bestimmten Komplexen der Tagesordnung kritisiert.

In der Praxis häufig und nach hM zulässig ist eine Anordnung des Versammlungsleiters (vgl allg. vor §§ 129 ff), nach der zunächst **alle Fragen** eines, mehrerer oder aller Aktionäre **en bloc** gestellt werden müssen, bevor der Vorstand antwortet.⁸¹ Eine solche Zusammenfassung aller Fragen, zu der das Gesetz nichts sagt, ist für den Aktionär gefährlich, weil dadurch die Beantwortung von Fragen regelmäßig untergeht. In der Praxis versuchen Vorstände möglichst wenig Auskunft zu geben und zB konkrete Fragen allgemein zu beantworten in der Erwartung, der Fragesteller werde sich mit der generellen Auskunft zufrieden geben. Ein solches Verfahren sichert nicht effektiv den Anspruch auf Auskunft. Daher können mE Aktionäre darauf bestehen, dass die Fragen jeweils einzeln beantwortet werden. Die Auffassung ist praktikabel und, da Auskunftserzwingungsverfahren vermieden werden, im Ergebnis auch zeitsparend.⁸²

Das Auskunftsrecht soll (unbeschadet von Abs. 2 S. 2) durch **Ordnungsmaßnahmen eingeschränkt** werden können. Es entsprach herkömmlicher richtiger Auffassung, dass Ordnungsmaßnahmen in der HV wie Rede- und Fragezeitbeschränkungen sowie der Schluss der Debatte auf das Auskunftsrecht keinen Einfluss ha-

---

70 v. Godin/Wilhelmi, Anm. 2; kritisch: Reuter, DB 1988, 2615, 2616; Großkomm-AktienR/Decher, Rn 141, 146.
71 BGHZ 36, 121, 136 f = DB 1961, 1608. In anderer Hinsicht hält der BGH an dem Urteil nicht mehr fest, vgl zB BGH NJW 1989, 2689, 2692, zum angeblichen Missbrauch der Anfechtungsklage bei Fällen des "Auskaufens von Aktionären"; vgl dazu § 245 Rn 28 f; vgl Großkomm-AktienR/Barz, 3. Aufl., Anm. 12; Geßler/Eckardt, Rn 43; Großkomm-AktienR/Decher, Rn 279.
72 Hüffer, Rn 8; aA LG Berlin AG 1997, 183.187.
73 Großkomm-AktienR/Decher, Rn 91.
74 OLG Hamburg AG 2011, 677, 678 = ZIP 2011, 1209 = WM 2011, 1516.
75 Hüffer, Rn 8; MüHb-AG/Semler, § 37 Rn 25; Geßler/Eckardt, Rn 26; Großkomm-AktienR/Decher, Rn 98; Grigoleit/Herrler, Rn 9; ähnlich: Spindler/Stilz/Siems, Rn 19; Schmidt/Lutter/Spindler, Rn 24; aA Kubis, in: FS Kropff, 1997, S. 171, 187; MüKo-AktG/Kubis, Rn 29; OLG Frankfurt ZIP 2007, 1463 = AG 2007, 672.
76 Differenzierend: Großkomm-AktienR/Decher, Rn 98.
77 Hüffer, Rn 2 a; aA Geßler/Eckardt, Rn 17; MüHb-AG/Semler, § 37 Rn 25; Kubis, in: FS Kropff, 1997, S. 171, 188; Meilicke/Heidel, DStR 1992, 72, 73; Spindler/Stilz/Siems, Rn 7; Grigoleit/Herrler, Rn 9.
78 Zu eng MüKo-AktG/Kubis, Rn 27, der unter Hinweis auf den Zweck des Auskunftsrechts, die kollektive Willensbildung, fremde Sprachen nur dann zulassen will, wenn sämtliche Versammlungsteilnehmer zugestimmt haben; K. Schmidt/Lutter/Spindler, Rn 22 stellt die Sprachkenntnisse in das Ermessen des Versammlungsleiters.
79 So aber Hüffer, Rn 9.
80 Hüffer, Rn 10; Großkomm-AktienR/Decher, Rn 96; KölnKomm-AktG/Kersting, 3. Aufl., Rn 47; Spindler/Stilz/Siems, Rn 20; aA OLG Celle AG 1984, 266, 272 = WM 1984, 494; MüKo-AktG/Kubis, Rn 24.
81 Für Zulässigkeit aber zB Großkomm-AktienR/Barz, 3. Aufl., Anm. 23; Großkomm-AktienR/Decher, 4. Aufl., Rn 98; Barz, AG 1962, Beilage 1, S. 8 f zum AktG 1937; MüHb-AG/Semler, § 37 Rn 27; KölnKomm-AktG/Zöllner, 1. Aufl., Rn 82.
82 Meilicke/Heidel, DStR 1992, 72, 74.

ben.[83] Demgegenüber hat das BVerfG nicht beanstandet, dass ein Versammlungsleiter das Auskunftsrecht individuell beschränkt hat[84] (vgl Rn 55 e). Redezeitbeschränkungen haben mE auf das Fragerecht jedenfalls außerhalb von Abs. 2 S. 2 keinen Einfluss; der Aktionär kann also auch nach Ablauf der ihm zugewiesenen Redezeit Fragen stellen.[85] Auch wenn durch eine individuelle Ordnungsmaßnahme dem Aktionär das Rederecht entzogen ist, behält er das Recht, Fragen zu stellen, worauf hinzuweisen ist.[86] Allerdings soll ihm auch das Fragerecht entzogen werden können, wenn er die Fragezeit trotz Ermahnung zu weiteren Redebeiträgen, nicht aber zum Fragen nutzt.[87] Nach dem Schluss der Debatte können nach unzutreffender Sicht des BVerfG angeblich keine Fragen mehr gestellt werden.[88] Freilich ist Voraussetzung jedenfalls immer, dass diese Ordnungsmaßnahmen zulässig sind. Dazu gehören insbesondere rechtzeitige Redezeitbeschränkungen und Ankündigung der Maßnahmen (vgl zur Versammlungsleitung vor §§ 129–132, Rn 50 ff, 57 ff).

14 **Aktionäre brauchen Fragen mE nicht zu begründen**[89] und nicht anzukündigen (vgl Rn 21 f).[90] Der Vorstand muss auf Fragen vorbereitet sein; er muss, auch abends und an arbeitsfreien Tagen, Personal und Hilfsmittel bereithalten sowie sonstige Vorkehrungen treffen, um sich (selbst bei unvorhersehbaren Fragen) die erforderlichen Tatsachen und Belege beschaffen zu können.[91] Demgegenüber gibt es eine alte Entscheidung des BGH, wonach umfangreiche oder inhaltlich schwierige Vorgänge einer Aufbereitung und daher Zeit bedürften; daher könne man vom Aktionär verlangen, dass er solche Fragen dem Vorstand vor der HV bekannt gebe und ihm so die erforderliche Vorbereitungszeit für eine sachgemäße Beantwortung ermögliche.[92] Diese Sicht des BGH ist im Hinblick auf die umfassende Vorbereitungspflicht des Vorstands[93] mE obsolet. Im Zuge der modernen Kommunikation und der raschen Veränderung der wirtschaftlichen Gegebenheiten etwa auf den Kapitalmärkten ist die BGH Rechtsprechung nicht mehr zeitgemäß. Denn heute müssen Vorstände auch sonst im Geschäft in der Lage sein, für ihre eigene Entscheidungen weltweit ad hoc Informationen zu beschaffen und danach ihr Handeln auszurichten; dann können Aktionäre nicht schlechter gestellt werden, indem man von ihnen eine Ankündigung der zur Beurteilung der Tagesordnung gebotenen Auskünfte verlangt hinsichtlich Auskünften, die der Vorstand nicht ohne Weiteres erteilen kann (vgl Rn 19 f).

15 Ordnet der Versammlungsleiter eine Fragestellung im Rahmen einer Generaldebatte oder sonst en bloc zu allen Tagesordnungspunkten an (vgl Rn 12), braucht der Aktionär nicht **anzugeben, auf welchen Tagesordnungspunkt sich das Auskunftsbegehren konkret bezieht,** häufig betreffen Auskunftsverlangen mehrere Tagesordnungspunkte, was sich mitunter auch erst im Laufe der Debatte ergibt; löst der Versammlungsleiter (nach Sicht der hM zulässiger Weise, vgl Rn 12) die Fragerunde von den einzelnen Tagesordnungspunkten, ist die von der AG hinzunehmende Kehrseite dieser Verhandlungsführung der Vorteil für alle Aktionäre, nicht genau angeben zu müssen, auf welchen Tagesordnungspunkt sich ihre Fragen beziehen.[94] Der Aktionär braucht auch nicht jeweils unmittelbar vor der Abstimmung zum jeweiligen Tagesordnungspunkt die Nichtbeantwortung seiner Fragen zu reklamieren, da der Vorstand ja weiß, dass er im Rahmen der Generaldebatte nicht geantwortet hat. Beim Auskunftserzwingungsverfahren und der Anfechtungsklage muss der Aktionär aber jeweils darlegen, zur Beurteilung welcher Angelegenheit der Tagesordnung er die Auskunft verlangt hat.

---

83 BGHZ 44, 245, 252; zur Abgrenzung des Auskunftsverlangens von einer in rhetorische Fragen gekleideten Rede MüKo-AktG/*Kubis*, Rn 26.
84 ZIP 1999, 1798, 1800 = AG 2000, 74 (Wenger/Daimler-Benz).
85 OLG Stuttgart WM 1995, 617.
86 Großkomm-AktienR/*Decher*, Rn 112; *Max*, AG 1991, 77, 93; *Quack*, AG 1985, 145, 148.
87 LG Frankfurt ZIP 1984, 321, 324; LG Stuttgart AG 1994, 425, 426; vgl zum Saalverweis OLG Stuttgart WM 1995, 617, 619 f = DB 1995, 568 = AG 1995, 234; bestätigt vom BVerfG ZIP 1999, 1798, 1801 = AG 2000, 74 (Wenger).
88 BVerfG AG 2000, 74, 75 = ZIP 1999, 1798.
89 KölnKomm-AktG/*Zöllner*, 1. Aufl., Rn 80; *Hüffer*, Rn 8; K. Schmidt/Lutter/*Spindler*, Rn 22; zu Unrecht differenzierend: Großkomm-AktienR/*Decher*, Rn 100, 155 und K. Schmidt/Lutter/*Spindler*, Rn 25, 34, er müsse die Erforderlichkeit darlegen; KG ZIP 1993, 1618, 1621 (Siemens); WM 1994, 1479, 1487; dagegen zu Recht MüKo-AktG/*Kubis*, Rn 46; ob die Auskunft erforderlich ist, beurteilt sich nach einem objektiven Maßstab, das Gesetz sieht für das Verlangen keine Begründung vor, der Vorstand muss auf Grund der ihm vorliegenden Unterlagen prüfen, ob da Erfordernis an der Auskunft besteht; die fehlende Darlegung könne lediglich die Kostentragung zur Folge haben; BGH ZIP 2009, 2203, meint in einem Beschluss zur Ablehnung einer Nichtzulassungsbeschwerde obiter, der Kläger müsse die Erforderlichkeit nur darlegen, wenn die AG die Auskunftserteilung „unter Berufung auf die fehlende Erforderlichkeit verweigert hat".
90 AllgM, vgl statt aller KölnKomm-AktG/*Zöllner*, 1. Aufl., Rn 56, 77; Spindler/Stilz/*Siems*, Rn 70.
91 AllgM, vgl statt aller KölnKomm-AktG/*Zöllner*, 1. Aufl., Rn 77, *Meilicke/Heidel*, DStR 1992, 72, 74; *Hüffer*, Rn 9; sehr skeptisch gegenüber Vorbereitungspflicht des Vorstands Spindler/Stilz/*Siems*, Rn 71, wonach nach der Konzeption des § 131 spiegelbildlich zum Aktionär auch der Vorstand nur in der HV aktiv zu werden brauche; dessen ungeachtet könne eine „gewisse" Vorbereitung erwartet werden.
92 BGHZ 32, 159, 166; differenzierend zit. bei *Henze*, HRR-Aktienrecht, Rn 834.
93 Nach Auskunft des damaligen Syndikus der Bayer AG 1999 gegenüber dem Verfasser wurde bei dieser Gesellschaft für eine HV die Beantwortung von bis zu 22.000 Fragen vorbereitet.
94 KölnKomm-AktG/*Kersting*, 3. Aufl., Rn 107; OLG München AG 1998, 238; BayObLG DB 2001, 1138 = AG 2001, 424; offen gelassen: OLG Frankfurt ZIP 2007, 1463, 1466; vgl *Hüffer*, ZIP 1996, 401, 407.

Die Fragesteller müssen darauf achten, dass ihre **Frage bis zum Schluss des jeweiligen Tagesordnungspunktes, zu dem sie die Frage stellen, als offenes Auskunftsverlangen (an)erkannt wird**.[95] Sonst besteht die Gefahr, dass ihr Verhalten als konkludenter Verzicht auf die Beantwortung ausgelegt wird.[96] Teilweise wird auch vertreten, dass den Aktionär eine Mitwirkungsobliegenheit trifft und er die Nichtbeantwortung seiner Frage zu rügen habe.[97] Dadurch hat sich bei der HV ein Verfahren eingebürgert, bei dem Aktionäre immer wieder die gleichen Fragen stellen (müssen), da Vorstände häufig konkrete Fragen unzureichend pauschal beantworten. Die dieser Verfahrensweise zugrunde liegende Sicht ist jedoch mE unzutreffend.[98] Die Fiktion einer Rücknahme ist weder mit dem Zweck der §§ 131, 132, dem Aktionär die notwendigen Informationen zu gewähren, noch mit den jedenfalls analog geltenden allgemeinen Regeln über empfangsbedürftige Willenserklärungen vereinbar. Nach dem für die Auslegung einer Willenserklärung maßgebenden objektiven Empfängerhorizont kann aus einem bloßen Unterlassen der Wiederholung nicht auf eine Rücknahme des vorher ausdrücklich geäußerten Verlangens geschlossen werden, wenn dem Empfänger – dem Vorstand – bekannt ist oder sein müsste, dass er die Frage unzureichend beantwortet hat.[99] Eine Rechtsgrundlage für eine konkrete Mitwirkungspflicht des Aktionärs bei der Auskunftserteilung besteht nicht,[100] so dass den Aktionär keine Rügeobliegenheit trifft.[101] Diese Grundsätze hat jüngst das OLG Köln in einer viel beachteten Entscheidung bestätigt.[102] Demzufolge ist der Aktionär auch nicht verpflichtet, der allgemeinen Feststellung des Versammlungsleiters zu widersprechen, alle Fragen seien beantwortet.[103] Alles andere führt zu einer völlig unnötigen Verzögerung des Ablaufs der HV. Aus dem Grundsatz venire contra factum proprium ergibt sich jedoch dann eine Rügepflicht, wenn Versammlungsleiter oder Vorstand nachfragen, ob noch unbeantwortete Auskunftsverlangen bestehen, soweit das nicht eine offensichtlich rhetorische Frage ist, die dem Versammlungsablauf widerspricht,[104] oder wenn der Aktionär bemerkt, dass seine Fragen missverstanden werden.[105] Nach Details nachfragen muss der Aktionär auch dann, (1.) wenn er bei einer pauschal beantworteten pauschalen Frage Detailinformationen haben möchte[106] oder (2.) seine Frage auf eine Vielzahl von Informationen gerichtet ist, die teilweise nicht für die Beurteilung eines Tagesordnungspunkts relevant sind, und er eine aus seiner Sicht unzureichende Pauschalantwort erhält.[107] Diese Nachfragepflicht be-

---

95 Vgl zu einem Fall, bei der Antragsteller eine Reihe von Fragen bei der HV auf Tonband diktiert hatte und im Verfahren nach § 132 AktG eine weitere Frage beantwortet haben wollte, LG Mainz AG 1988, 169.
96 LG Mainz AG 1988, 169, 170.
97 LG Heidelberg ZIP 1997, 1787, 1791; LG Braunschweig AG 1991, 36, 37; LG München AG 2007, 255, 257 = ZIP 2006, 1320; LG Krefeld AG 2008, 754, 757; *Henn*, Handbuch des Aktienrechts, Rn 880; KölnKomm-AktG/*Zöllner*, 1. Aufl., Rn 97.
98 MüKo-AktG/*Kubis*, Rn 75; Großkomm-AktienR/*Decher*, Rn 395.
99 Ebenso: MüKo-AktG/*Kubis*, Rn 35.
100 MüKo-AktG/*Kubis*, Rn 75.
101 MüKo-AktG/*Kubis*, Rn 75; Großkomm-AktienR/*Decher*, Rn 395.
102 OLG Köln NZG 2011, 1150 = ZIP 2011, 2102 = AG 2011, 838 = WM 2012, 409 IVG – Nichtzulassungsbeschwerde vom BGH (II ZR 187/11) zurückgewiesen. In der Entscheidung heißt es u.a.: „(Durch die Gegenauffassung) wird der Vorstand die Möglichkeit, durch eine formale Befragung der Hauptversammlung die ihm grundsätzlich obliegende Verantwortung für die Beantwortung der gestellten Fragen auf die Aktionäre zu überwälzen. Ein sachlicher Grund hierfür ist nicht erkennbar. Er ergibt sich insbesondere nicht daraus, dass der fragende Aktionär eher als der Vorstand beurteilen kann, ob eine gestellte Frage beantwortet ist. Wie auch in diesem Verfahren erkennbar, wird in der Hauptversammlung vom sog. Back-Office penibel über die gestellten Fragen und die hierauf gegebenen Antworten Buch geführt. Von daher sollte für den Vorstand jederzeit erkennbar sein, ob eine Frage bereits beantwortet ist oder nicht. ... Der Hauptversammlungsteilnehmer hat aber nicht dieselben Möglichkeiten, der „Buchführung" über Fragen und Antworten wie der Vorstand. Im Übrigen kommt es auch nicht darauf an, ob der Fragesteller subjektiv meint, dass seine Frage beantwortet sei, sondern ob sie objektiv ist. Schließlich ist zu berücksichtigen, dass es nicht nur auf den Fragesteller ankommt, denn die Folge des rechtsmissbräuchlichen Verhaltens soll auch alle anderen Aktionäre treffen. Für diese ist es aber noch schwieriger, den Überblick über Fragen und Antworten zu erhalten. Auch die Argumentation des Landgerichts, dass das Abstellen auf ein subjektives Erfordernis für die Frage des Missbrauchs bzw der Treuwidrigkeit zur Folge hätte, dass kaum jemals der Nachweis des Rechtsmissbrauchs zu führen wäre, überzeugt nicht. Zum einen ist es kein Wert für sich, dass die rein objektive Betrachtung des Rechtsmissbrauchs zu einer häufigeren Anwendung dieses Instituts führt. Eine solche Auffassung wäre nur vertretbar, wenn man auf Verletzungen des Fragerechts gestützte Anfechtungsklagen per se als suspekt ansehen und es deshalb für legitim halten würde, diese möglichst zurückzudrängen. Das ist aber ersichtlich nicht die Konzeption des Aktiengesetzes. ... Gewährt man dem Vorstand/Hauptversammlungsleiter aber einen Vertrauensvorschuss, indem man grds. davon ausgeht, dass die Frage in guter Absicht gestellt wurde, während man dem Aktionär die Beweislast dafür aufbürdet, dass er ausnahmsweise die Nichtbeantwortung einer Frage nicht erkennen konnte, führt dies im Ergebnis zu einer Entwertung des Fragerechts. Der Vorstand kann dann seiner – oftmals sicher lästigen – Pflicht zur Beantwortung von Fragen gefahrlos nachlässig nachkommen, weil er durch die ‚salvatorische Frage' nach der Beantwortung aller Fragen das Risiko der Nichtbeantwortung auf die Aktionäre überbürdet." Zustimmend *Morell*, EWiR 2011, 761, ablehnend *Bredol*, NZG 2012, 613.
103 Vgl MüKo-AktG/*Kubis*, Rn 71; so aber LG Heidelberg ZIP 1997, 1787.
104 MüKo-AktG/*Kubis*, Rn 71.
105 OLG Stuttgart ZIP 2003, 2024, 2026.
106 BGH WM 2013, 2361 = ZIP 2013, 2454, Rn 44 unter Verweis auf OLG Hamburg, AG 2001, 359, 360; LG Braunschweig, AG 1991, 36, 37; *Bürgers/Körber/Reger*, 2. Aufl., § 131 Rn. 17; *Hölters/Drinhausen*, Rn 22; *Hüffer*, Rn 21; KK-AktG/*Kersting*, 4. Aufl., Rn 266; *Groß*, AG 1997, 97, 103.
107 BGH WM 2013, 2361 = ZIP 2013, 2454, Rn 44 unter Verweis auf MüKo-AktG/*Kubis*, 3. Aufl., Rn 77; *Marsch-Barner*, WM 1984, 41, 42).

dingt es, dass der Versammlungsleiter solche Möglichkeiten zu Nachfragen geben muss, andernfalls ist das Fragerecht verletzt.

Aufgrund der Rechtsprechung empfiehlt es sich, an ein offen gelassenes Auskunftsverlangen zumindest einmal zu erinnern. Wenn auch nach dieser Erinnerung das Auskunftsverlangen nicht erfüllt wird, liegt eine Nicht-Beantwortung bzw Verweigerung der Auskunft vor; alles andere führt zu einer völlig unnötigen Verzögerung des Ablaufs der HV. Es empfiehlt sich zudem aus Gründen der Beweiserleichterung von dem Recht Gebrauch zu machen, vom protokollierenden Notar (§ 130 Abs. 1 S. 1) oder in anderen Niederschriften (§ 130 Abs. 1 S. 3) die **nicht beantworteten Fragen und ggf die Gründe der Auskunftsverweigerung gemäß § 131 Abs. 5 festhalten** zu lassen (vgl Rn 82 ff). Auch wenn die Niederschrift verzeichnet, dass alle Fragen beantwortet und weitere Wortmeldungen nicht erfolgt seien, ist im Prozess bei entsprechendem Vortrag des Aktionärs über die Frage der Beantwortung Beweis zu erheben; denn die notarielle Niederschrift über eine HV erbringt zwar einen Beweis als öffentliche Urkunde und begründet damit grds. vollen Beweis des beurkundeten Vorgangs; der Beweis, dass der Vorgang unrichtig beurkundet ist, ist aber zulässig (§ 415 Abs. 2 ZPO).[108]

16a Auch bei **elektronischer Teilnahme** (§ 118 Abs. 1 S. 2) besteht das Auskunftsrecht.[109]

17 **2. Auskunft des Vorstands in der Hauptversammlung (Abs. 1 S. 1). a) Vorstand.** Nur der (amtierende)[110] Vorstand ist zur Auskunft verpflichtet – nicht das einzelne Mitglied oder der Sprecher/Vorsitzende des Vorstandes oder Aufsichtsmitglieder (vgl Rn 17a), Abschlussprüfer, andere Aktionäre (auch nicht der Hauptaktionär, vgl § 327 d Rn 3) oder Arbeitnehmer.[111] Bei der Erteilung der Auskunft vertritt der Vorstand die Gesellschaft,[112] bei ihr handelt es sich nicht um eine persönliche Verpflichtung der Vorstandsmitglieder.[113] Den Vorstand trifft die Auskunftspflicht selbst dann, wenn eine Angelegenheit Dritte, etwa Handlungen des Aufsichtsrats betrifft.[114] Wenn Dritte Auskünfte geben, erfüllen diese den Auskunftsanspruch des Aktionärs nur, wenn der Vorstand sich diese Auskünfte (konkludent) zu Eigen macht.[115]

17a Da der **Besondere Vertreter** nach § 147 Abs. 2 im Rahmen seiner Aufgaben den Vorstand verdrängt, ist er der HV mE generell auskunftsberechtigt und -pflichtig (vgl § 147 Rn 24).[116] ME hat der **Aufsichtsrat** in der HV ein eigenes Recht zur Auskunftserteilung, und er ist mE auch selbst zur Auskunftserteilung verpflichtet, soweit der Vorstand die in der Kenntnis der AR liegenden Informationen nicht ordnungsgemäß erteilt; jedenfalls muss er dem Vorstand solche Informationen zur Verfügung stellen. Pflichten zu Informationen durch den AR enthalten § 171 Abs. 2 S. 1 und S. 2 Hs 2.[117] Ebenso wie zB nur der Besondere Vertreter authentisch über seine Arbeit berichten kann, kann dies der AR über seine Tätigkeit, zumal die Überwachung des Vorstands (§ 111 Abs. 1; vgl auch § 84, § 87 Abs. 1, 2, § 111 Abs. 2 S. 3 und Abs. 4 S. 2, § 112, § 124 Abs. 3 S. 1, § 171 Abs. 2 S. 1 und S. 2 Hs 2). ME verfügt der AR in seinem originären Tätigkeitsbereich über ein unmittelbares Recht (und auch eine Pflicht) zur Auskunft, deren wirksame Erfüllung nicht davon abhängen kann, dass der Vorstand sich die Auskünfte zu eigen macht oder die Auskunftserteilung an den AR delegiert.[118] Zum Teil verfügt der Vorstand gar nicht selbst über die erforderlichen Informationen, und *Stille Post* zu spielen dient nicht der effektiven wahrheitsgemäßen Information der Aktionäre. Zudem hätte es andernfalls der Vorstand in der Hand, durch unsachliche Darstellung den Inhalt der Tätigkeit des AR zu verfälschen. Aktionäre haben aber Anspruch auf umfassende wahrheitsgemäße Information.

18 Die Auskunft ist eine **Maßnahme der Geschäftsführung**.[119] Ob der Vorstand die Auskunft gibt, entscheidet er einstimmig (§ 77 Abs. 1), soweit nicht Satzung oder Geschäftsordnung etwas anderes vorsehen.[120]

---

108 OLG Frankfurt AG 2007, 374, 375.
109 KölnKomm-AktG/*Kersting*, 3. Aufl., Rn 521 ff.
110 MüKo-AktG/*Kubis*, Rn 20; KölnKomm-AktG/*Kersting*, Rn 71.
111 AllgM, vgl zB Großkomm-AktienR/*Barz*, 3. Aufl., Anm. 4; *Henn*, Handbuch des Aktienrechts, § 26 Rn 874; vgl auch *Baums*, ZIP 2004, 1877, 1879, 1883 mit einem Gesetzentwurf, wonach "Auskünfte, die sich auf die Aufsichtsrat und seine Aufgaben beziehen, ... vom Vorsitzenden des Aufsichtsrats erteilt (werden)"; KölnKomm-AktG/*Zöllner*, 1. Aufl., Rn 12 f; OLG Celle AG 2005, 438.
112 Die RegBegr. *Kropff*, S. 185, bestätigt, dass sich das Auskunftsverlangen gegen die Gesellschaft richtet, für die der Vorstand handelt.
113 Großkomm-AktienR/*Decher*, Rn 90.
114 *Hüffer*, Rn 6; Geßler/*Eckardt*, Rn 61; MüKo-AktG/*Kubis*, Rn 22; Großkomm-AktienR/*Decher*, Rn 91.
115 *Hüffer*, Rn 6; Großkomm-AktienR/*Decher*, Rn 90; K. Schmidt/Lutter/*Spindler*, Rn 14.
116 *Verhoeven*, EWiR 2009, 65; aA KölnKomm-AktG/*Kersting*, 3. Aufl., Rn 73; differenzierend: LG München ZIP 2008, 1588,

1590 = WM 2008, 1588 = AG 2008, 794 (nur wenn seine Tätigkeit ein eigenständiger TOP der HV ist).
117 Vgl zu gestiegenen Anforderungen an diese Berichterstattung OLG Stuttgart NZG 2006, 472, 475 = AG 2006, 379; vgl auch Ziff. 4.2.3, 5.4.7 und 5.3.3 DCKG.
118 So aber die bislang ganz hM: Großkomm-AktienR/*Decher*, Rn 91; *Hüffer*, Rn 6; KölnKomm-AktG/*Kersting*, 3. Aufl., Rn 72; MüKo-AktG/*Kubis*, Rn 20; Spindler/Stilz/*Siems*, Rn 17; Bürgers/Körber/*Reger*, Rn 5; aA *Trescher*, DB 1990, 525; kritisch *Butzke*, Teil G, Rn 27 f; ähnlich wie hier *de lege ferenda* Merkner/Schmidt-Bendun, AG 2011, 734, 738 ff; vgl auch *E. Vetter*, in: FS Westermann, 2008, S. 1589, 1600 ff.
119 Vgl zB *Henn*, Handbuch des Aktienrechts, § 26 Rn 874; MüHb-AG/*Semler*, § 37 Rn 6.
120 Vgl Großkomm-AktienR/*Barz*, 3. Aufl., Anm. 4; Großkomm-AktienR/*Decher*, Rn 90; Geßler/*Eckardt*, Rn 76; *Henn*, Handbuch des Aktienrechts, § 28 Rn 874; MüHb-AG/*Semler*, Rn 6; KölnKomm-AktG/*Zöllner*, 1. Aufl., Rn 15; *Hüffer*, Rn 7 jeweils auch zur Frage der Delegation der Auskunftserteilung an den Vorsitzenden oder das ressortmäßig zuständige Vorstandsmitglied.

b) Auskunft in der Hauptversammlung. Die Auskünfte sind grds. nur **in der HV** zu geben (vgl aber Abs. 3 Nr. 7). Der Aktionär braucht sich nicht auf eine schriftliche Auskunft nach der HV vertrösten zu lassen,[121] da die Auskunftserteilung der kollektiven Willensbildung in der HV dient.[122] Den Vorstand trifft eine umfassende Vorbereitungspflicht[123] (vgl Rn 14). Streitig ist die Rechtsfolge, wenn der **ordentlich vorbereitete Vorstand Fragen nicht beantworten kann.** Nach überwiegender Sicht soll der Vorstand die Auskunftspflicht nicht verletzen, wenn er in der HV all das sagt, was er weiß.[124] Jedenfalls muss er in der HV all das sagen und die Auskunft ggf teilweise bzw so unvollkommen erteilen, wie es ihm noch möglich ist.[125]

Wenn die Auskunft in der HV (trotz ordnungsgemäßer Vorbereitung) nicht möglich ist, ist fraglich, **ob das Auskunftsrecht erlischt**[126] oder die Auskunftserteilung nach der HV schriftlich nachzuholen ist.[127] Letzterer Auffassung ist mE entgegen der hM[128] zu folgen. Wenn eine Auskunft „zur sachgemäßen Beurteilung des Gegenstandes der Tagesordnung erforderlich ist", kann die Auskunftspflicht nicht nur deshalb entfallen, weil der Vorstand nicht damit rechnen konnte, dass ein Aktionär die Auskunft verlangt. Die abweichende Auffassung benachteiligt zu Unrecht die Aktionäre großer Gesellschaften gegenüber denjenigen kleinerer Gesellschaften: Je größer die Gesellschaft, desto weiter ist der Vorstand von den täglichen Geschäften entfernt und desto leichter könnte er sich darauf berufen, eine bestimmte Frage nicht schon in der HV beantworten zu können. Ist also ein Vorstand in der HV trotz hinreichender Vorkehrungen nicht in der Lage, eine Antwort zu erteilen, muss er sie mE unverzüglich nach der Hauptversammlung (vor Ablauf der Antragsfrist des § 132) gegenüber dem fragenden Aktionär nachholen.[129] Geschieht das nicht, kann der Aktionär sein Auskunftsrecht gerichtlich durchsetzen,[130] vgl § 132. Dies entspricht auch der praktischen Handhabung. In der HV wird oft die (vage) Zusage gemacht, eine (angeblich) nicht verfügbare Antwort nach der HV schriftlich nachzuholen.[131] Erklärt sich der Aktionär damit einverstanden, steht ihm kein Recht nach § 132 oder zur Anfechtung wegen Auskunftsverweigerung nach § 243 zu, wenn ihm die Auskunft rechtzeitig innerhalb der Zwei-Wochen- bzw Monatsfrist zugeht. Allerdings können ungeachtet einer solchen Vereinbarung andere Aktionäre dieselbe Auskunft in der HV verlangen.[132]

Ungeachtet der Vorbereitungspflicht des Vorstandes kann es sich empfehlen, zumal **komplizierte Fragen nach Details**[133] **vor der Versammlung anzukündigen**, um eine Beantwortung in der HV zu erleichtern. Eine Ankündigungspflicht besteht aber nicht (vgl Rn 14),[134] zumal Auskunftsverlangen auch einen Überraschungseffekt haben können sollen, dass zB bestimmtes Vorstandshandeln durch unbequeme Fragen in der HV thematisiert wird. Daher hat das Unterlassen der Ankündigung keine negativen Auswirkungen auf die Begründetheit des Auskunftsverlangens sowie einer eventuellen Anfechtungsklage (§ 243 Rn 15 ff). Allerdings kann der Vorstand ggf einwenden, dass er zur Beantwortung der komplizierten Detailfragen in der HV nicht in der Lage ist (vgl Rn 14).

Wenn der Vorstand **schriftlich vor der HV angekündigte Fragen nicht unaufgefordert in der HV beantwortet**, soll der Aktionär die Fragen in der HV ausdrücklich mündlich stellen müssen und nicht lediglich auf die dem Vorstand (oder zB dem Notar) vorgelegten Schriftstücke verweisen dürfen.[135] Diese Sicht erscheint

---

121 AllgM, vgl zB Geßler/*Eckardt*, Rn 68. Ein gleichwohl erhobener Auskunftsantrag gem. § 132 AktG muss ggf für erledigt erklärt werden, wobei die Kostenlast die Gesellschaft trifft.
122 MüKo-AktG/*Kubis*, Rn 79.
123 Unrichtig daher OLG Karlsruhe DB 1972, 1572, 1573, wonach sich das Auskunftsrecht auf einfache und leicht zu beschaffende Auskünfte beschränke; dagegen im Ansatz zutreffend OLG Celle AG 2005, 438, 439 im Anschluss an Geßler/*Eckardt*, Rn 66.
124 *Hüffer*, Rn 10; BGHZ 32, 159, 165 = NJW 1960, 1150; BayObLG AG 1996, 180, 183 (Allianz); Geßler/*Eckardt*, Rn 25; KölnKomm-AktG/*Zöllner*, 1. Aufl., Rn 56; MüHb-AG/ *Semler*, § 37 Rn 42; K. Schmidt/Lutter/*Spindler*, Rn 65 sieht es Fall der Unmöglichkeit gem. § 175 BGB an, sofern der Vorstand die Informationen, die er zumutbar beschaffen konnte, soweit wie möglich vorgelegt hat.
125 Grigoleit/*Herrler*, Rn 30; MüKo-AktG/*Kubis*, Rn 86; OLG München NZG 2002, 187, 188 = AG 2002, 294 = BB 2002, 112; zurückhaltender BayObLG NJW-RR 1996, 679, 682 = AG 1996, 180 = DB 1996, 130.
126 So MüHb-AG/*Semler*, § 37 Rn 42; KölnKomm-AktG/*Zöllner*, 1. Aufl., Rn 56; OLG Celle AG 2005, 438, 440.
127 *Meilicke/Heidel*, DStR 1992, S. 72, 74.
128 Vgl zB KölnKomm-AktG/*Kersting*, 3. Aufl., Rn 425.
129 *Meilicke/Heidel*, DStR 1992, 72, 74.
130 *Meilicke/Heidel*, DStR 1992, 72, 74.
131 Vgl MüKo-AktG/*Kubis*, Rn 85.
132 Grigoleit/*Herrler*, Rn 30.
133 Etwa Kontostände und genaue Zahlungsdaten, wie im Fall der Fragen, die dem Vorlagebeschluss des LG Hannover WM 1991, 407 ff zur Vereinbarkeit der deutschen Lehre von der verschleierten Sacheinlage mit dem EG-Recht zugrunde liegen.
134 BGHZ 32, 159, 166 (obiter dictum): bei Fragen, deren Beantwortung eine Vorbereitung anhand von Unterlagen erfordere, werde "man von dem fragenden Aktionär nach Treu und Glauben erwarten und daher auch verlangen können, dass er solche Fragen dem Vorstand vor der Hauptversammlung bekannt gibt...", und wo der BGH formuliert, anderenfalls müsse der Aktionär "gewärtigen, dass ihm die Beantwortung einer solchen Frage mit Recht verweigert wird..."; kritisch dazu Geßler/*Eckardt*, Rn 25; gegen Pflicht zur Ankündigung zB auch Großkomm-AktienR/*Decher*, Rn 97; MüKo-AktG/*Kubis*, Rn 31; Spindler/Stilz/*Siems*, Rn 21; *Bungert*, Gesellschaftsrecht in der Diskussion, 2004, Jahrestagung der VGR, S. 59, 76; die hier vertretene Sicht der fehlenden Ankündigungspflicht wird bestätigt durch das UMAG-Gesetzgebungsverfahren, in dem der Bundesrat der Bundesregierung zu prüfen aufgegeben hatte, ob Aktionäre, die mehr als fünf Fragen zu einem Tagesordnungspunkt stellen wollen, diese vorab schriftlich einreichen müssten; diesen Vorschlag lehnte die Bundesregierung ab, vgl BT-Drucks. 15/5092, S. 36 und 42.
135 LG Köln AG 1990, 38; Großkomm-AktienR/*Decher*, Rn 99; dagegen: Geßler/*Eckardt*, Rn 26; schriftliche Fragen lässt offenbar auch OLG Hamburg genügen, AG 2005, 355, 356.

unzutreffend, da die Aktionäre ihre Auskunftsrechte in der HV nicht nur mündlich ausüben können (vgl Rn 11); angesichts dieses Prinzips haben die anderen Aktionäre mE auch keinen Anspruch gegen den einzelnen Aktionär, dass er ihnen seine schriftlichen Fragen mündlich mitteilt;[136] eine solche Mitteilungspflicht trifft allerdings den Versammlungsleiter im Rahmen seiner ordnungsgemäßen Verhandlungsleitung.[137] Auch nachdem der Fragesteller die HV verlassen hat, muss der Vorstand die Auskunft erteilen, da das Gesetz nur auf das Auskunftsverlangen als solches abstellt und in das Verlassen der HV kein Verzicht auf die Auskunftserteilung hineingelesen werden kann; der Fragesteller kann sich die erteilten Auskünfte beispielsweise durch andere Versammlungsteilnehmer übermitteln lassen wollen; nur bei einem ausdrücklichen Verzicht des Fragestellers erübrigt sich die Beantwortung.[138]

23 c) **Form der Auskunft.** Auskünfte sind in **deutscher Sprache**[139] (vgl vor § 129 Rn 5, zu Deutsch als Sprache der HV) und **grds. mündlich** zu erteilen.[140]

24 Freilich sieht das Gesetz selbst Ausnahmen vom Mündlichkeitsprinzip vor: Gemäß Abs. 1 S. 3 ist der vollständige Jahresabschluss schriftlich vorzulegen (vgl Rn 45 ff zur weiteren gesetzlichen Ausnahme nach Abs. 3 Nr. 7, vgl auch Rn 74 a).[141] Eine weitere Ausnahme hat die Rechtsprechung aus Gründen der Praktikabilität entwickelt: Der Aktionär müsse sich **ausnahmsweise** auf die **Einsicht** während der HV in vom Vorstand vorbereitete Aufzeichnungen verweisen lassen, wenn er sich „anhand der Aufzeichnungen schneller und zuverlässiger unterrichten kann, als das eine mündliche Information vermag", sofern während der Versammlung hinreichend Zeit und Gelegenheit bestehen, sich anhand der Aufstellungen zu unterrichten und auch die anderen Aktionäre die Gelegenheit haben, die Unterlagen einzusehen.[142] Dem ist unter zwei Voraussetzungen zuzustimmen: Zum einen muss die Einsicht so organisiert werden, dass dem Aktionär nicht die Möglichkeit genommen wird, der HV zu folgen; dazu wird es unumgänglich sein, die HV-Verhandlungen für die Einsicht zu unterbrechen. Zum anderen müssen Anschlussfragen möglich sein. Nicht zu folgen ist der Sicht von *Noack*, dass sich aus der Novelle von Abs. 3 Nr. 7 ergebe, dass „damit gerade verhindert (wird), dass eine Auskunft (in der HV) nicht mündlich, sondern unter Nutzung der modernen Kommunikationstechnik erteilt wird".[143] *Noack* übersieht, dass der Gesetzgeber die Möglichkeiten der Gesellschaft erweitern wollte, Auskünfte anders als mündlich zu erteilen; die etablierte Möglichkeit, das Verlesen von Urkunden durch deren Auslage zu ersetzen, wollte der Gesetzgeber nicht beschränken oder ausschließen.

25 Einen **Anspruch auf Einsicht in Unterlagen** soll das Auskunftsrecht nach hM nicht umfassen,[144] wohl aber den Anspruch auf (ggf vollständige)[145] **Verlesung von Unterlagen**.[146] Demgegenüber meine ich,[147] dass es, ebenso wie im Falle des Auskunftsrechts auf Vorlage des vollständigen Jahresabschlusses, Fälle gibt, in denen die mündliche Auskunft – und sei es die vollständige Verlesung von Urkunden – das angemessene, legitime Rechenschaftsbedürfnis des Aktionärs nicht erfüllt. Es kann praktisch unmöglich sein, komplizierte Zusammenhänge, die in einer Urkunde, zB einem Vertrag oder einem Bewertungsgutachten, niedergelegt

---

136 AA *Henn*, Handbuch des Aktienrechts, § 26 Rn 880; MüKo-AktG/*Kubis*, Rn 29; *Butzke*, Teil G Rn 29.

137 Gemäß Geßler/*Eckardt*, Rn 26 kann die Fragestellung mündlich oder schriftlich erfolgen, gemäß LG Köln AG 1991, 38 muss die schriftliche Frage zur Information der HV verlesen werden; vgl Rn 11.

138 Vgl *Hüffer*, Rn 8; Großkomm-AktienR/*Decher*, Rn 34, 108; *Simon*, AG 1996, 540, 541; MüKo-AktG/*Kubis*, Rn 32; Köln-Komm-AktG/*Zöllner*, 1. Aufl., Rn 79; für uneingeschränkte Pflicht zur Beantwortung: *v. Godin/Wilhelmi*, Anm. 2; *Steiner*, § 11 Rn 20; MüHb-AG/*Semler*, § 37 Rn 26; aA *Butzke*, Teil G Rn 30.

139 LG München AG 2000, 139; Großkomm-AktienR/*Decher*, Rn 92; KölnKomm-AktG/*Kersting*, 3. Aufl., Rn 497.

140 AllgM, vgl *Henn*, Handbuch des Aktienrechts, § 26 Rn 880; MüHb-AG/*Semler*, § 37 Rn 27; KölnKomm-AktG/*Zöllner*, 1. Aufl., Rn 81; MüKo-AktG/*Kubis*, Rn 729, freilich mit der unzutreffenden Begründung, die HV diene der kollektiven Willensbildung; diese ist auch bei schriftlicher Auskunftserteilung möglich, wenn alle Aktionäre in der HV die Unterlagen erhalten; Spindler/Stilz/*Siems*, Rn 68 stellt zutreffend darauf ab, dass als Auskunftserteilung jede Kommunikationsform zulässig ist, die gewährleistet, dass Aktionäre über die Antwort informiert werden.

141 Vgl MüHb-AG/*Semler*, § 37 Rn 27. Soweit ersichtlich, befassen sich mit dem Vorlageanspruch des Aktionärs nur der Beschluss des LG Köln AG 1991, 280 und OLG Düsseldorf AG 1992, 34 = WM 1992, 2148, 2153.

142 BGH AG 1987, 344, 348 = ZIP 1987, 1239 = BGHZ 101, 17; ebenso: K. Schmidt/Lutter/*Spindler*, Rn 61.

143 *Noack*, Gesellschaftsrechtliche Vereinigung VGR, Gesellschaftsrecht in der Diskussion, 2004, S. 37, 47 f: "Wenn etwa zulässigerweise nach einem Vertragstext gefragt wird, der nicht zuvor auf der Internetseite rechtzeitig präsentiert wurde, so muss der Text verlesen werden. Dabei spielt es keine Rolle, ob diese Information nur den Fragenden interessiert; die Veranstaltung wird zulasten aller aufgehalten. Der angebliche Grundsatz der Mündlichkeit verhindert nicht nur eine angemessene Durchführung der Fragerunde, sondern er sperrt auch online geschaltete Aktionäre praktisch aus ... Praktisch wäre da schon, wenn die Fragen und Antworten als Text verfügbar sind. Daher ist es höchst bedauerlich, wenn im Gesetz gleichsam im Umkehrschluss festgeschrieben wird, dass Auskünfte nur mündlich zu erteilen sind." Wie hier: KölnKomm-AktG/*Kersting*, 3. Aufl., Rn 491.

144 BGHZ 122, 211, 236 f = ZIP 1993, 751; OLG Düsseldorf AG 2009, 40, 43 f; LG München NZG 2009, 143, 146 f = AG 2008, 904 = Konzern 2008, 582; LG München AG 2010, 378, 383 = ZIP 2010, 779 = NZG 2010, 749; LG München AG 2011, 211, 219.

145 Vollständig zu verlesen ist, wenn es auf den exakten Wortlaut ankommt, vgl Grigoleit/*Herrler*, Rn 29.

146 So die hM im Anschluss an BGH DB 1967, 940 ff = NJW 1967, 1462, 1463 = WM 1967, 503, 505 f; vgl auch OLG Koblenz DB 1967, 1293; *Henze*, HRR-Aktienrecht, Rn 831.

147 Ähnlich jetzt KölnKomm-AktG/*Kersting*, 3. Aufl., Rn 490 ff.

sind, bei einem einmaligen Vorlesen hinreichend zu verstehen. Wie beim vollständigen Jahresabschluss nach Abs. 1 S. 3 muss der Aktionär selbstständig – und das heißt zB selektiv – lesen können, um seinen Anspruch auf effektive Rechenschaftspflicht erfüllt zu bekommen. Daher ist mE der Anspruch auf Vorlage von auskunftspflichtigen Urkunden vom Auskunftsrecht umfasst, wenn nur durch die Vorlage der Urkunden die zur Beurteilung des Gegenstandes der Tagesordnung erforderliche Rechenschaft gegeben werden kann. ME spricht der (von der AG zu widerlegende) Beweis des ersten Anscheins dafür, dass bei umfangreichen Dokumenten diese Voraussetzung erfüllt ist. Entsprechend hat zB das OLG Schleswig zutreffend entschieden, dass aus § 131 folgt, dass ein umfangreicher Vertrag, der eine entscheidende Beurteilungsgrundlage für einen anderen Vertrag ist, der gemäß § 124 Abs. 2 erst mit Zustimmung der HV wirksam werden soll, ab Einberufung der HV in den Geschäftsräumen der Gesellschaft und während dieser im Versammlungsraum ausliegen muss.[148] Ein Anspruch auf Vorlage von Unterlagen kann sich im Übrigen zB auch in entsprechender Anwendung von § 131 Abs. 4 ergeben, wenn die AG einem anderen Aktionär außerhalb der HV bestimmte Unterlagen zugänglich gemacht hat.[149]

Nach einer alten Entscheidung des BGH soll der Anspruch auf Verlesung sogar verneint werden können, wenn sich die **Verlesung wegen der Länge der dafür benötigten Zeit**, der vorgerückten Stunde oder aus anderen überragenden Gründen der Verhandlungsführung **nicht durchführen** lasse.[150] Die Entscheidung ist abzulehnen. Zu erteilende Auskünfte können nicht unter dem Vorwand des Zeitmangels verschwiegen werden; das gilt auch nach der Novelle von Abs. 2 S. 2, da danach nur das Zeitkontingent des Aktionärs beschränkt werden darf, nicht aber das der Verwaltung für die pflichtgemäße Auskunft nach Abs. 2 S. 1. Zudem kann (bzw muss) der Vorstand, statt die Urkunde zu verlesen, diese zur Einsicht auslegen (vgl Rn 24 f), so dass sich die Frage der Lesedauer nicht stellt. 26

3. Erforderliche Auskünfte zu Angelegenheiten der Gesellschaft – Missbrauch (Abs. 1 S. 1 und 2). Der Vorstand hat die Auskunft zu erteilen „über Angelegenheiten der Gesellschaft... soweit sie zur sachgemäßen Beurteilung des Gegenstands der Tagesordnung erforderlich ist". 27

a) Begriff der Angelegenheiten einschließlich Beziehungen zu verbundenen Unternehmen (Abs. 1 S. 1, S. 2). Das Auskunftsrecht besteht hinsichtlich aller „Angelegenheiten der Gesellschaft" unter Einschluss der „rechtlichen und geschäftlichen Beziehungen der Gesellschaft zu einem verbundenen Unternehmen". Den Begriff der Angelegenheit definiert das Gesetz nicht. Man ist sich einig, dass **„Angelegenheit" weit auszulegen** ist, diese umfasst jeden Umstand von einigem Gewicht,[151] der die AG betrifft. Angelegenheiten der Gesellschaft (einschließlich Rechtsvorgängern)[152] sind danach zumal alle Tatsachen und Umstände, die die Vermögens-, Finanz- und Ertragslage der Gesellschaft, ihre rechtlichen und tatsächlichen Verhältnisse, ihre Geschäftspolitik und Darstellung des Unternehmens in der Öffentlichkeit oder ihre Beziehung zu Dritten, insbesondere Vertragspartnern, betreffen.[153] Grundsätzlich wird über fremde Angelegenheiten, also über eine andere Gesellschaft oder Person, keine Auskunft geschuldet.[154] Auch auf den ersten Blick fremde Angelegenheiten (wie Kundenstrukturen oder Eigentumsverhältnisse von Vertragspartnern) sind Angelegenheiten der Gesellschaft, wenn sie für deren Lage von Bedeutung sind.[155] Dies ist der Fall, wenn die fremden Angelegenheiten sich auch auf die Gesellschaft auswirken und die Auswirkungen von einiger Bedeutung sind.[156] Zu Unrecht verneint wird die Angelegenheit der AG etwa dann, wenn Abstimmungsempfehlungen eines Kreditinstituts an seine Depotkunden nicht als Angelegenheit der AG bezeichnet werden, da es zB im Zusammenhang mit Fragen der Entlastung von Bedeutung sein kann, wie der Vorstand das Verhältnis zur Kundschaft organisiert.[157] Auch Interna aus Aufsichtsratssitzungen können Angelegenheit der AG sein, etwa die Frage, ob die Arbeitnehmerbank in Abstimmungen andere Auffassungen als die Anteilseigner vertreten hat oder ob und ggf welche Vorstands- oder Aufsichtsratsmitglieder bei bestimmten Beschlüssen von der Mehrheit abweichende Auffassungen vertreten haben, was zB für Entlastungsbeschlüsse, Beschlüsse 28

---

148 OLG Schleswig ZIP 2006, 421 = WM 2006, 23 = AG 2006, 120 (MobilCom).
149 Offen gelassen in OLG Düsseldorf AG 2009, 40, 44.
150 BGH WM 1967, 503, 505 = DB 1967, 940 = NJW 1967, 1462; OLG Hamburg AG 1968, 190; unter der Voraussetzung von Großkomm-AktienR/*Decher*, Rn 95 und *Henze*, HRR-Aktienrecht, Rn 679, zustimmend, dass dem die Auskunft begehrenden Aktionär Einsicht und den übrigen an der HV teilnehmenden Aktionären Gelegenheit zur Einsicht gewährt wird.
151 Minima non curat praetor. Zweifel bezüglich von Einzelheiten bei einem Bilanzposten, der 4 Promille der Bilanzsumme betrug – aber den Betrag von gut 414 Mio. DM ausmachte –, OLG Frankfurt AG 1986, 233, 234 (aufgehoben aus anderen Gründen durch BGHZ 101, 1 ff); keine Zweifel hat das OLG beim selben Fall hinsichtlich Abschreibungen von "lediglich" 60 Mio. DM, AG 1991, 206. ME sind die absoluten Grenzen weit niedriger anzusetzen, zumal auch Kleinigkeiten für ein Geschäftsgebaren indiziell sein können.
152 BGH AG 2005, 87; aA noch OLG Stuttgart AG 2005, 94 = DB 2004, 2094.
153 Großkomm-AktienR/*Decher*, Rn 114.
154 BayObLG ZIP 1996, 1945, 1949; Geßler/*Eckardt*, Rn 46.
155 *Hüffer*, Rn 13, 15; Großkomm-AktienR/*Decher*, Rn 115; aA Geßler/*Eckardt*, Rn 46.
156 Großkomm-AktienR/*Decher*, Rn 115; MüKo-AktG/*Kubis*, Rn 65; Spindler/Stilz/*Siems*, Rn 23.
157 KölnKomm-AktG/*Kersting*, 3. Aufl., Rn 94; aA BayObLG AG 1996, 563 = DB 1996, 2377; vgl auch *Mutter*, Auskunftsansprüche, S. 30; *Hüffer*, Rn 11; K. Schmidt/Lutter/*Spindler*, Rn 28.

nach § 147 und die Ermittlung von Abhängigkeit als Voraussetzung eines Abhängigkeitsberichts von Bedeutung sein kann; freilich wird man bei derartigen Interna jedenfalls bei höchstpersönlichen Informationen eine Zustimmung des betroffenen Organmitglieds vor der Offenlegung verlangen, um nicht von außen Druck auf einzelne Organmitglieder auszuüben.[158]

29 Die entscheidende Klippe des Auskunftsbegehrens ist, ob die Auskunft „zur sachgemäßen Beurteilung... erforderlich" ist (vgl Rn 33 ff); dass derartige Angelegenheiten wie Stimmrechtsempfehlungen und Abstimmungsverhalten Angelegenheiten der AG betreffen, kann man mE ernsthaft nicht in Abrede stellen. **An den „Angelegenheiten der Gesellschaft" wird mE kaum ein Auskunftsbegehren scheitern können.**[159] Sogar auf den ersten Blick so entfernte Dinge wie das Wetter können vom Auskunftsrecht umfasst sein, soweit das Klima zB Marktchancen beeinflusst.[160] Die weite Auslegung bestätigt durch Art. 9 der Aktionärsrechte-Richtlinie der EU (vgl Rn 6 a), wonach jeder Aktionär das Recht hat, „Fragen zu Punkten auf der Tagesordnung der Hauptversammlung zu stellen" und die Gesellschaft „die an sie gestellten Fragen der Aktionäre" beantworten muss.

30 **b) Beziehungen zu verbundenen Unternehmen als Angelegenheiten (Abs. 1 S. 2).** Eine Angelegenheit der Gesellschaft sind auch die „rechtlichen und geschäftlichen Beziehungen der Gesellschaft zu einem verbundenen Unternehmen". Die ausdrückliche Anordnung der Informationspflicht zu diesem Gegenstand in Abs. 1 S. 2 hat nach zutreffender allgemeiner Meinung nur klarstellende Bedeutung; **die Beziehungen zu verbundenen Unternehmen sind immer Gesellschaftsangelegenheiten.**[161] Der Begriff des verbundenen Unternehmens wird durch § 15 bestimmt.[162] Wegen der nur klarstellenden Funktion hat Abs. 1 S. 2 untergeordnete Bedeutung. Als rechtliche und geschäftliche Beziehungen versteht man alle Umstände, die die Unternehmensverbindung begründen oder ausgestalten, unabhängig davon, ob sie konzernrechtlicher, schuldrechtlicher oder rein tatsächlicher Natur sind. Ausschlaggebend ist allerdings, ob die gewünschte Information für den gerade anstehenden Tagesordnungspunkt erheblich ist.[163]

31 Nach der Regierungsbegründung des AktG 1965, das § 112 Abs. 1 S. 2 AktG 1937 änderte, war die Ausdehnung der Auskunftspflicht auf die Beziehungen zu allen[164] verbundenen Unternehmen erforderlich, weil sie alle der Gesellschaft so nahe ständen, „dass die Kenntnis der Beziehung zu diesen Unternehmen für die Beurteilung der Lage der Gesellschaft wesentlich ist"; das Auskunftsrecht erstrecke sich nur auf die **Beziehungen, nicht aber die Lage des verbundenen Unternehmens**; es sei „allerdings denkbar, dass ein geschäftlicher Vorgang bei einem verbundenen Unternehmen so bedeutungsvoll ist, dass er die Lage der Gesellschaft oder doch die Beziehungen zu diesem Unternehmen beeinflussen kann. Dann besteht insoweit ein Auskunftsrecht über diesen Vorgang".[165] Daher hebt nach dem Willen des Gesetzgebers die spezielle Auskunftspflicht über die Beziehungen nur einen Aspekt der Angelegenheiten der Gesellschaft besonders hervor.[166] Angelegenheiten nachgeordneter Gesellschaften sind immer solche der Gesellschaft, wenn sie sich wegen ihrer Bedeutung entsprechend auswirken.[167] Besonders evident wird die Auskunftspflicht im Falle einer Holding.[168] So hat die Regelung allen Versuchen einen gesetzgeberischen Riegel vorgeschoben, verbundene Unternehmen bei der Rechenschaftspflicht außen vor zu lassen.[169] Gerade die Beziehung zu verbundenen Unternehmen kann dazu angetan sein, den Aktionären ihr investiertes Kapital ihrer Kontrolle zu entziehen und diese zu benachteiligen, etwa durch unangemessen hohe Konzernumlagen.[170] Daher sind in diesem Bereich Auskünfte dringlich.

32 Die gesetzgeberischen Intentionen belegen die Unrichtigkeit der vereinzelt gebliebenen Entscheidungen,[171] die Vorlage eines **Abhängigkeitsberichts** entbinde von der Pflicht, Auskunft zu erteilen über „Einzelheiten der zwischen den verbundenen Unternehmen getätigten Rechtsgeschäfte, insbesondere... über die aufgrund

---

158 Generell gegen Offenlegung von Interna: *Hüffer*, Rn 11 unter Berufung auf BVerfG NJW 2000, 349, 351 (Wenger) = ZIP 1999, 1798; OLG Stuttgart AG 1995, 234 = DB 1995, 568 = WM 1995, 617.
159 Ähnlich: KölnKomm-AktG/*Kersting*, 3. Aufl., Rn 94.
160 Vgl KölnKomm-AktG/*Zöllner*, 1. Aufl., Rn 18, der zu Recht meint, der Gesetzgeber hätte statt "Angelegenheiten der Gesellschaft" besser "Tatsachen" schreiben sollen.
161 *Hüffer*, Rn 13; KölnKomm-AktG/*Zöllner*, 1. Aufl., Rn 29; Geßler/*Eckardt*, Rn 52.
162 MüKo-AktG/*Kubis*, Rn 68.
163 MüKo-AktG/*Kubis*, Rn 69; *Hüffer*, Rn 15; vgl auch zur Gesetzesgeschichte Großkomm-AktienR/*Decher*, Rn 231 f.
164 Nach, § 112 Abs. 1 S. 2 AktG 1937 brauchte nur über die Beziehungen zu Konzernunternehmen informiert zu werden.

165 RegBegr. *Kropff*, S. 185.
166 § 131 Abs. 2 S. 2 AktG hat nach *Ebenroth*, AG 1970, 105; Geßler/*Eckardt*, Rn 52; KölnKomm-AktG/*Zöllner*, 1. Aufl., Rn 29 nur deklaratorische Bedeutung.
167 *Koppensteiner*, GesRZ 2008, 200, 202; *Hüffer*, Rn 13, 16; *Schneider*, in: FS Lutter, 2000, S. 1193, 1195 f.
168 Vgl *Koppensteiner*, GesRZ 2008, 200, 202.
169 Vgl auch § 90 Abs. 2 S. 1 sowie, § 160 Abs. 2 Nr. 10 AktG aF.
170 Vgl zur Auskunftspflicht über Konzernumlagen, über die die Auskunft nicht verweigert werden darf, OLG Karlsruhe AG 1990, 82 f, im Fall „ASEA Brown Boveri AG".
171 KG AG 1973, 25 ff = DB 1972, 1913 ff = NJW 1972, 2307 ff zu § 112 AktG 1937; LG Köln AG 1991, 280; OLG Frankfurt AG 2003, 335, 336 = ZIP 2003, 761.

dieser Rechtsgeschäfte erbrachten Leistungen und Gegenleistungen".[172] Zweck von Auskunft und Abhängigkeitsbericht – der im Wesentlichen ein Internum der Gesellschaft bleibt und vor den Aktionären geheim gehalten wird[173] (vgl die Kommentierung zu § 312) – sind zu unterschiedlich, als dass der Bericht die zur Effektuierung der Aktionärsrechte eingeführte Auskunftspflicht einschränken könnte. Der Abhängigkeitsbericht ist ein zusätzliches Kontrollinstrument,[174] soll aber andere Kontrollinstrumente nicht in ihrer Wirksamkeit beschränken.

c) Zur sachgemäßen Beurteilung erforderliche Auskünfte – Missbrauch möglich? (Abs. 1 S. 1). Die kritische Klippe des Auskunftsverlangens ist meist, ob die gewünschte Information zur „sachgemäßen Beurteilung des Gegenstands der Tagesordnung erforderlich ist". 33

aa) Begriff „erforderliche Auskünfte". Nach dem Willen des historischen Gesetzgebers des AktG 1965 soll „dieses zusätzliche Erfordernis **Missbräuche des Auskunftsrechts verhindern und einen ordnungsgemäßen Ablauf der Hauptversammlung gewährleisten**".[175] Nach § 112 AktG 1937 war eine begehrte Auskunft bereits dann zu erteilen, wenn sie mit dem „Gegenstand der Verhandlung in Zusammenhang" stand. Erforderlich ist eine Auskunft nach Rechtsprechung und Literatur, wenn nach einem objektiven Maßstab, nach der Sichtweise eines „durchschnittlichen Aktionärs", der „objektiv denkt" und die Verhältnisse der Gesellschaft lediglich aufgrund der allgemein bekannt gegebenen Tatsachen kennt, die Auskunft ein für seine Urteilsfindung hinsichtlich eines Tagesordnungspunktes[176] wesentliches Element bildet; ein bloßer Zusammenhang mit dem Tagesordnungspunkt genügt nicht.[177] Die üblichen Tagesordnungspunkte einer ordentlichen HV (Jahresabschluss, Entlastung, Verwendung des Bilanzgewinns) können „aufgrund ihrer thematischen Spannweite auch dem objektiv denkenden Aktionär viel Informationsbedarf bieten".[178] Kein beachtliches Kriterium bei der Beurteilung der Erforderlichkeit der Auskünfte ist der **Anfechtungsausschluss gemäß § 243 Abs. 4 S. 2**,[179] da diese Norm nur die Anfechtbarkeit beschränkt, nicht aber die Auskunftspflicht. Auskünfte können gerade auch dann erforderlich sein, wenn sich auf die Informationsverletzung eine Anfechtungsklage nicht stützen lässt. 34

Entgegen der mitunter vertretenen Sicht der Rechtsprechung[180] ist hinsichtlich der Konkretisierung anhand der Tagesordnungspunkte ein **weiter Maßstab** anzusetzen.[181] Denn das Gesetz nimmt nach seinem Zweck und nach der Gesetzbegründung der Bundesregierung für sich in Anspruch, einen ausgemessenen Ausgleich zwischen den widerstreitenden Interessen zu schaffen: einerseits der Aktionär, der durch die Auskunft berechtigte Interessen zur Rechenschaft über das von ihm und seinen Mitaktionären zur Verfügung gestellte Kapital verfolgt und/oder Kenntnis über zur sachgemäßen Ausübung des Stimmrechts erforderliche Tatsachen erhalten will (vgl Rn 1); andererseits die AG, die durch ihre Auskünfte nicht geschädigt werden darf.[182] Das gegenüber § 112 Abs. 1 S. 1 AktG 1937 zusätzliche Erfordernis der Erforderlichkeit der Auskunft soll nach der Gesetzesbegründung nur „Missbräuche des Auskunftsrechts verhindern und einen ordnungsgemäßen Ablauf der Hauptversammlung gewährleisten".[183] Beim Merkmal der „Erforderlichkeit" geht es also – anders als beim Begriff der Erforderlichkeit nach der Verfassungsrechtsdogmatik[184] – nicht um Fragen der Angemessenheit der Auskunft, sondern nur um die Missbrauchsvermeidung. Dieses gesetz- 35

---

172 Gegen die Beschränkung der Auskunftspflicht im Hinblick auf den Abhängigkeitsbericht zB Geßler/*Eckardt*, Rn 54, 130 f; KölnKomm-AktG/*Zöllner*, 1. Aufl., Rn 30; KölnKomm-AktG/*Koppensteiner*, 3. Aufl., § 312 Rn 60; KölnKomm-AktG/*Kersting*, 3. Aufl., Rn 94; Spindler/Stilz/*Siems*, Rn 27; *Habersack/Verse*, AG 2003, 300; *Bunte*, AG 1974, 374; MüKo-AktG/*Altmeppen*, § 312 Rn 16; MüHb-AG/*Krieger*, § 69 Rn 78; *Emmerich/Habersack*, § 312 Rn 5; *Decher*, ZHR 158 (2001), 473, 491 f; *Meilicke/Heidel*, DStR 1992, 113, 115; OLG Düsseldorf DB 1991, 2532; OLG Stuttgart AG 2005, 94, 95; LG Frankfurt DB 1993, 2371; OLG Karlsruhe AG 1973, 28, 29; OLG Stuttgart NZG 2004, 966, 968 = AG 2005, 94.
173 Vgl zB KölnKomm-AktG/*Koppensteiner*, 2. Aufl., § 312 Rn 2 f, § 313 Rn 3.
174 Vgl zB KölnKomm-AktG/*Koppensteiner*, 2. Aufl., § 312 Rn 2 f, § 313 Rn 3.
175 RegBegr. *Kropff*, S. 185.
176 BGHZ 119, 1, 14 (ASEA/BBC); BayObLG NZG 1999, 1218, 1219; 320 (Frankonia); OLG Stuttgart ZIP 1998, 1482, 1491 (Wenger/Daimler-Benz).
177 Großkomm-AktienR/*Barz*, 3. Aufl., Anm. 10; Geßler/*Eckardt*, Rn 33; *Meilicke/Heidel*, DStR 1992, 113, 115; *Reuter*, DB 1988, 2615; *Hüffer*, Rn 12; KölnKomm-AktG/*Zöllner*, 1. Aufl., Rn 23; Großkomm-AktienR/*Decher*, Rn 132 ff, der aber zu Unrecht das Merkmal der Erforderlichkeit durch "immanente Ausübungsschranken" ergänzt, Rn 134, 276 f; MüHb-AG/*Semler*, § 37 Rn 8; OLG Frankfurt ZIP 2006, 610, 611; OLG Düsseldorf AG 1987, 22, 23; OLG Zweibrücken AG 1990, 496 f; OLG Stuttgart AG 2001, 540, 542; BayObLG AG 2001, 424, 425; KG ZIP 1995, 1585; AG 1994, 85 (Durchschnittsanleger); AG 1994, 469 (Durchschnittsaktionär); LG München I AG 1981, 79, 81; OLG Bremen AG 1981, 229; OLG Stuttgart AG 1987, 21, 23; OLG Düsseldorf NJW 1988, 1033, 1034; OLG Frankfurt AG 1994, 39; OLG Frankfurt AG 2011, 36, 42 = NZG 2010, 1426 = WM 2011, 221 = ZIP 2011, 24; OLG Stuttgart AG 2011, 93, 97 = ZIP 2010, 2349.
178 *Hüffer*, Rn 12.
179 KölnKomm-AktG/*Kersting*, 3. Aufl., Rn 111.
180 OLG Düsseldorf WM 1991, 2148, 2153; ZIP 1986, 1557, 1558 (RWE); KG NJW 1972, 2307, 2308; LG München AG 1981, 79, 81 (Paulaner).
181 Großkomm-AktienR/*Decher*, Rn 133; MüHb-AG/*Semler*, § 37 Rn 7; Grigoleit/*Herrler*, Rn 20.
182 RegBegr. *Kropff*, S. 185.
183 RegBegr. *Kropff*, S. 185.
184 Vgl *Hesse*, Grundzüge des Verfassungsrechts der Bundesrepublik Deutschland, Rn 318.

geberische Motiv der bloßen **Missbrauchsvermeidung** kann man nach Sinn und Zweck des Auskunftsrechts nicht aushebeln, indem man das Tatbestandsmerkmal der Erforderlichkeit extensiv ähnlich dem verfassungs- bzw verwaltungsrechtlichen Verhältnismäßigkeitsgebot auslegt. **Erforderlichkeit fehlt nur bei fehlendem Bezug der Auskunft zum jeweiligen Tagesordnungspunkt.** Diese einschränkende Auslegung[185] des Begriffs Erforderlichkeit wird *de lege lata* – entgegen der Sicht des BGH[186] – bestätigt durch die unmittelbar anwendbare **Aktionärsrechte-Richtlinie** der EU (vgl Rn 6 a). Deren Art. 9 Abs. 1 ordnet für börsennotierte AG[187] an, dass Aktionäre das Recht haben, Fragen zu Punkten auf der Tagesordnung zu stellen, und dass die AG die an sie gestellten Fragen beantworten muss (vgl Rn 6 a).[188] Demgegenüber hält der **BGH** die Beschränkung des Auskunftsrechts auf die „erforderlichen" Informationen für eine nach Art. 9 Abs. 2 S. 1 Fall 2 der Richtlinie zulässige Beschränkung des Auskunftsrechts zur Gewährleistung des ordnungsgemäßen Ablaufs der HV.[189] Entgegen dem BGH kann man mE Art. 9 Abs. 2 S. 1 Fall 2 der Richtlinie aber nicht so interpretieren, als lasse er ein nationales Erforderlichkeitskriterium zu, das inhaltlich die nach Art. 9 Abs. 1 der Richtlinie statuierte unbeschränkte Auskunftspflicht begrenzt, wie es durch die Beschränkung auf die „erforderlichen" Auskünfte nach der deutschen Rspr. geschieht. Nach Art. 9 Abs. 2 S. 1 Fall 2 der Richtlinie dürfen die Mitgliedstaaten vielmehr mE nur den formalen Ablauf der HV schützen – nicht aber über den Umweg des Schutzes des HV-Ablaufs Rechte der Aktionäre beschneiden. Der BGH meint demgegenüber, Art. 9 Abs. 2 S. 1 Fall 2 der Richtlinie erlaube nicht nur organisatorische Maßnahmen zur Sicherstellung des Ablaufs der HV, sondern auch eine inhaltliche Beschränkung der Auskunftspflicht. Durch eine solche könne nämlich ebenso wie durch organisatorische Maßnahmen der ordnungsgemäße Ablauf der HV sichergestellt werden, insbesondere deren zeitige Beendigung.[190] Die Unrichtigkeit der Sicht des BGH[191] folgt mE u.a. aus dem Erwägungsgrund 8 der Richtlinie – was der BGH freilich (mit sehr dürrer Begründung[192]) verneint. Nach diesem soll die Richtlinie sicherstellen, dass die Aktionäre „grundsätzlich" die Möglichkeit haben, zu Punkten der Tagesordnung Fragen zu stellen und darauf Antworten zu erhalten; „wie und wann" dies zu geschehen hat, sollten „jedoch die Mitgliedstaaten festlegen können". Somit soll die nach der Richtlinie zugelassene Ausnahme von dem Grundsatz der Beantwortung von Fragen nur sein, dass die Mitgliedstaaten das „Wie und Wann" der Fragestellung und -beantwortung festlegen. Demgegenüber meint der BGH, der Erwägungsgrund 8 S. 1 der Richtlinie zeige, dass den Aktionären nur „grundsätzlich" die Möglichkeit eingeräumt werden solle, Auskunft zu erhalten, während S. 2 des Erwägungsgrunds („wie und wann") das Regelungsermessen der Mitgliedstaaten konkretisiere. Die **BGH-Sicht überzeugt indes nicht:** Die Mitgliedstaaten sollen nach S. 2 des Erwägungsgrunds nämlich gerade kein Ermessen zur inhaltlichen Beschränkung der Auskunftspflicht haben, sondern nur das Wie und Wann der Auskunftserteilung regeln können. Zudem überstrapaziert der BGH die Bedeutung des Wörtchens „grundsätzlich" in S. 2 des Erwägungsgrunds: Dieses bedeutet dem Wortsinn nach „als Regel gedacht, Ausnahmen zulassend"[193]. Danach sollen die Mitgliedstaaten nur ausnahmsweise von dem Prinzip der Auskunftspflicht abweichen dürfen. Über diese Ausnahme geht § 131 Abs. 1 S. 1 mit der Beschränkung auf die „erforderlichen" Auskünfte aber weit hinaus;[194] er schafft nicht die nach dem Erwägungsgrund zugelassene Einzelausnahme von der regelmäßigen Auskunftspflicht, sondern er klammert einen weiten Bereich von Auskünften zur Tagesordnung aus – nämlich all das, was nicht als „erforderliche" Auskunft gilt. Ohnehin lässt sich aus der Verwendung des Wörtchens „grundsätzlich" in der deutschen Fassung der Richtlinie praktisch nichts ablesen.

---

185 Die hier seit der 1. Auflage vertreten wird.
186 BGH WM 2013, 2361 = ZIP 2013, 2454, Rn 20 ff. Auf die Zweifelhaftigkeit der Meinung des BGH, die Frage der Auslegung der Richtlinie nicht dem EuGH vorlegen zu müssen (vgl Rn 37 der Entscheidung), kann hier nur hingewiesen werden, Vorlagepflicht bejaht mit Recht *Kersting*, ZIP 2013, 2460, 2462 f.
187 *Kersting*, ZIP 2009, 2317, 2320 f, votiert mit gutem Grund für eine Anwendung der Grundsätze der Richtlinie in richtlinienkonformer Auslegung auch für nicht börsennotierte Gesellschaften.
188 Ähnlich: KölnKomm-AktG/*Kersting*, 3. Aufl., Rn 128 ff; *ders.*, ZIP 2009, 2317, 2319; *ders.*, in: FS Hoffmann-Becking, S. 651; *Pöschke*, ZIP 2010, 1221, 1223.
189 BGH WM 2013, 2361 = ZIP 2013, 2454, Rn 20 ff. Ähnlich zuvor *Hüffer*, Rn 12; Schmidt/Lutter/*Spindler*, Rn 29; Grigoleit/ *Herrler*, Rn 20; *Kocher/Lönner*, AG 2010, 153, 156; OLG Frankfurt ZIP 2012, 2502, 2503 = NZG 2013, 23 und OLG Stuttgart ZIP 2012, 970 = AG 2012, 377.
190 BGH WM 2013, 2361 = ZIP 2013, 2454, Rn 28 ff.
191 Mit anderer Begründung im Ergebnis ebenso *Kersting*, ZIP 2013, 2460, 2461 f, dort auch zu Bedenken gegen die Auslegung des BGH nach der Entstehungsgeschicht und Sinn und Zweck der Richtlinie.
192 Eine Beschränkung des Art. 9 Abs. 2 S. 1 Fall 2 der Aktionärsrechte-Richtlinie auf organisatorische Maßnahmen lässt sich auch nicht aus Erwägungsgrund 8 der Richtlinie herleiten. Der Erwägungsgrund 8 steht einer inhaltlichen Beschränkung des Fragerechts bzw. der Antwortpflicht nicht entgegen, weil Aktionären nur grundsätzlich entsprechende Möglichkeiten eingeräumt werden sollten und Halbsatz 2 des Erwägungsgrunds ausdrücklich das Regelungsermessen der Mitgliedstaaten hervorhebt, das durch Art. 9 Abs. 2 der Richtlinie konkretisiert wird." (BGH WM 2013, 2361 = ZIP 2013, 2454, Rn. 29).
193 Vgl. *Wahrig*, Deutsches Wörterbuch, Stichwort „grundsätzlich".
194 Der BGH räumt dies ein, wenn er in der Entscheidung WM 2013, 2361, bei Rn 22 schreibt, das Fragerecht der Aktionäre nach Art. 9 Abs. 1 Satz 1 der Aktionärsrechtrichtlinie und die mit diesem korrespondierende Antwortpflicht der Gesellschaft nach Art. 9 Abs. 1 Satz 2 der Aktionärsrechtrichtlinie sei nicht auf die zur Beurteilung der Gegenstände der Tagesordnung erforderlichen Informationen beschränkt.

Dass der EU-Gesetzgeber mit der Verwendung des Wörtchens gerade keine materielle Einschränkung des Auskunftsrechts zulassen wollte, folgt schon daraus, dass andere Sprachfassungen der Richtlinie[195] keine Beschränkung auf die *grundsätzliche* Auskunftspflicht enthalten – so zB die spanische Fassung. Nicht zu folgen ist schließlich auch der BGH-Sicht, die Begrenzung des Auskunftsrechts stelle keine unverhältnismäßige Beschränkung dar, weil die Beurteilung der Erforderlichkeit einer Auskunft gerichtlicher Kontrolle unterliege und die Erteilung unzureichender Auskünfte die Gefahr der Anfechtbarkeit eines HV-Beschlusses in sich berge.[196] Damit unterliegt der BGH einem Zirkelschluss: Der Maßstab für die gerichtliche Kontrolle durch Auskunftserzwingung und Anfechtbarkeit des HV-Beschlusses ist nämlich nur noch die Auskunftspflicht mit dem vom BGH auf die erforderlichen Auskünfte reduzierten Inhalt, nicht aber die umfassende Auskunftspflicht nach der Richtlinie.

Angesichts der Berechtigung von Fragen zur Ausübung von Opposition (vgl Rn 10) können auch Auskünfte zu anderweitig bereits bekannten Informationen zur Beurteilung der Tagesordnung erforderlich sein – es sei denn, solche sind bekannt aufgrund von in der HV zugänglich gemachter Dokumente wie zB dem Jahresabschluss.[197] Wenn allerdings die Terminologie zB Jahresabschlusses so ist, dass der eigentliche Sinn der Auskunft mehr verdunkelt denn aufgehellt wird, sind auch insoweit ohne Weiteres Auskunftsverlangen zulässig. Angesichts des klaren Gesetzeswortlauts, dass es um den jeweiligen „**Gegenstand**" der Tagesordnung geht, kommt es für die Beurteilung der Auskunftspflicht nicht darauf an, ob die Beschlussfassung geplant ist; daher berechtigt auch die Entgegennahme von Berichten, zumal die Vorlage des Jahresabschlusses, zu Auskünften. Da das Gesetz nicht differenziert, ob Beschluss gefasst wird oder nicht, besteht kein Grund für die vereinzelt gebliebene Auffassung, dass bei Gegenständen ohne Beschlussfassung die Information weniger dicht sein dürfe als bei Beschlussgegenständen.[198] Es scheidet auch sonst aus, den Maßstab der Erforderlichkeit nach der Bedeutung des jeweiligen TOP unterschiedlich zu bestimmen.[199] Findet eine Generaldebatte über alle Tagesordnungspunkte statt, sind Prüfungsmaßstab für die Auskunftspflicht sämtliche Tagesordnungspunkte (vgl aber Rn 15).[200]

36

Auch **Auskünfte, die bereits in einer früheren HV erteilt wurden**, können geboten sein. Maßgeblich ist allein, ob die Auskunft zur Beurteilung eines jeweils aktuellen Tagesordnungspunktes erheblich ist.[201] Die **Auskunftspflicht bezüglich früherer Berichtsperioden** hängt davon ab, ob diese Periode im Rahmen eines aussagekräftigen Vergleichs – wie es regelmäßig bei der vorausgegangenen Periode der Fall sein wird – entscheidungserheblich ist.[202] Angelegenheiten früherer Geschäftsjahre können auch sonst erfragt werden, wenn sie sich im Geschäftsjahr der HV auswirken, in diesem bekannt oder vorher nicht adäquat behandelt wurden.[203]

37

Hält der Vorstand die Auskunft zur sachgemäßen Beurteilung der Tagesordnung nicht für erforderlich, ist der Fragesteller darauf **hinzuweisen**.[204] Unterlässt er dies, braucht der Aktionär im **Prozess** die Erforderlichkeit nur darzulegen, wenn die Gesellschaft die Auskunftserteilung unter Berufung auf fehlende Erforderlichkeit verweigert.[205] Hält der Vorstand ein Auskunftsverlangen für zu weitgehend, muss er es jedenfalls in dem reduzierten Teil beantworten.[206]

38

Nach dem Wortlaut des Gesetzes müssen die Auskünfte **zur Beurteilung „des" Gegenstandes** der Tagesordnung erforderlich sein; sie müssen sich auf einen bestimmten Punkt der Tagesordnung beziehen. Nach hM ist daher die Erforderlichkeit der Auskünfte für den jeweiligen TOP zu prüfen, zu dem sie verlangt worden sind.[207] Dieser Ansicht ist mE nicht zu folgen, vielmehr müssen die Aktionäre die Auskünfte spätestens bei dem Punkt der Tagesordnung verlangen, zu dem sie erheblich sind; die Frage kann aber auch vorher gestellt werden. Konkludent bezieht sich jedes (unbeantwortete) Auskunftsbegehren auf jeden Tagesordnungspunkt, für den es möglicherweise in Betracht kommt. Es ist überflüssiger Formalismus (der unnötig aufhält), Aktionäre die zuvor nicht erteilten Auskünfte nochmals verlangen zu lassen und ggf jeweils die

39

---

[195] Auf die der BGH an anderer Stelle ausdrücklich abstellt, vgl BGH WM 2013, 2361 = ZIP 2013, 2454, Rn 23.
[196] BGH WM 2013, 2361 = ZIP 2013, 2454, Rn 36 unter Verweis auf BGHZ 160, 385, 388 = ZIP 2004, 2428 (Thyssen/Krupp) und BGHZ 180, 9 = ZIP 2009, 460 Rn 33 (Kirch/Deutsche Bank).
[197] Grigoleit/*Herrler*, Rn 21; aA tendenziell: Großkomm-AktienR/ *Decher*, Rn 133, 157 ff.
[198] In diese Richtung aber KölnKomm-AktG/*Zöllner*, 1. Aufl., Rn 22.
[199] KölnKomm-AktG/*Kersting*, 3. Aufl, Fn 109; BGH WM 2013, 2361 = ZIP 2013, 2454, Rn 39.
[200] BayObLG AG 2001, 424, 425; OLG München DB 1998, 301.
[201] MüKo-AktG/*Kubis*, Rn 44; KölnKomm-AktG/*Kersting*, 3. Aufl., Rn 400; OLG München WM 2009, 265, 268 = AG 2009, 121 = ZIP 2009, 1667.
[202] MüKo-AktG/*Kubis*, Rn 50.
[203] KölnKomm-AktG/*Kersting*, Fn 150.
[204] Großkomm-AktienR/*Decher*, Rn 250, 155.
[205] BGH ZIP 2009, 2203 im Anschluss an Großkomm-AktienR/ *Decher*, Rn 155; K. Schmidt/Lutter/*Spindler*, Rn 31.
[206] OLG Frankfurt ZIP 2012, 2502, 2503 = NZG 2013, 23 unter Verweis auf KölnKomm-AktG/*Kersting*, § 132 Rn 39 ff; Spindler/Stilz/*Siems*, § 132 Rn 10.
[207] LG Köln AG 1991, 38 ff. Im konkreten Fall des LG Köln wurde der Vorstand nicht zur Auskunft verpflichtet, da die Fragen zur Beurteilung des Tagesordnungspunktes "Vorlage des Jahresabschlusses" nicht erforderlich seien, sondern zur Entlastung von Vorstand und AR hätten gestellt werden müssen.

Prozedur der Auskunftsverweigerung und Niederschrift im Protokoll zu wiederholen.[208] Bei der (heute meist üblichen) Generaldebatte stellt sich die Frage der Zuordnung des Auskunftsverlangens zu einem konkreten Punkt der Tagesordnung nicht (vgl Rn 15).

40 Auch eine **quantitative Beschränkung von Auskunftsverlangen**, sog. **Übermaß**, ist – abgesehen von dem Ausnahmefall, dass Abs. 2 S. 2 eingreift (vgl Rn 55 a ff) – abzulehnen. Kein Kriterium der Erforderlichkeit ist die Aufnahmefähigkeit eines einzelnen Aktionärs[209] oder wie viele Fragen ein Aktionär stellt.[210] Auch tausend Zahlen als Auskunft (die ggf zur Einsicht vorgelegt werden müssen, vgl Rn 24 ff) können erforderlich zur Beurteilung des Gegenstands der Tagesordnung sein. Ist man allerdings – zu Unrecht – der Ansicht, dass eine quantitative Überschreitung des Auskunftsrechts zur mangelnden Erforderlichkeit oder gar Missbräuchlichkeit des Auskunftsverlangens führt, muss der Vorstand[211] dem Aktionär einen Hinweis über das (angebliche) Übermaß geben, damit der Aktionär seine Fragen ausdünnen kann; ohne einen solchen Hinweis ist die Nichtbeantwortung/Auskunftsverweigerung rechtswidrig.[212] Die Zulässigkeit der quantitativen Beschränkung wird damit begründet, dass die Auskunftserteilung durch die zeitlichen Möglichkeiten begrenzt sei,[213] weil ansonsten die Fragerechte der anderen Aktionäre beeinträchtigt werden. Dem ist entgegenzuhalten, dass eine zeitliche Unmöglichkeit nicht anerkannt werden kann, wenn man die Erforderlichkeit der Auskunft zur Beurteilung eines Gegenstands der Tagesordnung bejaht. Es sind keine gesetzlich prüfbaren Anhaltspunkte für zeitliche Grenzen ersichtlich (manche Versammlungsleiter meinen schon nach zwei bis drei Stunden Verhandlungsdauer, nun müsse Mittag gegessen werden, die anderen Aktionäre wollten nach Hause, daher sei nun Schluss mit Fragen, oder etwa 20 Uhr oder 24 Uhr abends); zudem wäre dann dem Missbrauch Tür und Tor geöffnet, da der Vorstand die Möglichkeit hätte, durch ein „in die Länge Ziehen" der HV das Auskunftsrecht zu beschränken (vgl vor § 129 Rn 17). Wenn Fragen vor Schluss der Debatte (vgl vor § 129 Rn 54) gestellt sind, sind sie auch zu beantworten.

41 bb) **Missbrauch?** Teilweise[214] wird, auch wenn die begehrte Auskunft die Angelegenheiten der Gesellschaft betrifft (vgl Rn 28 ff) und zur Beurteilung eines Tagesordnungspunktes erforderlich (vgl Rn 34 ff) ist, eine Auskunftspflicht unter dem Aspekt der **Rechtsmissbräuchlichkeit bzw der Treuepflichtverletzung** verneint. Dies wird angenommen bei sogenannter illoyaler, grob eigennütziger Rechtsausübung, bei Verfolgung gesellschaftsfremder Interessen und übermäßiger Rechtsausübung. Überwiegend wird aber eine restriktive Auslegung gefordert.[215] Eine illoyale, grob eigennützige Rechtsausübung liegt nach hM vor, wenn der Aktionär damit gesellschaftsfremde, egoistische Zwecke durchzusetzen versucht, die nicht einer Sachaufklärung dienen – etwa indem er einem (vermeintlichen) Anspruch aus einem nicht auf dem Mitgliedschaftsverhältnis beruhenden Rechtsverhältnis (zB Vertrag) Nachdruck verleihen will.[216]

42 Ein Aktionär soll sein Fragerecht nur so ausüben dürfen, dass hierdurch der ordnungsgemäße Ablauf der HV nicht gestört wird.[217] Es solle verhindert werden, dass einzelne Aktionäre durch „übermäßig" lange Rede- und Fragebeiträge die HV blockieren.[218] Die absolute Obergrenze wird in der Literatur gelegentlich bei 100 Fragen gezogen (vgl dagegen Rn 43).[219] Jedenfalls kein Rechtsmissbrauch sind die folgenden Fälle:

---

208 Die Erforderlichkeit einzelner Auskunftsbegehren wird unter IV 4 in Zusammenhang mit der Auskunftsverweigerung abgehandelt, getrennte Erörterung zB bei Großkomm-AktienR/*Barz*, 3. Aufl., Anm. 11, vgl auch Anm. 32 f; Großkomm-AktienR/*Decher*, 4. Aufl., 132 f; *Henn*, Handbuch des Aktienrechts, § 26 Rn 882.
209 KölnKomm-AktG/*Kersting*, 3. Aufl., Fn 158 f.
210 In diese Richtung aber MüHb-AG/*Semler*, § 37 Rn 29; *Hüffer*, Rn 35; OLG Frankfurt AG 1984, 25; *Quack*, AG 1985, 145, 148; *Marsch-Barner*, WM 1984, 41 f; ebenso im Erg.: Großkomm-AktienR/*Decher*, Rn 281 ff unter dem Aspekt; KölnKomm-AktG/*Kersting*, 3. Aufl., Rn 160 ff, ähnlich der angeblich unzulässigen übermäßigen Rechtsausübung; demgegenüber zu Recht zB LG Köln AG 1991, 280 ff und OLG Düsseldorf DB1991, 2532, wo vier Aktionäre jeweils einige Dutzend – allerdings gleich lautende – Fragen gestellt hatten; ebenso LG München ZIP 2010, 2148 = WM 2010, 1699 = AG 2010, 919.
211 Vom Vorstand oder Versammlungsleiter, vgl einerseits Großkomm-AktienR/*Decher*, Rn 285 und andererseits MüKo-AktG/*Kubis*, Rn 60.
212 Vgl Großkomm-AktienR/*Decher*, Rn 285.
213 MüKo-AktG/*Kubis*, Rn 82.
214 So u.a. MüHb-AG/*Semler*, § 37 Rn 41; *Baumbach/Hueck*, AktG, 13. Aufl., § 131, Rn 12; *v. Godin/Wilhelmi*, Anm. 23; *Henn*, Handbuch des Aktienrechts, § 26 Rn 884; KölnKomm-AktG/*Zöllner*, 1. Aufl., Rn 44 f; KölnKomm-AktG/*Kersting*, 3. Aufl., Rn 379 ff (mit der Maßgabe, dass Einwand „nur sehr zurückhaltend anerkannt werden sollte"); OLG Karlsruhe AG 1980, 82; BayObLG NJW 1974, 2094; OLG Frankfurt NJW 1984, 25; *Hüffer*, Rn 33 f; Großkomm-AktienR/*Decher*, Rn 274 ff. Dagegen zB *Meyer-Landrut*, in: FS Schilling, 1973, S. 235 f; 242 f; Geßler/*Eckardt*, Rn 132; *Ebenroth*, Auskunftsrecht, S. 35 f; *Meilicke/Heidel*, DStR 1992, 113, 115; Schwerdtfeger/*Schwerdtfeger*, Kompaktkommentar, Rn 13.
215 *Hüffer*, Rn 34.
216 Großkomm-AktienR/*Decher*, Rn 278.
217 Großkomm-AktienR/*Barz*, 3. Aufl., Anm. 12; KölnKomm-AktG/*Zöllner*, 1. Aufl., Rn 44 f; LG München ZIP 2010, 2148, 2151 = WM 2010, 1699, 1702; ebenso LG München AG 1987, 185, 189, will zwar einen Rechtsmissbrauch aus einer Vielzahl von Fragen ableiten, wenn damit eine zeitgerechte Beendigung der HV unmöglich gemacht wird; es verlangt aber insoweit jedenfalls mit Recht, dass in einer solchen Situation der Grund der Verweigerung den Aktionären sofort mitzuteilen sei, um ihnen Gelegenheit zur Beschränkung zu geben.
218 Großkomm-AktienR/*Mülbert*, vor §§ 118 bis 147, Rn 72, 150 f; *Siepelt*, AG 1995, 254, 255.
219 *Franken/Heinsius*, in: FS Budde, 1995, S. 213, 233; *Joussen*, AG 2000, 241, 253; *Quack*, AG 1985, 145, 148; noch weiter gehend: MüKo-AktG/*Kubis*, Rn 59: Indikation bei 20 Fragen, Obergrenze bereits bei 50 Fragen.

(1) mit Fragen Opposition zu treiben,[220] (2) allgemeine Verfolgung eigener, eventuell auch gesellschaftsfremder Interessen,[221] (3) Fragen zur eigenen Rehabilitierung,[222] (4) zahlreiche Störungen, Zwischenrufe und hohe Fragezahlen, jedenfalls, zumal wenn von der Gesellschaft durch ungeschickte Verhandlungsleitung verursacht,[223] (5) Fragen zur Vorbereitung von Spruchverfahren.[224] Allein die Vielzahl von Fragen lässt keinen Schluss auf eine Beeinträchtigung des Ablaufs der HV zu. Das gilt insbesondere dann, wenn der Aktionär einige Tage vor der HV dem Vorstand die Fragen zuleitet, so dass er sich auch auf eine große Zahl von Auskünften vorbereiten kann.[225]

43 ME ist **der Gedanke des Missbrauchs des Auskunftsrechts regelmäßig zu verneinen**. Denn der Missbrauchseinwand würde dazu führen, dass der Vorstand erforderliche Auskünfte nicht zu geben bräuchte. **Motive des Fragers sind gleichgültig**.[226] Daher scheidet mE der Missbrauchseinwand grds. aus, wie immer man einen Missbrauch im Einzelnen definieren mag.[227] Der Gesetzgeber wollte den Missbrauch des Auskunftsrechtes allein dadurch verhindern, dass nur die erforderlichen Auskünfte gegeben werden müssen; er wollte gerade nicht allgemeinen Erwägungen von Treu und Glauben (§ 242 Abs. 1 BGB) oder aktienrechtlicher Treuepflicht Tür und Tor öffnen und zur sachgemäßen Beurteilung erforderliche Informationen aus dem Tatbestand ausgrenzen – oder ein Auskunftsverweigerungsrecht einräumen –, nur weil der jeweilige Fragesteller (angeblich) sachfremde Ziele verfolge. Richtig kann nur eines sein: **Entweder ist eine Auskunft zur sachgemäßen Beurteilung erforderlich – dann ist sie zu erteilen**, egal wer sie verlangt hat und wie (angeblich) verwerflich die sachfremden Ziele des Fragers auch sein mögen; **oder die Auskunft ist nicht erforderlich – dann muss der Vorstand sie nicht erteilen**, darf es aber. Genau dieser Auslegung entspricht auch die Auslegung des § 131 vor dem Hintergrund der Aktionärsrechte-Richtlinie (vgl Rn 6, 35): Die Gesellschaft muss die an sie gestellten Fragen beantworten, die die Aktionäre zu Punkten auf der Tagesordnung stellen dürfen. Einen Missbrauch kann das Stellen von Fragen, die zur Beurteilung der Tagesordnung erforderlich sind, nicht darstellen. Wer die Auskunft begehrt und welche Ziele der Aktionär damit möglicherweise verfolgt, kann die Beurteilung der Erforderlichkeit der Auskunft nicht beeinflussen. Die Erforderlichkeit ist rein objektiv zu beurteilen. Der Vorstand mag die Antwort auf eine angeblich rechtsmissbräuchliche Frage verweigern können, etwa wenn sie gemäß Abs. 3 Nr. 1 der Gesellschaft einen nicht unerheblichen Nachteil zufügen kann. Doch dann muss die Gesellschaft die Voraussetzungen des konkreten Verweigerungsgrundes belegen. Sie darf sich nicht auf die pauschale Position zurückziehen, wegen Missbrauchs bräuchte nicht geantwortet zu werden. Entgegen einer Entscheidung des OLG Frankfurt iS „Kirch/Deutsche Bank" indiziert daher zB eine größere Zahl von Fragen eines Aktionärs (im konkreten Fall 308) nicht einen Missbrauch des Fragerechts oder einen Erforderlichkeitsmangel[228] (vgl Rn 42 zur Pflicht, die Aktionäre auf ihre angeblich zu vielen Fragen hinzuweisen und ihnen die Möglichkeit zur Beschränkung der Fragezahl zu geben).

44 Rechtstheoretisch wird die hier vertretene Sicht bestätigt beispielsweise durch die entsprechend anwendbaren Argumente der **Rechtsprechung des BFH zu § 42 AO** (Missbrauch von Gestaltungsmöglichkeiten) in Auseinandersetzung mit der Finanzverwaltung: **Hat der Gesetzgeber konkrete Missbrauchsvorschriften normiert, endet die Missbrauchsprüfung mit der Verneinung des speziellen Missbrauchstatbestands**; auf allgemeine Missbrauchserwägungen kann man danach nicht mehr zurückgreifen.[229] So ist es mE auch bei Abs. 1: Die „Erforderlichkeit" der Auskunft hat der Gesetzgeber ausdrücklich zur Verhinderung von Missbrauch normiert. Daher gilt der Rechtsgrundsatz, dass Auskünfte entweder erforderlich sind – dann sind sie zu erteilen –, oder nicht erforderlich sind – dann können sie unterbleiben.

45 **d) Vorlage des vollständigen Jahresabschlusses (Abs. 1 S. 3).** Das Bilanzrichtliniengesetz ergänzte das AktG 1965 um Abs. 1 S. 3. Danach haben die Aktionäre Anspruch auf Vorlage des Jahresabschlusses in der Form, die er ohne Anwendung von Abschlusserleichterungen hätte.[230] Die Norm führt nach der veröffent-

---

220 OLG Düsseldorf AG 1987, 21, 23; *Meilicke/Heidel*, DStR 1992, 72, 73.
221 OLG Düsseldorf WM 1991, 2148, 2153.
222 BayObLG AG 2001, 424, 426.
223 OLG Koblenz ZIP 2001, 1095, 1098.
224 OLG Karlsruhe AG 1990, 82.
225 LG München ZIP 2010, 2148, 2151 = WM 2010, 1699, 1702, insoweit gegen *Hüffer*, Rn 35 und MüKo-AktG/*Kubis*, 2. Aufl., Rn 59; ähnlich wie LG München OLG Stuttgart AG 2012, 377, 378 f = ZIP 2012, 970, 972.
226 Geßler/*Eckardt*, Rn 34; MüHb-AG/*Semler*, § 37 Rn 41; Spindler/Stilz/*Siems*, Rn 61; OLG Düsseldorf DB 1991, 2532.
227 Vgl insoweit zB (zum Teil zur Auskunftsverweigerung) Geßler/*Eckardt*, Rn 32; aA *Baumbach/Hueck*, AktG, 13. Aufl., Rn 21; *v. Godin/Wilhelmi*, Anm. 9; KölnKomm-AktG/*Zöllner*, 1. Aufl., Rn 44; *Hüffer*, Rn 34; LG Karlsruhe AG 1998, 99, 100; vgl *Reuter*, DB 1988, 2615, 2616; OLG Karlsruhe AG 1990, 82 f.
228 OLG Frankfurt ZIP 2007, 1463, 1467 = WM 2007, 1704 = AG 2007, 672, aufgehoben durch BGHZ 180, 9 = ZIP 2009, 460 = WM 2009, 459, freilich ohne auf die Frage des angeblichen Rechtsmissbrauchs einzugehen.
229 BFH BStBl 1990, 474, 477.
230 Art. 2 des Gesetzes vom 19.12.1985 (BGBl. I 1985 S. 2355).

lichten Judikatur[231] ein Schattendasein.[232] Kleine und mittelgroße Kapitalgesellschaften können gemäß §§ 266, 267 und 288 HGB Erleichterungen nutzen, wenn sie den Jahresabschluss aufstellen. Nutzen sie diese Möglichkeit, können ihre Aktionäre die Vorlage des vollständigen Jahresabschlusses verlangen. Dieser Anspruch besteht nicht nur in der Bilanz feststellenden HV,[233] sondern in jeder „Hauptversammlung über den Jahresabschluss".[234] Die HV stellt den Jahresabschluss nur in Ausnahmefällen fest (vgl §§ 172 f). Es ist nichts dafür ersichtlich, dass der Gesetzgeber den Vorlageanspruch nur für diesen Ausnahmefall normiert hat. Er wollte vielmehr den Aktionären die Vorlage des ungekürzten Jahresabschlusses generell garantieren.

46 Nach der eindeutigen gesetzlichen Regelung bedarf es **keiner Erforderlichkeit der Vorlage zur Beurteilung des Gegenstandes der Tagesordnung**.[235]

47 Der Aktionär braucht sein **Verlangen auf Vorlage nicht anzukündigen**[236] (vgl allg. zur Ankündigung Rn 14, 20 f). Wenn der Vorstand von den handelsrechtlichen Erleichterungen der Publizität Gebrauch macht, muss er sich darauf einstellen, dass die Aktionäre als Eigentümer der Gesellschaft durch den Jahresabschluss etwas genauer unterrichtet sein wollen, als der Öffentlichkeit zusteht.[237] Daher muss der Vorstand immer einen vollständigen Jahresabschluss bereithalten und in Kopie aushändigen[238] sowie eine ausreichende Zahl von Kopien bereithalten.[239] Die Pflichten bestehen unabhängig davon, ob der Vorstand – etwa aufgrund von Erfahrungen bei vorherigen Versammlungen – damit rechnen muss, dass das Vorlageverlangen gestellt wird.[240]

48 e) **Auskunftspflicht über Lage des Konzerns und die in den Konzernabschluss einbezogenen Unternehmen (Abs. 1 S. 4).** Abs. 1 S. 4 normiert die Auskunftspflicht des Vorstands des Mutterunternehmens über die Lage des Konzerns und der in den Konzernabschluss einbezogenen Unternehmen. Die Auskunftspflicht besteht in der HV, in der Konzernabschluss und Konzernlagebericht vorgelegt werden.

49 Abs. 1 S. 4 bestätigt, dass die Auskunftspflicht des Vorstands eines Konzern-Mutterunternehmens über eine enge Interpretation des Begriffs der „Angelegenheit der Gesellschaft" nach S. 1 und über S. 2 hinausgeht. Die Norm entspricht dem Grundsatz der Konzernrechnungslegung, den **Aktionären des Mutterunternehmens ein umfassendes Bild von der Lage des Konzerns zu vermitteln**.[241] Daher bin ich mit *Koppensteiner* der Auffassung, dass auch ohne die ausdrückliche Anordnung „bei sachgerechter Anwendung of § 131 (Abs. 1 S. 1) ohnehin nicht zweifelhaft gewesen wäre",[242] dass die Auskunftspflicht des Vorstands der Obergesellschaft sich auf die Lage des Konzerns und der Konzerngesellschaften bezieht.[243] Schon zur Vorläufernorm § 337 Abs. 4 aF war anerkannt, dass die Auskunftspflicht nur insoweit besteht, als die Auskunft zur sachgemäßen Beurteilung des Gegenstands der Tagesordnung erforderlich ist, insbesondere für die Beschlussfassung über die Gewinnverwendung sowie die Entlastung der Organe des Mutterunternehmens.[244] Diese Voraussetzung gilt schon aus systematischen Gründen erst recht nach der Einfügung des Inhalts von § 337 Abs. 4 aF in § 131 Abs. 1; angesichts des insoweit identischen Wortlauts von § 131 Abs. 1 S. 4 und S. 2 („Auskunftspflicht... erstreckt sich auch auf...") erscheint es nicht vertretbar, die Auskunftspflicht nach Abs. 1 S. 4 von dem Erfordernis der sachgemäßen Beurteilung des Gegenstands der Tagesordnung zu lösen.[245] Da der Konzernabschluss mit dem Prüfungsbericht des Aufsichtsrats der HV vorzulegen ist, wird aus Anlass der Vorlage aber kaum einmal eine Auskunft am Kriterium der Erforderlichkeit scheitern – es sei denn, der Aktionär fragt nach Petitessen (vgl allg. Rn 28).

50 Die Auskunft ist zu erteilen über „die Lage des Konzerns und der in der Konzernabschluss einbezogenen Unternehmen". Maßgebend ist, ob die Unternehmen tatsächlich einbezogen oder nach dem Gesetz einzubeziehen[246] sind. §§ 294 bis 296 HGB regeln, **welche Unternehmen in den Konzernabschluss einzubeziehen**

---

[231] LG Köln AG 1991, 280; OLG Düsseldorf AG 1992, 34; vgl auch OLG Karlsruhe DB 1999, 1998, 1999. Die Literatur hat sich überraschenderweise der Norm kaum angenommen.

[232] Ungenau KölnKomm-AktG/*Claussen/Korth*, 2. Aufl., § 266 HGB Rn 9, §§ 275 bis 277 Rn 161, die meinen, die Aufstellungserleichterung sei eine "theoretische Möglichkeit" ohne praktische Bedeutung; die praktische Bedeutung liegt in den Einschränkungen der allgemeinen Publizität.

[233] KölnKomm-AktG/*Claussen/Korth*, 2. Aufl., § 266 HGB, ohne Begründung.

[234] Wie hier: LG Köln AG 1991, 280 und des OLG Düsseldorf AG 1991, 444 = WM 1991, 2148, 2153; Großkomm-AktienR/*Decher*, Rn 240; KölnKomm-AktG/*Kersting*, 3. Aufl., Rn 261; *Meilicke/Heidel*, DStR 1995, 113.

[235] Großkomm-AktienR/*Decher*, Rn 241; K. Schmidt/Lutter/*Spindler*, Rn 39; *Hüffer*, Rn 20; MüHb-AG/*Semler*, § 37 Rn 10; KölnKomm-AktG/*Kersting*, 3. Aufl., Rn 261.

[236] KölnKomm-AktG/*Kersting*, 3. Aufl., Rn 262.

[237] Vgl zur unterschiedlichen Rechtsnatur der Ansprüche auf Information und ihrer Reichweite *Meilicke*, BFuP 1989, 264, 268 ff.

[238] *Hüffer*, Rn 23; MüHb-AG/*Semler*, § 37 Rn 29; BGHZ 36, 121, 127.

[239] Großkomm-AktienR/*Decher*, Rn 242; KölnKomm-AktG/*Kersting*, 3. Aufl., Rn 262.

[240] Ähnlich: LG Köln AG 1991, 280.

[241] *Kort*, ZGR 1987, 46; *A/D/S*, § 337 Rn 28.

[242] KölnKomm-AktG/*Koppensteiner* § 337 Rn 5.

[243] Andere Autoren sprachen insoweit bei § 337 AktG aF allerdings von einer "erweiterten" Auskunftspflicht, zB *A/D/S*, § 337 Rn 28; *Hüffer*, 5. Aufl., § 337 Rn 13; *Geßler/Kropff*, § 337 Rn 75; ähnlich auch OLG Hamburg AG 1994, 420.

[244] *Hüffer*, § 327 Rn 14; *Geßler/Kropff*, § 337 Rn 75; *A/D/S*, § 337 Rn 28; OLG Hamburg AG 1994, 420 = WM 1994, 698 = ZIP 1994, 373.

[245] KölnKomm-AktG/*Kersting*, 3. Aufl., Rn 256.

[246] KölnKomm-AktG/*Kersting*, 3. Aufl., Rn 255.

sind; dazu gehören auch die quotenkonsolidierten Unternehmen gemäß § 310 HGB, nicht aber assoziierte Unternehmen gemäß §§ 311 f HGB.[247] Es ist jedoch nach allgemeinen Grundsätzen ohne Weiteres möglich, dass Angelegenheiten solcher nicht in den Konzernabschluss einbezogener Unternehmen eine Angelegenheit der Gesellschaft gemäß § 131 Abs. 1 S. 1 sind[248] (vgl. allg. zu den Auskünften über Beteiligungsunternehmen Rn 85).

Der Begriff „Lage" entspricht den HGB-Vorschriften zum Lagebericht (§§ 289, 315 HGB). Aus der Verwendung des Begriffs „Lage" in § 337 Abs. 4 aF – statt, wie in § 131 Abs. 1 S. 1, „Angelegenheiten" – wurde vereinzelt auf eine geringere Informationsdichte als bei § 131 Abs. 1 S. 1 geschlossen; es gehe nur um die Vermittlung eines Gesamtüberblicks über die geschäftliche Entwicklung im Konzern und der in den Konzernabschluss einbezogenen Unternehmen.[249] Daher sei nicht jede Angelegenheit eines einzelnen Konzernunternehmens auskunftspflichtig; sie sei dies nur, wenn sie gemäß § 337 Abs. 4 aF deren Lage betrifft oder wenn sie sich gemäß § 131 Abs. 1 S. 1 auf das Mutterunternehmen auswirkt.[250] ME ist diese Auslegung unrichtig, zumal die Gesetzesbegründung zum AktG 1965[251] zeigt, dass der historische Gesetzgeber um die große Bedeutung des Konzernabschlusses für die Aktionäre der Obergesellschaft wusste („besonders wichtiges Unterrichtungsmittel") und die Vorlagepflicht um die Auskunftspflicht nach § 337 Abs. 4 aF erweiterte. Auch die Verwendung des Wortes „Lage" begründet keine gegenüber „Angelegenheiten" nach § 131 Abs. 1 S. 1 einschränkende Auslegung. Nach den Änderungen der Konzernrechnungslegung durch das TransPublG[252] ist die Voraussetzung einer Auskunftspflicht nach § 131 Abs. 1 S. 1, S. 4 jedenfalls eher zu bejahen als nach § 337 Abs. 4 aF. Zwar beschließt auch nach dem TransPublG nicht die HV den Abschluss (abgesehen von dem Fall der Feststellung gemäß § 173 Abs. 1 S. 2), aber der Aufsichtsrat hat den Konzernabschluss gemäß § 171 Abs. 1 S. 1 zu prüfen und gemäß § 171 Abs. 2 S. 5 über das Ergebnis der Prüfung schriftlich an die HV zu berichten, zum Ergebnis der Prüfung Stellung zu nehmen und am Schluss des Berichts zu erklären, ob nach dem abschließenden Ergebnis seiner Prüfung Einwendungen zu erheben sind und ob er den aufgestellten Konzernabschluss billigt[253] (vgl auch § 256 Rn 51 zur Frage der Nichtigkeit des Konzernabschlusses). Durch die Neuregelung wollte das TransPublG „der **zunehmenden Bedeutung des Konzernabschlusses und des Konzernlageberichts als Informationsmedien Rechnung (tragen)**" und mit der förmlichen Billigung „auf eine intensivierte Prüfung des Konzernabschlusses durch den Aufsichtsrat (hinwirken)" – so die Regierungsbegründung.[254] Daher sollte nach dem Willen des Gesetzgebers mE den Aktionären jedenfalls auf Nachfragen auch eine erhöhte Informationsdichte zu den Angelegenheiten des Konzerns und seiner Gesellschaften gegeben werden. ME darf daher die Information über den Konzernabschluss und die einbezogenen Unternehmen nicht unter dem Niveau der Auskunftserteilung über den Jahresabschluss bleiben.[255] Aus diesem Grund ist zB der Sichtweise des OLG Karlsruhe nicht zu folgen, das Recht des Aktionärs, in der HV vom Vorstand Auskunft zu verlangen, beziehe sich nicht auf den vorgelegten Konzernabschluss;[256] die Entscheidung ist jedenfalls heute unvertretbar, da die Frage der Ordnungsgemäßheit der Rechnungslegung durch den Vorstand und die Billigung durch den Aufsichtsrat, zumal im Zusammenhang mit den Entlastungsbeschlüssen, von zentraler Bedeutung sind.[257]

Beispiele:
Der Informationsanspruch nach dieser Norm umfasst nach der Rechtsprechung jedenfalls zB die Gesamteinkünfte der Vorstandsmitglieder aus Aufsichtsratsmandaten im Konzern sowie das Jahresergebnis der einzelnen in den Konzernabschluss einbezogenen Unternehmen.[258] ME sind der HV auch die Jahresabschlüsse dieser Unternehmen auf Verlangen vorzulegen, jedenfalls soweit Offenlegungspflichten (zumal nach HGB) bestehen; den Aktionären der Muttergesellschaft müssen in der HV mindestens die Informationsmöglichkeiten gegeben werden, die die Aktionäre durch Einsicht in öffentliche Register erhalten könnten; die Aktionäre auf die Einsicht in eine Vielzahl von Registern zu verweisen – darunter ggf auch im Ausland –, das ist mit den legitimen Informationsbedürfnissen der Aktionäre von Konzernmüttern nicht verein-

---

[247] Hüffer, Rn 20 a; A/D/S, § 337 Rn 28; Geßler/Kropff, § 337 Rn 76.
[248] A/D/S, § 337 Rn 28; Geßler/Kropff, § 337 Rn 76; Hüffer, § 337 Rn 13; Lutter, AG 1985, 117, 120; Götz, AG 1984, 85, 89.
[249] A/D/S, § 337 Rn 28.
[250] Lutter, AG 1985, 117, 120; Götz, AG 1984, 85, 89; A/D/S, § 337 Rn 28.
[251] Vgl Kropff, S. 453.
[252] BGBl. I 2002, 2681.
[253] Welche Rechtswirkung der Billigung des Konzernabschlusses zukommen soll, namentlich, ob diese mit der Feststellung des Jahresabschlusses vergleichbar ist, ist offen, vgl Ihrig/Wagner, BB 2002, 789, 796.
[254] RegBegr. TransPublG, BT-Drucks. 14/8769, 9079, zu Nr. 18.
[255] Vgl dazu zB Großkomm-AktG/Decher, Rn 411, Stichwort "Bilanzposition"; MüKo-AktG/Kubis, Rn 170.
[256] OLG Karlsruhe AG 2000, 78 = DB 1999, 1998; vgl a. BGH AG 2001, 588.
[257] Kritisch auch Mutter, Auskunftsansprüche, Stichwort "Konzernabschluss", S. 53.
[258] A/D/S, § 337 Rn 28 im Anschluss an OLG Düsseldorf NJW 1988, 1033, 1034 = WM 1987, 1489 = ZIP 1987, 1555 = AG 1988, 53 sowie OLG Hamburg WM 1994, 698 = AG 1994, 420 = ZIP 1994, 373; vgl zur Auskunft über Bezüge auch Lutter, AG 1985, 117, 119 ff.

bar. Auch der Aufwand für die Erstellung des Konzernabschlusses ist anzugeben, zumal wenn dessen Notwendigkeit nach § 296 Abs. 1 HGB im Streit steht.[259]

53 Die Auskunftspflicht besteht nach dem Gesetzeswortlaut **in der HV, in der der Konzernabschluss und der Konzernlagebericht vorgelegt werden.** Welche HV das ist, regelt § 175 Abs. 1 S. 1 bzw Abs. 3. ME kann die in die ausdrückliche Bestätigung der Auskunftspflicht durch § 131 Abs. 1 S. 4 aber nicht hineingelesen werden, dass zum Konzern nur in dieser HV Auskunft zu erteilen wäre; die Auskünfte sind vielmehr immer dann zu geben, wenn sie gemäß Abs. 1 S. 1 zur Beurteilung eines Gegenstands der Tagesordnung erforderlich sind. Darüber hinaus besteht die Auskunftspflicht bei einer Muttergesellschaft, die von der Aufstellung des Konzernabschlusses gemäß §§ 341 i, 291 HGB befreit ist, weil die Konzerngroßmutter gemäß § 340 i HGB einen Konzernabschluss aufstellt, in der HV, in der der Konzernabschluss bei Außerachtlassung der Befreiung der HV der Muttergesellschaft vorzulegen wäre.

54 Schon für § 337 Abs. 4 aF war anerkannt, dass die **Auskunftsverweigerungsrechte** des § 131 Abs. 3 sowie die **Auskunftserzwingung** nach § 132 anwendbar ist.[260] Diese Grundsätze gelten erst recht nach der Inkorporierung des Inhalts von § 337 Abs. 4 aF in § 131.

55 **II. Kein Recht zur Lüge, aber Ermächtigung zu Fragebeschränkungen durch UMAG (Abs. 2). 1. Gewissenhafte und getreue Rechenschaft (Abs. 2 S. 1).** Die Auskunft hat „den Grundsätzen einer gewissenhaften und getreuen Rechenschaft zu entsprechen". Der Begriff entspricht dem des § 90 Abs. 4. Auskünfte müssen **wahr und vollständig, zutreffend und sachgemäß** sein, so dass die Aktionäre ein zusammenhängendes, der Wirklichkeit entsprechendes Bild erhalten; Auskünfte dürfen nicht Halbwahrheiten enthalten oder irreführend sein.[261] Der Vorstand muss Einzelheiten oder zusammenhängende Tatsachen mitteilen, wenn die Frage erkennbar darauf abzielt – auch ohne ausdrückliche Frage.[262] Er muss klar und verständlich Auskünfte geben; auf unnötige, da durch eine vernünftige Auskunft vermeidbare Berechnungen braucht sich der Aktionär nicht verweisen zu lassen.[263] Eine unrichtige Auskunft muss der Vorstand in der HV korrigieren – unbeschadet einer eventuell bestehenden Strafbarkeit gemäß § 400 Abs. 1 Nr. 1. Pauschale Fragen darf der Vorstand pauschal,[264] (vgl Rn 76 zur Rügepflicht, wenn dem Aktionär die Antwort zu pauschal ist); detaillierte Fragen muss er detailliert beantworten.[265] Bei unklaren Fragen muss der Vorstand zunächst Missverständnisse aufklären.[266] Der Vorstand darf zwar die Auskunft verweigern und schweigen – lügen darf er aber niemals.[267] Das Auskunftsrecht gibt keinen Anspruch, dass der Vorstand die Richtigkeit der Auskunft an Eides statt versichert.[268]

55a **2. Auskunftsbeschränkung durch Versammlungsleiter (Abs. 2 S. 2). a) Bei Grundlage in der Satzung grds. zulässig.** Abs. 2 S. 2 beruht auf dem UMAG.[269] Nach der **Regierungsbegründung**[270] soll der Versammlungsleiter „einen zeitlichen Rahmen für den ganzen Hauptversammlungsverlauf, für den einzelnen Tagesordnungspunkt und für den einzelnen Redner setzen" dürfen, um „die inhaltliche Qualität der Hauptversammlung zu verbessern". Der Versammlungsleiter könne sich davon leiten lassen, dass eine „normale Hauptversammlung, in der keine tief greifenden unternehmensstrukturellen Maßnahmen zu erörtern sind", in vier bis sechs Stunden abgewickelt sein solle, was voraussetze, dass auch „die Länge der Beiträge des Vorstands den Aktionären noch Raum" lasse. Die Novelle gehe „auf Klagen aus der Praxis" zurück, wonach angeblich Rede und Fragerechte „häufig von einigen wenigen Aktionären missbraucht werden, um mit einer Vielzahl von Fragen die Verwaltung zu Informationsfehlern zu verleiten und die Hauptversamm-

---

259 LG Köln AG 1999, 240 = DB 1999, 841; Großkomm-AktienR/*Decher*, Rn 411, Stichwort "Konzernabschluss"; differenzierend im konkreten Fall (Vorstand hat sich zur genauen Bezifferung nicht in der Lage gesehen) OLG Köln AG 2000, 134.
260 *A/D/S*, § 337 Rn 29; Großkomm-AktienR/*Barz*, § 337 Anm. 4; v. *Godin/Wilhelmi*, § 337 Anm. 3; aA zu Unrecht OLG Bremen AG 1981, 229 = ZIP 1981, 192, wonach über Verluste verbundener Unternehmen nur insoweit Auskunft zu geben ist, wie sich diese auf den Jahresabschluss oder der Konzernabschluss ausgewirkt haben; ähnlich früher OLG Hamburg AG 1970, 50.
261 Großkomm-AktienR/*Decher*, Rn 246; OLG Braunschweig ZIP 1998, 1585, 1591 (VW/Wenger); MüKo-AktG/*Kubis*, Rn 77; OLG Stuttgart AG 2011, 93, 98 = ZIP 2010, 2349.
262 Großkomm-AktienR/*Decher*, Rn 246.
263 Großkomm-AktienR/*Decher*, Rn 246 im Anschluss an BayObLG WM 1996, 1177, 1179; KölnKomm-AktG/*Kersting*, 3. Aufl., Rn 226.
264 *Henn*, Handbuch des Aktienrechts, § 26 Rn 880; LG Braunschweig AG 1991, 36; BayObLGZ 1998, 413, 420 f; OLG Stuttgart AG 2005, 94, 96 = DB 2004, 2094; K. Schmidt/
Lutter/*Spindler*, Rn 53; KölnKomm-AktG/*Kersting*, 3. Aufl., Rn 226.
265 Grigoleit/*Herrler*, Rn 28.
266 OLG Hamburg AG 1970, 372; LG Dortmund AG 1999, 133; LG München AG 1987, 185, 188; KölnKomm-AktG/*Kersting*, 3. Aufl., Rn 267.
267 Vgl – auch zu den Sanktionen – dieser auf § 131 Abs. 2 beruhenden Pflicht im Einzelnen, zB Großkomm-AktienR/*Barz*, 3. Aufl., Anm. 22; Großkomm-AktienR/*Decher*, Rn 256 und Geßler/*Eckardt*, Rn 73 f.
268 BayObLG AG 2003, 499, 500.
269 Art. 3 des UMAG, BGBl. I 2005 S. 2802.
270 BT-Drucks. 15/5092, S. 6, Nr. 9, Erläuterung S. 17; der Rechtsausschuss, BT-Drucks. 15/5693, S. 6 und 17, fügte lediglich redaktionell ein Komma ein; vgl zur Gesetzesgeschichte insb. den RefE, abgedruckt zB als Beilage NZG 4/2004, mit Übersicht über die Regelungen aus Sicht der Entwurfsverfasser *Seibert/Schütz*, ZIP 2004, 252 und *Schütz*, DB 2004, 419; wN bei *Meilicke/Heidel*, DB 2004, 1479, dort auch zur Kritik am RefE, mwN.

lung in die Länge zu ziehen". Ziel sei nicht „eine Beschneidung der Aktionärsrechte", sondern den Aktionären „mehr Entscheidungsfreiheit einzuräumen und die Hauptversammlung... zu einer straffen, auf die wesentlichen strategischen Entscheidungen konzentrierten Plattform zu machen, die... an inhaltlichem Gewicht und Attraktivität für Aktionäre mit ernst zu nehmenden Stimmanteilen gewinnen könnte".

ME bestehen durchgreifende **verfassungsrechtliche Zweifel** an der Neuregelung, soweit sie die Beschränkung des Auskunftsrechts ermöglicht.[271] Der Gesetzgeber gibt nämlich die Möglichkeit der Beschränkung von zur Beurteilung der Tagesordnung und von Beschlussgegenständen *erforderlichen* Auskünften (Abs. 1 S. 1). Er ermöglicht dem Versammlungsleiter und damit faktisch der Mehrheit der HV, das Maß an *erforderlichen* Auskünften zu beschränken. Demgegenüber ist das Recht des Aktionärs, Informationen über die Angelegenheiten seiner AG zu erhalten, ein „wesentlicher Bestandteil des Mitgliedschaftsrechts", Informationen sind für den Aktionär „eine unerlässliche Voraussetzung für die Wahrnehmung seiner mitgliedschaftlichen Rechte".[272] Gegenüber diesem Recht des Aktionärs ist es keine beachtliche schützenswerte andere Rechtsposition, die HV innerhalb von vier bis sechs Stunden durchzuziehen oder sie zu einer Plattform von Aktionären mit „ernst zu nehmenden Stimmanteilen" zu machen (vgl Rn 55 a).[273] Eine von den Entwurfsverfassern nach dem Wortlaut ihrer Gesetzesbegründung beabsichtigte Beschränkung von Aktionären mit **nicht ernst zu nehmenden Stimmanteilen** verstößt gegen § 53 a, wonach – ausgenommen von den gesetzlichen Sonderregelungen, die an Quoren anknüpft – Rechte in der HV an die Aktionärseigenschaft als solche geknüpft sind, nicht aber an das Überschreiten von Stimmanteilsschwellen. In der Literatur[274] werden die verfassungsrechtlichen Zweifel nur selten geteilt.[275] Mit Recht weist *Emmerich* – nicht aus Anlass des UMAG, sondern in Hinblick auf den vermeintlichen Zwang von Gesellschaftern, Auskunfts- oder Einsichtsrechte durch Sachverständige ausüben lassen zu müssen[276] –, kritisch darauf hin, wohin es führe, wenn die Gesellschafterrechte immer weiter eingeschränkt würden – angeblich im Interesse der Funktionsfähigkeit der Gesellschaften, häufig genug in Wirklichkeit nur, um die herrschenden Aktionäre ungestört arbeiten zu lassen.[277] Ganz neben der Sache sind Erwägungen des Gesetzgebers, soweit er auf Stimm*anteile* abstellt. So bedeuten bei einer großen börsennotierten AG die Schwellen für die Minderheitsrechte zB gemäß § 122 Abs. 2 sehr leicht, dass nur Aktionäre mit Beteiligungen im Börsenwert von zweistelliger Millionen EUR-Höhe Minderheitsrechte geltend machen können, was aber einem Stimm*anteil* im Bereich von 0,01 Promille bedeutet. Der Gesetzgeber wird es nicht im Ernst mit der Eigentumsgarantie für vereinbar halten wollen, dass Aktionäre mit absoluten Werten in derart hohen Beteiligungen nicht mehr zu Wort kommen sollen. Da im Wortlaut der Norm die Beschränkungen auf das Stimmgewicht keinen Ausdruck gefunden haben, sind jedenfalls Stimmanteile kein zulässiges Differenzierungskriterium für die Zulassung von Rede- und Auskunftsrechten. Insgesamt hat man den Eindruck, dass es sich bei den Formulierungen der Gesetzesbegründung zu den „ernst zu nehmenden Stimmanteilen" nur um Populismus handelt. Denn es entspricht dem gerade auch durch das UMAG nicht veränderten und die Aktionärsrechte-Richtlinie bestätigten (Rn 6 a) Status Quo des Aktienrechts, dass sich durch ein Stimm- und Dividendenrecht grds. am Kapitaleinsatz orientiert, nicht aber das Rede-, Antrags- und Auskunftsrecht: Der Aktionär mit einer Aktie hat insoweit dieselben Rechte wie der Aktionär mit einer Million Aktien; dieses „Kopfprinzip" ist im § 131 Abs. 1 S. 1 und Art. 9 Abs. 1 der Aktionärsrechte-Richtlinie der EU (vgl Rn 6 a) festgeschrieben, wonach „jedem Aktionär" Auskunft zu erteilen ist.[278]

Der Wortlaut des Abs. 2 S. 2 eröffnet dem Satzungsgeber nicht nur die Möglichkeit, den Versammlungsleiter zu ermächtigen, im konkreten Falle einer HV das Recht des Aktionärs „zeitlich angemessen zu beschränken", sondern auch **in der Satzung „Näheres dazu" zu bestimmen**. Dem Regierungsentwurf (vgl Rn 55 a) ist nicht zu entnehmen, an welche näheren Bestimmungen der Satzung gedacht ist. In der Literatur ist aus dem Wortlaut der Norm der Schluss gezogen worden, dass die Satzung eine Fülle von Spezialermächtigungen des Versammlungsleiters normieren dürfe, Rede- und Fragerecht zu beschränken, etwa indem er zu Beginn oder während der HV deren Dauer und/oder Redezeiten und nach Stimmgewicht diffe-

---

271 Sie werden allerdings vom BGH nicht geteilt: BGHZ 184, 239 = AG 2010, 292 = ZIP 2010, 575 mit kritischer Anm. *Kersting*, NZG 2010, 446, 447 ff; zustimmend *Angerer*, ZGR 2011, 27; *Wachter*, DB 2010, 829; die verfassungsrechtlichen Bedenken teilte das OLG Frankfurt AG 2008, 529 = Konzern 2008, 577 = ZIP 2008, 1333; das LG Frankfurt NZG 2007, 155 hielt die ihm zur Entscheidung vorgelegte Satzungsregelung für unangreifbar.

272 BGHZ 86, 1, 16, 19 = DB 1983, 273; BVerfG DB 1999, 221 = NJW 2000, 349 = ZIP 1999, 1798 (*Wenger*); BVerfG NJW 2000, 129 = ZIP 1999, 1801 (*Scheidemandel*).

273 Zur Kritik bereits *Meilicke/Heidel*, DB 2004, 1479, 1480; OLG Frankfurt AG 2011, 36, 41 = NZG 2010, 1426 = WM 2011, 221 sieht die in der RegBegr. genannte Dauer als Orientierungshilfe für die Angemessenheit der Beschränkung, ähnlich Grigoleit/*Herrler*, Rn 40.

274 Vgl aber OLG Frankfurt AG 2008, 529 = Konzern 2008, 577 = ZIP 2008, 1333.

275 Zweifel an der Konzeption des Gesetzgebers auch bei *Weißhaupt*, WM 2004, 705, 707 f; *Wilsing*, ZIP 2004, 1082, 1084 f; *Martens*, AG 2004, 238, 241.

276 Vgl dazu *Hirte*, in: FS Röhricht, 2005, S. 217.

277 *Emmerich*, AG 2005, 782, 783; vgl auch den Frontalangriff von *Wenger*, AG 2005 – Sonderheft, 9 ff.

278 Darauf weist nachdrücklich *Noack* hin, Gesellschaftsrecht in der Diskussion, 2004, Jahrestagung der gesellschaftsrechtlichen Vereinigung, S. 37, 43 f.

renzierende Redebefugnisse festlegt, was für die Gesellschaft den vermeintlichen Vorteil hätte, dass der Versammlungsleiter gerichtsfeste *safe harbor-Regeln* erhalte.[279] Derartige Erwägungen gehen mE fehl. Angemessen können Rede- und Fragezeitbegrenzungen nur im Rahmen einer konkreten HV, insbesondere angesichts der konkreten Teilnehmerzahlen, Bedeutung der Tagesordnungspunkte und Beschlussgegenstände sowie der sich abzeichnenden oder konkreten Kontroversen bei einer HV sein. Satzungsmäßige Pauschalermächtigungen des Versammlungsleiters, die nicht auf die konkrete HV-Situation abstellen, scheiden mE entgegen den BGH (vgl Rn 55 d) aus.[280] Rede- und Auskunftsrechtsbeschränkungen sind mE auch aufgrund der UMAG-Novelle nur zulässig, wenn sie erforderlich sind, die HV vor Mitternacht zu beenden (vgl vor § 129 Rn 17). Daher scheiden mE Pauschalermächtigungen des Versammlungsleiters aus, zu Beginn der HV den zeitlichen Rahmen für einzelne Frage- und Redebeiträge festzusetzen, wenn der (ggf absehbare) Ablauf der Versammlung dazu keine Veranlassung gibt.[281]

55d Eine Leitentscheidung des BGH[282] sieht die die Sache etwas anders als hier vertreten. In dem BGH-Fall wurde in der Satzung der Versammlungsleiter ermächtigt, das Frage- und Rederecht in der HV zeitlich zu beschränken; ihm wurde die Möglichkeit eingeräumt, die Gesamtdauer der HV zu bestimmen, die Rede- und Fragezeit jedes einzelnen Aktionärs zu beschränken und um 22.30 Uhr den Debattenschluss anzuordnen. Das LG Frankfurt hatte die Anfechtungsklage abgewiesen.[283] Das OLG Frankfurt hielt die Satzungsregelung für nichtig.[284] Nach dem BGH erlaubt Abs. 2 S. 2 eine umfassende Satzungsermächtigung des Versammlungsleiters zur zeitlich angemessenen Beschränkung des Frage- und Rederechts in der Satzung; zulässig sei insb. die Bestimmung von angemessenen konkreten Zeitrahmen für die Gesamtdauer der HV und die auf den einzelnen Aktionär ohne Differenzierung insgesamt entfallenden Frage- und Redezeiten, welche im Einzelfall vom Versammlungsleiter nach pflichtgemäßem Ermessen zu konkretisieren seien; zulässig sei auch die Einräumung der Möglichkeit, den Debattenschluss um 22.30 Uhr anzuordnen, um eine Beendigung der HV noch am selben Tag sicherzustellen; der Versammlungsleiter habe bei der Ausübung des ihm eingeräumten Ermessens die konkreten Umstände der HV zu beachten und müsste sich insbesondere an den Geboten der Sachdienlichkeit, Verhältnismäßigkeit und Gleichbehandlung orientieren, ohne dass dies in der Satzung ausdrücklich geregelt werden müsse.

55e Die Anwendung der Satzungsermächtigung muss im Einzelfall **erforderlich und angemessen** sein und unterliegt vollständig gerichtlicher Überprüfung.[285] Das Kriterium ist nur dann erfüllt, wenn der Versammlungsleiter über das schon bislang allgemein anerkannte Recht, die Redezeit zu beschränken, auch Fragezeit oder kumulativ Rede- und Fragezeit beschränken können muss, um die HV an dem Tag, für den sie einberufen worden ist, ordnungsgemäß beenden zu können.[286]

Die Satzungsermächtigung ist nur erforderlich für die Befugnis des Versammlungsleiters zu Beschränkungen der Fragezeit; **Redezeitbeschränkungen** sind auch **ohne Satzungsermächtigung** zulässig. Denn nur die Erweiterung der Kompetenzen zur Versammlungsleitung, nicht aber die Beschränkung war Ziel des Gesetzes[287] (vgl auch zur Versammlungsleitung vor §§ 129–132 Rn 50 ff).

55f Die entscheidende Frage bei der Anwendung der Satzungsermächtigung wird sein, was **angemessene Beschränkungen der Frage- und Redezeit** sind.[288] Die Bundesregierung will nach der Begründung ihres Gesetzentwurfs erreichen, dass eine „normale" HV in vier bis sechs Stunden abgewickelt werden kann (vgl Rn 55 a). Um dieses Ziel zu erreichen, bedürfte es aber überhaupt keines Gesetzes. Denn diese Versammlungsdauer entspricht dem Schnitt der HV deutscher börsennotierter Aktiengesellschaften.[289] Nur solche HV neigen zu größerer Dauer, in denen wichtige Strukturmaßnahmen zur Entscheidung anstehen, bei de-

---

[279] *Weißhaupt*, ZIP 2005, 1766, Formulierungsbeispiel 1769 f; ähnlich anscheinend auch (der zuständige Beamte im Justizministerium) *Seibert*, WM 2005, 157, 160, wonach die materielle Beschränkungsmöglichkeit als Satzungs- oder Geschäftsordnungsautonomie normiert worden sei, was den Vorteil habe, "dass die Gesellschaften, die eine solche Rahmenregelung beschließen, ein größeres Risiko eingehen, dass anschließende Anfechtungsklagen ihre unternehmerische Handlungsfähigkeit beschränken. Kommt es zu Anfechtungsklagen, können die Streitfragen zu der Rahmenregelung in aller Ruhe gerichtlich geklärt werden. Wird die Regelung gerichtlich akzeptiert, hat anschließend der Versammlungsleiter eine sichere Basis für seine Anregungen".
[280] So auch OLG Frankfurt AG 2008, 529 = Konzern 2008, 577 = ZIP 2008, 1333; dagegen aber BGHZ 184, 239 = AG 2010, 292 = ZIP 2010, 575; KölnKomm-AktG/*Kersting*, 3. Aufl., Rn 280 ff.
[281] Das übersieht *Gerber*, MittBayNot 2005, 203, 207.
[282] Vgl die Nachw. bei Rn 55 b.
[283] LG Frankfurt NZG 2007, 155.
[284] ZIP 2008, 1333 = Konzern 2008, 577 = AG 2008, 592.
[285] ZIP 2009, 2317, 2321 f.
[286] LG München I AG 2009, 382 = ZIP 2009, 663 = Konzern 2009, 170; LG München I ZIP 2008, 2124; vgl auch OLG Frankfurt AG 2008, 592, 593 f = ZIP 2008, 1333.
[287] Eine andere Auslegung halten *Leuering/Simon*, NJW-Spezial 2005, 123, 124, angesichts des Wortlauts der Norm für möglich; ebenso: *Bungert*, Gesellschaftsrechtliche Vereinigung, Gesellschaftsrecht in der Diskussion 2004, 59, 82, wonach der Versammlungsleiter zukünftig nur bei Ermächtigung in der Satzung oder der Geschäftsordnung berechtigt ist, die Redezeit zu beschränken.
[288] Vgl *Noack*, VGR 2005, 37, 46 f; *Gantenberg*, DB 2005, 207, 211; *Martens*, AG 2004, 238, 241; *Seibert*, WM 2005, 157, 160 f; *Wilsing*, ZIP 2004, 1082, 1084 f.
[289] Vgl die Zahlen der Schutzgemeinschaft der Kapitalanleger, NZG 2004, 10 f; vgl auch *Meilicke/Heidel*, DB 2004, 1479.

nen die größere Dauer ohne Weiteres gerechtfertigt ist.[290] Der Begriff der „Angemessenheit" kann nur einschlägig sein, wenn die Beschränkung erforderlich ist, um eine rechtlich unzulässige (dh über 24:00 Uhr hinausgehende, vgl zur Versammlungsleitung vor §§ 129–132 Rn 46) Überlänge der HV zu verhindern.[291]

Bei der Angemessenheit ist darüber hinaus auch zu **differenzieren zwischen der Beschränkung der Rede- und der Fragezeit**. Die Beschränkung der Fragezeit soll dazu dienen können, Auskünfte zu unterbinden, die zur Beurteilung des Tagesordnungspunktes und Beschlussgegenstandes erforderlich sind. Demgegenüber war nach dem bisherigen Recht der Versammlungsleiter nur befugt, das Rederecht zu beschränken, nicht aber das Fragerecht. Diese etablierte, zutreffende Differenzierung trägt der Bedeutung des Auskunftsrechts Rechnung (vgl Rn 3), und die Unterscheidung ist auch in Zukunft zu beachten, wenn der Versammlungsleiter Rede- und Fragezeit beschränken will. Bevor er zum gravierenden Mittel der Auskunftsbeschränkung greift, muss er zunächst das Rederecht angemessen beschränken und notfalls vollständig versagen. Nur so kann er das Auskunftsrecht angemessen zeitlich beschränken. 55g

Ein weiteres Kriterium der Zulässigkeit der Beschränkung ist die **Bedeutung der jeweiligen Gegenstände der Tagesordnung** und Beschlussfassung. Der Versammlungsleiter darf nicht alle Gegenstände über einen Kamm scheren und zB für die Bestellung des Abschlussprüfers oder die Änderung des Geschäftsjahres gleich viel Rede- und Fragezeit einräumen wie für die Diskussion einer Verschmelzung oder eines Squeezeout. Zudem hat der Versammlungsleiter bei der Angemessenheitsentscheidung zu berücksichtigen, wie kontrovers Gegenstände der Tagesordnung sind und wie viel Diskussionsbedarf sie bei objektiver Betrachtung auslösen. Voraussetzung für die Beschränkung ist in jedem Fall eine im Einzelfall auf konkrete Tatsachen gestützte – fortlaufend zu überprüfende und zu aktualisierende -Prognose, dass eine HV in der vorgesehenen Zeit nicht fertig wird; eine **rein vorsorgliche Beschränkung ist unzulässig**.[292] Ändern sich diese Tatsachen (zB weil es überraschende neue Entwicklungen in der HV gibt), wird regelmäßig die Aufhebung der Beschränkung geboten sein.[293] 55h

All dies spricht dafür, dass der Versammlungsleiter, der Redezeitbegrenzungen im Sinn hat, **keine Generaldebatten** mehr anordnen kann bzw innerhalb der Generaldebatte nach Tagesordnungspunkten differenzieren muss und dann, wenn noch Zeit verbleibt, die Debatte zu einzelnen Tagesordnungspunkten erneut eröffnen muss. Zudem setzt die Angemessenheit von Maßnahmen des Versammlungsleiters voraus, dass er sie **rechtzeitig** ergreift: Hat er zu Beginn der HV unterlassen, stundenlange Fensterreden oder in Frageform gestellte Rhetorik zu unterbinden, dann kann er sich später nicht mehr unter Berufung auf die Angemessenheit der Beschränkung in rigiden Auskunftsbeschränkungen versuchen; denn Auskunftszeitbeschränkungen dürfen nicht dazu dienen, vorherige Versäumnisse des Versammlungsleiters auszugleichen. Die Befugnis zu Rede- und Fragezeitbeschränkungen wird beschränkt durch sonstige Nachlässigkeiten des Versammlungsleiters bei der Verhandlungsführung: Ordnet er zB zeitaufwendige Unterbrechungen der HV an oder lässt er nicht konzentrierte Redebeiträge und Auskunftserteilungen durch den Vorstand sowie Zeitverschwendung durch das Verlesen von Regularien und Dokumenten statt deren Auslage (vgl Rn 24 ff) zu, darf er die verlorene Zeit nicht mit dem Mittel der Frage- oder Redezeitbeschränkung wieder wettmachen. 55i

Angeblich soll es angemessen sein können, dass der Versammlungsleiter „nach dem **Beteiligungsgewicht**" differenziert: Wesentlich beteiligten Aktionären, insbesondere professionellen Institutionellen kann ein weiterer Rede- und Fragespielraum eingeräumt werden, als atomistisch beteiligten Klein(st)aktionären".[294] Dagegen spricht (vgl schon Rn 55 b) aber, dass wesentlich beteiligte Aktionäre üblicherweise ohnehin einen sehr großen Einfluss auf die Verwaltungsorgane haben; so könnte man ohne Weiteres die Auffassung vertreten, dass Aktionäre, die im Aufsichtsrat sitzen oder ein Stimmgewicht haben, Sonderprüfungen durchzusetzen, auf das Rede- und Auskunftsrecht überhaupt nicht angewiesen sind. Freilich widerspräche es der Intention des Gesetzgebers, derartigen Aktionären besondere Beschränkungen des Rede- und Auskunftsrechts aufzuerlegen. Differenzierungen der Beschränkung nach dem Stimmgewicht scheiden daher aus. 55j

Bei **kleinen und bei nicht börsennotierten Aktiengesellschaften** mit nur wenigen, meist gewichtig beteiligten Aktionären, scheiden Fragezeitbeschränkungen mE grds. aus.[295] Rede- und Fragezeit werden nur selten in Betracht kommen, wenn der Vorstand nicht von der Möglichkeit Gebrauch gemacht hat, Auskünfte auf ihm vor der HV mitgeteilte Fragen nach **Abs. 3 Nr. 7** bekannt zu machen, da es dann an der Erforderlichkeit der Beschränkung fehlt (vgl Rn 55 d). 55k

b) Ohne Ermächtigung in Satzung oder Geschäftsordnung kein Beschränkungsrecht. Es ist streitig, ob der Versammlungsleiter ohne Satzungs- oder Geschäftsordnungsregelung ein originäres Recht hat, generell das 55l

---

[290] Wilsing, ZIP 2004, 1082, 1085, zustimmend zitiert von Seibert, WM 2005, 157, 160.
[291] So auch Martens, AG 2004, 238, 243.
[292] Vgl Grigoleit/Herrler, Rn 34 f.
[293] Vgl Grigoleit/Herrler, Rn 35.
[294] Seibert, WM 2005, 157, 161; KölnKomm-AktG/Kersting, 3. Aufl., Rn 275.
[295] Vgl Seibert, WM 2005, 157, 161; aA KölnKomm-AktG/Kersting, 3. Aufl., Rn 273; Grigoleit/Herrler, Rn 35.

Auskunftsrecht (vgl zum Rederecht vor § 129 Rn 31 ff) zu beschränken (vgl schon Rn 40): Die hM verneint die Möglichkeit im Wesentlichen mit der Begründung, die Eigentumsgarantie garantiere den Aktionären, ihr Teilnahmerecht in Kenntnis der erforderlichen Informationen ausüben zu können.[296] Eine vordringende Mindermeinung bejaht die Möglichkeit und stützt sich zur Begründung u.a. auf die Eigentumsgarantie der anderen Aktionäre.[297] ME wird nur die Sicht dem Norminhalt des Abs. 1 S. 1 und der Eigentumsgarantie gerecht, die dem Versammlungsleiter die Möglichkeit genereller Beschränkung versagt. Das Gesetz garantiert in Abs. 1 S. 1, dass den Aktionären die zur Beurteilung eines TOP „erforderlichen" Informationen erteilt werden. Das Gesetz geht aus vom Modell des objektiv urteilenden mündigen Aktionärs, der auf der Basis der erforderlichen Information Beschlüsse in der HV fällt (vgl Rn 4, 34 sowie § 243 Abs. 4 S. 1). Das Gesetz sieht die Aktionäre nicht als Stimmvieh, die der Willkür der Mehrheit oder Maßregeln der Verwaltung einschließlich des Versammlungsleiters unterworfen sind und blindlings Entscheidungen der Verwaltung lediglich abnicken.[298] Da Abs. 1 S. 1 nur die Erteilung der „erforderlichen" Informationen schützt (vgl Rn 34 ff), können auch die von der Mindermeinung bemühten Rechte der anderen Aktionäre eine Beschränkung nicht legitimieren. Denn das Minimum an unerlässlicher, unentbehrlicher Information, auf deren Grundlage der Aktionär entscheiden können soll, kann definitionsgemäß nicht durch die Interessen anderer beschränkt werden. Dann würde dem fragenden Aktionär nämlich nicht mehr die Information gegeben, die für die Ausübung seines Teilnahmerechts „erforderlich" ist. Ausschließlich für den Fall der Regelung nach Abs. 2 S. 2 lässt der Gesetzgeber anderes zu. Wenn sich die AG vor der jeweiligen HV eine solche Regelung gibt, weiß der Aktionär, dass er ggf nur noch eine beschränkte Informationsgrundlage hat, und kann sich entscheiden, ob er in einer solchen AG beteiligt bleiben will, die ihn partiell unmündig hält und sich vorbehält, ihm die zur Beurteilung von TOP „erforderlichen" Informationen vorzuenthalten. *E contrario* bestätigt damit die Ermächtigung nach Abs. 2 S. 2, dass der Versammlungsleiter nur mit einer solchen ausdrücklichen Grundlage generelle Beschränkungen anordnen darf. Anderes mag für individuellen Missbrauch des Fragerechts (vgl aber Rn 41 ff) gelten, bei dem das BVerfG Maßnamen des Versammlungsleiters für möglich hält.[299]

56 **III. Auskunftsverweigerung (Abs. 3).** Selbst wenn eine Auskunft erforderlich ist, ist noch nicht abschließend geklärt, dass der Vorstand sie auch geben muss. Er kann möglicherweise die Auskunft verweigern. Die Verweigerung ist eine **Geschäftsführungsmaßnahme**, so dass gemäß § 77 die Verweigerung einen grds. einstimmigen Beschluss erfordert, falls nicht Satzung oder Geschäftsordnung etwas anderes bestimmen (vgl § 77 Rn 3).[300] Konkludente Beschlussfassung ist möglich.[301] Ob der Vorstand von der Auskunftsverweigerung Gebrauch macht, steht in seinem pflichtgemäßen Ermessen.[302] Der Katalog der Verweigerungsgründe nach Abs. 3 ist gemäß Abs. 3 S. 2 abschließend. Aus § 93 Abs. 1 kann sich im Einzelfall auch eine **Pflicht zur Auskunftsverweigerung** ergeben.[303] Wenn für eine Frage teilweise ein Verweigerungsgrund besteht, muss der Vorstand im Übrigen die Auskunft erteilen (vgl zur entsprechenden Frage nach Abs. 1 S. 1 Rn 38).

57 Angesichts des klaren Wortlauts von S. 2 („aus anderen Gründen darf die Auskunft nicht verweigert werden") scheiden alle **weiteren Gründe der Auskunftsverweigerung** aus. ZB ist kein Grund für die Auskunftsverweigerung, dass die allgemeinen **Publizitätsvorschriften** überschritten werden.[304] Prinzipiell kein Verweigerungsgrund ist, dass der Vorstand mit Dritten eine **Geheimhaltungsvereinbarung** eingegangen ist. Bei solchen kommt eine Auskunftsverweigerung gemäß Abs. 3 Nr. 1 in Ausnahmefällen in Betracht. Ein vertraglich vereinbartes Geheimhaltungsinteresse ist nur dann zu berücksichtigen, wenn die Erteilung der Auskunft nach vernünftiger kaufmännischer Beurteilung geeignet ist, der Gesellschaft einen nicht unerheblichen Schaden zuzufügen. Hierfür reicht nicht jede Geheimhaltungsvereinbarung, vielmehr muss ihr Ab-

---

[296] KölnKomm-AktG/*Kersting*, 3. Aufl., Rn 283 ff; Obermüller/Werner/Winden/*Butzke*, G 22 f, D 59 f; *Diekmann/Leuering*, NZG 2004, 249, 255 (allgM); *Meilicke/Heidel*, DB 2004, 1479, 1480; *Schaaf*, ZIP 1997, 1324, 1327; MüHb-AG/*Semler*, § 36 Rn 48; *Spindler*, NZG 2005, 825 mwN; K. Schmidt/Lutter/*Spindler* Rn 68; *Fleischer*, NJW 2005, 3525, 3530; *Schütz*, NZG 2005, 5, 11, OLG Stuttgart AG 1995, 234, 235; LG Frankfurt ZIP 2007, 1861, 1864; LG Frankfurt AG 2007, 48, 49; LG Frankfurt NZG 2007, 197, 198.
[297] *Arnold*, AG 2003, Rn 329; *Hüffer*, Rn 22 b, 35; *Handelsrechtsausschuss des DAV*, NZG 2004, 63; *Mutter*, Auskunftsansprüche des Aktionärs in der Hauptversammlung, S. 63; *Stützle/Walgenbach*, ZHR 155 (1991), 516, 541.
[298] Vgl BGH in Sachen „Thyssen-Krupp", wonach es „einem Aktionär nicht zuzumuten ist, die Tätigkeit der Verwaltung ohne die dazu erforderlichen Informationen ‚abzusegnen' und ihr das Vertrauen auszusprechen", AG 2005, 87, 89 = BGHZ 160, 385 = ZIP 2004, 2428 = WM 2004, 2489 = DB 2004, 2803.
[299] BVerfG NJW 2000, 349, 351.
[300] *Hüffer*, Rn 23; MüHb-AG/*Semler*, § 37 Rn 29; BGHZ 36, 121, 127.
[301] BGHZ 101, 1, 5 f.
[302] *Henn*, Handbuch des Aktienrechts, § 26 Rn 887; *Hüffer*, Rn 23, der aus § 93 Abs. 1 eine Pflicht zur Auskunftsverweigerung ableitet; ebenso: MüHb-AG/*Semler*, §§ 37 Rn 29; Großkomm-AktienR/*Barz*, 3. Aufl., Anm. 20; K. Schmidt/Lutter/*Spindler*, Rn 72; Großkomm-AktienR/*Decher*, Rn 292; vgl BGHZ 36, 121, 131.
[303] Vgl KölnKomm-AktG/*Kersting*, 3. Aufl., Rn 375 ff.
[304] *Geßler/Eckardt*, Rn 127 f; mit Ausnahme der Verweigerung gem. § 131 Abs. 3 Nr. 6.

schluss objektiv erforderlich gewesen sein.[305] Eine vertragliche Vereinbarung als solche kann überhaupt nicht zu einem Auskunftsverweigerungsrecht führen. Die Rechtsprechung verlangt eine objektive Notwendigkeit der Geheimhaltung, da sich der Vorstand nicht selbst Verweigerungsgründe konstruieren dürfe; die objektive Notwendigkeit müsse die AG substantiiert belegen, wofür sie die objektive Feststellungslast trägt.[306] Sonst hätte es der Vorstand in der Hand, sich neue Verweigerungsgründe nach Gusto zu schaffen. Ein vertraglich vereinbartes Geheimhaltungsinteresse ist daher nur dann anzuerkennen, wenn der Vorstand auch ohne eine solche Vereinbarung nach Abs. 3 S. 1 Nr. 1 (vgl dazu Rn 61 f) zur Verweigerung der entsprechenden Auskunft berechtigt wäre.[307] Nach dem BGH können im Einzelfall „Diskretionsgründe" der AG genügen, wenn bei Offenlegung nachhaltig die Kontrahierungsfähigkeit in Großgeschäften gefährdet würde.[308]

58 Auch aus der **Verschwiegenheitspflicht** des Vorstands gemäß § 93 Abs. 1 S. 2 als solcher kann kein Auskunftsverweigerungsrecht abgeleitet werden.[309] Gleiches gilt mE für die **Verschwiegenheitspflicht des AR nach § 116**, die Rspr bejaht allerdings häufig die Verweigerungsmöglichkeit (vgl Rn 85 Stichwort AR-Tätigkeit) – mE allzu schnell: Wie soll ein Aktionär zB über die Entlastung des einzelnen AR-Mitglieds auf angemessener Informationsgrundlage entscheiden, wenn ihm die Informationen über die Tätigkeit des einzelnen AR-Mitglieds regelmäßig vorenthalten werden können und anderes nur beim „objektiv begründeten Verdacht schwerwiegender Pflichtverletzungen"[310] gelten soll? **Persönlichkeitsrechte** des Vorstandes oder von Dritten stehen als solche der Auskunftspflicht ebenso wenig entgegen wie **Datenschutzgründe** oder **Interessenkollisionen**.[311] Gerade auch wenn der **Vorstand sich strafbar gemacht** hat, muss er Auskünfte erteilen[312] (vgl Rn 62). In einzelnen dieser Fälle kann der Vorstand bei Vorliegen eines der speziellen gesetzlichen Auskunftsverweigerungsgründe die Auskunft verweigern. Es gibt, anders als noch nach § 112 Abs. 3 AktG 1937, kein allgemeines pflichtgemäßes Ermessen des Vorstands für die Auskunftsverweigerung; die gerichtliche Überprüfung der Verweigerung beschränkt sich daher nicht nur auf das Vorliegen des Ermessensfehlgebrauchs, sondern die objektiven Gründe für die Auskunftsverweigerung.[313]

59 Im Übrigen gilt das Auskunftsverweigerungsrecht nicht gegenüber Auskünften, die gemäß **§ 293 g Abs. 3** verlangt werden.[314]

60 Nach hM braucht der Vorstand die **Gründe der Verweigerung** der Auskunft nicht zu **nennen**, es soll genügen, dass er sie in gerichtlichen Verfahren darlegt,[315] sogar eine konkludente Verweigerung soll möglich sein.[316] Demzufolge ist die nach dieser Sicht zB auf eine Verletzung der Auskunftspflicht gestützte (vgl § 243 Rn 15 ff) Anfechtungsklage unbegründet, wenn in der HV nicht genannte Verweigerungsgründe vorliegen (ggf mit der Folge, dass AG Kosten in Prozessen nach §§ 246, 132 zu tragen hat).[317] Dieser Ansicht ist mE nicht zu folgen, der Vorstand muss die Gründe für die Verweigerung in der HV – jedenfalls auf Verlangen[318] – nennen. Abs. 5, wonach der Aktionär verlangen kann, dass der Grund der Auskunftsverweigerung in die Niederschrift aufgenommen wird, setzt voraus, dass der Vorstand verpflichtet ist, die Verweigerungsgründe in der HV zu nennen (vgl Rn 82). Es genügt nicht, dass er sie im gerichtlichen Verfahren dar-

---

305 BayObLG AG 2000, 131, 132 = NZG 1999, 1218, 1219; AG 1996, 322, 323 f = NJW-RR 1996, 994, 995 = ZIP 1996, 1251, 1253 f; LG Berlin AG 1991, 34, 36 = WM 1990, 978, 981; ebenso: Großkomm-AktienR/*Decher*, Rn 298; MüHb-AG/*Semler*, § 37 Rn 31; KölnKomm-AktG/*Zöllner*, 1. Aufl., Rn 52; Grigoleit/*Herrler*, Rn 44.
306 BayObLG AG 2000, 131, 132 = DB 1999, 1845; AG 1996, 322, 323 = DB 1996, 1126 = ZIP 1996, 1251; LG Essen AG 1962, 126; LG Koblenz DB 2000, 1606.
307 MüKo-AktG/*Kubis*, Rn 112.
308 BGHZ 180, 9 = NJW 2009, 2207, (Tz 42) (Kirch/Deutsche Bank); vgl auch OLG Stuttgart, AG 2012 377, 382 f = ZIP 2012, 970 zu Details von Derivatgeschäften, wenn die Informationen zum Nachteil der AG verwendet werden können.
309 MüHb-AG/*Semler*, § 37 Rn 29; dagegen: OLG München DB 1996, 1172.
310 BGH WM 2013, 2361 = ZIP 2013, 2454, Rn 47, 49.
311 OLG Frankfurt ZIP 2006, 610, 612.
312 Großkomm-AktienR/*Decher*, Rn 294, 325; OLG Düsseldorf WM 1991, 2148, 2153; Geßler/*Eckardt*, Rn 126; MüKo-AktG/*Kubis*, Rn 130; KölnKomm-AktG/*Kersting*, 3. Aufl., Rn 349; KölnKomm-AktG/*Zöllner*, 1. Aufl., Rn 42.
313 BGHZ 32, 159; 36, 121; *Henze*, HRR-Aktienrecht, Rn 855; K. Schmidt/Lutter/*Spindler*, Rn 73.
314 *Hüffer*, § 293 g Rn 4; dafür auch tendenziell BGHZ 119, 1, 16 f; aA: BayObLG NJW 1974, 2094; MüHb-AG/*Krieger*, § 70 Rn 43.
315 KG WM 1994, 1479, 1486; OLG Frankfurt aM ZIP 1986, 1244, 1245; LG Köln AG 1991, 38; *Ebenroth*, Auskunftsrecht, S. 127; Geßler/*Eckardt*, Rn 80; KölnKomm-AktG/*Zöllner*, 1. Aufl., Rn 87; Großkomm-AktienR/*Decher*, Rn 291; *Henze*, HRR-Aktienrecht, Rn 873 f; K. Schmidt/Lutter/*Spindler*, Rn 107; MüKo-AktG/*Kubis*, Rn 108; offen gelassen BGHZ 101, 1, 8; BGH NJW 1987, 3186, 3188, der BGH verneint allerdings die Anfechtbarkeit bei Nicht-Angabe der Gründe in der HV, da diese Frage rein objektiv entschieden werden müsse.
316 Grigoleit/*Herrler*, Rn 43.
317 Grigoleit/*Herrler*, Rn 43; Großkomm-AktienR/*Decher*, Rn 291; MüKo-AktG/*Kubis*, Rn 97; Spindler/Stilz/*Siems*, Rn 36; vgl auch BGHZ 101, 1 = NJW 1987, 3186, 3188; OLG Stuttgart AG 2011, 93, 98 = ZIP 2010, 2349; BayObLG NZG 2001, 608, 609 = AG 2002, 290.
318 So auch *Henze*, HHR-Aktienrecht, Rn 873; KölnKomm-AktG/*Kersting*, 3. Aufl., Rn 305.

legt.³¹⁹ ME scheidet ein Nachschieben von Verweigerungsgründen im Anfechtungs- oder Auskunftsprozess aus. Da nach Abs. 5 auf Verlangen die Frage und der Grund der Auskunftsverweigerung in die Niederschrift aufzunehmen ist, führt nach der Intention des Gesetzgebers die unterlassene Angabe der Verweigerungsgründe in der HV zur Begründetheit der Anfechtungsklage, selbst wenn in der HV nicht genannte Verweigerungsgründe vorliegen; die entgegengesetzte Auffassung führt zur Sanktionslosigkeit des Begründungsmangels.³²⁰ Abs. 5 wurde in das Gesetz aufgenommen, um Auseinandersetzungen zu vermeiden, ob und aus welchem Grund der Vorstand die Auskunft verweigert hat.³²¹ Wenn man vom Aktionär binnen der Monatsfrist des § 246 die vollständige Begründung der Anfechtung verlangt (vgl § 246 Rn 30 ff), widerspricht es einem fairen Verfahren, dass die AG im Prozess Gründe nachschieben kann, die der Anfechtung den Boden entziehen.³²² Die vorstehend skizzieren Grundsätze hat der BGH an einer wenig beachteten Stelle in BGHZ 119, 1, 17³²³ klargestellt. Dort versagte der BGH der AG eine Berufung auf das Auskunftsverweigerungsrecht im Anfechtungsverfahren mit der Begründung, der Hinweis auf § 131 Abs. 3 Nr. 1 sei nachträglich erfolgt. Etwas anderes kann auch nicht aus den **Amtsermittlungsgrundsätzen** im Verfahren nach § 132 abgeleitet werden,³²⁴ da Präklusion und Amtsermittlung keine Widersprüche sind. Da der Vorstand über die Erteilung der Auskunft zu entscheiden hat (er darf die Auskunft nach Ermessen verweigern, muss es aber nicht), muss auch der Vorstand dieses Ermessen ausüben; er muss auch die Abwägung treffen, ob er aufgrund des seiner Ansicht nach einschlägigen Verweigerungsgrundes die Auskunft erteilen möchte oder nicht. Daher kann die Ermittlung des Verweigerungsgrundes nicht dem Gericht obliegen.

61 **1. Drohende Nachteile (Abs. 3 Nr. 1).** Die Auskunft darf verweigert werden wegen eines der Gesellschaft oder einem verbundenen Unternehmen durch die Auskunft drohenden nicht unerheblichen Nachteils. Die Aktionärsrechte-Richtlinie (vgl allg. Rn 6 a) erkennt einen solchen Verweigerungsgrund in Art. 9 Abs. 2 an: Die Auskunftspflicht der AG bestehe vorbehaltlich etwaiger Maßnahmen, die die Mitgliedstaaten ergreifen oder den Gesellschaften zu ergreifen gestatten, um den Schutz der Interessen der Gesellschaften zu gewährleisten. Entgegen *Kersting*³²⁵ veranlasst die Aktionärsrechte-Richtlinie nicht zu einer Neuinterpretation des Verweigerungsgrundes, da die Richtlinie lediglich einen Vorbehalt für die Mitgliedstaaten macht, den Schutz der Geschäftsinteressen zu gewährleisten; in Deutschland ist dies richtlinienkonform durch die Anordnung des Verweigerungsgrundes unter der Hinzufügung eines nicht unerheblichen Nachteils geschehen. Als Nachteil gilt insoweit jede gewichtige Beeinträchtigung des Gesellschaftsinteresses. Umstritten ist, ob insoweit jede drohende gewichtige Beeinträchtigung ausreicht, deren wirtschaftlicher Umfang nicht ohne Weiteres messbar ist.³²⁶ ME ist ein **konkreter Nachteil** für **die Vermögens- und Finanzlage** der AG erforderlich.³²⁷ Denn zum einen ist Abs. 3 S. 1 Nr. 1 als Ausnahme restriktiv auszulegen, zum anderen lässt sich mit dem Hinweis auf drohende Beeinträchtigung unmessbaren Umfangs jede Frage wirtschaftlicher Art ablehnen. Nachteile für Dritte, etwa Organmitglieder oder Geschäftspartner, rechtfertigen keine Auskunftsverweigerung.³²⁸ Auch **Geheimhaltungsvereinbarungen** begründen als solche keinen Verweigerungsgrund (vgl Rn 57). **Datenschutz** soll indes eine Verweigerung rechtfertigen können;³²⁹ was mE mit Blick auf die als *sedes materiae* genannte Norm des § 4 Abs. 1 BDSG nicht einschlägig ist: Denn danach ist eine Nutzung personenbezogener Daten u.a. zulässig, wenn das Gesetz dies erlaubt; eine solche Erlaubnis liegt in der Auskunftspflicht nach § 131 Abs. 1 S. 1. Die Verweigerung rechtfertigen können soll auch das Interesse der Verwaltungsorgane an einer offenen Aussprache innerhalb der Organe – nicht aber per se die Verschwiegenheitspflicht nach §§ 93 Abs. 1 S. 3, 116 S. 2.³³⁰ Die Verschwiegenheitspflicht gilt ohnehin nicht uneingeschränkt.³³¹ Sie findet anerkanntermaßen dort ihre Grenze, wo das Gesetz eine Pflicht zur Offenlegung bestimmter Tatsachen statuiert. Gegenüber einer solchen kann sich ein Vorstands- bzw Aufsichtsratsmitglied

---

319 KölnKomm-AktG/*Zöllner*, 1. Aufl., Rn 86; *Burgard*, Die Offenlegung von Beteiligungen, Abhängigkeits- und Konzernlagen bei der Aktiengesellschaft, 1990, S. 84; *Hüffer*, Rn 26; aA Großkomm-AktienR/*Decher*, Rn 291. Für die Unzulässigkeit, dass sich die Gesellschaft erstmals im Rechtsstreit mit dem Aktionär, nicht aber schon in der HV auf eine Verschwiegenheitsverpflichtung beruft, OLG München AG 2001, 319; BayObLG BB 1986, 1126, 1127.
320 *Hommelhoff*, ZHR 151 (1987), 493, 511 ff.
321 RegBegr. *Kropff*, S. 188.
322 Vgl auch LG München AG 2001, 319, 321.
323 WM 1992, 1479 = ZIP 1992, 1479 = NJW 1992, 2760.
324 So aber MüKo-AktG/*Kubis*, Rn 97 f, demzufolge das Gericht auf Grund des Amtsermittlungsgrundsätze selbst ermitteln muss, ob ein Grund zur Auskunftverweigerung vorliegt; daher sei auch eine unvollständige oder objektiv unrichtige Begründung unschädlich.
325 ZIP 2009, 2317, 2321 f; FS Hoffmann-Becking, S. 664, 651.
326 So MüKo-AktG/*Kubis*, Rn 99; vgl auch LG Saarbrücken AG 2006, 89, 90.
327 So schon *Ebenroth*, Auskunftsrecht, S. 83.
328 *Hüffer*, Rn 24; Geßler/*Eckardt*, Rn 91; KölnKomm-AktG/ *Kersting*, 3. Aufl., Rn 297.
329 OLG Frankfurt ZIP 2012, 2502, 2507 f = NZG 2013, 23.
330 OLG Stuttgart AG 2012, 377 = ZIP 2012, 970 unter Verweis auf die Teilnahmebeschränkungen des § 109 AktG sowie in der Lit. KölnKomm-AktG/*Kersting*, 3. Aufl., Rn 244; MüKo-AktG/ *Kubis*, 2. Aufl., Rn 172; MüHb-AG/*Semler*, 3. Aufl., § 37 Rn 13; KölnKomm-AktG/*Mertens*, 2. Aufl., § 116 Rn 49; Großkomm-AktienR/*Hopt*/*Roth*, 4. Aufl., § 116 Rn 251; MüHb-AG/*Hoffmann-Becking*, 3. Aufl., § 33 Rn 51; maßgeblich für die Reichweite des Verweigerungsrechts ist nach dem OLG Stuttgart aaO, ob und inwieweit durch die Auskunftserteilung eine Beeinträchtigung der vertrauensvollen Zusammenarbeit und der offenen Diskussion im Aufsichtsrat drohe.
331 Deutlich BGHZ 64, 325, 331.

nicht auf seine Verschwiegenheitspflicht berufen.[332] Das gilt insb. auch im Hinblick auf eine Auskunftspflicht nach Abs. 1 S. 1. Es genügt die **Eignung zur Nachteilszufügung**,[333] die ebenso wie die vernünftige kaufmännische Beurteilung[334] der richterlichen Überprüfung voll unterliegt.[335] Die objektive Darlegungslast für die Nachteile trifft die AG.[336] Dabei soll nicht verlangt werden, mit letzter Sicherheit die Schädlichkeit zu belegen; das wäre nämlich nur möglich, wenn die Tatsachen, die in der Auskunft zu geben wären, vollständig aufgedeckt würden. Auf diese Weise würden die verweigerten Auskünfte voll aufgedeckt werden müssen. Die Eignung muss aber „mit an Sicherheit grenzender Wahrscheinlichkeit gegeben sein und darf nicht nur als mehr oder minder entfernte Möglichkeit in Betracht kommen".[337] Die AG muss daher mindestens Tatsachen vortragen, aus denen sich „mit einiger Plausibilität"[338] die Schädlichkeit der Auskunft ergibt. Dabei kommt es als Beurteilungsmaßstab nicht auf die Sicht des Vorstandes an. Vielmehr ist ein **objektiver Maßstab** zugrunde zu legen.[339] Nicht von Bedeutung ist, ob das Interesse des Aktionärs an Information oder des Vorstandes Geheimhaltungsinteresse überwiegt.[340] Das ergibt sich aus der vom Gesetzgeber gewollten[341] Abkehr des geltenden Auskunftsrechts vom Auskunftsrecht im AktG 1937.[342] Bei der Frage, ob der AG durch die Auskunft Nachteile drohen, sind deren Vor- und Nachteile abzuwägen; dabei ist es zB ein dominierender Vorteil für die Gesellschaft, wenn die Auskunft zur Aufdeckung von Pflichtverletzungen führt.[343] Die Auskunft darf daher nicht verweigert werden, wenn die Vorteile der Auskunftserteilung ihre Nachteile mindestens aufwiegen; selbst bei einem verbleibenden Nachteil muss dieser nicht unerheblich sein, um den Verweigerungsgrund auszulösen.[344]

Wenn nach **Unregelmäßigkeiten in der Tätigkeit der Verwaltung** gefragt wird, darf der Vorstand die Auskunft nicht mit dem Hinweis auf Nachteile verweigern, um eigenes Fehlverhalten zu verschleiern. Solche Auskünfte etwa über kriminelle Machenschaften, sonst zu Schadensersatz verpflichtenden Handlungen oder Verhaltensweisen, die den Ruf der Gesellschaft schädigen können, sind für Aktionäre besonders dann wichtig, wenn über die Entlastung von Vorstand und Aufsichtsrat zu entscheiden ist. Die Kenntnisse sind auch erforderlich beim Tagesordnungspunkt „Vorlage des Jahresabschlusses". Nur solche Auskünfte können nämlich den Aktionären hinreichend sichere Kenntnisse darüber geben, ob ausreichende Rückstellungen gebildet worden sind, zB für Ansprüche auf Schadensersatz oder Rückzahlung von Geleistetem. Die Rechtsprechung behandelt die Frage zum Teil gegensätzlich. Der BGH ist insoweit zu Recht der Auffassung, dass die Auskunftsverweigerung „kein Mittel des Vorstands sein darf, eigenes pflichtwidriges Fehlverhalten vor der Hauptversammlung zu verbergen und sich dadurch der Verantwortung zu entziehen".[345] Die Auskunft über solche Angelegenheiten ist, zumal für Kleinaktionäre, die nicht die Stimmenmacht haben, eine Sonderprüfung zu erzwingen, besonders dringlich, da sie nur so den umfassenden Einblick über die Verwaltung ihres in die Gesellschaft investierten Kapitals erhalten (vgl Rn 1). Entgegen dem BGH[346] kann es bei der Auskunftspflicht nicht darauf ankommen, ob „schon ein wirksames Eingreifen des Aufsichtsrats zu erwarten ist", da dieses nur den Zweck verfolgen kann, Schadensersatzansprüche der AG durchzusetzen oder sonst den Vorstand zur Rechenschaft zu ziehen; Aufgabe des Aufsichtsrats ist es nicht, seinen Teil dazu beizutragen, Unregelmäßigkeiten zu verdecken. Im Anschluss an den BGH wird eine **Abwägung** gefordert zwischen den Nachteilen der Auskunft über Unregelmäßigkeiten und den durch die Offenlegung der Missstände ermöglichten Vorteilen.[347] Der BGH verlangt vom Aktionär die Darlegung von „bestimmten Tatsachen, die objektiv geeignet sind, den hinreichenden Verdacht eines schwerwiegenden...

Versagens der Verwaltung zu begründen".[348] Die Anforderungen an diese Darlegungspflicht dürfen nicht überspannt werden. Sie greift nur ein, wenn zuvor die Gesellschaft hinreichend zu den nicht unerheblichen Nachteilen vorgetragen hat. Zudem ist der Aktionär auf Indizien und Schlussfolgerungen angewiesen. Wenn solche Umstände vorgetragen worden sind, ist es an der Gesellschaft, sie zu entkräften.

63 2. **Steuern (Abs. 3 Nr. 2).** Der Vorstand kann die Auskunft über „steuerliche Wertansätze oder die Höhe einzelner Steuern" verweigern (Abs. 3 Nr. 2). Nach dem **Gesetzentwurf der Bundesregierung** zum AktG 1965 war für die Normierung dieses Verweigerungsgrundes maßgebend, dass durch die Auskunft über Steuerliches „der Aktionär leicht ein falsches Bild (erhält) und zu der Annahme verleitet (wird), der steuerliche Gewinn sei auch der betriebswirtschaftlich erzielte und ggf zur Ausschüttung zur Verfügung stehende Gewinn".[349] Dagegen soll dieses Verweigerungsrecht gerade nicht verhindern, dass stille Reserven aufgedeckt oder sonstige über Jahresabschluss und Lagebericht hinausgehende Rückschlüsse auf die Ertragskraft der Unternehmen gezogen werden können;[350] dem Gesetzgeber geht es auch nicht um den Schutz des Steuergeheimnisses.[351]

64 Umstritten ist daher, ob entgegen der Intention des Gesetzgebers **das (zu) allgemein formulierte Auskunftsverweigerungsrecht teleologisch zu reduzieren** ist. Dies ist mE zu bejahen.[352] Die in diesem Kommentar seit der 1. Auflage vertretene Auffassung wird nunmehr durch die Aktionärsrechte-Richtlinie der EU bestätigt (vgl allg. Rn 6 a),[353] wonach nach nationalem Recht Beschränkungen des Auskunftsrechts lediglich vorgesehen werden können, um „den Schutz der Vertraulichkeit und der Geschäftsinteressen der Gesellschaft zu gewährleisten" (Art. 9 Abs. 2). Eine Auskunftsverweigerung zu steuerlichen Wertansätzen oder Höhe einzelner Steuern lässt sich jedoch nicht unter dem allgemeinen Begriff des Schutzes der Vertraulichkeit und der Geschäftsinteressen subsumieren, da für die Aktionäre gerade im Hinblick auf die Wahrung ihrer Vermögensinteressen die Kenntnis von Bedeutung ist, wie sich die steuerlichen Verhältnisse darstellen; dass es bei Abs. 3 Nr. 2 gerade nicht um den Schutz von Vertraulichkeit und Geschäftsinteressen geht, folgt aus den Regelungsmotiven des Gesetzgebers (vgl Rn 63). ME ist daher die Norm wie folgt einschränkend auszulegen. Die Auskunft über steuerliche Wertansätze darf nur insoweit verweigert werden, als diese betriebswirtschaftliche Gewinne nur vortäuschen oder sonst ein falsches Bild von der Lage der Gesellschaft erwecken. Die Verweigerung von Auskünften über Steuern, die zur sachgemäßen Beurteilung eines Tagesordnungspunktes erforderlich sind, würde mE auch auf verfassungsrechtliche Bedenken stoßen.[354] Ist die Auskunft über die steuerlichen Wertansätze aber erforderlich, um die wirtschaftliche Lage der Gesellschaft zutreffend zu beurteilen, greift Abs. 3 Nr. 2 nicht ein. Daher ist Auskunft zu erteilen zB über Notwendigkeit der Bildung einer Steuerrückstellung, zur Werthaltigkeit einer ausgewiesenen Steuererstattungsforderung oder zur Frage, ob die steuerlichen Wertansätze in den handelsrechtlichen Jahresabschluss zu übernehmen sind. Nicht verweigert werden darf auch die Auskunft über die Tarifbelastung des verwendbaren Eigenkapitals nach dem bisherigen Körperschaftsteuerrecht bzw jetzt gemäß § 36 ff KStG, welche für die Aktionäre Vorteil oder Belastung darstellen kann. Auch sonst ist das Verweigerungsrecht teleologisch zu reduzieren: Es kann zB nicht einschlägig sein, wenn ein Vorstand im Bericht über die Verschmelzung deren vermeintliche Vorteile mit Steuervorteilen der Verschmelzung (zB Verlustnutzung) begründet; dann muss er auch die Steuervorteile für die beteiligten Unternehmen beziffern. Ebenso scheidet die Verweigerung aus, wenn (wie beim alten Körperschaftsteuersystem) Aktionäre beim Tagesordnungspunkt Gewinnverwendung danach gefragt haben, welche Körperschaftsteuervorteile die Gesellschaft gehabt hätte, wenn statt Gewinne zu thesaurieren, diese vollständig ausgeschüttet würden.[355]

65 3. **Stille Reserven (Abs. 3 Nr. 3).** Ein (mE nicht mit EU-Recht zu vereinbarendes, vgl Rn 68) Auskunftsverweigerungsrecht gibt es für den Unterschied zwischen dem Wert, mit dem Gegenstände in der Jahresbilanz angesetzt worden sind, und einem höheren Wert dieser Gegenstände, wenn nicht die HV den Jahresab-

---

348 BGHZ 86, 20.
349 RegBegr. *Kropff*, S. 186 f.
350 So aber MüHb-AG/*Semler*, § 37 Rn 36.
351 So aber Großkomm-AktienR/*Barz*, 3. Aufl., Anm. 15; Großkomm-AktienR/*Decher*, Rn 306; *Henn*, Handbuch des Aktienrechts, § 26 Rn 889; vgl *Geßler*, DB 1957, 1254, 1257; wie hier: KölnKomm-AktG/*Kersting*, 3. Aufl., Rn 314.
352 *Meilicke*, BB 1991, 241 f; *Meilicke/Heidel*, DStR 1992, 113, 117; MüKo-AktG/*Kubis*, Rn 115; MüHb-AG/*Semler*, § 37 Rn 36; *K. Schmidt/Lutter/Spindler*, Rn 68 ist für teleologische Reduktion insoweit, als Auskunft zu erteilen ist über in den Jahresabzuschluss aufzunehmende Wertansatz, vor allem Steuerstattungsansprüche; aA Großkomm-AktienR/*Decher*, Rn 307; *Hüffer*, Rn 28; *Kamprad*, AG 1992, 396. Auskunfts-

verweigerung hinsichtlich der bei Vollausschüttung gesparten Körperschaftsteuer bejaht LG Düsseldorf DB 1991, 2532; Spindler/Stilz/*Siems*, Rn 42 weist zu Recht darauf hin, dass die im Verwaltungsgrund angelegte „paternalistische Vorstellung mit dem unmündigen Aktionär als Leitbild ... heute nicht mehr verfolgt werden sollte" und verlangt statt eines individuellen Auskunftsrechts eine kollektive Publikationsverpflichtung.
353 Wie hier: KölnKomm-AktG/*Kersting*, 3. Aufl., Rn 316.
354 Vgl zur Kritik auch KölnKomm-AktG/*Zöllner*, 1. Aufl., Rn 37.
355 AA LG Dortmund AG 1987, 190, das die Auskunftspflicht verneint zur Frage, welche Steuerbeträge in der Vergangenheit erspart worden wären, wenn statt Teilausschüttung Vollausschüttung vorgenommen worden wäre.

schluss feststellt.[356] Nach bislang hM sollen trotz des entgegenstehenden Wortlauts stille Lasten trotz ihrer Unzulässigkeit auch nicht angegeben werden müssen.[357]

Das Auskunftsverweigerungsrecht ist im Gesetzgebungsverfahren zum AktG 1965 erst durch den Bundestag gegenüber dem anders lautenden Regierungsentwurf ins Gesetz eingeführt worden. Die Bundesregierung hatte noch verlangt, dass auch bei Feststellung des Jahresabschlusses durch die Verwaltung die Aktionäre „nicht völlig im unklaren über die Höhe der stillen Rücklagen gelassen werden können"; bei der Beschlussfassung über die Verwendung des Bilanzgewinns hätten sie nämlich darüber zu entscheiden, ob der Bilanzgewinn ganz oder teilweise in offene Rücklagen einzustellen sei; „für diese Entscheidung ist es erheblich, ob die Gesellschaft viele oder wenige stille Rücklagen gebildet hat".[358] Daher sah der Regierungsentwurf noch vor, dass auf Verlangen der Vorstand mitteilen müsse, „um wieviel Prozent der von ihm steuerlich für zulässig gehaltenen Abschreibungen und Wertberichtigungen die in der Jahresbilanz vorgenommenen Abschreibungen und Wertberichtigungen die in der Steuerbilanz vorgenommenen Abschreibungen und Wertberichtigungen übersteigen".[359] Demgegenüber wies der Ausschussbericht darauf hin, es gehe nicht an, „noch den Begriff der ‚stillen Rücklagen' zu verwenden, weil er mehrdeutig ist und seine Auslegung in der Praxis zu Schwierigkeiten führen könne". Daher solle der Regierungsentwurf durch einen (Gesetz gewordenen) geänderten Wortlaut ersetzt werden.[360] Das Nebeneinander von Regierungsbegründung und Ausschussbericht zeigt daher: **Dem historischen Gesetzgeber ging es nicht um eine völlige Beseitigung der Auskunft über stille Reserven.**

Dessen ungeachtet legte die bis zum Inkrafttreten der Aktionärsrechte-Richtlinie (vgl Rn 68) herrschende Praxis zu Unrecht den Verweigerungsgrund extensiv zulasten der Aktionäre aus.[361] Auch Auskünfte zu Fragen, die angeblich mittelbar auf die Aufdeckung stiller Reserven abstellen, wie die nach Brandversicherungen von Gebäuden und den Marktwert von Grundstücken und Gebäuden oder Reserven im Anteilsbesitz, soll der Vorstand verweigern können.[362] Das BVerfG hat dieses Auskunftsverweigerungsrecht als zulässige Inhalts- und Schrankenbestimmung des Eigentums angesehen; zwar sei die Existenz stiller Reserven nicht unproblematisch, da sie den Blick auf den Wert des Unternehmens trübe; die Einschränkung der Auskunft sei aber keine besonders gravierende Grundrechtseinbuße, da die Möglichkeit zur Bildung stiller Reserven eingeschränkt und durch internationale Entwicklungen weiter an Bedeutung verliere; demgegenüber könne die Bildung stiller Reserven im Interesse des Unternehmens und anderer Aktionäre, zumal der Großaktionäre liegen.[363] Die Entscheidung des BVerfG hat mit Recht massive Kritik erfahren (vgl Rn 68).[364] Das BVerfG verkennt, dass Aktionäre durch die Verschleierung der stillen Reserven gravierend negativ betroffen werden; die entgegenstehende Äußerung des BVerfG wirkt geradezu zynisch, berücksichtigt man, dass im Fall des BVerfG der Mehrheitsgesellschafter unter Geheimhaltung der stillen Reserven den Minderheitsgesellschaftern die Aktien für 200 DM bis 240 DM abkaufen konnte, während der Wert der Aktien tatsächlich 700 DM betrug.[365]

Entgegen *Hüffer* lassen sich die verfassungsrechtlichen Einwände gegen die Entscheidung des Bundesverfassungsgerichts gerade nicht unter Hinweis auf eine angebliche „Überbetonung der Vermögensinteressen der Aktionäre und (Vernachlässigung) deren Einbindung in Mitgliedschaft als Rechts- und Pflichtenkomplex" widerlegen.[366] Das BVerfG hat insoweit den Zweck der Auskunftspflicht, der Rechenschaft über das investierte Kapital (vgl Rn 1), übersehen. Rechenschaft ist nur möglich, wenn auch Auskunft zu stillen Reserven gegeben wird. Das AktG und Art. 14 Abs. 1 GG schützen gerade die Vermögensinteressen der Aktionäre (vgl exemplarisch §§ 58 Abs. 4, 186 Abs. 1, 255, 271 Abs. 2, 304 bis 305), so dass gerade Auskünfte zu stillen Reserven geboten sind. Wenn § 131 Abs. 3 Nr. 3 nicht schon verfassungswidrig ist, dann ist die Norm – in Übereinstimmung mit den Regelungsmotiven des historischen Gesetzgebers – jedenfalls verfassungskonform restriktiv auszulegen; das pflichtgemäße Ermessen des Vorstands bei der Auskunftsverweigerung (vgl Rn 56) wird daher mE regelmäßig zugunsten der Auskunftserteilung ausfallen müssen.

---

356 So auch MüHb-AG/*Semler*, § 37 Rn 36; vgl dazu sehr kritisch KölnKomm-AktG/*Zöllner*, 1. Aufl., Rn 38 f; vgl allg. auch Großkomm-AktienR/*Barz*, 3. Aufl., Anm. 16 f; Geßler/*Eckardt*, Rn 109 f; *Henn*, Handbuch des Aktienrechts, § 26 Rn 890; MüHb-AG/*Semler*, § 37 Rn 37; aA MüKo-AktG/*Kubis*, Rn 118.
357 Grigoleit/*Herrler*, Rn 46.
358 RegBegr. *Kropff*, S. 186.
359 RegBegr. *Kropff*, S. 186.
360 AusschussBer *Kropff*, S. 187.
361 Vgl *Hüffer*, Rn 29; Großkomm-AktienR/*Decher*, Rn 312 f; LG Berlin AG 2000, 288; Spindler/Stilz/*Siems*, Rn 44 räumt dem Grunde nach demgegenüber ein, dass die Aktionäre ein berechtigtes Informationsinteresse an stillen Reserven hätten, verneint aber das individuelle Auskunftsrecht und will dies durch kollektive Informationspflichten des Vorstands ersetzen.
362 LG Frankfurt WM 1994, 1929, 1930; LG Berlin BB 1993, 1827, 1829 = ZIP 1993, 1632; KG WM 1994, 1479, 1487 = ZIP 1994, 1267 = DB 1994, 1812; LG Berlin AG 2000, 288 = DB 2000, 1017.
363 BVerfG NJW 2000, 129, 130 = ZIP 1999, 1801 (Wenger).
364 ZB von Siegel/Bareis/Rückle/Schneider/Sigloch/Streim/Wagner, ZIP 1999, 2077; *Grüne*, NZG 2000, 197; *Kaserer*, ZIP 1999, 2085; *Röbricht*, Jahrbuch der Fachanwälte für Steuerrecht 2000/01, S. 224 f.
365 Siegel/Bareis/Rückle/Schneider/Sigloch/Streim/Wagner, ZIP 1999, 2077, 2083.
366 So aber *Hüffer*, Rn 29.

68 Angesichts von **Art. 9 Abs. 2 der Aktionärsrechte-Richtlinie der EU** (vgl allg. Rn 6 a) muss der Verweigerungsgrund mE richtlinienkonform so wie hier dargelegt restriktiv ausgelegt werden. Es gilt dasselbe wie beim Verweigerungsgrund der steuerlichen Ansätze (vgl Rn 64): Die Richtlinie erlaubt Beschränkungen der Auskunftspflicht nur zum Schutz von Vertraulichkeit und Geschäftsinteressen der AG. Ein berechtigtes Vertraulichkeits- oder Geschäftsinteresse kann es aber nicht sein, den Aktionären die Informationen vorzuenthalten, die sie benötigen, den Wert ihrer Beteiligung wirklich abschätzen zu können. Das AktG schützt die Vermögensinteressen der Aktionäre (vgl Rn 67). Diese können nur geschützt werden bei einer Auskunft auch über stille Reserven, die gerade maßgebend für die Werthaltigkeit einer Beteiligung sein können. Ein Auskunftsverweigerungsinteresse an diesen zur Beurteilung der Beteiligung erforderlichen Informationen kann daher nicht bestehen.

69 Trotz der zu Unrecht sehr einschränkenden bisherigen Rechtsprechung ist jedenfalls allgemein **anerkannt, dass im Falle der Unterbilanz die Aktionäre erfragen können, ob und inwieweit diese durch Mobilisierung stiller Reserven ausgeglichen werden kann.**[367] Es ist nicht einsehbar, weshalb die Aktionäre nur dann, wenn ihr Unternehmen pleite zu gehen droht, sich durch Auskunftsverlangen schlau machen können sollen, wie hoch stille Reserven sind. Die Dimension der Eigentumsgarantie als vermögensrechtlicher Schutz (vgl vor §§ 327 a ff Rn 7, 8) entfaltet nicht nur dann Wirkung in der Praxis der AG, wenn diese am Abgrund steht und das Vermögen der Aktionäre verloren scheint; vielmehr können in praktisch jeder Situation der Lebenswirklichkeit einer AG die Aktionäre Informationen über die wahre wirtschaftliche Lage benötigen, und das kann Auskünfte über die stillen Reserven einschließen. Die entgegenstehende Sicht verträgt sich im Übrigen auch ganz und gar nicht mit den anerkannten Grundsätzen der Auslegung des § 255, wonach bei der Frage der Unangemessenheit von Ausgabebeträgen bei Kapitalerhöhungen auf den wirklichen Wert des Unternehmens abzustellen ist, bei dessen Ermittlung stille Reserven und innerer Geschäftswert zu berücksichtigen sind (vgl § 255 Rn 10). Der Gesetzgeber legt den Aktionären bei § 255 die Beweislast für die Unangemessenheit auf. Wie soll ein Aktionär aber die Unangemessenheit begründen können, wenn man ihm nach § 131 Abs. 3 Nr. 3 vollständig von den für diesen Nachweis erforderlichen Informationsquellen abschneidet? Daher wird der Vorstand von dem Verweigerungsrecht nur in seltenen Ausnahmefällen Gebrauch machen können. Es besteht daher zB auch nicht, wenn bewertungsbezogene Informationen erforderlich sind zur Beurteilung des Verhandlungsgegenstands, zB eines Squeeze-out-Beschlusses.[368]

70 **4. Bilanzierungs- und Bewertungsmethoden (Abs. 3 Nr. 4).** Keine Auskunft braucht der Vorstand zu erteilen über die **Bilanzierungs- und Bewertungsmethoden**, soweit die entsprechenden Angaben im Anhang des Jahresabschlusses ausreichen, um ein den tatsächlichen Verhältnissen entsprechendes Bild der Vermögens-, Finanz- und Ertragslage der Gesellschaft zu vermitteln; dieses Verweigerungsrecht gilt nicht, wenn die Hauptversammlung den Jahresabschluss feststellt. In der Praxis ist dieses Auskunftsrecht bislang praktisch bedeutungslos.

71 **5. Strafbarkeit (Abs. 3 Nr. 5).** Geradezu selbstverständlich ist, dass der Vorstand die Auskunft verweigern darf, wenn er sich **durch die Erteilung der Auskunft strafbar** machen würde.[369] Das Verweigerungsrecht greift also nicht in dem Fall, dass sich der Vorstand zuvor strafbar gemacht hat oder ihm sonst eigenes pflichtwidriges Fehlverhalten vorzuwerfen ist und er durch die Verweigerung der Auskunft das Fehlverhalten vor der HV verbergen und sich der Verantwortung entziehen will[370] (vgl auch Rn 62 und 73). Als **Strafnormen** (die objektiv, nicht lediglich nach der subjektiven Vorstellung des Vorstands verletzt werden müssen)[371] kommen in Betracht: §§ 93 ff (Staatsgeheimnisse), 186 (üble Nachrede) oder 203 (unbefugte Offenbarung von persönlichen Daten) StGB; angesichts des klaren Wortlauts genügt die **Ordnungswidrigkeit** der Auskunft nicht als Voraussetzung der Auskunftsverweigerung.[372] Keine einschlägige Strafvorschrift ist § 404; eine Offenbarung nach § 131 Abs. 1 bedeutet kein unbefugtes Offenbaren iSd § 404.[373] Das **Bankgeheimnis** berechtigt nicht als solches zur Auskunftsverweigerung; das Bankgeheimnis schließt das gesetzliche Informationsrecht auch nicht grds. aus, vielmehr ist eine Interessenabwägung vorzunehmen, wobei dem In-

---

367 OLG Stuttgart AG 1992, 459 = DB 1992, 1178; OLG Köln ZIP 1998, 994 = DB 1998, 1855 = AG 1998, 525; KölnKomm-AktG/*Kersting*, 3. Aufl., Rn 331.
368 LG Saarbrücken AG 2006, 89 (Kaufhalle AG).
369 Vgl dazu zB Großkomm-AktienR/*Barz*, 3. Aufl., Anm. 19; Großkomm-AktienR/*Decher*, Rn 323; *Hüffer*, Rn 31; Geßler/*Eckardt*, Rn 121 f; *Henn*, Handbuch des Aktienrechts, § 26 Rn 892; MüHb-AG/*Semler*, § 37 Rn 39; KölnKomm-AktG/*Zöllner*, 1. Aufl., Rn 40 ff.
370 BGHZ 86, 1, 19; Geßler/*Eckardt*, Rn 126; KölnKomm-AktG/*Zöllner*, 1. Aufl., Rn 42.
371 Grigoleit/*Herrler*, Rn 48; KölnKomm-AktG/*Kersting*, 3. Aufl., Rn 348.
372 *Benner/Heinacher*, DB 1995, 765, 766; *Hirte*, Das Zweite Finanzmarktförderungsgesetz in der praktischen Umsetzung, S. 47; MüHb-AG/*Semler*, § 37 Rn 44 zu §§ 15, 39 Abs. 1 Nr. 2 lit. a WpHG; aA Großkomm-AktienR/*Decher*, Rn 323; Spindler/Stilz/*Siems*, Rn 48; Geßler/*Eckardt*, Rn 124; KölnKomm-AktG/*Kersting*, 3. Aufl., Rn 347.
373 Geßler/*Eckardt*, Rn 123; Großkomm-AktienR/*Decher*, Rn 324; MüKo-AktG/*Kubis*, Rn 127; KölnKomm-AktG/*Zöllner*, 1. Aufl., Rn 41; *Hüffer*, Rn 31.

formationsrecht des Aktionärs als gesetzlichem Informationsrecht ein Vorrang zukommt, soweit nicht durch die Auskunft persönliche Umstände und Verhältnisse des Kunden zu offenbaren sind.[374]

Umstritten ist, ob der Vorstand die Frage nach einer **Insidertatsache** verweigern darf. Nach zum Teil vertretener Ansicht fällt die Auskunft im Rahmen einer HV ohne Bereichsöffentlichkeit unter die unbefugte Weitergabe von Insiderinformationen und ist daher gemäß § 38 Abs. 1 Nr. 2 iVm § 14 Abs. 1 Nr. 2 WpHG strafbar, so dass der Vorstand die Auskunft verweigern darf. ME ist diese Ansicht abzulehnen. Wenn eine Insidertatsache zur Beurteilung des Gegenstandes der Tagesordnung erforderlich ist, ist die Weitergabe der Informationen gerade nicht unbefugt, so dass kein Auskunftsverweigerungsrecht besteht.[375] Ggf ist der Vorstand verpflichtet, eine **allgemeine Unterrichtung der Börsenöffentlichkeit während der HV** vorzunehmen.[376] Die allgemeine Unterrichtung muss spätestens gleichzeitig mit Auskunftserteilung erfolgen. Nicht als ausreichend anzusehen ist die **Strafandrohung nach ausländischem** Recht, da § 131 Abs. 3 Nr. 5 auf den Schutz von Rechtsgütern nach der deutschen Strafrechtsordnung fokussiert ist.[377] In diesem Zusammenhang wird die Frage der Auskunftsverweigerung erörtert, wenn die Auskunft **gemäß § 15 WpHG ad hoc mitgeteilt werden müsste**. ME ist mit einer evtl vorrangigen Ad-hoc-Pflichtigkeit eine Auskunftspflicht keinesfalls zu verneinen. *Hirte* hat mit gutem Grund darauf hingewiesen, dass man „vom Vorstand erwarten (muss), dass er ggf noch während der HV das Verfahren nach § 15 WpHG in der vorgeschriebenen Form durchführt."[378] Ohnehin ist die unterlassene Ad-hoc-Meldung nach § 15 WpHG nicht, wie § 131 Abs. 2 S. 1 Nr. 5 verlangt, Straftatbestand, sondern lediglich eine Ordnungswidrigkeit gemäß § 39 Abs. 2 WpHG. *Hirte* weist zudem darauf hin, dass die Kausalität der Auskunftserteilung für die Erfüllung des Ordnungswidrigkeitentatbestandes fehlt, da dessen Vermeidung durch geeignete technische Maßnahmen ohne Weiteres möglich ist; soweit eine Tatsache schon vor der HV das Gewicht der Publizitätspflicht erreicht hatte, fehlt es an einer im Rahmen von § 131 Abs. 1 Nr. 5 zu beachtenden Kausalität: denn dann liegt der relevante Verstoß gegen § 15 WpHG bereits darin, dass die Tatsache entgegen § 15 Abs. 1 WpHG nicht unverzüglich veröffentlicht wurde.[379] Dann kann der Vorstand also erst recht nicht unter Berufung auf eine angeblich vorrangige Ad-hoc-Pflicht die Auskunft gegenüber der HV verweigern.

Kein Auskunftsverweigerungsrecht besteht hinsichtlich solcher Vorgänge, die eine Straftatverwicklung einzelner Vorstandsmitglieder betrifft (vgl Rn 62). Diese Mitglieder sind als befangen vor der Beschlussfassung über die Auskunftserteilung auszuschließen (str).[380]

6. Auskunftsverweigerungsgründe bei Kredit- und Finanzdienstleistungsinstituten (Abs. 3 Nr. 6). Seit dem Bankbilanzrichtlinien-Gesetz haben Kreditinstitute und Finanzdienstleistungsinstitute (§§ 1 Abs. 1, 2 Abs. 1; §§ 1 Abs. 1 a, 2 Abs. 6 KWG) ein spezielles Auskunftsverweigerungsrecht,[381] das die zuvor auf § 26 a KWG aF und die Formblattverordnung gestützte Praxis in das AktG aufnimmt.[382] Eine Auskunftspflicht der Kreditinstitute und Finanzdienstleister besteht nach der Rechtsprechung, wenn die Gesamtabwägung der Vor- und Nachteile der Auskünfte für die Gesellschaft (vgl Rn 61) die Offenlegung überwiegend vorteilhaft erscheinen lässt.[383]

7. Auskünfte auf Internetseite der Gesellschaft und in HV (Abs. 3 Nr. 7). Das UMAG (vgl Rn 55 a) hat mit Abs. 3 Nr. 7 die Möglichkeit geschaffen, die HV von typischen Standardfragen („**frequently asked questions**") sowie vom Vortrag von Statistiken, Listen, Regularien und Aufstellungen zu entlasten und so Zeit zu

---

[374] LG Frankfurt AG 2005, 891 (Deutsche Bank/Springer/Kirch).

[375] K. Schmidt/Lutter/*Spindler*, Rn 84; *Kiethe*, NZG 2003, 401, 407; *Benner-Heinacher*, DB 1995, 765, 766; Großkomm-AktienR/*Decher*, Rn 326; Spindler/Stilz/*Siems*, Rn 50; MüHb-AG/*Semler*, § 37 Rn 43; aA und für Auskunftsverweigerungsmöglichkeit *Joussen*, DB 1994, 2485, 2488; vgl auch *Assmann*, in: Assmann/Schneider, WpHG, § 14 Rn 85.

[376] MüKo-AktG/*Kubis*, Rn 128, der vorschlägt, der Vorstand solle, um die Strafbarkeit zu verhindern, zugleich eine Ad-hoc-Meldung veranlassen. So auch Spindler/Stilz/*Siems*, Rn 48, sofern die entsprechende Strafnorm nicht gegen den *ordre public* verstößt.

[377] MüKo-AktG/*Kubis*, Rn 129. Strittig ist, ob die Strafverfolgung im Ausland einen "nicht unerheblichen Nachteil" iSd § 131 Abs. 1 Nr. 1 darstellt und aus diesem Grund die Auskunft verweigert werden kann, so MüKo-AktG/*Kubis*, Rn 118. Dem ist aber nicht zu folgen, da es um Nachteile der Gesellschaft, nicht der einzelnen Gesellschafter oder ihrer Organmitglieder geht.

[378] *Hirte*, Die Ad-hoc-Publizität im System des deutschen Aktien- und Börsenrechts, in: Das zweite Finanzmarktförderungsgesetz, S. 47, 57; ähnlich: KölnKomm-AktG/*Kersting*, 3. Aufl., Rn 49; *Hopt*, ZHR 159 (1995), 135, 157; *Götz*, DB 1995, 1949, 1951; *Franken/Heinsius*, Rechenschaftslegung im Wandel, in: FS Budde, 1995, S. 213, 240.

[379] *Hirte*, Die Ad-hoc-Publizität im System des deutschen Aktien- und Börsenrechts, in: Das zweite Finanzmarktförderungsgesetz, S. 47, 58.

[380] So KölnKomm-AktG/*Zöllner*, 1. Aufl., Rn 42; aA MüKo-AktG/*Kubis*, Rn 130; KölnKomm-AktG/*Kersting*, 3. Aufl., Rn 350.

[381] Eingeführt durch Art. 2 Bilanzrichtlinien-Gesetz vom 30.11.1990 (BGBl. I 1990 S. 2570), BR-Drucks. 616/89, S. 26.

[382] BGHZ 101, 1, 6 (Deutsche Bank); 86, 1, 18; OLG Frankfurt AG 1981, 231, 232.

[383] *Hüffer*, Rn 32, im Anschluss an BGHZ 86, 1, 18; 101, 1, 6; Großkomm-AktienR/*Decher*, Rn 332; *Henze*, HRR-Aktienrecht, Rn 858; K. Schmidt/Lutter/*Spindler*, Rn 87 verneinen Pflicht zur Abwägung und Spindler/Stilz/*Siems*, Rn 51; vgl zum Ganzen auch MüKo-AktG/*Kubis*, Rn 132 ff.

gewinnen für inhaltliche Diskussionen, ohne einen Rechtsanspruch der Aktionäre auf eine Information im Internet zu schaffen.[384]

74b Die Auskunft ist auf der Internetseite der Gesellschaft **zugänglich**, wenn der interessierte Aktionär nach Aufrufen der Startseite der Gesellschaft ohne Suchen entweder direkt oder durch eindeutige Verknüpfungen auf die jeweilige Folgeseite (Links) die Information problemlos finden kann; Voraussetzung der ordnungsgemäßen Veröffentlichung im Internet ist die einfache Möglichkeit für den Aktionär, die Information zu finden, was entsprechend § 6 TDG einen Link auf der Eingangsseite bzw unmissverständliche Hinweise erfordert.[385] Geringfügige und vorübergehende Störungen des allgemeinen Internetzugangs hält der Gesetzgeber für unbeachtlich.[386] Dabei soll nicht entscheidend sein, wie die Internetseite unerreichbar wurde, insbesondere, ob die Unerreichbarkeit von der Gesellschaft selbst verschuldet oder durch denial of access-Attacken ausgelöst wurde.[387] Die Darlegungs- und Beweislast für die Dauer der Zugänglichkeit trägt die Gesellschaft.

74c Der Gesetzgeber hat bewusst einen **Hinweis auf die Internetseite bei Einberufung** nicht vorgeschrieben,[388] ein solcher ist aber (sehr) empfehlenswert[389] (vgl auch § 124a).

74d Die Auskunft muss nicht nur sieben Tage **vor der HV** (Fristberechnung gemäß §§ 187 ff BGB) im Internet zugänglich sein, sondern sie muss auch **während der HV** einerseits auf der Internetseite der Gesellschaft verfügbar sein und andererseits für die Hauptversammlungsteilnehmer (etwa durch Auslegung von Unterlagen oder Infoterminals, jeweils in hinreichender Zahl) allgemein zugänglich sein.

75 **IV. Wiederholung von Auskünften außerhalb HV (Abs. 4).** Unabhängig davon, ob eine Auskunft zur Beurteilung eines Tagesordnungspunktes erforderlich ist, ist einem Aktionär in der HV auf Verlangen dieselbe Auskunft zu geben, die einem anderen „Aktionär wegen seiner Eigenschaft als Aktionär... außerhalb der Hauptversammlung gegeben worden" ist (Abs. 4). Zweck der Auskunftspflicht ist die Sicherstellung der **Gleichbehandlung aller Aktionäre**.[390] Aus der Normierung der Pflicht zur Nachinformation auf Verlangen darf nicht geschlossen werden, dass eine sachlich nicht gerechtfertigte Ungleichbehandlung bei der Erteilung von Auskünften gemäß § 53a zulässig würde, sie bleibt pflichtwidrig.[391] Die Nachinformation verweigern darf der Vorstand gemäß § 134 Abs. 4 S. 2 nur, wenn er sich durch deren Erteilung gemäß § 131 Abs. 3 Nr. 5 strafbar machen würde oder das Verweigerungsrecht für Kreditinstitute gemäß § 131 Abs. 3 Nr. 6 greift. Nicht erforderlich ist, dass es sich um eine Angelegenheit der Gesellschaft handelt,[392] dass die Auskunft in dem der HV vorausgehenden Geschäftsjahr erteilt worden ist[393] oder dass die erteilte Auskunft mit einem Gegenstand der Tagesordnung gemäß Abs. 1 S. 1 in Zusammenhang steht.[394] Die praktische Bedeutung der Norm ist zu Unrecht gering; mE gehört die ungefragte Weitergabe in das Standardrepertoire der Berichterstattung des Vorstands über das abgelaufene Geschäftsjahr. Streitig ist, ob es neben oder über Abs. 4 hinaus eine unmittelbar aus dem Gleichbehandlungsgebot folgende Pflicht gibt, die anderen Aktionäre auch außerhalb einer HV zu informieren, wenn einzelnen Aktionären Informationen erteilt worden sind; *Verse* leitet dies aus dem gemeinschaftsrechtlichen Gleichbehandlungsgebot (Art. 42 Kapital-Richtlinie) her. Dieses sei mit einer wirksamen, verhältnismäßigen und abschreckenden Sanktion zu bewehren, woran es fehle, wenn der gleichheitswidrige Informationsvorsprung erst ein Jahr später in einer HV korrigiert werde mit der möglichen Folge, dass der Aktionär den Vorsprung längst zu erheblichen Vorteilen genutzt habe, die sich weder beseitigen noch kompensieren lassen.[395]

76 **1. Anderer Aktionär als Auskunftsempfänger (Abs. 4 S. 1 S. 3).** Wortlaut und Entstehungsgeschichte belegen, dass der Vorstand dem Auskunftsverlangen nur entsprechen muss, wenn die Auskunft einem anderen Aktionär „wegen seiner Eigenschaft als Aktionär" gegeben wurde. „Auskünfte an ein Aufsichtsratsmitglied oder eine Bank, die ihnen aufgrund ihrer besonderen rechtlichen Beziehung zur Gesellschaft erteilt worden sind, fallen nicht unter Abs. 4, auch wenn das Aufsichtsratsmitglied oder die Bank Aktien der Gesellschaft

---

384 Begr. der Bundesregierung zum UMAG, BT-Drucks. 15/5092, S. 17.
385 *Spindler*, NZG 2005, 825, 826; KölnKomm-AktG/*Kersting*, 3. Aufl., Rn 362 ff.
386 Begr. der Bundesregierung zum UMAG, BT-Drucks. 15/5092, S. 18.
387 *Spindler*, NZG 2005, 825, 826.
388 Begr. der Bundesregierung zum UMAG, BT-Drucks. 15/5092, S. 18.
389 KölnKomm-AktG/*Kersting*, 3. Aufl., Rn 363.
390 RegBegr. *Kropff*, S. 187; *Hüffer*, Rn 36; Großkomm-AktienR/*Decher*, Rn 334; MüKo-AktG/*Kubis*, Rn 141.
391 *Verse*, Der Gleichbehandlungsgrundsatz im Recht der Kapitalgesellschaften, 2006, S. 512; *Schneider/Singhoff*, in: FS Kraft, S. 585, 600.
392 AA KölnKomm-AktG/*Kersting*, 3. Aufl., Rn 452; Spindler/Stilz/*Siems*, Rn 82; K. Schmidt/Lutter/*Spindler*, Rn 104; MüKo-AktG/*Kubis*, Rn 142, jedoch widerspricht die Gegenauffassung dem Sinn und Zweck, den gleichartigen Informationsstand der Aktionäre herzustellen.
393 Großkomm-AktienR/*Decher*, Rn 364; KölnKomm-AktG/*Zöllner*, 1. Aufl., Rn 71; BayObLG AG 2003, 499, 500.
394 BayObLG AG 2003, 499, 500; *Hüffer*, Rn 42; Großkomm-AktienR/*Decher*, Rn 365; Spindler/Stilz/*Siems*, Rn 74; KölnKomm-AktG/*Kersting*, 3. Aufl., Rn 450 f; aA KölnKomm-AktG/*Zöllner*, 1. Aufl., Rn 70; *Ebenroth*, Auskunftsrecht, S. 102.
395 *Verse*, Der Gleichbehandlungsgrundsatz im Recht der Kapitalgesellschaften, 2006, S. 512 ff; dagegen: *Koppensteiner*, GesRZ 2008, 200, 204 f.

besitzen".[396] Für die Beurteilung kommt es darauf an, ob der Grund der Erteilung der Auskünfte im Gesellschaftsverhältnis liegt.[397] Daher sind beispielsweise Auskünfte im **Vertragskonzern** auf vertraglicher Grundlage erteilt, nicht aber einem Aktionär wegen dieser Eigenschaft.[398] Fehlt es an einer vertraglichen Beziehung, ist mE die Auskunft zB dem **faktisch herrschenden Aktionär** in seiner Eigenschaft als Aktionär erteilt; allein dadurch, dass das Gesetz den faktischen Konzern hinnimmt und regelt, hebelt es nicht die sonst vorgesehenen Verpflichtungen des Vorstands aus, §§ 311 ff AktG bezwecken nur den Ausgleich von Nachteilen der beherrschten AG, beschränken jedoch nicht die Informationsansprüche der Aktionäre der AG. Ebenso wie der Vorstand beispielsweise gemäß § 93 zur eigenverantwortlichen Leitung der Gesellschaft mit Schadensersatzpflichten beim Verstoß verpflichtet bleibt (vgl die Kommentierung zu §§ 93, 311), wenn die AG einen herrschenden Aktionär hat, hat er den anderen Aktionären Rechenschaft über die diesem Aktionär erteilten Auskünfte zu geben.[399] Auskunftspflicht besteht nach ganz hM jedenfalls bei bloßer **Abhängigkeit sowie Mehrheitsbeteiligung** (§§ 16 f).[400] Wegen des Fehlens einer Ausnahmevorschrift sind auch die dem **Hauptaktionär** erteilten Auskünfte offen zu legen (vgl § 327b Rn 6). Auch Informationen, die der Vorstand einem Aktionär oder dessen Beauftragten im Rahmen einer **due-diligence-Prüfung**[401] gibt, sind mE von der Auskunftspflicht umfasst, da es für die Unterrichtung der anderen Aktionäre nach § 131 Abs. 4 keine Rolle spielen kann, weshalb der Vorstand einem einzelnen Aktionär (ggf entgegen seiner sonst bestehenden Verschwiegenheitspflicht nach § 93 Abs. 1 S. 2, vgl dazu § 93 Rn 1) Auskünfte erteilt hat. Gibt der Vorstand dem (Groß-)Aktionär daher zB Auskünfte zur Vorbereitung eines Unternehmenskaufs oder eines Übernahmeangebots, muss er diese auch gegenüber anderen Aktionären offen legen;[402] mE gilt das auch dann, wenn der Käufer zu dem Zeitpunkt noch nicht Aktionär ist und sich erst in Kenntnis der Information zum Aktienerwerb entschließt.[403] Bei Auskünften an einen Aktionär, der selbst **Aufsichtsratsmitglied** ist (oder dessen Organ oder sonstiger gesetzlicher Vertreter), ist entscheidend, ob die Auskunft dem Aufsichtsratsmitglied im Rahmen einer Information an den gesamten Aufsichtsrat bzw dem Aufsichtsratsmitglied im Hinblick auf sein Aufsichtsratsmandat erteilt worden ist, etwa zur Übermittlung an den Aufsichtsrat; in diesen Fällen besteht regelmäßig kein Auskunftsanspruch; ist die Auskunft nur dem einzelnen Aufsichtsratsmitglied erteilt worden, besteht eine widerlegliche Vermutung, dass das Aufsichtsratsmitglied in seiner Eigenschaft als Aktionär unterrichtet worden ist, so dass ein Auskunftsanspruch nach Abs. 4 besteht.[404] Eine solche Informationserteilung an das Aufsichtsratsmitglied in seiner Eigenschaft als Aktionär(svertreter) ist etwa anzunehmen, wenn sich aufgrund der Informationserteilung an das Aufsichtsratsmitglied für den Aktionär anwaltliche Berater bestellen und im Namen des Aktionärs Gestaltungsempfehlungen abgeben oder das AR-Mitglied die ihm erteilten Informationen in seinem Aktionärs-Unternehmen weitergibt zu anderen Zwecken, als ihm bei der Ausübung seiner Rechte als AR-Mitglied zu beraten; in solchen Fällen steht unwiderleglich fest, dass das Aufsichtsratsmitglied die ihm erteilte Information als Aktionär erhalten und verwendet hat.

---

396 Vgl RegBegr. *Kropff*, S. 186; vgl allg. zur im Einzelnen schwierigen und streitigen Abgrenzung Großkomm-AktienR/*Barz*, 3. Aufl., Anm. 27; Geßler/*Eckardt*, Rn 42 f; MüHb-AG/*Semler*, § 37 Rn 19 f; KölnKomm-AktG/*Zöllner*, 1. Aufl., Rn 61 f; *Hüffer*, Rn 37; Großkomm-AktienR/*Decher*, Rn 339 f, 342 ff.
397 Vgl BGHZ 86, 1, 7.
398 *Hüffer*, Rn 38; Großkomm-AktienR/*Decher*, Rn 347; LG München AG 1999, 138 (Vereinte Versicherungs AG); Geßler/*Eckardt*, Rn 68; KölnKomm-AktG/*Zöllner*, 1. Aufl., Rn 66; K. Schmidt/Lutter/*Spindler*, Rn 98; abweichend: MüKo-AktG/*Kubis*, Rn 157.
399 Geßler/*Eckardt*, Rn 147; *Emmerich/Habersack*, Konzernrecht, S. 368; KölnKomm-AktG/*Koppensteiner*, § 312 Rn 5; *Kort*, ZGR 1987, 46, 60; *Schneider*, in: FS Lutter, 2000, S. 1193, 1201; BayOLG AG 2003, 499, 500; LG Frankfurt AG 2007, 48, 50 (Celanese); aA *Hüffer*, Rn 38; KölnKomm-AktG/*Zöllner*, 1. Aufl., Rn 69; Großkomm-AktienR/*Decher*, Rn 348 f; *Ebenroth*, Das Auskunftsrecht des Aktionärs, S. 101; *Kropff*, DB 1967, 2204; *Habersack/Verse*, AG 2003, 300, 305 f; *Decher*, ZHR 158 (1994), 473, 483 f; LG München I Konzern 2007, 448 Rn 216; aA LG Düsseldorf AG 1992, 461, 462 (Feldmühle/Nobel-Stora); *Hoffmann/Becking*, in: FS Rowedder, S. 155, 167; Spindler/Stilz/*Siems*, Rn 77; K. Schmidt/Lutter/*Spindler*, Rn 100. Das LG München I Konzern 2007, 365 Rn 31, 24, 25, bezeichnet eine Klage gegen einen Squeeze out, bei der es um die Frage geht, ob § 131 Abs. 4 im faktischen Konzern anwendbar ist und der Vorstand daher über das monatliche Reporting hätte berichten müssen, als nicht offensichtlich unbegründet.
400 Geßler/*Eckardt*, Rn 150; KölnKomm-AktG/*Zöllner*, 1. Aufl., Rn 68; *Hüffer*, Rn 38; *Duden*, in: FS v. Caemmerer, 1978, S. 499, 506; MüKo-AktG/*Kubis*, Rn 159; *Kocher*, Konzern 2008, 611, 613; aA Großkomm-AktienR/*Barz*, 3. Aufl., Anm. 27; Großkomm-AktienR/*Decher*, Rn 349; *Habersack/Verse*, AG 2003, 300, 307; *Butzke*, Teil G Rn 88.
401 Vgl zur Frage, ob der Vorstand berechtigt ist, einzelnen Aktionären eine *due diligence* zu ermöglichen, bejahend: MüHb-AG/*Semler*, § 37 Rn 19; *Hüffer*, § 93 Rn 8; *Körber*, NZG 2002, 263, 269; ablehnend: *Lutter*, ZIP 1997, 613, 619; *Krömker*, NZG 2003, 418, bejahte sogar einen Anspruch des Paketaktionärs bei einer Beteiligung von über 5 % auf Informationsoffenbarung zum Zwecke der *due diligence*, vgl Rn 2.
402 MüKo-AktG/*Kubis*, Rn 145; aA *Decher*, ZHR 158 (1994), 473, 489; Großkomm-AktienR/*Decher*, Rn 350; *Krömker*, NZG 2003, 418, 423; *Kocher*, Konzern 2008, 611, 614, der zu Unrecht meint, mangels Gleichheitsverstoß brauche die Information nicht weiter gegeben zu werden, wobei er aber missachtet, dass die Norm der vorherige Ungleichbehandlung durch Informationsweitergabe ausgleicht und den Anspruch ausdrücklich jedem Aktionär gibt.
403 AA Grigoleit/*Herrler*, Rn 56; *Merstens*, AG 1997, 541, 547.
404 MüKo-AktG/*Kubis*, Rn 147.

77 Die hier vertretene weite Auslegung der Auskunftspflicht folgt mE nicht zuletzt daraus, dass Abs. 4 S. 3 die **Ausnahme von der Auskunftspflicht für die Konzernrechnungslegung** enthält.[405] Danach entfällt die Auskunftspflicht, wenn ein Tochterunternehmen, ein Gemeinschaftsunternehmen oder ein assoziiertes Unternehmen die Auskunft einem Mutterunternehmen zum Zwecke der Einbeziehung der Gesellschaft in den Konzernabschluss des Mutterunternehmens erteilt und die Auskunft für diesen Zweck benötigt wird. E contrario gebietet die für diesen Sonderfall ausdrücklich vorgesehene Ausnahme von der Wiederholungspflicht in der HV, dass in allen anderen Fällen der Auskunftserteilung außerhalb der HV dieselben Auskünfte allen Aktionären zu erteilen sind. Aus den Motiven des Gesetzgebers zu Abs. 4 S. 3 folgt, dass diese Norm Nachteile zu vermeiden bezweckt, die sonst mit der Pflicht zur Wiederholung der Auskünfte in der HV verbunden wären.[406] Das macht deutlich, dass der Gesetzgeber die Weitergabe der Informationen an alle Aktionäre wollte, wenn nicht eine ausdrückliche Ausnahmeregelung einschlägig ist.

78 Wegen des Zwecks der Pflicht zur Auskunftswiederholung wird diese nicht durch **Verschwiegenheitsverpflichtungen des die Auskunft außerhalb der HV empfangenden Aktionärs** begrenzt. Denn sonst hätten es die Aktionäre, die als beati possidentes Auskünfte empfangen haben, in der Hand, durch die Eingehung einer Verschwiegenheitspflicht die Auskunftsansprüche ihrer Mitaktionäre nach Abs. 4 zu verhindern. Da das Gesetz gerade Gleichbehandlung der Informationserteilung erreichen will, muss diese unbedingt bestehen. Die anderen Aktionäre sind ohnehin erheblich dadurch benachteiligt, dass einzelne Aktionäre vor ihnen Auskünfte erhalten haben. Das Gesetz knüpft an eine Ungleichbehandlung die Folge des Abs. 4, dass alle anderen Aktionäre die Auskünfte im Nachhinein tatsächlich erhalten müssen.

79 **2. Auskunftserteilung.** Im Gesetz nicht ausdrücklich geregelt und streitig ist, **wer die Auskunft gegeben haben muss.** Manche Autoren[407] meinen, damit der Auskunftsanspruch nicht ins Uferlose gehe, seien nur Auskünfte des Vorstandes[408] umfasst.[409] Andere meinen, maßgebend sei die Tatsache der Auskunft der AG: Ob sie vom Vorstand oder vom Aufsichtsrat erteilt worden ist, sei gleichgültig; auch von anderen verantwortlichen Stellen der AG gegebene Auskünfte sollen umfasst sein, während Informationen, die auf unterer Ebene ohne Wissen von Vorstand und Aufsichtsrat erteilt worden sind, nicht genügen sollen.[410] Der Passiv im Wortlaut der Norm („ist... eine Auskunft... gegeben worden") spricht für eine sehr weite Auslegung der Auskunftspflicht. ME liegt die Grenze da, wo **Auskünfte mit Wissen oder Billigung des Vorstandes**[411] **gegeben worden sind**, wobei Fahrlässigkeit zulasten der AG geht. Das entspricht der Intention des Gesetzgebers, auf die Auskunft des Vorstandes abzustellen; nur diese Auslegung wird dem Bedürfnis gerecht, die Umgehung der Auskunftspflicht zu verhindern, zu der das rein formale Abstellen auf das eigene Handeln des Vorstandes geradezu einlädt.[412]

80 **3. Auskunftsverlangen.** Gemäß Abs. 4 S. 1 ist die einem Aktionär gegebene Auskunft jedem anderen Aktionär „auf dessen Verlangen in der Hauptversammlung zu geben". Das Gesetz äußert sich nicht ausdrücklich zur Frage, wie ein solches Auskunftsverlangen zu formulieren ist. **Streitig ist die Auskunftspflicht** zur Frage, **ob** seit der letzten entsprechenden Auskunftserteilung[413] **„einem anderen Aktionär wegen seiner Eigenschaft als Aktionär eine Auskunft"** gegeben wurde und welchen Inhalt die Auskunft ggf hatte.[414] Einer Ent-

---

405 Ähnlich: *Schneider*, in: FS Lutter, S. 1193, 1202; aA LG München I Konzern 2007, 448, 455 f (Rn 218); *Pentz*, ZIP 2007, 2298, 2299 f.
406 RegBegr, BT-Drucks. 11/6275, 26; demgegenüber meinen Großkomm-AktienR/*Decher*, Rn 354; *Hüffer*, Rn 39; *Hoffmann/Becking*, in: FS Rowedder, S. 155, 169 zu Unrecht, die Begründung „sollte" ausschließlich im Kontext der Vorschriften zur Konzernrechnungslegung gesehen werden; sie enthalte keinerlei Aussagen für Auskünfte; das Gegenteil ergibt sich aus der ausdrücklichen Begründung des Gesetzes.
407 ZB KölnKomm-AktG/*Zöllner*, 1. Aufl., Rn 62; K. Schmidt/Lutter/*Spindler*, Rn 96.
408 Oder einzelner seiner Mitglieder.
409 RegBegr. *Kropff*, S. 186 f; Großkomm-AktienR/*Decher*, Rn 341; Grigoleit/*Herrler*, Rn 55.
410 Großkomm-AktienR/*Barz*, 3. Aufl., Anm. 27; ähnlich: *v. Godin/Wilhelmi*, Anm. 13.
411 Eine Indiskretion genügt also mE nicht, so aber *v. Godin/Wilhelmi*, Anm. 13; wie hier KölnKomm-AktG/*Zöllner*, 1. Aufl., Rn 62; *Hüffer*, Rn 40.
412 Soweit KölnKomm-AktG/*Zöllner*, 1. Aufl., Rn 62 formuliert, "es geht beim besten Willen nicht an, dass die Gesellschaft auf Grund der Indiskretion irgendeines Angestellten oder eines Aufsichtsratsmitgliedes schwer geschädigt wird", ist zu bedenken, dass auch einzelne Vorstandsmitglieder Indiskretion verbreiten können.
413 Großkomm-AktienR/*Decher*, Rn 354; zur Frage der Verfristung: MüKo-AktG/*Kubis*, Rn 150.
414 Bejahend: *Burgard*, Die Offenlegung von Beteiligungen, Abhängigkeits- und Konzernlagen bei der Aktiengesellschaft, 1990, S. 87; *Meilicke/Heidel*, DStR 1992, 113, 114; *Schneider*, in: FS Lutter, 2000, S. 1193, 1202; *Henn*, Handbuch des Aktienrechts, S. 328; MüHb-AG/*Semler*, Rn 9; *Ebenroth*, AG 1970, 104 und *v. Godin/Wilhelmi*, Anm. 12; verneinend: Großkomm-AktienR/*Barz*, 3. Aufl., Anm. 28; Geßler/*Eckardt*, Rn 153; KölnKomm-AktG/*Zöller*, 1. Aufl., Rn 74; Großkomm-AktienR/*Decher*, Rn 360; allg. gegen "Ausforschungsfragen" insoweit auch *Hüffer*, Rn 41; nach MüHb-AG/*Semler*, § 37 Rn 20 muss der Gegenstand bestimmt werden; K. Schmidt/Lutter/*Spindler*, Rn 92; Spindler/Stilz/*Siems*, Rn 80; unklar: *Henze*, HRR-Aktienrecht, Rn 860 f; MüKo-AktG/*Kubis*, Rn 152.

scheidung des BayObLG[415] folgend ist entgegen der verbreiteten Rechtsprechung[416] mE die Auskunft zu erteilen, unabhängig davon, (1.) ob der Aktionär konkrete Angaben zu den Aktionären macht, denen Auskünfte erteilt worden sein sollen, und (2.) ob die Auskunftserteilung im laufenden Geschäftsjahr oder in Vorjahren erfolgte.[417] Anderenfalls liefe Abs. 4 leer.[418] Denn ein Aktionär, der nicht weiß und regelmäßig nicht wissen kann, welche Auskünfte wem erteilt wurden, ist nicht in der Lage, die Nachholung substantiiert einzufordern.[419] So den Wiederholungsanspruch auszuhebeln, das widerspräche dem Zweck der Norm. Der Gesetzgeber hat die Norm erlassen, um dem Grundsatz der gleichmäßigen Behandlung aller Aktionäre in der Praxis – gegen die Praxis der Gesellschaften[420] – Geltung zu verschaffen. Ohne die Pflicht der AG zur Mitteilung wäre unabhängig von einer Substantiierung des Verlangens der Aktionär – zumal der Minderheitsaktionär – aber „so klug als wie zuvor". Dem gesetzgeberischen Ziel der Gleichbehandlung käme die Praxis nicht einen Schritt näher. Abs. 4 normiert ein Auskunftsrecht unabhängig von den Voraussetzungen des Absatzes 1 (insbesondere unabhängig von der Erforderlichkeit). Die Sichtweise, § 134 Abs. 4 erfordere ein konkretes Auskunftsverlangen, verkennt die Systematik des Gesetzes. Dieses ordnet bedingungslos die Auskunft an; es erschöpft sich nicht darin, die Auskunftspflicht vom Erfordernis der sachgemäßen Beurteilung des Tagesordnungspunktes freizustellen bzw die Verweigerungsgründe zu beschränken. Wäre es dem Gesetzgeber nur um die Untersagung der Berufung auf den fehlenden Zusammenhang mit der Tagesordnung oder die Beseitigung der Auskunftsverweigerungsrechte gemäß Abs. 3 S. 1 Nr. 1 bis 4 gegangen, hätte er das problemlos im Wortlaut zum Ausdruck bringen können. Zudem spricht gegen die abweichende Auffassung Sinn und Zweck des Gesetzes, die Gleichbehandlung bei der Informationsvermittlung wiederherzustellen. Aktionäre sollen keinen durch die AG vermittelten Informationsvorsprung behalten können, sondern gleichmäßig unterrichtet sein. Auch angebliche praktische Probleme der Ermittlung, welche Auskünfte außerhalb der HV einzelnen Aktionären erteilt worden sind, können jedenfalls angesichts moderner Kommunikations- und Datenverarbeitungsmethoden keine Gründe für die Einschränkung der Auskunftspflicht darstellen. Die Auskunftspflicht verpflichtet den Vorstand, über alle außerhalb der HV erteilten Auskünfte Rechenschaft abzulegen. In einem Prozess gemäß § 132 oder §§ 241 ff braucht der Aktionär mE daher nicht darzulegen und unter Beweis zu stellen, dass, geschweige denn von wem und wann welche Auskünfte außerhalb der HV erteilt worden sind. Meine Sicht bestätigt der historische Gesetzgeber im Regierungsentwurf zu § 131 Abs. 4 und der sich daraus ergebende Zweck der Norm: Danach ist es im Interesse der Beziehung zwischen der Gesellschaft und ihren Aktionären erwünscht, dass der Vorstand freiwillig auch während des Geschäftsjahres auf Anfragen der Aktionäre eingeht oder sie durch Rundschreiben unterrichtet; „um zu verhindern, dass die Auskünfte nur einigen Aktionären zugänglich sind", bestimme der Entwurf die Mitteilung dieser Auskünfte jedem anderen Aktionär auf dessen Verlangen in der HV.[421] Daher wollte der Gesetzgeber dem Vorstand bei entsprechenden Auskunftsverlangen die Weitergabe der einzelnen Aktionären gegebenen Auskünfte gegenüber jedem anderen Aktionär in der HV auferlegen.

81 Die Auskunftspflicht nach Abs. 4 gilt auch für **Auskünfte, die der Vorstand aufgrund eines Gerichtsbeschlusses** im Auskunftserzwingungsverfahren erteilt hat.[422]

82 **V. Aufnahme in Niederschrift (Abs. 5).** Der Aktionär kann bei Auskunftsverweigerung verlangen, dass seine Fragen[423] und der Grund der Auskunftsverweigerung in die Niederschrift (§ 130) aufgenommen werden (vgl auch Rn 60). Das Verlangen auf Aufnahme in das Protokoll kann der Aktionär auch noch nach Beschlussfassung, **spätestens bis zur förmlichen Schließung der HV** durch den Versammlungsleiter stellen.[424] Aktionäre können vom Beurkundenden verlangen, dass er die von ihnen mündlich vorgetragenen Fragen in das Protokoll aufnimmt; eine Verpflichtung, als unbeantwortet gerügte Fragen zu Protokollierungszwecken

---

[415] BayObLG ZIP 2002, 1804, 1805 = AG 2003, 499, 500 = DB 2003, 439, wobei im Falle des BayObLG der fragende Aktionär ausdrücklich Namen von Aktionären genannt hatte, denen Auskünfte erteilt worden sein sollten; das werden regelmäßig die Großaktionäre sein, so dass faktisch in dieser Besonderheit des Falles keine nennenswerte Beschränkung der Auskunftspflicht liegen wird; im Erg. ebenso: *Koppensteiner*, GesRZ 2008, 200, 205 f; *Schneider*, in: FS Lutter, 2000, S. 1193 ff.

[416] OLG Dresden AG 1999, 274, 276; LG Düsseldorf AG 1992, 461, 462 (Feldmühle/Nobel-Stora); selbst Großkomm-AktienR/*Decher*, Rn 361; Fn 811, bezeichnet LG Braunschweig BB 1991, 856, 857 als zu eng. Danach ist die Frage nach erteilten Auskünften, die konkret bezüglich eines Tagesordnungspunktes gestellt wurde, nicht zu beantworten, wenn die Beantwortung zu umfassend wäre, dazu *Günther*, EWiR, § 131 2/90, S. 949 f.

[417] BayObLG ZIP 2002, 1804 f.

[418] So denn auch – von seiner Sicht her allerdings mit positivem Akzent – Geßler/*Eckardt*, Rn 74, die Norm nütze praktisch nur dem Aktionär, der weiß, dass die Gesellschaft einem anderen Aktionär außerhalb der HV eine Auskunft erteilt hat.

[419] Auch die von MüKo-AktG/*Kubis*, Rn 152 vorgenommene Einschränkung auf beurteilungserhebliche Fragen ist abzulehnen, in Abs. 4 Hs 2 wird gerade klargestellt, dass es auf die Beurteilungserheblichkeit nicht ankommt. Damit kann diese kein Kriterium sein.

[420] Vgl RegBegr. *Kropff*, S. 186.

[421] RegBegr. *Kropff*, S. 187.

[422] KölnKomm-AktG/*Kersting*, Fn 453.

[423] Mit Recht „tendiert" OLG Frankfurt ZIP 2012, 2502, 2505 f = NZG 2013, 23 dazu, einem entsprechenden Protokollvermerk zu entnehmen, dass die Frage auch tatsächlich gestellt wurde.

[424] MüKo-AktG/*Kubis*, Rn 164.

in schriftlicher Form zu überreichen, besteht mE nicht.[425] Die häufige Praxis, den Aktionär zu einer Übergabe schriftlich formulierter Fragen an den Beurkundenden zu bewegen, ist nur dann als erfüllungsersetzende Vereinbarung hinzunehmen, soweit dem kein anderer Aktionär widerspricht.[426]

83 Da überhaupt **nicht beantwortete sowie unvollständige Fragen** iSd Gesetzes verweigerte Auskünfte sind,[427] gilt hierfür das Recht auf Aufnahme in die Niederschrift entsprechend.

84 **Voraussetzung für die gerichtliche Durchsetzung des Auskunftsanspruches oder die Anfechtung eines Beschlusses ist die Protokollierung nicht.** Auskunftsverlangen und Nichtbeantwortung können auch mit sonstigen Beweismitteln dargelegt werden.[428] Allerdings geht der Aktionär bei Nicht-Protokollierung ein größeres Risiko ein, wenn sich die Gesellschaft auf den Standpunkt stellt, sie habe überhaupt nicht erkannt, dass das Auskunftsverlangen noch nicht erledigt gewesen ist (vgl Rn 16). In das Protokoll aufgenommen zu werden brauchen nur die verweigerte Frage und ggf der Grund der Auskunftsverweigerung. Antworten müssen nicht in die Niederschrift aufgenommen werden. Da nach den praktischen Erfahrungen Fragen nicht immer ganz genau aufgenommen werden, empfiehlt es sich, diese mitzuschreiben.

85 **VI. Beispiel-ABC.** Abschließend werden schlagwortartig einige typische Einzelfälle erwähnt, in denen das Auskunftsrecht bejaht oder verneint worden ist:[429]

Gegenstand der Auskunft	Auskunftsrecht
Abhängigkeitsbericht – Auskünfte über berichtspflichtige Rechtsgeschäfte	nach hM nein,[430] mE ja (vgl Rn 31 f)[431], vgl auch Stichwort „Konzernumlage"
Abhängigkeitsbericht nach § 312 in der HV des abhängigen Unternehmens	nach hM nein,[432] weder in Gesamtheit noch in einzelnen Passagen, mE ja (vgl Rn 31 f)
Abschlussprüfer, Management-Letter an den Vorstand	mE ja, soweit sich daraus gewichtige Erkenntnisse im Hinblick auf die Aussagekraft des Prüfungsvermerks ziehen lassen
Abstimmungsempfehlungen der Kreditinstitute in der eigenen HV der Kreditinstitute	nach hM nein,[433] mE ja[434]
Abstimmungsverhalten in fremden Gesellschaftsversammlungen	ja[435]
Ad-hoc-Mitteilungen nach § 15 WpHG	ja[436]
Aktien, eigene der AG	ja,[437] mE weiter gehend als allgemeine Darlegungspflicht nach § 160 Abs. 1 Nr. 2
Aktienoptionen des Managements; Aktienoptionspläne, Vergütungskomponenten, Aufteilung des Gesamtvolumens auf Vorstand, sonstige Organmitglieder und Arbeitnehmer	ja,[438] auch über die Kosten der Gewährung von Bezugsrechten an Vorstand, Arbeitnehmer und Aufsichtsrat[439]

---

425 MüKo-AktG/*Kubis*, Rn 165; aA Grigoleit/*Herrler*, Rn 61; vgl *Priester*, DNotZ 2001, 661, 666.
426 MüKo-AktG/*Kubis*, Rn 165.
427 Vgl dazu Großkomm-AktienR/*Decher*, Rn 370 ff.
428 AllgM, vgl zB Großkomm-AktienR/*Barz*, 3. Aufl., Anm. 25 unter Hinweis auf RegBegr. *Kropff*, S. 186; KölnKomm-AktG/*Zöllner*, 1. Aufl., Rn 91 und § 132 Rn 13; MüHb-AG/*Semler*, § 37 Rn 60; Großkomm-AktienR/*Decher*, Rn 376; KölnKomm-AktG/*Kersting*, 3. Aufl., Rn 520; OLG Frankfurt ZIP 2012, 2502, 2506 = NZG 2013, 23.
429 Vgl auch die Einzelfallauflistungen; MüKo-AktG/*Kubis*, Rn 182 f; *Mutter*, Auskunftsansprüche.
430 KG AG 1973, 25, 27 f = NJW 1972, 2307; OLG Frankfurt NZG 2003, 224 = NJW-RR 2003, 473; berechtigte Kritik bei zB *Bunte*, AG 1974, 374; *Emmerich*, JuS 1973, 249; MüHb-AG/*Semler*, § 37 Rn 15.
431 OLG Frankfurt DB 1993, 2371; OLG Düsseldorf AG 1992, 34, 36; KölnKomm-AktG/*Koppensteiner*, § 312 Rn 4; *Kropff*, ZGR 1988, 558, 575 f; MüKo-AktG/*Kubis*, Rn 183.
432 KG AG 1973, 25, 27 f; *Hüffer*, § 312 Rn 38; MüKo-AktG/*Kubis*, Rn 183; *Hommelhoff*, ZHR 156 (1992), 295, 311.
433 BayObLG AG 1996, 563, 565; LG München I AG 1996, 186; *Hüffer*, Rn 11; Großkomm-AktienR/*Decher*, Rn 131.
434 MüKo-AktG/*Kubis*, Rn 184 mit der zutreffenden Begründung, dass es sich bei der Abstimmungsempfehlung um eine Geschäftsführungsmaßnahme des Kreditinstitutes handelt, deren Beurteilungserheblichkeit jedenfalls für den Tagesordnungspunkt „Entlastung des Vorstandes" gegeben ist.
435 MüKo-AktG/*Kubis*, Rn 185.
436 *Mutter*, Auskunftsansprüche, S. 9 ff.
437 BGH AG 1987, 344, 347 = BGHZ 101, 1 = DB 1987, 2033; OLG Dresden AG 1999, 274, 275; weder eine Zahl von 2000 Einzelgeschäften noch zur Beantwortung entsprechender Fragen benötigte Zeit von zwei Stunden schränkt das Auskunftsrecht zum Handeln eigener Aktien ein, LG Frankfurt AG 1984, 296, 298 f; ggf müssen Listen ausgelegt werden, BGH AG 1987, 344, 347; OLG Frankfurt AG 1991, 206, 207, vgl auch Rn 24 f; MüKo-AktG/*Kubis*, Rn 199.
438 MüKo-AktG/*Kubis*, Rn 221, allerdings beschränkt auf Optionswerte, mE besteht eine umfassende Auskunftspflicht; für Aktienoptionspläne vgl auch OLG Braunschweig AG 1999, 84, 88; OLG Stuttgart AG 1998, 529, 534; LG Stuttgart ZIP 1998, 422, 427.
439 OLG München DB 2002, 2152; RegE zum KonTraG, ZIP 1997, 2059, 2067.

Gegenstand der Auskunft	Auskunftsrecht
Aktionärskreis, Zusammensetzung	mE ja[440]
Aktionärsstruktur	nach hM nein,[441] mE ja, da diese in §§ 21 ff WpHG normiert wird, auch über Beteiligungen unterhalb Meldeschwellen
Aktionärsvereinbarungen, insb. Business Combination Agreements	häufig werden Unternehmensmaßnahmen vorbereitet durch sog Business Combination Agreements. Daher sind in der HV ohne Weiteres Fragen zulässig, ob insb. Strukturmaßnahmen durch solche Vereinbarungen vorbereitet worden sind, also grds umfassende Information[442], mE auch sonst umfassende Informationen, da solche Vereinbarungen nicht nur bei Beteiligung der AG für die Beurteilung nahezu sämtlicher TOP relevante Informationen enthalten können.
Anschaffungskosten	nach hM ja, hinsichtlich der Tagesordnungspunkte Vorlage des Jahresabschlusses, Entlastung des Vorstandes oder des Aufsichtsrate und hinsichtlich der anstehenden Berichtsperiode.[443] ME keine Beschränkung auf Berichtsperiode, da Anschaffungskosten zB auch beim Verkauf (Verhältnis zum Erlös) relevant sein können
AR – vom AR nach 111 Abs. 2 in Auftrag gegebenes Sachverständigengutachten, das aus Anlass einer existenzbedrohenden Krise erstellt worden ist	Ja[444]
AR – Zahlungen an Mitglieder außerhalb der ordentlichen Vergütung	Ja[445]
Arbeitnehmer, Kosten der Gewährung von Bezugsrechten an Arbeitnehmer, Aufsichtsrat und Vorstand	Ja[446]
Arbeitnehmer-Vergütung	Auskunft grds. nicht erforderlich.[447] Etwas anderes gilt aber dann, wenn Anhaltspunkte vorliegen, die auf eine überhöhte Vergütung der Belegschaft hindeuten[448]
Arbeitnehmerzahl	Ja[449]

---

440 Jedenfalls soweit Veröffentlichungs- und Meldepflichten nach §§ 21 f. WpHG bestehen, mE auch darüber hinaus, so auch *Mutter*, Auskunftsansprüche, S. 17; aA LG Frankfurt WM 1994, 1929.
441 LG Berlin AG 1994, 40, 42; LG Frankfurt WM 1994, 1929, 1931; LG Heidelberg AG 1996, 523, 525; Großkomm-AktienR/*Decher*, Rn 131; MüKo-AktG/*Kubis*, Rn 186.
442 Vgl LG München NZG 2012, 1152; OLG München (W.E.T.) BB 2012, 130 = NZG 2012, 261 = AG 2012, 260 = ZIP 2012, 773, wo Sondervorteile für den Vorstand in einem einem Gewinnführungs- und Beherrschungsvertrag vorausgegangenen Business Combination Agreement eingeräumt worden waren, der grundlegend Beziehungen zwischen (künftigen) Aktionären bzw zwischen (künftigen) Aktionären und der AG regelte. Derartige weit verbreitete Grundlagenvereinbarungen werden häufig nicht im Detail bekannt gemacht, was Auskunftsansprüche geradezu provoziert. *Kessler*, BB 2012, 412 weist insoweit zutreffend darauf hin, dass Aktionäre vermehrt Fragen nach einer vorausgehenden Grundlagenvereinbarung stellen würden; dem lasse sich „nur schwer entgegenwirken, da eine gewisse Verknüpfung von Maßnahmen häufig unerlässlich" sei. Vgl auch LG München ZIP 2008, 2124 = BB 2008, 1965.
443 OLG Düsseldorf AG 1992, 34; LG Ingolstadt WM 1991, 685; LG Berlin AG 1991, 34; MüKo-AktG/*Kubis*, Rn 187, der eine quantitative Grenze analog § 52 Abs. 1 von 10 % des Grundkapitals verlangt, allerdings ist für eine solche Begrenzung kein Grund ersichtlich.
444 OLG Köln ZIP 1998, 994 = NZG 1998, 553 = AG 1998, 525.
445 OLG München AG 2009, 121 = ZIP 2009, 1667; LG München EWiR 2008, 93 = BB 2008, 581.
446 OLG München ZIP 2002, 1150.
447 *Mutter*, Auskunftsansprüche, S. 17.
448 LG Frankfurt AG 2005, 259 iS *Deutsche Bank* zur Frage, ob Mitarbeiter höhere Vergütungen beziehen als der Vorstand, wobei aber die Identität der Mitarbeiter nicht preisgegeben werden soll.
449 LG München I AG 1993, 519 = WM 1993, 1634, 1636, demzufolge Beurteilungserheblichkeit zwar nicht für den Tagesordnungspunkt „Vorlage des Jahresabschlusses", wohl aber für "Entlastung des Vorstandes" besteht.

Gegenstand der Auskunft	Auskunftsrecht
AR-Mandate	Ja[450]
AR-Mitglieder – Interessenskonflikte	mE umfassende Informationspflicht, und zwar auch wenn der Aufsichtsrat in diesem konkreten Fall verneint[451]
AR-Mitglieder – Qualifikation	ja, und zwar einschließlich aller Aspekte, die nach dem DCGK zu beachten sind[452]
AR-Tätigkeit	grds. ja, unter Beachtung Vertraulichkeit[453]
AR-Wahlen – Kandidaten	Information, welchen quantitativen Anteil die auf Mandate des Hauptaktionärs zurückzuführende Honorareinkünfte eines AR-Kandidaten (Rechtsanwalt) aus seiner beruflichen Tätigkeit gehabt haben[454]
AR-Wahlen – Kandidaten	Info über alle Tatsachen, die § 105 als Voraussetzungen für die Amtsübernahme bestimmt; wenn Erklärungen nach § 161 abzugeben sind, auch über alle Umstände, die durch die Regierungskommission ausdrücklich zu den Grundsätzen guter Unternehmensführung gezählt werden und deshalb in die Empfehlungen aufgenommen worden sind[455]
Beteiligungen	ja, ab bestimmten Wertgrenzen, vieles ist streitig[456]
Beteiligungen, Kauf- und Verkaufspreis	Ja[457]
Beteiligungen, Liste der Beteiligungsgesellschaften	ja, Einzelheiten müssen gemäß §§ 285 Nr. II, 287 HGB angegeben werden, daher Auskunftspflicht zu Details gemäß § 131, vgl auch Rn 45
Betriebsübernahme	Ja[458]

---

[450] Auch zu konzernfremden und im Konzern von Vorstandsmitgliedern, KG ZIP 1995, 1592, 1594; BayObLG WM 1996, 119, 121, auch zu im Konzern bezogenen Vergütungen, OLG Düsseldorf AG 1988, 53; MüKo-AktG/*Kubis*, Rn 191, denn es besteht nach § 124 ohnehin Pflicht zur Bekanntmachung. Auch Ausschlussfragen zB nach Fehlverhalten bei Drittgesellschaft sind zulässig, denn dadurch, dass der Täter AR-Mitglied ist, wird die Tat Gegenstand der jeweiligen Gesellschaft.

[451] Vgl *Lutter*, AG 2008, 1, 9; OLG München ZIP 2009, 1667, 1669 = AG 2009, 121; gegen LG München BB 2008, 581 = EWiR 2008, 33; vgl zur Berichtspflicht nach dem DCGK BGH AG 2009, 285, 288 = BGHZ 180, 9 = ZIP 2009, 460 = NJW 2009, 2207 (Deutsche Bank/Kirch).

[452] Vgl LG Hannover AG 2009, 914, 917 – entgegen *Hüffer*, ZIP 2010, 1979, 1983 – auch über auf den Großaktionär entfallende Honorarumsätze seines anwaltlichen Beraters.

[453] Großkomm-AktienR/*Barz*, 3. Aufl., Anm. 32; Großkomm-AktienR/*Decher*, Rn 184; zu weitgehende Verweigerungsmöglichkeit bejaht OLG Stuttgart ZIP 2012, 970 = AG 2012, 177 (Rechtsbeschwerde zugelassen BGH, II ZB 5/12) unter II 4 der Gründe; mit Recht legt LG Hannover (26.10.2010, 24 O 31/09, n.v.) einen engeren Maßstab der zulässigen Verweigerungsgründe an, da ansonsten nicht geprüft werden kann, ob AR seinen gesetzlichen Pflichten nachgekommen ist. Nach BGH WM 2013, 2361 = ZIP 2013, 2454, Rn 47, 49, darf der Vorstand regelmäßig die Auskunft verweigern, wenn sich das Auskunftsverlangen auf vertrauliche Vorgänge in den Sitzungen des AR oder seiner Ausschüsse richte. Der BGH lässt dabei offen, was konkret *sedes materiae* des Verweigerungsrechts ist; Diskussionen im AR und Abstimmungsverhalten seien vertraulich, unabhängig davon, ob dies auch für den Gegenstand der Beratung selbst gelte; ob sich das Auskunftsverweigerungsrecht darüber hinaus auch auf den Gegenstand einer AR-Sitzung oder den Inhalt einer in ihr gefassten Beschlusses erstrecke oder ob Auskunftspflicht von konkreten Umständen des Einzelfalls abhänge; entscheidendes Kriterium sei das objektive Bedürfnis der Geheimhaltung im Interesse der AG. Das Verweigerungsrecht trete indes hinter ein vorrangiges Aufklärungsinteresse wegen eines objektiv begründeten Verdachts schwerwiegender Pflichtverletzungen zurück, BGHZ 180, 9 = WM 2009, 459 = ZIP 2009, 460 Rn 43 (Kirch/Deutsche Bank); BGHZ 86, 1, 19 f = WM 1983, 678 = NZW 1983, 878.

[454] LG Hannover AG 2009, 914 = Aufsichtsrat 2010, 26.

[455] LG Hannover AG 2009, 914 = Aufsichtsrat 2010, 26.

[456] Vgl einführend *Mutter*, Auskunftsansprüche, S. 24 f; *Hüffer*, Rn 19 a; Großkomm-AktienR/*Decher*, Rn 160 f; *Henze*, HRR-Aktienrecht, Rn 846 f; in der Rspr scheint sich die Meinung durchgesetzt zu haben, dass Auskunftspflicht über Beteiligung besteht ab Beteiligung von 5 % am Grundkapital bzw der Stimmrechte oder einem Wert von 100 Mio. DM/40 Mio. EUR, vgl BayObLG ZIP 1996, 1945, 1948 (Hypobank); ZIP 1996, 1743, 1745; 10 % KG ZIP 1995, 1585, 1587 (Allianz); 1590 (Allianz); 1592 (Siemens); auch darunter sind Angaben zu machen, beispielsweise bei Beteiligungen mit Börsenwerten von jeweils mindestens 20 Mio. DM = 10,2 Mio. EUR bei eigenem Grundkapital von 26 Mio. DM/13,3 Mio. EUR und negativem Ergebnis des Effekten-Geschäfts, KG AG 2001, 421 f; Auskünfte sind auch zu erteilen bei Zugehörigkeit zum Handels- und Spekulationsbestand, KG AG 1996, 131, 133 = ZIP 1995, 1590.

[457] *Ebenroth*, Auskunftsrecht, S. 104 f; OLG Düsseldorf DB 1991, 2532; LG Berlin AG 1991, 34 ff = WM 1990, 978 ff.

[458] LG München I AG 1993, 435, 436 = DB 1993, 1132; MüKo-AktG/*Kubis*, Rn 197.

Gegenstand der Auskunft	Auskunftsrecht
Bilanzpositionen, Aufschlüsselung einzelner	Ja[459]
Briefwahl – Stimmabgabe in der Hauptversammlung	mE grds. ja[460]
Business Combination Agreements	vgl Aktionärsvereinbarungen
DCGK	ja – insb. zur (Begründung der) Ablehnung, Kodex-Empfehlung anzuwenden und zur Umsetzung der Empfehlungen[461]
Delisting	ja[462] (vgl Vor §§ 327 a Rn 15 ff)
Depotstimmrecht	mE ja[463]
Ergebnisse, zukünftige Vorhersagen	mE ja[464]
Ersatzansprüche	siehe auch „Verwaltungsmitglieder, Organhaftung"
Ersatzansprüche, Verjährung von	mE ja – und zwar auch dann, wenn es um die Frage geht, ob im zur Beurteilung für die Entlassung anstehenden Geschäftsjahr Ersatzansprüche gegen den Vorstand wegen Nichtgeltendmachens von Ersatzansprüchen verjährt sind[465]
Ertrags-, Finanz- und Vermögenslage, jedenfalls zu Positionen des Jahresabschlusses von einiger Bedeutung	Ja[466]
Fairness Opinions	mE ja[467]
genehmigtes Kapital	siehe „Kapitalerhöhung, genehmigtes Kapital"
Geschäftsvorfälle zur Erläuterung von Bilanzpositionen von einiger Bedeutung	Ja[468]
Großaktionär, Verträge mit Unternehmen, an dem Großaktionär beteiligt ist	Ja[469]
Haftungsrisiken bei verbundenen Unternehmen	Ja[470]

---

459 St. Rspr, zB OLG Düsseldorf DB 1991, 2532 (Umsatzerlöse eines Geschäftsbereichs); OLG Frankfurt AG 1986, 233, 234; 1991, 206; OLG Hamburg AG 1969, 150, 151; KG AG 2001, 421, 422; LG Frankfurt WM 1989, 683 f. Demgegenüber meint das OLG Hamburg zu Unrecht, über einzelne Bilanzpositionen brauche grds. keine weitere Erläuterung gegeben zu werden, es genüge der Hinweis auf Erläuterung der Bilanz, OLG Hamburg AG 2001, 359, 361 = DB 2001, 583; dabei verkennt das OLG den Unterschied zwischen Auskunftspflicht und Publizität, vgl Rn 2.

460 Nach einer verbreiteten Auffassung soll eine Auskunft über Anzahl und Abstimmungsverhalten von Briefwählern nicht erforderlich sein, da es sich um persönliche Angelegenheiten der Aktionäre und nicht der AG handele, über die Auskunft zu erteilen sei, vgl Schaaf/Slowinski, ZIP 2011, 2444, 2445; Arnold/Carl/Götze, AG 2011, 349, 357, 359. Dem ist nicht zu folgen. Nach hM gehören Briefwähler nicht in das Verzeichnis nach § 129, vgl Drinhausen/Keinath, BB 2009, 2322, 2326; Mimberg/Gätsch, Die Hauptversammlung der Aktiengesellschaft nach dem ARUG, § 7 Rn 293. Wenn nicht einmal der Auskunftspflicht nach § 131 bestände, wäre einem Missbrauch dieses Rechtsinstituts Tür und Tor geöffnet; dass es sich bei den Briefwählern nicht um deren persönliche Angelegenheit handelt, folgt aus den Regelungen des § 129, dass den anderen Aktionären gegenüber offen zu legen ist, wer an der HV teilnimmt; das muss auch für Briefwähler gelten. Noack, WM 2009, 2289, 2291, rügt zutreffend, dass die fehlende Auskunft über Zahl und Abstimmungsverhalten von Briefwählern eine problematische Intransparenz bedeutet, bleibt aber bei dieser Feststellung stehen und zieht nicht die gebotenen Konsequenzen.

461 Lutter, in: FS Hopt, S. 1025, 1036 f; K. Schmidt/Lutter/Spindler, Rn 44; vgl exemplarisch LG Hannover AG 2009. 914.

462 Es muss mE gerade nach Aufgabe der Macrotron-Rspr (BGHZ 153, 47 = DB 2003, 544 mAnm. Heidel) durch die Frosta-Entscheidung des BGH DB 2013, 2672 = ZIP 2013, 2254 jedenfalls anlässlich der TOP-Vorlage Jahresabschluss/Lagebericht sowie Entlastung Vorstand und AR umfassend Auskunft erteilt werden, auch im Vorfeld eines Delisting, wenn zB nach Plänen eines Delisting gefragt wird; mit Recht verlangte ua Mutter, EWiR 2001, 459, 460 und ders., Auskunftsansprüche, S. 29 f, einen schriftlichen Bericht nach den Grundsätzen der Holzmüller-Rspr.

463 LG München AG 1994, 380; aA LG München AG 1996, 186; BayObLG AG 1996, 563 = DB 1996, 2377.

464 AA OLG Hamburg AG 2002, 359, 361 = DB 2001, 583.

465 LG Frankfurt AG 2007, 375, aufgehoben vom OLG Frankfurt OLGR Frankfurt 2008, 769, dazu EWiR 2008, 385 (Kort).

466 Reuter, DB 1988, 2615, 2617 f; KölnKomm-AktG/Zöllner, 1. Aufl., Rn 51.

467 Vgl LG München ZIP 2001, 1148.

468 MüHb-AG/Semler, § 37 Rn 14.

469 LG Bonn AG 1957, 159; LG Köln DB 1999, 680; zu geschäftsbeziehungen mit Gesellschaften, die Großaktionär nahe stehen, OLG Hamburg AG 2001, 359, 361 = DB 2001, 583; entgegen KG AG 1973, 25, 26 = NJW 1972, 2307, befreit Abhängigkeitsbericht nicht von Auskunftspflicht, vgl Rn 22; Ebenroth, Auskunftsrecht, S. 117 f.

470 LG Frankfurt AG 1993, 520 = ZIP 1994, 784.

Gegenstand der Auskunft	Auskunftsrecht
Hauptversammlung – Stimmrechtsvertreter der Gesellschaft	mE Informationspflicht über Inhalt der erteilten Weisungen[471]
herrschendes Unternehmen	Auskunft über Inhalt und Abwicklung wesentlicher Verträge Auskunft darüber, in welcher Weise das herrschende Unternehmen von seinen Einflussmöglichkeiten Gebrauch gemacht hat und welche Pläne für die Zukunft verlautbart wurden, sowie Auskünfte über konzerninterne Informationssysteme (Berichtsobliegenheiten, nach Konzernumlagen, nach Verrechnungs- im Vergleich zu Marktpreisen[472]
„Holzmüller"	Ja[473]
Insidergeschäfte	ja, soweit es darum geht, durch Fragen etwa im Hinblick auf die Vorlage von Berichten oder Nennung von Daten zu erkunden, ob strafbare Insidergeschäfte vorgenommen wurde[474]
Jahresabschluss – Aufgliederung von Positionen	ja, allerdings ohne nicht aussagekräftige Details[475]
Jahresüberschuss, Erläuterung warum zurückgegangen	Ja[476]
Kalkulation, interne	grds ja,[477] aber nicht für einzelne Produkte oder Produktgruppen (wegen des hieraus resultierenden Vorsprungs für Wettbewerber)
Kapitalerhöhung – genehmigtes Kapital, Ausnutzung der Ermächtigung	ja – insb. auch zu den Gründen für den Ausschluss des Bezugsrechts sowie zu Höhe und Angemessenheit des Ausgabebetrags von neuen Aktien und die Bewertung von Sacheinlagen[478]
Kapitalerhöhung, frühere	ja – beschließt die HV über die Einführung eines genehmigten Kapitals, können Fragen zur Abwicklung kurze Zeit vorher durchgeführter Kapitalerhöhungen auskunftspflichtig sein[479]
Kapitalerhöhung, Jahresabschluss	Vorlage oder Informationen über Inhalt angeblich nicht nötig, selbst wenn maßgebende Aufstellungsfristen längst abgelaufen sind[480]
Kapitalerhöhung, Sacheinlagen	Ja[481]

---

471 Die Gründe hierfür entsprechen der Auskunftspflicht zur Briefwahl.
472 Koppensteiner, GesRZ 2008, 200, 202.
473 BGH ZIP 2001, 416 = BGHZ 146, 188 = AG 2001, 261; Kenntnis des Wortlauts des Vertrages, OLG München AG 1996, 327 = DB 1996, 1172; Auskunft ist nicht nur auf Verlangen zu erteilen, sondern Verträge sind auszulegen, BGH ZIP 2001, 416 = BGHZ 146, 288; OLG Frankfurt ZIP 1999, 852, 854, und zwar in deutscher Sprache bzw in deutscher Übersetzung, LG München ZIP 2001, 1148, 1150; darüber hinaus ist ein schriftlich Bericht zu erstatten, vgl OLG Frankfurt AG 1999, 378, 379 f; LG Frankfurt NZG 1998, 113, 115 f; LG Karlsruhe NZG 1998, 393, 395 f.
474 OLG München ZIP 2009, 1667, 1668 = AG 2009, 121.
475 MüKo-AktG/Kubis, Rn 190.
476 Ebenroth, Auskunftsrecht, S. 110.
477 LG Dortmund AG 1987, 21, 22; LG Mainz AG 1988, 169, 171; OLG Zweibrücken AG 1990, 496 f; MüKo-AktG/Kubis, Rn 206.
478 Nach der Rspr des BGH in Sachen Siemens/Nold (BGHZ 136,133 = NJW 1997, 2815) und Commerzbank/Mangusta I (BGHZ 164, 241 = NZG 2006, 18) muss die Verwaltung nach Ausnutzung von genehmigtem Kapital der HV umfassend berichten; wird dieser Grundsatz verletzt, sind nachfolgende Kapitalmaßnahmen und mE zB auch Entlastungsentscheidungen anfechtbar; vgl OLG Frankfurt NZG 2011, 1029, 1031 = ZIP 2011, 1793 (mit Anm. Born, ZIP 2011, 1793) = AG 2011, 713. Erst recht besteht über diese Maßnahmen auf Verlangen eine umfassende Auskunftspflicht, u.a. auch bei der Vorlage des Jahresabschlusses. Zu Unrecht meint Kubis, DStR 2006, 188, 192, dass der Vorstand zur Frage des Inhalts und der Umstände von Vorverhandlungen Auskünfte verweigern könne; denn regelmäßig kann man nur durch solche Auskünfte erschließen, ob tatsächlich das genehmigte Kapital angemessen im Interesse der AG ausgenutzt wurde.
479 OLG München ZIP 2009, 1667 = AG 2009, 121; OLG Frankfurt AG 2010, 596 = ZIP 2010, 2500; OLG Frankfurt NZG 2011, 1029, 1031.
480 OLG München AG 2012, 802, 803.
481 Zur Information über Einlageobjekte vgl zB LG München ZIP 2001, 1148, 1151; MüKo-AktG/Kubis, Rn 207.

Gegenstand der Auskunft	Auskunftsrecht
Kapitalerhöhung, verschleierte Sacheinlage	Ja[482]
Konzern, allg. (vgl auch Stichwort „verbundene Unternehmen")	vgl Rn 52
Konzern, Verrechnungspreise	Ja[483]
Konzernumlagen	Ja[484]
Kreditgewährung	Siehe „Verwaltungsmitglieder, Kreditgewährung"
Kundenstruktur	Ja[485]
Organhaftung	siehe „Verwaltungsmitglieder, Organhaftung"
Organisationsstruktur, Fragen nach der Organisationsstruktur betreffend die Verpflichtung zu einer verantwortlichen Leitung nach § 76 nach Errichtung divisionaler Komitees	ja, im Hinblick auf die Entlastungsbeschlüsse von Vorstand und Aufsichtsrat[486]
Prüfungsberichte	ja[487]
Risikovorsorge/Riskante Geschäfte	Ja[488]
Rückstellungen	ja,[489] mE ab 5 % des Ergebnisses der gewöhnlichen Geschäftstätigkeit oder aus anderen Gründen signifikante Beträge[490]
Segmentberichterstattung	Ja[491]
Sonderprüfungsberichte	ja,[492] sowohl bezüglich des Gegenstandes der Prüfung als auch bezüglich des Prüfungsergebnisses
Spenden und Sponsoring	Ja[493]
Squeeze-Out	Ja[494]
Stimmrecht von Aktionären	mE ja[495]
Umsatzerlöse	Ja[496]
Veräußerungserlöse	ja, wenn beurteilungserheblich[497]

---

[482] LG Hannover AG 1996, 37.
[483] OLG Hamburg AG 1970, 372 f; *Schneider*, in: FS Lutter, 2000, S. 1200; MüKo-AktG/*Kubis*, Rn 209.
[484] OLG Karlsruhe AG 1990, 82 f; MüKo-AktG/*Kubis*, Rn 208; aA OLG Frankfurt NZG 2003, 224 = NJW-RR 2003, 473; KG NJW 1972, 2307 = AG 1973, 25, 27 f. Dass die entgegenstehende Sicht von KG und OLG Frankfurt unrichtig ist, erkennt man nicht zuletzt daran, dass nach BGZ 141, 79 = ZIP 1999, 708 (Gewerbesteuerumlagen) überhöhte Umlagen im Konzern Schadensersatzansprüche nach § 317 AktG auslösen; diese können auch einzelne Aktionäre geltend machen; das zeigt, dass nach dem Gesetzeskonzept der einzelne Aktionär hierüber auch sachgemäße Informationen erhalten muss.
[485] MüKo-AktG/*Kubis*, Rn 211.
[486] OLG Frankfurt NZG 2008, 429 = ZIP 2008, 738, 741 (*Deutsche Bank*.).
[487] MüKo-AktG/*Kubis*, Rn 222.
[488] Jedenfalls bei beachtlichem Ausmaß, BayObLG AG 2001, 424, 425 = DB 2001, 1138; vgl auch *Kiethe*, NZG 2003, 401, 403 ff; OLG Frankfurt ZIP 2012, 2502, 2504 = NZG 2013, 23.
[489] MüKo-AktG/*Kubis*, Rn 225.
[490] AA MüKo-AktG/*Kubis*, Rn 225, der auf 5 % der Bilanzsumme abstellt.
[491] MüKo-AktG/*Kubis*, Rn 226, soweit *Kubis* im Falle eines Geheimhaltungsinteresses im Zusammenhang mit abgeschlossenen Verträgen ein Auskunftsverweigerungsrecht nach § 131 Abs. 3 S. 1 Nr. 1 annimmt, kann dem nicht gefolgt werden, da die AG dies im Konzernabschluss ohnehin ungefragt offen legen muss, ist es im AG-Abschluss jedenfalls auf Fragen offen zu legen.
[492] OLG Köln NZG 1998, 553 = ZIP 1998, 994; aA Großkomm-AktienR/*Decher*, Rn 94; MüKo-AktG/*Kubis*, Rn 228.
[493] Sowohl für Tagesordnungspunkt "Entlastung des Vorstandes" als auch "Vorlage des Jahresabschlusses", vgl MüKo-AktG/*Kubis*, Rn 229.
[494] Vgl § 327 d Rn 3.
[495] AA OLG Karlsruhe AG 1999, 470.
[496] Hinsichtlich der Kundenstruktur siehe unter dem Stichwort, hinsichtlich der Aufgliederung nach Geschäftsfeldern, Produktgruppen und einzelner Produkte ergibt sich bei Beurteilungserheblichkeit aus den entsprechenden Berichtspflichten im Einzelabschluss oder im Konzernanhang (§ 285 Nr. 4 HGB, § 297 Abs. 1 S. 2 HGB), vgl MüKo-AktG/*Kubis*, Rn 231.
[497] Dies ergibt sich bereits aus Berichtspflichten nach § 277 Abs. 4 HGB, vgl MüKo-AktG/*Kubis*, Rn 233. Soweit *Kubis* eine Beurteilungserheblichkeit erst ab 25 % des Jahresüberschusses der Gesellschaft bzw 10 % der Bilanzsumme annimmt, ist ihm nicht zu folgen, da für eine solche Grenzziehung kein Grund ersichtlich ist, zudem besteht eine erhöhte Missbrauchsgefahr, der Vorstand könnte durch eine Aufsplittung der Verkäufe die Auskunftspflicht umgehen. Ebenso wenig kann der Annahme eine Auskunftsverweigerungsrechtes auf Grund eines allgemeinen Diskretionsinteresses der Gesellschaft nach § 131 Abs. 3 S. 1 Nr. 1 (vgl MüKo-AktG/*Kubis*, Rn 208) gefolgt werden, da nicht ersichtlich ist, um was für ein allgemeines Diskretionsinteresse es sich hierbei handeln soll und welche Nachteile für die Gesellschaft hinaus resultieren könnten.

Gegenstand der Auskunft	Auskunftsrecht
Verbundene Unternehmen, Bedingungen von Geschäften mit (vgl auch Stichwort „Konzern")	ja[498]
Verluste, Angaben über	ja[499]
Verwaltungsmitglieder, Bezüge Einzelner	ja, str.[500] Die Gegenauffassung ist spätestens nicht mehr haltbar, nachdem der Gesetzgeber umfassende Publizitätspflichten im Jahresabschluss nach § 285 Nr. 9 a S. 5 ff HGB bei börsennotierten Gesellschaften eingeführt hat[501] und zuvor schon in Ziff. 4.2.4 des DCKG Offenlegungspflichten vorgesehen waren. Daraus lässt sich generell für Aktiengesellschaften die Wertung des Gesetzgebers ablesen, dass die Aktionäre einen entsprechenden Informationsanspruch haben, und zwar auch dann, wenn die HV gemäß §§ 286 Abs. 5, 314 Abs. 2 S. 2 HGB den „opt out" beschließt, wonach die Angaben gemäß § 285 Nr. 9 a S. 5 bis 9 bzw § 314 Abs. 1 Nr. 6 a S. 5 bis 9 unterbleiben können. Denn es ist kein individualisierter Grund erkennbar, der eine Auskunftsverweigerung rechtfertigen könnte, insbesondere sind konkrete nicht unerhebliche Nachteile iSd § 131 Abs. 3 Nr. 1 nicht ersichtlich; alle Gründe, die zur Rechtfertigung für das opt out angeführt werden (Nivellierung der Vergütung der Vorstandsmitglieder; Schutz gegen Abwerbversuche) halten der Anforderung nicht Stand, dass der Nachteil im konkreten Fall bestehen muss. Durch die Anordnung der prinzipiellen Offenlegung hat der Gesetzgeber seinen Willen normiert, dass die allgemein gegen eine Offenlegung angeführten Gründe gerade nicht durchgreifen.[502] Auskünfte können zB für die Entlastung des Aufsichtsrats erforderlich sein, um überprüfen zu können, ob die Verwaltung den einzelnen Vorständen ein zu hohes Entgelt zugestanden hat. Ein Nachteil der Mitteilung einzelner Bezüge besteht nicht, wie die US-amerikanische Praxis zeigt; dort werden die Bezüge der einzelnen Verwaltungsmitglieder im Geschäftsbericht publiziert
Verwaltungsmitglieder, Bezüge Einzelner in Tochterunternehmen	in der Regel bislang nein[503]

---

[498] Großkomm-AktienR/*Decher*, Rn 411; OLG Stuttgart AG 2005, 94; aA aber OLG Frankfurt DB 2003, 600 = AG 2003, 335, 336, zu Unrecht unter Berufung auf eine vermeintliche Sperrwirkung des Abhängigkeitsberichts, vgl Rn 32; Auskunft zu geben ist zB über den genauen Inhalt von Pachtverträgen mit Tochtergesellschaft, die Geschäftsbereiche der Muttergesellschaft übernehmen soll, KG NZG 2010, 462 = Konzern 2010, 180.

[499] LG München AG 1987, 185, 187 f; differenzierend: OLG Bremen AG 1981, 229 f zur Auskunftspflicht über Verluste bei verbundenen Unternehmen.

[500] KölnKomm-AktG/*Kersting*, 3. Aufl., Rn 179 ff. In der Vergangenheit verneinte die hM die Auskunftspflicht, vgl *Mutter*, S. 82 f; Großkomm-AktienR/*Barz*, 3. Aufl., Anm. 33; *Lutter*, AG 1985, 117, 118; MüHb-AG/*Semler*, § 37 Rn 11; Köln-Komm-AktG/*Zöllner*, 1. Aufl., Rn 47 f; LG Berlin AG 1991, 34 ff = WM 1990, 978 ff; vgl *Hohenstatt/Wagner*, ZIP 2008, 945; dagegen: LG Köln AG 1997, 188.

[501] Vorstandsvergütungs-Offenlegungsgesetz, BGBl. 2005 S. 2267; selbst bei AG mit Alleinvorstand greift das Enforcement-Verfahren nach §§ 37 n ff WpHG, wenn diese die (Einzel-)Bezüge nicht offenlegt, OLG Frankfurt ZIP 2012, 1662 = DB 2012, 1978 mit Anm. *Bischoff/Oser*, BB 2012, 2615; *Müller*, Konzern 2012, 432; *Favoccia/Stoll*, NZG 2012, 1093.

[502] Vgl auch die Leitlinien der EU-Kommission vom 6.10.2004 zur Offenlegung und Kontrolle der Vergütung von Direktoren durch die Aktionäre.

[503] MüHb-AG/*Semler*, § 37 Rn 42 f; vgl aber Stichwort Bezüge einzelner Verw.-Mitglieder.

Gegenstand der Auskunft	Auskunftsrecht
Verwaltungsmitglieder, Einzelheiten von Anwaltsmandaten etc, die AR-Mitglieder oder ihre Sozietäten etc. mit der AG unterhalten	ja – umfassende Berichterstattung, insb. in Hinblick auf die Frage, ob die Anforderungen nach §§ 113, 114 eingehalten sind[504]
Verwaltungsmitglieder, Erstattung von Strafverteidigungskosten und Rückstellungen für künftige Kosten	ja[505]
Verwaltungsmitglieder, Gesamtbezüge eines besonderen Leitungsorgans	ja[506]
Verwaltungsmitglieder, Geschäfte mit	ja[507]
Verwaltungsmitglieder, Kreditgewährung	ja,[508] mE auch über Berichtpflicht nach § 285 Nr. 9 c HGB hinausgehende Fragen[509]
Verwaltungsmitglieder, Nebentätigkeit	zur Ermittlung von Überlastung und Interessenkollision ja[510]
Verwaltungsmitglieder, Organhaftung	umfassende Information über die Fragen der Haftung einschließlich ihre Grundlagen und Geltendmachung[511]

---

504 LG Frankfurt, Urt. v. 2.2.2010 – 3-05 O 178/09 (juris), aus anderen Gründen als der Auskunftsverletzung bestätigt in OLG Frankfurt ZIP 2011, 425 = AG 2011, 350; insoweit durch BGHZ 194, 14 = ZIP 2012, 1807 (Fresenius) zurückverwiesen, um über die Fragen der Auskunftsverletzung zu entscheiden. Das LG weist zu Recht auf Folgendes hin: „Gemäß § 113 Abs. 1 Satz 4 AktG hat über die Aufsichtsratsvergütung allein die Hauptversammlung zu entscheiden. Ohne deren (ausdrückliche) Zustimmung sind geschlossene Beratungsverträge der AG mit einem Aufsichtsratsmitglied (oder mit einem ihm gleichzustellenden Unternehmen) über Tätigkeiten, die dies schon auf Grund seiner Organstellung obliegen, nicht nach § 114 Abs. 1 AktG genehmigungsfähig, sondern gemäß § 134 BGB wegen Verstoßes gegen § 113 AktG nichtig … Dasselbe gilt, wenn der dem Aufsichtsrat zur Genehmigung gemäß § 114 Abs. 1 AktG vorgelegte Vertrag keine eindeutige Feststellungen darüber ermöglicht, ob die nach dem Vertrag zu vergütenden Leistungen außer- oder innerhalb des organschaftlichen Pflichtenkreises des Aufsichtsratsmitglieds liegen und ob der Vertrag nicht verdeckte Sonderzuwendungen einschließt … Um dies zu überprüfen, bedarf es daher oder der Mitteilung von näheren Einzelheiten … Die Mandatierung von Rechtsanwaltskanzleien und weiteren Beratern, von denen Mitglieder im Aufsichtsrat einer Gesellschaft sitzen, ist nach der höchstrichterlichen Rechtsprechung … äußerst kritisch zu bewerten, da hierdurch Umgehungstatbestände für die der Hauptversammlung zustehende Vergütungsentscheidung für den Aufsichtsrat geschaffen werden und Situationen entstehen können, die ein gewisses Nähe- und Abhängigkeitsverhältnis nahe legen, die der gesetzlich gebotenen Kontrolle des Vorstandes durch den Aufsichtsrat entgegen stehen könnten. Erfolgen gleichwohl Mandatierungen, muss es den Aktionären in der Hauptversammlung gestattet sein, Einzelheiten hierzu zu erfragen, um feststellen zu können, ob diese Umstände (nicht) vorliegen." Vgl auch OLG Köln ZIP 2013, 516 = NZG 2013, 548; aA noch LG Köln Konzern 2012, 139 (Solarworld).
505 AA LG Frankfurt iS „Deutsche Bank/Ackermann", AG 2005, 259, wonach die Frage nicht beantwortet zu werden brauche, ob – nachdem die Deutsche Bank für ein Vorstandsmitglied Dr. A. bereits 1,9 Mio. EUR Strafverteidigungskosten getragen habe – für weitere Strafverteidigungskosten und ggf in welcher Höhe Rückstellungen gebildet worden seien, da die noch zu erwartenden Kosten angesichts des Bilanzgewinns von knapp 1 Mrd. EUR bedeutungslos sei.
506 LG und OLG Frankfurt iS „Deutsche Bank", AG 2005, 259; ZIP 2006, 610, 614.
507 BayObLG AG 1999, 320, 321 = DB 1999, 953; OLG Hamburg AG 2005, 355, 356.
508 Ergibt sich schon aus Berichtspflicht nach § 285 Nr. 9 c HGB; MüKo-AktG/Kubis, Rn 210.
509 AA MüKo-AktG/Kubis, Rn 210.
510 MüKo-AktG/Kubis, Rn 220, dieser hält weiter gehende Fragen nur bei Darlegung weiterer, für Interessenkollision oder Überlastung sprechender Umstände für zulässig; dem ist aber nicht zu folgen, da aus Nebentätigkeiten per se diese Gefahren resultieren und daher weitere Fragen stets zulässig sein müssen.
511 Vgl Lutter, FS Goette, S. 763 ff, zur Frage, ob und wie eingehend die Verwaltungsorgane über ihre Beratung zur Frage einer etwaigen Haftungsklage gegen (ehemalige) Organmitglieder unaufgefordert berichten müssen: „Diese Berichtspflicht [des Aufsichtsrats in der Hauptversammlung nach § 171 Abs. 2 AktG] ist tatsächlich anzunehmen. Denn der Aufsichtsrat hat über seine Prüfung (Aufsicht) zu berichten. Und dazu gehört es, über etwaige Pflichtverletzungen von Vorstandsmitgliedern und deren Folgen zu informieren und weshalb man von einer Haftungsklage abgesehen hat …" (S. 769). Ähnlich Semler, FS Goette, S. 499 ff, wonach das in der Praxis zu beobachtende Unterlassen von Berichten über schadensstiftendes Verhalten von Organmitgliedern „nicht die fehlende Notwendigkeit einer solchen Berichterstattung (beweist). Sie ist vielmehr ein Zeichen des in den Aktiengesellschaften eingerissenen Schlendrians, der von den Abschlussprüfern nicht gerügt und von der Prüfstelle für Rechnungslegung (§ 342 b HGB) bisher nicht ausreichend aufgegriffen wurde. … Zu Vorgängen, die möglicherweise eine Organhaftung begründen, muss (AR) sich in doppelter Hinsicht äußern. Er muss zum einen darlegen, dass sich ein derartiger Vorfall ereignet und wie der Vorstand reagiert hat, und er muss zum anderen sein eigenes Überwachungs-Verhalten darstellen und ggf rechtfertigen." (S. 501 f, 503). Zudem muss der Vorstand in der HV ergänzend zu den Berichten mündliche Erläuterungen geben, insb. auch in der Erläuterung des Vorstandsberichts zum Jahresabschluss und in der Erläuterung des Aufsichtsratsberichts. Zudem ist in der HV auf Fragen der Aktionäre zu antworten. Ebenso wie in Hinblick auf die Organhaftung ist die Rechtslage auch bezüglich der Behandlung anderer potentieller Haftungsansprüche der Gesellschaft (zB gegenüber Aktionären wegen verbotener Einlagenrückgewähr, gegen Aktionäre etc. wegen unerlaubter Einflussnahme nach § 117 und aus Konzernhaftung nach §§ 311 ff).

Gegenstand der Auskunft	Auskunftsrecht
Verwaltungsmitglieder, persönliche Angelegenheiten Einzelner, soweit von Belang für ihre Tätigkeit, zB andere Aufsichtsratsmandate, Beruf, Strafanzeigen, Studienabschlüsse, berufliche Erfahrungen etc.	ja[512]
Vorjahresgeschäftsjahre	grds. nein, es sei denn, sie wirken sich auf zB Bilanzpositionen des aktuellen Geschäftsjahres aus,[513] immer nach § 131 Abs. 4, vgl Rn 80
WpÜG, Vorratsbeschlüsse nach § 83	umfassende Informationen erforderlich, entsprechend Holzmüller-Beschlüssen einschließlich Bericht[514]

§ 132 Gerichtliche Entscheidung über das Auskunftsrecht

(1) Ob der Vorstand die Auskunft zu geben hat, entscheidet auf Antrag ausschließlich das Landgericht, in dessen Bezirk die Gesellschaft ihren Sitz hat.

(2) [1]Antragsberechtigt ist jeder Aktionär, dem die verlangte Auskunft nicht gegeben worden ist, und, wenn über den Gegenstand der Tagesordnung, auf den sich die Auskunft bezog, Beschluß gefaßt worden ist, jeder in der Hauptversammlung erschienene Aktionär, der in der Hauptversammlung Widerspruch zur Niederschrift erklärt hat. [2]Der Antrag ist binnen zwei Wochen nach der Hauptversammlung zu stellen, in der die Auskunft abgelehnt worden ist.

(3) [1]§ 99 Abs. 1, 3 Satz 1, 2 und 4 bis 6 sowie Abs. 5 Satz 1 und 3 gilt entsprechend. [2]Die Beschwerde findet nur statt, wenn das Landgericht sie in der Entscheidung für zulässig erklärt. [3]§ 70 Abs. 2 des Gesetzes über das Verfahren in Familiensachen und in den Angelegenheiten der freiwilligen Gerichtsbarkeit ist entsprechend anzuwenden.

(4) [1]Wird dem Antrag stattgegeben, so ist die Auskunft auch außerhalb der Hauptversammlung zu geben. [2]Aus der Entscheidung findet die Zwangsvollstreckung nach den Vorschriften der Zivilprozeßordnung statt.

(5) Das mit dem Verfahren befaßte Gericht bestimmt nach billigem Ermessen, welchem Beteiligten die Kosten des Verfahrens aufzuerlegen sind.

Literatur:
Back, Verfahrensbeschleunigung durch Zuweisung von Leistungsklagen in den Bereich der Freiwilligen Gerichtsbarkeit? – Eine Kritik des Auskunftserzwingungsverfahrens nach geltendem Aktien- und GmbH-Recht, Diss. Hamburg, 1986; *Barz*, Das Auskunftsrecht nach §§ 131, 132 in der Rechtsprechung, in: FS Möhring, 1975, S. 153; *Decher*, Informationen im Konzern und Auskunftsrecht der Aktionäre gem. § 131 Abs. 4 AktG, ZHR 158 (1994), 473; *Deuss*, Das Auskunftsrecht des Aktionärs, 1962; *Duden*, Gleichbehandlung bei Auskünften an Aktionäre, in: FS v. Caemmerer, 1978, S. 499; *Ebenroth*, Das Auskunftsrecht des Aktionärs und seine Durchsetzung im Prozess unter besonderer Berücksichtigung des Rechtes der verbundenen Unternehmen, 1970; *Ebenroth/Wilken*, Zum Auskunftsrecht des Aktionärs im Konzern, BB 1993, 1818; *Ebenroth/Koos*, Die Verfassungsmäßigkeit des Auskunftsverweigerungsrechts gem. § 131 Abs. 3 AktG bei Aktionärsanfragen bezüglich stiller Reserven, BB 1995, Beilage 8, S. 1; *v. Falkenhausen*, Das Verfahren der freiwilligen Gerichtsbarkeit im Aktienrecht, AG 1967, 309; *Franken/Heinsius*, Das Spannungsverhältnis der allgemeinen Publizität zum Auskunftsrecht des Aktionärs, in: FS Budde, 1995, S. 213; *Grigoleit*, Aktiengesetz, Kommentar, 2013; *Groß*, Informations- und Auskunftsrecht des Aktionärs, AG 1997, 97; *Großfeld/Möhlenkamp*, Zum Auskunftsrecht des Aktionärs, ZIP 1994, 1425; *Hefermehl*, Umfang und Grenzen des Auskunftsrechts des Aktionärs in der Hauptversammlung, in: FS Duden, 1977, S. 109; *Hellwig*, Der Auskunftsanspruch des Aktionärs nach unrichtiger Auskunftserteilung, in: FS Budde, 1995, S. 265; *Hüffer*, Minderheitsbeteiligungen als Gegenstand aktienrechtlicher Auskunftsbegehren, ZIP 1996, 401;

---

512 Großkomm-AktienR/*Barz*, 3. Aufl., Anm. 1; KölnKomm-AktG/*Zöllner*, 1. Aufl., Rn 49; KölnKomm-AktG/*Kersting*, 3. Aufl., Rn 182 f. Nach mE unrichtiger Sicht des LG Frankfurt NZG 2005, 937, 940 = ZIP 2005, 1275 = WM 2005, 2235 soll angeblich eine Strafanzeige gegen ein ehemaliges Vorstands- und jetziges AR-Mitglied allein das Mitglied „persönlich und nicht die AG unmittelbar" betreffen, obgleich die Anzeige die Tätigkeit des Mitglieds für die AG betrifft; vgl zu Studienabschlüssen/beruflichen Erfahrungen die gegensätzlichen Entscheidungen OLG Düsseldorf NJW-RR 1987, 551 f und Konzern 2013, 44, 50 = NZG 2013, 178.

513 *Reuter*, DB 1988, 2615, 2617; OLG Zweibrücken AG 1990, 496 f; OLG Düsseldorf DB 1991, 2532 implizit, da dort nach zu Schadensersatz verpflichtenden Geschäften in den Vorjahren gefragt wurde, die sich auf die Höhe der Rückstellungen auswirkten. Das OLG verneinte den Auskunftsanspruch lediglich deshalb, da die Aktionäre die Umstände der zur Schadensersatz verpflichtenden Handlung nicht konkret genug erläutert hätten, wozu das Gericht systematisch erst kommen konnte, nachdem es die Erforderlichkeit der Auskunft bejaht hatte.

514 LG München AG 2005, 261.

Jänig/Leißring, FamFG: Neues Verfahrensrecht für Streitigkeiten in AG und GmbH, ZIP 2010, 110; *Kort*, Das Informationsrecht des Gesellschafters der Konzernobergesellschaft, ZGR 1987, 46; *Krieger*, Auskunftsanspruch der Aktionäre hinsichtlich der an anderen AG gehaltenen Anteile, DStR 1994, 177; *Lücke*, Das Verhältnis von Auskunfts-, Anfechtungs- und Registerverfahren im Aktienrecht, ZGR 1990, 657; *Lutter*, Die Information der Gesellschafter und Dritter im deutschen Gesellschaftsrecht, Rivista delle società 1981, 191; *Lutter*, Fragerecht und Informationsanspruch des Aktionärs und GmbH-Gesellschafters im Konzern, AG 1985, 117; *Meilicke/Heidel*, Das Auskunftsrecht des Aktionärs in der Hauptversammlung, DStR 1992, 72, 113; *Meyer-Landrut/Miller*, Ist das Gericht der auf Auskunftsverweigerung gestützten Anfechtungsklage an die vorhergehende Entscheidung nach § 132 AktG gebunden?, AG 1970, 157; *Quack*, Unrichtige Auskünfte und das Erzwingungsverfahren nach § 132 AktG, in: FS Beusch, 1993, S. 663; *Saenger*, Zum Auskunftsanspruch des Aktionärs über Minderheitsbeteiligungen, DB 1997, 145; *K. Schmidt*, Informationsrechte in Gesellschaften und Verbänden, 1984; *Trescher*, Die Auskunftspflicht des Aufsichtsrats in der Hauptversammlung, DB 1990, 515; *Werner*, Anfechtungsklage und Auskunftserzwingungsverfahren, in: FS Barz, 1974, S. 293.

A. Regelungsgehalt 1	2. Rechtsmittel (Abs. 3 S. 2 und 3) 14
B. Die Regelungen im Einzelnen 4	IV. Auskunftserteilung, Zwangsvollstreckung
I. Gerichtliche Zuständigkeit (Abs. 1) 4	(Abs. 4) 15
II. Antrag (Abs. 1 S. 1, Abs. 2) 5	V. Kosten (Abs. 5) 16
1. Antragsberechtigung (Abs. 2) 5	1. Gerichtskosten 16
2. Antragsfrist (Abs. 2 S. 2) 6	2. Außergerichtliche Kosten 17
3. Form, Inhalt, Rücknahme des Antrags 7	
4. Antragsgegner 11	
III. Gerichtliches Verfahren und Rechtsmittel	
(Abs. 3) 12	
1. Verfahren (Abs. 3 S. 1) 12	

A. Regelungsgehalt

§ 132 regelt das Auskunftserzwingungsverfahren als **eine Sanktion nach Auskunftsverweigerung**, vgl zu 1 weiteren Sanktionen § 131 Rn 5.

Nach der Regierungsbegründung zum AktG 1965 soll die Auskunftserzwingung das **Auskunftsrecht des** 2 **Aktionärs** umfassend sichern; die Entscheidung des Vorstands über die Auskunftsverweigerung soll in vollem Umfang gerichtlich überprüft werden können; das Verfahren richte sich nach dem FGG (nunmehr FamFG); das ZPO-Verfahren sei für den Streit über das Auskunftsrecht nicht geeignet; das FGG-Verfahren solle „möglichst schnelle und sachkundige Entscheidungen" erreichen in einem Verfahren, das das Gericht „elastisch gestalten" könne.[1] Da § 132 der umfassenden Sicherung des Auskunftsrechts dient, kommt eine Beschränkung entsprechend § 243 Abs. 4 nicht in Betracht.

In der Praxis geklärt ist das **Verhältnis von Auskunftserzwingung zur Anfechtung**. Nach zutreffender hM 3 sind die Verfahren voneinander unabhängig; denn Auskunftserzwingung und Anfechtung verfolgen unterschiedliche Ziele: hier die Durchsetzung des Auskunftsrechts nach der HV, dort die Nichtigerklärung eines HV-Beschlusses.[2] Der Aktionär kann eine Anfechtungsklage ohne Vorschaltung eines Erzwingungsverfahrens erheben; die Entscheidung über die Auskunftserzwingung bindet nicht im Anfechtungsprozess.[3] Das Gericht soll einen Anfechtungsprozess bei Anhängigkeit eines Auskunftserzwingungsverfahrens nach § 148 ZPO aussetzen können;[4] mE scheidet dies aus, da das Vorgreiflichkeit voraussetzt.[5]

B. Die Regelungen im Einzelnen

I. Gerichtliche Zuständigkeit (Abs. 1). Zuständig ist das Landgericht (§ 71 Abs. 2 Nr. 4 lit. b GVG), in des- 4 sen Bezirk die Gesellschaft ihren Sitz hat (§ 14). Es entscheidet gemäß § 132 Abs. 1 S. 2, § 95 Abs. 2 Nr. 2 GVG (nur) bei entsprechender Antragstellung (§§ 96, 98 GVG)[6] die Kammer für Handelssachen. Gemäß § 132 Abs. 3 S. 1 iVm § 99 Abs. 3, § 71 Abs. 4 GVG besteht ein Vorbehalt nach Landesrecht, die Ver-

---

1 RegBegr. *Kropff*, S. 188.
2 BGHZ 86, 1, 3 = NJW 1983, 878; BGHZ 180, 9 = ZIP 2009, 460 = AG 2009, 285; MüKo-AktG/*Kubis*, Rn 60 ff; LG München I AG 2009, 382, 384 = ZIP 2009, 663.
3 BGHZ 86, 1, 3; BGH GmbHR 1988, 213 (zur GmbH); KG AG 2001, 355, 356 = NZG 2001, 803; *Hüffer*, Rn 2; MüKo-AktG/*Hüffer*, § 243 Rn 114 f; Großkomm-AktienR/*Decher*, Rn 11; Großkomm-AktienR/*Schilling*, 3. Aufl., § 243 Anm. 12; MüKo-AktG/*Kubis*, Rn 61; K. Schmidt/Lutter/*Spindler*, Rn 45; aA OLG Stuttgart AG 1992, 459 = DB 1992, 1178, 1179; MüHb-AG/*Semler*, Rn 61.
4 *Hüffer*, Rn 2; MüKo-AktG/*Hüffer*, § 243 Rn 115; MüKo-AktG/*Kubis*, Rn 62; *Lüke*, ZGR 1990, 657, 663; aA LG Frankenthal AG 1989, 253, 255.
5 Vgl zum Begriff Zöller/*Greger*, § 148 ZPO Rn 5; MüKo-ZPO/*Peters*, § 148 ZPO Rn 6 ff.
6 *Grigoleit/Herrler*, Rn 3; Spindler/Stilz/*Siems*, Rn 4; *Hüffer*, Rn 3; aA *Simons*, NZG 2012, 609, 610. Vgl zu Spruchverfahren aber LG München v. 25.11.2009 – I 38 O 21051/09, und v. 5.3.2010 – 38 O 208/10 (jeweils n.v.).

Heidel

fahren für die Bezirke mehrerer Landgerichte einem der Landgerichte zu übertragen. Davon ist weithin Gebrauch gemacht worden.[7] Dieses Landgericht entscheidet gemäß § 132 Abs. 1 S. 1 „ausschließlich".

II. Antrag (Abs. 1 S. 1, Abs. 2). 1. Antragsberechtigung (Abs. 2). Antragsberechtigt ist gemäß Abs. 2 S. 1 Alt. 1 jeder Aktionär,[8] dem in der HV eine verlangte **Auskunft nicht gegeben worden ist** – auch wenn er die Auskunft nicht selbst begehrt, sondern sich das Auskunftsbegehren eines anderen Aktionärs zu Eigen gemacht hat.[9] Dabei genügt pauschales Zueigenmachen.[10] Die abweichende Auffassung, die eine konkrete Bezeichnung voraussetzt, führt dazu, dass die HV unnötig lange mit Formalien aufgehalten wird, was der Gesetzgeber gerade vermeiden möchte (vgl allg. § 131 Rn 55 a). Nicht erforderlich ist, dass Frage und/oder Auskunftsverweigerung in die Niederschrift nach § 130 aufgenommen wurden.[11] Antragsberechtigt ist außerdem jeder sonstige in der HV erschienene oder vertretene Aktionär, der zu dem Tagesordnungspunkt, auf den sich das Auskunftsbegehren bezog, **Widerspruch zu Protokoll** erklärt hat (§ 131 Abs. 2 S. 1 Alt. 2). Die Antragsberechtigung des **Legitimationsaktionärs** entspricht der Rechtslage bei dessen Anfechtungsbefugnis (vgl § 245 Rn 6);[12] mE ist der Legitimationsaktionär ohne weitere Ermächtigungen antragsbefugt; die ihm erteilte Befugnis zur Teilnahme an der HV umfasst dass Auskunftsrecht und damit auch das Recht, bei Verweigerung der Auskunft deren Erteilung zwangsweise durchzusetzen.[13]

Nicht antragsberechtigt ist (anders als gemäß § 245 Nr. 2 und 3) der Aktionär, der an der HV nicht teilgenommen hat oder nicht vertreten war. Der Vertreter hat kein eigenes Antragsrecht, kann aber im Verfahren nach § 132 als Vertreter des Aktionärs auftreten.[14] Die **Aktionärseigenschaft** muss grundsätzlich vom Zeitpunkt der HV **bis zur Entscheidung des Gerichts** vorliegen;[15] das Vorbesitzzeit-Erfordernis nach § 245 Nr. 1 gilt nicht (analog). Der Squeeze-out lässt mE die Antragsberechtigung unberührt, zumal wenn die Aktionäre ein wirtschaftliches Interesse an den ihnen vorenthaltenen Informationen haben, zB in Hinblick auf ein Spruchverfahren.[16] Bei Veräußerung der Aktien kann der Rechtsnachfolger das Verfahren mE fortführen (analog § 265 ZPO), was die hM[17] aber ablehnt. Allgemein bejaht wird, dass der Gesamtrechtsnachfolger, insbesondere der Erbe, der im Wege der Universalsukzession in die Stellung des Erblassers eintritt, den Prozess ohne Weiteres weiterführen kann.[18] ME ist die unterschiedliche Behandlung nicht begründet; die Rechtsstellung des Aktionärs geht bei Veräußerung auf den Erwerber über, dieser kann dasselbe Informationsbedürfnis wie der veräußernde Aktionär haben. Für die Frage der Auskunftspflicht ist es gänzlich bedeutungslos, ob das Eigentum aus den Aktien im Wege der Einzel- oder Gesamtrechtsnachfolge übergeht.[19] Unrichtig ist insoweit das gelegentlich angeführte Argument des individuellen Rechtsschutzbedürfnisses (vgl Rn 10),[20] da es für die Begründetheit des Antrags nach § 132 nur darauf ankommt, ob die Auskunft in der HV hätte erteilt werden müssen (vgl Abs. 1 S. 1: „Ob der Vorstand die Auskunft zu geben hat …").

2. Antragsfrist (Abs. 2 S. 2). Der Antrag ist binnen zwei Wochen nach der HV zu stellen, in der die Auskunft abgelehnt worden ist, beginnend mit dem Tag der HV. Die **materiellrechtliche Ausschlussfrist**, die

---

7 Baden-Württemberg: LG Mannheim für den Bezirk des OLG Karlsruhe und LG Stuttgart für den Bezirk des OLG Stuttgart, § 13 Abs. 2 Nr. 3 a ZuVOJu (GBl.1998, 680); Bayern: LG München I für die Landgerichtsbezirke des OLG München und LG Nürnberg-Fürth für die Landgerichtsbezirke des OLG Nürnberg und Bamberg, § 12 GZVJu (GVBl. 2004, 471); Hessen: LG Frankfurt, § 20 Abs. 2 Nr. 1c GerZustJuV HE (GVBl. I 2008, 822); Niedersachsen: LG Hannover, § 2 Abs. 1 Nr. 3 ZustVO-Justiz (Nds.GVBl. 1998, 66); Nordrhein-Westfalen: LG Düsseldorf für die Bezirke der LG Düsseldorf, Duisburg, Kleve, Krefeld, Mönchengladbach und Wuppertal, LG Dortmund für die Bezirke der LG Arnsberg, Bielefeld, Bochum, Detmold, Dortmund, Essen, Hagen, Münster, Paderborn und Siegen, LG Köln für die Bezirke der LG Aachen, Bonn und Köln, § 1 Nr. 7 GesellRKonzV (GV NRW 2005, 625); Sachsen: LG Leipzig, § 10 Abs. 1 Nr. 3 SächsJOrgVO (SächsGVBl. 2007, 336); In Sachsen-Anhalt hat die Landesregierung, die ihr nach § 71 Abs. 4 S. 1 GVG zustehende Ermächtigung zum Erlass von Rechtsverordnungen auf den Minister oder die Ministerin der Justiz übertragen (GVBl. LSA 2008, 137). Von der Ermächtigung wurde bisher jedoch kein Gebrauch gemacht.
8 Weder ist ein Mindestbesitz von Aktien erforderlich noch schadet eine Veränderung im Umfang nach der HV, MüKo-AktG/*Kubis*, Rn 10.
9 Großkomm-AktienR/*Decher*, Rn 16; K. Schmidt/Lutter/*Spindler*, Rn 8; BayObLG WM 1996, 119, 120; KG ZIP 2010, 698, 700 = AG 2010, 254.
10 AA LG Frankfurt AG 2005, 259; K. Schmidt/Lutter/*Spindler*, Rn 8.
11 AllgM, vgl MüHb-AG/*Semler*, § 37 Rn 50; *Hüffer*, Rn 4; Großkomm-AktienR/*Decher*, Rn 16.
12 OLG Hamburg AG 1970, 51; Großkomm-AktienR/*Decher*, Rn 18; BayObLG ZIP 1996, 1945, 1947.
13 So auch Großkomm-AktienR/*Barz*, 3. Aufl., Anm. 3; differenzierend: K. Schmidt/Lutter/*Spindler*, Rn 7; der zwischen „ausdrücklicher" und genereller Ermächtigung zur Ausübung der Aktionärsrechte unterscheidet.
14 *Hüffer*, Rn 5; Grigoleit/*Herrler*, Rn 8 („idR nicht").
15 Großkomm-AktienR/*Decher*, Rn 21; MüHb-AG/*Semler*, Rn 50; Geßler/*Eckardt*, Rn 14; KölnKomm-AktG/*Zöllner*, 1. Aufl., Rn 26; KG AG 2010, 254 = ZIP 2010, 698.
16 ZT aA LG München ZIP 2011, 494, 495 =AG 2011, 219, 220 f unter nicht passendem Verweis auf OLG München NZG 2010, 866 = AG 2010, 457; wo es um die Bestellung eines Sonderprüfers ging, die wegen ihres Eingriffs in das Gefüge der AG gänzlich andere Fragen aufwirft als das individuelle Auskunftsrecht.
17 AA die wohl hM, MüKo-AktG/*Kubis*, Rn 10; Großkomm-AktienR/*Decher*, Rn 21; K. Schmidt/Lutter/*Spindler*, Rn 7; Spindler/Stilz/*Siems*, Rn 8; OLG Frankfurt ZIP 2012, 2502, 2505 = NZG 2013, 23.
18 Vgl statt aller Großkomm-AktienR/*Decher*, Rn 21; Geßler/*Eckardt*, Rn 15; LG München, Konzern 2010, 589, 590 = ZIP 2011, 494; OLG Frankfurt ZIP 2012, 2502, 2505 = NZG 2013, 23.
19 OLG Frankfurt ZIP 2012, 2502 = NZG 2013, 23.
20 Großkomm-AktienR/*Decher*, Rn 21, 39.

eine Wiedereinsetzung ausschließt,[21] berechnet sich nach §§ 186 ff BGB; bei mehrtägigen HV beginnt die Frist mit dem letzten Tag der HV.[22] Die Antragsfrist ist mE auch durch Antragstellung beim unzuständigen Gericht und Verweis an das zuständige Gericht nach der Zweiwochenfrist gewahrt.[23] Obgleich der BGH die vorstehende Auffassung für die vergleichbare Frage der Antragstellung beim unzuständigen Spruchgericht bestätigt hat, ist Vorsicht geboten, ob die Instanzgerichte nicht doch Unzulässigkeit annehmen.[24]

3. Form, Inhalt, Rücknahme des Antrags. Der Antrag bedarf **keiner besonderen Form**, auch Protokollierung zum Protokoll der Geschäftsstelle ist möglich, § 25 FamFG. Zulässig ist auch ein schriftlicher, telegraphischer, gefaxter oder telefonisch durchgegebener Antrag.[25]

Für den **Inhalt des Antrags** enthält das gemäß §§ 132 Abs. 3 S. 1, 99 Abs. 1 anwendbare FamFG keine Vorschriften, insbesondere keine § 253 Abs. 2 Nr. 2 ZPO entsprechende Vorschrift; diese Norm gilt auch nicht analog.[26] Ein ausdrücklicher Antrag braucht nicht gestellt zu werden,[27] ist aber empfehlenswert. Ggf muss das Gericht auf eine sachgerechte Antragstellung hinwirken, so dass es einen vollstreckbaren Tenor formulieren kann.[28] Bei dem Verfahren handelt es sich um ein Streitverfahren nach dem FamFG. Darin trifft die Beteiligten insofern eine Darlegungslast, als es ihnen obliegt, durch Vorbringen des ihnen bekannten Sachverhalts dem Gericht Anhaltspunkte dafür zu liefern, in welche Richtung es mit seinen Ermittlungen anknüpfen kann; werden solche Anhaltspunkte nicht dargetan, ist nach der sogenannten Feststellungslast zu entscheiden, die regelmäßig denjenigen trifft, der aus dem materiellen Recht eine für ihn günstige Rechtsfolge herleiten will. Da es um Privatinteressen geht, trifft den Aktionär die Darlegungs- und Förderungspflicht für die Voraussetzungen des § 131 Abs. 1.[29] Das bedeutet, dass die Antrag stellenden Aktionäre die gestellten Fragen darlegen und sich mit den von der Verwaltung vermeintlich gegebenen Antworten auseinandersetzen müssen. Stellt die Gesellschaft in der Antragserwiderung ihre Antworten dar, obliegt es den Antragstellern, darzulegen, warum die Antworten nicht ausreichen zur Beantwortung der Auskunftsverlangen nach § 131.[30]

Die **Rücknahme des Antrags** ist, auch ohne Einwilligung der AG, möglich,[31] auch noch in der Beschwerdeinstanz (vgl § 22 FamFG),[32] und zwar einschließlich des Verzichts auf die Auskunftserteilung.[33]

Verfahrensgegenstand sind nur in der HV gestellte Fragen[34] sowie Auskunftsverlangen, bei denen der Vorstand bei unklarer Fragestellung versäumt hat, Ungewissheiten auszuräumen.[35] Nach dem klaren Gesetzeswortlaut ist Verfahrensgegenstand nur, „ob der Vorstand die Auskunft zu geben hat"; die Vorschrift kann entsprechend der hM nicht (analog) angewendet werden auf Streitigkeiten über die **(Un-)richtigkeit der Auskunft**; es fehlt schon an der Gesetzeslücke.[36] Auch eine Verurteilung der AG zur Versicherung der Richtigkeit von gegebenen Auskünften an Eides statt kommt nicht in Betracht.[37] Angesichts dieses Verfahrensgegenstands sind Auffassungen falsch, wonach für den Antrag ein **Rechtsschutzbedürfnis** bestehen müsse, was fehlen soll, wenn der Aktionär die begehrte Auskunft vor Antragstellung oder im Laufe des Verfahrens erhalten hat;[38] dieser Auffassung steht entgegen, dass der Streitgegenstand die Verpflichtung zur Auskunfts-

---

21 Großkomm-AktienR/*Decher*, Rn 23; *Hüffer*, Rn 5; Geßler/*Eckardt*, Rn 21; MüHb-AG/*Semler*, § 37 Rn 53; OLG Dresden AG 1999, 274; BayObLG AG 1995, 328.
22 Großkomm-AktienR/*Decher*, Rn 24; Geßler/*Eckardt*, Rn 22.
23 BGH AG 2006, 414. 415 = ZIP 2006, 826 = BGHZ 166, 329 (BADENIA/AMB Generali Holding) zum Spruchverfahren; ebenso: Großkomm-AktienR/*Decher*, Rn 25; *Hüffer*, Rn 5; Geßler/*Eckardt*, Rn 22; MüKo-AktG/*Kubis*, Rn 4, 18; Grigoleit/*Herrler*, Rn 9; OLG Dresden AG 1999, 274, 275; BayObLG NZG 2001, 608, 609; LG Dortmund DB 1987, 2033, 2034; ebenso: BGH in WEG-Verfahren NJW 1998, 3648 f; aA MüHb-AG/*Semler*, § 37 Rn 53; Großkomm-AktR/*Barz*, 3. Aufl., Anm. 5; KölnKomm-AktG/*Zöllner*, 1. Aufl., Rn 12; *v. Falkenhausen*, AG 1967, 309, 314; *Reuter*, DB 1988, 2615, 2620.
24 Vgl OLG Frankfurt ZIP 2009, 2408 und OLG München ZIP 2010, 369 unter Hinweis auf OLG Düsseldorf NZG 2005, 719, jeweils zu Spruchverfahren.
25 Großkomm-AktienR/*Decher*, Rn 26; *Hüffer*, Rn 4; BayObLG AG 1995, 328; LG Berlin ZIP 1993, 1632, 1634; *Karl*, in: Keidel/Kunze, FGG, § 11 Rn 31.
26 Grigoleit/*Herrler*, Rn 4.
27 OLG Dresden AG 1999, 274; OLG Koblenz ZIP 1995, 1336, 1337; OLG Düsseldorf GmbHR 1995, 902, 903 (zur GmbH); *Hüffer*, Rn 4; Großkomm-AktienR/*Decher*, Rn 28.
28 Großkomm-AktienR/*Decher*, Rn 28.
29 LG Frankfurt AG 2009, 92.
30 LG Frankfurt AG 2009, 92.
31 *Hüffer*, Rn 4; Großkomm-AktienR/*Decher*, Rn 29; Geßler/*Eckardt*, Rn 32; BayObLG AG 1973, 280, 281 (zu § 306 Abs. 4); aA *Kayser*, in: Keidel/Kunze, FGG, § 12 Rn 14.
32 MüKo-AktG/*Kubis*, Rn 20; Grigoleit/*Herrler*, Rn 4.
33 Grigoleit/*Herrler*, Rn 10; KölnKomm-AktG/*Kersting*, 3. Aufl., Rn 61; Spindler/Stilz/*Siems*, Rn 16 f.
34 LG Dortmund AG 1998, 133; LG München AG 1993, 519; OLG Frankfurt ZIP 2012, 2502, 2505 = NZG 2013, 23.
35 LG Dortmund AG 1998, 133; OLG Hamburg AG 1997, 50 f; LG München AG 1987, 185.
36 *Mutter*, S. 5; LG Köln AG 1991, 38; LG Dortmund AG 1999, 133; Geßler/*Eckardt*, Rn 27; OLG Dresden AG 1999, 274, 276; Großkomm-AktienR/*Barz*, Anm. 2; BayObLG AG 2003, 499 = ZIP 2002, 1804; aA Großkomm-AktienR/*Decher*, Rn 7; ihm folgend KölnKomm-AktG/*Kersting*, 3. Aufl., Rn 6, 36; LG München AG 2010, 919, 920 = ZIP 2010, 2148, 2149; *Hüffer*, Rn 4a; K. Schmidt/Lutter/*Spindler*, Rn 9; Spindler/Stilz/*Siems*, Rn 10; *Hellwig*, in: FS Budde, 1995, S. 265; *Quack*, in: FS Beusch, 1993, S. 663, 669; KG AG 2010, 254 = ZIP 2010, 698.
37 BayObLG ZIP 2002, 1804 = NZG 2002, 1020 = DB 2003, 439.
38 Großkomm-AktienR/*Decher*, Rn 38, 43 im Anschluss an BayObLG ZIP 1996, 1743, 1744; Spindler/Stilz/*Siems*, Rn 15; Grigoleit/*Herrler*, Rn 4; LG München ZIP 2010, 2148, 2151 = AG 2010, 2146; BayObLG AG 2001, 424, 426; Spindler/Stilz/*Siems*, Rn 15; *Spindler* in Schmidt/Lutter, Rn 14.

erteilung in der HV ist (nicht aber nach der HV, zB in Pressekonferenzen oder sonst während des Prozesses); den Erwägungen steht auch entgegen, dass in dem Verfahren das Verhalten des Vorstands in der HV zu kontrollieren ist und dass auskunftsberechtigt nach § 131 auch der Aktionär ist, der die Auskunft bei der HV schon kennt (vgl § 131 Rn 10).[39]

11 **4. Antragsgegner.** Antragsgegner ist die Gesellschaft, die (anders als im Anfechtungsprozess) allein durch den Vorstand vertreten wird. Im Falle des fusionsbedingten Erlöschens der Gesellschaft setzt sich das Verfahren aufgrund der Gesamtrechtsnachfolge nach § 20 UmwG automatisch gegen den übernehmenden Rechtsträger fort.[40]

12 **III. Gerichtliches Verfahren und Rechtsmittel (Abs. 3). 1. Verfahren (Abs. 3 S. 1).** Das Verfahren bestimmt sich gemäß Abs. 3 S. 1 nach entsprechend anwendbaren Vorschriften von § 99 iVm mit den FamFG-Vorschriften für sog. echte Streitverfahren[41] (vgl zur **Zuständigkeit** Rn 4).

13 Das Verfahren sollte nach wohl hM[42] zum FGG nicht **öffentlich** sein, was weder nach dem FGG noch aus der Nichtöffentlichkeit der HV zu begründen war, da im Gerichtsverfahren nicht die erbetene Auskunft erteilt, sondern lediglich die Verpflichtung der Gesellschaft zur Auskunftserteilung festgestellt wird; daher verstieß die hM gegen das Öffentlichkeitsgebot nach Art. 6 Abs. 1 EMRK.[43] Gemäß § 170 Abs. 1 S. 1 GVG nF sind Erörterungen und Anhörungen in Angelegenheiten der Freiwilligen Gerichtsbarkeit nicht öffentlich; gemäß § 170 Abs. 1 S. 2 GVG nF kann das Gericht die Öffentlichkeit zulassen, jedoch nicht gegen den Willen eines Beteiligten.[44] Das Ermessen zur Zulassung ist mE auf Null reduziert.[45] Die Neuregelung verstößt gegen Art. 6 Abs. 1 EMRK, soweit ein Beteiligter die Öffentlichkeit verhindern kann.[46] Entgegen in der Literatur vertretener Auffassung[47] kann man den Verstoß nicht mit dem Hinweis bei Seite schieben, dass die EMRK im Rang einfachen Gesetzesrechts steht und ihr daher § 170 Abs. 1 S. 2 GVG als *lex posterior* vorgehe und vom Gericht „wortlautgemäß angewendet" müsse; vielmehr muss das (jedenfalls letztinstanzliche) Gericht das Verfahren aussetzen und die Verfassungswidrigkeit im Verfahren der konkreten Normenkontrolle vor dem BVerfG geltend machen. Denn der Öffentlichkeitsgrundsatz ist ein Verfassungsgrundsatz; die Öffentlichkeit kann nur aus „zwingenden Gründen des Gemeinwohls ... ausgeschlossen werden".[48] Solche zwingenden Gründe des Gemeinwohls können nicht schon dann vorliegen, wenn wie gemäß § 170 Abs. 1 S. 2 GVG vorgesehen, dass ein Beteiligter der Öffentlichkeit widerspricht. Für die Beschwerdeinstanz gilt gemäß § 170 Abs. 2 GVG das Widerspruchsrecht eines Beteiligten.

13a Es besteht kein Anwaltszwang.[49] Für die Prüfung durch das Gericht gilt der **Amtsermittlungsgrundsatz**,[50] der mit der Förderpflicht der Parteien verbunden ist.[51] Mündliche Verhandlung ist regelmäßig unentbehrlich.[52]

Das Gericht entscheidet gemäß §§ 132 Abs. 3 S. 1, 99 Abs. 3 S. 1 durch einen mit Gründen versehenen **Beschluss**. Entscheidungsbefugt ist ausschließlich die Kammer, mangels Geltung des § 349 ZPO sowie der §§ 348 f ZPO nicht der Vorsitzende allein.[53] Der Tenor des Beschlusses muss präzise genug für die Zwangsvollstreckung gemäß § 132 Abs. 4 S. 2 sein;[54] das Auskunftsverlangen ist daher genau anzugeben. Die Bekanntmachungspflichten gemäß §§ 149, 248a gelten nicht, mangels Regelungslücke auch nicht analog, zumal § 132 Abs. 3 S. 1 gerade nicht auf den § 99 Abs. 2 S. 1 zur Veröffentlichungspflicht verweist. Denkbar ist eine vergleichsweise Beendigung des Verfahrens, die auch die Pflicht zur Auskunftserteilung umfassen kann,[55] was auch durch Beschluss analog § 278 Abs. 6 ZPO geschehen kann.[56]

14 **2. Rechtsmittel (Abs. 3 S. 2 und 3).** Die (nach der FamFG-Novelle einfache)[57] **Beschwerde** bedarf gemäß Abs. 3 S. 2 der **Zulassung**. Das Landgericht hat sie gemäß Abs. 3 S. 3 iVm dem „entsprechend" anwendbaren § 70 Abs. 2 FamFG zuzulassen, wenn die Rechtssache grundsätzliche Bedeutung hat oder die Fortbil-

---

39 Im Erg. ebenso: MüKo-AktG/*Kubis*, Rn 25.
40 MüKo-AktG/*Kubis*, Rn 24.
41 *Hüffer*, Rn 6; Großkomm-AktienR/*Decher*, Rn 30; Grigoleit/*Herrler*, Rn 1.
42 *Hüffer*, Rn 6; Großkomm-AktienR/*Decher*, Rn 21; Spindler/Stilz/*Siems*, Rn 18; RegBegr. *Kropff*, S. 189.
43 So auch MüKo-AktG/*Kubis*, Rn 28; LG Köln AG 1997, 188; Bürgers/Körber/*Reger*, Rn 6; LG Hannover AG 2009, 914.
44 Vgl zu den Gründen für die Novelle BT-Drucks. 16/6308, S. 320.
45 Keidel/*Meyer-Holz*, § 32 Rn 23 ff; im Erg. ebenso: KölnKomm-AktG/*Kersting*, 3. Aufl., Rn 56 (teleologische Reduktion);aA *Jänig/Leißring*, ZIP 2010, 110, 116.
46 Zöller/*Lückemann*, § 170 GVG, Rn 1.
47 Zöller/*Lückemann*, § 170 GVG, Rn 1.
48 BVerfGE 103, 44, 63, 64, 65, 67 f.
49 MüKo-AktG/*Kubis*, Rn 29.
50 Siehe zum Amtsermittlungsgrundsatz MüKo-AktG/*Kubis*, Rn 29 ff.
51 Vgl Großkomm-AktienR/*Decher*, Rn 32 f; *Hüffer*, Rn 7.
52 Großkomm-AktienR/*Decher*, Rn 31; MüKo-AktG/*Kubis*, Rn 27.
53 OLG Koblenz WM 1985, 829 (zu § 51 b GmbHG); *Hüffer*, Rn 6; Großkomm-AktienR/*Decher*, Rn 31; MüKo-AktG/*Kubis*, Rn 33; Grigoleit/*Herrler*, Rn 11.
54 MüKo-AktG/*Kubis*, Rn 36.
55 Grigoleit/*Herrler*, Rn 24; vgl KölnKomm-AktG/*Kersting*, 3. Aufl., Rn 61; Spindler/Stilz/*Siems*, Rn 16.
56 LG Stuttgart Beschluss vom 10.11.2005 – 32 AktE 27/04 KfH.
57 Vgl zum Übergangsrecht Art. 111 Abs. 1 FGG-RG, wonach für vor dem 1.9.2009 durch Antrag eingeleitete Verfahren bis zu deren rechtskräftigem Abschluss das FGG fortgilt, vgl BGH ZIP 2010, 28; OLG Düsseldorf ZIP 2010, 28 (jeweils *IKB*).

dung des Rechts oder die Sicherung einer einheitlichen Rechtsprechung eine Entscheidung des Beschwerdegerichts erfordert. Eine **Nichtzulassungsbeschwerde** gibt es nicht,[58] mE auch nicht die Beschwerde wegen **greifbarer Gesetzwidrigkeit**.[59] Lässt das Landgericht die Beschwerde nicht zu, sind Rechtsschutzmöglichkeiten nur die Gegenvorstellung sowie die Rüge entsprechend § 321a ZPO. ME muss das Landgericht daher die **Beschwerde regelmäßig zulassen**: Ein nur ein-instanzlicher Rechtsschutz wird der Bedeutung des Auskunftsrechts nicht gerecht; die grundsätzliche Bedeutung entsprechend § 70 Abs. 2 Nr. 1 FamFG liegt in der Klärung der Auskunftspflicht, die zwar vordergründig den konkreten Fall des jeweiligen Antragstellers betrifft, die aber tatsächlich die Auskunftsansprüche sämtlicher Aktionäre berührt, die gemäß § 131 Abs. 4 S. 1 entsprechende Auskunftsansprüche wie der Antragsteller haben; typischerweise können ähnliche Auskunftsverlangen wie das verfahrensgegenständliche in einer großen Vielzahl von Fällen auch bei anderen AGs gestellt werden; schließlich gebietet der Ausschluss der zulassungsfreien Beschwerde einen großzügigeren Zulassungsmaßstab als bei unmittelbarer Anwendung des § 70 Abs. 2 FamFG, bei der vorausgesetzt ist, dass es bereits ein Rechtsmittel gegen die Sachentscheidung gegeben hat.

Die Beschwerde muss gemäß § 63 Abs. 1 FamFG **binnen eines Monats** (Fristbeginn schriftliche Beschlussbekanntgabe gemäß § 63 Abs. 3 S. 1 FamFG; 5-monatige Auffangfrist bei Nichtbekanntgabe in § 63 Abs. 3 S. 2 FamFG) gemäß § 64 Abs. 1 FamFG beim Landgericht eingereicht sein; eine bei einem unzuständigen Gericht eingelegte Beschwerde ist nach bisheriger Auffassung nicht fristwahrend. Die Sicht ist mE entsprechend einer im Vordringen befindlichen Auffassung unzutreffend – zumal wenn das LG keine Rechtsbehelfsbelehrung gibt –, da auch der ursprüngliche Antrag bei einem unzuständigen Gericht fristwahrend ist (vgl Rn 6).[60] Die Beschwerdeschrift muss von einem Rechtsanwalt unterzeichnet sein (§ 132 Abs. 3 S. 1 iVm § 99 Abs. 3 S. 4).[61] Zuständig für die Entscheidung über die Beschwerde ist – nach Erlass der (Nicht-)Abhilfeentscheidung des LG nach § 68 Abs. 1 S. 1 FamFG – grundsätzlich das dem Landgericht übergeordnete Oberlandesgericht, §§ 132 Abs. 3 S. 1, 99 Abs. 3 S. 5f AktG, § 119 Abs. 1 Nr. 2 GVG; die Landesregierungen haben gemäß § 99 Abs. 3 S. 5f die Zuständigkeit weithin bei einem Oberlandesgericht konzentriert. Wegen des im Verfahren geltenden **Verbots der reformatio in peius** ist aus Gründen der Waffengleichheit die **unselbstständige Anschlussbeschwerde** zulässig.[62] Die Beschwerde ist eine Tatsachenbeschwerde, so dass das OLG nicht an die tatsächlichen Feststellungen des Landgerichts gebunden ist; die Einstufung als Tatsachenbeschwerde folgt daraus, dass § 132 Abs. 3 S. 1 bei dem Verweis auf § 99 Abs. 3 dessen S. 3 ausnimmt, wonach die Beschwerde nach § 99 „nur auf eine Verletzung des Rechts gestützt werden kann".[63] Beabsichtigt das OLG bei der Beschwerdeentscheidung von der Rechtsprechung des BGH oder eines anderen OLG abzuweichen, hatte es nach § 28 Abs. 2 und 3 FGG aF dem BGH diese Rechtsfrage zur Entscheidung vorzulegen (**Divergenzvorlage**).[64] Seit Inkrafttreten des FamFG gibt es diese Pflicht nicht mehr, wohl aber eine Pflicht des OLG, in diesem und sonstigen Fällen gemäß § 70 Abs. 2 FamFG die **Rechtsbeschwerde** zuzulassen. Im Beschwerdeverfahren muss nicht **mündlich verhandelt** werden.[65]

IV. Auskunftserteilung, Zwangsvollstreckung (Abs. 4). Gemäß Abs. 4 S. 1 ist bei stattgebendem Antrag die Auskunft außerhalb der HV zu erteilen, und zwar **unverzüglich nach Rechtskraft der Entscheidung**,[66] der Aktionär muss sich selbst dann nicht auf die nächste HV verweisen lassen, wenn diese unmittelbar bevorsteht.[67] Der Grundsatz der Mündlichkeit, wonach in der Hauptversammlung Fragen sowie Antworten mündlich zu erfolgen haben, gilt für die nachgeholte Auskunft nicht; es kann vielmehr sowohl der Aktionär als auch der Vorstand den Weg einer schriftlichen Auskunftserteilung wählen.[68] Der Vorstand muss den rechtskräftigen Beschluss unverzüglich zum Handelsregister einreichen (§ 132 Abs. 3 S. 1 iVm § 99 Abs. 5 S. 3). Ab Rechtskraft ist der Beschluss vollstreckbar; nach allgM kommt eine **vorläufige Vollstreckbarkeit** nicht in Betracht.[69] Zur Vollstreckung ist nicht erforderlich, dass die Mitgliedschaft bis zur Beantwortung

---

58 Vgl *Keidel/Meyer-Holz*, FamFG, § 70 Rn 4, 41; *Jänig/Leißring*, ZIP 2010, 110, 116.
59 So aber noch vor der Novelle zu § 321a ZPO (vgl dazu Baumbach/Lauterbach/*Albers*, ZPO, § 567 Rn 6, auch zum alten Rechtszustand) OLG Koblenz WM 1995, 1622; BayObLG NJW-RR 1995, 314; Großkomm-AktienR/*Decher*, Rn 48; demgegenüber bejaht MüKo-AktG/*Kubis*, Rn 39 auch nach der ZPO-Novelle, wovon sich freilich nicht ohne Inhalt auseinander zu setzen, die Beschwerdemöglichkeit wegen greifbarer Gesetzwidrigkeit; ebenso; K. Schmidt/Lutter/*Spindler*, Rn 23; Spindler/Stilz/*Siems*, Rn 20; Grigoleit/*Herrler*, Rn 11; KölnKomm-AktG/*Kersting*, 3. Aufl., Rn 88; BGH ZIP 2007, 1431 = AG 2006, 583 verneint bei Verfahren nach § 99 AktG Beschwerde wegen greifbarer Gesetzeswidrigkeit; verneint zu § 70 FamFG vom BGH zu § 9 LwVG durch den Senat für Landwirtschaftssachen BLw 1/12 vom 17.10.2012 (juris).
60 Zur bisherigen hM vgl BayObLG GmbHR 1988, 263, 264; Großkomm-AktienR/*Decher*, Rn 52.
61 MüKo-AktG/*Kubis*, Rn 29; im weiteren Beschwerdeverfahren besteht jedoch kein Anwaltszwang (§ 13 S. 2 FGG).
62 Geßler/*Eckardt*, Rn 49; Großkomm-AktienR/*Decher*, Rn 54; K. Schmidt/Lutter/*Spindler*, Rn 25; MüKo-AktG/*Kubis*, Rn 44; KG NJW 1972, 2307.
63 Ebenso: KG NJW 1972, 2307.
64 MüKo-AktG/*Kubis*, Rn 43.
65 KG NJW 1972, 2307.
66 Vgl zu Fragen der Rechtskraft allg. K. Schmidt/Lutter/*Spindler*, Rn 34ff; Spindler/Stilz/*Siems*, Rn 23; MüKo-AktG/*Kubis*, Rn 46.
67 MüKo-AktG/*Kubis*, Rn 48.
68 MüKo-AktG/*Kubis*, Rn 50.
69 *Hüffer*, Rn 9; Großkomm-AktienR/*Decher*, Rn 60; Grigoleit/*Herrler*, Rn 12.

andauert, da es sich um die Vollstreckung eines Titels und nicht um die Ausübung eines Mitgliedsrechts handelt; bei Veräußerung der Aktien geht also der titulierte Auskunftsanspruch nicht auf den Erwerber über.[70] Die Zwangsvollstreckung richtet sich gemäß Abs. 4 S. 2 nach den Vorschriften der ZPO; die Auskunftserteilung ist eine unvertretbare Handlung, vollstreckt wird daher gemäß § 888 ZPO durch Zwangsgeld oder Zwangshaft.[71]

16 **V. Kosten (Abs. 5). 1. Gerichtskosten.** Gemäß Abs. 5 (Abs. 5 S. 7 aF) bestimmt das Gericht nach **billigem Ermessen, welchem Beteiligten die Kosten aufzuerlegen** sind, wobei sich die Gerichte regelmäßig daran orientieren, inwieweit der Antrag erfolgreich war.[72] Die Ermessensentscheidung des Gerichts für die Tragung der Gerichtskosten gemäß Abs. 5 soll zu anderen Ergebnissen führen können als die Entscheidung über die Kostentragung nach § 81 FamFG.[73] Abs. 5 S. 1–6 aF zur **Höhe der Kosten** wurden durch das 2. Kostenmodernisierungsgesetz[74] mit Wirkung zum 1.8.2013 aufgehoben.[75] Die inhaltlich dem Bisherigen entsprechenden Regelungen finden sich seitdem im Gesetz über die Kosten der freiwilligen Gerichtsbarkeit für Gerichte und Notare (GNotKG)[76], das nach § 1 Abs. 2 Nr. 1 GNotKG auf Verfahren nach § 132 Anwendung findet. Gemäß Kostenverzeichnis Anlage I Nr. 135000 zu § 3 Abs. 2. GNotKG wird für den ersten Rechtszug das Doppelte der vollen Gebühr erhoben, für die Beschwerde zum OLG die dreifache Gebühr (KV Anl. I Nr. 13610) und für die Rechtsbeschwerde zum BGH die vierfache Gebühr (KV Anl. I Nr. 13620). KV Anl. I Nr. 13502, 13611 und 13621 enthalten Regelungen zur Reduzierung der Gebühr bei Rücknahme des Antrags bzw der Beschwerde. Gemäß § 79 GNotKG (entsprechend Abs. 5 S. 5 aF) ist der Geschäftswert durch das Gericht festzusetzen; er bestimmt sich nach § 36 Abs. 3 GNotKG entsprechend Abs. 5 S. 6 aF mit der Maßgabe, dass der Wert regelmäßig 5.000 EUR beträgt.[77] Streitig ist die Berechnung bei mehreren Fragen. Die Rspr ermittelt häufig den **Geschäftswert** nicht durch die Multiplikation mit der Zahl der Fragen, sondern durch eine angemessene Erhöhung des Regelgeschäftswerts.[78] Gegen die Kostenentscheidung ist gemäß § 132 Abs. 5 S. 1 aF iVm § 31 Abs. 3 S. 1 KostO aF / § 81 Abs. 2 GNotKG nach hM (zum bisherigen Recht) die Beschwerde beim OLG statthaft.[79]

17 **2. Außergerichtliche Kosten.** Über die Erstattung der außergerichtlichen Kosten entscheidet das Gericht gemäß § 132 Abs. 3 S. 1 iVm § 99 Abs. 1 AktG, **§ 81 Abs. 1 S. 1 FamFG**.[80] Anwaltskosten sind mE entsprechend nach § 91 Abs. 2 ZPO stets erstattungsfähig.[81] Für anwaltliche Tätigkeit entsteht eine 1,3fache Verfahrensgebühr nach Nr. 3100 sowie eine 1,2-Terminsgebühr gemäß Nr. 3104 VV RVG, ggf auch eine 1,0-Einigungsgebühr nach Nr. 1003, 1000 VV RVG.

Vierter Unterabschnitt
Stimmrecht

§ 133 Grundsatz der einfachen Stimmenmehrheit

(1) Die Beschlüsse der Hauptversammlung bedürfen der Mehrheit der abgegebenen Stimmen (einfache Stimmenmehrheit), soweit nicht Gesetz oder Satzung eine größere Mehrheit oder weitere Erfordernisse bestimmen.

(2) Für Wahlen kann die Satzung andere Bestimmungen treffen.

---

70 MüKo-AktG/*Kubis*, Rn 51; KölnKomm-AktG/*Zöllner*, 1. Aufl., Rn 26.
71 MüKo-AktG/*Kubis*, Rn 52 ff.
72 Großkomm-AktienR/*Decher*, Rn 71; MüKo-AktG/*Kubis*, Rn 57.
73 OLG Düsseldorf ZIP 1986, 1557, 1559; KG AG 1969, 149, 150; LG München I AG 1981, 79, 81.
74 Gesetz vom 23.7.2013 BGBl. I S. 2586.
75 Vgl zur Übergangsregelung § 134 2. Kostenmodernisierungsgesetz.
76 BGBl. I S. 2586.
77 Unrichtig: MüKo-AktG/*Kubis*, Rn 55, wonach die für den Aktionär möglicherweise günstigere Streitwertregelung als die nach § 247 zur Folge habe, dass dieses Verfahren als kostengünstige Alternative zur eigentlich gewollten Beschlussanfechtung missbraucht wird.
78 BayObLG AG 2001, 137, 138; DB 1993, 2020; offen gelassen bei OLG Stuttgart DB 1992, 1179; für Multiplikation noch OLG Frankfurt WM 1992, 1851; unausgesprochen für Multiplikation offenbar auch bei BGH WM 2013, 2361: 10.000 EUR bei 2 Fragen; vgl auch *Hüffer*, Rn 10; Großkomm-AktienR/*Decher*, Rn 68 ff.
79 MüKo-AktG/*Kubis*, Rn 58; Spindler/Stilz/*Willamowski*, Rn 29; K. Schmidt/Lutter/*Spindler*, Rn 41; vgl auch Baumbach/Hueck/*Zöllner*, GmbHG, § 51 b Rn 13; aA OLG Stuttgart AG 2009, 131.
80 BayObLG AG 1967, 170; NJW-RR 1995, 1314; OLG Düsseldorf ZIP 1986, 1557, 1589; Geßler/*Eckardt*, Rn 62; *Hüffer*, Rn 10; MüKo-AktG/*Kubis*, Rn 59; K. Schmidt/Lutter/*Spindler*, Rn 42.
81 MüHb-AG/*Semler*, § 37 Rn 53; MüKo-FamFG/*Schindler*, § 80 Rn 11 („regelmäßig"); aA Großkomm-AktienR/*Decher*, Rn 74; OLG Koblenz WM 1996, 820; K. Schmidt/Lutter/*Spindler*, Rn 42; Spindler/Stilz/*Siems*, Rn 30.

A. Grundlagen

§ 133 regelt das Zustandekommen von Hauptversammlungsbeschlüssen. 1
Zweck ist die Bestimmung der Mehrheitserfordernisse als Untergrenze und die Vorgabe für Grenzen der 2
satzungsmäßigen Gestaltung. Es ist grundsätzlich die einfache Mehrheit der abgegebenen Stimmen maßgeblich, nicht die Mehrheit des auf der Hauptversammlung vertretenen Grundkapitals. In der Satzung können für das Zustandekommen von Hauptversammlungsbeschlüssen – nach Abs. 2 mit Ausnahme von Wahlbeschlüssen – höhere, nicht aber niedrigere Mehrheitserfordernisse festgelegt werden.
Im sog. VW-Gesetz[1] findet sich eine gesetzliche Änderung außerhalb des AktG. Dort ist auch jetzt – nach Abschaffung von Höchststimmrecht und gesetzlichem Entsenderecht[2] – noch die Regelung enthalten, dass für Beschlüsse die nach dem AktG mit einer Dreiviertelmehrheit zu fassen sind, für die Volkswagen AG eine Mehrheit von 4/5 des bei der Beschlussfassung vertretenen Grundkapitals benötigt wird.[3]
Gesetzlich bestehen, mit Ausnahme des § 52 Abs. 5 S. 1, 2 bei der Nachgründung, keine Anforderungen an die Beschlussfähigkeit einer Hauptversammlung;[4] ein Quorum oder eine Mindestanzahl von Aktionären kann jedoch durch die Satzung festgelegt werden.

B. Einzelheiten

I. Einfache Mehrheit der abgegebenen Stimmen (Abs. 1 Hs 1). Rechtlich wirksam (konstitutiv) werden 3
Hauptversammlungsbeschlüsse erst mit der ausdrücklichen Feststellung des Hauptversammlungsvorsitzenden, dass die Beschlüsse mit dem näher bezeichneten Inhalt zustande gekommen sind bzw der Antrag (der Verwaltung oder anderer) angenommen wurde. Auch die Ablehnung bzw das Nichtzustandekommen sind ausdrücklich festzustellen.[5] Der Beschluss ist nach hM ein Rechtsgeschäft eigener Art.[6]
Es greifen für den Beschluss als solchen jedoch die Vorschriften über die Willenserklärung, insb. die §§ 119 ff BGB, nicht ein. Nichtigkeit und Anfechtbarkeit ergeben sich nur aus den §§ 241 ff. Anwendbar sind jedoch die §§ 141 Abs. 1 und 139 BGB, da diese Komplexe in den §§ 241 ff nicht geregelt werden.[7]
In § 133 Abs. 1 fordert das Gesetz für das Zustandekommen von Hauptversammlungsbeschlüssen die **ein-** 4
fache Mehrheit der abgegebenen Stimmen, dh, eine Stimme Vorsprung genügt. Bei Stimmengleichheit liegt kein Beschluss vor, Stimmenthaltungen sind nicht mitzuzählen.[8] Bei der Zählung von Ja- und Nein-Stimmen sind nur gültige Stimmen zu berücksichtigen. Für Aktien, die mit einem Stimmverbot (§ 136) bzw Stimmverlust (§§ 21 Abs. 4, 71 b, §§ 21 ff WpHG) belegt sind, kann eine gültige Stimme nicht abgegeben werden.[9] Hat der Versammlungsleiter unzutreffend eine Beschlussfassung entgegen der – zulässig – abgegebenen Stimmenmehrheit festgestellt, ist der Beschluss gleichwohl wie vom Versammlungsleiter festgestellt und in die Niederschrift aufgenommen zustande gekommen. Er ist nicht nichtig, sondern nur anfechtbar.[10]
Beschlüsse setzen einen **Antrag** voraus, der zur Beschlussfassung vorgeschlagen wird, sei es durch die Ver- 5
waltung (§ 124 Abs. 3) oder durch die Aktionäre nach §§ 122 Abs. 2, 126 Abs. 1 bzw Anträge aus der Mitte der Hauptversammlung (§ 124 Abs. 4 S. 2).[11]
Wird von Hauptversammlungsleiter ein Beschluss ohne vorherigen Antrag zur Abstimmung gestellt, der die erforderliche Mehrheit findet und vom Hauptversammlungsleiter festgestellt wird, liegt ein – wenn auch anfechtbarer – Beschluss vor.[12]
Minderheitsverlangen (§§ 129 Abs. 1 S. 2, 122 Abs. 1 und 2, 137, 138 S. 3) und Übergehen eines Antrags haben mangels Willensbildung der Hauptversammlung keine Beschlussqualität.[13]
Es besteht kein Bedürfnis für die Anerkennung sog. Scheinbeschlüsse,[14] da diese mangels formellen Beschlusses einer Hauptversammlung keine Wirksamkeit entfalten.
Die **Formulierung des Antrags** entscheidet über die Wirkung des Beschlusses (positiver oder negativer Be- 6
schluss).[15] So ist zum Beispiel bei dem Vorschlag, die Entlastung zu verweigern, (§ 120) der Antrag so zu formulieren, dass damit bei positiver Beschlussfassung das Abstimmungsergebnis keinen Zweifel am Willen der Hauptversammlung und der Aktionäre lässt. Ist der Antrag zu kompliziert oder falsch formuliert, kann fraglich sein, ob tatsächlich das Gewollte beschlossen wurde. Ist der Wille der HV nicht klar erkennbar,

---

1 BGBl. I 1960 S. 585.
2 BGBl. I 2008 S. 2369.
3 Nach dem Urteil des EuGH v. 22.10.2013 – C-95/12, NZG 2013, 1308 ist die herabgesetzte Sperrminorität europarechtlich zulässig.
4 K. Schmidt/Lutter/*Spindler*, Rn 7 mwN.
5 Vgl jetzt den neugefassten § 130 Abs. 2.
6 Hölters/*Hirschmann*, Rn 3; *Hüffer*, Rn 4 mwN; unklar BGHZ 124, 111, 122.
7 K. Schmidt/Lutter/*Spindler*, Rn 2 mwN.
8 *Hüffer*, Rn 12.
9 Zu § 28 WpHG: LG Hamburg DB 2002, 1823.
10 LG Berlin ZIP 2012, 1034.
11 *Hüffer*, Rn 9.
12 K. Schmidt/Lutter/*Spindler*, Rn 11 mwN.
13 Spindler/Stilz/*Rieckers*, Rn 8; K. Schmidt/Lutter/*Spindler*, Rn 5 mwN.
14 Spindler/Stilz/*Rieckers*, Rn 8; K. Schmidt/Lutter/*Spindler* Rn 5; MüKo-AktG/*Schroer*, Rn 12 mwN.
15 *Hüffer*, Rn 10.

drohen Anfechtungsrisiken. Stehen mehrere Anträge zum gleichen Gegenstand zur Abstimmung, so entscheidet die Satzung oder ggf die Geschäftsordnung der Hauptversammlung, bei Fehlen entsprechender Regelungen der Versammlungsleiter über die Reihenfolge.[16]

7 Die Stimmabgabe ist **Willenserklärung**,[17] die mit Zugang beim Hauptversammlungsleiter wirksam wird; dabei ist aber zu beachten, dass die Abstimmungshelfer Empfangsvertreter sind (§ 164 Abs. 3 BGB). Mit der Abgabe der Stimme (Stimmkartenabschnitt) an den Abstimmungshelfer ist damit der persönlich teilnehmende Aktionär an seine Willenserklärung gebunden, der Online-Aktionär, sobald seine Online-Erklärung in den entsprechenden Account der Gesellschaft eingegeben wurde, der Briefwahlaktionär, sobald seine Erklärung der Gesellschaft (auch elektronisch) zugegangen ist (§ 130 BGB).[18]
Eine Anfechtung nach den §§ 118 ff BGB soll möglich sein, der Widerruf nur bei wichtigem Grund.[19] Es erscheint sachgerecht, diese Möglichkeiten nur noch während der laufenden Hauptversammlung zuzulassen[20] und im Übrigen den Aktionär auf die Anfechtungsklage zu verweisen, wenn die gegenständliche Stimmabgabe sich auf das Beschlussergebnis ausgewirkt hat.[21]
Wirksam abgegebene Stimmen sind nur solche, die in den zur Abstimmung vorgesehenen Räumen des Hauptversammlungslokals abgegeben werden. Für die Online-Stimmabgabe und die Briefwahl sind entsprechend in der Einladung die „Zugangsorte" für die Willenserklärungen (E-Mail-Adresse, Fax Adresse) anzugeben; beim Bildschirmdialog sind auch hier die entsprechenden Zugangsdaten zu veröffentlichen.

8 Über das **Abstimmverfahren** sagt das Gesetz selbst nichts, sondern verweist auf die Satzung (§ 134 Abs. 4). In Betracht kommen nach Entscheidung des Hauptversammlungsleiters,[22] gestützt ggf auf entsprechende Satzungsermächtigungen, das Additionsverfahren, bei dem die Zahl der Ja-Stimmen und die Zahl der Nein-Stimmen ermittelt werden, sowie nach hM[23] auch das Subtraktionsverfahren. Bei diesem wird die Zahl der Enthaltungen und der Nein-Stimmen von der Zahl der präsenten Aktionäre abgezogen, die Differenz ist die Zahl der Ja-Stimmen. Das Subtraktionsverfahren setzt allerdings eine hinreichend sichere Präsenzermittlung bei jedem einzelnen Abstimmungspunkt voraus.[24] Im Hinblick auf den Wortlaut „Mehrheit der abgegebenen Stimmen" ist die Subtraktionsmethode jedoch nur zulässig, wenn man die Nichtabgabe einer Stimme als konkludente Stimmabgabe ansieht,[25] was nicht zwingend geboten erscheint.[26] Es ist allerdings angebracht, dass der Versammlungsleiter vor der Abstimmung hinreichend deutlich macht, dass der Nichtabgabe einer Stimme hier ein Erklärungswert beigemessen wird.[27] Jedenfalls bei Hauptversammlungen mit der Möglichkeit der Online-Teilnahme dürfte die Subtraktionsmethode ausscheiden,[28] da die Präsensliste bei vorübergehender Abwesenheit vom Bildschirm sich kaum sicher führen lässt. Um Anfechtungsrisiken zu vermeiden, sollte daher auf die Subtraktionsmethode verzichtet werden, da angesichts inzwischen gegebener Möglichkeiten von elektronischen Stimmabgabesystemen[29] die Auszählung auch bei einer hohen Anzahl von Stimmabgaben unproblematisch ist.
Die Bedenken, die das BVerfG[30] gegen die Verwendung von **Wahlcomputern** bei der Wahl zum 16. Deutschen Bundestag geäußert hat, können nicht auf Abstimmungen in der Hauptversammlung einer Aktiengesellschaft übertragen werden. Hier geht es um die Willensbildung in einer privaten Vereinigung, die an die Wahlprinzipien des Grundgesetzes weder unmittelbar noch mittelbar gebunden ist, sondern maßgeblich sind nur die aktienrechtlichen Bestimmungen. Diese führen aber zur Statthaftigkeit der Stimmabgabe in elektronischer Form. Nach Art. 8 der Aktionärsrechte-Richtlinie[31] muss das nationale Recht Möglichkeiten vorsehen, um die Hauptversammlung für die Teilnahme und für die Ausübung der Aktionärsrechte auf elektronischem Weg zu öffnen. Vor diesem Hintergrund erkennt seit dem ARUG[32] auch der nationale Gesetzgeber die Online-Teilnahme und die (elektronisch durchführbare) Briefwahl an (§ 118). Dann muss

---

16 OLG Hamburg DB 1981, 80, 82; LG Hamburg AG 1966, 233.
17 *Hüffer*, Rn 18 mwN.
18 *Noack*, NZG 2008, 441, 445; BegrRegE ARUG, BT-Drucks. 16/11642, S. 26/27: Online-Abstimmung ist Erklärung unter Anwesenden, Briefwahl unter Abwesenden.
19 Spindler/Stilz/*Rieckers*, Rn 21, K. Schmidt/Lutter/*Spindler*, Rn 18 mwN; kritisch zum Widerrufsrecht Hölters/*Hirschmann*, Rn 20; *Messer*, FS Fleck 1988, S. 221, 228 f.
20 Spindler/Stilz/*Rieckers*, Rn 21; *Butzke*, S. 177.
21 Hölters/*Hirschmann*, Rn 20; Spindler/Stilz/*Rieckers*, Rn 21; *Butzke*, S. 177.
22 Vgl hierzu *v. d. Linden*, NZG 2012, 930 ff, der wohl mit zutr. Begründung bei Fehlen einer Satzungsregelung dem Versammlungsleiter die alleinige Kompetenz hierfür zuweist; aA K. Schmidt/Lutter/*Spindler*, Rn 22 mwN.
23 K. Schmidt/Lutter/*Spindler*, Rn 24; Hölters/*Hirschmann*, Rn 29 mwN.
24 OLG Hamm AG 2004, 38 = NZG 2003, 924; die BegrRegE ARUG, BT-Drucks. 16/11642, S. 26/27, hält auch bei Online-Abstimmung die Anwendung des Subtraktionsverfahrens für unproblematisch möglich.
25 So BGH NJW 2002, 3629 zur Anwendung der Subtraktionsmethode bei einer Wohnungseigentümergemeinschaft.
26 Kritisch hierzu mit beachtlichen Gründen aus sozialpsychologischer Sicht *Watzka* in FAZ v. 23.5.2012, S. 19.
27 Nach der Entscheidung des BGH v. 8.10.2013 – II ZR 329/12, BeckRS 2013,19261, dürfte es nunmehr unerheblich sein, ob dieser Hinweis außerhalb des eigentlichen Versammlungsraums zu verstehen ist.
28 AA Spindler/Stilz/*Rieckers*, Rn 27 unter Hinweis auf BegrRegE, BT-Drucks. 16/11642 S. 38.
29 Vgl hierzu *Pickert* in: J.Semler/Volhard, Arbeitshandbuch HV, § 11 Rn 243 ff.
30 BVerfGE 123, 39.
31 EU-R 2007/36, ABl.EG Nr. L 184 v. 14.7.2007, S. 17.
32 BGBl. I 2009, 2479.

auch eine elektronisch gestützte Stimmabgabe durch diejenigen Aktionäre möglich sein, die in der Präsenzhauptversammlung anwesend sind und deren Verlauf unmittelbar verfolgen.[33]

II. Größere Mehrheiten nach Gesetz und Satzung (Abs. 1 Hs 2); weitere Erfordernisse. Das Gesetz fordert nur in wenigen Normen eine **größere Stimmenmehrheit** als die einfache des § 133 Abs. 1 Hs 1. Dies gilt zunächst für satzungsändernde Beschlüsse (§ 179 Abs. 2 S. 1) sowie für Kapitalmaßnahmen (Kapitalerhöhungen (§ 182 Abs. 1 S. 1), bedingte Kapitalerhöhungen (§ 193 Abs. 1 S. 1), Schaffung genehmigten Kapitals (§ 202 Abs. 2 S. 2), Begebung von Wandelschuldverschreibungen (§ 221 Abs. 1 S. 2), Kapitalherabsetzungen (§§ 222 Abs. 1 S. 1, 229 Abs. 3, 237 Abs. 2 S. 1). Eine solche qualifizierte Kapitalmehrheit ist darüber hinaus in Fällen erforderlich, deren Bedeutung einer Satzungsänderung oder einer Kapitalmaßnahme gleichkommt (Zustimmung zu Verträgen, die eine Nachgründung darstellen (§ 52 Abs. 5 S. 1), Auflösung der Gesellschaft (§ 262 Abs. 1 Nr. 3) und Fortsetzung einer bereits aufgelösten Gesellschaft (§ 274 Abs. 1 S. 2), Zustimmung zu Abschluss und Änderung von Unternehmensverträgen (§§ 293 Abs. 1 S. 2, 295 Abs. 1 S. 2), Eingliederung (§§ 319 Abs. 2 S. 2, 320 Abs. 1 S. 3). Zu beachten ist, dass es sich in diesen Fällen um ein zusätzliches Mehrheitserfordernis, nicht jedoch um eine Modifikation des allgemeinen, in § 133 Abs. 1 geregelten Mehrheitserfordernisses handelt. Daher ist neben der qualifizierten Kapitalmehrheit stets auch die einfache Mehrheit gemäß Abs. 1 erforderlich.

Meist wird vom Gesetz neben der 3/4-Mehrheit eine **zusätzliche Kapitalmehrheit** gefordert (so zB in §§ 179 Abs. 1, 293 Abs. 1). Beide Mehrheiten sind dann kumulativ erforderlich.[34]

Aufgrund noch bestehender Höchststimmrechte und Mehrstimmrechte[35] kann es daher im Einzelfall vorkommen, dass zwar die erforderliche Kapitalmehrheit zustande kommt, nicht jedoch die einfache Mehrheit der abgegebenen Stimmen. Ausschließlich eine Kapitalmehrheit ist nur bei der Abschaffung von Mehrstimmrechtsaktien gefordert (§ 5 Abs. 1 und 2 EGAktG).

Für manche Beschlüsse gelten **zusätzliche Gültigkeitsvoraussetzungen**, wie zB die Einholung des Sonderbeschlusses nach § 138 oder, dass kein vom Gesetz zugelassener Widerspruch einer Aktionärsminderheit zu Protokoll erklärt wird (von 10 % des Grundkapitals bei §§ 50 Abs. 1, 93 Abs. 4 S. 3, 116, 117 Abs. 4 bzw von 10 % des bei der Beschlussfassung vertretenen Grundkapitals bei § 309 Abs. 3 S. 1, § 317 Abs. 4).

Weitere Beschlusserfordernisse der Satzung könnten ein höheres Mehrheitserfordernis und ein Mindestquorum für die Beschlussfähigkeit der Hauptversammlung sein.[36] Im Ausland (Frankreich, Italien, Spanien) ist dies vielfach üblich, nicht so bei deutschen Publikumsgesellschaften. Eine Herabsetzung des gesetzlichen Gebots einfacher Stimmenmehrheit lässt das AktG grundsätzlich nicht zu, wohl aber – in Einzelfällen wie bei § 103 Abs. 1 S. 3 – eine Reduktion gesetzlich vorgegebener höherer Mehrheiten, nicht jedoch weniger als die einfache Mehrheit.[37]

III. Wahlentscheidungen (Abs. 2). Für Wahlen (zum Aufsichtsrat oder als Prüfer) besteht eine **satzungsoffene Regelung des Gesetzes**. In aller Regel genügt hier die einfache Stimmenmehrheit des Abs. 1, jedoch kann die Satzung von der Einstimmigkeit bis zur relativen Mehrheit alle Erfordernisse eigenständig regeln.[38] Abs. 2 gilt für alle Wahlen, die die Hauptversammlung durchzuführen hat, also für die Wahl des Aufsichtsrats ebenso wie für die Wahl der Abschlussprüfer. Für die Wahl von Sonderprüfern ist dagegen gemäß § 142 Abs. 1 S. 1 zwingend die einfache Mehrheit erforderlich.

Es muss aber eine Wahlentscheidung der Hauptversammlung sein; Losentscheid oder Stichentscheid des Hauptversammlungsleiters sind nicht zulässig.[39]

Strittig ist auch, ob Verhältniswahlen zulässig sind. Die früher herrschende Meinung lehnte dies ab.[40] Die völlig offene Formulierung von Abs. 2 lässt aber jede andere Bestimmung durch Satzung zu. Deshalb ist eine Verhältniswahl als zulässig anzusehen.[41]

Bei der Listenwahl ist der Aktionär gezwungen, die gesamte Liste abzulehnen, wenn er mit einem Kandidaten nicht einverstanden ist. Dem LG München I[42] ist zuzustimmen, dass eine Listenwahl nur dann für zulässig ist, wenn kein Aktionär dem widerspricht.[43]

---

33 So auch *v. d. Linden*, NZG 2012, 930, 931 f.
34 *Hüffer*, Rn 13; Hölters/*Hirschmann*, Rn 31 ff.
35 Mehrstimmrechte wurden 1998 durch das KonTraG (BGBl I 1998 S. 786) abgeschafft und § 12 entsprechend geändert. Eine Übergangsfrist lief gemäß § 5 Abs. 1 EGAktG am 1.6.2003 ab. Jedoch konnte die Hauptversammlung (ohne Beteiligung der Mehrstimmberechtigten) das Fortbestehen der Mehrstimmrechte beschließen.
36 *Hüffer*, Rn 8; Hölters/*Hirschmann*, Rn 35.
37 Hölters/*Hirschmann*, Rn 35.
38 *Hüffer*, Rn 32 mwN.
39 *Hüffer*, Rn 33; Hölters/*Hirschmann*, Rn 46; differenzierend, ob ein Aktionär die Versammlung leitet, K. Schmidt/Lutter/*Spindler*, Rn 51 mwN.
40 KölnKomm-AktG/*Martens*, § 101 Rn 14.
41 *Hüffer*, Rn 33; Hölters/*Hirschmann*, Rn 47; Spindler/Stilz/*Rieckers*, Rn 56.
42 NZG 2004, 626: zustimmend Großkomm-AktienR/*Meyer-Landrut*, Rn 4; *Henze*, BB 2005, 165; aA Spindler/Stilz/*Rieckers*, Rn 58.
43 BGH NZG 2003, 1023 für die Blockabstimmung über gleich gelagerte Sachverhalte (Unternehmensverträge).

Wurde vom Versammlungsleiter auf die Listenwahl hingewiesen und hat kein Aktionär widersprochen, ist die Listenwahl zulässig.[44]

Anerkannt ist, dass durch Mehrheitsbeschluss der Hauptversammlung in jedem Fall die Einzelwahl erzwungen werden kann.[45]

§ 134 Stimmrecht

(1) [1]Das Stimmrecht wird nach Aktiennennbeträgen, bei Stückaktien nach deren Zahl ausgeübt. [2]Für den Fall, daß einem Aktionär mehrere Aktien gehören, kann bei einer nichtbörsennotierten Gesellschaft die Satzung das Stimmrecht durch Festsetzung eines Höchstbetrags oder von Abstufungen beschränken. [3]Die Satzung kann außerdem bestimmen, daß zu den Aktien, die dem Aktionär gehören, auch die Aktien rechnen, die einem anderen für seine Rechnung gehören. [4]Für den Fall, daß der Aktionär ein Unternehmen ist, kann sie ferner bestimmen, daß zu den Aktien, die ihm gehören, auch die Aktien rechnen, die einem von ihm abhängigen oder ihn beherrschenden oder einem mit ihm konzernverbundenen Unternehmen oder für Rechnung solcher Unternehmen einem Dritten gehören. [5]Die Beschränkungen können nicht für einzelne Aktionäre angeordnet werden. [6]Bei der Berechnung einer nach Gesetz oder Satzung erforderlichen Kapitalmehrheit bleiben die Beschränkungen außer Betracht.

(2) [1]Das Stimmrecht beginnt mit der vollständigen Leistung der Einlage. [2]Entspricht der Wert einer verdeckten Sacheinlage nicht dem in § 36 a Abs. 2 Satz 3 genannten Wert, so steht dies dem Beginn des Stimmrechts nicht entgegen; das gilt nicht, wenn der Wertunterschied offensichtlich ist. [3]Die Satzung kann bestimmen, daß das Stimmrecht beginnt, wenn auf die Aktie die gesetzliche oder höhere satzungsmäßige Mindesteinlage geleistet ist. [4]In diesem Fall gewährt die Leistung der Mindesteinlage eine Stimme; bei höheren Einlagen richtet sich das Stimmverhältnis nach der Höhe der geleisteten Einlagen. [5]Bestimmt die Satzung nicht, daß das Stimmrecht vor der vollständigen Leistung der Einlage beginnt, und ist noch auf keine Aktie die Einlage vollständig geleistet, so richtet sich das Stimmverhältnis nach der Höhe der geleisteten Einlagen; dabei gewährt die Leistung der Mindesteinlage eine Stimme. [6]Bruchteile von Stimmen werden in diesen Fällen nur berücksichtigt, soweit sie für den stimmberechtigten Aktionär volle Stimmen ergeben. [7]Die Satzung kann Bestimmungen nach diesem Absatz nicht für einzelne Aktionäre oder für einzelne Aktiengattungen treffen.

(3) [1]Das Stimmrecht kann durch einen Bevollmächtigten ausgeübt werden. [2]Bevollmächtigt der Aktionär mehr als eine Person, so kann die Gesellschaft eine oder mehrere von diesen zurückweisen. [3]Die Erteilung der Vollmacht, ihr Widerruf und der Nachweis der Bevollmächtigung gegenüber der Gesellschaft bedürfen der Textform, wenn in der Satzung oder in der Einberufung auf Grund einer Ermächtigung durch die Satzung nichts Abweichendes und bei börsennotierten Gesellschaften nicht eine Erleichterung bestimmt wird. [4]Die börsennotierte Gesellschaft hat zumindest einen Weg elektronischer Kommunikation für die Übermittlung des Nachweises anzubieten. [5]Werden von der Gesellschaft benannte Stimmrechtsvertreter bevollmächtigt, so ist die Vollmachtserklärung von der Gesellschaft drei Jahre nachprüfbar festzuhalten; § 135 Abs. 5 gilt entsprechend.

(4) Die Form der Ausübung des Stimmrechts richtet sich nach der Satzung.

A. Grundlagen

1 **I. Inhalt und Zweck.** Die Norm regelt insgesamt Entstehung, Umfang und Ausübung des Stimmrechts sowie die Stimmkraft. Dabei wird ein Bestehen des Stimmrechts grundsätzlich vorausgesetzt. Stimmrechtslose Vorzugsaktien (§§ 139 ff) werden nicht vom Regelungsgehalt der Norm erfasst.

2 In Abs. 1 und Abs. 2 wird gesetzlich die Stimmkraft der Aktionäre nach voll- und teileingezahlten Aktien vorgegeben. Dies soll den Aktionär dazu animieren, seine Einlagen zeitnah und vollständig zu leisten.[1]
Für nicht börsennotierte AGs wird weiterhin die Möglichkeit von Höchststimmrechten eingeräumt.

3 Abs. 3 lässt die Stimmrechtsvertretung durch Bevollmächtigte generell zu und regelt neu in Abs. 3 S. 3 die Form der Vollmacht samt den Möglichkeiten der satzungsmäßigen Erleichterungen hierzu. Im Übrigen

---

44 BGH NJW 2003, 3412, 3413.
45 Spindler/Stilz/*Rieckers*, Rn 58.

1 Siehe dazu Beschluss des Rechtsausschusses zum ARUG, BT-Drucks. 16/13 098, S. 57, 58.

wird insoweit auf die für Kreditinstitute geltenden Regelungen des § 135 verwiesen, während § 134 Abs. 4 für die Form der Stimmrechtsausübung auf Satzungsregelungen verweist.[2]

Seit dem NaStraG[3] sieht Abs. 3 die Möglichkeit vor, das Stimmrecht durch von der Gesellschaft benannte Vertreter ausüben zu lassen. Dabei Abs. 3 wird durch die besonderen Regeln in § 135 ergänzt, der die Ausübung des Stimmrechts durch geschäftsmäßig handelnde Stimmrechtsvertreter und Kreditinstitute regelt.

II. Stimmrecht. Das Stimmrecht ist ein **unveräußerlicher Teil der** durch die Aktie verkörperten **Mitgliedschaft** (§ 12 Abs. 1 S. 1).[4] Eine Pflicht zur Ausübung – wie auch eine Pflicht zur Hauptversammlungsteilnahme – besteht nicht.

Das Recht zur Ausübung des Stimmrechts kann jedoch fehlen, weil das Stimmrecht ruht (§§ 20 Abs. 7, 21 Abs. 4, 71 b, 71 d, § 28 WpHG, § 59 S. 1 WpÜG) oder ausgeschlossen ist (§§ 136, 142 Abs. 1 S. 3, 328). Durch die Satzung kann das Stimmrecht als Strafe für Satzungsverstöße nicht entzogen werden.[5]

B. Einzelheiten

I. Stimmrecht nach Nennbeträgen oder Anzahl der Aktien (Abs. 1 S. 1). Abs. 1 S. 1 entspricht dem gesetzlichen Regelfall (§ 12 Abs. 1 S. 1), die **vollständige Leistung** der **Einlage** (Nennbetrag bzw anteiliger Betrag des Grundkapitals) wird vorausgesetzt (Abs. 2 S. 1). Unbeachtlich ist, woran die Unvollständigkeit der Leistung der Einlage liegt.[6]

Soweit es noch Nennbetragsaktien mit unterschiedlichen Nennbeträgen gibt (zB 5-Euro-Nennbetragsaktien, 50-Euro-Nennbetragsaktien, 100-Euro-Nennbetragsaktien), richtet sich das Stimmrecht nach dem niedrigsten Nennbetrag (zB 5 EUR ist eine Stimme, 50 EUR zehn Stimmen, 100 EUR 20 Stimmen). In aller Regel wird dies in der Satzung geregelt (zB „je 5 EUR Nennbetrag gewähren eine Stimme").

Mehrstimmrechtsaktien sind unzulässig (§ 12 Abs. 2), noch vorhandene erloschen am 1.6.2003, wenn sie nicht bis dahin durch ausdrückliche Beschlussfassung der HV aufrechterhalten wurden. (§ 5 Abs. 1, Abs. 2 EGAktG).

II. Höchststimmrecht (Abs. 1 S. 2 bis 5). Höchststimmrechte bei börsennotierten (§ 3 Abs. 2) Gesellschaften gab es nur bis zum 1.6.2000.

Die aktuelle Fassung des Gesetzes sieht **Höchststimmrechte nur bei nicht börsennotierten Gesellschaften** vor, wenn die Satzung dies ausdrücklich bestimmt. Es ist nicht möglich, nur einzelne Aktionäre einem Höchststimmrecht zu unterwerfen (S. 5).[7] Eine gattungsmäßige Bestimmung für Höchststimmrechte ist zulässig, aber nur bei mehreren Gattungen von stimmberechtigten Aktien sinnvoll.[8] Höchststimmrechtsregelungen sind nur durch Satzung möglich, dh, sie fallen in die ausschließliche Zuständigkeit der HV.[9]

Eine **nachträgliche Einschränkung** der Stimmkraft durch Einführung eines Höchststimmrechts ist zulässig, eines Sonderbeschlusses der zu beschränkenden Aktionäre bedarf es nicht.[10]

In aller Regel orientiert sich der Höchstbetrag an Prozentsätzen vom Grundkapital, möglich ist aber auch eine Festlegung nach Stimmenanzahl oder nach Köpfen.[11] Abstufungen erfolgen zB durch gestaffelte Stimmrechtsgewährung (zB für die ersten tausend Aktien 100 Stimmen, für die nachfolgenden tausend Aktien je 50 Stimmen). Unzulässig ist dagegen eine Abstufung in umgekehrter Richtung, dh ein steigendes Stimmgewicht mit steigender Aktienanzahl. Dies würde im Ergebnis nicht zu Höchst-, sondern zu Mehrstimmrechten führen. Ein Höchststimmrecht auch in der Weise bestimmt werden, dass höchstens eine Stimme ausgeübt werden kann, womit de facto nach Köpfen abgestimmt wird.[12]

Die Satzung kann **verschiedene Maßstäbe kombinieren** und Höchststimmrechte nur bei bestimmten Beschlüssen anordnen.[13] Ein Hauptversammlungsbeschluss, der die Einführung, Abschaffung oder Änderung von Höchststimmrechten zum Inhalt hat, ist vom Vorstand unverzüglich (§ 121 Abs. 1 S. 1 BGB) zur Eintragung anzumelden,[14] weil die Anmeldung – quasi als Vorratsbeschluss – nicht in das Ermessen des Vorstandes gestellt werden darf.

Die Satzung – und nur diese – kann gem. § 134 Abs. 1 S. 3 und 4 vorsehen, dass dem stimmbeschränkten Aktionär auch die **Aktien** anderer **zugerechnet** werden, die für seine Rechnung Dritten gehören. In Betracht

---

2 Besonderheiten enthält insoweit das VW-Gesetz (Gesetz über die Überführung der Anteilsrechte an der Volkswagenwerk GmbH in private Hand vom 21.7.1960, BGBl. I S. 585) in § 3.
3 Gesetz zur Kontrolle und Transparenz im Unternehmensbereich (KonTraG) vom 27.4.1998, BGBl. I S. 786 ff.
4 Eine Trennung von Aktie und Stimmrecht ist unzulässig, statt aller: *Hüffer*, § 133 Rn 17.
5 *Hüffer*, AktG, 10. Aufl. § 134 Rn 1; *Hirschmann* in Hölters, AktG, § 134 Rn 6 mwN.
6 MüKo-AktG/*Schröer*, Rn 4; aA *Hüffer*, Rn 16, der voraussetzt, dass der Vorstand die Leistung der Einlage eingefordert haben muss.

7 *Zöllner/Noack*, AG 1991, 117.
8 *Hüffer*, Rn 14 mwN.
9 *Hüffer*, Rn 7; MüKo-AktG/*Schröer*, Rn 12.
10 BGH NJW 1978, 540 (Mannesmann); *Hüffer*, Rn 8; MüKo-AktG/*Schröer*, Rn 22 ff mwN; aA KölnKomm-AktG/*Zöllner*, Rn 48; *Immenga*, BB 1975, 1042.
11 Beispiele bei MüHb-AG/*Semler*, § 38 Rn 8; *Hüffer* Rn 6.
12 Spindler/Stilz/*Rieckers*, Rn 15 mwN.
13 MüKo-AktG/*Schröer*, Rn 11.
14 LG Frankfurt/M. AG 1990, 169.

kommen hier Auftrag, Geschäftsbesorgung und Kommissionsgeschäfte (§ 662 ff, 675 BGB, § 383 ff, 406 HGB).[15]

16 Unternehmen und natürlichen Personen, bei denen neben den Beteiligungsinteressen noch andere wirtschaftliche Interessenbindungen bestehen,[16] werden (Abs. 1 S. 4) auch die Aktien zugerechnet, die einem anderen Unternehmen im Abhängigkeits- oder Beherrschungsverhältnis (§ 17) oder in einer Konzernbindung zustehen. Mehrheitsbeteiligungen allein stellen bei Widerlegung gemäß § 17 Abs. 2 keine Konzernbindung her.[17]

17 Die von der Satzung selbst[18] festzulegenden Zurechnungstatbestände stellen einen **abstrakten Umgehungsschutz** gegen das Höchststimmrecht dar, auf die Umgehung im Einzelfall kommt es nicht an.[19]

18 **Stimmbindungsverträge** (Konsortialverträge, Poolverträge) sind keine Umgehung,[20] können aber von der Satzung als solche erfasst werden.[21] In Stimmbindungsverträgen können sich Aktionäre verpflichten, ihre Stimmrechte durch Absprachen zur Sicherung ihres Einflusses auszuüben.[22] Auch können mithilfe solcher Verträge Ausschlusstatbestände für die Zurechnung von Stimmrechten geschaffen werden, die zur Vermeidung einer Konsolidierung nach § 290 HGB führen.[23]

19 Stimmbindungsverträge haben **rein schuldrechtlichen Charakter** und wirken nur zwischen den Parteien.[24] Sie sind grundsätzlich nur zwischen Aktionären zulässig,[25] da sonst Stimmrecht und Kapitalanteil unzulässig getrennt würden.[26]

20 Stimmbindungsverträge, die gegen § 136 Abs. 2 verstoßen, sind ebenso nichtig wie Stimmenkauf im Sinne des § 405 Abs. 3 Nr. 6 und 7.[27] Wahlabsprachen unter Aktionären fallen nicht hierunter.[28]

21 Nach herrschender Meinung begründet der Stimmbindungsvertrag einen einklagbaren und nach § 894 ZPO (Vollstreckung hinsichtlich einer Willenserklärung) vollstreckbaren Anspruch.[29] Die praktische Durchsetzung wird jedoch regelmäßig daran scheitern, dass die Stimmabgabe (Willenserklärung) nur in der Hauptversammlung erfolgen kann und damit orts- und neuerdings zumindest zeitgebunden ist.[30]

22 Soweit das Gesetz und/oder die Satzung eine Kapitalmehrheit festlegen, bleiben die Stimmrechtsbeschränkungen außer Betracht, das **Kapitalgewicht bleibt unverändert** (Abs. 1 S. 6).

23 **III. Stimmrecht bei Teilleistung der Einlage (Abs. 2).** Die Stimmrechtsausübung nach Nennbetrag oder Aktienzahl setzt die vollständige Leistung der Einlage (einschließlich Agio) voraus. Eine Ausnahme von diesem Grundsatz enthält Abs. 2 S. 2. Aktien, die infolge einer verdeckten Sacheinlage entstanden sind, verkörpern auch dann ein Stimmrecht, wenn der Wert der verdeckten Sacheinlage niedriger ist als der nach § 36a Abs. 2 S. 2 verlangte Wert, dh der geringste Ausgabebetrag zuzüglich eines eventuellen Agios. Dies gilt allerdings nicht, wenn der Wertunterschied offensichtlich ist, wobei der dies Behauptende die Beweislast hat.[31] Die aus der Reform des GmbH-Rechts (MoMiG) bekannten Grundsätze der verdeckten Sacheinlage und des Hin- und Herzahlens wurden in das Aktienrecht (§§ 33 a ff) übernommen. Wie im GmbH-Recht gilt auch hier das Alles-oder-Nichts-Prinzip, so dass die in § 27 Abs. 4 vorgesehene Privilegierung bei Hin- und Herzahlen oder bei verdeckten Sachanlagen nur gilt, wenn der Rückgewähranspruch vollwertig ist.[32] Für die Stimmkraft des dennoch Abstimmenden ergibt sich damit die auch für den Versammlungsleiter schwierige Frage, ob die verdeckte Sacheinlage und der auf sie entfallende Wert die Einlagepflicht in vollem Umfang erfüllt haben. Schwierige Bewertungsfragen könnten sich daher im Rahmen der Hauptversammlung stellen, gegebenenfalls müssten vorher aussagekräftige Wertgutachten eingeholt werden; eine Diskussion um die Werthaltigkeit der Sacheinlage auch im Beschlussanfechtungsverfahren wäre nicht auszuschließen.

23a Der Begriff der Offensichtlichkeit ist § 38 Abs. 2 S. 1 entnommen, wobei er auf der Erkenntnis beruht, dass eine exakte, punktgenaue Bewertung einer Sachleistung (außer nach § 33 a) in aller Regel nicht möglich ist. Hält sich daher die Bewertung der Sachleistung innerhalb einer üblichen Bandbreite von Bewertungsdiffe-

---

15 *Hüffer*, Rn 10.
16 *Hüffer*, § 15 Rn 8 f; BGH NJW 1997, 1855 (Volkswagen); BGH NJW 2001, 2973 (MLP).
17 KölnKomm-AktG/*Zöllner*, Rn 44; *Hüffer*, Rn 11 mwN.
18 *Hüffer*, Rn 9 mwN; MüKo-AktG/*Schröer*, Rn 16; zu Gestaltungsspielräumen des Vorstands bei Satzungsstrenge: *Hellermann*, NZG 2008, 561 ff.
19 *Hüffer*, Rn 10, 12; *Kropff*, S. 192.
20 BGH AG 2009, 163; *Hüffer*, § 133 Rn 25 ff; § 134 Rn 12; *Martens*, AG 1993, 495; Schmidt/Lutter/*Spindler*, § 136 Rn 34 ff mwN.
21 *Martens*, AG 1993, 495.
22 Ggf kann es aber zu einem Ruhen des Stimmrechts nach § 28 WpHG kommen, wenn es durch den Stimmbindungsvertrag zu einer Zurechnung nach § 22 Abs. 2 WpHG kommt und Meldepflichten nicht erfüllt werden, vgl hierzu *Merkner/Sustmann*, NZG 2009, 813.
23 *Hüffer*, § 133 Rn 25 ff.
24 *Hüffer*, § 133 Rn 25 ff mwN.
25 *Hüffer*, § 133 Rn 27.
26 *Hüffer*, § 133 Rn 27.
27 *Hüffer*, § 133 Rn 28.
28 *Hüffer*, § 133 Rn 28; MüKo-AktG/*Schröer*, Rn 62 f; KölnKomm-AktG/*Zöllner*, Rn 94; LG Frankfurt/M., Urt. v. 12.8.2008 – 3-05 O 88/08.
29 *Hüffer*, § 133 Rn 29, 30 mwN; BGH NJW 1967, 1963; OLG Köln WM 1988, 974.
30 *Hüffer*, Rn 29, 30 mwN.
31 Beschlussempfehlung des Rechtsausschusses zum ARUG, BT-Drucks. 16/13098, S. 57.
32 Vgl u.a. *Bosse*, NZG 2009, 807, 808.

renzen, so soll dies die Entstehung des Stimmrechts nicht hindern. Damit soll der Versammlungsleiter entlastet und das Beschlussanfechtungsrecht von schwierigen Bewertungsfragen freigehalten werden. Schließlich sei eine offensichtliche Fehlbewertung in aller Regel ohne umfangreiche Feststellungen ersichtlich.[33]
Wenn man davon ausgehen kann, dass der Begriff der Offensichtlichkeit in § 134 Abs. 2 S. 2 von den Gerichten ähnlich interpretiert werden wird, wie der Begriff der offensichtlichen Unbegründetheit in § 246a Abs. 2 Nr. 1, so muss der darlegungs- und beweisbelastete Kläger die grobe Verletzung aller Bewertungsmaßstäbe und das Außerachtlassen aller branchenüblichen Bewertungsverfahrensgrundsätze sowie die völlige Unvertretbarkeit des Ergebnisses vortragen und beweisen, um im Beschlussanfechtungsverfahren Erfolg zu haben. Der Vortrag, eine sach- und regelgerechte Bewertung habe zu fehlerhaften Werten geführt, wird diesen Vorgaben nicht gerecht. Bei der Einbringung von Unternehmen und Unternehmensteilen reicht es nicht aus, die einzelnen Parameter einer Unternehmensbewertung nach den IDW-Grundsätzen[34] anzuzweifeln.

24 Die Satzung, und nur diese, kann festlegen, dass das Stimmrecht schon vor der vollständigen Leistung der Einlage beginnt, sobald die gesetzliche (§ 36a Abs. 1) oder die von der Satzung festgelegte Mindesteinlage gezahlt wurde. Dann richtet sich das Stimmrecht nach diesem Mindestbetrag bzw dem Mehrfachen des geleisteten Mindestbetrags (§ 134 Abs. 2 S. 3).[35] Eine andere Berechnung lässt das Gesetz nicht zu.[36] Die Satzung muss jedoch alle Aktionäre gleich behandeln; Bestimmungen über den früheren Beginn des Stimmrechts für einzelne Aktionäre oder für einzelne Aktiengattungen (scheiden aus Abs. 2 S. 7).

25 Sieht die Satzung nichts vor und existieren ausschließlich teileingezahlte Aktien, so richtet sich das Stimmverhältnis nach den tatsächlich geleisteten Einlagen, wobei die Mindesteinlage eine Stimme gewährt. Diese gesetzliche Ausnahme gilt jedoch nicht mehr, sobald auch nur ein Aktionär seine Einlage vollständig erbracht hat. Dann ist ggf dieser Aktionär als einziger mit der sich aus seiner Beteiligung ergebenden Stimmkraft stimmberechtigt.[37]

26 Ergeben sich in den vorstehenden Fällen Stimmenbruchteile, so werden sie nur berücksichtigt, wenn sie in der Hand eines Aktionärs zu ganzen Stimmen zusammenfallen; ansonsten verfallen sie ersatzlos.[38]

27 Sonderregelungen, bezogen auf einzelne Aktien oder Aktiengattungen, sind **unzulässig**. Eine Vorverlegung der Stimmrechtsentstehung ist nur einheitlich möglich (Abs. 2 S. 6).[39]

28 IV. Ausübung des Stimmrechts durch Dritte (Abs. 3). § 134 Abs. 3 S. 1 lässt die **Stimmrechtsvertretung unbeschränkt** zu. Jede Vollmacht (§§ 164ff BGB) – sei es Innen- oder Außenvollmacht – genügt; § 134 Abs. 3 S. 3 sieht hier für die Vollmacht, ihren Widerruf und den Nachweis der Bevollmächtigung gegenüber die Gesellschaft **nur die Textform** (§ 126b BGB) vor. Hiervon kann die Satzung oder der Einberufende aufgrund einer Ermächtigung durch die Satzung Abweichendes bestimmen, bei **börsennotierten Gesellschaften kommt** jedoch **nur eine Erleichterung in Betracht**. Außerdem ist (§ 134 Abs. 3 S. 4) bei börsennotierten Gesellschaften mindestens ein Weg elektronischer Kommunikation für die Übermittlung des Nachweises (§ 123 Abs. 3) anzubieten.[40]
Eine zeitliche Beschränkung dahin gehend, dass Vollmachten bis zu einem bestimmten Zeitpunkt vor der Hauptversammlung erteilt bzw nachgewiesen sein müssen, ist nicht möglich.[41]
Erschwerungen darf die Satzung **nur bei nicht börsennotierten Gesellschaften** vorsehen.
Bei Übernahmesachverhalten schreibt § 16 Abs. 4 S. 4 WpÜG der Gesellschaft vor, die nach Gesetz und Satzung möglichen Erleichterungen zu gewähren.[42]
Gesetzliche Vertreter eines Aktionärs bedürfen keiner Vollmacht.[43] Prokuristen bedürfen einer schriftlichen Vollmachtsurkunde nur bis zur Eintragung der Prokura ins Handelsregister. Danach gilt § 15 Abs. 2 HGB. Die Vorlage eines Handelsregisterauszugs dient allenfalls zur Legitimation gegenüber der Gesellschaft.
Der Gesetzgeber setzt in § 129 Abs. 3 die Zulässigkeit einer sog. Legitimationsübertragung voraus. Hierbei handelt es sich um die vom Aktieninhaber an einen Nichtaktionär erteilte Ermächtigung, im eigenen Namen das Stimmrecht aus den (fremden) Aktien auszuüben. Zwar handelt der Legitimationsaktionär im ei-

---

33 Beschlussempfehlung des Rechtsausschusses, aaO.
34 Zu der grundsätzlichen Problematik der Bewertung nach dem Ertragswertverfahren gem. IDW vgl LG Frankfurt/M., Beschl. v. 13.3.2009 – 3-5 O 57/06, NZG 2009, 553; im Rechtszug nachgehend OLG Frankfurt, Beschl. v. 3.9.2010 – 5 W 57/09, NZG 2010, 1141, und BVerfG, Beschl. v. 26.4.2011 – 1 BvR 2658/10, NJW 2011, 2497.
35 Beispiele bei MüKo-AktG/*Schröer*, Rn 30; *Hüffer*, Rn 18: Wer eine 5-Euro-Aktie bezahlt hat, hat das Stimmrecht, wer 25 Euro auf eine 100-Euro-Aktie gezahlt hat, hat fünf Stimmrechte.
36 *Hüffer*, Rn 19 mwN.
37 MüKo-AktG/*Schröer*, Rn 31.
38 *Hüffer*, Rn 18 mwN.
39 *Hüffer*, Rn 20.
40 *Zetzsche*, Der Konzern 2008, 3 21, 327; vgl auch BegrRegE ARUG, BT-Drucks. 16/11642, S. 32; *Paschos/Goslar*, AG 2008, 6 105, 611; *Bosse*, NZG 2009, 807, 810 *Paschos/Goslar*, AG 2009, 14, 19.
41 OLG Frankfurt, Urt. v. 15.6.2010 – 5 U 144/09, NZG 2010, 1271; nachfolgend BGH, Urt. v. 19.7.2011 – II ZR 124/10, NZG 2011, 1105; LG Frankfurt/M., Urt. v. 2.5.2012 – 3-05 O 50/12.
42 *Hüffer*, Rn 21 mwN.
43 Bei Gesamtvertretung muss jedoch die vertretungsberechtigter Anzahl gewahrt sein.

genen Namen, jedoch handelt es sich in der Sache um einen Stellvertreter;[44] er wird nicht selbst Inhaber des Stimmrechts, auch wenn ihm zuvor der Besitz an den Aktien übertragen worden sein muss. Hat die Gesellschaft in der Hauptversammlung einen Vertreter eines Aktionärs, der dort angab, Legitimationsaktionär zu sein, und Widerspruch gegen eine Beschlussfassung eingelegt hat, nicht wegen fehlenden Nachweises der Legitimationsübertragung zurückgewiesen, so kann sie im Anfechtungsprozess nicht damit gehört werden, der Aktionär sei mangels Legitimationsübertragung nicht in der Hauptversammlung anwesend gewesen und habe deswegen keinen Widerspruch eingelegt.[45]

29 Die Vollmacht muss zur Stimmvertretung in einer bestimmten Hauptversammlung ermächtigen. Vollmachtserteilung, Widerruf und Fortwirkung einer erteilten Vollmacht richten sich nach BGB (§§ 167 ff BGB), **die Textform** (§ 126 b BGB) ist jedoch **Gültigkeitserfordernis**,[46] es reicht bei der Bevollmächtigung von Stimmrechtsvertretern gem. § 135 jede Form.[47] Die Vollmachten sind mitzuteilen, wobei zB die Präsentation der Vollmacht auf einem Smartphone-Bildschirm, auf dem die per E-Mail erteilte Vollmacht abgebildet ist, genügt.[48] Eine Übergabe zur Verwahrung bei der Gesellschaft kann nicht verlangt werden.[49] Kann der Vertreter die Vollmacht nicht nachweisen, kann er von der Gesellschaft trotzdem zugelassen werden und sich nachträglich legitimieren.[50] Dies birgt jedoch Anfechtungsrisiken, da bei Ausbleiben der Legitimation eine unberechtigte Person an der Hauptversammlung teilgenommen hat.[51] Zudem muss die Vollmacht zum Zeitpunkt der Stimmabgabe bereits erteilt sein, eine nachträgliche Genehmigung ist nicht möglich.

30 **Erleichterungen** kann die Satzung bei **börsennotierten Gesellschaften** insbesondere hinsichtlich der Textform schaffen. Hier ist an Fax, Fernschreiben, E-Mail, Bildschirmdialog und Internet zu denken, insbesondere in Fällen von Übernahmesachverhalten (§ 16 Abs. 4 S. 4 WpÜG).[52] Auch SMS dürfte nicht zu beanstanden sein.[53]

31 Der Aktionär kann **jede Person** seines Vertrauens zum Vertreter **bevollmächtigen**. Die **Satzung kann** allerdings nach herrschender Meinung **Bestimmungen zur Person des Bevollmächtigten enthalten** (nur Mitaktionäre, Angehörige o.Ä.), wenn die Entscheidungsfreiheit des Aktionärs nicht unzumutbar beschränkt wird, so dass der satzungsmäßige Ausschluss von Nicht-Aktionären als Vertreter[54] allenfalls bei Familiengesellschaften und der Ausschluss von Kreditinstituten durch die Satzung praktisch gar nicht angeordnet werden kann.[55] Möglich ist jedoch die satzungsmäßige Begrenzung der Anzahl Stellvertreter auf einen einzigen Vertreter.[56]

Nach Abs. 3 S. 2 hat die Gesellschaft das Recht, einen oder mehrere der Bevollmächtigten zurückzuweisen, wenn der Aktionär mehrere Personen mit der Vertretung seiner Aktien bevollmächtigt hat, so gibt dies der Verwaltung kein beliebiges Recht der Auswahl.[57] Für die Ablehnung von Bevollmächtigten bedarf es eines sachlichen Grundes.[58]

Mehrere Inhaber einer Aktie müssen einen gemeinschaftlichen Vertreter benennen (§ 69 Abs. 1).

32 Die Gesellschaft selbst kann **Stimmrechtsvertreter** (Proxy-Voting) zur Bevollmächtigung vorschlagen. Nach den Regelungen des Deutschen Corporate Governance Kodex (Punkt 2.3.3)[59] soll der Vorstand für die Bestellung eines Vertreters für die weisungsgebundene Ausübung des Stimmrechts der Aktionäre sorgen und

---

44 So auch KölnKomm-AktG/*Noack/Zetzsche*, § 129 Rn 58; aA MühKo-AktG/*Heider*, § 12 Rn 18; *Hüffer*, § 129 Rn 12.
45 LG Frankfurt/M., Urt. v. 18.12.2012 – 3-05 O 96/12, BeckRS 2013, 00145.
46 *Hüffer*, Rn 23; OLG Hamm AG 2001, 146; nach § 3 Abs. 4 S. 1 VW-Gesetz müssen Vollmachtsurkunden Namen und Wohnort des vertretenen Aktionärs sowie den Betrag der Aktien und der Stimmen enthalten, für die Vollmacht erteilt wird.
47 BT-Drucks. 14/4051, S. 15; differenzierend: *Bunke*, AG 2002, 57.
48 MüKo-AktG/*Schröer*, Rn 49.
49 LG Frankfurt/M., Urt. v. 26.8.2008 – 3-05 O 339/07, NZG 2008, 792 (Leica).
50 OLG Düsseldorf AG 1991, 444; *Hüffer*, Rn 24; Hölters/ *Hirschmann*, Rn 47; *Bunke*, AG 2002, 57 mwN.
51 Hier wird es dann darauf ankommen, inwieweit diese unberechtigte Teilnahme für das Ergebnis von Beschlussfassungen relevant gewesen sein kann, so auch Hölters/*Hirschmann*, Rn 47.
52 OLG Koblenz OLGZ 89, 223, 226; OLG Düsseldorf AG 1991, 444; *Hüffer*, Rn 24; Hölters/*Hirschmann*, Rn 47; *Bunke*, AG 2002, 57 mwN.
53 Hölters/*Hirschmann*, Rn 44; *Götze*, NZG 2010, 93, 95; vgl auch OLG Schleswig, Beschl. v. 25.1.2012 – 2 W 57/11, FGPrax 2012, 79, wonach die Einberufung der Mitgliederversammlung eines Vereins durch SMS möglich ist, da damit die Schriftform gewahrt wird; OLG Brandenburg, Beschl. v. 10.12.2012 – 1 Ws 218/12, wonach Berufungseinlegung durch „SMS-to-Fax-Service" zulässig ist.
54 OLG Stuttgart AG 1991, 69; LG Bonn AG 1991; 114, 115.
55 MüKo-AktG/*Kubis*, § 118 Rn 67 mwN.
56 Da das Gesetz in § 134 Abs. 3 S. 2 die Möglichkeit der Zurückweisung gibt, muss auch eine generelle Satzungsregelung zulässig sein.
57 Dafür spricht auch die in der BegrRegE ARUG, BT-Drucks. 16/11642, S. 34 niedergelegte Auffassung, dass bei der Vollmachtserteilung an das Kreditinstitut keinerlei Prüfungsmöglichkeit (etwa hinsichtlich Volljährigkeit, Zuverlässigkeit oder Existenz des Vertreters) hat.
58 Im Anfechtungsverfahren LG Frankfurt/M. (3-05 O 41/12) hatte der klagende Aktionär die Vollmacht für eine Aktie an einen persönlichen Freund und für 18.140 Aktien einem Rechtsanwalt erteilt. Die Gesellschaft ließ nur den Vertreter mit einer Aktie zu und wies den Rechtsanwalt zurück. Wäre der Rechtsanwalt zugelassen worden, wären einige Beschlüsse gegen diese Stimmen nicht gefasst worden. Auf entsprechenden Hinweis des Gerichts an die Beklagte erkannte diese den Klageanspruch an und es erging am 8.5.2012 Anerkenntnisurteil, mit dem diese Beschlüsse für nichtig erklärt wurden.
59 Fassung vom 10.6.2013.

dieser sollte auch während der Hauptversammlung erreichbar sein. Kommt er bei börsennotierten Gesellschaften dem nicht nach, so hat er nach § 161 in seiner jährlichen Entsprechenserklärung darüber zu berichten und sein Verhalten zu begründen.

Die von der Gesellschaft Vorgeschlagenen müssen einen ausreichenden Abstand zum Vorstand haben und die Professionalität, Aktionärsinteressen unabhängig zu verfolgen. Es darf die Benennung durch die Aktiengesellschaft **nicht** zum sog. Verwaltungsstimmrecht und zur **unzulässigen Selbstkontrolle** führen.[60] Dabei ist nicht zu beanstanden, wenn es sich um Mitarbeiter der Gesellschaft handelt.[61] Es ist aber hier wegen der arbeitsrechtlichen Bindung zu fordern, dass dann eine ausdrückliche Stimmrechtsweisung gegeben sein muss.[62] Grundsätzlich wird zwar eine generelle Weisung, im Sinne der Verwaltungsvorschläge genügen,[63] doch fehlt es dann an einer Weisung, wenn zulässigerweise (§ 124 Abs. 3 oder 4 S. 2 bzw Geschäftsordnungsanträge) neue Beschlussanträge in der Hauptversammlung gestellt werden, insb. es wie bei Anträgen auf Sonderprüfung oder Bestellung eines besonderen Vertreters nach § 147 an Verwaltungsvorschlägen fehlt. Ohne eine ausdrückliche Weisung müssen die Stimmen unvertreten bleiben bzw dürfen bei der Stimmzählung nicht berücksichtigt werden.[64]

Abs. 3 S. 3 verlangt die nachprüfbare Festhaltung der Vollmachtserklärung an die Stimmrechtsvertreter für drei Jahre ab dem (letzten) Tag der Hauptversammlung, insbesondere also die elektronische Speicherung. Die Fristberechnung folgt §§ 187 Abs. 1, 188 Abs. 2 BGB, nicht § 121 Abs. 7, der sich nur auf die ab der Hauptversammlung rückwärts zählenden Tagesfristen bezieht. Die Aufbewahrung dient der **Nachprüfbarkeit der Vollmachtserteilung**.

Die Stimmrechtsvollmacht darf nicht zur Umgehung des Abspaltungsverbots erteilt werden. Das Abspaltungsverbot wird verletzt, wenn das Stimmrecht und Gesellschafterstellung auseinanderfallen.[65]

Die Vollmacht erlischt ggf durch Zweckerreichung, Zeitablauf oder Bedingungseintritt. Ist die Vollmacht schriftlich erteilt worden, erlischt sie mit Rückgabe der Vollmachtsurkunde an den Vollmachtgeber (§ 172 Abs. 2). Enthält die Vollmacht selbst keine Bestimmungen über ihr Erlöschen, erlischt sie jedenfalls durch Widerruf. Regelmäßig erlischt die Vollmacht jedenfalls mit dem Tod des Bevollmächtigten (§§ 675 Abs. 1, 673, 168 S. 1 BGB); der Tod des Vollmachtgebers lässt die Vollmacht dagegen grds. unberührt (§§ 675 Abs. 1, 672 S. 1, 168 S. 1 BGB). Werden die Aktien veräußert, ist ebenfalls ein Erlöschen anzunehmen, da dann das Grundverhältnis zwischen (ehemaligem) Aktionär und Gesellschaft wegfällt.

V. Form der Stimmrechtsausübung (Abs. 4). Abs. 4 verzichtet auf eigene Vorgaben des Gesetzes und überlässt die **Regelung der Satzung**.

Die Satzung überlässt diese Regelung meist dem Hauptversammlungsleiter; ist dies der Fall, kann die Hauptversammlung selbst keinen abweichenden Beschluss dazu fassen. Die Satzung kann aber auch regeln, ob die Abstimmung offen oder anonym, durch Stimmkarten oder mit Handaufheben oder Zuruf erfolgt. Verschiedene Auszählsysteme (EDV, Strichcode, Stimmkartenabschnitte pro Tagesordnungspunkt) stehen zur Verfügung.[66] Jedenfalls ist Ziel eines jeden Abstimm- und Auszählsystems, die richtige Ermittlung der Abstimmergebnisse zur Überzeugung der Hauptversammlung und des Notars zu erbringen. Satzungsmäßige Regelungen dieser Fragen sind nicht zu empfehlen, um dem Versammlungsleiter die notwendige Flexibilität nicht zu nehmen.

Auch die **Abstimmmethode** bleibt mangels anderweitiger Regelung dem Hauptversammlungsleiter überlassen. In Betracht kommen hier die sogenannten **Additions- bzw die Subtraktionsverfahren**, die vom Versammlungsleiter festzulegen sind. Dabei sollten vor allem Zweckmäßigkeitsgesichtspunkte entscheidend sein.

Im Additionsverfahren werden alle Ja- und Nein-Stimmen und ggf die Enthaltungen gesondert erfasst.

Bei der Subtraktionsmethode werden die Nein-Stimmen und die Enthaltungen erfasst, die Differenz zur stimmen- und kapitalmäßig erfassten Präsenz vor der Abstimmung ergibt die Anzahl der Ja-Stimmen. Ein sicheres Abstimmungsergebnis nach der Subtraktionsmethode setzt eine einwandfreie Präsenzerfassung vor-

---

60 Hüffer, Rn 26; KölnKomm-AktG/Zöllner, Rn 79, jew. mwN; Randow, ZIP 1998, 1564; LG Baden-Baden ZIP 1998, 1308 (SdK/Telekom).
61 LG Frankfurt/M., Urt. v. 17.4.2012 – 3-05 O 154/11.
62 LG Frankfurt/M., Urt. v. 17.4.2012 – 3-05 O 154/11; Butzke, Die Hauptversammlung der Aktiengesellschaft, 5. Aufl., E Rn 67; MüKo-AktG/Schröer, Rn 40; Spindler/Stilz/Rieckers, Rn 57; Hölters/Hirschmann, Rn 51; Hüffer, Rn 26 b; Hüther, AG 2001, 68, 71 ff; Noack, ZIP 2001, 57, 62; Zetzsche, ZIP 2001, 682, 684; einschränkend Habersack, ZHR 165 (2001),
172, 188; aA Bachmann, AG 2001, 635, 638 f; Hanloser, NZG 2001, 355; Riegger, ZHR 165 (2001), 204, 214 f; Krieger, Rüdiger Volhard zum 70. Geburtstag, 2002, S. 38, 44; Marsch-Barner, FS Peltzer, 2001, S. 261, 271.
63 Spindler/Stilz/Rieckers, Rn 57 mwN.
64 LG Frankfurt/M., Urt. v. 17.4.2012 – 3-05 O 154/11.
65 BGH WM 1987, 70, 71.
66 Der Notar ist nicht für die Ermittlung des Abstimmungsergebnisses verantwortlich, OLG Düsseldorf NZG 2003, 816 = AG 2003, 510.

aus,[67] was mit der neuen gesetzlichen Zulassung von Online-Abstimmungen und Briefwahl (§ 118 Abs. 1 S. 2, Abs. 2) noch nicht absehbare Probleme aufwerfen dürfte.[68]

41 Üblicherweise wird diejenige Methode gewählt, die den geringeren Aufwand für die Erfassung und die Stimmzählung erfordert. Das **Abstimmergebnis** ist vom Versammlungsleiter **festzustellen und** zu **verkünden**, und zwar **nach Stimmergebnissen** und im Falle einer erforderlichen Kapitalmehrheit (zB § 179 Abs. 2) **auch nach Kapitalergebnissen**. Zur Vermeidung von Unklarheiten hat dies selbst dann zu erfolgen, wenn jede Aktie einen gleichen Stimm- und Kapitalwert hat. Im Übrigen gibt jetzt § 130 Abs. 2 S. 2 eine entsprechende Verkündung des Abstimmungsergebnisses vor. Abweichend hiervon kann jedoch auch die Feststellung der Beschlussfassung sich darauf beschränken, dass die erforderliche Mehrheit erreicht wurde, falls kein Aktionär die umfassende Beschlussfeststellung verlangt (§ 130 Abs. 2 S. 3).

Für börsennotierte Gesellschaften gilt schließlich die **Bekanntgabepflicht** der festgestellten Abstimmungsergebnisse binnen sieben Tagen nach der Versammlung, das heißt dem letzten Tag der Versammlung, **auf der Internetseite** (§ 130 Abs. 6). § 121 Abs. 7 gilt für die Fristberechnung.

§ 135 Ausübung des Stimmrechts durch Kreditinstitute und geschäftsmäßig Handelnde

(1) ¹Ein Kreditinstitut darf das Stimmrecht für Aktien, die ihm nicht gehören und als deren Inhaber es nicht im Aktienregister eingetragen ist, nur ausüben, wenn es bevollmächtigt ist. ²Die Vollmacht darf nur einem bestimmten Kreditinstitut erteilt werden und ist von diesem nachprüfbar festzuhalten. ³Die Vollmachtserklärung muss vollständig sein und darf nur mit der Stimmrechtsausübung verbundene Erklärungen enthalten. ⁴Erteilt der Aktionär keine ausdrücklichen Weisungen, so kann eine generelle Vollmacht nur die Berechtigung des Kreditinstituts zur Stimmrechtsausübung

1. entsprechend eigenen Abstimmungsvorschlägen (Absätze 2 und 3) oder
2. entsprechend den Vorschlägen des Vorstands oder des Aufsichtsrats oder für den Fall voneinander abweichender Vorschläge den Vorschlägen des Aufsichtsrats (Absatz 4)

vorsehen. ⁵Bietet das Kreditinstitut die Stimmrechtsausübung gemäß Satz 4 Nr. 1 oder Nr. 2 an, so hat es sich zugleich zu erbieten, im Rahmen des Zumutbaren und bis auf Widerruf einer Aktionärsvereinigung oder einem sonstigen Vertreter nach Wahl des Aktionärs die zur Stimmrechtsausübung erforderlichen Unterlagen zuzuleiten. ⁶Das Kreditinstitut hat den Aktionär jährlich und deutlich hervorgehoben auf die Möglichkeiten des jederzeitigen Widerrufs der Vollmacht und der Änderung des Bevollmächtigten hinzuweisen. ⁷Die Erteilung von Weisungen zu den einzelnen Tagesordnungspunkten, die Erteilung und der Widerruf einer generellen Vollmacht nach Satz 4 und eines Auftrags nach Satz 5 einschließlich seiner Änderung sind dem Aktionär durch ein Formblatt oder Bildschirmformular zu erleichtern.

(2) ¹Ein Kreditinstitut, das das Stimmrecht auf Grund einer Vollmacht nach Absatz 1 Satz 4 Nr. 1 ausüben will, hat dem Aktionär rechtzeitig eigene Vorschläge für die Ausübung des Stimmrechts zu den einzelnen Gegenständen der Tagesordnung zugänglich zu machen. ²Bei diesen Vorschlägen hat sich das Kreditinstitut vom Interesse des Aktionärs leiten zu lassen und organisatorische Vorkehrungen dafür zu treffen, dass Eigeninteressen aus anderen Geschäftsbereichen nicht einfließen; es hat ein Mitglied der Geschäftsleitung zu benennen, das die Einhaltung dieser Pflichten sowie die ordnungsgemäße Ausübung des Stimmrechts und deren Dokumentation zu überwachen hat. ³Zusammen mit seinen Vorschlägen hat das Kreditinstitut darauf hinzuweisen, dass es das Stimmrecht entsprechend den eigenen Vorschlägen ausüben werde, wenn der Aktionär nicht rechtzeitig eine andere Weisung erteilt. ⁴Gehört ein Vorstandsmitglied oder ein Mitarbeiter des Kreditinstituts dem Aufsichtsrat der Gesellschaft oder ein Vorstandsmitglied oder ein Mitarbeiter der Gesellschaft dem Aufsichtsrat des Kreditinstituts an, so hat das Kreditinstitut hierauf hinzuweisen. ⁵Gleiches gilt, wenn das Kreditinstitut an der Gesellschaft eine Beteiligung hält, die nach § 21 des Wertpapierhandelsgesetzes meldepflichtig ist, oder einem Konsortium angehörte, das die innerhalb von fünf Jahren zeitlich letzte Emission von Wertpapieren der Gesellschaft übernommen hat.

(3) ¹Hat der Aktionär dem Kreditinstitut keine Weisung für die Ausübung des Stimmrechts erteilt, so hat das Kreditinstitut im Falle des Absatzes 1 Satz 4 Nr. 1 das Stimmrecht entsprechend seinen eigenen Vorschlägen auszuüben, es sei denn, dass es den Umständen nach annehmen darf, dass der Aktionär bei Kenntnis der Sachlage die abweichende Ausübung des Stimmrechts billigen würde. ²Ist das Kreditinstitut bei der

---

67 OLG Hamm AG 2004, 38 = NZG 2003, 924.
68 Zu der Problematik der Subtraktionsverfahrens siehe auch
§ 133 Rn 8.

Ausübung des Stimmrechts von einer Weisung des Aktionärs oder, wenn der Aktionär keine Weisung erteilt hat, von seinem eigenen Vorschlag abgewichen, so hat es dies dem Aktionär mitzuteilen und die Gründe anzugeben. ³In der eigenen Hauptversammlung darf das bevollmächtigte Kreditinstitut das Stimmrecht auf Grund der Vollmacht nur ausüben, soweit der Aktionär eine ausdrückliche Weisung zu den einzelnen Gegenständen der Tagesordnung erteilt hat. ⁴Gleiches gilt in der Versammlung einer Gesellschaft, an der es mit mehr als 20 Prozent des Grundkapitals unmittelbar oder mittelbar beteiligt ist.

(4) ¹Ein Kreditinstitut, das in der Hauptversammlung das Stimmrecht auf Grund einer Vollmacht nach Absatz 1 Satz 4 Nr. 2 ausüben will, hat den Aktionären die Vorschläge des Vorstands und des Aufsichtsrats zugänglich zu machen, sofern dies nicht anderweitig erfolgt. ²Absatz 2 Satz 3 sowie Absatz 3 Satz 1 bis 3 gelten entsprechend.

(5) ¹Wenn die Vollmacht dies gestattet, darf das Kreditinstitut Personen, die nicht seine Angestellten sind, unterbevollmächtigen. ²Wenn es die Vollmacht nicht anders bestimmt, übt das Kreditinstitut das Stimmrecht im Namen dessen aus, den es angeht. ³Ist die Briefwahl bei der Gesellschaft zugelassen, so darf das bevollmächtigte Kreditinstitut sich ihrer bedienen. ⁴Zum Nachweis seiner Stimmberechtigung gegenüber der Gesellschaft genügt bei börsennotierten Gesellschaften die Vorlegung eines Berechtigungsnachweises gemäß § 123 Abs. 3; im Übrigen sind die in der Satzung für die Ausübung des Stimmrechts vorgesehenen Erfordernisse zu erfüllen.

(6) ¹Ein Kreditinstitut darf das Stimmrecht für Namensaktien, die ihm nicht gehören, als deren Inhaber es aber im Aktienregister eingetragen ist, nur auf Grund einer Ermächtigung ausüben. ²Auf die Ermächtigung sind die Absätze 1 bis 5 entsprechend anzuwenden.

(7) Die Wirksamkeit der Stimmabgabe wird durch einen Verstoß gegen Absatz 1 Satz 2 bis 7, die Absätze 2 bis 6 nicht beeinträchtigt.

(8) Die Absätze 1 bis 7 gelten sinngemäß für Aktionärsvereinigungen und für Personen, die sich geschäftsmäßig gegenüber Aktionären zur Ausübung des Stimmrechts in der Hauptversammlung erbieten; dies gilt nicht, wenn derjenige, der das Stimmrecht ausüben will, gesetzlicher Vertreter, Ehegatte oder Lebenspartner des Aktionärs oder mit ihm bis zum vierten Grad verwandt oder verschwägert ist.

(9) Die Verpflichtung des Kreditinstituts zum Ersatz eines aus der Verletzung der Absätze 1 bis 6 entstehenden Schadens kann im Voraus weder ausgeschlossen noch beschränkt werden.

(10) § 125 Abs. 5 gilt entsprechend.

A. Einleitung 1	III. Stimmrechtsausübung im Sinne der Verwaltung (Abs. 4) 18
I. Gegenstand der Norm 1	IV. Stimmrechtsausübung bei Namensaktien (Abs. 6) 24
II. Zweck 2	V. Aktionärsvereinigungen und geschäftsmäßig Handelnde (Abs. 8) 26
B. Einzelheiten 4	
I. Vollmachtserfordernis bei fremden Aktien (Abs. 1) 4	
II. Stimmrechtsausübung des Kreditinstituts bei eigenen Abstimmungsvorschlägen (Abs. 2 und 3) 10	VI. Sanktionen (Abs. 7), Schadensersatz (Abs. 9) ... 30
	VII. Gleichstellung mit Kreditinstituten (Abs. 10) ... 31

A. Einleitung

I. Gegenstand der Norm. § 135 erfasst das sogenannte Bankenstimmrecht (**Depotstimmrecht**). Kreditinstitute oder ihnen gem. Abs. 8 und Abs. 10 iVm § 125 Abs. 5 gleichgestellte Personen und Vereinigungen dürfen das Stimmrecht für fremde Inhaberaktien oder Namensaktien, bei denen der Bankkunde im Aktienregister eingetragen ist, nur ausüben, wenn sie dazu bevollmächtigt sind. Bei Namensaktien, die dem Kreditinstitut nicht gehören, bei denen es aber trotzdem im Aktienregister eingetragen ist, weil der Depotkunde seine eigene Eintragung nicht wünscht, gilt das Kreditinstitut gemäß § 67 Abs. 2 gegenüber der Gesellschaft als Aktionär, darf aber gem. Abs. 6 S. 1 das Stimmrecht nur ausüben, wenn es dazu von seinem Kunden ermächtigt wurde.

Erteilt der Aktionär von sich aus keine Weisungen, so hat das Kreditinstitut die Möglichkeit, eigene Abstimmungsvorschläge zu erarbeiten und diese ggf. zur Grundlage der Abstimmung zu machen[1], oder es kann den Verwaltungsvorschlägen folgen. In beiden Fällen hat es zugleich anzubieten, die zur Stimmrechtsausübung erforderlichen Unterlagen an einen vom Aktionär ausgesuchten Vertreter, auch eine Aktionärs-

---

[1] MüKo-AktG/*Schröer*, Rn 74 ff.

vereinigung, weiterzuleiten. Die ursprünglich vorgesehene Fassung, wonach das Kreditinstitut den Bevollmächtigten auszuwählen hatte, wurde gestrichen.[2] Nicht umgesetzt wurde auch der Vorschlag der Kreditinstitute, bei Fehlen einer ausdrücklichen Weisung grundsätzlich nach den Vorschlägen der Verwaltung abzustimmen. Weder wollte man den Kreditinstituten das Recht nehmen, eigene Abstimmungsvorschläge zu erarbeiten, auch, weil dies eine gewisse Kontrolle der Verwaltung darstelle, noch wollte man damit einer Zusammenarbeit zwischen Kreditinstitut und Verwaltung Vorschub leisten.[3]

2 **II. Zweck.** Zweck der Norm ist die **Verstärkung der Kontrollfunktionen der Aktionäre**, die sie in der Hauptversammlung mit ihrem Stimmrecht wahrnehmen und ihnen einen unbürokratischen und einfachen Weg für die Ausübung ihrer Stimmrechte zu geben.[4] Zugleich kommt darin auch der Wille des Gesetzgebers zum Ausdruck, die Banken in ihrer zur Präsenzerhöhung notwendigen Aufgabe stärker unter die Kontrolle der Aktionäre zu stellen, sie zugleich jedoch von zusätzlichem Formal- und Finanzaufwand zu entlasten.[5]

3 Das Gesetz erreicht dies, indem es die Weisungsbefugnis der Aktionäre verstärkt, zugleich aber die Kreditinstitute bei Ausbleiben von Weisungen handlungsfähig hält.[6] Mangels hinreichender Erfahrungen mit der Online-Teilnahme an Hauptversammlungen[7] lässt sich nicht feststellen, ob durch diese gesetzlich nun eingeräumte Möglichkeit die Bevollmächtigungen der Kreditinstitute zurückgehen und Aktionäre nunmehr selbst ihre Rechte in der Hauptversammlung auf diesem Weg wahrnehmen werden.[8]

B. Einzelheiten

4 **I. Vollmachtserfordernis bei fremden Aktien (Abs. 1).** Kreditinstitute und ihnen über Abs. 10 iVm § 125 Abs. 5 Gleichgestellte[9] dürfen das Stimmrecht aus **fremden Aktien nur aufgrund einer Vollmacht** ausüben. Für den Begriff des Kreditinstituts ist zunächst die Definition der §§ 1, 2 KWG maßgeblich. Fremd sind Aktien auch dann, wenn an ihnen ein Pfandrecht besteht.

5 Auch ausländische Kreditinstitute ohne Niederlassungen im Inland unterliegen grundsätzlich dieser Regel, weil sich die Stimmrechtsausübung nach deutschem Recht richtet.[10] Allerdings erfassen die entsprechenden Verhaltens- und Hinweispflichten (zB Abs. 1 S. 6) ausländische Kreditinstitute nur, soweit diese eine inländische Zweigstelle iSd § 53 Abs. 1 KWG unterhalten.[11]

6 Für die Form gilt nun die **Textform** des § 126b BGB (§ 134 Abs. 3 S. 2).[12] Soweit vertreten wird, es bestehe kein Formerfordernis,[13] kann dem im Hinblick auf das Gebot der richtlinienkonformen Auslegung nicht gefolgt werden. Zwar wird in der Gesetzesbegründung zum NaStraG[14] die Aufhebung des Schriftformerfordernisses ausdrücklich als Sonderregelung gegenüber § 134 Abs. 3 S. 2 aF bezeichnet, doch ist hier zu berücksichtigen, dass nach Art. 11. Abs. 2 S. 1 der Aktionärsrechterichtlinie[15] die Bestellung der Vertreter und die Benachrichtigung über die Bestellung an die Gesellschaft in jedem Fall schriftlich erfolgen müssen, wobei „schriftlich" in diesem Zusammenhang Textform (dh auch zB mittels E-Mail, SMS) bedeutet. Nach der Neufassung des § 241 Nr. 1 durch das ARUG ist nunmehr klargestellt, dass ein unzutreffender Hinweis in der Bekanntmachung nicht mehr zur Nichtigkeit[16] der Hauptversammlungsbeschlüsse führt.[17] Die Vollmacht muss in jedem Fall nachprüfbar festgehalten werden (§ 135 Abs. 1 S. 2). Schreibt die Satzung einer börsennotierten Gesellschaft für die Vollmacht nach § 135 eine andere Form vor, ist dies unbeachtlich.[18]

7 Die Vollmacht darf nur einem bestimmten Kreditinstitut[19] erteilt werden, muss sich **entweder** auf die **Aktien der betroffenen Gesellschaft** beziehen, kann **aber auch** eine **generelle Vollmacht** für das Depot insgesamt

---

2 BegrRegE ARUG, BT-Drucks. 16/11642, S. 33.
3 BegrRegE ARUG, BT-Drucks. 16/11642, S. 33.
4 Hüffer, Rn 1; BegrRegE ARUG, BT-Drucks. 16/11642, S. 33.
5 Zur Kritik am sog. Depotstimmrecht mit Schrifttumsnachweis und Diskussionen: Hölters/Hirschmann, Rn 1ff; K. Schmidt/Lutter/Spindler, Rn 1 ff jew. mwN; vgl auch BegrRegE ARUG, BT-Drucks. 16/11642, S. 33.
6 Spindler/Stilz/Rieckers, Rn 1.
7 Vgl § 118 Abs. 2.
8 Die erste Hauptversammlung (EquityStory AG) mit umfassender Online-Teilnahmemöglichkeit, dh der Möglichkeit von Redebeiträgen und Fragen, Stimmabgabe in Echtzeit und elektronischer Einsicht in das Teilnehmerverzeichnis der Hauptversammlung, fand erst am 25.5.2012 statt. Das Teilnehmerverhältnis online zu offline betrug ca. 1 : 3. Quelle: http://www.eqsblog.de/investor-relations.
9 Zum Begriff siehe § 125 Rn 3.
10 Spindler/Stilz/Rieckers, Rn 11; Hüffer, Rn 4; Hölters/Hirschmann, Rn 4.
11 Hölters/Hirschmann, Rn 4; differenzierend Spindler/Stilz/Rieckers, Rn 11 f; siehe auch § 128 Rn 12.
12 K. Schmidt/Lutter/Spindler, Rn 8; Grundmann, BKR 2009, 31, 37; J. Schmidt, WM 2009, 2350, 2356; zur Vereinheitlichung der Formerfordernisse in § 135 und § 134 vgl auch Schulte/Bode, AG 2008, 730, 735; siehe auch § 134 Rn 3 und 29.
13 Spindler/Stilz/Rieckers, Rn 16; Hölters/Hirschmann, Rn 9; MüKo-AktG/Schröer, Rn 45.
14 BegrRegE BT-Drucks. 14/4051 S, 15.
15 EU-R 2007, 36.
16 So LG Frankfurt/M., Urt. v. 26.8.2008 – 3/5 O 339/07, NZG 2008, 1886 (Leica) zur Altfassung von § 241 Nr. 1; aA KG NZG 2009, 1389, 1390; OLG München ZIP 2008, 2117, 2120; MüKo-AktG/Schröer, Rn 46 mwN.
17 BGH, Urt. v. 19.7.2011 – II ZR 124/10, NZG 2011, 1105, wonach jedoch uU die Anfechtbarkeit gegeben sein kann.
18 LG Frankfurt/M., Urt. 28.10.2008 – 3-5 O 113/08, BB 2009, 406, 407 f; K. Schmidt/Lutter/Spindler, Rn 9; MüKo-AktG/Schröer, Rn 47 mwN.
19 Dies muss nicht zwingend die Depotbank sein.

sein. Für den **Inhalt der generellen Vollmacht** gibt das Gesetz Kreditinstituten **zwei alternative Möglichkeiten:**

1. das Kreditinstitut erarbeitet in Anlehnung an die bisherige Rechtslage **eigene Abstimmungsvorschläge** und stimmt bei Fehlen einer Anweisungen in diesem Sinne ab,

oder

2. das Kreditinstitut lässt sich eine **generelle Weisung** geben, nach der es **im Sinne der Verwaltung** beziehungsweise bei abweichenden Verwaltungsvorschlägen im Sinne des Aufsichtsrats abstimmt.

Bei beiden Alternativen hat es jedoch dem Aktionär **anzubieten**, die zur Stimmrechtsausübung erforderlichen Unterlagen **nach Wahl des jeweiligen Aktionärs** an eine Aktionärsvereinigung oder einen sonstigen Vertreter weiterzuleiten, bis der Aktionär dies widerruft.
Die jeweilige Vollmacht erstreckt sich auf sämtliche in einem Depot befindliche Aktien, grundsätzlich auch auf Aktien ausländischer Gesellschaften. Allerdings kann das Kreditinstitut insoweit seine Bereitschaft zur Weiterleitung von Unterlagen oder zur Stimmvertretung einschränken.[20]
Das Kreditinstitut kann aufgrund dieser Depotvollmacht den Aktionär zur jeweiligen Versammlung anmelden, die Eintrittskarten bestellen und diese dem vom Aktionär gewählten Hauptversammlungsvertreter weiterleiten. Damit entfällt für den Aktionär künftig die umständliche Beauftragung des Vertreters, die Anforderung der Abstimmungsunterlagen beim Kreditinstitut (oder der Gesellschaft) und die Weiterleitung durch ihn an den Vertreter.[21]

Die frühere Begrenzung der Vollmacht auf 15 Monate wurde aufgehoben. Die jetzt zu erteilenden Vollmachten sind **Dauervollmachten**, bei denen allerdings **jährlich und deutlich eine Belehrung** über die **jederzeitige Widerrufsmöglichkeit** und auf andere Vertretungsmöglichkeiten zu erfolgen hat (Abs. 1 S. 6). Durch diese jährlich zu wiederholende Widerrufsbelehrung soll im Jahresrhythmus dem Aktionär eine Überprüfungsmöglichkeit für seine im Dauerauftrag liegende (konkludente) Vollmacht an den Dritten eingeräumt werden.[22]

Der Aktionär kann die Vollmacht einem jeden **beliebigen Dritten als Vertreter** erteilen (siehe auch § 134 Abs. 3), den Kreditinstituten steht hierbei keinerlei Prüfungsrechte zu, ebenso wenig wie der Gesellschaft selbst,[23] auch tragen sie keine Verantwortung für die Auswahl.[24] Allerdings haben sie die vom Aktionär getroffene Auswahl nur im Rahmen des Zumutbaren zu akzeptieren, wobei die BegrRegE ARUG[25] die Konkretisierung dieser Formulierung den Geschäftsbedingungen der Banken überlässt. Die können den Fall berücksichtigen, dass ein Vertreter mit Sitz im Ausland, der postalisch oder über das Internet (siehe unten) schwer zu erreichen ist, genannt wird oder die Anschrift unvollständig oder offensichtlich fehlerhaft ist oder, noch offensichtlicher, scherzhaft oder missbräuchlich genannter Vertreter nennt. Da das Vollmachtstimmrecht nach § 135 ein Massengeschäft ist, soll es möglichst kostengünstig und reibungslos ablaufen. Ermittlungen und Nachfragen zu nicht korrekt oder undeutlich benannten Bevollmächtigten hat das Kreditinstitut nicht zu leisten, Unklarheiten gehen daher zulasten des Aktionärs.[26]

Das Gesetz (Abs. 1 S. 7) ordnet klarstellend an, dass den Aktionären sowohl für die Erteilung von einzelnen Weisungen, wie auch für Erteilung und Widerruf genereller Vollmachten oder von Aufträgen zur Beauftragung von sonstigen Vertretern, **Erleichterungen** zu gewähren sind. Verwiesen wird entweder auf die bislang bekannten **Formblätter oder einen Bildschirmformular**. Hierunter ist auch zu verstehen, dass der Aktionär über das Internet die entsprechenden Aufträge erteilen kann.[27] In gleicher Weise können sich daher auch Kreditinstitute dieser elektronischen Kommunikation bedienen.

Der Stimmrechtsvertreter des Aktionärs kann, ebenso wie der Aktionär selbst dies könnte, entweder in Person an der Hauptversammlung teilnehmen oder ggf im Rahmen der Briefwahl oder einer Online-Teilnahme die Online-Abstimmung das ihm übertragenen Stimmrecht ausüben.[28]

---

20 BegrRegE ARUG, BT-Drucks. 16/11642, S. 34: Danach ist wünschenswert ein möglichst umfassender Service für die Aktionäre; *Seibert/Florstedt*, ZIP 2008, 2145, 2151.
21 BegrRegE ARUG, BT-Drucks. 16/11642, S. 34: das im Referentenentwurf noch enthaltene Vorschlagsrecht der Banken für den Aktionärsvertreter ist entfallen; siehe dazu *Seibert/Florstedt*, ZIP 2008, 2145, 2150/2151; *Paschos/Goslar*, AG 2009, 14, 19.
22 *Hüffer*, Rn 10, 12 mwN; BegrRegE ARUG, BT-Drucks. 16/11642, S. 34.
23 Siehe § 134 Rn 31; *Seibert/Florstedt*, ZIP 2008, 21 45, 2151.
24 BegrRegE ARUG, BT-Drucks. 16/11642, S. 34; dort ist allerdings vorgesehen, dass die Kreditinstitute zur Erleichterung der Vollmachtserteilung durch ein Formblatt oder Bildschirmformulare nach ihrer Wahl *beispielhaft* eine oder mehrere Aktionärsvereinigungen aufführen können, um den Vorgang der Vollmachtserteilung und der Adresseingabe weniger fehleranfällig zu gestalten; zwingend ist dies jedoch nicht.
25 BT-Drucks. 16/11642, S. 34.
26 BegrRegE ARUG, BT-Drucks. 16/11642, S. 34; *Seibert/Florstedt*, ZIP 2008, 2145, 2151.
27 BegrRegE ARUG, BT-Drucks. 16/11642, S. 34.
28 Vgl BegrRegE ARUG, BT-Drucks. 16/11642, S. 34.

10 **II. Stimmrechtsausübung des Kreditinstituts bei eigenen Abstimmungsvorschlägen (Abs. 2 und 3).** Die Absätze 2 und 3 von § 135 regeln die Vorgaben für die **Einholung von Aktionärsweisungen** zu eigenen Abstimmungsvorschlägen und das Vorgehen im Falle ausbleibender Weisungen.
1. Die Kreditinstitute haben den Aktionären nach Abs. 2 S. 1 eigene Vorschläge für die Ausübung des Stimmrechts zu sämtlichen Gegenständen der Tagesordnung mitzuteilen, dh zu allen Tagesordnungspunkten, zu denen Beschlüsse zu fassen sind. Diese Vorschlagspflicht besteht auch bei den von einer Aktionärsminderheit initiierten Tagesordnungspunkten.[29] Die institutionellen Stimmrechtsvertreter müssen „eigene" Vorschläge unterbreiten. Ein Vorschlag, dem Verwaltungsvorschlag zu folgen, muss daher auf einer eigenständigen inhaltlichen Prüfung beruhen. Der Vorschlag bedarf keiner Begründung. Eine Begründung ist jedoch statthaft und sachdienlich und erscheint insbesondere geboten bei einem Abweichen vom Verwaltungsvorschlag oder bei einem Wissensvorsprung gegenüber den Aktionären.
Zur Verringerung des Verwaltungsaufwands ist vorgesehen, dass das Kreditinstitut seine Vorschläge grundsätzlich **nur zugänglich** zu machen hat, was regelmäßig über seine Internetseite (Homepage) erfolgen kann.[30] Eine ausdrückliche **Verpflichtung zur Übersendung** der eigenen Vorschläge in Papierform, sei es freiwillig oder auf Wunsch des Aktionärs, ist **gesetzlich nicht vorgesehen**; dies bleibt den Parteien des Depotvertrags überlassen,[31] jedoch muss das Zugänglichmachen rechtzeitig vor der Hauptversammlung erfolgen, um den Aktionären noch die Möglichkeit der Kenntnisnahme und gegebenenfalls die Zuleitung von – ggf abweichenden – Weisungen zu ermöglichen.[32]
Die **für die Vollmacht geltende Textform (§ 126 b BGB)** gilt **auch für Weisungen**, schon wegen der nachprüfbaren Festhaltung (§ 135 Abs. 1 S. 2). Die Weisungen müssen zu konkreten Tagesordnungspunkten ergehen, was vor oder nach Zuleitung der Hauptversammlungsunterlagen möglich ist.[33]

11 2. Was das Gesetz unter **rechtzeitig** versteht, bleibt ungeklärt, ist aber am Maßstab des sonstigen Fristenregimes des § 121 abzuleiten. Danach wird man den Banken eine angemessene Bearbeitungszeit nach **Zuleitung der Gesellschaftsmitteilungen** nach §§ 125, 128 zu Grunde legen müssen. Die dortige Frist ist 21 Tage vor der Hauptversammlung, die Weiterleitung der Gesellschaftsmitteilungen hat unverzüglich (ohne schuldhaftes Zögern, § 121 BGB) zu erfolgen. So wird man davon auszugehen haben, dass den Kreditinstituten **etwa 7 Tage Bearbeitungszeit** für die Entwicklung eigener Vorschläge verbleiben, so dass der **Begriff Rechtzeitigkeit als mindestens 14 Tage** vor der Hauptversammlung begriffen werden kann.

12 3. Die Entwicklung **eigener Abstimmungsvorschläge** zu Tagesordnungspunkten der Gesellschaft hat sich, wie bisher, an den Interessen des Aktionärs zu orientieren. Es sind die Eigeninteressen des Kreditinstituts von den Interessen der Aktionäre zu trennen. Maßstab ist das Interesse des objektiv denkenden Aktionärs, der an einer rechts- und satzungsgetreuen und am Unternehmenswohl ausgerichteten Unternehmensführung interessiert ist.[34]
Für die **Trennung der Eigeninteressen von den Interessen der Aktionäre** hat das Kreditinstitut organisatorischer Voraussetzungen, vor allem für die Abgrenzung der eigenen Interessensphäre zu treffen (Chinese Walls). Überdies hat es ein Mitglied der Geschäftsleitung zu ernennen, dass die Einhaltung dieser Pflichten sowie die ordnungsgemäße Ausübung des Stimmrechts und deren Dokumentation zu überwachen hat (§ 135 Abs. 2 S. 3). Die Vorgabe entspricht dem bisherigen § 128 Abs. 2 S. 3 und schreibt vor, dass dieser „Compliance Officer" darüber wacht, dass Mitarbeiter, die die Abstimmungsvorschläge erarbeiten und die Verwaltungsvorschläge überprüfen, nicht der Emissions-, Kredit- und Beteiligungsverwaltung angehören und frei von Weisungseinflüssen diese Bereiche sind. Zur Organisation gehört auch eine entsprechende Dokumentation, mit der die Entwicklung der Abstimmungsvorschläge und die eingeflossenen Argumente nachvollzogen werden können.[35]

13 4. Nach § 135 Abs. 2 S. 3 (bisher § 128 Abs. 2 S. 4) sind zusammen mit den eigenen Vorschlägen die Aktionäre darüber zu informieren, dass die Bank das Stimmrecht entsprechend den eigenen Vorschlägen ausüben wird, wenn der Aktionär nicht rechtzeitig[36] eine andere Weisung erteilt. Hier ist es üblich und unproblematisch, für die Hereingabe der Aktionärsweisung eine Frist zu setzen.
In den Bereich der Aufdeckung von Interessengegensätzen fällt auch die gesetzliche Vorgabe nach § 135 Abs. 2 S. 4 und 5. Danach sind personelle und gesellschaftsrechtliche Verflechtungen zwischen Kreditinstitut und Gesellschaft oder zwischen Gesellschafter und Kreditinstitut aufzudecken. Die personellen Ver-

---

29 MüKo-AktG/*Schröer*, Rn 77.
30 Siehe BegrRegE ARUG, BT-Drucks. 16/11642, S. 34; *Noack*, NZG 2008, 441, 442.
31 BegrRegE ARUG, BT-Drucks. 16/11642, S. 34.
32 BegrRegE ARUG, BT-Drucks. 16/11642, S. 34.
33 Vgl die Kommentierung zu § 128 Rn 6 ff.
34 MüKo-AktG/*Schröer*, Rn 80 mwN.
35 MüKo-AktG/*Schröer*, Rn 82 f.
36 Rechtzeitig ist die Weisung des Aktionärs dann eingegangen, wenn sie bei normalem Geschäftsgang noch für die Hauptversammlungsabstimmung berücksichtigt werden kann; insoweit ist bei Briefwahl der von der Gesellschaft gesetzte Termin zu beachten.

flechtungen umfassen Mitarbeiter, Vorstandsmitglieder sowie vergleichbare Funktionsträger,[37] ihre Namen sind allerdings nicht zu nennen.
Gleiches gilt für das Aufdecken einer Beteiligung nach § 21 WpHG, die ab 3 % Beteiligung vorliegt,[38] und die Teilnahme an einem Emissionskonsortium innerhalb von fünf Jahren.[39]

5. Nach **Abs. 3** bestimmen sich die Regelungen, **wenn der Aktionär keine Weisung** erteilt hat, das Kreditinstitut aber von den eigenen Vorschlägen abweichen muss. Zunächst ist die Selbstverständlichkeit festgehalten (Abs. 3 S. 1), dass es entsprechend seinen eigenen Vorschlägen abzustimmen hat. Abs. 3 S. 1 räumt dem Kreditinstitut zunächst die Möglichkeit ein, nach seinen eigenen, den Aktionären nach Abs. 2 mitgeteilten Vorschlägen abzustimmen, wenn der Aktionär keine Weisungen erteilt hat. Ausgenommen hiervon ist die Regelung des Abs. 3 S. 3, weil dort eine ausdrückliche Weisung des Aktionärs Voraussetzung für die Stimmrechtsausübung als solche ist. Die Kreditinstitute sehen daher formularmäßig vor, dass in diesen Fällen die Aktien nicht vertreten werden, wenn keine ausdrücklichen Weisungen vorliegen.
Ist aber ein Abweichen von den eigenen Vorschlägen wegen veränderter Sachlage (Abänderung des Verwaltungsvorschlags in der Hauptversammlung, siehe § 124 Abs. 4) erforderlich, so hat das Kreditinstitut abzuwägen. Ist das Ergebnis dieser Abwägung, dass der Aktionär bei Kenntnis der Sachlage eine abweichende Ausübung des Stimmrechts nicht billigen würde, muss die Stimmausübung unterbleiben. Bei der Ermittlung des mutmaßlichen Willens des Aktionärs ist das aus seiner Sicht mutmaßliche Interesse eines an der Rendite seiner Aktienanlage interessierten Durchschnittsaktionärs zugrunde zu legen.[40]

An **Weisungen** ist das Kreditinstitut gebunden, soweit nicht Abs. 3 S. 2 hiervon Abweichungen zulässt. Darüber hinaus kann es jedoch geboten sein, sich von ausdrücklichen Weisungen des Kunden zu lösen, wenn sich aufgrund einer **Veränderung der Sach- oder Antragslage** in der Hauptversammlung herausstellt, dass die Stimmabgabe gemäß der Weisung evident gesellschaftsschädlich ist.[41] Wurde Opposition angemeldet und das Kreditinstitut angewiesen, dafür zu stimmen, so muss es die Verwaltungsvorlage auch dann ablehnen, wenn der Opponent in der Hauptversammlung nicht erscheint.[42]

Bei Veränderungen der Sach- oder Antragslage ist das Kreditinstitut auch ermächtigt, von dem Aktionär bekannten oder **von** ihm stillschweigend gebilligten **eigenen Vorschlägen abzuweichen**. Da der Aktionär sich aufgrund der Abstimmungsvorschläge der Bank auf eine bestimmte Verhaltensweise eingerichtet hat und auch darauf verlassen darf, müssen vernünftige, nachvollziehbare Gründe für eine Abweichung des Kreditinstituts von seinen eigenen Vorschlägen vorliegen. Diese hat das Institut aus der Sicht des Aktionärs und seiner Interessen in Kenntnis der Sachlage abzuwägen.

Zudem ist das Kreditinstitut nach Abs. 3 S. 2 zur **Berichterstattung** und zur Angabe der Gründe verpflichtet, wenn es entweder von einer erteilten Weisung des Aktionärs abgewichen ist oder seine eigenen, dem Aktionär nach Abs. 2 S. 1 mitgeteilten Vorschläge nicht befolgt hat. Damit soll der Aktionär in die Lage versetzt werden, die Gründe für die Abweichung von seiner Weisung oder den von ihm akzeptierten Empfehlungen des Kreditinstituts nachzuvollziehen.
Diese Berichtspflicht ergibt sich aus § 665 BGB,[43] der eigentlich eine vorherige Anzeigepflicht und Genehmigung voraussetzt,[44] was jedoch regelmäßig nicht möglich ist, wenn sich die Abweichungen erst in der Hauptversammlung als notwendig herausstellen. In diesem Fall muss **unverzüglich** nachträglich Rechenschaft durch das Kreditinstitut mit Angabe der Gründe für das Abweichen gelegt werden.[45] Hierfür ist keine besondere Form vorgeschrieben; es empfiehlt sich jedoch die Form, in der die Vorschläge mitgeteilt wurden bzw die Aktionäre zur Weisungserteilung aufgefordert wurden.
Für die Vertretung fremder Aktien in der **Hauptversammlung der eigenen Gesellschaft** bedarf das Kreditinstitut einer **ausdrücklichen Weisung** zu den einzelnen Tagesordnungspunkten (Abs. 3 S. 3). Damit soll dem sog. Verwaltungsstimmrecht entgegengewirkt werden.[46] Gegenüber der bisherigen Regelung, die bereits bei einer Beteiligung von 5 % galt, ist nun eine Beteiligungsgrenze von mittelbar oder unmittelbar 20 % festgelegt. Damit gelten die Zurechnungstatbestände der §§ 16 ff.

III. Stimmrechtsausübung im Sinne der Verwaltung (Abs. 4). Hat sich nach Abs. 4 das Kreditinstitut angeboten, das **Stimmrecht nach den Vorschlägen von Vorstand und/oder Aufsichtsrat** auszuüben (Abs. 1 S. 4 Nr. 2), so hat es die Vorschläge dieser Gremien dem Aktionär zugänglich zu machen. Dies allerdings nur, wenn dies nicht bereits anderweitig erfolgt ist. Hiervon ist dann auszugehen, wenn die Gesellschaft die re-

---

37 *Hüffer*, Rn 25 f.
38 Die Höhe der Beteiligung muss allerdings nicht angegeben werden; *Hüffer*, Rn 26; die BaFin veröffentlicht regelmäßig die Beteiligung der Banken.
39 Die Höhe der Teilnahme am Emissionskonsortium und die Art der Emission (Aktien, Anleihen, Schuldverschreibungen) sind ebenfalls nicht zu nennen.
40 MüKo-AktG/*Schröer*, Rn 111.
41 LG Düsseldorf AG 1991, 409 (Girmes); offen lassend: OLG Düsseldorf AG 1994, 421.
42 *Hüffer*, Rn 20; MüKo-AktG/*Schröer*, Rn 82; KölnKomm-AktG/*Zöllner*, Rn 59, jew mwN.
43 *Hüffer*, Rn 11; MüKo-AktG/*Schröer*, Rn 115.
44 KölnKomm-AktG/*Zöllner*, Rn 61; *Hüffer*, Rn 26.
45 *Hüffer*, Rn 26; MüKo-AktG/*Schröer*, Rn 125.
46 Hier gelten dann gleichen Grundsätze wie beim sog. proxy-voting, vgl hierzu § 134 Rn 32 f.

guläre Einberufung auf der Internetseite (§ 124 a) oder über den (elektronischen) Bundesanzeiger veröffentlicht hat. Gleiches gilt, wenn nach § 125 Abs. 2 S. 2 die Mitteilungen der Gesellschaft an die Aktionäre im Wege der elektronischen Kommunikation erfolgen. Die Vorgabe zum Zugänglichmachen der Verwaltungsvorschläge betrifft daher nur außereuropäische Gesellschaften, weil deren Vorschläge selten den Aktionären bereits zur Verfügung gestellt wurden.[47]

Die Hinweispflichten des Abs. 2 S. 3, sowie die Rechenschaftspflicht nach Abs. 3 S. 1–3, gelten entsprechend.

Die Pflicht, die zur Vertretung und Abstimmung erforderlichen Unterlagen an einen vom Aktionär (und Depotkunden) ausgewählten Vertreter weiterzuleiten (Abs. 1 S. 5 u. 6) und dies anzubieten, bleibt bestehen.

19 Nach Abs. 5 darf das ursprünglich bevollmächtigte Kreditinstitut nur dann **Untervollmachten** an Personen, die nicht seine Angestellten sind, erteilen, wenn die Vollmacht des Kunden dies ausdrücklich gestattet. Damit soll sichergestellt werden, dass das Kreditinstitut, dessen Vorstand sonst handeln müsste, durch eigene Angestellte auch ohne ausdrückliche Ermächtigung tätig werden kann, im Übrigen aber für Unterbevollmächtigung an fremde Dritte, die nicht seiner direkten Kontrolle unterliegen, einer ausdrücklichen Ermächtigung bedarf.[48]

20 Weiterhin ermächtigt Abs. 5 zur **Weiterübertragung der Vollmacht** an ein anderes Kreditinstitut; auch dies muss ausdrücklich in der Vollmacht gestattet sein.

Durch die Untervollmacht an Dritte könnte die Problematik des eigenen Beteiligungsbesitzes des Kreditinstituts im Sinne des Abs. 3 S. 3 gelöst werden.

21 Nach Abs. 5 S. 2 kann das Kreditinstitut entweder offen – unter Benennung des Aktionärs – (§ 164 Abs. 1 BGB) oder **im Namen dessen, den es angeht**, dh anonym abstimmen (§ 135 Abs. 5 S. 2). Die Vertretung für einen anonymen Vertretenen stellt einen Ersatz für die Legitimationsübertragung dar und räumt dem Kreditinstitut ein Recht zur Geheimhaltung ein.[49] Die Legitimation des Kreditinstituts folgt hier den gleichen Grundsätzen wie die Legitimation des Aktionärs (vgl § 123); nur das Teilnehmerverzeichnis lässt dann noch ersehen, ob das Kreditinstitut mit eigenen Aktien oder mit Vollmachtsbesitz (§ 129 Abs. 2) aufgetreten ist.

22 In beiden Fällen genügt zum Nachweis der Stimmberechtigung gegenüber der Gesellschaft der Berechtigungsnachweis nach § 123 Abs. 3 (§ 135 Abs. 5 S. 4). Das bevollmächtigte Kreditinstitut darf sich der **Briefwahl** bedienen, wenn diese durch die Satzung der Gesellschaft oder aufgrund einer Satzungsermächtigung zugelassen ist. Dies dürfte den Kreditinstituten die Vertretung von Aktionärsstimmen, die sich im Sinne der Verwaltung äußern wollen, wesentlich erleichtern.

23 Die noch in der Vorauflage vertretene Auffassung, dass die Online-Abstimmung den Kreditinstituten nicht offen stehe, da das Gesetz ausdrücklich die Zulassung der Briefwahl auch für Kreditinstitute, nicht jedoch die Zulassung bei einer ggf möglichen Online-Abstimmung (§ 118 Abs. 1 S. 2) erwähne, wird nicht aufrecht erhalten. Ein rechtlicher Grund hierfür ist nicht ersichtlich.[50] Als Bevollmächtigte stehen ihnen grundsätzlich die gleichen Rechte insoweit zu wie dem vertretenen Aktionär.

24 **IV. Stimmrechtsausübung bei Namensaktien (Abs. 6).** Für die Ausübung von Stimmrechten aus **fremden Namensaktien** (Abs. 6), für die das Kreditinstitut im Aktienregister eingetragen ist (sog. Street Names), kann es nur aufgrund einer **Ermächtigung** tätig werden. Die für Kreditinstitute geltenden Rechte und Pflichten des § 135 (Abs. 1–5) gelten entsprechend, mit Ausnahme der Benennung des Aktionärs. Denn aufgrund der Eintragung im Aktienregister (§ 67 Abs. 2) gilt das Kreditinstitut als der der Gesellschaft gegenüber berechtigte Aktionär; das Kreditinstitut kann daher stets im eigenen Namen auftreten, der wirkliche Aktionär oder Hintermann bleibt anonym.[51]

25 Ist das Kreditinstitut im Falle von Namensaktien nicht im Register eingetragen, will es aber den eingetragenen Aktionär vertreten, muss es dies unter Benennung des Aktionärs tun und bedarf einer Vollmacht des Eingetragenen, die vorgelegt werden muss.[52]

26 **V. Aktionärsvereinigungen und geschäftsmäßig Handelnde (Abs. 8).** In Abs. 8 werden **Aktionärsvereinigungen**[53] hinsichtlich der Stimmrechtsausübung Kreditinstituten **gleichgestellt**. Dies ist sachgerecht, weil auch Aktionärsvereinigungen nur aufgrund einer Vollmacht und im Interesse der Aktionäre tätig werden. Dass sie von der Weitergabe von Mitteilungen nach § 125 und von der Einholung von Weisungen befreit sein können, ändert hieran nichts.[54]

---

47 So BegrRegE ARUG, BT-Drucks. 16/11642, S. 34.
48 *Hüffer*, Rn 39; MüKo-AktG/*Schröer*, Rn 162.
49 BGH NJW 1995, 1739 (Girmes); MüKo-AktG/*Schröer*, Rn 167.
50 MüKo-AktG/*Schröer*, Rn 170.
51 MüKo-AktG/*Schröer*, Rn 177; *Marsch-Barner*, in: FS Peltzer, 2001, S. 261; *Bayer/Scholz*, NZG 2013, 721.
52 MüKo-AktG/*Schröer*, Rn 178.
53 Der Begriff der Aktionärsvereinigung ist gesetzlich nicht definiert, hat aber wohl seine Vorbilder in der DSW, Düsseldorf, und der SdK, München; vgl *Noack*, NZG 2008, 441, 443.
54 *Hüffer*, Rn 47.

Die frühere Regelung des Abs. 9 Abs. 1 Nr. 2, wonach Geschäftsleiter und Angestellte des Kreditinstituts für die Stimmausübung diesen gleichgestellt wurden, wenn es Aktien der betroffenen Gesellschaft verwahrt, wurde ersatzlos aufgehoben. Damit sollte Umgehungen der Vorschriften über das Bankenstimmrecht vorgebeugt werden,[55] ohne dass es auf eine konkrete Umgehung ankäme. Die Gleichstellung ergibt sich jedoch daraus, dass diese im Aufgaben- und Pflichtenkreis des Kreditinstituts handeln, das nach § 278 BGB ohnehin für sie haftet.

Nach Abs. 8 sind auch Personen den Vorschriften von Abs. 1 bis 7 unterworfen, die sich geschäftsmäßig gegenüber Aktionären zur Ausübung des Stimmrechts in der Hauptversammlung anbieten. Auch insoweit soll das Stimmrecht entsprechend dem Aktionärswillen und nach seinen Weisungen ausgeübt werden.[56] Entscheidende **Merkmale der Geschäftsmäßigkeit** sind die Wiederholungsabsicht und die Entgeltlichkeit.[57] In Betracht kommen hier insbesondere Herausgeber von Börsendiensten und entsprechenden Presseerzeugnissen, wenn sie die Wahrnehmung von Versammlungsterminen in ihr Leistungsangebot generell oder für den Einzelfall aufnehmen,[58] sowie professionelle HV-Besucher,[59] aber auch Rechtsanwälte, die für ihre Mandanten auftreten.[60]

Soweit die in Abs. 8 Hs 1 genannten Personen als Bevollmächtigte, als gesetzlicher Vertreter oder Lebenspartner die Stimmrechte wahrnehmen, sind sie nicht von den Einschränkungen der Abs. 1–7 betroffen, weil in solchen Fällen die Wahrung der Aktionärsinteressen als selbstverständlich vorausgesetzt wird.

VI. Sanktionen (Abs. 7), Schadensersatz (Abs. 9). Abs. 7 legt fest, dass die Stimmabgabe durch Verstöße gegen die Rechtsregeln von Abs. 1 S. 2–7 und die Vorgaben der Abs. 2–6 rechtlich nicht beeinträchtigt wird. Dies ist im Interesse der Rechtssicherheit und der Beschlussfähigkeit der Hauptversammlung erforderlich. Damit schlägt *nur* ein Verstoß gegen Abs. 1 S. 1 auf die Wirksamkeit der Stimmabgabe durch, dh wenn das Kreditinstitut **ohne eine (wirksame) Bevollmächtigung** abstimmt.[61] Eine dennoch erfolgte Abstimmung bleibt **unwirksam**, erfasst jedoch nur die zu Unrecht abgegebenen Stimmen des jeweiligen Aktionärs, so dass sich die Frage nach der **Relevanz** für das gesamte Abstimmungsergebnis stellt.[62]

Nach **Abs. 9** kann – wie in § 128 Abs. 2 – die Schadensersatzpflicht des Kreditinstituts wegen einer Verletzung seiner aus Abs. 1–7 folgende Pflichten im Voraus weder ausgeschlossen noch beschränkt werden. Nachträgliche Vereinbarungen (Vergleich, Erlass) sind jedoch möglich. Eine entsprechende Schadensersatzverpflichtung ergibt sich entweder aus der Verletzung des Depotvertrags (§ 280 Abs. 1 BGB), aus § 826 BGB oder aus § 823 Abs. 2 BGB iVm § 135. Die von der Vorauflage vertretene Auffassung, dass es sich bei § 135 nicht um ein Schutzgesetz im Sinne dieser Vorschrift handelt,[63] wird nicht aufrecht erhalten.[64] Allerdings ist die praktische Auswirkung gering. Ein Schadensersatzanspruch scheidet nämlich insoweit aus, als der Schaden des Aktionärs in einer Minderung des Werts seiner Aktien aufgrund einer Schädigung der Gesellschaft liegt und die Gesellschaft einen eigenen Anspruch auf Schadensersatz hat.[65] Andernfalls bestünde nämlich eine Doppelhaftung bzw würde der Schaden uU doppelt kompensiert. Andere Schadensfälle sind schwer vorstellbar.

Abs. 9 spricht Aktionärsvereinigungen nicht an, obwohl sie nach Abs. 8 für die Anwendung der Abs. 1–7 den Kreditinstituten gleichgestellt sind. Dabei handelt es sich entgegen der Auffassung der Vorauflage nicht um ein Redaktionsversehen, mit der Folge, dass die Norm für Aktionärsvereinigungen nicht entsprechend anzuwenden ist.[66] Ein entsprechender ausdrücklicher Vorstoß des Bundesrats[67] blieb bei der Neufassung der Norm durch das ARUG[68] unberücksichtigt, so dass eine planwidrige Regelungslücke nicht angenommen werden kann.

VII. Gleichstellung mit Kreditinstituten (Abs. 10). Die durch Abs. 10 angeordnete entsprechende Anwendung des § 125 Abs. 5 stellt sicher, dass Finanzdienstleistungsinstitute (§§ 1 Abs. 1a, 2 Abs. 6 KWG) und Unternehmen, die iSd §§ 53 Abs. 1 S. 1, 53 b Abs. 1 S. 1 oder Abs. 7 KWG tätig sind und Versammlungsrechte von Aktionären wahrnehmen, den gleichen unterliegen Pflichten wie Kreditinstitute.[69]

---

55 So schon *Kropff*, S. 199.
56 *Hüffer*, Rn 48; *Kropff*, S. 199.
57 BegrRegE ARUG, BT-Drucks. 16/11642, S. 35.
58 BGH NJW 1995, 1739 (Girmes).
59 Ob hierunter die ISS, ECGS und IVOX zu sehen sind, ist fraglich, vgl *Noack*, NZG 2008, 441, 443.
60 Vgl hierzu auch § 127 a Rn 8.
61 *Hüffer*, Rn 46.
62 *Hüffer*, Rn 46; MüKo-AktG/*Schröer*, Rn 181; Spindler/Stilz/*Rieckers*, Rn 110.
63 Zweifelnd auch *Hüffer*, Rn 51.
64 So wie hier hM: K. Schmidt/Lutter/*Spindler*, Rn 156; MüKo-AktG/*Schröer*, Rn 183; Spindler/Stilz/*Rieckers*, Rn 110 mwN.
65 MüKo-AktG/*Schröer*, Rn 184; Spindler/Stilz/*Rieckers*, Rn 114; K. Schmidt/Lutter/*Spindler*, Rn 53; *Schöne*, WM 1992, 209, 213; *Hensslers*, ZHR 157 (1993), 91, 108.
66 Ebenso MüKo-AktG/*Schröer*, Rn 185; Spindler/Stilz/*Rieckers*, Rn 109; aA Hölters/*Hirschmann*, Rn 37.
67 BR-Drucks. 847/08 v. 19.12.2008, S. 9, Ziff. 13.
68 G v. 30.7.2009 (BGBl. I S. 2479).
69 Vgl die Kommentierung zu § 125 Rn 30.

§ 136 Ausschluß des Stimmrechts

(1) ¹Niemand kann für sich oder für einen anderen das Stimmrecht ausüben, wenn darüber Beschluß gefaßt wird, ob er zu entlasten oder von einer Verbindlichkeit zu befreien ist oder ob die Gesellschaft gegen ihn einen Anspruch geltend machen soll. ²Für Aktien, aus denen der Aktionär nach Satz 1 das Stimmrecht nicht ausüben kann, kann das Stimmrecht auch nicht durch einen anderen ausgeübt werden.

(2) ¹Ein Vertrag, durch den sich ein Aktionär verpflichtet, nach Weisung der Gesellschaft, des Vorstands oder des Aufsichtsrats der Gesellschaft oder nach Weisung eines abhängigen Unternehmens das Stimmrecht auszuüben, ist nichtig. ²Ebenso ist ein Vertrag nichtig, durch den sich ein Aktionär verpfichtet, für die jeweiligen Vorschläge des Vorstands oder des Aufsichtsrats der Gesellschaft zu stimmen.

A. Gegenstand und Zweck der Norm 1	c) Befreiung von einer Verbindlichkeit 7
B. Einzelheiten 4	d) Geltendmachung eines Anspruchs 10
I. Stimmrechtsausschluss für Aktionäre (Abs. 1) . 4	2. Persönliche Voraussetzungen 14
1. Sachliche Voraussetzungen 4	3. Rechtsfolgen verbotswidriger Stimmabgabe 21
a) Gesetzliche Kasuistik 4	
b) Entlastungsbeschluss (§ 120) 5	II. Nichtigkeit von Stimmbindungen (Abs. 2) 24

A. Gegenstand und Zweck der Norm

1 § 136 betrifft Abstimmverbote und die Nichtigkeit von Stimmbindungsverträgen, mit denen die Abstimmungsfreiheit der Aktionäre zugunsten der Verwaltung beschränkt wird. Mit der gesetzlichen Regelung wird der **Schutz aller Aktionäre vor Sonderinteressen** Einzelner ebenso wie der Verwaltung bezweckt. Das Stimmrechtsverbot soll dabei vor allem auch den Schutz des Gesellschaftsvermögens gegenüber einzelnen Gesellschaftern zugunsten der Gesellschaft, nicht aber zugunsten der Gesellschaftsgläubiger bewirken.[1]

2 Die dogmatische Einordnung[2] spielt in der Praxis keine Rolle. Im Ergebnis handelt es sich um eine eigene Kasuistik, bei der sowohl die Gesichtspunkte des **Verbots des Richtens in eigener Sache** wie auch der Rechtsgedanke des § 181 BGB (Selbstkontrahierung) eine Rolle spielen.[3]

3 Die Norm ist zwingend (§ 23 Abs. 5), weitere Stimmverbote finden sich in §§ 71 b, 71 d und 142 Abs. 1 S. 2.

B. Einzelheiten

4 **I. Stimmrechtsausschluss für Aktionäre (Abs. 1). 1. Sachliche Voraussetzungen. a) Gesetzliche Kasuistik.** Abs. 1 legt nur drei Tatbestände fest, in denen ein Stimmverbot greift. Erweiterungen auf andere Interessenkollisionen oder Einzelanalogien sind nach wohl herrschender Meinung nicht möglich, wohl aber die normzweckkonforme Auslegung der Tatbestände.[4]

Auch diese wohl herrschende Meinung vertritt jedoch unter dem Gesichtspunkt der normzweck-konformen Auslegung der Tatbestände beim **Vorliegen klarer Interessengegensätze** zwischen Aktionär und Gesellschaft die Auffassung, eine **Einzelanalogie** bei qualitativ und quantitativ vergleichbarer Interessenlage sei möglich.[5]

5 **b) Entlastungsbeschluss (§ 120).** § 136 Abs. 1 S. 1 Alt. 1 statuiert ein Stimmrechtsverbot für den Aktionär, Der zugleich Mitglied des Vorstands oder Aufsichtsrats ist, wenn Beschluss darüber zu fassen ist, ob er iSd § 120 zu entlasten ist. Soll ein Beschluss im Wege der **Gesamtentlastung** gefasst werden, so darf keines der zu entlastenden Organmitglieder mitstimmen.[6]

Bei der **Einzelentlastung** dagegen ist vom Grundsatz her davon auszugehen, dass die anderen Organmitglieder keinem Stimmrechtsverbot unterliegen, sondern nur das vom Einzelentlastungsbeschluss betroffene Mitglied. Allerdings ist hiervon eine Ausnahme in dem Fall anzuerkennen, in dem ein Aktionär über die Entlastung eines anderen Verwaltungsmitglieds in gleicher Weise betroffen ist – so wenn er an einem Vor-

---

[1] So BGHZ 105, 324, 333; BGH NZG 2011, 950 = AG 2011, 702; OLG München NZG 2010, 503 = AG 2010, 673;.

[2] *Hüffer*, Rn 3 mwN.

[3] Vgl OLG München NZG 2010, 503 = AG 2010, 673; Großkomm-AktienR/*Grundmann*, Rn 3; K. Schmidt/Lutter/*Spindler*, Rn 1; *Hügel/Klepsch*, NZG 2005, 905, 906; *Altmeppen*, NJW 2009, 3757; *Petersen/Schulz de la Cruz*, NZG 2012, 453.

[4] BGH NJW 1986, 2051; *Hüffer*, Rn 18; KölnKomm-AktG/*Zöllner*, Rn 26; in diese Richtung auch MüKo-AktG/*Schröer*, Rn 21.

[5] Siehe K. Schmidt/Lutter/*Spindler*, Rn 26 ff; KölnKomm-AktG/*Zöllner*, Rn 28; MüKo-AktG/*Schröer*, Rn 22; *Hüffer*, Rn 23 aE; für die analoge Anwendung bei Abberufung eines AR-Mitglieds (§ 103 Abs. 1), das zugleich Aktionär ist, auch *Hellermann*, NZG 2009, 1170; gegen jede Analogie nur *Zimmermann* in: FS Rowedder, 1994, S. 593, 598.

[6] BGHZ 108, 21 = NJW 1989, 2694; K. Schmidt/Lutter/*Spindler*, Rn 24; *Hüffer*, Rn 20; Spindler/Stilz/*Rieckers*, Rn 8; MüKo-AktG/*Schröer*, Rn 8.

gang beteiligt war, der dem anderen Verwaltungsmitglied vorgeworfen wird, wobei bloße Verdächtigungen jedoch nicht ausreichen werden.[7] Soweit über einen (Geschäftsordnungs-)Antrag auf Einzelentlastung abgestimmt werden soll, kann hierfür ein Stimmrechtsverbot nicht angenommen werden, weil dies vom Wortlaut des § 136 Abs. 1 S. 1 nicht erfasst ist.[8]
Die übrigen Gremiumsmitglieder können jedoch abstimmen, auch wenn es um die Entlastung des jeweils anderen Gremiums (Vorstand/Aufsichtsrat) geht.[9]
Das Bestehen eines Stimmrechtsverbots wird sich nicht bejahen lassen, wenn es um die Abberufung eines Aufsichtsratsmitglieds gem. § 103 geht; angesichts der Nichtregelung eines Stimmrechtsverbot wird ein solches bei der Entscheidung über die Abberufung nicht angenommen werden können.[10]

c) **Befreiung von einer Verbindlichkeit.** Ob die Verbindlichkeit aus gesellschaftsrechtlichen (zB §§ 50 Abs. 1, 93 Abs. 4 S. 3, 116, 117 Abs. 4, 309 Abs. 3 S. 1) oder aus anderen Schuldverhältnissen (zB Kaufvertrag) stammt, ist gleichgültig.[11]
Befreiung im Sinne des § 136 Abs. 1 S. 1 Alt. 2 ist neben dem Erlass und dem Vergleich auch die Stundung.[12]
Eine Kapitalherabsetzung zum Zweck der Befreiung von der Einlageschuld der §§ 66 Abs. 3, 222 ff, 237 ff fällt nicht hierunter, wobei auch bei unterschiedlicher Höhe der Einlageschuld kein Stimmrechtsverbot besteht.[13]

d) **Geltendmachung eines Anspruchs.** Auch hier ist es gleichgültig, woher der Anspruch stammt.[14]
Zur Geltendmachung gehören auch vorbereitende Maßnahmen wie die Bestellung eines **besonderen Vertreters** durch die Hauptversammlung (§ 147 Abs. 2).[15] Anderenfalls könnte bereits im Vorfeld einer Anspruchserhebung der Interessengegensatz zulasten der Gläubiger durchschlagen.[16] Eine Ausnahme kann allenfalls dann angenommen werden, wenn offensichtlich unbegründete Ansprüche gegen den Mehrheitsaktionär in die Beschlussfassung aufgenommen werden, nur um ein Stimmverbot desselben herbeizuführen.[17]
Umstritten ist, inwieweit das Stimmrechtsverbot des § 136 Abs. 1 S. 1 im Anwendungsbereich des § 142 gilt, wenn es um die Bestellung eines **Sonderprüfers** geht. Teilweise wird die Ansicht vertreten, dies gelte trotz fehlender Erwähnung auch für ein Konzernunternehmen, das zugleich Aktionär ist, wenn die Sonderprüfung die Geschäftsbeziehung zu diesem Unternehmen überprüfen soll. Dies ergebe sich aus den Grundsätzen über die unzulässige Rechtsausübung, denn es könne nicht rechtens sein, dass ausgerechnet ein Mehrheitsaktionär, gegen dessen Interessen sich eine Sonderprüfung richtet, in der Lage sein solle, eine Beschlussfassung in der Hauptversammlung mit seinen Stimmen zu verhindern.[18] Dieser Ansicht kann indes nicht gefolgt werden; § 136 Abs. 1 kann hier mangels planwidriger Regelungslücke keine analoge Anwendung finden. § 142 Abs. 1 S. 2 schließt nach seinem eindeutigen Wortlaut das Stimmrecht nur für Mitglieder des Vorstands oder des Aufsichtsrats aus. Andere Aktionäre, die nicht dem Vorstand oder Aufsichtsrat angehören oder angehörten, sind selbst bei einer vorhandenen Interessenkollision nicht vom Stimmrecht ausgeschlossen. Dies gilt auch dann, wenn der von der Sonderprüfung betroffene Aktionär kraft seiner Beteiligung einen maßgeblichen Einfluss auf die Abstimmung hat.[19] Eine erweiternde Auslegung des Stimmrechtsverbotes kommt indes für den Fall in Betracht, dass der Hauptaktionär die Rechte der Minderheits-

---

7 BGHZ 182, 272 = NZG 2009, 1270 = AG 2009, 824 – Umschreibungsstopp; K. Schmidt/Lutter/*Spindler*, Rn 24; Bürgers/Körber/*Holzborn*, Rn 4; Spindler/Stilz/*Rieckers*, Rn 8; Wachter/*Dürr*, Rn 16; *Hüffer*, Rn 20; aA Spindler/Stilz/*Hoffmann*, § 120 Rn 20, der ein Stimmrechtsverbot auch bei einer Mitwirkung an der Pflichtverletzung des Kollegen ablehnt.
8 OLG München WM 1995, 842 = AG 1995, 381, 382 = NJW-RR 1996, 159, 160; Spindler/Stilz/*Rieckers*, Rn 8; Bürgers/Körber/*Holzborn*, Rn 4; aA Großkomm-AktienR/*Grundmann*, Rn 32.
9 BGH NJW 1986, 2051; BGHZ 182, 272 = NZG 2009, 1270 = AG 2009, 824 – Umschreibungsstopp; OLG München AG 1995, 381; MüKo-AktG/*Schröer*, Rn 8; MüHb-AG/*Semler*, § 38 Rn 30; *Petersen/Schulz de la Cruz*, NZG 2012, 453, 454; zum Stimmverbot beim Entlastungsbeschluss umfassend *Hügel/Klepsch*, NZG 2005, 905 ff mwN.
10 MüKo-AktG/*Schröer*, Rn 24; Bürgers/Körber/*Holzborn*, Rn 10; Spindler/Stilz/*Rieckers*, Rn 19; aA KölnKomm-AktG/*Zöllner*, 1. Aufl., Rn 28; K. Schmidt/Lutter/*Spindler*, Rn 30.
11 HM: *Hüffer*, Rn 22; MüKo-AktG/*Schröer*, Rn 11; KölnKomm-AktG/*Zöllner*, Rn 10, nach OLG München AG 2008, 864, kommt es nicht darauf an, ob die Ansprüche tatsächlich bestehen.
12 HM: KölnKomm-AktG/*Zöllner*, Rn 15; *Hüffer* Rn 22.
13 *Hüffer*, Rn 22; KölnKomm-AktG/*Zöllner*, Rn 13; Wachter/*Dürr*, Rn 17; MüKo-AktG/*Schröer*, Rn 12.
14 *Hüffer*, Rn 23; je nach Anspruchshäufung kann sich auch der Kreis der vom Stimmrecht Ausgeschlossenen erweitern; vgl OLG München AG 2008, 864 ff.
15 BGH NJW 1986, 2051; OLG Brandenburg AG 2003, 328, 329; LG Frankfurt/Main AG 2005, 545, 547 mAnm. *Wilsing*, EWiR § 136 AktG 1/05, 99, der die erweiternde Anwendung des § 136 Abs. 1 durch das Gericht als Verstoß gegen § 142 Abs. 2 ansieht.
16 So LG Frankfurt/Main, aaO; vgl auch OLG München AG 1995, 381; *Hüffer*, Rn 23; aA OLG Hamburg AG 2003, 46 f.
17 Vgl OLG München ZIP 2008, 1916 = WM 2008, 1971 = AG 2008, 864.
18 So KölnKomm-AktG/*Kronstein/Zöllner*, § 142 Rn 25; *von Gleichenstein*, BB 1956, 761.
19 So die hM; vgl OLG Hamburg DB 1981, 80, 81; AG 2003, 46, 48 = NZG 2002, 244, 246; OLG München AG 2001, 193, 197; LG Düsseldorf AG 1999, 94, 95; LG München I ZIP 2008, 2124 Ls; Großkomm-AktienR/*Bezzenberger*, § 142 Rn 25; Spindler/Stilz/*Mock*, § 142 Rn 85; MüKo-AktG/*Schröer*, § 142 Rn 39 und 42; Bürgers/Körber/*Holzborn*, Rn 2.

aktionäre auf Sonderprüfung nach § 142 vollständig vereiteln könnte, weil das Quorum des § 142 Abs. 2 S. 1 nicht erreicht wird.[20]

12 Mandatserteilung, Mahnung und Fristsetzung sind in aller Regel Maßnahmen des Vorstandes, nicht der Hauptversammlung, weshalb das Stimmverbot für den Aktionär nur greift, wenn der Vorstand die Hauptversammlung mit der Entscheidung im Sinne des § 119 Abs. 2 befasst.[21]

13 Erfasst wird jede gerichtliche Anspruchsverfolgung, aber auch die Erledigung durch Klagerücknahme oder Vergleich.[22] Wird Beschluss über die Bestellung eines besonderen Vertreters für die Geltendmachung von Ersatzansprüchen (§ 147 Abs. 1 S. 1, Abs. 2) gefasst, die sich gegen mehrere in Betracht kommende Anspruchsgegner richten, so sind sämtliche möglicherweise von diesen Ansprüchen betroffene Aktionäre von der Abstimmung ausgeschlossen.[23]

14 **2. Persönliche Voraussetzungen.** § 136 spricht **nur den Aktionär** an, denn andere können kein Stimmrecht ausüben.[24] Das Verbot gilt **auch**, soweit der Aktionär nicht für sich, sondern als **Vertreter für andere Aktionäre** auftritt. **Ausnahmen** sind hier nur für die Ein-Mann-AG zu machen, weil zum einen sonst keine Beschlüsse gefasst werden könnten,[25] zum anderen ist kein Schutz des einzigen Aktionärs vor sich selber erforderlich.

14a Umstritten ist, ob eine derartige teleologische Reduktion des Abs. 1 auch dann stattfinden kann, wenn nach einem Squeeze out der verbliebene Alleinaktionär den Beschluss über die Bestellung eines besonderen Vertreters aufhebt und diesen abberuft, der Ansprüche gegen den nunmehrigen Alleinaktionär geltend machen sollte. Die wohl überwiegende Auffassung[26] verneint ein derartiges Stimmrechtsverbot unter Hinweis darauf, dass es keinen Interessengegensatz gebe und es nicht des Schutzes anderer Gesellschafter bedürfe, weshalb anderenfalls ein unzulässiger Eingriff in das Eigentumsrecht des Alleinaktionärs vorliege. Die besseren Gründe werden aber für die Gegenauffassung sprechen, die auch in dieser Situation ein Stimmrechtsverbot bejaht.[27] Das Verbot des Richtens in eigener Sache gilt auch hier; nur so kann verhindert werden, dass sich die Stimmabgabe nicht am Interesse der Gesellschaft, sondern an Eigeninteressen des Aktionärs orientiert. Der Gefahr einer dauernden Lähmung der Gesellschaft kann durch eine analoge Anwendung von § 142 Abs. 4 begegnet werden.

15 Vom Stimmverbot sind Aktionäre aber auch dann erfasst, wenn sich der geltend gemachte Anspruch oder die vorbereitende Maßnahme nicht gegen sie, sondern gegen mit ihnen verbundene Beteiligte richten kann (s.u. Rn 17 ff).

16 Da die Bevollmächtigung und die Stimmenvertretung grundsätzlich zulässig sind (§§ 134 Abs. 3 S. 1, 135), gilt das Stimmverbot auch dann, wenn der Aktionär andere vertritt oder sich vertreten lässt. Dabei ist es gleichgültig, ob die Interessenkollision in der Person des Vertretenen oder des Vertreters besteht. Wer von der Stimmrechtsausübung ausgeschlossen ist, hat kein Stimmrecht, das in der Person anderer entstehen könnte.[28] Ebenso ist es unerheblich, ob die Vertretung auf Vollmacht oder auf Gesetz beruht und die Vertretung offen oder verdeckt (§ 135 Abs. 5 S. 2) ausgeübt wird. Demgemäß ist insbesondere auch bei einem Treuhandverhältnis der Treunehmer ebenfalls vom Stimmrecht ausgeschlossen, wenn es der Treugeber wäre. In jedem Fall soll eine **Umgehung des Stimmverbots ausgeschlossen** sein.[29]

Dagegen genügen bloße persönliche Beziehungen zum Aktionär, die im Prozessrecht beispielsweise ein Zeugnisverweigerungsrecht begründen würden, nicht, um ein Stimmrechtsverbot zu begründen, es sei denn, es liegt ein Umgehungsversuch oder ein Stimmrechtsmissbrauch vor, der aber noch nicht in der Übertragung der Aktien vom betroffenen Aktionär auf eine nahestehende Person liegen kann.[30]

17 Probleme wirft das Stimmverbot dann auf, wenn sich der Betroffene hinter einer Personen- oder Kapitalgesellschaft (Drittgesellschaft) „verbirgt", auf deren Entscheidungen er Einfluss nehmen kann.

---

20 OLG Frankfurt AG 2006, 249, 252; in diese Richtung auch LG München I, Urt. v. 28.8.2012 – 5HK O 12861/07.
21 KölnKomm-AktG/*Zöllner*, Rn 19.
22 *Hüffer*, Rn 23.
23 OLG München AG 2008, 864, 865; für die GmbH vgl auch BGH ZIP 2009, 2193; 2009, 2194.
24 Zum Stimmrecht als Teil der Mitgliedschaft vgl § 118 Rn 17, 21.
25 *Hüffer*, Rn 5; BGH NJW 1989, 295; zuletzt: OLG München ZIP 2010, 725 zur Frage, ob nach Squeeze out der Alleinaktionär den besonderen Vertreter iSv § 147 abberufen kann (bejaht).
26 So BGH NZG 2011, 950 = AG 2011, 702 in Bestätigung der Vorinstanz OLG München NZG 2010, 503 = ZIP 2010, 725 = AG 2010, 177; Spindler/Stilz/*Rieckers*, Rn 22; K. Schmidt/

Lutter/*Spindler*, § 147 Rn 3; MüKo-AktG/*Schröer*, Rn 18; Bürgers/Körber/*Holzborn*, Rn 2; *Altmeppen*, NJW 2009, 3757; Peters/Hecker, NZG 2010, 506.
27 So LG München I NJW 2009, 3794; Spindler/Stilz/*Mock*, § 147 Rn 91; unten § 147 Rn 30; Mehrbrey/*Krenek*, Hb Gesellschaftsrechtliche Streitigkeiten, § 6 Rn 173; *Lutter*, ZIP 2209, 2203; iErg auch Hirte/*Mock*, BB 2010, 775.
28 *Hüffer*, Rn 6, 7 mwN; BGH NJW 1971, 1265; 1989, 2694; KölnKomm-AktG/*Zöllner*, Rn 32.
29 *Kropff*, S. 201; *Hüffer*, Rn 7.
30 Ganz hM; vgl nur OLG Hamm NJW-RR 1988, 1439; Bürgers/Körber/*Holzborn*, Rn 14; Spindler/Stilz/*Rieckers*, Rn 37; MüKo-AktG/*Schröer*, Rn 33; KölnKomm-AktG/*Zöllner*, Rn 52; *Hüffer*, Rn 16.

Rechtsprechung und Lehre halten einen **maßgeblichem Einfluss**[31] bzw eine **nachhaltige Interessenverknüpfung** für erforderlich.[32] Maßgeblichen Einfluss hat der betroffene Mandatsträger auf die Drittgesellschaft,[33] wenn er persönlich haftender Gesellschafter (phG), einziger Komplementär, Alleingesellschafter oder herrschender Gesellschafter (§ 17) ist, kraft gesellschaftsvertraglicher Beherrschung oder wenn alle Gesellschafter vom Stimmverbot betroffen sind. Die Diskussion zur Rechtsform der jeweiligen Gesellschaft[34] ist unerheblich, da es auf die **tatsächliche Möglichkeit der Einflussnahme** ankommt.[35] Ein Gegenbeweis wird aus Gründen der Rechtssicherheit nicht zugelassen.[36] Betrifft im umgekehrten Fall der Verbotstatbestand eine Gesellschaft, so besteht Stimmverbot für den phG einer Personengesellschaft bzw den herrschenden Gesellschafter einer Kapitalgesellschaft.

Ähnliche Probleme entstehen, wenn es um eine **Interessenverknüpfung zwischen Organmitgliedern der Gesellschaft und Drittgesellschaften** geht, was insbesondere der Fall ist, wenn Vorstands- bzw Aufsichtsratsmitglieder zugleich Vorstandsmitglieder des beherrschenden Aktionärs sind. Das Stimmverbot gilt dann auch auf ihre Person bezogen, wenn sie auf die jeweilige Abstimmungsentscheidung des Aktionärs allein und gemeinsam mit anderen maßgeblich Einfluss nehmen können. Die Drittgesellschaft unterliegt dann dem Stimmverbot des § 136.[37]

Von Interessenverknüpfung kann nicht automatisch gesprochen werden, wenn es sich um nahe Angehörige, persönliche Verbundenheit oder gemeinschaftliches Vermögen (Miterben, Gütergemeinschaft) handelt. Das gegen einen Beteiligten gerichtete Stimmverbot wirkt nicht automatisch gegen den anderen, es sei denn, eine Umgehungsabsicht oder maßgeblicher Einfluss ist nachweisbar.[38]

3. Rechtsfolgen verbotswidriger Stimmabgabe. Verbotswidrige **Stimmabgaben** sind gem. § 134 BGB **nichtig**. Werden die Stimmen unberechtigt mitgezählt, unterliegt der Hauptversammlungsbeschluss der Anfechtung (§ 243 Abs. 1). Die Anfechtungsklage kann indes nur dann Erfolg haben, wenn sich durch das Mitzählen der nichtigen Stimmen die im Einzelfall notwendigen Mehrheitsverhältnisse ändern und ohne diese Stimmen die erforderliche Mehrheit nicht zustande kam.[39] Ist ein Stimmverbot fraglich, wird empfohlen, die betroffenen Stimmen mitzuzählen.

Bei schuldhaftem Verstoß gegen das Stimmverbot können nach *Hüffer* Schadensersatzansprüche gegen die AG gegeben sein.[40]

Unter den Voraussetzungen des § 405 Abs. 3 Nr. 5 kann auch eine Ordnungswidrigkeit vorliegen.

II. Nichtigkeit von Stimmbindungen (Abs. 2). Abs. 2 will verhindern, dass die Verwaltung für ein ihr genehmes Abstimmverhalten sorgen kann,[41] obwohl Stimmbindungsverträge von Aktionären untereinander grundsätzlich zulässig sind, weil sich dies aus dem Grundsatz der Vertragsfreiheit ergibt und ein Umkehrschluss aus Abs. 2 gleichfalls zeigt, dass Stimmrechtsvereinbarungen ohne die entsprechenden Weisungsmöglichkeiten vom Gesetzgeber als zulässig angesehen werden.[42] Der **vertragliche Einfluss** der Gesellschaft, des Vorstandes oder des Aufsichtsrats auf die Aktionäre **beseitigt die Kontrollfunktion** der Hauptversammlung und greift in die Kompetenzordnung der Aktiengesellschaft ein. **Auch** eine **indirekte Selbstkontrolle darf nicht sein**, weswegen auch die Stimmabgabe von Aktionärsvertretern, die die Gesellschaft selbst ernannt hat (§ 134 Abs. 1 S. 3) oder der Kreditinstitute in der eigenen Hauptversammlung (§ 135 Abs. 1 S. 2) an ausdrückliche Weisungen der Aktionäre gebunden ist.[43]

Inhalt des nichtigen Vertrages muss die Bindung an die jeweilige Weisung (Abs. 2 S. 1) oder an den jeweiligen Verwaltungsvorschlag (Abs. 2 S. 2) sein, wobei es nicht darauf ankommt, wer Vertragsgegner des Aktionärs ist; dies kann auch ein Großaktionär oder ein interessierter Dritter sein.[44]

Im Falle des Abs. 2 S. 1 können sowohl die Gesellschaft, wie der Vorstand oder der Aufsichtsrat oder abhängige Unternehmen als Weisungsberechtigte vereinbart worden sein. Während die Weisung der Gesellschaft nicht nur durch den Vorstand, sondern auch durch sonstige Vertreter erfolgen kann,[45] können Vor-

---

[31] BGHZ 116, 353, 358; NZG 2009, 1310; *Hüffer*, Rn 10; K. Schmidt/Lutter/*Spindler*, Rn 14; Großkomm-AktienR/*Grundmann*, Rn 24; Spindler/Stilz/*Rieckers*, Rn 26; Bürgers/Körber/*Holzborn*, Rn 16 f.
[32] *Hüffer*, Rn 12.
[33] Vgl dazu die Beispiele bei *Hüffer*, Rn 11, 13.
[34] *Hüffer*, Rn 8, 9, 10, 12, 14 m. Überblick über den Diskussionsstand.
[35] *Hüffer*, Rn 10, 12, 14; KölnKomm-AktG/*Zöllner*, Rn 41.
[36] OLG Hamburg AG 2001, 91.
[37] OLG Karlsruhe AG 2001, 93 (maßgeblicher Einfluss kraft Rechtsposition); LG Köln AG 1998, 240 (Personenidentität in Ober- und Untergesellschaft); *Hüffer*, Rn 14 mwN.
[38] HM: BGH NJW 1971, 1265; 1981, 1512; *Hüffer*, Rn 15, 16; KölnKomm-AktG/*Zöllner*, Rn 35, 52.
[39] OLG Frankfurt NJW-RR 2001, 466; *Hüffer*, Rn 24; zur Bedeutung des jeweils gewählten Auszählverfahrens siehe Bürgers/Körber/*Holzborn*, Rn 21.
[40] *Hüffer*, Rn 24.
[41] *Kropff*, S. 201.
[42] BGH NJW 1993, 1910; BGHZ 179, 13, 18 = AG 2009, 163, 164, 165; LG München I, Urt. v. 25.10.2012 – 5HK O 4278/12; MüKo-AktG/*Schröer*, Rn 64; Wertenbruch, NZG 2009, 645.
[43] LG Baden-Baden AG 1998, 534; *Hüffer*, Rn 25; so § 135 Rn 9 und 9 a.
[44] *Hüffer*, Rn 27; MüKo-AktG/*Schröer*, Rn 74; KölnKomm-AktG/*Zöllner*, Rn 106.
[45] *Hüffer*, Rn 26; KölnKomm-AktG/*Zöllner*, Rn 98.

stand und Aufsichtsrat nur als Gremium durch Beschluss in Angelegenheiten der Gesellschaft tätig werden. Für zivilrechtliche Verträge fehlt ihnen die Rechtsfähigkeit. Als ausreichend wird es daher angesehen, wenn der (nichtige) Vertrag Weisungsrechte von Mitgliedern des Vorstands bzw des Aufsichtsrates oder einer Mehrheit von ihnen begründen soll.[46] Ob die Vereinbarung zulässig vorsehen kann, dass nur ein einzelnes Mitglied des Vorstandes oder des Aufsichtsrates weisungsbefugt ist und damit der Schutzbereich des Abs. 2 verlassen wird, erscheint fraglich.[47] Damit wäre einer Umgehung des Stimmbindungsverbots für den Aktionär der Weg zum Nachteil der übrigen Aktionäre geebnet.

27 Weisungsvereinbarungen zugunsten der Gesellschaft, des Vorstandes oder des Aufsichtsrats sind solche zugunsten eines von der Gesellschaft abhängigen Unternehmens (§ 17) gleichgestellt. Rechtsfolge ist die **Nichtigkeit des Vertrags** aufgrund von § 134 BGB, weil in der Regelung des § 136 Abs. 2 ein gesetzliches Verbot gesehen werden muss. Aus ihm können **weder Erfüllungsanspruch noch Ansprüche auf Vertragsstrafen** abgeleitet werden. Erfolgt die **Stimmabgabe** in Erfüllung des Vertrages, ist sie trotzdem **nicht nichtig**.[48] Hauptversammlungsbeschlüsse, die unter Einbeziehung derartiger gesetzwidrig abgegebener Stimmen zustande kommen, sind jedoch **anfechtbar** (§ 243 Abs. 1), wobei auch hier das Kausalitätserfordernis zu beachten ist.

28 Unter den Voraussetzungen des § 405 Abs. 3 Nr. 6, 7 kann eine Ordnungswidrigkeit vorliegen.

§ 137 Abstimmung über Wahlvorschläge von Aktionären

Hat ein Aktionär einen Vorschlag zur Wahl von Aufsichtsratsmitgliedern nach § 127 gemacht und beantragt er in der Hauptversammlung die Wahl des von ihm Vorgeschlagenen, so ist über seinen Antrag vor dem Vorschlag des Aufsichtsrats zu beschließen, wenn es eine Minderheit der Aktionäre verlangt, deren Anteile zusammen den zehnten Teil des vertretenen Grundkapitals erreichen.

A. Gegenstand und Zweck der Norm

1 § 137 legt die Abstimmungsreihenfolge bei Wahlvorschlägen von Aktionären für den Aufsichtsrat fest, nicht das Verfahren,[1] knüpft dies aber an eine qualifizierte Aktionärsminderheit. Die Satzung kann Erleichterungen vorsehen,[2] jedoch keine Verschärfungen.

2 Die Bedeutung von § 137 liegt vor allem darin, dass dort eine Ausnahme von dem Grundsatz statuiert wird, wonach der Versammlungsleiter die Reihenfolge der Abstimmung bestimmt. Damit ist sie eine Ausprägung des Minderheitenschutzes, weil sich die Hauptversammlung zumindest mit dem Vorschlag der Minderheit befassen muss. Durch § 137 sollen die **Erfolgsaussichten für Aktionärsvorschläge** verbessert werden,[3] was jedoch aufgrund der relativ hohen Quorenanforderungen eher theoretisch ist.

B. Einzelheiten

3 **I. Voraussetzungen für den Abstimmungsvorgang.** Es muss ein Wahlvorschlag nach § 127 vorliegen, die Wahl muss in der Hauptversammlung beantragt und der Vorrang in Anspruch genommen worden sein, zudem muss eine qualifizierte Minderheit den Vorrang unterstützen.

4 Der **Wahlvorschlag** im Sinne des § 127 ist wegen der dortigen Verweisung auf den neu gefassten § 126 vom Aktionär bis spätestens zwei Wochen vor der Hauptversammlung der Gesellschaft mitzuteilen. Dies bedeutet, dass der Vorschlag dem der Verwaltung widersprechen muss, ohne dass aber eine derartige Erklärung des Aktionärs erforderlich wäre.[4] Inhaltlich muss der Vorschlag zudem den Anforderungen der §§ 124 Abs. 3 S. 3, Abs. 1 S. 5 entsprechen, was sich aus §§ 127 S. 3 ergibt. Der Vorschlag muss mithin Name, Beruf und Wohnort des vorgeschlagenen Kandidaten sowie bei börsennotierten Gesellschaften Angaben über Mitgliedschaften in anderen gesetzlich zu bildenden Aufsichtsräten enthalten, während aufgrund von § 127 S. 2 eine weitergehende Begründung nicht erforderlich ist.[5] Er muss nicht mehr auf dem Weg des § 125

---

46 KölnKomm-AktG/*Zöllner*, Rn 98.
47 Für die Zulässigkeit wohl KölnKomm-AktG/*Zöllner*, Rn 102; *Hüffer*, Rn 26.
48 OLG Nürnberg AG 1996, 228; *Hüffer*, Rn 29; KölnKomm-AktG/*Zöllner*, Rn 108.
1 LG München I WM 2004, 881, 883.
2 *Hüffer*, Rn 1; Großkomm-AktienR/*Grundmann*, Rn 2; MüKo-AktG/*Schröer*, Rn 4.
3 Zum Normzweck insgesamt Spindler/Stilz/*Rieckers*, Rn 1; Großkomm-AktienR/*Grundmann*, Rn 1; *Hüffer*, Rn 1; Bürgers/Körber/*Holzborn*, Rn 1; MüKo-AktG/*Schröer*, Rn 2; *Sünner*, AG 2010, 111, 117.
4 Bürgers/Körber/*Holzborn*, Rn 4; K. Schmidt/Lutter/*Spindler*, Rn 3; Spindler/Stilz/*Rieckers*, Rn 4; auch BT-Drucks. 14/8769 S. 20.
5 K. Schmidt/Lutter/*Spindler*, Rn 3; MüKo-AktG/*Schröer*, Rn 6; Großkomm-AktienR/*Grundmann*, Rn 3; Spindler/Stilz/*Rieckers*, Rn 2.

über Kreditinstitute und Aktionärsvereinigungen weitergeleitet werden, sondern ist nur noch über den Weg des § 126 zugänglich zu machen.[6] Die Fristberechnung erfolgt nach § 121 Abs. 7.

Der den Antrag stellende Aktionär muss in der Hauptversammlung nicht stimmberechtigt sein, was sich aus dem verfahrensleitenden Charakter der Vorschrift ergibt.[7] Allerdings dürfen die Rechte des Aktionärs nicht wegen Verstoßes gegen Mitteilungspflichten aus § 20 oder §§ 21 ff WpHG oder wegen § 59 WpÜG ruhen.

Der **Wahlantrag** muss zwingend in der Hauptversammlung **wiederholt** werden, er hat sich auf den zugänglich gemachten Wahlvorschlag zu beziehen und ist vom gleichen Aktionär vorzutragen, der ihn eingebracht hat; dies ergibt sich aus dem klaren Wortlaut der Vorschrift, wonach „er" in der Hauptversammlung die Wahl von ihm Vorgeschlagenen beantragt – das Wort „er" bezieht sich nach den Regeln der Grammatik eindeutig auf den Aktionär, der einen Vorschlag gemacht hat.[8] Eine Vertretung, auch Stimmvertretung, ist zulässig (vgl § 134 Abs. 3 S. 1; *arg e* § 126 Abs. 2 Nr. 6, 7).

Wurde der Wahlantrag in der Hauptversammlung gestellt, ist der Hauptversammlungsleiter nur verpflichtet, nach der Unterstützung der Minderheit zu fragen und darüber abstimmen zu lassen,[9] wenn neben dem Antrag auch der **Vorrang beantragt** wird, gleich von wem.[10] Ggf ist zur Vermeidung von unnötigen Diskussionen **nachzufragen**.[11] Die Gegenmeinung,[12] die ein Nachfragen für entbehrlich hält, führt letztlich dazu, dass die erforderliche Minderheitsunterstützung für den Vorrang nicht festgestellt werden kann. Damit würde der von § 137 bezweckte Aktionärsschutz unterlaufen.

Die erforderliche Minderheit von **10 %** bezieht sich auf das **in der Hauptversammlung vertretene**, nicht das gesamte, **Grundkapital**. Maßgebend ist daher die sog. **Hauptversammlungspräsenz**, jedoch nur hinsichtlich der **stimmberechtigten Aktien**.[13] Vorzugsaktien und das von ihnen vertretene Grundkapital sind hierbei nicht einzubeziehen, solange die Vorzugsaktionäre nicht stimmberechtigt sind.[14]

II. **Rechtsfolge**. Sind die Voraussetzungen gegeben, müssen die Wahlvorschläge der Aktionäre vor den Wahlvorschlägen des Aufsichtsrats zur Abstimmung gestellt werden.

Über mehrere Anträge des gleichen Aktionärs kann insgesamt abgestimmt werden.[15] Wenn mehrere Aktionäre Vorschläge unterbreitet, in der Hauptversammlung beantragt und den Vorrang beansprucht haben, kann der Hauptversammlungsleiter die Reihenfolge unter ihnen frei wählen, wobei er sich indes wie sonst auch sich am Kriterium der Sachdienlichkeit zu orientieren hat.[16]

Verstöße gegen § 137 führen zur **Anfechtbarkeit** der Wahlbeschlüsse nach §§ 243 Abs. 1, 251 Abs. 1 S. 1. Zu prüfen bleibt aber auch hier in jedem Fall, ob der Verstoß gegen § 137 für das Wahlergebnis kausal war, was bei eindeutigen Mehrheiten von deutlich über 50 % für den Vorschlag der Verwaltung abzulehnen sein wird.[17]

Fünfter Unterabschnitt
Sonderbeschluß

§ 138 Gesonderte Versammlung. Gesonderte Abstimmung

¹In diesem Gesetz oder in der Satzung vorgeschriebene Sonderbeschlüsse gewisser Aktionäre sind entweder in einer gesonderten Versammlung dieser Aktionäre oder in einer gesonderten Abstimmung zu fassen, soweit das Gesetz nichts anderes bestimmt. ²Für die Einberufung der gesonderten Versammlung und die Teilnahme an ihr sowie für das Auskunftsrecht gelten die Bestimmungen über die Hauptversammlung, für die Sonderbeschlüsse die Bestimmungen über Hauptversammlungsbeschlüsse sinngemäß. ³Verlangen Aktionäre, die an der Abstimmung über den Sonderbeschluß teilnehmen können, die Einberufung einer gesonderten Versammlung oder die Bekanntmachung eines Gegenstands zur gesonderten Abstimmung, so genügt es, wenn ihre Anteile, mit denen sie an der Abstimmung über den Sonderbeschluß teilnehmen können, zusam-

---

6 *Hüffer*, Rn 1.
7 K. Schmidt/Lutter/*Spindler*, Rn 2; MüKo-AktG/*Schröer*, Rn 4; Bürgers/Körber/*Holzborn*, Rn 2.
8 *Hüffer*, Rn 2; MüKo-AktG/*Schröer*, Rn 6; KölnKomm-AktG/*Zöllner*, 1. Aufl., Rn 4; aA Großkomm-AktienR/*Grundmann*, Rn 4.
9 *Hüffer*, Rn 3 mwN.
10 KölnKomm-AktG/*Zöllner*, 1. Aufl., Rn 5; *Hüffer*, Rn 3.
11 *Hüffer*, Rn 3.
12 MüKo-AktG/*Volhard*, 2. Aufl., Rn 11.
13 Großkomm-AktienR/*Grundmann*, Rn 5; Wachter/*Dürr*, Rn 4; MüKo-AktG/*Schröer*, Rn 9.
14 *Hüffer*, § 139 Rn 13; MüKo-AktG/*Schröer*, Rn 9 Fn 13.
15 OLG Hamburg AG 1998, 332; soweit sich hierzu kein Widerstand regt, vgl LG München I WM 2004, 881, 882; Spindler/Stilz/*Rieckers*, Rn 8; MüKo-AktG/*Schröer*, Rn 14; *Hüffer*, Rn 4.
16 *Hüffer*, Rn 4; MüKo-AktG/*Schröer*, Rn 14; K. Schmidt/Lutter/*Spindler*, Rn 7; Spindler/Stilz/*Rieckers*, Rn 8.
17 *Hüffer*, Rn 4 und § 243 Rn 61; Großkomm-AktienR/*Grundmann*, Rn 7; Spindler/Stilz/*Rieckers*, Rn 9; MüKo-AktG/*Schröer*, Rn 16.

men den zehnten Teil der Anteile erreichen, aus denen bei der Abstimmung über den Sonderbeschluß das Stimmrecht ausgeübt werden kann.

Literatur:
Geßler, Die Rechtslage bei Fehlen des Sonderbeschlusses benachteiligter Aktionäre oder verschiedener Aktiengattungen, DJ 1936, 1491.

A. Gegenstand und Zweck 1	II. Gesonderte Versammlung oder gesonderte Abstimmung 7
B. Sonderbeschlüsse (S. 1) 3	C. Geltung der Bestimmungen zu Hauptversammlung und Hauptversammlungsbeschlüssen (S. 2) .. 8
I. Sonderbeschlüsse nach AktG oder Satzung 3	I. Gesonderte Versammlung 8
1. Sonderbeschlüsse zu Beschlüssen der Hauptversammlung 3	II. Gesonderte Abstimmung 9
2. Sonderbeschlüsse zu Maßnahmen der Verwaltung 5	III. Geltung der Bestimmungen über Hauptversammlungsbeschlüsse 10
3. Sonderbeschlüsse gem. Satzungsbestimmungen 6	D. Minderheitsrechte (S. 3) 11

A. Gegenstand und Zweck

1 § 138 regelt das **Verfahren** für Sonderbeschlüsse; nicht hingegen, wann ein solcher Beschluss stattfindet. Dies folgt aus dem AktG („in diesem Gesetz")[1] oder der Satzung. Im Hinblick auf das Verfahren für Sonderbeschlüsse sind sowohl die gesonderte Versammlung (neben der Hauptversammlung) als auch die gesonderte Abstimmung (in der Hauptversammlung) grundsätzlich zulässige Beschlussverfahren für Sonderbeschlüsse, es sei denn, das Gesetz schreibt eines der beiden Verfahren vor (so die gesonderte Versammlung der Vorzugsaktionäre in § 141 Abs. 3).

2 Sinn und Zweck der durch das AktG vorgeschriebenen Sonderbeschlüsse bestehen darin, dass „gewisse Aktionäre", dh Aktionäre einzelner Gattungen von Aktien (etwa Vorzugsaktionäre) oder Gruppen von Aktionären (etwa die sog. außenstehenden Aktionäre bei Unternehmensverträgen)[2] bei solchen Entscheidungen der Gesellschaft, die Rechte dieser Gattung oder der Gruppe wesentlich berühren, durch Herbeiführung eines Sonderbeschlusses mitzuwirken haben (**Schutzzweck**).[3] Es geht dabei um den Schutz bestimmter Aktionärsgruppen vor den Mehrheitsbeschlüssen der Hauptversammlung bzw vor Geschäftsführungsmaßnahmen des Vorstands.[4] Dabei unterscheidet das AktG einerseits solche Fälle, bei denen zur Wirksamkeit eines Beschlusses der Hauptversammlung ein positiver Sonderbeschluss hinzutreten muss und andererseits solche Fälle, bei denen Maßnahmen der Verwaltung der Gesellschaft der Zustimmung durch Sonderbeschluss bedürfen. Die gesetzlich angeordneten Sonderbeschlüsse sind im Gesetz abschließend aufgezählt und nicht analogiefähig.[5] Wichtigster Fall hierbei dürfte die Kündigung eines Unternehmensvertrages aus wichtigem Grund sein, die gerade keinen Sonderbeschluss benötigt, obwohl Parallelen zur Beendigung von Unternehmensverträgen vorliegen.[6]

B. Sonderbeschlüsse (S. 1)

3 **I. Sonderbeschlüsse nach AktG oder Satzung. 1. Sonderbeschlüsse zu Beschlüssen der Hauptversammlung.** Zu dieser Gruppe gehören:

- Aufhebung oder Beschränkung des Vorzugs der Vorzugsaktionäre ohne Stimmrecht (§ 141 Abs. 1, 3);
- Ausgabe neuer Vorzugsaktien, die den bereits vorhandenen Vorzugsaktien bei der Verteilung des Gewinns oder des Gesellschaftsvermögens vorgehen oder gleichstehen sollen (§ 141 Abs. 2, 3);
- Änderung des bisherigen Verhältnisses mehrerer Gattungen von Aktien zum Nachteil einer Gattung (§ 179 Abs. 3);[7]
- Erhöhung des Grundkapitals gegen Leistung von Einlagen bei Vorhandensein mehrerer Gattungen von Aktien (§ 182 Abs. 2), ebenso bei bedingter Kapitalerhöhung (§ 193 Abs. 1 S. 3), Schaffung eines geneh-

---

[1] Zu beachten ist, dass auch im UmwG Sonderbeschlüsse gesetzlich angeordnet werden, so in § 65 Abs. 2 UmwG mit entsprechenden Verweisen für Umwandlung, Spaltung und Verschmelzung.

[2] Zum Begriff siehe Hüffer, § 295 Rn 12: alle Aktionäre mit Ausnahme des anderen Vertragsteils (etwa beherrschendes Unternehmen) und derjenigen Aktionäre, die mit dem anderen Vertragsteil dergestalt verbunden sind, dass sie ähnlich wie dieser von Gewinnabführung oder Leitungsmacht unmittelbar oder mittelbar profitieren. Siehe auch LG Essen AG 1995, 189.

[3] So bezwecken etwa die gesetzlichen Anordnungen eines Sonderbeschlusses in §§ 295 Abs. 2 S. 2, 293 Abs. 1 S. 2, 3 den Schutz der außenstehenden Aktionäre vor einem nachhaltigen Eingriff der Vertragsparteien der Unternehmensverträge in ihre Ausgleichs- und Abfindungsrechte.

[4] MüKo-AktG/Volhard, Rn 2; K. Schmidt/Lutter/Spindler, Rn 1.

[5] OLG Celle DB 1972, 1816, 1819; K. Schmidt/Lutter/Spindler, Rn 4.

[6] OLG Düsseldorf AG 1990, 490, 491; BGHZ 122, 211, 231 ff.

[7] Dazu OLG Köln NZG 2002, 966.

migten Kapitals (§ 202 Abs. 2 S. 4) und Ausgabe von Wandel- und Gewinnschuldverschreibungen (§ 221 Abs. 1 S. 4);
- Herabsetzung des Grundkapitals bei Vorhandensein mehrerer Gattungen von Aktien (§§ 222 Abs. 2, 229 Abs. 3, 237 Abs. 2 S. 1);
- Änderung von Unternehmensverträgen, wenn Ausgleichs- und Abfindungsregelung geändert wird (§ 295 Abs. 2).

Fehlt in diesen Fällen ein zu einem existierenden Hauptversammlungsbeschluss notwendigerweise hinzutretender Sonderbeschluss, ist der Hauptversammlungsbeschluss zunächst schwebend, bei ablehnendem Sonderbeschluss endgültig unwirksam.[8] Soweit ein isolierter Sonderbeschluss ohne Hauptversammlungsbeschluss vorliegt, ist dies unerheblich.

2. Sonderbeschlüsse zu Maßnahmen der Verwaltung

- Aufhebung (§ 296 Abs. 2) oder Kündigung (§ 297 Abs. 2) – nicht Kündigung aus wichtigem Grund – eines Unternehmensvertrages, der zur Leistung eines Ausgleichs an die außenstehenden Aktionäre oder zum Erwerb ihrer Aktien verpflichtet;[9]
- Verzicht oder Vergleich hinsichtlich des Anspruchs auf Ausgleich des Jahresfehlbetrags bei Beherrschungs- und Gewinnabführungsverträgen (§ 302 Abs. 3 S. 2);
- Verzicht oder Vergleich hinsichtlich Schadensersatzansprüchen der Gesellschaft gegen die gesetzlichen Vertreter des herrschenden Unternehmens (§ 309 Abs. 3 S. 1); Erstreckung auf §§ 310 Abs. 4, 317 Abs. 4, 318 Abs. 4.

3. Sonderbeschlüsse gem. Satzungsbestimmungen. Gemäß § 138 S. 1 kann die Satzung zwar weitere Fälle vorsehen, wegen § 23 Abs. 5 – Grundsatz der Satzungsstrenge/abschließende gesetzliche Kompetenzordnung – ist der Anwendungsbereich allerdings sehr beschränkt. Soweit das Gesetz die einfache Stimmenmehrheit der Hauptversammlung genügen lässt (§ 133), kann die Satzung einen zusätzlichen Sonderbeschluss nicht vorsehen. Ebenso kann die Wirksamkeit nicht von der Zustimmung einzelner Aktionäre abhängig gemacht werden.[10] Praktische Bedeutung haben Satzungsbestimmungen, die Sonderbeschlüsse vorschreiben, nicht.[11]

II. Gesonderte Versammlung oder gesonderte Abstimmung. Ein Sonderbeschluss kann entweder in einer gesonderten Versammlung oder während einer Hauptversammlung in einer gesonderten Abstimmung gefasst werden, soweit das Gesetz nichts anderes bestimmt. Gesonderte Versammlung ist zwingend vorgeschrieben in § 141 Abs. 3 S. 1 für die Zustimmung der Vorzugsaktionäre. Welche Möglichkeit in den übrigen Fällen gewählt wird, entscheidet der Kompetenzträger zur Einberufung der Hauptversammlung, idR also der Vorstand (§ 121 Abs. 2), ausnahmsweise der Aufsichtsrat (§ 111 Abs. 3) oder eine vom Gericht ermächtigte Minderheit (§ 122 Abs. 3). Aus Kostengründen wird idR die gesonderte Abstimmung gewählt. Verlangt eine qualifizierte Mehrheit die gesonderte Versammlung (§ 138 S. 3, 1. Fall), erlischt der Entscheidungsspielraum des Vorstands; eine gesonderte Versammlung ist dann einzuberufen. Ebenso kann die Hauptversammlung beschließen, dass über einen in der Tagesordnung angekündigten Sonderbeschluss nicht in der Hauptversammlung, sondern in einer gesonderten Versammlung beschlossen werden soll.[12]

C. Geltung der Bestimmungen zu Hauptversammlung und Hauptversammlungsbeschlüssen (S. 2)

I. Gesonderte Versammlung. Für gesonderte Versammlungen gelten gem. § 138 S. 2 hinsichtlich Einberufung,[13] Teilnahme und Auskunftsrecht die Vorschriften über die Hauptversammlung sinngemäß; ebenso sind etwaige Satzungsbestimmungen zur Hauptversammlung zu beachten. Einen generellen Verweis auf die §§ 118 ff sieht das Gesetz aber nicht vor. Entscheidend ist, ob eine vergleichbare Interessenlage zwischen gesonderter Versammlung und Hauptversammlung anzunehmen ist („sinngemäß"). Zur Anwendung gelangen §§ 121–126, 128 (Einberufung), §§ 118 ff (Teilnahme; aber nur der „gewissen Aktionäre", die für den Sonderbeschluss abstimmungsberechtigt sind),[14] § 131 f (Auskunftsrecht), wobei die Auskunftsrechte durch Sondervorschriften zum Teil erweitert sind, §§ 295 Abs. 2 S. 3, 296 Abs. 2 S. 2, 297 Abs. 2 S. 2. In

---

8 *Geßler*, DJ 1936, 1491; KölnKomm-AktG/*Zöllner*, Rn 15.
9 Keine Erstreckung auf Kündigung durch das herrschende Unternehmen; vgl *Hüffer*, § 297 Rn 18.
10 *Geßler/Eckardt*, Rn 4.
11 *Hüffer*, Rn 2.
12 *Baumbach/Hueck*, AktG, Rn 3.
13 Die Einberufung zur gesonderten Versammlung ist textlich und inhaltlich von der Einberufung zur HV zu trennen.
14 *Geßler/Eckardt*, Rn 15; *Hüffer*, Rn 4; KölnKomm-AktG/*Zöllner*, Rn 9.

van Ooy

der gesonderten Versammlung ist ein Teilnehmerverzeichnis zu führen (§ 129), was sich jedenfalls aus der sinngemäßen Anwendung der Vorschriften über die Hauptversammlung ergibt. Die gesonderte Versammlung wird, in Ermangelung besonderer Satzungsbestimmungen, von demjenigen geleitet, der nach der Satzung auch die Hauptversammlung leitet (idR der Aufsichtsratsvorsitzende).[15]

9 **II. Gesonderte Abstimmung.** Die gesonderte Abstimmung erfolgt in der Hauptversammlung durch die Aktionäre, die am Sonderbeschluss mitwirken dürfen. Gemäß §§ 124 Abs. 1 S. 1, 138 S. 2 ist die gesonderte Abstimmung als **eigener Tagesordnungspunkt** anzukündigen. Nicht ausreichend ist die Ankündigung des Gegenstands zur Beschlussfassung durch die Hauptversammlung. Es muss ferner sichergestellt und dokumentiert werden, dass tatsächlich nur die zur Teilnahme an der gesonderten Abstimmung berechtigten Aktionäre an der Abstimmung teilnehmen. Zum einen muss das gem. § 129 zu führende Teilnehmerverzeichnis diese Aktionäre erkennen lassen, zum anderen muss aus der notariellen Niederschrift (§ 130) ersichtlich sein, welche Vorkehrungen durch den Leiter getroffen wurden, die Abstimmungsberechtigung zu prüfen und einzuhalten (zB Ausgabe besonderer Stimmkarten).[16]

10 **III. Geltung der Bestimmungen über Hauptversammlungsbeschlüsse.** Für Sonderbeschlüsse – in gesonderter Versammlung oder in gesonderter Abstimmung – gelten die Bestimmungen über Hauptversammlungsbeschlüsse sinngemäß. Zur Anwendung gelangen die Vorschriften über die Beurkundung von Beschlüssen (§ 130), das Stimmrecht (§§ 133 ff) und über die Nichtigkeit und Anfechtung (§§ 241 ff). Enthält der Sonderbeschluss einen Nichtigkeits- oder Anfechtungsgrund, kann gegen ihn Klage auf Feststellung der Nichtigkeit (§ 249) oder Anfechtungsklage (§§ 243, 246) erhoben werden, mit dem Ziel, den Sonderbeschluss für nichtig erklären zu lassen. Auch in den Fällen, in denen zur Wirksamkeit eines Hauptversammlungsbeschlusses ein Sonderbeschluss hinzutreten muss (Rn 3), richtet sich die Klage bei Mängeln des Sonderbeschlusses nicht gegen den Hauptversammlungsbeschluss, weil der Sonderbeschluss nicht Teil des Hauptversammlungsbeschlusses ist.[17]

D. Minderheitsrechte (S. 3)

11 Minderheitsrechte ergeben sich sowohl aus § 138 S. 2 als auch aus § 138 S. 3. § 138 S. 2 verweist auf das „allgemeine Minderheitenrecht" aus § 122 Abs. 1, 2, wonach eine Minderheit von 5 % des Grundkapitals bzw einem Anteilsbesitz von 500.000 Euro die Einberufung der gesonderten Versammlung oder die Bekanntmachung von Gegenständen zur gesonderten Versammlung verlangen kann. Das bedeutet, dass auch der Aktionär, der nicht „gewisser Aktionär" iSd § 138 ist, die Einberufung einer gesonderten Versammlung bzw eine gesonderte Abstimmung verlangen kann. Davon unberührt bleibt die Regelung des § 138 S. 3, wonach diese Rechte zusätzlich einer Minderheit von 10 % derjenigen Aktionäre zusteht, die bei der Abstimmung über den Sonderbeschluss stimmberechtigt sind.

**Sechster Unterabschnitt
Vorzugsaktien ohne Stimmrecht**

§ 139 Wesen

(1) Für Aktien, die mit einem nachzuzahlenden Vorzug bei der Verteilung des Gewinns ausgestattet sind, kann das Stimmrecht ausgeschlossen werden (Vorzugsaktien ohne Stimmrecht).

(2) Vorzugsaktien ohne Stimmrecht dürfen nur bis zur Hälfte des Grundkapitals ausgegeben werden.

Literatur:
Baums, Umwandlung und Umtausch von Finanzinstrumenten im Aktien- und Kapitalmarktrecht, in: FS Canaris, Band II, 2007, S. 3; *T. Bezzenberger*, Vorzugsaktien ohne Stimmrecht, 1991; *Christians*, Der Aktionär und sein Stimmrecht, AG 1990, 47; *Drinhausen/Keinath* Regierungsentwurf zur Aktienrechtsnovelle 2012, BB 2012, 395; *Habersack*, Wandelbare Vorzugsaktien, insbesondere aus genehmigtem Kapital, in: FS Westermann 2008, 913; *Hemeling*, Der nicht rückzahlbare Vorzug und die rückzahlbare Aktie, in: FS Uwe H. Schneider 2011, 471; *Hennerkes/May*, Überlegungen zur Rechtsformenwahl im Familienunternehmen II, DB 1988, 537; *Herzig/Ebeling*, Substanzsteuerliche Folgen der Börseneinführung stimmrechtsloser Vorzugsaktien, AG 1989, 221; *Hirte*, Genußscheine mit Eigenkapitalcharakter in der Aktiengesellschaft ZIP 1988, 477; *ders*., Genußscheine und Kapitalherabsetzung, ZIP 1991, 1461; *Holzborn/Bunnemann*, Gestaltung einer Sachausschüttung und Gewährleistung im Rahmen der Sachdividende, AG 2003, 671; *Jung/Wachtler*, Die Kursdifferenz zwischen Stamm- und Vorzugsaktien, AG 2001, 513; *Klühs*, Präsenzbonus für die Teilnahme an der Hauptversammlung, ZIP 2006, 107; *Lieder*, Staatliche Sonderrechte in Aktiengesellschaften, ZHR 172, 306; *Lenz*, Steigerung der Hauptversammlungsteilnahme durch monetäre Anreize?, NZG 2006, 534; *Loges/Distler*, Gestal-

---

15 Geßler/*Eckardt*, Rn 16; K. Schmidt/Lutter/*Spindler*, Rn 17.
16 *Hüffer*, Rn 5.
17 Geßler/*Eckardt*, Rn 11.

tungsmöglichkeiten durch Aktiengattungen, AG 2002, 467; *Pellens/Hillebrandt*, Vorzugsaktien vor dem Hintergrund der Corporate Governance-Diskussion, AG 2001, 57; *Reckinger*, Vorzugsaktien in der Bundesrepublik, AG 1983, 216; *Roitzsch/Wächter*, Gesellschaftsrechtliche Probleme des Finanzmarktstabilisierungsgesetzes, DZWiR 2009, 1; *G. Roth*, Die Berechnung der Garantiedividende von Vorzugsaktien im Rahmen von Unternehmensverträgen, Der Konzern 2005, 685; *Schockenhoff/Fiege*, Neue Verjährungsfragen im Kapitalgesellschaftsrecht, ZIP 2002, 917; *Seiler/Wittgens*, Sonderaktienrecht für den Finanzsektor – Kapitalerhöhungen nach dem Finanzmarktstabilisierungsgesetz, ZIP 2008, 2245; *Sieger/Hasselbach*, „Tracking Stock" im deutschen Aktien- und Kapitalmarktrecht, AG 2001, 391; *Siebel*, Vorzugsaktie als "hybride" Finanzierungsform und ihre Grenzen, ZHR 161, 628; *Tonner*, Zulässigkeit und Gestaltungsmöglichkeiten von Tracking Stocks nach deutschem Aktienrecht, IStR 2002, 317; *Vetter*, Handgeld für in der Hauptversammlung präsente Aktionäre?, AG 2006, 32; *Waclawik*, Die neue Sachdividende: Was ist sie wert?, WM 2003, 2266; *Wälzholz*, Besonderheiten der Satzungsgestaltung bei der Familien-AG (Teil II), DStR 2004, 819; *Werner*, Die Beschlussfassung der Inhaber von stimmrechtslosen Vorzugsaktien, AG 1971, 69; *Ziemons*, Rekapitalisierung nach dem Finanzmarktstabilisierungsgesetz – Die aktienrechtlichen Regelungen im Überblick, DB 2008, 2635.

A. Grundlagen	1	2. Ausgestaltung des Dividendenvorzugs	7
I. Normzweck	1	a) Höhe des Vorzugs	8
II. Wirtschaftliche Bedeutung	2	b) Gewinnverteilung, Rangfolge	9
1. Allgemein	2	c) Befristung und Bedingung	16
2. Vor- und Nachteile	3	III. Nachzahlung	17
B. Ausgestaltung des nachzuzahlenden Vorzugs (Abs. 1)	4	IV. Ohne Stimmrecht	18
I. Aktie	4	V. Einführung	19
II. Vorzug	5	C. Beschränkung der Ausgabemenge (Abs. 2)	20
1. Priorität	6	D. Rechtsfolgen	21

A. Grundlagen

I. Normzweck. Vorzugsaktien ohne Stimmrecht sind ein hybrides Finanzierungsinstrument, welches die Vorzüge von Eigenkapital (keine Zinsen) mit denen von Fremdkapital (keine Veränderung der Machtverhältnisse in der Gesellschaft) vereinigt. Soll unter Abweichung vom Grundsatz "one share – one vote" (§ 12 Abs. 1 S. 1) eine **Aktiengattung ohne Stimmrecht** geschaffen werden, so ist dies nur unter **Beachtung der §§ 139 ff** zulässig. Nach § 139 setzt der Stimmrechtsausschluss **zwingend** voraus, dass diesen Aktien ein **nachzuzahlender Vorzug** bei der Verteilung des auszuschüttenden **Bilanzgewinns gewährt wird (Abs. 1)** und die zulässige Menge stimmrechtsloser Vorzugsaktien auf die **Hälfte des Grundkapitals** beschränkt ist **(Abs. 2)**. Die Regelungen des § 139 sind **zwingend** und **abschließend** (§ 23 Abs. 5). Von ihnen kann weder durch Satzung noch durch Hauptversammlungsbeschluss abgewichen werden. **Unzulässig** sind daher beschränkter Stimmrechtsausschluss, Minderstimmrecht oder die Nichtgewährung eines nachzuzahlenden Gewinnvorzugs.[1] Nicht erfasst werden Vorzugsaktien ohne Stimmrechtsausschluss. Ihre zulässige Ausgestaltung richtet sich nach den allgemeinen Grundsätzen (vgl dazu § 11).[2] Abweichendes gilt bei der REIT-AG. Dort ist gem. § 5 Abs. 1 S. 1 REITG der Ausschluss des Stimmrechts immer unzulässig. Bei der Investment-AG (§ 108 KAGB) differenziert § 109 KAGB zwischen den Unternehmensaktien[3] und den Anlageaktien.[4] Demgegenüber ist es im Rahmen von **§ 5 Abs. 1 S 3 FMS** zulässig, stimmrechtslose Vorzüge ohne Nachzahlungsanspruch zu begeben.[5] Nach der – zunächst – gescheiterten **Aktienrechtsnovelle 2012**[6] sollte zukünftig die Nachzahlung des Vorzugs grundsätzlich ausgeschlossen sein, um insbesondere die Erfüllung der regulatorischen Eigenkapitalanforderungen von Kreditinstituten im Hinblick auf § 10 Abs. 2 a S 1 Nr. 2 a KWG zu erleichtern und flexibler zu gestalten.[7] Zu diesem Zweck war vorgesehen, in Abs. 1 das Wort „nachzuzahlenden" zu streichen. Ein neuer Satz 2 sollte allerdings klarstellen, dass die Nachzahlung des Vorzugs weiterhin vorgesehen werden kann.

II. Wirtschaftliche Bedeutung.[8] **1. Allgemein.** Die stimmrechtslose Vorzugsaktie erlangte mit dem wirtschaftlichen Aufschwung der 1980er Jahre an Bedeutung. Heute notieren derartige Vorzüge regelmäßig un-

---

1 AllgM, vgl. nur Großkomm-AktienR/*G. Bezzenberger*, Rn 5.
2 Vgl zur Ausgabe von sog. *preferred shares (stocks)* (aus dem anglo-amerikanischen Recht) *Loges/Distler*, AG 2002, 467 ff.
3 Zwingendes Stimmrecht gem. § 109 Abs. 2 S. 4 KAGB.
4 Grundsätzlich kein Stimmrecht gem. § 109 Abs. 3 S. 2 KAGB.
5 Der Ausschluss der Nachzahlbarkeit ist Voraussetzung für die Berücksichtigung der Vorzüge als Kernkapital (§ 10 Abs. 2a S. 1 Nr. 2 KWG); ebenso *Jaletzke/Veranneman*, FMStG, § 5 FMS Rn 11 [Überlagerung von § 139 Abs. 2]; *Hemeling* in: FS Uwe H. Schneider, 2011, S. 471 ff; aA *Ziemons*, DB 2008, 2635, 2636, die davon ausgeht, dass nur stimmberechtigte Vorzugsaktien ausgegeben werden können.
6 Vgl dazu VorstKoG BT-Drucks. 17/8989, 17/14214, 17/14239.
7 Begr. RegE, BT-Drucks. 17/8989, S 16; kritisch zum Erreichen dieses Regelungsziels im Hinblick auf die durch Art. 26 Abs. 1 lit. h (i) des Kommissionsentwurfs einer EU-Verordnung über Aufsichtsanforderungen an Kreditinstitute und Wertpapierfirmen vom 20.7.2011 (COM 2011 0452 – Teil 1 [1093 K]) verschärften Kernkapitalanforderungen *Drinhausen/Keinath*, BB 2012, 395, 396; siehe dazu auch die vorangehenden Vorschläge von *Hemeling* in: FS Uwe H. Schneider, 2011, S. 471, 475 ff.
8 Ausführlich zur Entwicklung *T. Bezzenberger*, S. 5 ff.

ter den Stammaktien der gleichen Gesellschaft.⁹ Weil die Deutsche Börse AG seit Juni 2002 nur noch eine Aktiengattung je Gesellschaft für die Kapitalgewichtung pro Auswahlindex berücksichtigt,¹⁰ nimmt die Bedeutung der stimmrechtslosen Vorzugsaktie, die eine eigene Aktiengattung bildet (§ 11 S. 1) und an den Börsen von der Stammaktie gesondert notiert wird,¹¹ seit dem weiter kontinuierlich ab. An internationalen Kapitalmärkten sind **stimmrechtslose Vorzugsaktien** ohnehin nicht geschätzt.

3   **2. Vor- und Nachteile.** Für die **Gesellschaft** liegen die **Vorteile** in der erleichterten Eigenfinanzierung (der Vorzug ist nur aus dem Bilanzgewinn [§ 57 Abs. 3] zu bedienen; die Bilanz wird nicht mit Fremdfinanzierungszinsen belastet) auch bei angespannter Kapitalmarktlage.¹² Gleichzeitig bietet sie die Sicherung bestehender Machtverhältnisse und somit Schutz vor Übernahmen und Überfremdung.¹³ Dies gilt besonders für Familienunternehmen und kleinere Gesellschaften, denen dadurch der Gang an die Börse erleichtert wird. **Nachteile** sind die erhöhten Finanzierungskosten und laufenden Kosten im Vergleich zur Stammaktie¹⁴ und die Konzentration der Verwaltungsmacht in der Hand (weniger) Stammaktionäre, die zusätzlich durch die geringe Hauptversammlungspräsenz vor allem bei Publikumsgesellschaften verstärkt wird. Auf Seite der **Vorzugsaktionäre** sind neben dem Vorteil des Gewinnvorzugs als Nachteile vor allem die Machtkonzentration bei den Stammaktionären und das Risiko unterproportionaler Kursentwicklung¹⁵ zu nennen. **Stammaktionäre** profitieren von der Liquiditätsverbesserung bei gleichzeitiger Sicherung ihrer Herrschaftsstellung. Nachteilig wirkt sich für sie die bevorzugte Gewinnverteilung aus. Dies kann durch Kopplung des Vorzugs mit einer Mehrdividende noch verschärft werden. Zudem besteht die Gefahr wirtschaftlicher Mehrstimmrechtsaktien, falls das Stimmrecht auflebt und die Vorzugsaktie gleichzeitig billiger notiert ist.¹⁶

B. Ausgestaltung des nachzuzahlenden Vorzugs (Abs. 1)

4   **I. Aktie.** Stimmrechtslose Vorzugsaktien **verbriefen** mitgliedschaftliche Beteiligungen an einer AG in Form einer **Vollmitgliedschaft**. Sie gewähren mit Ausnahme des Stimmrechts die jedem Aktionär zustehenden mitgliedschaftlichen Verwaltungsrechte (ausführlich § 140 Rn 2 f). Die vermögensrechtliche Seite der Mitgliedschaft erfährt dagegen durch den nachzuzahlenden Gewinnvorzug gegenüber den Stammaktionären eine Erweiterung. Die stimmrechtslosen Vorzugsaktien sind aufgrund ihrer korporationsrechtlichen Natur von stimmrechtslosen Kapitalbeschaffungsformen mit lediglich schuldrechtlichem Charakter, insbesondere den **Genussrechten mit aktienähnlichem Inhalt** (§ 221 Abs. 3) zu unterscheiden. Weil von der Praxis derartige Genussrechte im Rahmen der Kapitalbeschaffung durch vertragliche Gestaltung (Teilhabe an Gewinn und Liquidationserlös, Einräumung von Informationsrechten, Teilnahmerecht an der HV ohne Rede- und Antragsrecht, Einsichtnahme in den Jahresabschluss) der Vorzugsaktie ohne Stimmrecht angenähert wurden, ist ihre **Zulässigkeit** vor allem mit Blick auf eine Umgehung der §§ 139 ff streitig.¹⁷ Problematisch ist daher auch die Zahlung eines **Präsenzbonus** in der HV.¹⁸

5   **II. Vorzug.** Der Vorzug **muss** als **nachzuzahlender Vorrang** bei der **Verteilung des Bilanzgewinns** ausgestaltet sein (**Vorzugsdividende**).¹⁹ Die Gewährung **anderer Vorzüge** allein genügt zum Ausschluss des Stimmrechts **nicht**; sie können aber zusätzlich (beispielsweise in Form einer Mehrdividende [vgl dazu Rn 12] oder eines Liquidationsvorzugs) gewährt werden.²⁰ Der Vorzug setzt wie jeder andere Dividendenanspruch einen **wirksamen Gewinnverwendungsbeschluss** (§ 174 Abs. 2 Nr. 2) voraus.²¹ Zuvor besteht kein Anspruch auf Auszahlung eines Bilanzgewinns.²² Ist der Zahlungsanspruch entstanden, ist er als selbstständiges Gläubigerrecht abtretbar und verjährt gem. § 195 BGB in drei Jahren.²³

---

9   Für die Zeit von Juni 1998 bis Mai 2000 betrug die Kursdifferenz durchschnittlich 9,56 % (Quelle: *Jung/Wachtler*, AG 2001, 513, 515).
10 Leitfaden zu den Aktienindizes der Deutschen Börse, Version 6.18 (Januar 2013), 2.2.1.1. (S. 21).
11 Stimmrechtslose *Vorzugsaktien* werden im Kursblatt meist durch die Kürzel "Vz" oder "VZO" kenntlich gemacht.
12 *Reckinger*, AG 1983, 216, 219 f.
13 Mit einer Beteiligung in Höhe von 37,5 % am Gesamtgrundkapital (75 % der Stammaktien + 1 Aktie) kann die AG immer noch voll beherrscht werden (*Hennerkes/May*, DB 1988, 537, 538).
14 *Christians*, AG 1990, 47, 48; zu den steuerlichen Folgen vgl *Herzig/Ebeling*, AG 1989, 221 ff.
15 *T. Bezzenberger*, S. 37 ff; *Pellens/Hillebrandt*, AG 2001, 57, 61 ff.
16 Zur wirtschaftlichen Mehrstimmrechtsaktie *T. Bezzenberger*, S. 23.
17 Gegen eine Zulässigkeitsschranke aus §§ 139 ff K. Schmidt/Lutter/*Spindler*, Rn 3; Spindler/Stilz/*Bormann*, Rn 1; BGHZ 119, 305, 309 f (aktienähnliche Genussrechte); dafür MüKo-AktG/*Habersack*, § 221 Rn 128 (aktiengleiche); weitergehend *Hirte*, ZIP 1988, 477, 480, 482; *ders.*, ZIP 1991, 1461, 1462 ff (jede Form).
18 *Klübs*, ZIP 2006, 107, 109, 112; *Lenz*, NZG 2006, 534; *Vetter*, AG 2006, 32, 34 f.
19 BGHZ 7, 263, 264; Großkomm-AktienR/*G. Bezzenberger*, Rn 11 f.
20 Vgl *Klübs*, ZIP 2006, 107, 109, 112; *Lenz*, NZG 2006, 534; *Vetter*, AG 2006, 32, 34 f.
21 BGHZ 7, 263, 264; Großkomm-AktienR/*Henze*, § 58 Rn 93; Großkomm-AktienR/*G. Bezzenberger*, Rn 13; MüKo-AktG/*Schröer*, Rn 10.
22 BGHZ (IX. ZS.) 124, 27, 32 = AG 1994, 81, 82.
23 *Schockenhoff/Fiege*, ZIP 2002, 917, 928.

1. Priorität. Vorzug bedeutet lediglich **Priorität**, dh die vorrangige Berücksichtigung der **Vorzugsaktionäre** 6
gegenüber den Stammaktionären bei der **Gewinnverteilung**. Erst wenn an alle Vorzugsaktionäre der Vorzug – einschließlich rückständiger Vorzüge – gezahlt worden ist, kann ein verbleibender Gewinn auch an die Stammaktionäre verteilt werden.[24] Der Vorzug begründet somit **kein Mehr** an Dividendenanspruch, sondern nur **ein Früher**, also eine Vorabzahlung. Er wirkt sich daher nur vorteilhaft aus, wenn in mageren Jahren der zur Verteilung bestimmte Gewinn nicht zur Ausschüttung einer Dividende an alle Aktionäre ausreicht. Als besondere Ausgestaltung des mitgliedschaftlichen Rechts auf Gewinnverteilung setzt er für seine Konkretisierung zum Zahlungsanspruch die Ausweisung eines ausreichenden Bilanzgewinns voraus, dessen (Teil)Verwendung zur Ausschüttung die HV beschlossen haben muss.[25] Der Vorzug darf deshalb nicht bedient werden, wenn im Jahresabschluss kein Bilanzgewinn ausgewiesen worden ist (§ 57 Abs. 3) oder aber der Gewinnverwendungsbeschluss der HV keine Ausschüttung des ausgewiesenen Bilanzgewinns an die Aktionäre vorsieht (§§ 174 Abs. 2 Nr. 2, 58 Abs. 4). Letzteres ist möglich, weil die HV in der für alle Aktionäre verbindlichen Gewinnverwendung frei ist.[26] Der Vorzug begründet kein Ausschüttungsgebot.[27] Die Vorzugsaktie iSv §§ 139-141 ist daher auch in der IFRS-Bilanz als Eigenkapital auszuweisen. Neben dem Recht auf Nachzahlung (siehe dazu Rn 17) und dem Aufleben des Stimmrechts (siehe dazu § 140 Rn 4 ff) wird das Interesse an einer Gewinnausschüttung nur durch das allen Aktionären zustehende zusätzliche Anfechtungsrecht gem. § 254 geschützt.[28] Ein Gewinnverwendungsbeschluss, der die Priorität missachtet, ist wegen der zwingenden Vorgabe des Gesetzes nichtig.[29]

2. Ausgestaltung des Dividendenvorzugs. Mit Ausnahme der Priorität und der Nachzahlungspflicht macht 7
das Gesetz keine Vorgaben, wie der Dividendenvorzug auszugestalten ist. Die Ausgestaltung obliegt daher insoweit der Satzungsautonomie.

a) Höhe des Vorzugs. Das Gesetz sieht **keinen Mindestbetrag** für die Kompensation des Stimmrechtsverlusts vor, jedoch werden Aktien mit zu geringem Vorzug kaum Anklang am Markt finden.[30] Üblich sind 8
heute Vorzüge in Höhe von 4 % oder 5 % des Nennwertes bzw des rechnerischen Anteils am Grundkapital oder feste Beträge in entsprechender Höhe.[31] Als Abweichung von § 60 Abs. 1 setzt das Wesen des Vorzugs allerdings **zwingend eine Satzungsregelung** über die **Höhe des Vorzugs** voraus. Die Festsetzung der Höhe durch die HV im Rahmen des Gewinnverwendungsbeschlusses wäre wegen Kompetenzüberschreitung nichtig (§ 241 Abs. 1 Nr. 3) und daher unzureichend.[32] Weiter muss die **Höhe des Vorzugs objektiv bestimmbar** sein.[33] Dem trägt Genüge, den Vorzug prozentual an den Nennwert oder bei Stückaktien an den Grundkapitalanteil zu binden. Ebenso zulässig ist die Kopplung an gleitende Werte, wie etwa den Basiszinssatz oder die Rendite von Bundesanleihen. **Unzulässig** ist die Bindung an den Bilanzgewinn, weil damit die Höhe des Vorzugs über § 174 Abs. 2 Nr. 2 in das Belieben der übrigen Aktionäre gestellt werden würde ebenso wie eine Nachzahlungspflicht (§ 140 Abs. 2).[34] Der Vorzug kann auch als **Sachdividende** ausgeschüttet werden, wenn die Satzung allgemein die Möglichkeit einer Sachausschüttung vorsieht (§ 58 Abs. 5) und die HV für alle Aktiengattungen eine Sachdividende beschließt.[35] Dagegen verstößt es gegen § 53 a, nur den Vorzug als Sachdividende auszuschütten, selbst wenn dies in der Satzung zugelassen ist.[36] An einer unzulässigen Ungleichbehandlung fehlt es nur, wenn der Vorzug als Mehrdividende ausgestaltet ist und der verbleibende Ausschüttungsgewinn gleichmäßig an alle Aktionäre verteilt wird.[37] Gemäß § 58 Abs. 5 ist es **unzulässig**, von vornherein in der Satzung eine bestimmte Sachleistung als Vorzug festzulegen. Dies gilt auch für eine etwaige Mehrdividende. Die Anpassung der Satzung an die Erfordernisse des § 58 Abs. 5 bedarf keines Sonderbeschlusses der Vorzugsaktionäre,[38] da der Vorzug als solcher dadurch nicht berührt wird. In einem **Rumpfgeschäftsjahr** bestimmt sich die Höhe im Zweifel pro rata temporis.[39]

---

24 AllgM vgl nur MüKo-AktG/*Schröer*, Rn 17 ff.
25 Vgl nur K. Schmidt/Lutter/*Spindler*, Rn 11.
26 BGHZ (IX. ZS.) 124, 27, 31.
27 MüKo-AktG/*Schröer*, Rn 10; Großkomm-AktienR/*G. Bezzenberger*, Rn 12; aA *T. Bezzenberger*, S. 49; Geßler/*Hefermehl*, § 140 Rn 7.
28 BGHZ 84, 303, 305; Großkomm-AktienR/*G. Bezzenberger*, Rn 12. Für eine weiter gehende Ausschüttungspflicht *T. Bezzenberger*, S. 49 f.
29 Großkomm-AktienR/*G. Bezzenberger*, Rn 13 mwN; Spindler/Stilz/*Bormann*, Rn 17 (insoweit unwirksam); aA *Hüffer*, Rn 6 (lediglich anfechtbar), anders bei § 60 Rn 6 (nichtig wegen Kompetenzverletzung durch die HV).
30 Wohl enger *Wälzholz*, DStR 2004, 819, 821: der Vorzug darf wirtschaftlich nicht völlig wertlos sein.
31 Eine statistische Übersicht findet sich dazu bei *Jung/Wachtler*, AG 2001, 513, 514.
32 BGHZ 84, 303, 310 f = ZIP 1982, 959, 261 f = NJW 1983, 282, 283 f.
33 Ganz hM Großkomm-AktienR/*G. Bezzenberger*, Rn 15; Köln-Komm-AktG/*Zöllner*, Rn 9.
34 *G. Roth*, Der Konzern 2005, 685, 686.
35 Problematisch ist dann allein, ob die Sachleistung nach Buch- oder Verkehrswert zu taxieren ist (vgl ausführlich dazu § 58 Rn 57 f).
36 Für eine generelle Unzulässigkeit *Holzborn/Bunnemann*, AG 2003, 671, 672; aA Spindler/Stilz/*Bormann*, Rn 15.
37 Beispiel für eine statutarische Gewinnverteilungsregelung: 4 % Voraus und der verbleibende Rest gleichmäßig an alle.
38 AA *Waclawik*, WM 2003, 2266, 2268.
39 Spindler/Stilz/*Bormann*, Rn 13; *Hüffer*, Rn 6.

9 **b) Gewinnverteilung, Rangfolge.** Bei der **Gewinnverteilung** sind grundsätzlich zwei Varianten möglich: der **partizipierende** oder der **ausschließliche** Vorzug.[40] Von einem ausschließlichen (obligationsähnlichen, limitierten) Vorzug ist die Rede, wenn der Vorzugsaktionär nur einen Gewinnanspruch in Höhe des Vorzugs (**Höchstbetragsdividende**) hat, an der Verteilung eines verbleibenden Gewinns hingegen nicht teilnimmt. Er ist in Deutschland zwar zulässig aber unüblich.[41]

10 Bei dem allein **üblichen partizipierenden Vorzug** steht dem Vorzugsaktionär dagegen ein in der Höhe **unbegrenztes Dividendenrecht** zu. Sein Gewinnanteil ist nicht auf den Vorzugsbetrag beschränkt. Die Gewinnverteilung zwischen den Aktionären kann dann unter Beachtung des Vorzugs sehr unterschiedlich ausgestaltet sein.

11 Sieht die **Satzung** mit Ausnahme der zwingenden Regelungen **keine Abweichungen** von § 60 Abs. 1 vor, ist der Gewinn unter Beachtung der Priorität gleichmäßig zu verteilen. **Beispiel 1**: 6 % Voraus, dann 6 % an die Stammaktionäre und der verbleibende Rest gleichmäßig (§ 60 Abs. 1) an alle.

12 Um die Attraktivität der Vorzugsaktie am Kapitalmarkt zu steigern, ist es jedoch üblich, neben dem zwingenden Vorzug eine zusätzliche Dividendenberechtigung zu gewähren (**Mehrdividende**).[42] Eine dazu notwendige Satzungsregelung (§ 60 Abs. 3) könnte nach **Beispiel 2**: 6 % Voraus, dann 4 % an die Stammaktionäre und der verbleibende Rest gleichmäßig an alle, nach **Beispiel 3**: 2 % Voraus und der verbleibende Rest gleichmäßig an alle, oder nach **Beispiel 4**: 4 % Voraus, dann 4 % an die Stammaktionäre, der verbleibende Rest an alle, wobei Vorzugsaktionäre eine um 2 % erhöhte Dividende erhalten, formuliert sein.

13 Eine davon abweichende **Rangfolge** gilt, wenn Vorzüge vorangegangener Jahre noch nicht nachgezahlt sind. Hier gilt dann: 1. **vollständige**[43] Zahlung auf alle **rückständigen** Nachzahlungsansprüche, wobei ältere jüngeren vorgehen, 2. **vollständige** Zahlung der Vorzüge des laufenden Gewinnjahres, 3. Zahlung an die Stammaktionäre, 4. ggf Verteilung eines verbleibenden Rests.

14 Bei der zulässigen Schaffung mehrerer **Gruppen von Vorzugsaktien** mit unterschiedlichem Rang (arg. § 141 Abs. 2) ist der Vorzug zunächst **vollständig** an die vorrangige Gruppe zu zahlen. Regelt die Satzung kein Vorrecht einer Gruppe, so sind sie bei der Gewinnverteilung untereinander gleichrangig. Vorzug und Nachzahlungsanspruch einer Gruppe müssen im Rang identisch sein. **Unzulässig** ist es daher, Gruppe 1 einen Vorrang beim Vorzug und Gruppe 2 einen Vorrang beim Nachzahlungsanspruch zu gewähren.[44] Dies würde auf eine unzulässige Spaltung des einheitlichen Rechts auf Vorzug und Nachzahlung hinauslaufen.[45]

15 Neben stimmrechtslosen Vorzugsaktien können auch **Stammaktien** mit einem **Gewinnvorzug** ausgestattet sein, der dem der stimmrechtslosen Aktien zudem vorgehen kann.[46] Bei deren nachträglichen Einführung bedarf es außerhalb des Anwendungsbereichs des FMStBG einer Zustimmung der Vorzugsaktionäre gem. § 141 Abs. 2. Dass durch die „Vorzugsaktien mit Stimmrecht" der Gewinnvorzug als Rechtfertigung des Stimmverlustes wirtschaftlich leer laufen kann, ist hinzunehmen. Neben § 141 Abs. 2 werden die Vorzugsaktionäre durch die Nachzahlbarkeit und § 140 Abs. 2 hinreichend geschützt.[47]

16 **c) Befristung und Bedingung.** Der Vorzug kann **befristet** werden.[48] Im Übrigen ist **streitig**, ob überhaupt und ggf unter welchen Voraussetzungen er unter eine auflösende **Bedingung**[49] gestellt werden kann.[50] Richtigerweise sind nur Bedingungen zulässig, deren Eintritt nicht im Belieben der Gesellschaft oder der HV steht.[51] **Unzulässig** ist deshalb eine Regelung, die vorsieht, dass nach einem ausschüttungslosen Zeitabschnitt der Vorzug für die Zukunft entfällt.[52] Anderenfalls würde man sich in Widerspruch zu § 141 Abs. 1 setzen. Dort ist es ganz hM, dass eine Satzungsregelung, die ein einseitiges Eingriffsrecht der Verwaltung oder der HV in den Vorzug begründet, wegen Verstoß gegen § 141 Abs. 1 unzulässig ist.[53] Es macht aber keinen Unterschied, ob das Eingriffsrecht allein durch die Satzung oder erst durch Kombination von Satzung (Entfallen nach ausschüttungslosem Zeitabschnitt) und gesetzlich zwingender Kompetenzzuweisungen

---

40 AA KölnKomm-AktG/*Zöllner*, Rn 12, weil der limitierte Vorzug keine echte Gewinnbeteiligung mehr sei.
41 MüKo-AktG/*Schröer*, Rn 22.
42 Großkomm-AktienR/*G. Bezzenberger*, Rn 19. Ausführlich mit mehreren Beispielen *T. Bezzenberger*, S. 53 f.
43 AllgM vgl nur MüKo-AktG/*Schröer*, Rn 17.
44 HM KölnKomm-AktG/*Zöllner*, Rn 21; Großkomm-AktienR/*G. Bezzenberger*, Rn 21; MüKo-AktG/*Schröer*, Rn 20; K. Schmidt/Lutter/*Spindler*, Rn 21; Spindler/Stilz/*Bormann*, Rn 24; aA *T. Bezzenberger*, S. 75.
45 MüKo-AktG/*Schröer*, Rn 20; aA *T. Bezzenberger*, S. 75.
46 Spindler/Stilz/*Bormann*, Rn 9 und 49 mit zutr. Hinweis auf § 141 Abs. 2 (vgl § 141 Rn 8).
47 Spindler/Stilz/*Bormann*, Rn 9.
48 AllgM, öOGH AG 1996, 91, 93; *Hüffer*, Rn 10 und § 141 Rn 11; einschränkend auf ein objektiv bestimmbares Fristende Großkomm-AktienR/*G. Bezzenberger*, Rn 28 und *T. Bezzenberger*, S. 78.
49 Zur Stimmrechtszurechnung s. *Habersack*, in: FS Westermann, 2008, S. 913, 930 f.
50 Abl. KölnKomm-AktG/*Zöllner*, Rn 13; K. Schmidt/Lutter/*Spindler*, Rn 5; eingeschränkt *T. Bezzenberger*, S. 78; grds. bejahend Großkomm-AktienR/*G. Bezzenberger*, Rn 27; MüKo-AktG/*Schröer*, Rn 9; *Hüffer*, Rn 10 und § 141 Rn 11.
51 ÖOGH AG 1996, 91, 93 f; Großkomm-AktienR/*G. Bezzenberger*, Rn 27; Spindler/Stilz/*Bormann*, § 141 Rn 24; weiter einschränkend *T. Bezzenberger*, S. 78; großzügiger *Habersack*, in: FS Westermann, 2008, S. 913, 918 (Erklärung des Wandelberechtigten, der auch die AG sein kann).
52 Spindler/Stilz/*Bormann*, § 141 Rn 24; aA MüKo-AktG/*Schröer*, Rn 9; MüHb-AG/*Semler*, § 38 Rn 22.
53 ÖOGH AG 1996, 91, 93 f; Großkomm-AktienR/*G. Bezzenberger*, § 141 Rn 19; aA KölnKomm-AktG/*Zöllner*, § 141 Rn 7.

(Gewinnverwendung [§§ 172 ff, 58 Abs. 4]) begründet wird.[54] Jeweils steht – entgegen der Intention des § 141 Abs. 1 – die endgültige Aufhebung des Vorzugs unzulässig im Belieben der Gesellschaft bzw der HV.[55] Auch der Hinweis auf die rechtsmindernde Vorbelastung durch die Bedingung geht fehl.[56] Unzulässig ist daher die Ausgabe von **wandelbaren Vorzugsaktien**, wenn die Gesellschaft wandelberechtigt ist.[57] Nach Bedingungseintritt lebt das Stimmrecht gem. § 141 Abs. 4 **endgültig** wieder auf und der Vorzug geht für die Zukunft unter.[58] Das **Recht auf Nachzahlung** rückständiger Vorzugsdividenden bleibt nach hM vom Bedingungseintritt **unberührt**.[59] Die Gegenmeinung beruft sich auf die zulässige Aufhebung unselbstständiger Nachzahlungsrechte durch Satzungsänderung.[60] Sie verkennt dabei, dass es dazu anders als bei Befristung oder Bedingung eines Sonderbeschlusses der Vorzugsaktionäre bedarf.[61] Zudem könnte sonst die Gesellschaft oder die HV jedenfalls bei Befristung oder absehbarem Bedingungseintritt die Vorzugszahlung ein Jahr vor dem Endtermin sanktionslos einstellen.

III. Nachzahlung. Der **Gewinnvorzug** allein reicht zur Rechtfertigung des Stimmrechtsausschlusses nicht aus. Er muss vielmehr auch **nachzuzahlen** sein und sichert somit in Grenzen das Recht auf einen Vorzug bei der Gewinnverteilung. Wurde der Vorzug in einem Jahr oder mehreren Jahren aus welchem Grund auch immer nicht in voller Höhe gezahlt, so müssen die (kumulierten) Fehlbeträge aus den zur Ausschüttung bestimmten Gewinnen späterer Jahre **vorrangig vor allen anderen Dividendenansprüchen vollständig** nachgezahlt werden.[62] Das Nachzahlungsrecht muss **dauerhaft** ausgestaltet sein, also solange bestehen, bis **alle** rückständigen Vorzugsdividenden nachgezahlt sind. Es ist **unabdingbar**.[63] Ebenso ist eine sonstige **Beschränkung unzulässig**.[64] Insbesondere widerspricht es der engen Verknüpfung von Vorzug und Nachzahlungsanspruch, letzteren auf einen bestimmten Höchstbetrag (etwa 3/4 des Vorzugs) zu begrenzen.[65] Der Nachzahlungsanspruch, der selbständig oder unselbständig ausgestaltet sein kann (siehe ausführlich § 140 Rn 11 f), erstreckt sich jedoch nicht auf eine etwaige Mehrdividende oder ein anderweitiges Vorrecht.[66] Das **zwingende Korrespondenzverhältnis** zwischen Vorzugs- und Nachzahlungsanspruch wird dadurch **aufgebrochen**, so dass letzterer zukünftig durch die Satzung frei gestaltet werden kann. Insbesondere werden **Beschränkungen** oder **Bedingungen zulässig**, sofern sie in der Satzung nur eindeutig ihren Niederschlag finden.

IV. Ohne Stimmrecht. Nach ganz allgemeiner Auffassung bleiben mit Ausnahme des Stimmrechts alle anderen mitgliedschaftlichen Verwaltungs- und Vermögensrechte unberührt und stehen daher auch den Inhabern stimmrechtsloser Vorzugsaktien zu (dazu § 140 Rn 2 f). Das **Stimmrecht** kann nur **vollständig ausgeschlossen** werden.[67] Sein Ausschluss muss als Ausnahme von § 12 Abs. 1 S. 1 in der Satzung geregelt sein. Gleiches gilt für die zulässige **Befristung** des Stimmrechtsausschlusses (vgl aber zur Befristung/Bedingung des Vorzugs Rn 16). Nach Fristablauf lebt das Stimmrecht endgültig wieder auf und die Aktien werden je nach Satzungsregelung stimmberechtigte Vorzugs- oder Stammaktien (zum Aufleben des Stimmrechts vgl auch § 140 Rn 4 ff und § 141 Rn 22).

V. Einführung.[68] Die Einführung stimmrechtsloser Vorzugsaktien kann **nur durch die Satzung** (Ursprungssatzung oder durch nachträgliche Satzungsänderung) erfolgen. **Unproblematisch** ist die Einführung mit der **Ursprungssatzung**.[69] Im Rahmen des gesetzlich Zulässigem liegt die Ausgestaltung im Belieben der Gesellschaft; § 53 a ist nicht zu beachten. Erfolgt die Einführung durch **Satzungsänderung**, bedarf es neben dem satzungsändernden Beschluss der Zustimmung der betroffenen Aktionäre:

---

54 Ähnlich Großkomm-AktienR/*G. Bezzenberger*, Rn 27.
55 Wegen des Charakters der Bedingung als auflösende, wird das Vorzugsrecht auch nicht nur mittelbar (reflexartig) wirtschaftlich, sondern rechtlich beeinträchtigt. Im Erg. wohl auch *Werner*, AG 1971, 69, 70.
56 So aber *Werner*, AG 1971, 69, 70; *Hüffer*, § 141 Rn 11; *Habersack*, in: FS Westermann, 2008, S. 913, 918 f.
57 *Habersack*, in: FS Westermann, 2008, S. 913, 919.
58 AllgM Großkomm-AktienR/*G. Bezzenberger*, Rn 5; Köln-Komm-AktG/*Zöllner*, Rn 13.
59 MüKo-AktG/*Schröer*, Rn 9; MüHb-AG/*Semler*, § 38 Rn 22; Spindler/Stilz/*Bormann*, § 141 Rn 25 (nur selbständiger Nachzahlungsanspruch); vgl aber OLG Stuttgart WM 1995, 844, 847 (Südmilch) = WuB II A. § 140 AktG 1.96 (*Drygala*).
60 Großkomm-AktienR/*G. Bezzenberger*, Rn 29; Spindler/Stilz/*Bormann*, § 141 Rn 25; MüKo-AktG/*Schröer*, Rn 9 (nur für unselbständige Nachzahlungsansprüche).
61 OLG Stuttgart WM 1995, 844, 846 (Südmilch).
62 BGHZ 9, 279, 285; Großkomm-AktienR/*G. Bezzenberger*, Rn 25; MüHb-AG/*Semler*, § 38 Rn 22; MüKo-AktG/*Schröer*, Rn 17; Spindler/Stilz/*Bormann*, Rn 20.
63 OLG Stuttgart WM 1995, 844, 846 (Südmilch); *Siebel*, ZHR 161, 628, 654.
64 Ausführlich Großkomm-AktienR/*G. Bezzenberger*, Rn 25 f; K. Schmidt/Lutter/*Bormann*, Rn 18.
65 MüHb-AG/*Semler*, § 38 Rn 22; MüKo-AktG/*Schröer*, Rn 13; *T. Bezzenberger*, S. 74; KölnKomm-AktG/*Zöllner*, Rn 17; Spindler/Stilz/*Bormann*, Rn 21; K. Schmidt/Lutter/*Spindler*, Rn 18; aA Geßler/*Hefermehl*, Rn 8; v. Godin/*Wilhelmi*, Rn 2.
66 *G. Roth*, Der Konzern 2005, 685, 689, dem folgend MüKo-AktG/*Schröer*, Rn 13.
67 HM: Großkomm-AktienR/*G. Bezzenberger*, Rn 9; *Hüffer*, Rn 13; Spindler/Stilz/*Bormann*, Rn 31; aA Sieger/Hasselbach, AG 2001, 391, 394 f (für Tracking Stocks); dagegen *Tonner*, IStR 2002, 317, 319.
68 Ausführlich dazu Großkomm-AktienR/*G. Bezzenberger*, Rn 34 ff; *T. Bezzenberger*, S. 128 ff; aus europarechtlicher Sicht *Lieder*, ZHR 172, 306, 340 f.
69 Zu notwendigen Regelungen Großkomm-AktienR/*G. Bezzenberger*, Rn 34.

Bei der **Umwandlung** bestehender Stamm- in Vorzugsaktien sind deren Inhaber wegen des Stimmrechtsverlusts immer betroffen. Die Stammaktionäre, deren Aktien nicht umgewandelt werden sollen, müssen ebenso zustimmen. Sie sind durch die Vorzugsgewährung und den Nachzahlungsanspruch betroffen (§ 53a), da rechtlich zwar der nachzuzahlende Vorzug Ausgleich für den Stimmrechtsverlust ist, die wirtschaftliche Entscheidung für Stimmenmacht oder vorrangige Dividende aber allein dem einzelnen Aktionär vorbehalten bleiben muss.[70] Dies gilt erst Recht bei zusätzlicher Gewährung einer Mehrdividende. **Zustimmung** heißt dann **Einzelzustimmung** jedes betroffenen Aktionärs.[71]

Bei einer Neueinführung im Wege einer **Kapitalerhöhung** sind die zwingenden Vorgaben des § 182 Abs. 2 S. 1 zu beachten.[72] Erfolgt die Kapitalerhöhung aus genehmigtem Kapital, greift die Beschränkung des § 204 Abs. 2 nur, wenn zum Zeitpunkt der Schaffung des genehmigten Kapitals bereits stimmrechtslose Vorzüge existieren.[73] Einer Einzelzustimmung jedes Stammaktionärs bedarf es dabei nicht, unabhängig davon, ob das Bezugsrecht ausgeschlossen wird oder nicht.[74] Hinreichenden Schutz finden die Stammaktionäre in den **verschärften Anforderung** an die **sachliche Rechtfertigung** des Bezugsrechtsausschlusses.[75] Bei **Verschmelzung, Spaltung** und **Formwechsel** ist der übernehmende Rechtsträger nach § 23 UmwG zur Gewährung von gleichwertigen Vorzügen verpflichten, wenn solche beim übertragenden Rechtsträger bestanden.[76] Zur Notwendigkeit eines Sonderbeschlusses der Vorzugsaktionäre vgl § 141.

C. Beschränkung der Ausgabemenge (Abs. 2)

20 Um zu vermeiden, dass die stimmrechtslose Kapitalmehrheit der Herrschaft einer stimmberechtigten Kapitalminderheit unterworfen wird, ist die **Ausgabe** stimmrechtsloser Vorzugsaktien nur bis zur **Hälfte des Grundkapitals** gestattet. **Streitig** ist, ob bei der Berechnung der Höchstgrenze auch nicht volleingezahlte Aktien und solche mit ruhendem Stimmrecht (zB § 71b) zu berücksichtigen sind. Zu Recht wird eine Einbeziehung von der hM angenommen, da nur so Rechtssicherheit aufgrund konstanter Zulässigkeitsgrenzen besteht.[77] **Maßgeblicher** Zeitpunkt ist die Ausgabe oder bei Kapitalherabsetzung die Einziehung der Aktien.[78] Die Beschränkung gilt auch im Rahmen der §§ 5 und 7 FMS,[79] gem. § 109 Abs. 3 S. 3 KAGB dagegen nicht für Anlageaktien einer Investment-AG.

D. Rechtsfolgen

21 Zu § 139 Abs. 1: Wird kein Gewinnvorzug durch die **Gründungssatzung** eingeräumt, entsteht die AG gleichwohl wirksam mit Registereintragung, der Stimmrechtsausschluss ist jedoch trotz Handelsregistereintragung analog § 241 Nr. 3 Alt. 3[80] nichtig.[81] Gleiches gilt, falls zwar ein Vorzug, nicht aber dessen Nachzahlbarkeit in der Satzung bestimmt ist. Letztere kann nämlich nicht als vertragliche bzw gesetzliche Nebenfolge angenommen werden.[82] In diesem Fall entfällt gem. § 139 BGB ein eingeräumter Gewinnvorzug.[83] **Nachfolgende satzungsändernde Beschlüsse** (zB Kapitalerhöhungsbeschluss oder nachträglicher Stimm-

---

70 KölnKomm-AktG/*Zöllner*, Rn 23; Großkomm-AktienR/*G. Bezzenberger*, Rn 40f (mit Einschränkungen); *T. Bezzenberger*, S. 130; *Hüffer*, Rn 12; MüKo-AktG/*Schröer*, Rn 5; K. Schmidt/Lutter/*Spindler*, Rn 9.
71 BGHZ 70, 117, 122; *Hüffer*, Rn 12; einschränkend Großkomm-AktienR/*G. Bezzenberger*, Rn 40; *de lege ferenda* für qualifizierte Mehrheit und Inhaltskontrolle *Baums*, in: FS Canaris, 2007, S. 3, 18f, um Blockademöglichkeiten zu minimieren; *de lege lata* ebenso MüKo-AktG/*Schröer*, Rn 5, wenn allen Stammaktionären Vorzugsaktien im gleichen Verhältnis und zu gleichen Konditionen angeboten werden.
72 Nach allgM zulässig, vgl nur Großkomm-AktienR/*Henze*, § 60 Rn 22; Großkomm-AktienR/*G. Bezzenberger*, Rn 35ff; Spindler/Stilz/*Bormann*, Rn 33.
73 Vgl § 141 Rn 10 und unten § 204 Rn 24ff; Spindler/Stilz/*Bormann*, Rn 34. Zur Freiheit des Vorstands im Rahmen der Ermächtigung Vorzugsaktien auszugeben *Habersack*, in: FS Westermann, 2008, S. 913, 924ff.
74 OLG Schleswig DB 2004, 1492 (zu § 202); *T. Bezzenberger*, S. 159; KölnKomm-AktG/*Zöllner*, Rn 24; Großkomm-AktienR/*Henze*, § 60 Rn 22; MüKo-AktG/*Bayer*, § 60 Rn 24; aA Geßler/*Hefermehl*/*Bungeroth*, § 60 Rn 25, wohl auch Hdb börsennotierte AG/*Butzke*, § 5 Rn 18 (Zustimmung jedes Aktionärs); differenzierend KölnKomm-AktG/*Drygala*, § 60 Rn 39.
75 *T. Bezzenberger*, S. 159; MüHb-AG/*Krieger*/*Kraft*, § 56 Rn 20; MüKo-AktG/*Bayer*, § 60 Rn 24; weitergehend *Habersack*, in: FS Westermann, 2008, S. 913, 924 (Anwendung § 182 Abs. 1 S. 2 analog auf den Ermächtigungsbeschluss); aA KölnKomm-AktG/*Drygala*, § 60 Rn 39.
76 Spindler/Stilz/*Bormann*, Rn 35.
77 *Hüffer*, Rn 17; MüKo-AktG/*Schröer*, Rn 23; K. Schmidt/Lutter/*Spindler*, Rn 25; Spindler/Stilz/*Bormann*, Rn 46; aA für teileingezahlte Aktien Großkomm-AktienR/*G. Bezzenberger*, Rn 45; *T. Bezzenberger*, S. 92.
78 HM, statt aller Großkomm-AktienR/*G. Bezzenberger*, Rn 46; aA *v. Godin*/*Wilhelmi*, Rn 3.
79 *Becker*/*Mock*, FMStG, § 5 FMS Rn 6.
80 Zur Anwendbarkeit auf die Ursprungssatzung siehe oben § 23 Rn 50; MüKo-AktG/*Hüffer*, § 241 Rn 52; dagegen für Nichtigkeit nach § 23 Abs. 5 MüKo-AktG/*Pentz*, § 23 Rn 162.
81 AllgM, statt aller Großkomm-AktienR/*G. Bezzenberger*, Rn 42; Spindler/Stilz/*Bormann*, Rn 40.
82 HM, vgl nur Großkomm-AktienR/*G. Bezzenberger*, Rn 43; Spindler/Stilz/*Bormann*, Rn 41; aA KölnKomm-AktG/*Zöllner*, Rn 18; *T. Bezzenberger*, S. 84ff; widersprüchlich K. Schmidt/Lutter/*Spindler*, Rn 16 (gesetzliche Nebenfolge des Stimmrechtsausschlusses) und Rn 28 (Nichtigkeit wegen Fehlens einer zwingenden Voraussetzungen des Stimmrechtsausschlusses).
83 Spindler/Stilz/*Bormann*, Rn 41; aA *Hüffer*, Rn 19; *T. Bezzenberger*, S. 84f.

rechtsausschluss) sind gem. § 241 Nr. 3 Alt. 3 nichtig, wenn sie die Vorgaben des § 139 Abs. 1 missachten.[84] In allen Fällen kommt eine **Heilung** (analog)[85] § 242 Abs. 2 in Betracht.[86] Deren Rechtsfolge kann auch unter Berücksichtigung des Verkehrsschutzes nicht in der Schaffung einer gesetzesfremden[87] Aktiengattung bestehen.[88] Daher ist wie folgt zu differenzieren: Fehlt es an der Bestimmung des Gewinnvorzugs, entstehen endgültig normale Stammaktien; fehlt es nur an der Regelung der Nachzahlbarkeit, leitet sich diese aus § 139 Abs. 1 als gesetzliche Heilungsfolge ab, so dass stimmrechtslose Vorzugsaktien mit einem unselbstständigen Nachzahlungsanspruch geschaffen werden. Unberührt bleibt die Möglichkeit einer Amtslöschung gem. § 242 Abs. 2 S. 5 Hs 2 iVm § 398 FamFG. Nach der (zunächst) gescheiterten **Aktienrechtsreform 2012**[89] sollte es sich zukünftig genau umgekehrt verhalten: Die Pflicht zur Nachzahlung muss in der Satzung ausdrücklich angeordnet sein, um einen Anspruch auf Nachzahlung des Vorzugs zu begründen.[90]

Zu **§ 139 Abs. 2**: Regelungen in der Gründungssatzung oder Beschlüsse, die zu einer Überschreitung der Höchstgrenze des Abs. 2 führen, sind gem. § 241 Nr. 3 Alt. 3 (analog) nichtig.[91] Die Heilung richtet sich nach § 242 Abs. 2 (analog).[92]

§ 140 Rechte der Vorzugsaktionäre

(1) Die Vorzugsaktien ohne Stimmrecht gewähren mit Ausnahme des Stimmrechts die jedem Aktionär aus der Aktie zustehenden Rechte.

(2) ¹Wird der Vorzugsbetrag in einem Jahr nicht oder nicht vollständig gezahlt und der Rückstand im nächsten Jahr nicht neben dem vollen Vorzug dieses Jahres nachgezahlt, so haben die Vorzugsaktionäre das Stimmrecht, bis die Rückstände nachgezahlt sind. ²In diesem Fall sind die Vorzugsaktien auch bei der Berechnung einer nach Gesetz oder Satzung erforderlichen Kapitalmehrheit zu berücksichtigen.

(3) Soweit die Satzung nichts anderes bestimmt, entsteht dadurch, daß der Vorzugsbetrag in einem Jahr nicht oder nicht vollständig gezahlt wird, noch kein durch spätere Beschlüsse über die Gewinnverteilung bedingter Anspruch auf den rückständigen Vorzugsbetrag.

Literatur:
Bacina/Redeker, „Sanieren oder Ausscheiden" – Die Treuepflicht des Gesellschafters in Sanierungsfällen, DB 2010, 996; G. Bezzenberger, Zum Bezugsrecht stimmrechtsloser Vorzugsaktien, in: FS Quack 1991, 153; T. Bezzenberger, Vorzugsaktien ohne Stimmrecht, 1991; Bitter, Sanierung in der Insolvenz – Der Beitrag von Treue- und Aufopferungspflichten zum Sanierungserfolg, ZGR 2010, 147; Frey/Hirte, Vorzugsaktionäre und Kapitalerhöhung, DB 1989, 2465; Groß, Der Inhalt des Bezugsrecht nach § 186 AktG, AG 1993, 449; Hennerkes/May, Überlegungen zur Rechtsformwahl im Familienunternehmen II, DB 1988, 537; Hirte/Mock, Vorzugsaktien im Insolvenzplanverfahren – Zugleich Anmerkung zu LG Düsseldorf v. 10.10.2008 – 39 O 99/08, ZInsO 2009, 1169 und 1129; Madaus, Sind Vorzugsaktionärsrechte letztrangige Insolvenzforderungen?, ZIP 2010, 1214; Münch, Der gekreuzte Bezugsrechtsausschluss im Recht der Aktiengesellschaft, DB 1993, 769; Priester, „Squeeze out" durch Herabsetzung des Stammkapitals auf Null?, DNotZ 2003, 592; ders., „Sanieren oder Ausscheiden" in der GmbH, ZIP 2010, 497; Rittig, Der gekreuzte Bezugsrechtsausschluss in der Höchstbetragskapitalerhöhung, NZG 2012, 1292; C. Schäfer, „Girmes" wiedergelesen: Zur Treupflicht des Aktionärs im Sanierungsfällen, in: FS Hommelhoff 2010, 939; Scheifele, Zur Praxis des gekreuzten Bezugsrechtsausschlusses, BB 1990, 497; Werner, Die Beschlussfassung der Inhaber von stimmrechtslosen Vorzugsaktien, AG 1971, 69.

A. Normzweck 1	2. Dauer des Stimmrechts 8
B. Rechtsstellung der Vorzugsaktionäre (Abs. 1) 2	3. Berechnung von Kapitalmehrheiten (Abs. 2 S. 2) 9
I. Grundsatz 2	
II. Einzelheiten 3	D. Nachzahlungsanspruch (Abs. 3) 11
C. Wiederaufleben des Stimmrechts (Abs. 2) 4	I. Unselbstständig 11
I. Voraussetzungen 5	II. Selbstständig 12
II. Zeitpunkt 6	III. Behandlung in der Insolvenz 13
III. Rechtsfolgen 7	
1. Umfang des Stimmrechts 7	

---

84 Spindler/Stilz/Bormann, Rn 42.
85 Auf eine nichtige Bestimmung in der Gründungssatzung findet § 242 Abs. 2 analog Anwendung (BGHZ 144, 365, 367 f; MüKo-AktG/Pentz, § 23 Rn 164; MüKo-AktG/Hüffer, § 242 Rn 31).
86 Vgl dazu auch § 141 Rn 21; Spindler/Stilz/Bormann, Rn 44.
87 Das AktG kennt keine stimmrechtslosen Aktien, die keinen Vorzug gewähren. Von daher bedarf es auch keines dahin gehenden Verkehrsschutzes.

88 Unklar Spindler/Stilz/Bormann, Rn 44 für fehlerhafte nachträgliche Satzungsänderungen (stimmrechtslose Aktie ohne Vorzugsgewährung). Bei Fehlern der Ursprungssatzung soll es hingegen bei der Schaffung stimmberechtigter Stammaktien bleiben.
89 Vgl dazu VorstKoG, BT-Drucks. 17/8989, 17/14214, 17/14239.
90 Für den Übergangszeitraum vgl § 26 f Abs. 5 EGAktG-E.
91 HM, vgl nur Großkomm-AktienR/G. Bezzenberger, Rn 47.
92 Spindler/Stilz/Bormann, Rn 51.

A. Normzweck

1 § 140 stellt in Abs. 1 die Rechtsstellung des Vorzugsaktionärs klar. Abs. 2 regelt **zwingend**[1] die Voraussetzungen, unter denen das Stimmrecht wieder auflebt. Ihm kommt damit eine wesentliche Bedeutung zur Sicherung der Bedienung des Vorzugs zu. Abs. 3 eröffnet schließlich Raum für Satzungsregelungen hinsichtlich der Ausgestaltung des Nachzahlungsanspruchs als selbstständiges Recht.

B. Rechtsstellung der Vorzugsaktionäre (Abs. 1)

2 **I. Grundsatz.** Abs. 1 stellt klar, dass **Vorzugsaktien** mit Ausnahme des Stimmrechtsausschlusses und der zwingenden Vorzugsstellung bei der Gewinnverteilung die **gleichen Rechte und Pflichten** wie **Stammaktien** gewähren.[2] Daraus folgt, dass alle für **Aktien geltenden Vorschriften** anzuwenden sind, soweit sie nicht das Stimmrecht betreffen oder voraussetzen.[3] Solange das Stimmrecht nicht aufgelebt ist, gelten Vorzugsaktien als nicht vertreten und bleiben insoweit bei der Berechnung der erforderlichen Mehrheiten außer Betracht.[4] Der **Stimmrechtsausschluss** gilt für **alle Beschlüsse**, auch für solche, die der Vorstand wegen ihrer Eingriffsintensität der HV zur Beschlussfassung überantwortet.[5] Es können – soweit aus §§ 139 ff nichts anderes folgt – die Rechte im gleichen Maße wie die anderer Aktiengattungen beschränkt werden.[6]

3 **II. Einzelheiten.** Vorzugsaktionäre sind zur **Teilnahme an der HV** und deren Willensbildung berechtigt.[7] Sie haben daher die im Vorfeld bestehenden Aktionärsrechte (das Recht auf Mitteilungen und Abschriften, das Recht, Gegenanträge anzukündigen und deren Bekanntmachung zu verlangen) ebenso, wie diejenigen während der HV (Rede- und Auskunftsrecht, Antragsrecht, das Recht Wahlvorschläge zu machen, Widerspruch zur Niederschrift) oder nach ihrer Beendigung (Anfechtungs- und Klagerecht).[8] Selbstverständlich stehen den Vorzugsaktionären **Minderheitenrechte** zu, wenn dazu statt des „vertretenen Grundkapitals" ein bestimmter „Teil des Grundkapitals"[9] maßgeblich ist (zB §§ 122 Abs. 1 und 2, 142 Abs. 2 S. 1,[10] 147 Abs. 2 S. 2).[11] In diesen Fällen sind bei der Berechnung des Aktienbesitzes die stimmrechtslosen Vorzüge mit zu zählen.[12] Vermögensrechtlich steht den Vorzugsaktionären neben dem nachzuzahlenden Dividendenvorzug insbesondere auch ein **Recht auf Bezug junger Aktien** oder von Schuldverschreibungen und Genussrechten (§ 221 Abs. 4) zu.[13] Bei der Ausgabe neuer Aktien nur einer Gattung steht allen Aktionären ein anteiliges Bezugsrecht zu.[14] Werden hingegen junge Aktien beider Gattungen ausgegeben, besteht kein **Mischbezugsrecht**,[15] sondern nur das Bezugsrecht auf die jeweilige Gattung (**Gattungsbezugsrecht**).[16] Die hM gelangt im Wege des sog. **gekreuzten Bezugsrechtsausschlusses**[17] in der Praxis zum gleichen Ergebnis. Erfolgt die Ausgabe verschiedener Gattungen nicht pari passu, ist der nicht verhältniswahrende Spitzen- oder Restbetrag an alle Aktionäre entsprechend ihrer Kapitalbeteiligung zu verteilen.[18]

---

1 T. Bezzenberger, S 96; Spindler/Stilz/Bormann, Rn 16.
2 Eine umfassende Übersicht bei Großkomm-AktienR/G. Bezzenberger, Rn 5 ff; Spindler/Stilz/Bormann, Rn 4 ff.
3 Großkomm-AktienR/G. Bezzenberger, Rn 5 mit Beispielen.
4 AllgM vgl nur MüKo-AktG/Schröer, Rn 7. Siehe aber auch für die Berechnung der Kapitalmehrheit Spindler/Stilz/Bormann, Rn 8; iE ebenso MüKo-AktG/Schröer, Rn 3; einschränkend Großkomm-AktienR/G. Bezzenberger, Rn 11 und T. Bezzenberger, S. 109, wonach dies nicht gelten soll, wenn das Minderheitenquorum nur der Vorbereitung einer Sachentscheidung dient (§ 120 Abs. 1 S. 2 und § 137). Gegen diese Einschränkung MüKo-AktG/Kubis, § 120 Rn 10; Großkomm-AktienR/Mülbert, § 120 Rn 103.
5 MüKo-AktG/Schröer, Rn 6.
6 MüKo-AktG/Schröer, Rn 5.
7 OLG Frankfurt/M. AG 1988, 304, 306 = WuB II A § 122 AktG 1.88 (Teichmann).
8 Spindler/Stilz/Bormann, Rn 6, 10; aA LG Krefeld ZIP 2007, 730, 731 = AG 2007, 798 f bzgl Zustimmungsbeschluss der Stammaktionäre nach § 179 Abs. 3. Im Grundsatz nicht zur Teilnahme an der HV berechtigt sind Anlageaktien einer Investment-AG (§ 109 Abs. 3 S. 2 KAGB).
9 Spindler/Stilz/Bormann, Rn 8; iE ebenso MüKo-AktG/Schröer, Rn 3; einschränkend Großkomm-AktienR/G. Bezzenberger, Rn 11 und T. Bezzenberger, S. 109, wonach dies nicht gelten soll, wenn das Minderheitenquorum nur der Vorbereitung einer Sachentscheidung dient (§ 120 Abs. 1 S. 2 und § 137). Gegen diese Einschränkung MüKo-AktG/Kubis, § 120 Rn 10; Großkomm-AktienR/Mülbert, § 120 Rn 103.
10 OLG Frankfurt/M., Urt. v. 22.3.2007 – 12 U 77/06, Tz. 69 (juris).
11 Großkomm-AktienR/G. Bezzenberger, Rn 11 mit umfangreichen Beispielen.
12 Großkomm-AktienR/G. Bezzenberger, Rn 11.
13 Großkomm-AktienR/G. Bezzenberger, Rn 17.
14 AllgM, vgl nur Großkomm-AktienR/G. Bezzenberger, Rn 17.
15 AA die hM MüKo-AktG/Schröer, Rn 4; K. Schmidt/Lutter/Spindler, Rn 7 (mit Bedenken); Spindler/Stilz/Bormann, Rn 13; Geßler/Hefermehl/Bungeroth, § 186 Rn 25; KölnKomm-AktG/Zöllner, Rn 2; KölnKomm-AktG/Lutter, § 186 Rn 3, 14; Hüffer, § 186 Rn 4, 30; EWiR § 203 AktG 1/91, 215 (Kothe); Werner, AG 1971, 69, 73; Scheifele, BB 1990, 497, 499 f; Münch, DB 1993, 769, 772; Rittig, NZG 2012, 1292, 1293.
16 Großkomm-AktienR/G. Bezzenberger, Rn 17; G. Bezzenberger, in: FS Quack, 1991, S. 153, 165; Großkomm-AktienR/Wiedemann, § 186 Rn 69 ff; Frey/Hirte, DB 1989, 2465, 2467; MüHb-AG/Krieger/Kraft, § 56 Rn 67 und MüKo-AktG/Pfeifer, § 186 Rn 27 empfehlen vorsorglich/zur Klarstellung einen gekreuzten Bezugsrechtsausschluss; T. Bezzenberger, S. 153; Groß, AG 1993, 449, 451 ff.
17 Zur Zulässigkeit LG Tübingen AG 1991, 406, 407 f = EWiR § 203 AktG 1/91, 215 (Kothe); Scheifele, BB 1990, 497, 499 f; Münch, DB 1993, 769, 771 ff; Rittig, NZG 2012, 1292, 1293 ff.
18 Frey/Hirte, DB 1989, 2465, 2467; wohl auch MüKo-AktG/Pfeifer, § 186 Rn 27.

C. Wiederaufleben des Stimmrechts (Abs. 2)

Das Stimmrecht der Vorzugsaktionäre ist nicht umfänglich und für alle Zeit ausgeschlossen. Der Ausschluss ist nicht umfassend, weil das Gesetz Sonderbeschlüsse der Vorzugsaktionäre vorsieht (dazu § 141 Rn 14 ff). Zudem ist das Stimmrecht nur solange ausgeschlossen, wie es nicht unter den Voraussetzungen des § 140 Abs. 2 vorübergehend auflebt. Durch das Wiederaufleben des lediglich ruhenden Stimmrechts soll verhindert werden, dass die Vorzugsaktionäre auf kaltem Weg entrechtet werden, indem über einen bestimmten Zeitraum die Dividendenvorzüge nicht oder nur teilweise bedient werden.[19]

I. Voraussetzungen. Hat die Gesellschaft in einem Jahr den Vorzug nicht oder nicht vollständig bedient, bleibt nach § 140 Abs. 2 S. 1 das Stimmrecht nur ausgeschlossen, wenn im Folgejahr sowohl der Rückstand nachgezahlt als auch der laufende Vorzug vollständig bedient wird. **Unbeachtlich** ist der **Grund einer Nichtzahlung**, solange er nicht in der Sphäre des Aktionärs ruht. Entscheidend ist allein die **tatsächliche Nichtleistung**.[20] Wird hingegen *allein* eine neben dem Vorzug in Aussicht gestellte Mehrdividende nicht bedient, führt dies nicht zum Aufleben des Stimmrechts.[21] Einer **Gewinnzahlung stehen gleich**: Verzicht und sämtliche Erfüllungssurrogate[22] (Aufrechnung oder Leistung an Erfüllungs statt, etwa durch einen Ausgleich nach § 304 Abs. 1).[23] Wird die Annahme der Gewinnzahlung verweigert (§ 162 Abs. 1 BGB) bzw. werden die Gewinnanteilsscheine nicht vorgelegt, steht dies ebenso einer tatsächlichen Leistung gleich.[24] Sind die Voraussetzungen des Abs. 2 nur bei einigen Vorzugsaktionären erfüllt, lebt nur deren Stimmrecht auf.[25]

II. Zeitpunkt. Das Stimmrecht lebt in dem **Zeitpunkt** wieder auf, zu dem aufgrund des Jahresabschlusses allein oder in Verbindung mit dem Gewinnverwendungsbeschluss **feststeht**, dass die **Voraussetzungen** von Abs. 2 S. 1 für das abgelaufene Geschäftsjahr **erfüllt sein werden**. Folglich lebt das Stimmrecht bereits zum Zeitpunkt der Feststellung des Jahresabschlusses auf, wenn ein – zur vollständigen Deckung von Rückständen und laufenden Vorzügen – ausreichender Bilanzgewinn nicht vorhanden ist. Erfolgt die Feststellung durch Vorstand und Aufsichtsrat (§ 172 S. 1), sind die Vorzugsaktionäre bereits zur **nächsten HV stimmberechtigt**.[26] Dagegen steht erst mit Beschluss der HV fest, ob die Voraussetzungen für ein Aufleben des Stimmrechts erfüllt sind, wenn die HV den Jahresabschluss feststellt (§ 173 Abs. 1) oder zwar ein ausreichender Bilanzgewinn festgestellt worden ist, die HV jedoch keine ausreichende Gewinnausschüttung an die Aktionäre beschließt (§ 174 Abs. 2 Nr. 2).[27] Auf den Gewinnverwendungsbeschluss der HV ist auch abzustellen, wenn der Vorstand vorschlägt, den Gewinnvorzug nicht oder nicht vollständig zu bedienen.[28] Denn auch wenn die HV *in praxi* dem Gewinnverwendungsvorschlag des Vorstands regelmäßig folgt, ist sie gleichwohl daran nicht gebunden. Sofern danach auf den HV-Beschluss abzustellen ist, lebt das Stimmrecht sofort **mit Feststellung des Beschlussergebnisses** durch den Vorsitzenden auf. Indem der Versammlungsleiter die „richtige" Reihenfolge der Beschlussgegenstände festlegt, kann er auf den Entstehungszeitpunkt einwirken.[29] Die Vorzugsaktionäre sind also schon für den nachfolgenden Beschlussgegenstand stimmberechtigt und nicht erst zur nächsten HV.[30]

III. Rechtsfolgen. 1. Umfang des Stimmrechts. Das **Stimmrecht** lebt in vollem Umfang **für alle Beschlussgegenstände** wieder auf.[31] Auf das (mögliche) Aufleben des Stimmrechts ist in der HV-Einberufung hinzuweisen.[32] Weil das Stimmrecht der Vorzugsaktie die gleiche Stimmenmacht hat wie andere Aktiengattungen, ist es auch bestehenden Höchststimmrechten unterworfen.[33] Höchststimmrechte allein für Vorzugsaktien sind wegen Verstoß gegen § 140 Abs. 2 allerdings unzulässig.[34]

2. Dauer des Stimmrechts. Im Gegensatz zu § 141 Abs. 4 führt Abs. 2 **nicht** zu einem **endgültigen** Aufleben des Stimmrechts. Das Stimmrecht besteht vielmehr nur solange, bis **alle aufgelaufenen Rückstände und**

---

19 MüKo-AktG/*Schröer*, Rn 1, 8.
20 AllgM, vgl nur Großkomm-AktienR/*G. Bezzenberger*, Rn 21.
21 Großkomm-AktienR/*G. Bezzenberger*, Rn 22.
22 AllgM, vgl nur Großkomm-AktienR/*G. Bezzenberger*, Rn 22. Streitig ist, ob auch Stundung und Leistung an Erfüllung halber genügen: dafür MüKo-AktG/*Schröer*, Rn 13; Spindler/Stilz/*Bormann*, Rn 18; dagegen Großkomm-AktienR/*G. Bezzenberger*, Rn 22 mwN.
23 OLG Düsseldorf NZG 2005, 347, 351 f = EWiR § 327 a AktG 2/05, 495 (*Wilsing*) = WuB II A. § 327 a AktG 1.05 (*Gesmann-Nuissl*); Spindler/Stilz/*Bormann*, Rn 18; ausführlich zur Berechnung der Garantiedividende G. *Roth*, Der Konzern 2005, 685 ff.
24 AllgM, vgl nur KölnKomm-AktG/*Zöllner*, Rn 5.
25 Großkomm-AktienR/*G. Bezzenberger*, Rn 22.
26 AllgM, vgl nur MüKo-AktG/*Schröer*, Rn 10.
27 KölnKomm-AktG/*Zöllner*, Rn 5; Großkomm-AktienR/*G. Bezzenberger*, Rn 24; Spindler/Stilz/*Bormann*, Rn 22.
28 *Hüffer*, Rn 5; K. Schmidt/Lutter/*Spindler*, Rn 18; Spindler/Stilz/*Bormann*, Rn 22.
29 Hdb börsennotierte AG/*Butzke*, § 6 Rn 28; weitergehend MüKo-AktG/*Schröer*, Rn 13.
30 Großkomm-AktienR/*G. Bezzenberger*, Rn 22; Hdb börsennotierte AG/*Butzke*, § 6 Rn 28; *Hüffer*, Rn 5; KölnKomm-AktG/*Zöllner*, Rn 5; K. Schmidt/Lutter/*Spindler*, Rn 18; Spindler/Stilz/*Bormann*, Rn 22; erst in der nächsten HV: MüKo-AktG/*Schröer*, Rn 12; MüHb-AG/*Semler*, § 38 Rn 25.
31 AllgM, vgl nur Großkomm-AktienR/*G. Bezzenberger*, Rn 27.
32 Großkomm-AktienR/*G. Bezzenberger*, Rn 26.
33 Spindler/Stilz/*Bormann*, Rn 28.
34 AllgM, vgl nur Großkomm-AktienR/*G. Bezzenberger*, Rn 28; aA *Hennerkes/May*, DB 1988, 537, 538.

auch die **laufenden Vorzüge vollständig (nach-)gezahlt** sind (§ 140 Abs. 2 S. 1).[35] Maßgeblich ist die tatsächliche Zahlung, so dass das Stimmrecht noch für die HV verbleibt, in der die erforderlichen Gewinnverwendungsbeschlüsse gefasst werden. Wie das Stimmrecht automatisch auflebt, erlischt es mit der vollständigen Nachzahlung auch wieder.

3. Berechnung von Kapitalmehrheiten (Abs. 2 S. 2). In § 140 Abs. 2 S. 2 wird klargestellt und hervorgehoben, dass bei der **Beschlussfassung** die Kapitalanteile der Vorzugsaktionäre zur **Berechnung** der von Gesetz oder Satzung vorgesehenen erforderlichen **Kapitalmehrheit** nur zu berücksichtigen sind, wenn das Stimmrecht aufgelebt ist.[36] Mit der Anknüpfung an das Aufleben des Stimmrechts wird zugleich deutlich, dass die Kapitalanteile der Vorzugsaktionäre **unabhängig** davon zu **berücksichtigen** sind, wenn die aufgrund Gesetz oder Satzung erforderliche **Kapitalmehrheit nicht im Zusammenhang** mit einer **Beschlussfassung** steht.[37]

Die (zunächst) gescheiterte **Aktienrechtsnovelle 2012** trug mit der Neufassung des § 140 Abs. 2 der Tatsache Rechnung, dass gem. § 139 Abs. 1 E-AktG zwischen nachzahlbaren und nicht nachzahlbaren Vorzügen zu unterscheiden war. Dies hätte zu folgender Differenzierung geführt: Bei einem nicht nachzahlbaren Vorzug, lebt das Stimmrecht auf, sobald feststeht (siehe dazu Rn 6), dass **erstmalig** die Gegenleistung für den Verzicht auf das Stimmrecht ausbleibt (§ 140 Abs. 2 S. 1 E-AktG). Die betroffenen Vorzugsaktionäre hätten danach ein Stimmrecht, bis in einem späteren Jahr der Vorzug erstmalig wieder vollständig gezahlt wird. Vorzüge, die in vorangegangenen Jahren nicht oder nicht vollständig bedient worden sind, müssten – anders als nach geltendem Recht – nicht nachgezahlt werden, damit das Stimmrecht wieder entfällt. Die insofern deutlich schwächere vermögensrechtliche Ausgestaltung des Vorzugs wäre durch das sofortige Aufleben des Stimmrechts beim Ausfall des Vorzugs kompensiert worden. Ist der Vorzug hingegen nachzahlbar ausgestaltet, bliebe es bei der bisherigen Regelung (§ 140 Abs. 2 S. 2 E-AktG).[38]

D. Nachzahlungsanspruch (Abs. 3)

I. Unselbstständig. Das **Nachzahlungsrecht** ist **im Zweifel** ein **unselbstständiges Recht**, soweit sich aus der Satzung nichts anderes ergibt.[39] Das unselbstständige Nachzahlungsrecht verjährt nicht und ist auf Dauer anlegt; eine Befristung ist unzulässig. Eine selbstständige und unentziehbare Nachzahlungsforderung entsteht erst mit einem Gewinnausschüttungsbeschluss. Sie steht dann demjenigen zu, der zu diesem Zeitpunkt Inhaber der Aktie ist. Zuvor ist das Nachzahlungsrecht als unselbstständiger Teil der Vorzugsaktie nicht selbstständig abtretbar.[40] Es steht zur Disposition des Inhabers der Aktie. Zudem kann es bis zu einem Gewinnausschüttungsbeschluss durch Satzungsänderung und zustimmenden Sonderbeschluss der Vorzugsaktionäre gem. § 141 Abs. 1 zusammen mit dem Vorzug eingeschränkt oder aufgehoben werden.[41]

II. Selbstständig. Durch eine **klare** und **eindeutige Satzungsbestimmung** kann das **Nachzahlungsrecht** auch als **selbstständiges** Recht ausgestaltet werden.[42] Mit Ausfall[43] der Vorzugsdividende entsteht der Anspruch unter der **aufschiebenden Bedingung** einer späteren Gewinnausschüttung.[44] Als selbstständiges Recht ist es **von der Mitgliedschaft losgelöst** und **abtretbar** (§§ 398 ff BGB). Wird die Vorzugsaktie übertragen, bedarf es deshalb für das Nachzahlungsrecht einer gesonderten Abtretungsvereinbarung. Eine nachträgliche Aufhebung oder Einschränkung ist ab Ausfall der Vorzugsdividende nur aufgrund einer Einzelvereinbarung mit dem jeweiligen Inhaber möglich.[45] Um Verwirrungen aufgrund auseinander fallender Inhaberschaft von Aktie und Nachzahlungsrecht zu vermeiden, sollte die Satzung eine Verbriefung des Nachzahlungsrechts als Inhaberschuldverschreibung vorsehen.[46]

III. Behandlung in der Insolvenz. Das **selbstständige Nachzahlungsrecht** ist eine **Gläubigerforderung** (§ 38 InsO) und erlischt mangels abweichender Regelungen im Insolvenzplan durch dessen Bestätigung (§§ 227 Abs. 1, 254 InsO).[47] **Streitig** ist hingegen, inwiefern das Insolvenzplan das **unselbstständige Nachzahlungs-**

---

35 AllgM, vgl nur Großkomm-AktienR/*G. Bezzenberger*, Rn 30.
36 AllgM, vgl nur Großkomm-AktienR/*G. Bezzenberger*, Rn 29.
37 Nach BR-Stellungnahme *Kropff*, AktG 1965, 204, soll die Regelung nämlich ein überproportionales Gewicht der Vorzugsaktionäre vermeiden, solange sie stimmberechtigt sind. Vgl aber auch für den Fall, dass die Norm auf die *Kapital*mehrheit abstellt Spindler/Stilz/*Bormann*, Rn 8; iE ebenso MüKo-AktG/*Schröer*, Rn 3; einschränkend Großkomm-AktienR/*G. Bezzenberger*, Rn 11 und *T. Bezzenberger*, S. 109, wonach dies nicht gelten soll, wenn das Minderheitenquorum nur der Vorbereitung einer Sachentscheidung dient (§ 120 Abs. 1 S. 2 und § 137). Gegen diese Einschränkung MüKo-AktG/*Kubis*, § 120 Rn 10; Großkomm-AktienR/*Mülbert*, § 120 Rn 103.
38 Kritisch zum unterschiedlichen Aufleben des Stimmrechts *Handelsrechtsausschuss des DAV* NZG 2013, 380, 382.
39 Zur Auslegung einer Satzungsbestimmung BGHZ 9, 279, 284; OLG Stuttgart WM 1995, 844, 847 (Südmilch) = WuB II A. § 140 AktG 1.96 (*Drygala*).
40 Vgl nur K. Schmidt/Lutter/*Spindler*, Rn 24.
41 BGHZ 7, 263, 265; BGHZ 9, 279, 283 f; BGH WM 1956, 87; OLG Stuttgart WM 1995, 844, 846 (Südmilch).
42 BGHZ 7, 263, 264; BGHZ 9, 279, 283; BGH WM 1956, 87; OLG Stuttgart WM 1995, 844, 847 (Südmilch).
43 Zum maßgeblichen Zeitpunkt siehe Rn 6.
44 BGHZ 7, 263, 264; BGH WM 1956, 87.
45 BGH WM 1956, 87; OLG Stuttgart WM 1995, 844, 847 (Südmilch).
46 Großkomm-AktienR/*G. Bezzenberger*, Rn 32.
47 *Hüffer*, § 139 Rn 9; K. Schmidt/Lutter/*Spindler*, Rn 27; *Hirte/Mock*, ZInsO 2009, 1129, 1132 f; aA *Madaus*, ZIP 2010, 1214, 1220.

recht tangiert. Mit dem IX ZS nimmt die hM an, dass auch das unselbstständige Nachzahlungsrecht entsprechend dem Rechtsgedanken des § 199 S. 2 InsO als letztrangige Insolvenzforderungen zu behandeln sei.[48] Dies soll auch der modernen Tendenz des Gesetzes entsprechen, den Gesellschaftern möglichst keine Verhinderungsmacht gegenüber von den Gläubigern als notwendig angesehenen Maßnahmen in die Hand zu geben.[49] Dem kann aber nicht gefolgt werden,[50] da der Fortbestand des Nachzahlungsanspruchs allein das **Binnenverhältnis** unter den Aktionären[51] hinsichtlich der Verteilung zukünftiger Gewinne und das Stimmrecht betrifft und die Gläubigerinteressen daher nicht unmittelbar berührt werden. Würde man der Gegenansicht folgen, wäre zudem das Stimmrecht der Vorzugaktionäre unklar.[52] Es empfiehlt sich daher, den Insolvenzplan unter die Bedingung zu stellen (§ 249 InsO), dass die Vorzugsaktionäre entweder auf die ausstehenden Vorzüge verzichten oder gem. § 141 Abs. 1 der Vorzug aufgehoben wird. Im ersten Fall bedarf es zwar der Zustimmung jedes Vorzugsaktionärs, dafür wirkt der Verzicht allein für die Vergangenheit, so dass das Stimmrecht nicht dauerhaft auflebt und die Machtverhältnisse unberührt bleiben (so aber im Fall von § 141 Abs. 1). Aus der Treuepflicht könnte sich eine Zustimmungspflicht der Vorzugsaktionäre ergeben,[53] wenn der Verzicht auf rückständige Vorzüge ihr Sanierungsbeitrag ist und sie dadurch nicht schlechter stehen als im Fall der Liquidation der Gesellschaft.[54] Der Verzicht steht dann einem Nachschuss nicht gleich und ist zugleich weniger einschneidend als ein Ausschluss.[55] Seit dem ESUG ist es gem. §§ 217 S. 2, 225 a Abs. 3 InsO möglich, den Nachzahlungsanspruch unmittelbar in den Plan einzubeziehen und darin sein Erlöschen vorzusehen.

§ 141 Aufhebung oder Beschränkung des Vorzugs

(1) Ein Beschluß, durch den der Vorzug aufgehoben oder beschränkt wird, bedarf zu seiner Wirksamkeit der Zustimmung der Vorzugsaktionäre.

(2) ¹Ein Beschluß über die Ausgabe von Vorzugsaktien, die bei der Verteilung des Gewinns oder des Gesellschaftsvermögens den Vorzugsaktien ohne Stimmrecht vorgehen oder gleichstehen, bedarf gleichfalls der Zustimmung der Vorzugsaktionäre. ²Der Zustimmung bedarf es nicht, wenn die Ausgabe bei Einräumung des Vorzugs oder, falls das Stimmrecht später ausgeschlossen wurde, bei der Ausschließung ausdrücklich vorbehalten worden war und das Bezugsrecht der Vorzugsaktionäre nicht ausgeschlossen wird.

(3) ¹Über die Zustimmung haben die Vorzugsaktionäre in einer gesonderten Versammlung einen Sonderbeschluß zu fassen. ²Er bedarf einer Mehrheit, die mindestens drei Viertel der abgegebenen Stimmen umfaßt. ³Die Satzung kann weder eine andere Mehrheit noch weitere Erfordernisse bestimmen. ⁴Wird in dem Beschluß über die Ausgabe von Vorzugsaktien, die bei der Verteilung des Gewinns oder des Gesellschaftsvermögens den Vorzugsaktien ohne Stimmrecht vorgehen oder gleichstehen, das Bezugsrecht der Vorzugsaktionäre auf den Bezug solcher Aktien ganz oder zum Teil ausgeschlossen, so gilt für den Sonderbeschluß § 186 Abs. 3 bis 5 sinngemäß.

(4) Ist der Vorzug aufgehoben, so gewähren die Aktien das Stimmrecht.

Literatur:
Altmeppen, Umwandlung von Vorzugsaktien in Stammaktien gegen Zuzahlung, NZG 2005, 771; *Baums*, Vorzugsaktien, Ausgliederung und Konzernfinanzierung, AG 1994, 1; *T. Bezzenberger*, Vorzugsaktien ohne Stimmrecht, 1991; *Brause*, Stimmrechtslose Vorzugsaktien bei Umwandlungen, 2002; *Frey/Hirte*, Vorzugsaktionäre und Kapitalerhöhung, DB 1989, 2465; *Kiem*, Die Stellung von Vorzugsaktionären bei Umwandlungsmaßnahmen, ZIP 1997, 1627; *Krauel/Wenig*, Das Erfordernis von Sonderbeschlüssen stimmrechtsloser Vorzugsaktionäre bei Kapitalerhöhungen und Kapitalherabsetzungen, AG 2003, 561; *Krieger*, Vorzugsaktien und Umstrukturierung, in: FS Lutter, 2000, 497; *G. Roth*, Die Berechnung der Garantiedividende von Vorzugsaktien im Rahmen von Unternehmensverträgen, Der Konzern 2005, 685; *Senger/Vogelmann*, Die Umwandlung von Vorzugsaktien in Stammaktien,

---

48 BGH ZIP 2010, 1039, 1040f; *Hüffer*, § 139 Rn 9; K. Schmidt/Lutter/*Spindler*, Rn 27; MüKo-AktG/*Schröer*, Rn 19; *Hirte/Mock*, ZInsO 2009, 1129, 1133f; *Thonfeld*, NZI 2009, 323f, der von einer unzulässigen „Insolvenzplanrendite" spricht; WuB VI A. § 225 InsO 1.10 *(Bitter/Laspeyres)*; EWiR § 225 InsO 1/10, 465 *(Mock)*.
49 *Goette*, DStR 2010, 2579, 2584.
50 Ebenso die Vorinstanzen LG Düsseldorf NZI 2009, 322 und OLG Düsseldorf ZIP 2009, 2350, 2351; *Madaus*, ZIP 2010, 1214, 1217ff; unklar Spindler/Stilz/*Bormann*, Rn 36.
51 Zutreffend *Hirte/Mock*, ZInsO 2009, 1129, 1134f, aber ohne entsprechende Schlussfolgerung; aA *Thonfeld*, NZI 2009, 323, 324.
52 AA BGH ZIP 2010, 1039, 1040, Tz 14 (keine Geltung von § 140 Abs. 2); ebenso Spindler/Stilz/*Bormann*, Rn 36; MüKo-AktG/*Schröer*, Rn 15.
53 Dazu *C. Schäfer*, in: FS Hommelhoff, 2010, S. 939, 947ff; *Bitter*, ZGR 2010, 147ff.
54 Vgl dazu BGHZ 129, 136, 144f (Girmes) und BGH ZIP 2009, 2289, 2291f (Sanieren oder Ausscheiden); *Priester*, ZIP 2010, 497, 499ff; *Bacina/Redeker*, DB 2010, 996, 998ff.
55 Zur Zulässigkeit eines faktischen Ausschlusses im Wege der Kapitalherabsetzung auf Null und anschließender Kapitalerhöhung (bei Wertlosigkeit der Aktie) BGHZ 119, 305, 319f (Klöckner); BGHZ 142, 167, 169f (Hilgers); *Priester*, DNotZ 2003, 592, 594ff; *Weber*, DStR 2010, 702, 704f.

AG 2002, 193; *Volhard/Goldschmidt*, Nötige und unnötige Sonderbeschlüsse von Inhabern stimmrechtsloser Vorzugsaktien, in: FS Lutter, 2000, 779; *Werner*, Die Beschlussfassung der Inhaber von stimmrechtslosen Vorzugsaktien, AG 1971, 69; *Wirth/Arnold*, Umwandlung von Vorzugsaktien in Stammaktien, ZGR 2002, 859.

A. Grundlagen 1	2. Einzelheiten 10
B. Aufhebung oder Beschränkung des Vorzugs (Abs. 1) 2	II. Ausnahme von der Zustimmungsbedürftigkeit (Abs. 2 S. 2) 11
I. Satzungsänderung 2	D. Sonderbeschluss (Abs. 3) 14
II. Vorzug 3	I. Gesonderte Versammlung 15
III. Eingriff 4	II. Zustimmung und Mehrheitserfordernis 16
1. Einzelheiten 5	III. Bezugsrechtsausschluss (Abs. 3 S. 4) 19
2. Zweifelsfälle 6	IV. Rechtsfolgen 21
C. Ausgabe neuer Vorzugsaktien (Abs. 2) 7	E. Aufleben des Stimmrechts (Abs. 4) 22
I. Zustimmungsbedürftige Maßnahmen (Abs. 2 S. 1) 8	F. Konkurrenzen 23
1. Ausgabe konkurrierender Vorzugsrechte ... 8	

A. Grundlagen

1 Die Norm bezweckt den **Schutz der Vorzugsaktionäre**, indem sie für Maßnahmen, die den Vorzug aufheben oder beschränken (Abs. 1) oder in anderer Weise beeinträchtigen (Abs. 2), die grundsätzliche **Zustimmung der Vorzugsaktionäre** in Form eines **qualifizierten Sonderbeschlusses** (Abs. 3) verlangt. Die Regelung ist aufgrund ihres Schutzzwecks zwingend.[1]

B. Aufhebung oder Beschränkung des Vorzugs (Abs. 1)

2 **I. Satzungsänderung.** Die Aufhebung oder Beschränkung des nachzuzahlenden Gewinnvorzugs bedarf eines **satzungsändernden Beschlusses der HV**, für den § 179 gilt.[2] Die Vorzugsaktionäre stimmen bei diesem Beschluss nicht mit, es sei denn, ihr Stimmrecht ist schon nach § 140 aufgelebt (vgl § 140 Rn 4 ff). Unter den Voraussetzungen des Abs. 1 bedarf die Satzungsänderung zur Wirksamkeit zusätzlich der Zustimmung der Vorzugsaktionäre. Dies gilt unabhängig davon, ob das Stimmrecht nach § 140 temporär aufgelebt ist (vgl Rn 17). Ist der Vorzug **zulässig**[3] **befristet oder auflösend bedingt**, bedarf es keines Sonderbeschlusses trotz Wegfalls/Einschränkung des Vorzugs.[4] Das Stimmrecht lebt mit Eintritt der Bedingung bzw Ablauf der Befristung auf.[5] Die notwendige Anpassung der Satzung an die geänderte materielle Rechtslage kann gem. § 179 Abs. 1 S. 2 dem AR übertragen werden.[6] Zum Schicksal des Nachzahlungsanspruchs in diesen Fällen siehe § 139 Rn 16.

3 **II. Vorzug.** Vorzug iSv § 141 Abs. 1 ist unstreitig der Dividendenvorzug und der Nachzahlungsanspruch. Ob darüber hinaus auch **fakultative Vorzüge** erfasst sind, ist **streitig**.[7] Die wohl noch **hM** nimmt an, dass sowohl **Liquidationsvorzug**[8] als auch **Mehrdividende**[9] erfasst werden.[10] Hinsichtlich des Liquidationsvorzugs streitet für die hM, dass es scheinbar widersprüchlich ist, die mittelbare Beeinträchtigung (Abs. 2 S. 1) zustimmungsgebunden, den direkten Eingriff hingegen zustimmungsfrei auszugestalten.[11] Gegen die hM sprechen der systematische Zusammenhang zu § 139 Abs. 1 und der Verweis auf den Vorzug allein in § 141 Abs. 1. Die §§ 139 Abs. 1 und 141 Abs. 4 belegen, dass mit „der Vorzug" nur der nachzahlbare Gewinnvorzug gemeint ist.[12] Werden fakultative Vorzüge aufgehoben oder beschränkt, richtet sich die Notwendigkeit eines Sonderbeschlusses nach § 179 Abs. 3.[13]

---

[1] AllgM, Großkomm-AktienR/*G. Bezzenberger*, Rn 9.
[2] AllgM MüKo-AktG/*Schröer*, Rn 2.
[3] Vgl dazu § 139 Rn 16.
[4] Spindler/Stilz/*Bormann*, Rn 23; K. Schmidt/Lutter/*Spindler*, Rn 19.
[5] § 139 Rn 16; Spindler/Stilz/*Bormann*, Rn 23; MüKo-AktG/*Schröer*, § 139 Rn 9.
[6] Spindler/Stilz/*Bormann*, Rn 23; MüKo-AktG/*Stein*, § 179 Rn 161.
[7] Ablehnend Großkomm-AktienR/*G. Bezzenberger*, Rn 10; T. Bezzenberger, S. 125, 134 ff; *Brause*, S. 28 f; MüKo-AktG/*Schröer*, Rn 1, 3; K. Schmidt/Lutter/*Spindler*, Rn 12; Wachter/Dürr, Rn 4; Hölters/*Hirschmann*, Rn 6.
[8] Geßler/*Hefermehl*, Rn 3; *Werner*, AG 1971, 69; KölnKomm-AktG/*Zöllner*, Rn 4; *Hüffer*, Rn 3; *Volhard/Goldschmidt*, in: FS Lutter, 2000, S. 779, 780; Spindler/Stilz/*Bormann*, Rn 5.
[9] Geßler/*Hefermehl* Rn 3; *Werner*, AG 1971, 69; *Hüffer*, Rn 3; *Volhard/Goldschmidt*, in: FS Lutter, 2000, S. 779, 780; aA KölnKomm-AktG/*Zöllner*, Rn 4; Spindler/Stilz/*Bormann*, Rn 5.
[10] Weitergehend LG Hannover AG 2008, 426, 427, das sogar in der singulären Börsennotierung einen Vorzug iSv Abs. 1 sieht.
[11] KölnKomm-AktG/*Zöllner*, Rn 4; Spindler/Stilz/*Bormann*, Rn 5.
[12] Ähnlich *Frey/Hirte*, DB 1989, 2465, 2469.
[13] Großkomm-AktienR/*G. Bezzenberger*, Rn 10; MüKo-AktG/*Schröer*, Rn 3; T. Bezzenberger, S. 135 f (unter Anwendung der Verfahrensregeln des § 141 Abs. 3); Hölters/*Hirschmann*, Rn 6.

III. Eingriff. Die Satzungsänderung muss das bestehende Vorzugsrecht als solches aufheben oder beschränken.[14] Lediglich mittelbare, dh **wirtschaftliche oder faktische** Beeinträchtigungen werden nur im **engen Rahmen des § 141 Abs. 2** einem Zustimmungserfordernis unterworfen. Herkömmlich wird ein Eingriff deshalb nur bei einer **unmittelbaren** nicht aber bei einer **mittelbaren** Beeinträchtigung des Vorzugs bejaht.[15] Damit soll sichergestellt werden, dass nur ausnahmsweise reflexartige Einwirkungen einen Sonderbeschluss erfordern. Eine durchgängig stimmige Abgrenzung ist damit nicht möglich.[16] Die Änderung des Satzungswortlauts bezüglich des Vorzugs ist Richtschnur, nicht aber alleiniger Maßstab für einen unmittelbaren Eingriff. Zusätzlich erscheint folgende Kontrollabgrenzung erforderlich: Bei einem Vergleich zwischen vor und nach der Satzungsänderung darf sich der dem einzelnen Aktionär abstrakt zustehende Vorzugsbetrag in der Summe nicht reduziert haben.[17] Abs. 2 S. 1 erfasst dagegen bloße wirtschaftliche Beeinträchtigungen des Vorzugs. Wegen der engen Grenzen von Abs. 2 S. 1 kommt der Zuordnung zu Abs. 1 erhebliche praktische Bedeutung zu. Das Zustimmungserfordernis nach Abs. 1 entfällt nicht durch einen Satzungsvorbehalt entsprechend Abs. 2 S. 2.[18] Ebenso wenig kann durch die Satzung die Zustimmungsbedürftigkeit erweitert werden.

1. Einzelheiten. Einer **Zustimmung nach § 141 Abs. 1** unterliegen die Aufhebung oder Verringerung des Gewinnvorzugs oder des Nachzahlungsrechts,[19] die Umwandlung selbstständiger in unselbstständige Nachzahlungsrechte,[20] die zwangsweise[21] Umwandlung von Vorzugs- in Stammaktien,[22] die nachträgliche Aufnahme einer Befristung oder auflösenden Bedingung (vgl zur Zulässigkeit § 139 Rn 16) des Vorzugs bzw des Nachzahlungsrechts,[23] die Rangverschlechterung gegenüber anderen **bestehenden** Vorzügen[24] oder die Veränderung der Bemessungsgrundlage des Gewinnvorzugs.[25] **Keiner Zustimmung nach § 141 Abs. 1** unterliegen die Feststellung des Bilanzgewinns durch die HV (§ 173) bzw der Gewinnverwendungsbeschluss (§ 174), die Änderung der Bilanzierungsvorschriften und Maßnahmen der Verwaltung,[26] die Auflösung der Gesellschaft durch Auflösungsbeschluss (§ 262 Abs. 1 Nr. 2),[27] der Zustimmungsbeschluss zu einem Unternehmensvertrag (§ 291) – die Regeln über satzungsändernde Beschlüsse finden keine Anwendung (§ 293 Abs. 1 S. 4) und die Aktionäre werden über die §§ 304 ff geschützt[28] – oder eine Ausgliederung.[29] Keiner Zustimmung bedürfen Kapitalerhöhungen,[30] auch solche aus Gesellschaftsmitteln mit formaler Herabsetzung des Gewinnvorzugsrechts gem. § 216 Abs. 1 S. 1,[31] solange das Vorrecht in absoluten Zahlen gewahrt bleibt.[32] Denn trotz Änderung des Wortlauts bleibt der abstrakte Vorzugsbetrag in der Summe unberührt. Unter den gleichen Voraussetzungen ist deshalb auch die Herabsetzung von Aktiennennbeträgen ohne Herabsetzung des Grundkapitals (Aktienteilung) bzw die Umwandlung von Nennbetrags- in Stückaktien zu-

---

14 HM: OLG Schleswig AG 2008, 39, 41 = ZIP 2007, 2162, 2164; LG Frankfurt/M. AG 1991, 405, 406 = ZIP 1991, 1499, 1501 f (coop) = WuB II A. § 141 AktG 1.92 (*Diekgräf*) = EWiR § 141 AktG 1/91, 943 (*Decher*); Großkomm-AktienR/*G. Bezzenberger*, Rn 16; MüKo-AktG/*Schröer*, Rn 4; *T. Bezzenberger*, S. 121 ff.

15 Vgl nur K. Schmidt/Lutter/*Spindler*, Rn 5 ff; kritisch zur Abgrenzung zwischen Abs. 1 und 2 über das Begriffspaar unmittelbar/mittelbar *T. Bezzenberger*, S. 121 ff und *Brause*, S. 42 ff, die danach unterscheiden wollen, ob eine Veränderung der Kapitalgrundlage erfolgte (dann Abs. 2).

16 Zweifelnd ebenso *Hüffer*, Rn 4 (speziell für Kapitalherabsetzung).

17 *Brause*, S. 40 ff, 43; *Frey/Hirte*, DB 1989, 2465, 2469.

18 Großkomm-AktienR/*G. Bezzenberger*, Rn 18 mwN; MüKo-AktG/*Schröer*, Rn 6; K. Schmidt/Lutter/*Spindler*, Rn 7, 19; *Werner*, AG 1971, 69, 70; aA KölnKomm-AktG/*Zöllner*, Rn 7; *Volhard/Goldschmidt*, in: FS Lutter, 2000, S. 779, 780.

19 Spindler/Stilz/*Bormann*, Rn 7.

20 *Werner*, AG 1971, 69, 69; MüKo-AktG/*Schröer*, Rn 5.

21 Bei einer freiwilligen Umwandlung (zB wegen einer Zuzahlungspflicht) macht die Zustimmung jedes einzelnen Aktionärs gem. § 35 BGB einen Sonderbeschluss entbehrlich *Altmeppen*, NZG 2005, 771, 774 f; Spindler/Stilz/*Bormann*, Rn 19; andeutend *Wirth/Arnold*, ZGR 2002, 859, 865; unklar *Senger/Vogelmann*, AG 2002, 193, 194.

22 OLG Köln AG 2002, 244, 245 (Metro); *Senger/Vogelmann*, AG 2002, 193, 194; ausführlich zu den verschiedenen Umwandlungsmöglichkeiten *Wirth/Arnold*, ZGR 2002, 859 ff; zur Zuzahlungspflicht siehe *Senger/Vogelmann*, AG 2002, 193, 197 ff; Spindler/Stilz/*Bormann*, Rn 18. Siehe auch Rn 18.

23 Großkomm-AktienR/*G. Bezzenberger*, Rn 19; MüKo-AktG/*Schröer*, Rn 5.

24 Großkomm-AktienR/*G. Bezzenberger*, Rn 20.

25 Großkomm-AktienR/*G. Bezzenberger*, Rn 20; MüKo-AktG/*Schröer*, Rn 5.

26 Großkomm-AktienR/*G. Bezzenberger*, Rn 20.

27 HM, vgl. nur OLG Frankfurt/M. DB 1993, 272, 273 (coop); *T. Bezzenberger*, S. 124 mwN.

28 Großkomm-AktienR/*G. Bezzenberger*, Rn 19; *Werner*, AG 1971, 69, 70; KölnKomm-AktG/*Zöllner*, Rn 4; *G. Roth*, Der Konzern 2005, 685, 693; zur konkreten Berechnung der Barabfindung vgl auch LG Dortmund, Beschl. v. 13.12.2006 – 20 AktE 4/94, Tz 102 ff (juris).

29 *Baums*, AG 1994, 1, 3.

30 Bei der Kapitalerhöhung durch Ausgabe neuer Aktien kann es nur zu einer wirtschaftlichen Beeinträchtigung des Vorzugs kommen (MüKo-AktG/*Schröer*, Rn 8).

31 *Hölters/Hirschmann*, Rn 11.

32 OLG Stuttgart WM 1992, 1067, 1070 (Boss) = WuB II A. § 141 AktG 2.92 (*Grunewald*); Großkomm-AktienR/*G. Bezzenberger*, Rn 21; MüKo-AktG/*Schröer*, Rn 9; Hdb börsennotierte AG/*Butzke*, § 6 Rn 31; sowie unten § 216 Rn 4.

stimmungsfrei.³³ Da bei einem Squeeze Out (§§ 327 a ff)³⁴ oder einer Eingliederung (§§ 320 ff)³⁵ nicht der Vorzug als solcher, sondern nur die Inhaberschaft an der Aktie betroffen ist, fehlt es an einer Beeinträchtigung gem. § 141 Abs. 1. Ein Delisting – auch nur der stimmrechtslosen Vorzüge – greift nicht unmittelbar in den Vorzug ein;³⁶ betroffen ist allenfalls der Wert der Aktie als solcher,³⁷ was keinen Abfindungsanspruch gegen die Gesellschaft auslöst.³⁸ Ebenso bleibt der Vorzug bei der Umwandlung einer AG in einer KGaA unberührt; allein die potenzielle Stimmrechtskraft sinkt rechtsformbedingt.³⁹

6 **2. Zweifelsfälle.** Streitig ist die Notwendigkeit eines Sonderbeschlusses bei einer **Kapitalherabsetzung**.⁴⁰ Wird das Grundkapital herabgesetzt, liegt zunächst ein Eingriff nur vor, wenn der Vorzug nicht absolut (zB 0,10 EUR) sondern prozentual (zB 3 % des Nennwerts/Anteils am Grundkapital) bestimmt ist.⁴¹ Ein Eingriff kann bei prozentualer Bestimmung nicht damit verneint werden „Drei Prozent bleiben drei Prozent".⁴² Übersehen wird dabei, dass der Berechnung des Vorzugs in diesen Fällen zwei Größen zugrunde liegen:⁴³ die Prozentangabe und deren Bezugsgröße (Nennbetrag bzw Anteil am Grundkapital).⁴⁴ Letztere muss ebenso feststehen und dem Zugriff der anderen Aktionäre entzogen sein, um ein Äquivalent zu außerkorporativen Bezugsgrößen sein zu können. Durch die Kapitalherabsetzung wird aber die prozentuale Bezugsgröße geändert und damit der Vorzug beschränkt. Schließlich ist der absolut benannte Vorzug nichts anderes als der ausgerechnete prozentual bestimmte Vorzug. Für die Gegenansicht spricht nicht ein Verweis auf § 222 Abs. 2 nF,⁴⁵ der ausweislich der Gesetzesbegründung nur klarstellenden Charakter hat und damit keine Aussage zu Abs. 1 trifft (vgl Rn 23).⁴⁶ Bedarf es zusätzlich einer **Zusammenlegung** (§ 222 Abs. 4 S. 2), liegt dagegen immer ein Eingriff in den Vorzug vor, unabhängig davon, ob dieser absolut oder prozentual ausgestaltet ist.⁴⁷ Dem Aktionär steht nach der Zusammenlegung abstrakt ein geringerer Vorzug in der Summe zu als zuvor. Daran ändert auch nichts, dass ggf der Nennbetrag der verbleibenden Aktien oder ihr Anteil am Grundkapital gleich bleibt. Der Verlust einzelner Aktien durch die Zusammenlegung ist der Eingriff. Der HV kann nicht der zustimmungsfreie Entzug des Vorzugs verboten aber der einer ganzen Aktie inkl. Vorzug erlaubt sein, wenn nicht die Gesellschaft ihre werbende Tätigkeit beendet oder ein Ausgleich für den Aktienverlust⁴⁸ erfolgt. Aus diesem Grund greift auch die **gestattete Zwangseinziehung** von Aktien (§ 237 Abs. 1 S. 2 Alt. 2) in den Vorzug ein.⁴⁹ Anderes kann nur gelten, wenn ein angemessenes Einziehungsentgelt (entsprechend § 305)⁵⁰ gezahlt und dadurch der Verlust der Aktie umfänglich kompensiert wird. Keinen Sonderbeschluss erfordert hingegen die **angeordnete Zwangseinziehung**, da es schon an einem zustimmungsfähigen Hauptversammlungsbeschluss fehlt.⁵¹ Der **Verschmelzungsbeschluss** ist weder in der aufnehmenden⁵² noch in der übertragenden Gesellschaft ein zustimmungsbedürftiger Eingriff. In der über-

---

33 Ausführlich Großkomm-AktienR/*G. Bezzenberger*, Rn 21.
34 OLG Düsseldorf NZG 2005, 347, 352 =EWiR § 327 a AktG 2/05, 495 (*Wilsing*) = WuB II A. § 327 a AktG 1.05 (*Gesmann-Nuissl*); OLG Frankfurt/M. ZIP 2008, 138, 140 = AG 2008, 167, 169 = EWiR § 322 ZPO 1/07, 767 (*Goslar/von der Linden*); OLG Hamm ZIP 2005, 1457, 1463; LG Bochum AG 2005, 738, 740; LG Frankfurt/M. ZIP 2007, 2004, 2006 unter Aufgabe der früheren gegenteiligen Auffassung (Urt v. 20.1.2004 – 3-05 O 120/03); LG München I Der Konzern 2007, 448, 457; LG München I, Beschl. v. 24.4.2008 – 5 HK O 23244/07, Tz 409 f (juris); Spindler/Stilz/*Bormann*, Rn 9; iE *Hüffer*, § 139 Rn 13; zur Verfassungsmäßigkeit BVerfG ZIP 2007, 1987 = WM 2007, 1884 = EWiR § 327 a AktG 3/07, 673 (*Ogorek*) = WuB II A. § 327 a AktG 1.08 (*Gesmann-Nuissl*).
35 Spindler/Stilz/*Bormann*, Rn 9.
36 OLG Celle ZIP 2008, 1874, 1876 (aA Vorinstanz LG Hannover AG 2008,426, 427); generell BGH, Beschl. v. 8.10.2013 – II ZB 26/12 = NZG 2013, 1342 (Macrotron II).
37 BVerfG, Urt. v. 11.7.2012 – 1 BvR 3142/07 und 1 BvR 1569/08 NJW 2012, 3081, 3084 (Tz 68); dem folgend BGH, Beschl. v. 8.10.2013 – II ZB 26/12 = NZG 2013, 1342 (Macrotron II).
38 BGH, Beschl. v. 8.10.2013 – II ZB 26/12 = NZG 2013, 1342 (Macrotron II); Aufgabe der gegenteiligen Rspr in BGHZ 153, 47, 57 f (Macrotron I). Durch die Urteile des BVerfG, Urt. v. 11.7.2012 – 1 BvR 3142/07 und 1 BvR 1569/08 NJW 2012, 3081, 3084 (Tz 68) war die „Macrotron I"-Rspr der BGH der Boden entzogen, auf deren Basis die Aktionäre bei einem Delisting entschädigt werden mussten.
39 OLG Schleswig AG 2008, 39, 41 f = ZIP 2007, 2162, 2164; zustimmende Anm. *Krause*, BB 2008, 17; *Hüffer*, Rn 6.
40 Generell gegen eine Zustimmungspflicht Hdb börsennotierte AG/*Butzke*, § 6 Rn 30 mit der eher praktischen Begründung, auch die Vorzugsaktionäre hätten ihren Sanierungsbeitrag zu leisten (siehe auch § 140 Rn 13).
41 *Frey/Hirte*, DB 1989, 2465, 2469; EWiR § 141 AktG 1/91, 943 (*Decher*); *T. Bezzenberger*, S. 171 ff; Spindler/Stilz/*Bormann*, Rn 13 a; aA die hM LG Frankfurt/M. DB 1991, 1162; OLG Frankfurt/M. DB 1993, 272, 273 (coop); WuB II A. § 141 AktG 1.92 (*Diekgräf*); Großkomm-AktienR/*G. Bezzenberger*, Rn 23; *Werner*, AG 1971, 69; KölnKomm-AktG/*Zöllner*, Rn 18; MüKo-AktG/*Schröer*, Rn 10; K. Schmidt/Lutter/*Spindler*, Rn 16.
42 So aber *Volhard/Goldschmidt*, in: FS Lutter, 2000, S. 779, 785; OLG Frankfurt/M. DB 1993, 272, 273 (coop); MüKo-AktG/*Schröer*, Rn 10.
43 Ähnlich bereits *T. Bezzenberger*, S. 172.
44 Diesen Umstand übersehen das OLG Frankfurt/M. DB 1993, 272, 273 (coop) und MüKo-AktG/*Schröer*, Rn 10, wenn sie meinen, anderenfalls würde der Begriff des Vorzugs unzulässig mit dem des Vorzugsbetrags vermengt.
45 So aber *Hüffer*, Rn 9; Großkomm-AktienR/*G. Bezzenberger*, Rn 23; K. Schmidt/Lutter/*Spindler*, Rn 16, 19.
46 Ähnlich auch Spindler/Stilz/*Bormann*, Rn 12.
47 Spindler/Stilz/*Bormann*, Rn 14; kritisch hinsichtlich der formalen Begründung der hM *Krauel/Weng*, AG 2003, 561, 564 f; aA hM vgl nur MüKo-AktG/*Schröer*, Rn 11.
48 Vgl dazu Rn 5 (§§ 305, 320 ff und 327 a ff).
49 MüKo-AktG/*Schröer*, Rn 12; Spindler/Stilz/*Bormann*, Rn 15; aA Großkomm-AktienR/*G. Bezzenberger*, Rn 24.
50 Vgl dazu unten § 237 Rn 36 ff.
51 Spindler/Stilz/*Bormann*, Rn 15.
52 *Brause*, S. 54 f.

tragenden Gesellschaft bleibt der Vorzug wegen der Pflicht zur Gewährung „gleichwertiger Rechte"[53] iE rechtlich unberührt (§§ 20 Abs. 1 Nr. 3, 23 UmwG).[54] Soweit die Verschmelzung mit einer Kapitalerhöhung einhergeht, kann damit zwar in der aufnehmenden Gesellschaft bei Ausgabe konkurrierender Vorzüge die Zustimmungspflicht nach Abs. 2 ausgelöst werden.[55] Diese betrifft dann aber den Kapitalerhöhungs- und nicht den Verschmelzungsbeschluss.

C. Ausgabe neuer Vorzugsaktien (Abs. 2)

Werden neue Vorzugsaktien geschaffen, erhöht sich die Zahl der Berechtigten einer prioritären Gewinnverteilung, so dass möglicherweise nicht (mehr) alle Vorzüge bedient werden können. Vor dieser **mittelbaren, potenziellen Beeinträchtigung** bestehender Vorzüge will Abs. 2 S. 1 schützen. Deshalb unterliegt ein Beschluss über die **Ausgabe von Vorzugsaktien**, die bestehenden Vorzügen bei der Verteilung des Gewinns oder des Gesellschaftsvermögens gleichstehen oder vorgehen der Zustimmungspflicht. **Andere Maßnahmen**, auch wenn sie zu vergleichbaren mittelbaren Beeinträchtigungen führen, lösen das Zustimmungserfordernis nach Abs. 2 S. 1 **nicht** aus.[56]

I. Zustimmungsbedürftige Maßnahmen (Abs. 2 S. 1). 1. Ausgabe konkurrierender Vorzugsrechte. Demgemäß erfasst § 141 Abs. 2 S. 1 nur die **Ausgabe von jungen**[57] Vorzugsaktien, nicht aber von Stammaktien.[58] Ob die neuen Vorzugsaktien **stimmberechtigt** sind, ist **unbeachtlich**. Der Ausgabe neuer Vorzugsaktien steht die **Umwandlung bestehender Stammaktien in Vorzugsaktien** bzw deren **Ausstattung mit Vorzugsrechten** gleich, weil auch hier konkurrierende Vorzüge entstehen können.[59]
Der diesen neuen Aktien eingeräumte Vorzug muss zudem mit Vorzügen **bestehender stimmrechtsloser Vorzugsaktien** bei der Verteilung des Gewinns oder des Gesellschaftsvermögens konkurrieren. Dies ist der Fall, wenn die neuen Vorzüge den alten im **Rang** vorgehen oder gleichstehen. Die Höhe des konkurrierenden Vorzugs ist hingegen egal. Im Gegensatz zu Abs. 1 erfasst Abs. 2 neben dem **nachzuzahlenden Vorzug** (§ 139 Abs. 1) auch Beeinträchtigungen fakultativer Vorzüge, insbesondere eine nicht nachzuzahlende **Mehrdividende** oder einen **Liquidationsvorzug**.[60] Eine zustimmungspflichtige Konkurrenz kann daher zB auch allein hinsichtlich der Mehrdividende bestehen.[61] Wird hingegen mit den jungen Aktien, deren Vorabdividendenrecht existierenden Vorzugsaktien **im Rang nachgeht**, erstmalig ein Vorzug in Form einer Mehrdividende eingeräumt, bedarf es keiner Zustimmung der alten Vorzugsaktionäre, weil dadurch nicht das allein von § 141 Abs. 2 S. 1 geschützte gattungsspezifische Vorrecht, sondern nur das allgemeine Gewinnverteilungsrecht betroffen ist.[62] Für den **Liquidationsvorzug** gilt Entsprechendes: § 141 Abs. 2 S. 1 kann nur einschlägig sein, wenn bereits ein Liquidationsvorrecht besteht.[63]

2. Einzelheiten. Unter den genannten Voraussetzungen ergibt sich für **Kapitalerhöhungen** Folgendes: Erfolgt sie **aus Gesellschaftsmitteln** (§ 207 ff), ist sie nicht zustimmungsbedürftig. Es fehlt wegen §§ 212 und 216 Abs. 1 S. 1 an der Ausgabe konkurrierender Vorzüge.[64] Beim **bedingten Kapital** bedarf der Beschluss (§ 192 Abs. 1) der Sonderzustimmung.[65] Gleiches gilt beim **genehmigten Kapital** schon für den Ermächtigungsbeschluss unter den Voraussetzungen des § 204 Abs. 2, der vor einer Umgehung des § 141 Abs. 2 schützen soll.[66] Sind zwischen Ermächtigung und Ausübung erstmalig Vorzugsaktien ausgegeben worden, denen die aus dem genehmigten Kapital auszugebenden konkurrieren, kann der Vorstand gleichwohl von der Ermächtigung Gebrauch machen,[67] auch wenn der Ermächtigungsbeschluss keinen ausdrück-

---

[53] Zur Gleichwertigkeit auch bei Ausgabe von Stammaktien *Krieger*, in: FS Lutter, 2000, S. 497, 511 ff.
[54] *Volhard/Goldschmidt*, in: FS Lutter, 2000, S. 779, 788 f; *Krieger*, in: FS Lutter, 2000, S. 497, 510, 515; differenzierend *Kiem*, ZIP 1997, 1627, 1629 und *Brause*. S. 45 f.
[55] *Krieger*, in: FS Lutter, 2000, S. 497, 510 f; *Kiem*, ZIP 1997, 1627, 1629; Spindler/Stilz/*Bormann*, § 139 Rn 35; aA Großkomm-AktienR/*G. Bezzenberger*, Rn 25; MüKo-AktG/*Schröer*, Rn 7 mwN. Vgl auch Rn 23.
[56] KölnKomm-AktG/*Zöllner*, Rn 18 mwN.
[57] Nicht erfasst wird die Veräußerung eigener Vorzugsaktien *Volhard/Goldschmidt*, in: FS Lutter, 2000, S. 779, 796.
[58] KölnKomm-AktG/*Zöllner*, Rn 10; MüKo-AktG/*Schröer*, Rn 22.
[59] Großkomm-AktienR/*G. Bezzenberger*, Rn 43; KölnKomm-AktG/*Zöllner*, Rn 11; MüKo-AktG/*Schröer*, Rn 22.
[60] GhM, MüKo-AktG/*Schröer*, Rn 23; KölnKomm-AktG/*Zöllner*, Rn 14; *T. Bezzenberger*, S. 147; *Werner*, AG 1971, 69, 71 f; *K. Schmidt/Lutter/Spindler*, Rn 28; Spindler/Stilz/*Bormann*, Rn 35 f.
[61] Großkomm-AktienR/*G. Bezzenberger*, Rn 27; *T. Bezzenberger*, S. 147. Zu den möglichen Ausgestaltungen einer Mehrdividende in Bezug auf die Rangfolge § 139 Rn 12.
[62] HM: Großkomm-AktienR/*G. Bezzenberger*, Rn 28; *T. Bezzenberger*, S. 147; MüKo-AktG/*Schröer*, Rn 23; Spindler/Stilz/*Bormann*, Rn 36; aA Geßler/*Hefermehl* Rn 10.
[63] KölnKomm-AktG/*Zöllner*, Rn 14; *T. Bezzenberger*, S. 147; Großkomm-AktienR/*G. Bezzenberger*, Rn 29; Spindler/Stilz/*Bormann*, Rn 35.
[64] HM, vgl nur Großkomm-AktienR/*G. Bezzenberger*, Rn 38 mwN; aA wenn die Erhöhung mit der Ausgabe neuer Aktien verbunden ist *Volhard/Goldschmidt*, in: FS Lutter, 2000, S. 779, 796; Spindler/Stilz/*Bormann*, Rn 31; siehe auch Rn 5.
[65] MüKo-AktG/*Schröer*, Rn 24; Großkomm-AktienR/*G. Bezzenberger*, Rn 36.
[66] Vgl nur Großkomm-AktienR/*Hirte*, § 204 Rn 22; MüKo-AktG/*Schröer*, Rn 25.
[67] Zur Freiheit des Vorstands, aufgrund einer unbestimmten Ermächtigung Vorzugsaktien auszugeben ausführlich *Habersack*, in: FS Westermann, 2008, S. 913, 924 ff.

lichen Konkurrenzvorbehalt enthält; das Bezugsrecht darf jedoch nicht ausgeschlossen sein.[68] Darüber hinaus setzt auch die Ausgabe von **Wandel- oder Optionsanleihen, Gewinnschuldverschreibungen** oder **Genussrechten** einen Sonderbeschluss der Vorzugsaktionäre voraus.[69] Einer Sonderzustimmung bedarf auch die Gewährung eines **Präsenzbonus** in der HV, da er Gewinnverwendung ist und den Vorzügen vorgeht.[70]

11 **II. Ausnahme von der Zustimmungsbedürftigkeit (Abs. 2 S. 2)**. Zur Vereinfachung der Ausgabe konkurrierender Vorzugsaktien ist ausnahmsweise eine Zustimmung der vorhandenen Vorzugsaktionäre nicht notwendig, wenn **zwei Voraussetzungen kumulativ** erfüllt sind:[71]

12 Erstens ist ein **ausdrücklicher Vorbehalt** über die spätere Ausgabe konkurrierender Vorzugsaktien **im Satzungstext**[72] erforderlich. Der Vorbehalt muss spätestens bei Ausgabe der Aktien oder, falls das Stimmrecht erst später ausgeschlossen worden ist, bei dessen Ausschluss in die Satzung aufgenommen worden sein; anderenfalls bedarf seine nachträgliche Aufnahme eines Sonderbeschlusses nach § 141 Abs. 2.[73] Für die Eindeutigkeit des Vorbehalts ist die Wiedergabe des Gesetzeswortlauts ausreichend. Der Vorbehalt gilt für alle zukünftigen Kapitalerhöhungen und kann durch eine eindeutige Regelung bedingt oder befristet werden.[74]

13 Zweitens darf das **Bezugsrecht der Vorzugsaktionäre** nicht durch Beschluss (§ 186 Abs. 3, § 203 Abs. 1), kraft Gesetzes (§ 192) oder durch Ausübung einer Ermächtigung (§ 203 Abs. 2) **ausgeschlossen** sein. Dem Ausschluss steht eine **Beschränkung** (Teilausschluss) oder **Erschwerung** der tatsächlichen Ausübung des Bezugsrechts gleich.[75] Das Bezugsrecht muss nur bezüglich der konkurrierenden Vorzugsaktien bestehen.[76]

D. Sonderbeschluss (Abs. 3)

14 Die Fassung von Sonderbeschlüssen nach Abs. 3 führt in zwei Punkten zu einer **Verschärfung der Beschlussanforderungen** gegenüber den allgemeinen Regeln zum Sonderbeschluss (§ 138).

15 **I. Gesonderte Versammlung.** Zum einen muss der Beschluss zwingend in einer **gesonderten Versammlung** gefasst werden, an der außer Vorstand und AR **nur die Inhaber stimmrechtsloser Vorzugsaktien** teilnehmen dürfen.[77] Unzureichend ist die lediglich gesonderte Beschlussfassung innerhalb der HV. Es bedarf einer zeitlichen und personellen Trennung der Versammlungen.[78] Durch die damit erforderliche gesonderte Einberufung soll die Bedeutung der Beschlussfassung herausgestellt werden. Für die Einberufung gelten die §§ 138 S. 2, 121–126 und 128 entsprechend. Bei der **Bekanntmachung** der Einberufung ist deutlich zu machen, dass es sich um eine gesonderte Versammlung handelt, auf der die Vorzugsaktionäre stimmberechtigt sind. Wird die Einberufung der HV und die der gesonderten Versammlung zulässigerweise miteinander verbunden, ist durch **inhaltlich und äußerlich getrennte Texte** zweifelsfrei deutlich zu machen, dass es sich bei letzterer um eine gesonderte Versammlung und nicht nur um eine HV handelt.[79] Sind **verschiedene Gattungen stimmrechtsloser Vorzugsaktien** vorhanden, bedarf es eines **gesonderten Beschlusses jeder beeinträchtigten Gattung** in einer gesonderten Versammlung.[80] In einer **Einmann-AG** erfordern Sinn und Zweck des § 141 Abs. 3 wegen Personenidentität von Stamm- und Vorzugsaktionär keine gesonderte Versammlung.[81]

16 **II. Zustimmung und Mehrheitserfordernis.** Zum anderen stellt § 141 Abs. 3 qualifizierte Anforderungen an die Zustimmung. Der Beschluss muss in Abweichung von der sonst für Sonderbeschlüsse üblichen einfachen Mehrheit (§ 138 S. 2 iVm § 133 Abs. 1) mit einer **Mehrheit von 3/4 der abgegebenen Stimmen** gefasst werden. Dieses Mehrheitserfordernis kann durch Satzungsbestimmung nicht verschärft oder gemildert werden. Die Zustimmung jedes einzelnen Vorzugsaktionärs ist – abweichenden vom Grundgedanken des § 35 BGB – nicht erforderlich. Weil der Sonderbeschluss die an sich notwendige Einzelzustimmung nach § 35

---

68 HM: *Hüffer*, § 204 Rn 11; KölnKomm-AktG/*Lutter*, § 204 Rn 32; iE wohl auch OLG Schleswig DB 2004, 1492; unklar Großkomm-AktienR/*Hirte*, § 204 Rn 25; aA *T. Bezzenberger*, S 157 f; MüKo-AktG/*Schröer*, Rn 26 jeweils unter beachtlichem Hinweis auf die fehlende Publizität mit Blick auf Abs. 2 S. 2.
69 Großkomm-AktienR/*G. Bezzenberger*, Rn 39 ff; Großkomm-AktienR/*Hirte*, § 221 Rn 114 und 383; *T. Bezzenberger*, S. 167 ff; Spindler/Stilz/*Bormann*, Rn 29 (einschränkend für Genussrechte [Rn 30]); verneinend für Gewinnschuldverschreibungen und Genussrechte MüKo-AktG/*Schröer*, Rn 27.
70 Ausführlich Spindler/Stilz/*Bormann*, Rn 37; *Klühs*, ZIP 2006, 107, 112.
71 Eine zusätzliche temporäre Ausnahme folgt aus §§ 3 Abs. 2, 5 Abs. 1 und 2 FMStBG (*Becker/Mock*, FMStG, § 3 FMS Rn 32).
72 HM; aA nur *Werner*, AG 1971, 69, 72 (ausreichend im Beschluss).
73 MüKo-AktG/*Schröer*, Rn 29; Spindler/Stilz/*Bormann*, Rn 42.
74 Großkomm-AktienR/*G. Bezzenberger*, Rn 33.
75 AllgM Großkomm-AktienR/*G. Bezzenberger*, Rn 35; *Werner*, AG 1971, 69, 72.
76 Spindler/Stilz/*Bormann*, Rn 45.
77 HM; nur *T. Bezzenberger*, S. 179, der weniger streng allein die „Verfahrensherrschaft" der besonders Berechtigten genügen lässt und ein Anwesenheitsrecht der Stammaktionäre anerkennt.
78 Weitergehend Spindler/Stilz/*Bormann*, Rn 53 (auch räumliche Trennung; diese wird allerdings regelmäßig durch die zeitliche Trennung gegeben sein).
79 Vgl nur Spindler/Stilz/*Bormann*, Rn 54; *T. Bezzenberger*, S. 183.
80 MüKo-AktG/*Schröer*, Rn 33; Spindler/Stilz/*Bormann*, Rn 53; *K. Schmidt/Lutter/Spindler*, Rn 35; unklar Großkomm-AktienR/*G. Bezzenberger*, Rn 44 und *Hüffer*, Rn 18, die jeweils nur vom eigenen Sonderbeschluss sprechen; aA Vorauflage.
81 Großkomm-AktienR/*G. Bezzenberger*, Rn 45; Spindler/Stilz/*Bormann*, Rn 51.

BGB subsituiert und nur ein beschlusskontrollierendes Rechtsgeschäft ist, bleiben Höchst- und Mehrstimmrechte außer Betracht.[82]

Der Zustimmung durch Sonderbeschluss bedarf es auch, wenn das Stimmrecht gem. § 140 Abs. 2 S. 1 zeitweise auflebt und die Vorzugsaktie auch in der HV stimmberechtigt ist.[83] Ein zusätzlicher Sonderbeschluss – etwa nach § 179 Abs. 3 – ist dagegen weder erforderlich noch zulässig.[84]

Die **Stammaktionäre** haben bei der Umwandlung von stimmrechtslosen Vorzugsaktien in Stammaktien oder stimmberechtigte Vorzüge neben dem satzungsändernden Beschluss (§ 179 Abs. 1 und 2) auch einen **Sonderbeschluss** nach § 179 Abs. 3 zu fassen.[85] Aufgrund der gleichen Interessenlage gilt dies auch bei Aufhebung des Vorzugs mit endgültigem Aufleben des Stimmrechts.[86] Sind neben den Stammaktien keine weiteren stimmberechtigten Aktien vorhanden, kann der Sonderbeschluss als bloße Wiederholung des Beschlusses gem. § 179 Abs. 1 entfallen.[87]

III. Bezugsrechtsausschluss (Abs. 3 S. 4). Nach § 141 Abs. 3 S. 4 kann unter **entsprechender Anwendung** der Vorschriften des **§ 186 Abs. 3 bis 5** das Bezugsrecht stimmrechtsloser Vorzugsaktionäre bei Ausgabe konkurrierender Vorzugsaktien ausgeschlossen werden.[88] Dazu bedarf der Sonderbeschluss zur Kapitalerhöhung neben einer **Stimmenmehrheit** gem. § 141 Abs. 3 S. 2 mindestens auch einer **Kapitalmehrheit** des bei der Sonderbeschlussfassung vertretenen stimmrechtslosen Vorzugskapitals. Ebenso müssen die durch Gesetz oder Satzung vorgeschriebenen anderweitigen **Erfordernisse für Kapitalerhöhungen mit Bezugsrechtsausschluss** erfüllt sein (§ 186 Abs. 3 S. 2 und 3). Die **Zustimmung** zur Kapitalerhöhung (Ausgabe konkurrierender Vorzugsaktien) und zum Bezugsrechtsausschluss muss in einem **einheitlichen Beschluss** erfolgen (§ 186 Abs. 3 S. 1). Durch **ausdrücklichen Hinweis** auf den **Bezugsrechtsausschluss** in der Bekanntmachung der Tagesordnung sowie einer eindeutigen Formulierung des Beschlussinhaltes[89] ist klarzustellen, dass der Beschluss gerade auch auf den Bezugsrechtsausschluss gerichtet ist.

Beim **genehmigten Kapital** gilt entsprechendes für den Bezugsrechtsausschluss bereits bei der Schaffung (§ 203 Abs. 1) bzw bei einer entsprechenden Ermächtigung des Vorstands (§ 203 Abs. 2).[90]

IV. Rechtsfolgen. Der **Sonderbeschluss** ist eine neben den Beschluss der HV tretende **zusätzliche Wirksamkeitsvoraussetzung**. Ohne wirksamen zustimmenden Sonderbeschluss ist der Hauptversammlungsbeschluss **schwebend unwirksam**.[91] Wird der Beschluss trotzdem in das Handelsregister eingetragen, wird der Beschluss und damit die Satzungsänderung in analoger Anwendung von § 242 Abs. 2 S. 1 nach **3 Jahren seit Eintragung durch Heilung** wirksam, wenn der Beschluss nicht innerhalb der Frist durch Klage auf Feststellung der Unwirksamkeit angegriffen wurde.[92] Eine Amtslöschung analog § 242 Abs. 2 S. 3 ist auch danach möglich.[93] **Unklar** ist der Fortbestand von Aktien, die aufgrund des unwirksamen Hauptversammlungsbeschlusses ausgegeben worden sind.[94] Ebenso treten aufgrund der Ex-tunc-Wirkung bei Heilung Probleme auf, wenn Vorzüge trotz ihrer Aufhebung aufgrund der fehlenden Zustimmung in den letzten drei Jahren seit Eintragung bedient worden sind. Weil insoweit aber auch die Wirkung des § 141 Abs. 4 nicht nachgeholt werden kann und anderenfalls nachfolgende Beschlüsse mit Mängeln behaftet wären, erscheint ausnahmsweise eine Heilungswirkung ex nunc zumindest im Fall der Aufhebung des Vorzugs sachgerechter.

E. Aufleben des Stimmrechts (Abs. 4)

Mit der **Aufhebung**[95] – nicht bloß der Beschränkung oder mittelbarer Beeinträchtigung (§ 141 Abs. 2) – des nachzuzahlenden Vorzugs[96] (Gewinnvorzug **und/oder** Nachzahlungsrecht) lebt das Stimmrecht kraft Gesetzes automatisch endgültig und unbeschränkt auf. Der Aufhebung stehen Beschränkungen gleich, die das

---

82 T. Bezzenberger, S. 181; KölnKomm-AktG/Zöllner, Rn 20; Hüffer, Rn 20; MüKo-AktG/Schröer, Rn 35; Spindler/Stilz/Bormann, Rn 55; aA Großkomm-AktienR/G. Bezzenberger, Rn 53; Werner, AG 1971, 69, 74; Vorauflage.
83 HM, vgl nur K. Schmidt/Lutter/Spindler, Rn 18.
84 Großkomm-AktienR/G. Bezzenberger, Rn 45; KölnKomm-AktG/Zöllner, Rn 24; aA Werner, AG 1971, 69, 76.
85 HM: OLG Köln ZIP 2001, 2049, 2050 (Metro); Großkomm-AktienR/G. Bezzenberger, Rn 44; Wirth/Arnold, ZGR 2002, 859, 866; § 141 Rn 20; MüKo-AktG/Schröer, Rn 16; aA Senger/Vogelmann, AG 2002, 193, 195; zu dessen (Nicht-)Anfechtbarkeit durch die vorzugsaktionäre LG Krefeld ZIP 2007, 730, 731 = AG 2007, 798 f.
86 AA OLG Köln ZIP 2001, 2049, 2050 (Metro).
87 Wirth/Arnold, ZGR 2002, 859, 871; Senger/Vogelmann, AG 2002, 193, 195.
88 Kropff, AktG 1965, 206; Spindler/Stilz/Bormann, Rn 46.
89 Hüffer, Rn 21; Bezugnahme auf die ordnungsgemäße Ankündigung für ausreichend hält Großkomm-AktienR/G. Bezzenberger, Rn 55.
90 Großkomm-AktienR/G. Bezzenberger, Rn 56; Spindler/Stilz/Bormann, Rn 59.
91 OLG Stuttgart DB 1992, 566 (Boss); T. Bezzenberger, S. 118; K. Schmidt/Lutter/Spindler, Rn 17.
92 HM: MüKo-AktG/Hüffer, § 242 Rn 26; zur Zulässigkeit der Feststellungsklage OLG Stuttgart DB 1992, 566 (Boss).
93 Zu Einzelheiten MüKo-AktG/Hüffer, § 242 Rn 26.
94 Vgl Großkomm-AktienR/Hirte, § 202 Rn 128 und 243 ff.
95 Dazu ist ein satzungsändernder Beschluss notwendig. Dem steht eine statutarische Befristung/Bedingung gleich (hM vgl nur MüKo-AktG/Schröer, Rn 42).
96 Vgl zum Vorzugsbegriff § 139 Rn 5; die Aufhebung anderer Vorzugsrechte ist daher unbeachtlich.

Vorrecht unter die gesetzlichen Mindestanforderungen herabsetzen oder teilweise aufheben.[97] Mit der Eintragung des satzungsändernden Aufhebungsbeschlusses in das HReg[98] wandeln sich die stimmrechtslosen Vorzugsaktien in Stammaktien bzw bei Fortbestand anderer Vorzüge (zB Mehrdividende, Liquidationsvorzug) in stimmberechtigte Vorzugsaktien um. Fortan finden die §§ 139 ff keine Anwendung mehr; es gelten die allgemeinen Vorschriften. Ein Anspruch auf anteiligen Gewinnvorzug für das laufende Geschäftsjahr bis zur Aufhebung besteht nicht.[99] Ein späterer Entzug des Stimmrechts ist nur durch Zustimmung jedes einzelnen Betroffenen möglich. In Fällen faktischen Entzugs kommt nur ein temporäres Aufleben des Stimmrechts nach § 140 Abs. 2 S. 1 in Betracht.

F. Konkurrenzen

23 In seinem Anwendungsbereich ist § 141 lex specialis zu § 179 Abs. 3, der seinerseits § 35 BGB vorgeht.[100] Im Übrigen greift § 179 Abs. 3 auch zugunsten der stimmrechtslosen Vorzugsaktionäre ein, wenn etwa eine Benachteiligung fakultativer Vorzüge vorliegt.[101] Aufgrund der Wortlautanpassung in § 182 Abs. 2 und § 222 Abs. 2 geht die hM nunmehr von einer **abschließenden Spezialregelung** des § 141 aus;[102] stimmrechtslose Vorzugsaktien sind keine Gattung stimmberechtigter Aktien, unabhängig davon, ob sie gem. § 140 Abs. 2 stimmberechtigt sind oder nicht.[103] Streitig ist das Verhältnis zu **Zustimmungsregeln des UmwG** (zB § 65 Abs. 2 UmwG).[104] Nach der hier vertretenen Auffassung kommt es freilich gar nicht zu einer Konkurrenzsituation: In der übertragenden Gesellschaft fehlt es an einen einen Sonderbeschluss auslösenden Eingriff; in der aufnehmenden Gesellschaft kann es zwar im Zusammenhang mit dem Verschmelzungsvorgang zu einer Ausgabe konkurrierender Vorzüge kommen. Das Zustimmungserfordernis besteht insoweit aber schon für den – ggf zeitgleich mit dem Verschmelzungsbeschluss – ergehenden Kapitalerhöhungsbeschluss.[105]

Siebenter Unterabschnitt
Sonderprüfung. Geltendmachung von Ersatzansprüchen

§ 142 Bestellung der Sonderprüfer

(1) ¹Zur Prüfung von Vorgängen bei der Gründung oder der Geschäftsführung, namentlich auch bei Maßnahmen der Kapitalbeschaffung und Kapitalherabsetzung, kann die Hauptversammlung mit einfacher Stimmenmehrheit Prüfer (Sonderprüfer) bestellen. ²Bei der Beschlußfassung kann ein Mitglied des Vorstands oder des Aufsichtsrats weder für sich noch für einen anderen mitstimmen, wenn die Prüfung sich auf Vorgänge erstrecken soll, die mit der Entlastung eines Mitglieds des Vorstands oder des Aufsichtsrats oder der Einleitung eines Rechtsstreits zwischen der Gesellschaft und einem Mitglied des Vorstands oder des Aufsichtsrats zusammenhängen. ³Für ein Mitglied des Vorstands oder des Aufsichtsrats, das nach Satz 2 nicht mitstimmen kann, kann das Stimmrecht auch nicht durch einen anderen ausgeübt werden.

(2) ¹Lehnt die Hauptversammlung einen Antrag auf Bestellung von Sonderprüfern zur Prüfung eines Vorgangs bei der Gründung oder eines nicht über fünf Jahre zurückliegenden Vorgangs bei der Geschäftsführung ab, so hat das Gericht auf Antrag von Aktionären, deren Anteile bei Antragstellung zusammen den hundertsten Teil des Grundkapitals oder einen anteiligen Betrag von 100 000 Euro erreichen, Sonderprüfer zu bestellen, wenn Tatsachen vorliegen, die den Verdacht rechtfertigen, dass bei dem Vorgang Unredlichkeiten oder grobe Verletzungen des Gesetzes oder der Satzung vorgekommen sind; dies gilt auch für nicht über zehn Jahre zurückliegende Vorgänge, sofern die Gesellschaft zur Zeit des Vorgangs börsennotiert war. ²Die Antragsteller haben nachzuweisen, dass sie seit mindestens drei Monaten vor dem Tag der Hauptver-

---

97 Großkomm-AktienR/G. *Bezzenberger*, Rn 58 mit Beispielen; MüKo-AktG/*Schröer*, Rn 41; aA KölnKomm-AktG/*Zöllner*, Rn 25; Spindler/Stilz/*Bormann*, Rn 62; *T. Bezzenberger*, S. 102 f, die Nichtigkeit des Teilentzugs annehmen.
98 Dazu Spindler/Stilz/*Bormann*, Rn 63.
99 Spindler/Stilz/*Bormann*, Rn 64.
100 Großkomm-AktienR/G. *Bezzenberger*, Rn 4; Spindler/Stilz/ *Bormann*, Rn 48.
101 Großkomm-AktienR/G. *Bezzenberger*, Rn 22; MüKo-AktG/ *Schröer*, Rn 17; aA *Hüffer*, Rn 23, der wegen des weiteren Vorzugsbegriffs konsequent eine abschließende Regelung annimmt.
102 OLG Köln ZIP 2001, 2049, 2050 (Metro); LG Frankfurt/M. DB 1991, 1162 (coop); MüKo-AktG/*Schröer*, Rn 18;
K. Schmidt/Lutter/*Spindler*, Rn 16, 19; dagegen KölnKomm-AktG/*Zöllner*, Rn 18; *T. Bezzenberger*, S. 171 f (die beiden letzteren noch zur alten Rechtslage).
103 Großkomm-AktienR/G. *Bezzenberger*, Rn 23; Großkomm-AktienR/*Wiedemann*, § 182 Rn 49; aA für § 65 Abs. 2 UmwG *Brause*, S. 26 f; zur Notwendigkeit eines Sonderbeschlusses der Stammaktionäre vgl *Krauel/Wenig*, AG 2003, 561, 563.
104 Für einen Vorrang der Regeln des UmwG Großkomm-AktienR/G. *Bezzenberger*, Rn 25 mwN; MüKo-AktG/*Schröer*, Rn 20; teilweise verneinend *Kiem*, ZIP 1997, 1627, 1632 ff; ablehnend *Brause*, S. 23 f, 53.
105 *Brause*, S. 53.

sammlung Inhaber der Aktien sind und dass sie die Aktien bis zur Entscheidung über den Antrag halten. ³Für eine Vereinbarung zur Vermeidung einer solchen Sonderprüfung gilt § 149 entsprechend.

(3) Die Absätze 1 und 2 gelten nicht für Vorgänge, die Gegenstand einer Sonderprüfung nach § 258 sein können.

(4) ¹Hat die Hauptversammlung Sonderprüfer bestellt, so hat das Gericht auf Antrag von Aktionären, deren Anteile bei Antragstellung zusammen den hundertsten Teil des Grundkapitals oder einen anteiligen Betrag von 100 000 Euro erreichen, einen anderen Sonderprüfer zu bestellen, wenn dies aus einem in der Person des bestellten Sonderprüfers liegenden Grund geboten erscheint, insbesondere, wenn der bestellte Sonderprüfer nicht die für den Gegenstand der Sonderprüfung erforderlichen Kenntnisse hat, seine Befangenheit zu besorgen ist oder Bedenken wegen seiner Zuverlässigkeit bestehen. ²Der Antrag ist binnen zwei Wochen seit dem Tage der Hauptversammlung zu stellen.

(5) ¹Das Gericht hat außer den Beteiligten auch den Aufsichtsrat und im Fall des Absatzes 4 den von der Hauptversammlung bestellten Sonderprüfer zu hören. ²Gegen die Entscheidung ist die Beschwerde zulässig. ³Über den Antrag gemäß den Absätzen 2 und 4 entscheidet das Landgericht, in dessen Bezirk die Gesellschaft ihren Sitz hat.

(6) ¹Die vom Gericht bestellten Sonderprüfer haben Anspruch auf Ersatz angemessener barer Auslagen und auf Vergütung für ihre Tätigkeit. ²Die Auslagen und die Vergütung setzt das Gericht fest. ³Gegen die Entscheidung ist die Beschwerde zulässig; die Rechtsbeschwerde ist ausgeschlossen. ⁴Aus der rechtskräftigen Entscheidung findet die Zwangsvollstreckung nach der Zivilprozeßordnung statt.

(7) Hat die Gesellschaft Wertpapiere im Sinne des § 2 Abs. 1 Satz 1 des Wertpapierhandelsgesetzes ausgegeben, die an einer inländischen Börse zum Handel im regulierten Markt zugelassen sind, so hat im Falle des Absatzes 1 Satz 1 der Vorstand und im Falle des Absatzes 2 Satz 1 das Gericht der Bundesanstalt für Finanzdienstleistungsaufsicht die Bestellung des Sonderprüfers und dessen Prüfungsbericht mitzuteilen; darüber hinaus hat das Gericht den Eingang eines Antrags auf Bestellung eines Sonderprüfers mitzuteilen.

(8) Auf das gerichtliche Verfahren nach den Absätzen 2 bis 6 sind die Vorschriften des Gesetzes über das Verfahren in Familiensachen und in den Angelegenheiten der freiwilligen Gerichtsbarkeit anzuwenden, soweit in diesem Gesetz nichts anderes bestimmt ist.

Literatur:
Baums, Stellungnahme zur Aktienrechtsreform 1997, AG Sonderheft Aug. 1997, 26; *ders.*, Bericht der Regierungskommission Corporate Governance: Unternehmensführung, Unternehmenskontrolle, Modernisierung des Aktienrechts, 2001; *Bungert/Rothfuchs*, Vorbereitung und Durchführung der Sonderprüfung nach § 142 Abs. 2 AktG in der Praxis, DB 2011, 1677; *DAV-Handelsrechtsausschuss*, Stellungnahme zum RefE des UMAG, NZG 2004, 555; *ders.*, Stellungnahme zum RegE des UMAG, NZG 2005, 388; *Diekmann/Leuering*, Der RefE eines Gesetzes zur Unternehmensintegrität und Modernisierung des Anfechtungsrechts (UMAG), NZG 2004, 249; *Duve/Basak*, Ungeahnte Unterstützung für aktive Aktionäre – wie das UMAG Finanzinvestoren hilft, BB 2006, 1345; *Fleischer*, Aktienrechtliche Sonderprüfung und Corporate Governance, RIW 2000, 809; *Forster*, Aktienrechtsreform und Sonderprüfung, AG 1962, 233; *Forum Europaeum Konzernrecht*, Konzernrecht für Europa, ZGR 1998, 672; *Göz/Holzborn*, Die Aktienrechtsreform durch das Gesetz für Unternehmensintegrität und Modernisierung des Anfechtungsrechts – UMAG, WM 2006, 157; *Habersack*, Zweck und Gegenstand der Sonderprüfung nach § 142 AktG, in: FS Wiedemann, 2002, S. 889; *Hengeler*, Probleme der Entlastung und der Sonderprüfung im Aktienrecht, AG 1962, 87 (Teil 1), 119 (Teil 2); *Hirte*, Die Nichtbestellung von Sonderprüfern im Feldmühle-Verfahren, ZIP 1988, 953; *Hüffer*, Verwaltungskontrolle und Rechtsverfolgung durch Sonderprüfer und besondere Vertreter (§§ 142, 147 Abs. 2 AktG), ZHR 174 (2010), 642; *Jänig*, Die aktienrechtliche Sonderprüfung, 2005; *ders.*, Aktienrechtliche Sonderprüfung und UMAG, BB 2005, 949; *ders.*, Der Gegenstand der Sonderprüfung nach § 142 AktG, WPg 2005, 761; *Kirschner*, UMAG passiert den Bundesrat – Letzter Feinschliff für das Sonderprüfungsrecht, BB 2005, 1865; *Kolb*, Unternehmensintegrität, Minderheitenrechte und Corporate Governance – die Änderungen des AktG durch das UMAG und deren Auswirkungen, DZWIR 2006, 50; *König*, Der Umfang der Berichterstattung über die aktienrechtliche Sonderprüfung, 1970; *Kübler*, Stellungnahme zur Aktienrechtsreform 1997, AG Sonderheft Aug. 1997, 48; *Langenbucher*, Vorstandshandeln und Kontrolle – Zu einigen Neuerungen durch das UMAG, DStR 2005, 2083; *Müller-Michaels/Wingerter*, Die Wiederbelebung der Sonderprüfung durch die Finanzkrise: IKB und die Folgen, AG 2010, 903; *Obermüller/Werner/Winden*, Sonderprüfung nach dem AktG 1965, DB 1967, 1119; *Paschos/Neumann*, Die Neuregelung des UMAG im Bereich der Durchsetzung von Haftungsansprüchen der Aktiengesellschaft gegen Organmitglieder, DB 2005, 1779; *Schedlbauer*, Sonderprüfung, 1984; *U.H. Schneider*, Die aktienrechtliche Sonderprüfung im Konzern, AG 2008, 305; *Seibt*, Die Reform des Verfolgungsrechts nach § 147 AktG und des Rechts der Sonderprüfung, WM 2004, 2137; *Spindler*, Haftung und Aktionärsklage nach dem neuen UMAG, NZG 2005, 865; *ders.*, Sonderprüfung und Pflichten eines Bankvorstands in der Finanzmarktkrise, NZG 2010, 281; *Trölitzsch/Gunßer*, Grenzen der gerichtlichen Anordnung von Sonderprüfungen nach § 142 Abs. 2 AktG, AG 2008, 833; *Ulmer*, Die Aktionärsklage als Instrument zur Kontrolle des Vorstands- und Aufsichtsratshandelns, ZHR 163 (1999), 290; *Wilsing*, Der RegE des Gesetzes zur Unternehmensintegrität und Modernisierung des Anfechtungsrechts, DB 2005, 35; *ders.*, Der Schutz vor gesellschaftsschädlichen Sonderprüfungen – Überlegungen zu Grund und Grenzen der Sonderprüfung nach § 142 AktG, erscheint demnächst; *ders.*, Neuerungen des UMAG für die aktienrechtliche Beratungspraxis, ZIP 2004, 1082; *ders./von der Linden/Ogorek*, Gerichtliche Inhaltskontrolle von Sonderprüfungsberichten, NZG 2010, 729; *ders./Neumann*, Die Neuregelung der aktienrechtlichen Sonderprü-

fungen nach dem Inkrafttreten des UMAG, DB 2006, 31; ders./Ogorek, Der Minderheitsantrag auf gerichtliche Einsetzung eines Sonderprüfers gem. § 142 Abs. 2 AktG – ein neues Betätigungsfeld für professionelle Minderheitsaktionäre, GWR 2009, 75.

A. Grundlagen... 1	IV. Verdacht.. 29
B. Zweck der Sonderprüfung........................ 2	V. Unredlichkeit oder grobe Verletzung.......... 30
C. Praktische Relevanz................................ 6	VI. Missbrauch des Antragsrechts................. 31
D. Bestellung durch die HV (Abs. 1)............... 8	VII. Unverhältnismäßigkeit........................... 32
I. Prüfungsfähige Vorgänge..................... 8	VIII. Antragsquorum.................................. 33
1. Abgrenzbarkeit............................ 8	IX. Nachweis... 34
2. Vorgänge bei der Gründung........... 9	X. Vermeidung einer Sonderprüfung............. 35
3. Vorgänge bei der Geschäftsführung. 10	F. Vorrang von § 258 (Abs. 3)...................... 36
4. Vorgänge bei Kapitalmaßnahmen... 13	G. Austausch der Sonderprüfer (Abs. 4)......... 37
5. Jahres- und Konzernabschluss....... 14	I. Regelungsgegenstand........................ 37
II. Prüfungszeitraum.............................. 15	II. Grund in der Person.......................... 38
III. HV-Beschluss.................................... 16	III. Antragsfrist..................................... 40
1. Bekanntmachung.......................... 16	IV. Antragsquorum................................ 41
2. Beschlussfassung.......................... 17	H. Anhörung (Abs. 5)............................... 42
3. Stimmverbot................................ 18	I. Zuständigkeit (noch: Abs. 5).................. 43
IV. Mandat und Vertragsverhältnis............. 21	J. Rechtsmittel (noch: Abs. 5).................... 44
E. Gerichtliche Bestellung (Abs. 2)................. 24	K. Auslagenersatz und Vergütung (Abs. 6)...... 45
I. Ablehnung durch die HV..................... 24	L. Mitteilungspflichten (Abs. 7)................... 46
II. Prüfungsfähige Vorgänge..................... 27	M. Verfahren (Abs. 8)............................... 47
III. Tatsachen... 28	N. Beendigung des Prüfermandats............... 48

A. Grundlagen

1 **Regelungsgegenstand** der Vorschrift ist die Bestellung von Sonderprüfern zur Prüfung von Vorgängen bei der Gründung oder Geschäftsführung. Abzugrenzen ist die Sonderprüfung nach § 142 zum einen von der Sonderprüfung nach §§ 258 ff, mit der bestimmte Posten des Jahresabschlusses auf unzulässige Unterbewertung und der Anhang auf Vollständigkeit überprüft werden können. Zum anderen bedarf es der Abgrenzung von Sonderprüfungen bei abhängigen Unternehmen nach § 315. Die §§ 258 ff und 315 bilden jeweils **Spezialregelungen** zu § 142. Allerdings entfalten sie in unterschiedlichem Maße verdrängende Wirkung. Für die in § 258 erfassten Fälle der bilanzrechtlichen Sonderprüfung ist eine allg. Sonderprüfung ausgeschlossen (Abs. 3, näher Rn 41). Demgegenüber modifiziert § 315 für die konzernrechtliche Sonderprüfung lediglich Teilaspekte der Regeln in §§ 142 ff.[1] Häufiger als diese ausdrücklich geregelten Sonderprüfungen kommen in der Praxis sog. **informelle Sonderuntersuchungen** vor. Diese werden weder von der HV noch gerichtlich veranlasst. Vielmehr beruhen sie auf der Initiative von Vorstand oder AR, zB um Geschäftsführungsmaßnahmen des zwischenzeitlich abgelösten Vorstands untersuchen zu lassen.[2] Die §§ 142 ff gelangen auf sie weder direkt noch analog zur Anwendung.[3] Bei Unternehmen, die dem Anwendungsbereich des KWG unterfallen, kommt außerdem eine Sonderprüfung durch die BaFin gem. §§ 44 ff KWG in Betracht. § 142 geht auf § 118 AktG 1937 zurück.[4] Er ist originärer Bestandteil des AktG 1965.[5] Ältere Änderungen beruhen auf dem BeurkG v. 28.8.1969,[6] dem StückAG v. 25.3.1998,[7] dem EuroEG v. 9.6.1998[8] und dem BilKoG v. 15.12.2004.[9] Durch Art. 1 Nr. 11 UMAG v. 22.9.2005[10] wurden Abs. 2 und Abs. 4 S. 1 neu gefasst und Abs. 5 S. 3, 4 und Abs. 8 angefügt mWz 1.11.2005. Abs. 5 S. 5, 6 wurde durch dasselbe Gesetz angefügt mWz 28.9.2005. Abs. 7 wurde geändert mWz 1.11.2007 durch Art. 11 Nr. 1 FRUG v. 16.7.2007.[11] Abs. 5 S. 2 wurde geändert, S. 4–6 wurden aufgehoben, Abs. 6 S. 3 wurde neu gefasst, S. 4 aufgehoben, der bisherige S. 5 zu S. 4 und Abs. 8 geändert mWz 1.9.2009 durch Art. 74 Nr. 12 FGG-RG v. 17.12.2008.[12] Abs. 2 S. 1 Hs 2 wurde neu eingefügt mWz 15.12.2010 durch Art. 6 Nr. 2 RestruktG v. 9.12.2010.[13]

---

1 RegBegr. *Kropff*, S. 417; OLG Frankfurt/M. NJW-RR 2009, 1411; OLG Hamm NZG 2000, 1235 m Anm. *Rottnauer*; OLG München AG 2011, 720; OLG Stuttgart NZG 2010, 864, 865 (WMF); Küting/Weber/*Fleischer*, Rn 19; Emmerich/Habersack/*Habersack*, § 315 AktG Rn 3 f; Geßler/*Hefermehl*, Rn 6 ff; KölnKomm-AktG/*Koppensteiner*, § 315 Rn 2; MüKo-AktG/*Schröer*, Rn 2.
2 Großkomm-AktienR/*Bezzenberger*, Rn 25; K. Schmidt/Lutter/*Spindler*, Rn 11.
3 Bürgers/Körber/*Holzborn/Jänig*, Rn 2; Spindler/Stilz/*Mock*, Rn 26; MüKo-AktG/*Schröer*, Rn 30.
4 Großkomm-AktienR/*Bezzenberger*, Rn 1, Küting/Weber/*Fleischer*, Rn 5; MüKo-AktG/*Schröer*, Rn 8; K. Schmidt/Lutter/*Spindler*, Rn 4.
5 BGBl. I 1965 S. 1089.
6 BGBl. I 1969 S. 1513.
7 BGBl. I 1998 S. 590.
8 BGBl. I 1998 S. 1242.
9 BGBl. I 2004 S. 3408.
10 BGBl. I 2005 S. 2802.
11 BGBl. I 2007 S. 1330.
12 BGBl. I 2008 S. 2586.
13 BGBl. I 2010 S. 1900.

B. Zweck der Sonderprüfung

Zweck der Sonderprüfung ist insb., die **tatsächlichen Grundlagen von Ersatzansprüchen** der Gesellschaft gegen ihre Gründer und Verwaltungsmitglieder aufzuhellen.[14] Mögliche Anspruchsgrundlagen solcher Ersatzansprüche sind vor allem die §§ 46, 47, 93, 116 und 117. In Betracht kommt aber auch, dass die Tatsachengrundlagen sonstiger Ansprüche aufgeklärt werden, die ihrem Inhalt nach nicht auf Ersatzleistungen gerichtet sind.[15] Allerdings muss es sich stets um Ansprüche der Gesellschaft handeln, die aus Vorgängen bei der Gründung oder der Geschäftsführung herrühren und sich gegen einen Gründer oder ein Mitglied von Vorstand oder AR (oder deren Rechtsnachfolger) richten. Eine Sonderprüfung zur Erforschung solcher Ansprüche, die nicht der Gesellschaft selbst zustehen oder sich gegen andere als die genannten Personen richten, ist in den §§ 142 ff nicht vorgesehen. Die Sonderprüfung dient auch nicht dazu, eine offene oder umstrittene Rechtsfrage zu klären.[16] Einer rechtlichen Bewertung der ermittelten Tatsachen müssen die Sonderprüfer sich enthalten. Insb. müssen und dürfen sie nicht beurteilen, ob eine Maßnahme vom unternehmerischen Ermessen gedeckt ist, ob eine Pflichtverletzung vorliegt oder ob das Verhalten eines Organmitglieds schuldhaft ist.[17]

Die Vorbereitung der Anspruchsverfolgung ist aber nicht exklusiver Zweck des § 142. Eine Sonderprüfung ist auch dann zulässig, wenn sie nur noch zu **personellen Konsequenzen** führen kann.[18] In Betracht kommen Abberufung aus dem Amt (§ 84 Abs. 3 S. 1, § 103), Beendigung des Anstellungsverhältnisses (§ 84 Abs. 3 S. 5), Vertrauensentzug durch die HV (§ 84 Abs. 3 S. 2) und Verweigerung der Entlastung (§ 120 Abs. 1 S. 1).[19] Solange derartige Maßnahmen noch möglich sind, steht eine Verjährung potenzieller Schadensersatzansprüche der Sonderprüfung nicht entgegen. Für die Bestellung von Sonderprüfern durch die HV (Abs. 1 S. 1) entspricht dies der allgM. Gleiches muss für die gerichtliche Bestellung von Sonderprüfern gelten (Abs. 2 S. 1). Sachliche Gründe für eine abweichende Behandlung sind nicht ersichtlich. Vielmehr setzt die Zulässigkeit des Antrags nach Abs. 2 gerade einen ablehnenden HV-Beschluss voraus (Rn 24 ff). Schon dieser funktionale Zusammenhang spricht dafür, bei beiden Wegen der Bestellung von Sonderprüfern denselben schadensersatzunabhängigen Zweck zuzulassen.[20]

Kraft Natur der Sache ist die Sonderprüfung nicht nur ein Instrument, das der Gesellschaft eine Reaktion auf vergangenes Fehlverhalten ihrer Gründer oder ihrer Verwaltungsmitglieder ermöglichen soll. Sie entfaltet zugleich eine nicht zu unterschätzende **präventive Wirkung**.[21] Denn die weit reichenden Aufklärungsrechte eines Sonderprüfers sind im Kontext mit zahlreichen anderen aktienrechtlichen Bestimmungen zu sehen. Zu denken ist an die Kompetenzen der HV, die Geltendmachung von Ersatzansprüchen zu beschließen (§ 147 Abs. 1) und besondere Vertreter zu bestellen (§ 147 Abs. 2). Ferner haben Aktionäre die Möglichkeit, sich vom Gericht zur Verfolgung von Ersatzansprüchen der Gesellschaft ermächtigen zu lassen (§ 148). Vor diesem Hintergrund bildet die Sonderprüfung nicht nur theoretisch ein wirksames Instrument zur Rechtsverfolgung. Angesichts der stetigen Ausweitung der Organpflichten durch den Gesetzgeber und die Rspr hat das Thema Managerhaftung in den vergangenen Jahren – und zwar nicht erst mit dem Eintritt der globalen Finanz- und Wirtschaftskrise – eine herausragende Bedeutung erlangt. Innerhalb dieses Komplexes nimmt die Sonderprüfung einen wichtigen praktischen Stellenwert ein. Auf diese Weise wirkt sie in hohem Maße disziplinierend auf die Mitglieder von Vorstand und AR. Das gilt umso mehr, als das UMAG das Quorum für den Antrag auf gerichtliche Bestellung von Sonderprüfern nach Abs. 2 S. 1 deutlich abgesenkt hat (Rn 6). Seitdem ist es durchaus realistisch, dass Sonderprüfungen bei hinreichenden Verdachtsmomenten auch gegen den ausdrücklichen Willen der Aktionärsmehrheit durchgesetzt werden.

Mit Blick auf Abs. 2 und 4 wird die Sonderprüfung im Schrifttum oft als Element des aktienrechtlichen **Minderheitenschutzes** eingestuft.[22] ZT werden sogar Gläubigerbelange und das öffentliche Aufklärungsinteresse als selbstständige Schutzzwecke genannt.[23] Beide Aussagen treffen in dieser Form nicht zu. Sie legen

---

[14] KG AG 2012, 412, 413; Großkomm-AktienR/*Bezzenberger*, Rn 8; Küting/Weber/*Fleischer*, Rn 1; *Hüffer*, Rn 1; Hölters/*Hirschmann*, Rn 3; KölnKomm-AktG/*Kronstein/Zöllner*, Rn 2; MüKo-AktG/*Schröer*, Rn 4; K. Schmidt/Lutter/*Spindler*, Rn 2; Wachter/*Zwissler*, Rn 1; Bungert/Rothfuchs, DB 2011, 1677; *Habersack*, in: FS Wiedemann, S. 888, 893.
[15] KölnKomm-AktG/*Kronstein/Zöllner*, Rn 2.
[16] KG AG 2012, 412, 413; MüKo-AktG/*Schröer*, Rn 7.
[17] U.H. Schneider, AG 2008, 305, 306.
[18] KG AG 2012, 412, 413; OLG München AG 2010, 598, 600; Geßler/*Hefermehl*, Rn 3; *Hüffer*, Rn 2; KölnKomm-AktG/*Kronstein/Zöllner*, Rn 15; MüKo-AktG/*Schröer*, Rn 5; K. Schmidt/Lutter/*Spindler*, Rn 2; *Jänig*, S. 204; von der Linden/*Ogorek*, EWiR 2010, 629, 630.
[19] Hölters/*Hirschmann*, Rn 4.
[20] *Habersack*, in: FS Wiedemann, S. 889, 895.
[21] A/D/S, §§ 142–146 AktG Rn 3; Großkomm-AktienR/*Bezzenberger*, Rn 8; Hölters/*Hirschmann*, Rn 5; Bürgers/Körber/*Holzborn/Jänig*, Rn 1; KölnKomm-AktG/*Kronstein/Zöllner*, Rn 3; MüKo-AktG/*Schröer*, Rn 4; K. Schmidt/Lutter/*Spindler*, Rn 2; Hb Corporate Governance/*Bork*, S. 775, 777; MüHb-AG/*Semler*, § 42 Rn 4; Fleischer, RIW 2000, 809, 910; *Seibt*, WM 2004, 2137.
[22] A/D/S, §§ 142–146 AktG Rn 1; Großkomm-AktienR/*Bezzenberger*, Rn 8; Hölters/*Hirschmann*, Rn 5; Bürgers/Körber/*Holzborn/Jänig*, Rn 1; *Hüffer*, Rn 1; Spindler/Stilz/*Mock*, Rn 33; MüKo-AktG/*Schröer*, Rn 6; Henze, BB 1996, 489, 492; *Hirte*, ZIP 1988, 953, 954.
[23] *Hirte*, ZIP 1988, 953, 954; Rottnauer, NZG 2000, 1236.

nahe, dass die Sonderprüfung auch die Erforschung solcher Sachverhalte zum Gegenstand haben darf, aus denen sich allein Individualansprüche der Aktionäre oder gar gesellschaftsfremder Dritter herleiten lassen. Dieses Ergebnis kann nicht richtig sein. Denn eine Sonderprüfung wird aus dem Gesellschaftsvermögen finanziert (§ 146 S. 1).[24] Die Gesellschaft darf aber nicht gezwungen sein, ihr Vermögen sehenden Auges zur Befriedigung des individuellen Aufklärungsinteresses Dritter einzusetzen. Das gilt auch dann, wenn es sich bei dem Dritten um einen Aktionär handelt.[25] Auf das aktienrechtliche Gleichbehandlungsgebot (§ 53 a) und das Verbot der Einlagenrückgewähr (§ 57) kommt es dabei nicht einmal entscheidend an. Maßgeblich ist, dass Individualansprüche der Aktionäre nicht an die Aktie gekoppelt sind. Sie stellen somit kein Aktionärs-, sondern ein Gläubigerrecht dar. Für Ersatzansprüche des Aktionärs gegenüber Organmitgliedern (zB aus § 823 Abs. 2, § 826 BGB, §§ 37 b, 37 c WpHG) oder gegenüber der Gesellschaft selbst (§ 31 BGB analog) gelten insoweit keine Besonderheiten. Also ist der Aktionär bei der Erforschung und Verfolgung solcher Ansprüche erst gar nicht in seiner Eigenschaft als Aktionär betroffen. Richtig ist darum, dass das Rechtsinstitut der Sonderprüfung ausschließlich den **Interessen der Gesellschaft** selbst dient. Interessen der Aktionäre sind davon nur insoweit umfasst, als sie aufgrund der Beteiligung am Grundkapital mit denen der Gesellschaft deckungsgleich sind. Abgedeckt ist davon namentlich das Interesse an der Restitution des Gesellschaftsvermögens. Sonstige Interessen der Aktionäre, der Gläubiger und der allg. Öffentlichkeit werden allenfalls reflexartig geschützt.[26] Mit anderen Worten geht es in Abs. 2 und 4 weder um Dritt- noch um Minderheitenschutz, sondern um den **Schutz der Gesellschaft durch eine Minderheit**. Bestätigt wird diese Sichtweise durch § 243 Abs. 2 S. 1. Danach ist ein HV-Beschluss anfechtbar, wenn ein Aktionär mit der Stimmrechtsausübung für sich oder einen Dritten Sondervorteile zum Schaden der Gesellschaft zu erlangen sucht. Nichts anderes geschieht, wenn ein Sonderprüfer zur Verfolgung gesellschaftsfremder Individualinteressen eingesetzt wird. Da eine gerichtliche Bestellung nach Abs. 2 eine Bestellung durch die HV gleichsam ersetzt, darf ein solches Ziel auf keinem der beiden Wege verfolgt werden. Zu den damit verbundenen Schranken für das Antragsrecht der Minderheit aus Abs. 2 S. 1 (s. Rn 32).

C. Praktische Relevanz

6 Unter der Geltung des AktG 1965 führte das Rechtsinstitut der Sonderprüfung bis zur Aktienrechtsreform durch das UMAG v. 22.9.2005 ein Schattendasein. Grund war in erster Linie, dass das Quorum für die gerichtliche Durchsetzung einer Sonderprüfung ursprünglich bei 10 % des Grundkapitals oder einem anteiligen Betrag von 1 Mio EUR lag. Das stellte eine erhebliche formale Hürde für die Aktionärsminderheit dar.[27] Mit Inkrafttreten des UMAG am 1.11.2005 (Rn 1) wurde dieser Schwellenwert deutlich abgesenkt. Seither kann bereits eine Aktionärsminderheit, deren Anteile zusammen 1 % des Grundkapitals oder einen anteiligen Betrag von 100 000 EUR erreichen, die gerichtliche Bestellung von Sonderprüfern beantragen (Rn 33). Diese Erleichterung entspricht den Empfehlungen des 63. DJT[28] und dem Bericht der Regierungskommission Corporate Governance.[29] Sie führte überdies zu einer Harmonisierung mit dem Schwellenwert des Klagezulassungsverfahrens (§ 148 Abs. 1 S. 1). IRd Gesetzgebungsverfahrens zum UMAG gehörte die Herabsetzung des Antragsquorums zu den Fragen, die rechtspolitisch am heftigsten umstritten waren.[30] Ursprüngliche Reformvorschläge zielten für die Vielzahl der praktischen Fälle sogar auf eine noch deutlich stärkere Vereinfachung des Antragsrechts. So sahen der RefE[31] und der RegE zum UMAG[32] als Alternative zum Antragsschwellenwert von 1 % des Grundkapitals noch Anteile mit 100 000 EUR Börsenwert vor. Erst als Ergebnis abschließender Beratungen des UMAG im Rechtsausschuss[33] stellt das geltende Recht nicht auf den Börsenwert, sondern weiterhin auf den anteiligen Betrag ab.[34]

7 Zwar sind in der Praxis auch nach dem UMAG nur wenige Fälle zu verzeichnen, in denen ein Antrag auf gerichtliche Bestellung von Sonderprüfern gestellt und das Verfahren betrieben worden ist. Zunehmend verlangen Aktionäre bzw Aktionärsvertreter aber in einem ersten Schritt die **Ergänzung der Tagesordnung** um eine Beschlussfassung über eine Sonderprüfung (§ 122 Abs. 2). Von noch größerer Bedeutung sind Sonderprüfungsanträge, die **bekanntmachungsfrei** erst in der laufenden HV gestellt werden (§ 124 Abs. 4 S. 2,

---

24 OLG München AG 2010, 598, 600; *von der Linden/Ogorek*, EWiR 2010, 629, 630.
25 OLG München AG 2010, 598, 600; *von der Linden/Ogorek*, EWiR 2010, 629, 630.
26 OLG München AG 2010, 598, 600; *von der Linden/Ogorek*, EWiR 2010, 629, 630; mit Blick auf Gläubiger- und Öffentlichkeitsinteressen ebenso Großkomm-AktienR/*Bezzenberger*, § 143 Rn 26; Küting/Weber/*Fleischer*, Rn 4; MüKo-AktG/*Schröer*, Rn 6; K. Schmidt/Lutter/*Spindler*, Rn 2.
27 *Jänig*, S. 259 f; *Kübler*, AG Sonderheft Aug. 1997, 48, 49; zu weiteren Gründen *Habersack*, in: FS Wiedemann, S. 889, 890.
28 Verhandlungen des 63. DJT, Bd. II, S. 82.
29 *Baums*, S. 170 ff.
30 Vgl BR-Stellungnahme v. 18.2.2005, BR-Drucks. 3/05 (B), S. 10; Gegenäußerung der BReg v. 9.3.2005, BT-Drucks. 15/5092, S. 42.
31 Sonderbeil. zu NZG 4/2004.
32 BT-Drucks. 15/5092, S. 6, 18.
33 Ausschussbericht v. 15.6.2005, BT-Drucks. 15/5693, S. 17.
34 Vgl *Paschos/Neumann*, DB 2005, 1779, 1780.

Rn 16). Sie sind oft mit dem Hinweis verbunden, dass die begehrte Sonderprüfung nötigenfalls gerichtlich durchgesetzt werde.[35] Ein solcher Antrag kann in der HV ein erhebliches Druckpotenzial entfalten. Ob das gerichtliche Verfahren später tatsächlich eingeleitet wird, ist dafür ohne Belang. Überdies bildet der Antrag eine zusätzliche Quelle für Verfahrensfehler, die die Anfechtung von Entlastungsbeschlüssen oder AR-Wahlen rechtfertigen können. Gebrauch gemacht haben Aktionäre von diesen Instrumenten zB in den HVen der Balda AG v. 11.5.2012, der Celanese AG v. 19. und 20.5.2005, der Commerzbank AG v. 15.5.2009 und 19.5.2010, der Conergy AG v. 25.2.2011, der DaimlerChrysler AG v. 12.4.2006, 4.4.2007, 4.10.2007 und 9.4.2008, der Deutsche Lufthansa AG v. 3.5.2011, der Hoechst AG v. 29.7.2005, der Hypo Real Estate Holding AG v. 13.8.2009, der IKB Deutsche Industriebank AG v. 27.3.2008 und 27.8.2009, der IMW Immobilien SE v. 28.9.2011, der IVG Immobilien AG v. 18.5.2011, der mobilcom AG v. 22.4.2005, der Nordenia International AG v. 30.8.2011, der Pfleiderer AG v. 21.7.2011, der Porsche SE v. 29.1.2010, der Solar Millenium AG v. 18.5.2011, der ThyssenKrupp AG v. 18.1.2013 sowie der W.E.T. Automotive Systems AG v. 16.8.2011.

D. Bestellung durch die HV (Abs. 1)

I. Prüfungsfähige Vorgänge. 1. Abgrenzbarkeit. Gegenstand der Sonderprüfung können nur **konkrete, gegenständlich abgrenzbare Vorgänge** der Gründung oder Geschäftsführung sein.[36] Nur bei hinreichender Abgrenzbarkeit kann der Sonderprüfer mit einer klar definierten Prüfung beauftragt werden. Das ist nicht (mehr) der Fall, wenn die Geschäftsführung im Allgemeinen oder die Geschäftspolitik Gegenstand der Sonderprüfung sein soll, sei es auch innerhalb eines bestimmten Zeitraums.[37] Damit ist freilich nicht ausgeschlossen, dass mehraktige oder komplexe Vorgänge einer Sonderprüfung unterzogen werden.[38] So wird der Fall zB oft liegen, wenn eine Prüfung der im Gesetz ausdrücklich hervorgehobenen Vorgänge bei Maßnahmen der Kapitalbeschaffung oder Kapitalherabsetzung beschlossen wird (Rn 13).

2. Vorgänge bei der Gründung. Vorgänge bei der Gründung sind zunächst alle Maßnahmen bis zur Eintragung der Gesellschaft in das HR. Außerdem sind **Nachgründungsvorgänge** iSv § 52 erfasst.[39] Letztere sind zugleich als Vorgänge der Geschäftsführung sonderprüfungsfähig. Die Sonderprüfung ist allerdings nicht über den Gründungs- bzw Nachgründungshergang im Ganzen, sondern nur über abgrenzbare einzelne Vorgänge möglich.[40] Zu denken ist etwa an die Prüfung der Werthaltigkeit einer Sacheinlage.[41] Dass Gründung und Nachgründung jeweils als Ganzes Gegenstand einer Pflichtprüfung nach § 33 Abs. 2, § 52 Abs. 4 waren, schließt eine Sonderprüfung konkreter Einzelaspekte nicht aus.[42]

3. Vorgänge bei der Geschäftsführung. Der Begriff der Geschäftsführung ist weit auszulegen. Hierunter fällt zunächst der gesamte Verantwortungsbereich des **Vorstands** iSv § 77 Abs. 1. Das meint jegliches rechtliche oder tatsächliche Handeln für die Gesellschaft.[43] Dazu zählt auch die Frage, ob der Vorstand bei der Delegation von Aufgaben an leitende oder sonstige Angestellte die notwendige Sorgfalt bei der Auswahl, Anweisung und Überwachung eingehalten hat.[44] Dies erlaubt dann mittelbar auch eine Untersuchung des Verhaltens derjenigen Personen, an die der Vorstand die Geschäftsführungsmaßnahme delegiert hat. Sofern Auswahl-, Anweisungs- und Überwachungsfehler des Vorstands erkennbar ausscheiden, ist es aber nicht möglich, die Tätigkeit eines Angestellten isoliert zu prüfen.[45]

Neben der Vorstandstätigkeit umfasst der Begriff der Geschäftsführung die **Tätigkeit des AR**.[46] Eine Beschränkung auf die Überwachung der Geschäftsführung nach § 111 Abs. 1 ist dabei nicht geboten. Gemeint ist vielmehr die gesamte Amtsführung des AR. Ausgenommen sind lediglich rein korporationsrechtliche Tätigkeiten wie die Anpassung des Satzungswortlauts (§ 179 Abs. 1 S. 2). Prüfungsfähig sind zB die Auswahl von Kandidaten für den Vorstand, die Festlegung und Ausübung von Zustimmungsvorbehalten (§ 111 Abs. 4 S. 2), die Festsetzung der Vorstandsbezüge (§ 87), die Kreditgewährung an Vorstandsmitglieder, die Prüfung und Billigung des Jahresabschlusses (§ 171 Abs. 1, § 172), die Zustimmung zur Ausnutzung eines

---

35 Großkomm-AktienR/*Bezzenberger*, Rn 9; Hölters/*Hirschmann*, Rn 8; K. Schmidt/Lutter/*Spindler*, Rn 7; *Jänig*, BB 2005, 949; *Wilsing*/*Neumann*, DB 2006, 31, 32.
36 RGZ 146, 385, 393 ff; OLG Düsseldorf WM 1992, 14, 22; *Küting*/*Weber*/*Fleischer*, Rn 65; *Hüffer*, Rn 2; K. Schmidt/Lutter/*Spindler*, Rn 8.
37 KölnKomm-AktG/*Kronstein*/*Zöllner*, Rn 12; MüKo-AktG/*Schröer*, Rn 14.
38 *Habersack*, in: FS Wiedemann, S. 889, 898.
39 A/D/S, §§ 142–146 AktG Rn 9; *Hüffer*, Rn 3.
40 RGZ 146, 385, 393; KG OLGZ 3, 84; KG OLGZ 9, 263; OLG Düsseldorf WM 1992, 14, 22; A/D/S, §§ 142–146 AktG Rn 7; *Hüffer*, Rn 2; KölnKomm-AktG/*Kronstein*/*Zöllner*, Rn 7; MüKo-AktG/*Schröer*, Rn 14.
41 *Bürgers*/*Körber*/*Holzborn*/*Jänig*, Rn 5.
42 MüKo-AktG/*Schröer*, Rn 17; K. Schmidt/Lutter/*Spindler*, Rn 12.
43 OLG Düsseldorf WM 2010, 709, 711; Großkomm-AktienR/*Bezzenberger*, Rn 11; *Hüffer*, Rn 4; *Langenbucher*, DStR 2005, 2083, 2088.
44 Großkomm-AktienR/*Bezzenberger*, Rn 11; *Hüffer*, Rn 4.
45 AA wohl Bürgers/*Körber*/*Holzborn*/*Jänig*, Rn 6.
46 OLG Düsseldorf ZIP 2010, 28, 29 (IKB); *Hüffer*, Rn 5; MüKo-AktG/*Schröer*, Rn 21; K. Schmidt/Lutter/*Spindler*, Rn 16.

genehmigten Kapitals und zum Ausschluss des Bezugsrechts sowie die Einhaltung von Verschwiegenheitspflichten (§ 116 S. 2).[47]

12 Schließlich kann auch die Geschäftsführung durch **fehlerhaft bestellte** oder **faktische Vorstands- oder AR-Mitglieder** Gegenstand einer Sonderprüfung sein.[48] Grund dafür ist, dass die tatsächliche Aufnahme der Organtätigkeit in beiden Fällen zur sorgfältigen Geschäftsführung verpflichtet und Pflichtverletzungen in gleicher Weise haftungsbegründend wirken wie bei ordnungsgemäß bestellten Organen.[49]

13 **4. Vorgänge bei Kapitalmaßnahmen.** Wie Abs. 1 S. 1 ausdrücklich hervorhebt, zählen zu den prüfungsfähigen Vorgängen der Geschäftsführung auch Vorgänge bei Maßnahmen der Kapitalbeschaffung (§§ 182 ff) und der Kapitalherabsetzung (§§ 222 ff). Nicht prüfungsfähig ist jedoch die Kapitalmaßnahme als solche. Als Kernbestandteil setzt sie einen Kapitalerhöhungs-, Kapitalherabsetzungs- oder Ermächtigungsbeschluss der HV voraus, der gerade kein Geschäftsführungsvorgang ist.[50] Demnach darf eine Sonderprüfung ausschließlich auf die Untersuchung der vorbereitenden und ausführenden **Tätigkeit der Verwaltung** gerichtet sein.[51]

14 **5. Jahres- und Konzernabschluss.** Der Jahres- bzw Konzernabschluss ist die Abbildung der gesamten Geschäftsführung, die in dem zugrunde liegenden Geschäftsjahr stattgefunden hat. Als solcher und in seiner Gesamtheit ist er deswegen kein konkreter, gegenständlich abgrenzbarer Geschäftsführungsvorgang. Mithin kann er auch kein tauglicher Gegenstand einer Sonderprüfung sein.[52] Gleiches gilt für den Lage- und Konzernlagebericht. Allenfalls ist die Überprüfung einzelner, **gegenständlich abgrenzbarer Posten** des Jahres- oder Konzernabschlusses möglich. Dabei darf der Vorrang der Sonderprüfung nach § 258 nicht entgegenstehen (Abs. 3, Rn 36).[53] Unter dieser Prämisse sind Gegenstand der Sonderprüfung die Entscheidungen und Maßnahmen der Verwaltung, die zur Entstehung des konkreten Bilanzpostens geführt haben. Schließlich ist eine inzidente Prüfung der zuvor genannten Abschlüsse und Berichte in einer auf andere Vorgänge gerichteten Prüfung möglich, um daraus Erkenntnisse für das eigentliche Prüfungsthema zu gewinnen.[54]

15 **II. Prüfungszeitraum.** Abs. 1 S. 1 bestimmt keine zeitlichen Schranken für die Bestellung von Sonderprüfern.[55] Darin liegt ein wesentlicher Unterschied zu Abs. 2 S. 1, der im Zusammenhang mit der gerichtlichen Anordnung einer Sonderprüfung eine fünf- bzw zehnjährige Frist vorsieht (Rn 27). Trotzdem ist die HV in zeitlicher Hinsicht nicht gänzlich frei, ob und mit welchem Inhalt sie eine Sonderprüfung beschließt. Eine erste Einschränkung ist dann gegeben, wenn die Beschlussfassung über die Bestellung von Sonderprüfern nicht als eigenständiger Tagesordnungspunkt bekannt gemacht wird (§ 121 Abs. 3 S. 2, Abs. 4, § 124 Abs. 1). Dann darf sie nur **bekanntmachungsfrei** zum Tagesordnungspunkt Entlastung beschlossen werden (§ 124 Abs. 4 S. 2 Fall 2). In diesem Fall muss der zu prüfende Vorgang im Entlastungszeitraum liegen (Rn 16). Eine zweite zeitliche Schranke ergibt sich aus dem allg. **Verbot missbräuchlicher Rechtsausübung** (§ 242 BGB). Im vorliegenden Zusammenhang ist es einschlägig, wenn aus dem Ergebnis einer Sonderprüfung wegen Zeitablaufs ohnehin keine – auch keine personellen – Konsequenzen mehr gezogen werden können.[56] Ein dennoch gestelltes Aktionärsverlangen, die Tagesordnung um die Beschlussfassung über eine Sonderprüfung zu ergänzen (§ 122 Abs. 2), darf der Vorstand als missbräuchlich zurückweisen. Einen dennoch in der HV gestellten Sonderprüfungsantrag braucht der Versammlungsleiter nicht zur Abstimmung zu stellen. Kommt ein HV-Beschluss über eine wegen Zeitablaufs nutzlose Sonderprüfung trotzdem zustande, ist er wegen Verstoßes gegen das Rechtsmissbrauchsverbot inhaltlich fehlerhaft und anfechtbar (§ 243 Abs. 1).[57]

16 **III. HV-Beschluss. 1. Bekanntmachung.** Die Beschlussfassung über eine Sonderprüfung ist als Gegenstand der Tagesordnung bekannt zu machen (§ 121 Abs. 3 S. 2, Abs. 4, § 124 Abs. 1). Anderenfalls kommt der HV-Beschluss unter Verletzung des Gesetzes zustande (§ 124 Abs. 4 S. 1). Erforderlich ist damit auch die

---

47 Großkomm-AktienR/*Bezzenberger*, Rn 13; Bürgers/Körber/*Holzborn/Jänig*, Rn 6 a; *Habersack*, in: FS Wiedemann, S. 889, 899; *Jänig*, WpG 2005, 761, 766.
48 Grigoleit/*Herrler*, Rn 4; K. Schmidt/Lutter/*Spindler*, Rn 15.
49 Zur fehlerhaften Organbestellung BGHZ 41, 282, 287 = NJW 1964, 1367; BGHZ 129, 30, 32 = NJW 1995, 1290; zum faktischen Organ BGHZ 150, 61, 69 = NJW 2002, 1803; aA *Hüffer*, § 93 Rn 12.
50 AA Großkomm-AktienR/*Bezzenberger*, Rn 17.
51 *Hüffer*, Rn 7; MüKo-AktG/*Schröer*, Rn 24; K. Schmidt/Lutter/*Spindler*, Rn 20; Wachter/*Zwissler*, Rn 6.
52 AG Ingolstadt AG 2002, 110, 111; Großkomm-AktienR/*Bezzenberger*, Rn 16; *Habersack*, in: FS Wiedemann, S. 889, 901; Geßler/*Hefermehl*, Rn 5; *Hüffer*, Rn 6; KölnKomm-AktG/*Kronstein/Zöllner*, Rn 10; MüKo-AktG/*Schröer*, Rn 32;
K. Schmidt/Lutter/*Spindler*, Rn 19; aA v. Godin/Wilhelmi, Anm. 2.
53 AG Frankfurt/M. v. 17.7.2002 – 72 HRB 8433; Großkomm-AktienR/*Bezzenberger*, Rn 16; *Hüffer*, Rn 6; KölnKomm-AktG/*Kronstein/Zöllner*, Rn 11; *Habersack*, in: FS Wiedemann, S. 889, 901 ff; aA A/D/S, §§ 142–146 AktG Rn 8.
54 A/D/S, §§ 142–146 AktG Rn 8; *Hüffer*, Rn 6; K. Schmidt/Lutter/*Spindler*, Rn 19; *Habersack*, in: FS Wiedemann, S. 889, 901.
55 *Hüffer*, Rn 8.
56 OLG München AG 2010, 598, 599; *Hüffer*, Rn 8; KölnKomm-AktG/*Kronstein/Zöllner*, Rn 15; MüKo-AktG/*Schröer*, Rn 26.
57 Großkomm-AkienR/*Bezzenberger*, Rn 20; K. Schmidt/Lutter/*Spindler*, Rn 33.

Bekanntmachung eines Beschlussvorschlags (§ 124 Abs. 3 S. 1). Vorschlagsrecht und Vorschlagspflicht liegen allein beim AR, nicht beim Vorstand. Denn der Begriff des Prüfers in § 124 Abs. 3 S. 1 Fall 2 umfasst neben Abschlussprüfern auch Sonderprüfer.[58] Hintergrund der Regelung ist, dass der Vorstand keinen Einfluss darauf haben soll, wer seine Geschäftsführung prüft.[59] Dieser Normzweck ist zu berücksichtigen, wenn die Sonderprüfung sich (auch) auf die Amtsführung des AR bzw seiner Mitglieder bezieht. In diesem Fall müssen auch Vorschlagsrecht und Vorschlagspflicht des AR entfallen.[60] Ausnahmsweise kann ein Sonderprüfungsantrag in der HV unabhängig von einer Bekanntmachung zum Tagesordnungspunkt Entlastung (des Vorstands oder des AR) gestellt werden (§ 124 Abs. 4 S. 2 Fall 2). Dazu muss der zu prüfende Vorgang aber innerhalb des Entlastungszeitraums liegen.[61]

2. Beschlussfassung. Die HV beschließt die Bestellung von Sonderprüfern mit einfacher Mehrheit der abgegebenen Stimmen. Dieses Mehrheitserfordernis legt Abs. 1 S. 1 selbst fest. Auf die allg. Vorschrift des § 133 Abs. 1 kommt es nicht an. Abweichend von ihr kommt somit auch keine Verschärfung der gesetzlichen Mehrheitsanforderungen durch die Satzung in Betracht.[62] Ein Sonderprüfungsbeschluss hat einen **doppelten Beschlussgegenstand**: Zum einen muss er die Prüfung bestimmter Vorgänge nach den §§ 142 ff anordnen; zum anderen muss er die Sonderprüfer bestellen, die mit der Durchführung der Prüfung betraut werden sollen.[63] Das macht eine konkrete Bezeichnung des Prüfungsgegenstands erforderlich. Die ausgewählten Sonderprüfer sind namentlich zu benennen. Ihre Benennung darf nicht dem Vorstand, dem AR oder einem Dritten überlassen bleiben.[64] Bei der Formulierung des Beschlussantrags ist zu bedenken, dass er nicht mehr erweitert oder abgeändert werden kann, wenn er nach Ablehnung durch die HV gerichtlich durchgesetzt werden soll.[65] Allenfalls kommt eine inhaltliche **Einschränkung** in Frage. Sie setzt aber voraus, dass der von der HV abgelehnte Beschlussantrag insg. zulässig war und in dieser Form zur Abstimmung gestellt werden musste. Ein insg. unzulässiger Beschlussantrag darf nicht erst im gerichtlichen Verfahren auf einen zulässigen Einzelaspekt beschränkt werden. Daran ändert sich auch dann nichts, wenn der Versammlungsleiter ihn „vorsorglich" zur Abstimmung gestellt hat (Rn 24).

3. Stimmverbot. Abs. 1 S. 2, 3 enthält ein über § 136 hinausgehendes Stimmverbot für die Mitglieder des Vorstands und des AR. Es greift ein, wenn über die Bestellung von Sonderprüfern Beschluss gefasst wird und die zu prüfenden Vorgänge mit der Entlastung eines Verwaltungsmitglieds oder der Einleitung eines Rechtsstreits zwischen der Gesellschaft und einem Verwaltungsmitglied zusammenhängen. **Rechtsstreit** iSd Regelung ist jede gerichtliche Durchsetzung von Rechten. Die Verfahrens- oder Klageart ist ohne Belang. Gleiches gilt für die Verteilung der Parteirollen. Entscheidend ist allein, dass der streitgegenständliche Lebenssachverhalt den zu prüfenden Gründungs- bzw Geschäftsführungsvorgang umfasst. Genügend ist jeglicher – auch mittelbare – Zusammenhang mit den genannten Vorgängen.[66]

Adressaten des Stimmverbots aus Abs. 1 S. 2 sind zunächst alle **amtierenden Organmitglieder**. Ob sie am zu prüfenden Vorgang beteiligt sind oder waren, ist gleich.[67] Ferner gilt das Stimmverbot für **ausgeschiedene Organmitglieder**, wenn der zur Prüfung anstehende Vorgang in ihre Amtszeit fiel.[68] Bezweckt ist, die Willensbildung der HV von Sonderinteressen freizuhalten, die typischerweise einer Ausrichtung des Stimmverhaltens am Gesellschaftsinteresse entgegenstehen.[69] Vor allem sollen Organmitglieder eine auf ihre Tätigkeit bezogene Sonderprüfung nicht vereiteln. Umgekehrt sollen sie aber auch nicht für eine – möglicherweise objektiv überflüssige – Sonderprüfung stimmen können. Eine teleologische Reduktion des Stimmverbots im Fall einer positiven Stimmabgabe kommt daher nicht in Frage.[70] Die Problematik, dass Aktien in Miteigentum stehen oder von Gesamthandsgemeinschaften oder juristischen Personen gehalten werden, entspricht der bei § 136 (s. dort).[71] Stimmrechte aus betroffenen Aktien dürfen auch nicht durch einen Stellvertreter oder durch einen Legitimationsaktionär ausgeübt werden (Abs. 1 S. 3). Eine (rechtzeitig vor dem Record Date des § 123 Abs. 3 S. 3 vorgenommene) Vollrechtsübertragung des Aktieneigentums auf einen Dritten lässt das Stimmverbot freilich entfallen. Für andere Aktionäre, die nicht Organmitglieder sind oder

---

[58] BGH NJW-RR 2006, 472, 474; OLG München AG 2003, 645; *Hüffer*, § 124 Rn 13.
[59] RegBegr. *Kropff*, S. 174.
[60] OLG Düsseldorf BeckRS 2012, 22395 (IKB); K. Schmidt/Lutter/*Ziemons*, § 124 Rn 22.
[61] Grigoleit/*Herrler*, Rn 10; *Hüffer*, Rn 9; KölnKomm-AktG/Kronstein/*Zöllner*, Rn 18; MüKo-AktG/*Schröer*, Rn 35.
[62] *Hüffer*, Rn 9; MüKo-AktG/*Schröer*, Rn 33; K. Schmidt/Lutter/*Spindler*, Rn 24; Wachter/*Zwissler*, Rn 8.
[63] A/D/S, §§ 142–146 AktG Rn 12; Großkomm-AktienR/*Bezzenberger*, Rn 27; K. Schmidt/Lutter/*Spindler*, Rn 26.
[64] *Hüffer*, Rn 10.
[65] Vgl Großkomm-AktienR/*Bezzenberger*, Rn 56; Spindler/Stilz/*Mock*, Rn 75.
[66] RGZ 142, 123, 132; RGZ 142, 134, 139; Großkomm-AktienR/*Bezzenberger*, Rn 31; Geßler/*Hefermehl*, Rn 9; *Hüffer*, Rn 16; MüKo-AktG/*Schröer*, Rn 44.
[67] RegBegr. *Kropff*, S. 207.
[68] Geßler/*Hefermehl*, Rn 11; Grigoleit/*Herrler*, Rn 13; *Hüffer*, Rn 14; KölnKomm-AktG/Kronstein/*Zöllner*, Rn 22; Wachter/*Zwissler*, Rn 9.
[69] OLG Düsseldorf AG 2006, 202, 205 f.
[70] OLG Hamm AG 2011, 90; aA LG Dortmund AG 2009, 881 (Vorinstanz).
[71] Speziell zu § 142 RGZ 146, 385, 391 f; Großkomm-AktienR/*Bezzenberger*, Rn 32.

waren, gilt das Stimmverbot nicht. Dabei bleibt es auch dann, wenn sie von der Sonderprüfung betroffen sind und kraft ihrer Beteiligung einen maßgeblichen Einfluss auf die Abstimmung in der HV haben.[72]

20 Bei einer Verletzung des Stimmverbots kann der HV-Beschluss **anfechtbar** sein (§ 243 Abs. 1). Voraussetzung ist, dass er ohne die verbotene Stimmabgabe nicht zustande gekommen wäre. Wird ein ablehnender Beschluss erfolgreich angefochten, ist damit aber noch keine positive Entscheidung über die Bestellung von Sonderprüfern getroffen. Dazu muss die Anfechtungsklage mit einem Antrag auf positive Beschlussfeststellung kombiniert werden. Alternativ oder daneben kommt der Antrag auf gerichtliche Bestellung von Sonderprüfern in Betracht (Abs. 2, Rn 24 ff). Eine unzulässige Stimmabgabe ist zudem **ordnungswidrig** gem. § 405 Abs. 3 Nr. 5.

21 **IV. Mandat und Vertragsverhältnis.** Die von der HV beschlossene Bestellung bleibt für den ausgewählten Sonderprüfer ohne Rechtsfolgen, bis er die Annahme erklärt. Ein Annahmezwang besteht nicht.[73] Mit dem Zugang der Annahmeerklärung kommt das mit besonderen Rechten und Pflichten verbundene **Mandat** als Sonderprüfer zustande. Gleiches gilt für den davon zu unterscheidenden schuldrechtlichen **Prüfungsvertrag** zwischen der Gesellschaft und dem Sonderprüfer. Entgegen Äußerungen im Schrifttum[74] sind die Beziehungen zwischen Sonderprüfer und Gesellschaft also nicht allein schuldvertraglicher Natur. Das zeigt vor allem § 145 Abs. 2 und 3. Diese Vorschrift räumt dem Sonderprüfer Rechte unmittelbar gegenüber den Mitgliedern von Vorstand und AR bzw gegenüber Konzernunternehmen sowie abhängigen und herrschenden Unternehmen ein.[75] Ein obligatorischer Vertrag zwischen Sonderprüfer und Gesellschaft kann solche Ansprüche nicht hergeben. Nach allg. Grundsätzen bindet er nur seine Parteien (Relativität des Schuldverhältnisses). Mithin regeln die genannten Vorschriften gesetzliche Ansprüche. Diese müssen ihre Wurzel im Mandat des Prüfers als solchem finden.

22 Der Prüfungsvertrag ist ein auf Werkleistung gerichteter, entgeltlicher **Geschäftsbesorgungsvertrag** (§§ 675, 631 ff BGB).[76] Aus Gründen der Praktikabilität legt die HV seine Details idR nicht selbst fest. Stattdessen überlässt sie deren Aushandlung dem Vorstand. Nach umstrittener, aber zutreffender Ansicht ist der Vorstand in diesem Fall gem. § 83 Abs. 2 im Innenverhältnis verpflichtet, den Prüfungsvertrag namens der Gesellschaft zu verhandeln und zu vertretbaren Bedingungen abzuschließen.[77] Alternativ steht es der HV frei, ein AR-Mitglied oder einen Dritten zum Vertragsschluss mit dem Sonderprüfer zu bevollmächtigen.[78] Das kann aber auf Umsetzungsprobleme stoßen und erscheint wenig zweckmäßig. Denn nur der Vorstand ist (in den Grenzen des § 83 Abs. 2) zur Ausführung des HV-Willens verpflichtet. Demgegenüber muss ein Bevollmächtigter ohne Übernahme einer entsprechenden Pflicht im Innenverhältnis von der ihm erteilten Vertretungsmacht keinen Gebrauch machen.

23 **Hauptleistungspflicht des Sonderprüfers** ist die Durchführung der beschlossenen Prüfung. Sie mündet in der Erstellung und Vorlage eines schriftlichen Prüfungsberichts (§ 145 Abs. 6 S. 1–3). Zwischenberichte an die Gesellschaft oder die Einreichung von Berichtsentwürfen sind gesetzlich nicht vorgesehen. Sie können auch nicht vertraglich vereinbart werden. Grund hierfür ist, dass nach Sinn und Zweck der §§ 142 ff die Verwaltungsorgane keinen Einfluss auf das Ergebnis der Prüfung haben dürfen (§ 145 Rn 9). Die **Gesellschaft** schuldet die Zahlung der vereinbarten, bei fehlender Vereinbarung Zahlung der üblichen Vergütung (§ 632 BGB).

E. Gerichtliche Bestellung (Abs. 2)

24 **I. Ablehnung durch die HV.** Nach Abs. 2 S. 1 kann auch das Gericht Sonderprüfer bestellen. Voraussetzung ist, dass die HV einen zulässigen Beschlussantrag auf Bestellung von Sonderprüfern abgelehnt hat. Daraufhin muss eine qualifizierte Aktionärsminderheit einen Antrag bei Gericht stellen. Dieser Antrag ist nicht fristgebunden. Zeitliche Grenzen findet er erst im Grundsatz der Verwirkung und im Verbot des Rechtsmissbrauchs. Die Minderheit braucht den Beschlussantrag in der HV weder selbst gestellt noch über ihn abgestimmt zu haben.[79] Der **Ablehnung** setzt die hM mit Recht den Fall gleich, dass die HV zunächst Sonderprüfer einsetzt, diesen Beschluss aber später wieder **aufhebt**.[80] Näher zur Aufhebung der Bestellung Rn 48. Wird der Aufhebungsbeschluss angefochten, lebt die ursprüngliche Bestellung der Sonderprüfer mit Rechtskraft des klagestattgebenden Urteils wieder auf. In dieser Konstellation ist der Anfechtungsprozess

---

72 OLG Hamburg AG 1981, 193, 197; OLGR Hamburg 2002, 71 = AG 2003, 46, 48; LG Heilbronn AG 1971, 94 ff; *A/D/S*, §§ 142–146 AktG Rn 11; *Hüffer*, Rn 15; *Hengeler*, AG 1962, 119; aA OLG Karlsruhe v. 20.11.1987 – 15 U 102/85.
73 Großkomm-AktienR/*Bezzenberger*, Rn 40.
74 Großkomm-AktienR/*Bezzenberger*, Rn 41.
75 Vgl *Spindler/Stilz/Mock*, Rn 37.
76 *Hölters/Hirschmann*, Rn 29; *Hüffer*, Rn 12.
77 MüKo-AktG/*Schröer*, Rn 50; K. Schmidt/Lutter/*Spindler*, Rn 35; vgl auch *Hüffer*, Rn 11 (§ 318 Abs. 1 S. 4 HGB analog).
78 Bürgers/Körber/Holzborn/*Jänig*, Rn 11; *Hüffer*, Rn 11; K. Schmidt/Lutter/*Spindler*, Rn 35.
79 *Hüffer*, Rn 22; MüKo-AktG/*Schröer*, Rn 61.
80 RGZ 143, 401, 410; OLG Düsseldorf ZIP 2010, 28, 29 (IKB); *Hüffer*, Rn 18; MüKo-AktG/*Schröer*, Rn 60.

gegenüber dem Verfahren nach Abs. 2 S. 1 vorgreiflich. Letzteres ist regelmäßig auszusetzen, bis der vorgreifliche Anfechtungsrechtsstreit endgültig beendet ist (§ 21 Abs. 1 FamFG). Ein Antrag nach Abs. 2 S. 1 ist ferner möglich, wenn die Bestellung von Sonderprüfern in der HV ordnungsgemäß beantragt wurde und eine Sachentscheidung grundlos unterbleibt.[81] In Betracht kommen vor allem die Vertagung der Entscheidung und die Absetzung von der Tagesordnung ohne sachlichen Grund. Ferner ist denkbar, dass der Versammlungsleiter den ordnungsgemäßen Antrag auf Bestellung von Sonderprüfern pflichtwidrig nicht zur Abstimmung stellt. Verschlossen bleibt der Weg über Abs. 2 S. 1 hingegen bei rechtmäßigem Verhalten des Versammlungsleiters. Insb. ist es ihm unbenommen, einen unzulässigen Beschlussantrag zurückzuweisen oder zu übergehen. Das gilt vor allem für nicht bekannt gemachte und auch nicht bekanntmachungsfrei zulässige Beschlussanträge. An dieser Beurteilung ändert sich auch dann nichts, wenn der Versammlungsleiter in Erwartung eines ablehnenden HV-Beschlusses den unzulässigen Beschlussantrag „vorsorglich" zur Abstimmung stellt (Rn 17).

Auch ein **nichtiger** oder auf Anfechtungsklage rechtskräftig **für nichtig erklärter Bestellungsbeschluss** kann der Ablehnung eines zulässigen Beschlussantrags durch die HV gleichstehen (nicht jedoch ein bloß anfechtbarer oder angefochtener HV-Beschluss, dazu auch Rn 38). Ob das der Fall ist, hängt von der Art des Anfechtungs- bzw Nichtigkeitsgrunds ab. Problemtisch sind inhaltliche Beschlussmängel: Der Antrag auf gerichtliche Bestellung von Sonderprüfern muss inhaltlich dem Beschlussantrag aus der HV entsprechen (Rn 17). Deshalb würde der Inhaltsmangel sich automatisch im gerichtlichen Bestellungsbeschluss fortsetzen. Das ist offenbar sinnwidrig. Folglich ist in dieser Konstellation das Verfahren nach Abs. 2 S. 1 nicht statthaft.[82] Stattdessen muss die HV erneut befasst werden und inhaltlich fehlerfrei beschließen. Eine Einschränkung dieses Prinzips wird für Fälle diskutiert, in denen der HV-Beschluss (nur) gegen **§ 143 Abs. 1 oder 2** verstößt (dazu § 143 Rn 4f). Teile des Schrifttums befürworten dann eine gerichtliche Prüferbestellung analog § 318 Abs. 4 S. 1 HGB.[83] Dieser Auffassung ist aber nicht zu folgen. Wenn der Bestellungsbeschluss der HV nichtig ist, beschränkt diese Rechtsfolge sich nicht auf die Auswahl des Sonderprüfers. Sie erfasst auch die Anordnung der Sonderprüfung selbst.[84] Dabei ist gleich, ob die Nichtigkeit *ipso iure* oder erst aufgrund erfolgreicher Anfechtung eintritt. Das folgt aus dem Rechtsgedanken des § 139 BGB, der auch im Beschlussmängelrecht heranzuziehen ist.[85] Eine bloße Teilnichtigkeit des Beschlusses setzt demnach voraus, dass die für sich genommen mangelfreie Entscheidung über die Durchführung der Sonderprüfung selbstständig Bestand haben kann. Das ist jedoch nicht der Fall. Denn Abs. 1 S. 1 verbietet der HV eine Anordnung von Sonderprüfungen ohne Benennung eines konkreten Prüfers (Rn 17). Anders als in den Fällen des § 318 Abs. 4 HGB ist deshalb schon gar keine Prüfung veranlasst. Die isolierte gerichtliche Bestimmung eines Prüfers (ohne Auftrag) greift damit zu kurz. Gegen eine Analogie zu § 318 Abs. 4 HGB spricht ferner, dass Sonderprüfungen – anders als die Abschlussprüfung – Ausnahmecharakter haben. Überdies schützen sie keine Gläubiger- oder Öffentlichkeitsinteressen (Rn 5). Für einen Analogieschluss zu den Bestimmungen über die Abschlussprüfung bleibt damit kein Raum.[86]

Unstatthaft ist das Verfahren nach Abs. 2 S. 1, wenn der avisierte Prüfer das ihm angetragene Mandat **ausschlägt**. Anderenfalls müsste das Gericht hinsichtlich der Person des Prüfers vom Bestellungsbeschluss der HV abweichen. Dafür findet sich keine Grundlage. Ein Austausch des gewollten Prüfers kommt nur unter den Voraussetzungen des Abs. 4 S. 1 in Betracht (Rn 37 ff). Erforderlich ist dazu ein Auswechselungsgrund in der **Person** des Prüfers (zB Arbeitsunfähigkeit). Bloße Unwilligkeit ist hingegen ein verhaltensbezogener Grund. Um eine erneute Befassung der HV zu vermeiden, befürworten Teile des Schrifttums hier eine Analogie zu § 318 Abs. 4 S. 2 HGB.[87] Ähnlich wie in Rn 25 kann ein Analogieschluss aber auch in dieser Konstellation nicht überzeugen. Zwar schlägt der Bestellungsbeschluss der HV nur fehl und ist nicht nichtig. Es bleibt aber dabei, dass die jeweiligen Sachverhalte und Interessenlagen nicht vergleichbar sind. Die Schutzrichtung der gesetzlich angeordneten Regelabschlussprüfung ist eine andere als die der korporationsintern veranlassten, punktuellen Sonderprüfung (Rn 25). Ziel des § 318 Abs. 4 HGB ist, die rechtzeitige Durchführung der Abschlussprüfung zu sichern.[88] Damit möchte er vor allem die Nichtigkeit des festgestellten Jahresabschlusses nach § 256 Abs. 1 Nr. 2 verhindern.[89] Dieser Gedanke ist auf Sonderprüfungen nicht übertragbar. Demnach kann es auch nicht Aufgabe des Gerichts sein, eine fehlgeschlagene Sonderprüferbe-

---

81 Großkomm-AktienR/*Bezzenberger*, Rn 54; *Hüffer*, Rn 18; KölnKomm-AktG/*Kronstein/Zöllner*, Rn 28; enger Geßler/*Hefermehl*, Rn 20.
82 AA Geßler/*Hefermehl*, Rn 20; *Hüffer*, Rn 18; K. Schmidt/Lutter/*Spindler*, Rn 49.
83 Großkomm-AktienR/*Bezzenberger*, Rn 54.
84 MüKo-AktG/*Schröer*, Rn 90.
85 RGZ 146, 385, 394; BGHZ 11, 231, 246 = NJW 1954, 385; BGH NJW 1988, 1214; *Hüffer*, § 241 Rn 36; MüKo-AktG/
Hüffer, § 241 Rn 91; Ulmer/*Raiser*, Anh. § 47 GmbHG Rn 83 f.
86 K. Schmidt/Lutter/*Spindler*, Rn 49.
87 Großkomm-AktienR/*Bezzenberger*, Rn 83 ff; Spindler/Stilz/Mock, Rn 172 ff; MüKo-AktG/*Schröer*, Rn 91.
88 MüKo-HGB/*Ebke*, § 318 Rn 75; BeckBil-Komm/*Förschle/Heinz*, § 318 HGB Rn 26.
89 *Baumbach/Hopt/Merkt*, § 318 HGB Rn 11.

stellung analog § 318 Abs. 4 HGB aufzufangen. Um nicht erneut beschließen zu müssen, kann die HV vorsorglich mehrere Sonderprüfer oder einen Ersatzprüfer bestellen.[90]

27 **II. Prüfungsfähige Vorgänge.** Die Anforderungen an einen prüfungsfähigen Vorgang entsprechen weitgehend denen des Abs. 1 S. 1 (Rn 8 ff). Anders als dort darf ein Geschäftsführungsvorgang allerdings nicht allzu lang zurückliegen. Bei börsennotieren Gesellschaften (§ 3 Abs. 2) gilt eine Frist von zehn Jahren. Maßgeblich ist dabei die Börsennotierung zum Zeitpunkt des Vorgangs. Ein späterer Rückzug von der Börse ist unbeachtlich. Bei anderen Gesellschaften beträgt die Frist fünf Jahre. Beide Fristen sind vor dem Hintergrund zu sehen, dass Ersatzansprüche der Gesellschaft gegen ihre Vorstands- und AR-Mitglieder innerhalb von zehn bzw fünf Jahren verjähren (§ 93 Abs. 6, § 116 S. 1).[91] Ausgangspunkt der (rückwärtsgewandten) Fristen ist nach dem eindeutigen Gesetzeswortlaut der Zeitpunkt des ablehnenden HV-Beschlusses nach Abs. 1 S. 1.[92] Mit Blick auf die Durchsetzbarkeit etwaiger Ansprüche der Gesellschaft ist das wenig überzeugend. Eher hätte sich eine Anbindung an die Antragstellung bei Gericht oder gar an die gerichtliche Endentscheidung angeboten. Bei **zeitlich gestreckten Sachverhalten** kann es ausreichen, dass der letzte Teil des Gesamtvorgangs noch in die Frist fällt.[93] Entscheidend ist aber stets, ob die Umstände des Einzelfalls eine Sonderprüfung noch sinnvoll erscheinen lassen. Für Gründungsvorgänge gelten die gesetzlichen Fristen zwar nicht. Der gerichtliche Antrag darf aber in keinem Fall weiter gehen als der ihm zugrunde liegende Beschlussantrag aus der HV (Rn 17). Über diesen Mechanismus setzt der Beschlussantrag aus der HV für das gerichtliche Verfahren auch zeitliche Schranken.

28 **III. Tatsachen.** Die Antragsteller müssen Tatsachen vortragen, die den Verdacht von Unredlichkeiten oder groben Gesetzes- oder Satzungsverletzungen rechtfertigen. Ausweislich der Gesetzesmaterialien zum UMAG sind an die Überzeugung des Gerichts von den Tatsachen hohe Anforderungen zu stellen.[94] Zwar handelt es sich bei dem Verfahren nach Abs. 2 S. 1 – anders als bei § 148 – um eine Angelegenheit der freiwilligen Gerichtsbarkeit. Dementsprechend gilt auch der Amtsermittlungsgrundsatz (Abs. 8 iVm § 26 FamFG). Nach dem Willen des Gesetzgebers gelangt er aber nur in abgeschwächter Form zur Anwendung. Durch die speziellere aktienrechtliche Bestimmung wird er nämlich in erheblichem Umfang überlagert (Rn 47). Die Antragsteller müssen durch eingehende Darstellung der Verdachtstatsachen an der Schaffung der Verfahrensgrundlage mitwirken. Allerdings brauchen sie die Tatsachen weder zu beweisen noch glaubhaft zu machen. Substantiierte Behauptungen sind ausreichend.[95] Zu diesen Behauptungen sind sowohl die Gesellschaft als auch ihr AR zu hören (Abs. 5 S. 1, Rn 42). IE dieser Anhörung können Zweifel bleiben, ob die tatsächlichen Angaben der Antragsteller zutreffen. Nur und erst dann hat das Gericht von Amts wegen zu ermitteln und geeignete Beweise zu erheben.[96]

29 **IV. Verdacht.** Aus den vorgetragenen Tatsachen muss sich ein hinreichender objektiver Verdacht ergeben. Das meint mehr als nur eine theoretische Möglichkeit. Substanzlose Vermutungen oder Spekulationen reichen nicht aus. Gefordert ist vielmehr eine hohe Wahrscheinlichkeit, dass es tatsächlich zu Unredlichkeiten oder groben Gesetzes- oder Satzungsverletzungen gekommen ist.[97] Auch insoweit gilt für die notwendige Überzeugung des Gerichts ein strenger Maßstab.[98] Bleibt ein qualifiziertes Fehlverhalten der Gründer oder Organe spekulativ, müssen die Antragsteller ihren subjektiv gehegten Verdacht durch weiteren Tatsachenvortrag erhärten. Das ist Ausfluss ihrer Verfahrensförderungspflicht. Ist ihnen dies nicht möglich, ist der Antrag zurückzuweisen. Zwar dürfen nach Sinn und Zweck des Verfahrens keine überspannten Anforderungen an die Substantiierung des Vortrags gestellt werden. Typischerweise haben die Antragsteller nämlich keine Kenntnis von den Einzelheiten des aufklärungsbedürftigen Vorgangs.[99] Umgekehrt können die Gesellschaft und ihr AR aber durch Vortrag ergänzender Tatsachen den Verdacht der Antragsteller entschärfen und dadurch deren Darlegungslast für den weiteren Verfahrensverlauf steigern.[100] So liegt der Fall, wenn die Antragsteller ihren Verdacht allein aus öffentlichen (Presse-)Informationen herleiten, die Verwaltung jedoch weitere Erkenntnisse hat und den Vorgang in ein anderes Licht rücken kann. Ob Unredlichkei-

---

90 *A/D/S*, §§ 142–146 AktG Rn 12.
91 RegBegr. *Kropff*, S. 207.
92 *A/D/S*, §§ 142–146 AktG Rn 15; *Hüffer*, Rn 19; Spindler/Stilz/*Mock*, Rn 123.
93 KölnKomm-AktG/*Kronstein/Zöllner*, Rn 29.
94 RegBegr. UMAG, BT-Drucks. 15/5092, S. 18.
95 OLG Frankfurt/M. WM 2011, 2279, 2281 (Commerzbank); OLG München AG 2011, 720; Großkomm-AktienR/*Bezzenberger*, Rn 62; Hölters/*Hirschmann*, Rn 37; *Hüffer*, Rn 20; Spindler/Stilz/*Mock*, Rn 128; K. Schmidt/Lutter/*Spindler*, Rn 56; Wachter/*Zwissler*, Rn 16.
96 Vgl OLG Frankfurt/M. WM 2011, 2279, 2281 (Commerzbank); OLG Stuttgart NZG 2010, 864, 865 (WMF); Spindler/Stilz/*Mock*, Rn 128; Keidel/*Sternal*, § 26 FamFG Rn 10.

97 OLG München AG 2011, 720; OLG Stuttgart NZG 2010, 864, 865 (WMF); *A/D/S*, §§ 142–146 AktG Rn 17; KölnKomm-AktG/*Kronstein/Zöllner*, Rn 32; K. Schmidt/Lutter/*Spindler*, Rn 55.
98 RegBegr. UMAG, BT-Drucks. 15/5092, S. 18; *Göz/Holzborn*, WM 2006, 157, 158; *Trölitzsch/Gunßer*, AG 2008, 833, 836; krit. Bürgers/Körber/*Holzborn/Jänig*, Rn 15 a.
99 KölnKomm-AktG/*Kronstein/Zöllner*, Rn 32; *Hirte*, ZIP 1988, 953, 957; *Jänig*, S. 286.
100 OLGR München 2007, 898 = AG 2008, 33, 35; OLG München AG 2010, 598, 599.

ten oder grobe Verletzungen des Gesetzes bzw der Satzung tatsächlich vorgekommen sind, ist iRd gerichtlichen Verfahrens unerheblich. Diese Frage stellt sich erst nach Abschluss der Sonderprüfung.[101]

V. Unredlichkeit oder grobe Verletzung. Die Begriffe der Unredlichkeit und der groben Gesetzes- oder Satzungsverletzung sind ebenso zu deuten wie in § 148 Abs. 1 Nr. 3.[102] Unter **Unredlichkeit** ist also ein subjektiv vorwerfbares, sittlich anstößiges Verhalten zu verstehen.[103] Vor allem sind ins Kriminelle reichende Treupflichtverstöße gemeint.[104] Eine **Verletzung des Gesetzes oder der Satzung** muss grob sein. Einfache Pflichtverletzungen sind einer gerichtlich angeordneten Sonderprüfung nicht zugänglich. Ob ein Gesetzes- oder Satzungsverstoß die qualifizierten Anforderungen der Norm erfüllt, ist anhand einer umfassenden Betrachtung des Einzelfalls zu beurteilen. Dabei ist zu fragen, ob es nach der objektiven Interessenlage der Gesellschaft (nicht aber der Aktionäre, der Gläubiger oder Dritter, Rn 5) unerträglich wäre, wenn der vermutete Pflichtenverstoß unaufgeklärt bliebe. In diese Betrachtung einzustellen sind vor allem der Grad des (möglichen) Verschuldens,[105] das Ausmaß des eingetretenen oder zu befürchtenden Schadens, der eingetretene Vertrauensverlust und die Bedeutung der (möglicherweise) verletzten Pflicht.[106] Wegen des Ausnahmecharakters einer gerichtlich angeordneten Sonderprüfung verbietet sich jede pauschale Bewertung.

VI. Missbrauch des Antragsrechts. Als allg. Schranke jeder privaten Rechtsausübung gilt das Verbot des Rechtsmissbrauchs (§ 242 BGB) auch für den Minderheitsantrag gem. Abs. 2 S. 1. Missbräuchliche Anträge sind unbegründet.[107] Ihre Zulässigkeit bleibt unberührt. Die wichtigste Fallgruppe ist die **illoyale, grob eigennützige Rechtsausübung** durch die antragstellenden Aktionäre unter Übergehung der legitimen Interessen der Gesellschaft und der Mitaktionäre.[108] Missbrauch ist danach gegeben, wenn die beantragte Sonderprüfung erkennbar keine Auswirkungen mehr auf die Gegenwart hat. Dass alle denkbaren Ansprüche der Gesellschaft verjährt oder uneinbringlich sind, ist unbeachtlich, solange zumindest noch personelle Konsequenzen in Betracht kommen (Rn 3). Ferner liegt Missbrauch vor, wenn der prüfungsgegenständliche Sachverhalt bereits aufgeklärt und allg. bekannt ist.[109] Und schließlich dürfen Sonderprüfungsanträge nicht dazu instrumentalisiert werden, sachfremde oder unangemessene Leistungen zu fordern. Die letztgenannte Fallgruppe greift namentlich ein, wenn Aktionäre aus dem Lästigkeitswert ihres Antrags Kapital schlagen möchten (sog. Abkauffälle).[110] Auch dem Versuch, mithilfe von Sonderprüfungsanträgen Druck auf die Verwaltung auszuüben und Unternehmenspolitik zu betreiben, wird man den Einwand des Rechtsmissbrauchs entgegenhalten können.[111]

VII. Unverhältnismäßigkeit. In materieller Hinsicht muss der Antrag auf gerichtliche Bestellung von Sonderprüfern schließlich einer Verhältnismäßigkeitsprüfung standhalten. Insb. dürfen die Kosten und negativen Auswirkungen der Sonderprüfung auf die Gesellschaft nicht außer Verhältnis zu dem potenziellen Nutzen stehen.[112] Im Gesetzeswortlaut hat diese Schranke des Antragsrechts zwar keinen Niederschlag gefunden. Sie ergibt sich aber aus den Gesetzesmaterialien zum UMAG,[113] aus dem Schutzzweck der Sonderprüfung als Rechtsinstitut (Rn 5) und aus dem Sachzusammenhang mit dem Klagezulassungsverfahren (§ 148). In erster Linie kommt Unverhältnismäßigkeit in Frage, wenn die Gesellschaft einen (absolut) geringfügigen Schaden erlitten hat. Die Materialien sprechen insoweit ausdrücklich von „Geringfügigkeitsfällen".[114] Allerdings ist diese Fallgruppe nicht abschließend zu verstehen. Entscheidend ist stets eine relative Betrachtung aller Vor- und Nachteile der Gesellschaft.[115] Selbst Schäden in Millionen- oder Milliardenhöhe müssen hinter entsprechend gewichtigen Risiken aus einer Sonderprüfung zurücktreten. Das entspricht dem Rechtsgedanken des § 148 Abs. 1 S. 2 Nr. 4 und der ARAG/Garmenbeck-Doktrin des BGH.[116] Danach dürfen der Verfolgung eines Schadensersatzanspruchs keine überwiegenden Gründe des Gesellschaftswohls entgegenstehen. Dieser Gedanke ist im Organhaftungsrecht von allg. Bedeutung. Er lässt sich dahin erwei-

---

101 OLGR München 2007, 898 = AG 2008, 33, 35; OLG München AG 2010, 598, 599; OLG München AG 2010, 840, 841; OLG München AG 2011, 720; OLG Stuttgart NZG 2010, 864, 865 (WMF); Großkomm-AktienR/*Bezzenberger*, Rn 62; Hölters/*Hirschmann*, Rn 37.
102 RegBegr. UMAG, BT-Drucks. 15/5092, S. 18.
103 Großkomm-AktienR/*Bezzenberger*, Rn 60; *Jänig*, S. 279 f.
104 RegBegr. UMAG, BT-Drucks. 15/5092, S. 22.
105 RegBegr. UMAG, BT-Drucks. 15/5092, S. 22.
106 RegBegr. UMAG, BT-Drucks. 15/5092, S. 22; Großkomm-AktienR/*Bezzenberger*, Rn 62; *Jänig*, BB 2005, 949, 951.
107 Küting/Weber/*Fleischer*, Rn 132; Emmerich/Habersack/*Habersack*, § 315 AktG Rn 13; *Hüffer*, Rn 21; *Hirte*, ZIP 1988, 953, 956; aA noch AG Düsseldorf ZIP 1988, 970 (Feldmühle).
108 OLGR München 2007, 898 = AG 2008, 33, 34; AG Düsseldorf ZIP 1988, 970 (Feldmühle); Hölters/*Hirschmann*, Rn 42; *Hüffer*, Rn 21; Spindler/Stilz/*Mock*, Rn 134; MüHb-AG/*Semler*, § 42 Rn 11.
109 OLG Düsseldorf v. 24.6.2010 – I-6 W 32/10 (IKB); OLG München AG 2010, 598, 600; *Hüffer*, Rn 21; MüKo-AktG/*Schröer*, Rn 106.
110 OLGR München 2007, 898 = AG 2008, 33, 34 f.
111 *Wilsing/Ogorek*, GWR 2009, 75, 76.
112 RegBegr. UMAG, BT-Drucks. 15/5092, S. 18; OLG Düsseldorf ZIP 2010, 28, 30 (IKB); OLG München AG 2010, 598, 600; *Hüffer*, Rn 21; Spindler/Stilz/*Mock*, Rn 129; K. Schmidt/Lutter/*Spindler*, Rn 52, 57; Hb börsennotierte AG/*Mimberg*, § 40 Rn 12; *Göz/Holzborn*, WM 2006, 157, 158; *von der Linden/Ogorek*, EWiR 2010, 629, 630; *Spindler*, NZG 2005, 865, 870; aA LG Düsseldorf BeckRS 2009, 24113 (IKB).
113 RegBegr. UMAG, BT-Drucks. 15/5092, S. 18.
114 RegBegr. UMAG, BT-Drucks. 15/5092, S. 18.
115 *Trölitzsch/Gunßer*, AG 2008, 833, 837 f; *Wilsing/Ogorek*, GWR 2009, 75, 77.
116 BGHZ 135, 244 = NJW 1997, 1926 (ARAG/Garmenbeck).

tern, dass ein (mögliches) Fehlverhalten von Organmitgliedern oder Gründern nicht um jeden Preis aufgeklärt und sanktioniert werden darf. Im Kontext einer Sonderprüfung ist vor allem die umfassende Publizität der Prüfungsergebnisse über das HR zu bedenken (§ 9 Abs. 1 S. 1 HGB, § 145 Abs. 6 S. 3). Sie kann nicht nur das Ansehen der Gesellschaft und damit die Stellung am Markt beschädigen. Je nach Lage des Falls mag sie auch Aktionäre oder andere Dritte auf den Plan rufen, ihrerseits Ansprüche gegen die Gesellschaft geltend zu machen (Dreiecksfälle). Ohne Aussicht auf einen vollen Regress bei ihren Organmitgliedern oder Gründern geht die Sonderprüfung dann zulasten der Gesellschaft. Diesem negativen Saldo lassen sich keine Individualinteressen der Aktionäre, der Gläubiger oder sonstiger Dritter an einer Aufklärung des Sachverhalts entgegenhalten. Maßgeblich sind allein die widerstreitenden Aufklärungs- und Geheimhaltungsinteressen der Gesellschaft selbst. Anderenfalls würde der enge gesetzliche Schutzzweck ausgehebelt (Rn 5). ZT überschneidet die Schranke der Verhältnismäßigkeit sich mit dem Missbrauchsverbot aus § 242 BGB (Rn 31). Trotzdem haben beide Institute eigenständige Bedeutung. Insb. setzt die Verhältnismäßigkeitsschranke keinen subjektiven Vorwurf gegenüber dem Antragsteller voraus.[117]

33 **VIII. Antragsquorum.** Antragsberechtigt sind Aktionäre, deren Anteile zusammen 1 % des Grundkapitals oder einen anteiligen Betrag von 100.000 EUR erreichen. Berechnungsgrundlage für das **prozentuale Quorum** ist dasjenige Grundkapital, das am Tag der HV vorhanden ist. Auf das in der HV vertretene Grundkapital kommt es nicht an. Kapitalerhöhungen und Kapitalherabsetzungen zwischen dem Tag der HV und der Antragstellung wirken sich nicht aus. Abzustellen ist idR auf das im HR eingetragene Grundkapital.[118] Etwas anderes gilt nur nach Ausgabe von Bezugsaktien aus bedingtem Kapital, die bis zum Tag der HV registermäßig noch nicht nachvollzogen ist (§ 200). Eigene und stimmrechtslose Aktien sind nicht vom Grundkapital abzuziehen.[119] Zur Berechnung des **anteiligen Betrags** ist bei Stückaktien die Grundkapitalziffer durch die Zahl aller Aktien zu teilen. Anschließend ist der gefundene Wert mit der Zahl der Aktien der Antragsteller zu multiplizieren. Bei Nennbetragsaktien entspricht der anteilige Betrag der einzelnen Aktie ihrem Nennwert.[120] Die Aufbringung des Antragsquorums wird theoretisch dadurch erleichtert, dass Aktionäre sich über das sog. Aktionärsforum koordinieren können (§ 127 a).[121] Praktische Bedeutung hat das Forum allerdings nicht erlangt.[122] Der Gesetzeswortlaut des Abs. 2 S. 1 geht von einer Mehrzahl von Antragstellern aus. Trotzdem kann nach Sinn und Zweck der Norm auch ein einziger Aktionär das Quorum aufbringen.[123] Eine satzungsmäßige Erhöhung oder Absenkung des Quorums ist unzulässig (§ 23 Abs. 5).[124] Die Antragsteller müssen selbst **dingliche Vollrechtsinhaber** des Aktieneigentums sein. Bei Namensaktionären ist wegen der Legitimationswirkung des § 67 Abs. 2 zusätzlich die Eintragung im Aktienregister erforderlich.[125] Nur ausnahmsweise kann das Antragsrecht auch einem Nichtaktionär zustehen. Das trifft auf den Legitimationsaktionär und auf den Nießbraucher zu, wenn gerade das Antragsrecht des Abs. 2 S. 1 zur Ausübung überlassen worden ist.[126] Eine fehlende Stimmberechtigung aus den Aktien der Antragsteller, etwa bei stimmrechtslosen Vorzugsaktien (§ 139 Abs. 1, § 140 Abs. 1) oder einem Stimmverbot, steht der Antragsberechtigung nicht entgegen.[127] Schädlich ist lediglich ein umfassender Verlust der Rechte aus den Aktien nach § 20 Abs. 7, § 28 WpHG oder § 59 WpÜG.[128] Geht das Quorum während des gerichtlichen Verfahrens verloren, wird der Antrag unzulässig. § 265 Abs. 2 S. 1 ZPO findet in dieser Konstellation weder direkte noch analoge Anwendung. Das gilt auch, wenn durch einen Ausschluss der Minderheitsaktionäre alle Aktien zwangsweise auf den Hauptaktionär übergehen.[129]

34 **IX. Nachweis.** Die Antragsteller müssen nachweisen, dass sie seit mindestens drei Monaten vor dem Tag der HV Inhaber der Aktien sind (**vergangenheitsbezogener Nachweis**). Ausgangspunkt der Fristberechnung ist der Tag der HV, die den Antrag auf Bestellung eines Sonderprüfers abgelehnt hat. Dieser Tag selbst ist nicht mitzurechnen (§ 121 Abs. 7 S. 1). Bei der Berechnung gelten die §§ 187–193 BGB weder direkt noch entsprechend (§ 121 Abs. 7 S. 3). Anders als vor dem UMAG ist die Aktieninhaberschaft nicht glaubhaft zu machen, sondern nachzuweisen.[130] Dieser Nachweis kann durch eine Bestätigung des depotführenden Kreditinstituts geführt werden. Aus ihr muss hervorgehen, dass der Antragsteller seine Aktien spätestens drei Monate vor dem Tag der HV erworben hat und seitdem ununterbrochen hält. Der genaue Zeitpunkt des Erwerbs muss nicht ersichtlich sein. Überdies ist ein **zukunftsbezogener Nachweis** erforderlich. Er bezieht

---

117 Grigoleit/*Herrler*, Rn 24; *Hüffer*, Rn 21.
118 Spindler/Stilz/*Mock*, Rn 114.
119 Großkomm-AktienR/*Bezzenberger*, Rn 47; Bürgers/Körber/Holzborn/Jänig, Rn 16; *Hüffer*, Rn 22.
120 *Hüffer*, Rn 22.
121 RegBegr. UMAG, BT-Drucks. 15/5092, S. 15.
122 Wilsing/Ogorek, GWR 2009, 75, 76.
123 Bürgers/Körber/*Holzborn/Jänig*, Rn 16; KölnKomm-AktG/Kronstein/Zöllner, Rn 27.
124 Küting/Weber/*Fleischer*, Rn 118; K. Schmidt/Lutter/*Spindler*, Rn 38; *Jänig*, S. 269 ff.
125 OLGR München 2006, 64 = AG 2006, 167.
126 Großkomm-AktienR/*Bezzenberger*, Rn 47.
127 Großkomm-AktienR/*Bezzenberger*, Rn 47; Grigoleit/*Herrler*, Rn 26; *Hüffer*, Rn 22.
128 Grigoleit/*Herrler*, Rn 26; Hb börsennotierte AG/*Mimberg*, § 40 Rn 7.
129 OLG München NZG 2010, 866; Bürgers/Körber/Holzborn/Jänig, Rn 17; von der Linden, GWR 2010, 297.
130 RegBegr. UMAG, BT-Drucks. 15/5092, S. 18.

sich darauf, dass die Antragsteller die notwendigen Aktien bis zur Entscheidung über den Antrag halten. Gemeint ist die gerichtliche Entscheidung letzter Instanz. Insb. muss das Quorum nicht weiter bis zum Abschluss der begehrten Sonderprüfung bestehen. Der Nachweis muss gewährleisten, dass das Gericht oder die Gesellschaft von etwaigen Veränderungen des Aktienbestands erfährt und die verfahrensrechtliche Konsequenz ziehen kann.[131] Auch insoweit reicht eine Erklärung des Kreditinstituts. Darin muss es sich verpflichten, dem Gericht oder der Gesellschaft jede Veränderung des Depotbestands umgehend anzuzeigen.[132] Unzureichend ist demgegenüber die Erklärung, das Depot sei „bis auf Weiteres" oder „bis auf Widerruf" gesperrt. Sie macht die Dauer der Depotsperre nicht hinreichend transparent. Alternativ ist ein Nachweis möglich durch **Hinterlegung** bei der Hinterlegungsstelle des Gerichts, bei der Gesellschaft selbst oder bei einem Notar.[133] Wenn Namensaktien nur mit Zustimmung der Gesellschaft veräußert werden können, ist ein zukunftsbezogener Nachweis entbehrlich. In dieser Konstellation hat die Gesellschaft zwangsläufig Kenntnis von einer Veräußerung der Aktien. Damit kann sie im Verfahren auch den Wegfall der Antragsberechtigung rügen.[134] Entsprechend ist Abs. 2 S. 2 teleologisch zu reduzieren.

X. Vermeidung einer Sonderprüfung. Börsennotierte Gesellschaften (§ 3 Abs. 2) sind verpflichtet, Vereinbarungen zur Vermeidung einer Sonderprüfung unverzüglich bekannt zu machen (Abs. 2 S. 3 iVm § 149). Gemeint sind nur gerichtlich angeordnete, nicht aber von der HV beschlossene Sonderprüfungen. Die Bekanntmachung erfolgt in den Gesellschaftsblättern. Sie ist also zumindest in den BAnz einzurücken (§ 25 S. 1). Der Inhalt der Bekanntmachung bestimmt sich nach § 149 Abs. 2 (s. Erl. dort). Die Bekanntmachungspflicht soll von missbräuchlichen Anträgen abschrecken und verhindern, dass börsennotierte Gesellschaften ihren Aktionären Sonderprüfungsanträge wegen des Lästigkeitswerts „abkaufen".[135] Zum einen gilt sie für Vereinbarungen, die bereits im Vorfeld eines Verfahrens nach Abs. 2 S. 1 getroffen werden. Zum anderen zielt sie auf gerichtliche und außergerichtliche Vergleiche iRd laufenden Verfahrens. 35

F. Vorrang von § 258 (Abs. 3)

Nach § 258 kann das Gericht eine sog. bilanzrechtliche Sonderprüfung anordnen. Mit ihr lassen sich bestimmte Posten des Jahresabschlusses auf unzulässige Unterbewertung und der Anhang auf Vollständigkeit überprüfen. Soweit ein Vorgang der Gründung oder der Geschäftsführung Gegenstand einer bilanzrechtlichen Sonderprüfung sein kann, ist für eine allg. Sonderprüfung kein Raum (Abs. 3). Damit ordnet das Gesetz einen **absoluten Vorrang** der bilanzrechtlichen Sonderprüfung an. Mit anderen Worten ist eine allg. Sonderprüfung selbst dann ausgeschlossen, wenn die Frist des § 258 Abs. 2 S. 1 abgelaufen und ein Antrag nach § 258 Abs. 1 S. 1 nicht gestellt worden ist.[136] Wie sich aus § 261 ergibt, schützt die bilanzrechtliche Sonderprüfung vor allem das Recht der HV, über die Gewinnverwendung zu entscheiden (§ 119 Abs. 1 Nr. 2, § 174).[137] Kontrollmöglichkeiten der Aktionäre sollen aber nur in einem engen zeitlichen Zusammenhang zu der HV bestehen, die den Jahresabschluss entgegennimmt (§ 175 Abs. 1) bzw selbst feststellt (§ 173).[138] Anderenfalls würde die Aufstellung der Folgeabschlüsse übermäßig erschwert. 36

G. Austausch der Sonderprüfer (Abs. 4)

I. Regelungsgegenstand. Hat die HV nach Abs. 1 S. 1 Sonderprüfer bestellt, kann das Gericht auf Antrag einen anderen Prüfer bestellen (Abs. 4 S. 1). Dieser Schritt muss aus einem in der Person des bestellten Prüfers liegenden Grund geboten sein. Zweck der Norm ist, im Interesse der Gesellschaft die ordnungsgemäße Durchführung der mehrheitlich beschlossenen Sonderprüfung zu gewährleisten. Das gilt insb. für ihre **Qualität und Neutralität**. Entgegen einer verbreiteten These[139] dient die Vorschrift nicht dem Minderheitenschutz. Zwar steht das Antragsrecht einer qualifizierten Aktionärsminderheit zu. Wie bei Abs. 2 ist aber zu bedenken, dass schon die Sonderprüfung als Rechtsinstitut keine unmittelbar aktionärsschützende Funktion hat (Rn 5). Auch bei Abs. 4 geht es also um den Schutz der Gesellschaft durch eine Minderheit. 37

II. Grund in der Person. Das Gesetz nennt exemplarisch („insb.") drei Gründe, die in der Person des ursprünglichen Sonderprüfers liegen und die gerichtliche Bestellung eines anderen Prüfers gebieten: (1) Der ursprüngliche Sonderprüfer hat nicht die für den Gegenstand der Sonderprüfung erforderlichen Kenntnisse; (2) seine Befangenheit ist zu besorgen; (3) es bestehen Bedenken gegen seine Zuverlässigkeit. Nach wohl 38

---

131 OLGR München 2007, 898 = AG 2008, 33.
132 BayObLGZ 2004, 260, 265 = ZIP 2004, 2285; Hölters/*Hirschmann*, Rn 40; *Hüffer*, Rn 24; MüKo-AktG/*Schröer*, Rn 65.
133 *Hüffer*, Rn 24; K. Schmidt/Lutter/*Spindler*, Rn 43.
134 OLGR München 2007, 898 = AG 2008, 33.
135 RegBegr. UMAG, BT-Drucks. 15/5092, S. 29; *Hüffer*, Rn 25.
136 Großkomm-AktienR/*Bezzenberger*, Rn 18; Bürgers/Körber/Holzborn/*Jänig*, § 258 Rn 4; *Hüffer*, Rn 26, § 258 Rn 2; Spindler/Stilz/*Mock*, Rn 155; MüKo-AktG/*Schröer*, Rn 31; K. Schmidt/Lutter/*Spindler*, Rn 21; *Jänig*, NZG 2008, 257, 258.
137 K. Schmidt/Lutter/*Kleindiek*, § 258 Rn 3.
138 Grigoleit/*Herrler*, Rn 31; Spindler/Stilz/*Mock*, Rn 155.
139 K. Schmidt/Lutter/*Spindler*, Rn 63.

allgM ist der Austausch des Sonderprüfers vor diesem Hintergrund jedenfalls dann angezeigt, wenn der Prüfer den Anforderungen des **§ 143 Abs. 1** nicht genügt.[140] Zwar ist der HV-Beschluss über die Bestellung des ursprünglichen Sonderprüfers in diesen Fällen wegen Verletzung des Gesetzes anfechtbar (§ 143 Rn 4). Nach allg. Grundsätzen des Beschlussmängelrechts steht dieser Umstand einem Antrag nach Abs. 4 S. 1 aber nicht entgegen.[141] Denn der angefochtene HV-Beschluss ist bis zu seiner rechtskräftigen Nichtigerklärung (vorläufig) wirksam (§ 241 Nr. 5). Denkbar ist also ein Nebeneinander von Anfechtungsklage und Austauschverfahren. Kommt das Austauschverfahren zuerst zum Ziel, bleibt der Mangel des HV-Beschlusses unberührt. Für die Zukunft kann er aber keine Rechtswirkungen mehr entfalten. Somit entfällt das Rechtsschutzbedürfnis für die Anfechtungsklage und es tritt Erledigung ein, wenn keine weiteren Beschlussmängel gerügt sind (§ 143 Rn 4).

39 Anders liegt der Fall, wenn der von der HV gewählte Prüfer unter das Bestellungsverbot des **§ 143 Abs. 2** fällt. Der HV-Beschluss ist dann nicht nur anfechtbar. Er ist sogar *ipso iure* nichtig (§ 143 Rn 5). Entgegen der wohl hM[142] kommt unter diesen Voraussetzungen ein Antrag nach Abs. 4 S. 1 nicht in Betracht. Der Grund ist, dass die Beschlussnichtigkeit niemals auf die Auswahl des Prüfers beschränkt sein kann. Vielmehr erstreckt sie sich stets auch auf die Entscheidung der HV, die Sonderprüfung überhaupt durchzuführen (Rn 25). Die gerichtliche Einsetzung eines anderen Sonderprüfers ginge daher ins Leere. Vielmehr bedarf es einer (erneuten) Entscheidung über das „Ob" der Sonderprüfung. Zwar greift Abs. 4 S. 1 damit entgegen seinem Wortlaut ausgerechnet in Fällen der Besorgnis der Befangenheit nicht ein (§ 143 Abs. 2 iVm § 319 Abs. 2 HGB). Das ist aber als Konsequenz des gesetzlichen Verweisungssystems hinzunehmen. Auch das Verfahren nach Abs. 2 S. 1 steht insoweit nicht zur Verfügung. Vielmehr ist eine erneute Beschlussfassung der HV erforderlich (Rn 25).

40 **III. Antragsfrist.** Der Antrag auf gerichtliche Bestellung anderer Sonderprüfer muss innerhalb von **zwei Wochen** seit dem Tag der HV gestellt werden (Abs. 4 S. 2). Wenn der von der HV bestimmte Sonderprüfer seine Bestellung nicht noch am selben Tag annimmt, orientiert sich der Fristbeginn ausnahmsweise erst am Tag des Zugangs seiner Annahmeerklärung.[143] Denn ohne Annahme kommt ein Prüfermandat erst gar nicht zustande (Rn 21). Die Einhaltung der Frist ist keine Zulässigkeitsvoraussetzung. Wie bei § 258 Abs. 2 S. 1 (dort Rn 15) handelt es sich um eine zwingende **materiellrechtliche Ausschlussfrist**.[144] Verspätete Anträge sind somit nicht als unzulässig, sondern als unbegründet zurückzuweisen. Vorschriften über die Wiedereinsetzung in den vorigen Stand (§§ 17 ff FamFG) oder andere verfahrensrechtliche Normen finden keine Anwendung.

41 **IV. Antragsquorum.** Das Gericht kann die Bestellung anderer Sonderprüfer nur auf Antrag vornehmen. Antragsberechtigt sind Aktionäre, deren Anteile zusammen 1 % des Grundkapitals oder einen anteiligen Betrag von 100.000 EUR erreichen. Das entspricht dem Quorum des Abs. 2 S. 1 (Rn 33). Die Antragsteller brauchen weder den Beschlussantrag in der HV gestellt oder unterstützt noch bei der ursprünglichen Beschlussfassung mitgewirkt zu haben.[145] Ein Vorbesitzerfordernis und der Nachweis des Fortbesitzes bis zur Entscheidung über den Antrag sind anders als im Verfahren nach Abs. 2 nicht vorgesehen.[146] Da die Sonderprüfung als solche bereits von der HV wirksam angeordnet worden ist, wohnt dem Antrag nach Abs. 4 S. 1 nämlich weniger Missbrauchspotenzial inne.[147] Dementsprechend besteht hier auch keine realistische Gefahr, dass Aktionäre kurzfristig Aktien allein mit dem Ziel erwerben, ein Verfahren nach Abs. 4 S. 1 einzuleiten und aus sachfremden Motiven einen Lästigkeitswert aufzubauen.

H. Anhörung (Abs. 5)

42 Abs. 5 trifft Regelungen zu Anhörung, Rechtsmittel und Zuständigkeit. Die Vorschrift gilt sowohl für das Verfahren zur gerichtlichen Bestellung von Sonderprüfern (Abs. 2) als auch für das Verfahren zur gerichtlichen Bestellung anderer Sonderprüfer (Abs. 4). Die Gesellschaft, vertreten durch ihren Vorstand (§ 78 Abs. 1), ist durch das Verfahren unmittelbar in ihren Rechten betroffen und daher verfahrensbeteiligt (§ 7 Abs. 2 Nr. 1 FamFG). Insoweit muss Abs. 5 deshalb keine Anhörung mehr regeln. Neben der Gesellschaft ist auch ihr **AR** zu hören (Abs. 5 S. 1). Im Fall des Abs. 4 gilt dasselbe für den von der HV bestellten **Sonderprüfer**, um dessen Ersetzung es geht. Seit der FGG-Reform ist er aber ebenfalls schon aufgrund der allg. Vorschrift des § 7 Abs. 2 Nr. 1 FamFG Beteiligter und als solcher anzuhören. Abs. 5 S. 1 kommt also inso-

---

140 Großkomm-AktienR/*Bezzenberger*, Rn 73; Küting/Weber/*Fleischer*, Rn 140; *Hüffer*, Rn 27; MüKo-AktG/*Schröer*, Rn 85; K. Schmidt/Lutter/*Spindler*, Rn 65.
141 Hölters/*Hirschmann*, Rn 49; Spindler/Stilz/*Mock*, Rn 163; MüKo-AktG/*Schröer*, Rn 86.
142 *Hüffer*, Rn 27; K. Schmidt/Lutter/*Spindler*, Rn 65 mwN.
143 *Baumbach/Hueck*, AktG, Rn 16; Geßler/*Hefermehl*, Rn 32; *Hüffer*, Rn 28; aA Großkomm-AktienR/*Bezzenberger*, Rn 76; Hölters/*Hirschmann*, Rn 50; MüKo-AktG/*Schröer*, Rn 84.
144 *Hüffer*, Rn 28; KölnKomm-AktG/*Kronstein/Zöllner*, Rn 36; Wachter/*Zwissler*, Rn 23.
145 Geßler/*Hefermehl*, Rn 31.
146 K. Schmidt/Lutter/*Spindler*, Rn 64.
147 RegBegr. UMAG, BT-Drucks. 15/5092, S. 19.

weit nur noch klarstellende Bedeutung zu. Eine Anhörung hat in jedem Fall zu erfolgen. Das gilt auch dann, wenn das Gericht den Antrag ohne Weiteres für zurückweisungsreif hält.

I. Zuständigkeit (noch: Abs. 5)

Die erstinstanzliche Zuständigkeit zur Entscheidung über einen Antrag nach Abs. 2 oder 4 liegt bei dem LG, in dessen Bezirk die Gesellschaft ihren Sitz hat (Abs. 5 S. 3). Die bisherigen S. 4–6 des Abs. 5 idF des UMAG betrafen die Zuständigkeit der KfH, die Konzentrationsermächtigung der Landesregierungen und deren Übertragung auf die Landesjustizverwaltung. IRd FGG-Reform zum 1.9.2009 konnten sie gestrichen werden (Rn 1, ebenso wie entsprechende Regelungen in §§ 98, 132, 145 und 315 AktG aF, § 26 SEAG aF, § 10 UmwG aF und § 2 SpruchG aF). Eine sachliche Änderung war damit nicht verbunden. Denn seither folgt die Zuständigkeit des LG und dort der KfH bereits aus § 71 Abs. 2 Nr. 4, §§ 94, 95 Abs. 2 Nr. 2 GVG, die Konzentrationsermächtigung für die Landesregierungen und deren Übertragbarkeit aus § 71 Abs. 4 GVG.[148]

J. Rechtsmittel (noch: Abs. 5)

Gem. Abs. 5 S. 2 ist statthaftes Rechtsmittel gegen erstinstanzliche Entscheidungen nach Abs. 2 S. 1 und Abs. 4 S. 1 die **Beschwerde** zum OLG (§§ 58 ff FamFG). Sie ist binnen einer einmonatigen Notfrist beim *iudex a quo* einzulegen (§ 63 Abs. 1 FamFG). Das ist das LG, dessen Entscheidung angefochten wird (§ 64 Abs. 1 FamFG). Dem LG wird es dadurch ermöglicht, der Beschwerde abzuhelfen, wenn es sie für begründet hält (§ 68 Abs. 1 S. 1 FamFG).[149] Eine Einlegung beim Beschwerdegericht selbst (*iudex ad quem*) ist seit der FGG-Reform nicht mehr vorgesehen.[150] Beschwerdeberechtigt (§ 59 FamFG) sind – je nach Ausgang der angefochtenen Entscheidung – entweder die antragstellenden Aktionäre oder die Gesellschaft. Im Fall des Abs. 4 ist von einer gerichtlichen Bestellung anderer Sonderprüfer auch der ursprünglich von der HV ausgewählte Prüfer materiell betroffen und deshalb selbstständig beschwerdeberechtigt.[151] Dem AR hingegen steht ungeachtet des Ausgangs der erstinstanzlichen Entscheidung kein eigenes Beschwerderecht zu. Auch in den Rechtsmittelinstanzen ist ihm allerdings rechtliches Gehör zu gewähren. Aufschiebende Wirkung kommt der Beschwerde grds. nicht zu. Jedoch kann das Beschwerdegericht vor seiner Entscheidung eine einstweilige Anordnung erlassen. Insb. kann es anordnen, dass die Vollziehung des angefochtenen Beschlusses auszusetzen ist (§ 64 Abs. 3 FamFG). Ohne dass dies in Abs. 5 ausdrücklich geregelt wäre, ist gegen die Entscheidung des Beschwerdegerichts unter den Voraussetzungen des § 70 FamFG die (zulassungsabhängige) **Rechtsbeschwerde** zum BGH möglich.[152] Die Erwähnung nur der Beschwerde in Abs. 5 S. 2 schließt die Rechtsbeschwerde keineswegs aus. Dies lässt sich u.a. mit einem Umkehrschluss aus Abs. 6 S. 3 Hs 2 begründen. Für die gegenteilige Auffassung[153] finden sich im geltenden Recht keine Anhaltspunkte. Zur Einreichung der Rechtsbeschwerdeschrift steht ebenfalls eine Notfrist von einem Monat zur Verfügung. Fristwahrend ist aus Gründen der Verfahrensbeschleunigung allein die Einreichung beim BGH als Rechtsbeschwerdegericht (§ 71 Abs. 1 S. 1 FamFG).[154] Innerhalb der Monatsfrist muss auch die Begründung der Rechtsbeschwerde erfolgen (§ 71 Abs. 2 S. 1 FamFG). Zu diesem Zweck kann die Frist aber auf Antrag verlängert werden (§ 71 Abs. 2 S. 2 FamFG iVm § 551 Abs. 2 S. 5, 6 ZPO).

K. Auslagenersatz und Vergütung (Abs. 6)

Wird der Sonderprüfer von der HV bestellt (Abs. 1), richten sich seine Ansprüche auf Vergütung und Auslagenersatz nach dem Prüfungsvertrag (Rn 23). Zwischen einem gerichtlich bestellten Sonderprüfer (Abs. 2 S. 1, Abs. 4 S. 1) und der Gesellschaft kommen dagegen ohne Weiteres keine vertraglichen Vereinbarungen zustande. Zwar entsteht durch die Annahme der gerichtlichen Bestellung das Prüfermandat und mithin ein **Sonderrechtsverhältnis** zwischen dem Prüfer und der Gesellschaft. Bereits kraft seines Mandats ist der Prüfer zur Durchführung der angeordneten Prüfung und zur Anfertigung und Einreichung eines Prüfungsberichts verpflichtet (§ 145 Abs. 6 S. 1–3).[155] Auch knüpft das Gesetz an das Mandat als solches eine Pflicht zu gewissenhaftem und unparteiischem Vorgehen sowie zur Verschwiegenheit. Das hat wiederum zur Fol-

---

148 RegBegr. FGG-RG, BT-Drucks. 16/6308, S. 354.
149 Prütting/Helms/*Abramenko*, § 64 FamFG Rn 2; Bumiller/Harders, § 64 FamFG Rn 1.
150 Keidel/*Sternal*, § 64 FamFG Rn 4.
151 *Hüffer*, Rn 30.
152 *Hüffer*, Rn 30; *Jänig*, EWiR 2010, 183, 184; vgl zur Übergangsregelung des Art. 111 FGG-RG BGH NZG 2010, 347 (IKB); BGH NJW 2010, 440; BGH NJW 2010, 372.
153 BR-Stellungnahme v. 6.7.2007, BT-Drucks. 16/6308, S. 392.
154 RegBegr. FGG-RG, BT-Drucks. 16/6308, S. 209; Prütting/Helms/*Abramenko*, § 71 FamFG Rn 2; Bumiller/Harders, § 71 FamFG Rn 3; Keidel/*Meyer-Holz*, § 71 FamFG Rn 2.
155 Ebenso wohl *Hüffer*, Rn 33 (vertragsähnliches Verhältnis).

ge, dass Pflichtverletzungen Sekundäransprüche der Gesellschaft auslösen können (§ 144 iVm § 323 HGB). Entgegen der wohl hM[156] begründet die Annahme der gerichtlichen Bestellung aber **keinen vertraglichen Primäranspruch** des Sonderprüfers auf Vergütung seiner Tätigkeit. Vielmehr bedarf es insoweit der Regelung in Abs. 6 S. 1. Sie gibt dem gerichtlich bestellten Sonderprüfer einen **gesetzlichen Anspruch** auf Ersatz angemessener barer Auslagen und auf Zahlung einer Vergütung. Schuldner dieses Anspruchs ist allein die Gesellschaft (§ 146 S. 1), nicht etwa die Staatskasse oder die Aktionäre, die die gerichtliche Bestellung beantragt haben.[157] Über den Gesetzeswortlaut hinaus sind nicht nur bare, sondern alle angemessenen Auslagen zu ersetzen.[158] Die Höhe der Auslagen und der Vergütung setzt das Gericht auf Antrag fest (Abs. 6 S. 2). Gegen den Festsetzungsbeschluss ist das Rechtsmittel der Beschwerde zum OLG gegeben (Abs. 6 S. 3 Hs 1, §§ 58 ff FamFG). Die Rechtsbeschwerde zum BGH ist ausgeschlossen (Abs. 6 S. 3 Hs 2). Der rechtskräftige Festsetzungsbeschluss ist Vollstreckungstitel (Abs. 6 S. 4, § 794 Abs. 1 Nr. 3 ZPO). Dass Abs. 6 Auslagenersatz und Vergütung gesetzlich regelt, steht dem Abschluss ergänzender oder modifizierender vertraglicher Vereinbarungen zwischen dem Sonderprüfer und der Gesellschaft nicht entgegen.[159]

L. Mitteilungspflichten (Abs. 7)

46 Abs. 7 bestimmt, dass die BaFin über die Bestellung des Sonderprüfers sowie zu gegebener Zeit über dessen Prüfungsbericht zu unterrichten ist. Mitteilungspflichtig ist im Fall des Abs. 1 S. 1 der Vorstand, im Fall des Abs. 2 S. 1 das Gericht. Außerdem hat das Gericht der BaFin bereits den Eingang eines Antrags auf gerichtliche Bestellung eines Sonderprüfers anzuzeigen. Hintergrund der Regelung ist, dass § 37o Abs. 2 S. 2 WpHG und § 342b Abs. 3 S. 2 HGB den Vorrang der aktienrechtlichen Sonderprüfung vor einer sog. **Enforcement-Prüfung** durch die BaFin bzw durch die Prüfstelle für Rechnungslegung anordnen. Die Mitteilungspflichten des Vorstands und des Gerichts stellen sicher, dass die BaFin und – über § 37p Abs. 3 WpHG – auch die Prüfstelle von einer Sonderprüfung sowie deren Gegenstand und Ergebnis Kenntnis erhalten.[160] Eine Enforcement-Prüfung findet allerdings nur bei Gesellschaften statt, deren Wertpapiere iSv § 2 Abs. 1 S. 1 WpHG an einer inländischen Börse zum Handel im regulierten Markt zugelassen sind (§ 37n WpHG, § 342b Abs. 2 S. 2 HGB). Dementsprechend bestehen auch die Mitteilungspflichten nach Abs. 7 ausdrücklich nur für Sonderprüfungen bei solchen Gesellschaften.[161]

M. Verfahren (Abs. 8)

47 Gem. Abs. 8 richten sich die gerichtlichen Verfahren zur Bestellung eines Sonderprüfers (Abs. 2), zur Bestellung eines anderen Sonderprüfers (Abs. 4) und zur Festsetzung der Auslagen und Vergütung eines gerichtlich bestellten Sonderprüfers (Abs. 6) nach den Vorschriften des FamFG. Das gilt allerdings nur mit der Maßgabe, dass keine speziellen aktienrechtlichen Regelung bestehen, hinter der die allg. Verfahrensregeln zurücktreten müssen. Demnach kommt vor allem der **Amtsermittlungsgrundsatz** zur Anwendung (§ 26 FamFG). Im Verfahren nach Abs. 2 wird er aber in erheblichem Umfang abgeschwächt. Denn dort obliegt es den Antragstellern, diejenigen Tatsachen darzulegen, die den Verdacht von Unredlichkeiten oder groben Gesetzes- oder Satzungsverletzungen rechtfertigen (Rn 28).[162]

N. Beendigung des Prüfermandats

48 Das Mandat des Sonderprüfers endet, wenn er die Sonderprüfung durchgeführt (§ 144 iVm § 323 Abs. 1 S. 1 Hs 1 HGB), seinen Prüfungsbericht erstellt (§ 145 Abs. 6 S. 1) und ihn dem Vorstand sowie zum HR eingereicht hat (§ 145 Abs. 6 S. 3). Die Hauptleistungspflichten des Sonderprüfers sind damit erfüllt (§ 362 Abs. 1 BGB).[163] Ausnahmsweise kann das Mandat des Sonderprüfers auch schon vor diesem Zeitpunkt enden. Insb. kann das Gericht anstelle des ursprünglichen Sonderprüfers einen anderen Prüfer bestellen (Abs. 4 S. 1).[164] Ferner kann die HV die selbst beschlossene Bestellung durch einen neuen Beschluss wider-

---

156 *A/D/S*, §§ 142–146 AktG Rn 20; Großkomm-AktienR/*Bezzenberger*, Rn 69; KölnKomm-AktG/*Kronstein/Zöllner*, Rn 34; MüKo-AktG/*Schröer*, Rn 93; K. Schmidt/Lutter/*Spindler*, Rn 61, 70.
157 *Hüffer*, Rn 33.
158 Großkomm-AktienR/*Bezzenberger*, Rn 92; *Hüffer*, Rn 33; KölnKomm-AktG/*Kronstein/Zöllner*, Rn 41.
159 *Baumbach/Hueck*, AktG, Rn 18; Geßler/*Hefermehl*, Rn 29; *Hüffer*, Rn 33; MüKo-AktG/*Schröer*, Rn 93; aA K. Schmidt/Lutter/*Spindler*, Rn 71 mwN.

160 RegBegr. BilKoG, BT-Drucks. 15/3421, S. 21; *Hüffer*, Rn 35; K. Schmidt/Lutter/*Spindler*, Rn 73; *Wilsing/Neumann*, DB 2006, 31, 34.
161 Hb börsennotierte AG/*Mimberg*, § 40 Rn 17.
162 Großkomm-AktienR/*Bezzenberger*, Rn 64; Spindler/Stilz/*Mock*, Rn 193; Hb börsennotierte AG/*Mimberg*, § 40 Rn 14.
163 Spindler/Stilz/*Mock*, Rn 99.
164 K. Schmidt/Lutter/*Spindler*, Rn 68.

rufen (Abberufung).¹⁶⁵ Die Zulässigkeit eines solchen Vorgehens folgt aus allg. Grundsätzen der Willensbildung. Denn die mehrheitlich beschlossene Abberufung ist nichts anderes ist als der actus contrarius zu der mehrheitlich beschlossenen Bestellung. Die Stimmverbote aus Abs. 1 S. 2, 3 (Rn 18 ff) gelten für die Abberufung entsprechend. Auch die Restriktionen bei Beschlussvorschlägen an die HV sind in gleicher Weise zu beachten wie bei einer Bestellung (Rn 16).¹⁶⁶ Dagegen steht eine gerichtliche Bestellung nicht zur Disposition der HV. Gegen sie muss die Gesellschaft sich mit der Beschwerde und ggf mit der Rechtsbeschwerde wehren (Rn 44). Nach Rechtskraft des Bestellungsbeschlusses kommt auf Antrag der Gesellschaft eine gerichtliche Abberufung in Betracht. Voraussetzung dafür ist eine wesentliche Veränderung der Sach- oder Rechtslage (§ 48 Abs. 1 FamFG), zB nach einem Zwangsausschluss der Minderheit oder nach Verjährung aller denkbaren Ansprüche. Der vom Mandat zu unterscheidende schuldrechtliche **Prüfungsvertrag** bleibt von einer Abberufung unberührt.¹⁶⁷ Mit dem Wegfall des Mandats verliert er aber seine Geschäftsgrundlage. Die Gesellschaft ist dann zur Kündigung berechtigt (§ 313 Abs. 3 BGB).¹⁶⁸ Eine vorzeitige Beendigung des Prüfungsvertrags durch Kündigung seitens des Sonderprüfers ist nur aus wichtigem Grund möglich. Das jederzeitige Kündigungsrecht des Beauftragten nach § 671 Abs. 1 BGB gilt im Geschäftsbesorgungsverhältnis nicht (§ 675 Abs. 1 BGB).¹⁶⁹

§ 143 Auswahl der Sonderprüfer

(1) Als Sonderprüfer sollen, wenn der Gegenstand der Sonderprüfung keine anderen Kenntnisse fordert, nur bestellt werden
1. Personen, die in der Buchführung ausreichend vorgebildet und erfahren sind;
2. Prüfungsgesellschaften, von deren gesetzlichen Vertretern mindestens einer in der Buchführung ausreichend vorgebildet und erfahren ist.

(2) ¹Sonderprüfer darf nicht sein, wer nach § 319 Abs. 2, 3, § 319 a Abs. 1, § 319 b des Handelsgesetzbuchs nicht Abschlußprüfer sein darf oder während der Zeit, in der sich der zu prüfende Vorgang ereignet hat, hätte sein dürfen. ²Eine Prüfungsgesellschaft darf nicht Sonderprüfer sein, wenn sie nach § 319 Abs. 2, 4, § 319 a Abs. 1, § 319 b des Handelsgesetzbuchs nicht Abschlußprüfer sein darf oder während der Zeit, in der sich der zu prüfende Vorgang ereignet hat, hätte sein dürfen.

§ 319 Abs. 2–4, § 319 a Abs. 1, § 319 b HGB lauten:

§ 319 HGB   Auswahl der Abschlussprüfer und Ausschlussgründe

(1) ...
(2) Ein Wirtschaftsprüfer oder vereidigter Buchprüfer ist als Abschlussprüfer ausgeschlossen, wenn Gründe, insbesondere Beziehungen geschäftlicher, finanzieller oder persönlicher Art, vorliegen, nach denen die Besorgnis der Befangenheit besteht.
(3) ¹Ein Wirtschaftsprüfer oder vereidigter Buchprüfer ist insbesondere von der Abschlussprüfung ausgeschlossen, wenn er oder eine Person, mit der er seinen Beruf gemeinsam ausübt,
1. Anteile oder andere nicht nur unwesentliche finanzielle Interessen an der zu prüfenden Kapitalgesellschaft oder eine Beteiligung an einem Unternehmen besitzt, das mit der zu prüfenden Kapitalgesellschaft verbunden ist oder von dieser mehr als zwanzig vom Hundert der Anteile besitzt;
2. gesetzlicher Vertreter, Mitglied des Aufsichtsrats oder Arbeitnehmer der zu prüfenden Kapitalgesellschaft oder eines Unternehmens ist, das mit der zu prüfenden Kapitalgesellschaft verbunden ist oder von dieser mehr als zwanzig vom Hundert der Anteile besitzt;
3. über die Prüfungstätigkeit hinaus bei der zu prüfenden oder für die zu prüfende Kapitalgesellschaft in dem zu prüfenden Geschäftsjahr oder bis zur Erteilung des Bestätigungsvermerks
   a) bei der Führung der Bücher oder der Aufstellung des zu prüfenden Jahresabschlusses mitgewirkt hat,
   b) bei der Durchführung der internen Revision in verantwortlicher Position mitgewirkt hat,
   c) Unternehmensleitungs- oder Finanzdienstleistungen erbracht hat oder
   d) eigenständige versicherungsmathematische oder Bewertungsleistungen erbracht hat, die sich auf den zu prüfenden Jahresabschluss nicht nur unwesentlich auswirken,

---

165 RGZ 143, 401, 410; OLG Düsseldorf BeckRS 2012, 22395 (IKB); *A/D/S*, §§ 142–146 AktG Rn 22; Großkomm-AktienR/*Bezzenberger*, Rn 43; Küting/Weber/*Fleischer*, Rn 150; *Hüffer*, Rn 34; KölnKomm-AktG/*Kronstein/Zöllner*, Rn 44; MüKo-AktG/*Schröer*, Rn 99; K. Schmidt/Lutter/*Spindler*, Rn 75.
166 OLG Düsseldorf BeckRS 2012, 22395 (IKB).
167 MüKo-AktG/*Schröer*, Rn 99.
168 Spindler/Stilz/*Mock*, Rn 99.
169 Großkomm-AktienR/*Bezzenberger*, Rn 45; Spindler/Stilz/*Mock*, Rn 99; MüKo-AktG/*Schröer*, Rn 54.

sofern diese Tätigkeiten nicht von untergeordneter Bedeutung sind; dies gilt auch, wenn eine dieser Tätigkeiten von einem Unternehmen für die zu prüfende Kapitalgesellschaft ausgeübt wird, bei dem der Wirtschaftsprüfer oder vereidigte Buchprüfer gesetzlicher Vertreter, Arbeitnehmer, Mitglied des Aufsichtsrats oder Gesellschafter, der mehr als zwanzig vom Hundert der den Gesellschaftern zustehenden Stimmrechte besitzt, ist;

4. bei der Prüfung eine Person beschäftigt, die nach den Nummern 1 bis 3 nicht Abschlussprüfer sein darf;
5. in den letzten fünf Jahren jeweils mehr als dreißig vom Hundert der Gesamteinnahmen aus seiner beruflichen Tätigkeit von der zu prüfenden Kapitalgesellschaft und von Unternehmen, an denen die zu prüfende Kapitalgesellschaft mehr als zwanzig vom Hundert der Anteile besitzt, bezogen hat und dies auch im laufenden Geschäftsjahr zu erwarten ist; zur Vermeidung von Härtefällen kann die Wirtschaftsprüferkammer befristete Ausnahmegenehmigungen erteilen.

²Dies gilt auch, wenn der Ehegatte oder der Lebenspartner einen Ausschlussgrund nach Satz 1 Nr. 1, 2 oder 3 erfüllt.

(4) ¹Wirtschaftsprüfungsgesellschaften und Buchprüfungsgesellschaften sind von der Abschlussprüfung ausgeschlossen, wenn sie selbst, einer ihrer gesetzlichen Vertreter, ein Gesellschafter, der mehr als zwanzig vom Hundert der den Gesellschaftern zustehenden Stimmrechte besitzt, ein verbundenes Unternehmen, ein bei der Prüfung in verantwortlicher Position beschäftigter Gesellschafter oder eine andere von ihr beschäftigte Person, die das Ergebnis der Prüfung beeinflussen kann, nach Absatz 2 oder Absatz 3 ausgeschlossen sind. ²Satz 1 gilt auch, wenn ein Mitglied des Aufsichtsrats nach Absatz 3 Satz 1 Nr. 2 ausgeschlossen ist oder wenn mehrere Gesellschafter, die zusammen mehr als zwanzig vom Hundert der den Gesellschaftern zustehenden Stimmrechte besitzen, jeweils einzeln oder zusammen nach Absatz 2 oder Absatz 3 ausgeschlossen sind.

(5) ...

§ 319 a HGB   Besondere Ausschlussgründe bei Unternehmen von öffentlichem Interesse

(1) ¹Ein Wirtschaftsprüfer ist über die in § 319 Abs. 2 und 3 genannten Gründe hinaus auch dann von der Abschlussprüfung eines Unternehmens, das kapitalmarktorientiert im Sinn des § 264 d ist, ausgeschlossen, wenn er

1. in den letzten fünf Jahren jeweils mehr als fünfzehn vom Hundert der Gesamteinnahmen aus seiner beruflichen Tätigkeit von der zu prüfenden Kapitalgesellschaft oder von Unternehmen, an denen die zu prüfende Kapitalgesellschaft mehr als zwanzig vom Hundert der Anteile besitzt, bezogen hat und dies auch im laufenden Geschäftsjahr zu erwarten ist,
2. in dem zu prüfenden Geschäftsjahr über die Prüfungstätigkeit hinaus Rechts- oder Steuerberatungsleistungen erbracht hat, die über das Aufzeigen von Gestaltungsalternativen hinausgehen und die sich auf die Darstellung der Vermögens-, Finanz- und Ertragslage in dem zu prüfenden Jahresabschluss unmittelbar und nicht nur unwesentlich auswirken,
3. über die Prüfungstätigkeit hinaus in dem zu prüfenden Geschäftsjahr an der Entwicklung, Einrichtung und Einführung von Rechnungslegungsinformationssystemen mitgewirkt hat, sofern diese Tätigkeit nicht von untergeordneter Bedeutung ist, oder
4. für die Abschlussprüfung bei dem Unternehmen bereits in sieben oder mehr Fällen verantwortlich war; dies gilt nicht, wenn seit seiner letzten Beteiligung an der Prüfung des Jahresabschlusses zwei oder mehr Jahre vergangen sind.

²§ 319 Abs. 3 Satz 1 Nr. 3 letzter Teilsatz, Satz 2 und Abs. 4 gilt für die in Satz 1 genannten Ausschlussgründe entsprechend. ³Satz 1 Nr. 1 bis 3 gilt auch, wenn Personen, mit denen der Wirtschaftsprüfer seinen Beruf gemeinsam ausübt, die dort genannten Ausschlussgründe erfüllen. ⁴Satz 1 Nr. 4 findet auf eine Wirtschaftsprüfungsgesellschaft mit der Maßgabe Anwendung, dass sie nicht Abschlussprüfer sein darf, wenn sie bei der Abschlussprüfung des Unternehmens einen Wirtschaftsprüfer beschäftigt, der als verantwortlicher Prüfungspartner nach Satz 1 Nr. 4 nicht Abschlussprüfer sein darf. ⁵Verantwortlicher Prüfungspartner ist, wer den Bestätigungsvermerk nach § 322 unterzeichnet oder als Wirtschaftsprüfer von einer Wirtschaftsprüfungsgesellschaft als für die Durchführung einer Abschlussprüfung vorrangig verantwortlich bestimmt worden ist.

(2) ...

§ 319 b HGB   Netzwerk

(1) ¹Ein Abschlussprüfer ist von der Abschlussprüfung ausgeschlossen, wenn ein Mitglied seines Netzwerks einen Ausschlussgrund nach § 319 Abs. 2, 3 Satz 1 Nr. 1, 2 oder Nr. 4, Abs. 3 Satz 2 oder Abs. 4 erfüllt, es sei denn, dass das Netzwerkmitglied auf das Ergebnis der Abschlussprüfung keinen Einfluss nehmen kann. ²Er ist ausgeschlossen, wenn ein Mitglied seines Netzwerks einen Ausschlussgrund nach § 319 Abs. 3 Satz 1

Nr. 3 oder § 319a Abs. 1 Satz 1 Nr. 2 oder 3 erfüllt. ³Ein Netzwerk liegt vor, wenn Personen bei ihrer Berufsausübung zur Verfolgung gemeinsamer wirtschaftlicher Interessen für eine gewisse Dauer zusammenwirken.
(2) Absatz 1 ist auf den Abschlussprüfer des Konzernabschlusses entsprechend anzuwenden.

A. Grundlagen

Die Vorschrift stellt in fachlicher (Abs. 1) und persönlicher Hinsicht (Abs. 2) gewisse Mindestanforderungen an einen Sonderprüfer. Sie gilt ohne Rücksicht darauf, ob der Sonderprüfer von der HV oder durch das Gericht bestellt worden ist. Ihr Zweck ist, die **Qualität** und **Neutralität** der Sonderprüfung zu sichern. Durch Art. 2 Nr. 17 BiRiLiG v. 19.12.1985[1] wurde Abs. 2 mWz 1.1.1986 neu gefasst. Zugleich wurde der ursprüngliche Abs. 3 aufgehoben. Hintergrund war, dass seine Ausschlusstatbestände für Prüfungsgesellschaften durch den in Abs. 2 S. 2 aufgenommenen Verweis auf die Parallelvorschriften des HGB überflüssig wurden. Abs. 2 wurde geändert mWz 10.12.2004 durch Art. 4 Nr. 1 BilReG v. 4.12.2004[2] und erneut mWz 29.5.2009 durch Art. 5 Nr. 7 BilMoG v. 25.5.2009.[3]

B. Eignung der Sonderprüfer (Abs. 1)

Die in Abs. 1 genannten **Anforderungen** entsprechen denen, die an Gründungsprüfer nach § 33 Abs. 4 gestellt werden. Anders als bei der Abschlussprüfung (§ 319 Abs. 1 S. 1 HGB) und der Sonderprüfung wegen unzulässiger Unterbewertung (§ 258 Abs. 4 S. 1) muss der Prüfer also nicht zwingend Wirtschaftsprüfer oder Wirtschaftsprüfungsgesellschaft sein. Ebenso wenig muss er vereidigter Buchprüfer oder Buchprüfungsgesellschaft iSv § 319 Abs. 1 S. 2 HGB sein. Umgekehrt reicht die Qualifikation eines Wirtschaftsprüfers oder auch eines vereidigten Buchprüfers aber regelmäßig aus, um die Anforderungen des Abs. 1 zu erfüllen (vgl §§ 2, 129 WPO).[4] Falls der Gegenstand der Sonderprüfung ausnahmsweise andere Kenntnisse als Vorbildung und Erfahrung in der Buchführung fordert, ermöglicht Abs. 1 auch die Bestellung anderer natürlicher Personen oder Gesellschaften. Dann erachtet das Gesetz die Bestellung von Experten auf dem jeweils einschlägigen Fachgebiet für sinnvoll. So kann der Fall liegen, wenn die Prüfung in erster Linie technisches, betriebswirtschaftliches oder juristisches Spezialwissen oder Kenntnisse spezieller Branchen oder Märkte verlangt.[5] Sofern Aspekte der Buchführung nicht nur eine völlig untergeordnete Rolle spielen, sollte die Bestellung mehrerer Sonderprüfer erwogen werden, um eine sachgerechte und umfassende Aufklärung des Sachverhalts zu gewährleisten.[6] Alternativ kann der Sonderprüfer von vornherein mit der Maßgabe bestellt werden, dass er in jedem Stadium der Prüfung Hilfspersonen einschalten darf.

C. Bestellungsverbote (Abs. 2)

Abs. 2 stellt durch Verweise auf die für Abschlussprüfer geltenden Regeln in § 319 Abs. 2–4, § 319a Abs. 1, § 319b HGB eine Reihe von Bestellungsverboten auf. Damit sind bestimmte Personen und Gesellschaften aus persönlichen Hinderungsgründen vom Mandat eines Sonderprüfers ausgeschlossen. Es handelt sich um **dynamische Verweisungen** auf die jeweils aktuelle HGB-Fassung. Maßgeblich für die Bestellungsverbote sind sowohl der Zeitpunkt der Bestellung durch die HV oder das Gericht als auch der Zeitraum, in dem die prüfungsgegenständlichen Vorgänge sich ereignet haben.[7]

D. Verstoß gegen Abs. 1

Die Bestellung eines ungeeigneten Sonderprüfers durch die HV verletzt das Gesetz. Damit ist sie nach allg. Regeln des Beschlussmängelrechts anfechtbar (§ 243 Abs. 1).[8] Dass Abs. 1 als Sollvorschrift formuliert ist, steht nicht entgegen.[9] Die Erhebung der Anfechtungsklage lässt den Bestand des HV-Beschlusses zunächst unberührt. Deshalb kann der Sonderprüfer das ihm angetragene Mandat annehmen und seine Arbeit begin-

---

1 BGBl. I 1985 S. 2355.
2 BGBl. I 2004 S. 3166.
3 BGBl. I 2009 S. 1102.
4 A/D/S, §§ 142–146 AktG Rn 24; Großkomm-AktienR/*Bezzenberger*, Rn 6; *Hüffer*, Rn 2; KölnKomm-AktG/*Kronstein/Zöllner*, Rn 3; MüKo-AktG/*Schröer*, Rn 8; K. Schmidt/Lutter/*Spindler*, Rn 4; MüHb-AG/*Semler*, § 42 Rn 15.
5 Hölters/*Hirschmann*, Rn 4; *Hüffer*, Rn 2; K. Schmidt/Lutter/*Spindler*, Rn 6; MüHb-AG/*Semler*, § 42 Rn 15.
6 *Hüffer*, Rn 2.
7 *Hüffer*, Rn 3; Spindler/Stilz/*Mock*, Rn 17.
8 A/D/S, §§ 142–146 AktG Rn 23; Großkomm-AktienR/*Bezzenberger*, Rn 8; *v. Godin/Wilhelmi*, Anm. 2; *Hüffer*, Rn 5; KölnKomm-AktG/*Kronstein/Zöllner*, Rn 4; Spindler/Stilz/*Mock*, Rn 9; MüKo-AktG/*Schröer*, Rn 12; K. Schmidt/Lutter/*Spindler*, Rn 7; aA *Baumbach/Hueck*, AktG Rn 2 (weder Anfechtbarkeit noch Nichtigkeit).
9 Hölters/*Hirschmann*, Rn 8; Bürgers/Körber/*Holzborn/Jänig*, Rn 4.

nen. Erst mit der Rechtskraft des klagestattgebenden Urteils ist der Bestellungsbeschluss nichtig (§ 241 Nr. 5). Mit ihm geht dann auch das Prüfermandat verloren. Das geschieht allerdings mit Rückwirkung auf den Zeitpunkt der Bestellung. Während des laufenden Anfechtungsprozesses kann das LG unter den Voraussetzungen des § 142 Abs. 4 den Sonderprüfer austauschen. Dieser Schritt beseitigt zwar nicht den Mangel des angefochtenen Beschlusses. Für die Zukunft wirkt der Mangel sich aber nicht mehr aus. Wenn keine weiteren Anfechtungsgründe geltend gemacht sind, entfällt deshalb das Rechtsschutzbedürfnis für die Klage (§ 142 Rn 38). Dann muss der Anfechtungskläger sie für erledigt erklären, um eine kostenpflichtige Abweisung zu verhindern. Im Verfahren nach § 142 Abs. 2 S. 1 oder Abs. 4 S. 1 rechtfertigt die **gerichtliche Bestellung** ungeeigneter Sonderprüfer die Beschwerde (§ 142 Abs. 5 S. 2).[10] Ohne Einlegung des Rechtsmittels erwächst die Entscheidung indessen in Rechtskraft. Dann ist die Sonderprüfung ungeachtet des Rechtsfehlers durchzuführen.

E. Verstoß gegen Abs. 2

5 Ein HV-Beschluss, mit dem ein Sonderprüfer unter Verstoß gegen Abs. 2 bestellt wird, ist ohne Weiteres nichtig.[11] Entgegen einer verbreiteten Ansicht folgt das allerdings nicht aus § 241 Nr. 3. Allein der Hinweis auf den zwingenden Charakter des Abs. 2 reicht nicht aus, um eine Unvereinbarkeit des Bestellungsbeschlusses mit dem Wesen der AG zu begründen.[12] Auch ist Abs. 2 keine Vorschrift, die ausschließlich oder überwiegend zum Schutz der Gesellschaftsgläubiger oder sonst im öffentlichen Interesse gegeben ist. Im Gegenteil schützen die §§ 142 ff ausschließlich das Gesellschaftsinteresse. Gläubiger- und Öffentlichkeitsinteressen decken sie allenfalls reflexartig ab (§ 142 Rn 5). Dementsprechend gewährleistet Abs. 2 die Neutralität der Sonderprüfung ebenfalls nur im Interesse der Gesellschaft selbst.[13] Kraft Natur der Sache ist ein HV-Beschluss aber auch dann nichtig, wenn er auf eine objektiv unmögliche Rechtsfolge zielt und daher nicht umsetzbar ist.[14] So liegt der Fall hier. Denn zur Umsetzung des HV-Beschlusses müssen – durch Annahmeerklärung des Sonderprüfers – ein Prüfermandat und ein Prüfungsvertrag zustande kommen (§ 142 Rn 21 f). Beide verstoßen aber ihrerseits gegen das gesetzliche Verbot des Abs. 2. Damit sind sie nichtig (§ 134 BGB). Wegen Undurchführbarkeit teilt der HV-Beschluss dieses Schicksal.[15] Vor diesem Hintergrund kommt auch kein Austausch des Sonderprüfers im Verfahren nach § 142 Abs. 4 S. 1 in Betracht (§ 142 Rn 39). Ebenso wenig ist das Verfahren nach § 142 Abs. 2 S. 1 statthaft (§ 142 Rn 25). Angezeigt ist stattdessen eine erneute Beschlussfassung der HV. Bestellt das **Gericht** unter Verstoß gegen Abs. 2, ist seine Entscheidung mit der Beschwerde anfechtbar (§ 142 Abs. 5 S. 2). Ein rechtskräftiger Bestellungsbeschluss ist trotz seines inhaltlichen Mangels wirksam. Denn Gesetzesverletzungen stellen die Gültigkeit gerichtlicher Entscheidungen idR nicht in Frage.[16] Trotzdem kommt auch in dieser Konstellation iE kein Prüfermandat zustande. Auch der gerichtlich bestellte Sonderprüfer muss seine Bestellung nämlich annehmen (§ 142 Rn 45). Dem steht erneut § 134 BGB entgegen. Folglich hat er gegen die Gesellschaft auch keine Ansprüche auf Zahlung einer Vergütung oder auf Ersatz von Auslagen. Solche Ansprüche räumt § 142 Abs. 6 S. 1 nur einem Sonderprüfer mit wirksamem Mandat ein. IdR scheitern auch Ansprüche aus Geschäftsführung ohne Auftrag (§§ 677 ff BGB) oder nach dem Bereicherungsrecht (§§ 812 ff BGB).[17]

§ 144 Verantwortlichkeit der Sonderprüfer

§ 323 des Handelsgesetzbuchs über die Verantwortlichkeit des Abschlußprüfers gilt sinngemäß.

---

10 Hölters/*Hirschmann*, Rn 9; *Hüffer*, Rn 5; K. Schmidt/Lutter/*Spindler*, Rn 8.
11 Großkomm-AktienR/*Bezzenberger*, Rn 26; v. Godin/*Wilhelmi*, Anm. 6; Bürgers/Körber/*Holzborn/Jänig*, Rn 8; *Hüffer*, Rn 6; KölnKomm-AktG/*Kronstein/Zöllner*, Rn 11; K. Schmidt/Lutter/*Spindler*, Rn 28; aA (nur Anfechtbarkeit) *A/D/S*, §§ 142–146 AktG Rn 29; Spindler/Stilz/*Mock*, Rn 39; MüKo-AktG/*Schröer*, Rn 25.
12 *Hüffer*, Rn 6.
13 K. Schmidt/Lutter/*Spindler*, Rn 28; aA insoweit *Hüffer*, Rn 6.
14 Großkomm-AktienR/*K. Schmidt*, § 241 Rn 64; Scholz/*K. Schmidt*, § 45 GmbHG Rn 71.
15 Großkomm-AktienR/*Bezzenberger*, Rn 26; Bürgers/Körber/*Holzborn/Jänig*, Rn 8; K. Schmidt/Lutter/*Spindler*, Rn 31.
16 Hölters/*Hirschmann*, Rn 11; *Hüffer*, Rn 6; KölnKomm-AktG/*Kronstein/Zöllner*, Rn 12; MüKo-AktG/*Schröer*, Rn 28; K. Schmidt/Lutter/*Spindler*, Rn 29; aA *Baumbach/Hueck*, AktG, Rn 4.
17 Spindler/Stilz/*Mock*, Rn 46; MüKo-AktG/*Schröer*, Rn 28; K. Schmidt/Lutter/*Spindler*, Rn 30, aA KölnKomm-AktG/*Kronstein/Zöllner*, Rn 12.

§ 323 HGB lautet:

§ 323 HGB Verantwortlichkeit des Abschlußprüfers

(1) ¹Der Abschlußprüfer, seine Gehilfen und die bei der Prüfung mitwirkenden gesetzlichen Vertreter einer Prüfungsgesellschaft sind zur gewissenhaften und unparteiischen Prüfung und zur Verschwiegenheit verpflichtet; § 57b der Wirtschaftsprüferordnung bleibt unberührt. ²Sie dürfen nicht unbefugt Geschäfts- und Betriebsgeheimnisse verwerten, die sie bei ihrer Tätigkeit erfahren haben. ³Wer vorsätzlich oder fahrlässig seine Pflichten verletzt, ist der Kapitalgesellschaft und, wenn ein verbundenes Unternehmen geschädigt worden ist, auch diesem zum Ersatz des daraus entstehenden Schadens verpflichtet. ⁴Mehrere Personen haften als Gesamtschuldner.
(2) ¹Die Ersatzpflicht von Personen, die fahrlässig gehandelt haben, beschränkt sich auf eine Million Euro für eine Prüfung. ²Bei Prüfung einer Aktiengesellschaft, deren Aktien zum Handel im regulierten Markt zugelassen sind, beschränkt sich die Ersatzpflicht von Personen, die fahrlässig gehandelt haben, abweichend von Satz 1 auf vier Millionen Euro für eine Prüfung. ³Dies gilt auch, wenn an der Prüfung mehrere Personen beteiligt gewesen oder mehrere zum Ersatz verpflichtende Handlungen begangen worden sind, und ohne Rücksicht darauf, ob andere Beteiligte vorsätzlich gehandelt haben.
(3) Die Verpflichtung zur Verschwiegenheit besteht, wenn eine Prüfungsgesellschaft Abschlußprüfer ist, auch gegenüber dem Aufsichtsrat und den Mitgliedern des Aufsichtsrats der Prüfungsgesellschaft.
(4) Die Ersatzpflicht nach diesen Vorschriften kann durch Vertrag weder ausgeschlossen noch beschränkt werden.

Literatur:
Bärenz, Haftung des Abschlussprüfers bei Bestätigung fehlerhafter Jahresabschlüsse gem. § 323 Abs. 1 S. 3 HGB, BB 2003, 1781; *Canaris*, Die Reichweite der Expertenhaftung gegenüber Dritten, ZHR 163 (1999), 206; *Feddersen*, Die Dritthaftung des Wirtschaftsprüfers nach § 323 HGB, WM 1999, 105; *Fischer*, Vertragliche Dritthaftung von Rechtsanwälten, Steuerberatern und Wirtschaftsprüfern, DB 2012, 1489; *Hopt*, Die Haftung des Wirtschaftsprüfers, Rechtsprobleme zu § 323 HGB (§ 168 AktG aF) und zur Prospekt- und Auskunftshaftung, WPg 1986, 461 (Teil 1), 498 (Teil 2); *Wastl*, Steuerberater- und Wirtschaftsprüferhaftung gegenüber Dritten bei kapitalmarktorientierten Tätigkeiten, DStR 2012, 1407.

A. Grundlagen

Die Vorschrift regelt durch Verweis auf § 323 HGB die **zivilrechtliche Verantwortlichkeit** der Sonderprüfer. Im Fokus stehen die Primärpflichten zur gewissenhaften und unparteiischen Prüfung sowie zur Verschwiegenheit (Rn 2). Daran knüpfen verschiedene Regeln zur Haftung gegenüber der Gesellschaft und verbundenen Unternehmen (Rn 3) sowie zur Dritthaftung (Rn 4) an. Den Sonderprüfern gleichgestellt sind insoweit etwaige Prüfungsgehilfen und die bei der Prüfung mitwirkenden gesetzlichen Vertreter einer Prüfungsgesellschaft (Rn 5). Die Vorschrift wurde geändert durch Art. 2 Nr. 18 BiRiLiG v. 19.12.1985.[1]

B. Sorgfalt und Verschwiegenheit

Verantwortlichkeit bedeutet zunächst, dass ein Sonderprüfer zur **gewissenhaften und unparteiischen Prüfung** sowie zur **Verschwiegenheit** verpflichtet ist (§ 323 Abs. 1 S. 1, Abs. 3 HGB). Diese Verpflichtungen treffen den von der HV bestellten Sonderprüfer ebenso wie den gerichtlich bestellten Sonderprüfer.[2] Sie knüpfen also an das **Mandat** des Prüfers an, nicht an seinen schuldrechtlichen Prüfungsvertrag. Denn im Fall einer gerichtlichen Bestellung kommt ein Prüfungsvertrag erst gar nicht zustande (§ 142 Rn 45). Da es sich um zwingende mandatsbezogene Pflichten handelt, unterliegen sie nicht der privatautonomen Disposition. Sie können also im Verhältnis zwischen Sonderprüfer und Gesellschaft nicht vertraglich abbedungen oder eingeschränkt werden.[3] Aus § 323 Abs. 1 S. 2 HGB ergibt sich außerdem ein Verbot, unbefugt **Geschäfts- und Betriebsgeheimnisse** zu verwerten. Davon umfasst sind alle Geschäfts- und Betriebsgeheimnisse, die dem Sonderprüfer bei seiner Tätigkeit bekannt geworden sind. Ob es sich um Geheimnisse der Gesellschaft oder Dritter handelt, ist ohne Belang.[4]

C. Haftung der Sonderprüfer

Vorsätzliche oder fahrlässige Pflichtverletzungen lösen eine Schadensersatzhaftung des Sonderprüfers gegenüber der Gesellschaft und etwaigen geschädigten verbundenen Unternehmen (§ 271 Abs. 2 HGB) aus

---

1 BGBl. I 1985 S. 2355.
2 Spindler/Stilz/*Mock*, Rn 4; K. Schmidt/Lutter/*Spindler*, Rn 1.
3 K. Schmidt/Lutter/*Spindler*, Rn 2.
4 *Hüffer*, Rn 1.

(§ 323 Abs. 1 S. 3 HGB). Mehrere Ersatzpflichtige haften als Gesamtschuldner (§ 323 Abs. 1 S. 4 HGB). Inhalt und Umfang der Haftung sind nach näherer Maßgabe des § 323 Abs. 2 HGB zu ermitteln. Insb. ist die Haftung für fahrlässige Pflichtverletzungen bei börsennotierten AG auf einen **Höchstbetrag** von 4 Mio EUR je Prüfung beschränkt. Bei nicht-börsennotierten Gesellschaften beläuft der Höchstbetrag sich auf 1 Mio EUR.[5] Die Ersatzpflicht kann durch Vertrag ebenso wenig ausgeschlossen oder beschränkt werden wie die Primärpflichten aus § 323 Abs. 1 S. 1 und 2 HGB selbst (§ 323 Abs. 4 HGB).

D. Dritthaftung der Sonderprüfer

4 Für die Frage nach einer Dritthaftung des Sonderprüfers gegenüber Aktionären gelten dieselben Kriterien, nach denen die Dritthaftung von Abschlussprüfern sich bestimmt.[6] Insoweit wird auf die einschlägigen Kommentierungen zu § 323 HGB verwiesen.[7] Die danach maßgeblichen Voraussetzungen einer Dritthaftung nach den Grundsätzen des Vertrags mit Schutzwirkung zugunsten Dritter oder aus culpa in contrahendo (§ 311 Abs. 3 BGB) werden allerdings bei Sonderprüfungen kaum jemals vorliegen. An einer **Schutzwirkung zugunsten Dritter** fehlt es nahezu zwangsläufig, weil die Sonderprüfung gerade nicht den unmittelbaren Schutz von Aktionärsbelangen bezweckt (§ 142 Rn 5). Demnach lassen sich idR weder Leistungsnähe noch Einbeziehungsinteresse begründen.[8] Eine Dritthaftung gem. **§ 311 Abs. 3 BGB** liegt schon deshalb fern, weil Sonderprüfungen die Verfolgung von Ersatzansprüchen oder personelle Maßnahmen vorbereiten (§ 142 Rn 2 f). Sie sollen hingegen keinen Einfluss auf Vertragsverhandlungen oder auf die Entscheidung zu einem Vertragsschluss nehmen.[9] Demgegenüber sind deliktsrechtliche Ansprüche Dritter gegen den Sonderprüfer durchaus denkbar. Anspruchsgrundlage kann vor allem § 826 BGB sein. Dem § 823 Abs. 2 BGB hingegen kommt für die Frage der Dritthaftung nur untergeordnete Bedeutung zu. Der Grund ist, dass § 323 Abs. 1 HGB nach wohl allgM kein **Schutzgesetz** darstellt, und zwar weder für sich genommen noch iVm § 144.[10] Die Strafnormen der §§ 403, 404 Nr. 2 sind zwar Schutzgesetze. Soweit sie an Sonderprüfer gerichtet sind, dienen sie aber ebenso wie die §§ 142 ff ausschließlich dem Schutz des Gesellschaftsinteresses, nicht dem Schutz von Drittinteressen.

E. Prüfungsgehilfen und gesetzliche Vertreter

5 Aufgrund der umfassenden Verweisung auf § 323 HGB gelten die dort geregelten Verhaltensanforderungen und Haftungsprinzipien nicht nur für den Sonderprüfer selbst. Bedeutung haben sie auch für etwaige **Prüfungsgehilfen** und die **gesetzlichen Vertreter** einer Prüfungsgesellschaft (Vorstände, Geschäftsführer), die bei der Sonderprüfung mitwirken. Die Art der Mitwirkung ist unerheblich. Es reicht schon Auswahl oder Aufsicht.[11]

§ 145 Rechte der Sonderprüfer. Prüfungsbericht

(1) Der Vorstand hat den Sonderprüfern zu gestatten, die Bücher und Schriften der Gesellschaft sowie die Vermögensgegenstände, namentlich die Gesellschaftskasse und die Bestände an Wertpapieren und Waren, zu prüfen.

(2) Die Sonderprüfer können von den Mitgliedern des Vorstands und des Aufsichtsrats alle Aufklärungen und Nachweise verlangen, welche die sorgfältige Prüfung der Vorgänge notwendig macht.

(3) Die Sonderprüfer haben die Rechte nach Absatz 2 auch gegenüber einem Konzernunternehmen sowie gegenüber einem abhängigen oder herrschenden Unternehmen.

---

5 Küting/Weber/*Fleischer*, Rn 21; Bürgers/Körber/*Holzborn/Jänig*, Rn 7; K. Schmidt/Lutter/*Spindler*, Rn 19; aA Großkomm-AktienR/*Bezzenberger*, Rn 28; MüKo-AktG/*Schröer*, Rn 15.
6 Großkomm-AktienR/*Bezzenberger*, Rn 23 ff; Küting/Weber/*Fleischer*, Rn 23 ff; K. Schmidt/Lutter/*Spindler*, Rn 22; *Jänig*, S. 385 ff.
7 Vgl zB MüKo-HGB/*Ebke*, § 323 Rn 85 ff; Großkomm-HGB/*Zimmer*, § 323 Rn 52 ff.
8 AA Spindler/Stilz/*Mock*, Rn 30 mwN.
9 Großkomm-AktienR/*Bezzenberger*, Rn 25; K. Schmidt/Lutter/*Spindler*, Rn 23.
10 OLG Bamberg NZG 2005, 186, 190; OLG Celle NZG 2000, 613; Baumbach/Hopt/*Merkt*, WM 1985, 940, 944; LG Hamburg WM 1999, 143; KölnKomm-AktG/*Claussen/Korth*, § 323 HGB Rn 21; Baumbach/Hopt/*Merkt*, § 323 HGB Rn 8; BeckBilKomm/*Winkeljohann/Feldmüller*, § 323 HGB Rn 176.
11 Großkomm-AktienR/*Bezzenberger*, Rn 9; Bürgers/Körber/*Holzborn/Jänig*, Rn 3.

(4) Auf Antrag des Vorstands hat das Gericht zu gestatten, dass bestimmte Tatsachen nicht in den Bericht aufgenommen werden, wenn überwiegende Belange der Gesellschaft dies gebieten und sie zur Darlegung der Unredlichkeiten oder groben Verletzungen gemäß § 142 Abs. 2 nicht unerlässlich sind.

(5) ¹Über den Antrag gemäß Absatz 4 entscheidet das Landgericht, in dessen Bezirk die Gesellschaft ihren Sitz hat. ²§ 142 Abs. 5 Satz 2, Abs. 8 gilt entsprechend.

(6) ¹Die Sonderprüfer haben über das Ergebnis der Prüfung schriftlich zu berichten. ²Auch Tatsachen, deren Bekanntwerden geeignet ist, der Gesellschaft oder einem verbundenen Unternehmen einen nicht unerheblichen Nachteil zuzufügen, müssen in den Prüfungsbericht aufgenommen werden, wenn ihre Kenntnis zur Beurteilung des zu prüfenden Vorgangs durch die Hauptversammlung erforderlich ist. ³Die Sonderprüfer haben den Bericht zu unterzeichnen und unverzüglich dem Vorstand und zum Handelsregister des Sitzes der Gesellschaft einzureichen. ⁴Auf Verlangen hat der Vorstand jedem Aktionär eine Abschrift des Prüfungsberichts zu erteilen. ⁵Der Vorstand hat den Bericht dem Aufsichtsrat vorzulegen und bei der Einberufung der nächsten Hauptversammlung als Gegenstand der Tagesordnung bekanntzumachen.

Literatur:
Adler/Forster, Zur Frage des Inhalts und des Umfanges des Berichts über die aktienrechtliche Sonderprüfung (§ 121 AktG), WPg 1957, 357; *Ball/Haager*, Aktienrechtliche Sonderprüfungen, 2007; *von Gleichenstein*, Die Sonderprüfung im Aktienrecht, BB 1956, 761; *Kirschner*, Die Sonderprüfung der Geschäftsführung in der Praxis, 2008; *Klinger*, Zur Problematik der Berichterstattung über die Sonderprüfung nach § 118 AktG, WPg 1957, 155; *König*, Der Umfang der Berichterstattung über die aktienrechtliche Sonderprüfung, 1970; *Wilsing*, Der Schutz vor gesellschaftsschädlichen Sonderprüfungen – Überlegungen zu Grund und Grenzen der Sonderprüfung nach § 142 AktG, erscheint demnächst; *ders./von der Linden/Ogorek*, Gerichtliche Inhaltskontrolle von Sonderprüfungsberichten, NZG 2010, 729.

A. Grundlagen 1	II. Nachteilige Tatsachen 8
B. Rechte der Sonderprüfer (Abs. 1–3) 2	III. Unterzeichnung und Publizität 9
I. Allgemeines 2	D. Beschränkung des Prüfungsberichts (Abs. 4, 5) ... 10
II. Prüfungsrechte (Abs. 1) 3	I. Schutzantrag (Abs. 4) 10
III. Auskunfts- und Nachweisrechte (Abs. 2) ... 5	II. Zeitliche Abfolge 11
IV. Verbundene Unternehmen (Abs. 3) 6	III. Zuständigkeit, Verfahren, Rechtsmittel
C. Prüfungsbericht (Abs. 6) 7	(Abs. 5) 12
I. Notwendiger Inhalt 7	

A. Grundlagen

§ 145 hat mehrere Regelungsgegenstände: Erstens betrifft er den Zugang der Sonderprüfer zu gesellschafts- bzw konzerninternen Informationen. Insoweit gibt das Gesetz den Sonderprüfern zunächst **Prüfungsrechte** an die Hand (Abs. 1, Rn 2 ff). Ergänzt werden diese um das Recht, sowohl von den Mitgliedern des Vorstands und des AR als auch von verbundenen Unternehmen iSd §§ 17, 18 **Aufklärungen und Nachweise** zu verlangen (Abs. 2, 3, Rn 5 f). Zweitens befasst die Vorschrift sich mit Inhalt, Reichweite und Publizität des **Prüfungsberichts** (Abs. 6, Rn 7 ff). Dieser schriftliche Bericht fasst die Ergebnisse der durchgeführten Sonderprüfung zusammen, um der HV eine Beratungs- und Entscheidungsgrundlage für das weitere Vorgehen zu liefern. Drittens wird ein gerichtliches Verfahren geregelt (Abs. 4, 5, Rn 10 ff). Darin kann der Vorstand inhaltliche Beschränkungen des Prüfungsberichts durchsetzen. Nach dem Willen des Gesetzgebers dient das Verfahren als Gegengewicht zu der Herabsetzung der Antragsschwellen in § 142 Abs. 2 S. 1 (dort Rn 4, 6, 33). Aktionäre sollen keinen Anreiz haben, Sonderprüfungen zu gesellschaftsfeindlichen Zwecken zu nutzen.[1] Insb. sollen sie keine Geschäftsgeheimnisse ausforschen und so das Unternehmen schädigen. Dementsprechend sollen Geheimnisse nicht mit dem Prüfungsbericht beim HR eingereicht und offengelegt werden, wenn der Gesellschaft hierdurch erheblicher Schaden droht.[2] § 145 geht zurück auf § 121 Abs. 2 und 3 AktG 1937. Durch Art. 1 Nr. 12 UMAG v. 22.9.2005[3] wurde Abs. 5 S. 1, 2 angefügt mWz 1.11.2005, S. 3 bereits mWz 28.9.2005. Ebenfalls durch das UMAG wurden Abs. 4 neu gefasst und der bisherige Abs. 4 zu Abs. 6, jeweils mWz 1.11.2005. Durch Art. 74 Nr. 13 FGG-RG v. 17.12.2008[4] wurde Abs. 5 S. 2 mWz 1.9.2009 aufgehoben, der bisherige S. 3 wurde geändert und infolge der Aufhebung des bisherigen Abs. 5 S. 2 zugleich zum neuen S. 2.

---

1 RegBegr. UMAG, BT-Drucks. 15/5092, S. 18.
2 RegBegr. UMAG, BT-Drucks. 15/5092, S. 19.
3 BGBl. I 2005 S. 2802.
4 BGBl. I 2008 S. 2586.

B. Rechte der Sonderprüfer (Abs. 1–3)

I. Allgemeines. Der Gegenstand einer Sonderprüfung wird im Fall des § 142 Abs. 1 durch den Bestellungsbeschluss der HV, im Fall des § 142 Abs. 2 durch die gerichtliche Entscheidung über die Bestellung von Sonderprüfern vorgegeben.[5] IRd so festgelegten Prüfungsgegenstands führen die Sonderprüfer ihre Untersuchung **eigenverantwortlich** und **weisungsunabhängig** durch.[6] Sie haben nach ihrem Ermessen diejenigen Prüfungshandlungen vorzunehmen, die sie zur vollständigen Aufklärung des Prüfungsgegenstands für erforderlich halten. Unklarheiten über den Prüfungsauftrag haben sie durch Auslegung selbst zu lösen. Jedoch dürfen sie dadurch den Prüfungsauftrag nicht faktisch beschränken, erweitern oder anderweitig ändern.[7] Ziel der Sonderprüfung ist die umfassende und lückenlose Aufklärung des prüfungsgegenständlichen Sachverhalts in tatsächlicher Hinsicht (§ 142 Rn 2 ff). Daraus folgt, dass ein Sonderprüfer in der Lage sein muss, alle (potenziell) zur Aufklärung erforderlichen Informationen einzuholen. In welcher Form die Informationen bei der Gesellschaft oder in ihrem Umfeld zur Verfügung stehen, ist insoweit gleich.

II. Prüfungsrechte (Abs. 1). Zur Durchführung ihres Prüfungsauftrags gewährt Abs. 1 den Sonderprüfern zunächst Rechte auf Prüfung der Bücher, Schriften und Vermögensgegenstände der Gesellschaft. **Bücher** sind sämtliche Handelsbücher iSd § 238 Abs. 1 HGB.[8] Der Begriff der **Schriften** umfasst alle dokumentierten Erklärungen und Vorgänge, die unmittelbar oder mittelbar für die Geschäftsführung von Relevanz sind (zB Notizen, Verträge und Vertragsentwürfe, Korrespondenz, Steuerunterlagen).[9] Als **Vermögensgegenstände** nennt das Gesetz exemplarisch, also ohne Anspruch auf Vollständigkeit, die Gesellschaftskasse und die Bestände an Wertpapieren und Waren. Zusammenfassend ermöglicht Abs. 1 den Sonderprüfern damit die Prüfung des gesamten Datenbestands des Unternehmens. Insoweit entspricht das Prüfungsrecht der Sonderprüfer dem des AR aus § 111 Abs. 2 S. 1 und dem des Abschlussprüfers aus § 320 Abs. 1 S. 1 HGB.[10] Wie dort erfasst das Prüfungsrecht ausdrücklich nur den Datenbestand der Gesellschaft selbst, nicht hingegen den von verbundenen Unternehmen. Allerdings formuliert das Gesetz das Prüfungsrecht der Sonderprüfer in der Weise, dass der Vorstand Prüfungshandlungen zu gestatten hat. **Gestattung** in diesem Sinne geht nach wohl allgM über ein passives Zulassen fremder Handlungen hinaus. Vielmehr ist der Vorstand zur aktiven Unterstützung der Prüfungshandlungen verpflichtet. Dh, er hat den Sonderprüfern auf deren Verlangen die Unterlagen der Gesellschaft zugänglich zu machen.[11] Von Bedeutung ist dieser Unterschied insb. dann, wenn der Zugang zu den Datenbeständen geschützt ist oder Gesellschaftsunterlagen bei Dritten geführt oder archiviert werden (etwa bei einer Konzerngesellschaft oder in einem Rechenzentrum).

IdR lässt sich erst nach abgeschlossener Auswertung beurteilen, ob und inwiefern ein Dokument Informationen enthält, die für den Prüfungsgegenstand von Bedeutung sind. Anders als die Auskunfts- und Nachweisrechte aus Abs. 2 und 3 ist das Prüfungsrecht des Abs. 1 deswegen nicht durch das Kriterium der „Notwendigkeit" für eine sorgfältige Prüfung der Vorgänge beschränkt.[12] Auch kann sich der Vorstand gegenüber dem Prüfungsrecht der Sonderprüfer unter keinem Gesichtspunkt auf **Geheimhaltungsinteressen** der Gesellschaft berufen.[13] Diese greifen als Korrektiv erst nachträglich iR eines Antrags nach Abs. 4, 5 ein (Rn 10 ff). Ausnahmsweise können sie auch schon präventiv berücksichtigt werden, nämlich bei der Entscheidung darüber, ob ein Antrag auf gerichtliche Bestellung von Sonderprüfern zum Schutz überwiegender Gesellschaftsinteressen zurückzuweisen ist (§ 142 Rn 32). Für die laufenden Prüfungshandlungen des Sonderprüfers haben sie jedoch keine Bedeutung. Eine Grenze des Prüfungsrechts aus Abs. 1 bildet das allg. **Rechtsmissbrauchsverbot**, wenn und soweit bestimmte Daten für den Prüfungsgegenstand offensichtlich ohne Relevanz sind.[14]

Grds. können die Sonderprüfer verlangen, dass ihnen **Originaldokumente** vorgelegt werden.[15] Eine (langfristige) Überlassung von Originalen kann für die Gesellschaft aber misslich sein. Das gilt etwa, wenn die Originale Bestandteile von laufenden Geschäftsvorgängen sind oder wenn die Gesellschaft anderweitig auf ihre Verfügbarkeit angewiesen ist. Aus diesem Grund sind Sonderprüfer nicht berechtigt, Originale an sich zu nehmen und in ihre eigenen Büroräume zu verbringen. Vielmehr müssen sie diese „vor Ort" prüfen.[16] Dementsprechend soll zur Förderungspflicht des Vorstands gehören, die Sonderprüfer durch Bereitstellung

---

[5] Großkomm-AktienR/*Bezzenberger*, Rn 7; Bürgers/Körber/Holzborn/Jänig, Rn 2; K. Schmidt/Lutter/*Spindler*, Rn 4.
[6] A/D/S, §§ 142–146 AktG Rn 40; Großkomm-AktienR/*Bezzenberger*, Rn 7 f; Obermüller/Werner/Winden, DB 1967, 1119, 1122.
[7] Großkomm-AktienR/*Bezzenberger*, Rn 7; Küting/Weber/*Fleischer*, Rn 4.
[8] K. Schmidt/Lutter/*Spindler*, Rn 7.
[9] Großkomm-AktienR/*Bezzenberger*, Rn 12.
[10] Hüffer, Rn 2; MüKo-AktG/*Schröer*, Rn 6.
[11] BayObLGZ 2000, 11, 14 = ZIP 2000, 668; Grigoleit/*Herrler*, Rn 2; Hüffer, Rn 2; MüKo-AktG/*Schröer*, Rn 7; K. Schmidt/Lutter/*Spindler*, Rn 8; MüHb-AG/*Semler*, § 42 Rn 18; Jänig, S. 359.
[12] KölnKomm-AktG/*Kronstein/Zöllner*, Rn 5.
[13] Hüffer, Rn 2.
[14] A/D/S, §§ 142–146 AktG Rn 31; Großkomm-AktienR/*Bezzenberger*, Rn 16; Hüffer, Rn 2; KölnKomm-AktG/*Kronstein/Zöllner*, Rn 5 f.
[15] Küting/Weber/*Fleischer*, Rn 11; Spindler/Stilz/*Mock*, Rn 11.
[16] Großkomm-AktienR/*Bezzenberger*, Rn 13; MüKo-AktG/*Schröer*, Rn 7.

von Räumlichkeiten und Arbeitsgerät bei der Gesellschaft zu unterstützen.[17] Zur Auflösung des damit verbundenen Spannungsfelds sind die Sonderprüfer befugt, (physische oder elektronische) **Kopien** der Unterlagen anzufertigen.[18] Das gilt auch und erst recht bei umfangreichen Datenbeständen. Denn bei Verwendung von Originalen könnten die Sonderprüfer solche Bestände kaum sinnvoll ordnen, auswerten oder mit Markierungen oder Anmerkungen versehen. Allerdings dürfen die Sonderprüfer Kopien nicht dauerhaft zu den eigenen Akten nehmen.[19] Spätestens nach dem Abschluss der Prüfung müssen sie sämtliche Unterlagen an die Gesellschaft **zurückgeben** (§§ 667, 675 Abs. 1 BGB). Dasselbe trifft auf etwaige (überlassene oder selbst gefertigte) Kopien zu. Den Besitz an Unterlagen und Kopien erhalten die Sonderprüfer nämlich nach dem eindeutigen Wortlaut nur zu Prüfungszwecken. Mit dem Abschluss der Prüfung sind diese Zwecke erreicht. Die Rspr zur Herausgabepflicht ausgeschiedener Geschäftsleiter und AR-Mitglieder[20] lässt sich zwanglos auf diese Konstellation übertragen.

III. Auskunfts- und Nachweisrechte (Abs. 2). Das Recht, Aufklärungen und Nachweise zu verlangen, richtet sich gegen die **aktuellen Mitglieder** von Vorstand und AR. Nicht adressiert sind die Organe als solche oder ehemalige Organmitglieder.[21] Letztere kann zwar unter dem Gesichtspunkt nachwirkender organschaftlicher Treupflichten eine Auskunfts- und Nachweispflicht treffen.[22] Anders als die Pflichten aus Abs. 2 besteht diese nachwirkende Pflicht aber nur im Verhältnis zur Gesellschaft, nicht im Verhältnis zum Sonderprüfer.[23] Um an Informationen zu gelangen, die allein ausgeschiedenen Organmitgliedern zur Verfügung stehen, muss der Sonderprüfer sich daher an die aktuelle Verwaltung wenden. Von ihr kann er verlangen, etwaige Auskunftsansprüche der Gesellschaft geltend zu machen. Der Informationsfluss findet damit nur „über das Eck" statt. Auch Auskünfte von (leitenden) Angestellten können nur mittelbar über den Vorstand erlangt werden. Dazu muss der Vorstand die Angestellten aus ihrem Dienstverhältnis zur Auskunft verpflichten.[24] Soweit erforderlich, hat das Registergericht Mitglieder des Vorstands durch Festsetzung von Zwangsgeld zur Befolgung ihrer Pflichten anzuhalten (§ 407 Abs. 1 S. 1).[25] Gegenüber AR-Mitgliedern besteht keine unmittelbare Möglichkeit zur zwangsweisen Durchsetzung. Im Gegensatz zum Prüfungsrecht nach Abs. 1 ist der Umfang des Anspruchs aus Abs. 2 von vornherein durch den Prüfungsgegenstand beschränkt („notwendig").[26]

IV. Verbundene Unternehmen (Abs. 3). Abs. 3 erstreckt die Aufklärungs- und Nachweispflichten aus Abs. 2 auf Konzernunternehmen (§ 18) sowie auf herrschende und abhängige Unternehmen (§ 17). Trotz des unglücklichen Gesetzeswortlauts sind wie bei Abs. 2 nicht die (verbundenen) Unternehmen als solche verpflichtet. Gemeint sind die Mitglieder ihrer Leitungs- und Aufsichtsorgane, und zwar ungeachtet der Rechtsform des verbundenen Unternehmens.[27] Gegenüber ausländischen verbundenen Unternehmen besteht der Anspruch nur, wenn das nach dem Gesellschaftsstatut maßgebliche Recht ihn zulässt.[28] Einsichts- und Prüfungsrechte nach dem Vorbild des Abs. 1 hat der Gesetzgeber gegenüber verbundenen Unternehmen bewusst nicht vorgesehen.[29]

C. Prüfungsbericht (Abs. 6)

I. Notwendiger Inhalt. Über das **Ergebnis** der Sonderprüfung müssen die Sonderprüfer schriftlich berichten (Abs. 6 S. 1). Zu (Mindest-)Inhalt und Umfang der Berichterstattung schweigt das Gesetz. Sie sind daher nach dem Sinn und Zweck der Berichtspflicht unter Berücksichtigung des konkreten Prüfungsgegenstands zu bestimmen.[30] Wie Abs. 6 S. 2 im letzten Satzteil klarstellt, dient der schriftliche Prüfungsbericht der HV als Grundlage für die Entscheidung, ob und welche Maßnahmen im Nachgang zu der abgeschlossenen Sonderprüfung zu ergreifen sind (Rn 1). In Betracht kommen namentlich die Erteilung oder die Verweigerung der Entlastung (§ 120 Abs. 1 S. 1), der Vertrauensentzug (§ 84 Abs. 3 S. 2), die Abberufung von AR-Mitgliedern (§ 103), die Beschlussfassung über die Geltendmachung von Ersatzansprüchen (§ 147 Abs. 1 S. 1) und die Bestellung besonderer Vertreter (§ 147 Abs. 2 S. 1). Daraus folgt, dass der Prüfungsbericht sich iRd Prüfungsgegenstands zu allen entscheidungserheblichen Aspekten zu verhalten hat. Gemeint sind damit nur Tatsachen. Das folgt schon aus dem Gesetzeswortlaut (vgl Abs. 4, 6 S. 2: „Tatsachen"). Eine rechtliche Be-

---

17 Küting/Weber/*Fleischer*, Rn 13; MüKo-AktG/*Schröer*, Rn 7.
18 Großkomm-AktienR/*Bezzenberger*, Rn 15; Küting/Weber/*Fleischer*, Rn 11; Spindler/Stilz/*Mock*, Rn 11; MüKo-AktG/*Schröer*, Rn 7; K. Schmidt/Lutter/*Spindler*, Rn 7.
19 AA Großkomm-AktienR/*Bezzenberger*, Rn 15; Küting/Weber/*Fleischer*, Rn 11; K. Schmidt/Lutter/*Spindler*, Rn 7.
20 BGH WM 1963, 161; BGH NZG 2008, 834.
21 *Hüffer*, Rn 3.
22 A/D/S, §§ 142–146 AktG Rn 34; *Hüffer*, Rn 3; KölnKomm-AktG/*Kronstein/Zöllner*, Rn 10; MüKo-AktG/*Schröer*, Rn 14.
23 K. Schmidt/Lutter/*Spindler*, Rn 14.
24 Bürgers/Körber/*Holzborn/Jänig*, Rn 5; *Hüffer*, Rn 3.
25 Grigoleit/*Herrler*, Rn 5; Hölters/*Hirschmann*, Rn 10; *Hüffer*, Rn 4.
26 Hölters/*Hirschmann*, Rn 7; Bürgers/Körber/*Holzborn/Jänig*, Rn 6; Spindler/Stilz/*Mock*, Rn 16.
27 Großkomm-AktienR/*Bezzenberger*, Rn 22, 24; *Hüffer*, Rn 5.
28 MüKo-AktG/*Schröer*, Rn 20.
29 Großkomm-AktienR/*Bezzenberger*, Rn 25.
30 *Hüffer*, Rn 7; Spindler/Stilz/*Mock*, Rn 37; *König*, S. 76 ff.

wertung ist nicht angezeigt, und zwar auch nicht nach dem Zweck der Vorschriften zur Sonderprüfung (§ 142 Rn 2). Über die entscheidungserheblichen Tatsachen ist **vollständig** und **wahrheitsgemäß** zu berichten. Ob ihr Bekanntwerden für die Gesellschaft oder ein verbundenes Unternehmen nachteilig ist oder sein kann, ist grds. ohne Belang (Abs. 6 S. 2, Rn 8). Der Bericht muss **in sich geschlossen** und **aus sich heraus verständlich** sein.[31] Dh, dass er sich idR nicht auf eine geraffte Schilderung der Ergebnisse beschränken darf.[32] War eine abschließende Aufklärung des Sachverhalts unmöglich, ist dies im Bericht zu vermerken und zu erläutern.[33] Unvollständige oder falsche Berichterstattung ist strafbar (§ 403). Ergänzende Auskünfte oder Erläuterungen ihres Berichts schulden die Sonderprüfer weder gegenüber der HV noch gegenüber der Verwaltung.[34]

8 **II. Nachteilige Tatsachen.** Vorbehaltlich einer gerichtlichen Entscheidung nach Abs. 4 (Rn 10 ff) ist auch über Tatsachen zu berichten, durch deren Bekanntwerden der Gesellschaft oder einem verbundenen Unternehmen ein nicht unerheblicher Nachteil entstehen könnte (Abs. 6 S. 2). Im Grundsatz besteht damit eine **uneingeschränkte Berichtspflicht**.[35] Insb. sieht das Gesetz keinen dem § 131 Abs. 3 S. 1 Nr. 1 vergleichbaren Geheimnisschutz vor. Voraussetzung für die Aufnahme nachteiliger Tatsachen in den Bericht ist allerdings, dass ihre Kenntnis für die HV **erforderlich** ist, um die zu prüfenden Vorgänge zu beurteilen. An der Erforderlichkeit fehlt es, wenn der darzustellende Sachverhalt auch ohne Erwähnung der nachteiligen Tatsache hinreichend verständlich ist[36] oder die HV selbst aus einem umfassend dargestellten Prüfungsergebnis keine Konsequenzen ziehen kann.[37]

9 **III. Unterzeichnung und Publizität.** Nach Abs. 6 S. 3 haben die Sonderprüfer ihren Bericht zu unterzeichnen. Die Unterschriften dienen zum einen der Abgrenzung des endgültigen Berichts von einem bloßen Entwurf. Zum anderen übernehmen die Prüfer mit ihnen die inhaltliche Verantwortung für den Bericht und seine sorgfältige Erstellung. In dieser Form ist der Bericht dann unverzüglich (1) dem **Vorstand** und (2) zum **HR des Gesellschaftssitzes** einzureichen. Unzulässig ist, der Gesellschaft Zwischenberichte zu erstatten oder ihr Entwürfe des Schlussberichts zu überlassen.[38] Darin liegt ein Unterschied zum praxisüblichen Vorgehen bei der Abschlussprüfung. Denn nach Sinn und Zweck der §§ 142 ff darf die Verwaltung keine Gelegenheit haben, vor Fertigstellung des Berichts zu den Prüfungsergebnissen Stellung zu nehmen oder sie anderweitig zu beeinflussen.[39] Um (bei gerichtlich angeordneten Sonderprüfungen) Einschränkungen des Berichtsinhalts durchzusetzen, ist die Verwaltung auf das Verfahren nach Abs. 4, 5 angewiesen (Rn 10 ff). Nach Erhalt des endgültigen Berichts hat der Vorstand ihn (1) auf Verlangen jedem Aktionär abschriftlich zur Verfügung zu stellen (Abs. 6 S. 4), (2) dem AR vorzulegen und (3) bei Einberufung der nächsten HV als Gegenstand der Tagesordnung bekannt zu machen (Abs. 6 S. 5). Auf diese Weise gewährleistet das Gesetz eine weitreichende **Publizität** des Berichts. Eine Auslegung des Berichts in der HV ist zwar nicht vorgeschrieben. Insb. über das HR wird der Bericht aber allg. zugänglich und über den Aktionärskreis hinaus bekannt (§ 9 Abs. 1 S. 1 HGB).[40] Zur zeitlichen Staffelung der verschiedenen Prüfer- und Vorstandspflichten im Falle eines Schutzantrags nach Abs. 4 s. Rn 11.

D. Beschränkung des Prüfungsberichts (Abs. 4, 5)

10 **I. Schutzantrag (Abs. 4).** Nach Abs. 4 kann gerichtlich entschieden werden, dass bestimmte Tatsachen nicht in den Prüfungsbericht aufzunehmen sind. **Antragsberechtigt** ist allein der Vorstand. Dem Antrag ist stattzugeben, wenn (1) **überwiegende Belange** der Gesellschaft dies gebieten und (2) die Tatsachen zur Darlegung der Unredlichkeiten oder groben Verletzungen gem. § 142 Abs. 2 **nicht unerlässlich** sind. In keinem Fall ist es möglich, solche Tatsachen aus dem Bericht auszuklammern, die nach dem vorgegebenen Prüfungsgegenstand den Kern der Sonderprüfung ausmachen.[41] Damit stellt Abs. 4 nur ein schwaches Instrument zum Schutz der Geheimhaltungsinteressen der Gesellschaft dar. Das gilt umso mehr, als der Schutzantrag nur bei **gerichtlich angeordneten Sonderprüfungen** iSv § 142 Abs. 2 statthaft ist. Auf Sonderprüfungen, die die HV beschlossen hat, findet Abs. 4 weder direkte noch analoge Anwendung.[42] Dieser (rechtspolitisch

---

31 Grigoleit/Herrler, Rn 3; K. Schmidt/Lutter/Spindler, Rn 22.
32 A/D/S, §§ 142–146 AktG Rn 42; Hüffer, Rn 7; Adler/Forster, WPg 1957, 357; aA Klinger, WPg 1957, 155, 158.
33 Grigoleit/Herrler, Rn 3; Hüffer, Rn 7; KölnKomm-AktG/Kronstein/Zöllner, Rn 16.
34 A/D/S, §§ 142–146 AktG Rn 48; Küting/Weber/Fleischer, Rn 46.
35 Abw noch RefE UMAG, Sonderbeil. zu NZG 4/2004.
36 K. Schmidt/Lutter/Spindler, Rn 26.
37 Hüffer, Rn 8.
38 A/D/S, §§ 142–146 AktG Rn 45; K. Schmidt/Lutter/Spindler, Rn 32; Ball/Haager, S. 109.
39 A/D/S, §§ 142–146 AktG Rn 45; Großkomm-AktienR/Bezzenberger, Rn 35; K. Schmidt/Lutter/Spindler, Rn 32; aA MüKo-AktG/Schröer, Rn 30.
40 MüHb-AG/Semler, § 42 Rn 19; Wilsing/von der Linden/Ogorek, NZG 2010, 729, 730.
41 Wilsing/Neumann, DB 2006, 31, 34.
42 OLG Düsseldorf BeckRS 2012, 22395 (IKB); K. Schmidt/Lutter/Spindler, Rn 27, 30; Spindler, NZG 2005, 865, 871; Wilsing/von der Linden/Ogorek, NZG 2010, 729, 730; aA Grigoleit/Herrler, Rn 7.

fragwürdige) Wille des Gesetzgebers geht aus den Materialien zum UMAG hervor.[43] Im Gesetzeswortlaut hat er zwar keinen expliziten Niederschlag gefunden. Immerhin kommt er dort aber mittelbar zum Ausdruck, weil Abs. 4 gerade auf die Unerlässlichkeit zur Darlegung der Unredlichkeiten oder groben Verletzungen iSv § 142 Abs. 2 abstellt.

II. Zeitliche Abfolge. Unterschiedlich beantwortet wird die Frage, bis zu welchem Zeitpunkt der Vorstand einen Schutzantrag nach Abs. 4 einreichen und eine gerichtliche Entscheidung über ihn herbeiführen kann. ZT wird vertreten, das Verfahren sei auf **präventiven Rechtsschutz** ausgelegt. Mit Vorlage des unterzeichneten Prüfungsberichts werde der Schutzantrag unstatthaft.[44] Zur Begründung wird vor allem auf Abs. 6 S. 3 verwiesen, der eine unverzügliche Übersendung des Berichts an das HR vorschreibt. Mit seiner Registerpublizität werde der Bericht einer breiten Öffentlichkeit zugänglich (§ 9 Abs. 1 S. 1 HGB). Ab diesem Zeitpunkt könne ein Schutzantrag des Vorstands sein Ziel nicht mehr erreichen. Weil die Sonderprüfer der Verwaltung keine Zwischenergebnisse mitteilen dürfen (Rn 9), bleibe kein Zeitfenster, innerhalb dessen der Vorstand auf eine nachträgliche Überprüfung hinwirken könne. Ein derart restriktives Verständnis lässt das Antragsrecht aus Abs. 4 aber faktisch leerlaufen. Das gilt vor allem bei punktuellen Sonderprüfungen, die kurzfristig beendet sind und stets schon aus einem präventiven Rechtsschutz schon deshalb ausschließen. Dieses Ergebnis steht wiederum im Widerspruch zur Regelungsintention des Gesetzgebers (Rn 1). Ein effektiver Geheimnisschutz lässt sich nur mit einer **nachträglichen Inhaltskontrolle** erreichen, bis zu deren Abschluss die Sonderprüfer ihren Bericht dem HR fernhalten müssen. IE ist deshalb ein **zweistufiges Vorgehen** angezeigt.[45] Zunächst müssen die Sonderprüfer dem Vorstand Gelegenheit geben, den fertigen Bericht zur Kenntnis zu nehmen und über eine Antragstellung zu entscheiden. Wie viel Zeit dem Vorstand zuzubilligen ist, lässt sich nicht pauschal beantworten. Maßgeblich sind vor allem Umfang, Gehalt und Komplexität des Berichts. Die Entscheidung treffen die Sonderprüfer selbst.[46] Eine gerichtliche Fristsetzung wäre rechtspolitisch sinnvoll. Im Gesetz findet sie aber keine Grundlage. Macht der Vorstand von seinem Antragsrecht Gebrauch, haben die Sonderprüfer die Übersendung an das HR aufzuschieben bis zur rechtskräftigen gerichtlichen Entscheidung. Im Einklang mit dem Gesetzeszweck handeln sie damit noch „unverzüglich" iSv Abs. 6 S. 3.[47] Auch die Vorstandspflichten aus Abs. 6 S. 4, 5 (Rn 9) greifen in dieser Konstellation erst, wenn das Schutzantragsverfahren beendet ist. Bei sachgerechter Auslegung beziehen sie sich allein auf diejenige Fassung des Berichts, die mit Abschluss des gerichtlichen Verfahrens für das HR freigegeben ist.

III. Zuständigkeit, Verfahren, Rechtsmittel (Abs. 5). **Zuständig** zur Entscheidung über den Antrag nach Abs. 4 ist das LG, in dessen Bezirk die Gesellschaft ihren Sitz hat (Abs. 5 S. 1, § 71 Abs. 2 Nr. 4 lit. b GVG). Etwas anderes kann gelten, sofern von der Ermächtigung zur Konzentration der örtlichen Zuständigkeit Gebrauch gemacht worden ist (§ 71 Abs. 4 GVG). Funktionell zuständig ist die KfH, wenn eine solche bei dem LG eingerichtet ist (§§ 94, 95 Abs. 2 Nr. 2 GVG), andernfalls die Zivilkammer.[48] Für das gerichtliche **Verfahren** sind die Vorschriften des FamFG maßgeblich (Abs. 5 S. 2 iVm § 142 Abs. 8). Dieser Verweis lässt freilich zahlreiche Detailfragen offen. Insb. ist unklar, ob ein kontradiktorisches Verfahren (gegen die Sonderprüfer als Antragsgegner) gewollt ist. Der Wortlaut von Abs. 4 („gestatten") deutet eher auf ein einseitiges Verfahren hin.[49] Allerdings dürfte eine Autorisierung des Vorstands zu eigenhändigen „Schwärzungen" im Bericht kaum der Vorstellung des Gesetzgebers entsprechen. Das gilt umso mehr, als auch der gekürzte Bericht noch die Unterschriften der Sonderprüfer trägt (Abs. 6 S. 3, Rn 9). In der Sache geht es daher um eine Verpflichtung der Sonderprüfer, ihren Bericht zu beschränken. Entsprechend eindeutig sollte tenoriert werden (Verpflichtung bzw Anordnung statt Gestattung). Das setzt ein kontradiktorisches Verfahren unter Beteiligung der Sonderprüfer voraus. Anschlussfrage ist, wie die gerichtliche Anordnung gegen die Sonderprüfer vollstreckt wird (Ersatzvornahme, Zwangsgeld, Zwangshaft). Verfahrensöffentlichkeit, Beiladung Dritter und Akteneinsicht durch Dritte darf es kraft Natur der Sache nicht geben. Anderenfalls wäre der beabsichtigte Geheimnisschutz unmöglich. Gegen die erstinstanzliche Entscheidung ist die **Beschwerde** zum OLG statthaft (§§ 58 ff FamFG iVm § 145 Abs. 5 S. 2, § 142 Abs. 5 S. 2), gegen die Beschwerdeentscheidung die zulassungsabhängige **Rechtsbeschwerde** zum BGH (§§ 70 ff FamFG).

---

43 RegBegr. UMAG, BT-Drucks. 15/5092, S. 19.
44 *Ball/Haager*, S. 104; *Kirschner*, S. 319.
45 *Grigoleit/Herrler*, Rn 8; *Spindler/Stilz/Mock*, Rn 30; *Wilsing/von der Linden/Ogorek*, NZG 2010, 729 ff; ähnlich *Bürgers/Körber/Holzborn/Jänig*, Rn 12.
46 AA *Bürgers/Körber/Holzborn/Jänig*, Rn 12.
47 *Grigoleit/Herrler*, Rn 8; *Wilsing/von der Linden/Ogorek*, NZG 2010, 729, 733.
48 RegBegr. FGG-RG, BT-Drucks. 16/6308, S. 354.
49 *Spindler/Stilz/Mock*, Rn 34.

§ 146 Kosten

¹Bestellt das Gericht Sonderprüfer, so trägt die Gesellschaft die Gerichtskosten und die Kosten der Prüfung. ²Hat der Antragsteller die Bestellung durch vorsätzlich oder grob fahrlässig unrichtigen Vortrag erwirkt, so hat der Antragsteller der Gesellschaft die Kosten zu erstatten.

A. Grundlagen

1 Die Vorschrift befasst sich mit den Kosten eines gerichtlichen Bestellungsverfahrens und den Kosten der gerichtlich angeordneten Sonderprüfung (S. 1). Außerdem gewährt sie der Gesellschaft einen außerprozessualen Erstattungsanspruch gegen einen Antragsteller, der im gerichtlichen Bestellungsverfahren falsch vorgetragen hat (S. 2). Ihre aktuelle Fassung erhielt die Norm mWz 1.11.2005 durch Art. 1 Nr. 13 UMAG v. 22.9.2005.[1]

B. Kostenlast

2 S. 1 regelt, wer in den Fällen der gerichtlichen Bestellung von Sonderprüfern (§ 142 Abs. 2) und der gerichtlichen Bestellung anderer Sonderprüfer (§ 142 Abs. 4) die damit verbundenen Kosten zu tragen hat. Unter der Voraussetzung, dass das Gericht antragsgemäß (andere) Sonderprüfer bestellt, trägt danach die Gesellschaft sowohl die **Gerichtskosten** als auch die **Kosten der Sonderprüfung**. Wird der Antrag auf Einsetzung bzw Ersetzung eines Sonderprüfers abgelehnt, fallen die Gerichtskosten dem Antragsteller zur Last.[2] Nicht eigens geregelt ist, ob und unter welchen Voraussetzungen einem Beteiligten die **außergerichtlichen Kosten** des Verfahrens zu erstatten sind. Diese fallen deshalb demjenigen Beteiligten zur Last, dem sie entstanden sind. Etwas anderes gilt nur, wenn das Gericht nach billigem Ermessen eine Erstattung anordnet (§ 81 Abs. 1 S. 1 FamFG). Kosten der Sonderprüfung iSd Norm sind Auslagenersatz und Vergütung der bestellten Sonderprüfer nach Maßgabe des § 142 Abs. 6.

C. Erstattungsanspruch

3 Im Außenverhältnis ist und bleibt die Gesellschaft auch dann Kostenschuldnerin, wenn der Antragsteller die Bestellung von Sonderprüfern bzw anderer Sonderprüfer durch unrichtigen Vortrag erwirkt hat. Sofern der Antragsteller vorsätzlich oder grob fahrlässig falsch vorgetragen hat, gewährt S. 2 der Gesellschaft jedoch einen Erstattungsanspruch gegen ihn. Dieser Anspruch wurde durch das UMAG v. 22.9.2005 eingeführt (Rn 1). Er soll durch spürbares Kostenrisiko einem Missbrauch des Antragsrechts aus § 142 Abs. 2 (dazu dort Rn 31) entgegenwirken.[3] Ins Gewicht fällt vor allem das Risiko, die Kosten für die Durchführung der eigentlichen Sonderprüfung erstatten zu müssen. Denn diese Kosten werden in der Praxis die anfallenden Gerichtskosten idR um ein Vielfaches übersteigen. Neben dem Anspruch aus S. 2 bleiben Schadensersatzansprüche wegen schuldhafter Verletzung der Treupflicht zur Gesellschaft[4] oder aus unerlaubter Handlung (zB aus §§ 826, 824 BGB, § 823 Abs. 2 BGB iVm § 263 StGB). Zur Vermeidung von Wertungswidersprüchen kommt eine solche Haftung der Antragsteller allerdings nicht schon bei einfacher oder leichter Fahrlässigkeit in Betracht. Der qualifizierte Verschuldensmaßstab des S. 2 muss auf Ansprüche aus allg. Zivilrecht übertragen werden.[5]

D. Abgrenzung

4 Kein Regelungsgegenstand des § 146 ist die Frage, wer die **Kosten einer von der HV beschlossenen Sonderprüfung** trägt. Anders als im Fall der gerichtlichen Bestellung von Sonderprüfern kommt dann nämlich neben dem Prüfermandat ein schuldrechtlicher Prüfungsvertrag zustande. Zahlung der vereinbarten bzw der üblichen Vergütung sowie Auslagenersatz schuldet die Gesellschaft aus diesem Vertrag (§ 142 Rn 23). Einer gesetzlichen Regelung der Kostentragung bedarf es deswegen nicht.

---

1 BGBl. I 2005 S. 2802.
2 RegBegr. UMAG, BT-Drucks. 15/5092, S. 19.
3 RegBegr. UMAG, BT-Drucks. 15/5092, S. 19.
4 Dazu BGHZ 103, 184 = NJW 1988, 1579 (Linotype); BGHZ 129, 136 = NJW 1995, 1739 (Girmes).
5 Spindler/Stilz/*Mock*, Rn 15; K. Schmidt/Lutter/*Spindler*, Rn 17; Wachter/*Zwissler*, Rn 4; Hb börsennotierte AG/*Mimberg*, § 40 Rn 19; aA *Hüffer*, Rn 3.

§ 147 Geltendmachung von Ersatzansprüchen

(1) ¹Die Ersatzansprüche der Gesellschaft aus der Gründung gegen die nach den §§ 46 bis 48, 53 verpflichteten Personen oder aus der Geschäftsführung gegen die Mitglieder des Vorstands und des Aufsichtsrats oder aus § 117 müssen geltend gemacht werden, wenn es die Hauptversammlung mit einfacher Stimmenmehrheit beschließt. ²Der Ersatzanspruch soll binnen sechs Monaten seit dem Tage der Hauptversammlung geltend gemacht werden.

(2) ¹Zur Geltendmachung des Ersatzanspruchs kann die Hauptversammlung besondere Vertreter bestellen. ²Das Gericht (§ 14) hat auf Antrag von Aktionären, deren Anteile zusammen den zehnten Teil des Grundkapitals oder den anteiligen Betrag von einer Million Euro erreichen, als Vertreter der Gesellschaft zur Geltendmachung des Ersatzanspruchs andere als die nach den §§ 78, 112 oder nach Satz 1 zur Vertretung der Gesellschaft berufenen Personen zu bestellen, wenn ihm dies für eine gehörige Geltendmachung zweckmäßig erscheint. ³Gibt das Gericht dem Antrag statt, so trägt die Gesellschaft die Gerichtskosten. ⁴Gegen die Entscheidung ist die Beschwerde zulässig. ⁵Die gerichtlich bestellten Vertreter können von der Gesellschaft den Ersatz angemessener barer Auslagen und eine Vergütung für ihre Tätigkeit verlangen. ⁶Die Auslagen und die Vergütung setzt das Gericht fest. ⁷Gegen die Entscheidung ist die Beschwerde zulässig; die Rechtsbeschwerde ist ausgeschlossen. ⁸Aus der rechtskräftigen Entscheidung findet die Zwangsvollstreckung nach der Zivilprozeßordnung statt.

Literatur:
Bayer/Lieder, Die Lehre vom fehlerhaften Bestellungsverhältnis, NZG 2012, 1; *Bernau,* Konzernrechtliche Ersatzansprüche als Gegenstand des Klageerzwingungsrechts nach § 147 Abs. 1 S. 1 AktG, AG 2011, 894; *Binder,* Das Informationsstatut des besonderen Vertreters (§ 147 Abs. 2 AktG), ZHR 176, 380; *Böbel,* Die Rechtsstellung des besonderen Vertreters gem. § 147 AktG, 1999; *Bork,* Das Klageerzwingungsverfahren nach § 147 Abs. 3 AktG auf dem Wege zur Aktionärsklage? in Hommelhoff/Röhricht (Hrsg.), RWS-Forum 10, Gesellschaftsrecht 1997, 1998, 53 ff; *Brandner,* Minderheitenrechte bei der Geltendmachung von Ersatzansprüchen aus der Geschäftsführung, in: FS Lutter, 2000, S. 317; *Brommer,* Folgen einer reformierten Aktionärsklage für die Vorstandsinnenhaftung, AG 2013, 121; *Danner-Lieb/Winnen,* Der besondere Vertreter nach § 147 AktG-Ein effektives Instrument des Anlegerschutzes? in: FS Kanzleiter, S. 119; *Fabritius,* Der besondere Vertreter gemäß § 147 Abs. 2 AktG, in: FS Gruson, 2009, 133; *Fleischer,* Das Gesetz zur Unternehmensintegrität und Modernisierung des Anfechtungsrechts, NJW 2005, 3525; *Gerber,* Auswirkungen der UMAG auf die notarielle Praxis und die Satzungsgestaltung bei der Aktiengesellschaft, MittBayNot 2005, 203; *Göz/Holzmann,* Die Aktienrechtsreform durch das Gesetz für Unternehmensintegrität und Modernisierung des Anfechtungsrechts – UMAG, WM 2006, 157; *Happ,* Vom besonderen Vertreter zur actio pro socio – Das Klagezulassungsverfahren des § 148 AktG auf dem Prüfstand, in FS Westermann, 2008, 971; *Heer,* Die positive Beschlussfeststellungsklage im Aktienrecht – Voraussetzungen und besondere Problemstellung, ZIP 2012, 803; *Holzborn/Bunnemann,* Änderungen im AktG durch den Regierungsentwurf für das UMAG, BKR 2005, 51; *Kirschner,* UMAG passiert den Bundesrat – Letzter Feinschliff für das Sonderprüfungsrecht?, BB 2005, 1865; *Kling,* Die Innenhaftung des Aufsichtsratsmitglieds in der Aktiengesellschaft, DZWIR 2005, 45; *Köhler/Marten/Hülsberg/Bender,* Haftungsrisiken für Gesellschaftsorgane – Aktuelle Beurteilung und Gegenmaßnahmen, BB 2005, 501; *Krenek,* Der besondere Vertreter, in: Mehrbey, Handbuch Gesellschaftsrechtliche Streitigkeiten, 2013; *Krieger,* Aktionärsklage als Instrument zur Kontrolle des Vorstands- und Aufsichtsratshandelns; ZHR 163 (1999), 343; *Lochner,* Besonderer Vertreter, Der Aufsichtsrat 2008, 58; *Meilicke/Heidel,* UMAG: „Modernisierung" des Aktienrechts durch Beschränkung des Eigentumsschutzes der Aktionäre, DB 2004, 1479; *Mock,* Die Entdeckung des besonderen Vertreters, DB 2008, 393; *ders.,* Auswirkungen der Eröffnung des Insolvenzverfahrens auf das Klagezulassungsverfahren (§ 148 AktG), ZInso 2010, 2013; *Nietsch,* Klageinitiative und besondere Vertretung in der Aktiengesellschaft, ZGR 2011, 589; *Paschos/Neumann,* Die Neuregelungen des UMAG im Bereich der Durchsetzung von Haftungsansprüchen der Aktiengesellschaft gegen Organmitglieder, DB 2005, 1779; *K. Schmidt,* Verfolgungspflichten, Verfolgungsrechte und Aktionärsklagen: Ist die Quadratur des Zirkels näher gerückt?, NZG 2005, 796; *Schröer,* Geltendmachung von Ersatzansprüchen gegen Organmitglieder nach UMAG, ZIP 2005, 2081; *Schütz,* UMAG Reloaded, NZG 2005, 5; *Seibert,* Das Gesetz zur Unternehmensintegrität und Modernisierung des Anfechtungsrechts (UMAG) kommt zum 1.11.2005, BB 2005, 1457; *ders.,* UMAG und Hauptversammlung – Der Regierungsentwurf eines Gesetzes zur Unternehmensintegrität und Modernisierung des Anfechtungsrechts (UMAG), WM 2005, 157; *Seibt,* Die Reform des Verfolgungsrechts nach § 147 AktG und des Rechts der Sonderprüfung, WM 2004, 2137; *Semler,* Zur aktienrechtlichen Haftung der Organmitglieder einer Aktiengesellschaft, AG 2005, 321; *Simon/Zetsche,* Aktionärslegitimation und Satzungsgestaltung, NZG 2005, 369; *Spindler,* Haftung und Aktionärsklage nach dem neuen UMAG, NZG 2005, 865; *Ulmer,* Aktionärsklage als Instrument zur Kontrolle des Vorstands- und Aufsichtsratshandelns – vor dem Hintergrund der US-Erfahrungen der shareholder derivative action, ZHR 163 (1999), 290; *Verhoeven,* Der besondere Vertreter nach § 147: Erwacht ein schlafender Riese?, ZIP 2008, 245; *Weiss/Buchner,* Wird das UMAG die Haftung und Inanspruchnahme der Unternehmensleiter verändern?, WM 2005, 162; *Westermann,* Der Besondere Vertreter im Aktienrecht, AG 2009, 237; *Wilsing,* Neuerungen der UMAG für die aktienrechtliche Beratungspraxis, ZIP 2004, 1082; *Winnen,* Der Innenhaftung des Vorstandes nach dem UMAG, 2008; *Wirth,* Der „besondere Vertreter" nach § 147 Abs. 2 AktG. Ein neuer Akteur auf der Bühne.

A. Regelungsgehalt	1	II. Rechtsfolgen der Beschlussfassung	10
B. Ersatzansprüche der Gesellschaft	3	1. Verpflichtung der Verwaltungsorgane	10
I. Allgemeines	3	2. Frist zur Geltendmachung	11
II. Geltendmachung der Ansprüche	5	III. Wegfall des früheren Minderheitsverlangens	12
C. Hauptversammlungsbeschluss nach Abs. 1	8	D. Bestellung eines besonderen Vertreters (Abs. 2)	15
I. Formelle Anforderungen	9	I. Funktion des besonderen Vertreters	15

II. Bestellung durch die Hauptversammlung (Abs. 2 S. 1)	17	E. Rechtsstellung des besonderen Vertreters	24
III. Gerichtliche Bestellung (Abs. 2 S. 2)	19	I. Besonderes Organ der Gesellschaft	24
1. Zusammenfassung von Enquete- und Verfolgungsrecht	19	II. Weisungen und Beendigung der Organstellung durch die Hauptversammlung	27
2. Zuständigkeit, Verfahren	20a	1. Gerichtlich bestellte besondere Vertreter	27
3. Gerichtliche Entscheidung	21	2. Durch die Hauptversammlung bestellte besondere Vertreter	28
4. Rechtsmittel, Kosten	22		

A. Regelungsgehalt

1 § 147 wurde zuletzt durch das **FGG-Reformgesetz** mit Wirkung zum 1. September 2009 geändert.[1] Betreffend der Geltendmachung von Ersatzansprüchen wird § 147 seit Einführung des UMAG[2] ergänzt durch die neu eingeführten Regelungen der §§ 148 und 149. Der Kernbereich des § 147 existiert bereits seit 1884.[3] Die Vorschrift war lange Zeit nur von geringer praktischer Relevanz,[4] was sich jedoch in den letzten Jahren insbesondere durch den Fall der Bayerischen Hypo- und Vereinsbank AG geändert hat.[5] In engem Zusammenhang mit §§ 147 ff steht das **Sonderprüfungsrecht gemäß § 142** (vgl § 142 Rn 4 f), das im Interesse der Gesellschaft zur Sachverhaltsaufklärung und daher ggf der Vorbereitung der Geltendmachung von Ersatzansprüchen dient, zumal den Aktionären zunächst häufig die notwendige Tatsachenkenntnis für ein Erfolg versprechendes Vorgehen nach §§ 147, 148 fehlt.[6] Die Bestellung eines besonderen Vertreters muss aber nicht mit einer vorherigen oder gleichzeitigen Sonderprüfung einhergehen, da der besondere Vertreter selbst über gerichtlich durchsetzbare Informationsrechte verfügt (dazu unten Rn 24). § 147 ist zwingend.[7] Die Vorschrift kann bei Personengesellschaften analoge Anwendung finden.[8]

2 § 147 regelt gemeinsam mit § 148 die Geltendmachung von Ersatzansprüchen der Aktiengesellschaft gegen die bei Gründung und Nachgründung gemäß §§ 46–48, 53 verantwortlichen Personen, gegen die aktuellen und ausgeschiedenen Mitglieder von Vorstand und Aufsichtsrat sowie gegen die bei schädigender Beeinflussung der Gesellschaft nach § 117 Verantwortlichen und Begünstigten; diese gesetzlich genannten Anspruchsgrundlagen sind nur exemplarisch (siehe Rn 3 f). § 147 Abs. 1 betrifft die Beschlussfassung der Hauptversammlung zur Geltendmachung solcher Ansprüche und deren Wirkung; das UMAG beseitigte das einem entsprechenden Hauptversammlungsbeschluss gleichgestellte Minderheitsverlangen von 10 % des Grundkapitals auf Geltendmachung der in Abs. 1 S. 1 bezeichneten Ersatzansprüche.[9] Nach Abs. 2 kann die Hauptversammlung (S. 1) oder das Gericht auf Antrag einer Aktionärsminorität (S. 2) zur Geltendmachung der Ersatzansprüche einen besonderen Vertreter bestellen. Abs. 2 S. 3 ff regeln verschiedene Kosten- und Verfahrensfragen im Zusammenhang mit der gerichtlichen Bestellung eines besonderen Vertreters. Abs. 3 und 4 aF wurden durch das UMAG gestrichen. Im Falle der Untätigkeit der Gesellschaft kann nunmehr unter den Voraussetzungen des § 148 eine Aktionärsminderheit zugunsten der Gesellschaft die iSv § 147 Abs. 1 bestehenden Ersatzansprüche klageweise durchsetzen, vgl die Kommentierung zu § 148.

2a Der Bericht der von den Justizministern der Länder eingesetzten **Arbeitsgruppe „Managerverantwortung"**[10] sieht vor, die Rechte des besonderen Vertreters konkreter zu regeln. So sollen umfassende Informationsrechte des besonderen Vertreters gegenüber Vorstand, Aufsichtsrat, dem eigenen sowie konzernzugehörigen Unternehmen sowie eine Berichtspflicht gegenüber der Hauptversammlung ausdrücklich gesetzlich geregelt werden. Diese Initiative ist sowohl der Sache nach als auch im Interesse der Rechtsklarheit zu begrüßen. Auch die vor der Bundestagswahl 2013 stecken gebliebene Aktienrechtsnovelle 2012/2013 sah insofern keine Neuerungen vor.

---

1 Art. 74 Nr. 14 FGG-ReformG vom 17.12.2008, BGBl. I S. 2586; vgl Fn 1 zu den vorangegangenen Änderungen.
2 Gesetz zur Unternehmensintegrität und Modernisierung des Anfechtungsrechts (UMAG) vom 22.9.2005, BGBl. I S. 2802, Art. 3; vgl auch BR-Drucks. 454/05.
3 Gesetz, betreffend die Kommanditgesellschaften auf Aktien und die Aktiengesellschaften vom 18.7.1884, RGBl 1884, 123; vgl dazu Schubert/Hommelhoff, Hundert Jahre modernes AktienR, 1985, 470; vgl K. Schmidt, NZG 2005, 796 f zur Geschichte der Norm.
4 Großkomm-AktienR/*Bezzenberger*, Rn 3; Müko-AktG/*Schröer*, Rn 5, 7.
5 BGH NJW-RR 2012, 106 = AG 2011,875; OLG München ZIP 2008, 1916 ff = WM 2008, 1971 ff; OLG München ZIP 2008, 2173 ff = WM 2008, 2376 f; OLG München ZIP 2008, 73 ff = WM 2008, 215 ff; LG München I BB 2007, 2030 ff = ZIP 2007, 1809 ff; LG München I AG 2009, 796 ff = NJW 2009, 1311 ff; LG München I ZIP 2008, 2124 = BB 2008, 1965.
6 Vgl Müko-AktG/*Schröer*, Rn 7.
7 *Hüffer*, Rn 1, 4; Grigoleit/*Herrler*, Rn 1; K. Schmidt/Lutter/*Spindler*, Rn 1.
8 BGH AG 2011, 26; Karrer, NZG 2008, 206 ff.
9 Vgl zum alten Recht AnwK-AktR/*Koch/Heidel*, Rn 15 f.
10 Bericht der Arbeitsgruppe „Managerverantwortung" vom 19. Mai 2009, abrufbar unter <www.justiz.bayern.de>.

B. Ersatzansprüche der Gesellschaft

I. Allgemeines. § 147 ist nicht Anspruchsgrundlage für Ersatzansprüche der Gesellschaft, sondern regelt gemeinsam mit § 148 die Art und Weise der Geltendmachung bzw die Erzwingung der Geltendmachung. Als prozessuale Vorschriften finden die §§ 147 ff in der Fassung des UMAG daher nach den Grundsätzen des Intertemporalen Rechts[11] auch auf die Geltendmachung von Ersatzansprüchen Anwendung, die vor der UMAG-Einführung entstanden sind. Ersatzansprüche iSv Abs. 1 sind **Beseitigungs-, Ausgleichs-, Unterlassungs- und Schadensersatzansprüche** der Gesellschaft insbesondere gegen Gesellschaftsorgane nebst den zugehörigen Hilfsansprüchen auf Auskunft, Rechenschaft, nicht aber Erfüllungsansprüche.[12] Anspruchsgrundlagen der Gesellschaft für Ersatzansprüche iSv Abs. 1 finden sich sowohl im Aktienrecht als auch im allg. Zivilrecht;[13] die gesetzlich explizit genannten Anspruchsgrundlagen sind nur exemplarisch.

Spezielle aktienrechtliche **Anspruchsgrundlagen** sind vor allem § 93 und § 117 Abs. 2. Über die Verweisung des § 116 gelten die Haftungstatbestände des § 93 für den Aufsichtsrat entsprechend, vgl § 93 Rn 1 ff, § 116 Rn 13 ff. Hinsichtlich der Haftung bei Gründung und Nachgründung wird auf die Kommentierung der §§ 46–48, 53 verwiesen. Auch Ersatzansprüche aus dem Konzernverhältnis gemäß §§ 309, 317 fallen unter § 147.[14] Konzernrechtliche Klagen von Aktionären nach §§ 309, 317 hindern die AG nicht an einer Klage.[15] Neben die aktienrechtlichen Haftungstatbestände treten regelmäßig Ansprüche gegen Organmitglieder aus § 280 BGB wegen Verletzung der im Anstellungsvertrag übernommenen Pflichten; bezüglich der maßgeblichen Sorgfaltspflichten ist auf § 93 Abs. 1 zu verweisen[16] (vgl § 93 Rn 73 ff). Hinzu treten regelmäßig weitere Anspruchsgrundlagen des Auftragsrechts, aus Geschäftsführung ohne Auftrag, sowie des Delikts- und Bereicherungsrechts. Zu denken ist insbesondere an Ansprüche aus §§ 667, 681 S. 2, 687 Abs. 2 BGB[17] sowie an Schadensersatzansprüche wegen vorsätzlicher sittenwidriger Schädigung nach § 826 BGB[18] oder nach § 823 Abs. 2 BGB bei Verstoß gegen ein Schutzgesetz, wie zB §§ 9 Abs. 1, 27, 92 Abs. 2 und 3, 183, 401 Abs. 1 S. 2 und Abs. 2.[19] Sind Vorteile unmittelbar an Organmitglieder oder an Strohmänner geflossen, so können Rückgewähransprüche nach § 62 oder nach §§ 812 ff BGB bestehen.

II. Geltendmachung der Ansprüche. Zur Geltendmachung etwaiger Ansprüche gegen aktuelle oder auch ausgeschiedene Organmitglieder, gegen die Gründer und sonstige Anspruchsgegner gemäß § 147 Abs. 1 ist grundsätzlich der **Vorstand** verpflichtet. Es handelt sich um eine Geschäftsführungsmaßnahme gemäß § 78.[20] Richten sich die Ersatzansprüche der Gesellschaft gegen die aktuellen Mitglieder des Vorstandes oder auch gegen dessen ausgeschiedene Mitglieder,[21] so ist es die Aufgabe und die Pflicht des **Aufsichtsrates** gemäß § 112, die Gesellschaft gegenüber den Mitgliedern des Vorstandes zu vertreten und die Ersatzansprüche geltend zu machen. Eine Aktionärsklage als *actio pro socio* wurde durch das UMAG[22] in § 148 geschaffen (vgl § 148 Rn 1, 26 ff).

Eine vorherige zusätzliche Legitimation der zuständigen Organe durch einen Hauptversammlungsbeschluss nach Abs. 1 ist nicht erforderlich.[23] Bei der Frage der Geltendmachung der Ersatzansprüche einschließlich der Bewertung der Erfolgsaussichten einer Klage und der Beitreibbarkeit der Forderung handelt es sich um eine **eigenverantwortliche Prüfungsentscheidung von Vorstand bzw Aufsichtsrat** unter primärer Berücksichtigung des Gesellschaftswohls, bei der den Organen grundsätzlich ein Beurteilungsspielraum, bzw auf Rechtsfolgenseite ein Ermessen, zusteht; eine gerichtlich nur eingeschränkt überprüfbare Entscheidungsprärogative des Gesellschaftsorgans gibt es jedoch nicht.[24] Das zuständige Gesellschaftsorgan darf nur in seltenen Ausnahmefällen von einer Geltendmachung der als begründet erachteten Ersatzansprüche absehen, da kaum Umstände vorstellbar sind, die eine Nichtdurchsetzung der Ansprüche rechtfertigen können; im

---

11 Vgl BVerfGE 39, 167; BGHZ 114, 4; OLG München Rpfleger 2002, 281; Baumbach/Lauterbach/*Hartmann*, ZPO, 63. Auflage, Einleitung III Rn 78.
12 BGH AG 1991, 269, 276; *Hüffer*, Rn 2; AnwK-AktR/*Koch/Heidel*, Rn 6; Müko-AktG/*Schröer*, Rn 18; Bürgers/Holzborn, Rn 3; RegBegr, *Kropff*, S. 215; vgl BGH NJW 1975, 977 f; BGHZ 80, 69, 75 f = NJW 1981, 1512; BGHZ 97, 382, 385 f = NJW 1986, 2250.
13 Vgl allg. zur Organhaftung *Semler*, AG 2005, 321 ff mwN.
14 KG AG 2012, 256 = NZG 2011,1429; OLG München ZIP 2008, 1916, 1918 f; LG München I ZIP 2007, 2420 = AG 2008, 92; Müko-AktG/*Schröer*, Rn 20; K. Schmidt/Lutter/*Spindler*, Rn 4; Spindler/Stilz/*Mock*, Rn 11; Großkomm-AktienR/*Bezzenberger*, Rn 13; *Emmerich* in: Emmerich/Habersack, § 309 Rn 49 a; *Westermann*, AG 2009, 237, 242; *Bernau*, AG 2011, 894, 900; aA *Hüffer*, Rn 2 a; Hölters/*Hirschmann*, Rn 3; K. Schmidt, NZG 2005, 796, 801.
15 *Bernau*, AG 2011, 894, 900.
16 Vgl zum Leitungsermessen des Vorstands *Hüffer*, in: FS Raiser, 2005, S. 163 ff.
17 *Hüffer*, Rn 2; Großkomm-AktienR/*Bezzenberger*, Rn 12; zweifelnd: Müko-AktG/*Schröer*, Rn 18.
18 Vgl *Kiethe*, NZG 2005, 333 ff; *Casper*, BKR 2005, 83, 84 ff.
19 Übersichten bei Palandt/*Sprau*, § 823 BGB Rn 61; AnwK-BGB/*Katzenmeier*, § 823 Rn 539; Staudinger/*Hager*, § 823 BGB Rn G 43.
20 KölnKomm-AktG/*Kronstein/Zöllner*, § 147 Rn 2; Spindler/Stilz/*Mock*, Rn 9.
21 Vgl BGH WM 1991, 941 = AG 1991, 269; OLG Düsseldorf ZIP 1997, 27 = AG 1997, 302; *Hüffer*, Rn 2, 5; *Brandes*, WM 1994, 2177, 2183; *Hager*, NJW 1992, 352, 353.
22 Siehe Fn 3.
23 BGHZ 135, 244 = WM 1997, 970 = NJW 1997, 1926; OLG Düsseldorf ZIP 1997, 27 = AG 1997, 231.
24 BGHZ 135, 244 = WM 1997, 970 = NJW 1997, 1926.

Ergebnis ist das zuständige Gesellschaftsorgan also **regelmäßig** dazu **verpflichtet**, bestehende Ersatzansprüche geltend zu machen.[25]

7 Überschreitet das zuständige Organ durch **Verzicht auf eine Geltendmachung** sein Ermessen, so schädigt es die Gesellschaft und macht sich damit selbst nach § 93 schadensersatzpflichtig. Eine grundsätzliche Pflicht zur Geltendmachung von Ersatzansprüchen gegen das jeweils andere Organ folgt für Vorstand und Aufsichtsrat nicht erst aus einem Hauptversammlungsbeschluss nach § 147 Abs. 1, sondern bereits aus ihren allg. Organpflichten zur gegenseitigen Überwachung nach §§ 93, 116.[26]

C. Hauptversammlungsbeschluss nach Abs. 1

8 Abs. 1 sieht die Möglichkeit einer Beschlussfassung der Hauptversammlung über die Geltendmachung von Ersatzansprüchen der Gesellschaft vor.

9 **I. Formelle Anforderungen.** An diesen Beschluss sind die **allg. aktienrechtlichen Anforderungen** zu stellen. Die **Tagesordnung** muss grundsätzlich gemäß § 124 die Geltendmachung von Ersatzansprüchen iSv § 147 Abs. 1 ankündigen;[27] ein entsprechender Antrag ist jedoch nach § 124 Abs. 4 S. 2 Fall 2 zB dann bekanntmachungsfrei, wenn Gegenstand der Tagesordnung die Vorlage eines Sonderprüfungsberichts ist und sich aus diesem Ersatzansprüche ergeben – nicht aber, wenn lediglich die Entlastung von Gesellschaftsorganen angekündigt ist.[28] Ein Aktionärsverlangen auf Ergänzung der Tagesordnung um eine Beschlussfassung nach § 147 kann nicht nur mit der Begründung zurückgewiesen werden, dass die geltend zu machenden Ansprüche keine Aussicht auf Erfolg hätten. Der Hauptversammlungsbeschluss muss die Ersatzansprüche hinreichend bestimmbar bezeichnen. Will man dem Gesetzeszweck als § 147 zur Geltung verhelfen, dürfen an die Bestimmtheit des Hauptversammlungsbeschlusses keine in der Praxis kaum erfüllbaren Anforderungen gestellt werden; das KG stellt mit Recht fest, dass es realitätsfern wäre zu fordern, dass die Hauptversammlung bereits über die Tatsachenkenntnis für eine abschließende Beurteilung verfüge, da der Zugang der Aktionäre zu Informationen gerade vom Verhalten derjenigen abhängt, die von einem Beschluss nach § 147 betroffen sein könnten.[29] Die Anspruchsgegner der geltend zu machenden Ersatzansprüche sind zu bezeichnen oder müssen jedenfalls bestimmbar sein.[30] Zudem ist der die Ersatzansprüche begründende Lebenssachverhalt bestimmbar bzw klar umrissen anzugeben.[31] Es muss möglich sein, dass das vollziehende Organ der bestimmbar bezeichneten Ansprüche durch Auslegung konkretisiert,[32] gegen wen Ansprüche geltend zu machen sind, bzw die Tätigkeit des handelnden Organs später anhand des Beschlusses nach § 147 Abs. 1 danach zu überprüfen, ob es sich in dem durch die Hauptversammlung gesteckten Rahmen gehalten hat.[33] Der Hauptversammlungsbeschluss bedarf keiner sachlichen Rechtfertigung.[34] Sollen Ersatzansprüche u.a. gegen Aktionäre – zB nach § 117, vgl § 117 Rn 14 f – erhoben werden, so unterliegen diese Aktionäre einem Stimmverbot nach § 136 Abs. 1 S. 1 Alt. 3.[35] Gleiches gilt, wenn die in Anspruch zu nehmenden Organmitglieder Aktien der Gesellschaft halten. Ein Hauptversammlungsbeschluss, der zur Geltendmachung von Ersatzansprüchen gegen mehrere Anspruchsgegner aufgrund desselben Sachverhalts verpflichtet, ist nicht rechtsmissbräuchlich, weil damit bei einer einheitlichen Abstimmung jeder betroffene Aktionär nach § 136 Abs. 1 S. 1 auch bei der Entscheidung über die Geltendmachung von Ansprüchen gegen die anderen Anspruchsgegner von der Abstimmung ausgeschlossen ist; denn es liegt nahe, dass ein Aktionär im Eigeninteresse die Inanspruchnahme eines weiteren Anspruchsgegners blockiert, um mittelbar die eigene Rechtsposition zu schützen.[36] Der Beschluss wird mit einfacher Mehrheit gefasst; eine Änderung der notwendigen Beschlussmehrheit durch die Satzung ist nach § 23 Abs. 5 unzulässig.[37]

---

[25] BGHZ 135, 244 = WM 1997, 970 = NJW 1997, 1926; Müko-AktG/*Habersack* § 111 Rn 34 ff. *Spindler*, NZG 2005, 865, 866; *Weiss/Buchner*, WM 2005, 162, 166; *Jaeger*, WiB 1997, 10, 15; *Raiser*, NJW 1996, 552, 554.

[26] *Semler*, AG 2005, 321, 328.

[27] Großkomm-AktienR/*Bezzenberger*, Rn 18; Müko-AktG/*Schröer*, Rn 37; KölnKomm-AktG/*Kronstein/Zöllner*, Rn 5; Bürgers/Körber/*Holzborn*, Rn 6; *Semler*, AG 2005, 321, 329.

[28] *Hüffer*, Rn 3; Großkomm-AktienR/*Bezzenberger*, Rn 18; Müko-AktG/*Schröer*, Rn 37; KölnKomm-AktG/*Kronstein/Zöllner*, Rn 5; Bürgers/Körber/*Holzborn*, Rn 6; *Semler*, AG 2005, 321, 329.

[29] KG AG 2012, 256 = NZG 2011, 1429; OLG Frankfurt AG 2004, 104; Spindler/Stilz/*Mock*, § 124 Rn 24; *Krenek* in: Mehrbrey, Hdb ges. Streitigkeiten, § 6 Rn 151.

[30] KG AG 2012, 256 = NZG 2011, 1429; OLG Frankfurt AG 2004, 104; Spindler/Stilz/*Mock*, § 124 Rn 24.

[31] KG AG 2012, 256 = NZG 2011, 1429; Großkomm-AktienR/*Bezzenberger*, Rn 19; *Lochner*, Der Aufsichtsrat 2008, 58.

[32] KG AG 2012, 256 = NZG 2011, 1429; OLG München ZIP 2008, 73, 74 f; LG München I BB 2007, 2030, 2031.

[33] KG AG 2012, 256 = NZG 2011, 1429; OLG München ZIP 2008, 1916, 1921; OLG Frankfurt DB 2004, 177; *Westermann*, AG 2009, 237, 240.

[34] Großkomm-AktienR/*Bezzenberger*, Rn 20; K. Schmidt/Lutter/*Spindler*, Rn 6; Spindler/Stilz/*Mock*, Rn 24.

[35] OLG München ZIP 2008, 73, 74; OLG Düsseldorf AG 1996, 373, 374; Müko-AktG/*Schröer*, Rn 34; Spindler/Stilz/*Mock*, Rn 26; *Hüffer*, Rn 3; Bürgers/Körber/*Holzborn*, Rn 6; *Wirth* in: FS Hüffer, 1129, 1131; vgl BGHZ 97, 28, 34 = NJW 1986, 2051 zur GmbH.

[36] OLG München ZIP 2008, 1916, 1917.

[37] Großkomm-AktienR/*Bezzenberger*, Rn 22; Bürgers/Körber/*Holzborn*, Rn 6.

II. Rechtsfolgen der Beschlussfassung. 1. Verpflichtung der Verwaltungsorgane. Beschließt die Hauptversammlung die Geltendmachung, hat diese Entscheidung der Aktionäre eine verpflichtende Wirkung für die zur Geltendmachung berufenen Gesellschaftsorgane, also für Vorstand bzw Aufsichtsrat, vgl oben Rn 5. Diese verpflichtende Wirkung entfaltet nach § 147 Abs. 1 S. 1 bereits ein Beschluss mit einfacher Stimmenmehrheit, § 133 Abs. 1. Während den zuständigen Organen grundsätzlich das Recht und die Pflicht zur tatsächlichen und rechtlichen Prüfung der Anspruchsvoraussetzungen sowie der Einschätzung der Erfolgsaussichten einer Klage obliegt und sie in seltenen Ausnahmefällen, dazu Rn 6, auch das Recht haben, von einer Geltendmachung abzusehen, werden den Verwaltungsorganen diese Entscheidungsbefugnisse durch eine Beschlussfassung der Hauptversammlung entzogen. Die Hauptversammlung hat damit das Recht, die Entscheidung über die Geltendmachung von Ersatzansprüchen als besondere Maßnahme der Geschäftsführung an sich zu ziehen,[38] ggf auf vorangegangene Initiative nach § 122, vgl zur Einberufung einer Hauptversammlung aufgrund Minderheitsverlangen § 122 Rn 6 ff.

2. Frist zur Geltendmachung. Hat die Hauptversammlung von ihrem Recht Gebrauch gemacht und eine Geltendmachung der Ersatzansprüche beschlossen, sind die Ansprüche durch die zuständigen Organe gemäß § 147 Abs. 1 S. 2 **binnen sechs Monaten seit dem Tage der Hauptversammlung** geltend zu machen. Die Fristberechnung erfolgt nach §§ 187, 188 BGB. Die Frist ist keine Ausschlussfrist.[39] Trotz der Formulierung als Sollvorschrift handelt es sich um eine **gebundene Entscheidung** der Gesellschaftsorgane;[40] diese haben kein Recht, von einer Geltendmachung der Ersatzansprüche abzusehen oder diese willkürlich zu verzögern. Ein sachlicher Grund für eine spätere Geltendmachung liegt zB vor, wenn der Vorstand einem besonderen Vertreter den Zugang zu notwendigen Informationen verweigert und sich ein Verfahren auf Erlass einer einstweiligen Verfügung verzögert oder wenn gleichzeitig mit dem besonderen Vertreter ein Sonderprüfer bestellt wird und der besondere Vertreter zur Kostenschonung der Gesellschaft auf den Ergebnissen der Sonderprüfung aufbaut, statt parallel zu diesem selbst den Sachverhalt aufzuarbeiten. Die Frist wird bereits durch eine außergerichtliche Geltendmachung gewahrt;[41] schlägt diese fehl, so haben die Organe der AG die Ersatzansprüche ohne schuldhaftes Zögern gerichtlich geltend zu machen. Lassen die zuständigen Organe die Frist willkürlich fruchtlos verstreichen, so machen sie sich gegebenenfalls selbst gegenüber der Gesellschaft schadensersatzpflichtig, §§ 93, 116, §§ 823 ff BGB – zB wegen Zinsschadens.[42]

III. Wegfall des früheren Minderheitsverlangens. Das UMAG[43] entfernte aus § 147 Abs. 1 das Minderheitsverlangen als Alternative zum Hauptversammlungsbeschluss. Nach § 147 Abs. 1 S. 1 aF wurden die Gesellschaftsorgane nicht nur durch die Beschlussfassung der einfachen Mehrheit der Hauptversammlung gebunden, Ersatzansprüche geltend zu machen. Vielmehr entfaltete bereits ein Verlangen einer Minderheit, deren Anteile zusammen 10 % des Grundkapitals erreichten, diese verpflichtende Wirkung.[44] Obwohl sich vereinzelt praktische Beispiele für ein solches Minderheitsverlangen nach altem Recht finden,[45] war diese frühere Regelung nur von geringer praktischer Relevanz.[46] Grund dafür war die erhebliche Schwierigkeit für eine Minderheit, die Schwelle von 10 % des Grundkapitals der Gesellschaft zu erreichen, da es sich dabei um Vermögenswerte im Milliarden-Euro-Bereich handeln kann.[47]

An die Stelle des Minderheitsverlangens mit verpflichtender Wirkung für die Gesellschaftsorgane nach § 147 Abs. 1 S. 1 aF ist die **Aktionärsklage gemäß § 148** getreten. Unter den dortigen Voraussetzungen kann eine Aktionärsminderheit nicht bloß die Gesellschaftsorgane zur Geltendmachung der Ersatzansprüche verpflichten, sondern nach erfolgreicher Durchführung eines Zulassungsverfahrens nach § 148 Abs. 1 die Ersatzansprüche der Gesellschaft unmittelbar selbst für diese geltend machen. Diese Möglichkeit einer Aktionärsklage bestand nach der bisherigen Rechtslage insbesondere nicht für Ansprüche aus § 93 Abs. 2 und Abs. 3, so dass die Einführung des § 148 eine deutliche Rechtserweiterung der außenstehenden Aktionäre darstellt. Vgl im Einzelnen § 148 Rn 1, 26 ff.

Gleichwohl wurde die durch das UMAG erfolgte **Streichung des sog. Initiativrechts** des § 147 Abs. 1 S. 1 aF mit Recht **nachhaltig kritisiert**.[48] Auch wenn die Schaffung der Aktionärsklage nach § 148 zu begrüßen ist, fängt diese das frühere Minderheitenquorum des § 147 Abs. 1 S. 1 aF nicht vollständig auf, da die Aktio-

---

38 KölnKomm-AktG/*Kronstein/Zöllner*, Rn 2, 5.
39 Müko-AktG/*Schröer*, Rn 40; K. Schmidt/Lutter/*Spindler*, Rn 12.
40 KölnKomm-AktG/*Kronstein/Zöllner*, Rn 10.
41 Müko-AktG/*Schröer*, Rn 41; Spindler/Stilz/*Mock*, Rn 30, 18; einschränkend: *Hüffer*, Rn 5: nicht folgenlose außergerichtliche Geltendmachung; ähnlich: Bürgers/Körber/*Holzborn*, Rn 9; K. Schmidt/Lutter/*Spindler*, Rn 12.
42 RegBegr. *Kropff*, S. 214; Müko-AktG/*Schröer*, Rn 40; *Hüffer*, Rn 5; Bürgers/*Holzborn*, Rn 8; K. Schmidt/Lutter/*Spindler*, Rn 12.
43 Siehe Fn 3.
44 Vgl dazu die Kommentierung der 1. Auflage: AnwK-AktR/*Koch/Heidel*, Rn 15 f.
45 Vgl zB KG DB 2005, 439 = NZG 2005, 319 = AG 2005, 246.
46 Großkomm-AktienR/*Bezzenberger*, Rn 3; Müko-AktG/*Schröer*, Rn 7.
47 Vgl Müko-AktG/*Schröer*, Rn 7; *Ulmer*, ZHR 163 (1999), 290, 330 f; *Thümmel*, DB 1999, 885, 887.
48 ZB *Meilicke/Heidel*, DB 2004, 1479, 1480; *Seibt*, WM 2004, 2137, 2142.

närsklage nach § 148 Abs. 1 an strenge Zulassungskriterien gebunden ist, dazu § 148 Rn 3 ff, während die Aktionäre nach § 147 Abs. 1 S. 1 aF außer der Beteiligungsschwelle keine weiteren Kriterien erfüllen mussten. Minderheitsaktionäre haben aufgrund der Anforderungen von § 148 Abs. 1 S. 2 Nr. 3 grundsätzlich keine Möglichkeit mehr, die Geltendmachung von Ersatzansprüchen der Gesellschaft zu erzwingen, die auf einer einfach fahrlässigen Sorgfaltspflichtverletzung beruhen;[49] die einzige Ausnahme besteht dann, wenn die Pflichtverletzungen der Organe mit einer Schädigung durch den Großaktionär einhergehen – in diesem Fall ist der Großaktionär vom Stimmrecht gemäß § 136 ausgeschlossen, so dass die außenstehenden Aktionäre ohne ihn über die Geltendmachung von Ersatzansprüchen beschließen können.[50] Da der Gesetzgeber mit dem UMAG ausdrücklich statt einer Schwächung mit gutem Grund eine Stärkung des Anlegerschutzes beabsichtigte,[51] besteht hier *de lege ferrenda* Nachbesserungsbedarf durch Wiedereinführung des gestrichenen Minderheitenquorums.

D. Bestellung eines besonderen Vertreters (Abs. 2)

15 **I. Funktion des besonderen Vertreters.** Hat die Hauptversammlung die Gesellschaftsorgane durch Beschluss nach Abs. 1 S. 1 zur Geltendmachung der Ersatzansprüche verpflichtet, so haben diese der Aufgabe im Rahmen der Fristen des Abs. 1 S. 2 nachzukommen. Wie schon oben unter Rn 5 festgestellt, handelt es sich grundsätzlich um eine Pflicht des Vorstandes; im Falle von Schadensersatzansprüchen gegen Vorstandsmitglieder ist der Aufsichtsrat nach § 112 zur gerichtlichen Geltendmachung berufen. Von dieser Vertretungsregelung kann die AG nach § 147 Abs. 2 absehen und einen besonderen Vertreter zur Geltendmachung der Ersatzansprüche bestimmen.

16 Beim besonderen Vertreter handelt es sich um ein besonderes **Organ der Gesellschaft**, dessen Aufgabe, Befugnisse und Amtsdauer sich auf die Geltendmachung der Ersatzansprüche und dafür notwendige Vorbereitungshandlungen wie zB das Erlangen von Informationen beschränkt, vgl Rn 24 ff. Die Bestellung eines besonderen Vertreters ist geboten, wenn hinsichtlich der Inanspruchnahme eines Gesellschaftsorgans bei dem zuständigen Kollegialorgan Interessenkonflikte bestehen. Die Bestellung ist notwendig, wenn die Geltendmachung von Schadensersatzansprüchen sowohl gegen aktuelle Mitglieder des Vorstandes wie aktuelle Mitglieder des Aufsichtsrates zu besorgen ist, da die AG anderenfalls handlungsunfähig wäre.[52] **Aufsichtsrat und Vorstand** sind in diesem Fall trotz der persönlichen entgegenstehenden Interessen **verpflichtet, die Bestellung zu veranlassen**.[53] Die Rechtsfigur des besonderen Vertreters dient damit der Vermeidung von Interessenkonflikten und der Erhaltung der Handlungsfähigkeit der AG auch in besonderen Haftungssituationen.

17 **II. Bestellung durch die Hauptversammlung (Abs. 2 S. 1).** Die Hauptversammlung hat das Recht, zur Durchsetzung von Ersatzansprüchen iSv Abs. 1 einen oder auch mehrere[54] besondere Vertreter zu bestellen. Dies geschieht durch **Beschlussfassung mit einfacher Mehrheit**, § 133 Abs. 1. Eine Beschlussfassung über die Bestellung eines besonderen Vertreters setzt grundsätzlich voraus, dass dies oder die Geltendmachung von Ersatzansprüchen Gegenstand der Tagesordnung sind,[55] vgl oben Rn 9. Sollen Ansprüche neben Gesellschaftsorganen auch gegen Aktionäre, etwa nach §§ 117, 317, geltend gemacht werden, unterliegt der betroffene Aktionär einem Stimmverbot nach § 136 Abs. 1 S. 3 Alt. 3;[56] ist dieser Aktionär Mehrheitsaktionär, so folgt daraus, dass in Relation zum Grundkapital allein eine Aktionärsminderheit über die Beschlussfassung nach § 147 Abs. 1 S. 1 stimmberechtigt ist. Der als besonderer Vertreter Vorgeschlagene unterliegt keinem Stimmverbot.[57] Etwaige Stimmverbote gelten auch bei einer Abberufung des besonderen Vertreters, und zwar auch dann, wenn ein Aktionär, gegen den Ersatzansprüche geltend zu machen sind, später Alleinaktionär wird,[58] dazu auch unten unter Rn 29.

---

49 *Seibt*, WM 2004, 2137, 2142.
50 So geschehen im Fall HVB, LG München I AG 2008, 92; OLG München AG 2008, 864; BGH AG 2011, 875.
51 BegrRegE zum UMAG, BT-Drucks. 15/5092, S. 10; Pressemitteilung des Bundesjustizministeriums vom 25.2.2003, "Bundesregierung stärkt Anlegerschutz und Unternehmensintegrität", Maßnahmenkatalog, abgedruckt zB in wistra 4/2003, S. V ff: vgl dazu *Seibert*, BB 2003, 693 ff.
52 Müko-AktG/*Schröer*, Rn 42; Großkomm-AktienR/*Bezzenberger*, Rn 41; *Thümmel*, DB 1997, 1117, 1119; vgl *Hüffer*, Rn 1.
53 RGZ 114, 396, 399; Großkomm-AktienR/*Bezzenberger*, Rn 41; Müko-AktG/*Schröer*, Rn 42; Bürgers/Körber/*Holzborn*, Rn 10; K. Schmidt/Lutter/*Spindler*, Rn 14; Spindler/Stilz/*Mock*, Rn 39.
54 *Hüffer*, Rn 6.
55 K. Schmidt/Lutter/*Spindler*, Rn 14; Großkomm-AktienR/*Bezzenberger*, Rn 42 f; Müko-AktG/*Schröer*, Rn 61.
56 BGHZ 97, 28, 34 = NJW 1986, 2051; OLG München ZIP 2008, 73, 74; Müko-AktG/*Schröer*, Rn 63; *Hüffer*, Rn 6; Bürgers/Körber/*Holzborn*, Rn 12; *Lochner*, Der Aufsichtsrat 2008, 58; *Wirth* in: FS Hüffer, 1129, 1131; Spindler/Stilz/*Mock*, Rn 42.
57 *Hüffer*, Rn 6; Müko-AktG/*Schröer*, Rn 63; Spindler/Stilz/*Mock*, Rn 42; Bürgers/Körber/*Holzborn*, Rn 12; vgl auch BGHZ 97, 28, 34 f.
58 BGH AG 2011, 702; LG München I AG 2009, 796 = ZIP 2009, 2198; *Lutter* ZIP 2009, 2203; *Hirte/Mock*, BGB 2010, 775; aA OLG München ZIP 2010, 725 = GWR 2010, 165; *Altmeppen* NJW 2009, 3757.

Der Bestellungsbeschluss wird zwar regelmäßig gemeinsam mit einem Beschluss nach Abs. 1 gefällt, ist davon aber unabhängig. Im Anfechtungsprozess gegen den Bestellungsbeschluss wird die AG durch Vorstand und Aufsichtsrat vertreten, auch wenn sich die geltend zu machenden Ersatzansprüche gegen Mitglieder dieser Organe richten.[59] Der besondere Vertreter ist zur Nebenintervention befugt,[60] da ohne ein solches Recht zu befürchten wäre, dass ein an der Verfolgung der Ersatzansprüche möglicherweise nicht interessierter Vorstand und Aufsichtsrat die Gesellschaft in dem Anfechtungsprozess schlecht vertreten könnte.[61] Wird der Bestellungsbeschluss im Anfechtungsprozess für nichtig erklärt oder seine Nichtigkeit festgestellt, bleiben die Rechtshandlungen des besonderen Vertreters wirksam und seine Tätigkeit ist zu vergüten; denn aufgrund der Organqualität des besonderen Vertreters finden die Grundsätze über die fehlerhafte Organbestellung Anwendung.[62]

III. Gerichtliche Bestellung (Abs. 2 S. 2). 1. Zusammenfassung von Enquete- und Verfolgungsrecht. Abs. 2 S. 2 fasst seit dem **UMAG**[63] das alte sog. Enquete-Recht nach Abs. 2 S. 2 und das durch das KonTraG[64] eingeführte sog. Verfolgungsrecht nach § 147 Abs. 3 aF zusammen. Das Minderheitenrecht zur gerichtlichen Bestellung eines besonderen Vertreters nach Abs. 2 S. 2 setzt voraus, dass zuvor ein Hauptversammlungsbeschluss nach Abs. 1 herbeigeführt worden ist bzw gleichzeitig herbeigeführt wird.[65] Der Gesetzgeber bezweckte eine Beseitigung der unterschiedlichen Anforderungen für Enquete-Recht und Verfolgungsrecht nach § 147 Abs. 2 S. 2, Abs. 3 aF.[66]

Trotz Einführung der Aktionärsklage gemäß § 148 ist das Minderheitenrecht zur Bestellung eines besonderen Vertreters nicht obsolet geworden.[67] Die Vorteile des Rechts aus § 147 Abs. 2 S. 2 im Vergleich zur Aktionärsklage liegen aus Sicht der Minderheit vor allem im geringeren Kostenrisiko, da sie bei einem Antrag nach Abs. 2 S. 2 nur das Kostenrisiko des Antragsverfahrens, und auch dort grundsätzlich nur das Risiko der gerichtlichen und der eigenen außergerichtlichen Kosten, nicht aber das des späteren vom besonderen Vertreter zu betreibenden Klageverfahrens tragen (vgl Rn 23). Eine nach § 148 klagende Aktionärsminderheit ist dagegen neben dem Kostenrisiko im Zulassungsverfahren auch Kostenrisiken im Klageverfahren ausgesetzt, da die Gesellschaft im Falle des Unterliegens nach § 148 Abs. 6 keine uneingeschränkte Kostentragungspflicht trifft (vgl § 148 Rn 33 ff). Darüber hinaus hat die Aktionärsklage im Vergleich zu einem Antrag nach § 147 Abs. 2 S. 2 auch den Nachteil, dass sich die Durchsetzung des Ersatzanspruchs durch einen Selbsteintritt der Gesellschaft gemäß § 148 Abs. 3 zusätzlich verzögern könnte (vgl § 148 Rn 23 ff).

2. Zuständigkeit, Verfahren. Örtlich zuständig für die gerichtliche Entscheidung über einen Minderheitsantrag nach Abs. 2 S. 2 ist aufgrund der Verweisung von § 147 Abs. 2 S. 2 auf § 14 das Gericht am Sitz der AG. Sachlich zuständig ist das **Amtsgericht**;[68] funktionell zuständig ist der Richter, § 17 Nr. 2 a RPflG. Es bedarf eines Antrags **von Aktionären**, deren Anteile zusammen den zehnten Teil des Grundkapitals oder den anteiligen Betrag von einer Million Euro erreichen. Der anteilige Betrag berechnet sich bei Stückaktien gemäß § 8 Abs. 3 durch Division des Grundkapitals durch die Aktienanzahl; bei Nennbetragsaktien ist der Nennbetrag der maßgebliche Betrag.[69] Die notwendige Beteiligungshöhe haben die Antragsteller glaubhaft zu machen, zB durch Vorlage von Aktienurkunden, einer Hinterlegungsbescheinigung der Depotbank[70] oder bei Namensaktien durch die Eintragung im Aktienbuch. Der Antrag bedarf keiner besonderen Form oder Frist; auch bedarf es keiner anwaltlichen Vertretung. Es handelt sich um ein Verfahren der Freiwilligen Gerichtsbarkeit, so dass die Antragsvoraussetzungen von Amts wegen zu prüfen sind, § 26 FamFG. Antragsgegnerin ist die AG, vertreten durch den Vorstand.

3. Gerichtliche Entscheidung. Entscheidungsmaßgeblich für einen Minderheitsantrag nach Abs. 2 S. 2 ist, ob das Gericht die **Bestellung eines besonderen Vertreters** für eine gehörige Geltendmachung der in Abs. 1 bezeichneten Ersatzansprüche für **zweckmäßig** hält. Auf die Erfolgsaussichten der Klage, insbesondere auf das Vorliegen eines Verdachts grober Pflichtverletzungen wie etwa nach § 148 Abs. 1 S. 2 Nr. 3 (siehe

---

[59] LG München I ZIP 2007, 2420 = AG 2008, 92; aA *Böbel*, S. 142 ff: Vertretung der AG durch den besonderen Vertreter.
[60] *Westermann*, AG 2009, 237, 244; vgl auch LG München I ZIP 2007, 2420 = AG 2008, 92.
[61] Müko-AktG/*Schröer*, Rn 54.
[62] BGH NJW-RR 2012, 106, 107 = DB 2011, 2537; OLG München ZIP 2010, 2202 = NZG 2010, 1392 Grigoleit/*Herrler*, Rn 13; Krenek in: Mehrbrey, Hdb ges. Streitigkeiten, § 6 Rn 153.
[63] Siehe Fn 3.
[64] Gesetz zur Kontrolle und Transparenz im Unternehmensbereich vom 27.4.1998, BGBl. I, S. 786.
[65] Vgl zum früheren Recht KölnKomm-AktG/*Kronstein*/*Zöllner*, Rn 12.
[66] BegrRegE zum UMAG, BT-Drucks. 15/5092, S. 20.
[67] AA *Spindler*, NZG 2005, 865, 866.
[68] § 23 Abs. 2 Nr. 4 GVG; vgl KG AG 2012, 328; KG DB 2005, 439 = NZG 2005, 319; OLG Frankfurt NJW-RR 2004, 686 = NZG 2004, 95 = OLGR Frankfurt 2004, 88; LG Mainz v. 8.4.2005 – 12 HK.T 3/05, 12 HKT 3/05, abrufbar über <www.juris.de>; Müko-AktG/*Schröer*, Rn 71; die Konzentrierung der örtlichen Zuständigkeit nach § 376 FamFG ist zu beachten.
[69] *Hüffer*, Rn 8.
[70] OLG Frankfurt NJW-RR 2004, 686 = NZG 2004, 95 = OLGR Frankfurt 2004, 88; Müko-AktG/*Schröer*, Rn 66; K. Schmidt/Lutter/*Spindler*, Rn 16.

§ 148 Rn 12 ff) oder nach § 147 Abs. 3 aF[71] kommt es nicht an. Vielmehr ist im Rahmen von § 147 Abs. 2 S. 2 allein die **sachgerechte Verfolgung etwaiger Ersatzansprüche** durch einen besonderen Vertreter, nicht aber die Erfolgsaussichten einer späteren Klage zu prüfen.[72] Gleichwohl müssen die Ansprüche im Antrag so genau bezeichnet werden, dass der Streitgegenstand der späteren Ersatzklage hinreichend bestimmbar ist.[73] Gerichtlich zu prüfen ist insbesondere, ob bei dem an sich zuständigen Organ Interessenkonflikte hinsichtlich der Geltendmachung der Ersatzansprüche bestehen, wobei zu berücksichtigen ist, ob die Organmitglieder in der Vergangenheit im Zusammenhang mit der Geltendmachung von Ersatzansprüchen nicht die gebotene Neutralität gegenüber den potenziellen Anspruchsgegnern gewahrt und nicht ausschließlich die Interessen der Gesellschaft vertreten haben.[74] Bereits der Verdacht des Gerichts, dass die ordentlichen Gesellschaftsorgane oder ein bereits bestellter besonderer Vertreter die Ansprüche nicht mit hinreichendem Nachdruck geltend machen werden, rechtfertigt die gerichtliche Bestellung eines besonderen Vertreters.[75] Stets geboten ist die Bestellung eines besonderen Vertreters, wenn die Gesellschaft anderenfalls nicht handlungsfähig wäre, dh wenn Ansprüche sowohl gegen den Vorstand als auch gegen den Aufsichtsrat im Raume stehen.[76] Das Gericht ist an den von den Antragstellern vorgeschlagenen Kandidaten des besonderen Vertreters nicht gebunden;[77] nach anderer Auffassung hat das Gericht den von der Minderheit benannten Kandidaten zu bestellen, sofern nicht besondere Gründe (zB fehlende Qualifikationen) gegen seine Bestellung sprechen.[78]

22 **4. Rechtsmittel, Kosten.** Gegen die gerichtliche Entscheidung ist die Beschwerde gemäß § 147 Abs. 2 S. 4 iVm § 58 Abs. 1 FamFG eröffnet.[79] Die Monatsfrist des § 63 FamFG ist zu beachten. Da das erkennende Gericht einen besonderen Vertreter zu bestellen hat, wenn ihm dies zweckmäßig erscheint, besteht ein weiter Beurteilungsspielraum der Tatsacheninstanzen, der durch das Gericht der weiteren Beschwerde nur begrenzt nachprüfbar ist.[80] Gegen die Beschwerdeentscheidung ist die Rechtsbeschwerde statthaft, wenn diese gemäß § 70 Abs. 1 FamFG zugelassen wurde.

23 Nach § 147 Abs. 2 S. 3 trägt die Gesellschaft, die in dem Verfahren auf Bestellung eines besonderen Vertreters Antragsgegnerin ist, im Falle der gerichtlichen Bestellung die Gerichtskosten. Die Rechtsanwaltskosten der antragstellenden Aktionäre tragen diese grundsätzlich selbst, sofern das Gericht nicht gemäß § 81 Abs. 1 S. 1 FamFG der AG die Kosten auferlegt.[81] Dies dürfte jedenfalls im Falle eines erfolgreichen Antrags billigem Ermessen entsprechen. E contrario folgt aus § 147 Abs. 2 S. 3, dass die antragstellenden Aktionäre im Falle der Zurückweisung ihres Antrages die Gerichtskosten zu tragen haben.

E. Rechtsstellung des besonderen Vertreters

24 **I. Besonderes Organ der Gesellschaft.** Der besondere Vertreter ist ein **außerordentliches Organ** und gesetzlicher Vertreter der AG[82]; er verdrängt in seinem Aufgabenkreis Vorstand und Aufsichtsrat.[83] Aus diesem Grunde haftet er der Gesellschaft für Pflichtverletzungen auch entsprechend §§ 93, 116.[84] Ist die **D&O-Versicherung** so ausgestaltet, dass vom Versicherungsschutz auch „alle sonstigen" oder „alle weiteren Organe" erfasst sind, so gilt dies auch für den besonderen Vertreter, sofern nicht ausdrücklich etwas Abweichendes bestimmt ist.[85] Zum besonderen Vertreter kann jede unbeschränkt geschäftsfähige natürliche Per-

---

71 Dazu LG Mainz v. 8.4.2005 – 12 HK.T 3/05, 12 HKT 3/05 (juris).
72 KG DB 2005, 439 = NZG 2005, 319 = AG 2005, 246; OLG Frankfurt NJW-RR 2004, 686 = NZG 2004, 95 = OLGR Frankfurt 2004, 88; MüKo-AktG/*Schröer*, Rn 69, 42; *Schmidt/Spindler*, Rn 18; Spindler/Stilz/*Mock*, Rn 53; *Böbel*, S. 149; *Krenek* in: Mehrbrey, Hdb ges. Streitigkeiten, § 6 Rn 157; *Lochner* EWiR 2010, 3 f, aA LG Stuttgart ZIP 2010, 329.
73 OLG Frankfurt NJW-RR 2004, 686 = NZG 2004, 95 = OLGR Frankfurt 2004, 88; vgl Geßler/*Hefermehl*, Rn 7.
74 KG DB 2005, 439 = NZG 2005, 319 = AG 2005, 246; bereits BayObLG JW 1931, 2998; MüKo-AktG/*Schröer*, Rn 69; *Hüffer*, Rn 9; Großkomm-AktG/*Barz*, Anm. 13; *Semler/Volhard/Karehnke*, Arbeitshb HV, 2. Auflage, § 20 Rn 92, 94.
75 KölnKomm-AktG/*Kronstein/Zöllner*, Rn 12; *Krenek* in: Mehrbrey, Hdb ges. Streitigkeiten, § 6 Rn 157.
76 Müko-AktG/*Schröer*, Rn 42; K. Schmidt/Lutter/*Spindler*, Rn 18.
77 KG AG 2012, 328 = FG Prax 2012, 76.
78 AG Nürtingen AG 1995, 287 f; *Hüffer*, Rn 9; Müko-AktG/*Schröer*, Rn 70; K. Schmidt/Lutter/*Spindler*, Rn 18.
79 Vgl zum FGG LG Mainz v. 8.4.2005 – 12 HK.T 3/05, 12 HKT 3/05 (juris).
80 KG DB 2005, 439 = NZG 2005, 319 = AG 2005, 246.
81 Vgl *Hüffer*, Rn 9; Müko-AktG/*Schröer*, Rn 76.
82 BGH NJW-RR 2012, 106, 107 = DB 2011, 2537; BGH NJW 1981, 1097, 1098 = DB 1981, 684 = BB 1981, 1595; RGZ 83, 248, 251 f; LG München I ZIP 2007, 1809, 1812; LG München I ZIP 2007, 2420, 2423; *Hüffer*, Rn 7; *Spindler/Mock*, Rn 34; K. Schmidt/Lutter/*Spindler*, Rn 23, 66; *Krenek* in: Mehrbrey, Hdb ges. Streitigkeiten, § 6 Rn 159; *Semler*, AG 2005, 321, 330; *Böbel*, S. 129 ff; *Lochner*, Der Aufsichtsrat 2008, 58; Grigoleit/*Herrler*, Rn 13; Hölters/*Hirschmann*, Rn 10; unscharf: OLG München ZIP 2008, 2173, 2174 („organähnlich"); aA *Wirth* in: FS Hüffer, 1129, 1144.
83 RGZ 83, 248, 250; LG München I ZIP 2007, 1809, 1812; *Hüffer*, Rn 7; KölnKomm-AktG/*Kronstein/Zöllner*, Rn 11; *Schmidt/Spindler*, Rn 23, 66.
84 K. Schmidt/Lutter/*Spindler*, Rn 23; Spindler/Stilz/*Mock*, Rn 69; *Kling*, ZGR 2009, 190, 225.
85 Vgl zu dieser Fragestellung auch *Ihlas*, D&O Directors & Officers Liability, 2009, S. 352.

son, nicht aber eine juristische Person, bestellt werden.[86] Das Gesetz stellt keine Anforderungen an die fachliche Qualifikation; sinnvoll erscheint angesichts der Aufgabenstellung eines besonderen Vertreters die Bestellung eines im Gesellschaftsrecht erfahrenen Rechtsanwalts. Die Aufgabe des besonderen Vertreters erstreckt sich allein auf die Geltendmachung der Ersatzansprüche nach Abs. 1 einschließlich der damit in Zusammenhang stehenden notwendigen Vorbereitungshandlungen und bezieht sowohl die außergerichtliche als auch gerichtliche Geltendmachung der Ansprüche ein, nicht aber zB eine Abtretung der Ansprüche unter Verzicht auf einen wesentlichen Teil der Befriedigung.[87] Der besondere Vertreter hat ein Teilnahme-, Rede- und Fragerecht bei Hauptversammlungen der AG[88] sowie das Recht, erforderlichenfalls eine Anpassung seines Auftrags durch die Hauptversammlung zu beantragen.[89]

Seiner Aufgabe entsprechend endet sein Amt grundsätzlich mit der Beendigung der zur Durchsetzung der Ersatzansprüche betriebenen Rechtsverfolgung, in der Regel also mit der Rechtskraft eines Urteils im Rahmen eines Ersatzprozesses, ggf aber auch erst mit Abschluss von Vollstreckungsmaßnahmen, wenn zu befürchten ist, dass die ordentlichen Organe nicht pflichtgemäß aus dem Titel vollstrecken würden. Sein Amt ruht ab dem Zeitpunkt der Insolvenzeröffnung und solange ein Insolvenzverwalter bestellt ist.[90] Er ist **nicht weisungsgebunden**; insbesondere ist er keinen Weisungen des Vorstandes oder des Aufsichtsrates unterworfen und es besteht keine Berichtspflicht gegenüber Aufsichtrat oder Vorstand.[91] Der besondere Vertreter besitzt alle Kompetenzen innerhalb der AG – insbesondere Auskunfts-, Einsichts- und Prüfungsrechte –, die er zur Wahrnehmung seines Amtes benötigt.[92] Da es die Aufgabe des besonderen Vertreters ist, auf Grundlage des Hauptversammlungsbeschlusses zu bestimmen, welche konkreten Anspruchsgegner in Anspruch zu nehmen sind,[93] darf der Vorstand die eigenverantwortliche Erfüllung dieser Aufgabe durch den Vorstand der besonderen Vertreter nicht dadurch torpedieren, dass er selbst eine Vorprüfung vornimmt und nach dem Ergebnis dieser Vorprüfung die Informationen des besonderen Vertreters filtert; daher muss dem besonderen Vertreter ein Ermessen zustehen, welche Unterlagen er zur Erfüllung seiner Aufgabe zu benötigen glaubt.[94] Der besondere Vertreter ist nicht nur ausführendes Organ zur reinen Geltendmachung von Ansprüchen; ihn treffen regelmäßig auch vorbereitende tatsächliche und rechtliche Prüfungspflichten, um eine Geltendmachung der Ansprüche überhaupt möglich zu machen.[95] Auskunftsansprüche bestehen nicht nur gegenüber der AG,[96] vertreten durch den Vorstand, sondern unmittelbar gegenüber Vorstand, Aufsichtsrat, Arbeitnehmern der AG[97] und allen gegenüber der AG zur Auskunft und Rechnungslegung verpflichteten Personen. Diese Rechte kann der besondere Vertreter erforderlichenfalls im Wege der einstweiligen Verfügung gegen die AG, vertreten durch den Vorstand, durchsetzen.[98] Stellt der besondere Vertreter fest, dass sich ein von ihm geltend zu machender Schaden insbesondere durch das Verhalten des Anspruchsgegners zu vergrößern droht, so ist er dazu berechtigt und ggf auch verpflichtet, dies durch Unterlassungsklage oder ggf einstweiligen Rechtsschutz zu verhindern, da er in seinem Aufgabenkreis Vorstand und Aufsichtsrat verdrängt. Auch ist er befugt, sich an anderen gerichtlichen Verfahren insbesondere als Nebenintervenient (§ 66 ZPO) zu beteiligen, wenn dies zu einer erfolgreichen Erfüllung seiner Aufgabe erforderlich erscheint[99]; insbesondere gilt dies für Anfechtungsprozesse gegen seinen Bestellungsbeschluss, um eine effektive Verteidigung der Gesellschaft zu gewährleisten (vgl oben Rn 18). Der besondere Vertreter ist anfechtungsbefugt analog § 245 Nr. 4 im Hinblick auf einen Hauptversammlungsbeschluss, der seine Abberufung bzw die Aufhebung der Beschlüsse zu § 147 zum Gegenstand hat,[100] da die Verteidigung seines Auftrags gegen Widerstände der anderen Organe oder des Großaktionärs als Annex Teil seines Mandats zur Geltendmachung von Ersatzansprüchen ist. Für die von ihm ggf zu führenden Verfahren ist das Organ besonderer Vertreter parteifähig, da in den beschriebenen Fällen eigene Rechte und Pflichten aus der Organstellung geltend gemacht werden.[101]

25 Der besondere Vertreter erhält sein Mandat durch Mehrheitsbeschluss der Hauptversammlung (Abs. 2 S. 1) oder durch gerichtliche Bestellung auf Verlangen einer Aktionärsminderheit, deren Anteile zusammen 10 % des Grundkapitals oder den anteiligen Betrag von 1 Million EUR erreichen (Abs. 2 S. 2). Der Hauptversammlungsbeschluss bzw die gerichtliche Bestellung sind annahmebedürftig; durch die Annahme wird die **Organstellung** des besonderen Vertreters begründet. Eine Annahmeverpflichtung besteht nicht, auch nicht, wenn der Bestellte Aktionär der AG ist.[102] Mit Annahme wird die Bestellung wirksam; eine Handelsregistereintragung ist nicht erforderlich.[103] Zugleich liegt in dem Hauptversammlungsbeschluss bzw in der gerichtlichen Bestellung ein Angebot auf Abschluss eines **Geschäftsbesorgungsvertrages** mit der AG, der durch die Annahme des besonderen Vertreters zustande kommt.[104]

26 Um die Neutralität und Unabhängigkeit des besonderen Vertreters von den anderen Organen der Gesellschaft zu wahren, hat dieser nach Abs. 2 S. 5 gegenüber der AG einen Anspruch auf Ersatz von **Auslagen** und auf **Vergütung**. Ansprüche auf Vergütung und Auslagenersatz hat auch der durch die Hauptversammlung bestellte besondere Vertreter, was aus dem Abschluss eines Geschäftsbesorgungsvertrages mit der AG folgt. Die Vergütung hat sich mangels einer ausdrücklichen Regelung nach der seiner Qualifikation entsprechenden üblichen Vergütung zu richten,[105] und kann sich zB wenn der besondere Vertreter Rechtsanwalt ist, an für seine Tätigkeit verkehrsüblichen Stundensätzen orientieren. Diesen Anspruch kann der besondere Vertreter gegen die AG klageweise durchsetzen.[106] Nach Abs. 2 S. 7 Hs 1 ist gegen die gerichtliche Entscheidung über die Festsetzung von Auslagen und Vergütungen eines gerichtlich bestellten besonderen Vertreters die Beschwerde zulässig.[107] Eine Rechtsbeschwerde ist nach Abs. 2 S. 7 Hs 2 ausgeschlossen;[108] so dass spätestens durch das Beschwerdegericht eine rechtskräftige Entscheidung ergeht. Diese ist gemäß Abs. 2 S. 8 nach Maßgabe der ZPO vollstreckbar.

27 **II. Weisungen und Beendigung der Organstellung durch die Hauptversammlung. 1. Gerichtlich bestellte besondere Vertreter.** Bei gerichtlicher Bestellung folgt aus dem Umstand, dass nicht die Hauptversammlung den besonderen Vertreter bestellt hat, sondern er auf Initiative einer Aktionärsminderheit bestellt wurde, dass der besondere Vertreter **keinen Weisungen der Hauptversammlung** durch Beschluss **unterworfen** sein kann. Sinn und Zweck des Minderheitenrechts zur Bestellung eines besonderen Vertreters ist es gerade, Gesellschaftsinteressen auch gegen den Widerstand einer die Hauptversammlung beherrschenden Aktionärsmehrheit durchsetzen zu können. Aus dem gleichen Grund hat die Hauptversammlung **nicht das Recht, den besonderen Vertreter durch Beschluss seines Amtes zu entheben**.[109] Gleiches gilt auch für Vorstand und Aufsichtsrat; auch diese haben keine Befugnis, den besonderen Vertreter aus seinem Amt zu entfernen oder seinen Geschäftsbesorgungsvertrag zu kündigen.

28 **2. Durch die Hauptversammlung bestellte besondere Vertreter.** Erfolgte die Bestellung des besonderen Vertreters gemäß Abs. 2 S. 1 durch die Hauptversammlung, geht mit dem Recht zur Bestellung ein **Weisungsrecht** einher. Die Hauptversammlung kann dem besonderen Vertreter bereits bei seiner Bestellung oder auch später durch Beschluss vorgeben, in welchem Umfang oder gegen welche Anspruchsgegner er Ersatzansprüche durchzusetzen hat.

29 **Streitig** ist, ob bzw auf welche Weise die Hauptversammlung den besonderen Vertreter seines Amtes entheben kann. Teilweise wird in der Literatur vertreten, die Hauptversammlung könne die Amtsstellung durch **Widerruf**[110] oder **Aufhebung**[111] **des Bestellungsbeschlusses** im Rahmen einer späteren Hauptversammlung

---

100 LG München I AG 2008, 796, 797 f = ZIP 2009, 2198 ff; offen gelassen von OLG München ZIP 2010, 725 = NJW-Spezial 2010, 272; Spindler/Stilz/*Mock*, Rn 92; *Krenek* in: Mehrbrey, Hdb ges. Streitigkeiten, § 6 Rn 173.
101 LG München I AG 2009, 796 = ZIP 2009, 2189; *Tretter* in: Schüppen/Schaub, MüAnwHb Aktienrecht, 2010, § 41 Rn 58; Müko-AktG/*Schröer*, Rn 54; *Westermann*, AG 2009, 237, 244.
102 *Hüffer*, Rn 6; *Baumbach/Hueck*, AktG, Rn 8; KölnKomm-AktG/*Kronstein/Zöllner*, Rn 11.
103 Großkomm-AktienR/*Bezzenberger*, Rn 53; K. Schmidt/Lutter/*Spindler*, Rn 21; Spindler/Stilz/*Mock*, Rn 35, 36; *Böbel*, S. 84 ff.
104 Müko-AktG/*Schröer*, Rn 60; K. Schmidt/Lutter/*Spindler*, Rn 23; *Krenek* in: Mehrbrey, Hdb ges. Streitigkeiten, § 6 Rn 160; Spindler/Stilz/*Mock*, Rn 37.
105 KG AG 2012, 328; K. Schmidt/Lutter/*Spindler*, Rn 30; Großkomm-AktR/*Bezzenberger*, Rn 63; *Krenek* in: Mehrbrey, Hdb ges. Streitigkeiten, § 6 Rn 160; aA *Wirth* in: FS Hüffer, 1129, 1141.
106 KG AG 2012, 328.
107 Vgl LG Mainz v. 8.4.2005 – 12 HK.T 3/05, 12 HKT 3/05 (juris).
108 Vgl aber KG DB 2005, 439 = NZG 2005, 319.
109 Müko-AktG/*Schröer*, Rn 73.
110 Müko-AktG/*Schröer*, Rn 72, 55; K. Schmidt/Lutter/*Spindler*, Rn 31 ff; Spindler/Stilz/*Mock*, Rn 89 ff.
111 Großkomm-AktienR/*Bezzenberger*, Rn 61.

beschließen. Ein Widerruf des Bestellungsbeschlusses in einer neuen Hauptversammlung ist jedoch bereits deshalb ausgeschlossen, weil die Hauptversammlung einen einmal gefassten Beschluss nach allg. Grundsätzen allenfalls in derselben Hauptversammlung bis zum Abschluss des notariellen Protokolls widerrufen kann, jedoch nicht in einer neuen Hauptversammlung.[112] Hat der besondere Vertreter seine Bestellung bereits angenommen (vgl Rn 25) so ist ebenso wie im Fall der Bestellung von Aufsichtsräten anzunehmen, dass die Hauptversammlung aufgrund der bereits entfalteten Außenwirkung des Bestellungsbeschlusses nicht befugt ist, diesen durch einen späteren Beschluss wieder aufzuheben.[113]

Die Hauptversammlung hat als *actus contrarius* zur Bestellung das Recht, den besonderen Vertreter **mit Ex-nunc-Wirkung abzuberufen**.[114] Ebenso wie im Falle der Abberufung von Vorständen bzw Abwicklern im Falle der Abwicklung gemäß § 265 Abs. 3 S. 1 ist jedoch anzunehmen, dass eine Abberufung nur **aus wichtigem Grund** erfolgen kann.[115] Der besondere Vertreter ist zur Anfechtung des Abberufungsbeschlusses befugt, da die Überwindung von Widerständen seitens der anderen Organe oder des Großaktionärs als Annex Teil seines Auftrags zur Durchsetzung von Ersatzansprüchen der Gesellschaft ist.[116] Die Abberufung des besonderen Vertreters aus seinem Amt bewirkt zugleich die Kündigung des **Geschäftsbesorgungsvertrages**.[117] Er kann die bis zu diesem Zeitpunkt angefallenen Auslagen und Vergütung verlangen und ggf gerichtlich durchsetzen. Beim Abberufungsbeschluss können ebenso wie beim Bestellungsbeschluss (vgl Rn 17) Stimmverbote nach § 136 gelten. Auch dann, wenn infolge eines Squeeze-out nach Bestellung eines besonderen Vertreters einer der von der Hauptversammlung benannten Anspruchsgegner Alleinaktionär wird, gilt das Stimmverbot des § 136, damit dieser sich nicht zum Richter in eigener Sache aufschwingt.[118] Wird die AG, die den besonderen Vertreter bestellt hat, auf einen anderen Rechtsträger verschmolzen, so erlischt das Amt des besonderen Vertreters ebenso wie die Ämter der übrigen Organe.[119]

30

§ 148 Klagezulassungsverfahren

(1) ¹Aktionäre, deren Anteile im Zeitpunkt der Antragstellung zusammen den einhundertsten Teil des Grundkapitals oder einen anteiligen Betrag von 100 000 Euro erreichen, können die Zulassung beantragen, im eigenen Namen die in § 147 Abs. 1 Satz 1 bezeichneten Ersatzansprüche der Gesellschaft geltend zu machen. ²Das Gericht lässt die Klage zu, wenn

1. die Aktionäre nachweisen, dass sie die Aktien vor dem Zeitpunkt erworben haben, in dem sie oder im Falle der Gesamtrechtsnachfolge ihre Rechtsvorgänger von den behaupteten Pflichtverstößen oder dem behaupteten Schaden auf Grund einer Veröffentlichung Kenntnis erlangen mussten,
2. die Aktionäre nachweisen, dass sie die Gesellschaft unter Setzung einer angemessenen Frist vergeblich aufgefordert haben, selbst Klage zu erheben,
3. Tatsachen vorliegen, die den Verdacht rechtfertigen, dass der Gesellschaft durch Unredlichkeit oder grobe Verletzung des Gesetzes oder der Satzung ein Schaden entstanden ist, und
4. der Geltendmachung des Ersatzanspruchs keine überwiegenden Gründe des Gesellschaftswohls entgegenstehen.

(2) ¹Über den Antrag auf Klagezulassung entscheidet das Landgericht, in dessen Bezirk die Gesellschaft ihren Sitz hat, durch Beschluss. ²Ist bei dem Landgericht eine Kammer für Handelssachen gebildet, so entscheidet diese anstelle der Zivilkammer. ³Die Landesregierung kann die Entscheidung durch Rechtsverordnung für die Bezirke mehrerer Landgerichte einem der Landgerichte übertragen, wenn dies der Sicherung einer einheitlichen Rechtsprechung dient. ⁴Die Landesregierung kann die Ermächtigung auf die Landesjustizverwaltung übertragen. ⁵Die Antragstellung hemmt die Verjährung des streitgegenständlichen Anspruchs bis zur rechtskräftigen Antragsabweisung oder bis zum Ablauf der Frist für die Klageerhebung. ⁶Vor der Entscheidung hat das Gericht dem Antragsgegner Gelegenheit zur Stellungnahme zu geben. ⁷Gegen die Ent-

---

112 Großkomm-AktienR/*Barz*, § 119 Anm. 16; *Godin-Wilhelmi*, § 119 Anm. 8; aA Müko-AktG/*Schröer*, Rn 49, 72.
113 Vgl MüHb-AG/*Semler*, § 39 Rn 39, 42; KölnKomm-AktG/*Zöllner*, § 133 Rn 11 ff; Großkomm-AktienR/*Barz*, § 119 Anm. 16.
114 OLG München ZIP 2010, 725 = NJW-Spezial 2010, 271 LG München I AG 2008, 796, 797 f = ZIP 2009, 2198 ff.
115 AA OLG München ZIP 2010, 725 = NJW-Spezial 2010, 271 LG München I AG 2008, 796, 797 f = ZIP 2009, 2198 ff.
116 LG München I AG 2009, 796, 798 f; *Lutter*, ZIP 2009, 2203; Spindler/Stilz/*Mock*, Rn 91; *Hirte/Mock*, BB 2010, 775 ff; *Krenek* in: Mehrbrey, Hdb ges. Streitigkeiten, § 6 Rn 174; K. Schmidt/Lutter/*Schwab*, § 245 Rn 31.
117 K. Schmidt/Lutter/*Spindler*, Rn 33; Müko-AktG/*Schröer*, Rn 74.
118 LG München I AG 2009, 796, 798 f; *Lutter*, ZIP 2009, 2203; Spindler/Spilz/*Mock*, Rn 91; *Hirte/Mock*, BB 2010, 775 ff; *Krenek* in: Mehrbrey, Hdb ges. Streitigkeiten, § 6 Rn 173; aA OLG München ZIP 2010, 725 = NJW-Spezial 2010, 271; *Altmeppen*, NJW 2009, 3757 ff; *Peters/Hecker*, NZG 2009, 1294 ff.
119 BGH ZIP 2013, 1467 = AG 2013, 634.

scheidung findet die sofortige Beschwerde statt. [8]Die Rechtsbeschwerde ist ausgeschlossen. [9]Die Gesellschaft ist im Zulassungsverfahren und im Klageverfahren beizuladen.

(3) [1]Die Gesellschaft ist jederzeit berechtigt, ihren Ersatzanspruch selbst gerichtlich geltend zu machen; mit Klageerhebung durch die Gesellschaft wird ein anhängiges Zulassungs- oder Klageverfahren von Aktionären über diesen Ersatzanspruch unzulässig. [2]Die Gesellschaft ist nach ihrer Wahl berechtigt, ein anhängiges Klageverfahren über ihren Ersatzanspruch in der Lage zu übernehmen, in der sich das Verfahren zur Zeit der Übernahme befindet. [3]Die bisherigen Antragsteller oder Kläger sind in den Fällen der Sätze 1 und 2 beizuladen.

(4) [1]Hat das Gericht dem Antrag stattgegeben, kann die Klage nur binnen drei Monaten nach Eintritt der Rechtskraft der Entscheidung und sofern die Aktionäre die Gesellschaft nochmals unter Setzung einer angemessenen Frist vergeblich aufgefordert haben, selbst Klage zu erheben, vor dem nach Absatz 2 zuständigen Gericht erhoben werden. [2]Sie ist gegen die in § 147 Abs. 1 Satz 1 genannten Personen und auf Leistung an die Gesellschaft zu richten. [3]Eine Nebenintervention durch Aktionäre ist nach Zulassung der Klage nicht mehr möglich. [4]Mehrere Klagen sind zur gleichzeitigen Verhandlung und Entscheidung zu verbinden.

(5) [1]Das Urteil wirkt, auch wenn es auf Klageabweisung lautet, für und gegen die Gesellschaft und die übrigen Aktionäre. [2]Entsprechendes gilt für einen nach § 149 bekannt zu machenden Vergleich; für und gegen die Gesellschaft wirkt dieser aber nur nach Klagezulassung.

(6) [1]Die Kosten des Zulassungsverfahrens hat der Antragsteller zu tragen, soweit sein Antrag abgewiesen wird. [2]Beruht die Abweisung auf entgegenstehenden Gründen des Gesellschaftswohls, die die Gesellschaft vor Antragstellung hätte mitteilen können, aber nicht mitgeteilt hat, so hat sie dem Antragsteller die Kosten zu erstatten. [3]Im Übrigen ist über die Kostentragung im Endurteil zu entscheiden. [4]Erhebt die Gesellschaft selbst Klage oder übernimmt sie ein anhängiges Klageverfahren von Aktionären, so trägt sie etwaige bis zum Zeitpunkt ihrer Klageerhebung oder Übernahme des Verfahrens entstandene Kosten des Antragstellers und kann die Klage nur unter den Voraussetzungen des § 93 Abs. 4 Satz 3 und 4 mit Ausnahme der Sperrfrist zurücknehmen. [5]Wird die Klage ganz oder teilweise abgewiesen, hat die Gesellschaft den Klägern die von diesen zu tragenden Kosten zu erstatten, sofern nicht die Kläger die Zulassung durch vorsätzlich oder grob fahrlässig unrichtigen Vortrag erwirkt haben. [6]Gemeinsam als Antragsteller oder als Streitgenossen handelnde Aktionäre erhalten insgesamt nur die Kosten eines Bevollmächtigten erstattet, soweit nicht ein weiterer Bevollmächtigter zur Rechtsverfolgung unerlässlich war.

Literatur:
Vgl die Angaben zu § 147.

A. Regelungsgehalt 1	2. Verfahren, Verjährungshemmung 20
B. Das Klagezulassungsverfahren (Abs. 1, 2) 3	3. Gerichtliche Entscheidung 22
I. Notwendige Beteiligungsschwelle	C. Klageerhebung und Eintrittsrecht der Gesellschaft
(Abs. 1 S. 2 Nr. 1) 4	(Abs. 3) 23
1. Höhe der Beteiligungsschwelle 4	D. Aktionärsklage (Abs. 4) 26
2. Maßgeblicher Zeitpunkt 6	I. Nochmalige Aufforderung der Gesellschaft ... 26
3. Darlegungs- und Beweislast 9	II. Erhebung der Aktionärsklage 27
II. Fruchtlose Aufforderung der Gesellschaft	III. Verfahren 28
(Abs. 1 S. 2 Nr. 2) 10	E. Urteil und Vergleich (Abs. 5) 32
III. Schädigung der Gesellschaft (Abs. 1 S. 2 Nr. 3) ... 12	F. Kosten und Klagerücknahme (Abs. 6) 33
IV. Überwiegende Gründe des Gesellschaftswohls	I. Kosten des Zulassungsverfahrens 33
(Abs. 1 S. 2 Nr. 4) 16	II. Kosten des Klageverfahrens 34
V. Verfahrensfragen (Abs. 2) 18	III. Klagerücknahme, Vergleich 37
1. Gerichtliche Zuständigkeit 19	

A. Regelungsgehalt

1 § 148 wurde mit Wirkung zum 1. November 2005 durch das **Gesetz zur Unternehmensintegrität und Modernisierung des Anfechtungsrechts (UMAG)** in das AktG eingeführt.[1] Die Norm schafft erstmals eine allg. **Aktionärsklage einer Aktionärsminorität** zur Geltendmachung von Ersatzansprüchen der Gesellschaft iSv § 147 Abs. 1. Eine *actio pro socio* war bislang bis auf die Ausnahme der §§ 317 Abs. 4, 309 Abs. 4 S. 1 unzulässig.[2] Der Aktionärsklage ist ein besonderes Klagezulassungsverfahren vorgeschaltet.[3] Die im Rah-

---

1 Gesetz zur Unternehmensintegrität und Modernisierung des Anfechtungsrechts (UMAG) vom 22.9.2005, BGBl. I S. 2802, Art. 3; vgl auch BR-Drucks. 454/05.
2 *Hüffer*, Rn 2; *Zöllner*, ZGR 1988, 392, 408 mwN.
3 Ein solches forderte zB MüKo-AktG/*Schröer*, § 147 Rn 8.

men des Klagezulassungsverfahrens in § 148 Abs. 1 gestellten Anforderungen gleichen den Anforderungen des früheren sog. Verfolgungsrechts nach § 147 Abs. 3 aF. Dieses sah für den Fall, dass die Gesellschaftsorgane einen Ersatzanspruch nach § 147 Abs. 1 nicht geltend machten, ggf vor, dass eine Aktienminorität einen besonderen Vertreter gerichtlich bestellen lassen konnte.[4]

In § 148 Abs. 1 sind die im Rahmen des Klagezulassungsverfahrens durch das Gericht zu prüfenden Anforderungen an die Antragsbefugnis zur Durchführung einer Aktionärsklage aufgeführt. Abs. 2 regelt die örtliche und sachliche Zuständigkeit für das Klagezulassungsverfahren sowie dessen Einfluss auf die Verjährung des streitgegenständlichen Anspruchs; weiter regelt Abs. 2 Verfahren und Rechtsbehelfe gegen die Entscheidung im Klagezulassungsverfahren; Abs. 2 wurde zuletzt geändert durch das FGG-Reformgesetz.[5] Abs. 3 bestimmt das Verhältnis nach Klagezulassung zwischen der klagenden Aktionärsminderheit und der Gesellschaft. Gegenstand von Abs. 4 sind das weitere Verfahren nach einer Klagezulassung, die Zulässigkeit der Nebenintervention und das Verhältnis paralleler Aktionärsklagen zueinander. Abs. 5 bestimmt die Wirkung eines Urteils oder Vergleichs in dem durch die Aktionärsminderheit geführten Prozess. Abs. 6 regelt die Kosten des Zulassungsverfahrens sowie des späteren Klageverfahrens zur Geltendmachung der Ersatzansprüche der Gesellschaft und dies auch für den Fall des späteren Eintritts der Gesellschaft in den Rechtsstreit nach Abs. 3.

B. Das Klagezulassungsverfahren (Abs. 1, 2)

Das Klagezulassungsverfahren nach § 148 findet kein Vorbild im bisherigen Recht. Es soll der Gefahr missbräuchlicher Klagen vorbeugen.[6]

I. Notwendige Beteiligungsschwelle (Abs. 1 S. 2 Nr. 1). 1. Höhe der Beteiligungsschwelle. Die Antragsbefugnis für die Zulassung einer Aktionärsklage nach Abs. 1 haben Aktionäre, deren Anteile im Zeitpunkt der Antragstellung zusammen **1 % oder einen anteiligen Betrag von 100.000 EUR des Grundkapitals** erreichen. Der anteilige Betrag berechnet sich bei Stückaktien gemäß § 8 Abs. 3 durch Division des Grundkapitals durch die Aktienzahl; bei Nennbetragsaktien ist der Nennbetrag der maßgebliche Betrag.[7] Unmaßgeblich ist, ob die Aktien mit Stimmrechten versehen bzw die Aktionäre die Stimmrechte aus den Aktien ausüben können,[8] solange nicht generell die Rechte aus den Aktien etwa gemäß § 28 WpHG nicht ausgeübt werden können. Zur Organisation einer gemeinsamen Klage von Aktionären und zur gemeinsamen Aufbringung des erforderlichen Quorums soll das Aktionärsforum nach § 127a dienen[9] (vgl § 127a Rn 3). Antragsbefugt im Zulassungsverfahren und bei dessen erfolgreicher Durchführung klagebefugt sind nicht die einzelnen Aktionäre der Aktionärsminorität, sondern vielmehr nur diese gemeinsam. Das hat zur Folge, dass die Aktionärsminorität das Zulassungsverfahren und die anschließende Aktionärsklage ggf als **BGB-Gesellschaft** führen,[10] sofern nicht ein einzelner Aktionär das erforderliche Quorum aufbringt. Bei der BGB-Gesellschaft handelt es sich regelmäßig um eine Innen-GbR, so dass die Aktionäre die Anträge zwar gemeinsam, aber in eigenem Namen stellen.[11]

Der **Regierungsentwurf zum UMAG** sah noch geringere Voraussetzungen vor, da statt einem anteiligen Betrag von 100.000 EUR am Grundkapital lediglich ein Börsenwert von 100.000 EUR gefordert wurde[12] und der Börsenwert den Nominalwert der Aktie regelmäßig um das 15- bis 20-fache übersteigt.[13] Mit der Abkehr von diesen Plänen reagierte der Gesetzgeber auf Befürchtungen, dass das im Vergleich zu dem bisherigen Recht geringere Quorum zu einer Flut von Organhaftungsklagen führen würde.[14] Zudem würde die Feststellung des relevanten Kurswerts angeblich zu praktischen Problemen führen.[15] Die Änderung im Vergleich zum Regierungsentwurf ist jedoch ein Fehlschritt, da es das erklärte gesetzgeberische Ziel war, der

---

4 Vgl dazu im Einzelnen die Kommentierung der 1. Auflage: AnwK-AktR/*Koch/Heidel*, § 147 Rn 45 ff.
5 Art. 74 Nr. 15 des FGG-Reformgesetzes vom 17.12.2008, BGBl. I S. 2586.
6 BegrRegE zum UMAG, BT-Drucks. 15/5092, S. 19 ff; Spindler/Stilz/*Mock*, Rn 2; kritisch: *Meilicke/Heidel*, DB 2004, 1479, 1481 f; *Thümmel*, DB 2004, 471, 473 f; vgl auch *Wilsing*, ZIP 2004, 1082, 1088.
7 *Hüffer*, § 142 Rn 22.
8 Differenzierend dagegen Spindler/Stilz/*Mock*, Rn 51, der stimmrechtslose Aktien berichtigen will, nicht aber Aktien, die einem Rechtsverlust unterliegen.
9 Vgl K. Schmidt/Lutter/*Spindler*, Rn 10; Holzborn/Bunnemann, BKR 2005, 51, 53; *Paschos/Neumann*, DB 2005, 1779, 1781 f; Weiss/Buchner, WM 2005, 162, 168.
10 BegrRegE des UMAG, BT-Drucks. 15/5092, S. 21; Spindler/Stilz/*Mock*, Rn 53; *Spindler*, NZG 2005, 865, 866.
11 Spindler/Stilz/*Mock*, Rn 53; K. Schmidt/Lutter/*Spindler*, Rn 12; GroßKomm-AktienR/*Bezzenberger/Bezzenberger*, Rn 168.
12 BR-Drucks. 3/05, S. 41; vgl auch BegrRegE des UMAG, BT-Drucks. 15/5092, S. 20.
13 *Wilsing*, ZIP 2004, 1082, 1088; *Paschos/Neumann*, DB 2005, 1779, 1780; *Fleischer*, NJW 2005, 3525, 3526 Fn 5.
14 Stellungnahme des Bundesrats zum UMAG, BT-Drucks. 15/5092, S. 37; Gemeinsame Stellungnahme des BDI, der BDA, des DIHT, des Gesamtverbands Deutscher Banken vom 2.4.2004, abrufbar unter <www.bdi-online.de>; ferner Stellungnahme des DAV zum RegE des UMAG, S. 10 f; *Linnerz*, NZG 2004, 307, 309; *Elster/Hackenberg*, Phi 2005, 42, 43 f; zustimmend: *Seibert*, BB 2005, 1457; *Paschos/Neumann*, DB 2005, 1779; *Kirschner*, BB 2005, 1865, 1866.
15 *Paschos/Neumann*, DB 2005, 1779 mwN.

Geltendmachung der Organhaftung aus der faktischen Bedeutungslosigkeit zu verhelfen; durch die Zaghaftigkeit des Gesetzgebers droht dieses Ziel ebenso zu scheitern wie seinerzeit bei der Umgestaltung des § 147 durch das KonTraG.[16] Diese Befürchtungen sehen sich durch die bisherige Praxis bestätigt, da kaum Fälle von Klagezulassungsverfahren bekannt wurden.[17] Im Übrigen bietet § 148 durch die strengen Anforderungen des Klagezulassungsverfahrens sowie durch die Kostenregelung in Abs. 6 bereits mehr als hinreichende Schutzmechanismen zur wirksamen Verhinderung eines Rechtsmissbrauchs.

6 **2. Maßgeblicher Zeitpunkt.** Aus Abs. 1 S. 2 Nr. 1 folgt, dass die Aktionäre die erforderliche Anteilsschwelle bereits zu einem Zeitpunkt erreicht haben müssen, in dem sie oder im Falle der Gesamtrechtsnachfolge ggf ihr Rechtsvorgänger von den behaupteten Pflichtverstößen bzw dem im Rahmen der Geltendmachung der Ersatzansprüche behaupteten Schaden **aufgrund einer Veröffentlichung Kenntnis erlangen mussten**. Veröffentlichungen im Sinne der Vorschrift sind Informationen in Breitenmedien, der Wirtschaftspresse oder weit verbreiteten Online-Diensten.[18] Da es ausweislich des klaren Gesetzeswortlauts nicht auf eine positive Kenntnisnahme ankommt, geht eine fahrlässige Unkenntnis zulasten der Aktionäre; maßgeblich ist daher der Zeitpunkt, in denen ein **durchschnittlicher, verständiger Aktionär**,[19] nicht etwa ein institutioneller Aktionär, durch entsprechende Veröffentlichungen die Kenntnis der die Pflichtverletzung oder den Schaden begründenden Umstände erlangt hätte. Entscheidend kann daher nicht stets die erste Veröffentlichung sein,[20] insbesondere wenn diese in einem Medium mit vergleichsweise geringer Auflage erfolgte und nicht einmal von der übrigen Wirtschaftspresse bzw den übrigen einschlägigen Medien durch weitere Veröffentlichungen zur Kenntnis genommen wurde.

7 Auch diese Regelung war im Regierungsentwurf des UMAG noch nicht vorgesehen und soll verhindern, dass die nach Abs. 1 S. 2 Nr. 1 erforderlichen Aktien erst zum Zwecke einer späteren Aktionärsklage nach § 148 gezielt erworben werden; mithilfe dieses Kriteriums sollen erklärtermaßen Missbräuche der neuen Aktionärsklage aus eigennützigen Interessen unterbunden werden.[21] In der Praxis dürfte diese Regelung jedoch mit dazu beitragen, dass § 148 bislang totes Recht ist; denn bedenkt man die zehnjährige Verjährungsfrist des § 93 Abs. 6 Alt. 1, so können zwischen dem maßgeblichen Sachverhalt und der Verfahrenseinleitung viele Jahre und ggf diverse Kapitalmaßnahmen liegen, was auch redlichen Aktionären das Klagezulassungsverfahren verbauen könnte.

8 Die Beteiligungsschwelle muss nicht bis zur rechtskräftigen Entscheidung im Klagezulassungsverfahren bestehen bleiben.[22] Vielmehr ist lediglich ein Erreichen des Quorums im Zeitpunkt der Antragstellung erforderlich.[23] Sinkt die in Abs. 1 S. 2 Nr. 1 bezeichnete Beteiligungsschwelle ab, ändert dies nichts an der fortbestehenden Antragsbefugnis der Aktionärsminderheit, da das Quorumserfordernis lediglich der Verhinderung einer missbräuchlichen Antragstellung dient. Etwas anderes gilt jedoch dann, wenn alle zur Aktionärsminorität zählenden Aktionäre sämtliche Aktien verkaufen, da ehemaligen Aktionären das Rechtsschutzbedürfnis an der Geltendmachung von Ersatzansprüchen der Gesellschaft fehlt.[24] Weitere Aktionäre können im Laufe des Zulassungsverfahrens beitreten, sei es als (einfache) Streitgenossen oder durch Beitritt zu einer antragstellenden BGB-Gesellschaft.[25] Eine Erweiterung des Gesellschafterbestandes der GbR ist im Klageverfahren aber nicht mehr möglich, da die Klage nur im Namen der antragstellenden Aktionäre zugelassen wurde.[26]

9 **3. Darlegungs- und Beweislast.** Die antragstellenden Aktionäre haben die notwendige Beteiligung darzulegen und zu beweisen; anders als nach § 147 Abs. 1 S. 2 aF ist eine bloße Glaubhaftmachung, insbesondere durch eidesstattliche Versicherung wie nach § 147 Abs. 1 S. 3 aF nicht ausreichend.[27] Es ist ein Beweis zur vollen Überzeugung des Gerichts erforderlich, wobei die Aktionäre die Darlegungs- und Beweislast tragen. Der Beweis kann grundsätzlich durch Depotauszüge, durch die Kaufunterlagen oder durch Vorlage effekti-

---

16 Art. 1 Nr. 22 des KonTraG vom 27.4.1998, BGBl. I S. 786.
17 Vgl allein LG München I AG 2007, 458 = NZG 2007, 477.
18 K. Schmidt/Lutter/*Spindler*, Rn 17; Spindler/Stilz/*Mock*, Rn 57; *Schütz*, NZG 2005, 5, 7; BegrRegE zum UMAG, BT-Drucks. 15/5092, S. 21.
19 *Spindler*, NZG 2005, 865, 866; Spindler/Stilz/*Mock*, Rn 58; aA GroßKomm-AktienR/*Bezzenberger/Bezzenberger*, Rn 111, die zwischen gewöhnlichen Depotaktionären und Großaktionären bzw professionellen Finanzinvestoren differenzieren wollen.
20 Ebenso: Spindler/Stilz/*Mock*, Rn 57; aA wohl *Spindler*, NZG 2005, 865, 866; BegrRegE zum UMAG, BT-Drucks. 15/5092, S. 21.
21 *Schütz*, NZG 2005, 5, 7; *Paschos/Neumann*, DB 2005, 1779.
22 K. Schmidt/Lutter/*Spindler*, Rn 11; Spindler/Stilz/*Mock*, Rn 55; *Hüffer*, Rn 16; aA noch die Vorauflage: GroßKomm-AktienR/*Bezzenberger/Bezzenberger*, Rn 175; vgl auch MüKo-AktG/*Schröer*, § 148 Rn 8.
23 Spindler/Stilz/*Mock*, Rn 62; Bürgers/Körber/*Holzborn*, Rn 3; *Hüffer*, Rn 4; K. Schmidt/Lutter/*Spindler*, Rn 11; *Schröer*, ZIP 2005, 2081, 2083; aA DAV NZG 2004, 555, 560.
24 Ebenso Spindler/Stilz/*Mock*, Rn 133.
25 Spindler/Stilz/*Mock*, Rn 88; Begr.RegE zum UMAG, BT-Drucks. 15/5092, S. 21.
26 Spindler/Stilz/*Mock*, Rn 131; Begr.RegE zum UMAG, BT-Drucks. 15/5092, S. 23.
27 Ebenso GroßKomm-AktienR/*Bezzenberger/Bezzenberger*, Rn 109.

ver Stücke mit gleichzeitigem Nachweis des Erwerbsdatums geführt werden.[28] Bei Namensaktien ist der Beweis durch die Eintragung im Aktienbuch gemäß § 67 Abs. 2 zu führen.[29] Für den Nachweis der Aktionärsstellung ist anders als nach § 3 Abs. 3 SpruchG, vgl § 3 SpruchG Rn 9 ff, die Vorlage einer Urkunde nicht zwingend erforderlich.[30]

II. Fruchtlose Aufforderung der Gesellschaft (Abs. 1 S. 2 Nr. 2). Weiter haben die Antragsteller nach Abs. 1 S. 2 Nr. 2 nachzuweisen, dass sie die AG mit angemessener Frist fruchtlos aufgefordert haben, die Ersatzansprüche selbst im Wege der Klage geltend zu machen. Die Aufforderung **bedarf keiner besonderen Form**.[31] Sie kann schriftlich oder zB auch mündlich durch Wortmeldung auf einer Hauptversammlung zu Protokoll des Notars erfolgen; der Nachweis der Aufforderung kann dann durch Vorlage des Hauptversammlungsprotokolls geführt werden. Die Aufforderung muss nicht an ein bestimmtes Organ, sondern nach dem klaren Wortlaut des Gesetzes an die Gesellschaft gerichtet werden.[32] Die die Aufforderung aussprechenden Aktionäre müssen identisch oder jedenfalls teilidentisch sein mit den späteren Antragstellern im Klagezulassungsverfahren; dies folgt aus dem Wortlaut von Abs. 1 S. 2 Nr. 1. In der Aufforderung sind die wesentlichen Tatsachen darzulegen, welche die Ersatzansprüche der AG nach § 147 Abs. 1 begründen. Dies ist erforderlich, um den Gesellschaftsorganen eine Prüfung der behaupteten Ansprüche zu ermöglichen, es sei denn, der in Bezug genommene Sachverhalt war bereits Gegenstand der Erörterung auf einer Hauptversammlung; in diesem Fall kann die Fristsetzung entsprechend § 286 Abs. 2 Nr. 3 BGB entbehrlich sein, wenn die zuständigen Organe erklärt haben, die Ansprüche nicht verfolgen zu wollen. Hölters/Hirschmann, Rn 9. Eine Aufforderung soll ferner entbehrlich sein, wenn sich die Ersatzansprüche gegen Mitglieder von Vorstand und Aufsichtsrat wenden;[33] dies erscheint aber angesichts des uneingeschränkten Gesetzeswortlauts fraglich.

Angemessen ist jedenfalls eine Frist zur Geltendmachung der Ersatzansprüche von zwei Monaten.[34] Ggf kann auch eine deutlich kürzere Frist angemessen sein, wenn zB die Verjährung der Ersatzansprüche droht und die Aktionärsminderheit eine vorherige Aufforderung nicht schuldhaft verzögert hat.[35] Denn die Aufforderung der AG hemmt die Verjährung der Ansprüche noch nicht.[36] Haben die Gesellschaftsorgane die Geltendmachung von Ersatzansprüchen bereits ausdrücklich abgelehnt oder richten sich die Ersatzansprüche gegen die amtierenden Mitglieder von Vorstand und Aufsichtsrat, so dass die AG mit ihren ordentlichen Organen nicht handlungsfähig wäre und damit der Aufforderung nicht nachkommen könnte, ist eine Aufforderung nach § 148 Abs. 1 S. 2 Nr. 2 bzw ein Abwarten einer Frist entbehrlich. Dies folgt aus dem allg. Rechtsgedanken aus §§ 281 Abs. 2, 286 Abs. 2 S. 1 Nr. 3, 323 Abs. 2 S. 1 Nr. 1 BGB.[37]

III. Schädigung der Gesellschaft (Abs. 1 S. 2 Nr. 3). Neben den formellen Voraussetzungen (vgl Rn 4 ff) hat das Gericht nach Abs. 1 S. 2 Nr. 3 zu prüfen, ob Tatsachen vorliegen, die den **Verdacht** rechtfertigen, **dass der AG durch Unredlichkeit oder grobe Verletzung des Gesetzes oder der Satzung ein Schaden entstanden ist**.[38] Der Verdacht muss sich auf alle Elemente dieser Voraussetzung beziehen. Sie entspricht grundsätzlich den Anforderungen des früheren Verfolgungsrechts nach § 147 Abs. 3 S. 1 aF, das durch das UMAG in dieser Form gestrichen und in dem allg. Enquete-Recht in § 147 Abs. 2 S. 2 nF aufgegangen ist, vgl § 147 Rn 19 ff. Die Begriffe "Unredlichkeit" und "grobe Satzungs- oder Gesetzesverletzung" sind grundsätzlich wie bei § 142 Abs. 2 S. 1 auszulegen,[39] siehe § 142 Rn 19. Der Begriff der groben Pflichtverletzung findet sich zudem auch in § 84 Abs. 3 S. 2 und in § 93 Abs. 5 S. 2. Verdachtsmaßstab ist nicht der dringende Verdacht

---

28 K. Schmidt/Lutter/*Spindler*, Rn 19; GroßKomm-AktienR/*Bezzenberger/Bezzenberger*, Rn 109; Spindler/Stilz/*Mock*, Rn 63; *Holzborn/Bunnemann*, BKR 2005, 51, 56; *Schütz*, NZG 2005, 5, 7; vgl auch die BegrRegE zum UMAG, BT-Drucks. 15/5092, S. 21.
29 Vgl KG DB 2005, 439 = NZG 2005, 319 = AG 2005, 246.
30 Ein Gleichklang mit § 3 S. 3 SpruchG wurde gefordert in der Stellungnahme des Bundesrats zum UMAG, BT-Drucks. 15/5092, S. 38; ebenso: *Wilsing*, ZIP 2004, 1082, 1088. Dieses Ansinnen wurde jedoch mit Recht zurückgewiesen in der Gegenäußerung der Bundesregierung zum UMAG, BT-Drucks. 15/5092, S. 43.
31 GroßKomm-AktienR/*Bezzenberger/Bezzenberger*, Rn 122.
32 Ebenso: GroßKomm-AktienR/*Bezzenberger/Bezzenberger*, Rn 121; *Schröer*, ZIP 2005, 2081, 2084; *Thümmel*, DB 2004, 471, 473; aA *Hüffer*, Rn 6; Spindler/Stilz/*Mock*, Rn 68; *Paschos/Neumann*, DB 2005, 1779, 1780: an das nach § 78 bzw § 112 zuständige Organ; unschlüssig: Holzborn/Bunnemann, BKR 2005, 51, 56; K. Schmidt/Lutter/*Spindler*, Rn 21 stellt zutreffend fest, dass ein unzuständiges Organ die Aufforderung weiterzuleiten hat; geschieht das nicht, muss sich die AG so behandeln lassen, als sei eine Zustellung beim zuständigen Organ erfolgt.
33 K. Schmidt/Lutter/*Spindler*, Rn 22; Spindler/Stilz/*Mock*, Rn 68.
34 BegrRegE zum UMAG, BT-Drucks. 15/5092, S. 21 f; *Schütz*, NZG 2005, 5, 7; *Spindler*, NZG 2005, 865, 867; differenzierend: *Hüffer*, Rn 7.
35 Ebenso: Spindler/Stilz/*Mock*, Rn 69; GroßKomm-AktienR/*Bezzenberger/Bezzenberger*, Rn 124.
36 K. Schmidt/Lutter/*Spindler*, Rn 13.
37 BegrRegE zum UMAG, BT-Drucks. 15/5092, S. 21; Spindler/Stilz/*Mock*, Rn 70; Holzborn/Bunnemann, BKR 2005, 51, 56; *Spindler*, NZG 2005, 865, 867; *Fleischer*, NJW 2005, 3525, 3527.
38 Ausführlich zu diesen Tatbestandsvoraussetzungen GroßKomm-AktienR/*Bezzenberger/Bezzenberger*, Rn 127 ff.
39 BegrRegE zum UMAG, BT-Drucks. 15/5092, S. 18.

wie noch in § 147 Abs. 3 S. 1 aF,[40] sondern vielmehr der **einfache Verdacht**;[41] es muss somit aufgrund von Tatsachen begründeter Anlass zu der Annahme bestehen, dass die Tatbestandsvoraussetzungen von § 148 Abs. 1 S. 2 Nr. 3 erfüllt sind, vgl auch § 142 Rn 20. Ein Verdacht in diesem Sinne scheidet nur dann aus, wenn das Vorliegen insbesondere einer groben Satzungs- bzw Gesetzesverletzung lediglich eine ganz entfernte Möglichkeit darstellt.[42] Die an einen Verdacht zu stellenden Anforderungen sind erfüllt, wenn dieser plausibel begründet ist.[43]

13 Unredlich ist grundsätzlich ein subjektiv vorwerfbares, sittlich anstößiges Verhalten, das nicht zwingend Gesetz oder Satzung verletzen muss.[44] Die Regierungsbegründung führt zum Begriff der **Unredlichkeit** unscharf aus, dass das Verhalten ins Kriminelle reichende Treuepflichtverstöße erfassen solle.[45] Diese Voraussetzung wäre jedenfalls bei Betrugs- oder Aussagedelikten erfüllt; eine Strafbarkeit oder Ordnungswidrigkeit des Verhaltens ist jedoch nicht zwingend erforderlich, da sonst das Kriterium der Unredlichkeit im Verhältnis zum Kriterium des groben Gesetzesverstoßes funktionslos wäre (vgl auch § 142 Rn 19). Eine einschlägige, aber uU unterhalb der Strafbarkeitsschwelle liegende Unredlichkeit liegt bei Unternehmensübernahmen zB in der Vorteilsgewährung an Organe der Zielgesellschaft iSv § 33 WpÜG (vgl § 33 WpÜG Rn 1 f).

14 Ein **grober Satzungs- bzw Gesetzesverstoß** im Sinne der Vorschrift liegt vor, wenn das handelnde Organmitglied vorsätzlich schuldhaft gehandelt hat oder wenn dies die Umstände des Einzelfalls nahe legen.[46] Das ist insbesondere dann der Fall, wenn das normwidrige Verhalten strafbewehrt oder ordnungswidrig ist. Nach der hier vertretenen Auffassung fällt darüber hinaus auch jeder vorsätzliche Normverstoß unter diese Voraussetzung. Denn ausgeschlossen sollen nach dem Willen des Gesetzgebers nur leichte oder leichteste Verletzungen der Satzung oder des Gesetzes sein;[47] das ist bei einem vorsätzlich normwidrigen Verhalten nicht mehr der Fall.[48] Grobe Gesetzesverletzungen sind darüber hinaus die Verletzung der Vorstandspflicht zum Handeln auf angemessener Informationsgrundlage.[49] Der Verdacht grober Gesetzesverletzungen des Vorstands liegt auch dann vor, wenn der Vorstand einer Bank übergroße Risiken, insbesondere Klumpenrisiken, eingeht.[50] Dies gilt erst recht für solche Risiken, die im Realisierungsfalle den Fortbestand der AG gefährden könnten.[51]

15 Die notwendige Tatsachengrundlage für den erforderlichen einfachen Verdacht haben grundsätzlich die Antragsteller beizubringen; sie tragen aber nicht die volle **Darlegungs- und Beweislast**. Vielmehr muss das Gericht den tatsächlichen Voraussetzungen von Abs. 1 S. 2 Nr. 3 von Amts wegen nachgehen, wobei die Antragsteller eine besondere Förderungspflicht trifft.[52] Da nach Abs. 1 S. 2 Nr. 3 nur ein **einfacher Verdacht** zu erhärten, nicht aber Beweis zu führen ist, bedarf es keiner vollkommenen Überzeugung des Gerichts vom Vorliegen der maßgeblichen Tatsachen; zur Begründung des einfachen Verdachts ist eine gewisse Wahrscheinlichkeit ausreichend (vgl § 142 Fn 20), zumal nicht eine vollständige Vorprüfung der nach Klagezulassung erst folgenden Ersatzklage durchzuführen ist, sondern nur eine summarische Schlüssigkeitsprüfung. Es bedarf keines Beweises, eine Glaubhaftmachung ist ausreichend.[53] Im Übrigen gilt, dass hinsichtlich des für das Vorliegen eines Verdachts erforderlichen Überzeugungsgrades des Gerichts ein gleitender Maßstab anzulegen ist; tendenziell gilt, dass die diesbezüglichen Anforderungen umso niedriger anzusiedeln sind, je höher der mögliche Schaden ausfällt.[54] Da ein Antrag nach § 148 AktG in der Regel ausschließlich auf öffentlich bekannte Tatsachen gestützt werden kann, ist der Vortrag von Indiztatsachen aus-

---

40 Vgl MüKo-AktG/*Schröer*, § 148 Rn 38; GroßKomm-AktG/*Bezzenberger*, § 147 Rn 74.
41 BegrRegE zum UMAG, BT-Drucks. 15/5092, S. 22; *K. Schmidt*, NZG 2005, 796, 800; *Spindler*, NZG 2005, 865, 867; *Fleischer*, NJW 2005, 3525, 3527; aA *Paschos/Neumann*, DB 2005, 1779, 1780.
42 Spindler/Stilz/*Mock*, § 142 Rn 3; *K. Schmidt/Lutter/Spindler*, § 142 Rn 55; MüKo-AktG/*Schröer*, § 142 Rn 69; Großkomm-AktG/*Bezzenberger*, § 142 Rn 61; Kölnkomm-AktG/*Kronstein/Zöllner*, § 142 Rn 32.
43 *Emmerich*, WuB II A § 142 AktG 1.89, S. 54 mwN.
44 AnwK-AktR/*Wilsing/Lamers*, § 142 AktG Rn 19; GroßKomm-AktG/*Bezzenberger*, § 142 Rn 60.
45 BegrRegE zum UMAG, BT-Drucks. 15/5092, S. 22.
46 AnwK-AktR/*Wilsing/Lamers*, § 142 AktG Rn 19; GroßKomm-AktG/*Bezzenberger*, § 142 Rn 62 ff.
47 BegrRegE zum UMAG, BT-Drucks. 15/5092, S. 22.
48 Nach *Weiss/Buchner*, WM 2005, 162, 169 soll – *contra legem* – sogar jeder Gesetzes- oder Satzungsverstoß ungeachtet des Verschuldensgrads eine Aktionärsklage eröffnen, um Wertungswidersprüche zu § 93 Abs. 1 S. 2 zu vermeiden.
49 OLG Düsseldorf ZIP 2010, 28, 31 f.
50 OLG Düsseldorf ZIP 2010, 28 ff; *Lutter*, ZIP 2009, 197, 199 mwN.
51 Vgl Kölnkomm-AktG/*Mertens/Cahn*, § 93 Rn 86; Spindler/Fleischer, § 93 Rn 75; vgl ferner § 93 Rn 63.
52 MüKo-AktG/*Schröer*, Rn 45; *Hüffer*, Rn 8; *K. Schmidt*, NZG 2005, 796, 800; aA *K. Schmidt/Lutter/Spindler*, Rn 28; GroßKomm-AktienR/*Bezzenberger/Bezzenberger*, Rn 149.
53 *Seibert/Schütz*, ZIP 2004, 252, 253; *Meilicke/Heidel*, DB 2004, 1479, 1481; vgl auch *Ulmer*, DB 2004, 859, 863; aA Spindler/Stilz/*Mock*, Rn 79; GroßKomm-AktienR/*Bezzenberger/Bezzenberger*, Rn 149; *Schröer*, ZIP 2005, 2081, 2085; *Zieglmeier*, ZGR 2007, 144, 151.
54 *Hirte*, ZIP 1988, 957; ähnlich auch OLG Düsseldorf ZIP 2010, 28, 30.

reichend, die mittelbar auf ein Fehlverhalten der Verwaltung schließen lassen.[55] Als verdachtsbegründende Indizien kommen insbesondere Presseberichte in Betracht.[56]

§ 148 Abs. 1 S. 2 Nr. 3 verdeutlicht, dass eine Aktionärsminderheit im eigenen Namen nicht jeden Ersatzanspruch der AG im Sinne von § 147 Abs. 1 geltend machen können soll. Die Aktionärsminderheit soll nur dann im eigenen Namen tätig werden können, wenn ein besonders nachhaltiger Eingriff vorliegt und es sich damit bei dem zuvor unterlassenen Tätigwerden der zuständigen Gesellschaftsorgane trotz Aufforderung gemäß § 148 Abs. 1 S. 2 Nr. 2 nicht um eine zulässige unternehmerische Entscheidung, sondern um ein erkennbares Versäumnis handelt.

IV. Überwiegende Gründe des Gesellschaftswohls (Abs. 1 S. 2 Nr. 4). In Abs. 1 S. 2 Nr. 4 findet sich ein weiteres Korrektiv, das einer Klagezulassung entgegenstehen kann. So ist die Klagezulassung auch dann zu verwehren, wenn der Geltendmachung der Ersatzansprüche überwiegende Gründe des Gesellschaftswohls entgegenstehen. Die für diesen Ausschluss der Aktionärsklage erforderlichen Gründe des Gesellschaftswohls entsprechen nicht den durch den BGH in seinem **ARAG/Garmenbeck-Urteil**[57] geschaffenen Maßstäben; sie müssen deutlich schwerwiegender sein, da Abs. 1 S. 2 Nr. 4 statt wie der BGH „gewichtige Gründe" vielmehr „überwiegende Gründe" des Gesellschaftswohls fordert.[58] Bezüglich der Frage, ob überwiegende Gründe des Gesellschaftswohls der Klage entgegenstehen, sind nicht die Antragsteller darlegungs- und beweispflichtig; vielmehr gilt bei Bestehen eines Verdachts iSv Abs. 1 S. 2 Nr. 3 die tatsächliche Vermutung, dass solche Umstände nicht bestehen.[59] Die **Darlegungs- und Beweislast** geht somit zulasten der Antragsgegner.

Die Einschränkung des Abs. 1 S. 2 Nr. 4 ist sehr problematisch angesichts der hohen Anforderungen an die Intensität des schädigenden Eingriffs nach Abs. 1 S. 2 Nr. 3. Sie unterstellt, dass es Umstände gibt, bei deren Vorliegen es dem überwiegenden Wohl der AG entspräche, begründete Schadensersatzansprüche iSv Abs. 1 S. 2 Nr. 3 nicht geltend zu machen. Es ist jedoch nach der hier vertretenen Auffassung kaum vorstellbar, dass bei einer gewissen Wahrscheinlichkeit des Bestehens von Ersatzansprüchen, die auf Unredlichkeit oder grober Verletzung von Gesetz oder Satzung beruhen, der Geltendmachung überwiegende Gründe des Gesellschaftswohls entgegenstehen könnten.[60] Die in der Gesetzesbegründung genannten Fälle – Klagen mit sehr geringen Schadenssummen oder mehrfache Klageerhebungen – überzeugen nicht; denn die Verfolgung von unredlichem oder grob gesetzwidrigem Organverhalten (vgl Abs. 1 S. 2 Nr. 3, dazu oben Rn 12 ff) ist schon zur heilsamen Abschreckung auch dann ahndenswert, wenn dieses nur zu vergleichsweise geringen Schäden geführt hat.[61] Es liegt stets im Interesse einer Kapitalgesellschaft, bestehende Ersatzansprüche auch durchzusetzen. Ferner ist die Einschränkung des Abs. 1 S. 2 Nr. 4 auch nicht zur Verhinderung substanzloser "Me-too-Klagen" erforderlich,[62] da diese bereits durch die strengen Anforderungen von Abs. 1 S. 2 Nr. 3 verhindert werden oder jedenfalls nach allg. Grundsätzen wegen Rechtsmissbrauchs nicht zuzulassen sind. Betriebs- oder Geschäftsgeheimnisse können regelmäßig nicht als entgegenstehende überwiegende Gründe des Gesellschaftswohls angeführt werden, da ggf das erkennende Gericht von den prozessualen Möglichkeiten der Geheimhaltung Gebrauch zu machen hat.[63] Die Aufdeckung eines Skandals lässt sich jedenfalls über dieses Kriterium nicht verhindern, da die den Ersatzanspruch begründenden Umstände in der Praxis regelmäßig bereits in der Öffentlichkeit einer Hauptversammlung erörtert worden sein dürften oder eine Aufdeckung des Skandals spätestens durch die Erörterung der vermeintlich überwiegenden Gründe des Gesellschaftswohls im Rahmen des Klagezulassungsverfahrens erfolgte.[64] Allein die konsequente Durchsetzung bestehender Ersatzansprüche kann in diesem Fall die durch die Gesellschaftsorgane beschädigte Unternehmensintegrität wiederherstellen, nicht aber deren Vereitelung oder Vertuschung.[65] Aufgrund der Funktionslosigkeit dieser Voraussetzung ist Abs. 1 S. 2 Nr. 4 *de lege ferenda* zu streichen.

V. Verfahrensfragen (Abs. 2). Abs. 2 regelt weitere Zulässigkeits- und Verfahrensfragen des Klagezulassungsverfahrens.

1. Gerichtliche Zuständigkeit. Sachlich zuständig für die Entscheidung über den Antrag auf Klagezulassung ist das **Landgericht**; die örtliche Zuständigkeit bestimmt sich nach dem Sitz der Gesellschaft, Abs. 2 S. 1. Es entscheidet die Kammer für Handelssachen, sofern bei dem örtlich zuständigen Landgericht eine

---

55 Hüffer, § 142 Rn 20; Kölnkomm-AktG/Kronstein/Zöllner, § 142 Rn 32; Hirte, ZIP 1988, 953, 957; Jänig, Die aktienrechtliche Sonderprüfung, 2005, S. 286; vgl auch § 142 Rn 20.
56 Hirte, ZIP 1988, 953, 957 Fn 26; Jänig, Die aktienrechtliche Sonderprüfung, 2005, S. 286.
57 BGHZ 135, 244, 255 f = NJW 1997, 1926.
58 K. Schmidt, NZG 2005, 796, 800; Spindler/Stilz/Mock, Rn 80.
59 Nach K. Schmidt/Lutter/Spindler, Rn 29, ist die Aktionärsklage im „Normalfall" bei Vorliegen der Voraussetzungen der Nr. 1–3 zuzulassen.
60 Meilicke/Heidel, DB 2004, 1479, 1482.
61 AA GroßKomm-AktienR/Bezzenberger/Bezzenberger, Rn 156; K. Schmidt/Lutter/Spindler, Rn 31; Fleischer NJW 2005, 3525, 3526; skeptisch Hüffer, Rn 9.
62 So aber die BegRegE zum UMAG, BT-Drucks. 15/5092, S. 23.
63 Spindler, NZG 2005, 865, 867; Spindler/Stilz/Mock, Rn 83.
64 Ähnlich Semler, AG 2005, 321, 331; GroßKomm-AktienR/Bezzenberger/Bezzenberger, Rn 159.
65 Meilicke/Heidel, DB 2004, 1479, 1482.

solche gebildet ist, Abs. 2 S. 2. Aus Abs. 2 S. 3 und 4 folgt, dass durch Rechtsordnung der Landesregierung – bzw nach S. 4 ggf durch die Landesjustizverwaltung – die Zuständigkeit für das Klagezulassungsverfahren zum Zwecke einer einheitlichen Rechtsprechung zentriert und einem Landgericht übertragen werden kann.[66] Der **Gerichtsstand** nach Abs. 2 ist **ausschließlich**.[67]

20   **2. Verfahren, Verjährungshemmung.** Nach Abs. 2 S. 5 hemmt die Stellung des Antrags auf Klagezulassung die **Verjährung** des streitgegenständlichen Anspruchs bis zur rechtskräftigen Antragsabweisung oder bis zum Ablauf der Frist für die Klageerhebung. Die bloße Aufforderung an die Gesellschaft nach Abs. 1 S. 2 hat also noch keine Hemmungswirkung.[68] Die Regelung Abs. 2 S. 3 trägt den Verzögerungen Rechnung, die durch das gesetzliche Zwischenschalten eines Klagezulassungsverfahrens entstehen. Für die Fälle, in denen bereits bei Antragstellung eine Verjährung der Ersatzansprüche in Sicht ist, ist die durch den Gesetzgeber eingeführte Verjährungshemmung schon deshalb zwingend geboten, um nicht ein rechtzeitig angestrengtes Klagezulassungsverfahren bereits durch Zeitablauf sinnlos werden zu lassen. Abs. 2 S. 5 verlagert somit im Ergebnis die Hemmungswirkung der Klageerhebung nach § 204 Abs. 1 Nr. 1 BGB auf den Zeitpunkt der Antragstellung im Klagezulassungsverfahren vor.

21   Zur **Gewährung rechtlichen Gehörs** hat das Gericht den Antragsgegnern nach Abs. 2 S. 6 vor der Entscheidung Gelegenheit zur Stellungnahme zu geben. Antragsgegner sind die potenziellen Beklagten der Klage auf Geltendmachung der Ersatzansprüche, also in der Regel die Organe oder Organmitglieder der AG.[69] Die **Gesellschaft** selbst ist nach Abs. 2 S. 9 sowohl im Klagezulassungsverfahren als auch im späteren Klageverfahren von Amts wegen **beizuladen**.[70] Es erscheint geboten, dass das Gericht auch die beizuladende AG zur Stellungnahme auffordert. Dies gilt insbesondere deshalb, da das Gericht nach Abs. 1 S. 2 Nr. 2 und 4 zu klären hat, ob die zuständigen Gesellschaftsorgane bisher eine Geltendmachung der Schadensersatzansprüche versäumt haben oder ob überwiegende Gründe des Gesellschaftswohls entgegenstehen (dazu Rn 16 ff). Derartige Gründe kann das Gericht mangels hinreichender Tatsachenkenntnis regelmäßig nicht selbst erkennen bzw ermitteln und ist daher auf eine Stellungnahme der AG angewiesen.

22   **3. Gerichtliche Entscheidung.** Die gerichtliche Entscheidung ergeht gemäß Abs. 2 S. 1 durch Beschluss. Obgleich sich weder aus dem Gesetz noch aus der Regierungsbegründung unmittelbar entnehmen lässt, ob es sich bei dem Zulassungsverfahren um ein zivilprozessuales Verfahren oder um ein Verfahren nach dem FamFG handelt, muss nach richtiger Auffassung die ZPO Anwendung finden, zumal es sich bei der Aktionärsklage, deren Zulassung Verfahrensgegenstand ist, um ein ZPO-Verfahren handelt.[71] Gleichwohl wird teilweise vertreten, dass im Zulassungsverfahren der Amtsermittlungsgrundsatz gelte.[72] Eine mündliche Verhandlung ist gemäß § 128 Abs. 4 ZPO zwar grundsätzlich fakultativ; sie ist aber in der Regel aufgrund der weitgehenden Vorgreiflichkeit des Zulassungsverfahrens zur Gewährung rechtlichen Gehörs und zur Sachaufklärung geboten.[73] Gegen die Entscheidung des Landgerichts im Klagezulassungsverfahren findet die **sofortige Beschwerde** statt. Beschwerdeberechtigt sind nur Antragsteller und Antragsgegner, nicht aber die AG. Beschwerde ist gemäß § 569 Abs. 1 ZPO binnen zwei Wochen ab Zugang des Beschlusses zu erheben. Die Rechtsbeschwerde ist nach § 148 Abs. 2 S. 8 ausgeschlossen. Eine Ablehnung der Klagezulassung hat **Rechtskraftwirkung** gemäß § 325 Abs. 1 ZPO nur *inter partes*, also insbesondere gegenüber der antragstellenden Aktionärsminorität als BGB-Gesellschaft bzw, wenn einzelne Aktionäre das Zulassungsverfahren betreiben, diesen gegenüber. Keine Rechtskraftwirkung entfaltet die Entscheidung gegenüber der AG und den anderen Aktionären,[74] und zwar auch nicht gegenüber den einzelnen Gesellschaftern der das Zulassungsverfahren als Partei betreibenden Aktionärs-GbR. Das hat zur Folge, dass sich diese Aktionäre bei Be-

---

66   Baden-Württemberg: gemäß § 13 Abs. 2 Nr. 7a ZuVOJu das LG Mannheim für den Bezirk des OLG Karlsruhe und das LG Stuttgart für den Bezirk des OLG Stuttgart (GBl 1998, 680); Bayern: gemäß §§ 18 GZVJus das LG München I für den Bezirk des OLG München und das LG Nürnberg-Fürth für die Bezirke des OLG Nürnberg und Bamberg (GVBl 2004, 471); Niedersachsen: gemäß § 2 Abs. 1 Nr. 6 ZustVO-Justiz das LG Hannover (Nds.GVBl 1998, 66); Nordrhein-Westfalen: gemäß § 1 Nr. 9 KonzentrationsVO Gesellschaftsrecht das LG Düsseldorf für den OLG-Bezirk Düsseldorf, das LG Dortmund für den OLG-Bezirk Hamm und das LG Köln für den OLG-Bezirk Köln (GV. NRW 2010, 350); Sachsen: gemäß § 10 Abs. 1 Nr. 10 SächsJOrgVO das LG Leipzig (SächsGVBl 2007, 600); in Sachsen-Anhalt hat die Landesregierung die ihr nach § 148 Abs. 2 S. 3, 246 Abs. 3 S. 3 iVm § 148 Abs. 2 S. 3 AktG zustehende Ermächtigung zum Erlass von Rechtsverordnungen auf den Minister oder die Ministerin der Justiz übertragen (GVBl LSA 2008, 137). Von der Ermächtigung wurde bisher jedoch kein Gebrauch gemacht.
67   Ebenso: K. Schmidt/Lutter/*Spindler*, Rn 12; *Hüffer*, Rn 12.
68   K. Schmidt/Lutter/*Spindler*, Rn 14.
69   *Paschos/Neumann*, DB 2005, 1779, 1781; K. Schmidt/Lutter/*Spindler*, Rn 8; *Hüffer*, Rn 11; Spindler/Stilz/*Mock*, Rn 43; vgl auch BegrRegE zum UMAG, BT-Drucks. 15/5092, S. 22 f.
70   Dazu ausführlich *Zieglmeier*, ZGR 2007, 144, 154; zur Beiladung im Zivilprozess vgl *Paschos/Neumann*, DB 2005, 1779, 1781; *Lüke*, Die Beteiligung Dritter im Zivilprozess, 1993, 201 ff.
71   K. Schmidt/Lutter/*Spindler*, Rn 14; *Hüffer*, Rn 10; Spindler/Stilz/*Mock*, Rn 40; BegrRegE zum UMAG, BT-Drucks. 15/5092, S. 20, vgl auch § 375 FamFG, der § 148 AktG nicht als FamFG-Verfahren bezeichnet.
72   *K. Schmidt*, NZG 2005, 796, 806; *Hüffer*, Rn 8; Spindler/Stilz/*Mock*, Rn 79; aA K. Schmidt/Lutter/*Spindler*, Rn 28.
73   AA *Hüffer*, Rn 5: Entscheidung ohne mündliche Verhandlung.
74   *Spindler*, NZG 2005, 865, 868.

kanntwerden neuer Verdachtsmomente iSv § 148 Abs. 1 S. 2 Nr. 3 an einem neuen Zulassungsverfahren beteiligen können, sofern die das neue Verfahren betreibenden Aktionäre nicht personenidentisch mit den Gesellschaftern der das frühere Zulassungsverfahren betreibenden BGB-Gesellschaft sind.

C. Klageerhebung und Eintrittsrecht der Gesellschaft (Abs. 3)

Die AG ist nach Abs. 3 jederzeit berechtigt, ihre Ersatzansprüche selbst gerichtlich geltend zu machen. Mit der **Klageerhebung durch die Gesellschaft** wird ein anhängiges Zulassungs- oder Klageverfahren von Aktionären über diesen Ersatzanspruch "unzulässig". Daraus folgt, dass einer Klage der AG bei bereits rechtshängiger Aktionärsklage trotz des gleichen Streitgegenstands nicht der Einwand anderweitiger Rechtshängigkeit gemäß § 261 Abs. 3 Nr. 1 ZPO entgegensteht;[75] die Regelung ist so zu verstehen, dass durch die eigenen Klageerhebung der AG *ipso iure* die Rechtshängigkeit der parallelen Aktionärsklage endet.[76] Die eigene Klageerhebung durch die AG ist ein besonders gelagerter Fall des Wegfalls des Rechtsschutzbedürfnisses, da das Gesetz die Geltendmachung von Ersatzansprüchen der AG primär als ihre originäre Aufgabe und nicht als die Aufgabe ihrer Aktionäre betrachtet.[77] 23

Die daneben bestehende Möglichkeit zur **Übernahme der anhängigen Aktionärsklage** nach § 148 Abs. 3 S. 2 ist ein gesetzlich geregelter Sonderfall des Parteiwechsels,[78] für den weder die Zustimmung des bisherigen Klägers noch der Beklagtenseite erforderlich ist, vgl insofern abweichend zB § 265 Abs. 2 ZPO. Die Gesellschaft hat das Wahlrecht, ein anhängiges Klageverfahren über ihren Ersatzanspruch in der gegenwärtigen Verfahrenslage zu übernehmen oder aber einen neuen Prozess anzustrengen. Dies dient der **Prozessökonomie**. Im Regelfall werden die Gesellschaftsorgane gehalten sein, in das bereits anhängige Verfahren einzutreten,[79] sofern hier ein etwaig notwendiger ergänzender Vortrag nicht bereits präkludiert wäre, vgl § 296 ZPO. Denn es liegt im Interesse der AG, möglichst rasch eine gerichtliche Entscheidung und damit eine Befriedigung der Ersatzansprüche herbeizuführen. Diese Erwägungen binden die zuständigen Gesellschaftsorgane jedoch grundsätzlich nur im Innenverhältnis zur AG nach §§ 93, 116, nicht jedoch im Außenverhältnis zum Gericht; hier besteht nach § 148 Abs. 3 S. 2 ein freies Wahlrecht. Zur Einschränkung des Rechts der Klagerücknahme (siehe unten Rn 37 f). Freilich kann sich die eigene Klageerhebung der AG in Ausnahmefällen auch im Außenverhältnis als **rechtsmissbräuchlich** darstellen und deshalb als unzulässig abzuweisen sein, wenn die Aktionärsklage bereits in einem fortgeschrittenen Stadium ist, den klagenden Aktionären keine fehlerhafte Prozessführung zur Last fällt und erkennbarer Zweck der eigenen Klageerhebung durch die AG ist, den erfolgreichen Abschluss des durch die Aktionäre betriebenen Rechtsstreits zu verhindern.[80] Ein solcher Rechtsmissbrauch liegt insbesondere dann vor, wenn in dem von der Aktionärsminorität betriebenen Verfahren bereits eine aus Sicht der Gesellschaft erfolgreiche Beweisaufnahme durchgeführt wurde. Zur Unzulässigkeit der Aktionärsklage kann somit eine eigene Klage der AG nur dann führen, wenn diese ihrerseits zulässig und insbesondere nicht rechtsmissbräuchlich ist. 24

Auch wenn die eigene Klageerhebung der AG grundsätzlich zur Unzulässigkeit einer anhängigen Aktionärsklage bzw zur Unzulässigkeit des Zulassungsverfahrens führt, entfällt das Rechtsschutzinteresse der Aktionäre nicht ganz. Dem trägt § 148 Abs. 3 S. 3 Rechnung, indem die bisherigen Antragsteller oder Kläger sowohl im Falle der Anstrengung einer eigenen Klage durch die AG als auch bei Übernahme des bereits anhängigen Prozesses beizuladen sind. Das **Rechtsinstitut der Beiladung** findet sich primär im öffentlichen Recht (§§ 65 f VwGO) sowie vereinzelt auch im Zivilrecht, vgl § 640 e ZPO, § 8 Abs. 3 KapMuG. Die Regelung ist sinnvoll, da die bisherigen Antragsteller bzw Kläger regelmäßig den Prozess weiterhin fördern können und zugleich eine Kontrolle der nunmehr prozessführenden Gesellschaftsorgane vor einer verdeckten Interessenkollision bieten. Denn die Minderheitsaktionäre haben durch ihr bisheriges Engagement für die AG bereits ihre Einsatzbereitschaft im Interesse der AG bewiesen, so dass sie weiterhin die Möglichkeit erhalten müssen, bei einer eventuell nur halbherzigen Prozessführung durch die Gesellschaftsorgane Einfluss zu nehmen.[81] Aufgrund dieser Kontrollfunktion unterliegen die notwendig beigeladenen Aktionäre nicht den Einschränkungen von Nebenintervenienten nach §§ 66 ff ZPO, sondern sie können abweichend von der AG vortragen und abweichende Verfahrensanträge stellen.[82] Aus dem Umkehrschluss zu § 148 25

---

75 Zu diesem Problem Stellungnahme des Bundesrats zum UMAG, BT-Drucks. 15/5092, S. 38; Gegenäußerung der Bundesregierung zum UMAG, BT-Drucks. 15/5092, S. 43; Spindler/Stilz/*Mock*, Rn 117; K. Schmidt/Lutter/*Spindler*, Rn 38; *Bork*, ZIP 2005, 66.
76 Gegenäußerung der Bundesregierung zur Stellungnahme des Bundesrats vom 18.2.2005, S. 7; *Hüffer*, Rn 13; *Paschos/Neumann*, DB 2005, 1779, 1782; *Bork*, ZIP 2005, 66.
77 Vgl BegrRegE zum UMAG, BT-Drucks. 15/5092, S. 23; kritisch dazu *Paschos/Neumann*, DB 2005, 1779, 1783.
78 Ebenso: *Spindler*, NZG 2005, 865, 868; Spindler/Stilz/*Mock*, Rn 120.
79 So wohl auch Spindler/Stilz/*Mock*, Rn 84.
80 *Paschos/Neumann*, DB 2005, 1779, 1782; aA anscheinend *Spindler*, NZG 2005, 865, 868 Fn 43.
81 Vgl auch BegrRegE zum UMAG, BT-Drucks. 15/5092, S. 23; Spindler/Stilz/*Mock*, Rn 119; *Spindler*, NZG 2005, 865, 868.
82 *Paschos/Neumann*, DB 2005, 1779, 1784.

Abs. 6 S. 4 folgt, dass die AG der Aktionärsminorität nur die bis zur Klageerhebung bzw Verfahrensübernahme entstandenen **Kosten** zu erstatten hat, nicht aber auch die weiteren Kosten der Beiladung im Ersatzprozess.[83] Da aber die Beiladung ebenso wie die ursprüngliche Aktionärsklage im Interesse der AG liegen und die Beiladung kraft Gesetz erfolgt, ist diese Kostenregelung unbillig.[84] *De lege ferrenda* ist daher klarzustellen, dass die AG auch die Kosten der Beiladung zu tragen hat.[85]

D. Aktionärsklage (Abs. 4)

26 **I. Nochmalige Aufforderung der Gesellschaft.** Nach erfolgreicher Durchführung des Klagezulassungsverfahrens nach Abs. 1, 2 hat die Aktionärsminorität gemäß Abs. 4 S. 1 die AG vor Klageerhebung nochmals (vgl Abs. 1 S. 2 Nr. 2) unter Setzung einer angemessenen Frist dazu aufzufordern, selbst Klage zu erheben. Dies trägt der gesetzlichen Wertung Rechtung, dass es primär die eigene Aufgabe der AG ist, ihre Ersatzansprüche durchzusetzen, vgl Rn 23. Hier ist jedenfalls eine Frist von einem Monat angemessen, da die im Raume stehenden Ansprüche bereits vor Durchführung des Klagezulassungsverfahrens (vgl Abs. 1 S. 2 Nr. 2) sowie aufgrund der erforderlichen Beiladung der AG nach Abs. 2 S. 6 auch im Klagezulassungsverfahren erörtert wurden.[86] Anders als im Rahmen von Abs. 1 S. 2 Nr. 2 (siehe Rn 6 f) kann auf eine nochmalige Aufforderung mit Fristsetzung selbst dann nicht verzichtet werden, wenn die AG die von den Aktionären dargelegten Schadensersatzansprüche im Klagezulassungsverfahren ausdrücklich zurückgewiesen hat.[87] Grund dafür ist, dass den Gesellschaftsorganen nach einer die Aktionärsklage zulassenden gerichtlichen Entscheidung die Möglichkeit zu gegeben ist, ihre vorherige ggf unzutreffende tatsächliche oder rechtliche Würdigung zu korrigieren. Denn das Gericht des Zulassungsverfahrens, das nach Abs. 4 S. 1 auch über die Aktionärsklage entscheidet, hat mit der Klagezulassung die Einschätzung abgegeben, dass die AG wahrscheinlich durch Unredlichkeit oder grobe Gesetzes- oder Satzungsverletzung geschädigt wurde, Abs. 1 S. 2 Nr. 3.

27 **II. Erhebung der Aktionärsklage.** Verstreicht auch diese Frist fruchtlos, so können die zugelassenen Aktionäre gemäß Abs. 4 S. 1 **binnen drei Monaten** nach Eintritt der Rechtskraft der gerichtlichen Entscheidung über die Klagezulassung selbst Klage erheben. Diese zu begrüßende Fristenregelung wurde auf Betreiben des Bundesrates eingeführt, der die noch im Regierungsentwurf vorgesehene Regelung des Fristbeginns ab Zustellung der Zulassungsentscheidung mit Recht kritisierte.[88] Aus dieser Regelung folgt zugleich, dass ein erfolgreiches Klagezulassungsverfahren nicht *eo ipso* in das Klageverfahren übergeht, sondern dass es einer **eigenständigen Klageerhebung** bedarf. Schon aufgrund der Pflicht zur erneuten Fristsetzung vor Klageerhebung gemäß Abs. 4 S. 1 (dazu Rn 26) kann der Klageantrag nicht bereits mit dem Antrag der Klagezulassung verbunden werden, indem der Klageantrag – vergleichbar einem Prozesskostenhilfeantrag – unter die Bedingung eines erfolgreichen Zulassungsantrags gestellt wird.[89]

28 **III. Verfahren.** Es gilt wiederum der Gerichtsstand nach Abs. 2, vgl oben Rn 19. Dieser Gerichtsstand ist **ausschließlicher Gerichtsstand**; etwaige abweichende Gerichtsstände für die in Rede stehenden Ansprüche werden verdrängt. Diese Regelung ist prozessökonomisch und daher sinnvoll, da das Gericht, welches bereits über die Klagezulassung entschieden hat, schon aufgrund der Zulassungsvoraussetzung nach Abs. 1 S. 2 Nr. 3 wesentlich mit dem Streitgegenstand vertraut ist und daher eine beschleunigte Entscheidung im Klageverfahren zu erwarten ist; zudem verhindert der ausschließliche Gerichtsstand eine widerstreitende Würdigung der bereits durch das Gericht der Klagezulassung nach Abs. 1 S. 2 Nr. 3 zu würdigenden Tatsachen.

29 **Partei der Aktionärsklage** auf Klägerseite sind wie im Zulassungsverfahren die Mitglieder der Aktionärsminorität (siehe oben Rn 4), bei der es sich regelmäßig um eine (Innen-)BGB-Gesellschaft handelt, sofern nicht ein einzelner Aktionär klagt, der das notwendige Quorum aufbringt. § 148 Abs. 4 S. 2 stellt klar, dass es sich bei der im eigenen Namen zu erhebenden Klage der Mitglieder der Aktionärsminderheit um eine uneigennützige Klage im Interesse der AG handelt; denn diese ist gegen die in § 147 Abs. 1 S. 1 genannten

---

[83] Vgl auch Gegenäußerung der Bundesregierung zum UMAG, BT-Drucks. 15/5092, S. 43; *Paschos/Neumann*, DB 2005, 1779, 1784.

[84] Deshalb sieht das öffentliche Recht zu Recht eine Kostenerstattung auch für die Beiladung vor, vgl §§ 162 Abs. 3, 154 Abs. 3 VwGO; Bedenken gegen diese Kostenregelung des § 148 auch bei K. Schmidt/Lutter/*Spindler*, Rn 53 ff.

[85] Ähnlich: GroßKomm-AktienR/*Bezzenberger/Bezzenberger*, Rn 263, die sich für einen Kostenerstattungsanspruch analog § 148 Abs. 6 S. 5 aussprechen; vgl auch K. Schmidt/Lutter/*Spindler*, Rn 53 ff; Hölters/*Hirschmann*, Rn 38.

[86] Ähnlich: GroßKomm-AktienR/*Bezzenberger/Bezzenberger*, Rn 231 („drei bis vier Wochen"); Spindler/Stilz/*Mock*, Rn 93.

[87] Ebenso: GroßKomm-AktienR/*Bezzenberger/Bezzenberger*, Rn 231; aA *Spindler*, NZG 2005, 865, 868, der die Auffassung vertritt, die Aufforderung nach § 148 Abs. 4 S. 1 könne bereits mit der ursprünglichen Fristsetzung nach § 148 Abs. 1 Nr. 2 verbunden werden. Dem steht jedoch der klare Gesetzeswortlaut von § 148 Abs. 4 S. 1 entgegen, wonach die Gesellschaft "nochmals" aufzufordern ist.

[88] Stellungnahme des Bundesrates zum UMAG, BT-Drucks. 15/5092, S. 38.

[89] *Spindler*, NZG 2005, 865, 868.

Personen und auf Leistung an die AG zu richten. Da die Aktionärsminorität durch die Klagezulassung im Gegensatz zu dem nach § 147 Abs. 2 bestellten besonderen Vertreter nicht zu einem Gesellschaftsorgan wird, handelt es sich bei der Klage der Aktionärsminorität um einen gesetzlich geregelten Fall der **Prozessstandschaft** in Gestalt einer *actio pro socio*.[90] Als Partei sind die Mitglieder der Aktionärsminorität ohne Zustimmung der AG zu allen Prozesshandlungen befugt.

Nach § 148 Abs. 4 S. 5 sind **mehrere Aktionärsklagen** – bei gleichem Streitgegenstand[91] – miteinander zu verbinden. Diese Regelung setzt die Zulässigkeit mehrerer paralleler Zulassungsverfahren und Aktionärsklagen mit dem gleichen Streitgegenstand voraus.[92] Da es sich bei der Aktionärsklage, wie unter Rn 29 aufgezeigt, um einen Fall der gesetzlichen Prozessstandschaft handelt, bedeutet dies, dass der Einwand der **anderweitigen Rechtshängigkeit** nach § 261 Abs. 3 Nr. 1 ZPO bei parallel betriebenen Aktionärsklagen nicht durchgreift.[93] Durch die Verbindung der Verfahren werden die klagenden Aktionärsminoritäten nicht *eo ipso* zu einer BGB-Gesellschaft, sondern zu **Streitgenossen** gemäß §§ 147, 59 ff ZPO.[94] Sie sind jedoch durch die Kostentragungsregelung des § 148 Abs. 6 S. 6 (dazu unten Rn 33 ff) im eigenen Interesse dazu gehalten, sich von einem gemeinsamen Prozessbevollmächtigten vertreten zu lassen. 30

Gemäß Abs. 4 S. 3 ist eine **Nebenintervention** durch Aktionäre nach Zulassung der Klage grundsätzlich nicht mehr möglich. Diese Regelung soll rechtsmissbräuchlichen Nebeninterventionen einen Riegel vorschieben. *E contrario* ist eine Nebenintervention bis zum Erlass einer rechtskräftigen Entscheidung im Klagezulassungsverfahren möglich.[95] Aktionäre, die nicht bereits im Zulassungsverfahren Engagement zugunsten der AG zeigen und zumindest als Nebenintervenienten zur Zulassung der Klage beitragen, haben kein schützenswürdiges Interesse an einer Nebenintervention nach Klageerhebung. Etwas anderes muss jedoch gelten, wenn einer Person der Streit verkündet wird.[96] Abs. 4 S. 3 ist teleologisch dahin gehend zu reduzieren, dass dem Streitverkündeten das Recht zur Nebenintervention nicht genommen ist. 31

E. Urteil und Vergleich (Abs. 5)

Abs. 5 bestimmt die Wirkungen eines Urteils und eines Vergleichs für AG und Aktionäre. Ein stattgebendes oder auch klageabweisendes Urteil wirkt **für und gegen die Gesellschaft und sämtliche Aktionäre**. Gleiches gilt für einen Vergleich. Ein Vergleich wirkt indes nach Abs. 5 S. 2 Hs 2 nur dann für und gegen die AG, wenn dieser nach Klagezulassung abgeschlossen wird. Vergleicht sich die Aktionärsminorität im Verfahren auf Klagezulassung mit den Antragsgegnern, so wirkt dieser Vergleich nur *inter partes*. Freilich ist auch ein solcher Vergleich bekanntmachungspflichtig nach § 149 Abs. 2 (siehe § 149 Rn 4). 32

F. Kosten und Klagerücknahme (Abs. 6)

I. Kosten des Zulassungsverfahrens. Nach Abs. 6 S. 1 tragen die antragstellenden Aktionäre das **Kostenrisiko des Zulassungsverfahrens**, da diese entsprechend § 91 Abs. 1 ZPO im Falle der Antragsabweisung die Kostentragungspflicht trifft. Etwas anderes gilt nur nach Abs. 6 S. 2, wenn die Abweisung des Antrags auf **entgegenstehenden Gründen des Gesellschaftswohls** gemäß Abs. 1 S. 2 Nr. 4 beruht, welche die AG vor Antragstellung hätte mitteilen können, aber nicht mitgeteilt hat. In diesem Falle hat die AG den Antragstellern die Kosten zu erstatten. Dieser Regelung liegt ein ähnlicher Rechtsgedanke zugrunde wie den §§ 93, 269 Abs. 3 S. 3 ZPO: Der Antragsteller musste *ex ante* betrachtet von einem Anlass zur Klage ausgehen, da die AG die entgegenstehenden Gründe des Gesellschaftswohls zuvor trotz Aufforderung der Aktionäre nach § 148 Abs. 1 S. 2 Nr. 2 zur Klageerhebung nicht offen gelegt hat. Ob die AG insofern ein Verschulden trifft, ist unerheblich. Es kommt allein auf die fehlende Offenlegung trotz Möglichkeit an. Im Falle der Antragsabweisung erfolgt die Entscheidung über die Kostentragung durch Beschluss entsprechend § 148 Abs. 2 S. 1 Hs 2 Der **Gebührenstreitwert** des Klagezulassungsverfahrens ist nach § 53 Abs. 1 S. 2 GKG auf maximal 500.000 EUR begrenzt. Er hat sich am Interesse des antragstellenden Aktionärs an der Geltendmachung der Ansprüche zu orientieren unter Berücksichtigung seines Anteils am Grundkapital.[97] 33

II. Kosten des Klageverfahrens. Nach Klagezulassung und Durchführung des Klageverfahrens erfolgt die **Kostengrundentscheidung** nach § 148 Abs. 6 S. 3 wie sonst üblich im Endurteil, §§ 91 ff ZPO. 34

---

[90] Spindler/Stilz/*Mock*, Rn 3, 128; K. Schmidt/Lutter/*Spindler*, Rn 12; *Semler*, AG 2005, 321, 331; Weiss/Buchner, WM 2005, 162, 167; Paschos/Neumann, DB 2005, 1779, 1781; Diekmann/Leuering, NZG 2004, 249, 250; *Spindler*, NZG 2005, 865, 866.
[91] Spindler/Stilz/*Mock*, Rn 141; *Schröer*, ZIP 2005, 2081, 2087.
[92] Paschos/Neumann, DB 2005, 1779, 1781; *Spindler*, NZG 2005, 865, 868.
[93] Ebenso: *Spindler*, NZG 2005, 865, 868; Spindler/Stilz/*Mock*, Rn 140; aA Paschos/Neumann, DB 2005, 1779, 1782.
[94] Ebenso: Spindler/Stilz/*Mock*, Rn 141.
[95] Ebenso: K. Schmidt/Lutter/*Spindler*, Rn 8.
[96] Spindler/Stilz/*Mock*, Rn 139; *Schröer*, ZIP 2005, 2081, 2087.
[97] *Meilicke/Heidel*, DB 2004, 1479, 1482; Spindler/Stilz/*Mock*, Rn 97.

35 **Macht die AG von ihrem Recht aus Abs. 3 Gebrauch** und erhebt sie selbst Klage oder übernimmt sie ein anhängiges Klageverfahren von Aktionären, so hat sie alle bis dahin entstandenen Kosten der Aktionäre zu übernehmen. Dazu gehören auch die Kosten des Zulassungsverfahrens.[98] Die Kosten der gesetzlich angeordneten **Beiladung** der Aktionärsminorität muss die AG indes nicht erstatten,[99] was nicht interessengerecht ist (dazu oben Rn 25).

36 Für die Kosten der Aktionärsklage gelten zwischen den Parteien die allg. Regelungen der §§ 91, 92 ZPO,[100] so dass die Beklagten bei Erfolg der Klage der klagenden Aktionärsminorität die Gerichtskosten und außergerichtlichen Kosten zu erstatten haben. Wird die **Aktionärsklage ganz oder teilweise abgewiesen**, so hat die AG den klagenden Aktionären die von ihnen zu tragenden Kosten zu erstatten. Das trägt dem Umstand Rechnung, dass nach der Feststellung des Gerichts im Rahmen des Zulassungsverfahrens nach Abs. 1 S. 2 Nr. 3 die Klage *ex ante* betrachtet gute Erfolgsaussichten hatte und nach Abs. 4 S. 2 uneigennützig auf Leistung an die AG gerichtet ist. Etwas anderes soll nur dann gelten, wenn der *ex ante*-Betrachtung im Rahmen des Klagezulassungsverfahrens deshalb keine Bedeutung zukommen kann, weil die späteren Kläger die Zulassung durch vorsätzlich oder grob fahrlässig unrichtigen Vortrag erschlichen haben.[101] Gemeinsam als Antragsteller oder als Streitgenossen handelnde Aktionäre erhalten insgesamt grundsätzlich **nur die Kosten eines Bevollmächtigten** erstattet.[102] Damit soll verhindert werden, dass Aktionäre nicht allein im Gesellschaftsinteresse tätig werden, sondern eigennützig zur Erlangung der im Erfolgsfalle zu erstattenden Rechtsanwaltsgebühren.[103] Nur in besonders gelagerten Ausnahmefällen, in denen weitere Prozessvertreter unerlässlich sind, sind auch die daraus erwachsenden weiteren Rechtsanwaltskosten zu erstatten.

37 **III. Klagerücknahme, Vergleich.** Die AG kann nur sehr eingeschränkt die erhobene oder aber übernommene Klage zurücknehmen. Hier gelten die gleichen Voraussetzungen wie im Falle des Verzichts auf Ersatzansprüche nach **§ 93 Abs. 4 S. 3 und 4** (vgl dazu § 93 Rn 139). Die Regelung soll verhindern, dass Gesellschaftsorgane die eigene Inanspruchnahme oder aber die Inanspruchnahme von aktuellen oder früheren Kollegen dadurch vereiteln, dass sie über § 148 Abs. 3 die Klage auf Geltendmachung der Ersatzansprüche zunächst an sich ziehen und damit der Initiative der Aktionärsminorität entziehen, um dann später aus eigennützigen Motiven den Prozess im Wege der Klagerücknahme zu beenden. Nach Sinn und Zweck der Regelung und zur Verhinderung von Umgehungen gilt Gleiches auch für das Recht der AG, den Prozess durch **Vergleich** zu beenden,[104] da ein Vergleich als Streitbeilegung im Wege des gegenseitigen Nachgebens schon definitionsgemäß einem Teilverzicht entspricht, vgl § 779 BGB. Doch selbst im Falle einer ausnahmsweise zulässigen Klagerücknahme hindert das eine Aktionärsminorität nicht daran, erneut ein Klagezulassungsverfahren anzustrengen. Denn eine Klagerücknahme steht nach § 269 Abs. 6 ZPO einer erneuten Klage nicht entgegen und aus § 148 Abs. 4 S. 4 ist abzuleiten, dass bei einem erfolgreichen Abschluss eines Klagezulassungsverfahrens ein weiteres Klagezulassungsverfahren in der gleichen Angelegenheit nicht zwangsläufig unzulässig ist.[105] Ferner dürfte angesichts der Verjährungshemmung während der Rechtshängigkeit der Klage nach § 204 Abs. 1 Nr. 1 BGB auch die Verjährung einer erneuten Initiative der Aktionärsminorität nicht entgegenstehen.

38 Eine **vergleichsweise Beendigung der Aktionärsklage** bedarf keiner Zustimmung der AG auf Grundlage der zur notwendigen Beiladung im öffentlichen Recht entwickelten Grundsätze, auch wenn der durch die Aktionärsminorität geschlossene Vergleich gemäß § 148 Abs. 5 S. 2 Hs 1 Wirkung für die AG hat.[106] Denn die gerichtliche Klagezulassung ermächtigt die Aktionärsminorität zur Prozessführung in Prozessstandschaft für die AG (siehe oben Rn 29), was die Befugnis zur Prozessbeendigung durch Vergleich einschließt. Für die Zulässigkeit von Klagerücknahme und Vergleich durch die Aktionärsminorität gelten jedoch die Einschränkungen des § 93 Abs. 4 entsprechend.[107]

---

98 BegrRegE zum UMAG, BT-Drucks. 15/5092, S. 23; *Spindler*, NZG 2005, 865, 869 Fn 57.
99 Vgl auch Gegenäußerung der Bundesregierung zum UMAG, BT-Drucks. 15/5092, S. 43.
100 BegrRegE zum UMAG, BT-Drucks. 15/5092, S. 23.
101 Spindler/Stilz/*Mock*, Rn 151.
102 Dazu kritisch *Meilicke/Heidel*, DB 2005, 1479, 1482, die auf die Waffengleichheit im Zivilprozess hinweisen; ebenso: Spindler/Stilz/*Mock*, Rn 153.
103 BegrRegE zum UMAG, BT-Drucks. 15/5092, S. 24.
104 *Paschos/Neumann*, DB 2005, 1779, 1784 f; *Weiss/Buchner*, WM 2005, 162, 171; wohl auch BegrRegE zum UMAG, BT-Drucks. 15/5092, S. 24; vgl auch *Semler*, AG 2005, 321, 333.
105 So auch *Paschos/Neumann*, DB 2005, 1779, 1781.
106 Ebenso: GroßKomm-AktienR/*Bezzenberger/Bezzenberger*, Rn 244; aA *Paschos/Neumann*, DB 2005, 1779, 1785.
107 BegrRegE zum UMAG, BT-Drucks. 15/5092, S. 24; *Spindler*, NZG 2005, 869; *Thümmel*, DB 2004, 471, 474.

§ 149 Bekanntmachungen zur Haftungsklage

(1) Nach rechtskräftiger Zulassung der Klage gemäß § 148 sind der Antrag auf Zulassung und die Verfahrensbeendigung von der börsennotierten Gesellschaft unverzüglich in den Gesellschaftsblättern bekannt zu machen.

(2) ¹Die Bekanntmachung der Verfahrensbeendigung hat deren Art, alle mit ihr im Zusammenhang stehenden Vereinbarungen einschließlich Nebenabreden im vollständigen Wortlaut sowie die Namen der Beteiligten zu enthalten. ²Etwaige Leistungen der Gesellschaft und ihr zurechenbare Leistungen Dritter sind gesondert zu beschreiben und hervorzuheben. ³Die vollständige Bekanntmachung ist Wirksamkeitsvoraussetzung für alle Leistungspflichten. ⁴Die Wirksamkeit von verfahrensbeendigenden Prozesshandlungen bleibt hiervon unberührt. ⁵Trotz Unwirksamkeit bewirkte Leistungen können zurückgefordert werden.

(3) Die vorstehenden Bestimmungen gelten entsprechend für Vereinbarungen, die zur Vermeidung eines Prozesses geschlossen werden.

Literatur:
Vgl die Angaben zu § 147.

A. Regelungsgehalt

§ 149 wurde durch das UMAG[1] eingeführt und schafft weit reichende Bekanntmachungspflichten für das Zulassungsverfahren und die Aktionärsklage nach § 148. Die Vorschrift dient der Publizität und soll eine abschreckende Wirkung für missbräuchliche Klagen und Vergleichsleistungen, die eine verbotene Einlagenrückgewähr darstellen (vgl § 57), entfalten.[2] Bekanntmachungspflichtig sind die rechtskräftige Zulassung der Aktionärsklage (Abs. 1), die Verfahrensbeendigung von Zulassungs- oder Klageverfahren (Abs. 2) und Vereinbarungen zur Prozessvermeidung (Abs. 3). Die Regelung des § 149 Abs. 2 entspricht der ebenfalls durch das UMAG eingeführten Bekanntmachungspflicht bei Anfechtungsprozessen nach § 248a (vgl dort Rn 1). Anders als ursprünglich im Referentenentwurf vorgesehen[3] ist die Veröffentlichungspflicht nach § 149 bewusst auf **börsennotierte Gesellschaften** beschränkt worden.[4] Daher verbietet sich eine analoge Anwendung auf nicht börsennotierte Gesellschaften.

B. Bekanntmachungspflichten

I. Adressat der Bekanntmachungspflichten. Bekanntmachungspflichtig ist die **AG**. Der Vorstand hat die Bekanntmachungen gemäß § 149 Abs. 1 in den Gesellschaftsblättern vorzunehmen.[5] Die Bekanntmachung muss unverzüglich, dh ohne schuldhaftes Zögern erfolgen (vgl § 121 S. 1 BGB); dieser Anforderung wird der Vorstand regelmäßig gerecht, wenn er innerhalb von zwei Wochen ab Kenntnisnahme bzw Kenntnisnahmemöglichkeit des die Bekanntmachungspflicht auslösenden Umstandes die Bekanntmachung veranlasst.[6] Die Antragsteller bzw Kläger haben einen **Anspruch** gegen die AG **auf vollständige und unverzügliche Bekanntmachung**.[7] Wird der Vorstand seiner Bekanntmachungspflicht nicht oder nicht unverzüglich gerecht, so kann er sich ggf schadensersatzpflichtig machen.

II. Rechtskräftige Zulassung (Abs. 1). Die rechtskräftige Entscheidung über die Zulassung der Aktionärsklage gemäß § 148 Abs. 1 S. 2 löst nach § 149 Abs. 1 die Bekanntmachungspflicht aus. Zu veröffentlichen ist nach § 149 Abs. 1 der **Zulassungsantrag** der Aktionärsminorität und die **rechtskräftige Zulassungsentscheidung**. Die Zurückweisung des Zulassungsantrags unterliegt keiner Bekanntmachungspflicht. Der Regierungsentwurf zu § 149 Abs. 1 knüpfte die Bekanntmachungsverpflichtung noch an den Antrag auf Klagezulassung und nicht erst an dessen rechtskräftige Entscheidung, um den übrigen Aktionären durch die Veröffentlichung die Möglichkeit zum Beitritt zu geben.[8] Hintergrund der Abweichung zum Regierungsentwurf ist, dass der Bundesrat vor Veröffentlichung eine gerichtliche Vorprüfung im Zulassungsverfahren für erforderlich hielt, um vorsätzlich falsche Aktionärsanträge auszusondern, und die Bekanntmachung der

---

1 Gesetz zur Unternehmensintegrität und Modernisierung des Anfechtungsrechts (UMAG) vom 22.9.2005, BGBl. I S. 2802, Art. 3; vgl auch BR-Drucks. 454/05.
2 BegrRegE zum UMAG, BT-Drucks. 15/5092, S. 24; *Holzborn/Bunnemann*, BKR 2005, 51, 56; *Jahn*, BB 2005, 5, 10.
3 Zum Referentenentwurf ausführlich *Meilicke/Heidel*, DB 2004, 1479 ff.
4 BegrRegE zum UMAG, BT-Drucks. 15/5092, S. 24; *Hüffer*, Rn 1; dies forderten zB *Meilicke/Heidel*, DB 2004, 1479, 1486.
5 GroßKomm-AktienR/*Bezzenberger/Bezzenberger*, Rn 9.
6 Ebenso: GroßKomm-AktienR/*Bezzenberger/Bezzenberger*, Rn 10; vgl zu § 121 S. 1 BGB OLG Hamm NJW-RR 1990, 523; Palandt/*Heinrichs*, BGB, § 121 Rn 3; AnwK-BGB/*Feuerborn*, § 121 Rn 11.
7 BegrRegE zum UMAG, BT-Drucks. 15/5092, S. 25; Spindler/Stilz/*Mock*, Rn 13; K. Schmidt/Lutter/*Spindler*, Rn 15; GroßKomm-AktienR/*Bezzenberger/Bezzenberger*, Rn 11.
8 BegrRegE zum UMAG, BT-Drucks. 15/5092, S. 24.

Anträge in den Gesellschaftsblättern angesichts der Möglichkeit der Veröffentlichung der Anträge im Aktionärsforum nach § 127a für überflüssig erachtet wurde.[9] Da aber keine Pflicht zur Veröffentlichung im Aktionärsforum besteht, ist die Kenntnisnahmemöglichkeit der übrigen Aktionäre durch die gesetzlichen Regelungen des AktG nicht hinreichend gewahrt.[10] Freilich ist jedenfalls ein substantiierter Antrag auf Klagezulassung nach § 148 Abs. 1, der sich auf erhebliche Schadensersatzansprüche der AG stützt, eine kursbeeinflussende Tatsache, die eine Pflicht der AG zur **Ad-hoc-Publizität** gemäß § 15 Abs. 1 WpHG nach sich zieht[11] (vgl. allg. zur Ad-hoc-Publizität § 15 WpHG Rn 3 ff). Daraus folgt, dass trotz der Änderungen des § 149 Abs. 1 im Gesetzgebungsverfahren zum UMAG bereits ein substantiierter Zulassungsantrag eine unverzügliche Bekanntmachungspflicht der AG auslöst.[12]

4 **III. Verfahrensbeendigung (Abs. 2).** Die Veröffentlichungspflicht gilt für **jede Art der Verfahrensbeendigung sowohl im Zulassungs- als auch im anschließenden Klageverfahren**, auch für die Beendigung durch Vergleich.[13] Bekannt zu geben sind die Art der Verfahrensbeendigung, der Wortlaut des Tenors bzw der Vereinbarung nebst sämtlicher Nebenabreden sowie insbesondere sämtliche mit der Prozessbeendigung verbundenen vermögenswerte Leistungspflichten der Gesellschaft.[14] Unter die Bekanntmachungspflicht fallen alle Abreden über Prozesskosten- und Aufwandserstattungen, einvernehmliche Ansetzung des Vergleichswerts, Schadensersatzzahlungen, Honorare für Beraterleistungen, Gutachten, wissenschaftliche Ausarbeitungen aller Art sowie sonstige Zuwendungen; dazu zählen auch Vereinbarungen über Rechtsgeschäfte wie zB Beratungsaufträge mit Aktionären oder ihnen nahe stehenden Dritten, die im ursächlichen Zusammenhang mit der Verfahrensbeendigung abgeschlossen werden.[15] Nicht maßgeblich ist, ob die vermögenswerte Leistung den Antragstellern bzw Klägern mittelbar oder unmittelbar zukommt.[16] Weiter sind alle Beteiligten und deren Vertreter anzugeben, die am Zulassungsverfahren, dem von der Aktionärsminorität betriebenen Prozess und der Verfahrensbeendigung mitgewirkt haben.[17] Die Pflicht zur Bekanntmachung erfordert nicht die Mitteilung ihrer Anschrift.[18] Ferner ist die Anzahl der Aktien der an der Aktionärsminorität beteiligten Aktionäre anzugeben.[19]

5 **IV. Vereinbarungen zur Prozessvermeidung (Abs. 3).** Abs. 3 erstreckt den Anwendungsbereich der Vorschrift ausdrücklich auch auf Vereinbarungen, die zur Vermeidung eines Prozesses geschlossen wurden. Eine derartige Regelung war verschiedentlich zur Schließung vermeintlicher Gesetzeslücken gefordert worden.[20] Abs. 3 schafft jedoch Abgrenzungsprobleme, da unklar ist, ab wann sich eine Vereinbarung als eine zu einer "zur Vermeidung eines Prozesses" getroffenen Vereinbarung qualifiziert.[21] Hinsichtlich der zu veröffentlichenden Umstände gelten die für die Verfahrensbeendigung nach Abs. 2 einschlägigen Maßgaben entsprechend (vgl oben Rn 3).

C. Rechtsfolgen eines Pflichtverstoßes

6 Werden die bekanntmachungspflichtigen Tatsachen nicht in dem erforderlichen Umfang und rechtzeitig bekannt gemacht, sind die **vereinbarten Leistungspflichten** der AG gemäß Abs. 2 S. 3 **unwirksam**. Die Wirksamkeit der verfahrensbeendenden Prozesshandlungen bleibt hiervon jedoch gemäß Abs. 2 S. 4 unberührt, so dass ein nicht ordnungsgemäß bekannt gemachter Prozessvergleich zwar zur Verfahrensbeendigung führt, jedoch kein wirksamer Vollstreckungstitel über die vereinbarten Leistungspflichten nach § 794 Abs. 1 Nr. 1 ZPO ist.[22] § 407 Abs. 1 S. 1 sieht für die Nichtbeachtung der Bekanntmachungspflicht des § 149 keine Zwangsgeldfestsetzung durch das Registergericht vor. Dabei dürfte es sich um ein Redaktionsversehen handeln, da in § 407 Abs. 1 S. 1 auch die Bekanntmachungspflicht des § 248a erfasst ist, die § 149 weitgehend entspricht.[23] Eine Korrektur ist jedoch auch in der Aktienrechtsnovelle 2012/2013 nicht vorgesehen.

---

9 Stellungnahme des Bundesrats zum UMAG, BT-Drucks. 15/5092, S. 38; Gegenäußerung der Bundesregierung zum UMAG, BT-Drucks. 15/5092, S. 43; kritisch wohl auch Elster/Hackenberg, Phi 2005, 42, 45; zum Ganzen: Holzborn/Bunnemann, BKR 2005, 51, 53; Paschos/Neumann, DB 2005, 1779, 1781 f.
10 Ebenso: Spindler/Stilz/Mock, Rn 4; Paschos/Neumann, DB 2005, 1779, 1781.
11 K. Schmidt/Lutter/Spindler, § 148 Rn 9.
12 Ebenso: Spindler/Stilz/Mock, Rn 8; K. Schmidt/Lutter/Spindler, Rn 16; differenzierend: GroßKomm-AktienR/Bezzenberger/Bezzenberger, Rn 17.
13 Hüffer, Rn 3; Paschos/Neumann, DB 2005, 1779, 1785; vgl auch Weiss/Buchner, WM 2004, 170 f; Diekmann/Leuering, NZG 2004, 249, 251; aA Bürgers/Körber/Holzborn, Rn 3; GroßKomm-AktienR/Bezzenberger/Bezzenberger, Rn 13.
14 BegrRegE zum UMAG, BT-Drucks. 15/5092, S. 24; Hüffer, Rn 3; Spindler/Stilz/Mock, Rn 966; Holzborn/Bunnemann, BKR 2005, 51, 56; Paschos/Neumann, DB 2005, 1779, 1785.
15 BegrRegE zum UMAG, BT-Drucks. 15/5092, S. 24.
16 GroßKomm-AktienR/Bezzenberger/Bezzenberger, Rn 27 mwN.
17 BegrRegE zum UMAG, BT-Drucks. 15/5092, S. 25; Hüffer, Rn 3; Spindler/Stilz/Mock, Rn 11; K. Schmidt/Lutter/Spindler, Rn 10.
18 AA möglicherweise GroßKomm-AktienR/Bezzenberger/Bezzenberger, Rn 21.
19 BegrRegE zum UMAG, BT-Drucks. 15/5092, S. 25.
20 Schütz, NZG 2005, 5, 7.
21 Meilicke/Heidel, DB 2004, 1479, 1486.
22 Ebenso: K. Schmidt/Lutter/Spindler, Rn 2; Diekmann/Leuering, NZG 2004, 249, 251.
23 GroßKomm-AktienR/Bezzenberger/Bezzenberger, Rn 35.

Nach § 149 Abs. 2 S. 5 ist anders als noch im Referentenentwurf zum UMAG klargestellt, dass die AG bei nicht ordnungsgemäßer Bekanntmachung die von ihr oder ihr zurechenbar von einem Dritten erbrachte **Leistungen zurückfordern** kann und muss.[24] Abs. 2 S. 5 ist nicht Anspruchsgrundlage, sondern der Rückforderungsanspruch der AG folgt insbesondere aus ungerechtfertigter Bereicherung gemäß §§ 812 ff BGB[25] – bzw im Falle des Empfangs verbotswidriger Leistungen aus § 62,[26] der Ansprüche aus ungerechtfertigter Bereicherung verdrängt (vgl § 62 Rn 17). Aus § 149 Abs. 2 S. 5 folgt zugleich, dass für den Rückforderungsanspruch nicht die Einschränkung des § 814 BGB gilt.[27]

Fünfter Teil Rechnungslegung.[1] Gewinnverwendung

Erster Abschnitt
Jahresabschluss und Lagebericht. Entsprechenserklärung

§ 150 Gesetzliche Rücklage. Kapitalrücklage

(1) In der Bilanz des nach den §§ 242, 264 des Handelsgesetzbuchs aufzustellenden Jahresabschlusses ist eine gesetzliche Rücklage zu bilden.

(2) In diese ist der zwanzigste Teil des um einen Verlustvortrag aus dem Vorjahr geminderten Jahresüberschusses einzustellen, bis die gesetzliche Rücklage und die Kapitalrücklagen nach § 272 Abs. 2 Nr. 1 bis 3 des Handelsgesetzbuchs zusammen den zehnten oder den in der Satzung bestimmten höheren Teil des Grundkapitals erreichen.

(3) Übersteigen die gesetzliche Rücklage und die Kapitalrücklagen nach § 272 Abs. 2 Nr. 1 bis 3 des Handelsgesetzbuchs zusammen nicht den zehnten oder den in der Satzung bestimmten höheren Teil des Grundkapitals, so dürfen sie nur verwandt werden

1. zum Ausgleich eines Jahresfehlbetrags, soweit er nicht durch einen Gewinnvortrag aus dem Vorjahr gedeckt ist und nicht durch Auflösung anderer Gewinnrücklagen ausgeglichen werden kann;
2. zum Ausgleich eines Verlustvortrags aus dem Vorjahr, soweit er nicht durch einen Jahresüberschuß gedeckt ist und nicht durch Auflösung anderer Gewinnrücklagen ausgeglichen werden kann.

(4) ¹Übersteigen die gesetzliche Rücklage und die Kapitalrücklagen nach § 272 Abs. 2 Nr. 1 bis 3 des Handelsgesetzbuchs zusammen den zehnten oder den in der Satzung bestimmten höheren Teil des Grundkapitals, so darf der übersteigende Betrag verwandt werden

1. zum Ausgleich eines Jahresfehlbetrags, soweit er nicht durch einen Gewinnvortrag aus dem Vorjahr gedeckt ist;
2. zum Ausgleich eines Verlustvortrags aus dem Vorjahr, soweit er nicht durch einen Jahresüberschuß gedeckt ist;
3. zur Kapitalerhöhung aus Gesellschaftsmitteln nach den §§ 207 bis 220.

²Die Verwendung nach den Nummern 1 und 2 ist nicht zulässig, wenn gleichzeitig Gewinnrücklagen zur Gewinnausschüttung aufgelöst werden.

Literatur:
Ebeling, Die Verwendung der Kapitalrücklage der Aktiengesellschaft gem § 150 Abs. 3 und 4 AktG, WPg 1988, 502; *Haller*, Probleme bei der Bilanzierung der Rücklagen und des Bilanzergebnisses einer Aktiengesellschaft nach neuem Bilanzrecht, DB 1987, 645; *Henze*, Reichweite und Grenzen des aktienrechtlichen Grundsatzes der Vermögensbindung – Ergänzung durch die Rechtsprechung zum existenzvernichtenden Eingriff, AG 2004, 405

A. Regelungsgegenstand	1	II. Gesetzliche und satzungsmäßige Obergrenzen	8
B. Pflicht zur Bildung einer gesetzlichen Rücklage (Abs. 1)	3	D. Verwendung der Rücklagen (Abs. 3 und 4)	19
C. Dotierung der Rücklagen (Abs. 2)	7	I. Verwendung der gesetzlichen Reservefonds	19
I. Pflicht zur Einstellung	7	II. Unterschreiten der 10%-Grenze	22

---

[24] *Hüffer*, Rn 4; Spindler/Stilz/*Mock*, Rn 19; *Schütz*, NZG 2005, 5, 7; Holzborn/Bunnemann, BKR 2005, 51, 56; BegrRegE zum UMAG, BT-Drucks. 15/5092, S. 25; Meilicke/Heidel, DB 2004, 1479, 1486.

[25] BegrRegE zum UMAG, BT-Drucks. 15/5092, S. 25; ebenso: SpindlerStilz/*Mock*, Rn 19; K. Schmidt/Lutter/*Spindler*, Rn 19; Holzborn/Bunnemann, BKR 2005, 51, 56.

[26] GroßKomm-AktienR/*Bezzenberger/Bezzenberger*, Rn 33.

[27] Vgl auch BegrRegE zum UMAG, BT-Drucks. 15/5092, S. 25.

[1] Beachte hierzu das G über die Rechnungslegung von bestimmten Unternehmen und Konzernen (Publizitätsgesetz – PublG).

III. Überschreiten der 10 %-Grenze (Abs. 4) 25   E. Rechtsfolgen bei Verstoß gegen § 150 27

A. Regelungsgegenstand

1 Die Vorschrift ist Bestandteil des Rechts der Rechnungslegung und bildet mit den §§ 272 HGB (Eigenkapital) und 266 HGB (Gliederung der Bilanz) einen notwendigen Zusammenhang. § 150 Abs. 1 stellt die zwingende Verpflichtung zur Bildung einer gesetzlichen Rücklage in der Bilanz der AG bzw KGaA auf. § 150 Abs. 2 bestimmt den Umfang der Dotierung der gesetzlichen Rücklage, wobei diese nicht isoliert, sondern in Zusammenhang mit der Dotierung der Kapitalrücklage (§ 272 Abs. 2 HGB) erfolgt. Beide Rücklagen werden als **gesetzlicher Reservefonds** bezeichnet.

2 Abs. 3 und Abs. 4 regeln die Verwendungsmöglichkeit des gesetzlichen Reservefonds und zwar bei Unter- bzw Überschreiten des festgelegten Rahmens von 10 %.

B. Pflicht zur Bildung einer gesetzlichen Rücklage (Abs. 1)

3 Die Bildung der gesetzlichen Rücklage nach § 150 Abs. 1 ist zwingend, ausgenommen eingegliederte Gesellschaften, § 324 und die REIT-AG (§ 13 Abs. 1 S. 2 REITG) und Investment-AG (§ 110 Abs. 2 S. 2 InvG). Die Satzung kann hiervon nicht befreien. Sie ist vom Vorstand anlässlich der Aufstellung des Jahresabschlusses zu bilden; die Hauptversammlung kann nach § 58 Abs. 3 im Gewinnverwendungsbeschluss unter Beachtung der Vorgaben des § 254 weitere Beträge in die gesetzliche Rücklage einstellen.[1] Besonderheiten gelten bei Gewinnabführungsverträgen, § 300.

4 Die gesetzliche Rücklage dient als Ausgleich bzw „Auffangpolster"[2] für künftige Verluste, die ansonsten das Grundkapital mindern würden. Ihre Bildung soll nicht allein der Gesellschaft überlassen bleiben, sondern dem haftenden Grundkapital einen zusätzlichen Betrag als eine Art „Pufferzone"[3] – in erster Linie aus jährlichen Gewinnausschüttungen – zur Verfügung stellen. Es soll demnach im Sinne der Vermögenserhaltung als zusätzliches Eigenkapital neben dem Grundkapital stehen. Rücklagen unterscheiden sich vom Grundkapital dadurch, dass sie nicht in Rechten verbrieft sind und nicht mit Dividenden bedient werden müssen. Es ist ebenso abstrakt wie das Grundkapital, dh reine Rechengröße ohne Beziehung zu den Aktiva. Es handelt sich um **Ausschüttungssperrbeträge**; sie dienen der Kapitalsicherung, der Kapitalstärkung sowie der Gewinnregulierung.[4]

Die Mittel, die in die Rücklagen eingestellt werden, müssen nicht in einem besonderen Fonds separiert und verwaltet werden, sondern stehen der Unternehmensführung zur freien Verfügung.

5 **Rücklagen** sind von den Rückstellungen (§ 249 HGB) zu unterscheiden. Dabei handelt es sich um Fremdmittel für drohende Verluste, ungewisse Verbindlichkeiten oder Aufwendungen, die der Entstehung oder der Höhe nach noch ungewiss sind und die periodengerecht nach ihrer Verursachung bilanziert werden.[5]

6 Zum Verständnis von § 150 ist der Begriff der gesetzlichen Rücklage und der **Kapitalrücklage** von Bedeutung. Beides wird unter der Bezeichnung „**gesetzlicher Reservefonds**" zusammengefasst.[6]

- Die gesetzliche Rücklage ist eine Unterform der Gewinnrücklage (§§ 272 Abs. 3, 266 Abs. 3 A III. 1 HGB). Sie darf nur aus jetzigen oder aus früheren Gewinnen gebildet werden. Sie ist von den anderen Gewinnrücklagen abzugrenzen, in die nur freiwillige Gewinne eingestellt werden.
- Die Kapitalrücklage (§ 272 Abs. 2 HGB) hingegen setzt sich aus außerordentlichen Erträgen, dem Aufgeld anlässlich von Kapitalerhöhungen, bzw aus freiwilligen Zuzahlungen in das Eigenkapital zusammen.
- Das Gesetz äußert sich nicht dazu, ob bei einer Auflösung des gesetzlichen Reservefonds eine bestimmte Reihenfolge zwischen gesetzlicher Rücklage und Kapitalrücklage einzuhalten ist. Nach wohl überwiegender Auffassung[7] muss zunächst die gesetzliche, dann die Kapitalrücklage aufgelöst werden.

C. Dotierung der Rücklagen (Abs. 2)

7 **I. Pflicht zur Einstellung.** Abs. 2 regelt die Zuweisungen in die gesetzliche Rücklage aus dem Jahresüberschuss. Danach ist jedes Jahr 5 % des Jahresüberschusses, vermindert um einen Verlustvortrag des Vorjahres, in die gesetzliche Rücklage einzustellen (relative Grenze), bis die gesetzliche Rücklage und die Kapital-

---

1 Bürgers/Körber/*Schulz*, Rn 6.
2 KölnKomm-AktG/*Claussen/Korth*, 2. Aufl., Rn 7.
3 *Hüffer*, Rn 1.
4 Im Einzelnen: Großkomm-AktienR/*Brönner*, Rn 1 f.
5 A/D/S, Rn 7.
6 A/D/S, Rn 2; Großkomm-AktienR/*Brönner*, Rn 9.
7 Großkomm-AktienR/*Brönner*, Rn 52, und A/D/S, Rn 69.

rücklage nach § 272 Abs. 2 Nr. 1 bis 3 HGB zusammen den zehnten oder den in der Satzung bestimmten höheren Teil des Grundkapitals erreicht hat (absolute Grenze).

II. Gesetzliche und satzungsmäßige Obergrenzen. Ausgangsgröße der Bemessung ist der Jahresüberschuss, dh der Überschuss der Aktiv- über die sonstigen Passivposten der Bilanz (§ 275 Abs. 2 HGB). Der ermittelte Jahresüberschuss ist um einen Verlustvortrag aus dem Vorjahr (§ 158 Abs. 1 Nr. 1) zu mindern. Gewinnabhängige Tantiemen, Besserungsscheine oder stille Beteiligungen, die den Jahresüberschuss mindern, bleiben allerdings unberücksichtigt.

Rücklagen sollen nur gebildet werden, wenn sämtliche Verluste aus den Vorjahren gedeckt sind. Aus der Differenz sind 5 % zu berechnen und dieser Betrag ergibt die jährliche Einstellungsverpflichtung, bis die Obergrenze des Reservefonds von 10 % des formellen Grundkapitals erreicht ist.

Kapitalrücklagen sind nach dem Gesetz insoweit nur mitzurechnen, als sie unter § 273 Abs. 2 Nr. 1–3 HGB fallen, dh sogenannte andere Zuzahlungen im Sinne der Nr. 4 (freiwillige Zuzahlungen) in das Eigenkapital sind nicht zu berücksichtigen.[8]

Gewinnvortrag bleibt bei dieser Berechnung unberücksichtigt, weil er bereits in dem Jahr, in dem er erwirtschaftet wurde, bei der Bemessung der gesetzlichen Rücklage berücksichtigt wurde.

Beispielhaft ergibt sich folgende Berechnung:[9]

(1)	Jahresüberschuss	100
(2)	abzüglich Verlustvortrag	./. 20
(3)	Ausgangsbetrag der Zuweisung	80
(4)	5 % von (3)	4

Die Satzung kann „einen höheren Teil" als 10 % des Grundkapitals als Dotierung der gesetzlichen Rücklage bestimmen (Abs. 2, letzter Hs); sie kann dabei aber nicht über das bestehende Grundkapital hinausgehen.[10] Neben einer entsprechenden Satzungsregelung ist ein Jahresabschluss, der eine das Grundkapital übersteigende gesetzliche Rücklage ausweist, nach § 256 Abs. 1 Nr. 4 nichtig.[11]

Zwar kann die gesetzliche Mindestgrenze durch Satzungsänderung nach Anhebung auch wieder reduziert werden, dann unterliegt die einmal gebildete Rücklage aber weiterhin den Verwendungsauflagen nach Abs. 4.[12]

Nach § 324 Abs. 1 sind die Vorschriften über die Bildung des Bilanzpostens „gesetzliche Rücklage" nicht auf eingegliederte Gesellschaften (§§ 319 ff) anwendbar. Gleiches betrifft die REIT-AG (§ 13 Abs. 1 S. 2 REITG).

Bei Gewinn- und Teilgewinnabführungsverträgen bemisst sich die Zuführung zur gesetzlichen Rücklage nach § 300.

Bei der **Sachausschüttung** (§ 58 Abs. 5) ist umstritten, welchen Einfluss diese auf die Berechnung des in die gesetzliche Rücklage einzustellenden Betrags hat.[13] Dies hängt davon ab, ob der zur Ausschüttung vorgesehene Sachwert mit dem Buchwert oder dem Verkehrswert angesetzt wird. Nur wenn letzterer angesetzt wird, fließen die stillen Reserven zwischen Buch- und Verkehrswert in den Gewinn und werden auf diese Weise bei der Berechnung des in die gesetzliche Rücklage einzustellenden Betrags berücksichtigt.

Die Hauptversammlung kann nach § 58 Abs. 3 im Beschluss über die Verwendung des Bilanzgewinns weitere Beträge in die Gewinnrücklagen und damit in die gesetzliche Rücklage einstellen. Die Beschlussfassung ist allerdings nach § 254 anfechtungsbehaftet.

D. Verwendung der Rücklagen (Abs. 3 und 4)

I. Verwendung der gesetzlichen Reservefonds. Abs. 3 und Abs. 4 regeln die Verwendung des gesetzlichen Reservefonds. Dabei wird dieser als letzte Reserve der Aktiengesellschaft behandelt, die nur dann herangezogen werden darf, wenn alle anderen Reserven – ausgenommen stille – in Anspruch genommen sind.[14]

Der Reservefonds soll nur in Notfällen aufgelöst und nicht als Gewinn ausgeschüttet werden. In erster Linie sollen damit Verluste ausgeglichen werden.

Dabei regelt Abs. 3 den Fall, dass der gesetzliche Reservefonds die 10 %-Grenze **nicht** übersteigt, während Abs. 4 den umgekehrten Fall regelt, dass die 10 %-Grenze überstiegen wird.

---

8 Hüffer, Rn 6; A/D/S, Rn 37 f. Besondere Verpflichtungen zur Dotierung der Kapitalrücklage bestehen im Falle der Kapitalherabsetzung, Einziehung von Aktien und der Sicherung der Gläubiger bei Unternehmensverträgen, §§ 232, 237 Abs. 5, 300 Nr. 1.
9 Nach A/D/S, Rn 26.
10 HM: Bürgers/Körber/Schulz, Rn 5.
11 HM: Großkomm-AktienR/Brönner, Rn 26; A/D/S, Rn 33.
12 Großkomm-AktienR/Brönner, Rn 23.
13 Spindler/Stilz/Euler/Wirth, Rn 10.
14 Großkomm-AktienR/Brönner, Rn 40.

22 II. **Unterschreiten der 10 %-Grenze.** Nach Abs. 3 Nr. 1 darf der Reservefonds nur zum Ausgleich eines **Jahresfehlbetrages** verwandt werden – soweit er nicht durch einen **Gewinnvortrag** aus dem Vorjahr gedeckt ist – und nicht durch Auflösung anderer Gewinnrücklagen ausgeglichen werden kann.

23 Die Verwendung nach § 150 Abs. 3 knüpft an den Jahresfehlbetrag der Gewinn- und Verlustrechnung (§§ 275 Abs. 2 Nr. 20 bzw Abs. 3 Nr. 19 HGB) und der Bilanz (§ 266 Abs. 3 A V. HGB) an. Herangezogen werden muss zunächst ein noch bestehender Gewinnvortrag (§ 158 Abs. 1 S. 1 Nr. 1). Besteht dieser nicht oder reicht dieser nicht aus, so müssen die anderen Gewinnrücklagen herangezogen werden. Damit sind nicht nur die des § 266 Abs. 3 A III. Nr. 4 HGB gemeint, sondern auch sonstige satzungsmäßige, dh freie Rücklagen.[15]

24 Unter den gleichen Voraussetzungen kann der gesetzliche Reservefonds, soweit er unter 10 % des Grundkapitals liegt, nach Nr. 2 zum **Ausgleich eines Verlustvortrags** (§ 158 Abs. 1 Nr. 1) aus dem Vorjahr verwandt werden, soweit er nicht durch einen Jahresüberschuss (§§ 266 Abs. 3 A V., 275 Abs. 2 Nr. 20 bzw 275 Abs. 3 Nr. 20 HGB) und nicht durch andere gedeckt ist und nicht durch andere Gewinnrücklagen ausgeglichen werden kann.

25 III. **Überschreiten der 10 %-Grenze (Abs. 4).** Abs. 4 lockert die Verwendungsbeschränkungen, sofern die 10 %-Grenze überschritten wird. Der übersteigende Betrag kann zum Ausgleich eines nicht durch Jahresüberschuss gedeckten Jahresfehlbetrages (Abs. 4 Nr. 1) oder zum Ausgleich eines nicht durch Jahresüberschuss gedeckten Verlustvortrags (Abs. 4 Nr. 2) verwandt werden. Andere Gewinnrücklagen, auch freie, müssen nicht aufgelöst werden. Darin liegt die Erleichterung gegenüber Abs. 3. Eine gleichzeitige Auflösung von Gewinnrücklagen zur Gewinnausschüttung allerdings verbietet das Gesetz nach S. 2.

26 Zusätzlich kann der übersteigende Betrag nach Nr. 3 zu einer **Kapitalerhöhung aus Gesellschaftsmitteln** verwandt werden. § 208 AktG ist in diesem Zusammenhang zu beachten.[16]

E. Rechtsfolgen bei Verstoß gegen § 150

27 Ein Verstoß gegen § 150 führt zur Nichtigkeit des Jahresabschlusses entweder nach § 256 Abs. 1 Nr. 1 oder Nr. 4.

28 Der Gläubigerschutz im Sinne der Nr. 1 ist tangiert, wenn die in Abs. 2 vorgeschriebene Rücklagendotierung unterbleibt oder gegen die Verwendungsvorschriften nach Abs. 3 und 4 verstoßen wird.[17]

29 Nr. 4 des § 256 Abs. 1 ist dann einschlägig, wenn Satzungsbestimmungen durch Unter- oder Überdotierung oder durch gesetzwidrige Entnahmen verletzt werden.

30 Werden die Verwendungsbeschränkungen des § 150 Abs. 3 und 4 nicht beachtet, haften Vorstand und Aufsichtsrat gemäß §§ 93 Abs. 3 Nr. 1 und 2, Abs. 5, 116.

§§ 150 a und 151   (aufgehoben)
§ 152   Vorschriften zur Bilanz

(1) ¹Das Grundkapital ist in der Bilanz als gezeichnetes Kapital auszuweisen. ²Dabei ist der auf jede Aktiengattung entfallende Betrag des Grundkapitals gesondert anzugeben. ³Bedingtes Kapital ist mit dem Nennbetrag zu vermerken. ⁴Bestehen Mehrstimmrechtsaktien, so sind beim gezeichneten Kapital die Gesamtstimmzahl der Mehrstimmrechtsaktien und die der übrigen Aktien zu vermerken.

(2) Zu dem Posten „Kapitalrücklage" sind in der Bilanz oder im Anhang gesondert anzugeben
1. der Betrag, der während des Geschäftsjahrs eingestellt wurde;
2. der Betrag, der für das Geschäftsjahr entnommen wird.

(3) Zu den einzelnen Posten der Gewinnrücklagen sind in der Bilanz oder im Anhang jeweils gesondert anzugeben
1. die Beträge, die die Hauptversammlung aus dem Bilanzgewinn des Vorjahrs eingestellt hat;
2. die Beträge, die aus dem Jahresüberschuß des Geschäftsjahrs eingestellt werden;
3. die Beträge, die für das Geschäftsjahr entnommen werden.

---

15 A/D/S, Rn 57; Grigoleit/Zellner, Rn 9.
16 Vgl Einzelheiten hierzu, insb. zur Reihenfolge, in der die unterschiedlichen Rücklagen zur Kapitalerhöhung heranzuziehen sind, bei Großkomm-AktienR/Brönner, Rn 48 f.
17 Geßler/Kropff, Rn 38; Hüffer, Rn 13.

(4) Die Absätze 1 bis 3 sind nicht anzuwenden auf Aktiengesellschaften, die Kleinstkapitalgesellschaften im Sinne des § 267a des Handelsgesetzbuchs sind, wenn sie von der Erleichterung nach § 266 Absatz 1 Satz 4 des Handelsgesetzbuchs Gebrauch machen.

A. Regelungsgegenstand und Regelungszweck

Die Vorschrift betrifft den bilanziellen Ausweis des Eigenkapitals und ergänzt die Gliederungsvorschriften der §§ 266 und 274a HGB.

Sie gewährleistet, dass die Grundkapitalziffer (§§ 1 Abs. 2, 6) mit den geleisteten Einlagen nicht verwechselt wird. § 152 Abs. 1 bestimmt, dass das Grundkapital in der Bilanz als „gezeichnetes Kapital" auszuweisen ist. Dabei ist gezeichnetes Kapital die Summe des auf jede Aktiengattung (§ 11) entfallenden Betrags des Grundkapitals, dh die Summe der formellen (bei Nennbetragsaktien § 8 Abs. 2) oder rechnerischen Nennbeträge (bei Stückaktien § 8 Abs. 3). Es ist Rechen- und Bezugsgröße für Kapitalerhöhungen und Kapitalherabsetzungen, für die Ausübung des Stimmrechts und die an die Aktionäre auszuschüttende Dividende. Sie dokumentiert zugleich den Haftungsumfang der Aktionäre für Verbindlichkeiten der Gesellschaft gegenüber ihren Gläubigern.

B. Ausweis des Grundkapitals

Das Grundkapital oder das gezeichnete Kapital ist nur formelles Eigenkapital und daher nur Teil des Vermögens der Aktiengesellschaft. Das gesamte Eigenkapital setzt sich aus dem Grundkapital (= gezeichnetes Kapital) den Gewinn- und Kapitalrücklagen, den stillen Reserven und dem Gewinnvortrag zusammen.

Das Grundkapital ist in Euro festgelegt (§ 6) und lautet auf mindestens 50.000 EUR. Es muss in der Satzung festgelegt sein (§ 23 Abs. 3). Es ist zugleich Bilanzziffer auf der Passivseite (§ 266 Abs. 3 A I HGB). Maßgeblich ist das am Bilanzstichtag im Handelsregister eingetragene Grundkapital.[1]

Der auf jede Aktiengattung entfallende Betrag des Grundkapitals ist nach § 152 Abs. 1 S. 2 gesondert anzugeben. Aktien mit gleichen Rechten bilden eine Gattung (§ 11 S. 2). Stimmberechtigte Stammaktien und stimmrechtslose Vorzugsaktien sind beispielsweise gesondert anzugeben.

Bedingtes Kapital (§§ 192 f) ist mit dem Nennbetrag zu vermerken. Es dient insbesondere zur Sicherheit der Bedienung von Options- und Wandlungsrechten. Die Besonderheit besteht darin, dass das Grundkapital sich automatisch, dh ohne dass dies im Handelsregister ausdrücklich vermerkt sein muss, in dem Umfang erhöht, wie das bedingte Kapital ausgeübt wird (§ 200). Der Ausweis soll erkennen lassen, um welchen Betrag sich das Grundkapital möglicherweise durch die Ausgabe von Bezugsaktien an die Umtauschberechtigten erhöhen kann, ohne dass dies noch von der Hauptversammlung beeinflusst werden kann.

Mehrstimmrechte sind unzulässig (§ 12 Abs. 2). Bestehen diese aber noch (§ 5 EGAktG), so wird die Gesamtstimmzahl der **Mehrstimmrechtsaktien** und der übrigen Aktien angegeben, um das verbleibende Stimmgewicht der Stammaktien beurteilen zu können.

Der Bilanzausweis ist beispielsweise wie folgt anzugeben:

A.	Eigenkapital	
	I. gezeichnetes Kapital	10.000.000 EUR
	davon in Stammaktien	5.000.000 EUR
	davon in stimmrechtslosen Vorzugsaktien	5.000.000 EUR
	bedingtes Kapital	2.000.000 EUR

C. Angaben zu Kapital- und Gewinnrücklagen (Abs. 2 und 3)

I. Kapitalrücklage (Abs. 2). Zu dem Posten „Kapitalrücklage" sind nach Abs. 2 in der Bilanz oder im Anhang gesondert diejenigen Beträge anzugeben, die während des Geschäftsjahres eingestellt (Nr. 1) oder entnommen (Nr. 2) wurden, dh die Bewegungen auf dem Kapitalrücklagenkonto. Die Vorschrift korrespondiert mit § 158, Gewinn- und Verlustrechnung – Ergänzungsgliederung.

---

[1] *Hüffer*, Rn 2.

11 Zu den eingestellten Beträgen gehören: das Aktienagio, § 272 Abs. 2 Nr. 1 HGB; das Agio aus der Begebung von Schuldverschreibungen, § 272 Abs. 2 Nr. 2 HGB; Zuzahlungen der Aktionäre gegen Gewährung von Vorzügen, § 272 Abs. 2 Nr. 3 HGB; andere Zuzahlungen, die Aktionäre in das Eigenkapital leisten, § 272 Abs. 2 Nr. 4 HGB; Beträge aus Maßnahmen zur vereinfachten Kapitalherabsetzung, §§ 229, 232; der Gesamtbetrag der eingezogenen Aktien, die der Gesellschaft unentgeltlich zur Verfügung gestellt werden oder die zulasten des Bilanzgewinns oder einer anderen Gewinnrücklage eingezogen wurden, § 237 Abs. 3 und 5 AktG.
Nach § 152 Abs. 2 Nr. 2 sind diejenigen Beträge anzugeben, die der Kapitalrücklage im Geschäftsjahr entnommen wurden. Soweit der gesetzliche Reservefonds betroffen ist (vgl § 150 Rn 6), sind Entnahmen nur unter den in § 150 Abs. 3 und 4 genannten Bedingungen zulässig. Eine Kapitalerhöhung aus Gesellschaftsmitteln nach § 150 Abs. 4 Nr. 3 ist allerdings nicht anzugeben.[2]

12 **II. Gewinnrücklagen (Abs. 3).** Nach Abs. 3 Nr. 1 und 2 sind die Beträge anzugeben, die die Hauptversammlung aus dem Bilanzgewinn des Vorjahres (Nr. 1) und nach Nr. 2 diejenigen Beträge, die aus dem Jahresüberschuss des Geschäftsjahres in die Gewinnrücklagen eingestellt werden. Abs. 3 Nr. 3 fordert Angaben über die im Geschäftsjahr erfolgten Entnahmen.

13 Abs. 3 Nr. 1 betrifft Einstellungen nach § 58 Abs. 3, dh solche, die im Beschluss über die Verwendung des Bilanzgewinns gemäß § 174 Abs. 2 Nr. 3 anzugeben sind.

14 Die aus dem Jahresüberschuss nach § 152 Abs. 3 Nr. 2 einzustellenden Beträge betreffen die Befugnisse nach § 58 Abs. 1 bis 2a, Einstellungen in die gesetzliche Rücklage nach § 150 Abs. 2 und die Bildung einer Rücklage für Anteile an einem herrschenden oder mehrheitlich beteiligten Unternehmen gemäß § 272 Abs. 4 HGB.

15 Nach § 152 Abs. 3 Nr. 3 sind diejenigen Beträge in der Bilanz oder im Anhang anzugeben, die für das Geschäftsjahr den Gewinnrücklagen entnommen wurden. Hierzu gehören:
- Entnahmen zur Deckung eines Jahresfehlbetrages oder Ausgleich eines Bilanzverlustes,
- Gewinnausschüttungen,
- Kapitalerhöhung aus Gesellschaftsmitteln.

16 **III. Form und Art der Darstellung.** Für die Bewegungen nach Abs. 2 und 3 ist eine Darstellung für jeden gesonderten Posten der Kapital- und Gewinnrücklagen erforderlich.[3] Es wird empfohlen, aus Gründen der Übersichtlichkeit die Rücklagenbewegung im Anhang darzustellen.[4]

17 **IV. Erleichterungen für die kleine AG und für Kleinstkapitalgesellschaften.** Erleichterungen gelten für die kleine AG (§ 267 Abs. 1 HGB), die nach § 266 Abs. 1 S. 3 HGB nur eine verkürzte Bilanz aufstellen muss. Rücklagenbewegungen müssen daher nur auf die in den § 152 Abs. 2 und 3 des § 266 mit Buchstaben und römischen Zahlen bezeichneten Posten angegeben werden. Die Erleichterung gilt nicht im Falle eines Auskunftsbegehrens nach § 131 Abs. 1 S. 3. Weitere Erleichterungen gelten für Kleinstkapitalgesellschaften (§§ 267a, 266 Abs. 1 S. 3 HGB).

§§ 153 bis 157 (aufgehoben)

§ 158 Vorschriften zur Gewinn- und Verlustrechnung

(1) ¹Die Gewinn- und Verlustrechnung ist nach dem Posten „Jahresüberschuß/Jahresfehlbetrag" in Fortführung der Numerierung um die folgenden Posten zu ergänzen:
1. Gewinnvortrag/Verlustvortrag aus dem Vorjahr
2. Entnahmen aus der Kapitalrücklage
3. Entnahmen aus Gewinnrücklagen
   a) aus der gesetzlichen Rücklage
   b) aus der Rücklage für Anteile an einem herrschenden oder mehrheitlich beteiligten Unternehmen
   c) aus satzungsmäßigen Rücklagen
   d) aus anderen Gewinnrücklagen
4. Einstellungen in Gewinnrücklagen
   a) in die gesetzliche Rücklage
   b) in die Rücklage für Anteile an einem herrschenden oder mehrheitlich beteiligten Unternehmen

---

2 Großkomm-AktienR/*Brönner*, § 158 Rn 6; *Hüffer*, § 158 Rn 3; A/D/S, § 158 Rn 10; aA Grigoleit/*Zellner*, Rn 6.
3 KölnKomm-AktG/*Ekkenga*, Rn 14.
4 KölnKomm-AktG/*Ekkenga*, Rn 27.

        c) in satzungsmäßige Rücklagen
        d) in andere Gewinnrücklagen
5. Bilanzgewinn/Bilanzverlust.

²Die Angaben nach Satz 1 können auch im Anhang gemacht werden.

(2) ¹Von dem Ertrag aus einem Gewinnabführungs- oder Teilgewinnabführungsvertrag ist ein vertraglich zu leistender Ausgleich für außenstehende Gesellschafter abzusetzen; übersteigt dieser den Ertrag, so ist der übersteigende Betrag unter den Aufwendungen aus Verlustübernahme auszuweisen. ²Andere Beträge dürfen nicht abgesetzt werden.

(3) Die Absätze 1 und 2 sind nicht anzuwenden auf Aktiengesellschaften, die Kleinstkapitalgesellschaften im Sinne des § 267 a des Handelsgesetzbuchs sind, wenn sie von der Erleichterung nach § 275 Absatz 5 des Handelsgesetzbuchs Gebrauch machen.

Literatur:
Ballwieser, Die Analyse von Jahresabschlüssen nach neuem Recht, WPg 1987, 57; *Coenenberg*, Gliederungs-, Bilanzierungs- und Bewertungsentscheidungen bei der Anpassung des Einzelabschlusses nach dem Bilanzrichtlinien-Gesetz, DB 1986, 1581; *Emmerich*, Fragen der Gestaltung des Jahresabschlusses nach neuem Recht, WPg 1986, 698; *Haller*, Probleme bei der Bilanzierung der Rücklagen und des Bilanzergebnisses einer Aktiengesellschaft nach neuem Bilanzrecht, DB 1987, 645.

A. Regelungsgegenstand

Während die Bilanz den Vermögens- und Kapitalaufbau sowie die Finanzlage wiedergibt, so ergibt sich aus der Gewinn- und Verlustrechnung der Unternehmenserfolg, dh die Ertragslage. § 275 HGB schreibt die Gliederung der G + V nach Aufwand und Ertrag vor.

§ 158 ergänzt für die Aktiengesellschaft das Gliederungsschema der G + V gem. § 275 HGB, das dort mit der Position „Jahresüberschuss/Jahresfehlbetrag" endet, um fünf weitere Positionen und zwar für das Gesamtkosten- (§ 275 Abs. 2 HGB) wie auch für das Umsatzkostenverfahren (§ 275 Abs. 3 HGB).

Die Vorschrift schreibt in § 158 Abs. 1 eine genaue Aufgliederung der teilweisen oder vollständigen Verwendung des Jahresergebnisses vor und, welche weiteren Komponenten zu dem in der Bilanz ausgewiesenen Bilanzgewinn/Bilanzverlust geführt haben. Diese Angaben können wahlweise in der G + V oder im Anhang (§ 264 Abs. 1 HGB, § 159) gemacht werden (§ 158 Abs. 1 S. 2).

§ 158 Abs. 2 behandelt den Ausweis von Ausgleichszahlungen im Rahmen von Gewinnabführungsverträgen in der G + V.

B. Ergänzende Posten im Einzelnen

Abs. 1 S. 1 Nr. 1: Danach ist in Fortführung der Nummerierung nach § 275 HGB zunächst eine Ergänzung um den Posten „Gewinnvortrag/Verlustvortrag" aus dem Vorjahr vorgesehen. Der Gewinnvortrag folgt aus dem Gewinnverwendungsbeschluss der Hauptversammlung (§ 174 Abs. 2 Nr. 4), der dem Gewinnvortrag des Vorjahres entspricht, Verlustvortrag ist der Bilanzverlust des Vorjahresbeschlusses (§ 158 Abs. 1 S. 1 Nr. 5).

Abs. 1 S. 1 Nr. 2: Entnahmen aus der Kapitalrücklage. Nach § 150 Abs. 3 und 4 ist ein Zugriff auf die Kapitalrücklage als Teil des gesetzlichen Reservefonds nur zum Verlustausgleich möglich (ausgenommen § 150 Abs. 4 S. 1 Nr. 3). Die zum Verlustausgleich entnommenen Beträge aus der Kapitalrücklage sind auszuweisen. Entnahme nach § 150 Abs. 4 S. 1 Nr. 3 zum Zweck einer Kapitalerhöhung aus Gesellschaftsmitteln sind hier nicht aufzuführen.[1]

Abs. 1 S. 1 Nr. 3: Danach sind **Entnahmen** aus der gesetzlichen, satzungsmäßigen und anderen Gewinnrücklage sowie aus Rücklagen für Anteile an einem herrschenden oder mehrheitlich beteiligten Unternehmen in der G + V aufzuführen. Letztere bestimmen sich nach § 272 Abs. 4 S. 2 HGB. Die Möglichkeiten, über die Gewinnrücklagen zu verfügen, sind in § 150 Abs. 3 und 4 und § 272 Abs. 4 S. 3 HGB geregelt. Zur Zulässigkeit der Entnahme aus der gesetzlichen Rücklage vgl oben § 150. Satzungsmäßige Rücklagen bestehen nur, wenn die Satzung die Bildung derartiger Pflichtrücklagen anordnet. Andere Gewinnrücklagen sind solche (§ 58), zu deren Bildung die Organe ermächtigt wurden.

Nicht aus § 158, sondern aus § 240 S. 1 ergibt sich, dass die bei der vereinfachten oder ordentlichen **Kapitalherabsetzung** (auch im Wege der Einziehung) anfallenden Buchgewinne als **Ertrag aus der Kapitalherabsetzung** hinter dem Posten „Entnahme aus Gewinnrücklagen" aufzuführen ist.

---

[1] Großkomm-AktienR/*Brönner*, Rn 6; *Hüffer*, Rn 3; *A/D/S*, § 158 Rn 10.

8 Abs. 1 S. 1 Nr. 4 gebietet die Darstellung von **Einstellungen** in die vorstehend Nr. 3 aufgeführten Gewinnrücklagen, wobei nur diejenigen anderen Gewinnrücklagen erfasst werden, die gem. § 58 Abs. 1 bis 2 a bei der Feststellung des Jahresabschlusses erfolgen. Einstellungen aufgrund eines Gewinnverwendungsbeschlusses der Hauptversammlung (§ 174 Abs. 2 Nr. 3) gem. § 58 Abs. 3 sind hier nicht aufzuführen, sondern erst in der nächsten Bilanz (§ 152 Abs. 3 Nr. 1).
Zu den Einstellungen in die gesetzliche Rücklage gehören die gem. § 150 Abs. 2 aus dem Jahresergebnis dotierten Beträge. Rücklagen für Anteile an einem herrschenden oder mehrheitlich beteiligten Unternehmen werden aus dem Jahresüberschuss und aus frei verfügbaren vorhandenen Gewinnrücklagen dotiert, § 272 Abs. 4 S. 3 HGB.

9 **Abs. 1 S. 1 Nr. 5:** Nach Nr. 5 bildet der Posten „Bilanzgewinn/Bilanzverlust" den Abschluss der Ergänzungsgliederung. Es handelt sich um den Saldo aus Jahresüberschuss/Jahresfehlbetrag und den Posten nach § 158 Abs. 1 Nr. 2 bis 4 bzw den bei der Kapitalherabsetzung (§ 240) auszuweisenden Einstellungen in die Kapitalrücklage nach §§ 229, 232 (240 S. 2), für die kein Ausweiswahlrecht besteht. Diese sind auch in der G + V auszuweisen.[2]

C. Erträge bei Gewinnabführungsverträgen (Abs. 2)

10 Verpflichtet sich eine Aktiengesellschaft oder KGaA, ihren gesamten oder einen Teil ihres Gewinnes an einen anderen abzuführen (§ 291 Abs. 1), so steht den außenstehenden Aktionären ein Ausgleichsbetrag zu (§ 304).

11 § 158 Abs. 2 erlaubt aus der Sicht des herrschenden Unternehmen, den Ertrag aus der Gewinnabführung und die Ausgleichszahlung zu saldieren und nur das positive Ergebnis als Ertrag, das negative als Aufwendungen aus Verlustübernahme in der G + V auszuweisen. Vorausgesetzt ist die Regelung des § 277 Abs. 3 S. 2 HGB.

12 Andere Beträge dürfen nicht abgesetzt werden. So dürfen beispielsweise bei der Tochtergesellschaft A erzielte Gewinne nicht mit den bei der Tochter B eingetretenen Verlusten verrechnet werden. Ein Verstoß führt zur Nichtigkeit, § 256 Abs. 4.

D. Erleichterungen für Kleinstkapitalgesellschaften, § 267 a HGB

13 Diese können die Gewinn- und Verlustrechnung in verkürzter Form aufstellen (§ 275 Abs. 5 HGB).

§ 159 (aufgehoben)

§ 160 Vorschriften zum Anhang

(1) In jedem Anhang sind auch Angaben zu machen über
1. den Bestand und den Zugang an Aktien, die ein Aktionär für Rechnung der Gesellschaft oder eines abhängigen oder eines im Mehrheitsbesitz der Gesellschaft stehenden Unternehmens oder ein abhängiges oder im Mehrheitsbesitz der Gesellschaft stehendes Unternehmen als Gründer oder Zeichner oder in Ausübung eines bei einer bedingten Kapitalerhöhung eingeräumten Umtausch- oder Bezugsrechts übernommen hat; sind solche Aktien im Geschäftsjahr verwertet worden, so ist auch über die Verwertung unter Angabe des Erlöses und die Verwendung des Erlöses zu berichten;
2. den Bestand an eigenen Aktien der Gesellschaft, die sie, ein abhängiges oder im Mehrheitsbesitz der Gesellschaft stehendes Unternehmen oder ein anderer für Rechnung der Gesellschaft oder eines abhängigen oder eines im Mehrheitsbesitz der Gesellschaft stehenden Unternehmens erworben oder als Pfand genommen hat; dabei sind die Zahl dieser Aktien und der auf sie entfallende Betrag des Grundkapitals sowie deren Anteil am Grundkapital, für erworbene Aktien ferner der Zeitpunkt des Erwerbs und die Gründe für den Erwerb anzugeben. Sind solche Aktien im Geschäftsjahr erworben oder veräußert worden, so ist auch über den Erwerb oder die Veräußerung unter Angabe der Zahl dieser Aktien, des auf sie entfallenden Betrags des Grundkapitals, des Anteils am Grundkapital und des Erwerbs- oder Veräußerungspreises, sowie über die Verwendung des Erlöses zu berichten;

---

[2] Vgl hierzu im Einzelnen Großkomm-AktienR/*Brönner*, Rn 20 f; *Hüffer*, Rn 8.

3. die Zahl und bei Nennbetragsaktien den Nennbetrag der Aktien jeder Gattung, sofern sich diese Angaben nicht aus der Bilanz ergeben; davon sind Aktien, die bei einer bedingten Kapitalerhöhung oder einem genehmigten Kapital im Geschäftsjahr gezeichnet wurden, jeweils gesondert anzugeben;
4. das genehmigte Kapital;
5. die Zahl der Bezugsrechte gemäß § 192 Abs. 2 Nr. 3, der Wandelschuldverschreibungen und vergleichbaren Wertpapiere unter Angabe der Rechte, die sie verbriefen;
6. Genußrechte, Rechte aus Besserungsscheinen und ähnliche Rechte unter Angabe der Art und Zahl der jeweiligen Rechte sowie der im Geschäftsjahr neu entstandenen Rechte;
7. das Bestehen einer wechselseitigen Beteiligung unter Angabe des Unternehmens;
8. das Bestehen einer Beteiligung, die nach § 20 Abs. 1 oder Abs. 4 dieses Gesetzes oder nach § 21 Abs. 1 oder Abs. 1a des Wertpapierhandelsgesetzes mitgeteilt worden ist; dabei ist der nach § 20 Abs. 6 dieses Gesetzes oder der nach § 26 Abs. 1 des Wertpapierhandelsgesetzes veröffentlichte Inhalt der Mitteilung anzugeben.

(2) Die Berichterstattung hat insoweit zu unterbleiben, als es für das Wohl der Bundesrepublik Deutschland oder eines ihrer Länder erforderlich ist.

(3) Absatz 1 ist nicht anzuwenden auf Aktiengesellschaften, die Kleinstkapitalgesellschaften im Sinne des § 267a des Handelsgesetzbuchs sind, wenn sie von der Erleichterung nach § 264 Absatz 1 Satz 5 des Handelsgesetzbuchs Gebrauch machen.

Literatur:
Budde/Förschle, Ausgewählte Fragen zum Inhalt des Anhangs, DB 1988, 1457; *Döbel*, Leitfaden für die Erstellung des Anhangs von Kapitalgesellschaften, BB 1987, 512; *Janz/Schülen*, Der Anhang als Teil des Jahresabschlusses und des Konzernabschlusses, WPg 1986, 57; *Kessler/Suchan*, Erwerb eigener Aktien mit dessen handelsbilanzielle Behandlung BB 2000, 2529; *Schülen*, Die Aufstellung des Anhangs, WPg 1987, 223; *Schulte*, Inhalt und Gliederung des Anhangs, BB 1988, 1468.

A. Regelungsinhalt 1	VI. Genussrechte, Besserungsscheine
B. Einzelangaben 6	(Abs. 1 Nr. 6) 17
I. Vorratsaktien (Abs. 1 Nr. 1) 6	VII. Wechselseitige Beteiligungen (Abs. 1 Nr. 7) 20
II. Eigene Aktien (Abs. 1 Nr. 2) 7	VIII. Beteiligungsverhältnisse (Abs. 1 Nr. 8) 23
III. Aktiengattungen (Abs. 1 Nr. 3) 10	C. Schutzklausel 25
IV. Genehmigtes Kapital (Abs. 1 Nr. 4) 14	D. Erleichterungen für Kleinstkapitalgesellschaften,
V. Bezugsrechte, Wandelschuldverschreibungen	§ 267a HGB 26
und vergleichbare Wertpapiere (Abs. 1 Nr. 5).. 16	

A. Regelungsinhalt

Gemäß § 264 Abs. 1 HGB besteht die Verpflichtung des Vorstandes, neben dem Jahresabschluss einen Anhang in Form bestimmter Zusatzangaben aufzustellen, der zusammen mit der Bilanz und der G+V eine Einheit bildet. Vorlage, Prüfung und Feststellung des Jahresabschlusses beziehen sich auch auf den Anhang. **1**

Aus § 284 Abs. 1 HGB ergibt sich die Verpflichtung, diejenigen Angaben zu machen, die nach HGB (§§ 284f) und Aktiengesetz (§§ 240 S. 3, 261 Abs. 1 S. 3, 4) vorgeschrieben sind oder in Ausübung eines Wahlrechts nicht in die Bilanz und G+V aufgenommen wurden (§§ 58 Abs. 2a, 152 Abs. 2 und Abs. 3, 158 Abs. 1 S. 2). **2**

Der Anhang muss inhaltlich den Grundsätzen ordnungsgemäßer Buchführung (GoB) entsprechen (§ 243 Abs. 1 HGB). Dies bedeutet: Der Anhang muss vollständig, richtig und stichtagsbezogen, er muss klar und übersichtlich gegliedert sein (§ 243 Abs. 2 HGB). Ein Gliederungsschema ist nicht vorgeschrieben. **3**

Angaben, die jährlich wiederkehrend sind, müssen auch jährlich wiederholt werden. Verweisungen auf frühere Anhänge sind nicht zulässig.[1] **4**

Die in § 160 Abs. 1 nachfolgend unter Nr. 1 bis 8 aufgeführten Angaben stellen Ergänzungen zu den Angaben nach §§ 284, 285 HGB dar. Insgesamt handelt es sich in erster Linie um Angaben zu den Aktien der AG. **5**

B. Einzelangaben

I. Vorratsaktien (Abs. 1 Nr. 1). § 160 Abs. 1 Nr. 1 regelt die Berichtspflicht über den **Bestand, Zugang und Verwertung** sogenannter **Vorratsaktien**. Die Vorschrift knüpft an § 56 Abs. 2 und 3 an, wonach die Anzahl derjenigen Aktien anzugeben ist, die ein Aktionär für Rechnung der Gesellschaft oder eines von ihr abhän- **6**

---
[1] *Hüffer*, Rn 3.

gigen oder in ihrem Mehrheitsbesitz stehenden Unternehmens oder die ein von der AG abhängiges oder in ihrem Mehrheitsbesitz stehendes Unternehmen erworben hat. Der jeweilige Unterfall ist zu spezifizieren. Hinsichtlich der Verwertung muss der Erlös, dh der erzielte Preis und seine bilanzielle Verwendung. Dabei ist Verwertung jeder Vorgang bei dem die Vorratsaktie ihren Inhaber wechselt angegeben werden, Erlös ist der Betrag der durch die Verwertung der Vorratsaktie der AG zugeflossen ist.

Zugänge und Abgänge von Vorratsaktien innerhalb eines Geschäftsjahres dürfen nicht saldiert werden.[2]

7 **II. Eigene Aktien (Abs. 1 Nr. 2).** Abs. 1 Nr. 2 knüpft an die §§ 71 a ff an (Verbot des Erwerbs eigener Aktien). Danach besteht **Berichtspflicht für eigene Aktien**, die die Gesellschaft selbst, ein von ihr abhängiges oder in ihrem Mehrheitsbesitz stehendes Unternehmen erwirbt oder in Pfand nimmt; dasselbe gilt, wenn ein Dritter für Rechnung eines der genannten Unternehmen erwirbt oder in Pfand nimmt.

8 Anzugeben sind:
- Anzahl dieser Aktien,
- betragsmäßiger Anteil am Grundkapital, dh Summe der Nennbeträge, bzw bei Stückaktien die Summe der rechnerischen Nennbeträge,
- prozentualer Anteil am Grundkapital,
- Zeitpunkt des Erwerbs,
- Gründe des Erwerbs.

Bei Erwerb und Veräußerung während des Geschäftsjahres ist zusätzlich über
- Erwerbs- oder Veräußerungspreise und
- bei Veräußerung über die Erlösverwendung

zu berichten.
Eine Saldierung von Erwerbs- und Veräußerungsvorgängen ist unzulässig.

9 Insbesondere bei Banken wird aber wegen des hohen Handelsvolumens in eigenen Aktien eine Monatszusammenfassung für zulässig erachtet, weil die Angaben von Einzeltransaktionen den Rahmen des Anhangs sprengen würde und auch kein zwingendes Bedürfnis ersichtlich ist, jede einzelne Transaktion im Berichtszeitraum zu erfahren.[3]

10 **III. Aktiengattungen (Abs. 1 Nr. 3).** Nach Abs. 1 Nr. 3 sind **Einzelangaben** über die jeweils bestehenden **Aktiengattungen** zu machen, nämlich:
- Zahl der Aktien,
- bei Nennbetragsaktien den Nennbetrag jeder Gattung, sofern die Angaben sich nicht schon aus der Bilanz ergeben.

11 Eine Gattung bilden die Aktien mit gleichen Rechten (§ 11). Bei Stückaktien ist demnach ausreichend, dass die Anzahl angegeben wird.[4]

12 In der Bilanz muss nach § 152 Abs. 1 S. 2 der auf jede Aktiengattung entfallende Betrag des Grundkapitals angegeben werden. Demnach können auch dort Zahl und Einzelnennbeträge angegeben sein. Ist dies der Fall, so entfällt die Berichtspflicht im Anhang.

13 Aktien die im Berichtszeitraum im Rahmen eines bedingten Kapitals (§§ 192 ff) oder aus einem genehmigtem Kapital (§§ 202 ff) gezeichnet wurden, sind gesondert anzugeben.
Der maßgebliche Zeitpunkt für die Angabepflichten zur bedingten Kapitalerhöhung ist die Ausgabe der Bezugsaktien (§ 200), beim genehmigten Kapital der Zeitpunkt der Eintragung der Durchführung der Kapitalerhöhung im Handelsregister (§ 203 iVm § 189). Sinn und Zweck der Anhangsangaben zum bedingten und genehmigten Kapital besteht auch darin ersichtlich zu machen, ob der Vorstand die Beschluß- und Gesetzesvoraussetzungen eingehalten hat. Aus diesem Grunde sind auch Angaben über den Zweck, Ausgabebetrag, Bezugsrechte dh die einzelnen Konditionen der Kapitalerhöhungen zu machen.[5]

14 **IV. Genehmigtes Kapital (Abs. 1 Nr. 4).** Während nach Abs. 1 Nr. 3 über die Ausnutzung des genehmigten Kapitals zu berichten ist, fordert Abs. 1 Nr. 4 Angaben über das **im Geschäftsjahr (Bilanzstichtag) bestehende genehmigte Kapital**, dh Angaben über den Umfang des noch nicht ausgeübten genehmigten Kapitals, sowie den Inhalt des ihm zugrunde liegenden Ermächtigungsbeschlusses.

15 Sinn der Vorschrift ist es, deutlich zu machen, dass in Zukunft noch eine Legitimation des Vorstands besteht, unter den angegebenen Bedingungen Aktien begeben zu dürfen. Dies gilt umso mehr, als der Vor-

---

[2] Spindler/Stilz/*Euler/Wirth*, Rn 7 mwH.
[3] Vgl OLG Frankfurt AG 1984, 25, 26; *Hüffer*, Rn 9; Großkomm-AktienR/*Brönner*, Rn 15; A/D/S, Rn 32.
[4] *Hüffer*, Rn 10.
[5] Spindler/Stilz/*Euler/Wirth*, Rn 18 und 20.

stand – nach wohl überwiegender Meinung – nicht verpflichtet ist, die Aktionäre *vor* Ausübung des genehmigten Kapitals – selbst bei einem Bezugsrechtsausschluss – zu unterrichten.[6]

V. Bezugsrechte, Wandelschuldverschreibungen und vergleichbare Wertpapiere (Abs. 1 Nr. 5). Nach Abs. 1 Nr. 5 gilt:

- Es sind Angaben über die Zahl noch nicht ausgeübter sog. **Stock-Options** (§ 192 Abs. 2 Nr. 3) zu machen, die an Arbeitnehmer oder Mitglieder der Geschäftsführung begeben wurden. Bereits ausgeübte Stock-Options sind bereits nach Nr. 3 anzugeben.
- Berichtspflichtig sind ferner **Wandelschuldverschreibungen**, dh solche, die zum Bezug von Aktien (**Optionsanleihe**) bzw zum Umtausch von Aktien (**Wandelanleihe**) legitimieren (§ 221 Abs. 1). Werden Wandel- bzw Optionsanleihen über ausländische Tochtergesellschaften begeben, die aber Bezugsrechte auf Aktien der Muttergesellschaft verbriefen, so sind auch diese anzugeben.[7]
- Das Gesetz fordert weiterhin die Angaben „vergleichbarer Wertpapiere". Hierunter fallen „**nakked warrants**", dh Optionsrechte, die an die Aktionäre ausgegeben werden,[8] nicht aber reine **Gewinnschuldverschreibungen**, weil sie kein Bezugsrecht einräumen.[9] Genussrechte sind nach Nr. 6 gesondert anzugeben.
- Neben den einzelnen Gattungen der vorstehend aufgeführten Wertpapiere sind die Anzahl der bestehenden oder rechnerischen Nennbeträge und die verbrieften Rechte, dh Zinssatz, Wandlungsverhältnis, Bezugsverhältnis etc., dh die wesentlichen Anleihe- bzw Optionsbedingungen anzugeben.

VI. Genussrechte, Besserungsscheine (Abs. 1 Nr. 6). Abs. 1 Nr. 6 behandelt die Angabe von Gläubigerrechten wie Genussrechte (§ 221 Abs. 3, Abs. 4) und Besserungsscheine.

Das Aktienrecht definiert den **Genussschein** nicht. In der Regel handelt es sich um schuldrechtliche Vereinbarungen nicht kooperationsrechtlicher Art, dh sie begründen keine Mitgliedschaft. Allerdings können sie aber Rechte eines Aktionärs, zB den Anteil am Bilanzgewinn beinhalten. Die Gestaltungsformen sind vielfältig.[10] Bei eigenkapitalähnlichen Genussscheinen sind Angaben zu machen was diese als Eigenkapital qualifiziert.

Besserungsscheine, genauer Besserungsabreden, da sie trotz ihrer Bezeichnung nicht verbrieft sein müssen, werden in der Regel in der Krise des Unternehmens begeben, etwa um eine drohende Insolvenz zu vermeiden. Dabei wird eine Forderung erlassen, verbunden mit dem Versprechen, erst bei genau zu definierender Verbesserung der Vermögens- und Ertragslage die Forderung zu bedienen (aufschiebend bedingte Forderung). Ob **Rangrücktrittserklärungen** Besserungsscheine iS dieser Bestimmung darstellen, ist umstritten.[11] Reine Stundungsabreden jedenfalls zählen nicht hierzu. Als ähnliche Rechte iS dieser Bestimmung kommen hier auch **Gewinnschuldverschreibungen** in Frage. Anzugeben sind der Bestand der jeweiligen Rechte sowie die im Geschäftsjahr neu entstandenen Rechte.

VII. Wechselseitige Beteiligungen (Abs. 1 Nr. 7). Nach Abs. 1 Nr. 7 ist das Bestehen einer wechselseitigen Beteiligung iS des § 19 berichtspflichtig. Danach liegen wechselseitige Beteiligungen vor, wenn es sich bei den beteiligten Unternehmen um Kapitalgesellschaften im Inland handelt und jedem Unternehmen mehr als 25 % der Anteile des Unternehmens gehören.

Die Vorschrift dient dazu, auf die Minderung des Eigenkapitals hinzuweisen sowie die wechselseitige Einflussnahme transparent zu machen. Nach herrschender Meinung sind Angaben über die Höhe der wechselseitigen Beteiligung entbehrlich.[12]

§ 285 Nr. 11 HGB postuliert eine Berichtspflicht über **sonstige Beteiligungen**. Anzugeben ist nur der **Bestand** und nicht noch gesondert Zu- und Abgänge. Etwas anders gilt, wenn sich Veränderungen im laufenden Geschäftsjahr wesentlich auf den Jahresabschluß ausgewirkt haben.

VIII. Beteiligungsverhältnisse (Abs. 1 Nr. 8). Nach Abs. 1 Nr. 8 sind der Gesellschaft zur Vermeidung eines Stimmverbots (§ 20 Abs. 7, § 28 WpHG) gemachten Angaben über die Beteiligungsverhältnisse nach § 20 Abs. 1 und 4, § 21 Abs. 1 oder 1a WpHG so berichtspflichtig, wie sie entsprechend § 20 Abs. 6, bzw bei börsennotierten Gesellschaften nach § 26 WpHG, zu veröffentlichen sind.

Ist entgegen diesen Vorschriften keine Mitteilung erfolgt, hat die Gesellschaft aber gleichwohl Kenntnis über den Umfang der Beteiligung, so soll nach herrschender Meinung die Berichtspflicht im Anhang.[13] ent-

---

6 LG Frankfurt/M. AG 2001, 430; *Hüffer*, § 203 Rn 36 f; kritisch: *Meilicke/Heidel*, DB 2000, 2358.
7 Großkomm-AktienR/*Brönner*, Rn 24 mwN.
8 Zur Diskussion über die Zulässigkeit der Begebung von *naked warrants* vgl Großkomm-AktienR/*Frey*, § 192 Rn 63 f; *Steiner*, Zulässigkeit der Begebung von Optionsrechten auf Aktien ohne Optionsschuldverschreibung (naked warrants), WM 1990, 1776.
9 Anders: *Hüffer*, Rn 12.
10 Vgl unter Hinweis auf die dortigen Literaturangaben *Hüffer*, § 22 Rn 21 ff; *Geßler/Karollus*, § 221 Rn 232 f; *Sethe*, Genussrechte: Rechtliche Rahmenbedingungen mit Anlegerschutz, AG 1993, 293 und 351 f.
11 Vgl hierzu *Teller*, Rangrücktrittsvereinbarung zur Vermeidung der Überschuldung der GmbH, S. 149 f.
12 Statt aller: Großkomm-AktienR/*Brönner*, Rn 32.
13 *Hüffer*, Rn 18; Großkomm-AktienR/*Brönner*, § 160.

fallen. Dem kann nicht gefolgt werden. Liegen gesicherte Kenntnisse über eine mitteilungspflichtige Beteiligung vor, (etwa durch Angaben im Anhang des Mutterunternehmens), so ist aus Gründen der durch das Gesetz geforderten Transparenz zumindest auf die Umstände hinzuweisen, die auf eine Mitteilungspflicht hinweisen.

C. Schutzklausel

25 Nach Abs. 2 (Schutzklausel) entfallen Angaben nach Abs. 1 Nr. 1 bis 8, wenn dies für das Wohl der Bundesrepublik Deutschland oder eines ihrer Länder erforderlich ist. Denkbar betroffen sind Unternehmen im Rüstungsbereich. Bedeutung hat die Vorschrift nicht.[14] Sie entspricht § 286 Abs. 1 HGB.

D. Erleichterungen für Kleinstkapitalgesellschaften, § 267 a HGB

26 Kleinstkapitalgesellschaften sind von der Aufstellung eines Anhangs befreit, wenn sie etwaige Haftungsverhältnisse (§§ 251, 268 Abs. 7 HGB), Organkredite (§ 285 Nr. 9 c HGB) und Bestände an eigenen Aktien (§ 160 Abs. 1 S. 1 Nr. 2 HGB) unter die Bilanz angeben (§ 264 Abs. 1 S. 5 HGB).

§ 161 Erklärung zum Corporate Governance Kodex

(1) ¹Vorstand und Aufsichtsrat der börsennotierten Gesellschaft erklären jährlich, dass den vom Bundesministerium der Justiz im amtlichen Teil des Bundesanzeigers bekannt gemachten Empfehlungen der „Regierungskommission Deutscher Corporate Governance Kodex" entsprochen wurde und wird oder welche Empfehlungen nicht angewendet wurden oder werden und warum nicht. ²Gleiches gilt für Vorstand und Aufsichtsrat einer Gesellschaft, die ausschließlich andere Wertpapiere als Aktien zum Handel an einem organisierten Markt im Sinn des § 2 Abs. 5 des Wertpapierhandelsgesetzes ausgegeben hat und deren ausgegebene Aktien auf eigene Veranlassung über ein multilaterales Handelssystem im Sinn des § 2 Abs. 3 Satz 1 Nr. 8 des Wertpapierhandelsgesetzes gehandelt werden.

(2) Die Erklärung ist auf der Internetseite der Gesellschaft dauerhaft öffentlich zugänglich zu machen.

Literatur:
Becker, Haftung für den Deutschen Corporate Governance Kodex, 2005; *Berg/Stöcker*, Anwendungs- und Haftungsfragen zum Deutschen Corporate Governance Kodex, WM 2002, 1569; *Bertrams*, Die Haftung des Aufsichtsrats im Zusammenhang mit dem Deutschen Corporate Governance Kodex und § 161 AktG, 2004; *Borges*, Selbstregulierung im Gesellschaftsrecht – zur Bindung an Corporate Governance-Kodizes, ZGR 2003, 508; *Ettinger/Grützediek*, Haftungsrisiken im Zusammenhang mit der Abgabe der Entsprechenserklärung gemäß § 161 AktG, AG 2003, 353; *Gelhausen/Hönsch*, Folgen der Änderung des Deutschen Corporate Governance Kodex für die Entsprechenserklärung, AG 2003, 367; *Goslar/v. d. Linden*, Anfechtbarkeit von Hauptversammlungsbeschlüssen aufgrund fehlerhafter Entsprechenserklärungen zum Deutschen Corporate Governance Kodex, DB 2009, 1691; *Hommelhoff/Hopt/v. Werder* (Hrsg), Handbuch Corporate Governance, 2. Aufl. 2009; *Ihrig/Wagner*, Corporate Governance-Kodex-Erklärung und ihre unterjährige Korrektur, BB 2002, 2509; *Kiethe*, Falsche Erklärung nach § 161 AktG – Haftungsverschärfung für Vorstand und Aufsichtsrat, NZG 2003, 559; *Kirschbaum*, Änderung des Deutschen Corporate Governance Kodex – Erklärungspflichten von Vorstand und Aufsichtsrat, DB 2005, 1473; *Kirschbaum*, Entsprechenserklärungen zum englischen Combined Code und zum Deutschen Corporate Governance Kodex, 2006; *Kirschbaum/Wittmann*, Selbstregulierung im Gesellschaftsrecht: Der Deutsche Corporate Governance Kodex, JuS 2005, 1062; *Körner*, Comply or disclose: Erklärung nach § 161 AktG und Außenhaftung des Vorstands, NZG 2004, 1148; *Kort*, Die Außenhaftung des Vorstands bei der Abgabe von Erklärungen nach § 161 AktG, in: FS Raiser, 2005, 203; *Krieger*, Interne Voraussetzungen für die Abgabe der Entsprechenserklärungen nach § 161 AktG, in: FS Ulmer, 2003, 365; *Kuthe/Geiser*, Die neue Corporate Governance Erklärung, NZG 2008, 172; *Lutter*, Die Erklärung zum Corporate Governance Kodex gemäß § 161 AktG, ZHR 166 (2002), 523; *Lutter*, Kodex guter Unternehmensführung und Vertrauenshaftung, in: FS Druey, 2002, 463; *Mülbert/Wilhelm*, Grundfragen des Deutschen Corporate Governance Kodex und der Entsprechenserklärung nach § 161 AktG, ZHR 176 (2012), 286; *Mutter*, Überlegungen zur Justiziabilität von Entsprechenserklärungen nach § 161 AktG, ZGR 2009, 788; *Peltzer*, Deutsche Corporate Governance, 2. Aufl. 2004; *Pfitzer/Oser/Orth* (Hrsg.), Deutscher Corporate Governance Kodex – Ein Handbuch für Entscheidungsträger, 2. Aufl. 2005; *Radke*, Die Entsprechenserklärung zum Deutschen Corporate Governance Kodex nach § 161 AktG, 2004; *Ringleb/Kremer/Lutter/v. Werder*, Kommentar zum Deutschen Corporate Governance Kodex, 4. Aufl. 2010 (zitiert: Bearbeiter in: KodexKomm); *Rosengarten/Schneider*, Die „jährliche" Abgabe der Entsprechenserklärung nach § 161 AktG, ZIP 2009, 1837; *Schüppen*, To comply or not to comply – that's the question!, ZIP 2002, 1269; *Seibert*, Im Blickpunkt: Der Deutsche Corporate Governance Kodex ist da, BB 2002, 581; *Seibt*, Deutscher Corporate Governance Kodex und Entsprechens-Erklärung (§ 161 AktG-E), AG 2002, 249; *Seibt*, Deutscher Corporate Governance Kodex – Antwort auf Zweifelsfragen in der Praxis, AG 2003, 465; *Semler/Wagner*, Deutscher Corporate Governance Kodex – Die Entsprechenserklärung und Fragen der gesellschaftsinternen Umsetzung, NZG 2003, 553; *Strieder*, Offene Punkte bei der Entsprechenserklärung zum Corporate Governance Kodex, DB 2004, 1325; *Thümmel*, Zur Frage der Rechtsfolge bei Ver-

---
14 Großkomm-AktienR/*Brönner*, Rn 40.

stoß gegen den Deutschen Corporate Governance Kodex, BB 2008, 11; *Ulmer*, Der Deutsche Corporate Governance Kodex, ZHR 166 (2002), 150; *E.Vetter*, Update des Deutschen Corporate Governance Kodex, BB 2005, 1689; *E.Vetter*, Der Deutsche Corporate Governance Kodex nur ein zahnloser Tiger?, NZG 2008, 121; *E.Vetter*, Der Tiger zeigt die Zähne, NZG 2009, 561; *v. Werder*, Der Deutsche Corporate Governance Kodex – Grundlagen und Einzelbestimmungen, DB 2002, 801; *Wernsmann/Gatzka*, Der Deutsche Corporate Governance Kodex und die Entsprechenserklärung nach § 161 AktG, NZG 2011, 1001; *Wittmann*, Unabhängigkeit im Aufsichtsrat, Der AR 2009, 162.

A. Normzweck und Hintergrund 1	D. Inhaltliche Aspekte der Erklärungsabgabe 44
I. Entstehungsgeschichte 1	I. Entscheidungsfindung der Organe 44
II. Durchsetzung des Deutschen Corporate Governance Kodex 2	1. Ermessensentscheidung 44
III. Stichwort: Corporate Governance 4	2. Reduzierung des Ermessens 47
B. Rechtliche Einordnung der Erklärung 5	II. Zeitlicher Erklärungsgegenstand 49
I. Retrospektive Wissenserklärung 6	1. Vergangenheit 49
II. Zukunftsorientierte Absichtserklärung 7	2. Zukunft 50
III. Bedeutung der Erklärung 8	III. Inhaltlicher Erklärungsgegenstand 52
C. Formelle Aspekte der Erklärungsabgabe 10	1. Empfehlungen 52
I. Normadressat 10	2. Zusätzliche Angaben 53
1. Börsennotierte Gesellschaft 10	a) Anregungen/Gesetzesauslegungen 53
2. Ausländische Gesellschaften 12	b) Zulässigkeit ergänzender Angaben 55
II. Zuständigkeit von Vorstand und Aufsichtsrat . 13	3. Fassung des Kodex 57
1. Erklärung der Organe 14	4. Erklärungsmöglichkeiten 58
2. Gesellschaftsinterne Wahrnehmung 15	a) Optionen 58
a) Vergangenheitsbezogene Erklärung 15	b) Maßgeblichkeit von Abweichungen 61
b) Zukunftsorientierte Erklärung 16	5. Erläuterungs- und Begründungspflichten 62
c) Delegation der Zuständigkeit 18	IV. Unterjährige Erklärungen 64
III. Durchführung 20	1. Bei Änderung der Corporate Governance .. 65
1. Beschlussfassung in den Organen 20	2. Bei Änderung des Kodex 67
a) Im Vorstand 21	E. Gesellschaftsinterne Umsetzung 68
b) Im Aufsichtsrat 23	I. Möglichkeiten und Pflichten 69
2. Erklärung im Außenverhältnis 25	II. Bedeutung 71
a) Zusammenführung der Erklärungen ... 25	F. Rechtsfolgen der Erklärung 72
b) Dissens der Organe 27	I. Bindung der Organe 73
IV. Formfragen 30	II. Konkretisierung von Verhaltenspflichten 74
1. Abgabezeitpunkt und Erklärungsturnus 30	III. Überwachungspflichten 75
2. Schriftform 33	IV. Gerichtliches Ermessen 76
3. Unterzeichnung 34	V. Anfechtbarkeit von Beschlüssen der Hauptversammlung 76a
V. Veröffentlichung der Erklärung (Abs. 2) 35	G. Abschlussprüfung 77
1. Dauerhafte Zugänglichkeit 35	I. Prüfung des Anhangs 77
2. Erklärung zur Unternehmensführung nach § 289 a HGB 38	II. Weitergehende Pflichten 78
3. Publizität in Bundesanzeiger und Handelsregister 39	H. Haftungsrisiken 79
4. Anhangangaben 40	I. Binnenhaftung 80
5. Publizität im Geschäftsbericht 42	II. Außenhaftung 82
	1. Haftung der Organmitglieder 83
	2. Haftung der Gesellschaft 86

A. Normzweck und Hintergrund

I. Entstehungsgeschichte. Die Norm wurde durch das Transparenz- und Publizitätsgesetz (TransPuG) v. 19.7.2002[1] in das Aktiengesetz eingefügt. Die Einführung eines deutschen Corporate Governance Kodex und einer begleitenden Erklärungspflicht war durch die Regierungskommission „Corporate Governance" angeregt worden.[2] Die Vorschrift ist in Umsetzung dieses Vorschlags dem englischen Recht nachgebildet.[3] Durch das Bilanzrechtsmodernisierungsgesetz (BilMoG) v. 25.5.2009[4] wurde in Umsetzung der Bilanzrichtlinie der Normadressat erweitert und eine Begründungspflicht bei Abweichungen eingeführt.

II. Durchsetzung des Deutschen Corporate Governance Kodex. § 161 flankiert den Deutschen Corporate Governance Kodex der gleichnamigen Regierungskommission.[5] Die **Entsprechenserklärung** bezieht sich nur auf die gut 80 Empfehlungen („soll"), nicht auf die darüber hinausgehenden Anregungen („sollte/kann") oder die Darstellung geltenden Rechts. Der Kodex zielt auf die Transparenz deutscher Unternehmensverfas-

---

[1] BGBl. I 2002, 2681.
[2] *Baums*, Bericht der Regierungskommission Corporate Governance, 2001.
[3] Vgl die Erklärungspflicht in *Listing Rules* Ziff. 9.8.6, die sich auf den *UK Corporate Governance Code* (vormals *Combined Code*) bezieht und Ursprung des sog. *comply-or-explain* ist; vgl
Winner, ZGR 2012, 246 ff. Rechtsvergleichend: *Kirschbaum*, Entsprechenserklärungen, 2006.
[4] BGBl. I 2009 S. 1102.
[5] <www.corporate-governance-code.de>, zuletzt geändert am 13.5.2013.

sung auch und gerade im Ausland; diese **Kommunikationsfunktion** wird durch die Entsprechenserklärung jedes einzelnen Unternehmens ergänzt. Daneben bezweckt die **Regelungsfunktion** eine Verbesserung der Unternehmensleitung und -kontrolle. Durch die jährliche Erklärungspflicht sind Vorstand und Aufsichtsrat gezwungen, sich mit den Empfehlungen des Kodex auseinander zu setzen und Abweichungen der unternehmensindividuellen Corporate Governance von der **benchmark** möglichst zu vermeiden.

3 Die rechtliche Einordnung des Kodex bzw seiner Empfehlungen ist unklar.[6] Eine Subsumtion unter traditionelle Rechtsnormen scheidet richtigerweise aus. Weder sind die Empfehlungen als solche Handelsbrauch,[7] noch entsprechen sie stets der anzuwendenden Sorgfaltspflicht iSv §§ 93, 116 oder bieten einen **safe haven**.[8] Es handelt sich nach allgemeinem Sprachgebrauch um **soft law**,[9] jedenfalls aber um ein Regelwerk *sui generis*. Je mehr die Bestimmungen von den Organen angenommen werden, umso eher finden sie Eingang in die Rechtswirklichkeit und können von Gerichten bei der Auslegung von Generalklauseln herangezogen werden.[10]

4 **III. Stichwort: Corporate Governance.** Corporate Governance ist ein grundsätzlich wertneutraler Begriff und meint die Funktionsweise der Leitungsorgane, ihre Zusammenarbeit und die Kontrolle ihres Verhaltens.[11] Die wirtschaftliche Bedeutung guter Corporate Governance (Kodizes) ist Gegenstand kontroverser Diskussionen; es ist umstritten, ob nachhaltige Effekte auf Unternehmensentwicklung oder Börsenbewertung festzustellen sind.[12] Unzweifelhaft ist jedenfalls, dass sich *schlechte* Corporate Governance nachteilig auf ein Unternehmen auswirken wird. Die Bedeutung von Corporate Governance steht heute außer Frage.[13]

B. Rechtliche Einordnung der Erklärung

5 Vorstand und Aufsichtsrat müssen erklären, dass den Empfehlungen des Kodex entsprochen wurde und wird. Die Erklärung besteht also aus zwei Teilen.

6 **I. Retrospektive Wissenserklärung.** Der Wortlaut der Norm ist eindeutig: Die Erklärung muss zunächst eine Aussage der Organe zur Corporate Governance in der Vergangenheit beinhalten. Es handelt sich insofern um eine **Wissenserklärung**[14] der Organe, die die tatsächliche Übereinstimmung mit den Empfehlungen beinhaltet. Sie muss der Wahrheit entsprechen.[15]

7 **II. Zukunftsorientierte Absichtserklärung.** Neben der retrospektiven Ausrichtung verlangt die Norm allerdings auch eine Erklärung darüber, dass den Empfehlungen entsprochen *wird*. Trotz der Formulierung im Präsens ist die *zukünftige* Übereinstimmung mit dem Kodex gemeint.[16] Die Entsprechenserklärung ist damit auch **Absichtserklärung** von Vorstand und Aufsichtsrat. Dieser Aspekt wird unterstrichen durch die Anordnung in Abs. 2, nach der die Erklärung dauerhaft zugänglich sein muss.

8 **III. Bedeutung der Erklärung.** Es ist zu beachten, dass die Entsprechenserklärung selbst die Entscheidung der Organe zur Beachtung des Kodex darstellt. Sie ist also nicht nur publizierende Erklärung, sondern mit und in der zukunftsgerichteten Erklärung treffen die Organe die Entscheidung, welchen Empfehlungen des Kodex Folge zu leisten ist.[17] Der Erklärung wohnt also materielle Wirkung inne, auch wenn sie nur als öffentliche Erklärung ihren Zweck erfüllt, den Kapitalmarkt über die Corporate Governance zu informieren.

---

6 Vor diesem Hintergrund werden auch verfassungsrechtliche Bedenken am Kodex laut; vgl für eine Verfassungsmäßigkeit *Habersack*, 69. DJT München 2012, Gutachten E S. 54 f; kritisch *Wernsmann/Gatzka*, NZG 2011, 1001, 1006 ff. Ausführlich zum Kodex und mwN unten *Fischer zu Cramburg*, DCGK, Rn 1 ff; zu einem Überblick vgl *Kirschbaum/Wittmann*, JuS 2005, 1062.

7 Sie können dies durch dauernde Übung werden; allein die Eigenschaft als "Empfehlung" genügt dazu aber nicht.

8 Zur Diskussion näher *Borges*, ZGR 2003, 508, 515 ff; *Seibt*, AG 2002, 249, 251; zur Einordnung durch die Rechtsprechung Überblick bei *Mutter*, ZGR 2009, 788 ff.

9 So bereits *Lutter*, ZGR 2000, 1, 18.

10 Zu den Rechtsfolgen der Erklärung und ihren Auswirkungen auf die Verhaltenspflichten vgl Rn 74.

11 *Baums*, Bericht, S. 6. Vgl auch die Beschreibung im federführenden Bericht des englischen *Cadbury Committee* 1992: *"Corporate Governance is the system by which companies are directed and controlled."*.

12 Kritisch zu diesem Effekt insb. *Nowak/Rott/Mahr*, ZGR 2005, 252 ff. Auch wenn die Abweichung von *einzelnen* Empfehlungen eines Kodex nur schwer im Aktienkurs abzulesen sein wird, messen insb. institutionelle Investoren der Corporate Governance einer Gesellschaft große Bedeutung bei; vgl *McKinsey*, Global Investor Opinion Survey 2002; Governance; *Institutional Shareholder Services (ISS)*, The Correlation between Corporate Governance and Corporate Performance, Februar 2004. Zu den Auswirkungen des Kodex bereits *Kirschbaum/Wittmann*, AG 2005, R174 ff; *Kirschbaum*, Entsprechenserklärungen, S. 10 ff.

13 Dafür sprechen auch die Entwicklung eines entsprechenden Kodex für Familiengesellschaften (www.intes-online.de) und die Diskussion über Corporate Governance in öffentlichen Unternehmen; dazu *Ruter/Sahr/Waldersee* (Hrsg.), Public Corporate Governance, 2005; *Kirschbaum*, BKR 2006, 139 ff.

14 Unstreitig; vgl etwa *Gelhausen/Hönsch*, AG 2003, 367, 369; *Hüffer*, Rn 14; *Lutter*, in: KodexKomm, Rn 1522; MüKo-AktG/*Goette*, Rn 40.

15 Dazu noch näher unten Rn 45.

16 In Anlehnung an Begr. zum RegE, BT-Drucks. 14/8769, S. 22 heute unstreitig: vgl BGH v. 16.2.2009 – II ZR 185/07, BGHZ 180, 9 (Deutsche Bank/Kirch); *Lutter*, ZHR 166 (2002), 523, 529; *Seibert*, BB 2002, 581, 583; MüKo-AktG/*Goette*, Rn 42.

17 Dies ist nicht unumstritten; aA *Hommelhoff/Schwab*, in: Handbuch CG, S. 71, 87 f; *Ihrig/Wagner*, BB 2002, 789 f. Ähnlich wie hier: MüKo-AktG/*Goette*, Rn 42.

Die Organe gehen mit der Erklärung keine Bindung für alle Zeiten ein,[18] sondern können sie jederzeit widerrufen.[19]

C. Formelle Aspekte der Erklärungsabgabe

I. Normadressat. 1. Börsennotierte Gesellschaft. Die Norm richtet sich an börsennotierte Aktiengesellschaften (§ 3 Abs. 2). Erfasst sind Gesellschaften, deren Aktien im Amtlichen oder Geregelten Markt gehandelt werden, nicht aber im Freiverkehr (§ 48 BörsG).[20] Denkbar ist auch die Notierung an einer vergleichbaren ausländischen Börse, zB der NYSE.[21] Nicht börsennotierte Unternehmen können und sollen sich zum Kodex erklären, wenngleich dies keine Erklärung im Sinne der Norm wäre.[22] Mit Neufassung der Norm durch das BilMoG sind nach § 161 Abs. 1 S. 2 auch adressiert Aktiengesellschaften, die ausschließlich andere Wertpapiere als Aktien zum Handel an einem organisierten Markt im Sinn des § 2 Abs. 5 des WpHG ausgegeben haben und deren ausgegebene Aktien auf eigene Veranlassung über ein multilaterales Handelssystem im Sinn des § 2 Abs. 3 S. 1 Nr. 8 WpHG gehandelt werden. Es geht also um den – praktisch kaum relevanten – Fall, dass eine Gesellschaft zB Schuldverschreibungen emittiert und auf eigene Initiative ihre Aktien etwa im Freiverkehr gehandelt werden.[23]

Zum Anwendungsbereich von § 161 zählen auch die börsennotierte KGaA und SE.[24] Es ist allerdings zu berücksichtigen, dass der DCGK auf die Führungsstruktur von Aktiengesellschaften zugeschnitten ist. Die Organe der KGaA und der monistischen SE werden daher in der Erklärung zahlreiche Abweichungen vom Kodex anzugeben haben. Sie sollten die Entsprechenserklärung gleichwohl nutzen, um ihre individuelle Corporate Governance in Anlehnung an die Vorgaben des Kodex darzustellen.

2. Ausländische Gesellschaften. Ausländische Gesellschaften sind von § 161 nicht erfasst.[25] Der DCGK ist für Aktiengesellschaften deutschen Rechts entwickelt worden; solche ausländischer Prägung werden kaum Übereinstimmungen mit den Empfehlungen erklären können.

II. Zuständigkeit von Vorstand und Aufsichtsrat. Die Norm nimmt Vorstand und Aufsichtsrat gleichermaßen in die Pflicht. Die gesellschaftsinterne Wahrnehmung dieser Erklärungspflicht birgt Schwierigkeiten, denn die Entsprechenserklärung ist das „Einfallstor" für die Empfehlungen des Kodex, die materiell nur den Vorstand oder den Aufsichtsrat, beide Organe und ihre Mitglieder oder die Gesellschaft als solche betreffen.

1. Erklärung der Organe. Vorstand und Aufsichtsrat geben die Erklärung nicht für die Gesellschaft ab, sondern erfüllen eine originäre Pflicht im eigenen Namen.[26] Dies ist sachgerecht, da die Empfehlungen des Kodex zum ganz überwiegenden Teil das Verhalten der Organe und ihrer Mitlieder behandeln.

2. Gesellschaftsinterne Wahrnehmung. a) Vergangenheitsbezogene Erklärung. Da der vergangenheitsbezogene Erklärungsteil reine Wissenserklärung ist, muss die gesetzliche Anordnung, dass Vorstand *und* Aufsichtsrat zur Erklärungsabgabe verpflichtet sind, uneingeschränkt verstanden werden. Demnach müssen beide Organe das notwendige Wissen ermitteln, um die Umsetzung der Empfehlungen beurteilen und auf dieser Grundlage über die Erklärung beschließen zu können.[27] Beide Organe sind gleichermaßen in der Pflicht![28] Dem materiell zuständigen Organ wird dabei naturgemäß ein Wissensvorsprung zukommen; die Organe dürfen einander vertrauen, solange keine konkreten gegenteiligen Anhaltspunkte bestehen.[29] Aus

---

18 Begr. zum RegE, BT-Drucks. 14/8769, S. 22.
19 Allerdings sind die Organe bis zur Veröffentlichung einer neuen Erklärung an den Inhalt gebunden; dazu unten Rn 73.
20 Diese Marktsegmente werden vom CDAX abgebildet, der ca. 550 Gesellschaften umfasst.
21 Vgl *v. Werder*, in: KodexKomm, Rn 128; MüKo-AktG/*Heider*, § 3 Rn 38; Großkomm-AktienR/*Leyens*, Rn 126; siehe oben *Ammon*, § 3 Rn 5.
22 AA wohl *Hirte*, TransPuG, S. 13.
23 Das multilaterale Handelssystem könnte auch in einem EU-Mitgliedsstaat bzw einem Staat des Europäischen Wirtschaftsraums sein; vgl *Boecker/Petersen/Zwirner*, in: Petersen/Zwirner, BilMoG, §§ 161 und 171 AktG Ziff. 1.
24 Für die KGaA folgt dies aus § 278; zur SE vgl *Merkt*, in: Lutter/Hommelhoff (Hrsg.), Europäische Gesellschaft, 2005, S. 179 ff; *Hoffmann-Becking*, ZGR 2004, 355, 364; *Teichmann*, BB 2004, 53, 55.
25 So die hM: *Hüffer*, Rn 6 a; *Ringleb*, in: KodexKomm, Rn 1514; *Seibt*, AG 2003, 465, 466 f; *v. Werder*, in: KodexKomm, Rn 128 a. Zur nicht unproblematischen kollisionsrechtlichen Herleitung vgl *Radke*, S. 74 ff; *Kirschbaum*, Entsprechenserklärungen, S. 152 ff.
26 *Borges*, ZGR 2003, 508, 527; *Hüffer*, Rn 6; *Kiethe*, NZG 2003, 559, 560; *Lutter*, in: KodexKomm, Rn 1515; MüKo-AktG/*Goette*, Rn 57.
27 *Krieger*, in: FS Ulmer, S. 365, 371; ähnlich: *Hüffer*, Rn 10.
28 Der BGH hat ausdrücklich beiden Organen Verantwortung für eine unrichtige Entsprechenserklärung auferlegt, obwohl im konkreten Fall allein die Person des Aufsichtsratsvorsitzenden betroffen war; BGH v. 16.2.2009 – II ZR 185/07, BGHZ 180, 9 Rn 26 f (Deutsche Bank/Kirch); *E. Vetter*, NZG 2009, 561, 563.
29 Vgl BGH v. 26.3.1956 – II ZR 57/55, BGHZ 20, 239, 246; *Krieger*, in: FS Ulmer, S. 365, 372.

praktischen Erwägungen bietet sich die Arbeit mit Checklisten oder der Einsatz eines Corporate-Governance-Beauftragten an.[30]

16 **b) Zukunftsorientierte Erklärung.** Die Situation für den zukunftsgerichteten Teil der Erklärung ist problematischer. Zwar ist die Erklärung widerruflich; bis zu einem Widerruf sind die Organe aber an den Erklärungsinhalt gebunden.[31] Die Empfehlungen des Kodex betreffen in ihrem materiellen Gehalt teilweise die Kompetenz nur eines der Organe. Es bildet sich somit ein **Spannungsfeld** zwischen der gemeinsamen Verantwortung nach § 161 auf der einen, der materiellrechtlichen Zuständigkeit für die Empfehlungen auf der anderen Seite. Teils wird zur Auflösung dieses Spannungsfeldes von einer umfassenden Zuständigkeit beider Organe für sämtliche Empfehlungen ausgegangen,[32] teils soll sich nur das Organ erklären, in dessen Bereich die jeweilige Empfehlung fällt.[33] Die gesetzgeberische Intention, nach der sich „die Verwaltung insgesamt" mit dem Kodex auseinander zu setzen hat, führt richtigerweise zur einer **umfassenden Zuständigkeit** beider Organe. Vorstand und Aufsichtsrat haben sich zu sämtlichen Empfehlungen zu erklären, damit der notwendige Diskurs zwischen den Organen auch im Rahmen der Erklärungsabgabe sichergestellt ist. In Einklang mit dem allgemeinen aktienrechtlichen Kompetenzgefüge ist allerdings eine **Entscheidungsprärogative** des materiell zuständigen Organs anzunehmen. Der Vorstand kann sich daher bei der Anerkennung oder Ablehnung einer Empfehlung seines Verantwortungsbereichs gegen den Aufsichtsrat durchsetzen und umgekehrt. Anderenfalls bestünde die Gefahr, dass ein Gleichlauf zwischen Erklärungsinhalt und materieller Situation in der Gesellschaft nicht gewährleistet ist.[34]

17 Vor diesem Hintergrund müssen die Organe jede Empfehlung nach ihrem materiellrechtlichen Gehalt Vorstand oder Aufsichtsrat zuordnen.[35] Dies wird nur bei einem Teil der Bestimmungen gelingen, denn sie richten sich auch an beide Organe oder an die Gesellschaft. Solche Empfehlungen fallen in die Zuständigkeit beider Organe, ohne dass sich das eine gegen das andere durchsetzen könnte.[36]

18 **c) Delegation der Zuständigkeit.** Bei der Zuständigkeit von Vorstand und Aufsichtsrat handelt es sich um eine originäre und unabdingbare Verpflichtung. Daher kann der Aufsichtsrat die Erklärungsabgabe – und damit die Entscheidung über die Anerkennung des Kodex – nicht auf einen seiner Ausschüsse delegieren.[37]

19 Auch wenn der Corporate Governance einer Gesellschaft und ihrer Publizität durch die Entsprechenserklärung nicht unerhebliche Bedeutung auf dem Kapitalmarkt zukommt, handelt es sich nicht um eine Entscheidung, die im Sinne der Holzmüller-Grundsätze[38] der Hauptversammlung vorzulegen ist.[39]

20 **III. Durchführung. 1. Beschlussfassung in den Organen.** Auch wenn sich die Verhaltensempfehlungen „an die Verwaltung insgesamt" richten,[40] bleibt es grundsätzlich bei der Trennung der Organe. Vorstand und Aufsichtsrat beschließen demnach jeder für sich. Angesichts des Abstimmungsbedarfs zwischen den Organen kann sich jedoch eine gemeinsame Beschlussfassung anbieten.[41]

21 **a) Im Vorstand.** Das Gesamtorgan hat über die Erklärung zu beschließen, und zwar sowohl hinsichtlich des vergangenheitsbezogenen wie auch des zukunftsorientierten Teils. Für die Beschlussfassung gelten die allgemeinen Regeln, dh vorbehaltlich abweichender Satzung oder Geschäftsordnung ist von Einstimmigkeit iSv § 77 Abs. 1 S. 1 auszugehen. Einem Mehrheitsbeschluss nicht zugänglich ist die Erklärung hinsichtlich individueller Empfehlungen, da diesbezüglich nur dann eine positive Erklärung möglich ist, wenn alle Mitglieder zustimmen.[42] Auch hinsichtlich der retrospektiven Wissenserklärung sollte ein einstimmiger Beschluss möglich sein, da Gegenstand der Erklärung Tatsachen sind. Kommt es nicht zu einer Einigung, muss eine negative Erklärung abgegeben werden.

22 Aus organisatorischen Gründen bietet sich an, dass ein Mitglied – etwa der Finanzvorstand – die Erklärung vorbereitet und dem Organ zur Beschlussfassung vorlegt.[43]

---

30 Vgl die Vorschläge bei *v. Werder*, in: KodexKomm, S. 423 ff; *Peltzer*, Dt. CG, Rn 378 ff; *Pfitzer/Oser/Wader*, DB 2002, 1120.
31 Zu dieser Bindungswirkung s. unten Rn 73.
32 MüKo-AktG/*Goette*, Rn 57 f; *Happ*, Aktienrecht, Kap. 8.14 Rn 4; *Krieger*, in: FS Ulmer, S. 365, 368; ähnlich: *Bellavite-Hövermann/Lindner/Lüthje*, Leitfaden für den Aufsichtsrat, Rn 135; *Ringleb*, in: KodexKomm, Rn 1590.
33 *Hüffer*, Rn 10, 20; *Ulmer*, ZHR 166 (2002), 150, 173.
34 Näher *Kirschbaum*, Entsprechungserklärungen, S. 163 ff.
35 Der Aufsichtsrat steht im Mittelpunkt des Kodex, so dass die Mehrzahl der Empfehlungen in seinen Bereich fällt; vgl *Kremer*, in: KodexKomm, Rn 900; s. auch die Übersicht bei MüKo-AktG/*Goette*, Rn 33; KölnKomm-AktG/*Lutter*, Rn 75.
36 Zu einem Dissens der Organe in dieser Situation, vgl Rn 27.
37 So auch *Hüffer*, Rn 13; *Krieger*, in: FS Ulmer, S. 365, 376; MüKo-AktG/*Goette*, Rn 67; aA *Ihrig/Wagner*, BB 2002, 2509, 2513.
38 BGH v. 25.2.1982 – II ZR 174/80, BGHZ 83, 122; vgl auch BGH v. 25.11.2002 – II ZR 133/01, BGHZ 153, 47 (Macrotron).
39 Großkomm-AktienR/*Leyens*, Rn 157; *Krieger*, in: FS Ulmer, S. 365, 377; *Seibt*, AG 2002, 249, 253; *Ulmer*, ZHR 166 (2002), 150, 174.
40 Vgl Begr. zum RegE, BT-Drucks. 14/8769, S. 21.
41 Vgl *Hüffer*, Rn 11; *Lutter*, in: KodexKomm, Rn 1540.
42 *Lutter/Krieger*, Rn 494; *Lutter*, in: KodexKomm, Rn 1532; *Schüppen*, ZIP 2002, 1269, 1271 f.
43 *Lutter*, in: KodexKomm, Rn 1519; *Strieder*, DB 2004, 1325, 1326; zum Wechsel von Organmitgliedern vgl KölnKomm-AktG/*Lutter*, Rn 64 ff.

b) Im Aufsichtsrat. Auch der Aufsichtsrat ist als das Gesamtorgan nach den allgemeinen Regeln für die Erklärungsabgabe zuständig.[44] Damit sind Beschlüsse mit einfacher Mehrheit nach § 108 Abs. 1 möglich. Wie im Vorstand gilt das allerdings nicht für die retrospektive Wissenserklärung; individuelle Empfehlungen sind keiner Mehrheitsentscheidung zugänglich, dh alle Mitglieder des Aufsichtsrats müssen der Abgabe einer positiven Erklärung zustimmen. 23

Bestimmungen des Kodex, die sich an den Aufsichtsratsvorsitzenden richten (zB Ziff. 4.2.3, 5.2) unterliegen dem allgemeinen Mehrheitserfordernis. Der Vorsitzende ist demnach in der Pflicht, den Willen des Plenums zu den ihn betreffenden Empfehlungen zu beachten.[45] 24

2. Erklärung im Außenverhältnis. a) Zusammenführung der Erklärungen. Da Vorstand und Aufsichtsrat in der Regel getrennt über die Entsprechenserklärung beschließen, existieren zunächst zwei Erklärungen in der Gesellschaft. Richtigerweise ist im Außenverhältnis aber nur eine Erklärung zulässig.[46] Davon geht nicht nur die Gesetzesbegründung aus;[47] auch das Interesse des Kapitalmarkts richtet sich auf die Corporate Governance einer Gesellschaft als wirtschaftliche Einheit. Die separaten Beschlüsse von Vorstand und Aufsichtsrat sind also zu einer Erklärung zusammen zu fassen. 25

Wie dies praktisch geschieht, bleibt den Organen überlassen. Denkbar ist eine enge Abstimmung vor der eigentlichen Beschlussfassung oder eine gemeinsame Sitzung von Vorstand und Aufsichtsrat. Die Zusammenführung kann auch durch die Vorsitzenden erfolgen.[48] 26

b) Dissens der Organe. Bei einem Dissens zwischen Vorstand und Aufsichtsrat ist zu differenzieren. Hinsichtlich des retrospektiven Teils der Erklärung gilt auch hier, dass die Wissenserklärung kaum Anlass zu unterschiedlichen Auffassungen bieten wird. Sollte im Extremfall keine Einigung zu erzielen sein, gilt – wie innerhalb eines Organs – dass eine negative Erklärung zu veröffentlichen ist.[49] Grundsatz ist das Interesse des Kapitalmarkts, dass *im Zweifel* eine Abweichung offen zu legen und zu erläutern ist. Grenzfälle sollte der Markt beurteilen, nicht die Organe. 27

Bei der Absichtserklärung setzt sich die Entscheidungsprärogative des materiell zuständigen Organs durch: Daher kann auch dann eine positive Erklärung veröffentlicht werden, wenn das materiell nicht verantwortliche Organ gegen die Anerkennung der bestimmten Empfehlung des Kodex votiert. Die abweichende Erklärung ist im Außenverhältnis nicht kund zu tun, da das Interesse des Kapitalmarkts auf die tatsächliche, sprich materiellrechtlich ausschlaggebende Situation in der Gesellschaft gerichtet ist. Ein öffentlicher Dissens wäre demnach nicht nur ein „unternehmenspolitischer Offenbarungseid[50]", sondern diente dem Kapitalmarkt nicht. Es bleibt bei dem Grundsatz, dass im Außenverhältnis *eine* Erklärung zu veröffentlichen ist. 28

Dies muss auch gelten, wenn Empfehlungen an beide Organe gleichermaßen gerichtet sind. Eine Entscheidungsprärogative existiert dann nicht. Entgegen der wohl überwiegenden Ansicht im Schrifttum[51] darf auch in dieser Situation von *einer* Erklärung nach außen nicht abgewichen werden. Sollten sich die Organe nicht auf einen Erklärungsinhalt verständigen können, ist eine negative Erklärung zu veröffentlichen. Nur diese entspricht der materiellrechtlichen Situation in der Gesellschaft, denn wenn sich Vorstand und Aufsichtsrat nicht auf die Anerkennung einer Empfehlung verständigen können, die in die Zuständigkeit beider Organe fällt, wird es zu einer Umsetzung auch nicht kommen. Entscheidend ist der **materielle Gleichlauf** zwischen Kodex und unternehmensindividueller Corporate Governance.[52] Ist dieser nicht gegeben, ist kein Raum für eine positive Entsprechenserklärung. 29

IV. Formfragen. 1. Abgabezeitpunkt und Erklärungsturnus. Das Gesetz schreibt keinen bestimmten Zeitpunkt vor, zu dem die Erklärung abgegeben werden muss. Durch die Nähe zum Jahresabschluss bietet sich an, die Erklärung zum Bilanzstichtag abzugeben. 30

Wichtiger ist der Turnus der Erklärungsabgabe. § 161 sieht eine **jährliche** Erklärungspflicht vor, damit sich Vorstand und Aufsichtsrat „jährlich wiederkehrend" mit den Empfehlungen des Kodex auseinander set- 31

---

44 Vgl *Hüffer*, Rn 13; *Pfitzer/Oser/Wader*, DB 2002, 1120, 1121; MüKo-AktG/*Goette*, Rn 67; *Strieder*, DB 2004, 1325, 1326.

45 So zu Recht *Krieger*, in: FS Ulmer, S. 365, 375. Grundlegend: *Peus*, Der Aufsichtsratsvorsitzende, 1983; *Lutter/Krieger*, Rn 675 ff.

46 Streitig; von zwei Erklärung gehen aus *Ihrig/Wagner*, BB 2002, 789, 790; *Pfitzer/Oser/Wader*, DB 2002, 1120, 1121; eine Erklärung notwendig: *Seibt*, AG 2002, 249, 253; *Strieder*, DB 2004, 1325, 1326; wohl auch *Ulmer*, ZHR 166 (2002), 150, 173.

47 Begr. zum RegE, BT-Drucks. 14/8768, S. 21 f. Vgl auch die Formulierung S. 2: *Die Erklärung* ist den Aktionären dauerhaft zugänglich zu machen.

48 Vgl *Lutter*, in: KodexKomm, Rn 1529 u. 1540; ähnlich: *Happ*, Aktienrecht, Kap. 8.14 Rn 4.

49 Großkomm-AktienR/*Leyens*, Rn 178; *Lutter*, in: KodexKomm, Rn 1515.

50 *Krieger*, in: FS Ulmer, S. 365, 370.

51 Für die Veröffentlichung divergierender Erklärungen vgl etwa *Bertrams*, S. 134; *Claussen/Bröcker*, DB 2002, 1199, 1204; *Hüffer*, Rn 11; *Ihrig/Wagner*, BB 2002, 789, 790; *Lutter/Krieger*, Rn 491. Für einen Einigungszwang der Organe dagegen *Seibt*, AG 2002, 249, 253; auch *Schüppen*, ZIP 2002, 1269, 1271 f.

52 Vgl dazu näher unten Rn 44 f.

zen.[53] Eine Erklärungsabgabe einmal im **Kalenderjahr** genügt nicht.[54] Entscheidend ist die Regelmäßigkeit sowohl hinsichtlich des Diskurses zwischen den Organen als auch der Publizität gegenüber dem Kapitalmarkt. Dabei wird man den Unternehmen eine gewisse Flexibilität zugestehen können. Im Ergebnis wird den Anforderungen der Norm eine Erklärungsabgabe **etwa alle 12 Monate** gerecht.[55] Das Überschreiten der Jahresfrist um wenige Tage schadet daher nicht.[56]

32 Der retrospektive und zukunftsgerichtete Teil der Erklärung dürfen nicht getrennt voneinander veröffentlicht werden.[57] Die Einheitlichkeit der Erklärung ist wesentliche Voraussetzung einer übersichtlichen Information des Kapitalmarkts.

33 **2. Schriftform.** Eine besondere Form für die Erklärung bestimmt § 161 nicht. Allein aus Praktikabilitätsgründen ist alles andere als schriftliche Verkörperung aber undenkbar; zudem ist die Erklärung nach § 325 Abs. 1 S. 1 HGB zum Handelsregister einzureichen.[58]

34 **3. Unterzeichnung.** Auch eine Pflicht zur Unterzeichnung durch die Organmitglieder lässt sich der Norm nicht unmittelbar entnehmen. Entsprechend den allgemeinen Grundsätzen sollte eine vertretungsberechtigte Zahl von Vorstandsmitgliedern und der Vorsitzende des Aufsichtsrats[59] oder nur die beiden Vorsitzenden[60] die Erklärung unterzeichnen. Dies verleiht ihr eine angemessene Authorisierung.

35 **V. Veröffentlichung der Erklärung (Abs. 2). 1. Dauerhafte Zugänglichkeit.** Ihre maßgebliche Publizität erhält die Erklärung durch die Vorgabe in Abs. 2, nach der sie auf der Internetseite dauerhaft öffentlich zugänglich zu machen ist. Durch das BilMoG wurde die ursprüngliche Fassung, nach der die Erklärung *den Aktionären zugänglich* zu machen ist, durch **die Internetseite** ersetzt. Damit wird letztlich nur eine sprachliche Klarstellung erreicht.[61] Die Entsprechenserklärung muss auf der Website der Gesellschaft verfügbar und einsehbar sein.[62] In der Regel bietet sich eine Rubrik „Corporate Governance" unter dem Stichwort „Investor Relations" an. Die „Dauerhaftigkeit" der Zugänglichkeit ist eine Besonderheit der Entsprechenserklärung. Sie resultiert aus der Zukunftsorientierung der Erklärung und soll sicherstellen, dass die Erklärung fortlaufend einsehbar ist. Zur Umsetzung dieses Kriteriums ist gerade die Website der richtige Ort. Nicht erforderlich ist, dass der technische Zugriff zu jeder Zeit gewährleistet ist. Es ist dafür Sorge zu tragen, dass die Erklärung **unter gewöhnlichen Umständen** zur Verfügung steht.[63]

36 Nicht mehr aktuelle Entsprechenserklärungen müssen nicht auf der Website einsehbar sein. Der Kodex empfiehlt gleichwohl, dass die Gesellschaft sie fünf Jahre lang auf der Seite zugänglich hält (Ziff. 3.10 S. 3).[64]

37 Die Pflicht zur Veröffentlichung trifft wie die Erklärungspflicht selbst Vorstand und Aufsichtsrat gemeinsam. Man wird jedoch den Vorstand in die primäre Pflicht nehmen müssen, für die Zugänglichkeit der Erklärung zu sorgen.[65] Der Aufsichtsrat muss allerdings die Veröffentlichung der Erklärung besonders sorgfältig und zeitnah kontrollieren.

38 **2. Erklärung zur Unternehmensführung nach § 289a HGB.** Mit dem BilMoG und in Umsetzung der Bilanzrichtlinie idF der Abänderungsrichtlinie sind Aktiengesellschaften zur Abgabe einer **Erklärung zur Unternehmensführung** verpflichtet, § 289a HGB. Diese Erklärung umfasst die Entsprechenserklärung nach § 161, geht aber noch weiter und verlangt relevante Angaben zu „Unternehmensführungspraktiken", die über die gesetzlichen Anforderungen hinaus gehen (zB individuelle Corporate Governance oder Compliance-Regeln), sowie eine Beschreibung der Arbeitsweise von Vorstand und Aufsichtsrat. Die gesamte Erklärung nach § 289a HGB ist in einem gesonderten Abschnitt in den Lagebericht aufzunehmen oder kann auf der Internetseite zugänglich gemacht werden; dann muss der Lagebericht einen Hinweis auf die Internetsei-

---

53 Begr. zum RegE, BT-Drucks. 14/8769, S. 21.
54 So aber Großkomm-AktienR/*Leyens*, Rn 353 ff; *Hirte*, TransPuG, S. 17; *Schüppen*, ZIP 2002, 1269, 1272. Danach könnte im Extremfall eine Erklärung am 1.1.2004, die nächste am 31.12.2005 abgegeben werden. Dies entspricht eindeutig nicht der gesetzgeberischen Intention einer regelmäßigen Auseinandersetzung mit dem Kodex.
55 Ähnlich: *IDW*, PS 345.26, WPg 2003, 1002, 1005; *Kirschbaum*, DB 2005, 1473, 1474; *E.Vetter*, NZG 2009, 561, 562; differenzierend: *Rosengarten/Schneider*, ZIP 2009, 1837 ff.
56 BGH v. 16.2.2009 – II ZR 185/07, BGHZ 180, 9 (Deutsche Bank/Kirch) spricht von einer „‚Dauererklärung', die jeweils binnen Jahresfrist von (...) ist.".
57 *Ringleb*, in: KodexKomm, Rn 1578.
58 Ein originäres Schriftformerfordernis iSv § 126 BGB ist aber abzulehnen; vgl MüKo-AktG/*Goette*, Rn 75; *Hüffer*, Rn 22.
59 *Gelhausen/Hönsch*, AG 2002, 539, 533; *Lutter*, in: KodexKomm, Rn 1539.
60 MüKo-AktG/*Goette*, Rn 75; *Hirte*, TransPuG, S. 14; *Peltzer*, NZG 2002, 593, 595.
61 Das Kriterium der "Zugänglichkeit" wurde durch das TransPuG ins Aktienrecht eingeführt (vgl § 126 Abs. 1 S. 1). Der Gesetzgeber zielte bereits zu dem Zeitpunkt ausdrücklich auf die Website der Gesellschaft als Informationsmedium, durch das mehr und insb. ausländische Aktionäre erreicht werden können; Begr. zum RegE, BT-Drucks. 14/8769, S. 20.
62 *Hüffer*, Rn 23; *Lutter/Krieger*, Rn 497; MüKo-AktG/*Goette*, Rn 79.
63 Begr. zum RegE, BT-Drucks. 14/8769, S. 22; auch *Hirte*, TransPuG, S. 16; *Lutter*, ZHR 166 (2002), 523, 528; *Schüppen*, ZIP 2002, 1269, 1272.
64 Dieser Aspekt war zunächst umstritten, vgl *Hirte*, TransPuG, S. 13; *Marsch-Barner*, in: Handbuch börsennotierte AG, 2. Aufl. 2009, § 2 Rn 63.
65 So auch *Ringleb*, in: KodexKomm, Rn 1587; KölnKomm-AktG/*Lutter*, Rn 102; aA Großkomm-AktienR/*Leyens*, Rn 149.

te enthalten. Entscheidet sich die Gesellschaft dafür, die Erklärung zur Unternehmensführung in den Lagebericht aufzunehmen, muss die Entsprechenserklärung also dort *und* auf der Internetseite veröffentlicht werden. In der Praxis dürften die meisten Gesellschaften sowohl den Lagebericht als auch das Internet nutzen. Angesichts möglicher unterjähriger Änderungen der Entsprechenserklärung ist die Internetseite ohnehin der Ort, an dem Anleger sich in erster Linie über diese informieren sollten.

Die Erklärung zur Unternehmensführung ist nach Art. 66 Abs. 2 EGHGB erstmals für Jahresabschlüsse für das nach dem 31.12.2008 beginnende Geschäftsjahr von Bedeutung.

3. Publizität in Bundesanzeiger und Handelsregister. Die Adressaten von § 161 sind verpflichtet, ihren Jahresabschluss nach § 325 Abs. 2 HGB offen zu legen und müssen auch die Entsprechenserklärung im Bundesanzeiger bekannt machen.[66] Anschließend erfolgt die Einreichung beim Handelsregister. Der Bundesanzeiger ist inzwischen online einsehbar.[67] Die Veröffentlichung allein dort genügte allerdings nicht der dauerhaften Zugänglichkeit im Sinne von § 161 Abs. 2.

4. Anhangangaben. Im Anhang zum Jahresabschluss ist anzugeben, dass die Entsprechenserklärung abgegeben und wo sie öffentlich zugänglich gemacht worden ist (§ 285 Nr. 16 HGB). Damit ist die konkrete Internetadresse gemeint, wobei die Startseite der Internetpräsenz ausreichen wird.[68] Im Konzernabschluss gilt dies mit der Maßgabe, dass das Mutterunternehmen die Angabe für alle in den Abschluss einbezogenen börsennotierten Gesellschaften vornimmt (§ 314 Abs. 1 Nr. 8 HGB). Die Pflicht erstreckt sich auch auf anteilsmäßig konsolidierte Unternehmen (§ 310 HGB),[69] nicht aber auf börsennotierte Tochtergesellschaften ausländischer Rechtsform.[70]

Die Erklärung selbst ist nicht in den Anhang aufzunehmen. Auf eine solche Pflicht hat der Gesetzgeber bewusst verzichtet, damit der Abschlussprüfer nicht die inhaltliche Richtigkeit der Entsprechenserklärung prüfen muss.[71] Eine Prüfungspflicht durch den Abschlussprüfer entsteht auch dann nicht, wenn die Entsprechenserklärung als Teil der Erklärung zur Unternehmensführung in den Lagebericht aufgenommen wird, § 317 Abs. 2 S. 3 HGB.

5. Publizität im Geschäftsbericht. Durch die zwingend vorgeschriebene Erklärung zur Unternehmensführung wurde die Empfehlung des Kodex, im Geschäftsbericht zur Corporate Governance zu berichten, weitestgehend obsolet. Er verweist daher nur noch darstellend auf den **Corporate Governance Bericht** (Ziff. 3.10 S. 1) als der Bestandteil der Erklärung nach § 289a HGB. Der Bericht bietet die Möglichkeit, neben der vergleichsweise kurzen Entsprechenserklärung ausführlichere Erläuterungen vorzunehmen.

Eine freiwillige Aufnahme nur der Entsprechenserklärung in den Lagebericht ist grundsätzlich weiterhin möglich,[72] allerdings im Hinblick auf die Erklärung zur Unternehmensführung wenig sinnvoll. Da der Lagebericht dem Vorstand zuzurechnen ist und umgekehrt der Bericht des Aufsichtsrats eben diesem, kommt die **gemeinsame Verantwortung** beider Organe am besten zum Ausdruck, wenn die Urheberschaft gesondert erwähnt wird.

D. Inhaltliche Aspekte der Erklärungsabgabe

I. Entscheidungsfindung der Organe. 1. Ermessensentscheidung. Die Abgabe der Entsprechenserklärung setzt voraus, dass Vorstand und Aufsichtsrat eine Entscheidung über die Anerkennung der Empfehlungen des Kodex treffen. In dieser unternehmerischen Entscheidung sind die Organe grundsätzlich frei, müssen aber gleichwohl stets das Interesse des Unternehmens als Leitlinie ihres Handelns begreifen.[73]

Die Ermessensausübung im Rahmen von § 161 unterliegt Einschränkungen aus zwei Gründen. Erstens ist die eigentliche Selbstverständlichkeit zu beachten, dass die Erklärung – in beiden Teilen – der Wahrheit entsprechen muss. Nur eine **richtige Erklärung** ist eine Erklärung im Sinne der Norm; jedes Abweichen von dieser Vorgabe ist auch ein Verstoß gegen §§ 93, 116.[74] Diese Richtigkeit gebietet konsequenterweise, dass die Erklärung den **materiellen Gleichlauf** zwischen Kodex und individueller Unternehmensverfassung wi-

---

66 Börsennotierte Gesellschaften sind nach §§ 267 Abs. 3 S. 2 HGB, 2 Abs. 5 WpHG stets "große Kapitalgesellschaften".
67 <www.bundesanzeiger.de>.
68 ZB <www.siemens.de>.
69 *Strieder*, DB 2004, 1325, 1328.
70 Anders: *Hirte*, TranspuG, S. 6; danach müsste eine deutsche Gesellschaft zB angeben, dass ihre britische Tochtergesellschaft die Erklärung nach Listing Rules 9.8.6 zum *UK Corporate Governance Code* (vormals *Combined Code*) abgegeben hat. Diese Information mag interessant sein; verpflichtend nach § 314 Abs. 1 Nr. 8 HGB ist sie nicht.
71 Begr. zum RegE, BT-Drucks. 14/8769, S. 25.
72 *Seibt*, AG 2002, 249, 251; *Radke*, S. 101.
73 Grundlegend: *M. Roth*, Unternehmerisches Ermessen und Haftung des Vorstands, 2001; *Oltmanns*, Geschäftsleiterhaftung und unternehmerisches Ermessen, 2001; *Lohse*, Unternehmerisches Ermessen, 2005.
74 Insofern unstreitig; vgl *Ettinger/Grützediek*, AG 2003, 353, 354; Großkomm-AktienR/*Kort*, Vor § 76 Rn 41; *Lutter*, ZHR 166 (2002), 523, 531 ff; MüKo-AktG/*Goette*, Rn 98. BGH v. 16.2.2009 – II ZR 185/07, BGHZ 180, 9 (Deutsche Bank/Kirch) sieht einen Gesetzesverstoß dann, wenn die Erklärung der tatsächlichen Praxis zumindest in einem nicht unwesentlichen Punkt nicht entspricht.

derspiegeln muss. Unzulässig ist daher, pauschal die Nicht-Anwendung des Kodex zu erklären, obwohl – und das wird die Regel sein – zahlreiche Empfehlungen des Kodex tatsächlich gelebt werden.[75] Es ist unmittelbare Pflicht der Organe, den Abgleich mit dem Kodex – der **benchmark** – durchzuführen und dem Kapitalmarkt so **vergleichbare Informationen** zur Verfügung zu stellen.

46 Die eigentliche Entscheidung zur Anerkennung des Kodex muss berücksichtigen, welche Folgen damit für die Gesellschaft verbunden sind, und zwar unmittelbare Auswirkungen auf die Unternehmensverfassung ebenso wie mögliche (negative) Effekte auf dem Kapitalmarkt. Pflichtgemäßes Handeln erfordert, dass sich die Organe im Vorfeld mit dem Kodex auseinander setzen und erwägen, welche Vorgehensweise **im Interesse der Gesellschaft** angezeigt ist.[76] Einer sorgfältigen Ermessensausübung entspricht weder die pauschale Übernahme des Kodex noch seine vollständige, aber oberflächliche Anerkennung.

47 **2. Reduzierung des Ermessens.** Zusätzliche Ermessensreduzierungen ergeben sich, wenn die Gesellschaft einzelne Empfehlungen des Kodex in Satzung oder Geschäftsordnung übernommen hat.[77]

48 Der Aufsichtsrat darf die Entscheidung des Vorstands nicht an einen Zustimmungsvorbehalt iSv § 111 Abs. 4 knüpfen. Es handelt sich um eine ausdrücklich zugewiesene Einzelaufgabe, die der Vorstand – je nach materiellem Gehalt der Empfehlung – unabhängig und nach eigenem Ermessen zu erfüllen hat.[78]

49 **II. Zeitlicher Erklärungsgegenstand. 1. Vergangenheit.** Im retrospektiven Erklärungsteil ist über die Befolgung der Empfehlung seit Abgabe der letzten regelmäßigen Erklärung zu berichten. Wegen der Nähe zum Jahresabschluss bietet sich ein Bezug zum Geschäftsjahr an. Entscheidend ist die **tatsächliche Umsetzung** der Empfehlungen im Berichtsjahr, nicht die Frage, ob die Organe an ihrer einst bekundeten Absicht festgehalten haben.[79] Es handelt sich zudem nicht um eine Stichtagserklärung, sondern ausschlaggebend ist der gesamte Zeitraum.[80] Wurde vorübergehend oder in Einzelfällen von Empfehlungen abgewichen, ist auch dies grundsätzlich erklärungspflichtig.[81]

50 **2. Zukunft.** Die Einordnung der Entsprechenserklärung als Absichtserklärung bedingt ihren Aussagegehalt für die Zukunft.[82] Nur auf Grundlage der Angaben zur zukünftigen Ausrichtung kann der Kapitalmarkt seine Investitionsentscheidung unter Einbeziehung der Corporate Governance treffen.

51 Die Absichtserklärung gilt bis zur Abgabe einer neuen Erklärung. Es ist nicht zulässig, die Erklärung zu befristen, denn anderenfalls würde mit Ablauf der Frist ein „Vakuum" entstehen, das mit § 161 nicht vereinbar ist.[83]

52 **III. Inhaltlicher Erklärungsgegenstand. 1. Empfehlungen.** Die Entsprechenserklärung bezieht sich auf die **Empfehlungen** des Kodex und zunächst nur auf diese. Entscheidend sind „die vom Bundesministerium der Justiz im elektronischen Bundesanzeiger bekannt gemachten" Empfehlungen. Da der gesamte Kodex dort bekannt gemacht wird,[84] hat die Abgrenzung nach der Präambel des Kodex zu erfolgen.[85]

53 **2. Zusätzliche Angaben. a) Anregungen/Gesetzesauslegungen.** Zu den Anregungen müssen sich die Organe nicht erklären, der Kodex empfiehlt dies gleichwohl.[86] Da das Auskunftsrecht des Aktionärs nach § 131 auch die Umsetzung der Anregungen umfasst,[87] sollten Vorstand und Aufsichtsrat auch deshalb zu den Anregungen Stellung nehmen.

54 Im Sinne der Kommunikationsfunktion für ausländische Investoren hat die Kodexkommission gelegentlich sprachlicher Verständlichkeit den Vorrang vor juristischer Präzision eingeräumt.[88] Zu diesen „Gesetzesaus-

---

75 Das sieht die hM anders; vgl *Hüffer*, Rn 18; *Krieger*, in: FS Ulmer, S. 365, 371; *Ulmer*, ZHR 166 (2002), 150, 172. Ähnlich wie hier *Körner*, NZG 2004, 1148, 1149; vgl auch *Kirschbaum*, Entsprechenserklärungen, S. 207 ff.
76 Vgl *Krieger*, in: FS Ulmer, S. 365, 380; ähnlich: *Hüffer*, Rn 21; *v. Werder*, DB 2002, 801, 810.
77 Näher Rn 68 ff.
78 Umstritten; wie hier *Hüffer*, Rn 12; *Lutter*, in: KodexKomm, Rn 1533; MüKo-AktG/*Goette*, Rn 66; *Ulmer*, ZHR 166 (2002), 150, 174; aA *Seibt*, AG 2002, 249, 253; *K. Schmidt*/Lutter/*Spindler*, Rn 21.
79 *Ihrig/Wagner*, BB 2003, 1625, 1629; kritisch: *Gelhausen/Hönsch*, AG 2003, 367, 369.
80 *Pfitzer/Oser/Wader*, DB 2002, 1120, 1121; *Seibt*, AG 2002, 249, 251 f; MüKo-AktG/*Goette*, Rn 41.
81 Näher zu erklärungsrelevanten Abweichungen Rn 61.
82 Angesichts der Gesetzesmaterialien (BT-Drucks. 14/8769, S. 22) und der Systematik mittlerweile unumstritten; vgl BGH v. 16.2.2009 – II ZR 185/07, BGHZ 180, 9 (Deutsche Bank/Kirch); BGH v. 21.9.2009 – II ZR 174/08, ZIP 2009, 2051 (Axel Springer); *Berg/Stöcker*, WM 2002, 1569, 1572 f; *Kiethe*, NZG 2003, 559; *Kirschbaum*, DB 2005, 1473, 1474; *Krieger*, in: FS Ulmer, S. 365 f; *Lutter*, ZHR 166 (2002), 523, 529 f; MüKo-AktG/*Goette*, Rn 42; aA noch *Seibt*, AG 2003, 465, 467.
83 AA LG Schweinfurt, WPg 2004, 339. Eine Befristung ablehnend: *Seibert*, WPg 2004, 341; *Henze*, BB 2005, 165, 172; MüKo-AktG/*Goette*, Rn 44; *Ringleb*, in: KodexKomm, Rn 1593.
84 Zuletzt am 15. Juni 2012 für die Fassung des Kodex v. 15. Mai 2012.
85 Zu einer Übersicht (nach der alten Fassung des Kodex) vgl *v. Werder*, in: KodexKomm, S. 397 ff.
86 Vgl Ziff. 3.10 (im Corporate Governance-Bericht).
87 *Lutter*, ZIP 2003, 417, 419; *v. Werder*, in: KodexKomm, Rn 125. AA *Radke*, S. 86 f.
88 Vgl *Cromme*, im Vorwort zum Kodex idF v. 26.2.2002.

legungen" im Kodex haben sich die Organe nicht zu erklären.[89] Die Befolgung des geltenden Rechts, losgelöst von seiner Auslegung durch die Kodexkommission, ist unabhängig von § 161 zu erwarten.

b) Zulässigkeit ergänzender Angaben. Die Entsprechenserklärung ist ergänzenden Angaben zugänglich, solange ihre Verständlichkeit hinsichtlich der Anerkennung der Empfehlungen nicht beeinträchtigt wird. Es bestehen daher keine Bedenken, dass die Organe in der Entsprechenserklärung selbst zu den Anregungen Stellung nehmen oder weitere Erläuterungen vornehmen.[90] 55

Dies ist auch deshalb sachgerecht, damit mögliche Begründungen zu Abweichungen oder konkretisierende Bemerkungen, die unter Umständen zwingend notwendig sind,[91] nicht von der eigentlichen Erklärung getrennt zu suchen sind. Es muss allerdings bei einer Differenzierung zwischen der Erklärung und allgemeinen Angaben zur Corporate Governance bleiben. Für letztere sind die Erklärung zur Unternehmensführung (§ 289a HGB) bzw der Corporate Governance-Bericht (Ziff. 3.10) der richtige Ort. 56

3. Fassung des Kodex. Da sich bei der Kodexkommission um eine **standing commission** handelt, sind regelmäßige Änderungen des Kodex dem System immanent.[92] Bei der auf eine Änderung folgenden Erklärung der Organe sehen sie sich zwei Fassungen gegenüber. Im Sinne einer umfassenden Information des Kapitalmarkts erstreckt sich die Erklärungspflicht **auf beide Versionen**.[93] Eine uneingeschränkt positive Erklärung ist demnach nur möglich, wenn die Organe die Änderung des Kodex mitgetragen haben.[94] Um Unklarheiten zu vermeiden, sollten im Zweifel beide Versionen und entsprechende Erläuterungen in der Erklärung enthalten sein. 57

4. Erklärungsmöglichkeiten. a) Optionen. Vorstand und Aufsichtsrat haben bei der Erklärungsabgabe vier Optionen: Im **Übernahmemodell**[95] wird der Kodex ohne Einschränkungen übernommen. Die *Selektionslösung* bedeutet einzelne Abweichungen, das **Ablehnungsmodell** die vollständige Abwahl des Kodex. Sämtliche Optionen können einher gehen mit einem eigenen „Hauskodex", der **Alternativlösung**. 58

Die Organe haben stets zu berücksichtigen, dass die Erklärung der Wahrheit entsprechen muss. Es ist daher unzulässig, die Abwahl des Kodex trotz materieller Übereinstimmung mit den Empfehlungen zu erklären.[96] Ebenso darf nicht pauschal auf einen eigenen Kodex verwiesen werden, ohne dass die sich daraus ergebenden Abweichungen im Einzelnen in der Entsprechenserklärung benannt würden.[97] 59

Im Rahmen der – regelmäßig anzutreffenden – Selektionslösung ist in der Entsprechenserklärung anzugeben, welchen Empfehlungen *nicht* entsprochen wurde bzw wird. In jedem Fall ist die jeweilige Ziffer zu nennen; darüber hinaus sollte der materielle Gehalt zumindest dem Wesen nach wiedergegeben werden.[98] 60

b) Maßgeblichkeit von Abweichungen. Übererfüllungen des Kodex sind nicht erklärungspflichtig, in begrenztem Umfang aber erklärungsfähig, solange sie die Übersichtlichkeit nicht beeinträchtigen.[99] Schwieriger zu beurteilen ist die Frage, wie *wesentlich* Abweichungen sein müssen, um eine Offenlegungspflicht in der Entsprechenserklärung auszulösen. Richtig ist, dass eine Angabe jeder noch so unerheblichen Abweichung dem Kapitalmarkt nicht dient.[100] Auf der anderen Seite ist es gerade seine Aufgabe und nicht die der Organe, die Abweichungen zu beurteilen.[101] Im Ergebnis sind daher ganz unwesentliche Abweichungen zu vernachlässigen, Einzel- oder Grenzfälle müssen aber **im Zweifel** kundgetan werden. Es darf keine Relativierung von Abweichungen durch die Organe geben. Der BGH fordert für die Erklärungsrelevanz einer Abweichung, dass die Erklärung in **einem nicht unwesentlichen Punkt** nicht der tatsächlichen Praxis der Gesellschaft entspricht; **wesentlich** ist demnach insbesondere die Nichtaufklärung über Interessenkonflikte von Aufsichtsratsmitgliedern (Ziff. 5.5.3 DCGK).[102] In diesem Sinne wird man in erster Linie an solche Be- 61

---

89 Begr. zum RegE, BT-Drucks. 14/8769, S. 21; *Ihrig/Wagner*, BB 2002, 789, 790; *Krieger*, in: FS Ulmer, S. 365, 367; *Lutter*, ZHR 166 (2002), 523, 528 f; MüKo-AktG/*Goette*, Rn 32.
90 Kritisch: *Ringleb*, in: KodexKomm, Rn 1556 u. 1568. Wie hier: *Radke*, S. 92; *Strieder*, DB 2004, 1325, 1327.
91 Dazu unten Rn 62 f.
92 So am 7.11.2002, 21.5.2003, 2.5.2005, 12.6.2007, 6.6.2008, 18.6.2009, 26.5.2010, 15.5.2012 und zuletzt am 13.5.2013. Zur letzten Änderung: *Hecker/Peters*, BB 2013, 2887 ff.
93 AA *Gelhausen/Hönsch*, AG 2003, 367, 369 f (nur alte Fassung); *Radke*, S. 88; IDW, PS 345.10, WPg 2003, 1002, 1003 (nur neue Fassung).
94 Ausführlich bereits *Kirschbaum*, DB 2005, 1473, 1476 f; s. auch *Fischer*, BB 2006, 337, 338.
95 Begrifflichkeit nach *v. Werder*, DB 2002, 801, 810.
96 So auch Großkomm-AktienR/*Leyens*, Rn 332 f; Angesichts der Eigenschaft als *standardisierte* Verhaltensempfehlungen ist eine Abwahl des Kodex als Ganzem kaum denkbar. Dazu bereits oben Rn 44 ff.
97 So auch *Hirte*, TransPuG, S. 9; *Seibt*, AG 2002, 249, 252; umfassend: *Hütten*, BB 2002, 1740; anders: MüKo-AktG/*Goette*, Rn 54.
98 Vgl *Hüffer*, Rn 17; *Ringleb*, in: KodexKomm, Rn 1561; MüKo-AktG/*Goette*, Rn 48.
99 Begr. zum RegE, BT-Drucks. 14/8769, S. 21; *Happ*, Aktienrecht, Kap. 8.14 Rn 5; *Hütten*, BB 2002, 581, 583; *Seibert*, BB 2002, 581, 583; eine mögliche Unübersichtlichkeit hinnehmend MüKo-AktG/*Goette*, Rn 56.
100 Für eine solche "Wesentlichkeitsschwelle" *Hüffer*, Rn 16; *Ringleb*, in: KodexKomm, Rn 1554; MüKo-AktG/*Goette*, Rn 46; KölnKomm-AktG/*Lutter*, Rn 82.
101 Strenger daher *Buchta*, DStR 2003, 740, 741; *Hirte*, TransPuG, S. 9; *Kiethe*, NZG 2003, 559, 561.
102 BGH v. 16.2.2009 – II ZR 185/07, BGHZ 180, 9 Rn 19 (Deutsche Bank/Kirch); BGH v. 21.9.2009 – II ZR 174/08, ZIP 2009, 2051 Rn 16 ff (Axel Springer).

stimmungen des Kodex zu denken haben, die Grundlage für die Ausübung von Aktionärsrechten sind, also wenn ein objektiv urteilender Aktionär die zutreffende Informationserteilung als Voraussetzung für die sachgerechte Wahrnehmung seines Teilnahme- und Mitgliedschaftsrechts ansieht. An der Relevanz soll es umgekehrt fehlen können, wenn der Konflikt aus öffentlichen Quellen bekannt ist.[103] Letztgenannter Einschränkung ist nicht zu folgen, da es ganz unabhängig von öffentlichen Informationen die Entsprechenserklärung ist, mit der die Gesellschaft zu informieren hat und in der der Aktionär vollständig auf Unterrichtung über Corporate Governance-relevante Fragen vertrauen kann.

62 **5. Erläuterungs- und Begründungspflichten.** Je nach Art der Empfehlung ist die bloße Angabe der Nicht-Befolgung wenig aussagekräftig.[104] In solchen Fällen wird man im Interesse des Kapitalmarkts annehmen müssen, dass zusätzliche Erläuterungen notwendig sind. Dies gilt auch bei temporären Abweichungen.[105] Bei Empfehlungen mit individuellen Verhaltenspflichten sollte zumindest die Anzahl der abweichenden Organmitglieder angegeben werden, unter Umständen empfiehlt sich auch eine namentliche Nennung.[106] Weitergehende Angaben können und sollten im Corporate Governance-Bericht gemacht werden.

63 Eine **Pflicht zur Begründung** von Abweichungen bestand ursprünglich nicht. Mit Neufassung durch das BilMoG sind Vorstand und Aufsichtsrat mittlerweile aber verpflichtet zu erklären, *warum* es zu Abweichungen von Empfehlungen des Kodex kam oder kommen wird. Einzelheiten zur Begründungspflicht sind gesetzlich nicht statuiert. Entscheidend ist, dass das wesentliche Ergebnis des Abwägungsprozesses, den die Organe bei Abgabe der Erklärung vorzunehmen haben,[107] deutlich wird. Der Kapitalmarkt soll in die Lage versetzt werden, die Entscheidung der Organe nachvollziehen zu können. Phrasen werden nicht genügen, ein aussagekräftiges Argument allerdings schon. Neben der bloßen Begründung muss auch der die Abweichung auslösende Sachverhalt erläutert werden, wenn die Abweichung in sich nicht hinreichend verständlich ist. *Begründung* umfasst daher auch *Erläuterung*.[108] Die Begründungspflicht erstreckt sich sowohl auf Abweichungen in der Vergangenheit als auch auf solche, die künftig geschehen werden. Wie bereits nach § 161 aF gilt unverändert, dass eine plausible Begründung auch aus §§ 93, 116 angezeigt sein kann, um nachteilige Auswirkungen für die Gesellschaft zu vermeiden.[109]

64 **IV. Unterjährige Erklärungen.** Die Organe können sich auch unterjährig zu den Empfehlungen des Kodex erklären.[110] Unterjährige Erklärungs*pflichten* sind in zwei Situationen denkbar: bei Änderung der Corporate Governance und bei Änderung des Kodex.

65 **1. Bei Änderung der Corporate Governance.** Die Erklärung ist auch zukunftsorientiert und dem Kapitalmarkt nach Abs. 2 dauerhaft zugänglich. Aus diesem Grund muss jedes Abrücken von der erklärten Absicht dem Kapitalmarkt bekannt gemacht werden. Es ist also eine neue Entsprechenserklärung abzugeben, wenn die ursprüngliche ihre Richtigkeit mit Aufgabe der Absicht oder mit Änderung eines empfehlungsrelevanten Sachverhalts verliert.[111] Dazu reicht die Veröffentlichung auf der Website. Im Zusammenspiel zwischen regelmäßiger und außerordentlicher Erklärung ist unterjährig nicht zu berichten, wenn die Organe entgegen der letzten Erklärung Empfehlungen anerkennen. Darüber ist dann in der nächsten turnusmäßigen Erklärung zu berichten.[112]

66 Bei gravierenden Änderungen in der Corporate Governance können sich zusätzliche Pflichten nach den Regelungen zur **Ad-hoc-Publizität** iSv § 15 WpHG ergeben.[113] Bei unterjährigen Abweichungen von einzelnen Empfehlungen ist die nötige Kurssensibilität kaum anzunehmen, anders aber bei überwiegender Abkehr vom Kodex als Ganzem. Dann ist auch davon auszugehen, dass ein Einfluss auf die Anlageentscheidung eines verständigen Anlegers gegeben ist.[114]

---

[103] BGH v. 21.9.2009 – II ZR 174/08, ZIP 2009, 2051 Rn 18 aE (Axel Springer).
[104] ZB Ziff. 5.4.2: Organfunktionen bei Wettbewerbern.
[105] So auch *Hirte*, TransPuG, S. 9; *Seibt*, AG 2002, 249, 252.
[106] Stets unter Abwägung mit den Persönlichkeitsrechten des Mitglieds; näher: *Hüffer*, Rn 17; *Ringleb*, in: KodexKomm, Rn 1600; Spindler/Stilz/*Sester*, Rn 17; aA *Lutter/Krieger*, Rn 494.
[107] Oben Rn 44.
[108] Etwa ist zu erläutern, warum der Aufsichtsrat eine spezifische Konstellation als „Interessenkonflikt" eines Organmitglieds eingeordnet hat. Erst in einem zweiten Schritt ist dann zu begründen, warum dieser Interessenkonflikt nicht gelöst wurde sondern nach Auffassung des Aufsichtsrats einer Wahl zum Aufsichtsrat nicht entgegensteht (DCGK Ziff. 5.4.1) oder warum der Konflikt nicht zur Beendigung des Mandats führte (DCGK Ziff. 5.4.2; 5.5.3).
[109] *Hirte*, TransPuG, S. 9; *Seibt*, AG 2002, 249, 252; MüKo-AktG/*Goette*, Rn 53.
[110] *Ringleb*, in: KodexKomm, Rn 1578; *Hüffer*, Rn 20.
[111] Ganz hM; vgl BGH v. 16.2.2009 – II ZR 185/07, BGHZ 180, 9 Rn 19 (Deutsche Bank/Kirch); BGH v. 21.9.2009 – II ZR 174/08, ZIP 2009, 2051 Rn 16 (Axel Springer); *Hüffer*, Rn 20; *Lutter*, ZHR 166 (2002), 523, 534; MüKo-AktG/*Goette*, Rn 84; K. Schmidt/Lutter/*Spindler*, Rn 43; aA *Seibt*, AG 2002, 249, 254; *Schüppen*, ZIP 2002, 1269, 1273.
[112] Vgl *Ringleb*, in: KodexKomm, Rn 1579; *Kirschbaum*, Entsprechenserklärungen S. 226 ff.
[113] Sehr umstritten; *Claussen/Bröcker*, DB 2002, 1199, 1204; *Lutter*, ZHR 166 (2002), 523, 535 ("regelmäßig"); *Nowak/Rott/Mahr*, ZGR 2005, 252, 279 ("ausgeschlossen"). Ausführlich: *Radke*, S. 122 ff.
[114] Vgl zur Anwendung des AnSVG den Emittenten-Leitfaden der BaFin v. 8.11.2013, <www.bafin.de>.

2. Bei Änderung des Kodex. Grundsätzlich löst eine Änderung des Kodex keine unterjährige Erklärungspflicht aus.[115] Der Kapitalmarkt vertraut darauf, dass die Organe die Empfehlungen auf Grundlage der letzten Erklärung beachten. Diese bezog sich aber auf die Empfehlungen in der alten Fassung. Nur wenn die Organe sich zur Veränderung der Corporate Governance entschließen und dadurch eine materielle Verschlechterung eintritt, kann eine Erklärungspflicht entstehen.[116] Ebenso entsteht keine Erklärungspflicht, wenn sich die gesetzliche Grundlage – § 161 AktG – ändert. So war etwa die durch das BilMoG statuierte Begründungs*pflicht*[117] erst ab Abgabe der nächsten turnusmäßigen Erklärung zu berücksichtigen.[118]

E. Gesellschaftsinterne Umsetzung

Mit der Umsetzung von Empfehlungen und Anregungen in gesellschaftsinternen Regelwerken bringt die Gesellschaft zum Ausdruck, dass sie den betreffenden Bestimmungen besondere Bedeutung beimisst.[119]

I. Möglichkeiten und Pflichten. Die Umsetzung kann durch Aufnahme in die Satzung, in die Geschäftsordnungen oder in die Anstellungsverträge des Vorstands erfolgen. Dabei sind die allgemeinen Grenzen zu beachten, also insbesondere § 23 Abs. 5.[120]

Eine Pflicht zur Umsetzung besteht zunächst bei all den Empfehlungen, die originäre Rechte der Hauptversammlung betreffen.[121] Darüber hinaus haben die Organmitglieder die Beachtung der anerkannten Empfehlungen sicherzustellen, was zur Aufnahme in Geschäftsordnung oder Anstellungsvertrag verpflichten kann.[122]

II. Bedeutung. Satzung, Geschäftsordnung und Anstellungsvertrag bestimmen die individuellen Verhaltenspflichten der Organmitglieder.[123] Mit gesellschaftsinterner Umsetzung werden daher auch die Bestimmungen des Kodex unmittelbarer Gegenstand der zu beachtenden Sorgfaltspflicht im Sinne der §§ 93, 116.[124] Gleichzeitig ist das Ermessen der Organe bei Erklärungsabgabe reduziert und bewegt sich nur noch im Rahmen der internen Regelwerke.[125]

F. Rechtsfolgen der Erklärung

Auch ohne gesellschaftsinterne Umsetzung bleibt die Entsprechenserklärung nicht folgenlos. Die Einordnung als Absichtserklärung führt zur Erweiterung des Pflichtenkreises.

I. Bindung der Organe. Der Kapitalmarkt vertraut zu Recht auf die fortdauernde Richtigkeit der Erklärung. Dies führt zu einer „Selbstbindung auf Widerruf".[126] Das Abstreifen dieser Bindung ist ein Verstoß gegen das Gebot der Richtigkeit der Erklärung nach § 161 und damit zugleich gegen die allgemeine Sorgfaltspflicht iSv §§ 93, 116.[127] Die anerkannten Empfehlungen werden somit zur bindenden Verhaltensvorgabe, *solange* die Organe eine abweichende Absicht nicht beschließen und bekannt geben. Diese Bindungswirkung ist das Korrelat zur unterjährigen Korrekturpflicht.[128]

II. Konkretisierung von Verhaltenspflichten. Die beschriebene Bindungswirkung führt dazu, dass die Verhaltenspflichten der Organmitglieder eine mittelbare Modifizierung erfahren. Mit Abgabe einer positiven Entsprechenserklärung kommt es im Rahmen der anerkannten Empfehlungen zu einer **Erweiterung des Pflichtenkreises**, denn die Organmitglieder sind an ihre Erklärung gebunden und dürfen nicht von den Empfehlungen abweichen. Der materielle Gehalt jeder anerkannten Empfehlung strahlt damit über § 161 auf die allgemeinen Sorgfaltspflichten der Organe nach §§ 93, 116 aus. Die Pflichtenlage ändert sich erst mit Veröffentlichung einer neuen Erklärung.[129] Die Rechtsfolgen sind insgesamt also erheblich, denn jedes Abweichen von anerkannten Empfehlungen kann über § 93 Abs. 2 zu Schadensersatzansprüchen führen.[130]

---

115 *Gelhausen/Hönsch*, AG 2003, 367, 368 f; *Hüffer*, Rn 15; *IDW*, PS 345.10, WPg 2003, 1002, 1003; *Ringleb*, in: KodexKomm, Rn 1510.
116 Dazu ausführlich *Kirschbaum*, DB 2005, 1473, 1476.
117 Oben Rn 62.
118 *Hüffer*, Rn 17a; *Hoffmann-Becking/Krieger*, ZIP 2009, 904; *Rosengarten/Schneider*, ZIP 2009, 1837, 1844; aA *Mutter*, ZIP 2009, 750. Eine gesetzliche Übergangsvorschrift für § 161 existiert nicht.
119 Großkomm-AktienR/*Leyens*, Rn 259; *Ringleb*, in: KodexKomm, Rn 1542.
120 *Lutter*, ZHR 166 (2002), 523, 538. Näher: *Kirschbaum*, Entsprechenserklärungen, S. 340 ff.
121 Vgl *Radke*, S. 140.
122 Näher: *Semler/Wagner*, NZG 2003, 553, 557; *Ringleb*, in: KodexKomm, Rn 1542.
123 Vgl nur oben *Landwehrmann*, § 93 Rn 16; GroßKomm-AktienR/*Hopt*, § 93 Rn 78, 224; KölnKomm-AktG/*Mertens/Cahn*, § 93 Rn 3 ff.
124 *Berg/Stöcker*, WM 2002, 1569, 1575; *Lutter*, ZHR 166 (2002), 523, 535; MüKo-AktG/*Spindler*, § 93 Rn 31.
125 GroßKomm-AktienR/*Hopt*, § 93 Rn 145; MüKo-AktG/*Semler*, Rn 101 f. Eine pauschale Verpflichtung zur Abgabe einer positiven Entsprechenserklärung *ohne* Umsetzung der einzelnen Empfehlungen ist bedenklich; vgl *Ulmer*, ZHR 166 (2002), 150, 174; *Krieger*, in: FS Ulmer, S. 365, 378.
126 *Ihrig/Wagner*, BB 2002, 789, 791; *Lutter*, in: KodexKomm, Rn 1524.
127 *Ringleb*, in: KodexKomm, Rn 1572; ähnlich: *Gelhausen/Hönsch*, AG 2003, 367.
128 Oben Rn 64 ff.
129 *Lutter*, in KodexKomm, Rn 1628 ff; *Radke*, S. 203; *Kirschbaum*, Entsprechenserklärungen, S. 313 ff.
130 Näher unten Rn 80.

75 **III. Überwachungspflichten.** Aus der Bindungswirkung und den Auswirkungen auf die Verhaltenspflichten der Organmitglieder – nicht zuletzt die nun höchstrichterlich bestätigte unterjährige Pflicht zu korrigierten Erklärungen – erhellt, dass Vorstand und Aufsichtsrat die Einhaltung der anerkannten Empfehlungen zu überwachen haben. Angesichts der gemeinsamen Inpflichtnahme von Vorstand und Aufsichtsrat durch § 161, müssen beide Organe sicherstellen, dass die tatsächliche Corporate Governance dem Erklärungsinhalt entspricht.[131] Zur Umsetzung kann sich ein „Corporate Governance-Controlling" oder ein Corporate Governance-Beauftragter empfehlen.[132] Zudem sollte jedes Mitglied, insbesondere im Aufsichtsrat, jährlich auf seine Mitteilungspflichten, etwa zum Auftreten von Interessenkonflikten, hingewiesen werden.

76 **IV. Gerichtliches Ermessen.** Die Anerkennung von Empfehlungen des Kodex in der Entsprechenserklärung kann auf weitere Normen ausstrahlen. So ist bei der gerichtlichen Bestellung von Aufsichtsratsmitgliedern nach § 104 eine Entsprechenserklärung der Organe zu berücksichtigen. Es widerspräche dem vom Gericht zu beachtenden Unternehmensinteresse, eine Bestellung im Widerspruch zu anerkannten Empfehlungen durchzuführen.[133]

76a **V. Anfechtbarkeit von Beschlüssen der Hauptversammlung.** Vorstand und Aufsichtsrat sind zur Abgabe einer richtigen Entsprechenserklärung gesetzlich verpflichtet. Die gesetzliche Verpflichtung erstreckt sich ebenso auf die unterjährige Veröffentlichung einer aktualisierten Erklärung, wenn sich eine Abweichung von Empfehlungen ergibt. Jeder Verstoß gegen diese Verpflichtung ist Gesetzesverletzung und schließt Billigung der Verwaltung aus. **Entsprechende Entlastungsbeschlüsse sind damit grundsätzlich anfechtbar.**[134] Hinsichtlich der Relevanz für die Entlastung der Organe ist zu differenzieren: Unwesentliche Abweichungen scheiden als Bagatellverstöße per se aus; der in der unrichtigen Entsprechenserklärung liegende Verstoß muss über einen Formalverstoß hinausgehen und auch im konkreten Einzelfall Gewicht haben.[135] Bei Abweichungen von Empfehlungen, die das Verhalten einzelner Organmitglieder – zB Interessenkonflikte in einer Person[136] – betreffen, ist von der Anfechtbarkeit der Gesamtentlastung auszugehen, wenn die übrigen Organmitglieder Verstoß kannten oder hätten ihn kennen müssen und nicht auf Korrektur der Erklärung hingewirkt haben.[137] Der Hinweis in einem Redebeitrag auf eine bisher nicht erklärte Abweichung vom Kodex genügt nicht, um den Gesetzesverstoß zu heilen.[138] Entscheidend ist allein die Richtigkeit der Entsprechenserklärung.

Wahlen zum Aufsichtsrat können anfechtbar sein, wenn der Aufsichtsrat der Hauptversammlung einen Beschlussvorschlag unterbreitet, der inhaltlich im Widerspruch zu den Empfehlungen des Kodex steht, denen er sich durch veröffentlichte Erklärungen uneingeschränkt unterworfen hatte.[139] Auch die Wahl des Abschlussprüfers kann anfechtbar sein, wenn der Aufsichtsrat bei Vorbereitung seines Wahlvorschlags anders als der Kodex es fordert (DCGK Ziff. 7.2) – und anders als in der Entsprechenserklärung verlautbart – nicht die Unabhängigkeitserklärung des Prüfers eingeholt hat.[140]

G. Abschlussprüfung

77 **I. Prüfung des Anhangs.** Die Angabe im Anhang, dass die Entsprechenserklärung abgegeben und den Aktionären zugänglich gemacht wurde, unterliegt der Prüfung durch den Abschlussprüfer. Die Entsprechenserklärung selbst ist allerdings nicht Bestandteil des Anhangs und daher *nicht* zu prüfen.[141] Dies gilt auch

---

131 *Lutter*, ZHR 166 (2002), 523, 541; *Seibt*, AG 2002, 249, 252; *Semler/Wagner*, NZG 2003, 553, 557. Anders (Aufgabe des Vorstands) *Kiethe*, NZG 2003, 559, 562.
132 *Hirte*, TranspuG, S. 8; *Radke*, S. 153; *Peltzer*, Dt. CG, Rn 378 ff; *Seibt*, AG 2003, 465, 469.
133 Bereits *Lutter/Kirschbaum*, ZIP 2005, 103 ff, gegen OLG Schleswig v. 26.4.2004 – 2 W 46/04, ZIP 2004, 1143.
134 BGH v. 21.9.2009 – II ZR 174/08, ZIP 2009, 2051 Rn 18 (Axel Springer); *Hüffer*, Rn 31; KölnKomm-AktG/*Lutter*, Rn 143; Spindler/Stilz/*Sester*, Rn 61; K. Schmidt/Lutter/*Spindler*, Rn 64; *Mülbert/Wilhelm*, ZHR 176 (2012), 286, 289; *Ulmer*, ZHR 166 (2002), 150, 165 f.
135 BGH v. 21.9.2009 – II ZR 174/08, ZIP 2009, 2051 Rn 18 (Axel Springer) mit Anm. *Wagner*, WuB II A § 161 AktG 1.10; *Hüffer*, Rn 31; Spindler/Stilz/*Sester*, Rn 69; zur „Wesentlichkeit" siehe oben Rn 61. Zwischen Wesentlichkeit einer Empfehlung und Wesentlichkeit einer Abweichung differenzierend: *Goslar/v.d.Linden*, DB 2009, 1691, 1693 f.
136 Vgl BGH v. 16.2.2009 – II ZR 185/07, BGHZ 180, 9 Rn 19 (Deutsche Bank/Kirch); BGH v. 21.9.2009 – II ZR 174/08, ZIP 2009, 2051 Rn 16 ff (Axel Springer); zur Thematik auch BGH v. 10.7.2012 – II ZR 48/11, NJW 2012, 3235 (Fresenius).

Grundlegend zu den Auswirkungen der Entsprechenserklärung auf Interessenkonflikte: *Kirschbaum*, Entsprechenserklärungen, S. 325 ff.
137 BGH v. 16.2.2009 – II ZR 185/07, BGHZ 180, 9 Rn 26 f (Deutsche Bank/Kirch); *Hüffer*, Rn 31; Spindler/Stilz/*Sester*, Rn 69; K. Schmidt/Lutter/*Spindler*, Rn 64.
138 BGH v. 16.2.2009 – II ZR 185/07, BGHZ 180, 9 Rn 28 (Deutsche Bank/Kirch).
139 Umstritten; wie hier OLG München v. 6.8.2008 – 7 U 5628/07, ZIP 2009, 133 (MAN/Piëch) (rechtskräftig); LG Hannover v. 17.3.2010 – 23 O 124/09, NZG 2010, 744 (Continental/Schaeffler) (Berufung eingelegt, Az OLG Celle 99 U 578/10); aA *Hüffer*, Rn 32; LG München I v. 22.11.2007 – 5 HK O 10614/07, ZIP 2007, 2360, mit krit. Anm. *Kirschbaum*, ZIP 2007, 2362. Siehe auch *Goslar/v.d.Linden*, DB 2009, 1691, 1695.
140 So auch Großkomm-AktienR/*Leyens*, Rn 49 5; AA *Goslar/v.d.Linden*, DB 2009, 1691, 1696.
141 Begr. zum RegE, BT-Drucks. 14/8769, S. 25; *Gelhausen/Hönsch*, AG 2002, 529, 532; *Hüffer*, Rn 33; *Ringleb*, in: KodexKomm, Rn 49.

dann, wenn die Entsprechenserklärung als Teil der Erklärung zur Unternehmensführung in den Lagebericht aufgenommen wird, § 317 Abs. 2 S. 3 HGB. Wurde die Erklärung nicht bzw in unzureichender Weise abgegeben oder öffentlich zugänglich gemacht, ist der Bestätigungsvermerk einzuschränken.[142]

II. Weitergehende Pflichten. Eine Redepflicht nach § 321 Abs. 1 S. 3 HGB kann Abschlussprüfer treffen, wenn er **bei Gelegenheit** seiner Prüfung Unrichtigkeiten feststellt.[143] Wird die Erklärung freiwillig in den Anhang aufgenommen, ist sie auch **inhaltlich** vom Abschlussprüfer zu prüfen, zumindest dann, wenn kein Hinweis auf eine unterbliebene Prüfung erfolgt.[144]

H. Haftungsrisiken

Seit Einführung der Norm sind Haftungsrisiken Gegenstand der Diskussion. Auch in der Gesetzesbegründung wurde die Problematik angesprochen.[145]

I. Binnenhaftung. Eine Haftung der Organmitglieder gegenüber der Gesellschaft nach §§ 93 Abs. 2, 116 kommt bei jeder Pflichtverletzung in Betracht. Die Einhaltung gesetzlicher Vorgaben ist elementarer Bestandteil der allgemein zu beachtenden Sorgfaltspflichten.[146] Insofern gilt auch für § 161, dass jede Verletzung der beschriebenen Verhaltenspflichten bei oder nach Erklärungsabgabe einen Schadensersatzanspruch der Gesellschaft auslösen kann. Aufgrund der Bindungswirkung an die eigene Erklärung gilt das auch, wenn die Organe von anerkannten Empfehlungen abweichen, ohne dass dies in einer aktualisierten Erklärung verlautbart würde.[147]

Schwieriger als die Pflichtverletzung ist die Beurteilung eines Schadens der Gesellschaft. Fehlerhafte Entsprechenserklärungen werden in allererster Linie negative Auswirkungen auf dem Kapitalmarkt auslösen. Ein unter Druck gesetzter Aktienkurs würde das Gesellschaftsvermögen zunächst nicht unmittelbar betreffen.[148] Corporate Governance beeinflusst aber auch die Finanzierungsbedingungen der Gesellschaft, deren Verschlechterung als Schaden im Sinne der Norm relevant werden kann.[149]

II. Außenhaftung. Die Entsprechenserklärung börsennotierter Aktiengesellschaften ist neben anderen Informationen Grundlage der Investitionsentscheidung. Daher steht die Außenhaftung gegenüber geschädigten Anlegern im Mittelpunkt der Haftungsfrage, wenn die Organe eine falsche Erklärung veröffentlichen oder unterjährig vom Erklärten abweichen.

1. Haftung der Organmitglieder. Eine Haftung der Organmitglieder kommt nur auf der Grundlage allgemeiner Regeln in Betracht. Die deliktische Haftung nach § 823 Abs. 1 BGB begegnet Schwierigkeiten, da ein Verstoß gegen § 161 keinen haftungsbegründenden Eingriff und selbst ein geringerer Börsenkurs keine substantielle Beeinträchtigung der aktienrechtlichen Mitgliedschaft darstellt.[150] § 161 ist kein Schutzgesetz iSv § 823 Abs. 2 BGB, denn die Norm bezweckt die Information des Kapitalmarkts, nicht aber den Schutz einzelner Anleger.[151] Dies gilt erst recht für die Empfehlungen des Kodex, bei denen es bereits an der Gesetzesqualität fehlt. Auch eine Haftung in Verbindung mit § 331 Nr. 1, 2 HGB bzw § 400 AktG wird regelmäßig ausscheiden.[152] Eine sittenwidrige Schädigung iSv § 826 BGB ist denkbar, wenn der schwierige Nachweis des entsprechenden Vorsatzes bei den Organmitgliedern gelingt.[153]

Eine Haftung nach den Grundsätzen der – in vielen Fragen ungeklärten – Allgemeinen zivilrechtlichen Prospekthaftung erscheint insgesamt näher liegend. Insbesondere *Lutter* verweist darauf, dass mit der Erklärung um Vertrauen auf dem Kapitalmarkt geworben wird und unrichtige Angaben folgerichtig haftungsauslösend sind.[154] Problematisch ist allerdings die Subsumtion der Erklärung unter den nicht allzu weit gefassten Begriffs des „Prospekts".[155] Stets schwierig wird auch sein, die Kausalität zwischen fehlerhafter

---

142 *IDW*, PS 345.31, WPg 2003, 1002, 1006; *Gelhausen/Hönsch*, AG 2002, 529, 534.
143 Vgl *IDW*, PS 345.33, WPg 2003, 1002, 1006; *Ruhnke*, AG 2003, 371, 374; *Seibt*, AG 2002, 249, 257. Vgl auch Ziff. 7.2.3.
144 *Strieder*, DB 2004, 1325, 1328; abw.: *IDW* PS 345.22, WPg 2003, 1002, 1005.
145 So seien Haftungsrisiken ausgeschlossen, wenn bei einer unterjährigen Änderung der Verhältnisse auch eine Aktualisierung der Erklärung erfolge; Begr. zum RegE, BT-Drucks. 14/8769, S. 22.
146 GroßKomm-AktienR/*Hopt*, § 93 Rn 98; MüKo-AktG/*Spindler*, § 93 Rn 24.
147 *Lutter*, in: KodexKomm, Rn 1627 ff; MüKo-AktG/*Goette*, Rn 98.
148 Vgl GroßKomm-AktienR/*Hopt*, § 93 Rn 265; KölnKomm-AktG/*Mertens/Cahn*, § 93 Rn 60.
149 Vgl ausführlich *Bertrams*, S. 223 ff; *Radke*, S. 209 ff; KölnKomm-AktG/*Lutter*, Rn 154 ff.
150 Vgl *Berg/Stöcker*, WM 2002, 1569, 1578; MüKo-AktG/*Goette*, Rn 101; *Mülbert/Wilhelm*, ZHR 176 (2012), 286, 300; *Ulmer*, ZHR 166 (2002), 150, 168.
151 Näher: *Ettinger/Grützediek*, AG 2003, 353, 357 ff; *Bertrams*, S. 251 ff; *Kort*, in: FS Raiser, S. 205 ff. Aufgeschlossener: *Ehricke*, in: Hopt/Voigt (Hrsg.), Prospekt- und Kapitalmarktinformationshaftung, 2005, S. 187, 309 ff.
152 Vgl *Kort*, in: FS Raiser, S. 203, 213; *Körner*, NZG 2004, 1148, 1150.
153 Daran dürfte die Haftung regelmäßig scheitern. Vgl auch MüKo-AktG/*Goette*, Rn 102, siehe aber BGH v. 19.7.2004 – II ZR 217/03, NJW 2004, 2668 (Infomatec).
154 *Lutter*, in: FS Druey, S. 463, 467 ff; *Lutter*, in: KodexKomm, Rn 1634 ff; KölnKomm-AktG/*Lutter*, Rn 168 ff.
155 Zurückhaltend daher *Seibt*, AG 2002, 249, 257; *Bertrams*, S. 237 ff; *Körner*, NZG 2004, 1148, 1149; *Hüffer*, Rn 30; MüKo-AktG/*Goette*, Rn 102.

Entsprechenserklärung und Investitionsentscheidung bzw Kursrückgang nachzuweisen. Eine gesetzliche Klarstellung scheint unverändert angezeigt.

85 Konkurriert ein Schadensersatzanspruch eines Anlegers mit dem der Gesellschaft, kann der Anleger jedenfalls nur Schadensersatz an die Gesellschaft verlangen (Doppelschaden).[156]

86 **2. Haftung der Gesellschaft.** Eine Außenhaftung der Gesellschaft kommt insbesondere nach §§ 37b, 37c WpHG in Betracht, wenn eine Entsprechenserklärung fehlerhaft oder verspätet abgegeben wird und gleichzeitig zur Kursbeeinflussung geeignet ist.[157] Eine Zurechnung der Pflichtverletzung von Organmitgliedern nach § 31 BGB ist wohl abzulehnen.[158]

Anhang zu § 161   Entsprechenserklärungen nach § 161 AktG

I. Uneingeschränkte Erklärung

87 ▶ Vorstand und Aufsichtsrat der X-AG erklären:

Den vom Bundesministerium der Justiz im amtlichen Teil des elektronischen Bundesanzeigers bekannt gemachten Empfehlungen der Regierungskommission „Deutscher Corporate Governance Kodex" idF vom 15. Mai 2012 wurde im zurückliegenden Geschäftsjahr ohne Einschränkung entsprochen.

Den Empfehlungen wird auch zukünftig ohne Einschränkung entsprochen werden.

…

Ort, Datum

…

Für den Vorstand: Vorsitzender

…

Für den Aufsichtsrat: Vorsitzender ◀

II. Erklärung mit Einschränkungen

88 ▶ Vorstand und Aufsichtsrat der X-AG erklären:

Den vom Bundesministerium der Justiz im amtlichen Teil des elektronischen Bundesanzeigers bekannt gemachten Empfehlungen der Regierungskommission „Deutscher Corporate Governance Kodex" idF vom 15. Mai 2012 wurde im zurückliegenden Geschäftsjahr bis auf nachfolgende Abweichung entsprochen:

Die D&O-Versicherung für den Aufsichtsrat sieht keinen Selbstbehalt für einfache Fahrlässigkeit vor (Ziff. 3.8). Es besteht die Auffassung, dass ein Selbstbehalt keine verhaltenssteuernde Wirkung entfalten würde. Zudem ist ein Selbstbehalt für fahrlässiges Verhalten international nicht üblich. Ein Selbstbehalt in Höhe von … besteht für grob fahrlässiges und für vorsätzliches Fehlverhalten.[1] Für D&O-Versicherungsverträge besteht die gesetzliche Verpflichtung zu einer Vertragsanpassung gemäß § 93 Abs. 2 S. 3 AktG iVm § 23 Abs. 1 S. 1 EGAktG seit dem 1. Juli 2010 nur für Versicherungen von Vorstandsmitgliedern. Der Gesetzgeber hat in § 116 S. 1 AktG den Selbstbehalt für den Aufsichtsrat nicht gesetzlich vorgeschrieben, sondern den Aufsichtsrat vom zwingenden Selbstbehalt vielmehr ausdrücklich ausgenommen. Der Charakter des Aufsichtsratsmandats, der auch durch die andersartige Ausgestaltung der Vergütung deutlich wird, lässt eine Differenzierung zwischen Vorstand und Aufsichtsrat angemessen erscheinen. In der D&O-Versicherung, die die Gesellschaft für Mitglieder des Vorstands abgeschlossen hat, ist jedoch ein Selbstbehalt gemäß § 93 Abs. 2 S. 3 AktG vereinbart.

Den Empfehlungen wird auch zukünftig mit Ausnahme von Ziff. 3.8 aus den genannten Gründen entsprochen werden.

…

Ort, Datum

…

Für den Vorstand: Vorsitzender

…

Für den Aufsichtsrat: Vorsitzender ◀

---

156 Berg/Stöcker, WM 2002, 1569, 1578; Lutter, in: Kodex-Komm, Rn 1632; vgl auch Hüffer, § 93 Rn 19.
157 Ihrig/Wagner, BB 2002, 789, 791; zurückhaltend: Radke, S. 268 f; s. auch Ettinger/Grützediek, AG 2003, 353, 357.
158 Hüffer, Rn 29; ähnlich: Radke, S. 271 f; aA Großkomm-AktienR/Leyens, Rn 608.
1 Begründung in der Entsprechenserklärung seit Gesetzesänderung durch das BilMoG v. 25.5.2009 zwingend.

Zweiter Abschnitt
Prüfung des Jahresabschlusses

Erster Unterabschnitt
Prüfung durch Abschlußprüfer

§§ 162 bis 169 (aufgehoben)

Zweiter Unterabschnitt
Prüfung durch den Aufsichtsrat

§ 170 Vorlage an den Aufsichtsrat

(1) ¹Der Vorstand hat den Jahresabschluß und den Lagebericht unverzüglich nach ihrer Aufstellung dem Aufsichtsrat vorzulegen. ²Satz 1 gilt entsprechend für einen Einzelabschluss nach § 325 Abs. 2a des Handelsgesetzbuchs sowie bei Mutterunternehmen (§ 290 Abs. 1, 2 des Handelsgesetzbuchs) für den Konzernabschluss und den Konzernlagebericht.

(2) ¹Zugleich hat der Vorstand dem Aufsichtsrat den Vorschlag vorzulegen, den er der Hauptversammlung für die Verwendung des Bilanzgewinns machen will. ²Der Vorschlag ist, sofern er keine abweichende Gliederung bedingt, wie folgt zu gliedern:

1. Verteilung an die Aktionäre ....
2. Einstellung in Gewinnrücklagen ....
3. Gewinnvortrag ....
4. Bilanzgewinn ....

(3) ¹Jedes Aufsichtsratsmitglied hat das Recht, von den Vorlagen und Prüfungsberichten Kenntnis zu nehmen. ²Die Vorlagen und Prüfungsberichte sind auch jedem Aufsichtsratsmitglied oder, soweit der Aufsichtsrat dies beschlossen hat, den Mitgliedern eines Ausschusses zu übermitteln.

Literatur:
Altmeppen, Der Prüfungsausschuss-Arbeitseinteilung im Aufsichtsrat, ZGR 2004, 390; *Bormann/Gicht,* Übermittlung des Prüfungsberichts an den Aufsichtsrat – ein Beitrag zu § 170 Abs. 3 S. 2 AktG – BB 2003, 1887; *Ebeling/Schmidt,* Individuelle Informationsrechte von Aufsichtsratsmitgliedern einer Aktiengesellschaft, BB 2002, 1705; *Grewe,* Die Pflichtprüfung nach neuem Recht, WPg 1986, 85; *Scheffler,* Die Berichterstattung des Abschlussprüfers aus der Sicht des Aufsichtsrats, WPg 2002, 1289; *Strieder/Graf,* Zusammenarbeit zwischen Abschlussprüfer und Aufsichtsrat, BB 1997, 1943; *Sima,* Zur Berichtspflicht des Vorstandes gegenüber dem Aufsichtsrat bei drohender Verletzung der Verschwiegenheitspflicht durch einzelne Aufsichtsratsmitglieder, NJW 1990, 1816; *Velte,* Beschränkung der Informationsrechte des Aufsichtsrats in Bezug auf die Rechnungsunterlagen des Vorstands und den Prüfungsbericht des Abschlussprüfers, NZG 2009, 737; *Wilde,* Informationsrechte und Informationspflichten im Gefüge der Gesellschaftsorgane, ZGR 1998, 423.

A. Regelungsgegenstand	1	2. Einstellung in Gewinnrücklagen (Abs. 2 Nr. 2)	12
B. Vorlage von Jahresabschluss und Lagebericht an den Aufsichtsrat (Abs. 1)	2	3. Gewinnvortrag (Abs. 2 Nr. 3)	13
I. Umfang der Vorlagen	2	4. Bilanzgewinn (Abs. 2 Nr. 4)	14
II. Vorlage des Prüfungsberichts an den Aufsichtsrat	3	5. Abweichungen	15
III. Zeitpunkt der Vorlagen	5	D. Kenntnisnahme- und Aushändigungsrecht der Aufsichtsratsmitglieder (Abs. 3)	16
IV. Adressat der Vorlagen	6	I. Regelungsgegenstand	16
V. Ad-hoc-Pflicht bei Aufstellung	7	II. Kenntnis und Aushändigung	17
C. Vorschlag zur Gewinnverwendung (Abs. 2)	8	E. Rechtsfolgen bei Verstoß gegen Abs. 3	21
I. Regelungsgegenstand	8		
II. Gliederungsschema	10		
1. Verteilung an die Aktionäre (Abs. 2 Nr. 1)	10		

A. Regelungsgegenstand

Die Vorschrift regelt Inhalt und Umfang der Vorlagen an den Aufsichtsrat im Rahmen der Prüfung des Jahresabschlusses. Sie dient der Überprüfung der Rechnungslegung des Vorstandes durch den Aufsichtsrat im Rahmen seiner Kontrollfunktion (§ 111) und seiner Pflicht nach § 171, Jahresabschluss, Lagebericht und   1

Gewinnverwendungsvorschlag bzw die in Rn 2 aufgeführten weiteren Vorlagen zu prüfen. § 170 Abs. 1 soll sicherstellen, dass dem Aufsichtsrat zum Zweck der Prüfung die Vorlagen auch tatsächlich vorgelegt werden.
Nach Abs. 2 soll sich der Aufsichtsrat ein Bild über die Ausschüttungspolitik machen und damit in die Lage versetzt werden, einen Gewinnvorschlag zu unterbreiten. Abs. 3 soll die Informationsrechte der einzelnen Aufsichtsratsmitglieder sichern.

B. Vorlage von Jahresabschluss und Lagebericht an den Aufsichtsrat (Abs. 1)

2 I. Umfang der Vorlagen. Nach Abs. 1 hat der Vorstand
- den von ihm aufgestellten Jahresabschluss, also Bilanz und G + V (§ 242 HGB) bzw kumulativ einen Einzelabschluss nach § 325 Abs. 2 a HGB bzw die verkürzte Bilanz für kleine Aktiengesellschaften und Kleinstkapitalgesellschaften nach dem MicroBilG; kapitalmarktorientierte Unternehmen (§ 264 d HGB) die keinen Konzernabschluss aufstellen müssen, müssen die Bilanz um eine Kapitalflussrechnung und einen Eigenkapitalspiegel (ggf auch Segmentsberichterstattung), § 264 Abs. 1 S. 2 HGB, erweitern;
- den Anhang (§§ 264 Abs. 1, 284 HGB – § 264 Abs. 3 HGB Ausnahme),
- den Lagebericht[1] (§§ 264 Abs. 1, 289, 289 a (Erklärung zur Unternehmensprüfung) HGB (Befreiung für kleine Kapitalgesellschaften, § 267 Abs. 1 HGB, von der Erstellung eines Lageberichts gem. § 264 Abs. 1 S. 3 HGB) und Konzerngesellschaften, die die in § 264 Abs. 3 HGB genannten Voraussetzungen erfüllen,
- den Vorschlag für die Verwendung des Bilanzgewinns (§ 170 Abs. 2 S. 1 ist nur erforderlich, wenn die Hauptversammlung über einen Bilanzgewinn verfügen kann; Bilanzverlust wird stets in das neue Jahr vorgetragen),
- bei abhängigen Gesellschaften den Bericht des Vorstandes über die Beziehungen zu verbundenen Unternehmen (§ 312),
- bei Mutterunternehmen iS des § 290 HGB den Konzernabschluss (§ 297 HGB) und den Konzernlagebericht (§ 315 HGB)

unverzüglich (§ 121 Abs. 1 S. 1 BGB) dem Aufsichtsrat vorzulegen.
Der Einzelabschluss nach § 325 Abs. 2 a HGB ist fakultativ. Er ersetzt nicht den Einzelabschluss nach HGB, sondern steht stets neben diesem. Er dient dazu, auch Einzelunternehmen die Möglichkeit einzuräumen, die Rechnungslegung – wie die Konzernabschlüsse börsennotierter Unternehmen – nach IAS-Standard vorzunehmen, um auch Einzelunternehmen den internationalen Kapitalmarkt zu eröffnen. Der Einzelabschluss nach § 325 Abs. 2 a HGB ist – wie der Konzernabschluss – rein informatorisch und hat keine Zahlungsbemessungsfunktion (§ 325 Abs. 2 b HGB). Er wird daher – wie der Konzernabschluss – vom Aufsichtsrat "gebilligt" und nicht festgestellt.

3 II. Vorlage des Prüfungsberichts an den Aufsichtsrat. Falls die Gesellschaft gesetzlich (§§ 321, 316, 267 HGB), statutarisch oder durch Beschluss der Hauptversammlung verpflichtet ist, Jahresabschluss und Lagebericht durch einen Abschlussprüfer prüfen zu lassen, so hat dieser seinen **Prüfungsbericht** dem Aufsichtsrat vorzulegen. Wird von der Gesellschaft ein Abhängigkeitsbericht gem. §§ 311, 312 erstellt, so ist dieser nach Aufstellung vom Vorstand dem Aufsichtsrat nach § 312 Abs. 1 S. 1 vorzulegen. Der Abschlussprüfer übergibt die Ergebnisse seiner Prüfung zum Abhängigkeitsbericht gem. § 313 Abs. 2 S. 3 direkt dem Aufsichtsrat.[2] Gemäß § 317 Abs. 4 HGB ist der Bericht für das Risikoüberwachungssystem iS von § 91 Abs. 2 AktG ebenfalls direkt an den Aufsichtsrat weiterzuleiten. Darüber hinaus wird empfohlen, fakultativ den Rentabilitätsbericht iS von § 90 Abs. 1 S. 1 Nr. 2 AktG vorzulegen.[3] Bei Meinungsverschiedenheiten zwischen Vorstand und Prüfer ist auch die Stellungnahme des Vorstands (§ 321 Abs. 5 S. 2 HGB) dem Aufsichtsrat zu übermitteln (vgl auch § 90 Abs. 1 S. 3, 1. Hs). Bei Kündigung des Prüfungsauftrages vgl § 318 Abs. 7 und 8 HGB. Die Vorlagepflicht gilt auch bei der **kleinen AG**, sofern sie sich einer freiwilligen Abschlussprüfung unterzieht.[4] Der Konzernlagebericht kann bei Mutterunternehmen iSv § 290 Abs. 1, 2 HGB mit dem Lagebericht zusammengefasst werden (§§ 315 Abs. 3, 298 Abs. 3 HGB) soweit die Inhalte übereinstimmen. Auf die Zusammenlegung ist hinzuweisen.[5]

4 Der Vorstand hat unabhängig davon, ob der Prüfungsbericht des Abschlussprüfers vorliegt, die oben aufgeführten Unterlagen dem Aufsichtsrat vorzulegen.

---

[1] Zur Möglichkeit der Änderung vgl MüKo-AktG/*Hennrichs/ Pöschke*, Rn 21.
[2] Zum „management letter" s. MüKo-AktG/*Hennrichs/Pöschke*, Rn 40.
[3] MüKo-AktG/*Kropff*, 2. Aufl., Rn 19, und MüKo-AktG/*Hennrichs/Pöschke*, Rn 4.
[4] MüKo-AktG/*Hennrichs/Pöschke*, Rn 42 und *Hoffmann-Becking*, MüHb AG, § 44 Rn 5, 8.
[5] BGH NJW-RR 208, 907, 908.

III. Zeitpunkt der Vorlagen. Der Vorstand ist gem. § 170 Abs. 1 S. 1 gehalten, dem Aufsichtsrat die Vorlagen unverzüglich (§ 121 Abs. 1 BGB) vorzulegen. Dabei ist zu beachten, dass für den Jahresabschluss gem. § 264 Abs. 1 HGB eine Frist von 3 Monaten zur Aufstellung besteht, für den Konzernabschluss gem. § 290 Abs. 1 HGB eine Frist von 5 Monaten (vgl § 325 Abs. 4 HGB, wonach die Offenlegungspflicht für börsennotierte Unternehmen auf 4 Monate reduziert wurde). Der Zugang des Prüfungsberichts des Abschlussprüfers ist nicht abzuwarten. Dieser wird vielmehr direkt dem Aufsichtsrat zugeleitet, § 321 Abs. 5 S. 2 HGB.[6] Nach Ziffer 7.1.2 des DCGK soll der Konzernabschluss 90 Tage nach dem Geschäftsjahresende zugänglich sein.

Kommt der Vorstand seiner Vorlagepflicht nicht nach, kann ein Zwangsgeldverfahren gegen ihn eingeleitet werden, § 407 Abs. 1 (vgl auch unten Rn 21). Erforderlich ist, dass der ordnungsgemäß besetzte Vorstand die Unterlagen wenigstens mit einfacher Mehrheit verabschiedet hat. Die Nichtvorlage oder nicht unverzügliche Vorlage der Unterlagen stellt iS des § 84 Abs. 3 eine grobe Pflichtverletzung des Vorstands dar, die zur Abberufung bzw Ersatzansprüchen führen kann.

IV. Adressat der Vorlagen. Adressat der Vorlagen ist der Aufsichtsrat, zu Händen des Aufsichtsratsvorsitzenden. Dieser ist verpflichtet, Unterlagen an die Mitglieder des Aufsichtsrats oder eines Ausschusses zu übersenden. Der Vorstand kann die Vorlagen auch jedem Mitglied des Aufsichtsrats aushändigen.

V. Ad-hoc-Pflicht bei Aufstellung. Grundsätzlich löst bereits die Aufstellung des Jahresabschlusses durch den Vorstand die Veröffentlichungspflicht nach § 15 WpHG aus, wenn er Informationen enthält, die geeignet sind, im Falle ihres Bekanntwerdens den Börsenkurs erheblich zu beeinflussen. Eine Veröffentlichungspflicht entfällt, wenn die Voraussetzungen der Befreiung nach § 15 Abs. 3 WpHG gegeben sind, was regelmäßig der Fall ist, weil ansonsten das Prüfungsrecht des Aufsichtsrats beeinträchtigt wäre.[7]

C. Vorschlag zur Gewinnverwendung (Abs. 2)

I. Regelungsgegenstand. Nach Abs. 2 hat der Vorstand zugleich den Vorschlag vorzulegen, den er der Hauptversammlung für die Verwendung des Bilanzgewinns machen will. Dieser unterliegt der Prüfung durch den Aufsichtsrat (vgl § 171 Abs. 1 S. 1), nicht aber des Abschlussprüfers. Der Vorschlag soll angeben, welche Verwendung des Gewinns dem Vorstand zweckmäßig erscheint. Er ist dabei lediglich an den sich aus der Bilanz ergebenden Bilanzgewinn gebunden und ansonsten unter Beachtung zulässiger Rücklagenbildung gem. § 58 grundsätzlich frei. Der Bilanzgewinn wiederum wird aus dem Jahresüberschuss der G + V, ergänzt um die in § 158 Abs. 1 aufgeführten Posten, ermittelt (s. unten § 174).

Welche Punkte der Gewinnverwendungsvorschlag enthalten muss, ergibt sich aus der Gliederung des § 170 Abs. 2 S. 2. Diese unterscheidet sich von der Gliederung des Gewinnverwendungsbeschlusses der Hauptversammlung in § 174 Abs. 1 in der dort angegebenen ergänzenden Angabe eines zusätzlichen Aufwandes. Dieser Posten kann entstehen, wenn die Hauptversammlung von einem Gewinnverwendungsvorschlag des Vorstands abweicht (vgl § 278 HGB). Bei Vorliegen einer Ausschüttungssperre gem. § 269 S. 2 HGB oder § 274 Abs. 2 S. 3 HGB hat der Vorstand in seinem Vorschlag auf diese Sperre hinzuweisen. Bei einem Bilanzverlust ist der Gewinnverwendungsbeschluss obsolet, ausgenommen es besteht noch Gewinnvortrag. Schlägt der Vorstand eine wesentlich von den Erwartungen abweichende Dividende vor, so kann dies eine Meldung nach § 15 WpHG auslösen (vgl Rn 7).

II. Gliederungsschema. 1. Verteilung an die Aktionäre (Abs. 2 Nr. 1). Abs. 2 Nr. 1 umfasst als ersten Punkt die "Verteilung an die Aktionäre", dh die **Dividende** (s. Beispiel oben, § 174 Rn 3). Diese besteht grundsätzlich in Geld.[8] Sieht die Satzung eine entsprechende Bestimmung vor, kann auch eine Sachdividende etwa Wertpapiere ("Wertpapierdividende") ausgeschüttet werden, § 58 Abs. 5 (siehe dazu § 174 Rn 6). Bei der Gewinnverteilung ist § 60 zu beachten. Besonderheiten gelten für gemeinnützige Aktiengesellschaften.[9] Bei Vorzugsaktien ist neben dem Vorzug evtl die Nachtragsdividende des Vorjahres, § 139 Abs. 1, anzugeben.

Zu berücksichtigen sind Gewinnbeschränkungen (§ 328, § 6 EGAktG) und Ausschüttungssperren (§§ 269, 274 HGB, §§ 71 b, 20 Abs. 7, § 28 WpHG). Bei der Verletzung von Mitteilungspflichten nach § 20 oder § 21 WpHG sind zumindest die Aktien zu berücksichtigen, bei denen eine Mitteilung nicht vorsätzlich unterlassen wurde und nachgeholt worden ist (§ 58 Abs. 4 und § 271).[10]

---

6   Zur Säumigkeit des Prüfers MüKo-AktG/*Hennrichs/Pöschke*, Rn 50.
7   Zu den Einzelheiten MüKo-AktG/*Hennrichs/Pöschke*, Rn 37; vgl auch den Emittentenleitfaden der BAFiN vom 28.4.2009, S. 47 ff.
8   Zur „Sachdividende" vgl *Obermüller/Butzke*, H Rn 35, und Literatur vor § 174.
9   Vgl Großkomm-AktienR/*Brönner*, § 174 Rn 25.
10 Vgl im Einzelnen MüKo-AktG/*Hennrichs/Pöschke*, Rn 60.

12 **2. Einstellung in Gewinnrücklagen (Abs. 2 Nr. 2).** § 58 Abs. 2 und Abs. 2 a ermächtigen den Vorstand zur Einstellung in die Rücklagen. Die Art der Rücklage ist unter Heranziehung von § 158 genau zu bezeichnen. Von den Gewinnrücklagen iS § 272 Abs. 3 HGB ist die Kapitalrücklage iS § 272 Abs. 2 HGB zu unterscheiden.
Nach § 170 Abs. 2 Nr. 2 kann die Hauptversammlung weitere Gewinnrücklagen (§ 58 Abs. 3 S. 1) bilden, dh über die Kompetenz des Vorstandes im Rahmen der Aufstellung des Jahresabschlusses hinaus (§ 58 Abs. 1 S. 2). Letztere bezieht sich auf den Jahresüberschuss, die Kompetenz der Hauptversammlung auf den in der Bilanz ausgewiesenen Bilanzgewinn. Dabei kann die Hauptversammlung in die gesetzliche, satzungsmäßige oder andere Rücklagen (§ 272 Abs. 3 HGB) Bilanzgewinn einstellen. Zu beachten ist, dass bei willkürlicher Rücklagenbildung (§ 60 Abs. 2 S. 1) die Möglichkeit einer Anfechtungsklage gem. § 254 besteht.

13 **3. Gewinnvortrag (Abs. 2 Nr. 3).** Nach Abs. 2 Nr. 3 ist der Gewinnvortrag anzugeben. Dieser ergibt sich aus dem Teil des Bilanzgewinns, der nicht ausgeschüttet oder in Gewinnrücklagen eingestellt werden soll. Dabei handelt es sich regelmäßig – aber nicht zwingend – um einen Spitzenbetrag, der nicht verteilbar ist. Für eine Anfechtung nach § 254 (keine Mindestdividende von 4 %) ist es gleichgültig, ob der Gewinn vorgetragen oder einer Rücklage zugefügt wird.

14 **4. Bilanzgewinn (Abs. 2 Nr. 4).** Nach Nr. 4 ist der Bilanzgewinn anzugeben, dieser muss sich aus der Addition der ersten drei Positionen ergeben. Dieser Betrag muss mit dem in der Bilanz (§ 268 Abs. 1 S. 2 HGB) und der G + V (§ 158 Abs. 1 Nr. 5) sowie dem im Anhang angegebenen Betrag übereinstimmen.

15 **5. Abweichungen.** Von der vorgenannten Gliederung darf nur aus wichtigem Grund abgewichen werden.[11] Dies ist insbesondere dann der Fall, wenn weitere Gliederungspunkte in den Gewinnverwendungsvorschlag aufgenommen werden sollen, zB eine Gewinnbeteiligung des Aufsichtsrats oder Zuwendungen von Beträgen aus dem Bilanzgewinn an Dritte, zB Arbeitnehmer, soweit dies durch die Satzung gedeckt ist (§ 58 Abs. 2 S. 2). Zahlungen, die die Gesellschaft aus dem Gewinn oder dem Jahresüberschuss zu leisten hat, sind allerdings bereits bei der Aufstellung des Jahresabschlusses zu berücksichtigen und mindern den Jahresüberschuss. Dies gilt etwa für Genussscheine, Zahlungen auf Besserungsscheine oder gewinnabhängige Vergütungen der Verwaltungsmitglieder und Gewinnschuldverschreibungen.

D. Kenntnisnahme- und Aushändigungsrecht der Aufsichtsratsmitglieder (Abs. 3)

16 **I. Regelungsgegenstand.** Nach § 171 muss der Aufsichtsrat den Jahresabschluss, den Lagebericht und den Vorschlag für die Verwendung des Bilanzgewinns prüfen. Um dieser Prüfungspflicht ordnungsgemäß nachzukommen, muss der Aufsichtsrat die Vorlagen nach § 170 Abs. 1 und 2, dh die Vorstandsvorlagen und die Prüfungsberichte kennen.

17 **II. Kenntnis und Aushändigung.** Nach Abs. 3 S. 1 kann jedes Aufsichtsratsmitglied im Sinne eines Individualrechts **Kenntnis** von den Vorlagen des Vorstandes nach Abs. 1 und 2 verlangen. Dabei bedeutet Kenntnisnahme Einsichtnahme und ihr ein- oder mehrmaliges Lesen in den Räumen der Gesellschaft.[12]
Abs. 3 S. 2 erweitert das Recht auf **Aushändigung**, damit die Aufsichtsratsmitglieder sich Abschriften fertigen können und Zeit zum Studium der Vorlagen haben.

18 Kenntnisnahme- und Aushändigungsrecht hinsichtlich des Prüfungsberichts bestehen analog für die kleine AG auch dann, wenn die Gesellschaft nicht prüfungspflichtig ist, aber nach Beschluss oder Satzung sich einer fakultativen Prüfung unterzieht.[13]

19 Den Aufsichtsratsmitgliedern muss auch rechtzeitig eine Kenntnisnahme ermöglicht werden, dh in der regulären Frist für Aufsichtsratssitzungen, so dass rechtzeitig vor der Bilanzsitzung die Ausübung der Prüfungspflicht ermöglicht wird. Genannt werden zwei Wochen.[14]

20 Das Aushändigungsrecht nach Satz 2 kann generell oder im Einzelfall durch Aufsichtsratsbeschluss dahin gehend abgeändert werden, dass die Vorlagen den Mitgliedern eines Ausschusses auszuhändigen sind. Dies kann sowohl der Bilanz- oder Finanzausschuss sein. Die Vorschrift ist Ausfluss des Selbstorganisationsrechts des Aufsichtsrats. Sie soll verhindern, dass die Vorlagen nicht nach außen dringen. Problematisch ist, dass dann den Mitgliedern des Plenums nur ein Einsichtsrecht aber kein Übermittlungsrecht zusteht, obwohl das Plenum die volle Verantwortung für die Prüfung der Vorlagen hat.[15] Eine entsprechende Problematik ergibt sich bei der Anwesenheit des Abschlussprüfers vor dem Plenum bzw dem Prüfungsausschuss (§ 171 Abs. 1).Die Aushändigung erfolgt an den Vorsitzenden des Aufsichtsrats, bzw mit dessen Einver-

---

11 A/D/S, Rn 47; Großkomm-AktienR/*Brönner*, Rn 19.
12 Vgl Großkomm-AktienR/*Brönner*, Rn 21.
13 Zur analogen Anwendung des § 170 bei fakultativem Aufsichtsrat vgl MüKo-AktG/*Hennrichs/Pöschke*, Rn 115 ff.
14 Spindler/Stilz/*Euler/Müller*, § 171 Rn 70.
15 *Velte*, NZG 2009, 737.

E. Rechtsfolgen bei Verstoß gegen Abs. 3

Vorstandsmitglieder oder Abwickler, die Abs. 3 nicht befolgen, sind nach § 407 Abs. 1 vom Registergericht durch Festsetzung eines Zwangsgeldes anzuhalten. Daneben kann ein Aufsichtsratsmitglied Klage gegen die Gesellschaft erheben, wenn ihm Kenntnis bzw die Aushändigung (soweit diese nicht ausgeschlossen ist) verweigert werden.[16]

Umstritten ist, ob die beklagte Gesellschaft in diesem Fall durch den Vorstand[17] oder den Aufsichtsrat[18] vertreten ist.

Vereinzelt wird auch eine Klage gegen den Aufsichtsratsvorsitzenden erwogen,[19] dies allerdings wohl nur dann, wenn dieser die Unterlagen nicht weiterleitet. Richtig dürfte sein, dass die Gesellschaft durch den Vorstand vertreten wird. Dies ergibt sich aus § 407. Ein Fall des § 112 ist nicht ersichtlich. Die Verletzung der Rechte aus § 170 durch den Vorstand stellt eine Pflichtverletzung dar, die ggf zum Schadensersatz verpflichtet.

Eine Verletzung der Informationsrechte des Aufsichtsrats kann zur **Nichtigkeit** des festgestellten Jahresabschlusses führen, wenn zumindest einem Aufsichtsratsmitglied eine gewissenhafte Prüfung der Abschlussunterlagen nicht möglich war und daher ein Mitwirkungsmangel vorliegt (§ 256 Abs. 2). Wird dieser nicht gerügt und alle Aufsichtsratsmitglieder stimmen der Feststellung des Jahresabschlusses uneingeschränkt zu, dürfte eine Nichtigkeit ausgeschlossen sein.[20]

§ 171 Prüfung durch den Aufsichtsrat

(1) ¹Der Aufsichtsrat hat den Jahresabschluß, den Lagebericht und den Vorschlag für die Verwendung des Bilanzgewinns zu prüfen, bei Mutterunternehmen (§ 290 Abs. 1, 2 des Handelsgesetzbuchs) auch den Konzernabschluß und den Konzernlagebericht. ²Ist der Jahresabschluss oder der Konzernabschluss durch einen Abschlussprüfer zu prüfen, so hat dieser an den Verhandlungen des Aufsichtsrats oder des Prüfungsausschusses über diese Vorlagen teilzunehmen und über die wesentlichen Ergebnisse seiner Prüfung, insbesondere wesentliche Schwächen des internen Kontroll- und des Risikomanagementsystems bezogen auf den Rechnungslegungsprozess, zu berichten. ³Er informiert über Umstände, die seine Befangenheit besorgen lassen und über Leistungen, die er zusätzlich zu den Abschlussprüfungsleistungen erbracht hat.

(2) ¹Der Aufsichtsrat hat über das Ergebnis der Prüfung schriftlich an die Hauptversammlung zu berichten. ²In dem Bericht hat der Aufsichtsrat auch mitzuteilen, in welcher Art und in welchem Umfang er die Geschäftsführung der Gesellschaft während des Geschäftsjahrs geprüft hat; bei börsennotierten Gesellschaften hat er insbesondere anzugeben, welche Ausschüsse gebildet worden sind, sowie die Zahl seiner Sitzungen und die der Ausschüsse mitzuteilen. ³Ist der Jahresabschluß durch einen Abschlußprüfer zu prüfen, so hat der Aufsichtsrat ferner zu dem Ergebnis der Prüfung des Jahresabschlusses durch den Abschlußprüfer Stellung zu nehmen. ⁴Am Schluß des Berichts hat der Aufsichtsrat zu erklären, ob nach dem abschließenden Ergebnis seiner Prüfung Einwendungen zu erheben sind und ob er den vom Vorstand aufgestellten Jahresabschluß billigt. ⁵Bei Mutterunternehmen (§ 290 Abs. 1, 2 des Handelsgesetzbuchs) finden die Sätze 3 und 4 entsprechende Anwendung auf den Konzernabschluss.

(3) ¹Der Aufsichtsrat hat seinen Bericht innerhalb eines Monats, nachdem ihm die Vorlagen zugegangen sind, dem Vorstand zuzuleiten. ²Wird der Bericht dem Vorstand nicht innerhalb der Frist zugeleitet, hat der Vorstand dem Aufsichtsrat unverzüglich eine weitere Frist von nicht mehr als einem Monat zu setzen. ³Wird der Bericht dem Vorstand nicht vor Ablauf der weiteren Frist zugeleitet, gilt der Jahresabschluß als vom Aufsichtsrat nicht gebilligt; bei Mutterunternehmen (§ 290 Abs. 1, 2 des Handelsgesetzbuchs) gilt das Gleiche hinsichtlich des Konzernabschlusses.

(4) ¹Die Absätze 1 bis 3 gelten auch hinsichtlich eines Einzelabschlusses nach § 325 Abs. 2 a des Handelsgesetzbuchs. ²Der Vorstand darf den in Satz 1 genannten Abschluss erst nach dessen Billigung durch den Aufsichtsrat offen legen.

---

16 BGHZ 85, 293; *Hüffer*, Rn 15.
17 So *Hüffer*, Rn 15; MüHb-AG/*Hoffmann-Becking*, § 44 Rn 12.
18 Großkomm-AktienR/*Brömmer*, Rn 25 unter Hinweis auf § 112.
19 *Geßler/Kropff*, Rn 42.
20 *Bormann/Gucht*, BB 2003, 1887, 1891 f.

§ 171 AktG

Literatur:
Bischof/Oser, Zweifelsfragen zur Teilnahmepflicht des Abschlussprüfers an der Bilanzsitzung des Aufsichtsrats, WPg 1998, 539; *Cervellini,* Der Bericht des Aufsichtsrats. Element guter Corporate Governance: eine Untersuchung unter besonderer Berücksichtigung von Transparenz und Verschwiegenheit, 2012; *Drygala,* Aufsichtsratsbericht und Vertraulichkeit im System der Corporate Governance, AG 2007, 381; *Forster,* Aufsichtsrat und Abschlussprüfung, ZfB 1988, 789; *ders.,* Zum Zusammenspiel von Aufsichtsrat und Abschlussprüfer nach dem KonTraG, AG 1999, 193; *Lutter,* Der Bericht des Aufsichtsrats an die Hauptversammlung, AG 2008, 1; *Martens,* Die Vorlage des Jahresabschlusses und des Prüfungsberichts gegenüber dem Wirtschaftsausschuss, DB 1988, 1229; *Maser/Bäumker,* Steigende Anforderungen an die Berichtspflicht des Aufsichtsrats?, AG 2005, 906 ff; *Peltzer,* Der Aufsichtsratsbericht an die Hauptversammlung: Mehr als nur eine Formalie, NZG 2010, 976; *Preußner,* Risikomanagement und Compliance in der aktienrechtlichen Verantwortung des Aufsichtsrats unter Berücksichtigung des Bilanzmodernisierungsgesetzes, NZG 2008, 574; *Priester,* Interessenkonflikt im Aufsichtsratsbericht – Offenlegung versus Vertraulichkeit, ZIP 2011, 2081, *Sünner,* Der Bericht des Aufsichtsrats an die Hauptversammlung nach § 171 Abs. 2 AktG, AG 2008, 411; *Theisen,* Die Überwachungsberichterstattung des Aufsichtsrats, BB 1988, 705; *Velte,* Beschränkung der Informationsrechte des Aufsichtsrats in Bezug auf die Rechnungslegungsunterlagen des Vorstands und den Prüfungsbericht des Abschlussprüfers in NZG 2009, 737.

A. Regelungsgegenstand 1	D. Berichtspflicht des Aufsichtsrats (Abs. 2 und 3) ... 26
B. Umfang und Maßstab der Prüfungspflicht 7	I. Regelungsgegenstand 26
I. Gegenstand der Prüfungspflicht 7	II. Berichtsinhalt, Mindestanforderungen 27
II. Prüfungsmaßstab 12	III. Berichtsinhalt im Einzelnen 29
III. Allgemeines Einsichts- und Prüfungsrecht des Aufsichtsrats nach § 111 16	IV. Zeitpunkt der Berichtspflicht (Abs. 3) 44
C. Teilnahme- und Berichtspflicht des Abschlussprüfers (Abs. 1 S. 2) 18	V. Verletzung der Berichtspflicht 45

A. Regelungsgegenstand

1 § 171 verpflichtet den Aufsichtsrat zur Prüfung des Einzel- und Konzernabschlusses bzw des Einzelabschlusses nach § 325 Abs. 2a HGB (Abs. 4), einschließlich der jeweiligen Lageberichte sowie zur Prüfung des Gewinnverwendungsvorschlags des Vorstands (Abs. 1). Über das Ergebnis einer Prüfung hat er der Hauptversammlung gemäß § 171 Abs. 2 und 3 zu berichten.

2 § 171 ist Ausfluss der Überwachungspflicht des Aufsichtsrats nach § 111 Abs. 1, denn die Überwachung der Geschäftsführung ohne Prüfung der Rechnungslegung ist nicht denkbar.[1]

3 Die Prüfungspflicht ist zugleich Voraussetzung für die Feststellung, dh die Billigung des Jahresabschlusses (§ 172). Missbilligt der Aufsichtsrat den Jahresabschluss, so ist die Hauptversammlung nach § 173 zur Entscheidung über die Feststellung berufen.

4 § 171 Abs. 1 S. 2 postuliert im Falle der Prüfungspflicht eine Teilnahmeverpflichtung des Abschlussprüfers an den Verhandlungen des Aufsichtsrats oder des Prüfungsausschusses (§ 107 Abs. 3 S. 2) sowie eine Berichtspflicht über die wesentlichen Ergebnisse seiner Prüfung, insbesondere wesentliche Schwächen des internen Kontroll- und Risikomanagementsystems bezogen auf den Rechnungslegungsprozess.

5 Darüber hinaus muss der Abschlussprüfer über Umstände berichten, die seine Befangenheit besorgen lassen und über Leistungen, die er zusätzlich zu den Abschlussprüferleistungen erhalten hat.

6 Die Vorschrift kann nicht durch die Satzung geändert werden (§ 23 Abs. 5).

B. Umfang und Maßstab der Prüfungspflicht

7 **I. Gegenstand der Prüfungspflicht.** Gegenstand der Prüfungspflicht sind die Vorlagen des Vorstandes gemäß § 170 Abs. 1 und 2, dh

- Jahresabschluss bzw kumulativ Einzelabschluss nach § 325 Abs. 2a HGB bzw die oben (§ 170 Rn 2) aufgeführten Unterlagen,
- Lagebericht,
- Gewinnverwendungsvorschlag und
- bei abhängigen Gesellschaften der Abhängigkeitsbericht (§ 314 Abs. 2–4).

8 Ist die Aktiengesellschaft Mutterunternehmen iS des § 290 HGB, ist weiterhin

- der Konzernabschluss (§ 297 HGB) und
- der Konzernlagebericht (§ 315 HGB)

vorzulegen.

---

[1] So *Hüffer,* Rn 1.

§ 107 Abs. 3 S. 2 bestimmt, dass der Aufsichtsrat einen Prüfungsausschuss bestellen kann, der sich mit der Überwachung des Rechnungslegungsprozesses, der Wirksamkeit eines internen Kontrollsystems, des Risikomanagementsystems und des internen Revisionssystems sowie der Abschlussprüfung, hier insbesondere der Unabhängigkeit des Abschlussprüfers und der vom Abschlussprüfer zusätzlich erbrachten Leistungen befasst. Beabsichtigt ist eine Steigerung der Effizienz des Aufsichtsrats, da ein kleineres Gremium die ihm durch den Gesamtaufsichtsrat übertragenen Aufgaben schneller, professioneller und konzentrierter erledigen soll als der Aufsichtsrat als Gremium.

In diesem Zusammenhang wird auf § 100 Abs. 5 verwiesen, wonach bei kapitalmarktorientierten Unternehmen (§ 264 d HGB) ein unabhängiges Mitglied des Aufsichtsrats über Sachverstand auf den Gebieten Rechnungslegung oder Abschlussprüfung verfügen muss. Bei Bestehen eines Prüfungsausschusses gilt dies auch für ein Mitglied desselben (§ 107 Abs. 4).

Entscheidend ist, dass auch im Falle der Übertragung von Aufgaben an den Prüfungsausschuss die Zuständigkeit und Verantwortung des Aufsichtsrats als Plenum in vollem Umfang bestehen bleibt.[2]

Es sollen durch den Ausschuss wesentliche Plenumsbeschlüsse im Hinblick auf die Prüfung der Rechnungslegung und die Überwachung der externen Abschlussprüfung vorbereitet werden. Die Beschlussfassungen des Aufsichtsrats sind aber nicht an den Prüfungsausschuss delegierbar.

Der **Gewinnverwendungsvorschlag** des Vorstands wird ausschließlich vom Aufsichtsrat geprüft, dh ist nicht Gegenstand der Prüfung des Abschlussprüfers. Er muss den gesetzlichen Anforderungen, insbesondere §§ 58, 60, 20 Abs. 7, 71 b, 150 und den Satzungsvorgaben, etwa über Einstellungen in andere Gewinnrücklagen, entsprechen.

Der Lagebericht muss mit der tatsächlichen Geschäftsentwicklung übereinstimmen, insbesondere wie sie in den Berichten des Vorstandes an den Aufsichtsrat (§ 90) wiedergegeben wurde.

II. Prüfungsmaßstab. Prüfungsmaßstab ist bei der Rechnungslegung wie auch bei den sonstigen Geschäftsführungsmaßnahmen die **Rechtmäßigkeit, Ordnungsmäßigkeit** und **Zweckmäßigkeit**. Dies bedeutet in erster Linie, dass die Einhaltung der Vorschriften des Gesetzes und der Satzung zu prüfen sind.

Der Jahresabschluss muss gemäß den §§ 238 f HGB den Grundsätzen ordnungsgemäßer Buchführung (§§ 238 Abs. 1 S. 1, 243 Abs. 1 HGB) entsprechen und ein den tatsächlichen Verhältnissen entsprechendes Bild der Vermögens-, Finanz- und Ertragslage der Gesellschaft vermitteln (§ 264 Abs. 2 HGB).

Die Prüfung der **Zweckmäßigkeit** betrifft in erster Linie bilanzpolitische Ermessensentscheidungen und die Ausschüttungs- und Thesaurierungspolitik.[3] Hierzu gehört die Bildung und Auflösung stiller Reserven bzw die Ausübung bilanzieller Wahlrechte, etwa das Abwertungswahlrecht nach § 253 Abs. 3 HGB.[4]

Hinsichtlich der Dividendenpolitik erstreckt sich die Zweckmäßigkeitsprüfung in erster Linie auf die Dotierung und Auflösung freier Gewinnrücklagen (§§ 58, 150).

III. Allgemeines Einsichts- und Prüfungsrecht des Aufsichtsrats nach § 111. Parallel besteht das allgemeine Einsichts- und Prüfungsrecht des Aufsichtsrats als Organ nach § 111 Abs. 2, das sich auf die gesamte Buchführung erstreckt. Der Aufsichtsrat kann auch einzelne seiner Mitglieder mit der Ausübung des Prüfungsrechts beauftragen bzw einen Prüfungsausschuss (§ 107 Abs. 3) bestellen.

Das Recht, für bestimmte Aufgaben weitere Sachverständige hinzuzuziehen (§ 111 Abs. 2 S. 2) wird nur dem Gesamtaufsichtsrat, der durch Beschluss entscheidet, zugebilligt.[5] Eine weitergehende evtl Prüfungspflicht, Einsicht in die Buchführung, Hinzuziehung eines weiteren Sachverständigen etc. wird nur dann geboten sein, wenn der Bestätigungsvermerk durch den Abschlussprüfer verweigert oder eingeschränkt wurde.[6] Bei uneingeschränktem Bestätigungsvermerk kann der Aufsichtsrat stets davon ausgehen, dass die Bücher ordnungsgemäß geführt sind.

C. Teilnahme- und Berichtspflicht des Abschlussprüfers (Abs. 1 S. 2)

Nach Abs. 1 S. 2 muss der Abschlussprüfer an den Verhandlungen des Aufsichtsrats oder des Prüfungsausschusses über die in Abs. 1 S. 2 genannten Vorlagen (einschließlich Einzelabschluss nach § 325 Abs. 2a HGB, § 171 Abs. 4) – ggf auch Konzernabschluss und Konzernlagebericht – teilnehmen und über die wesentlichen Ergebnisse seiner Prüfung berichten.[7]

Die Vorschrift dient der effektiven Kontrolle durch den Aufsichtsrat. Sie gilt daher nicht nur für diejenigen Gesellschaften, die gesetzlich prüfungspflichtig sind, sondern auch für solche, bei denen die Hauptversammlung durch Wahl eines Abschlussprüfers eine fakultative Prüfung angeordnet hat.[8]

---

2 *Hüffer*, § 107 Rn 18.
3 Geßler/Kropff, Rn 13 f, 15.
4 *Hüffer*, Rn 7.
5 BGHZ 85, 293, 300; Großkomm-AktienR/*Brönner*, Rn 5.
6 Großkomm-AktienR/*Brönner*, Rn 7.
7 Zum Zusammenspiel von Aufsichtsrat und Abschlussprüfer vgl Forster, AG 1999, 193 f.
8 Anders: *Hüffer*, Rn 11.

20 Sofern ausnahmsweise nicht der Jahresabschluss, aber der Konzernabschluss prüfungspflichtig ist (§ 316 Abs. 1 und 2 HGB), bezieht sich die Teilnahme- und Berichtspflicht hierauf.

21 Der Prüfer hat dem Aufsichtsrat bzw dem Prüfungsausschuss zu berichten, dh er hat ergänzend zu dem von ihm vorgelegten schriftlichen Bericht erläuternde oder vertiefende Fragen zu beantworten. Insbesondere muss der Abschlussprüfer, eingeführt durch das Bilanzmodernisierungsgesetz (BGBl. 2009, 1102) über wesentliche Schwächen des internen Kontroll- und Risikomanagementsystems, bezogen auf den Rechnungslegungsprozess berichten. Zur internen Kontrolle des Rechnungslegungsprozesses zählen jedoch nicht nur das interne Kontrollsystem und das zugehörige interne Revisionssystem, sondern auch das interne Risikomanagementsystem, soweit es Berührungspunkte mit dem Rechnungslegungsprozess aufweist. Nach der RegBegr. ist hier insbesondere an das Management von Risiken im Zusammenhang mit der Bildung von Bewertungseinheiten oder ggfls. erforderliche Risikoeinschränkungen, beispielsweise die Frage nach dem Risiko einer Inanspruchnahme aus Eventualverbindlichkeiten.[9]

21a Darüber hinaus muss der Abschlussprüfer über Umstände, die seine Befangenheit besorgen lassen und über Leistungen, die er zusätzlich zu den Abschlussprüferleistungen erhalten hat, informieren.
Sinn und Zweck ist es, die Transparenz zwischen Abschlussprüfer und Aufsichtsrat bzw Prüfungsausschuss (hierzu § 107 Abs. 3) zu erhöhen. Während der CGK in Ziff. 7.2.1. eine entsprechende Informationsvereinbarung zwischen Aufsichtsrat und Abschlussprüfer fordert, legt das Gesetz dem Abschlussprüfer nunmehr von sich die Verpflichtung auf, hierüber zu informieren. Nach § 321 Abs. 4a HGB muss der Abschlussprüfer seine Unabhängigkeit darüber hinaus im Prüfungsbericht bestätigen.

22 Bei Wirtschaftsprüfungsgesellschaften ist es erforderlich aber auch ausreichend, wenn der Prüfungsleiter anwesend ist.[10]

23 Die Teilnahmeverpflichtung bezieht sich entweder auf das Plenum oder den Prüfungsausschuss. Dies entscheidet der Aufsichtsrat. Insoweit ist ein gesetzliches Mindestforderniss postuliert so dass die Frage, ob der Abschlussprüfer ggf an den Sitzungen beider Gremien teilnehmen muss, falls dies vom Aufsichtsrat verlangt wird, dem Bereich außergerichtlicher Absprachen zuzuordnen ist.[11]
Ist der Jahresabschluss festgestellt worden, obwohl der Abschlussprüfer nicht zugegen war, ist die Feststellung gleichwohl wirksam.[12]

24 Eine schuldhafte Verletzung der Teilnahme- und Berichtspflicht kann Schadensersatzforderungen auslösen.[13] Umgekehrt handelt der Aufsichtsrat pflichtwidrig (§ 116), wenn er den Prüfer – abgesehen von Zwischenberatungen – von seiner Sitzung ausschließt.

25 Enforcement-Verfahren nach §§ 342b bis 342e HGB, 37n bis 37u WpHG: Zu einer Prüfung der Prüfung kann es durch die Deutsche Prüfstelle für Rechnungslegung kommen, wenn konkrete Anhaltspunkte für einen Verstoß gegen Rechnungslegungsvorschriften vorliegen oder die BaFin die Eröffnung eines Verfahrens verlangt oder Stichproben einen entsprechenden Verdacht ergeben haben. Ergibt die Prüfung, dass die Rechnungslegung fehlerhaft ist, so kann die BaFin weitere Maßnahmen einleiten, insbesondere die Fehlerhaftigkeit veröffentlichen.

D. Berichtspflicht des Aufsichtsrats (Abs. 2 und 3)

26 **I. Regelungsgegenstand.** Abs. 2 regelt die weitgehend im Ermessen des Aufsichtsrats liegende **Berichtspflicht** des Aufsichtsrats an die Hauptversammlung. Der Bericht wird durch Beschluss (§ 108 Abs. 1) festgestellt. Abweichende Auffassungen einzelner Aufsichtsratsmitglieder müssen nicht veröffentlicht werden.

27 **II. Berichtsinhalt, Mindestanforderungen.** Gegenstand des schriftlich zu erstattenden Berichts sind folgende Mindestanforderungen:

- Ergebnis der Prüfung von Jahresabschluss, Lagebericht (bzw Einzelabschluss nach § 325 Abs. 2a HGB), Konzernabschluss und Konzernlagebericht und Gewinnverwendungsvorschlag;
- Mitteilung über Art und Weise der Überprüfung der Geschäftsführung und ihrer Häufigkeit
- Anzahl der Sitzungen;
- Stellungnahme zum Ergebnis der Prüfung des Jahresabschlusses durch die Abschlussprüfer;
- Einwendungen aus der Prüfung durch den Aufsichtsrat und
- Billigungserklärung.

28 In jüngster Zeit ist wiederholt Kritik an der regelmäßig wiederzufindenden Leerformelhaftigkeit der Aufsichtsratsberichte aufgekommen, so dass sich empfiehlt, diese detaillierter auszugestalten. Die Pflicht zur

---

[9] BT-Drucks. 16/10067, S. 104.
[10] A/D/S, Rn 55.
[11] AA *Lutter*, AG 2008, 1, 7.
[12] *Hüffer*, Rn 11 a; *Bischof/Oser*, WPg, 1998, 542 f.
[13] A/D/S, Rn 52; Großkomm-AktienR/*Brönner*, Rn 22; Geßler/Kropff, Rn 25.

Überwachung des Vorstands intensiviert sich in jedem Fall in einer Krise, dies muss sich dann zwangsläufig auch in der Intensität der Berichterstattung niederschlagen. Zu beachten bleibt auch, dass ein fehlerhafter oder unzureichender Bericht Anlass für eine Anfechtung der Entlastungsbeschlüsse ggf auch des Gewinnverwendungsbeschlusses sein kann. Unrichtige Darstellungen sind darüber hinaus nach § 400 Abs. 1 Nr. 1 und 2 strafbar.

III. Berichtsinhalt im Einzelnen. Der Aufsichtsrat hat zunächst über das **Ergebnis** seiner Prüfung der Rechnungslegung des Vorstandes und der übrigen Vorlagen zu berichten. Über Einwendungen gegen die Rechnungslegung muss er Angaben machen, ggf durch Hinweis auf den der Hauptversammlung nicht bekannten Prüfungsbericht des Abschlussprüfers. Dabei müssen allerdings auch die für den Anhang gem. §§ 286 Abs. 1 HGB und 116 S. 2 geltenden Geheimhaltungspflichten durch den Aufsichtsrat beachtet werden.[14] Ein Verstoß hiergegen kann die Strafbarkeit nach § 404 begründen. 29

Einwendungen können sich unter dem Gesichtspunkt der Gesetzmäßigkeit der Vorlagen wie auch deren Zweckmäßigkeit, insbesondere hinsichtlich des Gewinnverwendungsvorschlags, ergeben. Einwendungen sind nur dann berichtspflichtig, sofern sie von nicht unwesentlicher Bedeutung sind, dh bei Gesetzesverstößen oder Obliegenheitsverletzungen die eine Sonderprüfung oder Schadensersatzansprüche nach sich ziehen können. Einwendungen gegen die Rechnungslegung sind von solchen gegen den Gewinnverwendungsvorschlag bzw den Lagebericht zu trennen. Unter Umständen unterbreitet der Aufsichtsrat einen eigenen Gewinnverwendungsvorschlag. 30

Ob bei Einwendungen gegen die Rechnungslegung nur solche als berichtspflichtig anzusehen sind, die auch zur **Einschränkung oder Verweigerung des Testats** führen, erscheint fraglich.[15] Dem Aufsichtsrat obliegt eine eigenständige Prüfungspflicht, die sich beispielsweise auch auf Bilanzierungs- und Bewertungswahlrechte des Vorstands bezieht, die nicht Gegenstand der Prüfung des Abschlussprüfers sind. 31

Bestehen keine Einwendungen, fällt diese Berichtspflicht mit der Schlusserklärung zusammen. 32

Weiterhin ist eine Mitteilung über Art und Weise der Überprüfung der Geschäftsführung (§ 171 Abs. 2 S. 2) erforderlich, dh in welchem Umfang der Aufsichtsrat seinen gesetzlichen Pflichten gem. §§ 111, 90 Abs. 3 nachgekommen ist. Der pauschale Hinweis, wonach der Aufsichtsrat die Geschäftsführung ordnungsgemäß überwacht habe, dürfte nicht ausreichend sein.[16] Vielmehr ist die Rechtmäßigkeit Ordnungsmäßigkeit, Zweckmäßigkeit und Wirtschaftlichkeit des Vorstands Handelns tangiert. Hierzu gehört insbesondere die Frage, ob die Bilanzpolitik des Vorstandes mit dem Finanzierungsinteresse der Gesellschaft im Einklang steht, ob der Vorstand seiner Informationspflicht (§ 90) ordnungsgemäß nachgekommen ist, was zur Stärkung der Ertragskraft unternommen wurde und wie das Risikomanagementsystem (§ 91 Abs. 2) überwacht wurde. 33

Angegeben werden sollte, wie und wann der Vorstand berichtet hat und ob spezifische Berichte angefordert wurden; auf besondere Vorkommnisse muss eingegangen werden. Auch ist die Anzahl der Sitzungen des Aufsichtsrats zu nennen und auf Beschlüsse außerhalb von Sitzungen hinzuweisen. 34

Der Aufsichtsrat hat auch den Dividendenvorschlag der Verwaltung (§ 170 Abs. 2) zu prüfen. Der Aufsichtsrat muss sich mit der Liquidität, der Finanz- und Investitionsplanung beschäftigen. Je konservativer die Bilanzpolitik des Vorstandes ist, umso großzügiger kann auch die Dividende ausfallen. Dementsprechend wird der häufig zu findende Satz, der Aufsichtsrat schließe sich dem Vorschlag des Vorstands für die Verteilung des Bilanzgewinns an, für nicht ausreichend erachtet.[17] 35

Bei börsennotierten Gesellschaften müssen die Zahl der Sitzungen und die Ausschüsse angegeben werden, die der Aufsichtsrat gebildet hat, selbst wenn diese auch schon im Vorjahr bestanden und bereits Gegenstand der Berichtspflicht waren.[18] 36

Der Aufsichtsrat hat weiterhin eine Stellungnahme zum Ergebnis der Prüfung des Jahresabschlusses (bzw des Einzelabschlusses nach § 325 Abs. 2 a HGB) und des Konzernabschlusses durch den Abschlussprüfer abzugeben (Abs. 2 S. 3). Insoweit soll sich der Aufsichtsrat mit dem Bericht des Abschlussprüfers, den die Hauptversammlung nicht kennt, auseinander setzen. 37

Hat der Abschlussprüfer einen uneingeschränkten Bestätigungsvermerk erteilt, kann sich die Stellungnahme hierauf beschränken.[19] 38

---

14 Großkomm-AktienR/*Brönner*, Rn 26.
15 So aber *Hüffer*, Rn 14; dagegen: *A/D/S*, Rn 76.
16 LG München DB 2005, 878; Großkomm-AktienR/*Brönner*, Rn 29; KölnKomm-AktG/*Claussen/Korth*, 2. Aufl., Rn 14; abweichend wohl *Hüffer*, Rn 13; zu eng wohl *A/D/S*, Rn 44 (Vorauflage), wonach folgende Formulierung ausreichend sein soll: „Der Aufsichtsrat hat sich während des Geschäftsjahres durch laufende Berichterstattung des Vorstandes über die Geschäftsführung des Unternehmens unterrichtet. In verschiedenen Sitzungen mit dem Vorstand wurden im Berichtszeitraum wichtige Fragen der Geschäftsführung besprochen."
17 *Lutter*, AG 2008, 1, 4.
18 *Hüffer*, Rn 13 a.
19 *Hüffer*, Rn 13 b; *A/D/S*, Rn 71, die folgende Formulierung vorschlagen: „Der Aufsichtsrat hat von dem Prüfungsbericht zustimmend Kenntnis genommen."

39 Ist der Bestätigungsvermerk verweigert oder eingeschränkt, ist eine ausführliche Stellungnahme erforderlich, insbesondere dann, wenn der Aufsichtsrat die Auffassung des Abschlussprüfers nicht teilt. Über **Beanstandungen** des Abschlussprüfers, die nicht unbedingt eine Einschränkung des Testats nach sich ziehen, muss nur berichtet werden, wenn diese wiederum von wesentlicher Bedeutung sind, was dann der Fall ist, wenn gegen gesetzliche Vorschriften verstoßen oder sonstige Obliegenheiten verletzt wurden.[20]

40 In dem Bericht ist ggf auch über das Ergebnis über die Prüfung eines **Abhängigkeitsberichts** zu berichten (§ 314 Abs. 2 und 3). Dabei ist zu beachten, dass der Aufsichtsrat zum Treuhänder der abhängigen Gesellschaft und ihrer Minderheit wird, die eben keine Einsicht in den Abhängigkeitsbericht erhält. Dem entsprechend muss vom Aufsichtsrat eine besondere Sorgfalt und Verantwortung bei der Prüfung des Abhängigkeitsberichts gefordert werden. Gerade hier dürfte es sinnvoll sein, bei diesem Komplex den Prüfungsausschuss einzuschalten, der die einzelnen Rechtsgeschäfte näher prüft. Insbesondere sollte das Augenmerk darauf gerichtet werden, ob alle Rechtsgeschäfte erfasst sind und diese „at arm's lengths" erfolgt und ggf ein Ausgleich stattgefunden hat. Der Aufsichtsrat hat weiterhin Widersprüche oder Zweifel an den Aussagen im Abhängigkeits- und Prüfungsbericht nachzugehen.

41 Zu berichten ist weiterhin über die Bestellung und Abberufung von Vorstandsmitgliedern und über evtl Rechtstreitigkeiten mit ehemaligen Vorstandsmitgliedern. Weiterhin ist über Interessenskonflikte im Aufsichtsrat zu berichten, dies fordert auch der CGK (Ziff. 5.5.3.).[21]
Das OLG Frankfurt[22] hat hierfür strenge Maßstäbe angelegt. Anlass der Kritik war die Formulierung es habe „gelegentlich" und wiederum „latente" Interessenkonflikte gegeben. Das OLG beanstandet einmal, dass die Gründe eines mitgeteilten Interessenkonflikts und die Namen der betroffenen Personen nicht genannt worden seien. Sinnvoll erscheint es daher, in dem Bericht eine **Negativerklärung** aufzunehmen, wenn eben keine Interessenkonflikte im Berichtsjahr aufgetreten sind.
Ansonsten ist umstritten, ob der

- Inhalt des Interessenkonflikts
- die Namensnennung und
- die Behandlung des Interessenkonflikts

im Einzelnen darzulegen sind und inwieweit die Offenlegung der gesetzlich vorgeschriebenen Vertraulichkeit § 116 iVm § 93 Abs. 1 S. 3 widerspricht.[23]
Zwar soll das Beratungsgeheimnis gewährleisten, dass die Aufsichtsratsmitglieder ihre Aufgaben unbeeinflusst von außen bzw dem Druck und der Rechtfertigung gegenüber Dritten wahrnehmen können, jedoch muss diese Einschränkung gerade dann in den Hintergrund treten, wenn das Unternehmensinteresse durch den Interessenkonflikt eines oder mehrerer Aufsichtsratsmitglieder tangiert ist, weil ansonsten die Geheimhaltung stets die Offenlegung des Konflikts verbieten würde. Entscheidend ist daher auch nicht die Schwere des Interessenkonflikts,[24] sondern die Schwere des Eingriffs in das Unternehmensinteresse durch den Interessenkonflikt. Dieser muss die Anforderungen an die Dichte der Berichtspflicht bestimmen.

42 Vernachlässigt wird auch häufig die Berichtspflicht zu Haftungsansprüchen, insbesondere gegen Organmitglieder, wenn Pflichtverletzungen geprüft und festgestellt wurden.[25] Hierzu gehört die Darstellung des Vorgangs, der eine Pflichtverletzung darstellt aber auch Angaben darüber, wie es trotz der Überwachung durch den Aufsichtsrat zu dieser Pflichtverletzung gekommen ist und wie dieser begegnet wird, dh welche Rechtsfolgen eingeleitet wurden.[26] Sonstige Haftungsklagen, etwa nach §§ 57, 117, 311 gegen Aktionäre dürften regemäßig Gegenstand des Lageberichts des Vorstands sein. Wenn sich derartige Klagen gegen den Großaktionär richten und der Aufsichtsrat damit ganz zwangsläufig befasst ist, empfiehlt sich gerade wegen der Abhängigkeit vom Großaktionär auch eine Darstellung aus Sicht des Aufsichtsrats.
Eine Berichtspflicht besteht auch dann, wenn umgekehrt der Aufsichtsrat einer Pflichtverletzung beschuldigt wird, etwa wenn Feststellungsklage gegen die Ausübung des genehmigten Kapitals erhoben wird, u.a. mit der Begründung, der Zustimmungsbeschluss des Aufsichtsrats sei rechtswidrig.

43 Am Schluss hat der Aufsichtsrat zu erklären, ob Einwendungen gegen die Vorlagen zu erheben sind und ob er den vom Vorstand aufgestellten Jahresabschluss (bzw den Einzelabschluss nach § 325 Abs. 2 a HGB) und Konzernabschluss billigt, die damit festgestellt sind. Ist nichts einzuwenden, reicht es anzugeben, dass nach dem abschließenden Ergebnis der Prüfung Einwendungen nicht zu erheben sind. Die **Billigungserklärung** bezieht sich ausschließlich auf den Jahresabschluss (bzw den Einzelabschluss nach § 325 Abs. 2 a HGB) und den Konzernabschluss, nicht auf die Lageberichte und Gewinnverwendungsvorschlag.

---

20 Vgl im Einzelnen Großkomm-AktienR/*Brönner*, Rn 32.
21 AA OLG München AG 2009, 121, 123; *Dietzmann/Fleischmann*, AG 2013, 141.
22 ZIP 2011, 1613.
23 Hierzu *Priester*, ZIP 2011, 2081.
24 So aber *Priester*, ZIP 2011, 2085.
25 Vgl *Semler*, Überlegungen zur Praktikabilität der Organhaftungsvorschriften, in FS Goette, 2011, S. 499.
26 *Semler*, aaO, S. 503.

Der Bericht des Aufsichtsrats muss durch ordnungsgemäßem Beschluss zustandegekommen sein.[27] Beschlüsse in konkludenter Form gibt es nicht.[28] Der Beschluss muss die Unterschrift des amtierenden Aufsichtsratsvorsitzenden tragen.

IV. Zeitpunkt der Berichtspflicht (Abs. 3). Nach Abs. 3 muss der Aufsichtsrat binnen Monatsfrist nach Zugang der Vorlagen des Abs. 1 S. 1 dem Vorstand seinen Bericht zuleiten, damit dieser ihn in den Geschäftsbericht aufnehmen kann. Der Zugang der Vorlagen beim Vorsitzenden des Aufsichtsrats reicht aus, so dass damit die Monatsfrist in Gang gesetzt wird.[29]
Wird die Monatsfrist versäumt, muss der Vorstand dem Aufsichtsrat unverzüglich (§ 121 Abs. 1 BGB) eine Nachfrist von höchstens einem Monat setzen.[30]
Verstreicht auch diese Frist, so greift die gesetzliche Vermutung, wonach der Jahresabschluss (bzw der Einzelabschluss nach § 325 Abs. 2 a HGB) und der Konzernabschluss nicht vom Aufsichtsrat gebilligt werden mit der Folge, dass diese von der Hauptversammlung festgestellt werden müssen, § 173 Abs. 1 Alt. 2. Der Vorstand hat dann auf das Fristversäumnis bei der Einberufung hinzuweisen.

V. Verletzung der Berichtspflicht. Die Verletzung der Berichtspflicht stellt eine Pflichtverletzung nach §§ 116, 93 dar, evtl. verbunden mit einer Schadensersatzpflicht. Sie dürfte auch stets mit einer Verweigerung der Entlastung einhergehen.
Ein Zwangsgeld kann gegen den Aufsichtsrat nicht erhoben werden, allenfalls gegen den Vorstand (§ 407), wenn er seiner Pflicht nach § 171 Abs. 3 nicht nachkommt.

44

45

Dritter Abschnitt
Feststellung des Jahresabschlusses. Gewinnverwendung

Erster Unterabschnitt
Feststellung des Jahresabschlusses

§ 172 Feststellung durch Vorstand und Aufsichtsrat

¹Billigt der Aufsichtsrat den Jahresabschluß, so ist dieser festgestellt, sofern nicht Vorstand und Aufsichtsrat beschließen, die Feststellung des Jahresabschlusses der Hauptversammlung zu überlassen. ²Die Beschlüsse des Vorstands und des Aufsichtsrats sind in den Bericht des Aufsichtsrats an die Hauptversammlung aufzunehmen.

Literatur:
Erle, Unterzeichnung und Datierung des Jahresabschlusses bei Kapitalgesellschaften, WPg 1987, 637; *W. Müller,* Die Änderung von Jahresabschlüssen, Möglichkeiten und Grenzen, in: FS Quack 1991, S. 359; *Kropff,* Auswirkungen der Nichtigkeit eines Jahresabschlusses auf die Folgeabschlüsse, in: FS Budde, 1995, S. 342; *Mutze,* Prüfung und Feststellung des Jahresabschlusses der Aktiengesellschaft sowie Beschlussfassung über die Gewinnverwendung, AG 1966, 173; *Weilinger,* Die Aufstellung und Feststellung des Jahresabschlusses im Handels- und Gesellschaftsrecht, 1997.

A. Regelungsgegenstand

Die Vorschrift regelt das Feststellungserfordernis und die Feststellungskompetenz des Jahresabschlusses.
Mit Billigung der Feststellung durch den Aufsichtsrat bekommt der vom Vorstand aufgestellte, dh entworfene Jahresabschluss eine endgültige rechtsverbindliche Form, die nunmehr Grundlage der Fortführung der Geschäfte ist und zugleich Grundlage des Gewinnverwendungsbeschlusses (§ 174 Abs. 1 S. 2) sowie der Entlastungsbeschlüsse (§ 120) der Hauptversammlung.
Mit dem Ausweis eines Bilanzgewinns entsteht der mitgliedschaftliche Gewinnanspruch des Aktionärs, im Gegensatz zum konkreten Dividendenanspruch, der erst mit Verkündung des Gewinnverwendungsbeschlusses entsteht. Einstellungen, Auflösungen von Rücklagen werden wirksam, Bewertungen für die Zukunft verbindlich.
Die Feststellung durch den Aufsichtsrat ist im Gegensatz zur Feststellung durch die Hauptversammlung (§ 173) der Normalfall.

1

2

3

4

---

27 BGH-NZG 2010, 943, hierzu auch *Peltzer,* Der Aufsichtsratsbericht an die Hauptversammlung: Mehr als nur eine Formalie, NZG 2010, 976.
28 BGHZ 41, 282.
29 Großkomm-AktienR/*Brönner,* Rn 44.
30 Demnach kann auch eine kürzere Frist festgesetzt werden, was allerdings nur dann zu empfehlen ist, wenn Abstimmungen zwischen Vorstand und Aufsichtsrat erfolgen.

5 Der Konzernabschluss wird durch den Aufsichtsrat ebenfalls „gebilligt", aber nicht festgestellt. Er unterliegt daher formal nicht den §§ 256 f. Dies wurde – auch in der ersten Auflage – damit begründet, dass sich die Gewinnverwendung nach dem Einzelabschluss richtet und dementsprechend nur dieser für die Rechtsstellung der Aktionäre Relevanz aufweist.
Zu berücksichtigen ist allerdings die zunehmende kapitalmarktrechtliche Bedeutung des Konzernabschlusses. Dieser ist nämlich auch Grundlage für die Gewährung einer Abfindung. Es muss daher zumindest Rechtsschutz über eine allgemeine Feststellungsklage bestehen, § 256 ZPO, weil auch die Billigung, wie die Feststellung, ein korporationsrechtliches Rechtsgeschäft eigener Art ist.

B. Feststellung des Jahresabschlusses durch Billigung

6 **I. Billigung und Missbilligung.** Mit Billigung des Jahresabschlusses durch den Aufsichtsrat ist dieser festgestellt, ausgenommen Vorstand und Aufsichtsrat kommen jeweils durch Beschluss überein, die Feststellung der Hauptversammlung zu überlassen. Dies ist meist dann der Fall, wenn der Großaktionär in den Feststellungsbeschluss eingebunden werden soll.
Die Beschlüsse beider Gremien sind dann im Bericht des Aufsichtsrats (§ 171 Abs. 2) an die Hauptversammlung aufzunehmen.

7 Neben diesen beiden Möglichkeiten hat der Aufsichtsrat das Recht, die Billigung abzulehnen bzw die Möglichkeit der Ablehnung durch Fristverstreichung (§ 171 Abs. 3) herbeizuführen. Demnach wird, was die Feststellung des Jahresabschlusses anbetrifft, der Entscheidungskompetenz des Aufsichtsrats eine vorrangige Rolle eingeräumt.

8 Der Billigung als kooperationsrechtliches Rechtsgeschäft eigener Art[1] unterliegen die Bilanz, die Gewinn- und Verlustrechnung (§ 242 HGB) sowie der Anhang (§ 264 HGB). Da der Vorstand regelmäßig der Sitzung des Aufsichtsrats über die Feststellung des Jahresabschlusses beiwohnt, § 109 Abs. 1, geht ihm in diesem Zeitpunkt auch der Beschluss zu.

9 Bei unterschiedlichen Voten zwischen Vorstand und Aufsichtsrat gilt Folgendes: Beschließt der Vorstand die Feststellung durch die Hauptversammlung, und billigt der Aufsichtsrat gleichwohl den Jahresabschluss, dann ist dieser festgestellt.[2] Billigt umgekehrt der Aufsichtsrat den Jahresabschluss nicht, und hat der Vorstand nicht beschlossen, die Feststellung der Hauptversammlung zu überlassen, dann entscheidet nach § 173 die Hauptversammlung über die Feststellung.

10 Der Aufsichtsrat kann den Jahresabschluss inhaltlich billigen, dh für richtig befinden, gleichwohl aber entscheiden, dass die Feststellung die Hauptversammlung vornehmen soll.

11 **II. Inhalt des Feststellungsbeschlusses.** Aus Gründen der Rechtssicherheit sollte der Feststellungsbeschluss möglichst bedingungs- und auflagenfrei sein.[3] Unbenommen ist es dem Aufsichtsrat, einen Eventualbeschluss zu fassen[4] mit dem Inhalt, dass der Abschluss gebilligt wird, wenn bestimmte Änderungen (Auflagen) erfolgen. Der Hauptversammlung liegt in diesem Fall kein bedingt festgestellter Abschluss vor, denn wenn die Änderung erfolgt, steht die Billigung fest, andernfalls ist die Feststellung abgelehnt.[5] Der Aufsichtsrat hat in diesem Fall in seinem Bericht genau aufzuführen, was er geändert haben will, der Vorstand hat in der Hauptversammlung über die Erfüllung der Auflagen Mitteilung zu machen. Hat der Vorstand Änderungen im Jahresabschluss vorgenommen, ist eine Nachtragsprüfung (§ 316 Abs. 3 HGB) einzuleiten.

12 Der Aufsichtsrat kann nur uneingeschränkt billigen oder missbilligen. Er kann nicht einen vom Vorstand abweichenden Abschluss feststellen.

13 **III. Änderung der Feststellung.** Ob eine einmal erfolgte Feststellung – zumindest bis zur Einberufung der Hauptversammlung – noch geändert werden kann, ist umstritten. Einigkeit besteht weitgehend darüber, dass ein einmal festgestellter Jahresabschluss, der Außenwirkung erlangt hat, nur aus wichtigem Grund geändert werden kann.[6] Wichtige Gründe sind beispielsweise der Ausfall bedeutender Außenstände, Beteiligungsverluste, Verlust eines Rechtsstreits bei zu geringen Rückstellungen etc. Außenwirkung erlangt der Abschluss, wenn er publiziert wurde (§ 175 Abs. 4).

14 Umstritten ist, ob der festgestellte, aber noch nicht publizierte Abschluss ohne Weiteres geändert werden kann.[7] Teilweise[8] wird dies nur angenommen, wenn die jeweiligen Beschlüsse, genauer die Willensbildung nach §§ 119, 123 BGB anfechtbar sind, wobei jedem Mitglied des Aufsichtsrats oder des Vorstands ein Anfechtungsrecht eingeräumt wird.

---

1 Hüffer, Rn 3; Großkomm-AktienR/Brönner, Rn 11.
2 Kropff, MüKo-AktG, § 172 Rn 2; aA Spindler/Stilz/Euler/Müller, Rn 7.
3 Geßler/Kropff, Rn 32; Hüffer, Rn 4; Großkomm-AktienR/Brönner, Rn 15;.
4 Obermüller/Butzke, H Rn 9.
5 Schwieriger ist der Fall, wenn der Wirtschaftsprüfer ein eingeschränktes, insb. an Bedingungen geknüpftes Testat erteilt hat, vgl hierzu Obermüller/Butzke, H Rn 10.
6 A/D/S, Rn 49 ff.
7 Hierzu A/D/S, Rn 32 ff; Spindler/Stilz/Euler/Müller, Rn 31 f.
8 KölnKomm-AktG/Claussen/Korth, Rn 20 (2. Auflage).

Hat der Vorstand in Erwartung einer Billigung des Jahresabschlusses Rücklagen gem. § 58 Abs. 2 gebildet 15
und wird die Feststellung der Hauptversammlung überlassen, so muss – unter Beachtung des § 316 Abs. 3
HGB (Nachtragsprüfung) – eine Änderung des Jahresabschlusses mit einer Rücklagenbildung in gesetzlichem Umfang, § 150, erfolgen, oder aber der Hauptversammlung wird der Hinweis erteilt, dass eine Feststellung des Jahresabschlusses in dieser Form (§§ 58 Abs. 1, 173 Abs. 2 S. 2) nicht erfolgen kann.

Gemäß § 245 S. 1 HGB ist der Jahresabschluss zu unterzeichnen. Nach herrschender Meinung ist die Un- 16
terzeichnung von sämtlichen Vorstandsmitgliedern vorzunehmen, und zwar nicht bereits bei Aufstellung
des Jahresabschlusses, sondern mit Feststellung des Jahresabschlusses. Demnach muss unterzeichnen, wer
am Tag der Feststellung Vorstandsmitglied ist.[9]

IV. Nichtigkeit des Jahresabschlusses. Ein festgestellter Abschluss kann nach § 256 nichtig sein, insbeson- 17
dere wenn Vorstand und Aufsichtsrat nicht ordnungsgemäß mitgewirkt haben, etwa im Falle der Unterbesetzung des Vorstands (§ 76 Abs. 2).[10] Die Nichtigkeit des Abschlusses zieht automatisch die Nichtigkeit
des Gewinnverwendungsbeschlusses nach sich (§ 253 Abs. 1 S. 1). Nichtigkeit bedeutet, der Jahresabschluss
entfaltet von Anfang an keine Wirksamkeit.

Für einen Antrag auf Feststellung über die Nichtigkeit nach § 256 Abs. 2 besteht eine Frist von sechs Mo- 18
naten seit der Bekanntmachung des Jahresabschlusses im Bundesanzeiger (§ 256 Abs. 6).

Hat eines der beiden Organe überhaupt nicht an der Feststellung mitgewirkt, so liegt nicht einmal Nichtig- 19
keit vor, vielmehr ist der Abschluss ein rechtliches Nullum.[11] Die Frist des § 256 Abs. 6 läuft daher nicht.

Fehler in festgestellten Jahresabschlüssen, die nicht zur Nichtigkeit des Abschlusses führen, können berich- 20
tigt werden. Die Korrekturen können durch Berichtigung in laufender Rechnung oder durch Rückwärtsberichtigung erfolgen, wobei bei schweren Fehlern eine Verpflichtung zur Rückwärtsberichtigung besteht.[12]
Ist der Jahresabschluss bereits veröffentlicht (§ 325 HGB), muss das Prüfungsverfahren durch Aufsichtsrat
und Abschlussprüfer erneut durchlaufen werden, der nächsten Hauptversammlung ist der geänderte Jahresabschluss vorzulegen, ggf mit geändertem Gewinnverwendungsbeschluss. Allerdings können die einmal entstandenen Dividendenansprüche dadurch nicht verkürzt werden.[13]

§ 173 Feststellung durch die Hauptversammlung

(1) ¹Haben Vorstand und Aufsichtsrat beschlossen, die Feststellung des Jahresabschlusses der Hauptversammlung zu überlassen, oder hat der Aufsichtsrat den Jahresabschluß nicht gebilligt, so stellt die Hauptversammlung den Jahresabschluß fest. ²Hat der Aufsichtsrat eines Mutterunternehmens (§ 290 Abs. 1, 2 des Handelsgesetzbuchs) den Konzernabschluss nicht gebilligt, so entscheidet die Hauptversammlung über die Billigung.

(2) ¹Auf den Jahresabschluß sind bei der Feststellung die für seine Aufstellung geltenden Vorschriften anzuwenden. ²Die Hauptversammlung darf bei der Feststellung des Jahresabschlusses nur die Beträge in Gewinnrücklagen einstellen, die nach Gesetz oder Satzung einzustellen sind.

(3) ¹Ändert die Hauptversammlung einen von einem Abschlußprüfer auf Grund gesetzlicher Verpflichtung geprüften Jahresabschluß, so werden vor der erneuten Prüfung nach § 316 Abs. 3 des Handelsgesetzbuchs von der Hauptversammlung gefaßte Beschlüsse über die Feststellung des Jahresabschlusses und die Gewinnverwendung erst wirksam, wenn auf Grund der erneuten Prüfung ein hinsichtlich der Änderungen uneingeschränkter Bestätigungsvermerk erteilt worden ist. ²Sie werden nichtig, wenn nicht binnen zwei Wochen seit der Beschlußfassung ein hinsichtlich der Änderungen uneingeschränkter Bestätigungsvermerk erteilt wird.

Literatur:
Claussen, Zum Bilanzfeststellungsrecht der Hauptversammlung, AG 1964, 183; *Junkermann*, Feststellung des Jahresabschlusses durch Verwaltung oder Hauptversammlung?, AG 1966, 179; *Mattheus/Schwab*, Rechtsschutz für Aktionäre bei Rechnungslegungs-Enforcement, DB 2004, 1975; *H.-P. Müller*, Bilanzrecht und Organverantwortung, in: FS Quack, 1991, S. 345; *Steiner*, Die Hauptversammlung der Aktiengesellschaft, § 9 b; *Weilinger*, Die Aufstellung und Feststellung des Jahresabschlusses in Handels- und Gesellschaftsrecht, 1997.

---

9 *Hüffer*, Rn 6.
10 Hierzu BGH DB 2002, 196 (Sachsenmilch).
11 Großkomm-AktienR/*Brönner*, Rn 20.
12 Spindler/Stilz/*Euler/Müller*, Rn 39.

13 Problematisch ist dies, wenn die Bilanzänderung zu einem verminderten Jahresüberschuss führt. Die Praxis behilft sich mit Dividendenverzichten bzw Vorabausschüttungen für das Folgejahr, vgl Spindler/Stilz/*Euler/Müller*, Rn 43.

A. Regelungsinhalt

1 § 173 regelt die Voraussetzungen, unter denen der Jahresabschluss durch die Hauptversammlung festgestellt und der Konzernabschluss durch die Hauptversammlung gebilligt wird.

2 Die Vorschrift sieht vor, dass der Jahresabschluss von der Hauptversammlung festgestellt bzw der Konzernabschluss gebilligt wird, wenn Vorstand und Aufsichtsrat beschließen, die Feststellung bzw Billigung der Hauptversammlung zu überlassen (Übertragungsbeschluss) oder aber der Aufsichtsrat den Jahresabschluss bzw den Konzernabschluss ausdrücklich bzw inzidenter durch Fristüberschreitung nach § 171 Abs. 3 missbilligt. Dann entscheidet die Hauptversammlung als subsidiär zuständiges Organ (Grundlagenkompetenz).
Obwohl der Einzelabschluss nach § 325 Abs. 2a HGB dem Konzernabschluss weitgehend gleichgestellt ist, hat der Gesetzgeber davon abgesehen, diesen – unter den Voraussetzungen des § 173 Abs. 1 – durch die Hauptversammlung billigen zu lassen. Der Grund liegt darin, dass die Offenlegung des IAS- Einzelabschlusses gemäß § 171 Abs. 4 S. 2 von dessen Billigung abhängig ist und damit eine Billigung durch die Hauptversammlung die Offenlegung deutlich verzögern würde.

3 In der Praxis wird von der Delegation an die Hauptversammlung selten Gebrauch gemacht, weil sich einmal die Erstellung des Jahresabschlusses verzögert und zum anderen Einzelheiten des Jahres- bzw Konzernabschlusses mit der Hauptversammlung nur schwer diskutieren lassen.

4 Die Vorschrift greift zugunsten der Hauptversammlung in die alleinige Geschäftsführungsbefugnis des Vorstandes ein (§ 76), lässt der Verwaltung aber dadurch, dass der Hauptversammlung Grenzen bei der Bilanzaufstellung und Gewinnverteilung gesetzt werden, Raum zur notwendigen Innenfinanzierung.[1]

B. Zuständigkeit der Hauptversammlung

5 **I. Notkompetenz, Besonderheiten.** Ein genereller Beschluss von Vorstand und Aufsichtsrat, die Feststellung bzw Billigung der Hauptversammlung zu überlassen, ist nicht zulässig, eine entsprechende Satzungsbestimmung nichtig, weil sie gegen die Organzuständigkeit verstößt.[2] Bei der Zuständigkeit der Hauptversammlung handelt es sich um eine Notkompetenz.

6 Aufsichtsrat und Vorstand sind nach § 175 Abs. 4 mit Einberufung der Hauptversammlung an ihre Erklärungen gebunden. Mit Fristablauf nach § 171 Abs. 3 gelten die Abschlüsse als nicht gebilligt. Eine Billigung kann dann noch bis zur Einberufung der Hauptversammlung erfolgen.[3]

7 Schließlich ist die Hauptversammlung zur Feststellung des Jahresabschlusses zuständig bei

- der vereinfachten Kapitalherabsetzung (§§ 234 Abs. 2 S. 1, 235);
- der Eröffnungsbilanz im Rahmen der Abwicklung (§ 270 Abs. 2 S. 1);
- der KGaA (§ 286 Abs. 1).

8 Bei der Einberufung zur Feststellung des Jahresabschlusses bzw Billigung des Konzernabschlusses durch die Hauptversammlung ist § 175 Abs. 3 zu beachten.

9 Die Auskunftsverweigerungstatbestände der §§ 131 Abs. 3 Nr. 3 und 4 bestehen im Falle der Feststellung des Jahresabschlusses durch die Hauptversammlung nicht.

10 Für die Beschlussfassung reicht die einfache Mehrheit aus (§ 133 Abs. 1).

11 **II. Kompetenzerweiterungen (Abs. 2).** Nach Abs. 2 S. 1 sind bei dem von der Hauptversammlung festgestellten Jahresabschluss die für seine Aufstellung geltenden Vorschriften anzuwenden. Dies stellt eine Kompetenzerweiterung gegenüber dem Aufsichtsrat dar. Während dieser nur den vom Vorstand aufgestellten Jahresabschluss billigen oder missbilligen kann, obliegt der Hauptversammlung auch das Recht – im Rahmen der Bilanzierungsvorschriften – (Abs. 2 S. 1), in den aufgestellten Abschluss und den Anhang selber einzugreifen. Dies gilt insbesondere für bilanzpolitische Ermessensentscheidungen (vgl oben § 171 Rn 14). Ein Eingriff in den Lagebericht ist nicht zulässig. Die Hauptversammlung muss sich dabei an das materielle Bilanzrecht halten, wie der Vorstand es bei der Aufstellung zu beachten hat, dh wie es der Vorstand bei der Aufstellung in den §§ 242–256, 264–288 HGB und §§ 150–160 AktG zu beachten hat.

12 Nach Abs. 2 S. 2 ist die Hauptversammlung auch an die gesetzlichen (§ 150 Abs. 1 und 2) und satzungsmäßigen Vorschriften der Rücklagenbildung gebunden, dh sie kann nur solche Beträge in die Gewinnrücklage einstellen, die nach Gesetz oder Satzung (§ 58 Abs. 1) vorgeschrieben sind. Im Gewinnverwendungsbeschluss kann die Hauptversammlung nach § 58 Abs. 3 weitere Beträge in die Gewinnrücklagen einstellen. Eine Rücklagenzuweisung nach § 58 Abs. 2 kann die Hauptversammlung nicht vornehmen.[4]

---

1 Zur Beschlussvorlage vgl *Steiner*, Die Hauptversammlung der Aktiengesellschaft, § 9 b Rn 32.
2 Großkomm-AktienR/*Brönner*, Rn 6; Geßler/*Kropff*, Rn 3.
3 Geßler/*Kropff*, Rn 4.
4 KölnKomm-AktG/*Ekkhenga*, Rn 15.

Fünfter Teil | Rechnungslegung. Gewinnverwendung § 173 AktG

Der Gesetzgeber hat davon abgesehen, Abs. 2 und 3 auf den Konzernabschluss auszudehnen, weil sich die **13** Gewinnverwendung nicht nach dem Konzern-, sondern nach dem Einzelabschluss richtet und damit die Rechtstellung der Aktionäre insoweit durch den Konzernabschluss nicht berührt wird.

C. Nichtigkeitsgründe

Neben den Nichtigkeitsgründen gem. § 256 Abs. 1, die generell für festgestellte Jahresabschlüsse gelten, be- **14** stimmt § 256 Abs. 3 zusätzliche Nichtigkeitsgründe für den von der Hauptversammlung festgestellten Jahresabschluss, nämlich im Falle von

- Einberufungsmängeln (§ 121 Abs. 2, 3, 4);
- Beurkundungsmängeln (§ 130 Abs. 1, 2 und 4);
- rechtskräftigem Anfechtungsurteil (§§ 244–246, 247–248 a).

Im letztgenannten Fall kann die Anfechtung aber nicht darauf gestützt werden, dass der Inhalt des Jahres- **15** abschlusses gegen Gesetz oder Satzung verstößt (§ 257 Abs. 1 S. 2). Demnach kann die Anfechtung nur auf Verfahrensfehler gestützt werden. Besonderheiten für die Anfechtungsfrist im Falle der Nachtragsprüfung bestimmt § 257 Abs. 2.

D. Nachtragsprüfung (Abs. 3)

Abs. 3 regelt die Nachtragsprüfung im Falle einer Abänderung des Jahresabschlusses durch die Hauptver- **16** sammlung.
Die Vorschrift setzt voraus, dass die Gesellschaft prüfungspflichtig ist (§ 316 Abs. 1 HGB). Bei der kleinen **17** Aktiengesellschaft, die sich einer fakultativen Prüfung unterzieht, muss die Vorschrift entsprechend gelten.
Eine Abänderung des vom Vorstand aufgestellten und geprüften Jahresabschlusses erfordert stets eine **18** Nachtragsprüfung (§ 316 Abs. 3 HGB). Dies auch bei unbedeutenden Änderungen.[5]
Bei einer Änderung des Jahresabschlusses durch die Hauptversammlung bezieht sich die Nachtragsprüfung **19** aus Gründen der Zeitersparnis ausschließlich auf die von ihr vorgenommenen Änderungen. Ein bereits erteilter Bestätigungsvermerk ist unwirksam. Andere Tatsachen, die zum Widerruf des Testats führen, werden nach den dazu entwickelten Grundsätzen behandelt.[6]
Ein untestierter Jahresabschluss kann nicht wirksam von der Hauptversammlung geändert werden. Der Be- **20** schluss wäre nichtig. Um dies zu vermeiden, wird die Nachtragsprüfung angeordnet mit der Folge, dass Feststellungs- und Gewinnverwendungsbeschluss der Hauptversammlung zunächst schwebend unwirksam sind.
Im Falle eines **uneingeschränkten** Testats (mit entsprechendem Wortlaut des § 322 Abs. 1 HGB) werden die **21** Beschlüsse innerhalb von zwei Wochen seit der Beschlussfassung endgültig wirksam, dh danach kann ausgeschüttet werden.
Wird das Testat versagt oder eingeschränkt, tritt endgültige Nichtigkeit der Beschlüsse ein. Eine Heilung **22** nach § 256 Abs. 6 ist nicht möglich.[7]
Auf notwendige Änderungen des Lageberichtes bzw des Anhangs ist ggf vom Prüfer hinzuweisen. **23**
Nach § 176 Abs. 2 S. 2 ist der Abschlussprüfer zur Teilnahme an der Hauptversammlung verpflichtet, die **24** über die Feststellung des Jahresabschlusses beschließt. Die Hauptversammlung sollte evtl Bedenken des Abschlussprüfers daher an Ort und Stelle Rechnung tragen, ggf erneut beschließen. Mündliche Äußerungen des Abschlussprüfers sind im Übrigen nicht ausreichend; § 173 Abs. 3 erfordert einen förmlichen Bestätigungsvermerk (§ 322 Abs. 4 HGB) des Nachtragsprüfers.
Auch die Billigung des Konzernabschlusses obliegt der Hauptversammlung, wenn der Aufsichtsrat diesen **25** nicht gebilligt hat. Sie kann den Konzernabschluss aber nur billigen oder missbilligen, ihr fehlt die Änderungskompetenz, weil eine Vorschrift wie § 171 Abs. 2 S. 5, die § 173 Abs. 2 und 3 für entsprechend anwendbar erklärt, in § 173 fehlt. Zwar gilt für Konzernabschlüsse § 256 nicht, allerdings gebietet die kapitalmarktrechtliche Bedeutung des Konzernabschlusses, bei inhaltlichen Mängeln die allgemeine Feststellungsklage, § 256 ZPO zuzulassen (vgl oben § 172 Rn 5).

---

[5] KölnKomm-AktG/*Claussen/Korth*, Rn 14 (2. Auflage).
[6] Hierzu *Claussen*, aaO, § 322 Rn 33 HGB.
[7] *Hüffer*, Rn 8; *A/D/S*, Rn 37.

Zweiter Unterabschnitt
Gewinnverwendung

§ 174 [Beschluss über Gewinnverwendung]

(1) ¹Die Hauptversammlung beschließt über die Verwendung des Bilanzgewinns. ²Sie ist hierbei an den festgestellten Jahresabschluß gebunden.

(2) In dem Beschluß ist die Verwendung des Bilanzgewinns im einzelnen darzulegen, namentlich sind anzugeben
1. der Bilanzgewinn;
2. der an die Aktionäre auszuschüttende Betrag oder Sachwert;
3. die in Gewinnrücklagen einzustellenden Beträge;
4. ein Gewinnvortrag;
5. der zusätzliche Aufwand auf Grund des Beschlusses.

(3) Der Beschluß führt nicht zu einer Änderung des festgestellten Jahresabschlusses.

Literatur:
Frey, Zur Problematik der aktienrechtlichen Gewinnverwendung, BB 1968, 275; *Heine/Lechner*, Die unentgeltliche Auskehrung von Sachwerten bei börsennotierten Aktiengesellschaften, AG 2005, 269; *Heine/Lechner*, Die unentgeltliche Auskehrung von Sachwerten bei börsennotierten Aktiengesellschaften, Aktiengesellschaft 2005, 269; *Horbach*, Der Gewinnverzicht des Großaktionärs, AG 2001, 78; *Kohlstruck*, Rücklagendotierung aus dem Bilanzgewinn, WPg 1969, 245; *Leinekugel*, Die Sachdividende im deutschen und europäischen Aktienrecht, 2001; *Lutter/Leinekugel/Rödder*, Die Sachdividende, ZGR 2002, 204; *Müller*, Die Änderungen im HGB und die Neuregelung der Sachdividende durch das TransPublG, NZG 2002, 752; *Mutze*, Prüfung und Feststellung des Jahresabschlusses der Aktiengesellschaft sowie Beschlussfassung über die Gewinnverwendung, AG 1966, 173; *Rousseau/Wasse*, Der Beschluss der Hauptversammlung über die Verwendung des Bilanzverlusts, NZG 2010, 535; *Priester*, Änderung von Gewinnverwendungsbeschlüssen, ZIP 2000, 261; *Schmidt-Versteyl/Probst*, Die nachträgliche Änderung von Gewinnverwendungsbeschlüssen in der Aktiengesellschaft, BB 2011, 1416, 1420; *Steiner*, Die Hauptversammlung der Aktiengesellschaft, § 12; *Vetter*, Handgeld für in der Hauptversammlung präsente Aktionäre?, AG 2006, 32; *Waclawik*, Die neue Sachdividende und Kapitalertragsteuer – Realteilung mit dem Finanzamt?, BB 2003, 1408.

A. Regelungsinhalt	1	II. Mindestangaben im Einzelnen	9
I. Übersicht	1	C. Änderungsverbot des Jahresabschlusses (Abs. 3)	26
II. Beschlussinhalt, Dividendenarten und Beschlussaufhebungsverbot	2	D. Offenlegung des Gewinnverwendungsbeschlusses	27
B. Inhalt des Gewinnverwendungsbeschlusses (Abs. 2)	8	E. Anfechtung und Nichtigkeit des Gewinnverwendungsbeschlusses	28
I. Gliederung	8	I. Nichtigkeit	28
		II. Anfechtbarkeit	29

A. Regelungsinhalt

1 **I. Übersicht.** § 174 regelt das formelle Recht der Gewinnverwendung im Gegensatz zu § 58, der den materiellen Inhalt regelt:

- Abs. 1 weist die Kompetenz der Hauptversammlung zu, beschränkt diese aber zugleich dahin gehend, dass die Hauptversammlung an den festgestellten Jahresabschluss gebunden ist.
- Abs. 2 bezweckt, Klarheit über die Verwendungsarten des Bilanzgewinns zu schaffen, in dem vorgeschrieben wird, wie die Verwendung im Einzelnen anzugeben ist.
- Abs. 3 stellt klar, dass sich der Gewinnverwendungsbeschluss nicht auf den festgestellten Jahresabschluss auswirkt, sondern dass Bilanzänderungen nur in laufender Rechnung, dh im folgenden Jahresabschluss zu berücksichtigen sind.

2 **II. Beschlussinhalt, Dividendenarten und Beschlussaufhebungsverbot.** Aktionäre haben Anspruch auf den Bilanzgewinn unter den in § 58 Abs. 4 genannten Voraussetzungen. Die **Gewinnverteilung** unter den Aktionären richtet sich nach § 60 iVm der Satzung. Über die Verwendung des Bilanzgewinns entscheidet die Hauptversammlung durch Beschluss (§§ 119 Abs. 1 Nr. 2, 174 Abs. 1). Dieser wird mit einfacher Mehrheit der abgegebenen Stimmen gefasst (§ 133 Abs. 1).

3 Der Gewinnverwendungsbeschluss lautet beispielhaft:
▶ Vorstand und Aufsichtsrat schlagen vor, den Bilanzgewinn des Geschäftsjahres ... in Höhe von ... zur Ausschüttung einer Dividende in Höhe von ... je Stückaktie auf das Grundkapital von ... zu verwenden. ◀

Der Gewinnverwendungsbeschluss soll in der Hauptversammlung gefasst werden, in der auch der Jahresabschluss vorgelegt wird, § 175. Er wird regelmäßig als Tagesordnungspunkt 2, dh nach der Vorlage des Jahresabschlusses aufgeführt.

Bei den auszuschüttenden Beträgen wird in erster Linie die Bezeichnung der Dividende verwandt, aber auch termini wie **Bonus** und **Sonderausschüttung**. Mit letzteren sollen außergewöhnliche Gewinnzuweisungen bezeichnet werden, die sich von der Erwartungshaltung für künftige Ausschüttungen abheben sollen.[1]

In der Diskussion ist ein **Dividendenbonus** für Aktionäre, die an der Hauptversammlung teilnehmen als Belohnung mit dem Ziel, die Hauptversammlungspräsenzen zu erhöhen. Insoweit wird wegen § 60 Abs. 1 allerdings eine Gesetzesänderung erforderlich sein. Zu denken wäre auch an einen – möglichst pauschalen – Aufwendungsersatz, der allerdings wegen § 57 ebenfalls einer gesetzlichen Legitimation bedürfte.[2]

Die Dividende geht grundsätzlich auf Geld, dh Bilanzgewinn wird in Geld ausgedrückt. § 58 Abs. 5 sieht die Möglichkeit vor, auch **Sachdividenden** auszuschütten, soweit die Satzung hierzu legitimiert. Die Vorschrift dient dem Überraschungsschutz der Aktionäre. Regelmäßig werden als Sachdividenden Wertpapiere des Anlagevermögens bzw solche von Tochtergesellschaften Gegenstand der Ausschüttung sein. Durch die Legitimation können nunmehr auch Sachwerte ausgeschüttet werden, die nicht sofort in Geld umgesetzt werden können, etwa nicht fungible Aktien („**Wertpapierdividende**"). Umstritten ist, ob unter dem Gesichtspunkt der Kapitalerhaltung auch bei faktisch höheren Werten zu Buchwerten ausgeschüttet werden darf.[3] Die Attraktivität der Sachdividende wird dann aber dadurch geschmälert, dass auf die aufgelösten stillen Reserven Steuern zu entrichten sind.[4]

Es besteht ein einklagbarer Anspruch der Aktionäre auf Herbeiführung eines Gewinnverwendungsbeschlusses, soweit die Achtmonatsfrist des § 175 Abs. 1 S. 2 überschritten ist.[5] Anerkannt ist weiterhin, dass ein einmal gefasster Gewinnverwendungsbeschluss, der einen Ausführungsanspruch der Aktionäre begründet, nur mit Zustimmung aller betroffenen Aktionäre wieder aufgehoben werden kann (**Aufhebungsverbot**).[6] Grund dafür ist, dass der konkrete Gewinnbezug beliebig an Dritte abgetreten werden kann und diese dann wie jeder Gläubiger der Gesellschaft zu behandeln sind.

Zu weit geht jedoch, anzunehmen, dass bereits ein während der laufenden Hauptversammlung gefasster Gewinnverwendungsbeschluss nicht mehr aufgehoben werden kann.[7] Richtig dürfte vielmehr sein, dass bis zur Beendigung der Hauptversammlung[8] Beschlüsse bei Vorliegen eines sachlichen Grundes jederzeit wieder aufgehoben werden können.

B. Inhalt des Gewinnverwendungsbeschlusses (Abs. 2)

I. **Gliederung.** Die Einhaltung der Gliederung nach Abs. 2 ist sinnvoll, es kann allerdings hiervon abweichend gegliedert werden. Entscheidend ist, dass jeder Aktionär anhand des Beschlusses nachvollziehen kann, wie der Dividendenanspruch ermittelt wird und mit welcher Ausschüttung er für seinen Aktienbesitz rechnen kann.[9]

Im Übrigen enthält der Katalog des Abs. 2 Mindestangaben. Sieht die Satzung eine besondere Verwendung des Bilanzgewinns vor, beispielsweise die teilweise Verwendung zu gemeinnützigen Zwecken, so ist u.a. dieser Verwendungszweck Gegenstand der Beschlussfassung.

Leerposten brauchen nicht angegeben zu werden. Aus Gründen der Transparenz dürfte dies aber zu empfehlen sein.

II. **Mindestangaben im Einzelnen.** Die Hauptversammlung beschließt über die Verwendung des **Bilanzgewinns**. Bilanzgewinn und Jahresüberschuss sind etwas anderes.[10] Bilanzgewinn ist der Überschuss der Aktiva über die Passivposten der Bilanz nach etwaiger Auflösung von Rücklagen und nach Bildung der vorgeschriebenen (§ 150) oder erlaubten (§ 58 Abs. 2 und 2 a) Rücklagen (§§ 268 Abs. 1, 275 Abs. 4 HGB).[11]

Zunächst entscheiden Vorstand und Aufsichtsrat unter Beachtung der Grenzen der zulässigen Rücklagenbildung (§ 58) über die Verwendung des Jahresüberschusses. Dabei wird der Jahresüberschuss der G + V um die in § 158 Abs. 1 aufgeführten Posten (Gewinnvortrag, Entnahme aus Kapital- und Gewinn-Rücklage, Einstellung in Gewinnrücklagen, Bilanzgewinn/Bilanzverlust) ergänzt. Dementsprechend ist die Hauptversammlung an die Einstellungen in die Rücklagen gebunden.

---

1 Zum Begriff der Dividende BAG AG 2003, 426.
2 Vgl auch *Vetter*, AG 2006, 32.
3 Im Einzelnen: MüKo-AktG/*Henrichs/Pöschke*, § 170 Rn 63 ff; *Leinekugel*, Die Sachdividende im deutschen und europäischen Aktienrecht, S. 148 ff; dagegen: *Müller*, NZG 2002, 752, 758.
4 *Lutter/Leinekugel/Rödder*, ZGR 2002, 229 ff.
5 BGH ZIP 1998, 1836, 1837; *Hüffer*, § 58 Rn 103.
6 KölnKomm-AktG/*Lutter*, § 58 Rn 103; und BGHZ 23, 150.
7 So aber *Obermüller/Butzke*, H Rn 93.
8 Zur Beendigung der Hauptversammlung generell vgl *Steiner*, Die Hauptversammlung der Aktiengesellschaft, § 24.
9 So auch *Obermüller/Butzke*, H Rn 96.
10 Hierzu Geßler/*Kropff*, Rn 4.
11 KölnKomm-AktG/*Lutter*, § 58 Rn 52.

11 Die Hauptversammlung ist auch an den festgestellten Jahresabschluss gebunden (Abs. 1 S. 2). Danach kann die Hauptversammlung ihren Verteilungsspielraum nicht erweitern, indem sie von einem höheren Bilanzgewinn (auch nicht von einem niedrigeren Bilanzgewinn) als in dem festgestellten Jahresabschluss ausgeht. Dies unabhängig davon, ob der Jahresabschluss von Vorstand und Aufsichtsrat (§ 172 S. 1) oder von der Hauptversammlung selbst festgestellt worden ist (§ 173).

12 Gegenanträge, die über den Bilanzgewinn hinausgehen, brauchen daher nicht veröffentlicht zu werden (§ 126 Abs. 2 Nr. 2).

13 Ermächtigt die Satzung zu **Abschlagszahlungen** auf den Bilanzgewinn, § 59, so muss eine aufgrund dieser Legitimation erfolgte Abschlagszahlung an die Aktionäre von der Hauptversammlung bei der Beschlussfassung über die Gewinnverwendung selbstverständlich berücksichtigt werden. Eine Einstellung in Rücklagen oder Gewinnvortrag kann insoweit nicht erfolgen.[12]

14 Ist überhaupt kein Bilanzgewinn angefallen, so entfällt der Gewinnverwendungsvorschlag und damit eine entsprechende Beschlussfassung der Hauptversammlung, ausgenommen, es besteht noch ein **Gewinnvortrag**. Dennoch gibt es immer wieder Fälle, dass Beschlüsse über die **Verwendung eines Bilanzverlustes** gefasst werden. Diese sind nicht nur entbehrlich, sondern entziehen sich auch der Regelungsbefugnis der Hauptversammlung. Der Bilanzverlust ist zwingend auf neue Rechnung vorzutragen.[13]

15 Nach Abs. 2 Nr. 2 ist der an die Aktionäre auszuschüttende Betrag oder der Sachwert anzugeben.
Ein **Ausschüttungsverbot** gilt für eigene Aktien (§ 71 b) bzw solche, die von Dritten für die Gesellschaft gehalten werden oder die sich im Vermögen eines von der Gesellschaft abhängigen oder in deren Mehrheitsbesitz stehenden Unternehmens befinden (§ 71 d Abs. 4). Bei der ordentlichen Kapitalherabsetzung besteht ein Ausschüttungsverbot für die Dauer von 6 Monaten für Gewinn, der aufgrund der Kapitalherabsetzung entstanden ist (§ 225 Abs. 2) bzw bei der vereinfachten Kapitalherabsetzung unter den im Gesetz genannten Voraussetzungen (§§ 230, 233). Bei einer Verletzung der Mitteilungspflicht nach § 20 ruhen zwar die Rechte aus den Aktien, die der Mitteilungspflicht unterliegen, nicht jedoch der Anspruch auf Bilanzgewinn, „wenn die Mitteilung nicht vorsätzlich unterlassen wurde und nachgeholt worden ist" (§ 20 Abs. 7, § 28 WpHG).

16 Großaktionäre verzichten in der Praxis (**Dividendenverzicht**), um die Dividende der übrigen Aktionäre zu erhöhen oder um die Gesellschaft durch die Zuführung von Eigenkapital zu begünstigen.[14]

17 Beim **Schütt-aus-hol-zurück-Verfahren** wird der Ausschüttungsbetrag zugleich im Wege der Sach- oder Bareinlage erbracht, wobei bei letzterem die Regeln über die Kapitalerhöhung aus Gesellschaftsmitteln einzuhalten sind.[15]

18 Die Hauptversammlung ist nur an den Verwendungsvorschlag der Verwaltung nicht gebunden. Es steht ihr frei, den Bilanzgewinn an die Aktionäre auszuschütten, in die Gewinnrücklagen einzustellen oder als Gewinn vorzutragen (§§ 174 Abs. 2, 58 Abs. 3 S. 1). Zwischen den einzelnen Möglichkeiten kann sie beliebig kombinieren.

19 Der Gewinnverwendungsbeschluss der Hauptversammlung kann Einstellungen nur in „andere Gewinnrücklagen" (§§ 266, 272 Abs. 3 HGB) oder in die gesetzliche Rücklage vornehmen, soweit diese noch nicht dotiert ist. Eine Aufstockung der übrigen Gewinnrücklagen ist der Hauptversammlung verwehrt.[16]

20 Die Einstellung in die Gewinnrücklagen ändert nichts mehr am Jahresabschluss des abgelaufenen Jahres (Abs. 3). Ein Ausweis erfolgt erst im Jahresabschluss des laufenden Geschäftsjahres.

21 Die Möglichkeit, den Gewinn insgesamt in Gewinnrücklagen einzustellen, kann von der Mehrheit dazu benutzt werden, Minderheitsaktionären auf Dauer eine Dividende zu versagen und sie auf diese Weise auszuhungern (**Aushungerungspolitik**). Dies gilt umso mehr, wenn als mögliches Äquivalent die Ausgabe von Gratis-Aktien unterbleibt (Kapitalerhöhung aus Gesellschaftsmitteln, § 207f), die eine Beteiligung am Vermögen der Gesellschaft und daher auch an den Rücklagen verbriefen.

22 § 254 gibt den Aktionären, die von einer Aushungerungspolitik betroffen sind, die Möglichkeit, den Gewinnverwendungsbeschluss – neben § 243 als allgemeinem Anfechtungstatbestand – anzufechten (s. dazu unten Rn 29).

23 Die Hauptversammlung kann den Gewinn auch auf neue Rechnung vortragen (**Gewinnvortrag**, Abs. 2 Nr. 4). Dieser geht dann automatisch in den Bilanzgewinn des Folgejahres ein.

24 Ein Gewinnvortrag erfolgt regelmäßig bei einer nicht verteilbaren Gewinnspitze. Auch mit der Möglichkeit des Gewinnvortrags können die Aktionäre ausgehungert werden; daher kann auch der Gewinnvortrag gem. § 254 angefochten werden.

---

12 KölnKomm-AktG/*Lutter*, § 59 Rn 13.
13 *A/D/S*, § 170 Rn 19; *Steiner*, Die Hauptversammlung der Aktiengesellschaft, § 12 Rn 3.
14 Vgl dazu eingehend *Horbach*, AG 2001, 78.
15 Vgl im Einzelnen *Hüffer*, § 183 Rn 15 a; Großkomm-AktienR/*Hirte*, § 207 Rn 8 ff; MüKo-AG/*Krieger*, § 56 Rn 51.
16 *Hüffer*, § 58 Rn 23; KölnKomm-AktG/*Lutter*, § 58 Rn 71.

Der „zusätzliche Aufwand aufgrund des Beschlusses" iS des Abs. 2 Nr. 5 hat aufgrund der Steuerreform 2000 keine Bedeutung mehr, da es jetzt bei der Gesellschaft unabhängig von Ausschüttungen oder Thesaurierung zu einer 25 %igen Definitivbesteuerung kommt.

C. Änderungsverbot des Jahresabschlusses (Abs. 3)

Der Gewinnverwendungsbeschluss führt nicht zu einer Änderung des festgestellten Jahresabschlusses. Dies gilt unabhängig davon, ob Aufsichtsrat oder Hauptversammlung den Jahresabschluss feststellen. Korrekturen werden im nächsten Jahresabschluss erfolgsneutral berücksichtigt und schlagen sich in der G + V-Ergänzungsgliederung gemäß § 158 Abs. 1 nieder.

D. Offenlegung des Gewinnverwendungsbeschlusses

Nach § 325 HGB ist der Gewinnverwendungsbeschluss zu veröffentlichen bzw beim Handelsregister einzureichen. § 326 HGB sieht insoweit Erleichterungen für die **kleine AG** vor.

E. Anfechtung und Nichtigkeit des Gewinnverwendungsbeschlusses

I. Nichtigkeit. Neben den allgemeinen Nichtigkeitsgründen (§ 241) kann der Gewinnverwendungsbeschluss dann nichtig sein, wenn beispielsweise ein höherer Gewinn verteilt wird, als Bilanzgewinn ausgewiesen wird (§ 241 Nr. 3) oder weil der dem Beschluss zugrunde liegende Jahresabschluss nichtig ist (§ 253 Abs. 1 S. 1). Nichtigkeit tritt auch innerhalb von zwei Wochen nach Änderung des Jahresabschlusses durch die Hauptversammlung ein, wenn kein uneingeschränkter Bestätigungsvermerk erteilt wird (§ 173 Abs. 3 S. 2).

II. Anfechtbarkeit. Der Gewinnverwendungsbeschluss ist nach § 254 anfechtbar, wenn zu hohe Dotierungen der Gewinnrücklagen oder als Gewinnvortrag erfolgen und die Aktionäre auf diese Weise ausgehungert werden (vgl oben Rn 22).

Dritter Unterabschnitt
Ordentliche Hauptversammlung

§ 175 Einberufung

(1) ¹Unverzüglich nach Eingang des Berichts des Aufsichtsrats hat der Vorstand die Hauptversammlung zur Entgegennahme des festgestellten Jahresabschlusses und des Lageberichts, eines vom Aufsichtsrat gebilligten Einzelabschlusses nach § 325 Abs. 2 a des Handelsgesetzbuchs sowie zur Beschlußfassung über die Verwendung eines Bilanzgewinns, bei einem Mutterunternehmen (§ 290 Abs. 1, 2 des Handelsgesetzbuchs) auch zur Entgegennahme des vom Aufsichtsrat gebilligten Konzernabschlusses und des Konzernlageberichts, einzuberufen. ²Die Hauptversammlung hat in den ersten acht Monaten des Geschäftsjahrs stattzufinden.

(2) ¹Der Jahresabschluß, ein vom Aufsichtsrat gebilligter Einzelabschluss nach § 325 Abs. 2 a des Handelsgesetzbuchs, der Lagebericht, der Bericht des Aufsichtsrats und der Vorschlag des Vorstands für die Verwendung des Bilanzgewinns und bei börsennotierten Aktiengesellschaften ein erläuternder Bericht zu den Angaben nach § 289 Abs. 4 Nr. 1 bis 5 und Abs. 5 sowie § 315 Abs. 4 des Handelsgesetzbuchs[1] sind von der Einberufung an in dem Geschäftsraum der Gesellschaft zur Einsicht der Aktionäre auszulegen. ²Auf Verlangen ist jedem Aktionär unverzüglich eine Abschrift der Vorlagen zu erteilen. ³Bei einem Mutterunternehmen (§ 290 Abs. 1, 2 des Handelsgesetzbuchs) gelten die Sätze 1 und 2 auch für den Konzernabschluss, den Konzernlagebericht und den Bericht des Aufsichtsrats hierüber. ⁴Die Verpflichtungen nach den

---

1 Nach Art. 1 Nr. 22 Buchst. a ARUG v. 30.7.2009 (BGBl. I S. 2479, 2484) wurde in § 175 Abs. 2 Satz 1 mWv 1.9.2009 nach den Wörtern „Bericht des Aufsichtsrats" das Komma durch das Wort „und" ersetzt und es sollten die Wörter „und bei börsennotierten Aktiengesellschaften ein erläuternder Bericht zu den Angaben nach § 289 Abs. 4, § 315 Abs. 4 des Handelsgesetzbuchs" gestrichen werden. Durch das BilMoG v. 25.5.2009 (BGBl. I S. 1102) war jedoch mWv 29.5.2009 nach der Verweisung auf § 289 Abs. 4 HGB das Komma durch die Worte „Nr. 1 bis 5 und Abs. 5 sowie" ersetzt worden, so dass die Änderungsanweisung des ARUG nicht mehr exakt zu dem vorher geltenden Wortlaut passte. Nach der amtlichen Gesetzesbegründung (BT-Drucks. Nr. 16/11642, S. 35) ist aber wohl davon auszugehen, dass die kursiv wiedergegebenen Worte trotz dieser zwischenzeitlichen Konkretisierung der Verweisung auf § 289 HGB nicht mehr gelten sollen.

Sätzen 1 bis 3 entfallen, wenn die dort bezeichneten Dokumente für denselben Zeitraum über die Internetseite der Gesellschaft zugänglich sind.

(3) ¹Hat die Hauptversammlung den Jahresabschluss festzustellen oder hat sie über die Billigung des Konzernabschlusses zu entscheiden, so gelten für die Einberufung der Hauptversammlung zur Feststellung des Jahresabschlusses oder zur Billigung des Konzernabschlusses und für das Zugänglichmachen der Vorlagen und die Erteilung von Abschriften die Absätze 1 und 2 sinngemäß. ²Die Verhandlungen über die Feststellung des Jahresabschlusses und über die Verwendung des Bilanzgewinns sollen verbunden werden.

(4) ¹Mit der Einberufung der Hauptversammlung zur Entgegennahme des festgestellten Jahresabschlusses oder, wenn die Hauptversammlung den Jahresabschluß festzustellen hat, der Hauptversammlung zur Feststellung des Jahresabschlusses sind Vorstand und Aufsichtsrat an die in dem Bericht des Aufsichtsrats enthaltenen Erklärungen über den Jahresabschluß (§§ 172, 173 Abs. 1) gebunden. ²Bei einem Mutterunternehmen (§ 290 Abs. 1, 2 des Handelsgesetzbuchs) gilt Satz 1 für die Erklärung des Aufsichtsrats über die Billigung des Konzernabschlusses entsprechend.

Literatur:
Bedkowski/Kocher, Termin der ordentlichen Hauptversammlung nach EHUG und TUG, AG 2007, 341; *v. Gleichenstein/Stallbaum,* Zum Informationsrecht des Aktionärs nach § 175 Abs. 2, AG 1970, 217; *Mattheus/Schwab,* Rechtschutz für Aktionäre bei Rechnungslegungs-Enforcement, DB 2004, 1975; *Mutze,* Prüfung und Feststellung des Jahresabschlusses der AG sowie Beschlussfassung über die Gewinnverwendung, AG 1966, 173 und 212; *Nowack,* Online Hauptversammlung, NZG 2001, 1057.

A. Regelungsinhalt

1 § 175 betrifft die Einberufung der **ordentlichen Hauptversammlung**, auf der die als **Regularien** bezeichneten jährlich wiederkehrenden Tagesordnungspunkte abgehandelt werden, nämlich

- Vorlage des festgestellten Jahresabschlusses bzw des Einzelabschlusses nach § 325 Abs. 2a HGB bzw des gebilligten Konzernabschlusses nebst Lageberichten,
- Gewinnverwendung,
- Entlastung,
- Wahl des Abschlussprüfers.

2 Eine zu anderen Zwecken einberufene Hauptversammlung wird als **außerordentliche** bezeichnet. Die Unterscheidung zwischen ordentlicher und außerordentlicher Hauptversammlung hat keine rechtliche Bedeutung, die Vorschriften in den §§ 118 ff gelten vielmehr für alle Hauptversammlungen.

3 Abs. 1 regelt den Zeitpunkt der Einberufung und gibt einen Endtermin vor. Abs. 2 stellt die notwendigen Informationen der Aktionäre sicher. Abs. 3 erstreckt die Einberufungsregelung auch auf den Ausnahmefall, dass die Hauptversammlung den Jahresabschluss feststellt bzw den Konzernabschluss billigt. Abs. 4 stellt sicher, dass die Verwaltung an ihre Vorlagen, insbesondere an die Feststellung des Jahresabschlusses und die Billigung des Konzernabschlusses gebunden ist.

B. Einberufungs- und Informationspflichten

4 **I. Einberufungspflicht (Abs. 1).** Nach Abs. 1 hat der Vorstand unverzüglich (§ 121 Abs. 1 S. 1 BGB) nach Eingang des Berichts des Aufsichtsrats[2] eine ordentliche Hauptversammlung einzuberufen.

5 Die Einberufung obliegt dem Vorstand als Gesamtorgan, der durch einfachen Mehrheitsbeschluss hierüber entscheidet, § 121 Abs. 2. Bei Unterbesetzung des Vorstandes (§ 76 Abs. 2) besteht die Gefahr der Anfechtung sämtlicher Beschlüsse.[3] Wenn der Vorstand die Hauptversammlung nicht fristgerecht einberuft, kann diese vom Aufsichtsrat einberufen werden.[4] Begründet wird dies mit der Sorgfaltspflicht aus § 116 iVm § 93, die insoweit in § 111 Abs. 3 S. 1 ihren Niederschlag gefunden hat.

6 Nach § 175 Abs. 1 S. 2 muss die Hauptversammlung in den ersten 8 Monaten stattfinden. Eine Überschreitung dieser Frist ist nicht selten und hat auf die Wirksamkeit der Beschlüsse keine Auswirkung. Neben möglicher Schadensersatzpflichten (§ 93) kann der Vorstand nach § 407 vom Registergericht durch Androhung eines Zwangsgeldes zur Einberufung angehalten werden.
Zu beachten ist allerdings, dass bei börsennotierten Gesellschaften der Jahresabschluss, der Lagebericht, der Konzernabschluss und der Konzernlagebericht innerhalb von 4 Monaten offengelegt werden muss

---

2 Kommt der Aufsichtsrat seiner Berichtspflicht nicht nach, so muss der Vorstand nach Ablauf der Nachfrist (§ 171 Abs. 3) handeln, dh die ordentliche Hauptversammlung einberufen (Frist § 123); *Hüffer,* Rn 3.
3 BGH AG 2002, 241 (Sachsenmilch).
4 Spindler/Stilz/*Euler/Müller,* Rn 12.

(§ 325 Abs. 4 HGB). Auch wenn sich die neue Rechtslage nicht auf den Termin für die Abhaltung der Hauptversammlung auswirkt, führt die Pflicht zur Offenlegung eines geprüften Jahresabschlusses innerhalb von 4 Monaten nach Ablauf des Geschäftsjahres dazu, dass in der Regel spätestens Ende April sämtliche relevanten Unterlagen einschließlich des Berichts des Aufsichtsrats fertiggestellt sein müssen. Dies wiederum löst nach § 175 Abs. 1 S. 1 die Pflicht des Vorstands aus, unverzüglich die Hauptversammlung einzuberufen.

Der DCGK sieht in Ziff. 7.1.2. vor, dass der Konzernabschluss 90 Tage nach Geschäftsjahresende zugänglich sein soll.

Nach wie vor steht auch für die börsennotierte Aktiengesellschaft, deren Geschäftsjahr dem Kalenderjahr entspricht, für die Abhaltung ihrer ordentlichen Hauptversammlung der Zeitraum von Januar bis August zur Verfügung. Aus organisatorischen Gründen im Zusammenhang mit der Vorbereitung der Hauptversammlung ziehen viele Aktiengesellschaften einen späteren Hauptversammlungstermin im Juli/August vor. Es fragt sich daher, ob der lange Zeitraum zwischen Einberufung und Veranstaltung dem Sinn und Zweck der Unverzüglichkeitsregelung in § 175 Abs. 1 S. 1 entspricht. Dies dürfte der Fall sein, da im Rahmen von § 123 Abs. 1 die Einberufung „in vernünftigen Grenzen" auch früher als 30 Tage vor der Hauptversammlung geschehen kann.[5] Außerdem kann ein späterer Hauptversammlungstermin im Interesse der Gesellschaft liegen. Die Tagesordnung kann bis zum Beginn der aktienrechtlichen Mindesteinberufungsfrist bei Bedarf im Wege der Neueinberufung ergänzt werden, andernfalls ist bei einer langen Einberufungsfrist eine vorsorgliche „Erinnerungsbekanntmachung" in Erwägung zu ziehen.[6]

Der mehrheitlich eingereichte Bericht gem. § 171 Abs. 2 löst die Einberufung aus. Übergibt der Aufsichtsrat nicht innerhalb der Nachfrist des § 171 Abs. 3 dem Vorstand seinen Bericht, tritt das Fristende aus § 171 Abs. 3 an die Stelle des abgegebenen Berichts und löst die Einberufung der Hauptversammlung aus.[7]

Auch im Hinblick auf die rechtzeitige Wahl des Prüfers für die Zwischenberichte(§ 37 x WpHG) für das laufende Geschäftsjahr bei börsennotierten Gesellschaften[8] ist es nicht zwingend, die Hauptversammlung schon im Juni abzuhalten. Steht nämlich die prüferische Durchsicht eines Finanzberichts vor der ordentlichen Hauptversammlung des laufenden Geschäftsjahres an, ist in entsprechender Anwendung des § 318 Abs. 2 S. 2 HGB der Abschlussprüfer des vorangegangenen Geschäftsjahres zuständig.[9]

II. **Informationspflichten (Abs. 2 und 3).** Nach Abs. 2 muss der Jahresabschluss (der Einzelabschluss nach § 325 Abs. 2a HGB),der Lagebericht, der Bericht des Aufsichtsrats und der Vorschlag des Vorstands für die Verwendung des Bilanzgewinns, die Konzernbilanz und der Konzernlagebericht von der Einberufung an (dh mit Bekanntmachung, § 121 Abs. 2) in den Geschäftsräumen der Gesellschaft zur Einsicht der Aktionäre ausliegen. Außerdem muss auf Verlangen jedem Aktionär eine Abschrift dieser Vorlagen erteilt werden. Die Erstellungs- und Versendungskosten der Vorlagen hat die Gesellschaft zu tragen.[10]

Nach Abs. 2 S. 4 entfällt die Verpflichtung zur Auslage und Versendung, wenn die Dokumente nach Abs. 2 S. 1–3 im Internet zugänglich sind. Dies ist für börsennotierte Gesellschaften stets der Fall, da diese nunmehr nach § 124a diese Dokumente ohnehin im Internet veröffentlichen muß. Fakultativ können daher Auslage und Versendung gleichwohl übernommen werden. Der erläuternde Bericht zu den Angaben nach §§ 289 Abs. 4, 315 Abs. 4 HGB bei börsennotierten Gesellschaften ist nunmehr nach § 176 iVm § 124a S. 1 Nr. 2 im Internet zu veröffentlichen und zugleich auf der Hauptversammlung zugänglich zu machen, dh durch Auslegen oder über elektronische Hilfsmittel.

Soll die Feststellung des Jahresabschlusses bzw die Billigung des Konzernabschlusses bzw hat der Aufsichtsrat abgelehnt, den Jahresabschluss festzustellen bzw den Konzernabschluss zu billigen, der Hauptversammlung überlassen werden, so ist die vom Vorstand aufgestellte Bilanz vorzulegen.

Die AG kann zwar für das Einsichts- und Erteilungsrecht einen Legitimationsnachweis, etwa in Form einer Hinterlegungsbescheinigung verlangen, sollte hiervon aber absehen.

Die Verletzung der Auslegungs- und Erteilungs- bzw Veröffentlichungspflicht stellt regelmäßig einen Anfechtungstatbestand aller Beschlüsse dar, die im Zusammenhang mit diesen Vorlagen gefasst werden, wobei der Relevanzeinwand (§ 243 Abs. 4) zu beachten ist.

Auszulegen ist in den Geschäftsräumen der Gesellschaft dh in erster Linie am statutarischen Sitz der Gesellschaft bzw dort, wo der Vorstand seine Geschäfte betreibt (Verwaltungssitz). Ist dieser nicht bekannt, so hat in der Einberufung insoweit ein gesonderter Hinweis hierauf zu erfolgen. Zugänglichmachung iS des § 124a erfolgt über die Internetseite der Gesellschaft.

---

5 *Hüffer*, § 123 Rn 2.
6 Vgl *Bedkowski/Kocher*, AG 2007, 341, 345.
7 Spindler/Stilz/*Euler/Müller*, Rn 14.
8 Vgl hierzu *Wiederhold/Pukallus*, Der Konzern, 2007, 264 ff.
9 Vgl zur gesamten Problematik *Bedkowski/Kocher*, AG 2007, 341, 343 f und *Mutter/Arnold/Stehle*, AG Report 2007, R 109, R 113.
10 *Hüffer*, Rn 6.

Hat die Hauptversammlung den Jahresabschluss festzustellen bzw den Konzernabschluss zu billigen, so hat gemäß Abs. 3 entsprechend Abs. 1 und 2 die Einberufung eine entsprechende Beschlussfassung vorzusehen, und der vom Vorstand aufgestellte Jahresabschluss bzw Konzernabschluss nebst Lagebericht und Bericht des Aufsichtsrats ist auszulegen und zu versenden.

12 Nach Abs. 3 S. 2 sollen die beiden Tagesordnungspunkte Feststellung des Jahresabschlusses bzw Billigung des Konzernabschlusses und Gewinnverwendung miteinander verbunden werden, dh sie müssen in einer Hauptversammlung behandelt werden.

13 Nach § 120 Abs. 3 S. 1 soll die Verhandlung über die Entlastung mit dem Beschluss über die Gewinnverwendung verbunden werden. Im Ergebnis müssen daher die Vorlagen des Jahresabschlusses (bzw des Einzelabschlusses nach § 325 Abs. 2 a HGB) und des Konzernschlusses (bzw der Feststellungsbeschluss der Hauptversammlung) der Gewinnverwendungsbeschluss und der Entlastungsbeschluss miteinander verbunden werden.

14 **III. Bindung von Vorstand und Aufsichtsrat (Abs. 4).** Nach Abs. 4 sind Vorstand und Aufsichtsrat an die in dem Bericht des Aufsichtsrats enthaltenen Erklärungen über den Jahresabschluss und den Konzernabschluss gemäß §§ 172, 173 Abs. 1 gebunden. Dies bezieht sich auf die Feststellungs- bzw Billigungskompetenzen, nicht aber auf inhaltliche Änderungen des Jahresabschlusses.[11]
Dies bedeutet dass, wenn der Aufsichtsrat den Jahresabschluss feststellt und den Konzernabschluss billigt, die Feststellung bzw Billigung mit Einberufung nicht mehr der Hauptversammlung übertragen werden kann. Hat dagegen der Aufsichtsrat die Feststellung bzw Billigung der Hauptversammlung überlassen, so kann er sie nicht mehr an sich ziehen. Der Einzelabschluss nach § 325 Abs. 2 a HGB kann nur vom Aufsichtsrat gebilligt werden, nicht aber der Hauptversammlung zur Billigung überlassen werden (vgl § 173 Rn 2).

§ 176 Vorlagen. Anwesenheit des Abschlußprüfers

(1) ¹Der Vorstand hat der Hauptversammlung die in § 175 Abs. 2 genannten Vorlagen sowie bei börsennotierten Gesellschaften einen erläuternden Bericht zu den Angaben nach § 289 Abs. 4, § 315 Abs. 4 des Handelsgesetzbuchs zugänglich zu machen. ²Zu Beginn der Verhandlung soll der Vorstand seine Vorlagen, der Vorsitzende des Aufsichtsrats den Bericht des Aufsichtsrats erläutern. ³Der Vorstand soll dabei auch zu einem Jahresfehlbetrag oder einem Verlust Stellung nehmen, der das Jahresergebnis wesentlich beeinträchtigt hat. ⁴Satz 3 ist auf Kreditinstitute nicht anzuwenden.

(2) ¹Ist der Jahresabschluß von einem Abschlußprüfer zu prüfen, so hat der Abschlußprüfer an den Verhandlungen über die Feststellung des Jahresabschlusses teilzunehmen. ²Satz 1 gilt entsprechend für die Verhandlungen über die Billigung eines Konzernabschlusses. ³Der Abschlußprüfer ist nicht verpflichtet, einem Aktionär Auskunft zu erteilen.

A. Regelungsinhalt 1	D. Teilnahmepflicht des Abschlussprüfers (Abs. 2) ..
B. Zugänglichmachung und Erläuterungspflicht (Abs. 1) 2	I. Teilnahmepflicht 8
I. Verpflichtung zur Zugänglichmachung 2	II. Teilnahmerecht 10
II. Erläuterungspflicht 3	III. Beantwortung von Fragen durch den Abschlussprüfer 11
C. Verletzung der Zugänglichmachung und Erläuterungspflicht 7	IV. Verletzung der Teilnahmeverpflichtung 12

A. Regelungsinhalt

1 Die Vorschrift regelt die Verpflichtung zur Zugänglichmachung der in § 175 Abs. 2 genannten Vorlagen, nämlich des Jahresabschlusses (§ 264 Abs. 2 HGB), des kumulativ, fakultativen Einzelabschlusses nach § 325 Abs. 2 a HGB, des Lageberichts (§ 278 HGB), des Berichts des Aufsichtsrats (§ 171 Abs. 2) und des Vorschlags des Vorstandes über die Verwendung des Bilanzgewinns (§ 170) sowie bei Mutterunternehmen iS des § 290 Abs. 1 und 2 HGB des Konzernabschlusses und Konzernlageberichts, die gemeinhin unter dem Begriff des „Geschäftsberichtes" zusammengefasst werden. Darüber hinaus regelt die Vorschrift die Erläuterungspflichten von Vorstand und Aufsichtsrat zu den Vorlagen und die Anwesenheit des Abschlussprüfers.

---

[11] HM: *Hüffer*, Rn 8; Bürgers/Körber/*Reger*, Rn 12; aA Groß-Komm-AktienR/*Brönner*, Rn 23 ff.

Bei börsennotierten Gesellschaften wird ein zu erläuternder Bericht 2 zu den zusätzlichen Angaben nach § 289 Abs. 4, 315 Abs. 4 HGB angeordnet. Dieser Bericht ist zugleich nach § 124a Nr. 3 nach Einberufung der Hauptversammlung auf der Internetseite der Gesellschaft zu veröffentlichen.
Zugänglich machen bedeutet entweder wie bisher die Vorlage oder aber die Verschaffung der Kenntnisnahme mithilfe geeigneter Kommunikationsmittel.

B. Zugänglichmachung und Erläuterungspflicht (Abs. 1)

I. Verpflichtung zur Zugänglichmachung. Das Zugänglichmachen der in Abs. 1 genannten Vorlagen muss so erfolgen, dass jedem Aktionär die Möglichkeit eingeräumt wird – und zwar vor den jeweiligen Beschlüssen, die Gegenstand dieser Vorlagen sind – sich Kenntnis vom Inhalt der Vorlagen zu verschaffen. Diese sollten ihn in die Lage versetzen, sein Stimmrecht – ausreichend informiert – wahrzunehmen. Demnach müssen entweder ausreichende Vorlagen physisch zur Verfügung gestellt werden oder aber andere geeignete Kommunikationsmittel, wie zB Bildschirme, die eine entsprechende Kenntnisnahme ermöglichen.

II. Erläuterungspflicht. Mit Aufruf des Tagesordnungspunktes "Vorlage des Jahresabschlusses bzw Konzernabschlusses" soll der Vorstand seine Vorlage, dh Jahresabschluss (bzw des IAS-Einzelabschlusses nach § 325 Abs. 2a HGB), Lagebericht und Gewinnverwendungsvorschlag, Konzernabschluss und Konzernlagebericht näher erläutern (Erläuterungspflicht). Er wird sich dabei auf die wesentlichen Entwicklungen beschränken und zugleich noch über das laufende Geschäftsjahr und die weiteren Aussichten berichten. Regelmäßig erfolgt der Vortrag durch den Vorstandsvorsitzenden. Die Erläuterungspflicht betrifft den Vorstand als Organ, dh bei Streitigkeiten über den Inhalt muss der Vorstand durch Beschluss (§ 77 Abs. 1) hierüber entscheiden.

Der Gewinnverwendungsvorschlag darf im Hinblick auf Gewinnvortrag oder eine Einstellung des Bilanzgewinns in die Gewinnrücklage näherer Erläuterung, dh immer dann wenn von einer Ausschüttung an die Aktionäre abgesehen wird.

Der Vorstand soll – sofern es sich nicht um ein Kreditinstitut handelt (Abs. 1 S. 4) – auch zu einem Jahresfehlbetrag oder einem Verlust (Abs. 1 S. 3) Stellung nehmen, soweit er das Jahresergebnis wesentlich beeinträchtigt hat.

Da die Vorschrift ausdrücklich zwischen Jahresfehlbetrag (§ 275 Abs. 2 Nr. 20, Abs. 3 Nr. 19 HGB) und sonstigen Verlusten unterscheidet, sind auch solche Verluste erläuterungspflichtig, die noch nicht zu einem Fehlbetrag geführt haben, weil sie anderweitig ausgeglichen werden konnten.[1] Dies ist beispielsweise dann der Fall, wenn wesentliche Verluste einer Sparte durch gestiegene Gewinne aus anderen Sparten oder durch außerordentliche Erträge ausgeglichen werden können.

Die Auflösungen von Gewinnrücklagen sind ebenfalls erläuterungsbedürftig.[2]

C. Verletzung der Zugänglichmachung und Erläuterungspflicht

Der Aufsichtsratsbericht ist durch den Aufsichtsratsvorsitzenden zu erläutern.
Hierzu besteht wenig Neigung, weil eine Verletzung der Erläuterungspflicht nach hM als reine Sollvorschrift nicht anfechtbar sein soll.[3] Wohl deshalb ist auch häufig zu beobachten – insbesondere bei kleineren Gesellschaften –, dass schlicht auf den Bericht ohne Erläuterung Bezug genommen wird. Was die Anforderungen an die Erläuterungspflicht angeht, so besteht beim Vorstand immerhin noch die Kompensation über das Fragerecht (§ 131), während Fragen an den Aufsichtsrat nicht zulässig sind.[4] Sicherlich kann darüber gestritten werden, was Inhalt der Erläuterungspflicht ist, wenn sich der Aufsichtsratsvorsitzende allerdings nur auf den Bericht bezieht, steht dies mit der gesetzlichen Verpflichtung nicht in Einklang. Das Fehlen jeglicher Erläuterung – zumindest beim Aufsichtsratsbericht – muss daher anfechtungsbehaftet sein.[5]
Eine Verletzung der Zugänglichmachung ist regelmäßig für alle nachfolgenden Tagesordnungspunkte anfechtungsrelevant (§ 243 Abs. 1), soweit sie einen Bezug zu den Vorlagen haben. Die Verletzung der Erläuterungspflicht führt zu einer Verletzung des Gewinnverwendungsbeschlusses und stellt zugleich einen Grund dar, die Entlastung zu verweigern.[6] Auskunft kann im Übrigen über das Fragerecht (§ 131) eingefordert werden. Die Anfechtung bezieht sich auch auf den Feststellungsbeschluss der Hauptversammlung, § 173. Allerdings muss stets der Relevanzeinwand des § 243 Abs. 4 beachtet werden.

---

1 A/D/S, Rn 19.
2 A/D/S, Rn 18.
3 MüKo-AktG/Hennrichs/Pöschke, Rn 23 f.
4 Grigoleit/Herrler, § 131 Rn 7.
5 Für die Anfechtung Verletzung der Erläuterungspflicht durch Vorstand und Aufsichtsrat: KölnKomm-AktG/Claussen/Korth,
Rn 12 und, KölnKomm-AktG/Zöllner, § 243 Rn 64 (jeweils Vorauflage); gegen die Anfechtung: KölnKomm-AktG/Ekkenga, Rn 15.
6 AA Hüffer, Rn 6; A/D/S, Rn 25; wie hier: KölnKomm-AktG/Zöllner, § 257 Rn 10.

D. Teilnahmepflicht des Abschlussprüfers (Abs. 2)

8 **I. Teilnahmepflicht.** Nach Abs. 2 hat der Abschlussprüfer bei prüfungspflichtigen Gesellschaften (§§ 267 Abs. 1, 316 Abs. 1 S. 1 HGB) an der Hauptversammlung über die Feststellung des Jahresabschlusses bzw Billigung des Konzernabschlusses teilzunehmen, dh wenn die Hauptversammlung ausnahmsweise den Jahresabschluss feststellt bzw den Konzernabschluss billigt, § 173.

9 Unstreitig bezieht sich die Teilnahmeverpflichtung zumindest auf den Tagesordnungspunkt "Feststellung des Jahresabschlusses bzw Billigung des Konzernabschlusses". Da dieser aber stets mit der Beschlussfassung über die Gewinnverwendung und die Entlastung zu verbinden ist (§§ 175 Abs. 3 S. 2, 120 Abs. 3 S. 1), dürfte es sich zumindest empfehlen, dass der Abschlussprüfer auch an diesen Beschlusspunkten teilnimmt.[7]

10 **II. Teilnahmerecht.** Stellt die Hauptversammlung den Jahresabschluss nicht selber fest bzw billigt sie nicht selbst den Konzernabschluss, sondern nimmt sie, wie im Regelfall, den festgestellten Jahresabschluss und den gebilligten Konzernabschluss (bzw den gebilligten Einzelabschluss nach § 325 Abs. 2a HGB) entgegen, so besteht eine Teilnahmepflicht nicht. Ein eigenes Teilnahmerecht wird ihm von der wohl hM dementsprechend auch versagt.[8]

11 **III. Beantwortung von Fragen durch den Abschlussprüfer.** Fragen der Aktionäre muss der anwesende Abschlussprüfer nicht beantworten (Abs. 2 S. 3). Allerdings kann der Vorstand ihn hierzu ermächtigen; eine Verpflichtung zur Beantwortung von Fragen jedenfalls besteht insoweit nur gegenüber dem Vorstand aus dem Prüfungsauftrag.

12 **IV. Verletzung der Teilnahmeverpflichtung.** Eine Verletzung der Teilnahmeverpflichtung des Abschlussprüfers führt nach überwiegender Auffassung zur Anfechtbarkeit des Feststellungs- bzw Billigungsbeschlusses.[9] Eine reine Gesetzesverletzung reicht aber für eine Anfechtung alleine nicht aus, vielmehr ist stets Relevanz im Sinne des § 243 Abs. 4 erforderlich.

Vierter Abschnitt
Bekanntmachung des Jahresabschlusses

§§ 177 und 178 (aufgehoben)

Sechster Teil Satzungsänderung. Maßnahmen der Kapitalbeschaffung und Kapitalherabsetzung

Erster Abschnitt
Satzungsänderung

§ 179 Beschluß der Hauptversammlung

(1) ¹Jede Satzungsänderung bedarf eines Beschlusses der Hauptversammlung. ²Die Befugnis zu Änderungen, die nur die Fassung betreffen, kann die Hauptversammlung dem Aufsichtsrat übertragen.

(2) ¹Der Beschluß der Hauptversammlung bedarf einer Mehrheit, die mindestens drei Viertel des bei der Beschlußfassung vertretenen Grundkapitals umfaßt. ²Die Satzung kann eine andere Kapitalmehrheit, für eine Änderung des Gegenstands des Unternehmens jedoch nur eine größere Kapitalmehrheit bestimmen. ³Sie kann weitere Erfordernisse aufstellen.

(3) ¹Soll das bisherige Verhältnis mehrerer Gattungen von Aktien zum Nachteil einer Gattung geändert werden, so bedarf der Beschluß der Hauptversammlung zu seiner Wirksamkeit der Zustimmung der benachteiligten Aktionäre. ²Über die Zustimmung haben die benachteiligten Aktionäre einen Sonderbeschluß zu fassen. ³Für diesen gilt Absatz 2.

A. Grundlagen................................ 1	I. Anwendungsbereich............................. 3
I. Entwicklungsgeschichte der Norm........ 1	II. Satzungsmäßige Abänderungsverbote..... 4
II. Regelungsgegenstand und Zweck......... 2	
B. Einzelheiten.................................. 3	

---

[7] Für eine Teilnahmepflicht auch an diesen Tagesordnungspunkten Geßler/Kropff, Rn 13; dagegen: Hüffer, Rn 7.

[8] Butzke „Die Hauptversammlung der Aktiengesellschaft" (II 1 b), Rn 27; Hüffer, § 118 Rn 11 mwH.

[9] Hüffer, § 176 Rn 10; Großkomm-AktienR/Brönner, Rn 18; KölnKomm-AktG/Zöllner, § 257 Rn 10.

III. Begriff und Gegenstand der Satzung im Sinne der §§ 23, 179, 181 5	2. Unternehmensverträge 46
1. Abgrenzung zwischen formellen und materiellen Satzungsbestandteilen 6	3. Änderung des Grundkapitals 47
2. Geltung der §§ 179 ff für die Änderung sog. formeller und materieller Satzungsbestandteile 9	4. Nebenpflichten und nachträgliche Vinkulierungen 48
3. „Schuldrechtliche Satzungsbestandteile" ... 10	5. Änderung des Geschäftsjahres 49
a) Abgrenzung 11	6. Firma 50
b) Rechtsnatur und Bindung 12	7. Sitz 51
c) Änderung schuldrechtlicher Satzungsbestandteile 13	8. Gesellschaftsdauer 52
d) Auslegung schuldrechtlicher Satzungsbestandteile 14	9. Ausschüttungsregelungen 53
IV. Satzungsdurchbrechungen 15	10. Aufsichtsrat 54
1. Begriff und Problematik 15	11. Einziehung von Aktien 55
2. Behandlung von Satzungsdurchbrechungen in Rechtsprechung und Literatur 18	12. Schiedsklauseln 56
V. Satzungsänderungsverfahren 21	VIII. Sonderbeschlüsse bei Bestehen mehrerer Aktiengattungen (Abs. 3) 57
1. Grundsatz 21	1. Funktion 57
2. Änderungen, die nur die Fassung betreffen 22	2. Sondervorschriften 58
3. Die Hauptversammlung beschließt über Satzungsänderung 26	3. Vorzugsaktien 59
a) Verfahren 26	4. Mehrstimmrechte 61
b) Mehrheitserfordernisse 27	5. Konzernrechtliche Sonderbeschlüsse 62
c) Aufhebung der Satzungsänderung 31	6. Verhältnis zu § 53 a 63
4. Zustimmung zur Satzungsänderung 32	7. Änderung des bisherigen Verhältnisses mehrerer Aktiengattungen zum Nachteil einer Gattung 64
a) Anwendungsfälle 32	
b) Verfahren 35	a) Unmittelbarkeit kein taugliches Abgrenzungskriterium 65
c) Schwebelage bis zur Zustimmung 36	b) Sinnvolle Abgrenzung 66
5. Weitere satzungsmäßige Erfordernisse 37	8. Weitere Fälle 68
VI. Befristung, Bedingung und Rückwirkung 38	9. Verfahren 69
VII. Einzelfälle von Satzungsänderungen 41	a) Eigentlicher satzungsändernder Beschluss 69
1. Gesellschaftszweck und Unternehmensgegenstand 42	b) Verfahrensfragen des Zustimmungsbeschlusses 70
	c) Mehrheitserfordernisse 71
	d) Fehlerhafte Beschlüsse 72
	e) Prozessuale Fragen 73

A. Grundlagen

I. Entwicklungsgeschichte der Norm. Die Bestimmung geht sachlich auf die §§ 145, 146 AktG 1937 zurück. Seit 1965 ist sie unverändert. **1**

II. Regelungsgegenstand und Zweck. § 179 ist die **zentrale Regelung** zum Verfahren bei Satzungsänderungen. Dabei werden die grundsätzliche Zuständigkeit der Hauptversammlung und die grundsätzlich erforderliche Mehrheit von drei Vierteln des Grundkapitals normiert. Ergänzende Bestimmungen finden sich in den §§ 180, 181 und 124 Abs. 2 S. 2. Normzweck ist die Klarstellung, dass die Satzung grundsätzlich geändert werden kann (Ausnahmen: §§ 26 Abs. 4, 27 Abs. 5), und welche Anforderungen hierfür bestehen. § 179 erklärt das Verfahren der Satzungsänderung in vielfältiger Weise für dispositiv. Dies gilt sowohl für die Mehrheitserfordernisse (Abs. 2 S. 2) als auch für die Zuständigkeit zu Satzungsänderungen, die nur die Form als solche betreffen (Abs. 1 S. 2). **2**

B. Einzelheiten

I. Anwendungsbereich. Die Bestimmung setzt eine **durch Handelsregistereintragung entstandene AG** voraus, sie ist also auf die Vor-AG nicht anwendbar.[1] Soll die Satzung einer Vor-AG geändert werden, bedarf dies eines eigenständigen Beschlusses und der Zustimmung aller Gründer.[2] Die Norm gilt demgegenüber im Abwicklungsstadium, allerdings mit der Modifikation, dass Satzungsänderungen nur beschlossen werden dürfen, soweit sie mit Abwicklungszwecken vereinbar sind.[3] Dies gilt etwa für Firmenänderungen oder Sitzverlegung und Kapitalerhöhung gegen Einlagen.[4] Dieselben Prinzipien gelten im Insolvenzverfahren, auch hier sind Satzungsänderungen nur zulässig, soweit sie nicht dem Zweck des Insolvenzverfahrens widersprechen. § 293 Abs. 1 S. 4 stellt schließlich klar, dass die §§ 179 ff für die Zustimmung der HV zu Unternehmensverträgen nicht gelten. **3**

---

1 MüKo-AktG/*Stein*, Rn 3.
2 Vgl hierzu im Einzelnen die Erläuterungen zu § 41.
3 BGHZ 24, 279, 286 = NJW 1957, 1279.
4 *Hüffer*, § 264 Rn 16.

4 **II. Satzungsmäßige Abänderungsverbote.** § 179 setzt die **Abänderbarkeit** der Satzung voraus. Dies ist ein im Aktienrecht zwingendes Prinzip. Eine Bestimmung in der Satzung, dass bestimmte Vorschriften unabänderbar sind, ist in dieser Form jedenfalls nicht wirksam.[5] Ob sie dann in der Praxis zumindest in dem Sinne umdeutbar ist, dass die Satzungsänderung so weit wie rechtlich möglich erschwert sein soll,[6] erscheint zweifelhaft. Denn zwar gilt § 140 BGB auch für Satzungsbestimmungen, so dass rechtlich unwirksame Klauseln daraufhin überprüft werden müssen, ob sie umgedeutet werden können. Allerdings lässt die Formulierung, bestimmte Klauseln seien unabänderbar, verschiedenste Deutungen zu (Abänderbarkeit nur durch einstimmigen Beschluss aller abstimmenden Aktionäre, Abänderbarkeit nur durch einstimmigen Beschluss aller anwesenden Aktionäre, Abänderbarkeit nur durch einstimmigen Beschluss aller vorhandenen Aktionäre). Die Ermittlungen des mutmaßlichen Interesses wird deshalb oft nicht möglich sein (Grundsatz objektiver Satzungsinterpretation).[7] Da folglich nicht feststellbar ist, welcher Inhalt dem Geschäft kraft der Umdeutung beigelegt werden soll, dürfte eine Umdeutung oftmals ausscheiden.[8]

5 **III. Begriff und Gegenstand der Satzung im Sinne der §§ 23, 179, 181.** Der Begriff der Satzung im Sinne der §§ 23, 179, 181 ist nicht gleichbedeutend mit dem Satzungstext bzw der Satzungsurkunde. Es gilt ein inhaltlicher,[9] **kein formeller Satzungsbegriff**. Satzung im Sinne der §§ 23, 179, 181 muss danach immer auch Satzungstext sein, jedoch ist der Satzungstext nicht immer auch Satzung.[10] Wie die verschiedenen Satzungsbestandteile weiter zu unterscheiden sind, ist der Sache nach nicht kontrovers. Unterschiede bestehen in der Terminologie.[11] Letztlich dürfte zwischen drei verschiedenen in Satzungstextform möglichen Regelungen zu unterscheiden sein, nämlich den materiellen Satzungsbestandteilen, den formellen Satzungsbestandteilen[12] und schließlich den in Satzungsform niedergelegten schuldrechtlichen Nebenabreden. Letztere haben allerdings im Recht der AG längst nicht die Bedeutung wie etwa im GmbH-Recht.

6 **1. Abgrenzung zwischen formellen und materiellen Satzungsbestandteilen.** **Materielle** Satzungsbestimmungen sind alle Regelungen bezüglich der Gesellschaft und ihrer Beziehungen zu den Gründern oder künftigen Aktionären.[13] Derartige materielle Satzungsbestimmungen können notwendig sein, dies gilt insbesondere für die in § 23 Abs. 3, Abs. 4 angesprochenen Inhalte,[14] die Ausgestaltung mitgliedschaftlicher Einlagepflichten (Bar- oder Sacheinlage, §§ 23 Abs. 2, 36a), Bestimmungen zur Dauer der Gesellschaft, §§ 39 Abs. 2, 262 Abs. 1 Nr. 1, zur Wahl des AR-Vorsitzenden, § 107 Abs. 1 Nr. 1 und zum Geschäftsjahr.[15] Auch sollen sog. Sonderrechte notwendige materielle Satzungsbestimmungen sein, der Begriff des Sonderrechts hat aber im Aktienrecht allenfalls bei § 101 Abs. 2 eine sachliche Berechtigung und sollte daher nicht verwendet werden.[16] Richtig ist allerdings, dass Satzungsregeln über bestimmte mitgliedschaftliche Befugnisse einzelner Aktionäre oder einer Aktionärsgruppe materielle Satzungsbestandteile darstellen.

7 **Formelle** Satzungsbestimmungen sind solche, die nicht die Beziehungen zwischen Gründern und/oder künftigen Aktionären und der Gesellschaft regeln. Die herrschende Meinung zählt hierzu alles das, was nach § 23 Abs. 5 nicht wirksam als materielle Regelung vereinbart werden kann,[17] zB Bestellung der ersten AR-Mitglieder, Absprachen über Sondervorteile[18] sowie Satzungsbestimmungen von nur deklaratorischer Bedeutung, zB die Feststellung des eingezahlten Betrages gemäß § 23 Abs. 2 Nr. 3.

8 Die herrschende Meinung[19] erkennt schließlich noch sogenannte indifferente Satzungsbestimmungen an. Dies sind Bestimmungen, die sowohl materieller als auch formeller Natur sein können. Es handelt sich hierbei um Satzungsergänzungen im Sinne von § 23 Abs. 5 S. 2, zB Bestimmungen über Nebenleistungspflichten im Rahmen des § 55, die Vergütung der AR-Mitglieder gemäß § 113 Abs. 1 S. 1, die Gewinnbeteiligung der Vorstandsmitglieder, § 86 Abs. 1. Hier ist ein Gestaltungswahlrecht der Gründer allgemein anerkannt.[20] Die Abgrenzung ist in diesen Fällen durch Auslegung zu ermitteln, wobei die Grundsätze der objektiven Satzungsinterpretation gelten. Die Aufnahme in die Satzung spricht im Zweifel für eine materielle Regelung.[21]

---

5 KölnKomm-AktG/*Zöllner*, Rn 2.
6 So MüKo-AktG/Stein, Rn 58 ff, Großkomm-AktienR/*Wiedemann*, Rn 4.
7 Vgl Palandt/*Heinrichs*, § 133 BGB Rn 12.
8 Vgl hierzu Palandt/*Heinrichs*, § 133 BGB Rn 18.
9 KölnKomm-AktG/*Zöllner*, Rn 7.
10 Baumbach/Hueck/*Zöllner*, GmbHG, 53 Rn 2 (zur GmbH).
11 Eine andere Terminologie als hier findet sich etwa bei Spindler/Stilz/*Holzborn*, Rn 29 ff, und bei K. Schmidt/Lutter/*Seibt*, Rn 8; die beide weiter danach differenzieren, ob die formellen Satzungsbestandteile Regelungscharakter haben.
12 Begriffe nach *Hüffer*, Rn 4, 5. Anders aber KölnKomm-AktG/*Zöllner*, Rn 7 ff; Baumbach/Hueck/*Zöllner*, GmbHG, § 53 Rn 2 a ff.
13 *Hüffer*, § 23 Rn 3; Hachenburg/*Ulmer*, GmbHG, § 2 Rn 8 (zur GmbH).
14 MüKo-AktG/*Stein*, Rn 9.
15 Zu allem *Hüffer*, aaO.
16 Oben § 11 Rn 9.
17 *Hüffer*, § 23 Rn 4.
18 Vgl *Priester*, DB 1979, 681, 682; Hachenburg/*Ulmer*, GmbHG, § 5 Rn 178; KölnKomm-AktG/*Zöllner*, Rn 29.
19 *Hüffer*, § 23 Rn 5; Großkomm-AktienR/*Wiedemann*, Rn 40.
20 BGHZ 38, 155, 161 = NJW 1963, 203; BGH WM 1981, 438, 440.
21 Scholz/*Priester*, GmbHG, § 43 Rn 16; *Hüffer*, § 23 Rn 5.

2. Geltung der §§ 179 ff für die Änderung sog. formeller und materieller Satzungsbestandteile. Die §§ 179 ff gelten uneingeschränkt für die Änderung materieller Satzungsbestandteile. Insoweit enthalten die §§ 179 ff eine abschließende Regelung. Demgegenüber ist das Verfahren bezüglich der Abänderung rein formaler Satzungsbestandteile streitig. Teilweise wird vertreten, dass auch hier die §§ 179 ff uneingeschränkt Anwendung finden.[22] Demgegenüber lässt das LG Dortmund[23] für die GmbH die Änderung formeller Satzungsbestandteile durch einfachen Mehrheitsbeschluss zu, eine HR-Eintragung sei danach entbehrlich.[24] Richtigerweise muss man die §§ 179 ff insbesondere aus Gründen der Rechtssicherheit umfassend anwenden.[25] Da Änderungen auch dem Aufsichtsrat übertragen werden können (Abs. 1 S. 2), ist diese Lösung nicht unpraktikabel. Im Übrigen sind die Aktionäre aus ihrer Treuepflicht gehalten, derartige Satzungsänderungen nicht zu vereiteln. Der Streit reduziert sich damit im Wesentlichen auf die Frage, inwieweit die Änderung derartiger Satzungsbestimmungen zum Handelsregister anzumelden ist. Davon abgesehen zeigen die Gesellschafter dadurch, dass sie formelle Satzungsbestimmungen überhaupt in den Satzungstext mit aufnehmen, dass diese Regelungen wie Satzungsbestandteile behandelt werden sollen. Damit wird auch indiziert, dass eine Abänderung dieser Satzungsbestandteile in dem üblicherweise für Satzungsänderungen geltenden Verfahren erfolgen soll.

3. „Schuldrechtliche Satzungsbestandteile". Teilweise werden sogenannte schuldrechtlichen Satzungsbestandteile als weitere mögliche Satzungsbestandteile definiert.[26] Es handelt sich bei ihnen an sich um schuldrechtliche Verträge, vielfach **Innengesellschaften** gem. §§ 705 ff BGB. Sie sind nicht Satzungsbestandteil im inhaltlichen Sinn. An sich werden sie nicht im Satzungstext niedergelegt, sondern in einer Gesellschaftervereinbarung. Zu „schuldrechtlichen Satzungsbestandteilen" werden sie nur dann, wenn sie ausnahmsweise einfach mit in die Satzung aufgenommen werden. Solche Sachverhalte werfen eine Reihe von Fragen auf. So ist insbesondere klärungsbedürftig, ob diese auch künftige Gesellschafter binden bzw welche sachlichen und formellen Voraussetzungen für eine Satzungsänderung gelten. Unterschiede bestehen auch hinsichtlich der Auslegung.

a) Abgrenzung. Schuldrechtliche Nebenabreden binden einzelne oder alle Gesellschafter. Hier liegt der entscheidende Unterschied zu den zuvor behandelten materiellen und formellen Satzungsbestandteilen, da diese nur das Verhältnis der Gesellschaft zu den Aktionären definiert.[27] Damit sind zB Stimmpflichten und Vorkaufsrechte stets schuldrechtliche Nebenabreden.

b) Rechtsnatur und Bindung. Schuldrechtliche Satzungsbestandteile binden diejenigen Gesellschafter, die sich auf sie verständigt haben, wie ein schuldrechtlicher Vertrag. Im Falle der Sonderrechtsnachfolge gehen sie nicht kraft Gesetzes auf den neuen Aktionär über. Anders verhält es sich bei der Gesamtrechtsnachfolge.[28]

c) Änderung schuldrechtlicher Satzungsbestandteile. Da die (bloß) schuldrechtlichen Satzungsbestandteile von den Aktionären im Vertragswege getroffen wurden, spricht dies dem ersten Anschein nach dafür, dass diese damit auch nur einstimmig abänderbar sind, dies allerdings formfrei. Dies ist jedoch so nicht zutreffend. Denn wie jede vertragliche Regelung sind auch schuldrechtliche Satzungsbestandteile auslegbar. Es ist also durch Auslegung zu klären, ob nicht die schuldrechtlichen Satzungsbestandteile mit den satzungsmäßigen Mehrheitserfordernissen geändert werden können. Ebenso ist zu klären, ob nicht diese Änderungen nur in der für Satzungsänderungen zulässigen Form erfolgen können.[29] Beides wird dadurch indiziert, dass sich die Gesellschafter dazu entschlossen haben, die schuldrechtlichen Abreden in den Satzungstext mit aufzunehmen.

d) Auslegung schuldrechtlicher Satzungsbestandteile. Der Grundsatz der objektiven Auslegung[30] gilt nur für echte Satzungsbestimmungen, nicht für schuldrechtliche Bestandteile. Dies hat auch Bedeutung für die revisionsrechtliche Behandlung, da das Revisionsgericht die objektive Auslegung unbeschränkt überprüfen kann.[31]

IV. Satzungsdurchbrechungen. 1. Begriff und Problematik. Satzungsdurchbrechungen liegen im Gegensatz zu Satzungsänderungen vor, wenn die HV im Einzelfall einen Beschluss fasst, der einer (materiellen)[32] Satzungsbestimmung widerspricht, sofern nicht die Satzung eine entsprechende Ausnahme zulässt[33] (keine Satzungsdurchbrechungen liegen demgegenüber vor, wenn in der Satzung festgeschriebene Kompetenzvor-

---

22 *Priester*, ZHR 151, 40, 4; *Groß*, Rpfleger 1972, 242 f.
23 GmbHR 1978, 235 f.
24 AA insoweit *Hüffer*, Rn 6; KölnKomm-AktG/*Zöllner*, Rn 85.
25 *Hüffer*, Rn 6.
26 *Hüffer*, § 23 Rn 5; Spindler/Stilz/*Holzborn*, § 179 Rn 37.
27 Besonders klar: KölnKomm-AktG/*Zöllner*, Rn 43.
28 KölnKomm-AktG/*Zöllner*, Rn 47.
29 Vgl KölnKomm-AktG/*Zöllner*, Rn 86; MüKo-AktG/*Stein*, Rn 31.
30 Dazu Palandt/*Heinrichs*, § 133 BGB Rn 12.
31 Etwa BGHZ 123, 347, 350 = NJW 1994, 51.
32 So *Hüffer*, Rn 7.
33 KölnKomm-AktG/*Zöllner*, Rn 90 f.

schriften nicht beachtet werden, zB bei der Einberufung der HV durch ein unzuständiges Organ, etwa durch den AR-Vorsitzenden).³⁴ Unter welchen Voraussetzungen derartige Satzungsdurchbrechungen zulässig sind, ist im Einzelnen streitig. Für das Verständnis der eigentlichen Problematik kommt es darauf an, dass die sog. satzungsdurchbrechenden Beschlüsse eben zunächst einmal nichts anderes darstellen als einen Verstoß gegen Satzungsbestimmungen. Der Beschluss ist damit rechtswidrig. Grundsätzlich ist ein rechtswidriger Beschluss anfechtbar. Allerdings kann die Rechtswidrigkeit nur fristgebunden geltend gemacht werden, § 246.

16 Es wird nun aber diskutiert, ob ein HV-Beschluss, bei dem es sich um eine „Satzungsdurchbrechung" handelt, des Weiteren nur dann wirksam sind, wenn die Erfordernisse der Satzungsänderung inkl. das der Eintragung der Durchbrechung im Handelsregister eingehalten wurden. Dabei wird weiter erörtert, ob derartige Satzungsdurchbrechungen nur vorliegen, wenn die HV bewusst gegen die Satzungsvorgaben verstößt.³⁵ Die Thematik ist deshalb schwierig, weil so immer dann, wenn ein HV-Beschluss gegen die Satzung verstößt, dieser ggf trotz Ablaufs der Anfechtungsfrist des § 246 nicht bestandskräftig werden kann, wenn er nicht im Handelsregister eingetragen wurde.³⁶

17 In diesem Zusammenhang ist allerdings darauf hinzuweisen, dass die Problematik von Satzungsdurchbrechungen bei der GmbH wegen der dort geltenden weiteren Satzungsfreiheit weit größere Bedeutung hat als in der AG. Ein praktisch wichtiger Anwendungsfall für die AG ist die Gewinnverwendung entgegen § 58.

18 **2. Behandlung von Satzungsdurchbrechungen in Rechtsprechung und Literatur.** Bei den Satzungsdurchbrechungen ist nach der Rechtsprechung des Bundesgerichtshofes zur GmbH zwischen zustandsbegründenden Satzungsdurchbrechungen einerseits und punktuellen Satzungsdurchbrechungen andererseits zu unterscheiden.³⁷ Punktuelle Durchbrechungen sind nur solche, die sich in einer Ad-hoc-Maßnahme erschöpfen.³⁸ Zustandsbegründende Satzungsdurchbrechungen führen demgegenüber zu einer dauerhaften/andauernden Verletzung des Satzungsinhalts. Von der Satzungsänderung unterscheidet sich Letztere dadurch, dass dies durch eine Einzelmaßnahme geschieht.

19 Die Rechtsfolgen der punktuellen Satzungsdurchbrechung sind streitig. Für das GmbH-Gesetz wird allgemein Anfechtbarkeit des Beschlusses (wegen Satzungsverletzung = Rechtsverletzung) angenommen.³⁹ Die wohl herrschende Meinung verlangt im GmbH-Recht auch keine Eintragung im Handelsregister.⁴⁰ Demgegenüber tritt für die AG insbesondere *Hüffer* dafür ein, dass auch die punktuelle Satzungsdurchbrechung nur wirksam ist, wenn sie notariell beurkundet wurde (§ 130 Abs. 1 S. 1).⁴¹ Ein privatschriftliches Protokoll, § 130 Abs. 1 S. 2, soll daher selbst in den Fällen nicht ausreichen, in denen grundsätzlich nicht die Voraussetzungen für eine notarielle Beurkundung gegeben sind. Ebenso soll die Handelsregistereintragung des Beschlusses notwendig sein.⁴² Richtig ist mE, dass ein punktuell satzungsändernder Beschluss jedenfalls nach Ablauf der Anfechtungsfrist nicht mehr deswegen rechtlich angegangen werden kann, weil er lediglich privatschriftlich protokolliert wurde. Dies folgt bereits daraus, dass ein derartiger Fehler nicht zur Nichtigkeit führt, sondern lediglich zur Anfechtbarkeit, weil jedenfalls eine Beurkundung im Sinn von § 241 Nr. 2 erfolgt ist (es geht nur um die Frage ist, ob die zutreffende Beurkundungsform gewählt wurde). Entgegen *Hüffer* ist es mE des Weiteren aber mit der herrschenden Meinung zum GmbHG nicht erforderlich, den punktuell satzungsdurchbrechenden Beschluss im Handelsregister einzutragen, weil andernfalls § 246 ausgehebelt würde. Dies bedeutet im Ergebnis, dass ein punktuell satzungsändernder Beschluss den Ankündigungs- und Beurkundungsanforderungen von Satzungsänderungen zu unterwerfen ist und er bei Nichteinhaltung innerhalb der Frist des § 246 angefochten werden kann. Der Fristablauf führt aber dazu, dass der Verstoß nicht mehr geltend gemacht werden kann.

20 Demgegenüber ist das Änderungsverfahren für zustandsbegründende Satzungsdurchbrechungen unstreitig. Es müssen sämtliche Voraussetzungen der förmlichen Satzungsänderung eingehalten werden, einschließlich der §§ 124 Abs. 1 und Abs. 2 S. 2.⁴³ Die Rechtswirksamkeit tritt nach § 181 Abs. 3 erst mit Eintragung im Handelsregister ein.⁴⁴ M.E. reicht aber hier eine sog. bezugnehmende Eintragung aus.⁴⁵

21 **V. Satzungsänderungsverfahren. 1. Grundsatz.** Zuständig für die Satzungsänderung ist grundsätzlich die Hauptversammlung. Für den Fall von Änderungen, die nur die Fassung betreffen, kann eine AR-Zuständig-

---

34 Baumbach/Hueck/Zöllner, GmbHG, § 53 Rn 23 f.
35 So *Hüffer*, Rn 8, KölnKomm/Zöllner, Rn 99, Großkomm-AktienR/*Wiedemann*, Rn 95; aA aber MüKo-AktG/*Stein*, Rn 42.
36 Vgl insgesamt zu der Problematik KölnKomm-AktG/*Zöllner*, Rn 99.
37 BGHZ 123, 15, 19 f; OLG Köln NJW-RR 1996, 1439, 1440; OLG Köln AG 2001, 426, 427.
38 Beispiele finden sich bei *Priester*, ZHR (1951), 52 ff.
39 BGHZ 32, 17, 29 = NJW 1960, 866; BGH WM 1981, 1218, 1219.
40 *Priester*, aaO, 57 ff; *Boesebeck*, NJW 1960, 2265, 2266; BGHZ 123, 15, 19 lässt offen.
41 *Hüffer*, Rn 8.
42 *Hüffer*, aaO.
43 OLG Köln AG 2001, 426; LG Bonn AG 2001, 201, 202; KölnKomm-AktG/*Zöllner*, Rn 97.
44 BGHZ 123, 15, 19 f = NJW 1993, 2246; OLG Köln NJW-RR 1996, 1439, 1440; OLG Köln AG 2001, 426, 427; aus der Literatur zB KölnKomm-AktG/*Zöllner*, Rn 92 ff; *Hüffer*, Rn 8.
45 *Lutter/Hommelhoff*, GmbHG, § 53 Rn 27.

keit begründet werden. Bei Versicherungs-AG kann ausnahmsweise der Aufsichtsrat gemäß §§ 39 Abs. 3, § 156 VAG die Satzungsänderung vornehmen, um einem konkreten Satzungsänderungsverlangen der Aufsichtsbehörde zu entsprechen.

2. Änderungen, die nur die Fassung betreffen. Wird der Aufsichtsrat zu Satzungsänderungen ermächtigt, die die Fassung betreffen, richtet sich diese Ermächtigung an den **Aufsichtsrat als Organ**, nicht an einzelne Mitglieder. Nach wohl herrschender Literatur[46] kann auch nicht ein Ausschuss zur Satzungsänderung ermächtigt werden. Dies wird von *Wiedemann*[47] bestritten. Der Meinungsstreit dürfte sich jedoch in der Praxis relativieren. Die herrschende Meinung erkennt es nämlich ihrerseits an, dass der Aufsichtsrat seine Ermächtigung zur Fassungsänderung wegen § 107 Abs. 3 S. 2 auf einen Ausschuss übertragen kann, der dann anstelle des Gesamtaufsichtsrates den Satzungsänderungsbeschluss fasst. Es ist also nach allgemeiner Auffassung zulässig, dass die Satzung bzw ein Hauptversammlungsbeschluss dem Aufsichtsrat als Gesamtorgan die Zuständigkeit zur Satzungsänderung einräumt. Der Aufsichtsrat selbst kann dann die Befugnis zur Satzungsänderung einem Ausschuss übertragen.[48]

Eine AR-Zuständigkeit kann jedoch stets nur für Fassungsänderungen begründet werden. Fassungsänderung ist gleichbedeutend mit sprachlicher Änderung. Ob dies der Fall ist, ist durch Auslegung zu ermitteln (objektive Satzungsinterpretation).[49] Im Zweifel ist von einer nicht lediglich sprachlichen Änderung auszugehen.[50]

Die Ermächtigung an den Aufsichtsrat kann entgegen dem missverständlichen Wortlaut des Abs. 1 auch in der Satzung erfolgen. Wird die Befugnis später durch Satzungsänderung eingefügt, genügt nach herrschender Meinung die Mehrheit des Abs. 2.[51]

Der Aufsichtsratsbeschluss wird entsprechend den allgemeinen Bestimmungen in den §§ 107, 108 gefasst.[52] Er kommt mit einfacher Mehrheit zustande[53] und muss nicht notariell beurkundet werden (Einhaltung von § 107 Abs. 2 S. 1 genügt). Nach Beschlussfassung des Aufsichtsrates erfolgt die Umsetzung der Satzungsänderung inklusive Anmeldung zum Handelsregister und Eintragung entsprechend den allgemeinen Vorschriften, insbesondere § 181.

3. Die Hauptversammlung beschließt über Satzungsänderung. a) Verfahren. In der Ladung zur Hauptversammlung ist zunächst die Satzungsänderung als solche anzukündigen, § 124 Abs. 1. Des Weiteren muss der Vorstand in Abstimmung mit dem Aufsichtsrat einen Formulierungsvorschlag unterbreiten, § 124 Abs. 2 (die HV kann später von diesem Vorschlag abweichen,[54] wobei der Umfang der Abweichungsbefugnis im Einzelnen streitig ist).[55] Der Zustimmungsbeschluss der Hauptversammlung ist notariell zu beurkunden, § 130 Abs. 1. Des Weiteren kann in bestimmten Fällen die Zustimmung einzelner oder aller Aktionäre erforderlich sein, ebenso die Fassung eines Sonderbeschlusses nach § 179 Abs. 3.

b) Mehrheitserfordernisse. Grundsätzlich verlangt § 179 Abs. 2 einen Beschluss, der mit einer Mehrheit von **drei Vierteln** des bei der Beschlussfassung vertretenen Grundkapitals gefasst wird. Dies ist nach allgemeiner Ansicht dahin gehend ergänzungsbedürftig, dass in jedem Fall auch die **einfache Stimmenmehrheit** des bei der Beschlussfassung vertretenen **Grundkapitals** der Satzungsänderung zustimmen muss, Argument § 133 Abs. 1.[56] *Hüffer* bezeichnet § 179 Abs. 2 deshalb plastisch als zusätzliches Beschlusserfordernis im Sinn von § 133 Abs. 1 Hs 2. Dass das Gesetz nicht auf die Stimmenmehrheit abstellt, sondern auf die Kapitalmehrheit, hat seinen Grund in den (früher ja durchaus üblichen) Mehrstimmrechten. Hätte das Gesetz Satzungsänderungen mit einfacher Stimmenmehrheit zugelassen, hätte ggf sogar eine Kapitalminderheit derartige Beschlüsse fassen können.[57] Da dies vom Gesetzgeber nicht gewollt war, stellt § 179 auf die Kapitalmehrheit ab. Da gem. § 5 EGAktG Mehrstimmrechte ohne bestätigenden HV-Beschluss seit dem 1.6.2003 erloschen sind, hat die gesetzliche Differenzierung viel von ihrer Bedeutung verloren. Vorzugsaktionäre nehmen an der Abstimmung nur nach Stimmrechtsauflebung teil. Die Stimmenmehrheit bestimmt sich, wie stets bei Körperschaften, nach den konkret mit Ja oder Nein abgegebenen Stimmen,[58] Stimmenthaltungen werden nicht mitgezählt.[59]

---

46 *Hüffer*, Rn 11; KölnKomm-AktG/*Zöllner*, Rn 149; MüKo-AktG/*Stein*, Rn 173; K. Schmidt/Lutter/*Seibt*, Rn 23.
47 Großkomm-AktienR/*Wiedemann*, Rn 109.
48 *Hüffer*, Rn 12.
49 Vgl oben Fn 24.
50 LG Stuttgart VerBAV 1968, 167; *Hüffer*, Rn 11; KölnKomm-AktG/*Zöllner*, Rn 146; Spindler/Stilz/Holzborn, Rn 108.
51 *Hüffer*, Rn 11.
52 *Hüffer*, Rn 12; KölnKomm-AktG/*Zöllner*, Rn 115.
53 MüKo-AktG/*Stein*, Rn 175.
54 OLG Celle DB 1992, 1921.
55 *Hüffer*, § 124 Rn 9.
56 BGH NJW 1975, 212.
57 Spindler/Stilz/*Holzborn*, Rn 114.
58 KölnKomm-AktG/*Zöllner*, Rn 51; *Hüffer*, Rn 14.
59 Anders bei Personengesellschaften, § 119 Abs. 2 HGB, § 709 Abs. 2 BGB.

28 In den nachfolgenden Fällen ist entgegen § 179 Abs. 2 eine andere Kapitalmehrheit erforderlich:
§§ 97 Abs. 2 S. 4, 98 Abs. 4 S. 2 (einfache Stimmenmehrheit genügt bei Satzungsänderungen über die Zusammensetzung des Aufsichtsrates, wenn die alte Bestimmung den anzuwendenden gesetzlichen Vorschriften widerspricht); § 113 Abs. 1 S. 4 (die HV kann Vergütungsansprüche der Aufsichtsratsmitglieder, die in der Satzung geregelt sind, mit einfacher Stimmrechtsmehrheit herabsetzen, eine Erhöhung erfordert demgegenüber eine Satzungsänderung oder Satzungsdurchbrechung); § 237 Abs. 4 S. 2 (in bestimmten Fällen kann durch die Einziehung von Aktien eine Kapitalherabsetzung beschlossen werden); § 5 Abs. 2 EGAktG (die Abschaffung von Mehrstimmrechten kann mit Kapitalmehrheit beschlossen werden, entgegen § 133 Abs. 1 S. 1 ist einfache Stimmenmehrheit nicht erforderlich).

29 Des Weiteren kann auch die Satzung eine andere Kapitalmehrheit bestimmen (nicht aber, dass der Beschluss ohne Kapitalmehrheit zustande kommt, allgemeine Meinung).[60] Nach § 133 ist es grundsätzlich möglich, eine höhere Stimmenmehrheit vorzuschreiben. Ebenso kann die Satzung eine größere Kapitalmehrheit verlangen. Dabei gilt, dass eine größere Kapital- bzw Stimmenmehrheit grundsätzlich zulässigerweise vereinbart werden kann. Dabei ist jedoch darauf zu achten, dass nicht auf diesem Wege eine faktische Unabänderbarkeit der Satzung festgeschrieben wird. Dies gilt namentlich bei Publikums AGs. Schließlich kann eine geringere Kapitalmehrheit festgeschrieben werden. In diesem Zusammenhang sind die §§ 97 Abs. 2 S. 4, 98 Abs. 4 S. 2, 113 Abs. 1 S. 4, 237 Abs. 4 S. 2, 182 Abs. 1 S. 2, 202 Abs. 2 S. 3, 222 Abs. 1 S. 2 zu beachten. Zulässig sind auch sonstige modifizierende Lösungen, zB eine Abänderung des Bezugspunktes (Mehrheit des gesamten vorhandenen Kapitals o.ä.). Streitig ist, ob eine Klausel zulässig ist, wonach Satzungsänderungen dann mit einfacher Mehrheit zulässig sind, wenn sie vom AR oder mit dessen Zustimmung beantragt sind.[61] Im Aktien- sowie Umwandlungsgesetz sind wie folgt Modifizierungen der satzungsändernden Mehrheit zugelassen:

Norm	Gestaltungsmöglichkeiten
§ 52 Abs. 5 S. 3	Größere Kapitalmehrheit für Nachgründungsbeschlüsse, weitere Erfordernisse
§ 179 Abs. 2 Alt. 2, S. 3	Größere Kapitalmehrheit für Änderung des Unternehmensgegenstandes, weitere Erfordernisse
§ 179a Abs. 1 S. 2	Größere Kapitalmehrheit für Veräußerung des ganzen Gesellschaftsvermögens
§ 182 Abs. 1 S. 2, S. 3	Andere Kapitalmehrheit für Kapitalerhöhungsbeschlüsse bei Kapitalerhöhung gegen Einlagen (stimmrechtslose Vorzüge nur größere Kapitalmehrheit), weitere Erfordernisse
§ 186 Abs. 3 S. 2	Größere Kapitalmehrheit für Bezugsrechtsausschluss, weitere Erfordernisse
§ 193 Abs. 1 S. 2	Größere Kapitalmehrheit für bedingte Kapitalerhöhung, weitere Erfordernisse
§ 202 Abs. 2 S. 3	Größere Kapitalmehrheit für Schaffung genehmigten Kapitals, weitere Erfordernisse
§§ 207 Abs. 2, 182 Abs. 1	Andere Kapitalmehrheit für Kapitalerhöhungsbeschlüsse bei Kapitalerhöhung gegen Einlagen,[62] weitere Erfordernisse
§§ 221 Abs. 1 S. 3, 182 Abs. 2	Andere Kapitalmehrheit für die Begebung von Wandel- und Gewinnschuldverschreibungen, weitere Erfordernisse
§ 222 Abs. 1 S. 2	Größere Kapitalmehrheit für die ordentliche Kapitalherabsetzung, weitere Erfordernisse
§§ 229 Abs. 3, 222 Abs. 1	Größere Kapitalmehrheit für die vereinfachte Kapitalherabsetzung, weitere Erfordernisse
§ 262 Abs. 1 Nr. 2	Größere Kapitalmehrheit für Auflösungsbeschlüsse, weitere Erfordernisse
§ 274 Abs. 1 S. 3	Größere Kapitalmehrheit für Fortsetzungsbeschlüsse aufgelöster Gesellschaften, weitere Erfordernisse

---

60 BGH NJW 1975, 212; *Hüffer*, Rn 16.
61 Bejahend: OLG Stuttgart AG 1967, 265, 266; MüHb-AG/*Semler*, § 39 Rn 64; verneinend etwa *Hüffer*, Rn 23.
62 Auch bei stimmrechtslosen Vorzügen kann die Satzung Kapitalerhöhungsbeschlüsse mit niedrigerer Mehrheit zulassen, s. unten *Wagner*, § 207 Rn 9 mwN, dh die Verweisung in § 207 Abs. 2 erfasst nicht § 182 Abs. 1 S. 2 Hs 2.

Sechster Teil | Satzungsänderung. Kapitalbeschaffung u.a. § 179 AktG

Norm	Gestaltungsmöglichkeiten
§ 289 Abs. 4 S. 4	Größere Kapitalmehrheit für Auflösungsbeschlüsse bei KGaA, weitere Erfordernisse
§ 293 Abs. 1 S. 3	Größere Kapitalmehrheit für Abschluss von Unternehmensverträgen, weitere Erfordernisse
§§ 295 Abs. 1 S. 2, 293 Abs. 1.	Größere Kapitalmehrheit für Änderung von Unternehmensverträgen, weitere Erfordernisse
§ 296 Abs. 2	Größere Kapitalmehrheit für Sonderbeschluss außenstehender Aktionäre, weitere Erfordernisse
§§ 319 Abs. 2 S. 3, 320 Abs. 1 S. 3	Größere Kapitalmehrheit für Eingliederungsbeschluss, weitere Erfordernisse
§ 65 Abs. 1 S. 2 UmwG	Größere Kapitalmehrheit für Verschmelzungsbeschlüsse, weitere Erfordernisse
§ 73 UmwG	Größere Kapitalmehrheit für Beschlüsse über die Verschmelzung zur Neugründung, weitere Erfordernisse
§ 125 UmwG	Größere Kapitalmehrheit für Spaltungsbeschlüsse, weitere Erfordernisse
§§ 233 Abs. 2, 65 Abs. 1 UmwG	Größere Kapitalmehrheit für Formwechsel in Personengesellschaft, weitere Erfordernisse
§ 240 Abs. 1 S. 2 UmwG	Größere Kapitalmehrheit für Formwechsel in Kapitalgesellschaft anderer Rechtsform, weitere Erfordernisse

Die sorgfältige Satzungsformulierung ist ratsam, es sollten sowohl die Kapital- als auch die Stimmenmehrheit gesondert geregelt werden.[63] Die Satzung sollte auch bestimmen, ob ein abweichendes Beschlusserfordernis nur für bestimmte oder aber für alle Formen der Satzungsänderungen gilt, ggf inklusive Kapitalmaßnahmen.[64] Regelmäßig ist durch Auslegung zu klären, in welchem Umfang Abänderungen vom Grundsatz des § 179 Abs. 2 auch für Abänderungen der Änderungsbestimmung gelten.[65] In der Praxis finden sich immer wieder Satzungsbestimmungen, wonach bestimmte Beschlüsse „der einfachen Stimmenmehrheit" bedürfen. Hier ist oftmals eine einfache Kapitalmehrheit gemeint, da das Gesetz regelmäßig auf qualifizierte Kapitalmehrheiten abstellt und nach § 133 ohnehin die einfache Stimmenmehrheit genügt. Würde man solche Satzungsbestimmungen wörtlich nehmen, würde durch sie de facto nur das Mehrheitserfordernis des § 103 Abs. 1 S. 3 für die Abwahl von Aufsichtsratsmitgliedern auf eine einfache Mehrheit abgeändert werden.

c) **Aufhebung der Satzungsänderung.** Nach herrschender Meinung kann ein Beschluss, durch den eine mit der erforderlichen Mehrheit beschlossene Satzungsänderung **vor deren Eintragung** wieder aufgehoben wird, mit einfacher Mehrheit gefasst werden.[66]

4. **Zustimmung zur Satzungsänderung. a) Anwendungsfälle.** In bestimmten Fällen sieht das Gesetz ausdrücklich die Zustimmung von Aktionären oder Aktionärsgruppen für Satzungsänderungen vor, vgl § 180 Abs. 1 (auf Einführung von Nebenverpflichtungen im Sinne von § 55), § 180 Abs. 2 (Vinkulierung von Namensaktien bzw Zwischenscheinen iS von § 68 Abs. 2). Zur Änderung des Gesellschaftszwecks vgl unten.[67] Eine Zustimmung der betroffenen Aktionäre ist auch erforderlich bei Verstößen gegen den Gleichheitsgrundsatz, § 53 a,[68] sowie nach herrschender Meinung auch beim Eingriff in Sonderrechte. Der Begriff der Sonderrechte hat jedoch im Aktienrecht allenfalls für § 101 Abs. 2 und damit weitaus geringere Bedeutung als bei der GmbH und sollte insgesamt vermieden werden.[69] Denn wegen § 179 Abs. 3 können Rechte einer Aktiengattung regelmäßig nur, aber auch stets, beseitigt werden, wenn die Aktionäre der betroffenen Gattung dem mit einer Dreiviertelmehrheit zustimmen.[70] Sind die Aktien verpfändet bzw besteht daran ein Nießbrauch, hängt die Wirksamkeit der Satzungsänderung nicht von einer Zustimmung des Pfandgläubigers bzw Nießbrauchers ab. Für Pfandgläubiger ist dies allgemeine Ansicht,[71] für den Nießbrauch ist die Frage umstritten,[72] nach hM aber zu verneinen.[73]

---

63 Vgl insoweit BGH NJW 1975, 1212 f; 1988, 260, 261; BGHZ 76, 191, 194.
64 Enthält die Satzung ein bestimmtes Mehrheitserfordernis für "Kapitalerhöhungen", schließt dies Kapitalerhöhungen aus Gesellschaftsmitteln mit ein, *Hüffer*, § 207 Rn 10.
65 Hierzu im Einzelnen *Hüffer*, Rn 18 ff.
66 *Hüffer*, Rn 40; KölnKomm-AktG/*Zöllner*, Rn 162; MüKo-AktG/*Stein*, Rn 53; aA Großkomm-AktienR/*Barz*, § 119 Rn 16.
67 Unten Rn 42.
68 *Hüffer*, Rn 21.
69 Oben § 11 Rn 9.
70 *Hüffer*, § 11 Rn 6.
71 Großkomm-AktienR/*Wiedemann*, Rn 29.
72 Großkomm-AktienR/*Wiedemann*, aaO; *Schön*, ZHR (1988), 229, 251 ff.
73 MüKo-AktG/*Stein*, Rn 128.

34 Immer dann, wenn die Gründung einer Aktiengesellschaft nach dem Aktiengesetz oder anderen Gesetzen von staatlichen Behörden zu genehmigen ist, bedarf auch eine spätere Änderung des Unternehmensgegenstandes durch Satzungsänderung einer entsprechenden staatlichen Zustimmung.

35 **b) Verfahren.** Für die Zustimmung gelten die §§ 182 ff BGB.[74] Dabei ist die Zustimmung nicht notwendiger Bestandteil des Hauptversammlungsbeschlusses, dh der Hauptversammlungsbeschluss ist auch wirksam, wenn bestimmte zustimmungsverpflichtete Aktionäre nicht an der Hauptversammlung teilnehmen. Nehmen Aktionäre an der Hauptversammlung teil und stimmen sie dem Beschluss zu, liegt darin zugleich auch die Zustimmung zur Satzungsänderung.[75] Nimmt der Aktionär nicht teil (oder, theoretischer Fall, hat er dem Beschluss nicht zugestimmt), kann er die Zustimmung jederzeit auch außerhalb der Hauptversammlung erteilen, vor und nach der Beschlussfassung. Nach § 182 Abs. 2 BGB bedarf die Zustimmung keiner Form und ist insbesondere nicht notariell zu beurkunden. Entsprechende Formerfordernisse können aber in der Satzung bestimmt werden.[76]

36 **c) Schwebelage bis zur Zustimmung.** Solange nicht sämtliche notwendigen Zustimmungen vorliegen, besteht eine Schwebelage. Der Beschluss ist schwebend unwirksam, nicht etwa nur anfechtbar (wichtig für Rechtsmittel, zulässige Klage ist nicht die Anfechtungsklage, § 246, sondern die allgemeine Feststellungsklage).[77] Die AG kann den Schwebezustand dadurch beenden, dass sie die zustimmungsverpflichteten Aktionäre zur Abgabe der Zustimmung binnen angemessener Frist **auffordert**.[78] Diese Aufforderung ist vom Vorstand auszusprechen.[79] Obwohl die Zustimmung materiellrechtlich formfrei möglich ist, empfiehlt sich die Einhaltung in notariell beglaubigter Form. Andernfalls ist das Registergericht befugt, die Eintragung abzulehnen.[80]

37 **5. Weitere satzungsmäßige Erfordernisse.** Nach Abs. 2 S. 3 kann die Satzung zusätzliche Erfordernisse aufstellen. Damit sind insbesondere **Quoren** gemeint (Anwesenheit eines bestimmten Bruchteils der Stimmberechtigten am Kapital), **Veto- oder Zustimmungsrechte** und **Verfahrensbestimmungen**. Entsprechende Bestimmungen dürfen Satzungsänderungen nicht faktisch unmöglich machen (vgl oben Rn 29). Ebenso sind sonstige Erfordernisse unzulässig, die faktisch die Satzungsautonomie der Hauptversammlung einschränken oder beseitigen würden. Unzulässig sind damit Bestimmungen, die die Zustimmung von Vorstand oder Aufsichtsrat oder sonstiger dritter Stellen vorsehen.[81] Soweit entsprechende Satzungsbestimmungen nichtig wären, erfasst die Nichtigkeit auch Stimmbindungsverträge uä.[82]

38 **VI. Befristung, Bedingung und Rückwirkung.** Die Befristung von Satzungsänderungen ist zulässig. Die Befristung kann sowohl kalendermäßig fixiert sein als auch allgemein umschrieben werden. Dies ist praktisch bedeutsam uA für Fälle, in denen Satzungsänderungen für einen Zeitpunkt ab Bestehen der entsprechenden gesetzlichen Voraussetzung beschlossen werden.[83] Die befristete Satzungsänderung ist auch sofort in das Handelsregister einzutragen, und zwar als befristete Satzungsklausel.

39 Bedingte Satzungsänderungen sind demgegenüber strengeren Erfordernissen unterworfen. Da der Bedingungseintritt/Bedingungs-Nichteintritt regelmäßig nicht alleine anhand der Satzung bzw nicht anhand allgemein gültiger Umstände beurteilt werden kann, sind bedingte Satzungsklauseln grundsätzlich unzulässig. In Ausnahme hiervon können bedingte Satzungsänderungen nach Bedingungseintritt im Handelsregister eingetragen werden.[84] Die Eintragung hat dann unbedingt zu erfolgen. In jedem Fall ist eine bedingte Satzungsänderung bis zum Bedingungseintritt schwebend unwirksam.[85] Die Satzungsänderung wird endgültig unwirksam, wenn die Bedingung nicht bis zur nächsten HV eintritt.[86] Zulässig ist auch die sogenannte unechte Bedingung, dh die bindende Anweisung an den Vorstand, die Satzungsänderung erst bei Eintritt bestimmter Umstände zum Handelsregister anzumelden. Auch dann ist die Satzungsänderung ohne Hinweis auf die Bedingung einzutragen.

40 Die Zulässigkeit rückwirkender Satzungsänderungen ergibt sich mittelbar aus § 181 Abs. 3. Danach wird die Änderung erst mit der Handelsregistereintragung wirksam. Dies bedeutet, dass organisationsrechtliche Bestimmungen und solche mit Außenwirkung nicht mit Rückwirkung in Kraft gesetzt werden können.[87] Unzulässig sind damit etwa die rückwirkende Änderung des Geschäftsjahres bzw die rückwirkende Ände-

---

[74] Großkomm-AktienR/*Wiedemann*, Rn 132.
[75] Vgl Großkomm-AktienR/*Wiedemann*, aaO: nur in der Regel.
[76] Es handelt sich dann um ergänzende Bestimmungen iSv § 23 Abs. 5 S. 2.
[77] Großkomm-AktienR/*Wiedemann*, Rn 131.
[78] RGZ 236, 185, 192 zur GmbH; Großkomm-AktienR/*Wiedemann*, Rn 132.
[79] § 78 Abs. 1.
[80] Großkomm-AktienR/*Wiedemann*, § 181 Rn 14.
[81] *Hüffer*, Rn 23, vgl in diesem Zusammenhang auch Großkomm-AktienR/*Wiedemann*, Rn 135 mit Hinweisen auf EU-Recht.
[82] Großkomm-AktienR/*Wiedemann*, Rn 136.
[83] Anwendungsbeispiel aus der Praxis: UMAG-Vorratsbeschlüsse.
[84] LG Duisburg BB 1989, 257.
[85] *Hüffer*, Rn 26.
[86] *Hüffer*, aaO.
[87] KölnKomm-AktG/*Zöllner*, Rn 207; Großkomm-AktienR/*Wiedemann*, Rn 174.

rung von Vertretungsbefugnissen (Einzel-/Gesamtvertretung, Zustimmungsvorbehalte). Insbesondere für Kapitalmaßnahmen ergibt sich auch aus ausdrücklicher gesetzlicher Bestimmung, dass die Kapitalerhöhung erst mit Eintragung im Handelsregister wirksam wird, dh betreffende Aktienrechte erst mit diesem Zeitpunkt entstehen. Praktisch wird eine Rückwirkung lediglich anerkannt bei der Erhöhung (nicht Verminderung) von Aufsichtsratsvergütungen für eine laufende Amtsperiode, dies läuft wirtschaftlich ohnehin auf eine bloße Nachzahlung hinaus.[88]

VII. Einzelfälle von Satzungsänderungen. Für einzelne Satzungsänderungen bestehen besondere Anforderungen. Hierauf wird nachfolgend eingegangen. 41

1. Gesellschaftszweck und Unternehmensgegenstand. Der Gesellschaftszweck[89] ist vom Unternehmensgegenstand (vgl Abs. 2 S. 2) zu unterscheiden und beschreibt das **angestrebte Ziel** der Aktionäre (in der Regel Gewinnerzielungsabsicht). Demgegenüber definiert der Unternehmensgegenstand, wie, dh durch **welches eingesetzte Mittel**,[90] dieses Ziel erreicht werden soll. Grundsätzlich ist der Gesellschaftszweck in der Satzung nicht geregelt. Im Zweifel ist davon auszugehen, dass die AG erwerbswirtschaftliche Ziele verfolgt. Anders verhält es sich mE nur, wenn der Unternehmensgegenstand diese Ziele nicht ermöglicht. Wird der Gesellschaftszweck geändert, bedarf dies grundsätzlich einer Satzungsänderung. Die herrschende Meinung verlangt wegen § 33 Abs. 1 S. 1 BGB die Zustimmung sämtlicher Aktionäre. Die Frage ist im Einzelnen äußerst umstritten.[91] Da § 33 Abs. 1 S. 2 selbst im Vereinsrecht dispositiv ist, § 40 BGB, empfiehlt sich mE jedenfalls bei der nicht auf Gewinnerzielung ausgerichteten Gesellschaft in jedem Fall eine Satzungsbestimmung. Schweigt die Satzung darüber, ob eine geringere Mehrheit für Satzungsänderungen auch eine Änderung des Gesellschaftszwecks mit einbezieht, erstreckt sie sich hierauf nicht.[92] 42

Der Begriff des Unternehmensgegenstandes ist im Gesetz nicht definiert. Zum Inhalt und zur Abgrenzung vom Gesellschaftszweck vgl oben. Der Unternehmensgegenstand ist nach § 23 Abs. 3 Nr. 2 zwingend in der Satzung anzugeben. Er dient im Außenverhältnis dazu, die Gesellschaftstätigkeit aus Anlass der Eintragung in das Register auf ihre Rechtmäßigkeit zu überprüfen.[93] Des Weiteren dient die Eintragung im Register der Festlegung der Tarifzuständigkeit[94] und der Information der Gläubiger. Im Innenverhältnis gibt der Unternehmensgegenstand dem Vorstand oder dem Aufsichtsrat der Gesellschaft Vorgaben für Ausmaß und Umfang der Geschäftsführungstätigkeit. Die Verwaltung hat grundsätzlich einen Ermessensbereich, wie sie den Unternehmensgegenstand ausfüllt. Dies erlaubt es ihr, den satzungsmäßig definierten Unternehmensgegenstand zu unterschreiten, sowie jedenfalls im Rahmen von Ergänzungs- oder Hilfsgeschäften darüber hinauszugehen. Inwieweit dies bei auf Dauer angelegtem Verhalten den satzungsmäßig definierten Rahmen verletzt, kann nur im Einzelfall entschieden werden.[95] 43

Eine Änderung des Unternehmensgegenstandes bedarf in jedem Fall der qualifizierten Mehrheit des Abs. 2, die Satzung kann allenfalls ein größeres Mehrheitserfordernis und weitere Erfordernisse festlegen. Sie liegt vor, wenn die in der Satzung aufgeführten Geschäftszweige inhaltlich modifiziert werden, sowohl durch Hinzufügungen/Streichungen als auch durch Austausch der Begriffe (Beispiel nach *Zöllner*:[96] Fabrikation von keramischen Waren statt Porzellanwaren). In der Praxis wird immer wieder thematisiert, inwiefern der Erwerb und/oder die Veräußerung von Beteiligungen zu einer Änderung des Unternehmensgegenstandes führt. Hierbei ist zwischen Finanzanlagen und unternehmerischen Beteiligungen zu unterscheiden. Finanzanlagen darf der Vorstand der AG auch ohne dahin gehende explizite Satzungsbestimmung in demjenigen Umfang erwerben und veräußern, der für die jeweilige Gesellschaft und Branche üblich ist.[97] Demgegenüber ist eine Satzungsänderung notwendig, wenn der Erwerb von Finanzanlagen das Ausmaß einer Vermögensanlage erreicht.[98] Ausnahmsweise kann die Ausgliederung des von der AG betriebenen Unternehmens auf eine Tochtergesellschaft ebenfalls einer Satzungsänderung bedürfen.[99] Eine derartige Maßnahme hat uU tief greifende Eingriffe in die Rechte und Befugnisse der an der AG beteiligten Aktionäre zur Folge, da aus dem zuvor operativ tätigen Unternehmen so ggf eine reine Holding wird. Eine Satzungsgrundlage ist jedenfalls dann zu fordern, wenn die Ausgliederung zur Folge hat, dass die AG selbst nicht mehr oder nur unwesentlich selbst operativ tätig ist. 44

---

88 KölnKomm-AktG/*Zöllner*, Rn 209.
89 Dazu im Einzelnen die Kommentierung zu § 23.
90 OLG Hamburg BB 1968, 267.
91 Für Einstimmigkeit: KölnKomm-AktG/*Zöllner*, Rn 113, MüKo-AktG/*Stein*, Rn 33; dagegen: Großkomm-AktienR/*Wiedemann*, Rn 56; unentschieden: *Hüffer*, Rn 33.
92 BGHZ 1996, 245, 249 = NJW 1986, 1933 (zum eingetragenen Verein).

93 Großkomm-AktienR/*Wiedemann*, Rn 58.
94 *Wiedemann/Stumpf*, TVG, § 2 Rn 25 ff.
95 Großkomm-AktienR/*Wiedemann*, Rn 58.
96 KölnKomm-AktG/*Zöllner*, Rn 117.
97 KölnKomm-AktG/*Zöllner*, Rn 120; Großkomm-AktienR/*Wiedemann*, Rn 63.
98 Großkomm-AktienR/*Wiedemann*, aaO.
99 Vgl BGHZ 83, 122, 130 (Holzmüller).

45 Die konkreten Größenordnungen für die Abgrenzung von Finanzbeteiligungen zu unternehmerischen Beteiligungen sind nicht klar definiert. M.E. bietet es sich an, hier auf die 30 %-Schwelle des Übernahmegesetzes abzustellen.[100]

46 **2. Unternehmensverträge.** Nach §§ 293 Abs. 1 S. 4, Abs. 2, 295 Abs. 1 S. 2 finden die Vorschriften des Gesetzes oder der Satzung über Satzungsänderungen keine Anwendung, wenn die HV den Abschluss oder die Änderung von Unternehmensverträgen beschließt. Der Abschluss von Unternehmensverträgen stellt an sich eine Satzungsänderung dar, hM.[101] Dies gilt sowohl für die herrschende als auch für die abhängige AG.

47 **3. Änderung des Grundkapitals.** Wegen § 23 Abs. 3 Nr. 3 ist das Grundkapital in der Satzung mit aufzuführen. Die Änderung des Kapitals ist zugleich Satzungsänderung iS des § 179 Abs. 2. Dies hat jedoch keine praktische Bedeutung. Die §§ 182 bis 240 enthalten Sondervorschriften, die § 179 weitestgehend verdrängen. Anwendbar ist lediglich § 179 Abs. 1 S. 2, der insbesondere bei Kapitalerhöhung aus genehmigtem Kapital praktische Bedeutung hat. Bestimmt die Satzung, dass in Abweichung von Abs. 2 eine geringere Kapitalmehrheit ausreichend ist, ist durch Auslegung zu klären, ob dies auch Kapitalerhöhungen/Kapitalherabsetzungen mit einbezieht. Nach *Zöllner*[102] lasse es sich in der Regel nicht klären, ob die getroffene Mehrheitsregelung auch für Kapitalveränderungen gelten soll. Eine Erstreckung auf Kapitalveränderungsmaßnahmen sei dann zu verneinen. Dem ist so nicht zu folgen. Bestimmt die Satzung zB, dass jede nach dem Aktienrecht mit einer geringeren Mehrheit als drei Vierteln des Kapitals zu fassende Satzungsänderung einer geringeren Mehrheit bedarf (so eine gebräuchliche Formulierung), erfasst dies auch Kapitalveränderungen. Zutreffend ist die Auffassung *Zöllners* deshalb lediglich insoweit, als in sonstigen Fällen im Zweifel nicht von einer Erstreckung auf Kapitalmaßnahmen auszugehen ist.

48 **4. Nebenpflichten und nachträgliche Vinkulierungen.** Vgl hierzu die Erläuterungen zu § 180.

49 **5. Änderung des Geschäftsjahres.** Nach hM[103] ist die zeitliche Lage des Geschäftsjahres im Gesellschaftsvertrag festzulegen. Fehlt eine Regelung, entspricht das Geschäftsjahr dem Kalenderjahr. Jede Änderung des Geschäftsjahres ist damit zugleich Satzungsänderung (bestritten).[104]

50 **6. Firma.** Die Firma ist nach den §§ 4, 23 Abs. 3 Nr. 1 notwendiger Satzungsbestandteil, so dass jede Änderung nur durch Satzungsänderung zulässig ist. Eine Firmenänderung ist danach zB erforderlich, wenn das Unternehmen mit der Firma veräußert werden soll,[105] sowie generell dann, wenn die Firma den Unternehmensgegenstand nicht mehr zutreffend wiedergibt.[106]

51 **7. Sitz.** Der Sitz der AG ist nach den §§ 5, 23 Abs. 3 Nr. 1 ebenfalls notwendiger Satzungsbestandteil. Eine Sitzverlegung bedarf daher ebenfalls einer Satzungsänderung.[107]

52 **8. Gesellschaftsdauer.** Der Bestand einer AG kann zeitlich begrenzt werden. Die Neueinführung einer Begrenzung oder deren Änderung sind Satzungsänderungen.

53 **9. Ausschüttungsregelungen.** Die Satzung kann entsprechend § 58 Vorgaben zur **Rücklagenbildung** enthalten. Dies beeinflusst mittelbar den Umfang zulässiger Ausschüttungen. Jede über das gesetzliche Mindestmaß hinausgehende Thesaurierung des Jahresüberschusses[108] vermindert den Bilanzgewinn[109] und berührt damit an sich den Anspruch jedes einzelnen Aktionärs auf Beteiligung hieran, § 58 Abs. 4. Die herrschende Meinung zieht daraus jedoch nicht den Schluss, dass jede Satzungsänderung, die die Verpflichtung zur Rücklagenbildung erhöht, der Zustimmung jedes einzelnen Aktionärs bedarf. Die Rücklagenbildung wird nur unter dem Aspekt des Gesellschaftszwecks thematisiert.[110] Nach herrschender Meinung gelten für Satzungsänderungen in Bezug auf Rücklagenbildung die allgemeinen Mehrheitserfordernisse, so lange für die Gewinneinbehaltung kein vernünftiger kaufmännischer Grund erkennbar ist.

54 **10. Aufsichtsrat.** Die Größe des Aufsichtsrats ist in den Grenzen des § 95 Abs. 1 durch die Satzung zu bestimmen. Die Satzung kann – soweit nicht mitbestimmungsrechtliche Regelungen eingreifen – persönliche oder sachliche Voraussetzungen für die Aufsichtsratsmitglieder vorsehen, § 100 Abs. 4. Widerspricht eine Satzungsregelung zur Zusammensetzung des Aufsichtsrates gesetzlichen Vorschriften, hat die Hauptversammlung unter den in §§ 98 Abs. 4 S. 2, 97 Abs. 2 bestimmten Voraussetzungen gegebenenfalls mit einfacher Stimmenmehrheit eine neue Satzung zu bestimmen.

---

100 Anders noch *Timm*, ZIP 1993, 114, 117 (25 %).
101 KölnKomm-AktG/*Zöllner*, Rn 124; *Kiem*, Die Aktiengesellschaft als Konzernspitze, S. 35.
102 KölnKomm-AktG/*Zöllner*, Rn 132; ebenso *Hüffer*, Rn 35.
103 Baumbach/Hueck/*Schulze-Osterloh*, AktG, § 41 Rn 38.
104 *Hüffer* Rn 39, § 23 Rn 3; zum steuerlichen Aspekt s. im Kapitel "Besteuerung der AG und der KGaA" Rn 175 ff.
105 RGZ 107, 31, 33 (zur GmbH).
106 BayObLG GmbHR 1980, 11, 13.
107 Zum steuerlichen Aspekt s. im Kapitel "Besteuerung der AG und der KGaA" Rn 52, 153, 176.
108 Begriff des Jahresüberschusses: § 275 Abs. 2, 3 HGB.
109 Begriff: § 158 Abs. 1 Nr. 5.
110 KölnKomm-AktG/*Zöllner*, Rn 115.

11. Einziehung von Aktien. Die Einziehung von Aktien ist keine Satzungsänderung. Eine Zwangseinziehung ist jedoch nur zulässig, wenn eine entsprechende **Satzungsgrundlage** besteht, § 237 Abs. 1 S. 2. Sie bedarf der Zustimmung aller potenziell betroffenen Aktionäre.[111]

12. Schiedsklauseln. Die nachträgliche Einführung von Schiedsklauseln bedarf ebenso wie ihre nachträgliche Aufhebung der Zustimmung aller Aktionäre. Kein Aktionär muss es hinnehmen, ohne seine Zustimmung der staatlichen Gerichtsbarkeit entzogen zu werden oder sich ihr zu unterwerfen.

VIII. Sonderbeschlüsse bei Bestehen mehrerer Aktiengattungen (Abs. 3). 1. Funktion. Soll das bisherige Verhältnis mehrerer Gattungen von Aktien zum Nachteil einer Gattung geändert werden, ist ein Sonderbeschluss (§ 138) der benachteiligten Aktionäre zu fassen. Da der Eingriff an sich der Zustimmung aller betroffenen Gesellschafter bedarf, würde eine Satzungsänderung häufig undurchführbar werden.[112] Die Vorschrift stellt deshalb nach allgemeiner Ansicht eine Erleichterung für entsprechende Satzungsänderungen dar.[113]

2. Sondervorschriften. Sonderbeschlüsse der Aktionäre einer bestimmten Gattung sind bereits aufgrund bestimmter Sondervorschriften erforderlich. So gehen die §§ 182 Abs. 2, 222 Abs. 2 dem § 179 Abs. 3 vor, dh bei den bezeichneten Kapitalmaßnahmen ist ein Sonderbeschluss der Aktionäre weiterer Aktiengattungen auch dann erforderlich, wenn der Beschluss nicht zu ihrem Nachteil in die Aktienrechte eingreift.

3. Vorzugsaktien. § 141 Abs. 1 iVm Abs. 3 verlangt einen Sonderbeschluss für den Fall, dass der von einer Gattung von Vorzugsaktien vermittelte Vorzug aufgehoben oder beschränkt wird. Diese Bestimmung geht § 179 Abs. 3 S. 1 vor.[114] Gleiches muss im Fall des § 141 Abs. 2 iVm Abs. 3 gelten, wenn neue Vorzüge geschaffen werden, die bei der Gewinn- und Vermögensverteilung bestehenden Vorzugsaktien ohne Stimmrecht vorgehen oder gleichstehen.[115]

Sind neben den Stammaktien nur stimmrechtslose Vorzugsaktien vorhanden und sollen die Rechte der Vorzugsaktionäre ausschließlich verbessert werden, ist kein Sonderbeschluss nach § 179 Abs. 3 notwendig. Wegen der Stimmrechtslosigkeit sind die Vorzugsaktionäre nicht nach Abs. 1 an der Abstimmung zu beteiligen. § 141 vermittelt ebenfalls kein Stimmrecht, da die Rechtsposition der Vorzugsaktionäre nicht verschlechtert wird. Es genügt in diesem Fall der Alleinbeschluss der (ausschließlich benachteiligten) Stammaktionäre.

4. Mehrstimmrechte. Mehrstimmrechte[116] können nach § 5 Abs. 2 S. 3 EGAktG ohne Sonderbeschluss beseitigt werden.[117]

5. Konzernrechtliche Sonderbeschlüsse. Die in den §§ 295 Abs. 2, 309 Abs. 3 geregelten Sonderbeschlüsse sind keine Sonderbeschlüsse iSv § 179 Abs. 3, da die außenstehenden Aktionäre regelmäßig keine gesonderte Gattung bilden. Sind aufgrund der in den Normen genannten Sachverhalte Sonderbeschlüsse zu fassen, ist Abs. 3 regelmäßig nicht berührt. Anders verhält es sich dann, wenn einzelne oder alle außenstehenden Aktionäre zugleich auch aus anderen Gründen eine eigene Aktiengattung bilden. Dann ist auch Abs. 3 einschlägig.[118]

6. Verhältnis zu § 53 a. § 179 Abs. 3 stellt insoweit eine Modifizierung bzw Sondervorschrift gegenüber § 53 a dar,[119] als danach Eingriffe in die Rechte von Aktien einer bestimmten Gattung zulässig sind, wenn (bereits) die Mehrheit der Aktionäre dieser Gattung dem zustimmt. Im Übrigen gilt § 53 a aber unabhängig von § 179 Abs. 3. So etwa, wenn bestehende Aktien in Aktien einer anderen Gattung umgewandelt werden, dh hier ist ein Einschnitt in die Rechte nur mit Zustimmung jedes davon betroffenen Aktionärs zulässig. Gleiches gilt bei Hauptversammlungsbeschlüssen, die die Neubildung einer Aktiengattung zum Gegenstand haben, wenn die neu gebildete Aktiengattung gegenüber den bisherigen Aktien besondere Rechte oder Berechtigungen verkörpert. Eine Neubildung von Aktien mit ausschließlich weniger weit reichenden Rechten ist demgegenüber ohne Weiteres zulässig. Stets stellen diese Fälle der Neubildung einer besonderen Gattung keinen Fall des § 179 dar.[120] Der sachliche Unterschied zu dem von Abs. 3 ausschließlich erfassten Fall der Änderung des Verhältnisses mehrerer Gattungen zum Nachteil einer Gattung ergibt sich daraus, dass bei Bestehen von Aktien unterschiedlicher Gattung die betroffenen Aktionäre bereits zugestimmt haben (bei der erstmaligen Verabschiedung der Satzung, ihrer Satzungsänderung bzw bei der Zeichnung der Aktien

---

111 BGH GmbHR 1978, 131; BayObLG GmbHR 1978, 270 (beide zur GmbH).
112 Großkomm-AktienR/*Wiedemann*, Rn 138.
113 *Hüffer*, Rn 41; Großkomm-AktienR/*Wiedemann*, Rn 138; KölnKomm-AktG/*Zöllner*, Rn 174.
114 Wohl allgM, OLG Köln ZIP 2001, 2049; *Hüffer*, Rn 42; KölnKomm-AktG/*Zöllner*, Rn 178.
115 *Hüffer*, aaO; KölnKomm-AktG/*Zöllner*, aaO.
116 § 12 Rn 5.
117 Zur Frage des eventuellen Ausgleichs betroffener Aktionäre siehe BayObLGZ 2002 Nr. 42 (Beschluss vom 31.7.2002, 3Z BR 362/01.).
118 *Hüffer*, Rn 42; KölnKomm-AktG/*Zöllner*, Rn 180.
119 *Hüffer*, Rn 41.
120 Unstreitig, *Hüffer*, Rn 43.

bei Kapitalerhöhungen). Die Ungleichbehandlung ist dann in der Satzung bereits angelegt. Dass Abs. 3 Veränderungen des Verhältnisses beider Gattungen zum Nachteil einer Gattung auch durch qualifizierten Mehrheitsbeschluss gestattet, ist jedenfalls kein Eingriff in den Gleichbehandlungsgrundsatz.

64 **7. Änderung des bisherigen Verhältnisses mehrerer Aktiengattungen zum Nachteil einer Gattung.** Abs. 3 S. 1 setzt voraus, dass mehrere Gattungen von Aktien bestehen (so) und dass ein Beschluss zu fassen ist, der das bisherige Verhältnis mehrerer Aktiengattungen zum Nachteil einer Gattung ändert. Vgl dazu, wann Aktien verschiedener Gattungen bestehen, die Kommentierungen zu den §§ 11, 101 Abs. 2 S. 3.

65 **a) Unmittelbarkeit kein taugliches Abgrenzungskriterium.** Ein Nachteil zulasten der Aktionäre einer Gattung liegt nach einer in der Rechtsprechung verwendeten Formulierung vor, wenn **gattungsspezifische Rechte** beseitigt oder beschränkt oder entsprechende Rechte der anderen Gattungen verstärkt oder erweitert werden.[121] Allerdings erlaubt diese Formulierung nicht immer eine hinreichend sichere Entscheidung. Rechtsprechung und herrschende Literatur versuchen deshalb, über das Unmittelbarkeitserfordernis zu einer Konkretisierung zu kommen.[122] Der Begriff der Unmittelbarkeit ist aber wie stets schwach[123] und für eine Abgrenzung wenig tauglich. Besser ist es, wie folgt zu differenzieren:

66 **b) Sinnvolle Abgrenzung.** Eine sinnvolle Abgrenzung kann durch enge Orientierung am Wortlaut des Abs. 3 S. 1 erreicht werden. Die Formulierung, wonach ein Hauptversammlungsbeschluss „bei Änderung des bisherigen Verhältnisses mehrerer Gattungen" erforderlich ist, legt ein Abstellen auf die Merkmale der betroffenen Aktiengattung nahe. Als **Faustformel** wird man daher sagen müssen, dass sämtliche Änderungen, die Anteile (Gewinnansprüche, Ansprüche auf den Liquidationserlös), modifizieren, unter Abs. 3 fallen.[124] Alle weiteren Satzungsbestandteile, die diese Merkmale beeinflussen und gegebenenfalls auch erst ausfüllen (zB Vorschriften zur Pflicht, Rücklagen zu bilden, bzw dahin gehende Befugnisse), betreffen nicht das Verhältnis der Aktien zueinander, sondern Maßnahmen der Geschäftsführung in der AG. Derartige Satzungsänderungen sollten nach allgemeinen Regelungen zulässig sein, ohne dass es eines Sonderbeschlusses bedarf (erst recht darf nicht angenommen werden, dass derartige Regelungen besondere Rechte und Berechtigungen von Aktien schaffen, die nur mit Zustimmung jedes einzelnen Aktionärs beseitigt werden können).

67 Unerheblich ist es, ob mit entsprechenden nachteiligen Veränderungen auch Vorteile verbunden sind, Vor- und Nachteile dürfen nicht miteinander verrechnet werden.[125]

68 **8. Weitere Fälle.** Nach herrschender Meinung ist ein Sonderbeschluss auch dann erforderlich, wenn der eigentliche Satzungsänderungsbeschluss einstimmig erging.[126] Zwar haben dann alle betroffenen Aktionäre bereits im Rahmen dieses Beschlusses der Maßnahme zugestimmt, die herrschende Meinung verlangt den Sonderbeschluss jedoch aufgrund seines Warncharakters. Werden mehrere Gattungen gleichmäßig benachteiligt, muss jede Gattung separat einen Sonderbeschluss fassen.[127] Kein gesonderter Beschluss ist demgegenüber bei Abstimmungen in der Einmann-AG erforderlich, da hier auch die Warnfunktion nicht zum Tragen kommt.[128]

69 **9. Verfahren. a) Eigentlicher satzungsändernder Beschluss.** Die Aktionäre einer von einem satzungsändernden Beschluss benachteiligten Gattung sind auch an dem eigentlich satzungsändernden Beschluss zu beteiligen.[129] Dieser Beschluss ist so lange unwirksam, wie der Zustimmungsbeschluss nicht zustande gekommen ist.

70 **b) Verfahrensfragen des Zustimmungsbeschlusses.** Für die Zustimmung der betroffenen Aktiengattung ist es ausreichend, wenn in derselben Hauptversammlung, in der die Satzungsänderung beschlossen wird, eine gesonderte Abstimmung der betroffenen Gattung erfolgt. Alternativ kann auch eine eigene Sonderversammlung der betroffenen Gattung durchgeführt werden. Nach allgemeiner Ansicht ist es ohne Bedeutung, ob der Sonderbeschluss vor oder nach dem eigentlichen Beschluss gefasst wurde.[130] Die Satzung kann jedoch eine Frist bestimmen, innerhalb der der Sonderbeschluss zu fassen ist.[131] Eine derartige Fristbestimmung wäre ein weiteres Erfordernis im Sinne von Abs. 2 S. 3, Abs. 3 S. 3.[132] Wird die Frist versäumt, tritt nach *Zöllner* eine Heilung ein, wenn der Beschluss dennoch im Handelsregister eingetragen wird.[133] Ent-

---

121 OLG Köln ZIP 2001, 2049 f.
122 RGZ 125, 356, 361; Geßler/*Hefermehl*, Rn 166.
123 Vgl auch MüKo-AktG/*Stein*, Rn 187.
124 Vgl auch MüKo-AktG/*Stein*, Rn 187, maßgeblich ist, ob ein Eingriff in die gattungsbegründenden Rechtspositionen vorliegt.
125 Heute ganz hM: *Hüffer*, Rn 45; Großkomm-AktienR/*Wiedemann*, Rn 144; aA noch LG Berlin JW 1937, 2835.
126 RGZ 148, 175, 181 f; *Hüffer*, Rn 45.
127 *Hüffer*, aaO; *Nirk*, Hb AG, Rn 566.
128 *Hüffer*, aaO, aA KölnKomm-AktG/*Zöllner*, Rn 187.
129 Großkomm-AktienR/*Wiedemann*, Rn 151.
130 *Hüffer*, Rn 46; Großkomm-AktienR/*Wiedemann*, Rn 149; KölnKomm-AktG/*Zöllner*, Rn 194.
131 Großkomm-AktienR/*Wiedemann*, Rn 149.
132 *Hüffer*, Rn 46.
133 KölnKomm-AktG/*Zöllner*, Rn 194.

hält die Satzung keine Frist, verlangt die herrschende Meinung, dass der Beschluss in einem angemessenen zeitlichen Zusammenhang mit dem HV-Beschluss steht.[134] M.E. besteht jedoch entgegen der hM kein aus § 179 oder anderen aktienrechtlichen Normen folgender Zwang, den Zustimmungsbeschluss innerhalb bestimmter Zeit nachzuholen.[135] Entsprechend allgemeinen rechtsgeschäftlichen Grundsätzen (§§ 182 ff BGB) ist die Wirksamkeit der Zustimmung nicht fristabhängig. Der Vorstand macht sich aber schadensersatzpflichtig, wenn er nicht zeitnah eine Abstimmung über den der Satzungsänderung zustimmenden Beschluss anberaumt. Ohne Bedeutung ist es, wenn einzelne Aktionäre zwischen satzungsänderndem Beschluss und Sonderbeschluss ihre Aktien übertragen.[136]

c) **Mehrheitserfordernisse.** Die Mehrheitserfordernisse für den Sonderbeschluss ergeben sich aus Abs. 3 S. 3 iVm Abs. 2. Erforderlich ist damit eine Zustimmung von drei Vierteln des bei der Beschlussfassung vertretenen Grundkapitals (und der einfachen Mehrheit der Stimmen, wenn die Stimmrechte nicht anteilig dem Grundkapital gewährt sind). Weitergehende Anforderungen an satzungsändernde Beschlüsse gelten auch für den Sonderbeschluss.[137] Allerdings wäre es ebenso zulässig, in der Satzung für die Zustimmungsbeschlüsse andere Beschlussmehrheiten oder Beschlusserfordernisse zu regeln als für den eigentlichen Satzungsänderungsbeschluss.[138] Hierin läge insbesondere kein Verstoß gegen § 53 a, weil die Ungleichbehandlung an die unterschiedlichen Aktiengattungen anknüpft, so dass es am Merkmal „unter gleichen Voraussetzungen" fehlt.

d) **Fehlerhafte Beschlüsse.** Nach zutreffender Auffassung *Wiedemanns*[139] wird ein Satzungsänderungsbeschluss, der aufgrund eines fehlenden Sonderbeschlusses fehlerhaft ist, nicht durch Eintragung im Handelsregister wirksam. Maßgebliche Vorschrift ist § 241. Eine Heilungswirkung tritt danach nur für Beurkundungsmängel ein. Es besteht die Möglichkeit der Amtslöschung gemäß § 395 FamFG. Jeder Aktionär kann gemäß § 58 Abs. 1 FamFG gegen die Eintragung Beschwerde einlegen. Allenfalls kommt eine Heilung in sinngemäßer Anwendung von § 242 Abs. 2 in Betracht.

e) **Prozessuale Fragen.** Die herrschende Meinung verneint eine Anfechtungsbefugnis von Aktionären gegen den satzungsändernden Beschluss, wenn der Sonderbeschluss (noch) nicht gefasst wurde.[140] Dies ist konsequent, wenn man mit der herrschenden Meinung ein automatisches Unwirksamwerden des satzungsändernden Beschlusses annimmt, falls über den Sonderbeschluss nicht abgestimmt wird. Daran ändert sich auch nichts, wenn man mit der hier vertretenen Auffassung den Sonderbeschluss nicht für fristgebunden erachtet.[141] Der Aktionär ist in jedem Fall dadurch geschützt, dass die Satzungsänderung keine Wirkungen zeitigt, solange nicht der Sonderbeschluss zustande gekommen ist. Für den Fall, dass die Satzungsänderung ohne Sonderbeschluss eingetragen wird, besteht die Möglichkeit der Beschwerde gem. § 58 Abs. 1 FamFG. Dass der Gesamtbeschluss, so lange der Sonderbeschluss nicht gefasst wurde, als solcher zwar existent, nicht aber wirksam bzw anfechtbar ist, ist heute allgemeine Ansicht.[142] Das Registergericht hat die Eintragung der Satzungsänderung abzulehnen, wenn der Sonderbeschluss fehlt oder gemäß § 241 nichtig ist.[143] Die herrschende Meinung hält das Registergericht für berechtigt, der Gesellschaft für die nachträgliche Beibringung des Sonderbeschlusses eine Frist zu setzen und die Nichtigkeit erst nach Fristablauf zu verfügen.[144] Nach der hier vertretenen Auffassung ist der Sonderbeschluss demgegenüber nicht fristgebunden. Allenfalls kann daher das Registergericht dazu befugt sein, die Anmeldung der Satzungsänderung zurückzuweisen. Dies wirkt jedoch nur verfahrensrechtlich und hat keine Auswirkungen auf den satzungsändernden Beschluss als solchen. Legt die Gesellschaft gegen die ablehnende Verfügung Beschwerde ein, kann sie den zustimmenden Beschluss auch noch im Beschwerdeverfahren beibringen. Im Fall der Fehlerhaftigkeit von Zustimmungsbeschlüssen gelten die allgemeinen Grundsätze. Fehlerhaft bzw nichtig ist stets nur der Zustimmungsbeschluss als solcher, nicht das gesamte satzungsändernde Rechtsgeschäft bestehend aus Satzungsänderungsbeschluss und Zustimmungsbeschluss. Dies ist heute allgemeine Ansicht.[145] Rechtsmittel gegen den Zustimmungsbeschluss sind damit gegen diesen zu richten.

---

134 *Hüffer*, Rn 46; Großkomm-AktienR/*Wiedemann*, Rn 169.
135 Zur hM etwa MüKo-AktG/*Stein*, Rn 199, 201.
136 Großkomm-AktienR/*Wiedemann*, Rn 49.
137 *Hüffer*, Rn 47; Großkomm-AktienR/*Wiedemann*, Rn 150; KölnKomm-AktG/*Zöllner*, Rn 190.
138 Großkomm-AktienR/*Wiedemann*, Rn 150.
139 Großkomm-AktienR/*Wiedemann*, Rn 142, so auch MüKo-AktG/*Stein*, Rn 208.
140 *Hüffer*, Rn 49; Großkomm-AktienR/*Wiedemann*, aaO.
141 Oben Rn 70.
142 RGZ, 148, 145, 184 ff; LG Mannheim AG 1967, 83, 84; *Hüffer*, Rn 49; KölnKomm-AktG/*Zöllner*, Rn 191; Großkomm-AktienR/*Wiedemann*, Rn 152.
143 Heute wohl allg. Ansicht, *Hüffer*, Rn 49; KölnKomm-AktG/*Zöllner*, Rn 192; Großkomm-AktienR/*Wiedemann*, Rn 153.
144 Großkomm-AktienR/*Wiedemann*, aaO.
145 Großkomm-AktienR/*Wiedemann*, Rn 154.

§ 179 a Verpflichtung zur Übertragung des ganzen Gesellschaftsvermögens

(1) ¹Ein Vertrag, durch den sich eine Aktiengesellschaft zur Übertragung des ganzen Gesellschaftsvermögens verpflichtet, ohne daß die Übertragung unter die Vorschriften des Umwandlungsgesetzes fällt, bedarf auch dann eines Beschlusses der Hauptversammlung nach § 179, wenn damit nicht eine Änderung des Unternehmensgegenstandes verbunden ist. ²Die Satzung kann nur eine größere Kapitalmehrheit bestimmen.

(2) ¹Der Vertrag ist von der Einberufung der Hauptversammlung an, die über die Zustimmung beschließen soll, in dem Geschäftsraum der Gesellschaft zur Einsicht der Aktionäre auszulegen. ²Auf Verlangen ist jedem Aktionär unverzüglich eine Abschrift zu erteilen. ³Die Verpflichtungen nach den Sätzen 1 und 2 entfallen, wenn der Vertrag für denselben Zeitraum über die Internetseite der Gesellschaft zugänglich ist. ⁴In der Hauptversammlung ist der Vertrag zugänglich zu machen. ⁵Der Vorstand hat ihn zu Beginn der Verhandlung zu erläutern. ⁶Der Niederschrift ist er als Anlage beizufügen.

(3) Wird aus Anlaß der Übertragung des Gesellschaftsvermögens die Gesellschaft aufgelöst, so ist der Anmeldung der Auflösung der Vertrag in Ausfertigung oder öffentlich beglaubigter Abschrift beizufügen.

A. Grundlagen 1	5. Keine sachliche Rechtfertigung erforderlich 14
I. Entwicklungsgeschichte der Norm 1	6. Einreichung zum Handelsregister 14a
II. Normzweck 2	IV. Wirksamwerden des Verpflichtungsvertrags ... 15
B. Einzelheiten 4	V. § 179 a im Zusammenhang mit anderen konzernrechtsrelevanten Normen 16
I. Übertragung des ganzen Gesellschaftsvermögens 4	1. Änderung des Unternehmensgegenstandes . 17
II. Übertragung dieses Vermögens 8	2. Vorlagepflicht entsprechend den Holzmüller/Gelatine-Grundsätzen 19
III. Verfahren 9	VI. Analoge Anwendung des § 179 a auf andere Rechtsformen 20
1. Allgemeines 9	
2. Zustimmung durch die HV 10	
3. Mehrheitserfordernisse 11	
4. Inhalt der Zustimmung 12	

A. Grundlagen

1 **I. Entwicklungsgeschichte der Norm.** § 179 a wurde durch Art. 6 Umwandlungsbereinigungsgesetz vom 28.10.1994[1] in das Gesetz eingefügt. Die Vorschrift ersetzt den durch das Umwandlungsbereinigungsgesetz aufgehobenen § 361 a aF. Mit dem ARUG[2] wurde Abs. 2 S. 3 neu eingefügt und S. 3 geändert.

2 **II. Normzweck.** § 179 a steht heute systematisch im Zusammenhang mit § 179. Anlass hierfür war die Abschaffung des § 361 aF im Zusammenhang mit dem Umwandlungsgesetz 1995. § 361 aF wurde nicht in das Umwandlungsrecht mit übernommen, weil er systematisch nicht in dieses Rechtsgebiet gehört.[3] Denn anders als die umwandlungsrechtlichen Vorschriften geht es hier nicht um eine Gesamtrechtsnachfolge, sondern um Einzelrechtsnachfolge. Dass sich die Bestimmung nunmehr im Abschnitt über Satzungsänderungen findet, ist durch die Erwägung des Gesetzgebers bedingt, die Übertragung des gesamten Gesellschaftsvermögens habe im Regelfall eine Änderung des Unternehmensgegenstands zur Folge, so dass damit eine Satzungsänderung (§ 179) erforderlich sei. Gerade für den Fall, dass die Satzung formal eine Übertragung des ganzen Vermögens gestatte, soll § 179 a die Zuständigkeit zur Entscheidung dieser Frage der Hauptversammlung übertragen.[4]

3 Der Zweck des § 179 a soll nach der überwiegenden Literatur darin zu sehen sein, die Aktionäre vor unangemessenen Vertragsgestaltungen bei Übertragungen des gesamten Vermögens zu schützen.[5] Dies ist nicht zutreffend, da § 179 a keine spezifischen Regelungen enthält, wann eine Vertragsgestaltung unangemessen und damit unwirksam ist. Richtiger ist es daher, in § 179 a ausschließlich eine Kompetenznorm zu sehen, die die Zuständigkeit der Hauptversammlung für bestimmte strukturändernde Maßnahmen vorschreibt. Die Bestimmung sichert damit die Information der Aktionäre. Des Weiteren stellt Abs. 3 klar, dass ein der Vermögensübertragung zustimmender HV-Beschluss nicht zur Auflösung der Gesellschaft führt.[6] Anders als der frühere § 419 BGB verfolgt § 179 a aber unstreitig nicht den Zweck, die Gesellschaftsgläubiger gegen die Verflüchtigung von Vollstreckungsobjekten zu schützen.[7] Dies schon deshalb nicht, weil die Gesellschaftsgläubiger eine von der notwendigen HV-Mehrheit getragenen Vermögensübertragung nicht verhin-

---

1 BGBl. I S. 3210.
2 BGBl. I 2009 S. 2479.
3 *Mertens*, in: FS Zöllner, S. 385, 388 f: Die Übertragung des ganzen Vermögens ist die Übertragung des (so gut wie) ganzen Vermögens.
4 Begründung zum UmwG, BR-Drucks. 75/94 v. 4.2.1994, etwa abgedruckt bei *Widmann/Mayer*, Umwandlungsrecht, Band 1, S. 183 f.
5 *Hüffer*, Rn 1; MüKo-AktG/*Stein*, Rn 7; KölnKomm-AktG/ *Kraft*, § 361 a Rn 2; Geßler/*Kropff*, 361 a Rn 1.
6 *Hüffer*, aaO.
7 BGHZ 83, 122, 128 (Holzmüller); aus verfassungsrechtlicher Sicht: BVerfG NJW 2001, 279, 281 (MotoMeter).

dern können und es im Falle einer derartigen Vermögensübertragung auch nicht zu einem irgendwie gearteten Gläubigerschutz kommt.

B. Einzelheiten

I. Übertragung des ganzen Vermögens. Was unter dem „ganzen Gesellschaftsvermögen" zu verstehen ist, ist streitig. Die Rechtsprechung[8] und die herrschende Meinung in der Literatur[9] verstehen den Begriff **funktional**. Die Frage, ob die Gesellschaft noch ein verhältnismäßig beträchtliches Restvermögen behält, könne nicht lediglich anhand eines Wertvergleichs der übertragenden bzw verbleibenden Aktiva und Passiva beantwortet werden. Jedenfalls im Falle eines noch aktiv am Markt tätigen Unternehmens komme es entscheidend darauf an, ob die Gesellschaft mit dem zurückbehaltenen Betriebsvermögen noch dazu befähigt sei, ihre in der Satzung festgelegten Unternehmensziele selbst weiterzuverfolgen, wenn auch in eingeschränktem Umfang.[10] Die wesentliche Folge dieser herrschenden Meinung ist, dass § 179a auch in Fällen Anwendung finden kann, in denen betragsmäßig erhebliches Vermögen in der Gesellschaft zurückbleibt.[11]

In Abweichung zu dieser herrschenden Meinung vertritt *Mertens*[12] die Auffassung, es sei eine rein quantitative Betrachtungsweise maßgeblich.[13] Behalte die Gesellschaft erhebliches Vermögen zurück, sei § 179a niemals erfüllt, auch wenn die Gesellschaft damit nicht mehr ihre satzungsmäßig definierten Unternehmensziele verfolgen könne. Nur in Fällen, in denen der Gesellschaft ein quantitativ geringfügiges Restvermögen verbleibe, sei mit der herrschenden Meinung zu klären, ob dies zur Verfolgung der Unternehmensziele ausreiche. Diese Sichtweise von *Mertens* belässt dem § 179a nur einen gegenüber dem Konzept der herrschenden Meinung geringeren Anwendungsbereich. Allerdings ist in derartigen Fällen immer daran zu denken, ob so nicht der Gegenstand des Unternehmens (§ 179 Abs. 2) berührt ist.[14]

Gegenteilige Stimmen sind jedoch häufig. Insbesondere in der früheren Lehre wurde zuweilen vertreten, § 179a sei einer erweiternden Auslegung dergestalt zugänglich, dass die Bestimmung bereits auf eine Ausgliederung wesentlicher Teile des Unternehmens Anwendung finde.[15] *Seibt*[16] stellt alternativ auf qualitative und quantitative Kriterien ab. Neuerdings will *Packi* die Abgrenzung durch einen Vergleich der Ertragskraft vor und nach der Veräußerung vornehmen,[17] Eine Veräußerung des ganzen Gesellschaftsvermögens liege vor, wenn das verbleibende Restvermögen nur noch 5% des ursprünglichen Gesamtvermögens ausmache.[18]

M.E. sprechen für die Auffassungen von *Seibt* und *Packi* gute Gründe. Der systematische Zusammenhang zu § 179 und die in § 179a Abs. 1 explizit angesprochene Änderung des Unternehmensgegenstands zeigen den Willen des Gesetzgebers, die in § 179 Abs. 1 gewährleistete Beteiligung der Aktionäre an der rechtlichen Änderung des Unternehmensgegenstands um eine Beteiligung an einer faktischen Änderungen der Unternehmenstätigkeit zu ergänzen. Dazu kommt es aber auch dann, wenn erhebliches Restvermögen zurückbleibt. Andererseits wäre es zu eng, ausschließlich auf den satzungsmäßigen Unternehmenszweck abzustellen. § 179a bezweckt die Information der Aktionäre über tief greifende Strukturänderungen (Rn 3). So ein Informationsbedarf ist immer dann gegeben, wenn die AG im Begriff ist, den Kern ihrer operativen Tätigkeit zu übertragen. Sieht etwa der Unternehmensgegenstand die „Verwaltung von Beteiligungen" vor, und will die Gesellschaft fundamentale operativen Beteiligungen weggeben, muss § 179a anwendbar sein. Es kann dann nicht darauf ankommen, ob ggf noch einige nachrangige Anteile an anderen Unternehmen oder gar nur Gesellschaftsmäntel zurückbehalten werden. Diese werden dann zwar weiterhin „verwaltet". Aber die Veränderungen im operativen Geschäft der AG sind dennoch so weit reichend, dass man ein Informationsbedürfnis der Aktionäre nicht in Abrede stellen kann. Das von *Packi* in Anlehnung an gesellschaftsrechtliche Umstrukturierungen geschaffene 95%-Kriterium könnte dabei ein praktikabler Maßstab ein. Richtigerweise wird man die Schwelle aber ausgehend von dem Rechtsgedanken des § 62 Abs. 5 UmwG (umwandlungsrechtlicher Squeeze Out) bei 90% ansetzen müssen.

II. Übertragung dieses Vermögens. Die Art der Vermögensübertragung spielt im Rahmen des § 179a keine Rolle. Erfasst sind nicht nur der **Verkauf des Vermögens an Dritte**, sondern ebenso auch **konzerninterne**

---

8 BGHZ 83, 122, 128 f (Holzmüller).
9 *Hüffer*, Rn 5; Geßler/*Kropff*, § 361a Rn 14.
10 BGHZ 83, 122, 128 (Holzmüller).
11 Insoweit aA OLG Düsseldorf WM 1994, 337, 343.
12 *Mertens*, in: FS Zöllner, S. 385 ff: Die Übertragung des gesamten Vermögens ist die Übertragung des (so gut wie) ganzen Vermögens.
13 Vgl auch MüKo-AktG/*Stein*, § 179 Rn 18, wonach "zunächst" eine quantitative Betrachtung anzustellen sei.
14 MüKo-AktG/*Stein*, Rn 18, hierzu auch unten Rn 17.
15 *Timm*, Die Aktiengesellschaft als Konzernspitze, 1980, S. 115 ff, 175 ff.
16 K. Schmidt/Lutter/*Seibt*, Rn 8.
17 *Packi*, Die Veräußerung des ganzen Gesellschaftsvermögens, 2011, S. 168 ff.
18 *Packi* differenziert dabei weiter zwischen dem „Vermögen" (S. 79–113) und der „Ertragskraft" (S. 196–202). Ausreichend dürfte ein Abstellen auf die Ertragskraft sein, da Vermögen im Unternehmensbereich ohnehin nach dem Ertragswert berechnet wird.

Ausgliederungen, zB die Ausgliederung auf eine explizit zu diesem Zweck gegründete Tochtergesellschaft.[19] Der Begriff der Übertragung ist grundsätzlich auch weiter als der der Veräußerung, so dass an sich auch Übertragungen auf Zeit von § 179a erfasst wären. Diese Fälle sind aber in den §§ 292, 293 ff speziell geregelt, unter zum Teil deckungsgleichen, zum Teil weiter gehenden Voraussetzungen. Unanwendbar ist § 179a weiterhin dann, wenn es um im Umwandlungsgesetz spezifisch angesprochene Tatbestände geht. Dies sind die dort geregelten Fälle der Gesamtrechtsnachfolge (Verschmelzung, Aufspaltung, Abspaltung, Ausgliederung und Vermögensübertragung iSd §§ 174 ff, 178 ff. UmwG). Schließlich ist § 179a ebenfalls nicht anwendbar im Falle des Formwechsels, §§ 190 ff, wobei dieser nach dem UmwG im Gegensatz zum alten Recht ohnehin nicht mehr zu einer Rechtsnachfolge führt, § 202 Abs. 1 S. 1 UmwG. Stets erfasst § 179a lediglich den die Verpflichtung zu einer derartigen Übertragung betreffenden Vertrag, also das Kausalgeschäft. Die Erfüllung richtet sich nach den allgemeinen Vorschriften, insbesondere den §§ 398 ff, 873 ff, 929 ff BGB.

III. Verfahren. 1. Allgemeines. Das Verfahren hinsichtlich der Information und Entscheidung der Hauptversammlung ist in Abs. 2 geregelt. Die Normen entsprechen inhaltlich den §§ 293f, 293g sowie § 175 Abs. 2. Zu ihrem Inhalt vgl folglich die dortigen Erläuterungen, auch zur streitigen Frage der Versendungskosten und zur Zugänglichmachung über das Internet. In der Hauptversammlung ist der Vertrag nicht zu verlesen, sondern in seinem Bedeutungsgehalt zu erklären.[20] Soweit die HV nicht einem abgeschlossenen Vertrag zustimmen soll, sondern in den künftigen Abschluss eines Vertrags einwilligt, ist der Entwurf des Vertrags entsprechend Abs. 2 auszulegen. Der Vertrag ist als Anlage zur Niederschrift zu nehmen.

2. Zustimmung durch die HV. Der zustimmende HV-Beschluss ist Zustimmung iSd §§ 182 ff BGB. Die Zustimmung kann in Form der nachträglichen Genehmigung, § 184 Abs. 1, erklärt werden. Ebenso ist die vorherige Einwilligung, § 183 Abs. 1, im Grundsatz zulässig.[21] Im Falle der vorherigen Zustimmung ist allerdings zu beachten, dass sich die HV ihrer Zuständigkeit nicht durch eine zu generelle Ermächtigung wieder begeben darf. Die Zustimmung ist daher nur wirksam, wenn sie sich auf einen schlechthin vollständigen, schriftlich fixierten Vertragsentwurf bezieht.[22] Die Rechtslage ist mit der Zustimmung zu Verschmelzungsbeschlüssen identisch.[23]

3. Mehrheitserfordernisse. Die Mehrheitserfordernisse sind identisch mit den Anforderungen bei Satzungsänderungen, § 179 Abs. 2 S. 1. Erforderlich ist damit eine Mehrheit von drei Vierteln des bei der Beschlussfassung vertretenen Grundkapitals sowie der einfachen Kapitalmehrheit des § 133 Abs. 1 (zur Bedeutung dieser insbesondere bei Mehrstimmrechtsaktien wichtigen Unterscheidung vgl oben § 179 Rn 27). § 179a enthält keine § 179 Abs. 2 S. 3 entsprechende Regelung. Nach *Hüffer*[24] besteht aber kein Anlass, die Satzungsautonomie in diesem Sinne einzuschränken. § 179 Abs. 2 S. 3 gilt daher analog auch im Fall des § 179a Abs. 1,[25] so dass die Satzung auch für Beschlüsse bezüglich der Zustimmung zur Übertragung des ganzen Vermögens weitere Erfordernisse aufstellen kann.

4. Inhalt der Zustimmung. Beschlussinhalt ist die vorherige Einwilligung bzw nachträgliche Genehmigung eines konkret ausgehandelten bzw abzuschließenden Vertrags.

Richtiger Ansicht nach[26] ist ein Zustimmungsbeschluss nach Abs. 1 S. 1 auch dann erforderlich, wenn hierdurch zugleich der Unternehmensgegenstand geändert wird. Die Thematik wurde auch in der Regierungsbegründung angesprochen.[27] Dies folgt bereits aus dem Wortlaut („auch dann").[28] Es muss also auch in derartigen Fällen den Erfordernissen des Abs. 2 durch Auslegung des Vertrags und Erläuterung seines Inhalts Rechnung getragen werden. Unterbleibt dies, kann nicht davon ausgegangen werden, dass die Zustimmung der HV zur Satzungsänderung zugleich als Zustimmung zum Übertragungsvertrag zu verstehen ist.[29]

5. Keine sachliche Rechtfertigung erforderlich. Die Rechtswirksamkeit des Zustimmungsbeschlusses richtet sich nach den allgemeinen Regeln. Eine sachliche Rechtfertigung ist nicht erforderlich.[30] Dies ergibt sich daraus, dass nach der Rechtsprechung des BGH[31] ein auf die Auflösung einer Gesellschaft gerichteter Beschluss noch nicht einmal dann der sachlichen Rechtfertigung bedarf, wenn der Mehrheitsgesellschafter das

---

19 So der der Holzmüller-Entscheidung zugrunde liegende Sachverhalt.
20 *Hüffer*, Rn 19.
21 BGHZ 82, 188, 193f (Hoesch/Hoogovens); LG Hamburg AG 1996, 233, 234; *Hüffer*, Rn 7.
22 *Hüffer*, Rn 7; Spindler/Stilz/*Holzborn*, Rn 15.
23 Hierzu Kallmeyer/*Zimmermann*, § 13 Rn 7; Widmann/Mayer/Heckschen, UmwG, § 13 Rn 53 ff.
24 *Hüffer*, Rn 11.
25 *Hüffer*, aaO.
26 *Hüffer*, Rn 8f; *Reichert* in: Habersack/Koch/Winter, Die Spaltung im neuen Umwandlungsrecht, ZHR-Beiheft 68, 1999, S. 25, 42.
27 BT-Drucks. 12/6699, 177.
28 MüKo-AktG/*Stein*, Rn 46.
29 *Hüffer*, Rn 9; *Reichert*, ZHR-Beiheft (1968) 25, 42.
30 *Hüffer*, Rn 10.
31 BGHZ 103, 184, 191f.

Gesellschaftsvermögen nach Liquidation übernehmen will. Es würde sich mit dieser Rechtsprechung schlecht vereinbaren lassen, für Vermögensübertragungen im Sinne des § 179a eine sachliche Rechtfertigung zu verlangen. Allerdings kann ein entsprechender Beschluss unwirksam sein, wenn Gesellschafter bei der Beschlussfassung Sondervorteile verfolgen, § 243 Abs. 2. Im Übrigen gelten die allgemeinen Vorschriften zur Anfechtbarkeit. Wird der Zustimmungsbeschluss durch erfolgreiche Anfechtungsklage endgültig aufgehoben, wird der Vertrag unwirksam mit der Folge, dass die empfangenen Leistungen rückabzuwickeln sind. Stets kann eine anfechtbare Beschlussfassung bestätigt werden, § 244.

6. Einreichung zum Handelsregister. Gemäß Abs. 2 S. 6 muss der Übertragungsvertrag zusammen mit dem Hauptversammlungsprotokoll zum Handelsregister eingereicht werden. Unterlässt die AG die Einreichung des Vertrags, kann dies vom Registergericht gem. § 14 HGB erzwungen werden.

IV. Wirksamwerden des Verpflichtungsvertrags. Stimmt die HV dem Beschluss zu und wird der ordnungsgemäß festgestellte Beschluss nicht angefochten, wird der Verpflichtungsvertrag wirksam. Der Entwurf des Übertragungsvertrags bzw der Übertragungsvertrag selbst sind dem HV-Protokoll in beglaubigter Abschrift beizufügen und zum Handelsregister einzureichen. Eine Eintragung des Beschlusses im Handelsregister unterbleibt. Beschluss und Vertragsabschluss ziehen auch keine weiteren Rechtsfolgen nach sich, insbesondere nicht Ansprüche auf Ausgleich von Aktionären etc.

V. § 179a im Zusammenhang mit anderen konzernrechtsrelevanten Normen. § 179a erfasst **Vermögensübertragung jedweder Art**[32] und damit auch Fälle der Konzernbildung und Konzernrestrukturierung. Insoweit steht die Norm im Zusammenhang zu anderen Regelungen im Aktiengesetz. Dabei kommt es zu folgenden Überschneidungen:

1. Änderung des Unternehmensgegenstandes. Ein Fall einer möglichen Überschneidung zwischen § 179a und anderen aktienrechtlichen Regelungen ist in Abs. 1 direkt angesprochen. Es geht um die Änderung des Unternehmensgegenstandes. Im Grundsatz kann die Ausgliederung von Betriebsteilen in Tochtergesellschaften und der Verkauf von Beteiligungen den Unternehmensgegenstand der AG berühren. Dies kann auch zu einer Satzungsverletzung führen, zB dann, wenn die Verfolgung des Unternehmensgegenstands durch eigene Geschäftstätigkeit vorgeschrieben wird, also nicht nur über Tochtergesellschaft und Beteiligungen. Trägt die Satzung derartige Maßnahmen nicht, liegt eine faktische Satzungsdurchbrechung vor.[33] Anders als es bei einer Anwendbarkeit des § 179a der Fall ist, führt eine Satzungsverletzung regelmäßig nur zur Unwirksamkeit im Innenverhältnis, § 82 Abs. 1.[34] Im Außenverhältnis besteht eine Unwirksamkeit nur dann, wenn die Grundsätze des Missbrauchs der Vertretungsmacht eingreifen. Ein derartiger Missbrauch der Vertretungsmacht besteht zunächst in den Fällen der Kollusion, dh bei Zusammenwirken von Vertreter und Vertragsgegner bewusst zum Nachteil des Vertretenen.[35] Missbrauch der Vertretungsmacht liegt aber auch vor in den Fällen des offensichtlichen Missbrauchs, dh wenn der Vertreter von seiner Vertretungsmacht in ersichtlicher verdächtiger Weise Gebrauch gemacht hat, so dass sich dem anderen Teil der Verdacht eines Verstoßes gegen gesellschaftsinterne Bindungen aufdrängen muss.[36] Allerdings verlangt ein Missbrauch der Vertretungsmacht in den Fällen organschaftlich definierter Vertretungsmacht, dh der Vertretungsmacht des Geschäftsführers (§ 37 Abs. 2 S. 1 GmbHG) bzw der des Vorstands, § 84 Abs. 1, zusätzlich, dass der Vertreter bewusst zum Nachteil des Vertretenen gehandelt hat.[37]

Ein praktischer Anwendungsfall für eine Satzungsdurchbrechung bei Konzernsachverhalten könnte etwa die Übertragung eines bestimmten Geschäftsbereichs oder einer bestimmten Beteiligung auf Konzerntöchter sein, so dass die AG danach ihren satzungsmäßigen Zweck durch eigene operative Tätigkeit nicht mehr erfüllen kann. Wenn die Satzung – was regelmäßig nicht der Fall ist, anders aber ggf bei der historisch wichtigsten bzw prägenden Unternehmenstätigkeit – vorschreibt, dass dieser satzungsmäßige Zweck zwingend durch eigene geschäftliche Tätigkeit der AG zu verfolgen ist, läge ein Verstoß gegen die Satzung vor. § 179a wäre demgegenüber in derartigen Fällen nicht einschlägig, weil die Gesellschaft ihren satzungsmäßigen Zweck durch ihre Konzerntöchter und damit wenigstens eingeschränkt weiter verfolgen kann.[38]

2. Vorlagepflicht entsprechend den Holzmüller/Gelatine-Grundsätzen. Konzernbildungs- bzw Konzernumstrukturierungsmaßnahmen können auch eine Verpflichtung des Vorstands begründen, die Maßnahmen nach § 119 Abs. 2 der HV zur Genehmigung vorzulegen. Ebenso können Folgemaßnahmen vorlagepflichtig sein, zB Kapitalerhöhungen in durch Ausgliederung entstandenen Konzerntöchtern. Inwieweit der Vor-

---

32 Oben Rn 4.
33 BGHZ 83, 122, 130 (Holzmüller). Dies ist nicht zu verwechseln mit den sog. satzungsdurchbrechenden Beschlüssen, weil vorliegend bei der Ausgliederung bzw Beteiligungsveräußerung gerade kein HV-Beschluss gefasst wird, vgl hierzu oben § 179 Rn 15 ff.
34 BGHZ 83, 122, 130 (Holzmüller).
35 Palandt/Heinrichs, § 164 BGB Rn 13.
36 Palandt/Heinrichs, § 164 BGB Rn 14.
37 BGHZ 50, 112, 114.
38 So die zutr. hM, vgl oben Rn 4 ff.

stand gehalten ist, vor der Durchführung von Maßnahmen, die zu einer dieser beiden Fallgruppen[39] zählen, ein Votum der HV einzuholen, wurde und wird im Anschluss an die „Holzmüller"- bzw „Gelatine"-Entscheidung[40] in der Literatur breit diskutiert. Bzgl. der Einzelheiten ist auf die Erläuterungen zu § 119 Abs. 2 zu verweisen. Von § 179 a unterscheiden sich diese Fälle zum einen durch das (streitige) Mehrheitserfordernis, zum anderen durch die grundsätzlich fehlende Außenwirkung.

20 **VI. Analoge Anwendung des § 179 a auf andere Rechtsformen.** § 179 a ist nicht auf Aktiengesellschaften begrenzt.[41] Die Norm ist nach dem BGH auf **Kommanditgesellschaften** entsprechend anwendbar.[42] Der BGH hat in dieser Entscheidung zugleich mittelbar bestätigt, dass die Bestimmung auch für die **GmbH** entsprechend gilt; jede andere Bewertung würde auch zu nicht nachvollziehbaren Wertungswidersprüchen führen.[43] Die analoge Anwendung bedeutet, dass Verträge, in denen Personengesellschaften (auch oHG und GbR) bzw GmbH sich zur Übertragung ihres gesamten Vermögens verpflichten, zu ihrer Wirksamkeit eines zustimmenden Gesellschafterbeschlusses bedürfen. Inwieweit die Mehrheitserfordernisse für GmbH und/oder Personengesellschaftern zu modifizieren sind, wird vom BGH nicht gesagt. Die zutreffende Lösung muss mE die Wertungen des § 179 a auf die entsprechenden Gesellschaftsformen übertragen. Erforderlich ist danach im Falle der GmbH eine Mehrheit von drei Vierteln der abgegebenen Stimmen, § 53 Abs. 2 S. 1 GmbHG (nicht des Kapitals, auch bei der GmbH können Stimmen und Kapitalanteile auseinander fallen), weil dies die für GmbH-Satzungsänderungen zwingend geltende Mindestanforderung ist. Die GmbH-Satzung kann allenfalls eine höhere Stimmenmehrheit vorsehen. Im Falle der Kommanditgesellschaft ist die Stimmenmehrheit durch Auslegung des Gesellschaftsvertrags zu ermitteln. Grundsätzlich kann der Gesellschaftsvertrag in Abweichung von den gesetzlichen Vorschriften, § 119 Abs. 1 HGB, für die Zustimmung aller bei der Mitwirkung zur Beschlussfassung berufenen Gesellschafter verlangt, die Mehrheitserfordernisse vertraglich regeln. Die im Personengesellschaftsrecht geltenden Grenzen,[44] insbesondere Kernbereichslehre und Bestimmtheitsgrundsatz, sind allerdings zu beachten.[45] Eine einfache Mehrheitsklausel dürfte deshalb die in § 179 a angesprochenen Fälle nicht mit einbeziehen.

§ 180 Zustimmung der betroffenen Aktionäre

(1) Ein Beschluß, der Aktionären Nebenverpflichtungen auferlegt, bedarf zu seiner Wirksamkeit der Zustimmung aller betroffenen Aktionäre.

(2) Gleiches gilt für einen Beschluß, durch den die Übertragung von Namensaktien oder Zwischenscheinen an die Zustimmung der Gesellschaft gebunden wird.

A. Grundlagen 1	3. Satzungsermächtigung zur Einführung von Nebenpflichten 5
I. Entwicklungsgeschichte der Norm 1	II. Nachträgliche Vinkulierung 6
II. Normzweck 2	1. Grundsätzliches Zustimmungserfordernis .. 6
B. Einzelheiten 3	2. Kapitalerhöhungen 7
I. Nebenleistungspflichten (Abs. 1) 3	III. Aufhebung der Vinkulierung 8
1. Grundsätzliches Zustimmungserfordernis .. 3	IV. Erteilung der Zustimmung 9
2. Kapitalerhöhungen 4	

A. Grundlagen

1 **I. Entwicklungsgeschichte der Norm.** Abs. 1 entspricht wörtlich dem früheren § 147. Abs. 2 wurde mit dem Aktiengesetz 1965 neu eingeführt und sollte die früher streitige Frage regeln, ob die Vinkulierung von Namensaktien und Zwischenscheinen der Zustimmung aller betroffenen Aktionäre betraf.

2 **II. Normzweck.** § 180 regelt zwei Fälle, in denen für eine Satzungsänderung die Zustimmung des Betroffenen erforderlich ist.[1] Abs. 1 schützt die Aktionäre vor einer **nachträglichen Verschlechterung** ihrer Rechtsstellung durch Auferlegung zusätzlicher Pflichten. Abs. 2 stellt sicher, dass kein Gesellschafter gegen seinen Willen auf unbestimmte Zeit in der AG festgehalten werden kann.

---

39 Zwischen diesen beiden Fallgruppen wird in der „Holzmüller"-Entscheidung, BGHZ 83, 122, streng differenziert.
40 BGHZ 83, 122 (Holzmüller); BGH NJW 2004, 1860 = BGHZ 159, 30 (Gelatine).
41 K. Schmidt/Lutter/*Seibt*, Rn 4.
42 BGH JZ 1995, 576 f.
43 Ganz hM, etwa Baumbach/Hueck/*Zöllner*, GmbHG, 53 Rn 12; Scholz/*Priester*, GmbHG, § 53 Rn 177.
44 Dazu *Baumbach/Hopt*, HGB, § 119 Rn 35 ff.
45 Vgl Ebenroth/Boujong/Joost/*Goette*, HGB, § 119 Rn 46 ff.
1 Weitere Fälle oben § 179 Rn 33.

B. Einzelheiten

I. Nebenleistungspflichten (Abs. 1). 1. Grundsätzliches Zustimmungserfordernis. Nach § 55 Abs. 1 kann die Satzung den Aktionären Nebenleistungspflichten auferlegen, wenn vinkulierte Namensaktien begeben sind. Dabei können derartige Verpflichtungen durch Vertragsstrafen gesichert werden, § 55 Abs. 2. Sind derartige Nebenpflichten bereits in der Ursprungssatzung enthalten, gehen sie auf denjenigen über, der die Aktien von dem vorherigen Inhaber erwirbt (dies ist auch der Sinn der Vinkulierung, die Gesellschaft soll die Kontrolle darüber behalten, wer die Nebenleistungen schuldet). Sollen derartige Nebenleistungspflichten nachträglich eingeführt werden, ist dies Satzungsänderung. Die üblicherweise für Satzungsänderungen geltenden Anforderungen müssen dann eingehalten werden. Des Weiteren müssen die betroffenen Aktionäre der Satzungsänderung zustimmen. Eine Zustimmung ist auch erforderlich, wenn Nebenleistungspflichten verschärft werden.[2] Dazu gehören insbesondere die Anordnung oder Erhöhung einer Vertragsstrafe gem. § 55 Abs. 2[3] oder die Herabsetzung des Entgelts für Nebenleistungen.[4] Zustimmungsfrei ist demgegenüber die Beschränkung oder Aufhebung von Nebenleistungspflichten. Dies soll auch dann gelten, wenn die Nebenleistungspflichten durch eine Gegenleistung vergütet waren und auch diese Gegenleistung entfällt.[5] Jedenfalls bedarf die Aufhebung von Nebenleistungspflichten eines Sonderbeschlusses nach § 179 Abs. 3, wenn die mit der Nebenverpflichtung belasteten Aktien eine eigene Gattung iSv § 179 Abs. 3 bilden.

2. Kapitalerhöhungen. Entstehen mit Nebenverpflichtungen belastete Aktien aus einer Kapitalerhöhung, bedarf dies mE generell nicht der Zustimmung. Denn bei Kapitalerhöhungen aus Gesellschaftsmitteln ordnet § 216 Abs. 3 S. 2 an, dass bestehende Nebenpflichten in ihrem wirtschaftlichen Gehalt unverändert bleiben. Sie erhöhen sich also nicht trotz erhöhter Aktienanzahl, sondern verteilen sich im Ausmaß unverändert auf bisherige und neu entstandene Aktien.[6] Da es somit nicht zu einem Eingriff in Aktionärsrechte kommt, ist eine Zustimmung entbehrlich.[7] Weiterhin ist nach wohl allgemeiner Auffassung eine Zustimmung bei der effektiven Kapitalerhöhung durch Bar- oder Sacheinlagen entbehrlich. Hier sind die Aktionäre zum Bezug nur berechtigt, nicht aber verpflichtet, so dass durch die Kapitalerhöhung als solche kein Eingriff in Aktionärsrechte erfolgt.[8]

3. Satzungsermächtigung zur Einführung von Nebenpflichten. Die Zustimmung der Aktionäre ist ausnahmsweise dann nicht erforderlich, wenn in der Satzung bereits die Ermächtigung vorgesehen ist, durch Hauptversammlungsbeschluss den Aktionären Nebenleistungspflichten aufzuerlegen.[9] Stets ist in derartigen Fällen zu prüfen, ob sich der Hauptversammlungsbeschluss inhaltlich im Rahmen der satzungsmäßigen vorgegebenen Ermächtigungen bewegt.[10]

II. Nachträgliche Vinkulierung. 1. Grundsätzliches Zustimmungserfordernis. Beschließt die Hauptversammlung nachträglich, dass die Übertragung von Namensaktien (§ 68 Abs. 2 S. 1) oder Zwischenscheinen (§ 68 Abs. 4) der Zustimmung der AG bedarf, erfordert dieser Beschluss zu seiner Wirksamkeit die **Zustimmung aller betroffenen Aktionäre**. Ebenso bedarf ein Beschluss der Zustimmung der betroffenen Aktionäre, durch den die Vinkulierungsvorschriften verschärft werden (Beispiel: Aufhebung einer Satzungsbestimmung, dass die Vinkulierung nur aus wichtigem Grund versagt werden darf).[11] Zustimmungsfrei ist demgegenüber die Lockerung von Vinkulierungsbestimmungen. Die kombinierte Erleichterung und Erschwerung bedarf stets der Zustimmung.[12]

2. Kapitalerhöhungen. Sollen vinkulierte Aktien durch Kapitalerhöhungen entstehen, ist zwischen der Vinkulierung der neu geschaffenen Aktien einerseits und der Vinkulierung der Bezugsrechte andererseits zu unterscheiden: Bezüglich der Aktien selbst erstreckt sich eine in der Satzung angeordnete Vinkulierung von Namensaktien oder Zwischenscheinen automatisch auf junge Aktien.[13] Fehlt eine Vinkulierungsklausel, ist zunächst die Satzung in Bezug auf die durch die Kapitalerhöhung neu geschaffenen Aktien oder Zwischen-

---

2 AllgM: *Hüffer*, Rn 3; Großkomm-AktienR/*Wiedemann*, Rn 7; KölnKomm-AktG/*Zöllner*, Rn 5.
3 RGZ 121, 238, 242.
4 KölnKomm-AktG/*Zöllner*, Rn 5.
5 KölnKomm-AktG/*Zöllner*, Rn 5; zum Teil aA KölnKomm-AktG/*Lutter*, § 55 Rn 21.
6 Unten § 216 Rn 21.
7 Zum Teil anders: *Hüffer*, Rn 4 der für Kapitalerhöhungen aus Gesellschaftsmitteln offensichtlich davon ausgeht, dass so neue Nebenpflichten entstehen bzw sich deren Ausmaß ändern kann. Dies kann aber wegen § 216 Abs. 3 S. 2 nur dergestalt erreicht werden, dass zusätzlich zur Kapitalerhöhung aus Gesellschaftsmitteln beschlossen wird, die neu entstandenen Aktien erstmalig bzw im erhöhten Ausmaß mit Nebenpflichten zu belasten.
8 *Hüffer*, Rn 4.
9 Anderweitige Ermächtigungen zur nachträglichen Auferlegung von Nebenpflichten, zB an Vorstand und/oder Aufsichtsrat, sind demgegenüber unwirksam, Großkomm-AktienR/*Wiedemann*, Rn 9.
10 KölnKomm-AktG/*Zöllner*, Rn 8.
11 *Hüffer*, Rn 6; Großkomm-AktienR/*Wiedemann*, Rn 12.
12 Großkomm-AktienR/*Wiedemann*, Rn 12.
13 Heute ganz hM: LG Bonn AG 1970, 18, 19; *Hüffer*, Rn 7; MüKo-AktG/*Stein*, Rn 23; Großkomm-AktienR/*Wiedemann*, Rn 14; KölnKomm-AktG/*Lutter*, § 68 Rn 120; KölnKomm-AktG/*Zöllner*, Rn 13.

scheine zu ändern. Erst durch diese Satzungsänderung wird die Vinkulierung angeordnet. Diese Satzungsänderung bedarf der Zustimmung. Wird sie nicht erteilt, ist nur die Satzungsänderung unwirksam, grundsätzlich aber nicht die Kapitalerhöhung.[14] Die Zustimmung müssen alle diejenigen Aktionäre erklären, die konkret junge Aktien übernehmen,[15] bei Bezugsrechtsausschluss der Altaktionäre also nur die Übernehmer. Bezüglich der Bezugsrechte ist die Rechtslage im Grundsatz ebenso: Eine in der Satzung enthaltene Vinkulierung von Aktien erfasst auch Bezugsrechte. Unklar ist die Behandlung der Situation, dass die alten Aktien nicht vinkuliert sind, die jungen aber schon.[16] Hier spricht mE vieles dafür, dass die Bezugsrechte als Bestandteil dieser alten Aktien ebenfalls keiner Vinkulierung unterliegen. Dies schmälert allerdings den Effekt der Vinkulierung der jungen Aktien, da bezugsberechtigte Aktionäre zustimmungsfrei über ihre Bezugsrechte verfügen könnten. Es empfiehlt sich daher eine Klarstellung im entsprechenden Kapitalerhöhungsbeschluss.

8 **III. Aufhebung der Vinkulierung.** Nach zutreffender allgemeiner Ansicht sind Beschlüsse, die die Vinkulierung aufheben, **zustimmungsfrei**.[17] Es kann hier nicht eingewendet werden, dass die mit der Vinkulierung der Aktien für den Betroffenen bewirkte Bindung mit einem entsprechenden Recht der übrigen Aktionäre einhergeht, die Übertragung durch HV-Beschluss zu kontrollieren. Ist jedoch nur ein Teil der Aktien vinkuliert, bedarf die Aufhebung der Vinkulierung zusätzlich eines Sonderbeschlusses, § 179 Abs. 3, der nicht vinkulierten Aktionäre.[18]

9 **IV. Erteilung der Zustimmung.** Zur Rechtsnatur und Erteilung der Zustimmung vgl oben § 179 Rn 32 ff. Empfänger der Zustimmungserklärung ist der Vorstand, § 78, wobei die Abgabe gegenüber nur einem Vorstandsmitglied in jedem Fall genügt, § 78 Abs. 2 S. 2. In einem Ja zum entsprechenden Satzungsänderungsbeschluss liegt eine konkludente Zustimmungserklärung.[19] Die bloße Zeichnung vinkulierter Aktien enthält demgegenüber mE keine Zustimmung. Nach herrschender Meinung soll der Nachweis der Zustimmung gegenüber dem Registergericht nicht der öffentlich beglaubigten Form bedürfen.[20]

§ 181 Eintragung der Satzungsänderung

(1) ¹Der Vorstand hat die Satzungsänderung zur Eintragung in das Handelsregister anzumelden. ²Der Anmeldung ist der vollständige Wortlaut der Satzung beizufügen; er muß mit der Bescheinigung eines Notars versehen sein, daß die geänderten Bestimmungen der Satzung mit dem Beschluß über die Satzungsänderung und die unveränderten Bestimmungen mit dem zuletzt zum Handelsregister eingereichten vollständigen Wortlaut der Satzung übereinstimmen.

(2) Soweit nicht die Änderung Angaben nach § 39 betrifft, genügt bei der Eintragung die Bezugnahme auf die beim Gericht eingereichten Urkunden.

(3) Die Änderung wird erst wirksam, wenn sie in das Handelsregister des Sitzes der Gesellschaft eingetragen worden ist.

A. Grundlagen 1	a) Nichtige Satzungsänderungsbeschlüsse . 11
I. Entwicklungsgeschichte der Norm 1	b) Schwebend unwirksame Hauptversammlungsbeschlüsse 12
II. Normzweck 2	
III. Normzusammenhang 3	c) Anfechtbare Hauptversammlungsbeschlüsse 13
B. Einzelheiten 4	
I. Anmeldung 4	2. Registergerichtliche Entscheidung 15
1. Form und Inhalt der Anmeldung 4	3. Rechtsmittel 16
2. Beizufügende Unterlagen 5	4. Eintragungsverfahren 17
3. Verfahren 7	5. Bekanntmachung 18
4. Verpflichtung zur Anmeldung 9	6. Wirkung der Eintragung 19
II. Eintragung und Bekanntmachung (Abs. 2) 10	7. Fehlerhafte Eintragung und Heilung 20
1. Prüfungspflicht des Registergerichts 10	8. Kosten 21

---

14 KölnKomm-AktG/*Zöllner*, Rn 13.
15 Unstreitig, vgl *Hüffer*, Rn 7. Argument: Nur diese sind von der Kapitalerhöhung "betroffen" (§ 180 Abs. 1).
16 Vgl *Meilicke*, BB 1961, 1281, 1284; KölnKomm-AktG/*Zöllner*, Rn 14.
17 *Hüffer*, Rn 6; KölnKomm-AktG/*Zöllner*, Rn 15.
18 KölnKomm-AktG/*Zöllner*, Rn 15.
19 *Hüffer*, § 181 Rn 8.
20 *Hüffer*, § 181 Rn 10; Großkomm-AktienR/*Wiedemann*, Rn 21; KölnKomm-AktG/*Zöllner*, Rn 20.

Sechster Teil | Satzungsänderung. Kapitalbeschaffung u.a. § 181 AktG

A. Grundlagen

I. Entwicklungsgeschichte der Norm. Abs. 1 S. 1 und 3 sowie Abs. 2 sind unverändert aus § 148 AktG 1937 übernommen. Abs. 3 wurde im Aktiengesetz 1965 neu gefasst. Abs. 1 S. 2 wurde durch das Durchführungsgesetz zur ersten Publizitätsrichtlinie[1] geändert. Mit dem MoMiG[2] wurde Abs. 2 S. 2 aufgehoben. Mit dem ARUG[3] wurde Abs. 1 S. 3 gestrichen.

II. Normzweck. Die Norm will sicherstellen, dass Satzungsänderungen erst **nach registergerichtlicher Überprüfung wirksam** werden. Des Weiteren soll die Publizität bei Satzungsänderungen gewährleistet werden.

III. Normzusammenhang. Die Bestimmung des § 181 wird ergänzt durch §§ 45 (Sitzverlegung), 184, 188 bis 190, 195 f, 200 f, 203 Abs. 3 S. 4, 207 Abs. 2, 210 f (Kapitalerhöhung), 223 f, 227, 229 Abs. 3, 237 Abs. 2 S. 1, Abs. 4 S. 5, 238 f (Kapitalherabsetzung).

B. Einzelheiten

I. Anmeldung. 1. Form und Inhalt der Anmeldung. Die Anmeldung bedarf nach § 12 Abs. 1 HGB **öffentlich beglaubigter Form**, § 129 Abs. 1 iVm §§ 39, 43 BeurkG. Inhaltlich muss die Anmeldung stets die Änderungen explizit ansprechen, wenn diese die Gegenstände des § 39 berührt (Firma, Sitz, Gegenstand des Unternehmens, Höhe des Grundkapitals, Vertretungsbefugnis der Vorstandsmitglieder, Dauer der Gesellschaft). Im Übrigen genügt Bezugnahme auf die beigefügten Unterlagen und Anmeldung des Inhalts, dass die Satzung geändert wurde. Der Satzungsänderung sind eine Reihe von Urkunden beizufügen. Nur so kann das Registergericht die Ordnungsmäßigkeit der beschlossenen Satzungsänderung prüfen, auch wird die Einsichtnahme in das Handelsregister durch Dritte (§ 9 Abs. 1 HGB) erleichtert. Beizufügen ist zunächst der Satzungsänderungsbeschluss als solcher (HV-Protokoll, § 130, bzw in den Fällen des § 179 Abs. 1 S. 2 die AR-Niederschrift, § 107 Abs. 2), des Weiteren gegebenenfalls notwendige Sonderbeschlüsse, § 179 Abs. 3, und Zustimmungserklärungen bei notwendiger Zustimmung durch Aktionäre. Die herrschende Meinung lässt bezüglich der Zustimmung jede Form des Nachweises zu, inklusive einer dahin gehenden Erklärung des Vorstandes.[4] Aufgrund der eigenen Prüfungspflicht des Registergerichts ist jedoch die Beibringung zweifelsfreier Zustimmungsnachweise ratsam.

2. Beizufügende Unterlagen. Gemäß Abs. 1 S. 2 ist der Anmeldung auch der **vollständige Wortlaut der Satzung** beizufügen. Dies gilt entsprechend bei Satzungsänderungen im Gründungsstadium.[5] Um Irrtümer zu vermeiden muss der **Wortlaut in einer einzigen Urkunde** enthalten sein. Auch muss ein Notar bescheinigen, dass geänderte Satzungsbestimmungen mit dem Beschluss über die Satzungsänderung und unveränderte Bestimmungen mit dem zuletzt zum Handelsregister eingereichten Wortlaut übereinstimmen. Die Zusammenstellung des Textes des vollständigen Wortlautes der Satzung ist eine redaktionelle Tätigkeit, die nicht einer Neufeststellung der Satzung durch die Hauptversammlung bedarf. Insoweit muss die Satzung **auch überholte Satzungsbestimmungen** enthalten (zB Bestellung des ersten Aufsichtsrates), so lange diese nicht förmlich durch einen entsprechenden Satzungsänderungsbeschluss[6] beseitigt wurden.[7] Soweit im GmbH-Recht von der Rechtsprechung Ausnahmen zugelassen werden,[8] besteht dafür im Aktienrecht wegen § 179 Abs. 1 S. 2 kein Bedürfnis. Die notarielle Bescheinigung kann von jedem Notar ausgestellt werden. Hierfür entsteht eine besondere Gebühr, § 50 Abs. 1 Nr. 1 KostO, wenn die Bescheinigung von einem anderen Notar stammt als demjenigen, der den Hauptversammlungsbeschluss beurkundet hat. Wird die Bescheinigung von dem beurkundenden Notar vorgenommen, handelt es sich um ein nach § 47 S. 1 Hs 2 kosten- und gebührenfreies Nebengeschäft. Werden mehrere Satzungsänderungen angemeldet und hält das Registergericht einzelne Satzungsänderungen für unwirksam, gibt die eingereichte Satzung nicht denjenigen Rechtszustand wieder, den das Registergericht einzutragen bereit ist. Das Registergericht kann daher die gesamte Eintragung verweigern, bis ein entsprechender Satzungswortlaut mit notarieller Bestätigung vorgelegt wird. Das Registergericht kann auch ohne Weiteres eintragen, dann ist die AG verpflichtet, den berichtigten Satzungswortlaut nachzureichen. Das Registergericht kann die Einreichung des entsprechenden Satzungswortlautes gemäß § 14 HGB durch ein Zwangsgeld erzwingen.[9] Ob eine vollständige neu gefasste Satzung auch dann

---

1 RL 68/151/EWG, ABlEG Nr. L 65, S. 8 vom 14.3.1968.
2 BGBl. I 2008 S. 2026.
3 BGBl. I 2009 S. 2479.
4 *Hüffer*, Rn 11; Großkomm-AktienR/*Wiedemann*, Rn 14; Köln-Komm-AktG/*Zöllner*, Rn 14.
5 *Hüffer*, Rn 7.
6 Vgl hierzu oben § 179 Rn 6 ff.
7 *Hüffer*, Rn 7.
8 OLG Köln Rpfleger 1972, 257, 258; Hachenburg/*Ulmer*, GmbHG, § 54, 18.
9 MüKo-AktG/*Stein*, Rn 22.

einzureichen ist, wenn die Hauptversammlung ohnehin die Satzung vollständig neu beschlossen hat, ist in Rechtsprechung[10] und Literatur[11] streitig.

6 Gemäß Abs. 3 ist eine Genehmigungsurkunde beizufügen, wenn die Satzungsänderung einer entsprechenden staatlichen Genehmigung bedarf. Dies gilt insbesondere bei Änderungen des Unternehmensgegenstandes.[12]

7 **3. Verfahren.** Die Anmeldung obliegt grundsätzlich dem **Vorstand**. Bei **Kapitalveränderungen** muss die Anmeldung auch durch den **Vorsitzenden des Aufsichtsrates** erfolgen, vgl §§ 184 Abs. 1, 188 Abs. 1, 195 Abs. 1, 203 Abs. 1, 207 Abs. 2, 223, 229 Abs. 3, 237 Abs. 4. Im Abwicklungsstadium sind die Liquidatoren anmeldeverpflichtet, §§ 265, 269. Die Anmeldung erfolgt im Namen der Gesellschaft.[13] Die AG schuldet die Kosten des Verfahrens, sie ist im Fall der Nichteintragung beschwerdefähig. Für die Anmeldung reicht eine Anmeldung durch Vorstände in vertretungsbefugter Anzahl aus.[14] Sind mehrere Personen verpflichtet, die Anmeldung zu unterzeichnen, muss dies nicht notwendigerweise auf einem einzigen Dokument erfolgen. Bei unechter Gesamtvertretung (§ 78 Abs. 3 S. 1 Fall 1) soll nach hM auch ein Prokurist mitwirken können.[15] Richtigerweise ist danach zu differenzieren, ob zugleich mit der Anmeldung Erklärungen abgegeben werden, die strafbewehrt sind (vgl zB § 399 Abs. 1 Nr. 1, Nr. 4). Die Strafdrohung gilt nur gegenüber Mitgliedern des Vorstandes bzw Mitgliedern des Aufsichtsrates. In derartigen Fällen kann zwar im Rahmen der Anmeldung selbst eine Vertretung erfolgen, wobei § 12 Abs. 2 S. 1 HGB zu beachten ist. Die Erklärung muss allerdings höchstpersönlich von Mitgliedern des Vorstandes bzw Aufsichtsrates abgegeben (und notariell beglaubigt unterschrieben) werden. Da Anmeldung und Erklärung in der Praxis auf demselben Dokument erfolgen, muss dieses insgesamt in Fällen strafbewehrter Erklärungen von Mitgliedern des Vorstands/Aufsichtsrates unterschrieben werden. Dieselben Grundsätze gelten für die Frage der Bevollmächtigung. Grundsätzlich ist eine Vollmacht zulässig, § 12 Abs. 2 HGB.[16] Jedoch scheidet eine Bevollmächtigung aus, wenn in der Anmeldung Erklärungen abzugeben sind, für die der Anmelder zivilrechtlich oder strafrechtlich verantwortlich ist, vgl insbesondere §§ 184, 188.[17] Die Vollmacht bedarf in jedem Fall der Beglaubigung, § 12 Abs. 2 HGB.

8 Die Anmeldung ist beim für den Satzungssitz zuständigen Amtsgericht vorzunehmen (§ 14 bzw § 376 f. FamFG) vorzunehmen. Bei **Doppelsitz** erfolgt die Anmeldung bei beiden Registergerichten. Die Norm gilt für jede Satzungsänderung einschließlich Änderungen der Satzung durch den Aufsichtsrat.[18] Das Eintragungsverfahren ist ein registergerichtliches Verfahren der freiwilligen Gerichtsbarkeit. Eine Rücknahme der Anmeldung ist jederzeit möglich. Grundsätzlich genügt die Rücknahme durch den Vorstand. Soweit Anmeldungen auch vom Aufsichtsratsvorsitzenden vorzunehmen sind (so bei Kapitalerhöhungen und bei Anmeldungen nach dem Umwandlungsgesetz), verlieren diese ihre Wirksamkeit, sobald Vorstand und/oder Aufsichtsrat die Anmeldung zurücknehmen.

9 **4. Verpflichtung zur Anmeldung.** Es ist zwischen der öffentlich-rechtlichen Verpflichtung zur Anmeldung und der Verpflichtung gegenüber der Gesellschaft zu unterscheiden. Eine öffentlich-rechtliche Pflicht besteht nicht. § 407 Abs. 2 S. 1 stellt klar, dass die Eintragung auch nicht durch Zwangsgelder erzwingbar ist. Der Grund hierfür besteht darin, dass die Satzungsänderung erst durch Eintragung im Handelsregister wirksam wird und damit bis zur Eintragung der Parteidisposition untersteht. Es fehlt deshalb an einem öffentlichen Interesse, die Eintragung der Satzungsänderung zu erzwingen und so der Satzungsänderung zu Wirksamkeit zu verhelfen.[19] Demgegenüber besteht eine Verpflichtung des Vorstandes gegenüber der Gesellschaft zur Handelsregistereintragung. Sie ergibt sich aus § 83 Abs. 3.[20] Meldet der Vorstand pflichtwidrig nicht an, lässt die herrschende Meinung eine Erfüllungsklage der durch den AR vertretenen AG (§ 112) gegen den Vorstand zu.[21] Die Hauptversammlung darf dem Vorstand kein eigenes Ermessen einräumen, ob er die Anmeldung vornehmen will.[22] Wohl aber kann die Hauptversammlung den Vorstand anweisen, den

---

10 Ja, gesonderter Satzungswortlaut ist einzureichen: OLG Schleswig DNotZ 1973, 482, 483 zur GmbH. Nein, keine Einreichung erforderlich: OLG Zweibrücken Rpfleger 1984, 104 f; OLG Zweibrücken NZG, 2002, 93.
11 Ja, Einreichung erforderlich: *Hüffer*, Rn 9. Nein, Einreichung nicht erforderlich: *Henn*, Handbuch des Aktienrechts, Rn 478.
12 Wurde das HV-Protokoll, in dem die Satzungsänderung beschlossen wurde, gemäß § 130 Abs. 5 beim Handelsregister eingereicht, muss dieses der Anmeldung der Satzungsänderung nicht noch einmal gesondert beigefügt werden; ausreichend ist in diesem Fall die Bezugnahme in der Anmeldung.
13 BGHZ 205, 324, 328 (zur GmbH); *Hüffer*, Rn 4; Großkomm-AktienR/*Wiedemann*, Rn 7; aA noch KGJ 41, 134, 135.
14 AllgM: KG KGJ 41 (1910) S. 134, 135; *Hüffer*, Rn 4; Großkomm-AktienR/*Wiedemann*, Rn 8; KölnKomm-AktG/*Zöllner*, Rn 4.
15 RGZ 134, 303, 307; *Hüffer*, § 78 Rn 17; MüKo-AktG/*Stein*, Rn 11; Großkomm-AktienR/*Wiedemann*, Rn 8; aA jedoch *Henn*, Handbuch des Aktienrechts, Rn 478.
16 Zur Frage, inwieweit der Urkundsnotar nach § 129 FGG (jetzt: § 378 Abs. 2 FamFG) zur Anmeldung bevollmächtigt ist, vgl *Ammon*, DStR 1993, 1025, 1028.
17 BayObLGZ 1986, 203, 205 = NJW 1987, 136 f.
18 *Hüffer*, Rn 3; KölnKomm-AktG/*Zöllner*, Rn 3.
19 Vgl Großkomm-AktienR/*Wiedemann*, Rn 10.
20 *Hüffer*, Rn 5.
21 Großkomm-AktienR/*Wiedemann*, Rn 9.
22 LG Frankfurt AG 1990, 169, 170.

Beschluss erst zu einem späteren Zeitpunkt anzumelden. Hält der Vorstand die Satzungsänderung für nichtig oder zumindest anfechtbar, verhält er sich in jedem Fall pflichtgemäß, wenn er die Anmeldung vornimmt und dem Registergericht seine Bedenken mitteilt. Er gibt so dem Registerrichter die Möglichkeit, eine eigene Prüfung vorzunehmen und gegebenenfalls einzutragen. Meldet der Vorstand nicht an und stellt sich später heraus, dass die Satzungsänderung rechtlich wirksam war, ist dies als solche eine Pflichtenverletzung, die mE stets sorgfaltswidrig im Sinne von § 93 ist.[23] Dem Vorstand kann daher allenfalls dann zur Nichteintragung geraten werden, wenn die Rechtslage evident ist, auch dann ist eine Anmeldung bei gleichzeitigem Hinweis auf die möglichen rechtlichen Bedenken jedoch stets zulässig und der rechtlich sicherere Weg.

II. Eintragung und Bekanntmachung (Abs. 2). 1. Prüfungspflicht des Registergerichts. Erst durch die Eintragung wird die Satzungsänderung wirksam.[24] Daher hat das Registergericht das Recht und die Pflicht, die Rechtmäßigkeit des satzungsändernden Beschlusses und die Rechtswirksamkeit der Anmeldung zu überprüfen. Dies ist im Grundsatz unstreitig.[25] **Streitig ist der Umfang der Prüfungspflicht.** Stets hat das Registergericht die Rechtswirksamkeit der Anmeldung selbst zu überprüfen, dh deren Vollständigkeit, die Einhaltung aller Formalien inklusive ggf gegebener Vollmachten. Zu prüfen ist auch, inwieweit die bei Eintragung gemachten Angaben zutreffend sind. Den gemäß Abs. 1 S. 2 beizufügenden Satzungswortlaut darf das Registergericht wegen der notariellen Bestätigung als zutreffend unterstellen.[26] Das Verfahren richtet sich im Einzelnen nach § 26 FamFG.

a) Nichtige Satzungsänderungsbeschlüsse. Das Registergericht darf nichtige Hauptversammlungsbeschlüsse nicht eintragen. Die Eintragung ist zwingend abzulehnen. Ein Eintragungsverbot besteht auch, soweit Mängel durch die Eintragung gemäß § 242 Abs. 1 geheilt würden. Sofern von dem einzutragenden Beschluss nur Teile nichtig sind, soll nach *Wiedemann*[27] das Registergericht trotzdem verpflichtet sein, die Eintragung des ganzen Beschlusses abzulehnen. Das Gleiche gelte, wenn einer von mehreren zusammenhängenden Beschlüssen nichtig sei. Die Auffassung *Wiedemanns* ist mE insoweit zutreffend, als die Eintragung insgesamt unterbleiben muss, wenn die Nichtigkeit eines Teils oder eines von mehreren Beschlüssen eine Gesamtnichtigkeit zur Folge hat (sofern die Satzung eine – wirksame – salvatorische Klausel aufweist, besteht jedoch kein Grund, die Eintragung insgesamt abzulehnen, wenn rechtmäßige Teile eines Satzungsänderungsbeschlusses aufrechterhalten werden können). Andernfalls ist aber jedenfalls der nicht nichtige Teil einzutragen.

b) Schwebend unwirksame Hauptversammlungsbeschlüsse. Satzungsänderungsbeschlüsse sind schwebend unwirksam, wenn ein nach § 179 Abs. 3 erforderlicher Sonderbeschluss noch nicht gefasst wurde oder wenn notwendige Zustimmungen noch nicht erklärt und noch nicht verweigert wurden. Gleiches gilt, wenn die Satzungsänderung einer behördlichen Genehmigung bedarf und hierüber noch nicht entschieden ist. Das Registergericht darf in derartigen Fällen nicht eintragen. Es muss stattdessen dem Anmelder durch Zwischenverfügung aufgeben, alle erforderlichen Genehmigungen beizubringen. Kommt der Anmelder dem nicht nach, darf das Registergericht die Eintragung ablehnen.

c) Anfechtbare Hauptversammlungsbeschlüsse. Hier ist vieles streitig. Rechtsprechung existiert lediglich zur GmbH. Danach hat das Registergericht Satzungsänderungen nicht auf Anfechtbarkeit hin zu überprüfen.[28] Die neuere Literatur vertritt demgegenüber im Anschluss an *Lutter*[29] einen differenzierteren Ansatz.[30] Danach habe das Registergericht das Anmeldeverfahren bis zum Ablauf der Anfechtungsfrist auszusetzen. Auch nach fruchtlosem Ablauf der Anfechtungsfrist habe das Registergericht zu überprüfen, ob der Satzungsänderungsbeschluss Interessen der Gläubiger, künftiger Aktionäre oder der öffentlichen Ordnung des Aktienwesens verletze (dies gilt insbesondere bei Kapitalmaßnahmen). Sei dies der Fall, habe das Registergericht die Eintragung abzulehnen. Zur Begründung wird angeführt, das Registergericht habe die Aufgabe einer Rechtsaufsichtsbehörde. Es vertrage sich nicht mit der konstitutiven Wirkung der Eintragung im Handelsregister, wenn das Gericht rechtswidrigen Entscheidungen zur Wirksamkeit verhelfe.
Dieser neueren Literaturmeinung ist nicht zu folgen.[31] Die Frist zur Erhebung der Anfechtungsklage gemäß § 246 Abs. 2 ist eine materiellrechtliche Ausschlussfrist, Fristablauf führt zur materiellen Rechtmäßigkeit.[32] Ein mängelbehafteter HV-Beschluss wird also mit Fristablauf ohne Weiteres materiellrechtlich wirksam.

---

23 Vgl *Hüffer*, Rn 5; Großkomm-AktienR/*Wiedemann*, Rn 9; KölnKomm-AktG/*Zöllner*, Rn 26.
24 Zu der im GmbH-Recht diskutierten Frage, inwiefern zuvor eine zumindest schuldrechtliche Bindung der Gesellschafter besteht, vgl unten Rn 19.
25 Großkomm-AktienR/*Wiedemann*, Rn 21.
26 *Hüffer*, Rn 13; *Gustavus*, BB 1969, 1335, 1336.
27 Großkomm-AktienR/*Wiedemann*, Rn 23.
28 BayObLGZ 1972, 126, 128 f; OLG Köln BB 1982, 579.
29 NJW 1969, 1873 ff.
30 Im Einzelnen: *Hüffer*, § 243 Rn 51 ff.
31 MüHb-AG/*Semler*, § 39 Rn 74 ff.
32 *Hüffer*, § 246 Rn 20.

Daran ist auch das Registergericht gebunden. Etwas anderes kann nur gelten, wenn die Satzungsänderung gegen zwingendes Gesetzesrecht oder öffentliche Interessen verstößt.[33]

2. Registergerichtliche Entscheidung. Das Registergericht ist nicht befugt, den Beschluss auf seine **Zweckmäßigkeit** zu überprüfen.[34] Wurde keine Anfechtungsklage erhoben, hat das Registergericht ohne pflichtwidrige Verzögerung über die Anmeldung zu entscheiden. Die Eintragung hat zu unterbleiben, wenn ein gerichtliches Eintragungsverbot gemäß § 16 Abs. 2 HGB erwirkt wurde. Bei behebbaren Eintragungshindernissen hat das Gericht durch Zwischenverfügung regelmäßig eine Abhilfe zu ermöglichen. Wurde Anfechtungs- oder Nichtigkeitsklage erhoben, kann das Registergericht das Eintragungsverfahren gemäß § 381 FamFG aussetzen. Es entscheidet hierüber nach pflichtgemäßem Ermessen. Wird durch Urteil auf entsprechende Anfechtungs- oder Nichtigkeitsklage die Nichtigkeit festgestellt, § 248, hat das Registergericht die Eintragung abzulehnen. Wird die Anfechtungs- oder Nichtigkeitsklage durch Sachurteil abgewiesen, ist rechtskräftig die Wirksamkeit der Satzungsänderung festgestellt. Das Gericht ist daher mE (vgl oben Rn 14) zur Eintragung verpflichtet. Bei Klageabweisung aufgrund Prozessurteil ist theoretisch eine erneute Nichtigkeitsklage möglich. Das Gericht hat dann nach Ermessen zu entscheiden, ob es die Eintragung veranlasst.

3. Rechtsmittel. Lehnt das Registergericht die Eintragung ab, ist dagegen **Beschwerde** nach § 58 FamFG gegeben. Beschwerdeberechtigt ist die AG, vertreten durch den Vorstand, nicht der Vorstand selbst[35] (der ja auch die Anmeldung nur im Namen der AG abgibt, vgl Rn 7). Die Zulässigkeit der Rechtsbeschwerde richtet sich nach § 70 FamFG. Ist ausnahmsweise der Rechtspfleger zuständig (§ 17 Abs. 1 Nr. 1 lit. b RPflG), ist die Erinnerung gemäß § 11 RPflG einzulegen. Streitig ist die Frage, inwieweit eine Eintragungsverfügung des Richters oder des Rechtspflegers beschwerdefähig ist.[36] Dritte können durch einstweilige Verfügung des Prozessgerichtes die einstweilige Eintragung des angefochtenen Beschlusses für vorläufig unzulässig erklären. Diese einstweilige Verfügung muss dem Registergericht formlos zur Kenntnis gebracht und im Übrigen vollzogen werden, § 928 ZPO. Die Literatur diskutiert, inwiefern die AG durch spiegelbildliche Anwendung von § 16 Abs. 2 HGB ein Eintragungsgebot des Prozessgerichts erwirken kann.[37]

4. Eintragungsverfahren. Betrifft die Satzungsänderung Gegenstände, die nach § 39 in das Handelsregister einzutragen sind, muss die Änderung ihrem Inhalt nach eingetragen werden. **Wortwörtliche Wiedergabe ist nicht notwendig.** Im Übrigen genügt es nach Abs. 2 S. 1 für die Eintragung der Satzungsänderungen, wenn auf die eingereichten Urkunden Bezug genommen wird. Liegen die Eintragungsvoraussetzungen vor, erlässt der Registerrichter eine Verfügung an den Urkundsbeamten der Geschäftsstelle, die Satzungsänderung einzutragen. Bestehen Zweigniederlassungen, gilt § 13c Abs. 3 HGB. Der Tag der Eintragung ist nach § 382 Abs. 2 FamFG stets anzugeben und gibt Aufschluss darüber, wann die Satzungsänderung wirksam wurde.

5. Bekanntmachung. Eingetragene Satzungsänderungen werden nach § 10 HGB bekannt gemacht. Bekannt zu machen ist der **Inhalt** der Eintragung, dies schließt die Gegenstände des § 39 mit ein. Ebenso werden das registerführende Gericht und der Tag der Eintragung der Satzungsänderung bekannt gemacht. Nach § 181 Abs. 2 S. 2 sind bestimmte Änderungen ihrem Inhalt nach bekannt zu machen. Gemeint sind damit die in § 40 Abs. 1 angesprochenen Änderungen, dh bei Nennbetragsaktien insbesondere über die Nennbeträge und die Anzahl der Aktien, bei Stückaktien über deren Zahl und gegebenenfalls die Aktiengattung, die Festlegung von Inhaber- oder Namensaktien, die Zahl der Vorstandsmitglieder etc. Für die Wirksamkeit der Satzungsänderung ist die Bekanntmachung ohne Bedeutung.[38] Sie hat aber im Zusammenhang mit § 15 HGB Bedeutung, soweit dort auf den Zeitpunkt oder Inhalt der Bekanntmachung abgestellt wird. Die Bekanntmachung erfolgt im Bundesanzeiger und mindestens einem Veröffentlichungsorgan, das das zuständige Registergericht gemäß § 11 HGB festlegt.

6. Wirkung der Eintragung. Nach Abs. 3 wird die Satzungsänderung erst mit Eintragung wirksam. Dies gilt sowohl im Außenverhältnis als auch zwischen den Gesellschaftern. Die für das GmbH Recht erörterte Rechtsfolge, ob vor Eintragung bereits eine schuldrechtliche Bindung besteht,[39] passt mE auf das Aktiengesetz nicht. Allerdings entstehen aus dem satzungsändernden Beschluss bereits vor dessen Eintragung im Handelsregister Rechtswirkungen. Insbesondere ist der Vorstand der AG verpflichtet, den Beschluss im Handelsregister zur Eintragung anzumelden. Ebenso kann der satzungsändernde Beschluss bereits vor seiner Eintragung mit Anfechtungs- oder Nichtigkeitsklage angegriffen werden. Der satzungsändernde Beschluss kann vor seiner Eintragung durch entsprechenden Hauptversammlungsbeschluss annulliert werden,

---

33 Spindler/Stilz/*Holzborn*, Rn 26.
34 *Hüffer*, Rn 12.
35 *Hüffer*, Rn 18.
36 Hierzu *Hüffer*, Rn 18.
37 *Hirte*, BB 1988, 1469, 1476; *Hommelhoff*, ZGR, 1990, 447, 470; *Kiem*, BB 1990, 1221, 1223.
38 OLG Celle AG 1989, 209, 211.
39 Baumbach/Hueck/*Hueck*, GmbHG, § 54 Rn 26.

nach hM⁴⁰ soll ein derartiger Beschluss lediglich der einfachen Mehrheit bedürfen. Sofern die Hauptversammlung im Zusammenhang mit dem satzungsändernden Beschluss weitere, nicht satzungsändernde Beschlüsse gefasst hat, die die Satzungsänderung voraussetzen (Beispiel: Wahl neuer Mitglieder zum Aufsichtsrat nach entsprechender Erweiterung der Anzahl der Aufsichtsratsmitglieder durch Satzungsänderung), wird auch der die Satzungsänderung ausfüllende Beschluss erst mit Eintragung der Satzungsänderung wirksam.⁴¹

7. Fehlerhafte Eintragung und Heilung. Wird ein fehlerhafter Beschluss im Handelsregister eingetragen, wird er nicht stets automatisch wirksam. Vielmehr ist zu unterscheiden: Gemäß § 242 werden Beurkundungsmängel mit sofortiger Wirkung geheilt, Einberufungs- und Inhaltsmängel können drei Jahre nach der Eintragung nicht mehr geltend gemacht werden. Analog § 242 werden auch schwebend unwirksame Beschlüsse bei Eintragung im Handelsregister nach Ablauf einer Drei-Jahres-Frist geheilt.⁴² Mängel im Eintragungsverfahren machen die Eintragung in der Regel nicht unwirksam.⁴³ Dies gilt ausnahmsweise nicht, wenn die Eintragung nicht angemeldet bzw die Anmeldung zurückgenommen wurde.⁴⁴ Ebenso ist die Eintragung unwirksam, wenn etwas anderes als das Angemeldete eingetragen wurde. Betrifft dies nur abtrennbare Mängel, kann entsprechend allgemeinen Grundsätzen (§ 139 BGB einerseits, salvatorische Klausel andererseits) die Satzungsänderung teilweise wirksam werden. Fehlt die Notarbescheinigung, ist die Satzungsänderung ebenfalls nicht wirksam.⁴⁵ Fehlerhafte Satzungsänderungen können von Amts wegen gelöscht werden, soweit die Voraussetzungen des § 395 FamFG gegeben sind. Voraussetzung ist, dass die Beseitigung im öffentlichen Interesse erforderlich erscheint. Es kommt die Verletzung aller gesetzlichen Vorschriften in Betracht, insbesondere der §§ 27 ff. MitBestG. Der Begriff des öffentlichen Interesses ist weit auszulegen.⁴⁶ Nach herrschender Meinung steht die Amtslöschung im pflichtgemäßen Ermessen des zuständigen Gerichts.⁴⁷

8. Kosten. Die Eintragung ist gemäß § 1 HRegGebV gebührenpflichtig.

Zweiter Abschnitt
Maßnahmen der Kapitalbeschaffung

Erster Unterabschnitt
Kapitalerhöhung gegen Einlagen

§ 182 Voraussetzungen

(1) ¹Eine Erhöhung des Grundkapitals gegen Einlagen kann nur mit einer Mehrheit beschlossen werden, die mindestens drei Viertel des bei der Beschlußfassung vertretenen Grundkapitals umfaßt. ²Die Satzung kann eine andere Kapitalmehrheit, für die Ausgabe von Vorzugsaktien ohne Stimmrecht jedoch nur eine größere Kapitalmehrheit bestimmen. ³Sie kann weitere Erfordernisse aufstellen. ⁴Die Kapitalerhöhung kann nur durch Ausgabe neuer Aktien ausgeführt werden. ⁵Bei Gesellschaften mit Stückaktien muß sich die Zahl der Aktien in demselben Verhältnis wie das Grundkapital erhöhen.

(2) ¹Sind mehrere Gattungen von stimmberechtigten Aktien vorhanden, so bedarf der Beschluß der Hauptversammlung zu seiner Wirksamkeit der Zustimmung der Aktionäre jeder Gattung. ²Über die Zustimmung haben die Aktionäre jeder Gattung einen Sonderbeschluß zu fassen. ³Für diesen gilt Absatz 1.

(3) Sollen die neuen Aktien für einen höheren Betrag als den geringsten Ausgabebetrag ausgegeben werden, so ist der Mindestbetrag, unter dem sie nicht ausgegeben werden sollen, im Beschluß über die Erhöhung des Grundkapitals festzusetzen.

(4) ¹Das Grundkapital soll nicht erhöht werden, solange ausstehende Einlagen auf das bisherige Grundkapital noch erlangt werden können. ²Für Versicherungsgesellschaften kann die Satzung etwas anderes bestimmen. ³Stehen Einlagen in verhältnismäßig unerheblichem Umfang aus, so hindert dies die Erhöhung des Grundkapitals nicht.

---

40 *Hüffer*, § 179 Rn 40; KölnKomm-AktG/*Zöllner*, § 179 Rn 162; aA Großkomm-AktienR/*Barz*, § 119 Rn 16.
41 *Hüffer*, Rn 25.
42 OLG Hamburg AG 1970, 230, 231; *Hüffer*, Rn 27.
43 Großkomm-AktienR/*Wiedemann*, Rn 53.
44 *Hüffer*, Rn 28.
45 *Hüffer*, Rn 28.
46 OLG Düsseldorf AG 1968, 19, 22.
47 Großkomm-AktienR/*Wiedemann*, Rn 64; aA *Hüffer*, § 182 Rn 30.

A. Allgemeines 1
   I. Europarechtliche Verankerung 1
   II. Regulatorisches Umfeld 2
   III. Allgemeines Verfahren der Kapitalerhöhung ... 13
   IV. Sonstige Eigenkapitalmaßnahmen 16
      1. Aufgeld 17
      2. Freiwillige Kapitalleistungen 18
B. Kapitalerhöhungsbeschluss (Abs. 1) 19
   I. Inhalt des Kapitalerhöhungsbeschlusses 19
      1. Zwingender Inhalt des Kapitalerhöhungsbeschlusses 20
      2. Ergänzender Inhalt des Kapitalerhöhungsbeschlusses 26
   II. Mehrheitserfordernisse 30
   III. Weitere Erfordernisse 35
      1. Gesetzliche Erfordernisse 35
      2. Erfordernisse der Satzung 37
C. Sonderbeschluss (Abs. 2) 39
D. Festsetzung des Ausgabebetrags (Abs. 3) 43
E. Verbot der Kapitalerhöhung (Abs. 4) 49
F. Aufhebung und Änderungen von Beschlüssen, Rechtsfolgen fehlerhafter Beschlüsse 55
G. Auflösung und Insolvenz 61
   I. Auflösung 61
   II. Insolvenz 65
H. Kosten und Steuern 69
   I. Kosten 69
      1. Kosten der Registereintragung 70
      2. Notarkosten 74
   II. Steuern 75

A. Allgemeines

1 **I. Europarechtliche Verankerung.** Die europarechtliche Verankerung der Regelungen des § 182 findet sich in der Zweiten (Kapital)-Richtlinie 77/91 EWG.[1] Die hier einschlägigen Vorschriften lauten wie folgt:

Artikel 25

(1) Jede Kapitalerhöhung muss von der Hauptversammlung beschlossen werden. Dieser Beschluss sowie die Durchführung der Erhöhung des gezeichneten Kapitals sind nach den in den Rechtsvorschriften der Mitgliedstaaten gemäß Artikel 3 der Richtlinie 68/151/EWG vorgesehenen Verfahren offen zu legen.
(2)...
(3) Sind mehrere Gattungen von Aktien vorhanden, so ist der Beschluss der Hauptversammlung über die Kapitalerhöhung nach Abs. 1 oder die Ermächtigung zu einer Kapitalerhöhung nach Abs. 2 von einer gesonderten Abstimmung zumindest jeder Gattung derjenigen Aktionäre abhängig, deren Rechte durch die Maßnahme berührt werden.

Artikel 28

Wird eine Kapitalerhöhung nicht voll gezeichnet, so wird das Kapital nur dann um den Betrag der eingegangenen Zeichnung erhöht, wenn die Ausgabebedingungen diese Möglichkeit ausdrücklich vorgesehen haben.

2 **II. Regulatorisches Umfeld.** Das Grundkapital als anfänglich garantierte Haftungsmasse prägt die Gestalt der Aktiengesellschaft ganz wesentlich. Das Gesetz wird diesem Umstand dadurch gerecht, dass es eine Änderung des Grundkapitals als Satzungsänderung behandelt und damit einer einfachen, wenig reglementierten Veränderung entzieht. Die Regelungen der Kapitalerhöhung gegen Einlagen sind somit im Detail gesetzlich geregelte Einzelfälle der Satzungsänderung. Die in §§ 182 ff geregelte ordentliche Kapitalerhöhung ist die **Grundform** der Kapitalerhöhung gegen Einlage.[2] Anders als die beiden Sonderformen, die bedingte Kapitalerhöhung und die Kapitalerhöhung aus genehmigtem Kapital, ist die ordentliche Kapitalerhöhung in zeitlichem Zusammenhang mit dem jeweiligen Hauptversammlungsbeschluss durchzuführen.[3] Von der bedingten Kapitalerhöhung unterscheidet sich die ordentliche Kapitalerhöhung weiter dadurch, dass sie beliebigen Zwecken dienen kann.[4]

Gemeinsam ist diesen drei Formen der Kapitalerhöhung der Mittelzufluss in der Gesellschaft. Dagegen verschieben sich bei der Kapitalerhöhung aus Gesellschaftsmitteln nur die Bilanzposten gezeichnetes Kapital und Rücklagen, ohne dass der Gesellschaft neue Mittel zufließen.[5] Dies ist somit bilanziell ein Fall eines Passivtausches, um Eigenkapital als Grundkapital durch eine Ausschüttungssperre stärker an die Gesellschaft zu binden.

3 Das Wesen der Kapitalerhöhung wird teilweise als Teilneugründung der Aktiengesellschaft, teilweise als Strukturänderung der Aktiengesellschaft beschrieben. Die erste Ansicht[6] sieht das Wesen der Kapitalerhö-

---

1 ABl.EG Nr. L 26 v. 31.1.1977; deutsches DurchführungsG vom 13.12.1978, BGBl. I 1978 S. 1959 ff; zur Entwicklungsgeschichte siehe MüKo-AktG/*Peifer*, vor § 182 Rn 4 ff.
2 Verschiedentlich wird hier auch der Begriff reguläre Kapitalerhöhung verwandt.
3 Zur Frage, inwieweit dies in Teilschritten möglich ist, vgl *Schüppen*, Die sukzessive Durchführung von ordentlichen Kapitalerhöhungen, AG 2001, 125 ff; zu dieser Frage auch OLG München ZIP 2009, 1954.
4 Großkomm-AktienR/*Wiedemann*, vor § 182 Rn 32.
5 *Hüffer*, Rn 2; MüKo-AktG/*Peifer*, vor § 182 Rn 17.
6 RGZ 77, 152, 155; 85, 311, 314 (zur GmbH); Geßler/*Bungeroth*, Rn 2.

hung darin, neue Aktionäre für die Gesellschaft zu gewinnen. Die zweite Ansicht betont die Intention der Kapitalbeschaffung.[7] Der deutsche Gesetzgeber hat sich systematisch für die Einordnung der Kapitalerhöhung bei der Satzungsänderung entschieden. Er qualifiziert sie damit als Strukturänderung und stellt das Element der Kapitalbeschaffung in den Vordergrund.[8] Diese Diskussion ist bedeutsam für Fragen der Rechtsgrundlage für die Rechtsfortbildung durch die Rechtsprechung.[9]

So ist beispielsweise bei einer Aktiengesellschaft mit dem gesetzlich geforderten Mindestgrundkapital, die für die Zeit der Nachgründung inaktiv ist und deren Aktien nach Ablauf der Nachgründungsfrist (§ 52) veräußert werden und sodann das Grundkapital stark erhöht wird, die Frage zu stellen, ob aufgrund des Gedankens der Teilneugründung die Nachgründungsfrist nunmehr erneut zu laufen beginnt. In diesem Zusammenhang ist die Rechtsprechung zur wirtschaftlichen Neugründung der GmbH zu beachten.[10] Der BGH hat das Phänomen der **wirtschaftlichen Neugründung** für die analoge Anwendung der Gründungsvorschriften herangezogen. Die Nachgründungsphase als aktienrechtliche Ausprägung der Gründungsvorschriften müsste dann ebenfalls zum Zeitpunkt der wirtschaftlichen Neugründung beginnen. Einschlägige Rechtsprechung zur AG ist hierzu allerdings noch nicht ersichtlich.

Mit den §§ 182 bis 191 wird der von §§ 179 bis 181 gesetzte Rahmen ausgefüllt oder die dort bestehenden Regelungen im Einzelfall verdrängt. Beispiele für Sonderregelungen sind der § 184 Abs. 1 S. 1, der bei der Anmeldung des Kapitalerhöhungsbeschlusses die Mitwirkung des Aufsichtsrats vorschreibt, während nach § 181 Abs. 1 S. 1 lediglich der Vorstand Satzungsänderungen zur Eintragung in das Handelsregister anzumelden hat. Ein Beispiel für die Anwendbarkeit der allgemeinen Regeln ist § 179 Abs. 1 S. 2, wonach die Hauptversammlung die Befugnis zu Änderungen lediglich der Satzungsfassung dem Aufsichtsrat übertragen kann. Die §§ 182 bis 191 sind aber keine abschließenden Regelungen der Kapitalerhöhung gegen Einlage. Es finden sich vielmehr Sonderregelungen in § 235 für den Fall der Kapitalherabsetzung mit gleichzeitiger Kapitalerhöhung. Auch ist das Recht der Sachkapitalerhöhung (§ 183) von den Regelungen zur Nachgründung (§ 52) zum Teil überlagert (siehe § 183 Rn 7 f).

Das Recht der Kapitalerhöhung ist durchdrungen vom **Grundsatz der realen Kapitalaufbringung**, wonach das aus dem Handelsregister ersichtliche Grundkapital der Gesellschaft tatsächlich und nicht nur buchmäßig zufließen muss. Im Grundsatz der realen Kapitalaufbringung sind die Interessen verschiedener Parteien verankert. Zunächst verlangt das Interesse des Gläubigerschutzes, dass das Grundkapital als real haftendes Kapital zur Befriedigung der Forderungen der Gläubiger vorhanden ist. Daneben besteht das Gesellschaftsinteresse am Aufkommen des notwendigen Betriebskapitals. *Die Literatur* hebt daneben das Interesse der Mitgesellschafter hervor, alle Zeichner in gleicher Weise zu verpflichten, ihren Einlageverpflichtungen nachzukommen.[11]

Die Kapitalerhöhung gegen Einlage ist eine Maßnahme der Kapitalzuführung in Form von Eigenkapital. Die Kapitalzuführung durch Fremdkapital ist im Aktienrecht nicht geregelt,[12] da die Fremdfinanzierungsmechanismen keine aktienrechtlichen Besonderheiten aufweisen.

Kapitalbeschaffung durch Kapitalerhöhung gegen Einlage ist eine **unternehmenspolitische Entscheidung**. Eine gesetzliche Pflicht zur Kapitalerhöhung besteht auch dann nicht, wenn das Unternehmen sanierungsbedürftig ist.[13] Unternehmerisch beteiligte Gesellschafter[14] einer Krisengesellschaft sind jedoch wegen des Grundsatzes der Finanzverantwortung[15] verpflichtet, zwischen Kapitalisierung und Liquidation der Gesellschaft zu entscheiden. Auch die Ausgestaltung der Kapitalerhöhung im Einzelnen (zB Höhe des Mindestausgabebetrags) ist eine unternehmerische Entscheidung, die im Rahmen der gesetzlichen Vorgaben zu treffen ist. Eine vertragliche Verpflichtung unter den Aktionären, eine Kapitalerhöhung durchzuführen, ist demgegenüber denkbar. Eine solche Verpflichtung kann auch gegenüber Dritten eingegangen werden.[16] Die Erfüllung dieser Verpflichtung erfolgt in Form des notariellen Kapitalerhöhungsbeschlusses, dennoch wird soweit ersichtlich, die notarielle Form für eine solche Vereinbarung nicht verlangt.[17] Es handelt sich insoweit vielmehr um einen Stimmbindungsvertrag, dessen Erfüllung zwar nicht durchgesetzt werden kann, der aber bei Verletzung gegebenenfalls zu Schadenersatz berechtigt. Zu berücksichtigen sind bei derartigen Vereinbarungen des Weiteren die Einschränkungen des § 187 Abs. 2.[18]

---

7 *Martens*, ZIP 1992, 1677, 1690; KölnKomm-AktG/*Lutter*, vor § 182 Rn 1.
8 Siehe dazu auch MünKo-AktG/*Peifer*, vor § 182 Rn 1 und § 182 Rn 6.
9 Siehe BGH AG 2002, 456, 457.
10 BGH NZG 2003, 972; BGHZ 155, S. 318; hierzu u.a. *Heidinger*, NZG 2003, S. 1129 ff; *K. Schmidt*, NJW 2004, 1345 ff; siehe § 52 Rn 3; Spindler/Stilz/*Heidinger* § 52 Rn 45.
11 Großkomm-AktienR/*Wiedemann*, vor § 182 Rn 43.
12 Abgesehen von § 221.
13 Großkomm-AktienR/*Wiedemann*, Rn 36.
14 Eine unternehmerische Beteiligung ist nach der Rechtsprechung ab einer Beteiligungsquote von 25 % anzunehmen, BGHZ 90, 381, 391.
15 Zum Begriff: *K. Schmidt*, GesR, § 18 III 4 b.
16 Bürgers/Körber/Marsch-Barner, Rn 5.
17 Statt aller MüKo-AktG/*Peifer*, Rn 5.
18 Siehe dazu oben *Rebmann*, § 187 Rn 9 ff.

9 Grundlegende **materielle Voraussetzung** der Kapitalerhöhung für das Verhältnis der Aktionäre untereinander ist die Sicherung des Besitzstandes der bisherigen Aktionäre. Der Erhalt der quotalen Stimmrechte (dh Vermeidung der Verwässerung der Stimmrechte) wird durch das Bezugsrecht erzielt, der Erhalt des Wertes der Beteiligung wird durch die materiellen Kriterien für die Bestimmung des Ausgabepreises und die formalen Kontrollmechanismen im Rahmen der Kapitalerhöhung erreicht, zB Prüfung der Sacheinlage nach § 183 Abs. 3.

10 **Formelle Voraussetzung** der Kapitalerhöhung neben den allgemeinen Voraussetzungen der Hauptversammlung ist der Vorstandsbericht bei Bezugsrechtsausschluss nach § 186 Abs. 4 S. 2 als Element der kollektiven Informationspflicht durch die Verwaltung.[19] Allerdings trifft das Gesetz über den Inhalt des Vorstandsberichts keine Aussagen und erstreckt die Berichtspflicht nicht auf die einzelnen Bausteine der Kapitalerhöhung. So ist beispielsweise über die Festsetzung des Ausgabebetrages nicht zu berichten.

11 Die **Prüfung** der Kapitalerhöhung mit Sacheinlage verstärkt den Schutz des Prinzips der materiellen Kapitalaufbringung. Die Ausdehnung der Prüfungspflicht von der Gründungsprüfung auf die Prüfung der Kapitalerhöhung erfolgte in Umsetzung des europäischen Rechts.[20]

12 Der Grundsatz der realen Kapitalaufbringung wird des Weiteren durch die Regeln zur Erfüllung des Einlageversprechens untermauert. Im Falle der Bareinlage ist das Prinzip der realen Kapitalaufbringung im Aufbringungsgebot umgesetzt, vgl § 188 Abs. 2 S. 1 iVm § 36 Abs. 2 S. 1 (Anmeldung erst nach Einzahlung) und § 36a (Quotale Einzahlung). Im Falle der Sacheinlage ist sogar vollständig zu leisten (§ 36a Abs. 2 S. 1). Hinzu kommt das Verbot, die erbrachte Einlage durch Kompensationsgeschäfte wieder rückgängig zu machen (§ 57 Abs. 1).

13 **III. Allgemeines Verfahren der Kapitalerhöhung.** Das Gesetz unterscheidet zwei Verfahrensabschnitte der Kapitalerhöhung: den Kapitalerhöhungsbeschluss einerseits (§§ 182 bis 184) und seine Durchführung (§§ 185 bis 189) andererseits. Das **gesetzliche Leitbild** ist ein zweistufiges Verfahren, in dem die Hauptversammlung zunächst die Kapitalerhöhung beschließt und dieser Beschluss von der Verwaltung zur Eintragung in das Handelsregister angemeldet wird (§ 184 Abs. 1 S. 1). Danach beginnt die Zeichnung der neuen Aktien. Nach Leistung der (Mindest)Einlage ist die Durchführung der Erhöhung des Grundkapitals von der Verwaltung zur Eintragung in das Handelsregister anzumelden. Mit der sodann erfolgenden Eintragung der Durchführung der Erhöhung des Grundkapitals wird die Kapitalerhöhung nach § 189 wirksam. Der Kapitalerhöhungsbeschluss und damit der Willensbildung fällt der Hauptversammlung zu, die Durchführung und damit die Umsetzung überträgt das Gesetz der Verwaltung.

14 Die **Praxis** weicht jedoch regelmäßig vom gesetzlichen Leitbild ab, indem beide Verfahrensschritte zusammengefasst werden. Der Kapitalerhöhungsbeschluss und seine Durchführung werden regelmäßig zusammen zur Eintragung in das Handelsregister angemeldet.[21] Gesetzlicher Ansatzpunkt für diese Zusammenfassung ist § 188 Abs. 4, wonach die Anmeldung des Kapitalerhöhungsbeschlusses und seiner Durchführung verbunden werden können.

15 Die Kapitalerhöhung gegen Einlage ist hinsichtlich des Wahrheitsgehalts der Angaben von Vorstand und Aufsichtsrat durch die Strafvorschrift des § 399 Abs. 1 Nr. 4 strafbewehrt.[22] Damit liegt nach dem gesetzlichen Leitbild das gesamte Verfahren der Kapitalerhöhung in der Hand der Gesellschaft. Die Praxis weicht hiervon jedoch insbesondere bei großen Publikumsgesellschaften ab; hier wird der gesamte Prozess von den Emissionsbanken maßgeblich mitgesteuert.[23]

16 **IV. Sonstige Eigenkapitalmaßnahmen.** Sonstige Maßnahmen zur Erhöhung des Eigenkapitals werden bilanziell in der Kapitalrücklage erfasst. Die Kapitalrücklage umfasst die einer Kapitalgesellschaft von ihren Aktionären neben dem Grundkapital von außen zugeführten Eigenmittel. Darin besteht der wesentliche Unterschied zwischen Kapital- und Gewinnrücklagen. Letztere werden durch im Unternehmen einbehaltene Teile des Jahresüberschusses gebildet.[24]

17 **1. Aufgeld.** Das Aufgeld (Agio) ist bei den Regeln der Maßnahmen der Kapitalbeschaffung in § 182 Abs. 3 geregelt. Nach § 272 Abs. 2 Nr. 1 HGB ist ein Agio bilanziell in die Kapitalrücklage einzustellen. Die gesetzliche Zulässigkeit, ein Agio zu verlangen, wird durch § 182 Abs. 3 bestätigt. Allerdings ist im Gesetz über die Notwendigkeit, ein Aufgeld zu verlangen, nichts gesagt. Hier ist unter dem Gesichtspunkt der Werterhaltung der Beteiligung der Altaktionäre zu verlangen, dass im Falle eines Bezugsrechtsausschlusses die Hauptversammlung bzw die Verwaltung verpflichtet sind, die Aktien nicht unter ihrem wirklichen Wert auszugeben. Einen gesetzlichen Ansatz hierfür bietet § 255 Abs. 2,[25] wonach eine Anfechtung eines Kapital-

---

[19] Großkomm-AktienR/*Wiedemann*, vor § 182 Rn 62.
[20] Art. 2 der Zweiten Kapital-Richtlinie 77/91, BGBl. I 1978 S. 1959 ff.
[21] *Hüffer*, Rn 5.
[22] *Henn*, Handbuch des Aktienrechts, Rn 1226.
[23] MüKo-AktG/*Peifer*, Rn 8.
[24] Großkomm-AktienR/*Wiedemann*, vor § 182 Rn 83.
[25] OLG Jena AG 2007, 31 ff zur Frage der Anwendbarkeit des § 255 Abs. 2 bei objektiver Überbewertung einer Sacheinlage.

erhöhungsbeschlusses auch darauf gestützt werden kann, dass der Ausgabebetrag unangemessen niedrig sei. Nach der Rechtsprechung des BGH ist dieser Wortlaut allerdings zu eng gefasst. Es ist nicht nur die Ausgabe zu einem unangemessen niedrigen Kurs verboten, sondern vielmehr ist die Ausgabe zu einem dem inneren Wert entsprechenden Betrag geboten.[26]

2. Freiwillige Kapitalleistungen. Das Aktiengesetz verbietet die Verpflichtung der Aktionäre zu Nachschüssen (§ 54 Abs. 1), regelt allerdings freiwillige Kapitalleistungen der Aktionäre nicht. Aus § 272 Abs. 2 Nr. 4 HGB ergibt sich, dass freiwillige Zuzahlungen möglich sein müssen. Danach sind freiwillige Zuzahlungen der Gesellschafter im Eigenkapital als Kapitalrücklage auszuweisen. Zuständig auch für diese Maßnahme der Eigenkapitalbeschaffung ist die Hauptversammlung (§ 119 Abs. 1 Nr. 6). Da allerdings insoweit keine Satzungsänderung erforderlich ist, entscheidet die Hauptversammlung über die freiwillige Kapitalleistung mit einfacher Mehrheit.[27] Sie beruhen häufig auf schuldrechtlichen Vereinbarungen zwischen den Gesellschaftern. In diesem Fall vermeiden die Gesellschafter bewusst einen Anspruch der Gesellschaft auf die Zuzahlung. Sie bleibt insoweit gegenüber der Gesellschaft freiwillig im Sinne des § 272 Abs. 2 Nr. 4 HGB.[28]

B. Kapitalerhöhungsbeschluss (Abs. 1)

I. Inhalt des Kapitalerhöhungsbeschlusses. Der Kapitalerhöhungsbeschluss bringt zunächst lediglich den Willen der Hauptversammlung zum Ausdruck, das Grundkapital zu erhöhen. Er erzeugt keine Pflicht zur Zeichnung neuer Aktien, auch nicht für diejenigen Aktionäre, die der Kapitalerhöhung zugestimmt haben. Beim Inhalt des Kapitalerhöhungsbeschlusses ist zwischen dem zwingenden Inhalt des Kapitalerhöhungsbeschlusses und, wahlweise, dem ergänzendem Inhalt des Kapitalerhöhungsbeschlusses zu unterscheiden.

1. Zwingender Inhalt des Kapitalerhöhungsbeschlusses. Eine umfassende gesetzliche Regelung der zwingenden Inhalte des Kapitalerhöhungsbeschlusses gibt es nicht. Vielmehr schreibt das Gesetz nur an einzelnen Stellen zwingende Inhalte des Kapitalerhöhungsbeschlusses vor. So verlangt § 182 Abs. 3, dass im Falle eines Aufgeldes der Mindestbetrag festzusetzen ist, unter dem die Aktien nicht ausgegeben werden sollen. Handelt es sich um eine Kapitalerhöhung mit Sacheinlage, so muss der Kapitalerhöhungsbeschluss den Gegenstand, die Person des Einlegers (auch als Inferent bezeichnet) und den Nennbetrag bzw die Zahl der zu gewährenden Aktien benennen (§ 183 Abs. 1 S. 1).

Weiterhin ist es **zwingend**, dass der Kapitalerhöhungsbeschluss **alle wesentlichen Einzelheiten** der Kapitalerhöhung regelt. Es entspricht der allgemeinen Meinung, dass beispielsweise Angaben zum Nennbetrag, zur Zahl der Stückaktien, zur Aktienart (§ 10 Abs. 1 und Abs. 2) und zur Aktiengattung (§ 11) zu machen sind. Ein gesetzlicher Ansatz hierfür findet sich bei der Kapitalerhöhung mit Sacheinlage. Dort schreibt § 183 Abs. 1 S. 1 vor, dass bei der Sacheinlage die Zahl der zu gewährenden Aktien und bei Nennbetragsaktien deren Nennbetrag im Kapitalerhöhungsbeschluss festzusetzen sind.

Hinsichtlich des Betrags der Kapitalerhöhung muss der Beschluss den Mindest- und Höchstbetrag[29] oder nur den Höchstbetrag nennen.[30] Ist lediglich ein Höchstbetrag genannt, entstehen bei langen Durchführungsfristen Abgrenzungsschwierigkeiten zu § 202.[31] Lautet der Kapitalerhöhungsbeschluss auf eine bestimmte Summe, so ist darin allerdings im Zweifel kein solcher Höchstbetrag, sondern die fest bestimmte Höhe der Kapitalerhöhung zu sehen.[32] Wenn die Zeichnung aller neuen Aktien zum Zeitpunkt des Kapitalerhöhungsbeschlusses noch nicht gewiss ist, bietet die Angabe von Mindest- und Höchstbetrag die Gewähr, dass die Kapitalerhöhung auch dann durchgeführt werden kann, wenn nicht alle Aktien gekennzeichnet werden.[33] Denn die Durchführung der Kapitalerhöhung wird nur eingetragen, wenn das Zeichnungsergebnis in den im Kapitalerhöhungsbeschluss gesteckten Rahmen fällt. Aufgrund der Zuständigkeit der Hauptversammlung für Kapitalmaßnahmen bedarf es bei einem Kapitalerhöhungsbeschluss mit Mindest- und Höchstbetragsangabe der Bestimmung eines Zeitraumes für die Zeichnung. Dieser Zeitraum ist genau zu bestimmen und eng zu begrenzen, ansonsten verlagert sich die Zuständigkeit zu sehr auf die Verwaltung. Nach der Rechtsprechung ist hierunter ein Zeitraum von maximal 6 Monaten zu verstehen.[34] Fehlt in diesem Fall die Bestimmung eines Zeitraumes, so ist der Kapitalerhöhungsbeschluss gemäß § 241 Nr. 3 nich-

---

26 BGHZ 71, 40, 51.
27 Die in § 55 geregelten Nebenleistungen sind keine Geldleistungen und darüber hinaus in der Praxis höchst selten. Großkomm-AktienR/*Wiedemann*, vor § 182 Rn 89. – Zum Themenkreis der „erzwungenen" freiwilligen Zuzahlungen siehe MüKo-AktG/*Peifer*, vor § 182 Rn 24.
28 Hiervon abzugrenzen sind die Fälle des sog. schuldrechtlichen Agios, siehe dazu unten Rn 45.
29 RGZ 85, 205, 207; LG Hamburg AG 1999, 239.
30 RGZ 55, 65, 68; OLG Hamburg AG 2000, 326, 327; hiervon zu unterscheiden ist der Gestaltungsspielraum bei der Festlegung des Ausgabepreises, dazu unter Rn 43.
31 MüKo-AktG/*Peifer*, Rn 36.
32 Großkomm-AktienR/*Wiedemann*, Rn 55.
33 Die Spannweite zwischen Mindest- und Höchstbetrag liegt dabei im freien Ermessen der Hauptversammlung.
34 LG Hamburg AG 1995, 92, 93; OLG München, ZIP 2009, 1954; siehe auch KölnKomm-AktG/*Lutter*, Rn 17.

tig.³⁵ Ist die Frist zu lange bemessen, wird man bei der Rechtsfolge abschichten müssen. Nähert sie sich der Frist des § 202, so wird man ebenfalls Nichtigkeit annehmen müssen.³⁶ Die Rechtsprechung schließt eine schrittweise Durchführung einer zunächst nur teilweise durchgeführten Kapitalerhöhung im Grundsatz aus.³⁷ Mit der Durchführung der Kapitalerhöhung ist der Kapitalerhöhungsbeschluss verbraucht, auch wenn der im Beschluss festgesetzte Höchstbetrag nicht erreicht ist.³⁸

23 Das Aktiengesetz sieht Nennbetrag- oder Stückaktien alternativ vor (§ 8 Abs. 1). Dies gilt in gleicher Weise bei Kapitalerhöhungen, so dass auch die jungen Aktien den bereits vorhandenen Aktien insoweit entsprechen müssen. Sieht die Satzung Nennbetragaktien vor, ist im Beschluss der Nennbetrag der neuen Aktien festzulegen, da der Nennbetrag nach § 23 Abs. 3 Nr. 4 zwingender Satzungsbestandteil ist. Dieses Erfordernis entfällt ausnahmsweise nur, wenn die Satzung schon im Vorgriff auch den Nennbetrag für junge Aktien einheitlich mitregelt. Sieht die Satzung Aktien mit verschiedenen Nennbeträgen vor, so ist die Angabe des Nennbetrags im Kapitalerhöhungsbeschluss zwingend notwendig. Eine Kapitalerhöhung durch Erhöhung des Nennbetrags ist nach § 182 Abs. 1 S. 4 unzulässig.

24 Werden Stückaktien ausgegeben, ist die Angabe des anteiligen Betrages des Grundkapitals pro Stückaktie nicht zwingend im Beschluss aufzunehmen, da sich diese Kennzahl aus der Höhe des Grundkapitals dividiert durch die Anzahl der Aktien errechnen lässt. Zwingend anzugeben ist jedoch die Zahl der jungen Aktien. Nur so kann dem Erfordernis des § 182 Abs. 1 S. 5, der ein verhältnismäßiges Anwachsen des Grundkapitals und der Zahl der Aktien verlangt, Rechnung getragen werden. Ziel dieser Vorschrift ist es, zu vermeiden, dass die quotale Beteiligung der Altaktien am Grundkapital bei Kapitalerhöhungen gegenüber den jungen Aktien verschlechtert wird. Dies wäre aber der Fall, wenn bei einer Kapitalerhöhung überproportional viele junge Aktien geschaffen würden, denn nach § 8 Abs. 3 S. 2 sind sämtliche Stückaktien am Grundkapital in gleichem Umfang beteiligt. Art und Anzahl der neuen Aktien sind nur dann ausnahmsweise nicht zwingend anzugeben, wenn die Satzung nur einen bestimmten Aktientypen vorsieht und die Anzahl der neuen Aktien aufgrund des Betrags der Kapitalerhöhung sowie der in der Satzung getroffenen Regelung bestimmbar ist.³⁹

25 Der Kapitalerhöhungsbeschluss muss weiterhin festlegen, ob die jungen Aktien auf den Inhaber oder auf den Namen lauten (§ 10 Abs. 1). Auch dies ist nach § 23 Abs. 3 Nr. 5 zwingender Bestandteil der Satzung. Anders als bei der Wahl zwischen Nennbetrags- und Stückaktien kann eine Gesellschaft sowohl Inhaberaktien als auch Namensaktien ausgeben.⁴⁰ Sind in der Gesellschaft verschiedene Aktiengattungen vorhanden, muss der Beschluss die jungen Aktien den vorhandenen Gattungen zuordnen. § 11 S. 2 definiert Aktien mit gleichen Rechten als eine Gattung.⁴¹ Wird im Kapitalerhöhungsbeschluss erstmals eine neue Gattung geschaffen, muss der Kapitalerhöhungsbeschluss die gattungsbestimmenden Merkmale, dh die gesondert gewährten mitgliedschaftlichen Befugnisse, beschreiben, so zB das Sonderrecht von Aktionären, Mitglieder in den Aufsichtsrat zu entsenden (§ 101 Abs. 2).

26 **2. Ergänzender Inhalt des Kapitalerhöhungsbeschlusses.** Neben dem zwingenden Inhalt **kann** der Kapitalerhöhungsbeschluss weitergehende Gegenstände regeln. Er kann beispielsweise die **Frist** zur Durchführung der Kapitalerhöhung regeln. Hierbei besteht die Möglichkeit, lediglich eine Frist bis zur Anmeldung der Durchführung festzusetzen oder sowohl eine Frist für den Abschluss der Zeichnung als auch nachgelagert eine Frist für die Anmeldung der Durchführung der Kapitalerhöhung festzusetzen. Letztlich kann die Hauptversammlung auch die Frist des § 185 Abs. 1 S. 3 Nr. 4 (Verfallsfrist der Zeichnungen) bestimmen. Eine solche Regelung wird zwingend, wenn der Kapitalerhöhungsbeschluss lediglich den Rahmen (Mindest- und Höchstbetrag) der Kapitalerhöhung festschreibt.⁴² Fehlt eine Frist zur Durchführung, hat sie unverzüglich zu erfolgen, wobei nach allgemeiner Meinung eine Frist von drei bis sechs Monaten nicht überschritten werden darf.⁴³

27 Umstritten ist, ob der Kapitalerhöhungsbeschluss auch den Zeitpunkt der **Fälligkeit der Einlage** feststellen kann.⁴⁴ Festzuhalten ist zunächst, dass die Fälligkeit der Mindesteinlage und des vollen Aufgeldes gesetzlich geregelt sind (§ 188 Abs. 2 mit §§ 36 Abs. 2 und 36a Abs. 1, 37 Abs. 1). Sie sind vor Eintragung der Durchführung der Kapitalerhöhung fällig. Die Frage stellt sich somit nur für die die Mindesteinlage über-

---

35 *Hüffer*, Rn 17; OLG München ZIP 2009, 1954. Liegt der gesetzliche Regelfall einer Kapitalerhöhung mit einem bestimmten Betrag der Kapitalerhöhung vor, so hat die Durchführung unverzüglich (§ 121 BGB) zu erfolgen, wenn keine Durchführungsfrist bestimmt ist.
36 Spindler/Stilz/*Heidinger*, § 52 Rn 45.
37 OLG München ZIP 2009, 1954 f (die Rspr lässt allerdings die Frage offen, wie zu verfahren ist, wenn in der Anmeldung die weitere Durchführung vorbehalten wird); siehe dazu *Priester*, NZG 2010, 81.
38 *Krafka/Willer*, Registerrecht, 7. Auflage, Rn 1415.
39 BGH ZIP 2009, 1566, 1570 und 2009, 1624.
40 *Hüffer*, § 10 Rn 5.
41 So bilden beispielsweise Stammaktien eine Gattung und stimmrechtslose Vorzugaktien eine getrennte Gattung.
42 Dazu OLG Hamburg AG 2000, 326, 327.
43 MüKo-AktG/*Peifer*, Rn 37 mwN; OLG München ZIP 2009, 1954.
44 MüKo-AktG/*Peifer*, Rn 56; dafür: Großkomm-AktienR/*Wiedemann*, Rn 56; Spindler/Stilz/*Servatius*, Rn 10; dagegen: *Hüffer*, Rn 14 auch KölnKomm-AktG/*Lutter*, § 63 Rn 14.

steigenden Beträge bis zur Obergrenze des Nennbetrags (bzw anteiligen Betrags am Grundkapital). Diese Frage fällt in die Kompetenz des Vorstands und nicht in die der Hauptversammlung.[45]

Soweit der Kapitalerhöhungsbeschluss keine Aussage über den Beginn der Teilnahme am **Gewinn** trifft, erfolgt die Gewinnbeteiligung zeitanteilig (§ 60 Abs. 2 S. 3 analog) ab Eintragung der Durchführung nach Maßgabe der Einlageleistung. Ein davon abweichender Gewinnverwendungsbeschluss ist anfechtbar.[46] Die Sondervorschrift des § 217 Abs. 1 gilt nur für Kapitalerhöhungen aus Gesellschaftsmitteln. Es bestehen jedoch Gestaltungsmöglichkeiten, von denen häufig aus Praktikabilitätsgesichtspunkten Gebrauch gemacht wird, indem der Beginn der Gewinnberechtigung auf den Beginn des bei der Durchführung der Kapitalerhöhung laufenden Geschäftsjahres zurückbezogen wird. Ein Rückbezug auf zum Zeitpunkt der Kapitalerhöhung bereits abgelaufene Geschäftsjahre ist nicht möglich. Der Anwendungsbereich des § 217 Abs. 2 S. 1 ist insoweit ebenso wie der des § 217 Abs. 1 auf die Fälle der Kapitalerhöhung aus Gesellschaftsmitteln beschränkt.[47] Außerdem ist ein Rückbezug bei Bezugsrechtsausschluss nicht möglich, da sonst in die Gewinnansprüche der Altaktionäre eingegriffen würde.

Üblicherweise wird die Hauptversammlung im Kapitalerhöhungsbeschluss den Aufsichtsrat zu Fassungsänderungen der Satzung ermächtigen, da zwingende Satzungsinhalte des § 23 Abs. 3 Nr. 4 und 5 mit Vollzug der Kapitalerhöhung unrichtig werden.

II. Mehrheitserfordernisse. § 182 Abs. 1 S. 1 verlangt eine Mehrheit von **drei Vierteln** des bei der Beschlussfassung **vertretenen Grundkapitals**. Aktien, deren Inhaber in der Hauptversammlung nicht erschienen oder vertreten sind, finden damit keine Berücksichtigung.[48] Diese Regelung ist nicht abschließend. Neben dieser Kapitalmehrheit bedarf es zwingend der einfachen Stimmenmehrheit des § 133 Abs. 1 (**doppeltes Mehrheitserfordernis**).[49] Dies bedeutet nicht, dass zweimal abzustimmen ist. Es ist vielmehr lediglich getrennt zu berechnen, ob die notwendigen Mehrheiten erreicht sind.[50]

Für die Ermittlung des bei der Beschlussfassung vertretenen Grundkapitals ist nur auf dasjenige Kapital Bezug zu nehmen, das bei der Beschlussfassung mit ja oder nein gestimmt hat. Unberücksichtigt bleiben Stimmenthaltungen und Kapital, das in der Beschlussfassung nicht mitgewirkt hat oder nicht mitwirken durfte (zB stimmrechtslose Vorzugsaktien sowie Aktien, deren Stimmrechte ruhen, zB eigene Aktien, § 71 b). Es bedarf damit bei Auseinanderfallen von Kapitalbeteiligung und Stimmrechten gegebenenfalls der zweifachen Zählung der Stimmen zum einen zur Ermittlung der Mehrheit auf der Grundlage der abgegebenen Stimmen, zum anderen zur Ermittlung der Mehrheit auf der Grundlage des Kapitals. Diese zweifache Zählung gewinnt praktische Bedeutung nur in Fällen, in denen das Stimmgewicht nicht der Kapitalbeteiligung entspricht oder Einlagen noch ausstehen, § 134 Abs. 2.

Ein Beispiel für das Auseinanderfallen von Stimmgewicht und Kapitalbeteiligung sind **Mehrstimmrechtsaktien**, deren Bedeutung aber wegen der § 12 Abs. 2, § 5 EGAktG (Auslaufen von Mehrstimmrechten am 1.6.2003 vorbehaltlich eines abweichenden Hauptversammlungsbeschlusses) weiter abnehmen wird. Das doppelte Mehrheitserfordernis schützt Gesellschaften mit Mehrstimmrechten vor einer Übergewichtung der Stimmenmehrheit gegenüber der Kapitalmehrheit. Der umgekehrte Fall ist der der **Höchststimmrechte**. Dabei handelt es sich um eine bei nicht börsennotierten Aktiengesellschaften zulässige Beschränkung des Stimmrechts (§ 134 Abs. 1 S. 2). Das Stimmrecht kann dabei in der Weise beschränkt werden, dass nur eine bestimmte Anzahl von Aktien eine Stimme gewährt oder kein Aktionär mehr als eine bestimmte Anzahl von Stimmen haben darf. In diesen Fällen schützt das doppelte Mehrheitserfordernis vor einer Übergewichtung der Kapitalmehrheit gegenüber der Stimmenmehrheit.

§ 182 Abs. 1 S. 1 ist nicht zwingend. Die Satzung kann nach Abs. 1 S. 2 **andere Kapitalmehrheiten** (somit nicht beliebig abweichende Regelungen) vorsehen. Dies bedeutet, dass mindestens eine einfache Kapitalmehrheit zu fordern ist. Ein weitergehender Verzicht auf eine Kapitalmehrheit mit der Folge, dass allein die Stimmenmehrheit nach § 133 Abs. 1 ausreichen soll, ist dagegen aufgrund des Wortlautes unzulässig.[51] Wird das Erfordernis der geringeren Kapitalmehrheit nachträglich eingeführt, bedarf es hierzu einer Satzungsänderung nach § 179 Abs. 2.[52]

Sollen Vorzugsaktien ohne Stimmrecht ausgegeben werden, verlangt § 182 Abs. 1 S. 2 jedoch zwingend eine Mehrheit von mindestens drei Vierteln des bei der Beschlussfassung vertretenen Grundkapitals. Eine Abweichung nach unten ist hier nicht möglich. Der Grund dieses Erfordernisses wird in der Vergleichbar-

---

45 KölnKomm-AktG/*Lutter*, Rn 30, Bürgers/Körber/*Marsch-Barner*, Rn 24; siehe hierzu auch oben § 63 Rn 7.
46 OLG Celle ZIP 1989, 511.
47 Siehe wie hier K. Schmidt/Lutter/*Veil*, Rn 25, MüKo-AktG/*Peifer*, Rn 57, aA Bürgers/Körber/*Marsch-Barner*, Rn 23 und MüHb-AG/*Hoffmann-Becking*, § 46 Rn 21 a, die eine Rückbeziehung auf ein abgelaufenes Geschäftsjahr zulassen wollen, soweit die Hauptversammlung über die Gewinnverwendung des betreffenden Geschäftsjahres noch nicht entschieden hat.
48 MüKo-AktG/*Peifer*, Rn 17.
49 Siehe statt aller KölnKomm-AktG/*Lutter*, Rn 4 ff.
50 Spindler/Stilz/*Servatius*, Rn 14.
51 Spindler/Stilz/*Servatius*, Rn 18.
52 Spindler/Stilz/*Servatius*, Rn 19.

keit zur Wertung der Regelung des § 186 Abs. 3 gesehen.[53] Dort wird beim Ausschluss des Bezugsrechtes eine Mehrheit von mindestens drei Vierteln des bei der Beschlussfassung vertretenen Grundkapitals verlangt.[54] Der Grund dieses Mehrheitserfordernisses liegt darin, dass die Ausgabe von Vorzugsaktien ohne Stimmrecht eine grundsätzliche Strukturänderung der Gesellschaft bedeutet, die die Kongruenz zwischen Kapitalrisiko und Stimmrechtseinfluss aufhebt und damit die Notwendigkeit einer qualifizierten Mehrheit rechtfertigt.[55]

35 **III. Weitere Erfordernisse. 1. Gesetzliche Erfordernisse.** Die Wirksamkeit des Kapitalerhöhungsbeschlusses kann von weiteren gesetzlichen Erfordernissen abhängen. So bedarf der Erhöhungsbeschluss, wenn mehrere Aktiengattungen bestehen, der Zustimmung der Aktionäre jeder Gattung durch **Sonderbeschluss**. Dies gilt auch dann, wenn die Hauptversammlung einstimmig beschlossen hat.[56] Für die Sonderbeschlüsse gelten die gesetzlichen Bestimmungen über satzungsändernde Hauptversammlungsbeschlüsse sinngemäß.

36 Bei vinkulierten Namensaktien (§ 68 Abs. 2) ist danach zu unterscheiden, ob die Satzung eine Vinkulierungsklausel für alle Aktien vorsieht. Ist dies der Fall, sind auch die jungen Aktien vinkulierte Namensaktien, ohne dass es einer besonderen Zustimmung bedarf. Enthält die Satzung keine Vinkulierungsklausel und sollen erstmals die jungen Aktien vinkuliert sein, bedarf es der Zustimmung derjenigen Aktionäre, die aufgrund ihrer nichtvinkulierten Altaktien vinkulierte junge Aktien erhalten sollen.[57]

37 **2. Erfordernisse der Satzung.** Daneben kann die Satzung nach § 182 Abs. 1 S. 3 weitere, über die Kapitalmehrheit hinausgehende Erfordernisse aufstellen. Beispielsweise kann die Satzung für die Kapitalerhöhung eine **Mindestpräsenz** in der Hauptversammlung (Quorum) verlangen, sich auf das satzungsmäßige, anstelle des vertretenen Grundkapitals beziehen oder die Kapitalerhöhung von der Zustimmung einzelner Aktionäre abhängig machen.[58] Nicht möglich ist es, die Zustimmung außenstehender Dritter oder anderer Organe der Aktiengesellschaft zu verlangen. Dies würde gegen die Satzungsautonomie der Hauptversammlung verstoßen.[59]

38 Streitig ist, ob die Satzung die Zustimmung aller Aktionäre verlangen kann. Die Bandbreite der Literaturmeinungen hierzu ist groß. Teilweise wird ein solches Erfordernis uneingeschränkt für zulässig erachtet.[60] Andere Befürworter der Zulässigkeit eines solchen umfassenden Zustimmungserfordernisses[61] verlangen einschränkend, dass das Zustimmungserfordernis die Satzungsänderung nicht faktisch ausschließen darf. Diesem Erfordernis kann die Satzung dadurch gerecht werden, dass als Obergrenze die Zustimmung aller erschienenen und vertretenen Aktionäre verlangt wird.[62] Diese Einschränkung ist sachangemessen.[63] Nur so ist sichergestellt, dass die Verweigerung der Mitwirkung durch Aktionäre eine satzungskonforme Willensbildung der Gesellschafter nicht verhindern kann.

C. Sonderbeschluss (Abs. 2)

39 § 182 Abs. 2 verdrängt als Sonderregel die allgemeine Regel des § 179 Abs. 3. Die Notwendigkeit eines Sonderbeschlusses bei einer Kapitalerhöhung setzt deshalb keine Benachteiligung einer Aktiengattung voraus.[64] Sonderbeschlüsse dienen der Aufrechterhaltung der Machtverhältnisse durch Sicherung der Interessen verschiedener Aktiengattungen. Ein Sonderbeschluss bleibt auch dann erforderlich, wenn die Kapitalerhöhung einstimmig beschlossen wurde.[65]

40 Bei stimmrechtslosen Vorzugsaktien greift § 182 Abs. 2 nicht ein, obgleich es sich um eine Gattung handelt, da das Tatbestandsmerkmal **stimmberechtigt** nicht erfüllt ist. Das „Gesetz für kleine Aktiengesellschaften und zur Deregulierung des Aktienrechts"[66] hat in Abs. 2 S. 1 nach dem Wort „von" das neue Tatbestandsmerkmal „stimmberechtigt" eingefügt, um einen generellen Sonderbeschluss der nichtstimmberechtigten Vorzugsaktionäre auszuschließen.[67] Für stimmrechtslose Vorzugsaktien enthält § 141 eine abschließende Sonderregelung. Das bedeutet, dass Vorzugsaktionäre nach Maßgabe des § 141 an einer Kapitalerhöhung mitzuwirken haben, wenn neue Vorzugsaktien ohne Stimmrecht ausgegeben werden sollen, die in ihren Rechten den schon bestehenden Vorzugsaktien mindestens gleichstehen. Als besondere Aktiengattungen kommen daher vor allem Vorzugsaktien in Betracht, die eine bevorzugte Gewinnbeteiligung oder einen be-

---

53 K. Schmidt/Lutter/*Veil*, Rn 29.
54 RegBegr. *Kropff*, S. 292.
55 Großkomm-AktienR/*Wiedemann*, Rn 40.
56 Einschränkend Spindler/Stilz/*Servatius*, Rn 29.
57 *Hüffer*, § 180 Rn 7.
58 AA Spindler/Stilz/*Servatius*, Rn 23, 24.
59 *Hüffer*, § 179 Rn 23; MüKo-AktG/*Peifer*, Rn 20.
60 K. Schmidt/Lutter/*Veil*, Rn 29; ein solches Erfordernis wird umfassend abgelehnt von Spindler/Stilz/*Servatius*, Rn 24.
61 KölnKomm-AktG/*Lutter*, Rn 14.
62 *Henn*, Handbuch des Aktienrechts, S. 104 Fn 135.
63 Siehe zu diesem Themenkreis in die Kommentierung zum gleichlautenden § 179 Abs. 2 S. 3, oben § 179 Rn 37.
64 *Hüffer*, § 179 Rn 42; Spindler/Stilz/*Servatius*, Rn 26.
65 KölnKomm-AktG/*Lutter*, Rn 10, anders ist dies möglicherweise bei einer Ein-Personen-AG zu sehen, Bürgers/Körber/*Marsch-Barner*, Rn 29.
66 BGBl. I 1994 S. 1961.
67 Großkomm-AktienR/*Wiedemann*, Rn 2.

vorzugten Anteil am Liquidationserlös vorsehen.[68] Existiert neben Stammaktien und stimmrechtslosen Vorzugsaktien keine weitere Aktiengattung, bedarf es auch keines Sonderbeschlusses der Stammaktien nach § 182 Abs. 2. Ein Sonderbeschluss ist auch dann nicht erforderlich, wenn das Stimmrecht der Vorzugsaktionäre nach § 140 Abs. 2 auflebt.[69] Es wäre nicht angemessen, Vorzugsaktionären ein Stimmrecht zu gewähren, das über das der Stammaktionäre hinausgeht. Ihr Anspruch auf die in der Vergangenheit ausgefallene Dividende bleibt bestehen. Vorzugsaktionären sollte daher nicht die Möglichkeit eröffnet werden, notwendige Maßnahmen durch Sonderbeschlüsse verhindern zu können.

Die Zustimmung der jeweiligen Aktiengattungen kann in einer eigenen Sonderversammlung der Gattung oder in der allgemeinen Hauptversammlung mit gesonderter Abstimmung erfolgen.[70] Die Regelungen der Versammlung und der Abstimmung bei Sonderbeschlüssen ist abschließend in § 138 geregelt. Es gelten für den Kreis der am Sonderbeschluss mitwirkenden Aktionäre jeweils die Regelungen über die Hauptversammlung. So bedarf es der ausdrücklichen und fristgemäßen Ankündigung nach §§ 123, 124 und einer Kapitalmehrheit von drei Vierteln und zusätzlich der einfachen Stimmenmehrheit (§ 182 Abs. 2 S. 3 iVm § 182 Abs. 1 S. 1 und § 138 S. 2 iVm § 133 Abs. 1). Macht die Satzung von den gesetzlich gewährten Gestaltungsspielräumen Gebrauch, gelten die Satzungsbestimmungen im Zweifel auch für den Sonderbeschluss.[71]

41

Der Sonderbeschluss ist nicht Bestandteil des Kapitalerhöhungsbeschlusses, sondern **zusätzliches Wirksamkeitserfordernis**.[72] Sein Fehlen macht den Kapitalerhöhungsbeschluss daher zunächst schwebend unwirksam.[73] Bei fehlerhaften Sonderbeschlüssen gelten die Vorschriften über Nichtigkeit oder Anfechtbarkeit von Hauptversammlungsbeschlüssen entsprechend (§ 138 S. 2 iVm §§ 241 ff).[74] Der Sonderbeschluss muss nicht zeitgleich mit dem Hauptversammlungsbeschluss gefasst werden, muss aber in zeitlichem Zusammenhang mit dem Hauptversammlungsbeschluss stehen. Hier sollte man sich in der Praxis an einem maximalen Zeitraum von drei Monaten orientieren.[75] Nach Ablauf dieses Zeitraums wird der Beschluss endgültig unwirksam. Das Registergericht darf den Kapitalerhöhungsbeschluss deshalb zunächst nicht eintragen und wird durch Zwischenverfügung und Fristsetzung (§ 25 Abs. 1 S. 3 HRV) Abhilfe durch korrekte Beschlussfassung ermöglichen. Verweigern die Aktionäre im Sonderbeschluss die Zustimmung, führt dies zur endgültigen Unwirksamkeit des Kapitalerhöhungsbeschlusses. Das Gericht hat dann die Anmeldung zurückzuweisen. Kommt es dennoch fälschlicherweise zur Eintragung des Kapitalerhöhungsbeschlusses, tritt Heilung ein, wenn die Eintragung drei Jahre Bestand hat und keine Klage auf Unwirksamkeit erhoben wurde (§ 242 Abs. 2).[76]

42

D. Festsetzung des Ausgabebetrags (Abs. 3)

Möglich ist zunächst die Ausgabe der Aktien zum geringsten Ausgabepreis gemäß § 9 Abs. 1 (Pariemission). Wegen der Anfechtungsmöglichkeit des § 255 Abs. 2 kommt diese Variante nur in Frage, wenn keine Bezugsrechte ausgeschlossen sind.[77] Werden Aktien zum Nennwert[78] ausgegeben, bedarf es keiner besonderen Festsetzung des Ausgabebetrags im Kapitalerhöhungsbeschluss. § 182 Abs. 3 regelt darüber hinaus einen gesetzlich zwingenden Inhalt des Kapitalerhöhungsbeschlusses, und zwar im Fall einer Kapitalerhöhung, bei der die neuen Aktien für einen höheren Betrag als den **geringsten Ausgabebetrag** ausgegeben werden (**Überpariemission**). In diesem Fall verlangt das Gesetz zwingend, dass der Kapitalerhöhungsbeschluss den **Mindestausgabebetrag** festsetzt. Dabei trifft die Hauptversammlung die Pflicht, einen angemessenen Mindestbetrag festzusetzen, wenn die jungen Aktien den bisherigen Aktionären weder mittelbar noch unmittelbar zum Bezug angeboten werden.[79]

43

Über dieses Mindesterfordernis hinausgehend kann die Hauptversammlung den Ausgabebetrag genau bestimmen oder mit dem Mindestbetrag einen Höchstbetrag verbinden. In letzterem Fall ist die Verwaltung sodann gebunden, den Ausgabebetrag in dem durch die Hauptversammlung gesteckten Rahmen zu bestimmen. Wenn die Hauptversammlung den Ausgabebetrag selbst nicht genau bestimmt, ist hierin die Ermächtigung an die Verwaltung zur Bestimmung zu sehen. Anders als beispielsweise in § 202 fehlt hier die aus-

44

---

68 MüKo-AktG/*Peifer*, Rn 21, nicht in Frage kommen Aktien mit Nebenverpflichtungen, § 55; Spindler/Stilz/*Servatius*, Rn 28.
69 Geßler/*Bungeroth*, Rn 38, MüKo-AktG/*Peifer*, Rn 24; wie hier: *Hüffer*, Rn 19, mit dem Hinweis, dass mit dem Aufleben des Stimmrechts keine Gattungsänderung eintritt, es also bei der abschließenden Sonderregelung des § 141 bleibe; so auch *Krauel/Weng*, AG 2003, 561 ff.
70 Großkomm-AktienR/*Wiedemann*, Rn 51.
71 KölnKomm-AktG/*Lutter*, Rn 10.
72 RGZ 148, 175, 186 f; KölnKomm-AktG/*Lutter*, Rn 13.
73 HM, statt aller: *Hüffer*, Rn 21.
74 Bürgers/Körber/*Marsch-Barner*, Rn 33.
75 Großkomm-AktienR/*Wiedemann*, Rn 51; MüKo-AktG/*Peifer*, Rn 25.
76 MüHb-AG/*Krieger*, § 56 Rn 17; weitere Einzelheiten zum fehlerhaften Sonderbeschluss MüKo-AktG/*Peifer*, Rn 28.
77 Spindler/Stilz/*Servatius*, Rn 50.
78 Bzw im Fall von Stückaktien zum anteiligen Betrag der auf die einzelne Aktien entfällt.
79 BGHZ, 71, 40, 51.

45 Die Überpariemission, die in § 9 Abs. 2 gesetzlich ausdrücklich vorgesehen ist, bildet den Regelfall der Kapitalerhöhung. Der über den geringsten Ausgabebetrag hinausgehende Betrag (Agio, Aufgeld) wird in der Bilanz als Kapitalrücklage ausgewiesen (§ 272 Abs. 2 Nr. 1 HGB).[80] Vom eigentlichen Agio zu unterscheiden ist das sogenannte **schuldrechtliche Agio**.[81] Dabei handelt es sich um schuldrechtliche Vereinbarungen zwischen Gesellschaft und Gesellschaftern, wonach derjenige Gesellschafter, der zur Zeichnung junger Aktien zugelassen wird, sich vertraglich verpflichtet, Bareinzahlungen über den geringsten Ausgabebetrag hinaus zu leisten. Die Behandlung des echten Agios ist starr und eindeutig. Das Aufgeld ist vor Anmeldung in voller Höhe zu leisten (§ 36 a Abs. 1). Bilanziell ist es in die Kapitalrücklage nach § 272 Abs. 2 Nr. 1 HGB einzustellen. Dies führt bei der Verwendung dieser Kapitalrücklage zur Einschränkung des § 150 Abs. 4. Demgegenüber ist das schuldrechtliche Agio vermeintlich flexibler. Für die Regelung des Zuflusses der Zuzahlung bei der Gesellschaft trifft dies zu. Hier können abweichend von § 36 a die Zahlungen an die Gesellschaft zeitlich gestreckt werden und beispielsweise an die Erreichung unternehmerischer Ziele, sog. Milestones, geknüpft werden. Anders jedoch bei der bilanziellen Behandlung, dort ist eine Bilanzierung nach § 272 Abs. 2 Nr. 1 HGB in die gebundene Kapitalrücklage zwingend, denn es kann nicht im Ermessen der Parteien liegen, durch schuldrechtliche Vereinbarungen die zwingende Vorschrift des § 150 zu umgehen.[82] Dieses Ergebnis ist auch im Wortlaut des Gesetzes verankert. Nach dem Wortlaut des § 272 Abs. 2 Nr. 1 HGB sind Beträge, die „bei der Ausgabe" über den Nennbetrag hinaus „erzielt" werden in die gebundene Kapitalrücklage einzustellen. Das Gesetz verlangt somit einen zielgerichteten Zusammenhang zwischen Kapitalerhöhung und Aufgeld. Die Gesellschafter werden aber einen neuen Gesellschafter zur Zeichnung neuer Aktien zum Nominalbetrag nicht zulassen, wenn dieser sich nicht gleichzeitig schuldrechtlich verpflichtet, die Zuzahlung zu leisten. Damit besteht der vom Gesetz geforderte Zusammenhang.[83]

46 Die Ausgabe junger Aktien für einen geringeren Betrag als den in § 9 Abs. 1 definierten geringsten Ausgabebetrag ist unzulässig (Verbot der Unterpariemission).[84] Ein Verstoß gegen das Verbot der Unterpariemission führt zur Nichtigkeit des Kapitalerhöhungsbeschlusses nach § 241 Nr. 3. Als Rechtsfolge fehlerhafter Kapitalerhöhungsbeschlüsse ist daneben § 255 Abs. 2 zu beachten, der es erlaubt, im Falle des Ausschlusses des Bezugsrechts den Kapitalerhöhungsbeschluss mit der Begründung anzufechten, der Ausgabebetrag sei unangemessen niedrig festgesetzt.[85]

47 Hat die Hauptversammlung nur den Mindestbetrag oder einen **Rahmen** festgesetzt, bestimmt die Verwaltung, und hier typischerweise der Vorstand nach pflichtgemäßem Ermessen den konkreten Ausgabebetrag (arg. §§ 188 Abs. 2; 36 Abs. 2, 36 a Abs. 1, 63 Abs. 1 S. 1). Dabei hat der Vorstand die Pflicht zur Ausgabe junger Aktien zu einem Betrag, der den Wertanteil der Altaktionäre am Gesellschaftsvermögen proportional aufrechterhält. Dies lässt sich dadurch erreichen, dass die Aktien zum höchstmöglich am Markt erzielbaren Preis ausgegeben werden.[86] Diese Pflicht kann so weit gehen, dass der Vorstand die Durchführung der Kapitalerhöhung abbrechen muss, sollte sich herausstellen, dass eine Platzierung in der von der Hauptversammlung vorgesehenen Spanne für den Ausgabepreis nicht möglich ist. Die Hauptversammlung kann die Befugnis zur Festsetzung des Ausgabebetrags auf den Vorstand und Aufsichtsrat gemeinschaftlich übertragen.[87] Eine Übertragung ausschließlich auf den Aufsichtsrat ist demgegenüber unzulässig, da die Festsetzung des Ausgabebetrages eine Frage der Finanzierung ist, die auch sonst dem Vorstand zufällt.[88] Der konkrete Ausgabebetrag muss spätestens zu Beginn der Zeichnung feststehen, da der Zeichnungsschein den Ausgabebetrag ausweisen muss, § 185 Abs. 1 S. 3 Nr. 2. Er ist in Analogie zu § 186 Abs. 2 S. 1 bekannt zu machen.[89]

48 In Rechtsprechung und Literatur wird die Frage der Behandlung von Kapitalerhöhungsbeschlüssen **ohne Festsetzung** eines Ausgabebetrags kontrovers diskutiert. Während die Rechtsprechung und Teile der Literatur vertreten, dass die Verwaltung in diesem Fall verpflichtet sei, die jungen Aktien zum Nennbetrag auszugeben,[90] und in der Literatur die gegenteilige Auffassung vertreten wird, dass die Verwaltung berechtigt und verpflichtet sein solle, die Aktien überpari auszugeben,[91] erscheint eine vermittelnde Ansicht zutref-

---

80 Zur Überpariemission im Verhältnis zur Börsenkurs MüKo-AktG/*Peifer*, Rn 46.
81 Siehe dazu *Hermanns*, ZIP 2003, 788; *Becker*, NZG 2003, 510; *Schorling/Vogel*, AG 2003, 86.
82 *Becker*, NZG 2003, 510, 516.
83 Zur Frage der Offenlegungspflicht gegenüber dem Registergericht: BayObLG ZIP 2002, 1484.
84 *Hüffer*, Rn 23, siehe dazu OLG Hamburg AG 2000, 326, 327.
85 Siehe dazu im Einzelnen unten Rn 60.
86 Spindler/Stilz/*Servatius*, Rn 51.
87 Siehe dafür Großkomm-AktienR/*Wiedemann*, Rn 63 f; dagegen Spindler/Stilz/*Servatius* Rn 54.
88 MüKo-AktG/*Peifer*, Rn 48; aA *Hüffer*, Rn 24, K. Schmidt/Lutter/*Veil*, Rn 22.
89 Spindler/Stilz/*Servatius*, Rn 56.
90 Vgl statt aller BGHZ 33, 175, 178.
91 KölnKomm-AktG/*Lutter*, Rn 26 ff; MüKo-AktG/*Peifer*, Rn 54, K. Schmidt/Lutter/*Veil* Rn 23, der die Beachtung des Finanzierungsinteresses der Gesellschaft bei der pflichtgemäßen Entscheidung des Vorstands über die Festsetzung des Ausgabebetrags betont.

fend.⁹² Danach sind junge Aktien zum Nennbetrag bzw zum anteiligen Betrag des Grundkapitals auszugeben, soweit Bezugsrechte bestehen. Im Falle eines Bezugsrechtsausschlusses ist die Verwaltung jedoch zum Schutz der Altaktionäre gegen eine wertmäßige Verwässerung ihrer Beteiligung zur Überpariemission verpflichtet.

E. Verbot der Kapitalerhöhung (Abs. 4)

In § 182 Abs. 4 S. 1 sieht das Gesetz als **Sollvorschrift** die Subsidiarität der Kapitalerhöhung im Falle ausstehender Einlagen vor. Grund dieser Sollvorschrift ist das fehlende Bedürfnis nach einer Kapitalerhöhung in Fällen, in denen ausstehende Einlagen noch erlangt werden können. Außerdem soll die Gesellschaft kein größeres Grundkapital publizieren als von den Aktionären wirklich aufgebracht wurde. Die praktische und wirtschaftliche Bedeutung dieser Vorschrift ist gering. Sie erfasst lediglich diejenigen Einlagen, die nicht bereits vor Anmeldung der Durchführung eingezahlt werden müssen (§ 36a). Neben dem Regelfall der ausstehenden Einlagen sind auch Ansprüche aus §§ 57, 62 wegen unerlaubter Einlagenrückgewähr hiervon erfasst.⁹³ In all diesen Fällen entsteht der Eindruck, der Gesellschaft sei Kapital zugeflossen, ohne dass dies rechtsbeständig der Fall ist.

Das Gesetz schließt Kapitalerhöhungen nur dann aus, wenn ausstehende Einlagen noch erlangt werden können. Die Vorschrift gilt ebenfalls, wenn entgegen § 36a Abs. 1 ein etwaiges Aufgeld noch nicht bezahlt wurde.⁹⁴ Grundsätzlich müssen alle rechtlichen Möglichkeiten ausgeschöpft werden, die Einlage zu erlangen, zB auch Zugriff auf Vormänner nach Kaduzierung, §§ 64, 65. Dies bedeutet aber nicht, dass Versuche der Zwangsvollstreckung unternommen werden müssen, wenn feststeht, dass die Zwangsvollstreckung ergebnislos wäre,⁹⁵ zB innerhalb von drei Jahren nach Abgabe einer eidesstattlichen Versicherung oder bei Unpfändbarkeitsbescheinigung des Gerichtsvollziehers. Maßgeblich ist damit nicht nur eine rechtliche, sondern auch eine tatsächliche Betrachtung. Sacheinlagen können nicht erlangt werden, wenn sie untergegangen sind und Ersatzansprüche nicht bestehen oder nicht realisierbar sind. Bei lediglich ausstehender Fälligkeit der Leistungen oder vorübergehenden Leistungshindernissen können Einlagen noch erlangt werden. Im Falle eigener Aktien, gleichgültig, ob wirksam erworben oder auf der Grundlage eines nichtigen schuldrechtlichen Geschäfts (§ 71), stehen der mögliche Veräußerungserlös bzw der Rückgewähranspruch aus der unzulässigen Zahlung des Erwerbspreises der Kapitalerhöhung entgegen. Die abweichende Ansicht⁹⁶ unterscheidet wirksamen und unwirksamen Erwerb eigener Aktien. Danach ruhen im Falle des wirksamen Erwerbs die Rechte aus den Aktien und damit auch ein Anspruch auf ausstehende Einlagen. Dies ändert allerdings nichts daran, dass die Gesellschaft durch die Veräußerung der Aktien Eigenmittel erzielen kann.⁹⁷

Für **Versicherungsgesellschaften** gibt § 182 Abs. 4 S. 2 die Möglichkeit, in der Satzung eine Ausnahme zu schaffen. Grund hierfür ist, dass Versicherungsgesellschaften etwaige ausstehende Einlagen in der Regel nicht für betriebliche Zwecke, sondern lediglich als Risikoreserve benötigen. Versicherungsgesellschaften machen von dieser Möglichkeit der Gestaltung der Satzung in der Praxis überwiegend Gebrauch. Enthält die Satzung keine solche Vorschrift, kann ein dahin gehender satzungsändernder Beschluss gefasst werden zusammen mit dem Kapitalerhöhungsbeschluss gefasst werden.⁹⁸ Eine weitere gesetzliche Ausnahme schafft § 69 Abs. 1 S. 1 UmwG, der § 182 Abs. 4 bei Verschmelzungen mit Kapitalerhöhung für nicht anwendbar erklärt.

Des Weiteren hindern ausstehende Einlagen in **verhältnismäßig unerheblichem** Umfang eine Kapitalerhöhung nicht (Abs. 4 S. 3). Streitig ist in diesem Zusammenhang, ob die Summe der ausstehenden Einlagen zum Grundkapital oder zur Summe der auf das Grundkapital geleisteten Einlagen ins Verhältnis zu setzen ist. Nach der hier vertretenen Ansicht sollten etwaige Aufgelder bei dieser Betrachtung berücksichtigt werden.⁹⁹ Der Wortlaut des Gesetzes unterscheidet hier nicht zwischen Zahlungen auf den geringsten Ausgabebetrag und Zahlungen auf ein Agio, sondern verwendet den Oberbegriff der Einlage. Die Literatur nennt für die gesetzlich geforderte Unerheblichkeit bei einem Grundkapital bis 250.000 EUR 5 %, bei höherem Grundkapital 1 % als maßgebliche Schwelle.¹⁰⁰

Zu beachten ist, dass Abs. 4 keine ausdrückliche Aussage dazu trifft, ob eine Kapitalerhöhung nicht vollzogen oder auch ein Kapitalerhöhungsbeschluss nicht gefasst werden soll. Da der Kapitalerhöhungsbeschluss

---

92 *Hüffer*, Rn 25; MüHb-AG/*Krieger*, § 56 Rn 27.
93 Siehe dafür u.a. *Hüffer*, Rn 26; dagegen Spindler/Stilz/*Servatius*, Rn 60.
94 MüKo-AktG/*Peifer*, Rn 59; Bürgers/Körber/*Marsch-Barner*, Rn 39.
95 KölnKomm-AktG/*Lutter*, Rn 37.
96 MüKo-AktG/*Peifer*, Rn 61 ff; abweichend: Großkomm-AktienR/*Wiedemann*, Rn 85, der die Sanktionen des § 71c als abschließend bezeichnet.
97 *Hüffer*, Rn 27.
98 Statt aller: Großkomm-AktienR/*Wiedemann*, Rn 89.
99 Anders: MüHb-AG/*Krieger*, § 56 Rn 5; MüKo-AktG/*Peifer*, Rn 65; Spindler/Stilz/*Servatius*, Rn 62 hält in einem dritten Lösungsansatz das Verhältnis zwischen ausstehenden Einlagen und Höhe der geplanten Kapitalerhöhung für maßgeblich.
100 KölnKomm-AktG/*Lutter*, Rn 38.

lediglich den Willen der Aktionäre zur Kapitalerhöhung äußert, scheint richtig zu sein, dass mit dieser Vorschrift lediglich die Durchführung der Kapitalerhöhung erfasst werden soll.

54 Streitig ist die **Rechtsfolge** im Falle eines Verstoßes. Eine Ansicht[101] sieht trotz der Formulierung als Sollvorschrift und damit als Ordnungsvorschrift die Möglichkeit der Anfechtung. Die herrschende Meinung[102] schließt demgegenüber die Anfechtbarkeit aus. Im Falle eines Kapitalerhöhungsbeschlusses, der unter Verstoß des § 182 Abs. 4 zustande kommt, hat vielmehr das Registergericht die Eintragung des Kapitalerhöhungsbeschlusses auf der Grundlage der nach § 184 Abs. 2 einzureichenden Angaben abzulehnen. Die Angaben in der Handelsregisteranmeldung sind nach § 399 Abs. 1 Nr. 4 strafbewehrt. Wird dennoch eingetragen, ist im Nachgang die Eintragung der Durchführung abzulehnen. Wird auch die Durchführung eingetragen, ist die Kapitalerhöhung wirksam vollzogen, der Verstoß gegen § 184 Abs. 4 hat in diesem Fall für die Gesellschaft keine Rechtsfolgen.

F. Aufhebung und Änderungen von Beschlüssen, Rechtsfolgen fehlerhafter Beschlüsse

55 Der Kapitalerhöhungsbeschluss kann bis zu seiner Eintragung mit **einfacher Mehrheit aufgehoben** werden. Die einfache Mehrheit ist genügend, weil der Kapitalerhöhungsbeschluss vor Eintragung noch keine Bindungswirkung erzeugt und auch keine Satzungsänderung bedeutet. Es genügt daher das Mehrheitserfordernis des § 133 Abs. 1.[103]

56 Die notwendige Mehrheit für die Phase zwischen Eintragung des Kapitalerhöhungsbeschlusses und Wirksamwerden der Kapitalerhöhung (§ 189) ist demgegenüber streitig.[104] Nach der hier vertretenen Auffassung ist die in § 222 Abs. 1 vorgesehene Drei-Viertel-Mehrheit zu verlangen. Nach Eintragung des Kapitalerhöhungsbeschlusses findet im Rahmen seiner Durchführung keine weitere Willensäußerung der Hauptversammlung mehr statt. Für die Frage der notwendigen Kapitalmehrheit ist dieser Fall wertend betrachtet dem Fall des § 222 weitgehend vergleichbar, so dass eine geringere als die dort vorgesehene Kapitalmehrheit nicht hinreichend erscheint.

57 Wird der Kapitalerhöhungsbeschluss **geändert**, finden in gleicher Weise die Erfordernisse des ursprünglichen Kapitalerhöhungsbeschlusses Anwendung. Eine solche Änderung ist bis zur Wirksamkeit der Kapitalerhöhung möglich.[105]

58 **Fehlerhafte Kapitalerhöhungsbeschlüsse** sind entweder nichtig (§ 241) oder anfechtbar (§ 243). Insbesondere bei der Bemessung der Länge der **Durchführungsfristen** sind beide Fälle denkbar. Ist die Frist lediglich zu lang, dies aber nicht in gravierender Weise, so ist der Kapitalerhöhungsbeschluss lediglich anfechtbar.[106] Nach der Rechtsprechung[107] liegt ein Fall der Nichtigkeit vor, wenn die Durchführungsfrist wesentlich zu lange ist. Dies wird wohl bei einer Frist von ca. einem Jahr der Fall sein, da dann nicht mehr von einem nahen zeitlichen Zusammenhang gesprochen werden kann. Ist die Durchführungsfrist deutlich zu lange, so dass die Grenze zum genehmigten Kapital und den Regeln der §§ 202 ff überschritten ist, ist der Kapitalerhöhungsbeschluss nichtig gemäß § 241 Nr. 3.[108]

59 Bei fehlerhaften Sonderbeschlüssen nach § 182 Abs. 2 gelten nach § 138 S. 2 Hs 2 die Bestimmungen über die Hauptversammlungsbeschlüsse sinngemäß, die §§ 241 ff finden mit dem eingegrenzten Gegenstand des Sonderbeschlusses selbstständig Anwendung.

60 Daneben ist § 255 Abs. 2 zu beachten, der einen unangemessen niedrigen **Ausgabebetrag** als Anfechtungsgrund vorsieht. Wird bei Ausschluss des Bezugsrechts der Ausgabepreis unangemessen niedrig festgesetzt, sehen Teile der Literatur[109] auch bei fehlender Anfechtung das Recht und die Pflicht der Verwaltung, den angemessenen Ausgabepreis zu ermitteln und die Aktien abweichend vom Hauptversammlungsbeschluss entsprechend auszugeben. Dem kann nach hier vertretener Ansicht nicht zugestimmt werden, denn das Gesetz sieht hierfür einen Schutzmechanismus in der Anfechtungsklage vor. Wird von diesem Schutzmechanismus kein Gebrauch gemacht, kann der Vorstand nicht gezwungen werden, dem Altaktionär den wertmäßigen Schutz seiner Beteiligung geradezu aufzuzwingen. Auch besteht kein Anspruch der Altaktionäre gegen die Zeichner der neuen Aktien.[110]

---

101 Hüffer, Rn 29; MüKo-AktG/Peifer, Rn 69; Spindler/Stilz/Servatius, Rn 65.
102 Geßler/Bungeroth, Rn 94; KölnKomm-AktG/Lutter, Rn 40; Bürgers/Körber/Marsch-Barner, Rn 45.
103 HM, statt aller: KölnKomm-AktG/Zöllner, § 169 Rn 162.
104 Für einfache Mehrheit: Großkomm-AktienR/Wiedemann, § 184 Rn 30; Geßler/Bungeroth, § 184 Rn 57; MüKo-AktG/Peifer, Rn 30; K. Schmidt/Lutter/Veil, Rn 32; Spindler/Stilz/Servatius Rn 34; für 3/4 Mehrheit: KölnKomm-AktG/Lutter, § 184 Rn 4; Hüffer, § 184 Rn 8.
105 MüKo-AktG/Peifer, Rn 33; K. Schmidt/Lutter/Veil, Rn 31; Spindler/Stilz/Servatius, Rn 37.
106 RGZ 144, 138, 142; Geßler/Bungeroth, Rn 56.
107 RGZ 144, 138, 142.
108 KölnKomm-AktG/Lutter, Rn 17.
109 Großkomm-AktienR/Wiedemann, Rn 45.
110 Spindler/Stilz/Servatius, Rn 53; MüKo-AktG/Peifer, Rn 31. Denkbar sind allerdings Ansprüche der Aktionäre gegen den Vorstand, wenn er pflichtwidrig einen unangemessen niedrigen Ausgabepreis festgelegt hat; Spindler/Stilz/Servatius, Rn 53.

G. Auflösung und Insolvenz

I. Auflösung. Die Auflösung der Gesellschaft hindert eine Kapitalerhöhung grundsätzlich nicht. Vielmehr gelten nach § 264 Abs. 3 bis zum Abschluss der Abwicklung die Vorschriften über werbende Gesellschaften weiter. Im Falle der Auflösung der Aktiengesellschaft ist jedoch zu unterscheiden, ob der Kapitalerhöhungsbeschluss vor dem Auflösungsbeschluss oder nach dem Auflösungsbeschluss gefasst wurde.

Wurde der Kapitalerhöhungsbeschluss **vor** dem **Auflösungsbeschluss** gefasst, ist es zulässig, die Kapitalerhöhung auch im Liquidationsverfahren durchzuführen.[111] Steht jedoch die Eintragung der Kapitalerhöhung zum Zeitpunkt der Auflösung noch aus, wird durch den Auflösungsbeschluss der Kapitalerhöhungsbeschluss im Zweifel konkludent aufgehoben.[112] Der Grund hierfür ist, dass eine Kapitalerhöhung üblicherweise zur Eigenmittelbeschaffung bei einer werbenden Gesellschaft gedacht ist. Dieser Zweck ist mit der Auflösung und der Abwicklung nicht zu vereinbaren.

Es bedarf im Falle eines Kapitalerhöhungsbeschlusses vor Auflösung somit besonderer Anhaltspunkte, dass die Kapitalerhöhung auch nach Auflösung gewollt ist, so beispielsweise, wenn dies im Kapitalerhöhungsbeschluss ausdrücklich erklärt wurde.

Erfolgt der Kapitalerhöhungsbeschluss **nach** dem **Auflösungsbeschluss**, ist die Situation insofern anders zu bewerten, als die Aktionäre die Kapitalerhöhung in Kenntnis des vorangegangenen Auflösungsbeschlusses beschließen. Der Auflösungszweck steht der Kapitalerhöhung in diesen Fällen insbesondere dann nicht entgegen, wenn die durch die Kapitalerhöhung der Gesellschaft zugeflossenen neuen Eigenmittel der Befriedigung der Drittgläubiger dienen[113] oder die Kapitalerhöhung zur Vorbereitung der Fortführung der Gesellschaft nach § 274 dient.[114]

II. Insolvenz. Im Falle der Insolvenz der Gesellschaft ist ebenfalls die grundsätzliche Unterscheidung zu treffen, ob der Kapitalerhöhungsbeschluss **vor Insolvenzeröffnung** oder **nach Insolvenzeröffnung** gefasst wurde. Wird der Kapitalerhöhungsbeschluss vor Insolvenzeröffnung und der damit eintretenden Auflösung (§ 262 Abs. 1 Nr. 3) gefasst, ist er damit im Zweifel hinfällig.[115] Dies hindert jedoch die Durchführung der Kapitalerhöhung nicht, soweit anzunehmen ist, dass der Kapitalerhöhungsbeschluss fortwirken soll. Wird die Kapitalerhöhung eingetragen, kann der Verwalter die Einlagen gemäß § 80 Abs. 1 InsO von den Zeichnern fordern.[116] Dies gilt auch, wenn zwar die Anmeldung der Kapitalerhöhung vor Eröffnung des Insolvenzverfahrens vorgenommen wurde, die Eintragung aber erst nach Eröffnung des Verfahrens erfolgt. Zu beachten ist dabei, dass auch nach Insolvenzeröffnung Vorstand und Vorsitzender des Aufsichtsrats zur Anmeldung ermächtigt bleiben und diese Rechtsmacht nicht etwa auf den Insolvenzverwalter übergeht.[117] Eine Rücknahme des Eintragungsantrags nach Eröffnung des Insolvenzverfahrens ist jedoch nicht ohne Weiteres möglich, sondern nur, wenn die Hauptversammlung im ursprünglichen Kapitalerhöhungsbeschluss den Vorstand anweist, die Anmeldung nach Eröffnung eines Insolvenzverfahrens nicht mehr vorzunehmen oder eine entsprechende Anmeldung vor Eintragung zurückzunehmen.[118] Eine solche ausdrückliche Regelung ist für die Praxis anzuraten. Insbesondere im Falle einer außerordentlichen Hauptversammlung nach § 92 Abs. 1 wird die Frage des weiteren Bestandes eines Kapitalerhöhungsbeschlusses im Falle einer Insolvenz im Kreis der Aktionäre präsent sein. Die Aktionäre sind daher angehalten, ihren zu dieser Frage gebildeten Willen auch zum Ausdruck zu bringen.[119]

In der Insolvenz hat die Hauptversammlung auch die Möglichkeit, den unter anderen wirtschaftlichen Voraussetzungen gefassten Kapitalerhöhungsbeschluss zu bestätigen und damit auch den Insolvenzverwalter zu ermächtigen, die Anmeldung vorzunehmen. Umgekehrt muss die Hauptversammlung die Möglichkeit haben, den Kapitalerhöhungsbeschluss, der der Vermeidung der Insolvenz gedient hat, aufzuheben, wenn diese Erwartung enttäuscht wurde.[120] Für diese Beschlüsse gelten die allgemeinen Anmerkungen zu Aufhebungen und Änderungen entsprechend.[121] Eine Anmeldung der Kapitalerhöhung kann nach einem Änderungsbeschluss der Hauptversammlung vom Vorstand zurückgenommen werden.[122]

Rein insolvenzrechtlich zu betrachten ist die Frage, ob Aktionäre geleistete Einlagen noch zurückerhalten, wenn zwar die Kapitalerhöhung nicht eingetragen wurde, zwischenzeitlich aber der Auflösungsgrund des Insolvenzverfahrens eingetreten ist. Wird die Kapitalerhöhung endgültig nicht eingetragen, ist damit der

---

[111] BGHZ 24, 279, 286.
[112] Geßler/*Bungeroth*, Rn 49; KölnKomm-AktG/*Lutter*, Rn 47.
[113] KölnKomm-AktG/*Lutter*, Rn 48; MüKo-AktG/*Hüffer*, § 264 Rn 29; K. Schmidt/Lutter/*Veil*, Rn 43.
[114] Spindler/Stilz/*Servatius* Rn 68.
[115] MüKo-AktG/*Peifer*, § 182 Rn 77; aA K. Schmidt/Lutter/*Veil*, Rn 47.
[116] BGH NJW 1995, 460; Hachenburg/*Ulmer*, GmbHG, § 55 Rn 29.
[117] BayObLG, ZIP 2004, 1426.
[118] BGH NJW 1995, 460.
[119] Auch insoweit liegt ein Fall des ergänzenden Inhalts des Kapitalerhöhungsbeschlusses vor, s.o. Rn 26 ff.
[120] KG NZG 2000, 103, 104.
[121] Siehe oben Rn 55.
[122] BGH NJW 1995, 460.

Rechtsgrund der Einzahlung entfallen, so dass der Zeichner einen entsprechenden Rückzahlungsanspruch hat. Dieser kann jedoch nur als Insolvenzforderung zur Insolvenztabelle angemeldet werden.

68 Auch nach Insolvenzeröffnung kann eine Kapitalerhöhung gegen Einlage nach neuerer Auffassung beschlossen werden.[123] Mit dieser Möglichkeit ist eine Gestaltungsoption für eine **Sanierung** im Falle der Insolvenz eröffnet. Dieser Gedanke lässt sich allerdings nur dann fortsetzen, wenn das nach Eröffnung des Insolvenzverfahrens der Gesellschaft zufließende Eigenkapital zur Sanierung der Gesellschaft dient. Streitig ist hier der Anwendungsbereich des § 35 InsO. Nach § 35 InsO umfasst die Insolvenzmasse auch das Vermögen, das dem Gemeinschuldner während des Insolvenzverfahrens zufließt. Nach dem Wortlaut werden damit also auch die nach Verfahrenseröffnung zufließenden Einlagen der Zeichner umfasst. Inwieweit hier am Wortlaut des Gesetzes festzuhalten ist, ist streitig.[124] Nach der hier vertretenen Auffassung können die Einlagen nicht zur Masse gehören, da ansonsten der Gedanke, die Kapitalerhöhung als Instrument zur Sanierung der Gesellschaft zu wählen, ins Gegenteil verkehrt wird, da die der Gesellschaft zufließenden Mittel nicht zukunftsgerichtet zur Sanierung des Unternehmens, sondern vergangenheitsgerichtet zur Befriedung der bestehenden Gläubiger verwendet werden. Die Kapitalerhöhung als Sanierungsmaßnahme in der Insolvenz ist damit nur durch eine einschränkende Auslegung des § 35 InsO möglich, wonach Zuflüsse aus gesellschaftsrechtlichen Strukturmaßnahmen beim Gemeinschuldner nicht in die Insolvenzmasse fallen.[125]

H. Kosten und Steuern

69 **I. Kosten.** Die Kosten der Kapitalerhöhung umfassen die Notarkosten der Beurkundung in der Hauptversammlung, die Kosten für die Anmeldung des Kapitalerhöhungsbeschlusses und der Durchführung zur Eintragung in das Handelsregister, die Registerkosten und allgemeine Verwaltungskosten (insbesondere gegebenenfalls Vergütung der Emissionsbank). Schuldner dieser Kosten ist die Gesellschaft.

70 **1. Kosten der Registereintragung.** Maßgebliche Vorschriften sind die §§ 58, 105 GNotKG[126] in der Fassung des 2. KostRModG[127] iVm der nach § 58 GNotKG[128] erlassenen **Handelsregistergebührenverordnung**. Der alte § 26 KostO wurde aufgehoben und zunächst durch § 41 a KostO, nunmehr durch 105 GNotKG ersetzt. § 58 GNotKG[129] bestimmt, dass für die Eintragung in das Handelsregister eine Gebühr nach der Handelsregistergebührenverordnung erhoben wird. Die Höhe der Gebühr richtet sich nach dem Geschäftsaufwand und nicht, wie vormals, rein nach dem Geschäftswert. Für die Frage der kostenrechtlichen Behandlung ist sodann gemäß § 105 GNotKG[130] zu unterscheiden, ob, wie in der Praxis üblich, die Eintragung des Kapitalerhöhungsbeschlusses und die Eintragung der Durchführung verbunden werden (§ 188 Abs. 4) oder getrennt erfolgen. Werden beide Eintragungen nach § 188 Abs. 4 verbunden, handelt es sich kostenrechtlich um einen **Eintragungsvorgang** (§§ 86 Abs. 2, 109 GNotKG[131]).

71 Werden entsprechend dem gesetzlichen Regelfall die Eintragung des Kapitalerhöhungsbeschlusses und die Eintragung der Durchführung getrennt, bestimmt sich die Gebühr der Eintragung der Kapitalerhöhung nach § 105 Abs. 1 Nr. 4a GNotKG[132], also nach dem Betrag der Kapitalerhöhung. Die im Nachgang erfolgende Eintragung der Durchführung ist eine Eintragung ohne bestimmten Geldbetrag und damit nach § 105 Abs. 2, Abs. 4 Nr. 1 GNotKG[133] zu behandeln.

72 In allen Fällen ist das deutsche Kostenrecht jedoch **gemeinschaftskonform** auszulegen. Dies bedeutet nach nunmehr gefestigter Rechtsprechung,[134] dass die Gebühren nur nach dem tatsächlichen Aufwand erhoben werden dürfen. Die vom Wortlaut des § 26 KostO aF[135] vorgesehene, rein am Unterschiedsbetrag zu bemessende, Gebühr war damit unvereinbar. Der EUGH führt insoweit aus,[136] dass Abgaben für die Eintragung einer Erhöhung des Kapitals einer Kapitalgesellschaft im Handelsregister, die ohne Obergrenze proportional zum gezeichneten Nennkapital steigen und nicht nach den Kosten der erbrachten Dienstleistung berechnet werden, keinen Gebührencharakter haben, sondern indirekte Steuern sind. Darüber hinaus kann

---

123 Statt aller: Großkomm-AktienR/*Wiedemann*, Rn 96; die ältere Rspr hat eine solche Kapitalerhöhung als konkurszweckwidrig abgelehnt, RGZ 85, 205, 207 f.
124 Für Erfassung in Insolvenzmasse: *Kübler/Prütting-Kübler*, InsO, Bd. 1 (GesellschaftsR), Rn 279, 381; *K. Schmidt*, in: Kölner Schrift zur Insolvenzordnung, S. 911, 919; *K. Schmidt*, AG 2006, 597, 604; aA *Uhlenbruck*, in: Kölner Schrift zur Insolvenzordnung, S. 879; 892; *Braun/Uhlenbruck*, Unternehmensinsolvenz, 1997, S. 89 f.
125 *Hüffer*, Rn 32 b schlägt vor, die Kapitalerhöhung als Sanierungsmaßnahme iSd § 249 InsO in den Insolvenzplan (§ 217 InsO) so einzubauen, dass die zufließenden Mittel als Liquidität für Sanierungszwecke in der Gesellschaft verbleiben. Ablehnend: MüKo-AktG/*Peifer*, Rn 78.
126 Ehemals §§ 41 a, 79 KostO.
127 2. Kostenrechtsmodernisierungsgesetz vom 23. Juli 2013 (BGBl. I S. 2586); Inkrafttreten gemäß Art. 50 dieses Gesetzes am 1. August 2013.
128 Ehemals § 79 a KostO.
129 Ehemals § 79 KostO.
130 Ehemals § 41 a KostO.
131 Ehemals § 44 Abs. 1 KostO.
132 Ehemals § 41 a Abs. 1 Nr. 4 a KostO.
133 Ehemals § 41 a Abs. 2, Abs. 4 Nr. 1 KostO.
134 Vgl EUGH ZIP 2001, 1145.
135 § 26 KostO aF wurde zunächst durch § 41 a KostO, nunmehr durch 105 GNotKG ersetzt; vgl auch oben Rn 70.
136 Urt. v. 21.6.2001 – Os C 206/1999, ZIP 2001, 1145, 1148.

das Bestehen einer Obergrenze allein einen solchen Gebührencharakter nicht verleihen, wenn die Obergrenze nicht so festgelegt wird, dass sie den Kosten der Dienstleistung angemessen ist.
Der Gesetzgeber hat auf diese europarechtlichen Vorgaben mit dem HRegGebNeuOG reagiert. In der auf der Grundlage dieses Gesetzes erlassenen Handelsregistergebührenverordnung, in der durch das KostRModG reformierten Fassung vom 1.8.2013, sind **aufwandsbezogene Festgebühren** vorgesehen (Kapitalerhöhungen bei Aktiengesellschaften pauschal 270 EUR).[137] Diese Pauschalierung hat der EuGH ausdrücklich zugelassen, sofern eine regelmäßige Überprüfung des Tatbestandes vorgenommen wird.[138]

2. Notarkosten. Für die Beurkundung des Kapitalerhöhungsbeschlusses und dessen Anmeldung zum Handelsregister fallen Notarkosten an. Der für die Berechnung der Notarkosten zugrundezulegende Geschäftswert entspricht dem Betrag der Kapitalerhöhung. Im Falle einer Überpariemission ist der höhere Ausgabebetrag maßgeblich.[139] Die Notwendigkeit einer gemeinschaftskonformen Auslegung besteht hier nicht in gleichem Maße, da Notargebühren nicht dem Fiskus zufließen. Für die Beurkundung des Hauptversammlungsbeschlusses wird nach Nr. 21100 KV[140] das Doppelte der vollen Gebühr erhoben. Die **Mindestgebühr** ist 120 EUR. Für die Beurkundung der Anmeldung wird nach Nr. 21201 Nr. 5 KV[141] eine halbe Gebühr erhoben. Wird der Entwurf der Handelsregisteranmeldung dem Notar vorgelegt, beglaubigt dieser lediglich die Unterschrift der Anmeldenden. Die Kosten richten sich dann nach § 121 GNotKG[142], der für die Bestimmung des Geschäftswertes auf § 105 GNotKG verweist iVm Nr. 25100 KV, wonach für die Beglaubigung der Unterschrift mindestens 20 EUR und höchstens 70 EUR anfallen.

II. Steuern.[143] Nach § 8 Abs. 1 KStG iVm § 4 Abs. 1 S. 1 EStG unterliegen die im Rahmen einer Kapitalerhöhung geleisteten Einlagen auf neue Aktien nicht der Körperschaftsteuer. Dies gilt auch für ein über den Nennwert der Aktien hinausgehendes Agio. Die Kosten für die Ausgabe der jungen Aktien sind als Betriebsausgaben voll abzugsfähig.

Umsatzsteuer fällt bei der Barkapitalerhöhung nicht an. Die Ausgabe der Gesellschaftsrechte ist nicht umsatzsteuerpflichtig. Die Vorsteuer auf Leistungen, die die Aktiengesellschaft zur Ausgabe der Gesellschaftsrechte unmittelbar oder mittelbar verbraucht hat, ist nicht abzugsfähig (§ 15 Abs. 2 UStG).[144]

Anhang zu § 182 Barkapitalerhöhung mit unmittelbarem Bezugsrecht der Aktionäre

1. Auszug aus der Niederschrift über die Hauptversammlung

▶ **Zu TOP 3 – Erhöhung des Grundkapitals**

Der Vorsitzende stellte TOP 3 zur Abstimmung:

„Das Grundkapital der Gesellschaft wird von 100.000 EUR um bis zu 50.000 EUR auf bis zu 150.000 EUR im Wege der Barkapitalerhöhung durch Ausgabe von bis zu 50.000 neuer, auf den Inhaber lautender Stückaktien erhöht.
Die Aktien werden zu einem Betrag von je 1 EUR ausgegeben und den Aktionären im Verhältnis 2:1 angeboten. Sie sind gewinnbezugsberechtigt ab dem 1.1.2012.
Die Frist zur Annahme des Bezugsangebots endet vier Wochen nach Bekanntmachung des Angebotes.
Der Vorstand der Gesellschaft ist ermächtigt, mit Zustimmung des Aufsichtsrats weitere Einzelheiten der Kapitalerhöhung nebst Durchführung festzulegen. Insbesondere kann er die Bedingungen festlegen, nach denen nach Ablauf der Bezugsfrist Aktionäre über ihr Bezugsrecht hinaus oder Dritte nicht gezeichnete Aktien zum festgesetzten Ausgabebetrag zeichnen und beziehen können.
Der Beschluss über die Erhöhung des Grundkapitals wird ungültig, wenn nicht bis zum Ablauf des 15.12.2012 mindestens 25.000 neue Aktien gezeichnet worden sind.
Der Aufsichtsrat der Gesellschaft ist ermächtigt, § 4 Abs. 1 der Satzung (Höhe und Einteilung des Grundkapitals) entsprechend der Durchführung der Kapitalerhöhung zu ändern."

Die Abstimmung ergab, dass die vorstehende Kapitalerhöhung einstimmig beschlossen wurde.

...

Der Vorsitzende gab das Ergebnis bekannt. ◀

---

137 Zu diesem Themenkreis im Einzelnen MüKo-AktG/*Peifer*, Rn 89.
138 EuGH ZIP 1998, 206, 209.
139 §§ 125, 105 GNotKG.
140 Ehemals § 47 KostO; KV steht für das Kostenverzeichnis in Anlage 1 des GNotKG.
141 Ehemals § 38 Abs. 2 Nr. 7 KostO.
142 Ehemals § 45 KostO.
143 Vgl auch unten im Kapitel 20 „Besteuerung der AG und der KGaA", Rn 161.
144 MüHb-AG/*Kantenwein*, S. 879 Rn 3.

2. Anmeldung des Kapitalerhöhungsbeschlusses

78 ▶ An das

Amtsgericht

– Handelsregister –

In der Registersache

agilo Aktiengesellschaft mit dem Sitz in Düsseldorf,

HRB 1234,

überreichen wir als alleiniges Mitglied des Vorstands und als Vorsitzender des Aufsichtsrats:

- Ausfertigung der notariellen Niederschrift über die Hauptversammlung der Gesellschaft vom 15.7.2012 – URNr. 1518/2012 – des beglaubigenden Notars.

Wir melden zur Eintragung in das Handelsregister an:

- Die Hauptversammlung vom 15.7.2012 hat beschlossen, das Grundkapital der Gesellschaft von 100.000 EUR um bis zu 50.000 EUR auf bis zu 150.000 EUR im Wege der Barkapitalerhöhung durch Ausgabe von bis zu 50.000 neuer, auf den Inhaber lautender Stückaktien zu erhöhen.
Der Beschluss über die Erhöhung des Grundkapitals wird ungültig, wenn nicht bis zum Ablauf des 15.12.2002 mindestens 25.000 neue Aktien gezeichnet worden sind.
Der Aufsichtsrat der Gesellschaft ist ermächtigt, § 4 Abs. 1 der Satzung (Höhe und Einteilung des Grundkapitals) entsprechend der Durchführung der Kapitalerhöhung zu ändern.

Wir erklären, dass alle Einlagen auf das bisherige Grundkapital geleistet sind.

...

Der Vorstand

...

Der Vorsitzende des Aufsichtsrats

(Beglaubigungsvermerk des Notars) ◀

3. Aufforderung zur Ausübung des Bezugsrechts

79 ▶ agilo-Aktiengesellschaft

Düsseldorf, den 28.8.2012

Betr.: Aufforderung zur Ausübung des Bezugsrechts

Die Hauptversammlung vom 15.7.2012 hat beschlossen, das Grundkapital der Gesellschaft von 100.000 EUR um bis zu 50.000 EUR auf bis zu 150.000 EUR im Wege der Barkapitalerhöhung durch Ausgabe von bis zu 50.000 neuer, auf den Inhaber lautender Stückaktien zu erhöhen.

Die Aktien werden zu einem Betrag von je 1 EUR ausgegeben und den Aktionären im Verhältnis 2:1 angeboten. Sie sind gewinnbezugsberechtigt ab dem 1.1.2012.

Der Beschluss über diese Kapitalerhöhung ist zwischenzeitlich in das Handelsregister eingetragen worden.

Unsere Aktionäre werden hiermit aufgefordert, zwecks Vermeidung des Ausschlusses ihr Bezugsrecht für die neuen Aktien in der Zeit vom 2.9.2012 bis 30.9.2012 bei der Gesellschaftskasse oder einer Bezugsstelle, als da sind (...), anzumelden. Nach Ablauf der Frist zum Bezug können nicht gezeichnete Aktien bis zum Ablauf des 15.12.2012 von Aktionären über ihr Bezugsrecht hinaus und von Dritten gezeichnet und bezogen werden, wobei Zeichnungen und Bezugserklärungen von Aktionären vor denen von Dritten berücksichtigt werden. Zeichnungen und Bezugserklärungen von Aktionären untereinander werden in der Reihenfolge der Zeichnung berücksichtigt, ebenso Zeichnungen und Bezugserklärungen von Dritten. Der Vorstand wird bis zum 22.12.2012 mitteilen, wer nach den vorstehenden Grundsätzen bezugsberechtigt ist.

Der Beschluss über die Erhöhung des Grundkapital wird ungültig, wenn nicht bis zum Ablauf des 15.12.2012 mindestens 25.000 neue Aktien gezeichnet worden sind.

agilo-Aktiengesellschaft

...

Der Vorstand ◀

4. Zeichnungsschein

80 ▶ Düsseldorf, den 10.9.2012

Die Hauptversammlung der agilo-Aktiengesellschaft mit dem Sitz in Düsseldorf vom 15.7.2012 hat beschlossen, das Grundkapital der Gesellschaft von 100.000 EUR um bis zu 50.000 EUR auf bis zu 150.000 EUR im Wege der Barkapitalerhöhung durch Ausgabe von bis zu 50.000 neuer, auf den Inhaber lautender Stückaktien zu erhöhen.

Die Aktien werden zu einem Betrag von je 1 EUR ausgegeben und den Aktionären im Verhältnis 2:1 angeboten. Sie sind gewinnbezugsberechtigt ab dem 1.1.2012.

Ich zeichne und übernehme hiermit nach Maßgabe der veröffentlichten Bezugsbedingungen 100 Stück neue Aktien zum Ausgabebetrag von insgesamt 100 EUR, die ich auf das Konto der agilo-Aktiengesellschaft bei der A-Bank AG in Düsseldorf eingezahlt habe.

Wird die Durchführung der Kapitalerhöhung nicht bis spätestens zum 15.2.2013 in das Handelsregister eingetragen, ist diese Zeichnung nicht mehr verbindlich.

...

Aktionär ◀

5. Beschluss des Aufsichtsrats über die Anpassung der Satzung

▶ Beschluss des Aufsichtsrats der agilo Aktiengesellschaft mit dem Sitz in Düsseldorf Nr. 23 für 2012

Der Aufsichtsrat beschließt aufgrund der ihm in der Hauptversammlung vom 15.7.2012 unter TOP 3 erteilten Ermächtigung zur Anpassung der Satzung an das veränderte Grundkapital der Gesellschaft einstimmig und bei Anwesenheit aller Mitglieder wie folgt:

§ 4 Abs. 1 der Satzung (Höhe und Einteilung des Grundkapitals) lautet mit Eintragung der Durchführung der Kapitalerhöhung im Handelsregister:

„1. Das Grundkapital der Gesellschaft beträgt 150.000 EUR. Es ist eingeteilt in 150.000 auf den Inhaber lautende Stückaktien."

Düsseldorf, den 3.10.2012

...

Der Vorsitzende des Aufsichtsrats ◀

6. Anmeldung der Durchführung der Kapitalerhöhung

▶ An das

Amtsgericht

– Handelsregister –

In der Registersache

agilo Aktiengesellschaft mit dem Sitz in Düsseldorf,

HRB 1234,

überreichen wir als alleiniges Mitglied des Vorstands und als Vorsitzender des Aufsichtsrats:
- Bestätigung der A-Bank AG in Düsseldorf über die Einzahlung des Zeichnungsbetrages, der abzüglich der Kosten für die Ausgabe der neuen Aktien endgültig zur freien Verfügung des Vorstands steht;
- Zweitschrift der Zeichnungsscheine;
- vom Vorstand unterschriebenes Verzeichnis der Zeichner unter Angabe der gezeichneten Aktien und der geleisteten Zeichnungsbeträge;
- Berechnung der Kosten, die der Gesellschaft durch die Ausgabe der neuen Aktien entstanden sind;
- Beschluss des Aufsichtsrats über die Änderung der Satzung;
- vollständigen Wortlaut der geänderten Satzung mit der Bescheinigung des Notars gem. § 181 Abs. 1 AktG.

Wir melden zur Eintragung in das Handelsregister an:
- Die von der Hauptversammlung am 15.7.2012 beschlossene Erhöhung des Grundkapitals der Gesellschaft von 100.000 EUR um bis zu 50.000 EUR auf bis zu 150.000 EUR im Wege der Barkapitalerhöhung durch Ausgabe von bis zu 50.000 neuer, auf den Inhaber lautender Stückaktien ist in voller Höhe durchgeführt.
- § 4 Abs. 1 der Satzung (Höhe und Einteilung des Grundkapitals) ist entsprechend geändert worden.

Wir erklären, dass 50.000 neue, auf den Inhaber lautende Stückaktien gezeichnet worden sind und der Zeichnungsbetrag in Höhe von 50.000 EUR abzüglich der Kosten für die Ausgabe der neuen Aktien endgültig zur freien Verfügung des Vorstands auf einem Konto der Gesellschaft bei der A-Bank AG in Düsseldorf steht.

...

Der Vorstand

...

Der Vorsitzende des Aufsichtsrats

(Beglaubigungsvermerk des Notars) ◄

§ 183 Kapitalerhöhung mit Sacheinlagen; Rückzahlung von Einlagen

(1) ¹Wird eine Sacheinlage (§ 27 Abs. 1 und 2) gemacht, so müssen ihr Gegenstand, die Person, von der die Gesellschaft den Gegenstand erwirbt, und der Nennbetrag, bei Stückaktien die Zahl der bei der Sacheinlage zu gewährenden Aktien im Beschluß über die Erhöhung des Grundkapitals festgesetzt werden. ²Der Beschluß darf nur gefaßt werden, wenn die Einbringung von Sacheinlagen und die Festsetzungen nach Satz 1 ausdrücklich und ordnungsgemäß bekanntgemacht worden sind.

(2) § 27 Abs. 3 und 4 gilt entsprechend.

(3) ¹Bei der Kapitalerhöhung mit Sacheinlagen hat eine Prüfung durch einen oder mehrere Prüfer stattzufinden. ²§ 33 Abs. 3 bis 5, die §§ 34, 35 gelten sinngemäß.

A. Allgemeines	1	III. Bezugsrechtsausschluss	20
I. Europarechtliche Verankerung	1	IV. Bewertung	23
II. Zweck der Vorschrift und Gesetzeskontext	2	D. Rechtsgeschäfte zur Sacheinlage	24
III. Begriff und Gegenstand der Sacheinlage	5	E. Rechtsfolgen von Verstößen gegen Abs. 1	26
IV. Verhältnis zu § 52	7	I. Kapitalerhöhungsbeschluss	26
B. Einlagefähige Vermögensgegenstände	9	II. Einbringungsvertrag	27
I. Wertfeststellung	10	F. Prüfung der Sacheinlage (Abs. 3)	30
II. Einzelne Sacheinlagen	11	I. Prüfung durch den unabhängigen Prüfer	31
C. Kapitalerhöhungsbeschluss bei Sacheinlagen (Abs. 1)	17	II. Rechtsfolgen fehlerhafter Prüfung	34
I. Inhalt des Kapitalerhöhungsbeschlusses	17	III. Differenzhaftung	35
II. Bekanntmachung	19	G. Kosten und Steuern	37
		H. Verdeckte Sacheinlage	38

A. Allgemeines

1 **I. Europarechtliche Verankerung.** Die europarechtliche Verankerung der Regelungen des Rechts der Kapitalerhöhung mit Sacheinlagen findet sich in der **Zweiten Kapital-Richtlinie vom 13.12.1976**.[1] Die einschlägigen Vorschriften lauten wie folgt:

Artikel 7

Das gezeichnete Kapital darf nur aus Vermögensgegenständen bestehen, deren wirtschaftlicher Wert feststellbar ist. Jedoch können diese Vermögensgegenstände nicht aus Verpflichtungen zu Arbeits- oder Dienstleistungen bestehen.

Artikel 27

(1) Einlagen, die nicht Bareinlagen sind, auf Aktien, die bei einer Erhöhung des gezeichneten Kapitals ausgegeben werden, müssen innerhalb einer Frist von fünf Jahren nach dem Beschluss über die Erhöhung des gezeichneten Kapitals vollständig geleistet werden.
(2) Die Einlagen nach Abs. 1 sind Gegenstand eines besonderen Berichts, der durch einen oder mehrere von der Gesellschaft unabhängige Sachverständige, die durch eine Verwaltungsbehörde oder ein Gericht bestellt oder zugelassen sind, vor der Durchführung der Erhöhung des gezeichneten Kapitals erstellt wird. Sachverständige können nach den Vorschriften jedes Mitgliedstaats natürliche Personen, juristische Personen oder Gesellschaften sein. Art. 10 Absätze 2 und 3 sind anzuwenden.
(3) Die Mitgliedstaaten brauchen Abs. 2 nicht im Falle der Erhöhung des gezeichneten Kapitals anzuwenden, die zur Durchführung einer Verschmelzung oder eines öffentlichen Übernahme- oder Umtauschangebots zu dem Zweck erfolgt, das Entgelt an die Aktionäre einer übertragenden Gesellschaft oder einer Gesellschaft zu leisten, die Gegenstand des öffentlichen Übernahme- oder Umtauschangebots ist.

---

[1] ABlEG Nr. L 26 v. 31.1.1977, S. 1, 24; Deutsches DurchführungsG v. 13.12.1978, BGBl. I 1978 S. 1959 ff.

(4) Die Mitgliedstaaten brauchen Abs. 2 nicht anzuwenden, wenn bei einer Erhöhung des gezeichneten Kapitals alle Aktien gegen Sacheinlage durch eine oder mehrere Gesellschaften ausgegeben werden, sofern alle Aktionäre der empfangenden Gesellschaft auf die Erstellung des Sachverständigenberichts verzichtet haben und die Bedingungen in Art. 10 Abs. 4 Buchstaben b) bis f) erfüllt sind.

Die in Abs. 2 in Bezug genommenen Abs. 2 und 3 des Art. 10 lauten:

(2) Der Sachverständigenbericht muss mindestens jede Einlage beschreiben, die angewandten Bewertungsverfahren nennen und angeben, ob die Werte, zu denen diese Verfahren führen, wenigstens der Zahl und dem Nennbetrag oder, wenn ein Nennbetrag nicht vorhanden ist, dem rechnerischen Wert und gegebenenfalls dem Mehrbetrag der dafür auszugebenden Aktien entsprechen.
(3) Der Sachverständigenbericht ist nach den in den Rechtsvorschriften der einzelnen Mitgliedstaaten gemäß Art. 3 der Richtlinie 68/151/EWG vorgesehenen Verfahren offen zu legen.

Diese Richtlinie wurde durch die Richtlinie 2006/68[2] geändert. Die hier maßgeblichen Vorschriften lauten wie folgt:

Artikel 10 a

Die Richtlinie 77/91/EWG wird wie folgt geändert:
(1) Die Mitgliedstaaten können beschließen, Artikel 10 Absätze 1, 2 und 3 nicht anzuwenden, wenn auf Beschluss des Verwaltungs- oder Leitungsorgans übertragbare Wertpapiere [...] oder Geldmarktinstrument als Sacheinlage eingebracht werden und diese Wertpapiere oder Geldmarktinstrumente zu dem gewichteten Durchschnittspreis bewertet werden, zu dem sie während einer durch die nationalen Rechtsvorschriften zu bestimmenden ausreichenden Zeitspanne vor dem Tag ihrer tatsächlichen Einbringung als Sacheinlage auf einem oder mehreren geregelten Märkten [...] gehandelt wurden.
[...]
(2) Die Mitgliedstaaten können beschließen, Artikel 10 Absätze 1, 2 und 3 nicht anzuwenden, wenn auf Beschluss des Verwaltungs- oder Leitungsorgans andere Vermögensgegenstände als die in Absatz 1 genannten Wertpapiere und Geldmarktinstrumente als Sacheinlagen eingebracht werden, die bereits von einem anerkannten unabhängigen Sachverständigen zum beizulegenden Zeitwert („fair value") bewertet wurden, und die folgenden Bedingungen erfüllt sind:
a) der beizulegende Zeitwert wird für einen Stichtag ermittelt, der nicht mehr als sechs Monate vor dem Tag der tatsächlichen Einbringung des Vermögensgegenstands liegt;
b) die Bewertung wurde nach den in dem Mitgliedstaat für die Art der einzubringenden Vermögensgegenstände allgemein anerkannten Bewertungsnormen und -grundsätzen vorgenommen.
[...]
Wurde eine solche Neubewertung nicht vorgenommen, können ein oder mehrere Aktionäre, die am Tag des Beschlusses über eine Kapitalerhöhung zusammengenommen mindestens 5 % des gezeichneten Kapitals der Gesellschaft halten, eine Bewertung durch einen unabhängigen Sachverständigen verlangen; in diesem Fall gilt Artikel 10 Absätze 1, 2 und 3. Dieser oder diese Aktionäre können einen entsprechenden Antrag bis zum Tag der tatsächlichen Einbringung der Vermögensgegenstände stellen, sofern er oder sie am Antragstag immer noch, wie zuvor am Tag des Kapitalerhöhungsbeschlusses, zusammengenommen mindestens 5 % des gezeichneten Kapitals der Gesellschaft hält bzw. halten.
(3) Die Mitgliedstaaten können beschließen, Artikel 10 Absätze 1, 2 und 3 nicht anzuwenden, wenn auf Beschluss des Verwaltungs- oder Leitungsorgans andere Vermögensgegenstände als die in Absatz 1 genannten Wertpapiere und Geldmarktinstrumente als Sacheinlagen eingebracht werden, deren beizulegender Zeitwert aus der Vermögensaufstellung des gesetzlichen Abschlusses des vorausgegangenen Geschäftsjahrs hervorgeht, sofern dieser Abschluss [...] geprüft wurde.
[...]

Artikel 10 b

(1) Werden Sacheinlagen nach Artikel 10 a ohne einen Sachverständigenbericht im Sinne von Artikel 10 Absätze 1, 2 und 3 eingebracht, so wird [...] innerhalb eines Monats nach dem Tag der tatsächlichen Einbringung der Vermögensgegenstände in einer Erklärung Folgendes offen gelegt:
a) eine Beschreibung der betreffenden Sacheinlage;
b) ihr Wert, die Quelle dieser Bewertung sowie gegebenenfalls die Bewertungsmethode;

---

2 Richtlinie 2006/68/EG des Europäischen Parlaments und des Rates vom 6.9.2006, ABlEU Nr. L 264/32.

c) Angaben darüber, ob der ermittelte Wert wenigstens der Zahl und dem Nennbetrag oder – falls ein Nennbetrag nicht vorhanden ist – dem rechnerischen Wert und gegebenenfalls dem Mehrbetrag der für eine solche Sacheinlage auszugebenden Aktien entspricht;
d) eine Erklärung, dass in Bezug auf die ursprüngliche Bewertung keine neuen erheblichen Umstände eingetreten sind.
Diese Offenlegung erfolgt [...] nach Maßgabe der Vorschriften jedes Mitgliedstaats.
(2) Wird die Einbringung von Sacheinlagen im Zusammenhang mit einer vorgeschlagenen Kapitalerhöhung gemäß Artikel 25 Absatz 2 ohne einen Sachverständigenbericht im Sinne von Artikel 10 Absatze 1, 2 und 3 vorgeschlagen, so werden das Datum des Beschlusses über die Kapitalerhöhung und die Angaben nach Absatz 1 in einer Bekanntmachung [...] nach Maßgabe der Vorschriften jedes Mitgliedstaats offen gelegt, bevor die Einbringung des Vermögensgegenstands als Sacheinlage wirksam wird. In diesem Falle beschränkt sich die in Absatz 1 genannte Erklärung darauf, dass seit der Offenlegung in der genannten Bekanntmachung keine neuen Umstände eingetreten sind.
[...]

2 **II. Zweck der Vorschrift und Gesetzeskontext.** Der Gesetzestext des § 183 enthält Elemente der **Publizität** und der **Kontrolle**. Die Vorschrift stellt die gleichmäßige Information aller Aktionäre durch die in Abs. 1 S. 2 vorgeschriebene, ausdrückliche und ordnungsgemäße Bekanntmachung sicher, und zwar unabhängig von ihrer Teilnahme an der Hauptversammlung. Daneben wird, wie bei der Gründung, als Element der Kontrolle im Grundsatz verlangt, dass Sacheinlagen von einem unabhängigen Sachverständigen auf Werthaltigkeit überprüft werden. Der so festzustellende Wert des Gegenstands der Einbringung muss dem nominellen Erhöhungsbetrag bzw einem höheren Ausgabebetrag mindestens entsprechen. Dies ist somit eine weitere Ausprägung des Prinzips der **realen Kapitalaufbringung**, wonach die Gesellschaft denjenigen **Wert** der Einlagegegenstände (und nicht nur den Einlagegegenstand als solchen) erhalten soll, in dessen Höhe neue Aktien ausgegeben werden. Es stellt sich damit die Aufgabe, den tatsächlich eingelegten Sachwert in einen im Handelsregister und in den Bilanzen erscheinenden Geldwert umzurechnen.
Die Vorschrift dient dem Schutz der Gläubiger der Gesellschaft und dem Schutz der Aktionäre gleichermaßen. Für Gläubiger steht insbesondere in Zwangsvollstreckungssituationen die Verwertbarkeit von Vermögensgegenständen im Vordergrund. Aufgrund der erschwerten Verwertbarkeit von Sachwerten stellt das Gesetz besondere Anforderungen an die Zuführung von Sachwerten als Kapital. Der Schutz der Aktionäre ist dadurch sichergestellt, dass sie selbst entscheiden (und nicht etwa die Verwaltung) ob und welche Sachwerte der Gesellschaft zugeführt werden.

3 Beim Aufbau der Vorschrift verweist das Gesetz aufgrund der Parallelität der Sachverhalte weitgehend auf die Vorschriften zur Sachgründung. So wird beispielsweise in § 183 Abs. 1 S. 1 auf die Legaldefinition der Sacheinlage in § 27 Abs. 1 S. 1, in § 183 Abs. 2 auf die Legaldefinition der verdeckten Sacheinlage in § 27 Abs. 3 zurückgegriffen. Gleiches gilt für die gesetzlich angeordnete Prüfung der Sachkapitalerhöhung und die insoweit neu eingeführten Ausnahmetatbestände. Mit den durch das ARUG[3] neu eingeführten Vorschriften zur Sacheinlageprüfung bei Gründung und Kapitalerhöhung hat der Gesetzgeber von den durch die modifizierte Kapitalrichtlinie eingeräumten Möglichkeiten zur Durchbrechung des Prinzips der externen Sacheinlageprüfung Gebrauch gemacht. Mit dem ARUG soll ein Gleichlauf im Hinblick auf die Regeln zur Kapitalaufbringung bei der GmbH und der AG geschaffen werden. Daher wurden die durch das MoMiG ins GmbH-Gesetz eingeführten Regelungen zur verdeckten Sacheinlage und zum sog. Hin- und Herzahlen in § 27 Abs. 3 und 4 ins Aktiengesetz übernommen. Auf diese Regeln verweisen nunmehr auch die Regelungen zur Kapitalerhöhung vollumfänglich in § 183 Abs. 2.

4 Die Anwendungsfelder der Kapitalerhöhung mit Sacheinlage sind vielschichtig. Die Kapitalerhöhung mit Sacheinlage kommt unter anderem bei Verschmelzungen vor.[4] Des Weiteren sind Unternehmenskäufe, bei denen der Käufer den Kaufpreis nicht mit Geld bezahlt, sondern vielmehr neue Aktien seiner Gesellschaft als Akquisitionswährung verwendet,[5] Fälle der Kapitalerhöhung mit Sacheinlage. Auch Fälle, in denen die Eigenkapitalsituation der Gesellschaft dadurch bereinigt wird, dass Forderungen gegen die Gesellschaft von den Gläubigern eingebracht werden, diese also Aktionäre werden, sind Fälle der Kapitalerhöhung mit Sacheinlage.

5 **III. Begriff und Gegenstand der Sacheinlage.** Der **Begriff** der Sacheinlage ist in § 27 Abs. 1 S. 1 als Einlage, die nicht durch Einzahlung des Ausgabebetrags der Aktien zu leisten ist, **gesetzlich definiert**. Dies bedeutet also, dass jede Einlage, die nicht Geldeinlage ist, nach den Regeln der Sacheinlage zu behandeln ist. Bar- und Sacheinlage schließen sich damit gegenseitig aus, dh eine Einlage ist entweder als Bareinlage oder als

---

3 Gesetz zur Umsetzung der Aktionärsrechterichtlinie vom 30.7.2009, BGBl. I 2009 Nr. 50.
4 Siehe hierzu zB OLG München DB 2006, 146.
5 *Wienecke*, NZG 2004, 61ff.

Sacheinlage zu qualifizieren. Sie können jedoch in der Weise verbunden werden, dass bei ein und derselben Kapitalerhöhung gleichzeitig zum Teil Geld- und Sacheinlagen erbracht werden (Mischeinlage). In diesen Fällen gelten für die (Teil-)Bareinlage die Regeln der Bareinlage und für die (Teil-)Sacheinlage die Regeln der Sacheinlage.[6]

Im Verhältnis zur Bareinlage ist § 183 als Ergänzung zum Regelfall des § 182 zu verstehen,[7] indem er bei Einhaltung der in § 183 geregelten Vorschriften dem Zeichner ermöglicht, seine Bareinlage durch eine Sacheinlage zu ersetzen. In diesem Sinne handelt es sich bei der Sacheinlage um eine Leistung an Erfüllung statt (§ 364 Abs. 1 BGB).[8] Lediglich die wirksame Leistung der Sacheinlage hat Erfüllungswirkung. Werden die Voraussetzungen des § 183 nicht beachtet, besteht die Bareinlagepflicht nach § 183 Abs. 2 iVm § 27 Abs. 3.[9]

IV. Verhältnis zu § 52. Wird das Grundkapital der Gesellschaft innerhalb der ersten beiden Jahre seit Eintragung der Gesellschaft in das Handelsregister durch Sacheinlage um einen Betrag erhöht, der 10 % des erhöhten Grundkapitals übersteigt, ist das Verhältnis zwischen § 183 und § 52 zu beleuchten, weil die Regeln des § 52 schärfer sind als die des § 183. So sieht insbesondere § 52 Abs. 3 eine Prüfungs- und Berichtspflicht des Aufsichtsrats vor. Daneben schafft § 52 Abs. 2 deutlich umfangreichere Informationsrechte der Aktionäre als § 183 Abs. 1 S. 2 und nicht zuletzt kann die Satzung die Anforderungen an die Kapitalmehrheit nach § 52 Abs. 5 S. 3 nur verschärfen. Die Anwendbarkeit des § 52 in diesen Fällen ist umstritten.[10] Ein wesentliches Argument für die Anwendbarkeit des § 52 in diesem Zusammenhang ergibt sich aus dem Blick auf § 67 **UmwG**, wonach bei Verschmelzungen in den ersten zwei Jahren seit Eintragung der übernehmenden Gesellschaft § 52 Abs. 3, 4 und 6–9 Anwendung finden, wenn die zu gewährenden Aktien mehr als 10 % des Grundkapitals der übernehmenden Gesellschaft ausmachen. Wie oben beschrieben, ist eine Verschmelzung regelmäßig ein praktischer Anwendungsfall der Kapitalerhöhung gegen Sacheinlage, die in § 67 UmwG getroffene gesetzgeberische Entscheidung lässt sich für sämtliche Fälle der Sachkapitalerhöhung während der Nachgründung verallgemeinern. In der Praxis ist die Einhaltung der Vorschriften des § 52 in jedem Fall zu empfehlen, um eine Sachkapitalerhöhung an dieser Stelle nicht angreifbar zu machen. Dies hat zur Folge, dass der Einbringungsvertrag der Zustimmung der Hauptversammlung und der Eintragung in das Handelsregister bedarf.[11] Nach jüngerer Rechtsprechung[12] ist eine Anwendung des § 52 neben § 183 allerdings dann nicht geboten, wenn im Zeitraum der Kapitalerhöhung nur ein Alleinaktionär vorhanden ist.

§ 52 kann auch eine Erleichterung der gesetzlichen Folgen bei fehlgeschlagenen Kapitalerhöhungen und Sacheinlagen bringen. Im Falle einer verdeckten Sacheinlage bietet § 52 bei Altfällen[13] eine **Heilungsmöglichkeit**, die § 183 (aF) nicht vorsieht.[14]

B. Einlagefähige Vermögensgegenstände

Sacheinlagen können nach § 183 Abs. 1 S. 1 iVm § 27 Abs. 1 nur übertragbare Vermögensgegenstände sein, deren wirtschaftlicher Wert feststellbar ist.[15] Die Abgrenzung zwischen zulässigen und unzulässigen Sacheinlagen ist schwierig. Zu beachten ist, dass § 36a Abs. 2 S. 1 verlangt, dass Sacheinlagen vollständig zu leisten sind. Den Fall der Sachübernahme regelt § 183, anders als § 27 bei der Gründung, jedoch nicht.

I. Wertfeststellung. Bei der Feststellung des wirtschaftlichen Wertes ist zu beachten, dass eine **objektive Betrachtung** anzustellen ist. Es ist beispielsweise ein hypothetischer Veräußerungserlös des einzulegenden Vermögensgegenstandes zu ermitteln. Subjektive Aspekte, wie etwa die Anschaffungs- oder Entwicklungskosten des Inferenten, sind demgegenüber nicht zu berücksichtigen. Nicht zwingend notwendig ist, dass die Sacheinlage beim Inferenten bilanzierungsfähig ist.[16]

---

6 Hiervon streng zu unterscheiden ist der Fall der *gemischten Sacheinlage*. In diesem Fall liegt eine Kombination von Sacheinlage und Sachübernahme vor, der Inferent soll also einen Vermögensgegenstand zum Teil gegen Gewähr von Aktien, zum Teil gegen Gewähr eines Entgelts einbringen. Weiter zu unterscheiden ist der Fall der *gemischten Bar- und Sachkapitalerhöhung*. Hier soll ein Teil der Aktionäre Bareinlagen, ein anderer Teil Sacheinlagen erbringen, eine solche Konstellation liegt der Entscheidung OLG Jena ZIP 2006, 1989 ff zugrunde.

7 Siehe § 54 Abs. 2: „Soweit nicht in der Satzung Sacheinlagen festgesetzt sind …".

8 *Hüffer*, Rn 4.

9 MüKo-AktG/*Peifer*, Rn 7, spricht hier von einer "Wertdeckungsgarantie".

10 Dagegen: Geßler/*Bungeroth*, Rn 53; K. Schmidt/Lutter/*Veil*, Rn 7; für eine analoge Anwendung *Hüffer*, Rn 5, für eine direkte Anwendbarkeit MüKo-AktG/*Peifer*, Rn 44.

11 OLG Oldenburg AG 2002, 620.

12 OLG Hamm AG 2008, 713, 715.

13 Das heißt Fälle, die nicht in den Anwendungsbereich des ARUG fallen.

14 Siehe dazu auch unten Rn 33.

15 Art. 7 S. 1 der zweiten Kapital-Richtlinie 77/91, BGBl. I 1978 S. 1959 ff; MüKo-AktG/*Pentz*, § 27 Rn 12 spricht hier von funktionaler Equivalenz von Bar- und Sacheinlage.

16 Überwiegende Ansicht, u.a. Großkomm-AktienR/*Wiedemann*, Rn 33 ff; MüKo-AktG/*Peifer*, Rn 11.

11 **II. Einzelne Sacheinlagen.** Sachen und **Sachgesamtheiten**, wie beispielsweise Unternehmen, sind grundsätzlich einlagefähig.[17]

12 Bei **schuldrechtlichen Nutzungsrechten** wird die Einlagefähigkeit von der herrschenden Meinung bejaht.[18] Die dagegen vorgebrachten Bedenken stützen sich darauf, dass der Schuldner des Nutzungsrechtes je nach Vertragsgestaltung jederzeit in das Nutzungsrecht eingreifen kann. Diese Kritik greift insbesondere bei schuldrechtlichen Nutzungsrechten aus Verträgen mit Gesellschaftern. In diesen Fällen setzt die Einlagefähigkeit voraus, dass die Gebrauchsüberlassung auf einen unkündbaren Mindestzeitraum festgelegt wird.[19]

13 Die Einlagefähigkeit von schuldrechtlichen Nutzungsrechten wird insbesondere anhand von **Lizenzen** diskutiert. Ausschließliche Lizenzen in einem abgrenzbaren Zeitraum, vor dessen Ende der Lizenzvertrag nicht gekündigt werden kann, sind danach einlagefähig.[20] Bei Lizenzen richtet sich die Frage der Einlagefähigkeit, wie bei anderen schuldrechtlichen Nutzungsrechten auch, in aller erster Linie nach der Ausgestaltung des konkreten Vertragsverhältnisses. Dabei ist ein besonderes Augenmerk auf die Exklusivität der Lizenz, die Laufzeit der Lizenz und das Recht zur Sublizenzierung zu richten. Wird eine ausschließliche Lizenz eingeräumt, verbleibt beim Lizenzgeber nur das formale Urheber- bzw Ursprungslizenzrecht, wohingegen alle Nutzungs- und Verwertungsrechte beim Lizenznehmer liegen. Einzelheiten, wie beispielsweise Sonderkündigungsrechte im Falle einer Insolvenz, sind streitig. Demgegenüber ist bei Immaterialgüterrechten, die vom Gesetzgeber nicht näher ausgestaltet sind (Know-how, Goodwill), der Grenzbereich erreicht.[21]

14 **Forderungen** sind ebenfalls einlagefähig, wenn sie abtretbar und zum Zeitpunkt der Einlage bereits bestimmbar entstanden sind. Dem Grundsatz der realen Kapitalaufbringung wird ebenso durch Vermehrung der Aktiva wie durch Verminderung der Passiva Rechnung getragen.[22] Somit sind auch Forderungen einlagefähig, die sich gegen die Gesellschaft richten.[23] Gesetzlichen Ausdruck findet dies in § 194 Abs. 3 und § 205 Abs. 5. Es ist damit sogar festzuhalten, dass eine Forderung gegen die Gesellschaft ausschließlich im Wege der Sacheinlage eingelegt werden kann, da eine Bareinlage mit in zeitlichem Zusammenhang nachfolgender Tilgung der Forderung durch die Gesellschaft einen Fall einer verdeckten Sacheinlage darstellen würde. Einen Verstoß gegen § 66 bedeutet dies jedoch nicht.[24] Bei der Bewertung dieser Forderung kann allerdings nicht ausschließlich auf den nominalen Wert der Forderung Bezug genommen werden, vielmehr ist die innere Wertigkeit der Forderung zu bestimmen, dh es ist zu klären, ob die Gesellschaft im Zeitpunkt der Sacheinlage sämtliche fällige Verbindlichkeiten tilgen kann. Ist dies nicht der Fall, so ist ein Abzug vorzunehmen. Dies ist insbesondere mit Blick auf die drohende Differenzhaftung des Inferenten von Bedeutung.[25]

15 **Dienstleistungen** sowohl des Gesellschafters als auch eines Dritten sind nach § 27 Abs. 2 nicht einlagefähig.[26] Der maßgebende Grund dafür liegt neben dem mit der Dienstleistung verbundenen Erfolgsrisiko, das bei der Gesellschaft liegt, in den Schwierigkeiten bei der Vollstreckung.[27] Nicht einlagefähig sind außerdem aufschiebend bedingte oder befristete Ansprüche. Das bedeutet allerdings nicht etwa, dass entgeltliche Dienstleistungsverträge zwischen AG und dem Gesellschafter verboten sind.[28] Vielmehr führt die Zulässigkeit derartiger entgeltlicher Dienstleistungsverhältnisse dazu, dass Barkapitalerhöhungen, bei denen der Dienstleister in zeitlichem Zusammenhang mit seiner Dienstleistung neue Aktien zeichnet, nicht nach den Regeln der verdeckten Sacheinlage zu behandeln sind,[29] da Gegenstand einer verdeckten Sacheinlage nur eine sachlagefähige Leistung sein kann.[30]

16 Für die Fälligkeit der Sacheinlage gelten die Regeln des § 36 a Abs. 2.[31]

C. Kapitalerhöhungsbeschluss bei Sacheinlagen (Abs. 1)

17 **I. Inhalt des Kapitalerhöhungsbeschlusses.** Wesentliche Vereinbarungen zwischen dem Sacheinleger (Inferenten) und der Gesellschaft sind in den Beschluss über die Erhöhung des Grundkapitals aufzunehmen. Es geht hier also nicht lediglich um die Information der Aktionäre, vielmehr müssen die Aktionäre den Inhalt der Vereinbarung durch den Beschluss ausdrücklich mittragen. Das Gesetz nennt in § 183 Abs. 1 S. 1 die

---

17 *Dietz*, Aktien als Akquisitionswährung, S. 34 ff.
18 Statt aller: *Hüffer*, § 27 Rn 26; BGH NJW 2000, 2356, bejaht Einlagefähigkeit von obligatorischen Nutzungsrechten an Namen und Logos bekannter Sportvereine.
19 Zu diesem Themenkreis ausführlich *Haas*, Gesellschaftsrechtliche Kriterien zur Sacheinlagefähigkeit von obligatorischen Nutzungsrechten, in: FS Döller, 1988, S. 169 ff.
20 KölnKomm-AktG/*Lutter*, Rn 25.
21 Siehe dazu MüKo-AktG/*Peifer*, Rn 12. Vgl im Übrigen die eingehende Kommentierung bei § 27.
22 Großkomm-AktienR/*Wiedemann*, Rn 40; die Abtretbarkeit darf allerdings nicht nach § 399 BGB ausgeschlossen sein.
23 Zum gesamten Themenkreis des sog. "Debt-Equity-Swap" vgl *Ekkenga*, ZGR 2009, 581.
24 MüKo-AktG/*Peifer*, Rn 13.
25 Siehe dazu unten Rn 35 ff.
26 BGH NZG 2009, 463.
27 Bürgers/Körber/*Marsch-Barner*, Rn 5.
28 BGH NJW 2010, 1747.
29 BH NJW 2010, 1747, 1748.
30 Zustimmend: *Habersack*, GWR 2010, 107.
31 Zur Frage des ungeklärten Verhältnisses zwischen § 36 a Abs. 2 S. 1 und S. 2, siehe die Kommentierung dort.

wesentlichen Bestandteile, und zwar den Gegenstand der Sacheinlage, die Person, von der die Gesellschaft den Gegenstand erwirbt und den (Gesamt)Nennbetrag der zu gewährenden Aktien bzw bei Stückaktien die Zahl der zu gewährenden Aktien. Da auch Sachgesamtheiten Gegenstand einer Sacheinlage sein können, genügt in diesen Fällen eine die Sachgesamtheit individualisierende Beschreibung ohne die Aufführung der einzelnen Vermögensgegenstände.[32] Ziel der Beschreibung muss es sein, ein möglichst konkretes Bild des Gegenstands der Sacheinlage zu vermitteln.

Anders als in § 182 Abs. 3 trifft das Gesetz in § 183 keine ausdrückliche Regelung zur Frage der **Festsetzung** eines höheren **Ausgabebetrages**. Die Notwendigkeit einer solchen Festsetzung im Kapitalerhöhungsbeschluss ist streitig.[33] Nach der hier vertretenen Auffassung ist zu verlangen, dass Festsetzungen zum Ausgabebetrag getroffen werden.[34] In § 183 Abs. 2 iVm § 27 Abs. 3 ist geregelt, dass der Aktionär im Falle der Unwirksamkeit der Sacheinlage eine Bareinlage leisten muss und zwar in Höhe des (Mindest-)Ausgabebetrages, der damit also feststehen muss. Führt man den Gedanken der Sachkapitalerhöhung als Sonderfall der Barkapitalerhöhung mit Ersetzungsbefugnis des Inferenten fort, erscheint es konsequent, die Frage der Notwendigkeit einer förmlichen Festsetzung des (Mindest-)Ausgabebetrages wie bei der Bareinlage zu beantworten. Es ist damit, wenn ein höherer Ausgabebetrag festgesetzt werden sollte, der Mindestbetrag im Beschluss festzusetzen.[35] Dieser Betrag ist vor allem auch dann von Interesse, wenn das Bezugsrecht der Aktionäre, wie häufig bei Sachkapitalerhöhungen, ausgeschlossen wird. Erst durch die Angabe des geringsten Ausgabebetrags können die Aktionäre nachvollziehen, ob einer wirtschaftlichen Verwässerung ihrer Beteiligung[36] durch die Festsetzung eines höheren Betrags begegnet wird, sie also ihr Anfechtungsrecht nach § 255 Abs. 2 ausüben sollen oder nicht.[37] Nach noch herrschender Meinung kann die Hauptversammlung demgegenüber im Kapitalerhöhungsbeschluss von Festsetzungen zulässigerweise absehen.[38] Dies führt dann allerdings zur Frage der bilanziellen Behandlung eines gegenüber dem Nennwert der auszugebenden Aktien höheren Wertes der Sacheinlage. Wird, wie verbreitet vertreten,[39] zum geringsten Ausgabebetrag ausgegeben, bildet die Gesellschaft willkürlich stille Reserven. Dies dürfte allerdings ein Verstoß gegen die Bewertungsvorschrift des § 253 Abs. 4 HGB sein, die die willkürliche Bildung stiller Reserven verbieten. Ohne Not sollte daher bei der Frage der Festsetzung eines höheren Ausgabebetrags nicht vom Gleichlauf zwischen § 182 und § 183 abgewichen werden.

II. Bekanntmachung. Nach § 183 Abs. 1 S. 2 sind die Einbringung von Sacheinlagen und die Festsetzungen nach Satz 1 in der Tagesordnung der Hauptversammlung bekannt zu machen.[40] Dabei genügt es, wenn die der Sacheinlage zugrunde liegenden Vereinbarungen in ihrem wesentlichen Inhalt bekannt gemacht werden. Einer wörtlichen Wiedergabe bedarf es nicht.[41] Die Vorschrift hat damit Hinweis- und Warnfunktion. Fehlt es an der ordnungsgemäßen Bekanntmachung, kann ein trotzdem ergangener Hauptversammlungsbeschluss nach § 243 Abs. 1 wegen Verletzung des Gesetzes angefochten werden. Außerdem muss das Registergericht in diesem Fall die Eintragung des Kapitalerhöhungsbeschlusses ablehnen. Der Verweis in § 183 Abs. 1 S. 2 auf § 124 wurde durch das ARUG gestrichen, da in § 124 nunmehr lediglich die Bekanntmachung der geänderten Tagesordnung geregelt ist und der Verweis auf eine spezifische Bekanntmachungsvorschrift nicht erforderlich ist. Vielmehr ergibt sich aus der Anordnung der ausdrücklichen und ordnungsgemäßen Bekanntmachung die Anwendbarkeit der Bekanntmachungsvorschriften insgesamt.

III. Bezugsrechtsausschluss. Kapitalerhöhungen mit Sacheinlagen sind oft mit einem Bezugsrechtsausschluss verbunden, da es sich regelmäßig um einen einzelnen Inferenten handelt.[42] Diese Situation lässt sich durch eine gemischte Bar- und Sachkapitalerhöhung[43] ausschließen, bei der die (anderen) Altaktionäre gegen Bareinlage zeichnungsberechtigt sind. Im Einzelfall kann möglicherweise sogar eine Pflicht bestehen, eine solche gemischte Kapitalerhöhung durchzuführen.[44]

Im Falle eines Bezugsrechtsausschlusses müssen die Voraussetzungen aus § 186 erfüllt sein. Eine **sachliche Rechtfertigung** des Bezugsrechtsausschlusses kann beispielsweise darin liegen, dass die Gesellschaft auf den einzubringenden Vermögensgegenstand angewiesen ist und ein Dritterwerb unverhältnismäßig viel teurer wäre.[45] Sachkapitalerhöhungen mit Bezugsrechtsausschluss kommen häufig insbesondere bei Unternehmenskäufen oder einem sonstigen Unternehmenszusammenschluss vor. Die Fälle entstehen, wenn die Käu-

---

32 Großkomm-AktienR/*Wiedemann*, Rn 50; zB Wertpapierdepot bei bestimmter Bank, Nachlass, Unternehmensteil.
33 Dagegen: *Hüffer*, Rn 9; dafür: Großkomm-AktienR/*Wiedemann*, Rn 51; vermittelnd: MüKo-AktG/*Peifer*, Rn 36.
34 So auch K. Schmidt/Lutter/*Veil*, Rn 13; Spindler/Stilz/*Servatius*, Rn 19.
35 Zu der bilanziellen Behandlung des Aufgeldes siehe Großkomm-AktienR/*Wiedemann*, Rn 53 ff.
36 Siehe dazu oben § 182 Rn 9.
37 K. Schmidt/Lutter/*Veil*, Rn 13.
38 MüHb-AG/*Krieger*, § 56 Rn 40.
39 MüHb-AG/*Krieger*, § 56 Rn 40.
40 Einzelheiten dazu sind in §§ 121 geregelt.
41 OLG Oldenburg DB 1997, 1325.
42 Im europäischem Recht führt dieser Umstand dazu, dass ein Bezugsrecht überhaupt nur bei der Barkapitalerhöhung vorgesehen ist; Art. 29 Abs. 1 der 2. Kapital-Richtlinie 77/91, BGBl. I 1978 S. 1959 ff.
43 Zu diesem Begriff s.o. Fn 6.
44 Großkomm-AktienR/*Wiedemann*, Rn 57.
45 Münch-Komm-AktG/*Peifer*, Rn 39.

fergesellschaft nicht über die notwendigen liquiden Mittel für einen Barkauf verfügt oder der Inhaber der zu verkaufenden Gesellschaft als (Teil)Kaufpreis junge Aktien an der Käufergesellschaft verlangt.

22 Sollen die durch eine solche Transaktion entstandene Muttergesellschaft (Käufer) und Tochtergesellschaft (verkaufte Gesellschaft) im Nachgang zusammengeführt werden, bietet § 69 UmwG hierfür Vereinfachungen im Verschmelzungsverfahren. Dieser Umweg wird bei Verschmelzungen in der Praxis nicht selten gewählt. Die Vorschrift ist allerdings rechtspolitisch umstritten.[46]

23 **IV. Bewertung.** § 183 Abs. 3 S. 2 setzt voraus, dass eine Bewertung der Sacheinlage erfolgt. Die Bewertung erfolgt nach allgemeinen Bewertungsregeln, insoweit bestehen gegenüber § 27 keine Besonderheiten.[47] Für den Bewertungsstichtag ist aufgrund des Prinzips der realen Kapitalerhaltung zu verlangen, dass der Ausgabebetrag zum Zeitpunkt der **Anmeldung** der **Durchführung** vom Wert der Sacheinlage gedeckt ist.[48] Wertverluste vor diesem Zeitpunkt gehen somit zulasten des Inferenten, Wertverluste danach zulasten der Gesellschaft.

D. Rechtsgeschäfte zur Sacheinlage

24 Neben dem Kapitalerhöhungsbeschluss, der lediglich die gesellschaftsrechtliche Grundlage für die Sacheinlage schafft, bedarf es der **Sacheinlagevereinbarung**. Ohne eine solche Vereinbarung fehlt die Bindung des Inferenten.[49] Es handelt sich dabei also um ein Rechtsgeschäft zwischen dem Inferenten und der Aktiengesellschaft. In diesem schuldrechtlichen Vertrag verpflichtet sich der Inferent, den Gegenstand der Sacheinlage einzubringen und dafür junge Aktien zu zeichnen. Ob ein solcher Vertrag der Schriftform unterliegt, ist streitig.[50] Vor allem aus § 188 Abs. 3 Nr. 2 lässt sich ein Argument für das **Schriftformerfordernis** herleiten. In der Praxis ist zumindest aus Beweisgründen in jedem Fall die Einhaltung der Schriftform zu empfehlen. Der Zeitpunkt des Abschlusses kann im Zeitraum vor Anmeldung der Durchführung frei gewählt werden.[51] Der Kapitalerhöhungsbeschluss kann also auch dann getroffen werden, wenn zum Zeitpunkt des Beschlusses noch nicht feststeht, wer Inferent wird.[52] Wird der Vertrag vor dem Kapitalerhöhungsbeschluss geschlossen, steht er unter der aufschiebenden Bedingung des Beschlusses.[53] Zum Zeitpunkt der Anmeldung der Durchführung muss er jedoch spätestens abgeschlossen sein. Dies ergibt sich aus § 188 Abs. 3 Nr. 2.

25 Hiervon sind die Zeichnungserklärung gemäß § 185 Abs. 1 und der dingliche Vollzugsvertrag zu unterscheiden. Mit dem dinglichen Vollzugsvertrag wird der Gegenstand der Sacheinlage mit dinglicher Wirkung auf die Gesellschaft übertragen. In dieser Vereinbarung können des Weiteren Inhalt und Durchführung der Sacheinlage im Einzelnen geregelt werden, beispielsweise wann die Gefahr des Untergangs der Sacheinlage auf die Gesellschaft übergehen soll. Für den Zeitpunkt der Verfügungsgeschäfte ist insbesondere die Besonderheit des § 36a Abs. 2 zu beachten.[54] Die Pflicht zur Leistung der Sacheinlage wird jedenfalls mit der Eintragung der Durchführung der Kapitalerhöhung wirksam (§§ 188, 189).[55]

E. Rechtsfolgen von Verstößen gegen Abs. 1

26 **I. Kapitalerhöhungsbeschluss.** Ein Kapitalerhöhungsbeschluss unter Verstoß gegen die Vorschriften des § 183 Abs. 1 ist gemäß §§ 255 Abs. 1, 243 Abs. 1 **anfechtbar**.[56] Sollte etwa zu einem höheren als dem geringsten Ausgabebetrag ausgegeben werden und fehlt eine solche Festsetzung eines höheren Mindestausgabebetrags, richtet sich die Anfechtung nach § 243 Abs. 1. Wurde ein höherer Mindestausgabebetrag festgesetzt, ist aber die Angemessenheit der Höhe streitig, so ist die Anfechtung nach § 255 eröffnet, wenn das Bezugsrecht ausgeschlossen wurde. Der Inferent ist jedoch nicht immer anfechtungsbefugt, da die **Anfechtungsbefugnis** voraussetzt, dass der Anfechtende zum Zeitpunkt der Beschlussfassung Aktionär ist (§ 245 Nr. 1 und 2).

Außerdem führt ein Verstoß gegen § 183 Abs. 1 zu einem **Eintragungshindernis**. Ein erneuter Kapitalerhöhungsbeschluss unter Beachtung des § 183 ist vor Eintragung der Kapitalerhöhung allerdings möglich. Diese Fälle dürften die Regel sein, da das Registergericht das Eintragungshindernis erkennen und die Eintragung des Kapitalerhöhungsbeschlusses wegen Verletzung des Abs. 1 S. 1 ablehnen wird. Wird die Durch-

---

46 Grunewald in: Lutter, UmwG, 3. Aufl. 2004, § 69 Rn 9.
47 Siehe daher Kommentierung zu § 27.
48 AA MüKo-AktG/Peifer, Rn 42.
49 Ein Beispiel eines solchen Vertrags für die Einbringung eines Teilbetriebs findet sich bei Mülert in: Hopp, AktienR, Muster 2.04 e.
50 Dagegen: Großkomm-AktienR/Wiedemann, Rn 71; dafür: Hüffer, Rn 6; MüKo-AktG/Peifer, Rn 47.
51 AA wohl Geßler/Bungeroth, Rn 55 ff.
52 MüHb-AG/Krieger, § 56 Rn 45.
53 LG Heidelberg DB 2001, 1607, 1609; MüKo-AktG/Peifer, Rn 46.
54 Siehe dazu § 36a Rn 6 f.
55 MüKo-AktG/Peifer, Rn 46.
56 MüKo-AktG/Peifer, Rn 51.

führung der Kapitalerhöhung trotz Eintragungshindernis eingetragen, ist mit der Eintragung die fehlerhafte Kapitalerhöhung geheilt. Die Anfechtbarkeit des Kapitalerhöhungsbeschlusses wegen Verletzung des Abs. 1 ist mit der Heilung ausgeschlossen. Mängel im Übrigen werden dadurch aber nicht geheilt. Solange die Anfechtungsfrist noch nicht abgelaufen ist, bleibt eine Anfechtung, die auf andere Mängel gestützt ist, zulässig.

II. Einbringungsvertrag. Durch das ARUG wurde § 183 Abs. 2 aF gestrichen und durch einen Verweis auf die ebenfalls neu eingefügten § 27 Abs. 3 und 4 ersetzt. Nach den Regeln des § 183 Abs. 2 aF führten unvollständige oder unrichtige Festsetzungen nach Abs. 1 zur Unwirksamkeit des Einbringungsvertrags. Wurde die Durchführung der Kapitalerhöhung trotz fehlerhafter Festsetzungen eingetragen, waren die entsprechenden Mängel geheilt. Diese Heilung umfasste allerdings nicht den Einbringungsvertrag. Er blieb unwirksam. Es entstand somit kraft Gesetzes die Bareinlagepflicht.[57] Dieses Grundprinzip ist in der neuen Fassung des § 183, soweit ersichtlich, nicht mehr verankert. 27

Vielmehr greift der Gesetzgeber zwei gängige Fallkonstellationen heraus und reduziert durch den Verweis auf § 27 Abs. 3 und 4 das Haftungsrisiko der Inferenten. Diese erst spät in das ARUG übernommenen Vorschriften[58] gleichen dem durch das MoMiG als § 19 Abs. 4 und 5 in das GmbHG übernommenen Regelungen.[59] Die Begründung dieses Änderungsvorschlages fällt nüchtern aus. Der Rechtsausschuss weist lediglich darauf hin, dass der Verweis notwendig sei, da § 27 seiner systematischen Stellung nach nur für die Gründung gelte.[60] Eine weitergehende Auseinandersetzung mit diesem Thema ist im Gesetzgebungsverfahren, soweit ersichtlich, nicht erfolgt. Zunächst überrascht die Verortung der neuen Vorschriften. Insbesondere die Regelung des § 27 Abs. 4 behandelt nicht etwa eine Frage der Sachgründung, sondern eine Frage der Einlagenrückgewähr. Dabei handelt es sich um eine Frage, die bis jetzt im dritten Teil des ersten Buches und dort insbesondere in § 57 behandelt ist.[61] Aufgrund des gleichlautenden Wortlauts bzw. der umfassenden Verweisung wird im Übrigen auf die Kommentierung dort verwiesen.[62]

Für die nunmehr im Gesetz nicht mehr geregelte Frage der Rechtsfolge anderer als der in § 27 Abs. 3 geregelten Mängel des Sacheinlageverfahrens wird eine analoge Anwendung der dort vorgesehenen Bareinlagepflicht mit der Möglichkeit der Anrechnung des Wertes der erbrachten Sacheinlage anzunehmen sein. Es wäre nur schwer nachvollziehbar, den Beteiligten einer verdeckten Sacheinlage besser zu stellen, als den Inferenten, dem bei der Durchführung der Sacheinlage ein Fehler unterläuft.[63]

Zu beachten ist, dass die Umwandlung der Sach- in eine Geldeinlagepflicht bei mangelhafter Festsetzung im Kapitalerhöhungsbeschluss den Inferenten überraschen kann, wenn er keinen Einfluss auf das rechtmäßige Zustandekommen des Kapitalerhöhungsbeschlusses hat.[64] Wichtig ist in diesem Zusammenhang, dass der Inferent eine etwaige Bareinlagepflicht bei Fehlschlagen der Sacheinlagevereinbarungen nicht durch Erklärung im Zeichnungsschein ausschließen kann, § 185 Abs. 2.

Das ARUG trat am 1. September 2009 in Kraft. Die Neuregelung des § 183 Abs. 2 erfasst jedoch auch Altfälle, obgleich § 20 Abs. 7 S. 1 EGAktG diesen Fall nicht ausdrücklich erwähnt.[65] Bislang unwirksame Sacheinlagen werden damit rückwirkend geheilt.[66] 28

Etwas undurchsichtiger ist die Lage in den Fällen des sogenannten „Hin-und-Herzahlens". Zunächst stellt sich die Frage, ob die Pflicht des Vorstands und Aufsichtsratsvorsitzenden nach § 183 Abs. 2 iVm § 27 Abs. 4 S. 2 den Umstand des Hin- und Herzahlens bei der Anmeldung der Kapitalerhöhung anzugeben, Tatbestandsmerkmal des § 27 Abs. 4 ist oder aber lediglich eine gesondert angeordnete eigenständige Pflicht.[67]

Für die Praxis wird man davon auszugehen haben, dass es sich um ein zusätzliches Erfordernis der wirksamen Erfüllung der Einlagenpflicht durch Hin- und Herzahlen handelt.[68]

Dies führt zu dem weitergehenden Problem, dass bei Altfällen eine solche Offenlegung regelmäßig nicht vorliegen wird. Es wird somit in solchen Fällen dem Vorstand und Aufsichtsratsvorsitzenden anzuraten sein, die nach § 183 Abs. 2 iVm § 27 Abs. 4 S. 2 erforderlichen Angaben nachzuholen, wenn beispielsweise

---

57 BGHZ 33, 175, 178.
58 Diese Vorschriften fanden erst durch die Beschlussempfehlung des Rechtsausschusses Eingang in das Gesetzgebungsverfahren; Beschlussempfehlung des Rechtsausschusses nach Gesetzesentwurf der Bundesregierung, BT-Drucks. 16/13098, Ziff. 25.
59 Gesetz zur Modernisierung des GmbH-Rechts und zur Bekämpfung von Missbräuchen.
60 Bericht des Rechtsausschusses, BT-Drucks. 16/13098, S. 40.
61 Diese Einordnung im Themenkreis „Rechtsverhältnisse der Gesellschaft und der Gesellschafter" wurde im GmbHG gewählt.
62 Zur GmbH siehe Lutter/Hommelhoff/*Bayer*, § 19 GmbHG Rn 49 ff.
63 Zur Frage der Beweislast Spindler/Stilz/*Servatius*, Rn 27.
64 Großkomm-AktienR/*Wiedemann*, Rn 79; Spindler/Stilz/*Servatius*, Rn 26.
65 *Herrler/Reymann*, Die Neuerungen im Aktienrecht durch das ARUG (Teil 2), DNotZ 2009, 9/4.
66 Diese Vorschrift ist daher verfassungsrechtlich umstritten, siehe dazu für die GmbH *Goette*, Einführung in das neue GmbH-Recht, 2008, 36.
67 Zum Streitstand siehe u.a. Lutter/Hommelhoff/*Bayer*, § 19 GmbHG Rn 99.
68 Spindler/Stilz/*Servatius*, Rn 29.

bei einer in einen Cash-pool eingebundenen Gesellschaft in der Vergangenheit eine Kapitalerhöhung gegen Einlage durchgeführt wurde.

29 Bei **Leistungsstörungen bei der Erfüllung** der Sacheinlageverpflichtung (Unmöglichkeit, Rechts- oder Sachmangel, Verzug) ist der Aktionär ebenfalls verpflichtet, die Einlage in bar zu erbringen. Die Befreiung von der Leistungspflicht bei Unmöglichkeit nach § 275 Abs. 1 BGB bezieht sich wegen des Grundsatzes der realen Kapitalaufbringung lediglich auf die Verpflichtung zur Erbringung einer Sacheinlage, nicht auf die Einlageverpflichtung als solche.[69]

F. Prüfung der Sacheinlage (Abs. 3)

30 Bei der Prüfung der Sacheinlage ist zu unterscheiden zwischen der Prüfung durch einen unabhängigen Prüfer und der Prüfung durch das Registergericht. Die Prüfung durch den unabhängigen Prüfer ist in § 183 Abs. 3 geregelt. Die Prüfung ist, vorbehaltlich der Regelungen in § 183 a, zwingend durchzuführen. Die Prüfung durch das Registergericht wurde von § 183 Abs. 3 S. 3 aF in den neuen § 184 Abs. 3 verschoben, da es sich hier um das materielle Prüfungsrecht des Registergerichts handelt und somit systematisch zum registerrechtlichen Verfahren gehört.

31 **I. Prüfung durch den unabhängigen Prüfer.** Der Umfang der Prüfung durch den unabhängigen Prüfer war in § 183 Abs. 3 aF gesetzlich nicht geregelt. Dies hat sich durch das ARUG geändert, da § 183 Abs. 3, S. 2 vollumfänglich auf § 34 und damit auch auf die den Umfang der Gründungsprüfung bestimmende Vorschrift des § 34 Abs. 1 verweist.
In der Literatur ist umstritten, ob **Prüfungsmaßstab** der geringste Ausgabebetrag[70] oder der geringste Ausgabebetrag zuzüglich eines etwaigen Aufgeldes[71] ist. Die herrschende Meinung beruft sich dabei insbesondere auf Sinn und Zweck der Prüfung, einen Verstoß gegen das Verbot der Unterpariemission des § 9 Abs. 1 auszuschließen.[72] Die abweichende Meinung stellt demgegenüber den Vorrang der europäischen Vorschriften der Art. 27 Abs. 2 S. 3 iVm Art. 10 Abs. 2 der Zweiten Kapitalrichtlinie[73] heraus und weist auf die dortige Parallelität des Prüfungsumfangs bei Gründung und Kapitalerhöhung am Maßstab des objektiven Werts der Sacheinlage hin.[74] Sie hebt zutreffend hervor, dass dieser Ansatz sachgerecht sei, da gerade bei der Kapitalerhöhung das Aufgeld eine besondere Rolle spiele, da es häufig, wie die Praxis zeigt, ein Vielfaches des Nennbetrags bzw des anteiligen Betrags am Grundkapital ausmacht. In konsequenter Fortführung der oben vertretenen Notwendigkeit der Festsetzung eines höheren Ausgabebetrags[75] kann die Prüfung nicht auf den geringsten Ausgabebetrag beschränkt werden, sondern muss auch den höheren Ausgabebetrag umfassen. Nach hier vertretener Ansicht ist dem Interesse der vom Ausschluss des Bezugsrechts betroffenen Aktionäre mit dem Verweis auf die Anfechtungsmöglichkeit des § 255 Abs. 2 nicht hinreichend Rechnung getragen,[76] zumal Rechtsprechung zur Konkretisierung der vom Gesetz verwandten Formel des unangemessen niedrigen Ausgabebetrags (§ 255 Abs. 2 S. 1) nur ansatzweise vorhanden ist.[77] Dieser Meinungsstreit hat, soweit ersichtlich, keinen Eingang in die Überlegungen des Gesetzgebers gefunden. Es wird lediglich darauf verwiesen, dass der Verweis auf § 34 Abs. 1 ohne erkennbaren Grund fehlte.[78] De lege lata ist dieser Meinungsstreit damit – nach hier vertretener Auffassung europarechtswidrig – entschieden.[79] Auch die Prüfungspraxis orientiert sich, soweit ersichtlich, ausschließlich am Prüfungsmaßstab des geringsten Ausgabebetrags.[80]

32 Für den **Bewertungsmaßstab** ist zu unterscheiden, ob ein einzelner Vermögensgegenstand oder etwa ein Unternehmen eingebracht wird. Wird ein einzelner Vermögensgegenstand eingebracht, ist dessen Substanzwert zu ermitteln. Wird ein Unternehmen eingebracht, ist nach den zB vom Institut der Wirtschaftsprüfer anerkannten Bewertungslehren der Ertragswert zu ermitteln.

33 Für das Verfahren der Prüfung verweist § 183 Abs. 3 S. 2 auf die Vorschriften der Gründungsprüfung.[81] Zu ergänzen ist, dass die Prüfung vor der Anmeldung der Kapitalerhöhung zu erfolgen hat und vom Vorstand zu veranlassen ist, den das Gesetz mit der Durchführung der Kapitalerhöhung betraut. Dies ergibt sich aus § 184 Abs. 2 S. 2.

---

69 MüKo-AktG/*Peifer*, Rn 75; siehe zu Leistungsstörungen bei Sacheinlagen auch § 27.
70 So die hM, statt aller: *Hüffer*, Rn 16; MüKo-AktG/*Peifer*, Rn 64.
71 Unter anderen: Großkomm-AktienR/*Wiedemann*, Rn 82.
72 MüHb-AG/*Krieger*, § 56 Rn 41; *Hüffer*, Rn 16; MüKo-AktG/*Peifer*, Rn 64.
73 Wortlaut s.o. vor Rn 1.
74 Großkomm-AktienR/*Wiedemann* Rn 82, *Bayer* in: FS Ulmer, 2003, S. 21, 39; K. Schmidt/Lutter/*Veil*, AktG Rn 28; Spindler/Stilz/*Servatius*, Rn 42.
75 S.o. Rn 18.
76 So aber die hM, s. MüKo-AktG/*Peifer*, Rn 64 f.
77 *Hüffer*, § 255 Rn 5.
78 BegrRegE vom 5. November 2008, S. 55.
79 Spindler/Stilz/*Servatius*, Rn 42 spricht hier von einem gesetzgeberischen Redaktionsversehen.
80 In seiner jüngsten Rechtsprechung greift der BGH diese Kritik auf und stellt den Widerspruch der Prüfung nur am Maßstab des geringsten Ausgabebetrages als europarechtswidrig heraus., BGH ZIP 2012, 73 ff.
81 Siehe Kommentierung § 33 Rn 13 ff.

II. Rechtsfolgen fehlerhafter Prüfung. Unterbleibt die Prüfung entgegen der Vorschriften des § 183 durch den Prüfer oder das Gericht, hat dies auf die Wirksamkeit des Kapitalerhöhungsbeschlusses keinen Einfluss. Wird die Kapitalerhöhung eingetragen, ist sie wirksam, eine Nachholung der Prüfung kann nicht verlangt werden. 34

III. Differenzhaftung. Der Inferent haftet verschuldensunabhängig auf Ausgleich der Wertdifferenz in Geld, wenn der Wert der Sacheinlage nicht unwesentlich hinter dem geringsten Ausgabebetrag zurückbleibt und die Kapitalerhöhung durch Eintragung wirksam geworden ist. Diese Differenzhaftung ergibt sich aus § 188 Abs. 2 S. 1 iVm § 36 a Abs. 2, S. 3 und dem Grundsatz der realen Kapitalaufbringung.[82] Maßgeblich ist die Wertdifferenz zum Zeitpunkt der Anmeldung nach § 188.[83] Ob diese Differenzhaftung auch ein Aufgeld umfasst, ist umstritten.[84] 35

Nach der hier vertretenen Ansicht umfasst die Differenzhaftung das Aufgeld. Der BGH hat jüngst in diesem Sinne entschieden.[85] Im Falle einer fehlgeschlagenen Sacheinlage ist der Ausgabebetrag insgesamt in bar einzuzahlen. Im Falle einer verdeckten Sacheinlage nach § 183 Abs. 2 iVm § 27 Abs. 3 besteht die Geldeinlagepflicht ebenfalls fort. Es scheint daher sachgerecht, dem Inferenten die gleiche Pflicht aufzuerlegen, wenn seine Sacheinlage zwar nicht ganz fehlschlägt, aber im Wert hinter dem Ausgabebetrag zurückbleibt. Der BGH führt aus, dass eine abweichende Ansicht in Widerspruch zur Verpflichtung zur Kapitalaufbringung bei der Bareinlage stünde, die unstreitig auch das Aufgeld umfasst.[86] Maßstab der Differenzhaftung kann allerdings nur der festgesetzte Ausgabebetrag sein. Wird die Festsetzung eines höheren Ausgabebetrags (nach hier vertretener Auffassung pflichtwidrig) unterlassen, gibt es keine Differenzhaftung über den geringsten Ausgabebetrag hinaus. Der Maßstab wäre auch höchst fraglich, da die Gesellschafter ihrer Vorstellung vom inneren Mehrwert der Sacheinlage gerade keinen Ausdruck gegeben haben und dies folgerichtig auch nicht geprüft oder bilanziert würde. Die Differenzhaftung umfasst die gesamte Wertdifferenz, also auch einen etwaigen negativen Wert.[87] 36

G. Kosten und Steuern

Im Falle der Sachkapitalerhöhung fallen, je nach Gegenstand der Sacheinlage, zusätzliche Kosten an, so beispielsweise bei Grundstücken Notar- und Eintragungskosten einerseits und Grunderwerbsteuer andererseits. Zusätzlich fallen in jedem Fall die Kosten der Bestellung des Prüfers an, diese richten sich nach § 36 GNotKG[88]. Steuerliche Besonderheiten bestehen bei der Einbringung eines Teilbetriebs, eines Mitunternehmeranteils oder einer 100%-igen Beteiligung an einer Kapitalgesellschaft.[89] 37

H. Verdeckte Sacheinlage

Durch das ARUG hat die verdeckte Sacheinlage erstmals Eingang in den Wortlaut des Gesetzes gefunden. Sie ist nunmehr in § 27 Abs. 3 legal definiert, auf den § 183 Abs. 2 in vollem Umfang verweist. Zu den verschiedenen Fallgestaltungen und den neu geregelten Rechtsfolgen der verdeckten Sacheinlage wird daher auf die Kommentierung zu § 27 Abs. 3 verwiesen. 38

§ 183 a Kapitalerhöhung mit Sacheinlagen ohne Prüfung

(1) ¹Von einer Prüfung der Sacheinlage (§ 183 Abs. 3) kann unter den Voraussetzungen des § 33 a abgesehen werden. ²Wird hiervon Gebrauch gemacht, so gelten die folgenden Absätze.

(2) ¹Der Vorstand hat das Datum des Beschlusses über die Kapitalerhöhung sowie die Angaben nach § 37 a Abs. 1 und 2 in den Gesellschaftsblättern bekannt zu machen. ²Die Durchführung der Erhöhung des Grundkapitals darf nicht in das Handelsregister eingetragen werden vor Ablauf von vier Wochen seit der Bekanntmachung.

---

82 Bürgers/Körber/*Marsch-Barner*, Rn 30.
83 AA K. Schmidt/Lutter/*Veil*, Rn 8; Spindler/Stilz/*Servatius*, Rn 79, der den Zeitpunkt der Anmeldung nach § 184 für maßgeblich erachtet.
84 Dagegen: *Hüffer*, Rn 21; MüKo-AktG/*Peifer*, Rn 72; Bürgers/Körber/*Marsch-Barner*, Rn 31; dafür: MüHb-AG/*Krieger*, § 56 Rn 49; K. Schmidt/Lutter/*Veil*, Rn 8; Spindler/Stilz/*Servatius*, Rn 73. Zu beachten ist dabei, dass diese Frage lediglich beim korporativen, nicht jedoch beim schuldrechtlichen Agio auftaucht.
85 BGH, ZIP 2012, S. 73 ff "Babcock Barry".
86 BGH, ZIP 2012, S. 73, 74; der BGH betont hier insbesondere die unterschiedlichen Behandlungen des Aufgeldes bei der AG einerseits und bei der GmbH andererseits.
87 K. Schmidt/Lutter/*Veil*, Rn 8; Spindler/Stilz/*Servatius*, Rn 78 führt hier anschaulich das Beispiel eines mit Altlasten verseuchten Grundstückes an, dessen Sanierung Kosten verursacht, die über den Ausgabebetrag hinausgehen.
88 Ehemals §§ 120 Nr. 1, 30 KostO.
89 Siehe hierzu *Schmitt/Hörtnagl/Stratz*, UmwG, § 20 ff.

(3) ¹Liegen die Voraussetzungen des § 33 a Abs. 2 vor, hat das Amtsgericht auf Antrag von Aktionären, die am Tag der Beschlussfassung über die Kapitalerhöhung gemeinsam fünf vom Hundert des Grundkapitals hielten und am Tag der Antragstellung noch halten, einen oder mehrere Prüfer zu bestellen. ²Der Antrag kann bis zum Tag der Eintragung der Durchführung der Erhöhung des Grundkapitals (§ 189) gestellt werden. ³Das Gericht hat vor der Entscheidung über den Antrag den Vorstand zu hören. ⁴Gegen die Entscheidung ist die Beschwerde gegeben.

(4) Für das weitere Verfahren gelten § 33 Abs. 4 und 5, die §§ 34, 35 entsprechend.

1 Nach früherer Rechtslage galt im Aktienrecht bei Sacheinlagen ausnahmslos der Grundsatz der externen Werthaltigkeitsprüfung. Dies galt sowohl für die Sachgründung (gemäß § 33 Abs. 2 Nr. 4) als auch für die Kapitalerhöhung gegen Sacheinlage § 183 Abs. 3 S. 1. Dieses Prinzip fand seine europarechtliche Grundlage in Art. 10 Abs. 2 und 3 der 2. Kapitalrichtlinie.[1]
Die Änderungsrichtlinie[2] hat diesen Grundsatz nunmehr durch den neu eingefügten Art. 10 a für 2 Fallgestaltungen aufgeweicht. Zum einen in Fällen, in denen der Wert der Sacheinlage vor weniger als 6 Monaten vor der Sacheinlage bereits geprüft wurde, zum anderen im Falle der Einbringung von Wertpapieren, deren Wert sich durch einen zu bildenden Durchschnittspreis eines geregelten Wertpapiermarktes bestimmen lässt. Diese in Art. 10 a Abs. 1 und Abs. 2 der Änderungsrichtlinie festgelegten Erleichterungen wurden durch das ARUG in § 33 a für die Sachgründung, in § 183 a für die Kapitalerhöhung gegen Sacheinlage ins Aktiengesetz aufgenommen.[3] Von der Umsetzung der sogenannten Buchwertklausel in Art. 10 a Abs. 3 der Änderungsrichtlinie hat der deutsche Gesetzgeber demgegenüber abgesehen. Im Kern geht es daher bei den Neuregelungen darum, bei leicht bewertbaren bzw bereits anderweitig bewerteten Vermögensgegenständen auf eine Sachverständigenprüfung zu verzichten und so das Verfahren zu beschleunigen.[4]

2 Nach § 183 Abs. 1 S. 1 iVm § 33 kann auf eine externe Prüfung der Werthaltigkeit der Sacheinlage verzichtet werden, sofern sich der Verkehrswert der Sacheinlage unschwer ermitteln lässt. Dies ist nach § 33 a Abs. 1 Nr. 1 der Fall, wenn sich bei übertragbaren Wertpapieren[5] ein gewichteter Durchschnittspreis während der letzten 3 Monate vor der Sacheinlage aufgrund der Handelspreise für dieses Wertpapier auf einem organisierten Kapitalmarkt ermitteln lässt. Neben dieser Zeitspanne ist es wichtig zu beachten, dass die eingebrachten Wertpapiere am Tag der Einbringung[6] auf einem organisierten Markt[7] auch tatsächlich in nennenswertem Umfang gehandelt werden.[8] Nur dann kann man davon ausgehen, dass sich ein angemessener Marktpreis gebildet hat.
Als zweiten Fall erklärt § 183 a Abs. 1 S. 1 iVm § 33 Abs. 1 Nr. 2 eine externe Prüfung der Sacheinlage für entbehrlich, wenn der Gegenstand der Sacheinlage innerhalb eines Zeitraums von sechs Monaten vor der nunmehr in Rede stehenden Sacheinlage bereits durch einen Sachverständigen geprüft wurde. Insoweit bestehen für die Fälle der Sachgründung und der Kapitalerhöhung gegen Sacheinlage keine Unterschiede,[9] mit der Ausnahme, dass auf die Einbringungsmöglichkeit nach § 36 a Abs. 2 S. 2 diese Vereinfachung nicht anwendbar ist.[10]

3 Auch das weiter in § 183 a Abs. 2 bis 4 geregelte Verfahren ist an das neu geschaffene vereinfachte Sachgründungsverfahren angelehnt. Allerdings besteht bei der Sachkapitalerhöhung die Besonderheit, dass der Vorstand das Datum des Beschlusses über die Kapitalerhöhung sowie die in § 37 a Abs. 1 und 2 näher beschriebenen Angaben in den Gesellschaftsblättern (§ 25) bekannt zu machen hat. Durch diese Veröffentlichungspflicht soll eine qualifizierte Aktionärsminderheit, die nach § 183 Abs. 3 S. 1 5 % des Grundkapitals ausmachen muss, die Möglichkeit haben, rechtzeitig vor Eintragung der Durchführung der Kapitalerhöhung (§ 189) einen Antrag auf gerichtliche Bestellung eines externen Prüfers zu stellen. Ein solcher Antrag ist jedoch nicht in jedem Fall möglich, sondern vielmehr nur in den in § 33 a Abs. 2 genannten Fällen, namentlich im Falle eines erheblichen Absinkens des Durchschnittspreises der Wertpapiere durch außergewöhnliche Umstände oder im Falle eines erheblichen Wertverlusts der Sacheinlage seit der in Bezug genommenen Prüfung. Die Frage, ab wann ein Wertverlust erheblich ist, wird durch die Gerichtspraxis zu konkretisieren sein. Jedenfalls greift dieser Schutzmechanismus nicht erst dann ein, wenn die reale Kapitalaufbringung gefährdet ist.[11]

---

1 Wortlaut siehe § 183 vor Rn 1.
2 Richtlinie 2006/08/EG vom 6. September 2006, ABl.EG 2006, Nr. L 264 S. 32 ff.
3 Eine detaillierte Darstellung des Regelungsmechanismus der Art. 10 a Abs. 1 bis 3 findet sich bei Spindler/Stilz/*Servatius*, § 183 Rn 47 ff.
4 Spindler/Stilz/*Servatius*, Rn 2.
5 Zum Begriff siehe § 2 Abs. 1 WpHG.
6 AA Spindler/Stilz/*Servatius*, Rn 13: Es bedarf der nennenswerten Umsätze, entgegen dem zu engen Wortlaut nicht nur am Tag der Einbringung selbst.
7 Zum Begriff siehe § 2 Abs. 5 WpHG. In Deutschland ist dies der regulierte Markt iSv § 32 BörsG, nicht jedoch der Freiverkehr.
8 Spindler/Stilz/*Servatius*, Rn 13.
9 Für eine eingehende Kommentierung der beiden Sachverhaltsvarianten siehe die Kommentierung zu § 33 a.
10 Spindler/Stilz/*Servatius*, § 183 Rn 17.
11 BegrRegE, BT-Drucks. 16/11642, S. 32.

Für die vereinfachte Sachkapitalerhöhung gelten grundsätzlich die allgemeinen Regeln. Durch die gesetzlich geschaffene Möglichkeit der Sachkapitalerhöhung ohne externe Werthaltigkeitsprüfung hat der Vorstand nunmehr die Wahl zwischen den beiden Verfahren. Er wird sodann pflichtgemäß prüfen, ob die Voraussetzungen für das vereinfachte Verfahren vorliegen.[12]

Mit der Pflicht zur Bekanntmachung in den Gesellschaftsblättern gemäß § 183a Abs. 2 S. 1 geht eine Registersperre einher. Insoweit bestimmt § 183a Abs. 2 S. 2, dass die Durchführung der Erhöhung des Grundkapitals (§ 189) nicht vor Ablauf von 4 Wochen seit der Bekanntmachung eingetragen werden darf. Stimmen in der Literatur gehen wegen dieser Registersperre davon aus, dass die Sachkapitalerhöhung ohne Prüfung weitaus weniger attraktiv sei, als die Sachgründung mit Prüfung.[13] Da das Registergericht die Veröffentlichung in den Gesellschaftsblättern nicht selbst veranlasst und auch nicht überwacht, wird es in der Praxis mit der Eintragung der Durchführung der Kapitalerhöhung solange warten müssen, bis ihm der Nachweis über die Veröffentlichung des Datums des Beschlusses der Kapitalerhöhung in geeigneter Form erbracht wird.[14]

Der Antrag der Minderheitsgesellschafter auf Bestellung eines externen Prüfers nach § 183a Abs. 3 kann bis zum Tag der Eintragung der Durchführung beim Amtsgericht gestellt werden und berechtigt das Registergericht zur Aussetzung nach § 381 FamFG. Das Verfahren zur Erzwingung einer Neubewertung ist nicht Bestandteil des Eintragungsverfahrens. Es fällt somit nicht in die Zuständigkeit des Registergerichts.[15] Das Gericht hat im Rahmen dieses Verfahrens nicht nur den Prüfer zu bestimmen, sondern auch zu prüfen und zu entscheiden, ob die Voraussetzungen des § 33a Abs. 2 vorliegen. Diese Prüfung dürfte wegen der offenen Formulierung der Tatbestandsmerkmale des § 33 Abs. 2 dem Gericht nicht leicht fallen. So wird beispielsweise zu klären sein, ab wann die in § 33a Abs. 2 Variante 1 in Bezug genommenen außergewöhnlichen Umstände bei der Ermittlung des Durchschnittspreises von Wertpapieren vorliegen. Angesichts der in jüngerer Vergangenheit häufig zu beobachtenden starken Schwankungen an den Wertpapiermärkten dürften selbst erhebliche Kursbewegungen bei den einzubringenden Wertpapieren nicht als außergewöhnliche Umstände gelten. Die Regierungsbegründung führt als Beispiel außergewöhnlicher Umstände das völlige Erliegen des Handels mit den jeweiligen Wertpapieren und verbotene Kursmanipulationen an.[16] Hier wird die Entwicklung in der Gerichtspraxis abzuwarten sein.[17]

Der Gesetzgeber hat es versäumt klarzustellen, ob auf die Bekanntmachung und die damit einhergehende Registersperre nach § 183a Abs. 2 bei der Ein-Personen-Gesellschaft bzw bei der Zustimmung aller Aktionäre verzichtet werden kann. In diesen Fällen sollte ein Verzicht möglich sein, denn die Verpflichtung zur Veröffentlichung in den Gesellschaftsblättern soll allein die Minderheitsaktionäre schützen und ihnen die Möglichkeit geben, gegen die Mehrheit eine Prüfung durch einen externen Prüfer zu erzwingen. Die Vorschrift bezweckt aber nicht etwa den Schutz außenstehender Gläubiger der Gesellschaft.[18]

§ 184 Anmeldung des Beschlusses

(1) ¹Der Vorstand und der Vorsitzende des Aufsichtsrats haben den Beschluss über die Erhöhung des Grundkapitals zur Eintragung in das Handelsregister anzumelden. ²In der Anmeldung ist anzugeben, welche Einlagen auf das bisherige Grundkapital noch nicht geleistet sind und warum sie nicht erlangt werden können. ³Soll von einer Prüfung der Sacheinlage abgesehen werden und ist das Datum des Beschlusses der Kapitalerhöhung vorab bekannt gemacht worden (§ 183a Abs. 2), müssen die Anmeldenden in der Anmeldung nur noch versichern, dass ihnen seit der Bekanntmachung keine Umstände im Sinne von § 37a Abs. 2 bekannt geworden sind.

(2) Der Anmeldung sind der Bericht über die Prüfung von Sacheinlagen (§ 183 Abs. 3) oder die in § 37a Abs. 3 bezeichneten Anlagen beizufügen.

(3) ¹Das Gericht kann die Eintragung ablehnen, wenn der Wert der Sacheinlage nicht unwesentlich hinter dem geringsten Ausgabebetrag der dafür zu gewährenden Aktien zurückbleibt. ²Wird von einer Prüfung der Sacheinlage nach § 183a Abs. 1 abgesehen, gilt § 38 Abs. 3 entsprechend.

---

12 Zu den Einzelheiten und Besonderheiten im sich daran anschließenden Registerverfahren siehe Spindler/Stilz/*Servatius*, Rn 31 ff.
13 *Herrler/Reymann*, Die Neuerungen im Aktienrecht durch das ARUG (Teil 2), DNotZ 2009, 914, 934.
14 BegrRegE, BT-Drucks. 16/11642, S. 56.
15 BegrRegE, BT-Drucks. 16/11642, S. 56.
16 BegrRegE, BT-Drucks. 16/11642, S. 31.
17 Die Literatur diskutiert hier noch weitere Fallkonstellationen, etwa drohender Squeeze out etc., Spindler/Stilz/*Servatius*, Rn 16.
18 *Bayer/J. Schmidt*, ZGR 2009 Heft 6, Ziff. II. 4 bdd.

A. Regelungsgegenstand	1	D. Prüfung durch das Registergericht	13
B. Anmeldung (Abs. 1)	3	I. Prüfungspflicht	13
I. Allgemeines	3	II. Besonderheiten bei Sacheinlagen	18
II. Bedeutung der Eintragung	6	E. Ablehnende Entscheidung des Gerichts	22
III. Anmeldende	7	F. Eintragung und Bekanntmachung	24
C. Anlagen zur Anmeldung	11		

A. Regelungsgegenstand

1 Die Vorschrift regelt die Anmeldung des Kapitalerhöhungsbeschlusses zur Eintragung in das Handelsregister. Sie schreibt vor, wer anmelden muss (§ 184 Abs. 1 S. 1, der insoweit § 181 Abs. 1 S. 1 verdrängt), was der Anmeldung beizufügen ist (§ 184 Abs. 2) und welche Erklärungen in der Anmeldung abzugeben sind (§ 184 Abs. 1 S. 2). Zu beachten ist, dass die Kapitalerhöhung nicht schon mit der Eintragung nach Maßgabe des § 184, sondern erst mit der Eintragung der Durchführung der Kapitalerhöhung in das Handelsregister wirksam wird (§§ 188, 189; Anmeldung und Eintragung der Durchführung). Gemäß § 188 Abs. 4 kann jedoch die Anmeldung der Kapitalerhöhung mit der Anmeldung der Durchführung der Kapitalerhöhung verbunden werden, was in der Praxis regelmäßig geschieht. Die Anmeldung der sich aus der Kapitalerhöhung ergebenden Satzungsänderung (§ 181 Abs. 1) erfolgt in jedem Fall erst bei Anmeldung der Durchführung.[1]

2 Bei der Änderung des § 184 durch das ARUG wurde § 184 systematisch neu geordnet und im Hinblick auf das vereinfachte Eintragungsverfahren ergänzt. Der § 184 Abs. 2 aF wird zum § 184 Abs. 1 S. 2, da es sich bei dieser Vorschrift ebenfalls um eine Regelung des Inhalts der Anmeldung handelt. § 184 Abs. 1 S. 3 ist mit Blick auf das vereinfachte Verfahren der Kapitalerhöhung mit Sacheinlage neu eingefügt. Diese Regelung erfolgte in Umsetzung des Art. 10 b Abs. 2 S. 2 der Änderungsrichtlinie.[2]
Der § 184 Abs. 1 S. 2 aF wird – ergänzt um die Besonderheiten der vereinfachten Sachkapitalerhöhung – zum neuen § 184 Abs. 2. Damit regelt 184 Abs. 1 umfassend den Inhalt der Anmeldung sowie die abzugebenden Erklärungen, während Abs. 2 vorschreibt, welche Unterlagen der Handelsregisteranmeldung beizufügen sind. § 183 Abs. 3 S. 2 aF wird inhaltsgleich zum neuen § 184 Abs. 3 S. 1. Diese Vorschrift wird wiederum ergänzt durch die Besonderheiten bei der vereinfachten Sachkapitalerhöhung.[3]

B. Anmeldung (Abs. 1)

3 **I. Allgemeines.** Anzumelden ist der Beschluss über die Erhöhung des Grundkapitals im genauen Wortlaut. Dies gilt vor allem, wenn mehrere Kapitalerhöhungen getrennt, aber aufeinander aufbauend beschlossen wurden. Wurde für die Kapitalerhöhung ein Mindest- und Höchstbetrag festgelegt, ist dieser Rahmen anzumelden. Als satzungsändernder Beschluss wäre der Hauptversammlungsbeschluss über die Kapitalerhöhung bereits nach § 181 Abs. 1 S. 1 zum Handelsregister anzumelden. Da sich die Anmeldenden jedoch von denen nach § 181 Abs. 1 S. 1 unterscheiden, geht § 184 als Sonderregel vor.[4]
Die Anmeldung selbst ist gleichzeitig **Verfahrenshandlung** und Organisationsakt, nicht aber Rechtsgeschäft.[5] Einzelne Vorschriften über Willenserklärungen können jedoch gleichwohl entsprechende Anwendung finden, zB § 130 Abs. 2 BGB (dh Tod oder Geschäftsunfähigkeit nach Anmeldung berühren ihre Wirksamkeit nicht).[6]

4 Die Anmeldung muss an das örtlich zuständige Amtsgericht des Satzungssitzes gerichtet werden, § 377 FamFG. Die sachliche Zuständigkeit liegt gem. §§ 8 HGB, 376 FamFG[7] beim Amtsgericht. Für den Fall, dass Zweigniederlassungen bestehen, ist der Kapitalerhöhungsbeschluss gleichwohl nur bei dem Registergericht des Sitzes der Gesellschaft anzumelden. Die Anmeldung muss gemäß § 12 Abs. 1 HGB in öffentlich beglaubigter Form erfolgen. Zur öffentlich beglaubigten Form vgl § 129 BGB, §§ 39 ff. BeurkG, wonach die Unterschrift des Anmeldenden von einem Notar beglaubigt wird.[8] Die Einreichung erfolgt in elektronischer Form, § 12 Abs. 2 HGB, durch den handelnden Notar. Da es sich bei dem Beschluss über die Erhöhung des Grundkapitals um eine nach § 39 bei der Eintragung anzugebende Tatsache handelt, genügt es, in der Anmeldung auf beigefügte Unterlagen Bezug zu nehmen, § 181 Abs. 2.[9]

---

1 Bürgers/Körber/*Marsch-Barner*, Rn 1; Spindler/Stilz/*Servatius*, Rn 1 f.
2 Siehe oben § 183, A. Allgemeines.
3 Spindler/Stilz/*Servatius*, Rn 2 f.
4 Spindler/Stilz/*Servatius*, Rn 4 f.
5 BayObLGZ 1985, 82, 87; Hachenburg/*Ulmer*, GmbHG, § 7 Anm. 17; Großkomm-HGB/*Koch*, § 12 Rn 5; abweichend einerseits *Lutter*/Hommelhoff, GmbHG, § 7 Rn 1: nur Verfahrenshandlung, andererseits Schlegelberger/*Hildebrandt*, HGB, § 12 Rn 10: Rechtsgeschäft.
6 AllgM, vgl *Hüffer*, § 36 Rn 2 mwN; Spindler/Stilz/*Servatius*, Rn 4.
7 § 376 FamFG erfasst nunmehr den Regelungsgegenstand des vormaligen § 125 Abs. 1 FGG.
8 Zur öffentlichen Beglaubigung im Ausland siehe § 188 Rn 2.
9 Spindler/Stilz/*Servatius*, Rn 16.

Die Kapitalerhöhung ist unverzüglich nach Beschlussfassung durchzuführen. Die **unverzügliche Durchführung** setzt aber nicht die alsbaldige Anmeldung des Erhöhungsbeschlusses voraus. Die Anmeldenden bestimmen den Zeitpunkt der Anmeldung nach pflichtgemäßem Ermessen selbst. Durch die Möglichkeit, die Anmeldung der Kapitalerhöhung mit ihrer Durchführung zu verbinden (§ 188 Abs. 4), kann die Anmeldung ohne Verzögerung auch erst mit der Anmeldung der Durchführung der Kapitalerhöhung erfolgen.[10] Die Hauptversammlung kann jedoch auch einen Zeitpunkt für die Anmeldung im Kapitalerhöhungsbeschluss festlegen, der dann für die Anmeldenden verbindlich ist.

Die Anmeldenden[11] können die Anmeldung bis zur Eintragung ohne Begründung zurücknehmen,[12] was aber möglicherweise eine Pflichtverletzung gegenüber der Gesellschaft darstellt.[13] Eine gesellschaftsrechtliche Pflicht zur Rücknahme besteht gemäß § 83 Abs. 2, wenn der Kapitalerhöhungsbeschluss aufgehoben oder geändert wurde. Eine Pflicht zur Rücknahme hat auch der Vorstand, wenn er im Rahmen seiner Pflicht zur Rechtmäßigkeitskontrolle nachträglich erkennt, dass der Beschluss unheilbar nichtig oder anfechtbar ist.[14]

Zieht nur ein Anmeldender seine Anmeldung vor der Eintragung zurück, so ist die Anmeldung in der Regel hinfällig. Etwas anderes gilt nur, wenn ein Vorstandsmitglied seine Anmeldung zurückzieht und die übrigen an der Anmeldung noch beteiligten Vorstandsmitglieder auch ohne dieses Vorstandsmitglied zur Vertretung berechtigt sind.

Wird bei der Kapitalerhöhung das Kapital einer sogenannten Mantelgesellschaft erhöht, muss bei der Handelsregisteranmeldung auch versichert werden, dass das bisherige satzungsmäßige Grundkapital vorhanden ist.[15] Diese Erklärung ist Bestandteil der Anmeldung der Durchführung der Kapitalerhöhung. Unabhängig davon hat im Rahmen einer Mantelverwendung die Anmeldung des Beschlusses auch eine Erklärung über die wirtschaftliche Neugründung zu enthalten.[16]

II. Bedeutung der Eintragung. Die Eintragung des Kapitalerhöhungsbeschlusses hat nur vorbereitenden Charakter. Die Kapitalerhöhung selbst wird erst mit der Eintragung ihrer Durchführung ins Handelsregister wirksam (§ 189). Die Bedeutung der Eintragung des Kapitalerhöhungsbeschlusses liegt darin, dass der Beschluss mit seiner Eintragung bindend wird und damit die Pflicht des Vorstands begründet, mit der Durchführung zu beginnen.[17] Außerdem wird dem Registergericht frühzeitig eine erste Prüfung des Kapitalerhöhungsbeschlusses ermöglicht.[18] Bis zur Eintragung kann der Kapitalerhöhungsbeschluss mit einfacher Mehrheit aufgehoben werden. Welche Mehrheit nach Eintragung bis zum Wirksamwerden der Kapitalerhöhung (§ 189) notwendig ist, ist streitig. Nach hier vertretener Ansicht ist eine Mehrheit entsprechend § 222 Abs. 1 erforderlich.[19] Wird der Kapitalerhöhungsbeschluss von der Hauptversammlung aufgehoben, ist die Anmeldung zurückzunehmen, § 83 Abs. 2.

III. Anmeldende. Die Anmeldung ist durch den **Vorstand** und den **Vorsitzenden des Aufsichtsrats** gemeinsam vorzunehmen (§ 184 Abs. 1 S. 1). Damit weicht § 184 Abs. 1 von § 181 Abs. 1 ab. Die Anmeldenden handeln nicht im eigenen Namen, sondern im Namen der Aktiengesellschaft.[20] Das zeigt sich bei der Anmeldung daran, dass die Kosten der Anmeldung und Eintragung die Gesellschaft treffen und dass die Anmeldung nicht von sämtlichen Vorständen, sondern (nur) von den Vorständen in **vertretungsberechtigter Anzahl** unterzeichnet werden muss.[21] Sie müssen jedoch die Anmeldung mit ihrem eigenen Namen zeichnen wegen der Strafbewehrung des § 399 Abs. 1 Nr. 4.[22] Lediglich im Falle des Fehlens einer von § 78 Abs. 2 S. 1 abweichenden Satzungsregelung müssen alle Vorstände mitwirken. Wie auch bei § 181 Abs. 1 kann ein stellvertretendes Vorstandsmitglied innerhalb der Reichweite seiner Vertretungsmacht bei der Anmeldung mitwirken. Die Anmeldung durch Bevollmächtigte ist wegen der strafrechtlichen Verantwortung (siehe §§ 399 Abs. 1 Nr. 4) nicht möglich. Weiter kommt eine Strafbarkeit nach § 399 Abs. 1 Nr. 4 in Form des pflichtwidrigen Unterlassens auch für die nicht anmeldenden Organmitglieder in Betracht.[23] Die Zuläs-

---

10 Hierfür sprechen insb. auch Kostengründe, siehe dazu § 189 Rn 29; Spindler/Stilz/*Servatius*, Rn 15.
11 Str.; nach aA richtet sich die Befugnis zur Rücknahme nicht nach Abs. 1. Entsprechend sei es nicht erforderlich, dass die Rücknahme von denselben Personen wie die Anmeldung erklärt wird, so Spindler/Stilz/*Servatius*, Rn 17.
12 KölnKomm-AktG/*Lutter*, Rn 8; BayObLG DNotZ 1963, 723; Spindler/Stilz/*Servatius*, Rn 17.
13 MüKo-AktG/*Peifer*, Rn 20.
14 Spindler/Stilz/*Servatius*, § 182 Rn 7.
15 OLG Jena ZIP 2007, 124 zur GmbH.
16 Spindler/Stilz/*Servatius*, Rn 9.
17 KölnKomm-AktG/*Lutter*, Rn 4.
18 MüKo-AktG/*Peifer*, Rn 1; Spindler/Stilz/*Servatius*, Rn 1.
19 KölnKomm-AktG/*Lutter*, Rn 4 und § 189 Rn 3; MüHb-AG/*Kraft/Krieger*, § 56 Rn 60; § 182 Rn 16; aA MüKo-AktG/*Peifer*, Rn 35; s.o. § 182 Rn 55 ff; Spindler/Stilz/*Servatius*, § 182 Rn 33 ff.
20 BGHZ 105, 324, 327 f; Geßler/*Hefermehl/Bungeroth*, Rn 9; KölnKomm-AktG/*Lutter*, Rn 5; Spindler/Stilz/*Servatius*, Rn 12; aA MüKo-AktG/*Peifer*, Rn 6.
21 Geßler/*Hefermehl/Bungeroth*, Rn 9.
22 Siehe auch § 181 Rn 7.
23 Geßler/*Hefermehl/Bungeroth*, Rn 11; KölnKomm-AktG/*Lutter*, Rn 5; MüHb-AG/*Kraft/Krieger*, § 56 Rn 56; *Hüffer*, Rn 3; Spindler/Stilz/*Servatius*, Rn 12 f.

Elser

sigkeit unechter Gesamtvertretung (§ 78 Abs. 3) ist zwar streitig, im Ergebnis jedoch zu bejahen.[24] Der Aufsichtsratsvorsitzende kann sich nur bei Verhinderung durch seinen Stellvertreter vertreten lassen (§ 107 Abs. 1 S. 3).[25] Es muss deshalb ein – wenn auch nur vorübergehender – Grund für die Verhinderung bestehen und die Angelegenheit darf nicht warten können. Der Fall, dass sich der Vorsitzende weigert, sein Amt auszuüben, obwohl er nicht verhindert ist, begründet keinen Vertretungsfall.[26] Nicht notwendig ist, dass die Anmeldenden mit einer einheitlichen Erklärung anmelden; sie können auch getrennte Erklärungen abgeben.

8 § 184 Abs. 1 S. 1 begründet für die Anmeldenden keine öffentlich-rechtliche **Pflicht** zu handeln. Sie sind jedoch gegenüber der Aktiengesellschaft aufgrund des bestehenden Organverhältnisses verpflichtet. Die Gesellschaft kann ihre zuständigen Organmitglieder zur Anmeldung zwingen, indem sie auf deren Mitwirkung klagt. Sie wird dabei gegenüber dem Vorstand vom Aufsichtsrat (§ 112) und gegenüber dem Aufsichtsratsvorsitzenden vom Vorstand (§ 78 Abs. 1) vertreten.[27] Die Vollstreckung richtet sich nicht etwa nach § 894 ZPO (die Anmeldung gilt mit Rechtskraft des Urteils als abgegeben), sondern nach § 888 ZPO (Zwangsgeld).[28] Ein Unterlassen oder eine verspätete Anmeldung kann eine Schadensersatzpflicht (§§ 93, 116) und die Abberufung (§§ 84 Abs. 3, 103 Abs. 3) begründen. Vorstand und Aufsichtsratsvorsitzender sind somit auch dann zur Anmeldung verpflichtet, wenn sie die Kapitalerhöhung für unzweckmäßig halten.[29]

9 Ist der anzumeldende Beschluss nichtig, besteht keine Anmeldepflicht. Ist die Nichtigkeit zweifelhaft, werden die Anmeldenden den Kapitalerhöhungsbeschluss zwar anmelden, jedoch das Registergericht auf ihre Bedenken hinweisen. Anfechtbare Beschlüsse sind anzumelden, auch wenn **Anfechtungsklage** erhoben wurde.[30] Die Anmeldenden werden auch hier dem Gericht einen Hinweis geben, wenn Zweifel an der Rechtmäßigkeit bestehen und dem Gericht mitteilen, ob Klage erhoben worden ist. Warten die Anmeldenden den Ausgang des Anfechtungsprozesses ab, handeln sie auf eigene Gefahr.[31] Ist die Anfechtungsfrist verstrichen, ohne dass Anfechtungsklage erhoben wurde oder wurde diese rechtskräftig abgewiesen, sind Vorstand und Aufsichtsratsvorsitzender zur Anmeldung verpflichtet.[32]

10 In der Anmeldung haben die Anmeldenden anzugeben, welche Einlagen auf das bisherige Grundkapital (vor der Kapitalerhöhung) noch nicht geleistet sind und warum diese Einlagen nicht erlangt werden können (§ 184 Abs. 1 S. 2). Da gemäß § 182 Abs. 4 AktG das Grundkapital nicht erhöht werden soll, solange ausstehende Einlagen auf das bisherige Grundkapital noch erlangt werden können, kann das Gericht durch diese Angaben diese Prüfung durchführen. Stehen keine Einlagen aus, ist auch dies dem Gericht mitzuteilen. Die Angaben müssen so genau sein, dass das Gericht den Tatbestand des § 182 Abs. 4 prüfen kann. Die Angaben sind nicht erforderlich, wenn die Kapitalerhöhung von einer Versicherungs-AG beschlossen wurde, deren Satzung eine Bestimmung gemäß § 182 Abs. 4 S. 2 enthält. Für Kapitalerhöhungen, die der Durchführung einer Verschmelzung dienen, findet gemäß § 69 Abs. 1 S. 1 UmwG die Vorschrift des § 184 Abs. 1, S. 2 keine Anwendung. Unrichtige oder fehlende Angaben sind dann nicht mehr schädlich, wenn die Durchführung der Kapitalerhöhung (§ 188) eingetragen ist. Die Wirksamkeit der Kapitalerhöhung wird nicht mehr berührt (§ 189).[33] Falsche Angaben können jedoch auch nach Eintragung die Strafbarkeit nach § 399 Abs. 1 Nr. 4 begründen und eine zivilrechtliche Haftung gegenüber der Gesellschaft nach § 48 begründen. Ausnahmsweise ist auch eine Haftung gegenüber Dritten, etwa aus § 826 BGB denkbar.[34]

C. Anlagen zur Anmeldung

11 Damit das Gericht die Wirksamkeit des Kapitalerhöhungsbeschlusses prüfen kann, sind alle dazu nötigen Unterlagen, insbesondere die Niederschrift der Hauptversammlung (§ 130), die die Satzungsänderung beschlossen hat, und gegebenenfalls die Niederschrift über die nach § 182 Abs. 2 erforderlichen Sonderbeschlüsse beizufügen. Sind die Beschlüsse bereits eingereicht worden (siehe dazu § 130 Abs. 5 und § 138 S. 2

---

[24] KG JW 1938, 3121; *Hüffer*, Rn 3; KölnKomm-AktG/*Lutter*, Rn 5 aE; Bürgers/Körber/*Marsch-Barner*, Rn 5; MüKo-AktG/*Peifer*, Rn 7; aA wegen der strafrechtlichen Verantwortlichkeit und um Strafbarkeitslücken zu verhindern: Geßler/Hefermehl/*Bungeroth*, Rn 11; GroßKomm-AktG/*Wiedemann*, Anm. 11; Spindler/Stilz/*Servatius*, Rn 13.
[25] Siehe auch RegBegr. *Kropff*, S. 293.
[26] *Hüffer*, § 107 Rn 7; MüHb-AG/*Hoffmann-Becking*, § 31 Rn 23.
[27] MüKo-AktG/*Peifer*, Rn 10; *Hüffer*, Rn 3; aA KölnKomm-AktG/*Lutter*, Rn 6, der auch den Aufsichtsrat für klagebefugt hält.
[28] Str., wie hier: Hachenburg/*Ulmer*, GmbHG, § 7 Rn 8; Großkomm-HGB/*Koch*, § 16 Rn 14; Spindler/Stilz/*Servatius*, Rn 11;

dieser Fall ist zu unterscheiden vom Zwangsgeld des § 407, bei dem es um die Durchsetzung öffentlich-rechtlicher Pflichten geht.
[29] Geßler/Hefermehl/*Bungeroth*, Rn 15; KölnKomm-AktG/*Lutter*, Rn 6.
[30] AA Spindler/Stilz/*Servatius*, § 182 Rn 7, wonach ein rechtswidriger Beschluss nicht ausgeführt werden darf und der Beschlussmangel gemäß § 245 Nr. 4 gerichtlich geltend zu machen ist.
[31] *Hüffer*, § 181 Rn 5.
[32] Geßler/Hefermehl/*Bungeroth*, Rn 16.
[33] AllgM; statt aller Spindler/Stilz/*Servatius*, Rn 7; vgl auch RGZ 54, 389, 392 zur GmbH.
[34] OLG Düsseldorf AG 2008, 66.

iVm § 130 Abs. 5), ist deren Beifügung nicht mehr erforderlich.[35] Der vollständige Wortlaut der Satzung ist nach § 181 Abs. 1 S. 2 erst bei der Anmeldung der Durchführung der Kapitalerhöhung (§ 188) einzureichen.[36] Die Unterlagen sind elektronisch einzureichen, § 12 HGB.[37]

Der bei der Kapitalerhöhung mit Sacheinlagen notwendige Prüfungsbericht (§ 183 Abs. 3 S. 1) ist der Anmeldung beizufügen.[38] Wird der Bericht nicht eingereicht, der Beschluss aber dennoch in das Handelsregister eingetragen, so kann das Gericht nach § 14 HGB erzwingen, dass der Bericht nachträglich eingereicht wird. Im Falle der vereinfachten Sachkapitalerhöhung sind anstelle des Prüfungsberichtes die in § 37 a Abs. 3 genannten Unterlagen beizufügen, namentlich die Unterlagen, die zur Ermittlung des gewichteten Durchschnittspreises geführt haben, bzw das in Bezug genommene Sachverständigengutachten.[39]

D. Prüfung durch das Registergericht

I. Prüfungspflicht. Das Registergericht prüft von Amts wegen (§ 26 FamFG) die **ordnungsgemäße Anmeldung**. Das Gericht prüft u.a. die Zuständigkeit, die Befugnis der als Anmeldende auftretenden Personen, die Form der Anmeldung sowie die Vollständigkeit und Ordnungsmäßigkeit der beizufügenden Unterlagen (dazu Rn 11 und 12). Das Registergericht hat weiter zu prüfen, ob die Voraussetzungen einer wirtschaftlichen Neugründung und der hieraus resultierenden Pflicht zur Offenlegung vorliegen.[40] Es prüft aber auch die **materiellen Beschlusserfordernisse**, dh ob Zustandekommen oder Inhalt des Kapitalerhöhungsbeschlusses gegen gesetzliche Vorschriften verstoßen.[41] Es prüft hierbei insbesondere, ob die erforderliche Mehrheit erreicht wurde, der Beschluss wegen fehlender Sonderbeschlüsse (§ 182 Abs. 2) unwirksam ist, ob Nichtigkeitsgründe nach § 241 vorliegen, ob der Beschluss den notwendigen Inhalt aufweist,[42] ob die Subsidiarität der Kapitalerhöhung beachtet wurde (§ 182 Abs. 4 S. 1) sowie ob bei der Kapitalerhöhung mit Sacheinlage der Wert der Sacheinlage nicht unwesentlich hinter dem geringsten Ausgabebetrag der dafür zu gewährenden Aktien zurückbleibt (§ 184 Abs. 3 S. 1) (siehe hierzu nachfolgend Ziffer II.).

Das Prüfungsrecht des Registergerichts ist bei der Eintragung von Hauptversammlungsbeschlüssen durch das differenzierte Beschlussmängelrecht der §§ 241 ff beschränkt. Indem das Gesetz dort zwischen unwirksamen, nichtigen und anfechtbaren Beschlüssen unterscheidet, wäre es nicht gerechtfertigt, diese Differenzierung durch ein umfassendes Prüfungsrecht zu überwinden. Insofern besteht heute weitgehend Einigkeit, dass das Registergericht zwar umfassend prüfen muss, ob der Beschluss unwirksam oder nichtig ist, jedoch nur auf solche Anfechtungsgründe hin, die nicht allein die Individualinteressen der gegenwärtigen Aktionäre betreffen. Prüfungsgegenstand sind hiernach vor allem gläubigerschützende Vorschriften und Regelungen des AktG, die die Binnenorganisation im Hinblick auf eine kapitalmarkttaugliche Rechtsform zugunsten künftiger Aktionäre ausgestalten.[43]

Das Registergericht hat von Amts wegen zu prüfen, ob ein Unwirksamkeitsgrund vorliegt. Fehlt zB der gemäß § 182 Abs. 2 erforderliche Sonderbeschluss, hat das Gericht die Eintragung abzulehnen. Besteht Unsicherheit, ob der Sonderbeschluss nachgeholt wird, kann das Gericht das Eintragungsverfahren gemäß § 381 FamFG aussetzen.[44]

Das Registergericht hat im Falle der Nichtigkeit des Beschlusses die Eintragung abzulehnen, auch wenn die Nichtigkeit gemäß § 242 Abs. 1 durch die Eintragung geheilt würde.[45] Bei anhängigen Nichtigkeitsverfahren (§ 249) ist das Verfahren nach § 381 FamFG auszusetzen.

Ob auch die **Anfechtbarkeit** des Beschlusses vom Gericht zu prüfen ist, ist streitig. Dies wird vor allem für die GmbH verneint.[46] Nach zutreffender Ansicht und heute überwiegender Meinung[47] ist zwischen verschiedenen Fallgruppen zu differenzieren: Der Registerrichter muss bei Verletzung objektiver Ordnungsregeln (zB: Verstoß gegen § 182 Abs. 1 S. 4 oder Abs. 4) die Eintragung ablehnen, auch wenn der Beschluss hierdurch nur anfechtbar ist und zwar unabhängig davon, ob ein Anfechtungsverfahren läuft.[48] Andererseits darf er die Eintragung nicht ablehnen, wenn nur subjektive Einzelinteressen gegenwärtiger Aktionäre (wie zB unrechtmäßiger Ausschluss eines Aktionärs von der Teilnahme an der Hauptversammlung) verletzt

---

35 Spindler/Stilz/*Servatius*, Rn 6.
36 MüHb-AG/*Kraft/Krieger*, § 56 Rn 57.
37 Spindler/Stilz/*Servatius*, Rn 16.
38 *Hüffer*, Rn 5; Spindler/Stilz/*Servatius*, Rn 8.
39 Spindler/Stilz/*Servatius*, § 183 a Rn 32.
40 Spindler/Stilz/*Servatius*, Rn 18 f.
41 Vgl auch § 181 Rn 10 ff, dazu grundlegend *Menold*, Das materielle Prüfungsrecht des Handelsregisterrichters, (Diss.) Tübingen 1966.
42 Spindler/Stilz/*Servatius*, § 182 Rn 9.
43 Spindler/Stilz/*Servatius*, Rn 21.
44 Spindler/Stilz/*Servatius*, Rn 23, 37.
45 *Lutter*, NJW 1969, 1873, 1876; MüKo-AktG/*Peifer*, Rn 25; Spindler/Stilz/*Servatius*, Rn 24 f.
46 BayObLGZ 1972, 126, 128 f; KG JW 1936, 334, 335; OLG Hamburg OLGZ 1984, 307, 310 f; OLG Köln BB 1982, 579.
47 Spindler/Stilz/*Servatius*, Rn 21, 26.
48 KölnKomm-AktG/*Lutter*, Rn 15 f; MüKo-AktG/*Peifer*, Rn 26, der hier zutreffend auf den Zweck der Registerkontrolle hinweist, öffentliche Interessen mit Blick auf Kapitalaufbringung und Gläubigerschutz durchzusetzen; GroßKomm-AktG/*Wiedemann*, Rn 25; *Hüffer*, Rn 6.

sind.[49] Ist im letzteren Fall ein Anfechtungsverfahren anhängig, so darf der Registerrichter die Eintragung aussetzen und den Ausgang des Verfahrens abwarten.[50] Umgekehrt kann das Registergericht den Kapitalerhöhungsbeschluss jedenfalls dann eintragen, wenn es die Klage für unzulässig oder offensichtlich unbegründet hält.[51] Ist der Beschluss aufgrund der Anfechtungsklage für nichtig erklärt worden, ergibt sich aus § 248 und § 241 Nr. 5, dass der Registerrichter von der Nichtigkeit des Beschlusses ausgehen und die Eintragung ablehnen muss. Das Gericht ist an die rechtskräftige Feststellung der Nichtigkeit (§ 249 Abs. 1) und der Nichtigkeit des Beschlusses aufgrund der Anfechtungsklage (§ 248 Abs. 1 S. 1) gebunden.[52] Bei Klageabweisung gibt es jedoch keine Bindungswirkung, vielmehr nimmt das Gericht seine normale Prüfung vor.

18 II. Besonderheiten bei Sacheinlagen. Aus § 183 Abs. 3 S. 3 ergibt sich zunächst, dass das Gericht im Rahmen einer Kapitalerhöhung mit Sacheinlagen eine **Prüfungspflicht** hat. Es hat dabei eine Entscheidung nach pflichtgemäßem Ermessen zu treffen.[53] Demnach muss das Gericht die Eintragung ablehnen, wenn es der Auffassung ist, dass die Sacheinlage überbewertet ist und den Nennwert bzw den anteiligen Betrag am Grundkapital der dafür ausgegebenen Aktien nicht deckt.[54] Geprüft wird in der Praxis hingegen nicht, ob ein etwaiger höherer Ausgabebetrag durch die Sacheinlage gedeckt ist (arg. § 184 Abs. 3 S. 1; siehe auch Rn 20).[55] Zur Erklärung einzelner Fragen kann das Gericht Zwischenverfügungen mit Fristsetzung zur Behebung von Unklarheiten zulassen, § 25 Abs. 1 S. 3 HRV.

19 Nach dem Gesetzeswortlaut muss die Wertdifferenz in diesem Zusammenhang „nicht unwesentlich" sein, um die Ablehnung der Eintragung zu rechtfertigen. Hierunter können jedoch nur Sachverhalte fallen, bei denen wegen **Bewertungsunsicherheiten** nicht sicher ist, ob wirklich eine Unterdeckung vorliegt. Das Verbot der Unterpariemission verbietet jedoch eine Eintragung, wenn die Unterdeckung – mag sie auch gering sein – feststeht.[56]

20 Das Gericht kann, muss sich dabei aber nicht auf das Prüfungsergebnis des unabhängigen Prüfers stützen. Es wird ihm in Anlehnung an die Regeln bei der Gründungsprüfung (§ 38 Abs. 2 S. 2) die Befugnis zugestanden, aufgrund eigener Ermittlungen zu einer vom Prüfungsbericht abweichenden Meinung zu gelangen.[57] Kommt das Gericht aufgrund der eigenen Prüfung zum Ergebnis, dass der Wert der Sacheinlage hinter dem geringsten Ausgabebetrag zurückbleibt, muss es bei einer wesentlichen negativen Abweichung des Wertes der Sacheinlage die Eintragung verweigern.[58] Insoweit besteht kein Ermessen. Das Kriterium der Unwesentlichkeit in § 183 Abs. 3 S. 3 soll nicht dem Gericht einen Ermessensspielraum bei der Entscheidung über die Eintragung einräumen, sondern vielmehr den möglichen Ungenauigkeiten bei der Bewertung Rechnung tragen. Nach der hier vertretenen Auffassung sollte entgegen dem Wortlaut des Gesetzes der Nennbetrag plus Aufgeld maßgeblich sein.[59] Der Wortlaut des Gesetzes ist hier zwar eindeutig, die Kritik ist aber sachlich gerechtfertigt. Im Gesetz findet sich ein Anhaltspunkt für die Kritik, und zwar in § 188 Abs. 2 S. 1 iVm § 36 a Abs. 2 S. 3, wonach der Wert der Sacheinlage auch ein Aufgeld abdecken muss. Darüber hinaus ist das Aufgeld bei der Kapitalerhöhung im Regelfall weitaus bedeutsamer als bei der Gründung, so dass sich die Prüfungspflicht als Element der Kontrolle (s.o. Rn 13) zur Durchsetzung des Prinzips der realen Kapitalaufbringung hierauf auch erstrecken sollte. Die Praxis orientiert sich trotz der sachlich gerechtfertigten Kritik naturgemäß am Wortlaut des Gesetzes.[60]

21 Im Falle der vereinfachten Sachkapitalerhöhung müssen die Anmeldenden versichern, dass ihnen keine gegenüber der Bewertung wesentlichen wertmindernden Umstände bekannt sind, § 184 Abs. 1 S. 3 iVm § 37 a Abs. 2. Auch diese Erklärung ist nach § 399 Abs. 1 Nr. 4 strafbewehrt. Der entscheidende Unterschied zum normalen Verfahren der Sachkapitalerhöhung ist, dass das Gericht die Werthaltigkeit der Sacheinlage nicht mehr prüfen muss und darf. Hiervon ist lediglich dann eine Ausnahme zu machen, wenn die Gegenstände

---

49 Hachenburg/*Ulmer*, GmbHG, § 54 Rn 49; Bürgers/Körber/*Marsch-Barner*, Rn 15; im Einzelnen dazu *Lutter*, NJW 1969, 1873 ff.
50 KölnKomm-AktG/*Lutter*, Rn 15 ff; Geßler/*Hefermehl*/Bungeroth, Rn 41.
51 Bürgers/Körber/*Marsch-Barner*, Rn 15; Spindler/Stilz/*Servatius*, Rn 40 f; im Übrigen kommt hier für die Gesellschaft das Freigabeverfahren des § 246 a in Betracht.
52 Vgl auch § 181 Rn 15.
53 KölnKomm-AktG/*Lutter*, Rn 12; MüHb-AktG/*Kraft/Krieger*, § 56 Rn 59.
54 KölnKomm-AktG/*Lutter*, Rn 12; Geßler/*Hefermehl*/Bungeroth, § 183 Rn 100; Großkomm-AktienR/*Wiedemann*, § 183 Anm. 84 ff; *Hüffer*, § 183 Rn 18.
55 KölnKomm-AktG/*Lutter*, § 183 Rn 52; Geßler/*Hefermehl*/Bungeroth, § 183 Rn 92; *Hüffer*, § 183 Rn 16. Zur Frage der Zulässigkeit dieser Prüfungspraxis s.o. § 183 Rn 35.
56 Wie hier: Geßler/*Hefermehl*/Bungeroth, § 183 Rn 101; MüHb-AG/*Kraft/Krieger*, § 56 Rn 59; großzügiger: *Hüffer*, § 183 Rn 18.
57 Großkomm-AktienR/*Wiedemann*, Anm. 24; vgl aber KölnKomm-AktG/*Kraft*, § 38 Rn 15; KölnKomm-AktG/*Lutter*, Rn 12; Spindler/Stilz/*Servatius*, § 183 Rn 65.
58 Spindler/Stilz/*Servatius*, Rn 27.
59 Str; so auch Großkomm-AktienR/*Wiedemann*, § 183 Rn 85; aA Spindler/Stilz/*Servatius*, § 183 Rn 61 ff mit ausführlicher Begründung und weiteren Nachweisen.
60 Zur Ausräumung dieser Unstimmigkeit ist daher nach hier vertretener Ansicht der Gesetzgeber aufgerufen, hat davon im ARUG aber leider abgesehen.

offenkundig und erheblich überbewertet wurden. Das Registergericht hat auch zu prüfen, ob die Voraussetzungen von § 33a Abs. 1 erfüllt sind, also das vereinfachte Verfahren überhaupt statthaft ist.[61]

E. Ablehnende Entscheidung des Gerichts

Die Ablehnung der Eintragung erfolgt durch eine zu begründende Verfügung (§§ 25 HRV).[62,63] Das Gericht hat die Eintragung auch bei Verstoß gegen § 182 Abs. 4 abzulehnen.

Wird die Eintragung abgelehnt, kann **Beschwerde** (§ 58 FamFG) und Rechtsbeschwerde (§§ 70 ff. FamFG) eingelegt werden. Beschwerdeberechtigt ist nur die Gesellschaft (§ 59 Abs. 2 FamFG), vertreten durch die zur Anmeldung befugten Personen. Die zur Anmeldung Befugten können unter Umständen zur Einlegung von Rechtsmitteln verpflichtet sein.[64] Gegen eine noch nicht ausgeführte Eintragungsverfügung ist nach richtiger Ansicht kein Rechtsmittel gegeben.[65] Auch gegen eine fehlerhafte Eintragung ist ein Rechtsmittel nicht gegeben; es kommen aber Berichtigung oder Löschung nach §§ 395, 398 FamFG in Betracht.[66]

F. Eintragung und Bekanntmachung

Es wird nur der Beschluss über die Kapitalerhöhung, nicht deren Durchführung eingetragen (§§ 25, 27, 43 Nr. 7 HRV).[67] Die neue Grundkapitalziffer und die neuen Mitgliedschaftsrechte sind gemäß § 189 erst die gesetzlichen Folgen der Eintragung nach § 188. Die Eintragung heilt bestimmte Nichtigkeitsgründe unmittelbar (§ 242 Abs. 1); andere erst nach Ablauf einer 3-Jahres-Frist (§ 242 Abs. 2).[68] Die Eintragung der Durchführung der Kapitalerhöhung nach § 188 setzt diejenige nach § 184 voraus, kann aber mit ihr verbunden werden (§ 188 Abs. 4). Wird der Kapitalerhöhungsbeschluss nach Eintragung für nichtig erklärt (§ 248 Abs. 1) oder seine Nichtigkeit festgestellt (§ 249 Abs. 1), so hat das Gericht das Urteil einzutragen und bekannt zu machen (§ 248 Abs. 1 S. 3, 4; § 249 Abs. 1 S. 1). Die Eintragung des Erhöhungsbeschlusses ist auf Veranlassung des Registergerichts gemäß § 10 HGB bekannt zu machen.[69]

§ 185 Zeichnung der neuen Aktien

(1) ¹Die Zeichnung der neuen Aktien geschieht durch schriftliche Erklärung (Zeichnungsschein), aus der die Beteiligung nach der Zahl und bei Nennbetragsaktien dem Nennbetrag und, wenn mehrere Gattungen ausgegeben werden, der Gattung der Aktien hervorgehen muß. ²Der Zeichnungsschein soll doppelt ausgestellt werden. ³Er hat zu enthalten

1. den Tag, an dem die Erhöhung des Grundkapitals beschlossen worden ist;
2. den Ausgabebetrag der Aktien, den Betrag der festgesetzten Einzahlungen sowie den Umfang von Nebenverpflichtungen;
3. die bei einer Kapitalerhöhung mit Sacheinlagen vorgesehenen Festsetzungen und, wenn mehrere Gattungen ausgegeben werden, den auf jede Aktiengattung entfallenden Betrag des Grundkapitals;
4. den Zeitpunkt, an dem die Zeichnung unverbindlich wird, wenn nicht bis dahin die Durchführung der Erhöhung des Grundkapitals eingetragen ist.

(2) Zeichnungsscheine, die diese Angaben nicht vollständig oder die außer dem Vorbehalt in Absatz 1 Nr. 4 Beschränkungen der Verpflichtung des Zeichners enthalten, sind nichtig.

(3) Ist die Durchführung der Erhöhung des Grundkapitals eingetragen, so kann sich der Zeichner auf die Nichtigkeit oder Unverbindlichkeit des Zeichnungsscheins nicht berufen, wenn er auf Grund des Zeichnungsscheins als Aktionär Rechte ausgeübt oder Verpflichtungen erfüllt hat.

(4) Jede nicht im Zeichnungsschein enthaltene Beschränkung ist der Gesellschaft gegenüber unwirksam.

---

61 Spindler/Stilz/*Servatius*, § 183a Rn 37 ff.
62 MüKo-AktG/*Peifer*, Rn 29.
63 Zu den Entscheidungsgrundsätzen des Gerichts vgl § 181 Rn 15.
64 KölnKomm-AktG/*Lutter*, Rn 17.
65 *Hüffer*, § 181 Rn 18; KGJ 41, A 102, 103 f; OLG Hamburg KGJ 33, A 315, 318; OLG Stuttgart OLGR 40, 10; OLG Hamm AG 1980, 79, 80; aA OLG Karlsruhe Rpfleger 1963, 204 f; *Baums*, Eintragung und Löschung, 1981, S. 167 ff; ders., BB 1981, 262, 264; Geßler/*Hefermehl*/Bungeroth, Rn 46.
66 Dazu im Einzelnen MüKo-AktG/*Peifer*, Rn 32/33.
67 Spindler/Stilz/*Servatius*, Rn 29; MüKo-AktG/*Peifer*, Rn 31.
68 Siehe dazu § 181 Rn 20.
69 Eine Bekanntmachung durch die Gesellschaft im Bundesanzeiger sowie in weiteren Gesellschaftsblättern (§ 25) kann sich daneben gegebenenfalls aus der Satzung der AG ergeben.

Literatur:
Blaurock, Der Vorvertrag zur Zeichnung von Aktien, in: FS Rittner, 1991, S. 33; *Götze*, Ausgabebetrag und Zeichnungsschein bei Sachkapitalerhöhungen, AG 2002, 77; *Grunewald*, Die Rechtsfähigkeit der Erbengemeinschaft, AcP 197, 305; *Hergeth/Eberl*, Wirksamkeitsvoraussetzungen des Zeichnungsvorvertrages, NZG 2003, 205; *Klevemann*, Heilung einer gescheiterten Kapitalerhöhung, AG 1993, 273; *Leßmann*, Heilung nichtiger Aktienzeichnungsvorverträge, DB 2006, 1256; *Lutter*, Gescheiterte Kapitalerhöhungen, in: FS Schilling, 1973, S. 207; *Mülbert*, Die Anwendung der allgemeinen Formvorschriften bei Sachgründungen und Sachkapitalerhöhungen, AG 2003, 281; *Perwein*, Die „finale Kapitalerhöhung", AG 2013, 630; *Schleyer*, Die unwirksame Kapitalerhöhung, AG 1957, 145; *Schnorr v. Carolsfeld*, Bemerkungen zum Aktienrecht, DNotZ 1963, 404; *Weisner*, Zeichnungsschein und Ziele des TransPuG, NZG 2005, 578; *Zöllner*, Folgen der Nichtigerklärung durchgeführter Kapitalerhöhungsbeschlüsse, AG 1993, 68; *Zöllner/Winkler*, Folgen der Nichtigerklärung durchgeführter Kapitalerhöhungsbeschlüsse, ZHR 158 (1994), 59.

A. Grundlagen 1	II. Fristablauf 19
I. Norminhalt und Regelungszweck 1	III. Fehlende Schriftform 21
II. Anwendungsbereich 2	IV. Nicht unter Abs. 2 fallende Mängel 22
III. Dogmatische Einordnung 5	D. Fehlerfolgen und Heilung von Mängeln (Abs. 2 und 3) 23
B. Zeichnungserklärung 6	I. Vor Eintragung der Durchführung der Kapitalerhöhung 23
I. Person des Zeichners 6	II. Heilung nach Eintragung (Abs. 3) 24
II. Form 7	1. Anwendungsbereich 25
III. Zeitpunkt 8	2. Voraussetzungen 27
IV. Inhalt 9	3. Wirkung 30
1. Individuelle und allgemeine Angaben 9	E. Beschränkungen außerhalb des Zeichnungsscheins 31
2. Individuelle Angaben 10	F. Zeichnungsvertrag 32
3. Allgemeine Angaben 11	I. Allgemeines 32
a) Datum des Erhöhungsbeschlusses (Abs. 1 Nr. 1) 11	II. Überzeichnung 34
b) Ausgabebetrag, Einzahlungen, Nebenverpflichtungen (Abs. 1 Nr. 2) 12	III. Überschuss an Zeichnungsverträgen 36
c) Sacheinlagen, Aktiengattungen (Abs. 1 Nr. 3) 14	IV. Fehlender Kapitalerhöhungsbeschluss ... 40
d) Endzeitpunkt (Abs. 1 Nr. 4) 16	V. Fehlerhafter Zeichnungsvertrag 41
C. Mängel der Zeichnung und Fristablauf 17	VI. Leistungsstörungen 44
I. Inhaltsmängel 17	VII. Zeichnungsvorvertrag 45

A. Grundlagen

1 **I. Norminhalt und Regelungszweck.** Die Norm regelt die Form und den Inhalt der Zeichnungserklärung des Zeichners und künftigen Aktionärs (Zeichnungsschein). Mit der Zeichnung neuer Aktien beginnt die Durchführung (s. § 188 Abs. 1) der durch die Hauptversammlung oder, im Fall der Ausnutzung eines genehmigten Kapitals (§§ 202 ff), durch den Vorstand beschlossenen Kapitalerhöhung. Mit der Zunahme von personalistisch geprägten AGs, bei denen die neuen Aktien nicht wie bei der Publikums-AG regelmäßig von einem Bankenkonsortium übernommen werden, hat die Vorschrift wieder mehr an Bedeutung gewonnen. Das Schriftformerfordernis (§ 126 BGB) und der zwingende Inhalt des Zeichnungsscheins (§ 185 Abs. 1 S. 1 und 3, Abs. 2 und 4) tragen dem Bedürfnis nach Rechtssicherheit und dem Schutz des Zeichners Rechnung.

Verstöße gegen die Norm haben die Nichtigkeit des Zeichnungsscheins (Abs. 2) zur Folge. Abs. 3 ermöglicht für bestimmte Mängel die Heilung des Zeichnungsscheins.

2 **II. Anwendungsbereich.** § 185 ist grundsätzlich bei allen **Kapitalerhöhungen gegen Einlagen**, gleich ob gegen Sach- oder Bareinlagen, anwendbar. Der Zeichnungsschein tritt daher im Falle von Sacheinlagen neben etwaige Sacheinlagevereinbarungen (§ 183 Abs. 2) oder Rechtsgeschäfte, die der Erbringung der Sacheinlage dienen. Unerheblich ist auch, ob ein gesetzliches oder vertragliches Bezugsrecht besteht. Ein Zeichnungsschein ist auch erforderlich bei Ausgabe neuer Aktien unter Ausnutzung eines genehmigten Kapitals (vgl § 203 Abs. 1 S. 1). Zum Zeichnungsvorvertrag s. Rn 45.

3 Der Zeichnungsschein entfällt bei **bedingter Kapitalerhöhung**. Hier tritt an die Stelle der Zeichnung die Bezugserklärung gem. § 198 Abs. 2 S. 1. Bei Kapitalerhöhung zur Durchführung einer **Verschmelzung** ist § 185 nicht anwendbar, § 69 Abs. 1 S. 1 UmwG.

4 § 185 gilt nur für Fälle des **originären Aktienerwerbs**. Die Norm ist daher unanwendbar bei allen Fällen des abgeleiteten Erwerbs, der auf der Grundlage eines Kaufvertrags oder eines anderen Schuldverhältnisses erfolgt. Bei **mittelbarem Bezugsrecht** (§ 186 Abs. 5) ist Zeichner nach § 185 daher ausschließlich das Kreditinstitut.

5 **III. Dogmatische Einordnung.** Die Zeichnungserklärung ist eine **empfangsbedürftige Willenserklärung** des Zeichners, die zu Beweiszwecken im **Zeichnungsschein verkörpert** ist. Der Zeichnungsschein ist somit lediglich Beweisurkunde, nicht Wertpapier. Die Zeichnungserklärung ist nach heute herrschender Auffassung nicht an die Allgemeinheit,[1] sondern an die AG selbst und auf den Abschluss des **Zeichnungsvertrages** gerichtet.[2] Ob es sich bei der Erklärung des Zeichners bereits um die Annahme eines Angebotes der AG zum Abschluss des Zeichnungsvertrages handelt, ist Auslegungsfrage. Im Regelfall stellt die Zeichnungserklärung jedoch erst das **Angebot des Zeichners** zum Abschluss des Zeichnungsvertrages dar, welches die AG mit der „**Zuteilung**" (vgl § 186 Abs. 1) der neuen Aktien annimmt. Die Zuteilung kann auch konkludent erfolgen, etwa durch Aufforderung an den Zeichner, die Mindesteinlage zu leisten oder durch Eintrag des Zeichners in das Verzeichnis der Zeichner gem. § 188 Abs. 3 Nr. 1.[3] Der Zeichner ist bis zu dem nach § 185 Abs. 1 Nr. 4 im Zeichnungsschein angegebenen Zeitpunkt an seine Offerte gebunden, es sei denn, der Zeichner hat eine kürzere Frist bestimmt (zur Zulässigkeit s. Rn 18). Die Annahme der Offerte durch die AG braucht gegenüber dem Zeichner nicht erklärt zu werden, § 151 BGB.[4] Geht das Angebot zum Abschluss des Zeichnungsvertrages ausnahmsweise von der Gesellschaft aus, so kommt dieser mit Zugang des Zeichnungsscheins bei der AG zustande.

B. Zeichnungserklärung

I. Person des Zeichners. Die Fähigkeit neue Aktien zu zeichnen, deckt sich mit **der Gründerfähigkeit**. In Betracht kommt jede natürliche oder juristische Person, Handelsgesellschaften, aber auch die BGB-Gesellschaft.[5] Die Erbengemeinschaft sowie der nichtrechtsfähige Verein werden mittlerweile als Zeichner anerkannt,[6] ebenso die Gütergemeinschaft.[7] Der Grundsatz der Kapitalaufbringung muss gewahrt sein; die AG selbst kommt daher als Zeichner nicht in Frage (§ 56 Abs. 1). Auch eine Zeichnung durch in Mehrheitsbesitz (§ 56 Abs. 2) stehende oder von der AG abhängige (§ 17) Unternehmen scheidet aus. Anders als bei einer Zeichnung durch die AG selbst (dann Nichtigkeit der Zeichnungserklärung),[8] ist eine Zeichnung durch ein in Mehrheitsbesitz stehendes oder abhängiges Unternehmen wirksam, begründet aber eine verschuldensabhängige Schadensersatzpflicht des Vorstands (§ 56 Abs. 4). Wer für Rechnung der AG zeichnet, haftet gem. § 56 Abs. 3. Bei einem Verstoß darf das Registergericht die Durchführung der Kapitalerhöhung nicht eintragen. Stellvertretung, auch mittelbare, ist möglich.[9]

II. Form. § 185 Abs. 1 setzt für die Zeichnungserklärung zwingend die Schriftform des § 126 BGB voraus.[10] Erfolgt die Zeichnung durch einen Bevollmächtigten, gilt für die Vollmacht § 167 Abs. 2 BGB; die Vollmacht bedarf also nicht der Schriftform. Entsprechendes gilt für die Genehmigung gem. §§ 184, 182 Abs. 2 BGB.[11] Ein Verstoß gegen die Form führt zur Nichtigkeit der Zeichnungserklärung (zur Heilung s. Rn 24 ff). Die Annahme der Zeichnungserklärung durch die AG ist hingegen formfrei möglich. Die Zeichnungserklärung soll doppelt ausgestellt werden (§ 185 Abs. 1 S. 2). Die Zweitschrift wird im Rahmen der Anmeldung der Durchführung der Kapitalerhöhung zum Handelsregister eingereicht (vgl § 188 Abs. 3 Nr. 1), allerdings nur noch elektronisch (§ 10 Abs. 2 HGB), so dass ein Bedürfnis für eine zweifache Ausfertigung des Zeichnungsscheins eigentlich nicht mehr besteht. Die Erstschrift verbleibt bei der AG. Aus § 188 Abs. 3 Nr. 1 ergibt sich, dass die Zweitschrift spätestens zum Zeitpunkt der Anmeldung vorliegen muss. Fehlt sie, führt dies jedoch nicht zur Unwirksamkeit der Zeichnung (allgM). Fällt der Erklärungsinhalt der Erst- und der Zweitschrift auseinander, ist der Inhalt der Zeichnungserklärung durch Auslegung zu ermitteln.[12] Führt eine Auslegung zu keinem Ergebnis, kann die Kapitalerhöhung scheitern.[13] Aus der Bezeichnung „Zeichnungsschein" folgt nicht, dass jeder Zeichner eine separate Urkunde auszustellen hätte. Möglich ist auch, dass mehrere oder alle Zeichnungen unter Angabe des vorgeschriebenen Inhalts in einer Urkunde erfolgen (sog. Zeichnungslisten).[14] Eine Zeichnung im Ausland ist möglich. Die Form bestimmt sich in diesem Fall nicht nach der Ortsform, sondern nach dem Gesellschaftsstatut.[15] Der Zeichnungsschein muss daher § 185 genügen und in deutscher Sprache abgefasst sein.[16]

---

1 So noch RGZ 79, 112, 114; RG JZ 1927, 2981; OLG Düsseldorf LZ 1916, 1059; *Blaurock*, in: FS Rittner, S. 33, 44; ähnlich auch noch *Henn*, Handbuch des Aktienrechts, Rn 1245.
2 *Hüffer*, Rn 3, 4; KölnKomm-AktG/*Lutter*, Rn 7; MüHb-AG/*Krieger*, § 56 Rn 100.
3 Großkomm-AktienR/*Wiedemann*, Rn 9; MüKo-AktG/*Peifer*, Rn 33.
4 MüKo-AktG/*Peifer*, Rn 33; *Hüffer*, Rn 4.
5 BGHZ 78, 311, 313; *Hüffer*, § 2 Rn 10.
6 Großkomm-AktienR/*Wiedemann*, Rn 11; *Grunewald*, AcP 197, 305, 310; MüHb-AG/*Krieger*, § 56 Rn 98; *Schnorr v. Carolsfeld*, DNotZ 1963, 404, 416.
7 Str., vgl K. Schmidt/Lutter/*Lutter*, § 2 Rn 7; *Hüffer*, § 2 Rn 11.
8 Bei gleichwohl erfolgter Eintragung aber Heilung mit Haftungsfolge nach § 56 Abs. 4, str., vgl *Hüffer*, § 56 Rn 5.
9 BGHZ 21, 378, 381 (zur GmbH); MüKo-AktG/*Peifer*, Rn 28.
10 Zur (zulässigen) elektronischen Form gem. § 126 a BGB vgl MüKo-AktG/*Peifer*, Rn 11, zur (ungeklärten) Anwendbarkeit anderer allg. Formvorschriften (§ 15 GmbHG, § 311 b Abs. 1 BGB) s. *Mülbert*, AG 2003, 281.
11 Großkomm-AktienR/*Wiedemann*, Rn 28; *Hüffer*, Rn 5; MüKo-AktG/*Peifer*, Rn 28.
12 MüKo-AktG/*Peifer*, Rn 55; *Hüffer*, Rn 8; KölnKomm-AktG/*Lutter*, Rn 47.
13 MüKo-AktG/*Peifer*, Rn 55; *Hüffer*, Rn 8; KölnKomm-AktG/*Lutter*, Rn 47.
14 MüKo-AktG/*Peifer*, Rn 11; KölnKomm-AktG/*Lutter*, Rn 44.
15 Großkomm-AktienR/*Wiedemann*, Rn 15.
16 Großkomm-AktienR/*Wiedemann*, Rn 15.

8 **III. Zeitpunkt.** Im Regelfall erfolgt die Zeichnung, nachdem der Kapitalerhöhungsbeschluss gefasst oder, im Fall des genehmigten Kapitals, die Ermächtigung durch den Vorstand ausgenutzt worden ist. Dies hat den Vorteil, dass die Bedingungen der Kapitalerhöhung feststehen. Die vorherige Eintragung des Kapitalerhöhungsbeschlusses im Handelsregister ist nicht erforderlich. Dies ergibt sich bereits aus der gesetzlich vorgesehenen Möglichkeit, den Kapitalerhöhungsbeschluss und die Durchführung der Kapitalerhöhung in einer Anmeldung zu verbinden (§ 188 Abs. 4). Nach überwiegender Meinung kann die Zeichnung aber auch bereits zeitlich vor dem Kapitalerhöhungsbeschluss erfolgen.[17] Hier ist zwischen der Abgabe der Zeichnungserklärung und dem Abschluss des Zeichnungsvertrages zu differenzieren. Der vorherigen Ausstellung des Zeichnungsscheins als solcher stehen keine schutzwürdigen Interessen entgegen.[18] Im Spezialfall des § 235 Abs. 1 S. 2 muss sie sogar vorher erfolgen. Die AG ist allerdings vor der Beschlussfassung an einer Annahme des Zeichnungsangebotes gehindert (Arg.: § 187 Abs. 1).[19] Sofern die Zeichnung vor Beschlussfassung erfolgt, müssen sowohl der Zeitpunkt (vgl § 185 Abs. 1 Nr. 1) als auch der Inhalt des Kapitalerhöhungsbeschlusses vorher feststehen.[20] Es besteht also die Gefahr, dass der Inhalt des Beschlusses und der Inhalt des Zeichnungsscheins auseinander fallen. Ist dies der Fall, geht die Zeichnungserklärung ins Leere.

9 **IV. Inhalt. 1. Individuelle und allgemeine Angaben.** Man unterscheidet zwischen **individuellen** und **allgemeinen Angaben** des Zeichnungsscheins. Erstere sind diejenigen Angaben, die sich auf die individuelle Zeichnung beziehen und im Regelfall durch den Zeichner erfolgen, insbesondere die in § 185 Abs. 1 S. 1 genannten Angaben. Bei den allgemeinen Angaben handelt es sich um solche, die in allen Zeichnungsscheinen identisch und in Abs. 1 S. 3 genannt sind. Die Unterscheidung gewinnt Bedeutung für die Auslegungsfähigkeit der Zeichnungserklärung. Da die individuellen Angaben vom Zeichner stammen, sind diese der subjektiven, auch ergänzenden Auslegung zugänglich.[21] Hierbei können insbesondere der Wortlaut des Kapitalerhöhungsbeschlusses sowie die allgemeinen Angaben des Zeichnungsscheins herangezogen werden. Fehlen dagegen allgemeine Angaben nach Abs. 1 S. 3 oder sind diese unvollständig, kommt eine ergänzende Auslegung nicht in Betracht. In diesem Fall verbleibt es bei der Rechtsfolge nach Abs. 2.[22]

10 **2. Individuelle Angaben.** Aus dem Zeichnungsschein muss zunächst der Umfang und die Art der Aktien, die der Zeichner zu übernehmen wünscht, klar hervorgehen. Nach Abs. 1 S. 1 sind also die Zahl und bei **Nennbetragsaktien** zusätzlich der Nennbetrag der gezeichneten Aktien anzugeben. Bei **Stückaktien** ist der auf die gezeichneten Aktien entfallende Anteil am Grundkapital (§ 8 Abs. 3 S. 3) hingegen nicht anzugeben. Mit Nennbetrag meint das Gesetz nach überwiegender Auffassung den Nennbetrag der einzelnen Aktie, nicht den Gesamtnennbetrag der gezeichneten Aktien.[23] Dieser Ansicht ist zu folgen, da ansonsten das Gesetz bei Stückaktien konsequenterweise die Angabe des anteiligen Betrags am Grundkapital gefordert hätte.[24] Da individuelle Angaben den allgemeinen Grundsätzen für Willenserklärungen unterliegen, können fehlende Angaben durch Auslegung ergänzt werden. So kann sich etwa die Anzahl der gezeichneten Aktien, falls diese nicht ausdrücklich genannt ist, aus einer Angabe des Nennbetrags der vom Zeichner insgesamt gezeichneten Aktien unter Heranziehung des Kapitalerhöhungsbeschlusses oder der im Zeichnungsschein enthaltenen allgemeinen Angaben ermitteln lassen. Ebenso ein fehlender Nennbetrag, wenn sich dieser aus der Zahl der gezeichneten Aktien ergibt.

Da in vielen Fällen mehr Aktien gezeichnet werden, als im Rahmen der Kapitalerhöhung zur Verfügung stehen (sog. **Überzeichnung**) ist der Zeichnungsschein im Regelfall so auszulegen, dass der Zeichner auch mit der Zuteilung einer geringeren Anzahl von Aktien als der im Zeichnungsschein angegebenen einverstanden ist, falls kein entgegenstehender Wille erkennbar ist.[25]

Bei Ausgabe verschiedener **Aktiengattungen** muss aus dem Zeichnungsschein die gezeichnete Gattung hervorgehen. Auch hier können zur Ergänzung zB der Kapitalerhöhungsbeschluss oder die allgemeinen Angaben des Zeichnungsscheins herangezogen werden. Scheitert eine Auslegung, so ist der Zeichnungsschein nichtig.

Neben diesen in Abs. 1 S. 1 ausdrücklich genannten Angaben muss sich aus dem Zeichnungsschein die Person des Zeichners ergeben. Es genügt hierbei, dass der Zeichner individualisiert werden kann. Schließlich ist die AG, um deren Aktien es geht, zu bezeichnen.

---

17 MüHb-AG/*Krieger*, § 56 Rn 99; MüKo-AktG/*Peifer*, Rn 7, aA Spindler/Stilz/*Servatius*, Rn 11: nur im Sanierungsfall.
18 *Hüffer*, Rn 6; KölnKomm-AktG/*Lutter*, Rn 25; MüHb-AG/*Krieger*, § 56 Rn 99.
19 KölnKomm-AktG/*Lutter*, Rn 25.
20 *Hüffer*, Rn 6; K. Schmidt/Lutter/*Veil*, Rn 8.
21 MüKo-AktG/*Peifer*, Rn 13.
22 MüKo-AktG/*Peifer*, Rn 13; *Hüffer*, Rn 9.
23 *Hüffer*, Rn 11; MüKo-AktG/*Peifer*, Rn 15; aA K. Schmidt/Lutter/*Veil*, Rn 12.
24 MüKo-AktG/*Peifer*, Rn 15; *Hüffer*, Rn 11.
25 *Hüffer*, Rn 25; MüHb-AG/*Krieger*, § 56 Rn 99; K. Schmidt/Lutter/*Veil*, Rn 13.

3. Allgemeine Angaben. a) Datum des Erhöhungsbeschlusses (Abs. 1 Nr. 1). Der Zeichnungsschein muss **11** den Tag der Beschlussfassung über die Kapitalerhöhung bezeichnen (§ 185 Abs. 1 Nr. 1). Auf den Tag etwaiger Sonderbeschlüsse (§ 182 Abs. 2) kommt es nicht an. Die Angabe ist auch erforderlich, wenn, was zulässig ist (s. Rn 8), der Zeichnungsschein vor diesem Zeitpunkt ausgestellt wird. Der Tag der Beschlussfassung muss also feststehen.[26] Teilweise wird auch eine nachträgliche Angabe für zulässig gehalten. Wird in diesem Fall die Hauptversammlung über einen längeren Zeitraum verschoben oder kommt diese überhaupt nicht zustande, entfalle die Bindung des Zeichners nach allgemeinen Regeln (§§ 145 ff BGB).[27]

b) Ausgabebetrag, Einzahlungen, Nebenverpflichtungen (Abs. 1 Nr. 2). Der Zeichnungsschein muss den **12** Ausgabebetrag der Aktien, den Betrag der festgesetzten Einzahlungen sowie den Umfang von Nebenverpflichtungen enthalten (§ 185 Abs. 1 Nr. 2). Der **Ausgabebetrag** (§ 182 Abs. 3) ist konkret zu beziffern, bei Sachkapitalerhöhung jedenfalls dann, wenn ein solcher im Kapitalerhöhungsbeschluss festgesetzt worden ist (s. Rn 14).[28] Bei Zeichnung durch ein Bankenkonsortium ist dies der Betrag, zu dem das Konsortium die Aktien übernimmt und nicht der Betrag, der schließlich nach Platzierung beim Publikum der AG zufließt.[29] Die Angabe der Grundlagen der Festsetzung des Ausgabebetrags im Fall des § 186 Abs. 2 S. 2 genügt nicht.[30] Mit den festgesetzten **Einzahlungen** sind diejenigen Einzahlungen gemeint, die sofort (vor Anmeldung der Durchführung der Kapitalerhöhung) zu leisten sind, also mindestens ein Viertel des geringsten Ausgabebetrags (§ 9 Abs. 1), zuzüglich eines etwaigen höheren Ausgabebetrages (Agio) (§§ 188 Abs. 2, 36 a Abs. 1). Sind spätere Einzahlungen bereits festgelegt, sind auch diese anzugeben. Eine Angabe festgesetzter Einzahlungen entfällt bei Sacherhöhung, nicht aber bei gemischter Einlage, wenn also der Zeichner neben einer Sacheinlage zusätzlich noch eine Bareinlage zu erbringen hat.
Dem Umfang nach anzugeben sind nur **Nebenverpflichtungen** nach § 55, weil nur diese mit der Aktie verknüpft sind; rein schuldrechtliche Verpflichtungen sind nicht erfasst. **13**

c) Sacheinlagen, Aktiengattungen (Abs. 1 Nr. 3). Bei einer Kapitalerhöhung gegen Sacheinlage sind die **14** Festsetzungen des Kapitalerhöhungsbeschlusses über die Sacheinlagen aufzunehmen (allgM). Dies sind nach § 183 Abs. 1 also Gegenstand der Sacheinlage, die Person, von der die Gesellschaft den Gegenstand erwirbt, der Nennbetrag und bei Stückaktien die Zahl der bei der Sacheinlage zu gewährenden Aktien. Wurde im Kapitalerhöhungsbeschluss ein Ausgabebetrag festgesetzt, ist auch dieser anzugeben. Bei der „gemischten Sacheinlage"[31] ist ferner die seitens der AG neben den Aktien zu gewährende Gegenleistung, zB eine Barzahlung, zu bezeichnen. Diese Angaben sind nicht nur in die Zeichnungsscheine der Sacheinleger, sondern auch in diejenigen etwaiger Barzeichner aufzunehmen (Warn- und Hinweisfunktion).[32]
Werden mehrere Aktiengattungen ausgegeben, ist der auf jede Gattung entfallende Betrag des Grundkapi- **15** tals anzugeben. Bei Nennbetragsaktien entspricht dieser Betrag dem Gesamtnennbetrag der jeweiligen Gattung der neuen Aktien.

d) Endzeitpunkt (Abs. 1 Nr. 4). Der Zeichnungsschein muss schließlich gem. § 185 Abs. 1 Nr. 4 einen Zeit- **16** punkt bestimmen, an dem die Zeichnung **unverbindlich** wird, wenn nicht bis dahin die Durchführung der Kapitalerhöhung in das Handelsregister eingetragen ist. Dadurch soll verhindert werden, dass der Zeichner unangemessen lange an die Zeichnung gebunden bleibt.[33] Als allgemeine Angabe muss der Zeitpunkt für alle Zeichner derselbe sein.[34] Die Angabe eines konkreten Kalenderdatums ist empfehlenswert. Ausreichend ist jedoch, wenn sich der Zeitpunkt kalendermäßig bestimmen lässt. Ob es sich bei dem Endzeitpunkt um eine auflösende Bedingung (§ 158 Abs. 2 BGB),[35] eine Verknüpfung von auflösender Rechtsbedingung mit Zeitbestimmung[36] oder um eine Kombination von aufschiebender Bedingung und Befristung[37] handelt, kann für die Praxis dahinstehen. § 158 Abs. 2 BGB ist entweder direkt oder analog anwendbar, wenn die Eintragung nicht rechtzeitig erfolgt.[38] Zur Bestimmung einer Annahmefrist für das Zeichnungsangebot s. Rn 18.

---

26 *Hüffer*, Rn 6; MüKo-AktG, *Peifer*, Rn 29; aA *Hergeth/Eberl*, NZG 2003, 205, 207.
27 KölnKomm-AktG/*Lutter*, Rn 39.
28 *Spindler/Stilz/Servatius*, Rn 34; weitergehend *Götze*, AG 2002, 76 ff, der bei fehlender Festsetzung im Beschluss die Angabe des geringsten Ausgabebetrags fordert.
29 MüKo-AktG/*Peifer*, Rn 20.
30 AA *Weisner*, NZG 2005, 578 ff.
31 Siehe dazu § 27 Rn 24.
32 MüKo-AktG/*Peifer*, Rn 23; Großkomm-AktienR/*Wiedemann*, Rn 20; *Hüffer*, Rn 13; KölnKomm-AktG/*Lutter*, Rn 41.
33 MüKo-AktG/*Peifer*, Rn 24; K. Schmidt/Lutter/*Veil*, Rn 18; Großkomm-AktienR/*Wiedemann*, Rn 21; vgl auch *Klevemann*, AG 1993, 273.
34 MüKo-AktG/*Peifer*, Rn 24; K. Schmidt/Lutter/*Veil*, Rn 18; Großkomm-AktienR/*Wiedemann*, Rn 21; *Hüffer*, Rn 14.
35 Großkomm-AktienR/*Wiedemann*, Rn 22; KölnKomm-AktG/*Lutter*, Rn 42.
36 *Hüffer*, Rn 14; MüKo-AktG/*Peifer*, Rn 25.
37 KölnKomm-AktG/*Lutter*, Rn 42.
38 BGH NJW 1999, 1252, 1253; MüKo-AktG/*Peifer*, Rn 25; *Hüffer*, Rn 14.

C. Mängel der Zeichnung und Fristablauf

17 **I. Inhaltsmängel.** Zeichnungsscheine, die die Angaben nach Abs. 1 nicht, oder nicht vollständig enthalten, sind nichtig, **Abs. 2 Alt. 1**. Unvollständig sind die Angaben auch dann, wenn Angaben zwar vorhanden, aber inhaltlich unrichtig sind. Die Norm verweist dabei sowohl auf individuelle, als auch auf allgemeine Angaben.[39] Bei **individuellen Angaben** ist jedoch zunächst der Erklärungsinhalt zu ermitteln und vermeintliche Unrichtigkeiten sind im Wege der Auslegung zu beseitigen. Lücken aufgrund fehlender oder unvollständiger Angaben können durch ergänzende Auslegung geschlossen werden. Erst wenn eine Auslegung nicht weiterhilft, liegt ein inhaltlicher Mangel vor. **Allgemeine Angaben** müssen vollständig und richtig sein; eine ergänzende Auslegung kommt hier nicht in Betracht.[40] Allerdings liegt ein Inhaltsmangel nicht schon dann vor, wenn der Zeichnungsschein nicht die in Abs. 1 S. 3 genannten Begriffe verwendet, solange objektiv klar ist, was gemeint ist.[41]

18 Ein weiterer Nichtigkeitsgrund liegt vor, wenn der Zeichnungsschein außer dem Endzeitpunkt nach Abs. 1 S. 3 Nr. 4 weitere Beschränkungen der Verpflichtung des Zeichners enthält (**Abs. 2 Alt. 2**). Gemeint sind Beschränkungen (auch Befristungen oder Bedingungen) der Verpflichtungen aus dem Zeichnungsvertrag, nicht aber Beschränkungen der Bindung an den im Zeichnungsschein liegenden Antrag auf Abschluss des Zeichnungsvertrages.[42] Der Zeichner kann daher der AG eine Frist zur Annahme des Zeichnungsangebots setzen (§ 148 BGB) oder sein Angebot an sonstige Bedingungen (§ 145 ff BGB) knüpfen.[43]

19 **II. Fristablauf.** Wird die Durchführung der Kapitalerhöhung nicht innerhalb der im Zeichnungsschein gem. Abs. 1 S. 3 Nr. 4 bestimmten Frist eingetragen, wird die Zeichnung **unverbindlich**. Der Unterschied zur Nichtigkeit besteht darin, dass der Zeichnungsschein zunächst wirksam war und erst mangels rechtzeitiger Eintragung später wirkungslos geworden ist.[44]

20 Für die Fristwahrung ist entscheidend, dass tatsächlich die Durchführung der im Zeichnungsschein genannten Kapitalerhöhung eingetragen wird. Daran fehlt es, wenn anstelle der auf einen festen Erhöhungsbetrag lautenden Kapitalerhöhung, zB wegen nicht vollständiger Zeichnung, die Durchführung eines niedrigeren Betrages eingetragen wird.[45] Auch die nachträgliche Anpassung des Kapitalerhöhungsbeschlusses an die tatsächliche Zeichnung verhindert nicht die Rechtsfolge der Unverbindlichkeit.[46] Zwar ist die Angabe eines bestimmten Kapitalerhöhungsbetrages im Kapitalerhöhungsbeschluss nicht zwingend und die Angabe eines Mindest- und/oder Höchstbetrages ausreichend; lautet der Beschluss aber auf einen bestimmten Betrag, ist dies im Zweifel bindend[47] und die Durchführung darf bei nicht vollständiger Zeichnung nicht eingetragen werden.[48] Eine diesbezügliche Änderung des Kapitalerhöhungsbeschlusses stellt daher einen Neubeschluss dar und der Zeichner muss die Möglichkeit haben, über die Zeichnung erneut zu entscheiden[49]. Letztlich ist dies aber keine Frage des Fristablaufs gem. Abs. 1 S. 3 Nr. 4; vielmehr hängt die Wirksamkeit der Zeichnung von vornherein davon ab, dass die Kapitalerhöhung so, wie sie beschlossen (und gezeichnet) wurde, auch tatsächlich in Kraft tritt.[50] Der Zeichnungsvertrag steht somit unter der auflösenden (Rechts-)Bedingung der rechtzeitigen Eintragung der Durchführung der Kapitalerhöhung.

21 **III. Fehlende Schriftform.** Ist die von Abs. 1 S. 1 vorausgesetzte Schriftform nicht gewahrt, ist der Zeichnungsschein nichtig (§ 125 BGB). Zur Frage der Heilung s. Rn 26.

22 **IV. Nicht unter Abs. 2 fallende Mängel.** Abs. 2 bezieht sich auf die inhaltlichen Anforderungen an den Zeichnungsschein nach Abs. 1. Daneben kann der Zeichnungsschein, bzw die in diesem verkörperte Willenserklärung des Zeichners, nach allgemeinen Grundsätzen fehlerhaft sein. Die für Willenserklärungen allgemein geltenden Regelungen (§§ 104 ff, 117 ff, 134, 138 BGB) finden also grundsätzlich Anwendung.[51] Zu den Rechtsfolgen s. Rn 41 ff.

---

39 AllgM.
40 Großkomm-AktienR/*Wiedemann*. Rn 17; *Hüffer*, Rn 9; MüKo-AktG/*Peifer*, Rn 13.
41 LG Frankfurt AG 1992, 240: Verwendung "Ausgabepreis" statt "Ausgabebetrag"; *Hüffer*, Rn 9.
42 Vgl auch LG Frankfurt aM AG 1999, 472,473; KölnKomm-AktG/*Lutter*, Rn 50.
43 Großkomm-AktienR/*Wiedemann*, Rn 49; *Hüffer*, Rn 15; Köln-Komm-AktG/*Lutter*, Rn 42; MüKo-AktG/*Peifer*, Rn 44; K. Schmidt/Lutter/*Veil*, Rn 28; aA Spindler/Stilz/*Servatius*, Rn 37.
44 KölnKomm-AktG/*Lutter*, Rn 46.
45 Geßler/Hefermehl/*Bungeroth*, Rn 64; Großkomm-AktienR/*Wiedemann*, Rn 50.
46 AA Großkomm-AktienR/*Wiedemann*, Rn 50.
47 Vgl § 182 Rn 22.
48 *Hüffer*, § 182 Rn 12; Geßler/Hefermehl/*Bungeroth*, Rn 63, 64.
49 Nach *Perwein*, AG 2013, 630 ff, soll eine nachträgliche Änderung auf einen niedrigeren Erhöhungsbetrag zulässig sein, wenn der Kapitalerhöhungsbeschluss einen entsprechenden Änderungsvorbehalt enthält und dieser im Zeichnungsschein aufgenommen ist. Dem wird man zustimmen können, sofern der Tag eines etwaigen Änderungsbeschlusses bereits im Zeichnungsschein bestimmt ist. Allerdings muss die Durchführung der Kapitalerhöhung gleichwohl innerhalb der Frist des Abs. 1 S. 3 Nr. 4 eingetragen sein.
50 So auch Großkomm-AktienR/*Wiedemann*, § 182 Rn 55.
51 MüKo-AktG/*Peifer*, Rn 56.

D. Fehlerfolgen und Heilung von Mängeln (Abs. 2 und 3)

I. Vor Eintragung der Durchführung der Kapitalerhöhung. Ist die Zeichnungserklärung unwirksam, ist ein Zeichnungsvertrag nicht wirksam zustande gekommen. Das erhöhte Kapital ist insoweit nicht vollständig gezeichnet und die etwa bereits erfolgten Einlageleistungen sind an den Einleger zurückzugewähren (§ 812 Abs. 1 Alt. 1 BGB). Scheitert die Kapitalerhöhung wegen Fristablaufs (§ 185 Abs. 1 Nr. 4), ist der Gesellschaft der Einwand der Entreicherung (§ 188 Abs. 3 BGB) gem. § 820 BGB verwehrt.[52] Lautete die Kapitalerhöhung auf einen festen Erhöhungsbetrag, kann die Durchführung derselben (§ 188) nicht zum Handelsregister angemeldet werden. Bei gleichwohl erfolgter Anmeldung darf das Registergericht nicht eintragen.[53] Das Handelsregister hat im Wege der Zwischenverfügung die AG auf den Mangel hinzuweisen. Bei festem Erhöhungsbetrag kann allerdings der Mangel nur durch die Beibringung wirksamer Zeichnungen behoben werden (s. Rn 20). Bei variablem Erhöhungsbetrag (Kapitalerhöhungsbeschluss legt Mindest- und/oder Höchstbetrag fest) kann dagegen der Mangel dadurch beseitigt werden, dass die Handelsregisteranmeldung geändert und nur der wirksam gezeichnete Erhöhungsbetrag angemeldet wird.

II. Heilung nach Eintragung (Abs. 3). Nach Abs. 3 kann sich der Zeichner auf die Nichtigkeit des Zeichnungsscheins oder dessen Unverbindlichkeit nicht mehr berufen, wenn die Durchführung der Kapitalerhöhung in das Handelsregister eingetragen ist und der Zeichner aufgrund des Zeichnungsscheins Rechte als Aktionär ausübt oder Verpflichtungen erfüllt.[54] Entgegen dem Wortlaut kann sich aber nicht nur der Zeichner, sondern auch die Gesellschaft auf Mängel der Zeichnung nicht mehr berufen, wenn die Voraussetzungen des Abs. 3 vorliegen.[55]

1. Anwendungsbereich. Abs. 3 bezieht sich einerseits auf die Nichtigkeitsfolge des Abs. 2, und andererseits auf die Anordnung der Unverbindlichkeit nach Abs. 1 Nr. 4. Andere Mängel werden nach Abs. 3 nicht geheilt.[56] Erfasst wird zunächst unstreitig der Fall, dass **allgemeine Angaben** des Zeichnungsscheins nach Abs. 1 unvollständig (oder unrichtig, s. Rn 17) sind.[57] Umstritten ist, ob auch die Nichtigkeit des Zeichnungsscheins aufgrund fehlender **individueller Angaben** nach Abs. 3 geheilt wird.[58] Dies ist zu bejahen. Hierfür spricht der Wortlaut der Vorschrift, aber auch der Gesichtspunkt der Rechtssicherheit sowie der Grundsatz der gesicherten und realen Aufbringung des Grundkapitals.[59] Der Streit spielt aber in der Praxis eine geringe Rolle, da Heilung voraussetzt, dass sich jedenfalls feststellen lassen muss, mit welchem Inhalt ein Zeichnungsvertrag zustande kommen soll. Hier hilft oft bereits die Auslegung des Zeichnungsscheins. Dann liegt aber schon kein zur Nichtigkeit führender Mangel des Zeichnungsscheins vor, so dass auch für eine Heilung nach Abs. 3 kein Raum bleibt.[60] Allerdings können sich auch aus Umständen jenseits des Zeichnungsscheins Anhaltspunkte ergeben, etwa dass der Zeichner aufgrund des Zeichnungsscheins eine bestimmte Einlage leistet oder eine bestimmte Anzahl von Aktien widerspruchslos entgegennimmt.[61]

Dem Wortlaut nach erfasst Abs. 3 nicht den **Mangel der Schriftform** (§ 125 BGB), sondern bezieht sich auf die in Abs. 2 genannten Mängel. Nach überwiegender Ansicht[62] wird daher die Nichtigkeit nach § 125 BGB von § 185 Abs. 3 nicht erfasst. Allerdings wird dem Zeichner die Berufung auf den Formmangel bei widersprüchlichem Verhalten gem. § 242 BGB verwehrt (Verbot des venire contra factum proprium). Zum Teil wird § 185 Abs. 3 auf den Formmangel angewendet, wobei teilweise eine unmittelbare,[63] teilweise eine analoge[64] Anwendung vertreten wird. Einer analogen Anwendung der Vorschrift ist der Vorzug zu geben. Abs. 3 stellt letztlich eine spezielle aktienrechtliche Ausprägung des Grundsatzes des Verbots widersprüchlichen Verhaltens dar, knüpft die Heilungsfolgen aber an die zusätzliche Voraussetzung der Eintragung nach § 188, was auch bei fehlender Schriftform unter dem Gesichtspunkt der Rechtssicherheit sachgerecht ist. Hinzu kommt, dass auch in Fällen des Formmangels, bei Vorliegen der Voraussetzungen des § 185 Abs. 3 im Übrigen, nicht nur der Zeichner, sondern, im Hinblick auf den Grundsatz der Kapitalaufbringung, auch die Gesellschaft an den Zeichnungsvertrag gebunden sein sollte.

2. Voraussetzungen. Die Heilung nach Abs. 3 setzt zunächst die **Eintragung der Durchführung** der Kapitalerhöhung (§ 188) voraus. Zusätzlich muss der Zeichner Rechte als Aktionär ausgeübt oder Verpflichtungen

---

[52] OLG Düsseldorf AG 2010, 878.
[53] Vgl auch LG Frankfurt aM AG 1992, 240; MüHb-AG/*Krieger*, § 56 Rn 104; KölnKomm-AktG/*Lutter*, Rn 53; *Klevemann*, AG 1993, 273.
[54] *Drygala*, WuB II A § 185 AktG 1.93, 137, 139; *Hüffer*, Rn 18.
[55] MüKo-AktG/*Peifer*, Rn 52; Großkomm-AktienR/*Wiedemann*, Rn 57; *Hüffer*, Rn 20; KölnKomm-AktG/*Lutter*, Rn 62; MüHb-AG/*Krieger*, § 56 Rn 105, K. Schmidt/Lutter/*Veil*, Rn 23.
[56] Großkomm-AktienR/*Wiedemann*, Rn 55; *Hüffer*, Rn 17.
[57] Großkomm-AktienR/*Wiedemann*, Rn 55; KölnKomm-AktG/*Lutter*, Rn 58.
[58] Großkomm-AktienR/*Wiedemann*, Rn 55; *Hüffer*, Rn 17.
[59] KölnKomm-AktG/*Lutter*, Rn 59; MüKo-AktG/*Peifer*, Rn 47.
[60] Geßler/Hefermehl/*Bungeroth*, Rn 72; *Hüffer*, Rn 17.
[61] Vgl auch Geßler/Hefermehl/*Bungeroth*, Rn 74, 75; KölnKomm-AktG/*Lutter*, Rn 59.
[62] *Hüffer*, Rn 21; KölnKomm-AktG/*Lutter*, Rn 60; Spindler/Stilz/*Servatius*, Rn 39.
[63] Geßler/Hefermehl/*Bungeroth*, Rn 87; KölnKomm-AktG/*Lutter*, Rn 60.
[64] Großkomm-AktienR/*Wiedemann*, Rn 58; MüKo-AktG/*Peifer*, Rn 54.

erfüllt haben, und zwar aufgrund des Zeichnungsscheins. Handelt der Zeichner aufgrund anderweitigen Aktienbesitzes, führt dies nicht zur Heilung.

28 Zur **Ausübung von Rechten** im Sinne des Abs. 3 gehören zB Teilnahme an der Hauptversammlung, Hinterlegung der (vermeintlichen) Aktien nach § 125 Abs. 2 Nr. 1, Entgegennahme der Aktienurkunde, Dividendenbezug, Ausübung des Bezugsrechts, Einberufungsverlangen nach § 122 etc. Auch Rechtsgeschäfte des Zeichners mit Dritten (zB: Veräußerung oder Verpfändung) über das mit der Eintragung entstandene Mitgliedschaftsrecht ist Rechtsausübung.[65]

29 Der Zeichner **erfüllt eine Verpflichtung** unstreitig, wenn er nach Eintragung der Durchführung der Kapitalerhöhung die Resteinlage leistet.[66] Streitig ist, ob auch bereits die Leistung der Mindesteinlage oder des eingeforderten höheren Betrags (vgl § 36 a) vor Eintragung Heilungswirkungen herbeiführt.[67] Die Frage ist zu verneinen. Die Ausübung von Rechten „als Aktionär" setzt das Entstehen des Mitgliedschaftsrechts voraus. Daran fehlt es vor der Eintragung nach § 188, vielmehr entsteht dieses erst mit der Eintragung. Bei der Leistung der Mindesteinlage handelt es sich somit nicht um die Erfüllung einer Aktionärspflicht, sondern um eine Verpflichtung des Zeichners. Nach der Gegenansicht verlöre das Merkmal der Erfüllung von Verpflichtungen als Bestätigung des Zeichnungswillens regelmäßig seine eigenständige Bedeutung. Da die Mindesteinlage wegen der im Rahmen der Anmeldung der Durchführung der Kapitalerhöhung erforderlichen Versicherung der Leistung zur freien Verfügbarkeit des Vorstands (§§ 188 Abs. 2, 36 a Abs. 1, 37 Abs. 1) vor der Eintragung geleistet sein muss, läge eine Bestätigung des Zeichnerwillens stets vor. Im Regelfall würde also die bloße Eintragung zur Heilung führen.[68] Auch würde der von § 185 Abs. 1 Nr. 4 bezweckte Schutz des Zeichners (Befristung) leer laufen, wenn durch (wenn auch verspätete) Eintragung ohne Weiteres eine Heilung erfolgen würde.[69] Unstreitig reicht die Erfüllung einer Nebenpflicht gem. § 55 aus, wenn sie aufgrund des Zeichnungsscheins, und nicht aufgrund anderweitigen Aktienbesitzes erfolgt.[70]

30 **3. Wirkung.** Nach Abs. 3 bewirkt die Heilung, dass sich der Zeichner auf die Nichtigkeit oder Unverbindlichkeit des Zeichnungsscheins **nicht mehr berufen kann**. Die Formulierung des Gesetzes ist unscharf. Gemeint ist, dass der Zeichnungsschein und der Zeichnungsvertrag **wirksam** werden.[71] Bei Inhaltsmängeln des Zeichnungsscheins kommt der Zeichnungsvertrag mit seinem gesetzmäßigen Inhalt zustande, etwaige unzulässige Beschränkungen des Zeichnungsscheins (Abs. 2 Alt. 2) bleiben unbeachtlich. Etwaige Lücken des Zeichnungsscheins werden entsprechend den Festsetzungen des Kapitalerhöhungsbeschlusses geschlossen. Der Zeichner wird, bezogen auf den Tag der Eintragung, Aktionär der Gesellschaft. Auch diese ist dann gebunden, kann sich also ebenfalls nicht auf eine Unwirksamkeit berufen.[72] Kommt es trotz Eintragung der Durchführung der Kapitalerhöhung nicht zur Heilung, wird die Erhöhung des Grundkapitals gleichwohl wirksam.[73] Die entstandenen Aktien stehen der Gesellschaft als eigene zu. Diese sind entsprechend § 71 c durch die Gesellschaft zu verwerten, oder durch Kapitalherabsetzung durch Einziehung (§ 237 ff) zu beseitigen.[74]

E. Beschränkungen außerhalb des Zeichnungsscheins

31 Enthält der Zeichnungsschein Beschränkungen der Verpflichtungen des Zeichners (mit Ausnahme der Beschränkung nach Abs. 1 Nr. 4), so ist er nichtig (Abs. 2 Alt. 2). Nach Abs. 4 ist auch jede nicht im Zeichnungsschein enthaltene Beschränkung der Gesellschaft gegenüber unwirksam. Dies bedeutet, dass derartige Vereinbarungen die Zeichnung nicht berühren und als von Anfang an nicht getroffen gelten.[75] Die Setzung einer Annahmefrist (zur Zulässigkeit s. Rn 18) ist Beschränkung iSv Abs. 4 und muss daher im Zeichnungsschein enthalten sein.

F. Zeichnungsvertrag

32 **I. Allgemeines.** Der Zeichnungsvertrag ist ein **korporationsrechtlicher Vertrag** mit schuldrechtlichen Elementen (sog. Doppelnatur des Zeichnungsvertrages).[76] Mit seinem Abschluss entstehen noch keine Aktien-

---

[65] *Hüffer*, Rn 18; KölnKomm-AktG/*Lutter*, Rn 57; K. Schmidt/Lutter/*Veil*, Rn 22.
[66] MüKo-AktG/*Peifer*, Rn 51; *Hüffer*, Rn 19; KölnKomm-AktG/*Lutter*, Rn 57, K. Schmidt/Lutter/*Veil*, Rn 22.
[67] Bejahend: OLG Düsseldorf LZ 1916, 1059; Geßler/*Hefermehl/Bungeroth*, Rn 79; Großkomm-AktienR/*Wiedemann*, Rn 56.
[68] MüKo-AktG/*Peifer*, Rn 51.
[69] KölnKomm-AktG/*Lutter*, Rn 57.
[70] *Hüffer*, Rn 19; MüKo-AktG/*Peifer*, Rn 51.
[71] K. Schmidt/Lutter/*Veil*, Rn 23.
[72] MüKo-AktG/*Peifer*, Rn 52; *Hüffer*, Rn 20; KölnKomm-AktG/*Lutter*, Rn 62.
[73] *Hüffer* Rn 16; MüKo-AktG/*Peifer*, Rn 58; wohl auch Großkomm-AktienR/*Wiedemann*, Rn 62.
[74] *Hüffer*, Rn 16; MüKo-AktG/*Peifer*, Rn 59.
[75] Vgl auch KölnKomm-AktG/*Lutter*, Rn 65; MüHb-AG/*Krieger*, § 56 Rn 104.
[76] RGZ 79, 174, 177; Geßler/*Hefermehl/Bungeroth*, Rn 47; *Hüffer*, Rn 4; KölnKomm-AktG/*Lutter*, Rn 5, 19; Großkomm-AktienR/*Wiedemann*, Rn 29.

rechte, vielmehr wird der Zeichner erst mit Eintragung der Durchführung der Kapitalerhöhung im Handelsregister Aktionär, und zwar kraft Gesetzes.[77] Der Zeichnungsvertrag begründet auch keinen Anspruch gegenüber der AG, die Kapitalerhöhung durchzuführen. Er vermittelt daher auch **kein Anwartschaftsrecht** auf die neue Mitgliedschaft. Es handelt sich folglich nicht um einen gegenseitigen Vertrag gem. §§ 320 ff BGB, sondern um einen unvollkommenen zweiseitig verpflichtenden Vertrag.[78] Durch ihn verpflichtet sich der Zeichner zur Leistung der Einlage und zur Übernahme der neuen Aktien im im Zeichnungsschein festgelegten Umfang. Die AG wird lediglich zur Zuteilung von Aktien verpflichtet, vorausgesetzt, die Kapitalerhöhung wird durchgeführt.
Wegen Abs. 1 S. 2 Nr. 4 steht der Zeichnungsvertrag unter der auflösenden Rechtsbedingung, dass die Durchführung der Kapitalerhöhung nicht innerhalb der im Zeichnungsschein zu nennenden Frist eingetragen wird (s.o. Rn 16).
Zweckmäßigerweise wird die Gesellschaft das Zeichnungsangebot nicht sofort annehmen (die Aktien zuteilen), sondern sich zunächst einen Überblick über die eingehenden Zeichnungen verschaffen wollen (zur Überzeichnung s. Rn 34 f). Aus diesem Grund ist die Frist zur Annahme des Angebots (§ 147 Abs. 2 BGB) großzügig zu bemessen; der Zeichner kann aber eine Frist zur Annahme im Zeichnungsschein bestimmen (so Rn 18).

33 Im Gegensatz zur Zeichnungserklärung, die gem. Abs. 1 der Schriftform unterliegt, bedarf der Zeichnungsvertrag selbst **keiner bestimmten Form**. Die Annahme der Zeichnungserklärung durch die Gesellschaft kann daher auch konkludent erfolgen (s. bereits oben Rn 5).

34 **II. Überzeichnung.** Häufig liegen Zeichnungsangebote für eine größere Anzahl an Aktien vor, als die Gesellschaft auf der Grundlage des Erhöhungsbetrages ausgeben kann. In diesem Fall hat die Gesellschaft zunächst die Zeichnungsangebote derjenigen Zeichner anzunehmen, die Inhaber eines gesetzlichen (§ 186) oder vertraglichen (§ 187) Bezugsrechtes sind, wobei die gesetzlichen Bezugsrechte vorgehen. Insoweit besteht für die Gesellschaft Kontrahierungszwang. Darüber hinaus kann die Gesellschaft grundsätzlich frei entscheiden, welche Zeichnungsangebote sie annehmen will. Gegenüber den Zeichnern, die bereits Aktionäre sind, hat die Gesellschaft jedoch den Gleichbehandlungsgrundsatz zu beachten (§ 53 a).[79] Dieser erfordert jedoch nicht, Aktionären bevorzugt neue Aktien zuzuteilen; insoweit verbleibt es beim Bezugsrecht gem. § 186.

35 Soweit die Gesellschaft nicht an eine bestimmte Zuteilung gebunden ist, ist es üblich, dass die Gesellschaft die vorliegenden Zeichnungsangebote nur teilweise annimmt (sog. **Repartierung**), etwa indem die Angebote prozentual oder auf sonstige Weise gekürzt werden. Möglich ist zB auch, jedem Zeichner die gleiche Anzahl an Aktien zuzuteilen.[80] Eine Repartierung ist möglich, da Zeichnungsscheine im Regelfall so auszulegen sind, dass auch eine teilweise Annahme des Zeichnungsangebots möglich sein soll (s. Rn 10).

36 **III. Überschuss an Zeichnungsverträgen.** Wurden mehr Zeichnungsverträge abgeschlossen als die Gesellschaft Aktien ausgeben kann, gingen nach früher hM zunächst diejenigen Verträge vor, denen ein gesetzliches Bezugsrecht zugrunde liegt (§ 187).[81] Im Übrigen kam das **Prioritätsprinzip** zur Anwendung, dh, nur diejenigen Zeichnungsverträge wurden als wirksam angesehen, die bis zur Deckung des Erhöhungsbetrages abgeschlossen worden sind, die später abgeschlossenen Verträge dagegen als nichtig. Zur Begründung der Nichtigkeitsfolge wurde § 306 BGB aF herangezogen, mit der Folge des Ersatzes des Vertrauensschadens des Zeichners durch die Gesellschaft gem. § 307 BGB aF.[82] Mit dem Wegfall des § 306 BGB aF durch das Gesetz zur Modernisierung des Schuldrechts ist diesem Ansatz allerdings die Grundlage entzogen, da § 311a Abs. 1 BGB nF nunmehr ausdrücklich anordnet, dass auch ein auf eine anfänglich objektiv unmögliche Leistung gerichteter Vertrag wirksam ist. Der Umstand, dass nach § 275 Abs. 1, § 311a Abs. 2 BGB nF ein Primäranspruch gegen die Gesellschaft auf Zuteilung von Aktien nicht besteht, steht einer Vorlage der (wegen § 311a Abs. 1 BGB ja wirksamen) Zeichnungsscheine im Rahmen der Durchführung der Kapitalerhöhung (§ 188 Abs. 3 Nr. 1) nicht entgegen.[83] Dasselbe Ergebnis (Wirksamkeit aller Zeichnungsverträge) wurde teilweise schon zum bisherigen Recht vertreten.[84]

37 Die Gesellschaft ist verpflichtet, die Aktien zunächst den gesetzlich bezugsberechtigten Zeichnern, im Übrigen jedoch nach den für die begrenzte Gattungsschuld herausgearbeiteten **Grundsatz der Risikogemeinschaft** zuzuteilen. Auf den Zeitpunkt des Zustandekommens des Zeichnungsvertrages kommt es nicht an.

---

77 Vgl RGZ 55, 65, 67; *Hüffer*, Rn 4.
78 MüKo-AktG/*Peifer*, Rn 32; KölnKomm-AktG/*Lutter*, Rn 19; ders., in: FS Schilling, 1973, S. 207, 217.
79 *Hüffer*, Rn 25; aA KölnKomm-AktG/*Lutter*, Rn 26. Wieder anders Spindler/Stilz/*Servatius*, Rn 9: sachliche Rechtfertigung der Ungleichbehandlung analog § 186.
80 KölnKomm-AktG/*Lutter*, Rn 26.
81 Geßler/Hefermehl/Bungeroth, Rn 105; *Hüffer* (5. Aufl.), Rn 26; MüHb-AG/*Krieger*, § 56 Rn 101; KölnKomm-AktG/*Lutter*, Rn 33.
82 Geßler/Hefermehl/Bungeroth, Rn 105; *Hüffer* (5. Aufl.), Rn 26; MüHb-AG/*Krieger*, § 56 Rn 101.
83 MüKo-AktG/*Peifer*, Rn 65; *Hüffer*, Rn 26.
84 Großkomm-AktienR/*Wiedemann*, Rn 39; KölnKomm-AktG/*Lutter*, Rn 28.

Aktionär wird schließlich, wessen Zeichnungsschein dem Registergericht vorgelegt wird und in das Verzeichnis der Zeichner (§ 188 Abs. 3 Nr. 1) aufgenommen ist.

38 Kommt ein Zeichner nach den obigen Grundsätzen nicht zum Zuge, gewährte ihm die bislang hM den Ersatz seines Vertrauensschadens in analoger Anwendung des § 307 BGB aF. Mit dem Wegfall des § 307 BGB aF ist auch hier die dogmatische Grundlage der bislang hM für die Begrenzung des Schadensersatzanspruches auf den Vertrauensschaden entfallen. Selbst bei anfänglicher objektiver Unmöglichkeit wäre die Gesellschaft nunmehr nach § 311 a Abs. 2 BGB. grundsätzlich zum „Schadensersatz statt der Leistung", gerichtet auf den Ersatz des Erfüllungsinteresses,[85] verpflichtet, da der Vorstand den Abschluss überzähliger Zeichnungsverträge im Regelfall zu vertreten haben wird. Nach anderer Ansicht ergibt sich die Begrenzung des Schadensersatzanspruches auf das negative Interesse aus der analogen Anwendung des § 187 Abs. 2.[86] Allerdings ist die Interessenlage bei überzähligen Zeichnungsverträgen nicht mit der des § 187 Abs. 2 vergleichbar, der die Entscheidungsfreiheit der Hauptversammlung schützen soll. Die Hauptversammlung hat nämlich nicht die Wahl (und ist hierzu auch nicht verpflichtet),[87] entweder zur Erfüllung überzähliger Zeichnungsverträge einen weiteren Kapitalerhöhungsausschluss zu fassen oder Schadensersatzansprüche gegen die Gesellschaft hinzunehmen. Vielmehr ist der Zeichnungsvertrag, wie sich bereits aus den im Zeichnungsschein enthaltenen allgemeinen Angaben ergibt, auf die Zuteilung von Aktien aus einer eindeutig bestimmten Kapitalerhöhung gerichtet. Aus einer anderen Kapitalerhöhung könnten ohne neue Zeichnung und Zeichnungsvertrag keine Aktien ausgegeben werden.

39 Im Ergebnis ist die Begrenzung des Schadensersatzes auf das **negative Interesse** gleichwohl richtig, weil der Zeichnungsvertrag als unvollkommen zweiseitig verpflichtender Vertrag einen (Erfüllungs-) Anspruch auf Durchführung der Kapitalerhöhung von vornherein nicht gewährt (vgl Rn 32), die Gesellschaft die Durchführung also zB noch abbrechen könnte. Angesichts dieser aktienrechtlichen Wertung wäre es verfehlt, wenn aus überzähligen Zeichnungsverträgen auf das Erfüllungsinteresse gerichtete Sekundäransprüche abgeleitet werden könnten, obwohl es an entsprechenden Primäransprüchen fehlt. Hat der Vorstand die Überzeichnung zu vertreten, haftet die Gesellschaft wegen Verletzung der Pflichten aus dem Zeichnungsvertrag auf Ersatz des negativen Interesses.[88] Eine etwa bereits erbrachte Einlage kann der Zeichner nach §§ 323, 346 BGB zurückverlangen.

40 **IV. Fehlender Kapitalerhöhungsbeschluss.** Der Zeichnungsvertrag bezieht sich auf die Übernahme von Aktien aus einem bestimmten Kapitalerhöhungsbeschluss. Fehlt es an einem solchen, ist dem Zeichnungsvertrag die Grundlage entzogen, so dass die jeweiligen Zeichnungen und Zeichnungsverträge gem. § 158 Abs. 2 BGB unwirksam werden. Dabei spielt es keine Rolle, ob es von vornherein an einem Kapitalerhöhungsbeschluss gefehlt hat, dieser nachträglich von der Hauptversammlung aufgehoben worden oder wegen eines fehlenden Sonderbeschlusses unwirksam ist, nichtig ist oder im Wege der Anfechtung für nichtig erklärt worden ist.[89] Dieser Mangel kann auch nicht dadurch behoben werden, dass die Hauptversammlung einen neuen Beschluss mit gleichem Inhalt fasst. Da es sich bei einem Neubeschluss nicht mehr um den ursprünglichen Kapitalerhöhungsbeschluss handelt, ist eine erneute Zeichnung und der Abschluss eines neuen Zeichnungsvertrags erforderlich.[90] Daran ändert es auch nichts, wenn der Kapitelerhöhungsbeschluss und dessen Durchführung zu Unrecht im Handelsregister eingetragen worden ist. Die Zeichner werden nicht Aktionäre, Mitgliedschaftsrechte entstehen nicht.[91] Aus Gründen des Verkehrsschutzes haften die Zeichner jedoch den Neugläubigern seit Eintragung der Durchführung, soweit es zu deren Befriedigung erforderlich ist, analog § 277 Abs. 3.[92] Teilweise werden die Grundsätze der fehlerhaften Gesellschaft angewendet mit der Folge, dass die Kapitalerhöhung für die Vergangenheit als wirksam angesehen wird und eine Rückabwicklung für die Zukunft erfolgt.[93] Nach anderer Ansicht soll darüber hinausgehend eine vorübergehend bestandskräftige Kapitalerhöhungsmaßnahme jedenfalls solange vorliegen, wie es einen – wenn auch fehlerhaften – Kapitalerhöhungsbeschluss gibt, mit der Folge, dass Zeichner Aktionäre werden und Einlageansprüche nach § 54 bestehen.[94]

41 **V. Fehlerhafter Zeichnungsvertrag.** Der Zeichnungsvertrag kann fehlerhaft sein, weil die ihn begründenden Willenserklärungen, insbesondere die im Zeichnungsschein verkörperte Zeichnungserklärung des Zeich-

---

[85] Palandt/Heinrichs, § 311 a Rn 7.
[86] KölnKomm-AktG/Lutter, Rn 29 ff; aA Großkomm-AktienR/Wiedemann, Rn 40.
[87] MüKo-AktG/Peifer, Rn 65.
[88] MüKo-AktG/Peifer, Rn 65; Großkomm-AktienR/Wiedemann, Rn 40; K. Schmidt/Lutter/Veil, Rn 26.
[89] Hüffer, Rn 27; KölnKomm-AktG/Lutter, Rn 36; Lutter, in: FS Schilling, S. 207, 220; MüHb-AG/Krieger, § 56 Rn 106; aM Schleyer, AG 1957, 145; zu den Fragen für nichtig erklärter Hauptversammlungsbeschlüsse vgl Zöllner, AG 1993, 68 ff; Zöllner/Winkler, ZHR 158 (1994), 59 ff.
[90] Geßler/Hefermehl/Bungeroth, Rn 102; KölnKomm-AktG/Lutter, Rn 36.
[91] Hüffer, Rn 27; KölnKomm-AktG/Lutter, Rn 36.
[92] RGZ 143,394,399; 144, 138, 141; Hüffer, Rn 27; KölnKomm-AktG/Lutter, Rn 36; Schleyer, AG 1957, 145 f; einschränkend: Geßler/Hefermehl/Bungeroth, Rn 104.
[93] MüHb-AG/Krieger; § 56 Rn 124, 144ff; K. Schmidt/Lutter/Veil Rn 27.
[94] MüKo-AktG/Peifer, Rn 63.

ners, an Mängeln leiden. Auf diese Willenserklärungen finden **bis zur Eintragung** der Durchführung der Kapitalerhöhung die **allgemeinen Regeln** über Rechtsgeschäfte uneingeschränkt Anwendung (so Rn 22).[95] Die Zeichnungserklärung kann daher wegen fehlender Geschäftsfähigkeit des Zeichners unwirksam (§§ 104 ff BGB), wegen Willensmängeln anfechtbar sein (§§ 116 ff, 142 BGB), Inhaltsmängel (§ 138 BGB) oder Vertretungsmängel aufweisen. Liegen derartige Mängel vor, darf die Durchführung der Kapitalerhöhung nicht eingetragen werden. Der von Anfang an nichtige oder nach erfolgter Anfechtung unwirksam gewordene Zeichnungsvertrag ist zwischen der AG und dem Zeichner abzuwickeln. Etwa bereits erbrachte Einlageleistungen kann der Zeichner gem. § 812 Abs. 1 S. 1 BGB zurückfordern. Der Zeichner hat ferner die Möglichkeit, im Wege des einstweiligen Rechtsschutzes ein Eintragungsverbot (§ 16 Abs. 2 HGB) zu erwirken.[96]

Ist die **Eintragung erfolgt**, können Mängel der Willenserklärungen, insbesondere der Zeichnungserklärung, grundsätzlich nicht mehr geltend gemacht werden. Diese Einschränkung folgt aus einer Abwägung zwischen den Interessen des Zeichners einerseits und dem Grundsatz der Aufbringung des Grundkapitals und dem Verkehrsschutz (Garantiefunktion des Grundkapitals) andererseits.[97] Kann sich der Zeichner auf Mängel seiner Erklärung nicht mehr berufen, gilt der Zeichnungsvertrag als wirksam und der Zeichner wird mit Eintragung der Durchführung der Kapitalerhöhung Aktionär mit allen Rechten und Pflichten.[98] Dies bedeutet jedoch nicht, dass die Mängel der Zeichnungserklärung, mit deren Geltendmachung der Zeichner im Interesse des Drittschutzes ausgeschlossen ist, im Verhältnis zur Gesellschaft völlig unberücksichtigt bleiben würden. Zwar kann der Zeichner **keinen Schadensersatz** von der Gesellschaft verlangen, da dadurch die reale Kapitalaufbringung wiederum gefährdet würde. Dagegen kann der Zeichner von der Gesellschaft verlangen, dass diese ihm einen Übernehmer seiner Aktien gegen ein angemessenes Entgelt vermittelt oder notfalls das Grundkapital der Gesellschaft mit entgeltlicher Einziehung der betroffenen Aktien herabsetzt.[99] 42

Der Schutz des Zeichners kann jedoch in manchen Fällen höher einzuschätzen sein als der Verkehrsschutz, insbesondere bei **Geschäftsunfähigen** oder beschränkt Geschäftsfähigen oder dann, wenn es an einer Willenserklärung überhaupt fehlt, wie etwa bei Fälschung des Zeichnungsscheins oder Drohung durch Dritte.[100] In diesen Fällen bleiben Zeichnungserklärung und Zeichnungsvertrag unwirksam, der Zeichner wird nicht Aktionär. Bereits geleistete Einlagen können nach § 812 Abs. 1 S. 1 BGB zurückverlangt werden. § 57 steht dem nicht entgegen, da diese Vorschrift nur die Zahlung an Aktionäre betrifft. Die aus der trotz des Mangels wirksamen Kapitalerhöhung entstehenden Aktien, stehen der Gesellschaft zu, die diese entsprechend § 71 c Abs. 1 und 3 zu verwerten hat.[101] Gelingt dies nicht, ist das Grundkapital durch Kapitalherabsetzung durch Einziehung entsprechend herabzusetzen.[102] 43

VI. Leistungsstörungen. Auf den Zeichnungsvertrag als korporationsrechtlichen Vertrag sind die allgemeinen Vorschriften über Leistungsstörungen nur eingeschränkt anwendbar.[103] Da der Zeichner zur Vorleistung verpflichtet ist (§§ 188 Abs. 2, 36 a), kommt die Anwendung des § 320 BGB nicht in Betracht.[104] Bei Verzug des Zeichners, die eingeforderte Einlage zu leisten, kann die Gesellschaft bis zur Eintragung nach Fristsetzung gem. § 323 BGB zurücktreten. Nach erfolgter Eintragung ist die Gesellschaft auf die Rechte aus § 63 beschränkt. Umgekehrt kann ein Zeichner nicht nach § 323 BGB vorgehen. Sein Schutz gegen Verzögerungen der Durchführung der Kapitalerhöhung ist durch die Befristung des § 185 Abs. 1 Nr. 4 abschließend geregelt.[105] Ein Ausschluss der Leistungspflicht nach § 275 kommt nur bei Sacheinlagen in Betracht (zur mangelhaften Sacheinlage s. § 27 Rn 32). Der Zeichner wird also frei, wenn er die Unmöglichkeit nicht zu vertreten hat, ebenso die Gesellschaft nach § 326 Abs. 1 BGB. § 326 Abs. 2 BGB ist hingegen unanwendbar, da Kapitalaufbringung in jedem Fall gewährleistet sein muss.[106] Nach erfolgter Eintragung kann der Zeichner nicht mehr frei werden, sondern hat die Einlage analog § 183 Abs. 2 S. 3 in bar zu leisten.[107] 44

---

95 AllgM, vgl MüKo-AktG/*Peifer*, Rn 56; KölnKomm-AktG/*Lutter*, Rn 13.
96 Großkomm-AktienR/*Wiedemann*, Rn 62; *Hüffer*, Rn 28.
97 MüKo-AktG/*Peifer*, Rn 57; *Hüffer*, Rn 28; KölnKomm-AktG/*Lutter*, Rn 15; anders in der Begründung: Großkomm-AktienR/*Wiedemann*, Rn 60 ff, 64: "fehlerhafter Organisationsakt"; zust. K. Schmidt/Lutter/*Veil*, Rn 24; wieder anders die früher hM: "Erklärung an die Öffentlichkeit", vgl RGZ 79, 112, 114; 118, 269, 274; 127, 186, 191; 142, 98, 102; 147, 257, 270; zur GmbH: BGHZ 21, 378, 382.
98 RGZ 124, 279, 287 f; MüKo-AktG/*Peifer*, Rn 61; KölnKomm-AktG/*Lutter*, Rn 18.
99 MüKo-AktG/*Peifer*, Rn 61; *Hüffer*, Rn 28; KölnKomm-AktG/*Lutter*, Rn 18; MüKo-AktG/*Peifer*, Rn 61.
100 BGHZ 17, 160, 166; *Hüffer*, Rn 29; KölnKomm-AktG/*Lutter*, Rn 17; K. Schmidt/Lutter/*Veil*, Rn 25.
101 MüKo-AktG/*Peifer*, Rn 59; *Hüffer*, Rn 28, 29, 16; KölnKomm-AktG/*Lutter*, Rn 17; aA Großkomm-AktienR/*Wiedemann*, Rn 52.
102 MüKo-AktG/*Peifer*, Rn 59; *Hüffer*, Rn 28, 29, 16; KölnKomm-AktG/*Lutter*, Rn 17.
103 BGHZ 49, 117, 119; vgl auch KölnKomm-AktG/*Lutter*, Rn 20; MüHb-AG/*Krieger*, § 56 Rn 106.
104 KölnKomm-AktG/*Lutter*, Rn 21.
105 Zur Haftung bei Überschuss an Zeichnungsverträgen s.o. Rn 36 ff.
106 KölnKomm-AktG/*Lutter*, Rn 22 (zu § 324 BGB aF).
107 KölnKomm-AktG/*Lutter*, Rn 22, MüKo-AktG/*Peifer*, Rn 69.

45 VII. Zeichnungsvorvertrag. Durch den Zeichnungsvorvertrag[108] wird die Verpflichtung begründet, neue Aktien aus einer künftigen Kapitalerhöhung zu zeichnen. Eine Verpflichtung der AG, Aktien zu gewähren, kommt jedoch wegen § 187 Abs. 2 bei der gewöhnlichen Kapitalerhöhung nach §§ 182 ff vor Fassung des Kapitalerhöhungsbeschlusses nicht in Betracht. Anders ist dies beim genehmigten Kapital, da dort an die Stelle des Kapitalerhöhungsbeschlusses die Eintragung des genehmigten Kapitals in das Handelsregister tritt (§ 203 Abs. 1 S. 1).[109]
Der Abschluss eines Zeichnungsvorvertrags kann zweckmäßig sein, um der Gesellschaft im Stadium der Vorbereitung eines Kapitalerhöhungsbeschlusses eine verlässliche Dispositionsgrundlage zu schaffen. Derartige Verträge sind zulässig, unterliegen aber, was Form und Inhalt anbelangt, weitgehend den Anforderungen des § 185.[110] Inhalt der künftig abzugebenden Zeichnungserklärung muss zumindest bestimmbar sein.[111] Das Datum des Kapitalerhöhungsbeschlusses braucht der Zeichnungsvorvertrag nicht anzugeben, er muss aber eine Befristung analog Abs. 1 Nr. 4 enthalten.[112] Eine doppelte Ausstellung (vgl Abs. 1 S. 2) ist nicht erforderlich.[113]

§ 186 Bezugsrecht

(1) ¹Jedem Aktionär muß auf sein Verlangen ein seinem Anteil an dem bisherigen Grundkapital entsprechender Teil der neuen Aktien zugeteilt werden. ²Für die Ausübung des Bezugsrechts ist eine Frist von mindestens zwei Wochen zu bestimmen.

(2) ¹Der Vorstand hat den Ausgabebetrag oder die Grundlagen für seine Festlegung und zugleich eine Bezugsfrist gemäß Absatz 1 in den Gesellschaftsblättern bekannt zu machen. ²Sind nur die Grundlagen der Festlegung angegeben, so hat er spätestens drei Tage vor Ablauf der Bezugsfrist den Ausgabebetrag in den Gesellschaftsblättern und über ein elektronisches Informationsmedium bekannt zu machen.

(3) ¹Das Bezugsrecht kann ganz oder zum Teil nur im Beschluß über die Erhöhung des Grundkapitals ausgeschlossen werden. ²In diesem Fall bedarf der Beschluß neben den in Gesetz oder Satzung für die Kapitalerhöhung aufgestellten Erfordernissen einer Mehrheit, die mindestens drei Viertel des bei der Beschlußfassung vertretenen Grundkapitals umfaßt. ³Die Satzung kann eine größere Kapitalmehrheit und weitere Erfordernisse bestimmen. ⁴Ein Ausschluß des Bezugsrechts ist insbesondere dann zulässig, wenn die Kapitalerhöhung gegen Bareinlagen zehn vom Hundert des Grundkapitals nicht übersteigt und der Ausgabebetrag den Börsenpreis nicht wesentlich unterschreitet.

(4) ¹Ein Beschluß, durch den das Bezugsrecht ganz oder zum Teil ausgeschlossen wird, darf nur gefaßt werden, wenn die Ausschließung ausdrücklich und ordnungsgemäß bekanntgemacht worden ist. ²Der Vorstand hat der Hauptversammlung einen schriftlichen Bericht über den Grund für den teilweisen oder vollständigen Ausschluß des Bezugsrechts zugänglich zu machen; in dem Bericht ist der vorgeschlagene Ausgabebetrag zu begründen.

(5) ¹Als Ausschluß des Bezugsrechts ist es nicht anzusehen, wenn nach dem Beschluß die neuen Aktien von einem Kreditinstitut oder einem nach § 53 Abs. 1 Satz 1 oder § 53 b Abs. 1 Satz 1 oder Abs. 7 des Gesetzes über das Kreditwesen tätigen Unternehmen mit der Verpflichtung übernommen werden sollen, sie den Aktionären zum Bezug anzubieten. ²Der Vorstand hat dieses Bezugsangebot mit den Angaben gemäß Absatz 2 Satz 1 und einen endgültigen Ausgabebetrag gemäß Absatz 2 Satz 2 bekannt zu machen; gleiches gilt, wenn die neuen Aktien von einem anderen als einem Kreditinstitut oder Unternehmen im Sinne des Satzes 1 mit der Verpflichtung übernommen werden sollen, sie den Aktionären zum Bezug anzubieten.

Literatur:
Bayer, Informationsrechte bei der Verschmelzung von Aktiengesellschaften, AG 1988, 323; *Becker*, Bezugsrechtsausschluß gemäß § 186 Absatz 4 Satz 2 des Aktiengesetzes in der Fassung der 2. EG-Richtlinie, BB 1981, 394; *Becker/Fett*, Börsengang im Konzern – Über ein „Zuteilungsprivileg" zum Schutz der Aktionärsinteressen –, WM 2001, 549; *Bezzenberger*, Zum Bezugsrecht stimmrechtsloser Vorzugsaktionäre, in: FS Quack, 1991, S. 153; *ders.*, Das Bezugsrecht der Aktionäre und sein Ausschluss, ZIP 2002, 1917; *Bischoff*, Sachliche Voraussetzungen von Mehrheitsbeschlüssen in Kapitalgesellschaften, BB 1987, 1055; *Börner*, Verbindung von Kapitalerhöhung aus Gesellschaftsmitteln und Kapitalerhöhung gegen Bareinlagen bei Aktiengesellschaften, DB 1988,

---

108 Dazu eingehend *Blaurock*, in: FS Rittner, S. 33 ff.
109 *Hergeth/Eberl*, NZG 2003, 205, 206.
110 *Blaurock*, aaO, S. 36 ff; *Hüffer*, Rn 31; Großkomm-AktienR/*Wiedemann*, Rn 81; *Leßmann*, DB 2006, 1256 ff.
111 *Blaurock*, aaO, S. 36 ff; Großkomm-AktienR/*Wiedemann*, Rn 81; *Hüffer*, Rn 31. Einschränkend Spindler/Stilz/*Servatius*, Rn 54: Vorvertrag grds. nur in Sanierungsfällen oder bei Zustimmung aller Aktionäre zulässig.
112 OLG Frankfurt/M. ZIP 2001, 1048, 1049, m. zust. Anm. *Hergeth*, DStR 2001, 1673; *Blaurock*, aaO, S. 47 ff; *Hüffer*, Rn 31; *Hergeth/Eberl*, NZG 2003, 205, 207 f.
113 *Leßmann*, DB 2006, 1256, 1257.

1254; *Busch/Groß*, Vorerwerbsrechte der Aktionäre beim Verkauf von Tochtergesellschaften über die Börse?, AG 2000, 503; *Busch*, Eigene Aktien in der Kapitalerhöhung, AG 2005, 429; *Ebenroth/Müller*, Die Beeinträchtigung der Aktionärsinteressen beim teilweisen Bezugsrechtsausschluß auf Genußrechte, BB 1993, 509; *Friedel*, Der Tausch von Anleihen in Aktien, BB 2012, 1102; *Füchsel*, Probleme des Bezugsrechtsausschlusses im deutschen Aktienrecht, BB 1972, 1533; *Groß*, Der Inhalt des Bezugsrechts nach § 186 AktG, AG 1993, 449; *ders.*, Bezugsrechtsausschluß bei Barkapitalerhöhungen: Offene Fragen bei der Anwendung des neuen § 186 Abs. 3 Satz 4 AktG, DB 1994, 2431; *ders.*, Bookbuilding, ZHR 162 (1998), 318; *Habersack*, „Holzmüller" und die schönen Töchter – Zur Frage eines Vorerwerbsrechts der Aktionäre beim Verkauf von Tochtergesellschaften –, WM 2001, 545; *Heidecker*, Das Bezugsrecht bei nießbrauchsbelasteten Aktien, NJW 1956, 892; *Heinsius*, Bezugsrechtsausschluß bei Schaffung von Genehmigten Kapital – Genehmigtes Kapital II –, in: FS Kellermann, 1990, S. 115; *Henn*, Die Gleichbehandlung der Aktionäre in Theorie und Praxis, AG 1985, 240; *Hirte*, Anmerkungen und Anregungen zur geplanten gesetzlichen Neuregelung des Bezugsrechts, ZIP 1994, 356; *ders.*, Bezugsrechtsfragen bei Optionsanleihen, WM 1994, 321; *ders.*, Bezugsrechtsausschluß und Konzernbildung: Minderheitenschutz bei Eingriffen in die Beteiligungsstruktur der Aktiengesellschaft, 1986; *Hoffmann-Becking*, Gesetz zur „kleinen AG" – unwesentliche Randkorrekturen oder grundlegende Reform?, ZIP 1995, 1; *ders.*, Neue Formen der Aktienemission, in: FS Lieberknecht, 1997, S. 25; *Holland*, Die Bedienung von Wandelanleihen aus genehmigtem Kapital, NZG 2009, 892; *Immenga*, Einlagenschutz beim mittelbaren Bezugsrecht, in: FS Beusch, 1993, S. 413; *Liebert*, Der Bezugsrechtsausschluss bei Kapitalerhöhungen von Aktiengesellschaften, 2003; *Lutter*, Noch einmal: Zum Vorerwerbsrecht der Aktionäre beim Verkauf von Tochtergesellschaften über die Börse, AG 2001, 349; *ders.*, Das neue „Gesetz für kleine Aktiengesellschaften und zur Deregulierung des Aktienrechts", AG 1994, 429; *ders.*, Das Vor-Erwerbsrecht/Bezugsrecht der Aktionäre beim Verkauf von Tochtergesellschaften über die Börse, AG 2000, 342; *ders.*, Zur Vorbereitung und Durchführung von Grundlagenbeschlüssen in Aktiengesellschaften, in: FS Fleck, 1988, S. 169; *ders.*, Materielle und förmliche Erfordernisse eines Bezugsrechtsausschlusses – Besprechung der Entscheidung BGHZ 71, 40 (Kali + Salz) –, ZGR 1979, 401; *ders.*, Optionsanleihen ausländischer Tochtergesellschaften, AG 1972, 125; *Marsch*, Zum Bericht des Vorstands nach § 186 Absatz 4 Satz 2 AktG beim genehmigten Kapital, AG 1981, 211; *Marsch-Barner*, Die Erleichterung des Bezugsrechtsausschlusses nach § 186 Abs. 3 Satz 4 AktG, AG 1994, 532; *Martens*, Richterliche und gesetzliche Konkretisierungen des Bezugsrechtsausschlusses, ZIP 1994, 669; *ders.*, Der Ausschluß des Bezugsrechts: BGHZ 33, 175 – Zum Interesse an wirtschaftlicher Selbständigkeit, in: FS R. Fischer, 1979, S. 437; *Mecke*, Konzernstruktur und Aktionärsentscheid, 1992; *Meilicke*, Das Bezugsrecht des Aktionärs bei Kapitalerhöhungen, BB 1961, 1281; *Priester*, Das gesetzliche Bezugsrecht bei der GmbH, DB 1980, 1925; *Reger/Stenzel*, Der Kapitalschnitt auf Null als Mittel zur Sanierung von Unternehmen – Gesellschaftsrechtliche, börsenzulassungsrechtliche und kapitalmarktrechtliche Konsequenzen, NZG 2009, 1210; *Rodloff*, Zum Kontrollmaßstab des Bezugsrechtsausschlusses, ZIP 2002, 1076; *Scheifele*, Zur Praxis des gekreuzten Bezugsrechtsausschlusses, BB 1990, 497; *Schippel*, Zweckmäßigkeit der Verschmelzung als Gegenstand des Verschmelzungsberichts, der Aktionärsentscheidung und der Anfechtungsklage?, in: FS Steindorff, 1990, S. 249; *Schlitt/Seiler*, Aktuelle Rechtsfragen bei Bezugsrechtsemissionen, WM 2003, 2175; *Schnorbus*, Die Rechtsstellung der Emissionsbank bei der Aktienemission, AG 2004, 113; *Schockenhoff*, Gesellschaftsinteresse und Gleichbehandlung beim Bezugsrechtsausschluß, 1988; *Semler*, Einschränkungen der Verwaltungsbefugnisse in einer Aktiengesellschaft, BB 1983, 1566; *Sethe*, Die Berichtserfordernisse beim Bezugsrechtsausschluß und ihre mögliche Heilung – am Beispiel der Emission junger Aktien und Genußrechte –, AG 1994, 343; *Timm*, Hauptversammlungskompetenzen und Aktionärsrechte in der Konzernspitze, AG 1980, 172; *ders.*, Der Bezugsrechtsausschluß beim genehmigten Kapital, DB 1982, 211; *ders.*, Zur Sachkontrolle von Mehrheitsentscheidungen im Kapitalgesellschaftsrecht – dargestellt am Beispiel „strukturverändernder Entscheidungen", ZGR 1987, 403; *Trapp*, Erleichterter Bezugsrechtsausschluß nach § 186 Absatz 3 Satz 4 AktG und Greenshoe, AG 1997, 115; *v. Venrooy*, Berichtspflicht des Vorstands beim genehmigten Kapital? Ein Beitrag zur Auslegung der §§ 186 Absatz 4 Satz 2, 203 Absatz 2 Satz 2 AktG, DB 1982, 735; *ders.*, Voraussetzungen und Verwendbarkeit genehmigten Kapitals, AG 1981, 205; *Werner*, Die Beschlußfassung der Inhaber von stimmrechtslosen Vorzugsaktien, AG 1971, 69; *Westermann*, Zweckmäßigkeit der Verschmelzung als Gegenstand des Verschmelzungsberichts, der Aktionärsentscheidung und der Anfechtungsklage, in: FS Semler, 1992, S. 651, 654; *ders.*, Individualrechte und unternehmerische Handlungsfreiheit im Aktienrecht, ZHR 156 (1992), 203; *Wiedemann*, Rechtsethische Maßstäbe im Unternehmensrecht, ZGR 1980, 147; *ders.*, Ausgabekurs und Bezugskurs beim mittelbaren Bezugsrecht, WM 1979, 990; *Zöllner*, Die Schranken mitgliedschaftlicher Stimmrechtsmacht bei den privatrechtlichen Personenverbänden, 1963.

A. Grundlagen	1
I. Norm, Inhalt und Regelungszweck	1
II. Funktion des Bezugsrechts	2
III. Anwendungsbereich	3
B. Das gesetzliche Bezugsrecht (Abs. 1)	5
I. Inhalt	5
II. Rechtsnatur und Übertragbarkeit	8
III. Bezugsberechtigte	10
1. Aktionäre	10
2. Eigene Aktien	11
3. Bezugsrecht im Konzern	12
4. Nießbraucher	14
5. Pfandgläubiger	16
6. Sicherungseigentum	17
7. Vor- und Nacherbschaft	18
8. Depotaktien	19
IV. Ausübung des Bezugsrechts	20
1. Verlangen	20
2. Bezugsfrist	21
3. Legitimation	22
V. Bekanntmachung (Abs. 2)	23
1. Ausgabebetrag, Grundlagen seiner Festlegung	23
2. Weiterer Inhalt der Bekanntmachung	27
VI. Verletzung des Bezugsrechts	29
C. Ausschluss des Bezugsrechts (Abs. 3 und 4)	31
I. Formelle Voraussetzungen	31
1. Zuständigkeit	31
2. Bestandteil des Erhöhungsbeschlusses	32
3. Mehrheitsanforderungen	34
4. Ankündigung	35
5. Bericht	36
II. Materielle Voraussetzungen	40
1. Sachliche Rechtfertigung	40
a) Gesellschaftsinteresse	41
b) Eignung und Erforderlichkeit	42
c) Verhältnismäßigkeit	43
2. Einzelfälle	45
a) Barkapitalerhöhung	45
b) Sacheinlagen	52
3. Teilausschluss	55

4.	Erleichterter Bezugsrechtsausschluss (Abs. 3 S. 4)	57	3. Verpflichtung des Emissionsunternehmens	84
	a) Allgemeines	57	IV. Durchführung des mittelbaren Bezugsrechts	89
	b) Voraussetzungen	59	1. Zeichnung durch Emissionsunternehmen	89
	c) Bericht des Vorstands	67	2. Bezugsangebot	91
III.	Rechtsfolgen	68	3. Bekanntmachung	92
IV.	Beschlussmängel	70	4. Nichtausübung des mittelbaren Bezugsrechts	93
V.	Faktischer Bezugsrechtsausschluss	74	V. Vergütung des Emissionsunternehmens	94
D. Mittelbares Bezugsrecht (Abs. 5)		77	VI. Rechtsstellung der Bezugsberechtigten	95
I.	Überblick	77	1. Gegenüber Emissionsunternehmen	95
II.	Fiktion des Abs. 5	78	2. Übertragung des mittelbaren Bezugsrechts	97
III.	Voraussetzungen	79	VII. Andere mittelbare Bezugsrechte	100
	1. Regelung im Kapitalerhöhungsbeschluss	79		
	2. Übernahme der Aktien durch Kreditinstitut	81		

A. Grundlagen[1]

1 I. Norm, Inhalt und Regelungszweck. Die Vorschrift ermöglicht es, jedem Aktionär entsprechend seiner bisherigen Beteiligungsquote an einer Kapitalerhöhung teilzunehmen (Bezugsrecht, Abs. 1 S. 1). Abs. 1 S. 2 und Abs. 2 statuieren bestimmte Formalien der Durchführung der beschlossenen Kapitalerhöhung, wodurch gewährleistet werden soll, dass ein Aktionär sein Bezugsrecht in zumutbarer Weise ausüben kann. Abs. 3 ermöglicht der Hauptversammlung, mit qualifizierter Mehrheit das Bezugsrecht ganz oder zum Teil auszuschließen. Ein derartiger Beschluss kann nur dann gefasst werden, wenn der Ausschluss des Bezugsrechts ausdrücklich und ordnungsgemäß als Tagesordnungspunkt der Hauptversammlung bekannt gemacht worden ist (Abs. 4 S. 1), und der Vorstand einen schriftlichen Bericht über den Grund des Bezugsrechtsausschlusses und den vorgeschlagenen Ausgabebetrag der neuen Aktien erstattet hat (Abs. 4 S. 2). Abs. 3 S. 4[2] stellt klar, dass ein Bezugsrechtsausschluss insbesondere dann zulässig ist, wenn die neuen Aktien in der Nähe des Börsenkurses ausgegeben werden und die Neuemission 10 % des Grundkapitals nicht übersteigt.[3] Um einen Fall des Bezugsrechtsausschlusses handelt es sich dann nicht, wenn die Hauptversammlung beschließt, dass die neuen Aktien von einem Kreditinstitut oder einem nach § 53 Abs. 1 S. 1 oder § 53 b Abs. 1 S. 1 oder Abs. 7 des Gesetzes über das Kreditwesen tätigen Unternehmen gezeichnet werden sollen und dieses die neuen Aktien den Aktionären zum Bezug anzubieten hat (sog. mittelbares Bezugsrecht, Abs. 5).

2 II. Funktion des Bezugsrechts. Das Bezugsrecht dient dem Schutz der Aktionäre der Gesellschaft, indem es ihnen ermöglicht, an einer Kapitalerhöhung entsprechend ihrer bisherigen prozentualen Beteiligung am Grundkapital teilzunehmen.[4] Ohne diese Möglichkeit bestünde die Gefahr, dass die Beteiligungsquote des einzelnen Aktionärs durch die Aufnahme bislang außenstehender Personen oder anderer Altaktionäre vermindert wird. Mit einer derartigen Verminderung ist notwendigerweise eine **Verringerung der Mitverwaltungs- und Vermögensrechte** verbunden. Dies wirkt sich zunächst beim Stimmrecht des Aktionärs (§ 134 Abs. 1), bei der Beteiligung am Gewinn (§ 60 Abs. 1) sowie am Liquidationserlös (§ 271 Abs. 2) aus. Eine Verringerung der Beteiligungsquote ist für den einzelnen Aktionär ferner dann besonders nachteilhaft, wenn diese dazu führt, dass Minderheitenrechte verloren gehen, für die das Gesetz einen bestimmten Aktienbesitz fordert (zB §§ 93 Abs. 4 S. 4, 122 Abs. 1 S. 1, 142 Abs. 2, 147 Abs. 1, 309 Abs. 3). Auch das steuerliche Schachtelprivileg ist an eine bestimmte Beteiligungsquote geknüpft (vgl § 9 Nr. 2a, 7 und 8 GewStG). Zusätzlich kann mit der Kapitalerhöhung auch eine Beeinträchtigung der Vermögensinteressen des Aktionärs verbunden sein. Werden die neuen Aktien nämlich zu einem geringeren Ausgabebetrag als dem, der dem inneren Wert oder etwa dem Börsenkurs der Altaktien entspricht, ausgegeben, führt dies zu einer entsprechenden Wertminderung der Altaktien (Verwässerungseffekt).[5] Insofern stellt das Bezugsrecht auch einen Vermögenswert da, der durch die Veräußerung des Bezugsrechts realisiert werden kann. Schließlich schützt das Bezugsrecht das **Anlageinteresse** des Aktionärs, dh das Recht, in „seinem Unternehmen" weiteres Kapital investieren zu können.[6]

---

1   Zum steuerlichen Aspekt s. in Kapitel Nr. 20 („Besteuerung der AG und der KGaA und ihrer Gesellschafter"), Rn 120 f.
2   Abs. 3 S. 4 eingefügt durch das "Gesetz für kleine Aktiengesellschaften und zur Deregulierung des Aktienrechts" v. 2.8.1994, BGBl. I S. 1961 ff.
3   Henn, Handbuch des Aktienrechts, Rn 1248; Hüffer, Rn 9a; KölnKomm-AktG/Lutter, Nachtrag zu § 186, Rn 7; Hirte, ZIP 1994, 356; Marsch-Barner, AG 1997, 532 ff; Trapp, AG 1997, 115 ff.
4   MüKo-AktG/Peifer, Rn 1; MüHb-AG/Krieger, § 56 Rn 57; Groß, AG 1993, 449, 451.
5   MüKo-AktG/Peifer, Rn 1; KölnKomm-AktG/Lutter, Rn 7; Meilicke, BB 1961, 1281.
6   BGHZ 71, 40, 44 (Kali & Salz) = NJW 1978, 1316; Großkomm-AktienR/Wiedemann, Rn 58.

III. Anwendungsbereich. § 186 erfasst ausschließlich die **Kapitalerhöhung gegen Einlagen**, und zwar auch im Falle der Kapitalerhöhung durch Ausnutzung genehmigten Kapitals (vgl § 203 Abs. 1 S. 1). Kein Bezugsrecht besteht, sofern die Kapitalerhöhung zum Zwecke der Durchführung einer Verschmelzung erfolgt (§ 69 Abs. 1 S. 1 UmwG).[7] Es besteht ferner auch nicht bei der bedingten Kapitalerhöhung, da durch diese neue Aktien zu ganz bestimmten Zwecken geschaffen werden sollen (vgl § 192 Abs. 2).[8] Im wichtigen Fall des § 192 Abs. 2 Nr. 1 sind die Altaktionäre jedoch dadurch geschützt, dass das Gesetz den Altaktionären bereits im Rahmen der Ausgabe von Wandelschuldverschreibungen ein Bezugsrecht einräumt (§ 221 Abs. 4 S. 2). Im Falle der Kapitalerhöhung aus Gesellschaftsmitteln stehen die neuen Aktien den Aktionären kraft Gesetzes im Verhältnis ihrer Anteile am bisherigen Grundkapital zu (§ 212). Eines Bezugsrechtes bedarf es hier nicht.

Zweifelhaft ist, ob § 186 auch auf den Fall der Veräußerung eigener Aktien gemäß § 71c anwendbar ist. Diese Frage ist mit der herrschenden Meinung zu verneinen.[9] Da es sich bei der Veräußerung eigener Aktien durch die Gesellschaft um ein Umsatzgeschäft handelt, ist der Vorstand gehalten, einen möglichst hohen Preis zu erzielen (vgl § 71c Rn 9).[10]

B. Das gesetzliche Bezugsrecht (Abs. 1)

I. Inhalt. Jeder Aktionär hat das Recht, an einer **Kapitalerhöhung gegen Einlagen** in einem seiner bisherigen Beteiligungsquote entsprechenden Umfang teilzuhaben. Dabei handelt es sich um einen **Anspruch des Aktionärs** gegen die Gesellschaft **auf Abschluss eines Zeichnungsvertrages** zu den im Kapitalerhöhungsbeschluss festgesetzten Bedingungen.[11] Dieser Anspruch ist, sofern die übrigen Bedingungen erfüllt sind (Ausübung des Bezugsrechts, wirksamer Zeichnungsschein, wirksamer Kapitalerhöhungsbeschluss) gerichtlich durchsetzbar. Er entsteht bereits mit dem Kapitalerhöhungsbeschluss, ohne dass es auf dessen Eintragung im Handelsregister ankäme.[12]

Das Bezugsrecht begründet das Recht auf Teilhabe nach **Maßgabe des jeweiligen Kapitalerhöhungsbeschlusses**. Ein Einfluss auf den Inhalt des Kapitalerhöhungsbeschlusses wird durch das Bezugsrecht nicht vermittelt. Die Altaktionäre haben somit keinen Anspruch auf Zuteilung von Aktien zu einem bestimmten Ausgabebetrag, etwa zum geringsten Ausgabebetrag.[13] Das Bezugsrecht begründet auch keinen Anspruch auf Zuteilung von Aktien einer bestimmten Gattung, zB entsprechend der bisher vom Aktionär gehaltenen Gattung. Bestehen in der Gesellschaft nur Stammaktien, sollen aber stimmrechtslose Vorzugsaktien ausgegeben werden, ist der Aktionär auf den Bezug von Aktien dieser Aktiengattung beschränkt.[14] Bestehen mehrere Aktiengattungen, werden aber nur Aktien einer Gattung ausgegeben, sind die Aktionäre beider Gattungen entsprechend ihrer Beteiligungsquote bezugsberechtigt. Dies gilt selbst dann, wenn bei Bestehen mehrerer Aktiengattungen im Zuge der Kapitalerhöhung Aktien beider Gattungen ausgegeben werden. Hier gewährt die bislang hM ein Bezugsrecht an einem entsprechenden Anteil jeder Gattung (sog. **Mischbezugsrecht**).[15] Eine andere Ansicht möchte jeder Aktiengattung ein Bezugsrecht nur auf Aktien derselben Gattung einräumen (sog. **Gattungsbezugsrecht**).[16] Sieht der Kapitalerhöhungsbeschluss die gleichzeitige Erhöhung sämtlicher Aktiengattungen vor und beschränkt er die Aktionäre jeweils zur Zeichnung von Aktien derselben Gattung, sieht diese Ansicht darin keinen Bezugsrechtsausschluss, jedenfalls solange, wie die Aktiengattungen proportional zu ihrem jeweiligen Anteil erhöht werden und damit die bisherigen Beteiligungsverhältnisse gewahrt werden können.[17] Dieser Ansicht ist einzuräumen, dass sie dem Grundgedanken des Bezugsrechts, nämlich die Beteiligungsverhältnisse in der Gesellschaft im Sinne einer Besitzstandsgarantie zu wahren, gerecht wird. Sie steht allerdings im Widerspruch zum Wortlaut des Abs. 1, der das Bezugsrecht streng an den bisherigen Anteil am Grundkapital knüpft. Für die Praxis empfiehlt es sich, mit der bislang herrschenden Meinung von einem generellen Mischbezugsrecht auszugehen und die Einräumung lediglich eines Gattungsbezugsrechts als Fall des Bezugsrechtsausschlusses zu behandeln. Ein entsprechender Be-

---

[7] *Hüffer*, Rn 3; MüHb-AG/*Krieger*, § 56 Rn 58; MüKo-AktG/*Peifer*, Rn 6; K. Schmidt/Lutter/*Veil*, Rn 2.
[8] MüKo-AktG/*Peifer*, Rn 6; MüHb-AG/*Krieger*, § 56 Rn 27.
[9] Großkomm-AktienR/*Wiedemann*, Rn 46; *Hüffer*, Rn 3; MüKo-AktG/*Peifer*, Rn 6; aA K. Schmidt/Lutter/*T. Bezzenberger*, § 71c Rn 10; wohl auch Spindler/Stilz/*Servatius*, Rn 2.
[10] KölnKomm-AktG/*Lutter*, § 71c Rn 27; Geßler/Hefermehl/*Bungeroth*, § 71c Rn 18; Großkomm-AktienR/*Wiedemann*, Rn 46.
[11] Großkomm-AktienR/*Wiedemann*, Rn 61; *Henn*, Handbuch des Aktienrechts, Rn 1246; *Hüffer*, Rn 4; MüKo-AktG/*Peifer*, Rn 14.
[12] Großkomm-AktienR/*Wiedemann*, Rn 54; KölnKomm-AktG/*Lutter*, Rn 10.
[13] RGZ 76, 138, 141; *Hüffer*, Rn 4; Großkomm-AktienR/*Wiedemann*, Rn 57; MüKo-AktG/*Peifer*, Rn 15.
[14] MüKo-AktG/*Peifer*, Rn 15; KölnKomm-AktG/*Lutter*, Rn 3; MüHb-AG/*Krieger*, § 56 Rn 60 f.
[15] *Hüffer*, Rn 4; KölnKomm-AktG/*Lutter*, Rn 3; MüHb-AG/*Krieger*, § 56 Rn 60 f.
[16] Großkomm-AktienR/*Wiedemann*, Rn 69 ff; MüHb-AG/*Krieger*, § 56 Rn 61; wohl auch MüKo-AktG/*Peifer*, Rn 27.
[17] Großkomm-AktienR/*Wiedemann*, Rn 69 f.

schluss der Hauptversammlung („gekreuzter Bezugsrechtsausschluss")[18] wird im Regelfall sachlich gerechtfertigt sein (vgl dazu Rn 49).

7 Der **Umfang** des Bezugsrechts orientiert sich streng an der bisherigen Beteiligungsquote des Aktionärs. Das heißt, jeder Aktionär hat Anspruch auf die Zuteilung so vieler Aktien, wie es seiner bisherigen prozentualen Beteiligung am Grundkapital entspricht. Dabei kann es zu Bruchteilsrechten kommen. Erhöht zB eine Gesellschaft ihr Grundkapital von 100 um 10 auf 110, ergibt sich ein Bezugsverhältnis von 10 : 1, so dass jede Aktie rechnerisch zum Bezug des zehnten Teils einer neuen Aktie berechtigt. Da nur die Zeichnung ganzer Aktien möglich ist, benötigt ein Aktionär im Beispielsfall Bezugsrechte aus 10 Aktien, um eine Aktie zeichnen zu können. Der Aktionär kann aber sein Bezugsrecht veräußern oder die zum Bezug einer Aktie fehlenden Bezugsrechte hinzuerwerben.[19] Auch die gemeinschaftliche Zeichnung mit anderen Bruchteilsberechtigten ist möglich.

8 **II. Rechtsnatur und Übertragbarkeit.** Das **allgemeine Bezugsrecht** ist unselbstständiger Bestandteil des Mitgliedschaftsrechts (Bezugsstammrecht). Es ist insoweit vergleichbar mit dem Stimmrecht oder dem Anspruch auf Gewinnbeteiligung. Als unselbstständiger Bestandteil der Mitgliedschaft kann das allgemeine Bezugsrecht als solches nicht Gegenstand einer Verfügung sein.[20] Erst mit dem Kapitalerhöhungsbeschluss erwächst aus dem allgemeinen Bezugsrecht der **konkrete Bezugsanspruch**. Dieser kann als schuldrechtlicher Anspruch übertragen, vererbt und ge- oder verpfändet werden (allgM).

9 Als schuldrechtlicher Anspruch wird der konkrete Bezugsanspruch grundsätzlich im Wege der **Abtretung** nach §§ 413, 398 BGB übertragen. Ist zur Geltendmachung des Bezugsanspruches nach den Ausgabebedingungen die **Vorlage eines Dividendenscheins** erforderlich, richtet sich die Übertragung nach wertpapierrechtlichen Grundsätzen. Der Dividendenschein verbrieft in diesem Fall den Bezugsanspruch als **Inhaberpapier**, so dass die Übertragung nach §§ 929 ff BGB erfolgt.[21] Verfügungsbeschränkungen bestehen, wenn die bereits bestehenden Aktien **vinkuliert** sind. In diesem Fall ist die Übertragung des Bezugsanspruches an die Zustimmung der Gesellschaft gebunden (§ 68 Abs. 2).[22] Sollen anstelle der bestehenden vinkulierten Aktien **Inhaberaktien** ausgegeben werden, so richtet sich die Übertragung des Bezugsanspruches nach den Regeln der neu auszugebenden Aktien, die Übertragung ist folglich zustimmungsfrei.[23] Dasselbe gilt richtiger Ansicht nach auch im umgekehrten Fall, wenn die bisherigen Aktien frei übertragbar sein sollen, nunmehr aber vinkulierte Aktien ausgegeben werden. Die Übertragung folgt auch hier den Grundsätzen der neu auszugebenden Aktien.[24] Auch bei Ausgabe ansonsten frei übertragbarer Aktien kann der Kapitalerhöhungsbeschluss **Beschränkungen der Übertragbarkeit** des Bezugsanspruches vorsehen. Diese Beschränkungen sind als Minus zum gänzlichen Ausschluss des Bezugsrechtes anzusehen, so dass die Regeln über den Bezugsrechtsausschluss entsprechend anzuwenden sind.[25]

10 **III. Bezugsberechtigte. 1. Aktionäre.** Grundsätzlich ist jeder **Aktionär** bezugsberechtigt. Maßgeblich ist dabei die Aktionärseigenschaft zum Zeitpunkt des Wirksamwerdens des Kapitalerhöhungsbeschlusses.[26] Auf die Eintragung des Beschlusses kommt es nicht an (Arg. § 188 Abs. 4). Unerheblich ist dabei die Gattung der Aktie, die der jeweilige Aktionär hält. Auch Inhaber von Vorzugsaktien ohne Stimmrecht haben ein Bezugsrecht. Ebenfalls unerheblich ist, welche Aktiengattung aufgrund der Kapitalerhöhung neu ausgegeben werden soll (siehe bereits oben Rn 6).

11 **2. Eigene Aktien.** Aus **eigenen Aktien** stehen der Gesellschaft **keine Rechte** zu (§ 71 b). Dies betrifft alle mit der Aktie verbundenen Mitverwaltungs- und Vermögensrechte, also auch das unmittelbare oder mittelbare Bezugsrecht.[27] Die Gesellschaft kann also weder ein Bezugsrecht ausüben (vgl § 56 Abs. 1), noch den mit dem Bezugsrecht uU verbundenen Vermögenswert durch Veräußerung an Dritte realisieren.[28] Die Bezugsrechte stehen damit den übrigen Aktionären im Verhältnis ihrer Beteiligungsquote zu. Entsprechendes gilt, wenn Dritte die Aktien für Rechnung der Gesellschaft halten (§ 71 d S. 4 iVm § 71 b).[29] Nach überwiegender Ansicht gilt dies auch für von einem von der Gesellschaft abhängigen (§ 17) oder in Mehrheitsbesitz

---

18 MüHb-AG/*Krieger*, § 56 Rn 61; vgl auch *Scheifele*, BB 1990, 497 ff.
19 KölnKomm-AktG/*Lutter*, Rn 5; MüHb-AG/*Krieger*, § 56 Rn 57; *Hüffer*, Rn 5; Spindler/Stilz/*Servatius*, Rn 11.
20 Großkomm-AktienR/*Wiedemann*, Rn 63; *Henn*, Handbuch des Aktienrechts, Rn 1246; *Hüffer*, Rn 6.
21 HM, vgl MüKo-AktG/*Peifer*, Rn 23; MüHb-AG/*Krieger*, § 56 Rn 59; zweifelnd: *Hüffer*, Rn 7.
22 MüKo-AktG/*Peifer*, Rn 24; KölnKomm-AktG/*Lutter*, Rn 12; K. Schmidt/Lutter/*Veil*, Rn 11.
23 MüKo-AktG/*Peifer*, Rn 24; KölnKomm-AktG/*Lutter*, Rn 12.
24 KölnKomm-AktG/*Lutter*, Rn 12; MüKo-AktG/*Peifer*, Rn 24.
25 MüHb-AG/*Krieger*, § 56 Rn 59; KölnKomm-AktG/*Lutter*, Rn 12; *Hüffer*, Rn 7; aA Großkomm-AktienR/*Wiedemann*, Rn 63: Ausschluss der Übertragbarkeit unzulässig.
26 *Hüffer*, Rn 8; KölnKomm-AktG/*Lutter*, Rn 17; MüKo-AktG/*Peifer*, Rn 26.
27 Großkomm-AktienR/*Wiedemann*, Rn 65; MüHb-AG/*Krieger*, § 56 Rn 63; *Hüffer*, Rn 9; zweifelnd: *Marsch-Barner/Schäfer*, Hdb börs.not. AG/*Busch*, § 39 Rn 43, Fn 2; *ders.*, AG 2005, 429, 432 ff.
28 Großkomm-AktienR/*Wiedemann*, Rn 18; *Hüffer*, Rn 9; KölnKomm-AktG/*Lutter*, Rn 18; MüKo-AktG/*Peifer*, Rn 28.
29 Großkomm-AktienR/*Wiedemann*, Rn 65; KölnKomm-AktG/*Lutter*, Rn 18; *Hüffer*, Rn 9.

(§ 16) stehenden Unternehmen gehaltene Aktien[30] sowie insoweit, als Unternehmen ihrer Mitteilungspflicht nach § 20 Abs. 1, 4 bzw § 21 Abs. 1, 2 nicht nachgekommen sind.[31] Dasselbe gilt bei einem Verstoß gegen die Mitteilungspflichten nach dem WpHG.[32]

3. Bezugsrecht im Konzern. Umstritten ist, inwiefern den **Aktionären der Muttergesellschaft** ein Bezugsrecht bei Kapitalerhöhungen in der abhängigen Tochtergesellschaft zukommt. Die Frage ist zu verneinen, weil § 186 gerade der Muttergesellschaft das Bezugsrecht einräumt.[33] Die Muttergesellschaft ist auch nicht verpflichtet, neue Aktien aus der Kapitalerhöhung bei der Tochtergesellschaft analog § 186 an ihre Aktionäre weiterzuleiten.[34] Auch der BGH ist in der „Holzmüller"-Entscheidung[35] nicht von einem Bezugsrecht der Aktionäre der Muttergesellschaft ausgegangen, hat jedoch eine **Beschlusszuständigkeit** der Hauptversammlung der Muttergesellschaft bei Kapitalerhöhungen in der Tochtergesellschaft bejaht, wenn diese durch Ausgliederung wesentlicher Unternehmensteile entstanden ist. In diesen Ausnahmefällen ist es der Hauptversammlung vorbehalten, darüber zu entscheiden, ob das Bezugsrecht in der Tochtergesellschaft durch die Muttergesellschaft ausgeübt werden, oder das Bezugsrecht zugunsten der Aktionäre der Muttergesellschaft oder Dritter ausgeschlossen werden soll.[36] Im letzteren Fall (Bezugsrechtsausschluss zugunsten Dritter) unterliegt der Beschluss der Hauptversammlung den formellen Voraussetzungen eines Bezugsrechtsausschlusses (Abs. 3, 4) und bedarf der sachlichen Rechtfertigung.[37] Dasselbe soll schon dann gelten, wenn die Aktien nicht den Aktionären der Muttergesellschaft, sondern dieser selbst zugeteilt werden sollen.[38] Durch die „Gelatine"-Entscheidung[39] des BGH dürfte nunmehr klargestellt sein, dass vorstehendes nur bei wesentlichen Kapitalerhöhungen in wesentlichen Tochtergesellschaften in Betracht kommen kann.[40]

Auch beim **Börsengang von Tochtergesellschaften** besteht kein Bezugsrecht der Aktionäre der Muttergesellschaft.[41] Freilich kann eine Zuständigkeit der Hauptversammlung der Muttergesellschaft nach den Grundsätzen Holzmüller/Gelatine bestehen, sei es, dass im Zuge des Börsengangs eine Kapitalerhöhung bei der Tochtergesellschaft vorgenommen wird, oder dass Aktien aus dem Portfolio der Muttergesellschaft platziert werden. Die Hauptversammlung kann dann ihre Zustimmung von der Einräumung eines Bezugs- oder Vorerwerbsrecht abhängig machen.[42]

4. Nießbraucher. Wird an der Aktie ein **Nießbrauch** bestellt, steht das gesetzliche Bezugsrecht gleichwohl dem Aktionär und nicht etwa dem Nießbraucher zu, da es sich sowohl beim Bezugsstammrecht als auch beim konkreten Bezugsanspruch nicht um eine Nutzung (§§ 99, 100 BGB) handelt.[43] § 1071 Abs. 2 BGB ist nicht anwendbar. Der Aktionär kann somit allein entscheiden, ob er das Bezugsrecht ausübt oder es durch Verkauf verwertet.[44] Ein Zustimmungsrecht des Nießbrauchers wäre mit dem zwingenden Charakter des § 186 Abs. 1 nicht vereinbar, der es dem Aktionär ermöglichen soll, seinen Besitzstand zu wahren. Der Nießbraucher hat auch kein Recht, die Ausübung des Bezugsrechts zu verlangen. Dies würde sonst auf eine gegen § 54 Abs. 1 verstoßende Nachschusspflicht hinauslaufen.[45]

Dies bedeutet jedoch nicht, dass die Bestellung eines Nießbrauchs ohne Auswirkungen bliebe. Da das Bezugsrecht auch den vermögensrechtlichen Bestand der Mitgliedschaft sichert, ist der Aktionär dem Nießbraucher gegenüber verpflichtet, den konkreten Bezugsanspruch **nicht verfallen zu lassen**.[46] Der Nießbraucher kann also verlangen, dass der Aktionär entweder das **Bezugsrecht ausübt**, oder dieses durch **Veräußerung** verwertet. Lässt der Aktionär das Bezugsrecht verfallen, kann der Nießbraucher **Schadensersatz** verlangen. Streitig ist, inwiefern sich der Nießbrauch an den neuen Aktien (im Fall der Ausübung des Bezugsrechts) oder am Veräußerungserlös des Bezugsrechts fortsetzt. Da der Nießbrauch weder das Bezugs-

---

30 Großkomm-AktienR/*Wiedemann*, Rn 68; MüKo-AktG/*Peifer*, Rn 29; aA KölnKomm-AktG/*Lutter*, Rn 19: Veräußerung des Bezugsrechts ist möglich.
31 MüKo-AktG/*Peifer*, Rn 30.
32 §§ 21, 28 WpHG; vgl Assmann-Schneider/*Schneider*, WpHG, § 28 Rn 36.
33 Vgl auch K. Schmidt/Lutter/*Veil*, Rn 5.
34 Großkomm-AktienR/*Wiedemann*, Rn 67; *Hüffer*, Rn 8.
35 BGHZ 83, 122, 143 f = NJW 1982, 1703, 1708; klargestellt durch BGH BB 2004, 1182, 1187 ("Gelatine").
36 MüKo-AktG/*Peifer*, Rn 118; *Hüffer*, Rn 56; aA Großkomm-AktienR/*Wiedemann*, Rn 67; *Kort*, AG 2002, 369 ff.
37 BGHZ 83, 122, 143 f = NJW 1982, 1703, 1708; *Hüffer*, Rn 56; MüHb-AG/*Krieger*, § 56 Rn 88; MüKo-AktG/*Peifer*, Rn 118; Spindler/Stilz/*Servatius*, Rn 50.
38 *Hüffer*, Rn 56; MüKo-AktG/*Peifer*, Rn 118.
39 BGH BB 2004, 1182, 1188.
40 Vgl auch *Liebert*, S. 43 f.
41 *Hüffer*, Rn 5 a; vgl auch *Becker/Fett*, WM 2001, 549, 554; *Busch/Groß*, AG 2000, 503, 506; *Hirte*, Bezugsrechtsausschluss, S. 186 ff; *Mecke*, Konzernstruktur und Aktionärsentscheid, 1992, S. 255 f; *Timm*, AG 1980, 172, 183 f; aA *Lutter*, AG 2000, 342, 343; *ders.*, AG 2001, 349 ff.
42 Vgl auch Geßler/Hefermehl/*Bungeroth*, Rn 195 f; ähnlich: *Habersack*, WM 2001, 545, 547.
43 Unstreitig, vgl BGHZ 58, 316, 319; Großkomm-AktienR/*Wiedemann*, Rn 72; *Hüffer*, Rn 10; KölnKomm-AktG/*Lutter*, Rn 20; MüKo-AktG/*Peifer*, Rn 32; K. Schmidt/Lutter/*Veil*, Rn 6.
44 Großkomm-AktienR/*Wiedemann*, Rn 72; *Meilicke*, BB 1961, 1281; MüKo-AktG/*Peifer*, Rn 32.
45 Vgl Großkomm-AktienR/*Wiedemann*, Rn 72; KölnKomm-AktG/*Lutter*, Rn 20.
46 KölnKomm-AktG/*Lutter*, Rn 20; MüKo-AktG/*Peifer*, Rn 33.

stammrecht noch den konkreten Bezugsanspruch umfasst, ist diese Frage zu verneinen.[47] Der Nießbraucher hat allerdings einen schuldrechtlichen Anspruch auf Nachteilsausgleich, der im Fall der Veräußerung des Bezugsrechts auf die Einräumung eines Nießbrauches am Veräußerungserlös gerichtet ist.[48] Im Fall der Ausübung des Bezugsrechts kann der Nießbraucher entsprechend dem Rechtsgedanken des § 1079 BGB die Einräumung eines Nießbrauches an dem Teil der neuen Aktien verlangen, der wertmäßig dem Verhältnis des Bezugsrechts zum Wert der neu ausgegebenen Aktien entspricht. Ist dies – zB wegen der geringen Anzahl an neuen Aktien – nicht möglich, kommt auch ein entsprechender quotenmäßiger Nießbrauch an einzelnen oder allen neuen Aktien in Betracht.[49] Der Nießbraucher ist verpflichtet, dem Aktionär diejenigen Urkunden (Aktie, Dividendenschein) zur Verfügung zu stellen, die dieser zur Ausübung oder Verwertung des Bezugsrechts benötigt.[50]

16 **5. Pfandgläubiger.** Besteht an den Aktien ein **Pfandrecht**, gilt im Grundsatz dasselbe wie im Falle des Nießbrauchs. Der Aktionär kann das Bezugsrecht selbstständig ausüben.[51] Das Pfandrecht setzt sich nicht ipso iure an den neuen Aktien oder dem Veräußerungserlös fort. Der Aktionär ist jedoch verpflichtet, ein Pfandrecht am Veräußerungserlös oder einer dem Wertverhältnis (so Rn 15) entsprechenden Quote der neuen Aktien zu bestellen. Lässt der Aktionär das Bezugsrecht verfallen, macht er sich **schadensersatzpflichtig**.[52] Wegen § 1253 BGB scheidet die Übergabe von Urkunden an den Aktionär aus. Der Pfandgläubiger ist deshalb verpflichtet, die zur Ausübung oder Verwertung des Bezugsrechts erforderlichen Urkunden der AG vorzulegen.[53]

17 **6. Sicherungseigentum.** Besteht an Aktien Sicherungseigentum, ist der **Sicherungsnehmer** als Vollrechtsinhaber und damit als Aktionär zur Ausübung des Bezugsrechts berechtigt und im Zweifel auch verpflichtet.[54] Die Verpflichtung zur Ausübung besteht jedoch nur, wenn ihm die zur Ausübung notwendigen Mittel durch den Sicherungsgeber zur Verfügung gestellt werden. In diesem Fall werden die neuen Aktien zu Treugut, soweit diese dem Wert des Bezugsrechts entsprechen. Im Übrigen sind die Aktien dem Sicherungsgeber auszukehren.[55] Stellt der Sicherungsgeber keine Mittel zur Verfügung, kann der Sicherungsnehmer das Bezugsrecht für sich selbst ausüben oder dieses verwerten. Der Wert des Bezugsrechts bzw der Veräußerungserlös sind auf die gesicherte Forderung gegen den Sicherungsgeber anzurechnen.[56] Der Sicherungsgeber ist verpflichtet, die zur Ausübung oder Verwertung des Bezugsrechts notwendigen Urkunden zur Verfügung zu stellen.[57]

18 **7. Vor- und Nacherbschaft.** Gehören Aktien zum **Nachlass**, fällt das Bezugsrecht ebenfalls in den Nachlass, und zwar auch dann, wenn der Bezugsanspruch nach dem Erbfall entsteht. Da der Bezugsanspruch keine Nutzung iSv § 2111 Abs. 1 S. 1 BGB darstellt, steht er nicht dem Vorerben zu.[58] Der **Vorerbe** ist im Rahmen der **ordnungsgemäßen Verwaltung** des Nachlasses berechtigt, das Bezugsrecht auszuüben oder sonst zu verwerten. Zur Ausübung notwendige Mittel können dem Nachlass entnommen werden. Bezugsaktien oder, im Fall der Veräußerung des Bezugsrechts, der Veräußerungserlös, fallen kraft **dinglicher Surrogation** (§ 2111 Abs. 1 S. 1 Alt. 3 BGB) in den Nachlass. Stellen die Vor- oder der Nacherbe die Mittel zur Ausübung des Bezugsrechts aus eigenem Vermögen zu Verfügung, fallen Bezugsaktien gleichfalls in den Nachlass. Mit dem Nacherbfall entsteht Bruchteilseigentum im Verhältnis der aufgewendeten eigenen Mittel.[59]

19 **8. Depotaktien.** Befinden sich Aktien im Depot, steht das Bezugsrecht dem **Depotkunden** zu. Die depotführende Bank ist verpflichtet, den Depotkunden auf das Bezugsrecht und die Bedingungen seiner Ausübung hinzuweisen, wenn hierüber eine Mitteilung in den „Wertpapiermitteilungen" erfolgt ist. Soweit der Kunde bis zum Ablauf des vorletzten Tages des Bezugsrechtshandels keine Weisung erteilt, hat die Bank sämtliche zum Depotbestand gehörende Bezugsrechte bestens zu verkaufen.[60]

---

[47] MüKo-AktG/*Peifer*, Rn 32, 33; *Lutter*, Rn 10; aA KölnKomm-AktG/*Lutter*, Rn 20, mwN.
[48] Großkomm-AktienR/*Wiedemann*, Rn 74; *Heidecker*, NJW 1956, 892, 893; MüKo-AktG/*Peifer*, Rn 33; offen gelassen: OLG Bremen AG 1970, 335.
[49] MüKo-AktG/*Peifer*, Rn 33; *Hüffer*, Rn 10.
[50] MüKo-AktG/*Peifer*, Rn 33; *Meilicke*, BB 1961, 1281, 1282.
[51] Großkomm-AktienR/*Wiedemann*, Rn 77; KölnKomm-AktG/*Lutter*, Rn 21; K. Schmidt/Lutter/*Veil*, Rn 6.
[52] MüKo-AktG/*Peifer*, Rn 34, 33; *Hüffer*, Rn 11; *Meilicke*, BB 1961, 1281, 1282.
[53] Großkomm-AktienR/*Wiedemann*, Rn 78; KölnKomm-AktG/*Lutter*, Rn 21; MüHb-AG/*Krieger*, § 56 Rn 64; MüKo-AktG/*Peifer*, Rn 34.
[54] MüKo-AktG/*Peifer*, Rn 35; KölnKomm-AktG/*Lutter*, Rn 22; MüHb-AG/*Krieger*, § 56 Rn 64.
[55] Großkomm-AktienR/*Wiedemann*, Rn 83; MüKo-AktG/*Peifer*, Rn 35, aA *Hüffer*, Rn 12: vollständig Treugut.
[56] KölnKomm-AktG/*Lutter*, Rn 22; MüHb-AG/*Krieger*, § 56 Rn 64; einschränkend: MüKo-AktG/*Peifer*, Rn 35.
[57] *Hüffer*, Rn 12.
[58] Großkomm-AktienR/*Wiedemann*, Rn 84; KölnKomm-AktG/*Lutter*, Rn 23; MüKo-AktG, *Peifer*, Rn 36.
[59] Geßler/Hefermehl/*Bungeroth*, Rn 46; Großkomm-AktienR/*Wiedemann*, Rn 85; KölnKomm-AktG/*Lutter*, Rn 23.
[60] Vgl AGB-Banken (Sonderbedingungen für Wertpapiergeschäfte) Nr. 15 Abs. 1, zustimmend: Münchkomm-AktG/*Peifer*, Rn 37.

IV. Ausübung des Bezugsrechts. 1. Verlangen. Die Zuteilung neuer Aktien erfolgt auf Verlangen des Bezugsberechtigten (sog. **Bezugserklärung**). Diese ist zu unterscheiden von der Zeichnungserklärung (§ 185) und bedarf keiner Form. In der Bezugserklärung liegt die Ausübung des Bezugsanspruches. Im Regelfall besteht sie in der Aufforderung an die AG, dem Bezugsberechtigten die notwendigen Unterlagen zur Abgabe eines Zeichnungsscheins als Zeichnungsofferte zuzusenden, oder (ausnahmsweise) ihrerseits ein verbindliches Angebot zum Abschluss eines Zeichnungsvertrages zu unterbreiten (§ 185 Rn 5). Die Abgabe der Bezugserklärung verpflichtet den Bezugsberechtigten nicht zum Abschluss des Zeichnungsvertrages. Dies würde dem Schutzzweck des § 185 zuwiderlaufen, der für eine verbindliche Zeichnung eine bestimmte Form vorschreibt.[61] Im Einzelfall kann jedoch eine Haftung gegenüber der AG aus culpa in contrahendo in Betracht kommen.[62] Die Bezugserklärung muss nicht notwendigerweise unabhängig von der Zeichnungserklärung erfolgen. Häufig sehen die Ausübungsbedingungen vor, dass die Bezugserklärung und die Zeichnungserklärung nur zusammen in der Form des § 185 erfolgen können.[63] Wird die Form nicht eingehalten, so ist weder die Zeichnung noch die Bezugserklärung wirksam.[64] Die Bezugserklärung muss innerhalb der nach § 186 Abs. 1 S. 2 zu bestimmenden Bezugsfrist (Rn 21) der AG zugehen. Die Beweislast hierfür trägt der Bezugsberechtigte.[65] Die **Zuteilung** der Bezugsaktien erfolgt nicht durch einen besonderen Zuteilungsakt, sondern dadurch, dass die AG einen formellen Zeichnungsvertrag mit dem Bezugsberechtigten abschließt oder diesem ein bindendes Zeichnungsangebot unterbreitet.[66]

2. Bezugsfrist. Nach § 186 Abs. 1 S. 2 ist für die Ausübung des Bezugsrechts eine Frist von **mindestens zwei Wochen** zu bestimmen. Die Vorschrift geht zurück auf die Zweite (Kapital-) Richtlinie der EG.[67] Die Frist kann in der Satzung konkret bestimmt sein. Ansonsten wird sie im Einzelfall von der Hauptversammlung oder dem Vorstand festgesetzt. Eine zwei Wochen überschreitende Frist kann bestimmt werden. Die Frist beginnt, wenn nicht ein anderer (späterer) Zeitpunkt bestimmt wird, mit der Veröffentlichung in den Gesellschaftsblättern (§§ 186 Abs. 2, 25; § 10 Abs. 2 HGB). Das Fristende bestimmt sich nach §§ 187, 188 BGB. § 186 Abs. 1 S. 2 gilt unmittelbar nur für die Bezugserklärung. Die Gesellschaft kann jedoch für die förmliche Zeichnung der neuen Aktien die selbe oder eine längere Frist bestimmen (Zeichnungsfrist). Unterbleibt die Fristbestimmung, so findet nicht etwa die gesetzliche Mindestfrist Anwendung;[68] vielmehr kann das Bezugsrecht bis zu dem Zeitpunkt ausgeübt werden, zu dem die Durchführung der Kapitalerhöhung im Hinblick auf die Frist nach § 185 Abs. 1 Nr. 4 spätestens angemeldet werden muss.[69] Bis zu diesem Zeitpunkt muss dann auch die Zeichnung erfolgen. Hierbei ist ein angemessener Zeitraum für die Vorbereitung der Anmeldung und die Eintragung zu berücksichtigen.[70] Bei der Bezugsfrist handelt es sich um eine **Ausschlussfrist**. Wird die Frist versäumt, erlischt der Bezugsanspruch und die Gesellschaft ist berechtigt (und verpflichtet) die neuen Aktien bestens unterzubringen.[71] Sie ist dabei an die Festsetzungen des Kapitalerhöhungsbeschlusses nach unten gebunden, was die Höhe des Ausgabebetrages anbelangt. Will die AG neue Aktien zu einem geringeren Ausgabebetrag ausgeben, so hat sie diese den Aktionären unter Beachtung des Gleichbehandlungsgrundsatzes erneut zum Bezug anzubieten.[72]

3. Legitimation. Der Bezugsberechtigte hat sich gegenüber der AG zu legitimieren. Sind Namensaktien ausgegeben, erfolgt die Legitimation durch die Eintragung im **Aktienregister** der Gesellschaft (§ 76 Abs. 2). Bei Inhaberaktien ist in der Regel ein in der Bezugsaufforderung bestimmter **Dividendenschein** vorzulegen. Ansonsten erfolgt die Legitimation durch Vorlage der **Aktienurkunde**.[73] Bei Ausübung des Bezugsrechts durch einen Bevollmächtigten kann die Bezugserklärung gem. § 174 BGB zurückgewiesen werden, wenn der Vertreter keine Vollmacht vorlegt.[74]

V. Bekanntmachung (Abs. 2). 1. Ausgabebetrag, Grundlagen seiner Festlegung. Nach Abs. 2 S. 1 hat der Vorstand den **Ausgabebetrag** für die neuen Aktien oder die **Grundlagen für seine Festlegung** in den Gesell-

---

61 MüKo-AktG/*Peifer*, Rn 40; *Hüffer*, Rn 14; KölnKomm-AktG/*Lutter*, Rn 27; MüHb-AG/*Krieger*, § 56 Rn 65; aA das ältere Schrifttum, vgl *Schlegelberger/Quassowski*, AktG 1937, § 153 Rn 4.
62 Großkomm-AktienR/*Wiedemann*, Rn 89; MüHb-AG/*Krieger*, § 56 Rn 65; MüKo-AktG/*Peifer*, Rn 40.
63 Großkomm-AktienR/*Wiedemann*, Rn 89; KölnKomm-AktG/*Lutter*, Rn 28.
64 Großkomm-AktienR/*Wiedemann*, Rn 89; KölnKomm-AktG/*Lutter*, Rn 28.
65 KölnKomm-AktG/*Lutter*, Rn 31.
66 Großkomm-AktienR/*Wiedemann*, Rn 90; KölnKomm-AktG/*Lutter*, Rn 35; MüKo-AktG/*Peifer*, Rn 39.
67 Art. 29 Abs. 3 S. 3 Zweite Richtlinie v. 13.12.1976 (Kapitalrichtlinie) (77/91 EWG), Abdruck bei *Lutter*, Europäisches Unternehmensrecht, 4. Aufl., S. 114 ff.
68 So etwa noch *v. Godin/Wilhelmi*, Rn 4.
69 Großkomm-AktienR/*Wiedemann*, Rn 98; KölnKomm-AktG/*Lutter*, Rn 32; weitergehend Spindler/Stilz/*Servatius*, Rn 15: Zeichnung bis zur Anmeldung der Durchführung der Kapitalerhöhung gem. § 188.
70 Großkomm-AktienR/*Wiedemann*, Rn 98; *Hüffer*, Rn 15; KölnKomm-AktG/*Lutter*, Rn 33: "10 Tage".
71 Großkomm-AktienR/*Wiedemann*, Rn 97; *Hüffer*, Rn 16; KölnKomm-AktG/*Lutter*, Rn 34, 25; MüHb-AG/*Krieger*, § 56 Rn 66; MüKo-AktG/*Peifer*, Rn 44.
72 Großkomm-AktienR/*Wiedemann*, Rn 97; KölnKomm-AktG/*Lutter*, Rn 25; MüHb-AG/*Krieger*, § 56 Rn 66; Spindler/Stilz/*Servatius*, Rn 13.
73 MüKo-AktG/*Peifer*, Rn 41; KölnKomm-AktG/*Lutter*, Rn 29.
74 KG AG 2006, 201.

schaftsblättern bekannt zu machen. Die Möglichkeit, die Bekanntmachung (zunächst) auf die Grundlagen für die Festlegung des Ausgabebetrags zu beschränken, wurde durch das Gesetz zur weiteren Reform des Aktien- und Bilanzrechts, zu Transparenz und Publizität (TransPublG)[75] eingeführt.

24 Hintergrund der Regelung ist, dass bei der früher ausschließlich vorgeschriebenen Bekanntmachung des **Ausgabebetrags** die Angabe einer Referenzgröße oder der Grundlage, nach der der Ausgabebetrag später berechnet werden soll, nicht genügt. Da mit dem Begriff Ausgabebetrag der Betrag gemeint ist, zu dem die neuen Aktien gezeichnet werden sollen (vgl § 185 Abs. 1 Nr. 3), muss dieser **ziffernmäßig bestimmt** bekannt gemacht werden. Dies entsprach der bislang überwiegenden Meinung[76] und wurde mit der Neuregelung letztlich bestätigt.

25 Die Bekanntmachung eines konkreten Ausgabebetrages schließt es allerdings aus, auf eine veränderte Lage am Kapitalmarkt während der mindestens zweiwöchigen Bezugsfrist zu reagieren. Dies macht es wegen des während dieses Zeitraums bestehenden Kursänderungsrisikos oft notwendig, einen mitunter nicht unerheblichen Sicherheitsabschlag auf den Ausgabebetrag vorzunehmen.

26 Durch die Möglichkeit zunächst nur die **Grundlagen für seine Festsetzung** bekannt zu machen, wird dieses Kursänderungsrisiko erheblich eingegrenzt. Die Neuregelung ermöglicht zB, den Ausgabebetrag im Wege des Bookbuilding-Verfahrens während der Bezugsfrist zu ermitteln.[77] Macht die AG von dieser Möglichkeit Gebrauch, hat der Vorstand nach Abs. 2 S. 2 den genauen Ausgabebetrag aber spätestens **drei Tage** vor Ablauf der Bezugsfrist in den **Gesellschaftsblättern** und **zusätzlich** über ein **elektronisches Informationsmedium** bekannt zu machen. Die Aktionäre können also binnen drei Tagen über die endgültige Ausübung des Bezugsrechts zu einem bestimmten Preis entscheiden. Für die grundsätzliche Entscheidung betreffend das „Ob" der Ausübung des Bezugsrechts steht den Aktionären – ebenso wie nach altem Recht – mindestens der Zeitraum von zwei Wochen zu (Abs. 1 S. 2). Den Aktionären ist es auch unbenommen, vor der endgültigen Festlegung des Ausgabebetrags ihr Bezugsrecht auszuüben, da allein die Ausübung des Bezugsrechts keine Verpflichtung zur Zeichnung begründet (vgl Rn 20). Auch kann die Bezugserklärung mit einem Limit versehen werden.[78] Die verbindliche Zeichnung kann ohnehin erst nach Vorliegen des konkreten Ausgabebetrages erfolgen (§ 185 Abs. 1 Nr. 3).[79]

27 **2. Weiterer Inhalt der Bekanntmachung.** Da die Bekanntmachung aus sich heraus verständlich sein muss, ist neben dem Ausgabebetrag oder den Grundlagen für dessen Ermittlung die Kapitalerhöhung als solche, der **Erhöhungsbetrag** und das **Bezugsverhältnis** anzugeben.[80] Ebenfalls bekannt zu machen ist die **Bezugsfrist** nach Abs. 1 S. 2. Wurde neben der Bezugsfrist auch eine **Frist zur Zeichnung** bestimmt, ist diese zusammen mit der Bezugsfrist bekannt zu machen. Bekannt zu geben sind auch etwaige Anordnungen über die **Legitimation** des Bezugsberechtigten, etwa durch Vorlage eines Dividendenscheins.[81]

28 Die Bekanntmachung hat in den **Gesellschaftsblättern**, also mindestens im (elektronischen) Bundesanzeiger zu erfolgen (§ 25), und gilt unter den Voraussetzungen des § 10 Abs. 2 HGB als erfolgt. Das Fristende berechnet sich nach §§ 187, 188 BGB. Für die Bekanntmachung ist die **Eintragung** des Kapitalerhöhungsbeschlusses nach allgM **nicht erforderlich** (Arg.: § 188 Abs. 4). In diesem Fall muss die Bekanntmachung auch keinen entsprechenden Eintragungsvorbehalt enthalten.[82] Die Bekanntmachungspflicht besteht nur für diejenigen Aktien, für die ein Bezugsrecht besteht. Beim mittelbaren Bezugsrecht (§ 186 Abs. 5 S. 1) besteht nur die Bekanntmachungspflicht nach Abs. 5 S. 2.

29 **VI. Verletzung des Bezugsrechts.** Das Bezugsrecht ist nicht schon dann verletzt, wenn die AG über mehr Aktien Zeichnungsverträge abschließt, als neue Aktien ausgegeben werden können. Die Bezugsberechtigten sind insoweit durch den **Vorbehalt des § 187** geschützt.[83] An einer Verletzung fehlt es auch, wenn die Eintragung der Durchführung der Kapitalerhöhung unterbleibt.[84] Da nicht einmal der Zeichnungsvertrag selbst einen Anspruch des Zeichners auf Durchführung der Kapitalerhöhung begründet (s. § 185 Rn 32), gilt dies auch dann, wenn die AG das Unterbleiben der Eintragung zu vertreten hat. Eine Verletzung liegt aber dann vor, wenn die Durchführung der Kapitalerhöhung eingetragen wird und die AG mit dem Bezugsberechtigten entweder keinen Zeichnungsvertrag trotz ordnungsgemäßer Bezugs- und Zeichnungserklärung abgeschlossen hat, oder trotz Abschluss eines Zeichnungsvertrags den Bezugsberechtigten nicht in das Ver-

---

75 BGBl. I 2002 S. 2681.
76 Geßler/*Hefermehl/Bungeroth*, Rn 70; *Hüffer*, Rn 19; *Groß*, ZHR 162 (1998), 318, 333; KölnKomm-AktG/*Lutter*, Rn 46; aA MüHb-AG/*Krieger*, § 56 Rn 67: Bekanntmachung eines Höchstbetrages und der Verfahrensregeln genügt.
77 Vgl BegrRegE zu Nr. 22 (§ 186 Abs. 2) aE; eingehend: *Groß*, ZHR 162 (1998) 318 ff; MüHb-AG/*Krieger*, § 56 Rn 67; *Schlitt/Seiler*, WM 2003, 2175, 2180.
78 MüKo-AktG/*Peifer*, Rn 48 aE.
79 Vgl § 185 Rn 12; aA *Weisner*, NZG 2005, 578 ff, der die Angabe der Grundlagen für die Festsetzung des Ausgabebetrags im Zeichnungsschein genügen lässt.
80 Großkomm-AktienR/*Wiedemann*, Rn 100; KölnKomm-AktG/*Lutter*, Rn 48; MüHb-AG/*Krieger*, § 56 Rn 67; MüKo-AktG/*Peifer*, Rn 50.
81 KölnKomm-AktG/*Lutter*, Rn 47.
82 MüKo-AktG/*Peifer*, Rn 45; aA *Baumbach/Hueck*, AktG, Anm. 13 b.
83 *Hüffer*, Rn 17; MüKo-AktG/*Peifer*, Rn 52.
84 MüKo-AktG/*Peifer*, Rn 52; *Hüffer*, Rn 17.

zeichnis der Zeichner (§ 188 Abs. 3 Nr. 1) aufgenommen bzw den jeweiligen Zeichnungsschein nicht zum Handelsregister eingereicht hat (s. dazu auch § 185 Rn 37).

Verweigert die AG den Abschluss eines Zeichnungsvertrages trotz ordnungsgemäßer Bezugs- und Zeichnungserklärung, kann der Bezugsberechtigte auf Abschluss des Zeichnungsvertrages klagen, solange die Durchführung der Kapitalerhöhung noch nicht im Handelsregister eingetragen ist.[85] Nach erfolgter Eintragung ist der Bezugsberechtigte auf **Schadensersatzansprüche** gegen die Gesellschaft aus §§ 283, 280 BGB[86] und daneben aus § 823 Abs. 2 BGB iVm § 186 AktG[87] verwiesen. Der Umfang des Schadensersatzes bestimmt sich nach den Mehrkosten einer anderweitigen Beschaffung. Will der Aktionär also seinen Bezugsanspruch durchsetzen, kann er im Wege des **einstweiligen Rechtsschutzes** der AG den Abschluss von (weiteren) Zeichnungsverträgen mit nicht Bezugsberechtigten bzw die Anmeldung der Durchführung der Kapitalerhöhung untersagen. Dieses Vorgehen kann aber wegen einer möglichen Verpflichtung zum Schadensersatz mit nicht unerheblichen Risiken verbunden sein (vgl § 945 ZPO), da eine Verzögerung der Eintragung die Kapitalerhöhung insgesamt scheitern lassen kann (vgl § 185 Abs. 1 Nr. 4). Unter den Voraussetzungen des § 16 Abs. 2 HGB kann der Bezugsberechtigte die Eintragung durch Widerspruch verhindern. 30

C. Ausschluss des Bezugsrechts (Abs. 3 und 4)

I. Formelle Voraussetzungen. 1. Zuständigkeit. Das Bezugsrecht kann ganz oder zum Teil nur im Beschluss über die Erhöhung des Grundkapitals ausgeschlossen werden (Abs. 3 S. 1).[88] Daraus folgt zunächst, dass die Kompetenz zum Bezugsrechtsausschluss zwingend der **Hauptversammlung** zukommt. Das Bezugsrecht kann also weder bereits in der Satzung generell oder für bestimmte Fälle ausgeschlossen werden, noch kann die Satzung die Entscheidung über den Bezugsrechtsausschluss anderen Organen, etwa dem Vorstand und/oder dem Aufsichtsrat übertragen.[89] Mit Ausnahme beim genehmigten Kapital (§ 202 Abs. 2 S. 1) kann die Hauptversammlung die Entscheidung über einen Bezugsrechtsausschluss auch nicht anderen Organen überlassen. Dieser zwingenden Kompetenzverteilung entspricht es ferner, dass die Satzung den Bezugsrechtsausschluss nicht verbieten, sondern lediglich erschweren kann (Abs. 3 S. 3, s. auch Rn 34). 31

2. Bestandteil des Erhöhungsbeschlusses. Der Bezugsrechtsausschluss kann nur „**im Beschluss**" über die Kapitalerhöhung erfolgen und ist daher untrennbarer Bestandteil des Erhöhungsbeschlusses.[90] Es handelt sich somit nicht um einen selbstständigen Beschluss, der neben dem Erhöhungsbeschluss stünde und der dann auch isoliert angefochten werden könnte. Vielmehr liegt ein **einheitlicher Beschluss** vor, so dass Fehler (Anfechtbarkeit, Nichtigkeit) des Beschlussteils „Bezugsrechtsausschluss" immer auch dem Beschlussteil „Kapitalerhöhung" anhaften und umgekehrt. Eine **Teilanfechtung** des Bezugsrechtsausschlusses ist somit nach hM[91] nicht zulässig. Nach aA ist der Rechtsgedanke des § 139 BGB anwendbar.[92] Im Regelfall führt dies zu demselben Ergebnis, da der Bezugsrechtsausschluss einen derart integrierenden Bestandteil des Erhöhungsbeschlusses darstellt, dass dessen Wegfall dem Beschluss einen völlig anderen Inhalt verleihen würde (reine Kapitalerhöhung). Die Fälle, in denen angenommen werden kann, dass die Hauptversammlung bei Kenntnis des Mangels die Kapitalerhöhung auch ohne Bezugsrechtsausschluss beschlossen hätte (vgl § 139 BGB), dürften eine seltene Ausnahme sein und auch nur in einer personalistisch strukturierten Gesellschaft in Betracht kommen. 32

Die Hauptversammlung muss das Bezugsrecht nicht ausdrücklich ausschließen, der Ausschluss muss aber **eindeutig** erfolgen.[93] Das kann zB dann der Fall sein, wenn zur Zeichnung der neuen Aktien ein im Beschluss bestimmter Personenkreis ausdrücklich zugelassen wird, etwa bei der Ausgabe von Arbeitnehmeraktien die Arbeitnehmer oder bei Kapitalerhöhung gegen Sacheinlage der Inhaber des Einlagegegenstands.[94] 33

---

85 Unstreitig, vgl Großkomm-AktienR/*Wiedemann*, Rn 101; *Hüffer*, Rn 17; KölnKomm-AktG/*Lutter*, Rn 36.
86 *Baumbach/Hueck*, AktG, Anm. 11; MüKo-AktG/*Peifer*, Rn 54; Großkomm-AktienR/*Wiedemann*, Rn 103.
87 HM vgl auch: Großkomm-AktienR/*Wiedemann*, Rn 103; KölnKomm-AktG/*Lutter*, Rn 41; MüKo-AktG/*Peifer*, Rn 54; zweifelnd *Hüffer*, Rn 18.
88 Zum steuerlichen Aspekt s. im Kapitel "Besteuerung der AG und der KGaA und ihrer Gesellschafter" Rn 171.
89 Vgl auch *Henn*, Handbuch des Aktienrechts, Rn 1248; *Hüffer*, Rn 20; KölnKomm-AktG/*Lutter*, Rn 51; MüKo-AktG/*Peifer*, Rn 60.
90 Großkomm-AktienR/*Wiedemann*, Rn 109; *Hüffer*, Rn 20; MüHb-AG/*Krieger*, § 56 Rn 80.
91 OLG Oldenburg DB 1994, 929, 931; LG Braunschweig AG 1993, 194 f; Großkomm-AktienR/*Wiedemann*, Rn 109; MüKo-AktG/*Peifer*, Rn 60; K. Schmidt/Lutter/*Veil*, Rn 22.
92 RGZ 118, 67, 70 f; KölnKomm-AktG/*Lutter* Rn 52; MüHb-AG/*Krieger*, § 56 Rn 87.
93 *Hüffer*, Rn 20; KölnKomm-AktG/*Lutter*, Rn 53; MüKo-AktG/*Peifer*, Rn 61.
94 MüKo-AktG/*Peifer*, Rn 61; Großkomm-AktienR/*Wiedemann*, Rn 110.

34 **3. Mehrheitsanforderungen.** Der Ausschluss des Bezugsrechts erfordert eine Mehrheit, die mindestens **drei Viertel** des bei der Beschlussfassung **vertretenen Kapitals** umfasst.[95] Das Mehrheitserfordernis erfasst auch etwaige **Sonderbeschlüsse** (§ 182 Abs. 2) verschiedener Aktiengattungen. § 182 Abs. 2 S. 3 ist so auszulegen, dass für den Sonderbeschluss stets dieselben Anforderungen gelten, die auch für den Hauptversammlungsbeschluss gelten.[96] Die Satzung kann eine größere, nicht aber kleinere Kapitalmehrheit und weitere Erfordernisse vorsehen. § 182 Abs. 1 S. 2, der für die Kapitalerhöhung bei entsprechender Satzungsregelung auch eine geringere Mehrheit genügen lässt, ist also eingeschränkt. Die Satzung kann folglich für den Bezugsrechtsausschluss die Einstimmigkeit der vertretenen Aktionäre, eine drei Viertel Kapitalmehrheit, eine mehrfache Abstimmung oder ähnliches vorschreiben. Durch entsprechende Satzungsgestaltung lässt es sich somit erreichen, dass der Bezugsrechtsausschluss zwar nicht de jure, jedenfalls aber de facto unmöglich gemacht wird.

34a Bei Unternehmen des Finanzsektors ist bei Kapitalerhöhungen im Zusammenhang mit einer Rekapitalisierung gem. § 7 Abs. 3 des Finanzmarktstabilisierungsbeschleunigungsgesetzes (FMStBG)[97] für den Ausschluss des Bezugsrechts eine Mehrheit von 2/3 der abgegebenen Stimmen oder des vertretenen Grundkapitals ausreichend. Ist die Hälfte des Grundkapitals vertreten, genügt sogar die einfache Mehrheit. Darüber hinaus bestimmt § 7 Abs. 3 S. 4 FMStBG, dass ein Bezugsrechtsausschluss zugunsten des Finanzmarktstabilisierungsfonds, aber auch zugunsten sonstiger Dritter (§ 7e FMStBG) „in jedem Fall zulässig und angemessen" ist.

35 **4. Ankündigung.** Ein Beschluss über den Bezugsrechtsausschluss darf gem. § 186 Abs. 3 S. 1 nur gefasst werden, wenn der beabsichtigte Beschluss ausdrücklich und ordnungsgemäß angekündigt bzw. bekannt gemacht worden ist. Die Ankündigung hat in der Tagesordnung zu erfolgen, die nach der Neufassung des § 121 Abs. 3 S. 1 und 2 durch das Gesetz zur Umsetzung der Aktionärsrechterichtlinie (ARUG)[98] nunmehr einen integralen Bestandteil der Einberufung der Hauptversammlung darstellt. Die Bekanntmachung hat daher in den **Gesellschaftsblättern** (§ 25) zu erfolgen (§ 121 Abs. 4 S. 1). Die Ankündigung ist entbehrlich, wenn die Hauptversammlung in der Form der **Universalversammlung** (vgl § 121 Abs. 6) abgehalten werden kann, da in diesem Fall eine Einberufung nach § 121 Abs. 3 und damit auch eine Bekanntmachung nach § 186 Abs. 4 S. 1 nicht erforderlich ist.[99] Die Ankündigung muss „**ausdrücklich**" erfolgen. Damit reicht eine bloße Umschreibung als Beschlussgegenstand (zB Bekanntmachung, dass über das Bezugsrecht beschlossen werden soll), wie sie für sonstige Tagesordnungspunkte im Rahmen des § 124 Abs. 1 genügen würde, nicht aus.[100] Die mit der Pflicht zur ausdrücklichen Bekanntmachung bezweckte **Warnfunktion** erfordert vielmehr, den wesentlichen Inhalt des beabsichtigten Bezugsrechtsausschlusses (vgl § 124 Abs. 2) anzukündigen. Der Begriff „Bezugsrechtsausschluss" muss nicht zwingend verwendet werden, solange die Tatsache und der Umfang des beabsichtigten Bezugsrechtsausschlusses klar ist.[101] Ein Verstoß gegen die Ankündigungspflicht führt nicht zur Nichtigkeit des Beschlusses, sondern nur zu dessen **Anfechtbarkeit**.[102]

36 **5. Bericht.** Der Vorstand hat der Hauptversammlung einen schriftlichen Bericht über den Grund für den teilweisen oder vollständigen Ausschluss des Bezugsrechts zugänglich zu machen, in dem auch der vorgeschlagene Ausgabebetrag für die neuen Aktien begründet werden muss (Abs. 4 S. 2). Die Vorschrift geht zurück auf die Zweite (Kapital-) Richtlinie der EG.[103] Durch den Bericht soll die Hauptversammlung in die Lage versetzt werden, sachgerecht über den Ausschluss des Bezugsrechts zu beschließen.[104] Die Berichtspflicht ist vor allem vor dem Hintergrund des Erfordernisses einer sachlichen Rechtfertigung des Bezugs-

---

[95] MüKo-AktG/*Peifer*, Rn 62; *Henn*, Handbuch des Aktienrechts, Rn 1249; KölnKomm-AktG/*Lutter*, Rn 54; MüHb-AG/*Krieger*, § 56 Rn 80; *Bezzenberger*, in: FS Quack, S. 153, 158.

[96] Großkomm-AktienR/*Wiedemann*, Rn 111; *Hüffer*, Rn 21; KölnKomm-AktG/*Lutter*, Rn 54.

[97] Gesetz vom 17. Oktober 2008 (BGBl. I S. 1982, 1986), zuletzt geändert durch Artikel 2 des Gesetzes vom 20. Dezember 2012 (BGBl. I S. 2777).

[98] BGBl. I 2009, S. 2479.

[99] Vgl *Hüffer*, Rn 22, Spindler/Stilz/*Servatius*, Rn 24. Dies ist nach der Streichung des bisher in Abs. 4 S. 1 enthaltenen Verweises auf § 124 Abs. 1 aF nicht mehr ganz eindeutig, da der ausdrückliche Bezug auf den die Einberufung der Hauptversammlung regelnden Unterabschnitt (§§ 121 bis 128) damit entfallen ist. Ausweislich der Gesetzesbegründung handele es sich bei der Streichung des Verweises um eine redaktionelle Anpassung; auch sei der Verweis ohnehin nicht zwingend erforderlich gewesen (vgl Gesetzesbegründung Nr. 25 zu § 183). Eine Ausweitung der Bekanntmachungspflicht nach Abs. 4 S. 1 auf den Fall der Universalversammlung kann daher durch das ARUG wohl nicht gewollt gewesen sein (zust. *Hüffer*, Rn 22). Zum Verzicht auf den Bericht s. Rn 37.

[100] MüKo-AktG/*Peifer*, Rn 64; Großkomm-AktienR/*Wiedemann*, Rn 112; KölnKomm-AktG/*Lutter*, Rn 55; Spindler/Stilz/*Servatius*, Rn 23.

[101] KölnKomm-AktG/*Lutter*, Rn 55 (mit Beispielen); *Hüffer*, Rn 22; MüKo-AktG/*Peifer*, Rn 64; wohl strenger: Großkomm-AktienR/*Wiedemann*, Rn 112: nicht ausreichend, wenn sich beabsichtigter Ausschluss nur aus der Verwendung der neuen Aktien ergibt.

[102] HM, vgl Wortlaut: „darf"; Großkomm-AktienR/*Wiedemann*, Rn 112; MüKo-AktG/*Peifer*, Rn 64; K. Schmidt/Lutter/*Veil*, Rn 15.

[103] Art. 29 Abs. 4 S. 3 Zweite Richtlinie v. 13.12.1976 (Kapitalrichtlinie) (77/91 EWG), Abdruck bei *Lutter*, Europäisches Unternehmensrecht, 4. Aufl., S. 114 ff.

[104] BGHZ 83, 319, 326; LG Heidelberg ZIP 1988, 1257, 1258; Großkomm-AktienR/*Wiedemann*, Rn 117; MüHb-AG/*Krieger*, § 56 Rn 81; MüKo-AktG/*Peifer*, Rn 65; *Bischoff*, BB 1987, 1055, 1060; *Lutter*, ZGR 1979, 401, 408.

rechtsausschlusses zu sehen (s. dazu Rn 40 ff). Er hat daher neben der **Begründung des Ausgabebetrages** diejenigen Tatsachen zu enthalten, die für die **sachliche Rechtfertigung** erforderlich sind und ist Grundlage für die gerichtliche Überprüfung im Anfechtungsprozess.[105] Nach Abs. 4 S. 2 ist der Bericht **schriftlich** zu erstatten. Da der Bericht vom Vorstand als Kollegialorgan zu erstatten ist, muss dieser von **sämtlichen Mitgliedern** des Vorstands unterschrieben werden.[106] Nach der Neufassung[107] des Abs. 4 S. 2 ist der Bericht der Hauptversammlung **zugänglich** zu machen. Die bisherige Pflicht zur Auslegung in der Hauptversammlung mit der entsprechenden Notwendigkeit der Vervielfältigung des Berichts in Papierform ist entfallen. Stattdessen ist es nunmehr möglich, den Aktionären die Kenntnisnahme des Berichts auch elektronisch zu ermöglichen, zB durch Bereitstellung von Computerterminals im Versammlungsbereich.[108] Die Auslegung des Berichts in Papierform ist aber nach wie vor zulässig.
Da der Bericht die Hauptversammlung in die Lage versetzen soll, auf angemessener Informationsgrundlage über den Bezugsrechtsausschluss zu entscheiden, herrscht Einigkeit darüber, dass das Zugänglich machen des Berichts in der Hauptversammlung nicht genügt, vielmehr eine vorherige Information erforderlich ist. Die hM nimmt daher zu Recht an, dass der Bericht entsprechend § 175 Abs. 2 bzw § 293 f. Abs. 1 von der Einberufung der Hauptversammlung an in den Geschäftsräumen der AG **auszulegen** und dem Aktionär auf Verlangen eine **Abschrift zu erteilen** ist.[109] Analog zu den durch das EHUG[110] geschaffenen § 175 Abs. 2 S. 4 und § 293 f Abs. 3 kann die Auslegung und Abschriftserteilung durch Einstellen auf der Internetseite der Gesellschaft ersetzt werden.[111] Daneben ist der Bericht seinem **wesentlichen Inhalt** nach analog § 124 Abs. 2 S. 2 Alt. 2 mit der Tagesordnung **bekannt zu machen**.[112] Die Ansicht, der bekannt zu machende Inhalt des Berichts sei darüber hinaus zwingend gem. §§ 125, 128 mitzuteilen,[113] erscheint angesichts der Möglichkeit, entsprechend § 175 Abs. 2 eine Abschrift des vollständigen Berichts zu verlangen, wenn der Bericht nicht auf der Internetseite eingestellt ist, als zu weitgehend.
Für **börsennotierte Gesellschaften** verlangt § 124 a S. 1 Nr. 3[114] nunmehr zusätzlich, dass der Bericht (als eine der Hauptversammlung zugänglich zu machende Unterlage) „alsbald nach der Einberufung" der Hauptversammlung über die **Internetseite der Gesellschaft** zugänglich gemacht werden muss. Allein die Auslegung in den Geschäftsräumen und ggf Zusendung einer Abschrift auf Verlangen analog § 175 Abs. 2 bzw § 293 f Abs. 1 genügt daher nicht.

Ein Vorstandsbericht ist auch erforderlich, wenn die Gründe, die für einen Ausschluss des Bezugsrechts sprechen, evident sind, zB bei einem Bezugsrechtsausschluss zum Zweck der Ausgabe von Arbeitnehmeraktien. In diesen Fällen kann der Bericht jedoch in entsprechender Kürze erstattet werden.[115] Ein Bericht ist allerdings in analoger Anwendung des § 121 Abs. 6 entbehrlich, wenn die Hauptversammlung in Form der **Universalversammlung** abgehalten werden kann und alle Aktionäre auf eine Berichterstattung verzichten.[116] Unterfällt der geplante Bezugsrechtsausschluss einem Sachverhalt, der dem Wertpapiererwerbs- und Übernahmegesetz (WpÜG) unterfällt, gilt für die Bekanntmachung vor dem Zeitpunkt der Hauptversammlung § 16 Abs. 4 S. 7 WpÜG. Danach ist der Bericht den Aktionären „zugänglich", und in „Kurzform" bekannt zu machen. Dies ermöglicht es, den Bericht in Form der Hinweisbekanntmachung unter Verweis auf die Internetseite der Gesellschaft zu veröffentlichen.[117] Nach anderer Ansicht ist der Bericht jedoch auch bei Übernahmesachverhalten seinem „wesentlichen Inhalt" (vgl § 124 Abs. 2 S. 2) nach bekannt zu machen.[118] Folgt man dem, wären mit § 16 Abs. 4 S. 5 WpÜG angesichts der ohnehin bestehenden Möglichkeit der Veröffentlichung im Internet (§ 175 Abs. 2 S. 4, § 293 f. Abs. 4) de facto keine Erleichterungen für die Gesellschaft (mehr) verbunden und die Regelung überflüssig. Das Erfordernis der Schriftform und der Auslage in den Geschäftsräumen wird von § 16 Abs. 4 S. 7 WpÜG nicht berührt.[119]

---

105 BGH aaO; MüHb-AG/*Krieger*, § 56 Rn 81; *Hirte*, Bezugsrechtsausschluss, S. 86, 225; *Lutter*, ZGR 1979, 401, 415; MüKo-AktG/*Peifer* Rn 65.
106 K. Schmidt/Lutter/*Veil*, Rn 19.
107 Durch das Gesetz zur Umsetzung der Aktionärsrechterichtlinie (ARUG), BGBl. I 2009 S. 2479.
108 Vgl Gesetzesbegründung Nr. 5 zu § 52.
109 Großkomm-AktienR/*Wiedemann*, Rn 120; *Hüffer*, Rn 23; MüHb-AG/*Krieger*, § 56 Rn 81; MüKo-AktG, Rn 69; K. Schmidt/Lutter/*Veil*, Rn 20; aA *Becker*, BB 1981, 394, 395; *Marsch*, AG 1981, 211, 213 f.
110 Gesetz über elektronische Handelsregister und Genossenschaftsregister sowie das Unternehmensregister, BGBl. I 2006 S. 2553.
111 AA Spindler/Stilz/*Servatius*, Rn 31, wohl auch *Hüffer*, Rn 23.
112 BGHZ 120, 141, 155 f = NJW 1993, 400; *Hüffer*, Rn 23; K. Schmidt/Lutter/*Veil*, Rn 20; wohl auch Großkomm-AktienR/*Wiedemann*, Rn 121; KölnKomm-AktG/*Lutter*, Rn 57; *Hirte*, Bezugsrechtsausschluss, S. 86, 124. Dieser Ansicht hat sich der Gesetzgeber indirekt in § 16 Abs. 4 S. 7 WpÜG angeschlossen, vgl Geibel-Süßmann/*Geibel*, WpÜG, § 16 Rn 104.
113 So KölnKomm-AktG/*Lutter*, Rn 57; *Timm*, DB 1982, 211, 217; in diese Richtung auch Großkomm-AktienR/*Wiedemann*, Rn 121; gegen Mitteilungspflicht: *Hüffer*, Rn 23; MüKo-AktG/*Peifer*, Rn 69.
114 § 124 a neu eingefügt durch das Gesetz zur Umsetzung der Aktionärsrechterichtlinie (ARUG), BGBl. I 2009 S. 2479.
115 *Hüffer*, Rn 23; KölnKomm-AktG/*Lutter*, Rn 56.
116 *Hüffer*, Rn 23; MüKo-AktG/*Peifer*, Rn 65; aA Großkomm-AktienR/*Wiedemann*, Rn 115.
117 BT-Drucks. 14/7034, S. 47; *Hüffer*, Rn 23.
118 Geibel-Süßmann/*Geibel*, WpÜG, § 16 Rn 104.
119 *Hüffer*, Rn 23; MüKo-AktG/*Peifer*, Rn 70.

38 Der **Umfang** des Berichts hat sich am Sinn und Zweck der Berichtspflicht zu orientieren.[120] Der Bericht muss die Aktionäre in die Lage versetzen, über den Ausschluss des Bezugsrechts sachgerecht zu entscheiden. Dabei ist zu sehen, dass es sich bei dem Ausschluss des Bezugsrechts zum einen um einen schwerwiegenden Eingriff in die Mitgliedschaft der Aktionäre handelt, der der sachlichen Rechtfertigung bedarf; zum anderen ist die Entscheidung über den Ausschluss des Bezugsrechts einer Einordnung in die Kategorien „richtig" oder „falsch" nicht zugänglich. Es handelt sich vielmehr um eine unternehmerische Entscheidung, die von der Hauptversammlung zu treffen ist. Daraus folgt, dass der Bericht diejenigen Informationen zu enthalten hat, die es der Hauptversammlung ermöglichen, eine Abwägung der mit dem Ausschluss des Bezugsrechts verfolgten Interessen der AG einerseits und dem mit dem Ausschluss verbundenen Eingriff in die Mitgliedschaft andererseits vorzunehmen. Der Bericht hat daher die **rechtlichen und wirtschaftlichen Gründe** für den Bezugsrechtsausschluss darzustellen. Hierzu gehören die Darlegung des **Interesses** der Gesellschaft am Bezugsrechtsausschluss, die Beschreibung etwaiger Alternativen (**Erforderlichkeit**), die Nachteile für die Aktionäre sowie die Darstellung der Überlegungen des Vorstands, die den Bezugsrechtsausschluss schließlich als **angemessen** erscheinen lassen. Abstrakte Darlegungen oder Allgemeinplätze (zB Bezugsrechtsausschluss liege im Interesse der Gesellschaft) genügen nicht. Unerheblich ist, ob Informationen den Aktionären bereits bekannt sind oder als bekannt gelten können.[121] Auch eine Ergänzung durch Angaben in einem etwaigen Prüfungsbericht nach § 34 Abs. 2, 3 iVm § 183 Abs. 3 scheidet aus.[122]

39 Der Bericht muss den vorgeschlagenen **Ausgabebetrag** unter Darlegung der Berechnungsgrundlagen und angewandten Bewertungskriterien begründen.[123] Der Hinweis auf allgemeine Bewertungsgrundsätze genügt dem nicht. Aus der Begründungspflicht folgt, dass das Gesetz grundsätzlich von der Verpflichtung des Vorstands ausgeht, einen (konkreten) Ausgabebetrag vorzuschlagen, an den die Hauptversammlung allerdings nicht gebunden ist.[124] Soll die Hauptversammlung ausnahmsweise keine Festsetzung hinsichtlich des Ausgabebetrages vornehmen, oder lediglich einen **Mindest- und/oder Höchstbetrag** festsetzen, so ist auch dies zu begründen.[125]

40 **II. Materielle Voraussetzungen. 1. Sachliche Rechtfertigung.** Beim Ausschluss des Bezugsrechts handelt es sich um einen schweren Eingriff in die Mitgliedschaftsrechte der Aktionäre, denen die Möglichkeit genommen wird, eine Verwässerung ihrer Beteiligungsquote und damit eine Gefährdung ihrer Mitverwaltungs- und Vermögensrechte durch Zeichnung neuer Aktien zu vermeiden. Auch wenn § 186 Abs. 3 und Abs. 4 den Bezugsrechtsausschluss nicht ausdrücklich von materiellrechtlichen Kriterien abhängig machen, besteht Einigkeit darüber, dass eine (auch qualifizierte) Entscheidung der Mehrheit über den Ausschluss des Bezugsrechts nicht lediglich dem Willkürverbot[126] oder den Grenzen der § 138 BGB, § 243 Abs. 2 und § 53a[127] unterliegt. Vielmehr bedarf der Bezugsrechtsausschluss der besonderen sachlichen Rechtfertigung,[128] was durch die Einführung der Berichtspflicht (so Rn 36) durch den Gesetzgeber schließlich betätigt wurde.[129] Ein Begründungszwang verträgt sich nicht mit einer Freiheit zu beliebiger Entscheidung.[130] Die sachliche Rechtfertigung ist gegeben, wenn der Bezugsrechtsausschluss im **Interesse** der Gesellschaft liegt, zur Erreichung des beabsichtigten Zieles **geeignet und erforderlich** sowie nach Abwägung der Interessen der Gesellschaft und der Aktionäre **verhältnismäßig** ist.[131]

Bei Unternehmen des Finanzsektors ist bei Kapitalerhöhungen im Zusammenhang mit einer Rekapitalisierung gem. § 7 Abs. 3 des Finanzmarktstabilisierungsbeschleunigungsgesetzes (FMStBG)[132] ein Bezugs-

---

120 BGHZ 83, 319, 326 (Holzmüller); LG Frankfurt AG 1984, 296, 299; Großkomm-AktienR/*Wiedemann*, Rn 125; Köln-Komm-AktG/*Lutter*, Rn 88; *Bayer*, AG 1988, 323, 327; *Lutter*, ZGR 1979, 401, 408; zusammenfassend: *Sethe*, AG 1994, 342, 351.
121 Großkomm-AktienR/*Wiedemann*, Rn 125.
122 Geßler/Hefermehl/Bungeroth, Rn 98; *Hüffer*, Rn 24; aA *Becker*, BB 1981, 394, 395.
123 *Hirte*, Bezugsrechtsausschluss, S. 86; MüKo-AktG/*Peifer*, Rn 67.
124 Großkomm-AktienR/*Wiedemann*, Rn 125; MüHb-AG/*Krieger*, § 56 Rn 82.
125 Geßler/Hefermehl/Bungeroth, Rn 100; *Hüffer*, Rn 24.
126 Vgl etwa BGHZ 33, 175, 186 (Minimax II) = NJW 1961, 26; *Henn*, AG 1985, 240, 244 f.
127 So noch *Baumbach/Hueck*, AktG, Rn 15; *v. Godin/Wilhelmi*, Rn 8.
128 Grundlegend BGHZ 71, 40, 43 ff (Kali & Salz) = NJW 1978, 1316, 1317; bestätigt in BGHZ 83, 319, 321 (Holzmüller); *Hüffer*, Rn 25; MüHb-AG/*Krieger*, § 56 Rn 68; MüKo-AktG/*Peifer*, Rn 71; *Börner*, DB 1988, 1254, 1258; *Füchsel*, BB 1972, 1533, 1536; *Priester*, DB 1980, 1925, 1926 f; *v. Venrooy*, DB 1982, 735 f. Für bloße Missbrauchskontrolle dagegen *Bezzenberger*, ZIP 2002, 1917, 1925; dagegen: *Rodloff*, ZIP 2003, 1078 ff.
129 BGHZ 83, 319, 328 (Holzmüller) = NJW 1982, 2444, 2445 (für genehmigtes Kapital); LG Frankfurt AG 1984, 296, 299; *Hüffer*, Rn 25; *Becker*, BB 1981, 394, 395.
130 KölnKomm-AktG/*Lutter*, Rn 60; *Hirte*, Bezugsrechtsausschluss, S. 150; *ders.*, WM 1994, 321 ff.
131 BGHZ 71, 40, 46 (Kali & Salz); BGHZ 83, 319, 321 (Holzmüller); BGHZ 120, 141, 145 f; BGHZ 125, 239, 241; OLG Braunschweig AG 1999, 84, 86; OLG Stuttgart AG 1998, 529, 531; Großkomm-AktienR/*Wiedemann*, Rn 137 f; MüKo-AktG/*Peifer*, Rn 72. Zur Entwicklung der Rechtsprechung s. auch *Liebert*, S. 57 ff.
132 Gesetz vom 17. Oktober 2008 (BGBl. I S. 1982, 1986), zuletzt geändert durch Artikel 2 des Gesetzes vom 20. Dezember 2012 (BGBl. I S. 2777).

rechtsausschluss zugunsten des Finanzmarktstabilisierungsfonds, aber auch zugunsten sonstiger Dritter (§ 7 e FMStBG) „in jedem Fall zulässig und angemessen".

a) Gesellschaftsinteresse. Die Kapitalerhöhung mit Bezugsrechtsausschluss muss einem **spezifischen Interesse** der Gesellschaft dienen. Dabei kommt grundsätzlich jedes im Rahmen des Unternehmensgegenstandes liegende Interesse in Betracht,[133] nicht aber ein Konzerninteresse[134] oder die Interessen bestimmter Aktionäre oder Organmitglieder.[135] Nicht erforderlich ist das Vorliegen eines überragenden oder gar existenziellen Interesses.[136] Letztlich handelt es sich bei der Festlegung der im Interessen der Gesellschaft verfolgten Ziele um eine **unternehmerische Entscheidung**, die einer Einordnung in die Kategorien „richtig" oder „falsch" nicht zugänglich ist, und die mit entsprechenden Risiken verbunden ist.[137] Der Entscheidung ist somit ein gewisser unternehmerischer **Ermessens- oder Beurteilungsspielraum**[138] immanent, wie er etwa auch im Rahmen der in § 93 Abs. 1 S. 2 konkretisierten *business judgement rule* anzutreffen ist.[139] Daraus folgt, dass eine gerichtliche Überprüfung lediglich dahin gehend erfolgen kann, ob die Entscheidung insgesamt vertretbar erscheint.[140] Dies setzt wiederum voraus, dass die Hauptversammlung vor der Beschlussfassung im Rahmen der Berichtspflicht des Vorstands umfassend informiert worden und von zutreffenden und vollständigen Entscheidungsgrundlagen ausgegangen ist. Ferner, dass in die Entscheidung keine sach- bzw gesellschaftsfremden Gesichtspunkte eingeflossen sind. Der Schutz der Aktionäre erfolgt damit nicht durch eine richterliche Kontrolle des Ergebnisses der Willensbildung der Hauptversammlung, sondern über die Kontrolle der Ermessensausübung, mithin des Verfahrens, das zu der entsprechenden Entscheidung geführt hat. Damit stellt sich die Kontrolle der verfahrensmäßigen Informationsrechte als Korrelat der eingeschränkten Justitiabilität unternehmerischer Entscheidungen dar. 41

b) Eignung und Erforderlichkeit. Der Bezugsrechtsausschluss ist geeignet, wenn er zur Erreichung des im Interesse der Gesellschaft liegenden Zieles **tauglich ist**.[141] Darüber hinaus muss der Bezugsrechtsausschluss auch erforderlich sein. Dies ist dann der Fall, wenn der Bezugsrechtsausschluss die **einzige Möglichkeit** darstellt, das Ziel zu erreichen, oder wenigstens die hierzu am besten geeignete.[142] Stehen ebenso geeignete, aber schonendere Mittel zur Verfügung, scheidet ein Bezugsrechtsausschluss aus. 42

c) Verhältnismäßigkeit. Verhältnismäßig ist der Bezugsrechtsausschluss, wenn die Abwägung der mit ihm verfolgten Interessen der Gesellschaft und der mit ihr verbundenen Beeinträchtigung der Interessen der Aktionäre ein **Überwiegen der Gesellschaftsinteressen** ergibt.[143] Auch hier handelt es sich letztlich um die Ausübung unternehmerischen Ermessens,[144] dh, das Bezugsrecht ist verhältnismäßig, wenn man „nach pflichtgemäßer kaufmännischer Prüfung der Überzeugung sein darf, der Ausschluss sei das angemessene und am besten geeignete Mittel zur Verfolgung überwiegender Gesellschaftsinteressen".[145] Ob ein Bezugsrechtsausschluss verhältnismäßig ist, kann nur für den jeweiligen Einzelfall entschieden werden. Das Gewicht des Eingriffes in Aktionärsinteressen hängt dabei nicht nur von der Größenordnung der beabsichtigten Kapitalerhöhung ab, sondern vor allem auch von der Mitgliederstruktur. In einer **personalistisch geprägten Gesellschaft** mit geschlossenem Mitgliederkreis kann der Bezugsrechtsausschluss der erste Schritt hin zu einer offenen Gesellschaft oder zum „Ausschluss auf Raten"[146] bedeuten. Auch in der offenen Gesellschaft können relevante Beteiligungsquoten von Aktionärsgruppen (zB Familienstämmen), die bislang an bestimmte Beteiligungsquoten geknüpfte Minderheitenrechte (zB Sperrminorität, Minderheitenrechte nach §§ 3 Abs. 4 S. 3, 43

---

133 KölnKomm-AktG/*Lutter*, Rn 61; *Lutter*, ZGR 1979, 401, 403; *Ebenroth/Müller*, BB 1993, 509, 511; *Semler*, BB 1983, 1566, 1568.
134 *Hüffer*, Rn 26; MüKo-AktG/*Peifer*, Rn 75; *Hirte*, Bezugsrechtsausschluss, S. 47 ff.
135 Großkomm-AktienR/*Wiedemann*, Rn 139; *Füchsel*, BB 1972, 1533, 1538; *Lutter*, AG 1972, 132; MüKo-AktG/*Peifer*, Rn 75.
136 MüKo-AktG/*Peifer*, Rn 75; KölnKomm-AktG/*Lutter*, Rn 61; *Lutter*, ZGR 1979, 401, 403.
137 KölnKomm-AktG/*Lutter*, Rn 61; *Zöllner*, Schranken mitgliedschaftlicher Stimmrechtsmacht, S. 25.
138 *Lutter*, ZGR 1979, 401, 405; MüKo-AktG/*Peifer*, Rn 73. Die Formulierungen sind nicht einheitlich. ZT wird die Sachlage mit der verwaltungsrechtlichen Beurteilungsermächtigung verglichen (etwa *Hüffer*, Rn 36) oder eine Mischlage aus Rechtsvoraussetzungen und Rechtsfolgeermessen angenommen, *Hirte*, Bezugsrechtsausschluss, S. 223f. Der BGH spricht im Zusammenhang mit dem Bezugsrechtsausschluss im Rahmen eines genehmigten Kapitals vom unternehmerischen Ermessen, vgl ZIP 1994, 529, 531 (Deutsche Bank) = JZ 1994, 911 m.Anm. *Lutter*.
139 Spindler/Stilz/*Servatius*, Rn 53.
140 Großkomm-AktienR/*Wiedemann*, Rn 138; KölnKomm-AktG/*Lutter*, Rn 61; K. Schmidt/Lutter/*Veil*, Rn 37. Dies ist im Grunde unstreitig, vgl etwa *Lutter*, ZGR 1979, 401, 407; *Hüffer*, Rn 36; *Wiedemann*, ZGR 1980, 147, 157; H.P. Westermann, in: FS Semler, S. 651, 654; *ders.*, ZHR 156 (1992), 203, 217; *Martens*, in: FS R. Fischer, S. 437, 448.
141 AllgM, vgl auch Großkomm-AktienR/*Wiedemann*, Rn 144; *Hüffer*, Rn 27; MüHb-AG/*Krieger*, § 56 Rn 70; K. Schmidt/Lutter/*Veil*, Rn 34.
142 BGHZ 83, 139, 323 (Holzmüller) = NJW 1982, 2444; Geßler/Hefermehl/Bungeroth, Rn 113; *Hüffer*, Rn 27; KölnKomm-AktG/*Lutter*, Rn 62; *Hirte*, Bezugsrechtsausschluss, S. 77; *Semler*, BB 1983, 1566, 1568.
143 BGHZ 71, 40, 46 (Kali & Salz) = NJW 1978, 1316; BGHZ 83, 319, 321 (Holzmüller) = NJW 1982, 2444; MüKo-AktG/*Peifer*, Rn 77; *Hüffer*, Rn 28; *Füchsel*, BB 1972, 1533, 1539; *Lutter*, AG 1972, 125, 132; *Semler*, BB 1983, 1566, 1568; Spindler/Stilz/*Servatius*, Rn 48.
144 KölnKomm-AktG/*Lutter*, Rn 63.
145 BGH NJW 1982, 2444 (Holzmüller), im Anschluss an BGHZ 21, 354, 357 = NJW 1956, 1753.
146 Vgl Großkomm-AktienR/*Wiedemann*, Rn 147.

142 Abs. 2, 147 Abs. 1, 609 Abs. 3) vermittelt haben, durch den Bezugsrechtsausschluss unter die relevante Quote herabgesetzt werden.[147] Bei Minderheitsaktionären **einer Publikumsgesellschaft** stehen im Regelfall deren Vermögensinteressen im Vordergrund, da diese der Gefahr einer Verwässerung des inneren Werts ihrer Aktien nicht durch eine Teilnahme an der Kapitalerhöhung vorbeugen können. Daran ändert auch die Pflicht zur Begründung des Ausgabebetrags und die Möglichkeit der Anfechtung des Kapitalerhöhungsbeschlusses nach § 255 Abs. 2 nichts Grundsätzliches, da die Bewertung der Gesellschaft naturgemäß mit Unwägbarkeiten behaftet ist.[148] Auf der anderen Seite gibt es mit dem Bezugsrechtsausschluss verfolgbare Zwecke, die aufgrund gesetzlicher Wertungen **privilegiert** sind, zB die **Beteiligung von Arbeitnehmern** (vgl § 192 Abs. 2 Nr. 3) oder der **Zusammenschluss von Unternehmen** (vgl § 192 Abs. 2 Nr. 2). Diesen Wertentscheidungen kommt zwar keine Indizwirkung für ein überwiegendes Gesellschaftsinteresse zu, sie müssen aber in die Abwägung mit einfließen.

44 Im Rahmen der Abwägung ist auch zu prüfen, ob nicht durch ein weniger geeignetes Mittel mit weniger gravierenden Auswirkungen die Gesellschaftsinteressen ausreichend verwirklicht werden können.[149] Ist dies der Fall, so ist dieses zu wählen, der Bezugsrechtsausschluss mithin **unzulässig**. Ferner ist zu erwägen, die Auswirkungen des Bezugsrechtsausschlusses durch begleitende Maßnahmen zu kompensieren oder wenigstens abzumildern. Dabei kommt zB bei einer Sachkapitalerhöhung eine parallele Barkapitalerhöhung unter Ausschluss des Sacheinlegers in Betracht.[150] Die Verhältnismäßigkeitsprüfung kann schließlich auch dazu führen, dass die Kapitalerhöhung ganz zu unterlassen ist.[151]

45 **2. Einzelfälle. a) Barkapitalerhöhung.** Die **Barkapitalerhöhung** dient im Regelfall dem Interesse der Gesellschaft, neues Eigenkapital zu gewinnen, und zwar unabhängig von der Person des Zeichners.[152] Da dem Gesetz die Wertung zu Grunde liegt, dass dieses Ziel der Kapitalbeschaffung grundsätzlich unter Wahrung des Bezugsrechtes zu verfolgen ist,[153] müssen bestimmte weitere Gesichtspunkte hinzutreten, die eine Kapitalbeschaffung mit Bezugsrechtsausschluss rechtfertigen. Allein das Bestreben, einen möglichst **hohen Ausgabekurs** zu erzielen, reicht hierfür grundsätzlich nicht aus.[154] Dasselbe gilt auch bei schwieriger Kapitalmarktsituation.[155] Freilich ist zu sehen, dass es letztlich auf die Wertung im Einzelfall ankommt. Ist die AG dringend **auf Kapital angewiesen** und können neue Aktien aufgrund besonderer Umstände tatsächlich nur unter Ausschluss des Bezugsrechts zu einem angemessenen Ausgabekurs untergebracht werden, ist ein Überwiegen der Interessen der Gesellschaft durchaus denkbar.[156] Allerdings ist an die Darlegung der besonderen Umstände ein strenger Maßstab anzulegen, der den Bezugsrechtsausschluss als *Ultima Ratio* erscheinen lässt. Ein **Sanierungszweck** kann daher einen Bezugsrechtsausschluss rechtfertigen, zB wenn der potenzielle Investor sein Engagement von einer Beteiligung abhängig macht.[157] Hier kann vor einer Kapitalerhöhung unter (teilweisem) Ausschluss des Bezugsrechts sogar die vorherige Herabsetzung des Grundkapitals (sog. Kapitalschnitt) gerechtfertigt sein.[158]

46 Für einen Bezugsrechtsausschluss kommen deshalb besonders **strukturelle Erwägungen** in Betracht, etwa die Aufnahme anderer Unternehmen, Mitarbeiter oder kapitalkräftige Investoren als Aktionäre.[159] Auch eine geplante **Kooperation** mit einem anderen Unternehmen gehört hierher, wenn diese im Unternehmensinteresse liegt und der Kooperationspartner eine Beteiligung verlangt.[160] Eine beabsichtigte **Börseneinführung** kann den Bezugsrechtsausschluss rechtfertigen, wenn der Börsengang im Interesse der Gesellschaft liegt und die erforderliche Anzahl von Aktien sonst nicht erreicht werden kann (vgl § 9 BörsZulVO).[161] Im Grundsatz gilt dasselbe für eine beabsichtigte Platzierung von Aktien an einem weiteren in- oder ausländi-

---

147 Vgl Großkomm-AktienR/*Wiedemann*, Rn 147; MüKo-AktG/*Peifer*, Rn 79.
148 Vgl Geßler/*Hefermehl/Bungeroth*, Rn 116.
149 KölnKomm-AktG/*Lutter*, Rn 63; Hüffer, Rn 28; MüKo-AktG/*Peifer*, Rn 76.
150 Hüffer, Rn 28; KölnKomm-AktG/*Lutter*, Rn 64; MüKo-AktG/*Peifer*, Rn 79.
151 Großkomm-AktienR/*Wiedemann*, Rn 146; *Füchsel*, BB 1972, 1533, 1539; Geßler/*Hefermehl/Bungeroth*, Rn 115; abweichend: *Bischoff*, BB 1987, 1055, 1060.
152 AllgM, vgl MüKo-AktG/*Peifer*, Rn 91.
153 Vorbehaltlich der Regelung des Abs. 3 S. 4; dazu Rn 57 ff.
154 Hüffer, Rn 33; KölnKomm-AktG/*Lutter*, Rn 76; MüHb-AG/*Krieger*, § 56 Rn 64; wohl auch BGH NJW 1982, 2444, 2446 (Holzmüller): allerdings für genehmigtes Kapital; aA Geßler/*Hefermehl/Bungeroth*, Rn 130; differenzierend: MüKo-AktG/*Peifer*, Rn 95.
155 Hüffer, Rn 33; KölnKomm-AktG/*Lutter*, Rn 77; aA *Timm*, DB 1982, 211, 215.
156 MüHb-AG/*Krieger*, § 56 Rn 73.
157 BGHZ 83, 319, 323 = NJW 1982, 2444; LG Heidelberg ZIP 1988, 1257, 1258; Hüffer, Rn 31; KölnKomm-AktG/*Lutter*, Rn 70.
158 Vgl dazu *Reger/Stenzel*, aaO.
159 Großkomm-AktienR/*Wiedemann*, Rn 154; Geßler/*Hefermehl/Bungeroth*, Rn 131.
160 Hüffer, Rn 31; Geßler/*Hefermehl/Bungeroth*, Rn 134; *Priester*, DB 1980, 1925, 1929; *Timm*, DB 1982, 211, 212 f.
161 Vgl Hüffer, Rn 31; MüKo-AktG/*Peifer*, Rn 96; auch Großkomm-AktienR/*Wiedemann*, Rn 159: allerdings mit Austrittsrecht analog §§ 305, 306.

schen Börsenplatz, wenn ein Interesse besteht, an dem jeweiligen Kapitalmarkt vertreten zu sein. Bei einer größeren AG liegt die Einführung an einer ausländischen Börse regelmäßig in deren sachlichem Interesse.[162]

47 Umstritten ist, ob der Ausschluss des Bezugsrechts als **Abwehrmaßnahme** sachlich gerechtfertigt sein kann. Dies ist jedenfalls in solchen Fällen anzunehmen, in denen durch die Maßnahme feindliches unternehmerisches Handeln abgewehrt werden soll. Ein Bezugsrechtsausschluss kommt daher in Betracht, wenn die drohende Abhängigkeit oder die Konzernierung der AG abgewendet und deren wirtschaftliche Selbstständigkeit gewahrt werden soll. Erst recht gilt dies, wenn ein Aktionär oder ein Dritter die Zerschlagung der AG anstrebt.[163] Dies gilt auch bei Übernahmesachverhalten nach dem Wertpapiererwerbs- und Übernahmegesetz (WpÜG), da dieses grundsätzlich nur der Verwaltung Handlungen verbietet, die den Erfolg der Übernahme vereiteln könnten (vgl § 33 Abs. 1 WpÜG) und § 16 Abs. 4 S. 5 WpÜG den Bezugsrechtsausschluss als Abwehrinstrument indirekt anerkennt.[164] Dagegen wird im Allgemeinen ein Interesse der Gesellschaft am bloßen Erhalt ihrer Beteiligungsstruktur nicht als beachtenswert angesehen.[165] Dem wird man in vielen Fällen folgen können, wobei aber die konkrete Beteiligungsstruktur (zB personalistisch geprägte Gesellschaft) zu einer anderen Bewertung führen kann.[166]

48 Ein teilweiser Ausschluss des Bezugsrechts zur Vermeidung **freier Spitzen** ist grundsätzlich zulässig.[167] Er ist allerdings nur verhältnismäßig, wenn die AG unnötige Spitzen bei der Festlegung des Bezugsverhältnisses vermeidet.[168] Bei nennenswerten Spitzenbeträgen sind diese zudem zunächst den Altaktionären zum Bezug anzubieten.[169]

49 Bestehen in der AG mehrere **Aktiengattungen** und werden im Rahmen einer Kapitalerhöhung neue Aktien unterschiedlicher Gattungen ausgegeben, so besteht nach der hier vertretenen Auffassung kein Gattungsbezugsrecht; vielmehr haben die Aktionäre einer Gattung jeweils auch ein Bezugsrecht auf Aktien der anderen Gattung (so Rn 6). Sollen demgegenüber die neuen Aktien gattungsbezogen zugeteilt werden, liegt ein Fall des Bezugsrechtsausschlusses hinsichtlich der jeweils anderen Gattung vor. Ein solcher Bezugsrechtsausschluss ist ohne Weiteres gerechtfertigt, wenn die Verhältnisse der Gattungen zueinander gewahrt bleiben („**gekreuzter Bezugsrechtsausschluss**").[170]

50 Die beabsichtigte Ausgabe von Aktien an **Arbeitnehmer** der AG oder verbundener Unternehmen kann einen Bezugsrechtsausschluss rechtfertigen. Bei der Beteiligung von Arbeitnehmern handelt es sich um einen vom Gesetzgeber an anderer Stelle (§§ 192 Abs. 2 Nr. 3; 204 Abs. 3) privilegierten Zweck. Diese Zweckbestimmung trägt ihre Rechtfertigung jedoch nicht in sich,[171] da die Rechtfertigung nach wie vor von einem konkreten Interesse der AG an Arbeitnehmerbeteiligung abhängig ist,[172] und die Beeinträchtigung der Interessen der Aktionäre nicht zuletzt vom Umfang und den Bedingungen der Aktienausgabe abhängig ist. Angesichts der gesetzlichen Wertung sind aber an die Rechtfertigung der Ausgabe von Belegschaftsaktien im üblichen Rahmen nur geringe Anforderungen zu stellen.[173] Zum Bezugsrechtsausschluss im Rahmen des § 7 FMStBG vgl Rn 35 a.

51 **Wandlungs- und Optionsrechte** aus Schuldverschreibungen können auch mit Aktien aus einer ordentlichen Kapitalerhöhung (§ 182) bedient werden.[174] Ein zu diesem Zweck vorgesehener Bezugsrechtsausschluss bedarf keiner weiteren sachlichen Rechtfertigung, da im Rahmen der Ausgabe der Schuldverschreibungen den Aktionären bereits ein Bezugsrecht zustand (vgl § 221 Abs. 4 S. 2), der Schutz also vorverlagert ist.[175] Sol-

---

162 BGHZ 125, 239, 242 f (Deutsche Bank) = NJW 1994, 1410; *Hüffer*, Rn 31; KölnKomm-AktG/*Lutter*, Rn 72; K. Schmidt/Lutter/Veil, Rn 38; für den Fall der Zweitplatzierung auch Großkomm-AktienR/*Wiedemann*, Rn 160; einschränkend: MüKo-AktG/*Peifer*, Rn 96: Interesse an Zugang zu ausl. Kapitalmarkt ist darzulegen.
163 Insgesamt sehr streitig: wie hier Großkomm-AktienR/*Wiedemann*, Rn 162; *Hüffer*, Rn 32; KölnKomm-AktG/*Lutter*, Rn 71; MüHb-AG/*Krieger*, § 56 Rn 74; MüKo-AktG/*Peifer*, Rn 98; ebenso: BGHZ 33, 175, 186 (Minimax II) = NJW 1961, 26; *Füchsel*, BB 1972, 1533, 1538; aA *Hirte*, Bezugsrechtsausschluss, S. 43.
164 Ehricke/Ekkenga/Oechsler/*Ekkenga*, WpÜG, § 33 Rn 104. Die Ausgabe neuer Aktien durch Ausnutzung eines genehmigten Kapitals stellt dagegen eine behindernde Maßnahme iSv § 33 Abs. 1 WpÜG dar, vgl Geibel-Süßmann/*Schwennick*, WpÜG, § 33, Rn 21 ff; KölnKomm-WpÜG/*Hirte*, § 33 Rn 92.
165 *Hüffer*, Rn 32; KölnKomm-AktG/*Lutter*, Rn 74; MüKo-AktG/*Peifer*, Rn 98.
166 Großkomm-AktienR/*Wiedemann*, Rn 163; MüHb-AG/*Krieger*, § 56 Rn 74.
167 AllgM, BGH NJW 1982, 2444, 2445 (Holzmüller); vgl *Hüffer*, Rn 29; KölnKomm-AktG/*Lutter*, Rn 66; MüKo-AktG/*Peifer*, Rn 91; K. Schmidt/Lutter/Veil, Rn 38.
168 KölnKomm-AktG/*Lutter*, Rn 66; *Hüffer*, Rn 29.
169 MüKo-AktG/*Peifer*, Rn 91.
170 *Hüffer*, Rn 30; MüKo-AktG/*Peifer*, Rn 94; MüHb-AG/*Krieger*, § 56 Rn 61; K. Schmidt/Lutter/Veil, Rn 38; *Scheifele*, BB 1990, 497, 499; *Werner*, AG 1971, 69, 73.
171 So aber Großkomm-AktienR/*Wiedemann*, Rn 156; KölnKomm-AktG/*Lutter*, Rn 67; MüHb-AG/*Krieger*, § 56 Rn 72; *Hirte*, Bezugsrechtsausschluss, S. 59 ff; *Timm*, DB 1982, 211.
172 MüKo-AktG/*Peifer*, Rn 92.
173 Vgl BGHZ 144, 290, 292; BGH NJW 2000, 2356; Geßler/*Hefermehl/Bungeroth*, Rn 127; *Hüffer*, Rn 29; einschränkend: MüKo-AktG/*Peifer*, Rn 92.
174 LG Frankfurt AG 1984, 296, 299; *Hüffer*, Rn 30; *Becker*, BB 1981, 394, 395; *Timm*, DB 1982, 211, 212. Zur analogen Anwendung des § 194 Abs. 1 S. 2 s. *Holland*, NZG 2009, 892, 895.
175 *Hüffer*, Rn 30; MüKo-AktG/*Peifer*, Rn 93.

len Inhabern von **Schuldverschreibungen** nachträglich, zB zum Zweck des Verwässerungsschutzes, (weitere) Bezugsrechte eingeräumt werden, ist ein Bezugsrechtsausschluss im Regelfall sachlich gerechtfertigt.[176]

52 **b) Sacheinlagen.** Die oben (Rn 40 ff) dargestellten Grundsätze (Gesellschaftsinteresse, Eignung, Erforderlichkeit) gelten auch für die Kapitalerhöhung gegen Sacheinlagen, die im Regelfall mit einem Ausschluss des Bezugsrechts verbunden ist.[177] Art. 29 der zweiten (Kapital-)Richtlinie,[178] der für den Fall der Sachkapitalerhöhung kein gesetzliches Bezugsrecht vorschreibt, steht dem nicht entgegen.[179] Es genügt daher nicht, dass die AG an dem Gegenstand der Sacheinlage ein nach vernünftigen kaufmännischen Erwägungen dringendes Interesse hat,[180] erst recht nicht das Vorliegen einer Sacheinlage als solches. Der Bezugsrechtsausschluss muss auch hier erforderlich sein, dh, der Gegenstand der Sacheinlage darf nicht zu akzeptablen Bedingungen gegen Geld zu erlangen sein.[181] Daran fehlt es, wenn der Gegenstand der Sacheinlage marktgängig ist. Erforderlichenfalls muss sich die AG die Mittel im Wege der Barkapitalerhöhung beschaffen.[182] Im Grundsatz gilt nichts anderes, wenn ein **Unternehmen** oder eine **Beteiligung** eingebracht werden soll.[183] Allerdings liegen in diesen Fällen häufig weitere Gesichtspunkte vor, die im Rahmen der Abwägung der Aktionärs- und der Gesellschaftsinteressen auch bei der Barkapitalerhöhung zur Zulässigkeit des Bezugsrechtsausschlusses führen. So stellt die Einbringung eines Unternehmens häufig einen Zusammenschluss von Unternehmen dar, ein Zweck, der an anderer Stelle (vgl § 182 Abs. 2 Nr. 2) vom Gesetz privilegiert wird (so Rn 43). Ferner kann eine damit beabsichtigte Kooperation zugunsten eines Bezugsrechtsausschlusses ins Gewicht fallen.

53 Gleiche Grundsätze gelten bei der **Umwandlung von Schulden in Kapital** im Wege der Einbringung von Forderungen („Debt-Equity-Swap"). Eine Sachkapitalerhöhung mit Bezugsrechtsausschluss ist auch hier nur erforderlich, wenn die Schulden nicht mit Barmitteln, ggf aus einer Barkapitalerhöhung mit Bezugsrecht, zurückgeführt werden können. Ist dies nicht möglich, wie idR im Sanierungsfall, kann eine Sachkapitalerhöhung sachlich gerechtfertigt sein.[184] Mit der vermehrten Ausgabe von Schuldverschreibungen durch deutsche Emittenten, verbunden mit der nach dem Schuldverschreibungsgesetz 2009 bestehenden Möglichkeit, durch Mehrheitsbeschluss der Gläubigerversammlung die Anleihe in Anteile (Aktien) zu tauschen, dürfte der Debt-Equity-Swap in diesem Bereich an Bedeutung gewinnen.[185] Auch das unternehmerische Interesse an einer Verbesserung der Finanzstruktur durch Umwandlung von Aktionärsdarlehen in Eigenkapital ist im Regelfall sachlich gerechtfertigt, jedenfalls dann, wenn parallel eine Barkapitalerhöhung unter Ausschluss des Sacheinlegers durchgeführt wird.[186]

54 Die Möglichkeit, die Auswirkungen des Bezugsrechtsausschlusses durch eine **gleichzeitige Barkapitalerhöhung** mit Bezugsrecht unter Ausschluss des Sacheinlegers zu mildern, ist in allen Fällen in Betracht zu ziehen.[187]

55 **3. Teilausschluss.** Der teilweise Ausschluss des Bezugsrechts ist grundsätzlich möglich (Abs. 3 S. 1). Er kann so ausgestaltet sein, dass das Bezugsrecht für bestimmte Aktionäre oder für einen bestimmten Anteil der neuen Aktien ausgeschlossen wird.

Häufiger Fall eines teilweisen Ausschlusses bezüglich eines bestimmten Anteils der neuen Aktien stellt der Bezugsrechtsausschluss zur **Vermeidung freier Spitzen** dar. Dieser ist im Regelfall zulässig (vgl Rn 48). Denkbar ist auch, dass ein Teil der Kapitalerhöhung für einen bestimmten Zweck bestimmt ist (zB zur Erlangung einer Sacheinlage), der verbleibende Anteil den Aktionären entsprechend ihrer Beteiligungsquote angeboten werden soll. Auch für diesen Teilausschluss gelten die allgemeinen Grundsätze zur sachlichen Rechtfertigung. Teilweise wird vertreten, dass bei **gemischter Bar- und Sacheinlage** jedenfalls materiell kein Fall eines Bezugsrechtsausschlusses vorliegt, wenn ein Teil der Aktionäre nur Sacheinlagen, der andere Teil Bareinlagen zu erbringen hat und sichergestellt ist, dass die Aktionäre entsprechend ihrer bisherigen Beteiligungsquote an der Gesellschaft beteiligt bleiben.[188] Dies ist im Hinblick auf die Unwägbarkeiten bei der Bewertung von Sacheinlagen nicht zweifelsfrei.

---

176 Großkomm-AktienR/*Wiedemann*, Rn 128; Geßler/*Hefermehl/Bungeroth*, Rn 128.
177 Großkomm-AktienR/*Wiedemann*, Rn 167; *Hüffer*, Rn 34; zweifelnd: MüHb-AG/*Krieger*, § 56 Rn 74.
178 Zweite Richtlinie v. 13.12.1976 (Kapitalrichtlinie) (77/91 EWG), Abdruck bei *Lutter*, Europäisches Unternehmensrecht, 4. Aufl., S. 114 ff.
179 EuGH Slg 1996-I, 6017, 6034 ff = NJW 1997, 721 (Siemens/Nold); zum Streitstand vgl *Hüffer*, Rn 34 a; MüKo-AktG/*Peifer*, Rn 78.
180 BGHZ 71, 40, 46 (Kali & Salz) = NJW 1978, 1316, 1317; Geßler/*Hefermehl/Bungeroth*, Rn 122.
181 *Hüffer*, Rn 34; KölnKomm-AktG/*Lutter*, Rn 79; MüKo-AktG/*Peifer*, Rn 90; *v. Venrooy*, AG 1981, 205, 209.
182 Großkomm-AktienR/*Wiedemann*, Rn 168; Geßler/*Hefermehl/Bungeroth*, Rn 123; *Priester*, DB 1980, 1925, 1929.
183 Großkomm-AktienR/*Wiedemann*, Rn 173; *Hüffer*, Rn 34; MüKo-AktG/*Peifer*, Rn 90; aA *Timm*, ZGR 1987, 403, 428; differenzierend: KölnKomm-AktG/*Lutter*, Rn 81 f.
184 Geßler/*Hefermehl/Bungeroth*, § 183 Rn 39; *Hüffer*, Rn 35.
185 Siehe hierzu *Friedl*, BB 2012, 2012.
186 Vgl KölnKomm-AktG/*Lutter*, Rn 80.
187 Großkomm-AktienR/*Wiedemann*, Rn 169; *Hüffer*, Rn 34; KölnKomm-AktG/*Lutter*, Rn 79; *Lutter*, ZGR 1979, 401, 406; *Schockenhoff*, S. 65 ff; vgl auch MüKo-AktG/*Peifer*, Rn 79.
188 Großkomm-AktienR/*Wiedemann*, Rn 183.

Der Ausschluss bestimmter Aktionärsgruppen ist zulässig beim **gekreuzten Bezugsrechtsausschluss**, wenn verschiedene Aktiengattungen bestehen (Rn 49).[189] Ansonsten verstößt die Benachteiligung bestimmter Aktionäre gegen das Gebot der Gleichbehandlung (§ 53 a) und ist unzulässig, wenn nicht besondere Rechtfertigungsgründe vorliegen.[190] Ein Ausschluss zB der Vorzugsaktionäre ist, wenn nur Stammaktien ausgegeben werden, unzulässig.[191]

4. Erleichterter Bezugsrechtsausschluss (Abs. 3 S. 4). a) Allgemeines. Ein Bezugsrechtsausschluss ist nach Abs. 3 S. 4[192] insb. dann zulässig, wenn eine Barkapitalerhöhung 10 % des Grundkapitals nicht übersteigt und der Ausgabebetrag den Börsenpreis nicht wesentlich unterschreitet. Die Neuregelung ist in der Literatur überwiegend auf Skepsis, zT aber auch auf nachdrückliche Ablehnung gestoßen.[193] Ziel der Regelung ist es insbesondere, einen Sicherheitsabschlag vom Ausgabebetrag für die jungen Aktien durch möglichst kurzfristige Durchführung der Kapitalmaßnahme zu vermeiden.[194] Demgegenüber hält das Gesetz das Interesse der Aktionäre, ihre Beteiligungsquote zu erhalten und einer Wertverwässerung zu entgehen, dadurch ausreichend gewahrt, dass diese die Möglichkeit haben, in entsprechendem Umfang Aktien über die Börse zuzukaufen, wenn der Ausgabekurs an den Börsenkurs angelehnt wird. Soweit die Voraussetzungen des Abs. 3 S. 4 erfüllt sind, soll eine sachliche Rechtfertigung des Bezugsrechtsausschlusses entsprechend den von der Rechtsprechung aufgestellten Regeln nicht mehr erforderlich sein.[195] Richtig verstanden handelt es sich der Sache nach um einen gesetzlich geregelten Anwendungsfall bislang ungeschriebener (richterlicher) Rechtssätze.[196] Mit anderen Worten: Das Gesetz vermutet bei dem von ihm unterstellten Typus der börsennotierten Aktiengesellschaft mit breitem Streubesitz, dass das Kapitalisierungsinteresse der Gesellschaft die Interessen der Altaktionäre überwiegt, wenn die sonstigen Voraussetzungen des Abs. 3 S. 4 (10 %-Grenze, Ausgabebetrag nahe dem Börsenkurs) erfüllt sind. Umgekehrt bedeutet dies aber auch, dass wenn die vom Gesetz abstrakt zu Grunde gelegten Umstände im konkreten Einzelfall tatsächlich nicht vorliegen, die vom Gesetz getroffene Wertentscheidung hinfällig wird und die Vermutung widerlegt[197] werden kann mit der Folge, dass die allgemeinen Grundsätze Platz greifen. Gibt daher der Börsenkurs den tatsächlichen Wert der Aktien nicht im Wesentlichen korrekt wieder oder können die Aktionäre im Einzelfall auf einem engen Markt keine zusätzlichen Aktien erwerben, muss die Anwendung des Abs. 3 S. 4 entfallen.[198]

Mit dem Inkrafttreten des Transparenz- und Publizitätsgesetzes ist ein Weiteres zu bedenken: Aufgrund der Änderung des Abs. 2 kann sich der Vorstand im Rahmen der Bekanntmachung nach Abs. 2, was den Ausgabebetrag anbelangt, zunächst darauf beschränken, zunächst nur die Grundlagen zu beschreiben, nach denen der Ausgabebetrag festgesetzt werden soll (s. Rn 26). Durch die Neuregelung soll der mit einer frühzeitigeren Festlegung verbundene Risikoabschlag aufgrund des Kursänderungsrisikos verringert werden, damit die Form der Kapitalerhöhung gegen Einlagen unter Bezugsrechtseinräumung wieder attraktiver wird.[199] Damit wurde ein wesentliches Problem entschärft, dem die Einführung des erleichterten Bezugsrechtsausschlusses begegnen wollte. Es ist daher im Rahmen der Anwendung des Abs. 3 S. 4 zu prüfen, ob der Bezugsrechtsausschluss auch angesichts der Erleichterung durch die Neuregelung noch erforderlich ist.[200]

b) Voraussetzungen. Ein erleichterter Bezugsrechtsausschluss ist nur möglich bei **Barkapitalerhöhung**. Dies folgt schon aus dem Wortlaut der Vorschrift. Eine Sachkapitalerhöhung kann gleichzeitig erfolgen; deren Zulässigkeit ist aber nach allgemeinen Grundsätzen zu beurteilen.[201]

Die Kapitalerhöhung darf die **Kapitalgrenze von 10 %** des zum Zeitpunkt der Beschlussfassung vorhandenen[202] Grundkapitals nicht überschreiten. Im Falle der Ausgabe von Bezugsaktien (§ 200) ist das erhöhte Grundkapital maßgebend.[203] Nicht geregelt ist, wie oft die 10 %-Regelung ausgenutzt werden kann. Sicher ist, dass eine mehrmalige Ausnutzung zulässig ist, aber eine **mehrfache Ausnutzung** der Missbrauchskon-

---

189 KölnKomm-AktG/*Lutter*, Rn 86; MüKo-AktG/*Peifer*, Rn 94; K. Schmidt/Lutter/*Veil*, Rn 38.
190 HM: BGHZ 33, 175, 186 = NJW 1961, 26; LG Kassel ZIP 1989, 306; Großkomm-AktienR/*Wiedemann*, Rn 181; *Hüffer*, Rn 39; KölnKomm-AktG/*Lutter*, Rn 85.
191 *Hüffer*, Rn 39; KölnKomm-AktG/*Lutter*, Rn 86.
192 Eingeführt durch das Gesetz für kleine Aktiengesellschaften und zur Deregulierung des Aktienrechts v. 2.8.1994, BGBl. I 1994 S. 1961 ff.
193 Vgl dazu *Hüffer*, Rn 39 a mwN.
194 Vgl dazu *Heinsius*, in: FS Kellermann, S. 115, 124 ff; *Hüffer*, Rn 39 b; KölnKomm-AktG/*Lutter*, Nachtrag Rn 1; Hölters/Deilmann/Buchta/*Deilmann*, S. 115 f.
195 So die amtl. Begründung, ZIP 1994, 253; zustimmend: Marsch-Barner, AG 1994, 532; *Hoffmann-Becking*, ZIP 1995, 1, 9; *Martens*, ZIP 1994, 669, 674.
196 Vgl Großkomm-AktienR/*Wiedemann* Rn 149; *Lutter*, AG 1994, 429, 441; Großkomm-AktienR/*Wiedemann*, Rn 149; MüKo-AktG/*Peifer*, Rn 83; anders: *Martens*, ZIP 1994, 669, 674, der die Regelung als Einschränkung des bisherigen Rechts begreift.
197 AA K. Schmidt/Lutter/*Veil*, Rn 44: unwiderlegliche Vermutung; ebenso Spindler/Stilz/*Servatius*, Rn 66.
198 Vgl *Lutter*, AG 1994, 429, 441; KölnKomm-AktG/*Lutter*, Nachtrag Rn 17; *Hüffer*, Rn 39 g; Großkomm-AktienR/*Wiedemann*, Rn 150.
199 Vgl BegrRegE TransPublG zu Nr. 22 (§ 186 Abs. 2).
200 Zust. MüKo-AktG/*Peifer*, Rn 89.
201 *Hüffer*, Rn 39 c; K. Schmidt/Lutter/*Veil*, Rn 40.
202 *Hüffer*, Rn 39 c; Großkomm-AktienR/*Wiedemann*, Rn 151; MüKo-AktG/*Peifer*, Rn 86; Hölters/Deilmann/Buchta/*Deilmann*, S. 127.
203 *Hüffer*, Rn 39 c; KölnKomm-AktG/*Lutter* Rn 7.

trolle unterliegt.[204] Eine jährliche Ausnutzung dürfte unbedenklich sein.[205] Als unzulässig dürfte auch ein Hauptversammlungsbeschluss anzusehen sein, der den Vorstand ermächtigt, das Kapital in mehreren Tranchen à 10% zu erhöhen.[206] Zur Regelung der 10 %-Schranke beim **genehmigten Kapital** siehe § 203 Rn 107.

61 Der vereinfachte Bezugsrechtsausschluss ist nur zulässig, wenn die Aktien einen **Börsenpreis** haben. Hierzu ist Voraussetzung, dass Aktien **derselben Gattung** und Ausstattung an einer Börse gehandelt werden. Die Zulassung zum amtlichen (§§ 34, 30 ff. BörsG) oder zum geregelten Markt (§§ 24, 49 ff. BörsG) genügt dem. Der Handel im Freiverkehr ist ausreichend (§§ 57 Abs. 2 S. 1 BörsG),[207] der Handel an einer ausländischen Börse dann, wenn ausreichende Zukaufmöglichkeiten bestehen.[208]

62 Der Ausgabebetrag darf den Börsenpreis **nicht wesentlich unterschreiten**. Dabei sollte der Durchschnittskurs für eine nicht allzu lange Referenzperiode zu Grunde gelegt werden.[209] Bei geringer Volatilität kann auch auf einen bestimmten Stichtag abgestellt werden.[210] Zweckmäßigerweise sollte die Hauptversammlung den Ausgabebetrag oder einen festen Mindestbetrag nicht bereits im Beschluss festlegen, um nicht unnötige Sicherheitsabschläge vornehmen zu müssen. Es genügt, die Festlegung eines bestimmbaren Kurses als Mindestausgabebetrag iSv § 182 Abs. 3.[211]

63 Ungeklärt ist, ab wann eine **Unterschreitung** des Ausgabebetrages unwesentlich ist. Hier wird überwiegend ein Abschlag zwischen 3 % und maximal 5 % als unwesentlich angesehen.[212] Dem wird man als Faustregel folgen können, wobei jedoch die jeweilige Situation im Einzelfall, insbesondere die Volatilität der Aktien und die Marktlage berücksichtigt werden müssen.[213]

64 Unter den oben dargestellten Voraussetzungen wird vermutet, dass der vereinfachte Bezugsrechtsausschluss **sachlich gerechtfertigt ist**.[214] Eine Anfechtung des Beschlusses nach § 243 Abs. 1 unter dem Gesichtspunkt des Rechtsmissbrauchs oder eines Verstoßes gegen die Treupflicht wird in der Regel ausscheiden. Eine Anfechtung kommt jedoch insbesondere dann in Betracht, wenn die 10 %-Grenze mehrfach kurz hintereinander in Anspruch genommen wird. Auch eine Anfechtung gem. § 255 Abs. 2 bleibt grundsätzlich möglich.[215]

65 Entspricht die tatsächliche Situation, in der von der Erleichterung Gebrauch gemacht werden soll, nicht den vom Gesetz für den Normalfall einer börsennotierten Gesellschaft zu Grunde gelegten Prämissen, entfällt die Vermutungswirkung des Abs. 3 S. 4, so dass der Bezugsrechtsausschluss **ausnahmsweise** der **sachlichen Rechtfertigung** nach den allgemeinen Grundsätzen bedarf (so Rn 57).

66 § 186 Abs. 3 S. 4 schließt eine Anfechtung gem. § 255 Abs. 2 nicht aus.[216] Nach wie vor ist im Rahmen der Anfechtung nach § 255 Abs. 2 der tatsächliche innere Wert der Aktie zugrundezulegen.[217] Allerdings wird es bei Ausgabe nahe dem Börsenkurs an einem unangemessen niedrigen Ausgabebetrag meist fehlen. Teilweise wird in diesem Zusammenhang von einer **widerleglichen Vermutung** des § 186 Abs. 3 S. 4 zugunsten eines angemessenen Ausgabebetrages gesprochen.[218] Eine derartige Vermutung könnte aber nur dann gelten, wenn Abs. 3 S. 4 überhaupt anwendbar ist. Daran fehlt es gerade, wenn im Einzelfall der Börsenkurs keine ausreichende Aussagekraft entfaltet, etwa bei starker Volatilität oder starkem Kursverfall, etwa aufgrund externer Faktoren (so Rn 57). Besser wäre es daher, von einer Vermutungswirkung stabiler Kurse zu sprechen. In jedem Fall muss dem Aktionär die Möglichkeit verbleiben, gegen einen unangemessen niedrigen Ausgabekurs vorzugehen. Allein die Möglichkeit, an einem inneren Mehrwert der Aktien durch Zukauf über die Börse zu partizipieren, reicht nicht aus. Dies liefe auf einen Zwang des Aktionärs hinaus, zu-

---

204 Großkomm-AktienR/*Wiedemann*, Rn 151; MüHb-AG/*Krieger*, § 56 Rn 76, MüKo-AktG/*Peifer*, Rn 86.
205 KölnKomm-AktG/*Lutter*, Nachtrag Rn 9.
206 Hölters/*v. Dryander/Niggemann*, Rn 81; *Hüffer*, Rn 39 c.
207 *Hüffer*, Rn 39 c; KölnKomm-AktG/*Lutter*, Nachtrag Rn 11; MüHb-AG/*Krieger*, § 56 Rn 77; MüKo-AktG/*Peifer*, Rn 89; K. Schmidt/Lutter/*Veil*, Rn 42; aA unter Berufung auf § 3 Abs. 2: Hölters/Deilmann/Buchta/*Deilmann*, S. 116.
208 Hölters/Deilmann/Buchta/*Deilmann*, S. 116; KölnKomm-AktG/*Lutter*, Nachtrag Rn 11; MüHb-AG/*Krieger*, § 56 Rn 77; *Marsch-Barner*, AG 1994, 532, 533; aA Großkomm-AktienR/*Wiedemann*, Rn 153; *Hüffer*, Rn 39 c.
209 Großkomm-AktienR/*Wiedemann*, Rn 153; *Hüffer*, Rn 39 d (fünf Börsentage); KölnKomm-AktG/*Lutter*, Nachtrag Rn 14 (3 bis 5 Tage vor Zeichnung), MüKo-AktG/*Peifer*, Rn 87: 3 Tage in Anlehnung an § 186 Abs. 2.
210 Vgl MüHb-AG/*Krieger*, § 56 Rn 77; *Groß*, DB 1994, 2431, 2434 f; *Marsch-Barner*, AG 1994, 532, 536 f; Hölters/Deilmann/Buchta/*Deilmann*, S. 119 ff; aA wohl *Hüffer*, Rn 39 c; Großkomm-AktienR/*Wiedemann*, Rn 153.
211 KölnKomm-AktG/*Lutter*, Anhang Rn 14; wohl auch Spindler/Stilz/*Servatius*, Rn 59; aA Hölters/Deilmann/Buchta/*Deilmann*, S. 120.
212 Vgl Ausschussbegründung BT-Drucks. 12/7848, S. 9: Regelabschlag 3 %, Obergrenze 5 %; ebenso *Seibert/Köster/Kiem*, § 168 Rn 230; *Marsch-Barner*, AG 1994, 532, 536 f; *Martens*, ZIP 1994, 1677, 1687; Großkomm-AktienR/*Wiedemann*, Rn 152; Hölters/Deilmann/Buchta/*Deilmann*, S. 122; K. Schmidt/Lutter/*Veil*, Rn 42; Spindler/Stilz/*Servatius*, Rn 59; enger: *Lutter*, AG 1994, 429, 442; KölnKomm-AktG/*Lutter*, Anhang Rn 15: max. 3 %.
213 Gegen starre Grenzen auch *Hüffer*, Rn 39 d; Hölters/Deilmann/Buchta/*Deilmann*, S. 122 f; KölnKomm-AktG/*Lutter*, Anhang Rn 15.
214 *Hüffer*, Rn 39 e, § 255 Rn 5; MüKo-AktG/*Peifer*, Rn 88; ähnlich: GroßKomm-AktienR/*Wiedemann*, Rn 5; für unwiderlegliche Vermutung: *Hoffmann-Becking*, ZIP 1995, 1, 10; K. Schmidt/Lutter/*Veil*, Rn 44.
215 MüKo-AktG/*Peifer*, Rn 88; Spindler/Stilz/*Servatius*, Rn 61.
216 *Hoffmann-Becking*, in: FS Lieberknecht, S. 25, 28; MüB-AG/*Krieger*, § 56 Rn 79; MüKo-AktG/*Peifer*, Rn 88; AA *Seibert/Köster/Kiem*, Rn 219: Spezialität.
217 MüKo-AktG/*Hüffer*, § 255 Rn 20.
218 AA *Seibert/Köster/Kiem*, Rn 219.

c) **Bericht des Vorstands.** Abs. 3 S. 4 beseitigt nicht die Pflicht des Vorstands zur Berichterstattung. Anders als beim mittelbaren Bezugsrecht nach Abs. 5 enthält Abs. 3 S. 4 keine Fiktion, nach der es an einem Bezugsrechtsausschluss fehle. Die Erleichterungen schlagen sich jedoch inhaltlich im Bericht nieder. Die Entstehungsgeschichte des Abs. 3 S. 4 legt es nahe, einen ausgedünnten Bericht genügen zu lassen.[220] Jedenfalls muss dargelegt werden, warum die Gesellschaft ein Interesse an der Erzielung eines maximalen Ausgabebetrages hat. Ferner muss der Bericht darlegen, dass die konkreten Umstände des Bezugsrechtsausschlusses den vom Gesetz in Abs. 3 S. 4 **vorausgesetzten Prämissen** entsprechen (so Rn 57). Dazu gehören in jedem Fall Ausführungen zum Börsenkurs und dessen Aussagekraft bezüglich des inneren Werts der Aktie, zum Ausgabebetrag sowie zum Umfang der Kapitalerhöhung. Begründet werden muss auch die Annahme, warum Aktionäre in der Lage sein sollen, zu angemessenen Bedingungen ihren Beteiligungsbesitz durch Zukauf aufrechtzuerhalten.[221] Formelhafte Ausführungen genügen auch hier nicht.[222] Je größer die Abweichungen vom gesetzlichen Leitbild sind, desto detaillierter ist zu berichten.[223] Im Hinblick auf die nunmehrige Möglichkeit, den genauen Ausgabebetrag erst drei Tage vor Ende der Zeichnungsfrist bekannt zu geben (Abs. 2 S. 2), ist auch darzulegen, warum eine Kapitalerhöhung mit Bezugsrecht nicht ebenfalls in Betracht kommt.[224]

III. Rechtsfolgen. Wurde das Bezugsrecht wirksam ausgeschlossen, hat der Vorstand entsprechend den Vorgaben der Hauptversammlung Zeichnungsverträge abzuschließen. Oftmals ergibt sich die Person der Zeichner bereits ausdrücklich aus dem Hauptversammlungsbeschluss (zB Sacheinleger). Der Personenkreis kann sich auch mittelbar aus dem Zweck des Bezugsrechtsausschlusses ergeben, zB wenn Arbeitnehmeraktien ausgegeben oder die Inhaber von Wandelschuldverschreibungen bedient werden sollen. Fehlt eine entsprechende Anordnung, ist der Vorstand grundsätzlich frei, wem er die neuen Aktien zum Bezug anbietet, er muss sich jedoch im Rahmen der für den Bezugsrechtsausschluss vorgebrachten Begründung bewegen. Soll der Bezugsrechtsausschluss später ganz anderen Zwecken dienen, hat die Hauptversammlung erneut zu beschließen.[225] Soweit der Vorstand danach nicht gebunden ist, sind Aktionäre unter Berücksichtigung des Gleichbehandlungsgrundsatzes bevorzugt zu berücksichtigen.[226] Wird der Bezugsrechtsausschluss nicht entsprechend seiner Zwecksetzung in Anspruch genommen (zB beabsichtigte Ausgabe von Arbeitnehmeraktien scheitert an fehlendem Interesse), macht dies den Kapitalerhöhungsbeschluss nicht im Nachhinein unwirksam. Allerdings hat dann der Vorstand im Rahmen des Möglichen die Bezugsrechte der Aktionäre entsprechend Abs. 1 und 2 zu berücksichtigen.[227]

Der **Ausgabebetrag** der neuen Aktien darf nicht unangemessen niedrig sein (§ 255 Abs. 2). Ein Verwässerungseffekt kann aber bei der Ausgabe von Arbeitnehmeraktien wegen des damit verbundenen sozialpolitischen Zwecks[228] in Kauf genommen werden, wenn die Aktienausgabe sich im Rahmen des Üblichen hält. Dabei kann man sich etwa an den Grenzen für die steuerbegünstigte Beteiligung (vgl § 3 Nr. 39 EStG) orientieren.[229] Legt die Hauptversammlung keinen Ausgabebetrag oder nur Mindest- und/oder Höchstbetrag fest, ist der Vorstand verpflichtet, die neuen Aktien zum **höchstmöglichen Ausgabebetrag** auszugeben (vgl § 182 Rn 47 f). Der Ausgabebetrag ist im Bericht des Vorstandes zu begründen. Soll keine Festlegung durch die Hauptversammlung erfolgen oder sollen nur Mindest- und/oder Höchstbeträge festgesetzt werden, so bedarf auch dies der Begründung im Bericht.[230]

IV. Beschlussmängel. Mängel des Bezugsrechtsausschlusses führen im **Regelfall** nur zur **Anfechtbarkeit** des Kapitalerhöhungsbeschlusses. Hierher gehören zunächst die Fälle, in denen der beabsichtigte Bezugsrechtsausschluss nicht ordnungsgemäß angekündigt und bekannt gemacht wurde (Abs. 4 S. 1), der Bericht den inhaltlichen Anforderungen des Abs. 4 S. 2 nicht entspricht oder dieser nicht ordnungsgemäß vorgelegt worden ist (vgl Rn 35 ff). Eine Anfechtung kann ferner auf §§ 241, 255 Abs. 2 gestützt werden.[231] **Mängel** der **sachlichen Rechtfertigung** führen ebenfalls zur Anfechtbarkeit. Allerdings beschränkt sich die gerichtliche Überprüfung der sachlichen Rechtfertigung darauf, ob sich die Hauptversammlung im Rahmen des ihr bei der Entscheidung zukommenden **unternehmerischen Ermessens- oder Beurteilungsspielraums** gehalten hat.

---

219 Vgl *Hüffer*, Rn 39 e.
220 Vgl Ausschussbericht, BT-Drucks. 12/7848, S. 9; auch *Seibert/Köster/Kiem*, Rn 214 f; *Marsch-Barner*, AG 1994, 532, 538.
221 KölnKomm-AktG/*Lutter*, Anhang Rn 22.
222 *Hüffer*, Rn 39 f; *Lutter*, AG 1994, 429; aA *Seibert/Köster/Kiem*, Rn 214 mit Beispielen; *Hoffmann-Becking*, ZIP 1995, 1, 9; *Claussen*, WM 1996, 609, 613 f.
223 *Hüffer*, Rn 39 f; MüKo-AktG/*Peifer*, Rn 89; KölnKomm-AktG/*Lutter*, Rn 96.
224 Zust. MüKo-AktG/*Peifer*, Rn 89.
225 KölnKomm-AktG/*Lutter*, Rn 89.
226 *Hüffer*, Rn 40; MüKo-AktG/*Peifer*, Rn 101.
227 *Hüffer*, Rn 40; MüKo-AktG/*Peifer*, Rn 101.
228 Dieser wird besonders in § 204 Abs. 3 deutlich.
229 *Hüffer*, Rn 41; KölnKomm-AktG/*Lutter*, Rn 93.
230 *Hüffer*, Rn 42; Geßler/Hefermehl/*Bungeroth*, Rn 144.
231 *Hüffer*, Rn 42; KölnKomm-AktG/*Lutter*, Rn 98; MüKo-AktG/*Peifer*, Rn 104.

Dabei kommt es darauf an, dass die Entscheidung insgesamt vertretbar erscheint, was dann der Fall ist, wenn die Hauptversammlung vor der Beschlussfassung im Rahmen der Berichtpflicht des Vorstands umfassend informiert worden und von zutreffenden und vollständigen Entscheidungsgrundlagen ausgegangen ist, ferner, dass in die Entscheidung keine sach- bzw gesellschaftsfremde Gesichtspunkte eingeflossen sind (so Rn 41). Grundlage dieser **Plausibilitätskontrolle** ist der Bericht des Vorstandes als das wesentliche Element der Willensbildung der Hauptversammlung.[232] Daraus folgt, dass dann, wenn der Bericht **inhaltliche Mängel** aufweist, dieser grundsätzlich nicht durch mündliche Ausführungen in der Hauptversammlung ergänzt werden kann (möglich bleibt, im Bericht bislang nur skizzierte Erwägungen aufgrund des Zeitablaufs seit Berichterstattung bis zur mündlichen Verhandlung zu konkretisieren),[233] oder weitere, einen Bezugsrechtsausschluss rechtfertigende Gesichtspunkte gar erst im Anfechtungsprozess vorgebracht werden.[234] Ein nachträglicher Austausch der Begründung ist in jedem Fall unzulässig. **Unerheblich** ist auch, ob ein Mangel der Berichterstattung ursächlich für den Bezugsrechtsausschluss war.[235] Dem ist zuzustimmen, denn wenn der Schwerpunkt der gerichtlichen Überprüfung nicht auf das Ergebnis der Willensbildung der Hauptversammlung gerichtet sein soll, sondern darauf, wie eine plausible Entscheidung zustande gekommen ist, müssen Mängel auf den Beschluss durchschlagen, mag dieser inhaltlich auch „an sich" richtig sein, oder angesichts eindeutiger Kapitalmehrheiten unabhängig von Berichtsinhalten von vornherein feststehen.

71 Der Bezugsrechtsausschluss ist **unwirksam**, wenn er gesondert und nicht zusammen mit der Kapitalerhöhung beschlossen wird (Abs. 3 S. 1). Verstößt der Bezugsrechtsausschluss gegen § 241 Nr. 4, ist er **nichtig**.

72 **Mängel** des Bezugsrechtsausschlusses führen stets zur **Anfechtbarkeit oder Nichtigkeit** des gesamten Kapitalerhöhungsbeschlusses. Eine **Teilanfechtung** nur des Bezugsrechtsausschlusses ist **nicht zulässig** und § 139 BGB nicht anwendbar (Rn 32).

73 Die **Beweislast** für das Vorliegen der sachlichen Rechtfertigung des Bezugsrechtsausschlusses liegt bei der Gesellschaft, da es sich bei diesem Merkmal um eine (ungeschriebene) positive Voraussetzung des Bezugsrechtsausschlusses handelt.[236] Beim vereinfachten Bezugsrechtsausschluss nach Abs. 3 S. 4 soll es allerdings Sache des Klägers sein, Anfechtungsgründe darzulegen und zu beweisen, sofern die Anforderungen des Gesetzeswortlauts erfüllt sind.[237] Wendet sich der Anfechtungskläger gegen eine angeblich unzureichende Berichterstattung, so hat er die Verletzung der Berichtspflicht darzulegen. Für die Widerlegung einer Pflichtverletzung trägt die Gesellschaft die Beweislast.[238]

74 **V. Faktischer Bezugsrechtsausschluss.** Auch ohne formellen Ausschluss des Bezugsrechts kann die Ausübung des Bezugsrechts der Aktionäre durch die Ausgestaltung der Kapitalerhöhung derart erschwert sein, dass dies einem **faktischen Bezugsrechtsausschluss** gleichkommt. Ein solcher Fall liegt nicht erst dann vor, wenn dem Aktionär die Ausübung seines Rechts praktisch unmöglich gemacht wird oder unzumutbar ist, sondern bereits dann, wenn dessen Entschließungsfreiheit durch **Erschwerungen von einigem Gewicht** beeinträchtigt ist.[239] Dabei ist es unerheblich, ob die Erschwerungen als sachlich notwendig erscheinen. Dieser Gesichtspunkt ist erst im Rahmen der Prüfung der sachlichen Rechtfertigung zu berücksichtigen.[240]

75 Ein faktischer Bezugsrechtsausschluss kann vorliegen, wenn die neuen Aktien zu einem **über ihrem inneren Wert liegenden Ausgabebetrag**[241] oder, bei börsennotierten Gesellschaften, über dem Börsenkurs[242] ausgegeben werden sollen. Ferner, wenn die Nennbeträge bzw der auf die Aktien entfallende Anteil am Grundkapital außergewöhnlich hoch oder ein ungünstiges Bezugsverhältnis festgesetzt ist.[243] Eine Erschwerung kann auch darin liegen, dass der Bezug von **weiteren Bedingungen** abhängig gemacht wird (zB Einräumung von Optionsrechten, Konsortialbindung, Stimmrechtsbindungen).[244] Sind die Bezugsrechte im Gegensatz zu den Aktien nicht übertragbar oder nicht an der Börse handelbar, kann auch darin ein faktischer Bezugsrechtsausschluss liegen.[245]

---

232 *Hüffer*, Rn 37; MüKo-AktG/*Peifer*, Rn 65.
233 Spindler/Stilz/*Servatius*, Rn 52.
234 Was dann auch seine Unvollständigkeit belegen würde; vgl *Hüffer*, Rn 37; Geßler/Hefermehl/Bungeroth, Rn 152; *Lutter*, ZGR 1997, 401, 415.
235 MüKo-AktG/*Peifer*, Rn 104; KölnKomm-AktG/*Lutter*, Rn 98; MüHb-AG/*Krieger*, § 56 Rn 86; aA OLG München AG 1991, 210, 211; *Becker*, BB 1981, 394, 396; *Bischoff*, BB 1987, 1055, 1060.
236 KölnKomm-AktG/*Lutter*, Rn 102; *Hüffer*, Rn 38; MüHb-AG/*Krieger*, § 56 Rn 86; im Erg. ebenso: Großkomm-AktienR/*Wiedemann*, Rn 188: Beweislastverteilung nach Gefahrenbereichen; MüKo-AktG/*Peifer*, Rn 81.
237 MüHb-AG/*Krieger*, § 56 Rn 86; Großkomm-AktienR/*Wiedemann*, Rn 188; aA KölnKomm-AktG/*Lutter*, Anhang Rn 29, § 186 Rn 99.
238 KölnKomm-AktG/*Lutter*, Rn 99.
239 Großkomm-AktienR/*Wiedemann*, Rn 176; MüHb-AG/*Krieger*, § 56 Rn 85; MüKo-AktG/*Peifer*, Rn 100.
240 *Hüffer*, Rn 43; Geßler/Hefermehl/Bungeroth, Rn 145.
241 Großkomm-AktienR/*Wiedemann*, Rn 177; *Hüffer*, Rn 43; KölnKomm-AktG/*Lutter*, Rn 87; MüHb-AG/*Krieger*, § 6 Rn 85, MüKo-AktG/*Peifer*, Rn 100; Spindler/Stilz/*Servatius*, Rn 75.
242 MüHb-AG/*Krieger*, § 56 Rn 85; differenzierend: Großkomm-AktienR/*Wiedemann*, Rn 177; ähnlich Spindler/Stilz/*Servatius*, Rn 77: bei Ausgabe über Börsenkurs nur, wenn der Ausgabebetrag auch über dem inneren Wert der Akten liegt.
243 Großkomm-AktienR/*Wiedemann*, Rn 176; MüKo-AktG/*Peifer*, Rn 100; *Hüffer*, Rn 43; KölnKomm-AktG/*Lutter*, Rn 87.
244 Großkomm-AktienR/*Wiedemann*, Rn 176; KölnKomm-AktG/*Lutter*, Rn 87; MüKo-AktG/*Peifer*, Rn 100.
245 Großkomm-AktienR/*Wiedemann*, Rn 176.

Sechster Teil | Satzungsänderung. Kapitalbeschaffung u.a. § 186 AktG

Liegen die Voraussetzungen eines faktischen Bezugsrechtsausschlusses vor, müssen die formellen und materiellen Voraussetzungen eines Bezugsrechtsausschlusses erfüllt sein. Die entsprechenden Maßnahmen bedürfen insbesondere einer **sachlichen Rechtfertigung**.[246]

D. Mittelbares Bezugsrecht (Abs. 5)

I. Überblick. Der gesetzliche Regelfall einer Kapitalerhöhung, bei dem die Aktionäre die neuen Aktien unmittelbar zeichnen, ist in der Praxis, jedenfalls bei Publikumsgesellschaften, durch das sog. **mittelbare Bezugsrecht** nach § 186 Abs. 5 verdrängt. Bei diesem erfolgt die Zeichnung (§ 185) der neuen Aktien durch ein zwischengeschaltetes **Kreditinstitut oder Bankenkonsortium**, welches die neuen Aktien sodann den Aktionären entsprechend ihrer bisherigen Beteiligungsquote zum Bezug anbietet.[247] Der „Bezug" der Aktien durch die Aktionäre erfolgt dabei auf rein schuldrechtlicher Grundlage, regelmäßig einem Kaufvertrag. Indem die Zeichnung ausschließlich durch das zwischengeschaltete Institut erfolgt, gestaltet sich die Durchführung der Kapitalerhöhung für AG mit einer Vielzahl von Kleinaktionären wesentlich einfacher, da die Abwicklung zahlreicher Bezugsrechte durch die Gesellschaft entfällt.[248] Außerdem vermeidet die AG das Risiko, dass der Erhöhungsbetrag nicht im vollen Umfang oder nicht rechtzeitig vor Ablauf der Verfallsfrist nach § 185 Abs. 1 Nr. 4 aufgebracht wird.[249] Aus der Sicht der Gesellschaft ist die Kapitalerhöhung mit der Zeichnung durch die Bank oder das Bankenkonsortium durchgeführt. Die weitere Abwicklung erfolgt durch das Kreditinstitut, welches hierfür eine angemessene Vergütung erhält.[250]

II. Fiktion des Abs. 5. Da die neuen Aktien nicht durch die Altaktionäre, sondern durch das zwischengeschaltete Institut gezeichnet werden, liegt zwar formell, nicht aber materiell ein **Bezugsrechtsausschluss** vor.[251] Abs. 5 **fingiert** daher, dass der Ausschluss des gesetzlichen Bezugsrechts dann nicht als Ausschluss gilt, wenn sämtliche neuen Aktien von einem Kreditinstitut mit der Verpflichtung übernommen werden, sie den Aktionären zum Bezug anzubieten.[252] Diese **Fiktion bewirkt**, dass die formellen und materiellen Erfordernisse, denen der Bezugsrechtsausschluss unterliegt, keine Anwendung finden. Mit anderen Worten: Das mittelbare Bezugsrecht wird als gleichwertiger Ersatz des unmittelbaren gesetzlichen Bezugsrechts angesehen. Die besonderen Mehrheitsanforderungen des Abs. 3 S. 2 und 3 sind nicht anwendbar. Es entfällt auch die Pflicht zur Bekanntmachung nach Abs. 4 S. 1 und zur Vorlage eines schriftlichen Vorstandsberichts nach Abs. 4 S. 2. Ferner bedarf der Ausschluss des Bezugsrechts unter Einräumung eines mittelbaren Bezugsrechts **nicht** der besonderen **sachlichen Rechtfertigung**.[253]

III. Voraussetzungen. 1. Regelung im Kapitalerhöhungsbeschluss. Aus dem Wortlaut des Gesetzes („nach dem Beschluss") folgt, dass die Einräumung des mittelbaren Bezugsrechts im **Kapitalerhöhungsbeschluss selbst** enthalten sein muss.[254] Nicht ausreichend ist, dass das mittelbare Bezugsrecht von einem anderen Organ der AG, etwa dem Vorstand, oder zwar von der Hauptversammlung, aber außerhalb des Kapitalerhöhungsbeschlusses beschlossen wird.[255]

Der Ausschluss des unmittelbaren Bezugsrechts kann sich auf **sämtliche neue Aktien** aus der Kapitalerhöhung beziehen. Es ist aber auch möglich, für einen **Teil** der neuen Aktien das Bezugsrecht gänzlich auszuschließen und/oder einen Teil der neuen Aktien unmittelbar zum Bezug anzubieten.[256] Letzteres bietet sich insbesondere an, wenn die AG wenige Großaktionäre hat und sich die übrigen Aktien im Streubesitz befinden. Für Großaktionäre kann es so etwa beim gesetzlichen Bezugsrecht bleiben, Kleinaktionäre erhalten ein mittelbares Bezugsrecht nach Abs. 5.[257]

2. Übernahme der Aktien durch Kreditinstitut. Der Hauptversammlungsbeschluss muss den Erhöhungsbetrag, für den das unmittelbare Bezugsrecht ausgeschlossen ist, einem **Kreditinstitut** zuweisen. Der Begriff Kreditinstitut entspricht dem des § 1 Abs. 1 und § 2 Abs. 1 KWG. Hierunter fallen Unternehmen, die Bankgeschäfte betreiben, wenn der Umfang dieser Geschäfte einen in kaufmännischer Weise eingerichteten Geschäftsbetrieb erfordert, also Banken, Sparkassen und Girozentralen.[258] **Gleichgestellt** sind die Unterneh-

---

246 Großkomm-AktienR/*Wiedemann*, Rn 179.
247 *Hüffer*, Rn 44; KölnKomm-AktG/*Lutter*, Rn 102; MüHb-AG/*Krieger*, § 56 Rn 89.
248 MüHb-AG/*Krieger*, § 56 Rn 89.
249 *Hüffer*, Rn 47; MüHb-AG/*Krieger*, § 56 Rn 89.
250 *Hüffer*, Rn 47; MüHb-AG/*Krieger*, § 56 Rn 89; zur Rechtsstellung der Emissionsbank, insb. deren Privilegierung im Rahmen der Kapitalaufbringung, *Schnorbus*, AG 2004, 113 ff.
251 MüKo-AktG/*Peifer*, Rn 105; KölnKomm-AktG/*Lutter*, Rn 102; *Wiedemann*, WM 1979, 990, 991.
252 *Hüffer*, Rn 44; KölnKomm-AktG/*Lutter*, Rn 103; MüHb-AG/*Krieger*, § 56 Rn 90.
253 *Hüffer*, Rn 44; KölnKomm-AktG/*Lutter*, Rn 104; MüKo-AktG/*Peifer*, Rn 106; Spindler/Stilz/*Servatius*, Rn 72.
254 *Hüffer*, Rn 45; KölnKomm-AktG/*Lutter*, Rn 104, MüKo-AktG/*Peifer*, Rn 106.
255 KölnKomm-AktG/*Lutter*, Rn 105; MüKo-AktG/*Peifer*, Rn 106.
256 *Hüffer*, Rn 45; MüHb-AG/*Krieger*, § 56 Rn 90; Spindler/Stilz/*Servatius*, Rn 69; Schlitt/Seiler, WM 2003, 2175/2178; aA offenbar KölnKomm-AktG/*Lutter*, Rn 105: gesamter Erhöhungsbetrag.
257 *Hüffer*, Rn 45; Geßler/Hefermehl/*Bungeroth*, Rn 156 und 157; Schlitt/Seiler, WM 2003, 2175/2178.
258 *Hüffer*, Rn 46; MüKo-AktG/*Peifer*, Rn 107; MüHb AG/*Krieger*, § 56 Rn 90.

men nach § 53 Abs. 1 S. 1 und § 53 b Abs. 1 S. 1, Abs. 7 KWG, da auch diese das Emissionsgeschäft (§ 1 Abs. 1 Nr. 11, Abs. 11 KWG) betreiben dürfen.[259] Zusammenfassend werden diese Unternehmen im Folgenden als **Emissionsunternehmen** bezeichnet. Andere Unternehmen (zB Finanzdienstleistungsinstitute (§ 1 Abs. 1 a KWG), Finanzunternehmen (§ 1 Abs. 3 KWG) scheiden als Emissionsunternehmen aus.[260]

82 Üblicherweise legt bereits der Kapitalerhöhungsbeschluss fest, **welchem** Emissionsunternehmen die neuen Aktien anvertraut werden sollen.[261] Der Kapitalerhöhungsbeschluss kann sich aber auch auf allgemeine Weisungen beschränken. In diesem Fall bleibt dem Vorstand bzw der Verwaltung die **Wahl des Emissionsunternehmens** überlassen.[262]

Wenn Abs. 5 von „einem" Kreditinstitut spricht, so ist dies nicht als zahlenmäßige Beschränkung zu verstehen. Die Zuweisung kann sowohl an ein einzelnes Emissionsunternehmen erfolgen als auch an mehrere Emissionsunternehmen, die entweder **unverbunden** oder als **Konsortium** auftreten können.[263]

83 Wird die Emission von einem **Konsortium** übernommen, muss jeder Konsorte die Kriterien eines Emissionsunternehmens erfüllen.[264] Die Zuweisung des gesamten Erhöhungsbetrages oder nur eines Teils an eine Person, die **kein Emissionsunternehmen** ist, fällt nicht unter Abs. 5 und ist damit auch materiell ein Ausschluss des Bezugsrechts,[265] und zwar auch dann, wenn die neuen Aktien mit der Verpflichtung zur Weitergabe übernommen werden (s. Rn 100).[266]

84 **3. Verpflichtung des Emissionsunternehmens.** Um den Aktionären **einen vollwertigen Ersatz** für ihr gesetzliches Bezugsrecht zu bieten, unterliegt der zwischen der AG und dem Emissionsunternehmen abzuschließende Vertrag bestimmten, gesetzlich zum Teil nicht normierten inhaltlichen Anforderungen.[267] Diese Vereinbarung muss als **Vertrag zugunsten Dritter** gem. § 328 BGB ausgestaltet sein. Die Aktionäre müssen also einen **unmittelbaren Bezugsanspruch** gegen das Emissionsunternehmen auf einen ihrem bisherigen Aktienbesitz entsprechenden Anteil neuer Aktien erhalten, da es sonst an der Gleichwertigkeit des mittelbaren Bezugsrechts fehlen würde.[268] Die Vereinbarung muss spätestens mit dem Zeichnungsvertrag abgeschlossen werden.[269] Die AG wird hierbei durch den Vorstand vertreten, der dabei aber an die inhaltlichen Vorgaben des Hauptversammlungsbeschlusses gebunden ist.[270] Die Vereinbarung wird häufig bereits vor dem Hauptversammlungsbeschluss getroffen. Dies ist zulässig, wenn der Vorbehalt des § 187 beachtet ist.[271] Der spätere Hauptversammlungsbeschluss muss dann aber genau dem Inhalt der Vereinbarung entsprechen.[272]

85 Das Emissionsunternehmen muss sich verpflichten, den Aktionären **alle neuen Aktien**, für die das unmittelbare Bezugsrecht nach § 186 Abs. 5 ausgeschlossen ist, entsprechend deren gesetzlichem Bezugsrecht zum Bezug anzubieten. Nur so kann sichergestellt werden, dass jeder Aktionär die Möglichkeit hat, eine seinem bisherigen Anteil am Grundkapital entsprechende Menge neuer Aktien zu beziehen. Wird die Pflicht des Emissionsunternehmens zur Weitergabe auf einen Teil der Aktien beschränkt, müssen insoweit die formellen und materiellen (sachliche Rechtfertigung) Voraussetzungen eines Bezugsrechtsausschlusses erfüllt sein.[273] Die neuen Aktien müssen **unverzüglich** den Aktionären zum Bezug angeboten und weitergegeben werden. Ist eine zeitliche Verzögerung nicht durch den Abwicklungsmodus bedingt, handelt es sich um einen **teilweisen Bezugsrechtsausschluss**, der Abs. 3 und 4 unterliegt.[274]

86 Die Vereinbarung zwischen AG und Emissionsunternehmen muss den **Bezugspreis** bestimmen, zu dem die neuen Aktien den Aktionären angeboten werden sollen,[275] oder die **Kriterien**, nach denen dieser ermittelt wird (vgl § 186 Abs. 5 S. 2 iVm Abs. 2). Der Bezugspreis ist zu unterscheiden vom **Ausgabebetrag**, den das Emissionsunternehmen aufgrund des Zeichnungsscheins (vgl § 185 Abs. 1 Nr. 2) an die AG zu zahlen hat. Der Bezugspreis muss betragsmäßig nicht dem Ausgabebetrag entsprechen, kann also höher liegen. Das ist unstreitig.[276] Unterschiedlich beurteilt wird hingegen der insoweit bestehende **Gestaltungsspielraum**. Teil-

---

259 *Hüffer*, Rn 46.
260 *Hüffer*, Rn 46; MüKo-AktG/*Peifer*, Rn 107; aA für Finanzinstitute nach § 1 KWG aF, OLG Düsseldorf AG 1999, 134.
261 MüKo-AktG/*Peifer*, Rn 107; KölnKomm-AktG/*Lutter*, Rn 105; MüHb-AG/*Krieger*, § 56 Rn 90.
262 MüKo-AktG/*Peifer*, Rn 107; *Hüffer*, Rn 49; KölnKomm-AktG/*Lutter*, Rn 108; MüHb-AG/*Krieger*, § 56 Rn 90; K. Schmidt/Lutter/*Veil*, Rn 46; Spindler/Stilz/*Servatius*, Rn 68.
263 *Hüffer*, Rn 46; MüKo-AktG/*Peifer*, Rn 107; Großkomm-AktienR/*Wiedemann*, Rn 1 c und 15; KölnKomm-AktG/*Lutter*, Rn 105: K. Schmidt/Lutter/*Veil*, Rn 46.
264 *Hüffer*, Rn 46; KölnKomm-AktG/*Lutter*, Rn 105; MüKo-AktG/*Peifer*, Rn 107.
265 Der Beschluss ist anfechtbar, vgl OLG Koblenz NZG 1998, 552, 553.
266 *Hüffer*, Rn 46; KölnKomm-AktG/*Lutter*, Rn 105; MüKo-AktG/*Peifer*, Rn 107.
267 MüKo-AktG/*Peifer*, Rn 108; *Hüffer*, Rn 47; KölnKomm-AktG/*Lutter*, Rn 106.
268 AllgM: OLG Düsseldorf AG 1984, 188, 190; Geßler/*Hefermehl/Bungeroth*, Rn 171; KölnKomm-AktG/*Lutter*, Rn 111; *Hüffer*, Rn 47; MüKo-AktG/*Peifer*, Rn 107; K. Schmidt/Lutter/*Veil*, Rn 47.
269 Großkomm-AktienR/*Wiedemann*, Rn 15; KölnKomm-AktG/*Lutter*, Rn 108; MüKo-AktG/*Peifer*, Rn 111.
270 KölnKomm-AktG/*Lutter*, Rn 109; *Hüffer*, Rn 47.
271 KölnKomm-AktG/*Lutter*, Rn 108; MüKo-AktG/*Peifer*, Rn 111.
272 KölnKomm-AktG/*Lutter*, Rn 111.
273 *Hüffer*, Rn 47; KölnKomm-AktG/*Lutter*, Rn 106.
274 *Hüffer*, Rn 47; KölnKomm-AktG/*Lutter*, Rn 106.
275 *Hüffer*, Rn 48; KölnKomm-AktG/*Lutter*, Rn 107; MüKo-AktG/*Peifer*, Rn 111.
276 *Hüffer*, Rn 48; KölnKomm-AktG/*Lutter*, Rn 107; MüHb-AG/*Krieger*, § 56 Rn 90; MüKo-AktG/*Peifer*, Rn 109.

weise wird vertreten, dass der Bezugspreis in jedem Fall nur insoweit über dem Ausgabebetrag liegen darf, als es zur Abgeltung der Dienstleistung des Emissionsunternehmens erforderlich ist. Begründet wird dies mit Kapitalschutzerwägungen, da die Differenz zwischen Bezugspreis und Ausgabebetrag nicht den besonderen Schutzvorschriften zur Kapitalaufbringung unterliege (vgl § 188 Abs. 2 iVm §§ 36 Abs. 2, 36a Abs. 2, 54 Abs. 3, 63–66).[277] Abgesehen von praktischen Erwägungen[278] und höheren Platzierungskosten, besteht für einen derartigen Kapitalschutz jedoch kein Anlass. Dieser beschränkt sich auf den von der Hauptversammlung beschlossenen Erhöhungsbetrag und einen diesen etwa übersteigenden höheren Ausgabebetrag.[279] Einen Anspruch des Rechtsverkehrs auf einen hohen Ausgabebetrag iSv § 182 Abs. 3 besteht daher auch beim mittelbaren Bezugsrecht nicht.[280]

87 Die Gesellschaft ist folglich frei, im Rahmen der auch bei der ordentlichen Kapitalerhöhung bestehenden Grenzen den Ausgabebetrag und den Bezugspreis zu bestimmen, vorausgesetzt, dass das Emissionsunternehmen verpflichtet ist, das gesamte Agio abzüglich einer angemessenen Vergütung (Kosten und Provision) an die AG abzuführen.[281] Dieser Betrag ist in die Kapitalrücklage nach § 272 Abs. 2 Nr. 1 HGB einzustellen.[282] Wie bei der ordentlichen Kapitalerhöhung darf allerdings der Ausgabepreis den tatsächlichen Wert der neuen Aktien nicht übersteigen, da ansonsten ein Fall des faktischen Bezugsrechtsausschlusses vorliegen würde (vgl Rn 75).

88 Werden der Ausgabebetrag und der Bezugspreis von der Hauptversammlung festgelegt, ist der Vorstand hieran gebunden. Fehlt eine entsprechende Festlegung durch die Hauptversammlung, erfolgt diese durch den Vorstand nach allgemeinen Grundsätzen im Rahmen der Vorgaben des Hauptversammlungsbeschlusses. Fehlen Vorgaben, darf der Bezugspreis den Ausgabebetrag nur um eine angemessene Vergütung[283] des Emissionsunternehmens überschreiten. Dies entspricht der bei der ordentlichen Kapitalerhöhung bestehenden Verpflichtung zur Ausgabe zum geringsten Ausgabebetrag bei fehlender Festsetzung durch die Hauptversammlung (§ 182 Rn 48).[284]

89 **IV. Durchführung des mittelbaren Bezugsrechts. 1. Zeichnung durch Emissionsunternehmen.** Die **Zeichnung** der neuen Aktien erfolgt ausschließlich durch das Emissionsunternehmen. § 56 Abs. 3 steht dem nicht entgegen, da das Emissionsunternehmen beim mittelbaren Bezugsrecht nicht für Rechnung der AG tätig wird, sondern aufgrund seiner eigenen Verpflichtung aus dem Vertrag zugunsten Dritter (Rn 84).[285] Mit der Zeichnung und der Leistung des eingeforderten Betrags der Einlage (vgl §§ 188 Abs. 2 S. 1; 36 Abs. 2, 36a Abs. 1) durch das Emissionsunternehmen ist die Kapitalerhöhung **durchgeführt**,[286] so dass die Durchführung zum Handelsregister angemeldet werden kann. Für die vor Anmeldung der Durchführung zu leistenden **Einzahlungen** kommt es ausschließlich auf den Ausgabebetrag der Aktien an, nicht aber auf einen gegebenenfalls höheren, von den Aktionären zu zahlenden Bezugspreis.[287] Dies gilt auch dann, wenn das Emissionsunternehmen verpflichtet ist, das gesamte erzielte Agio an die AG abzuführen.[288]

90 Das **Emissionsunternehmen** rückt in vollem Umfang in die Rechtsstellung eines Zeichners ein und wird mit der Eintragung der Durchführung der Kapitalerhöhung in das Handelsregister **Aktionär**.[289] Ihm steht (trotz der Pflicht zur Weitergabe der Aktien) in der Zeit der Mitgliedschaft das **Stimmrecht** aus den betreffenden Aktien zu. Bei einer weiteren Kapitalerhöhung ist das Emissionsunternehmen ferner Inhaber der sich aus den übernommenen Aktien ergebenden **Bezugsrechte**. Es muss die Bezugsrechte allerdings an die Aktionäre weitergeben oder zugunsten der AG verwerten.[290]

91 **2. Bezugsangebot.** Das Emissionsunternehmen ist verpflichtet, den Aktionären die neuen Aktien **zum Bezug anzubieten**. Das Angebot, welches auf den Abschluss eines **Kaufvertrages** gerichtet ist, muss von dem Emissionsunternehmen ausgehen.[291] Es wird mit der Abgabe der entsprechenden Erklärung seitens des

---

277 Geßler/*Hefermehl/Bungeroth*, Rn 166; *Immenga*, in: FS Beusch, S. 413; *Schippel*, in: FS Steindorff, S. 249, 254.
278 Die Durchführung der Kapitalerhöhung könnte gem. § 188 Abs. 2 iVm §§ 36 a Abs. 2, § 37 erst zum Handelsregister angemeldet werden, wenn das Emissionsunternehmen den vollständigen Platzierungserlös abzüglich angemessener Vergütung an die Gesellschaft abgeführt hat.
279 Vgl Großkomm-AktienR/*Wiedemann*, Rn 203.
280 Vgl Großkomm-AktienR/*Wiedemann*, Rn 202; im Erg. ebenso: KölnKomm-AktG/*Lutter*, Rn 107; MüHb-AG/*Krieger*, § 56 Rn 90.
281 Großkomm-AktienR/*Wiedemann*, Rn 202; im Erg. ebenso: KölnKomm-AktG/*Lutter*, Rn 107; *Hüffer*, Rn 48; MüHb-AG/*Krieger*, MüKo-AktG/*Peifer*, Rn 109; § 56 Rn 90; *Wiedemann*, WM 1979, 990, 991.
282 Großkomm-AktienR/*Wiedemann*, Rn 203; *Hüffer*, Rn 48; KölnKomm-AktG/*Lutter*, Rn 110; MüKo-AktG/*Peifer*, Rn 109.
283 Diese kann wegen § 54 Abs. 2 nicht aus dem Ausgabebetrag gezahlt werden; vgl *Hüffer*, Rn 47; Geßler/*Hefermehl/Bungeroth*, Rn 179.
284 Vgl auch *Hüffer*, Rn 48, 41, § 182 Rn 24 f; MüHb-AG/*Krieger*, § 56 Rn 90, 27.
285 MüKo-AktG/*Peifer*, Rn 108; KölnKomm-AktG/*Lutter*, Rn 116.
286 *Hüffer*, Rn 50; KölnKomm-AktG/*Lutter*, Rn 110.
287 MüKo-AktG/*Peifer*, Rn 109; KölnKomm-AktG/*Lutter*, Rn 110; MüHb-AG/*Krieger*, Rn 110.
288 KölnKomm-AktG/*Lutter*, Rn 110; MüHb-AG/*Krieger*, § 56 Rn 90.
289 *Hüffer*, Rn 50; KölnKomm-AktG/*Lutter*, Rn 110; MüKo-AktG/*Peifer*, Rn 110.
290 KölnKomm-AktG/*Lutter*, Rn 116.
291 *Hüffer*, Rn 51; KölnKomm-AktG/*Lutter*, Rn 112; MüKo-AktG/*Peifer*, Rn 112; MüHb-AG/*Krieger*, § 56 Rn 91.

Emissionsunternehmens, spätestens mit der Veröffentlichung nach Abs. 5 S. 2 (s.u. Rn 92) in den Gesellschaftsblättern **wirksam**.[292] Der Bezugsberechtigte erklärt die **Annahme** des Angebots gegenüber dem Emissionsunternehmen. Mit der Annahme kommt ein Kaufvertrag über die entsprechende Anzahl neuer Aktien zustande.[293] Für die Annahme des Angebots können bestimmte Regeln vorgesehen werden, beispielsweise der Nachweis des Bezugsrechts durch die Vorlage des **Dividendenscheins** (s. hierzu unten Rn 97).[294] Die Bestimmung einer **Annahmefrist** ist, anders als nach Abs. 1 S. 2, fakultativ,[295] jedenfalls dann, wenn im Rahmen der Bekanntmachung nach Abs. 5 S. 2 ein ziffernmäßig bestimmter Bezugspreis veröffentlicht wird (Rn 92). Wird sie gesetzt, muss sie wie die Bezugsfrist nach Abs. 1 S. 2 **mindestens zwei Wochen** betragen, da durch das mittelbare Bezugsrecht die Aktionäre nicht schlechter gestellt werden dürfen.[296] Nimmt ein Bezugsberechtigter das Angebot erst nach Ablauf der Frist an, gilt die Annahmeerklärung nach § 150 Abs. 1 BGB als neues Angebot.[297]

92 3. **Bekanntmachung.** Das Bezugsangebot ist nach Abs. 5 S. 2 in den **Gesellschaftsblättern** bekannt zu machen. Die Bekanntmachungspflicht trifft die AG (Vorstand), nicht das Emissionsunternehmen.[298] Die Kosten der Bekanntmachung hat die AG zu tragen.[299] Die Bekanntmachung ist im Wesentlichen der Bekanntmachung nach Abs. 2 nachgebildet. Sie muss den für die Aktien zu leistenden **Bezugspreis** sowie eine etwaige **Frist** zur Annahme enthalten.[300] Aufgrund der Änderung des Abs. 2 sowie des Abs. 5 S. 2[301] kann sich die Bekanntmachung zunächst darauf beschränken, die **Grundlagen für die Festlegung** des Bezugspreises anzugeben.[302] In diesem Fall ist der endgültige Bezugspreis[303] spätestens drei Tage vor Ablauf der Bezugsfrist, die dann nicht mehr fakultativ ist (so Rn 91),[304] in den Gesellschaftsblättern und zusätzlich über ein **elektronisches Medium** (zB Internetseite der AG) bekannt zu machen (Abs. 5 S. 2 iVm Abs. 2 S. 2). Darüber hinaus muss die Bekanntmachung alle Einzelheiten enthalten, die den Inhalt des Bezugsangebots ausmachen. Dazu gehören u.a. die genaue Bezeichnung und der Sitz des Emissionsunternehmens, die Angabe des Bezugsverhältnisses, die Form der Annahme des Angebots und die Bezeichnung der Urkunden, mit denen sich der Bezugsberechtigte zu legitimieren hat.[305]

93 4. **Nichtausübung des mittelbaren Bezugsrechts.** Werden mittelbare Bezugsrechte nicht ausgeübt, erfolgt **keine Anwachsung** der Rechte bei den übrigen Aktionären. Es gelten dann dieselben Grundsätze wie bei der Nichtausübung eines unmittelbaren Bezugsrechts (vgl Rn 21). Das Emissionsunternehmen ist im Regelfall nach der mit der AG getroffenen Vereinbarung verpflichtet, diese Aktien bestmöglich zu veräußern.[306] Der im Rahmen des Angebots an die Aktionäre ursprünglich festgelegte Bezugspreis kann dabei überschritten werden.[307] Die AG hat das Emissionsunternehmen anzuhalten, bei der Veräußerung der übrig gebliebenen Aktien, die als Interessenten auftretenden Aktionäre gleich zu behandeln (§ 53 a).[308] Insbesondere dürfen durch eine Ungleichbehandlung die Mehrheitsverhältnisse nicht verändert oder gefestigt werden. Etwa entgegenstehende Vereinbarungen zwischen der AG und dem Emissionsunternehmen sind unwirksam und können Schadensersatzpflichten auch gegen das Emissionsunternehmen auslösen.[309]

94 V. **Vergütung des Emissionsunternehmens.** Das Emissionsunternehmen hat Anspruch auf eine angemessene **Vergütung**.[310] Diese kann nur aus einem den Ausgabebetrag übersteigenden Platzierungserlös oder aus einem Mehrerlös aus der freien Verwertung nicht von bezugsberechtigten Aktionären übernommener neuer Aktien gewährt werden. Ansonsten wäre die Aufbringung der seitens des Emissionsunternehmens als Zeichner zu erbringende Einlage nicht gewährleistet (vgl § 54 Abs. 2 und 3).[311] Die Vergütung muss also

---

292 *Hüffer*, Rn 51; KölnKomm-AktG/*Lutter*, Rn 112; MüKo-AktG/*Peifer*, Rn 112.
293 *Hüffer*, Rn 51; KölnKomm-AktG/*Lutter*, Rn 112; MüKo-AktG/*Peifer*, Rn 113.
294 MüKo-AktG/*Peifer*, Rn 112; KölnKomm-AktG/*Lutter*, Rn 112; MüHb-AG/*Krieger*, § 56 Rn 91.
295 *Hüffer*, Rn 52; KölnKomm-AktG/*Lutter*, Rn 117; MüHb-AG/*Krieger*, § 56 Rn 91, MüKo-AktG/*Peifer*, Rn 112; für zwingende Angabe: *Schlitt/Seiler*, WM 2003, 2175, 2179; wohl auch Hölters/*v. Dryander/Niggemann*, Rn 103.
296 KölnKomm-AktG/*Lutter*, Rn 112; MüKo-AktG/*Peifer*, Rn 112.
297 *Hüffer*, Rn 51; KölnKomm-AktG/*Lutter*, Rn 112.
298 *Hüffer*, Rn 52; KölnKomm-AktG/*Lutter*, Rn 118; MüHb-AG/*Krieger*, § 56 Rn 91; MüKo-AktG/*Peifer*, Rn 114; K. Schmidt/Lutter/*Veil*, Rn 48.
299 *Hüffer*, Rn 52; KölnKomm-AktG/*Lutter*, Rn 118; MüKo-AktG/*Peifer*, Rn 114.
300 *Hüffer*, Rn 52; KölnKomm-AktG/*Lutter*, Rn 118; MüHb-AktG/*Peifer*, Rn 114.
301 Art. 1 Nr. 22 Gesetz zur weiteren Reform des Aktien- und Bilanzrechts, zu Transparenz und Publizität (Transparenz- und Publizitätsgesetz) – TransPubIG, BGBl. I 2002 S. 2681.
302 So bereits vor der Gesetzesänderung MüHb-AG/*Krieger*, § 56 Rn 91, 67.
303 Trotz der Verwendung des Begriffs "Ausgabebetrag" in Abs. 5 S. 2 kann nur, entsprechend der früheren Terminologie des Abs. 5 S. 2 aF, das für die Aktien zu leistende "Entgelt" gemeint sein. Es handelt sich um ein Redaktionsversehen des Gesetzgebers. Zustimmend: *Hüffer*, Rn 52.
304 *Hüffer*, Rn 52.
305 *Hüffer*, Rn 52.
306 *Hüffer*, Rn 53; KölnKomm-AktG/*Lutter*, Rn 113; MüKo-AktG/*Peifer*, Rn 112; für erneute Anbietungspflicht analog § 186 Abs. 1 Spindler/Stilz/*Servatius*, Rn 74.
307 BGH NJW 1995, 2486; Geßler/*Hefermehl/Bungeroth*, Rn 178; *Hüffer*, Rn 53; KölnKomm-AktG/*Lutter*, Rn 113.
308 Geßler/*Hefermehl/Bungeroth*, Rn 178; KölnKomm-AktG/*Lutter*, Rn 113.
309 *Hüffer*, Rn 53; KölnKomm-AktG/*Lutter*, Rn 115.
310 KölnKomm-AktG/*Lutter*, Rn 116.
311 *Hüffer*, Rn 47.

letztlich von den Aktionären aufgebracht werden. Die Vergütung muss **angemessen** sein. Eine unangemessene Vergütung würde das Bezugsrecht der Aktionäre beeinträchtigen und ist deshalb unzulässig.[312]

VI. Rechtsstellung der Bezugsberechtigten. 1. Gegenüber Emissionsunternehmen. Jeder Bezugsberechtigte hat aufgrund des Vertrages zugunsten Dritter zwischen der AG und dem Emissionsunternehmen einen **klagbaren Anspruch** auf unverzügliche Abgabe eines seinem regulären Bezugsrecht entsprechenden Bezugsangebots, sobald die Durchführung der Kapitalerhöhung nach § 189 AktG in das Handelsregister eingetragen ist.[313] Die Eintragung ist **aufschiebende Bedingung** iSv § 158 Abs. 1 BGB. Inhaber des Anspruchs sind diejenigen Personen, die zum Zeitpunkt der Eintragung der Durchführung der Kapitalerhöhung Aktionäre der AG sind.[314]

Gibt das Emissionsunternehmen das Angebot ab, ist es hieran gegenüber den Aktionären gebunden (§ 145 BGB).[315] Für den mit der Annahme des Angebots zustande kommenden **Kaufvertrag** gelten die allgemeinen zivilrechtlichen Regeln.[316] Bei dem seitens des Aktionärs zu zahlenden Entgelt handelt es sich somit um einen Kaufpreis, nicht um eine Einlageschuld. §§ 54, 63 bis 66 finden daher keine Anwendung.[317] Dasselbe gilt für Leistungsstörungen auf Seiten des Emissionsunternehmens. Gesellschaftsrechtliche Besonderheiten bestehen auch hier nicht.[318] War im Zusammenhang mit der Ausgabe der neuen Aktien ein Prospekt zu veröffentlichen, kommen daneben Ansprüche aus §§ 21 ff. WertpapierprospektG und § 13 VerkProspG in Betracht, wenn unrichtige oder unvollständige Angaben gemacht werden.[319]

2. Übertragung des mittelbaren Bezugsrechts. Das mittelbare Bezugsrecht ist als rein schuldrechtlicher Anspruch aus der als Vertrag zugunsten Dritter (§ 328 BGB) ausgestalteten Vereinbarung zwischen der AG und dem Emissionsunternehmen selbstständig **übertragbar, vererblich, pfändbar und verpfändbar**.[320] Die Übertragung erfolgt durch Abtretung gem. §§ 413, 398 BGB.[321] Dies gilt auch dann, wenn die Bezugsbedingungen zur Geltendmachung des Bezugsanspruches die Vorlage eines Dividendenscheins verlangen. Dieser ist in diesem Fall (anders als beim unmittelbaren Bezugsrecht) nicht Inhaberpapier nach § 793 BGB, sondern **Legitimationspapier**, da der Dividendenschein nicht vom Schuldner des Bezugsrechts (dem Emissionsunternehmen), sondern von der AG ausgestellt wird.[322] Bei vinkulierten Namensaktien ist die Zustimmung der AG analog § 68 Abs. 2 erforderlich.[323]

Das mittelbare Bezugsrecht ist **nicht Teil der Aktie**, kann (und muss) daher unabhängig von der Aktie übertragen werden. Im Fall einer Übertragung der Aktie geht das mittelbare Bezugsrecht somit nicht automatisch auf den Erwerber über.[324]

Entsprechendes gilt, wenn das Emissionsunternehmen bereits das Bezugsangebot unterbreitet hat. Die aus dem bindenden Angebot entstehende Rechtsposition (§ 145 BGB) ist im Zweifel als rein vermögensrechtlicher Anspruch übertragbar, vererblich, pfändbar und verpfändbar.[325]

VII. Andere mittelbare Bezugsrechte. Die Privilegierung nach Abs. 5 S. 1 setzt voraus, dass die neuen Aktien von einem Emissionsunternehmen übernommen werden. Erfüllt der Übernehmer nicht die Kriterien eines Emissionsunternehmens, findet Abs. 5 S. 1 **keine Anwendung**, auch wenn die neuen Aktien nach Übernahme den Aktionären zum Bezug angeboten werden sollen.[326] Dem steht auch Abs. 5 S. 2 Hs 2 nicht entgegen, der für Bezugsangebote von Nicht-Kreditinstituten dieselben Bekanntmachungspflichten vorschreibt, die auch für Bezugsangebote von Kreditinstituten gelten. Denn Abs. 5 S. 2 Hs 2 will lediglich auch in diesem Fall die Chancengleichheit der Aktionäre durch Information gewährleisten, nicht aber die zuvor in S. 1 getroffene Differenzierung zwischen Kreditinstituten und Nichtkreditinstituten wieder aufheben.[327] Gleiches gilt, wenn einem Emissionskonsortium Personen angehören, die nicht Kreditinstitut sind, ferner, wenn einzelne Aktionäre vom Bezugsrecht ausgeschlossen sind oder eine von Abs. 1 abweichende Verteilung vorgesehen ist.[328] In all diesen Fällen liegt auch materiell ein Bezugsrechtsausschluss vor, so dass dessen formelle und materielle Voraussetzungen erfüllt sein müssen.[329] Ob für eine konkrete Gestaltung die **sachliche Rechtfertigung** gelingt, hängt von den Umständen des Einzelfalls ab. Das Interesse der Gesellschaft kann zB

---

312 KölnKomm-AktG/*Lutter*, Rn 116.
313 MüKo-AktG/*Peifer*, Rn 112.
314 KölnKomm-AktG/*Lutter*, Rn 119; MüKo-AktG/*Peifer*, Rn 115.
315 Geßler/*Hefermehl/Bungeroth*, Rn 180; *Hüffer*, Rn 51.
316 MüKo-AktG/*Peifer*, Rn 113; *Hüffer*, Rn 51.
317 *Hüffer*, Rn 51.
318 MüKo-AktG/*Peifer*, Rn 113.
319 *Hüffer*, Rn 51; KölnKomm-AktG/*Lutter*, Rn 118.
320 MüKo-AktG/*Peifer*, Rn 115 KölnKomm-AktG/*Lutter*, Rn 119; *Hüffer*, Rn 54.
321 *Hüffer*, Rn 54.
322 *Hüffer*, Rn 54; KölnKomm-AktG/*Lutter*, Rn 119. AA: MüKo-AktG/*Peifer*, Rn 115.
323 Spindler/Stilz/*Servatius*, Rn 70.
324 MüKo-AktG/*Peifer*, Rn 115.
325 RGZ 111, 46, 47; Geßler/*Hefermehl/Bungeroth*, Rn 186; KölnKomm-AktG/*Lutter*, Rn 119; Palandt/*Heinrichs*, § 145 BGB Rn 3.
326 MüKo-AktG/*Peifer*, Rn 107; 116, *Hüffer*, Rn 46; KölnKomm-AktG/*Lutter*, Rn 121.
327 KölnKomm-AktG/*Lutter*, Rn 105; Geßler/*Hefermehl/Bungeroth*, Rn 159.
328 *Hüffer*, Rn 46; KölnKomm-AktG/*Lutter*, Rn 121; Geßler/*Hefermehl/Bungeroth*, Rn 188.
329 OLG Düsseldorf AG 2001, 51, 53; *Hüffer*, Rn 46; KölnKomm-AktG/*Lutter*, Rn 121.

darin liegen, durch Einschaltung eines Nicht-Kreditinstituts Kosten einzusparen oder interessante Kapitalmärkte zu erschließen.[330] Im Rahmen der Beurteilung der Verhältnismäßigkeit spielen besonders die Bonität und Seriosität des Übernehmers eine Rolle.[331] Ferner, inwiefern die Vereinbarung zwischen der AG und dem Übernehmer im Übrigen den Anforderungen an ein mittelbares Bezugsrecht entspricht, insbesondere ob den Aktionären entsprechend § 398 BGB ein unmittelbarer Anspruch gegen den Übernehmer eingeräumt wird.[332] Die sachliche Rechtfertigung kann auch in Fällen der **Sanierung** gegeben sein, etwa wenn für die neuen Aktien (zunächst) keine Börseneinführung erfolgen soll, diese zu einem über dem Börsenkurs liegenden Ausgabekurs vom Großaktionär übernommen werden und der Großaktionär den übrigen Aktionären börsennotierte Altaktien aus seinem Bestand zum Tageskurs anbieten will.[333]

101 Auch bei mittelbarem Bezug der Aktien von einem Nicht-Emissionsunternehmen ist dessen Bezugsangebot durch den Vorstand bekannt zu machen (Abs. 5 S. 2 Hs 2).

§ 187 Zusicherung von Rechten auf den Bezug neuer Aktien

(1) Rechte auf den Bezug neuer Aktien können nur unter Vorbehalt des Bezugsrechts der Aktionäre zugesichert werden.

(2) Zusicherungen vor dem Beschluß über die Erhöhung des Grundkapitals sind der Gesellschaft gegenüber unwirksam.

Literatur:
Wieneke, Der Einsatz von Aktien als Akquisitionswährung, NZG 2004, 61.

A. Regelungsinhalt	1	III. Fehlen des Vorbehalts	8
B. Anwendungsbereich	2	E. Zusicherung vor Kapitalerhöhungsbeschluss	
C. Zusicherung	3	(Abs. 2)	9
D. Vorbehalt des Abs. 1	6	F. Schadensersatzansprüche	13
I. Bedeutung und Anwendungsbereich	6	G. Business Combination Agreements	15
II. Wirkung des Vorbehalts	7		

A. Regelungsinhalt

1 § 187 regelt das Verhältnis zwischen dem gesetzlichen Bezugsrecht nach § 186 Abs. 1 und **rechtsgeschäftlichen Bezugsrechten**, also solchen, die vertraglich vereinbart oder satzungsmäßig vorgesehen sind. Die Norm schützt das **gesetzliche Bezugsrecht** der Aktionäre, indem § 187 Abs. 1 bestimmt, dass rechtsgeschäftliche Bezugsrechte nur „unter Vorbehalt des Bezugsrechts der Aktionäre" eingeräumt werden können.[1] Abs. 2 schützt darüber hinaus die **Entscheidungsfreiheit der Hauptversammlung**[2] über das „Ob" und „Wie" einer Erhöhung des Grundkapitals. Die Vorschrift erklärt eine Zusicherung von Bezugsrechten vor dem Kapitalerhöhungsbeschluss der Gesellschaft gegenüber für unwirksam.

B. Anwendungsbereich

2 Neben der Kapitalerhöhung nach §§ 182 ff ist § 187 über § 203 Abs. 1 auch in den Fällen der Erhöhung des Grundkapitals durch **genehmigtes Kapital** anwendbar.[3] Mangels gesetzlichem Bezugsrecht ist beim **bedingtem Kapital** nur § 187 Abs. 2, nicht aber Abs. 1 anwendbar (§ 193 Abs. 1 S. 3).[4] Dasselbe gilt bei Kapitalerhöhungen zur Durchführung einer **Verschmelzung** (§ 69 Abs. 1 S. 1 Hs 1 UmwG). Im Bereich der **Kapitalerhöhung aus Gesellschaftsmitteln** ist § 187 nicht anwendbar, da hier die neuen Aktien den bisherigen Aktionären unmittelbar zuwachsen (§ 212) und daher weder ein gesetzliches noch ein rechtsgeschäftliches Bezugsrecht in Betracht kommt.[5] Auf Bezugsrechte, die aus **Schuldverschreibungen** (§ 221) erwachsen, ist § 187 nicht anwendbar.[6] Die Vorschrift findet aber entsprechend Anwendung, soweit es um den Bezug der

---

330 Vgl Hüffer, Rn 55; KölnKomm-AktG/Lutter, Rn 122.
331 MüHb-AG/Krieger, § 56 Rn 93, MüKo-AktG/Peifer, Rn 116.
332 Hüffer, Rn 55; KölnKomm-AktG/Lutter, Rn 123.
333 KölnKomm-AktG/Lutter, Rn 121; MüHb-AG/Krieger, § 56 Rn 94.

1 MüKo-AktG/Peifer, Rn 1; Großkomm-AktienR/Wiedemann, Rn 3; Hüffer, Rn 1; KölnKomm-AktG/Lutter, Rn 2.
2 MüKo-AktG/Peifer, Rn 1.
3 MüKo-AktG/Peifer, Rn 2; Hüffer, Rn 1.
4 MüKo-AktG/Peifer, Rn 2; Hüffer, Rn 1.
5 MüKo-AktG/Peifer, Rn 2.
6 Hüffer, Rn 2; KölnKomm-AktG/Lutter, Rn 21.

Schuldverschreibungen selbst geht.[7] Die Zusicherung von Rechten auf den Bezug **bereits vorhandener Aktien** wird von § 187 nicht erfasst.[8]

Simmen alle Aktionäre (zB in der Ein-Personen-Gesellschaft oder personalistisch strukturierten AG) der Zusicherung zu, dürfte § 187 nicht anwendbar sein, da dann kein schutzbedürftiges Interesse berührt wird (teleologische Reduktion).[9]

C. Zusicherung

Unter einer Zusicherung ist **jede rechtsgeschäftliche Verpflichtung** zum Abschluss eines künftigen Zeichnungsvertrages zu verstehen.[10] Wie auch der Zeichnungsvertrag (vgl § 185 Rn 32), begründet die Zusicherung von vornherein keinen Anspruch auf Durchführung einer beschlossenen Kapitalerhöhung.[11] Im Regelfall erfolgt die Zusicherung im Rahmen eines einseitig oder zweiseitig verpflichtenden **Zeichnungsvorvertrags** (s. § 185 Rn 45) gegenüber dem Begünstigten.[12] Der **Zeichnungsvertrag** selbst wird von § 187 ebenfalls erfasst, sofern er vor Berücksichtigung des gesetzlichen Bezugsrechte oder ohne wirksamen Bezugsrechtsausschluss abgeschlossen wird, da andernfalls der mit der Norm verfolgte Schutz der gesetzlich Bezugsberechtigten unvollständig wäre.[13] Zur Abgabe einer vertraglichen Zusicherung ist der Vorstand zuständig.[14] § 187 findet auch dann Anwendung, wenn der Vorstand dabei in Ausführung eines Beschlusses der Hauptversammlung handelt, da die Hauptversammlung nur unter den formellen und materiellen Voraussetzungen des § 186 Abs. 3 und 4 in das gesetzliche Bezugsrecht eingreifen kann.[15] Die Begründung einseitiger Bezugs- bzw Zeichnungspflichten ist keine Zusicherung im Sinne des § 187.[16]

Eine Zusicherung zum Bezug neuer Aktien kann ferner in der **Satzung** enthalten sein.[17] Für Aktionäre wirkt diese unmittelbar anspruchsbegründend. Sind Dritte begünstigt, so bedarf es zur Begründung des Bezugsrechts darüber hinaus einer Durchführungshandlung durch den Vorstand.[18] Da die Satzung das gesetzliche Bezugsrecht nicht im Voraus ausschließen kann, unterfallen auch derartige statutarische Bezugsrechte den Beschränkungen des § 187.[19]

Begünstigter der Zusicherung kann jeder potenzielle Zeichner (vgl § 185 Rn 6) sein.[20] In Betracht kommen beliebige Dritte sowie Aktionäre der AG. Für letztere hat § 187 aber nur insoweit Bedeutung, als mehr Bezugsrechte eingeräumt werden sollen, als ihrem gesetzlichen Bezugsrecht nach § 186 entsprechen würde.[21] **Verpflichteter** einer Zusicherung nach § 187 ist ausschließlich die kapitalerhöhende AG, nicht etwa ein Dritter, der neue Aktien mit der Verpflichtung übernimmt, diese an Aktionäre oder andere Personen weiter zu geben.[22]

D. Vorbehalt des Abs. 1

I. Bedeutung und Anwendungsbereich. Nach § 187 Abs. 1 können Rechte auf den Bezug neuer Aktien „nur unter Vorbehalt des Bezugsrechts der Aktionäre" zugesichert werden. Die Vorschrift dient dem Schutz der gesetzlichen Bezugsrechte und bewirkt, dass soweit gesetzliche Bezugsrechte bestehen, eine Verpflichtung der AG nicht zustande kommt.[23] Damit wird das Entstehen miteinander unvereinbarer Pflichten der AG aus gesetzlichen Bezugsrechten einerseits und rechtsgeschäftlichen Bezugsrechten andererseits verhindert. Mangels Verpflichtung der AG, entstehen gegen diese auch keine Schadensersatzverpflichtungen, so dass die Norm insoweit auch den Schutz der AG bezweckt.[24] Ist das **gesetzliche Bezugsrecht** der Aktionäre wirksam nach § 186 Abs. 3 und 4 **ausgeschlossen**, findet § 187 keine Anwendung.[25] In diesem Fall kann es zu einer Kollision zwischen gesetzlichen und vertraglichen bzw satzungsmäßigen Bezugsrechten nicht kommen.[26] Auf die Eintragung des Kapitalerhöhungsbeschlusses und des Ausschlusses des Bezugsrechts kommt es nicht an.[27] Wurde das Bezugsrecht nicht allgemein oder gerade zur Bedienung der rechtsgeschäftlichen Bezugsrechte, sondern zu einem bestimmten (anderen) Zweck ausgeschlossen, zB zur Ausgabe von Aktien an Arbeitnehmer, bleibt der Vorbehalt bestehen.[28] § 187 ist nicht (mehr) anwendbar, wenn die gesetzlichen Bezugsrechte schließlich nicht ausgeübt werden.

7 **II. Wirkung des Vorbehalts.** Der in § 187 Abs. 1 vorgesehene Vorbehalt bewirkt, dass dem durch eine Bezugsrechtszusicherung Begünstigten **nur insoweit ein Anspruch** auf den Bezug neuer Aktien zusteht, als die Aktionäre von ihrem gesetzlichen Bezugsrecht keinen Gebrauch machen.[29] Werden **alle** gesetzlichen Bezugsrechte nach § 186 Abs. 1 ausgeübt, entfallen die rechtsgeschäftlichen Bezugsrechte.[30] Wird **nur ein Teil** der gesetzlichen Bezugsrechte ausgeübt, reichen die übrigen neuen Aktien aber nicht zur Befriedigung aller rechtsgeschäftlichen Bezugsrechte aus, so richtet sich die Frage, welche von ihnen bedient werden, in erster Linie danach, welche Regelung für diesen Fall in der Vorbehaltsabrede getroffen worden ist.[31] Fehlt es an einer ausdrücklichen Regelung wird vertreten, den Vorbehalt dahin gehend auszulegen, dass der Vorrang der gesetzlichen Bezugsrechte bei mehreren vertraglichen oder satzungsmäßigen Bezugsrechten jeweils die zuletzt entstandenen trifft (Prioritätsprinzip).[32] Gegen eine solche Auslegung spricht jedoch, dass es aus der Sicht des Begünstigten rein zufällig ist, in welcher zeitlichen Reihenfolge rechtsgeschäftliche Bezugsrechte eingeräumt worden sind. Sachgerechter erscheint es daher, entsprechend der Interessenlage bei Überzeichnung (vgl § 185 Rn 34 f), die AG für berechtigt zu halten, zu **repartieren**, also den Begünstigten neue Aktien nur teilweise zuzuteilen.[33] Eine Verpflichtung hierzu besteht aber nur gegenüber Aktionären unter dem Gesichtspunkt der Gleichbehandlung (§ 53 a); im Übrigen ist die AG frei, wem sie neue Aktien zuteilt.[34]

8 **III. Fehlen des Vorbehalts.** Umstritten ist, was gilt, wenn eine Zusicherung weder einen ausdrücklichen noch einen konkludenten Vorbehalt enthält. Teilweise wird in diesem Fall, unter Berufung auf den Wortlaut ("können nur") und Hinweis auf den Warneffekt eines ausdrücklichen Vorbehalts, die Nichtigkeit der Zusicherung gem. § 134 BGB angenommen.[35] Nach der Gegenmeinung steht die Zusicherung **kraft Gesetzes** unter dem Vorbehalt des § 187 Abs. 1 und ist auch ohne dessen ausdrücklicher oder konkludenter Erklärung **wirksam**.[36] Letzterer Auffassung ist zuzustimmen. Dem **Schutzzweck der Norm**, dh dem Schutz des gesetzlichen Bezugsrechts der Aktionäre sowie dem Schutz der AG vor Schadensersatzansprüchen wird ausreichend Rechnung getragen, wenn sämtliche Zusicherungen kraft Gesetzes unter dem Vorbehalt des Abs. 1 stehen. Üben die Aktionäre ihr gesetzliches Bezugsrecht nicht aus, besteht keine Veranlassung, Zusicherungen ohne vereinbarten Vorbehalt für nichtig zu erklären und dadurch den Bezug der Aktien zu vereiteln. Hinzu kommt, dass auch etwaige mit einer Zusicherungen verbundene Rechte der AG gegen den Begünstigten, anders als bei Nichtigkeit, erhalten bleiben, zB die Pflicht zur Zeichnung im Rahmen eines beiderseits verpflichtenden Zeichnungsvorvertrages.[37]

E. Zusicherung vor Kapitalerhöhungsbeschluss (Abs. 2)

9 Abs. 2 regelt den Fall, dass Bezugsrechtszusicherungen erfolgen, bevor die Hauptversammlung die Kapitalerhöhung beschlossen hat. Die Vorschrift bezweckt neben dem Schutz gesetzlicher Bezugsrechte die **Entschließungsfreiheit der Hauptversammlung**.[38]

10 Zusicherungen auf den Bezug von Aktien vor dem Kapitalerhöhungsbeschluss sind nach dem Wortlaut des Gesetzes „der Gesellschaft gegenüber unwirksam". Ein Teil der Lehre folgert hieraus, dass solche Zusicherungen in jedem Fall nach § 134 BGB nichtig sind und zwar auch dann, wenn später eine Kapitalerhöhung beschlossen wird und die Hauptversammlung das Bezugsrecht der Aktionäre wirksam ausschließt oder die gesetzlichen Bezugsrechte nicht ausgeübt werden.[39] Nach dieser Ansicht soll § 187 Abs. 2 die Entscheidungsfreiheit der Hauptversammlung nicht nur in rechtlicher, sondern auch in psychologischer Hinsicht

---

26 MüKo-AktG/*Peifer*, Rn 9; KölnKomm-AktG/*Lutter*, Rn 9.
27 MüKo-AktG/*Peifer*, Rn 9; Großkomm-AktienR/*Wiedemann*, Rn 11.
28 *Hüffer*, Rn 3; KölnKomm-AktG/*Lutter*, Rn 9.
29 MüKo-AktG/*Peifer*, Rn 11; Großkomm-AktienR/*Wiedemann*, Rn 13; *Hüffer*, Rn 3.
30 MüKo-AktG/*Peifer*, Rn 11; *Hüffer*, Rn 3.
31 Großkomm-AktienR/*Wiedemann*, Rn 13; *Hüffer*, Rn 3.
32 So MüKo-AktG/*Peifer*, Rn 11; Großkomm-AktienR/*Wiedemann*, Rn 13.
33 KölnKomm-AktG/*Lutter*, Rn 10.
34 KölnKomm-AktG/*Lutter*, Rn 10.
35 So die früher hM, vgl *Baumbach/Hueck*, AktG, Rn 2; *v. Godin/Wilhelmi*, Anm. 3; *Schlegelberger/Quassowski*, AktG 1937, § 154 Rn 2; aus dem neueren Schrifttum aber auch Großkomm-AktienR/*Wiedemann*, Rn 14; Spindler/Stilz/*Servatius*, Rn 14.
36 *Geßler/Hefermehl/Bungeroth*, Rn 18; wohl auch MüKo-AktG/*Peifer*, Rn 10; *Hüffer*, Rn 4; KölnKomm-AktG/*Lutter*, Rn 14;; K. Schmidt/Lutter/*Veil*, Rn 7; MüHb-AG/*Krieger*, S. 594 Rn 78; *Fuchs*, AG, 1995, 433, 434 Fn 91; Hölters/v. *Dryander/Niggemann*, Rn 7.
37 MüKo-AktG/*Peifer*, Rn 10; KölnKomm-AktG/*Lutter*, Rn 13.
38 Großkomm-AktienR/*Wiedemann*, Rn 8; MüKo-AktG/*Peifer*, Rn 12; *Hüffer*, Rn 5.
39 So die früher hM, vgl *Baumbach/Hueck*, AktG, Rn 2; *v. Godin/Wilhelmi*, Anm. 3; *Schlegelberger/Quassowski*, AktG 1937, § 154 Rn 2; aus dem neueren Schrifttum: Großkomm-AktienR/*Wiedemann*, Rn 8; Spindler/Stilz/*Servatius*, Rn 11.

schützen, indem er nicht nur ein Abschluss-, sondern auch ein Verhandlungsverbot statuiere.[40] Nach der Gegenauffassung[41] sind Zusicherungen vor dem Hauptversammlungsbeschluss **zulässig**, stehen aber **kraft Gesetzes** neben dem Vorbehalt nach Abs. 1 unter dem **Vorbehalt** eines entsprechenden Kapitalerhöhungsbeschlusses.

Dieser Auffassung ist zuzustimmen. Abs. 2 stellt klar, dass aus einer vor dem Hauptversammlungsbeschluss gegebenen Zusicherung weder eine Verpflichtung der AG entsteht, ihr Grundkapital überhaupt zu erhöhen, noch das Bezugsrecht der Aktionäre auszuschließen.[42] Die Hauptversammlung bleibt auch frei, das gesetzliche Bezugsrecht zugunsten anderer Personen (zB Arbeitnehmer, Sacheinleger) auszuschließen.[43] Dies folgt bereits daraus, dass diese Entscheidungen ausschließlich von der Hauptversammlung selbst getroffen werden können, die AG sich folglich zu derartigen Maßnahmen von vornherein nicht verpflichten kann.[44] Darüber hinaus schließt Abs. 2 aber auch **Schadensersatzansprüche** gegen die AG aus gegebenen Zusicherungen für den Fall aus, dass diese nicht bedient werden,[45] so dass die Entscheidungsfreiheit der Hauptversammlung umfassend gewährleistet ist.[46] Wird die Kapitalerhöhung beschlossen, steht die Zusicherung kraft Gesetzes unter dem weiteren Vorbehalt nach Abs. 1 (so Rn 8). Wie bei fehlendem Vorbehalt nach Abs. 1 besteht somit auch im Rahmen des Abs. 2 kein Anlass, einer vor dem Kapitalerhöhungsbeschluss erfolgten Zusicherung zum Nachteil des Begünstigten und/oder der AG auch dann die Wirkung zu versagen, wenn dies durch keine schutzwürdigen Belange (mehr) gerechtfertigt ist.[47]

Abs. 2 bewirkt daher, dass die Zusicherung gegenüber der AG **keinerlei Wirkung** entfaltet, wenn es nicht zu dem vorgesehenen Kapitalerhöhungsbeschluss kommt.[48] Wird eine Erhöhung des Grundkapitals beschlossen und das gesetzliche Bezugsrecht der Aktionäre nicht ausgeschlossen, steht die Zusicherung kraft Gesetzes unter dem Vorbehalt des Abs. 1 und ist **nur insoweit wirksam**, als gesetzliche Bezugsrechte nicht ausgeübt werden.[49] Es kommen die oben unter Rn 7 dargelegten Grundsätze zur Anwendung. Wird das gesetzliche Bezugsrecht der Aktionäre ausgeschlossen, so wird eine vor dem Kapitalerhöhungsbeschluss gegebene Zusicherung **wirksam** und muss von der AG erfüllt werden.[50]

F. Schadensersatzansprüche

Wird ein zugesichertes Bezugsrecht aufgrund der Vorbehalte des § 187 nicht bedient, bestehen keinerlei Schadensersatzansprüche gegen die AG. Nicht ausgeschlossen sind jedoch Schadensersatzansprüche gegen **Vorstandsmitglieder** persönlich.[51] Derartige Ansprüche kommen insbesondere dann in Betracht, wenn der Vorstand die Vorbehalte des § 187 nicht ausdrücklich in die Zusicherung aufgenommen hat. Der Vorstand sollte daher nicht darauf vertrauen, dass Zusicherungen kraft Gesetzes unter dem Vorbehalt des Abs. 2 und des Kapitalerhöhungsbeschlusses stehen, sondern sollte dies im Rahmen der Zusicherung ausdrücklich klarstellen.

Kommt es schließlich nicht zur Eintragung der Durchführung der Kapitalerhöhung (§ 188), bestehen grundsätzlich keine Schadensersatzansprüche, da die Zusicherung von vornherein keinen Anspruch auf Durchführung gewährt (so Rn 3).[52] Erfüllt der Vorstand nach § 187 wirksame Zusicherungen nicht, zB weil er die neuen Aktien anderweitig zuteilt, kommt, wie bei einem Überschuss an Zeichnungsverträgen (vgl § 185 Rn 36f), ein Anspruch auf Ersatz des Vertrauensschadens in Betracht.[53]

G. Business Combination Agreements

§ 187 ist auf sog. Business Combination Agreements uneingeschränkt anwendbar. Derartige Vereinbarungen werden nach angloamerikanischem Vorbild häufig im Vorfeld von Unternehmenszusammenschlüssen getroffen, wobei insb. die wesentlichen Eckpunkte der Transaktion, die Gegenleistung, strategische Erwä-

---

40 Großkomm-AktienR/*Wiedemann*, Rn 8.
41 Vgl auch OLG Koblenz OLGR 2002, 33 ff: kein Fall des § 134, sondern "einseitiges Verbotsgesetz"; MüKo-AktG/*Peifer*, Rn 13; *Hüffer*, Rn 5; KölnKomm-AktG/*Lutter*, Rn 17; *Lutter*, AG 1972, 130; MüHb-AG/*Krieger*, § 56 Rn 97.
42 MüKo-AktG/*Peifer*, Rn 14; *Hüffer*, Rn 5; KölnKomm-AktG/*Lutter*, Rn 17 f.
43 Geßler/Hefermehl/*Bungeroth*, Rn 23; KölnKomm-AktG/*Lutter*, Rn 17.
44 Ähnlich: KölnKomm-AktG/*Lutter*, Rn 17: fehlende Vertretungsmacht des Vorstands.
45 MüKo-AktG/*Peifer*, Rn 18; *Hüffer*, Rn 5; KölnKomm-AktG/*Lutter*, Rn 17; K. Schmidt/Lutter/*Veil*, Rn 9.
46 KölnKomm-AktG/*Lutter*, Rn 17; aA Großkomm-AktienR/*Wiedemann*, Rn 8.
47 MüKo-AktG/*Peifer*, Rn 13; KölnKomm-AktG/*Lutter*, Rn 17.
48 MüKo-AktG/*Peifer*, Rn 15.
49 MüKo-AktG/*Peifer*, Rn 17; aA Großkomm-AktienR/*Wiedemann*, Rn 8; Spindler/Stilz/*Servatius*, Rn 13; Hölters/*v. Dryander*/Niggemann, Rn 8.
50 MüKo-AktG/*Peifer*, Rn 13, 16.
51 Vgl auch RGZ 106, 68, 73 (Bergrechtliche Gewerkschaft); Baumbach/Hueck, AktG, Anm. 4; MüKo-AktG/*Peifer*, Rn 18; Großkomm-AktienR/*Wiedemann*, Rn 8; *Hüffer*, Rn 5.
52 *Hüffer*, Rn 5; KölnKomm-AktG/*Lutter*, Rn 15; MüKo-AktG/*Peifer*, Rn 15.
53 *Hüffer*, Rn 6; vgl auch KölnKomm-AktG/*Lutter*, Rn 20.

gungen, Gewährleistungen und Zusicherungen, Auswirkungen auf Arbeitnehmer etc. festgelegt werden.[54] Sollte die Gegenleistung, die die Bieterin für das Zielunternehmen zu erbringen hat, ganz oder teilweise aus Aktien der Bieterin bestehen, ist der Anwendungsbereich des § 187 unmittelbar betroffen, soweit die Aktien neu geschaffen werden sollen.[55] Auch wenn das Business Combination Agreement häufig – insoweit vergleichbar einem Letter of Intent – überwiegend rechtlich unverbindliche Regelungen über den Fahrplan der Transaktion enthält,[56] sollte im Hinblick auf § 187 und zur Vermeidung einer persönlichen Haftung des Vorstands (vgl Rn 13) gleichwohl ausdrücklich klargestellt werden, dass eine etwaige Pflicht zur Gewährung von Aktien stets unter dem Vorbehalt eines entsprechenden Hauptversammlungsbeschlusses sowie eines die Gewährung der Aktien flankierenden Bezugsrechtsausschlusses steht (im Fall eines genehmigten Kapitals, der entsprechenden Vorstands- und Aufsichtsratsbeschlüsse). Sofern man nicht aus § 187 ein generelles Verbot von Absprachen (Verhandlungsverbot) vor einem Hauptversammlungsbeschluss ableitet (vgl Rn 10), steht die Vorschrift dem Abschluss derartiger Business Combination Agreements nicht grundsätzlich entgegen. Die gewichtigeren aktienrechtlichen Fallstricke der Business Combination Agreements bzw der auf deren Basis umgesetzten M&A-Transaktionen finden sich demgegenüber im Bereich der vielfach anzutreffenden Zusicherungen der Bieterin und einer etwaigen Rückabwicklung des Zusammenschlusses unter dem Aspekt der §§ 57, 62.[57]

§ 188 Anmeldung und Eintragung der Durchführung

(1) Der Vorstand und der Vorsitzende des Aufsichtsrats haben die Durchführung der Erhöhung des Grundkapitals zur Eintragung in das Handelsregister anzumelden.

(2) ¹Für die Anmeldung gelten sinngemäß § 36 Abs. 2, § 36 a und § 37 Abs. 1. ²Durch Gutschrift auf ein Konto des Vorstands kann die Einzahlung nicht geleistet werden.

(3) Der Anmeldung sind beizufügen

1. die Zweitschriften der Zeichnungsscheine und ein vom Vorstand unterschriebenes Verzeichnis der Zeichner, das die auf jeden entfallenden Aktien und die auf sie geleisteten Einzahlungen angibt;
2. bei einer Kapitalerhöhung mit Sacheinlagen die Verträge, die den Festsetzungen nach § 183 zugrunde liegen oder zu ihrer Ausführung geschlossen worden sind;
3. eine Berechnung der Kosten, die für die Gesellschaft durch die Ausgabe der neuen Aktien entstehen werden.

(4) Anmeldung und Eintragung der Durchführung der Erhöhung des Grundkapitals können mit Anmeldung und Eintragung des Beschlusses über die Erhöhung verbunden werden.

A. Regelungsgegenstand	1	II. Einzelheiten zu Abs. 3	21
B. Anmeldung (Abs. 1)	2	1. Zeichnungsscheine und Verzeichnis der Zeichner (Abs. 3 Nr. 1)	21
C. Inhalt der Anmeldung (Abs. 2)	5	2. Verträge über Sacheinlage (Abs. 3 Nr. 2)	23
I. Erklärungen	5	3. Berechnung der Kosten (Abs. 3 Nr. 3)	24
II. Erklärung zum Wert bei Sacheinlage	7	4. Genehmigungsurkunde (Abs. 3 Nr. 4 aF)	25
III. Vollständige Zeichnung	8	III. Sonstiges	26
IV. Leistung der Einlage	9	E. Verbindung der Anmeldungen (Abs. 4)	28
1. Bareinlage	9	F. Aufbewahrung der Unterlagen (Abs. 5 aF) weggefallen	29
2. Voreinzahlung auf künftige Bareinlagepflicht	14	G. Registerkontrolle	30
3. Sacheinlage	16	I. Prüfungsumfang	30
4. Sicherung der vor Anmeldung zu leistenden Einlage	17	II. Entscheidung des Gerichts und Bekanntmachung	32
V. Anmeldung der Satzungsänderung	18	III. Rechtsmittel	34
D. Beizufügende Unterlagen (Abs. 3)	20		
I. Grundsätzliches	20		

A. Regelungsgegenstand

1 Die Vorschrift regelt die Anmeldung der Durchführung der Kapitalerhöhung zur Eintragung in das Handelsregister und damit den den Gesamtvorgang der Kapitalerhöhung abschließenden Schritt. Die Kapitaler-

---

[54] Vgl *Seibt*, Beck'sches Formularbuch M&A, 2. Aufl. 2011, B.II 2 1.
[55] Hölters/*v. Dryander/Niggemann*, Rn 9; ausführlich *Wieneke*, NZG 2004, 61ff.
[56] *Seibt*, Beck'sches Formularbuch M&A, 2. Aufl. 2011, B.II 2 1.
[57] *Wieneke*, NZG 2004, 61, 67 ff; Spindler/Stilz/*Servatius*, Rn 21.

höhung wird erst mit Eintragung der Durchführung in das Handelsregister gemäß § 189 wirksam und nicht bereits mit Eintragung des Kapitalerhöhungsbeschlusses gemäß § 184. Die Eintragung wirkt **konstitutiv**.[1] Die Vorschrift basiert auf dem **Grundsatz der realen Kapitalaufbringung** und soll Umgehungen der Kapitalerhöhungsvorschriften verhindern.[2] Zu diesem Zweck sieht § 188 Abs. 2 die entsprechende Anwendung der Gründungsvorschriften vor. § 188 Abs. 3 verlangt die Beifügung von Unterlagen. Auf diese Weise soll es dem Gericht ermöglicht werden, eine Sachprüfung vorzunehmen. Diese Prüfung ergänzt die Prüfung der auf der Grundlage von § 184 vorgelegten Unterlagen.[3] Die Anmeldung und Eintragung der Durchführung der Kapitalerhöhung ist von der Anmeldung und Eintragung des Kapitalerhöhungsbeschlusses gemäß § 184, die lediglich Vorbereitungshandlung für die Kapitalerhöhung ist, zu unterscheiden.[4] Gemäß § 188 Abs. 4 können diese beiden Verfahren jedoch verbunden werden. Hiervon zu trennen ist die Anmeldung der Satzungsänderung zur Eintragung in das Handelsregister nach § 181, die eigenständige Bedeutung hat (siehe unten Rn 18). Auch bei Kapitalerhöhungen aus genehmigtem Kapital findet § 188 grundsätzlich entsprechende Anwendung (§ 203 Abs. 1 S. 1). Ausgenommen hiervon ist gemäß § 204 Abs. 3 S. 2 lediglich die Regelung des § 188 Abs. 2.

B. Anmeldung (Abs. 1)

Die **Durchführung** der Kapitalerhöhung ist zum Handelsregister beim sachlich zuständigen Amtsgericht (§§ 374 Nr. 1, 376 Abs. 1 FamFG) am Sitz der Gesellschaft (§ 377 Abs. 1) anzumelden.[5] Das Handelsregister ist gemäß EHUG von den Gerichten elektronisch zu führen (§ 8 HGB). Dies umfasst die Gesamtheit der für das Wirksamwerden notwendigen Maßnahmen.[6] Die Anmeldung muss gemäß § 12 Abs. 1 HGB elektronisch in öffentlich beglaubigter Form erfolgen. § 129 BGB sieht dazu vor, dass die Erklärung schriftlich abgefasst und die Unterschrift des Erklärenden von einem Notar beglaubigt wird. Gemäß § 39a BeurkG können Beglaubigungen elektronisch errichtet werden. Die der Anmeldung beizufügenden Dokumente sind ebenfalls elektronisch einzureichen (§ 12 Abs. 2 HGB). Für öffentliche Beglaubigungen von Handelsregisteranmeldungen im **Ausland** wird empfohlen, die Beglaubigung bei deutschen Konsulaten vornehmen zu lassen, um einen reibungslosen Ablauf zu gewährleisten. Alternativ können für zahlreiche Staaten öffentliche Beglaubigungen ausländischer Notare, deren Amtshandlung durch Apostille bestätigt wird, im deutschen Rechtsverkehr verwendet werden.[7] Aufgrund bilateraler Staatsverträge ist die Verwendung ausländischer notarieller Beglaubigungen im Einzelfall auch ohne Weiteres Zutun möglich.[8]

Die Anmeldung ist durch den Vorstand in vertretungsberechtigter Zahl und den Vorsitzenden des Aufsichtsrats gemeinsam vorzunehmen. Die Hinweise zu § 184 Abs. 1[9] gelten entsprechend. Die Anmeldung kann jederzeit bis zum Vollzug der Eintragung zurückgenommen werden.[10] Zu den strafrechtlichen Folgen falscher Angaben oder des Verschweigens erheblicher Umstände bei der Anmeldung vgl § 399 Abs. 1 Nr. 4.

Die Kosten der Eintragung der Durchführung richten sich nach §§ 105, 58 GNotKG[11] iVm der HRGebV.[12]

C. Inhalt der Anmeldung (Abs. 2)

I. Erklärungen. Die Anmeldung muss sich auf den Kapitalerhöhungsbeschluss beziehen und angeben, ob und inwieweit dieser durchgeführt ist. Sie ist eine prozessuale Erklärung nach den Regeln über die freiwillige Gerichtsbarkeit.[13] In der Anmeldung ist der Ausgabebetrag anzugeben. Weiter ist gemäß § 37 Abs. 1 S. 1 zu erklären, welche Beträge auf den Ausgabebetrag gezahlt wurden. Im Falle einer Kapitalerhöhung gegen Bareinlage ist zu erklären, ob der eingeforderte Betrag § 36a Abs. 1 entspricht oder ob die Hauptversammlung einen höheren Mindestbetrag beschlossen hat sowie, dass der auf jede Aktie eingeforderte Betrag vollständig und endgültig zur freien Verfügung des Vorstands für die Zwecke der Gesellschaft eingezahlt und auch in der Folge nicht an die Einleger zurückgezahlt worden ist. Nach der Rechtsprechung[14] ist in diesem

---

1 MüKo-AktG/*Peifer*, Rn 1.
2 Die Strafbarkeit im Rahmen des sog. Kapitalerhöhungsschwindels ist in § 399 Abs. 1 Nr. 4 geregelt. In diesem Zusammenhang ist darauf hinzuweisen, dass im Rahmen der Kapitalerhöhung falsche Angaben zu den Kosten der Kapitalerhöhung (vgl § 188 Abs. 3 Nr. 3) im Gegensatz zu falschen Angaben im Rahmen des Gründungsaufwands (§ 399 Abs. 1 Nr. 1) nicht strafbewehrt sind.
3 Siehe dazu oben § 184 Rn 11 f.
4 OLG Karlsruhe OLGZ 1986, 155, 157 f; siehe dazu oben § 184 Rn 6.
5 Spindler/Stilz/*Vatter*/*Drescher*, § 14 Rn 1 ff.
6 MüKo-AktG/*Peifer*, Rn 7.
7 Haager Übereinkommen zur Befreiung ausländischer öffentlicher Urkunden von der Legalisation, BGBl. II 1965 S. 876.
8 ZB im deutsch-französischen Rechtsverkehr: Abkommen zwischen der Bundesrepublik Deutschland und der Französischen Republik über die Befreiung öffentlicher Urkunden von der Legalisation, BGBl. II 1974 S. 1075.
9 Siehe dazu § 184 Rn 3 ff.
10 *Hüffer*, Rn 2.
11 Ehemals §§ 41a, 79, 79a KostO.
12 Zu Einzelheiten siehe § 182 Rn 69 ff.
13 MüKo-AktG/*Peifer*, Rn 26; K. Schmidt/Lutter/*Veil*, Rn 22.
14 BGH AG 2002, 456, 458 unter Aufgabe der Rechtsprechung in BGHZ 119, 177, 180 f = NJW 1992, 3300; BGH NJW 2005, 3721, 3722.

Zusammenhang zwischenzeitlich nicht mehr erforderlich, dass der eingezahlte Betrag noch gegenständlich oder wertmäßig vorhanden ist und der Wortlaut der Vorschriften (§ 188 Abs. 2 iVm § 37 Abs. 1 S. 3) ist somit **einschränkend auszulegen**.[15] Im Unterschied zu den Gründungsvorschriften ist die für jeden einzelnen Zeichner gesonderte Angabe des Ausgabebetrages und des entsprechend darauf eingezahlten Betrages entbehrlich, wenn die entsprechenden Angaben in das Verzeichnis der Zeichner gemäß § 188 Abs. 3 Nr. 1 aufgenommen werden (str.).[16] Ferner ist der Inhalt der Erklärung nachzuweisen.[17] Ein solcher **Nachweis** wird regelmäßig durch eine entsprechende schriftliche **Bankbestätigung** erbracht (vgl § 37 Abs. 1 S. 3). Soweit der Inhalt dieser Bankbestätigung reicht, haftet die Bank für die Richtigkeit der Bestätigung (§ 37 Abs. 1 S. 4).[18] Wenn und soweit aus dem eingezahlten Betrag Steuern und Gebühren bezahlt wurden, sind sie nach Art und Höhe der Beträge ebenfalls nachzuweisen (vgl § 37 Abs. 1 S. 5).

6 Enthält die Anmeldung unvollständige oder unrichtige Angaben, so kann dies eine Strafbarkeit nach § 399 Abs. 1 Nr. 4 und eine Haftung nach den Vorschriften der §§ 93, 116 sowie § 823 Abs. 2 BGB iVm § 399 Abs. 1 Nr. 4[19] auslösen. Auf einen solchen Anspruch ist § 66 analog anzuwenden, soweit dieser Anspruch als ein die Einlage ersetzender Anspruch anzusehen ist, so dass der Anspruch dann nicht ohne gleichwertige Gegenleistung abgetreten werden kann.[20]

7 **II. Erklärung zum Wert bei Sacheinlage.** Im Fall einer Kapitalerhöhung gegen Sacheinlage haben die Anmeldenden zu erklären, dass der Wert der Sacheinlage nach § 36 a Abs. 2 S. 3 dem geringsten Ausgabebetrag, bei einer Überpariemission auch dem Mehrbetrag entspricht. Diese Erklärung ist das Gegenstück zum Prüfungsauftrag des externen Sachverständigen gemäß § 183 Abs. 3 S. 1. Darüber hinaus ist zu erklären, ob die Leistung für einen Zeitpunkt vor oder nach der Anmeldung vereinbart wurde. Bei Leistung vor Anmeldung haben die Anmeldenden zu erklären, dass die Sacheinlage zur freien Verfügung des Vorstands für die Zwecke der Gesellschaft erbracht und auch in der Folge nicht an die Einleger zurückgewährt worden ist. Im anderen Fall haben die Anmeldenden den vereinbarten Leistungszeitpunkt anzugeben.[21] Dieser muss gemäß § 36 a Abs. 2 S. 2 innerhalb von fünf Jahren nach Eintragung der Kapitalerhöhung liegen.

8 **III. Vollständige Zeichnung.** Soweit im Kapitalerhöhungsbeschluss ein bestimmter Erhöhungsbetrag festgesetzt wurde, muss dieser vollständig gezeichnet worden sein (§ 185). Bei einem im Kapitalerhöhungsbeschluss festgesetzten Mindest- oder Höchstbetrag[22] müssen mindestens bzw maximal so viele neue Aktien gezeichnet worden sein, dass sich der gezeichnete Betrag in dem gesetzten Rahmen befindet. Dabei sind für die Beurteilung, ob eine vollständige Zeichnung des Erhöhungsbetrages vorliegt, nur solche Zeichnungen zu berücksichtigen, die wirksam sind. Darüber hinaus darf die Frist des § 185 Abs. 1 S. 3 Nr. 4 noch nicht abgelaufen sein.[23]

9 **IV. Leistung der Einlage. 1. Bareinlage.** Gemäß § 36 a Abs. 1 iVm § 188 Abs. 2 S. 1 ist bei einer Kapitalerhöhung gegen Bareinlage mindestens ein Viertel des geringsten Ausgabebetrages auf jede Aktie und bei Überpariemission auch der Mehrbetrag in voller Höhe einzuzahlen (siehe § 36 a). Im Erhöhungsbeschluss kann jedoch auch ein höherer **Mindesteinzahlungsbetrag** festgesetzt werden.[24]

10 Der eingeforderte Betrag muss **ordnungsgemäß eingezahlt** worden sein (§ 54 Abs. 3), damit die Leistung auf die Einlage als Erfüllung gilt.[25] Ferner muss der eingezahlte Betrag – soweit davon nicht bereits bei der Kapitalerhöhung angefallene Steuern und Gebühren bezahlt wurden – endgültig zur freien Verfügung des Vorstands für die Zwecke der Gesellschaft eingezahlt und darf auch in der Folge nicht an den Einleger oder eine ihm zurechenbare Person zurückgezahlt worden sein.[26] Bei mittelbarem Bezugsrecht ist Schuldner der Einlage das Emissionsunternehmen. Die Mindesteinlage kann nur durch Zahlung mit gesetzlichen Zahlungsmitteln oder durch Gutschrift auf dem Konto der Gesellschaft bei einem Kreditinstitut bzw gleichgestellten Unternehmen ordnungsgemäß geleistet werden (§ 54 Abs. 3 S. 1). Das Kreditinstitut oder ein gleichgestelltes Unternehmen können dabei selbst Aktionär sein. Die Gutschrift der Einzahlungen auf ein Konto des Vorstands ist gemäß § 188 Abs. 2 S. 2 ausgeschlossen, da die Gesellschaft anders als bei der Gründung selbst als Zahlungsempfängerin zur Verfügung steht.

11 Aus dem Wortlaut des § 36 Abs. 2 folgt, dass die Mindesteinlage, dh der eingeforderte und eingezahlte Betrag, bis zum Zeitpunkt der Anmeldung vorhanden sein und zur freien Verfügung des Vorstands stehen

---

15 Siehe auch Rn 11.
16 MüKo-AktG/*Peifer*, Rn 27; aA KG OLGR 43, 316; ebenfalls aA Spindler/Stilz/*Servatius*, Rn 13.
17 BGH AG 2002, 456, 458.
18 BGHZ 113, 335, 355.
19 BGHZ 96, 231, 243 = NJW 1986, 837, 840 liSp.
20 OLG Hamburg ZIP 2006, 1677.
21 Siehe dazu auch unten Rn 16.
22 Siehe dazu § 182 Rn 22.
23 Spindler/Stilz/*Servatius*, Rn 36 f, § 182 Rn 39 ff.
24 Spindler/Stilz/*Servatius*, Rn 42.
25 § 54 Abs. 3 stellt damit engere Erfüllungsvoraussetzungen auf als § 362 BGB; K. Schmidt/Lutter/*Veil*, Rn 7; MüKo-AktG/*Peifer*, Rn 11.
26 BGH AG 2002, 456, 458; Spindler/Stilz/*Servatius*, Rn 16 und 49.

muss.[27] Der BGH[28] geht aber davon aus, dass bei der Kapitalerhöhung die Leistung der Einlage schon dann zur **freien Verfügung** der Geschäftsführung erbracht worden ist, wenn sie in deren uneingeschränkten Verfügungsbereich gelangt ist. Eine rückwärtige zeitliche Grenze für diese Leistung wird lediglich durch das Erfordernis eines Kapitalerhöhungsbeschlusses gesetzt. Wird die Einlage danach bis zur Eintragung der Kapitalerhöhung in das Handelsregister zu irgendeinem Zeitpunkt ordnungsgemäß ohne späteren Rückfluss an den Einleger erbracht, hat der Einleger seine Leistungspflicht erfüllt, so dass er von der Einlageverpflichtung frei wird. Mit dieser Einschränkung hat der BGH das **Gebot der wertgleichen Deckung** ausdrücklich **aufgegeben**.[29] Mit Zufluss der Einlage bei der Gesellschaft gelangt diese in den Entscheidungs- und Handlungsbereich des geschäftsführenden Organs.[30] Damit ist der Vorgang der Mittelaufbringung abgeschlossen. Von diesem Zeitpunkt an ist das geschäftsführende Organ berechtigt und verpflichtet, im Rahmen seiner unternehmerischen Entscheidungsfreiheit im Interesse der Gesellschaft über das eingebrachte Vermögen zu verfügen.[31] Eine gegenständliche Bindung in dem Sinne, dass die zugeflossenen Mittel auf einem Sperrkonto gesondert verwahrt werden müssen, besteht somit nicht.[32] Voraussetzung ist jedoch, dass die Einlage auf eine Einlageforderung bezahlt wird, die schon entstanden ist. Dies erfordert eine vorhergehende Beschlussfassung.[33]

In diesem Zusammenhang erfolgte durch das ARUG eine weitere Öffnung der Kapitalaufbringungsregeln, die auch Auswirkungen auf die Offenlegungspflichten im Eintragungsverfahren hat. Wurde bis zum Anmeldezeitpunkt vereinbart, dass die Einlage darlehensweise, aufgrund einer Treuhandabrede oder auf sonstige Weise an den Zeichner oder einen ihm zuzurechnenden Dritten zurückfließt (sog. **Hin- und Herzahlen**), ist dies in der Anmeldung gemäß § 27 Abs. 4 S. 2 offen zu legen;[34] andernfalls wird die Einlagepflicht nicht erfüllt. Dies gilt auch, wenn die AG Sicherheit für ein vom Zeichner bei einem Dritten aufgenommenes Darlehen gewährt oder wenn die AG die Einlage für spätere Zwecke des Zeichners reserviert. Die Offenlegung muss inhaltlich so genau sein, dass das Registergericht prüfen kann, ob die Voraussetzungen des § 27 Abs. 4 S. 1 vorliegen.[35]

Auch bei der verdeckten Sacheinlage besteht eine Offenlegungspflicht über die zugrunde liegende Abrede, soweit sie besteht. Die Anrechnungslösung legitimiert keine Umgehung der Sachgründung, sondern erlaubt lediglich nachträglich die Anrechnung. Diese Offenlegungspflichten sind daher gemäß § 399 Abs. 1 Nr. 4 strafbewehrt.[36]

Der die Mindesteinlage übersteigende Restbetrag wird fällig, wenn der Vorstand zur Zahlung auffordert (§ 63 Abs. 1 S. 1). Nach abweichender Ansicht kann die Hauptversammlung den Fälligkeitstermin im Kapitalerhöhungsbeschluss festlegen.[37]

2. Voreinzahlung auf künftige Bareinlagepflicht. Davon zu unterscheiden ist die sogenannte **sanierungsbedingte Voreinzahlung** auf künftige Bareinlagen. Es ist umstritten, ob die Einlageleistung schuldbefreiend wirken kann, wenn die Voreinzahlung zu Sanierungszwecken erforderlich und die Barkapitalerhöhung noch nicht beschlossen ist.[38] Grundsätzlich wird Voreinzahlungen auf künftige Kapitalerhöhungen nur dann schuldbefreiende Wirkung beigemessen, wenn der eingezahlte Betrag im Zeitpunkt der Fassung des Erhöhungsbeschlusses noch als solcher im Vermögen der Gesellschaft vorhanden ist.[39] Bereits seit längerem wollen jedoch Teile der Rechtsprechung[40] und der Literatur[41] einer AG zur Krisenbewältigung eine Voreinzahlung mit schuldbefreiender Wirkung unter einschränkenden Voraussetzungen ermöglichen und damit das Prinzip der realen Kapitalaufbringung einschränken. So soll nach der Literatur für den Fall, dass eine Krisenbewältigung erreichbar ist, ausnahmsweise eine Voreinzahlung im Rahmen von Sanierungsmaßnahmen zugelassen werden, wenn die Kapitalerhöhung wegen der kurzen Insolvenzantragsfrist des § 92 Abs. 2 aF bzw § 15a Abs. 1 S. 1 InsO scheitern und so das Insolvenzverfahren unumgänglich werden kann.[42]

---

27 So auch früher BGHZ 119, 177, 187 f = NJW 1992, 3300; Spindler/Stilz/*Servatius*, Rn 48.
28 BGH AG 2002, 456, 458.
29 MüKo-AktG/*Peifer*, Rn 16 empfiehlt, die neue BGH-Linie wegen der Besonderheiten des Sachverhalts der Entscheidung nur mit Vorsicht zu befolgen; dagegen dem BGH zustimmend: K. Schmidt/Lutter/*Veil* Rn 10.
30 OLGR München 2006, 932-935.
31 Anders ist hier in den Fällen verdeckter Sacheinlagen zu urteilen, bei denen die Gesellschaft lediglich Durchgangsstation einer Leistung des Einlegers an sich selbst ist (vgl BGHZ 113, 335), sowie bei der unmittelbaren Leistung an einen Gesellschaftsgläubiger, bei der jegliche Einwirkungsmöglichkeit der Geschäftsleitung ausgeschlossen wird (BGHZ 119, 177, 188 f).
32 MüKo-AktG/*Peifer*, Rn 13.
33 BGHZ 145, 150, 154 f = NJW 2001, 67, 69 liSp.
34 OLG Stuttgart, AG 2011, 794, 795 mwN.
35 Spindler/Stilz/*Servatius*, Rn 16, 50 und 82 ff.
36 Spindler/Stilz/*Servatius*, Rn 16, 50 und 68 ff.
37 Str., hM: KölnKomm-AktG/*Lutter*, § 182 Rn 30; aA *Hüffer*, § 182 Rn 14, siehe dazu § 182 Rn 27.
38 Spindler/Stilz/*Servatius*, Rn 60.
39 BGHZ 158, 283, 284; BGH NJW 2007, 515.
40 OLG Hamm GmbHR 1991, 198, 199; OLG Stuttgart ZIP 1994, 1532, 1534 f (zur GmbH); Ulmer/*Ulmer*, GmbHG, § 56 a Rn 26; *K. Schmidt*, ZGR 1982, 519, 528 ff; aA LG Düsseldorf WM 1986, 792; *Wiedemann*, ZIP 1991, 1257, 1266 f.
41 Vgl insb. Lutter/Hommelhoff/*Timm*, BB 1980, 737; MüKo-AktG/*Peifer*, Rn 18.
42 Vgl hierzu insb. MüKo-AktG/*Peifer*, Rn 17 ff, der diesen Themenkreis detailliert mit dem Ergebnis aufarbeitet, dass eine sanierungsbedingte Voreinzahlung unter engen Voraussetzungen möglich sein muss.

Auch der BGH hat nunmehr mit Blick auf die GmbH entschieden, dass die sanierungsbedingte Voreinzahlung unter bestimmten Voraussetzungen zulässig ist.[43] So ist nach dem BGH eine Voreinzahlung dann als wirksame Erfüllung einer erst später übernommenen Einlageschuld anzuerkennen, wenn die Beschlussfassung über die Kapitalerhöhung im Anschluss an die Voreinzahlung mit aller gebotenen Beschleunigung nachgeholt wird, ein akuter Sanierungsfall vorliegt, andere Maßnahmen nicht in Betracht kommen und die Rettung der sanierungsfähigen Gesellschaft scheitern würde, falls die übliche Reihenfolge der Durchführung der Kapitalerhöhungsmaßnahme beachtet werden müsste.[44]

14a Ein **akuter Sanierungsfall** liegt nach dem BGH vor, wenn „die Einzahlung von Mitteln in die Kapitalrücklage oder auf ein gesondertes, der Haftung für einen bestehenden Bankkredit nicht unterliegendes Sonderkonto nicht zum Ziel führ[t] und die Gesellschaft wegen des engen zeitlichen Rahmens des § 64 Abs. 1 GmbHG aF bzw § 15 a Abs. 1 S. 1 InsO sofort über die frischen Mittel verfügen muss."[45] Weiter muss der Gesellschafter mit Sanierungswillen handeln, die Gesellschaft objektiv sanierungsfähig und die Voreinzahlung geeignet sein, die Gesellschaft durchgreifend zu sanieren.[46] Zudem ist die Vorleistung eindeutig und für Dritte erkennbar mit dem Tilgungszweck der Kapitalerhöhung zu verbinden, der Zahlungsvorgang also entsprechend zu kennzeichnen[47] und zwischen der Voreinzahlung und der formgerechten Kapitalerhöhung hat ein enger zeitlicher Zusammenhang zu bestehen, dh die Kapitalerhöhung muss im Zahlungszeitpunkt bereits konkret in die Wege geleitet worden sein.[48] – Diesbezüglich hat der BGH in einer früheren Entscheidung einen Kapitalerhöhungsbeschluss mehr als drei Monate nach der Voreinzahlung als zu spät angesehen.[49] – Im Übrigen ist die Voreinzahlung nach BGH sowohl im Kapitalerhöhungsbeschluss als auch in der Anmeldung offen zu legen, insbesondere im Beschluss „unter Darlegung der finanziellen Schwierigkeiten der Gesellschaft der tatsächliche Zahlungszeitpunkt anzugeben" und daran anknüpfend seitens der Geschäftsführung in der Anmeldung der Kapitalerhöhung mitzuteilen, „zu welchem Zeitpunkt vor der Beschlussfassung der Einlagebetrag zwecks Überwindung einer finanziellen Krise eingezahlt worden ist."[50]

15 Diese Voraussetzungen finden gleichermaßen für die Aktiengesellschaft Anwendung. Zudem sind bei einer Voreinzahlung die Notwendigkeit der freien Verfügbarkeit der zugeflossenen Mittel und die Problematik der verdeckten Sacheinlage zu beachten.[51] Die von Teilen der Rechtsprechung[52] für erforderlich gehaltene Nachrangerklärung (Rangrücktrittserklärung bzgl des bedingten Rückzahlungsanspruches aus § 812 Abs. 1 S. 2 BGB) ist nicht notwendig, da eine auf die Sanierung bezogene Zweckbestimmung der Leistung als Stammkapital bereits den Rangrücktritt in sich trägt.[53]

16 **3. Sacheinlage.** Die Leistungspflicht bei Kapitalerhöhungen mit Sacheinlage gemäß §§ 183, 183 a wird geregelt von § 36 a Abs. 2 iVm § 188 Abs. 2 S. 1. Im Hinblick auf den **Leistungszeitpunkt** im Sinne von § 36 a Abs. 2 S. 1 und S. 2 existieren unterschiedliche Auffassungen, da das Verhältnis der beiden Sätze zueinander ungeklärt ist.[54] Nach § 36 a Abs. 2 S. 1 ist die Sacheinlage grundsätzlich vor der Anmeldung der Durchführung der Kapitalerhöhung zu leisten. In der Praxis kommt allerdings meist die Ausnahmeregelung des § 36 a Abs. 2 S. 2 zur Anwendung, wonach die Leistung innerhalb einer Frist von fünf Jahren erfolgen muss, wenn die Sacheinlageverpflichtung durch ein dingliches Rechtsgeschäft zu bewirken ist.[55] Teile der Literatur[56] schränken den Ausnahmetatbestand des Satzes 2 dahin gehend ein, dass sämtliche Rechtshandlungen des Inferenten vor der Anmeldung vorgenommen sein müssen. Zur Wirksamkeit der Kapitalerhöhung muss dann nur noch die Einbringung innerhalb der 5-Jahres-Frist rechtswirksam vollzogen werden, etwa durch Eintragungen. Voraussetzung der Anmeldung ist nach den §§ 188 Abs. 2 S. 1, 36 a Abs. 2 S. 3 und 37 Abs. 1 S. 1, dass die Sacheinlage in ihrem Wert dem geringsten Ausgabebetrag und bei Überpariemission auch dem Mehrbetrag entspricht.[57] Die Erklärung korrespondiert insofern mit dem Prüfungsauftrag der externen Sachverständigen gemäß § 183 Abs. 3 S. 1.[58]

17 **4. Sicherung der vor Anmeldung zu leistenden Einlage.** Für den Fall, dass eine Kapitalerhöhung scheitert, liegt das Interesse der Zeichner darin, die **Rückgewähr** der von ihnen geleisteten Einlagen zu sichern. Für das Scheitern einer Kapitalerhöhung kann es verschiedene Gründe geben, so zB Fehlen ausreichender Zeichnungen in Höhe des notwendigen Betrages oder Verfristung (§ 185 Abs. 1 S. 3 Nr. 4) oder Auflösung bei Insolvenz. In diesen Fällen haben die Zeichner nach § 812 Abs. 1 S. 2 BGB in Bezug auf ihre vor der

---

43 BGH NJW 2007, 515 ff.
44 BGH NJW 2007, 515.
45 BGH NJW 2007, 515, 516.
46 BGH NJW 2007, 515, 516.
47 BGH NJW 2007, 515, 516.
48 BGH NJW 2007, 515, 517.
49 BGH NJW 1995, 460, 461 liSp.
50 BGH NJW 2007, 515, 517.
51 Zum Begriff der verdeckten Sacheinlage siehe die Definition in § 27 Abs. 3.
52 LG Düsseldorf WM 1986, 792, 794 ff.
53 BGH NJW 2007, 515, 516; aA Spindler/Stilz/*Servatius*, Rn 60.
54 Siehe dazu MüKo-AktG/*Pentz*, § 36 a Rn 9 ff; Spindler/Stilz/*Servatius*, Rn 18, 44 ff; Spindler/Stilz/*Döbereiner* § 36 a Rn 10 ff.
55 Zu den Einzelheiten siehe Kommentierung zu § 36 a.
56 MüKo-AktG/*Peifer*, Rn 21.
57 Zur Frage, ob eine etwaige Differenzhaftung auch ein Agio erfasst, siehe oben § 183 Rn 35 f.
58 Spindler/Stilz/*Servatius*, Rn 18.

Anmeldung erbrachten Einlagen Rückgewähransprüche gegen die Gesellschaft. Zu beachten ist aber, dass im Fall der Insolvenz der Gesellschaft ein solcher Rückgewähranspruch nur zur Befriedigung aus der Masse berechtigt (§ 38 InsO). Als Sicherheit können dingliche Sicherheiten durch die Gesellschaft herangezogen werden. Alternativ kann die Zahlung der Bareinlage auf ein Notaranderkonto erfolgen, welches erst mit Anmeldung der Durchführung der Kapitalerhöhung dem Vorstand zur Verfügung gestellt wird. Bei der Sacheinlage haben die Zeichner darüber hinaus die Möglichkeit, Vollzugsgeschäfte zu bedingen (zB Übereignung aufschiebend bedingt auf die Anmeldung). Dies eröffnet in der Insolvenz das Recht zur Aussonderung nach § 47 InsO.

V. Anmeldung der Satzungsänderung. Mit der Eintragung der Durchführung der Erhöhung des Grundkapitals wird die Kapitalerhöhung wirksam (§ 189). Dadurch wird die Satzung der Gesellschaft im Hinblick auf die zwingenden Regelungsgegenstände des § 23 Abs. 3 Nr. 3 und 4 unrichtig. Zur Berichtigung der Satzung ist eine formelle Satzungsänderung gemäß §§ 179 bis 181 notwendig. Dabei kann die Hauptversammlung dem Aufsichtsrat im Kapitalerhöhungsbeschluss die Befugnis übertragen, die Satzung entsprechend zu ändern (§ 179 Abs. 1 S. 2). Umstritten ist die Frage, ob die Anpassung des Satzungstextes gemäß § 181 gleichzeitig mit der Anmeldung der Durchführung der Erhöhung des Grundkapitals nach § 188 anzumelden ist. Der überwiegende Teil der Literatur ist der Auffassung, dass die Änderung des Satzungstextes zwingend mit der Anmeldung der Durchführung der Kapitalerhöhung verbunden werden muss.[59]

Ein noch nicht zur Eintragung angemeldeter Kapitalerhöhungsbeschluss (§ 184) ist spätestens mit der Durchführung der Kapitalerhöhung anzumelden (§ 188 Abs. 4).

D. Beizufügende Unterlagen (Abs. 3)

I. Grundsätzliches. Neben den nach § 37 Abs. 1 erforderlichen Nachweisen, enthält § 188 Abs. 3 eine Auflistung der Unterlagen, die der Anmeldung der Kapitalerhöhung beizufügen sind, denn eine effektive Prüfung durch das Registergericht erfordert mehr als nur die Erklärungen der Anmeldenden. Die Dokumente sind gemäß § 12 Abs. 2 S. 1 HGB elektronisch beim zuständigen Registergericht einzureichen. Die Auflistung in § 188 Abs. 3 ist jedoch nicht vollständig. Wie sich aus § 188 Abs. 2 S. 1 iVm § 37 Abs. 1 S. 3 ergibt, ist gegebenenfalls zusätzlich eine schriftliche Bankbestätigung beizubringen. Inhaltlich unrichtige Unterlagen können eine Strafbarkeit nach § 399 Abs. 1 Nr. 4 auslösen.[60]

II. Einzelheiten zu Abs. 3. 1. Zeichnungsscheine und Verzeichnis der Zeichner (Abs. 3 Nr. 1). Der Anmeldung sind sämtliche Zweitschriften der Zeichnungsscheine und ein vom Vorstand unterschriebenes Verzeichnis der Zeichner beizufügen, das die auf jeden Zeichner entfallenden Aktien und die auf sie **geleisteten Einzahlungen** angibt. In dem Verzeichnis der Zeichner sind alle Zeichner namentlich anzugeben. Es muss darüber hinaus angegeben werden, wie viele Aktien jeder gezeichnet hat, bei Bareinlagen darüber hinaus, welche Zahlungen bisher geleistet wurden. Dieses Verzeichnis der Zeichner kann auch den Ausgabebetrag der Aktien enthalten. Eine ausdrückliche Angabe des Ausgabebetrags ist dann in der Anmeldung nicht nochmals erforderlich. Umstritten und von der Rechtsprechung bisher nicht entschieden ist, ob das Verzeichnis der Zeichner auch Angaben über eventuell geleistete Sacheinlagen enthalten muss.[61] Um einen reibungslosen Ablauf zu gewährleisten, ist in der Praxis anzuraten, diese Angaben zu machen.

Da das Verzeichnis der Zeichner dem Registergericht als Grundlage für die Prüfung der Anmeldungsvoraussetzungen nach § 36a iVm § 188 Abs. 2 S. 1 dienen soll, müssen die Angaben **individuell zugeordnet** werden können. Das Verzeichnis der Zeichner muss vom Vorstand in vertretungsberechtigter Zahl unterschrieben werden. Die Richtigkeit des Verzeichnisses ist nach § 399 Abs. 1 Nr. 4 strafbewehrt. Eine öffentliche Beglaubigung der Unterschriften ist nicht erforderlich.

2. Verträge über Sacheinlage (Abs. 3 Nr. 2). Diese Regelung gilt nur für Kapitalerhöhungen mit Sacheinlagen (§§ 183, 183a). Danach sind bei Sacheinlagen alle Verträge beizufügen, die den Festsetzungen des Kapitalerhöhungsbeschlusses zugrunde liegen oder zu ihrer Ausführung geschlossen worden sind. Das bedeutet, dass schuldrechtliche Sacheinlagevereinbarungen,[62] die der Schriftform unterliegen, sowie Erfüllungsvereinbarungen, sofern sie zu diesem Zeitpunkt schon geschlossen sind und schriftlich vorliegen, für das Gericht der Anmeldung beizufügen sind. Ein generelles **Formerfordernis** besteht für Erfüllungsvereinbarun-

---

59 Vgl MüKo-AktG/*Peifer*, Rn 41; K. Schmidt/Lutter/*Veil*, Rn 31; Spindler/Stilz/*Servatius*, Rn 31; differenzierend: *Schuppen*, Die sukzessive Durchführung von ordentlichen Kapitalerhöhungen, AG 2001, 125, 127; MüHb-AG/*Krieger*, § 56 Rn 132 aE; KölnKomm-AktG/*Lutter*, Rn 39.

60 Der Wegfall des Zusatzes „für das Gericht des Sitzes der Gesellschaft" in § 188 Abs. 3 Hs 1 hat keine sachliche Änderung zur Folge.

61 Vgl verneinend: Geßler/*Bungeroth*, Rn 34; bejahend: KölnKomm-AktG/*Lutter*, Rn 34; MüKo-AktG/*Peifer*, Rn 34; Spindler/Stilz/*Servatius*, Rn 25 f.

62 Siehe dazu § 183 Rn 24.

gen nicht. Auf diese finden lediglich die allgemeinen Vorschriften Anwendung. Schriftform ist aber zumindest zum Zwecke des Nachweises anzuraten. Verträge, die sich ausschließlich auf die Erbringung eines Agios erstrecken, sind nicht von der Vorlagepflicht umfasst. Dies resultiert daraus, dass sich die Prüfungspflicht des Registergerichts nicht auf die Wertdeckung eines Agios erstreckt (str.).[63] Nicht mehr von Gesetzes wegen erforderlich ist die Beifügung der Bescheinigung, wonach der IHK-Prüfungsbericht von der IHK direkt bei Gericht eingereicht worden ist.[64]

24 **3. Berechnung der Kosten (Abs. 3 Nr. 3).** Der Anmeldung ist auch eine Berechnung der Kosten, die für die Gesellschaft durch die Ausgabe der neuen Aktien entstehen werden, beizufügen. Dabei ist entgegen dem sehr engen Wortlaut eine **umfassende Zusammenstellung** der Kosten der Kapitalerhöhung zu erstellen. Diese hat vor allem Notarkosten für die Fertigung der Niederschrift der Hauptversammlung gem. § 130, bei Sacheinlagen Kosten der Prüfung, Notarkosten der Anmeldung zum Handelsregister, Steuern, Eintragungskosten, Kosten der Veröffentlichung durch das Registergericht gem. § 10 Abs. 1 HGB, gegebenenfalls Druckkosten für Aktienurkunden, Kosten der Börseneinführung und gegebenenfalls Kosten für die Tätigkeit der Emissionsbank sowie Beratungshonorare zu berücksichtigen. Soweit die Höhe der einzelnen Positionen noch nicht feststeht, ist eine Schätzung erforderlich. Belege müssen regelmäßig nicht beigefügt werden.[65]

25 **4. Genehmigungsurkunde (Abs. 3 Nr. 4 aF).** Das weitere Erfordernis der Beifügung einer gegebenenfalls erforderlichen Genehmigungsurkunde wurde aufgehoben.

26 **III. Sonstiges.** Soweit die Zeichner ihre Mindestbareinlage auf ein Konto der Gesellschaft eingezahlt haben, kann der erforderliche Nachweis der Einzahlung nach § 188 Abs. 2 iVm § 37 Abs. 1 S. 3 durch eine schriftliche **Bankbestätigung** geführt werden. Das BayObLG[66] hat ausgeführt, dass der Anmeldende den Nachweis der Einzahlung nicht durch die einfache Erklärung des Inhalts führen könne, der eingeforderte Betrag sei ordnungsgemäß einbezahlt und stehe endgültig zur freien Verfügung des Vorstands. Falls die Vorlage einer Bankbestätigung iSv § 37 Abs. 1 S. 3 nicht möglich ist, müssen sich die Anmeldenden also bemühen, in einer den Gegebenheiten des Einzelfalls entsprechenden Weise das Gericht davon zu überzeugen, dass die Einzahlung ordnungsgemäß erfolgt ist und der entsprechende Betrag zur freien Verfügung des Vorstands steht. Das Registergericht bestimmt dabei im pflichtgemäßen Ermessen, welche Nachweise zu fordern sind. Da es sich bei der Möglichkeit des Nachweises durch eine Bankbestätigung gemäß § 37 Abs. 1 S. 3 um eine Erleichterung bezüglich des nach § 37 Abs. 1 S. 1 zu führenden Nachweises handelt, muss aber der auf andere Weise geführte Nachweis von einer vergleichbaren Zuverlässigkeit wie eine Bankbestätigung sein.[67]

27 Darüber hinaus ist der **vollständige Wortlaut** der Satzung (§ 181 Abs. 1 S. 2 Hs 1) einschließlich der notariellen Bescheinigung gem. § 181 Abs. 1 S. 2 Hs 2 beizufügen, da mit der Anmeldung der Durchführung der Kapitalerhöhung zwingend auch die Anmeldung der Änderung des Satzungstextes erforderlich ist.[68]

E. Verbindung der Anmeldungen (Abs. 4)

28 § 188 Abs. 4 gestattet, dass Anmeldung und Eintragung der Durchführung und die Anmeldung und Eintragung des Beschlusses (§ 184 Abs. 1 S. 1) über die Erhöhung verbunden werden. In der Praxis wird von dieser Regelung **regelmäßig** Gebrauch gemacht.[69] Die beiden Anmeldungen dürfen in einer Urkunde enthalten sein, wobei die für jede Anmeldung gültigen Erfordernisse zu beachten sind. Soweit der Kapitalerhöhungsbeschluss keine Vorgaben enthält, entscheiden die Anmeldenden nach pflichtgemäßem Ermessen über eine Verbindung der Anmeldungen. Mit der Anmeldung der Durchführung der Kapitalerhöhung ist die Änderung des Satzungstextes gleichzeitig mitzumelden. Dem Registergericht ist es gestattet, auch bei getrennten Anmeldungen die Eintragungen miteinander zu verbinden.

F. Aufbewahrung der Unterlagen (Abs. 5 aF) weggefallen

29 Diese Vorschrift wurde durch das EHUG vom 10.11.2006 aufgehoben, da diese nicht im Einklang mit der zum 1.1.2007 eingeführten Vorschrift des § 12 Abs. 2 HGB steht. Dieser schreibt nunmehr die Einreichung von Dokumenten in elektronischer Form vor.

---

63 Spindler/Stilz/*Servatius*, Rn 27 f mwN, Rn 51.
64 *Hüffer*, Rn 14.
65 Spindler/Stilz/*Servatius*, Rn 29.
66 BayObLG AG 2002, 397, 398.
67 BayObLG AG 2002, 397, 398; Spindler/Stilz/*Servatius*, Rn 17.
68 MüKo-AktG/*Peifer*, Rn 41 betont hier zutreffend, dass die Registerpublizität lückenlose und zuverlässige Eintragungen gebietet; Spindler/Stilz/*Servatius*, Rn 10, 31.
69 Das vormalige Kostenargument (siehe Erstauflage Rn 29) dürfte nach der Neuordnung des Kostenrechts durch das HRegGebNeuOG nicht mehr ausschlaggebend ins Gewicht fallen; Spindler/Stilz/*Servatius*, Rn 5; aA K. Schmidt/Lutter/*Veil*, Rn 32; *Hüffer*, Rn 18.

G. Registerkontrolle

I. Prüfungsumfang. Bei Kapitalerhöhungen ist eine registergerichtliche Prüfung anders als im Gründungsrecht (§ 38 Abs. 1) nicht ausdrücklich vorgeschrieben. Dennoch ist anerkannt, dass die Anmeldung in **formeller** und **materieller** Hinsicht vom Registergericht zu prüfen ist. Dabei genügt es, wenn das Registergericht die Anmeldung auf Plausibilität prüft. Eine genauere Prüfung ist nur erforderlich, wenn das Registergericht Anlass zu Zweifeln hat.[70] Die formelle Prüfung bezieht sich auf eine ordnungsgemäße Anmeldung, mit besonderem Blick auf die eigene örtliche und sachliche Zuständigkeit. Das Registergericht hat weiter die Vertretungsbefugnis der Anmeldenden zu untersuchen. Ferner sind Form und Inhalt der Anmeldung sowie die Vollständigkeit und Ordnungsmäßigkeit der beizufügenden Unterlagen zu prüfen. Bei der materiellen Prüfung untersucht das Registergericht, ob die Kapitalerhöhung in ihren einzelnen Schritten im Einklang mit Gesetz und Satzung der Gesellschaft erfolgt ist.[71] Zum Prüfungsumfang gehören insbesondere die vollständige und wirksame Zeichnung des Erhöhungsbetrages sowie Verstöße gegen § 56 Abs. 1 (Zeichnung eigener Aktien) und Abs. 2 (Zeichnung durch abhängige Unternehmen), nicht jedoch auch gegen § 56 Abs. 3 (Zeichnung für Rechnung der Gesellschaft).[72] Das Registergericht kann durch Zwischenverfügung die Behebung etwaiger Mängel dem Anmeldenden aufgeben (§ 25 S. 3 HRV).

Bei Kapitalerhöhungen gegen Bareinlage ist auch die Leistung der Mindesteinlage zu prüfen sowie die Beachtung der Regelung des § 182 Abs. 4, wonach das Grundkapital nicht erhöht werden soll, solange ausstehende Einlagen auf das bisherige Grundkapital noch erlangt werden können.[73] Im Fall von Kapitalerhöhungen gegen Sacheinlagen hat das Registergericht auch zu prüfen, ob der **Wert der Sacheinlage** nicht unwesentlich hinter dem Ausgabebetrag der dafür zu gewährenden Aktien zurückbleibt. Die herrschende Meinung und die Praxis der Registergerichte knüpften hier bisher an den Wortlaut des § 183 Abs. 3 S. 3 aF (nunmehr § 184 Abs. 3 S. 1) und damit an den geringsten Ausgabebetrag ohne Aufgeld an.[74] Eine Prüfung ist auch dann erforderlich, wenn sie bereits im Rahmen einer Anmeldung und Eintragung des Kapitalerhöhungsbeschlusses vorgenommen wurde. Dabei ist das Registergericht an ein früheres Ergebnis nicht gebunden.[75] Ein bereits angemeldeter und eingetragener Kapitalerhöhungsbeschluss ist erneut zu überprüfen, auch in Bezug auf verdeckte Sacheinlagen.[76] Hätte der Kapitalerhöhungsbeschluss nach Auffassung des Registergerichts nicht eingetragen werden dürfen, so kann das Registergericht die Eintragung der Durchführung ablehnen.[77] Etwas anderes gilt nur dann, wenn ein Nichtigkeitsgrund nach § 241 Nr. 2 (fehlende Beurkundung) vorgelegen hat, da ein solcher Fehler gem. § 242 Abs. 1 durch die erfolgte Eintragung geheilt wurde.[78] Ebenso gilt in Bezug auf Anfechtungsgründe etwas anderes, wenn zwischenzeitlich die Anfechtungsfrist für den Kapitalerhöhungsbeschluss abgelaufen ist, ohne dass Klage erhoben wurde. Der Vorstand hat dann allerdings im Rahmen seiner materiellen Beschlussverantwortung zu prüfen, ob die weitere Durchführung der Kapitalerhöhung nicht aufzugeben ist.[79] Verletzt der Vorstand seine aus der materiellen Beschlussverantwortung resultierenden Pflichten, kann er gegenüber der AG und den Aktionären schadensersatzpflichtig sein.[80]

II. Entscheidung des Gerichts und Bekanntmachung.[81] Die Verfügung, die Durchführung der Kapitalerhöhung einzutragen, ist nur möglich, wenn der Kapitalerhöhungsbeschluss selbst eingetragen ist (§ 184) oder aber gleichzeitig mit Durchführung der Kapitalerhöhung eingetragen wird (§ 188 Abs. 4). Wenn der Registerrichter die Eintragung der Kapitalerhöhung verfügt (§ 17 Abs. 1 Nr. 1 lit. b RPflG), wird der Urkundsbeamte in Abteilung B des Handelsregisters die Durchführung der Kapitalerhöhung und die Satzungsänderung in Spalte 6 (vgl § 43 Nr. 6 lit. b) gg) HRV) und das geänderte Grundkapital in Spalte 3 eintragen (vgl § 43 Nr. 3 HRV). Im Fall der Verbindung der Anmeldungen im Sinne von § 188 Abs. 4 wird in Spalte 6 zuvor noch der Kapitalerhöhungsbeschluss eingetragen.[82]

Die Eintragung der Durchführung ist gemäß § 10 HGB und § 8 b Abs. 2 Nr. 1 HGB bekannt zu machen.[83]

III. Rechtsmittel. Wird die Eintragung abgelehnt, kann **Beschwerde** zu dem Gericht, dessen Entscheidung angefochten wird (§ 58 FamFG), eingelegt werden. Gleiches gilt bei Zwischenverfügungen.[84] Beschwerdeberechtigt ist nur die Gesellschaft (§ 59 Abs. 2 FamFG), vertreten durch die zur Anmeldung befugten Perso-

---

70 Spindler/Stilz/*Servatius*, Rn 33.
71 BayObLG AG 2002, 397, 398.
72 MüKo-AktG/*Peifer*, Rn 48.
73 Spindler/Stilz/*Servatius*, Rn 40 f, 42 f, 49 ff.
74 *Bayer*, Transparenz und Wertprüfung beim Erwerb von Sacheinlagen durch genehmigtes Kapital, in: FS Ulmer, 2003, 21, 36 ff; Spindler/Stilz/*Servatius*, Rn 40 f, 44 ff; vgl hierzu näher § 183 Rn 31.
75 Geßler/*Bungeroth*, Rn 58; KölnKomm-AktG/*Lutter*, Rn 42.
76 AA LG Koblenz WM 1991, 1507, 1511 f.
77 MüKo-AktG/*Peifer*, Rn 50; KölnKomm-AktG/*Lutter*, Rn 42.
78 Für Anfechtungsfälle gilt das oben zur Anmeldung nach § 184 Gesagte entsprechend, siehe § 184 Rn 16.
79 Spindler/Stilz/*Servatius*, Rn 35.
80 Spindler/Stilz/*Servatius*, § 182 7.
81 Zu den Ausführungsgrundsätzen vgl die Kommentierungen zu § 181. Bezogen auf den Kapitalerhöhungsbeschluss sind die Ausführungen zur Anfechtungs- oder Nichtigkeitsklage zu beachten.
82 Spindler/Stilz/*Servatius*, Rn 64.
83 Spindler/Stilz/*Servatius*, Rn 65.
84 OLG Stuttgart AG 2011, 794, 795.

nen, nicht dagegen Aktionäre. Die zur Anmeldung Befugten können unter Umständen zur Einlegung von Rechtsmitteln verpflichtet sein.[85] Gegen eine noch nicht ausgeführte Eintragungsverfügung ist nach richtiger Ansicht kein Rechtsmittel gegeben.[86] Auch gegen eine fehlerhafte Eintragung ist ein Rechtsmittel nicht gegeben; es kommen aber Berichtigung oder Löschung nach §§ 395 FamFG in Betracht.[87]

§ 189 Wirksamwerden der Kapitalerhöhung

Mit der Eintragung der Durchführung der Erhöhung des Grundkapitals ist das Grundkapital erhöht.

A. Regelungsgegenstand

1 Die Vorschrift betrifft im Anschluss an § 188 (Anmeldung der Durchführung) den Zeitpunkt des Wirksamwerdens der Kapitalerhöhung als Folge der Eintragung ihrer Durchführung. Sie dient zum einen der Rechtssicherheit, weil sie die Wirksamkeit der Kapitalerhöhung an einen konkreten, für den Rechtsverkehr ersichtlichen Zeitpunkt knüpft und zum anderen dem Gläubigerschutz, da sie der Wirksamkeit der Kapitalerhöhung Kontrollmechanismen vorschaltet.[1] Nach § 203 Abs. 1 S. 1 gilt § 189 sinngemäß für die Kapitalerhöhung aus genehmigtem Kapital. Demgegenüber wird die bedingte Kapitalerhöhung mit Ausgabe der Bezugsaktien wirksam (§ 200). Die Kapitalerhöhung aus Gesellschaftsmitteln wird bereits mit der Eintragung des Erhöhungsbeschlusses (§ 211 Abs. 1) wirksam.[2]

B. Eintragungswirkungen

2 Die Erhöhung des Grundkapitals wird mit Eintragung der Durchführung der Kapitalerhöhung wirksam, so dass die Eintragung **rechtsbegründend** wirkt. Auf die Bekanntmachung gemäß § 10 HGB kommt es nicht an.[3] Das neue Grundkapital der Aktiengesellschaft ist ab Eintragung im Handelsregister als gezeichnetes Kapital in der Bilanz auszuweisen (§ 266 Abs. 3 A I HGB). Eine Ausnahme regelt § 235 Abs. 1 S. 1, der eine rückwirkende **Bilanzierung** bei einer vereinfachten Kapitalherabsetzung kombiniert mit einer Kapitalerhöhung ermöglicht. Die Satzung ist entsprechend zu ändern (§ 23 Abs. 3 Nr. 3, 4). Die Anmeldung der Satzungsänderung kann mit Anmeldung der Durchführung der Kapitalerhöhung vorgenommen werden. Die Eintragung der Durchführung darf erst erfolgen, wenn die Satzungsänderung angemeldet wurde (str.).[4]

3 Sind an einem Bilanzstichtag die Einlagen auf eine beschlossene Kapitalerhöhung bereits geleistet, ist jedoch die Durchführung der Kapitalerhöhung noch nicht im Handelsregister eingetragen, so besteht während dieses Schwebezustands in Höhe der geleisteten Einlagen eine Betriebsschuld der AG.[5] Die geleistete Einlage stellt noch kein Eigenkapital dar. Wegen der dennoch vorhandenen „Eigenkapitalnähe" dieser Schuld, die sich bei planmäßigem Verlauf der Kapitalerhöhung in Eigenkapital wandeln wird, wird der Betrag in der Bilanz als gesonderter Posten „Zur Durchführung der beschlossenen Kapitalerhöhung geleistete Einlage" direkt nach dem Eigenkapital passiviert. Dies gilt auch, wenn nach dem Bilanzstichtag, aber bis zur Bilanzaufstellung die Eintragung erfolgt. Erklären die Zeichner der Aktien, dass der eingezahlte Betrag auch im Falle der endgültigen Nicht-Eintragung der Kapitalerhöhung zur Stärkung des Eigenkapitals bei der Gesellschaft verbleiben soll, darf der Sonderposten bereits vor dem Zeitpunkt der Eintragung der Durchführung der Kapitalerhöhung innerhalb des Eigenkapitals ausgewiesen werden.[6]

4 Mit Wirksamwerden der Kapitalerhöhung entstehen die **Mitgliedschaftsrechte** der Zeichner unabhängig davon, ob entsprechende Aktienurkunden ausgegeben wurden. Mit Eintragung entsteht ein Anspruch der Aktionäre auf Verbriefung ihrer Aktien, sofern er nicht durch die Satzung oder den Kapitalerhöhungsbeschluss ausgeschlossen ist (§ 10 Abs. 5). Vorher ausgegebene neue Aktien und Zwischenscheine sind nichtig (§ 191 S. 2). Bei unwirksamer Zeichnung stehen die Aktien der AG zu. Sie ist in diesem Fall verpflichtet, die Aktien entsprechend § 71c Abs. 1 innerhalb eines Jahres zu veräußern oder durch Kapitalherabsetzung mittels Einziehung zu beseitigen (§ 71c Abs. 3 iVm § 237).[7]

---

85 KölnKomm-AktG/*Lutter*, § 184 Rn 17.
86 KGJ 41, A 102, 103 f; OLG Hamburg KGJ 33, A 315, 318; OLG Stuttgart OLGR 40, 10; OLG Hamm AG 1980, 79, 80; *Hüffer*, § 181 Rn 18; aA OLG Karlsruhe Rpfleger 1963, 204 f; Geßler/*Bungeroth*, § 184 Rn 46; *Baums*, Eintragung und Löschung, 1981, S. 167 ff; *ders.*, BB 1981, Anm., 262, 264 reSp.;.
87 Spindler/Stilz/*Servatius*, Rn 64; *Hüffer*, Rn 22, § 181 Rn 18.
1 MüKo-AktG/*Peifer*, Rn 1.
2 Spindler/Stilz/*Servatius*, Rn 1.
3 Spindler/Stilz/*Servatius*, Rn 2.
4 MüKo-AktG/*Peifer*, Rn 5; *Happ*, Aktienrecht, 12.01 Rn 32; *Hüffer*, § 188 Rn 11; Spindler/Stilz/*Servatius*, Rn 3; siehe auch § 188 Rn 18.
5 BFHE 134, 177, 179 f; BFHE 143, 372, 374; BFHE 145, 437, 439.
6 Beck'scher Bilanzkommentar/*Förschle*/*Hoffmann*, § 272 Rn 51.
7 KölnKomm-AktG/*Lutter*, Rn 4; *Hüffer*, § 185 Rn 16; Geßler/*Bungeroth*, Rn 32; Spindler/Stilz/*Servatius*, Rn 3.

Aus § 189 lässt sich entgegen teilweise in der Literatur vertretener Auffassung[8] nicht herleiten, dass der im Handelsregister bereits eingetragene Kapitalerhöhungsbeschluss mit einfacher Stimmenmehrheit durch die Hauptversammlung bis zur Eintragung der Durchführung aufgehoben werden kann.[9] Die Gegenansicht begründet ihre Auffassung damit, dass die Eintragung des Kapitalerhöhungsbeschlusses materiell noch keine Satzungsänderung darstelle und daher für die Aufhebung dieses Beschlusses auch keine qualifizierte Mehrheit erforderlich sei.[10] Dem ist jedoch dadurch zu begegnen, dass der Kapitalerhöhungsbeschluss bereits mit seiner Eintragung wirksam wird, so dass Änderungen dieses Beschlusses auch einer satzungsändernden Mehrheit bedürfen.[11] Ansonsten wäre die mögliche Eintragung des Kapitalerhöhungsbeschlusses vor der Eintragung seiner Durchführung bedeutungslos.[12] Dies entspräche nicht dem gesetzlichen Leitbild des zweistufigen Verfahrens der Kapitalerhöhung.

C. Fehler der Kapitalerhöhung

I. Mängel und Heilung. Die Eintragung der Durchführung der Kapitalerhöhung hat per se keine Heilung von Mängeln der Kapitalerhöhung zur Folge.[13] § 189 tritt zu dieser Frage keine Aussage, hinsichtlich möglicher Heilungsfolgen ist vielmehr nach der Art des Mangels zu unterscheiden.

Fehlt der Kapitalerhöhungsbeschluss, so ist die Kapitalerhöhung unwirksam. Die Kapitalerhöhung ist auch unwirksam bei **Abweichungen** des Inhalts des Erhöhungsbeschlusses von der durchgeführten Kapitalerhöhung. Dieser Fall ist zB gegeben, wenn der im Erhöhungsbeschluss vorgesehene Festbetrag oder Mindestbetrag unterschritten wird.[14] Gleiches gilt bei fehlendem oder nichtigem Sonderbeschluss (§ 182 Abs. 2 S. 2).[15]

Im Falle eines **nichtigen** Kapitalerhöhungsbeschlusses führt die Eintragung allein noch keine Heilung herbei. Erst wenn die in § 242 Abs. 2 vorgesehene Dreijahresfrist, welche mit Eintragung des Erhöhungsbeschlusses (§ 184) und nicht mit Eintragung der Durchführung beginnt, abgelaufen ist, ist der nichtige Beschluss geheilt und die Kapitalerhöhung wird rückwirkend wirksam.[16] Im Zeitraum davor kann die aus dem Beschlussmangel resultierende Fehlerhaftigkeit gemäß der Lehre von der vorläufigen Bestandskraft strukturändernder Beschlüsse jedoch nur mit Wirkung für die Zukunft geltend gemacht werden. Bis zur Rechtskraft des Urteils, welches die Nichtigkeit oder Unwirksamkeit der Beschlüsse ausspricht, gilt die Durchführung der Kapitalerhöhung hiernach grundsätzlich als wirksam, sofern keine sonstigen Mängel (insb. der Zeichnung) vorliegen. Bis dahin kann der Fehler auch durch Neuvornahme der entsprechenden Beschlüsse geheilt werden, was die Zeichner im Regelfall gelten lassen müssen. Nach einem Freigabeverfahren gilt § 246 a Abs. 4 S. 2.[17]

Ein **anfechtbarer** Beschluss darf eingetragen werden und verhindert die Wirksamkeit des Beschlusses nicht. Die Eintragung schließt eine Anfechtbarkeit des Kapitalerhöhungsbeschlusses jedoch nicht aus.[18] Der Kapitalerhöhungsbeschluss kann dann gemäß § 248 auch noch nach Eintragung der Durchführung aufgrund Anfechtungsklage für nichtig erklärt werden. Die vormals in § 183 Abs. 2 S. 2 aF für die Fälle des Fehlens der Festsetzungen bei Sacheinlagen vorgesehene Heilungsmöglichkeit wurde aufgehoben, da das Fehlen der Festsetzungen aufgrund der Neuregelung des § 27 Abs. 3 S. 2 nicht mehr zur Unwirksamkeit der zugrundeliegenden Verträge führt. Wird die Kapitalerhöhung tatsächlich durchgeführt, finden bei erfolgreicher Anfechtung die Grundsätze der fehlerhaften Gesellschaft Anwendung.[19]

Bei **Mängeln der Zeichnung** ist die Kapitalerhöhung nach Eintragung der Durchführung wirksam (§ 185 Abs. 3). Auch bei unzureichender Einlageleistung im Falle einer Barkapitalerhöhung (dh Nichterreichung der erforderlichen Mindesteinlage, § 188 Abs. 2 iVm §§ 36 Abs. 2, 36 a Abs. 1) ist die Kapitalerhöhung mit Eintragung wirksam.[20] Ist dagegen im Falle der Sachkapitalerhöhung die Sacheinlage derart überbewertet, dass der Wert der Sacheinlage wesentlich hinter dem geringsten Ausgabebetrag der dafür zu gewährenden Aktien zurückbleibt (§ 184 Abs. 3 S. 1; vormals § 183 Abs. 3 S. 3 aF), ist der Kapitalerhöhungsbeschluss nichtig und die Eintragung der Durchführung lässt die Kapitalerhöhung nicht wirksam werden. Liegt kein

---

8 MüKo-AktG/*Peifer*, § 182 Rn 30.
9 KölnKomm-AktG/*Lutter*, Rn 3; *Hüffer*, Rn 3; MüHb-AG/*Krieger*, § 56 Rn 60; aA Geßler/*Bungeroth*, Rn 8; *v. Godin/Wilhelmi*, Anm. zu § 189.
10 MüKo-AktG/*Peifer*, § 182 Rn 30.
11 Siehe dazu oben § 182 Rn 30 ff.
12 KölnKomm-AktG/*Lutter*, Rn 3.
13 K. Schmidt/Lutter/*Veil* Rn 4.
14 KölnKomm-AktG/*Lutter*, Rn 6; MüKo-AktG/*Peifer*, Rn 15.
15 MüKo-AktG/*Peifer*, Rn 16.
16 Spindler/Stilz/*Servatius*, Rn 5 f.
17 Spindler/Stilz/*Servatius*, Rn 6.
18 RGZ 124, 279, 288 f; MüKo-AktG/*Peifer*, Rn 17; Spindler/Stilz/*Servatius*, Rn 5, § 184 Rn 34 ff.
19 K. Schmidt/Lutter/*Veil* Rn 7; Großkomm-AktienR/*K. Schmidt*, § 248 Rn 5; *Zöllner*, AG 1993, 68, 72 ff, 75 ff; Spindler/Stilz/*Servatius*, Rn 5; *Hüffer*, Rn 5.
20 MüKo-AktG/*Peifer*, Rn 20; *Lutter/Friedewald*, ZIP 1986, 691, 694.

grobes Missverhältnis zwischen Wert der Sacheinlage und Ausgabebetrag vor, ist der Kapitalerhöhungsbeschluss wirksam, es greift allerdings die Differenzhaftung des Sacheinlegers (Inferenten) ein.[21]

11 Für **Mängel der Anmeldung** gilt, dass die Kapitalerhöhung nicht wirksam wird, wenn die Anmeldung vom Unberechtigten vorgenommen wurde.[22] Unwirksamkeit tritt nicht ein, wenn die Anmeldung lediglich fehlerhaft war.[23] So wird die Wirksamkeit der Kapitalerhöhung nicht durch Formfehler der Anmeldung, unrichtige Erklärungen[24] in der Anmeldung oder Unrichtigkeit der eingereichten Unterlagen, wie beispielsweise unrichtiger Bankbestätigung,[25] berührt.

12 Eine Kapitalerhöhung entgegen § 182 Abs. 4 (ausstehende Einlagen) sowie die fehlende Anmeldung der Satzungsänderung hindern das Wirksamwerden der Kapitalerhöhung durch Eintragung der Durchführung nicht.[26]

13 **II. Endgültig unwirksame Kapitalerhöhung. 1. Rechte und Pflichten der Zeichner.** Bei einer unwirksamen Kapitalerhöhung, die nicht geheilt werden kann, entstehen keine neuen Mitgliedschaftsrechte, selbst wenn Aktienurkunden an Aktionäre ausgegeben wurden.[27] Solche Urkunden sind nichtig und einzuziehen. Ein Rechtsscheinserwerb der Mitgliedschaftsrechte durch Dritte ist nicht möglich, da entsprechende Mitgliedschaftsrechte gar nicht zur Entstehung gekommen sind. Eine Verpflichtung zur **Einlageleistung** der Zeichner kann sich aber entsprechend § 277 Abs. 3 ergeben.[28] Auch Dritte als scheinbare Erwerber haften,[29] außer bei Gutgläubigkeit.[30] Die Haftung entsprechend § 277 Abs. 3 erfasst auch vor Eintragung der Durchführung bestehende Schulden[31] und nicht lediglich Verbindlichkeiten, die erst nach diesem Zeitpunkt entstanden sind.[32] Die Haftung ist allerdings dem Umfang nach beschränkt.[33]

14 **2. Löschungsverfahren.** § 398 FamFG ist auf die Eintragung der Durchführung der Kapitalerhöhung analog anwendbar.[34] Voraussetzung für die **Amtslöschung** ist, dass ein nichtiger Kapitalerhöhungsbeschluss durch seinen Inhalt zwingende gesetzliche Vorschriften verletzt und seine Beseitigung im öffentlichen Interesse erforderlich erscheint.

15 **III. Wertverwässerung.** Durch Kapitalerhöhung kann eine Wertverwässerung der Altaktien eintreten, wenn der Ausgabebetrag der neuen Aktien hinter dem tatsächlichen Wert zurückbleibt. Eine Wertverwässerung führt in der Folge zu einer Entwertung von Ansprüchen, die auf Kapitalbeteiligung gerichtet sind, zB Wandelschuldverschreibungen gemäß § 221 Abs. 1 S. 1, uU Genussrechte oder Abfindungsvereinbarungen nach § 305 Abs. 2 Nr. 1, 2. Zudem werden vertragliche Ansprüche gegen die Gesellschaft, die von der Höhe der Dividende abhängig sind, durch eine Wertverwässerung herabgesetzt (zB bei partiarischen Verträgen, stillen Gesellschaften, Genussrechten, Gewinnschuldverschreibungen gemäß § 221 Abs. 1 S. 1, Vergütungen von Verwaltungsmitgliedern oder Ausgleichsvereinbarungen gemäß § 304 Abs. 2 S. 2, 3). Vertraglich kann die Frage des "Ob" und "Wie" des Ausgleichs zur Vermeidung einer Wertverwässerung geregelt werden. Bei Wandel- und Optionsanleihen ist ein solcher Ausgleich durch Ermäßigung des Wandelungs- bzw Optionspreises oder Einräumung eines Bezugsrechts möglich.[35]

16 Wurde keine Vereinbarung getroffen, ist strittig, ob[36] und ggf wie eine **Vertragsanpassung** zu erfolgen hat. Nach einer Ansicht soll bei dividendenabhängigen Ansprüchen eine Anpassung entsprechend der Kapitalerhöhung aus Gesellschaftsmitteln in analoger Anwendung des § 216 Abs. 3, der eine Anpassung der Leistung an die Berechtigten kraft Gesetzes vorsieht, vorgenommen werden.[37] Dies bedeutet, dass die betroffenen Rechte in der Weise anzupassen sind, dass die Wertverwässerung ausgeglichen wird. Diese Lösung wird auch auf Ansprüche, die auf Kapitalbeteiligung gerichtet sind, ausgedehnt.[38] Gegen eine analoge Anwendung des § 216 Abs. 3 spricht jedoch, dass bei der ordentlichen Kapitalerhöhung gegen Einlage der Verwässerungseffekt nicht zwingend eintritt, wie etwa bei der Kapitalerhöhung aus Gesellschaftsmitteln,[39] sondern eben nur dann, wenn der Ausgabebetrag hinter dem tatsächlichen Wert zurückbleibt. Flexiblere

---

21 Siehe § 183 Rn 35 f; Spindler/Stilz/*Servatius*, Rn 8 ff.
22 K. Schmidt/Lutter/*Veil*, Rn 4; MüKo-AktG/*Peifer*, Rn 14; Spindler/Stilz/*Servatius*, Rn 7.
23 MüKo-AktG/*Peifer*, Rn 14.
24 *Hüffer*, Rn 4.
25 OLG Karlsruhe OLGZ 1986, 155, 157 f.
26 Geßler/*Bungeroth*, Rn 35; *Hüffer*, Rn 5..
27 MüKo-AktG/*Peifer*, Rn 22; Spindler/Stilz/*Servatius*, Rn 5; aA Schlegelberger/*Quasowsky*, AktG 1937, § 158 Rn 5.
28 RGZ 120, 363, 369 f; RGZ 143, 394, 399; RGZ 144, 138, 141; Geßler/*Bungeroth*, Rn 37; MüKo-AktG/*Hüffer*, § 277 Rn 10; KölnKomm-AktG/*Lutter*, Rn 6.
29 MüKo-AktG/*Peifer*, Rn 22.
30 *Hüffer*, Rn 6.
31 *Hüffer*, Rn 6; MüKo-AktG/*Peifer*, Rn 22 äußert Bedenken gegen Anwendung dieser "äußerst schneidigen Haftungsnorm".
32 So aber KölnKomm-AktG/*Lutter*, Rn 6.
33 MüKo-AktG/*Hüffer*, § 277 Rn 9.
34 OLG Karlsruhe OLGZ 1986, 155, 157 f; MüKo-AktG/*Peifer*, Rn 24; *Lutter/Friedewald*, ZIP 1986, 691, 693; Spindler/Stilz/*Servatius*, Rn 5; aA v. Godin/*Wilhelmi*, § 188 Anm. 7.
35 Zöllner, ZGR 1986, 288, 296; Geßler/*Bungeroth*, Rn 16.
36 Gegen Vertragsanpassung: BGHZ 28, 259, 277; Scholz/*Winter*, GmbHG, § 14 Rn 77.
37 Geßler/*Bungeroth*, Rn 18; MüHb-AG/*Krieger*, § 56 Rn 139; *Köhler*, AG 1984, 197, 199; *Koppensteiner*, ZHR 139 (1975), 191, 197 ff; *Vollmer*, ZGR 1983, 445, 464 ff.
38 Geßler/*Bungeroth*, Rn 19; MüHb-AG/*Krieger*, § 56 Rn 139.
39 MünchKomm-AkG/*Peifer*, Rn 11.

Lösungsmöglichkeiten bietet daher eine Vertragsanpassung aufgrund ergänzender Vertragsauslegung.[40] Hier wird vertreten, dass bei Fehlen einer vertraglichen Regelung ein gesetzlicher Anspruch auf Vertragsanpassung gemäß § 313 BGB bestehe.[41] Aus Gründen der Klarheit für die beteiligten Parteien empfiehlt es sich für die Beratungspraxis, in jedem Fall eine klare vertragliche Regelung etwaiger Anpassungen bei Kapitalerhöhungen zu treffen.

§ 190 (aufgehoben)
§ 191 Verbotene Ausgabe von Aktien und Zwischenscheinen

¹Vor der Eintragung der Durchführung der Erhöhung des Grundkapitals können die neuen Anteilsrechte nicht übertragen, neue Aktien und Zwischenscheine nicht ausgegeben werden. ²Die vorher ausgegebenen neuen Aktien und Zwischenscheine sind nichtig. ³Für den Schaden aus der Ausgabe sind die Ausgeber den Inhabern als Gesamtschuldner verantwortlich.

A. Regelungsgegenstand

§ 191 steht im Zusammenhang mit § 189, wonach die Kapitalerhöhung mit Eintragung ihrer Durchführung wirksam wird und somit die neuen Anteilsrechte erst zu diesem Zeitpunkt entstehen. Zur Absicherung dieser gesetzlichen Systematik regelt die Vorschrift des § 191 zum einen das Verbot der Ausgabe neuer Aktien und Zwischenscheine iSd § 8 Abs. 6 vor **Eintragung** der Durchführung der Kapitalerhöhung (§ 188) und zum anderen damit einhergehend das Verbot, die neuen Anteilsrechte vor diesem Zeitpunkt zu übertragen. Werden unter Verstoß gegen § 191 S. 1 neue Aktien oder Zwischenscheine ausgegeben, so sind diese nichtig (§ 191 S. 2). Zudem besteht nach § 191 S. 3 ein Schadensersatzanspruch gegen die Ausgeber. Darüber hinaus droht den Mitgliedern des Vorstands oder des Aufsichtsrates gemäß § 405 Abs. 1 Nr. 2 iVm Abs. 4 eine Geldbuße. Zweck des **Verfügungsverbots** ist der Erhalt des Rechtsverhältnisses zwischen Gesellschaft und Zeichner, ohne dass sich deren Kreis vor der Eintragung ändert.[1] Das **Ausgabeverbot** bezweckt den Schutz potenzieller Aktienerwerber vor Scheinemissionen.[2] Zudem soll die Wirksamkeit der Kapitalerhöhung gemäß § 189 nicht durch die vorzeitige Ausgabe von verbrieften Mitgliedschaftsrechten und deren gutgläubigen Erwerb zulasten der Gesellschaft unterlaufen werden können.[3] Parallelvorschriften sind § 41 Abs. 4 für die Gründung; § 197 für die bedingte Kapitalerhöhung und § 219 für die Kapitalerhöhung aus Gesellschaftsmitteln. § 191 gilt gemäß § 203 Abs. 1 S. 1 sinngemäß für die Kapitalerhöhung aus genehmigtem Kapital.

B. Verfügungsverbot

Da neue Anteilsrechte vor Eintragung der Durchführung der Kapitalerhöhung nicht bestehen, ist bis zu diesem Zeitpunkt eine Übertragung nicht möglich. Über den Wortlaut hinaus erfasst § 191 S. 1 Alt. 1 **jegliche Verfügung** über das Anteilsrecht, die vor der Durchführung der Kapitalerhöhung (§ 188) vorgenommen wird.[4] Erfasst werden zB Verfügungen unter der aufschiebenden Bedingung späterer Eintragung[5] oder Verpfändungen. Pfändungen nach § 851 Abs. 1 ZPO iVm § 857 Abs. 1 ZPO sind aufgrund mangelnder Übertragbarkeit ausgeschlossen. Auch die durch die Zeichnung erlangte Rechtsposition (die keine Anwartschaft im Rechtssinne ist)[6] ist nicht übertragbar, aber vererbbar.[7] Zu beachten ist demgegenüber, dass bereits bestehende Bezugsrechte übertragbar sind.[8] Nicht erfasst von dem Verfügungsverbot werden **Verpflichtungsgeschäfte**. Diese sind aufgrund der Änderungen durch das Schuldrechtsmodernisierungsgesetz vom 26. 11. 2001, wonach anfängliche objektive Unmöglichkeit nicht zur Nichtigkeit des Vertrags führt (§ 311a BGB im Gegensatz zu § 306 BGB aF, siehe aber auch § 308 BGB aF), auch dann nicht betroffen,

---

40 Zöllner, ZGR 1986, 288, 305; Großkomm-AktienR/*Wiedemann*, Rn 17; *Hüffer*, Rn 9; MüKo-AktG/*PaulsenBilda*, § 304 Rn 154 ff.
41 Spindler/Stilz/*Servatius*, Rn 13.
1 MüKo-AktG/*Peifer*, § 191 Rn 1; Großkomm-AktienR/*Wiedemann*, Rn 2.
2 BGH AG 1988, 76, 78 liSp.; *Hüffer*, Rn 1.
3 Spindler/Stilz/*Servatius*, Rn 1.
4 MüKo-AktG/*Peifer*, Rn 4; KölnKomm-AktG/*Lutter*, Rn 2; Spindler/Stilz/*Servatius*, Rn 9.
5 KölnKomm-AktG/*Lutter*, Rn 2; Großkomm-AktienR/*Wiedemann*, Rn 3; MüKo-AktG/*Peifer*, Rn 4; aA Spindler/Stilz/*Servatius*, Rn 11, dem zufolge eine Vorausabtretung zulässig sei, aber in konsequenter Umsetzung von Satz 1 Alt. 1 keinen Direkterwerb der Mitgliedschaft durch den Zessionar bewirke.
6 MüKo-AktG/*Peifer*, § 185 Rn 35.
7 MüKo-AktG/*Peifer*, Rn 4; KölnKomm-AktG/*Lutter*, Rn 2; *Hüffer*, Rn 2; aA Spindler/Stilz/*Servatius*, Rn 10.
8 MüKo-AktG/*Peifer*, Rn 4; Spindler/Stilz/*Servatius*, Rn 10. Nach letzterem gilt etwas anderes nur im Fall des Bezugsrechtsausschlusses.

wenn Leistung vor Eintragung vereinbart wurde.[9] Die tatsächliche Erfüllung kann aber erst nach Eintragung erfolgen. Im Zweifel ist anzunehmen, dass die Parteien dies auch vereinbart haben.[10] Folge eines Verstoßes gegen das Verfügungsverbot ist absolute Unwirksamkeit, dh die Verfügung ist gegenüber jedermann unwirksam und nicht nur gegenüber der Gesellschaft. Der Eintragung nach § 188 kommt keine heilende Wirkung zu. Die Verfügung muss erneut vorgenommen werden, ohne dass eine Rückwirkung eintritt.

C. Ausgabeverbot

3 I. **Tatbestand.** Die Vorschrift will verhindern, dass Aktien vor der Wirksamkeit der Kapitalerhöhung in den Verkehr gelangen und es sodann im Vertrauen auf die vermeintliche Wirksamkeit der Urkunden zu Aktienübertragungen kommt. Ein Fall der verbotenen Ausgabe ist gegeben, wenn Urkunden durch Handlungen oder pflichtwidrige Unterlassungen der Verantwortungsträger (Vorstand und Aufsichtsrat) der Gesellschaft in den **Verkehr** gelangen.[11] Aushändigung an einen Dritten, zB Depotbank, genügt. Dagegen ist Diebstahl bei ausreichenden Sicherungs- und Überwachungsvorkehrungen keine Ausgabe.[12] Vorbereitungshandlungen der Ausgabe werden durch § 191 S. 1 Alt. 2 nicht gehindert. Solche Vorbereitungshandlungen sind zB Herstellung[13] oder Unterzeichnung[14] der Urkunden. Der Verstoß gegen das Ausgabeverbot ist eine Ordnungswidrigkeit nach § 405 Abs. 1 Nr. 2. Die Entstehung des Anteilsrechts ist von der Verbriefung zu unterscheiden und davon unabhängig (§ 189). Maßgeblicher Stichtag für das Ausgabeverbot ist die Eintragung ins Handelsregister, nicht deren Bekanntmachung gemäß § 10 HGB.[15]

4 II. **Nichtigkeitsfolge.** Folge eines Verstoßes gegen § 191 S. 1 Alt. 2 ist die **Nichtigkeit** der ausgegebenen Aktien oder Zwischenscheine (§ 191 S. 2). Damit besteht keine gültige wertpapierrechtliche Verbriefung des Anteilsrechts, so dass ein Rechtsscheinerwerb nicht möglich ist, auch nicht nach Eintragung. Die Eintragung nach §§ 188, 189 hat keine heilende Wirkung.[16]

5 Wird die Durchführung der Kapitalerhöhung eingetragen, so kann auf die bereits vorliegenden Urkunden nicht ohne Weiteres zurückgegriffen werden. Zunächst entstehen mit Eintragung der Durchführung und unabhängig von einer Verbriefung unverkörperte Anteilsrechte, die nach §§ 398, 413 BGB zu übertragen sind. Der Zeichner hat nach Eintragung der Durchführung aber grundsätzlich einen Anspruch auf Verbriefung gemäß § 10. Es können also neue Urkunden ausgestellt werden. Eine erneute Ausstellung der Urkunden ist allerdings nicht zwingend erforderlich. Vielmehr kann ein neuer Begebungsvertrag zwischen der Gesellschaft und dem Inhaber des Rechts über die bereits vorhandenen Urkunden abgeschlossen werden.[17] Eine einseitige Gültigkeitserklärung durch die Gesellschaft ist nicht ausreichend.[18] Eine besondere Kundmachung der Rechtswirksamkeit der Urkunden ist nicht erforderlich, zumal die vorherige Ausgabe und Nichtigkeit nicht ersichtlich sind.[19] Zur Klarstellung sollte jedoch Kundmachung, zB durch Stempelaufdruck, erfolgen.[20]

6 III. **Ausgeberhaftung.** Der Schadensersatzanspruch des § 191 S. 3 gibt dem Inhaber zum Zwecke der **Sanktion** einen Ausgleich für den Umstand, dass die Nichtigkeit der Urkunden nicht erkennbar und der Rechtsscheinerwerb nicht möglich ist. Inhaber des Anspruches ist der vermeintlich Berechtigte, dh derjenige, der zum Zeitpunkt der Geltendmachung des Schadensersatzanspruches aus der Urkunde – ihre Wirksamkeit unterstellt – berechtigt wäre.[21] Ob der Inhaber auch der Besitzer (§ 854 BGB) der Urkunde ist, ist somit unerheblich. Zwischen der Nichtigkeit der Urkunden und der verbotenen Ausgabe muss Kausalität bestehen. Ausgeber sind die für die Gesellschaft selbstständig und verantwortlich Handelnden, die die Urkunden in den Verkehr bringen, insbesondere Vorstandsmitglieder[22] oder auch Prokuristen, die die Ausgabe selbstständig und verantwortlich veranlasst haben.[23] Mitarbeiter, die die Urkunden lediglich auf Anweisung ausgeben, sind keine Ausgeber im vorgenannten Sinne. Ein Unterlassen steht der Ausgabe durch Handlung gleich, wenn mangelnde Sicherungs- und Überwachungsmaßnahmen einem Dritten die verbotene Ausgabe

---

9 Zur alten Gesetzeslage s. Geßler/*Bungeroth*, Rn 10; KölnKomm-AktG/*Lutter*, Rn 3.
10 K. Schmidt/Lutter/*Veil*, Rn 3.
11 BGH AG 1977, 295, 296; OLG Frankfurt AG 1976, 77, 78; MüKo-AktG/*Peifer*, Rn 7.
12 MüKo-AktG/*Peifer*, Rn 7.
13 BGH AG 1977, 295, 296.
14 MüKo-AktG/*Peifer*, Rn 7.
15 Spindler/Stilz/*Servatius*, Rn 4.
16 BGH AG 1988, 76, 78; MüKo-AktG/*Peifer*, Rn 8; Spindler/Stilz/*Servatius*, Rn 5.
17 BGH AG 1977, 295, 296; OLG Frankfurt AG 1976, 77, 78; KölnKomm-AktG/*Lutter*, Rn 4; Großkomm-AktienR/*Wiedemann*, Rn 8; Spindler/Stilz/*Servatius*, Rn 6 f.
18 So aber OLG Frankfurt AG 1976, 77, 78; MüKo-AktG/*Peifer*, Rn 8 formuliert hier griffig, dass bei einseitiger Erklärung das "rechtliche Band" zwischen Urkunde und Anteilsrecht fehlt.
19 Geßler/*Bungeroth*, Rn 16; KölnKomm-AktG/*Lutter*, Rn 4.
20 MüKo-AktG/*Peifer*, Rn 8.
21 *Hüffer*, Rn 5.
22 BGH AG 1977, 295, 296; OLG Frankfurt AG 1976, 77, 78; MüKo-AktG/*Peifer*, Rn 9 ff.
23 Geßler/*Bungeroth*, Rn 18; KölnKomm-AktG/*Lutter*, Rn 7; Spindler/Stilz/*Servatius*, Rn 13 ff.

ermöglicht haben.²⁴ Die Haftung trifft den Ausgeber **persönlich** und nicht die Gesellschaft. Mehrere Personen haften gemäß §§ 421 ff BGB als Gesamtschuldner (§ 191 S. 3).

§ 191 S. 3 begründet eine **Gefährdungshaftung**, Verschulden ist daher nicht erforderlich.²⁵ 7
Der Anspruch richtet sich auf **Ersatz des Vertrauensschadens**, einschließlich entgangenen Gewinns, der dadurch entstanden ist, dass die Inhaber auf die Gültigkeit der Urkunden vertraut haben.²⁶ Der Schaden entfällt häufig, da das Mitgliedschaftsrecht gemäß § 189 unabhängig von der Verbriefung entsteht und der Aktienkäufer seinen Erfüllungsanspruch aus dem Kaufvertrag wegen nichtiger Ausgabe nicht verliert.²⁷ Die Ersatzpflicht entfällt gemäß § 122 Abs. 2 BGB analog, wenn der Berechtigte die verbotene Ausgabe kannte oder kennen musste (str).²⁸

Möglich ist Anspruchskonkurrenz mit § 823 Abs. 2 BGB. Als Schutzgesetze kommen sowohl § 405 Abs. 1 Nr. 2 als auch § 191 S. 1 in Betracht.²⁹ Der Verschuldenshaftung des § 823 Abs. 2 kommt Bedeutung zu, wenn der Geschädigte nicht mehr Inhaber der Urkunde ist und damit ein Anspruch aus § 191 S. 3 entfällt.³⁰ Zudem wird nach § 830 Abs. 2 BGB die Haftung von Anstiftern und Gehilfen begründet.

D. Analoge Anwendung

Nach bisher hM soll § 191 S. 3 analog anwendbar sein, wenn Urkunden aufgrund eines nichtigen Kapitalerhöhungsbeschlusses ausgegeben werden.³¹ Hiergegen wird jedoch zu Recht angeführt, dass aufgrund der Anwendbarkeit der Regeln der fehlerhaften Gesellschaft bei nichtigen Kapitalerhöhungsbeschlüssen die neu ausgegebenen Aktien bis zur Geltendmachung des Mangels als wirksam zu behandeln sind und bei der vorhergehenden Eintragung der Durchführung der Kapitalerhöhung bereits eine registergerichtliche Kontrolle stattgefunden hat.³² Eine analoge Anwendung des § 191 S. 3 ist daher abzulehnen.³³ 8

Zweiter Unterabschnitt
Bedingte Kapitalerhöhung

§ 192 Voraussetzungen

(1) Die Hauptversammlung kann eine Erhöhung des Grundkapitals beschließen, die nur so weit durchgeführt werden soll, wie von einem Umtausch- oder Bezugsrecht Gebrauch gemacht wird, das die Gesellschaft auf die neuen Aktien (Bezugsaktien) einräumt (bedingte Kapitalerhöhung).

(2) Die bedingte Kapitalerhöhung soll nur zu folgenden Zwecken beschlossen werden:
1. zur Gewährung von Umtausch- oder Bezugsrechten an Gläubiger von Wandelschuldverschreibungen;
2. zur Vorbereitung des Zusammenschlusses mehrerer Unternehmen;
3. zur Gewährung von Bezugsrechten an Arbeitnehmer und Mitglieder der Geschäftsführung der Gesellschaft oder eines verbundenen Unternehmens im Wege des Zustimmungs- oder Ermächtigungsbeschlusses.

(3) ¹Der Nennbetrag des bedingten Kapitals darf die Hälfte und der Nennbetrag des nach Absatz 2 Nr. 3 beschlossenen Kapitals den zehnten Teil des Grundkapitals, das zur Zeit der Beschlußfassung über die bedingte Kapitalerhöhung vorhanden ist, nicht übersteigen. ²§ 182 Abs. 1 Satz 5 gilt sinngemäß.

(4) Ein Beschluß der Hauptversammlung, der dem Beschluß über die bedingte Kapitalerhöhung entgegensteht, ist nichtig.

(5) Die folgenden Vorschriften über das Bezugsrecht gelten sinngemäß für das Umtauschrecht.

---

24 BGH AG 1977, 295, 296; OLG Frankfurt AG 1976, 77, 78; Geßler/*Bungeroth*, Rn 18.
25 OLG Frankfurt AG 1976, 77, 78; MüKo-AktG/*Peifer*, Rn 12; KölnKomm-AktG/*Lutter* Rn 8; MüHb-AG/*Krieger*, § 56 Rn 137; aA: *Schlegelberger/Quasowski*, AktG 1937, § 158 Anm. 4 iVm § 8 Anm. 12; Spindler/Stilz/*Servatius*, Rn 13; offen gelassen von BGH AG 1977, 295, 296.
26 MüKo-AktG/*Peifer*, Rn 13.
27 BGH AG 1977, 295, 296; Spindler/Stilz/*Servatius*, Rn 16; MüKo-AktG/*Peifer*, Rn 13.
28 Spindler/Stilz/*Servatius*, Rn 16; aA MüKo-AktG/*Peifer*, Rn 13, der für die Anrechnung eines mitwirkenden Verschuldens gemäß § 254 BGB plädiert.
29 *Hüffer*, Rn 6; MüKo-AktG/*Peifer*, Rn 14; Schmidt/Lutter/*Veil*, Rn 7; aA Spindler/Stilz/*Servatius*, Rn 17, wonach S. 1 wegen der spezielleren Haftung nach S. 3 kein Schutzgesetz iSv § 823 Abs. 2 BGB ist.
30 MüKo-AktG/*Peifer*, Rn 14.
31 KölnKomm-AktG/*Lutter*, Rn 5; *Schleyer*, AG 1957, 145, 148.
32 K. Schmidt/Lutter/*Veil*, Rn 8; *Hüffer*, Rn 7; *Zöllner*, AG 1993, 68, 76 reSp; *Schockenhoff*, DB 1994, 2327 ff; einschränkend: MüKo-AktG/*Peifer*, Rn 15, der eine einmalige Anwendbarkeit allenfalls für diejenigen Fälle sieht, die nicht mit der Lehre vom fehlerhaften Organisationsakt bewältigt werden können.
33 Anders noch Erstauflage, § 191 Rn 8.

- A. Grundlagen 1
  - I. Entwicklungsgeschichte der Norm 1
  - II. Grund und Ablauf von bedingten Kapitalerhöhungen 2
  - III. Alternative Gestaltungen 3
- B. Einzelheiten 4
  - I. Begriff der bedingten Kapitalerhöhung 4
  - II. Bezugsaktien 5
  - III. Bezugsrechte und Umtauschrechte 6
  - IV. Kein Bezugsrecht auf Beteiligung an der Kapitalerhöhung 8
  - V. Zwecke der bedingten Kapitalerhöhung 10
    1. Abschließende Aufzählung? 10
       a) Naked warrants 10
       b) Huckepack-Emissionen 12
    2. Bedienung von Wandelschuldverschreibungen 14
       a) Allgemeines 14
       b) Schuldverschreibungen Dritter (insbesondere ausländischer Tochtergesellschaften bzw von Banken) 15
       c) Verfahren 16
    3. Unternehmenszusammenschluss 17
    4. Bezugsrechte für Arbeitnehmer und Geschäftsführungsmitglieder (stock options) 19
       a) Allgemeines 19
       b) Europarechtliche Vorgaben – Notwendigkeit eines schriftlichen Vorstandsberichts? 21
       c) Begünstigter Personenkreis 22
       d) Stock options über Wandelschuldverschreibungen 24
  - VI. Schranken der bedingten Kapitalerhöhung gemäß Abs. 3 25
  - VII. Nichtigkeit entgegenstehender Hauptversammlungsbeschlüsse 26
    1. Allgemeines 26
    2. Ausschluss von Minderheitsaktionären, §§ 327 a ff (Squeeze-out) 27
  - VIII. Entsprechende Anwendung der Vorschriften über das Bezugsrecht (Abs. 5) 28
  - IX. Kosten 29

A. Grundlagen

1 **I. Entwicklungsgeschichte der Norm.** Die Norm geht auf § 158 AktG 1937 zurück. Mit dem AktG 1965 wurde sie sprachlich geändert. Des Weiteren wurde mit Abs. 2 Nr. 3 die Möglichkeit zur Ausgabe von Arbeitnehmeraktien geschaffen, um weite Bevölkerungskreise am Produktivvermögen zu beteiligen. Durch das KonTraG[1] wurde diese Bestimmung des Abs. 2 Nr. 3 sachlich erweitert (neben Arbeitnehmern konnten auch Mitglieder der Geschäftsführung Begünstigte sein, des Weiteren konnten Arbeitnehmer und Mitglieder der Geschäftsführung verbundener Unternehmen zum Zug kommen). Mit Einführung der Stückaktien[2] wurde in Abs. 3 S. 2 ein Verweis auf § 182 Abs. 1 S. 5 aufgenommen.

2 **II. Grund und Ablauf von bedingten Kapitalerhöhungen.** Bedingte Kapitalerhöhungen dienen der **Absicherung von Bezugsansprüchen auf Aktien**. Diese Bezugsansprüche ergeben sich aus einem Vertrag der AG mit dem Begünstigten. So ein Vertrag allein erlaubt es dem Begünstigten aber noch nicht, Aktionär zu werden. Dem dienen vielmehr die Bezugsrechte, die sich aus der von der Hauptversammlung beschlossenen bedingten Kapitalerhöhung ergeben. Die so geschaffenen Bezugsrechte gibt der Vorstand sodann an die Berechtigten aus. Der Begünstigte ist dann frei in seiner Entscheidung, ob er entsprechende Aktien zeichnen will. Macht er von diesem Recht Gebrauch, hat er im Gegenzug die von ihm geschuldete Leistung zu erbringen. Erst dann gibt der Vorstand die neuen Aktien aus. Mit der Aktienausgabe ist das Kapital erhöht. Eine Handelsregistereintragung der Kapitalerhöhung ist dabei für das Entstehen der Mitgliedschaft nicht erforderlich. Zwar ist die Aktiengesellschaft dazu verpflichtet, die Kapitalerhöhung später beim Handelsregister anzumelden. Diese Anmeldung hat jedoch nur deklaratorische Bedeutung.

3 **III. Alternative Gestaltungen.** Prinzipiell könnten diejenigen Fallgestaltungen, in denen eine bedingte Kapitalerhöhung zum Einsatz kommt, auch durch reguläre Kapitalmaßnahmen bzw sogar durch den Erwerb eigener Aktien (§ 71 Abs. 1 Nr. 8) durchgeführt werden. Oftmals bietet die bedingte Kapitalerhöhung bei derartigen Gestaltungen aber Vorteile. Dies gilt insbesondere bei der Begebung von Optionsschuldverschreibungen und bei der Mitarbeiterbeteiligung. Der Vorteil besteht darin, dass der für die Durchführung der Kapitalerhöhung notwendige Kapitalerhöhungsbeschluss von Anfang an durch die Hauptversammlung gefasst und die Ausgabe der maximal benötigten Aktienanzahl damit bereits abgesichert wird. Die Gesellschaft ist insoweit nicht an die Fünf-Jahres-Frist bei genehmigtem Kapital gebunden. Ebenso ist sie nicht darauf angewiesen, die erforderlichen Aktien später zurückzukaufen.

B. Einzelheiten

4 **I. Begriff der bedingten Kapitalerhöhung.** Eine bedingte Kapitalerhöhung ist nach der Legaldefinition des Abs. 1 eine Kapitalerhöhung, die nur insoweit durchgeführt wird, wie von einem **Umtausch- oder Bezugsrecht** auf die neuen Aktien Gebrauch gemacht wird. Der ihr zugrunde liegende Kapitalerhöhungsbeschluss

---

1 KonTraG v. 27.4.1998, BGBl. I S. 786.
2 StückAG v. 25.3.1998, BGBl. I S. 590.

ist als solcher unbedingt und definiert den Höchstbetrag der Kapitalmaßnahme.[3] Bedingt ist die Kapitalerhöhung deshalb, weil Ob und Ausmaß zum Zeitpunkt des Erhöhungsbeschlusses noch nicht feststehen.

II. Bezugsaktien. Der Begriff der Bezugsaktien ist ebenfalls in Abs. 1 legaldefiniert. Bezugsaktien sind danach neue Aktien, die durch die Ausübung des Umtausch- oder Bezugsrechts entstehen.

III. Bezugsrechte und Umtauschrechte. Bezugsrechte sind Rechte auf Abschluss eines Zeichnungsvertrags.[4] Umtauschrechte zeichnen sich dadurch aus, dass der Inhaber eine Forderung gegen die Aktiengesellschaft diese in einen Anspruch auf Aktien umwandeln kann.[5] Die Unterscheidung ist im Rahmen der §§ 192 ff nahezu bedeutungslos (Ausnahme: § 199 Abs. 2 bezieht sich ausschließlich auf Umtauschrechte).

Rechtsgrund für das Entstehen der Umtausch- bzw Bezugsrechte ist nach zutreffender herrschender Meinung nicht die bedingte Kapitalerhöhung als solche, sondern der diese voraussetzende, davon zu unterscheidende Begebungsvertrag zwischen der AG (regelmäßig vertreten durch den Vorstand) und dem Bezugsberechtigten[6] (vgl insoweit auch § 197 S. 2).

IV. Kein Bezugsrecht auf Beteiligung an der Kapitalerhöhung. Ein ganz wesentliches Merkmal der bedingten Kapitalerhöhung besteht darin, dass den übrigen Aktionären kein Bezugsrecht (gerichtet auf Beteiligung an der Kapitalerhöhung) zusteht.[7] Die bedingte Kapitalerhöhung ist damit im Grundsatz geeignet, Rechte der Aktionäre zu gefährden (Verwässerungseffekt). Dies bedeutet jedoch nicht, dass die Aktionäre schutzlos wären. Für den Fall der Begebung von Wandelschuldverschreibungen steht den Aktionären stattdessen ein Bezugsrecht auf die Schuldverschreibung selbst zu, § 221 Abs. 4 S. 1. Die Aktionäre können damit über den Umweg der Zeichnung der Schuldverschreibung im Verhältnis ihrer Beteiligungsquoten auch an der bedingten Kapitalerhöhung teilnehmen.

Anders verhält es sich bei der Begebung von Mitarbeiteroptionen. Hier besteht kein Verwässerungsschutz zugunsten der übrigen Aktionäre, so dass es zu Eingriffen in ihre Rechtsposition kommt. Die HV-Mehrheit kann hier zulasten der Minderheit materiell durchaus erhebliche Einschnitte beschließen, die die Minderheit hinzunehmen hat. Der Schutz der Minderheit erfolgt hier nur durch den nach § 193 zwingend vorgeschriebenen Beschlussinhalt. Dies kann bei der Auslegung der §§ 192 ff nicht übergangen werden. Nach der hier vertretenen Auffassung[8] stellt sie das maßgebliche Argument dafür dar, dass bedingte Kapitalerhöhungen im Zweifelsfall nur dann zugelassen werden können, wenn die Rechtsposition der Altaktionäre anderweitig abgesichert ist.

V. Zwecke der bedingten Kapitalerhöhung. 1. Abschließende Aufzählung? a) Naked warrants. Streitig und ungeklärt ist, ob Abs. 2 die zulässigen Zwecke einer bedingten Kapitalerhöhung abschließend aufzählt. Nach dem Wortlaut ist dies nicht der Fall, da eine bedingte Kapitalerhöhung danach lediglich zu den genannten Zwecken beschlossen werden „soll". Praktisch bedeutsam wird die Frage im Zusammenhang mit der Zulässigkeit sog. **selbstständiger Aktienoptionen** (auch *naked warrants* genannt). Der wirtschaftliche Zweck dieser selbstständigen Aktienoptionen ist es, die Eigenkapitalaufnahme auf Termin unabhängig von einer Fremdkapitalaufnahme zu ermöglichen.[9] Diese Form der Kapitalbeschaffung ist international weit verbreitet und etwa in den USA, England und Frankreich zulässig.[10] Auch in Deutschland sind bereits *naked warrants* ausgegeben worden.[11] Einer ihrer praktischen Einsatzzwecke ist die Wagnisfinanzierung. Lässt man *naked warrants* zu, kann der Bezugsberechtigte für einen verhältnismäßig geringen aktuellen Kapitaleinsatz das Recht erwerben, zu einem späteren Zeitpunkt weitere Aktien hinzuzukaufen. Auch wenn diese Gestaltung grundsätzlich ebenso über Wandelschuldverschreibungen erreicht werden kann, wird durch die Begebung von *naked warrants* tendenziell ein höherer Ausgabepreis erreicht werden.[12]

Die herrschende Meinung hält die Aufzählung in Abs. 2 für abschließend.[13] Wegen des bei bedingtem Kapital nicht erforderlichen Bezugsrechtsausschlusses ist diese herrschende Meinung auch zutreffend. Damit ist aber über die Zulässigkeit von selbstständigen Bezugsrechten nicht abschließend entschieden. Ihre Zulässigkeit kann sich nach der hier vertretenen Auffassung zwar nicht als „neuer Abs. 2 Nr. 4" ergeben.[14] Allerdings können *naked warrants* in Analogie zu Abs. 2 Nr. 1 zugelassen werden, indem sie als Minus zur Wandelschuldverschreibung angesehen werden.[15] Analog § 221 Abs. 4 S. 1 besteht damit ein Bezugsrecht der weiteren Aktionäre auch auf die selbstständigen Bezugsrechte. Es bestünde damit an sich kein Grund,

---

3 *Hüffer*, Rn 2.
4 Großkomm-AktienR/*Frey*, Rn 42.
5 *Hüffer*, § 192 Rn 3, § 221 Rn 4 f.
6 *Hüffer*, Rn 3; Großkomm-AktienR/*Frey*, § 197 Rn 38; KölnKomm-AktG/*Lutter*, Rn 3.
7 Spindler/Stilz/*Rieckers*, Rn 17; K. Schmidt/Lutter/*Veil*, Rn 5.
8 Dazu unten Rn 10–13.
9 Roth/*Schoneweg*, WM 2002, 677.
10 Roth/*Schoneweg*, aaO.

11 *Hüffer*, § 221 Rn 75; Großkomm-AktienR/*Frey*, Rn 63 Fn 174.
12 Roth/*Schoneweg*, aaO; Semler/Volhard/*Schröer*, Arbeitshb HV, II, J S 67.
13 *Hüffer*, Rn 8; Großkomm-AktienR/*Frey*, Rn 49; KölnKomm-AktG/*Lutter*, Rn 18; MüHb-AG/*Krieger*, § 57 Rn 7; MüKo-AktG/*Fuchs*, Rn 36 spricht von einer "prinzipiell abschließenden Aufzählung".
14 Großkomm-AktienR/*Frey*, Rn 49.
15 *Wolff*, WiB 1997, 505, 511.

selbstständige Bezugsrechte nicht anzuerkennen.[16] Die Frage ist für die Praxis jedoch noch nicht hinreichend geklärt. Soweit Rechtsprechung zu dieser Frage vorhanden ist, wurde darin die Zulässigkeit abgelehnt.[17]

12 **b) Huckepack-Emissionen.** Ein weiterer möglicher Anwendungsfall nicht ausdrücklich in Abs. 2 erwähnter Zwecke einer bedingten Kapitalerhöhung sind sog. Huckepack-Emissionen.[18] Das sind Aktien, die das **Recht auf den Bezug einer weiteren Aktie** vermitteln. Gerichtliche Entscheidungen zu der Thematik existieren nicht. Die überwiegende Literatur[19] lässt derartige Gestaltungen aber zu und tritt richtigerweise dafür ein, dass zur Sicherung des Bezugsrechts der Aktionäre auf die weiteren Aktien ein bedingtes Kapital geschaffen werden kann.[20]

13 Technisch können Huckepack-Emissionen mE dergestalt umgesetzt werden, dass die HV zum einen eine reguläre Kapitalerhöhung beschließt, und zum zweiten ein bedingtes Kapital geschaffen wird, das den Zeichnern dieser Aktien Bezugsrechte sichert. Im Rahmen dieser Beschlussfassung über bedingtes Kapital (Abs. 2 Nr. 1) ist richtigerweise kein ergänzender Beschluss analog § 221 notwendig.[21] Dessen Funktion besteht ja einzig und allein darin, das Bezugsrecht der Aktionäre zu gewährleisten (bzw die Einzahlung der Voraussetzungen, unter denen dieses ausgeschlossen werden kann). Dies wird aber bereits über den eigentlichen Kapitalerhöhungsbeschluss erreicht. Soweit es dort zu einem Bezugsrechtsausschluss kommt, sind die Huckepack-Aktien in die Beurteilung der Rechtmäßigkeit des Bezugsrechtsausschlusses mit einzubeziehen.

14 **2. Bedienung von Wandelschuldverschreibungen. a) Allgemeines.** Gemäß Abs. 2 Nr. 1 kann eine bedingte Kapitalerhöhung erfolgen, um Umtausch oder Bezugsrechte an Gläubiger von Wandelschuldverschreibungen zu gewähren. Der Wortlaut dieser Bestimmung ist anerkanntermaßen zu eng. Abs. 2 Nr. 1 lässt die Schaffung von bedingtem Kapital generell zu, soweit die AG auf der Grundlage von § 221 Gläubigerrechte begeben hat, die mit Umtausch- oder Bezugsrechten verbunden sind. Dies ist nicht nur bei den im Gesetzestext ausdrücklich erwähnten Wandelschuldverschreibungen der Fall, sondern auch bei Optionsanleihen, Gewinnschuldverschreibungen und Genussrechten, wenn sie ihren Inhabern ein Umtausch- oder Bezugsrecht gewähren. Streitig ist, inwieweit von Abs. 2 Nr. 1 auch sog. Huckepack-Emissionen erfasst sind, vgl hierzu oben Rn 12 f.

15 **b) Schuldverschreibungen Dritter (insbesondere ausländischer Tochtergesellschaften bzw von Banken).** Bis in die 1990er Jahre hinein wurden Optionsanleihen (wie alle anderen damaligen Schuldverschreibungen auch) regelmäßig durch ausländische Finanzierungstöchter begeben.[22] Das Motiv hierzu waren steuerliche und wertpapierrechtliche Erwägungen.[23] Derartige Anleihen[24] sind dadurch gekennzeichnet, dass die ausländische Tochter die Schuldverschreibung begeben hat und deren Rückzahlung schuldet. Mit der Schuldverschreibung ist (regelmäßig mindestens) ein Optionsschein auf Aktien der Mutter verbunden. Die Option kann entweder so gestaltet werden, dass die ausländische Tochter ebenfalls die Lieferung der Aktien schuldet und dies von der deutschen Mutter lediglich garantiert wird. Alternativ kann die Muttergesellschaft sich selbst zur Erfüllung des Bezugsrechts verpflichten.[25] Da damit keine eigene Wandelschuldverschreibung der deutschen AG vorliegt, sondern lediglich eine der ausländischen Tochter, war zunächst fraglich, ob auch hierfür bedingtes Kapital zur Verfügung gestellt werden kann. Heute wird diese Praxis für zulässig erachtet, wobei analog § 221 Abs. 1, Abs. 4 die **Zustimmung der Hauptversammlung** der deutschen Mutter verlangt und den Aktionären ein Bezugsrecht zugestanden wird.[26] Der Sache nach handelt es sich um ein Analogieproblem.[27] Deshalb sind derartige Anleihen nur unter den weiteren Voraussetzungen zuzulassen, dass ein Konzernverhältnis (§ 18) zwischen der deutschen Mutter und der ausländischen Tochter[28] und ein eigenes Finanzierungsinteresse des Konzerns bestehen.[29] Weitere Anforderungen sind im Einzelnen streitig. Zum Teil wird die Zulässigkeit auf Konstruktionen beschränkt, in denen sich die AG selbst den Anleihe-

---

16 Explizit für die Zulässigkeit: Spindler/Stilz/*Rieckers*, Rn 31; MüKo-AktG/*Fuchs*, Rn 50; aA etwa K. Schmidt/Lutter/*Veil*, Rn 13; Großkomm-AktienR/*Frey*, aaO.
17 OLG Stuttgart ZIP 2002, 1807 mit dem nicht überzeugenden Argument, im konkret entschiedenen Fall sei nicht "erkennbar gewesen, ob die zur Eintragung angemeldeten naked warrants nach Inhalt und Auswirkungen den in Abs. 2 Nr. 1 genannten Fällen entsprechen", die Eintragung sei daher abzulehnen, da das Registergericht "in seinen Prüfungspflichten und -möglichkeiten nicht überfordert werden dürfe".
18 Hierzu auch *Hüffer*, § 221 Rn 76.
19 MüKo-AktG/*Fuchs*, Rn 53; Großkomm-AktienR/*Frey*, Rn 81.
20 Andernfalls müsste ein Ausweg über genehmigtes Kapital bzw über den Rückkauf eigener Aktien gesucht werden.
21 Spindler/Stilz/*Rieckers*, Rn 32; Großkomm-AktienR/*Frey*, Rn 81.
22 *Lutter/Hirte/Schäfer*, Wandel und Optionsanleihen in Deutschland und Europa, 2000, S. 62, 64; Großkomm-AktienR/*Frey*, Rn 73.
23 Damals noch: Vermeidung deutscher Quellensteuer, Vermeidung des § 795 BGB aF.
24 Der von *Hüffer*, Rn 10 verwendete Begriff "warrant-Anleihen" hat sich nicht allgemein durchgesetzt und sollte vermieden werden.
25 *Hüffer*, Rn 10; MüHb-AG/*Krieger*, § 63 Rn 40.
26 Großkomm-AktienR/*Frey*, Rn 75; MüHb-AG/*Krieger*, § 63 Rn 42.
27 *Hüffer*, Rn 10.
28 Spindler/Stilz/*Rieckers*, 192 Rn 33; *Hüffer*, Rn 11.
29 *Hüffer*, aaO; Großkomm-AktienR/*Frey*, Rn 75.

gläubigern gegenüber zur Rückzahlung und Zeichnung verpflichtet.[30] Soweit zum Teil gefordert wird, dass es sich bei der ausländischen Gesellschaft um eine 100%-ige Tochter handeln müsse, ist dies mE überzogen.

c) Verfahren. Der Beschluss über die Begebung der Wandelanleihe, § 221 Abs. 1, und der Beschluss über die Schaffung des bedingten Kapitals sind voneinander zu unterscheiden. Von Rechts wegen setzt die Wirksamkeit des Beschlusses gemäß § 221 voraus, dass auch ein wirksamer Beschluss über die Schaffung bedingten Kapitals gefasst wird (die AG ist frei darin, wie sie die Optionsrechte bedient; s. Rn 9). Insbesondere kann zunächst die Optionsanleihe begeben werden und dabei offen bleiben, ob sie später über ein bedingtes Kapital gesichert wird. Zulässig wäre es auch, zunächst den Kapitalerhöhungsbeschluss zu fassen. Denn § 193 Abs. 2 lässt es zu, die künftigen Gläubiger abstrakt zu umschreiben.[31]

3. Unternehmenszusammenschluss. Schließen sich mehrere Unternehmen zusammen, kann dies auf viele verschiedene Arten erfolgen. ZB kann die eine AG die Mehrheit oder Alleineigentum an der anderen AG erhalten, indem sie deren Aktien ankauft. Darüber hinaus kann ein Unternehmensvertrag abgeschlossen bzw die neue Tochter, wenn es sich um eine AG handelt, eingegliedert werden (§ 319). In derartigen Fällen bleiben beide Gesellschaften als rechtlich selbstständige Unternehmen erhalten. Alternativ können die Gesellschaften auch verschmolzen werden. In den Fällen der §§ 305 Abs. 2 Nr. 1, 2, 320b (Unternehmensvertrag, Eingliederung) sowie bei Verschmelzungen (§ 20 Abs. 1 Nr. 3 UmwG) und bei der Spaltung zur Aufnahme (§ 131 Abs. 1 Nr. 3 UmwG) werden die Anteilsinhaber des übernommenen Unternehmens dadurch zu Aktionären der nunmehr herrschenden AG. Die für derartige Zusammenschlüsse notwendigen Aktien könnten grundsätzlich durch Erwerb eigener Aktien angeschafft werden, wenn einer der in § 71 Abs. 1 Nr. 3 geregelten Fälle gegeben ist. Üblicherweise erfolgt bei derartigen Transaktionen jedoch eine Kapitalerhöhung (Sachkapitalerhöhung, ggf aufgrund bedingten Kapitals). Nach § 192 Abs. 2 Nr. 2 könnten diese Aktien aber auch durch eine bedingte Kapitalerhöhung bereitgestellt werden. *Lutter*[32] lässt darüber hinausgehend eine bedingte Kapitalerhöhung auch für den Fall des bloß angestrebten Zusammenschlusses zu, dh im Falle eines Übernahmeangebotes. Die Aktionäre der zu übernehmenden AG erhalten danach das Recht, ihre Aktien als Sacheinlage in die übernehmende AG einzubringen. Im Gegenzug erhalten sie neue Aktien an der übernehmenden AG.[33] Wird diese Gestaltungsform gewählt, kann für die aus der bedingten Kapitalerhöhung entstehenden Aktien alternativ ein Bezugspreis oder lediglich das Umtauschverhältnis zwischen übernommener und übernehmender AG festgeschrieben werden.

Ungeachtet dieses anerkannt weiten Einsatzgebietes bedingter Kapitalerhöhungen bei Unternehmenszusammenschlüssen ist der praktische Einsatz von genehmigtem Kapital zu diesem Zweck gering.[34] Der Grund besteht darin, dass § 193 Abs. 2 Nr. 1, Nr. 2 zu einer Individualisierung der beiden Unternehmen zwingt.[35] Die Pläne für den Zusammenschluss müssten danach sehr frühzeitig aufgedeckt werden, oftmals wird zu diesem Zeitpunkt der Erfolg der Transaktion noch nicht offen sein. Erfolgt die Kapitalerhöhung demgegenüber erst am Ende der Transaktion, kann sogleich eine direkte Kapitalerhöhung vorgenommen werden. Größere praktische Bedeutung hat § 192 Abs. 2 Nr. 2 deshalb lediglich für Beherrschungs- und Gewinnabführungsverträge.[36]

4. Bezugsrechte für Arbeitnehmer und Geschäftsführungsmitglieder (stock options). a) Allgemeines. Als praktisch bedeutenden Fall lässt § 192 Abs. 2 Nr. 3 schließlich die bedingte Kapitalerhöhung zur **Schaffung von Bezugsrechten** (*stock options*) zu.[37] Der Anwendungsbereich der Norm wurde durch das KonTraG[38] erheblich erweitert. Zunächst wurde der Kreis der Bezugsberechtigten vergrößert. Er umfasst jetzt die Vorstände der AG und deren Arbeitnehmer sowie Arbeitnehmer und Mitglieder der Geschäftsführung verbundener Unternehmen (§ 15). Geändert wurde auch das Verfahren. Nach altem Recht konnten die Bezugsrechte nur gegen Einlage einer Geldforderung gewährt werden. Es handelte sich hierbei um eine (allerdings privilegierte) Sacheinlage.[39] Des Weiteren ist nunmehr eine Beschlussfassung durch „Zustimmungs- oder Ermächtigungsbeschluss" möglich. Der Begriff des Zustimmungsbeschlusses ist missglückt.[40] Gemeint ist, dass im Falle eines Zustimmungsbeschlusses die Verwaltung verpflichtet ist, den Optionsplan auch umzusetzen.[41] Entscheidet sich die Hauptversammlung demgegenüber dazu, den Vorstand lediglich zu ermächti-

---

30 KölnKomm-AktG/*Lutter*, Rn 8.
31 Unten § 193 Rn 7; Großkomm-AktienR/*Frey*, Rn 56.
32 KölnKomm-AktG/*Lutter*, Rn 13 f.
33 Für die Zulässigkeit auch *Hüffer*, Rn 14; MüHb-AG/*Krieger*, § 57 Rn 4, 5.
34 K. Schmidt/Lutter/*Veil*, Rn 15.
35 Großkomm-AktienR/*Frey*, Rn 86.
36 Großkomm-AktienR/*Frey*, Rn 86.
37 Zum steuerlichen Aspekt s. im Kapitel "Besteuerung der AG und der KGaA" Rn 170 ff.
38 Oben Rn 1.
39 Vgl hierzu im Einzelnen die Kommentierung zu § 194.
40 *Hüffer*, Rn 22; MüKo-AktG/*Fuchs*, Rn 99; *Claussen*, DB 1998, 177, 185, Fn 104.
41 Großkomm-AktienR/*Frey*, Rn 110.

gen, derartige Optionen zu gewähren, ist die Verwaltung freier. Sie kann, muss aber nicht entsprechende Rechte einräumen.

20 Die wesentliche praktische Bedeutung von Beschlüssen nach Abs. 2 Nr. 3 besteht darin, dass hier das Bezugsrecht der Aktionäre kraft Gesetz ausgeschlossen ist (anders bei den §§ 186 Abs. 3, 192 Abs. 2 Nr. 1, 221 Abs. 4 Nr. 2). Der Eingriff in die Aktionärsrechte ist auch wesentlich weitgehender als im Falle der genehmigten Kapitalerhöhung zum Zwecke der Gewährung von Mitarbeiteraktien (§ 202 Abs. 4), da die Ermächtigung des Abs. 2 Nr. 3 auch Vorstände mit einbezieht.[42] Die konkrete Folge ist, dass bei Optionsprogrammen über bedingtes Kapital das Erfordernis der sachlichen Rechtfertigung entfällt.[43]

In der Praxis erfolgt die Vorstandsvergütung heute oft über virtuelle Aktien (sog. phantom stocks oder Phantomaktien) oder Aktienwertsteigerungsrechte (stock appreciation rights). Es handelt sich hier um rein schuldrechtliche Ausgestaltungen, eine Beteiligung der Hauptversammlung ist nicht erforderlich.[44]

21 **b) Europarechtliche Vorgaben – Notwendigkeit eines schriftlichen Vorstandsberichts?** Da *stock options* nach Abs. 2 Nr. 3 ohne Bezugsrechtsausschluss beschlossen werden können, handelt es sich damit faktisch um eine Beeinträchtigung des Bezugsrechts der Aktionäre. Ob dieser faktische Bezugsrechtsausschluss europarechtlichen Bedenken ausgesetzt ist, ist per Stand heute noch nicht endgültig geklärt. Zwar ist mit Europarecht eindeutig vereinbar, dass den Aktionären hier kein Bezugsrecht zusteht. Allerdings wird bestritten, dass die §§ 192 ff ein diesbezüglich europarechtlich zulässiges Verfahren definieren. Denn nach Art. 29 Abs. 4 S. 3 der Zweiten Kapitalrichtlinie[45] ist ein Bezugsrechtsausschluss nur zulässig, wenn ein schriftlicher Bericht des Vorstandes über die Gründe des Ausschlusses und der Ausgabe vorliegt (vgl § 186 Abs. 4 S. 2). Ob diese Berichtspflichten durch die Feststellungen nach § 193 Abs. 2 Nr. 4 erfüllt werden, darf bezweifelt werden.[46] Es ist deshalb empfehlenswert, aus Sicherheitsgründen bei derartigen Maßnahmen einen entsprechenden Bericht zu erstellen.[47]

22 **c) Begünstigter Personenkreis.** Potenziell Begünstigte eines stock option Programms nach Abs. 2 Nr. 3 sind zunächst **Arbeitnehmer** und **Vorstandsmitglieder** der AG selbst. Erforderlich ist ein gegenwärtiges Arbeitsverhältnis. Ehemalige Arbeitnehmer können nicht begünstigt werden. Dies zeigt der Gegenschluss aus § 71 Abs. 1 Nr. 2.[48] Zukünftige Arbeitnehmer werden in § 192 Abs. 2 Nr. 3 nicht erwähnt. Dies bedeutet allerdings nicht, dass Bezugsrechte nur solchen Arbeitnehmern eingeräumt werden können, die im Zeitpunkt der Beschlussfassung bereits in einem aktiven Arbeitsverhältnis stehen. Denn der Anspruch des Bezugsberechtigten entsteht nicht mit Fassung bzw Eintragung des Kapitalerhöhungsbeschlusses, sondern erst mit Ausgabe des Bezugsrechts durch den Vorstand.[49] Entscheidend ist folglich nur, ob der Bezugsberechtigte zu diesem Zeitpunkt Arbeitnehmer ist.

23 Weiter können *stock options* an Mitglieder der **Geschäftsführung** der AG ausgegeben werden. Das sind nur Mitglieder des Vorstandes. Aufsichtsratsmitglieder werden vom Abs. 2 Nr. 3 bewusst nicht erfasst.[50] Schließlich können Arbeitnehmer und Geschäftsführungsmitglieder **verbundener Unternehmen** begünstigt werden. Hier ist der Begriff Mitglieder der Geschäftsführung selbstständig auszulegen und umfasst je nach Rechtsform Mitglieder des Vorstandes bzw Geschäftsführer, dagegen nicht Mitglieder von Beiräten oder Verwaltungsräten.[51] Die Norm gibt zu Zweifelsfragen Anlass, insbesondere zur Behandlung von Doppelmandaten (zB Arbeitnehmerfunktion der Muttergesellschaft, Geschäftsführung der Tochter), was im Beschluss über die bedingte Kapitalerhöhung geregelt werden sollte. Probleme kann es des Weiteren bereiten, wenn im Falle einer nicht 100 %-igen Tochtergesellschaft im Rahmen der Erfolgsziele lediglich auf die Mutter AG abgestellt wird.[52]

24 **d) Stock options über Wandelschuldverschreibungen.** In der Praxis wurden schon vor der Änderung von Abs. 2 Nr. 3 durch das KonTraG Mitarbeiterbeteiligungen über Wandel- oder Optionsanleihen verwirklicht. Dieser Weg sollte unstreitig durch die Gesetzesänderung nicht verschlossen werden,[53] so dass so auch weiterhin Wandel- oder Optionsanleihen sowohl an die von Abs. 2 Nr. 3 erfassten Personenkreise als auch an Aufsichtsratsmitglieder oder externe Berater ausgegeben werden können.

---

42 Zur Abgrenzung vgl zum Einzelnen die Kommentierung zu § 202 Abs. 4.
43 OLG Stuttgart AG 2001, 540 f; vgl hierzu auch OLG Braunschweig ZIP 1998, 1585; LG Stuttgart BB 2000, 2220; OLG Stuttgart ZIP 1998, 1482 mit Anm. *Bayer/Ernst*, EWiR, § 221 AktG, 1/98, 1013.
44 Spindler/Stilz/*Rieckers*, Rn 57.
45 ABl. EG Nr. L 26 v. 31.1.1977, S. 1 ff.
46 Dagegen zB MüKo-AktG/*Fuchs*, Rn 12; Großkomm-AktienR/ *Frey*, Rn 120.
47 Spindler/Stilz/*Rieckers*, Rn 50; MüHb-AG/*Krieger*, § 63 Rn 35.
48 Großkomm-AktienR/*Frey*, Rn 103.
49 Vgl oben Rn 2.
50 Zu der Frage, inwiefern Aufsichtsratsmitglieder an Aktienoptionsprogrammen über Wandelschuldverschreibungen partizipieren können siehe BGH ZIP 2004, 613 (MobilCom).
51 *Hüffer*, Rn 20.
52 Vgl hierzu die Erläuterungen zu § 193.
53 OLG Braunschweig ZIP 1998, 1585, 1592; *Hüffer*, Rn 9.

VI. Schranken der bedingten Kapitalerhöhung gemäß Abs. 3. Der Nennbetrag des bedingten Kapitals darf 25
in den Fällen des Abs. 2 Nr. 1 und Nr. 2 die Hälfte, in den Fällen des Abs. 2 Nr. 3 den zehnten Teil des
Grundkapitals, das zur Zeit der Beschlussfassung über die bedingte Kapitalerhöhung vorhanden ist, nicht
übersteigen. Der Nennbetrag ist gleich dem maximalen Erhöhungsbetrag. Wurde bereits in der Vergangenheit bedingtes Kapital geschaffen, was zum Zeitpunkt der Beschlussfassung noch nicht vollständig ausgenutzt ist, ist auch der Nennbetrag dieses noch nicht ausgegebenen Kapitals mindernd zu berücksichtigen.
Vorhandenes Grundkapital ist dasjenige Kapital, das wirksam entstanden ist. Entscheidend ist bei der ordentlichen Kapitalerhöhung und der genehmigten Kapitalerhöhung ebenso wie bei der Kapitalherabsetzung
stets die Eintragung im Handelsregister. Demgegenüber ist das Grundkapital im Falle des bedingten Kapitals bereits durch die Ausgabe der Aktien erhöht, § 200. Bei Verstoß ist der Kapitalerhöhungsbeschluss gemäß § 241 Nr. 3 nichtig.[54] Trägt der Registerrichter dennoch ein, ist eine Heilung nach § 242 Abs. 2 möglich.

VII. Nichtigkeit entgegenstehender Hauptversammlungsbeschlüsse. 1. Allgemeines. Abs. 4 bringt den wesentlichen Grundsatz der bedingten Kapitalerhöhung zum Ausdruck, dass ein einmal geschaffenes bedingtes Kapital nicht mehr durch spätere Beschlüsse beeinträchtigt werden kann. Die Norm will aber nicht verhindern, einen bereits verabschiedeten Kapitalerhöhungsbeschluss noch vor seiner Registereintragung zu
ändern. Abs. 4 ist deshalb unstreitig einschränkend auszulegen.[55] Da nach § 197 S. 2 bis zur Eintragung des
Beschlusses keine Bezugsrechte entstehen können, kann bis zu diesem Zeitpunkt ohne Weiteres eine Änderung erfolgen. Zulässig sind des Weiteren Aufhebungs- und Änderungsbeschlüsse, wenn durch sie gesicherte Bezugsrechte nicht betroffen werden, weil die Bezugsrechte entweder noch nicht[56] oder nicht mehr bestehen bzw wenn alle Bezugsberechtigten auf ihren Schutz aus Abs. 4 verzichtet haben.[57] Abs. 4 erfasst demgegenüber diejenigen Fälle nicht, in denen das Bezugsrecht faktisch dadurch beeinträchtigt wird, dass es zB
durch spätere weitere Kapitalerhöhungen in seinem Wert ausgehöhlt wird. Es handelt sich hierbei um ein
Problem der Bezugsbedingungen, das nicht auf der Ebene des bedingten Kapitals gelöst werden muss, sondern durch sachgerechte ausgestattete Bezugsbedingungen. In der Praxis enthalten die Anleihebedingungen
von Wandel bzw Optionsanleihen und die Bezugsbedingungen von *stock options* Preisanpassungsklauseln.

2. Ausschluss von Minderheitsaktionären, §§ 327 a ff (Squeeze-out). Das Zusammenspiel der mit Gesetz 27
vom 20.12.2001[58] neu eingeführten Bestimmungen über den Ausschluss von Minderheitsaktionären (max.
5 %) mit den Vorschriften über bedingtes Kapital ist gesetzlich nicht geregelt. Im Wesentlichen bestehen
zwei Fragen: Zum einen enthalten die §§ 327 a ff keine Hinweise darauf, ob bestehendes bedingtes Kapital
bei der Berechnung der Mehrheiten des § 327 a zu berücksichtigen ist. Richtigerweise ist dies nicht der
Fall.[59] Da nicht ausgeübtes bedingtes Kapital keine Aktionärsrechte vermittelt, kann es im Rahmen der
Feststellung, ob dem Hauptaktionär 95 vom Hundert des Grundkapitals gehören, nicht mit einbezogen
werden. Zum zweiten ist klärungsbedürftig, ob ein derartiger Squeeze-out-Beschluss Auswirkungen auf das
bedingte Kapital hat. Nachdem bedingtes Kapital in den §§ 327 a ff nicht erwähnt wird, könnte man
durchaus vertreten, dass dieses unverändert fortbesteht. Die heute überwiegende Auffassung[60] steht allerdings auf dem Standpunkt, dass das bedingte Kapital wegfällt und die Berechtigten einen Anspruch gegen
den Hauptaktionär auf Abfindung erhalten (vgl § 327 b Rn 2). Dies wird zutreffend damit begründet, dass
andernfalls die Inhaber von Options- bzw Umtauschrechten besser dastünden als die betroffenen Aktionäre.[61] Für die Praxis besteht bis zur Klärung der Streitfrage ein tauglicher Ausweg jedenfalls darin, für den
Fall eines Squeeze-Outs in der schuldrechtlichen Vereinbarung entsprechende Regelungen zu treffen.

VIII. Entsprechende Anwendung der Vorschriften über das Bezugsrecht (Abs. 5). Abs. 5 erklärt die Vor- 28
schriften über das Bezugsrecht für das Umtauschrecht entsprechend anwendbar. Damit gelten die § 193 ff
weitestgehend auch für das Umtauschrecht. Ausnahmsweise sind nach § 194 Abs. 1 S. 2 die Vorschriften
über Sacheinlagen bei Umtauschrechten nicht anwendbar. § 199 Abs. 2 erfasst schließlich nur das Umtauschrecht.

IX. Kosten. Für die Kosten gelten die §§ 58 Abs. 1 Nr. 1, 105 Abs. 1 Nr. 4 a, Abs. 4 Nr. 1, 108 Abs. 1, 109 29
Abs. 2 Nr. 4 a GNotKG iVm der HRegGebV.[62]

---

54 OLG München ZIP 2011, 2007; *Hüffer*, Rn 23.
55 Großkomm-AktienR/*Frey*, Rn 148.
56 *Hüffer*, Rn 26; MüHb-AG/*Krieger*, § 57 Rn 28.
57 *Hüffer*, Rn 26.
58 BGBl. I S. 2355.
59 Spindler/Stilz/*Rieckers*, Rn 8; *Hüffer*, § 327 a Rn 14; wohl auch MüKo-AktG/*Grunewald*, § 327 a Rn 9.
60 *Hüffer*, § 327 b Rn 3; MüKo-AktG/*Grunewald*, § 327 a Rn 10; Emmerich/Habersack, Konzernrecht, § 327 b Rn 8; *Vossius*, ZIP 2002, 511, 513; aA *Ph. Baums*, WM 2001, 1843, 1847.
61 MüKo-AktG/*Grunewald*, § 327 a Rn 10.
62 Bürgers/Körber/*Marsch-Barner*, § 192 Rn 31.

Anhang zu § 192 Aktienoptionsvereinbarung

30 ▶ Zwischen der

Alpha Media AG,

vertreten durch die beiden Vorstandsmitglieder Werner Meier und Klaus Bertholds,

– die Alpha Media AG nachfolgend „die Gesellschaft" genannt –

und

Herrn Dr. Heinz Berlach, geboren am 14.6.1960, wohnhaft 40660 Neuss, Neustraße 31,

– nachfolgend „Manager" genannt –

wird folgende

Optionsrechtsvereinbarung

abgeschlossen:

Präambel

Der Manager ist auf der Grundlage des Anstellungsvertrages vom... nebst Änderungsverträgen vom... als leitender Angestellter bei der Gesellschaft tätig.

Die Gesellschaft beabsichtigt, die Vorstandsmitglieder und die leitenden Angestellten in Form von Aktienoptionen am Unternehmenserfolg zu beteiligen. Hierzu hat die Hauptversammlung am... die Schaffung von bedingtem Kapital in Höhe von... EUR beschlossen und die Rahmenbedingungen der Beteiligung festgelegt. Zugleich wurde der Vorstand ermächtigt, mit Zustimmung des Aufsichtsrats die übrigen Bedingungen der Optionsrechte festzulegen. Der entsprechende Auszug aus der Niederschrift der Hauptversammlung wird dieser Vereinbarung als Anlage 1 in Kopie beigefügt. Der Manager zählt hiernach zum Kreis der Bezugsberechtigten.

§ 1 Einräumung von Optionsrechten

1. Die Gesellschaft räumt dem Manager die Option ein,... Inhaberaktien im Nennbetrag von jeweils... EUR zum Basispreis zu erwerben.
2. Die Gesellschaft und der Manager schließen hierzu einen Kaufvertrag über... Inhaberaktien der AG zum Basispreis gemäß § 3 Ziff. 3 unter der Bedingung der Optionsausübung ab. Die Optionsrechte können vollumfänglich oder in Teilen ausgeübt werden.
3. Die Aktienoptionen werden unentgeltlich und kostenfrei eingeräumt.

§ 2 Sperrfrist/Wartefristen

1. Die Aktienoptionen können erstmals nach einer Sperrfrist von vier Jahren, gerechnet ab dem heutigen Tage, ausgeübt werden.
2. Optionsrechte können nicht ausgeübt werden
   a) in einem Zeitraum von drei Wochen vor Quartalsende bis drei Tage nach der Veröffentlichung des Quartalsberichts;
   b) in einem Zeitraum von drei Wochen vor Ende des Geschäftsjahrs bis drei Tage nach Bekanntgabe der Ergebnisse des abgelaufenen Geschäftsjahrs;
   c) in dem Zeitraum, in dem die Gesellschaft ihren Aktionären den Bezug neuer Aktien oder Anleihen mit Wandlungs- oder Optionsrechten auf Aktien anbietet; die Frist beginnt mit der Veröffentlichung des Angebots und endet drei Tage nach Ablauf der Bezugsfrist.

§ 3 Ausübung der Optionsrechte, Erfolgsziel

1. Die Ausübung der Optionsrechte erfolgt durch schriftliche Erklärung gegenüber dem Vorstand der Gesellschaft. Hierbei hat der Manager anzugeben, in welchem Umfang die Ausübung erfolgt. Fehlt eine Bestimmung, gilt die Erklärung als Ausübung sämtlicher Optionsrechte.
2. Wird die Ausübung innerhalb einer Sperrfrist nach § 2 erklärt, ist die Ausübungserklärung unwirksam. Des Weiteren kann der Vorstand die Ausübung der Option unmittelbar vor der Veröffentlichung einer Ad-hoc-Mitteilung zurückweisen.
3. Der Basispreis für eine Aktie der Gesellschaft beträgt... EUR. Dies entspricht dem arithmetischen Mittel des Börsenkurses der Aktie an den letzten 20 Tagen vor Unterzeichnung dieser Vereinbarung. Die Option kann nur ausgeübt werden, wenn sich der Kurs der Aktie zwischen dem heutigen Tage und der Ausübung des Optionsrechts auf mindestens 120 Prozent des Basispreises erhöht hat. Der Kurs der Aktie zum Ausübungstag wird ermittelt auf der Basis des arithmetischen Mittels des Börsenkurses der Aktie an den letzten 20 Tagen vor dem Ausübungstag.
4. Die Gesellschaft ist verpflichtet, die Aktien innerhalb von zwei Wochen nach Ausübung der Option Zug-um-Zug gegen Zahlung des Kaufpreises zu übertragen.

§ 4 Anpassung der Optionen

1. Kann die Optionsvereinbarung aufgrund einer Umwandlung der Gesellschaft in der vorliegenden Form nicht durchgeführt werden, so tritt an die Stelle des in § 1 eingeräumten Optionsrecht der Anspruch, Gesellschaftsanteile an der neu gegründeten, aufnehmenden Gesellschaft bzw an der Gesellschaft in der neuen Rechtsform zum Basispreis zu erwerben. Die vorliegende Vereinbarung findet entsprechende Anwendung.
2. Werden bei einer Kapitalerhöhung aus Gesellschaftsmitteln neue Aktien ausgegeben oder wird das Grundkapital der Gesellschaft herabgesetzt, erhöht oder vermindert sich der Anspruch des Managers im entsprechenden Verhältnis.

§ 5 Gewinnberechtigung der neuen Aktien

Die neuen Aktien nehmen vom Beginn des Geschäftsjahrs an, in dem die Ausübung der Optionsrechte erfolgt, am Gewinn der Gesellschaft teil.

§ 6 Verfall der Optionen/Übertragbarkeit/Vererblichkeit

1. Die Optionsrechte aus dieser Vereinbarung verfallen, unabhängig davon, ob die Wartefrist noch nicht abgelaufen ist oder die Option ausgeübt werden kann,
    a) wenn der Manager sein Anstellungsverhältnis durch eine Eigenkündigung beendet;
    b) wenn ein grober Verstoß des Managers gegen seine arbeitsvertraglichen Pflichten oder gegen die Treuepflicht vorliegt; als grober Verstoß gilt jede Pflichtverletzung, die den Ausspruch einer Kündigung aus wichtigem Grund (§ 626 BGB) rechtfertigen würde;
    c) wenn die Optionsrechte nicht innerhalb einer Frist von zehn Jahren, gerechnet ab dem heutigen Tage, ausgeübt werden;
    d) der Manager die Rechte aus dieser Vereinbarung verpfändet oder in anderer Weise mit einem Recht Dritter belastet hat, hierzu zählen auch Treuhandverträge und Unterbeteiligungen;
    e) über das Vermögen des Managers das Insolvenzverfahren eröffnet oder die Eröffnung des Verfahrens mangels Masse abgelehnt wurde;
    f) die Zwangsvollstreckung in die Optionsrechte betrieben wird.
2. Die Gesellschaft ist bei einem Verfall der Optionsrechte nicht zur Zahlung einer Entschädigung verpflichtet.
3. Die Ansprüche des Managers aus dieser Vereinbarung sind weder übertragbar noch vererblich.
4. Die Ziffern 1 bis 3 gelten entsprechend für die Ansprüche des Managers aus einer ausgeübten Option. Die Gesellschaft ist daher nicht zur Übertragung der Aktien auf den Manager, Erben oder Vermächtnisnehmer verpflichtet, wenn nach der Optionsausübung, jedoch vor der Übertragung der Aktien einer der in Ziff. 1 genannten Fälle eintritt oder der Manager verstirbt.

§ 7 Übertragbarkeit der Aktien

Der Manager ist an der Übertragung der Aktien, die er aufgrund der Optionsausübung erhält, nicht gehindert. Eine Haltefrist wird nicht vereinbart. Der Manager wird jedoch das Interesse der Gesellschaft an einer angemessenen Kurspflege sowie die jeweils geltenden Insiderrechtsbestimmungen beachten.

§ 8 Besteuerung der Optionen

1. Alle mit der Einräumung und Ausübung der Option verbundenen Steuern trägt der Manager.
2. Dem Manager ist bekannt, dass die Einlösung der Option einen geldwerten Vorteil darstellt. Die Gesellschaft wird etwaige anfallende Lohnsteuer einschließlich Kirchensteuer und Solidaritätszuschlag vom Gehalt des Managers in Abzug bringen und entsprechend der gesetzlichen Vorschriften an das Finanzamt abführen.
3. Der Manager ist verpflichtet, auf Anforderung etwaige Fehlbeträge zur Deckung der Lohnsteuer unverzüglich bereitzustellen.

§ 9 Schlussbestimmungen

1. Mündliche oder schriftliche Nebenabreden sind nicht getroffen worden. Änderungen und Ergänzungen bedürfen der Schriftform, sofern nicht weitergehende Formerfordernisse bestehen. Entsprechendes gilt für eine Aufhebung der Schriftformklausel.
2. Sofern eine der vorstehenden Regelungen unwirksam ist, wird die Wirksamkeit der übrigen Vertragsbestimmungen hierdurch nicht berührt. An die Stelle der unwirksamen Vertragsklausel tritt diejenige wirksame Regelung, die der unwirksamen Vertragsklausel möglichst nahe kommt. Bei einer Regelungslücke gilt diejenige Regelung, die die Parteien aufgenommen hätten, wenn sie sich der Notwendigkeit einer Regelung bei Abschluss dieser Vereinbarung bewusst gewesen wären. ◄

§ 193 Erfordernisse des Beschlusses

(1) ¹Der Beschluß über die bedingte Kapitalerhöhung bedarf einer Mehrheit, die mindestens drei Viertel des bei der Beschlußfassung vertretenen Grundkapitals umfaßt. ²Die Satzung kann eine größere Kapitalmehrheit und weitere Erfordernisse bestimmen. ³§ 182 Abs. 2 und § 187 Abs. 2 gelten.

(2) Im Beschluß müssen auch festgestellt werden

1. der Zweck der bedingten Kapitalerhöhung;
2. der Kreis der Bezugsberechtigten;
3. der Ausgabebetrag oder die Grundlagen, nach denen dieser Betrag errechnet wird; bei einer bedingten Kapitalerhöhung für die Zwecke des § 192 Abs. 2 Nr. 1 genügt es, wenn in dem Beschluss oder in dem damit verbundenen Beschluss nach § 221 der Mindestausgabebetrag oder die Grundlagen für die Festlegung des Ausgabebetrags oder des Mindestausgabebetrags bestimmt werden; sowie
4. bei Beschlüssen nach § 192 Abs. 2 Nr. 3 auch die Aufteilung der Bezugsrechte auf Mitglieder der Geschäftsführungen und Arbeitnehmer, Erfolgsziele, Erwerbs- und Ausübungszeiträume und Wartezeit für die erstmalige Ausübung (mindestens vier Jahre).

A. Grundlagen 1	IV. Ausgabebetrag 11
I. Entwicklungsgeschichte der Norm 1	V. Ergänzende Festsetzung nach Beschlüssen nach
II. Normzweck 2	§ 192 Abs. 2 Nr. 3 12
B. Einzelheiten 5	1. Aufteilung der Bezugsrechte 13
I. Inhalt des Erhöhungsbeschlusses 5	2. Erfolgsziele 14
II. Zweckfestsetzung (§ 192 Abs. 2 Nr. 1) 6	3. Erwerbs- und Ausübungszeiträume 15
III. Kreis der Bezugsberechtigten 7	4. Wartezeit 16
1. Wandel- und Optionsanleihen 8	VI. Verweis auf §§ 182 Abs. 2, 187 Abs. 2 18
2. Unternehmenszusammenschluss 9	VII. Folgen bei Verstoß 20
3. Arbeitnehmer und Mitglieder der	
Geschäftsführung 10	

A. Grundlagen

1 **I. Entwicklungsgeschichte der Norm.** Die Bestimmung geht auf § 160 Abs. 1 Hs 1 AktG 1937 zurück. § 193 Abs. 1 S. 2 und 3 wurden seither sprachlich geändert. § 193 Abs. 2 Nr. 1 bis 3 ist seit 1937 unverändert. Abs. 2 Nr. 4 ist 1998 im Zusammenhang mit dem KonTraG neu hinzugetreten.[1] Abs. 2 Nr. 3 wurde durch das ARUG[2] geändert. In Abs. 2 Nr. 4 wurde die Wartezeit für die erstmalige Ausübung durch das VorstAG[3] von zwei auf vier Jahre verlängert.

2 **II. Normzweck.** Die Norm ergänzt § 192, indem die Beschlusserfordernisse konkretisiert werden. Da bedingte Kapitalerhöhungen oftmals zu einem faktischen Bezugsrechtsausschlusses führen, bestehen hohe Anforderungen. Der Beschluss bedarf einer Mehrheit von mindestens **drei Vierteln** des bei der Beschlussfassung vertretenen Grundkapitals. Die Satzung kann allenfalls eine größere Kapitalmehrheit und weitere Erfordernisse bestimmen. § 193 Abs. 1 S. 3 stellt klar, dass bei Vorliegen mehrerer Aktiengattungen Sonderbeschlüsse zu fassen sind (§§ 193 Abs. 1 S. 3, 182 Abs. 2). Des Weiteren wird klargestellt, dass keine Verpflichtung der HV besteht, ein bedingtes Kapital bereitzustellen, auch wenn der Vorstand bereits entsprechende Bezugsrechte gewährt haben sollte (§§ 193 Abs. 1 S. 3, 187 Abs. 2).

3 § 193 Abs. 1 S. 2 und § 221 Abs. 1 S. 3 sind schlecht aufeinander abgestimmt, weil die Satzung für Beschlüsse über die Ausgabe von Optionsanleihen auch eine geringere Mehrheit zulassen kann, die Schaffung von bedingtem Kapital zur Bedienung derartiger Optionsanleihen aber mindestens einer Dreiviertel-Kapitalmehrheit bedarf. Dies ist wenig sinnvoll[4] und sollte de lege ferenda geändert werden.[5]

4 Zum Normzweck des 1998 neu eingeführten § 193 Abs. 2 Nr. 4 vgl Rn 12.

B. Einzelheiten

5 **I. Inhalt des Erhöhungsbeschlusses.** Die Inhalte des Erhöhungsbeschlusses ergeben sich aus § 193 Abs. 2 und § 23 Abs. 2 Nr. 2, Abs. 3. Dazu hat der Beschluss zunächst die **Gesamthöhe des bedingten Kapitals**

---

1 KonTraG v. 27.4.1998, BGBl. I S. 786.
2 BGBl. I 2009 S. 2479.
3 BGBl. I 2009 S. 2509.
4 Vgl *Lehmann*, AG 1983, 113, 115; Großkomm-AktienR/*Frey*, Rn 6; anders: *Hüffer*, Rn 2 und MüKo-AktG/*Fuchs*, Rn 3.
5 Großkomm-AktienR/*Frey*, aaO.

auszuweisen. Richtiger Weise darf auch ein Mindestbetrag[6] ausgewiesen werden,[7] wodurch die Verwaltung verpflichtet wird, die Ausgabe von Bezugsaktien zu verweigern, bis in einem bestimmten Volumen Bezugsrechte ausgeübt wurden[8] Allerdings deuten Tendenzen in der registerrechtlichen Praxis auf die Unzulässigkeit dieser Praxis hin.[9] Bei Zustimmungsbeschlüssen[10] muss der Beschluss festlegen, ob es sich bei den neuen Aktien um Inhaber oder Namensaktien handelt und welchen Nennbetrag sie gegebenenfalls ausweisen. Hierauf kann nur dann verzichtet werden, wenn sich dies bereits eindeutig aus der Satzung ergibt.[11] Demgegenüber kann im Ermächtigungsbeschluss[12] diese Entscheidung dem Vorstand übertragen werden. Sinnvoll kann es weiterhin sein, die Dividendenberechtigung der neuen Aktien für das gesamte Geschäftsjahr festzuschreiben.[13] In jedem Fall sinnvoll ist es ferner, gemäß § 179 Abs. 1 S. 2 eine Ermächtigung an den Aufsichtsrat auszusprechen, den Erhöhungsbeschluss, die Erhöhung des Grundkapitals und der Aktienzahl sowie die Minderung des bedingten Kapitals jeweils im Satzungstext zu dokumentieren.[14] Weiter zulässig ist es auch, eine Frist für die Ausübung der Bezugsrechte zu definieren.[15] Sinnvoll kann es auch sein, die Übertragbarkeit/Nichtübertragbarkeit der Bezugsrechte anzuordnen. Üblicherweise wird in den Beschlüssen auch geregelt, dass der Vorstand ermächtigt ist, weitere Einzelheiten festzusetzen. Hierzu wäre der Vorstand auch ohne derartige Regelung befugt.[16]

II. Zweckfestsetzung (§ 192 Abs. 2 Nr. 1). Zweckfestsetzung (§ 192 Abs. 2 Nr. 1) bedeutet **Definition und Konkretisierung** eines der nach § 192 Abs. 2 Nr. 1 bis 3 zulässigen **Zwecke**. Bei Wandel und Optionsanleihen erfolgt dies durch Bezugnahme auf den entsprechenden Beschluss nach § 221. Ist dieser noch nicht gefasst,[17] genügt es, auf die künftigen Anleihegläubiger Bezug zu nehmen. Beim Unternehmenszusammenschluss kann der Verwaltung kein Ermessen eingeräumt werden.[18] Erforderlich ist es daher, das Unternehmen und die Art des Zusammenschlusses zu bezeichnen. Bei der Ausgabe von Mitarbeiteroptionen genügt es, die in § 192 Abs. 2 Nr. 3 verwendete Formulierung zu benutzen.

III. Kreis der Bezugsberechtigten. Da die bedingte Kapitalerhöhung nur die Voraussetzung für die Einräumung von Bezugsrechten schafft, diese aber erst durch den Vorstand gewährt werden, ist eine namentliche Festsetzung der Bezugsberechtigten nicht erforderlich. § 193 Abs. 2 Nr. 2 bestätigt dies, indem lediglich vorgeschrieben wird, den Kreis der Bezugsberechtigten festzulegen. Die herrschende Meinung verlangt insoweit, dass der Kreis der Bezugsberechtigten **eindeutig bestimmbar** sein muss.[19] Im Einzelnen gilt Folgendes:

1. Wandel- und Optionsanleihen. Ausreichend ist es etwa, zu bestimmen, dass alle Inhaber der im Rahmen der Anleihe ausgegebenen Bezugs- oder Umtauschrechte bezugsberechtigt sind. Eine weitere Konkretisierung kann erforderlich sein, wenn mehr Bezugsrechte ausgegeben wurden, als durch bedingtes Kapital gesichert werden, zB weil der Höchstbetrag nach § 192 Abs. 3 S. 1 überschritten wurde.

2. Unternehmenszusammenschluss. Die Notwendigkeit, das Unternehmen konkret zu bezeichnen, folgt auch aus § 193 Abs. 2 Nr. 2. Ohne Angabe des Unternehmens und damit mittelbar ohne Angabe ihrer Aktionäre wäre völlig offen, wer bezugsberechtigt ist.

3. Arbeitnehmer und Mitglieder der Geschäftsführung. § 193 Abs. 2 Nr. 2 verlangt lediglich, den Kreis der Bezugsberechtigten nach außen festzulegen.[20] Wer innerhalb des so definierten Kreises in welcher Höhe zum Zuge kommt, ist gemäß § 193 Abs. 2 Nr. 4 festzuschreiben.

IV. Ausgabebetrag. Festzusetzen sind entweder ein **konkreter** Ausgabebetrag oder die **Grundlagen**, nach denen er sich errechnet. Der Ausgabebetrag muss mindestens gleich dem Nennbetrag bzw dem anteiligen Betrag des Grundkapitals sein, er darf ihn nicht unterschreiten (§ 9 Abs. 1). Die Festsetzung der Grundlagen, nach denen der Ausgabekurs zu berechnen ist, bedeutet, dass die Angabe eines konkreten Bezugspreises unterbleiben kann und die Festsetzung eines Umtauschverhältnisses genügt.[21] Dies kann handelsbilanziell bei Sacheinlagen, insbesondere Unternehmenszusammenschlüssen von Bedeutung sein, weil dann die eingebrachte Sacheinlage lediglich mit dem Nennbetrag bzw anteiligen Betrag des Grundkapitals zu aktivie-

---

6 Nicht zu verwechseln mit dem Mindestausgabebetrag, dazu unten Rn 11 ff.
7 Für Unzulässigkeit: *Hüffer*, Rn 4; dagegen: MüKo-AktG/*Fuchs*, Rn 14, MüHb-AG/*Krieger*, 57 Rn 14; unentschieden: Köln-Komm-AktG/*Lutter* Rn 9.
8 Spindler/Stilz/*Rieckers*, Rn 7.
9 *Spiering/Grabbe*, AG 2004, 91, 92.
10 Zum Begriff oben § 192 Rn 19.
11 Großkomm-AktienR/*Frey*, Rn 15.
12 Zum Begriff oben § 192 Rn 19.
13 Nach § 60 Abs. 2 S. 3, Abs. 3 nehmen junge Aktien im ersten Jahr nur anteilig am Jahresgewinn teil, sofern die Satzung keine abweichende Regelung vorschreibt oder zulässt. Da jeder Kapitalerhöhungsbeschluss eine materielle Satzungsänderung ist, muss eine derartige Ermächtigung nicht in der Ursprungssatzung vorhanden sein, sondern kann zugleich mit der Kapitalerhöhung beschlossen werden. Dies gilt auch im hier erörterten Fall der bedingten Kapitalerhöhung.
14 Großkomm-AktienR/*Frey*, Rn 18.
15 *Hüffer*, Rn 4.
16 *Hüffer*, Rn 4.
17 Zur Reihenfolge der Beschlüsse nach §§ 221 und 192 Abs. 2 Nr. 1 vgl § 192 Rn 16.
18 Großkomm-AktienR/*Frey*, Rn 25.
19 *Hüffer*, Rn 5; KölnKomm-AktG/*Lutter*, Rn 9.
20 Großkomm-AktienR/*Frey*, Rn 93.
21 *Hüffer*, Rn 6.

ren ist. Sofern im Rahmen des Umtausches Zuzahlungen zu erbringen sind, sind diese gemäß § 193 Abs. 2 Nr. 3 anzugeben.

Nach der ursprünglichen Gesetzesfassung war streitig, ob im Zusammenhang mit der Ausgabe von Wandelanleihen (§ 221 Abs. 2) die Festlegung eines Mindestausgabebetrags genügte. Hierin wurde teilweise ein Verstoß gegen § 193 Abs. 2 Nr. 3 gesehen.[22] Durch die Gesetzesänderung ist diese Streitfrage nun entschieden. Für Altfälle hatte der BGH klargestellt,[23] dass ein Mindestausgabebetrag genügt.[24]

12 **V. Ergänzende Festsetzung nach Beschlüssen nach § 192 Abs. 2 Nr. 3.** Bei der Begebung von *stock options* ist neben § 193 Abs. 2 Nr. 1–3 zusätzlich die 1998 neu eingefügte Nr. 4 zu beachten. Auf Nr. 4 wird auch in § 71 Abs. 1 Nr. 8 S. 5 Bezug genommen. Der Normzweck des § 193 Abs. 2 Nr. 4 besteht darin, die HV dazu anzuhalten, mindestens die darin aufgeführten Vergütungsfragen selbst zu entscheiden und so das Ermessen der im Übrigen allein zuständigen Organe Vorstand und Aufsichtsrat (§§ 76, 87) zu begrenzen. Die Hauptversammlung kann weitere Details festlegen, ist hierzu aber nicht verpflichtet.[25]

13 **1. Aufteilung der Bezugsrechte.** Der Beschluss muss vier Gruppen festlegen (Mitglieder der Geschäftsführung und Arbeitnehmer, jeweils separat bezüglich AG selbst und bezüglich verbundener Unternehmen).[26] Im Schrifttum finden sich abweichende Auffassungen, wonach lediglich drei Gruppen (Vorstand AG, Geschäftsführung verbundene Unternehmen, Arbeitnehmer)[27] oder sogar nur zwei Gruppen zu bilden seien (Vorstände, Übrige). Dies gäbe der Verwaltung größere Flexibilität, ginge aber damit auch notgedrungen zulasten der übrigen – ohnehin nicht bezugsberechtigten – Aktionäre, so dass diesen abweichenden Auffassungen nicht zu folgen ist. Die Hauptversammlung kann bestimmte Gruppen generell ausschließen und jede Gruppe weiter unterteilen.[28] Doppelbezüge sind zu vermeiden. Dies muss nicht im Beschluss festgeschrieben werden, sondern gilt allgemein als § 192 Abs. 2 Nr. 3 immanente Begrenzung.

13a Das OLG Koblenz[29] hatte sogar ein Optionsprogramm für zulässig erklärt, in dem eine Aufteilung der Bezugsberechtigten nach Vorstandsmitgliedern und Mitgliedern der Geschäftsführungen verbundener Unternehmen unterblieben war. Diese Entscheidung ist bereits deshalb verfehlt, weil über die Optionsgewährung an Vorstände der Aufsichtsrat zu entscheiden hat, § 112, wohingegen die der Leitungsorgane verbundener Unternehmen vom Vorstand eingeräumt werden, § 78 Abs. 1. Erst recht vermag die Begründung des OLG Koblenz nicht zu überzeugen, das Anfechtungsrisiko würde „unüberschaubar gesteigert", wenn man „derart hohe formelle Anforderungen stelle, die der Normadressat dem Wortlaut der gesetzlichen Regelung nicht entnehmen könne". Das Verhältnis des § 112 zu § 78 Abs. 1 ist hinreichend geklärt.

14 **2. Erfolgsziele.** Der Begriff ist weiter als Kursziele. So stellt beispielsweise die Börseneinführung ein zulässiges Erfolgsziel dar.[30] Eine Anknüpfung rein an den Börsenkurs ist zulässig.[31] Problematisch können Erfolgsziele bei *stock options* für Geschäftsführer und Arbeitnehmer von Nicht-100%-Tochtergesellschaften sein. In der Regel muss bei derartigen Gesellschaften auf einen spezifisch die Tochtergesellschaft betreffenden Erfolg abgestellt werden.[32]

15 **3. Erwerbs- und Ausübungszeiträume.** Die Erwerbs- und Ausübungszeiträume bezeichnen das Zeitfenster, innerhalb dessen die Bezugsrechte begründet bzw ausgeübt werden können.

16 **4. Wartezeit.** Zuletzt ist die Wartezeit festzulegen. Wartezeit ist diejenige Zeit, die verstreichen muss, bis die Bezugsrechte erstmalig ausgeübt werden können. Die Mindestdauer beträgt nach der jetzigen Gesetzesfassung vier Jahre. Nach der Gesetzesbegründung[33] soll dies dazu dienen, langfristige Verhaltensanreize zu setzen. Es gibt keine rechtliche Höchstdauer für die Laufzeit.[34] Die gesetzliche Neuregelung ist sicherlich zu begrüßen. Allerdings reicht es in Anbetracht der Fehlentwicklungen in der Bilanzierungspraxis der letzten Jahre sicherlich nicht aus, bei künftigen Vergütungsmodellen einfach nur die Ausübungszeiträume zu verlängern. Entscheidend sind die Bemessungsgrundlagen für den unternehmerischen Erfolg.

17 Diese Wartezeit für die erstmalige Ausübung der Option ist zu unterscheiden von einer gegebenenfalls weiter vereinbarten Haltefrist für bezogene Aktien. Diese ist nicht zwingend erforderlich und – wenn sie vereinbart wurde – im Rahmen der Berechnung der Zwei-Jahres-Frist keinesfalls mit zu berücksichtigen. Von der aktienrechtlichen Zulässigkeit von Warte- und Haltefristen zu unterscheiden ist schließlich die arbeits-

---

22 Nachweise bei Spindler/Stilz/*Rieckers*, Rn 14.
23 Urt. v. 18.5.2009 – II ZR 262/07 = NZG 2009, 986.
24 Zur Entscheidung des BGH *Böttcher/Kautzsch*, NZG 2009, 978.
25 Großkomm-AktienR/*Frey*, Rn 58.
26 MüKo-AktG/*Fuchs*, Rn 21; Großkomm-AktienR/*Frey*, Rn 59. Ebenso bereits Regierungsbegründung, BT-Drucks. 13/9712, S. 23 aE.
27 So insb. *Hüffer*, Rn 9; wohl auch *Vogel*, BB 2000, 937, 938.
28 Großkomm-AktienR/*Frey*, Rn 60.
29 ZIP 2002, 1845.
30 LG München I AG 2001, 376, 377.
31 OLG Stuttgart AG 1998, 529, 532; OLG Stuttgart AG 2001, 540, 541; LG Stuttgart AG 2001, 152, 153.
32 *Hüffer*, § 192 Rn 20; *Hoffmann-Becking*, NZG 1999, 797, 803.
33 BT-Drucks. 16/12278, S. 6.
34 Großkomm-AktienR/*Frey*, Rn 69.

rechtliche Frage, inwieweit zu groß bemessene Zeiträume im Zusammenspiel mit Verfallklauseln zu einer unzulässigen faktischen Kündigungsbeschränkung führen.[35]

VI. Verweis auf §§ 182 Abs. 2, 187 Abs. 2. § 193 Abs. 1 S. 3 stellt zunächst klar, dass ein **Sonderbeschluss** erforderlich ist, wenn mehrere Gattungen von stimmberechtigten Aktien bestehen. Bei Vorzugsaktien ohne Stimmrecht geht § 141 vor.

Des Weiteren wird § 187 Abs. 2 für entsprechend anwendbar erklärt. Nach hM sollen Bezugsrechte entgegen dem Wortlaut bereits **vor Beschlussfassung begründet** werden können und nur unter dem Vorbehalt stehen, dass die HV eine korrespondierende Kapitalerhöhung beschließt.[36] Ebenso soll die Bestimmung Schadensersatzansprüche gegen die AG ausschließen, wenn ein derartiger HV-Beschluss unterbleibt.[37] Letztgenannte Sichtweise ist nach dem Wortlaut des § 187 Abs. 2 nicht zwingend, da danach eine Zusicherung auf den Bezug von Aktien nicht für nichtig erklärt wird, sondern lediglich für „unwirksam".[38] Insbesondere führt sie mE aber zu einem nicht gerechtfertigten Wertungsunterschied gegenüber § 311 a Abs. 1 BGB. Richtiger ist es deshalb, eine Schadensersatzpflicht der AG bei Nichterfüllung zu bejahen. Die AG kann dann den Vorstand ihrerseits nach § 93 Abs. 2 in Regress nehmen. Die Sichtweise der hM zu § 187 Abs. 2 entlastet im Ergebnis den pflichtwidrig handelnden Vorstand, ein nicht sachgerechtes Ergebnis. Die von der hM diskutierte persönliche Inanspruchnahme des Vorstandes aus den §§ 280 Abs. 1, 241 Abs. 2, 311 Abs. 2, Abs. 3 BGB[39] ist vielfältigen Unwägbarkeiten ausgesetzt und nicht praktikabel. Die direkte Haftung des Vorstandes gegenüber dem Dritten kann richtigerweise nur neben einen Schadensersatzanspruch des Dritten gegen die AG treten. Hierauf wird bei § 197 zurückzukommen sein.[40]

VII. Folgen bei Verstoß. Fehlt die Angabe des Zwecks einer bedingten Kapitalerhöhung, ist der Beschluss nach § 241 Nr. 3 nichtig.[41] Wird ein anderer Zweck angegeben als derjenige, für den nach § 192 Abs. 2 eine bedingte Kapitalerhöhung beschlossen werden „soll", ist der Beschluss anfechtbar im Sinne von § 243 Abs. 1. Das Gleiche gilt, wenn der Beschluss sachlich nicht gerechtfertigt ist.[42]

Wird der Beschluss eingetragen, kann er nach § 398 FamFG nur wieder gelöscht werden, wenn er nichtig war. Ein bloß rechtswidriger Beschluss darf nicht wieder gelöscht werden, denn § 192 Abs. 2 ist eine Sollvorschrift und nicht zwingend.[43] Die Ausführung eines derartigen Beschlusses wegen möglicher Rechtswidrigkeit darf der Vorstand nur dann verweigern, wenn er selbst oder ein Aktionär den Beschluss angefochten haben und die Anfechtungsklage nicht offensichtlich unbegründet ist. Fehlen die Festsetzungen nach § 193 Abs. 2 Nr. 2 und 3 bzw sind sie nicht ausreichend, hat dies nach herrschender Meinung ebenfalls die Nichtigkeit zur Folge.[44] Verstöße gegen § 193 Abs. 2 Nr. 4 führen demgegenüber nach richtiger und vordringender Auffassung nur zur Anfechtbarkeit.[45] Denn wenn die Hauptversammlung Vorstand und/oder Aufsichtsrat nicht die nach § 193 Abs. 2 Nr. 4 notwendigen Vorgaben macht, verschiebt sich zwar die Kompetenz zur Ausgabe von *stock options* in gesetzeswidriger Weise auf die Verwaltung. Dies verletzt allerdings weder öffentliche Interessen noch das Wesen der AG (§ 241 Nr. 3).

§ 194 Bedingte Kapitalerhöhung mit Sacheinlagen; Rückzahlung von Einlagen

(1) ¹Wird eine Sacheinlage gemacht, so müssen ihr Gegenstand, die Person, von der die Gesellschaft den Gegenstand erwirbt, und der Nennbetrag, bei Stückaktien die Zahl der bei der Sacheinlage zu gewährenden Aktien im Beschluß über die bedingte Kapitalerhöhung festgesetzt werden. ²Als Sacheinlage gilt nicht die Hingabe von Schuldverschreibungen im Umtausch gegen Bezugsaktien. ³Der Beschluß darf nur gefaßt werden, wenn die Einbringung von Sacheinlagen ausdrücklich und ordnungsgemäß bekanntgemacht worden ist.

(2) § 27 Abs. 3 und 4 gilt entsprechend; an die Stelle des Zeitpunkts der Anmeldung nach § 27 Abs. 3 Satz 3 und der Eintragung nach § 27 Abs. 3 Satz 4 tritt jeweils der Zeitpunkt der Ausgabe der Bezugsaktien.

(3) Die Absätze 1 und 2 gelten nicht für die Einlage von Geldforderungen, die Arbeitnehmern der Gesellschaft aus einer ihnen von der Gesellschaft eingeräumten Gewinnbeteiligung zustehen.

---

35 Hierzu *Baeck/Diller*, DB 1998, 1405, 1407.
36 *Hüffer*, Rn 3; MüKo-AktG/*Fuchs*, Rn 6.
37 *Hüffer*, Rn 3; MüKo-AktG/*Fuchs*, Rn 6.
38 Unklar insoweit OLG Koblenz v. 31.10.2001 – 1 U 1077/00, OLGR 2002, 33 (zu einem Zeichnungsvorvertrag). § 187 Abs. 2 sei nur ein einseitiges Verbotsgesetz, das nicht zu einer Gesamtnichtigkeit des Vertrags nach § 134 BGB führe. Auf § 134 BGB dürfte es nämlich nicht ankommen, da § 187 Abs. 2 bereits selbst die Unwirksamkeit anordnet.
39 Vgl hierzu MüKo-AktG/*Peifer*, § 187 Rn 18.
40 § 197 Rn 9.
41 *Hüffer*, Rn 10; Großkomm-AktienR/*Frey*, § 192 Rn 128; Köln-Komm-AktG/*Lutter*, § 192 Rn 26.
42 Großkomm-AktienR/*Frey*, § 192 Rn 129.
43 Großkomm-AktienR/*Frey*, § 192 Rn 131.
44 *Hüffer*, § 194 Rn 10.
45 *Hüffer*, Rn 10; *Vogel*, BB 2000, 937, 939; aA MüKo-AktG/*Fuchs*, Rn 39.

(4) ¹Bei der Kapitalerhöhung mit Sacheinlagen hat eine Prüfung durch einen oder mehrere Prüfer stattzufinden. ²§ 33 Abs. 3 bis 5, die §§ 34, 35 gelten sinngemäß.

(5) § 183 a gilt entsprechend.

A. Grundlagen

1 **I. Entwicklungsgeschichte der Norm.** Abs. 1 und 2 beruhen auf dem inhaltsgleichen § 161 AktG 1937. Abs. 3 wurde 1965 eingeführt, Abs. 4 im Jahre 1978 verschärft. Änderungen des § 194 erfolgten durch die Einführung von Stückaktien[1] und durch das ARUG.[2]

2 **II. Normzweck.** Die Norm entspricht ihrem Wortlaut nach weitgehend § 183, wobei allerdings nicht die Eintragung der Durchführung der Kapitalerhöhung als der für das Wirksamwerden der Kapitalerhöhung maßgebende Vorgang angegeben wird (so § 183 Abs. 2), sondern die Ausgabe der entsprechenden Bezugsaktien gemäß § 199. Diese Vergleichbarkeit des Wortlautes beider Bestimmungen darf jedoch nicht zu der Annahme verleiten, dass das Gesetz Sacheinlagen bei bedingten Kapitalerhöhungen wie Sacheinlagen bei sonstigen Formen der Kapitalerhöhung bzw wie bei der Gründung behandelt. Eher ist das Gegenteil der Fall. Eine Reihe von praktisch wichtigen Fällen der bedingten Kapitalerhöhung, die unter Heranziehung allgemeiner Regeln als Kapitalerhöhungen gegen Sacheinlagen anzusehen wären, werden in § 194 Abs. 1 S. 2, 3 von den ansonsten für Sacheinlagen geltenden Anforderungen ausgenommen. In § 192 Abs. 2 werden die Regelungen der verdeckten Sacheinlage (§ 27 Abs. 3) und des Hin- und Herzahlens (§ 27 Abs. 4) auf die bedingte Kapitalerhöhung erstreckt.

B. Einzelheiten

3 **I. Anwendungsbereich der Vorschrift.** Bei **bedingten Kapitalerhöhungen** besteht die Leistung des Bezugsberechtigten regelmäßig in einer **Geldzahlung**. Dies gilt beispielsweise, wenn er Wandelanleihen oder sonstige von § 221 erfasste Schuldverschreibungen erwirbt, wenn er den Bezugspreis bei *stock options* einzahlt und letztendlich auch dann, wenn er auf Geldforderungen aus einer von der AG eingeräumten Gewinnbeteiligung gegen Gewährung von Aktien verzichtet. Ungeachtet der Tatsache, dass Gegenstand der Einlage Geldleistungen oder geldwerte Forderungen sind, handelt es sich hierbei bei Anwendung allgemeiner Grundsätze der Sache nach oft um Sacheinlagen. Denn Bareinlagen liegen danach nur vor, wenn der Gesellschafter neue Gelder gerade im Kapitalerhöhungszeitpunkt zuführt. Verhält er sich anders, etwa indem der Gesellschafter auf aus früheren Geldzuführungen resultierende Forderungen gegen die Gesellschaft (so im Fall von Wandel- und Optionsanleihen) bzw auf Gewinnbeteiligungen verzichtet, sind dies nach allgemeinen Regeln Sacheinlagen.[3] Würde man dieses ansonsten im Kapitalgesellschaftsrecht geltende Prinzip, wonach die Leistung derartiger Geldforderungen Sachkapitalerhöhung ist, auch bei der bedingten Kapitalerhöhung durchführen, wäre der Sachkapitalerhöhung ein weitaus größerer Anwendungsbereich eröffnet. Dass dies nicht so ist, beruht darauf, dass § 194 Abs. 1 S. 2, Abs. 3 diese Einlageformen von den Anforderungen von Sacheinlagen freistellt. Dabei wird jedoch stillschweigend vorausgesetzt, dass die Schuldverschreibung ihrerseits gegen eine Barzahlung ausgegeben wurde.[4]

3a Die eigentlich in § 194 geregelten Sacheinlagen kamen daher in der Praxis bislang allenfalls bei **Unternehmenszusammenschlüssen** vor (hierzu § 192 Rn 18).

Zwischenzeitlich wird auch die **„Ausgabe von Wandelschuldverschreibungen gegen Sacheinlagen"** diskutiert. Dass Wandelschuldverschreibungen gegen Sacheinlagen ausgegeben werden könnten, sei angeblich allgemein anerkannt.[5]

Hält man derartige Konstruktionen für zulässig – sie sind zunächst an § 221 zu messen –, lassen sie sich jedenfalls dann unproblematisch in das System der §§ 192 ff einbinden, wenn die Wandelschuldverschreibung unmittelbar nach der Beschlussfassung der HV ausgegeben wird und wenn ihre Konditionen bereits feststehen. Schwierigkeiten entstehen jedoch, wenn der Beschluss nur als Ermächtigung an den Vorstand gestaltet ist und wenn der Vorstand von dieser Ermächtigung innerhalb einer bestimmten Frist Gebrauch machen kann (hierzu § 221 Rn 17). Das OLG München hat in einem registerrechtlichen Verfahren auch ein für diese Zwecke gebildetes bedingtes Kapital für eintragungsfähig erachtet.[6] Dass in dem Kapitalerhöhungsbeschluss die gem. § 194 Abs. 1 S. 1 geforderte Angabe des Gegenstands der Sacheinlage nicht enthal-

---

[1] StückAG v. 25.3.1998, BGBl. I S. 590.
[2] BGBl. I 2009 S. 2479.
[3] Vgl hierzu zB *Baumbach/Hueck*, GmbHG, § 5 Rn 28.
[4] Richtig: MüKo-AktG/*Fuchs*, Rn 8.
[5] OLG München ZIP 2013, 1913 unter Verweis auf *Drinhausen/Keinath*, BB 2011, 1736.
[6] OLG München ZIP 2013, 1913.

ten war und dass der Anmeldung auch nicht die gem. § 195 Abs. 2 Nr. 1 erforderlichen Verträge und Prüfunterlagen beigefügt werden konnten, hat es nicht für relevant gehalten.
Die Entscheidung begegnet Bedenken. Zwar trifft der Hinweis des OLG München der Sache nach zu, dass bei bedingten Kapitalerhöhungen gegen Sacheinlagen zum Zeitpunkt der Anmeldung die in § 195 erwähnten Unterlagen ggf noch gar nicht vorliegen können und daher erst im Rahmen der Anmeldung gem. § 201 einzureichen sind (Rn 9). An § 194 Abs. 1 S. 1 führt indes kein Weg vorbei. Der Gegenstand der Sacheinlage muss auf jeden Fall in dem Kapitalerhöhungsbeschluss geregelt werden, so dass die (uferlos weite) Ermächtigung, Wandelschuldverschreibungen gegen („irgendwelche") Sacheinlagen auszugeben, entgegen dem OLG München unwirksam wäre.

Die Privilegierungen für Wandelschuldverschreibungen (Abs. 1 S. 2) und Arbeitnehmeraktien (Abs. 3) unterscheiden sich. Die Ausübung von Umtauschrechten bei Wandelanleihen wird generell nicht als Sacheinlage eingeordnet, dh es sind weder die nach Abs. 1 S. 1 vorgeschriebenen Festsetzungen erforderlich noch eine Prüfung der Einlage gemäß Abs. 4. Demgegenüber erklärt Abs. 3 lediglich Abs. 1, Abs. 2 für nicht anwendbar und macht die darin geregelten Festsetzungen entbehrlich. Die Wertprüfung gemäß Abs. 4 muss also durchgeführt werden.

II. Beschlussinhalt. Im Beschluss sind nach § 193 Abs. 2[7] der Gegenstand der Sacheinlage, die Person des Einlegers und der Nennbetrag bzw bei Stückaktien die Zahl der für die Sacheinlage zu gewährenden Aktien festzusetzen. Steht die Person des Einlegers nicht namentlich fest, genügt wie im Fall des § 193 Abs. 2 Nr. 2 dessen Individualisierung anhand eindeutig bestimmbarer Kriterien. Der Wert der Sacheinlage muss nach zutreffender herrschender Meinung[8] nicht festgesetzt werden.

III. Bekanntmachung. Die beabsichtigte Einbringung von Sacheinlagen ist zusammen mit der Tagesordnung der Hauptversammlung (§ 124) ausdrücklich und ordnungsgemäß bekannt zu machen, § 194 Abs. 1 S. 3. Im Unterschied zu § 183 Abs. 1 S. 3 erwähnt § 194 Abs. 1 S. 3 nicht, dass auch die Festsetzungen nach Abs. 1 S. 1 ordnungsgemäß bekannt zu machen sind. Da ein Grund für diese Abweichung nicht ersichtlich ist, verlangt die herrschende Meinung richtigerweise auch die Bekanntmachung dieser Festsetzungen.[9]

IV. Fehlerhafte Festsetzungen (Abs. 2). Durch das ARUG wurde das Recht der verdeckten Sacheinlage komplett neu geregelt. Die Neuregelung eröffnet es den Beteiligten, den Fehler nachträglich zu beseitigen, der der verdeckten Sacheinlage anhaftet. Nach der Neuregelung des § 27 Abs. 3 sind nun **die Verträge über die Sacheinlage** und die Rechtshandlungen zu ihrer Ausführung **nicht** unwirksam. Die **Geldeinlagepflicht des Aktionärs** besteht fort, auf sie wird der **Wert des verdeckt eingelegten Vermögensgegenstandes** angerechnet.

Die Heilung tritt nicht automatisch ein, sondern erfordert einen mit satzungsändernder Mehrheit gefassten Beschluss. Dieser hat die in § 194 vorgesehenen Inhalte aufzuführen, Abs. 4 ist zu beachten. Die Besonderheit der bedingten Kapitalerhöhung besteht darin, dass hier das Kapital außerhalb des Registers durch Ausgabe der Bezugsaktien erhöht wird (§ 200). Die nachfolgende Anmeldung gemäß § 201 hat lediglich deklaratorischen Charakter. Die Wertbestimmungs- und Anrechnungszeitpunkte gem. § 27 Abs. 3 S. 3 und 4 passen deswegen nicht. Deswegen erfolgt die Anrechnung bei einer bedingten Kapitalerhöhung nach § 194 Abs. 2 Hs 2 abweichend von den allgemeinen Regeln schon zu dem Zeitpunkt, in dem die Bezugsaktien ausgegeben werden.[10]

V. Sacheinlageprüfung (Abs. 4). Abs. 4 entspricht nahezu wörtlich § 183 Abs. 3, so dass die dortigen Anforderungen an sich auch für Sacheinlagen bei bedingtem Kapital gelten. Die Kapitalerhöhung durch bedingtes Kapital zeichnet sich aber dadurch aus, dass die Verträge zu ihrer Ausführung gegebenenfalls erst im Zusammenhang mit der späteren Bezugserklärung abgeschlossen werden (was ja gerade der Sinn der bedingten Kapitalerhöhung ist, zB jeweils nachdem Inhaber von Aktien des zu erwerbenden Unternehmens oder außenstehende Aktionäre nach § 305 auf das Umtauschangebot der AG eingegangen sind). In derartigen Fällen kann die Prüfung daher erst nach der Ausgabe der Bezugsaktien und der Anmeldung und Eintragung nach § 201 vorgenommen werden. Sie ist zu diesem Zeitpunkt vom Registergericht nachzuholen.[11]

§ 195 Anmeldung des Beschlusses

(1) ¹Der Vorstand und der Vorsitzende des Aufsichtsrats haben den Beschluß über die bedingte Kapitalerhöhung zur Eintragung in das Handelsregister anzumelden. ²§ 184 Abs. 1 Satz 2 gilt entsprechend.

---

7 Vgl die Kommentierung dort.
8 *Hüffer*, Rn 6; Großkomm-AktienR/*Frey*, Rn 97.
9 *Hüffer*, Rn 7; Großkomm-AktienR/*Frey*, Rn 98.
10 BT-Drucks. 16/13098, S. 40.
11 Allg. Auffassung, *Hüffer*, Rn 5; Spindler/Stilz/*Rieckers*, § 195 Rn 12; K. Schmidt/Lutter/*Veil*, § 195 Rn 6.

(2) Der Anmeldung sind beizufügen

1. bei einer bedingten Kapitalerhöhung mit Sacheinlagen die Verträge, die den Festsetzungen nach § 194 zugrunde liegen oder zu ihrer Ausführung geschlossen worden sind, und der Bericht über die Prüfung von Sacheinlagen (§ 194 Abs. 4) oder die in § 37 a Abs. 3 bezeichneten Anlagen;
2. eine Berechnung der Kosten, die für die Gesellschaft durch die Ausgabe der Bezugsaktien entstehen werden.

(3) ¹Das Gericht kann die Eintragung ablehnen, wenn der Wert der Sacheinlage nicht unwesentlich hinter dem geringsten Ausgabebetrag der dafür zu gewährenden Aktien zurückbleibt. ²Wird von einer Prüfung der Sacheinlage nach § 183 a Abs. 1 abgesehen, gilt § 38 Abs. 3 entsprechend.

A. Grundlagen

1 **I. Entwicklungsgeschichte der Norm.** Die Norm wurde mit Umsetzung der Zweiten Kapitalrichtlinie der EG[1] geändert. Aufgrund des EHUG[2] ist der ursprüngliche Abs. 3 entfallen. Im Zusammenhang mit dem ARUG[3] erfolgten Neuregelungen in Abs. 1 S. 2, Abs. 2 Nr. 1, Abs. 2 Nr. 3 und Abs. 3.

2 **II. Normzweck.** Im Einzelnen regelt die Bestimmung die Anforderungen an die Anmeldung der bedingten Kapitalerhöhung zur Eintragung im Handelsregister. Die Bestimmung entspricht weitestgehend den § 188 Abs. 3 Nr. 2 und 3, 184.

B. Einzelheiten

3 **I. Registeranmeldungen bei bedingten Kapitalerhöhungen.** Bei bedingten Kapitalerhöhungen sind eine Reihe von Handelsregistereinreichungen bzw -anmeldungen zu unterscheiden: Da bedingte Kapitalerhöhungen nicht isoliert erfolgen, sondern stets eine weitere Maßnahme absichern,[4] wurde uU bereits diese Maßnahme in einer Hauptversammlung beschlossen (so bei der Ausgabe von Wandel- oder Optionsanleihen bzw von Genussrechten, nicht aber bei *stock options*). In diesen Fällen ist bereits das Hauptversammlungsprotokoll selbst zum Handelsregister einzureichen, §§ 130 Abs. 5, 221. Allerdings wird dieses Protokoll lediglich zu den Beiakten genommen und nicht im Handelsregister eingetragen. Unabhängig hiervon ist in jedem Fall der eigentliche Beschluss über die Schaffung des bedingten Kapitals zur Eintragung anzumelden. Dies regelt § 195. § 195 ist aber hinsichtlich der anzumeldenden Umstände ggf nicht abschließend. Wird das bedingte Kapital in die Satzung aufgenommen (also nicht ein höheres Grundkapital, sondern das Bestehen des bedingten Kapitals), was üblich ist, ist auch dies anzumelden. Schließlich erhöht sich in jedem Fall das Kapital, sobald Bezugsaktien ausgegeben werden, § 200. Die Anmeldung dieser Kapitalerhöhung richtet sich nach § 201. Somit kann es erneut zu einer Satzungsänderung kommen, indem diese nun das erhöhte Grundkapital ausweist. Auch diese Satzungsänderung kann sodann zum Handelsregister angemeldet werden.

4 **II. Anmeldung des Erhöhungsbeschlusses (Abs. 1 und 2).** Der Kapitalerhöhungsbeschluss ist beim Amtsgericht des Satzungssitzes anzumelden. Bestehen Zweigniederlassungen, ist § 13 c Abs. 1 HGB zu beachten. Die Anmeldung erfolgt in öffentlich beglaubigter Form, § 12 Abs. 1 HGB, und kann bis zu ihrer Eintragung ohne Begründung zurückgenommen werden.[5] Die Anmeldung obliegt dem Vorstand und dem Vorsitzenden des Aufsichtsrats gemeinsam (dies entspricht dem Normalfall bei Kapitalerhöhungen, vgl etwa §§ 184 Abs. 1 S. 1, 188 Abs. 1 S. 1, anders aber § 201, vgl die Erläuterungen dort). Eine Anmeldung durch Bevollmächtigte ist unzulässig,[6] M.E. kommt auch eine Anmeldung durch ein Vorstandsmitglied und einen Prokuristen (unechte Gesamtvertretung) nicht in Betracht.[7] Zwar ist wegen § 12 Abs. 2 HGB die Anmeldung durch einen Bevollmächtigten grundsätzlich zulässig, wenn dieser eine Vollmacht in öffentlich beglaubigter Form vorlegt. Hiervon ist dann eine Ausnahme zu machen, wenn die Anmeldung Angaben enthält, die, wenn sie unzutreffend sind, eine Strafbarkeit der Anmelder nach sich ziehen können. Ein solcher Fall liegt hier vor, § 399 Abs. 1 Nr. 4. Da die Strafbarkeit nur Mitglieder des Vorstandes oder Aufsichtsrats betreffen kann, ist eine Anmeldung durch Dritte als Bevollmächtigte nicht zulässig. Auch eine Mitwirkung von Prokuristen gemeinsam mit einem Vorstandsmitglied ist danach nicht gestattet.

5 Die Anmeldung ist keine öffentlich-rechtliche Pflicht. Allerdings besteht eine entsprechende Verpflichtung gegenüber der AG. Nach Abs. 2 sind der Anmeldung die dort bestimmten Unterlagen in einfacher Ausferti-

---

[1] 91/EWG v. 13.12.1976, ABl. EG Nr. L 26 vom 31.1.1977.
[2] BGBl. I 2006 S. 2553.
[3] BGBl. I 2009 S. 2479.
[4] Vgl oben § 192 Rn 2.
[5] BGH NJW 1959, 1323.
[6] So wohl auch *Hüffer*, Rn 3, 184 Rn 3; aA aber die hM, etwa Spindler/Stilz/*Rieckers*, Rn 7.
[7] AA die hM, vgl *Hüffer*, § 195 Rn 3, 184 Rn 3 und MüKo-AktG/*Peifer*, § 184 Rn 7, vgl auch unten § 201 Rn 4.

gung beizufügen. Dies gilt auch, soweit eine Zweigniederlassung besteht, weil die Unterlagen lediglich für das Gericht des Gesellschaftssitzes bestimmt sind[8] (Argument: Wortlaut des Abs. 2). Das Registergericht prüft auch, ob gemeinsam mit der Anmeldung bzw gesondert hiervon die Niederschrift über die Hauptversammlung, in der das bedingte Kapital beschlossen wurden, und etwaige Sonderbeschlüsse eingereicht wurden. Die Anmeldung der bedingten Kapitalerhöhung kann mit der Anmeldung der Satzungsänderung in einer Urkunde verbunden werden, wenn die Satzung entsprechend geändert wurde (vgl oben Rn 3). Erfolgt die Kapitalerhöhung gegen Sacheinlagen, sind die Verträge, die den Festsetzungen nach § 194 zugrunde liegen oder zu ihrer Ausführung geschlossen worden sind, sowie ein Bericht über die Prüfung der Sacheinlage (§ 194 Abs. 4) oder die in § 37a Abs. 3 bezeichneten Anlagen beizufügen. Zum Inhalt des Berichts und zu der Problematik, dass bei Anmeldung Sacheinlagen noch nicht geleistet wurden und die entsprechenden Verträge in nicht abgeschlossener Form vorliegen, vgl die Erläuterungen zu § 194 (dort Rn 9). Schließlich ist eine Berechnung der Kosten beizufügen, die der AG durch Ausgabe der Bezugsaktien entstehen werden. Die Bestimmung entspricht § 188 Abs. 3 Nr. 3. Zu den Kosten der Ausgabe der Bezugsaktien gehören nicht die Kosten, die aus der Ausgabe der Wandel- oder Optionsanleihe entstehen bzw die Kosten des Unternehmenszusammenschlusses. Entsprechende Berater- und Vermittlerkosten müssen gegebenenfalls anteilig geteilt werden. Stehen die Kosten noch nicht fest, sind sie notfalls zu schätzen. Belege müssen nicht beigefügt werden. Die Kosten der Kapitalerhöhung sind auch Gerichts- und Notarkosten, früher auch Steuern, sowie gegebenenfalls Kosten für den Druck von Aktienurkunden. Bedarf die Kapitalerhöhung staatlicher Genehmigung, ist auch die Genehmigungsurkunde beizufügen.

III. Eintragung der Kapitalerhöhung. Die Eintragung der Kapitalerhöhung ist gemäß § 197 S. 2 notwendig, damit ein **Anspruch des Bezugsberechtigten entstehen** kann. Soweit Bezugsrechte vor Eintragung des Beschlusses begeben wurden, entstehen sie ebenfalls erst mit Eintragung (vgl § 197 S. 2). Mit Eintragung der Kapitalerhöhung entsteht auch der Schutz des § 192 Abs. 4 vor abweichenden Hauptversammlungsbeschlüssen. Der Registerrichter prüft nach § 26 FamFG von Amts wegen die Ordnungsmäßigkeit der Anmeldung und die Rechtmäßigkeit des Beschlusses. Fehlern hilft er durch Zwischenverfügung ab, soweit sie behebbar sind. Die Aussetzung angefochtener Beschlüsse richtet sich nach § 381 FamFG. Der Inhalt der Eintragung richtet sich nach § 43 Nr. 3 S. 2 Nr. 6f, Nr. 7 Handelsregisterverfügung. Die Kosten der Eintragung sind durch EU-Vorgaben[9] auf den tatsächlichen Aufwand begrenzt. Die eingereichten Unterlagen werden gemäß § 195 Abs. 3 in Urschrift, Ausfertigung oder öffentlich beglaubigter Abschrift verwahrt. Die Einsichtnahme in die Unterlagen ist jedermann gemäß § 9 Abs. 1 HGB möglich.

Nach Abs. 3 kann das Gericht eine Eintragung ablehnen, wenn der Wert der Sacheinlage nicht unwesentlich hinter dem geringsten Ausgabebetrag der dafür zu gewährenden Aktien zurückbleibt. Diese Bestimmung war zuvor in § 194 Abs. 4 S. 3 enthalten, sie wurde nun um die Geltung von § 38 Abs. 3 erweitert.

§ 196 (aufgehoben)

Die Norm wurde durch das EHUG mit Wirkung zum 1.1.2007 aufgehoben.[1] § 196 aF hatte für den Fall bedingter Kapitalerhöhungen durch Sacheinlagen weitergehende Bekanntmachungen angeordnet. Seither gilt für die Bekanntmachung ausschließlich § 10 HGB nF.[2]

§ 197 Verbotene Aktienausgabe

[1]Vor der Eintragung des Beschlusses über die bedingte Kapitalerhöhung können die Bezugsaktien nicht ausgegeben werden. [2]Ein Anspruch des Bezugsberechtigten entsteht vor diesem Zeitpunkt nicht. [3]Die vorher ausgegebenen Bezugsaktien sind nichtig. [4]Für den Schaden aus der Ausgabe sind die Ausgeber den Inhabern als Gesamtschuldner verantwortlich.

A. Grundlagen 1	II. Konsequenzen bei fehlendem/abweichenden
I. Entwicklungsgeschichte der Norm 1	Kapitalerhöhungsbeschluss 6
II. Normzweck 2	1. Vorstand begibt Bezugsrecht, ohne dass
B. Einzelheiten 5	überhaupt bedingtes Kapital zur Verfü-
I. Entstehen des Bezugsanspruchs 5	gung steht (Grundfall) 7
	a) Herrschende Meinung 8

---

[8] *Hüffer*, Rn 4.
[9] OLG Hamm WM 1998, 2193 und OLG Hamm ZIP 2000, 1891.

[1] BGBl. I 2006 S. 2553.
[2] K. Schmidt/Lutter/*Veil*, § 196.

b) Eigene Auffassung	9	3. Vorstand verletzt inhaltliche Vorgaben aus dem Kapitalerhöhungsbeschluss	14
aa) Erfüllung nicht ausschließlich aus bedingtem Kapital	10	III. Verfügungen über Bezugsrechte	15
bb) Erfüllung ausschließlich aus noch zu schaffendem bedingten Kapital	11	IV. Ausgabe von Aktien – Schadensersatz	16
2. Vorstand begibt zahlenmäßig mehr Bezugsrechte, als bedingtes Kapital zur Verfügung steht	12		

A. Grundlagen

1 **I. Entwicklungsgeschichte der Norm.** Die Norm geht auf § 164 AktG 1937 zurück und wurde inhaltlich entsprechend in das AktG 1965 übernommen. Sie ist seitdem unverändert.

2 **II. Normzweck.** Die Norm regelt verschiedene Fragen im Zusammenhang mit dem Entstehen der Bezugsrechte und der Ausgabe von Aktienurkunden. Sie bezweckt, Schwindelemissionen zu verhindern.[1] Insgesamt ist die Bestimmung wenig homogen und im Zusammenhang mit § 200 zu lesen. Das Verständnis der Norm wird dadurch erschwert, dass die Sätze 1, 3 und 4 einerseits etwas anderes regeln als S. 2 andererseits.

3 In **Satz 1, 3 und 4** wird angeordnet, dass vor Eintragung des Beschlusses über die bedingte Kapitalerhöhung keine Aktienurkunden ausgegeben werden können. Die Norm ist hier den §§ 41 Abs. 4, 191 nachgebildet[2] und gibt im Falle der rechtswidrigen Ausgabe von Aktien einen Schadensersatzanspruch. Wie in den Fällen der §§ 41 Abs. 4, 191 meint § 197 S. 1, 3 und 4 mit dem Begriff „Ausgabe der Aktien" das In-Verkehr-Bringen von Aktienurkunden.[3]

4 **Satz 2** befasst sich demgegenüber mit dem Bezugsanspruch, dh dem Optionsrecht als solchem. Dieses ist von der Aktienausgabe und dem Entstehen der Mitgliedschaft zu unterscheiden. Das Optionsrecht kann danach vor HR-Eintragung des HV-Beschlusses nicht entstehen. Diese Rechtsfolge ist auch in dem in § 193 Abs. 1 S. 3 enthaltenen Verweis auf § 187 Abs. 2 enthalten. Nach der hier vertretenen Auffassung zieht diese Verweisung lediglich die Unwirksamkeit des Bezugsanspruchs als solchen nach sich, schließt aber die Geltendmachung von Schadensersatzansprüchen nicht aus (§ 193 Rn 19 und unten Rn 9 ff).

B. Einzelheiten

5 **I. Entstehen des Bezugsanspruchs.** Bezugsanspruch ist der Anspruch des Bezugsberechtigten auf Abschluss eines Zeichnungsvertrages (§ 192 Rn 6). Dieser Anspruch entsteht nach heute ganz herrschender Meinung nicht durch die Eintragung des Kapitalerhöhungsbeschlusses,[4] sondern durch einen separaten **Begebungsvertrag** zwischen der AG, regelmäßig vertreten durch den Vorstand, und dem Dritten. § 197 S. 2 regelt, dass dieser Anspruch nicht vor Eintragung des Beschlusses über die (bedingte) Erhöhung entstehen kann. Ist der Kapitalerhöhungsbeschluss bereits eingetragen, entsteht der Anspruch sofort mit Abschluss des Begebungsvertrags.

6 **II. Konsequenzen bei fehlendem/abweichenden Kapitalerhöhungsbeschluss.** Gibt der Vorstand eine Zusage auf Bezugsrechte ab, ohne dass ein korrespondierendes bedingtes Kapital gebildet wurde, ist hinsichtlich der Rechtsfolgen dieser Zusage wie folgt zu unterscheiden:

7 **1. Vorstand begibt Bezugsrecht, ohne dass überhaupt bedingtes Kapital zur Verfügung steht (Grundfall).** Werden Bezugsrechte zugesagt, kommt es aber anschließend nicht zur Eintragung des Beschlusses über die bedingte Kapitalerhöhung, stellt sich die Frage nach einer Haftung der AG wegen Nichterfüllung der (schuldrechtlichen) Zusage auf Einräumung der Bezugsrechte.[5]

8 **a) Herrschende Meinung.** Die hM entnimmt § 197 S. 2 (bzw den §§ 193 Abs. 1 S. 3, 187 Abs. 2, die dasselbe besagen) nicht nur, dass der Dritte vor Kapitalerhöhungsbeschluss gegen die Gesellschaft keinen Bezugsanspruch erwirbt, sondern hält auch Schadensersatzansprüche nicht für gegeben mit der Folge, dass der Dritte rechtlos ist.

9 **b) Eigene Auffassung.** Wie bereits bei § 193 gezeigt,[6] führt dies zu Wertungswidersprüchen mit § 311 Abs. 1 BGB. § 197 S. 2 einerseits und der Verweis in § 193 Abs. 1 S. 3 auf § 187 Abs. 2 andererseits sollten deshalb einheitlich dahin gehend verstanden werden, dass bei unterbliebenem HV-Beschluss sehr wohl Schadensersatzansprüche gegen die AG möglich sind.

---

1 K. Schmidt/Lutter/*Veil*, § 197 Rn 1.
2 MüKo-AktG/*Fuchs*, Rn 2.
3 MüKo-AktG/*Fuchs*, Rn 5; zur unterschiedlichen Bedeutung des Begriffs „Ausgabe von Aktien" vgl oben § 9 Rn 6.
4 *Hüffer*, Rn 5, mit Nachw. auch zur aA.
5 Vgl insb. Großkomm-AktienR/*Frey*, Rn 6.
6 Oben § 193 Rn 19.

In der praktischen Fallanwendung ist jedoch jede pauschale Bewertung unzulässig und stattdessen primär die vertragliche Regelung auszulegen.[7] Dabei ist danach zu fragen, ob nach dem zwischen AG und Dritten Vereinbarten das dem Bezugsrecht zugrunde liegende Rechtsgeschäft zwingend über bedingtes Kapital erfüllt werden soll. Grundsätzlich kann die AG die zur Erfüllung nötigen Aktien auch am Markt ankaufen oder durch eine Kapitalerhöhung aus genehmigtem Kapital beschaffen (§ 192 Rn 3). Im Wesentlichen ist mE zwischen den folgenden Varianten zu differenzieren:

aa) Erfüllung nicht ausschließlich aus bedingtem Kapital. Lässt der vertragliche Bezugsanspruch offen, auf welche Weise sich die AG die Aktien beschaffen wird,[8] stehen ihr beide Erfüllungswege zur Wahl. Die Hauptversammlung muss dann nicht notwendigerweise tätig werden. In einem derartigen Fall erlangt der Dritte mE auch einen sofort wirksamen Erfüllungsanspruch. Die AG haftet deshalb auch bei Nichterfüllung auf Schadensersatz (§ 281 BGB), kann aber den pflichtwidrig handelnden Vorstand in Regress nehmen. 10

bb) Erfüllung ausschließlich aus noch zu schaffendem bedingten Kapital. Anders verhält es sich, wenn die Bezugsrechte nach der vertraglichen Regelung ausschließlich über bedingtes Kapital erfüllt werden sollen. Bringt die vertragliche Regelung klar zum Ausdruck, dass das Bezugsrecht nur für den Fall der HV-Zustimmung gewährt wird, kann die AG bei Nicht-Zustandekommen dieses Beschlusses nicht wegen Nichterfüllung in Anspruch genommen werden. Die Bezugsrechtseinräumung ist dann aufschiebend bedingt iSv § 158 Abs. 1 BGB.[9] Wohl aber haftet die AG nach der hier vertretenen Ansicht auf Schadensersatz, sofern sie nicht entsprechende vertragliche Vorkehrungen getroffen hat (aA hM wegen § 187 Abs. 2 angeblich kein Anspruch). 11

2. Vorstand begibt zahlenmäßig mehr Bezugsrechte, als bedingtes Kapital zur Verfügung steht. Räumt der Vorstand zahlenmäßig mehr Bezugsrechte ein, als dies nach dem Kapitalerhöhungsbeschluss möglich ist, wendet die hM[10] den **Prioritätsgrundsatz** an. Dh. entsprechend dem Zeitpunkt ihrer Einräumung werden alle diejenige Bezugsrechte als wirksam entstanden behandelt, die vom Kapitalerhöhungsbeschluss gedeckt werden. Im Übrigen bestand nach dieser Auffassung kein Erfüllungsanspruch, stattdessen hält die hM § 197 S. 2 für anwendbar (bzw §§ 193 Abs. 1 S. 3, 187 Abs. 2). 12

M.E. ist auch in dieser Fallkonstellation wiederum zunächst die vertragliche Regelung auszulegen. Auch wenn danach die Aktien ausschließlich über bedingtes Kapital bereitgestellt werden sollen, sind die zugrunde liegenden Regelungen wirksam. Alle diejenigen Bezugsberechtigten, denen die AG keine Aktien liefert, können Schadensersatz verlangen. Entscheidend hierfür ist aber nicht das Prioritätsprinzip, sondern das Erfüllungsverhalten der AG. 13

3. Vorstand verletzt inhaltliche Vorgaben aus dem Kapitalerhöhungsbeschluss. Verletzt der Vorstand die Vorgaben, die im Kapitalerhöhungsbeschluss gemacht wurden, soll nach hM dennoch ein **wirksamer Bezugsanspruch** entstehen.[11] Dem ist sicherlich für den Fall zu folgen, dass eine Auslegung des Bezugsvertrags ergibt, dass die geschuldeten Leistungen nicht zwingend über bedingtes Kapital erfüllt werden müssen.[12] Enthält der Vertrag demgegenüber einen Vorbehalt, dass die bezogenen Aktien ausschließlich aus bedingtem Kapital stammen werden, spricht vieles dafür, dass entgegen der herrschenden Meinung wegen der §§ 197 S. 2, 193 Abs. 1 S. 3, 187 Abs. 2 Bezugsansprüche gegen die AG nicht entstehen können. Stattdessen bestehen auch in dieser Fallkonstellation Schadensersatzansprüche gegen die AG, die den pflichtwidrig handelnden Vorstand erneut in Regress nehmen kann. 14

III. Verfügungen über Bezugsrechte. Grundsätzlich gelten die §§ 413, 398 BGB. Bezugsrechte sind übertragbar, sofern nicht die Übertragbarkeit gemäß § 399 BGB ausdrücklich ausgeschlossen wurde. Dies gilt auch bei Bezugsrechten zugunsten von Vorständen und Arbeitnehmern, § 192 Abs. 2 Nr. 3.[13] 15

IV. Ausgabe von Aktien – Schadensersatz. Ausgabe von Aktien meint im Zusammenhang mit § 197 die Ausgabe von Aktienurkunden.[14] § 197 S. 1, 3, 4 ordnen im Interesse des Verkehrsschutzes (sowie im Interesse des Schutzes des Erwerbers) die Nichtigkeit derartiger Urkunden und eine Schadensersatzpflicht an, wenn die Urkunden vor der Eintragung des Beschlusses über die bedingte Kapitalerhöhung ausgegeben werden. Da in den beiden Hauptanwendungsfällen bedingten Kapitals (Begebung von Wandelanleihen und sonstigen Schuldverschreibungen mit Umtausch- bzw Optionsrecht gemäß § 221 sowie Ausgabe von Mitarbeiteroptionen) ohnehin ein längerer Zeitraum liegt, ist die Bestimmung in der Praxis ohne größere Rele- 16

---

7 Insoweit ebenso MüKo-AktG/*Fuchs*, Rn 21.
8 Empfehlenswert ist in jedem Falle eine eindeutige vertragliche Regelung.
9 So auch hM, *Hüffer*, Rn 5; MüKo-AktG/*Fuchs*, Rn 20.
10 Großkomm-AktienR/*Frey*, Rn 41; KölnKomm-AktG/*Lutter* Rn 8.
11 Großkomm-AktienR/*Frey*, Rn 43; KölnKomm-AktG/*Lutter*, Rn 8.
12 Vgl hierzu MüHb-AG/*Krieger*, § 57 Rn 32.
13 Verkannt in RegBegr. BT Drucks. 13/9712, abgedruckt in ZIP 1998, 2059, 2068.
14 Zur unterschiedlichen Bedeutung des Begriffs "Ausgabe von Aktien" vgl oben § 9 Rn 6.

vanz. Da die Norm inhaltlich §§ 41 Abs. 4, 191 entspricht, kann auf die dortige Kommentierung verwiesen werden.

§ 198 Bezugserklärung

(1) ¹Das Bezugsrecht wird durch schriftliche Erklärung ausgeübt. ²Die Erklärung (Bezugserklärung) soll doppelt ausgestellt werden. ³Sie hat die Beteiligung nach der Zahl und bei Nennbetragsaktien dem Nennbetrag und, wenn mehrere Gattungen ausgegeben werden, der Gattung der Aktien, die Feststellungen nach § 193 Abs. 2, die nach § 194 bei der Einbringung von Sacheinlagen vorgesehenen Festsetzungen sowie den Tag anzugeben, an dem der Beschluß über die bedingte Kapitalerhöhung gefaßt worden ist.

(2) ¹Die Bezugserklärung hat die gleiche Wirkung wie eine Zeichnungserklärung. ²Bezugserklärungen, deren Inhalt nicht dem Absatz 1 entspricht oder die Beschränkungen der Verpflichtung des Erklärenden enthalten, sind nichtig.

(3) Werden Bezugsaktien ungeachtet der Nichtigkeit einer Bezugserklärung ausgegeben, so kann sich der Erklärende auf die Nichtigkeit nicht berufen, wenn er auf Grund der Bezugserklärung als Aktionär Rechte ausgeübt oder Verpflichtungen erfüllt hat.

(4) Jede nicht in der Bezugserklärung enthaltene Beschränkung ist der Gesellschaft gegenüber unwirksam.

A. Grundlagen

1 **I. Entwicklungsgeschichte der Norm.** Die Norm geht auf § 165 AktG 1937 zurück. Abs. 1 und 3 ist geändert durch Art. 1 Nr. 24 StückAG vom 25.3.1998.[1] Im Übrigen ist die Bestimmung unverändert.

2 **II. Normzweck.** Die Bestimmung ähnelt § 185 (Zeichnung der neuen Aktien bei regulärerer Kapitalerhöhung) und enthält vergleichbare Anforderungen und Rechtsfolgen.

B. Einzelheiten

3 **I. Formelle Anforderungen.** Die Bezugserklärung setzt als Rechtsgeschäft die Abgabe einer **wirksamen Willenserklärung** voraus. Die allgemeinen Vorschriften des BGB einschließlich der Regelungen der Stellvertretung sind anwendbar.[2] Wegen Abs. 1 S. 1 ist die Bezugserklärung schriftlich abzugeben. Insoweit gelten die Anforderungen des § 126 BGB. Ein Verstoß dagegen führt zur Nichtigkeit, § 125 S. 1, die aber nach herrschender Meinung geheilt wird, wenn die Bezugsaktien ungeachtet der Nichtigkeit der Bezugserklärung ausgegeben werden. Die Bezugserklärung ist doppelt auszufertigen (Abs. 1 S. 2). Die Zweitschriften sind der Handelsregisteranmeldung beizufügen, § 201 Abs. 1. Das Original verbleibt bei der AG.

4 **II. Inhalt.** Die Bezugserklärung muss die **gewünschte Beteiligung** nach Zahl und Aktiengattung beschreiben. Für Nennbetragsaktien ist der Nennbetrag anzugeben. Die Anforderungen sind mit § 185 Abs. 1 S. 1 deckungsgleich. Des Weiteren müssen die Feststellungen nach § 193 Abs. 2 Nr. 1 bis Nr. 3 aufgeführt werden, dh der Zweck, der Kreis der Bezugsberechtigten, der Ausgabebetrag bzw die Grundlagen, wonach sich dieser errechnet. Die – ggf sehr umfangreichen – Anforderungen gemäß § 193 Abs. 2 Nr. 4 für die Ausgabe von *stock options* sind demgegenüber entgegen dem Gesetzeswortlaut nicht notwendig.[3] Bei Sacheinlagen sind auch die Festsetzungen nach § 194 Abs. 1 S. 1 mit aufzuführen. Zuletzt ist das Datum der Beschlussfassung über die bedingte Kapitalerhöhung anzugeben.

5 **III. Bindung.** Die einmal abgegebene Bezugserklärung ist **bindend**. Anders als im Fall der regulären Kapitalerhöhung enthält sie keinen Hinweis darauf, dass sie ihre Wirksamkeit verliert, sofern es innerhalb eines bestimmten Zeitraumes nicht zur Eintragung kommt.

6 **IV. Teilbarkeit der Ausübung.** Inwieweit Bezugserklärungen einheitlich ausgeübt werden müssen, richtet sich nach den vertraglichen Vorgaben. Bei Wandelanleihen kann im Zweifel das Umtauschrecht (§ 192 Abs. 5) nur einheitlich ausgeübt werden, dh entsprechend den Stückelungen der Wandelanleihe. Im Übrigen kann das Bezugsrecht im Grundsatz unabhängig ausgeübt werden.

7 **V. Fehlerhafte Bezugserklärung.** Widerspricht die Bezugserklärung den Vorgaben des Abs. 1 S. 3, ist sie nichtig. Dies gilt gleichermaßen bei ganz oder teilweise fehlende Angaben oder wenn die Verpflichtung des Erklärenden beschränkt wird. Die Nichtigkeit wird geheilt, wenn dem betroffenen Aktionär Bezugsaktien

---

1 BGBl. I S. 590.
2 *Hüffer*, Rn 7.
3 Inzwischen wohl einhellige Auffassung, etwa *Hüffer*, Rn 9; MüKo-AktG/*Fuchs*, Rn 13; Spindler/Stilz/*Rieckers*, Rn 13; K. Schmidt/Lutter/*Veil*, Rn 7; *Vogel*, BB 2000, 937, 940; aA aber noch Großkomm-AktienR/*Frey*, Rn 28, und 3. Auflage.

ausgegeben worden sind und der Altaktionär Rechte ausgeübt oder Verpflichtungen erfüllt hat. Entgegen dem Wortlaut des Abs. 3 kann sich nach erfolgter Heilung auch die AG nicht mehr auf die Nichtigkeit berufen.[4] Die Heilung bezieht sich nach herrschender Meinung auch auf eine fehlende Schriftform.[5] Voraussetzung der Heilung ist, dass der Berechtigte aufgrund der Bezugserklärung als Aktionär Rechte oder Verpflichtungen erfüllt hat. Hierzu reicht es aus, dass der Bezugsberechtigte die Aktien entgegengenommen hat (Rechtslage wie bei § 185 Abs. 3).[6]

Beschränkungen außerhalb der Bezugserklärung (Abs. 4) sind der AG gegenüber unwirksam. Sie gelten als von Anfang an nicht getroffen, berühren aber die Wirksamkeit der Bezugserklärung und des Zeichnungsvertrages ansonsten nicht.[7]   8

§ 199 Ausgabe der Bezugsaktien

(1) Der Vorstand darf die Bezugsaktien nur in Erfüllung des im Beschluß über die bedingte Kapitalerhöhung festgesetzten Zwecks und nicht vor der vollen Leistung des Gegenwerts ausgeben, der sich aus dem Beschluß ergibt.

(2) ¹Der Vorstand darf Bezugsaktien gegen Wandelschuldverschreibungen nur ausgeben, wenn der Unterschied zwischen dem Ausgabebetrag der zum Umtausch eingereichten Schuldverschreibungen und dem höheren geringsten Ausgabebetrag der für sie zu gewährenden Bezugsaktien aus einer anderen Gewinnrücklage, soweit sie zu diesem Zweck verwandt werden kann, oder durch Zuzahlung des Umtauschberechtigten gedeckt ist. ²Dies gilt nicht, wenn der Gesamtbetrag, zu dem die Schuldverschreibungen ausgegeben sind, den geringsten Ausgabebetrag der Bezugsaktien insgesamt erreicht oder übersteigt.

A. Grundlagen	1	2. Verfahren der Ausgabe der Bezugsaktie	5
I. Entwicklungsgeschichte der Norm	1	II. Allgemeine Voraussetzungen der Aktienausgabe	9
II. Regelungsgegenstand	2	III. Geringster Ausgabebetrag	11
B. Einzelheiten	4	IV. Verstoßfolgen	15
I. Ausgabe der Bezugsaktie	4		
1. Bedeutung des Begriffs	4		

A. Grundlagen

I. Entwicklungsgeschichte der Norm. Abs. 1 stimmt wörtlich mit § 166 Abs. 1 AktG 1937 überein. Abs. 2 stimmt mit § 166 AktG sachlich überein und wurde im Zuge des Bilanzrichtliniengesetztes[1] und des Gesetzes zur Einführung der Stückaktie[2] sprachlich neu gefasst.   1

II. Regelungsgegenstand. Abs. 1 regelt die Voraussetzungen für die Ausgabe der Bezugsaktien. Die Bestimmung gilt sowohl für Umtausch- als auch für Bezugsrechte. Soweit darin angeordnet wird, dass der Vorstand die Bezugsaktien nur in Erfüllung des im Kapitalerhöhungsbeschlusses festgesetzten Zwecks ausgeben darf, drückt dies eine Selbstverständlichkeit aus,[3] die wegen der fehlenden registerrechtlichen Kontrolle und des mit der bedingten Kapitalerhöhung einhergehenden Bezugsrechtsausschlusses gleichwohl besonders hervorgehoben wird.[4] Soweit weiter angeordnet wird, dass die Ausgabe erst nach voller Leistung des im Beschluss festgesetzten Gegenwertes erfolgen darf, dient dies ebenfalls der exakten Umsetzung der Beschlussvorgaben.   2

Abs. 2 befasst sich mit der Ausübung von Umtauschrechten, wenn Wandelschuldverschreibungen begeben wurden. Konkret regelt die Bestimmung die Frage der vollen Aufbringung des geringsten Ausgabebetrages. Das Grundprinzip von § 9 Abs. 1 wird darin auch für die bedingte Kapitalerhöhung festgeschrieben und fortentwickelt.   3

---

4 MüKo-AktG/*Fuchs*, Rn 40; Großkomm-AktG/*Frey*, Rn 53.
5 Großkomm-AktienR/*Frey*, Rn 56; KölnKomm-AktG/*Lutter*, Rn 12; aA *Hüffer*, Rn 12, der eine Heilung nach den Grundsätzen des *venire contra factum proprium* zulässt.
6 Großkomm-AktienR/*Frey*, Rn 51; aA *Hüffer*, Rn 12.
7 *Hüffer*, Rn 14; KölnKomm-AktG/*Lutter*, Rn 14.

1 Artikel 2 Nr. 36 des Gesetztes durch Durchführung der 4., 7. und 8. Richtlinie des Rates der EG zur Koordinierung des Gesellschaftsrechts vom 19.12.1985, BGBl. I S. 2355, 2393.
2 Artikel 1 Nr. 9 und 25 des Gesetzes über die Zulassung von Stückaktien vom 25.3.1998, BGBl. I S. 590.
3 Großkomm-AktienR/*Frey*, Rn 5.
4 *Hüffer*, Rn 1.

B. Einzelheiten

4 **I. Ausgabe der Bezugsaktie. 1. Bedeutung des Begriffs.** Ausgabe der Bezugsaktien iSv § 199 ist die rechtsgeschäftliche Begründung der Mitgliedschaft.[5] Insoweit unterscheidet sich der Begriff von dem der Ausgabe von Aktien im Sinne von § 197 S. 1, 3, 4, womit die Begebung von die Mitgliedschaften dokumentierenden Aktienurkunden gemeint ist. Aufgrund von Besonderheiten der Anforderungen an die Ausgabe von Aktien fallen diese beiden unterschiedlichen Begriffe in der Praxis aber regelmäßig zusammen.

5 **2. Verfahren der Ausgabe der Bezugsaktie.** Grundsätzlich besteht im Aktienrecht das Prinzip, dass die Mitgliedschaft des Aktionärs unabhängig von der urkundlichen Verkörperung seiner Mitgliedschaft entsteht. Der Anspruch auf **Einzelverbriefung** seines Anteils kann bereits in der Satzung ausgeschlossen werden, § 10 Abs. 5, so dass die Verbriefung in einer Globalurkunde genügt. Des Weiteren entsteht die Mitgliedschaft des Aktionärs nach den allgemeinen Vorschriften auch unabhängig davon, ob der Aktionär den Anspruch auf Verbriefung (in Einzel- oder Globalurkunden) geltend macht oder dieser erfüllt wird.[6]

6 Im Rahmen der §§ 192ff vertritt die zutreffende herrschende Meinung jedoch ein abweichendes Konzept. Da nach § 200 das Grundkapital bereits mit Ausgabe der Bezugsaktien erhöht ist und es damit nicht auf die Handelsregistereintragung ankommt (vgl § 201), misst sie der Urkundenausgabe – entgegen dem allgemeinen Prinzip – rechtsbegründende Wirkung für die Ausgabe der Bezugsrechtsaktien insgesamt bei.[7]

7 Im Einzelnen setzt sich die Ausgabe der Aktien aus der Ausstellung der Urkunde als einseitige, nicht empfangsbedürftige Willenserklärung und dem nachfolgenden **Begebungsvertrag** zusammen.[8] Bei der Ausstellung der Aktienurkunde hat der Vorstand in vertretungsberechtigter Zahl zu handeln, es gelten im Einzelnen die in § 13 enthaltenen Anforderungen.[9] Willensmängel des Vorstandes sind bei der Ausgabe unbeachtlich.[10] Der Begebungsvertrag hat sachenrechtlichen Charakter und ist auf Übereignung der Aktienurkunde gerichtet. Die Übereignung erfolgt nach § 929 oder § 931 BGB (nicht nach § 930 BGB).[11] Auf Seiten des Bezugsberechtigten kann entsprechend allgemeiner sachenrechtlicher Vorschriften ein Dritter mitwirken, zB die Depotbank.

8 Die Ausgabe von Zwischenscheinen steht der Ausgabe der Aktien gleich.[12] Zwischenscheine werden ausgegeben, wenn der Kapitalerhöhungsbeschluss nur Inhaberaktien zulässt und der geringste Ausgabebetrag noch nicht vollständig geleistet wurde (hierzu § 8 Rn 23)

9 **II. Allgemeine Voraussetzungen der Aktienausgabe.** Neben den in Abs. 1 genannten Voraussetzungen hat der Vorstand bei der Aktienausgabe auch § 197 S. 1 zu beachten (Eintragung des Beschlusses über die bedingte Kapitalerhöhung). Des Weiteren dürfen die Bezugsaktien nur in Erfüllung eines ordnungsmäßigen Zeichnungsvertrags begeben werden, dies setzt ordnungsgemäße Abgabe der Bezugserklärung im Sinne von § 198 voraus. Selbstverständlich darf die Ausgabe nur zu dem im Kapitalerhöhungsbeschluss genannten Zweck erfolgen, nicht generell zu einem der Zwecke des § 192.[13] Die Leistung des Gegenwertes darf Zug um Zug gegen Ausgabe der Aktien erfolgen.[14] Im Falle von Sacheinlagen ist der volle Gegenwert lediglich dann geleistet, wenn deren Wert auch zum Zeitpunkt der Einlage (nicht der Ausgabe der Aktien) den als Leistung auf die Bezugsaktien festgesetzten Wert erreicht.[15]

10 Zuständig für die Ausgabe ist grundsätzlich der Vorstand. Ist jedoch der gegenwärtige oder frühere Vorstand selbst Begünstigter, obliegt die Ausgabe dem Aufsichtsrat, § 112.[16]

11 **III. Geringster Ausgabebetrag.** § 9 Abs. 1 ist auch bei **Kapitalerhöhungen aus bedingtem Kapital** zu beachten. Damit dürfen zB *stock options* nicht so gestaltet werden, dass der Bezugsberechtigte die Aktien für einen geringeren Wert als den Nennwert bzw den anteiligen Betrag des Grundkapitals erhält.

12 Besonderheiten gelten nach Abs. 2 im Fall von **Umtauschrechten bei Wandelanleihen**. Wurden diese von der AG zu einem insgesamt niedrigeren Betrag ausgegeben als der Gesamtbetrag der geringsten Ausgabebeträge der dafür gewährten Aktien, gilt gem. Abs. 2 das Grundprinzip des § 9 Abs. 1 in modifizierter Form. Entweder ist der Differenzbetrag gesondert einzuzahlen, so dass ein § 9 Abs. 1 entsprechendes Ergebnis erreicht wird. Alternativ reicht es aus, wenn der Fehlbetrag aus einer anderen Gewinnrücklage der AG gedeckt werden kann.

13 Noch einmal anders verhält es sich dann, wenn die den Umtauschrechten zugrunde liegenden Anleihen insgesamt zu unterschiedlichen Beträgen ausgegeben wurden und der Gesamtbetrag, zu dem diese Schuldver-

---

[5] Großkomm-AktienR/*Frey*, Rn 12.
[6] Vgl hierzu im Einzelnen die Kommentierung zu § 10 Rn 3.
[7] Hüffer, Rn 2 (Theorie vom mehrgliedrigen Rechtsgeschäft; Hüffer, § 199 Rn 3, § 200 Rn 3); Spindler/Stilz/*Rieckers*, Rn 4; K. Schmidt/Lutter/*Veil*, Rn 2; Großkomm-AktienR/*Frey*, Rn 14; KölnKomm-AktG/*Lutter*, Rn 3 ("Akt der formalistischen Evidenz").
[8] Hüffer, Rn 3.
[9] Vgl die Kommentierung dort, insb. § 13 Rn 3ff.
[10] Hüffer, Rn 3.
[11] Großkomm-AktienR/*Frey*, Rn 17.
[12] Hüffer, Rn 4; KölnKomm-AktG/*Lutter*, Rn 3.
[13] Hüffer, Rn 6.
[14] Hüffer, Rn 7; KölnKomm-AktG/*Lutter*, Rn 12.
[15] Großkomm-AktienR/*Frey*, Rn 32.
[16] Großkomm-AktienR/*Frey*, Rn 23.

schreibungen ausgegeben wurden, die Gesamtheit der geringsten Ausgabebeträge aller Bezugsaktien erreicht bzw überschreitet. Dann kann der Vorstand die Bezugsaktien nach Abs. 2 S. 2 insgesamt ohne weitere Zuzahlung und ohne Ausnutzung einer Rücklage ausgeben.

Weitere Besonderheiten gelten dann, wenn die Anleihe unter pari ausgegeben wurde, der Nominalbetrag der Anleihe aber nicht unter dem Nennwert/unter dem anteiligen Grundkapital der Aktien liegt (Beispiel: Anleihe lautet auf nominal 1.000 EUR und kann in 1.000 Aktien zum Nennwert zu je einen Euro getauscht werden, die Anleihe wird zu 950 EUR ausgegeben). Handelsbilanziell wird in einem derartigen Fall der Differenzbetrag entweder im Jahr der Ausgabe insgesamt oder – über die rechnerische Laufzeit gestreckt – über einen Rechnungsabgrenzungsposten (§ 250 Abs. 3 HGB) ergebniswirksam verbucht. Soweit diese ergebniswirksame Verbuchung tatsächlich den Gewinn der AG gemindert hat, muss er – scheinbar entgegen Abs. 2 S. 1 – bei Umtausch nicht noch einmal einbezahlt oder durch Auflösung einer Rücklage gedeckt werden.[17] Denn da dann insgesamt weniger Gewinn an die Aktionäre ausgeschüttet oder in Rücklagen eingestellt wurde, ist damit der Kapitalverlust bereits „aufgebracht". Er muss nicht noch einmal geleistet werden. Haben die Abschreibungen demgegenüber nur einen Verlust erhöht, bleibt die Zuzahlungspflicht erhalten.[18]

IV. Verstoßfolgen. Vgl hierzu die Kommentierung zu § 200.

§ 200 Wirksamwerden der bedingten Kapitalerhöhung

Mit der Ausgabe der Bezugsaktien ist das Grundkapital erhöht.

A. Grundlagen

I. Entwicklungsgeschichte der Norm. Die Vorschrift geht auf § 167 AktG 1937 zurück und wurde seither nicht verändert.

II. Regelungsgegenstand. Anders als im Fall der regulären Kapitalerhöhungen, § 189, bestimmt das Gesetz für die bedingte Kapitalerhöhung nicht die Handelsregistereintragung als maßgeblichen Zeitpunkt für das Wirksamwerden der Kapitalerhöhung, sondern die Ausgabe der Bezugsaktien. Die Eintragung als solche (§ 201) hat nur deklaratorische Bedeutung. Der praktische Grund hierfür besteht darin, dass die sofortige Ausgabe von Bezugsaktien möglich sein soll, ohne dass immer wieder neue Anmeldungen und Eintragungen der Durchführung im Handelsregister nötig werden.

B. Einzelheiten

I. Begriff der Ausgabe. Zum Begriff der Ausgabe von Aktien vgl oben die Kommentierung zu § 199 (dort Rn 4). Grundsätzlich meint „Ausgabe" in § 200 ebenso wie in § 199 das **rechtliche Entstehen der Mitgliedschaft**, nicht die bloße urkundliche Verbriefung (anders § 197 S. 1, 3, 4). Entgegen allgemeinen Prinzipien verlangt das Entstehen der Mitgliedschaft bei bedingtem Kapital aber gerade die Urkundenausgabe (§ 199 Rn 6 ff).

II. Rechtsfolge der Ausgabe. Rechtsfolge der Ausgabe ist die **sofortige Erhöhung des Grundkapitals**. Die AG hat mit jeder einzelnen Aktienausgabe die neue Grundkapitalziffer in ihren Büchern zu vermerken.[1] Gleichzeitig vermindert sich der Betrag des bedingten Kapitals entsprechend.

III. Fehlerhafte Ausgabe. Die fehlerhafte Ausgabe ist gesetzlich nicht einheitlich geregelt. Es ist wie folgt zu unterscheiden:

1. Ausgabe bereits vor Eintragung des Kapitalerhöhungsbeschlusses. Erfolgt die Ausgabe bereits vor Eintragung des Kapitalerhöhungsbeschlusses (selten), kann eine Mitgliedschaft des Aktionärs nicht entstehen[2] (wegen der §§ 197 S. 2, 193 Abs. 1 S. 3, 187 Abs. 2; vgl § 197 Rn 4, 5). Die Aktienurkunden sind nichtig, § 197 S. 3, es besteht eine Schadensersatzpflicht nach § 197 S. 4. Allerdings kommt eine Haftung der Scheinaktionäre analog § 277 Abs. 3 in Betracht.[3]

2. Ausgabe nach Eintragung des Kapitalerhöhungsbeschlusses. Nach Eintragung des Beschlusses kann es demgegenüber zu einem wirksamen Entstehen der Mitgliedschaft kommen. Dies gilt zunächst in den Fällen des § 198 Abs. 3, wenn Mängel der Bezugserklärung des Aktionärs geheilt werden. Der Vorstand dürfte in

---

17 *Hüffer*, Rn 11; besonders klar insoweit Großkomm-AktienR/*Frey*, Rn 60.
18 Großkomm-AktienR/*Frey*, aaO.

1 *Hüffer*, Rn 3; KölnKomm-AktG/*Lutter*, Rn 11.
2 *Hüffer*, Rn 4.
3 *Hüffer*, Rn 4; KölnKomm-AktG/*Lutter*, Rn 8.

derartigen Fällen zwar keine Aktien ausgeben (§ 199 Rn 9). Tut er es dennoch, werden Mängel geheilt. Für die Heilung genügt nach herrschender Meinung wie bei § 185 Abs. 3 bereits die Entgegennahme der Aktienurkunde durch den Bezugsberechtigten.[4]

8 Werden die Voraussetzungen des § 199 verletzt, weil die Aktien vor voller Leistung des Gegenwerts ausgegeben werden, sind diese wirksam.[5] Das Gleiche gilt bei der Ausgabe an nicht bezugsberechtigte Personen. Beides folgt aus § 199 Abs. 1, der lediglich das rechtliche Dürfen des Vorstandes begrenzt, nicht aber die Vertretungsmacht, die in § 78 ihre Grundlage hat. Schließlich ist eine Aktienausgabe auch dann wirksam, wenn sie zu einem anderen als den im Kapitalerhöhungsbeschluss angegebenen Zweck erfolgt.[6]

9 In jedem Fall führt ein Verstoß gegen § 199 Abs. 2 nicht zur Unwirksamkeit. Der Aktionär ist gemäß § 54 zur Nachzahlung verpflichtet.[7] Der Vorstand haftet gegebenenfalls nach § 93.

§ 201 Anmeldung der Ausgabe von Bezugsaktien

(1) Der Vorstand hat innerhalb eines Monats nach Ablauf des Geschäftsjahrs zur Eintragung in das Handelsregister anzumelden, in welchem Umfang im abgelaufenen Geschäftsjahr Bezugsaktien ausgegeben worden sind.

(2) ¹Der Anmeldung sind die Zweitschriften der Bezugserklärungen und ein vom Vorstand unterschriebenes Verzeichnis der Personen, die das Bezugsrecht ausgeübt haben, beizufügen. ²Das Verzeichnis hat die auf jeden Aktionär entfallenden Aktien und die auf sie gemachten Einlagen anzugeben.

(3) In der Anmeldung hat der Vorstand zu erklären, daß die Bezugsaktien nur in Erfüllung des im Beschluß über die bedingte Kapitalerhöhung festgesetzten Zwecks und nicht vor der vollen Leistung des Gegenwerts ausgegeben worden sind, der sich aus dem Beschluß ergibt.

A. Grundlagen

1 **I. Entwicklungsgeschichte der Norm.** Die Norm geht auf § 168 AktG 1937 zurück und wurde mit nur geringfügigen sprachlichen Änderungen in das AktG 1965 übernommen. Aufgrund des EHUG[1] ist Abs. 4 entfallen.

2 **II. Regelungsgegenstand.** Wie jede Kapitalerhöhung ist auch die aus bedingtem Kapital im Handelsregister einzutragen. Nur so verfügt der Rechtsverkehr über eine gesicherte Grundlage, um die Höhe des Grundkapitals der betreffenden Gesellschaft in Erfahrung zu bringen. Im Unterschied zu den anderen Formen der Kapitalerhöhung hat die Eintragung der Durchführung im Falle des bedingten Kapitals jedoch lediglich deklaratorische Wirkung. Dies ergibt sich nicht aus § 201, wohl aber aus § 200, wonach die Kapitalerhöhung bereits mit in der Ausgabe der Aktien wirksam wird. Der Grund hierfür besteht darin, dass der Gesetzgeber bei Schaffung der §§ 192 ff davon ausging, dass Bezugsrechte regelmäßig zu ganz unterschiedlichen Zeitpunkten und möglicherweise auch nur in ganz geringem Umfang ausgeübt werden. Wäre die Eintragung auch bei bedingtem Kapital konstitutives Erfordernis für die Wirksamkeit der Kapitalerhöhung, hätte dies eine Verpflichtung der AG zur wiederholten Anmeldung derartiger Kapitalerhöhungen zur Folge gehabt. Aus Gründen der praktischen Vereinfachung[2] ist deshalb die Anmeldung jeweils nur einmal jährlich vorzunehmen, dies allerdings jeweils binnen eines Monats nach Ablauf des Geschäftsjahres.

B. Einzelheiten

3 **I. Zuständigkeit.** Sachlich zuständig für die Anmeldung ist das Amtsgericht als Registergericht, § 8 HGB, § 376 FamFG. Die örtliche Zuständigkeit richtet sich nach § 377 FamFG. Zuständig ist danach das Registergericht am satzungsmäßigen Sitz. Hat die Gesellschaft mehrere Sitze, ist doppelt anzumelden. Bestehen Zweigniederlassungen, sind wegen § 13 c HGB Anmeldungen in entsprechender Stückzahl einzureichen.

4 **II. Verfahren.** Die Anmeldung obliegt allein dem **Vorstand**. Das Gesetz weicht hier ebenfalls von ansonsten bei Kapitalerhöhungen geltenden Grundprinzip ab, wonach die Anmeldung auch vom Vorsitzenden des Aufsichtsrates vorzunehmen ist. Der Grund hierfür dürften zum einen der ohnehin rein deklaratorische Charakter der Anmeldung sein, des Weiteren Vereinfachungsgründe, um Schwierigkeiten mit der Verfüg-

---

4 KölnKomm-AktG/*Lutter*, § 198 Rn 13; aA *Hüffer*, § 198 Rn 12, § 200 Rn 4.
5 *Hüffer*, § 199 Rn 8.
6 *Hüffer*, § 199 Rn 8.
7 *Hüffer*, § 199 Rn 14.
1 BGBl. I 2006 S. 2553.
2 *Hüffer*, Rn 2; MüKo-AktG/*Fuchs*, Rn 1; KölnKomm-AktG/ *Lutter*, Rn 2.

barkeit des Aufsichtsratsvorsitzenden zu den engen vom Gesetz vorgesehenen Anmeldungszeiträumen zu vermeiden. Wie stets bei vom Vorstand zu tätigenden Handelsregisteranmeldungen reicht es aus, wenn der Vorstand in vertretungsberechtigter Anzahl handelt. Da eine falsche oder unvollständige Anmeldung nach § 399 Abs. 1 Nr. 4 strafbar ist, kann sich der Vorstand im Rahmen der Anmeldung nicht vertreten lassen (§ 195 Rn 4). Inhalt der Anmeldung ist, in welchem Umfang im abgelaufenen Geschäftsjahr Bezugsaktien ausgegeben worden sind. Damit ist die Anzahl der Aktien mitzuteilen, bei Nennbetragsaktien der Nennbetrag. Bei ausgegebenen Stückaktien ist ein Hinweis hierauf sinnvoll. Die Anmeldung ist innerhalb eines Monats nach Ablauf des Geschäftsjahres vorzunehmen. Kommt der Vorstand dieser öffentlich-rechtlichen Pflicht nicht nach, kann die Anmeldung nach § 14 HGB erzwungen werden.[3] Der Anmeldung sind die Zweitschriften der Bezugserklärungen (vgl § 198 Abs. 1 S. 2) sowie eine Aufstellung über diejenigen Personen beizufügen, die das Bezugsrecht ausgeübt haben. In dieser Aufstellung sind für jede Person die auf diese Aktien geleisteten Einlagen sowie die Anzahl der jeweils bezogenen Aktien anzugeben. Nur so kann der Registerrichter überprüfen, ob den Erfordernissen des § 199 Rechnung getragen wurde, indem die Aktien erst nach vollständiger Erbringung der hierauf geschuldeten Leistungen ausgegeben wurden. In den (seltenen) Fällen (vgl § 194)[4] der bedingten Kapitalerhöhung durch Sacheinlagen sind der Anmeldung auch diejenigen für die Sacheinlage relevanten Dokumente beizufügen, die zum Zeitpunkt des Kapitalerhöhungsbeschlusses noch nicht vorlagen. Das Verzeichnis ist ebenfalls vom Vorstand zu unterschreiben, jedoch genügt insoweit Handeln in vertretungsbefugter Anzahl. Ebenso wie bei der Anmeldung ist auch hier gemischte Gesamtvertretung (Mitglieder des Vorstandes gemeinsam mit Prokuristen) nicht möglich.[5] Dies folgt aus der Strafandrohung des § 399 Abs. 1 Nr. 4, die nur Vorstände erfasst.[6] Die in § 201 Abs. 2 aufgeführten Unterlagen sind nur in einem Exemplar beizufügen.[7] Der Wortlaut des Abs. 2 stellt klar, dass dies entgegen § 13c, § 5 HGB auch bei Zweigniederlassungen gilt.[8]

III. Verhältnis von Anmeldung der Grundkapitaländerung zur Satzungsänderung. Die Anmeldung der Erhöhung des Grundkapitals einerseits und die Änderung der Satzung andererseits sind voneinander zu unterscheiden.[9] Die Änderung des Grundkapitals ist als solche im Handelsregister einzutragen, dies regelt § 201. Da die Satzung allerdings regelmäßig die Höhe des Grundkapitals und dessen Einteilung in Aktien ausweist, und da oftmals auch ein bestehendes bedingtes Kapital in der Satzung erwähnt wird,[10] wird die Satzung mit jedem Wirksamwerden eines Teils der bedingten Kapitalerhöhung in Bezug auf die Grundkapitalziffer und gegebenenfalls auch in Bezug auf das noch vorhandene bedingte Kapital unzutreffend. Auch diese Anpassung der nun formellen Unrichtigkeit der Satzung ist Satzungsänderung (vgl hierzu § 179 Rn 9). Die entsprechende Satzungsänderung kann von der Hauptversammlung beschlossen werden. Sofern eine entsprechende Ermächtigung in der Satzung selbst bzw im Kapitalerhöhungsbeschluss erteilt wurde, kann sie auch vom Aufsichtsrat beschlossen werden, § 179 Abs. 1 S. 2. Eine derartige Satzungsänderung kann zugleich mit jeder Ausübung bedingten Kapitals angemeldet werden. Sie ist spätestens im Zusammenhang mit der letzten Anmeldung nach § 201 zu bewirken.[11] Dies kann öffentlich-rechtlich erzwungen werden.

IV. Erklärung nach Abs. 3. Der Vorstand hat im Rahmen der Anmeldung ausdrücklich zu **versichern**, dass bei der Aktienausgabe die Voraussetzungen des § 199 Abs. 1 eingehalten wurden. Die Versicherung, dass die Aktien erst nach voller Leistung des Gegenwertes geleistet wurden, bedeutet in diesem Zusammenhang bei der Kapitalerhöhung durch Sacheinlagen, dass diese auch zu dem Zeitpunkt, als sie geleistet wurden, entsprechend werthaltig waren (hierzu § 199 Rn 9). Entgegen §§ 37 Abs. 1 S. 1, 36 Abs. 2 iVm § 188 Abs. 2 S. 1 muss jedoch nicht versichert werden, dass die Einlagen auch zur freien Verfügung des Vorstandes stehen. Ist die Versicherung unzutreffend, zB weil wesentliche Umstände verschwiegen wurden, hat dies eine Strafbarkeit des Vorstandes nach § 399 Abs. 1 Nr. 4 zur Folge. Ist die Versicherung ansonsten unvollständig oder fehlt sie gänzlich, kann das Registergericht den Vorstand gemäß § 14 HGB zur Abgabe einer vollständigen Versicherung erhalten.

Die Ausgabe von Aktien kann auch dann wirksam sein, wenn der Vorstand dabei gegen § 199 Abs. 1 verstoßen hat[12] (§ 199 begrenzt das rechtliche Dürfen des Vorstandes, nicht sein Können; § 200 Rn 9). Im Rahmen des § 201 bedeutet dies, dass in einem derartigen Fall die wirksam gewordene Kapitalerhöhung anzumelden ist, obwohl der Vorstand nicht in der Lage ist, die Erklärung gem. Abs. 3 abzugeben. Der Vorstand hat daher stattdessen im Einzelnen darzulegen, inwiefern § 199 nicht beachtet wurde.[13]

---

[3] *Hüffer*, Rn 3.
[4] Dort insb. Kommentierung zu § 194 Rn 3.
[5] v. *Godin/Wilhelmi*, Rn 2; aA jetzt MüKo-AktG/*Fuchs*, Rn 7.
[6] Problematisch deshalb die abweichenden Auffassungen Großkomm-AktienR/*Frey*, Rn 11, und KölnKomm-AktG/*Lutter*, Rn 3.
[7] Oftmals wird es hier auch nur eine Zweitschrift der Bezugserklärung geben.
[8] *Hüffer*, Rn 4.
[9] Zum Verhältnis bereits oben § 195 Rn 3.
[10] Praktikablerweise nicht im vollständigen Wortlaut, sondern unter Bezugnahme auf die Hauptversammlung, in der die Grundkapitaländerung beschlossen wurde.
[11] Großkomm-AktienR/*Frey*, Rn 19.
[12] Hierzu oben § 200 Rn 8.
[13] Klarstellung gegenüber Vorauflage aufgrund zutreffender Kritik durch MüKo-AktG/*Fuchs*, Rn 7 (dort Fn 43).

8 Der Registerrichter hat die Ordnungsmäßigkeit der Anmeldung und ihrer Anlagen zu prüfen. Insbesondere ist auf der Grundlage des Verzeichnisses zu untersuchen, ob die Einlagen nach § 199 Abs. 1 voll geleistet sind oder die Differenz nach § 199 Abs. 2 aus dem Vermögen der Gesellschaft gedeckt wurde.[14] Hat der Vorstand bei Ausgabe der Aktien gegen die Erfordernisse des § 199 Abs. 1 verstoßen, hat dies nicht die Unwirksamkeit der Ausgabe der Aktien zur Folge (§ 200 Rn 7). Das Gericht darf deshalb hierauf eine Ablehnung der Eintragung nicht stützen.[15] In den (seltenen)[16] Fällen der Kapitalerhöhung gegen Sacheinlage kann die Sacheinlage minderwertig oder die geleistete Sacheinlage insgesamt unwirksam sein. In derartigen Fällen ist die Kapitalerhöhung ebenfalls wirksam, der Bezugsberechtigte hat die Differenz in bar aufzubringen. Da in diesem Fall die Versicherung gemäß § 201 Abs. 2 nicht richtig abgegeben wurde, darf in diesem Fall die Kapitalerhöhung nicht eingetragen werden. Das Registergericht hat den Vorstand vielmehr anzuhalten, die Differenz einzufordern und die Versicherung entsprechend zu berichtigen.[17] Ist die Anmeldung ordnungsgemäß erfolgt, verfügt das Gericht die Eintragung gemäß § 43 Nr. 3, 6 f, 7 Handelsregisterverordnung. Der neue Grundkapitalbetrag wird in Abteilung B, Spalte 3 ausgewiesen. In Spalte 6 ist die Summe des Betrages der ausgebenden Bezugsaktien unter Hinweis auf den Beschluss über die bedingte Kapitalerhöhung einzutragen.[18]

9 Die Veröffentlichung der Eintragung richtet sich nach den §§ 10, 11 HGB. Die bei Gericht eingereichten Schriftstücke sind gemäß Abs. 4 aufzubewahren.

Dritter Unterabschnitt
Genehmigtes Kapital

§ 202 Voraussetzungen

(1) Die Satzung kann den Vorstand für höchstens fünf Jahre nach Eintragung der Gesellschaft ermächtigen, das Grundkapital bis zu einem bestimmten Nennbetrag (genehmigtes Kapital) durch Ausgabe neuer Aktien gegen Einlagen zu erhöhen.

(2) [1]Die Ermächtigung kann auch durch Satzungsänderung für höchstens fünf Jahre nach Eintragung der Satzungsänderung erteilt werden. [2]Der Beschluß der Hauptversammlung bedarf einer Mehrheit, die mindestens drei Viertel des bei der Beschlußfassung vertretenen Grundkapitals umfaßt. [3]Die Satzung kann eine größere Kapitalmehrheit und weitere Erfordernisse bestimmen. [4]§ 182 Abs. 2 gilt.

(3) [1]Der Nennbetrag des genehmigten Kapitals darf die Hälfte des Grundkapitals, das zur Zeit der Ermächtigung vorhanden ist, nicht übersteigen. [2]Die neuen Aktien sollen nur mit Zustimmung des Aufsichtsrats ausgegeben werden. [3]§ 182 Abs. 1 Satz 5 gilt sinngemäß.

(4) Die Satzung kann auch vorsehen, daß die neuen Aktien an Arbeitnehmer der Gesellschaft ausgegeben werden.

Literatur:
Bayer, Materielle Schranken und Kontrollinstrumente beim Einsatz genehmigten Kapitals mit Bezugsrechtsausschluss, ZHR 168 (2004), 132; Berg/Stöcker, Anwendungs- und Haftungsfragen zum Deutschen Corporate Governance Kodex, WM 2002, 1569; Bernhardt, Der Deutsche Corporate Governance Kodex: Zuwahl (comply) oder Abwahl (explain)? – Unternehmensführung zwischen „muss", „soll", „sollte" und „kann", DB 2002, 1841; Beuthien/Gätsch, Vereinsautonomie und Satzungsrechte Dritter – Statuarischer Einfluss Dritter auf die Gestaltung von Körperschaftssatzungen, ZHR 156 (1992), 459; Busch, Mangusta/Commerzbank – Rechtsschutz nach Ausnutzung eines genehmigten Kapitals, NZG 2006, 81; Cahn, Ansprüche und Klagemöglichkeiten der Aktionäre wegen Pflichtverletzungen der Verwaltung beim genehmigten Kapital, ZHR 164 (2000), 113; Claussen/Bröcker, Der Corporate Governance-Kodex aus der Respektive der kleinen und mittleren Börsen-AG, DB 2002, 1199; Ehrhardt/Nowak, Die Durchsetzung von Corporate-Governance-Regeln, AG 2002, 336; Ekkenga, Das Organisationsrecht des genehmigten Kapitals, AG 2001, 567 ff und 615 ff; Franke, Bedingte Kapitalerhöhung und genehmigtes Kapital. Ein Beitrag zum Recht der Kapitalbeschaffungsmaßnahmen, 1939; Görk, Die Auswirkungen der Gesellschaftssteuerrichtlinie 69/335/EWG auf Notargebühren in Deutschland, DNotZ 1999, 851; Hecker, Die Aktuellen Änderungen des Deutschen Corporate Governance Kodex im Überblick, BB 2009, 1654; Heinsius, Bezugsrechtsausschluss bei der Schaffung von Genehmigtem Kapital. Genehmigtes Kapital II, Festschrift Alfred Kellermann, ZGR-Sonderheft 10, 1991, 115; Hirte, Bezugsrechtsausschluss und Konzernbildung. Minderheitenschutz bei Eingriffen in die Beteiligungsstruktur der Aktiengesellschaft, 1986; ders., Der Einfluss neuer Informationstechniken auf das Gesellschaftsrecht und die corporate-governance-Debatte, Festschrift Richard M. Buxbaum, 2000, S. 283; ders., Ausgewählte Fragen zu Stock-option-Plänen und zum Erwerb eigener Aktien, in: RWS-Forum Gesellschaftsrecht 1999, 2000, S. 211; Hopt, Emissionsgeschäft und Emissionskonsortium – Recht und Praxis in Deutschland und der Schweiz, Festschrift Alfred Kellermann, ZGR-Son-

---

14 KölnKomm-AktG/Lutter, Rn 9.
15 Großkomm-AktienR/Frey, Rn 33.
16 § 194, vgl die Erläuterungen hierzu in § 194 Rn 3.
17 Hüffer, Rn 7.
18 Hüffer, Rn 8.

derheft 10, 1991, 181; *Ihrig/Wagner,* Volumengrenzen für Kapitalmaßnahmen der AG – Zu den aktienrechtlichen Höchstgrenzen bei Kapitalmaßnahmen, NZG 2002, 657; *Kimpler,* Die Abgrenzung der Zuständigkeiten von Hauptversammlung und Vorstand bei der Kapitalerhöhung, 1994; *Kindler,* Bezugsrechtsausschluss und unternehmerisches Ermessen nach deutschem und europäischen Recht, ZGR 1998, 35; *Knepper,* Die Belegschaftsaktie in Theorie und Praxis, ZGR 1985, 419; *Kort,* Aktien aus vernichteten Kapitalerhöhungen, ZGR 1994, 291; *ders.,* Bestandsschutz fehlerhafter Strukturänderungen im Kapitalgesellschaftsrecht, 1998; *Krieger,* Fehlerhafte Satzungsänderung: Fallgruppen und Bestandskraft, ZHR 158 (1994), 35; *Lutter,* Bezugsrechtsausschluss und genehmigtes Kapital, BB 1981, 861; *ders.,* Die zieladäquate Umsetzung des 4. Vermögensbildungs-Gesetzes in der unternehmensrechtlichen Praxis, ZGR-Sonderheft 5, 1985, 85; *Maier,* Der Einsatz des genehmigten Kapitals, Diss Jena 2003; *Meilicke/Heidel,* Die Pflicht des Vorstands der AG zur Unterrichtung der Aktionäre vor dem Bezugsrechtsausschluss beim genehmigten Kapital, DB 2000, 2358; *Peltzer,* Handlungsbedarf in Sachen Corporate Governance, NZG 2002, 593; *Rellermeyer,* Aufsichtsratausschüsse, 1986; *Perwein,* Ist ein Kapitalerhöhungsbeschluss mit festem Erhöhungsbetrag unverzüglich durchzuführen?, AG 2013, 10; *Rottnauer,* Geltungsdauer der Ermächtigungsbefugnis bei genehmigtem Kapital: Dispositionsspielraum des Vorstands?, BB 1999, 330; *Sandweg,* Baden-Württembergische Notargebühren in gesellschaftsrechtlichen Angelegenheiten, NJW 2008, 410; *Schockenhoff,* Die Haftung für die Ausgabe neuer Aktien bei Nichtigerklärung des Kapitalerhöhungsbeschlusses, DB 1994, 2327; *Seibert,* Im Blickpunkt: Der Deutsche Corporate Governance Kodex ist da, BB 2002, 581; *Seibt,* Deutscher Corporate Governance Kodex und Entsprechens-Erklärung (§ 161 AktG-E), AG 2002, 249; *Timm,* Der Bezugsrechtsausschluss beim genehmigten Kapital, DB 1982, 211; *Ulmer,* Der Deutsche Corporate Governance Kodex – ein neues Regulierungsinstrument für börsennotierte Aktiengesellschaften, ZHR 166 (2002), 150; *van Venrooy,* Voraussetzungen und Verwendbarkeit genehmigten Kapitals, AG 1981, 205; *Weber,* Privatautonomie und Außeneinfluss im Gesellschaftsrecht, 1999; *v. Werder,* Der Deutsche Corporate Governance Kodex – Grundlagen und Einzelbestimmungen, DB 2002, 801; *Witt,* Mehrheitsregelnde Satzungsklauseln und Kapitalveränderungsbeschlüsse, AG 2000, 345; *Yanli,* Die Stellung des Vorstands der Aktiengesellschaft beim genehmigten Kapital. Kapitalerhöhung gegen Geldanlagen, 1992; *Zöllner,* Folgen der Nichtigerklärung durchgeführter Kapitalerhöhungsbeschlüsse, AG 1993, 68; *Zöllner/Winter,* Folgen der Nichtigerklärung durchgeführter Kapitalerhöhungsbeschlüsse, ZHR 158 (1994), 59.

A. Grundlagen 1
  I. Begriff des genehmigten Kapitals und Übersicht über die Vorschrift 1
  II. Zweck und Funktionsweise des genehmigten Kapitals 3
  III. Verfahren 5
    1. Schaffung des genehmigten Kapitals 5
    2. Ausnutzungsentscheidung und Durchführung 7
      a) Verwaltungsentscheidungen 7
      b) Weitere Durchführung 9
        aa) Nach gesetzlichem Leitbild 9
        bb) Abweichende Durchführung in der Praxis 10
  IV. Genehmigtes Kapital I und II 12
B. Ermächtigung zur Erhöhung des Grundkapitals (Abs. 1 bis 3) 13
  I. Allgemeines 13
    1. Kein Grundkapital, kein gezeichnetes Kapital, Angabe im Jahresabschluss 13
    2. Keine Ermächtigung zur bedingten Kapitalerhöhung (§§ 192 ff) und zur Kapitalerhöhung aus Gesellschaftsmitteln (§§ 207 ff) 14
    3. Keine Verpflichtung zur Kapitalerhöhung . 15
  II. Ermächtigung als Satzungsbestandteil (Abs. 1 und 2) 16
    1. Ermächtigung als Bestandteil der Gründungssatzung (Abs. 1) 17
    2. Ermächtigung als Bestandteil der Satzung durch Satzungsänderung (Abs. 2) 18
      a) Satzungsändernder Beschluss 19
        aa) Zuständiges Organ, Einberufung, vorherige Bekanntmachung 19
        bb) Mehrheitserfordernisse (insb. Abs. 2 S. 2 und 3) 21
          (1) Gesetzliche Mehrheitserfordernisse 21
          (2) Höhere satzungsbedingte Kapitalmehrheitserfordernisse (Abs. 2 S. 3) 23
        cc) Weitere Erfordernisse 26

        (1) Sonderbeschlüsse (insb. § 202 Abs. 2 S. 4 iVm § 182 Abs. 2) 26
        (2) Weitere Erfordernisse aufgrund der Satzung (Abs. 2 S. 3) 29
        (3) Information über Abwicklung von Kapitalerhöhungen in der Vergangenheit 30a
      b) Anmeldung, Eintragung und Bekanntmachung 31
        aa) Anmeldung 31
        bb) Eintragung 35
        cc) Bekanntmachung 38
  III. Inhalt und Schranken der Ermächtigung 39
    1. Zwingender Inhalt 39
      a) Dauer der Ermächtigung 40
      b) Umfang der Ermächtigung hinsichtlich des Nennbetrages 43
      c) Rechtsfolgen beim Fehlen der Angaben .. 44
    2. Fakultativer Inhalt 46
      a) Fakultative Erweiterungen in der Ermächtigung 47
      b) Fakultative Schranken in der Ermächtigung 49
    3. Gesetzliche Schranken für die Ermächtigung 52
      a) Höchstgrenzen hinsichtlich des Kapitals und der Ermächtigungsfrist 52
        aa) Kapitalgrenze (Abs. 3 S. 1) 52
          (1) Maßgeblicher Zeitpunkt 53
          (2) Gesamtes Grundkapital 54
          (3) Berechnung des Nennbetrags des genehmigten Kapitals und dessen Berücksichtigung bei anderen Rechtsinstituten 55
        bb) Fünfjahresfrist (Abs. 1 und 2) 58
        cc) Rechtsfolgen bei Überschreitung der Höchstgrenzen 61
      b) Weitere gesetzliche Schranken 63

		aa)		(Keine) Ermächtigung zur Schaffung bedingten Kapitals und zur Kapitalerhöhung aus Gesellschaftsmitteln	63
		bb)		§ 33 WpÜG	64
		cc)		Ehemalige eingetragene Genossenschaft und ehemaliger Versicherungsverein auf Gegenseitigkeit	65
IV.	Erlöschen und Änderung der Ermächtigung				66
	1.	Erlöschen der Ermächtigung			67
		a)		Erlöschen durch Ausnutzung und Fristablauf	67
		b)		Erlöschen durch Aufhebung	68
	2.	Änderung der Ermächtigung			71
		a)		Vor der Eintragung	72
		b)		Nach der Eintragung	74

C. Ausnutzung der Ermächtigung (Abs. 3 S. 2 und 3) 76
  I. Vorstandsentscheidung 77
  II. Mitwirkung des Aufsichtsrats (Abs. 3 S. 2) 83
    1. Zustimmung des Aufsichtsrats (Abs. 3 S. 2) 83
    2. Rechtsfolgen des Fehlens der Zustimmung 89
  III. Verweis auf § 182 Abs. 1 S. 5 (Abs. 3 S. 3) 92
D. Arbeitnehmeraktien (Abs. 4) 93
  I. Funktion und Einordnung des Abs. 4 93
  II. Satzungsregelung nach Abs. 4 95
    1. Möglicher Inhalt einer Satzungsbestimmung nach Abs. 4 95
    2. Satzungsbestandteil und Erfordernisse des Abs. 2 98
    3. Begünstigter Personenkreis 100
    4. Wirkung von Abs. 4 und einer Satzungsregelung nach Abs. 4 101
      a) Bezugsrechtsausschluss bzw Ermächtigung zum Bezugsrechtsausschluss 101
      b) Möglichkeit zur günstigeren Festsetzung des Ausgabepreises 103
      c) (Keine) Erforderlichkeit der Bestimmung zur Ausgabe der Aktien an Arbeitnehmer 105
  III. Bedeutung und Vorgehen in der Praxis 106
E. Genehmigtes Kapital in Liquidation und Insolvenz 106b
  I. Liquidation 106b
  II. Insolvenz 106c
F. Kosten und Steuern 107
  I. Notarkosten und allgemeine Verwaltungskosten 107
    1. Notarkosten 107
      a) Allgemeines 107
      b) Rechtsprechung des EuGH 111
    2. Allgemeine Verwaltungskosten 112
  II. Kosten der Registereintragungen und ihrer Bekanntmachung 113
    1. Die Europarechtlichen Vorgaben und deren Umsetzung 113
    2. Kosten der Eintragung 114
      a) Eintragung der Ermächtigung 115
      b) Eintragung der Durchführung 117
    3. Bekanntmachungskosten 118
  III. Steuern 120
G. Rechtsfolgen von Ausnutzungsentscheidungen bei fehlender Ermächtigung und beim Überschreiten der Beschränkungen 121
  I. Vor der Eintragung der Durchführung 121
  II. Nach der Eintragung der Durchführung 126
    1. Grundsatz: Keine Entstehung von Mitgliedschaftsrechten unmittelbar durch die Eintragung 126
    2. Ausnahmen 127
      a) Vorliegen eines Freigabebeschlusses nach § 246 a 127
      b) Bei Greifen der Grundsätze der fehlerhaften Gesellschaft 128
        aa) Hergebrachte Auffassung: Keine Anwendung der Grundsätze der fehlerhaften Gesellschaft auf fehlerhafte Kapitalerhöhungen 128
        bb) Jüngere Auffassung: Anwendung der Grundsätze der fehlerhaften Gesellschaft auf Kapitalerhöhungen 129
          (1) Entstehung der Aktien 130
          (2) Folgeproblem: Vernichtung der Aktien 131
          (3) Eingeschränkte Geltendmachung der Nichtigkeit der Ausnutzungsentscheidung ... 137
H. Empfehlungen der Regierungskommission Corporate Governance, Deutscher Corporate Governance Kodex 138
I. Anhang: Sonderregelungen des Finanzmarktstabilisierungsbeschleunigungsgesetzes (FMStBG) für Unternehmen des Finanzsektors 140
  I. Allgemeines 140
    1. Modifikation der §§ 202 bis 206 AktG 140
    2. Entstehungs- und Änderungshistorie des FMStBG 141
    3. Anwendungsbereich des FMStBG 142
      a) Sachlicher Anwendungsbereich 142
      b) Zeitlicher Anwendungsbereich 145
  II. Sonderregelungen für das genehmigte Kapital (§§ 7b, 7c FMStBG) 146
    1. Wichtige Sonderbestimmungen zur Ermächtigung 147
      a) Abgesenkte Mehrheitserfordernisse 148
        aa) Grundsatz (§ 7b Abs. 1 S. 1 FMStBG) 148
        bb) Mehrheit im Zusammenhang mit einem Bezugsrechtsausschluss (§ 7b Abs. 2 FMStBG iVm § 7 Abs. 3 FMStBG) 149
      b) Keine umfangmäßige Beschränkung (§ 7b Abs. 1 S. 2 Hs 1 FMStBG) 150
      c) Keine Vorgaben für die Ausgestaltung der Aktien in der Ermächtigung (§ 7b Abs. 3 FMStBG iVm § 5 Abs. 1 FMStBG) 151
      d) Keine Anrechnung auf sonstige genehmigte Kapitalien (§ 7b Abs. 1 S. 2 Hs 2 FMStBG) 152
      e) Besonderheiten für die Hauptversammlung (§ 7b Abs. 1 S. 3 FMStBG iVm § 7 Abs. 1 FMStBG) 153
        aa) Verkürzte Einberufungsfrist und deren weitere Folgen 154
          (1) Verkürzte Einberufungsfrist (§ 7b Abs. 1 S. 3 FMStBG iVm § 7 Abs. 1 S. 1 FMStBG) 154

(2) Mindestfrist zwischen erforderlicher Anmeldung der Teilnahme und der Versammlung bei einer verkürzten Einberufungsfrist (§ 7 b Abs. 1 S. 3 FMStBG iVm § 7 Abs. 1 S. 1 FMStBG iVm § 16 Abs. 4 S. 5 WpÜG) 155
(3) Zeitpunkt der Mitteilungen an Kreditinstitute und Aktionärsvereinigungen (§ 7 b Abs. 1 S. 3 FMStBG iVm § 7 Abs. 1 S. 1 FMStBG iVm § 16 Abs. 4 S. 5 Hs 1 WpÜG) 156
bb) Hauptversammlungsort (§ 7 b Abs. 1 S. 3 FMStBG iVm § 7 Abs. 1 S. 1 FMStBG iVm § 16 Abs. 4 S. 4 WpÜG) 157
cc) Erleichterung der Erteilung von Stimmrechtsvollmachten (§ 7 b Abs. 1 S. 3 FMStBG iVm § 7 Abs. 1 S. 1 FMStBG iVm § 16 Abs. 4 S. 6 WpÜG) 158
dd) Stichtag für den Nachweis der Legitimation bei Inhaberaktien börsennotierter Gesellschaften (§ 7 b Abs. 1 S. 3 FMStBG iVm § 7 Abs. 1 S. 2 FMStBG) 159
ee) Information der Aktionäre (§ 7 b Abs. 1 S. 3 FMStBG iVm § 7 Abs. 1 S. 1 FMStBG iVm § 16 Abs. 4 S. 7 und 8 WpÜG) 160
f) Besonderheiten hinsichtlich Anmeldung und Eintragung der Ermächtigung 161
2. Besonderheit bei Rechtfertigung des Bezugsrechtsausschluss (§ 7 b Abs. 2 FMStBG iVm § 7 Abs. 3 S. 4 FMStBG) 163
3. Ausgabe neuer Aktien (§ 7 b Abs. 3 FMStBG iVm § 5 FMStBG) 164
a) Ausnutzungsentscheidung 165
aa) Grundsätzlich wie beim regulären (satzungsbedingten) genehmigten Kapital der §§ 202-206 165
bb) Wichtige Besonderheiten 166
(1) Entscheidung über die Ausgestaltung der Aktien (§ 7 b Abs. 3 FMStBG iVm § 5 FMStBG) 167
(a) Zuständigkeit des Vorstands 167
(b) Zustimmung des Aufsichtsrats 168
(c) Angemessenheit des Ausgabebetrages 171
(2) Bis zum 1.3.2012 keine Anwendbarkeit des § 182 Abs. 4 S. 1 (§ 7 b Abs. 3 FMStBG aF iVm § 3 Abs. 5 S. 2 FMStBG aF) 172
b) (Weiteres zur) Durchführung und Eintragung der Kapitalerhöhung 173
aa) Allgemeines: Grundsätzliche Anwendung allgemeinen Aktienrechts über die Durchführung und Eintragung der (ordentlichen) Kapitalerhöhung gegen Einlagen (§ 203 Abs. 1 iVm §§ 185 bis 187) 173
bb) Einzelheiten 174
(1) Zeichnung der neuen Aktien erforderlich (§ 203 Abs. 1 S. 1 iVm § 185) 174
(2) Bezugsrecht der Aktionäre (§ 203 Abs. 1 S. 1 iVm § 186) 175
(3) Zugesicherte Bezugsrechte (§ 203 Abs. 1 S. 1 iVm § 187) 176
(4) Anmeldung und Eintragung der Durchführung (§ 203 Abs. 1 S. 1 iVm § 188) sowie Bekanntmachung der Eintragung 177
(a) Allgemeines: Grundsätzlich wie beim regulären genehmigten Kapital der §§ 202-206 177
(b) Wichtige Besonderheiten 178
c) (Mittlerweile abgeschaffte) Erleichterungen bei Fassungsänderungen der Satzung durch den Aufsichtsrat (§ 7 b Abs. 3 FMStBG aF iVm § 3 Abs. 6 FMStBG aF) 181
d) Berichtspflicht des Vorstands 182

A. Grundlagen

I. Begriff des genehmigten Kapitals und Übersicht über die Vorschrift. § 202 betrifft das mit dem Aktiengesetz 1937 (§§ 169 ff AktG 1937) in seiner heutigen Form in das deutsche[1] Recht eingeführte[2] **genehmigte Kapital**. Zum Zwecke der **Abgrenzung zu dem gesetzlichen genehmigten Kapital**, das im Oktober 2008 durch § 3 FMStBG aF für Unternehmen des Finanzsektors zeitlich befristet geschaffenen worden war (vgl dazu in der Vorauflage die Rn 153 bis 182), kann man beim genehmigten Kapital der §§ 202 bis 206 AktG auch vom regulären und/oder (weil auf einer Satzung beruhend) satzungsmäßigen oder satzungsbedingten genehmigten Kapital sprechen. Im ersten Absatz des § 202 findet sich eine Umschreibung des Begriffs. Danach versteht das Gesetz unter dem genehmigten Kapital die **Ermächtigung des Vorstands** durch die Satzung, das Grundkapital bis zu einem bestimmten Nennbetrag durch Ausgabe neuer Aktien gegen Einlagen zu erhöhen. Das genehmigte Kapital selbst ist noch **nicht Grundkapital** (dazu unten Rn 13). Erst wenn der 1

1 Viele andere Rechtsordnungen kennen dieses Rechtsinstitut ebenfalls, dazu ausführlich Großkomm-AktienR/*Hirte*, Rn 66 ff.

2 Zur Geschichte des genehmigten Kapitals MüKo-AktG/*Bayer*, Rn 23 ff; Großkomm-AktienR/*Hirte*, Rn 1 ff; Spindler/Stilz/*Wamser*, Rn 14 ff.

1 Vorstand die Ermächtigung ausgenutzt hat sowie die Durchführung der Kapitalerhöhung im Handelsregister eingetragen ist (§ 203 Abs. 1 S. 1 iVm § 189), ist das Grundkapital erhöht.

2 Die ersten beiden Absätze legen fest, dass die Ermächtigung des Vorstands durch die Gründungssatzung (Abs. 1) oder durch eine Satzungsänderung (Abs. 2) zu erfolgen hat. Zudem bestimmen sie, dass der Vorstand höchstens für fünf Jahre ermächtigt werden darf. Abs. 3 enthält eine Kapitalgrenze (Abs. 3 S. 1) für die Ermächtigung und ein Zustimmungserfordernis (als Sollvorschrift) des Aufsichtsrates hinsichtlich der Vorstandsentscheidung zur Ausnutzung des genehmigten Kapitals (Abs. 3 S. 2). Abs. 4, der durch die Aktienrechtsreform von 1965 eingeführt wurde, sollte – wie die gleichzeitig eingeführten §§ 203 Abs. 4, 204 Abs. 3 und 205 Abs. 5 – eine Arbeitnehmerbeteiligung erleichtern.[3] Das Rechtsinstitut des genehmigten Kapitals wird in erheblichem Umfang durch europäisches Recht beeinflusst.[4]

3 **II. Zweck und Funktionsweise des genehmigten Kapitals.** Die reguläre Kapitalerhöhung (§§ 182 ff) wird wegen der (in zeitlicher Nähe zur Durchführung) erforderlichen Kapitalerhöhungsbeschlusses der Hauptversammlung in vielen Fällen als zu **zeitraubend** und zu **schwerfällig** empfunden.[5] Vor dem Inkrafttreten des Aktiengesetzes 1937 behalf man sich diesbezüglich mit **Vorratsaktien**[6] der Gesellschaft. Wegen der damit verbundenen Probleme[7] wurde der Weg über die Vorratsaktien vom Gesetzgeber grundsätzlich[8] verbaut.[9] Ein anderer Weg musste aber vom Gesetzgeber bereitgestellt werden, wenn nicht die Kapitalaufnahme wesentlich erschwert werden sollte. Hier bot sich die Gestattung eines genehmigten Kapitals an.

4 Mit der Einführung des genehmigten Kapitals in das deutsche Aktienrecht bezweckte der Gesetzgeber die **Erleichterung der Kapitalerhöhung**, was einen Ausgleich für die gleichzeitig verdrängten Vorratsaktien darstellte. Die Erleichterung besteht darin, dass die Verwaltung bei Bestehen eines genehmigten Kapitals ohne die an sich zuständige Hauptversammlung (§ 119 Abs. 1 Nr. 6) und damit **kurzfristig und flexibel** Kapitalerhöhungen veranlassen kann. Denn durch die Ermächtigung gemäß § 202 wird die Entscheidung über das Ob, Wann und Wie einer Kapitalerhöhung mit den von der Hauptversammlung bestimmten Grenzen (§§ 203 Abs. 2 S. 1, 204 Abs. 1 S. 1) auf den Vorstand übertragen.[10] Formell wird die Entscheidung über die Kapitalerhöhung damit zu einer **Geschäftsführungsmaßnahme** (§ 77), inhaltlich bleibt sie Grundlagenentscheidung.[11] Kapitalerhöhenden und damit satzungsändernden Charakter hat jedoch erst das Zusammenspiel des (seinerseits bereits satzungsändernden) Ermächtigungsbeschlusses, der Vorstands- und Aufsichtsratsentscheidungen und der nachfolgenden Eintragung der Kapitalerhöhung, nicht aber schon die Vorstandsentscheidung allein.[12] Ob der Verwaltung das Instrument des genehmigten Kapitals an die Hand gegeben wird, entscheidet das Gesetz in § 202 – anders als in § 3 FMStG aF – nicht selbst, sondern die Norm überlässt diese Entscheidung dem Satzungsgeber, was mit Blick auf § 119 Abs. 1 Nr. 6 auch konsequent ist. Zu beachten hat der Satzungsgeber dabei die im ersten und zweiten Absatz genannte **Fünfjahresfrist** und die im dritten Absatz aufgestellte **Kapitalgrenze**.

5 **III. Verfahren. 1. Schaffung des genehmigten Kapitals.** Ein genehmigtes Kapital kann bereits in der **Gründungssatzung** (Abs. 1) geschaffen werden. In diesem in der Praxis nicht unüblichen Fall entsteht das genehmigte Kapital mit Anmeldung und Eintragung der Gesellschaft in das Handelsregister. Dabei ist § 39 Abs. 2 zu beachten, wonach die Bestimmungen der Gründungssatzung über das genehmigte Kapital bei der (Gründungs-)Eintragung der Gesellschaft ebenfalls in das Handelsregister einzutragen sind. Ferner ist zu beachten, dass das genehmigte Kapital bei der Berechnung des Mindestnennbetrages des Grundkapitals (§ 7) unberücksichtigt bleibt (siehe Rn 17).

6 Darüber hinaus besteht die Möglichkeit, die Ermächtigung für die Schaffung eines genehmigten Kapitals mittels **Satzungsänderung** zu erreichen. Wird diese Variante gewählt, sind die §§ 179 ff zu beachten, sofern die §§ 202 ff nicht speziellere Vorgaben enthalten. In der Regel wird die Initiative zur Schaffung eines genehmigten Kapitals durch Satzungsänderung vom Vorstand ausgehen. Zwingend ist das jedoch nicht; denn die Möglichkeit dazu hat jeder, der in der Hauptversammlung antragsberechtigt ist. Mit Blick auf § 186

---

3 RegBegr. zu § 203 bei *Kropff*, S. 305.
4 Ausführlich dazu MüKo-AktG/*Bayer*, Rn 28; Großkomm-AktienR/*Hirte*, Rn 39 ff.
5 Das könnte anders werden, wenn einmal – ohne dass die Gesellschaft ein physisches Treffen der Aktionäre überhaupt anzubieten braucht – elektronisch durch die Aktionäre über eine Kapitalerhöhung abgestimmt werden kann (ähnlich: *Hirte*, Der Einfluss neuer Informationstechniken, in: FS Buxbaum, 2000, S. 283, 295).
6 Darunter versteht man Aktien, die von der Hausbank der Gesellschaft oder einem sonstigen Dritten für Rechnung der Gesellschaft übernommen werden. Die Finanzierung erfolgt dabei durch von der Gesellschaft gewährte Darlehen, so dass es zu keiner tatsächlichen Kapitalzufuhr kommt.
7 Dazu Großkomm-AktienR/*Hirte*, Rn 1 mwN.
8 Zu Ausnahmen siehe KölnKomm-AktG/*Lutter*, § 56 Rn 4.
9 Vorratsaktien wurden uninteressant für den Zeichner, weil er nach § 56 Abs. 3 volle Pflichten aber keine Rechte hat (siehe Kommentierung zu § 56; siehe auch KölnKomm-AktG/*Lutter*, § 56 Rn 4).
10 Hölters/*v. Dryander/Niggemann*, Rn 30.
11 Vgl BGHZ 136, 133, 139 (Siemens/Nold II); Großkomm-AktienR/*Hirte*, Rn 21; *Hirte*, Bezugsrechtsausschluss, S. 105 f; *Kindler*, ZGR 1998, 35, 52; KölnKomm-AktG/*Lutter*, § 202 Rn 10, § 204 Rn 17; Hölters/*v. Dryander/Niggemann*, Rn 30.
12 KölnKomm-AktG/*Lutter*, § 204 Rn 18; *Yanli*, S. 44 ff; abweichend: *v. Godin/Wilhelmi*, § 204 Anm. 5.

Abs. 3, Abs. 4 S. 2 und auf § 203 Abs. 2 ist schon in dieser Phase zu überlegen, ob auch ein Direktausschluss des Bezugsrechts bzw eine Ermächtigung zum Ausschluss des Bezugsrechts erfolgen soll. Gleiches gilt für die Hereinnahme von Sacheinlagen (§ 205 Abs. 1) und die Ausgabe gleicher oder besserer Vorzugsaktien ohne Stimmrecht (§ 204 Abs. 2). Sodann ist zur Hauptversammlung einzuladen. Dabei ist darauf zu achten, dass die ins Auge gefassten Satzungsänderungen mit den je nach angestrebter Maßnahme zusätzlich erforderlichen Hinweisen fristgerecht bekannt gemacht werden (§ 124 Abs. 2 S. 2). Insbesondere ist bei einem angestrebten Direktausschluss des Bezugsrechts durch die Hauptversammlung und bei einer angestrebten Ermächtigung zum Bezugsrechtsausschluss nach der Rechtsprechung des Bundesgerichtshofs ein schriftlicher Bericht zu verlangen (siehe dazu unten § 203 Rn 19 und 64 ff). Bei börsennotierten Gesellschaften müssen die Unterlagen zudem alsbald nach der Einberufung der Hauptversammlung über die Internetseite der Gesellschaft zugänglich sein (§ 124 a Abs. 1 S. 1 Nr. 3). Die durch die Hauptversammlung beschlossene Satzungsänderung ist zur Eintragung anzumelden (§ 181 Abs. 1 S. 1). Sie wird erst mit ihrer Eintragung wirksam (§ 181 Abs. 3).

2. Ausnutzungsentscheidung und Durchführung. a) Verwaltungsentscheidungen. Mit Vorliegen einer wirksamen Ermächtigung kann der Vorstand eine **Ausnutzungsentscheidung** mit dem Inhalt, das Grundkapital zu erhöhen, treffen. Insofern soll nach Abs. 3 S. 2 der Aufsichtsrat zustimmen. 7

Außerdem entscheidet der Vorstand, soweit die Ermächtigung keine Bestimmungen enthält, auch über den **Inhalt der Aktienrechte** und die **Bedingungen der Aktienausgabe** (§ 204 Abs. 1 S. 1). Gemäß § 204 Abs. 1 S. 2 Hs 1 bedarf – anders als beim Zustimmungserfordernis des § 202 Abs. 3 S. 2 – diese Entscheidung der Zustimmung des Aufsichtsrats. Zudem kann der Vorstand das gesetzliche **Bezugsrecht** der Aktionäre **ausschließen**, wenn er dazu gemäß § 203 Abs. 2 ermächtigt wurde. Auch diese Vorstandsentscheidung bedarf gemäß § 204 Abs. 1 S. 2 Hs 2 der Zustimmung des Aufsichtsrats. Spätestens jetzt ist nach hiesiger Ansicht ein Bericht des Vorstands über den Grund des Bezugsrechtsausschlusses erforderlich (siehe dazu § 203 Rn 85 und 93 ff; anders nunmehr der BGH).[13] Dabei ist es nach der hier vertretenen Auffassung gleichgültig, ob das Bezugsrecht direkt durch die Hauptversammlung oder erst durch den Vorstand aufgrund einer Ermächtigung gemäß § 203 Abs. 2 ausgeschlossen wurde (siehe dazu § 203 Rn 19, 85 und 93 ff). 8

b) Weitere Durchführung. aa) Nach gesetzlichem Leitbild. Anschließend können gemäß § 203 Abs. 1 S. 1 iVm § 185 die **Zeichnungsverträge** abgeschlossen werden. Die Zeichner haben sodann gemäß § 203 Abs. 1 S. 1 iVm § 188 Abs. 2 iVm §§ 36 Abs. 2, 36a die gesetzliche **Mindesteinlage zu leisten**. In der Folge ist die Durchführung der Kapitalerhöhung vom Vorstand und vom Aufsichtsratsvorsitzenden gemäß §§ 203 Abs. 1 S. 1, Abs. 3 S. 4, 188 **zur Eintragung anzumelden**. Dabei sind verschiedene Versicherungen abzugeben (§ 203 Abs. 1 S. 1 iVm § 188 Abs. 2 S. 1 iVm § 37 Abs. 1). Erst mit der **Eintragung** ist gemäß § 203 Abs. 1 S. 1 iVm § 189 das Grundkapital wirksam erhöht, so dass erst jetzt die neuen Mitgliedschaftsrechte der Zeichner entstehen. Deshalb darf erst danach die **Ausgabe der neuen Aktienurkunden** erfolgen (§ 203 Abs. 1 S. 1 iVm § 191). Letztlich ist noch eine **Fassungsänderung der Satzung** durch die Hauptversammlung oder – was eine Ermächtigung gemäß § 179 Abs. 1 S. 2 voraussetzt[14] – durch den Aufsichtsrat vorzunehmen. 9

bb) Abweichende Durchführung in der Praxis. Abweichend von dem oben gezeichneten gesetzlichen Leitbild hat sich in der **Praxis** – jedenfalls bei **Publikumsgesellschaften** – ein anderes Vorgehen als vorteilhaft erwiesen. So werden hier im Regelfall[15] die neuen Aktien zunächst von einem Kreditinstitut oder einem Konsortium übernommen und dann über das mittelbare Bezugsrecht nach § 186 Abs. 5 den Aktionären angeboten oder nach Weisung der Gesellschaft platziert. 10

Im Einzelnen: Schon vor dem Ausnutzungsbeschluss des Vorstands verpflichtet sich das beteiligte Kreditinstitut oder Konsortium gegenüber der Gesellschaft, alle neuen Aktien zu zeichnen und den bezugsberechtigten Aktionären sodann anzubieten bzw am Markt unterzubringen.[16] Nach den erforderlichen Verwaltungsentscheidungen **zeichnet** das **Kreditinstitut** oder das Konsortium **alle neuen Aktien** gemäß § 203 Abs. 1 S. 1 iVm § 185 und leistet den gesetzlichen Mindestbetrag (§ 203 Abs. 1 S. 1 iVm § 188 Abs. 2 iVm §§ 36 Abs. 2, 36a). Die nach Eintragung der Durchführung **entstandenen Aktien** werden sodann gegen Zahlung eines Bezugspreises an die bezugsberechtigten Aktionäre **weitergereicht** oder am Markt – wenn keine abweichende Vereinbarung diesbezüglich mit der Gesellschaft vorliegt – bestmöglich untergebracht. Ein et- 11

---

13 BGHZ 164, 241, 244 f (Mangusta/Commerzbank I).
14 Eine Ermächtigung des Aufsichtsrates durch die Hauptversammlung zur Fassungsänderung war bis März 2012 in den Fällen der §§ 3 Abs. 6, 7b Abs. 3 FMStBG aF nicht erforderlich, da der der Aufsichtsrat hier schon auf Grund gesetzlicher Bestimmung die Befugnis zur Fassungsänderung hatte.

15 Großkomm-AktienR/*Hirte*, Rn 22; *Hüffer*, Rn 29; KölnKomm-AktG/*Lutter*, Rn 6; MüHb-AG/*Krieger*, § 58 Rn 2 aE; K. Schmidt/Lutter/*Veil*, Rn 11; Spindler/Stilz/*Wamser*, Rn 22.
16 Siehe *Hopt*, Emissionsgeschäft und Emissionskonsortien, in: FS Kellermann, 1991, S. 181, 184; Schlitt/Schäfer, AG 2005, 67, 73.

waiger Mehrerlös, der sich daraus ergibt, dass der Ausgabebetrag niedriger ist als der Betrag, den die zukünftigen Aktionäre an das jeweilige Kreditinstitut zu zahlen haben,[17] ist (abzüglich einer vereinbarten und angemessenen Emissionsvergütung) an die Gesellschaft weiterzureichen (siehe § 186 Rn 87 f). Auch im Fall der Ausgabe von Aktien an Arbeitnehmer wird dieser Weg häufig präferiert, um steuerliche Vorteile für die Gesellschaft zu nutzen.[18]

12 **IV. Genehmigtes Kapital I und II.** Vielfach verfügen Publikumsgesellschaften über **mehrere**, in ihrer Ausgestaltung voneinander abweichende **Ermächtigungen** („Genehmigtes Kapital I", „Genehmigtes Kapital II" usw).[19] Das ist rechtlich nicht zu beanstanden.[20] Allerdings ist hinsichtlich der Gesamtsumme der genehmigten Kapitalien die Kapitalgrenze des Abs. 3 S. 1 zu beachten. Die Aufteilung in mehrere genehmigte Kapitalien ist deshalb sinnvoll, da so unterschiedlich ausgestaltete Ermächtigungen recht übersichtlich jeweils mit gesonderten Betragsgrenzen versehen werden können. Zudem will die Praxis mit der Verteilung auf mehrere Kapitalien dem Umstand Rechnung tragen, dass verschieden ausgestaltete Ermächtigungsbeschlüsse jeweils einem anderen **Anfechtungsrisiko** unterliegen. So ist ein Hauptversammlungsbeschluss, der auf einen Bezugsrechtsausschluss (und ggf auf eine Kapitalerhöhung mit Sacheinlagen) gerichtet ist, in der Regel einem höheren Anfechtungsrisiko ausgesetzt als ein Hauptversammlungsbeschluss, der das gesetzliche Bezugsrecht unangetastet lässt und den Vorstand auch nicht zum Bezugsrechtsausschluss ermächtigt. Mit der Aufteilung wird das (gesteigerte) Anfechtungsrisiko auf einen Teilbereich des genehmigten Kapitals beschränkt.[21] Die praktische Bedeutung der Aufteilung in verschiedene genehmigte Kapitalien hat aber seit einiger Zeit wegen der gemäß § 186 Abs. 3 S. 4 bestehenden Möglichkeit eines vereinfachten Bezugsrechtsausschlusses abgenommen.[22]

B. Ermächtigung zur Erhöhung des Grundkapitals (Abs. 1 bis 3)

13 **I. Allgemeines. 1. Kein Grundkapital, kein gezeichnetes Kapital, Angabe im Jahresabschluss.** Das Gesetz versteht nach Abs. 1 und 2 unter dem genehmigten Kapital die **Ermächtigung des Vorstands** durch die Satzung, das Grundkapital bis zu einem bestimmten Nennbetrag durch Ausgabe neuer Aktien gegen Einlagen zu erhöhen. Daher stellt es im Gegensatz zu der in der Satzung nach § 23 Abs. 3 Nr. 3 festgelegten Grundkapitalziffer **kein Grundkapital** dar.[23] Es gibt dem Vorstand abweichend von der Zuständigkeitsverteilung nach § 119 Abs. 1 Nr. 6 lediglich die Befugnis, bis zu einer bestimmten Grenze, neues Grundkapital zu schaffen. Das genehmigte Kapital ist mangels Grundkapitaleigenschaft auch **kein gezeichnetes Kapital**. Denn in der Sprache des Bilanzrechts ist dies der Oberbegriff für die verschiedenen Arten des haftenden Eigenkapitals bei den Kapitalgesellschaften (vgl § 272 Abs. 1 S. 1 HGB). Eigenkapital in diesem Sinne ist bei der Aktiengesellschaft aber nur das Grundkapital. Das genehmigte Kapital ist anders als das Grundkapital, dessen Ausweisung gemäß § 266 Abs. 3 HGB auf der Passivseite der Bilanz unter A.I erfolgt, (lediglich) **im Anhang des Jahresabschlusses anzugeben** (§ 160 Abs. 1 Nr. 4). Die Ausweispflicht im Jahresabschluss entsteht dabei (wegen § 181 Abs. 3) erst mit der Eintragung des genehmigten Kapitals in das Handelsregister, nicht schon mit der Beschlussfassung bzw der Satzungsfeststellung. Zudem ist das genehmigte Kapital im Handelsregister einzutragen (§§ 39 Abs. 2, 181).

14 **2. Keine Ermächtigung zur bedingten Kapitalerhöhung (§§ 192 ff) und zur Kapitalerhöhung aus Gesellschaftsmitteln (§§ 207 ff).** Eine bedingte Kapitalerhöhung kann nach § 192 Abs. 1 nur durch die Hauptversammlung beschlossen und nach bestrittener Auffassung auch durch die Gründungssatzung[24] geschaffen werden. Durch einen Beschluss der Verwaltungsorgane kann ein **bedingtes Kapital** nach dem eindeutigen Wortlaut des § 192 Abs. 1 **nicht geschaffen werden**.[25] Daran ändert auch ein bestehendes genehmigtes Kapital nichts.[26] Denn das genehmigte Kapital ist gesetzlich so ausgestaltet, dass es sich stark an die (reguläre) Kapitalerhöhung gegen Einlagen (§§ 182 ff) anlehnt (besonders durch § 203 Abs. 1), nicht aber an die bedingte Kapitalerhöhung. Insbesondere besteht keine Norm, die für den Fall einer Ermächtigung nach § 202

---

17 Ebenfalls die Zulässigkeit einer entsprechenden Konstruktion bejahend MüHb-AG/*Krieger*, § 56 Rn 90 f mwN (auch zur Gegenansicht).
18 K. Schmidt/Lutter/*Veil*, Rn 11, 31; Bürgers/Körber/*Marsch-Barner*, Rn 22.
19 Semler/Volhard/*Schröer*, Arbeitshb HV, § 24 Rn 19; *Hüffer*, Rn 5.
20 *Heinsius*, Bezugsrechtsausschluss, in: FS Kellermann, 1991, S. 115 f; MüKo-AktG/*Bayer*, Rn 78; Großkomm-AktienR/*Hirte*, Rn 153; *Hüffer*, Rn 5; KölnKomm-AktG/*Lutter*, Rn 18, 31; K. Schmidt/Lutter/*Veil*, Rn 12; Spindler/Stilz/*Wamser*, Rn 8; Grigoleit/*Rieder*/*Holzmann*, Rn 1; Obermüller/*Butzke*, HV der AG, L Rn 13; abweichend (ohne Begründung): *Schlegelberger*/*Quassowski*, § 169 Rn 11.
21 Hölters/v. Dryander/*Niggemann*, Rn 18.
22 MüKo-AktG/*Bayer*, Rn 78; Großkomm-AktienR/*Hirte*, Rn 153; *Hüffer*, Rn 5 aE; Spindler/Stilz/*Wamser*, Rn 8; K. Schmidt/Lutter/*Veil*, Rn 12.
23 Statt aller: KölnKomm-AktG/*Lutter*, Rn 2.
24 Ausführlich zum Streit: Großkomm-AktienR/*Frey*, § 192 Rn 24 ff; MüKo-AktG/*Fuchs*, § 192 Rn 22.
25 Großkomm-AktienR/*Frey*, § 192 Rn 23.
26 *Franke*, Kapitalerhöhung, S. 52 f; Großkomm-AktienR/*Hirte*, Rn 195; *Hüffer*, Rn 6; KölnKomm-AktG/*Lutter*, Rn 10; MüHb-AG/*Krieger*, § 58 Rn 6.

Abs. 1 oder Abs. 2 eine Ausnahme von dem Erfordernis eines Hauptversammlungsbeschlusses nach § 192 Abs. 1 vorsieht. Durch die Ermächtigung nach § 202 Abs. 1 oder 2 kann der Vorstand daher nicht dazu legitimiert werden, das genehmigte Kapital für eine bedingte Kapitalerhöhung zu verwenden. Gleichwohl kann das genehmigte Kapital vom Vorstand zu denselben Zwecken eingesetzt werden wie das bedingte Kapital.[27] Zu beachten ist in diesem Zusammenhang noch, dass nach § 192 Abs. 2 Nr. 3 – also nach einer Vorschrift des bedingten Kapitals – der Vorstand ermächtigt (§ 192 Abs. 2 Nr. 3 aE: „… im Wege des … Ermächtigungsbeschlusses.") werden kann, Bezugsrechte an bestimmte Personen zu gewähren. Auf diese Ermächtigung müssen dann die Vorschriften des genehmigten Kapitals zum Teil entsprechende Anwendung finden.[28] Im Übrigen bleibt es aber dabei, dass (außerhalb der in § 192 ausdrücklich genannten Fälle) eine Ermächtigung des Vorstands zu einer **bedingten Kapitalerhöhung** nicht möglich ist.[29] Der Vorstand kann im Rahmen des genehmigten Kapitals nach hL[30] auch **nicht** zu einer **Kapitalerhöhung aus Gesellschaftsmitteln** (§§ 207 ff) ermächtigt werden.

3. Keine Verpflichtung zur Kapitalerhöhung. Ein genehmigtes Kapital begründet **keine Verpflichtung** sondern nur das **Recht** des Vorstands **gegenüber der Gesellschaft** zur Durchführung der Kapitalerhöhung.[31] Denn wie sich aus den Formulierungen in § 202 Abs. 1 und 2 ergibt, wird der Vorstand lediglich „ermächtigt". Das bedeutet, dass er entscheidet und zwar selbst dann, wenn infolge hoher Aktienkurse ein besonders hoher Emissionserlös realisiert werden könnte.[32] Auch die Hauptversammlung kann dem Vorstand keine Anweisung (über § 83 Abs. 2) dahin gehend erteilen, dass er von der Ermächtigung Gebrauch zu machen hat.[33] Denn die Entscheidung über das „Ob" der Ausnutzung hat mit der Ermächtigung den Zuständigkeitsbereich der Hauptversammlung verlassen und ist eine Maßnahme der Geschäftsführung geworden (siehe dazu Rn 4 und 77), so dass nunmehr § 119 Abs. 2 zum Tragen kommt,[34] wonach die Hauptversammlung über Fragen der Geschäftsführung nur dann entscheidet, wenn der Vorstand dies verlangt. Eine Bindung des Vorstands gelingt der Hauptversammlung nur, wenn sie den Weg der regulären Kapitalerhöhung wählt (§§ 83 Abs. 2, 119 Abs. 1 Nr. 6, 182 ff). Der Vorstand kann die Gesellschaft **gegenüber Dritten** mit gesellschaftsrechtlicher Wirkung weder zur Unterlassung noch zur Ausnutzung der Ermächtigung verpflichten.[35] Denn das ist bei der regulären Kapitalerhöhung (auch der Hauptversammlung als dem eigentlich für Kapitalerhöhungen zuständigen Organ) nicht möglich.[36] Wenn die Gesellschaft (auch durch die Hauptversammlung) zur regulären Kapitalerhöhung mit gesellschaftsrechtlicher Wirkung nicht verpflichtet werden kann, so kann die Hauptversammlung den Vorstand auch nicht im Wege des genehmigten Kapitals zu einer derartigen Verpflichtung ermächtigen.[37] In Betracht käme damit allenfalls eine Verpflichtung der Gesellschaft mit schuldrechtlicher Wirkung. Hiergegen spricht jedoch, dass sich der Vorstand in einer unlösbaren Pflichtenkollision zwischen der eingegangenen schuldrechtlichen Verpflichtung einerseits und der Ausnutzung des genehmigten Kapitals nach pflichtgemäßem Ermessen – bezogen auf die konkrete Situation der Gesellschaft – andererseits entscheiden müsste.[38] Hiervon unberührt bleibt jedoch die Möglichkeit der Hauptversammlung die Ausübung der Ermächtigung durch Satzungsänderung zu unterbinden (siehe Rn 70).[39]

II. Ermächtigung als Satzungsbestandteil (Abs. 1 und 2). Die Ermächtigung des Vorstands, das Grundkapital zu erhöhen, kann **nur in Form einer Satzungsbestimmung** erfolgen (Abs. 1 und 2). Der Grund hierfür liegt darin, dass ein an sich unzuständiges Organ zur Kapitalerhöhung und damit zur Satzungsänderung

---

27 Vgl BGHZ 83, 319, 323 (Holzmann), wo der BGH ganz selbstverständlich die in § 192 Abs. 2 aufgezählten Tatbestände im Rahmen des genehmigten Kapitals erwähnt; Großkomm-AktienR/*Hirte*, Rn 195 mwN; *Hirte*, Ausgewählte Fragen zu Stock-option-Plänen und zum Erwerb eigener Aktien, in: RWS-Forum Gesellschaftsrecht 1999, S. 211, 244; *Hüffer*, Rn 2; KölnKomm-AktG/*Lutter*, Rn 5; MüHb-AG/*Krieger*, Rn 2.
28 Großkomm-AktienR/*Hirte*, Rn 140; *Hirte*, Ausgewählte Fragen zu Stock-option-Plänen und zum Erwerb eigener Aktien, in: RWS-Forum Gesellschaftsrecht 1999, S. 211, 223 ff; nicht ganz so weit gehend: Großkomm-AktienR/*Frey*, § 192 Rn 111 ff.
29 Großkomm-AktienR/*Hirte*, Rn 140; *Hüffer*, Rn 6; K. Schmidt/Lutter/*Veil*, Rn 13; Hölters/*v. Dryander/Niggemann*, Rn 6; Spindler/Stilz/*Wamser*, Rn 82.
30 *Hüffer*, Rn 6; KölnKomm-AktG/*Lutter*, Rn 10; K. Schmidt/Lutter/*Veil*, Rn 4; Spindler/Stilz/*Wamser*, Rn 82; MüHb-AG/*Krieger*, § 58 Rn 6; aA Großkomm-AktienR/*Hirte*, Rn 196 und § 207 Rn 145 ff.
31 MüKo-AktG/*Bayer*, Rn 34 f; Hölters/*v. Dryander/Niggemann*, Rn 30; *v. Godin/Wilhelmi*, Anm. 9; Grigoleit/*Rieder/Holzmann*, Rn 7; Großkomm-AktienR/*Hirte*, Rn 91; *Hirte*, Bezugs-

rechtsausschluss, S. 107; KölnKomm-AktG/*Lutter*, Rn 2 und 10; *Lutter*, BB 1981, 861 mwN; Bürgers/Körber/*Marschbarner*, Rn 15; *Timm*, DB 1982, 211, 213 Fn 25; *Yanli*, S. 9, 22, 24 ff; abweichend: *van Venrooy*, AG 1981, 205, 210 (Verpflichtung des Vorstands); Spindler/Stilz/*Wamser*, Rn 85 (unternehmerische Ermessensentscheidung, die im Einzelfall auf Null reduziert sein kann).
32 Großkomm-AktienR/*Hirte*, Rn 91, § 204 Rn 10.
33 *v. Godin/Wilhelmi*, Anm. 9; MüKo-AktG/*Bayer*, Rn 34; Großkomm-AktienR/*Hirte*, Rn 91; *Hirte*, Bezugsrechtsausschluss, S. 107; *Hüffer*, Rn 6; KölnKomm-AktG/*Lutter*, Rn 2 und 10; Schlegelberger/*Quassowski*, § 169 Rn 4.
34 Ähnlich die Begründung bei *v. Godin/Wilhelmi*, Anm. 9.
35 MüKo-AktG/*Bayer*, Rn 35.
36 Großkomm-AktienR/*Wiedemann*, § 182 Rn 37; KölnKomm-AktG/*Lutter*, § 182 Rn 15.
37 Großkomm-AktienR/*Hirte*, Rn 91; abweichend: *Technau*, AG 1998, 445, 457.
38 So auch MüKo-AktG/*Bayer*, Rn 35.
39 *Hüffer*, Rn 18; KölnKomm-AktG/*Lutter*, Rn 7; K. Schmidt/Lutter/*Veil*, Rn 20.

ermächtigt wird. Die insoweit zu wünschende (dauerhafte) Publizität hinsichtlich der Ermächtigung zur Satzungsänderung wird am besten durch eine Satzungsbestimmung erreicht. Europarechtlich geboten ist die Aufnahme der Ermächtigung in die Satzung zwar nicht; vielmehr wäre eine Ermächtigung durch (bloßen) Hauptversammlungsbeschluss ausreichend (Art. 29 Abs. 2 S. 1 Richtlinie 2012/30/EU). Dann müsste allerdings der den Vorstand ermächtigende Hauptversammlungsbeschluss entsprechend offen gelegt werden (Art. 29 Abs. 2 S. 1, Abs. 1 Richtlinie 2012/30/EU iVm Art. 3 Richtlinie 2009/101/EG).

17 **1. Ermächtigung als Bestandteil der Gründungssatzung (Abs. 1).** Nach Abs. 1 kann die **ursprüngliche Satzung** die Ermächtigung enthalten. Dazu müssen die Gründer (§ 28) die Ermächtigung als Bestandteil der Satzung mit festgestellt haben. Formell ist diesbezüglich eine notarielle Beurkundung erforderlich (§ 23 Abs. 1 S. 1). Enthält die Satzung eine Bestimmung über das genehmigte Kapital, so ist diese Bestimmung in das Handelsregister einzutragen (§ 39 Abs. 2); eine Bezugnahme auf die zum Handelsregister eingereichten Unterlagen genügt daher nicht. Die Eintragung der Bestimmung über das genehmigte Kapital hat in der Spalte 6 („Rechtsverhältnisse") der Abteilung B zu erfolgen. Erst mit der Eintragung der Gesellschaft ist die in der Gründungssatzung enthaltene Ermächtigung wirksam (§ 41 Abs. 1 S. 1). Da das genehmigte Kapital nach § 39 Abs. 2 Inhalt der Eintragung ist, ist es nach § 10 HGB auch bekannt zu machen. Ein genehmigtes Kapital in der Gründungssatzung ist, da es selbst kein Grundkapital darstellt (siehe Rn 13), bei der Frage, ob der Mindestnennbetrag von 50.000 EUR erreicht wird (§ 7), nicht hinzuzurechnen.[40]

18 **2. Ermächtigung als Bestandteil der Satzung durch Satzungsänderung (Abs. 2).** Die Ermächtigung kann nach Abs. 2 S. 1 auch durch eine Satzungsänderung erteilt werden. Wird diese Variante gewählt, sind die §§ 179 ff unmittelbar zu beachten, sofern die §§ 202 ff nicht speziellere Vorgaben enthalten.

19 **a) Satzungsändernder Beschluss. aa) Zuständiges Organ, Einberufung, vorherige Bekanntmachung.** Gemäß §§ 119 Abs. 1 Nr. 5, 179 Abs. 1 S. 1 bedarf jede Satzungsänderung eines Beschlusses der **Hauptversammlung**. Eine Ausnahme hiervon sieht § 179 Abs. 1 S. 2 für bloße Fassungsänderungen vor. Danach kann die Zuständigkeit für die Satzungsänderung ausnahmsweise auf den Aufsichtsrat übertragen werden.[41] Da die Ermächtigung keine bloße Fassungsänderung ist, kann diese Zuständigkeit nicht nach § 179 Abs. 1 S. 2 auf den Aufsichtsrat übertragen werden. Folglich ist für die Schaffung eines genehmigten Kapitals, wenn nicht die Ermächtigung schon in der Gründungssatzung enthalten ist, stets ein Beschluss der Hauptversammlung erforderlich.

20 Die Hauptversammlung muss ordnungsgemäß **einberufen** werden (§§ 121 ff). Dabei ist insbesondere die Frist von 30 Tagen (früher, bis zum Inkrafttreten des UMAG am 1.11.2005: Monatsfrist) des § 123 Abs. 1 zu beachten.[42] Zuständig zur Einberufung der Hauptversammlung ist grundsätzlich der Vorstand (§ 121 Abs. 2 S. 1). Die Einberufung muss die Firma, den Sitz der Gesellschaft sowie Zeit und Ort der Hauptversammlung enthalten (§ 121 Abs. 3 S. 1). Zudem ist in der Einberufung die Tagesordnung anzugeben (§ 121 Abs. 3 S. 2). Bei börsennotierten Gesellschaften sind weitere Angaben in der Einberufung erforderlich (§ 121 Abs. 3 S. 3). Neben der – die vorgenannten Angaben enthaltenden – Einberufung selbst (§ 121 Abs. 4) und den Beschlussvorschlägen der Verwaltung (§ 124 Abs. 3 S. 1) ist, da mit der Ermächtigung eine Satzungsänderung beabsichtigt wird, auch der **Wortlaut der vorgeschlagenen Satzungsänderung bekannt zu machen** (§ 124 Abs. 2 S. 2).[43]

21 **bb) Mehrheitserfordernisse (insb. Abs. 2 S. 2 und 3). (1) Gesetzliche Mehrheitserfordernisse.** Da gemäß § 179 Abs. 1 S. 1 ein positiver Beschluss erforderlich ist, muss zunächst die im Grundsatz[44] für jeden Beschlussgegenstand erforderliche **einfache Mehrheit der abgegebenen Stimmen** nach § 133 Abs. 1 erreicht werden.[45] Das ergibt sich aus § 5 Abs. 2 S. 2 EGAktG (argumentum e contrario).[46] Als **abgegeben** in diesem

---

[40] MüKo-AktG/*Bayer*, Rn 38; Grigoleit/*Rieder/Holzmann*, Rn 8; Großkomm-AktienR/*Hirte*, Rn 21; K. Schmidt/Lutter/*Veil*, Rn 14.

[41] Weitere Ausnahmen hinsichtlich der Zuständigkeit für Fassungsänderungen im Zusammenhang mit genehmigten Kapitalien fanden sich in den §§ 3 Abs. 6, 7b Abs. 3 FMStBG aF. Dort wurde die Zuständigkeit für die Fassungsänderung sogleich per Gesetz auf den Aufsichtsrat übertragen (siehe dazu Rn 181).

[42] Soll ein genehmigtes Kapital unter den Voraussetzungen des § 7b FMStBG geschaffen werden, beträgt die Einberufungsfrist nur 21 Tage, gemäß § 7b Abs. 1 S. 3 FMStBG iVm § 7 Abs. 1 S. 1 FMStBG. Für eine Einberufung bis zum 21.8.2009 hatte in diesen Fällen sogar eine Einberufungsfrist von nur einem Tag (!) ausgereicht, § 7b Abs. 3 S. 3 iVm § 7 Abs. 1 S. 2 und 3 FMStBG aF.

[43] Rechtsfolge einer fehlerhaften Bekanntmachung ist die Anfechtbarkeit der Beschlussfassung: LG Köln, AG 1996, 37; *Hüffer*, § 124 Rn 18.

[44] Ausnahmen sind nur zulässig, soweit sie gesetzlich (wie etwa in § 133 Abs. 2) vorgesehen sind.

[45] Grigoleit/*Rieder/Holzmann*, Rn 9; Großkomm-AktienR/*Barz*, § 133 Anm. 5; *v. Godin/Wilhelmi*, § 133 Anm. 4; *Hüffer*, § 133 Rn 13; MüHb-AG/*Semler*, § 39 Rn 20; MüKo-AktG/*Volhard*, § 133 Rn 30; KölnKomm-AktG/*Zöllner*, § 133 Rn 67.

[46] So für Satzungsänderungen Großkomm-AktienR/*Wiedemann*, § 179 Rn 114; KölnKomm-AktG/*Zöllner*, § 179 Rn 152.

Sinn **gelten nur die Ja- und die Nein-Stimmen**.⁴⁷ Stimmenthaltungen und ungültige Stimmen bleiben unberücksichtigt, da ihnen andernfalls die Bedeutung einer Nein-Stimme zukäme. Entsprechende Probleme ergeben sich bei einer Berücksichtigung der Hauptversammlungspräsenz. Entscheidend für das Erreichen der einfachen Mehrheit ist auch hier allein, ob mehr Ja- als Nein-Stimmen vorliegen.⁴⁸

Der satzungsändernde Beschluss der Hauptversammlung zur Schaffung des genehmigten Kapitals bedarf neben der einfachen Mehrheit der abgegebenen Stimmen gemäß Abs. 2 S. 2 einer (**qualifizierten**) **Kapitalmehrheit**, die mindestens **drei Viertel des bei der Beschlussfassung vertretenen Grundkapitals** umfasst.⁴⁹ Abs. 2 S. 2 fordert damit ein weiteres Erfordernis iSd § 133 Abs. 1 Hs 2. Entgegen dem etwas unglücklichen Wortlaut des § 202 Abs. 2 S. 2 ist es für das Erreichen der (qualifizierten) Kapitalmehrheit nicht erforderlich, dass drei Viertel des in der Hauptversammlung anwesenden Grundkapitals für den Antrag stimmen.⁵⁰ Denn das Grundkapital ist bei der Beschlussfassung nur insoweit vertreten, als aus den darauf entfallenden Aktien wirksam deren Stimmrecht mit „ja" oder „nein" ausgeübt wird.⁵¹ Deshalb ist es – wie bei der einfachen Stimmmehrheit (dazu oben Rn 21) – insoweit gleichgültig, welche Hauptversammlungspräsenz bestand und welche Zahl von Enthaltungen und welche Zahl ungültiger Stimmen vorlag.⁵² Zudem sind alle Aktien, aus denen keine Stimmrechte ausgeübt werden dürfen – dazu gehören auch die stimmrechtslosen Vorzugsaktien⁵³ –, bei der Bestimmung der Bezugsgröße nicht mitzurechnen.⁵⁴ Denn aus diesen Aktien kann bei einem Hauptversammlungsbeschluss nicht mitgestimmt werden, so dass das durch sie repräsentierte Grundkapital nicht vertreten ist. Für stimmrechtslose Vorzugsaktien ergibt sich die Nichtberücksichtigung zudem aus dem Umkehrschluss des § 140 Abs. 2 S. 2.⁵⁵

(2) **Höhere satzungsbedingte Kapitalmehrheitserfordernisse (Abs. 2 S. 3)**. Die Satzung kann nach Abs. 2 S. 3 **nur eine größere Kapitalmehrheit** als von Abs. 2 S. 2 gefordert bestimmen.⁵⁶ Eine geringere Kapitalmehrheit kann die Satzung nach dem eindeutigen Wortlaut des Abs. 2 S. 3 dagegen nicht gestatten. § 179 Abs. 2 S. 2, nach dem die Satzung eine andere Kapitalmehrheit und damit auch eine geringere verlangen kann, wird von § 202 Abs. 2 S. 3 verdrängt. Dies ist auch sachgerecht. Denn die Hauptversammlung überträgt mit der Ermächtigung die Kompetenz auf den Vorstand, selbst und endgültig über das „Ob" der Kapitalerhöhung zu bestimmen, was eine ihrer wichtigsten Entscheidungsbefugnisse ist.⁵⁷ Hinsichtlich des Umstandes, dass durch die Satzung keine geringere Kapitalmehrheit gestattet werden kann, entspricht die Norm den parallelen Regelungen beim bedingten Kapital (§ 193 Abs. 1 S. 2), der Kapitalherabsetzung (§ 222 Abs. 1 S. 2) und beim Ausschluss des Bezugsrechts (§ 186 Abs. 3 S. 3).

Werden satzungsbedingte höhere **Kapitalmehrheitserfordernisse allgemein für Satzungsänderungen** aufgestellt, so ist fraglich, ob dies im Zweifel auch für die Ermächtigung nach § 202 Abs. 2 gilt. Dafür spricht (nur) zunächst, dass die Ermächtigung nach Abs. 2 eine Satzungsänderung ist.⁵⁸ Dagegen lässt sich zutreffend vorbringen, dass Abs. 2 S. 2 und 3 hinsichtlich der Kapitalmehrheit § 179 Abs. 2 S. 1 und 2 verdrängt. Das Vorhandensein einer solchen verschärften Spezialregelung fordert aber vom Satzungsgeber, dass er gerade deren Abbedingung erkennbar zum Ausdruck bringt.⁵⁹

Verlangt dagegen die Satzung **allgemein für Kapitalerhöhungen** eine größere Kapitalmehrheit, so gilt dies im Zweifel auch für die Ermächtigung zur Kapitalerhöhung (Abs. 2).⁶⁰ Denn die Hauptversammlung könn-

---

47 Großkomm-AktienR/*Barz*, § 133 Anm. 2; *Hüffer*, § 133 Rn 12; MüHb-AG/*Semler*, § 39 Rn 20; MüKo-AktG/*Volhard*, § 133 Rn 27; KölnKomm-AktG/*Zöllner*, § 133 Rn 61; aA für die Enthaltung durch Abgabe eines weißen Zettels *v. Godin/Wilhelmi*, § 133 Anm. 2 aE.

48 *Hüffer*, § 133 Rn 12; *Vogel*, Gesellschafterbeschlüsse und Gesellschafterversammlung, S. 154; *Würdinger*, S. 145; KölnKomm-AktG/*Zöllner*, § 133 Rn 63 f.

49 Soll ein genehmigtes Kapital unter den Voraussetzungen des § 7 b FMStBG geschaffen werden, bedarf es dieser (qualifizierten) Kapitalmehrheit nicht; vielmehr genügt die (einfache) Mehrheit der abgegebenen Stimmen (§ 7 b Abs. 1 S. 1 FMStBG; siehe zu den Mehrheitserfordernissen Rn 148).

50 MüKo-AktG/*Bayer*, Rn 43.

51 *Hüffer*, § 179 Rn 14; MüHb-AG/*Semler*, § 39 Rn 24; MüKo-AktG/*Stein*, § 179 Rn 73; Großkomm-AktienR/*Wiedemann*, § 179 Rn 112; KölnKomm-AktG/*Zöllner*, § 179 Rn 151; KölnKomm-AktG/*Zöllner*, § 133 Rn 73.

52 *Hüffer*, § 179 Rn 14; MüKo-AktG/*Stein*, § 179 Rn 73; Großkomm-AktienR/*Wiedemann*, § 179 Rn 112; KölnKomm-AktG/*Zöllner*, § 179 Rn 151; KölnKomm-AktG/*Zöllner*, § 133 Rn 72.

53 Es sei denn, dass sie ausnahmsweise mitstimmen dürfen (zB § 140 Abs. 2).

54 MüKo-AktG/*Bayer*, Rn 45; *Hüffer*, § 179 Rn 14; MüKo-AktG/*Stein* § 179 Rn 74; Großkomm-AktienR/*Wiedemann*, § 179 Rn 113; KölnKomm-AktG/*Zöllner*, § 179 Rn 151; KölnKomm-AktG/*Zöllner*, § 133 Rn 73.

55 MüKo-AktG/*Stein*, § 179 Rn 74.

56 Das gilt nicht, wenn ein genehmigtes Kapital unter den Voraussetzungen des § 7 b FMStBG geschaffen werden soll, da hier *gesetzlich* lediglich die (einfache) Mehrheit der abgegebenen Stimmen gefordert wird (§ 7 b Abs. 1 S. 1 FMStBG) und eine abweichende Satzungsbestimmung dem gesetzgeberischen Ziel der Erleichterung der Beschlussfassung in der Hauptversammlung entgegenstehen würde (Zu den diesbezüglichen Mehrheitserfordernissen siehe auch Rn 148).

57 Großkomm-AktienR/*Hirte*, Rn 100; KölnKomm-AktG/*Lutter*, Rn 5.

58 So aber wohl Großkomm-AktienR/*Hirte*, Rn 100.

59 So überzeugend KölnKomm-AktG/*Zöllner*, § 179 Rn 132; *Witt*, AG 2000, 345, 351 mwN; schwächer Spindler/Stilz/*Wamser*, Rn 34, wonach die insoweit bestehende Auslegungsfrage in aller Regel zu bejahen sein wird.

60 Im Erg. ebenso: MüKo-AktG/*Bayer*, Rn 42; Grigoleit/*Rieder/Holzmann*, Rn 9; Großkomm-AktienR/*Hirte*, Rn 100; Spindler/Stilz/*Wamser*, Rn 34; Bürgers/Körber/*Marsch-Barner*, Rn 6; *Witt*, AG 2000, 345, 352.

te ansonsten ohne Einhaltung der satzungsbedingten größeren Kapitalmehrheit zu etwas ermächtigen, wozu sie selbst nur bei deren Erreichen im Stande wäre. Aus demselben Grund gilt im Zweifel eine von der Satzung **für die (reguläre) Kapitalerhöhung gegen Einlagen (§§ 182 ff)** verlangte größere Kapitalmehrheit auch für die Ermächtigung nach § 202 Abs. 2.[61]

26 cc) **Weitere Erfordernisse. (1) Sonderbeschlüsse (insb. § 202 Abs. 2 S. 4 iVm § 182 Abs. 2).** Das Erfordernis von Sonderbeschlüssen kann sich hier im Wesentlichen aus zwei Normen ergeben. Zum einen kann ein Sonderbeschluss wegen § 141 bei Bestehen stimmrechtsloser Vorzugsaktien erforderlich sein (siehe Rn 28). Zum anderen ist § 202 Abs. 2 S. 4 iVm § 182 Abs. 2 zu beachten (siehe Rn 27). Ist ein Sonderbeschluss erforderlich, so ist der **Hauptversammlungsbeschluss**, solange der Sonderbeschluss fehlt, **(schwebend) unwirksam**. Endgültig unwirksam wird der Beschluss der Hauptversammlung nach Ablauf von drei Monaten, wenn bis dahin der erforderliche Sonderbeschluss nicht gefasst wird.[62]

27 § 202 Abs. 2 S. 4 erklärt § 182 Abs. 2 für anwendbar. Gemäß § 182 Abs. 2 S. 1 bedarf der Beschluss der Hauptversammlung, wenn **mehrere Gattungen (§ 11) von stimmberechtigten Aktien** vorhanden sind, der Zustimmung der Aktionäre jeder Gattung. Auf eine Benachteiligung wie bei § 179 Abs. 3, der hier von § 202 Abs. 2 S. 4 verdrängt wird, kommt es nicht an. Über die Zustimmung haben die Aktionäre jeder Gattung einen Sonderbeschluss (§ 138) zu fassen (§ 182 Abs. 2 S. 2). Für jeden Sonderbeschluss ist eine gesonderte Versammlung oder eine gesonderte Abstimmung der betreffenden Aktionäre zu verlangen (§ 138 S. 1). Für die zu fassenden Sonderbeschlüsse gelten die Bestimmungen über die Hauptversammlungsbeschlüsse sinngemäß (§ 138 S. 2 aE). Damit kommen bei den Sonderbeschlüssen auch die für den zustimmungsbedürftigen Beschluss der Hauptversammlung vorgeschriebenen Mehrheitserfordernisse zum Tragen.[63] Folglich muss für einen (zustimmenden) Sonderbeschluss neben der einfachen Mehrheit der abgegebenen Stimmen (§§ 138 S. 2 aE, 133 Abs. 1) die (qualifizierte) Kapitalmehrheit des § 202 Abs. 2 S. 2 vorliegen. Die Satzung kann auch für die von Abs. 2 S. 4 verlangten Sonderbeschlüsse wegen Abs. 2 S. 3 eine größere Kapitalmehrheit als von Abs. 2 S. 2 gefordert bestimmen.[64] Eine geringere Kapitalmehrheit kann die Satzung dagegen nicht gestatten. Insoweit verdrängt Abs. 2 S. 2 trotz der Bestimmung des Abs. 2 S. 4 den § 182 Abs. 2 S. 3, der mit seiner Verweisung auf § 182 Abs. 1 an sich eine „andere" und damit auch eine geringere satzungsbedingte Kapitalmehrheit zulassen würde. Im Zweifel gelten Abänderungen der Mehrheitserfordernisse für den Hauptversammlungsbeschluss auch für den Sonderbeschluss.[65]

28 § 202 Abs. 2 S. 4 iVm § 182 Abs. 2 gilt aber nicht für **Vorzugsaktionäre ohne Stimmrecht**, solange sie nicht stimmberechtigt sind (siehe § 140 Abs. 2 S. 1). Das ergibt sich seit Einfügung des Wortes „stimmberechtigten" in § 182 Abs. 2 S. 1 ausdrücklich aus dem Gesetz (dazu § 182 Rn 45). Vorher war umstritten, ob § 141 die Norm des § 182 Abs. 2 im Wege der Spezialität verdrängt.[66] Nach § 141 Abs. 2 S. 1 bedarf ein Beschluss der Hauptversammlung über die Ausgabe von Vorzugsaktien, die bei der Verteilung des Gewinns oder des Gesellschaftsvermögens den (bestehenden) Vorzugsaktien vorgehen oder gleichstehen, der Zustimmung der Vorzugsaktionäre. Über die Zustimmung haben die Vorzugsaktionäre einen Sonderbeschluss – abweichend zum sonst bei Sonderbeschlüssen eingreifenden § 138 S. 1 – in einer gesonderten Versammlung zu fassen (§ 141 Abs. 3 S. 1). Die Ermächtigung zur Ausgabe neuer Vorzugsaktien ist insoweit auch mit Blick auf die Norm des § 204 Abs. 2, der gerade vor der Umgehung des § 141 Abs. 2 S. 1 schützen will (dazu § 204 Rn 24), dem „Beschluss über die Ausgabe von Vorzugsaktien" im Sinne von § 141 Abs. 2 gleichzustellen. Daher bedarf die Ermächtigung (nur) dann eines Sonderbeschlusses der (vorhandenen) stimmrechtslosen Vorzugsaktionäre, wenn zur Ausgabe von Vorzugsaktien ermächtigt werden soll und die neuen Vorzugsaktien den vorhandenen Vorzugsaktien ohne Stimmrecht (nach der Ermächtigung) vorgehen oder gleichstehen dürfen (§ 141 Abs. 2).[67]

29 **(2) Weitere Erfordernisse aufgrund der Satzung (Abs. 2 S. 3).** Die Satzung kann, wie sich aus Abs. 2 S. 3 ergibt, **weitere Erfordernisse** aufstellen. Das entspricht der Regelung in § 179 Abs. 2 S. 3. Denkbar ist zum Beispiel die Wiederholung der Beschlussfassung zu einem anderen Termin, die wiederholte Abstimmung zum selben Hauptversammlungstermin oder die Bestimmung eines Quorums unter Bezugnahme auf das stimmberechtigte Grundkapital (zu den einzelnen Möglichkeiten siehe § 179 Rn 37). Dem Satzungsgeber ist

---

61 AA *Witt*, AG 2000, 345, 352.
62 So auch MüKo-AktG/*Bayer*, Rn 46; Großkomm-AktienR/*Hirte*, Rn 101; Hölters/*v. Dryander/Niggemann*, Rn 35; anders: Spindler/Stilz/*Wamser*, Rn 31, der die Frist nicht als starre Regelung, sondern lediglich als „Richtschnur" versteht.
63 BGHZ 136, 133, 134 (Siemens/Nold II); OLG Stuttgart, AG 1993, 94 (Hugo Boss); MüKo-AktG/*Bayer*, Rn 44; KölnKomm-AktG/*Lutter*, Rn 6; Großkomm-AktienR/*Bezzenberger*, § 138 Rn 29.
64 MüKo-AktG/*Bayer*, Rn 44; Großkomm-AktienR/*Hirte*, Rn 101; *Hüffer*, Rn 10.
65 Großkomm-AktienR/*Hirte*, Rn 101; Hölters/*v. Dryander/Niggemann*, Rn 35; Spindler/Stilz/*Wamser*, Rn 31.
66 Zum vormaligen Streit auch Großkomm-AktienR/*Wiedemann*, § 182 Rn 49.
67 MüKo-AktG/*Bayer*, Rn 45; KölnKomm-AktG/*Lutter*, Rn 6; Spindler/Stilz/*Wamser*, Rn 32; abweichend: Großkomm-AktienR/*Hirte*, Rn 102, der davon ausgeht, dass die neuen Vorzugsaktien stimmrechtslos sein müssen.

es wegen § 23 Abs. 5 jedoch nicht möglich, eine Bestimmung vorzusehen, wonach ein genehmigtes Kapital niemals eingeführt werden kann.[68] Auch einen Zustimmungsvorbehalt zugunsten anderer Organe der Gesellschaft oder gar außenstehender Dritter kann die Satzung nicht vorsehen (siehe dazu auch § 179 Rn 37).[69]

Werden weitere Erfordernisse **allgemein für Satzungsänderungen** aufgestellt, so gelten sie im Zweifel auch für die Ermächtigung nach § 202 Abs. 2. Dafür spricht zum Teil, dass die Ermächtigung nach Abs. 2 eine Satzungsänderung ist (zur Schwäche dieses Arguments in anderen Fällen siehe Rn 24).[70] Durchschlagendes Argument dürfte aber sein, dass Abs. 2 S. 3 hinsichtlich der weiteren Erfordernisse der Regelung in § 179 Abs. 2 S. 3 entspricht, so dass man anders als bei den satzungsbedingten Mehrheitserfordernissen (siehe dazu Rn 24) nicht damit argumentieren kann, dass das Vorhandensein von Spezialregelungen zu § 179 Abs. 2 dem Satzungsgeber abfordert, deren Abbedingung erkennbar zum Ausdruck zu bringen. Bestimmt die Satzung **allgemein für Kapitalerhöhungen** weitere Erfordernisse, so gilt dies im Zweifel auch für die Ermächtigung zur Kapitalerhöhung (Abs. 2).[71] Denn die Hauptversammlung könnte ansonsten ohne Einhaltung satzungsbedingter weiterer Erfordernisse zu etwas ermächtigen, wozu sie selbst nur bei deren Einhaltung im Stande wäre. Aus demselben Grund gelten im Zweifel die von der Satzung **für die (reguläre) Kapitalerhöhung gegen Einlagen** (§§ 182 ff) verlangten weiteren Erfordernisse auch für die Ermächtigung nach Abs. 2. 30

(3) Information über Abwicklung von Kapitalerhöhungen in der Vergangenheit. Nach der Rechtsprechung des Landgerichts München I,[72] des OLG München[73] und des OLG Frankfurt[74] ist die ordnungsgemäße Abwicklung von Kapitalerhöhungen in der Vergangenheit, die aufgrund früherer Kapitalmaßnahmen geschaffen wurden, für die Aktionäre bei der Entscheidung über die Genehmigung neuen Kapitals – wegen der damit einhergehenden Kompetenzverlagerung – von Bedeutung. Werden darauf beruhende Informationsrechte der Aktionäre auf der Hauptversammlung, die den Beschluss über die Schaffung eines genehmigten Kapitals fasst, verletzt, so ist der Beschluss anfechtbar. Die anfechtungsbegründende Informationsverletzung kann dabei sowohl darauf beruhen, dass auf der Hauptversammlung eine diesbezügliche Frage nicht oder nicht ausreichend beantwortet wurde,[75] als auch darauf, dass der Vorstand nicht, nicht im richtigen Umfang oder nicht in der richtigen Art und Weise über die Ausnutzung des genehmigten Kapitals berichtet hat,[76] obwohl dies wegen eines dabei (in der Ermächtigung oder in der Ausnutzung) erfolgten Ausschlusses des Bezugsrechts erforderlich (siehe dazu Rn 47 sowie § 203 Rn 57 bis 80) war. 30a

b) Anmeldung, Eintragung und Bekanntmachung. aa) Anmeldung. Die Ermächtigung nach Abs. 2 ist, da es sich dabei um eine Satzungsänderung handelt, gemäß § 181 Abs. 1 S. 1 **vom Vorstand** zur Eintragung **anzumelden**. **Prokuristen** können auch im Fall einer unechten Gesamtvertretung aufgrund der mit der Anmeldung verbundenen Verantwortung nicht mitwirken.[77] Die **Pflicht** zur Anmeldung besteht **nur gegenüber der Gesellschaft** und ergibt sich aus dem Organverhältnis des Vorstands zu ihr (siehe dazu § 181 Rn 9). Eine öffentlich-rechtliche Pflicht des Vorstandes zur Anmeldung besteht folglich nicht (siehe dazu § 181 Rn 9); in Ermangelung einer öffentlich-rechtlichen Pflicht ist es auch nur folgerichtig, dass der Vorstand nicht vom Registergericht durch die Verhängung von Zwangsgeldern zur Anmeldung gezwungen werden kann (§ 407 Abs. 2). Die Anmeldung hat bei dem für die Führung des Handelsregisters zuständigen Amtsgericht (§ 8 HGB, §§ 374 Nr. 1, 376, 377 Abs. 1 FamFG) des Sitzes der Gesellschaft (§ 14) zu erfolgen. Sie ist elektronisch in öffentlich beglaubigter Form einzureichen (§ 12 Abs. 1 S. 1 HGB), mithin durch elektronische Einreichung einer öffentlich beglaubigten schriftlichen Erklärung, § 129 BGB, 39 ff. BeurkG (oder einer notariellen Urkunde über die Erklärung, § 129 Abs. 2 BGB). Dabei kann die erforderliche Beglaubigung auch als einfaches elektronisches Zeugnis nach § 39a BeurkG erfolgen. 31

Inhalt der Anmeldung ist der Antrag, den Ermächtigungsbeschluss in das Handelsregister einzutragen. Die **Anmeldung muss** dabei – anders als beim gesetzlichen Regelfall, wo die Bezugnahme auf beigefügte Unter- 32

---

68 Großkomm-AktienR/*Hirte*, Rn 100.
69 Ebenso wie hier für das Parallelproblem bei § 179 Abs. 2 S. 3: RGZ 169, 65, 80 f (GmbH); *Hüffer*, § 179 Rn 23; MüKo-AktG/*Stein*, § 179 Rn 147 ff mwN; Großkomm-AktienR/*Wiedemann*, § 179 Rn 134 f mwN; KölnKomm-AktG/*Zöllner*, § 179 Rn 171 f mwN; *Weber*, Privatautonomie und Außeneinfluss im Gesellschaftsrecht, S. 135 f mwN; abweichend: OLG Stuttgart AG 1967, 265, 266; *Beuthien/Gätsch*, ZHR 156 (1992), 459, 477 f.
70 Gänzlich auf dieses Argument stützt sich Großkomm-AktienR/*Hirte*, Rn 100.
71 Im Erg. ebenso: Großkomm-AktienR/*Hirte*, Rn 100.
72 LG München I BB 2008, 581.
73 OLG München WM 2009, 265 = ZIP 2009, 1667 = AG 2009, 121.
74 OLG Frankfurt ZIP 2011, 1613, 1614; so auch schon in (dem vorherigen Freigabeverfahren) OLG Frankfurt ZIP 2010, 2500, 2504 = AG 2010, 596, 598.
75 So bei OLG München, WM 2009, 265 = ZIP 2009, 1667 = AG 2009, 121; sowie vorausgehend LG München I BB 2008, 581.
76 So bei OLG Frankfurt, ZIP 2011, 1613, 1614; aA etwa *Born*, ZIP 2011, 1793, 1795 f, der sich kritisch zu einer umfassenden nachträglichen Berichtspflicht äußert und die Anfechtbarkeit des Beschlusses über die Schaffung eines (neuen) genehmigten Kapitals wegen Verletzung einer Berichtspflicht betreffend die Ausnutzung eines (alten) genehmigten Kapitals ablehnt.
77 MüKo-AktG/*Bayer*, Rn 49; aA Großkomm-AktienR/*Hirte*, Rn 105; Hölters/*v. Dryander/Niggemann*, Rn 51.

lagen, insbesondere auf die notarielle Niederschrift des Hauptversammlungsbeschlusses genügt – den **konkreten Inhalt der Satzungsänderung** (mindestens schlagwortartig) **bezeichnen** (siehe dazu § 181 Rn 3), da hier ein Gegenstand des § 39 betroffen ist.[78]

33 Die Anmeldung muss grundsätzlich **unverzüglich** (§ 121 Abs. 1 S. 1 BGB) erfolgen.[79] Als äußerste zeitliche Grenze sind dabei drei Monate anzunehmen.[80] Die Anweisung der Hauptversammlung, dass der Beschluss erst zu einem späterem Zeitpunkt einzutragen ist, bleibt aber möglich, solange die Eintragung nicht erst nach der nächsten ordentlichen Hauptversammlung erfolgen soll.[81] Ein Ermessensspielraum darf dem Vorstand allerdings nicht eingeräumt werden.[82] Gleichgültig wie kurzfristig die Ausnutzung der Ermächtigung erfolgt, kann die Anmeldung (und Eintragung) der Durchführung der Kapitalerhöhung – anders als der Verweis von § 203 Abs. 1 S. 1 auf § 188 Abs. 4 vermuten lässt – nicht mit der Anmeldung (und Eintragung) des Ermächtigungsbeschlusses verbunden werden (siehe auch § 203 Rn 38);[83] denn der satzungsändernde Ermächtigungsbeschluss wird erst mit seiner Eintragung zur wirksamen Ermächtigung, so dass eine Ausnutzung vorher nicht gestattet ist. § 188 Abs. 4 gestattet insoweit auch keine andere Auslegung, denn Ermächtigung und deren Ausnutzung zusammen entsprechen erst (sachlich) dem Kapitalerhöhungsbeschluss.[84]

34 Der Vorstand ist gemäß § 130 Abs. 5 verpflichtet, unverzüglich (§ 121 Abs. 1 S. 1 BGB) nach der Hauptversammlung eine **öffentlich beglaubigte Abschrift der** nach § 130 Abs. 1 zu fertigenden **notariellen Niederschrift** und ihrer Anlagen zum Handelsregister einzureichen,[85] während die Urschrift des Protokolls beim Notar verbleibt (§ 45 Abs. 1 BeurkG). Eine erneute Beifügung bei der Anmeldung der Satzungsänderung, die unter bestimmten Voraussetzungen später stattfinden kann, ist nicht erforderlich, wenn die Unterlagen nach § 130 Abs. 5 entsprechend eingereicht wurden. Der Anmeldung ist gemäß § 181 Abs. 1 S. 2 Hs 1 zudem der **vollständige**, die neue Ermächtigung bereits berücksichtigende **Wortlaut der Satzung** beizufügen (siehe dazu § 181 Rn 5; anders bei der Anmeldung der Durchführung der Kapitalerhöhung, siehe dazu § 203 Rn 42). Eine Ausnahme davon ist hier nicht etwa deshalb zu machen, weil die Ermächtigung nach § 202 Abs. 2 S. 1 nur zeitlich beschränkt erteilt werden kann.[86] Nach § 181 Abs. 1 S. 2 Hs 2 muss der (neue) Satzungswortlaut mit einer notariellen Bescheinigung versehen sein, aus der sich ergibt, dass die geänderten Bestimmungen der Satzung mit dem Beschluss über die Satzungsänderung und die unveränderten Bestimmungen mit dem zuletzt zum Handelsregister eingereichten vollständigen Wortlaut der Satzung übereinstimmen. Auch wenn eine Satzungsänderung der staatlichen Genehmigung bedarf, ist es seit Inkrafttreten des Gesetzes zur Umsetzung der Aktionärsrechterichtlinie (ARUG) am 1.9.2009 nicht mehr erforderlich, die **Genehmigungsurkunde** der Anmeldung beizufügen. Der § 181 Abs. 1 S. 3 aF, der dies noch vorsah, ist, weil seit Inkrafttreten des MoMiG die Erteilung einer erforderlichen staatlichen Genehmigung nicht mehr Eintragungsvoraussetzung ist, durch das ARUG aufgehoben worden.

35 **bb) Eintragung.** Das Registergericht hat die **Anmeldung in formeller und materieller Hinsicht zu prüfen** (siehe dazu und zu den Eintragungsvoraussetzungen, zu den Entscheidungsmöglichkeiten des Gerichts sowie zu möglichen Rechtsmitteln § 181 Rn 10–16). Der Registerrichter könnte, wenn gegen den die Ermächtigung enthaltenden Hauptversammlungsbeschluss Klage erhoben wurde,[87] das Eintragungsverfahren nach § 21 Abs. 1 FamFG (vormals § 127 S. 1 FGG) aussetzen. Aus diesem Grund kann die Gesellschaft, wenn gegen den Hauptversammlungsbeschluss Klage erhoben wurde, beim Gericht der Hauptsache gemäß § 246 a Abs. 1 S. 1 ein Freigabeverfahren durchführen lassen; dabei kann die Gesellschaft beantragen, festzustellen, dass die Erhebung der Klage der Eintragung nicht entgegensteht und Mängel des Hauptversammlungsbeschlusses die Wirkung der Eintragung unberührt lassen (siehe dazu § 246 a Rn 3 ff); der Beschluss

---

78 BGH AG 1988, 74, 74 f für die insoweit gleich gelagerte Situation bei Satzungsänderungen gemäß § 10 GmbHG; MüHb-AG/*Semler*, § 39 Rn 69.

79 MüKo-AktG/*Bayer*, Rn 49; Grigoleit/*Rieder/Holzmann*, Rn 15; Hölters/*v. Dryander/Niggemann*, Rn 57; *Hüffer*, Rn 11; Bürgers/Körber/*Marsch-Barner*, Rn 11; Spindler/Stilz/*Wamser*, Rn 41; Großkomm-AktienR/*Wiedemann*, § 179 Rn 126, § 181 Rn 9; KölnKomm-AktG/*Zöllner*, § 181 Rn 27; für den Fall, dass ein genehmigtes Kapital unter den Voraussetzungen des § 7 b FMStBG geschaffen werden soll, ordnet das Gesetz sogar ausdrücklich und ausnahmslos an, dass der Hauptversammlungsbeschluss unverzüglich zur Eintragung in das Handelsregister anzumelden ist (§ 7 c S. 1 FMStBG; siehe dazu unten Rn 161).

80 Großkomm-AktienR/*Hirte*, Rn 108.

81 *Hüffer*, § 179 Rn 25 aE.

82 LG Frankfurt AG 1990, 169, 170 (Dresdner Bank).

83 v. Godin/*Wilhelmi*, Anm. 2 aE; Großkomm-AktienR/*Hirte*, § 202 Rn 109 und § 203 Rn 35, jedoch abw. und deshalb unklar in § 202 Rn 28 und 34; MüHb-AG/*Krieger*, § 58 Rn 23; aA noch Großkomm-AktienR/*Schilling*, 3. Aufl., § 203 Anm. 5.

84 Großkomm-AktienR/*Hirte*, § 203 Rn 12 und 35.

85 MüKo-AktG/*Bayer*, Rn 49; Grigoleit/*Rieder/Holzmann*, Rn 15; Hölters/*v. Dryander/Niggemann*, Rn 57; *Hüffer*, Rn 11; großzügiger Großkomm-AktienR/*Hirte*, Rn 108 (längstens 3 Monate).

86 Großkomm-AktienR/*Hirte*, Rn 113 mwN; MüHb-AG/*Krieger*, § 58 Rn 23; Spindler/Stilz/*Wamser*, Rn 43; anders: KölnKomm AktG/*Lutter*, Rn 9.

87 Eine Verfahrensaussetzung ist nach § 381 S. 1 FamFG durch den Registerrichter zwar auch möglich, wenn noch keine Klage gegen den Hauptversammlungsbeschluss erhoben wurde. Allerdings hat er dann nach § 381 S. 2 FamFG (vormals § 127 S. 2 FGG) einem der Beteiligten eine Frist zur Erhebung der Klage zu bestimmen.

nach § 246 a ist für das Registergericht bindend (§ 246 a Abs. 3 S. 5 Hs 1). Der Registerrichter erlässt, wenn die Eintragungsvoraussetzungen vorliegen, an den Urkundsbeamten der Geschäftsstelle eine Verfügung mit dem Inhalt, dass die angemeldete Satzungsänderung einzutragen ist. Die Eintragung der Bestimmung über das genehmigte Kapital hat in der Spalte 6 der Abteilung B zu erfolgen (§ 43 Nr. 6 Buchstabe b hh HRV). Die Ermächtigung ist ihrem **Inhalt** nach einzutragen (§§ 181 Abs. 2 S. 1, 39 Abs. 2). Eine Bezugnahme auf die eingereichten Unterlagen (etwa auf die nach § 130 Abs. 5 einzureichende öffentlich beglaubigte Abschrift der Versammlungsniederschrift oder den nach § 181 Abs. 1 S. 2 Hs 1 beizufügenden vollständigen Wortlaut der Satzung) genügt daher nicht. Allerdings bedarf es keiner Eintragung des Wortlauts der Ermächtigung (siehe dazu § 181 Rn 17). Gemäß § 382 Abs. 2 FamFG soll zudem der Tag der Eintragung angegeben werden. 36

Erst mit ihrer Eintragung wird die Ermächtigung wirksam (§ 181 Abs. 3). Die **Eintragung wirkt** damit **konstitutiv**.[88] Das geht aber nicht so weit, dass Mängel des Eintragungsverfahrens oder des Änderungsbeschlusses grundsätzlich geheilt werden. Keine heilende Wirkung hat die Eintragung grundsätzlich für Mängel des Satzungsänderungsbeschlusses (siehe dazu und zu den Ausnahmen § 181 Rn 10–15, 20 sowie § 242 Rn 2 ff). Hinsichtlich etwaiger Mängel des Eintragungsverfahrens ist zwischen dem Fehlen der Anmeldung (und ähnlichen Sachverhalten), einer unvollständigen Anmeldung und einer formell fehlerhaften Anmeldung zu unterscheiden (siehe auch dazu § 181 Rn 20). 37

cc) Bekanntmachung. Das Registergericht macht die Eintragung in dem von der Landesjustizverwaltung bestimmten elektronischen Informations- und Kommunikationssystem bekannt, und zwar in der zeitlichen Folge ihrer Eintragung und nach Tagen geordnet (§ 10 S. 1 Hs 1 HGB). Dabei wird die Eintragung ihrem gesamten Inhalt nach veröffentlicht (§ 10 S. 2 HGB). Da die Ermächtigung gemäß §§ 181 Abs. 2 S. 1, 39 Abs. 2 ihrem Inhalt nach einzutragen ist (siehe dazu Rn 36 sowie § 181 Rn 5), ist ihr **Inhalt** auch **bekannt zu machen**. Ein Rückgriff auf § 181 Abs. 2 S. 2 ist insoweit nicht erforderlich.[89] Zum Inhalt der Bekanntmachung gehört auch das Datum der Eintragung, da es Bestandteil der Eintragung ist (siehe dazu Rn 36), und das registerführende Gericht (siehe dazu § 181 Rn 5). Erleichterungen hinsichtlich der Bekanntmachung wegen des nur zeitlich begrenzten Charakters der Satzungsänderung sind (wie bei der Eintragung) nicht möglich.[90] Die Bekanntmachung ist **kein Wirksamkeitserfordernis** der Satzungsänderung (siehe dazu § 181 Rn 18).[91] 38

III. Inhalt und Schranken der Ermächtigung. 1. Zwingender Inhalt. Die Ermächtigung kann nach Abs. 1 und 2 dem Vorstand nur für einen bestimmten Zeitraum und für einen bestimmten Umfang erteilt werden. Aus diesem Umstand ergeben sich **zwingende Ermächtigungsbestandteile**. 39

a) Dauer der Ermächtigung. Zum einen darf die Ermächtigung des Vorstandes zur Erhöhung des Grundkapitals **längstens** für **fünf Jahre** erfolgen (Abs. 1, Abs. 2 S. 1). Die Ermächtigung muss daher ausdrücklich die **Dauer der Ermächtigung** angeben, bis zu der die Kapitalerhöhung durchgeführt und ins Handelsregister einzutragen ist. Das kann nur durch Angabe eines konkreten Datums („bis 31.12.2015") oder durch Bezeichnung der Berechnungsgrundlagen insbesondere durch Angabe eines Zeitraums geschehen. Bei den Berechnungsgrundlagen ist es möglich, auf die Eintragung zurückzugreifen (zB: „von der Eintragung an für vier Jahre"); denn der Vorstand kann den Ermächtigungszeitraum über die Anmeldung der Ermächtigung und damit über die Eintragung nicht steuern, da dem Vorstand hinsichtlich der Anmeldung der Ermächtigung ein Ermessensspielraum nicht eingeräumt werden darf (siehe oben Rn 33). Eine Verweisung auf § 202 oder die bloße Wiederholung des Gesetzeswortlauts reicht für die geforderte Angabe der Dauer der Ermächtigung nicht aus.[92] Bei einer fehlenden Fristsetzung kann auch nicht im Wege der Auslegung von der gesetzlich zulässigen Höchstfrist ausgegangen werden. Eine solche geltungserhaltende Reduktion wird allgemein abgelehnt.[93] 40

Die von der Hauptversammlung durch Angabe eines Zeitraums bestimmte **Frist beginnt**, wenn die Ermächtigung nichts anderes bestimmt, mit deren Eintragung; denn erst von da an kann der Vorstand von ihr Gebrauch machen (§§ 41 Abs. 1, 181 Abs. 3). Nach § 187 Abs. 1 BGB wird der Tag der Eintragung nicht mitgerechnet. Den Gründern bzw der Hauptversammlung steht es aber frei, den Beginn der Frist (nicht aber – nach hier vertretener Ansicht – der Höchstfrist von fünf Jahren, dazu unten Rn 59) ausdrücklich auf einen 41

---

[88] MüKo-AktG/*Stein*, § 181 Rn 70; im Erg. ebenso: Spindler/Stilz/*Wamser*, Rn 55.
[89] Anders wohl (aber im Erg. ebenso): Großkomm-AktienR/*Hirte*, Rn 122.
[90] Großkomm-AktienR/*Hirte*, Rn 122; aA KölnKomm-AktG/*Lutter*, Rn 9.
[91] OLG Celle AG 1989, 209, 211; MüKo-AktG/*Stein*, § 181 Rn 69; *Hüffer*, § 181 Rn 22; KölnKomm-AktG/*Zöllner*, § 181 Rn 55; Spindler/Stilz/*Wamser*, Rn 53.
[92] OLG Celle AG 1962, 347, 348; MüKo-AktG/*Bayer*, Rn 58; Grigoleit/*Rieder/Holzmann*, Rn 13; *Hüffer*, Rn 11; KölnKomm-AktG/*Lutter*, Rn 13.
[93] LG Mannheim BB 1957, 689, 690; MüKo-AktG/*Bayer*, Rn 58; *Hüffer*, Rn 11; Spindler/Stilz/*Wamser*, Rn 61.

späteren Zeitpunkt nach Eintragung in das Handelsregister zu legen.[94] Dabei ist jedoch folgende Einschränkung jedenfalls zu erwägen:[95] Der Beginn der Ausübungsfrist darf nicht über den Zeitpunkt der nächsten ordentlichen Hauptversammlung hinausreichen; denn ansonsten würde dem Vorstand eine Befugnis eingeräumt, für die die Gründer bzw die Hauptversammlung bis zur nächsten ordentlichen Hauptversammlung selbst keinen Bedarf gesehen haben.

42 Ist das Fristende durch die Angabe eines Datums bestimmt, so endet die Ermächtigung mit dem Ablauf des genannten Tages. Eine nach Monaten und Jahren bestimmte Ermächtigung endet nach § 188 Abs. 2 BGB mit Ablauf des Tages, der die gleiche Zahl wie der Tag der Registereintragung aufweist, wenn die Ermächtigungsfrist mit der Eintragung beginnen sollte. Bis zum **Ablauf der Frist** muss die Durchführung der Kapitalerhöhung eingetragen sein; denn erst mit der Eintragung der Durchführung wird die Kapitalerhöhung wirksam (§§ 203 Abs. 1, 189).[96] Da die Ausgabe etwaiger Urkunden für die Entstehung der Anteilsrechte ohne Bedeutung ist, kann deren Ausgabe selbstverständlich auch noch nach Ablauf der Frist erfolgen.

43 b) **Umfang der Ermächtigung hinsichtlich des Nennbetrages.** Zum anderen muss die Ermächtigung ausdrücklich einen **bestimmten Nennbetrag** angeben, bis zu dem der Vorstand das Grundkapital erhöhen darf (Abs. 1, Abs. 2 S. 1). Der Nennbetrag ist konkret zu beziffern; eine Angabe des Erhöhungsbetrages in Prozent des derzeitigen Grundkapitals reicht zur Angabe eines bestimmten Nennbetrages nach ganz hM nicht aus.[97] Denn dadurch würde die von der Norm angestrebte Transparenz allgemein verringert. So lässt sich etwa wegen der zeitlichen Verzögerungen bei der Anmeldung bedingter Kapitalerhöhungen (§ 201) nicht einmal aus dem Register entnehmen, wie hoch das Grundkapital im Zeitpunkt des Beschlusses ist.[98] Bei einer Gesellschaft, deren Grundkapital in Stückaktien (§ 8) zerlegt ist, ist es nicht erforderlich, in der Ermächtigung die Zahl der Aktien zu nennen, die der Vorstand aufgrund der Ermächtigung ausgeben darf;[99] die Angabe der Aktienanzahl ist nach dem eindeutigen Wortlaut von § 202 Abs. 1, der von einem bestimmten Nennbetrag spricht, auch nicht ausreichend.

44 c) **Rechtsfolgen beim Fehlen der Angaben. Bei einem Fehlen** der oben genannten zwingenden Angaben ist bei einem Vorgehen nach Abs. 1 die **Bestimmung** der Gründungssatzung und bei einem Vorgehen nach Abs. 2 der Hauptversammlungsbeschluss nach § 241 Nr. 3[100] als **nichtig** anzusehen.[101] Der Registerrichter muss daher die Eintragung ablehnen. Treten die genannten Mängel bei der Gründungssatzung auf, wird aber die Wirksamkeit des übrigen Satzungsinhalts dadurch nicht berührt.[102]

45 Umstritten ist, ob die wegen fehlender Angabe von Frist oder Umfang bestehende Nichtigkeit der jeweiligen Bestimmung durch Eintragung der Ermächtigung in das Handelsregister nach § 242 Abs. 2 geheilt werden kann. Nach einer Ansicht soll eine Heilung mit der Folge möglich sein, dass dann die jeweils zulässigen Höchstgrenzen (Hälfte des Grundkapitals und Ermächtigung für fünf Jahre) gelten.[103] Nach der Gegenansicht ist eine **Heilung über § 242 Abs. 2** in diesen Fällen **ausgeschlossen**.[104] Letztere Ansicht ist zutreffend; denn bei gänzlich fehlenden Angaben (anders wenn die Angaben lediglich die gesetzlichen Höchstgrenzen überschreiten; siehe dazu Rn 62) wäre eine Bezugnahme auf die vom Gesetzgeber als Höchstgrenzen konzipierten Beschränkungen (fünf Jahre, Hälfte des Grundkapitals) ohne eine dahin gehende ausdrückliche Bestimmung der Hauptversammlung willkürlich.[105]

---

94 Großkomm-AktienR/*Hirte*, Rn 145.
95 Stärker noch für diese Einschränkung eintretend Großkomm-AktienR/*Hirte*, Rn 145.
96 Grigoleit/*Rieder/Holzmann*, Rn 16; Großkomm-AktienR/*Hirte*, Rn 146; KölnKomm-AktG/*Lutter*, Rn 17; MüHb-AG/*Krieger*, § 58 Rn 14; Bürgers/Körber/*Marsch-Barner*, Rn 11; Spindler/Stilz/*Wamser*, Rn 67.
97 MüKo-AktG/*Bayer*, Rn 64; Grigoleit/*Rieder/Holzmann*, Rn 17; Hölters/*v. Dryander/Niggemann*, Rn 41; *Hüffer*, Rn 12; Bürgers/Körber/*Marsch-Barner*, Rn 12; K. Schmidt/Lutter/*Veil*, Rn 18; aA KölnKomm-AktG/*Lutter*, Rn 11.
98 Darauf weist Großkomm-AktienR/*Hirte*, Rn 133 zutreffend hin.
99 Großkomm-AktienR/*Hirte*, Rn 133.
100 § 241 Nr. 3 ist entgegen seinem Wortlaut auch auf Mängel in der ursprünglichen Satzung anzuwenden; MüHb-AG/*Wiesner*, § 6 Rn 12 mwN; vgl auch OLG Düsseldorf AG 1968, 19, 22).
101 BGH ZIP 1994, 1857 f (Bayerische Handelsbank) (zu fehlender Betragsangabe bei Ermächtigung zur Ausgabe von Genussscheinen; für diese selbst jedoch offen lassend); OLG Celle NJW 1962, 2160, 2161 = BB 1962, 975 = AG 1962, 347; LG Mannheim BB 1957, 689 (beide zu fehlender Frist); MüKo-AktG/*Bayer*, Rn 51; *v. Godin*/Wilhelmi, Anm. 4; Großkomm-AktienR/*Hirte*, Rn 133 (der die Nichtigkeit der Bestimmung der Gründungssatzung aber anders herleitet) mwN; Grigoleit/*Rieder/Holzmann*, Rn 17; Hölters/*v. Dryander/Niggemann*, Rn 41; *Hüffer*, Rn 12; MüHb-AG/*Krieger*, § 58 Rn 7 und 14; KölnKomm-AktG/*Lutter*, Rn 11 und 13; K. Schmidt/Lutter/*Veil*, Rn 17 und 18; Spindler/Stilz/*Wamser*, Rn 62; aA *Franke*, Kapitalerhöhung, S. 57 ff; *Kimpler*, Abgrenzung, S. 47 ff (es gelten die Höchstgrenzen).
102 So (wohl) auch KölnKomm-AktG/*Lutter*, Rn 12 aE iVm Rn 14.
103 *v. Godin*/Wilhelmi, Anm. 2 (bei fehlender Angabe hinsichtlich der Ermächtigungsdauer); Grigoleit/*Rieder/Holzmann*, Rn 18 (bei fehlender Angabe des Höchstnennbetrages); MüKo-AktG/*Bayer*, Rn 55; Bürgers/Körber/*Marsch-Barner*, Rn 11 und 12; Spindler/Stilz/*Wamser*, Rn 62; MüHb-AG/*Krieger*, § 58 Rn 7 und mwN.
104 Großkomm-AktienR/*Hirte*, Rn 134; Hölters/*v. Dryander/Niggemann*, Rn 41; KölnKomm-AktG/*Lutter*, Rn 11 und 13; K. Schmidt/Lutter/*Veil*, Rn 17 und 18; *Yanli*, S. 15; ebenso: *Hüffer*, Rn 12 und Grigoleit/*Rieder/Holzmann*, Rn 17 für den Fall, dass eine Nennbetragsgrenze nicht angegeben wird; lediglich zweifelnd an einer Heilungsmöglichkeit in dem Fall, dass die Dauer der Ermächtigung nicht angegeben wird, *Hüffer*, Rn 11.
105 Großkomm-AktienR/*Hirte*, Rn 134.

2. Fakultativer Inhalt. Hinsichtlich des Inhalts der Ermächtigung verlangt das Gesetz nur, dass die Ermächtigung nach Frist und Umfang bestimmt ist (siehe dazu Rn 39 ff). Die Ermächtigung kann daneben zusätzliche Erweiterungen und Schranken für den Vorstand enthalten. Die Gründer sind bzw die Hauptversammlung ist zur Aufnahme entsprechender Bestimmungen in die Ermächtigung berechtigt, aber nicht verpflichtet.

a) Fakultative Erweiterungen in der Ermächtigung. Zum einen kann die Ermächtigung dem Vorstand **Sonderformen der Kapitalerhöhung erlauben**, die auf der Grundlage einer normalen Ermächtigung (gemeint ist der gesetzliche Normalfall des genehmigten Kapitals) nicht gestattet sind, und damit die Befugnisse des Vorstands im Vergleich zum gesetzlichen Normalfall des genehmigten Kapitals erweitern. Wie sich aus § 203 Abs. 2 S. 1 ergibt, gestattet die normale Ermächtigung nicht ohne Weiteres die Befugnis des Vorstands zum Ausschluss des Bezugsrechts. Gleiches gilt hinsichtlich der Ausgabe von Vorzugsaktien, die vorhandenen Vorzugsaktien ohne Stimmrecht bei der Verteilung des Gewinns oder des Gesellschaftsvermögens vorgehen oder gleichstehen (§ 204 Abs. 2). Auch eine solche Kapitalerhöhung kann der Vorstand auf der Grundlage einer normalen Ermächtigung nicht durchführen. Ebenso verhält es sich bei der Ausgabe von Aktien gegen Sacheinlagen (§ 205 Abs. 1). Wollen die Gründer oder will die Hauptversammlung dem Vorstand die eben genannten Befugnisse einräumen, muss die Ermächtigung um diese Befugnisse ergänzt werden. Schließlich ist noch anzumerken, dass auch eine Satzungsbestimmung iSd § 202 Abs. 4 eine gewisse Erweiterungswirkung für die Ermächtigung hat (siehe dazu Rn 93 ff).

Der gesetzliche Normalfall der Ermächtigung gibt dem Vorstand der Zielgesellschaft nicht die Befugnis, **während der Laufzeit eines Übernahmeangebotes** die Ermächtigung auszunutzen, wenn damit der Erfolg des Übernahmeangebots verhindert werden könnte (§ 33 Abs. 1 S. 1, Abs. 2 WpÜG; siehe dazu § 33 WpÜG Rn 3 und Rn 11 ff).[106] Daran ändert auch die Regelung des § 33 Abs. 1 S. 2 Alt. 3 WpÜG nichts, wonach solche Handlungen zulässig sind, denen der Aufsichtsrat der Zielgesellschaft zugestimmt hat.[107] Denn dadurch wird die von § 33 Abs. 2 WpÜG für Maßnahmen, die sachlich in die Zuständigkeit der Hauptversammlung fallen, entfaltete „Sperrwirkung" nicht aufgehoben.[108] Die Ermächtigung kann aber von der Hauptversammlung oder von den Gründern in diesem Sinne erweitert werden (§ 33 Abs. 2 S. 1 WpÜG). Eine derartige Ermächtigung ist allerdings höchstens für 18 Monate möglich (§ 33 Abs. 2 S. 2 WpÜG).

b) Fakultative Schranken in der Ermächtigung. Zum anderen ist es möglich, durch zusätzliche Bestimmungen in der Ermächtigung die sich aus ihr ergebenden **Befugnisse** im Vergleich zum gesetzlichen Normalfall **zu verringern**.

Da die Ermächtigung amts- und nicht **personenbezogen** ist,[109] lässt ein Wechsel in der Person der Vorstandsmitglieder die Ausnutzbarkeit der Ermächtigung im Normalfall unangetastet. Die Ermächtigung kann abweichend davon aber etwa vorsehen, dass die Ausnutzung des genehmigten Kapitals nur einem in bestimmter Weise personenmäßig zusammengesetzten Vorstand möglich ist.[110]

Auch können in der Ermächtigung der **Inhalt der Aktienrechte** (zB: „nur Stammaktien") oder die **Bedingungen der Aktienausgabe** (zB: Fälligkeit der Einlageverpflichtung, Ausgabebetrag) im Voraus von den Gründern oder der Hauptversammlung festgelegt werden.[111] Die Ermächtigung kann auch den **Verwendungszweck des genehmigten Kapitals** begrenzen und dabei sogar die Verwendung auf einen bestimmten Verwendungsfall beschränken.[112]

3. Gesetzliche Schranken für die Ermächtigung. a) Höchstgrenzen hinsichtlich des Kapitals und der Ermächtigungsfrist. aa) Kapitalgrenze (Abs. 3 S. 1). Nach Abs. 3 S. 1 darf der Nennbetrag des genehmigten Kapitals die **Hälfte des Grundkapitals**, das zur Zeit der Ermächtigung vorhanden ist, **nicht übersteigen**.[113] Die Vorschrift bezweckt einen umfangmäßigen Schutz der Hauptversammlung vor Selbstentmündigung.[114] Europarechtlich ist eine derartige gesetzliche Höchstgrenze des Umfangs des genehmigten Kapitals nicht

---

106 MüKo-AktG/*Bayer*, Rn 75; *ders.*, ZGR 2002, 588, 606; KölnKomm-WpÜG/*Hirte*, § 33 Rn 92 mwN (auch zur Gegensicht) und Rn 116 ff; *ders.*, ZGR 2002, 623, 646; Spindler/Stilz/*Wamser*, Rn 78 f; *Winter/Habarth*, ZIP 2002, 1, 13.
107 MüKo-AktG/*Bayer*, Rn 75; *ders.*, ZGR 2002, 588, 612 ff; KölnKomm-WpÜG/*Hirte*, § 33 Rn 80 ff; aA *Winter/Habarth* ZIP 2002, 1, 8 ff.
108 KölnKomm-WpÜG/*Hirte*, § 33 Rn 80, 82.
109 Schlegelberger/*Quassowski*, § 169 Rn 11.
110 Großkomm-AktienR/*Hirte*, Rn 144.
111 MüKo-AktG/*Bayer*, Rn 76, 77; *v. Godin/Wilhelmi*, Anm. 3; Grigoleit/*Rieder/Holzmann*, Rn 22; Großkomm-AktienR/*Hirte*, Rn 138; *Hüffer*, Rn 16; Bürgers/Körber/*Marsch-Barner*, Rn 13; KölnKomm-AktG/*Lutter*, Rn 19; MüHb-AG/*Krieger*, § 58 Rn 12.
112 KG WM 1996, 1454, 1458 (VIAG); LG Berlin WM 1994, 1246, 1248 (VIAG); MüKo-AktG/*Bayer*, Rn 76, 77; Grigoleit/*Rieder/Holzmann*, Rn 22; Großkomm-AktienR/*Hirte*, Rn 138; *Hüffer*, Rn 16; MüHb-AG/*Krieger*, § 58 Rn 12; K. Schmidt/Lutter/*Veil*, Rn 19.
113 Das gilt allerdings nicht, wenn ein genehmigtes Kapital unter den Voraussetzungen des § 7 b FMStBG geschaffen werden soll, mithin im Zusammenhang mit einer Rekapitalisierung nach § 7 des Finanzmarktstabilisierungsfondsgesetzes. Denn § 7 b Abs. 1 S. 2 Hs 1 FMStBG ordnet ausdrücklich an, dass § 202 Abs. 3 S. 1 AktG in diesem Fall nicht gilt (dazu unten Rn 187).
114 Großkomm-AktienR/*Hirte*, Rn 151.

vorgeschrieben (vgl Art. 29 Abs. 2 Richtlinie 2012/30/EU). Die Kapitalgrenze des § 139 Abs. 2, wonach Vorzugsaktien ohne Stimmrecht nur bis zur Hälfte des Grundkapitals ausgegeben werden dürfen, muss noch nicht bei der Schaffung der Ermächtigung beachtet werden; sie kommt auch beim genehmigten Kapital erst bei der „Ausgabe der Aktien" und damit erst bei der Ausnutzung der Ermächtigung zum Tragen.[115] Auch § 202 Abs. 3 S. 3 iVm § 182 Abs. 1 S. 5, wonach bei Gesellschaften mit Stückaktien die Zahl der Aktien in demselben Verhältnis wie das Grundkapital erhöht werden muss, greift erst bei der Ausnutzung der Ermächtigung.

53 **(1) Maßgeblicher Zeitpunkt.** Entscheidender Zeitpunkt für die Bestimmung der Summe des Nennbetrags des genehmigten Kapitals sowie besonders des Grundkapitals und damit auch für die Berechnung der Kapitalgrenze des Nennbetrags des genehmigten Kapitals ist das **Wirksamwerden der Ermächtigung**. Maßgeblich ist damit der Zeitpunkt der Eintragung der Gründungssatzung bzw der Satzungsänderung (§§ 41 Abs. 1 S. 1, 181 Abs. 3) in das Handelsregister.[116]

54 **(2) Gesamtes Grundkapital.** Grundlage für die Berechnung der Höchstgrenze des Nennbetrags des genehmigten Kapitals ist die **Summe des gesamten Grundkapitals** im maßgeblichen (Eintragungs)Zeitpunkt. Irrelevant ist, da es auf die Gesamtsumme des Grundkapitals ankommt, ob nur ein Teil des Grundkapitals börsennotiert ist oder in anderer Form gehandelt wird. Ausgangspunkt für die Berechnung des gesamten Grundkapitals ist das eingetragene Grundkapital. Insoweit ist auch eine am gleichen Tage eingetragene Durchführung einer Kapitalerhöhung zu berücksichtigen, wenn sie vor (oder wenigstens gleichzeitig mit) der Ermächtigung eingetragen wurde.[117] Umgekehrt ist eine Kapitalherabsetzung zu berücksichtigen, wenn sie vor (oder gleichzeitig mit) der Ermächtigung eingetragen wurde.[118] Der Umfang des gesamten Grundkapitals wird über das eingetragene Grundkapital hinaus durch die bis zur Eintragung im Rahmen einer bedingten Kapitalerhöhung ausgegebenen Aktien erweitert. Denn bei der bedingten Kapitalerhöhung wird das Grundkapital schon mit der Ausgabe der Aktien (§ 200) und nicht erst mit der Eintragung der Aktienausgabe erhöht. Die Existenz eines daneben bestehenden genehmigten Kapitals, eines bedingten Kapitals vor Ausgabe der Bezugsaktien oder einer nicht durchgeführten und im Handelsregister eingetragenen Kapitalerhöhung berührt die Summe des Grundkapitals dagegen nicht.[119]

55 **(3) Berechnung des Nennbetrags des genehmigten Kapitals und dessen Berücksichtigung bei anderen Rechtsinstituten.** Wichtig ist zudem der **Nennbetrag des genehmigten Kapitals**. Denn er darf die Hälfte des Grundkapitals nicht überschreiten. Dazu zählt zunächst der Nennbetrag des durch die Ermächtigung erst zu schaffenden genehmigten Kapitals. Darüber hinaus ist der Nennbetrag eines bereits (vor dem Wirksamwerden der neuen Ermächtigung) bestehenden genehmigten Kapitals mit zu berücksichtigen, wenn es noch nicht ausgenutzt wurde.[120] Das entspricht dem Wortlaut des Abs. 3 S. 1 und hat den Sinn, dass die Kapitalgrenze des Abs. 3 S. 1 nicht durch beliebig viele Ermächtigungen unterlaufen werden kann. Ein gleichzeitig mit der (neuen) Ermächtigung darüber hinaus geschaffenes genehmigtes Kapital ist ebenfalls zu berücksichtigen. Folglich ist unter Nennbetrag iSd Abs. 3 S. 1 die Summe aller geringsten Ausgabebeträge iSd § 9 Abs. 1 zu verstehen, die auf der Grundlage bereits bestehender Ermächtigungen oder der gerade einzutragenden Ermächtigung(en) ausgegeben werden können.[121] Eine Ausnahme gilt allerdings für genehmigte Kapitalien, die im Wege des § 7b FMStBG geschaffen wurden bzw geschaffen werden sollen; für sie ordnet § 7b Abs. 1 S. 2 Hs 2 FMStBG ausdrücklich an, dass sie nicht auf die „sonstigen" (gemeint sind damit die regulären) genehmigten Kapitalien anzurechnen sind (dazu Rn 152).

56 Ein daneben bestehendes **bedingtes Kapital** rechnet – entsprechend dem Wortlaut des § 202 Abs. 3 S. 1 – bei der hier zu besprechenden gesetzlichen Höchstgrenze bis zur Ausgabe von Aktien und der damit verbundenen Wirksamkeit (§ 200) nicht mit.[122] Gleiches gilt für die Möglichkeit der Gesellschaft, **eigene Akti-**

---

[115] Insoweit leicht missverständlich: *Hüffer*, Rn 13.
[116] MüKo-AktG/*Bayer*, Rn 66; Grigoleit/*Rieder/Holzmann*, Rn 18; *Happ/Ihrig*, 12.06 Anm. 7; Großkomm-AktienR/*Hirte*, Rn 148; Hölters/*v. Dryander/Niggemann*, Rn 42; *Hüffer*, Rn 14; KölnKomm-AktG/*Lutter*, Rn 12; Bürgers/Körber/*Marsch-Barner*, Rn 12; K. Schmidt/Lutter/*Veil*, Rn 19; MüHb-AG/*Krieger*, § 58 Rn 7; *Ihrig/Wagner*, NZG 2002, 657, 658.
[117] MüKo-AktG/*Bayer*, Rn 66; Großkomm-AktienR/*Hirte*, Rn 148; *Hüffer*, Rn 13; KölnKomm-AktG/*Lutter*, Rn 12; MüHb-AG/*Krieger*, § 58 Rn 7; *Ihrig/Wagner*, NZG 2002, 657, 658.
[118] MüKo-AktG/*Bayer*, Rn 66; Bürgers/Körber/*Marsch-Barner*, Rn 12; MüHb-AG/*Krieger*, § 58 Rn 7 mwN.
[119] MüKo-AktG/*Bayer*, Rn 66; *v. Godin/Wilhelmi*, Anm. 6; Großkomm-AktienR/*Hirte*, Rn 148; KölnKomm-AktG/*Lutter*, Rn 12; *Hüffer*, Rn 13.
[120] MüKo-AktG/*Bayer*, Rn 69; Grigoleit/*Rieder/Holzmann*, Rn 19; Großkomm-AktienR/*Hirte*, Rn 148; *Hüffer*, Rn 13; KölnKomm-AktG/*Lutter*, Rn 31; Bürgers/Körber/*Marsch-Barner*, Rn 12; Spindler/Stilz/*Wamser*, Rn 68; *Ihrig/Wagner*, NZG 2002, 657, 658; MüHb-AG/*Krieger*, § 58 Rn 8.
[121] Ähnlich: Großkomm-AktienR/*Hirte*, Rn 148.
[122] BGH, ZIP 2006, 368, 369 = WM 2006, 432, 433 = AG 2006, 246, 247; MüKo-AktG/*Bayer*, Rn 70; Grigoleit/*Rieder/Holzmann*, Rn 19; KölnKomm-AktG/*Lutter*, Rn 12; MüHb-AG/*Krieger*, § 58 Rn 7; Bürgers/Körber/*Marsch-Barner*, Rn 12; so jedenfalls auch im Grundsatz Großkomm-AktienR/*Hirte*, Rn 150.

en zu veräußern.[123] Eine Ausnahme von dem Grundsatz, dass bedingtes Kapital für die Berechnung des Nennbetrags des genehmigten Kapitals nicht mitzurechnen ist, ist dann zu erwägen, wenn der Bezugsberechtigte beim bedingten Kapital mit dem Vorstand identisch, verflochten oder in anderer Weise verbunden ist.[124] Denn in diesem Fall entscheidet in der Sache nicht ein außenstehender Dritter – wie beim gesetzlichen Leitbild des bedingten Kapitals – über die Durchführung der bedingten Kapitalerhöhung, sondern – wie beim gesetzlichen Leitbild des genehmigten Kapitals – der Vorstand der Aktiengesellschaft.

Umgekehrt ist allerdings zu erwägen, bei Rechtsinstituten, die nur zu bestimmten Zwecken eingesetzt werden können, namentlich **beim bedingten Kapital und beim Erwerb eigener Aktien**, den **Nennbetrag des** bestehenden (und gleichzeitig geschaffenen) **genehmigten Kapitals** bei deren gesetzlichen Umfangsgrenzen zu **berücksichtigen**, wenn das genehmigte Kapital zu den gesetzlich gestatteten Zwecken dieser Rechtsinstitute verwendet werden soll.[125]

57

bb) **Fünfjahresfrist (Abs. 1 und 2).** Die Ermächtigung muss ausdrücklich die Dauer der Ermächtigung angeben, bis zu der die Kapitalerhöhung durchgeführt und ins Handelsregister eingetragen zu sein hat (siehe dazu oben Rn 40 ff). Damit ist aber noch nichts darüber gesagt, wie lang diese Frist maximal sein darf. Abs. 1 und 2 sehen als **Höchstfrist** jeweils **fünf Jahre** vor. Länger als fünf Jahre kann der Vorstand daher nicht ermächtigt werden.

58

Die fünfjährige **Höchstfrist beginnt** mit der Eintragung der Gesellschaft (Abs. 1) bzw mit Eintragung der Satzungsänderung (Abs. 2); das ergibt sich aus dem Wortlaut von Abs. 1 und 2 und ist systematisch eine Konsequenz des Umstandes, dass erst in diesem Zeitpunkt die Ermächtigung wirksam wird (§§ 41 Abs. 1, 181 Abs. 3). Nach § 187 Abs. 1 BGB wird der Tag der Eintragung nicht mitgerechnet (zur Herbeiführung der Eintragung siehe oben Rn 31 ff). Eher zweifelhaft erscheint es bei dem eindeutigen Wortlaut des § 202 Abs. 2, dass die Hauptversammlung durch eine ausdrückliche Bestimmung in der Ermächtigung den Beginn der Höchstfrist auf einen späteren Zeitpunkt nach Eintragung in das Handelsregister legen kann, wenn dieser nicht über den Zeitpunkt der nächsten ordentlichen Hauptversammlung hinausreicht.[126] Die dann bestehende Möglichkeit einer nahtlosen Verlängerung einer bereits laufenden Ermächtigung reicht bei dem klaren Wortlaut für eine derartige Auslegung nicht aus. Gleiches gilt für eine entsprechende durch die Gründer geschaffene Vorschrift. Auch hier ist der Wortlaut des Abs. 1 eindeutig. Deshalb bleibt es dabei, dass die Höchstfrist mit der Eintragung der Gesellschaft (Abs. 1) bzw mit Eintragung der Satzungsänderung (Abs. 2) beginnt. Dem steht auch nicht entgegen, dass die Ermächtigung den Beginn der in der Ermächtigung bestimmten Ausnutzungsfrist (grundsätzlich frei) auf einen Zeitpunkt nach der Eintragung legen kann (dazu oben Rn 41). Allerdings verkürzt sich in einem derartigen Fall, weil sich der Beginn der Höchstfrist wegen des eindeutigen Wortlautes nicht auf einen Zeitpunkt nach der Eintragung verschieben lässt, der maximal mögliche Ausnutzungszeitraum.[127]

59

Die Höchstfristen gem. Abs. 1 und 2 enden nach § 188 Abs. 2 BGB mit Ablauf des Tages, der die gleiche Zahl wie der Tag der Registereintragung aufweist. Spätestens bis zum **Ablauf der Höchstfrist** – bei einer kürzeren Frist in der Ermächtigung entsprechend früher (siehe dazu Rn 40 ff) – muss die Durchführung der Kapitalerhöhung eingetragen sein; denn erst mit Eintragung der Kapitalerhöhung wird diese wirksam (§§ 203 Abs. 1, 189).[128] Da die Ausgabe etwaiger Urkunden für die Entstehung der Anteilsrechte ohne Bedeutung ist, kann deren Ausgabe selbstverständlich auch noch nach Ablauf der Höchstfrist erfolgen.

60

cc) **Rechtsfolgen bei Überschreitung der Höchstgrenzen.** Wird eine der oben genannten Höchstgrenzen überschritten, ist bei einem Vorgehen nach Abs. 1 die **Bestimmung der Gründungssatzung** und bei einem Vorgehen nach Abs. 2 der **Hauptversammlungsbeschluss** nach § 241 Nr. 3[129] **nichtig**.[130] Der Registerrichter

61

---

123 So jedenfalls auch im Grundsatz Großkomm-AktienR/*Hirte*, Rn 150.
124 Diese Ausnahme macht Großkomm-AktienR/*Hirte*, Rn 152.
125 Ähnlich: *Ihrig/Wagner*, NZG 2002, 657, 664; weiter gehend Großkomm-AktienR/*Hirte*, Rn 151, der sogar eine Anrechnung der mit Hilfe dieser Rechtsinstitute geschaffenen Möglichkeiten bei der Höchstgrenze des § 202 Abs. 3 S. 1 erwägt.
126 So auch Spindler/Stilz/*Wamser*, Rn 64; anders jedoch Großkomm-AktienR/*Hirte*, Rn 145; MüKo-AktG/*Bayer*, Rn 61; einschränkend: *Hüffer*, Rn 11 (unter Anwendung der für die befristete oder bedingte Satzungsänderungen geltenden Grundsätze).
127 Beispiel: Wird eine Ermächtigung mit dem Inhalt beschlossen, dass die Ausnutzungsfrist erst sechs Monate nach der Eintragung beginnen soll, so kann wegen der mit der Eintragung zwingend beginnenden Höchstfrist von fünf Jahren maximal noch eine Ausnutzungsfrist (gerechnet ab deren Beginn, im Beispiel namentlich sechs Monate nach der Eintragung) von 4 Jahren und sechs Monaten in der Satzung festgelegt werden.
128 MüKo-AktG/*Bayer*, Rn 62; *Baumbach/Hueck*, AktG, Rn 4; *v. Godin/Wilhelmi*, Anm. 4; Großkomm-AktienR/*Hirte*, Rn 146; *Hüffer*, Rn 11; KölnKomm-AktG/*Lutter*, Rn 17; MüHb-AG/*Krieger*, § 58 Rn 14; Spindler/Stilz/*Wamser*, Rn 67.
129 § 241 Nr. 3 ist entgegen seinem Wortlaut auch auf Mängel in der ursprünglichen Satzung anzuwenden (MüHb-AG/*Wiesner*, § 6 Rn 12 mwN; vgl auch OLG Düsseldorf AG 1968, 19, 22).
130 MüKo-AktG/*Bayer*, Rn 51; Grigoleit/*Rieder/Holzmann*, Rn 18; *Hüffer*, Rn 14; Großkomm-AktienR/*Hirte*, Rn 133 (der die Nichtigkeit der Bestimmung der Gründungssatzung aber anders herleitet); MüHb-AG/*Krieger*, § 58 Rn 7 und 14; KölnKomm-AktG/*Lutter*, Rn 12 und 14; aA *Franke*, Kapitalerhöhung, S. 57 ff; *Kimpler*, Abgrenzung, S. 47 ff (es gelten die Höchstgrenzen).

muss die Eintragung ablehnen. Treten die genannten Mängel bei der Gründungssatzung auf, wird aber die Wirksamkeit des übrigen Satzungsinhalts dadurch nicht berührt.[131]

62 Überschreitet der Beschluss die zulässigen Höchstgrenzen, ist – anders als beim Fehlen von Angaben über die Höchstgrenzen (siehe dazu Rn 45) – **Heilung nach § 242 Abs. 2** möglich; denn hier ist der Wille der Hauptversammlung, so weit wie möglich zu gehen, in der Ermächtigung sichtbar geworden.[132] Daher gelten nach der Heilung die jeweiligen gesetzlichen Höchstgrenzen (Hälfte des Grundkapitals und Ermächtigung für fünf Jahre). Die Frist von fünf Jahren beginnt bei einer Ermächtigung nach § 202 Abs. 1 mit der Eintragung der Gesellschaft und bei einer Ermächtigung nach Abs. 2 mit der Eintragung des Hauptversammlungsbeschlusses.[133]

63 b) **Weitere gesetzliche Schranken. aa) (Keine) Ermächtigung zur Schaffung bedingten Kapitals und zur Kapitalerhöhung aus Gesellschaftsmitteln.** Durch die Ermächtigung nach Abs. 1 oder 2 kann dem Vorstand **nicht** gestattet werden, die **Ausnutzung** des genehmigten Kapitals **im Wege einer bedingten Kapitalerhöhung** durchzuführen (siehe dazu Rn 14). Der Vorstand kann im Rahmen des genehmigten Kapitals nach hL[134] auch **nicht** zu einer **Kapitalerhöhung aus Gesellschaftsmitteln** (§§ 207 ff) ermächtigt werden (siehe dazu oben Rn 14).

64 bb) **§ 33 WpÜG. Während der Laufzeit eines Übernahmeangebotes** ist es dem Vorstand nach dem gesetzlichen Normalfall der Ermächtigung nicht gestattet, die Ermächtigung auszunutzen, wenn damit der Erfolg des Übernahmeangebots verhindert werden könnte (§ 33 Abs. 1 S. 1, Abs. 2 WpÜG; siehe näher dazu Rn 48 sowie § 33 WpÜG Rn 3 und Rn 11 ff).[135] Die Ermächtigung kann aber von der Hauptversammlung oder von den Gründern in diesem Sinne erweitert (§ 33 Abs. 2 S. 1 WpÜG) werden. Eine derartige Ermächtigung ist allerdings höchstens für 18 Monate möglich (§ 33 Abs. 2 S. 2 WpÜG).

65 cc) **Ehemalige eingetragene Genossenschaft und ehemaliger Versicherungsverein auf Gegenseitigkeit.** Ist eine Aktiengesellschaft im Wege einer formwechselnden Umwandlung aus einer eingetragenen Genossenschaft entstanden, darf der Vorstand von einem bestehenden genehmigten Kapital solange keinen Gebrauch machen, bis auf die abgeholten oder nach § 268 Abs. 3 UmwG veräußerten Aktien insgesamt mindestens 60 % des Grundkapitals entfallen (§ 269 S. 2 UmwG). Entsprechendes gilt nach § 299 Abs. 2 S. 1 UmwG für eine Aktiengesellschaft, die im Wege einer formwechselnden Umwandlung aus einem Versicherungsverein auf Gegenseitigkeit entstanden ist.

66 **IV. Erlöschen und Änderung der Ermächtigung.** Die bestehende oder die lediglich zukünftige (weil noch nicht eingetragene) Ermächtigung kann auf ganz unterschiedliche Weise erlöschen. Gleiches gilt für eine Änderung der Ermächtigung.

67 1. **Erlöschen der Ermächtigung. a) Erlöschen durch Ausnutzung und Fristablauf.** Die Ermächtigung erlischt, wenn sie in vollem Umfang **ausgenutzt** wurde. Die Ermächtigung erlischt zudem mit dem **Ablauf der** nach Abs. 1 bzw Abs. 2 S. 1 zu bestimmenden (dazu Rn 40) **Ermächtigungsfrist** (zu Fristbeginn und Fristende siehe Rn 41 f).

68 b) **Erlöschen durch Aufhebung.** Die bestehende Ermächtigung, aber auch die noch nicht eingetragene Ermächtigung erlöschen darüber hinaus, wenn sie wirksam aufgehoben werden. Insoweit ist zwischen der Situation vor der Eintragung und der Situation nach der Eintragung zu unterscheiden.

69 **Vor der Eintragung** besteht zwar noch keine wirksame Ermächtigung, die ausgenutzt werden könnte. Jedoch ist der Vorstand bei einem bestehenden satzungsändernden Ermächtigungsbeschluss berechtigt und verpflichtet, dessen Eintragung herbeizuführen, so dass auch insoweit das Bedürfnis für eine Aufhebung bestehen kann. Da vor der Eintragung die Satzungsänderung noch nicht wirksam ist, genügt zur Aufhebung des Ermächtigungsbeschlusses ein einfacher Gegenbeschluss.[136] Dies gilt selbst dann, wenn der Aufsichtsrat der Kapitalerhöhung bereits zugestimmt hat. Etwaige Sonderbeschlüsse iSd §§ 202 Abs. 2 S. 4, 182 Abs. 2

---

131 Großkomm-AktienR/*Hirte*, Rn 133; so (wohl) auch Köln-Komm-AktG/*Lutter*, Rn 12 aE iVm Rn 14.

132 MüKo-AktG/*Bayer*, Rn 55; Grigoleit/*Rieder/Holzmann*, Rn 18; Großkomm-AktienR/*Hirte*, Rn 134; KölnKomm-AktG/*Lutter*, Rn 12 (zur Überschreitung des Umfangs) und Rn 14 (zur Überschreitung der Frist); MüHb-AG/*Krieger*, § 58 Rn 7 (zur Überschreitung des Umfangs) und Rn 14 (zur Überschreitung der Frist); Bürgers/Körber/*Marsch-Barner*, Rn 12 (zur Überschreitung des Umfangs) und Rn 11 (zur Überschreitung der Frist); K. Schmidt/Lutter/*Veil*, Rn 18 (zur Überschreitung des Umfangs) und Rn 17 (zur Überschreitung der Frist).

133 MüHb-AG/*Krieger*, § 58 Rn 14; Spindler/Stilz/*Wamser*, Rn 63.

134 MüKo-AktG/*Bayer*, Rn 74; *Hüffer*, Rn 6; KölnKomm-AktG/*Lutter*, Rn 10; MüHb-AG/*Krieger*, § 58 Rn 6; K. Schmidt/Lutter/*Veil*, Rn 13; Spindler/Stilz/*Wamser*, Rn 82; aA Großkomm-AktienR/*Hirte*, § 202 Rn 196 und § 207 Rn 145 ff.

135 MüKo-AktG/*Bayer*, Rn 75; Hölters/v. *Dryander/Niggemann*, Rn 63; Spindler/Stilz/*Wamser*, Rn 78; Happ/*Ihrig*, 12.06 Anm. 45; KölnKomm-WpÜG/*Hirte*, § 33 Rn 92 mwN (auch zur Gegenansicht) und Rn 116 ff.

136 MüKo-AktG/*Bayer*, Rn 47; Grigoleit/*Rieder/Holzmann*, Rn 16; Großkomm-AktienR/*Hirte*, Rn 103; *Hüffer*, Rn 18; KölnKomm-AktG/*Lutter*, Rn 7; MüHb-AG/*Krieger*, § 58 Rn 5; Bürgers/Körber/*Marsch-Barner*, Rn 9; Spindler/Stilz/*Wamser*, Rn 35.

sind hingegen nicht erforderlich;[137] denn § 202 Abs. 2 S. 4 iVm § 182 Abs. 2 greift hier nicht ein, da es um die Aufhebung eines Ermächtigungsbeschlusses und nicht um die Schaffung einer Ermächtigung geht.

Nach der Eintragung ist die Ermächtigung ein Satzungsbestandteil geworden, so dass es für deren Aufhebung einer Satzungsänderung bedarf.[138] Insoweit sind die §§ 179 ff einzuhalten. Die Vorschriften zur Schaffung einer Ermächtigung nach §§ 202 ff und dort insbesondere § 202 Abs. 2 S. 4 iVm § 182 Abs. 2 müssen dagegen nicht beachtet werden, da es sich hierbei um Schutzvorschriften zugunsten von einer Kapitalerhöhung ablehnend gegenüber stehenden Minderheitsaktionären handelt (siehe dazu eben Rn 69).[139]

2. Änderung der Ermächtigung. Die bestehende Ermächtigung, aber auch die noch nicht eingetragene und damit noch nicht wirksame **Ermächtigung können geändert werden.** Auch insoweit ist nach der hier vertretenen Auffassung zwischen der Situation vor der Eintragung und der Situation nach der Eintragung zu unterscheiden.

a) Vor der Eintragung. Vor der Eintragung kann der Ermächtigungsbeschluss durch einen Änderungsbeschluss modifiziert werden. Eine gesonderte Eintragung des Änderungsbeschlusses ist insoweit nicht erforderlich; vielmehr ist, um die Ermächtigung wirksam werden zu lassen, der Ermächtigungsbeschluss in der Gestalt, die er durch den Änderungsbeschluss erfahren hat, zur Eintragung anzumelden (zur Anmeldung und zur Eintragung siehe Rn 31 ff).

Umstritten ist, **ob** bei einem Änderungsbeschluss, der vor der Eintragung des Ermächtigungsbeschlusses ergeht, Abs. 2 S. 2 bis 4 beachtet werden muss, oder ob der Änderungsbeschluss ohne die Beachtung dieser Vorschriften gefasst werden kann. Nach einer Auffassung sind bei einem Änderungsbeschluss immer die Vorschriften des **Abs. 2 S. 2 bis 4 zu beachten.**[140] Nach der Gegenauffassung ist eine Differenzierung vorzunehmen. Soll die zukünftige Ermächtigung lediglich umfangmäßig verringert bzw zeitlich verkürzt werden, so bedarf es nach dieser Auffassung nicht der Einhaltung der Vorschriften des Abs. 2 S. 2 bis 4. Bei allen übrigen Änderungen sei dagegen Abs. 2 S. 2 bis 4 zu beachten.[141] Der differenzierenden Auffassung ist zuzustimmen. Denn bei einer umfangmäßigen Reduzierung und bei einer zeitlichen Verkürzung handelt es sich lediglich um ein Minus gegenüber der ursprünglich beschlossenen Ermächtigung.[142] Das stärkste Minus, welches denkbar ist, ist die vollständige Aufhebung der Ermächtigung. Die Aufhebung ist vor der Eintragung aber durch einfachen Gegenbeschluss möglich (siehe dazu Rn 69). Folglich müssen die umfangmäßige Verringerung und die zeitliche Verkürzung ebenfalls durch einfachen Gegenbeschluss möglich sein.[143] Alle anderen Änderungen stellen eine quantitative Vergrößerung (zeitliche Verlängerung der Ermächtigung, umfangmäßige Erweiterung der Ermächtigung) bzw eine qualitative[144] Veränderung (zB Veränderung der Bedingungen der Aktienausgabe) dar, so dass die Anwendung der Vorschriften des Abs. 2 S. 2 bis 4 angezeigt ist.

b) Nach der Eintragung. Bei einer Änderung der schon eingetragenen Ermächtigung sind zunächst stets die §§ 179 ff zu beachten. Denn **nach der Eintragung** ist die Ermächtigung ein Satzungsbestandteil geworden, so dass es für deren Änderung einer **Satzungsänderung** bedarf.[145]

Fraglich ist aber, **ob** bei einer die Ermächtigung ändernden Satzungsänderung **neben den §§ 179 ff immer die §§ 202 ff eingehalten werden müssen** und dort insbesondere § 202 Abs. 2 S. 2 bis 4 beachtet werden muss, oder ob die Satzungsänderung ohne die Beachtung dieser Vorschriften ergehen kann. Auch hier ist – wie in der Situation vor der Eintragung (siehe dazu Rn 72 f) – entgegen der hL[146] eine differenzierende Sichtweise angebracht: Soll die eingetragene Ermächtigung durch die Satzungsänderung lediglich umfangmäßig verringert bzw zeitlich verkürzt werden, so bedarf es nicht der Einhaltung der Vorschriften der §§ 202 ff und damit auch nicht der Einhaltung der Bestimmungen des § 202 Abs. 2 S. 2 bis 4.[147] Bei allen übrigen Änderungen der bestehenden Ermächtigung sind dagegen neben den §§ 179 ff auch die Normen

---

137 MüKo-AktG/*Bayer*, Rn 47; Großkomm-AktienR/*Hirte*, Rn 103; KölnKomm-AktG/*Lutter*, Rn 7; MüHb-AG/*Krieger*, § 58 Rn 5; Bürgers/Körber/*Marsch-Barner*, Rn 9.

138 MüKo-AktG/*Bayer*, Rn 47; v. *Godin/Wilhelmi*, Anm. 7; Großkomm-AktienR/*Hirte*, Rn 103; *Hüffer*, Rn 18; Bürgers/Körber/*Marsch-Barner*, Rn 9; KölnKomm-AktG/*Lutter*, Rn 7; K. Schmidt/Lutter/*Veil*, Rn 20; Spindler/Stilz/*Wamser*, Rn 35; MüHb-AG/*Krieger*, § 58 Rn 5.

139 MüKo-AktG/*Bayer*, Rn 47; Großkomm-AktienR/*Hirte*, Rn 103; KölnKomm-AktG/*Lutter*, Rn 7; MüHb-AG/*Krieger*, § 58 Rn 5; Spindler/Stilz/*Wamser*, Rn 35.

140 v. *Godin/Wilhelmi*, Anm. 8; *Hüffer*, Rn 18; KölnKomm-AktG/*Lutter*, Rn 7 und 18; MüHb-AG/*Krieger*, § 58 Rn 5; Bürgers/Körber/*Marsch-Barner*, Rn 9.

141 MüKo-AktG/*Bayer*, Rn 48; Großkomm-AktienR/*Hirte*, Rn 104; Spindler/Stilz/*Wamser*, Rn 36; im Anschluss an *Kimpler*, Abgrenzung, S. 57 ff.

142 Großkomm-AktienR/*Hirte*, Rn 104.

143 Ebenso: Großkomm-AktienR/*Hirte*, Rn 104.

144 Aus Gründen der Rechtssicherheit sollte bei allen Änderungen, bei denen es nicht um den Umfang der Ermächtigung oder um die Länge der Ermächtigungsfrist geht, pauschaliert von einer qualitativen Änderung ausgegangen werden.

145 MüKo-AktG/*Bayer*, Rn 47; KölnKomm-AktG/*Lutter*, Rn 7; MüHb-AG/*Krieger*, § 58 Rn 5.

146 v. *Godin/Wilhelmi*, Anm. 7 f; *Hüffer*, Rn 18; KölnKomm-AktG/*Lutter*, Rn 7 und 18; MüHb-AG/*Krieger*, § 58 Rn 5; Bürgers/Körber/*Marsch-Barner*, Rn 9; wohl ebenso: Großkomm-AktienR/*Hirte*, Rn 104.

147 *Kimpler*, Abgrenzung, S. 57 ff; MüKo-AktG/*Bayer*, Rn 48.

der §§ 202 ff und damit auch die Vorschriften des § 202 Abs. 2 S. 2 bis 4 zu beachten. Denn hier greift die obige Argumentation zur Situation vor der Eintragung (dazu Rn 73) entsprechend. Ähnlich wie dort handelt es sich bei einer umfangmäßigen Reduzierung und bei einer zeitlichen Verkürzung lediglich um ein Minus gegenüber der ursprünglich eingetragenen Ermächtigung. Das stärkste Minus, welches denkbar ist, ist die vollständige Aufhebung der eingetragenen Ermächtigung. Die Aufhebung der eingetragenen Ermächtigung ist aber durch „einfache" Satzungsänderung möglich (siehe dazu Rn 70). Folglich müssen die umfangmäßige Verringerung und die zeitliche Verkürzung ebenfalls durch eine „einfache" Satzungsänderung möglich sein. Alle anderen Änderungen der eingetragenen Ermächtigung stellen eine quantitative Vergrößerung (zeitliche Verlängerung der Ermächtigung, umfangmäßige Erweiterung der Ermächtigung) bzw eine qualitative[148] Veränderung (zB Veränderung der Bedingungen der Aktienausgabe) dar, so dass funktional der Austausch einer Ermächtigung durch eine andere Ermächtigung vorliegt und deshalb die Anwendung der Vorschriften der §§ 202 ff und damit auch der des § 202 Abs. 2 S. 2 bis 4 angezeigt ist.

C. Ausnutzung der Ermächtigung (Abs. 3 S. 2 und 3)

76 Die Sätze 2 und 3 des Abs. 3 regeln **Teilfragen der Ausnutzung** der Ermächtigung. Das Gesetz behandelt in den §§ 202 ff die Ausnutzung der Ermächtigung nur rudimentär. Zudem sind die Regeln, die die Ausnutzung betreffen, im Gesetz in verschiedenen Normen und damit wenig systematisch platziert. So finden sich weitere Bestimmungen, die die Ausnutzung betreffen, besonders in § 203, aber auch in den §§ 204–206. Die Ausnutzung ist insgesamt unvollständig geregelt; einige Probleme der Ausnutzung der Ermächtigung – wie etwa die Ausnutzungsentscheidung des Vorstands (dazu gleich Rn 77 ff) – werden vom Gesetz gar nicht angesprochen.

77 **I. Vorstandsentscheidung.** In Abs. 1, auf den sich Abs. 2 in dieser Hinsicht bezieht, ist davon die Rede, dass die Satzung den Vorstand ermächtigen kann, das Grundkapital zu erhöhen. Daraus ergibt sich, dass es in die **Zuständigkeit des Vorstands** fällt, die Ausnutzungsentscheidung zu treffen. Die Vorstandsentscheidung über die Ausnutzung der Ermächtigung und damit über die Durchführung der Kapitalerhöhung erfolgt durch **Beschluss**. Die Entscheidung ist (formell) eine **Maßnahme der Geschäftsführung** (§ 77).[149] Für die Beschlussfassung gelten die allgemeinen Regeln. Der Beschluss ist daher, wenn nicht die Satzung oder die Geschäftsordnung etwas anderes bestimmt, durch den Vorstand insgesamt und einstimmig zu fassen.[150]

78 Da schon der Entschluss, in bestimmter Weise tätig zu werden, bei einem Verband – anders als bei einer natürlichen Person – ein rechtlicher Vorgang und nach außen kenntlich zu machen ist,[151] reicht auch hinsichtlich der Ausnutzungsentscheidung eine Willensbildung in den Köpfen der Vorstandsmitglieder nicht aus. Vielmehr bedarf es (bei der Entscheidungsfindung) einer Entäußerung,[152] was aber eine konkludente Beschlussfassung nicht ausschließt.[153] Eine **Pflicht zu** einer nach außen gerichteten **Mitteilung** des Vorstands **besteht** bei der (einfachen) Ausnutzungsentscheidung – ebenso wie bei anderen Vorstandsentscheidungen außerhalb des genehmigten Kapitals – aber **grundsätzlich nicht**. Die Aktionäre erfahren daher, wenn ihr gesetzliches Bezugsrecht nicht ausgeschlossen wird, von der Kapitalerhöhung erst durch die Bekanntmachung nach § 186 Abs. 2 bzw bei einem mittelbaren Bezugsrecht erst durch Bekanntmachung nach § 186 Abs. 5 S. 2. Wurde das gesetzliche Bezugsrecht ausgeschlossen, erfahren die Aktionäre von der Kapitalerhöhung durch den nach § 186 Abs. 4 S. 2 zu fertigenden Bericht, gleichgültig, ob das Bezugsrecht schon bei der Erteilung der Ermächtigung ausgeschlossen wurde oder erst vom Vorstand aufgrund einer besonderen Ermächtigung (§ 203 Abs. 2) ausgeschlossen wird (siehe dazu § 203 Rn 19, 64 ff, 85 und 93 ff). Zudem erfahren die Aktionäre von der Kapitalerhöhung, wenn deren Durchführung eingetragen wird (§§ 203 Abs. 1 S. 1, 189), denn die Eintragung der Durchführung ist bekannt zu machen (vgl § 190). Auch das Kapitalmarktrecht führt in der Regel nicht dazu, dass die Aktionäre von der (bloßen) Vorstandsentscheidung erfahren; denn bei einer börsennotierten Gesellschaft kommt eine Pflicht zur **Ad-hoc-Mitteilung** aus § 15 WpHG unabhängig von der Kursrelevanz wegen § 15 Abs. 3 S. 1, Abs. 7 S. 1 Nr. 3 WpHG iVm

---

148 Aus Gründen der Rechtssicherheit sollte bei allen Änderungen, bei denen es nicht um den Umfang der Ermächtigung oder um die Länge der Ermächtigungsfrist geht, pauschaliert von einer qualitativen Änderung ausgegangen werden.

149 AllgM, vgl BGHZ 136, 133, 139 (Siemens/Nold II); OLG Düsseldorf ZIP 2008, 1922, 1923; MüKo-AktG/*Bayer*, Rn 86; Grigoleit/*Rieder/Holzmann*, Rn 23; Großkomm-AktienR/*Hirte*, Rn 21; *Hirte*, Bezugsrechtsausschluss, S. 105 f; *Hüffer*, Rn 20; KölnKomm-AktG/*Lutter*, § 204 Rn 17; Bürgers/Körber/*Marsch-Barner*, Rn 15; Spindler/Stilz/*Wamser*, Rn 85; MüHb-AG/*Krieger*, § 58 Rn 24; *Perwein*, AG 2013, 10, 10.

150 MüKo-AktG/*Bayer*, Rn 88; Großkomm-AktienR/*Hirte*, Rn 165; Hölters/*v. Dryander/Niggemann*, Rn 65; *Hüffer*, Rn 20; KölnKomm-AktG/*Lutter*, § 204 Rn 17; Bürgers/Körber/*Marsch-Barner*, Rn 9; Spindler/Stilz/*Wamser*, Rn 86.

151 Ansonsten wäre eine Zurechnung des Willens zum Verband nicht möglich, *Wiedemann*, Gesellschaftsrecht I, § 3 III 1 a.

152 Großkomm-AktienR/*Hirte*, Rn 165; MüKo-AktG/*Bayer*, Rn 88; KölnKomm-AktG/*Lutter*, § 204 Rn 19.

153 Vgl OLG Frankfurt ZIP 1986, 1244, 1245 = AG 1986, 233, 233; KölnKomm-AktG/*Mertens*, § 77 Rn 27.

§ 6 S. 1 und 2 Nr. 2 WpAIV[154] in den meisten Fällen erst mit Zustimmung des Aufsichtsrats nach § 202 Abs. 3 S. 2 in Betracht.

Der Ausnutzungsbeschluss enthält **inhaltlich** zunächst eine Entscheidung darüber, ob, wann und in welchem Umfang das Grundkapital erhöht wird. Hinsichtlich der letzten beiden Punkte ist der Vorstand allerdings an den von der Ermächtigung gesetzten Rahmen gebunden. Der Vorstand muss nicht, wenn er eine Ermächtigung ausnutzt, deren Umfang hinsichtlich des Grundkapitals voll ausschöpfen; vielmehr ist er sogar berechtigt, das genehmigte Kapital in Tranchen auszuüben (unstr.). Zudem entscheidet der Vorstand über den Inhalt der Aktienrechte und die Bedingungen der Aktienausgabe, wenn die Ermächtigung insoweit keine Vorentscheidung getroffen hat (§ 204 Abs. 1 S. 1). 79

Obwohl die Ausnutzungsentscheidung inhaltlich eine Grundlagenentscheidung ist (siehe dazu Rn 4), kann der Ausnutzungsbeschluss des Vorstands leider[155] – anders als der Kapitalerhöhungsbeschluss der Hauptversammlung (§ 182 Abs. 1), der der notariellen Beurkundung bedarf (§ 130 Abs. 1) – **formlos** gefasst werden. Die Geschäftsordnung (§ 77 Abs. 2) kann aber Formerfordernisse aufstellen.[156] Unabhängig davon ist eine Dokumentation der Ausnutzungsentscheidung zu empfehlen. Denn das Registergericht kann, wenn es um die Eintragung der Durchführung geht, einen Nachweis über die getroffene Ausnutzungsentscheidung verlangen (siehe dazu § 203 Rn 44).[157] Der Beschluss ist weder eintragungsbedürftig noch eintragungsfähig.[158] 80

Sind der Inhalt der Aktienrechte und die Bedingungen der Aktienausgabe bereits in der Ermächtigung festgelegt worden (vgl § 204 Abs. 1 S. 1 aE), entsteht, da die Vorstandsentscheidung dann nicht nach § 204 Abs. 1 S. 2 Hs 1 der Zustimmung des Aufsichtsrats bedarf,[159] der vom Bezugsrecht (als Stammrecht) zu unterscheidende **konkrete Bezugsanspruch der Aktionäre** mit der Entscheidung des Vorstands.[160] Ansonsten entsteht der Bezugsanspruch erst mit der Zustimmung des Aufsichtsrats. Ein Bezugsanspruch entsteht aber dann nicht, wenn das Bezugsrecht für die betreffende Kapitalerhöhung wirksam ausgeschlossen wurde. 81

Eine **Rücknahme** der Ausnutzungsentscheidung des Vorstands kann bis zur Eintragung der Durchführung der Kapitalerhöhung erfolgen (arg. § 185 Abs. 1 S. 3 Nr. 4).[161] Die Situation ist insoweit nicht anders als bei der Durchführung einer regulären Kapitalerhöhung gegen Einlagen (§§ 182 ff) vor deren Eintragung (siehe dazu § 182 Rn 61).[162] Bereits entstandene konkrete Bezugsansprüche (dazu eben Rn 81) entfallen bei einer wirksamen Rücknahme wieder und bereits geschlossene Zeichnungsverträge werden gegenstandslos.[163] Erfüllungsansprüche begründet der Zeichnungsvertrag daher nicht, allenfalls kommen Schadensersatzansprüche auf das negative Interesse in Betracht.[164] Nach der Eintragung ist eine einfache Rücknahme der Ausnutzungsentscheidung nicht möglich; es bleibt dann nur der Weg über eine Kapitalherabsetzung (§§ 222 ff). 82

II. Mitwirkung des Aufsichtsrats (Abs. 3 S. 2). 1. Zustimmung des Aufsichtsrats (Abs. 3 S. 2). Gemäß Abs. 3 S. 2 sollen neue Aktien nur mit **Zustimmung des Aufsichtsrats** ausgegeben werden. Unter Ausgabe ist hier der Ausnutzungsbeschluss des Vorstands (siehe dazu Rn 77 ff) und seine Durchführung und nicht die tatsächliche Ausgabe der Aktienurkunden (§§ 191, 199 ff) zu verstehen.[165] 83

Daneben kennen die §§ 202 ff im Rahmen der Ausnutzung des genehmigten Kapitals **drei weitere Zustimmungserfordernisse**. So bedarf die Entscheidung des Vorstands über den Inhalt der Aktienrechte und die Bedingungen der Aktienausgabe der Zustimmung des Aufsichtsrats (§ 204 Abs. 1 S. 2 Hs 1). Gleiches gilt, wenn der Vorstand das Bezugsrecht ausschließt (§ 204 Abs. 1 S. 2 Hs 2). Außerdem soll der Aufsichtsrat zustimmen, wenn der Vorstand zu einer Kapitalerhöhung gegen Sacheinlagen ermächtigt ist und er zudem die Entscheidung über den Gegenstand der Sacheinlage, die Person, von der die Gesellschaft den Sacheinla- 84

---

154 Verordnung zur Konkretisierung von Anzeige-, Mitteilungs- und Veröffentlichungspflichten sowie der Pflicht zur Führung von Insiderverzeichnissen nach dem Wertpapierhandelsgesetz (Wertpapierhandelsanzeige- und Insiderverzeichnisverordnung).
155 Großkomm-AktienR/*Hirte*, Rn 165; KölnKomm-AktG/*Lutter*, § 204 Rn 20 f; *Yanli*, S. 24 und 99.
156 Großkomm-AktienR/*Hirte*, Rn 165; KölnKomm-AktG/*Lutter*, § 204 Rn 19.
157 Großkomm-AktienR/*Hirte*, Rn 165 und § 203 Rn 43; MüKo-AktG/*Bayer*, Rn 88; K. Schmidt/Lutter/*Veil*, Rn 21.
158 KölnKomm-AktG/*Lutter*, § 204 Rn 20; Hölters/v. Dryander/*Niggemann*, Rn 65; Hölters/v. Dryander/*Niggemann*, Rn 20; K. Schmidt/Lutter/*Veil*, Rn 21; Spindler/Stilz/*Wamser*, Rn 86.
159 § 202 Abs. 3 S. 2, der auch für diesen Fall eine Zustimmung des Aufsichtsrats verlangt, ist lediglich eine Sollvorschrift.
160 Großkomm-AktienR/*Hirte*, Rn 166 und § 203 Rn 17; Bürgers/Körber/*Marsch-Barner*, § 203 Rn 5; abweichend: *Hüffer*, § 203 Rn 7 und KölnKomm-AktG/*Lutter*, § 203 Rn 8, die die Entstehung des Bezugsrechts davon abhängig machen, ob der Vorstand nach § 202 Abs. 3 S. 2 verfährt.
161 MüKo-AktG/*Bayer*, Rn 90; Großkomm-AktienR/*Hirte*, Rn 166; KölnKomm-AktG/*Lutter*, § 204 Rn 19; MüHb-AG/*Krieger*, § 58 Rn 55; Spindler/Stilz/*Wamser*, Rn 89.
162 MüKo-AktG/*Bayer*, Rn 90; Großkomm-AktienR/*Wiedemann*, § 185 Rn 35.
163 Großkomm-AktienR/*Hirte*, Rn 166; KölnKomm-AktG/*Lutter*, § 204 Rn 19; Spindler/Stilz/*Wamser*, Rn 89.
164 MüKo-AktG/*Bayer*, Rn 90; Spindler/Stilz/*Wamser*, Rn 89; KölnKomm-AktG/*Lutter*, § 185 Rn 34; Großkomm-AktienR/*Wiedemann*, § 185 Rn 35.
165 MüKo-AktG/*Bayer*, Rn 91; Großkomm-AktienR/*Hirte*, Rn 167; /Hölters/v. Dryander/*Niggemann*, Rn 61; *Hüffer*, Rn 21; KölnKomm-AktG/*Lutter*, Rn 23; Bürgers/Körber/*Marsch-Barner*, Rn 15; Spindler/Stilz/*Wamser*, Rn 90; MüHb-AG/*Krieger*, § 58 Rn 25.

gegegenstand erwirbt, sowie über den Nennbetrag (bei Stückaktien die Zahl) der bei der Sacheinlage zu gewährenden Aktien trifft (§ 205 Abs. 2 S. 2). Über diese drei genannten weiteren Zustimmungserfordernisse hinaus ist hier noch die nach § 33 Abs. 2 S. 4 WpÜG erforderliche Zustimmung zu erwähnen (siehe dazu § 33 WpÜG Rn 13).[166]

85 Da § 202 Abs. 3 S. 2 von der Zustimmung des Aufsichtsrats spricht und das Gesetz Befugnisse grundsätzlich dem Aufsichtsrat in seiner Gesamtheit zuerkennt (siehe dazu Kommentierung zu § 111),[167] entscheidet **grundsätzlich der gesamte**[168] **Aufsichtsrat**. Die Zuständigkeit hierfür kann aber auf einen Aufsichtsratsausschuss übertragen werden;[169] denn § 107 Abs. 3 S. 3 ist hinsichtlich der dem gesamten Aufsichtsrat unabdingbar vorbehaltenen Sachbeschlüsse abschließend.[170]

86 Die Zustimmungsentscheidung ist durch Beschluss zu treffen (vgl § 108 Abs. 1). Insoweit ist für einen (positiven) Zustimmungsbeschluss eine **einfache**[171] **Mehrheit** erforderlich (vgl § 29 Abs. 1 MitbestG; siehe dazu Kommentierung zu § 108). Gleiches gilt, wenn die Zuständigkeit auf einen Ausschuss übertragen wurde (siehe dazu Kommentierung zu § 107).[172] Die Satzung (und auch die Geschäftsordnung) kann, da es sich bei § 202 Abs. 3 S. 2 um ein gesetzliches Zustimmungserfordernis handelt, keine größere Mehrheit verlangen (siehe dazu Kommentierung zu § 108).[173] Das gilt auch für den Beschluss eines Aufsichtsratsausschusses (siehe dazu Kommentierung zu § 107).[174]

87 Anders als bei der Vorstandsentscheidung (siehe dazu Rn 78) bedarf es für die Aufsichtsratsentscheidung nicht nur einer Entäußerung bei der Entscheidungsfindung, sondern eines **ausdrücklichen Beschlusses** (siehe dazu Kommentierung zu § 108). Eine konkludente Beschlussfassung ist daher nicht – mit Rechtswirkung – möglich.

88 Die Zustimmung ist **einzelfallbezogen**.[175] Sie kann also nicht global für alle oder eine Vielzahl künftiger Ausnutzungsentscheidungen erteilt werden. Wird das genehmigte Kapital in Tranchen ausgenutzt, ist daher eine Zustimmung für jede einzelne Tranche erforderlich.

89 **2. Rechtsfolgen des Fehlens der Zustimmung.** Bei Abs. 3 S. 2 handelt es sich – wie bei § 205 Abs. 2 S. 2 – um eine **Sollvorschrift**. Das Fehlen der Zustimmung hat somit auf die materielle Wirkung der Ausnutzungsentscheidung des Vorstands keinen Einfluss.[176] Zum einen sind die Zeichnungsverträge auch bei fehlender Zustimmung gültig. Zum anderen entstehen die Mitgliedschaftsrechte auch ohne Zustimmung des Aufsichtsrats mit der Eintragung der Durchführung im Handelsregister.

90 Aus Abs. 3 S. 2 ergibt sich trotz der fehlenden materiellen Außenwirkung der Zustimmung die **Pflicht des Vorstands**, die Entscheidung des Aufsichtsrats (zur Not auch nachträglich) einzuholen.[177] Wird die Zustimmung versagt, darf der Vorstand die Durchführung der Kapitalerhöhung nicht weiter betreiben.[178]

91 Obwohl das Fehlen der Zustimmung auf die materielle Wirkung der Ausnutzungsentscheidung des Vorstands keinen Einfluss hat (dazu eben Rn 89), darf der **Registerrichter** die Durchführung der Kapitalerhöhung nicht eintragen, wenn ihm das Fehlen der Zustimmung bekannt ist.[179] Seinen Grund findet das darin, dass die Mitwirkung des Aufsichtsrats im öffentlichen Interesse liegt.[180] Da gemäß §§ 203 Abs. 1, 188 Abs. 1 eine Mitwirkung des Aufsichtsratsvorsitzenden bei der Anmeldung der Durchführung der Kapitalerhöhung vorgeschrieben ist, kann der Registerrichter, wenn diese Vorschriften eingehalten werden, in der Regel davon ausgehen, dass eine Zustimmung vorliegt (siehe dazu auch § 203 Rn 46).[181]

---

[166] Siehe dazu auch KölnKomm-WpÜG/*Hirte*, § 33 Rn 136 f.
[167] KölnKomm-AktG/*Mertens*, § 111 Rn 10.
[168] Großkomm-AktienR/*Hirte*, Rn 167; KölnKomm-AktG/*Lutter*, Rn 23.
[169] MüKo-AktG/*Bayer*, Rn 92; Großkomm-AktienR/*Hirte*, Rn 167; *Hüffer*, Rn 21; Happ/Ihrig, 12.06 Anm. 10; KölnKomm-AktG/*Lutter*, Rn 23; Bürgers/Körber/*Marsch-Barner*, Rn 16.
[170] *Rellermeyer*, S. 25 f.
[171] MüKo-AktG/*Bayer*, Rn 92; Großkomm-AktienR/*Hirte*, Rn 167; Bürgers/Körber/*Marsch-Barner*, Rn 16; vgl auch KölnKomm-AktG/*Mertens*, § 108 Rn 41.
[172] KölnKomm-AktG/*Mertens*, § 107 Rn 120.
[173] *Hüffer*, § 108 Rn 8; MüHb-AG/*Hoffmann-Becking*, § 31 Rn 58 und 60 f jeweils mwN; aA Großkomm-AktienR/*Hirte*, Rn 167.
[174] KölnKomm-AktG/*Mertens*, § 107 Rn 121.
[175] MüKo-AktG/*Bayer*, Rn 92; Grigoleit/*Rieder/Holzmann*, Rn 24; Großkomm-AktienR/*Hirte*, Rn 167; KölnKomm-AktG/*Lutter*, Rn 23; *Hüffer*, Rn 21; Bürgers/Körber/*Marsch-Barner*, Rn 16; K. Schmidt/Lutter/*Veil*, Rn 22; Spindler/Stilz/*Wamser*, Rn 92; MüHb-AG/*Krieger*, § 58 Rn 25; Happ/Ihrig, 12.06 Anm. 11; aA noch Schlegelberger/*Quassowski*, § 169 Rn 13.

[176] MüKo-AktG/*Bayer*, Rn 93; Großkomm-AktienR/*Hirte*, Rn 252; Hölters/v. Dryander/*Niggemann*, Rn 62; *Hüffer*, Rn 22; KölnKomm-AktG/*Lutter*, Rn 24; K. Schmidt/Lutter/*Veil*, Rn 22; Spindler/Stilz/*Wamser*, Rn 91; MüHb-AG/*Krieger*, § 58 Rn 25.
[177] MüKo-AktG/*Bayer*, Rn 91; Großkomm-AktienR/*Hirte*, Rn 167.
[178] Großkomm-AktienR/*Hirte*, Rn 167.
[179] MüKo-AktG/*Bayer*, Rn 94; Großkomm-AktienR/*Hirte*, Rn 252; Hölters/v. Dryander/*Niggemann*, Rn 67; *Hüffer*, Rn 22; KölnKomm-AktG/*Lutter*, Rn 24; Bürgers/Körber/*Marsch-Barner*, Rn 16; K. Schmidt/Lutter/*Veil*, Rn 22; Spindler/Stilz/*Wamser*, Rn 98; MüHb-AG/*Krieger*, § 58 Rn 25 und 54.
[180] Großkomm-AktienR/*Hirte*, Rn 252; KölnKomm-AktG/*Lutter*, Rn 24.
[181] MüKo-AktG/*Bayer*, Rn 94; Grigoleit/*Rieder/Holzmann*, Rn 25; Großkomm-AktienR/*Hirte*, § 202 Rn 253 und § 203 Rn 30 und 43; Hölters/v. Dryander/*Niggemann*, Rn 60; *Hüffer*, Rn 22; KölnKomm-AktG/*Lutter*, Rn 24; Bürgers/Körber/*Marsch-Barner*, Rn 16; K. Schmidt/Lutter/*Veil*, Rn 22; Spindler/Stilz/*Wamser*, Rn 98; Happ/Ihrig, 12.06 Anm. 28; MüHb-AG/*Krieger*, § 58 Rn 54.

III. Verweis auf § 182 Abs. 1 S. 5 (Abs. 3 S. 3). Abs. 3 S. 3 erklärt § 182 Abs. 1 S. 5 für sinngemäß anwendbar. Nach diesem durch Art. 1 Nr. 26 des Stückaktiengesetzes neu eingeführten Verweis muss sich bei Gesellschaften mit Stückaktien die Zahl der Aktien in demselben Verhältnis wie das Grundkapital erhöhen (**verhältniswahrende Kapitalerhöhung bei Stückaktien**). Selbst minimale Abweichungen sind nach dem eindeutigen Wortlaut nicht gestattet.[182] Hierdurch soll eine über das Maß der Kapitalerhöhung hinausgehende Verwässerung der Beteiligung verhindert werden.[183]

D. Arbeitnehmeraktien (Abs. 4)

I. Funktion und Einordnung des Abs. 4. Abs. 4, der durch die Aktienrechtsreform von 1965 eingeführt wurde, sollte – wie die gleichzeitig eingeführten §§ 203 Abs. 4, 204 Abs. 3 und 205 Abs. 4 (dazu gleich Rn 94) – eine **Arbeitnehmerbeteiligung erleichtern**.[184] Die Funktion der Vorschrift wird jedoch nicht ohne Weiteres deutlich. § 202 Abs. 4 ist zunächst vor dem Hintergrund zu sehen, dass der Vorstand das gesetzliche Bezugsrecht der Aktionäre zu beachten hat.[185] Der Vorstand hat, wenn das Bezugsrecht der Aktionäre (direkt oder durch den Vorstand aufgrund einer Ermächtigung) ausgeschlossen wird, bestimmte besondere Voraussetzungen zu beachten (siehe dazu § 203 Rn 12 ff und 81 ff) und ist insbesondere hinsichtlich der Festsetzung des Bezugspreises wegen § 255 Abs. 2 nicht frei. Jede Zuteilung junger Aktien an Arbeitnehmer führt aber zwangsläufig zu einem Eingriff in das gesetzliche Bezugsrecht der Aktionäre, wenn nicht der wenig praktische Fall vorliegt, dass alle Arbeitnehmer an der Gesellschaft schon beteiligt sind und lediglich jeweils in dem Maße junge Aktien erhalten, wie es ihrer (bisherigen) Beteiligung entspricht. Die oben genannten Besonderheiten für den Ausschluss des Bezugsrechts gelten grundsätzlich aber auch, wenn junge Aktien an Arbeitnehmer ausgegeben werden sollen.[186] Daran vermag auch § 202 Abs. 4 nichts zu ändern. Mit der Schaffung von Abs. 4, der die Ausgabe von Arbeitnehmeraktien erleichtern soll, hat der Gesetzgeber aber ein Bekenntnis dahin gehend abgegeben, dass die Ausgabe von Aktien an Arbeitnehmer zulässig sein soll, wenn die Gesellschaft eine entsprechende Satzungsbestimmung schafft (zu deren Inhalt siehe Rn 95 ff).[187] Wichtigste Folge davon ist, dass der Ausschluss des Bezugsrechts zu dem Zweck, die Aktien an Arbeitnehmer auszugeben, als im Gesellschaftsinteresse liegend angesehen wird und keiner ausgeprägten Verhältnismäßigkeitsprüfung unterzogen werden muss (siehe dazu Rn 101 f und auch § 203 Rn 20 ff und 88 ff).[188] Das führt aber nicht dazu, dass eine Überprüfung des Bezugsrechtsausschlusses anhand des Verhältnismäßigkeitsmaßstabes gänzlich entfallen kann (dazu gleich Rn 105).

§ 202 Abs. 4 fügt sich ein in eine **Reihe weiterer Vorschriften**, die ebenfalls die Ausgabe von jungen Aktien im Wege des genehmigten Kapitals erleichtern sollen. So dürfen nach § 203 Abs. 4 abweichend von § 203 Abs. 3 S. 1 Aktien an Arbeitnehmer auch dann ausgegeben werden, wenn Einlagen auf das bisherige Grundkapital noch ausstehen. Folgerichtig sind dann die nach § 203 Abs. 3 S. 4 bei der ersten Anmeldung zu machenden Angaben bei der Aktienausgabe an Arbeitnehmer entbehrlich (§ 203 Abs. 4). Ferner kann, wenn Aktien an Arbeitnehmer ausgegeben werden sollen, unter den Voraussetzungen des § 204 Abs. 3 die Einlage aus einem Teil des Jahresabschlusses gedeckt und damit der Sache nach eine Kapitalerhöhung aus Gesellschaftsmitteln durchgeführt werden. Schließlich schränkt § 205 Abs. 4 die Anwendbarkeit von § 205 Abs. 2 und 3 ein, was sich dann auswirkt, wenn Arbeitnehmer als Einlage ihre Forderungen aus Gewinnbeteiligungen einbringen.

II. Satzungsregelung nach Abs. 4. 1. Möglicher Inhalt einer Satzungsbestimmung nach Abs. 4. Nach Abs. 4 kann die Satzung auch vorsehen, dass die neuen Aktien an Arbeitnehmer der Gesellschaft ausgegeben werden. Der Wortlaut („Die Satzung...") der Vorschrift wird zum Teil dahin gehend ausgelegt, dass sich eine entsprechende Satzungsbestimmung zum einen **speziell** auf eine ganz bestimmte Ermächtigung beziehen, aber auch **allgemein** die Ausgabe von Aktien aus einem beliebigen genehmigten Kapital an Arbeitnehmer erlauben kann.[189] Gegen die letztere Möglichkeit werden allerdings schwerwiegende Bedenken mit der Fol-

---

182 Großkomm-AktienR/*Hirte*, Rn 169.
183 MüKo-AktG/*Bayer*, Rn 95; Spindler/Stilz/*Wamser*, Rn 94.
184 RegBegr. zu § 203 bei *Kropff*, S. 305.
185 Großkomm-AktienR/*Hirte*, Rn 177 f; Hölters/*v. Dryander/Niggemann*, Rn 70; KölnKomm-AktG/*Lutter*, Rn 25; K. Schmidt/Lutter/*Veil*, Rn 27.
186 MüKo-AktG/*Bayer*, Rn 102; Großkomm-AktienR/*Hirte*, Rn 177.
187 Ähnlich: Großkomm-AktienR/*Hirte*, Rn 178.
188 BGHZ 144, 290, 293 = NJW 2000, 2356 (adidas); MüKo-AktG/*Bayer*, Rn 102; Großkomm-AktienR/*Hirte*, Rn 182; Hirte, Bezugsrechtsausschluss, S. 61 f; Hölters/*v. Dryander/Niggemann*, Rn 71; KölnKomm-AktG/*Lutter*, Rn 28; *Lutter*, ZGR-Sonderheft 5 (1985), 85, 98; Bürgers/Körber/*Marsch-Barner*, Rn 18; K. Schmidt/Lutter/*Veil*, Rn 27; Spindler/Stilz/*Wamser*, Rn 20; MüHb-AG/*Krieger*, § 58 Rn 58; vgl auch BGHZ 83, 319, 323 (Holzmann).
189 Großkomm-AktienR/*Hirte*, Rn 174; KölnKomm-AktG/*Lutter*, Rn 26; Bürgers/Körber/*Marsch-Barner*, Rn 20; wohl auch *Knepper*, ZGR 1985, 419, 433.

ge äußert, dass eine allgemeine Satzungsbestimmung unzulässig sei.[190] Als Begründung wird angeführt, dass eine Bestimmung iSd § 202 Abs. 4 immer mit einem Bezugsrechtsausschluss oder einer Ermächtigung hierzu automatisch verbunden ist (siehe dazu Rn 101 f). Dies führe verbunden mit dem Umstand, dass das Bezugsrecht nach §§ 203 Abs. 1, 186 Abs. 3 S. 1 nur in der Ermächtigung ausgeschlossen werden kann, zur Unzulässigkeit einer allgemeinen Satzungsbestimmung iSd § 202 Abs. 4.[191] Das ist jedenfalls dann zutreffend, wenn mit der Satzungsbestimmung iSd Abs. 4 ein Direktausschluss des Bezugsrechts einhergeht (siehe dazu Rn 101). Denn in diesem Fall ist § 186 Abs. 3 S. 1 wegen § 203 Abs. 1 unproblematisch anwendbar. Anders könnte die Rechtslage sein, wenn mit der Satzungsbestimmung iSd § 202 Abs. 4 kein Direktausschluss, sondern eine Ermächtigung zum Ausschluss des Bezugsrechts (§ 203 Abs. 2) einhergeht (siehe dazu Rn 101). Denn jedenfalls eine nachträgliche Ermächtigung zum Ausschluss des Bezugsrechts wird als möglich angesehen (siehe dazu § 203 Rn 62), so dass eine nachträgliche allgemeine Bestimmung iSd § 202 Abs. 4 auf den ersten Blick als zulässig erscheint. Eine nachträgliche allgemeine Satzungsbestimmung iSd Abs. 4 ist aber für jedes zukünftig entstehende genehmigte Kapital eine (potenziell) zeitlich vorangehende Ermächtigung zum Bezugsrechtsausschluss, die nicht möglich ist (siehe dazu § 203 Rn 62). Damit bleibt festzuhalten, dass eine allgemeine Satzungsbestimmung iSd Abs. 4 dann nicht möglich ist, wenn mit ihr zugleich automatisch ein Bezugsrechtsausschluss oder eine Ermächtigung dazu einhergeht. Je nach Inhalt der Satzungsbestimmung wird aber entweder der Direktausschluss oder die Ermächtigung zum Bezugsrechtsausschluss als gegeben angesehen. Das Problem lässt sich nach der hier vertretenen Ansicht für allgemeine Bestimmungen iSd Abs. 4 nur dadurch umgehen, dass der Satzungsgeber, wenn er eine allgemeine Regelung schafft, zudem bestimmt, dass mit der Satzungsbestimmung nicht automatisch ein Bezugsrechtsausschluss bzw die Ermächtigung zum Bezugsrechtsausschluss verbunden ist.

96 Eine allgemeine Bestimmung ist von der **zeitlichen Schranke** des Abs. 1 bzw des Abs. 2 S. 1 unabhängig, eine spezielle dagegen nicht.[192] Gleiches gilt für die **umfangmäßige Begrenzung** des Abs. 3 S. 1.

97 Von der Formulierung einer entsprechenden Satzungsbestimmung hängt es ab, ob die jungen Aktien **nur an Arbeitnehmer** ausgegeben werden dürfen oder ob der Vorstand – was der Regelfall ist[193] – die jungen Aktien lediglich **auch an Arbeitnehmer** ausgeben darf. Im ersteren Fall ist der Vorstand an die Anweisung gebunden. Eine **Ausgabepflicht** oder gar ein Bezugsrecht der Arbeitnehmer ergibt sich daraus jedoch **nicht**.[194]

98 **2. Satzungsbestandteil und Erfordernisse des Abs. 2.** Die Ausgabe der jungen Aktien an Arbeitnehmer aus einem genehmigten Kapital kann in der Gründungssatzung vorgesehen sein, aber auch durch Satzungsänderung ermöglicht werden. Wichtig ist nur, dass sie ein **Satzungsbestandteil** ist. Wird eine entsprechende Satzungsbestimmung durch eine Satzungsänderung eingeführt, sind zunächst die allgemeinen Regeln für Satzungsänderungen (§§ 179 ff) zu beachten.

99 Fraglich ist aber, ob die besonderen **Erfordernisse des Abs. 2** zusätzlich beachtet werden müssen. *Lutter* bejaht dies.[195] Hier erscheint aber eine differenzierte Betrachtung angebracht. Für den Fall, dass die Bestimmung Teil einer bestimmten Ermächtigung ist, ist *Lutter* zu folgen. Bezieht sich dagegen die Bestimmung im Allgemeinen (zur beschränkten Zulässigkeit siehe Rn 95) auf die Ausgabe von Aktien aus einem beliebigen genehmigten Kapital, ist (nochmals) eine Differenzierung vorzunehmen. Bestand zum Zeitpunkt der Einführung der Bestimmung ein genehmigtes Kapital, so wird (selbst) durch die allgemeine Bestimmung dem genehmigten Kapital eine etwas abweichende Qualität verliehen, so dass wegen der (sachlichen) Änderung der Ermächtigung die Mehrheitserfordernisse des Abs. 2 beachtet werden müssen. Anders liegt die Sache aber, wenn zur Zeit der Einführung der Bestimmung gar kein genehmigtes Kapital besteht.[196] Denn dann wird weder mit der Einführung einer allgemeinen Bestimmung iSd Abs. 4 eine Ermächtigung geändert, noch hat die Bestimmung Ermächtigungscharakter iSd Abs. 2. Dass die allgemeine Bestimmung, wenn man sie ohne (die hier vertretene) Beschränkung (siehe dazu Rn 95) als zulässig ansieht, auch in diesem Fall für zukünftig entstehendes genehmigtes Kapital eine Ermächtigung zum Bezugsrechtsausschluss bzw ein Direktausschluss des Bezugsrechts ist, ändert daran nichts; jedoch ist insoweit § 186 Abs. 3 S. 2 und 3 zu beachten.

100 **3. Begünstigter Personenkreis.** Abs. 4 verlangt nach seinem Wortlaut, dass es sich um **Arbeitnehmer derjenigen Gesellschaft** handelt, die das Kapital erhöht. § 202 Abs. 4 ist aber (in Anlehnung an §§ 71 Abs. 1 Nr. 2 und 192 Abs. 2 Nr. 3) auch entsprechend auf **Arbeitnehmer von verbundenen Unternehmen** anwend-

---

190 So MüKo-AktG/*Bayer*, Rn 102; Grigoleit/*Rieder/Holzmann*, Rn 31; Hölters/*v. Dryander/Niggemann*, Rn 75; *Hüffer*, Rn 25; Spindler/Stilz/*Wamser*, Rn 105; wohl auch MüHb-AG/*Krieger*, § 58 Rn 58.
191 *Hüffer*, Rn 25.
192 Großkomm-AktienR/*Hirte*, Rn 174; *Hüffer*, Rn 25; Köln-Komm-AktG/*Lutter*, Rn 26.
193 Großkomm-AktienR/*Hirte*, Rn 175.
194 Großkomm-AktienR/*Hirte*, Rn 175; *Hüffer*, Rn 26; Köln-Komm-AktG/*Lutter*, Rn 26.
195 KölnKomm-AktG/*Lutter*, Rn 26.
196 AA KölnKomm-AktG/*Lutter*, Rn 26.

bar.[197] Eine entsprechende Anwendung des § 71 Abs. 1 Nr. 2 spricht zudem dafür, dass auch **ehemalige Arbeitnehmer** erfasst werden.[198] Nicht erfasst sind aber Personen, die irgendeiner Geschäftsleitung im Unternehmensverbund angehören (Umkehrschluss aus § 192 Abs. 2 Nr. 3), selbst wenn sie bei einer anderen Gesellschaft des Verbundes als Arbeitnehmer tätig sind.[199] Unschädlich ist dagegen die ehemalige Zugehörigkeit zu einer Geschäftsleitung des Unternehmensverbundes.

4. Wirkung von Abs. 4 und einer Satzungsregelung nach Abs. 4. a) Bezugsrechtsausschluss bzw Ermächtigung zum Bezugsrechtsausschluss. Soweit der Vorstand nach der Satzungsbestimmung iSd Abs. 4 die im Wege des genehmigten Kapitals geschaffenen jungen Aktien zwingend den Arbeitnehmern zu überlassen hat, ist das **Bezugsrecht der Aktionäre** automatisch direkt **ausgeschlossen**.[200] Soweit dem Vorstand lediglich die Möglichkeit eingeräumt wird, die betreffenden Aktien (auch) an Arbeitnehmer auszugeben, gilt er als **ermächtigt**, das **Bezugsrecht** der Aktionäre **auszuschließen**.[201] Will man eine allgemeine Satzungsbestimmung schaffen, die die Ausgabe von Aktien aus einem beliebigen genehmigten Kapital an Arbeitnehmer erlaubt, ist dem Satzungsgeber der Ausschluss dieser Wirkung zu empfehlen (siehe dazu Rn 95).

Grundsätzlich muss der Ausschluss des Bezugsrechts einem Zweck dienen, der im Interesse der Gesellschaft liegt, zur Erreichung des beabsichtigten Zwecks geeignet sowie überdies erforderlich und verhältnismäßig sein (siehe dazu § 186 Rn 41 ff). Die Wirkung des in § 202 Abs. 4 enthaltenen gesetzgeberischen Bekenntnisses ist nun folgende: Der Ausschluss des Bezugsrechts zu dem Zweck, die Aktien an Arbeitnehmer auszugeben, wird als **im Gesellschaftsinteresse liegend** angesehen und muss **keiner ausgeprägten Verhältnismäßigkeitsprüfung** unterzogen werden.[202] Nicht ganz klar ist allerdings, ob sich der Satzungsgeber dieses gesetzgeberische Bekenntnis zu Eigen machen muss, ob also eine Satzungsbestimmung iSd Abs. 4 für die beschriebene Wirkung erforderlich ist.[203] Das alles führt aber nicht dazu, dass eine Überprüfung des Bezugsrechtsausschlusses anhand des Verhältnismäßigkeitsmaßstabes gänzlich entfallen kann; denn ein unangemessener Eingriff in die Position der Altaktionäre ist weder durch Abs. 4 noch durch eine entsprechende Satzungsbestimmung gedeckt (dazu gleich Rn 104).

b) Möglichkeit zur günstigeren Festsetzung des Ausgabepreises. Nach herrschender Lehre führt eine Satzungsbestimmung iSd Abs. 4 dazu, dass es dem Vorstand erlaubt ist, bei der Ausgabe der Aktien an Arbeitnehmer einen **günstigeren Ausgabepreis** festzusetzen, als es bei einem regulären Bezugsrechtsausschluss und der Ausgabe der Aktien an sonstige Dritte (vgl § 255 Abs. 2) möglich wäre.[204] Dem wird namentlich von *Hirte* entgegengehalten, dass sich aus der Systematik des Gesetzes ergebe, was ein unangemessener Ausgabepreis iSd § 255 Abs. 2 ist, weshalb es einer besonderen Bestimmung iSd § 202 Abs. 4 nicht bedarf.[205] Begründet wird das damit, dass die Ausgabe von Arbeitnehmeraktien zu Vorzugsbedingungen oder auch ohne Einlage nach § 204 Abs. 3 erlaubt ist, wenn der Verhältnismäßigkeitsgrundsatz beachtet wird.[206] Die insoweit gegebene Begründung trägt aber nur für den Fall, dass die Voraussetzungen des § 204 Abs. 3 vorliegen. Das würde unter anderem bedeuten, dass Vorzugsbedingungen zugunsten der Arbeitnehmer dann nicht möglich sind, wenn die Gesellschaft keinen Bilanzgewinn ausweisen kann.[207] Richtig dürfte es daher sein, eine Satzungsbestimmung iSd § 202 Abs. 4 so zu verstehen, dass Belegschaftsaktien auch dann zu Vorzugsbedingungen ausgegeben werden dürfen, wenn die Voraussetzungen des § 204 Abs. 3 nicht vorliegen. Denn die damit verbundenen positiven Effekte (Motivationswirkung, Identifikationswirkung etc.) werden gerade bei einem negativen Ergebnis (auch vom Satzungsgeber) besonders gewünscht sein.

---

197 MüKo-AktG/*Bayer*, Rn 104; Grigoleit/*Rieder/Holzmann*, Rn 30; Großkomm-AktienR/*Hirte*, Rn 185; Hölters/*v. Dryander/Niggemann*, Rn 73; *Hüffer*, Rn 24; KölnKomm-AktG/*Lutter*, Rn 22; *Lutter*, ZGR-Sonderheft 5 (1985), 85, 98; Bürgers/Körber/*Marsch-Barner*, Rn 19; K. Schmidt/Lutter/*Veil*, Rn 28; Spindler/Stilz/*Wamser*, Rn 109; MüHb-AG/*Krieger*, § 58 Rn 58.

198 Deutlicher in diese Richtung Großkomm-AktienR/*Hirte*, Rn 185.

199 MüKo-AktG/*Bayer*, Rn 104; Großkomm-AktienR/*Hirte*, Rn 185; *Hirte*, Ausgewählte Fragen zu Stock-option-Plänen und zum Erwerb eigener Aktien, in: RWS-Forum Gesellschaftsrecht 1999, S. 211, 239; Hölters/*v. Dryander/Niggemann*, Rn 73; *Hüffer*, Rn 24; Bürgers/Körber/*Marsch-Barner*, Rn 19; Spindler/Stilz/*Wamser*, Rn 109.

200 MüKo-AktG/*Bayer*, Rn 102; Grigoleit/*Rieder/Holzmann*, Rn 32; KölnKomm-AktG/*Lutter*, Rn 28; wohl auch Großkomm-AktienR/*Hirte*, Rn 181 und *Hüffer*, Rn 25.

201 MüKo-AktG/*Bayer*, Rn 100; Grigoleit/*Rieder/Holzmann*, Rn 32; KölnKomm-AktG/*Lutter*, Rn 28; MüHb-AG/*Krieger*, § 58 Rn 58; wohl auch Großkomm-AktienR/*Hirte*, Rn 181 und *Hüffer*, Rn 25.

202 MüKo-AktG/*Bayer*, Rn 102; Großkomm-AktienR/*Hirte*, Rn 182; *Hirte*, Bezugsrechtsausschluss, S. 61 f; Hölters/*v. Dryander/Niggemann*, Rn 70; *Hüffer*, Rn 27; KölnKomm-AktG/*Lutter*, Rn 28; *Lutter*, ZGR-Sonderheft 5 (1985), 85, 98; MüHb-AG/*Krieger*, § 58 Rn 59; Bürgers/Körber/*Marsch-Barner*, Rn 18; K. Schmidt/Lutter/*Veil*, Rn 27; Spindler/Stilz/*Wamser*, Rn 102; im Erg. ebenso: BGHZ 83, 319, 323 (Holzmann).

203 Für die Erforderlichkeit einer derartigen Bestimmung zur Erreichung der beschriebenen Wirkung KölnKomm-AktG/*Lutter*, Rn 28; dagegen: Großkomm-AktienR/*Hirte*, Rn 177 ff.

204 MüKo-AktG/*Bayer*, Rn 103; Grigoleit/*Rieder/Holzmann*, Rn 34; *Hüffer*, Rn 27; KölnKomm-AktG/*Lutter*, Rn 29; MüHb-AG/*Krieger*, § 58 Rn 60; Bürgers/Körber/*Marsch-Barner*, Rn 21; Spindler/Stilz/*Wamser*, Rn 103; Knepper, ZGR 1985, 419, 433.

205 Großkomm-AktienR/*Hirte*, Rn 181.

206 Großkomm-AktienR/*Hirte*, Rn 181.

207 Diese Konsequenz wird von Großkomm-AktienR/*Hirte*, Rn 181, 183 f wohl nicht gezogen.

104 Auch mit einer Satzungsregelung iSd § 202 Abs. 4 ist ein unangemessener Eingriff in die Position der Altaktionäre weder von Abs. 4 noch von einer entsprechenden Satzungsregel gedeckt. Insoweit ist erforderlich, dass der den Arbeitnehmern zugewandte **Vermögensteil einen bestimmten Betrag nicht überschreitet.** Diesbezüglich wurde vorgeschlagen, sich dabei am Freibetrag des ehemaligen § 19a Abs. 1 EStG von (ehemals) 135 EUR pro Jahr und Arbeitnehmer zu orientieren.[208] Nachdem der § 19a EStG nunmehr durch das Mitarbeiterkapitalbeteiligungsgesetz mit Wirkung vom 1.4.2009 aufgehoben wurde (zur Übergangsregelung siehe § 52 Abs. 35 EStG) und seine Funktion nunmehr der damit neu eingefügte § 3 Nr. 39 EStG übernimmt, dürften die in § 3 Nr. 39 EStG als Freibetrag festgelegten 360 EUR pro Jahr und Arbeitnehmer der neue Orientierungspunkt sein.[209]

105 c) **(Keine) Erforderlichkeit der Bestimmung zur Ausgabe der Aktien an Arbeitnehmer.** Umstritten ist, ob eine Bestimmung iSd Abs. 4 erforderlich ist, um Aktien an Arbeitnehmer im Wege des genehmigten Kapitals ausgeben zu können,[210] oder ob der Vorstand auch dann Belegschaftsaktien ausgeben kann, wenn keine Bestimmung iSd Abs. 4 vorliegt und der Vorstand nur allgemein zur Ausgabe von Aktien unter Ausschluss des Bezugsrechts (Direktausschluss oder Ermächtigung zum Bezugsrechtsausschluss) der Aktionäre ermächtigt wurde.[211] Letzteres ist richtig; denn das Gesetz wollte die Ausgabe von Aktien an Arbeitnehmer nicht erschweren, sondern erleichtern (siehe dazu Rn 93).[212] Damit ist eine **Bestimmung iSd Abs. 4** zur Ausgabe von Belegschaftsaktien **nicht erforderlich.**

106 III. **Bedeutung und Vorgehen in der Praxis.** Die Kapitalerhöhung zugunsten von Arbeitnehmern hat eine **nicht unerhebliche praktische Bedeutung.** So hat eine empirische Untersuchung aus dem Jahr 2000 ergeben, dass bei den Kapitalerhöhungen der DAX-30-Unternehmen in diesem Jahr in 9 von 18 Fällen Arbeitnehmeraktien ausgeben wurden, die sich im Bereich von 0,1 bis 0,5 % des Grundkapitals bewegten.[213]

106a In der Praxis **wird** bei der Ausgabe von Aktien an Arbeitnehmer unter Ausnutzung eines genehmigten Kapitals meist **vom gesetzlichen Leitbild** abgewichen.[214] So ist es üblich, dass die jungen Aktien von einer Bank bzw von einem Bankenkonsortium zum Börsenkurs oder zu einem sonst festgestellten Marktpreis gezeichnet werden. Sodann erwirbt die Gesellschaft die jungen Aktien zum gleichen Preis, was nach § 71 Abs. 1 Nr. 2 zulässig ist (siehe dazu Kommentierung zu § 71). In einem letzten Schritt werden die jungen Aktien zu einem günstigeren Preis an die Arbeitnehmer weiterveräußert. Der Vorteil dieser Konstruktion besteht darin, dass die Gesellschaft die Subventionierung bei der verbilligten Weiterveräußerung an die Arbeitnehmer in der Gewinn- und Verlustrechnung als Aufwand absetzen und steuerlich als Betriebsausgabe geltend machen kann. Zuweilen wird in der Praxis auch der Weg beschritten, dass die Gesellschaft ohne Kapitalerhöhung eigene Aktien zum Zwecke der Weiterveräußerung an die Arbeitnehmer am Markt erwirbt (§ 71 Abs. 1 Nr. 2) und sodann die Anteile vergünstigt an die Arbeitnehmer weiterreicht. Der oben beschriebene steuersparende Effekt tritt zwar auch bei diesem Weg auf. Jedoch muss die Gesellschaft – anders als beim Weg über die Kapitalerhöhung – für den Aktienerwerb zunächst Liquidität aufwenden. Wenn der Weg über § 71 Abs. 1 Nr. 2 beschritten wird, können die Vergünstigungen der Vorschrift des § 203 Abs. 4 nicht in Anspruch genommen werden.[215]

E. Genehmigtes Kapital in Liquidation und Insolvenz

106b I. **Liquidation.** Anders als eine Kapitalerhöhung aus Gesellschaftsmitteln (§ 207), ist eine Kapitalerhöhung aus genehmigtem Kapital auch nach **Auflösung** (§ 262), aber noch vor Abwicklung grundsätzlich möglich.[216] So wird der Ermächtigungsbeschluss mit Liquidationseröffnung nicht automatisch unwirksam. Der Vorstand hat aber zu prüfen, ob eine Kapitalerhöhung trotz zwischenzeitlich eingetretener Liquidation im Gesellschaftsinteresse liegt. Da die vor Auflösung beschlossene Ermächtigung ihren ursprünglichen Zweck

---

[208] KölnKomm-AktG/*Lutter*, Rn 28; ihm folgend: Großkomm-AktienR/*Hirte*, Rn 183; *Hüffer*, Rn 27; MüHb-AG/*Krieger*, § 58 Rn 60; K. Schmidt/Lutter/*Veil*, Rn 29.
[209] So auch MüKo-AktG/*Bayer*, Rn 102; Grigoleit/*Rieder/Holzmann*, Rn 35.
[210] So *Baumbach/Hueck*, AktG, § 204 Rn 6; KölnKomm-AktG/*Lutter*, Rn 27.
[211] So Großkomm-AktienR/*Hirte*, Rn 178 ff; *Hüffer*, Rn 23; *Knepper*, ZGR 1985, 419, 433; MüHb-AG/*Krieger*, § 58 Rn 59; Bürgers/Körber/*Marsch-Barner*, Rn 18.
[212] MüHb-AG/*Krieger*, § 58 Rn 59.
[213] *Maier*, Diss. Jena, S. 70; MüKo-AktG/*Bayer*, Rn 106.
[214] Vgl MüKo-AktG/*Bayer*, Rn 106, 107; Grigoleit/*Rieder/Holzmann*, Rn 37; Großkomm-AktienR/*Hirte*, Rn 186; *Hüffer*, Rn 29; *Knepper*, ZGR 1985, 419, 434; KölnKomm-AktG/*Lutter*, Rn 30; *Martens*, AG 1997, Sonderheft, 83, 84; MüHb-AG/*Krieger*, § 58 Rn 65; Bürgers/Körber/*Marsch-Barner*, Rn 22; K. Schmidt/Lutter/*Veil*, Rn 31; Spindler/Stilz/*Wamser*, Rn 111.
[215] MüKo-AktG/*Bayer*, Rn 107; Hölters/*v. Dryander/Niggemann*, Rn 83; *Hüffer*, Rn 29;; Bürgers/Körber/*Marsch-Barner*, Rn 22; K. Schmidt/Lutter/*Veil*, Rn 31 und MüHb-AG/*Krieger*, § 58 Rn 65, die dabei versehentlich von "§ 203 Abs. 3 Nr. 1" sprechen.
[216] Grigoleit/*Rieder/Holzmann*, Rn 40; Großkomm-AktienR/*Hirte*, Rn 200; Hölters/*v. Dryander/Niggemann*, Rn 88; Bürgers/Körber/*Marsch-Barner*, Rn 23; K. Schmidt/Lutter/*Veil*, Rn 32; Spindler/Stilz/*Wamser*, Rn 115.

jedoch nicht mehr verfolgen kann, ist sie im Zweifel unwirksam.[217] Eine vor der Auflösung beschlossene, noch nicht durchgeführte Kapitalerhöhung darf der Vorstand hingegen nicht weiterverfolgen, da der Hauptversammlungsbeschluss über die Auflösung der Gesellschaft mangels ausdrücklicher entgegenstehender Regelung zumindest konkludent auch die Aufhebung des Ermächtigungsbeschlusses enthält.[218] Der Hauptversammlung bleibt jedoch die Möglichkeit, nach Beginn des Liquidationsverfahrens eine neue Ermächtigung zu beschließen.[219] Die Durchführung der Kapitalerhöhung kann sodann bis zum Zeitpunkt der Beendigung (Löschung der Gesellschaft im Handelsregister, § 273 Abs. 1 S. 2) erfolgen.[220]

II. Insolvenz. Auch in der Insolvenz ist eine Kapitalerhöhung nach allgM grundsätzlich möglich.[221] So kann auch in der Insolvenz ein berechtigtes Interesse an der Durchführung einer Kapitalerhöhung im Fall der Sanierung bestehen. Ob eine **vorher geschaffene Ermächtigung** bei der Eröffnung des Insolvenzverfahrens bestehen bleibt, ist umstritten.[222] Gegen ein Weiterbestehen der Ermächtigung spricht auf den ersten Blick die Parallele zur normalen Liquidation (siehe oben Rn 106 b). Allerdings fehlt es bei der Eröffnung des Insolvenzverfahrens, anders als bei der normalen Liquidation, an einer eindeutigen Willensbekundung der Hauptversammlung. Deshalb kann nach der hier vertretenen Auffassung das von der Hauptversammlung (vor Insolvenzeröffnung) geschaffene Kapital vom Vorstand weiter ausgenutzt werden. Wegen des nach § 203 Abs. 1 iVm § 188 Abs. 2, § 37 Abs. 1 geforderten Nachweises, kommt eine Kapitalerhöhung in diesem Stadium jedoch nur noch im Zusammenwirken mit dem Insolvenzverwalter in Betracht.[223]

F. Kosten und Steuern

I. Notarkosten und allgemeine Verwaltungskosten. 1. Notarkosten. a) Allgemeines. Ist die **Ermächtigung in der Gründungssatzung** enthalten (Abs. 1), entsteht für die Beurkundung des Gründungsprotokolls samt Feststellung der Satzung regelmäßig eine 2,0-Gebühr (21100 KV); bei einer Einmann-Gründung wird dagegen nur eine 1,0-Gebühr (21200 KV) geschuldet. Der Geschäftswert bestimmt sich gem. § 97 Abs. 1 GNotKG nach dem Betrag des Grundkapitals, wobei der Geschäftswert mindestens 30.000 EUR (§§ 108 Abs. 1 S. 2, 105 Abs. 1 S. 2 GNotKG) und höchstens 10 Mio. EUR (§ 123 S. 2 GNotKG) beträgt. Wie bereits nach der KostO erhöhen sich die Beurkundungskosten einer in der Gründungssatzung enthaltenen Ermächtigung dadurch, dass der Betrag des genehmigten Kapitals dem Grundkapital zur Geschäftswertermittlung hinzuaddiert wird, § 105 Abs. 1 S. 1 Nr. 1 Hs 2 GNotKG.

Erfolgt die **Ermächtigung durch Satzungsänderung**, bestimmt sich der Geschäftswert nach dem betragsmäßigem Umfang der einzutragenden Ermächtigung, §§ 108 Abs. 1 S. 2, 105 Abs. 1 Nr. 4 lit. a) GNotKG, mindestens jedoch 30.000 EUR (§§ 108 Abs. 1 S. 2, 105 Abs. 1 S. 2 GNotKG) und höchstens 5 Mio. EUR (§ 108 Abs. 5 GNotKG). Die Satzungsbescheinigung des Notars nach § 181 Abs. 1 S. 2 ist nach Abs. 2 Nr. 4 der Vorbemerkung 2.1 KV GNotKG gebührenfrei. Gleiches gilt für die Zusammenstellung des neuen Wortlauts der geänderten Satzung.

Ob zusätzliche Notarkosten für die öffentliche Beglaubigung (§ 129 BGB, §§ 39 ff BeurkG) der **Unterschrift unter der Anmeldung** der Gesellschaft (nach § 36 Abs. 1, § 12 Abs. 1 S. 1 HGB) bzw unter der Anmeldung des Ermächtigungsbeschlusses (nach § 181 Abs. 1 S. 1, § 12 Abs. 1 S. 1 HGB) anfallen, ist davon abhängig, ob der Notar den Entwurf für die Registeranmeldung gefertigt hat oder nicht. Beglaubigt der Notar, der den Entwurf gefertigt hat, demnächst unter dem Entwurf eine oder mehrere Unterschriften oder Handzeichen, entstehen neben der Gebühr für den Entwurf der Registeranmeldung (0,5-Gebühr, 24102 iVm 21201 Nr. 5 KV GNotKG) für die erstmaligen Beglaubigungen, die an ein und demselben Tag erfolgen, keine weiteren Gebühren (Vorbemerkung 2.4.1 Abs. 2 KV GNotKG). Für weitere Beglaubigungen werden hingegen Gebühren nach Nr. 25100 oder Nr. 25101 KV GNotKG (Unterschriftsbeglaubigungsgebühren) erhoben. Gleiches gilt dann, wenn der Notar (ausnahmsweise) den Entwurf der Registeranmeldung nicht selbst erstellt hat (Vorbemerkung 2.4.1 Abs. 1 KV GNotKG).

Hinsichtlich der bei der **Anmeldung der Durchführung der Kapitalerhöhung** entstehenden Notarkosten gelten die Ausführungen zum Entwurf der Anmeldung der Ermächtigung entsprechend (Rn 109).

---

217 Großkomm-AktienR/*Hirte*, Rn 201; Grigoleit/*Rieder/Holzmann*, Rn 40; Bürgers/Körber/*Marsch-Barner*, Rn 23; Hölters/v. Dryander/*Niggemann*, Rn 88; K. Schmidt/Lutter/*Veil*, Rn 32; Spindler/Stilz/*Wamser*, Rn 114.
218 MüKo-AktG/*Bayer*, Rn 109; Großkomm-AktienR/*Hirte*, Rn 201; Bürgers/Körber/*Marsch-Barner*, Rn 23; K. Schmidt/Lutter/*Veil*, Rn 32.
219 MüKo-AktG/*Bayer*, Rn 110; Grigoleit/*Rieder/Holzmann*, Rn 40; Großkomm-AktienR/*Hirte*, Rn 205; Bürgers/Körber/*Marsch-Barner*, Rn 23; K. Schmidt/Lutter/*Veil*, Rn 32.
220 MüKo-AktG/*Bayer*, Rn 110; Großkomm-AktienR/*Hirte*, Rn 204; K. Schmidt/Lutter/*Veil*, Rn 32.
221 MüKo-AktG/*Bayer*, Rn 111; Grigoleit/*Rieder/Holzmann*, Rn 40; Großkomm-AktienR/*Hirte*, Rn 205; Hölters/v. Dryander/*Niggemann*, Rn 89; Bürgers/Körber/*Marsch-Barner*, Rn 24; K. Schmidt/Lutter/*Veil*, Rn 33; Spindler/Stilz/*Wamser*, Rn 116.
222 Dafür: MüKo-AktG/*Bayer*, Rn 113; K. Schmidt/Lutter/*Veil*, Rn 33; Spindler/Stilz/*Wamser*, Rn 116; dagegen: Grigoleit/*Rieder/Holzmann*, Rn 40; Großkomm-AktienR/*Hirte*, Rn 205; Hölters/v. Dryander/*Niggemann*, Rn 89; KölnKomm-AktG/*Lutter*, Rn 17; Bürgers/Körber/*Marsch-Barner*, Rn 24.
223 Spindler/Stilz/*Wamser*, Rn 116.

111 **b) Rechtsprechung des EuGH.** Die Rechtsprechung des EuGH zu den Handelsregistergebühren bei der Eintragung von Kapitalgesellschaften und deren Kapitalerhöhungen (siehe dazu Rn 119), wonach verkürzt gesagt, reine Wertgebühren nicht zulässig sind, ist **auf deutsche Notare nur begrenzt übertragbar.** Zwar wendet der EuGH die besagte Rechtsprechung spätestens seit den „Modelo"-Entscheidungen[224] auch auf Notare an. Voraussetzung ist aber zumindest, dass die Gebühreneinnahmen (teilweise) an den Staat weitergeleitet werden. Denn nur dann greift das Verbot, indirekte Steuern auf Kapitalzuführungen zu erheben, nach Art. 5 Abs. 1 Richtlinie 2008/7/EG (vormals geregelt in Art. 10 der Richtlinie 69/335/EWG). Von deutschen Notaren werden aber die Gebühreneinnahmen grundsätzlich nicht an den Staat weitergeleitet. Eine Ausnahme hiervon bilden diejenigen Notare in Baden-Württemberg, die im Landesdienst tätig sind. Darunter fallen zum einen die sogenannten badischen Beamtennotare, in deren Bezirken nur im Landesdienst tätige Notare tätig sind, aber auch die übrigen im Landesdienst befindlichen Notare in Baden-Württemberg, in deren Bezirken jeweils auch andere Notarformen existieren. Darüber, ob die Rechtsprechung des EuGH zu den Handelsregistergebühren auf die im Landesdienst tätigen Notare Anwendung findet, wurde in der Literatur gestritten.[225] Am 21.3.2002 befand der EuGH – in seiner „Gründerzentrum"-Entscheidung[226] – hinsichtlich der badischen Beamtennotare genau über diese Frage. Dabei stützte er sich ausdrücklich auf „Modelo I"[227] und entschied, dass die Gebühren der badischen Beamtennotare Abgaben iSd Art. 10 der Richtlinie 69/335/EWG (nunmehr Art. 5 Abs. 1 Richtlinie 2008/7/EG) und deshalb nur rechtmäßig sind, wenn sie sich entsprechend der Rechtsprechung zu den Handelsregistergebühren (siehe dazu Rn 119) nach den Kosten der erbrachten Dienstleistung richten;[228] an dieser Auffassung hat der EuGH auch in einer nachfolgenden Entscheidung („Albert Reiss Beteiligungsgesellschaft") ausdrücklich festgehalten.[229] In seiner Entscheidung vom 30.6.2005 (Längst) hat der EuGH zudem klargestellt, dass es insoweit nicht darauf ankommt, ob der Gesellschaft im Bezirk des im Landesdienst befindlichen Notars auf einen nicht verbeamteten Notar ausweichen könnte (wie grundsätzlich im Bereich des OLG Stuttgart) oder nicht (wie grundsätzlich im Bereich des OLG Karlsruhe).[230] Damit bleibt festzuhalten, dass reine Wertgebühren bei den im Landesdienst befindlichen Notaren nach der Rechtsprechung des EuGH nicht zulässig sind.[231] Für die übrigen nicht im Landesdienst tätigen deutschen Notare bleiben die Wertgebühren zulässig.

112 **2. Allgemeine Verwaltungskosten.** Für die **allgemeinen Verwaltungskosten** – wie etwa Kosten des Drucks neuer Aktienurkunden und Kosten für die Tätigkeit einer Emissionsbank bei einer Fremdemission – ergeben sich keine Abweichungen zur ordentlichen Kapitalerhöhung.

113 **II. Kosten der Registereintragungen und ihrer Bekanntmachung. 1. Die Europarechtlichen Vorgaben und deren Umsetzung.** Nach Art. 5 Abs. 1 der Richtlinie 2008/7/EG (vormals Art. 10 der Richtlinie 69/335/EWG) dürfen die Mitgliedstaaten grundsätzlich keinerlei indirekte Steuern oder Abgaben insbesondere auf Kapitalerhöhungsvorgänge erheben. Art. 6 Abs. 1 lit. e der Richtlinie 2008/7/EG (vormals Art. 12 Abs. 1 lit. e der Richtlinie 69/335/EWG) gestattet unter anderem für Abgaben mit Gebührencharakter eine Ausnahme. Der EuGH hat nun Ende 1997 entschieden, dass **Handelsregistergebühren** bei Kapitalgesellschaften **allein auf der Grundlage der Kosten der betreffenden Förmlichkeiten** berechnet werden müssen, wenn sie unter die Ausnahmevorschrift des Art. 12 Abs. 1 lit. e der Richtlinie 69/335/EWG (nunmehr Art. 6 Abs. 1 lit. e der Richtlinie 2008/7/EG) fallen sollen.[232] Diese Rechtsprechung wurde im September 2000 dahingehend konkretisiert, dass Gebühren, die ohne Obergrenze proportional zu dem gezeichneten Kapital erhoben werden, nicht den Voraussetzungen der Ausnahmevorschrift entsprechen.[233] Wobei – wie im Juni 2001 vom EuGH ausgeführt wurde – allein das Bestehen einer Obergrenze den Abgaben keinen Gebührencharakter iSd Art. 12 Abs. 1 lit. e der Richtlinie 69/335/EWG (nunmehr Art. 6 Abs. 1 lit. e der Richtlinie 2008/7/EG) verleiht, wenn die Obergrenze nicht so festgelegt wird, dass sie den Kosten der Dienstleistung

---

[224] EuGH Slg 1999, I-6427 = NJW 2000, 939 = ZIP 1999, 1681 (Fabis); EuGH Slg 2000, I-7213 = NZG 2000, 1115 (Modelo II).

[225] Für die Übertragung der Rechtsprechung des EuGH zu den Handelsregistergebühren: *Heidenhein*, EuZW 1999, 726, 726; dagegen: *Fabis*, ZIP 1999, 1683, 1684; *Görk*, DNotZ 1999, 851, 860 f; wN für beide Ansichten bei *Römermann*, DB 2002, 836, 836.

[226] EuGH ABlEG Nr. C 144 vom 15.6.2002, S. 12 (LS) = ZIP 2002, 663, 666 (*Knapp*) = EuZW 2002, 368, 370 (*Knapp*) = DB 2002, 834, 835 f (*Römermann*) = EWiR 2002, 445 (*Lappe*) (Gründerzentrum).

[227] EuGH Slg 1999, I-6427 = NJW 2000, 939 = ZIP 1999, 1681 (Fabis) (Modelo I).

[228] EuGH ABlEG Nr. C 144 vom 15.6.2002, S. 12 (LS) = ZIP 2002, 663, 666 (*Görk*) = EuZW 2002, 368, 370 (*Knapp*) = DB 2002, 834, 835 f (*Römermann*) = EWiR 2002, 445 (*Lappe*) (Gründerzentrum).

[229] EuGH Slg 2007, I-5357 = ABl. EU 2007, Nr. C 199, 2 = EuZW 2007, 477, 478 = ZIP 2007, 1655, 1656 = NZG 2007, 626, 627 = NJW 2007, 3051, 3052 f (Albert Reiss Beteiligungsgesellschaft).

[230] EuGH Slg 2005, I-5637 = ABl. EU 2005, Nr. C 205, 2 = EuZW 2005, 501, 503 (Längst).

[231] Vgl auch zur Entwicklung *Sandweg*, NJW 2008, 410, 411 f.

[232] EuGH Slg 1997, I-6783, I-6833 ff = ZIP 1998, 206, 209 f = WM 1998, 2193, 2195 ff = EWiR 1998, 383 (*Limmer*) (Fantask).

[233] EuGH Slg 2000, I-7717, I-7749 = ZIP 2000, 1891, 1893 f = WM 2000, 2542, 2545 f (IGI/Facenda Publica).

angemessen ist, für die die Abgaben die Gegenleistung darstellen.[234] Bis Dezember 2004 verstießen die deutschen Regelungen zu den Eintragungsgebühren gegen diese Vorgaben, weil Wertgebühren erhoben wurden (siehe dazu in der ersten und zweiten Auflage Rn 107 ff). Zur Umsetzung der europarechtlichen Vorgaben wurde deshalb durch das **HRegNeuOG** vom 3.7.2004[235] unter anderem § 79 KostO aF geändert und die Verordnungsermächtigung des § 79 a KostO aF eingefügt. Diese ist nunmehr in § 58 Abs. 2 GNotKG enthalten. Aufgrund dieser Verordnungsermächtigung hat das BMJ am 30.9.2004 die **HRegGebV** erlassen, die am 1.12.2004 in Kraft getreten ist.[236] Die **HRegGebV** in Verbindung mit dem zugehörigen Gebührenverzeichnis (Anlage 1 zu § 1 HRegGebV; nachfolgend bezeichnet als Gebührenverzeichnis in Handelsregistersachen – GVHR) sieht für die Eintragungen wertunabhängige Pauschalgebühren vor. Dabei orientieren sich diese Pauschalgebühren an dem empirisch erhobenen tatsächlichen Zeitaufwand, so wie dies vom EuGH verlangt wird.

2. Kosten der Eintragung. Auch bei den Kosten der Registereintragung ist zwischen der Eintragung der **Ermächtigung des Vorstands** und der Eintragung der **Durchführung der Kapitalerhöhung** zu unterscheiden. 114

a) **Eintragung der Ermächtigung.** Erfolgt die **Ermächtigung** schon **in der Gründungssatzung** (Abs. 1), so entstehen durch die Schaffung des genehmigten Kapitals keine erhöhten Kosten. Es verbleibt vielmehr bei den (normalen) Kosten der Ersteintragung der Gesellschaft, die derzeit 300 EUR betragen (§ 58 Abs. 2 GNotKG iVm §§ 1, 2 Abs. 1 HRegGebV iVm Nr. 2102 GVHR). 115

Ist die **Ermächtigung in einer Satzungsänderung** enthalten (Abs. 2), so fällt für deren Eintragung eine Gebühr von 270 EUR an (§ 58 Abs. 2 iVm § 1 **HRegGebV** iVm Nr. 2400 GVHR). 116

b) **Eintragung der Durchführung.** Auch durch die **Eintragung der Durchführung** nach Ausnutzung der Ermächtigung entstehen Registerkosten, die – wie bei der Eintragung einer auf Satzungsänderung beruhenden Ermächtigung – 270 EUR betragen (§ 58 Abs. 2 GNotKG iVm § 1 **HRegGebV** iVm Nr. 2400 GVHR). 117

3. Bekanntmachungskosten. Zu den Kosten der Registereintragungen (siehe dazu Rn 113 bis 120) kommen noch etwaige Kosten – in Form von Auslagen – für die vom Registergericht zu veranlassenden Bekanntmachungen (siehe zur Bekanntmachung der Eintragung der Ermächtigung Rn 38 sowie zur Bekanntmachung der Eintragung der Durchführung der Kapitalerhöhung § 203 Rn 50). Während für die Veröffentlichungen in einem elektronischen Informations- und Kommunikationssystem, nach § 137 Abs. 1 Nr. 4 lit. a KostO a.F. je Veröffentlichung noch pauschal 1 Euro erhoben wurden; ist diese Auslage nunmehr entfallen (31004 KV GNotKG). Eine Ausnahme besteht (entsprechend § 137 Abs. 1 Nr. 4 lit. b KostO a.F.) nur dann, wenn das Entgelt nicht für den Einzelfall oder nicht für ein einzelnes Verfahren berechnet wird. Die in 31004 KV GNotKG getroffene Regelung stimmt inhaltlich insoweit mit den (geänderten) Regelungen in Nr. 9004 sowie in Nr. 2004 KV FamGKG überein, so dass diesbezüglich eine identische Rechtslage bei den Kosten der durch Gerichte zu veranlassenden Bekanntmachungen besteht. 118 119

III. Steuern. Hinsichtlich der Besteuerung ergeben sich keine Besonderheiten gegenüber einer (ordentlichen) Kapitalerhöhung gegen Einlagen (siehe dazu § 182 Rn 75 f).[237] 120

G. Rechtsfolgen von Ausnutzungsentscheidungen bei fehlender Ermächtigung und beim Überschreiten der Beschränkungen

I. Vor der Eintragung der Durchführung. Fehlt eine **Ermächtigung** gänzlich, ist sie von je her nichtig – etwa weil sie die zwingend erforderlichen Angaben nicht enthält (siehe dazu Rn 39 ff) oder weil sie die gesetzlichen Höchstgrenzen überschreitet und eine Heilung nach § 242 Abs. 2 (siehe dazu Rn 52 ff) (noch) nicht erfolgt ist –, wirksam angefochten (§§ 246, 248, 241 Nr. 5) oder erloschen (siehe dazu Rn 67 ff), so **ist** eine entsprechende **Ausnutzungsentscheidung unwirksam** und der **Vorstand kann** eine Kapitalerhöhung im Wege der §§ 202 ff **nicht durchführen**.[238] Gleiches gilt, wenn der Vorstand die ihm vom Gesetz gesetzten Schranken oder die zwingend vorgeschriebenen Festlegungen der Ermächtigung (siehe dazu Rn 52 ff, 39 ff) überschreiten will;[239] denn auch in diesem Fall wird sein Handeln nicht von einer Ermächtigung abgedeckt. 121

---

234 EuGH Slg 2002, I-4679 = ZIP 2001, 1145, 1147 = EuZW 2001, 500, 502 = EWiR 2002, 34 (*Lappe*) (SONAE).
235 BGBl. I 2004 S. 1410.
236 BGBl. I 2004 S. 2562.
237 Siehe dazu MüHb-AG/*Kantenwein*, § 64 Rn 1 ff (Kapitalerhöhung gegen Bareinlage) und Rn 4 ff (Kapitalerhöhung gegen Sacheinlage).

238 MüKo-AktG/*Bayer*, Grigoleit/*Rieder/Holzmann*, Rn 26; Rn 97; Großkomm-AktienR/*Hirte*, Rn 246; KölnKomm-AktG/*Lutter*, Rn 21 und § 204 Rn 25; *Hüffer*, Rn 19; MüHb-AG/*Krieger*, § 58 Rn 57; Spindler/Stilz/*Wamser*, Rn 120.
239 MüKo-AktG/*Bayer*, Rn 97; Großkomm-AktienR/*Hirte*, Rn 246; KölnKomm-AktG/*Lutter*, Rn 21 und § 204 Rn 25; *Hüffer*, Rn 19; MüHb-AG/*Krieger*, § 58 Rn 57; K. Schmidt/Lutter/*Veil*, Rn 24.

122 In den genannten Fällen ist der Vorstand nicht nur aufgrund des **Innenverhältnisses** gehalten, die Durchführung zu unterlassen (mit den Gefahren einer etwaigen Haftung), sondern ihm fehlt wegen der nicht bestehenden bzw nicht so weit reichenden Ermächtigung auch die für das **Außenverhältnis** maßgebliche Vertretungsmacht.[240] Dass dem Vorstand auch beim Bestehen einer Ermächtigung die für das Außenverhältnis maßgebliche Vertretungsmacht insoweit fehlt, als er die zwingend vorgeschriebenen Festlegungen der Ermächtigung (siehe dazu Rn 39 ff) überschreiten will, liegt daran, dass seine Vertretungsmacht bei Kapitalerhöhungen dort endet, wo die Zuständigkeit der Hauptversammlung (bzw allgemeiner: des Satzungsgebers) beginnt.[241] Andernfalls könnte der Vorstand, ohne vom Satzungsgeber dazu ermächtigt zu sein, die Gesellschaft (dem Grunde nach) zu einer Satzungsänderung verpflichten.[242] Dass hier die Zuständigkeit des Satzungsgebers betroffen ist, zeigen die Absätze 1 und 2 des § 202. Etwa abgeschlossene Zeichnungsverträge sind daher schon aus diesem Grund unwirksam.[243]

123 Diejenigen, die die **Nichtigkeit der Zeichnungsverträge bisher** allerdings **aus § 306 BGB aF** ableiteten,[244] müssten streng genommen nach dem Inkrafttreten der Schuldrechtsreform dazu kommen, dass etwa abgeschlossene Zeichnungsverträge wirksam sind. Denn der Wirksamkeit des Zeichnungsvertrages steht nach § 311a Abs. 1 BGB nF ein (schon) bei Vertragsschluss bestehendes Leistungshindernis (Unmöglichkeit der Kapitalerhöhung ohne entsprechende Maßnahme des Satzungsgebers) nicht entgegen. Die Wirksamkeit des Zeichnungsvertrages würde zumindest zu einer Schadensersatzpflicht der Gesellschaft auf Ersatz eines positiven Interesses nach § 311a Abs. 2 S. 1 BGB nF führen.[245]

124 Umstritten ist, ob der Vorstand die Kapitalerhöhung auch dann im Außenverhältnis nicht wirksam durchführen kann, wenn (lediglich) **fakultative Ermächtigungsvorgaben bzw solche iSd § 204** überschritten werden. Namhafte Stimmen in der Literatur möchten die Wirkung dieser Vorgaben auf das Innenverhältnis beschränken.[246] Etwa entgegen der genannten Ermächtigungsvorgaben abgeschlossene Zeichnungsverträge wären danach wirksam. Dem wird zu Recht entgegengehalten, dass es keinen Unterschied machen kann, ob die Ermächtigung zeitlich, umfangmäßig oder in sonstiger Weise beschränkt wird.[247] Denn auch sonstige Beschränkungen sind Bestandteile der Ermächtigung und die Ermächtigung ist es, die angibt, inwiefern die Zuständigkeit zur Kapitalerhöhung und damit zur Satzungsänderung auf den Vorstand übertragen wird.[248]

125 In allen vorgenannten Fällen **darf der Registerrichter eine Eintragung nicht vornehmen**.[249] Das ist unproblematisch in den Fällen, in denen der Vorstand die zeitlichen oder umfangmäßigen Vorgaben überschreitet.[250] Gleiches gilt aber auch dann, wenn sonstige Vorgaben der Ermächtigung vom Vorstand überschritten werden und den Beschränkungen – wie hier – Außenwirkung beigemessen wird. Diejenigen, die den letzteren Beschränkungen lediglich eine Innenwirkung zukommen lassen wollen, nehmen zum Teil eine Differenzierung danach vor, ob die Fehler die Interessen künftiger Aktionäre oder die öffentliche Ordnung des Aktienwesens auch nur mitberühren (dann ist die Eintragung nicht gestattet).[251] Andere geben dem Registerrichter die Möglichkeit, die Eintragung abzulehnen.[252]

126 **II. Nach der Eintragung der Durchführung. 1. Grundsatz: Keine Entstehung von Mitgliedschaftsrechten unmittelbar durch die Eintragung.** Die **bloße Eintragung** der Durchführung der Kapitalerhöhung **ändert** nach der hier vertretenen Auffassung zunächst grundsätzlich **nichts daran**, dass die Ausnutzungsentscheidung des Vorstands und die abgeschlossenen Zeichnungsverträge unwirksam sind. Auch **Mitgliedschaftsrechte** können daher grundsätzlich **nicht unmittelbar durch die Eintragung entstehen** (siehe dazu aber auch Rn 127 ff).

127 **2. Ausnahmen. a) Vorliegen eines Freigabebeschlusses nach § 246a.** Allerdings regelt das Aktiengesetz seit Einführung des § 246a durch das Gesetz zur Unternehmensintegrität und Modernisierung des Anfechtungsrechts (UMAG)[253] (ausdrücklich) eine wichtige Ausnahme von dem in Rn 126 genannten Grundsatz. Nach § 246a Abs. 4 S. 2 Hs 1 lassen Mängel des Hauptversammlungsbeschlusses die Durchführung unbe-

---

[240] Mit seiner Begründung in diese Richtung tendierend Großkomm-AktienR/*Hirte*, Rn 246 (Fehlen der Vertretungsmacht).
[241] Vgl Großkomm-AktienR/*Frey*, § 195 Rn 15.
[242] Vgl dazu MüKo-AktG/*Stein*, § 179 Rn 77.
[243] Im Erg. ähnlich: Großkomm-AktienR/*Hirte*, Rn 246 (nichtig nach § 306 BGB aF); KölnKomm-AktG/*Lutter*, Rn 21 (nichtig nach § 305 BGB aF; gemeint ist wohl § 306 BGB aF); MüHb-AG/*Krieger*, § 58 Rn 57 (nichtig).
[244] Vgl Großkomm-AktienR/*Hirte*, Rn 246 (nichtig nach § 306 BGB aF); KölnKomm-AktG/*Lutter*, Rn 21 (nichtig nach § 305 BGB aF; gemeint ist wohl § 306 BGB aF); MüHb-AG/*Krieger*, § 58 Rn 57 (nichtig).
[245] So nunmehr auch Spindler/Stilz/*Wamser*, Rn 121.
[246] KölnKomm-AktG/*Lutter*, § 204 Rn 26 (Verpflichtung lediglich im Innenbereich); *Hüffer*, Rn 19 aE (zwar pflichtwidrig, aber wirksam); MüHb-AG/*Krieger*, § 58 Rn 57 (Geschäftsführungsmangel im Innenverhältnis).
[247] Großkomm-AktienR/*Hirte*, Rn 246.
[248] Ähnlich: Großkomm-AktienR/*Hirte*, § 203 Rn 40.
[249] MüKo-AktG/*Bayer*, Rn 97; Großkomm-AktienR/*Hirte*, Rn 242; Hölters/*v. Dryander/Niggemann*, Rn 53; Bürgers/Körber/*Marsch-Barner*, Rn 17; Spindler/Stilz/*Wamser*, Rn 122.
[250] *Hüffer*, Rn 19; Hölters/*v. Dryander/Niggemann*, Rn 67; MüHb-AG/*Krieger*, § 58 Rn 57.
[251] *Hüffer*, § 204 Rn 9.
[252] MüHb-AG/*Krieger*, § 58 Rn 57.
[253] BGBl. I 2005 S. 2802.

rührt, wenn ein Freigabebeschluss nach § 246a erlassen wurde; mithin entstehen die Mitgliedschaftsrechte kraft ausdrücklicher gesetzlicher Regelung bei Vorhandensein eines gerichtlichen Freigabebeschlusses zumindest dann, wenn ihr Entstehen ansonsten ausschließlich durch Mängel des Ermächtigungsbeschlusses verhindert würde (siehe dazu § 246a Rn 83). Diese Wirkung kann auch nicht durch die Geltendmachung eines nach § 246a Abs. 4 S. 1 bestehenden Schadensersatzanspruches beseitigt werden (§ 246a Abs. 4 S. 2 Hs 2).

b) Bei Greifen der Grundsätze der fehlerhaften Gesellschaft. aa) Hergebrachte Auffassung: Keine Anwendung der Grundsätze der fehlerhaften Gesellschaft auf fehlerhafte Kapitalerhöhungen. Die früher hL[254] blieb bei dem **Grundsatz, dass Mitgliedschaftsrechte** – von den damals noch nicht möglichen Konstellationen des § 246a Abs. 4 abgesehen (siehe dazu Rn 127) – **nicht durch die Eintragung entstehen können** (Rn 126). Nach ihr waren die Grundsätze der fehlerhaften Gesellschaft auf fehlerhafte Kapitalerhöhungen nicht anwendbar. Etwa ausgegebene Aktienurkunden waren nach dieser Auffassung stets nichtig und verbrieften auch in der Hand gutgläubiger Dritterwerber keinerlei Rechte. Wegen der Rechtsscheinwirkung der Eintragung waren nach dieser Ansicht die Inhaber der nichtigen Aktien allerdings entsprechend § 277 **Abs. 3 zur Leistung der etwa noch offenen Einlagen** in der Insolvenz der Aktiengesellschaft **verpflichtet**, soweit dies zur Erfüllung der Gesellschaftsverbindlichkeiten erforderlich war, während sie ihrerseits wegen der Nichtigkeit der Zeichnungsverträge die geleistete Einlage nach § 812 Abs. 1 BGB von der Gesellschaft zurückverlangen konnten. 128

bb) Jüngere Auffassung: Anwendung der Grundsätze der fehlerhaften Gesellschaft auf Kapitalerhöhungen. Dagegen ist nach einer jüngeren und vorzuziehenden Auffassung[255] das Rechtsinstitut der fehlerhaften Gesellschaft auch bei fehlerhaften Kapitalerhöhungen anwendbar. Danach greifen bei einer Kapitalerhöhung mit der Eintragung der Durchführung die **Grundsätze der fehlerhaften Gesellschaft**, wenn die sonstigen Voraussetzungen dieses Rechtsinstituts vorliegen. 129

(1) Entstehung der Aktien. Das führt dazu, dass die Kapitalerhöhung nach der Eintragung ihrer Durchführung unter den Voraussetzungen der fehlerhaften Gesellschaft als wirksam anzusehen ist und die Mitgliedschaftsrechte daher als entstanden anzusehen sind.[256] Der Gedanke ist auch auf eine im Wege des genehmigten Kapitals stattfindende Kapitalerhöhung anwendbar.[257] Die Mitgliedschaftsrechte sind daher mit Eintragung unter den Voraussetzungen der fehlerhaften Gesellschaft als wirksam entstanden anzusehen. 130

(2) Folgeproblem: Vernichtung der Aktien. Die wirksam entstandenen Aktien müssen, wenn sie vernichtet werden sollen, gemäß §§ 237ff analog zwangsweise eingezogen werden (§ 237 Abs. 1 S. 1 Alt. 1 analog). Bei der regulären Kapitalerhöhung gegen Einlagen, soll dabei die Zwangseinziehung (automatisch) durch die Rechtskraft einer Gerichtsentscheidung erfolgen, die mit Wirkung für und gegen alle (§ 248 analog) die Nichtigkeit des Hauptversammlungsbeschlusses feststellt bzw den Hauptversammlungsbeschluss für nichtig erklärt.[258] **Wie die Zwangseinziehung** allerdings bei Anteilen **erfolgen soll**, die im Wege eines genehmigten Kapitals geschaffen wurden, ist bislang **wenig diskutiert**. Von hier wird seit der ersten Auflage in Anlehnung an die eben für die reguläre Kapitalerhöhung gegen Einlagen dargestellte Lösung sinngemäß vertreten, dass die Zwangseinziehung (**automatisch**) durch **die Rechtskraft einer** Gerichtsentscheidung erfolgt, die mit Wirkung für und gegen alle (§ 248 analog) die Nichtigkeit der Vorstandsentscheidung feststellt bzw die Vorstandsentscheidung für nichtig erklärt (siehe dazu Rn 128 in der zweiten Auflage);[259] diese Lösung wird von hier weiterhin befürwortet; allerdings ist nach der „Mangusta/Commerzbank II"-Entscheidung des BGH zweifelhaft, ob diese Lösung in das vom BGH angenommene Rechtsschutzkonzept passt (siehe dazu Rn 132 bis 134). 131

Zwingende Voraussetzung dafür, dass mit der Rechtskraft einer die Nichtigkeit des Ausnutzungsbeschlusses feststellenden gerichtlichen Entscheidung zugleich die automatische Zwangseinziehung eintreten kann, 132

---

254 *Baumbach/Hueck*, AktG, Rn 8; KölnKomm-AktG/*Lutter*, Rn 22; *Würdinger*, S. 182.
255 MüHb-AG/*Krieger*, § 58 Rn 57; Großkomm-AktienR/*Hirte*, Rn 247; Hölters/*v. Dryander/Niggemann*, Rn 68.
256 *Kort*, ZGR 1994, 291, 306ff; *ders.*, Bestandsschutz, S. 193ff, 211ff; *Krieger*, ZHR 158 (1994), 35, 47ff; MüHb-AG/*Krieger*, § 58 Rn 57; *Schockenhoff*, DB 1994, 2327; *Zöllner*, AG 1993, 68, 77; *Zöllner/Winter*, ZHR 158 (1994), 59ff; einen anderen Ansatz verfolgen *v. Godin/Wilhelmi*, Anm. 3 und Großkomm-AktienR/*Schilling*, 3. Aufl., Anm. 13, wonach ein die Grenzen von Gesetz oder Satzung überschreitender Vorstandsbeschluss einem anfechtbaren Hauptversammlungsbeschluss gleichzustellen sei und deshalb der Eintragung eine heilende Wirkung zukomme; noch weiter gehend *Schlegelberger/Quassowski*, § 169 Rn 13 (Gültigkeit aller ausgegebenen Aktien).
257 So ausdrücklich *Hüffer*, Rn 19 iVm § 189 Rn 5 iVm § 248 Rn 7a; MüKo-AktG/*Bayer*, § 203 Rn 31 f. Großkomm-AktienR/*Hirte*, Rn 247; Hölters/*v. Dryander/Niggemann*, Rn 68; *Kort*, Bestandsschutz, S. 231; MüHb-AG/*Krieger*, § 58 Rn 57; K. Schmidt/Lutter/*Veil*, Rn 25; Spindler/Stilz/*Wamser*, Rn 124; zum Teil sollen die Fälle aber ausgeschlossen bleiben, bei denen eine Ermächtigung vollständig fehlt (Großkomm-AktienR/*Hirte*, Rn 248; *Kort*, Bestandsschutz, S. 231).
258 Statt aller: *Kort*, ZGR 1994, 291, 306ff; *ders.*, Bestandsschutz, S. 193ff, 211ff.
259 So auch Großkomm-AktienR/*Hirte*, Rn 248.

ist nach hiesiger Auffassung eine Wirkung inter omnes der gerichtlichen Entscheidung. Diese Wirkung für und gegen alle bezüglich der Feststellung der Nichtigkeit der Vorstandsentscheidung wäre am einfachsten dadurch zu erreichen, dass die vom Aktiengesetz für rechtswidrige Hauptversammlungsbeschlüsse zur Verfügung gestellten Vorschriften, namentlich der Vorschriften der aktienrechtlichen Anfechtungsklage (§ 241 ff) und/oder der aktienrechtlichen Nichtigkeitsklage (§ 249), – ggf analog – auf Entscheidungen des Vorstands angewendet würden (siehe dazu Rn 133). Denkbar wäre aber auch eine analoge Anwendung (nur) des § 248 (siehe dazu Rn 134).

133 Der – ggf analogen – Anwendung der vom Aktiengesetz für rechtswidrige Hauptversammlungsbeschlüsse zur Verfügung gestellten Vorschriften, namentlich der Vorschriften der aktienrechtlichen Anfechtungsklage (§ 241 ff) und der aktienrechtlichen Nichtigkeitsklage (§ 249), hat der BGH aber in seiner „Mangusta/Commerzbank II"-Entscheidung eine deutliche Absage erteilt (siehe dazu Rn 134) und lediglich die allgemeine Feststellungsklage (§ 256 ZPO) bei rechtswidrigem Vorstandshandeln als statthaft erachtet.[260]

134 Ein auf eine allgemeine Feststellungsklage ergangenes Urteil wirkt gemäß § 325 Abs. 1 ZPO aber (grundsätzlich) nur zwischen den Prozessparteien und nicht für und gegen alle. Insofern bliebe (nur) die – eng begrenzte – analoge Anwendung des § 248 AktG, um die dargestellte automatische Zwangseinziehungswirkung eines Urteils, das die Nichtigkeit der Vorstandsentscheidung feststellt, gemäß §§ 237 ff analog herbeizuführen. Dass aber der BGH für diese Fälle eine analoge Anwendung des § 248 befürwortet, ist kaum zu erwarten, nachdem er in seiner „Mangusta/Commerzbank II"-Entscheidung die (analoge) Anwendbarkeit der Vorschriften der aktienrechtliche Anfechtungsklage (§ 241 ff) und der aktienrechtlichen Nichtigkeitsklage (§ 249) auf Entscheidungen des Vorstands abgelehnt hat.[261] Gänzlich ausgeschlossen ist die Befürwortung einer analogen Anwendung einzelner Vorschriften der §§ 241 ff (und damit auch einer Befürwortung einer analogen Anwendung des § 248) durch den BGH auf Vorstandsbeschlüsse allerdings auch nicht. Denn der BGH hat in seiner „Mangusta/Commerzbank II"-Entscheidung hinsichtlich einer eventuellen Frist (Monatsfrist) der klagweisen Geltendmachung der Nichtigkeit eines Verwaltungsbeschlusses zumindest offen gelassen, ob die Vorschrift des § 246 analog anzuwenden ist.[262]

135 Ohne eine Wirkung inter omnes des die Nichtigkeit der Vorstandsentscheidung feststellenden Urteils ist eine automatische Zwangseinziehung durch gerichtliche Feststellung der Nichtigkeit der Vorstandsentscheidung nicht praktizierbar, so dass dann für eine Vernichtung der Aktien nur der Weg über die (nicht automatische) normale Zwangseinziehung nach § 237 bleibt.

136 Zumindest wenn man – wie von hier vertreten – einem die Nichtigkeit der Vorstandsentscheidung feststellenden Urteil Zwangseinziehungswirkung beimisst, sollte man, um die Rechtsunsicherheit auf ein erträgliches Maß zu senken, wenn nicht ein besonders schwerer Verstoß des Vorstands vorliegt, auf § 246 Abs. 1 analog zurückgreifen.[263] Danach könnte die Klage, die darauf gerichtet ist, mit Wirkung für und gegen alle (§ 248 analog) die Nichtigkeit des Ausnutzungsbeschlusses festzustellen bzw die Vorstandsentscheidung für nichtig zu erklären, nur innerhalb eines Monats erhoben werden. Als Fristbeginn bietet sich die angemessene Veröffentlichung (Information auf versteckter Internetseite dürfte nicht ausreichen, leicht auffindbare Mitteilung auf der Homepage der Gesellschaft dagegen schon) der Vorstandsentscheidung an; auch die nach § 10 HGB erforderliche Bekanntmachung der nach § 203 Abs. 1 S. 1 iVm § 188 erforderlichen Eintragung der Durchführung ist insoweit ausreichend.

137 **(3) Eingeschränkte Geltendmachung der Nichtigkeit der Ausnutzungsentscheidung.** Vor einer entsprechenden Zwangseinziehung – gleichgültig wie sie erfolgen mag – kann auch der Vorstand, selbst wenn er seit der Anmeldung zur Eintragung der Durchführung personell verändert wurde, die Nichtigkeit der Ausnutzungsentscheidung nicht (außergerichtlich) geltend machen.[264] Bis zur Zwangseinziehung können die Parteien aus der Nichtigkeit der Zeichnungsverträge (siehe dazu oben Rn 124 ff) keine Rechte herleiten; denn ansonsten könnte die Gesellschaft versuchen, die Anteile von einzelnen Zeichnern über § 812 Abs. 1 BGB herauszuverlangen.

---

260 BGHZ 164, 249, 252 ff = ZIP 2005, 2207, 2208 (Mangusta/Commerzbank II).
261 BGHZ 164, 249, 252 f = ZIP 2005, 2207, 2208 (Mangusta/Commerzbank II).
262 BGHZ 164, 249, 259 f = ZIP 2005, 2207, 2211 (Mangusta/Commerzbank II).
263 Ausdrücklich offen gelassen von BGHZ 164, 249, 259 f = ZIP 2005, 2207, 2211 (Mangusta/Commerzbank II).
264 Großkomm-AktienR/*Hirte*, Rn 248.

H. Empfehlungen der Regierungskommission Corporate Governance, Deutscher Corporate Governance Kodex

Die **Regierungskommission Corporate Governance** (sog. Baums-Kommission) hat sich hinsichtlich des genehmigten Kapitals mit drei Themenkreisen beschäftigt.[265] Einem dahin gehenden Vorschlag, die Kapitalgrenze nach § 202 Abs. 3 S. 1 (**Hälfte des Grundkapitals**; siehe dazu Rn 52 ff) abzuschaffen, hat sich die Regierungskommission nicht angeschlossen.[266] Weitere erörterte Vorschläge betrafen die **Ermächtigung** der Verwaltung, die **Art der jungen Aktien festzulegen** (siehe dazu § 204 Rn 12),[267] und die **Berichtspflicht** des Vorstands bei der Ausnutzung eines genehmigten Kapitals unter Ausschluss des Bezugsrechts (siehe dazu § 203 Rn 19, 85 und 93 ff).[268]

Hinsichtlich des letzten Aspekts sind die Empfehlung („soll") der Nr. 6.4 und die Empfehlungen und die Anregung („sollte") der Nr. 6.8 **Deutscher Corporate Governance Kodex** in seiner bis zum Mai 2013 geltenden Fassung[269] (zum Kodex siehe Kapitel 5 „Deutscher Corporate Governance Kodex" Rn 1 ff) von Interesse. Nach der Empfehlung der Nr. 6.4 Deutscher Corporate Governance Kodex in seiner bis zum Mai 2013 geltenden Fassung soll die Gesellschaft zur zeitnahen und gleichmäßigen Information der Aktionäre geeignete Kommunikationsmedien, wie etwa das Internet, nutzen (siehe dazu auch § 203 Rn 101 ff). Nach der Empfehlung der Nr. 6.8 Satz 1 Deutscher Corporate Governance Kodex in seiner bis zum Mai 2013 geltenden Fassung sollen von der Gesellschaft veröffentlichte Informationen über das Unternehmen auch über die Internetseite der Gesellschaft zugänglich sein, wobei die Internetseite nach der Empfehlung der Nr. 6.8 Satz 2 Deutscher Corporate Governance Kodex in seiner bis zum Mai 2013 geltenden Fassung übersichtlich gegliedert sein soll. Nach der Anregung in Nr. 6.8 Satz 3 Deutscher Corporate Governance Kodex in seiner bis zum Mai 2013 geltenden Fassung sollten Veröffentlichungen auch in englischer Sprache erfolgen. Die dargestellten und bis Mai 2013 geltenden Nr. 6.4 und 6.8 Deutscher Corporate Governance Kodex sind in der am 13.5.2013 beschlossenen Fassung des Kodex nicht mehr enthalten.[270] Grund für die Streichung waren Verschlankungsbemühungen hinsichtlich Kodextextes. Die Streichung der genannten Empfehlungen sowie der Anregung erfolgte dabei deshalb, weil die Bestimmungen aufgrund der mittlerweile feststehenden Praxis hinsichtlich der Nutzung des Internet zur zeitnahen und gleichmäßigen Information der Aktionäre und Anleger als überflüssig angesehen wurden.[271]

I. Anhang: Sonderregelungen des Finanzmarktstabilisierungsbeschleunigungsgesetzes (FMStBG) für Unternehmen des Finanzsektors

Literatur zum FMStBG:

Bartsch, Die Geister, die ich rief ... – Das Trauerspiel der aktuellen Finanzmarktkrise in drei Akten, NJW 2009, 3337-3338; *Becker/Mock*, Finanzmarktstabilisierung in Permanenz – Zu den Änderungen des FMStG –, DB 2009, 1055; *Brandner*, Parlamentarische Gesetzgebung in Krisensituationen – Zum Zustandekommen des Finanzmarktstabilisierungsgesetzes, NVwZ 2009, 211; *Brück/Schalast/Schanz*, Das 1. Finanzmarktstabilisierungsergänzungsgesetz: Lex Hypo Real Estate oder doch mehr?, BB 2009, 1306; *Haertlein*, Aktionärsrechtsschutz gegen Rekapitalisierungsmaßnahmen auf Grund des Finanzmarktstabilisierungsgesetzes, NZG 2009, 576; *Roitzsch/Wächter*, Gesellschaftsrechtliche Probleme des Finanzmarktstabilisierungsgesetzes, DZWiR 2009, 1; *Wieneke/Fett*, Das neue Finanzmarktstabilisierungsgesetz unter besonderer Berücksichtigung der aktienrechtlichen Sonderregelungen, NZG 2009, 8.

I. Allgemeines. 1. Modifikation der §§ 202 bis 206 AktG. Das **FMStBG** enthält mit §§ 7 b, 7 c FMStBG Vorschriften, die das Rechtsinstitut des genehmigten Kapitals der §§ 202 bis 206 modifizieren (zu Einzelheiten siehe Rn 142 bis 182).

2. Entstehungs- und Änderungshistorie des FMStBG. Das **FMStBG** ist als **Art. 2** des Finanzmarktstabilisierungsgesetzes in Kraft getreten und hängt eng mit dessen **Art. 1**, dem Gesetz zur Errichtung eines Finanzmarktstabilisierungsfonds (**Finanzmarktstabilisierungsfondsgesetz – FMStFG**), zusammen.

---

265 Baums (Hrsg.), Bericht der Regierungskommission Corporate Governance, Rn 228 ff.
266 Baums (Hrsg.), Bericht der Regierungskommission Corporate Governance, Rn 228.
267 Baums (Hrsg.), Bericht der Regierungskommission Corporate Governance, Rn 229.
268 Baums (Hrsg.), Bericht der Regierungskommission Corporate Governance, Rn 230 ff.
269 Fassung vom 15.5.2012 im Internet abrufbar unter: http//www.corporate-governance-code.de; allgemein zum Deutschen Corporate Governance Kodex etwa: *Kirschbaum*, DB 2005, 1453 ff; *Talaulicar/v. Werder*, DB 2005, 841 ff; *Berg/Stöcker*, WM 2002, 1569 ff; *Ehrhardt/Nowak*, AG 2002, 336 ff; *Peltzer*, NZG 2002, 593 ff; *Seibert*, BB 2002, 581 ff; *Seibt*, AG 2002, 249 ff; *Ulmer*, ZHR 166 (2002), 150 ff; *v. Werder*, DB 2002, 801 ff; jeweils mwN; zu den Änderungen in der aktuellen Fassung vom 18.6.2009 etwa *Hecker*, BB 2009, 1654 ff.
270 Der Kodex ist in der Fassung vom 15.5.2013 im Internet abrufbar unter: http//www.corporate-governance-code.de.
271 Siehe die „Erläuterungen der Änderungsvorschläge der Kodexkommission aus den Plenarsitzungen vom 9. und 31. Januar 2013", im Internet abrufbar unter: http//www.corporate-governance-code.de.

Hintergrund für die Schaffung des Finanzmarktstabilisierungsgesetzes war folgender: Eine von den USA ausgehende und sich aufgrund der engen Verflechtung der internationalen Finanzmärkte seit Mitte des Jahres 2007 auch weltweit ausbreitende Finanzkrise[272] führte auch in der Bundesrepublik Deutschland dazu, dass einige Finanzinstitute in Zahlungsbedrängnis gerieten.[273] Es stand – nach Ansicht des Gesetzgebers – in Deutschland der Finanzmarkt unter Druck und führte zu einer hartnäckigen Vertrauenskrise der Marktteilnehmer.[274] Um einen Zusammenbruch des Finanzmarktes und die sich daraus ergebenden volkswirtschaftlichen Weiterungen zu vermeiden, entschied sich der Gesetzgeber sodann im Oktober 2008 dazu, im Eilverfahren ein Sondervermögen für Unternehmen des Finanzsektors bereitzustellen, um stabilisierend auf den Finanzmarkt einzuwirken.[275] Eines der Hauptanliegen des Gesetzgebers des darauf erlassenen Gesetzes zur Umsetzung eines Maßnahmenpakets zur Stabilisierung des Finanzmarktes (Finanzmarktstabilisierungsgesetz – FMStG)[276] vom 17.10.2008,[277] das bereits am 18.10.2008 in Kraft trat, war die Bereitstellung dieses Sondervermögens. Zur Errichtung eines entsprechenden Fonds (Finanzmarktstabilisierungsfonds) und Bereitstellung des notwendigen Sondervermögens enthält das FMStG, bei dem es sich um ein Artikelgesetz handelt, in seinem Art. 1 das Gesetz zur Errichtung eines Finanzmarktstabilisierungsfonds (**Finanzmarktstabilisierungsfondsgesetz – FMStFG**). Damit die im FMStFG enthaltenen Stabilisierungsmaßnahmen schnell greifen konnten, enthält das FMStG in Art. 2 das Gesetz zur Beschleunigung und Vereinfachung des Erwerbs von Anteilen an sowie Risikopositionen von Unternehmen des Finanzsektors durch den Fonds „Finanzmarktstabilisierungsfonds – FMS", das als Finanzmarktstabilisierungsbeschleunigungsgesetz bezeichnet wird, kurz FMStBG.

Zu Einzelheiten der Entstehungsgeschichte und zur späteren Einführung der das genehmigte Kapital modifizierenden §§ 7 b, 7 c FMStBG siehe Rn 141–146 der dritten Auflage.

142 **3. Anwendungsbereich des FMStBG. a) Sachlicher Anwendungsbereich.** Der sachliche Anwendungsbereich des FMStBG ergibt sich aus § 1 S. 1 und 2 FMStBG.

143 Nach § 1 S. 1 FMStBG findet das FMStBG **Anwendung auf Unternehmen des Finanzsektors im Sinne des § 2 FMStFG, denen zum Zwecke der Stabilisierung des Finanzmarktes Stabilisierungsmaßnahmen gewährt werden.**

Unternehmen des Finanzsektors im Sinne des § 2 FMStFG sind nach § 2 Abs. 1 S. 1 FMStFG Unternehmen im Sinne des § 2 des Restrukturierungsfondsgesetzes. Nach § 2 Restrukturierungsfondsgesetzes, der regelt, welche Unternehmen beitragspflichtig bezüglich des Restrukturierungsfonds sind, sind beitragspflichtige Unternehmen (und damit über § 2 Abs. 1 S. 1 FMStFG Unternehmen des Finanzsektors im Sinne des § 2 des FMStFG) alle Kreditinstitute[278] im Sinne des § 1 Abs. 1 des Kreditwesengesetzes mit einer Erlaubnis nach dem Kreditwesengesetz,[279] die die Vorgaben der Kreditinstituts-Rechnungslegungsverordnung[280] einhalten müssen. Keine Unternehmen des Finanzsektors im Sinne des § 2 Abs. 1 S. 1 FMStFG sind gemäß § 2

---

272 Zu den wirtschaftlichen Hintergründen und Konstruktionen die unter anderem zur Finanzkrise führten sie *Bartsch*, NJW 2008, 3337, 3337 f.

273 *Haertlein*, NZG 2009, 576, 576; siehe zu den Hintergründen und zur Entwicklung der Finanzkrise *Becker/Mock*, FMStG, Einleitung Rn 1-6.

274 Begründung des Gesetzentwurfs der der Fraktionen der CDU/CSU und SPD zum Gesetz zur Umsetzung eines Maßnahmenpakets zur Stabilisierung des Finanzmarktes (Finanzmarktstabilisierungsgesetz – FMStG) (BT-Drucks. 16/10600, S. 1 und 9).

275 Zum Gesetzgebungsverfahren *Brandner*, NVwZ 2009, 211, 211 ff.

276 Einen Überblick über das FMStG vom 17.10.2008 bieten *Wienekel/Fett*, NZG 2009, 8 ff.

277 Gesetz zur Umsetzung eines Maßnahmenpakets zur Stabilisierung des Finanzmarktes (Finanzmarktstabilisierungsgesetz – FMStG) vom 17.10.2008 (BGBl. I 2008, 1982).

278 Kreditinstitute im Sinne des § 1 Abs. 1 KWG sind Unternehmen, die Bankgeschäfte gewerbsmäßig oder in einem Umfang betreiben, der einen in kaufmännischer Weise eingerichteten Geschäftsbetrieb erfordert (§ 1 Abs. 1 S. 1 KWG). Was Bankgeschäfte sind, ergibt sich aus § 1 Abs. 1 S. 2 KWG. Durch die Beschränkung auf Kreditinstitute sind u.a. Finanzdienstleistungsinstitute (§ 1 Abs. 1 a S. 1 KWG), Kapitalanlagegesellschaften im Sinne des Investmentgesetzes (InvG) (§ 6 Abs. 1 S. 1 InvG), Versicherungsunternehmen (§ 1 Abs. 1 Nr. 1 VAG) und Pensionsfonds (§ 1 Abs. 1 Nr. 2 VAG), die wirtschaftlich auch alle zum Finanzsektor gehören, vom Anwendungsbereich ausgeschlossen.

279 Mit „Erlaubnis nach dem Kreditwesengesetz" ist die schriftliche Erlaubnis der Bundesanstalt für Finanzdienstleistungsaufsicht nach § 32 KWG gemeint. Damit scheiden aus dem Anwendungsbereich alle Unternehmen aus, die ihre entsprechende Erlaubnis auf anderem Wege, etwa durch Gesetz (zB KfW) erlangt haben.

280 Das sind nach § 1 Kreditinstituts-Rechnungslegungsverordnung diejenigen Kreditinstitute, für die nach § 340 Abs. 1 S. 1 und Abs. 4 HGB der vierte Abschnitt des HGB anzuwenden ist.

Abs. 1 S. 2 FMStFG Kreditinstitute, die gemäß § 5 Abs. 1 Nr. 2 des KStG von der Körperschaftsteuer befreit sind,[281] und Brückeninstitute im Sinne des § 5 Abs. 1 des Restrukturierungsfondsgesetzes.

Nach § 1 S. 2 FMStBG findet das FMStBG zudem **Anwendung auf Unternehmen, die** zum Zweck der Einhaltung von Eigenmittelanforderungen **nach § 10 Abs. 1 b S. 2 des Kreditwesengesetzes Kapitalmaßnahmen durchführen.**

b) Zeitlicher Anwendungsbereich. Der Anwendungsbereich des § 7 b FMStBG, der die Vorschriften über das genehmigte Kapital der §§ 202-206 modifiziert, ist – allerdings mittelbar – zeitlich beschränkt. So sind nach § 13 Abs. 1 S. 1 FMStFG Stabilisierungs(erst)maßnahmen des Fonds einschließlich der Maßnahmen nach den §§ 6 a und 8 a FMStFG grundsätzlich (nur) bis zum 31.12.2014 möglich. Zu den genannten Stabilisierungsmaßnahmen gehören auch die Rekapitalisierungsmaßnahmen nach § 7 FMStFG. Da die in § 7 b FMStBG enthaltenen Modifizierungen nach § 7 b Abs. 1 S. 1 FMStBG nur für eine Ermächtigung im Zusammenhang mit einer Rekapitalisierung nach § 7 FMStFG gelten, ist der Anwendungsbereich des § 7 b grundsätzlich auch auf bis zum 31.12.2014 erfolgende Handlungen beschränkt. Allerdings enthält § 13 Abs. 1 a FMStFG eine Ausnahme. Danach kann sich der Fond auch nach dem 31.12.2014 an Unternehmen des Finanzsektors beteiligen, an denen er aufgrund von Maßnahmen nach § 7 FMStFG bereits beteiligt ist; dies gilt allerdings nur, soweit die (zusätzliche) Beteiligung des Fonds erforderlich ist, um den Anteil seiner Kapitalbeteiligung an dem Unternehmen aufrechtzuerhalten oder gewährte Stabilisierungsmaßnahmen abzusichern.[282]

II. Sonderregelungen für das genehmigte Kapital (§§ 7 b, 7 c FMStBG). Für den Fall, dass ein **genehmigtes Kapital zum Zwecke einer Rekapitalisierung nach § 7 FMStFG** geschaffen wird, mithin der Vorstand ermächtigt wird, im Zusammenhang mit einer Rekapitalisierung nach § 7 FMStFG das Grundkapital bis zu einem bestimmten Nennbetrag durch Ausgabe neuer Aktien gegen Einlagen zu erhöhen, **enthalten** die **§§ 7 b, 7 c FMStBG Sonderbestimmungen.** Diese Sonderbestimmungen wurden durch das Gesetz zur weiteren Stabilisierung des Finanzmarktes (Finanzmarktstabilisierungsergänzungsgesetz – FMStErgG) vom 7.4.2009,[283] das am 9.4.2009 in Kraft trat, in das FMStBG eingefügt (siehe Rn 145 in der dritten Auflage).

1. Wichtige Sonderbestimmungen zur Ermächtigung. Für die Schaffung der Ermächtigung, die nach § 7 b Abs. 1 S. 1 FMStBG nur durch Satzungsänderung (§ 202 Abs. 2), nicht aber in der Ursprungssatzung möglich ist, gelten die nachfolgend aufgeführten Sonderbestimmungen; im Übrigen gelten die allgemeinen Ausführungen zur Ermächtigung entsprechend (siehe dazu § 202 Rn 18-74).

a) Abgesenkte Mehrheitserfordernisse. aa) Grundsatz (§ 7 b Abs. 1 S. 1 FMStBG). Der satzungsändernde Beschluss der Hauptversammlung zur Schaffung des genehmigten Kapitals bedarf nach allgemeinem Aktienrecht *zum einen* nach § 133 Abs. 1 der einfachen Mehrheit der abgegebenen Stimmen (siehe dazu Rn 21) und *zum anderen* gemäß § 202 Abs. 2 S. 2 einer (qualifizierten) Kapitalmehrheit, die mindestens drei Viertel des bei der Beschlussfassung vertretenen Grundkapitals umfasst (siehe dazu Rn 22). Für den Fall, dass ein genehmigtes Kapital zum Zwecke einer Rekapitalisierung nach § 7 FMStFG geschaffen wird, bedarf es dieser (qualifizierten) Kapitalmehrheit nicht; vielmehr **genügt** dann die **(einfache) Mehrheit der abgegebenen Stimmen** (§ 7 b Abs. 1 S. 1 FMStBG). Diesbezüglich abweichende Satzungsbestimmungen, die das allgemeine Aktienrecht durchaus zulässt (siehe Rn 23-25), sind unbeachtlich (§ 7 b Abs. 1 S. 3 FMStBG iVm § 7 Abs. 2 S. 2 FMStBG). Diese abgesenkte Mehrheitsanforderung gilt auch für die ggf weiter erforderlichen Sonderbeschlüsse (zu den Sonderbeschlüssen siehe Rn 26-28). Weitere Erfordernisse aufgrund der Satzung (siehe dazu Rn 29 f) dürften dagegen ebenfalls unbeachtlich sein (§ 7 b Abs. 1 S. 3 FMStBG iVm § 7 Abs. 2 S. 2 FMStBG).

---

[281] Dadurch fallen folgende Kreditinstitute aus dem Anwendungsbereich heraus: die Deutsche Bundesbank, die Kreditanstalt für Wiederaufbau, die Landwirtschaftliche Rentenbank, die Bayerische Landesanstalt für Aufbaufinanzierung, die Niedersächsische Gesellschaft für öffentliche Finanzierungen mit beschränkter Haftung, die Bremer Aufbau-Bank GmbH, die Landeskreditbank Baden-Württemberg-Förderbank, die Bayerische Landesbodenkreditanstalt, die Investitionsbank Berlin, die Hamburgische Wohnungsbaukreditanstalt, die NRW.Bank, die Investitions- und Förderbank Niedersachsen, die Saarländische Investitionskreditbank Aktiengesellschaft, die Investitionsbank Schleswig-Holstein, die Investitionsbank des Landes Brandenburg, die Sächsische Aufbaubank – Förderbank –, die Thüringer Aufbaubank, die Investitionsbank Sachsen-Anhalt – Anstalt der Norddeutschen Landesbank – Girozentrale –, die Investitions- und Strukturbank Rheinland-Pfalz, das Landesförderinstitut Mecklenburg-Vorpommern – Geschäftsbereich der Norddeutschen Landesbank Girozentrale –, die Wirtschafts- und Infrastrukturbank Hessen – rechtlich unselbständige Anstalt in der Landesbank Hessen-Thüringen Girozentrale und die Liquiditäts-Konsortialbank Gesellschaft mit beschränkter Haftung.

[282] Zu einzelnen damit zusammenhängenden Problemen siehe *Becker/Mock*, DB 2009, 1055, 1056, die zu Recht darauf hinweisen, dass mit dem § 13 Abs. 1 a FMStFG hinsichtlich der Unternehmen des Finanzsektors, bei denen eine Rekapitalisierung durchgeführt wurde, eine zeitlich unbegrenzte und privilegierte Möglichkeit der Staatsbeteiligung im Bankensektor geschaffen wurde.

[283] BGBl. I 2009, 725.

149 **bb) Mehrheit im Zusammenhang mit einem Bezugsrechtsausschluss (§ 7b Abs. 2 FMStBG iVm § 7 Abs. 3 FMStBG).** Wird, wenn ein genehmigtes Kapital zum Zwecke einer Rekapitalisierung nach § 7 FMStFG geschaffen wird, das Bezugsrecht ganz oder teilweise im Ermächtigungsbeschluss ausgeschlossen oder wird hierin vorgesehen, dass der Vorstand über den Ausschluss des Bezugsrechts entscheidet, so enthält § 7b Abs. 2 FMStBG eine Sonderregelung hinsichtlich der Mehrheitserfordernisse. § 7b Abs. 2 FMStBG ordnet die entsprechende Anwendung des § 7 Abs. 3 FMStBG an, der in § 7 Abs. 3 S. 1 FMStBG für den Beschluss eine insofern qualifizierte **Mehrheit** verlangt, **die mindestens zwei Drittel der abgegebenen Stimmen oder des vertretenen Grundkapitals umfasst.** Das heißt, es ist alternativ sowohl die Stimmenmehrheit von zwei Dritteln als auch die Kapitalmehrheit von zwei Dritteln ausreichend. Für den Fall, dass lediglich die Kapitalmehrheit von zwei Dritteln erreicht wird, ist gleichwohl weiterhin die einfache Mehrheit der abgegebenen Stimmen zu verlangen; denn sie ist eine Grundvoraussetzung eines positiven Beschlusses (siehe dazu Rn 21). Ist die Hälfte des Grundkapitals vertreten, reicht die einfache Mehrheit (§ 7b Abs. 2 FMStBG iVm § 7 Abs. 3 S. 2 FMStBG). Abweichende Satzungsbestimmungen sind unbeachtlich (§ 7b Abs. 2 FMStBG iVm § 7 Abs. 3 S. 3 FMStBG iVm § 7 Abs. 2 S. 2 FMStBG).

150 **b) Keine umfangmäßige Beschränkung (§ 7b Abs. 1 S. 2 Hs 1 FMStBG).** Nach den allgemeinen aktienrechtlichen Vorschriften, namentlich nach § 202 Abs. 3 S. 1, darf der Nennbetrag des genehmigten Kapitals die Hälfte des Grundkapitals, das zur Zeit der Ermächtigung vorhanden ist, nicht übersteigen (zu Einzelheiten siehe Rn 52-57). Wird allerdings ein genehmigtes Kapital im Zusammenhang mit einer Rekapitalisierung nach § 7 FMStFG geschaffen, so **gilt diese Kapitalgrenze nicht.** Denn § 7b Abs. 1 S. 2 Hs 1 FMStBG ordnet ausdrücklich an, dass § 202 Abs. 3 S. 1 in diesen Fall nicht gilt. Abweichende Satzungsbestimmungen sind unbeachtlich (§ 7b Abs. 1 S. 3 FMStBG iVm § 7 Abs. 2 S. 2 FMStBG).

151 **c) Keine Vorgaben für die Ausgestaltung der Aktien in der Ermächtigung (§ 7b Abs. 3 FMStBG iVm § 5 Abs. 1 FMStBG).** Weil nach § 7b Abs. 3 FMStBG iVm § 5 Abs. 1 FMStBG der Vorstand über die Ausgestaltung der Aktien entscheidet (siehe dazu Rn 167), kann die Ermächtigung diesbezüglich im Anwendungsbereich des § 7b FMStBG keine (verbindlich wirksamen) Vorgaben machen.

152 **d) Keine Anrechnung auf sonstige genehmigte Kapitalien (§ 7b Abs. 1 S. 2 Hs 2 FMStBG).** Da es für die sonstigen genehmigten Kapitalien bei der umfangmäßigen Beschränkung des § 202 Abs. 3 S. 1 bleibt, hätte es nahe gelegen, ein nach § 7b FMStBG geschaffenes genehmigtes Kapital auf andere genehmigte Kapitalien anzurechnen. Nach dem eindeutigen Wortlaut des § 7b Abs. 1 S. 2 Hs 2 FMStBG **scheidet** eine derartige **Anrechnung auf andere genehmigte Kapitalien** aber **aus.** Auch hier sind abweichende Satzungsbestimmungen unbeachtlich (§ 7b Abs. 1 S. 3 FMStBG iVm § 7 Abs. 2 S. 2 FMStBG).

153 **e) Besonderheiten für die Hauptversammlung (§ 7b Abs. 1 S. 3 FMStBG iVm § 7 Abs. 1 FMStBG).** Soll ein genehmigtes Kapital im Zusammenhang mit einer Rekapitalisierung nach § 7 FMStFG geschaffen werden, so gelten **für diesen Beschlusspunkt** nach § 7b Abs. 1 S. 3 FMStBG iVm § 7 Abs. 1 FMStBG **Besonderheiten für die Hauptversammlung.** Zudem gelten die Besonderheiten auch dann, wenn die Kapitalerhöhung nicht nur von dem Fonds, sondern auch von Dritten gezeichnet werden kann oder die Tagesordnung der Hauptversammlung neben der Beschlussfassung über die Kapitalerhöhung noch andere Gegenstände enthält (§ 7b Abs. 1 S. 3 FMStBG iVm § 7 Abs. 1 S. 3 FMStBG). Von den nachfolgend aufgeführten Besonderheiten abweichende Satzungsbestimmungen sind unbeachtlich (§ 7b Abs. 1 S. 3 FMStBG iVm § 7 Abs. 2 S. 2 FMStBG).

154 **aa) Verkürzte Einberufungsfrist und deren weitere Folgen. (1) Verkürzte Einberufungsfrist (§ 7b Abs. 1 S. 3 FMStBG iVm § 7 Abs. 1 S. 1 FMStBG).** Nach allgemeinem Aktienrecht ist die Hauptversammlung mindestens 30 Tage vor dem Tage der Versammlung einzuberufen, wobei der Tag der Versammlung nicht mitzurechnen ist (§ 123 Abs. 1). Soll ein genehmigtes Kapital im Zusammenhang mit einer Rekapitalisierung nach § 7 FMStFG geschaffen werden, so gilt eine verkürzte Einberufungsfrist. § 7b Abs. 1 S. 3 FMStBG iVm § 7 Abs. 1 S. 1 FMStBG sieht diesbezüglich eine entsprechende Anwendung des § 16 Abs. 4 WpÜG mit der Maßgabe vor, dass die Einberufung zur Hauptversammlung **spätestens am 21. Tag vor dem Tag der Hauptversammlung** erfolgen muss.

155 **(2) Mindestfrist zwischen erforderlicher Anmeldung der Teilnahme und der Versammlung bei einer verkürzten Einberufungsfrist (§ 7b Abs. 1 S. 3 FMStBG iVm § 7 Abs. 1 S. 1 FMStBG iVm § 16 Abs. 4 S. 5 WpÜG).** Nach allgemeinem Aktienrecht kann die Satzung die Teilnahme an der Hauptversammlung oder die Ausübung des Stimmrechts davon abhängig machen, dass die Aktionäre sich vor der Versammlung anmelden (§ 123 Abs. 2 S. 1). Trifft die Satzung eine solche Regelung, muss die Anmeldung der Gesellschaft unter der in der Einberufung hierfür mitgeteilten Adresse mindestens sechs Tage vor der Versammlung zugehen (§ 123 Abs. 2 S. 2), wobei der Tag des Zugangs nicht mitzurechnen ist (§ 123 Abs. 2 S. 4) und sich die Einberufungsfrist um die Anmeldefrist verlängert (§ 123 Abs. 2 S. 5); in der Satzung oder in der Einbe-

rufung aufgrund einer Ermächtigung durch die Satzung kann eine kürzere, in Tagen zu bemessende Frist vorgesehen werden (§ 123 Abs. 2 S. 3). Nach § 7b Abs. 1 S. 3 FMStBG iVm § 7 Abs. 1 S. 1 FMStBG iVm § 16 Abs. 4 S. 5 Hs 1 WpÜG müssen abweichend von der Regelung des § 123 Abs. 2 S. 5, **wenn** ein genehmigtes Kapital im Zusammenhang mit einer Rekapitalisierung nach § 7 FMStFG geschaffen werden soll und **die Einberufungsfrist des** § 123 Abs. 1 (von 30 Tagen) unterschritten wird, zwischen Anmeldung und Versammlung mindestens vier Tage liegen.

(3) Zeitpunkt der Mitteilungen an Kreditinstitute und Aktionärsvereinigungen (§ 7b Abs. 1 S. 3 FMStBG iVm § 7 Abs. 1 S. 1 FMStBG iVm § 16 Abs. 4 S. 5 Hs 1 WpÜG). Nach § 125 Abs. 1 S. 1 hat der Vorstand mindestens 21 Tage vor der Versammlung den Kreditinstituten (und ihnen nach § 125 Abs. 5 gleichgestellten Unternehmen) und den Vereinigungen von Aktionären, die in der letzten Hauptversammlung Stimmrechte für Aktionäre ausgeübt oder die die Mitteilung verlangt haben, die Einberufung der Hauptversammlung mitzuteilen. Nach § 7b Abs. 1 S. 3 FMStBG iVm § 7 Abs. 1 S. 1 FMStBG iVm § 16 Abs. 4 S. 5 Hs 1 WpÜG müssen diese **Mitteilungen** nach § 125 Abs. 1 S. 1, wenn ein genehmigtes Kapital im Zusammenhang mit einer Rekapitalisierung nach § 7 FMStFG geschaffen werden soll und **die Einberufungsfrist des** § 123 Abs. 1 (von 30 Tagen) unterschritten wird, **unverzüglich erfolgen**.

bb) Hauptversammlungsort (§ 7b Abs. 1 S. 3 FMStBG iVm § 7 Abs. 1 S. 1 FMStBG iVm § 16 Abs. 4 S. 4 WpÜG). Nach allgemeinem Aktienrecht soll die Hauptversammlung – vorbehaltlich einer abweichenden Satzungsregelung – am Sitz der Gesellschaft oder am Börsensitz stattfinden (§ 121 Abs. 5). Nach § 7b Abs. 1 S. 3 FMStBG iVm § 7 Abs. 1 S. 1 FMStBG iVm § 16 Abs. 4 S. 4 WpÜG ist die Gesellschaft abweichend davon, wenn ein genehmigtes Kapital im Zusammenhang mit einer Rekapitalisierung nach § 7 FMStFG geschaffen werden soll, **frei in der Bestimmung des Hauptversammlungsortes**.

cc) Erleichterung der Erteilung von Stimmrechtsvollmachten (§ 7b Abs. 1 S. 3 FMStBG iVm § 7 Abs. 1 S. 1 FMStBG iVm § 16 Abs. 4 S. 6 WpÜG). § 134 Abs. 3 regelt die Ausübung des Stimmrechts durch Dritte und § 135 speziell die Ausübung des Stimmrechts durch Kreditinstitute und geschäftsmäßig Handelnde. Danach ist eine Stimmrechtsvertretung grundsätzlich zulässig und kann durch die Satzung auch nicht ausgeschlossen werden (siehe dazu die Kommentierung zu § 134). Für den Fall, dass ein genehmigtes Kapital im Zusammenhang mit einer Rekapitalisierung nach § 7 FMStFG geschaffen werden soll, werden die allgemeinen Vorschriften durch § 7b Abs. 1 S. 3 FMStBG iVm § 7 Abs. 1 S. 1 FMStBG iVm § 16 Abs. 4 S. 6 WpÜG insoweit ergänzt, dass **die Gesellschaft den Aktionären die Erteilung von Stimmrechtsvollmachten**, soweit nach Gesetz und Satzung möglich, **zu erleichtern hat**.

dd) Stichtag für den Nachweis der Legitimation bei Inhaberaktien börsennotierter Gesellschaften (§ 7b Abs. 1 S. 3 FMStBG iVm § 7 Abs. 1 S. 2 FMStBG). Für Inhaberaktien kann die Satzung bestimmen, wie die Berechtigung zur Teilnahme nachzuweisen ist (§ 123 Abs. 3 S. 1). Nach § 123 Abs. 3 S. 3 hat sich der Nachweis bei börsennotierten Gesellschaften auf den Beginn des 21. Tages vor der Versammlung zu beziehen und muss der Gesellschaft unter der in der Einberufung hierfür mitgeteilten Adresse mindestens sechs Tage vor der Versammlung zugehen. Abweichend von § 123 Abs. 3 S. 3 **hat sich der Nachweis der Berechtigung zur Teilnahme bei börsennotierten Gesellschaften**, bei denen ein genehmigtes Kapital im Zusammenhang mit einer Rekapitalisierung nach § 7 FMStFG geschaffen werden soll, **auf den Beginn des 18. Tages vor der Versammlung zu beziehen und muss der Gesellschaft** unter der in der Einberufung hierfür mitgeteilten Adresse **bis spätestens am vierten Tag vor der Hauptversammlung zugehen**, soweit der Vorstand in der Einberufung der Hauptversammlung keine kürzere Frist für den Zugang des Nachweises bei der Gesellschaft vorsieht, wobei abweichende Satzungsbestimmungen unbeachtlich sind (§ 7b Abs. 1 S. 3 FMStBG iVm § 7 Abs. 1 S. 2 FMStBG).

ee) Information der Aktionäre (§ 7b Abs. 1 S. 3 FMStBG iVm § 7 Abs. 1 S. 1 FMStBG iVm § 16 Abs. 4 S. 7 und 8 WpÜG). Nach § 7b Abs. 1 S. 3 FMStBG iVm § 7 Abs. 1 S. 1 FMStBG iVm § 16 Abs. 4 S. 7 WpÜG, die eine ausreichende Information der Aktionäre bezwecken, sind Mitteilungen an die Aktionäre, ein Bericht nach § 186 Abs. 4 S. 2 und fristgerecht eingereichte Anträge von Aktionären allen Aktionären zugänglich und in Kurzfassung bekannt zu machen. Wobei die Zusendung von Mitteilungen nach § 7b Abs. 1 S. 3 FMStBG iVm § 7 Abs. 1 S. 1 FMStBG iVm § 16 Abs. 4 S. 8 WpÜG unterbleiben kann, wenn zur Überzeugung des Vorstands mit Zustimmung des Aufsichtsrats der rechtzeitige Eingang bei den Aktionären nicht wahrscheinlich ist. Zwar trifft § 7b Abs. 1 S. 3 FMStBG iVm § 7 Abs. 1 S. 1 FMStBG iVm § 16 Abs. 4 S. 7 WpÜG insb. Regelungen für einen Vorstandsbericht nach § 186 Abs. 4 S. 2 bei Schaffung der Ermächtigung und bestimmt dabei abschließend (und abweichend von den Ausführungen in § 203 Rn 71) die Art und Weise der Zugänglichmachung des Berichts. Damit ist aber nichts darüber gesagt, ob und mit welchem Inhalt in Bezug auf die Schaffung der Ermächtigung zu berichten ist. Vielmehr gelten hinsichtlich der Erforderlichkeit eines Berichts bei Schaffung der Ermächtigung und hinsichtlich seines diesbezüglichen Inhalts diejenigen Regeln, die im allgemeinen Recht der §§ 202–206 für den Vorstandsbericht bei der Schaffung der Ermächtigung gelten (siehe dazu § 203 Rn 64 ff).

161 **f) Besonderheiten hinsichtlich Anmeldung und Eintragung der Ermächtigung.** Die Ermächtigung nach § 202 Abs. 2 ist, da es sich um eine Satzungsänderung handelt, gemäß § 181 Abs. 1 S. 1 vom Vorstand zur Eintragung anzumelden; daran, insbesondere hinsichtlich der Pflichtenstellung gegenüber der Gesellschaft, dem Gericht, bei dem die Anmeldung zu erfolgen hat, der Form der Anmeldung (zu all dem siehe Rn 31) und hinsichtlich des Inhalts der Anmeldung (siehe dazu Rn 32) ändert sich auch im Anwendungsbereich des § 7 b FMStBG nichts. Zumindest die Literatur[284] geht davon aus, dass die Anmeldung der Ermächtigung im allgemeinen Recht der §§ 202-206 unverzüglich zu erfolgen hat, wobei der Hauptversammlung die Möglichkeit eingeräumt wird, anzuweisen, dass der Beschluss erst zu einem späteren Zeitpunkt anzumelden ist (siehe dazu Rn 32). Für den Anwendungsbereich des § 7 b FMStBG ordnet § 7 c S. 1 FMStBG sogar ausdrücklich und zudem ausnahmslos an, dass der **Hauptversammlungsbeschluss unverzüglich zur Eintragung** in das Handelsregister **anzumelden** ist.

162 Anders als im allgemeinen Recht der §§ 202-206, wo das Registergericht die Anmeldung in formeller und materieller Hinsicht zu prüfen hat und es das Eintragungsverfahren unter bestimmten Umständen, insbesondere bei Klagen gegen den Beschluss, auch aussetzen kann (siehe dazu Rn 35), ordnet § 7 c S. 2 FMStBG für den Anwendungsbereich des § 7 b FMStBG an, dass der **Hauptversammlungsbeschluss**, sofern er nicht offensichtlich nichtig ist, **unverzüglich in das Handelsregister einzutragen** ist; um Verzögerungen durch Klagen und Anträge im einstweiligen Rechtsschutz im Registerverfahren auszuschließen, stellt § 7 c S. 3 FMStBG ausdrücklich heraus, dass Klagen und Anträge auf Erlass von Entscheidungen im einstweiligen Anordnungsverfahren der Eintragung nicht entgegen stehen. Erweist sich die Klage später als begründet, so ist die Gesellschaft nach § 7 c S. 4 FMStBG iVm § 246 a Abs. 4 S. 1 zum Schadenersatz verpflichtet; eine Naturalrestitution ist aber ausgeschlossen (§ 7 c S. 4 FMStBG iVm § 246 a Abs. 4 S. 2).

163 **2. Besonderheit bei Rechtfertigung des Bezugsrechtsausschluss (§ 7 b Abs. 2 FMStBG iVm § 7 Abs. 3 S. 4 FMStBG).** Im allgemeinen Aktienrecht bedarf auch beim genehmigten Kapital sowohl der Direktausschluss des Bezugsrechtes als auch eine Ermächtigung zum Bezugsrechtsausschluss und die Ausnutzung dieser Ermächtigung der sachlichen Rechtfertigung (siehe dazu § 203 Rn 20 ff, 74 ff und 88 ff). Für den Fall, dass ein genehmigtes Kapital zum Zwecke einer Rekapitalisierung nach § 7 FMStFG geschaffen und das Bezugsrecht ganz oder teilweise im Ermächtigungsbeschluss ausgeschlossen oder hierin vorgesehen wird, dass der Vorstand über den Ausschluss des Bezugsrechts entscheidet, ordnet § 7 b Abs. 2 FMStBG die entsprechende Anwendung von § 7 Abs. 3 S. 4 FMStBG an. Danach ist der **Ausschluss des Bezugsrechts zur Zulassung des Fonds zur Übernahme der Aktien in jedem Fall zulässig und angemessen.**

164 **3. Ausgabe neuer Aktien (§ 7 b Abs. 3 FMStBG iVm § 5 FMStBG).** Für die Ausgabe der neuen Aktien ordnet § 7 b Abs. 3 FMStBG die entsprechende Geltung von § 5 FMStBG an.

165 **a) Ausnutzungsentscheidung. aa) Grundsätzlich wie beim regulären (satzungsbedingten) genehmigten Kapital der §§ 202-206.** § 7 b Abs. 1 S. 1 FMStBG nimmt auf § 202 Abs. 2 Bezug. In § 202 Abs. 1, auf den sich § 202 Abs. 2 in dieser Hinsicht bezieht, ist davon die Rede, dass die Satzung den Vorstand ermächtigen kann, das Grundkapital zu erhöhen. Daher fällt die Ausnutzungsentscheidung, mithin die Entscheidung darüber, ob, wann und in welchem Umfang das Grundkapital erhöht wird, per Gesetz in die Organzuständigkeit des Vorstands. Die Vorstandsentscheidung über die Ausnutzung der Ermächtigung und damit über die Durchführung der Kapitalerhöhung erfolgt durch **Beschluss**. Die Entscheidung ist **formell Geschäftsführungsmaßnahme** (§ 77), inhaltlich aber Grundlagenentscheidung. Für die Beschlussfassung gelten die allgemeinen Regeln (§ 77), weshalb es beim mehrgliedrigen Vorstand – wie im alleinigen Geltungsbereich der §§ 202–206 – eines einstimmigen Beschlusses bedarf (siehe auch Rn 77). Auch im Übrigen ist im Anwendungsbereich des § 7 b FMStBG hinsichtlich der Ausnutzungsentscheidung die Situation grundsätzlich wie beim regulären genehmigten Kapital der §§ 202–206, so dass die insoweit getätigten Ausführungen grundsätzlich auch hier gelten (Rn 77 bis 82).

166 **bb) Wichtige Besonderheiten.** Allerdings gelten im Anwendungsbereich des § 7 b FMStBG für die Ausnutzungsentscheidung auch einige wichtige Besonderheiten.

167 **(1) Entscheidung über die Ausgestaltung der Aktien (§ 7 b Abs. 3 FMStBG iVm § 5 FMStBG). (a) Zuständigkeit des Vorstands.** So wird die **Ausgestaltung der Aktien, mithin der Inhalt der Aktienrechte und die Bedingungen der Aktienausgabe**, – anders als im Recht der §§ 202-206, wo die satzungsmäßige Ermächti-

---

[284] MüKo-AktG/*Bayer*, Rn 49; Grigoleit/*Rieder/Holzmann*, Rn 15; Hölters/*v. Dryander/Niggemann*, Rn 57; *Hüffer*, Rn 11; Bürgers/*Körber/Marsch-Barner*, Rn 11; Spindler/Stilz/*Wamser*, Rn 41; Großkomm-AktienR/*Wiedemann*, § 179 Rn 126, § 181 Rn 9; KölnKomm-AktG/*Zöllner*, § 181 Rn 27.

gung diesbezüglich Vorentscheidungen treffen kann (§ 204 Abs. 1 S. 1) – **allein durch den Vorstand** bestimmt (§ 7 b Abs. 3 FMStBG iVm § 5 Abs. 1 FMStBG).

(b) Zustimmung des Aufsichtsrats. Die Entscheidung des Vorstands über die Ausgestaltung der Aktien bedarf der Zustimmung des Aufsichtsrates (§ 7 b Abs. 3 FMStBG iVm § 5 Abs. 2 FMStBG). Da § 5 Abs. 2 FMStBG, auf den § 7 b Abs. 3 FMStBG verweist, von der Zustimmung des Aufsichtsrats spricht und das Aktiengesetz, das insofern weiter anwendbar bleibt, Befugnisse grundsätzlich dem Aufsichtsrat in seiner Gesamtheit zuerkennt, entscheidet **grundsätzlich der gesamte Aufsichtsrat.** Eine derartige Zuständigkeit kann nach allgemeinen Aktienrecht aber auf einen Aufsichtsratsausschuss übertragen werden; denn § 107 Abs. 3 S. 3 ist hinsichtlich der dem gesamten Aufsichtsrat unabdingbar vorbehaltenen Sachbeschlüsse abschließend (siehe dazu Rn 85). Allerdings ist zu erwägen, hier ausnahmsweise eine Übertragbarkeit der Zuständigkeit nach § 7 b Abs. 3 FMStBG iVm § 5 Abs. 2 FMStBG auf einen Aufsichtsratsausschuss abzulehnen. Für diese – gesetzlich nicht ausdrücklich vorgesehene Ausnahme – spricht die besondere Gewichtigkeit der Entscheidung. 168

Die Zustimmungsentscheidung des Aufsichtsrates ist – wie im Rahmen der §§ 202 bis 206 aus denselben Gründen (siehe dazu Rn 86 f sowie die Ausführungen unter § 204 Rn 17 f) – durch **ausdrücklichen Beschluss** zu treffen, für den eine **einfache Mehrheit** erforderlich ist. Die Zustimmung ist sowohl **als Einwilligung** (§ 183 S. 1 BGB) **als auch als Genehmigung** (§ 184 Abs. 1 BGB) **möglich.** Allerdings dürfte eine Einwilligung grundsätzlich voraussetzen, dass der ins Auge gefasste zustimmungspflichtige Vorstandsbeschluss dem Aufsichtsrat bereits in seinem wesentlichen Inhalt bekannt ist; ansonsten würde dem Ausnahmecharakter der Maßnahme nicht genügend Rechnung getragen. 169

Die **Zustimmung ist** – wie diejenigen nach § 204 Abs. 1 S. 2 – **Wirksamkeitsvoraussetzung** für die jeweilige Vorstandsentscheidung. Denn es handelt sich dabei im Gegensatz zu § 202 Abs. 3 S. 2 und § 205 Abs. 2 S. 2 nicht um eine bloße Sollvorschrift. Die jeweilige Vorstandsentscheidung ist daher nach § 184 BGB bei fehlender Zustimmung schwebend unwirksam. 170

(c) Angemessenheit des Ausgabebetrages. Hinsichtlich der Höhe des Ausgabebetrages **gilt der Börsenkurs grundsätzlich als angemessen** (§ 7 b Abs. 3 FMStBG iVm § 5 Abs. 3 S. 1 FMStBG).[285] Mit Zustimmung des Aufsichtsrates kann aber auch der Börsenkurs beim Ausgabebetrag unterschritten werden (§ 7 b Abs. 3 FMStBG iVm § 5 Abs. 3 S. 2 FMStBG). Der Nennbetrag bzw bei Stückaktien der auf die Aktien entfallende anteilige Betrag des Grundkapitals darf allerdings auch im Anwendungsbereich des § 7 b FMStBG nicht unterschritten werden (§ 7 b Abs. 3 FMStBG iVm § 5 Abs. 3 S. 3 FMStBG iVm § 9). 171

(2) Bis zum 1.3.2012 keine Anwendbarkeit des § 182 Abs. 4 S. 1 (§ 7 b Abs. 3 FMStBG aF iVm § 3 Abs. 5 S. 2 FMStBG aF). Nach § 203 Abs. 3 S. 1 sollen neue Aktien im Wege des genehmigten Kapitals der §§ 202-206 grundsätzlich nicht ausgegeben werden, solange ausstehende Einlagen auf das bisherige Grundkapital noch erlangt werden können; deshalb soll der Vorstand grundsätzlich in diesem Fall keine Ausnutzungsentscheidung treffen (siehe dazu § 203 Rn 131 ff). Für den Anwendungsbereich des § 7 b FMStBG ordnete § 7 b Abs. 3 FMStBG aF iVm § 3 Abs. 5 S. 2 FMStBG aF ausdrücklich an, dass § 182 Abs. 4 S. 1, der für die ordentliche Kapitalerhöhung (§§ 182 ff) eine dem § 203 Abs. 3 S. 1 entsprechende Regelung enthält, nicht anzuwenden war. Das bedeutete, dass bei der Ausnutzung des genehmigten Kapitals im Anwendungsbereich des § 7 b FMStBG **keine Rücksicht** darauf genommen werden musste, **ob und inwieweit Einlagen noch ausstanden** und auch noch erlangt werden konnten. Nach der Aufhebung des § 3 FMStBG mit Wirkung vom 1.3.2012 ist darauf gemäß § 203 Abs. 3 S. 1 wieder Rücksicht zu nehmen. 172

b) (Weiteres zur) Durchführung und Eintragung der Kapitalerhöhung. aa) Allgemeines: Grundsätzliche Anwendung allgemeinen Aktienrechts über die Durchführung und Eintragung der (ordentlichen) Kapitalerhöhung gegen Einlagen (§ 203 Abs. 1 iVm §§ 185 bis 187). § 203 Abs. 1 S. 1 bestimmt grundsätzlich auch für den Anwendungsbereich des § 7 b FMStBG, dass die §§ 185 bis 191 für die Kapitalerhöhung und Ausgabe der Aktien entsprechend gelten; siehe daher zunächst § 203 Rn 3-55. Allerdings enthält das FMStBG auch einige abweichende Regelungen. 173

bb) Einzelheiten. (1) Zeichnung der neuen Aktien erforderlich (§ 203 Abs. 1 S. 1 iVm § 185). Das bedeutet zunächst, dass wegen § 203 Abs. 1 S. 1 iVm § 185 auch im Anwendungsbereich des § 7 b FMStBG für die Durchführung eine Zeichnung der neuen Aktien und dafür der **Abschluss eines Zeichnungsvertrages** erforderlich ist. Insofern gelten die Ausführungen unter § 203 Rn 6 f auch hier. 174

(2) Bezugsrecht der Aktionäre (§ 203 Abs. 1 S. 1 iVm § 186). Wegen § 203 Abs. 1 S. 1 iVm § 186 besteht auch im Anwendungsbereich des § 7 b FMStBG ein Bezugsrecht für alle Altaktionäre (§ 186 Abs. 1 und 2). 175

---

285 Zu den Einzelheiten: *Becker/Mock*, FMStG, § 5 FMStBG Rn 9–12.

Insofern kann auf die Ausführungen unter § 203 Rn 9-11 grundsätzlich verwiesen werden. **Für den Ausschluss des Bezugsrechts** (insofern siehe § 203 Rn 12-14 und 16-26) gelten allerdings **zwei wichtige Besonderheiten** für Kapitalerhöhungen im Anwendungsbereich des § 7b FMStBG. So sind zum einen nach § 7b Abs. 2 FMStBG iVm § 7 Abs. 3 S. 1 und 2 FMStBG für die Ermächtigung zur Kapitalerhöhung mit Direktausschluss und für die Ermächtigung zur Kapitalerhöhung mit Ermächtigung zum Bezugsrechtsausschluss die **Mehrheitserfordernisse abgesenkt** (siehe dazu Rn 149). Zum anderen gelten nach § 7b Abs. 2 FMStBG iVm § 7 Abs. 3 S. 4 FMStBG **Besonderheiten für die Rechtfertigung des Bezugsrechtsausschluss** (siehe dazu Rn 163).

176 (3) Zugesicherte Bezugsrechte (§ 203 Abs. 1 S. 1 iVm § 187). Wegen § 203 Abs. 1 S. 1 ist auch § 187 im Anwendungsbereich des § 7b FMStBG anwendbar; insoweit ergeben sich keine Besonderheiten zum regulären genehmigten Kapital der §§ 202-206, so dass auf die diesbezüglichen Ausführungen (insofern siehe § 203 Rn 27f) verwiesen werden kann.

177 (4) Anmeldung und Eintragung der Durchführung (§ 203 Abs. 1 S. 1 iVm § 188) sowie Bekanntmachung der Eintragung. (a) **Allgemeines:** Grundsätzlich wie beim regulären genehmigten Kapital der §§ 202-206. Wegen § 203 Abs. 1 S. 1 ist auch § 188 im Anwendungsbereich des § 7b FMStBG anwendbar. Insofern kann auf die Ausführungen unter § 203 Rn 29-49 grundsätzlich verwiesen werden. Für die Bekanntmachung der Eintragung gelten die allgemeinen handelsrechtlichen Vorschriften ohnehin auch im Anwendungsbereich des § 7b FMStBG, so dass diesbezüglich auf die Ausführungen unter § 203 Rn 50 verwiesen werden kann.

178 (b) **Wichtige Besonderheiten.** Davon abweichend gelten hinsichtlich der Anmeldung und Eintragung der Durchführung der Kapitalerhöhung im Anwendungsbereich des § 7b FMStBG folgende **wichtige Besonderheiten:**

179 Beim regulären genehmigten Kapital der §§ 202-206 ist der Zeitraum zwischen der Ausnutzungsentscheidung des Vorstands (einschließlich der Durchführung) und der Anmeldung der Durchführung in das Ermessen der Verwaltungsorgane gestellt (siehe dazu § 203 Rn 37). Im Anwendungsbereich des § 7b FMStBG wird dieses Ermessen eingeengt. Denn nach § 7c S. 5 FMStBG iVm § 7c S. 1 FMStBG ist der Ausnutzungsbeschluss (einschließlich der Durchführung) **unverzüglich zur Eintragung in das Handelsregister anzumelden.**

180 Im allgemeinen Recht der §§ 202-206 hat das Registergericht die Anmeldung der Durchführung in formeller und materieller Hinsicht zu prüfen und es kann das Eintragungsverfahren unter bestimmten Umständen auch aussetzen (siehe § 203 Rn 43 bis 49). Dagegen ordnet § 7c S. 5 FMStBG iVm § 7c S. 2 FMStBG für den Anwendungsbereich des § 7b FMStBG an, dass die Ausnutzungsentscheidung (nebst Durchführung), sofern sie nicht offensichtlich nichtig ist, **unverzüglich in das Handelsregister einzutragen** ist; um Verzögerungen durch Klagen und Anträge im einstweiligen Rechtsschutz im Registerverfahren auszuschließen, stellt § 7c S. 5 FMStBG iVm § 7c S. 3 FMStBG ausdrücklich heraus, dass Klagen und Anträge auf Erlass von Entscheidungen im einstweiligen Anordnungsverfahren der Eintragung nicht entgegen stehen. Erweist sich die Klage später als begründet, so ist die Gesellschaft nach § 7c S. 5 FMStBG iVm § 7c S. 4 FMStBG iVm § 246a Abs. 4 S. 1 zum Schadenersatz verpflichtet; eine Naturalrestitution ist aber ausgeschlossen (§ 7c S. 5 FMStBG iVm § 7c S. 4 FMStBG iVm § 246a Abs. 4 S. 2).

181 c) **(Mittlerweile abgeschaffte) Erleichterungen bei Fassungsänderungen der Satzung durch den Aufsichtsrat (§ 7b Abs. 3 FMStBG aF iVm § 3 Abs. 6 FMStBG aF).** Mit der Eintragung der Durchführung der Kapitalerhöhung ist die **Satzung** in ihren Angaben über die Höhe des Grundkapitals, die Anzahl der Aktien und die Aufteilung der Aktien usw **unrichtig geworden** (siehe § 203 Rn 52). Die insoweit erforderliche Anpassung kann beim regulären genehmigten Kapital nicht ohne Weiteres vom Aufsichtsrat beschlossen werden; dafür ist es erforderlich, dass ihm die Befugnis von der Hauptversammlung erteilt wurde (§ 179 Abs. 1 S. 2; siehe dazu § 179 Rn 22 ff). Anders war das im Anwendungsbereich des § 7b FMStBG bis zum 29.2.2012. Insofern bestimmte § 7b Abs. 3 FMStBG aF iVm § 3 Abs. 6 FMStBG aF für den Fall, dass ein genehmigtes Kapital iSv § 7b FMStBG ausgenutzt wurde, dass der Aufsichtsrat berechtigt war, die Satzung der Gesellschaft zu ändern, soweit dies durch die Erhöhung des Grundkapitals und die Ausgabe neuer Aktien erforderlich war. Damit wurde der **Aufsichtsrat schon per Gesetz berechtigt, eine Fassungsänderung zu beschließen.** Diese Erleichterung ist durch die Aufhebung des § 3 FMStBG mit Wirkung vom 1.3.2012 entfallen. Insofern ist auch im Anwendungsbereich des § 7b FMStBG nunmehr erforderlich, dass dem Aufsichtsrat von der Hauptversammlung die Befugnis zur Fassungsänderung erteilt wird.

182 d) **Berichtspflicht des Vorstands.** Das FMStBG enthält keine Bestimmung, ob, wann und mit welchem Inhalt aus Anlass der Ausnutzungsentscheidung ein Vorstandsbericht in Bezug auf einen Bezugsrechtsausschluss zu erfolgen hat. Auch enthält das FMStBG keine Bestimmung darüber, auf welche Art und Weise

ein etwaiger Bericht zugänglich zu machen ist. Deshalb gelten hinsichtlich der Erforderlichkeit eines Berichts bei der Ausnutzung der Ermächtigung und hinsichtlich seines diesbezüglichen Inhalts diejenigen Regeln, die im allgemeinen Recht der §§ 202–206 für den Vorstandsbericht bei der Ausnutzung der Ermächtigung unter Bezugsrechtsausschluss gelten (siehe dazu § 203 Rn 93 ff). Entsprechendes gilt für die Art und Weise der Zugänglichmachung des Berichts; eine (zumindest direkte) Anwendung des § 7b Abs. 1 S. 3 FMStBG iVm § 7 Abs. 1 S. 1 FMStBG iVm § 16 Abs. 4 S. 7 WpÜG auf die Art und Weise der Zugänglichmachung des Berichts ist nicht möglich, da die Vorschrift nach ihrer systematischen Verortung in Abs. 1 des § 7b FMStBG nur bei der Schaffung der Ermächtigung zur Anwendung kommt.

Anhang zu § 202   Muster

I. Schaffung genehmigten Kapitals mit teilweisem Ausschluss des gesetzlichen Bezugsrechts der Aktionäre

1. Auszug aus der Niederschrift über die Hauptversammlung

▶ **Zu TOP 4 – Erhöhung des Grundkapitals**

183

Der Vorsitzende stellte vorab zu TOP 4 fest, dass der Vorstand in einem schriftlichen Bericht, der während der Hauptversammlung zur Einsicht auslag, die bei der späteren Aktienausgabe teilweise bestehende Möglichkeit zum Ausschluss des gesetzlichen Bezugsrechts der Aktionäre begründet hat. Dieser Bericht ist den Aktionären mit der Einladung zur Hauptversammlung zugesandt worden.

Der Vorsitzende stellte sodann TOP 4 a) zur Abstimmung:

> „Der Vorstand wird ermächtigt, das Grundkapital der Gesellschaft von 2.875.000 EUR um bis zu 1.437.500 EUR in der Zeit bis zum 28.2.2007 mit Zustimmung des Aufsichtsrats durch ein- oder mehrmalige Ausgabe neuer, auf den Inhaber lautender Stückaktien gegen Bar- oder Sacheinlage zu erhöhen (genehmigtes Kapital).
> Bei Kapitalerhöhung gegen Bareinlage ist den Aktionären ein Bezugsrecht einzuräumen. Bei Kapitalerhöhung gegen Sacheinlage wird der Vorstand ermächtigt, mit Zustimmung des Aufsichtsrats das Bezugsrecht der Aktionäre auszuschließen.
> Der Vorstand wird weiterhin ermächtigt, mit Zustimmung des Aufsichtsrats alle weiteren Bedingungen der Ausgabe neuer Aktien, insbesondere den Ausgabekurs (Agio) festzulegen. Der Vorstand wird schließlich ermächtigt, die Fassung der Satzung entsprechend dem Umfang der Kapitalerhöhung aus genehmigtem Kapital zu ändern."

Die Abstimmung ergab, dass die vorstehende Kapitalerhöhung einstimmig beschlossen wurde.

Der Vorsitzende gab das Ergebnis bekannt.

Der Vorsitzende stellte sodann TOP 4 b) zur Abstimmung:

> „§ 4 der Satzung wird der folgende neue Abs. 5 angehängt:
>
> 5.a) Der Vorstand ist ermächtigt, das Grundkapital der Gesellschaft von 2.875.000 EUR um bis zu 1.437.500 EUR in der Zeit bis zum 28.2.2007 mit Zustimmung des Aufsichtsrats durch ein- oder mehrmalige Ausgabe neuer, auf den Inhaber lautender Stückaktien gegen Bar- oder Sacheinlage zu erhöhen (genehmigtes Kapital).
> b) Bei Kapitalerhöhung gegen Bareinlage ist den Aktionären ein Bezugsrecht einzuräumen. Bei Kapitalerhöhung gegen Sacheinlage ist der Vorstand ermächtigt, mit Zustimmung des Aufsichtsrats das Bezugsrecht der Aktionäre auszuschließen.
> c) Der Vorstand ist weiterhin ermächtigt, mit Zustimmung des Aufsichtsrats alle weiteren Bedingungen der Ausgabe neuer Aktien, insbesondere den Ausgabekurs (Agio) festzulegen.
>
> Der Aufsichtsrat ist schließlich ermächtigt, die Fassung der Satzung entsprechend dem Umfang der Kapitalerhöhung aus genehmigtem Kapital zu ändern."

Die Abstimmung ergab, dass die vorstehende Änderung der Satzung einstimmig beschlossen wurde.

...

Der Vorsitzende gab das Ergebnis bekannt. ◀

2. Anmeldung des Beschlusses über die Schaffung genehmigten Kapitals

▶ An das

184

Amtsgericht

– Handelsregister –

In der Registersache

agilo Aktiengesellschaft mit dem Sitz in Düsseldorf,

HRB 1234,

überreichen wir als alleiniges Mitglied des Vorstands und als Vorsitzender des Aufsichtsrats:
- Ausfertigung der notariellen Niederschrift über die Hauptversammlung der Gesellschaft vom 15.7.2002 – URNr. 1518/2002 – des beglaubigenden Notars;
- vollständigen Wortlaut der geänderten Satzung mit der Bescheinigung des Notars gem. § 181 Abs. 1 AktG.

Wir melden zur Eintragung in das Handelsregister an:
- Die Hauptversammlung vom 15.7.2002 hat beschlossen, § 4 der Satzung um einen neuen Absatz 5 zur Schaffung eines genehmigten Kapitals zu ergänzen.

...

Der Vorstand

...

Der Vorsitzende des Aufsichtsrats

(Beglaubigungsvermerk des Notars) ◄

II. Ausgabe von Wandelschuldverschreibungen und bedingte Kapitalerhöhung

1. Auszug aus der Niederschrift über die Hauptversammlung

185 ▶ **Zu TOP 5 – Erhöhung des Grundkapitals**

Der Vorsitzende stellte vorab zu TOP 5 fest, dass der Vorstand in einem schriftlichen Bericht, der während der Hauptversammlung zur Einsicht auslag, den bei der späteren Ausgabe von Wandelschuldverschreibungen bestehenden Bezugsrechtsausschluss begründet hat. Dieser Bericht ist den Aktionären mit der Einladung zur Hauptversammlung zugesandt worden.

Der Vorsitzende stellte sodann TOP 5 a) zur Abstimmung:

„1. Der Vorstand wird ermächtigt, nach Maßgabe der folgenden Bestimmungen mit Zustimmung des Aufsichtsrats bis zum 15.7.2007 einmalig oder mehrmals verzinsliche Wandelschuldverschreibungen bis zu einem Gesamtbetrag von 1.425.000 EUR mit einer Laufzeit von längstens 3 Jahren auszugeben. Es dürfen bis zu 57 Wandelschuldverschreibungen im Betrag von je 25.000 EUR ausgegeben werden, verzinslich mit 8 % p.a. Das gesetzliche Bezugsrecht der Aktionäre wird insoweit ausgeschlossen.
Die Wandelschuldverschreibungen können außenstehenden Investoren angeboten werden.
Die Inhaber der Wandelschuldverschreibungen erhalten das Recht, die Wandelschuldverschreibungen in auf den Inhaber lautende Stückaktien der agilo Aktiengesellschaft mit dem Sitz in Düsseldorf umzutauschen und zwar wie folgt:
a) Bei Umtausch bis zum 31.12.2002 entfallen auf eine Wandelschuldverschreibung 10.000 Aktien;
b) bei Umtausch bis zum 31.12.2003 entfallen auf eine Wandelschuldverschreibung 9.091 Aktien;
c) bei Umtausch bis zum 31.12.2007 entfallen auf eine Wandelschuldverschreibung 8.333 Aktien.

Der Vorstand wird ermächtigt, mit Zustimmung des Aufsichtsrats die weiteren Einzelheiten der Anleihebedingungen, die Ausgabe und Ausstattung der Wandelschuldverschreibungen sowie das Wandlungsverfahren festzulegen.
2. Das Grundkapital der Gesellschaft wird um bis zu 570.000 EUR durch Ausgabe von bis zu 570.000 Stück auf den Inhaber lautender Stückaktien an die Berechtigten der gem. Ziff. 1. auszugebenden Wandelschuldverschreibungen bedingt erhöht.
Die bedingte Kapitalerhöhung ist nur insoweit durchzuführen, wie Wandelschuldverschreibungen ausgegeben werden und die Inhaber der Wandelschuldverschreibungen von ihrem Wandlungsrecht in Aktien Gebrauch machen.
Die neuen Aktien nehmen vom Beginn des Geschäftsjahrs, in dem sie durch Ausübung von Wandlungsrechten entstehen, am Gewinn teil.
Der Aufsichtsrat wird ermächtigt, die Satzung entsprechend dem Umfang der Ausgabe von Bezugsaktien zu ändern."

Die Abstimmung ergab, dass die vorstehende Ermächtigung zur Ausgabe von Wandelschuldverschreibungen nebst gleichzeitiger Schaffung eines bedingten Kapitals einstimmig beschlossen wurde.

Der Vorsitzende gab das Ergebnis bekannt.

Der Vorsitzende stellte sodann TOP 5 b) zur Abstimmung:

„§ 4 der Satzung wird der folgende neue Absatz 6 angefügt:
6. Das Grundkapital der Gesellschaft ist um bis zu 570.000 EUR, eingeteilt in bis zu 570.000 auf den Inhaber lautender Stückaktien bedingt erhöht. Die bedingte Kapitalerhöhung wird nur insoweit durchgeführt, wie die Inhaber der Wandelschuldverschreibungen, die von der Gesellschaft bis zum 15.7.2007 ausgege-

ben werden, von ihrem Wandlungsrecht Gebrauch machen. Die neuen Aktien nehmen vom Beginn des Geschäftsjahrs, in dem sie durch Ausübung von Wandlungsrechten entstehen, am Gewinn teil.

Der Aufsichtsrat ist ermächtigt, die Fassung der Satzung entsprechend dem Umfang der Ausgabe von Bezugsaktien zu ändern."

Die Abstimmung ergab, dass die vorstehende Änderung der Satzung einstimmig beschlossen wurde.

Der Vorsitzende gab das Ergebnis bekannt. ◄

2. Anmeldung des Beschlusses über die Schaffung genehmigten Kapitals

▶ An das

Amtsgericht

– Handelsregister –

In der Registersache

agilo Aktiengesellschaft mit dem Sitz in Düsseldorf,

HRB 1234,

überreichen wir als alleiniges Mitglied des Vorstands und als Vorsitzender des Aufsichtsrats:
- Ausfertigung der notariellen Niederschrift über die Hauptversammlung der Gesellschaft vom 15.7.2002 – URNr. 1518/2002 – des beglaubigenden Notars;
- Berechnung der Kosten, die der Gesellschaft durch die Ausgabe der Bezugsaktien entstehen werden;
- vollständigen Wortlaut der geänderten Satzung mit der Bescheinigung des Notars gem. § 181 Abs. 1 AktG.

Wir melden zur Eintragung in das Handelsregister an:
- Die Hauptversammlung vom 15.7.2002 hat eine bedingte Kapitalerhöhung um bis zu 570.000 EUR beschlossen, die der Gewährung von Umtauschrechten an die Inhaber von Wandelschuldverschreibungen dient, deren Ausgabe ebenfalls in der Hauptversammlung vom 15.7.2002 beschlossen wurde.
- § 4 der Satzung ist um einen neuen Abs. 6 zur Anpassung an die beschlossene bedingte Erhöhung des Grundkapitals ergänzt worden.

...

Der Vorstand

...

Der Vorsitzende des Aufsichtsrats

(Beglaubigungsvermerk des Notars) ◄

§ 203 Ausgabe der neuen Aktien

(1) ¹Für die Ausgabe der neuen Aktien gelten sinngemäß, soweit sich aus den folgenden Vorschriften nichts anderes ergibt, §§ 185 bis 191 über die Kapitalerhöhung gegen Einlagen. ²An die Stelle des Beschlusses über die Erhöhung des Grundkapitals tritt die Ermächtigung der Satzung zur Ausgabe neuer Aktien.

(2) ¹Die Ermächtigung kann vorsehen, daß der Vorstand über den Ausschluß des Bezugsrechts entscheidet. ²Wird eine Ermächtigung, die dies vorsieht, durch Satzungsänderung erteilt, so gilt § 186 Abs. 4 sinngemäß.

(3) ¹Die neuen Aktien sollen nicht ausgegeben werden, solange ausstehende Einlagen auf das bisherige Grundkapital noch erlangt werden können. ²Für Versicherungsgesellschaften kann die Satzung etwas anderes bestimmen. ³Stehen Einlagen in verhältnismäßig unerheblichem Umfang aus, so hindert dies die Ausgabe der neuen Aktien nicht. ⁴In der ersten Anmeldung der Durchführung der Erhöhung des Grundkapitals ist anzugeben, welche Einlagen auf das bisherige Grundkapital noch nicht geleistet sind und warum sie nicht erlangt werden können.

(4) Absatz 3 Satz 1 und 4 gilt nicht, wenn die Aktien an Arbeitnehmer der Gesellschaft ausgegeben werden.

Literatur:
Aubel, Der vereinfachte Bezugsrechtsausschluss. Aktionärs- und Gesellschaftsinteressen beim vereinfachten Bezugsrechtsausschluss nach Maßgabe des § 186 Absatz 3 Satz 4 AktG, 1998; *Bartels*, Die allgemeine Feststellungsklage im Kreis der verbandsinternen Aktionärsklagen, ZGR 2008, 722; *Bayer*, Kapitalerhöhung mit Bezugsrechtsausschluss und Vermögensschutz der Aktionäre nach § 255 Abs. 2 AktG. Kritische Betrachtung der lex lata und Überlegungen de lege ferenda, ZHR 163 (1999), 505; *ders.*, Materielle Schranken und Kontrollinstrumente beim Einsatz des genehmigten Kapitals mit Bezugsrechtsausschluss, ZHR 168 (2004), 132;

Becker, Bezugsrechtsausschluss gemäß § 186 Abs. 4 S. 2 des Aktiengesetzes in der Fassung der 2. EG-Richtlinie, BB 1981, 394; *Born*, Berichtspflichten nach Ausnutzung genehmigten Kapitals mit Ausschluss des Bezugsrechts, ZIP 2011, 1793; *Bosse*, Informationspflichten des Vorstands beim Bezugsrechtsausschluss im Rahmen des Beschlusses und der Ausnutzung eines genehmigten Kapitals, ZIP 2001, 104; *Bungert*, Die Liberalisierung des Bezugsrechtsausschlusses bei der Aktiengesellschaft. Zum Siemens/Nold-Urteil des BGH, NJW 1998, 488; *ders.*, Vorstandsbericht bei Bezugsrechtsausschluss bei Genehmigtem Kapital – Siemens/Nold in der Praxis. Zugleich Anmerkung zu LG München I, BB 2001, 748 ff; *ders.*, Ausnutzung eines genehmigten Kapitals mit Bezugsrechtsausschluss – Anmerkung zu den BGH-Urteil Manguste/Commerzbank I und II, BB 2005, 2757; *Bürgers/Holzborn*, Von „Siemens/Nold" zu „Commerzbank/Mangusta" – BGH konkretisiert Überprüfung des Bezugsrechtsausschlusses bei genehmigten Kapital, BKR 2006, 202; *Busch*, Mangusta/Commerzbank – Rechtsschutz nach Ausnutzung eines genehmigten Kapitals, NZG 2006, 81; *Busch/W. Groß*, Vorerwerbsrechte der Aktionäre bei Verkauf von Tochtergesellschaften über die Börse? Zugleich Entgegnung zu Lutter, AG 2000, 342 ff, AG 2000, 503; *Cahn*, Pflichten des Vorstandes beim genehmigten Kapital mit Bezugsrechtsausschluss, ZHR 163 (1999), 554; *ders.*, Ansprüche und Klagemöglichkeiten der Aktionäre wegen Pflichtverletzungen der Verwaltung beim genehmigten Kapital, ZHR 164 (2000), 113; *Claussen*, Das Gesetz über die kleine Aktiengesellschaft – und die ersten praktischen Erfahrungen, WM 1996, 609; *Fleischer*, Börseneinführung von Tochtergesellschaften, ZHR 165 (2001), 513; *W. Groß*, Isolierte Anfechtung der Ermächtigung zum Bezugsrechtsausschluss bei der Begebung von Optionsanleihen, AG 1991, S. 201; *ders.*, Bezugsrechtsausschluss bei Barkapitalerhöhungen: Offene Fragen bei der Anwendung des neuen § 186 Abs. 3 Satz 4 AktG, DB 1994, 2431; *Habersack*, „Holzmüller" und die schönen Töchter – Zur Frage eines Vorerwerbsrechts der Aktionäre beim Verkauf von Tochtergesellschaften, WM 2001, 545; *Heinsius*, Bezugsrechtsausschluss bei der Schaffung von Genehmigtem Kapital. Genehmigtes Kapital II, Festschrift Alfred Kellermann, ZGR-Sonderheft 10, 1991, 115; *Hennerkes/Binge*, Die gemischte Bar-/Sachkapitalerhöhung als Mittel zur Vermeidung des Bezugsrechtsausschlusses bei Sacheinlagen in der Aktiengesellschaft, AG 1996, 119; *Henze*, Treupflichten der Gesellschafter im Kapitalgesellschaftsrecht, ZHR 162 (1998), 186; *Hirte*, Bezugsrechtsausschluss und Konzernbildung. Minderheitenschutz bei Eingriffen in die Beteiligungsstruktur der Aktiengesellschaft, 1986; *ders.*, Der Kampf um Belgien – Zur Abwehr feindlicher Übernahmen, ZIP 1989, 1233; *ders.*, Bezugsrechtsfragen bei Optionsanleihen, WM 1994, 321; *ders.*, Anmerkungen und Anregungen zur geplanten gesetzlichen Neuregelung des Bezugsrechts, ZIP 1994, 356; *ders.*, Umgekehrte Streitwertspaltung – Prozessuale Konsequenzen aus der vermehrten Zulassung individueller Gesellschafterklagen im Aktienrecht, Festschrift Gerold Bezzenberger, 2000, S. 133; *ders.*, Einführung von Transparenz- und Publizitätsgesetz, 2002; *Hoffmann-Becking*, Neue Formen der Aktienemission, Festschrift Otfried Lieberknecht, 1997, S. 25; *Hofmeister*, Der Ausschluss des aktiengesetzlichen Bezugsrechts bei börsennotierten AG. Konsequenzen aus BGHZ 136, 133 ff – Siemens/Nold, NZG 2000, 713; *Ihrig*, Genehmigtes Kapital und Bezugsrechtsausschluss, WiB 1997, 1181; *Ihrig/Wagner*, Volumengrenzen für Kapitalmaßnahmen der AG – Zu den aktienrechtlichen Höchstgrenzen bei Kapitalmaßnahmen, NZG 2002, 657; *Kiem*, Der Hauptversammlungsentscheid zur Legitimation von Abwehrmaßnahmen nach dem neuen Übernahmegesetz, ZIP 2000, S. 1509; *Kimpler*, Die Abgrenzung der Zuständigkeiten von Hauptversammlung und Vorstand bei der Kapitalerhöhung, 1994; *ders.*, Probleme des Bezugsrechtsausschlusses beim genehmigten Kapital und bei Kapitalerhöhungen in Tochtergesellschaften, DB 1994, 767; *Kindler*, Die sachliche Rechtfertigung des aktienrechtlichen Bezugsrechtsausschlusses im Lichte der Zweiten Gesellschaftsrechtlichen Richtlinie der Europäischen Gemeinschaft, ZHR 158 (1994), 339; *ders.*, Bezugsrechtsausschluss und unternehmerisches Ermessen nach deutschem und europäischem Recht, ZGR 1998, 35; *Kley*, Bezugsrechtsausschluss und Deregulierungsforderungen, 1998; *Kort*, Bestandsschutz fehlerhafter Strukturänderungen im Kapitalgesellschaftsrecht, 1998; *Korthals*, Kapitalerhöhung zu höchsten Kursen – Eine Untersuchung unter Berücksichtigung des Aktionärsschutzes bei der Ausgabe von Aktien im US-amerikanischen Recht, 1995; *Krämer/Kiefner*, Präventiver Rechtsschutz und Flexibilität beim genehmigten Kapital, ZIP 2006, 301; *Kreß*, Gerichtliche Beschlusskontrolle im Kapitalgesellschaftsrecht. Eine rechtsvergleichende Untersuchung zum deutschen, französischen und englischen Recht, 1996; *Krieger*, Aktionärsklage zur Kontrolle des Vorstands- und Aufsichtsratshandelns, ZHR 163 (1999), 343; *ders.*, Vorstandsbericht zur Ausnutzung des genehmigten Kapitals mit Bezugsrechtsausschluss?, Festschrift Herbert Wiedemann, 2002, S. 1081; *Kubis*, Information und Rechtsschutz der Aktionäre beim genehmigten Kapital, DStR 2006, 188; *Lutter*, Bezugsrechtsausschluss und genehmigtes Kapital, BB 1981, 861; *ders.*, Das Vor-Erwerbsrecht/Bezugsrecht der Aktionäre beim Verkauf von Tochtergesellschaften über die Börse, AG 2000, 342; *Marsch* (jetzt *Marsch-Barner*), Zum Bericht des Vorstands nach § 186 Abs. 4 S. 2 AktG beim genehmigten Kapital – Urteilsanmerkung zu LG Frankfurt v. 21.1.1981, AG 1981, 211; *Marsch-Barner*, Die Erleichterung des Bezugsrechtsausschlusses nach § 186 Abs. 3 Satz 4 AktG, AG 1994, 532; *Martens*, Die Entscheidungsautonomie des Vorstands und die „Basisdemokratie" in der Aktiengesellschaft – Anmerkung zu BGHZ 83, S. 122 („Holzmüller"), ZHR 147 (1983), 377; *ders.*, Der Bezugsrechtsausschluss anlässlich eines ausländischen Beteiligungserwerbs, Festschrift Ernst Steindorff, 1990, S. 151; *ders.*, Der Ausschluss des Bezugsrechts, ZIP 1992, 1677; *ders.*, Richterliche und gesetzliche Konkretisierungen des Bezugsrechtsausschlusses, ZIP 1994, 669; *Meilicke*, Vereinbarkeit der Inhaltskontrolle des Bezugsrechtsausschlusses mit europäischem Recht, DB 1996, 513; *Meilicke/Heidel*, Die Pflicht des Vorstands der AG zur Unterrichtung der Aktionäre vor dem Bezugsrechtsausschluss beim genehmigten Kapital, DB 2000, 2358; *Mülbert*, Aktiengesellschaft, Unternehmensgruppe und Kapitalmarkt. Die Aktionärsrechte bei Bildung und Umbildung einer Unternehmensgruppe zwischen Verbands- und Anlegerschutzrecht, 2. Auflage 1996; *Natterer*, Sachkontrolle und Berichtspflicht beim genehmigten Kapital – Nold/Siemens abermals auf dem Weg durch die Instanzen?, ZIP 2002, 1672; *Paschos*, Berichtspflichten und Rechtsschutz bei der Ausübung des genehmigten Kapitals, DB 2005, 2731; *Pflugradt*, Leistungsklagen zur Erzwingung rechtmäßigen Vorstandsverhaltens in der Aktiengesellschaft, 1990; *Quack*, Die Schaffung genehmigten Kapitals unter Ausschluss des Bezugsrechts der Aktionäre. Besprechung der Entscheidung BGHZ 83, 319 ff, ZGR 1983, 257; *Reichert/Senger*, Berichtspflicht des Vorstands und Rechtsschutz der Aktionäre, Der Konzern 2006, 338; *Schwark*, Der vereinfachte Bezugsrechtsausschluss – Zur Auslegung des § 186 Abs. 3 Satz 4 AktG, Festschrift Carsten Peter Claussen, 1997, S. 357; *Semler*, Einschränkung der Verwaltungsbefugnisse in der Aktiengesellschaft, BB 1983, 1566; *ders.*, Vorfinanzierung zukünftigen Aktienkapitals durch stille Gesellschaften, Festschrift Winfried Werner, 1985, S. 855; *Sethe*, Die Berichtserfordernisse beim Bezugsrechtsausschluss und ihre mögliche Heilung am Beispiel der Emission junger Aktien und Genussrechte, AG 1994, 342; *Simon*, Zeitliche Begrenzung des Bezugsrechtsausschlusses beim genehmigten Kapital, AG 1985, 237; *Sinewe*, Die Berichtspflicht beim Ausschluss des Bezugsrechts. Zugleich Replik auf Bosse, ZIP 2001, 104, in: ZIP 2001, 403; *Timm*, Der Bezugsrechtsausschluss beim genehmigten Kapital, DB 1982, 211; *ders.*, Die Aktiengesellschaft als Konzernspitze. Die Zuständigkeitsordnung bei der Konzernbildung und Konzernumbildung, 1980; *Trapp*, Erleichterter Bezugsrechtsausschluss nach § 186 Abs. 3 S. 4 AktG und Greenshoe, AG 1997, 115; *Ulmer*, Die Aktionärsklage als Instrument zur Kontrolle des Vorstands- und Aufsichtsratshandelns – Vor dem Hintergrund der US-Erfahrungen mit der shareholders' derivative action,

ZHR 163 (1999), 290; *van Venrooy*, Berichtspflicht des Vorstandes beim genehmigten Kapital? Ein Beitrag zur Auslegung der §§ 186 Abs. 4 S. 2, 203 Abs. 2 S. 2 AktG, DB 1982, 735; *Volhard*, „Siemens/Nold": Die Quittung. Zum Urteil des BGH vom 23.6.1997 betr. die Ermächtigung des Vorstands zur Kapitalerhöhung unter Ausschluss des Bezugsrechts, AG 1998, 397; *Waclawik*, Die Aktionärskontrolle des Verwaltungshandelns bei der Ausnutzung des genehmigten Kapitals der Aktiengesellschaft, ZIP 2006, 397; *Wellkamp*, Aktionärsschutz, 1998; *Wilsing*, Berichtspflichten des Vorstands und Rechtsschutz der Aktionäre bei der Ausübung der Ermächtigung zum Bezugsrechtsausschluss im Rahmen eines genehmigten Kapitals, ZGR 2006, 722; *Wolf*, Konzerneingangsschutz bei Übernahmeangeboten. Neuere Entwicklungen zu Verteidigungsmaßnahmen im Spannungsfeld zum EU-Richtlinienvorschlag, AG 1998, 212; *Yanli*, Die Stellung des Vorstands der Aktiengesellschaft beim genehmigten Kapital. Kapitalerhöhung gegen Geldanlagen, 1992.

A. Übersicht über die Vorschrift 1	f) Verbot der Übertragung und der Ausgabe vor Eintragung der Durchführung (§ 191) 54
B. Anwendung der Vorschriften über die (ordentliche) Kapitalerhöhung gegen Einlagen (Abs. 1) 3	2. Besonderheiten bei Verschmelzung und Spaltung 55
I. Allgemeines 3	C. Ermächtigung des Vorstands zum Ausschluss des Bezugsrechts (Abs. 2) und Ausübung der Ermächtigung durch den Vorstand 56
1. Keine bedingte Kapitalerhöhung 3	I. Grundlagen 56
2. Ersetzung des regulären Erhöhungsbeschlusses durch die Ermächtigung (Abs. 1 S. 2) 4	II. Ermächtigung durch Gründungssatzung oder Satzungsänderung 57
II. Verweisung des Abs. 1 S. 1 im Einzelnen 6	1. Ermächtigung durch Gründungssatzung ... 58
1. Grundsatz 6	2. Ermächtigung durch Satzungsänderung 59
a) Zeichnung der neuen Aktien (§ 185) ... 6	a) Formelle Anforderungen 60
b) Bezugsrecht der Aktionäre (§ 186) 9	aa) Diverse formelle Anforderungen .. 61
aa) Bestehendes gesetzliches Bezugsrecht (§ 186 Abs. 1 und 2) 9	bb) Vorstandsbericht 64
bb) Ausschluss des Bezugsrechts (§ 186 Abs. 3 bis 5) 12	(1) Das Ob der Berichtspflicht im Zeitpunkt der Ermächtigung. 64
(1) Ausschluss des Bezugsrechts in der Ermächtigung (Direktausschluss) 13	(2) Inhalt der Berichtspflicht 67
(a) Ausschluss in der Gründungssatzung 15	(3) Form sowie Art und Weise der Zugänglichmachung des Berichts 71
(b) Ausschluss im satzungsändernden Ermächtigungsbeschluss 15	b) Materielle Anforderungen 72
(aa) Formelle Erfordernisse 16	aa) Zeitliche Grenzen 72
(bb) Materielle Erfordernisse 20	bb) Sachliche Rechtfertigung und deren Kontrolle 74
(cc) Mittelbarer Bezugsrechtsausschluss 25	(1) Grundsätzliches 74
(2) Ermächtigung des Vorstands zum Ausschluss des Bezugsrechts 26	(2) Pflichtenbindung und Sachkontrolle 76
c) Zusicherungen von Rechten auf den Bezug neuer Aktien (§ 187) 27	(3) Rechtfertigungsgründe 80
d) Anmeldung und Eintragung der Durchführung (§ 188) sowie Bekanntmachung der Eintragung 29	III. Ausübung der Ermächtigung durch den Vorstand 81
aa) Anmeldung der Durchführung 30	1. Grundlagen 81
(1) Voraussetzungen der Anmeldung 31	2. Formelle Voraussetzungen 83
(2) Anmeldeberechtigte Personen und Pflicht zur Anmeldung 34	3. Materielle Voraussetzungen 86
	a) Vorgaben der Ermächtigung 86
(3) Zuständiges Gericht und Form der Anmeldung 36	b) Sachliche Rechtfertigung 88
(4) Zeitpunkt der Anmeldung und (keine) Verbindung mit Anmeldung der Ermächtigung 37	aa) Allgemeines 88
	bb) Rechtfertigungsstandard 89
(5) Inhalt der Anmeldung 39	cc) Rechtfertigungsgründe 90
(6) Beizufügende Unterlagen 42	c) „Bestandskraft-Effekt" von Ermächtigungsvorgaben 91
bb) Eintragung der Durchführung 43	4. Berichtspflicht des Vorstands 93
(1) Prüfung der Anmeldung 43	a) Bestehen einer Berichtspflicht und Zeitpunkt des Berichts 94
(2) Eintragung 49	aa) Information im Anhang des nächsten Jahresabschlusses 94
cc) Bekanntmachung der Eintragung. 50	bb) Berichterstattung vor Ausnutzung unter Bezugsrechtsausschluss 95
e) Wirksamwerden der Kapitalerhöhung (§ 189) 51	(1) Einführung in den Streitstand 95
	(2) Rechtsprechungsentwicklung vom „Holzmann"-Urteil bis zur „Mangusta/Commerzbank I"-Entscheidung 96

(3) Aufnahme der „Mangusta/Commerzbank I"-Entscheidung in der Literatur und eigene Ansicht	97
(4) Keine Wartepflicht nach der Berichterstattung	98
(5) Entbehrlichkeit der Berichterstattung bei vorheriger hinreichend konkreter Berichterstattung	99
cc) Berichtspflicht zum Zeitpunkt der nächsten Hauptversammlung (Konzeption der Rechtsprechung)	99a
b) Inhalt des Berichts	100
c) Form sowie Art und Weise der Zugänglichmachung des Berichts	101
aa) Grundlegendes	101
bb) Form und Sprache des Berichts	103
cc) Art und Weise der Zugänglichmachung des Berichts	104
IV. Vereinfachter Bezugsrechtsausschluss	106
1. Anwendbarkeit im Rahmen des genehmigten Kapitals	106
2. Ansatzpunkt für die 10 %-Grenze	107
3. Besondere zeitliche Schranke	108
V. Rechtsfolgen von Verstößen	109
1. Ermächtigung	110
a) Mängel des Ermächtigungsbeschlusses	111
b) Teilanfechtung	115
2. Vorstandsentscheidung	116
a) Mögliche Mängel und ihre Auswirkungen	116
aa) Mängel	116
bb) Auswirkungen	118
b) Rechtsschutzmöglichkeiten vor der Eintragung der Durchführung	122
aa) Klagearten und einstweiliger Rechtsschutz	122
(1) Geltendmachung eines Unterlassungsanspruchs durch vorbeugende Unterlassungsklage und einstweilige Verfügung auf Unterlassung	122
(2) Allgemeine Feststellungsklage (§ 256 ZPO) gegen pflichtwidriges Vorstandshandeln, aber keine Anfechtungsklage und keine aktienrechtliche Nichtigkeitsklage	124
(3) (Normale) Leistungsklage	125
bb) Klagefrist, Streitwert, Aktiv- und Passivlegitimation	126
c) Rechtsfolgen und Rechtsschutzmöglichkeiten nach der Eintragung	127
aa) Die herrschende Meinung	127
bb) Eigene Auffassung	128
D. Keine Aktienausgabe bei ausstehenden Einlagen (Abs. 3)	131
I. Grundsatz der Subsidiarität (Abs. 3 S. 1) und seine Ausnahmen	131
1. Grundsatz (Abs. 3 S. 1)	131
a) Anwendungsbereich	132
b) Zu berücksichtigende Einlagen	135
2. Ausnahmen	136
a) Versicherungsgesellschaften (Abs. 3 S. 2)	136
b) Verhältnismäßig unerheblicher Umfang ausstehender Einlagen (Abs. 3 S. 3)	137
c) Arbeitnehmeraktien (Abs. 4)	138
d) Verschmelzung, Auf- und Abspaltung (§§ 69 Abs. 1 S. 3, 125 S. 1 UmwG)	139
e) Ausnahmen aufgrund der Sondervorschriften des FMStBG	140
3. Rechtsfolgen von Verstößen	141
II. Angabe der nicht erlangten Einlagen (Abs. 3 S. 4)	142
E. Arbeitnehmeraktien (Abs. 4)	145

A. Übersicht über die Vorschrift

1 Ordentliche und bedingte Kapitalerhöhung differenzieren zwischen dem Entschluss zur und der Durchführung der Kapitalerhöhung. Das Gesetz folgt dieser Unterscheidung auch für das genehmigte Kapital.[1] So setzt § 203 voraus, dass der Vorstand von seiner Ermächtigung zur Kapitalerhöhung (§ 202 Abs. 1 und 2) Gebrauch macht. Die beherrschende Idee der Norm liegt darin, die Regeln über die Durchführung der ordentlichen Kapitalerhöhung auf das genehmigte Kapital zu übertragen und, soweit dies erforderlich ist, dessen Besonderheiten anzupassen.[2] Das zeigt sich besonders in § 203 Abs. 1. Zugleich bringt die Bestimmung für den Entschluss des Vorstands, eine Kapitalerhöhung durchzuführen, einige Besonderheiten (Abs. 2 und 3).

2 **Abs. 1** behandelt Fragen der **Durchführung** der Kapitalerhöhung und löst diese im Wesentlichen durch einen Verweis auf die §§ 185 ff. **Abs. 2** eröffnet zum einen nach seinem Wortlaut dem Satzungsgeber die Möglichkeit, den **Vorstand** zum Bezugsrechtsausschluss zu ermächtigen.[3] Die Vorschrift bewirkt zum anderen (und dies ist der eigentliche Zweck der Vorschrift), dass die Einräumung eines genehmigten Kapitals **nicht ohne Weiteres** zur Folge hat, dass der Vorstand **zum Ausschluss des Bezugsrechts berechtigt** ist.[4] Vielmehr ist nach der Vorschrift eine besondere Regelung in der Ermächtigung zu verlangen. Deshalb muss die

---

[1] Statt aller: KölnKomm-AktG/*Lutter*, Rn 2.
[2] Vgl BGHZ 136, 133, 141 f (Siemens/Nold II); MüKo-AktG/*Bayer*, Rn 2; Hölters/*v. Dryander/Niggemann*, Rn 1; Großkomm-AktienR/*Hirte*, Rn 5; Grigoleit/*Rieder/Holzmann*, Rn 1; K. Schmidt/Lutter/*Veil*, Rn 5; Spindler/Stilz/*Wamser*, Rn 1; ähnlich: *Hüffer*, Rn 1, der die Registerkontrolle besonders herausstellt.
[3] Unter dem AktG 1937, das eine Abs. 2 entsprechende Vorschrift nicht kannte, bestand diese Möglichkeit selbst dann, wenn die Ermächtigung des Vorstands (zur Erhöhung des Grundkapitals) zum Bezugsrechtsausschluss schwieg.
[4] Vgl RegBegr. zu § 203 bei *Kropff*, S. 305; zur vorherigen gegenteiligen Rechtslage vgl BGHZ 33, 175, 180 (Minimax II).

Befugnis zum Bezugsrechtsausschluss nach Abs. 2 dem Vorstand ausdrücklich übertragen werden; ein Schweigen des Ermächtigungsbeschlusses lässt das Bezugsrecht der Aktionäre hingegen bestehen und vermittelt dem Vorstand keinerlei Befugnis zu dessen Ausschluss (siehe dazu auch Rn 61).[5] Soweit Abs. 2 die Ermächtigung zum Bezugsrechtsausschluss betrifft, gehört die Norm sachlich zu § 202.[6] Hinter **Abs. 3** steht – wie bei § 182 Abs. 4 (siehe dazu § 182 Rn 54) – der Gedanke, dass eine **Kapitalerhöhung nicht ohne Bedürfnis** zur Kapitalbeschaffung stattfinden soll. Die Vorschrift enthält zugleich einige Ausnahmen von diesem Grundsatz. **Abs. 4** steuert, um die **Ausgabe von Belegschaftsaktien** zu **erleichtern**, eine weitere Ausnahme bei.

B. Anwendung der Vorschriften über die (ordentliche) Kapitalerhöhung gegen Einlagen (Abs. 1)

I. Allgemeines. 1. Keine bedingte Kapitalerhöhung. Wie insbesondere Abs. 1 zeigt, ist das genehmigte Kapital gesetzlich so ausgestaltet, dass es sich stark an die ordentliche Kapitalerhöhung gegen Einlagen anlehnt, nicht aber an die bedingte Kapitalerhöhung. Das und der Wortlaut des § 192 Abs. 1 führen dazu, dass der Vorstand durch eine Ermächtigung nach § 202 Abs. 1 oder 2 **nicht** dazu legitimiert werden kann, das genehmigte Kapital **für eine bedingte Kapitalerhöhung** zu verwenden (siehe dazu § 202 Rn 14).

2. Ersetzung des regulären Erhöhungsbeschlusses durch die Ermächtigung (Abs. 1 S. 2). Nach Abs. 1 S. 2 tritt an die Stelle des im Bereich der ordentlichen Kapitalerhöhung verwendeten Begriffs des Erhöhungsbeschlusses der Begriff der Ermächtigung (nicht der Begriff des Ermächtigungsbeschlusses). Damit ersetzt die Vorschrift also den Kapitalerhöhungsbeschluss der Hauptversammlung nicht durch den satzungsändernden Beschluss über die Ermächtigung des Vorstands, sondern nimmt allgemein die Ermächtigung zum Ausgangspunkt. Das hat zur Folge, dass es – im Vergleich zwischen ordentlicher Kapitalerhöhung gegen Einlagen einerseits und Kapitalerhöhung im Wege des genehmigten Kapitals andererseits – statt auf den Erhöhungsbeschluss auf die im Handelsregister eingetragene und damit wirksame Ermächtigung (§§ 39 Abs. 2, 41 Abs. 1 S. 1, 181 Abs. 3) ankommt, nicht dagegen auf den bloßen Ermächtigungsbeschluss. Die Vorschrift gilt aber nur für den Verweisungsbereich des § 203 Abs. 1 S. 1 (dazu gleich Rn 5).[7]

Praktische Bedeutung hat die Ersetzung (daher nur) in drei Punkten. *Erstens* ist **im Zeichnungsschein** nach §§ 203 Abs. 1 S. 1, 185 Abs. 1 S. 3 Nr. 1 nicht der Tag des Ausnutzungsbeschlusses[8] und auch nicht der Tag, an dem die Satzung festgestellt oder die Satzungsänderung beschlossen wurde, **anzugeben**, sondern (bei Ermächtigung nach § 202 Abs. 1) der Tag der Eintragung der Gesellschaft bzw (bei Ermächtigung nach § 202 Abs. 2) **der Tag der Eintragung des** satzungsändernden **Ermächtigungsbeschlusses**.[9] *Zweitens* ist, wenn das gesetzliche Bezugsrecht unmittelbar ausgeschlossen werden soll (Direktausschluss), eine entsprechende Regelung in der ursprünglichen Satzung bzw im satzungsändernden Ermächtigungsbeschluss zu verlangen (§§ 203 Abs. 1 S. 1, 186 Abs. 3). *Drittens* sind rechtsgeschäftliche **Bezugszusicherungen vor dem Wirksamwerden der Ermächtigung** (und nicht etwa bloß vor Fassung des Ermächtigungsbeschlusses) und damit vor Eintragung der Gesellschaft bzw vor Eintragung des die Ermächtigung enthaltenden satzungsändernden Hauptversammlungsbeschlusses gegenüber **der Gesellschaft unwirksam** (§§ 203 Abs. 1 S. 1, 187 Abs. 2; zum Streit, was die genaue Rechtsfolge des § 187 Abs. 2 ist, siehe § 187 Rn 10 ff).

II. Verweisung des Abs. 1 S. 1 im Einzelnen. 1. Grundsatz. a) Zeichnung der neuen Aktien (§ 185). Die neuen Aktien müssen gezeichnet werden. Es bedarf daher des Abschlusses entsprechender **Zeichnungsverträge** (siehe dazu § 185 Rn 5). Die insoweit erforderlichen Zeichnungserklärungen müssen hinsichtlich der Form und hinsichtlich des Inhalts denen bei der ordentlichen Kapitalerhöhung entsprechen (siehe dazu § 185 Rn 7 und 9 ff).

Allerdings ergeben sich im Rahmen einer Zeichnung im Wege der §§ 202 ff einige **wenige Besonderheiten**. So tritt im Zeichnungsschein an die Stelle des Datums für den Erhöhungsbeschluss (§ 185 Abs. 1 S. 3 Nr. 1) der Tag, an dem die Gesellschaft bzw der Beschluss über die Schaffung des genehmigten Kapitals eingetragen wurde (siehe dazu Rn 5).[10] Die bei einer Kapitalerhöhung mit Sacheinlagen § 185 Abs. 1 S. 3 Nr. 3 vor-

---

[5] OLG Stuttgart AG 2001, 200, 200 = NZG 2001, 232, 233 (Hymer); KölnKomm-AktG/*Lutter*, Rn 17.
[6] Großkomm-AktienR/*Hirte*, Rn 5; KölnKomm-AktG/*Lutter*, Rn 9 aE; Grigoleit/*Rieder/Holzmann*, Rn 1.
[7] Großkomm-AktienR/*Hirte*, Rn 5; KölnKomm-AktG/*Lutter*, Rn 4; MüKo-AktG/*Bayer*, Rn 9.
[8] Dies ist der eigentliche Erhöhungsbeschluss.
[9] MüKo-AktG/*Bayer*, Rn 9; Hölters/*v. Dryander/Niggemann*, Rn 5; *v. Godin/Wilhelmi*, Anm. 4; Großkomm-AktienR/*Hirte*, Rn 11 und 13; *Hüffer*, Rn 4; KölnKomm-AktG/*Lutter*, Rn 4 und 6; MüHb-AG/*Krieger*, § 58 Rn 50; Bürgers/Körber/*Marsch-Barner*, Rn 2; K. Schmidt/Lutter/*Veil*, Rn 7 Spindler/Stilz/*Wamser*, Rn 16.
[10] MüKo-AktG/*Bayer*, Rn 12, 13; Hölters/*v. Dryander/Niggemann*, Rn 9; *v. Godin/Wilhelmi*, Anm. 4; Großkomm-AktienR/*Hirte*, Rn 11 und 13; *Hüffer*, Rn 4; KölnKomm-AktG/*Lutter*, Rn 4 und 6; MüHb-AG/*Krieger*, § 58 Rn 50; Bürgers/Körber/*Marsch-Barner*, Rn 2; K. Schmidt/Lutter/*Veil*, Rn 7; Spindler/Stilz/*Wamser*, Rn 16.

gesehenen Festsetzungen und die ebenfalls nach dieser Vorschrift bei der Ausgabe mehrerer Aktiengattungen erforderlichen Angaben zu den verschiedenen Aktiengattungen (siehe dazu § 185 Rn 14 f) müssen zudem im Zeichnungsschein nur dann enthalten sein, wenn diese Aktien im Rahmen der selben Tranche aus dem genehmigten Kapital ausgegeben werden.[11] Denn wenn ein Teil des genehmigten Kapitals bereits früher ausgenutzt und diesbezüglich auch die Durchführung im Handelsregister eingetragen wurde, ist das Grundkapital insoweit bereits erhöht und kann nicht mehr Gegenstand der aktuellen Kapitalerhöhung sein.[12] Schließlich kann der Zeitpunkt der auflösenden Bedingung, der nach § 185 Abs. 1 S. 3 Nr. 4 in den Zeichnungsschein aufzunehmen ist, bereits in der Ermächtigung festgelegt werden; geschieht dies nicht, ist der Zeitpunkt durch den Vorstand mit Zustimmung des Aufsichtsrates festzulegen (§ 204 Abs. 1).[13]

8 In der **Praxis** findet – wie bei der regulären Kapitalerhöhung auch – eine unmittelbare Zeichnung durch Bezugsrechtsinhaber oder sonstige Interessierte (derzeit) fast nicht mehr statt; das gilt umso mehr, wenn es sich um Barkapitalerhöhungen börsennotierter Gesellschaften handelt. Die neuen Aktien werden dann von einer Bank oder einem Emissionskonsortium gezeichnet und übernommen. Die Vereinbarung der Gesellschaft mit der Bank (bzw dem Konsortium) über ein mittelbares Bezugsrecht der Aktionäre nach § 186 Abs. 5 findet keinen Eingang in den Zeichnungsschein.[14]

9 **b) Bezugsrecht der Aktionäre (§ 186). aa) Bestehendes gesetzliches Bezugsrecht (§ 186 Abs. 1 und 2).** Nach §§ 203 Abs. 1 S. 1, 186 Abs. 1 S. 1 muss jedem Aktionär auf sein Verlangen ein seinem Anteil am bisherigen Grundkapital entsprechender Teil der neuen Aktien zugeteilt werden. Hinsichtlich der Person des Berechtigten,[15] des rechtlichen Charakters und des Inhalts des Rechts, der Geltendmachung des Rechts und der Verfügung über das Recht **gelten** dieselben **Regelungen** wie bei **der ordentlichen Kapitalerhöhung** gegen Einlagen (siehe dazu § 186 Rn 5 ff).

10 Der vom Bezugsrecht (als Stammrecht)[16] zu unterscheidende **konkrete Bezugsanspruch der Aktionäre** entsteht, wenn der Inhalt der neuen Aktienrechte und die Bedingungen der Aktienausgabe bereits in der Ermächtigung festgelegt worden sind (vgl § 204 Abs. 1 S. 1 aE), (schon) mit der Ausnutzungsentscheidung des Vorstands,[17] da die Vorstandsentscheidung in diesem Fall nicht nach § 204 Abs. 1 S. 2 Hs 1 der Zustimmung des Aufsichtsrats bedarf.[18] Ansonsten entsteht der Bezugsanspruch erst mit der Zustimmung des Aufsichtsrats.

11 Der Vorstand hat seinen Entschluss zusammen mit der **Ausübungsfrist**, die mindestens zwei Wochen betragen muss (§ 186 Abs. 1 S. 2), nach den allgemeinen Regeln des § 186 Abs. 2 zu **veröffentlichen**. Zudem war in diesem Zusammenhang (und daher mindestens zwei Wochen vor Ablauf der Ausübungsfrist) nach § 186 Abs. 2 aF zwingend der **Ausgabebetrag anzugeben**. Seit dem Inkrafttreten des Gesetzes zur weiteren Reform des Aktien- und Bilanzrechts, zu Transparenz und Publizität (Transparenz- und Publizitätsgesetz; kurz: TransPuG) vom 19.7.2002 (BGBl. I S. 2681)[19] ist es nach § 186 Abs. 2 S. 1 nF **ausreichend, wenn** der Vorstand zu diesem Zeitpunkt (mindestens zwei Wochen vor Ablauf der Ausübungsfrist) statt des Ausgabebetrages lediglich die **Grundlagen für die Festlegung des Ausgabebetrages veröffentlicht**. Die Veröffentlichung der Ausübungsfrist und des Ausgabebetrages bzw der Grundlagen für seine Festlegung hat wie bisher durch Bekanntmachung in den Gesellschaftsblättern (§ 25) zu erfolgen (§ 186 Abs. 2 S. 1 nF). Wurden hierbei statt des Ausgabebetrages lediglich die Grundlagen seiner Festlegungen angegeben, so hat der Vorstand nach § 186 Abs. 2 S. 2 nF spätestens drei Tage vor Ablauf der Bezugsfrist den Ausgabebetrag in den Gesellschaftsblättern (§ 25) und über ein elektronisches Informationsmedium bekannt zu machen. Hierdurch soll Spekulationen der Aktionäre vorgebeugt und bei einer Bezugsemission ein dem Bookbuilding ähnelndes Verfahren ermöglicht werden.[20]

---

11 MüKo-AktG/*Bayer*, Rn 14; Großkomm-AktienR/*Hirte*, Rn 14; *Hüffer*, Rn 5; KölnKomm-AktG/*Lutter*, Rn 6; MüHb-AG/*Krieger*, § 58 Rn 50; Bürgers/Körber/*Marsch-Barner*, Rn 4; Grigoleit/*Rieder/Holzmann*, Rn 6; Spindler/Stilz/*Wamser*, Rn 23; abweichend: *v. Godin/Wilhelmi*, § 205 Anm. 4.

12 MüKo-AktG/*Bayer*, Rn 14; KölnKomm-AktG/*Lutter*, Rn 6.

13 MüKo-AktG/*Bayer*, Rn 14; Hölters/*v. Dryander/Niggemann*, Rn 11; Großkomm-AktienR/*Hirte*, Rn 14; *Hüffer*, Rn 5; KölnKomm-AktG/*Lutter*, Rn 6; Bürgers/Körber/*Marsch-Barner*, Rn 5; K. Schmidt/Lutter/*Veil*, Rn 10.

14 MüKo-AktG/*Bayer*, Rn 16; Großkomm-AktienR/*Hirte*, Rn 15; *Hüffer*, Rn 12 aE; KölnKomm-AktG/*Lutter*, Rn 6; Spindler/Stilz/*Wamser*, Rn 25.

15 Hinsichtlich der Person des Bezugsberechtigten stellt sich im Konzern die Frage, ob die Muttergesellschaft verpflichtet ist, bei einer Kapitalerhöhung der Tochter neue Aktien an ihre eigenen Aktionäre weiterzuleiten. Die Frage ist im Zusammenhang mit verschiedenen Börsengängen von Tochtergesellschaften ebenfalls börsennotierter Mutter-Aktiengesellschaften intensiv diskutiert worden (siehe etwa Busch/*Groß*, AG 2000, 503, 505; *Fleischer*, ZHR 165 (2001), 513, 541 ff; *Habersack*, WM 2001, 545; *Lutter*, AG 2000, 342 ff; *Schick/Trapp*, AG, 2001, 381 ff).

16 Vgl Großkomm-AktienR/*Wiedemann*, § 186 Rn 60 f.

17 Großkomm-AktienR/*Hirte*, § 202 Rn 166 und § 203 Rn 17; abweichend: *Hüffer*, Rn 7 und KölnKomm-AktG/*Lutter*, Rn 8, die die Entstehung des Bezugsrechts davon abhängig machen, ob der Vorstand nach § 202 Abs. 3 S. 2 verfährt.

18 § 202 Abs. 3 S. 2, der auch für diesen Fall eine Zustimmung des Aufsichtsrats verlangt, ist lediglich eine Sollvorschrift.

19 Ausführlich zu diesem Gesetz *Hirte*, Einführung zum Transparenz- und Publizitätsgesetz.

20 Spindler/Stilz/*Wamser*, Rn 25; *Weisner*, NZG 2005, 578, 579.

bb) Ausschluss des Bezugsrechts (§ 186 Abs. 3 bis 5). Auch beim genehmigten Kapital ist der Ausschluss 12 des Bezugsrechts ganz oder teilweise möglich. Zwei Wege stehen insofern offen. So kann die nach § 202 Abs. 1 oder Abs. 2 erforderliche Satzungsbestimmung den **Vorstand zum Ausschluss des Bezugsrechts ermächtigen** (Abs. 2; siehe dazu Rn 26 und Rn 56 ff). Das Bezugsrecht selbst wird dann erst vom Vorstand ausgeschlossen. Über den Ausschluss des Bezugsrechts kann aber auch schon bei der Schaffung des genehmigten Kapitals entschieden werden (**Direktausschluss**; siehe dazu gleich Rn 13 ff).

(1) Ausschluss des Bezugsrechts in der Ermächtigung (Direktausschluss). Wird das gesetzliche Bezugsrecht 13 der Aktionäre schon in der Ermächtigung ausgeschlossen (Direktausschluss), verbleibt dem Vorstand zwar die Entscheidung darüber, ob und in welchem Umfang das genehmigte Kapital ausgenutzt wird. Nutzt er die Ermächtigung jedoch aus, ist das **Bezugsrecht zwingend ausgeschlossen.**

Das genehmigte Kapital kann in der Gründungssatzung (§ 202 Abs. 1) oder durch Satzungsänderung 14 (§ 202 Abs. 2) geschaffen werden. Je nachdem, welcher Weg bei der Schaffung des genehmigten Kapitals eingeschlagen wurde, kann der **Ausschluss des Bezugsrechts in der Gründungssatzung** oder im **satzungsändernden Hauptversammlungsbeschluss** erfolgen.

(a) Ausschluss in der Gründungssatzung. Erfolgt der Bezugsrechtsausschluss in der Gründungssatzung[21] 15 und damit durch Vereinbarung der Gründer, **findet § 186 Abs. 3 und 4 keine Anwendung**;[22] denn § 186 ist wesentlich geprägt vom Gedanken, dass formal eine Mehrheitsentscheidung ausreicht. Wenn der Weg über die Gründungssatzung gewählt wird, ist der Bezugsrechtsausschluss aber dagegen in den Abschluss des Gesellschaftsvertrages einbezogen, was korrespondierende Willenserklärungen (keine bloße Mehrheitsentscheidung) der Gründer voraussetzt. Die insoweit erforderliche einstimmige Willensbildung **lässt** auch die **Notwendigkeit einer sachlichen Rechtfertigung** des Bezugsrechtsausschlusses **entfallen**;[23] doch auch in diesem Fall ist für die spätere Ausnutzungsentscheidung eine sachliche Rechtfertigung zu verlangen,[24] denn mit der Ausnutzungsentscheidung tritt eine vorab nicht einzuschätzende Gefährdungslage ein. Das alles setzt aber voraus, dass die **Schaffung des genehmigten Kapitals und der Bezugsrechtsausschluss** – ähnlich wie von § 186 Abs. 3 S. 1 verlangt – **in der Gründungssatzung** erfolgt.[25] Der Bezugsrechtsausschluss unterliegt wegen seiner Bindung an ein bestimmtes genehmigtes Kapital der **Fünfjahresgrenze** des § 202 Abs. 1.[26]

(aa) Formelle Erfordernisse. Wird das **Bezugsrecht** dagegen (direkt) **im Ermächtigungsbeschluss ausgeschlossen**, gelten die **formellen Erfordernisse** des § 186 Abs. 3 und 4 nach § 203 Abs. 1 S. 1. Das gilt auch 16 für die Berichtspflicht des § 186 Abs. 4 S. 2.

Beim Bezugsrechtsausschluss sind danach die besonderen **Mehrheitserfordernisse** des § 186 Abs. 3 zu be- 17 achten. Da § 202 Abs. 2 und § 186 Abs. 3 hinsichtlich der gesetzlichen Mehrheitserfordernisse einander entsprechen, ist die unmittelbare Anwendung von § 186 Abs. 3 beim Direktausschluss insofern nur dann von Bedeutung, wenn die Satzung diese Anforderungen für § 186, nicht aber für § 202 verschärft hat.[27]

Eine Regelung über den direkten Ausschluss des Bezugsrechts ist **in den satzungsändernden Ermächtigungsbeschluss** selbst **aufzunehmen** (§ 186 Abs. 3 S. 1); sie unterliegt damit der Fünfjahresgrenze des § 202 Abs. 2 18 S. 1.[28] Der geplante Ausschluss des Bezugsrechts muss vor der Beschlussfassung über das genehmigte Kapital ausdrücklich und ordnungsgemäß **bekannt gemacht** werden (§§ 186 Abs. 4 S. 1).[29]

Nach dem Wortlaut des § 203 Abs. 1 S. 1 kommt auch § 186 Abs. 4 S. 2 beim Direktausschluss zur Anwendung, mithin wenn das Bezugsrecht schon bei der Erteilung der Ermächtigung zur Kapitalerhöhung nach 19 § 202 Abs. 2 ausgeschlossen wird.[30] Nach § 186 Abs. 4 S. 2 hat der Vorstand zum Grund für den beabsichtigten Ausschluss des Bezugsrechts Stellung zu nehmen und insbesondere den Ausgabebetrag zu begründen. Dabei stellen sich für den von § 186 Abs. 4 S. 2 verlangten Vorstandsbericht im Rahmen des genehmigten Kapitals grundsätzlich folgende Fragen:

---

21 Vgl das von *Semler*, Vorfinanzierung zukünftigen Aktienkapitals, in: FS Werner, 1985, S. 855, 865 f, gebrachte Beispiel: Umwandlung einer Personengesellschaft in eine Aktiengesellschaft unter Beteiligung stiller Gesellschafter.
22 MüKo-AktG/*Bayer*, Rn 85; Hölters/*v. Dryander/Niggemann*, Rn 15; Großkomm-AktienR/*Hirte*, Rn 19; *Hüffer*, Rn 9; Bürgers/Körber/*Marsch-Barner*, Rn 7; Spindler/Stilz/*Wamser*, Rn 61.
23 MüKo-AktG/*Bayer*, Rn 85; Großkomm-AktienR/*Hirte*, Rn 22; *Hüffer*, Rn 9; Bürgers/Körber/*Marsch-Barner*, Rn 7; Spindler/ Stilz/*Wamser*, Rn 61.
24 Großkomm-AktienR/*Hirte*, Rn 22.
25 MüKo-AktG/*Bayer*, Rn 85; Großkomm-AktienR/*Hirte*, Rn 20; *Hüffer*, Rn 9; Spindler/Stilz/*Wamser*, Rn 61.
26 Großkomm-AktienR/*Hirte*, Rn 20.
27 MüKo-AktG/*Bayer*, Rn 87; Großkomm-AktienR/*Hirte*, Rn 20; KölnKomm-AktG/*Lutter*, Rn 10; *Hüffer*, Rn 10; abweichend: Geßler/Hefermehl/Bungeroth, Rn 17: Verweisung läuft leer.
28 Großkomm-AktienR/*Hirte*, Rn 20; MüKo-AktG/*Bayer*, § 202 Rn 59; Bürgers/Körber/*Marsch-Barner*, Rn 10.
29 MüKo-AktG/*Bayer*, Rn 88; Hölters/*v. Dryander/Niggemann*, Rn 16; Großkomm-AktienR/*Hirte*, Rn 10; *Hüffer*, Rn 24; KölnKomm-AktG/*Lutter*, Rn 10; Bürgers/Körber/*Marsch-Barner*, Rn 9; K. Schmidt/Lutter/*Veil*, § 202 Rn 23; Spindler/Stilz/ *Wamser*, Rn 64.
30 Für die Ermächtigung zum Bezugsrechtsausschluss enthält Abs. 2 eine speziellere Verweisung.

- Hat der Vorstand überhaupt zu berichten?
- Zu welchem Zeitpunkt bzw zu welchen Zeitpunkten hat der Vorstand zu berichten (In Betracht kommen etwa folgende Zeitpunkte: Vor oder bei der Beschlussfassung über die Ermächtigung, vor der Ausnutzungsentscheidung und/oder zur nächsten ordentlichen Hauptversammlung.)?
- Wie ausführlich hat der Bericht – ggf zu den verschiedenen Zeitpunkten – zu sein?
- In welcher Form hat der Bericht zu erfolgen sowie in welcher Art und Weise hat die Berichterstattung zu erfolgen?

All diese Fragen – wie auch immer man sie jeweils beantworten mag – können für den Direktausschluss des Bezugsrecht nicht anders entschieden werden als für den Fall, dass der Vorstand im Rahmen der Ermächtigung zur Kapitalerhöhung (zusätzlich) ermächtigt wird, das Bezugsrecht auszuschließen; das gilt insbesondere für den Zeitpunkt des Hauptversammlungsbeschlusses zur Schaffung der Ermächtigung zur Kapitalerhöhung[31] als auch für die Ausnutzungsentscheidung[32] (des Vorstands). Denn es stellt sich die Situation beim Direktausschluss hinsichtlich der mit dem Bezugsrechtsausschluss einhergehenden Gefährdung nicht anders dar als beim Weg über die Ermächtigung zum Bezugsrechtsausschluss (Abs. 2). In beiden Fällen tritt die konkrete Gefährdung, die mit einer Kapitalerhöhung unter Bezugsrechtsausschluss einhergeht, erst mit der Vorstandsentscheidung ein. Hinsichtlich der Einzelheiten betreffend die oben aufgeführten Fragen soll deshalb

- *zum einen* auf die zum Vorstandsbericht im Rahmen der Ermächtigung zum Bezugsrechtsausschluss gemachten Ausführungen (Rn 64 bis 71) und
- *zum anderen* auf die zum Vorstandsbericht im Zusammenhang mit der Ausnutzungsentscheidung gemachten Ausführungen (Rn 93 bis 105)

verwiesen werden; an dieser Stelle erfolgt deshalb nur eine **kurze Skizzierung der Rechtsprechung zu den oben aufgeführten Fragen**: Der **BGH** hat in seiner „Siemens-Nold"-Entscheidung **für den Zeitpunkt des Ermächtigungsbeschlusses eine abstrakt-generelle Berichterstattung ausreichen lassen** (siehe dazu Rn 67).[33] Ob auch im Zeitpunkt der Ausnutzung des genehmigten Kapitals unter Ausschluss des Bezugsrechts zu berichten ist und gegebenenfalls mit welcher Intensität, hatte er hingegen offen gelassen. Diese Frage hat der BGH in seiner „Mangusta Commerzbank I"-Entscheidung nunmehr dahin gehend **entschieden, dass der Vorstand hinsichtlich der Ausnutzungsentscheidung** (nur) **nach Inanspruchnahme der Ermächtigung** über die Einzelheiten seines Vorgehens auf der nächsten ordentlichen Hauptversammlung der Gesellschaft **zu berichten** und Rede und Antwort zu stehen hat.[34] Eine Vorabberichtspflicht lehnte der BGH im Zusammenhang mit der Ausnutzungsentscheidung hingegen ab.[35]

---

31 Betreffend den Zeitpunkt der Beschlussfassung über die Ermächtigung zur Kapitalerhöhung (nebst Direktausschluss des Bezugsrechtes bzw nebst Ermächtigung zum Bezugsrechtsausschluss) wohl ebenfalls für eine identische Behandlung von Direktausschluss und Ermächtigung zum Bezugsrechtsausschluss eintretend: Großkomm-AktienR/*Hirte*, Rn 21; MüHb-AG/*Krieger*, § 58 Rn 16. Dafür, dass auch der BGH den Direktausschluss und die Ermächtigung zum Bezugsrechtsausschluss identisch behandeln will im Zusammenhang mit der Beschlussfassung über die Ermächtigung zur Kapitalerhöhung, sprechen unter anderem seine Ausführungen in seiner „Siemens/Nold II"-Entscheidung. Denn in dieser die Schaffung des genehmigten Kapitals betreffenden Leitentscheidung hat er, obwohl in dem dort zu Grunde liegenden Sachverhalt ein Direktausschluss vorgenommen worden war, von den „[…] Voraussetzungen, unter denen von dem genehmigten Kapital mit Bezugsrechtsausschluss oder der Ermächtigung des Vorstands dazu […] Gebrauch gemacht werden darf […]" gesprochen, mithin beide Möglichkeiten auf dem Weg zum Bezugsrechtsausschluss in die Ausführungen ausdrücklich einbezogen (BGHZ 136, 133, 139 f (Siemens/Nold II)); auch der amtliche Leitsatz der Entscheidung ist in diesem Sinne formuliert (BGHZ 136, 133, 133 (Siemens/Nold II)). Auch in der „Mangusta/Commerzbank I"-Entscheidung, der als Sachverhalt die Ausnutzung eines genehmigten Kapitals mit der Ermächtigung zum Bezugsrechtsausschluss zu Grunde lag, hat der BGH in seinen Ausführungen zu den Voraussetzungen des Ermächtigungsbeschlusses der Hauptversammlung über die Kapitalerhöhung beide Wege für den Bezugsrechtsausschluss genannt (BGHZ 164, 241, 245 f (Mangusta/Commerzbank I)).

32 Für den Zeitpunkt der Ausnutzungsentscheidung ebenfalls für eine identische Behandlung von Direktausschluss und Ermächtigung zum Bezugsrechtsausschluss eintretend: Großkomm-AktienR/*Hirte*, Rn 21; MüHb-AG/*Krieger*, § 58 Rn 44. Dafür, dass auch der BGH den Direktausschluss und die Ermächtigung zum Bezugsrechtsausschluss identisch behandeln will im Zusammenhang mit der Ausnutzungsentscheidung, sprechen unter anderem seine Ausführungen in seiner „Mangusta/Commerzbank I"-Entscheidung, der als Sachverhalt die Ausnutzung eines genehmigten Kapitals mit der Ermächtigung zum Bezugsrechtsausschluss (also anders als bei „Siemens/Nold II" kein Direktausschluss) zu Grunde lag. Denn obwohl in dem zu entscheidenden Sachverhalt der Vorstand zum Ausschluss des Bezugsrechts ermächtigt worden war, hat der BGH unmittelbar vor seinen Ausführungen zu den Voraussetzungen der Ausnutzungsentscheidung beide Wege, die zu einem Bezugsrechtsausschluss führen können – Direktausschluss und Ermächtigung zum Bezugsrechtsausschluss – genannt (BGHZ 164, 241, 245 f (Mangusta/Commerzbank I)).

33 BGHZ 136, 133, 139 f (Siemens/Nold II); dazu ausführlich MüKo-AktG/*Bayer*, Rn 155 f; *Hüffer*, Rn 11; Spindler/Stilz/ *Wamser*, Rn 79.

34 BGHZ 164, 241, 244 f (Mangusta/Commerzbank I) = ZIP 2005, 2205, 2206 = BB 2005, 2767 = DB 2005, 2738 = EWiR 2006, 35 (*Hirte*); so nunmehr auch OLG Frankfurt AG 2011, 713, 714 (Deutsche Bank).

35 BGHZ 164, 241, 244 f (Mangusta/Commerzbank I).

(bb) Materielle Erfordernisse. Darüber hinaus bedarf der Direktausschluss des Bezugsrechts wie jeder Ausschluss des Bezugsrechts einer **materiellen Rechtfertigung**. Nach den Vorgaben des BGH in seiner „Siemens/Nold"-Entscheidung ist der Direktausschluss nur zulässig, wenn die mit ihm verfolgten Zwecke im „wohlverstandenen Interesse der Gesellschaft" liegen.[36] Dies dürfte in der Sache keinen Unterschied gegenüber der vor der Entscheidung üblichen[37] Formulierung bedeuten, wonach der Ausschluss des Bezugsrechts zur Erreichung des ins Auge gefassten Zwecks erforderlich und verhältnismäßig sein musste.[38]

■ **Kontrolldichte hinsichtlich der materiellen Erfordernisse**

Die Hauptversammlung muss die insoweit notwendige Abwägung beim Weg über den Direktausschluss eigentlich abschließend selbst vornehmen. Denn der Bezugsrechtsausschluss erfolgt auf der Ebene der Hauptversammlungsentscheidung. Eine in diesem Sinne abschließende Beurteilung durch die Hauptversammlung würde eine umfassende Information dieses Organs voraussetzen (siehe dazu die Ausführungen zur Berichtspflicht Rn 19, 85 und 93 ff) und damit eine engmaschige Kontrolle der Entscheidung ermöglichen. Zum Zeitpunkt des Direktausschlusses ist jedoch in den meisten Fällen eine abschließende Beurteilung nicht möglich. Das liegt daran, dass der konkrete Verwendungszweck, der Zeitpunkt der Kapitalerhöhung, welcher zwingend in der Entscheidungsmacht des Vorstands liegt, und damit die zu diesem Zeitpunkt erzielbaren Ausgabebedingungen vielfach noch nicht hinreichend konkret feststehen. **Vor „Siemens/Nold"** galt daher Folgendes: War eine abschließende Beurteilung nicht möglich – etwa weil die für eine endgültige Beurteilung erforderlichen Tatsachen und Bedingungen noch nicht bereits im Zeitpunkt der Schaffung des genehmigten Kapitals und damit im Zeitpunkt des Direktausschlusses konkret feststanden –, kam jedenfalls ein Direktausschluss nicht in Betracht.[39] Es kamen damit für einen Direktausschluss im Wesentlichen nur Fälle in Betracht, in denen der Hauptversammlung schon mitgeteilt werden konnte, zu welchem Zweck, zu wessen Gunsten, in welchem Umfang und zu welchen Bedingungen die neuen Aktien später ausgegeben werden sollten. Das Instrument eines genehmigten Kapitals mit Direktausschluss stand der Praxis damit kaum mehr zur Verfügung.[40] Aus diesem Grund verweigerten dann auch die Verwaltungen der großen Aktiengesellschaften dem BGH die Gefolgschaft.[41] Diese Nicht-Akzeptanz hatte zahlreiche Anfechtungsklagen vor den Instanzgerichten zur Folge, die teilweise von „räuberischen Aktionären" missbräuchlich zum Einsatz gebracht wurden.[42]

Eine derartige Beschränkung der gesetzlich zugelassenen Möglichkeit eines genehmigten Kapitals mit Direktausschluss ist aber, insbesondere (auch) nach der Siemens-Nold-Rechtsprechung[43] nicht erforderlich. Vielmehr ist es für den Schutz der Aktionäre **ausreichend, dass** in den Fällen, in denen noch nicht alle Parameter feststehen und damit dem Vorstand zwangsläufig noch ein gewisser Spielraum bei seiner Entscheidung verbleiben muss, nicht nur Zeitpunkt und Ausgestaltung der Berichtspflicht (siehe oben Rn 19), sondern parallel dazu auch die **Kontrolle** dieser Hauptversammlungsentscheidung **an die Rechtslage bei der Ermächtigung iSv Abs. 2 angelehnt** wird (siehe dazu Rn 86 ff).[44] Selbst wenn man im Zeitpunkt des Ermächtigungsbeschlusses eine besondere Kontrolle für notwendig erachtet, wäre parallel zur vom BGH angenommenen Berichtspflicht (generell abstrakte Umschreibung ausreichend)[45] nur eine sehr grobmaschige Kontrolle möglich.[46]

■ **Rechtfertigungsgründe**

Hinsichtlich der Rechtfertigungsgründe gilt das gleiche **wie** beim Ausschluss des Bezugsrechts **bei einer ordentlichen Kapitalerhöhung** (siehe dazu § 186 Rn 40 ff und 46 ff). Zudem kann hier auf die Rechtslage bei der bloßen Ermächtigung (Abs. 2) zum Ausschluss des Bezugsrechts verwiesen werden (siehe dazu Rn 80 und 90).

Schon wegen der Verweisung des Abs. 1 S. 1 ist auch die Vorschrift des § 186 Abs. 3 S. 4 (**vereinfachter Bezugsrechtsausschluss**) anwendbar (im Einzelnen dazu und dass die Norm bzw jedenfalls ihr Gedanke auch bei der bloßen Ermächtigung zum Bezugsrechtsausschluss nach Abs. 2 Anwendung findet siehe Rn 106 ff). Zu beachten sind im Zusammenhang mit der Rechtfertigung insbesondere auch die sich aus

---

36 BGHZ 136, 133, 138 f (Siemens/Nold II); bestätigt durch BGH, ZIP 2006, 368, 369 = WM 2006, 432, 433 = AG 2006, 246, 247.
37 Hirte, Bezugsrechtsausschluss, S. 31 ff; Lutter, BB 1981, 861, 862; Timm, DB 1982, 211, 214 f.
38 Ebenso: Großkomm-AktienR/Hirte, Rn 22.
39 Geßler/Hefermehl/Bungeroth, Rn 20; KölnKomm-AktG/Lutter, Rn 11 mwN.
40 MüHb-AG/Krieger, § 58 Rn 17; Spindler/Stilz/Wamser, Rn 77; Martens, ZIP 1992, 1677, 1681 ff.
41 So Martens, ZIP 1992, 1677, 1681.
42 Vgl Dreier, Diss. Münster, S. 65; Baums, ZIP 2000, 1649 ff; MüKo-AktG/Bayer, Rn 101; Spindler/Stilz/Wamser, Rn 79.
43 BGHZ 136, 133 (Siemens/Nold II).
44 Großkomm-AktienR/Hirte, Rn 22, der zudem in diesem Zusammenhang auf die internationale Üblichkeit eines genehmigten Kapitals mit Direktausschluss hinweist.
45 BGHZ 136, 133, 139 (Siemens/Nold II); BGHZ 164, 241, 244 f (Mangusta/Commerzbank I); BGHZ 164, 249 f (Mangusta/Commerzbank II); OLG Schleswig, NZG 2004, 281.
46 Großkomm-AktienR/Hirte, Rn 22; Hüffer, Rn 11; Ihrig, WiB 1997, 1181, 1182; für sachliche Rechtfertigung deshalb Bayer, ZHR 169 (2004), 132, 150 ff.

§ 202 Abs. 4 für den **Ausschluss zugunsten von Arbeitnehmern** ergebenden Erleichterungen (§ 202 Rn 101 ff).

25 **(cc) Mittelbarer Bezugsrechtsausschluss.** Auch § 186 Abs. 5 kommt nach § 203 Abs. 1 S. 1 zur Anwendung. Sieht daher die Ermächtigung vor, dass die neuen Aktien von einem Kreditinstitut oder einem nach § 186 Abs. 5 S. 1 gleichgestellten Unternehmen mit der Verpflichtung übernommen werden, sie den Aktionären zum Bezug anzubieten (**mittelbares Bezugsrecht**), ist das nicht als Bezugsrechtsausschluss anzusehen (§ 186 Abs. 5 S. 1; zu Einzelheiten siehe § 186 Rn 78 ff).[47]

26 **(2) Ermächtigung des Vorstands zum Ausschluss des Bezugsrechts.** Soll das Bezugsrecht bei einer Kapitalerhöhung gemäß §§ 202 ff ausgeschlossen werden, bietet sich anstatt des nach § 203 Abs. 1 S. 1 möglichen Direktausschlusses auch ein Vorgehen nach Abs. 2 an. Danach kann der Vorstand ermächtigt werden, das Bezugsrecht der Aktionäre auszuschließen (siehe dazu Rn 56 ff).

27 **c) Zusicherungen von Rechten auf den Bezug neuer Aktien (§ 187).** Nach §§ 203 Abs. 1 S. 1, 187 Abs. 1 können Rechte auf den Bezug neuer Aktien nur unter dem Vorbehalt des gesetzlichen Bezugsrechts zugesichert werden (zu Einzelheiten siehe § 187 Rn 3 ff und 6 ff). Die bloße Zusicherung bindet nur die Gesellschaft; soll dagegen auch der Bezugsberechtigte verpflichtet werden, muss die Form des § 185 eingehalten werden.[48] Bei einem Direktausschluss des Bezugsrechts kann bereits nach Eintragung des genehmigten Kapitals der Bezug von Aktien ohne den **Vorbehalt des § 187 Abs. 1** zugesichert werden.[49] Ist der Vorstand dagegen ermächtigt, das Bezugsrecht auszuschließen (Abs. 2), so stehen die Zusicherungen unter dem gesetzlichen Vorbehalt des § 187 Abs. 1.[50]

28 Zu beachten ist zudem, dass die Ermächtigung nach § 203 Abs. 1 S. 2 dem in § 187 Abs. 2 erwähnten Erhöhungsbeschluss entspricht (siehe dazu Rn 4 f). Danach sind **Zusicherungen vor Eintragung des genehmigten Kapitals** der Gesellschaft gegenüber unwirksam (siehe dazu Rn 5; zum Streit über die genauen Rechtsfolgen des § 187 siehe § 187 Rn 10 ff). Es kommt dabei also nicht auf den Zeitpunkt der Fassung des Ermächtigungsbeschlusses oder der Feststellung der Satzung an (siehe dazu Rn 4).[51]

29 **d) Anmeldung und Eintragung der Durchführung (§ 188) sowie Bekanntmachung der Eintragung.** Die Anmeldung und Eintragung der Durchführung der Kapitalerhöhung erfolgt beim genehmigten Kapital grundsätzlich in gleicher Weise **wie bei der ordentlichen Kapitalerhöhung** (§§ 203 Abs. 1 S. 1, 188). Gleiches gilt für die Bekanntmachung der Eintragung der Durchführung.

30 **aa) Anmeldung der Durchführung.** Wie bei der ordentlichen Kapitalerhöhung ist auch die Durchführung einer Kapitalerhöhung unter Ausnutzung eines genehmigten Kapitals **zum Handelsregister anzumelden** (§§ 203 Abs. 1 S. 1, 188 Abs. 1).

31 **(1) Voraussetzungen der Anmeldung.** Auch hier darf die Anmeldung erst erfolgen, wenn die Kapitalerhöhung **im festgelegten Umfang gezeichnet** (§ 185) worden ist. Der Umfang der Kapitalerhöhung wird hier aber nicht in einem Kapitalerhöhungsbeschluss der Hauptversammlung, sondern im Ausnutzungsbeschluss des Vorstands festgelegt,[52] der dabei aber an die Vorgaben der Ermächtigung gebunden ist. Unter der Voraussetzung, dass der Ausnutzungsbeschluss nicht auf einen festen Erhöhungsbetrag, sondern auf einen Höchstbetrag („Bis-zu-Beschluss") gerichtet ist und die Anmeldung von Teilbeträgen nach Zeichnung eines Teilbetrages ausdrücklich zulässt, ist es abweichend vom Erfordernis der vollumfänglichen Zeichnung aber als zulässig anzusehen, dass die **Durchführung** des Kapitalerhöhungsbeschlusses lediglich **in Teilbeträgen** ins Handelsregister eingetragen wird, obwohl der Kapitalerhöhung nur jeweils ein einheitlicher Vorstands- und Aufsichtsratsbeschluss zugrunde liegt.[53]

---

[47] Hölters/v. Dryander/Niggemann, Rn 26; Großkomm-AktienR/Hirte, Rn 24; Hüffer, Rn 12; KölnKomm-AktG/Lutter, Rn 11; K. Schmidt/Lutter/Veil, § 202 Rn 11. Zum Fehlen der Voraussetzungen des § 186 Abs. 5 bei vollständiger Zeichnung der jungen Aktien durch den Mehrheitsaktionär, selbst wenn dieser sie den anderen Aktionären sodann zum Bezug anbieten will, OLG Koblenz AG 1998, 429, 430 (Hilgers) = NZG 1898, 552, 553.

[48] MüKo-AktG/Bayer, Rn 17; Großkomm-AktienR/Hirte, Rn 27; KölnKomm-AktG/Lutter, Rn 50; Spindler/Stilz/Wamser, Rn 29; Hergeth/Eberl, NZG 2003, 205, 206.

[49] MüKo-AktG/Bayer, Rn 19; Hüffer, Rn 13; KölnKomm-AktG/Lutter, Rn 50; K. Schmidt/Lutter/Veil, § 202 Rn 12; abw. wohl Großkomm-AktienR/Hirte, Rn 28. Wird bei der Ausnutzung und damit bei der Komplettierung des Direktausschlusses das Bezugsrecht verletzt, können die Anteile in den Händen der Dritten nach hiesiger Ansicht dennoch nur durch das Eingreifen der Grundsätze der fehlerhaften Gesellschaft entstehen (siehe dazu Rn 119 ff).

[50] MüKo-AktG/Bayer, Rn 20; Großkomm-AktienR/Hirte, Rn 28; Hüffer, Rn 13; KölnKomm-AktG/Lutter, Rn 50; Grigoleit/Rieder/Holzmann, Rn 8; K. Schmidt/Lutter/Veil, § 202 Rn 12; Spindler/Stilz/Wamser, Rn 27.

[51] Obwohl Zusicherungen schon nach Eintragung der Ermächtigung möglich sind, werden die Zusicherungen nach hiesiger Ansicht hinfällig, wenn der konkrete Bezugsrechtsausschluss nicht ordnungsgemäß erfolgt (siehe dazu Rn 120).

[52] MüKo-AktG/Bayer, Rn 22; Großkomm-AktienR/Hirte, Rn 36.

[53] MüKo-AktG/Bayer, Rn 22; Großkomm-AktienR/Hirte, Rn 35; MüHb-AG/Krieger, § 58 Rn 52; Bürgers/Körber/Marsch-Barner, Rn 19; K. Schmidt/Lutter/Veil, Rn 14; Trapp, AG 1997, 115, 122.

Wie bei der ordentlichen Kapitalerhöhung müssen auch hier vor der Anmeldung der Durchführung auf jede 32
neue Aktie im Falle der **Bareinlage mindestens ein Viertel des geringsten Ausgabebetrags** (§ 9) **und das Aufgeld** – dieses in voller Höhe – **eingezahlt** sein und, sofern nicht für die bei der Kapitalerhöhung anfallenden Steuern und Gebühren erforderlich, endgültig zur freien Verfügung des Vorstands stehen (§§ 203 Abs. 1 S. 1, 188 Abs. 2, 36 Abs. 2, 36a Abs. 1, 37 Abs. 1).[54] Für die Einzahlung ist – wie bei der ordentlichen Kapitalerhöhung – eine Gutschrift auf einem Konto des Vorstands nicht ausreichend (§§ 202 Abs. 1 S. 1, 188 Abs. 2 S. 2). Die Mindesteinzahlungen sind nicht zu leisten, wenn Belegschaftsaktien unter den Voraussetzungen des § 204 Abs. 3 ausgegeben werden (siehe dazu § 204 Rn 32 ff).

Sacheinlagen sind dagegen – ebenfalls wie bei der ordentlichen Kapitalerhöhung – **grundsätzlich vollständig** 33
zu leisten (§§ 203 Abs. 1 S. 1, 188 Abs. 2, 36a Abs. 2 S. 1). Für den gesetzlichen Ausnahmefall des § 36a Abs. 2 S. 2 ist fraglich, in welchem Zeitpunkt dessen Fünfjahresfrist zu laufen beginnt; viel spricht dafür, diesbezüglich im Rahmen des genehmigten Kapitals an die Ausnutzungsentscheidung des Vorstands anzuknüpfen.[55] Bei Ausgabe der neuen Aktien gegen Sacheinlagen muss zudem § 205 und dort insbesondere dessen Abs. 5 beachtet werden (siehe dazu § 205 Rn 47 ff).

(2) Anmeldeberechtigte Personen und Pflicht zur Anmeldung. Auch bei der Ausnutzung des genehmigten 34
Kapitals ist die Anmeldung der Durchführung der Kapitalerhöhung **vom Vorstand** in vertretungsberechtigter Zahl **und vom Vorsitzenden** bzw bei dessen Verhinderung vom Stellvertreter des Vorsitzenden **des Aufsichtsrats** (§ 107 Abs. 1 S. 3) **gemeinschaftlich** vorzunehmen (§§ 203 Abs. 1, 188 Abs. 1). Durch das Erfordernis der Mitwirkung des Aufsichtsratsvorsitzenden an der Anmeldung kann der Registerrichter, wenn dem entsprochen wird, in der Regel davon ausgehen, dass die nach § 202 Abs. 3 S. 2 oder die nach § 204 Abs. 1 S. 2 einzuholende Zustimmung des Aufsichtsrats vorliegt (siehe dazu Rn 46 sowie auch § 202 Rn 91).[56]

Es besteht eine **Anmeldepflicht** der anmeldeberechtigten Personen **gegenüber der Gesellschaft**, die mit Or- 35
ganklagen durchgesetzt werden kann.[57] Die Verletzung dieser Pflicht kann Schadenersatzpflichten der Organmitglieder gemäß §§ 93, 116 nach sich ziehen.[58] Eine öffentlich-rechtliche Anmeldepflicht der zur Anmeldung berufenen Personen besteht nicht, da die Eintragung konstitutive Wirkung hat;[59] sie können daher auch nicht durch die Verhängung von Zwangsgeldern vom Registergericht zur Anmeldung angehalten werden (§ 407 Abs. 2).

(3) Zuständiges Gericht und Form der Anmeldung. Die Anmeldung hat bei dem **für die Führung des Han-** 36
delsregisters zuständigen Amtsgericht (§ 8 HGB, §§ 374 Nr. 1, 376, 377 Abs. 1 FamFG) **des Sitzes der Gesellschaft** (§ 14) zu erfolgen. Sie ist **elektronisch in öffentlich beglaubigter Form einzureichen** (§ 12 Abs. 1 S. 1 HGB), mithin durch elektronische Einreichung einer öffentlich beglaubigten schriftlichen Erklärung, § 129 BGB, 39 ff. BeurkG (oder einer notariellen Urkunde über die Erklärung, § 129 Abs. 2 BGB). Dabei kann die erforderliche Beglaubigung auch als einfaches elektronisches Zeugnis nach § 39a BeurkG erfolgen.

(4) Zeitpunkt der Anmeldung und (keine) Verbindung mit Anmeldung der Ermächtigung. Hinsichtlich des 37
Zeitpunkts der Anmeldung ist besonders der im Zeichnungsschein anzugebende **Endzeitpunkt** zu beachten (§ **185 Abs. 1 S. 3 Nr. 4**), bis zu dem die Durchführung eingetragen sein muss, wenn die Zeichnung nicht unverbindlich werden soll (siehe dazu § 185 Rn 17). Zudem ist zu beachten, dass bis zum **Ablauf der Ermächtigungsfrist** die Durchführung der Kapitalerhöhung eingetragen sein muss; denn erst mit der Eintragung der Durchführung wird die Kapitalerhöhung wirksam (§§ 203 Abs. 1, 189).[60] Der **Zeitraum zwischen** der **Ausnutzungsentscheidung** des Vorstands **und der Anmeldung** der Durchführung ist – anders als bei der Anmeldung des Ermächtigungsbeschlusses (siehe dazu § 202 Rn 33) – in das Ermessen der Verwaltungsorgane gestellt.

Die Anmeldung (und Eintragung) der Durchführung der Kapitalerhöhung **kann** – unabhängig davon, wie 38
kurzfristig die Ausnutzung der Ermächtigung erfolgt – nach mittlerweile einhelliger Ansicht **nicht mit der**

---

[54] MüKo-AktG/*Bayer*, Rn 22; Großkomm-AktienR/*Hirte*, Rn 36; KölnKomm-AktG/*Lutter*, § 202 Rn 51; *Hüffer*, Rn 14; Grigoleit/*Rieder*/Holzmann, Rn 9; Spindler/Stilz/*Wamser*, Rn 33.

[55] Vgl MüKo-AktG/*Bayer*, Rn 26; Großkomm-AktienR/*Hirte*, Rn 36.

[56] MüKo-AktG/*Bayer*, Rn 21; Hölters/v. Dryander/Niggemann, Rn 30; Großkomm-AktienR/*Hirte*, § 202 Rn 253 und § 203 Rn 30; *Hüffer*, Rn 16; KölnKomm-AktG/*Lutter*, § 202 Rn 24; MüHb-AG/*Krieger*, § 58 Rn 54; Bürgers/Körber/*Marsch-Barner*, Rn 21; Grigoleit/*Rieder*/Holzmann, Rn 13.

[57] MüKo-AktG/*Bayer*, Rn 21; Großkomm-AktienR/*Hirte*, Rn 31; KölnKomm-AktG/*Lutter*, Rn 51.

[58] MüKo-AktG/*Bayer*, Rn 21; Großkomm-AktienR/*Hirte*, Rn 31; Spindler/Stilz/*Wamser*, Rn 31.

[59] MüKo-AktG/*Bayer*, Rn 21; Großkomm-AktienR/*Hirte*, Rn 32; KölnKomm-AktG/*Lutter*, Rn 51; Bürgers/Körber/*Marsch-Barner*, Rn 22; Grigoleit/*Rieder*/Holzmann, Rn 14; K. Schmidt/Lutter/*Veil*, Rn 17.

[60] Baumbach/Hueck, AktG, § 202 Rn 4; Hölters/v. Dryander/Niggemann, Rn 36; v. Godin/Wilhelmi, § 202 Anm. 4; Großkomm-AktienR/*Hirte*, § 202 Rn 146; KölnKomm-AktG/*Lutter*, § 202 Rn 17; MüHb-AG/*Krieger*, § 58 Rn 14; Bürgers/Körber/*Marsch-Barner*, Rn 22; K. Schmidt/Lutter/*Veil*, Rn 17.

Anmeldung (und Eintragung) des **Ermächtigungsbeschlusses verbunden werden** (zur Begründung siehe § 202 Rn 33).[61]

39 **(5) Inhalt der Anmeldung.** Inhalt der **Anmeldung** ist der **Antrag**, die unter Ausnutzung des genehmigten Kapitals stattgefundene Durchführung der **Kapitalerhöhung** in das Handelsregister **einzutragen**.

40 Zudem ist die von §§ 203 Abs. 1 S. 1, 188 Abs. 2, 37 Abs. 1 S. 1 geforderte **Erklärung** – insbesondere **zur ordnungsgemäßen Leistung der Einlagen** – abzugeben. Bei der Ausgabe von Belegschaftsaktien nach § 204 Abs. 3 bedarf es dieser Erklärung nicht (§ 204 Abs. 3 S. 2), da die Einlagen bereits in vollem Umfang gedeckt sind (siehe dazu § 204 Rn 32). In diesem Fall ist nach § 204 Abs. 3 S. 4 iVm § 210 Abs. 1 S. 2 aber zusätzlich eine Erklärung über die Vermögensentwicklung der Gesellschaft seit dem Stichtag der zugrunde gelegten Bilanz abzugeben (siehe dazu Kommentierung zu § 204). Die Anmeldenden können gegenüber der Gesellschaft bei unzutreffenden Angaben nach §§ 93, 116 haften. Darüber hinaus droht Strafbarkeit nach § 399 Abs. 1 Nr. 4. Daraus resultiert auch die Möglichkeit einer Haftung gegenüber den Aktionären und Zeichnern (§ 823 Abs. 2 BGB iVm § 399 Abs. 1 Nr. 4).[62]

41 Schließlich ist bei der Anmeldung der erstmaligen Ausnutzung des genehmigten Kapitals nach § 203 Abs. 3 S. 4 **anzugeben, welche Einlagen** auf das bisherige Grundkapital **noch nicht geleistet** sind und warum sie nicht erlangt werden können (siehe dazu im Einzelnen Rn 142 ff). Nicht erforderlich ist die Erklärung bei der Ausgabe von Belegschaftsaktien (Abs. 4). Bei unzutreffenden Angaben droht hier ebenfalls Strafbarkeit nach § 399 Abs. 1 Nr. 4.

42 **(6) Beizufügende Unterlagen.** Der Anmeldung der Durchführung der unter Ausnutzung des genehmigten Kapitals stattgefundenen Kapitalerhöhung sind die **gleichen Unterlagen** beizufügen **wie bei** der Durchführung einer **ordentlichen Kapitalerhöhung** (siehe dazu § 188 Rn 21 ff). Umstritten ist, ob § 181 Abs. 1 S. 2 hier anwendbar ist und damit zusätzlich zu den in § 188 Abs. 3 genannten Anlagen ein berichtigter und vollständiger Wortlaut der Satzung beiliegen muss.[63] Zutreffend ist die Ansicht, nach der der Anmeldung ein berichtigter und vollständiger Wortlaut der Satzung nicht beiliegen muss (siehe dazu auch Rn 52); denn die Eintragung der Durchführung der Kapitalerhöhung bewirkt zwar eine Satzungsänderung, stellt aber selbst keine Änderung des Satzungstextes dar; wollte man den Streit anders entscheiden, müsste die Hauptversammlung in jedem Fall der Ausnutzung (oder für jeden Fall der Ausnutzung vorab) über die Anpassung des Satzungstextes beschließen.[64]

43 **bb) Eintragung der Durchführung. (1) Prüfung der Anmeldung.** Das Registergericht hat vor der Eintragung – grundsätzlich – die **Rechtmäßigkeit des gesamten Vorgangs zu prüfen.** Das Gesetz kennt von dem Grundsatz, dass die Rechtmäßigkeit des gesamten Vorgangs zu prüfen ist, eine Ausnahme, namentlich den Fall, dass ein unter den Voraussetzungen des § 7b FMStBG geschaffenes genehmigtes Kapital ausgenutzt wurde; für diesen Fall wird ausnahmsweise bestimmt, dass die Durchführung der Erhöhung unverzüglich in das Handelsregister einzutragen ist, sofern die Ausnutzungsentscheidung nicht offensichtlich nichtig ist (§ 7c S. 5 iVm S. 2 FMStBG; siehe dazu § 202 Rn 180). Außerhalb dieser Ausnahme, also unter den Bestimmungen des regulären (satzungsbedingten) genehmigten Kapitals der §§ 202 bis 206, verbleibt es bei dem Grundsatz, dass das Registergericht vor der Eintragung die Rechtmäßigkeit des gesamten Vorgangs zu prüfen hat. Insoweit bestehen zunächst die allgemeinen Prüfungspflichten wie bei der ordentlichen Kapitalerhöhung (siehe dazu § 188 Rn 31 f). Für den Fall, dass die Gesellschaft Stückaktien ausgegeben hat, hat das Registergericht vor der Eintragung der Durchführung auch zu prüfen, ob der Grundsatz der verhältniswahrenden Kapitalerhöhung beachtet wurde (§§ 202 Abs. 3 S. 3, 182 Abs. 1 S. 5; siehe dazu § 202 Rn 92). Daneben kommen hier weitere Prüfungspflichten in Betracht.

44 So hat das Registergericht zu prüfen, **ob** überhaupt eine **Ausnutzungsentscheidung des Vorstands** vorliegt (zur Ausnutzungsentscheidung siehe § 202 Rn 77 ff). Daher wird man das Registergericht für befugt halten dürfen, die Vorlage einer Protokollnotiz des Vorstands zu verlangen (zu Indizien für das Vorliegen einer Ausnutzungsentscheidung gleich Rn 46).[65] Darüber hinaus ist zu überprüfen, ob sich der Vorstand bei der Ausnutzung an die durch das Gesetz und die Ermächtigung gesetzten Grenzen hält. Das gilt für das Zustan-

---

[61] MüKo-AktG/*Bayer*, Rn 10; *Hüffer*, Rn 15; *v. Godin/Wilhelmi*, § 202 Anm. 2 aE; MüHb-AG/*Krieger*, § 58 Rn 23; Bürgers/Körber/*Marsch-Barner*, Rn 16; K. Schmidt/Lutter/*Veil*, Rn 14; Großkomm-AktienR/*Hirte*, § 202 Rn 109 und § 203 Rn 35, jedoch abw. und deshalb unklar in § 202 Rn 28 und 34; aA noch Großkomm-AktienR/*Schilling*, 3. Aufl., Anm. 5.

[62] BGHZ 105, 121, 124 ff (Kerkerbachbahn); MüKo-AktG/*Bayer*, Rn 23; Großkomm-AktienR/*Hirte*, Rn 36 aE; Spindler/Stilz/*Wamser*, Rn 36.

[63] Dafür: MüKo-AktG/*Bayer*, Rn 28; *Hüffer*, Rn 15; MüHb-AG/*Krieger*, § 58 Rn 52; Geßler/*Hefermehl/Bungeroth*, Rn 9 aE; Bürgers/Körber/*Marsch-Barner*, Rn 19; Spindler/Stilz/*Wamser*, Rn 38; dagegen: Großkomm-AktienR/*Hirte*, Rn 38 und Rn 52; KölnKomm-AktG/*Lutter*, Rn 51 und 56; K. Schmidt/Lutter/*Veil*, Rn 13; differenzierend: *v. Godin/Wilhelmi*, § 204 Anm. 5.

[64] Großkomm-AktienR/*Hirte*, Rn 38; KölnKomm-AktG/*Lutter*, Rn 51.

[65] Großkomm-AktienR/*Hirte*, Rn 43 mwN; aA KölnKomm-AktG/*Lutter*, Rn 52.

dekommen[66] der Ausnutzung, für Zeitpunkt und Umfang der Ausnutzung sowie für etwaige Beschränkungen und Bedingungen (siehe dazu § 202 Rn 123 f).[67]

Prüfungsgegenstand ist ferner die **Zustimmung des Aufsichtsrats** zur Ausgabe neuer Aktien nach § 202 Abs. 3 S. 2 und diejenige nach § 205 Abs. 2 S. 2.[68] Umstritten ist, ob das Registergericht auch das Vorliegen der nach § 204 Abs. 1 S. 2 erforderlichen Zustimmungen zu überprüfen hat. Eine Prüfung wird diesbezüglich zum Teil mit der Begründung abgelehnt, dass die Vorschrift des § 204 Abs. 1 S. 2 allein den Interessen der Aktionäre diene.[69] Dem ist schon wegen der Formulierung „bedarf" in § 204 Abs. 1 S. 2 nicht zu folgen.[70] Insgesamt wird man daher das Registergericht in jedem Fall für befugt halten dürfen, die Vorlage einer Protokollnotiz (zB die ordnungsgemäße Niederschrift nach § 107 Abs. 2 S. 1) des Aufsichtsratsbeschlusses zu verlangen (zu Indizien für das Vorliegen einer Aufsichtsratszustimmung gleich Rn 46).[71] 45

Als **Indiz** für das Vorliegen einer **Ausnutzungsentscheidung des Vorstands** kann die Anmeldung der Durchführung durch die Vorstandsmitglieder in vertretungsberechtigter Anzahl angesehen werden. Wenn der Aufsichtsratsvorsitzende – wie nach §§ 203 Abs. 1, 188 Abs. 1 vorgeschrieben – bei der Anmeldung der Durchführung der Kapitalerhöhung mitwirkt, kann der Registerrichter zudem in der Regel davon ausgehen, dass eine **Zustimmung des Aufsichtsrats** vorliegt (siehe dazu auch § 202 Rn 91).[72] 46

Bei der **Ausgabe der Aktien gegen Sacheinlagen** hat das Registergericht auch zu prüfen, ob der Wert der Sacheinlage wesentlich hinter dem geringsten Ausgabebetrag (§ 9 Abs. 1) der dafür zu gewährenden Aktien zurückbleibt (§ 205 Abs. 7 S. 1; siehe dazu § 205 Rn 56). 47

Hinsichtlich der möglichen **Entscheidungen des Registerrichters** und der dagegen möglichen **Rechtsmittel** kann auf die allgemeinen Ausführungen verwiesen werden (siehe dazu § 188 Rn 33 f). 48

(2) **Eintragung.** Die Durchführung der Kapitalerhöhung ist in Abteilung B des Handelsregisters einzutragen, die Erhöhung des Grundkapitals in Spalte 3 (§ 43 Nr. 3 HRV) und die Satzungsänderung in Spalte 6 unter Buchstabe a (§ 43 Nr. 6 lit. A HRV). Ist die Ermächtigung vollständig ausgeschöpft, wird die Ermächtigung als gegenstandslos gerötet (§ 16 Abs. 1 S. 2 HRV). 49

cc) **Bekanntmachung der Eintragung.** Das **Registergericht macht die Eintragungen** in dem von der Landesjustizverwaltung bestimmten elektronischen Informations- und Kommunikationssystem **bekannt**, und zwar in der zeitlichen Folge ihrer Eintragung und nach Tagen geordnet (§ 10 S. 1 Hs 1 HGB). Dabei wird die Eintragung (siehe dazu Rn 49) **ihrem gesamten Inhalt nach** veröffentlicht (§ 10 S. 2 HGB). Über den Inhalt der Eintragung hinaus müssen weitere Umstände – seit der ersatzlosen Streichung des § 190[73] durch das Gesetz über elektronische Handelsregister und Genossenschaftsregister sowie das Unternehmensregister (EHUG) vom 10.11.2006[74] – nicht mehr bekannt gemacht werden. Die Bekanntmachung ist **kein Wirksamkeitserfordernis** der Durchführung (siehe dazu Rn 51). 50

e) **Wirksamwerden der Kapitalerhöhung (§ 189).** Erst mit der Eintragung der Durchführung wird die Kapitalerhöhung wirksam und das Grundkapital erhöht (§§ 203 Abs. 1 S. 1, 189). Zudem entstehen die neuen Mitgliedschaftsrechte bei den Zeichnern.[75] Die **Eintragung wirkt** damit **konstitutiv**. Ist der die Ermächtigung schaffende Hauptversammlungsbeschluss mangelhaft und wurde von der Gesellschaft dennoch ein Freigabeschluss nach § 246a erwirkt, so ergibt sich die konstitutive Wirkung trotz Mangelhaftigkeit des Hauptversammlungsbeschlusses schon aus § 246a Abs. 4 (siehe dazu § 202 Rn 127 sowie § 246a Rn 83). Darüber hinaus gilt zudem folgendes: Sind bei der Ermächtigung oder der Ausnutzung Mängel aufgetreten, werden in der Regel mit der Eintragung der Durchführung der Kapitalerhöhung die Grundsätze der fehlerhaften Gesellschaft eingreifen (siehe dazu und zur Gegenansicht § 202 Rn 129 f); Mängel wirken sich nach der Eintragung deshalb nur noch eingeschränkt aus (siehe dazu § 202 Rn 130). 51

Zugleich ist mit der Eintragung die **Satzung** in ihren Angaben über die Höhe des Grundkapitals, die Anzahl der Aktien und die Aufteilung der Aktien usw **unrichtig geworden.** Die insoweit erforderliche Anpassung 52

---

66 Das gilt nach der hier vertretenen Ansicht vor allem für die korrekte Berichterstattung des Vorstands bei der Ausnutzung der Ermächtigung im Falle eines Bezugsrechtsausschlusses.
67 MüKo-AktG/*Bayer*, Rn 29; Großkomm-AktienR/*Hirte*, Rn 40; *Hüffer*, Rn 16; Bürgers/Körber/*Marsch-Barner*, Rn 21; K. Schmidt/Lutter/*Veil*, Rn 15; aA KölnKomm-AktG/*Lutter*, Rn 52.
68 MüKo-AktG/*Bayer*, Rn 29; Großkomm-AktienR/*Hirte*, Rn 41; *Hüffer*, Rn 16; KölnKomm-AktG/*Lutter*, § 202 Rn 24, § 52 und § 205 Rn 9; MüHb-AG/*Krieger*, § 58 Rn 54, 57; Bürgers/Körber/*Marsch-Barner*, Rn 21; Spindler/Stilz/*Wamser*, Rn 39.
69 KölnKomm-AktG/*Lutter*, Rn 52.
70 Zu Einzelheiten siehe Großkomm-AktienR/*Hirte*, Rn 40 f.
71 Großkomm-AktienR/*Hirte*, Rn 43 mwN; aA KölnKomm-AktG/*Lutter*, Rn 52.
72 MüKo-AktG/*Bayer*, § 202 Rn 94; Großkomm-AktienR/*Hirte*, § 202 Rn 253 und § 203 Rn 30 und Rn 43; KölnKomm-AktG/*Lutter*, § 202 Rn 24; MüHb-AG/*Krieger*, § 58 Rn 54; Bürgers/Körber/*Marsch-Barner*, Rn 21; Grigoleit/*Rieder/Holzmann*, Rn 13.
73 § 190 aF sah vor, dass neben dem Inhalt der Eintragung weitere Umstände bekanntzumachen waren, namentlich der Ausgabebetrag der Aktien, die bei einer Kapitalerhöhung mit Sacheinlagen vorgesehenen Festsetzungen und ein Hinweis auf den Bericht über die Prüfung von Sacheinlagen.
74 BGBl. I 2006, S. 2553.
75 MüKo-AktG/*Bayer*, Rn 35; K. Schmidt/Lutter/*Veil*, Rn 17; Spindler/Stilz/*Wamser*, Rn 46.

kann beim genehmigten Kapital nicht ohne Weiteres vom Aufsichtsrat beschlossen werden. Die **Anpassung kann** aber **vom Aufsichtsrat beschlossen werden**, wenn – was der praktische Regelfall und zu empfehlen ist – ihm dazu die Befugnis von der Hauptversammlung erteilt wurde (§ 179 Abs. 1 S. 2; siehe dazu § 179 Rn 22 ff); die Fassungsänderung muss dann noch vom Vorstand zur Eintragung im Handelsregister angemeldet werden (§ 181). Wurde dem Aufsichtsrat die Befugnis zur Fassungsänderung der Satzung nicht erteilt, muss die Hauptversammlung mit satzungsändernder Mehrheit über die Fassungsänderung entscheiden. Von der gleichzeitigen Einreichung der berichtigten Fassung der Satzung kann das Registergericht die Eintragung der Durchführung der Kapitalerhöhung allerdings nicht abhängig machen (siehe dazu Rn 42). Dem Gericht bleibt daher nur die Möglichkeit, mit der Verhängung von Zwangsgeldern nach § 14 HGB darauf hinzuwirken, dass die Anpassungen (vom Aufsichtsrat oder von der nächsten Hauptversammlung) beschlossen werden.[76]

53 Das Gesetz kannte bis zum 29.2.2012 zwei Ausnahmen von dem Grundsatz, dass der Aufsichtsrat für den Beschluss zur – nach der Durchführung der Kapitalerhöhung – erforderlichen Fassungsänderung von der Hauptversammlung zuvor die Befugnis erhalten haben muss. Beide Ausnahmen waren im FMStBG geregelt. In beiden Fällen war der Aufsichtsrat schon per Gesetz berechtigt, eine Fassungsänderung zu beschließen, namentlich im Fall des gesetzlich genehmigten Kapitals (vgl § 3 Abs. 6 FMStBG aF) und im Fall, dass ein unter den Voraussetzungen des § 7b FMStBG geschaffenes genehmigtes Kapital ausgenutzt wurde (vgl § 7b Abs. 3 FMStBG aF iVm § 3 Abs. 6 FMStBG aF; siehe § 202 Rn 181 sowie in der Vorauflage § 202 Rn 217). Diese Erleichterungen sind durch Aufhebung des § 3 FMStBG mit Wirkung vom 1.3.2012 entfallen.

54 **f) Verbot der Übertragung und der Ausgabe vor Eintragung der Durchführung (§ 191).** Über Abs. 1 S. 1 kommt auch § 191 zur Anwendung. Nach §§ 203 Abs. 1 S. 1, 191 S. 1 Fall 1 können vor der Eintragung der Durchführung die mit der Eintragung entstehenden neuen Anteilsrechte nicht übertragen werden (**Verfügungsverbot**); nach dem Normzweck gilt das nicht nur für Übertragungen, sondern für alle Verfügungen. Außerdem ist die Ausgabe von Aktienurkunden und Zwischenscheinen nach §§ 203 Abs. 1 S. 1, 191 S. 1 Fall 2 vor der Eintragung der Durchführung unzulässig (**Ausgabeverbot**); dennoch vorher ausgegebene Aktienurkunden und Zwischenscheine sind unheilbar nichtig (§§ 203 Abs. 1 S. 1, 191 S. 2). Für den Schaden der vorherigen Ausgabe haften die Ausgeber den Inhabern (der wertlosen Papiere) als Gesamtschuldner (§§ 203 Abs. 1 S. 1, 191 S. 3).[77]

55 **2. Besonderheiten bei Verschmelzung und Spaltung.** Nach § 69 Abs. 1 S. 2 UmwG iVm Abs. 1 S. 1 Hs 1 UmwG sind abweichend von der Verweisung des § 203 Abs. 1 S. 1 die §§ 185, 186, 187 Abs. 1, 188 Abs. 2 und 3 Nr. 1 bei einer Kapitalerhöhung der übernehmenden Gesellschaft zur Durchführung einer Verschmelzung **nicht anzuwenden**. Gleiches gilt nach § 125 S. 1 UmwG bei Spaltungen (Aufspaltungen, Abspaltungen und Ausgliederungen). Hier wird ein ausreichender Gläubiger- und Aktionärsschutz bereits durch das UmwG gewährleistet.[78]

C. Ermächtigung des Vorstands zum Ausschluss des Bezugsrechts (Abs. 2) und Ausübung der Ermächtigung durch den Vorstand

56 **I. Grundlagen.** Auch beim genehmigten Kapital ist der Ausschluss des Bezugsrechts ganz oder teilweise möglich. Zwei Wege stehen insofern offen. *Zum einen* kann das Bezugsrecht nach den §§ 203 Abs. 1, 186 Abs. 3 und 4 schon bei der Schaffung des genehmigten Kapitals unmittelbar in der Ermächtigung verbindlich ausgeschlossen werden (**Direktausschluss**; siehe dazu Rn 13 ff). *Zum anderen* besteht aber auch die Möglichkeit, dass die nach § 202 Abs. 1 oder Abs. 2 für ein genehmigtes Kapital erforderliche Satzungsbestimmung den **Vorstand** (bloß) **zum Ausschluss des Bezugsrechts ermächtigt** (**Ausschlussermächtigung**, § 203 Abs. 2; siehe dazu gleich Rn 57 ff; zum Zweck der Vorschrift siehe oben Rn 2). Das Bezugsrecht selbst wird dann erst vom Vorstand ausgeschlossen (siehe dazu Rn 81 ff).

57 **II. Ermächtigung durch Gründungssatzung oder Satzungsänderung.** Die Ermächtigung des Vorstands zum Bezugsrechtsausschluss kann in der **Gründungssatzung** oder in der **Ermächtigung nach § 202 Abs. 2** enthalten sein.

58 **1. Ermächtigung durch Gründungssatzung.** Erfolgt die Ermächtigung zum Bezugsrechtsausschluss in der Gründungssatzung und damit durch Vereinbarung der Gründer, verbleibt es bei den gewöhnlichen Voraussetzungen der Satzungsfeststellung. Die insoweit erforderliche einstimmige Willensbildung lässt auch die

---

76 Großkomm-AktienR/*Hirte*, Rn 51 mwN; KölnKomm-AktG/*Lutter*, Rn 56.
77 MüKo-AktG/*Bayer*, Rn 37; Hölters/*v. Dryander/Niggemann*, Rn 37; *Hüffer*, Rn 20; Großkomm-AktienR/*Hirte*, Rn 54; KölnKomm-AktG/*Lutter*, Rn 58; Bürgers/Körber/*Marsch-Barner*, Rn 23; Grigoleit/*Rieder/Holzmann*, Rn 15; K. Schmidt/Lutter/*Veil*, Rn 19; Spindler/Stilz/*Wamser*, Rn 55.
78 MüKo-AktG/*Bayer*, Rn 38; Großkomm-AktienR/*Hirte*, Rn 55.

Notwendigkeit einer sachlichen Rechtfertigung der Ermächtigung zum Bezugsrechtsausschluss **entfallen**.[79] Das setzt aber voraus, dass die **Schaffung des genehmigten Kapitals und die Ermächtigung des Vorstands zum Bezugsrechtsausschluss in der Gründungssatzung** erfolgt (Abs. 2 S. 1: „Die Ermächtigung kann vorsehen...").[80] Die Befugnis zum Bezugsrechtsausschluss muss dem Vorstand nach Abs. 2 **ausdrücklich übertragen** werden; das gilt auch dann, wenn nach der Ermächtigung die Aktien gegen Sacheinlagen (§ 205) ausgegeben werden dürfen.[81] Die Ermächtigung zum Bezugsrechtsausschluss unterliegt wegen ihrer Bindung an ein bestimmtes genehmigtes Kapital der **Fünfjahresgrenze** des § 202 Abs. 1.

2. Ermächtigung durch Satzungsänderung. Erfolgt die Ermächtigung des Vorstands zur Ausgabe neuer Aktien durch Satzungsänderung (§ 202 Abs. 2), kann der Vorstand ebenfalls dazu ermächtigt werden, das Bezugsrecht der Aktionäre auszuschließen (Abs. 2 S. 1). Dabei muss der Ermächtigungsbeschluss zur Schaffung des genehmigten Kapitals zunächst die normalen Anforderungen an die Ermächtigung erfüllen (siehe dazu § 202 Rn 18 ff und 39 ff). Darüber hinaus müssen wegen der (zusätzlichen) Ermächtigung zum Ausschluss des Bezugsrechts weitere Voraussetzungen erfüllt sein.

a) Formelle Anforderungen. Nach Abs. 2 S. 2 gilt § 186 Abs. 4 sinngemäß, wenn die Hauptversammlung das Bezugsrecht nicht selbst ausschließt, sondern den Vorstand zum Bezugsrechtsausschluss ermächtigt.

aa) Diverse formelle Anforderungen. Danach darf der Vorstand nur zum Bezugsrechtsausschluss ermächtigt werden, wenn die **Absicht** ausdrücklich und **ordnungsgemäß bekannt gemacht** worden ist (§§ 203 Abs. 2 S. 2, 186 Abs. 4 S. 1; zu Einzelheiten siehe § 186 Rn 36). Zudem muss die Beschlussfassung über die Ermächtigung zum Bezugsrechtsausschluss – anders als nach der alten Rechtslage (AktG 1937)[82] – **ausdrücklich** erfolgen.[83] Ein Schweigen des Ermächtigungsbeschlusses lässt das Bezugsrecht der Aktionäre hingegen bestehen und vermittelt dem Vorstand keinerlei Befugnis zu dessen Ausschluss (siehe dazu auch Rn 2).[84] In diesem Zusammenhang ist zu beachten, dass eine Befugnis zur Sachkapitalerhöhung (§ 205) nicht zugleich rechtstechnisch eine Ermächtigung des Vorstands zum Bezugsrechtsausschluss (bei Sachkapitalerhöhung) enthält. **Eine Befugnis zur Sachkapitalerhöhung enthält auch nicht konkludent eine Ermächtigung** des Vorstands **zum Bezugsrechtsausschluss** (bei Sachkapitalerhöhung). Denn in der in der Ermächtigung zur Kapitalerhöhung durch Sacheinlagen läge nur dann eine konkludente Ermächtigung zum Bezugsrechtsausschluss, wenn die Kapitalerhöhung durch Sacheinlagen in jedem Fall zwingend einen Bezugsrechtsausschluss zur Folge hätte. Dies ist aber nicht der Fall. Zwar hat die Einbringung einer Sacheinlage zur Folge, dass die für den Sacheinleger bestimmten Aktien keinem anderen Aktionär mehr angeboten werden können, so dass eine Sachkapitalerhöhung in der Praxis fast immer mit einem Bezugsrechtsausschluss verbunden wird.[85] Zwingend ist das aber nicht. Denn wenn der Sacheinleger bereits Aktionär ist, so kann ein Bezugsrechtsausschluss für die übrigen Aktionäre dadurch vermieden werden, dass im Wege der gemischten Kapitalerhöhung allen Aktionären Bezugsrechte entsprechend ihren bisherigen Beteiligungen eingeräumt und für einen von ihnen Sacheinlagen, für die anderen dagegen Bareinlagen festgesetzt werden.[86] Eine reine Sachkapitalerhöhung ohne Bezugsrechtsausschluss kann zudem etwa im Wege des „Schütt-Aus-Hol-Zurück-Verfahrens" durchgeführt werden.[87] Weil also mit der Sachkapitalerhöhung nicht zwingend ein Bezugsrechtsausschluss verbunden ist, kann aus der Befugnis zur Sachkapitalerhöhung nicht zugleich eine konkludente Ermächtigung zum Bezugsrechtsausschluss abgeleitet werden.

Wie sich aus Abs. 2 S. 1 ergibt („Die Ermächtigung kann vorsehen..."), kann die **Befugnis zum Bezugsrechtsausschluss** nur in der Ermächtigung zur Erhöhung des Grundkapitals und damit bei einer Ermächtigung durch Satzungsänderung **nur im** betreffenden **satzungsändernden Ermächtigungsbeschluss** eingeräumt

---

[79] MüKo-AktG/*Bayer*, Rn 38; Hölters/*v. Dryander/Niggemann*, Rn 40; Geßler/Hefermehl/*Bungeroth*, Rn 19; *Hüffer*, Rn 22; Bürgers/Körber/*Marsch-Barner*, Rn 26; K. Schmidt/Lutter/*Veil*, Rn 21.
[80] Geßler/Hefermehl/*Bungeroth*, Rn 19.
[81] Vgl OLG Stuttgart AG 2001, 200, 200 = NZG 2001, 232, 233 (Hymer). Die Entscheidung betraf zwar den Fall, dass die Ermächtigung in einer Satzungsänderung enthalten war; der Sache nach (nicht hinsichtlich der Herleitung aus § 186 Abs. 4 S. 1) dürften die Erwägungen auch auf die durch die Gründungssatzung erfolgte Ermächtigung anwendbar sein; wohl auch KölnKomm-AktG/*Lutter*, Rn 17.
[82] BGHZ 33, 175, 180 (Minimax II).
[83] Vgl OLG Stuttgart AG 2001, 200, 200 = NZG 2001, 232, 233 (Hymer); Großkomm-AktienR/*Hirte*, Rn 57; KölnKomm-AktG/*Lutter*, Rn 17; Bürgers/Körber/*Marsch-Barner*, Rn 25; Grigoleit/Rieder/*Holzmann*, Rn 19; K. Schmidt/Lutter/*Veil*, Rn 20; abweichend: *Kimpler*, S. 64.
[84] OLG Stuttgart AG 2001, 200, 200 = NZG 2001, 232, 233 (Hymer); KölnKomm-AktG/*Lutter*, Rn 17.
[85] OLG Stuttgart AG 2001, 200, 200 = NZG 2001, 232, 233 (Hymer); Großkomm-AktienR/*Wiedemann*, § 183 Rn 57.
[86] OLG Stuttgart AG 2001, 200, 200 = NZG 2001, 232, 233 (Hymer); *Lutter*, ZGR 1979, 401, 406 f.
[87] OLG Stuttgart AG 2001, 200, 200 = NZG 2001, 232, 233 (Hymer); zum „Schütt-Aus-Zurück-Verfahren" siehe *Hüffer*, § 183 Rn 15; zur Zulässigkeit des Verfahrens bei der GmbH und die dabei zulässigen Wege: BGHZ 113, 335 = ZIP 1991, 511 = WM 1991, 671 = NJW 1991, 1754; BGHZ 135, 381, 384 ff = ZIP 1997, 1337, 1337/1338 = WM 1997, 1427, 1428 = NJW 1997, 2516, 2516/1517.

werden.[88] Das schließt jedoch nicht aus, dem Vorstand auch noch nachträglich, also nach der Schaffung des genehmigten Kapitals, die Befugnis zum Bezugsrechtsausschluss zu übertragen; will jedoch die Hauptversammlung dem Vorstand nachträglich die Befugnis zum Bezugsrechtsausschluss einräumen, handelt es sich dabei um eine qualitative Änderung der Ermächtigung, für die die oben entwickelten Grundsätze gelten (siehe dazu § 202 Rn 71 ff).[89]

63 Der satzungsändernde Beschluss zur Schaffung des genehmigten Kapitals selbst bedarf – wie der Bezugsrechtsausschluss nach § 186 Abs. 3 auch – einer **Stimmenmehrheit** und einer **Mehrheit von drei Viertel des bei der Beschlussfassung vertretenen Grundkapitals** (§ 202 Abs. 2 S. 2; siehe dazu § 202 Rn 21 ff). Eine geringere Kapitalmehrheit kann dabei durch die Satzung nicht gestattet werden (§ 202 Abs. 2 S. 3). Das alles gilt in gleicher Weise und erst recht für die zusätzliche Ermächtigung des Vorstands zum Bezugsrechtsausschluss.[90]

64 **bb) Vorstandsbericht. (1) Das Ob der Berichtspflicht im Zeitpunkt der Ermächtigung.** Abs. 2 S. 2 verweist auch auf § 186 Abs. 4 S. 2.[91] Daraus leitet die hM seit längerem ab, dass (schon) für die Ermächtigung zum Bezugsrechtsausschluss ein **schriftlicher (elektronische Form reicht aus) Vorstandsbericht** nach § 186 Abs. 4 S. 2 zu erfolgen hat.[92] Das wurde auch durch die „Siemens/Nold"-Entscheidung des BGH[93] nicht grundsätzlich verändert. Der Vorstand kann sich aber danach (zu diesem Zeitpunkt) auf allgemein gehaltene Angaben beschränken;[94] dadurch hat der BGH die Berichtsanforderungen (für diesen Zeitpunkt) stark ausgedünnt. Die Pflicht, zu diesem Zeitpunkt zu berichten, blieb aber auch nach der „Siemens/Nold"-Entscheidung des BGH erhalten.[95] Auch in der jüngeren „Mangusta/Commerzbank I"-Entscheidung ist der BGH von dieser Rechtsprechung nicht abgerückt,[96] ebenso wie auch in späteren Entscheidungen.[97] In dem dem „Mangusta/Commerzbank I"-Urteil zugrundeliegenden Verfahren war zu entscheiden, ob ein Aktionär von der Gesellschaft verlangen kann, Kapitalerhöhungen aufgrund eines bereits bestehenden genehmigten Kapitals mit Bezugsrechtsausschluss zu unterlassen, wenn die Gesellschaft nicht zuvor durch einen schriftlichen Vorstandsbericht über den (beabsichtigten) Bezugsrechtsausschluss und dessen Grund berichtet und den vorgeschlagenen Ausgabebetrag begründet hat, mithin ob vor der Ausnutzungsentscheidung ein Vorstandsbericht erforderlich ist;[98] zu dieser Frage siehe Rn 95 f. Die Frage, ob bereits beim Hauptversammlungsbeschluss über die Ermächtigung zum Bezugsrechtsausschluss ein schriftlicher Vorstandsbericht erforderlich ist, musste der BGH in der „Mangusta/Commerzbank I"-Entscheidung gar nicht entscheiden. Gleichwohl wiederholte er seine Auffassung, wonach der von der Verwaltung vorgeschlagene Beschluss über die Ermächtigung des Vorstands zum Bezugsrechtsausschluss den Aktionären bei der Einberufung der ordentlichen Hauptversammlung bekannt zu machen und durch einen schriftlichen Bericht zu erläutern ist.[99] Mithin bleibt es auch nach der „Mangusta/Commerzbank I"-Entscheidung bei der Auffassung des BGH, ein Vorstandsbericht (vgl zum Inhalt des Berichts unten Rn 67 ff) sei bei der Schaffung einer Ermächtigung zum Bezugsrechtsausschluss erforderlich, und zwar mit einem – im Vergleich zum Bezugsrechtsausschluss bei der (regulären) Kapitalerhöhung gegen Einlagen nach §§ 182 ff – ganz stark ausgedünnten Inhalt.[100]

65 Der Ansicht des BGH, dass aus §§ 203 Abs. 2 S. 2, 186 Abs. 4 S. 2 für die Schaffung der Ermächtigung zum Bezugsrechtsausschluss (zum genauen Zeitpunkt und der Art und Weise der Vorlage des Berichts siehe Rn 71) eine Berichtspflicht des Vorstands abzuleiten ist, ist nicht zu folgen;[101] das heißt aber nicht, dass gar nicht zu berichten ist. Der Vorstand hat vielmehr nach der hier vertretenen Ansicht erst bei der Ausnutzung zu berichten (siehe dazu Rn 85 und 93 ff).[102] Der Grund für eine Ablehnung einer Berichtspflicht im Zeit-

---

88 Ebenso: KölnKomm-AktG/*Lutter*, Rn 17; Bürgers/Körber/*Marsch-Barner*, Rn 27; aA wegen des fehlenden Verweises in § 203 Abs. 2 S. 2 auf § 186 Abs. 3 Großkomm-AktienR/*Hirte*, Rn 58.
89 MüKo-AktG/*Bayer*, Rn 92; KölnKomm-AktG/*Lutter*, Rn 17; Bürgers/Körber/*Marsch-Barner*, Rn 27; im Erg. ebenso: Großkomm-AktienR/*Hirte*, Rn 58; vgl auch *Hüffer*, Rn 40; aA *Ekkenga/Sittmann*, AG 1989, 231 f.
90 Vgl KölnKomm-AktG/*Lutter*, Rn 16; Spindler/Stilz/*Wamser*, Rn 74.
91 AA *van Venrooy*, DB 1982, 735, 736: die Verweisung laufe bezüglich der Berichtspflicht leer; dagegen zu Recht: *Hirte*, Bezugsrechtsausschluss, S. 110 f; MüKo-AktG/*Bayer*, Rn 90; KölnKomm-AktG/*Lutter*, Rn 36; *Hüffer*, Rn 25; Bürgers/Körber/*Marsch-Barner*, Rn 27; Spindler/Stilz/*Wamser*, Rn 63.
92 BGHZ 83, 319, 325 f (Holzmann); LG Frankfurt AG 1984, 296, 299 = BB 1985, 163, 167; MüKo-AktG/*Bayer*, Rn 96, 161; *ders.*, ZHR 168 (2004), 132, 154; Hölters/v. Dryander/*Niggemann*, Rn 41; *Hüffer*, Rn 25; KölnKomm-AktG/*Lutter*, Rn 15 und 36; Bürgers/Körber/*Marsch-Barner*, Rn 27; Spindler/Stilz/*Wamser*, Rn 63; MüHb-AG/*Krieger*, § 58 Rn 18; Grigoleit/Rieder/Holzmann, Rn 19; *Quack*, ZGR 1983, 257, 262; *Wettich*, AG 2012, 725, 732.
93 BGHZ 136, 133, 136 ff (Siemens/Nold II).
94 BGHZ 136, 133, 139 (Siemens/Nold II).
95 BGHZ 136, 133, 139 (Siemens/Nold II); vgl MüKo-AktG/*Bayer*, Rn 145 f.
96 BGHZ 164, 241, 244 f (Mangusta/Commerzbank I) = ZIP 2005, 2205, 2206 = EWiR 2006, 35 (*Hirte*).
97 BGH, ZIP 2006, 368, 369 = AG 2006, 246; BGH, ZIP 2007, 2122, 2123 = AG 2007, 863; BGH, ZIP 2009, 1566, 1569 (Mindestausgabebetrag); BGH, ZIP 2009, 1624.
98 BGHZ 164, 241, 243 (Mangusta/Commerzbank I) = ZIP 2005, 2205, 2206 = EWiR 2006, 35 (*Hirte*).
99 BGHZ 164, 241, 245 f (Mangusta/Commerzbank I) = ZIP 2005, 2205, 2206 = EWiR 2006, 35 (*Hirte*).
100 So auch *Waclawik*, ZIP 2006, 397, 398.
101 So auch Großkomm-AktienR/*Hirte*, Rn 72; ebenso: *Kindler*, ZGR 1998, 35, 63 mwN, der einen Bericht allerdings für gänzlich entbehrlich hält.
102 So auch Großkomm-AktienR/*Hirte*, Rn 72.

punkt der Ermächtigung zum Bezugsrechtsausschluss liegt darin, dass zu dieser Zeit die Aktionärsinteressen, die es zu schützen gelten könnte, erst abstrakt gefährdet sind.[103] Denn insbesondere zwei für die Zulässigkeit des Bezugsrechtsausschlusses entscheidende Parameter, namentlich der Umfang des unter Bezugsrechtsausschluss auszugebenden Kapitals und der Ausgabekurs der jungen Aktien, stehen im Zeitpunkt der Beschlussfassung über die Ermächtigung meist noch nicht fest.[104] Zu diesem Zeitpunkt kann ein etwaiger Bericht also gar nicht den Zweck erfüllen, eine sachgerechte Entscheidung der Hauptversammlung zu ermöglichen. Denn die Aktionäre als Mitglieder des Organs Hauptversammlung können zu diesem Zeitpunkt mangels feststehender Parameter durch den Bericht gar nicht in die Lage versetzt werden, die notwendige Abwägung abschließend selbst vorzunehmen. Der Bericht droht zu einer inhaltsleeren Formalität zu werden. Eine sinngemäße Anwendung (siehe Abs. 2 S. 2) des § 186 Abs. 4 S. 2 führt daher nicht zu einer Berichtspflicht im Zeitpunkt der Ermächtigung, wenn in dem Verfahrensablauf, der von des §§ 202 ff vorgegeben wird (siehe dazu § 202 Rn 5 ff), ein Zeitpunkt existiert, in dem ein Bericht eine sachgerechte Entscheidung der Aktionäre hinsichtlich des Bezugsrechtsausschlusses ermöglichen kann. Hier bieten sich zwei Zeitpunkte an, in denen die entscheidenden Parameter feststehen und damit ausführlicher berichtet werden kann als im Zeitpunkt der Beschlussfassung über die Schaffung der Ermächtigung. Zum einen ist dies der **Zeitpunkt der Ausnutzungsentscheidung** und zum anderen der **Zeitpunkt der nächsten ordentlichen Hauptversammlung** nach Ausnutzung der Ermächtigung unter Bezugsrechtsausschluss. Im ersten Zeitpunkt hat jeder Aktionär für sich die Entscheidung zu treffen, ob er gegen die Ausnutzung unter Bezugsrechtsausschluss mit einer Unterlassungsklage oder Feststellungsklage vorgeht und die weitere Durchführung dadurch verhindert. Im zweiten Zeitpunkt hat die Hauptversammlung darüber zu befinden, ob sie den Verwaltungsorganen Entlastung erteilt (§§ 119 Abs. 1 Nr. 3, 120 S. 1).[105] Zudem könnten Schadensersatzklagen durch einen etwaigen Bericht erleichtert werden.[106] Nach alldem bleibt jedenfalls festzuhalten, dass eine sinngemäße Anwendung des § 186 Abs. 4 S. 2 daher hier nicht zu einer Berichtspflicht im Zeitpunkt der Beschlussfassung über die Schaffung der Ermächtigung führt.[107] Dafür, den Bericht bei der Ausnutzungsentscheidung und nicht erst zur nächsten ordentlichen Hauptversammlung nach Ausnutzung der Ermächtigung unter Bezugsrechtsausschluss zu verlangen, spricht, dass die Aktionärsinteressen in diesem Zeitpunkt tatsächlich konkret gefährdet werden (siehe dazu Rn 94 ff). Anders sieht dies hingegen der BGH, der – neben der (ausgedünnten) Berichtspflicht im Zeitpunkt der Beschlussfassung über die Schaffung der Ermächtigung (Rn 64) – eine (ausführliche) Berichtspflicht zum Zeitpunkt der nächsten ordentlichen Hauptversammlung für erforderlich hält;[108] siehe Rn 99 a.

Der **Praxis** ist dennoch bis auf weiteres zu empfehlen, entsprechend der Ansicht des BGH in der „Siemens/Nold"-Entscheidung, (auch) aus Anlass der Schaffung einer Ermächtigung zum Ausschluss des Bezugsrechts nach § 186 Abs. 4 S. 2 zu berichten.[109] **66**

(2) Inhalt der Berichtspflicht. Gemäß §§ 203 Abs. 2 S. 2, 186 Abs. 4 S. 2 Hs 1 hat der Vorstand – wenn man entgegen der hier vertretenen Auffassung bei der Schaffung der Ermächtigung einen Vorstandsbericht fordert – der Hauptversammlung einen Bericht über den Grund für den Ausschluss des Bezugsrechts zugänglich zu machen.[110] Seit der „Siemens/Nold"-Entscheidung genügt dem BGH die **generell-abstrakte Umschreibung des Vorhabens**;[111] dies hat der BGH seit dem mehrfach wiederholt.[112] Genau diese (lediglich) generell-abstrakte Umschreibung des Vorhabens sollte vor der „Siemens/Nold"-Entscheidung nicht ausreichen; es wurde vielmehr die Angabe konkreter Anhaltspunkte im Bericht verlangt.[113] Danach musste die Verwaltung wenigstens so viele Tatsachen mit den dazu angestellten Überlegungen aufzeigen, dass sich die Hauptversammlung ein Bild von der Stichhaltigkeit des Wunsches nach einer Ermächtigung zum Be- **67**

---

103 So auch Großkomm-AktienR/*Hirte*, Rn 73.
104 Großkomm-AktienR/*Hirte*, Rn 73; siehe auch *Hirte*, Bezugsrechtsausschluss, S. 120 ff.
105 Darauf weist der BGH ausdrücklich hin (BGHZ 136, 133, 140 (Siemens/Nold II)).
106 Auch hierauf weist der BGH in seiner „Siemens/Nold"-Entscheidung ausdrücklich hin (BGHZ 136, 133, 140 f (Siemens/Nold II) und verweist auf diese Ausführungen in seinem „Mangusta/Commerzbank I"-Urteil (BGHZ 164, 241, 247 f (Mangusta/Commerzbank I) = ZIP 2005, 2205, 2207 = EWiR 2006, 35 (*Hirte*)).
107 BGHZ 164, 241, 244 f (Mangusta/Commerzbank I).
108 BGHZ 164, 241, 244 f (Mangusta/Commerzbank I).
109 So ebenfalls Großkomm-AktienR/*Hirte*, Rn 75.
110 Insoweit ist bedauerlich, dass das Gesetz – anders als etwa in Frankreich, wo die Einzelheiten des Berichts geregelt sind (vgl Großkomm-AktienR/*Hirte*, § 202 Rn 68) – die Anforderungen an den Inhalt des Berichts nicht weiter konkretisiert.
111 BGHZ 136, 133, 139 (Siemens/Nold II); vgl auch *Hüffer*, Rn 26; Bürgers/Körber/*Marsch-Barner*, Rn 28; K. Schmidt/Lutter/*Veil*, Rn 25; Spindler/Stilz/*Wamser*, Rn 80; *Wilsing*, ZGR 2006, 722, 726 f; *Bungert*, NJW 1998, 488, 491.
112 Vgl BGHZ 144, 290, 295 = NJW 2000, 2356; BGHZ 164, 241, 246 = ZIP 2005, 2205, 2206 (Mangusta/Commerzbank I); BGHZ 164, 249 = ZIP 2005, 2207, 2208 (Mangusta/Commerzbank II); BGH, ZIP 2006, 368, 369 = AG 2006, 246; BGH, ZIP 2007, 2122, 2123 = AG 2007, 863; BGH, ZIP 2009, 1566, 1569 (Mindestausgabebetrag); BGH, ZIP 2009, 1624.
113 Vgl BGHZ 83, 319, 325 f (Holzmann); OLG München AG 1995, 231 f = NJW 1995, 1972 (LS); LG Hof WM 1992, 2057, 2061 f; LG München I AG 1993, 195, 196; *Becker*, BB 1981, 394, 395 f; KölnKomm-AktG/*Lutter*, Rn 37 iVm Rn 25 ff; *Quack*, ZGR 1983, 257, 262; aA *Marsch* (jetzt *Marsch-Barner*), AG 1981, 211, 212 f (nur Andeutung erforderlich).

zugsrechtsausschluss machen konnte.[114] Seit der „Siemens/Nold"-Entscheidung muss die Hauptversammlung dagegen im Zeitpunkt der Beschlussfassung (über die Einräumung einer Ermächtigung nach Abs. 2) nicht mehr in die Lage versetzt werden, unter Kenntnis relativ konkreter Parameter eine Abwägung selbst vorzunehmen, sondern sie muss aus dem Vorhaben nur noch ersehen können, dass und warum eine Ermächtigung zum Ausschluss des Bezugsrechts der Aktionäre im Gesellschaftsinteresse liegt.[115] Bei einem Direktausschluss, für den die Ausführungen entsprechend gelten, muss danach für die Hauptversammlung ersichtlich werden, warum der Ausschluss innerhalb der Ermächtigungsfrist im Interesse der Gesellschaft liegen könnte.[116]

68 In **Anlehnung an** den der „Siemens/Nold"-Entscheidung zugrunde liegenden Sachverhalt[117] kann im Bericht etwa formuliert werden, dass der Ausschluss des Bezugsrechts dem Erwerb von Beteiligungen in geeigneten Einzelfällen dienen solle.[118]

69 Da der Bericht auch nach der neueren Rechtsprechung – anders als nach der hier vertretenen Auffassung (siehe dazu Rn 65) – nicht entbehrlich ist, darf er sich in Bezug auf § 186 Abs. 4 S. 2 Hs 1 **nicht auf Selbstverständlichkeiten oder floskelhafte Umschreibungen beschränken**. Danach reicht es nicht aus, lediglich zu berichten, dass die unter Ausschluss des Bezugsrechts ins Auge gefasste Kapitalerhöhung der Kapitalbeschaffung der Gesellschaft dienen soll.[119]

70 Nach §§ 203 Abs. 2 S. 2, 186 Abs. 4 S. 2 Hs 2 ist in dem Bericht zudem der vorgeschlagene **Ausgabebetrag zu begründen**. Das ist aber nur dann erforderlich, wenn die Hauptversammlung – und nicht etwa der Vorstand – den Ausgabebetrag festsetzen soll.[120] Nur wenn bereits der Ermächtigungsbeschluss Angaben zum Ausgabekurs enthalten oder darauf beruhen soll, ist auch im Bericht dazu Stellung zu nehmen.[121]

71 **(3) Form sowie Art und Weise der Zugänglichmachung des Berichts.** Für den nach Ansicht der Rechtsprechung (siehe dazu Rn 64) anlässlich eines zum Bezugsrechtsausschluss ermächtigenden Hauptversammlungsbeschlusses zu erstattenden Vorstandsbericht gelten dieselben Formanforderungen und dieselben verfahrensrechtlichen **Vorgaben wie für** den **Vorstandsbericht, der anlässlich einer ordentlichen Kapitalerhöhung** mit Bezugsrechtsausschluss gemäß 186 Abs. 4 S. 2 zu erstatten ist. Hinsichtlich der Form sowie der Art und Weise der Zugänglichmachung des Berichts im Rahmen der Erteilung der Ermächtigung wird daher auf die entsprechenden Ausführungen bei der ordentlichen Kapitalerhöhung verwiesen (siehe dazu § 186 Rn 37 f).[122]

72 **b) Materielle Anforderungen. aa) Zeitliche Grenzen.** Jede Ermächtigung des Vorstands zur Erhöhung des Grundkapitals muss ausdrücklich die Dauer der Ermächtigung angeben, bis zu der die Kapitalerhöhung durchgeführt und ins Handelsregister eingetragen zu sein hat (§ 202 Abs. 1 und Abs. 2 S. 1; siehe dazu § 202 Rn 40 ff). Zudem sieht § 202 Abs. 1, Abs. 2 S. 2 dafür eine Höchstfrist von jeweils fünf Jahren vor. Da die Ermächtigung zum Ausschluss des Bezugsrechts zwingender Bestandteil eines bestimmten genehmigten Kapitals ist (siehe dazu Rn 62), gelten die dort vorgesehene **zeitliche Schranke** und die gesetzliche Höchstfrist **von fünf Jahren** zunächst als Obergrenzen für die Ermächtigung zum Bezugsrechtsausschluss. Unstrittig zulässig ist es, für die Ermächtigung zum Bezugsrechtsausschluss eine kürzere Frist zu setzen als

---

[114] Beispiele für Berichte auf der Grundlage der früheren Rechtsprechung finden sich bei *Heinsius*, Bezugsrechtsausschluss, in: FS Kellermann, 1991, S. 115, 132 ff.

[115] Vgl BGHZ 144, 290, 295 = ZIP 2000, 1162, 1164 = WM 2000, 1340, 1342 = NJW 2000, 2356, 2357 = AG 2000, 475, 476 = EWiR 2000, 941 (*Hirte*) (adidas); vorinstanzlich OLG Nürnberg AG 1999, 381, 381 f = NZG 1999, 409, 410 (*Behnke*) (adidas); OLG Schleswig, AG 2004, 155, 157; OLG Schleswig, AG 2005, 48, 50 f.

[116] *Hüffer*, Rn 26.

[117] BGHZ 136, 133, 134 (Siemens/Nold II).

[118] Großkomm-AktienR/*Hirte*, Rn 77. Wobei eine floskelhafte Aneinanderreihung von Allgemeinplätzen, bei der die angegebene „strategische Neuausrichtung" nicht ansatzweise erläutert wird, nicht ausreicht (OLG München ZIP 2002, 1580 = DB 2002, 1765 = BB 2002, 1976 (MHM).

[119] OLG München ZIP 2002, 1580, 1581 = DB 2002, 1765 = BB 2002, 1976, 1977 ("zutreffende Erwägung des Landgerichts") (MHM); vorinstanzlich LG München I BB 2001, 748 (MHM); *Bungert*, BB 2001, 742, 743; MüKo-AktG/*Bayer*, Rn 54, 88, 90; *Cahn*, ZHR 163 (1999), 554, 557; Großkomm-AktienR/*Hirte*, Rn 77; *Hofmeister*, NZG 2000, 713, 714; Spindler/Stilz/*Wamser*, Rn 67.

[120] BGHZ 136, 133, 141 f (Siemens/Nold II); BGHZ 144, 290, 295 = ZIP 2000, 1162, 1164 = WM 2000, 1340, 1342 = NJW 2000, 2356, 2357 = AG 2000, 475, 476 = EWiR 2000, 941 (*Hirte*) (adidas); OLG Frankfurt WM 1986, 615, 617 = AG 1986, 233, 234 (Deutsche Bank) (zu Spitzenbeträgen und Optionsanleihen); LG Frankfurt AG 1984, 296, 299 = BB 1985, 163, 167; LG München I AG 1993, 195, 196; MüKo-AktG/*Bayer*, Rn 54, 88, 90, 152; *Bungert*, NJW 1998, 488, 491; *Hüffer*, Rn 26; KölnKomm-AktG/*Lutter*, Rn 40; *Marsch* (jetzt *Marsch-Barner*), AG 1981, 211, 212; aA *Becker*, BB 1981, 394, 396, der nur die Angabe der Grundlagen der Berechnung verlangt.

[121] Statt aller: KölnKomm-AktG/*Lutter*, Rn 40; *Marsch* (jetzt *Marsch-Barner*), AG 1981, 211, 212.

[122] Zu den Anforderungen siehe auch MüKo-AktG/*Bayer*, Rn 55; Großkomm-AktienR/*Hirte*, Rn 111. Dabei ist aber zu beachten, dass § 186 Abs. 4 S. 2 Hs 1 seit der Änderung durch das Gesetzes zur Umsetzung der Aktionärsrechterichtlinie (ARUG) vom 30.7.2009 (BGBl. I 2009, S. 2479) mit Wirkung vom 1.9.2009 dahingehend geändert wurde, **dass der Vorstand** der Hauptversammlung einen schriftlichen Bericht über den Grund für den teilweisen oder vollständigen Ausschluss des Bezugsrechts nicht mehr „vorzulegen", sondern nunmehr „zugänglich zu machen" hat. Mit dieser Änderung wollte der Gesetzgeber unter anderem die bisherige Medienfestlegung auf Papier aufgeben (vgl BegrRegE, BR-Drucks. 847/08, S. 57 iVm S. 35 = vgl BegrRegE, BT-Drucks. 16/11642, S. 37 iVm S. 25).

für die Ermächtigung zur Erhöhung des Grundkapitals; dass dabei die Höchstfrist von fünf Jahren unterschritten werden kann, versteht sich von selbst.

Strittig ist allerdings, **ob für die Ermächtigung zum Bezugsrechtsausschluss** eine **kürzere Frist** als die Höchstfrist von fünf Jahren **gesetzt werden muss**, wenn feststeht, dass der den Bezugsrechtsausschluss sachlich rechtfertigende Grund nur für einen kürzeren Zeitraum besteht. In Fällen, in denen über den Zeitraum bis zum Termin der nächsten oder übernächsten ordentlichen Hauptversammlung hinaus zum Bezugsrechtsausschluss ermächtigt wird, könnte die Hauptversammlung als das für den Normalfall zuständige Gesellschaftsorgan selbst und ohne besonderen Aufwand und Zeitverlust über die möglichen Verwendungszwecke des genehmigten Kapitals entscheiden. Das und der Umstand, dass das genehmigte Kapital und dort insbesondere die Ermächtigung zum Bezugsrechtsausschluss gesetzessystematisch eine Ausnahme darstellt, lassen es auf den ersten Blick angezeigt erscheinen, eine kürzere Ermächtigungsfrist für die Fälle zu verlangen, in denen der Grund für die Ausschlussermächtigung nur für einen kürzeren Zeitraum besteht.[123] Dem wird entgegengehalten, dass der Vorstand von der Ermächtigung zum Bezugsrechtsausschluss ohnehin nur im Rahmen der von der Hauptversammlung zugrunde gelegten Zwecksetzung Gebrauch machen könne. Sobald sich dieser Zweck nicht mehr realisieren lässt, könne auch die Ermächtigung zum Bezugsrechtsausschluss nicht mehr ausgenutzt werden. Eine am Zweck ausgerichtete Befristung sei daher nicht zu fordern.[124] Dem ist mit der Maßgabe zu folgen, dass es dann aber einer besonderen Kontrolle bei der Ausnutzung bedarf.[125]

bb) Sachliche Rechtfertigung und deren Kontrolle. (1) Grundsätzliches. Obwohl § 186 Abs. 3, Abs. 4 das Erfordernis Rechtfertigung für den **Bezugsrechtsausschluss** nicht nennt, ist es seit der insoweit grundlegenden Entscheidung des II. Zivilsenates des Bundesgerichtshofs vom 13.3.1978 (**Kali und Salz**)[126] und der zuvor geführten wissenschaftlichen Diskussion[127] anerkannt, dass der Ausschluss des Bezugsrechts **von einem im Gesellschaftsinteresse liegenden Grund getragen** sein muss (siehe dazu § 186 Rn 41 ff).[128] Dies wird vom Gesetz seit der Einführung des vereinfachten Bezugsrechtsausschlusses in § 186 Abs. 3 S. 4 auch angedeutet. Dieses Erfordernis **gilt** – wie die „Holzmann"-Entscheidung[129] deutlich hervorhebt – nicht nur für die ordentliche Kapitalerhöhung (§§ 182 ff), sondern **auch für** eine Kapitalbeschaffung nach den **§§ 202 ff**. Daran hat die „Siemens/Nold"-Entscheidung[130] nichts geändert.[131]

(2) Pflichtbindung und Sachkontrolle. Eine andere Frage ist es dagegen, wen die Pflichtbindung beim genehmigten Kapital trifft und wo die insoweit gebotene Kontrolle anzusetzen hat. Hinsichtlich der Fassung eines Ermächtigungsbeschlusses zum Ausschluss des Bezugsrechts ist fraglich, ob auch schon die Hauptversammlung einer Pflichtbindung unterliegt und kontrolliert werden kann.

Aus den gleichen Gründen wie – nach der hier vertretenen Auffassung – anlässlich der Schaffung einer Ermächtigung zum Bezugsrechtsausschluss keine Berichtspflicht des Vorstands besteht (siehe dazu Rn 65), ist auch eine **Sachkontrolle des Ermächtigungsbeschlusses abzulehnen**, die darauf gerichtet ist, positiv zu überprüfen, ob Rechtfertigungsgründe vorliegen (könnten).[132]

Die **Rechtsprechung** nimmt dagegen – parallel zu der beim Ermächtigungsbeschluss verlangten Berichterstattung (siehe dazu Rn 64) – eine entsprechende Pflichtbindung der Hauptversammlung und die damit einhergehende Sachkontrolle an;[133] dem war die Literatur seit der „Holzmann"-Entscheidung überwiegend gefolgt.[134] Danach wurde von der Rechtsprechung **bis zur „Siemens/Nold"-Entscheidung** verlangt, dass bei der Beschlussfassung **bestimmte tatsächliche Anzeichen** dafür vorliegen, dass der Vorstand während der

---

123 So etwa KölnKomm-AktG/*Lutter*, Rn 35; *Simon*, AG 1985, 237, 238 f.
124 *Hüffer*, Rn 30; MüHb-AG/*Krieger*, § 58 Rn 21; im Erg. ebenso: Großkomm-AktienR/*Hirte*, Rn 61.
125 Großkomm-AktienR/*Hirte*, Rn 61.
126 BGHZ 71, 40 (Kali und Salz).
127 Vgl *Bruns*, S. 204 ff; *Füchsel*, BB 1972, 1533 ff; Großkomm-AktienR/*Wiedemann*, 3. Aufl., § 186 Anm. 12; Großkomm-AktienR/*Schilling*, 3. Aufl., § 204 Anm. 2 aE, § 255 Anm. 2; KölnKomm-AktG/*Lutter*, 1. Aufl., § 186 Rn 49; KölnKomm-AktG/*Zöllner*, 1. Aufl., § 243 Rn 196; *Mestmäcker*, BB 1961, 845 ff; *Wiedemann*, Minderheitenschutz und Aktienhandel, S. 54 ff; *Zöllner*, Die Schranken mitgliedschaftlicher Stimmrechtsmacht bei den privatrechtlichen Personenverbänden, S. 352 f.
128 An dem Erfordernis hat die Rechtsprechung seither stets festgehalten; vgl BGHZ 120, 141, 145 f (Bankverein Bremen) (für Bezugsrecht auf Genussrechte); BGHZ 125, 239, 241 (Deutsche Bank); BGHZ 136, 133, 138 ff (Siemens/Nold II); OLG Stuttgart ZIP 1998, 1482, 1486 (Daimler Benz) (für Ausschluss des Bezugsrechts auf Wandelanleihen zur Begebung von stock options); dazu auch *Cahn*, ZHR 163 (1999), 554, 569 ff; abw. für die börsennotierte Aktiengesellschaft vor allem *Mülbert*, S. 137 ff; *Schwark*, Der vereinfachte Bezugsrechtsausschluss, in: FS Claussen, 1997, S. 357, 362 f (kritisch dazu *Bayer*, ZHR 163 (1999), 505, 526 f, 531; *Habersack*, S. 264 ff).
129 BGHZ 83, 319, 321 (Holzmann).
130 Vgl BGHZ 136, 133, 138 ff (Siemens/Nold II).
131 Dazu ausführlich MüKo-AktG/*Bayer*, Rn 105 ff, 116.
132 So auch Großkomm-AktienR/*Hirte*, Rn 72 ff; *Hirte*, Bezugsrechtsausschluss, S. 120 ff; *Kindler*, ZHR 158 (1994), 339, 363 f; *Kindler*, ZGR 1998, 35, 62; *Lutter*, BB 1981, 861, 863 (anders mittlerweile KölnKomm-AktG/*Lutter*, Rn 22); im Erg. ebenso, allerdings mit der unzutreffenden Begründung, dass die Verweisung des § 203 Abs. 2 S. 2 hinsichtlich der Berichtspflicht (vollkommen) leer laufe, *Venrooy*, DB 1982, 735 ff.
133 BGHZ 83, 319, 321 f (Holzmann).
134 Vgl *Abeltshauser*, S. 234 f; *Kimpler*, S. 70 ff; KölnKomm-AktG/*Lutter*, Rn 22 f; *Quack*, ZGR 1983, 257, 262; *Schockenhoff*, AG 1994, 45, 46 ff; *Semler*, BB 1983, 1566, 1568; *Timm*, S. 79 f; *ders.*, DB 1982, 211, 214 ff.

Dauer seiner Ermächtigung im Gesellschaftsinteresse genötigt sein könnte, die Kapitalerhöhung mit Bezugsrechtsausschluss durchzuführen.[135] Daran, dass nach der Rechtsprechung eine Sachkontrolle des Ermächtigungsbeschlusses vorgenommen werden muss, die darauf gerichtet ist, positiv zu überprüfen, ob Rechtfertigungsgründe vorliegen (könnten), hat sich durch die „Siemens/Nold"-Entscheidung nichts geändert.[136]

79 Jedoch ist diese Kontrolle **seit** der durch die „**Siemens/Nold**"-**Entscheidung** vorgenommenen Wende in der Rechtsprechung – parallel zur Berichtspflicht – stark ausgedünnt worden. Nunmehr wird lediglich noch verlangt, dass die Maßnahme, zu der der Vorstand ermächtigt werden soll, nach dem Bericht, also der (mindestens) generell-abstrakten Umschreibung des Vorhabens (siehe dazu Rn 67 ff), im wohlverstandenen Interesse der Gesellschaft liegt.[137] Damit hat die Rechtsprechung den Kontrollmaßstab – wenn sich der Vorstand auf die Mindestangaben beschränkt – auf eine **äußerst grobe materielle Kontrolle des Ermächtigungsbeschlusses** hinsichtlich der Rechtfertigung des Bezugsrechtsausschlusses reduziert.[138] Soweit allerdings schon aus Anlass des Ermächtigungsbeschlusses konkret informiert wird,[139] muss die Ermächtigung zum Bezugsrechtsausschluss nach den dann bekannten Tatsachen im Gesellschaftsinteresse liegen.[140] Dadurch kann der Vorstand die Kontrolldichte selbst steuern.

80 (3) **Rechtfertigungsgründe.** Hinsichtlich der in Betracht kommenden Rechtfertigungsgründe wird auf die Ausführungen zur ordentlichen Kapitalerhöhung verwiesen (siehe dazu § 186 Rn 42 ff und 46 ff).

81 **III. Ausübung der Ermächtigung durch den Vorstand. 1. Grundlagen.** Besteht eine Ermächtigung nach Abs. 2 S. 1, entscheidet der Vorstand über den Ausschluss des Bezugsrechts. Ein Ausschluss des Bezugsrechts durch den Vorstand setzt daher eine wirksame Ermächtigung nach Abs. 2 S. 1 voraus. Insoweit ist insbesondere zu verlangen, dass die Ermächtigung in das Handelsregister eingetragen ist, denn erst dann wird sie wirksam (§§ 41 Abs. 1 S. 1, 181 Abs. 3). Etwaige Anfechtungsgründe spielen für die Wirksamkeit der Ermächtigung nach Ablauf der Monatsfrist des § 246 Abs. 1 keine Rolle mehr. Der Vorstand ist jedoch gehalten, die Anfechtungsgründe bei der von ihm vorzunehmenden Interessenabwägung nicht gänzlich unberücksichtigt zu lassen (siehe dazu auch Rn 114).[141]

82 Bei der Möglichkeit des Vorstands, das Bezugsrecht auszuschließen, handelt es sich – wie bei der gesamten aus einem genehmigten Kapital resultierenden Befugnis (inhaltlich bleibt die Entscheidung des Vorstands Grundlagenentscheidung; siehe dazu § 202 Rn 4) – nicht um eine originäre, sondern eine vom Satzungsgeber abgeleitete Entscheidungsmacht des Vorstands.[142]

83 **2. Formelle Voraussetzungen.** Die Vorstandsentscheidung über den Ausschluss des Bezugsrechts erfolgt durch **Beschluss**. Die Entscheidung **ist** (formell) eine **Maßnahme der Geschäftsführung** (§ 77).[143] Für die Beschlussfassung gelten die allgemeinen Regeln. Der Beschluss ist daher, wenn nicht die Satzung oder die Geschäftsordnung etwas anderes bestimmt (siehe § 77 Rn 7 ff), **durch den Vorstand insgesamt** und **einstimmig** (siehe § 77 Rn 8) zu fassen.[144]

84 Obwohl der Bezugsrechtsausschluss inhaltlich eine Grundlagenentscheidung ist, kann der betreffende Beschluss des Vorstands leider[145] – anders als der Bezugsrechtsausschluss durch die Hauptversammlung (§ 186 Abs. 3 und 4), der notariellen Beurkundung bedarf (§ 130 Abs. 1) – **formlos** gefasst werden. Die Geschäftsordnung (§ 77 Abs. 2) kann aber Formerfordernisse aufstellen.[146] Unabhängig davon ist eine Dokumentation zu empfehlen.

85 Schließlich trifft den Vorstand anlässlich des von ihm vorgenommenen Bezugsrechtsausschlusses eine **Berichtspflicht** nach §§ 203 Abs. 2 S. 2, 186 Abs. 4 S. 2. Je nachdem, wie diese Berichtspflicht ausgestaltet ist und insbesondere wann danach ein Bericht zu erfolgen hat, ist der Bericht eine formelle Voraussetzung eines Bezugsrechtsausschlusses durch den Vorstand oder eine bloße Information der Aktionäre durch den Vorstand, deren Fehlen zwar eine Pflichtverletzung sein mag, im Übrigen die Rechtmäßigkeit der Vor-

---

[135] BGHZ 83, 319, 322 (Holzmann).
[136] Vgl MüKo-AktG/*Bayer*, Rn 116; *ders*.; ZHR (1999), 505, 539; *ders*., ZHR 168 (2004), 132, 150 ff; Henze, ZHR 162 (1998), 186, 188; MüHb-AG/*Krieger*, § 58 Rn 16 ff.
[137] BGHZ 136, 133, 139 f (Siemens/Nold II).
[138] Großkomm-AktienR/*Hirte*, Rn 77; MüHb-AG/*Krieger*, § 58 Rn 18; *Volhard*, AG 1998, 397, 402; Spindler/Stilz/*Wamser*, Rn 79, 82.
[139] Das kann sinnvoll sein, weil es dem Vorstand eine gewisse Entlastung bringt (vgl *Hüffer*, Rn 28).
[140] BGHZ 136, 133, 139 (Siemens/Nold II).
[141] KölnKomm-AktG/*Lutter*, Rn 43 (besonders sorgfältige Beachtung der gebotenen Interessenlage); zurückhaltender *Hüffer*, Rn 34; ähnlich: Großkomm-AktienR/*Hirte*, Rn 124; Bürgers/Körber/*Marsch-Barner*, Rn 31.
[142] Großkomm-AktienR/*Hirte*, § 202 Rn 20 f und § 203 Rn 80; Hüffer, Rn 33; abweichend: Martens, ZIP 1994, 669, 675.
[143] Vgl BGHZ 136, 133, 139 (Siemens/Nold II); MüKo-AktG/*Bayer*, § 202 Rn 86; Großkomm-AktienR/*Hirte*, § 202 Rn 21; *Hirte*, Bezugsrechtsausschluss, S. 105 f; KölnKomm-AktG/*Lutter*, § 204 Rn 17; MüHb-AG/*Krieger*, § 58 Rn 24; *Perwein*, AG 2013, 10.
[144] MüKo-AktG/*Bayer*, § 202 Rn 88; Großkomm-AktienR/*Hirte*, § 202 Rn 165; *Hüffer*, Rn 33; Grigoleit/Rieder/*Holzmann*, Rn 28.
[145] MüKo-AktG/*Bayer*, § 202 Rn 88; Großkomm-AktienR/*Hirte*, § 202 Rn 165; KölnKomm-AktG/*Lutter*, § 204 Rn 20 f; *Yanli*, S. 24 und 99.
[146] MüKo-AktG/*Bayer*, § 202 Rn 88; Großkomm-AktienR/*Hirte*, § 202 Rn 165; KölnKomm-AktG/*Lutter*, § 204 Rn 19.

standsentscheidung aber nicht berührt (zu den Einzelheiten siehe Rn 93 ff). Entsprechendes gilt für die Ausnutzungsentscheidung des Vorstands aufgrund einer Ermächtigung, bei der das Bezugsrecht schon in der Ermächtigung ausgeschlossen wurde (Direktausschluss; zur Begründung siehe Rn 19).

3. Materielle Voraussetzungen. a) Vorgaben der Ermächtigung. Der Vorstand muss die vom Satzungsgeber geschaffenen **besonderen Schranken der Ermächtigung** beachten.[147] Da es sich um keine originäre, sondern um eine abgeleitete Entscheidungsbefugnis des Vorstands handelt, sind solche Beschränkungen auch nicht im Hinblick auf § 76 unwirksam (siehe dazu und zur Außenwirkung derartiger Beschränkungen § 202 Rn 123 ff). Hierzu zählen die von der Ermächtigung festgelegten zeitlichen und umfangmäßigen Schranken sowie die Vorgaben für den Inhalt der Aktienrechte und die Ausgabebedingungen (str; siehe dazu Rn 73, 76 f; § 202 Rn 126). 86

Soweit ein aus Anlass des Ermächtigungsbeschlusses erstatteter Bericht bereits die möglichen **Verwendungszwecke** für eine unter Bezugsrechtsausschluss stattfindende Kapitalerhöhung **eingegrenzt** hat, muss sich der Vorstand auch daran halten. Zu unterscheiden ist dabei allerdings danach, ob derartige Schranken zum Inhalt des Beschlusses gemacht wurden oder lediglich Inhalt des Vorstandsberichts sind. Im ersten Fall kann die Beschränkung nur im Wege einer Änderung der Ermächtigung, also durch Satzungsänderung (siehe dazu § 202 Rn 71 ff) neuen Gegebenheiten angepasst werden.[148] Im zweiten Fall ist durch entsprechende Änderungs- bzw Ergänzungsberichterstattung eine „Umwidmung" der Ermächtigung (wohl) als zulässig anzusehen.[149] Die Änderungs- bzw Ergänzungsberichterstattung muss dann aber selbstverständlich im Wege einer Berichterstattung im Rahmen einer Hauptversammlung erfolgen. Will der Satzungsgeber die Gefahr einer Umwidmung durch den Vorstand im Wege der Änderungs- bzw Ergänzungsberichterstattung vermeiden, muss er die Zweckfestlegung zum Inhalt der Ermächtigung machen. 87

b) Sachliche Rechtfertigung. aa) Allgemeines. Weithin anerkannt ist, dass die Entscheidung des Vorstands **sachlicher Rechtfertigung** bedarf.[150] Für die Beurteilung der sachlichen Rechtfertigung der Vorstandsentscheidung ist dabei deren Zeitpunkt maßgeblich und nicht etwa der Zeitpunkt der Ermächtigung.[151] Entsprechendes gilt für die Ausnutzungsentscheidung des Vorstands aufgrund einer Ermächtigung, bei der das Bezugsrecht schon in der Ermächtigung ausgeschlossen wurde (Direktausschluss; zur Begründung siehe Rn 21 f). 88

bb) Rechtfertigungsstandard. Nicht vollkommen geklärt ist, ob der für die materielle Rechtfertigung eines Bezugsrechtsausschlusses im Rahmen einer ordentlichen Kapitalerhöhung anzuwendende **Rechtfertigungsstandard** (siehe dazu § 186 Rn 41 ff) auch für die Entscheidung des Vorstands gilt, das Kapital unter Ausschluss des Bezugsrechts zu erhöhen; denn als Konsequenz der „Siemens/Nold"-Entscheidung[152] wird zum Teil eine Lockerung der Anforderungen (auch) auf der Ebene der Vorstandsentscheidung erwogen bzw befürchtet.[153] Unabhängig davon, dass es keinen Grund für eine Lockerung gibt, da im Zeitpunkt der Vorstandsentscheidungen alle wichtigen Parameter für eine Beurteilung feststehen, sind entsprechende Befürchtungen hinsichtlich der Rechtsprechung auch unbegründet, da der BGH in der „Siemens/Nold"-Entscheidung[154] die Vorstandspflichten bei der Ausnutzung des genehmigten Kapitals besonders hervorgehoben hat, obwohl sie gerade nicht Streitgegenstand waren.[155] Vielmehr ist das Gegenteil der Fall. Denn der BGH verfolgte auch schon vorher die Linie, die Kontrolle mehr auf das Verwaltungshandeln zu verlagern.[156] Dass er diese Richtung aufgeben wollte, ist nicht zu erkennen. 89

cc) Rechtfertigungsgründe. Hinsichtlich der in Betracht kommenden Rechtfertigungsgründe wird auf die Ausführungen zur ordentlichen Kapitalerhöhung verwiesen (siehe dazu § 186 Rn 42 ff und 46 ff). 90

c) „Bestandskraft-Effekt" von Ermächtigungsvorgaben. Hatte die Ermächtigung zum Ausschluss des Bezugsrechts bereits bestimmte Verwendungszwecke konkretisiert, engen diese nicht nur die Möglichkeiten 91

---

147 KölnKomm-AktG/*Lutter*, Rn 29; Hölters/*v. Dryander/Niggemann*, Rn 55; Bürgers/Körber/*Marsch-Barner*, Rn 31.
148 *Cahn*, ZHR 163 (1999), 554, 566 f; Großkomm-AktienR/*Hirte*, Rn 80.
149 Insoweit entschiedener für die Möglichkeit einer Umwidmung durch Ergänzungsberichterstattung *Cahn*, ZHR 163 (1999), 554, 567; Großkomm-AktienR/*Hirte*, Rn 80.
150 BGHZ 136, 133, 140 (Siemens/Nold II); BGHZ 83, 319, 321 (Holzmann); *Abeltshauser*, S. 234 f; MüKo-AktG/*Bayer*, Rn 127; Großkomm-AktienR/*Hirte*, Rn 78 mwN; *Hirte*, Bezugsrechtsausschluss, S. 104 ff; *Hirte*, ZIP 1989, 1233, 1239; *Hofmeister*, NZG 2000, 713, 715; *Hüffer*, Rn 35; *Kindler*, ZGR 1998, 35, 59 f; KölnKomm-AktG/*Lutter*, Rn 29; *Lutter*, BB 1981, 861, 862; *Marsch* (jetzt *Marsch-Barner*), AG 1981, 211, 213; Bürgers/Körber/*Marsch-Barner*, Rn 28; MüHb-AG/*Krieger*, § 58 Rn 16; *Quack*, ZGR 1983, 257, 261; Grigoleit/Rieder/Holzmann, Rn 29; *Timm*, DB 1982, 211, 215; K. Schmidt/Lutter/*Veil*, Rn 29; Spindler/Stilz/*Wamser*, Rn 96.
151 MüKo-AktG/*Bayer*, Rn 127; Großkomm-AktienR/*Hirte*, Rn 78; *Hüffer*, Rn 35; Bürgers/Körber/*Marsch-Barner*, Rn 29.
152 Vgl BGHZ 136, 133 (Siemens/Nold II).
153 MüHb-AG/*Krieger*, § 58 Rn 43; wN bei MüKo-AktG/*Bayer*, Rn 128 f; Großkomm-AktienR/*Hirte*, Rn 79; Grigoleit/Rieder/Holzmann, Rn 29.
154 Vgl BGHZ 136, 133, 133 (Leitsatz) und 140 f (Siemens/Nold II).
155 So auch Großkomm-AktienR/*Hirte*, Rn 79.
156 Vgl BGHZ 135, 244 = NJW 1997, 1926 = ZIP 1997, 883 (ARAG); dazu *Hirte*, NJW 1998, 2943, 2947.

des Vorstands ein (siehe dazu oben Rn 87), sondern sind auch in dem (positiven) Sinne „bestandskräftig", dass sie im Zusammenhang mit der Kontrolle der Vorstandsentscheidung nicht mehr überprüft werden können.[157] Ein auf der Grundlage dieser Ermächtigung vorgenommener Bezugsrechtsausschluss kann daher nicht mehr mit der Begründung angegriffen werden, der aus Anlass der Ermächtigung vorgetragene Grund trage einen Bezugsrechtsausschluss in keinem Fall. Eine Kontrolle kann sich dann nur noch darauf beziehen, ob der konkrete Verwendungszweck oder der Umfang der dafür auszugebenden Aktien einen ausreichenden materiellen Grund für den Ausschluss des Bezugsrechts bilden.[158] Es besteht damit bei konkreten Vorgaben der Ermächtigung und bei konkreter Berichterstattung aus Anlass der Ermächtigung eine Art „Bestandskraft-Effekt".[159]

92 Daraus ergibt sich ein **eigenes Interesse der Gesellschaft**, schon bei Erteilung der Ermächtigung **mehr zu berichten**, als auf der Grundlage der Siemens-Nold-Rechtsprechung aus Anlass des Ermächtigungsbeschlusses (siehe dazu Rn 64 ff) verlangt wird.[160] Umso genauer ein eventuelles Vorhaben zu diesem Zeitpunkt schon begründet und beschrieben wurde, desto weniger Angriffspunkte bietet ein Vorstandshandeln, das sich genau in diesem Rahmen hält.

93 **4. Berichtpflicht des Vorstands.** Gemäß Abs. 2 S. 2 ist **§ 186 Abs. 4 S. 2 sinngemäß** anzuwenden. Nach der derzeitigen Rechtsprechung führt dies dazu, dass der Vorstand aus Anlass der Ermächtigung zum Ausschluss des Bezugsrechts einen relativ ausgedünnten Bericht zu erstatten hat (siehe dazu Rn 64 ff). Nach der hier vertretenen Ansicht ist zu diesem Zeitpunkt ein Bericht entbehrlich (siehe dazu Rn 65), aber dennoch teilweise mit Vorteilen verbunden („Bestandskraft-Effekt"; siehe dazu Rn 91 f). Fraglich ist, ob die von Abs. 2 S. 2 angeordnete sinngemäße Anwendung des § 186 Abs. 4 S. 2 dazu führt, dass der Vorstand aus Anlass und insbesondere vor einer unter Bezugsrechtsausschluss stattfindenden Ausnutzung der Ermächtigung berichten muss.

94 **a) Bestehen einer Berichtspflicht und Zeitpunkt des Berichts. aa) Information im Anhang des nächsten Jahresabschlusses.** Dass über die Ausnutzung des genehmigten Kapitals zu informieren ist, ergibt sich schon aus § 160 Abs. 1 S. 1 Nr. 3. Danach hat der Vorstand **auf jeden Fall im Anhang des nächsten Jahresabschlusses** über Art und Umfang, Anlass und Ausgabekurs zu berichten.[161] Das hat in einer Weise zu geschehen, die die Einhaltung der Anforderungen der Ermächtigung und der materiellen gesetzlichen Schranken erkennen lasst.[162]

95 **bb) Berichterstattung vor Ausnutzung unter Bezugsrechtsausschluss. (1) Einführung in den Streitstand.** Ob und wann darüber hinaus aus Anlass der Vorstandsentscheidung zu berichten ist, ist **umstritten**. Der Streit dreht sich im Kern darum, ob vor der unter Bezugsrechtsausschluss stattfindenden Ausnutzung eines genehmigten Kapitals eine Vorabberichterstattung stattfinden muss.

96 **(2) Rechtsprechungsentwicklung vom „Holzmann"-Urteil bis zur „Mangusta/Commerzbank I"-Entscheidung.** Der BGH hatte sich mit der Fragestellung lange Zeit kaum befasst. Im „**Holzmann**"-Urteil hat er die Frage ausdrücklich offen gelassen.[163] In der „**Siemens/Nold**"-Entscheidung[164] ist der BGH auf die Frage nicht ausdrücklich eingegangen. Jedoch äußerte er schon in dieser Entscheidung, der Vorstand sei verpflichtet, über die Einzelheiten des Vorgehens auf der nächsten ordentlichen Hauptversammlung der Gesellschaft zu berichten und dort Rede und Antwort zu stehen.[165] Zudem findet sich in der Entscheidung der Hinweis, der Vorstand habe die Pflicht, „sorgfältig zu prüfen, ob der allein ihm bekannte vollständige Sachverhalt" die Durchführung unter Bezugsrechtsausschluss rechtfertigt.[166] Die „Siemens/Nold"-Entscheidung wurde sodann – unter anderem unter Heranziehung der beiden aufgeführten Passagen der Entscheidung – ganz unterschiedlich hinsichtlich einer Berichtspflicht des Vorstands vor der unter Bezugsrechtsausschluss stattfindenden Ausnutzung eines genehmigten Kapitals gedeutet (siehe zu den unterschiedlichen Deutungen die Ausführungen in der zweiten Auflage unter Rn 96). **In** seiner „**Mangusta/Commerzbank I**"-Entscheidung **hat** sich **der BGH** dann eindeutig geäußert und dabei **eine Vorabberichtspflicht des Vorstandes vor der Ausnutzung explizit ablehnt**.[167] Der Vorstand sei lediglich gehalten, nach Inanspruchnahme der Ermächtigung über die Einzelheiten seines Vorgehens auf der nächsten Hauptversammlung zu berichten. Eine Vor-

---

157 MüKo-AktG/*Bayer*, Rn 128; Großkomm-AktienR/*Hirte*, Rn 81; vgl auch *Hirte*, ZIP 1989, 1233, 1239; in diese Richtung auch *Hüffer*, Rn 29 (gewisse Entlastung des Vorstands durch frühzeitige Information).
158 Großkomm-AktienR/*Hirte*, Rn 81, der das an einem Beispiel erläutert.
159 Begriff in diesem Zusammenhang von Großkomm-AktienR/*Hirte*, Rn 82.
160 Großkomm-AktienR/*Hirte*, Rn 82.
161 MüKo-AktG/*Bayer*, Rn 153; Bürgers/Körber/*Marsch-Barner*, Rn 13, 31.
162 KölnKomm-AktG/*Lutter*, Rn 30 mwN.
163 BGHZ 83, 319, 327 (Holzmann).
164 BGHZ 136, 133, (Siemens/Nold II).
165 BGHZ 136, 133, 140 (Siemens/Nold II).
166 BGHZ 136, 133, 139 (Siemens/Nold II).
167 BGHZ 164, 241, 244 f (Mangusta/Commerzbank I); die dagegen eingelegte Verfassungsbeschwerde wurde nicht zur Entscheidung angenommen, vgl BVerfG v. 14.7.2006 – 2 BvR 246/06, ZIP 2006, 1486.

abberichtspflicht **vor der Ausnutzung** lasse sich dem Gesetz (§§ 203 Abs. 2 S. 2, 186 Abs. 4) nicht entnehmen.[168] Diese Auffassung begründet der BGH in der **„Mangusta/Commerzbank I"-Entscheidung** im Wesentlichen damit, dass

- § 186 Abs. 4 allein auf die Beschlusskompetenz der Hauptversammlung zugeschnitten sei, deren Abhaltung eigens zur Empfangnahme des Berichts dem Rechtsinstitut des genehmigten Kapitals widerspreche,
- das EU-Gemeinschaftsrecht, namentlich Art. 29 der damals geltenden Zweiten Gesellschaftsrechtlichen Richtlinie (heute Art. 33 Richtlinie 2012/30/EU), eine Vorabberichterstattung des Vorstands nicht fordere,
- eine Vorabberichtspflicht sich nicht aus einer historischen Auslegung des § 186 Abs. 4 S. 2 ergebe,
- der Verzicht auf eine Vorabinformationspflicht dem Sinn und Zweck des genehmigten Kapitals als flexiblem Finanzierungsinstrument entspreche und
- eine Vorabberichtspflicht auch nicht zwingend zum Schutz des einzelnen Aktionärs vor einer missbräuchlichen Ausnutzung der Ermächtigung durch die Verwaltung der Gesellschaft erforderlich sei.

Die Begründung des BGH im Einzelnen:
§ 186 Abs. 4, dessen sinngemäße Anwendung § 203 Abs. 2 S. 2 anordnet, sei **allein auf die Beschlusskompetenz der Hauptversammlung zugeschnitten;**[169] eine – unter dieser Prämisse sodann erforderliche – eigens zur Entgegennahme des Berichts einzuberufende Hauptversammlung laufe dem Rechtsinstitut des genehmigten Kapitals (aber schon deshalb) zuwider, weil in einem solchen Fall die Hauptversammlung selbst unmittelbar den Bezugsrechtsausschluss beschließen könnte.[170]
Auch das EU-Gemeinschaftsrecht, namentlich Art. 29 der Zweiten Gesellschaftsrechtlichen Richtlinie (heute Art. 33 Richtlinie 2012/30/EU), fordere – so der BGH in der „Mangusta/Commerzbank I"-Entscheidung weiter[171] – eine Vorabberichterstattung des Vorstands nicht.[172] Zur Begründung betont der BGH in der Entscheidung zunächst, dass die Zweite Gesellschaftsrechtliche Richtlinie (heute Richtlinie 2012/30/EU) bei Kapitalerhöhungen durch Sacheinlagen ein Bezugsrecht nicht vorsieht.[173] Sodann stellt der BGH die unterschiedlichen Regelungen des Art. 29 Abs. 4 und Abs. 5 der Richtlinie (heute Art. 33 Abs. 4 und 5 Richtlinie 2012/30/EU) sowie ihr Zusammenspiel im Fall des genehmigten Kapitals dar:

- Dabei stellt er erstens fest, dass nach Art. 29 Abs. 4 S. 3[174] der Richtlinie (heute Art. 33 Abs. 4 S. 3 Richtlinie 2012/30/EU), wenn bei einer (regulären) Kapitalerhöhung gegen Bareinlagen das Bezugsrecht durch Hauptversammlungsbeschluss beschränkt oder ausgeschlossen werden soll, der Vorstand (gegenüber) der Hauptversammlung einen schriftlichen Bericht über die Gründe für die Beschränkung oder den Ausschluss des Bezugsrechts zu erstatten hat.
- Zweitens stellt er fest, dass Art. 29 Abs. 5 der Richtlinie (heute Art. 33 Abs. 5 Richtlinie 2012/30/EU), gemäß dem die Hauptversammlung den Vorstand zu einem Bezugsrechtsausschluss ermächtigen kann, dagegen von einer Berichtspflicht nicht spricht, sondern lediglich hinsichtlich „Beschlussfähigkeit, Mehrheitserfordernisse und Offenlegung", ohne die Berichtspflicht in die Aufzählung aufzunehmen, auf Art. 29 Abs. 4 der Richtlinie (heute Art. 33 Abs. 4 Richtlinie 2012/30/EU) verweist.
- Aus den vorgenannten europarechtlichen Regelungen schlussfolgert der BGH bezüglich der europarechtlichen Vorgaben sodann: Das Fehlen der „Berichtspflicht" in der Aufzählung in Art. 29 Abs. 5 der Richtlinie (heute Art. 33 Abs. 5 Richtlinie 2012/30/EU), lasse nur den Schluss zu, dass hinsichtlich der Berichtspflicht die Regelung des Abs. 4 (heute Art. 33 Abs. 4 Richtlinie 2012/30/EU) im Falle des Abs. 5 (heute Art. 33 Abs. 5 Richtlinie 2012/30/EU) nicht gelten soll.[175]

Ferner ergebe sich eine **Vorabberichtspflicht nicht aus** einer historischen Auslegung des § 186 Abs. 4 S. 2;[176] dabei weißt der BGH darauf hin, **dass** die dem Gesetzentwurf bei der Einführung des § 186 Abs. 4 S. 2 beigegebene **Begründung sich auf einen Verweis** (BT-Drucks. 8/1678, S. 18: „[…] Das Erfordernis eines

---

168 BGHZ 164, 241, 244-249 = ZIP 2005, 2205, 2206 (Mangusta/Commerzbank I) = EWiR 2006, 35 (*Hirte*).
169 BGHZ 164, 241, 246 = ZIP 2005, 2205, 2206 (Mangusta/Commerzbank I) = EWiR 2006, 35 (*Hirte*).
170 BGHZ 164, 241, 245 f = ZIP 2005, 2205, 2206 (Mangusta/Commerzbank I) = EWiR 2006, 35 (*Hirte*).
171 Wenn auch im Rahmen der Begründung der Ablehnung einer Einholung einer Vorabentscheidung des EuGH nach Art. 234 Abs. 3 EGV (BGHZ 164, 241, 248 f = ZIP 2005, 2205, 2206 (Mangusta/Commerzbank I) = EWiR 2006, 35 (*Hirte*)).
172 BGHZ 164, 241, 248 f = ZIP 2005, 2205, 2207 (Mangusta/Commerzbank I) = EWiR 2006, 35 (*Hirte*).
173 BGHZ 164, 241, 248 = ZIP 2005, 2205, 2207 (Mangusta/Commerzbank I) = EWiR 2006, 35 (*Hirte*).
174 Der BGH spricht dabei (wohl irrtümlich) von Satz 2 des Art. 29 Abs. 4 der Richtlinie (BGHZ 164, 241, 248 = ZIP 2005, 2205, 2207 (Mangusta/Commerzbank I) = EWiR 2006, 35 (*Hirte*)).
175 BGHZ 164, 241, 248 = ZIP 2005, 2205, 2207 (Mangusta/Commerzbank I) = EWiR 2006, 35 (*Hirte*). So auch schon vorher: *Bayer*, Festschrift Ulmer, S. 21, 29; MüKo-AktG/*Bayer*, Rn 160; *Bosse*, ZIP 2001, 104, 105; *Hofmeister*, NZG, 713, 716; *Paefgen*, ZIP 2004, 145, 154). Dass diese Auslegung zumindest nicht zwingend ist, zeigt Großkomm-AktienR/*Hirte*, Rn 45 bis 51.
176 BGHZ 164, 241, 246 = ZIP 2005, 2205, 2206 (Mangusta/Commerzbank I) = EWiR 2006, 35 (*Hirte*).

schriftlichen Berichts des Vorstands an die Hauptversammlung (§ 186 Abs. 4 S. 2 AktG) beruht auf Artikel 29 Abs. 4 der Richtlinie [...]") **auf die Zweite Gesellschaftsrechtliche Richtlinie** (heute Richtlinie 2012/30/EU) **beschränkt**. Da Art. 29 Abs. 4 der Richtlinie (heute Art. 33 Abs. 4 Richtlinie 2012/30/EU) sich ausschließlich mit dem Bezugsausschluss unmittelbar durch die Hauptversammlung selbst befasst, habe der Bundesgesetzgeber offensichtlich allein diesen Fall vor Augen gehabt. Hätte der Bundesgesetzgeber eine Berichtspflicht außerhalb einer Hauptversammlung einführen wollen, wäre – nach Ansicht des BGH – zu erwarten gewesen, dass er sich hierzu zumindest in der Begründung des Gesetzentwurfes ausdrücklich äußert.[177]

Der **Verzicht auf eine Vorabinformationspflicht entspreche zudem dem Sinn und Zweck** des genehmigten Kapitals als flexiblem Finanzierungsinstrument.[178] Dabei stellt der BGH zunächst einleitend unter Berufung auf die „Siemens/Nold"-Entscheidung[179] heraus, dass das Institut des genehmigten Kapitals der Aktiengesellschaft die erforderliche Bewegungsfreiheit geben soll, um auf dem Beteiligungs- und Kapitalmarkt sich bietende Gelegenheiten rasch und flexibel ausnutzen zu können. Darauf aufbauend argumentiert der BGH: Verpflichte man den Vorstand, vorab die Aktionäre über die beabsichtigte Kapitalerhöhung schriftlich zu informieren, werde das genehmigte Kapital – wegen der mit der Vorabinformation in der Regel (angeblich) einhergehenden zeitlichen Verzögerung – dieser gebotenen Flexibilität weitgehend beraubt.[180] Mit der Einhaltung einer – übrigens auch von hier, allerdings im Rahmen einer bloßen Obliegenheit geforderten (vgl Rn 98 und 126) – Wartefrist, vor deren Ablauf von dem genehmigten Kapital nicht Gebrauch gemacht werden dürfte, sei die im Gesellschaftsinteresse beabsichtigte Flexibilität und Reaktionsschnelligkeit vollends in Frage gestellt;[181] die Wartefrist bringe darüber hinaus ein erhebliches Missbrauchspotential für einzelne Aktionäre mit sich, die die Aktionärsrechte zu einer Obstruktionspolitik umfunktionieren, mit der sie nicht Schaden von der Gesellschaft abwenden, sondern mit der sie sich Sondervorteile in Form des Abkaufs ihres „Lästigkeitswerts" durch die Gesellschaft verschaffen wollen.[182] Abgesehen von der zeitlichen Verzögerung, die mit einer Vorabinformation (mit oder ohne Wartefrist) einhergehe, spreche gegen eine Vorabinformation zudem, dass für das Gelingen vieler Finanz- und Beteiligungsgeschäfte Diskretion oder gar Geheimhaltung im Sinne des § 131 Abs. 3 Nr. 1 notwendig sei, die durch die Vorabinformation nicht mehr gewährleistet sei.[183]

Schließlich sei eine **Vorabberichtspflicht** auch **nicht** zwingend zum **Schutz des einzelnen Aktionärs** vor einer missbräuchlichen Ausnutzung der Ermächtigung durch die Verwaltung der Gesellschaft **erforderlich**; vielmehr sei der Aktionär über die „Vorabkontrolle" im Zusammenhang mit dem Zustandekommen des Ermächtigungsbeschlusses hinaus in ein dichtes Netz der „Nachkontrolle" eingebettet.[184]

97 **(3) Aufnahme der „Mangusta/Commerzbank I"-Entscheidung in der Literatur und eigene Ansicht.** Mit der „Mangusta/Commerzbank I"-Entscheidung hat sich der BGH gegen das Vorabberichterstattung als Erfordernis einer rechtmäßigen Vorstandsentscheidung entschieden. Dies war jedenfalls im Oktober 2005 nicht mehr überraschend. Vielmehr war bis dahin schon vielfach aus Kreisen der Mitglieder des II. Zivilsenats die Auffassung geäußert worden, eine Ablehnung sei schon in der „Siemens/Nold"-Entscheidung angelegt.[185] Die Entscheidung und mit ihr die Ablehnung einer Vorabberichterstattung ist in der Literatur überwiegend begrüßt worden,[186] insbesondere – aus nachvollziehbaren Gründen – von Anwälten aus Kanzleien, die börsennotierte Unternehmen und ihre Unternehmensleitungen beraten.[187] Die „Mangusta/Commerzbank I"-Entscheidung und die mit ihr einhergehende Ablehnung einer Vorabberichterstattung hat aber auch Kritik erfahren.[188] Letztlich überzeugt die BGH-Entscheidung nicht. Da die Vorstandsentscheidung einer dichten Sachkontrolle unterliegt (siehe dazu Rn 89) und die Befugnis des Vorstands (auch nach außen) nur soweit wie die Ermächtigung reicht (str; siehe dazu Rn 86), liegt es am nächsten, die von § 203 Abs. 2 S. 2 geforderte sinngemäße Anwendung des § 186 Abs. 4 S. 2 so zu verstehen, dass vom Vorstand

---

177 BGHZ 164, 241, 246 = ZIP 2005, 2205, 2206 (Mangusta/Commerzbank I) = EWiR 2006, 35 (*Hirte*).
178 BGHZ 164, 241, 246 f = ZIP 2005, 2205, 2206 (Mangusta/Commerzbank I) = EWiR 2006, 35 (*Hirte*).
179 BGHZ 136, 133, 137 (Siemens/Nold II).
180 BGHZ 164, 241, 247 = ZIP 2005, 2205, 2207 (Mangusta/Commerzbank I) = EWiR 2006, 35 (*Hirte*).
181 BGHZ 164, 241, 247 = ZIP 2005, 2205, 2207 (Mangusta/Commerzbank I) = EWiR 2006, 35 (*Hirte*).
182 BGHZ 164, 241, 247 = ZIP 2005, 2205, 2207 (Mangusta/Commerzbank I) = EWiR 2006, 35 (*Hirte*).
183 BGHZ 164, 241, 247 = ZIP 2005, 2205, 2207 (Mangusta/Commerzbank I) = EWiR 2006, 35 (*Hirte*).
184 Vgl dazu BGHZ 164, 247 f = ZIP 2005, 2205, 2207 (Mangusta/Commerzbank I) = EWiR 2006, 35 (*Hirte*).

185 So EWiR 2006, 35 (*Hirte*).
186 Eine Pflicht zur Vorabberichterstattung ablehnend und die Entscheidung damit begründend: *Hüffer*, Rn 37, wenn auch mit Bedenken („nicht bedenkenfrei, aber konsequent"); Bürgers/Körber/*Marsch-Barner*, Rn 31; MüHb-AG/*Krieger*, § 58 Rn 45; aA Großkomm-AktienR/*Hirte*, Rn 110; KölnKomm-AktG/*Lutter*, Rn 31; MüKo-AktG/*Bayer*, Rn 161 mwN.
187 *Bungert*, BB 2005, 2757, 2757/2758; *Drinkuth*, AG 2006, 142, 144; *Krämer/Kiefner*, ZIP 2006, 301, 305 f; *Kiefner*, Konzernumbildung und Börsengang der Tochter, 2005, S. 430 ff; *Kubis*, DStR 2006, 188, 190; *Paschos*, WM 2005, 356, 359 ff; *ders.*, DB 2005, 2731, 2731; *Waclawik*, ZIP 2006, 397, 399; *Wilsing*, ZGR 2006, 722, 727 ff; *Wilsing/Siebmann*, DB 2006, 881, 882.
188 K. Schmidt/Lutter/*Veil*, Rn 30.

vor der entsprechenden **Ausnutzung unter Bezugsrechtsausschluss zu berichten** ist; denn nur eine solche Vorabinformation über einen geplanten Bezugsrechtsausschluss an die Aktionäre kann sie vor dem sonst möglicherweise drohenden tatsächlichen Verlust ihrer Beteiligungsquote unter bloßem Verweis auf Schadenersatzansprüche[189] schützen.[190] Daran ändert auch die diesbezüglich ablehnende Haltung der Regierungskommission Corporate Governance (sog. Baums-Kommission) nichts.[191] Erfolgt die Ausnutzung dagegen ohne die hier geforderte Berichterstattung, liegt nach der hier vertretenen Ansicht schon deshalb ein formeller Fehler vor.[192] Die Bedenken, die vom BGH gegen die Pflicht zur Vorabinformation in der „Mangusta/Commerzbank I"-Entscheidung geäußert wurden (siehe dazu ausführlich unter Rn 96) und zur Ablehnung einer Pflicht zur Vorabinformation durch den BGH führten, greifen letztlich nicht durch. Zwar spricht einiges dafür, dass – wie vom BGH vertreten –

- das EU-Gemeinschaftsrecht, namentlich ehemals Art. 29 der Zweiten Gesellschaftsrechtlichen Richtlinie und heute Art. 33 Richtlinie 2012/30/EU, eine Vorabberichterstattung des Vorstands nicht fordert und
- eine Vorabberichtpflicht sich nicht, jedenfalls nicht zwingend, aus einer historischen Auslegung des § 186 Abs. 4 S. 2 ergibt.

Aber das spricht eben nicht zwingend gegen eine Pflicht zur Vorabinformation. Es ist auch zutreffend, dass – wie vom BGH dargestellt[193] – § 186 Abs. 4 (jedenfalls für sich genommen) auf die Beschlusskompetenz der Hauptversammlung zugeschnitten ist. Das ergibt sich schon aus der systematischen Stellung des § 186, namentlich in der Verortung in den Vorschriften zur (regulären) Kapitalerhöhung gegen Einlagen (§ 182 ff). Das sagt aber nichts darüber, ob die Regelung nicht aufgrund der Verweisung des § 203 Abs. 2 für das genehmigte Kapital anders zu verstehen ist. Das vom BGH in diesem Zusammenhang angebrachte zusätzliche Argument, die Abhaltung einer Hauptversammlung eigens zur Empfangnahme des Berichts widerspreche dem Rechtsinstitut des genehmigten Kapitals,[194] ist zwar in der Sache richtig, vermag aber nicht die von hier vertretene Lösung in Frage zu stellen. Denn die Abhaltung einer Hauptversammlung zum Zwecke der Vorabinformation wird nach der hier vertretenen Auffassung gerade nicht gefordert (siehe dazu unten Rn 99).

Zutreffend dürfte auch das Argument des BGH sein, dass eine Vorabberichtspflicht auch nicht zwingend zum Schutz des einzelnen Aktionärs vor einer missbräuchlichen Ausnutzung der Ermächtigung durch die Verwaltung der Gesellschaft erforderlich ist,[195] jedenfalls, soweit man eine zwingende Erforderlichkeit nur dann bejaht, wenn der Aktionär ansonsten – also ohne Vorabberichtspflicht – praktisch gänzlich schutzlos wäre; das ist er nicht. Denn ein Aktionärsschutz besteht auch im Rahmen der Nachkontrolle, flankiert durch diesbezügliche Schadensersatzansprüche (siehe dazu Rn 127) und die – nunmehr auch vom BGH ausdrücklich anerkannte – Möglichkeit einer allgemeinen Feststellungsklage (siehe dazu Rn 124). Aber dieser Schutz ist eben nicht sehr effektiv, so dass diesem Argument keine entscheidende Bedeutung zukommt. Dagegen vermag die Argumentation des BGH mit dem Sinn und Zweck des genehmigten Kapitals nicht zu überzeugen. Zutreffend ist dabei noch die vom BGH in der „Mangusta/Commerzbank I"-Entscheidung unter Berufung auf die „Siemens/Nold"-Entscheidung[196] getroffene Feststellung, dass das Institut des genehmigten Kapitals der Aktiengesellschaft die erforderliche Bewegungsfreiheit geben soll, um auf dem Beteili-

---

189 Zwar würden nach hiesiger Ansicht auch nach Eintragung für einen kurzen Zeitraum auch andere Kompensationsmaßnahmen in Betracht kommen. Das setzt aber voraus, dass überhaupt eine Pflicht zur Vorabberichterstattung besteht (siehe dazu Rn 122 ff und 128 ff).

190 **Wie hier:** MüKo-AktG/*Bayer*, Rn 159 f; Großkomm-AktienR/*Hirte*, Rn 86; *Happ*, 11.09 Anm. 14, 40; so auch noch *Henze*, 4. Aufl. 2000, Rn 846 f (beachte aber jetzt: *Henze*, S. 846 f); *Hirte*, Bezugsrechtsausschluss, S. 121 ff; *Hirte*, ZIP 1989, 1233, 1239; auch noch *Hüffer*, 4. Aufl. 1999, Rn 36 (aA aber jetzt: *Hüffer*, Die Kapitalerhöhungen der Commerzbank aus genehmigten Kapitalien vom September/Oktober 2000, veröffentlichtes Rechtsgutachten im Auftrag der Commerzbank, 2000, S. 77 ff; sowie *Hüffer*, Rn 37); *Kalss*, S. 402 f; *Kiem*, ZIP 2000, 1509, 1514; *Kimpler*, S. 85 ff; KölnKomm-AktG/*Lutter*, Rn 30 ff; *Korthals*, S. 154 ff; *Kreß*, S. 149; *Lutter*, JZ 1998, 50, 52; *Meilicke/Heidel*, DB 2000, 2358, 2359; *Sethe*, AG 1994, 342, 351 ff; *Wolf*, AG 1998, 212, 218; *Yanli*, S. 66 ff; **anders die nunmehr hM:** BGHZ 164, 241, 244 ff = 2005, 2205, 2206 ff (Mangusta/Commerzbank I) = EWiR 2006, 35 (ablehnend *Hirte*); vorangehend OLG Frankfurt aM ZIP 2003, 902, 903 ff; vorangehend LG Frankfurt aM ZIP 2001, 117, 117 f = WM 2000, 2159, 2160 = DB 2000, 2159 (Commerzbank); *Bosse*, ZIP 2001, 104, 106 f; *Cahn*, ZHR 164 (2000), 113, 118; *Hüffer*, Die Kapitalerhöhungen der Commerzbank aus genehmigten Kapitalien vom September/Oktober 2000, veröffentlichtes Rechtsgutachten im Auftrag der Commerzbank, 2000, S. 77 ff; *Hüffer*, Rn 37 (anders noch in der 4. Aufl., Rn 36); *Krieger*, Vorstandsbericht vor Ausnutzung des genehmigten Kapitals mit Bezugsrechtsausschluss?, in: FS Wiedemann, 2002, S. 1081, 1087 ff; *Natterer*, ZIP 2002, 1672, 1676; *Sinewe*, ZIP 2001, 403, 404.

191 Vgl *Baums* (Hrsg.), Bericht der Regierungskommission Corporate Governance, Rn 230.

192 AA KölnKomm-AktG/*Lutter*, Rn 45, der zwar einen Bericht verlangt, dennoch aber davon ausgeht, dass die Maßnahme ohne Bericht rechtmäßig sein kann.

193 BGHZ 164, 241, 246 = ZIP 2005, 2205, 2206 (Mangusta/Commerzbank I) = EWiR 2006, 35 (*Hirte*).

194 BGHZ 164, 241, 245 f = ZIP 2005, 2205, 2207 (Mangusta/Commerzbank I) = EWiR 2006, 35 (*Hirte*).

195 Vgl dazu BGHZ 164, 241, 247 f = ZIP 2005, 2205, 2207 (Mangusta/Commerzbank I) = EWiR 2006, 35 (*Hirte*).

196 BGHZ 136, 133, 137 (Siemens/Nold II).

gungs- und Kapitalmarkt sich bietende Gelegenheiten rasch und flexibel ausnutzen zu können.[197] Allerdings ist die sich daran anschließende Sorge des BGH, die (bloße) Vorabinformation gehe in der Regel mit einer derartigen zeitlichen Verzögerung einher, dass das Genehmigte Kapital seiner gebotenen Flexibilität weitgehend beraubt werde,[198] unbegründet. Denn die bloße Information wird – da für sie die Abhaltung einer Hauptversammlung nicht erforderlich ist (siehe dazu Rn 104) – nur zu einer ganz unwesentlichen Verzögerung führen. Es dürfte aber auch kaum die mit der (bloßen) Vorabinformation einhergehende marginale Verzögerung sein, die dem BGH Sorgen bereitet hat, sondern die auf der Basis der Vorabinformation praktisch erst ermöglichte Geltendmachung von Unterlassungsansprüchen und das dann damit einhergehende Verzögerungspotential. Insofern kann man sagen: Der BGH wollte die Pflicht zur Vorabinformation deshalb nicht, um zu verhindern, dass schon bei der Ausnutzungsentscheidung Informationen an die Aktionäre gelangen, mit denen dann die gerichtliche Geltendmachung eines Unterlassungsanspruches umfassend begründet werden und schon dadurch – selbst wenn die gerichtliche Geltendmachung im Ergebnis offensichtlich unbegründet ist – die Kapitalerhöhungsmaßnahme nicht unerheblich aufhalten werden könnte. Die Bedenken sind berechtigt, sollten aber nicht zu einer die Vorabinformation ablehnenden Auslegung des Gesetzes führen, sondern eher dazu, dieser – in der Tat realen – Gefahr bei der der gerichtlichen Geltendmachung des Unterlassungsanspruchs zu begegnen (siehe dazu Rn 122). Den Aktionären *auf der einen Seite* einen Unterlassungsanspruch an die Hand zu geben, *auf der anderen Seite* dann aber – durch entsprechende zielgerichtete Auslegung der Regelungen der §§ 203 Abs. 2, 186 Abs. 4 und der damit einhergehenden Ablehnung einer Vorabinformation – seine Geltendmachung praktisch unmöglich zu machen, erscheint nicht überzeugend. Denn damit wird die Geltendmachung des Unterlassungsanspruchs mangels Information auch in den Fällen praktisch unmöglich, in denen eine sachliche Rechtfertigung des Bezugsrechtsausschlusses offensichtlich nicht gegeben ist und Interessen der Aktionäre massiv verletzt werden.

Die vom BGH zudem im Zusammenhang mit einer befürchteten Verzögerung geäußerten Bedenken bezüglich einer Wartezeit (siehe oben unter Rn 96) sind nur insoweit überzeugend, als eine echte Wartepflicht vertreten wird; nach der hiesigen Lösung besteht nur eine Warteobliegenheit (siehe dazu Rn 98 und 126). Nach der hier vertretenen Auffassung wäre der Vorstand frei darin, ob er wartet oder nicht; hat er aber gewartet und ist ein Unterlassungsanspruch nicht geltend gemacht worden, könnten Mängel nicht mehr geltend gemacht werden. Das schafft nicht weniger, sondern mehr Flexibilität und Transaktionssicherheit. Soweit der BGH hinsichtlich des Sinn und Zwecks des genehmigten Kapitals darüber hinaus Diskretions- und Geheimhaltungsbedürfnisse anführt, ist das nur auf den ersten Blick überzeugend. Das genehmigte Kapital möchte zwar der Unternehmensleitung (die Beschwernisse einer Hauptversammlung ersparen und ihr damit) eine Flexibilität verschaffen, die erforderlich ist, um auf dem Beteiligungs- und Kapitalmarkt sich bietende Gelegenheiten rasch ausnutzen zu können.[199] Sinn und Zweck des genehmigten Kapitals dürfte es aber kaum sein, der Gesellschaft Diskretion und Geheimhaltung gegenüber ihren Aktionären per se zu ermöglichen.[200] Soweit der Vorstand bei einem Bezugsrechtsausschluss im Rahmen einer regulären Kapitalerhöhung wegen des Geheimhaltungsbedürfnisses der Gesellschaft gegenüber der Hauptversammlung schweigen könnte, bräuchte er bei einer Kapitalerhöhung im Wege des genehmigten Kapitals auch nicht berichten. Es ist aber nicht einzusehen, warum im Falle des genehmigten Kapital das Bedürfnis der Gesellschaft nach Verschwiegenheit und Diskretion höher sein sollte als bei einer regulären Kapitalerhöhung; aber genau darauf liefe die Argumentation des BGH diesbezüglich im Ergebnis hinaus, nach der Sinn und Zweck des Genehmigten Kapitals wegen des Diskretions- und Geheimhaltungsbedürfnisses der Gesellschaft gegen eine Vorabberichtspflicht sprächen (siehe dazu Rn 96).

98 **(4) Keine Wartepflicht nach der Berichterstattung.** Hinsichtlich des Zeitraums, der, wenn man abweichend vom BGH (Rn 96) – wie hier (Rn 97) – einen Bericht verlangt, zwischen dem Bericht und der Ausnutzung verstreichen muss, wird in Anlehnung an § 246 Abs. 1 zu Recht an eine Monatsfrist gedacht (siehe dazu auch Rn 126).[201] Das heißt aber – nach der hier vertretenen Auffassung – nicht, dass vor Ablauf eines Monats nach der Berichterstattung die Ausnutzung unter Bezugsrechtsausschluss nicht erfolgen darf. Vielmehr können die Aktionäre nach Ablauf der Frist – selbst wenn die Kapitalerhöhung in der Zwischenzeit eingetragen wurde (zur Wirkung der Eintragung siehe Rn 127 ff) – eine Unterlassung, Rückabwicklung oder entsprechende Kompensation (siehe Rn 126 und 128 ff) nicht mehr verlangen.[202] Damit ist sichergestellt, dass

---

197 Vgl BGHZ 164, 241, 246 f = ZIP 2005, 2205, 2207 (Mangusta/Commerzbank I) = EWiR 2006, 35 (*Hirte*).
198 BGHZ 164, 241, 247 = ZIP 2005, 2205, 2207 (Mangusta/Commerzbank I) = EWiR 2006, 35 (*Hirte*).
199 Vgl BGHZ 164, 241, 246 f = ZIP 2005, 2205, 2206 (Mangusta/Commerzbank I) = EWiR 2006, 35 (*Hirte*).
200 Ein derartiges Anliegen des Gesetzes ist jedenfalls nicht erkennbar.

201 Vgl Großkomm-AktienR/*Hirte*, Rn 86; *Happ*, 11.09 Anm. 14, 40; *Hirte*, Bezugsrechtsausschluss, S. 122; KölnKomm-AktG/*Lutter*, Rn 31; *Sethe*, AG 1994, 342, 353 f; *Timm*, DB 1982, 211, 216; Bürgers/Körber/*Marsch-Barner*, Rn 31; aA wohl auch *Hüffer*, Rn 37 a (kürzere Frist), anders in Rn 39.
202 Ähnlich: Großkomm-AktienR/*Hirte*, Rn 86; *Sethe*, AG 1994, 342, 353 f; offen gelassen in BGHZ 164, 249, 259 (Mangusta/Commerzbank II).

nach korrekter Berichterstattung und Fristablauf die Rechtswidrigkeit einer Ausnutzung unter Bezugsrechtsausschluss von den Aktionären nicht mehr wegen des Fehlens eines sachlichen Grundes geltend gemacht werden kann.[203] Einen **Monat** nach der **Berichterstattung tritt** damit in dieser Hinsicht **Rechtssicherheit ein**. Wird dagegen nicht korrekt über die Maßnahme berichtet oder fehlt ein Bericht gar ganz, beginnt die Frist allerdings erst – da es an einer verlässlichen Publizierung der Ausnutzungsentscheidung im Übrigen fehlt – mit Bekanntmachung der Eintragung der Durchführung der Kapitalerhöhung zu laufen.

(5) Entbehrlichkeit der Berichterstattung bei vorheriger hinreichend konkreter Berichterstattung. Hat schon – was hier nicht gefordert wird (siehe dazu Rn 64 ff) – aus Anlass des Ermächtigungsbeschlusses (oder später) eine hinreichend konkrete Berichterstattung stattgefunden, die den Anforderungen der Berichterstattung aus Anlass der Ausnutzung entspricht,[204] und haben sich die entsprechenden Parameter seither nicht verschoben, ist – auch nach der hier vertretenen Auffassung – ein Bericht bei der Ausnutzung entbehrlich.[205]

cc) Berichtspflicht zum Zeitpunkt der nächsten Hauptversammlung (Konzeption der Rechtsprechung). Der BGH, der – anders als hier vertreten – eine Berichtspflicht vor der Ausnutzung ablehnt (siehe dazu ausführlich Rn 97), **hält**, was insoweit konsequent ist, – neben der von ihm geforderten (ausgedünnten) Berichtspflicht im Zeitpunkt der Beschlussfassung über die Schaffung der Ermächtigung (Rn 64) – eine **(ausführliche) Berichtspflicht zum Zeitpunkt der nächsten ordentlichen Hauptversammlung für erforderlich**.[206] Diesen Bericht hat der Vorstand nach Auffassung des OLG Frankfurt[207] von sich aus (vollständig) zu erstatten, also ohne konkrete Nachfragen der Aktionäre. Der Vorstand muss also aktiv tätig werden; berichtet er insoweit nicht, können Beschlüsse der Hauptversammlung, etwa Entlastungsbeschlüsse, aber auch Beschlüsse zur Schaffung oder Änderung eines (neuen) genehmigten Kapitals anfechtbar sein (siehe dazu § 202 Rn 30 a).

b) Inhalt des Berichts. Der anlässlich der Ausnutzung unter Ausschluss des Bezugsrechts zu erstattende Bericht hat **sämtliche Argumente** wiederzugeben, die für und gegen einen Bezugsrechtsausschluss sprechen (§§ 203 Abs. 2 S. 2, 186 Abs. 4 S. 2 Hs 1). Zudem ist der Ausgabebetrag zu begründen (§§ 203 Abs. 2 S. 2, 186 Abs. 4 S. 2 Hs 2 sowie arg. § 255 Abs. 2). Einer besonderen Begründung bedarf es diesbezüglich zudem dann, wenn eine Sacheinlage in diesem Zusammenhang mit einem höheren Wert für die Gesellschaft angesetzt wird,[208] als ihr bei einer isolierten Bewertung beizulegen wäre.[209] Das gilt umso mehr, wenn der Bezugsberechtigte schon vorher Großaktionär der Gesellschaft ist.[210]

c) Form sowie Art und Weise der Zugänglichmachung des Berichts. aa) Grundlegendes. Die Formanforderungen und die verfahrensrechtlichen **Vorgaben für den Vorstandsbericht**, der anlässlich einer ordentlichen **Kapitalerhöhung** mit Bezugsrechtsausschluss gemäß § 186 Abs. 4 S. 2 zu erstatten ist (zu den Anforderungen siehe § 186 Rn 37 f), **können nicht unmittelbar auf** einen **anlässlich der Ausnutzung** des genehmigten Kapitals unter Ausschluss des Bezugsrechts **zu erstattenden Bericht übertragen werden**.[211] Denn hier fehlt es an einer Hauptversammlung (als tatsächlicher Veranstaltung), innerhalb der die Aktionäre ihre Rechte wahrnehmen können. Zudem haben die Aktionäre die Zuständigkeit in gewissen Grenzen auf den Vorstand übertragen, so dass es bei dem Bericht nicht mehr darum geht, Informationen für eine vollumfängliche Beurteilung durch die Gesellschafter zu liefern. Vielmehr soll der Bericht es den Aktionären ermöglichen, die Vorstandsentscheidung dahin gehend zu überprüfen, ob die durch die Ermächtigung und das Gesetz gezogenen Grenzen eingehalten werden. Es geht dabei – anders als bei der Schaffung der Ermächtigung – um eine reine Rechtmäßigkeits- und keine Zweckmäßigkeitskontrolle. Für eine (bloße) Rechtmäßigkeitskontrolle ist es aber nicht erforderlich, dass sich die Berichterstattung an dem Leitbild auszurichten hat, dass möglichst alle Aktionäre erreicht werden sollen. Vielmehr genügt es, wenn sich die Berichterstattung an dem Leitbild ausrichtet, dass möglichst jeder **kontrollwillige und kontrollfähige Aktionär** von der Berichterstattung erreicht wird. Denn für eine eventuelle gerichtliche Kontrolle reicht es aus, dass ein einziger kontrollfähiger und -williger Aktionär von der Maßnahme rechtzeitig Kenntnis bekommen hat.[212] Von einem kontrollwilligen und kontrollfähigen Aktionär kann aber erwartet werden, dass er die Homepage

---

203 Großkomm-AktienR/*Hirte*, Rn 86.
204 Das ist mehr, als nach der „Holzmann"-Rechtsprechung aus Anlass der Ermächtigung verlangt wurde.
205 So auch Großkomm-AktienR/*Hirte*, Rn 110 aE.
206 BGHZ 164, 241, 244 f (Mangusta/Commerzbank I).
207 OLG Frankfurt, AG 2011, 713, 714 = ZIP 2011, 1613 (Deutsche Bank); kritisch dazu *Born*, ZIP 2011, 1793, 1795 f.
208 Zur Zulässigkeit einer derartigen Bewertung *Bayer*, ZHR 163 (1999), 505, 534.
209 *Bayer*, ZHR 163 (1999), 505, 534 f; MüKo-AktG/*Bayer*, Rn 152; ebenso im Anschluss daran auch Großkomm-AktienR/*Hirte*, Rn 110.
210 MüKo-AktG/*Bayer*, Rn 152; *ders.*, ZHR 163 (1999), 505, 534 f.
211 Großkomm-AktienR/*Hirte*, Rn 112; K. Schmidt/Lutter/*Veil*, Rn 26.
212 In diese Richtung tendiert auch Großkomm-AktienR/*Hirte*, Rn 112.

102 Der **Deutsche Corporate Governance Kodex**, der sich in erster Linie an börsennotierte Gesellschaften richtet (Nr. 1 DCGK), enthielt in Nr. 6.8 DCGK in seiner bis zum Mai 2013 geltenden Fassung[213] zwei Empfehlungen und eine Anregung zur Veröffentlichung von Informationen über das Unternehmen durch die Gesellschaft, die zwanglos auch beim Vorstandsbericht über den Bezugsrechtsausschluss eingreifen. Nach der Empfehlung der Nr. 6.8 Satz 1 DCGK in seiner bis zum Mai 2013 geltenden Fassung sollen von der Gesellschaft veröffentlichte Informationen über das Unternehmen auch über die Internetseite der Gesellschaft zugänglich sein, wobei die Internetseite nach der Empfehlung der Nr. 6.8 Satz 2 DCGK in seiner bis zum Mai 2013 geltenden Fassung übersichtlich gegliedert sein soll (siehe dazu Rn 104). Nach der Anregung in Nr. 6.8 Satz 3 DCGK in seiner bis zum Mai 2013 geltenden Fassung sollten Veröffentlichungen auch in englischer Sprache erfolgen (siehe dazu Rn 103). Die vorgenannten Empfehlungen mussten grundsätzlich von der (börsennotierten) Gesellschaft auch beim Bericht über den Bezugsrechtsausschluss beachtet werden; wenn die Gesellschaft allerdings von einer Empfehlung abweichen wollte, konnte sie das, musste aber in ihrer nach § 161 AktG auf ihrer Internetseite zugänglich zu machenden Entsprechenserklärung mitteilen, dass und ggf warum die betreffende Empfehlung nicht beachtet wurde. Die Nichtbeachtung der Anregung hatte dagegen – abweichend zur Nichtbeachtung der Empfehlungen – keine rechtliche Konsequenz (siehe zum ganzen auch § 202 Rn 138). Die dargestellten und bis Mai 2013 geltenden Bestimmungen der Nr. 6.8 DCGK sind in der am 13.5.2013 beschlossenen Fassung des Kodex nicht mehr enthalten.[214] Grund für die Streichung waren Verschlankungsbemühungen hinsichtlich Kodextextes. Die Streichung der genannten Empfehlungen sowie der Anregung erfolgte dabei deshalb, weil die Bestimmungen aufgrund der mittlerweile feststehenden Praxis hinsichtlich der Nutzung des Internet zur zeitnahen und gleichmäßigen Information der Aktionäre und Anleger als überflüssig angesehen wurden.[215]

103 bb) Form und Sprache des Berichts. Das Gesetz verlangt hinsichtlich der Form des Berichtes **Schriftlichkeit** (vgl § 186 Abs. 4 S. 2 Hs 1). Darunter ist keine Schriftlichkeit im Sinne des § 126 BGB zu verstehen. Insofern dürfte die Verwendung von Schriftzeichen[216] und die relativ sichere Zuordnung zum Vorstand der Gesellschaft ausreichend sein. **Das Gesetz setzt die Verwendung der deutschen Sprache voraus.** Nach der Anregung in Nr. 6.8 Satz 3 DCGK in seiner bis zum Mai 2013 geltenden Fassung sollten Veröffentlichungen auch in englischer Sprache erfolgen, weshalb auch der Bericht nicht nur in einer deutschen Fassung, sondern daneben zudem auch in englischer Sprache vorliegen sollte. Eine Nichtbeachtung dieser Anregung hatte aber keine rechtliche Konsequenz. Die dargestellte und bis Mai 2013 geltende Anregung der Nr. 6.8 Satz 3 DCGK ist in der am 13.5.2013 beschlossenen Fassung des Kodex nicht mehr enthalten.[217] Grund für die Streichung waren Verschlankungsbemühungen hinsichtlich Kodextextes. Die Streichung der genannten Anregung erfolgte dabei deshalb, weil die Bestimmung aufgrund der mittlerweile feststehenden Praxis hinsichtlich der gleichmäßigen Information der Aktionäre und Anleger als überflüssig angesehen wurden.[218]

104 cc) Art und Weise der Zugänglichmachung des Berichts. Eine Zugänglichmachung (vgl neue Fassung des § 186 Abs. 4 S. 2 Hs 1;[219] § 186 Abs. 4 S. 2 Hs 1 aF hatte bis zum 31.8.2009 noch die Auslegung gefordert) des vollständigen Berichts in der Hauptversammlung, wie sie beim Bezugsrechtsausschluss im Rahmen der ordentlichen Kapitalerhöhung gefordert wird, ist, da zu diesem Zeitpunkt in der Regel keine Hauptversammlung stattfindet, nicht zu verlangen. Beim Bezugsrechtsausschluss im Rahmen der ordentlichen Kapitalerhöhung ist der vollständige Bericht darüber hinaus in den **Geschäftsräumen der Gesellschaft** zugänglich zu machen und **auf Verlangen jedem Aktionär vollständig zuzusenden** (siehe dazu § 186 Rn 37). Das

---

213 In der Fassung vom 15.5.2012 im Internet abrufbar unter: http//www.corporate-governance-code.de; allgemein zum Deutschen Corporate Governance Kodex etwa: *Kirschbaum*, DB 2005, 1453 ff; *Talaulicar/v. Werder*, DB 2005, 841 ff; *Berg/Stöcker*, WM 2002, 1569 ff; *Ehrhardt/Nowak*, AG 2002, 336 ff; *Peltzer*, NZG 2002, 593 ff; *Seibert*, BB 2002, 581 ff; *Seibt*, AG 2002, 249 ff; *Ulmer*, ZHR 166 (2002), 150 ff; *v. Werder*, DB 2002, 801 ff; jeweils mwN; zu den Änderungen in der aktuellen Fassung vom 18.6.2009 etwa *Hecker*, BB 2009, 1654 ff.
214 Der Kodex ist in der Fassung vom 15.5.2013 im Internet abrufbar unter: http//www.corporate-governance-code.de.
215 Siehe die „Erläuterungen der Änderungsvorschläge der Kodexkommission aus den Plenarsitzungen vom 9. und 31. Januar 2013", im Internet abrufbar unter: http//www.corporate-governance-code.de.
216 In Abgrenzung zum mündlichen Bericht.
217 Der Kodex ist in der Fassung vom 15.5.2013 im Internet abrufbar unter: http//www.corporate-governance-code.de.
218 Siehe die „Erläuterungen der Änderungsvorschläge der Kodexkommission aus den Plenarsitzungen vom 9. und 31. Januar 2013", im Internet abrufbar unter: http//www.corporate-governance-code.de.
219 § 186 Abs. 4 S. 2 Hs 1 wurde durch das Gesetzes zur Umsetzung der Aktionärsrechterichtlinie (ARUG) vom 30.7.2009 (BGBl. I 2009, S. 2479) mit Wirkung vom 1.9.2009 dahingehend geändert, dass der Vorstand der Hauptversammlung einen schriftlichen Bericht über den Grund für den teilweisen oder vollständigen Ausschluss des Bezugsrechts nicht mehr „vorzulegen", sondern nunmehr „zugänglich zu machen" hat. Mit dieser Änderung wollte der Gesetzgeber unter anderem die bisherige Medienfestlegung auf Papier aufgeben (vgl BegrRegE, BR-Drucks. 847/08, S. 57 iVm S. 35 = vgl BegrRegE, BT-Drucks. 16/11642, S. 37 iVm S. 25).

wird man auch bei der Ausnutzung unter Bezugsrechtsausschluss fordern müssen. Allerdings wird es **alternativ dazu** ausreichen, wenn die Gesellschaft den vollständigen **Bericht** auf ihrer **Homepage**, die übersichtlich gegliedert sein muss, an angemessener Stelle zum Herunterladen oder Ausdrucken bereit hält;[220] damit hätte die Gesellschaft zugleich die einschlägigen Empfehlungen in Nr. 6.8 DCGK in seiner bis zum Mai 2013 geltenden Fassung beachtet, wonach *erstens* von der Gesellschaft veröffentlichte Informationen über das Unternehmen auch über die Internetseite der Gesellschaft zugänglich sein sollen (Nr. 6.8 Satz 1 Deutscher Corporate Governance Kodex in seiner bis zum Mai 2013 geltenden Fassung) und dabei *zweitens* die Internetseite übersichtlich gegliedert sein soll (Nr. 6.8 Satz 2 DCGK in seiner bis zum Mai 2013 geltenden Fassung); dazu siehe zu Einzelheiten auch Rn 102.

Daneben ist der Bericht beim Bezugsrechtsausschluss im Rahmen der ordentlichen Kapitalerhöhung in seinem **wesentlichen Inhalt bekannt** zu machen (siehe dazu § 186 Rn 37). Gleichgültig was man bei der ordentlichen Kapitalerhöhung hinsichtlich dieser Bekanntmachung verlangt (siehe dazu § 186 Rn 37), dürfte **alternativ** dazu bei der Ausnutzung eines genehmigten Kapitals unter Bezugsrechtsausschluss eine **Veröffentlichung auf der Homepage** ausreichend sein. Als **weitere Alternative** zur Bekanntmachung des wesentlichen Inhalts bietet sich **für börsennotierte Gesellschaften** die Möglichkeit einer **Ad-hoc-Mitteilung** nach § 15 WpHG an, wenn es der Ausnutzung unter Bezugsrechtsausschluss im Einzelfall nicht sicher an erheblicher Kursrelevanz fehlt.[221]

IV. Vereinfachter Bezugsrechtsausschluss. 1. Anwendbarkeit im Rahmen des genehmigten Kapitals. Auch beim genehmigten Kapital **besteht die Möglichkeit eines vereinfachten Bezugsrechtsausschlusses** nach § 186 Abs. 3 S. 4.[222] Dem Satzungsgeber steht es daher offen, den Vorstand zur Kapitalerhöhung unter vereinfachtem Bezugsrechtsausschluss zu ermächtigen. Wobei auch hier der Satzungsgeber das Bezugsrecht sowohl bereits selbst ausschließen (§§ 203 Abs. 1 S. 1, 186 Abs. 3 S. 4) als auch den Vorstand zu diesem Ausschluss lediglich ermächtigen kann.[223] Zwar verweist § 203 Abs. 2 S. 2 für den Fall der Ermächtigung zum Bezugsrechtsausschluss nicht auf § 186 Abs. 3 und damit nicht auf dessen Satz 4. Dennoch besteht auch für den Fall des Abs. 2 die Möglichkeit eines vereinfachten Bezugsrechtsausschlusses iSd § 186 Abs. 3 S. 4; denn diese Vorschrift konkretisiert lediglich die allgemein für den Ausschluss des Bezugsrechts geltenden Voraussetzungen.[224]

2. Ansatzpunkt für die 10 %-Grenze. Umstritten ist (siehe dazu auch § 186 Rn 61), ob dem Vorstand eine Ermächtigung zur Kapitalerhöhung unter vereinfachtem Bezugsrechtsausschluss für das gesamte genehmigte Kapital von maximal der Hälfte des Grundkapitals erteilt werden kann und der Vorstand dann erst bei der Ausnutzung an die 10 %-Grenze gebunden ist,[225] oder ob die Ermächtigung zur Kapitalerhöhung unter vereinfachtem Bezugsrechtsausschluss nur für maximal 10 % des Grundkapitals erteilt werden kann.[226] Zutreffend ist die Ansicht, nach der die besondere Ermächtigung des § 186 Abs. 3 S. 4 für das gesamte genehmigte Kapital geschaffen werden kann und die 10 %-Grenze dann erst später bei seiner Ausnutzung zu beachten ist. Denn Rechtsfolge des § 186 Abs. 3 S. 4 ist die sachliche Rechtfertigung des Bezugsrechtsausschlusses (siehe dazu § 186 Rn 65).[227] Und da beim genehmigten Kapital die Pflichtenbindung hinsichtlich der zu verlangenden sachlichen Rechtfertigung jedenfalls schwerpunktmäßig beim Vorstand liegt, ist es auch konsequent, hier die 10 %-Grenze ansetzen zu lassen.[228] Da beim Direktausschluss der Satzungsgeber selbst bereits über den Ausschluss des Bezugsrechts entscheidet, könnte man erwägen, insoweit anders zu

---

220 Ähnlich: MüKo-AktG/*Bayer*, Rn 162; Großkomm-AktienR/*Hirte*, Rn 112.

221 Ähnlich: Großkomm-AktienR/*Hirte*, Rn 113 mwN, der aber bei einer Berichtspflicht nach § 186 Abs. 4 S. 2 die erhebliche Kursrelevanz iSv § 15 WpHG als unwiderleglich vermutet ansehen will.

222 MüKo-AktG/*Bayer*, Rn 162; *Hüffer*, Rn 10 a; Großkomm-AktienR/*Hirte*, Rn 23, 114 ff; MüHb-AG/*Krieger*, § 58 Rn 19; Bürgers/Körber/*Marsch-Barner*, Rn 11; Grigoleit/*Rieder/Holzmann*, Rn 22; Spindler/Stilz/*Wamser*, Rn 91.

223 OLG München WM 1996, 1910 f (Hypobank) (Ermächtigung); MüKo-AktG/*Bayer*, Rn 162; *Claussen*, WM 1996, 609, 611 ff; Großkomm-AktienR/*Hirte*, Rn 114; *Hirte*, ZIP 1994, 356, 361 f; *Ihrig/Wagner*, NZG 2002, 657, 659; *Kley*, S. 138; KölnKomm-AktG/*Lutter*, § 186 Rn 33 ff; *Lutter*, AG 1994, 429, 444 f; MüHb-AG/*Krieger*, § 58 Rn 19; *Schwark*, Der vereinfachte Bezugsrechtsausschluss, in: FS Claussen, 1997, S. 357, 377 f.

224 Vgl MüKo-AktG/*Bayer*, Rn 162; Großkomm-AktienR/*Hirte*, Rn 114.

225 So *Claussen*, WM 1996, 609, 615; *W. Groß*, DB 1994, 2431, 2439; Großkomm-AktienR/*Hirte*, Rn 115; *Hirte*, ZIP 1994, 356, 362; KölnKomm-AktG/*Lutter*, Nachtrag § 186 Rn 34; *Lutter*, AG 1994, 429, 444; Bürgers/Körber/*Marsch-Barner*, Rn 11; *Marsch-Barner*, AG 1994, 532, 534; MüHb-AG/*Krieger*, § 58 Rn 19; *Schwark*, Der vereinfachte Bezugsrechtsausschluss, in: FS Claussen, 1997, S. 357, 377; *Trapp*, AG 1997, 115, 117.

226 So OLG München WM 1996, 1910 f = AG 1996, 518 = BB 1996, 2162 f (Hypobank); vorinstanzlich LG München I ZIP 1996, 76, 77 f (Hypobank); *Aubel*, S. 94 f; MüKo-AktG/*Bayer*, Rn 167; früher auch Großkomm-AktienR/*Hirte*, § 207 Rn 35; *Hoffmann-Becking*, Neue Formen der Aktienemission, in: FS Lieberknecht, 1997, S. 25, 26; *Hüffer*, Rn 10 und § 186 Rn 39 c; *Ihrig/Wagner*, NZG 2002, 657, 660 und 661 f; *Kindler*, DZWiR 1997, 28, 29; *Kley*, S. 139; *Martens*, ZIP 1994, 669, 678; Spindler/Stilz/*Wamser*, Rn 92; K. Schmidt/Lutter/ *Veil*, Rn 23; *Wellkamp*, S. 150 f.

227 *Hüffer*, § 186 Rn 39 e.

228 Vgl BGHZ 136, 133, 138 ff (Siemens/Nold II); Großkomm-AktienR/*Hirte*, Rn 115; MüHb-AG/*Krieger*, § 58 Rn 19.

entscheiden. Aber auch beim Direktausschluss wird die Entscheidung über den Bezugsrechtsausschluss (sachlich) erst durch die Ausnutzung des genehmigten Kapitals komplettiert. Daher bleibt es auch für diesen Fall dabei, dass Ansatzpunkt für die 10 %-Grenze die Ausnutzung ist.[229]

108 **3. Besondere zeitliche Schranke.** Die nach Abs. 1 S. 1 gebotene sinngemäße Anwendung des § 186 Abs. 3 S. 4 erlaubt – auf der Grundlage der oben vertretenen Auffassung – aber keine mehrmalige Ausnutzung innerhalb kürzester Zeit unter jeweils vollständiger Ausschöpfung der **10 %-Grenze**, sondern nur eine **einmalige Ausschöpfung** dieser Grenze **binnen Jahresfrist**.[230] Denn ansonsten könnte der Vorstand innerhalb eines Jahres durch mehrfache Ausschöpfung der 10 %-Grenze das Grundkapital um 50 % „vereinfacht" unter Ausschluss des Bezugsrechts erhöhen, was ihm im Wege der ordentlichen Kapitalerhöhung wegen der nur jährlich stattfindenden ordentlichen Hauptversammlung (§§ 120 Abs. 1 S. 1, 175 Abs. 1 S. 2) verwehrt wäre.[231]

109 **V. Rechtsfolgen von Verstößen.** Bei den Rechtsfolgen von Verstößen ist zwischen den einzelnen Verfahrensebenen zu unterscheiden, also zwischen der Ermächtigung zur Kapitalerhöhung mit Ausschluss des Bezugsrechts bzw mit entsprechender Ermächtigung und der Entscheidung des Vorstands zur Ausnutzung unter Bezugsrechtsausschluss.

110 **1. Ermächtigung.** Ist die Ermächtigung in der **Gründungssatzung** enthalten, bedarf weder ein zugleich vorgenommener Direktausschluss noch eine Ermächtigung zum Bezugsrechtsausschluss einer sachlichen Rechtfertigung. Auch ein Bericht ist insoweit nicht erforderlich (siehe Rn 15 und 58). Es bestehen daher, wenn der Bezugsrechtsausschluss in der Gründungssatzung vorgenommen oder die Ermächtigung hierzu in der Gründungssatzung erteilt wird, keine besonderen Rechtsfolgenprobleme.

111 **a) Mängel des Ermächtigungsbeschlusses.** Der Ermächtigungsbeschluss zur Kapitalerhöhung mit direktem Ausschluss des Bezugsrechts oder mit Ermächtigung hierzu kann zunächst an allen Mängeln leiden, an denen jeder Hauptversammlungsbeschluss leiden kann. Er kann ebenso wie jeder andere Hauptversammlungsbeschluss **unwirksam, nichtig oder anfechtbar** (§ 241 Rn 1) sein. Nichtigkeitsgründe (§ 241) werden nur ausnahmsweise vorliegen. Ist der Ausschluss des Bezugsrechts oder die Ermächtigung hierzu nicht zusammen mit der Ermächtigung des Vorstands zur Kapitalerhöhung beschlossen worden (siehe dazu Rn 18 und 62), ist der Bezugsrechtsausschluss bzw die Ermächtigung hierzu unwirksam (§ 186 Abs. 3 S. 1 bzw § 203 Abs. 2 S. 1 „Die Ermächtigung kann..."). Anfechtbar ist der Beschluss etwa, wenn er nicht ausdrücklich und ordnungsgemäß bekannt gemacht wurde (siehe dazu Rn 18 und 61).

112 Verlangt man anlässlich der Schaffung des genehmigten Kapitals wie die Rechtsprechung einen Bericht (siehe dazu Rn 19 und 64), liegt **Anfechtbarkeit** auch dann vor, wenn der **Vorstandsbericht** fehlt, inhaltlich unvollständig, nicht formgerecht erstattet oder nicht ordnungsgemäß bekannt gemacht worden ist.[232] Da nur eine ordnungsgemäße Information eine fehlerfreie Entscheidung der Hauptversammlung ermöglichen kann, beide also miteinander verknüpft sind, ist eine nachträgliche Korrektur der (fehlerhaften) Berichterstattung nicht möglich.[233] Möglich bleibt aber der Weg über § 244; dafür muss ein neuer Hauptversammlungsbeschluss nach korrekter Berichterstattung gefasst werden. War der Bericht dagegen insgesamt vollständig, ist es unschädlich, wenn zusätzliche Erläuterungen mündlich in der Hauptversammlung gegeben werden.[234] Insgesamt wird es nach der Wende in der Rechtsprechung („Siemens/Nold"-Entscheidung; siehe dazu Rn 67 ff) nur noch selten zu Mängeln des Berichts anlässlich des Ermächtigungsbeschlusses kommen können.[235]

113 Anfechtbarkeit liegt (auch nach der hiesigen Auffassung, nach der ein Bericht anlässlich der Ermächtigung nicht erforderlich ist) zudem dann vor, wenn ein Bericht **Gründe** für einen möglichen Ausschluss des Be-

---

[229] Großkomm-AktienR/*Hirte*, Rn 115; wohl auch W. *Groß*, DB 1994, 2431, 2432.
[230] Großkomm-AktienR/*Hirte*, Rn 116; im Erg. auch: *Aubel*, S. 91; *Claussen*, WM 1996, 609, 615 f; KölnKomm-AktG/*Lutter*, Nachtrag § 186 Rn 9, 34; *Lutter*, AG 1994, 429, 441 und 444; ablehnend *Trapp*, AG 1997, 115, 117.
[231] Ähnlich: Großkomm-AktienR/*Hirte*, Rn 116.
[232] BGHZ 83, 319, 325 ff (Holzmann); BGHZ 107, 296, 306 ff = ZIP 1989, 980, 983 (Kochs Adler); LG Köln AG 1996, 37 (Kölnische Rückversicherung) (Nichtigkeit ausdrücklich verneinend); *Becker*, BB 1981, 394, 396; MüKo-AktG/*Bayer*, Rn 171; Großkomm-AktienR/*Hirte*, Rn 121 ff; *Hirte*, Bezugsrechtsausschluss, S. 227 ff; *ders.*, Kapitalgesellschaftsrecht, Rn 441, 511; KölnKomm-AktG/*Lutter*, Rn 43; *Lutter*, ZGR 1979, 401, 409 f; MüHb-AG/*Krieger*, § 58 Rn 22; *Quack*, ZGR 1983, 257, 266.
[233] Vgl Großkomm-AktienR/*Hirte*, Rn 121 mwN; *Hirte*, Bezugsrechtsausschluss, S. 228; *Lutter*, ZGR 1979, 401, 409 f.
[234] LG München I WM 1990, 984, 985 (PWA) (für Ermächtigung zum Ausschluss des Bezugsrechts auf Optionsanleihen); *Bayer*, AG 1988, 323, 330; *Becker*, BB 1981, 394, 396; Großkomm-AktienR/*Hirte*, Rn 123; *Kley*, S. 161 ff; *Martens*, ZIP 1992, 1677, 1684 ff; *Sethe*, AG 1994, 342, 358 ff; abweichend: OLG München WM 1991, 539, 544 (PWA) (für Ermächtigung zum Ausschluss des Bezugsrechts auf Optionsanleihen).
[235] MüKo-AktG/*Bayer*, Rn 171; Großkomm-AktienR/*Hirte*, Rn 121; *Hüffer*, Rn 31; MüHb-AG/*Krieger*, § 58 Rn 22.

zugsrechts nennt, **die schon abstrakt**, also unabhängig von den konkreten Parametern bei der Ausnutzung, **nicht als Grundlage** für einen Bezugsrechtsausschluss **in Betracht kommen**.[236]

Die **Verwaltung kann** das genehmigte Kapital unter Ausschluss des Bezugsrechts in den Grenzen der Ermächtigung **ausnutzen**, wenn der anfechtbare Direktausschluss bzw die anfechtbare Ermächtigung zum Bezugsrechtsausschluss **nicht rechtzeitig** (§ 246 Abs. 1) mit der **Anfechtungsklage** angegriffen wurde.[237] Für Ausnahmefälle wird erwogen, dass die Verwaltung auch nach Ablauf der Anfechtungsfrist die Rechtswidrigkeit zu beachten habe.[238] Nach hiesiger Ansicht ist lediglich zu verlangen, dass die Anfechtungsgründe bei der Interessenabwägung des Vorstands nicht gänzlich unberücksichtigt bleiben (siehe dazu Rn 81). 114

b) **Teilanfechtung.** Beim genehmigten Kapital ist in der Regel die Ermächtigung des Vorstands zur Erhöhung des Grundkapitals auch ohne die Ermächtigung zum Ausschluss des Bezugsrechts sinnvoll, weshalb anzunehmen ist, dass sie im Zweifel auch ohne Letztere erteilt worden wäre. Die Ermächtigung des Vorstands, das Grundkapital zu erhöhen (genehmigtes Kapital), wird daher als solche durch die Anfechtbarkeit der Ermächtigung zum Ausschluss des Bezugsrechts im Zweifel nicht berührt (arg. § 139 BGB).[239] Die **Ermächtigung zum Ausschluss des Bezugsrechts** kann daher auch **isoliert** zum **Gegenstand einer Anfechtungsklage** gemacht werden. Desgleichen kann nicht die Ermächtigung zur Kapitalerhöhung insgesamt auf eine Anfechtungsklage hin für nichtig erklärt werden, wenn bloß die Ermächtigung zum Ausschluss des Bezugsrechts rechtswidrig ist.[240] Das alles gilt aber nicht, wenn das genehmigte Kapital wegen einer (absoluten) Zweckbindung nur unter Ausschluss des Bezugsrechts ausgenutzt werden kann. Denn dann ist im Zweifel anzunehmen, dass das genehmigte Kapital nicht ohne die Ermächtigung zum Ausschluss des Bezugsrechts geschaffen worden wäre. Erfolgt der Bezugsrechtsausschluss schon in der Ermächtigung (**Direktausschluss**), wird im Zweifel ebenfalls anzunehmen sein, dass das genehmigte Kapital nicht ohne den Ausschluss des Bezugsrechts geschaffen worden wäre; eine **Teilanfechtung scheidet** daher in diesen Fällen **in der Regel aus**.[241] Ausnahmen sind aber möglich.[242] 115

2. Vorstandsentscheidung. a) Mögliche Mängel und ihre Auswirkungen. aa) Mängel. Der Vorstandsbeschluss zur Ausnutzung unter Bezugsrechtsausschluss kann schon selbst **inhaltlich rechtswidrig** sein. Das ist der Fall, wenn die Entscheidung nicht durch die Satzung oder die Ermächtigung einschließlich eines etwa bei ihrer Erteilung erstatteten Berichts gedeckt ist. Davon unabhängig muss die Entscheidung immer von einem im Gesellschaftsinteresse liegenden sachlichen Grund getragen sein, wenn sie nicht rechtswidrig sein soll (zu Einzelheiten siehe Rn 86 ff). Insbesondere ein zu niedriger Ausgabebetrag kann zur Rechtswidrigkeit des Bezugsrechtsausschlusses führen (arg. § 255 Abs. 2). Formelle Mängel werden mit Ausnahme von Verstößen gegen die Berichtspflicht kaum vorkommen. 116

Nach der hiesigen Auffassung ist anlässlich der Ausnutzung unter Bezugsrechtsausschluss vorab ein Bericht zu verlangen (siehe dazu Rn 19 und 93 ff). Ein Mangel kann daher auch vorliegen, wenn der (Vorab-)**Bericht fehlt oder fehlerhaft** ist. Da der Bericht – nach hiesiger Auffassung damit – eine formelle Anforderung für eine rechtmäßige Ausnutzung unter Bezugsrechtsausschluss ist, ist bei einem mangelhaften Bericht auch die Ausnutzung unter Bezugsrechtsausschluss mindestens formell rechtswidrig.[243] 117

bb) Auswirkungen. Erfolgt der **Bezugsrechtsausschluss (erst) durch den Vorstand**, so ist der Fall denkbar, dass die Rechtswidrigkeit dieses Bezugsrechtsausschlusses auf den Bestand der „allgemeinen" Ausnutzungsentscheidung des Vorstands keine Auswirkung hat. Da für die Vorstandsentscheidung kein System der An- 118

---

236 Großkomm-AktienR/*Hirte*, Rn 122; Grigoleit/*Rieder*/Holzmann, Rn 32.
237 Großkomm-AktienR/*Hirte*, Rn 124; KölnKomm-AktG/*Lutter*, Rn 43; MüHb-AG/*Krieger*, § 58 Rn 22; *Quack*, ZGR 1983, 257, 266 f; *Semler*, BB 1983, 1566, 1568 f.
238 So Großkomm-AktienR/*Hirte*, Rn 124.
239 BGH WM 1982, 660, 662 = NJW 1982, 2444, 2446 (Holzmann; insoweit in BGHZ 83, 319 nicht abgedruckt); OLG München WM 1991, 539, 545 (PWA) (für Ermächtigung zum Ausschluss des Bezugsrechts auf Optionsanleihen); OLG München WM 1991, 1763, 1766 aE (NAK); OLG München ZIP 1993, 1471, 1474 (Bayerische Handelsbank) (für Ermächtigung zur Ausgabe von Genussscheinen); OLG Frankfurt WM 1991, 2155, 2156 (AGAB) (konkludent); OLG München AG 1989, 212 (Allianz); OLG München WM 1996, 1910 ff (Hypobank) (Bestätigung der Vorinstanz); vorinstanzlich LG München I ZIP 1996, 76, 78 f (Hypobank) (iE aber verneinend); LG Frankfurt/M. WM 1990, 1745, 1746 (AGAB) (für Ermächtigung zum Ausschluss des Bezugsrechts auf Optionsanleihen); LG Tübingen ZIP 1991, 169, 172 (Hugo Boss) („für nichtig zu erklären, soweit"; Hervorh. im Original); LG Hof WM 1992, 2057, 2060; MüKo-AktG/*Bayer*, Rn 172; *W. Groß*, AG 1991, 201, 205; Großkomm-AktienR/*Hirte*, Rn 125 mwN; *Hirte*, WM 1994, 321, 328; *Hüffer*, Rn 32; *Kley*, S. 87 ff (allerdings mit Zweifeln); MüHb-AG/*Krieger*, § 58 Rn 22; *Sethe*, AG 1994, 342, 356; *Simon*, AG 1985, 237, 239 f; *Timm*, ZIP 1990, 361, 363; abweichend: LG Braunschweig WM 1993, 376, 379 (VW) (für Ermächtigung zum Ausschluss des Bezugsrechts auf Wandel- und Optionsanleihen); *Kimpler*, S. 178 ff; *ders.*, DB 1994, 767, 770 ff; offen gelassen von BGH ZIP 1994, 1857 (Bayerische Handelsbank) (für Ermächtigung zur Ausgabe von Genussscheinen).
240 Vgl BGH WM 1982, 660, 662 = NJW 1982, 2444, 2446 (Holzmann; insoweit in BGHZ 83, 319 nicht abgedruckt).
241 Bürgers/Körber/*Marsch-Barner*, Rn 32; MüHb-AG/*Krieger*, § 58 Rn 22 mwN; so im Erg. auch OLG Frankfurt WM 1993, 373, 375.
242 Großkomm-AktienR/*Hirte*, Rn 125.
243 AA KölnKomm-AktG/*Lutter*, Rn 45, der zwar einen Bericht verlangt, dennoch aber davon ausgeht, dass die Maßnahme auch ohne Bericht rechtmäßig sein kann.

fechtungsklage existiert,[244] ist zwar der Bezugsrechtsausschluss wegen seiner Rechtswidrigkeit sogleich nichtig.[245] Das hat jedoch auf die (bloße) Entscheidung, das Kapital zu erhöhen, dann keinen Einfluss, wenn der Vorstand ausnahmsweise die Kapitalerhöhung notfalls auch ohne wirksamen Ausschluss des Bezugsrechts wollte (§ 139 BGB). Die Kapitalerhöhungsentscheidung bliebe dann ohne den Bezugsrechtsausschluss allein bestehen, so dass für die Aktionäre jeweils ein konkreter Bezugsanspruch entsteht.[246] Wollte der Vorstand dagegen – was der Regelfall sein dürfte – die Kapitalerhöhung nur mit Bezugsrechtsausschluss durchführen, führt die Rechtswidrigkeit des Bezugsrechtsausschlusses auch zur Nichtigkeit der (bloßen) Ausnutzungsentscheidung (§ 139 BGB).

119 Erfolgt der Bezugsrechtsausschluss schon bei der Schaffung des genehmigten Kapitals (**Direktausschluss**), entscheidet der Vorstand nur über die Kapitalerhöhung. Ist diese Entscheidung rechtswidrig, so führt das („insgesamt") zu ihrer Nichtigkeit. Auch wenn der Fehler der Vorstandsentscheidung ausschließlich in der Verletzung des Bezugsrechts besteht, bleibt hier in keinem Fall ein Kern der Vorstandsentscheidung, der die bloße Kapitalerhöhung ohne Bezugsrechtsausschluss zum Gegenstand hat, von der Nichtigkeit verschont. Denn selbst wenn die Vorstandsmitglieder dies gewollt hätten, ist nur schwer vorstellbar, dass sich die Ausnutzungsentscheidung in diesem Fall in zwei Teile aufteilen lässt (Entscheidung, das Kapital zu erhöhen; Entscheidung, den schon vorgenommenen Bezugsrechtsausschluss zu komplettieren). Zudem dürfte eine Kapitalerhöhung ohne Bezugsrechtsausschluss in diesem Fall von der Ermächtigung nicht gedeckt sein.

120 Der wirksame Ausschluss des Bezugsrechts ist eine Bedingung für die Möglichkeit der Gesellschaft, Zeichnungsverträge unter Missachtung des Bezugsrechts der Aktionäre abzuschließen. Das Fehlen einer Entscheidung über den Ausschluss des Bezugsrechts bzw deren späteres Wegfallen führt dazu, dass **Zeichnungsverträge** unter Missachtung des Bezugsrechts ohne einen entsprechenden Vorbehalt unzulässig sind bzw **hinfällig werden**.[247] Aus der Unwirksamkeit der Zeichnungsverträge können Rechte aber nur abgeleitet werden, wenn die Nichtigkeit des Bezugsrechtsausschlusses gerichtlich festgestellt wurde. Für die Erhebung einer entsprechenden Klage hat der BGH in seiner „Mangusta/Commerzbank II"-Entscheidung[248] – unter ausdrücklicher Verweisung auf seine diesbezüglichen Ausführungen in seiner „Holzmüller"-Entscheidung[249] – darauf hingewiesen und verlangt, dass die Aktionäre bei rechtswidrigem Verwaltungshandeln ihre Rechte nicht unter Verletzung ihrer Rücksichtnahmepflicht gegenüber der Gesellschaft missbräuchlich ausüben dürfen. Deshalb ist es (so der BGH ebenfalls weiter) erforderlich, einen Anspruch ohne unangemessene Verzögerung geltend zu machen bzw eine Klage ohne unangemessene Verzögerung zu erheben; insoweit dürfte die Monatsfrist des § 246 Abs. 1 zumindest als Orientierung dienen,[250] was der BGH in seiner „Mangusta/Commerzbank II"-Entscheidung[251] aber ausdrücklich offen gelassen hat. Mit Eintragung der Durchführung entstehen die Aktien dennoch in der Regel durch das Eingreifen der **Grundsätze der fehlerhaften Gesellschaft** (siehe dazu § 202 Rn 130).

121 Ist nicht nur der Bezugsrechtsausschluss **nichtig**, sondern, was die Regel sein wird, die **gesamte Ausnutzungsentscheidung** (siehe dazu Rn 118 f), gelten hinsichtlich der Auswirkungen auf die Zeichnungsverträge und auf die Entstehung der Mitgliedschaften – abweichend von der hL[252] – die Ausführungen zu § 202 entsprechend (§ 202 Rn 123 ff).

122 **b) Rechtsschutzmöglichkeiten vor der Eintragung der Durchführung. aa) Klagearten und einstweiliger Rechtsschutz. (1) Geltendmachung eines Unterlassungsanspruchs durch vorbeugende Unterlassungsklage und einstweilige Verfügung auf Unterlassung.** Jeder Aktionär hat aus eigenem Recht bei einer rechtswidrigen Vorstandsentscheidung im Rahmen des Bezugsrechtsausschlusses einen Unterlassungsanspruch und kann im Wege der **vorbeugenden Unterlassungsklage** den Vorstand verpflichten, den beabsichtigten Bezugsrechtsausschluss nicht durchzuführen.[253]

---

244 BGHZ 164, 249, 252 (Mangusta/Commerzbank II); Hölters/v. Dryander/Niggemann, Rn 59; Großkomm-AktienR/Hirte, Rn 128; Hirte, Bezugsrechtsausschluss, S. 207; KölnKomm-AktG/Lutter, Rn 45; Lutter, BB 1981, 861, 864; Bürgers/Körber/Marsch-Barner, Rn 33; Grigoleit/Rieder/Holzmann, Rn 34; Spindler/Stilz/Wamser, Rn 110 f; Yanli, S. 93 ff; abweichend: Großkomm-AktienR/K. Schmidt, § 241 Rn 34 ff, der das Anfechtungsrecht auch auf Verwaltungsentscheidungen anwenden will.
245 BGHZ 164, 249, 253 f (Mangusta/Commerzbank II).
246 KölnKomm-AktG/Lutter, Rn 46.
247 Großkomm-AktienR/Hirte, Rn 151; aA KölnKomm-AktG/Lutter, Rn 45, § 204 Rn 27.
248 BGHZ 164, 249, 259 f (Mangusta/Commerzbank II).
249 BGHZ 83, 122, 135 f (Holzmüller).
250 Ähnlich wie hier: KölnKomm-AktG/Lutter, Rn 44, nach dem der Rechtsgedanke des § 246 Abs. 1 insoweit zu berücksichtigen ist, als das eine Ausschlussfrist von einem Monat seit der Bekanntmachung gilt.
251 BGHZ 164, 249, 259 f (Mangusta/Commerzbank II).
252 Vgl etwa KölnKomm-AktG/Lutter, Rn 45, § 204 Rn 27.
253 BGHZ 136, 133, 141 (Siemens/Nold II); BGHZ 164, 249, 252 f (Mangusta/Commerzbank II); Großkomm-AktienR/Hirte, Rn 130 mwN; Habersack, S. 269; Hirte, Bezugsrechtsausschluss, S. 207 ff; Kindler, ZGR 1998, 35, 66; KölnKomm-AktG/Lutter, Rn 44; Bürgers/Körber/Marsch-Barner, Rn 33; Grigoleit/Rieder/Holzmann, Rn 34; Krieger, ZHR 163 (1999), 343, 357; Lutter, AcP 180 (1980), 84, 140 ff; Lutter, BB 1981, 861, 864; Zöllner, ZGR 1988, 392, 400.

Wegen der regelmäßig vorliegenden Eilbedürftigkeit kommt dem einstweiligen Rechtsschutz hier eine besondere Bedeutung zu. Wer den Unterlassungsanspruch effektiv durchsetzten will, wird daher in der Regel eine **einstweilige Verfügung auf Unterlassung** beantragen müssen.[254] Damit ist grundsätzlich die **Anwendbarkeit des § 945 ZPO** verbunden,[255] der dem Antragsteller ein erhebliches Kostenrisiko auferlegt. In neuerer Zeit wurde sich dafür ausgesprochen, dass die Norm des § 945 ZPO auf die hier besprochenen Fälle nicht anwendbar sei.[256] Als Grund wurde angeführt, dass sonst keine der Anfechtungsklage gleichwertige Überprüfungsmöglichkeit gegeben sei. Dem kann nicht gefolgt werden, denn auch der Anfechtungskläger kann sich gezwungen sehen, zum einstweiligen Rechtsschutz greifen zu müssen, um die Eintragung von Hauptversammlungsbeschlüssen zu verhindern (siehe dazu § 246 Rn 59);[257] insbesondere ist die Erhebung der Anfechtungsklage grundsätzlich kein (rechtliches) Eintragungshindernis.[258] Die Situation ist insoweit dort nicht anders als bei der vorbeugenden Unterlassungsklage. Daher bleibt es dabei, dass im Fall einer einstweiligen Verfügung, insbesondere zum Zwecke der Unterlassung der Durchführung der Kapitalerhöhung unter Bezugsrechtsausschluss, § 945 ZPO anwendbar bleibt. Mithin trägt der Antragsteller ein ganz erhebliches Schadensersatzrisiko. Das wird ihn – zumindest wenn er eine natürliche Person ist – in Fällen mit nur wenig Aussicht auf Erfolg von der Nutzung des einstweiligen Rechtsschutzes zur Geltendmachung des Unterlassungsanspruchs abhalten. Aus diesem Grund wird das mit der Anwendbarkeit des § 945 ZPO verbundene Schadensersatzrisiko in der Praxis durch Zwischenschaltung einer gering kapitalisierten Kapitalgesellschaft, die formal als Klägerin auftritt, versucht zu umgehen.[259] Ein derartiges Vorgehen indiziert aber nach hiesiger Auffassung, wenn damit die Eintragung der Durchführung einer Kapitalerhöhung aufgehalten werden soll, ein missbräuchliches Verhalten des Antragstellers. Denn der Antragsteller übt – gesprochen im Duktus der „Holzmüller"-Entscheidung[260] und der „Mangusta/Commerzbank II"-Entscheidung[261] – seine Aktionärsrechte unter Verletzung seiner Rücksichtnahmepflicht gegenüber der Gesellschaft missbräuchlich aus, wenn er als finanziell schwach ausgestattete juristische Person billigend in Kauf nimmt, dass die Gesellschaft ihren etwaigen Schadensersatzanspruch aus § 945 ZPO nicht einmal ansatzweise tatsächlich realisieren kann, weil er als juristische Person diesbezüglich nicht ansatzweise ausreichend finanziell ausgestattet ist; die Indizwirkung greift nach hiesiger Auffassung nur dann ein, wenn eine (aufgrund ihrer Aktionärsstellung) der gesellschaftsrechtlichen Rücksichtnahmepflicht unterliegende gering kapitalisierte juristische Person den Unterlassungsanspruch im Wege des einstweiligen Rechtsschutzes geltend macht. Die Indizwirkung kann der Antragsteller allerdings beseitigen, insbesondere durch die Leistung einer namhaften Sicherheit zugunsten der Gesellschaft zur Absicherung des eventuellen Schadensersatzanspruchs aus § 945 ZPO. Dabei muss die Sicherheitsleistung nicht den gesamten potenziellen Schadensersatzanspruch abdecken; es muss aber deutlich werden, dass der Antragsteller bereit ist, mit der Sicherheit einen nicht bloß marginalen Beitrag zu leisten, das vorgenannte Risiko zu verringern. Aber auch andere Möglichkeiten, diese Indizwirkung zu beseitigen sind möglich, etwa dadurch, dass die hinter dem Antragsteller, der eine juristische Person ist, stehenden natürlichen Personen bereit sind, persönlich das Risiko zu tragen. Liegt ein missbräuchliches Verhalten vor, verliert der Antragsteller sein Recht[262] (zum ähnlich gelagerten Problem der Rechtsfolgen beim Missbrauch im Zusammenhang mit der aktienrechtlichen Anfechtungsklage siehe auch § 245 Rn 28 ff), mithin seinen Unterlassungsanspruch.

Ein **Spruchverfahren**, in dem die Höhe der Gegenleistung überprüft werden kann, ohne dass die Wirksamkeit der Maßnahme im Übrigen berührt wird, sieht das Gesetz **im Rahmen von § 255** nicht vor (vgl § 1 SpruchG). Daher kann und muss das Mittel der Unterlassungsklage oder der Antrag auf eine **einstweilige**

---

254 Vgl auch MüKo-AktG/*Bayer*, Rn 175; Großkomm-AktienR/*Hirte*, Rn 133; *Hirte*, ZIP 1989, 1233, 1244; *Hüffer*, Rn 39; *Lutter*, BB 1981, 861, 864; *Martens*, Der Bezugsrechtsausschluss, in: FS Steindorf, 1990, S. 151, 163; Spindler/Stilz/*Wamser*, Rn 116.
255 *Hüffer*, Rn 39.
256 Großkomm-AktienR/*Hirte*, Rn 133.
257 Großkomm-AktienR/*K. Schmidt*, § 246 Rn 128 f.
258 Großkomm-AktienR/*K. Schmidt*, § 243 Rn 72.
259 Spindler/Stilz/*Wamser*, Rn 116; *Bungert*, BB 2005, 2757, 2759.
260 BGHZ 83, 122, 135 f (Holzmüller).
261 BGHZ 164, 249, 259 f (Mangusta/Commerzbank II).
262 Zum ähnlich gelagerten Problem der Rechtsfolgen beim Missbrauch im Zusammenhang mit der aktienrechtlichen Anfechtungsklage und dabei den Verlust der materiell-rechtlichen Anfechtungsbefugnis annehmend: BGH ZIP 1992, 1391, 1392 (Industrie-Werke) = WM 1992, 1404, 1405 = AG 1992, 448, 449 = EWiR 1992, 1041 (*Drygala*) = WuB II A § 243 AktG 5.92 (*Diekgräf*); OLG Frankfurt aM AG 1992, 271, 272 = DB 1992, 1081, 1082 = NJW-RR 1992, 1189, 1190; OLG Frankfurt aM ZIP 1996, 379, 380 = WM 1996, 534, 535 = AG 1996, 135,136; OLG Karlsruhe ZIP 1992, 401, 402 = WM 1992, 654, 655 = AG 1992, 273, 274 = WuB II A § 243 AktG 2.92 (*Bayer*) = EWiR 1992, 529 (*Geuting*); OLG Stuttgart AG 2003, 456, 457 = DB 2003, 33, 34; *Boujong*, in: FS Kellermann, 1991, S. 1, 10; KölnKomm-AktG/*Zöllner*, § 245 Rn 89; *Hirte*, BB 1988, 1469, 1472; *Hirte*, DB 1989, 267; *Hüffer*, § 245 Rn 26 und § 246 Rn 10; MüKo-AktG/*Hüffer*, § 245 Rn 58; aA bezüglich der Rechtsfolgen des Missbrauchs der Anfechtungsklage und dabei – bloß – das Rechtsschutzbedürfnis verneinend: so noch OLG Karlsruhe ZIP 1991, 925, 926 (Industrie-Werke) = WM 1991, 1755, 1756 = EWiR 1991, 747 (*Windbichler*) = WuB II A § 243 AktG 3.91 (*Diekgräf*); ferner Großkomm-AktienR/*K. Schmidt*, § 245 Rn 75 f; *v. Godin/Wilhelmi*, § 245 Anm. 2; *Heuer*, WM 1989, 1401, 1402; *Künzel*, in: FS Heinsius, 1991, S. 425, 428 ff; *Teichmann*, JuS 1990, 269, 271.

(Unterlassungs)Verfügung auch dann gewählt werden, wenn bei einer Ausnutzung unter Bezugsrechtsausschluss der Ausgabebetrag der jungen Aktien unangemessen niedrig festgelegt wird.[263] In diesem Zusammenhang wird vorgeschlagen, dass einer Unterlassungsklage das Rechtsschutzbedürfnis dann fehlen und sie damit ausgeschlossen sein soll, wenn sich die Gesellschaft verpflichtet, ein Spruchverfahren durchzuführen, das dem umwandlungsrechtlichen Vorbild entspricht (§ 14 Abs. 2 UmwG analog).[264] Zudem wird vertreten, dass bei kleineren Unsicherheiten hinsichtlich des Ausgabebetrages eine vorbeugende Unterlassungsklage nicht möglich sein soll (arg. § 16 Abs. 3 UmwG); dasselbe soll hinsichtlich einer etwaigen Rückgängigmachung der Kapitalmaßnahme gelten.[265]

124 **(2) Allgemeine Feststellungsklage (§ 256 ZPO) gegen pflichtwidriges Vorstandshandeln, aber keine Anfechtungsklage und keine aktienrechtliche Nichtigkeitsklage.** Auch eine **allgemeine Feststellungsklage** (§ 256 ZPO) des Aktionärs aus eigenem Recht **auf Feststellung der Nichtigkeit des (pflichtwidrigen) Vorstandshandeln ist zulässig**,[266] allerdings nur wenn durch das pflichtwidrige Verwaltungshandeln zugleich in Mitgliedschaftsrechte des Aktionärs eingegriffen wird, zum Beispiel das Bezugsrecht der Aktionäre verletzt wird.[267] Da vom Vorstand generell erwartet werden kann, dass er sich allein aufgrund eines feststellenden Urteils rechtmäßig verhält, besteht auch ein Rechtsschutzbedürfnis.[268] Vom BGH wurde dies in seiner „Mangusta/Commerzbank II"-Entscheidung nochmals ausdrücklich bestätigt.[269] Die Bejahung der Zulässigkeit, insbesondere der Statthaftigkeit, der allgemeinen Feststellungsklage in der „Mangusta/Commerzbank II"-Entscheidung fand im Schrifttum zum Teil Beifall,[270] stieß aber auch auf Ablehnung.[271] Da insoweit ein einstweiliger Rechtsschutz aber nicht möglich ist, dürfte sie nur im Rahmen der Rückabwicklung, der (freiwilligen) Verhinderung erneuter künftiger Verletzungen, der Kompensation von Verletzungen oder der Geltendmachung von Ersatzansprüchen eine Rolle spielen (siehe dazu Rn 127 bis 130 und § 202 Rn 128 ff).[272] Eine allgemeine Feststellungsklage (§ 256 ZPO) auf Feststellung der Unwirksamkeit[273] des (pflichtwidrigen) Vorstandshandelns und eine solche auf Feststellung der Pflichtwidrigkeit des Vorstandshandeln kommt nach der „Mangusta/Commerzbank II"-Entscheidung[274] neben der allgemeinen Feststellungsklage auf Feststellung der Nichtigkeit des (pflichtwidrigen) Vorstandshandeln keine eigenständige Bedeutung zu.

Nach der Rechtsprechung nicht statthaft und damit **nicht zulässig** ist eine **aktienrechtliche Anfechtungsklage gegen Vorstandsentscheidungen**.[275] Eine direkte Anwendung scheitert nach zutreffender Ansicht des BGH schon daran, dass der 1. Abschnitt des 7. Teils des ersten Buches des Aktiengesetzes allein mängelbehaftete Hauptversammlungsbeschlüsse behandelt und nicht auch mängelbehaftete Verwaltungsentscheidungen.[276] Auch eine analoge Anwendung der Vorschriften über die aktienrechtliche Anfechtungsklage (§§ 241 ff) wird von der Rechtsprechung[277] als auch von der herrschen Ansicht in der Literatur[278] verneint (siehe § 241 Rn 3). Auch die **aktienrechtliche Nichtigkeitsklage** (§ 249) wird von der Rechtsprechung nicht

---

263 *Bayer*, ZHR 163 (1999), 505, 522; Großkomm-AktienR/*Hirte*, Rn 131.
264 Großkomm-AktienR/*Hirte*, Rn 131; *Hirte*, Kapitalgesellschaftsrecht, Rn 830.
265 Zu beiden Vorschlägen siehe Großkomm-AktienR/*Hirte*, Rn 131.
266 BGHZ 136, 133, 141 (Siemens/Nold II); BGHZ 164, 249, 253 f (Mangusta/Commerzbank II); MüKo-AktG/*Bayer*, Rn 174; Großkomm-AktienR/*Hirte*, Rn 134; *Hirte*, Bezugsrechtsausschluss, S. 207; *Hüffer*, Rn 39; KölnKomm-AktG/*Lutter*, Rn 45; *Lutter*, BB 1981, 861, 864; Grigoleit/*Rieder/Holzmann*, Rn 34.
267 Worauf *Wilsing* im Zusammenhang mit der „Commerzbank/Mangusta II"-Entscheidung, in der das nicht so deutlich wird, zutreffend aufmerksam macht (*Wilsing*, ZGR 2006, 724, 735 ff).
268 BGHZ 136, 133, 141 (Siemens/Nold II); BGHZ 164, 249, 253 f (Mangusta/Commerzbank II); MüKo-AktG/*Bayer*, Rn 174; Großkomm-AktienR/*Hirte*, Rn 134; *Hirte*, Bezugsrechtsausschluss, S. 207; *Hüffer*, Rn 39; KölnKomm-AktG/*Lutter*, Rn 45; *Lutter*, BB 1981, 861, 864.
269 BGHZ 164, 249, 253 f (Mangusta/Commerzbank II).
270 Siehe etwa Schmidt/Lutter/*Spindler*, § 119 Rn 47; *Wilsing*, ZGR 2006, 724, 735 ff.
271 *Waclawik*, ZIP 2006, 397, 403 f; *Bungert*, BB 2005, 2757, 2758 f; *Reichert/Senger*, DK 2006, 338, 346 ff.
272 Vgl BGHZ 164, 249, 256 = ZIP 2005, 2207, 2210 (Mangusta/Commerzbank II); vgl auch Großkomm-AktienR/*Hirte*, Rn 134.

273 Eine eigenständige Bedeutung hinsichtlich der Feststellung der Unwirksamkeit des Vorstandshandeln wird vom BGH nur insoweit erwogen, dass der gefasste Beschluss deswegen noch keine Wirkungen entfalte, weil er noch der Zustimmung eines Mitglieds des Beschlussorgans oder eines Dritten bedürfe; ansonsten bestehe kein Anlass für eine differenzierende Kategorisierung zwischen den Begriffen „Unwirksamkeit" und „Nichtigkeit".
274 BGHZ 164, 249, 260 f = ZIP 2005, 2207, 2111 (Mangusta/Commerzbank II).
275 BGHZ 164, 249, 252 f = ZIP 2005, 2207, 2208 f (Mangusta/Commerzbank II).
276 BGHZ 164, 249, 252 = ZIP 2005, 2207, 2208 (Mangusta/Commerzbank II).
277 BGHZ 164, 249, 252 f = ZIP 2005, 2207, 2208 f (Mangusta/Commerzbank II); als Vorinstanz ebenso: OLG Frankfurt aM ZIP 2003, 1198, 1199 = WM 2003, 744, 745.
278 *Bartels*, ZGR 2008, 723, 734; *Bungert*, BB 2005, 2757 f; *Krämer/Kiefner*, ZIP 2006, 301, 303 f; *Paschos*, DB 2005, 2731; *Waclawik*, ZIP 2006, 397, 400 f; *Kubis*, DStR 2006, 188, 190 f; *Wilsing*, ZGR 2006, 722, 734; *Reichert/Senger*, DK 2006, 338, 342 f; *Hüffer*, § 241 Rn 2 aE; KölnKomm-AktG/*Lutter*, § 204 Rn 22 f; aA (eine analoge Anwendung befürwortend) insb. *Baums*, ZGR 1983, 300, 340; *M. Becker*, Verwaltungskontrolle durch Gesellschafterrechte, 1997, S. 500 ff; *Paefgen*, ZIP 2004, 145, 154 f.

als statthaft und damit **nicht** als **zulässig** gegen rechtswidriges Vorstandshandeln angesehen (siehe auch § 249 Rn 19).[279]

(3) (Normale) Leistungsklage. Ist der bloße Ausnutzungsbeschluss trotz Unwirksamkeit des Bezugsrechtsausschlusses wirksam (geblieben) (siehe dazu Rn 118), kann jeder bezugsberechtigte Aktionär den Anspruch auf Abschluss eines entsprechenden Zeichnungsvertrages auch weiterhin im Wege der (normalen) **Leistungsklage** geltend machen.[280]

bb) Klagefrist, Streitwert, Aktiv- und Passivlegitimation. Da die vorbeugende Unterlassungsklage als auch die Feststellungsklage hier funktional an die Stelle der gegen Verwaltungsentscheidungen nicht[281] möglichen Anfechtungsklage tritt, ist es überzeugend, § 246 Abs. 1[282] und § 247[283] (**Streitwert**) analog anzuwenden. Auch die **Monatsfrist** des § 246 Abs. 1 sollte grundsätzlich als Anhaltspunkt gelten;[284] für ihren Beginn sollte man auf die Bekanntmachung des Berichts bzw auf die dazu bestehenden Alternativen (siehe dazu Rn 105) abstellen. Die Monatsfrist sollte auch für die (normalen) Leistungsklagen auf Abschluss entsprechender Zeichnungsverträge (siehe dazu Rn 125) Anhaltspunkt sein. **Aktiv legitimiert** ist jeder Aktionär. **Passiv legitimiert** ist die Gesellschaft und nicht der Vorstand oder seine einzelnen Mitglieder.[285]

c) Rechtsfolgen und Rechtsschutzmöglichkeiten nach der Eintragung. aa) Die herrschende Meinung. Nach Eintragung der Durchführung der Kapitalerhöhung werden vor allem Schadensersatzansprüche (§§ 276, 280 BGB und § 823 Abs. 2 iVm § 186) der Aktionäre gegen die Gesellschaft auf Geldersatz erwogen.[286] Die Gesellschaft kann diesbezüglich den Vorstand und den Aufsichtsrat in Regress nehmen (§§ 93, 116).[287] Zum Teil wird auch eine Naturalrestitution erwogen.[288] Namentlich von *Cahn* wird auf der Basis der herrschenden Lehre, dass nach der Eintragung der Durchführung nur Schadensersatzansprüche in Betracht kommen können, der interessante Ansatz vertreten, dass die Verwaltung Schadensersatz an die Gesellschaft zu leisten hat und dadurch der Wert der Beteiligung des Aktionärs wieder aufgefüllt wird.[289] Ein etwaiger Anspruch kann danach von einem einzelnen Gesellschafter geltend gemacht werden. In all diesen Fällen ist für das Bestehen eines Schadensersatzanspruchs des Aktionärs ein Verschulden der Verwaltung erforderlich, das der Gesellschaft zugerechnet werden kann (§ 31 BGB). Das führt dazu, dass die durch einen Bezugsrechtsausschluss begünstigten Aktionäre den insoweit erlangten Vorteil auch dann behalten dürfen, wenn kein Verschulden der Verwaltung vorliegt, obwohl die Entscheidung der Verwaltung rechtswidrig war;[290] das ist nur dann konsequent, wenn man – anders als hier – mit der herrschenden Lehre eine Außenwirkung der für einen Bezugsrechtsausschluss bestehenden Beschränkungen verneint (siehe dazu Rn 86). Diese Rechtsschutzlücke hat der BGH in seiner „Mangusta/Commerzbank II"-Entscheidung (lediglich) dahin gehend geschlossen, dass – auch noch nach der Eintragung der Kapitalerhöhungen im Handelsregister – das Handeln der Gesellschaftsorgane statthafter und auch sonst zulässiger Gegenstand einer allgemeinen Feststellungsklage (§ 256 ZPO) sein kann.[291] Die Zulassung der Feststellungsklage ist in der Lit. auf ein geteiltes Echo gestoßen.[292]

---

[279] BGHZ 164, 249, 253 = ZIP 2005, 2207, 2209 (Mangusta/Commerzbank II); als Vorinstanz ebenso: OLG Frankfurt aM ZIP 2003, 1198, 1199; kritisch: *Bartels*, ZGR 2008, 723, 735.
[280] MüKo-AktG/*Bayer*, Rn 176; *Cahn*, ZHR 164 (2000), 113, 133; Großkomm-AktienR/*Hirte*, Rn 134; KölnKomm-AktG/*Lutter*, Rn 46.
[281] Vgl Großkomm-AktienR/*Hirte*, Rn 128; *Hirte*, Bezugsrechtsausschluss, S. 207; *Hüffer*, Rn 38; KölnKomm-AktG/*Lutter*, Rn 45; *Lutter*, BB 1981, 861, 864; Bürgers/Körber/*Marsch-Barner*, Rn 33; *Yanli*, S. 93 ff; abweichend: Großkomm-AktienR/*K. Schmidt*, § 241 Rn 14 ff, der das Anfechtungsrecht auch auf Verwaltungsentscheidungen anwenden will.
[282] Vgl bereits BGHZ 76, 191, 199 (Bindingbrauerei) (Feststellungsklage); Großkomm-AktienR/*Hirte*, Rn 132 mwN; *Hirte*, Bezugsrechtsausschluss, S. 122, 209; KölnKomm-AktG/*Lutter*, Rn 44 mwN; *Lutter*, BB 1981, 861, 864; *Martens*, ZHR 147 (1983), 377, 402; *Pflugradt*, S. 158 f; vgl auch BGHZ 83, 122, 135 f (Holzmüller).
[283] *Cahn*, ZHR 164 (2000), 113, 117; Großkomm-AktienR/*Hirte*, Rn 132; *Hirte*, Umgekehrte Streitwertspaltung – Prozessuale Konsequenzen aus der vermehrten Zulassung individueller Gesellschafterklagen im Aktienrecht, in: FS Bezzenberger, 2000, S. 133, 137 ff; *Pflugradt*, S. 163 f; abweichend: *Krieger*, ZHR 163 (1999), 343, 355; *Ulmer*, ZHR 163 (1999), 290, 337 f; Spindler/Stilz/*Wamser*, Rn 115.
[284] BGH ZIP 2005, 2207, 2211 (Mangusta/Commerzbank II); Hölters/v. Dryander/*Niggemann*, Rn 65; *Hüffer*, Rn 37.
[285] BGHZ 136, 133, 141 (Siemens/Nold II); BGH ZIP 2005, 2207, 2209 (Mangusta/Commerzbank II); Großkomm-AktienR/*Hirte*, Rn 132; *Hüffer*, Rn 39; Bürgers/Körber/*Marsch-Barner*, Rn 33; K. Schmidt/Lutter/*Veil*, Rn 30; Spindler/Stilz/*Wamser*, Rn 111.
[286] *Hüffer*, Rn 38; KölnKomm-AktG/*Lutter*, § 204 Rn 27; vgl auch *Würdinger*, S. 184.
[287] Vgl BGHZ 136, 133, 140 f (Siemens/Nold II); *Hüffer*, Rn 38; KölnKomm-AktG/*Lutter*, § 204 Rn 27.
[288] Ausführlich Großkomm-AktienR/*Hirte*, Rn 128 aE und 140 jeweils mwN; für eine Rückabwicklung eintretend *Schürnbrand*, ZHR 171 (2007), 731, 739 ff.
[289] *Cahn*, ZHR 164 (2000), 113, 153.
[290] Dies kritisiert auch Großkomm-AktienR/*Hirte*, Rn 146.
[291] BGH ZIP 2005, 2207, 2209 (Mangusta/Commerzbank II).
[292] Kritisierend: *Waclawik*, ZIP 2006, 397, 402; *Krämer/Kiefner*, ZIP 2006, 301, 303-305; *Bungert*, BB 2005, 2757, 2758; *Patschos*, DB 2005, 2731, 2732; zustimmend: *Hüffer*, Rn 37; *Kubis*, DStR 2006, 188, 193; *Reichert/Senger*, Konzern 2006, 338, 346 f.

128 **bb) Eigene Auffassung.** Nach der **hier vertretenen Auffassung** ist auch für die Rechtsfolgen nach Eintragung der Durchführung der Kapitalerhöhung zunächst danach zu unterscheiden, ob von der Unwirksamkeit die gesamte Ausnutzungsentscheidung oder bloß der Bezugsrechtsausschluss erfasst wird.

129 Wird die **gesamte Ausnutzungsentscheidung von der Unwirksamkeit erfasst** (siehe dazu Rn 118 f), erscheint es konsequent, die unter § 202 dargestellten allgemeinen Erwägungen zur Anwendung zu bringen (siehe dazu § 202 Rn 128 bis 137). Denn es kann grundsätzlich im Ergebnis keinen Unterschied machen, ob der Vorstand die Ermächtigung zur Erhöhung des Grundkapitals umfangmäßig bzw hinsichtlich der Frist überschreitet und deshalb seine Ausnutzungsentscheidung unwirksam ist, oder ob der Mangel im Bezugsrechtsausschluss des Vorstands bzw in der Komplettierung des Direktausschlusses durch den Vorstand zu finden und aus diesen Gründen die gesamte Ausnutzungsentscheidung unwirksam ist. In beiden Fällen fehlt es an einer wirksamen Ausnutzungsentscheidung, so dass die Mitgliedschaftsrechte nicht ordnungsgemäß entstehen können. Denn erst die Ausnutzungsentscheidung, die inhaltlich Grundlagenentscheidung bleibt, im Zusammenspiel mit etwa erforderlichen Aufsichtsratsentscheidungen und der Eintragung führt zur (ordnungsgemäßen) Kapitalerhöhung[293] (siehe dazu § 202 Rn 4). Die Mitgliedschaftsrechte sind daher, wenn die gesamte Ausnutzungsentscheidung wegen des Bezugsrechtsausschlusses unwirksam ist, entgegen einer verbreiteten Ansicht[294] mit der Eintragung nur unter den Voraussetzungen der fehlerhaften Gesellschaft – die aber in der Regel vorliegen werden – als wirksam entstanden anzusehen. Die Aktien können aber gemäß §§ 237 ff analog zwangsweise eingezogen werden (§ 237 Abs. 1 S. 1 Alt. 1 analog); zu Einzelheiten siehe § 202 Rn 128 bis 137. Der Zwangseinziehung der neu geschaffenen Aktien kann die Gesellschaft hier aber abweichend von der unter § 202 dargestellten allgemeinen Rechtslage dadurch entgehen, dass sie sich zu Maßnahmen verpflichtet, die den Bezugsrechtsausschluss kompensieren, und sie somit einer etwaigen Klage das Rechtsschutzbedürfnis entzieht. Denn Ausgangspunkt für die Unwirksamkeit der gesamten Ausnutzungsentscheidung war die Verletzung des Bezugsrechts, die durch die versprochenen Maßnahmen kompensiert werden. Als Kompensationsmaßnahmen kommt die Wiederherstellung der Beteiligungsquote der Altaktionäre durch Ausgabe eines etwa vorhandenen Bestandes eigener Aktien der Gesellschaft in Betracht.[295] Zu denken ist etwa auch an die Durchführung einer weiteren Kapitalerhöhung unter Ausschluss des Bezugsrechts der Neuaktionäre.[296] Nicht zuletzt ist auch an eine Kompensation durch Geldersatz zulasten freier Rücklagen oder eines Gewinnvortrages zu denken.[297] Geldersatz wird aber in der Regel nur dann in Betracht kommen, wenn den einzelnen Aktionären, deren Bezugsrecht übergangen wurde, vor der Kapitalerhöhung keine an einen Mindestanteilsbesitz geknüpften Rechte zustanden.

130 Anders ist die Situation, wenn ausnahmsweise nicht die gesamte Ausnutzungsentscheidung von der Unwirksamkeit erfasst wird, sondern **bloß der Bezugsrechtsausschluss des Vorstands unwirksam** ist. Zwar entstehen auch hier die Aktien in den Händen der Dritten mit Eintragung erst durch das Eingreifen der Grundsätze der fehlerhaften Gesellschaft. Denn die insoweit erforderlichen Zeichnungsverträge sind wegen des unwirksamen Bezugsrechtsausschlusses hinfällig (str; siehe dazu Rn 120).[298] Da der Ausnutzungsbeschluss des Vorstands hier aber Bestand hat, erscheint es nicht gerechtfertigt, einem etwaigen Feststellungsurteil mit dem Inhalt, dass der Ausschluss des Bezugsrechts unwirksam ist, eine automatische Zwangseinziehungswirkung (§ 237 Abs. 1 S. 1 Alt. 1 analog) zukommen zu lassen. Vielmehr hat die Gesellschaft hier gegenüber den Begünstigten einen Bereicherungsanspruch nach § 812 Abs. 1 S. 1 Alt. 1 BGB. Danach hat der Begünstigte das aufgrund des unwirksamen Zeichnungsvertrages erlangte, namentlich die erhaltenen Aktien, an die Gesellschaft herauszugeben. Auch der Begünstigte hat gegen die Gesellschaft wegen der selbst ohne Rechtsgrund erbrachten Leistungen einen Bereicherungsanspruch (§ 812 Abs. 1 S. 1 Alt. 1 BGB). Ein Zurückbehaltungsrecht (§ 273 BGB) kann er daraus aber nicht ableiten. Denn sein Gegenanspruch ist nach § 225 nicht fällig. Wegen des Gegenanspruchs bedarf es unter Umständen einer Kapitalherabsetzung, um die Vorgaben des Gläubigerschutzes zu beachten. Die Altaktionäre haben auf die an die Gesellschaft zurückgegebenen Aktien, solange keine Kapitalherabsetzung durchgeführt wird, immer noch ein Bezugsrecht, da dies niemals wirksam ausgeschlossen wurde. Ist eine Rückgewähr der erlangten Aktien dem Begünstigten tatsächlich nicht mehr möglich, hat er statt der Aktien an die Gesellschaft Wertersatz zu leisten (§ 818 Abs. 2 BGB). Nach § 285 Abs. 1 Alt. 1 BGB nF ist dann ein vom Begünstigten zur Gesellschaft geflossener Wertersatz (abzüglich des Wertes der vom Begünstigten geleisteten Einlage) den Altaktio-

---

[293] Großkomm-AktienR/*Hirte*, § 202 Rn 21.
[294] *Cahn*, ZHR 164 (2000), 113, 118 ff; deutlich: KölnKomm-AktG/*Lutter*, § 204 Rn 27; wohl auch *Würdinger*, S. 184.
[295] Vgl etwa Großkomm-AktienR/*Hirte*, Rn 128 aE mwN sowie für den Fall des bei der Durchführung übergangenen Bezugsberechtigten: *Geßler/Hefermehl/Bungeroth*, § 186 Rn 81; Großkomm-AktienR/*Wiedemann*, § 186 Rn 103; *Hüffer*, § 186 Rn 18; kritisch: *Cahn*, ZHR 164 (2000), 113, 143 ff.
[296] Großkomm-AktienR/*Hirte*, Rn 128 aE; *Hennerkes/Binge*, AG 1996, 119, 121 ff; *Hirte*, Bezugsrechtsausschluss, S. 81 f mwN; so sind etwa – allerdings in einem etwas anderen Zusammenhang – die Lufthansa AG im Jahre 1987 und die Stelcon AG im Jahre 1995 vorgegangen (*Meilicke*, DB 1996, 513, 516 Fn 33); abweichend: *Cahn*, ZHR 164 (2000), 113, 146 f.
[297] Vgl Großkomm-AktienR/*Hirte*, Rn 141 ff; zum Teil kritisch: *Cahn*, ZHR 164 (2000), 113, 148 f und 150 f.
[298] Großkomm-AktienR/*Hirte*, Rn 151.

nären als Ersatz für das nicht mehr zu verwirklichende Bezugsrecht herauszugeben. Der Begünstigte kann sich nach § 818 Abs. 3 BGB allerdings grundsätzlich (Ausnahmen: §§ 818 Abs. 4, 819 BGB) auf einen Wegfall der Bereicherung berufen. Insgesamt ist auch bei den Bereicherungsansprüchen zu beachten, dass aus der Unwirksamkeit der Zeichnungsverträge Rechte nur abgeleitet werden können, wenn die Unwirksamkeit des Bezugsrechtsausschluss gerichtlich festgestellt wurde. Für die Erhebung einer entsprechenden Klage sollte sich an der Monatsfrist des § 246 Abs. 1 orientiert werden.

D. Keine Aktienausgabe bei ausstehenden Einlagen (Abs. 3)

I. Grundsatz der Subsidiarität (Abs. 3 S. 1) und seine Ausnahmen. 1. Grundsatz (Abs. 3 S. 1). Nach Abs. 3 S. 1 sollen die neuen Aktien nicht ausgegeben werden, solange ausstehende Einlagen auf das bisherige Grundkapital noch erlangt werden können. Die Vorschrift bezweckt, dass eine **Kapitalerhöhung nur stattfindet, wenn ein Bedürfnis für eine Kapitalbeschaffung besteht**.[299] Parallelnorm bei der ordentlichen Kapitalerhöhung ist § 182 Abs. 4 (siehe dazu § 182 Rn 54 ff). Eine entsprechende Vorschrift bei der bedingten Kapitalerhöhung (§§ 192 ff) existiert nicht; dort ist die volle Einzahlung des bisherigen Grundkapitals keine Voraussetzung.

131

a) **Anwendungsbereich.** Unter „Ausgabe" der neuen Aktien ist im Rahmen des Abs. 3 nicht die Begebung der Aktienurkunden (so die Bedeutung in den §§ 191, 200), sondern die Durchführung der Kapitalerhöhung, insbesondere der Abschluss der Zeichnungsverträge, zu verstehen.[300] Das ergibt sich aus dem Zweck der Bestimmung (siehe dazu Rn 2)[301] und daraus, dass sonst Abs. 3 S. 4 keinen Sinn machen würde.[302] Hinsichtlich der neuen Aktien ist unerheblich, ob dafür Bar- oder Sacheinlagen zu leisten sind.[303] Aus der Bedeutung des Begriffs Ausgabe ergibt sich auch, dass das Gebot des Abs. 3 S. 1 bei der Schaffung des genehmigten Kapitals nicht zum Tragen kommt. Das findet seinen Grund darin, dass das genehmigte Kapital gerade für Fälle gedacht ist, in denen bei der Schaffung der Ermächtigung ein Kapitalbedürfnis noch nicht feststeht.[304]

132

Inhaltlich knüpft das Gebot des Abs. 3 S. 1 an das **bisherige Grundkapital** an. Darunter ist dasjenige Grundkapital zu verstehen, das in dem Zeitpunkt besteht, in dem die erste Anmeldung der Durchführung der Kapitalerhöhung aufgrund des genehmigten Kapitals erfolgt.[305] In diesem Zusammenhang sind – wie bei der Umfangsgrenze des § 202 Abs. 3 S. 1 (siehe dazu § 202 Rn 54) – etwaige Aktienausgaben auf ein ebenfalls bestehendes bedingtes Kapital zu berücksichtigen;[306] denn insoweit ist das Grundkapital mit der Ausgabe der Aktienurkunden erhöht (§ 200; siehe dazu § 200 Rn 2).

133

Da der Vorstand das genehmigte Kapital statt in Tranchen (zur Zulässigkeit der Ausnutzung in Tranchen siehe § 202 Rn 79) auch schon beim ersten Mal gänzlich ausnutzen kann, gilt das Subsidiaritätsgebot des Abs. 3 S. 1 **nur bei der ersten Ausnutzung einer Ermächtigung**.[307] Das wird durch Abs. 3 S. 4 bestätigt. Wird aber dagegen ein zusätzliches genehmigtes Kapital (zur Möglichkeit, mehrere genehmigte Kapitalien zu schaffen, siehe § 202 Rn 12) erstmalig ausgenutzt, greift hinsichtlich der bereits ausgegebenen Tranchen eines vorher ausgenutzten genehmigten Kapitals das Gebot des Abs. 3 S. 1 ein.[308]

134

b) **Zu berücksichtigende Einlagen.** Die **ausstehenden Einlagen** können sowohl noch aus der Gründung als auch aus einer Kapitalerhöhung stammen.[309] Gleichgültig ist ferner, ob es sich bei den ausstehenden Einlagen um Bar- oder Sacheinlagen handelt. Unerheblich ist auch, ob die Einlagen bisher noch nicht geleistet werden mussten oder ob die Einlagen entgegen §§ 36 Abs. 2, 36a Abs. 1 bzw entgegen § 36a Abs. 2 bisher nicht geleistet wurden. Erfasst werden auch Ansprüche wegen unerlaubter Einlagenrückgewähr (§ 62) so-

135

---

[299] MüKo-AktG/*Bayer*, Rn 182; Großkomm-AktienR/*Hirte*, Rn 156; *Hüffer*, Rn 1 und 41; Bürgers/Körber/*Marsch-Barner*, Rn 34; Grigoleit/*Rieder/Holzmann*, Rn 35; K. Schmidt/Lutter/*Veil*, Rn 31.

[300] MüKo-AktG/*Bayer*, Rn 182; Hölters/*v. Dryander/Niggemann*, Rn 67; Großkomm-AktienR/*Hirte*, Rn 158; *Hüffer*, Rn 41; KölnKomm-AktG/*Lutter*, Rn 61; Bürgers/Körber/*Marsch-Barner*, Rn 34; Spindler/Stilz/*Wamser*, Rn 118.

[301] KölnKomm-AktG/*Lutter*, Rn 61.

[302] Großkomm-AktienR/*Hirte*, Rn 158; KölnKomm-AktG/*Lutter*, Rn 61.

[303] MüKo-AktG/*Bayer*, Rn 183; *Hüffer*, Rn 41; Bürgers/Körber/*Marsch-Barner*, Rn 34; Grigoleit/*Rieder/Holzmann*, Rn 35; K. Schmidt/Lutter/*Veil*, Rn 31; Spindler/Stilz/*Wamser*, Rn 121.

[304] MüKo-AktG/*Bayer*, Rn 182.

[305] MüKo-AktG/*Bayer*, Rn 184; Hölters/*v. Dryander/Niggemann*, Rn 68; *v. Godin/Wilhelmi*, Anm. 7; KölnKomm-AktG/*Lutter*, Rn 60; Bürgers/Körber/*Marsch-Barner*, Rn 34; Schlegelberger/*Quassowski*, § 170 Rn 8; Spindler/Stilz/*Wamser*, Rn 119; ähnlich: Großkomm-AktienR/*Hirte*, Rn 159 (Grundkapital im Zeitpunkt der ersten Ausnutzung).

[306] Großkomm-AktienR/*Hirte*, Rn 4; KölnKomm-AktG/*Lutter*, Rn 60; Spindler/Stilz/*Wamser*, Rn 121.

[307] Baumbach/Hueck, AktG, § 202 Rn 4; MüKo-AktG/*Bayer*, Rn 185; *v. Godin/Wilhelmi*, Anm. 10; Großkomm-AktienR/*Hirte*, Rn 160; *Hüffer*, Rn 41; MüHb-AG/*Krieger*, § 58 Rn 26; KölnKomm-AktG/*Lutter*, Rn 62; Bürgers/Körber/*Marsch-Barner*, Rn 34; Schlegelberger/Quassowski, § 170 Rn 8; Spindler/Stilz/*Wamser*, Rn 122.

[308] MüKo-AktG/*Bayer*, Rn 185 aE; Großkomm-AktienR/*Hirte*, Rn 160; KölnKomm-AktG/*Lutter*, Rn 62; MüHb-AG/*Krieger*, § 58 Rn 26.

[309] Siehe dazu und zu den folgenden Ausführungen auch *Hüffer*, Rn 41.

wie solche nach §§ 65, 64. Einlagen werden nach dem eindeutigen Wortlaut des § 203 Abs. 3 S. 1 stets nur dann berücksichtigt, wenn sie erlangt werden können.

136 **2. Ausnahmen. a) Versicherungsgesellschaften (Abs. 3 S. 2).** Wenn die Satzung es bestimmt, findet Abs. 3 S. 1 nach Abs. 3 S. 2 keine Anwendung auf **Versicherungsgesellschaften**. Hintergrund dieser Ausnahme ist, dass eine Versicherungsgesellschaft in der Regel dem Grundkapital entsprechendes Vermögen (lediglich) zur Risikovorsorge und nicht für Betriebszwecke benötigt.[310]

137 **b) Verhältnismäßig unerheblicher Umfang ausstehender Einlagen (Abs. 3 S. 3).** Die „Ausgabe" neuer Aktien wird durch ausstehende Einlagen nach Abs. 3 S. 1 auch dann nicht gehindert, wenn lediglich **Einlagen in einem verhältnismäßig unerheblichen Umfang** ausstehen (Abs. 3 S. 3). Die Ausnahmeregelung gilt für Bar- und Sacheinlagen. Zum Streit, was unter verhältnismäßig unerheblich zu verstehen ist, kann auf die Kommentierung des wörtlich identischen § 182 Abs. 4 S. 3 verwiesen werden (siehe dazu § 182 Rn 58).

138 **c) Arbeitnehmeraktien (Abs. 4).** Abs. 3 S. 1 gilt nach Abs. 4 nicht, wenn Aktien an Arbeitnehmer der Gesellschaft ausgegeben werden sollen. Damit dürfen nach Abs. 4 abweichend von Abs. 3 S. 1 Aktien an Arbeitnehmer auch dann ausgegeben werden, wenn Einlagen auf das bisherige Grundkapital noch ausstehen. Folgerichtig sind dann die nach Abs. 3 S. 4 bei der ersten Anmeldung zu machenden Angaben bei der Aktienausgabe an Arbeitnehmer entbehrlich (Abs. 4). Abs. 4, der durch die Aktienrechtsreform von 1965 eingeführt wurde, hat die Aufgabe – wie die gleichzeitig eingeführten §§ 202 Abs. 4, 204 Abs. 3 und 205 Abs. 4 –, eine **Arbeitnehmerbeteiligung zu erleichtern** (siehe dazu § 202 Rn 93 f). § 203 Abs. 4 findet entsprechende Anwendung, wenn Aktien an Arbeitnehmer verbundener Unternehmen ausgegeben werden.[311]

139 **d) Verschmelzung, Auf- und Abspaltung (§§ 69 Abs. 1 S. 3, 125 S. 1 UmwG).** § 203 Abs. 3 S. 1 ist unanwendbar bei einer Kapitalerhöhung der übernehmenden Gesellschaft zur Durchführung einer Verschmelzung (§ 69 Abs. 1 S. 3). Folgerichtig sind in diesem Fall dann die sonst nach Abs. 3 S. 4 bei der ersten Anmeldung zu machenden Angaben entbehrlich (§ 69 Abs. 1 S. 3). Gleiches gilt bei Auf- und Abspaltungen (§ 125 S. 1 UmwG).

140 **e) Ausnahmen aufgrund der Sondervorschriften des FMStBG.** Bis zur (mit Wirkung vom 1.3.2012 erfolgten) Aufhebung des § 3 FMStBG konnten bei der Ausnutzung eines nach § 7b FMStBG geschaffenen genehmigten Kapitals die neuen Aktien auch dann ausgegeben werden, wenn ausstehende Einlagen auf das bisherige Grundkapital noch hatten erlangt werden können (siehe dazu § 202 Rn 172 sowie in der Vorauflage unter § 202 Rn 208). Denn für den Anwendungsbereich des § 7b FMStBG ordnete § 7b Abs. 3 FMStBG aF iVm § 3 Abs. 5 S. 2 FMStBG aF ausdrücklich an, dass § 182 Abs. 4 S. 1, der für die ordentliche Kapitalerhöhung (§§ 182 ff) eine dem § 203 Abs. 3 S. 1 entsprechende Regelung enthält, nicht anzuwenden war. Das bedeutete, dass bei der Ausnutzung des genehmigten Kapitals im Anwendungsbereich des § 7b FMStBG **keine Rücksicht** darauf genommen werden musste, **ob und inwieweit Einlagen noch ausstanden** und auch noch erlangt werden konnten. Nach der Aufhebung des § 3 FMStBG mit Wirkung vom 1.3.2012 ist diese Erleichterung wieder entfallen.

141 **3. Rechtsfolgen von Verstößen.** Bei einem Verstoß gegen das Gebot des Abs. 3 S. 1 kann **nicht** mit einer **Aktionärsklage** auf Unterlassung der Kapitalerhöhung dagegen vorgegangen werden.[312] Das Registergericht hat jedoch die **Eintragung** der Durchführung (§§ 203 Abs. 1 S. 1, 188) beim Vorliegen eines Verstoßes **abzulehnen**.[313] Die Registerkontrolle wird durch die nach Abs. 3 S. 4 erforderlichen Angaben erleichtert. Bei der Entscheidung ist die Sachlage zum Zeitpunkt der Prüfung zu Grunde zu legen.[314] Daher werden Einlagen, die etwa nach der Anmeldung noch geleistet wurden, noch berücksichtigt, so dass sie für das Verhältnis des Abs. 3 S. 3 keine Rolle mehr spielen. Entsprechendes gilt für Einlagen, die nicht mehr zu erlangen sind. Wird trotz eines Verstoßes gegen das Subsidiaritätsgebot des Abs. 3 S. 1 eingetragen, ist die Kapitalerhöhung wirksam und die Anteile sind entstanden.[315] Eine Amtslöschung nach § 398 FamFG kann nicht stattfinden.[316]

---

[310] MüKo-AktG/*Bayer*, Rn 187; Hölters/*v. Dryander/Niggemann*, Rn 71; *Hüffer*, Rn 42; Bürgers/Körber/*Marsch-Barner*, Rn 35; Spindler/Stilz/*Wamser*, Rn 125; vgl bereits Zöllner, AG 1985, 19.

[311] MüKo-AktG/*Bayer*, Rn 190; Großkomm-AktienR/*Hirte*, Rn 165; *Hüffer*, Rn 45; KölnKomm-AktG/*Lutter*, Rn 64; Bürgers/Körber/*Marsch-Barner*, Rn 38; Grigoleit/*Rieder/Holzmann*, Rn 39; Spindler/Stilz/*Wamser*, Rn 130.

[312] MüKo-AktG/*Bayer*, Rn 188 aE; Großkomm-AktienR/*Hirte*, Rn 167; *Hüffer*, Rn 43; Bürgers/Körber/*Marsch-Barner*, Rn 37.

[313] MüKo-AktG/*Bayer*, Rn 188; Großkomm-AktienR/*Hirte*, Rn 167; *Hüffer*, Rn 43; KölnKomm-AktG/*Lutter*, Rn 63; Bürgers/Körber/*Marsch-Barner*, Rn 37; Grigoleit/*Rieder/Holzmann*, Rn 38; Spindler/Stilz/*Wamser*, Rn 129.

[314] MüKo-AktG/*Bayer*, Rn 188; *Hüffer*, Rn 43.

[315] MüKo-AktG/*Bayer*, Rn 188; Großkomm-AktienR/*Hirte*, Rn 167; *Hüffer*, Rn 43; Bürgers/Körber/*Marsch-Barner*, Rn 37; Spindler/Stilz/*Wamser*, Rn 129.

[316] MüKo-AktG/*Bayer*, Rn 188; Hölters/*v. Dryander/Niggemann*, Rn 74; Großkomm-AktienR/*Hirte*, Rn 167; *Hüffer*, Rn 43; Bürgers/Körber/*Marsch-Barner*, Rn 37; Spindler/Stilz/*Wamser*, Rn 129.

II. Angabe der nicht erlangten Einlagen (Abs. 3 S. 4). Parallel zu § 184 Abs. 2 ordnet § 203 Abs. 3 S. 4 an, 142
dass in der ersten Anmeldung der Durchführung der Kapitalerhöhung anzugeben ist, welche Einlagen auf
das bisherige Grundkapital noch nicht geleistet sind und warum sie nicht erlangt werden können. Dadurch
wird der Inhalt der Anmeldung ergänzt. Nach dem eindeutigen Wortlaut hat die zusätzliche Angabe nur
bei der ersten Ausnutzung einer Ermächtigung und dort nur bei der ersten Anmeldung einer Durchführung
zu erfolgen.

Die Angaben sind bei der Ausgabe von Arbeitnehmeraktien **entbehrlich** (Abs. 4). Die Angabe muss auch bei 143
einer Kapitalerhöhung der übernehmenden Gesellschaft zur Durchführung einer Verschmelzung nicht erfolgen (§ 69 Abs. 1 S. 3). Gleiches gilt bei Auf- und Abspaltungen (§ 125 S. 1 UmwG). Liegt bei einer Versicherungsgesellschaft eine Satzungsbestimmung iSd § 203 Abs. 3 S. 2 vor, greift das Gebot des Abs. 3 S. 1
unabhängig davon, welche Einlagen noch nicht geleistet sind sowie ob und warum sie nicht erlangt werden
können, nicht ein (Abs. 3 S. 2). Daher sind auch in diesem Fall die sonst nach Abs. 3 S. 4 erforderlichen Angaben trotz der Systematik des Abs. 3 entbehrlich.

Werden hinsichtlich Abs. 3 S. 4 bewusst falsche Angaben gemacht, droht **Strafbarkeit** nach § 399 Abs. 1 144
Nr. 4.

E. Arbeitnehmeraktien (Abs. 4)

Für Abs. 4, der Abs. 3 S. 1 und 4 bei der Ausgabe von Arbeitnehmeraktien für unanwendbar erklärt, kann 145
auf die obigen Ausführungen verwiesen werden (siehe dazu Rn 138 und 142).

§ 204 Bedingungen der Aktienausgabe

(1) ¹Über den Inhalt der Aktienrechte und die Bedingungen der Aktienausgabe entscheidet der Vorstand, soweit die Ermächtigung keine Bestimmungen enthält. ²Die Entscheidung des Vorstands bedarf der Zustimmung des Aufsichtsrats; gleiches gilt für die Entscheidung des Vorstands nach § 203 Abs. 2 über den Ausschluß des Bezugsrechts.

(2) Sind Vorzugsaktien ohne Stimmrecht vorhanden, so können Vorzugsaktien, die bei der Verteilung des Gewinns oder des Gesellschaftsvermögens ihnen vorgehen oder gleichstehen, nur ausgegeben werden, wenn die Ermächtigung es vorsieht.

(3) ¹Weist ein Jahresabschluß, der mit einem uneingeschränkten Bestätigungsvermerk versehen ist, einen Jahresüberschuß aus, so können Aktien an Arbeitnehmer der Gesellschaft auch in der Weise ausgegeben werden, daß die auf sie zu leistende Einlage aus dem Teil des Jahresüberschusses gedeckt wird, den nach § 58 Abs. 2 Vorstand und Aufsichtsrat in andere Gewinnrücklagen einstellen können. ²Für die Ausgabe der neuen Aktien gelten die Vorschriften über eine Kapitalerhöhung gegen Bareinlagen, ausgenommen § 188 Abs. 2. ³Der Anmeldung der Durchführung der Erhöhung des Grundkapitals ist außerdem der festgestellte Jahresabschluß mit Bestätigungsvermerk beizufügen. ⁴Die Anmeldenden haben ferner die Erklärung nach § 210 Abs. 1 Satz 2 abzugeben.

Literatur:
Baums, Aktienoptionen für Vorstandsmitglieder, Festschrift Carsten Peter Claussen, 1997, S. 3; *Bayer,* Kapitalerhöhung mit Bezugsrechtsausschluss und Vermögensschutz der Aktionäre – Kritische Betrachtung der lex lata und Vorschläge de lege ferenda, ZHR 163 (1999), 505; *Klette,* Der Emissionskurs beim genehmigten Kapital, BB 1968, 977; *Mertens,* Zulässigkeit einer Ermächtigung des Vorstands, Aktien mit einem Gewinnbezugsrecht für das abgelaufene Geschäftsjahr auszugeben?, Festschrift Herbert Wiedemann, 2002, S. 1113; *Simon,* Rückwirkende Dividendengewährung beim genehmigten Kapital?, AG 1960, 148; *Technau,* Rechtsfragen bei der Gestaltung von Übernahmeverträgen („Underwriting Agreements") im Zusammenhang mit Aktienemissionen, AG 1998, 445; *Wündisch,* Können junge Aktien mit Dividendenberechtigung für ein schon abgelaufenes Geschäftsjahr ausgestattet werden?, AG 1960, 320; vgl auch die Literaturnachweise bei §§ 202 f.

A. Übersicht über die Vorschrift 1	4. Bedingungen der Aktienausgabe 13
B. Festlegung des Inhalts der Aktienrechte und Festlegung der Ausgabebedingungen (Abs. 1) 2	IV. Zustimmungen des Aufsichtsrats (Abs. 1 S. 2) .. 14
I. Zwingende Gesetzesvorgaben 2	V. Rechtsfolgen bei Verstößen 21
II. Abgrenzung der Zuständigkeiten 5	C. Ausgabe von Vorzugsaktien (Abs. 2) 24
III. Entscheidung des Vorstands 8	I. Zweck und Funktionsweise der Bestimmung ... 24
1. Allgemeines 8	1. Zweck 24
2. Gesetzliche und satzungsmäßige Anforderungen an die Vorstandsentscheidung 11	2. Ermächtigung iSd Abs. 2 durch Satzungsänderung 25
3. Inhalt der Aktienrechte 12	3. Ermächtigung iSd Abs. 2 durch Gründungssatzung 27

II. Voraussetzungen 28	2. Ermächtigung des Vorstands 34
1. Vorhandene stimmrechtslose Vorzugsaktien 28	3. Voraussetzungen betreffend Jahresüberschuss und Jahresabschluss 35
2. Ausgabe von gleichstehenden oder vorgehenden Vorzugsaktien 29	a) Jahresabschluss mit uneingeschränktem Bestätigungsvermerk, Jahresüberschuss 36
III. Rechtsfolgen von Verstößen 30	b) Dispositionsmöglichkeit der Verwaltung über Jahresüberschuss 37
D. Arbeitnehmeraktien (Abs. 3) 32	
I. Grundlagen 32	III. Durchführung der Kapitalerhöhung
II. Voraussetzungen der Deckung durch einen Jahresüberschuss 33	(Abs. 3 S. 2) 42
1. Arbeitnehmer 33	IV. Anmeldung und Eintragung der Durchführung (Abs. 3 S. 2 bis 4) 43

A. Übersicht über die Vorschrift

1 Die Norm betrifft den Inhalt der Aktienrechte und die Bedingungen der Ausgabe der Aktien. Ihr Hauptanliegen besteht darin, die **Zuständigkeiten** von Hauptversammlung, Vorstand und Aufsichtsrat in Bezug auf die bei einer genehmigten Kapitalerhöhung festzulegenden Einzelheiten der Aktienrechte und der Bedingungen der Aktienausgabe abzugrenzen (**Abs. 1**). Für den Fall, dass bereits **Vorzugsaktien** ohne Stimmrecht vorhanden sind, legt **Abs. 2** für die Ausgabe von weiteren Vorzugsaktien besondere Voraussetzungen fest. **Abs. 3** erleichtert die Ausgabe von **Arbeitnehmeraktien**.

B. Festlegung des Inhalts der Aktienrechte und Festlegung der Ausgabebedingungen (Abs. 1)

2 **I. Zwingende Gesetzesvorgaben.** Nach Abs. 1 S. 1 entscheidet der Vorstand über den Inhalt der Aktienrechte und die Bedingungen der Aktienausgabe, soweit die Ermächtigung keine Bestimmungen enthält. Da eine Reihe von Fragen über den Inhalt der Aktienrechte und die Bedingungen der Aktienausgabe **im Gesetz zwingend geregelt** ist bzw **zwingend in der Satzung geregelt** sein muss, ist die Formulierung „Inhalt der Aktienrechte und die Bedingungen der Aktienausgabe" so zu verstehen, dass damit nur die insoweit verbleibenden regelbaren Einzelheiten gemeint sind.

3 **Zwingend** ist in diesem Zusammenhang bei Nennbetragsaktien der Mindestnennbetrag der einzelnen Aktien (ein Euro, § 8 Abs. 2 S. 1) und die mögliche Nennbetragsstaffelung (volle Euro, § 8 Abs. 2 S. 4) **geregelt**. Bei Stückaktien ist der nicht zu unterschreitende anteilige Betrag je Aktie (ein Euro, § 8 Abs. 3 S. 3) zwingend. Auch der geringste Ausgabebetrag jeder Aktie (Nennbetrag bzw auf einzelne Stückaktie entfallende anteilige Betrag am Grundkapital, § 9) ist vorgegeben (Verbot der Unter-pari-Emission). Zwingend ist auch das Erfordernis der vorherigen Volleinzahlung bei der Urkundenausgabe von Inhaberaktien (§ 10 Abs. 2). Zudem können Aktien mit einem Entsenderecht in den Aufsichtsrat nur in beschränktem Umfang und unter bestimmten Voraussetzungen geschaffen werden (§ 101 Abs. 2). Vorzugsaktien ohne Stimmrecht dürfen nur bis zur Hälfte des Nennbetrages aller anderen Aktien ausgegeben werden (§ 139 Abs. 2). Zwingend ist auch das Gebot der sofortigen Fälligkeit der Sacheinlageverpflichtung und eines Teils der Bareinlageverpflichtung (§§ 203 Abs. 1 S. 1, 188 Abs. 2) sowie das Gleichbehandlungsgebot (§ 53 a). Ebenfalls zwingend ist bei Stückaktien der Grundsatz der verhältniswahrenden Kapitalerhöhung (§§ 202 Abs. 3 S. 3, 182 Abs. 1 S. 5; siehe dazu § 202 Rn 92). Zu den zwingenden gesetzlichen Vorgaben hinsichtlich der Bedingungen der Aktienausgabe gehören auch die Beschränkungen für einen Bezugsrechtsausschluss (siehe ausführlich dazu § 203 Rn 12 bis 26 und 56 bis 130); in diesem Zusammenhang ist zudem von Bedeutung, dass der Vorstand durch die bloße Ermächtigung zur Kapitalerhöhung noch nicht zum Bezugsrechtsausschluss ermächtigt ist (siehe dazu Rn 6 sowie § 203 Rn 2 und 56 ff).

4 Die Satzung muss festlegen, ob das Grundkapital in Nennbetrags- oder Stückaktien zerlegt sein soll (§ 23 Abs. 3 Nr. 4); da die Aktien der Gesellschaft nach § 8 Abs. 1 zudem entweder nur Nennbetragsaktien oder Stückaktien sein können und die Vorstandsentscheidung auf schon bestehende Aktien keinen Einfluss haben kann, wird die Frage, ob bei einer Kapitalerhöhung Nennbetrags- oder Stückaktien entstehen, **zwingend in der Satzung entschieden**.[1] Ebenfalls der Satzung vorbehalten ist die Beschränkung oder der Ausschluss des Anspruchs auf Einzelverbriefung (§ 10 Abs. 5); da es hier nur um die Beschränkung und den Ausschluss des Anspruchs auf Einzelverbriefung geht, kann der Vorstand – trotz satzungsmäßiger Beschränkung oder Ausschließung – gleichwohl eine Einzelverbriefung gestatten.[2]

5 **II. Abgrenzung der Zuständigkeiten.** In diesem gesetzlich vorgegebenen Rahmen besteht nach Abs. 1 S. 1 grundsätzlich eine **Zuständigkeit des Vorstands** für die Festlegung des Inhalts der Aktienrechte und für die

---

[1] MüKo-AktG/*Bayer*, Rn 8; Großkomm-AktienR/*Hirte*, Rn 14; Spindler/Stilz/*Wamser*, Rn 7; aA wohl *Hüffer*, Rn 4.
[2] Großkomm-AktienR/*Hirte*, Rn 14.

Festlegung der Ausgabebedingungen. Die Vorstandszuständigkeit steht aber **unter** dem **Vorbehalt**, dass der Satzungsgeber seinerseits keine Regelung in **der Ermächtigung** getroffen hat. Ist die Entscheidung (etwa durch bloßes Schweigen der Ermächtigung) in die Hände des Vorstands gelegt worden, bedarf sie zu ihrer Wirksamkeit nach Abs. 1 S. 2 Hs 1 noch der **Zustimmung des Aufsichtsrats**. Durch den vom Gesetz eingeräumten Vorbehalt, kann der Satzungsgeber den Handlungsspielraum des Vorstands beliebig weit einschränken,[3] solange die Entscheidung über das „Ob" der Kapitalerhöhung beim Vorstand verbleibt.

Für einige **Ausnahmefälle** wird der Grundsatz durchbrochen, dass der Vorstand, soweit die Ermächtigung keine Bestimmung enthält, zuständig ist. In diesen Fällen reicht ein Schweigen der Ermächtigung für die Zuständigkeit des Vorstands nicht aus. Vielmehr wird insoweit verlangt, dass die Zuständigkeit in der Ermächtigung auf den Vorstand übertragen wird. So muss die Ermächtigung, wenn der Vorstand befugt sein soll, die Kapitalerhöhung unter **Bezugsrechtsausschluss** durchzuführen, das Bezugsrecht der Aktionäre entweder selbst ausschließen (Direktausschluss, § 203 Abs. 1 S. 1, 186 Abs. 3) oder den Vorstand nach § 203 Abs. 2 zum Bezugsrechtsausschluss ausdrücklich ermächtigen (§ 203 Abs. 2). Außerdem können **Vorzugsaktien**, die schon vorhandenen Vorzugsaktien ohne Stimmrecht bei der Verteilung des Gewinns oder des Gesellschaftsvermögens vorgehen oder gleichstehen sollen, nur geschaffen werden, wenn die Ermächtigung dies vorsieht (Abs. 2). Schließlich kann eine **Sachkapitalerhöhung** im Wege des genehmigten Kapitals vom Vorstand nur durchgeführt werden, wenn die Ermächtigung dies vorsieht (§ 205 Abs. 1).

Eine weitere Ausnahme von der Zuständigkeit des Vorstands besteht für die Festlegung der Einzelheiten von **Stock options**,[4] wenn die Mitglieder des Vorstands davon selbst Optionen erhalten sollen.[5] Denn ansonsten würde eine Selbstbedienung erleichtert.[6]

III. Entscheidung des Vorstands. 1. Allgemeines. Die Vorstandsentscheidung über den Inhalt der Aktienrechte und die Bedingungen der Aktienausgabe erfolgt durch **Beschluss**. Die Entscheidung **ist** (formell) eine **Maßnahme der Geschäftsführung** (§ 77).[7] Für die Beschlussfassung gelten die allgemeinen Regeln. Der Beschluss ist daher, wenn nicht die Satzung oder die Geschäftsordnung etwas anderes bestimmt, durch den Vorstand insgesamt und einstimmig zu fassen.[8]

Da schon der Entschluss, in bestimmter Weise tätig zu werden, bei einem Verband – anders als bei einer natürlichen Person – ein rechtlicher Vorgang und nach außen kenntlich zu machen ist,[9] reicht auch hinsichtlich der Ausnutzungsentscheidung eine Willensbildung in den Köpfen der Vorstandsmitglieder nicht aus. Vielmehr bedarf es (bei der Entscheidungsfindung) einer Entäußerung,[10] was aber eine konkludente Beschlussfassung nicht ausschließt.[11] Eine **Pflicht zu** einer nach außen gerichteten **Mitteilung** des Vorstands **besteht** aber **grundsätzlich nicht** (zu Einzelheiten und Ausnahmen insbesondere bei Ausschluss des Bezugsrecht siehe § 202 Rn 78 sowie § 203 Rn 19, 64 ff, 85 und 93 ff).

Obwohl die Entscheidung inhaltlich eine Grundlagenentscheidung ist und es sich teilweise um materielle Satzungsänderungen handelt,[12] kann der Beschluss des Vorstands leider[13] **formlos** gefasst werden. Die Geschäftsordnung (§ 77 Abs. 2) kann aber Formerfordernisse aufstellen.[14] Der Beschluss ist weder eintragungsbedürftig noch eintragungsfähig.[15]

2. Gesetzliche und satzungsmäßige Anforderungen an die Vorstandsentscheidung. Inhaltlich hat sich der Vorstand zunächst in dem oben aufgezeigten **gesetzlichen Rahmen** zu halten (Rn 2 ff). Darüber hinaus hat er die Vorgaben der Ermächtigung und allgemein die **Vorgaben der Satzung** zu beachten. Enthält die Satzung etwa die Vorgabe, dass nur Namensaktien auszugeben sind, so hat sich der Vorstand daran zu halten. Im Übrigen hat der Vorstand nach pflichtgemäßem Ermessen zu entscheiden und darf sich nicht von sachfremden Erwägungen leiten lassen.[16]

---

3 Vgl KG AG 1996, 421, 423; MüKo-AktG/*Bayer*, Rn 4; Bürgers/Körber/*Marsch-Barner*, Rn 2.
4 Derartige Optionen können über ein genehmigtes Kapital bedient werden (vgl § 202 Rn 57).
5 Großkomm-AktienR/*Hirte*, Rn 14 und 18.
6 Vgl *Baums*, Aktienoptionen für Vorstandsmitglieder, in: FS Claussen, 1997, S. 3, 34 f; *Friedrichsen*, Aktienoptionsprogramme für Führungskräfte, 2000, S. 63; *Wulff*, Aktienoptionen für das Management, 2000, S. 43.
7 MüKo-AktG/*Bayer*, Rn 4; Hölters/*v. Dryander/Niggemann*, Rn 2; Großkomm-AktienR/*Hirte*, Rn 8; *Hüffer*, Rn 2; Köln-Komm-AktG/*Lutter*, Rn 6 und 17; MüHb-AG/*Krieger*, § 58 Rn 24; Bürgers/Körber/*Marsch-Barner*, Rn 3; Grigoleit/*Rieder/Holzmann*, Rn 3; K. Schmidt/Lutter/*Veil*, Rn 5; Spindler/Stilz/*Wamser*, Rn 33; *Perwein*, AG 2013, 10.
8 KölnKomm-AktG/*Lutter*, Rn 17; MüKo-AktG/*Bayer*, § 202 Rn 88; *Hüffer*, § 202 Rn 20; Bürgers/Körber/*Marsch-Barner*, § 202 Rn 9; Spindler/Stilz/*Wamser*, § 202 Rn 86.
9 Ansonsten wäre eine Zurechnung des Willens zum Verband nicht möglich (*Wiedemann*, Gesellschaftsrecht I, § 3 III 1 a).
10 KölnKomm-AktG/*Lutter*, Rn 19; MüKo-AktG/*Bayer*, § 202 Rn 88; Großkomm-AktienR/*Hirte*, § 202 Rn 165; KölnKomm-AktG/*Lutter*, Rn 19.
11 Vgl OLG Frankfurt ZIP 1986, 1244, 1245 = AG 1986, 233, 233; KölnKomm-AktG/*Mertens*, § 77 Rn 27.
12 Großkomm-AktienR/*Hirte*, Rn 8.
13 Großkomm-AktienR/*Hirte*, Rn 8; KölnKomm-AktG/*Lutter*, Rn 20 f; *Yanli*, S. 24 und 99.
14 KölnKomm-AktG/*Lutter*, Rn 19; Großkomm-AktienR/*Hirte*, § 202 Rn 165.
15 MüKo-AktG/*Bayer*, § 202 Rn 89; KölnKomm-AktG/*Lutter*, Rn 20; Spindler/Stilz/*Wamser*, Rn 33.
16 BGHZ 21, 354, 357 (Minimax I); MüKo-AktG/*Bayer*, Rn 7; *Hüffer*, Rn 3; Grigoleit/*Rieder/Holzmann*, Rn 3; Spindler/Stilz/*Wamser*, Rn 32; K. Schmidt/Lutter/*Veil*, Rn 5.

12 **3. Inhalt der Aktienrechte.** Zum Inhalt der Aktienrechte gehört, wenn das Grundkapital der Gesellschaft in Nennbetragsaktien zerlegt ist, der **Nennbetrag der einzelnen Aktien** (§ 8 Abs. 2). Zwar betrifft auch die Entscheidung, ob das Grundkapital in Nennbetrags- oder Stückaktien zerlegt sein soll, den Inhalt der Aktienrechte; diese Frage ist aber wegen der §§ 8 Abs. 1, 23 Abs. 3 Nr. 4 nicht vom Vorstand zu entscheiden (siehe dazu Rn 4).[17]

Eine Entscheidung über den Inhalt der Aktienrechte ist auch die Entscheidung über die **Aktienart** (Inhaber- oder Namensaktien, § 10 Abs. 1) der jungen Aktien;[18] einer Entscheidung des Vorstands hierüber steht das Gesetz, da es eine dem § 8 Abs. 1 vergleichbare Norm insoweit nicht gibt, nicht entgegen;[19] die insoweit von der Regierungskommission Corporate Governance (sog. Baums-Kommission) vorgeschlagene Ergänzung[20] des § 204 Abs. 1 S. 1 hätte daher nur klarstellende Wirkung gehabt.

Einer Vorstandsentscheidung zugänglich ist außerdem die Frage nach der **Aktiengattung** (§ 11) der neuen Aktien.[21] Dazu gehört etwa die Festlegung, ob Aktien mit Stimmrecht (Stammaktien) oder Aktien ohne Stimmrecht (allerdings dann nur zulässig mit einem nachzuzahlenden Dividendenvorzug, vgl §§ 12 Abs. 1, 139 ff) geschaffen werden. Auch die Entscheidung, ob Aktien mit oder ohne Vorzug ausgegeben werden sollen, gehört zur Festlegung der Aktiengattung und ist grundsätzlich vom Vorstand zu treffen; sollen allerdings Vorzugsaktien ausgegeben werden, die schon vorhandenen Vorzugsaktien ohne Stimmrecht bei der Verteilung des Gewinns oder des Gesellschaftsvermögens vorgehen oder gleichstehen, muss der Satzungsgeber den Vorstand dazu ausdrücklich ermächtigt haben (§ 204 Abs. 2, siehe dazu Rn 6 und Rn 24 ff).

Grundsätzlich zulässig ist auch eine Vorstandsentscheidung über den **Zeitpunkt der Gewinnberechtigung** der neuen Aktien.[22] Strittig ist in diesem Zusammenhang, ob der Vorstand die neuen Aktien auch noch am Gewinn des letzten vor ihrer Ausgabe abgelaufenen Geschäftsjahrs beteiligen kann. Zum Teil wird dies gänzlich – unter anderem mit dem Hinweis auf § 217 Abs. 2 – abgelehnt.[23] Nach anderer Auffassung ist eine entsprechende Festlegung durch den Vorstand möglich, sofern über die Verwendung des Bilanzgewinns in Bezug auf dieses Geschäftsjahr noch kein (positiver) Beschluss gefasst wurde;[24] denn die Verwaltung könne – von § 204 Abs. 2 abgesehen – auch beliebig Vorzugsaktien ausgeben. Ersterer Auffassung ist zu folgen. Dafür spricht, dass die neuen Aktionäre im abgelaufenen Geschäftsjahr noch keine Aktionäre der Gesellschaft waren. Auch würde eine rückwirkende Gewinnberechtigung eine Beeinträchtigung der Rechte der Altaktionäre auf anteilige Ausschüttung des Bilanzgewinns bedeuten (vgl § 58 Rn 39 f). Ein solcher Eingriff wird vom AktG ausdrücklich nur im Rahmen einer Kapitalerhöhung aus Gesellschaftsmitteln (§ 217 Abs. 2) gestattet. Die Gegenauffassung würde im Ergebnis zudem auf eine Verringerung des Bilanzgewinns ohne Mitwirkung der hierfür zuständigen Hauptversammlung hinauslaufen.[25] Eine rückwirkende Gewinnbeteiligung ist damit nur in zwei Fällen möglich: wenn die Hauptversammlung im Rahmen des Gewinnverwendungsbeschlusses eine „andere Verwendung" iSv § 58 Abs. 2 S. 2 beschließt oder durch eine Satzungsregelung nach § 60 Abs. 3 verbindlich vorgegeben wird.[26]

13 **4. Bedingungen der Aktienausgabe.** Die Bedingungen der Aktienausgabe betreffen etwa den **Zeitpunkt der auflösenden Bedingung**, in dem die Zeichnung bei nicht rechtzeitiger Eintragung der Durchführung der Kapitalerhöhung unverbindlich wird,[27] und die **Fälligkeit der Einlageverpflichtung**.[28] Gleiches gilt für die Hö-

---

17 MüKo-AktG/*Bayer*, Rn 8; Großkomm-AktienR/*Hirte*, Rn 14; Bürgers/Körber/*Marsch-Barner*, Rn 3; K. Schmidt/Lutter/*Veil*, Rn 11; aA wohl *Hüffer*, Rn 4.
18 MüKo-AktG/*Bayer*, Rn 9; Hölters/*v. Dryander/Niggemann*, Rn 5; *Hüffer*, Rn 4; Bürgers/Körber/*Marsch-Barner*, Rn 4; Spindler/Stilz/*Wamser*, Rn 7, 36.
19 Großkomm-AktienR/*Hirte*, Rn 9; *Hüffer*, Rn 4; KölnKomm-AktG/*Lutter*, Rn 7.
20 *Baums* (Hrsg.), Bericht der Regierungskommission Corporate Governance, Rn 214 und Rn 229.
21 MüKo-AktG/*Bayer*, Rn 9; Hölters/*v. Dryander/Niggemann*, Rn 5; Großkomm-AktienR/*Hirte*, Rn 9; *Hüffer*, Rn 4; Bürgers/Körber/*Marsch-Barner*, Rn 4; K. Schmidt/Lutter/*Veil*, Rn 6; Spindler/Stilz/*Wamser*, Rn 8. Zu Mehrstimmrechtsaktien OLG München WM 1993, 840, 843.
22 MüKo-AktG/*Bayer*, Rn 10; *Hüffer*, Rn 4; KölnKomm-AktG/*Lutter*, Rn 7; Bürgers/Körber/*Marsch-Barner*, Rn 4; K. Schmidt/Lutter/*Veil*, Rn 6.

23 So MüKo-AktG/*Bayer*, Rn 10, § 60 Rn 30; *Mertens*, Zulässigkeit einer Ermächtigung des Vorstands, Aktien mit einem Gewinnbezugsrecht für das abgelaufene Geschäftsjahr auszugeben?, in: FS Wiedemann, 2002, S. 1113 ff; MüHb-AG/*Krieger*, § 58 Rn 31.
24 Hölters/*v. Dryander/Niggemann*, Rn 5; Großkomm-AktienR/*Hirte*, Rn 9; *Hüffer*, Rn 4; KölnKomm-AktG/*Lutter*, Rn 7; Bürgers/Körber/*Marsch-Barner*, Rn 4; *Simon*, AG 1960, 148 ff; *Grigoleit/Rieder/Holzmann*, Rn 6; K. Schmidt/Lutter/*Veil*, Rn 6; Spindler/Stilz/*Wamser*, Rn 9, 10; *Wündisch*, AG 1960, 320.
25 So zutreffend MüKo-AktG/*Bayer*, § 60 Rn 30.
26 MüKo-AktG/*Bayer*, § 60 Rn 31.
27 Großkomm-AktienR/*Hirte*, Rn 9; Spindler/Stilz/*Wamser*, Rn 12.
28 MüKo-AktG/*Bayer*, Rn 11; Großkomm-AktienR/*Hirte*, Rn 9; *Hüffer*, Rn 5; *Grigoleit/Rieder/Holzmann*, Rn 7; K. Schmidt/Lutter/*Veil*, Rn 7; Spindler/Stilz/*Wamser*, Rn 12.

he des Ausgabebetrages;[29] insbesondere auch bei der Höhe des Ausgabebetrages hat der Vorstand die gleichen Grundsätze zu beachten, wie die Hauptversammlung bei der ordentlichen Kapitalerhöhung (siehe dazu Kommentierung zu § 255). Der Bezugsrechtsausschluss gehört zwar auch zu den Bedingungen der Aktienausgabe; er kann vom Vorstand aber nur selbst vorgenommen werden, wenn der Satzungsgeber den Vorstand dazu ausdrücklich ermächtigt hat (§ 203 Abs. 2, siehe dazu Rn 6; zu Einzelheiten siehe § 203 Rn 57 ff). Entsprechendes gilt für die Ausgabe neuer Aktien gegen **Sacheinlagen** (§ 205 Abs. 1, siehe dazu Rn 6; zu Einzelheiten siehe § 205 Rn 7 ff).

IV. Zustimmungen des Aufsichtsrats (Abs. 1 S. 2). Soweit der Vorstand den **Inhalt der Aktienrechte und** **14** **die Bedingungen der Aktienausgabe** der neuen Aktien festlegt, bedarf seine Entscheidung **nach Abs. 1 S. 2 Hs 1** der Zustimmung des Aufsichtsrats. Gleiches gilt **nach Abs. 1 S. 2 Hs 2** für den Fall, dass der Vorstand gemäß § 203 Abs. 2 das **Bezugsrecht ausschließt**. Abs. 1 S. 2 Hs 2 gilt schließlich entsprechend für die **Ausnutzung eines genehmigten Kapitals, bei** dem das Bezugsrecht schon durch den Satzungsgeber in der Ermächtigung ausgeschlossen worden ist (**Direktausschluss**).[30]

Daneben kennen die §§ 202 ff im Rahmen der Ausnutzung des genehmigten Kapitals **zwei weitere Zustim-** **15** **mungserfordernisse**. So sollen gemäß **§ 202 Abs. 3 S. 2** neue Aktien nur mit Zustimmung des Aufsichtsrats ausgegeben werden. Unter Ausgabe ist in diesem Zusammenhang der Ausnutzungsbeschluss des Vorstands (siehe dazu § 202 Rn 77 ff) und seine Durchführung und nicht die tatsächliche Ausgabe der Aktienurkunden (§ 191) zu verstehen.[31] Außerdem soll der Aufsichtsrat zustimmen, wenn der Vorstand zu einer Kapitalerhöhung gegen Sacheinlagen ermächtigt ist und er zudem die Entscheidung über den Gegenstand der Sacheinlage, die Person von der die Gesellschaft den Sacheinlagegegenstand erwirbt, sowie über den Nennbetrag (bei Stückaktien die Zahl) der bei der Sacheinlage zu gewährenden Aktien trifft (**§ 205 Abs. 2 S. 2**). Über diese zwei genannten weiteren Zustimmungserfordernisse hinaus ist hier noch die nach § 33 Abs. 2 S. 4 WpÜG erforderliche Zustimmung zu erwähnen (siehe dazu § 33 WpÜG Rn 21).[32]

Da § 204 Abs. 1 S. 2 von der Zustimmung des Aufsichtsrats spricht und das Gesetz Befugnisse grundsätz- **16** lich dem Aufsichtsrat in seiner Gesamtheit zuerkennt (siehe dazu Kommentierung zu § 111),[33] entscheidet **grundsätzlich der gesamte Aufsichtsrat**. Die Zuständigkeit hierfür kann aber auf einen Aufsichtsratsausschuss übertragen werden;[34] denn § 107 Abs. 3 S. 3 ist hinsichtlich der dem gesamten Aufsichtsrat unabdingbar vorbehaltenen Sachbeschlüsse abschließend.[35]

Die Zustimmungsentscheidung ist durch Beschluss zu treffen (vgl § 108 Abs. 1). Insoweit ist für einen (posi- **17** tiven) Zustimmungsbeschluss eine **einfache**[36] **Mehrheit** erforderlich (vgl auch § 29 Abs. 1 MitbestG; siehe dazu Kommentierung zu § 108). Gleiches gilt, wenn die Zuständigkeit auf einen Ausschuss übertragen wurde (siehe dazu Kommentierung zu § 107).[37] Weder Satzung noch Geschäftsordnung können, da es sich bei § 204 Abs. 1 S. 2 um gesetzliche Zustimmungserfordernisse handelt, eine größere Mehrheit verlangen (siehe dazu Kommentierung zu § 108).[38] Das gilt auch für den Beschluss eines Aufsichtsratsausschusses (siehe dazu Kommentierung zu § 107).[39]

Eine konkludente Beschlussfassung ist für die Zustimmungsentscheidung nicht möglich. Denn anders als **18** bei der Vorstandsentscheidung bedarf es für die Aufsichtsratsentscheidung nicht nur einer Entäußerung bei der Entscheidungsfindung (dazu Rn 9), sondern eines **ausdrücklichen Beschlusses** (siehe dazu Kommentierung zu § 108).

Die Zustimmung ist sowohl als Einwilligung (§ 183 S. 1 BGB) als auch als Genehmigung (§ 184 Abs. 1 **19** BGB) möglich.[40] Die Zustimmung ist allerdings **einzelfallbezogen**. Daher setzt eine Einwilligung grundsätzlich voraus, dass der ins Auge gefasste zustimmungspflichtige Vorstandsbeschluss dem Aufsichtsrat bereits

---

29 Vgl BGHZ 21, 354, 357 (Minimax I); BGHZ 136, 133, 141 (Siemens/Nold II); BGHZ 144, 290, 295 = ZIP 2000, 1162, 1164 = WM 2000, 1340, 1342 = NJW 2000, 2356, 2357 = AG 2000, 475, 476 = EWiR 2000, 941 (*Hirte*) (adidas); OLG München WM 1993, 840, 843; LG München I ZIP 1992, 1741, 1742; MüKo-AktG/*Bayer*, Rn 11; *Bungert*, NJW 1998, 488, 491; Hölters/*v. Dryander/Niggemann*, Rn 6; Großkomm-AktienR/*Hirte*, Rn 9; *Hüffer*, Rn 5; *Kindler*, ZGR 1998, 35, 40 f; *Klette*, BB 1968, 977, 977; KölnKomm-AktG/*Lutter*, Rn 7, 9 ff; Bürgers/Körber/*Marsch-Barner*, Rn 5; K. Schmidt/Lutter/*Veil*, Rn 7; Spindler/Stilz/*Wamser*, Rn 12.

30 BGHZ 136, 133, 140 (Siemens/Nold II); MüKo-AktG/*Bayer*, Rn 23; Hölters/*v. Dryander/Niggemann*, Rn 9; Großkomm-AktienR/*Hirte*, Rn 17; MüHb-AG/*Krieger*, § 58 Rn 45; Bürgers/Körber/*Marsch-Barner*, Rn 6; K. Schmidt/Lutter/*Veil*, Rn 11.

31 MüKo-AktG/*Bayer*, § 202 Rn 91; Großkomm-AktienR/*Hirte*, § 202 Rn 167; KölnKomm-AktG/*Lutter*, § 202 Rn 23; MüHb-AG/*Krieger*, § 58 Rn 25; Spindler/Stilz/*Wamser*, Rn 39.

32 Siehe dazu auch KölnKomm-WpÜG/*Hirte*, § 33 Rn 136 f.

33 KölnKomm-AktG/*Mertens*, § 111 Rn 10.

34 MüKo-AktG/*Bayer*, § 202 Rn 92; Großkomm-AktienR/*Hirte*, Rn 15 und 17; *Hüffer*, Rn 6; KölnKomm-AktG/*Lutter*, Rn 16; MüHb-AG/*Krieger*, § 58 Rn 27; Bürgers/Körber/*Marsch-Barner*, Rn 6; Grigoleit/*Rieder/Holzmann*, Rn 8; Spindler/Stilz/*Wamser*, Rn 40.

35 *Rellermeyer*, S. 25 f.

36 MüKo-AktG/*Bayer*, § 202 Rn 92; Großkomm-AktienR/*Hirte*, Rn 15.

37 KölnKomm-AktG/*Mertens*, § 107 Rn 120.

38 *Hüffer*, § 108 Rn 8; MüHb-AG/*Hoffmann-Becking*, § 31 Rn 58 und 60 f jeweils mwN.

39 KölnKomm-AktG/*Mertens*, § 107 Rn 121.

40 Großkomm-AktienR/*Hirte*, Rn 15; Grigoleit/*Rieder/Holzmann*, Rn 8; Spindler/Stilz/*Wamser*, Rn 40.

in seinem wesentlichen Inhalt bekannt ist.[41] Eine generelle Einwilligung zu bestimmten Aktienausgaben oder zu einer bestimmten Bandbreite für den Ausgabebetrag ist damit nicht möglich.[42] Für den Ausgabebetrag reicht es aber aus, wenn vorab einem Preis zugestimmt wird, der sich als Ergebnis des Bookbuilding-Verfahrens innerhalb der zuvor mit Zustimmung des Aufsichtsrats festgelegten Preisspanne ergibt; denn der Aufsichtsrat hat hier einem konkreten Preisfindungsverfahren zugestimmt.[43] Dieses Ergebnis wird auch durch § 186 Abs. 2 S. 1 gestützt, wonach es nunmehr ausreicht, dass der Vorstand die Grundlagen für die Festlegung des Ausgabebetrages bekannt macht (siehe dazu § 203 Rn 11). Gleiches gilt für den sog. **Greenshoe**, dh eine Mehrzuteilungsoption, die den Emissionsbanken bei größeren Emissionen zur Befriedigung der Nachfrage und zur Kursstabilität eingeräumt wird.[44]

20 Beide **Zustimmungen** nach § 204 Abs. 1 S. 2 **sind Wirksamkeitsvoraussetzungen** für die jeweiligen Vorstandsentscheidungen.[45] Denn es handelt sich dabei im Gegensatz zu § 202 Abs. 3 S. 2 und § 205 Abs. 2 S. 2 nicht um bloße Sollvorschriften. Die jeweiligen Vorstandsentscheidungen sind daher nach § 184 BGB bei fehlender Zustimmung schwebend unwirksam. Fehlt die nach § 204 Abs. 1 S. 2 Hs 1 erforderliche Zustimmung, ist es dem Vorstand etwa nicht möglich, Zeichnungsverträge abzuschließen.[46] Fehlt die nach Abs. 1 S. 2 Hs 2 erforderliche Zustimmung, ist der Bezugsrechtsausschluss schwebend unwirksam; seine Wirksamkeit tritt dann erst mit der Zustimmung des Aufsichtsrats ein (zu den Rechtsfolgen bei einem unwirksamen Bezugsrechtsausschluss siehe § 203 Rn 116 ff).[47]

21 **V. Rechtsfolgen bei Verstößen.** Beachtet der Vorstand die Regeln des § 77 oder der Geschäftsordnung nicht, ist seine Entscheidung schon in ihrem Zustandekommen fehlerhaft. Gleiches gilt, wenn beachtliche Willensmängel vorliegen. Ein inhaltlicher Fehler liegt vor, wenn gegen festliegende gesetzliche Schranken (siehe dazu Rn 2 ff), gegen allgemeine Wertentscheidungen des Gesetzes (§§ 241, 243 Abs. 2, 255 Abs. 2)[48] oder gegen die Vorgaben der Ermächtigung verstoßen wird. Da es eine vorläufige Wirksamkeit von Vorstandsentscheidungen nicht gibt,[49] ist die **Vorstandsentscheidung** in all diesen Fällen **nichtig**. Fehlt dagegen die Zustimmung des Aufsichtsrates, so ist die **Vorstandsentscheidung schwebend unwirksam**.[50] Wegen der Nichtigkeit besteht, jedenfalls wenn sie auf einem der genannten inhaltlichen Mängel oder der fehlenden Zustimmung des Aufsichtsrats beruht, hinsichtlich der weiteren Durchführung dieselbe Rechtslage wie bei der Überschreitung der von § 202 Abs. 1, Abs. 2, Abs. 3 S. 1 gesetzten bzw nach diesen Vorschriften durch die Ermächtigung zwingend zu setzenden Schranken (siehe dazu ausführlich § 202 Rn 123 ff). Damit schlagen auch Ermächtigungsvorgaben iSd § 204 auf das Außenverhältnis durch, so dass etwa abgeschlossene Zeichnungsverträge unwirksam sind. Zwar möchten namhafte Stimmen in der Literatur die Wirkung von Ermächtigungsvorgaben iSd § 204 (sowie anderer fakultativer Vorgaben) auf das Innenverhältnis beschränken.[51] Dem wird aber zu Recht entgegengehalten, dass es keinen Unterschied machen kann, ob die Ermächtigung zeitlich, umfangmäßig oder in sonstiger Weise beschränkt wird.[52] Denn auch sonstige Beschränkungen sind Bestandteile der Ermächtigung und die Ermächtigung ist es, die angibt, inwiefern die Zuständigkeit zur Kapitalerhöhung und damit zur Satzungsänderung auf den Vorstand übertragen wird.[53]

22 In all diesen Fällen **darf der Registerrichter eine Eintragung nicht vornehmen** (siehe dazu § 202 Rn 125).[54] Diejenigen, die den Beschränkungen der Ermächtigung iSd § 204 lediglich eine Innenwirkung zukommen

---

41 Ähnlich: Großkomm-AktienR/*Hirte*, Rn 15 (Wortlaut).
42 *Hoffmann-Becking*, Neue Formen der Aktienemission, in: FS Lieberknecht, 1997, S. 25, 38 f; MüKo-AktG/*Bayer*, Rn 24; Großkomm-AktienR/*Hirte*, Rn 16; MüHb-AG/*Krieger*, § 58 Rn 27; *Technau*, AG 1998, 445, 450 f; Spindler/Stilz/*Wamser*, Rn 41; abweichend: *Marsch-Barner*, AG 1994, 532, 537.
43 MüKo-AktG/*Bayer*, Rn 24; Hölters/*v. Dryander/Niggemann*, Rn 10; Bürgers/Körber/*Marsch-Barner*, Rn 5; Spindler/Stilz/*Wamser*, Rn 41; ausführlich Großkomm-AktienR/*Hirte*, Rn 13.
44 Bürgers/Körber/*Marsch-Barner*, Rn 5; MüHb-AG/*Krieger*, § 58 Rn 35; *Grigoleit/Rieder/Holzmann*, Rn 7.
45 MüKo-AktG/*Bayer*, Rn 25; *v. Godin/Wilhelmi*, Anm. 7; Großkomm-AktienR/*Hirte*, Rn 15, 17; *Hüffer*, Rn 6 f; KölnKomm-AktG/*Lutter*, Rn 16; Bürgers/Körber/*Marsch-Barner*, Rn 6, K. Schmidt/Lutter/*Veil*, Rn 11; MüHb-AG/*Krieger*, § 58 Rn 45 (für Zustimmung zum Bezugsrechtsausschluss); abweichend: *Baumbach/Hueck*, AktG, Rn 3.
46 Großkomm-AktienR/*Hirte*, Rn 16 iVm Rn 21 aE.
47 MüKo-AktG/*Bayer*, Rn 23; Hölters/*v. Dryander/Niggemann*, Rn 8; *Hüffer*, Rn 7; KölnKomm-AktG/*Lutter*, Rn 16; Spindler/Stilz/*Wamser*, Rn 39.
48 Zur Anwendbarkeit letzterer siehe KölnKomm-AktG/*Lutter*, Rn 22.
49 Vgl BGHZ 164, 249, 253 f = ZIP 2005, 2207, 2209 (Mangusta/Commerzbank II); Großkomm-AktienR/*Hirte*, § 203 Rn 128, § 204 Rn 19; *Hirte*, Bezugsrechtsausschluss, S. 207; KölnKomm-AktG/*Lutter*, § 203 Rn 45, § 204 Rn 23; *Lutter*, BB 1981, 861, 864; Bürgers/Körber/*Marsch-Barner*, Rn 7; *Yanli*, S. 93 ff; abweichend: Großkomm-AktienR/*K. Schmidt*, § 241 Rn 34 ff, der das Anfechtungsrecht auch auf Verwaltungsentscheidungen anwenden will.
50 Hölters/*v. Dryander/Niggemann*, Rn 8; Spindler/Stilz/*Wamser*, Rn 46.
51 Geßler/*Hefermehl/Bungeroth*, Rn 4 (kein Durchschlagen auf das Außenverhältnis); KölnKomm-AktG/*Lutter*, Rn 26 (Verpflichtung lediglich im Innenbereich); *Hüffer*, § 202 Rn 19 aE (zwar pflichtwidrig, aber wirksam); MüHb-AG/*Krieger*, § 58 Rn 57 (Geschäftsführungsmangel im Innenverhältnis); Bürgers/Körber/*Marsch-Barner*, Rn 7; K. Schmidt/Lutter/*Veil*, Rn 13; kritisch, aber im Erg. zustimmend: MüKo-AktG/*Bayer*, Rn 29, der eine eindeutige gesetzliche Regelung durch Gesetzgeber anmahnt.
52 Großkomm-AktienR/*Hirte*, § 202 Rn 246.
53 Ähnlich: Großkomm-AktienR/*Hirte*, § 203 Rn 40.
54 MüKo-AktG/*Bayer*, Rn 28; Hölters/*v. Dryander/Niggemann*, Rn 15; Großkomm-AktienR/*Hirte*, § 202 Rn 242, § 204 Rn 20; MüHb-AG/*Krieger*, § 58 Rn 31; Bürgers/Körber/*Marsch-Barner*, Rn 7; K. Schmidt/Lutter/*Veil*, Rn 12.

lassen wollen, nehmen für diese zum Teil eine Differenzierung danach vor, ob die Fehler die Interessen künftiger Aktionäre oder die öffentliche Ordnung des Aktienwesens auch nur mitberühren (dann Eintragung nicht gestattet).[55] Eine derartige Differenzierung ist jedoch abzulehnen.[56]

Auch für die **Rechtsfolgen nach Eintragung** kann auf die allgemeinen Ausführungen verwiesen werden (siehe dazu § 202 Rn 128 ff). 23

C. Ausgabe von Vorzugsaktien (Abs. 2)

I. Zweck und Funktionsweise der Bestimmung. 1. Zweck. Sind Vorzugsaktien ohne Stimmrecht vorhanden, so können nach Abs. 2 Vorzugsaktien, die ihnen bei der Verteilung des Gewinns oder des Gesellschaftsvermögens vorgehen oder gleichstehen, vom Vorstand nur ausgegeben werden, wenn die Ermächtigung es vorsieht. Die Bestimmung **verhindert, dass** durch die Kompetenzverlagerung auf den Vorstand die Vorschrift des **§ 141 Abs. 2 unterlaufen wird.**[57] § 141 Abs. 2 S. 1 schreibt vor, dass für einen Hauptversammlungsbeschluss über die Ausgabe von Vorzugsaktien, die bei der Verteilung des Gewinns oder des Gesellschaftsvermögens den vorhandenen Vorzugsaktien ohne Stimmrecht vorgehen oder gleichstehen sollen, die Zustimmung der Vorzugsaktionäre erforderlich ist; die Vorschrift würde ohne § 204 Abs. 2 beim genehmigten Kapital nicht zum Zuge kommen. 24

2. Ermächtigung iSd Abs. 2 durch Satzungsänderung. Sind Vorzugsaktien ohne Stimmrecht vorhanden und soll der Vorstand im Wege des genehmigten Kapitals vorgehende oder gleichstehende Vorzugsaktien schaffen können, so muss dies nach Abs. 2 die Ermächtigung vorsehen. Wird die Ermächtigung durch **Satzungsänderung** geschaffen (§§ 202 Abs. 2, 204 Abs. 2), so bedarf es hierzu eines Hauptversammlungsbeschlusses, so dass damit der Anwendungsbereich des § 141 Abs. 2 S. 1 eröffnet ist. Denn die Ermächtigung zur Ausgabe neuer Vorzugsaktien ist insoweit – auch mit Blick auf die Norm des § 204 Abs. 2, der gerade vor der Umgehung des § 141 Abs. 2 S. 1 schützen will, – dem „Beschluss über die Ausgabe von Vorzugsaktien" im Sinne von § 141 Abs. 2 gleichzustellen. Der Ermächtigungsbeschluss, der dem Vorstand die Ausgabe von vorgehenden oder gleichstehenden Vorzugsrechten gestattet, bedarf daher nach § 141 Abs. 2 S. 1 der Zustimmung der Vorzugsaktionäre, die darüber einen Sonderbeschluss in einer – abweichend zum sonst bei Sonderbeschlüssen eingreifenden § 138 S. 1 – gesonderten Versammlung zu fassen haben (§ 141 Abs. 3 S. 1). Für die Einberufung dieser gesonderten Versammlung, für die Teilnahme an ihr und für das Auskunftsrecht gelten die Bestimmungen über die Hauptversammlung sinngemäß (§ 138 S. 2). Zudem sind auf den zu fassenden Sonderbeschluss grundsätzlich die Vorschriften über Hauptversammlungsbeschlüsse anzuwenden (§ 138 S. 2). Ein zustimmender Sonderbeschluss bedarf einer Mehrheit, die mindestens drei Viertel der abgegebenen Stimmen umfasst (§ 141 Abs. 3 S. 2); die Satzung kann weder eine andere Mehrheit noch weitere Erfordernisse bestimmen (§ 141 Abs. 3 S. 3). Wird in dem satzungsändernden Ermächtigungsbeschluss der Hauptversammlung das Bezugsrecht der stimmrechtslosen Vorzugsaktionäre auf Bezug der vorgehenden oder gleichstehenden neuen Vorzugsaktien ausgeschlossen, gilt für den Sonderbeschluss § 186 Abs. 3 bis Abs. 5 sinngemäß (§ 141 Abs. 3 S. 4); das wird man nach dem Sinn des § 141 Abs. 3 S. 4 auch dann annehmen müssen, wenn das Bezugsrecht nicht in der Ermächtigung ausgeschlossen, sondern der Vorstand gemäß § 203 Abs. 2 zu einem entsprechenden Bezugsrechtsausschluss ermächtigt wird. 25

Ein **Zustimmungsbeschluss** der stimmrechtslosen Vorzugsaktionäre ist nach entsprechender Anwendung des § 141 Abs. 2 S. 2 dann **entbehrlich** (und im Zeitpunkt der Schaffung der Ermächtigung auch gar nicht möglich), wenn die (früheren) stimmrechtslosen Vorzugsaktien erst nach der satzungsändernden Ermächtigung ausgegeben wurden. Mit Blick auf § 141 Abs. 2 S. 2 aE wird man jedoch verlangen müssen, dass das Bezugsrecht der stimmrechtslosen Vorzugsaktionäre auf die neuen Vorzugsaktien in der Ermächtigung für diesen Fall nicht ausgeschlossen (Direktausschluss, §§ 203 Abs. 1 S. 1, 186 Abs. 3) und der Vorstand zu einem diesbezüglichen Bezugsrechtsausschluss auch nicht ermächtigt wird (§ 203 Abs. 2).[58] 26

3. Ermächtigung iSd Abs. 2 durch Gründungssatzung. Wurde die Ermächtigung des Vorstands mit dem Inhalt, Vorzugsaktien ausgeben zu können, die bestehenden stimmrechtslosen Vorzugsaktien vorgehen oder 27

---

[55] Hüffer, Rn 9.
[56] MüKo-AktG/Bayer, Rn 28; MüHb-AG/Krieger, § 58 Rn 27; Bürgers/Körber/Marsch-Barner, Rn 7; K. Schmidt/Lutter/Veil, Rn 12.
[57] MüKo-AktG/Bayer, Rn 32; Großkomm-AktienR/Hirte, Rn 22; Hüffer, Rn 10; KölnKomm-AktG/Lutter, Rn 32; Bürgers/Körber/Marsch-Barner, Rn 8; Grigoleit/Rieder/Holzmann, Rn 12; K. Schmidt/Lutter/Veil, Rn 14; Spindler/Stilz/Wamser, Rn 47.
[58] Ähnlich: Großkomm-AktienR/Hirte, Rn 24 ("sofern das Bezugsrecht [...] nicht ausgeschlossen ist"); MüKo-AktG/Bayer, Rn 37 ("und das Bezugsrecht [...] nicht ausgeschlossen wird"); Hüffer, Rn 11 ("sofern nicht das Bezugsrecht ausgeschlossen ist"); KölnKomm-AktG/Lutter, Rn 32 ("und wird [...] das Bezugsrecht nicht ausgeschlossen"); Bürgers/Körber/Marsch-Barner, Rn 8 („wenn Bezugsrecht [...] nicht ausgeschlossen"); Spindler/Stilz/Wamser, Rn 47 („diese [Vorzugsaktionäre] vom Bezugsrecht nicht ausgeschlossen").

gleichstehen, schon in der **Gründungssatzung** erteilt (§§ 202 Abs. 1, 204 Abs. 2), so kommt ein zustimmender Sonderbeschluss zur Ermächtigung ebenfalls nicht in Frage.[59] Mit Blick auf § 141 Abs. 2 S. 2 aE wird man allerdings wiederum verlangen müssen, dass das Bezugsrecht der stimmrechtslosen Vorzugsaktionäre auf die neuen Vorzugsaktien in der Ermächtigung für diesen Fall nicht ausgeschlossen (Direktausschluss, §§ 203 Abs. 1 S. 1, 186 Abs. 3) und der Vorstand zu einem diesbezüglichen Bezugsrechtsausschluss auch nicht ermächtigt wird (§ 203 Abs. 2).[60]

28 **II. Voraussetzungen. 1. Vorhandene stimmrechtslose Vorzugsaktien.** Abs. 2 ist nur anwendbar, wenn im Zeitpunkt der Ausnutzung bereits **stimmrechtslose Vorzugsaktien bestehen**. Insbesondere reicht es nach dem eindeutigen Wortlaut nicht aus, dass zu diesem Zeitpunkt andere Vorzugsaktien vorhanden sind. Deren Schutz erfolgt durch §§ 202 Abs. 2 S. 4, 182 Abs. 2 (siehe dazu § 202 Rn 26 ff). Werden zum ersten Mal Vorzugsaktien ausgegeben, können natürlich noch keine stimmrechtslosen Vorzugsaktien bestehen.

29 **2. Ausgabe von gleichstehenden oder vorgehenden Vorzugsaktien.** Für eine Anwendbarkeit des Abs. 2 ist zudem erforderlich, dass **Vorzugsaktien ausgegeben** werden sollen, die den vorhandenen stimmrechtslosen Vorzugsaktien bei der Verteilung des Gewinns oder des Gesellschaftsvermögens vorgehen oder gleichstehen. Abs. 2 ist daher nicht anwendbar, wenn die Vorzugsaktien, die ausgegeben werden sollen, den vorhandenen stimmrechtslosen Vorzugsaktien bei der Verteilung des Gewinns und des Gesellschaftsvermögens nachgehen. Nicht erforderlich für ein Eingreifen von Abs. 2 ist nach seinem eindeutigen Wortlaut, dass es sich bei den auszugebenden Vorzugsaktien um stimmrechtslose Vorzugsaktien handelt.[61]

30 **III. Rechtsfolgen von Verstößen.** Ist ein Sonderbeschluss erforderlich, so ist der **Ermächtigungsbeschluss**, solange der Sonderbeschluss fehlt, **(schwebend) unwirksam**. Endgültig unwirksam wird der Beschluss der Hauptversammlung nach Ablauf von drei Monaten, wenn bis dahin der erforderliche Sonderbeschluss nicht gefasst wird (siehe dazu § 202 Rn 26).

31 Fehlt die nach Abs. 2 erforderliche Ermächtigung und erfolgt dennoch eine Durchführung der Kapitalerhöhung, so sind die abgeschlossenen Zeichnungsverträge unwirksam (siehe dazu Rn 21). Das Registergericht darf die Durchführung der Kapitalerhöhung nicht eintragen.[62] Wird dennoch eingetragen, wird von der herrschenden Lehre die unheilbare Nichtigkeit der Aktien angenommen.[63] Nach hiesiger Auffassung ist die Rechtslage insoweit nicht anders als in den Fällen, in denen die nach § 202 zwingend in die Ermächtigung aufzunehmenden Vorgaben (siehe dazu § 202 Rn 128 ff) überschritten werden. Danach ändert zwar die bloße Eintragung der Durchführung der Kapitalerhöhung nichts daran, dass die abgeschlossenen Zeichnungsverträge unwirksam sind; daher entstehen auch die Mitgliedschaftsrechte nicht unmittelbar durch die Eintragung. Jedoch greifen bei einer Kapitalerhöhung mit der Eintragung der Durchführung die **Grundsätze der fehlerhaften Gesellschaft**, wenn die sonstigen Voraussetzungen dieses Rechtsinstituts vorliegen (str; siehe dazu § 202 Rn 129 f).[64] Das führt dazu, dass die Kapitalerhöhung nach der Eintragung ihrer Durchführung unter den Voraussetzungen der fehlerhaften Gesellschaft als wirksam anzusehen ist und die Mitgliedschaftsrechte daher als entstanden anzusehen sind (siehe dazu und zu etwaigen Rückabwicklungen § 202 Rn 130).

D. Arbeitnehmeraktien (Abs. 3)

32 **I. Grundlagen.** Abs. 3, der durch die Aktienrechtsreform von 1965 eingeführt wurde, hat die Aufgabe – wie die gleichzeitig eingeführten §§ 202 Abs. 4, 203 Abs. 4 und 205 Abs. 4 –, eine **Arbeitnehmerbeteiligung zu erleichtern** (siehe dazu § 202 Rn 93 f). Die Vorschrift ermöglicht es, Aktien an Arbeitnehmer auszugeben, ohne dass diese selbst eine Einlage zu erbringen haben. Vielmehr wird die Einlage aus einem Teil des Jahresüberschusses gedeckt. Die Gesellschaft erhält bei diesem Vorgehen daher kein neues Kapital, sondern wandelt lediglich freies in gebundenes Gesellschaftsvermögen um. **Der Sache nach** handelt es sich damit um einen Fall der **Kapitalerhöhung aus Gesellschaftsmitteln**. Abweichend von den §§ 207 ff erhalten

---

[59] MüKo-AktG/*Bayer*, Rn 36; Grigoleit/*Rieder/Holzmann*, Rn 13.
[60] Ähnlich: Großkomm-AktienR/*Hirte*, Rn 24 ("sofern das Bezugsrecht [...] nicht ausgeschlossen ist"); MüKo-AktG/*Bayer*, Rn 37 ("und das Bezugsrecht [...] nicht ausgeschlossen wird"); *Hüffer*, Rn 11 ("sofern nicht das Bezugsrecht ausgeschlossen ist"); KölnKomm-AktG/*Lutter*, Rn 32 ("und wird [...] das Bezugsrecht nicht ausgeschlossen"); Bürgers/Körber/*Marsch-Barner*, Rn 8 („wenn Bezugsrecht [...] nicht ausgeschlossen"); Spindler/Stilz/*Wamser*, Rn 47 „diese [Vorzugsaktionäre] vom Bezugsrecht nicht ausgeschlossen").
[61] MüKo-AktG/*Bayer*, Rn 30 f; aA wohl aber Großkomm-AktienR/*Hirte*, § 202 Rn 102, Rn 26; Bürgers/Körber/*Marsch-Barner*, Rn 8.
[62] MüKo-AktG/*Bayer*, Rn 38; Hölters/*v. Dryander/Niggemann*, Rn 20; *Hüffer*, Rn 11; Bürgers/Körber/*Marsch-Barner*, Rn 9; Grigoleit/*Rieder/Holzmann*, Rn 13; K. Schmidt/Lutter/*Veil*, Rn 14; Spindler/Stilz/*Wamser*, Rn 50.
[63] MüKo-AktG/*Bayer*, Rn 38; Hölters/*v. Dryander/Niggemann*, Rn 20; *Hüffer*, Rn 11; KölnKomm-AktG/*Lutter*, Rn 33; Geßler/*Hefermehl/Bungeroth*, Rn 5 aE; Bürgers/Körber/*Marsch-Barner*, Rn 9; K. Schmidt/Lutter/*Veil*, Rn 14; Spindler/Stilz/*Wamser*, Rn 50.
[64] Ähnlich: Großkomm-AktienR/*Hirte*, Rn 28.

die Anteile aber nicht die Gesellschafter, sondern die Arbeitnehmer, also Dritte;[65] damit gilt im Rahmen des § 204 Abs. 3 der Gedanke des § 212, dass neue Aktien bei einer Kapitalerhöhung aus Gesellschaftsmitteln stets den Aktionären im Verhältnis ihrer Anteile am bisherigen Grundkapital zustehen, nicht.[66] Obwohl sachlich ein Fall der Kapitalerhöhung aus Gesellschaftsmitteln vorliegt, verweist § 204 Abs. 3 S. 2 für die Durchführung nicht auf die §§ 207–220, sondern auf die Vorschriften der Kapitalerhöhung gegen Bareinlagen.

II. Voraussetzungen der Deckung durch einen Jahresüberschuss. 1. Arbeitnehmer. Abs. 3 setzt voraus, dass die begünstigten Dritten **Arbeitnehmer der Gesellschaft** sind. Damit sind – jedenfalls bei direkter Anwendung der Norm – nur Personen gemeint, die zum Zeitpunkt der Kapitalerhöhung mit der Gesellschaft durch ein Arbeitsverhältnis verbunden sind, einschließlich der leitenden Angestellten und Prokuristen, jedoch ohne die Mitglieder der Verwaltungsorgane (Mitglieder des Vorstands und des Aufsichtsrats).[67] Da es auf ein gegenwärtiges Arbeitsverhältnis ankommt, werden ehemalige Arbeitnehmer nicht von der Privilegierung des Abs. 3 erfasst.[68] Umstritten ist, ob die Norm des Abs. 3 auch auf Arbeitnehmer verbundener Unternehmen (§ 15) Anwendung finden kann. Das wird zum Teil unter Verweis auf die §§ 71 Abs. 1 Nr. 2, 192 Abs. 2 Nr. 3 bejaht.[69] Nach anderer Ansicht soll es beim Wortlaut des § 204 Abs. 3 und damit bei der Anwendbarkeit ausschließlich auf Arbeitnehmer der Gesellschaft verbleiben, da andernfalls die ausgebende Gesellschaft nach entsprechender Vorstandsentscheidung den gesamten mit der Ausgabe verbundenen Sozialaufwand auch der verbundenen Gesellschaften zu tragen hätte.[70] Dem ist grundsätzlich zu folgen. Jedoch greift der Einwand nicht, wenn die verbundene Gesellschaft eine hundertprozentige Tochter der ausgebenden Gesellschaft ist oder wenn ein Gewinnabführungsvertrag mit der verbundenen Gesellschaft zugunsten der ausgebenden Gesellschaft vorliegt; denn jedenfalls in diesen Fällen wirkt sich die Übernahme des Sozialaufwandes der verbundenen Gesellschaft durch die ausgebende Gesellschaft bei letzterer insgesamt nicht negativ aus. Daher ist in den genannten Fällen die Ausgabe der Aktien nach Abs. 3 zugunsten der Arbeitnehmer verbundener Unternehmen ausnahmsweise zulässig. Um Unklarheiten in diesem Punkt zu vermeiden, empfiehlt sich, sich bereits bei der Schaffung des genehmigten Kapitals für eine beabsichtigte Aktienausgabe an Arbeitnehmer verbundener Unternehmen eine ausdrückliche Ermächtigung gewähren zu lassen.[71]

2. Ermächtigung des Vorstands. Ob für eine Ausgabe von Arbeitnehmeraktien eine besondere **Ermächtigung nach § 202 Abs. 4** vorliegen muss, ist **umstritten** (siehe dazu § 202 Rn 105). Ebenfalls umstritten ist, **ob für eine Ausgabe von Arbeitnehmeraktien im Wege des § 204 Abs. 3 eine Ermächtigung erforderlich ist**, die genau diese Art der Ausgabe des genehmigten Kapitals abdeckt.[72] Dem Wortlaut des Abs. 3 ist ein derartiges Erfordernis nicht zu entnehmen. Da es sich hier aber der Sache nach um eine Kapitalerhöhung aus Gesellschaftsmitteln zugunsten Dritter[73] handelt, ist der Eingriff in die Aktionärsrechte relativ einschneidend.[74] Man wird deshalb – insbesondere wenn man wie hier eine Ermächtigung nach § 202 Abs. 4 für entbehrlich hält (siehe dazu § 202 Rn 105) – Anhaltspunkte in der Ermächtigung verlangen müssen, die zumindest darauf hindeuten, dass der Vorstand für eine Arbeitnehmerbeteiligung auch den Weg über § 204 Abs. 3 einschlagen darf.

3. Voraussetzungen betreffend Jahresüberschuss und Jahresabschluss. Nach Abs. 3 S. 1 aA ist erforderlich, dass ein Jahresabschluss der Gesellschaft vorliegt, der mit einem uneingeschränkten Bestätigungsvermerk versehen ist und einen Jahresüberschuss ausweist. Zudem muss nach Abs. 3 S. 1 aE die Einlage aus einem Teil des Jahresabschlusses gedeckt werden, den Vorstand und Aufsichtsrat nach § 58 Abs. 2 in andere Gewinnrücklagen einstellen können.

a) Jahresabschluss mit uneingeschränktem Bestätigungsvermerk, Jahresüberschuss. Somit ist zunächst erforderlich, dass der **letzte Jahresabschluss** der Gesellschaft **mit einem uneingeschränkten Bestätigungsvermerk** (vgl § 322 Abs. 1, Abs. 2 S. 1 Nr. 1 HGB) versehen ist. Der betreffende Jahresabschluss muss zudem

---

[65] Großkomm-AktienR/*Hirte*, Rn 29 ("Kapitalerhöhung aus Gesellschaftsmitteln zugunsten Dritter").
[66] Vgl KölnKomm-AktG/*Lutter*, Rn 34; Hölters/*v. Dryander/Niggemann*, Rn 21.
[67] MüKo-AktG/*Bayer*, Rn 42; Großkomm-AktienR/*Hirte*, Rn 31; Hüffer, Rn 13; KölnKomm-AktG/*Lutter*, Rn 39; Bürgers/Körber/Marsch-Barner, Rn 12; Grigoleit/*Rieder/Holzmann*, Rn 15; K. Schmidt/Lutter/*Veil*, Rn 16.
[68] MüKo-AktG/*Bayer*, Rn 42; Hölters/*v. Dryander/Niggemann*, Rn 22; Großkomm-AktienR/*Hirte*, Rn 31; Hüffer, Rn 13; KölnKomm-AktG/*Lutter*, Rn 39; K. Schmidt/Lutter/*Veil*, Rn 16.
[69] Geßler/*Hefermehl/Bungeroth*, Rn 11; Hölters/*v. Dryander/Niggemann*, Rn 22; Hüffer, Rn 13; Grigoleit/*Rieder/Holzmann*, Rn 16;in diesem Sinne wohl auch MüKo-AktG/*Bayer*, Rn 42.
[70] Großkomm-AktienR/*Hirte*, Rn 31; KölnKomm-AktG/*Lutter*, Rn 40; K. Schmidt/Lutter/*Veil*, Rn 16.
[71] MüKo-AktG/*Bayer*, Rn 42.
[72] Gegen das Erfordernis einer solchen Ermächtigung: Hüffer, Rn 14; KölnKomm-AktG/*Lutter*, Rn 35; MüHb-AG/*Krieger*, § 58 Rn 62; Bürgers/Körber/Marsch-Barner, Rn 11; K. Schmidt/Lutter/*Veil*, Rn 17; für ein entsprechendes Erfordernis: Großkomm-AktienR/*Hirte*, Rn 30.
[73] Großkomm-AktienR/*Hirte*, Rn 29.
[74] So auch Großkomm-AktienR/*Hirte*, Rn 30.

einen **Jahresüberschuss** (vgl § 275 Abs. 2 Nr. 20, Abs. 3 Nr. 19 HGB; zum Begriff siehe auch Kommentierung zu § 58) ausweisen.

37 b) **Dispositionsmöglichkeit der Verwaltung über Jahresüberschuss.** Bis zur Höhe des Betrages, der rechnerisch zur Deckung der Einlagen auf die auszugebenden Aktien erforderlich ist, muss die Verwaltung über den Jahresüberschuss nach § 58 Abs. 2 disponieren können.

38 Eine Dispositionsbefugnis der Verwaltung über den Jahresüberschuss ist überhaupt nur gegeben, wenn **Vorstand und Aufsichtsrat** – was allerdings gesetzlicher und praktischer Regelfall ist – den **Jahresabschluss feststellen** (vgl § 172 S. 1). Stellt dagegen die Hauptversammlung den Jahresabschluss nach § 173 fest, scheidet eine Dispositionsbefugnis, wie sie von § 204 Abs. 3 S. 1 iVm § 58 Abs. 2 verlangt wird, automatisch aus.

39 Für die von § 204 Abs. 3 S. 1 iVm § 58 Abs. 2 verlangte Dispositionsbefugnis ist außerdem zu verlangen, dass die **Deckung** der Einlagen **aus 50 % des Jahresüberschusses** (bzw aus einem höheren oder niedrigeren Satzungsbetrag des Jahresüberschusses, § 58 Abs. 2 S. 2) **möglich** ist.

40 Darüber hinaus darf die Verwaltung **über** diese **Beträge nicht** schon **in anderer Weise** (zB durch Einstellung in die anderen Gewinnrücklagen) in der Form **disponiert** haben, dass diese Disposition durch Feststellung des Jahresabschlusses unabänderlich wurde.[75] Das rührt daher, dass die Deckung nur aus einem Jahresüberschuss und nicht aus Rücklagen erfolgen darf.[76]

41 Schließlich ist zu verlangen, dass der erforderliche **Überschuss nicht** zwischenzeitlich durch Verluste, die seit dem Stichtag der letzten Jahresbilanz eingetreten sind, **aufgezehrt** wurde (arg. § 204 Abs. 3 S. 4 iVm § 210 Abs. 1 S. 2).[77]

42 **III. Durchführung der Kapitalerhöhung (Abs. 3 S. 2).** Abs. 3 S. 2 verweist, obwohl sachlich ein Fall der Kapitalerhöhung aus Gesellschaftsmitteln vorliegt, für die Durchführung nicht auf die §§ 207–220, sondern auf die **Vorschriften der Kapitalerhöhung gegen Bareinlagen**. Daher kommen die §§ 185–191 zur Anwendung (allgemein zur Durchführung einer Kapitalerhöhung beim genehmigten Kapital siehe § 203 Rn 6 ff). Es ist insoweit gleichgültig, ob man § 204 Abs. 3 S. 2 als Verweis auf § 203 Abs. 1 S. 1[78] oder als direkten Verweis auf die §§ 185–191[79] versteht. Insbesondere haben die Arbeitnehmer die neuen Aktien auch zu zeichnen (§ 185); die Einlage erfolgt allerdings als bloße Umbuchung. Jedoch ist wegen § 185 Abs. 4 im Zeichnungsschein zu vermerken, dass die Einlage gemäß § 204 Abs. 3 S. 2 aus dem Jahresüberschuss erbracht wird; wird ein solcher Vermerk nicht aufgenommen, ist der Zeichner zur Leistung der Einlage verpflichtet.[80]

43 **IV. Anmeldung und Eintragung der Durchführung (Abs. 3 S. 2 bis 4).** Für die Anmeldung der **Durchführung gilt** § 188 (§ 204 Abs. 3 S. 2; siehe allgemein zur Anmeldung der Durchführung § 203 Rn 30 ff). Allerdings gelten im Anwendungsbereich des § 204 Abs. 3 auch hinsichtlich der Anmeldung der Durchführung einige **Besonderheiten**. Von der Anwendung der §§ 185–191 ausdrücklich ausgenommen sind nach § 204 **Abs. 3 S. 2** die §§ 188 Abs. 2, 36 Abs. 2, 36 a, 37 Abs. 1; das ist sachgerecht, denn das Gesetz fingiert die Umbuchung aus dem Jahresüberschuss als Einlage.[81] Eine weitere Besonderheit ergibt sich aus § **204 Abs. 3 S. 3**, der vorschreibt, dass der Anmeldung der Durchführung der festgestellte Jahresabschluss (§ 172) mit Bestätigungsvermerk (§ 322 Abs. 1 HGB) beizufügen ist.[82] Die Vorschrift ergänzt § 188 Abs. 3. Zudem ist § **188 Abs. 3 Nr. 2 nicht anzuwenden**, da das Gesetz in § 204 Abs. 3 S. 1 eine Barkapitalerhöhung fingiert. Schließlich haben die Anmeldenden (der Vorstand und der Vorsitzende des Aufsichtsrats, § 188 Abs. 1; zu Einzelheiten siehe § 203 Rn 34) nach § **204 Abs. 3 S. 4 iVm § 210 Abs. 1 S. 2** dem Gericht gegenüber die **Erklärung abzugeben**, dass nach ihrer Kenntnis seit dem Stichtag der zugrunde gelegten Bilanz bis zum Tag der Anmeldung keine Vermögensminderung eingetreten ist, die einer am Tag der Anmeldung beschlossenen Kapitalerhöhung dieser Art entgegenstände. Die Erklärung ersetzt die sonst nach §§ 188 Abs. 2, 37 Abs. 1

---

75 MüKo-AktG/*Bayer*, Rn 43; Großkomm-AktienR/*Hirte*, Rn 32; *Hüffer*, Rn 15; KölnKomm-AktG/*Lutter*, Rn 37; Bürgers/Körber/*Marsch-Barner*, Rn 13; Grigoleit/*Rieder/Holzmann*, Rn 17; K. Schmidt/Lutter/*Veil*, Rn 18.

76 Großkomm-AktienR/*Hirte*, Rn 32; KölnKomm-AktG/*Lutter*, Rn 37.

77 MüKo-AktG/*Bayer*, Rn 43; Hölters/*v. Dryander/Niggemann*, Rn 24; Großkomm-AktienR/*Hirte*, Rn 32; *Hüffer*, Rn 15; KölnKomm-AktG/*Lutter*, Rn 37; K. Schmidt/Lutter/*Veil*, Rn 18.

78 So Großkomm-AktienR/*Hirte*, Rn 34; MüKo-AktG/*Bayer*, Rn 45; Bürgers/Körber/*Marsch-Barner*, Rn 14; Spindler/Stilz/*Wamser*, Rn 56.

79 So etwa Hölters/*v. Dryander/Niggemann*, Rn 26; *Hüffer*, Rn 16; Grigoleit/*Rieder/Holzmann*, Rn 18; K. Schmidt/Lutter/*Veil*, Rn 19.

80 MüKo-AktG/*Bayer*, Rn 45; Großkomm-AktienR/*Hirte*, Rn 34; *Hüffer*, Rn 16; KölnKomm-AktG/*Lutter*, Rn 39; Bürgers/Körber/*Marsch-Barner*, Rn 14.

81 MüKo-AktG/*Bayer*, Rn 45; Großkomm-AktienR/*Hirte*, Rn 34; *Hüffer*, Rn 16 f; KölnKomm-AktG/*Lutter*, Rn 41; Spindler/Stilz/*Wamser*, Rn 57.

82 Abweichend: Großkomm-AktienR/*Hirte*, Rn 36, der in analoger Anwendung des § 209 Abs. 1 die Vorlage der Bilanz mit uneingeschränktem Bestätigungsvermerk ausreichen lassen will; zudem soll sich aus § 209 Abs. 2–5 analog eine Pflicht ergeben, jeweils aktuellere Sonderbilanzen vorzulegen, wenn sie vorhanden sind.

abzugebende Erklärung. § 204 Abs. 3 S. 4 will unterbinden, dass Aktien geschaffen werden, denen deshalb keine Einlage gegenübersteht, weil der verwendbare Jahresüberschuss in der Zeit zwischen Bilanzstichtag und Anmeldung aufgezehrt worden ist.[83] Überwiegend wird vertreten, dass eine Vermögensminderung bis zur Anmeldung einer Kapitalerhöhung und damit der entsprechenden Erklärung dann nicht im Wege steht, wenn die Vermögensminderung durch die Verwendung anderer Rücklagen ausgeglichen werden kann.[84] Das ist jedenfalls nicht unbedenklich; denn die Rücklagen werden vom Gesetz (jedenfalls stärker als der Überschuss) schon den Aktionären „zugeordnet", wie insbesondere § 212 zeigt. Eine Auflösung zugunsten Dritter greift in diese „Zuordnung" ein.[85] Wird die nach § 204 Abs. 3 S. 4 erforderliche Versicherung wahrheitswidrig abgegeben, droht Strafbarkeit nach § 399 Abs. 2.

Das **Registergericht** hat zum einen die allgemeinen Voraussetzungen der Kapitalerhöhung **zu prüfen** (siehe dazu § 203 Rn 43 ff). Daneben muss es auf das Vorliegen der besonderen Voraussetzungen des § 204 Abs. 3 achten. Letzteres ist ihm möglich durch den nach § 204 Abs. 3 S. 3 beizufügenden Jahresabschluss und die nach § 204 Abs. 3 S. 4 abzugebenden Erklärungen. Von der Richtigkeit des Jahresabschlusses kann wegen des uneingeschränkten Bestätigungsvermerks ausgegangen werden (arg. e § 210 Abs. 3).[86] Die Eintragung der Durchführung ist abzulehnen, wenn erforderliche Unterlagen oder Erklärungen fehlen, unrichtig oder unvollständig sind.[87] Gleiches gilt, wenn die nach § 204 Abs. 3 S. 4 erforderliche Erklärung Einschränkungen enthält.[88] 44

§ 205 Ausgabe gegen Sacheinlagen; Rückzahlung von Einlagen

(1) Gegen Sacheinlagen dürfen Aktien nur ausgegeben werden, wenn die Ermächtigung es vorsieht.

(2) ¹Der Gegenstand der Sacheinlage, die Person, von der die Gesellschaft den Gegenstand erwirbt, und der Nennbetrag, bei Stückaktien die Zahl der bei der Sacheinlage zu gewährenden Aktien sind, wenn sie nicht in der Ermächtigung festgesetzt sind, vom Vorstand festzusetzen und in den Zeichnungsschein aufzunehmen. ²Der Vorstand soll die Entscheidung nur mit Zustimmung des Aufsichtsrats treffen.

(3) § 27 Abs. 3 und 4 gilt entsprechend.

(4) Die Absätze 2 und 3 gelten nicht für die Einlage von Geldforderungen, die Arbeitnehmern der Gesellschaft aus einer ihnen von der Gesellschaft eingeräumten Gewinnbeteiligung zustehen.

(5) ¹Bei Ausgabe der Aktien gegen Sacheinlagen hat eine Prüfung durch einen oder mehrere Prüfer stattzufinden; § 33 Abs. 3 bis 5, die §§ 34, 35 gelten sinngemäß. ²§ 183 a ist entsprechend anzuwenden. ³Anstelle des Datums des Beschlusses über die Kapitalerhöhung hat der Vorstand seine Entscheidung über die Ausgabe neuer Aktien gegen Sacheinlagen sowie die Angaben nach § 37 a Abs. 1 und 2 in den Gesellschaftsblättern bekannt zu machen.

(6) Soweit eine Prüfung der Sacheinlage nicht stattfindet, gilt für die Anmeldung der Durchführung der Kapitalerhöhung zur Eintragung in das Handelsregister (§ 203 Abs. 1 Satz 1, § 188) auch § 184 Abs. 1 Satz 3 und Abs. 2 entsprechend.

(7) ¹Das Gericht kann die Eintragung ablehnen, wenn der Wert der Sacheinlage nicht unwesentlich hinter dem geringsten Ausgabebetrag der dafür zu gewährenden Aktien zurückbleibt. ²Wird von einer Prüfung der Sacheinlage nach § 183 a Abs. 1 abgesehen, gilt § 38 Abs. 3 entsprechend.

Literatur:
Bayer, Transparenz und Wertprüfung beim Erwerb von Sacheinlagen durch genehmigtes Kapital, FS Ulmer, 2003, S. 21; *Bayer/J. Schmidt*, Die Reform der Kapitalaufbringung bei der Aktiengesellschaft durch das ARUG, ZGR 2009, 805; vgl auch die Literaturnachweise bei §§ 202 f; *Lieder*, Rechtsfragen der aktienrechtlichen Nachgründung nach ARUG, ZIP 2010, 964; *Mülbert*, Anwendung der Nachgründungsvorschriften auf die Sachkapitalerhöhung?, AG 2003, 136.

A. Grundlagen	1	III. Übersicht über die Vorschrift	3
I. Einordnung und Zweck der Vorschrift	1	IV. Begriffe	5
II. Änderungshistorie	2		

---

[83] MüKo-AktG/*Bayer*, Rn 47; *Baumbach/Hueck*, AktG, Rn 5; Großkomm-AktienR/*Hirte*, Rn 37; Bürgers/Körber/*Marsch-Barner*, Rn 14.
[84] MüKo-AktG/*Bayer*, Rn 47; Hölters/*v. Dryander/Niggemann*, Rn 28; *Hüffer*, Rn 17; KölnKomm-AktG/*Lutter*, Rn 42; Bürgers/Körber/*Marsch-Barner*, Rn 14.
[85] Ähnlich: Großkomm-AktienR/*Hirte*, Rn 37, der die Kompensation von Verlusten durch andere Rücklagen strikt ablehnt.
[86] MüKo-AktG/*Bayer*, Rn 47; *Hüffer*, Rn 18; Bürgers/Körber/*Marsch-Barner*, Rn 14; Grigoleit/*Rieder/Holzmann*, Rn 18.
[87] *Hüffer*, Rn 18.
[88] *Hüffer*, Rn 18; KölnKomm-AktG/*Lutter*, Rn 42.

- B. Gestattung einer Kapitalerhöhung mit Sacheinlagen (Abs. 1) 7
  - I. Besondere Ermächtigung 7
  - II. Rechtsfolgen beim Fehlen der besonderen Ermächtigung 9
- C. Festsetzungen betreffend Sacheinlagen (Abs. 2 sowie Abs. 3 nF) 11
  - I. Zuständigkeit, Festsetzungsinhalt, Aufnahme in den Zeichnungsschein 11
    1. Zuständigkeit (Abs. 2 S. 1) 12
    2. Festsetzungspflicht und Festsetzungsinhalt (Abs. 2 S. 1) 14
    3. Aufnahme der Festsetzungen in den Zeichnungsschein (Abs. 2 S. 1 aE) 16
       - a) Allgemeines 16
       - b) Aufnahme in alle Zeichnungsscheine oder nur Aufnahme in den Zeichnungsschein des Sacheinlegers 17
    4. Rechtsfolgen von Verstößen 18
       - a) Allgemeines 18
       - b) Fehlende und fehlerhafte Festsetzungen (Abs. 4 S. 1, 3 bis 5 aF) 19
         - aa) Unwirksamkeit (wie nach Abs. 4 S. 1 aF) 20
         - bb) Prüfung des Registergerichts 22
         - cc) Wirkungen der Eintragung (Abs. 4 S. 3 und 4 aF) 23
         - dd) Heilungsmöglichkeiten 25
       - c) Fehlende oder fehlerhafte Aufnahme in den Zeichnungsschein (u.a. Abs. 4 S. 2 aF) 27
       - d) Fälle der verdeckte Sacheinlage und des Hin- und Herzahlens (Abs. 3 nF) 29
         - aa) Verdeckte Sacheinlage (§ 205 Abs. 3 nF iVm § 27 Abs. 3 nF) 30
           - (1) Voraussetzungen 31
           - (2) Rechtsfolgen 32
         - bb) Fälle des Hin- und Herzahlens (§ 205 Abs. 3 nF iVm § 27 Abs. 4 nF) 33
  - II. Zustimmung des Aufsichtsrats bei Festsetzung durch den Vorstand (Abs. 2 S. 2) 34
- D. Belegschaftsaktien (Abs. 4) 39
  - I. Voraussetzungen 40
  - II. Rechtsfolgen 43
- E. Wertprüfung der Sacheinlagen (Abs. 5 bis 7) 46
  - I. Wertprüfung der Sacheinlagen durch unabhängige Prüfer 47
    1. Grundsatz (Abs. 5 S. 1) 47
    2. Vereinfachte Sachkapitalerhöhung, mithin ohne Prüfung (Abs. 5 S. 2 und 3, Abs. 6) ... 48
       - a) Anwendungsbereich (Abs. 5 S. 2) 48
       - b) Besonderheiten beim genehmigten Kapital (Abs. 5 S. 2 und 3 und Abs. 6) .. 49
         - aa) Besonderheiten im Rahmen der Bekanntmachung nach § 183a Abs. 2 S. 1 (Abs. 5 S. 3) 50
         - bb) Besonderheiten im Rahmen der Anmeldung der Durchführung der Kapitalerhöhung (Abs. 6) 51
           - (1) Besonderheiten bei der Anmeldungserklärung sowie bei der Versicherung nach § 205 Abs. 6 iVm § 184 Abs. 1 S. 3 52
           - (2) Besonderheiten hinsichtlich der beizufügenden Dokumente (§ 205 Abs. 6 iVm § 184 Abs. 2) 55
  - II. Gerichtliche Wertprüfung 56
    1. Grundsatz (Abs. 7 S. 1) 56
    2. Formalprüfung im Fall der vereinfachten Sachkapitalerhöhung (Abs. 7 S. 2) 57

A. Grundlagen

1 **I. Einordnung und Zweck der Vorschrift.** § 205 kommt für das genehmigte Kapital eine vergleichbare Funktion zu, wie sie die für die ordentliche Kapitalerhöhung mit Sacheinlagen geltende Regelung des § 183 hat; dieser Vorschrift ist § 205 zum Teil nachgebildet. Parallelnorm zu § 205 in den Vorschriften zum bedingten Kapital ist § 194. § 205 wird ergänzt durch § 206. Beide Normen dienen – wie die §§ 27, 183, 194 – dazu, eine **effektive Kapitalaufbringung** sicherzustellen.[1] Neben § 205 können die speziellen Vorschriften des § 52 über die Nachgründung eingreifen, dh sie bleiben hL stets uneingeschränkt anwendbar.[2] Das ist – seit der Neuregelung durch das NaStraG[3] – der Fall, wenn der Erwerb von Vermögensgegenständen in den ersten zwei Jahren seit der Eintragung der Gesellschaft mit Gründern vereinbart wird und die von der Gesellschaft gewährte Vergütung den zehnten Teil des Grundkapitals übersteigt; entsprechendes gilt, wenn nicht Gründer, sondern Aktionäre, die mit mehr als 10 % am Grundkapital der Gesellschaft beteiligt sind, einen solchen Vertrag mit der Gesellschaft schließen.

2 **II. Änderungshistorie.** Die Kernregelungen des § 205, namentlich Abs. 1 und 2, fanden sich schon in der Vorläuferregelung des § 172 AktG 1937. Dasselbe gilt für den bis zum Inkrafttreten des Gesetzes zur Umsetzung der Aktionärsrechterichtlinie (ARUG)[4] geltenden und dann aufgehobenen Abs. 4 aF (zuvor Abs. 3). Neu geschaffen wurde mit dem AktG 1965 der heutige Abs. 4; er gehört zum Komplex der Normen, mit denen im AktG 1965 die Ausgabe von Arbeitnehmeraktien erleichtert werden sollte. Die Regelungen des heutigen Abs. 5 S. 1 und Abs. 7 S. 1 sind – von geringen sprachlichen Änderungen abgesehen – ehemals als

---

1 MüKo-AktG/*Bayer*, Rn 1; Großkomm-AktienR/*Hirte*, Rn 3; *Hüffer*, Rn 1; Bürgers/Körber/*Marsch-Barner*, Rn 1; Spindler/Stilz/*Wamser*, Rn 1.
2 So MüKo-AktG/*Bayer*, Rn 8; Großkomm-AktienR/*Hirte*, Rn 5; *Hüffer*, Rn 1; KölnKomm-AktG/*Lutter*, Rn 2; Bürgers/Körber/*Marsch-Barner*, Rn 1; Grigoleit/*Rieder/Holzmann*, Rn 2; K. Schmidt/Lutter/*Veil*, Rn 3; Spindler/Stilz/*Wamser*, Rn 33;
dagegen *Mülbert*, AG 2003, 136 ff; *Habersack*, ZGR 2008, 45, 59 f.
3 Gesetz vom 18.1.2001, BGBl. I S. 123; vgl dazu *Seibert*, ZIP 2001, 53 ff; *Noack*, ZIP 2001, 57 ff; *Pentz*, NZG 2001, 346 ff.
4 Gesetz zur Umsetzung der Aktionärsrechterichtlinie (ARUG) vom 30.7.2009 (BGBl. I 2009, 2479).

Abs. 3 mit dem Gesetz zur Durchführung der Zweiten gesellschaftsrechtlichen Richtlinie der EG zur Koordination des Gesellschaftsrechts vom 13.12.1978 eingefügt worden (BGBl. I 1978, S. 1959). Abs. 2 S. 1 und der heutige Abs. 7 S. 1 (vor Inkrafttreten des ARUG Abs. 3 S. 2) wurden durch das StückAG vom 25. 3. 1998 (BGBl. I 1998, S. 590) geändert; dasselbe gilt für den mit Inkrafttreten des ARUG aufgehobenen Abs. 4 S. 4 aF.[5] Erheblich umgestaltet wurde § 205 mit Wirkung vom 1.9.2009 durch das ARUG: Abs. 1 und Abs. 2 blieben unverändert; Abs. 3 aF wurde der Sache nach aufgespalten und findet sich jetzt in Abs. 5 S. 1 und Abs. 7 S. 1; Abs. 4 aF, der die Rechtsfolgen von Verstößen gegen Abs. 2 regelte, wurde gestrichen; als neuer Abs. 3 wurde eine Norm eingefügt, die § 27 Abs. 3 nF (enthält nun Regeln zur verdeckten Sacheinlage) und 4 nF (enthält nun Regeln zu den Fällen des Hin- und Herzahlens) für entsprechend anwendbar erklärt; der ehemalige Abs. 5, durch den die Ausgabe von Arbeitnehmeraktien erleichtert werden soll, wurde (wieder) Abs. 4; die neuen Abs. 5 bis 7 regeln die Wertprüfung der Sacheinlagen einschließlich eines (neu eingeführten, § 183a) vereinfachten – ohne Prüfung der Sacheinlagen auskommenden – Erhöhungsverfahrens bei Sachkapitalerhöhungen im Rahmen des genehmigten Kapitals.

III. Übersicht über die Vorschrift. Das Gesetz lässt mit § 205 Sacheinlagen auch für eine Kapitalerhöhung zu, die vom Vorstand im Wege des genehmigten Kapitals vorgenommen wird.[6] So nennt die Vorschrift in den **Abs. 1, 2** und **5** die **Voraussetzungen**, unter denen Aktien gegen **Sacheinlagen im Wege des genehmigten Kapitals** – ordnungsgemäß, das heißt insbesondere ohne Eingreifen der Vorschriften über verdeckte Sacheinlagen bzw des Hin- und Herzahlens (§ 205 Abs. 3 nF iVm § 27 Abs. 3 und 4 nF) – ausgegeben werden können; zugleich werden dabei bestimmte **Zuständigkeiten** zwischen Satzungsgeber, Vorstand und Aufsichtsrat aufgeteilt.[7] Um die Voraussetzungen und die bei ihrem Fehlen eintretenden Rechtsfolgen richtig einordnen zu können, ist das **Verhältnis zwischen Bar- und Sacheinlageverpflichtung** wichtig. Eine Kapitalerhöhung gegen Einlagen (effektive Kapitalerhöhung) begründet zunächst immer eine Pflicht zur Bareinlage (siehe dazu auch § 183 Rn 6).[8] Die für eine Sachkapitalerhöhung einschlägigen Vorschriften (§§ 183, 194, 205) erlauben aber, die Bareinlageverpflichtung durch eine Sacheinlageverpflichtung zu ersetzen.[9] Die Ersetzung der Bareinlagepflicht durch die Sacheinlagepflicht geschieht dabei nicht automatisch, sondern in der Form eines Hilfsgeschäfts iSv § 364 Abs. 1 BGB, also der Vereinbarung einer Leistung an Erfüllungs statt. Durch ein solches Hilfsgeschäft wird die Bareinlageverpflichtung aber nicht beseitigt, sondern lediglich durch die Sacheinlageverpflichtung verdrängt.[10] Nur wenn die Voraussetzungen gem. § 205 Abs. 1, 2 und 5 eingehalten sind, kann bei einer unter Ausnutzung eines genehmigten Kapitals stattfindenden Kapitalerhöhung die (zunächst immer bestehende) Bareinlagepflicht im Rahmen eines ordnungsgemäßen Hilfsgeschäfts durch eine Sacheinlagepflicht verdrängt werden. Sind die Voraussetzungen nicht eingehalten, bleibt es entweder gänzlich bei der Bareinlagepflicht oder es greifen, wenn eine verdeckte Sacheinlage oder ein Fall des sog. Hin- und Herzahlens vorliegt, die Vorschriften über verdeckte Sacheinlagen (§ 205 Abs. 3 nF iVm § 27 Abs. 3 nF) bzw des Hin- und Herzahlens (§ 205 Abs. 3 nF iVm § 27 Abs. 4 nF) ein.

Abs. 1 verlangt zunächst, dass eine Sachkapitalerhöhung durch den Vorstand von der nach § 202 Abs. 1 bzw der nach § 202 Abs. 2 erforderlichen Ermächtigung gestattet wird. Nach **Abs. 2 S. 1** müssen schon von der Ermächtigung oder später vom Vorstand besondere Festsetzungen getroffen werden. Werden die Festsetzungen nicht von der Ermächtigung, sondern vom Vorstand getroffen, sind sie in den Zeichnungsschein aufzunehmen (**Abs. 2 S. 1** aE). Zudem soll nach **Abs. 2 S. 2** in diesem Fall der Aufsichtsrat zustimmen. **Abs. 3** nF regelt – nach hiesigem Verständnis – ausschließlich die Fälle der verdeckten Sacheinlage und des Hin- und Herzahlens. Abs. 4 aF, der mit Inkrafttreten des ARUG aufgehoben wurde, ohne dass der Gesetzgeber eine diese Funktion übernehmende Nachfolgeregelung geschaffen hat (zu den damit einhergehenden Problemen siehe Rn 18 ff), bestimmte die Rechtsfolgen für einen Verstoß gegen die Vorgaben des Abs. 2. **Abs. 4** nF (bis zum Inkrafttreten des ARUG Abs. 5) erleichtert nach seinem Wortlaut die Ausgabe von Belegschaftsaktien durch Einschränkung des Anwendungsbereichs der Abs. 2 und 3. Schließlich verlangen **Abs. 5 bis 7 nF**, die insoweit die Funktion des bis zum Inkrafttreten des ARUG geltenden Abs. 3 aF übernommen haben, der – ebenso wie der fast wortgleiche § 183 Abs. 3 aF – erst durch das Gesetz zur Durchführung der Zweiten gesellschaftsrechtlichen (Kapital)Richtlinie der EG vom 13.12.1978 (BGBl. I S. 1959) eingefügt wurde, grundsätzlich eine Prüfung der Sacheinlagen durch unabhängige Prüfer sowie durch das Registergericht.

---

5   Zu Einzelheiten siehe Großkomm-AktienR/*Hirte*, Rn 2.
6   Dass das nicht selbstverständlich ist, zeigt der Blick auf andere Rechtsordnungen (vgl Großkomm-AktienR/*Hirte*, § 202 Rn 84).
7   Vgl auch MüKo-AktG/*Bayer*, Rn 14 f; Großkomm-AktienR/ *Hirte*, Rn 3; KölnKomm-AktG/*Lutter*, Rn 2.
8   *Hüffer*, § 183 Rn 4.
9   Statt aller: *Hüffer*, § 183 Rn 4, § 194 Rn 2, § 205 Rn 1.
10 *Hüffer*, § 183 Rn 4 mwN.

Groß/T. Fischer

5 **IV. Begriffe.** Der **Begriff der Aktienausgabe** hat im Rahmen des § 205 dieselbe Bedeutung wie in § 202. Danach ist unter Ausgabe der Ausnutzungsbeschluss des Vorstands und seine Durchführung und nicht die tatsächliche Ausgabe der Aktienurkunden (§ 191) zu verstehen (siehe dazu § 202 Rn 83).[11]

6 § 205 regelt im Rahmen des genehmigten Kapitals die **Sacheinlagen** sowie in Abs. 3 nF **die verdeckten Sacheinlage** und **die Fälle des sog. Hin- und Herzahlens.** Eine Sacheinlage ist nach der Legaldefinition des § 27 Abs. 1 S. 1 jede Einlage, die nicht durch Einzahlung des Ausgabebetrages zu leisten ist (siehe dazu Kommentierung zu § 27). Dazu treten alle Fälle, die unter die Fiktion des § 27 Abs. 1 S. 2 fallen. Danach gilt es ebenfalls als Sacheinlage, wenn die Gesellschaft einen Vermögensgegenstand übernehmen soll, für den eine Vergütung gewährt wird, die auf die Einlage eines Aktionärs angerechnet werden soll (siehe dazu Kommentierung zu § 27). Ebenfalls vom Anwendungsbereich erfasst ist die **gemischte Sacheinlage.** Dabei leistet der Aktionär an die Gesellschaft einen Vermögensgegenstand und erhält als Vergütung zum einen Teil junge Aktien und zum anderen Teil eine sonstige Leistung der Gesellschaft (siehe dazu Kommentierung zu § 27). Desgleichen fällt in den Anwendungsbereich des Sacheinlageteil der (von der gemischten Sacheinlage zu unterscheidenden) **gemischten Einlage.** Bei ihr hat der Zeichner für jede Aktie teilweise eine Geld- und teilweise eine Sachleistung zu erbringen (siehe dazu Kommentierung zu § 36). **Nicht** erfasst wird von § 205 die **Sachübernahme.**[12] Daher kann die Gesellschaft im Zusammenhang mit der Kapitalerhöhung grundsätzlich einen beliebigen schuldrechtlichen Austauschvertrag abschließen. Insoweit ist aber zu beachten, dass ein Erwerb von Vermögensgegenständen, der mit den aus einer Kapitalerhöhung gewonnenen Mitteln finanziert wird, durchaus eine **verdeckte Sacheinlage** sein kann,[13] für die dann § 205 Abs. 3 nF gilt. Die verdeckte Sacheinlage umschreibt das Gesetz neuerdings als Geldeinlage eines Aktionärs, die bei wirtschaftlicher Betrachtung und aufgrund einer im Zusammenhang mit der Übernahme der Geldeinlage getroffenen Abrede vollständig oder teilweise als Sacheinlage zu bewerten ist (§ 27 Abs. 3 S. 1 nF; siehe zu Einzelheiten § 27 Rn 41 ff).

B. Gestattung einer Kapitalerhöhung mit Sacheinlagen (Abs. 1)

7 **I. Besondere Ermächtigung.** Aufgrund eines genehmigten Kapitals dürfen nach Abs. 1 die neuen Aktien gegen Sacheinlagen nur ausgegeben werden, wenn die Ermächtigung (des Vorstands zur Erhöhung des Grundkapitals durch Ausgabe neuer Aktien gegen Einlagen), die wie stets durch die Gründungssatzung (§ 202 Abs. 1) oder durch eine Satzungsänderung (§ 202 Abs. 2) erteilt sein kann, dies ausdrücklich vorsieht. Ausreichend ist allerdings jede Form der Ermächtigung; sie kann daher allgemein gehalten sein und bedarf keiner Konkretisierung nach Maßgabe des § 205 Abs. 2.[14] Bei einem diesbezüglichen Schweigen der Ermächtigung ist dem Vorstand eine Erhöhung des Grundkapitals gegen Sacheinlagen hingegen nicht gestattet; dies ist eine Ausnahme vom Grundsatz, dass, soweit die Ermächtigung schweigt, der Vorstand nach § 204 Abs. 1 S. 1 die Bedingungen der Aktienausgabe festlegen kann (dazu und zu weiteren Ausnahmen siehe § 204 Rn 6).

8 Da die Gestattung einer Kapitalerhöhung gegen Sacheinlagen in der nach § 202 Abs. 1 bzw 2 erforderlichen Ermächtigung enthalten sein muss (§ 205 Abs. 1: „... wenn die Ermächtigung es vorsieht."), kann die **Befugnis zur Aktienausgabe gegen Sacheinlagen** nur in der Ermächtigung zur Erhöhung des Grundkapitals und damit **bei einer Ermächtigung durch Satzungsänderung nur im** betreffenden **satzungsändernden Ermächtigungsbeschluss** eingeräumt werden. Das schließt jedoch nicht aus, dem Vorstand auch noch nachträglich, also nach der Schaffung des genehmigten Kapitals, die entsprechende Befugnis zu übertragen; vielmehr handelt es sich dabei dann um eine qualitative Änderung der Ermächtigung, für die die insoweit entwickelten Grundsätze gelten (siehe dazu § 202 Rn 71 ff).

9 **II. Rechtsfolgen beim Fehlen der besonderen Ermächtigung.** Fehlt eine besondere Ermächtigung iSd Abs. 1 und schließt der Vorstand im Namen der Gesellschaft **dennoch Verträge über Sacheinlagen** ab, so sind die **Vereinbarungen unwirksam.**[15] Dasselbe gilt, wenn zwar eine besondere Ermächtigung iSd Abs. 1 besteht, der Vorstand aber in den Verträgen seine von der Ermächtigung eingeräumten Befugnisse überschreitet.[16]

---

11 MüKo-AktG/*Bayer*, § 202 Rn 91; Großkomm-AktienR/*Hirte*, § 202 Rn 167; KölnKomm-AktG/*Lutter*, § 202 Rn 23; MüHb-AG/*Krieger*, § 58 Rn 25.

12 AllgM: MüKo-AktG/*Bayer*, Rn 6; Großkomm-AktienR/*Hirte*, Rn 5; *Hüffer*, Rn 2; KölnKomm-AktG/*Lutter*, Rn 2; Bürgers/Körber/*Marsch-Barner*, Rn 2; K. Schmidt/Lutter/*Veil*, Rn 3; Spindler/Stilz/*Wamser*, Rn 12; *Habersack*, ZGR 2008, 48, 57 f.

13 Vgl auch MüKo-AktG/*Bayer*, Rn 6; Großkomm-AktienR/*Hirte*, Rn 5; Hölters/v. Dryander/*Niggemann*, Rn 6; Spindler/Stilz/ *Wamser*, Rn 11.

14 MüKo-AktG/*Bayer*, Rn 10; Bürgers/Körber/*Marsch-Barner*, Rn 3; K. Schmidt/Lutter/*Veil*, Rn 4.

15 Ebenso, allerdings noch zu der vor dem Inkrafttreten des ARUG (BGBl. I 2009, 2479) geltenden Rechtslage; Großkomm-AktienR/*Hirte*, Rn 5; KölnKomm-AktG/*Lutter*, Rn 5; K. Schmidt/Lutter/*Veil*, Rn 4; Spindler/Stilz/*Wamser*, Rn 14; siehe auch *Hüffer*, Rn 3, der die neue Rechtslage aber noch nicht gänzlich berücksichtigt hat.

16 MüKo-AktG/*Bayer*, Rn 12; Großkomm-AktienR/*Hirte*, Rn 8; *Hüffer*, Rn 3; Bürgers/Körber/*Marsch-Barner*, Rn 3; K. Schmidt/Lutter/*Veil*, Rn 4; Spindler/Stilz/*Wamser*, Rn 14.

Das alles gilt unabhängig davon, ob der Zeichnungsschein Festsetzungen über die Sacheinlage enthält oder nicht.[17] Die Unwirksamkeit wurde vor dem Inkrafttreten des ARUG[18] mit einer entsprechenden Anwendung des Abs. 4 S. 1 aF begründet,[19] Diese Argumentation etwa unter Heranziehung der Nachfolgevorschrift des Abs. 3 nF ist nun nicht mehr möglich; denn Abs. 3 nF erklärt § 27 Abs. 3 und 4 nF und damit auch § 27 Abs. 3 S. 2 nF für entsprechend anwendbar, der anordnet, dass Verträge über (verdeckte) Sacheinlagen nicht unwirksam sind. Die sich derzeit abzeichnende herrschende Lehre[20] vertritt deshalb nach dem Inkrafttreten des ARUG und dem damit einhergehenden Wegfall des § 205 Abs. 4 S. 1 aF (wegen des Wegfalls und wegen § 205 Abs. 3 iVm § 27 Abs. 3 S. 2) die Ansicht, dass – anders als nach bisherigem Recht – die Verträge über die Sacheinlagen und die Rechtshandlungen zu ihrer Ausführung wirksam sind; daraus wird dann zum Teil[21] (wegen § 205 Abs. 3 iVm § 27 Abs. 3 S. 2 bis 4) gefolgert, dass die Einbringung der Sachleistung wirksam und ihr Sachwert nach der Eintragung der Durchführung der Kapitalerhöhung auf die Bareinlageverpflichtung anzurechnen ist. Dagegen bleibt es nach der hier vertretenen Auffassung auch nach neuer Rechtslage bei der Unwirksamkeit der Verträge, wenn die Ermächtigung (zur Sachkapitalerhöhung) fehlt oder überschritten wird.[22] Die Unwirksamkeit der Verträge ergibt sich nach der hier schon immer vertretenen Ansicht daraus, dass es stets die Ermächtigung ist, die angibt, inwiefern die Zuständigkeit zur Kapitalerhöhung und damit zur Satzungsänderung auf den Vorstand übertragen wird (str; siehe dazu § 202 Rn 126).[23] Und bei einem Schweigen der Ermächtigung ist nach § 205 Abs. 1 die Zuständigkeit zur Kapitalerhöhung gegen Sacheinlagen nicht auf den Vorstand übertragen worden.[24] Die entsprechende Anwendung des Abs. 4 S. 1 aF auf den Fall des Fehlens der besonderen Ermächtigung nach Abs. 1 war nach hiesiger Auffassung immer nur eine Ausprägung dieses allgemeinen Grundsatzes, der mit der Aushebung der Norm nicht seine Gültigkeit verliert. Nach hiesiger Auffassung ist deshalb der Anwendungsbereich des Abs. 3 nF auf Fälle der verdeckten Sacheinlage und des Hin- und Herzahlens beschränkt (siehe dazu Rn 29 ff) und nicht auf Fälle des Fehlens der Ermächtigung zur Sachkapitalerhöhung oder deren Überschreitung anwendbar.

Ein entsprechender **Antrag auf Eintragung** der Durchführung der Kapitalerhöhung im Handelsregister hat das Registergericht **abzulehnen**.[25] **Wird** gleichwohl **eingetragen, so entstehen die Mitgliedschaftsrechte** dennoch in den Händen der Zeichner.[26] Denn die Unwirksamkeit der Verträge mit den Zeichnern berührt hinsichtlich der Kapitalerhöhung, wenn keine anderen Verstöße vorliegen, nur das Hilfsgeschäft iSd § 364 Abs. 1 BGB, das die Bareinlagepflicht durch eine Sacheinlagepflicht verdrängen soll. Daher widerspricht das Ergebnis, dass die Mitgliedschaftsrechte mit Eintragung zur Entstehung gelangen, nicht dem hier ansonsten vertretenen Rechtsfolgenkonzept (siehe dazu § 202 Rn 130), sondern ist lediglich Ausdruck des Verhältnisses zwischen Bareinlageverpflichtung und Sacheinlageverpflichtung (siehe dazu Rn 3). Ist das Hilfsgeschäft (iSd § 364 Abs. 1 BGB), das die Bareinlagepflicht durch eine Sacheinlagepflicht verdrängen soll, unwirksam (siehe dazu Rn 3 und 9),[27] ist der **Zeichner** statt zur Sacheinlage nunmehr **zur Bareinlage verpflichtet.** Der Wert der geleisteten Sacheinlage wird – beim Fehlen einer Ermächtigung nach § 205 oder ihrer Überschreitung – nach der hier vertretenen Auffassung, anders als etwa von *Bayer*[28] vertreten, nicht auf die Bareinlagepflicht angerechnet.[29]

C. Festsetzungen betreffend Sacheinlagen (Abs. 2 sowie Abs. 3 nF)

I. Zuständigkeit, Festsetzungsinhalt, Aufnahme in den Zeichnungsschein. Abs. 2 S. 1 verlangt für den Fall, dass im Wege des genehmigten Kapitals Aktien gegen Sacheinlagen ausgegeben werden sollen, bestimmte

---

17 MüKo-AktG/*Bayer*, Rn 12; Großkomm-AktienR/*Hirte*, Rn 8; KölnKomm-AktG/*Lutter*, Rn 5.
18 Gesetzes zur Umsetzung der Aktionärsrechterichtlinie (ARUG) vom 30.7.2009 (BGBl. I 2009 S. 2479).
19 MüKo-AktG/*Bayer*, Rn 12; Großkomm-AktienR/*Hirte*, Rn 8; *Hüffer*, Rn 3; KölnKomm-AktG/*Lutter*, Rn 5.
20 MüKo-AktG/*Bayer* Rn 12 iVm 76; Hölters/*v. Dryander/Niggemann*, Rn 7; Grigoleit/*Rieder/Holzmann*, Rn 4.
21 MüKo-AktG/*Bayer*, Rn 12 iVm 76.
22 So im Erg. auch *Hüffer*, Rn 3.
23 Ähnlich: Großkomm-AktienR/*Hirte*, § 203 Rn 40.
24 Diesem Ergebnis steht auch § 205 Abs. 3 nF iVm § 27 Abs. 3 und 4 nF nicht entgegen. Denn in Rn 9 geht es um eine (offene) Sacheinlage ohne ausreichende Ermächtigung. Hingegen geht es bei dem § 205 Abs. 3 nF iVm § 27 Abs. 3 und 4 nF um die Anwendbarkeit der Regeln der verdeckten Sacheinlage (Vgl Beschlussempfehlung und Bericht des Rechtsausschusses des Bundestages vom 13.5.2009 zum Gesetzentwurf der Bundesregierung zum ARUG, abgedruckt in BT-Drucks. 16/13098, siehe dort S. 18 und 41).
25 MüKo-AktG/*Bayer*, Rn 12; Großkomm-AktienR/*Hirte*, Rn 8; *Hüffer*, Rn 3; KölnKomm-AktG/*Lutter*, Rn 5; K. Schmidt/Lutter/*Veil*, Rn 4; Spindler/Stilz/*Wamser*, Rn 23.
26 MüKo-AktG/*Bayer*, Rn 12; *v. Godin/Wilhelmi*, Anm. 3; Großkomm-AktienR/*Hirte*, Rn 8; *Hüffer*, Rn 3; KölnKomm-AktG/*Lutter*, Rn 5; abweichend: *Baumbach/Hueck*, AktG, Rn 2; Bürgers/Körber/*Marsch-Barner*, Rn 3; K. Schmidt/Lutter/*Veil*, Rn 4; Spindler/Stilz/*Wamser*, Rn 28.
27 Vgl *Hüffer*, Rn 1.
28 MüKo-AktG/*Bayer*, Rn 12 iVm 76 (Anwendung von § 205 Abs. 3 nF iVm § 27 Abs. 3 nF).
29 Im Erg. wie hier *Hüffer*, Rn 3, der sich aber noch auf § 205 Abs. 4 S. 4 stützt; etwas unklar hinsichtlich der Anrechnung: Hölters/*v. Dryander/Niggemann*, Rn 7 und Grigoleit/*Rieder/Holzmann*, Rn 4 (Anwendung der allgemeinen für ein Fehlen der Ermächtigung nach § 202 entwickelten Rechtsfolgen).

korporative Festsetzungen und bestimmt zugleich das für diese Festsetzungen zuständige Organ sowie die Fälle in denen die Festsetzungen in den Zeichnungsschein aufgenommen werden müssen. Abs. 4 aF legte bis zum Inkrafttreten des ARUG die Rechtsfolgen bei einem Verstoß gegen diese Vorgaben fest; die darin zum Ausdruck gekommenen allgemeinen Grundsätze gelten nach hiesiger Auffassung trotz der Aufhebung des Abs. 4 aF fort (siehe dazu Rn 18 ff).

1. Zuständigkeit (Abs. 2 S. 1). Nach Abs. 2 S. 1 haben die erforderlichen Festsetzungen (zum Inhalt siehe Rn 15), wenn sie nicht in der Ermächtigung enthalten sind, durch den Vorstand zu erfolgen. Damit bestehen für die Gesellschaft – anders als bei der Gründung[30] und bei der ordentlichen[31] sowie der bedingten[32] Kapitalerhöhung – beim Weg über das genehmigte Kapital grundsätzlich **zwei Möglichkeiten** für die hinsichtlich der Sacheinlagen erforderlichen Festsetzungen. So können die **Festsetzungen** ganz oder teilweise schon **in der Ermächtigung**, also in der Gründungssatzung (§ 202 Abs. 1) oder in der ermächtigenden Satzungsänderung (§ 202 Abs. 2) erfolgen. Sind bereits vor der Eintragung der Gesellschaft in das Handelsregister (§ 41) Verträge über Sacheinlagen geschlossen worden, so müssen die Festsetzungen nach § 206 S. 1 abweichend von § 205 Abs. 2 S. 1 in der Gründungssatzung erfolgen. Ansonsten steht es dem Satzungsgeber frei, die Festsetzungen überhaupt nicht, teilweise oder gänzlich zu treffen.[33] Soweit die **Festsetzungen** nicht in der Ermächtigung enthalten sind, obwohl eine Sacherhöhung nach Abs. 1 gestattet ist, **obliegen sie im Übrigen** nach Abs. 2 S. 1 **dem Vorstand**.

Die **Festlegung** durch den **Vorstand** ist **formell** eine **Maßnahme der Geschäftsführung**. Für die Beschlussfassung gelten somit die allgemeinen Regeln. Der Beschluss ist daher, wenn nicht die Satzung oder die Geschäftsordnung etwas anderes bestimmt, durch den Vorstand insgesamt und einstimmig zu fassen. Bei der Entscheidungsfindung bedarf es wie stets einer Entäußerung (siehe dazu § 202 Rn 78),[34] was aber eine konkludente Beschlussfassung nicht ausschließt;[35] die Festsetzung kann insbesondere, (jedenfalls) wenn nur ein Zeichner vorhanden ist,[36] in der Annahme der Zeichnung liegen.[37] Die Entscheidung kann ebenso wie die einfache Ausnutzungsentscheidung formlos ergehen (insoweit gelten die Ausführungen zur einfachen Ausnutzungsentscheidung entsprechend; siehe dazu § 202 Rn 80). Die Geschäftsordnung (§ 77 Abs. 2) kann aber Formerfordernisse aufstellen.[38] Eine Pflicht zu einer nach außen gerichteten Mitteilung des Vorstands besteht – abweichend zur Lage bei der einfachen Ausnutzungsentscheidung (siehe dazu § 202 Rn 78) – insofern, als der Vorstand nach § 205 Abs. 2 S. 1 aE verpflichtet ist, seine Festlegungen iSd § 205 Abs. 2 S. 1 in den Zeichnungsschein aufzunehmen (zu Einzelheiten siehe Rn 17 ff). Zudem ist er schon nach den §§ 203 Abs. 1 S. 1, 185 Abs. 1 S. 3 Nr. 3 verpflichtet, die bei einer Kapitalerhöhung mit Sacheinlagen vorgesehenen Festsetzungen, wozu auch die von ihm getroffenen Festsetzungen gehören, in den Zeichnungsschein aufzunehmen (siehe dazu § 203 Rn 6 f). Beschränkungen, die von der Ermächtigung hinsichtlich der Festsetzungen des Vorstands aufgestellt wurden, hat der Vorstand zu beachten. Bei Nichtbeachtung ist die Entscheidung des Vorstands und damit seine Festsetzung nichtig.

2. Festsetzungspflicht und Festsetzungsinhalt (Abs. 2 S. 1). Es besteht nach Abs. 2 S. 1 grundsätzlich eine **Festsetzungspflicht**, wenn Aktien gegen Sacheinlagen ausgegeben werden sollen. Das Gesetz stellt der Gesellschaft in Abs. 2 S. 1 lediglich frei, ob der Vorstand oder der Satzungsgeber (in der Ermächtigung) die Festsetzungen vornimmt. Enthält die Ermächtigung keine oder nicht alle Festsetzungen, trifft die Festsetzungspflicht den Vorstand. **Ausnahmsweise** besteht nach Abs. 4 dann keine Festsetzungspflicht, wenn Forderungen Sacheinlagen sein sollen, die Arbeitnehmern der Gesellschaft aus einer ihnen von der Gesellschaft eingeräumten Gewinnbeteiligung zustehen (zu Einzelheiten siehe Rn 39 ff).

Inhaltlich hat die Festsetzung nach Abs. 2 S. 1 – gleichgültig durch wen sie letztlich erfolgt – den **Gegenstand der Sacheinlage** genau zu bezeichnen. Zudem ist nach Abs. 2 S. 1 die **Person des Einlegers** zu benennen. Obwohl von Abs. 2 S. 1 nicht erwähnt, ist auch der anzusetzende **Wert der Sacheinlage** festzulegen;[39] denn ohne diese Angabe wäre gar nicht bestimmbar, in welcher Höhe eine zuvor entstandene Bareinlage-

---

[30] Bei der Gründung müssen die für eine Sacheinlage erforderlichen Festsetzungen in der (Ursprungs-)Satzung enthalten sein (§ 27 Abs. 1).

[31] Bei der ordentlichen Kapitalerhöhung müssen die für eine Sacheinlage erforderlichen Festsetzungen in dem Kapitalerhöhungsbeschluss enthalten sein (§ 183 Abs. 1 S. 1).

[32] Auch bei der bedingten Kapitalerhöhung müssen die für eine Sacheinlage erforderlichen Festsetzungen in dem Kapitalerhöhungsbeschluss enthalten sein (§ 194 Abs. 1 S. 1).

[33] MüKo-AktG/*Bayer*, Rn 13, § 204 Rn 4; Großkomm-AktienR/*Hirte*, Rn 12; *Hüffer*, Rn 4; KölnKomm-AktG/*Lutter*, Rn 6; Grigoleit/*Rieder/Holzmann*, Rn 5; MüHb-AG/*Krieger*, § 58 Rn 33.

[34] KölnKomm-AktG/*Lutter*, § 204 Rn 19; MüKo-AktG/*Bayer*, § 202 Rn 88.

[35] Vgl OLG Frankfurt ZIP 1986, 1244, 1245; KölnKomm-AktG/*Mertens*, § 77 Rn 27.

[36] Damit soll hier keine Aussage darüber getroffen werden, ob die Festsetzung des Vorstands nach § 205 Abs. 2 S. 1 aE in alle oder nur einen bestimmten Zeichnungsschein aufgenommen werden muss (siehe dazu Rn 17 ff).

[37] Geßler/Hefermehl/Bungeroth, Rn 3.

[38] KölnKomm-AktG/*Lutter*, § 204 Rn 19.

[39] Ebenso: KölnKomm-AktG/*Lutter*, Rn 7; ähnlich wohl Großkomm-AktienR/*Hirte*, Rn 12; aA Hölters/v. *Dryander/Niggemann*, Rn 11.

pflicht durch die Sacheinlagepflicht im Wege des Hilfsgeschäfts verdrängt werden soll (vgl Rn 3). Schließlich ist bei Nennbetragsaktien der **Nennbetrag** aller für den Sacheinlagegegenstand auszugebenden Aktien festzulegen; bei Stückaktien ist an Stelle des Nennbetrags die Zahl der auszugebenden Aktien festzusetzen. Aus Gründen der Transparenz sollte auch der Ausgabebetrag der einzelnen Aktie dargelegt werden, obwohl sich dieser bereits aus dem Verhältnis des Einlagewerts zum dafür auszugebenden Nennbetrag unter Berücksichtigung des Nennbetrags jeder auszugebenden Aktie ergibt.[40]

3. Aufnahme der Festsetzungen in den Zeichnungsschein (Abs. 2 S. 1 aE). a) Allgemeines. Festsetzungen, die **durch** den **Vorstand** getroffen worden sind, sind nach Abs. 2 S. 1 aE **zwingend in** den **Zeichnungsschein** – zusätzlich zu den auch sonst dort erforderlichen Angaben (siehe dazu § 203 Rn 6 ff) – aufzunehmen. Die Regelung ist dem Umstand geschuldet, dass Festsetzungen, die bereits in der (satzungsmäßigen) Ermächtigung erfolgen, notwendig Bestandteil der Satzung sind und auf sie damit die Satzungspublizitätsvorschriften zur Anwendung kommen. Erfolgen die Festsetzungen dagegen erst durch den Vorstand, was Abs. 2 S. 1 ausdrücklich gestattet, greift die Satzungspublizität nicht. Um für diesen Fall den Festsetzungen ebenfalls ausreichend Publizität zu verschaffen, ordnet Abs. 2 S. 1 aE an, dass die vom Vorstand getroffenen Festsetzungen zwingend in den Zeichnungsschein – zusätzlich zu den auch sonst dort erforderlichen Angaben (siehe dazu § 203 Rn 6 ff) – aufzunehmen sind. Die Verpflichtung ist von dem Gedanken getragen, dass durch eine formlose und interne Vorstandsentscheidung nicht eine für die Gesellschafter und Gläubiger so wesentliche Entscheidung getroffen werden soll.[41] Ob auch andere Zeichner von der Angabepflicht des Abs. 2 S. 1 aE geschützt werden sollen, ist nicht vollkommen klar (siehe dazu Rn 17).

b) Aufnahme in alle Zeichnungsscheine oder nur Aufnahme in den Zeichnungsschein des Sacheinlegers. Unklar ist, welche Zeichnungsscheine in Abs. 2 S. 1 Hs 2 genau **gemeint** sind. Sicher dürfte zunächst sein, dass wie bei den §§ 203 Abs. 1 S. 1, 185 Abs. 1 S. 3 Nr. 3 (zur Aufnahme der Festsetzungen in den Zeichnungsschein nach diesen Vorschriften siehe § 203 Rn 7) über die **Zeichnungsscheine einer Tranche** hinaus keine weiteren Zeichnungsscheine gemeint sein können.[42] Fraglich ist aber, ob innerhalb derselben Tranche nach § 205 Abs. 2 S. 1 aE in allen Zeichnungsscheinen (und damit auch in den Zeichnungsscheinen etwaiger Bareinleger) die nach Abs. 2 S. 1 erforderlichen Festsetzungen enthalten sein müssen **oder** ob in Abs. 2 S. 1 aE **nur** der **Zeichnungsschein des Sacheinlegers** gemeint ist. Zur Unklarheit trägt bei, dass die Festsetzungen schon **nach den** §§ **203 Abs. 1 S. 1, 185 Abs. 1 S. 3 Nr. 3 in allen Zeichnungsscheinen** der jeweiligen Tranche enthalten sein müssen. Die Verletzung der nach §§ 203 Abs. 1 S. 1, 185 Abs. 1 S. 3 Nr. 3 bestehenden Angabepflicht wird gemäß § 185 Abs. 2 dadurch sanktioniert, dass (nur) der betreffende fehlerhafte Zeichnungsschein nichtig ist; allerdings wird der betroffene Zeichner die Nichtigkeit nach der Eintragung der Durchführung wegen § 185 Abs. 3 nicht mehr geltend machen können. Die Antwort auf die Frage, ob die Festsetzungen des Vorstands – unabhängig von den Angabepflichten nach den §§ 203 Abs. 1 S. 1, 185 Abs. 1 S. 3 Nr. 3 – gemäß § 205 Abs. 2 S. 1 aE in allen Zeichnungsscheinen derselben Tranche oder nur im Zeichnungsschein des Sacheinlegers enthalten sein müssen, richtet sich nach dem **Sinn und Zweck der Angabepflicht.**[43] Ist der Sinn der Angabepflicht nur die förmliche Fixierung der Festsetzungen, reicht es aus, wenn § 205 Abs. 2 S. 1 aE lediglich den Zeichnungsschein des betreffenden Sacheinlegers erfasst.[44] Ist es dagegen der Sinn der Angabepflicht, die einzige Erkenntnisquelle des Zeichners hinsichtlich der Festsetzungen durch den Vorstand zu schützen, so werden von Abs. 2 S. 1 aE alle Zeichnungsscheine der Tranche erfasst.[45] Welcher Zweck der Vorschrift zugrunde liegt, ist nicht vollkommen klar. Es spricht jedoch einiges dafür, dass jeder Zeichner durch Abs. 2 S. 1 aE vor etwaigen Festsetzungen geschützt werden soll: Erfolgt nämlich die Festsetzung durch die Ermächtigung, steht dem Zeichner als Erkenntnisquelle neben seinem Zeichnungsschein zusätzlich die Eintragung der Ermächtigung im Register (§§ 181 Abs. 2 S. 1, 39 Abs. 2) und ihre Bekanntmachung (§ 10 HGB) zur Verfügung. Mithilfe der Ermächtigung kann der Zeichner die Angaben auf seinem Zeichnungsschein überprüfen und sich gegebenenfalls noch vor Eintragung der Durchführung auf die nach §§ 203 Abs. 1 S. 1, 185 Abs. 2 bestehende Nichtigkeit des Zeichnungsscheins berufen, um der Wirkung der §§ 203 Abs. 1 S. 1, 185 Abs. 3 zu entgehen. Diese Überprüfungsmöglichkeit hat der Zeichner nicht, wenn die Festsetzungen durch den Vorstand erfolgen. In der Re-

---

[40] MüKo-AktG/*Bayer*, Rn 12; Großkomm-AktienR/*Hirte*, Rn 12; KölnKomm-AktG/*Lutter*, Rn 7; Bürgers/Körber/Marsch-Barner, Rn 5; Grigoleit/Rieder/Holzmann, Rn 6; Spindler/Stilz/Wamser, Rn 15; abl. *Hüffer*, § 205 Rn 5 iVm § 183 Rn 9 mwN.
[41] Geßler/Hefermehl/Bungeroth, Rn 3; Großkomm-AktienR/*Hirte*, Rn 12.
[42] Ebenso: *v. Godin/Wilhelmi*, Anm. 4; Großkomm-AktienR/*Hirte*, Rn 14; KölnKomm-AktG/*Lutter*, Rn 13; MüHb-AG/*Krieger*, § 58 Rn 33.
[43] Vgl Spindler/Stilz/*Wamser*, § 205 Rn 17, § 203 Rn 20.
[44] So bei MüKo-AktG/*Bayer*, Rn 18 f; Hölters/*v. Dryander/Niggemann*, Rn 9; *Hüffer*, Rn 4; MüHb-AG/*Krieger*, § 58 Rn 37; KölnKomm-AktG/*Lutter*, Rn 8 und 13; Bürgers/Körber/Marsch-Barner, Rn 5; Grigoleit/Rieder/Holzmann, Rn 7; K. Schmidt/Lutter/*Veil*, Rn 6; Spindler/Stilz/*Wamser*, § 205 Rn 17, § 203 Rn 20.
[45] So bei *v. Godin/Wilhelmi*, Anm. 4; Großkomm-AktienR/*Hirte*, Rn 13.

gel wird er erst nach der Eintragung von der Fehlerhaftigkeit der Angaben in seinem Zeichnungsschein erfahren. Es besteht daher bei der Festsetzung durch den Vorstand eine Transparenzlücke, die durch eine erhöhte Publizität mittels Einbeziehung aller Zeichner einer Tranche in den Schutzzweck des § 205 Abs. 2 S. 1 aE – ein wenig – geschlossen werden könnte.

18 **4. Rechtsfolgen von Verstößen. a) Allgemeines.** Mit dem Gesetz zur Umsetzung der Aktionärsrechterichtlinie (ARUG)[46] wurde § 205 mit Wirkung vom 1.9.2009 ganz erheblich umgestaltet (siehe Rn 2). Dabei wurde unter anderem Abs. 4 aF, der die Rechtsfolgen von Verstößen gegen Abs. 2 regelte, gestrichen; dafür wurde mit Abs. 3 nF eine Norm eingefügt, die § 27 Abs. 3 nF (enthält nun Regeln zur verdeckten Sacheinlage) und § 27 Abs. 4 nF (enthält nun Regeln zu den Fällen des Hin- und Herzahlens) für entsprechend anwendbar erklärt. Abs. 3 nF, der sich auf die Fälle der verdeckten Sacheinlage und die Fälle des Hin- und Herzahlens bezieht, vermag die Lücke, die durch die Streichung des Abs. 4 aF entstanden ist, nicht gänzlich zu füllen. Denn die Norm greift zu kurz. Mit ihr werden Verstöße gegen Abs. 2 gar nicht (mehr) erfasst, soweit darin kein Fall der verdeckten Sacheinlage und kein Fall des Hin- und Herzahlens zu sehen ist.[47] Verstöße gegen Abs. 2 sind, wenn kein Fall der verdeckten Sacheinlage oder des Hin- und Herzahlens gegeben ist, nämlich gerade dadurch gekennzeichnet, dass (ganz offen) eine Sacheinlage gewollt ist, es aber entweder an den erforderlichen Festsetzungen durch den Vorstand oder der erforderlichen Aufnahme der Festsetzungen in den Zeichnungsschein fehlt. In diesen Fällen kommt es gerade nicht – wie bei der verdeckten Sacheinlage oder in den Fällen des Hin- und Herzahlens – zu einer Aufspaltung des wirtschaftlich einheitlichen Sacheinlagevorgangs in eine nur scheinbare Leistung der geschuldeten Bareinlage durch den Aktionär und einen Rückfluss von der Gesellschaft dabei eingenommenen Geldmittel an den Aktionär gegen die eigentlich gewollte Sacheinlage. Damit stellt sich das Problem, wie mit Verstößen gegen die Vorschriften des Abs. 2 umzugehen ist. *Einerseits* könnte die neue Regelung des Abs. 3 nF für Verstöße gegen Abs. 2 als bloße Rechtsfolgenverweisung verstanden werden. *Andererseits* könnte man sich nach dem Wegfall des Abs. 4 aF bei Verstößen gegen die Vorschriften des Abs. 2 an allgemeinen Grundsätzen orientieren,[48] die ihrerseits in Abs. 4 aF (lediglich) eine Ausprägung gefunden hatten. Der Entstehungsgeschichte des Abs. 3 nF lässt sich entnehmen, dass der Gesetzgeber mit der Einfügung der Vorschrift die Regelungen der verdeckten Sacheinlage (§ 27 Abs. 3 nF) und des Hin- und Herzahlens (§ 27 Abs. 4 nF) auch auf die Kapitalerhöhung aus genehmigtem Kapital erstrecken wollte.[49] Das spricht nicht dafür, dass eine Rechtsfolgenverweisung gemeint war. Letztlich dürfte der Gesetzgeber übersehen haben, dass mit der Aufhebung des Abs. 4 aF die Rechtsfolgen von Verstößen gegen Abs. 2, die keine verdeckten Sacheinlagen und keine Fälle des Hin- und Herzahlens sind, keine ausdrückliche Regelung mehr in § 205 haben. Die Planwidrigkeit der vorgenannten Regelungslücke, verbunden mit der Vorstellung des Gesetzgebers, mit dem ARUG lediglich(!) die Regelungen der verdeckten Sacheinlage (§ 27 Abs. 3 nF) und des Hin- und Herzahlens (§ 27 Abs. 4 nF) auf die Kapitalerhöhung aus genehmigtem Kapital zu erstrecken, lässt es eher fernliegend erscheinen, dass sich das Gesetz mit dem ARUG von den allgemeinen Grundsätzen und damit vom tradierten System der Kapitalaufbringung derart umfassend (für alle Verstöße) abgewendet hat. Deshalb sind nach hiesiger Ansicht Verstöße gegen Abs. 2 weiter nach allgemeinen Grundsätzen zu behandeln, die ihrerseits in Abs. 4 aF (lediglich) eine Ausprägung gefunden hatten.[50] Im Ergebnis führt das – soweit in Abs. 4 aF lediglich allgemeine Grundsätze ihre Ausprägung gefunden hatten – zu (identischen) Ergebnissen wie bei einer Anwendung des Abs. 4 aF, so als sei er noch in Kraft.

19 **b) Fehlende und fehlerhafte Festsetzungen (Abs. 4 S. 1, 3 bis 5 aF).** Bei der Ausgabe von Aktien gegen Sacheinlagen sind gemäß Abs. 2 S. 1 bestimmte Festsetzungen erforderlich (siehe dazu Rn 14 f). Hat weder die Ermächtigung noch der Vorstand die notwendigen Festsetzungen getroffen, traten gemäß Abs. 4 S. 1, 3 bis 5 aF die gleichen Rechtsfolgen ein wie bei der Gründung, der ordentlichen Kapitalerhöhung und der bedingten Kapitalerhöhung im Falle des Fehlens der Festsetzungen in der Gründungssatzung bzw im Kapitalerhöhungsbeschluss (§§ 27 Abs. 3 aF, 183 Abs. 2 aF, 194 Abs. 2 aF); dabei bleibt es grundsätzlich im Ergebnis auch nach Aufhebung des § 205 Abs. 4 aF (vgl Rn 18). Denn die Regelungen waren – vom Heilungsverbot nach § 205 Abs. 4 S. 5 aF einmal abgesehen (siehe dazu Rn 26) – bloße Ausprägungen des allgemeinen Grundsatzes, dass bei einer Kapitalerhöhung die (zunächst immer bestehende) Bareinlagepflicht

---

46 Gesetzes zur Umsetzung der Aktionärsrechterichtlinie (ARUG) vom 30. 7. 2009 (BGBl. I 2009 S. 2479).
47 Ebenso: *Hüffer*, § 183 Rn 11, allerdings für die Parallelnorm des § 183 Abs. 2 nF, bei der sich ein identisches Problem ergibt. In die Kommentierung des § 205 hat *Hüffer* die Problematik wohl noch nicht eingearbeitet.
48 Ähnlich Hölters/*v. Dryander/Niggemann*, Rn 13, allerdings mit anderen Schlussfolgerungen.
49 Vgl Beschlussempfehlung und Bericht des Rechtsausschusses des Bundestages vom 13. 5. 2009 zum Gesetzentwurf der Bundesregierung zum ARUG (BT-Drucks. 16/13098, S. 18 und 41).
50 So auch *Hüffer*, § 183 Rn 11 für die Parallelnorm des § 183 Abs. 2 aF für Verstöße gegen § 183 Abs. 1; aA Grigoleit/*Rieder/Holzmann*, Rn 10 (Anwendung von § 205 Abs. 3 nF iVm § 27 Abs. 3 nF).

im Rahmen eines ordnungsgemäßen Hilfsgeschäfts durch eine Sacheinlagepflicht nur dann verdrängt werden kann (vgl Rn 3), wenn die entsprechenden Festsetzungen für die Sachkapitalerhöhung ordnungsgemäß erfolgt sind, mithin bei einer Kapitalerhöhung unter Ausnutzung eines genehmigten Kapitals die Vorschriften gem. Abs. 1, 2 und 5 eingehalten sind (vgl Rn 18).

aa) Unwirksamkeit (wie nach Abs. 4 S. 1 aF). Gemäß Abs. 4 S. 1 aF waren die Verträge zu Sacheinlagen und die Rechtshandlungen zu ihrer Ausführung der Gesellschaft gegenüber unwirksam, wenn die (nach Abs. 2 S. 1) vorgeschriebenen **Festsetzungen fehlten.** Die Festsetzungen fehlen dann, wenn sie nicht in der Ermächtigung enthalten sind und sie auch der Vorstand nicht nachgeholt hat. Die Festsetzungen fehlen aber auch, wenn die Angaben unvollständig oder unklar sind und sich der notwendige Inhalt nicht bestimmen lässt.[51] Ist die Festsetzung in der Ermächtigung fehlerhaft, wobei das bewusste Offenlassen bestimmter Festsetzungen insoweit nicht als Fehler zu begreifen ist, kann der Vorstand den Mangel nicht durch ergänzende Festlegung beheben.[52] Vielmehr kann nur die Hauptversammlung durch Satzungsänderung die Ermächtigung ändern. Das muss aber bis zur Eintragung der Durchführung geschehen.[53] Hat der Vorstand die Beschränkungen der Ermächtigung hinsichtlich der Festsetzungen überschritten, so sind seine Festsetzungen unwirksam, weshalb auch in diesem Fall die Festsetzungen fehlen. 20

Abs. 4 S. 1 aF ordnete zum einen die Unwirksamkeit der Sacheinlagevereinbarungen und damit die **Unwirksamkeit der** schuldrechtlichen **Verpflichtungsgeschäfte** an. Zum anderen waren nach Abs. 4 S. 1 aF auch die **dinglichen Vollzugsakte unwirksam.** Die Unwirksamkeit trat nach dem Wortlaut wie bei der Gründung (§ 27 Abs. 3 S. 1 aF) und bei der ordentlichen (§ 183 Abs. 2 S. 1 aF) und der bedingten (§ 194 Abs. 2 S. 1 aF) Kapitalerhöhung **gegenüber der Gesellschaft** ein (zur Bedeutung siehe daher Kommentierung zu § 27). Bei der von Abs. 4 S. 1 aF angeordneten Rechtsfolge, dass – bei Fehlen der vorgeschriebenen Festsetzungen – die Verträge zu Sacheinlagen und die Rechtshandlungen zu ihrer Ausführung der Gesellschaft gegenüber unwirksam sind, bleibt es auch nach Wegfall der Regelung (vgl Rn 19 und 20). 21

bb) Prüfung des Registergerichts. Fehlen die nach Abs. 2 S. 1 **erforderlichen Festsetzungen,** hat das Registergericht die Eintragung der Durchführung abzulehnen.[54] Ob die Ermächtigung Festsetzungen enthält, lässt sich anhand der Eintragung der Ermächtigung überprüfen. Die Prüfung, ob Festsetzungen des Vorstands vorliegen, wird durch die Pflicht zur Angabe im Zeichnungsschein (§ 205 Abs. 2 S. 1 aE) in Verbindung mit der Verpflichtung zur Einreichung der Zweitschriften der Zeichnungsscheine bei der Anmeldung der Durchführung (§§ 203 Abs. 1 S. 1, 188 Abs. 3 Nr. 1) ermöglicht. 22

cc) Wirkungen der Eintragung (Abs. 4 S. 3 und 4 aF). Wurde die Durchführung der Kapitalerhöhung eingetragen (§§ 203 Abs. 1 S. 1, 189), obwohl die Festsetzungen nicht vorschriftsmäßig (§ 205 Abs. 2 S. 1) getroffen worden sind, war nach § 205 Abs. 4 S. 3 aF der **Sacheinleger** als **Aktionär der Gesellschaft** zu behandeln, **dessen Bareinlage** nach Abs. 4 S. 4 aF noch **aussteht.** Das war eine konsequente Lösung und war bloße Ausprägung der allgemeinen Grundsätze, wonach eine Kapitalerhöhung gegen Einlagen (effektive Kapitalerhöhung) zunächst immer eine Pflicht zur Bareinlage begründet (vgl Rn 3; siehe dazu auch § 183 Rn 6); sie war zudem Ausprägung des allgemeinen Grundsatzes, dass die Bareinlagepflicht nur dann von der Sacheinlagepflicht verdrängt werden kann, wenn das dazu notwendige Hilfsgeschäft iSd § 364 Abs. 1 BGB ordnungsgemäß zu Stande gekommen ist. Wenn aber die nach § 205 Abs. 2 erforderlichen Festsetzungen nicht vorgenommen wurden, verstößt das Hilfsgeschäft iSd § 364 Abs. 1 BGB, das die Bareinlagepflicht durch eine Sacheinlagepflicht verdrängen soll, gegen § 205 und ist damit unwirksam. Damit bleibt es – nach der hier vertretenen Auffassung[55] – auch nach Aufhebung des § 205 Abs. 4 S. 3 aF und S. 4 aF dabei, dass dann, wenn die Durchführung der Kapitalerhöhung eingetragen wird (§§ 203 Abs. 1 S. 1, 189), obwohl die Festsetzungen nicht vorschriftsmäßig (§ 205 Abs. 2 S. 1) getroffen worden sind, der **Sacheinleger** als **Aktionär der Gesellschaft** zu behandeln ist, **dessen Bareinlage** nach § 205 Abs. 4 S. 4 aF noch **aussteht** (zur etwaigen, aber hier abgelehnten Anrechnung des geleisteten Sachwertes siehe Rn 24). Der betroffene Zeichner hat dann – nach allgemeinen Regeln – **Anspruch auf Rückgewähr der** in Ansehung der vermeintlich bestehenden Sacheinlagepflicht bereits an die Gesellschaft **geleisteten Gegenstände** (§§ 985, 812 Abs. 1 BGB).[56] Der Gesellschaft steht gegen diesen Anspruch allerdings bis zur Leistung der Bareinlage ein Zu- 23

---

51 MüKo-AktG/*Bayer*, Rn 69; Großkomm-AktienR/*Hirte*, Rn 17; *Hüffer*, Rn 7; KölnKomm-AktG/*Lutter*, Rn 12; MüHb-AG/*Krieger*, § 58 Rn 35 Bürgers/Körber/*Marsch-Barner*, Rn 7; Spindler/Stilz/*Wamser*, Rn 25 f.

52 Großkomm-AktienR/*Hirte*, Rn 17; *Hüffer*, Rn 7; KölnKomm-AktG/*Lutter*, Rn 12; abweichend: MüHb-AG/*Krieger*, § 58 Rn 35.

53 MüKo-AktG/*Bayer*, Rn 72; Großkomm-AktienR/*Hirte*, Rn 17; *Hüffer*, Rn 7; KölnKomm-AktG/*Lutter*, Rn 12 Bürgers/Körber/*Marsch-Barner*, Rn 7; K. Schmidt/Lutter/*Veil*, Rn 9; Spindler/Stilz/*Wamser*, Rn 27.

54 MüKo-AktG/*Bayer*, Rn 69; Großkomm-AktienR/*Hirte*, Rn 20; MüHb-AG/*Krieger*, § 58 Rn 39; Bürgers/Körber/*Marsch-Barner*, Rn 5; Grigoleit/Rieder/*Holzmann*, Rn 16; Spindler/Stilz/*Wamser*, Rn 28.

55 So im Grundsatz auch MüKo-AktG/*Bayer*, Rn 73.

56 So auch, allerdings zur alten Rechtslage: Großkomm-AktienR/*Hirte*, Rn 21; KölnKomm-AktG/*Lutter*, Rn 12; Bürgers/Körber/*Marsch-Barner*, Rn 7; Spindler/Stilz/*Wamser*, Rn 30.

rückbehaltungsrecht nach § 273 BGB zu.[57] Dass der Aktionär die Bareinlage noch vollumfänglich zu leisten hat und im Gegenzug nur einen Rückgewähranspruch hat, stellt eine ganz erhebliche Härte für ihn dar, weil er so das Insolvenzrisiko der Gesellschaft zu tragen hat.

24 Nicht ganz klar ist, ob sich an dieser Anspruchssituation (Gesellschaft hat weiter Anspruch auf die Bareinlage und Zeichner hat dagegen einen Anspruch auf Rückgewähr der in Ansehung der vermeintlich bestehenden Sacheinlagepflicht bereits an die Gesellschaft geleisteten Gegenstände [§§ 985, 812 Abs. 1 BGB].) nach Einfügung des § 205 Abs. 3 nF durch das ARUG[58] etwas geändert hat. Denn für die – von den hier behandelten Fällen bloßer nicht vorschriftsmäßiger Festsetzungen (Abs. 2 S. 1) zu unterscheidenden – Fälle der verdeckten Sacheinlage sieht § 205 Abs. 3 nF iVm § 27 Abs. 3 S. 3 nF eine Anrechnungslösung vor. Danach wird in den Fällen der verdeckten Sacheinlagen auf die fortbestehende Bareinlagepflicht des Aktionärs der Wert des Vermögensgegenstandes im Zeitpunkt der Anmeldung der Kapitalerhöhungsdurchführung zur Eintragung in das Handelsregister oder im Zeitpunkt seiner Überlassung an die Gesellschaft, falls diese später erfolgt, angerechnet. Die Anrechnungslösung hat die für den Inferenten vorteilhafte Wirkung, dass er für seinen Gegenanspruch nicht mehr das Insolvenzrisiko der Gesellschaft zu tragen hat, was aber auf der anderen Seite natürlich den Gläubigerschutz schwächt. Wegen dieser Entscheidung des Gesetzgebers wäre nun denkbar diese auf verdeckte Sacheinlagen zugeschnittene Vorschrift bei den hier behandelten Fällen (bloßer) nicht vorschriftsmäßiger Festsetzungen (Abs. 2 S. 1) entsprechend anzuwenden. Dafür spricht, dass ansonsten derjenige Aktionär, der an einer verdeckten Sacheinlage beteiligt ist, der also die Sacheinlagevorschriften durch eine Aufspaltung des wirtschaftlich einheitlichen Vorgangs umgehen wollte, hinsichtlich des Insolvenzrisikos der Gesellschaft bezüglich seines Rückgewähranspruchs besser gestellt wird, als der Aktionär, der – lediglich – an einer Sachkapitalerhöhung teilnimmt, bei der – ggf ohne sein eigenes Zutun – die Festsetzungen nicht vorschriftsmäßig (Abs. 2 S. 1) erfolgten. Gegen eine entsprechende Anwendung der Anrechnungslösung auf die hier behandelten Fälle der (bloß) nicht vorschriftsmäßigen Festsetzungen (Abs. 2 S. 1) sprechen nach der hier vertretenen Ansicht letztlich aber folgende Argumente: *Zum einen* ist die Anrechnungslösung wegen der mit ihr einhergehenden signifikanten Abschwächung des Gläubigerschutzes, Verwischung der Differenzierung zwischen Bar- und Sacheinlage, verringerten Transparenz der Sacheinlageerbringung und verringerten Prävention im Wege einer Vorabkontrolle durch das Registergericht rechtspolitisch nicht unumstritten, wenn nicht gar höchst fragwürdig,[59] weshalb ihr vom Gesetzgeber vorgesehener Anwendungsbereich nicht auch noch durch eine Analogie ausgeweitet werden sollte; hinzu kommt in diesem Zusammenhang, dass die dogmatische Konstruktion der Anrechnungslösung noch vollkommen unklar ist,[60] was zumindest der Rechtssicherheit wegen der in kritischen Fällen immer bestehenden Unschärfen nicht gerade dienlich ist. *Zum anderen* kann sich der Aktionär jedenfalls praktisch dadurch schützen, dass er den Zeichnungsschein erst unterschreibt, wenn ihm eine ordnungsgemäße Festsetzung nachgewiesen wurde. *Schließlich*, und das ist das Entscheidende, lässt sich die Anrechnungslösung mit dem tradierten System der Kapitalaufbringung zumindest nur schwer in Einklang bringen;[61] wenn aber nach Wegfall des Abs. 4 aF die allgemeinen Grundsätze zur Anwendung kommen sollen, spricht dies dagegen die im Recht der Kapitalaufbringung als Fremdkörper empfundene Anrechnungslösung auf Fälle, auf die sie nicht vom Gesetzgeber zugeschnitten wurde, entsprechend anzuwenden. **§ 205 Abs. 3 nF iVm § 27 Abs. 3 S. 3 nF findet daher keine entsprechende Anwendung** auf Fälle nicht vorschriftsmäßiger Festsetzungen (Abs. 2 S. 1), die nicht zugleich Fälle der verdeckten Sacheinlage oder Fälle des Hin- und Herzahlens sind.[62] Es bleibt daher bei den unter Rn 23 gefundenen Ergebnissen.

25 **dd) Heilungsmöglichkeiten.** Bis zur **Eintragung** der Durchführung ist eine Heilung dadurch möglich, dass die Hauptversammlung die Ermächtigung um die notwendigen Festsetzungen ergänzt.[63] Fehlerhafte Festsetzungen des Vorstands können auch durch den Vorstand korrigiert werden, allerdings ebenfalls nur bis zur Eintragung der Durchführung;[64] zudem ist insoweit wegen Abs. 2 S. 1 aE erforderlich, dass die neuen Festsetzungen in den Zeichnungsschein aufgenommen werden.

26 Wird die **Durchführung** vom Registergericht trotz fehlerhafter Festsetzungen gleichwohl **eingetragen** (zur Entscheidung des Registergerichts siehe Rn 22), kann die aus den fehlerhaften Festsetzungen resultierende Unwirksamkeit der Sacheinlagevereinbarungen (siehe Rn 23 f) nicht mehr geheilt werden. Abs. 4 S. 5 aF schloss bis zum Inkrafttreten des ARUG[65] am 1.9.2009 sogar die Möglichkeit einer Heilung durch Sat-

---

57 Großkomm-AktienR/*Hirte*, Rn 21; KölnKomm-AktG/*Lutter*, Rn 12.
58 Gesetz zur Umsetzung der Aktionärsrechterichtlinie (ARUG) vom 30.7.2009 (BGBl. I 2009, 2479).
59 So auch *Bayer/Schmidt*, ZGR 2009, 805, 832.
60 Vgl die von *Bayer/Schmidt*, ZGR 2009, 805, 832 aufgeführte Variationsbreite.
61 *Bayer/Schmidt*, ZGR 2009, 805, 832 mwN.
62 AA MüKo-AktG/*Bayer*, Rn 74 (wegen § 205 Abs. 3 iVm § 27 Abs. 3 wird auf die fortbestehende Bareinlageverpflichtung der Wert der Sachleistung angerechnet).
63 MüKo-AktG/*Bayer*, Rn 72.
64 MüKo-AktG/*Bayer*, Rn 72.
65 Gesetz zur Umsetzung der Aktionärsrechterichtlinie (ARUG) vom 30. 7. 2009 (BGBl. I 2009 S. 2479).

zungsänderung aus, so dass die Bareinlagepflicht im Aktienrecht – anders als im Recht der GmbH[66] – auch nicht durch Satzungsänderung zur Sacheinlagepflicht gemacht werden konnte. Damit war eine Verdrängung der Bareinlagepflicht durch eine Sacheinlagepflicht nach der Eintragung nicht möglich. Vertragliche Konstruktionen, die auf ein derartiges Ergebnis hinauslaufen, bargen wegen der Eindeutigkeit der gesetzlichen Regelung die Gefahr in sich, als verdeckte Sacheinlage qualifiziert zu werden. Auch wurde vom BGH eine Übertragung der Rechtsprechung zur Heilung verdeckter Sacheinlagen bei der GmbH[67] auf die Aktiengesellschaft bisher wegen der insoweit bis zum Inkrafttreten des ARUG ausdrücklichen Regelungen der §§ 27 Abs. 4, 183 Abs. 2 S. 4, 194 Abs. 2 S. 4, 205 Abs. 4 S. 5 (jeweils) aF nicht vorgenommen.[68] Jedenfalls für die Fälle der verdeckten Sacheinlage soll eine Heilung im Wege der Satzungsänderung nach dem ausdrücklichen Willen des Gesetzgebers des ARUG wegen der Aufhebung der §§ 27 Abs. 4, 183 Abs. 2 S. 4, 194 Abs. 2 S. 4, 205 Abs. 4 S. 5 (jeweils) aF nunmehr möglich sein.[69] Daher stellt sich nun die Frage, was nach Wegfall des § 205 Abs. 4 S. 5 aF in den Fällen nicht vorschriftsmäßiger Festsetzungen (Abs. 2 S. 1), die aber keine Fälle der verdeckten Sacheinlage sind, gelten soll, mithin ob (auch) in diesen Fällen eine Heilung durch Satzungsänderung – bei Beachtung aller übrigen Anforderungen – erfolgen kann. Das ehemals in §§ 27 Abs. 4, 183 Abs. 2 S. 4, 194 Abs. 2 S. 4, 205 Abs. 4 S. 5 (jeweils) aF für das Aktienrecht festgelegte Heilungsverbot war keine (bloße) Ausprägung allgemeiner Grundsätze der Sachkapitalaufbringung, wie ein Blick auf die Zulässigkeit einer Heilung durch Satzungsänderung bei der GmbH zeigt.[70] Dem Verbot kam damit Ausnahmecharakter (beschränkt auf das Aktienrecht) zu. Daher können seit dem Inkrafttreten des ARUG und der damit einhergehenden Aufhebung der §§ 27 Abs. 4, 183 Abs. 2 S. 4, 194 Abs. 2 S. 4, 205 Abs. 4 S. 5 (jeweils) aF auch im Aktienrecht in den Fällen (lediglich) nicht vorschriftsmäßiger Festsetzungen (§ 205 Abs. 2 S. 1) Heilungen durch Satzungsänderungen vorgenommen werden (zum einzelnen Vorgehen siehe § 27 Rn 69 ff).[71] Beim genehmigten Kapital stellt sich darüber hinaus, weil die notwendigen Festsetzungen auch durch Vorstandsentscheidung erfolgen können (vgl Abs. 1 und 2), noch die Frage, ob eine Heilung nach Wegfall von Abs. 4 S. 5 aF, der sogar eine Heilung durch Satzungsänderung ausschloss, nunmehr auch durch bloße Vorstandsentscheidung (ohne nochmalige satzungsmäßige Ermächtigung) erfolgen kann; dies ist aber zu verneinen, weil mit der Eintragung der Kapitalerhöhung die Ermächtigung des Vorstands verbraucht ist.

c) **Fehlende oder fehlerhafte Aufnahme in den Zeichnungsschein (u.a. Abs. 4 S. 2 aF).** Trifft der Vorstand (und nicht der Satzungsgeber) die nach Abs. 2 S. 1 erforderlichen Festsetzungen, sind die Festsetzungen (auch)[72] nach Abs. 2 S. 1 aE zwingend in den Zeichnungsschein – zusätzlich zu den auch sonst dort erforderlichen Angaben (siehe dazu § 203 Rn 7) – aufzunehmen (zu Einzelheiten siehe Rn 16 f). Wird die nach Abs. 2 S. 1 aE bestehende Angabepflicht verletzt, werden also Festsetzungen des Vorstands nicht in den Zeichnungsschein aufgenommen, ordnete Abs. 4 S. 2 aF die **gleichen Rechtswirkungen an wie beim Fehlen der** nach Abs. 2 S. 1 erforderlichen **Festsetzungen.** Danach waren die **Verträge zu Sacheinlagen** und Rechtshandlungen zu ihrer Ausführung der Gesellschaft gegenüber **unwirksam** (Abs. 4 S. 2 aF iVm Abs. 4 S. 1 aF; zu Einzelheiten dieser Rechtsfolge siehe Rn 19-21). Dabei bleibt es nach der hier vertretenen Ansicht[73] auch nach der durch das ARUG[74] mit Wirkung vom 1.9.2009 erfolgten Aufhebung des Abs. 4 aF. Denn Abs. 4 S. 2 war lediglich die Ausprägung allgemeiner Grundsätze (siehe dazu auch Rn 18). Danach kann bei einer Kapitalerhöhung die (zunächst immer bestehende) Bareinlagepflicht im Rahmen eines ordnungsgemäßen Hilfsgeschäfts durch eine Sacheinlagepflicht nur dann verdrängt werden (vgl Rn 3), wenn die entsprechenden Festsetzungen für die Sachkapitalerhöhung ordnungsgemäß erfolgt und publiziert sind, mithin bei einer Kapitalerhöhung unter Ausnutzung eines genehmigten Kapitals die Vorschriften gem. Abs. 1, 2 und 5 eingehalten sind.

Das Registergericht hat die **Eintragung** der Durchführung der Kapitalerhöhung gegen Sacheinlagen **abzulehnen,** wenn die von Vorstand getroffenen Festsetzungen nicht wie von Abs. 2 S. 1 aE verlangt in den Zeichnungsschein aufgenommen worden sind. Wird die Durchführung der Kapitalerhöhung vom Registergericht – gleichwohl – eingetragen (§§ 203 Abs. 1 S. 1, 189), obwohl die Festsetzungen des Vorstands nicht

---

66 BGHZ 132, 141, 150 ff; BGHZ 155, 329, 337.
67 BGHZ 132, 141, 150 ff.
68 Vgl BGHZ 132, 141, 150; für eine Erstreckung der Rechtsprechung auf den Fall des § 205 Abs. 4 aF sprach sich etwa Hirte aus (Großkomm-AktienR/Hirte, Rn 23).
69 Vgl Beschlussempfehlung und Bericht des Rechtsausschusses des Bundestages vom 13. 5. 2009 zum Gesetzentwurf der Bundesregierung zum ARUG (BT-Drucks. 16/13098, S. 36 aE [bezüglich § 27 Abs. 4 aF], 40 [bezüglich § 183 Abs. 2 S. 4 aF und § 194 Abs. 2 S. 4 aF] und 41 [bezüglich 2205 Abs. 4 S. 5 aF]).
70 BGHZ 132, 141, 150 ff; BGHZ 155, 329, 337.
71 So auch für die Sachgründung Hüffer, § 27 Rn 38 aE und für die Sachkapitalerhöhung nach § 183 AktG Hüffer, § 183 Rn 13 aE.
72 Eine Aufnahme der Festsetzungen in den Zeichnungsschein ist auch sonst vorgeschrieben (vgl §§ 203 Abs. 1 S. 1, 185 Abs. 1 S. 3 Nr. 3); jedoch hat eine Verletzung dieser Pflicht eine andere Rechtsfolge (vgl §§ 203 Abs. 1 S. 1, 185 Abs. 2, Abs. 3).
73 AA MüKo-AktG/Bayer, Rn 74 (Modifikation gemäß § 205 Abs. 3 iVm § 27 Abs. 3).
74 Gesetz zur Umsetzung der Aktionärsrechterichtlinie (ARUG) vom 30.7.2009 (BGBl. I 2009 S. 2479).

vorschriftsmäßig in den Zeichnungsschein aufgenommen sind (vgl § 205 Abs. 2 S. 1 aE; dazu, welche Zeichnungsscheine diesbezüglich gemeint sind, siehe Rn 16 f), war der Sacheinleger nach Abs. 4 S. 3 aF als Aktionär der Gesellschaft zu behandeln, dessen Bareinlage gemäß Abs. 4 S. 4 aF noch aussteht. Dabei bleibt es nach der hier vertretenen Ansicht[75] auch nach der durch das ARUG[76] mit Wirkung vom 1.9.2009 erfolgten Aufhebung des Abs. 4 aF. Denn Abs. 4 S. 3 und 4 waren lediglich die Ausprägungen allgemeiner Grundsätze (siehe dazu auch Rn 18). Danach kann bei einer Kapitalerhöhung die (zunächst immer bestehende) Bareinlagepflicht im Rahmen eines ordnungsgemäßen Hilfsgeschäfts durch eine Sacheinlagepflicht nur dann verdrängt werden kann (vgl Rn 3), wenn die entsprechenden Festsetzungen für die Sachkapitalerhöhung ordnungsgemäß erfolgt und publiziert sind, mithin bei einer Kapitalerhöhung unter Ausnutzung eines genehmigten Kapitals die Vorschriften gem. Abs. 1, 2 und 5 eingehalten sind. Daher bleibt es, **wenn die Durchführung der Kapitalerhöhung vom Registergericht eingetragen** wurde (§§ 203 Abs. 1 S. 1, 189), obwohl die Festsetzungen des Vorstands nicht vorschriftsmäßig in den **Zeichnungsschein** aufgenommen sind (vgl § 205 Abs. 2 S. 1 aE), auch nach dem Inkrafttreten des ARUG dabei, dass der **Sacheinleger als Aktionär der Gesellschaft zu behandeln** ist, dessen Bareinlage noch aussteht. Die sich daraus ergebenden Rechtsfolgen entsprechen denen bei fehlender Festsetzung (siehe dazu Rn 23 f). Abs. 4 S. 5 aF schloss bis zum Inkrafttreten des ARUG auch in diesem Fall die Möglichkeit einer Heilung durch Satzungsänderung aus, so dass die Bareinlagepflicht auch nicht durch Satzungsänderung zur Sacheinlagepflicht gemacht werden konnte; dieses Heilungsverbot ist nun im Aktienrecht entfallen (siehe Rn 26). Daher kann nunmehr, wenn die Aufnahme einer Festsetzung in den Zeichnungsschein entgegen Abs. 2 S. 1 aE unterlassen wurde, Heilung durch eine Satzungsänderung erfolgen (zur Begründung siehe Rn 26); eine Heilung durch bloße nachträgliche Vervollständigung des Zeichnungsscheins nach der Eintragung der Durchführung, etwa aufgrund einer (weiteren) Vorstandsentscheidung, ist dagegen nicht möglich.

29 **d) Fälle der verdeckte Sacheinlage und des Hin- und Herzahlens (Abs. 3 nF).** Für die Fälle der verdeckten Sacheinlage und des Hin- und Herzahlens, die jeweils ebenfalls Verstöße gegen Abs. 1 und 2 sein können, ordnet Abs. 3 nF, der durch das ARUG mit Wirkung vom 1.9.2009 eingefügt wurde, die entsprechende Anwendung von § 27 Abs. 3 und 4 nF an. Mit der Schaffung der §§ 27 Abs. 3 und 4, 183 Abs. 2, 194 Abs. 2 und 205 Abs. 3 wurden die MoMiG-Regelungen zur verdeckten Sacheinlage und zum Hin- und Herzahlen in das Aktienrecht übertragen. Dabei handelt es sich um einen echten Einbruch in das tradierte und in jahrelanger Erfahrung gewachsene System der Kapitalaufbringung.[77]

30 **aa) Verdeckte Sacheinlage (§ 205 Abs. 3 nF iVm § 27 Abs. 3 nF).** Liegt ein Fall der verdeckten Sacheinlage vor, ordnet Abs. 3 nF, die entsprechende Anwendung von § 27 Abs. 3 an. Damit gelten hinsichtlich der Rechtsfolgen für verdeckte Sacheinlagen nunmehr Sonderregelungen; die unter Rn 18 bis 28 dargestellten Rechtsfolgen gelten folglich nicht (mehr), wenn ein Fall der verdeckten Sacheinlage vorliegt.

31 **(1) Voraussetzungen.** Die verdeckte Sacheinlage beschreibt das Gesetz (§ 205 Abs. 3 nF iVm § 27 Abs. 3 S. 1 nF) neuerdings als Geldeinlage eines Aktionärs, die bei wirtschaftlicher Betrachtung und aufgrund einer im Zusammenhang mit der Übernahme der Geldeinlage getroffenen Abrede vollständig oder teilweise als Sacheinlage zu bewerten ist. Der Gesetzgeber hat (schon bei der durch das MoMiG[78] eingeführten Parallelnorm des § 19 Abs. 4 GmbHG) gemeint, mit dieser als Legaldefinition gefassten Umschreibung das bisher anerkannte Begriffsverständnis der verdeckten Sacheinlage zu treffen.[79] Auch der Gesetzgeber des ARUG,[80] mit dem § 27 Abs. 3 nF geschaffen wurde, hatte die Vorstellung, er knüpfe an die Rechtsprechung des BGH zu den Voraussetzungen der verdeckten Sacheinlage an.[81] Dabei war es ausdrücklicher Wille des Gesetzgebers die weitere Fortentwicklung der Voraussetzungen des Rechtsinstituts der verdeckten Sacheinlage Rechtsprechung und Lehre zu überantworten.[82] Dazu, dass dem Gesetzgeber die Anknüpfung an die Rechtsprechung des BGH nicht in allen Belangen gelungen ist und zu Einzelheiten der Voraussetzungen siehe § 27 Rn 41–49.

32 **(2) Rechtsfolgen.** Liegen die objektiven und subjektiven Voraussetzungen der Verdeckten Sacheinlage vor, so bleibt die Einlageverpflichtung des Aktionärs bestehen (§ 205 Abs. 3 nF iVm § 27 Abs. 3 S. 1 nF); damit ist gemeint, dass die auf Leistung der Geldeinlage gerichtete Verpflichtung weder durch eine nur scheinbare

---

75 AA MüKo-AktG/*Bayer*, Rn 74 (Modifikation gemäß § 205 Abs. 3 iVm § 27 Abs. 3).
76 Gesetz zur Umsetzung der Aktionärsrechterichtlinie (ARUG) vom 30.7.2009 (BGBl. I 2009 S. 2479).
77 So auch *Bayer/Schmidt*, ZGR 2009, 805, 821.
78 Gesetz zur Modernisierung des GmbH-Rechts und zur Bekämpfung von Missbräuchen (MoMiG) vom 23.10.2008 (BGBl. I 2008 S. 2026).
79 Vgl Begr. RegE zum MoMiG in BT-Drucks. 16/6140, S. 40 liSp.
80 Gesetz zur Umsetzung der Aktionärsrechterichtlinie (ARUG) vom 30.7.2009 (BGBl. I 2009 S. 2479).
81 Vgl Beschlussempfehlung und Bericht des Rechtsausschusses des Bundestages vom 13.5.2009 zum Gesetzentwurf der Bundesregierung zum ARUG (BT-Drucks. 16/13098, S. 37).
82 Vgl Beschlussempfehlung und Bericht des Rechtsausschusses des Bundestages vom 13. 5. 2009 zum Gesetzentwurf der Bundesregierung zum ARUG (BT-Drucks. 16/13098, S. 37).

Zahlung der Geldeinlage, noch durch die vereinbarte Leistung eines anderen Vermögensgegenstand erlischt (zu Einzelheiten siehe § 27 Rn 50 ff).[83] Nach § 205 Abs. 3 nF iVm § 27 Abs. 3 S. 2 nF sind die Verträge über die Sacheinlage und die zugehörigen Durchführungsgeschäfte indes nicht unwirksam (siehe dazu § 27 Rn 52); Abs. 4 S. 1 aF bestimmte noch das Gegenteil (siehe dazu Rn 20 f). § 205 Abs. 3 nF iVm § 27 Abs. 3 S. 3 nF sieht sodann eine **Anrechnungslösung** vor (zur dogmatischen Diskussion § 27 Rn 54 ff). Danach wird in den Fällen der verdeckten Sacheinlagen auf die fortbestehende Bareinlagepflicht des Aktionärs der Wert des Vermögensgegenstandes im Zeitpunkt der Anmeldung der Kapitalerhöhungsdurchführung zur Eintragung in das Handelsregister oder im Zeitpunkt seiner Überlassung an die Gesellschaft, falls diese später erfolgt, angerechnet.[84] Das alles hat – kurz gesagt – folgende Wirkungen: Greifen die Voraussetzungen der verdeckten Sacheinlage, so ist die an sich versprochene (Bar-)Einlageleistung dinglich wirksam erbracht (So muss man wohl § 27 Abs. 3 S. 2 nF positiv gewendet verstehen.);[85] dennoch tritt wegen § 205 Abs. 3 iVm § 27 Abs. 3 S. 1 nF keine Erfüllungswirkung ein;[86] der Aktionär bleibt vielmehr zur erneuten Leistung der Bareinlage verpflichtet;[87] auf die Einlageverpflichtung ist nunmehr allerdings nach § 205 Abs. 3 iVm § 27 Abs. 3 S. 3 nF der Wert des eingebrachten Vermögensgegenstandes anzurechnen;[88] trotz der vom Gesetz angeordneten Anrechnung führt die Sachleistung nicht zur Überlassung der geschuldeten Bareinlage zur freien Verfügung des Vorstands, so dass, wenn ein Fall der verdeckten Sacheinlage vorliegt, bei Abgabe einer – in §§ 203 Abs. 1 S. 1, 188 Abs. 2, 37 Abs. 1 S. 1 geforderten – anders lautenden und damit falschen Erklärung bei der Anmeldung der Durchführung der Kapitalerhöhung die Gefahr einer Strafbarkeit nach § 399 Abs. 1 Nr. 4 besteht;[89] zu Einzelheiten der Rechtsfolgen siehe auch § 27 Rn 50–68.

bb) Fälle des Hin- und Herzahlens (§ 205 Abs. 3 nF iVm § 27 Abs. 4 nF). Liegt ein Fall des Hin- und Herzahlens vor, ordnet Abs. 3 nF, die entsprechende Anwendung von § 27 Abs. 4 an. Damit gelten hinsichtlich der Rechtsfolgen für die Fälle des Hin- und Herzahlens nunmehr Sonderregelungen; die unter Rn 18 bis 28 dargestellten Rechtsfolgen gelten folglich nicht (mehr), wenn ein Fall des Hin- und Herzahlens vorliegt; zu Einzelheiten der Voraussetzungen und der Rechtsfolgen siehe § 27 Rn 73–93. 33

II. Zustimmung des Aufsichtsrats bei Festsetzung durch den Vorstand (Abs. 2 S. 2). Werden die **Festsetzungen** nach Abs. 2 S. 1 **vom Vorstand** vorgenommen, so soll er die Entscheidung darüber gemäß Abs. 2 S. 2 **nur mit Zustimmung des Aufsichtsrats** treffen. Die Bestimmung ist von dem Gedanken getragen, dass nicht allein durch einen Vorstandsbeschluss eine für die Gesellschafter und Gläubiger so wesentliche Frage entschieden werden soll.[90] 34

Daneben kennen die §§ 202 ff im Rahmen der Ausnutzung des genehmigten Kapitals **drei weitere Zustimmungserfordernisse.** So sollen gemäß § 202 Abs. 3 S. 2 neue Aktien nur mit Zustimmung des Aufsichtsrats ausgegeben werden. Zudem bedarf die Entscheidung des Vorstands über den Inhalt der Aktienrechte und die Bedingungen der Aktienausgabe der Zustimmung des Aufsichtsrats (§ 204 Abs. 1 S. 2 Hs 1). Gleiches gilt, wenn der Vorstand das Bezugsrecht ausschließt (§ 204 Abs. 1 S. 2 Hs 2). Über diese drei genannten weiteren Zustimmungserfordernisse hinaus ist hier noch die nach § 33 Abs. 2 S. 4 WpÜG erforderliche Zustimmung zu erwähnen (siehe dazu § 33 WpÜG Rn 13).[91] 35

Da Abs. 2 S. 2 von der Zustimmung des Aufsichtsrats spricht und das Gesetz Befugnisse grundsätzlich dem Aufsichtsrat in seiner Gesamtheit zuerkennt (siehe dazu Kommentierung zu § 111),[92] entscheidet **grundsätzlich der gesamte**[93] **Aufsichtsrat.** Die Zuständigkeit hierfür kann aber auf einen Aufsichtsratsausschuss übertragen werden;[94] denn § 107 Abs. 3 S. 3 ist hinsichtlich der dem gesamten Aufsichtsrat unabdingbar vorbehaltenen Sachbeschlüsse abschließend.[95] 36

Die Zustimmungsentscheidung ist durch Beschluss zu treffen (vgl § 108 Abs. 1). Insoweit ist für einen (positiven) Zustimmungsbeschluss eine **einfache**[96] **Mehrheit** erforderlich (vgl auch § 29 Abs. 1 MitbestG; siehe dazu Kommentierung zu § 108; zu Einzelheiten siehe auch § 202 Rn 86). Für die Aufsichtsratsentscheidung bedarf es eines **ausdrücklichen Beschlusses** (siehe dazu Kommentierung zu § 108). Eine konkludente Be- 37

---

83 So auch MüKo-AktG/*Bayer*, Rn 76.
84 So auch MüKo-AktG/*Bayer*, Rn 76.
85 So auch *Bayer/Schmidt*, ZGR 2009, 805, 824; ebenso wohl auch *Hüffer*, § 27 Rn 33.
86 MüKo-AktG/*Bayer*, Rn 76; *Bayer/Schmidt*, ZGR 2009, 805, 824 mwN.
87 *Bayer/Schmidt*, ZGR 2009, 805, 824 mwN.
88 So auch MüKo-AktG/*Bayer*, Rn 76.
89 So auch MüKo-AktG/*Bayer*, Rn 76.
90 Großkomm-AktienR/*Hirte*, Rn 12.
91 Siehe dazu auch KölnKomm-WpÜG/*Hirte*, § 33 Rn 136 f.
92 KölnKomm-AktG/*Mertens*, § 111 Rn 10.
93 Großkomm-AktienR/*Hirte*, § 205 Rn 12 iVm § 202 Rn 167.
94 Großkomm-AktienR/*Hirte*, § 205 Rn 12 iVm § 202 Rn 167; Grigoleit/*Rieder/Holzmann*, Rn 17; MüKo-AktG/*Bayer*, § 202 Rn 92; *Hüffer*, § 202 Rn 21; Happ/*Ihrig*, 12.06 Anm. 10; KölnKomm-AktG/*Lutter*, § 202 Rn 23; Bürgers/Körber/*Marsch-Barner*, § 202 Rn 16.
95 *Rellermeyer*, S. 25 f.
96 Großkomm-AktienR/*Hirte*, § 205 Rn 12 iVm § 202 Rn 167; MüKo-AktG/*Bayer*, § 202 Rn 92; vgl auch KölnKomm-AktG/*Mertens*, § 108 Rn 41.

schlussfassung ist daher nicht möglich. Die Zustimmung ist **einzelfallbezogen** (zu Einzelheiten siehe § 202 Rn 88).[97]

38 Da die Bestimmung des Abs. 2 S. 2 als Sollvorschrift ausgestaltet ist, berührt ihre Verletzung die **Wirksamkeit der** ansonsten fehlerfreien **Vorstandsentscheidung nicht**.[98] Aus Abs. 2 S. 2 ergibt sich **trotzdem die Pflicht des Vorstands**, die Entscheidung des Aufsichtsrats (zur Not auch nachträglich) einzuholen.[99] Wird die Zustimmung versagt, darf der Vorstand die Durchführung der Kapitalerhöhung gegen Sacheinlagen nicht weiter betreiben.[100] Betreibt er sie dennoch, hat das Registergericht die Eintragung abzulehnen, wenn ihm das Fehlen der Zustimmung bekannt ist.[101] Seinen Grund findet das darin, dass die Mitwirkung des Aufsichtsrats im öffentlichen Interesse liegt.[102] Da gemäß §§ 203 Abs. 1, 188 Abs. 1 eine Mitwirkung des Aufsichtsratsvorsitzenden bei der Anmeldung der Durchführung der Kapitalerhöhung vorgeschrieben ist, kann der Registerrichter, wenn diese Vorschriften eingehalten werden, in der Regel davon ausgehen, dass eine Zustimmung vorliegt (siehe dazu auch § 203 Rn 46).[103]

D. Belegschaftsaktien (Abs. 4)

39 Abs. 4, der durch die Aktienrechtsreform von 1965 eingeführt wurde, soll – wie die gleichzeitig eingeführten §§ 202 Abs. 4, 203 Abs. 4 und 204 Abs. 3 – eine **Arbeitnehmerbeteiligung erleichtern**.[104] Die Norm geht von der zutreffenden Annahme aus, dass eine Kapitalerhöhung gegen Sacheinlagen vorliegt, wenn Arbeitnehmer statt Bargeld eine ihnen (gegen die Gesellschaft) zustehende Forderung einbringen. Für den Fall, dass die Forderung des Arbeitnehmers aus einer ihm von der Gesellschaft eingeräumten Gewinnbeteiligung zusteht, schafft Abs. 4 einige Erleichterungen.

40 **I. Voraussetzungen.** Ob allgemein für eine Ausgabe von Arbeitnehmeraktien eine besondere **Ermächtigung nach § 202 Abs. 4** vorliegen muss, ist **umstritten** (siehe dazu § 202 Rn 105). Verlangt man diese besondere Ermächtigung, steht das bei ihrem Fehlen einer Anwendung von § 205 Abs. 4 zwar dogmatisch nicht im Wege. Jedoch bewegt sich der Vorstand dann bei einer Ausgabe an Arbeitnehmer schon aus diesem Grund außerhalb seiner Befugnisse.

41 Voraussetzung für ein Eingreifen des Abs. 4 ist nach dem Wortlaut zunächst, dass es sich beim Begünstigten um einen **Arbeitnehmer** der Gesellschaft handelt. Da bei Abs. 4 – anders als bei § 204 Abs. 3 – auch sachlich eine effektive Kapitalerhöhung vorliegt, greifen die Bedenken, die bei § 204 Abs. 3 gegen eine unbeschränkte Anwendung auf Arbeitnehmer verbundener Unternehmen sprechen (siehe dazu § 204 Rn 33), hier nicht ein.[105] Daher kann die Norm (uneingeschränkt) in Analogie zu den §§ 71 Abs. 1 Nr. 2, 192 Abs. 2 Nr. 3 auch auf Arbeitnehmer verbundener Unternehmen (§ 15) Anwendung finden.[106]

42 Der Arbeitnehmer muss einen **konkreten Anspruch** haben, der aus einer ihm von der Gesellschaft eingeräumten **Gewinnbeteiligung** stammt; das bloße Recht auf eine Gewinnbeteiligung genügt insoweit nicht.[107] Gleichgültig ist der genaue Rechtsgrund des konkreten Anspruchs.[108] Als Rechtsgrund kommt etwa ein Genussschein, aber auch ein Arbeitsvertrag in Betracht. Der Begriff der Gewinnbeteiligung ist aufgrund des Zwecks der Vorschrift, die Arbeitnehmerbeteiligung zu erleichtern, weit auszulegen. Als Gewinnbeteiligung gelten daher auch eine Umsatzbeteiligung, eine Gratifikation und eine Leistungsprämie.[109]

43 **II. Rechtsfolgen.** Auch wenn Abs. 4 eingreift, **bleibt Abs. 1 anwendbar**; denn die Vorschrift wandelt weder die Forderung des Arbeitnehmers von einem Sacheinlagegegenstand in einen „Bareinlagegegenstand" noch erklärt sie Abs. 1 für unanwendbar.[110] Daher bedarf es auch dann der nach Abs. 1 erforderlichen besonde-

---

97 Großkomm-AktienR/*Hirte*, § 205 Rn 12 iVm § 202 Rn 167; MüKo-AktG/*Bayer*, § 202 Rn 92; MüHb-AG/*Krieger*, § 58 Rn 34, 25.
98 Hölters/*v Dryander/Niggemann*, Rn 10; Großkomm-AktienR/ *Hirte*, Rn 12; *Hüffer*, Rn 4; KölnKomm-AktG/*Lutter*, Rn 9; MüKo-AktG/*Bayer*, § 202 Rn 93; MüHb-AG/*Krieger*, § 58 Rn 34; Bürgers/Körber/*Marsch-Barner*, Rn 5; Grigoleit/*Rieder/ Holzmann*, Rn 5; K. Schmidt/Lutter/*Veil*, Rn 6.
99 Großkomm-AktienR/*Hirte*, Rn 12; *Hüffer*, Rn 4; KölnKomm-AktG/*Lutter*, Rn 9.
100 Großkomm-AktienR/*Hirte*, Rn 12; *Hüffer*, Rn 4; KölnKomm-AktG/*Lutter*, Rn 9; Bürgers/Körber/*Marsch-Barner*, Rn 5.
101 MüKo-AktG/*Bayer*, Rn 15; Hölters/*v Dryander/Niggemann*, Rn 10; KölnKomm-AktG/*Lutter*, § 205 Rn 9 iVm § 202 Rn 24; Grigoleit/*Rieder/Holzmann*, Rn 5; MüHb-AG/*Krieger*, § 58 Rn 34, 25 und 54.
102 KölnKomm-AktG/*Lutter*, § 205 Rn 9 iVm § 202 Rn 24.
103 KölnKomm-AktG/*Lutter*, § 205 Rn 9 iVm § 202 Rn 24; MüKo-AktG/*Bayer*, § 202 Rn 94; MüHb-AG/*Krieger*, § 58 Rn 54; Bürgers/Körber/*Marsch-Barner*, Rn 6.
104 BegrRegE zu § 203 bei *Kropff*, Aktiengesetz, S. 305.
105 AA KölnKomm-AktG/*Lutter*, Rn 20.
106 Ebenso: MüKo-AktG/*Bayer*, Rn 83; Hölters/*v Dryander/Niggemann*, Rn 17; Großkomm-AktienR/*Hirte*, Rn 25; *Hüffer*, Rn 9; MüHb-AG/*Krieger*, § 58 Rn 58 iVm 64; Grigoleit/*Rieder/Holzmann*, Rn 17; K. Schmidt/Lutter/*Veil*, Rn 13; aA KölnKomm-AktG/*Lutter*, Rn 20.
107 MüKo-AktG/*Bayer*, Rn 83; Großkomm-AktienR/*Hirte*, Rn 25; *Hüffer*, Rn 10.
108 MüKo-AktG/*Bayer*, Rn 83; Großkomm-AktienR/*Hirte*, Rn 25; *Hüffer*, Rn 10.
109 MüKo-AktG/*Bayer*, Rn 83; Großkomm-AktienR/*Hirte*, Rn 25; *Hüffer*, Rn 10; Bürgers/Körber/*Marsch-Barner*, Rn 9; K. Schmidt/Lutter/*Veil*, Rn 13.
110 Vgl KölnKomm-AktG/*Lutter*, Rn 19.

ren Gestattung, eine Kapitalerhöhung gegen Sacheinlagen durchzuführen, wenn Aktien an Arbeitnehmer ausgegeben werden sollen und Letztere ihre konkreten Gewinnansprüche einzulegen haben.

Abs. 4 erklärt aber **Abs. 2 für nicht anwendbar**. Damit gelten die strengen Voraussetzungen, die Abs. 2 für die Festsetzungen aufstellt, in diesen Fällen nicht. Das entbindet aber nicht von dem Erfordernis, dass die AG mit den Arbeitnehmern Vereinbarungen darüber treffen muss, wie die Einlage zu erbringen ist, mithin dass die Einlage durch Einbringung der Geldforderung des Arbeitnehmers zu erbringen ist, etwa im Wege eines Erlasses (§ 397 BGB) oder einer Aufrechnung (§ 387 ff BGB). Der richtige Ort für diese Vereinbarung ist der Zeichnungsvertrag; ist dort nichts erwähnt, so entstehen die Mitgliedschaftsrechte mit Eintragung gleichwohl, allerdings dann mit (nicht von einer Sacheinlagepflicht verdrängter) Bareinlageverpflichtung.[111]

Trotz des eindeutigen Wortlauts, wonach Abs. 3, der in seiner seit Inkrafttreten des ARUG[112] am 1.9.2009 geltenden neuen Fassung die Fälle der verdeckten Sacheinlage und die Fälle des Hin- und Herzahlens regelt, nicht gelten soll, wenn Abs. 4 eingreift, sind hier Zweifel angebracht. Bliebe es dabei, könnte es in den Fällen des Abs. 4 keine Fälle der verdeckten Sacheinlage und auch keine Fälle des Hin- und Herzahlens geben. Dass das gewollt war, erscheint eher unwahrscheinlich.[113] Vielmehr dürfte der Ausschluss des Abs. 3 nF in Abs. 4 so zu verstehen sein, dass ein Fall der verdeckten Sacheinlage oder des Hin- und Herzahlens nicht deshalb bejaht werden darf, weil die strengen Voraussetzungen des Abs. 2 nicht eingehalten wurden; anders gewendet: Ein Verstoß gegen Abs. 2 soll, wenn Abs. 4 eingreift, nicht die Grundlage dafür bilden, dass ein Fall der verdeckten Sacheinlage oder des Hin- und Herzahlens angenommen wird.[114]

E. Wertprüfung der Sacheinlagen (Abs. 5 bis 7)

Abs. 3 bis 5 (zur Entstehung der Vorschriften siehe Rn 2 und 4) regeln die Wertprüfung der Sacheinlagen einschließlich eines vereinfachten Erhöhungsverfahrens. Dabei geht es *zum einen* um die **Wertprüfung durch externe Prüfer** (Abs. 5 S. 1) bzw im Fall des vereinfachten Erhöhungsverfahrens die **Entbehrlichkeit dieser Prüfung** (Abs. 5 S. 2 und 3, Abs. 6) und jeweils damit zusammenhängende Fragen sowie *zum anderen* um die anschließende **richterliche Wertprüfung** (Abs. 7 S. 1) bzw im Fall des vereinfachten Erhöhungsverfahrens die **richterliche Formalprüfung** (Abs. 7 S. 2).

I. Wertprüfung der Sacheinlagen durch unabhängige Prüfer. 1. Grundsatz (Abs. 5 S. 1). Abs. 5 S. 1 Hs 1 verlangt für die Kapitalerhöhung mit Sacheinlagen – ebenso wie die fast wortgleichen §§ 183 Abs. 3 S. 1, 194 Abs. 4 S. 1 – eine **Prüfung der Sacheinlagen durch unabhängige externe Prüfer**. Nach § 205 Abs. 5 S. 1 Hs 2 sollen dabei – wie nach § 183 Abs. 3 S. 2 und nach § 194 Abs. 4 S. 2 auch – die §§ 33 Abs. 3 bis 5, 34 und 35 sinngemäß gelten. Hinsichtlich der Einzelheiten wird auf die Kommentierung zu § 183 verwiesen (§ 183 Rn 34 ff).

2. Vereinfachte Sachkapitalerhöhung, mithin ohne Prüfung (Abs. 5 S. 2 und 3, Abs. 6). a) **Anwendungsbereich (Abs. 5 S. 2)**. Nach Abs. 5 S. 2, der die entsprechende Anwendung des – durch das ARUG[115] mit Wirkung vom 1.9.2009 neu eingefügten – § 183 a anordnet, **kann** auch beim genehmigten Kapital **ausnahmsweise von der externen Wertprüfung abgesehen werden**. Das ist nach Abs. 5 S. 2 iVm § 183 a Abs. 1 iVm 33 a Abs. 1 Nr. 1 *zum einen* möglich, soweit marktgängige Wertpapiere oder Geldmarktinstrumente iSd § 2 Abs. 1 S. 1, Abs. 1 a WpHG zu ihrem gewichteten Durchschnittspreis der letzten drei Monate vor ihrer tatsächlichen Einbringung eingebracht werden sollen. Von einer gesonderten externen Wertprüfung kann aber nach § 205 Abs. 5 S. 2 iVm § 183 a Abs. 1 iVm 33 a Abs. 1 Nr. 2 *zum anderen* zudem abgesehen werden, soweit andere Vermögensgegenstände eingebracht werden sollen, wenn dabei eine Bewertung zu Grunde gelegt wird, die ein unabhängiger und ausreichend vorgebildeter und erfahrener Sachverständiger nach den allgemeinen Bewertungsgrundsätzen mit dem beizulegenden Zeitwert ermittelt hat und der Bewertungsstichtag nicht mehr als sechs Monate vor dem Tag der tatsächlichen Einbringung liegt. Hinsichtlich der Einzelheiten, insbesondere hinsichtlich des Verfahrens, wird grundsätzlich auf die Kommentierung zu § 183 a verwiesen (§ 183 a Rn 3-5).

b) **Besonderheiten beim genehmigten Kapital (Abs. 5 S. 2 und 3 und Abs. 6)**. Für das genehmigte Kapital gilt aber folgende Besonderheit: Bei Ausnutzung eines genehmigten Kapitals tritt nach Abs. 5 S. 3 an die Stelle des Datums des Beschlusses über die Kapitalerhöhung das Datum der Vorstandsentscheidung über die Ausgabe neuer Aktien gegen Sacheinlagen; das hat *zum einen* Auswirkungen auf die nach § 205 Abs. 5

---

111 KölnKomm-AktG/*Lutter*, Rn 18.
112 Gesetz zur Umsetzung der Aktionärsrechterichtlinie (ARUG) vom 30.7.2009 (BGBl. I 2009 S. 2479).
113 So unter Verweis auf die Gesetzeshistorie auch MüKo-AktG/*Bayer*, Rn 85.
114 Weitergehend MüKo-AktG/*Bayer*, Rn 83 und Grigoleit/*Rieder/Holzmann*, Rn 18, die § 205 Abs. 3 entgegen seinem Wortlaut auch auf Arbeitnehmeraktien anwenden.
115 Gesetz zur Umsetzung der Aktionärsrechterichtlinie (ARUG) vom 30.7.2009 (BGBl. I 2009 S. 2479).

S. 2 iVm § 183 a Abs. 2 S. 1 erforderliche Bekanntmachung (allgemein zur Bekanntmachung nach § 183 a Abs. 2 S. 1 siehe § 183 a Rn 4; zu den Besonderheiten beim genehmigten Kapital siehe Rn 50); es hat *zum anderen* aber auch Auswirkungen auf die Anmeldung der Durchführung der Kapitalerhöhung (siehe Rn 51 f).

50 **aa) Besonderheiten im Rahmen der Bekanntmachung nach § 183 a Abs. 2 S. 1 (Abs. 5 S. 3).** Im Rahmen der regulären Kapitalerhöhung gegen Einlagen hat der Vorstand, wenn bei einer Sachkapitalerhöhung das vereinfachte Verfahren des § 183 a gewählt wird, das Datum des Hauptversammlungsbeschlusses über die Kapitalerhöhung sowie die Angaben nach § 37 a Abs. 1 und 2 in den Gesellschaftsblättern bekanntzumachen (§ 183 a Abs. 2 S. 1); bei Ausnutzung eines genehmigten Kapitals tritt nach § 205 Abs. 5 S. 3 an die Stelle des Datums des Beschlusses über die Kapitalerhöhung das Datum der Vorstandsentscheidung über die Ausgabe neuer Aktien gegen Sacheinlagen. Daher **hat** der **Vorstand,** wenn bei einer Sachkapitalerhöhung das vereinfachte Verfahren des § 183 a gewählt wird, **das Datum der Vorstandsentscheidung über die Ausgabe neuer Aktien gegen Sacheinlagen** sowie die Angaben nach § 37 a Abs. 1 und 2 **in den Gesellschaftsblättern bekanntzumachen** (§ 205 Abs. 5 S. 2 iVm § 183 a Abs. 2 S. 1, § 205 Abs. 5 S. 3). Sinn dieser Bekanntmachung ist es – gleichgültig ob bei der regulären Kapitalerhöhung gegen Einlagen oder bei der Ausnutzung eines genehmigten Kapitals –, den Aktionären (genauer: einer qualifizierten Minderheit von Aktionären, die fünf Prozent des Grundkapitals halten, § 183 a Abs. 3 S. 1) einen Antrag auf gerichtliche Bestellung von externen Prüfern zu ermöglichen (§ 183 a Abs. 3); aus diesem Grund ordnet § 183 a Abs. 2 S. 2 auch eine vierwöchige Sperrfrist ab der Bekanntmachung an, innerhalb der die Erhöhung des Grundkapitals nicht in das Handelsregister eingetragen werden darf.

51 **bb) Besonderheiten im Rahmen der Anmeldung der Durchführung der Kapitalerhöhung (Abs. 6).** Abs. 5 S. 2 ordnet die entsprechende Anwendung der zentralen Vorschrift über die vereinfachte Sachkapitalerhöhung, mithin des § 183 a, an, so dass auch deren Anmeldungsvorschriften gelten. Für den Fall der vereinfachten Sachkapitalerhöhung im Wege der Ausnutzung eines genehmigten Kapitals ordnet **Abs. 6** in diesem Zusammenhang zudem ausdrücklich an, dass für die Anmeldung der Durchführung der Kapitalerhöhung zur Eintragung in das Handelsregister (§ 203 Abs. 1 S. 1 iVm § 188) die Vorschriften des § 184 Abs. 1 S. 3 und Abs. 2 entsprechend gelten.

52 **(1) Besonderheiten bei der Anmeldungserklärung sowie bei der Versicherung nach § 205 Abs. 6 iVm § 184 Abs. 1 S. 3.** Nach § 184 Abs. 1 S. 1 ist bei der (regulären) Kapitalerhöhung gegen Einlagen – also auch bei der vereinfachten Sachkapitalerhöhung nach § 183 a – der Beschluss über die Erhöhung des Grundkapitals zur Eintragung in das Handelsregister anzumelden. Nach § 184 Abs. 1 S. 3 müssen im Fall der vereinfachten regulären Sachkapitalerhöhung und wenn zudem das Datum des Beschlusses der Kapitalerhöhung vorab bekannt gemacht worden ist (§ 183 a Abs. 2; siehe dazu Rn 50), die Anmeldenden, mithin der Vorstand und der Vorsitzende des Aufsichtsrates (§ 184 Abs. 1 S. 1), ergänzend zum sonstigen Inhalt der Anmeldung (siehe dazu § 184 Rn 10) versichern, dass ihnen seit der Bekanntmachung keine Umstände im Sinne von § 37 a Abs. 2 (außergewöhnliche den Wert des Gegenstands der Sacheinlage beeinflussende Umstände) bekannt geworden sind; bei der Anmeldung der Durchführung der (regulären) Kapitalerhöhung gegen Einlagen nach § 188 muss diese Versicherung dagegen nicht (nochmals) abgegeben werden. § 205 Abs. 6 anordnet vor diesem Hintergrund an, dass für die Anmeldung der Durchführung der Kapitalerhöhung zur Eintragung in das Handelsregister (§ 203 Abs. 1 S. 1 iVm § 188) die Vorschrift des **§ 184 Abs. 1 S. 3 entsprechend** gilt.

53 Das bedeutet *zum einen,* dass die **Versicherung erst bei der Anmeldung der Durchführung der Kapitalerhöhung abzugeben** ist, und nicht etwa schon bei der Anmeldung der die Ermächtigung enthaltenden Satzungsänderung oder gar, wenn die Ermächtigung in der Ursprungssatzung erfolgt, bei der Anmeldung der Gesellschaft.

54 *Zum anderen* muss die Versicherung bei der Ausnutzung des genehmigten Kapitals – abweichend von der bei der vereinfachten (regulären) Kapitalerhöhung gegen Einlagen erforderlichen Versicherung – den Inhalt haben, dass den Anmeldenden der Durchführung, mithin dem Vorstand und dem Vorsitzenden des Aufsichtsrates (§ 188 Abs. 1), **seit der Bekanntmachung** des Datums **der Vorstandsentscheidung über die Ausgabe neuer Aktien gegen Sacheinlagen** keine Umstände im Sinne von § 37 a Abs. 2 (außergewöhnliche den Wert des Gegenstands der Sacheinlage beeinflussende Umstände) bekannt geworden sind.[116] Diese Versicherung ist sowohl strafbewehrt (§ 399 Abs. 1 Nr. 4) als auch haftungsbewehrt (§§ 93 Abs. 2, 116 S. 1).

55 **(2) Besonderheiten hinsichtlich der beizufügenden Dokumente (§ 205 Abs. 6 iVm § 184 Abs. 2).** Für den Fall der vereinfachten Sachkapitalerhöhung im Wege der Ausnutzung eines genehmigten Kapitals ordnet

---

116 So auch MüKo-AktG/*Bayer*, Rn 66.

Abs. 6 schließlich ausdrücklich an, dass für die Anmeldung der Durchführung der Kapitalerhöhung zur Eintragung in das Handelsregister (§ 203 Abs. 1 S. 1 iVm § 188) die Vorschrift des § 184 Abs. 2 entsprechend gilt. Danach sind der Anmeldung, wenn eine Prüfung nicht stattgefunden hat, die in § 37a Abs. 3 bezeichneten Anlagen beizufügen, mithin

- entweder (korrespondierend mit der Regelung des § 33a Abs. 1 Nr. 1; vgl Rn 48) Unterlagen über die Ermittlung des gewichteten Durchschnittspreises, zu dem die einzubringenden Wertpapiere oder Geldmarktinstrumente während der letzten drei Monate vor dem Tag ihrer tatsächlichen Einbringung auf einem organisierten Markt gehandelt worden sind (§ 37a Abs. 3 Nr. 1) oder
- (korrespondierend mit der Regelung des § 33a Abs. 1 Nr. 2; vgl Rn 48) jedes Sachverständigengutachten, auf das sich die Bewertung in den Fällen des § 33a Abs. 1 Nr. 2 stützt.

Dabei müssen die Unterlagen – anders als bei der vereinfachten (regulären) Kapitalerhöhung gegen Einlagen – erst der Anmeldung der Durchführung beigefügt werden.

II. Gerichtliche Wertprüfung. 1. Grundsatz (Abs. 7 S. 1). Nach dem in **Abs. 7 S. 1** festgelegten Grundsatz, der sich ebenso im Recht der bedingten Kapitalerhöhung (§ 195 Abs. 3 S. 1) und bei der (regulären) Kapitalerhöhung gegen Einlagen (§ 184 Abs. 3 S. 1)[117] findet, **kann das Registergericht die Eintragung ablehnen, wenn der Wert der Sacheinlage nicht unwesentlich hinter dem geringsten Ausgabebetrag** (§ 9 Abs. 1) der dafür zu gewährenden Aktien **zurückbleibt**. Das ist insofern missverständlich formuliert, als es wegen der Formulierung „kann" einen Ermessensspielraum suggeriert. Dem ist aber nicht so. Vielmehr hat das Registergericht den Eintragungsantrag zurückzuweisen, wenn der Wert der Sacheinlage nicht unwesentlich hinter dem geringsten Ausgabebetrag (§ 9 Abs. 1) der dafür zu gewährenden Aktien zurückbleibt (vgl § 184 Rn 13).[118] Wegen der Wortgleichheit siehe zu Einzelheiten die Kommentierung zu § 184 (§ 184 Rn 13-16). 56

2. Formalprüfung im Fall der vereinfachten Sachkapitalerhöhung (Abs. 7 S. 2). Von dem in Abs. 7 S. 1 festgelegten Grundsatz (siehe dazu Rn 55) enthält Abs. 7 S. 2 eine Ausnahme. Abs. 7 S. 2 ordnet, wenn von einer Prüfung der Sacheinlage nach § 183a Abs. 1 abgesehen wird, also **bei einer vereinfachten Sachkapitalerhöhung**, die entsprechende Anwendung des § 38 Abs. 3 an. Nach § 205 Abs. 7 S. 1 iVm § 38 Abs. 3 S. 1 **hat das Gericht** hinsichtlich der Werthaltigkeit der Sacheinlage ausschließlich zu prüfen, ob die Voraussetzungen des § 37 erfüllt sind; es hat also **nur eine Formalprüfung durchzuführen**. Lediglich bei einer offenkundigen und erheblichen Überbewertung kann das Gericht die Eintragung ablehnen (§ 205 Abs. 7 S. 1 iVm § 38 Abs. 3 S. 2). Zu Einzelheiten siehe die Kommentierung zu § 38 (§ 38 Rn 9-25). 57

§ 206 Verträge über Sacheinlagen vor Eintragung der Gesellschaft

¹Sind vor Eintragung der Gesellschaft Verträge geschlossen worden, nach denen auf das genehmigte Kapital eine Sacheinlage zu leisten ist, so muß die Satzung die Festsetzungen enthalten, die für eine Ausgabe gegen Sacheinlagen vorgeschrieben sind. ²Dabei gelten sinngemäß § 27 Abs. 3 und 5, die §§ 32 bis 35, 37 Abs. 4 Nr. 2, 4 und 5, die §§ 37a, 38 Abs. 2 und 3 sowie § 49 über die Gründung der Gesellschaft. ³An die Stelle der Gründer tritt der Vorstand und an die Stelle der Anmeldung und Eintragung der Gesellschaft die Anmeldung und Eintragung der Durchführung der Erhöhung des Grundkapitals.

Literatur:
Vgl die Literaturnachweise bei §§ 202 f.

A. Zweck der und Übersicht über die Vorschrift 1	2. Eingeschränkte Änderungs- und Beseitigungsmöglichkeit (§ 206 S. 2 iVm § 27 Abs. 5) 6
B. Voraussetzungen für ein Eingreifen der Vorschrift 2	
C. Rechtsfolgen 3	II. Anwendung der Gründungsvorschriften hinsichtlich der Durchführung 7
I. Veränderte Anforderungen an Festsetzungen (§ 206 S. 1) sowie an deren Änderung und Beseitigung (§ 206 S. 2 iVm § 27 Abs. 5) 3	1. Allgemeines 7
	2. Einzelheiten 8
1. Festsetzungen nur in Gründungssatzung ... 3	a) Rechtsfolgen fehlender oder fehlerhafter Festsetzungen 8

---

[117] Bis zum Inkrafttreten des Gesetzes zur Umsetzung der Aktionärsrechterichtlinie (ARUG) vom 30.7.2009 (BGBl. I 2009 S. 2479) am 1.9.2009 war dieser Grundsatz für das Recht der (regulären) Kapitalerhöhung gegen Einlagen in § 183 Abs. 3 S. 1 geregelt.

[118] Hölters/*v Dryander/Niggemann*, Rn 21; ähnlich MüKo-AktG/*Bayer*, Rn 35 (im Regelfall Ablehnung der Eintragung bei Zurückbleiben des Wertes der Sachleistung hinter dem geringsten Ausgabebetrag [§ 9 Abs. 1] oder dem Ausgabebetrag der Aktien [einschließlich Aufgeld]).

	aa)	Fälle nicht vorschriftsmäßiger Festsetzungen, die keine verdeckten Sacheinlagen sind.............	9
	bb)	Fälle der verdeckten Sacheinlage..	10
b)		Ordnungsgemäße Durchführung der Sacherhöhung........................	11
	aa)	Bericht über Hergang der Kapitalerhöhung und Prüfung durch Verwaltungsorgane...................	12
	bb)	Externe Prüfung...................	13
		(1) Grundsätzliche Erforderlichkeit der externen Prüfung...	13
		(2) Entbehrlichkeit der externen Prüfung bei vereinfachter Sachkapitalerhöhung........	14
	cc)	Information der Aktionäre über die Ausnutzungsentscheidung.....	15
		(1) Grundsätzlich keine Information....................	15
		(2) Erforderlichkeit einer Bekanntmachung im Fall der vereinfachten Sachkapitalerhöhung....................	16
c)		Anmeldung der Durchführung der Kapitalerhöhung........................	18
	aa)	Grundsätzliches zur Anmeldung der Durchführung der Kapitalerhöhung (insb. § 206 S. 2 iVm § 37 Abs. 4 Nr. 2, 4)...................	18
	bb)	Besonderheiten im Rahmen der Anmeldung der Durchführung bei einer vereinfachten Sachkapitalerhöhung................................	20
		(1) Besonderheiten bei der Anmeldung (§ 206 S. 2 iVm § 37 Abs. 1)	21
		(2) Besonderheiten bei der Anmeldung beizufügenden Versicherung (§ 206 S. 2 iVm § 37 Abs. 2)	22
		(3) Besonderheiten hinsichtlich der beizufügenden Dokumente (§ 206 S. 2 iVm § 37a Abs. 3)	25
d)		Gerichtliche Prüfung und Eintragung der Durchführung der Kapitalerhöhung................................	26
	aa)	Grundsatz (§ 206 S. 2 iVm § 38 Abs. 2)......	27
	bb)	Bloße Formalprüfung im Fall der vereinfachten Sachkapitalerhöhung (§ 206 S. 2 iVm § 38 Abs. 3)	28
D. Verhältnis zur Nachgründung....................			29

A. Zweck der und Übersicht über die Vorschrift

1 § 206 betrifft wie § 205 die Kapitalerhöhung gegen Sacheinlagen unter Ausnutzung eines genehmigten Kapitals. Die Vorschrift ergänzt § 205 für den Sonderfall, dass bereits vor der Eintragung der Gesellschaft Verträge geschlossen worden sind, nach denen auf das genehmigte Kapital eine Sacheinlage zu leisten ist (vgl S. 1). Die Norm soll eine **Umgehung** der Regeln über die Sachgründung **verhindern**.[1] Mithin ordnet § 206 S. 2 die Geltung der einschlägigen Gründungsvorschriften für den von ihr geregelten Sonderfall ausdrücklich an. Seitdem in § 205 der heutige Abs. 5 eingefügt wurde (siehe dazu § 205 Rn 2, 4 und 46 ff), der eine Prüfung durch unparteiische Prüfer vorschreibt, sind auch bei der Kapitalerhöhung gegen Sacheinlagen unter Ausnutzung eines genehmigten Kapitals im Wesentlichen gleichwertige Sicherungen wie bei der Gründung vorgesehen.[2] Aus diesem Grund liegt der **Schwerpunkt der Bedeutung** der Vorschrift heute darin, dass die nach § 205 Abs. 2 S. 1 erforderlichen **Festsetzungen** in dem von § 206 geregelten Sonderfall nicht durch Satzungsänderung und nicht durch den Vorstand, sondern **ausschließlich** durch die Gründer **in der Gründungssatzung** erfolgen können (S. 1; siehe dazu Rn 3 ff).[3] Praktische Bedeutung kommt § 206 zu, wenn eine Personengesellschaft in eine Aktiengesellschaft umgewandelt und mit daran beteiligten stillen Gesellschaftern die „Umwandlung" ihrer stillen Beteiligung in eine Sacheinlage vereinbart wird.[4]

B. Voraussetzungen für ein Eingreifen der Vorschrift

2 § 206 greift nur, wenn schon **vor der Eintragung der Gesellschaft** im Handelsregister Vereinbarungen zwischen der noch in Gründung befindlichen Gesellschaft und Dritten getroffen wurden, nach denen auf das genehmigte Kapital eine Sacheinlage zu leisten ist (vgl S. 1). Dabei kommt es aufgrund des Normzwecks (Schutz vor Umgehung der Sachgründungsregeln; siehe dazu Rn 1), auf die Wirksamkeit der Verträge etwa im Hinblick auf § 41 oder auf § 311b BGB nicht an;[5] wichtig ist nur, dass es sich um verbindlich gemeinte Vereinbarungen handelt.[6] Gleichgültig ist auch, ob die Verträge dinglicher oder schuldrechtlicher Natur

---

[1] MüKo-AktG/*Bayer*, Rn 1; Großkomm-AktienR/*Hirte*, Rn 3; *Hüffer*, Rn 1; KölnKomm-AktG/*Lutter*, Rn 2; Bürgers/Körber/*Marsch-Barner*, Rn 1; Grigoleit/*Rieder*/*Holzmann*, Rn 1; K. Schmidt/Lutter/*Veil*, Rn 1; Spindler/Stilz/*Wamser*, Rn 1.

[2] Wegen des damit einhergehenden Bedeutungsverlustes der Vorschrift fordert *Hirte* (Großkomm-AktienR/*Hirte*, Rn 4) deren Streichung.

[3] MüKo-AktG/*Bayer*, Rn 1.

[4] Beispiel von *Semler*, Vorfinanzierung zukünftigen Aktienkapitals, in: FS Werner, 1985, S. 855, 865 ff; vgl auch Hölters/

v. Dryander/*Niggemann*, Rn 4; Großkomm-AktienR/*Hirte*, Rn 6; *Hüffer*, Rn 1; KölnKomm-AktG/*Lutter*, Rn 3; Bürgers/Körber/*Marsch-Barner*, Rn 1.

[5] MüKo-AktG/*Bayer*, Rn 4; Großkomm-AktienR/*Hirte*, Rn 6; *Hüffer*, Rn 2; KölnKomm-AktG/*Lutter*, Rn 3; Grigoleit/*Rieder*/*Holzmann*, Rn 2; K. Schmidt/Lutter/*Veil*, Rn 2; Spindler/Stilz/*Wamser*, Rn 8.

[6] MüKo-AktG/*Bayer*, Rn 4; KölnKomm-AktG/*Lutter*, Rn 3.

sind.⁷ Darüber hinaus ist es nicht erforderlich, dass der Dritte ein Gründer ist; die Gründereigenschaft bewahrt aber auch nicht vor dem Eingreifen der Vorschrift.⁸ Wird der Vorstand in der Gründungssatzung zur Kapitalerhöhung (§ 202 Abs. 1) gegen Sacheinlagen (§ 205 Abs. 1) ermächtigt, so ist dafür zwar eine Einigung aller Gründer erforderlich. Für eine Vereinbarung iSd § 206 genügt das allein aber nicht.⁹

C. Rechtsfolgen

I. Veränderte Anforderungen an Festsetzungen (§ 206 S. 1) sowie an deren Änderung und Beseitigung (§ 206 S. 2 iVm § 27 Abs. 5). 1. Festsetzungen nur in Gründungssatzung. Greift § 206 ein, ist also ein entsprechender Vertrag vor der Eintragung der Gesellschaft geschlossen worden, so muss nach § 206 S. 1 die Satzung die nach § 205 Abs. 2 S. 1 erforderlichen Festsetzungen enthalten. Festsetzungen durch den Vorstand, wie es ansonsten von § 205 Abs. 2 S. 1 gestattet wird, sind somit nicht möglich.¹⁰ Unzulässig sind nach § 206 S. 1 auch Festsetzungen durch eine Satzungsänderung. Festsetzungen sind vielmehr nach § 206 S. 1 **nur in der Gründungssatzung** möglich.¹¹ Denn in der Diktion des § 202 (vgl § 202 Abs. 1 und § 202 Abs. 2 S. 1), die von § 206 S. 1 aufgenommen wird, ist mit „Satzung" die Gründungssatzung gemeint.¹²

Inhaltlich hat die Festsetzung – nicht anders als sonst – die in § 205 Abs. 2 S. 1 genannten Punkte zu enthalten (zu Einzelheiten siehe § 205 Rn 15). Danach sind der **Gegenstand der Sacheinlage** und die **Person des Einlegers** zu benennen. Zudem ist bei Nennbetragsaktien der **Nennbetrag** aller für den Sacheinlagegegenstand auszugebenden Aktien festzulegen; bei Stückaktien ist an Stelle des Nennbetrags die Zahl der auszugebenden Aktien festzulegen. Fehlen Angaben, können sie vom Vorstand nicht nachgeholt werden, da nach § 206 S. 1 die Festsetzungen in der Gründungssatzung zu treffen sind.

Umstritten ist, ob das Registergericht im Fall fehlender oder unzureichender Festsetzungen die Eintragung der Gesellschaft nach § 38 Abs. 1 abzulehnen hat.¹³ Das ist zu verneinen; denn an die Stelle der Anmeldung der Gesellschaft tritt nach § 206 S. 3 die Anmeldung der Durchführung der Erhöhung des Grundkapitals; damit hat auch die **Prüfung** des Registerrichters, **ob die Festsetzungen fehlen** oder unzureichend sind, **erst bei der Anmeldung der Durchführung** der Kapitalerhöhung zu erfolgen.¹⁴ Wird trotz fehlender Festsetzungen in der Gründungssatzung die Durchführung der Kapitalerhöhung gegen Sacheinlagen vom Registergericht eingetragen, richten sich die Rechtsfolgen, wenn kein Fall der verdeckten Sacheinlage vorliegt, – wie bei einem Verstoß gegen § 205 Abs. 1 (vgl § 205 Rn 9) – nach allgemeinen Grundsätzen (siehe dazu Rn 7 ff); § 27 Abs. 3, dessen sinngemäße Anwendung § 206 S. 2 anordnet, lassen sich die Rechtsfolgen insoweit nicht entnehmen, weil er auf verdeckte Sacheinlagen zugeschnitten ist.¹⁵ Soweit aber eine verdeckte Sacheinlage vorliegt, richten sich die Rechtsfolgen wegen § 206 S. 2 nach § 27 Abs. 3 (siehe § 27 Rn 50–68; siehe auch § 205 Rn 29–32).

2. Eingeschränkte Änderungs- und Beseitigungsmöglichkeit (§ 206 S. 2 iVm § 27 Abs. 5). § 206 S. 2 verweist auf § 27 Abs. 5. Das führt zum einen dazu, dass nach § 26 Abs. 4 eine **Änderung** der Festsetzung **erst nach** Ablauf von **fünf Jahren** seit Eintragung der Gesellschaft in das Handelsregister erfolgen kann. Zum anderen hat die Verweisung auf § 27 Abs. 5 zur Folge, dass eine **Streichung** der betreffenden (inzwischen gegenstandslos gewordenen) Satzungsbestimmung **erst nach** Ablauf von **dreißig Jahren** seit der Eintragung der Gesellschaft möglich ist (§ 26 Abs. 5). Das alles gilt aber nach dem klaren Wortlaut des § 27 Abs. 5 nur für rechtswirksam getroffene Festsetzungen. Sind die Festsetzungen dagegen unwirksam, etwa weil sie nicht in der Gründungssatzung oder aus einem anderem Grund nicht vorschriftsmäßig getroffen wurden, besteht an sich noch bis zur Eintragung der Durchführung die Möglichkeit einer Korrektur;¹⁶ jedoch würde jede Korrektur wiederum außerhalb der Gründungssatzung erfolgen, was ihren Wert im Rahmen des § 206 zweifelhaft macht.

II. Anwendung der Gründungsvorschriften hinsichtlich der Durchführung. 1. Allgemeines. Nach § 206 S. 2 gelten ausgewählte Vorschriften der Sachgründung im Rahmen des § 206 sinngemäß. Die dort für sinngemäß anwendbar erklärten Vorschriften (§§ 27 Abs. 3 und 5, 32 bis 35, 37 Abs. 4 Nr. 2, 4 und 5, 37 a, 38 Abs. 2 und 3 sowie 49) werden im Rahmen der Verweisung durch § 206 S. 3 modifiziert. Danach tritt zum einen an die Stelle der Gründer (durchgehend) der Vorstand. Zum anderen tritt an die Stelle der Anmel-

---

7 *Hüffer*, Rn 2; KölnKomm-AktG/*Lutter*, Rn 3.
8 *Baumbach/Hueck*, AktG, Rn 2; MüKo-AktG/*Bayer*, Rn 4; Großkomm-AktienR/*Hirte*, Rn 6; *Hüffer*, Rn 2; KölnKomm-AktG/*Lutter*, Rn 3; MüHb-AG/*Krieger*, § 58 Rn 39.
9 KölnKomm-AktG/*Lutter*, Rn 3.
10 MüKo-AktG/*Bayer*, Rn 5, 6; Hölters/*v. Dryander/Niggemann*, Rn 6; Großkomm-AktienR/*Hirte*, Rn 7; *Hüffer*, Rn 2; KölnKomm-AktG/*Lutter*, Rn 4; Spindler/Stilz/*Wamser*, Rn 9.
11 So auch MüKo-AktG/*Bayer*, Rn 6; Großkomm-AktienR/*Hirte*, Rn 7; *Hüffer*, Rn 2; KölnKomm-AktG/*Lutter*, Rn 4; Bürgers/Körber/*Marsch-Barner*, Rn 3.
12 Großkomm-AktienR/*Hirte*, Rn 7.
13 Dafür *Hüffer*, Rn 2.
14 MüKo-AktG/*Bayer*, Rn 7; Großkomm-AktienR/*Hirte*, Rn 9.
15 AA MüKo-AktG/*Bayer*, Rn 9 unter Verweis auf § 205 Rn 76.
16 MüKo-AktG/*Bayer*, Rn 7; Großkomm-AktienR/*Hirte*, Rn 7.

dung und Eintragung der Gesellschaft die Anmeldung und Eintragung der Durchführung der Kapitalerhöhung.

8 **2. Einzelheiten. a) Rechtsfolgen fehlender oder fehlerhafter Festsetzungen.** Bis zum Inkrafttreten des ARUG[17] am 1.9.2009 wurden die Rechtsfolgen fehlender und fehlerhafter Festsetzungen für alle diese Fälle durch § 206 S. 2 iVm § 27 Abs. 3 aF geregelt; das entsprach sachlich den Regelungen von § 205 Abs. 4 S. 1, 3 und 4 aF. Mit dem ARUG ist § 27 Abs. 3 aF, der die Rechtsfolgen für alle Fälle fehlender und fehlerhafter Festsetzungen bestimmte, aufgehoben und durch § 27 Abs. 3 nF ersetzt worden; insofern ist die Situation identisch wie bei der Aufhebung des § 205 Abs. 4 durch das ARUG (vgl § 205 Rn 18). § 27 Abs. 3 nF gilt (aber) nur für verdeckte Sacheinlagen, so dass alle übrigen Fälle nach allgemeinen Grundsätzen zu lösen sind, was im Ergebnis in weiten Teilen zu denselben Ergebnissen führt, als würde § 27 Abs. 3 aF angewendet;[18] denn diese Vorschrift war überwiegend lediglich Ausprägung allgemeiner Grundsätze.

9 **aa) Fälle nicht vorschriftsmäßiger Festsetzungen, die keine verdeckten Sacheinlagen sind.** Wurden die Festsetzungen nicht oder fehlerhaft getroffen und liegt aber dennoch kein Fall der verdeckten Sacheinlage vor, gelten hinsichtlich der diesbezüglichen Rechtsfolgen auf die Sacheinlagen die allgemeinen Grundsätze. Die Rechtslage ist insoweit nicht anders als bei einem Verstoß gegen § 205 Abs. 1 oder Abs. 2, so dass diesbezüglich auf die dortigen Ausführungen grundsätzlich verwiesen werden kann (siehe § 205 Rn 9 f und 18 bis 26). Daher sind – wie schon zuvor nach alter Rechtslage (§§ 206 S. 2, 27 Abs. 3 S. 1 aF) – die (in § 206 S. 1 bezeichneten) Verträge der Gesellschaft gegenüber unwirksam.[19] Das Registergericht darf eine Durchführung daher nicht eintragen.[20] Mit Eintragung der Durchführung der Kapitalerhöhung (§§ 203 Abs. 1 S. 1, 189; vgl auch § 206 S. 3) ist der Sacheinleger als Aktionär der Gesellschaft zu behandeln (zur Begründung siehe § 205 Rn 9 f, 18 und 23 f),[21] dessen Bareinlage noch aussteht (zur Begründung siehe § 205 Rn 9 f, 18 und 23 f).[22] Eine Heilung durch Satzungsänderung ist nach der seit dem ARUG geltenden Rechtslage mit Wegfall des § 205 Abs. 4 S. 5 aF nunmehr auch nach Eintragung, der genau das verbot, möglich (zur Begründung siehe § 205 Rn 24 f).[23] Dass die (eigentlichen) Festsetzungen nach § 206 S. 1 in der Ursprungssatzung enthalten sein müssen, steht dem nicht entgegen; denn hier geht es um die nachträgliche Heilung einer schon durchgeführten und eingetragenen Sachkapitalerhöhung, nicht um die Schaffung der Festsetzungen, die die Ursprungssatzung unterlassen hat.

10 **bb) Fälle der verdeckten Sacheinlage.** Für die Fälle der verdeckten Sacheinlage ordnet § 206 S. 2 die sinngemäße Anwendung von § 27 Abs. 3 an. Das entspricht der Rechtslage, die auch sonst für verdeckte Sacheinlagen im Rahmen des genehmigten Kapitals aufgrund der Verweisung von § 205 Abs. 3 nF gilt, der § 27 Abs. 3 nF ebenfalls für anwendbar erklärt. Daher kann auf die diesbezüglichen Ausführungen sinngemäß verwiesen werden (§ 205 Rn 29–32).

11 **b) Ordnungsgemäße Durchführung der Sacherhöhung.** Nach § 206 S. 2 gelten – immer mit der Maßgabe des § 206 S. 3 (siehe dazu Rn 7) – für die Durchführung die Regeln über den Gründungsbericht (§ 32) und die Gründungsprüfung (§§ 33, 33a und 34) und damit zusammenhängender Vorschriften (§§ 35, 49).

12 **aa) Bericht über Hergang der Kapitalerhöhung und Prüfung durch Verwaltungsorgane.** Nach § 206 S. 2 iVm § 32 Abs. 1 haben alle Vorstandsmitglieder einen schriftlichen Bericht über den Hergang der Kapitalerhöhung zu erstatten. Sein Inhalt ergibt sich aus § 32 Abs. 2 und 3. Sonach haben die Mitglieder der Verwaltungsorgane, den Hergang der Kapitalerhöhung zu prüfen (§ 33 Abs. 1). Dabei entfällt die Prüfungspflicht der Vorstandsmitglieder nicht etwa deshalb, weil sie schon den entsprechenden Bericht nach § 32 vorzulegen haben;[24] denn Deckungsgleichheit besteht insoweit nicht.[25]

13 **bb) Externe Prüfung. (1) Grundsätzliche Erforderlichkeit der externen Prüfung.** Zudem hat (jedenfalls) wegen § 33 Abs. 2 Nr. 4 grundsätzlich eine Prüfung durch einen oder mehrere Prüfer stattzufinden (**externe Prüfung**).[26] Die externen Prüfer sind stets vom Registergericht zu bestellen (§ 33 Abs. 3 S. 2). Zwar kann seit dem Inkrafttreten des Gesetzes zur weiteren Reform des Aktien- und Bilanzrechts, zu Transparenz und Publizität (TransPuG) vom 19.7.2002 (BGBl. I S. 2681)[27] gemäß § 33 Abs. 3 S. 1 nF auch der beurkunden-

---

[17] Gesetz zur Umsetzung der Aktionärsrechterichtlinie (ARUG) vom 30.7.2009 (BGBl. I 2009 S. 2479).
[18] AA MüKo-AktG/*Bayer*, Rn 8 f (Anwendung von § 27 Abs. 3 nF auf alle Fälle nicht vorschriftsmäßiger Festsetzungen).
[19] So auch MüKo-AktG/*Bayer*, Rn 8.
[20] *Hüffer*, Rn 6; Grigoleit/*Rieder/Holzmann*, Rn 7.
[21] Das entspricht genau der bis zum Inkrafttreten des ARUG geltenden Rechtslage (§ 206 S. 2 iVm 27 Abs. 3 S. 2 aF).
[22] Auch das entspricht genau der bis zum Inkrafttreten des ARUG geltenden Rechtslage (§ 206 S. 2 iVm 27 Abs. 3 S. 3 aF); so auch MüKo-AktG/*Bayer*, Rn 9 (allerdings unter Anwendung der Anrechnungslösung des § 27 Abs. 3 nF).
[23] Hölters/*v. Dryander/Niggemann*, Rn 7; Grigoleit/*Rieder/Holzmann*, Rn 8.
[24] So aber MüKo-AktG/*Bayer*, Rn 11; Großkomm-AktienR/*Hirte*, Rn 12; Spindler/Stilz/*Wamser*, Rn 17; Grigoleit/*Rieder/Holzmann*, Rn 10.
[25] Wie hier: Geßler/*Hefermehl/Bungeroth*, Rn 4; *Hüffer*, Rn 5.
[26] MüKo-AktG/*Bayer*, Rn 11.
[27] Ausführlich zu diesem Gesetz *Hirte*, Einführung zum Transparenz- und Publizitätsgesetz.

de Notar die Aufgabe des (externen) Prüfers in bestimmten Konstellationen wahrnehmen. Das scheidet aber hier schon deshalb aus, weil § 33 Abs. 3 S. 1 nF nicht auf § 33 Abs. 2 Nr. 4 Bezug nimmt und daher die Vorschrift keine Anwendung auf Kapitalerhöhungen gegen Sacheinlagen findet. Anwendbar sind auch die Normen über die gerichtliche Entscheidung bei Meinungsverschiedenheiten zwischen dem Vorstand (§ 206 S. 3) und den Prüfern sowie über die Vergütung und Auslagen der Prüfer (§ 35). Schließlich wird auch auf § 49 verwiesen, der die Verantwortlichkeit der Prüfer regelt.

(2) Entbehrlichkeit der externen Prüfung bei vereinfachter Sachkapitalerhöhung. Unter den Voraussetzungen des – durch das ARUG[28] mit Wirkung vom 1.9.2009 neu eingefügten – § 33a, auf den § 206 S. 2 ebenfalls verweist, mithin **in Fällen der vereinfachten Sachkapitalerhöhung, kann von einer externen Prüfung ausnahmsweise abgesehen werden;** § 206 S. 2 schafft damit dieselben Ausnahmen wie § 205 Abs. 5 S. 2, der auf § 183a verweist und damit über die Regelung des § 183a Abs. 1 S. 1 ebenfalls auf § 33a. Ein Absehen von der externen Prüfung ist nach § 206 S. 2 iVm 33a Abs. 1 Nr. 1 *zum einen* möglich, soweit marktgängige Wertpapiere oder Geldmarktinstrumente iSd § 2 Abs. 1 S. 1, Abs. 1a WpHG zu ihrem gewichteten Durchschnittspreis der letzten drei Monate vor ihrer tatsächlichen Einbringung eingebracht werden sollen. Von einer (gesonderten) externen Prüfung kann aber nach § 206 S. 2 iVm 33a Abs. 1 Nr. 2 *zum anderen* zudem abgesehen werden, soweit andere Vermögensgegenstände eingebracht werden sollen, wenn dabei eine Bewertung zu Grunde gelegt wird, die ein unabhängiger und ausreichend vorgebildeter und erfahrener Sachverständiger nach den allgemeinen Bewertungsgrundsätzen mit dem beizulegenden Zeitwert ermittelt hat und der Bewertungsstichtag nicht mehr als sechs Monate vor dem Tag der tatsächlichen Einbringung liegt. Hinsichtlich der Einzelheiten, insbesondere hinsichtlich des Verfahrens, wird grundsätzlich auf die Kommentierung zu § 33a verwiesen (§ 33a Rn 7–9). Zu den Besonderheiten bei der Anmeldung der Durchführung siehe unten Rn 18 ff.

cc) Information der Aktionäre über die Ausnutzungsentscheidung. (1) Grundsätzlich keine Information. Das Recht des genehmigten Kapitals sieht grundsätzlich für die Ausnutzungsentscheidung nicht vor, dass die Aktionäre zeitnah über die Ausnutzungsentscheidung informiert werden. Daran ändert sich grundsätzlich auch dann nichts, wenn im Wege des genehmigten Kapitals eine Sachkapitalerhöhung erfolgt. Nur dann, wenn das Bezugsrechts ausgeschlossen wird, hat eine besondere Information zu erfolgen (siehe dazu § 203 Rn 19, 64 bis 71 und 93 bis 105). In diesem Zusammenhang ist zu beachten, dass eine Befugnis zur Sachkapitalerhöhung (§ 205) nicht zugleich automatisch eine Ermächtigung des Vorstands zum Bezugsrechtsausschluss (bei Sachkapitalerhöhung) enthält, weder durch gesetzliche Fiktion, noch konkludent (§ 203 Rn 61). Damit bleibt festzuhalten: Grundsätzlich nur für den Fall des Bezugsrechtsausschluss wird die (aktienrechtliche) Erforderlichkeit eines zeitnahen Berichts des Vorstands an die Aktionäre diskutiert und von hier bejaht (siehe dazu ausführlich § 203 Rn 19, 64 bis 71 und 93 bis 105). An all dem ändert sich auch im Anwendungsbereich des § 206 nichts.

(2) Erforderlichkeit einer Bekanntmachung im Fall der vereinfachten Sachkapitalerhöhung. Bekanntmachungserfordernis im Fall der vereinfachten Sachkapitalerhöhung nach §§ 205, 183a. Der Vorstand hat (insofern zusätzlich zu den in Rn 15 dargestellten Informationspflichten), wenn – außerhalb des Anwendungsbereichs des § 206 – im Wege der Ausnutzung des genehmigten Kapitals bei einer Sachkapitalerhöhung das vereinfachte Verfahren des § 183a (anwendbar nach § 205 Abs. 5 S. 2) gewählt wird, **das Datum der Vorstandsentscheidung über die Ausgabe neuer Aktien gegen Sacheinlagen** sowie die Angaben nach § 37a Abs. 1 und 2 **in den Gesellschaftsblättern bekanntzumachen** (§ 205 Abs. 5 S. 2 iVm § 183a Abs. 2 S. 1, § 205 Abs. 5 S. 3). Sinn dieser Bekanntmachung ist es – gleichgültig ob bei der regulären Kapitalerhöhung gegen Einlagen oder bei der Ausnutzung eines genehmigten Kapitals –, den Aktionären (genauer: einer qualifizierten Minderheit von Aktionären, die fünf Prozent des Grundkapitals halten, § 183a Abs. 3 S. 1) einen Antrag auf gerichtliche Bestellung von externen Prüfern zu ermöglichen (§ 183a Abs. 3); aus diesem Grund ordnet § 183a Abs. 2 S. 2 auch eine vierwöchige Sperrfrist ab der Bekanntmachung an, innerhalb der die Erhöhung des Grundkapitals nicht in das Handelsregister eingetragen werden darf.

Rechtslage im Anwendungsbereich des § 206. Da § 206 S. 2 hinsichtlich der vereinfachten Sachkapitalerhöhung direkt auf die insoweit einschlägigen Gründungsvorschriften (§§ 33a, 37a) verweist und nicht wie § 205 Abs. 5 S. 2 auf § 183a, könnte man annehmen, im Anwendungsbereich des § 206 sei die Vorschrift des § 183a Abs. 2 S. 1 nicht anzuwenden und es müsse deshalb eine Bekanntmachung iSd § 183a Abs. 2 S. 1 nicht erfolgen. § 206 will aber § 205, der für Sachkapitalerhöhungen unter Ausnutzung des genehmigten Kapitals gilt, nicht ersetzen, sondern lediglich aus Gründen des Umgehungsschutzes ergänzen (siehe Rn 1). Dieser Sinn würde ins Gegenteil verkehrt, kämen die Vorschriften der §§ 205 Abs. 5 S. 2 und 3 iVm

---

28 Gesetz zur Umsetzung der Aktionärsrechterichtlinie (ARUG)
vom 30.7.2009 (BGBl. I 2009 S. 2479).

§ 183a Abs. 2 S. 1 nicht zur Anwendung. Zudem ist die diesbezügliche Gefahrenlage in den Fällen des § 206 fast dieselbe wie in den normalen Fällen des § 205: Die Aktionäre sind der Gefahr einer von ihnen unbemerkten Vermögensverwässerung ausgesetzt; in den Fällen des § 206 ist sie nur deshalb marginal etwas geringer, weil zwingend schon alle erforderlichen Festsetzungen in der Gründungssatzung erfolgt sein müssen (§ 206 S. 1), so dass die Aktionäre mit dem Inhalt der Festsetzungen nicht mehr überrascht werden können, sehr wohl aber mit der Entscheidung über das „ob" der Ausnutzung. Daher **bleibt es auch im Anwendungsbereich des § 206 dabei**, dass der Vorstand **das Datum der Vorstandsentscheidung über die Ausgabe neuer Aktien gegen Sacheinlagen** sowie die Angaben nach § 37a Abs. 1 und 2 **in den Gesellschaftsblättern bekanntzumachen** hat, wenn im Wege der Ausnutzung des genehmigten Kapitals bei einer Sachkapitalerhöhung das vereinfachte Verfahren des § 183a (anwendbar nach § 205 Abs. 5 S. 2) gewählt wird.

18 **c) Anmeldung der Durchführung der Kapitalerhöhung. aa) Grundsätzliches zur Anmeldung der Durchführung der Kapitalerhöhung (insb. § 206 S. 2 iVm § 37 Abs. 4 Nr. 2, 4).** Da § 206 S. 2 nicht auf § 36 verweist, bleibt es bei der allgemeinen Regel, dass die **Anmeldung der Durchführung** der Kapitalerhöhung **vom Vorstand** in vertretungsberechtigter Zahl **und vom Vorsitzenden** bzw bei dessen Verhinderung vom Stellvertreter des Vorsitzenden **des Aufsichtsrats** (§ 107 Abs. 1 S. 3) gemeinschaftlich vorzunehmen ist (§§ 203 Abs. 1, 188 Abs. 1; allgemein zur Anmeldung der Durchführung siehe § 203 Rn 30 bis 41); die Anmeldung durch alle Mitglieder des Vorstands bzw Aufsichtsrates ist somit nicht erforderlich.[29] Besonderheiten hinsichtlich der Anmeldung ergeben sich im Fall einer vereinfachten Sachkapitalerhöhung (siehe dazu Rn 20 ff).

19 Hinsichtlich der **beizufügenden Unterlagen** wird von § 206 S. 2 auf § 37 Abs. 4 Nr. 2, 4 und 5 verwiesen. Danach sind zum einen alle Verträge beizufügen, die den Festsetzungen zu Grunde liegen oder zu ihrer Ausführung geschlossen wurden (§ 206 S. 2 iVm § 37 Abs. 4 Nr. 2). Zum anderen muss der Bericht des Vorstands nach § 33 und der Bericht des Vorstands, des Aufsichtsrats und der externen Prüfer nach § 34 nebst ihren urkundlichen Unterlagen beigelegt werden (§§ 206 S. 2, 37 Abs. 4 Nr. 4).[30] Der weiterhin in § 206 S. 2 enthaltene Verweis auf § 37 Abs. 4 Nr. 5 läuft leer, nachdem § 37 Abs. 4 Nr. 5 aF durch das MoMiG[31] mit Wirkung vom 23.10.2008 aufgehoben wurde; daher ist, wenn eine staatliche Genehmigung erforderlich ist, dem Antrag die Genehmigungsurkunde nicht mehr notwendig beizufügen;[32] das entspricht der Grundwertung des § 7 IIGB und bedeutet eine Abkopplung von etwaigen Genehmigungsverfahren (siehe dazu § 37 Rn 36). Besonderheiten hinsichtlich der beizufügenden Unterlagen ergeben sich im Fall einer vereinfachten Sachkapitalerhöhung (siehe dazu Rn 25).

20 **bb) Besonderheiten im Rahmen der Anmeldung der Durchführung bei einer vereinfachten Sachkapitalerhöhung.** Für den gesetzlichen Ausnahmefall der vereinfachten Sachkapitalerhöhung (siehe auch Rn 14) ordnet § 206 S. 2 seit dem Inkrafttreten des ARUG[33] am 1.9.2009 auch die sinngemäße Anwendung des § 37a an, der ebenfalls durch das ARUG eingefügt wurde. Hinsichtlich der Einzelheiten dieses Rechtsinstituts kann im Grundsatz auf die Kommentierung hinsichtlich der vereinfachten Sachgründung zu § 37a verwiesen werden, insbesondere hinsichtlich des nach § 37a Abs. 1 erforderlichen zusätzlichen Inhalts der Anmeldung. Die Implementierung der vereinfachten Sachkapitalerhöhung in den Anwendungsbereich des § 206 führt aber im Vergleich zur vereinfachten Sachgründung auch im Anwendungsbereich des § 206 zu einigen Besonderheiten. Diese Besonderheiten hängen nicht mit dem speziellen Anwendungsbereich des § 206 zusammen, sondern mit der Implementierung des Instituts der vereinfachten Sachkapitalerhöhung in das Recht des genehmigten Kapitals; diese Besonderheiten existieren daher – allerdings in leicht abgewandelter Form – wegen § 205 Abs. 6 iVm § 184 Abs. 1 S. 3 und Abs. 2 bei der Sachkapitalerhöhung im genehmigten Kapital auch außerhalb des Anwendungsbereich des § 206 (siehe dazu § 205 Rn 51 bis 55).

21 **(1) Besonderheiten bei der Anmeldung (§ 206 S. 2 iVm § 37 Abs. 1).** Nach § 37a Abs. 1 muss die Anmeldungserklärung der Anmeldung der Gesellschaft über den sonstigen Inhalt hinaus bei der vereinfachten Sachgründung weitere Punkte enthalten. So ist nach § 37a Abs. 1 S. 1, wenn nach § 33a von einer externen Gründungsprüfung abgesehen wird, dies in der Anmeldung zu erklären. Zudem ist nach § 37a Abs. 1 S. 2 der Gegenstand jeder Sacheinlage oder Sachübernahme zu beschreiben. Darüber hinaus muss nach § 37a Abs. 1 S. 3 die Anmeldung die Erklärung enthalten, dass der Wert der Sacheinlagen oder Sachübernahmen den geringsten Ausgabebetrag (siehe § 9 Abs. 1) der dafür zu gewährenden Aktien oder den Wert der dafür zu gewährenden Leistungen erreicht. Schließlich sind nach § 37a Abs. 1 S. 4 der Wert, die Quelle der Bewertung sowie die angewandte Bewertungsmethode anzugeben. Diese gesamten Bestimmungen erklärt

---

[29] AllgM: MüKo-AktG/*Bayer*, Rn 13; *Hüffer*, Rn 6.
[30] MüKo-AktG/*Bayer*, Rn 13; *Hüffer*, Rn 6; Grigoleit/*Rieder/Holzmann*, Rn 13.
[31] Gesetz zur Modernisierung des GmbH-Rechts und zur Bekämpfung von Missbräuchen (MoMiG) vom 23.10.2008 (BGBl. I 2008 S. 2026).
[32] MüKo-AktG/*Bayer*, Rn 13.
[33] Gesetz zur Umsetzung der Aktionärsrechterichtlinie (ARUG) vom 30.7.2009 (BGBl. I 2009 S. 2479).

§ 206 S. 2 für entsprechend anwendbar, allerdings nach § 206 S. 3 mit der Maßgabe, dass an die Stelle der Anmeldung und Eintragung der Gesellschaft die Anmeldung und Eintragung der Durchführung der Erhöhung des Grundkapitals tritt. Das hat zur Konsequenz, dass die Anmeldung mit dem vorgenannten (erweiterten) Inhalt bei der **Anmeldung der Durchführung der Kapitalerhöhung zu erfolgen hat**, und nicht etwa schon bei der Anmeldung der die Ermächtigung enthaltenden Satzungsänderung oder gar, wenn die Ermächtigung (wie dies von § 206 S. 1 verlangt wird) in der Ursprungssatzung erfolgt, bei der Anmeldung der Gesellschaft.

(2) Besonderheiten bei der der Anmeldung beizufügenden Versicherung (§ 206 S. 2 iVm § 37 Abs. 2). Nach 22 § 37a Abs. 2 haben die Anmeldenden im Fall der vereinfachten Sachgründung bei der Anmeldung der Gesellschaft zu versichern, dass ihnen keine außergewöhnlichen den Wert des Gegenstands der Sacheinlage beeinflussenden Umstände bekannt geworden sind. Diese Bestimmung erklärt § 206 S. 2 für entsprechend anwendbar, allerdings mit der Maßgabe, dass an die Stelle der Anmeldung und Eintragung der Gesellschaft die Anmeldung und Eintragung der Durchführung der Erhöhung des Grundkapitals tritt. Zudem ist zu beachten, dass nach § 205 Abs. 5 S. 2 iVm § 183a Abs. 2 S. 1, § 205 Abs. 5 S. 3 das Datum der Vorstandsentscheidung über die Ausgabe neuer Aktien gegen Sacheinlagen sowie die Angaben nach § 37a Abs. 1 und 2 in den Gesellschaftsblättern bekanntzumachen ist und dies auch im Anwendungsbereich des § 206 zu erfolgen hat (siehe dazu Rn 16 f).

Das bedeutet *zum einen*, dass die **Versicherung erst bei der Anmeldung der Durchführung der Kapitalerhöhung abzugeben** ist, und nicht etwa schon bei der Anmeldung der die Ermächtigung enthaltenden Satzungsänderung oder gar, wenn die Ermächtigung (wie dies von § 206 S. 1 verlangt wird) in der Ursprungssatzung erfolgt, bei der Anmeldung der Gesellschaft. 23

Zum anderen muss die Versicherung bei der Ausnutzung des genehmigten Kapitals – abweichend von der bei der vereinfachten Sachgründung erforderlichen Versicherung – den Inhalt haben, dass den Anmeldenden der Durchführung, mithin dem Vorstand und dem Vorsitzenden des Aufsichtsrates (§ 188 Abs. 1), **seit der Bekanntmachung** des Datums **der Vorstandsentscheidung über die Ausgabe neuer Aktien gegen Sacheinlagen** keine Umstände im Sinne von § 37a Abs. 2 (außergewöhnliche den Wert des Gegenstands der Sacheinlage beeinflussende Umstände) bekannt geworden sind. 24

(3) Besonderheiten hinsichtlich der beizufügenden Dokumente (§ 206 S. 2 iVm § 37 Abs. 3). Für den Fall 25 der vereinfachten Sachkapitalerhöhung im Wege der Ausnutzung eines genehmigten Kapitals ordnet § 206 S. 2 schließlich ausdrücklich auch die Anwendung von § 37a Abs. 3 an. Danach sind bei nicht erfolgter Prüfung im Interesse einer erhöhten Transparenz und Nachprüfbarkeit[34] der Anmeldung folgende Anlagen beizufügen:

- entweder (korrespondierend mit der Regelung des § 33a Abs. 1 Nr. 1; vgl Rn 14) Unterlagen über die Ermittlung des gewichteten Durchschnittspreises, zu dem die einzubringenden Wertpapiere oder Geldmarktinstrumente während der letzten drei Monate vor dem Tag ihrer tatsächlichen Einbringung auf einem organisierten Markt gehandelt worden sind (§ 37a Abs. 3 Nr. 1) oder
- (korrespondierend mit der Regelung des § 33a Abs. 1 Nr. 2; vgl Rn 14) jedes Sachverständigengutachten, auf das sich die Bewertung in den Fällen des § 33a Abs. 1 Nr. 2 stützt.

Dabei müssen die Unterlagen – anders als bei der vereinfachten Sachgründung – wegen § 206 S. 3 erst der Anmeldung der Durchführung der Kapitalerhöhung und nicht schon der Anmeldung der Gesellschaft beigefügt werden.

d) Gerichtliche Prüfung und Eintragung der Durchführung der Kapitalerhöhung. Durch die §§ 206 S. 2, 38 26 Abs. 2 und 3 wird klargestellt,[35] dass das Registergericht den Antrag auf Eintragung der Durchführung unter den dort genannten Voraussetzungen ablehnen kann. Das ist insofern missverständlich formuliert, als es wegen der Formulierung „kann" einen Ermessensspielraum suggeriert. Dem ist aber nicht so. Vielmehr hat das Registergericht den Eintragungsantrag zurückzuweisen, wenn die Voraussetzungen dafür nach § 38 Abs. 2 oder Abs. 3 vorliegen (str, vgl § 38 Rn 20).

aa) Grundsatz (§ 206 S. 2 iVm § 38 Abs. 2). Nach § 38 Abs. 2 hat das Gericht die Eintragung insbesondere 27 abzulehnen, wenn die Gründungsprüfer erklären oder das Gericht der Auffassung ist, dass der Wert der Sacheinlagen nicht unwesentlich hinter dem geringsten Ausgabebetrag der dafür zu gewährenden Aktien oder dem Wert der dafür zu gewährenden Leistungen zurückbleibt. Zu Einzelheiten siehe die Kommentierung zu § 38 (§ 38 Rn 12–18).

---

[34] Vgl BegrRegE ARUG BR-Drucks. 847/08, S. 32, 57; *Bayer/J. Schmidt*, ZGR 2009, 805, 812.

[35] MüKo-AktG/*Bayer*, Rn 13; *Hüffer*, Rn 6; Großkomm-AktienR/*Hirte*, Rn 14; KölnKomm-AktG/*Lutter*, Rn 8; Bürgers/Körber/*Marsch-Barner*, Rn 7; Grigoleit/*Rieder/Holzmann*, Rn 14; Spindler/Stilz/*Wamser*, Rn 20.

28 **bb) Bloße Formalprüfung im Fall der vereinfachten Sachkapitalerhöhung (§ 206 S. 2 iVm § 38 Abs. 3).** Von dem in § 206 S. 2 iVm § 38 Abs. 2 festgelegten Grundsatz (siehe dazu Rn 27) enthält § 206 S. 2 iVm § 38 Abs. 3 eine Ausnahme. Danach hat, wenn die Anmeldung die Erklärung nach § 37a Abs. 1 S. 1 enthält, also ein Fall der vereinfachten Sachkapitalerhöhung vorliegt, das Gericht hinsichtlich der Werthaltigkeit der Sacheinlagen ausschließlich eine **formalrechtliche Kontrolle** durchführen und zu prüfen, ob die Voraussetzungen des § 37a erfüllt sind (§ 206 S. 2 iVm § 38 Abs. 3 S. 1).[36] Lediglich bei einer **offenkundigen und erheblichen Überbewertung** kann das Gericht die Eintragung insofern ablehnen (§ 206 S. 2 iVm § 38 Abs. 3 S. 2).[37] Zu Einzelheiten siehe die Kommentierung zu § 38 (§ 38 Rn 19).

D. Verhältnis zur Nachgründung

29 Wenn § 206 eingreift, ist eine Anwendung von § 52 ausgeschlossen.[38] Denn die durch den Verweis auf die Gründungsnormen im § 206 enthaltenen Sicherungen machen einen Rückgriff auf die Nachgründungsvorschriften des § 52 entbehrlich.[39] Allerdings kann der Vorschrift des § 52 dann eine Bedeutung zukommen, wenn die Sacheinlage unter den Voraussetzungen des § 206 scheitert.[40]

Vierter Unterabschnitt
Kapitalerhöhung aus Gesellschaftsmitteln

§ 207 Voraussetzungen

(1) Die Hauptversammlung kann eine Erhöhung des Grundkapitals durch Umwandlung der Kapitalrücklage und von Gewinnrücklagen in Grundkapital beschließen.

(2) ¹Für den Beschluß und für die Anmeldung des Beschlusses gelten § 182 Abs. 1, § 184 Abs. 1 sinngemäß. ²Gesellschaften mit Stückaktien können ihr Grundkapital auch ohne Ausgabe neuer Aktien erhöhen; der Beschluß über die Kapitalerhöhung muß die Art der Erhöhung angeben.

(3) Dem Beschluß ist eine Bilanz zugrunde zu legen.

A. Grundlagen 1	a) Mehrheitserfordernisse 9
I. Einführung 1	b) Ausgabe neuer Aktien oder Erhöhung von Nennbetrag bzw rechnerischem Anteil am Grundkapital 10
1. Unterschiede zwischen der Kapitalerhöhung aus Gesellschaftsmitteln und der effektiven Kapitalerhöhung 1	c) Beschlussinhalt 12
2. Vergleich zum Ausschüttungs-Rückholverfahren (auch „Schütt-aus-hol-zurück-Verfahren") 3	2. Zeitpunkt der Beschlussfassung 13
	3. Zugrundelegung einer Bilanz (Abs. 3) 14
II. Entwicklungsgeschichte der Norm 5	4. Beschlussmängel, Beschlussänderungen .. 16
B. Einzelheiten 6	5. Anmeldung, Kosten 17
I. Verfahren 6	II. Verbindung mehrerer Maßnahmen 19
1. Erhöhungsbeschluss 6	

A. Grundlagen

1 **I. Einführung. 1. Unterschiede zwischen der Kapitalerhöhung aus Gesellschaftsmitteln und der effektiven Kapitalerhöhung.** Eine Kapitalerhöhung aus Gesellschaftsmitteln ist als sog. **nominelle Kapitalerhöhung** von den sog. **effektiven Kapitalerhöhungen** (ordentliche Kapitalerhöhung, Kapitalerhöhung aus genehmigtem Kapital, bedingte Kapitalerhöhung) zu unterscheiden. Allen Maßnahmen gemeinsam ist, dass sie zu einer Erhöhung des Grundkapitals (§§ 1 Abs. 2, 23 Abs. 3 Nr. 3) führen, also zu einer Erhöhung dieser satzungsmäßig fixierten und einer Reihe von rechtlichen Beschränkungen unterworfenen Bilanzziffer.[1] Während dies allerdings bei den effektiven Kapitalerhöhungen dadurch bewirkt wird, dass der AG durch ihre Aktionäre oder Dritte weitere Mittel zugeführt werden und sich dadurch ihr Gesellschaftsvermögen insgesamt erhöht, hat die Kapitalerhöhung aus Gesellschaftsmitteln nur eine bilanztechnische Umgliederung zur

---

[36] Hüffer, Rn 7; Grigoleit/Rieder/Holzmann, Rn 14; ausführlich MüKo-AktG/Bayer, § 205 Rn 67 f.
[37] Grigoleit/Rieder/Holzmann, Rn 14.
[38] Hölters/v. Dryander/Niggemann, Rn 10; Großkomm-AktienR/Hirte, Rn 15; Hüffer, Rn 8; Grigoleit/Rieder/Holzmann, Rn 15; Spindler/Stilz/Wamser, Rn 21.
[39] Großkomm-AktienR/Hirte, Rn 15; Hüffer, Rn 7 (kein Bedürfnis).
[40] Hölters/v. Dryander/Niggemann, Rn 10; Großkomm-AktienR/Hirte, Rn 15; Spindler/Stilz/Wamser, Rn 21.
[1] Begriff nach Hüffer, § 1 Rn 10.

Folge, indem vorhandene Rücklagen in Grundkapital umgewandelt werden.² Eine **effektive Kapitalerhöhung** dient folglich der Zuführung von **neuen Geldmitteln**, während im Rahmen der nominellen Kapitalerhöhung lediglich das Grundkapital bilanziell dem Ist-Kapital angepasst wird.³ Sie ist eigentlich ein Fremdkörper im sechsten Teil des 1. Buches des AktG.⁴

Die Gründe für die Durchführung einer Kapitalerhöhung aus Gesellschaftsmitteln können vielfältiger Art sein. Wird (Regelfall) die Anzahl der Aktien erhöht, geht das Mehr an Aktien bei unverändertem Vermögen der Gesellschaft mit einem geringeren Preis jeder einzelnen Aktie einher. Die Aktie (dh der Aktienkurs) wird dadurch optisch „leichter", was börsenpolitisch von Bedeutung sein kann. Des Weiteren kann es im Interesse der AG liegen, ihre Grundkapitalziffer zu erhöhen und so mehr Kapital den strengen Schutz- und Erhaltungsvorschriften für Grundkapital zu unterwerfen, da dies gegebenenfalls die Fremdkapitalaufnahme erleichtert. Ein weiteres Motiv kann darin liegen, durch ein Mehr an Grundkapital in größerem Umfang von dem erleichterten Bezugsrechtsausschluss gemäß § 186 Abs. 3 S. 3 Gebrauch zu machen (danach ist ein Bezugsrechtsausschluss zulässig, wenn die Kapitalerhöhung bis zu 10 % des Grundkapitals ausmacht und die Aktien zu einem Preis in der Nähe des Börsenkurses ausgegeben werden).

2. Vergleich zum Ausschüttungs-Rückholverfahren (auch „Schütt-aus-hol-zurück-Verfahren"). Ungeachtet der Zulässigkeit der nominellen Kapitalerhöhung erfolgen in der Praxis Kapitalerhöhungen auch dadurch, dass die AG Rücklagen als Bilanzgewinn an die Aktionäre ausschüttet und diese ihrerseits ihren Gewinnauszahlungsanspruch in die AG als Gegenleistung für neue Aktien einlegen. Dies war steuerlich attraktiv, so lange unter Geltung des körperschaftsteuerlichen Anrechnungsverfahrens in der AG thesaurierte Gewinne mit einem höheren Steuersatz belegt waren als ausgeschüttete Gewinne. Unter dem Halbeinkünfteverfahren⁵ hat diese Gestaltung ihren steuerlichen Reiz verloren. Sie ist seither steuerschädlich und praktisch ohne Bedeutung.

Die Rechtsprechung sah in derartigen Kapitalerhöhungen ursprünglich eine unzulässige **Umgehung der Sacheinlagevorschriften**.⁶ Derartige Kapitalerhöhungen mussten also als Sacheinlage behandelt werden. Mit Urteil vom 26.5.1997⁷ hatte der zweite Zivilsenat diese Rechtsprechung jedoch insoweit modifiziert, als er nunmehr eine Parallele zur Kapitalerhöhung aus Gesellschaftsmitteln zog. Werde im Kapitalerhöhungsbeschluss offen gelegt, dass die Einlageschuld der Übernehmer ganz oder teilweise durch Umbuchung ausgeschütteter Nettogewinne getätigt werde, könne die Kapitalaufbringung durch sinngemäße Anwendung der Grundsätze der Kapitalerhöhung aus Gesellschaftsmitteln sichergestellt werden.

II. Entwicklungsgeschichte der Norm. Im Rahmen des StückAG vom 25.3.1998⁸ wurde Abs. 2 S. 1 geändert und Abs. 2 S. 2 angefügt. Durch das TransPublG vom 25.7.2002⁹ wurde die Abs. 3 gestrichen, Abs. 4 wurde zu Abs. 3.¹⁰

B. Einzelheiten

I. Verfahren. 1. Erhöhungsbeschluss. Nach Abs. 1 vollzieht sich die Kapitalerhöhung aus Gesellschaftsmitteln durch die Umwandlung von Rücklagen in Grundkapital. Hierzu ist ein Hauptversammlungsbeschluss erforderlich, der eine Satzungsänderung darstellt. Damit finden die §§ 179 ff. Anwendung.¹¹

Bezüglich der Beschlussfassung und der Anmeldung verweist § 207 Abs. 2 S. 1 auf die §§ 182 Abs. 1, § 184 Abs. 1. Die heutige Fassung geht auf Artikel 1 Nr. 7 StückAG vom 25.3.1998¹² zurück. Die frühere Fassung hatte auf die § 182 Abs. 1 Sätze 1, 2 und 4 verwiesen, was allgemein als Redaktionsversehen verstanden wurde.¹³

Der Verweis bedeutet im Einzelnen:

- Es gelten die Mehrheitserfordernisse nach § 182 Abs. 1 S. 1, S. 2 Hs 1.
- Auf § 182 Abs. 1 S. 2 Hs 2 (Mehrheitserfordernisse bei Ausgabe von Vorzugsaktien) wird nicht verwiesen. Der Grund ergibt sich aus § 216. Danach ändern sich die mit den Aktien zueinander verbundenen Rechte nicht, dh es können durch die Kapitalerhöhung aus Gesellschaftsmitteln Vorzugsaktien nicht neu geschaffen werden.
- Die Satzung kann weitere Erfordernisse für Kapitalerhöhungsbeschlüsse vorsehen, §§ 207 Abs. 2 S. 1, 182 Abs. 1 S. 3.

---

2 Diese Unterscheidung gilt auch bei der Kapitalherabsetzung.
3 *K. Schmidt*, GesR, 29 III 1.
4 MüKo-AktG/*Volhard*, Rn 1.
5 Steuersenkungsgesetz v. 23.10.2000, BGBl. I S. 1433.
6 BGHZ 113, 335.
7 BGHZ 135, 381.
8 BGBl. I S. 590.
9 BGBl. I S. 2681 ff.
10 Dazu unten Rn 15.
11 *Hüffer*, Rn 8; Großkomm-AktienR/*Hirte*, Rn 100; KölnKomm AktG/*Lutter*, Rn 4.
12 BGBl. I S. 190.
13 RegBegr, BT-Drucks. 14/573, S. 17.

- Grundsätzlich erfolgt die Kapitalerhöhung durch die Ausgabe neuer Aktien, §§ 207 Abs. 2 S. 1, 182 Abs. 1 S. 4. Insoweit sehen die §§ 215 Abs. 2 S. 2, 207 Abs. 2 S. 2 Hs 1 jedoch Besonderheiten für teileingezahlte Aktien und für Stückaktien vor.
- Schließlich darf sich die Zahl der Stückaktien nur in demselben Verhältnis erhöhen wie das Grundkapital, §§ 207 Abs. 2 S. 1, 182 Abs. 1 S. 5.

9 **a) Mehrheitserfordernisse.** Der Erhöhungsbeschluss bedarf gemäß § 182 Abs. 1 S. 1 iVm § 207 Abs. 2 einer Mehrheit von mindestens drei Vierteln des bei der Beschlussfassung vertretenen Grundkapitals. Die **Mehrheit des Grundkapitals** ist von der Stimmenmehrheit zu unterscheiden, was allerdings nur bei den inzwischen praktisch weitgehend bedeutungslosen Mehrstimmrechtsaktien relevant ist. Die Satzung kann sowohl eine höhere als auch eine niedrigere Kapitalmehrheit bestimmen, § 207 Abs. 2 iVm § 182 Abs. 1 S. 2. Dabei erfasst die Verweisung nicht die in § 182 Abs. 1 S. 2 Hs 2 gesondert geregelten stimmrechtslosen Vorzugsaktien,[14] dh auch bei stimmrechtslosen Vorzügen kann die Satzung die Kapitalerhöhung mit niedrigerer Mehrheit zulassen. Ob eine entsprechende Satzungsklausel vorliegt ist Auslegungsfrage (vgl hierzu die Erläuterungen bei § 179).[15] Wird darin ein bestimmtes Mehrheitserfordernis für „Kapitalerhöhungen" aufgestellt, schließt dies Kapitalerhöhungen aus Gesellschaftsmitteln mit ein.[16]

10 **b) Ausgabe neuer Aktien oder Erhöhung von Nennbetrag bzw rechnerischem Anteil am Grundkapital.** Hat die Gesellschaft Nennbetragsaktien, erfolgt die Kapitalerhöhung gemäß § 207 Abs. 2. iVm § 182 Abs. 1 S. 4 grundsätzlich dadurch, dass die Gesellschaft neue Aktien ausgibt. Die Ausgabe neuer Aktien ist jedoch nicht zulässig, soweit teileingezahlte Aktien vorliegen, § 215 Abs. 2. In so einem Fall ist deren Nennwert zu erhöhen.[17] Bei den volleingezahlten Aktien kann die Gesellschaft wählen, ob sie neue Aktien ausgibt oder auch insoweit den Nennbetrag erhöht.

11 Hat die Gesellschaft Stückaktien, besteht ebenfalls ein Wahlrecht. Die Gesellschaft kann wählen, ob sie neue Aktien ausgibt oder ob sie den anteiligen rechnerischen Betrag des auf jede Stückaktie entfallenden Grundkapitals erhöht. Das Gesetz äußert sich nicht ausdrücklich dazu, ob bei Stückaktien beide Methoden verbunden werden können, dh die umzuwandelnden Rücklagen zum Teil als neue Stückaktien ausgegeben und die verbleibenden Beträge auf alte und neu entstandene Aktien verteilt werden können. Besondere Gründe dafür, dass dies nicht gestattet sein soll, sind nicht ersichtlich. Allerdings ist ein praktisches Bedürfnis für eine derartige Vorgehensweise wohl nur im Ausnahmefall gegeben, da die Hauptversammlung in jedem Fall die Kapitalerhöhung in zwei Beschlüsse trennen und einmal neue Aktien ausgeben, im Übrigen den rechnerischen Anteil am Grundkapital erhöhen kann. In jedem Fall muss im Beschluss angegeben werden, welches Verfahren für die Kapitalerhöhung gelten soll (Abs. 2 S. 2 Hs 2). Fehlt die Angabe, ist der Beschluss nichtig.[18]

12 **c) Beschlussinhalt.** Der Beschluss muss den Erhöhungsbetrag genau beziffern,[19] dabei gilt § 8. Danach müssen Nennbetragsaktien auf mindestens **einen Euro** und andernfalls auf **volle Euro** lauten. Bei Stückaktien muss der rechnerische Anteil am Grundkapital ebenfalls mindestens einen Euro betragen. Hat die AG Stückaktien, kann es deshalb uU sinnvoll sein, den anteiligen rechnerischen Betrag zu erhöhen. So kann die Bildung von Spitzen (§ 213) vermieden werden. Bestehen teileingezahlte Aktien, ist wegen § 215 Abs. 2 S. 2 deren Nennbetrag zu erhöhen. Insoweit muss so weit wie möglich vermieden werden, dass Spitzen entstehen. Der Beschluss muss ferner angeben, dass die Kapitalerhöhung durch Umwandlung der Kapital- bzw Gewinnrücklage erfolgt. Dabei ist die betreffende Rücklage konkret anzugeben.[20] Mehrere Rücklagen können gleichzeitig herangezogen werden, auch teilweise; der Beschluss hat lediglich die umzuwandelnden Beträge aus der Kapitalrücklage und aus den Unterpositionen der Gewinnrücklage im Einzelnen zu bezeichnen.[21] Schließlich muss die AG ein gegebenenfalls bestehendes Wahlrecht ausüben, ob die Kapitalerhöhung durch die Ausgabe neuer Aktien oder durch eine Erhöhung des Nennwerts/anteiligen rechnerischen Betrags am Grundkapital erfolgt. Wird dieses Wahlrecht nicht ausgeübt, ist der Kapitalerhöhungsbeschluss nichtig.[22] Im Kapitalerhöhungsbeschluss kann in dem von § 217 definierten Rahmen geregelt werden, in welchem Umfang neue Aktien an der Gewinnverteilung partizipieren. Sinnvoll ist es, in dem Beschluss auch klarzustellen, auf welchen konkreten Nennbetrag die neu geschaffenen Aktien lauten. Nicht sinnvoll ist es, ein Bezugsverhältnis anzugeben. Dieses folgt unabdingbar bereits aus § 212 S. 1. Ein von § 212 S. 1 abwei-

---

14 *Hüffer*, Rn 10; MüKo-AktG/*Volhard*, Rn 15.
15 Oben § 179 Rn 30.
16 *Hüffer*, Rn 10.
17 Spindler/Stilz/*Fock-Wüsthoff*, Rn 12.
18 *Hüffer*, Rn 11 a.
19 *Hüffer*, Rn 12.
20 *Hüffer*, Rn 12.
21 *Hüffer*, Rn 12.

22 Dass nicht nur Anfechtbarkeit besteht, sondern Nichtigkeit gegeben ist, ist unstreitig bezüglich des Wahlrechts bei Stückaktien, *Hüffer*, Rn 11 a, streitig bezüglich des Wahlrechts bei Nennbetragsaktien neben lediglich teilweise eingezahlten Nennbetragsaktien, § 215 Abs. 2; die abweichende Auffassung nimmt bloße Anfechtbarkeit an, zum Streitstand Großkomm-AktienR/*Hirte*, Rn 33.

chendes Bezugsverhältnis ist nichtig, § 212 S. 2, und gefährdet wegen § 139 BGB die Wirksamkeit des Beschlusses insgesamt.[23]

2. Zeitpunkt der Beschlussfassung. Kapitalerhöhungen aus Gesellschaftsmitteln können bis zur Auflösung der Gesellschaft beschlossen werden, danach nicht mehr.[24]

3. Zugrundelegung einer Bilanz (Abs. 3). Durch die Streichung des Abs. 3 aF durch das TransPublG[25] muss die zugrunde gelegte **Bilanz nicht mehr festgestellt** sein.
Weitere Spezifikationen zur Bilanz enthält § 209. Stellt die Hauptversammlung den Jahresabschluss fest, kann darin sogleich auch die Kapitalerhöhung beschlossen werden. Zeitlich muss die Feststellung des Jahresabschlusses dem Kapitalerhöhungsbeschluss vorangehen. Der Gewinnverwendungsbeschluss kann auch nach dem Kapitalerhöhungsbeschluss verabschiedet werden, im Falle des § 217 Abs. 2 S. 2 muss er sogar dem Kapitalerhöhungsbeschluss nachfolgen.

4. Beschlussmängel, Beschlussänderungen. Beschlussmängel können zur Nichtigkeit (§ 241) oder zur Anfechtbarkeit (§ 243) des Kapitalerhöhungsbeschlusses führen. Fehlen Erhöhungsbetrag, die Angabe der umzuwandelnden Rücklage(n) bzw die Angabe der zugrunde gelegten Bilanz, ist der Beschluss nichtig. Bis zu seiner Eintragung kann der Kapitalerhöhungsbeschluss geändert und aufgehoben werden. Streitig ist, ob Aufhebungs- und Änderungsbeschlüsse den Beschlussvoraussetzungen des Kapitalerhöhungsbeschlusses entsprechen müssen[26] oder ob die einfache Beschlussmehrheit genügt.[27] Letzteres ist herrschende Meinung zur Annullierung jeder sonstigen noch nicht eingetragenen Satzungsänderung,[28] mE zweifelhaft.

5. Anmeldung, Kosten. Zur Anmeldung der Kapitalerhöhung vgl zunächst § 210. Des Weiteren verweist § 207 Abs. 2 S. 1 auf § 184 Abs. 1. Die Anmeldung erfolgt im Namen der AG durch den Vorstand und den Vorsitzenden des Aufsichtsrates. Es müssen nicht alle Vorstandsmitglieder unterzeichnen, sondern es genügt Unterzeichnung durch Mitglieder in vertretungsbefugter Anzahl.[29] Vgl zur Frage der Vertretung bei der Anmeldung (und – in der Praxis wichtig – bei der Abgabe der Versicherung gem. § 210 Abs. 1 S. 2)[30] die Kommentierung zu den §§ 181,[31] 210.[32] Dieselben Grundsätze müssen mE für die (streitige) Frage gelten, ob bei unechter Gesamtvertretung der Vorstand gemeinsam mit einem Prokuristen handeln kann.[33] Ist der Aufsichtsratsvorsitzende verhindert, kann sein Stellvertreter für ihn tätig werden. Der Grund der Verhinderung muss dann aber mE in der Anmeldung zumindest angegeben und dem Registergericht jedenfalls auf Nachfrage auch nachgewiesen werden. Stets können die betreffenden Verwaltungsmitglieder ihre jeweilige Anmeldung ggf auf einem separatem notariellen Dokument, auch bei einem anderen Notar, abgeben.

Die Notargebühren bestimmen sich nach dem GNotKG, der Geschäftswert (§ 3 Abs. 1 GNotKG) ist gleich dem Erhöhungsbetrag. Die Beglaubigung der Anmeldung verursacht weitere Kosten, § 105 Abs. 1 Nr. 4 GNotKG. Das Registergericht erhebt Kosten nach der HRegGebV.

II. Verbindung mehrerer Maßnahmen. Nach ganz herrschender Meinung können eine Kapitalerhöhung aus Gesellschaftsmitteln und sonstige Formen der regulären Kapitalerhöhung nicht in einem einheitlichen Beschluss verbunden werden.[34] Damit ist gemeint, dass eine einheitliche Beschlussfassung des Inhalts unzulässig ist, wonach das Kapital um einen Betrag von X erhöht wird und sich X einerseits aus einer Bar- bzw Sacheinlage und andererseits aus umzuwandelnden Kapital- oder Gewinnrücklagen zusammensetzt. Das Verbindungsverbot beruht darauf, dass es andernfalls zu unlösbaren Abstimmungsproblemen kommen würde, weil bei der Kapitalerhöhung aus Gesellschaftsmitteln die neuen Aktien automatisch jedem bisherigen Aktionär entsprechend seiner Beteiligungsquote zustehen, während die Aktionäre bei der effektiven Kapitalerhöhung entscheiden können, ob sie an der Kapitalerhöhung teilnehmen.

Ohne Weiteres zulässig ist es demgegenüber, nacheinander (auch in einer Hauptversammlung) sowohl Beschlüsse über eine Kapitalerhöhung aus Gesellschaftsmitteln und über eine effektive Kapitalerhöhung zu fassen. Dann ist das Wirksamwerden der ersten Kapitalerhöhung Rechtsbedingung für die darauf folgende weitere Kapitalerhöhung. Auf diesem Weg können im Ergebnis dieselben Ergebnisse erzielt werden wie im

---

23 KölnKomm-AktG/*Lutter*, Rn 14.
24 *Hüffer*, § 207 Rn 16 und § 264 Rn 16.
25 Oben Rn 7.
26 *Hüffer*, Rn 18.
27 KölnKomm-AktG/*Lutter*, § 211 Rn 4.
28 Vgl oben § 179 Rn 31.
29 *Hüffer*, Rn 19; Großkomm-AktienR/*Hirte*, § 210 Rn 9; KölnKomm-AktG/*Lutter*, § 210 Rn 4.
30 Vgl hierzu auch *Hüffer*, Rn 19 einerseits und KölnKomm-AktG/*Lutter*, § 210 Rn 4; *Ammon*, DStR 1993, 1025, 1028 andererseits.
31 Oben § 181 Rn 7 f.
32 Unten § 210 Rn 6.
33 Eine Vertretung lassen zB zu KG JW 1938, 3121; *Hüffer*, Rn 19; KölnKomm-AktG/*Lutter*, § 210 Rn 4. Verneinend zB Großkomm-AktienR/*Hirte*, § 210 Rn 9.
34 *Hüffer*, Rn 6; MüKo-AktG/*Volhard*, Rn 34; MüHb-AG/*Krieger*, § 59 Rn 3; *Börner*, DB 1988, 1254; aA Großkomm-AktienR/*Hirte*, Rn 145 f und OLG Düsseldorf NJW 1986, 2060 zur GmbH.

Rahmen einer Kombination beider Erhöhungsarten in einem Beschluss. In der Regel wird bei einer derartigen Kombination zunächst die Kapitalerhöhung aus Gesellschaftsmitteln durchgeführt werden.[35] Dann nehmen an dieser Kapitalerhöhung alle Aktionäre der AG teil, die sodann eine klare Entscheidungsgrundlage dafür haben, ob sie auch ihre Bezugsrechte bezüglich der effektiven Kapitalerhöhung ausnutzen oder dieses – und zu welchem Preis – auf Dritte übertragen. Der umgekehrte Weg ist allerdings ebenfalls möglich.[36] Schließlich ist es zulässig, eine Kapitalerhöhung aus Gesellschaftsmitteln mit einer ordentlichen Kapitalherabsetzung zu verbinden. Diese Maßnahme kann dann erforderlich werden, wenn die Gesellschaft eigene Aktien besitzt und verhindern will, dass diese an einer Kapitalerhöhung aus Gesellschaftsmitteln teilnehmen (so § 215 Abs. 1).

§ 208 Umwandlungsfähigkeit von Kapital- und Gewinnrücklagen

(1) [1]Die Kapitalrücklage und die Gewinnrücklagen, die in Grundkapital umgewandelt werden sollen, müssen in der letzten Jahresbilanz und, wenn dem Beschluß eine andere Bilanz zugrunde gelegt wird, auch in dieser Bilanz unter „Kapitalrücklage" oder „Gewinnrücklagen" oder im letzten Beschluß über die Verwendung des Jahresüberschusses oder des Bilanzgewinns als Zuführung zu diesen Rücklagen ausgewiesen sein. [2]Vorbehaltlich des Absatzes 2 können andere Gewinnrücklagen und deren Zuführungen in voller Höhe, die Kapitalrücklage und die gesetzliche Rücklage sowie deren Zuführungen nur, soweit sie zusammen den zehnten oder den in der Satzung bestimmten höheren Teil des bisherigen Grundkapitals übersteigen, in Grundkapital umgewandelt werden.

(2) [1]Die Kapitalrücklage und die Gewinnrücklagen sowie deren Zuführungen können nicht umgewandelt werden, soweit in der zugrunde gelegten Bilanz ein Verlust einschließlich eines Verlustvortrags ausgewiesen ist. [2]Gewinnrücklagen und deren Zuführungen, die für einen bestimmten Zweck bestimmt sind, dürfen nur umgewandelt werden, soweit dies mit ihrer Zweckbestimmung vereinbar ist.

A. Grundlagen

1 **I. Entwicklungsgeschichte der Norm.** Die Vorschrift geht sachlich auf § 2 KapRHG aF zurück. Sie wurde durch das Bilanzrichtliniengesetz vom 19.12.1985[1] geändert.

2 **II. Regelungsgegenstand.** Die Vorschrift ergänzt § 207 Abs. 1 und regelt, welche Rücklagen unter welchen Voraussetzungen in Grundkapital umgewandelt werden können.

3 Ab 2 S. 2 hat gesellschaftsinterne Bedeutung und schützt die Finanzplanungshoheit der für die Rücklagenzuführung zuständigen Organe.[2]

B. Einzelheiten

4 **I. Umwandlungsfähige Rücklagen.** Nach Abs. 1 können nur bestimmte Rücklagen und ihre Zuführungen in Grundkapital umgewandelt werden. Dabei sind weitere Einschränkungen und formale Anforderungen zu beachten.

5 Abs. 1 S. 1 ordnet an, dass die Kapitalrücklage (§ 266 Abs. 3 a II HGB) und die Gewinnrücklagen (§ 266 Abs. 3 a III HGB) umgewandelt werden können. Die Kapitalrücklage entsteht im Wesentlichen durch Zuweisungen gemäß § 272 Abs. 2 HGB, des Weiteren können Zuweisungen nach §§ 232, 237 Abs. 5 erfolgt sein. Umwandelbare Gewinnrücklagen sind die gesetzliche Rücklage, § 266 Abs. 3 a II 1, satzungsmäßige Rücklagen, § 266 Abs. 3 a III Nr. 3 HGB und andere Gewinnrücklagen, § 266 Abs. 3 a III Nr. 4 HGB.

5a Auch Rücklagen nach § 272 Abs. 2 Nr. 4 HGB sind umwandlungsfähig. Dies gilt auch dann, wenn diese Zuweisungen nicht durch Barmittel erfolgt sind, sondern durch Sacheinlagen.[3] Damit besteht für die Gestaltungspraxis die Möglichkeit, Sacheinlage in Grundkapital zu überführen, ohne dass eine Gründungsprüfung stattfindet (vgl § 183 Abs. 3). Derartige Gestaltungen werden allgemein für zulässig erachtet. Begründet wird dies damit, dass die Werthaltigkeit der Sacheinlage durch das Testat der zugrunde gelegten Bilanz bestätigt werde.[4] Das Testat unter dem zugrunde liegenden Jahresabschluss gewährt den Aktionären und dem Rechtsverkehr (Gläubigerschutz), aber bei weitem weniger Informationen als ein schriftlicher

---

35 *Hüffer*, Rn 7.
36 *Hüffer*, Rn 7; aA *Börner*, DB 1988, 1254, 1256 f.
1 BGBl. I S. 2355.
2 Großkomm-AktienR/*Hirte*, Rn 5.

3 Vgl hierzu den von OLG Hamm, ZIP 2008, 1475, entschiedenen Fall.
4 OLG Hamm, aaO, unter Verweis auf BGH NJW 1997, 2596 und *Lutter/Zöllner*, ZGR 1996, 164, 178.

Prüfbericht (§ 34 Abs. 2). Es ist deshalb zu begrüßen, dass in der Rechtsprechung erhöhte Prüfungspflichten des Registergerichts statuiert werden, wenn dieses eine derartige Gestaltung erkennt.[5]

Die Rücklage für eigene Anteile, § 266 Abs. 3 a III 2 HGB, ist nicht in Grundkapital umwandelbar, da sie nach § 272 Abs. 4 S. 2 HGB zweckgebunden ist und daher vom allgemeinen Umwandlungsverbot des § 208 Abs. 2 S. 2 erfasst wird.[6] In Grundkapital umwandelbar ist demgegenüber auch der Teil des Jahresüberschusses, der von Vorstand und Aufsichtsrat im Rahmen der Feststellung des Jahresabschlusses den Gewinnrücklagen zugeführt wird, sowie diejenigen Zuführungen, die die Hauptversammlung vornimmt, wenn ausnahmsweise sie zur Feststellung des Jahresabschlusses zuständig ist (§ 173 Abs. 1). Umwandlungsfähig sind schließlich diejenigen Rücklagen, die in einem Beschluss für die Verwendung des Bilanzgewinns (§§ 58 Abs. 2, 174) dotiert werden. Die Befugnis zur Umwandlung von Gewinnen in Grundkapital umfasst auch einen Gewinnvortrag, der nach § 158 Abs. 1 Nr. 1 in die Berechnung des Bilanzgewinns einzubeziehen ist.

II. Grenzen der Umwandlungsfähigkeit. Rücklagen können **nicht in jedem Fall vollständig zu Grundkapital** werden. Zwar können andere Gewinnrücklagen (§ 266 Abs. 3 a Nr. 4 HGB) in voller Höhe in Grundkapital transformiert werden, dies ist in § 208 Abs. 1 S. 2 explizit klargestellt. Das Gleiche muss für die satzungsmäßigen Rücklagen gem. § 266 Abs. 3 a III Nr. 3 HGB gelten,[7] sofern sie nicht zweckbestimmt sind. Demgegenüber können die Kapitalrücklagen und die gesetzliche Rücklage sowie deren Zuführungen nur umgewandelt werden, soweit sie zusammen den zehnten oder den in der Satzung bestimmten höheren Teil des bisherigen Grundkapitals übersteigen. Das Gesetz greift hier das auch in § 150 Abs. 4 S. 1 Nr. 3 angesprochene Prinzip auf, wonach derartige Rücklagen nur zu den in § 150 Abs. 4 S. 1 Nr. 3 angegebenen Zwecken verwendet werden dürfen. Bezugsgröße für die Ermittlung der Verwendungsbeschränkung ist jeweils das bisherige Grundkapital.[8] Nach Erhöhung belaufen sich also die Kapitalrücklage und die gesetzliche Rücklage auf weniger als 10 %, so dass sie erneut bis zu diesem Betrag aufgefüllt werden müssen.[9] Es kann deshalb sinnvoll sein, sie gleich von vornherein nur zu einem geringeren Teil umzuwandeln, so dass die Kapitalrücklage und die gesetzliche Rücklage auch nach erfolgter Erhöhung die 10 %-Grenze des dann erhöhten Kapitals erreichen.[10]

III. Stille Rücklagen (besser: stille Reserven). Die Diskussion der stillen Rücklagen im Zusammenhang mit Kapitalerhöhungen aus Gesellschaftsmitteln ist verfehlt. Stille Rücklagen, dh heute: stille Reserven, entstehen namentlich durch **Unterbewertung von Aktiva**, Nichtaktivierung aktivierungsfähiger Vermögensgegenstände, Verzicht auf mögliche Zuschreibungen bzw Überbewertungen von Passiva (insb. Verbindlichkeiten) und Rückstellungen. Sie sind „still", weil sie aus der Bilanz nicht ersichtlich sind, und können deshalb per se keine taugliche Grundlage für eine Kapitalerhöhung aus Gesellschaftsmitteln bilden. Stille Reserven können allenfalls dann in eine Kapitalerhöhung aus Gesellschaftsmitteln einfließen, wenn sie aufgelöst werden, zB durch Bewertungsänderungen, Veräußerung der unterbewerteten Gegenstände zu einem höheren Preis oder Wegfall der Gründe für eine vorgenommene Rückstellung.[11] Alle diese Vorgänge erhöhen den Jahresüberschuss (Begriff: § 275 Abs. 2 Nr. 20 HGB, § 58), so dass Verwaltung und/oder Hauptversammlung deshalb größere Beträge in die Gewinnrücklage einstellen können. Diese erhöhte Gewinnrücklage kann sodann ihrerseits Grundlage einer Kapitalerhöhung aus Gesellschaftsmitteln sein (freilich sind dann die stillen Reserven auch nicht mehr „still", sondern „offen").

IV. Schranken der Umwandlung. Das HGB kennt keinen Zwang, Gewinnrücklagen und/oder Kapitalrücklagen zur Deckung eines Verlustes aufzulösen. Stattdessen erscheinen in der Bilanz sowohl die Rücklagen als auch der Verlustvortrag. Die Differenz ist das tatsächlich vorhandene Vermögen. Nur dieses kann in satzungsmäßiges Grundkapital umgewandelt werden, dies stellt Abs. 2 klar. Die Verlustvorträge dürfen auch nicht mit anderen, nicht umwandlungsfähigen Kapitalrücklagen verrechnet werden.[12] Zweckbestimmte Gewinnrücklagen dürfen nur dann zur Umwandlung in Grundkapital herangezogen werden, wenn dies mit ihrer Zweckbestimmung vereinbar ist (Abs. 2 S. 2). Die Zweckbestimmung kann sich aus dem Gesetz oder aus der Satzung ergeben.[13] Des Weiteren kann die Zweckbestimmung durch das Gesellschaftsorgan vorgenommen werden, das die Rücklage gebildet hat. In diesen Fällen ist streitig, ob sich die Zweckbestimmung direkt aus der der Kapitalerhöhung zugrunde gelegten Bilanz ergeben muss. Dies ist mit der herrschenden Meinung[14] zu verneinen, da der Ausweis in der Bilanz nur dem Nachweis der Zweckbestimmung dient. Auch ohne Angabe in der Bilanz ist die Zweckbestimmung gegeben, so dass die Rücklage nicht verwendet werden darf. Die Zweckbestimmung kann geändert werden, so dass die Rücklagen umwandelbar

---

5 Vgl hierzu OLG Hamm, aaO, und § 210 Rn 5.
6 Großkomm-AktienR/*Hirte*, Rn 40.
7 AllgA, *Hüffer*, Rn 6; KölnKomm-AktG/*Lutter*, Rn 11.
8 Großkomm-AktienR/*Hirte*, Rn 18.
9 Großkomm-AktienR/*Hirte*, Rn 18.
10 Großkomm-AktienR/*Hirte*, Rn 18.
11 Großkomm-AktienR/*Hirte*, Rn 39.
12 *Hüffer*, Rn 7; Großkomm-AktienR/*Hirte*, Rn 22; KölnKomm-AktG/*Lutter*, Rn 14.
13 Großkomm-AktienR/*Hirte*, Rn 44.
14 *Hüffer*, Rn 9; Großkomm-AktienR/*Hirte*, Rn 45; MüHb-AG/*Krieger*, § 59 Rn 29.

werden. Bei der satzungsmäßigen Rücklage bedarf es dazu eines satzungsändernden Beschlusses, der gemäß § 181 Abs. 3 erst mit der Eintragung im Handelsregister wirksam wird.[15]

10 **V. Rechtsfolgen bei Verstoß.** Im Falle eines Verstoßes gegen § 208 kann entweder **Nichtigkeit** des Kapitalerhöhungsbeschlusses oder **Anfechtbarkeit** gegeben sein. Eine Nichtigkeit nach § 241 Nr. 3 liegt vor, wenn gegen die in § 208 Abs. 1 S. 2 normierten Schranken bzw wenn gegen das in Abs. 2 S. 1 festgelegte Verbot einer Umwandlung bei Vorhandensein eines Verlustes oder eines Verlustvortrages verstoßen wird.[16] Nach herrschender Meinung führt auch ein Verstoß gegen Abs. 1 S. 1 zur Nichtigkeit.[17] Die Nichtigkeit hat zur Folge, dass der Registerrichter die Eintragung des Erhöhungsbeschlusses ablehnen muss. Trägt er dennoch ein, führt dies nicht zur Wirksamkeit. Die Nichtigkeit des Beschlusses kann aber im Fall der Eintragung nach Ablauf von drei Jahren nicht mehr geltend gemacht werden, § 242 Abs. 2.

11 Ein Verstoß gegen die Vorschrift des Abs. 2 S. 2 führt lediglich zur Anfechtbarkeit.[18] Ob der Registerrichter – nach Ablauf der Anmeldungsfrist – gehalten ist, auch einen bloß anfechtbaren Beschluss nicht einzutragen, ist streitig.[19]

§ 209 Zugrunde gelegte Bilanz

(1) Dem Beschluß kann die letzte Jahresbilanz zugrunde gelegt werden, wenn die Jahresbilanz geprüft und die festgestellte Jahresbilanz mit dem uneingeschränkten Bestätigungsvermerk des Abschlußprüfers versehen ist und wenn ihr Stichtag höchstens acht Monate vor der Anmeldung des Beschlusses zur Eintragung in das Handelsregister liegt.

(2) [1]Wird dem Beschluß nicht die letzte Jahresbilanz zugrunde gelegt, so muß die Bilanz §§ 150, 152 dieses Gesetzes, §§ 242 bis 256, 264 bis 274 des Handelsgesetzbuchs entsprechen. [2]Der Stichtag der Bilanz darf höchstens acht Monate vor der Anmeldung des Beschlusses zur Eintragung in das Handelsregister liegen.

(3) [1]Die Bilanz muß durch einen Abschlußprüfer darauf geprüft werden, ob sie §§ 150, 152 dieses Gesetzes, §§ 242 bis 256, 264 bis 274 des Handelsgesetzbuchs entspricht. [2]Sie muß mit einem uneingeschränkten Bestätigungsvermerk versehen sein.

(4) [1]Wenn die Hauptversammlung keinen anderen Prüfer wählt, gilt der Prüfer als gewählt, der für die Prüfung des letzten Jahresabschlusses von der Hauptversammlung gewählt oder vom Gericht bestellt worden ist. [2]Soweit sich aus der Besonderheit des Prüfungsauftrags nichts anderes ergibt, sind auf die Prüfung § 318 Abs. 1 Satz 3 und 4, § 319 Abs. 1 bis 4, § 319a Abs. 1, § 319b Abs. 1, § 320 Abs. 1, 2, §§ 321, 322 Abs. 7 und § 323 des Handelsgesetzbuchs entsprechend anzuwenden.

(5) [1]Bei Versicherungsgesellschaften wird der Prüfer vom Aufsichtsrat bestimmt; Absatz 4 Satz 1 gilt sinngemäß. [2]Soweit sich aus der Besonderheit des Prüfungsauftrags nichts anderes ergibt, ist auf die Prüfung § 341k des Handelsgesetzbuchs anzuwenden.

(6) Im Fall der Absätze 2 bis 5 gilt für das Zugänglichmachen der Bilanz und für die Erteilung von Abschriften § 175 Abs. 2 sinngemäß.

A. Grundlagen........................... 1	2. Kleine Aktiengesellschaften............ 5
I. Entwicklungsgeschichte der Norm........ 1	3. Frist............................... 7
II. Regelungsgegenstand und Zweck........ 2	4. Zugänglichmachung in der Hauptversammlung........................... 8
B. Einzelheiten........................... 3	III. Sonderbilanz (Abs. 2 bis 6)............ 9
I. Struktur der Norm..................... 3	IV. Rechtsfolge von Verstößen............ 12
II. Zugrundelegung der letzten Jahresbilanz (Abs. 1)............................... 4	
1. Geprüfte Jahresbilanz................ 4	

A. Grundlagen

1 **I. Entwicklungsgeschichte der Norm.** Die Bestimmung geht auf die §§ 3 bis 5 KapErhG aF zurück und wurde durch das Bilanzrichtlinien-Gesetz vom 19.12.1985[1] an die sprachlichen und sachlichen Neurege-

---

15 Hüffer, § 209 Rn 9.
16 Großkomm-AktienR/*Hirte*, Rn 53; KölnKomm-AktG/*Lutter*, Rn 25.
17 Hüffer, Rn 11.
18 Hüffer, Rn 11; Großkomm-AktienR/*Hirte*, Rn 55.
19 Für Eintragungsverbote MüKo-AktG/*Volhard*, Rn 40; Großkomm-AktienR/*Hirte*, Rn 56; KölnKomm-AktG/*Lutter*, Rn 27; Spindler/Stilz/Fock-Wüsthoff, Rn 34; K. Schmidt/Lutter/*Veil*, Rn 10; für Eintragungspflicht: Hüffer, Rn 11; MüHb-AG/*Krieger*, § 59 Rn 33.

1 BGBl. I S. 2355.

lungen angepasst. § 209 Abs. 5 wurde durch Gesetz vom 26.6.1994[2] geändert. Durch das Gesetz zur Kontrolle und Transparenz im Unternehmensbereich (KonTraG) vom 27.4.1938[3] wurde die in Abs. 4 S. 2 enthaltene Verweisung auf § 322 HGB der durch dasselbe Gesetz vorgenommenen Änderung des § 322 HGB angepasst (aus § 322 Abs. 4 wurde § 322 Abs. 5 HGB). Das BilREG[4] vom 4.12.2004 brachte Änderungen in Abs. 4 S. 2. Durch das BilMoG[5] wurden Abs. 2 S. 1, Abs. 3 S. 1, Abs. 4 S. 2 geändert. Mit dem ARUG[6] wurde Abs. 6 geändert.

II. Regelungsgegenstand und Zweck. Die Norm **konkretisiert § 207 Abs. 3**, wonach jeder Kapitalerhöhung aus Gesellschaftsmitteln eine Bilanz zugrunde zu legen ist. Grundsätzlich kann dies auch die letzte testierte Jahresbilanz sein. Da diese aber das Vermögen der AG zum Ende des betreffenden Geschäftsjahres ausweist und nicht das im Beschlusszeitpunkt und dessen Anmeldung vorhandene Vermögen, darf ihr Stichtag höchstens acht Monate vor der Anmeldung des Beschlusses zum Handelsregister liegen. Stets kann dem Beschluss eine Sonderbilanz zugrunde gelegt werden. Auch insoweit gilt die Acht-Monats-Regelung entsprechend. Auch diese Bilanz muss von einem Prüfer geprüft sein und in der betreffenden Hauptversammlung ausgelegt werden.

B. Einzelheiten

I. Struktur der Norm. Grundsätzlich ist § 209 so zu lesen, dass die Fallvariante der Zugrundelegung der letzten Jahresbilanz in Abs. 1 abschließend geregelt ist. Abs. 2 bis Abs. 6 sind demgegenüber einschlägig, wenn eine Sonderbilanz zugrunde gelegt wird.[7] Dh Abs. 3 bis Abs. 6 gelten nicht für Abs. 1.

II. Zugrundelegung der letzten Jahresbilanz (Abs. 1). 1. Geprüfte Jahresbilanz. Grundlage des Erhöhungsbeschlusses kann die letzte Jahresbilanz sein. Die Jahresbilanz ist Bestandteil des Jahresabschlusses. Die Bilanz muss geprüft sein. Für die Prüfung gelten die allgemeinen Vorschriften der §§ 316 ff HGB und etwaige Sondervorschriften für bestimmte Geschäftszweige wie § 340 k HGB, §§ 26 ff KWG, § 43 k HGB, §§ 58 f VVG nF.[8] Die Tätigkeit des Abschlussprüfers beschränkt sich auf die Prüfung der Jahresbilanz. Er muss nicht feststellen, ob die Voraussetzungen für eine Umwandlung von Rücklagen in Grundkapital gegeben sind. Wird die Bilanz geändert, bedarf es einer erneuten Prüfung.[9] Die Bilanz muss mit einem uneingeschränkten Bestätigungsvermerk gemäß § 322 Abs. 1 HGB versehen sein (Abs. 1). Ferner muss der Jahresabschluss, dessen Bestandteil die zugrunde gelegte Bilanz ist, nach § 172 vom Vorstand und Aufsichtsrat oder – ausnahmsweise – von der Hauptversammlung festgestellt sein.

2. Kleine Aktiengesellschaften. Für mittelgroße und große Aktiengesellschaften im Sinne von § 267 HGB ist nach § 316 Abs. 1 HGB die Prüfung des Jahresabschlusses und damit auch der darin enthaltenen Jahresbilanz zwingend. § 209 Abs. 1 wiederholt hier nur das von Gesetzes wegen ohnehin Geltende. Bei kleinen Aktiengesellschaften im Sinn von § 267 Abs. 1 HGB ist dies nach § 316 Abs. 1 S. 1 HGB regelmäßig anders.[10] Will eine kleine Aktiengesellschaft eine Kapitalerhöhung aus Gesellschaftsmitteln vornehmen, hat sie – entgegen diesem allgemeinen Prinzip – den Jahresabschluss ebenfalls prüfen zu lassen. Dies ergibt sich aus dem in diesem Fall konstitutiv wirkenden § 209 Abs. 1.

Die Vorschriften über den Jahresabschluss enthalten bei kleinen Aktiengesellschaften aber nicht nur Erleichterungen bezüglich dieser Prüfungspflicht. Diese dürfen darüber hinaus den Jahresabschluss auch in verkürzter Form aufstellen, § 266 Abs. 1 S. 3 HGB. Darin dürfen unter anderem die Gewinnrücklagen in einer zusammengefassten Position ohne die Untergliederung nach § 266 Abs. 3 A III 1 bis 4 HGB wiedergegeben werden.[11] Nach einer Auffassung[12] könne auch diese verkürzte Bilanz Grundlage einer Kapitalerhöhung aus Gesellschaftsmitteln sein. Dem ist mit der wohl herrschenden Meinung[13] nicht zu folgen, da § 208 Abs. 1 S. 2 speziell auf andere Gewinnrücklagen eingeht, also offensichtlich eine Untergliederung der Gewinnrücklagen voraussetzt.[14]

3. Frist. Nach Abs. 1 darf der Stichtag der dem Kapitalerhöhungsbeschluss zugrunde liegenden Jahresbilanz höchstens acht Monate vor der Anmeldung des Beschlusses zur Eintragung in das Handelsregister liegen. Maßgeblich ist also nicht der Tag des Hauptversammlungsbeschlusses, sondern der Tag des Eingangs beim Registergericht.

---

2 BGBl. I S. 1377.
3 BGBl. I S. 786.
4 BGBl. I 2004 S. 3166.
5 BGBl. I 2009 S. 1102.
6 BGBl. I 2009, S. 2479.
7 Vgl *Hüffer*, Rn 2, 3.
8 Großkomm-AktienR/*Hirte*, Rn 16.
9 Großkomm-AktienR/*Hirte*, Rn 20.
10 Ausnahmen gelten für Kreditinstitute und Versicherungen, §§ 340 k HGB, 341 k HGB.
11 Großkomm-AktienR/*Hirte*, Rn 13.
12 Großkomm-AktienR/*Hirte*, Rn 14; jetzt auch Spindler/Stilz/Fock-*Wüsthoff*; Rn 4.
13 *Hüffer*, Rn 3; KölnKomm-AktG/*Lutter*, 209 Rn 4.
14 KölnKomm-AktG/*Lutter*, Rn 4.

8 **4. Zugänglichmachung in der Hauptversammlung.** Die der Kapitalerhöhung aus Gesellschaftsmitteln zugrunde gelegte Bilanz ist der über die Kapitalerhöhung beschließenden Hauptversammlung zugänglich zu machen. Für den Fall, dass der Kapitalerhöhung eine Sonderbilanz zugrunde gelegt wird, folgt dies aus Abs. 6 (Rn 3). Im Übrigen geht das Gesetz davon aus, dass eine Kapitalerhöhung aus Gesellschaftsmitteln auf der Basis des letzten Jahresabschlusses ohnehin in derjenigen Hauptversammlung erfolgt, in der der Jahresabschluss den Aktionären vorgelegt wird. Dann ist der Jahresabschluss bereits wegen § 175 Abs. 2 der Hauptversammlung vorzulegen. Sofern diese vom Gesetz angenommene Situation nicht besteht, dh die Hauptversammlung den Jahresabschluss bereits in einer früheren Hauptversammlung angenommen hat (dies ist die sog. ordentliche Hauptversammlung), besteht Einigkeit, dass der Jahresabschluss erneut in der Hauptversammlung auszulegen ist.[15]

9 **III. Sonderbilanz (Abs. 2 bis 6).** Kapitalerhöhungen aus Gesellschaftsmitteln aufgrund von **Sonderbilanzen** hatten bislang keine große praktische Bedeutung.[16] Anlass für derartige Maßnahmen besteht nur, wenn die **Acht-Monats-Frist** des Abs. 1 abgelaufen ist. Dann ist entsprechend Abs. 2 bis 6 von der Gesellschaft eine gesonderte Bilanz aufzustellen. Ausnahmsweise dann, wenn seit dem Stichtag der Jahresbilanz eine der Kapitalerhöhung entgegenstehende Vermögensminderung im Sinne von § 210 Abs. 1 S. 1 eingetreten ist, ist auch innerhalb der Acht-Monats-Frist eine Sonderbilanz aufzustellen. Denn dann könnten die Anmeldenden die nach § 210 Abs. 1 notwendige Versicherung nicht mehr wahrheitsgemäß abgeben. Des Weiteren können Sonderbilanzen auch bei Vermögensmehrungen relevant werden, dieser Fall wird aber noch seltener sein: Haben sich die Vermögensverhältnisse verbessert, wird es gleichwohl oftmals nicht möglich sein, aufgrund dieser verbesserten Vermögensverhältnisse ein Mehr an Rücklagen in Grundkapital umzuwandeln. Denn nach § 208 Abs. 1 S. 1 müssten die umzuwandelnden Rücklagen sowohl in der letzten Jahresbilanz als auch in einer gegebenenfalls zugrunde gelegten anderen Bilanz ausgewiesen sein. Vermögensmehrungen können deshalb nur noch im Rahmen des § 208 Abs. 2 eine Rolle spielen,[17] wenn ein Verlust bzw ein Verlustvortrag zwischenzeitlich entfallen sind. Sie werden dann in der Sonderbilanz nicht mehr ausgewiesen und mindern auch nicht mehr die umwandlungsfähigen Rücklagen.

10 Die **besondere Erhöhungsbilanz** muss die gleichen Anforderungen erfüllen wie die **Jahresbilanz**. Dies folgt aus Abs. 2 S. 1 und den darin in Bezug genommenen Bestimmungen des Aktiengesetzes und des Handelsgesetzbuches. In der Sonderbilanz ist der bis zum Sonderbilanzstichtag eingetretene Bilanzgewinn bzw Bilanzverlust auszuweisen.[18] Wiederum gilt, dass der Stichtag der Bilanz höchstens acht Monate vor der Handelsregisteranmeldung des Kapitalerhöhungsbeschlusses liegen darf. Es gelten die obigen Grundsätze entsprechend. Die Sonderbilanz ist durch einen Abschlussprüfer zu prüfen. Nach allgemeiner Meinung muss die Bilanz zwar zur Beschlussfassung geprüft sein, nicht aber schon bei Auslegung.[19] Die Hauptversammlung kann den Abschlussprüfer wählen, wegen der Fiktion des Abs. 4 S. 1 kann die Wahl jedoch auch unterbleiben. Die Einberufung einer Hauptversammlung speziell zu dem Zweck der Wahl des Prüfers ist damit entbehrlich.[20] Abschlussprüfer können Wirtschaftsprüfer oder Wirtschaftsprüfungsgesellschaften sein (§ 209 Abs. 4 S. 2 iVm § 319 Abs. 1 S. 1 HGB), für Versicherungsgesellschaften § 209 Abs. 5 S. 2 iVm § 341k Abs. 1 S. 2 HGB. Eine Prüfung durch vereidigte Buchprüfer oder Buchprüfungsgesellschaften ist nicht möglich[21] (Grund: nach § 319 Abs. 1 S. 2 HGB können vereidigte Buchprüfer und Buchprüfungsgesellschaften nur die Jahresabschlüsse und Lageberichte mittelgroßer GmbH prüfen). Der Prüfungsauftrag wird vom Aufsichtsrat erteilt. Hier gilt § 111 Abs. 2 S. 3 analog.[22] Bezüglich des Bestätigungsvermerks verweist § 209 Abs. 4 S. 2 ausdrücklich auf § 322 Abs. 5 HGB.

11 Streitig ist, ob die Sonderbilanz gesondert nach den Regeln der §§ 172, 173 festgestellt werden muss. Richtigerweise ist zwischen Prüfung, Feststellung und Billigung zu unterscheiden.[23] Feststellung der Sonderbilanz würde dessen formelle Verbindlicherklärung meinen. Dies macht keinen rechten Sinn, weil die Sonderbilanz lediglich Grundlage des Kapitalerhöhungsbeschlusses ist und keine darüber hinausgehende Wirkung zeitigt. Sie ist deshalb nicht notwendig.[24] Demgegenüber sind die Prüfung der Sonderbilanz durch den Aufsichtsrat und die zumindest konkludente Billigung durch diesen[25] unverzichtbar. Denn es ist nicht ernsthaft vorstellbar, dass die bilanziellen Grundlagen einer Kapitalerhöhung aus Gesellschaftsmitteln am Aufsichtsrat vorbei geschaffen werden.[26] Schließlich ist die Sonderbilanz entsprechend der in § 209 Abs. 6 für anwendbar erklärten Bestimmungen des § 175 Abs. 2 von der Einberufung der Hauptversammlung an, die

---

15 *Hüffer*, Rn 2; Großkomm-AktienR/*Hirte*, Rn 30; KölnKomm-AktG/*Lutter*, Rn 9.
16 MüKo-AktG/*Volhard*, Rn 25.
17 *Hüffer*, Rn 8; Großkomm-AktienR/*Hirte*, Rn 33.
18 *Hüffer*, Rn 7; KölnKomm-AktG/*Lutter*, Rn 12.
19 Spindler/Stilz/*Fock-Wüsthoff*, Rn 27.
20 *Hüffer*, Rn 9.
21 *Hüffer*, Rn 9; Großkomm-AktienR/*Hirte*, Rn 39.
22 So Großkomm-AktienR/*Hirte*, Rn 42, unentschieden: *Hüffer*, Rn 9, der auch Erteilung allein durch den Vorstand für möglich hält und Auftragserteilung durch Vorstand und Aufsichtsrat lediglich vorsorglich empfiehlt.
23 *Hüffer*, Rn 11.
24 *Hüffer*, Rn 11.
25 So Großkomm-AktienR/*Hirte*, Rn 37.
26 *Hüffer*, Rn 11.

über die Erhöhung des Grundkapitals beschließen soll, in den Geschäftsräumen der Gesellschaft zur Einsicht der Aktionäre auszulegen bzw über das Internet zugänglich zu machen. Die Frist für die Auslegung beginnt mit der Einberufung der Hauptversammlung, § 209 Abs. 6 iVm § 275 Abs. 2 S. 1.

IV. Rechtsfolge von Verstößen. Verstöße gegen Abs. 1 bis 3 führen zur Nichtigkeit des Kapitalerhöhungsbeschlusses.[27] Ein Verstoß gegen die Bekanntgabepflicht aus § 175 Abs. 2 begründet die Anfechtbarkeit des Kapitalerhöhungsbeschlusses.[28] Besonderheiten gelten schließlich bezüglich der Acht-Monats-Frist (Abs. 1, Abs. 2 S. 2). Wird der Beschluss innerhalb der Acht-Monats-Frist gefasst und lediglich zu spät angemeldet, ist der Beschluss als solcher wirksam. Der Registerrichter darf aber wegen verspäteter Anmeldung nicht eintragen (trägt er dennoch ein, ist der Mangel geheilt).[29] Wird demgegenüber bereits der Beschluss außerhalb der Acht-Monats-Frist gefasst, ist er wegen Verstoß gegen Abs. 1, Abs. 2 S. 2 nichtig.[30]

§ 210 Anmeldung und Eintragung des Beschlusses

(1) ¹Der Anmeldung des Beschlusses zur Eintragung in das Handelsregister ist die der Kapitalerhöhung zugrunde gelegte Bilanz mit Bestätigungsvermerk, im Fall des § 209 Abs. 2 bis 6 außerdem die letzte Jahresbilanz, sofern sie noch nicht nach § 325 Abs. 1 des Handelsgesetzbuchs eingereicht ist, beizufügen. ²Die Anmeldenden haben dem Gericht gegenüber zu erklären, daß nach ihrer Kenntnis seit dem Stichtag der zugrunde gelegten Bilanz bis zum Tag der Anmeldung keine Vermögensminderung eingetreten ist, die der Kapitalerhöhung entgegenstünde, wenn sie am Tag der Anmeldung beschlossen worden wäre.

(2) Das Gericht darf den Beschluß nur eintragen, wenn die der Kapitalerhöhung zugrunde gelegte Bilanz auf einen höchstens acht Monate vor der Anmeldung liegenden Stichtag aufgestellt und eine Erklärung nach Absatz 1 Satz 2 abgegeben worden ist.

(3) Das Gericht braucht nicht zu prüfen, ob die Bilanzen den gesetzlichen Vorschriften entsprechen.

(4) Bei der Eintragung des Beschlusses ist anzugeben, daß es sich um eine Kapitalerhöhung aus Gesellschaftsmitteln handelt.

A. Grundlagen

I. Entwicklungsgeschichte der Norm. Die Vorschrift geht auf § 7 KapErhG aF zurück. Mit dem EHUG[1] wurde Abs. 1 S. 1 geändert und Abs. 5 gestrichen.

II. Regelungsgegenstand und Zweck. Die Bestimmung ist das verfahrensrechtliche Gegenstück zu den §§ 207 bis 209 und gewährleistet eine öffentlichrechtliche Kontrolle seitens des Registergerichts.[2] Sie ist mit § 17 UmwG vergleichbar.

B. Einzelheiten

I. Grundlagen. Da es sich bei der Kapitalerhöhung aus Gesellschaftsmitteln um eine **Satzungsänderung** handelt, ist sie zum Handelsregister anzumelden. Zuständig ist das Amtsgericht des Satzungssitzes (§ 14). Bei Doppelsitz ist bei beiden Gerichten (rechtzeitig) anzumelden. Für den Fall des Bestehens von Zweigniederlassungen regelt § 13 c Abs. 1 HGB, dass von der Anmeldung je eine Ausfertigung für jedes Registergericht beizufügen ist. Die Anmeldung erfolgt in öffentlich beglaubigter Form, § 12 HGB. Anmeldende Personen sind der Vorstand in vertretungsbefugter Anzahl sowie der Vorsitzende des Aufsichtsrates, die im Namen der AG, nicht im eigenen Namen handeln. Da die Anmeldung strafbewehrt ist, kann entgegen § 12 Abs. 2 HGB eine Vertretung durch Bevollmächtigte nicht stattfinden[3] (siehe im einzelnen Kommentierung zu § 207).[4] Die Anmeldung ist freiwillig und kann nicht durch Zwangsgeld erzwungen werden, § 407 Abs. 2.

II. Einzelheiten der Anmeldung. Beizufügende Unterlagen sind die Ausfertigung der Niederschrift über die beschlussfassende Hauptversammlung nebst Anlagen.[5] In jedem Fall ist die letzte Jahresbilanz beizufügen, sofern sie noch nicht bei Gericht eingereicht ist. Wurde dem Beschluss eine andere Bilanz zugrunde gelegt,

---

27 BayObLG AG 2002, 397, 398; *Hüffer*, Rn 14; MüKo-AktG/*Volhard*, Rn 43; Großkomm-AktienR/*Hirte*, Rn 50; KölnKomm-AktG/*Lutter*, Rn 10.
28 *Hüffer*, Rn 14; KölnKomm-AktG/*Lutter*, Rn 21.
29 *Hüffer*, Rn 14; Großkomm-AktienR/*Hirte*, Rn 54; KölnKomm-AktG/*Lutter*, Rn 10.
30 MüKo-AktG/*Volhard*, Rn 44.

1 BGBl. 2006 I S. 2553.
2 Großkomm-AktienR/*Hirte*, Rn 4.
3 MüKo-AktG/*Volhard*, § 207 Rn 26.
4 Oben § 207 Rn 17.
5 *Hüffer*, Rn 3; KölnKomm-AktG/*Lutter*, Rn 6; Großkomm-AktienR/*Hirte*, Rn 15.

so ist auch diese einzureichen (Grund für das Einreichen von gegebenenfalls zwei Jahresbilanzen: Nach § 208 Abs. 1 S. 1 müssen die umzuwandelnden Rücklagen in beiden Jahresbilanzen ausgewiesen sein). Schließlich ist eine Neufassung des Satzungstextes nebst Bescheinigung gemäß § 181 Abs. 1 S. 2 beizufügen, weil die Grundkapitaländerung Satzungsänderung ist.[6] In der Anmeldung haben die Anmelder gegenüber dem Registergericht zu erklären, dass nach ihrer Kenntnis seit dem Stichtag der zugrunde gelegten Bilanz keine Vermögensminderung eingetreten ist, die der Kapitalerhöhung entgegenstünde, wenn sie am Tag der Anmeldung beschlossen worden wäre.[7] Die Erklärung ist deshalb gerechtfertigt, weil der Stichtag der Jahresbilanz bis zu acht Monate zurückliegen kann und zwischenzeitliche Änderungen hieraus nicht ersichtlich sind. Die Anmeldenden dürfen die Erklärung nicht einfach ohne Weiteres abgeben, ihnen obliegt vielmehr eine kontinuierliche Überwachungspflicht, um Verluste rechtzeitig festzustellen und um die geforderte Erklärung wahrheitsgemäß abgeben zu können.[8] Vermögensminderungen sind dann beachtlich, wenn ihre Anrechnung auf die umwandlungsfähigen Rücklagen diese in einem Ausmaß mindern würde, dass sie unter den Nennbetrag der beschlossenen Kapitalerhöhung herabgedrückt würden.[9] Unschädlich sind Verluste aber zB dann, wenn sie durch andere, nicht für die Umwandlung bestimmte Rücklagen abgedeckt werden. Die Erklärung muss in jedem Fall in der Form des § 12 Abs. 1 HGB abgegeben werden.[10] Wahrheitswidrige Erklärungen führen zur Strafbarkeit nach § 399 Abs. 2 und zivilrechtlichen Schadensersatzpflichten nach §§ 93, 116.[11]

5 **III. Registerkontrolle.** Das Registergericht untersucht zunächst wie bei allen satzungsändernden Beschlüssen, ob die gesetz- und satzungsmäßigen Voraussetzungen für den Kapitalerhöhungsbeschluss in förmlicher und sachlicher Hinsicht gegeben sind. Dabei hat das Gericht insbesondere zu prüfen, ob die Erfordernisse des § 208 Abs. 1 S. 2, Absatz 2 eingehalten sind, dh ob die zur Umwandlung vorgesehenen Beträge in der zugrunde gelegten Bilanz als **Rücklagen ausgewiesen** und diese **umwandlungsfähig** sind.[11] Ob des Weiteren zu prüfen ist, ob die Rücklagen zweckgebunden sind, § 208 Abs. 2 S. 2, ist streitig.[12] Sieht man den Normzweck des § 208 Abs. 2 S. 2 im Gläubigerschutz,[13] besteht eine Prüfungs-[14] und Eintragungsverweigerungspflicht. Wird der Kapitalerhöhung eine andere Bilanz als die letzte Jahresbilanz zugrunde gelegt, beziehen sich obige Prüfungen auf diese und auf die konkret zugrunde gelegte Bilanz. Wenn Beträge in Grundkapital umgewandelt wurden, die aufgrund eines Gewinnverwendungsbeschlusses erst den Rücklagen zugeführt wurden, ist des Weiteren zu prüfen, ob ein derartiger Beschluss tatsächlich vorlag und sich aus der Jahresbilanz ein für die Umwandlung zur Verfügung stehender Bilanzgewinn ergab. Zu dieser Bilanz selbst ist zu untersuchen, ob sie den Anforderungen des § 209 genügt. Gemäß § 210 Abs. 2 hat das Gericht schließlich festzustellen, ob die konkret der Kapitalerhöhung zugrunde gelegte Bilanz an einem Stichtag aufgestellt wurde, der maximal acht Monate vor dem Zugang der Anmeldung beim Registergericht liegt. Das Registergericht hat die Eintragung auch abzulehnen, wenn die Acht-Monats-Frist nur kurz überschritten wurde.[15] Demgegenüber braucht das Gericht wegen Abs. 3 nicht mehr zu prüfen, ob die Bilanzen den gesetzlichen Vorschriften entsprechen. Das Gericht darf sich insoweit auf den Bestätigungsvermerk des Abschlussprüfers verlassen.[16] Der Ausschluss der Prüfungspflicht bedeutet nicht einen Ausschluss eines Prüfungsrechts.[17] Eine echte Prüfungsverpflichtung des Registergerichts besteht dann, wenn die umzuwandelnden Rücklagen zuvor durch Zuführung einer Sacheinlage in die Rücklagen nach § 272 Abs. 2 Nr. 4 HGB entstanden sind.[18]

6 **IV. Eintragung/Ablehnung der Eintragung.** Trägt der Registerrichter die Kapitalerhöhung ein, wird das geänderte Grundkapital in Spalte 3 vermerkt. Die Satzungsänderung einschließlich des Datums der Beschlussfassung wird in Spalte 6 vermerkt, dort ist auch anzugeben, dass es sich um eine Kapitalerhöhung aus Gesellschaftsmitteln handelt (Abs. 4). Ein Verstoß gegen Abs. 4 bleibt ohne Rechtsfolgen.[19] Waren der Beschluss oder die Anmeldung fehlerhaft, werden durch eine eventuelle Eintragung jedenfalls Formmängel geheilt, § 242 Abs. 1. Im Übrigen kann es nach § 242 Abs. 2 zu einer Heilung mit Ablauf des darin bestimmten Drei-Jahres-Zeitraums kommen. War die Anmeldung ihrerseits fehlerhaft, kommt eine Nichtigkeit der Eintragung nur dann in Betracht, wenn die Anmeldung gänzlich fehlte oder von nicht vertretungsberechtigten Personen vorgenommen wurde.[20] Hat ein Bevollmächtigter die Versicherung nach Abs. 1 S. 2 abgegeben, was nach der hier vertretenen Auffassung unzulässig ist,[21] führt dies nicht zur Unwirksamkeit der Ka-

---

6 *Hüffer*, Rn 3.
7 Vgl zu § 210 Abs. 1 S. 2 BGH NZG 2002, 522. Der BGH lehnt darin eine Übertragung der Wertungen des § 210 Abs. 1 S. 2 auf Anmeldungen anderer Formen der Kapitalerhöhung ab.
8 Großkomm-AktienR/*Hirte*, Rn 24.
9 Großkomm-AktienR/*Hirte*, Rn 25.
10 *Hüffer*, Rn 4.
11 *Hüffer*, Rn 6.
12 Oben § 208 Rn 11.
13 So etwa MüKo-AktG/*Volhard*, § 208 38.
14 MüKo-AktG/*Volhard*, Rn 22.
15 *Hüffer*, Rn 8.
16 *Hüffer*, Rn 6; vgl auch Großkomm-AktienR/*Hirte*, Rn 32.
17 Großkomm-AktienR/*Hirte*, aaO.
18 OLG Hamm ZIP 2008, 456.
19 *Hüffer*, Rn 10; Großkomm-AktienR/*Hirte*, Rn 38.
20 *Hüffer*, Rn 10.
21 Oben Rn 3.

pitalerhöhungen. Denn die Anmeldung kann als solche durch einen Bevollmächtigten erfolgen (§ 12 Abs. 2 HGB). Unwirksam ist lediglich die Erklärung nach Abs. 1 S. 2, weil sie nicht vom Vorstand bzw nicht in beglaubigter Form abgegeben wurde. Dies ist aber kein zur Unwirksamkeit der Kapitalerhöhung an sich führender Fehler.

Die Eintragung des Kapitalerhöhungsbeschlusses ist nach § 10 HGB ihrem Inhalt nach bekannt zu machen. 7 Ferner sind gemäß §§ 23 Abs. 3 Nr. 4, § 40 Abs. 1 Nr. 1, § 181 Abs. 2 S. 2 die nunmehrigen Nennbeträge der Aktien, die Zahl der Aktien jeden Nennbetrags sowie gegebenenfalls die Gattung der Aktien und die Zahl der Aktien jeder Gattung anzugeben.

V. Satzungsänderung. Die Erhöhung des Grundkapitals, die mit Eintragung im Handelsregister wirksam 8 wird, führt isoliert betrachtet zur Unrichtigkeit der Satzung. Der Umstand allein, dass die Kapitalerhöhung satzungsändernder Beschluss ist, hat keine Satzungsänderung zur Folge. Deshalb wird in der Praxis regelmäßig neben der Kapitalerhöhung noch eine Satzungsänderung beschlossen. Die Anmeldung der Kapitalerhöhung schließt die Anmeldung einer derartigen Satzungsänderung nicht mit ein. Allerdings kann (und wird in der Praxis auch regelmäßig) die Anmeldung der Kapitalerhöhung mit der Anmeldung der Satzungsänderung verbunden. Es wäre jedoch auch zulässig, beide Vorgänge getrennt bzw die Satzungsänderung zu einem späteren Zeitpunkt anzumelden.[22]

§ 211 Wirksamwerden der Kapitalerhöhung

(1) Mit der Eintragung des Beschlusses über die Erhöhung des Grundkapitals ist das Grundkapital erhöht.

(2) (aufgehoben)

A. Grundlagen

I. Entwicklungsgeschichte der Norm. § 211 geht auf § 8 KapErhG zurück. Der durch Artikel 6 Nr. 4 1 UmwBerG vom 28.10.1994[1] aufgehobene Absatz 2 hatte ursprünglich gelautet: „Die neuen Aktien gelten als voll eingezahlt".

II. Regelungsgegenstand und Zweck. Die Bestimmung ordnet an, dass eine Kapitalerhöhung aus Gesell- 2 schaftsmitteln mit der Eintragung des Erhöhungsbeschlusses im Handelsregister wirksam wird. Dies entspricht dem allgemein für Satzungsänderungen geltenden Prinzip (§ 181 Abs. 3). Die Norm stellt die **Registerkontrolle und Publizität** sicher.[2]

B. Einzelheiten

I. Prinzipieller Unterschied zur Kapitalerhöhung gegen Einlagen. Bei der Kapitalerhöhung gegen Einlagen 3 ist von Gesetzes wegen zwischen dem Kapitalerhöhungsbeschluss einerseits und der Durchführung der Kapitalerhöhung andererseits zu unterscheiden (vgl §§ 182, 185 ff). Auch wenn die Anmeldung des Kapitalerhöhungsbeschlusses mit der Durchführung verbunden werden kann, § 188 Abs. 4 (praktisch ist dies die Regel), bleibt es dabei, dass rechtstechnisch ein Unterschied besteht. Bei der Kapitalerhöhung aus Gesellschaftsmitteln ist dies anders. Die Kapitalerhöhung wird gemäß § 211 bereits mit Eintragung des Kapitalerhöhungsbeschlusses wirksam. Es gibt keine Durchführung des Kapitalerhöhungsbeschlusses, keine Bezugsrechtsausübung, keine Zeichnung und keine Einlageleistung. Die neuen Aktien (§ 212) entstehen ebenfalls mit Eintragung. Die wertpapiermäßige Verbriefung in Aktienurkunden ist wie bei der Gründung und der regulären Kapitalerhöhung nicht notwendig (§ 10 Rn 3).

II. Keine Einlagepflicht. Die Aufhebung von § 211 Abs. 2 (oben Rn 1) hat nichts daran geändert, dass auf- 4 grund der Kapitalerhöhung aus Gesellschaftsmitteln keine Einlageforderung der Gesellschaft gegenüber ihren Aktionären entsteht, soweit es um die neuen Aktien geht.[3] Eine Einlagepflicht gibt es auch nicht im Fall der Unterbilanz, wenn in der Bilanz ausgewiesene und der Kapitalerhöhung zugrunde gelegte Kapital- oder Gewinnrücklagen in Wahrheit nicht bestanden bzw, wenn das Gesellschaftsvermögen entgegen der Erklärung gemäß § 210 Abs. 1 S. 2 zwischen Bilanzstichtag und Anmeldung gemindert wurde.[4] In derartigen Fällen ist die AG jedoch verpflichtet, eine vereinfachte Kapitalherabsetzung zu beschließen.[5] Ein Aus-

---

22 Großkomm-AktienR/*Hirte*, Rn 33.
1 BGBl. I S. 3210.
2 *Hüffer*, Rn 1.
3 Großkomm-AktienR/*Hirte*, Rn 12.

4 *Hüffer*, Rn 5; Großkomm-AktienR/*Hirte*, Rn 12; KölnKomm-AktG/*Lutter*, Rn 8; MüHb-AG/*Krieger*, § 59 Rn 36.
5 Großkomm-AktienR/*Hirte*, Rn 14.

gleich durch Stehenlassen künftiger Gewinne ist mE nur dann eine zulässige Alternative, wenn die Differenz innerhalb eines sehr kurzen Zeitraums ausgeglichen werden kann.

§ 212 Aus der Kapitalerhöhung Berechtigte

¹Neue Aktien stehen den Aktionären im Verhältnis ihrer Anteile am bisherigen Grundkapital zu. ²Ein entgegenstehender Beschluß der Hauptversammlung ist nichtig.

A. Grundlagen

1 **I. Entwicklungsgeschichte der Norm.** § 212 geht auf § 9 KapErhG aF zurück. Es erfolgt eine sprachliche Änderung in S. 1 durch das StückAktG vom 25.3.1998.[1]

2 **II. Regelungsgegenstand und Zweck.** Die Kapitalerhöhung aus Gesellschaftsmitteln ist im Ergebnis lediglich eine **Umwandlung von Rücklagen in Aktien**. Die Beteiligung der bisherigen Aktionäre an den Rücklagen setzt sich nach Wirksamwerden der Kapitalerhöhung an den neu geschaffenen Aktien fort. Es kommt nicht zu Wertverschiebungen. Dies wird in § 212 klargestellt.

B. Einzelheiten

3 **I. Zuordnung der Aktien.** Die neuen Aktien entstehen in der Person des Aktionärs ohne Rücksicht auf sein Wissen und Wollen.[2] Hält die AG eigene Aktien, nimmt sie damit ebenfalls an der Erhöhung teil, § 215 Abs. 1. Rechte Dritter an den bisherigen Aktien (Nießbrauch- bzw Grundpfandrechte und Sicherungseigentum) erstrecken sich unmittelbar mit deren Entstehung auch auf die neuen Aktien, ohne dass es einer besonderen Bestellung seitens des Aktionärs bedürfte.[3]

4 **II. Zwingender Charakter.** § 212 S. 1 ist zwingend. Ein entgegenstehender HV-Beschluss wäre nach § 212 S. 2 nichtig. Eine abweichende Zuteilung wäre sogar dann nichtig, wenn alle von dem Beschluss Betroffenen oder insgesamt alle Aktionäre zustimmen würden.[4] Ob ein Verstoß gegen § 212 S. 2 insgesamt zur Nichtigkeit des Kapitalerhöhungsbeschlusses führt, oder nur zur Nichtigkeit der abweichenden Verteilung, ist durch Auslegung zu klären. Die herrschende Meinung wendet zutreffend § 139 BGB an.[5] Im Zweifel ist der Kapitalerhöhungsbeschluss danach insgesamt nichtig. Etwas anderes wird nur gelten, wenn es um ganz geringfügige Abweichungen geht.[6] Aufgrund der Nichtigkeit des Beschlusses ist es dem Registerrichter nicht gestattet, den Beschluss einzutragen. Trägt er dennoch ein, kommt eine Heilung nach § 242 Abs. 2 nicht in Betracht.[7]

§ 213 Teilrechte

(1) Führt die Kapitalerhöhung dazu, daß auf einen Anteil am bisherigen Grundkapital nur ein Teil einer neuen Aktie entfällt, so ist dieses Teilrecht selbständig veräußerlich und vererblich.

(2) Die Rechte aus einer neuen Aktie einschließlich des Anspruchs auf Ausstellung einer Aktienurkunde können nur ausgeübt werden, wenn Teilrechte, die zusammen eine volle Aktie ergeben, in einer Hand vereinigt sind oder wenn sich mehrere Berechtigte, deren Teilrechte zusammen eine volle Aktie ergeben, zur Ausübung der Rechte zusammenschließen.

A. Grundlagen

1 **I. Entwicklungsgeschichte der Norm.** § 213 geht auf § 10 KapErhG aF zurück. Die Bestimmung wurde seit Inkrafttreten des AktG 1965 nicht mehr geändert.

2 **II. Regelungsgegenstand und Zweck.** Da wegen § 212 neue Aktien den bisherigen Aktionären im Verhältnis ihrer bisherigen Anteile zustehen, erhalten Aktionäre bei Kapitalerhöhungen aus Gesellschaftsmitteln je nach Beteiligung und Kapitalerhöhungsverhältnis Teilrechte (sog. Spitzen). § 213 Abs. 1 stellt dies klar und ordnet nur die **Verkehrsfähigkeit der Teilrechte** an.

---

1 BGBl. I S. 95.
2 *Hüffer*, Rn 2; KölnKomm-AktG/*Lutter*, Rn 3.
3 Großkomm-AktienR/*Hirte*, Rn 12.
4 OLG Dresden AG 2001, 532.
5 *Hüffer*, Rn 4; MüKo-AktG/*Volhard*, Rn 15, Spindler/Stilz *Fock-Wüsthoff*, Rn 6; *Fett/Spiering*, NZG 2002, 358, 359.
6 KölnKomm-AktG/*Lutter*, Rn 11; K. Schmidt/*Lutter/Veil*, Rn 3.
7 *Hüffer*, Rn 4, Großkomm-AktienR/*Hirte*, Rn 21.

B. Einzelheiten

I. Rechtsgrundsätze. Teilrechte sind Mitgliedsrechte und entstehen mit Wirksamwerden der Kapitalerhöhung automatisch in der Person des betreffenden Aktionärs. Die Teilrechte sind selbstständiger Teil eines Bezugsrechts.[1] Wegen § 213 Abs. 2 können Rechte aufgrund der Teilrechte nur ausgeübt werden, soweit sich volle Aktien ergeben. Unabhängig davon sind Teilrechte übertragbar, die Übertragung erfolgt formlos nach den §§ 398, 413 BGB.[2] Die Teilrechte sind ebenso wie die Aktie frei veräußerlich, § 68. Eine Einschränkung der freien Übertragbarkeit ist nur nach Maßgabe von § 68 Abs. 2 möglich. Dabei unterliegen die aus vinkulierten Namensaktien hervorgehenden neuen Anteilsrechte und Teilrechte ebenfalls der Vinkulierung.[3]

II. Gemeinsame Rechtsausübung. Wegen der Ausübungssperre des Abs. 2 können zB Stimmrechte, der Gewinnanspruch, Bezugsrechte bei späteren Kapitalerhöhungen, das Auskunftsrecht und der in Abs. 2 ausdrücklich genannte Anspruch auf Ausstellung einer Aktienurkunde nur ausgeübt werden, wenn Teilrechte von zusammengenommen mindestens einer Aktie in einer Hand vereinigt werden oder sich mehrere Berechtigte zusammenschließen. Im Fall des Zusammenschlusses entsteht nach herrschender Meinung eine GbR.[4]

III. § 213 und Treuepflicht. Da § 213 teilweise zu nachteiligen Rechtsfolgen für die betroffenen Aktionäre führt, bestehen eine Reihe von Treuepflichten. Bei Nennbetragsaktien besteht eine Pflicht zur kleinstmöglichen Stückelung,[5] bei vinkulierten Spitzen besteht eine Verpflichtung, einer Übertragung von Spitzen zuzustimmen, soweit dem nicht wichtige Gründe entgegenstehen.

§ 214 Aufforderung an die Aktionäre

(1) ¹Nach der Eintragung des Beschlusses über die Erhöhung des Grundkapitals durch Ausgabe neuer Aktien hat der Vorstand unverzüglich die Aktionäre aufzufordern, die neuen Aktien abzuholen. ²Die Aufforderung ist in den Gesellschaftsblättern bekanntzumachen. ³In der Bekanntmachung ist anzugeben,
1. um welchen Betrag das Grundkapital erhöht worden ist,
2. in welchem Verhältnis auf die alten Aktien neue Aktien entfallen.

⁴In der Bekanntmachung ist ferner darauf hinzuweisen, daß die Gesellschaft berechtigt ist, Aktien, die nicht innerhalb eines Jahres seit der Bekanntmachung der Aufforderung abgeholt werden, nach dreimaliger Androhung für Rechnung der Beteiligten zu verkaufen.

(2) ¹Nach Ablauf eines Jahres seit der Bekanntmachung der Aufforderung hat die Gesellschaft den Verkauf der nicht abgeholten Aktien anzudrohen. ²Die Androhung ist dreimal in Abständen von mindestens einem Monat in den Gesellschaftsblättern bekanntzumachen. ³Die letzte Bekanntmachung muß vor dem Ablauf von achtzehn Monaten seit der Bekanntmachung der Aufforderung ergehen.

(3) ¹Nach Ablauf eines Jahres seit der letzten Bekanntmachung der Androhung hat die Gesellschaft die nicht abgeholten Aktien für Rechnung der Beteiligten zum Börsenpreis und beim Fehlen eines Börsenpreises durch öffentliche Versteigerung zu verkaufen. ²§ 226 Abs. 3 Satz 2 bis 6 gilt sinngemäß.

(4) ¹Die Absätze 1 bis 3 gelten sinngemäß für Gesellschaften, die keine Aktienurkunden ausgegeben haben. ²Die Gesellschaften haben die Aktionäre aufzufordern, sich die neuen Aktien zuteilen zu lassen.

A. Grundlagen 1	II. Durchführung 5
I. Entwicklungsgeschichte der Norm 1	III. Verkauf der Anteilsrechte (Urkunden) 6
II. Regelungsgegenstand und Zweck 2	IV. Nicht verbriefte Aktien 7
B. Einzelheiten 3	V. Teilrechte 8
I. Aufforderung an die Aktionäre 3	VI. Erhöhung der Nennbeträge 9

A. Grundlagen

I. Entwicklungsgeschichte der Norm. § 214 geht auf § 11 KapErhG zurück. Durch das Stückaktiengesetz vom 25.3.1998[1] wurde Abs. 1 S. 1 geändert.

II. Regelungsgegenstand und Zweck. Da bei der Kapitalerhöhung aus Gesellschaftsmitteln Mitgliedsrechte nach § 211 bereits durch Eintragung des Erhöhungsbeschlusses entstehen und den Aktionären nach § 212

---

1 Großkomm-AktienR/*Hirte*, Rn 7.
2 *Hüffer*, Rn 3; KölnKomm-AktG/*Lutter*, Rn 7.
3 Vgl zur vergleichbaren Problematik der Vinkulierung von Bezugsrechten die Kommentierung zu § 186.
4 *Hüffer*, § 214 Rn 4.
5 *Hüffer*, Rn 1.

1 BGBl. I S. 590.

bereits kraft Gesetzes zuwachsen, bedarf es keiner Regelung zur Durchführung der Kapitalerhöhung (die es nicht gibt). Statt dessen ist eine Regelung über die Ausführung der Kapitalerhöhung notwendig,[2] dh wie die Aktienurkunden auszugeben sind und was für unverbriefte Aktien gilt. Letzteres ist in § 214 Abs. 4 angesprochen. Der Gehalt dieser Vorschrift ist leider unklar.[3] Richtigerweise regelt Abs. 4 die tatsächliche Dokumentierung der aus Rechtsgründen bereits mit der Eintragung der Kapitalerhöhungsbeschlusses entstehenden Zuteilung von Aktien bzw Teilrechten (Spitzen).

B. Einzelheiten

3 **I. Aufforderung an die Aktionäre.** Eine Verpflichtung des Vorstandes, die Aktionäre zur **Abholung** der neuen Aktien aufzufordern, besteht naturgemäß nur dann, wenn bei der Kapitalerhöhung aus Gesellschaftsmitteln neue Aktien ausgegeben wurden. Dies ist bei Nennbetragsaktien der Fall (§ 182 Abs. 1 S. 4 iVm § 207 Abs. 2 S. 1), und des Weiteren bei Stückaktien, soweit die HV die Ausgabe weiterer Stückaktien beschlossen hat (§ 207 Abs. 2 S. 2 Hs 2). Bei teileingezahlten Aktien kommt es dagegen nicht zur Ausgabe neuer Aktien, vgl hierzu im Einzelnen § 215 Abs. 2 S. 2 und 3.

4 Die Aufforderung durch den Vorstand hat **unverzüglich** zu erfolgen, dh ohne schuldhaftes Zögern (§ 121 Abs. 1 S. 1 BGB). Die Verpflichtung des Vorstands, die Aktionäre zur Abholung der neuen Aktien aufzufordern, bedeutet zugleich, dass die entsprechenden Urkunden zeitnah ausgegeben werden müssen bzw zeitnah das Verfahren nach § 214 Abs. 4 eingeleitet werden muss. Die Aufforderung ist in den Gesellschaftsblättern (§ 25) bekannt zu machen. Es genügt die einmalige Bekanntmachung. Die Bekanntmachung muss das Folgende enthalten:

- Aufforderung an alle Aktionäre, die Aktienurkunden abzuholen. Dazu sind Ort, Zeit und erforderliche Legitimation mit anzugeben. Soweit die Aktien in Streifband- oder Girosammelverwahrung gegeben wurden, kann die AG mit den Depotbanken eine Vereinbarung über die Ausgabe treffen.[4] Hierauf ist in der Bekanntmachung entsprechend hinzuweisen.[5]
- Betrag, um den das Grundkapital erhöht worden ist.
- Verhältnis, in welchem auf alte Aktien neue Aktien entfallen.
- Hinweis darauf, dass die AG berechtigt ist, nicht abgeholte Aktien für Rechnung der Beteiligten zu verkaufen.

5 **II. Durchführung.** Die Durchführung der Abholung darf erst **nach der Eintragung** erfolgen, § 219. Die Abholung ist rechtlich betrachtet die Übereignung der Aktien an den Empfänger aufgrund eines entsprechenden Begebungsvertrages. Das Gesetz enthält keine Aussage dazu, wie sich die Berechtigten gegenüber der Gesellschaft bei der Abholung der neuen Aktien zu legitimieren haben.[6] Die AG hat dies daher in eigener Verantwortung zu regeln.[7] Sachgerecht ist es, wenn die Gesellschaft entweder die Aushändigung der neuen Aktien gegen Einreichen eines bestimmten Dividendencoupons und/oder gegen Vorlage und Abstempelung der alten Aktien vorsieht.[8] Die Vertretung bei der Abholung ist nach allgemeinen Regeln zulässig.[9] Bei börsennotierten Gesellschaften tritt in aller Regel die Depotbank als Vertreter des Aktionärs auf.[10]

6 **III. Verkauf der Anteilsrechte (Urkunden).** Abs. 2 und Abs. 3 verfolgen das Ziel, im Interesse des Rechtsverkehrs die neuen Aktienurkunden auch **tatsächlich zu verwenden**.[11] Folglich wird die Gesellschaft, vertreten durch den Vorstand (§ 76), verpflichtet, nicht abgeholte Urkunden gegebenenfalls zu verwerten. Die Voraussetzungen für die Veräußerung und die Durchführung des Verkaufs sind in Abs. 1 S. 4, Abs. 2, Abs. 3 detailliert geregelt. Die Rechtsfolgen für den Fall des fehlerhaften Verfahrens sind streitig. Überwiegend wird ein gutgläubiger Erwerb für möglich gehalten.[12]

7 **IV. Nicht verbriefte Aktien.** Die Bedeutung der Regelung in Abs. 4 für nicht verbriefte Aktien ist sprachlich missglückt bzw unklar (Rn 2). Da die Mitgliedsrechte bereits mit Eintragung des Kapitalerhöhungsbeschlusses entstehen, gibt es keinen „Zuteilungsakt" im Sinne einer rechtlichen Zuordnung dieser Aktien an den Aktionär.[13] Zuteilung bedeutet damit die Erteilung einer schriftlichen Bestätigung an den Inhaber der neuen Mitgliedschaftsrechte, mit der die AG dessen Berechtigung anerkennt.[14] Nicht zugeteilte Aktien sind

---

2 Großkomm-AktienR/*Hirte*, Rn 4.
3 *Hüffer*, Rn 11; Großkomm-AktienR/*Hirte*, Rn 48; Spindler/Stilz/*Fock-Wüsthoff*, Rn 10.
4 Spindler/Stilz/*Fock-Wüsthoff*, 214 Rn 2.
5 *Hüffer*, Rn 4.
6 Großkomm-AktienR/*Hirte*, Rn 17.
7 MüKo-AktG/*Volhard*, Rn 14.
8 Großkomm-AktienR/*Hirte*, aaO.
9 *Hüffer*, Rn 6; MüKo-AktG/*Volhard*, Rn 15; Großkomm-AktienR/*Hirte*, Rn 18; KölnKomm-AktG/*Lutter*, Rn 2.
10 Großkomm-AktienR/*Hirte*, Rn 18.
11 KölnKomm-AktG/*Lutter*, Rn 10.
12 KölnKomm-AktG/*Lutter*, Rn 20; aA Großkomm-AktienR/*Hirte*, Rn 43 (der Erwerber vertraue regelmäßig nur auf die – nicht geschützte – Verfügungsmacht der AG).
13 MüKo-AktG/*Volhard*, Rn 39.
14 *Hüffer*, Rn 12; Großkomm-AktienR/*Hirte*, Rn 50; KölnKomm-AktG/*Lutter*, Rn 22.

entsprechend Abs. 3 zu verkaufen.[15] Richtiger Ansicht nach ist die Verpflichtung an den Vorstand, die Aktien zu verkaufen, zwingend.[16] Verstößt die AG gegen die entsprechend für anwendbar erklärten Verkaufsbestimmungen der Absätze 1 bis 3, kommt ein gutgläubiger Erwerb nicht in Betracht.

V. Teilrechte. § 214 ist auch auf Teilrechte gemäß § 213 anwendbar.[17] Entsprechend der Regel des § 213 Abs. 2 können die Teilrechtsinhaber ihre Rechte nur wahrnehmen, wenn sie weitere Teilrechte hinzuerwerben oder sich zur gemeinschaftlichen Ausübung mit einer entsprechenden Zahl von Inhabern weiterer Teilrechte zusammenschließen. Erfolgt dies nicht, hat der Vorstand nach den Absätzen 1 bis 3 vorzugehen. Dies gilt gleichermaßen bei Teilrechten auf verkörperte wie unverkörperte Aktien.

VI. Erhöhung der Nennbeträge. Wird die Kapitalerhöhung aus Gesellschaftsmitteln gem. § 215 Abs. 2 (teileingezahlte Aktien) durch Erhöhung der Nennbeträge der bisherigen Aktien ausgeführt,[18] ist § 214 nicht anwendbar.[19]

§ 215 Eigene Aktien. Teileingezahlte Aktien

(1) Eigene Aktien nehmen an der Erhöhung des Grundkapitals teil.

(2) ¹Teileingezahlte Aktien nehmen entsprechend ihrem Anteil am Grundkapital an der Erhöhung des Grundkapitals teil. ²Bei ihnen kann die Kapitalerhöhung nicht durch Ausgabe neuer Aktien ausgeführt werden, bei Nennbetragsaktien wird deren Nennbetrag erhöht. ³Sind neben teileingezahlten Aktien volleingezahlte Aktien vorhanden, so kann bei volleingezahlten Nennbetragsaktien die Kapitalerhöhung durch Erhöhung des Nennbetrags der Aktien und durch Ausgabe neuer Aktien ausgeführt werden; der Beschluß über die Erhöhung des Grundkapitals muß die Art der Erhöhung angeben. ⁴Soweit die Kapitalerhöhung durch Erhöhung des Nennbetrags der Aktien ausgeführt wird, ist sie so zu bemessen, daß durch sie auf keine Aktie Beträge entfallen, die durch eine Erhöhung des Nennbetrags der Aktien nicht gedeckt werden können.

A. Grundlagen

I. Entwicklungsgeschichte der Norm. Die Norm geht auf § 12 KapErhG zurück. Sie wurde in Abs. 2 durch das Stückaktiengesetz vom 25.3.1998[1] geändert.

II. Regelungsgegenstand und Zweck. Abs. 1 ordnet für Kapitalerhöhungen aus Gesellschaftsmitteln eine Ausnahme von den Prinzipien der §§ 71 b, 56 an.[2] Bei Kapitalerhöhungen aus Gesellschaftsmitteln nimmt auch die AG selbst mit eventuellen eigenen Aktien teil. Der Sache nach stellt dies aber keine Durchbrechung der den §§ 71 b, 56 zugrunde legenden Wertungen dar, sondern lediglich eine notwendige Korrektur. Denn da der AG bei der nominellen Kapitalerhöhung kein neues Vermögen zugeführt wird, wird durch Abs. 1 sichergestellt, dass der AG dasjenige Vermögen, an dem sie über die eigenen Aktien an sich selbst bereits beteiligt ist, auch künftig – wiederum in Form eigener Aktien – zusteht. Das Ziel des Gesetzes besteht dabei darin, jede materielle Änderung in den Beteiligungsverhältnissen auszuschließen.[3]

Abs. 2 verfolgt dasselbe Ziel in anderem Zusammenhang. Danach partizipieren teileingezahlte Aktien an der Kapitalerhöhung aus Gesellschaftsmitteln entsprechend dem Nennbetrag (und nicht etwa entsprechend den bislang geleisteten Einlagen). Dies ist im Grundsatz systemgerecht. Denn abgesehen davon, dass teileingezahlte Aktien nur ein verhältnismäßig geringeres Recht auf Vorausdividende vermitteln (§ 60 Abs. 2), ist der Aktionär, der seine Einlagepflicht noch nicht vollständig erbracht hat, im Übrigen voll am Gewinn- und Liquidationserlös der Gesellschaft beteiligt.[4] Deshalb ordnet das Gesetz auch an, dass diese Aktien voll bei Kapitalerhöhungen aus Gesellschaftsmitteln berücksichtigt werden. Die Bestimmung stellt damit eine Ausnahme vom ansonsten geltenden Grundsatz der Subsidiarität der Kapitalerhöhung dar.[5] Danach sollen Kapitalerhöhungen erst vorgenommen werden, nachdem ausstehende Einlagen auf das bisherige Grundkapital eingezahlt wurden, § 182 Abs. 4 S. 1.

---

15 *Hüffer*, Rn 12; KölnKomm-AktG/*Lutter*, Rn 23; Großkomm-AktienR/*Hirte*, Rn 51.
16 *Hüffer*, Rn 12; aA KölnKomm-AktG/*Lutter*, Rn 24.
17 *Hüffer*, Rn 13; KölnKomm-AktG/*Lutter*, Rn 25.
18 Früher auch durch § 4 Abs. 3 S. 1 EGAktG (Euroumstellung des Grundkapitals).
19 MüKo-AktG/*Volhard*, Rn 48.
1 BGBl. I S. 590.
2 KölnKomm-AktG/*Lutter*, Rn 2.
3 KölnKomm-AktG/*Lutter*, Rn 4.
4 KölnKomm-AktG/*Lutter*, Rn 6.
5 Großkomm-AktienR/*Hirte*, Rn 10.

B. Einzelheiten

4 **I. Eigene Aktien.** Nach Abs. 1 nehmen eigene Nennbetrags- oder Stückaktien an der Kapitalerhöhung aus Gesellschaftsmitteln teil. Dies gilt erst recht für Aktien, die ein Dritter für Rechnung der AG erhält.[6]

5 Will die Gesellschaft diesen Effekt **vermeiden**, muss sie zuvor eine **ordentliche Kapitalherabsetzung** durch Einziehung der eigenen Aktien durchführen.

6 **II. Teileingezahlte Aktien bei Kapitalerhöhung aus Gesellschaftsmitteln.** Teileingezahlte Aktien sollen in vollem Umfang an einer Kapitalerhöhung teilnehmen, um deren Rechtstellung relativ nicht zu verändern. Es wird also nicht auf die tatsächlich geleistete Einlage abgestellt, sondern es werden die teileingezahlten Aktien wie volle Mitgliedschaftsrechte behandelt.[7] Die Kapitalerhöhung findet dergestalt statt, dass sich bei teileinbezahlten Stückaktien automatisch der anteilige Betrag des Grundkapitals erhöht. Die Kapitalerhöhung erfolgt in diesem Fall ebenso wie bei § 207 Abs. 2 S. 2 dergestalt, dass lediglich die Kapitalerhöhung im Handelsregister eingetragen[8] und gegebenenfalls die Satzung formell geändert wird.[9] Bei Nennbetragsaktien schreibt § 215 Abs. 2 Hs 2 eine Erhöhung des Nennbetrages vor. Folge der Nennbetragserhöhung ist, dass den Inhabern dieser Aktien ein erhöhtes Stimmrecht (§ 134 Abs. 2) und ein erhöhter Gewinnanspruch (§ 60) zustehen.[10] Soweit die umgewandelten Rücklagen den Nennbetragsaktien zugewiesen wurden, gilt der erhöhte Nennbetrag als eingezahlt. Die Pflicht zur Zahlung der Resteinlage ist damit betragsmäßig mit der Verbindlichkeit vor Kapitalerhöhung identisch und bleibt bestehen.

7 Das Verbot der Ausgabe neuer Aktien bei Vorliegen teileingezahlter Aktien dient dem Gläubigerschutz.[11] Bei Vorliegen teileingezahlter Aktien kann die Gesellschaft den säumigen Aktionär gegebenenfalls nach den §§ 64, 65 ausschließen und die Aktien durch Verkauf verwerten (Kaduzierung). Würden bei der Kapitalerhöhung aus Gesellschaftsmitteln neue Aktien entstehen, wären diese automatisch selbst dann voll einbezahlt, wenn zuvor teileingezahlte Aktien bestanden.[12] Dann würden aber neben den teileingezahlten Aktien aufgrund der nominellen Kapitalerhöhung auch voll eingezahlte Aktien entstehen, ohne dass sich das Gesellschaftsvermögen erhöht hätte. Der Wert der teileingezahlten Aktien würde damit sinken. Dies könnte den Erfolg des Kaduzierungsverfahrens gefährden.

8 **III. Nebeneinander von teil- und volleingezahlten Aktien.** Sind neben den teileingezahlten Aktien auch voll eingezahlte Aktien vorhanden, besteht nach Abs. 2 S. 3 Hs 1 für die Nennbetragsaktien ein Wahlrecht. Die teileinbezahlten Aktien müssen zwar ebenso wie im Fall, dass nur teileinbezahlte Aktien vorhanden sind, zwingend im Nennwert erhöht werden. Bezüglich der übrigen Aktien kann die Gesellschaft aber wählen, ob sie die Kapitalerhöhung durch Ausgabe neuer Aktien oder durch eine Erhöhung des Nennbetrags der bisherigen Aktien ausführt. Die Art der Erhöhung muss in diesem Fall im Kapitalerhöhungsbeschluss zwingend angegeben werden (Abs. 2 S. 3 Hs 2).

9 Fehlt die Angabe über die Art der Erhöhung, sind die Rechtsfolgen umstritten. Richtiger Weise liegt Nichtigkeit des Beschlusses vor.[13] Denn da nicht geklärt ist, wie viele Aktien bestehen und auf welche Beträge sie lauten, verstößt dies gegen § 23 Abs. 3 Nr. 4, so dass der Nichtigkeitsgrund des § 241 Nr. 3 erfüllt ist.

10 **IV. Vermeidung von Spitzenbeträgen bei der Erhöhung der Nennbeträge.** Gemäß § 8 Abs. 2 S. 1, S. 4 müssen Aktien einer AG auf einen Nennbetrag von mindestens einem Euro lauten. Lauten sie auf einen höheren Betrag, muss dieser durch volle Euro teilbar sein. Wird nun bei einer Kapitalerhöhung aus Gesellschaftsmitteln der Nennbetrag erhöht, ordnet § 215 Abs. 2 S. 4 an, dass es insoweit nicht zur Spitzenbildung kommen darf. Beides zusammen führt zu einer Erschwerung von Kapitalerhöhungen aus Gesellschaftsmitteln. Entscheidender Grund ist, dass gem. § 212 auch nicht das Beteiligungsverhältnis verschoben werden darf. Im Ergebnis kann bei Aktiennennbeträgen von einem Euro das Grundkapital damit nur noch im Verhältnis eins, eins zu zwei, eins zu drei bis mehr erhöht werden.[14] Die Kapitalerhöhung aus Gesellschaftsmitteln ist damit bei Vorliegen teileingezahlter Aktien nur möglich, wenn umwandlungsfähige Rücklagen mindestens in Höhe des Grundkapitals vorliegen.[15] Anders verhält es sich nur dann, wenn die Aktien der Gesellschaft auf höhere Nennbeträge lauten. Dann können gleichzeitig mit der Kapitalerhöhung Nennbeträge herabgesetzt und insgesamt eine Kapitalerhöhung zu einem geringeren Verhältnis durchgeführt werden.

11 Obige Problematik stellt sich bei Stückaktien nicht. Diese müssen zwar ebenfalls auf einen anteiligen rechnerischen Betrag am Grundkapital von mindestens einen Euro lauten. Allerdings ist jeder höhere Betrag zu-

---

6 *Hüffer*, Rn 2; KölnKomm-AktG/*Lutter*, Rn 3.
7 Großkomm-AktienR/*Hirte*, Rn 11; KölnKomm-AktG/*Lutter*, Rn 6.
8 *Hüffer*, Rn 4.
9 Hierzu auch LG Heidelberg DB 2001, 1875, 1876.
10 *Hüffer*, Rn 4.
11 *Hüffer*, Rn 1; KölnKomm-AktG/*Lutter*, Rn 8.
12 So explizit der frühere § 211 Abs. 2, vgl hierzu oben § 211 Rn 1.
13 MüKo-AktG/*Volhard*, Rn 14; MüHb-AG/*Krieger*, § 59 Rn 48; *Schippel*, DNotZ 1960, 353, 368; aA Großkomm-AktienR/*Hirte*, Rn 63; KölnKomm-AktG/*Lutter*, Rn 12.
14 Großkomm-AktienR/*Hirte*, Rn 24.
15 Großkomm-AktienR/*Hirte*, aaO.

lässig, dieser muss anders als bei Nennbetragsaktien auch gerade nicht durch einen Euro teilbar sein. Gerade hier zeigen sich die mitunter deutlich größere Flexibilität und damit die generelle Vorzugswürdigkeit von Stückaktien.[16]

§ 216 Wahrung der Rechte der Aktionäre und Dritter

(1) Das Verhältnis der mit den Aktien verbundenen Rechte zueinander wird durch die Kapitalerhöhung nicht berührt.

(2) ¹Soweit sich einzelne Rechte teileingezahlter Aktien, insbesondere die Beteiligung am Gewinn oder das Stimmrecht, nach der auf die Aktie geleisteten Einlage bestimmen, stehen diese Rechte den Aktionären bis zur Leistung der noch ausstehenden Einlagen nur nach der Höhe der geleisteten Einlage, erhöht um den auf den Nennbetrag des Grundkapitals berechneten Hundertsatz der Erhöhung des Grundkapitals zu. ²Werden weitere Einzahlungen geleistet, so erweitern sich diese Rechte entsprechend. ³Im Fall des § 271 Abs. 3 gelten die Erhöhungsbeträge als voll eingezahlt.

(3) ¹Der wirtschaftliche Inhalt vertraglicher Beziehungen der Gesellschaft zu Dritten, die von der Gewinnausschüttung der Gesellschaft, dem Nennbetrag oder Wert ihrer Aktien oder ihres Grundkapitals oder sonst von den bisherigen Kapital- oder Gewinnverhältnissen abhängen, wird durch die Kapitalerhöhung nicht berührt. ²Gleiches gilt für Nebenverpflichtungen der Aktionäre.

A. Allgemeines 1	b) Weitere Korrektur? 11
I. Entwicklungsgeschichte der Norm 1	2. Stimmrechte 12
II. Regelungsgegenstand und Zweck 2	3. Liquidationserlös 13
B. Einzelheiten 3	VI. Vertragliche Beziehung der Gesellschaft zu
I. Verhältnis der Mitgliedschaftsrechte zueinander 3	Dritten (Abs. 3 S. 1) 14
II. Anpassung durch Einflussnahme auf die ausgegebene Aktiengattung? 5	1. Tantiemen 16
III. Eintritt der Rechtsfolgen, Satzungsanpassung .. 6	2. Rechte im Sinne des § 221 19
IV. Mehrstimmrechtsaktien 7	3. Vertragsverhältnisse zwischen Aktionären und Dritten 20
V. Teileingezahlte Aktien (Abs. 2) 8	VII. Nebenverpflichtungen 21
1. Gewinnverteilung 10	VIII. Rechtsfolgen bei Verstoß 22
a) Herrschende Meinung 10	IX. Entsprechende Anwendung des Abs. 3 S. 1 23

A. Allgemeines

I. Entwicklungsgeschichte der Norm. Die Vorschrift geht auf § 13 KapErhG aF zurück. Mit dem MoMiG[1] wurde Abs. 1 S. 2 gestrichen.

II. Regelungsgegenstand und Zweck. § 216 enthält verschiedene Regelungen, die sicherstellen sollen, dass durch eine Kapitalerhöhung aus Gesellschaftsmitteln **keine über die Änderung der Grundkapitalziffer hinausgehenden wirtschaftlichen Veränderungen** eintreten sollen.[2] Die Norm ergänzt somit § 212 S. 1, wonach sich die Beteiligungsverhältnisse durch die Kapitalerhöhung aus Gesellschaftsmitteln nicht ändern. Die wesentliche Aussage des § 216 ist darin zu sehen, dass das Verhältnis der Rechte zueinander wirtschaftlich gleich bleiben soll. Es kann sich daher rechtlich sehr wohl ändern, aber eben nur zu dem Zweck, dass nach Eintritt der Kapitalerhöhung wirtschaftlich betrachtet die bisherige Situation fortbesteht. Abs. 1, Abs. 2 und Abs. 3 S. 2 regeln dies im Verhältnis zwischen AG und Aktionär, bzw zwischen den Aktionären untereinander. Abs. 3 S. 1 enthält Regelungen für Rechtsverhältnisse zwischen der AG und Dritten.

B. Einzelheiten

I. Verhältnis der Mitgliedschaftsrechte zueinander. Nach Abs. 1 S. 1 bleibt das Verhältnis der mit den Aktien verbundenen Rechte zueinander durch die Kapitalerhöhung unverändert. Erfolgt die Kapitalerhöhung ohne Ausgabe neuer Aktien (möglich bei Stückaktien, § 207 Abs. 2 S. 2, notwendig bei teileingezahlten Aktien), ist diese Konsequenz ohnehin zwingend.[3] Ebenso ändert sich das Verhältnis der mit den Aktien verbundenen Rechte zueinander nicht, wenn bislang lediglich eine Gattung von Aktien besteht. Dann führen

---

16 Zur Vorzugswürdigkeit von Stückaktien bereits oben § 8 Rn 17.
1 BGBl. I 2008 S. 2026.
2 Großkomm-AktienR/*Hirte*, Rn 4.
3 MüHb-AG/*Krieger*, § 59 Rn 54.

die neu ausgegebenen Aktien zu keiner Veränderung des Verhältnisses der Rechte aus den alten Aktien zueinander bzw zu den neuen Aktien.

4 Anders kann es dann sein, wenn eine Kapitalerhöhung aus Gesellschaftsmitteln erfolgt, und Aktien verschiedener Gattungen (§ 11) existieren. Insoweit gilt zunächst, dass die verschiedenen Aktiengattungen proportional erhöht werden, so dass ihr Verhältnis zueinander vor und nach der Kapitalerhöhung gleich bleibt.[4] Es werden also an die Stammaktionäre Stammaktien ausgegeben, an die Vorzugsaktionäre Vorzüge. Bestehen Mehrstimmrechtsaktien, erhalten die betreffenden Aktionäre wiederum Mehrstimmrechtsaktien.[5] Die eigentliche Relevanz des Abs. 1 besteht darin, dass es danach zu einer inhaltlichen Änderung der mit den Aktien verbundenen Rechte dann kommt, wenn die verschiedenen Aktiengattungen unterschiedliche kapitalbezogene Gewinnvorrechte vermitteln. Dies ist insbesondere bei Gewinnvorzugsrechten der Fall, die Inhabern von Vorzugsaktien eine Vorabdividende gewähren. Würden hier einfach identische neue Vorzüge ausgegeben werden, würde dies zu einer Verschlechterung der Rechte der Altaktionäre führen. Dies soll an folgendem Beispiel erläutert werden: Eine AG weise ein Grundkapital von 200.000 EUR auf, das in 200.000 Aktien zum Nennwert von je 1 EUR eingeteilt ist. Weiter seien von den Aktien insgesamt 100.000 Aktien Vorzugsaktien, die einen Gewinnvorab von jeweils 10 % ihres Nennwerts gewähren. Von einem angenommenen Bilanzgewinn von 30.000 EUR werden in diesem Fall zunächst einmal 10.000 EUR nur auf die Vorzugsaktien verteilt. Der verbleibende Bilanzgewinn von 20.000 EUR entfällt gleichmäßig auf Stamm- und Vorzugsaktien, so dass die Vorzugsaktionäre insgesamt 20.000 EUR und die Stammaktionäre insgesamt 10.000 EUR erhalten. Hatte diese AG nun ihr Kapital im Verhältnis eins zu eins auf insgesamt 400.000 EUR erhöht, bestehen für 200.000 EUR Vorzugsaktien. Würden nun wieder vorab vom Bilanzgewinn von 30.000 EUR 10 % von deren Grundkapital an die Vorzugsaktionäre gehen, verbliebe nur ein Bilanzgewinn von 10.000 EUR, der sich zu je 5.000 EUR auf die Vorzugsaktionäre und die Stammaktionäre verteilen würde. Deshalb ordnet Abs. 1 an, dass das Gewinnvorrecht auf die alten und neuen Vorzugsaktien so zu verteilen ist, dass der Betrag der Vorabdividende unverändert bleibt.[6] Eine derartige Verminderung der formalen Rechtsstellung der Vorzugsaktionäre ist ohne Zustimmung der Vorzugsaktionäre möglich, § 141 Abs. 1 gilt insoweit nicht.[7]

5 **II. Anpassung durch Einflussnahme auf die ausgegebene Aktiengattung?** Das vorstehende Beispiel könnte auch anders gelöst werden: Würden anlässlich der Kapitalerhöhung aus Gesellschaftsmitteln nur Stammaktien ausgegeben, bliebe die Anzahl der Vorzugsaktien und damit der Betrag des auf sie entfallenden Vorzugs gleich. Der Bilanzgewinn von 30.000 EUR entfiele zunächst in Höhe von 10.000 EUR auf die Vorzugsaktionäre, danach hälftig auf die beiden Gruppen der Nur-Stammaktionäre und die der Stamm-/Vorzugsaktionäre. Ein derartiges Vorgehen ist aber nach ganz herrschender und zutreffender Meinung[8] unzulässig.[9] Warum dies so ist, zeigt gerade der vorliegende Beispielsfall. Würden die Vorzugsaktionäre isoliert ihre neu bezogenen Stammaktien verkaufen, bleiben sie bei verhältnismäßig geringerem Kapitaleinsatz in voller Höhe vorzugsberechtigt.

6 **III. Eintritt der Rechtsfolgen, Satzungsanpassung.** Die Rechtsfolge des Abs. 1 S. 1 trifft kraft Gesetzes ein. Mit Wirksamwerden der Kapitalerhöhung entstehen die gegebenenfalls inhaltlich berichtigten Aktien. Nach heute ganz herrschender Meinung tritt die Änderung auch dann ein, wenn sie im Kapitalerhöhungsbeschluss nicht gesondert festgesetzt wird.[10] Schon der Wortlaut des Abs. 1 legt dies nahe. Eine Konkretisierung wäre im Übrigen auch nur erforderlich, wenn von Gesetzes wegen mehrere Varianten zur Verfügung stünden, wie dem Gebot des § 216 Rechnung getragen werden kann. Dies ist aber nach hM gerade nicht der Fall, da die Hauptversammlung kein Wahlrecht hat, wie sie die in § 216 Abs. 1 geschützte Anpassung vornehmen kann.[11] Ungeachtet dessen kann es erforderlich werden, die Satzung der erfolgten Änderung anzupassen.[12] Hierzu ist aber kein Sonderbeschluss gem. §§ 179 Abs. 3, 141 notwendig, weil das bisherige Verhältnis der verschiedenen Aktiengattungen nicht zum Nachteil einer Gattung geändert, sondern im Hinblick auf § 216 Abs. 1 gerade gewahrt wird.[13]

---

4 Hüffer, Rn 2.
5 Hüffer, Rn 2.
6 OLG Stuttgart AG 1993, 94 f = WM 1992, 1067, 1070; Hüffer, Rn 3; MüKo-AktG/Volhard, Rn 13; Großkomm-AktienR/Hirte, Rn 22; KölnKomm-AktG/Lutter, Rn 6.
7 Hüffer, Rn 3; MüKo-AktG/Volhard, Rn 18.
8 Hüffer, Rn 3; KölnKomm-AktG/Lutter, Rn 6; Großkomm-AktienR/Hirte, Rn 22.
9 Anders: MüHb-AG/Krieger, § 59 Rn 56.
10 Hüffer, Rn 4; Großkomm-AktienR/Hirte, Rn 26; KölnKomm-AktG/Lutter, Rn 7; MüHb-AG/Krieger, § 49 Rn 59; aA Geßler, BB 1960, 6, 10.
11 Hüffer, Rn 4; Großkomm-AktienR/Hirte, Rn 26; KölnKomm-AktG/Lutter, Rn 7; MüHb-AG/Krieger, § 49 Rn 59; aA Geßler, BB 1960, 6, 10.
12 Hüffer, Rn 4.
13 OLG Stuttgart AG 1993, 94 f = BB 1992, 56 f; LG Tübingen ZIP 1991, 169, 173 = AG 1991, 406, 409; Hüffer, Rn 3; Großkomm-AktienR/Hirte, Rn 28.

IV. Mehrstimmrechtsaktien. Nach dem früheren Abs. 1 S. 2 konnten Mehrstimmrechtsaktien ohne staatliche Ausnahmegenehmigung ausgegeben werden. Die mit Ablauf der Übergangsfrist des § 5 Abs. 1 EGAktG weitestgehend obsolete Bestimmung wurde durch das MoMiG[14] gestrichen.

V. Teileingezahlte Aktien (Abs. 2). Teileingezahlte Aktien werden vom Aktiengesetz mitunter wie voll eingezahlte Aktien behandelt. So bestimmt sich nach § 60 Abs. 1 der Anteil der Aktionäre am Gewinn nach den Anteilen an Grundkapital, nicht nach den tatsächlich geleisteten Einlagen. Anders verhält es sich aber etwa gem. § 134 Abs. 2 S. 1 für das Stimmrecht. Dieses beginnt danach erst mit vollständiger Leistung der Einlage. Beide Prinzipien sind freilich **satzungsdispositiv**, die Satzung kann sowohl eine von der formellen Grundkapitalbeteiligung abweichende Gewinnbeteiligung regeln, § 60 Abs. 3; sie kann auch bestimmen, dass das Stimmrecht vor vollständiger Einzahlung der Einlage besteht, § 134 Abs. 2 S. 2.

Bei teileingezahlten Aktien kommt § 216 lediglich dann zum tragen, wenn sich die Rechte nach der auf die Aktie geleisteten Einlage bestimmen. Dann vermittelt die nur teilweise geleistete Einlage auch weniger Rechte als bei Vollzahlung. Abs. 2 S. 1 verhindert nun, dass diese Rechte relativ durch die Kapitalerhöhung aus Gesellschaftsmitteln verschoben werden.[15] Wie im Fall des Abs. 1 erfolgt die Anpassung ex lege.[16] Im Einzelnen gilt Folgendes:

1. Gewinnverteilung. a) Herrschende Meinung. Bestimmt sich die Gewinnverteilung entgegen § 60 Abs. 1 nicht nach den Anteilen am Grundkapital, sondern aufgrund entsprechender Satzungsbestimmung oder im Fall des § 60 Abs. 2 nach den geleisteten Einlagen, greift § 216 Abs. 2 ein. Beispiel:[17] Wurden auf Aktien Einlagen in unterschiedlicher Höhe geleistet, ist allen Aktionären bei der Gewinnverteilung zunächst aus dem verteilbaren Gewinn vorab ein Betrag in Höhe von 4 % der geleisteten Einlage zu zahlen, § 60 Abs. 2. Bestehen etwa zweihundert Nennbetragsaktien zu jeweils 1.000 EUR und haben 100 Aktionäre auf die eine Aktie lediglich 50 %, weitere 100 Aktionäre auf die andere 100 % eingezahlt, so erhalten sie für diese Aktien gemäß § 60 Abs. 2 zunächst einmal 4 % der tatsächlich geleisteten Einlagen vorweg, also 20 EUR bzw. 40 EUR. Wird nun das Kapital im Verhältnis fünf zu eins erhöht, erhöht sich der Nennbetrag der teileingezahlten Aktie auf 1.200 EUR. Bezüglich der volleingezahlten Aktien besteht nach § 215 Abs. 2 S. 3 ein Wahlrecht, wonach entweder der Nennbetrag ebenfalls auf 1.200 EUR erhöht werden kann, bzw. wonach diese Aktionäre eine weitere Aktie im Nennbetrag von 200 EUR erhalten. Bei unveränderter Anwendung des § 60 Abs. 2 stünden nun Aktionäre der ersten Gruppe insgesamt 4 % aus der geleisteten Einlage von 700 zu, das wären 28 EUR. Die Aktionäre der zweiten Gruppe enthielten 48 EUR. Das Verhältnis der vorweg zu leistenden Dividenden, das vor der Kapitalerhöhung eins zu zwei betrug (20 EUR zu 40 EUR), hätte sich nun verschoben (28 EUR zu 48 EUR) und zwar zugunsten der teileingezahlten Aktie. Dies wird durch Abs. 2 S. 1 dergestalt korrigiert, dass nicht – wie soeben im Beispiel – der erhöhte Einzahlungsbetrag als Bemessungsgrundlage herangezogen wird, sondern der vor der Kapitalerhöhung geleistete Betrag, dieser jedoch erhöht um den Vomhundertsatz der Erhöhung des Grundkapitals. Bezogen auf das obige Beispiel erfolgt also die Korrektur wie folgt: Das Erhöhungsverhältnis betrug fünf zu eins. Dieses wird direkt auf die von den teileingezahlten Aktien vermittelten Rechte bezogen, so dass sich der auf die Dividende vorab zu berücksichtigende Betrag bei der teileingezahlten Aktie im Verhältnis fünf zu eins von 20 EUR auf 24 EUR erhöht, während der vorab zu berücksichtigende Betrag im Fall der volleingezahlten Aktie von 40 EUR auf 48 EUR ansteigt. Wiederum stehen die beiden vorab auf die Dividende zu berücksichtigenden Beträge im Verhältnis eins zu zwei (24 EUR zu 48 EUR).

b) Weitere Korrektur? Das vorstehende Beispiel zeigt freilich auch, dass sich das Verhältnis zwischen dem nach den geleisteten Einlagen zu verteilende Gewinn einerseits (§ 60 Abs. 2, max. 4 %) zu dem nach Aktiennennbeträgen zu verteilenden Gewinn andererseits (§ 60 Abs. 1) verschiebt. Ohne dass dem in der Literatur bislang explizit widersprochen wurde, wollen *Bungeroth*,[18] *Hirte*[19] und nun auch *Volhard*[20] auch dies korrigieren. Auch der Bruchteil des maximal nach geleisteten Einlagen zu verteilenden Gewinns müsse sich vermindern. Auch wenn dies im Endeffekt auf eine Nichtanwendung des § 216 Abs. 1 S. 1 hinausläuft, ist dieser Auffassung zuzustimmen. Abs. 2 ist also so zu lesen, dass für den Fall, dass sich die Beteiligung am Gewinn nach der auf die Aktie geleisteten Einlage bestimmt, ungeachtet der erfolgten Kapitalerhöhung aus Gesellschaftsmitteln diese Rechte so verteilen, als hätte die Kapitalerhöhung nicht stattgefunden.

2. Stimmrechte. Die Anwendung des § 216 Abs. 2 S. 1 setzt hier voraus, dass entgegen der Grundregel des § 134 Abs. 2 S. 1 das Stimmrecht bereits vor vollständiger Leistung der Einlage entsteht. Denn andernfalls würden nach § 215 Abs. 2 auch bei der Kapitalerhöhung aus Gesellschaftsmitteln keine neuen Aktien ent-

---

14 BGBl. I 2008, S. 2026.
15 *Hüffer*, Rn 6.
16 Großkomm-AktienR/*Hirte*, Rn 57.
17 Nach Großkomm-AktienR/*Hirte*, Rn 35.
18 Geßler/*Bungeroth*, Rn 35 f.
19 Großkomm-AktienR/*Hirte*, Rn 38.
20 MüKo-AktG/*Volhard*, Rn 34 f.

stehen, sondern die bisherigen Nennwerte angehoben oder – bei Stückaktien – die Aktienanzahl insgesamt unverändert bleiben. Dann wären aber auch die erhöhten Aktien nicht volleingezahlt und somit stimmrechtslos.[21] Zu § 216 Abs. 2 S. 1 kommt man also nur, wenn entweder auf keine Aktie die Einlage vollständig geleistet wurde[22] oder wenn aufgrund von Satzungsbestimmungen ein Stimmrecht besteht. Die dann geltenden Rechtsfolgen lassen sich am besten anhand eines Beispiels verdeutlichen:[23] In der Satzung sei bestimmt, dass mit Zahlung der gesetzlichen Mindesteinlage von 25 % eine Stimme und mit Zahlung jeder weiteren 25 % eine zweite Stimme usw verbunden seien. Dann stehen demjenigen Aktionär, der 75 % eingezahlt hat, drei Stimmen, demjenigen, der 100 % eingezahlt hat vier Stimmen zu. Erhöht nun die Gesellschaft ihr Grundkapital im Verhältnis eins zu eins, erhält derjenige Aktionär, der 75 % auf seine Aktie eingezahlt hatte, zwar eine Aktie, auf die 7/8 des Kapitals einbezahlt wurden. Auch hält derjenige Aktionär, der bislang bereits eine volleinbezahlte Aktie hatte, weiterhin eine volleinbezahlte Aktie. Abs. 2 S. 1 führt in diesem Fall aber dazu, dass sich die jedem Aktionär vor Kapitalerhöhung zustehenden Stimmen im Verhältnis eins zu eins erhöhen, also verdoppeln. Der Aktionär, der zuvor 75 % eingezahlt hatte, erhält nunmehr sechs Stimmen, derjenige, der 100 % eingezahlt hatte, acht.[24]

13 **3. Liquidationserlös.** Für den Fall, dass nicht auf alle Aktien die Einlagen in dem selben Verhältnis geleistet worden sind, bestimmt § 271 Abs. 3, dass zunächst die geleisteten Einlagen zu erstatten und anschließend ein verbleibender Überschuss nach den Anteilen am Grundkapital zu verteilen ist. Für diesen Fall ordnet § 216 Abs. 2 S. 3 an, dass der Erhöhungsbetrag als voll geleistete Einlage gilt und vorneweg zu erstatten ist.

14 **VI. Vertragliche Beziehung der Gesellschaft zu Dritten (Abs. 3 S. 1).** Abs. 3 übernimmt den Grundsatz des Abs. 1 auch für den **Inhalt** der vertraglichen Beziehungen der Gesellschaft zu Dritten.[25] Vertragliche Beziehungen im Sinne des Abs. 3 sind solche, die von der Gewinnausschüttung der Gesellschaft oder in sonstiger Weise von den bisherigen Kapital- und Gewinnverhältnissen abhängen.[26] Dritter ist jede andere natürliche oder juristische Person als die AG. Ohne Bedeutung ist es, ob dieser Dritte an der AG als Aktionär beteiligt oder Mitglied ihrer Verwaltung ist.[27]

15 Abs. 3 erfasst insbesondere Gewinnbeteiligungen, Genussrechte sowie Gewinn- und Wandelschuldverschreibungen. Dabei ist es ohne Bedeutung, ob die AG Schuldner oder Gläubiger der Leistungspflicht ist. Abs. 1 ist unmittelbar rechtsgestaltend[28] und kann nicht durch die Satzung abbedungen werden. Zulässig wäre allenfalls eine individualvertragliche abweichende Regelung, die aber regelmäßig nicht gewollt und nicht sachdienlich ist. Im Einzelnen gilt Folgendes:

16 **1. Tantiemen.** Bezüglich der Anwendbarkeit des Abs. 3 auf Tantiemen ist **auf die Art der Tantiemenberechnung abzustellen**. Besteht die Gewinnbeteiligung etwa in einem Anteil am Jahresgewinn, so ändert sich dieser aufgrund einer Kapitalerhöhung aus Gesellschaftsmitteln nicht. Eine irgendwie geartete Anpassung ist daher auch nicht erforderlich. Anders verhält es sich beispielsweise dann, wenn die Tantieme an die Höhe des Grundkapitals, oder die darauf geleisteten Einzahlungen gekoppelt wird. In diesem Fall ändert sich die Bezugsgröße, so dass eine Anpassung geboten ist.

17 Anders soll es allerdings nach verbreiteter Auffassung bei Tantiemen an Aufsichtsratsmitglieder im Sinne von § 113 Abs. 3 sein. Dies sind Tantiemen, deren Bemessungsgrundlage der Jahresgewinn der Gesellschaft ist. Hier wird zwingend als Bemessungsgrundlage der um mindestens vier vom Hundert der auf den geringsten Ausgabebetrag der Aktien tatsächlich geleisteten Einlagen verminderte Jahresgewinn zugrunde gelegt. Insoweit vertritt die herrschende Meinung[29] die Auffassung, dass § 113 Abs. 3 die speziellere Norm sei und § 216 Abs. 3 S. 1 verdränge.[30] Eine Kapitalerhöhung aus Gesellschaftsmitteln führt hier also nach hM dazu, dass die Minderung iHv vier vom Hundert sich die nach der Kapitalerhöhung aus Gesellschaftsmitteln auf das erhöhte Grundkapital bezieht, so dass sich die an die Mitglieder des Aufsichtsrats zu bezahlende Tantieme aus einem entsprechend niedrigerem Rest-Gewinn errechnet.[31]

18 Problematisch sind schließlich Fallgestaltungen, in denen die Tantieme an die Höhe der Dividende gekoppelt wird. Die herrschende Meinung[32] passt hier die Tantiemevereinbarung an. In jedem Fall ist es empfehlenswert, die Angelegenheit individualvertraglich zu regeln.[33]

19 **2. Rechte im Sinne des § 221.** Kapitalerhöhungen aus Gesellschaftsmitteln sind einer der Hauptfälle, die den Inhalt von Wandel- bzw Vorzugsrechten inhaltlich berühren. Hat der Aktionär zB das Recht, seine

---

21 *Hüffer*, Rn 8.
22 *Hüffer*, Rn 8.
23 Beispiel nach Großkomm-AktienR/*Hirte*, Rn 50.
24 Großkomm-AktienR/*Hirte*, Rn 50.
25 Großkomm-AktienR/*Hirte*, Rn 58.
26 Großkomm-AktienR/*Hirte* Rn 58.
27 *Hüffer*, Rn 10.
28 *Hüffer*, Rn 11; KölnKomm-AktG/*Lutter*, Rn 20.
29 *Hüffer*, Rn 12.
30 AA von seinem Verständnis aus konsequent Großkomm-AktienR/*Hirte*, 216 Rn 75.
31 Vgl hierzu insb. *Hüffer*, 216 Rn 12.
32 *Hüffer*, 216 Rn 13.
33 Großkomm-AktienR/*Hirte*, Rn 69.

Wandelanleihe zu nominell 1.000 EUR in insgesamt 100 Aktien zum Nennwert von je einem Euro zu tauschen, und erhöht die AG ihr Kapital im Verhältnis eins zu eins, wird das Wandlungsrecht gemäß § 216 Abs. 3 S. 1 dahin gehend angepasst, dass der Wandlungsberechtigte nun 200 Aktien beziehen kann.[34] Ergänzend bestimmt in diesem Fall § 218 S. 1, dass sich das bedingte Kapital im gleichen Fall wie das Grundkapital erhöht und dass gegebenenfalls zur Deckung des Unterschieds zwischen dem Ausgabebetrag der Wandelanleihe und dem geringsten Ausgabebetrag der Bezugsaktien eine Sonderrücklage zu bilden ist.

3. Vertragsverhältnisse zwischen Aktionären und Dritten. Abs. 3 S. 1 findet keine Anwendung, wenn es um Vertragsverhältnisse zwischen den Aktionären und Dritten geht. Allerdings ist in derartigen Fällen stets zu prüfen, ob ihm Rahmen der ergänzenden Vertragsauslegung nicht die Wertung des Abs. 3 S. 1 heranzuziehen ist.

VII. Nebenverpflichtungen. Der wirtschaftliche Inhalt von Nebenverpflichtungen wird durch die Kapitalerhöhung nicht berührt (Abs. 3 S. 2). Die Nebenverpflichtungen beziehen sich nach der Kapitalerhöhung auf alte und neue Aktien gemeinsam, allerdings inhaltlich insoweit reduziert, dass sich ihr Gesamtausmaß nicht erhöht.[35]

VIII. Rechtsfolgen bei Verstoß. Ein Verstoß gegen § 216 kann nur dann erfolgen, wenn der Kapitalerhöhungsbeschluss überhaupt Rechtsfolgen der Kapitalerhöhung in Bezug auf die von § 216 erfassten Aktienrechte anordnet, und wenn dies abweichend von der in § 216 vorgeschriebenen Art und Weise erfolgt. Kommt es zu einer derartigen Abweichung, ist der Kapitalerhöhungsbeschluss anfechtbar.[36] Gleiches gilt für eine gegebenenfalls beschlossene Satzungsänderung.

IX. Entsprechende Anwendung des Abs. 3 S. 1. Ob Abs. 3 S. 1 entsprechend auf andere Formen der Kapitalerhöhung anwendbar ist, ist umstritten.[37] Im Kern handelt der Streit von sog. Kapitalerhöhungen „unter Wert". Vgl hierzu im Einzelnen die Kommentierung der entsprechenden Vorschriften.

§ 217 Beginn der Gewinnbeteiligung

(1) Neue Aktien nehmen, wenn nichts anderes bestimmt ist, am Gewinn des ganzen Geschäftsjahrs teil, in dem die Erhöhung des Grundkapitals beschlossen worden ist.

(2) ¹Im Beschluß über die Erhöhung des Grundkapitals kann bestimmt werden, daß die neuen Aktien bereits am Gewinn des letzten vor der Beschlußfassung über die Kapitalerhöhung abgelaufenen Geschäftsjahrs teilnehmen. ²In diesem Fall ist die Erhöhung des Grundkapitals zu beschließen, bevor über die Verwendung des Bilanzgewinns des letzten vor der Beschlußfassung abgelaufenen Geschäftsjahrs Beschluß gefaßt ist. ³Der Beschluß über die Verwendung des Bilanzgewinns des letzten vor der Beschlußfassung über die Kapitalerhöhung abgelaufenen Geschäftsjahrs wird erst wirksam, wenn das Grundkapital erhöht ist. ⁴Der Beschluß über die Erhöhung des Grundkapitals und der Beschluß über die Verwendung des Bilanzgewinns des letzten vor der Beschlußfassung über die Kapitalerhöhung abgelaufenen Geschäftsjahrs sind nichtig, wenn der Beschluß über die Kapitalerhöhung nicht binnen drei Monaten nach der Beschlußfassung in das Handelsregister eingetragen worden ist. ⁵Der Lauf der Frist ist gehemmt, solange eine Anfechtungs- oder Nichtigkeitsklage rechtshängig ist.

A. Grundlagen

I. Gesetzgebungsgeschichte. Die Vorschrift geht auf § 14 KapErhG zurück. Abs. 2 S. 5 wurde mit dem ARUG[1] geändert.

II. Regelungsgegenstand. § 217 befasst sich mit der **Dividendenberechtigung**. Sollen die ausgegebenen Aktien bereits am Gewinn des vorangegangenen Geschäftsjahres partizipieren, sind die Beschränkungen des Abs. 2 zu beachten.

Abs. 1 beruht auf Zweckmäßigkeits- und Praktikabilitätserwägungen.[2] Die aus der Kapitalerhöhung aus Gesellschaftsmitteln stammenden Aktien fallen ohnehin an die bisherigen Aktionäre (§ 212). Abs. 1 bestimmt deshalb, dass der Gewinn des Geschäftsjahres, in dem diese Aktien ausgegeben werden, sich gleich-

---

[34] *Hüffer*, Rn 14.
[35] Großkomm-AktienR/*Hirte*, Rn 83, hält eine abweichende Beschlussfassung des Inhalts möglich, wonach zB angeordnet werden könne, dass die Nebenverpflichtungen – betragsmäßig unverändert – weiterhin lediglich auf den alten Aktien ruhen sollten. M.E. ist dies nicht zutreffend, da so Aktien verschiedener Gattung (§ 11) entstünden.
[36] *Hüffer*, Rn 18; KölnKomm-AktG/*Lutter*, Rn 8.
[37] Zum Streitstand: *Hüffer*, Rn 19.
[1] BGBl. I 2009 S. 2479.
[2] KölnKomm-AktG/*Lutter*, Rn 2.

mäßig auf alte und junge Aktien verteilt. Das hat u.a. zur Folge, dass für die jungen Aktien kein besonderer Börsenkurs festgestellt werden muss.[3]

B. Einzelheiten

4 I. **Beteiligung am Gewinn des ganzen Geschäftsjahres (Abs. 1).** Der gesetzliche Regelfall ist, dass die Aktien am Gewinn des gesamten Geschäftsjahres teilnehmen. Maßgeblich ist dasjenige Geschäftsjahr, in dem der Kapitalerhöhungsbeschluss gefasst wurde. Das Jahr der Eintragung ist irrelevant.[4]

5 II. **Abweichende Gestaltung.** Abs. 1 ist dispositiv. Weicht die HV davon ab, können die Aktien auch erst zu einem späteren Zeitpunkt gewinnberechtigt werden.

6 Für die Praxis sinnvoll ist aber insbesondere die in Abs. 2 explizit geregelte Gestaltung. Entsprechende Beschlüsse setzen voraus, dass noch nicht über die Verwendung des Bilanzgewinns dieses Geschäftsjahres beschlossen wurde (§ 174). Der Grund für diese Begrenzung besteht darin, dass mit Beschlussfassung über die Bilanzgewinnverwendung unabänderliche Ansprüche der Aktionäre entstehen, in die nicht mehr eingegriffen werden kann.[5]

7 Nach herrschender Meinung[6] führt ein Verstoß gegen Abs. 2 S. 2 im Zweifel nur zur Teilnichtigkeit des Kapitalerhöhungsbeschlusses. Dies bedeutet, dass der Beschluss mit dem Inhalt des Abs. 1 wirksam bleibt, wobei § 139 BGB zu beachten ist.

8 III. **Wirksamwerden.** In den Fällen des Abs. 2 wird der **Gewinnverwendungsbeschluss erst mit Wirksamwerden der Kapitalerhöhung wirksam** (Abs. 2 S. 3). Dies rechtfertigt sich daraus, dass zunächst geklärt werden soll, ob die Kapitalerhöhung wirksam wird.[7] Der Kapitalerhöhungsbeschluss muss binnen drei Monaten nach der Beschlussfassung in das Handelsregister eingetragen werden (Abs. 2 S. 4). Dies dient der Rechtsklarheit. Erfolgt die Eintragung nicht, sind der Beschluss über die Verwendung des Bilanzgewinns des letzten vor der Beschlussfassung abgelaufenen Geschäftsjahres und der Kapitalerhöhungsbeschluss nichtig. Die Fristberechnung erfolgt nach §§ 187 Abs. 1, 188 BGB. Wird eine Anfechtungs- oder Nichtigkeitsklage gegen die Kapitalerhöhung rechtshängig, ist die Frist gehemmt. Gleiches gilt, sofern einer Kapitalerhöhung die notwendige staatliche Genehmigung noch nicht erteilt ist (Abs. 2 S. 5). Die Wirkung der Hemmung ist in § 209 BGB nF geregelt. Der Zeitraum der Rechtshängigkeit einer Anfechtungs- oder Nichtigkeitsklage bzw der Zeitraum zwischen Antrag und Erteilung einer staatlichen Genehmigung werden in die Frist nicht mit eingerechnet. Wird die Frist überschritten, darf der Registerrichter nicht eintragen. Trägt er dennoch ein, kann es zur Heilung gem. § 242 Abs. 3 iVm Abs. 2 kommen.

§ 218 Bedingtes Kapital

¹Bedingtes Kapital erhöht sich im gleichen Verhältnis wie das Grundkapital. ²Ist das bedingte Kapital zur Gewährung von Umtauschrechten an Gläubiger von Wandelschuldverschreibungen beschlossen worden, so ist zur Deckung des Unterschieds zwischen dem Ausgabebetrag der Schuldverschreibungen und dem höheren geringsten Ausgabebetrag der für sie zu gewährenden Bezugsaktien insgesamt eine Sonderrücklage zu bilden, soweit nicht Zuzahlungen der Umtauschberechtigten vereinbart sind.

A. Grundlagen

1 I. **Gesetzgebungsgeschichte.** Die Vorschrift geht auf den weitgehend identischen § 15 KapErhG zurück. S. 2 wurde durch das Stückaktiengesetz vom 25.3.1998[1] geändert.

2 II. **Regelungsgegenstand.** Bei einer Kapitalerhöhung aus Gesellschaftsmitteln ändert sich der Inhalt vertraglicher Bezugsrechte, § 216 Abs. 3. Wird beispielsweise das Grundkapital im Verhältnis eins zu eins erhöht, beziehen sich die Bezugsrechte auf die doppelte Anzahl von Aktien zum jeweils halben Preis. Das Bezugsrecht betrifft aber nur die schuldrechtliche Beziehung zwischen AG und Bezugsrechtsinhaber. Hiervon ist die Absicherung durch bedingtes Kapital zu unterscheiden.[2] § 218 stellt nun sicher, dass sich das bedingte Kapital betragsmäßig entsprechend anwächst und somit auch nach Durchführung der Kapitalerhöhung aus Gesellschaftsmitteln bedingtes Kapital in ausreichendem Umfang zur Verfügung steht. § 218 ist damit eine Ergänzung des § 216 Abs. 3.[3]

---

3 MüKo-AktG/*Volhard*, Rn 5; KölnKomm-AktG/*Lutter*, aaO.
4 *Hüffer*, Rn 2.
5 KölnKomm-AktG/*Lutter*, Rn 5.
6 *Hüffer*, Rn 4; Großkomm-AktienR/*Hirte*, Rn 20.
7 Großkomm-AktienR/*Hirte*, Rn 22.

1 BGBl. I S. 590, 591.
2 Oben § 192 Rn 2.
3 Nicht ganz zutreffend deshalb Großkomm-AktienR/*Hirte*, Rn 4, der § 218 als *lex spezialis* gegenüber § 216 bezeichnet.

B. Einzelheiten

I. Erhöhung des bedingten Kapitals (S. 1). Das bedingte Kapital erhöht sich **kraft Gesetzes**,[4] ohne dass entsprechende Festsetzungen im Kapitalerhöhungsbeschluss getroffen werden müssten.[5] Bedingtes Kapital im Sinne des § 218 S. 1 meint das noch bestehende bedingte Kapital. Dies ist nicht zwingend der im Handelsregister bzw in der Satzung ausgewiesene Betrag. Denn gem. § 200 werden bereits durch die Ausgabe der Bezugsaktien durch den Vorstand das Grundkapital der AG erhöht und das bedingte Kapital entsprechend vermindert.[6] Dieses bedingte Kapital erhöht sich im selben Verhältnis wie das Grundkapital. Eine Folge kann sein, dass das erhöhte Grundkapital auf Beträge lautet, die nicht durch den Aktiennennbetrag bzw den anteiligen Betrag am Grundkapital teilbar sind.[7] Dies ist unschädlich,[8] insbesondere kommt es nicht zu einer Auf- bzw Abrundung des bedingten Kapitals. Stattdessen erlangt in derartigen Fällen der Bezugsberechtigte Bezugsansprüche auf volle Aktien sowie hinsichtlich des verbleibenden Betrags auf ein Teilrecht. Ergänzend[9] sichert das bedingte Kapital zum Teil ebenfalls nur ein Teilrecht ab.

Aufgrund der Anpassung des bedingten Kapitals kraft Gesetzes werden mit Wirksamwerden der Kapitalerhöhung Satzungstext und Handelsregister unrichtig.[10] Eine Berichtigung durch das Handelsregister von Amts wegen gem. § 384 FamFG scheidet aus.[11] Stattdessen ist die Satzungsänderung zugleich mit dem Kapitalerhöhungsbeschluss beim Handelsregister anzumelden. Die Satzungsänderung kann, wenn eine entsprechende Ermächtigung besteht, vom Aufsichtsrat vorgenommen werden, § 179 Abs. 1 S. 2.[12] Die Berichtigung kann ggf nach § 14 HGB erzwungen werden.[13]

II. Bildung einer Sonderrücklage (S. 2). Die Bestimmung lässt sich am besten anhand eines Beispiels erläutern. Eine Wandelschuldverschreibung, deren Nenn- und Ausgabebetrag 1.000 EUR betrage, gewähre ein Umtauschrecht in 1.000 Stückaktien. Das bisherige Grundkapital werde im Verhältnis vier zu eins erhöht dh nach § 216 Abs. 3 gewährt das in der Wandelschuldverschreibung eingeräumte Umtauschrecht nunmehr das Recht zum Bezug von 1.250 Stückaktien. Da der Inhaber der Wandelschuldverschreibung aber nur 1.000 EUR ausgegeben hat, bringt er im Falle der Ausübung des Umtauschrechts weniger als einen Euro pro Aktie auf. Der Ausgabebetrag der Schuldverschreibung liegt jetzt unter dem neuen geringsten Ausgabebetrag aller für sie insgesamt zu gewährenden Bezugsaktien.[14] Das Gesetz schreibt deshalb vor, dass zur Deckung des Differenzbetrages eine Sonderrücklage bilden ist (zulasten anderer freier Rücklagen).[15] Wegen der regelmäßig hohen Umtauschverhältnisse kommt diese Bestimmung in der Praxis kaum zum tragen.[16]

§ 218 S. 2 ist entsprechend auf Optionsanleihen anzuwenden,[17] wenn ungeachtet der vom Optionsberechtigten zu leistenden Zuzahlung die Aktien unterhalb des geringsten Ausgabebetrages ausgegeben werden.

III. Genehmigtes Kapital. § 218 enthält keine Bestimmungen über genehmigtes Kapital. Dieses erhöht sich folglich nicht automatisch.[18] Allerdings kann es im Beschlusswege entsprechend angepasst werden.[19]

§ 219 Verbotene Ausgabe von Aktien und Zwischenscheinen

Vor der Eintragung des Beschlusses über die Erhöhung des Grundkapitals in das Handelsregister dürfen neue Aktien und Zwischenscheine nicht ausgegeben werden.

A. Grundlagen

I. Gesetzgebungsgeschichte. Die Vorschrift geht nahezu auf § 16 KapErhG zurück und wurde seit Inkrafttreten des AktG 1965 nicht geändert.

II. Regelungsgegenstand und Zweck. Die Norm bezweckt, Anleger vor Schwindelemissionen zu schützen.[1] Vergleichbare Regelungen finden sich in den §§ § 41 Abs. 4, 197, 203 Abs. 1 S. 1, § 69 Abs. 1 UmwG. Allerdings bestehen Unterschiede. Die genannten Bestimmungen handeln davon, dass Aktien nicht ausgegeben werden können. § 219 ordnet demgegenüber an, dass die Aktien nicht ausgegeben werden dürfen.[2]

---

4 *Hüffer*, Rn 2; MüKo-AktG/*Volhard*, Rn 4.
5 *Hüffer*, aaO; KölnKomm-AktG/*Lutter*, Rn 2.
6 Vgl oben § 200 Rn 4.
7 Großkomm-AktienR/*Hirte*, Rn 8; KölnKomm-AktG/*Lutter*, 218 Rn 3.
8 MüKo-AktG/*Volhard*, Rn 5; Großkomm-AktienR/*Hirte*, aaO; KölnKomm-AktG/*Lutter*, aaO.
9 Zum Nebeneinander von Bezugsrechten und bedingtem Kapital oben § 192 Rn 2 und § 197 Rn 4.
10 *Hüffer*, Rn 3.
11 *Hüffer*, Rn 3; KölnKomm-AktG/*Lutter*, Rn 3.
12 MüKo-AktG/*Volhard*, Rn 7.
13 *Hüffer*, Rn 3; KölnKomm-AktG/*Lutter*, Rn 4.
14 Vgl Großkomm-AktienR/*Hirte*, Rn 18.
15 Vgl *Hüffer*, § 219 Rn 6.
16 MüKo-AktG/*Volhard*, Rn 12.
17 KölnKomm-AktG/*Lutter*, Rn 7.
18 KölnKomm-AktG/*Lutter*, Rn 8.
19 KölnKomm-AktG/*Lutter*, aaO.
1 *Hüffer*, § 219 Rn 1.
2 MüKo-AktG/*Volhard*, Rn 6.

B. Einzelheiten

3 **I. Verbot der Ausgabe von Urkunden.** Der Begriff der Ausgabe von Aktien hat im Aktenrecht eine doppelte Bedeutung. Er meint zum einen die Begründung der Mitgliedschaft, des Weiteren die Ausgabe von Aktienurkunden bzw Urkundenzwischenscheinen.[3] In § 219 ist die Ausgabe von Urkunden gemeint. Diese dürfen nicht in Verkehr gebracht werden, bevor der Beschluss im Handelsregister eingetragen wurde.

4 **II. Rechtsfolgen bei Verstoß.** Aus dem verbalen Unterschied zu den §§ 191, 197, 203 Abs. 1 S. 1 folgt, dass bei Verstoß gleichwohl ausgegebene Urkunden nicht absolut unwirksam sind.[4] Folge ist allerdings lediglich, dass verbotswidrig vorzeitig ausgegebene Aktien durch nachträgliche Eintragung eines wirksamen HV-Beschlusses im Handelsregister geheilt werden können.[5] Anders als die §§ 191, 197 und 41 Abs. 4 S. 1 verbietet die Vorschrift auch nicht die dingliche Übertragung der künftigen Mitgliedschaft. Werden Aktien oder Zwischenscheine ausgegeben, handeln die Vorstands- oder Aufsichtsratsmitglieder nach § 405 Abs. 1 Nr. 2 ordnungswidrig.[6] Hieraus können sich über § 823 Abs. 2, ggf iVm § 31 Schadensersatzansprüche gegen die handelnden Personen und gegen die AG ergeben.[7]

§ 220 Wertansätze

¹Als Anschaffungskosten der vor der Erhöhung des Grundkapitals erworbenen Aktien und der auf sie entfallenen neuen Aktien gelten die Beträge, die sich für die einzelnen Aktien ergeben, wenn die Anschaffungskosten der vor der Erhöhung des Grundkapitals erworbenen Aktien auf diese und auf die auf sie entfallenen neuen Aktien nach dem Verhältnis der Anteile am Grundkapital verteilt werden. ²Der Zuwachs an Aktien ist nicht als Zugang auszuweisen.

A. Grundlagen

1 **I. Gesetzgebungsgeschichte.** Die Vorschrift geht auf § 17 KapErhG zurück und ist seit 1965 nicht mehr geändert worden. § 220 S. 1 ist geändert durch Artikel 1 Nr. 31 StückAG vom 25.3.1998.[1]

2 **II. Regelungsgegenstand und Zweck.** § 220 ist eine bilanzrechtliche Vorschrift und betrifft denjenigen, der **Aktien in einem Betriebsvermögen** hält und nach § 242 Abs. 1 HGB zur Aufstellung eines Jahresabschlusses verpflichtet ist.[2] Dabei drückt § 220 Abs. 1 Einfaches kompliziert aus.[3] Die Norm besagt im Kern, dass der Kaufmann im Rahmen seines Jahresabschlusses die Anschaffungskosten der Altaktien (§ 255 HGB) nach Durchführung der Kapitalerhöhung aus Gesellschaftsmitteln verhältnismäßig auf die alten und neuen Aktien zu verteilen hat. Systematisch richtiger würde § 220 in die §§ 238 ff HGB gehören.

B. Einzelheiten

3 **I. Anschaffungskosten (S. 1).** Erwirbt ein Kaufmann im Rahmen seines Betriebsvermögens Aktien, sind diese in der Bilanz im Anlagevermögen zu aktivieren und mit den Anschaffungskosten anzusetzen, §§ 253 Abs. 1, 255 Abs. 1 HGB.[4] Kommt es zu einer Kapitalerhöhung aus Gesellschaftsmitteln, schreibt § 220 S. 1 vor, dass diese Anschaffungskosten verhältnismäßig auf alte und neue Aktien verteilt werden. Maßgeblich ist der aktuelle Wert, dh gegebenenfalls gemindert um Abschreibungen. Wurden die Aktien zu unterschiedlichen Anschaffungskosten bilanziert, sind diese Kosten entsprechend anteilig umzulegen.[5]

4 **II. Teilrechte.** § 220 regelt nicht, was gilt, wenn wegen der Kapitalerhöhung aus Gesellschaftsmitteln Teilrechte (§ 213) entstehen bzw wenn der Aktionär Teilrechte anlässlich der Kapitalerhöhung hinzu erwirbt, um seine Beteiligung auf volle Rechte zu ergänzen (vgl § 230 Abs. 2). Insoweit gilt, dass sich entsprechend der Rechtslage zu Vollrechten die Anschaffungskosten auch anteilig auf die Teilrechte verteilen. Beispiel: Es seien 95 Aktien zu 10 EUR angeschafft worden. Es erfolge eine Kapitalerhöhung im Verhältnis 25 : 1, so dass der Aktionär drei neue Aktien und ein 4/5 Teilrecht erhält. Die Anschaffungskosten von 950 (95 Aktien zu je 10 EUR) verteilen sich nun auf die 98 Aktien sowie das 4/5 Teilrecht dergestalt, dass die Anschaffungskosten jeder Aktie (gerundet) 9,62 EUR betragen, der des Teilrechts (gerundet) 7,69 EUR (Berechnung: 950 : 98 4/5). Werden Teilrechte hinzuerworben, muss der dafür aufgewendete Betrag ebenfalls bei

---

3 Dazu oben § 9 Rn 6.
4 KölnKomm-AktG/*Lutter*, Rn 2; *Geßler*, BB 1960, 6, 9.
5 KölnKomm-AktG/*Lutter*, Rn 3.
6 Großkomm-AktienR/*Hirte*, Rn 9.
7 Abweichend bezüglich einer Schadenersatzpflicht der AG: Großkomm-AktienR/*Hirte*, Rn 10.

1 BGBl. I S. 590.
2 *Hüffer*, Rn 1.
3 Treffend: KölnKomm-AktG/*Lutter*, Rn 2.
4 *Hüffer*, Rn 2.
5 KölnKomm-AktG/*Lutter*, Rn 3; *Börnstein*, DB 1960, 216, 217.

den Anschaffungskosten berücksichtigt werden. Insoweit besteht ein Wahlrecht, ob er insgesamt gleichmäßig auf alle (alten und neuen) Aktien oder aber lediglich auf die aus Teilrechten entstandenen Aktien verteilt wird.[6]

III. Kein Ausweis als Zugang (S. 2). Die neuen Aktien sind nicht als Zugang auszuweisen. Damit ist gemeint, dass sie nicht in der Entwicklung des Anlagevermögens, § 268 Abs. 2 S. 1 HGB, auszuweisen sind.

Fünfter Unterabschnitt
Wandelschuldverschreibungen. Gewinnschuldverschreibungen

§ 221 [Wandel-, Gewinnschuldverschreibungen]

(1) [1]Schuldverschreibungen, bei denen den Gläubigern ein Umtausch- oder Bezugsrecht auf Aktien eingeräumt wird (Wandelschuldverschreibungen), und Schuldverschreibungen, bei denen die Rechte der Gläubiger mit Gewinnanteilen von Aktionären in Verbindung gebracht werden (Gewinnschuldverschreibungen), dürfen nur auf Grund eines Beschlusses der Hauptversammlung ausgegeben werden. [2]Der Beschluß bedarf einer Mehrheit, die mindestens drei Viertel des bei der Beschlußfassung vertretenen Grundkapitals umfaßt. [3]Die Satzung kann eine andere Kapitalmehrheit und weitere Erfordernisse bestimmen. [4]§ 182 Abs. 2 gilt.

(2) [1]Eine Ermächtigung des Vorstandes zur Ausgabe von Wandelschuldverschreibungen kann höchstens für fünf Jahre erteilt werden. [2]Der Vorstand und der Vorsitzende des Aufsichtsrats haben den Beschluß über die Ausgabe der Wandelschuldverschreibungen sowie eine Erklärung über deren Ausgabe beim Handelsregister zu hinterlegen. [3]Ein Hinweis auf den Beschluß und die Erklärung ist in den Gesellschaftsblättern bekanntzumachen.

(3) Absatz 1 gilt sinngemäß für die Gewährung von Genußrechten.

(4) [1]Auf Wandelschuldverschreibungen, Gewinnschuldverschreibungen und Genußrechte haben die Aktionäre ein Bezugsrecht. [2]Die §§ 186 und 193 Abs. 2 Nr. 4 gelten sinngemäß.

Red. Hinweis: Der Kommentierung wird in Abs. 1 S. 1 die folgende Fassung der Vorschrift zugrunde gelegt, wie sie im Rahmen des beabsichtigten VorstKoG[1] vorgesehen war, das am 27.6.2013 vom Bundestag verabschiedet wurde[2] (wegen des bisherigen Rechtszustands wird auf die Kommentierung in der Vorauflage verwiesen):

(1) [1]Schuldverschreibungen, bei denen den Gläubigern oder der Gesellschaft ein Umtausch- oder Bezugsrecht auf Aktien eingeräumt wird (Wandelschuldverschreibungen), und Schuldverschreibungen, bei denen die Rechte der Gläubiger mit Gewinnanteilen von Aktionären in Verbindung gebracht werden (Gewinnschuldverschreibungen), dürfen nur auf Grund eines Beschlusses der Hauptversammlung ausgegeben werden. [2]Der Beschluß bedarf einer Mehrheit, die mindestens drei Viertel des bei der Beschlußfassung vertretenen Grundkapitals umfaßt. [3]Die Satzung kann eine andere Kapitalmehrheit und weitere Erfordernisse bestimmen. [4]§ 182 Abs. 2 gilt.

Literatur:
Wandel-/Optionsanleihen: *Armbrüster*, Anmerkung zum Urteil des OLG Frankfurt vom 6.11.2012, Az. 5 U 154/11 – Zur Ausgabe bedingter Pflichtumtauschanleihen, EWiR 2013, 303; *Böttcher/Kautzsch*, Rechtssicherheit für Wandelschuldverschreibungen, NZG 2009, 978; *Broichhausen*, Mitwirkungskompetenz der Hauptversammlung bei der Ausgabe von Wandelschuldverschreibungen auf eigene Aktien, NZG 2012, 286; *Busch*, Bezugsrecht und Bezugsrechtsausschluss bei Wandel- und Optionsanleihen, AG 1999, 58; *Fischer/Lackus*, Der Rückkauf eigener Wandelanleihen, DStR 2013, 623; *Fuchs*, Selbständige Optionsscheine als Finanzierungsinstrument der Aktiengesellschaft, AG 1995, 433; *Friel*, Wandelanleihen mit Pflichtwandlung; *Gätsch/Theusinger*, Naked Warrants als zulässige Finanzierungsinstrumente für Aktiengesellschaften, WM 2005, 1256; *Gelhausen/Rimmelspacher*, Wandel- und Optionsanleihen in den handelsrechtlichen Jahresabschlüssen der Emittenten und der Inhaber, AG 2006, 729; *Georgakopoulos*, Zur Problematik der Wandelschuldverschreibungen, ZHR 120, 84; *Groß*, Isolierte Anfechtung der Ermächtigung zum Bezugsrechtsausschluss bei der Begebung von Optionsanleihen, AG 1991, 201; *Hirte*, Bezugsrechtsfragen bei Optionsanleihen, WM 1994, 321; *Horn*, Die Stellung der Anleihegläubiger nach neuem Schuldverschreibungsgesetz und allgemeinem Privatrecht im Lichte aktueller Marktentwicklungen, ZHR 173, 12; *Jäger*, Aktienoptionen und Optionsschein, 1990; *Kuntz*, Die Zulässigkeit selbständiger Aktienoptionen („naked warrants"); *Lutter*, Die rechtliche Behandlung von Erlösen aus der Verwertung von Bezugsrechten bei der Ausgabe von Optionsanleihen, DB 1986, 1607; *Martens*, Die mit Optionsrechten gekoppelte Aktienemission, AG

---

6 Großkomm-AktienR/*Hirte*, Rn 14.
1 BT-Drucks. 17/8989.
2 Gemäß BT-Drucks. 17/14214 S. 9 sollte § 221 wie folgt geändert werden: „In § 221 Absatz 1 Satz 1 werden nach den Wörtern ‚den Gläubigern' die Wörter ‚oder der Gesellschaft' eingefügt." – Das VorstKoG ist am 20.9.2013 im Bundesrat in den Vermittlungsausschuss überwiesen worden (BR-Drucks. 637/13, BT-Drucks. 17/14790) und unterlag damit der Diskontinuität. Die Umsetzung der beabsichtigten Änderungen durch den Gesetzgeber ist weiter wahrscheinlich.

1989, 69; *Martens,* Die rechtliche Behandlung von Options- und Wandlungsrechten anlässlich der Eingliederung der verpflichteten Gesellschaft, AG 1992, 209; *Pluskat,* Neues zum Ausgabebetrag bei Wandelschuldverschreibungen, DB 2008, 975; *Roth/Schoneweg,* Emission selbständiger Aktienoptionen durch die Gesellschaft, WM 2002, 677; *Schlitt/Seiler/Singhof,* Aktuelle Rechtsfragen und Gestaltungsmöglichkeiten im Zusammenhang mit Wandelschuldverschreibungen, AG 2003, 254; *Schumann,* Optionsanleihen, 1990; *Steiner,* Zulässigkeit der Begebung von Optionsrechten auf Aktien ohne Optionsschuldverschreibung, WM 1990, 1776; *Rozijn,* „Wandelanleihe mit Wandlungspflicht" – eine deutsche equity note?, ZBB 1998, 77; *Teufel,* Wandelanleihen: Aktuelles zur steuerlichen Erfassung des Ausgabeaufgelds beim Emittenten, AG 2008, 892; *Schwartzkopff/Hoppe,* Ermächtigungen an den Vorstand beim Formwechsel einer AG in eine SE, NZG 2013, 733; *Trapp/Schlitt/Becker,* Die CoMEN-Transaktion der Commerzbank und die Möglichkeit ihrer Umsetzung durch andere Emittenten, AG 2012, 57; *Umbeck,* Zulässigkeit eines Mindestausgabebetrages bei der bedingten Kapitalerhöhung zur Bedienung von Wandelschuldverschreibungen, AG 2008, 67.

Genussrechte: *Becker,* Schadensersatzansprüche von Genussrechtsinhabern – Die Klöcknerrechtsprechung auf dem Prüfstand, NZG 2012, 1089; *Busch,* Schadensersatzansprüche von Genussrechtsinhabern als Eigenkapitalgebern?, AG 1993, 163; *Busch,* Aktienrechtliche Probleme der Begebung von Genussrechten zwecks Eigenkapitalverbreiterung, AG 1994, 93; *Casper,* Genussscheine von Banken nach einer Konzernierung des Emittenten, ZIP 2012, 497; *Claussen,* Freud und Leid mit den Genüssen, ZBB 1989, 25; *Claussen,* Genuss ohne Reue, AG 1985, 77; *Claussen,* Der Genussschein und seine Einsatzmöglichkeiten, in: FS Werner, 1984, S. 81; *Emde,* Die Auswirkungen von Veränderungen des Unternehmenskapitals auf Bestand und Inhalt von Genussscheinen, DB 1989, 209; *Ernst,* Der Genussschein als Kapitalbeschaffungsmittel, AG 1967, 75; *Goslar,* Anmerkung zum Urteil des OLG Frankfurt vom 7.2.2012, Az. 5 U 92/11 – Zum Schutz der Genussscheininhaber bei vertraglicher Konzernierung, EWiR 2012, 269; *Feddersen/Knauth,* Eigenkapitalbildung durch Genussscheine, 2. Aufl. 1992; *Frantzen,* Genussscheine – Zugleich eine Analyse der Genussscheinbedingungen deutscher Unternehmen, 1993; *Habersack,* Genussrechte und sorgfaltswidrige Geschäftsführung, ZHR 155, 378; *Hammen,* Unzulässigkeit aktiengleicher Genussscheine, DB 1988, 2549; *Hirte,* Genussrechte oder verbotener Gewinnabführungsvertrag, ZBB 1992, 50; *Hirte,* Genussschein und Kapitalherabsetzung, ZIP 1991, 1461; *Hirte,* Genussscheine mit Eigenkapitalcharakter in der Aktiengesellschaft, ZIP 1988, 477; *Lorenz/Pospiech,* Das neue Schuldverschreibungsgesetz – eine gesetzliche Grundlage für die Restrukturierung von Genussscheinen, DB 2009, 2419; *Meilicke,* Welchen Genuss gewährt der Genussschein?, BB 1987, 1609; *Rid-Niebler,* Genussrechte als Instrument zur Eigenkapitalbeschaffung über den organisierten Kapitalmarkt für die GmbH, 1989; *Sethe,* Genussrechte: Rechtliche Rahmenbedingungen und Anlegerschutz, AG 1993, 293 (Teil I), 351 (Teil II); *Strunk/Haase,* Die tatbestandliche Erfassung von Genussrechten als Anteile an Kapitalgesellschaften bei der Hinzurechnungsbesteuerung, BB 2007, 17; *Ziebe,* Kapitalbeschaffung durch Genussscheine, BB 1988, 225; *Ziebe,* Rechtsnatur und Ausgestaltung von Genussrechten, DStR 1991, 1594.

A. Allgemeines	1
I. Entwicklungsgeschichte der Norm	1
II. Überblick	2
B. Regelungsgehalt	4
I. Anwendungsbereich	4
1. Wandelschuldverschreibungen (Abs. 1)	4
2. Gewinnschuldverschreibungen (Abs. 1)	5
3. Genussrechte (Abs. 3)	6
a) Begriff	6
b) Rechtsnatur	8
4. Nicht erfasste Gestaltungen	10
II. Entstehung	11
1. Beschluss (Abs. 1, Abs. 2)	12
a) Beschlussinhalt	13
b) Folgen eines fehlenden/fehlerhaften Beschlusses	16
c) Ermächtigung	17
d) Hinterlegung und Bekanntmachung	18
2. Kapitalunterlage	19
3. Verbriefung und Begebung	21
III. Übertragbarkeit	23
IV. Bezugsrecht/Bezugsrechtsausschluss (Abs. 4)	24
1. Bezugsrecht	24
2. Bezugsrechtsausschluss	27
a) Formelle Anforderungen	27
b) Materielle Anforderungen	30
V. Einzelheiten zu Wandelanleihen/Optionsanleihen	33
1. Inhaltliche Ausgestaltung	33
2. Begründung der Mitgliedsrechte	36
a) Anspruchsinhalt bei Wandelanleihe	36
b) Anspruchsinhalt bei Optionsanleihe	37
c) Ausübung	38
3. Eingriffe	41
VI. Einzelheiten zu Genussrechten	44
1. Inhaltliche Ausgestaltung	44
a) Bestandteile	44
b) Gestaltungsgrenzen	45
c) Kombinierbarkeit	48
2. Eingriffe	49
3. Ersatzansprüche	50
VII. Einzelheiten zu Gewinnschuldverschreibungen	51
VIII. Sonderfragen	52
1. Erwerb durch Gesellschaft	52
2. Konzernsachverhalte	53
a) Mutter-Tochter-Sachverhalte	53
b) Eingliederung	54
c) Beherrschungs- und Gewinnabführungsvertrag	55
d) Faktischer Konzern	58
3. Naked Warrants	59
4. Mitarbeiterbeteiligungen (Stock Options)	62
5. Squeeze-out	63
IX. Bilanzierung	64
1. Wandel-/Optionsanleihen	64
2. Gewinnschuldverschreibungen	65
3. Genussrechte	66
X. Insolvenz	67

Sechster Teil | Satzungsänderung. Kapitalbeschaffung u.a. § 221 AktG

A. Allgemeines

I. Entwicklungsgeschichte der Norm. Die Bestimmung geht auf § 174 AktG 1937 zurück. Der jetzige Abs. 2 wurde durch das Gesetz zur Durchführung der 2. EG-Richtlinie vom 13.12.1978[3] eingefügt. Durch die Neufassung des § 186 Abs. 2 durch das TransPubG,[4] welcher sich auch auf § 221 auswirkt, ist der Ausgabebetrag nicht mehr zwingend vor dem Beginn der Bezugsfrist öffentlich bekannt zu machen. Abs. 4 S. 2 wurde durch Art. 1 Nr. 17 UMAG um die sinngemäße Anwendung von § 193 Abs. 2 Nr. 4 erweitert.[5] In der (beabsichtigten[6]) Neufassung von Abs. 1 S. 1 sieht das Gesetz nunmehr auch ausdrücklich Wandelschuldverschreibungen vor, bei denen die AG ein Wandlungsrecht hat (sog. umgekehrte Wandelschuldverschreibungen).

II. Überblick. § 221 behandelt die Gewährung von Wandel- bzw Gewinnschuldverschreibungen (Abs. 1) und Genussrechten (Abs. 3). Die Norm stellt einerseits die Zulässigkeit dieser Instrumente klar und dient andererseits dem **Schutz der Aktionäre** bei deren Einsatz. Zwar handelt es sich um bloß schuldrechtlich wirkende Instrumente ohne unmittelbare Gewährung von Mitgliedschaftsrechten, allerdings haben sie Einfluss auf die zukünftige Beteiligungsstruktur (Wandelschuldverschreibungen) bzw die Gewinnstruktur (Gewinnschuldverschreibungen, Genussrechte) der Gesellschaft. Im Hinblick auf den Schutzzweck stellt die Norm Beschlusserfordernisse auf und gewährt den Aktionären bei Ausgabe der Titel Bezugsrechte.

Bei den in § 221 geregelten Finanzierungsinstrumenten handelt es sich um die Instrumente einer zeitgemäßen Unternehmensfinanzierung. Der Vorteil gegenüber der typischen reinen Darlehensfinanzierung liegt vor allem darin, dass das vom Emittenten geschuldete fixe Vergütungselement (die Nominalverzinsung) aufgrund Ausstattung des Finanztitels mit anderen Gegenleistungselementen (insb. Wandlungs-, Options- oder Gewinnbeteiligungsrechten) in der Regel unterhalb des sonst üblichen Marktniveaus angesetzt werden kann und der Emittent dadurch seine relativen Fixkosten der Finanzierung reduziert. Wandelschuldverschreibungen in Form von Optionsanleihen und Genussrechten kommt eine größere Bedeutung zu als den Wandelschuldverschreibungen in Form von Wandelanleihen bzw Gewinnschuldverschreibungen, wobei hierunter mangels gesetzlicher Einschränkung nicht nur Inhaberschuldverschreibungen, sondern auch Namensschuldverschreibungen fallen. Die hier angesprochenen Finanzierungsinstrumente sind zur Gestaltung von Mezzanine-, Venture Capital-, Venture Loan-, Venture Lease-, Wachstums- oder auch Sanierungsfinanzierung besonders geeignet.[7]

B. Regelungsgehalt

I. Anwendungsbereich. 1. Wandelschuldverschreibungen (Abs. 1). Wandelschuldverschreibungen im Sinne des Abs. 1 sind Schuldverschreibungen (iSd §§ 793 ff BGB),[8] die ein Umtausch- oder Bezugsrecht gewähren. Ausgehend hiervon hat sich der Begriff „**Wandelanleihe**" eingebürgert. Gewährt die Schuldverschreibung ein Bezugsrecht, handelt es sich um eine Optionsschuldverschreibung bzw **Optionsanleihe**. Abs. 1 erfasst sowohl Wandel- wie auch Optionsanleihe.

Im Regelfall sehen Wandelschuldverschreibungen ein Umtauschrecht (ggf gegen Zuzahlung) des jeweiligen Gläubigers in Aktien der ausgebenden Gesellschaft vor. Mittlerweile hat auch der umgekehrte Fall der Wandelschuldverschreibung[9] – unter Gewährung eines Umtauschrechts für die ausgebende Gesellschaft selbst – Einzug in den Markt für Gesellschaftsfinanzierung gefunden. Dies ermöglicht zugunsten der Gesellschaft einen *debt-equity-swap* quasi auf Vorrat.[10] Hierfür fehlte bislang eine gesetzliche Regelung. Durch die (beabsichtigte[11]) Aktienrechtsnovelle soll es auch der Gesellschaft bei entsprechender Vereinbarung möglich sein, statt Darlehensrückzahlung an den Gläubiger Aktien der Gesellschaft zu übertragen.[12]

2. Gewinnschuldverschreibungen (Abs. 1). Gewinnschuldverschreibungen im Sinne des Abs. 1 sind Schuldverschreibungen (iSd §§ 793 ff BGB), bei denen die Rechte der Gläubiger mit Gewinnanteilen von Aktionären in Verbindung gebracht werden, zB eine Anleihe mit niedriger Festverzinsung nebst gewinn- oder dividendenbezogener Zusatzverzinsung.

---

3 BGBl. I 1978 S. 1959.
4 BGBl. I 2002, 2681.
5 BGBl. I 2005, S, 2802.
6 Siehe Fn 2.
7 Hölters/*Haberstock/Greitemann*, Rn 4; *Stadler*, NZI 2003, 579.
8 *Hüffer*, Rn 3; KölnKomm-AktG/*Lutter*, Rn 6.
9 Vgl hierzu im Einzelnen GroßKomm-AktienR/*Hirte*, Rn 90 ff; in diesen Fällen kann uU eine Meldepflicht nach § 25 a WpHG vorliegen.
10 Diese „umgekehrten Wandelschuldverschreibungen" können gerade für Kreditinstitute in Krisensituation (bei drohender Zahlungsunfähigkeit oder zur Abwendung einer Überschuldung) eine Rettung über eine Bilanzentlastung bieten.
11 Siehe Fn 2.
12 In diesen Fällen kann uU eine Meldepflicht nach § 25 a WpHG vorliegen, wenn hierzu neue Aktien geschaffen werden sollen.

6 **3. Genussrechte (Abs. 3). a) Begriff.** Anders als Abs. 1 für die Wandel- und Gewinnschuldverschreibungen, definiert Abs. 3 das Genussrecht nicht. Ebenso wie in § 160 Abs. 3 Nr. 6 wird der Begriff vorausgesetzt. Auch sonst findet sich keine gesetzliche Definition; die Existenz wird ohne Weiteres vorausgesetzt.[13] Einigkeit besteht darin, dass Genussrechte Forderungen gegen die Gesellschaft sind, die sämtliche Vermögensrechte zum Gegenstand haben können, wie sie typischerweise Aktionären zustehen.[14] Genussrechte sind damit den in Abs. 1 geregelten Instrumenten nicht nur ähnlich, vielmehr sind jene gesetzlich geregelte Unterfälle von Genussrechten.[15] Den von Abs. 3 erfassten Genussrechten fehlt aber die Kapitalunterlage, die zu verzinsen bzw zu bedienen ist. Darüber hinaus müssen sich Genussrechte im Sinne des Abs. 3 nicht auf Gewinnanteile beziehen. Genussrechte iSd Abs. 3 sind demnach **mitgliedschaftstypische Partizipationsrechte vermögensrechtlicher Natur**, die nicht bereits von § 221 Abs. 1 oder § 292 Abs. 1 Nr. 2 erfasst sind[16] und wegen ihres (ggf auch nur mittelbaren)[17] Einflusses auf die mitgliedschaftlichen Rechte der Aktionäre ein Schutzbedürfnis der Aktionäre auslösen.

7 Unter **Genussrechte** iSv Abs. 3 fallen nur solche Rechte, die die Gesellschaft Nichtaktionären (oder Aktionären außerhalb ihrer mitgliedschaftlichen Position) als schuldrechtlichen Anspruch einräumt, die eine entsprechende Konfliktlage zu den Mitgliedschaftsrechten der Aktionäre wie Wandel- und Gewinnschuldverschreibungen haben, dh Ansprüche der Genussrechtsinhaber begründen, die ansonsten nur Aktionäre haben.[18] In der Regel sind sie auf Teilhabe am Gewinn oder Liquidationserlös gerichtet, können aber auch Bezugsrechte oder sonstige vermögensrechtliche Ansprüche (etwa das Recht auf Sachbezüge, Nutzung von Gesellschaftseinrichtungen, usw) betreffen.

8 **b) Rechtsnatur.** Der BGH[19] sieht in dem auf die Begründung von Genussrechten gerichteten Rechtsgeschäft einen Vertrag *sui generis*, der ein Dauerschuldverhältnis entstehen lässt.[20] Für Genussrechte mit Verlustteilnahme wird das teilweise damit bestritten, dass es sich in Wahrheit um eine stille Gesellschaft im Sinne der §§ 230 ff HGB handle.[21]

9 Genussrechte sind stets und zwingend schuldrechtlicher Natur und begründen keine Mitgliedschaft. Sie erschöpfen sich in einem bestimmten geldwerten Anspruch.[22] Entsprechend stehen Genussrechtsinhabern keine mitgliedschaftlichen Verwaltungsrechte, insbesondere keine Stimmrechte zu. Nach überwiegender Ansicht steht ihnen auch keine Anfechtungsbefugnis zu.[23] Ob ihnen vertraglich vereinbarte Informationsrechte (HV Teilnahme etc.) zustehen können, hat der BGH[24] offen gelassen. Die hM[25] bejaht diese Möglichkeit, weil dadurch für die Aktionäre kein einschneidender und wesentlicher Eingriff in ihre Mitgliedschaftsrechte verbunden sei. Dem kann nicht gefolgt werden. Sachlicher Grund für das Informationsbedürfnis ist die Gewinnabhängigkeit des Rechts. Bei am Kapitalmarkt geregelten Papieren wird dem aber schon durch entsprechende Kapitalmarktrechtlichen Vorschriften entsprochen. Ein Bedürfnis besteht hier daher nur für Papiere, die nicht am Kapitalmarkt gehandelt werden. Zudem ist zu beachten, dass das Auskunftsrecht des Aktionärs in der Hauptversammlung eng mit der Ausübung seines Stimmrechts zusammenhängt[26] und der Aktionär nur Auskünfte verlangen kann, soweit diese zur sachgerechten Beurteilung der Tagesordnungspunkte erforderlich sind.[27] Bei einem Genussrechtsgläubiger ist diese Verknüpfung aber nicht gegeben.

10 **4. Nicht erfasste Gestaltungen.** Weder in den Anwendungsbereich des Abs. 1 noch des Abs. 3 fallen allgemeine Schuldverschreibungen,[28] also solche die weder ein Umtauschrecht noch ein Bezugsrecht gewähren bzw gewinnunabhängig ausgestaltet sind (**Industrieobligationen**). Das gilt auch für die **Wandelaktie** (Um-

---

13 ZB § 10 V KWG, § 53c III a VAG.
14 Vgl nur *Hüffer*, Rn 25; MüKo-AktG/*Habersack* Rn 22; KölnKomm-AktG/*Lutter*, Rn 21; in Spindler/Stilz/*Seiler*, Rn 22.
15 MüKo-AktG/*Habersack*, Rn 21 mwN; K. Schmidt/Lutter/*Merkt*, Rn 13; GroßKomm-AktienR/*Hirte*, Rn 329, 355.
16 MüKo-AktG/*Habersack*, Rn 22; zur Abgrenzung Genussrecht/Teilgewinnabführungsvertrag, vgl BGH ZIP 2003, 1788, 1789 (hierzu *Radlmayr*, EWiR 2003, 1113); eingehend hierzu MüKo-AktG/*Habersack*, Rn 72 ff.
17 "Aktienrechtliches Gefährdungspotential" (*Hüffer*, Rn 25 a), zB bei lediglich gewinnabhängiger Verzinsung (hoher Festzins unter Ergebnisvorbehalt) im Gegensatz zur üblichen gewinnorientierten Verzinsung (Abhängigkeit von Jahresüberschuss, Bilanzgewinn oder Dividende). Vgl BGHZ 120, 141, 145 ff; MüKo-AktG/*Habersack*, Rn 100; *Hüffer*, Rn 25 b; *Busch*, AG 1994, 93, 95 ff; *Sethe*, AG 1993, 293, 298.
18 Hölters/Haberstock/Greitemann, Rn 19.
19 BGHZ 119, 305, 330; BGH ZIP 2003, 1788 (hierzu *Radlmayr*, EWiR 2003, 1113).
20 Zum Streitstand GroßKomm-AktienR/*Hirte*, Rn 396, der zutr. darauf hinweist, dass wegen der Vielgestaltigkeit der Erscheinungsformen von Genussrechten eine Festlegung auf einen bestimmten Vertragstyp – auch wegen der Inhaltskontrolle nach AGB-Recht – problematisch ist.
21 MüKo-AktG/*Habersack*, Rn 88 ff; *Habersack*, ZHR 155, 378, 394; ablehnend: BGHZ 119, 305, 330; BGH ZIP 2003, 1788, 1789 (hierzu *Radlmayr*, EWiR 2003, 1113): Genussrecht unterscheidet sich von stiller Gesellschaft durch fehlender Verfolgung gemeinsamen Zwecks.
22 BGHZ 119, 305, 309.
23 BGHZ 119, 305, 316 ff; *Hüffer*, Rn 26; aA *Hirte*, ZIP 1988, 477, 489.
24 BGHZ 119, 305, 317.
25 Vgl nur KölnKomm-AktG/*Lutter*, Rn 220; in GroßKomm-AktienR/*Hirte*, Rn 405 f; *Hüffer*, Rn 26 und noch *Radlmayr* in Vorauflage.
26 Vgl § 243 Abs. 4 S. 1 in der Fassung des UMAG, BGBl. I 2005, 2802.
27 BGHZ 160, 385.
28 Vgl hierzu die Kommentierung zum SchVG.

tausch in andere Aktiengattung) sowie das Recht zum **Bezug von Altaktien**.[29] In all diesen Fällen fehlt es am Einfluss auf die Kapital- oder Gewinnstruktur der Gesellschaft, so dass es eines Schutzes der Aktionäre nicht bedarf.
Weiterhin unterliegt auch die Ausgabe von Optionsrecht gewährenden Aktien in Verbindung mit einer Aktienemission (**Huckepack-Aktien**)[30] nicht dem Anwendungsbereich des § 221 AktG. Hier ist der Schutz der Aktionäre bereits durch den regulären Kapitalerhöhungsbeschluss sichergestellt.[31] Schließlich findet § 221 keine Anwendung auf die Gewährung von Optionsrechten auf den Bezug von Aktien dritter Unternehmen.[32]
Unter § 221 fällt auch nicht die Begebung einer **Pflichtumtauschanleihe**, wenn die Gesellschaft zur Erfüllung des Umtauschrechts bzw der -pflicht ihre Verpflichtung zur Lieferung der Aktien durch Vereinbarung mit einem Dritten absichert, der die Aktien in Besitz hat.[33] Dabei ist unerheblich, wenn diese Aktien erst nach Ende der Zeichnungsfrist der Anleihe geschaffen werden und die Aktien an den Dritten begeben wurden zur Umwandlung einer bereits bestehenden stillen Einlage in Aktien, dh eine Pflichtumtauschanleihe kann ohne Zustimmung der Hauptversammlung in der Weise ausgestaltet und begeben werden, dass die Pflicht zum Umtausch in Aktien der Gesellschaft unter der Bedingung steht, dass der diese Umtauschaktien zur Verfügung stellende Dritte neue Aktien der Gesellschaft aus einem erst noch zu beschließenden bedingten Kapital erhält.[34]

II. Entstehung. Die Entstehung der Rechte basiert auf einem zweigliedrigen (Gewinnschuldverschreibungen, Genussrechte) bzw einem dreigliedrigen (Wandel-, Optionsanleihen) Vorgang. Zunächst fasst die HV den **Beschluss** (Rn 12 ff) über die Gewährung. Für Wandel- und Optionsanleihen bedarf es darüber hinaus der **Bereitstellung von Kapital** (in der Regel bedingt; vgl Rn 19 ff). Zuletzt – und entscheidend für die Begründung des jeweiligen Rechts – ist ein **Rechtsgeschäft** (Rn 21 ff) zwischen der Gesellschaft und einem Dritten erforderlich. Ist das Rechtsgeschäft als solches wirksam, trifft die Gesellschaft, ohne dass es auf die Wirksamkeit oder gar die Existenz eines Beschlusses oder die Bereitstellung von Kapital ankäme, die schuldrechtliche Verpflichtung zur Erfüllung des gewährten Rechts.

1. Beschluss (Abs. 1, Abs. 2). Allen Instrumenten ist gemeinsam, dass sie nur aufgrund eines Beschlusses der Hauptversammlung ausgegeben werden dürfen. Für Genussrechte folgt das aus der Verweisung des Abs. 3 auf Abs. 1. Der Beschluss bedarf einer Mehrheit von drei Vierteln des bei der Beschlussfassung vertretenen Grundkapitals. Die Satzung kann jedoch ausdrücklich für den Fall einer Beschlussfassung nach § 221 eine abweichende Mehrheit regeln.[35] Aus § 221 Abs. 1 S. 4 iVm 182 Abs. 2 kann sich die Notwendigkeit von Sonderbeschlüssen ergeben.

a) Beschlussinhalt. Abs. 1 S. 1 stellt keine besonderen Vorgaben an den Inhalt des Beschlusses. Es ergeben sich aus dem Regelungszusammenhang jedoch gewisse Anforderungen an den Beschlussinhalt.
Der Beschluss erfordert wegen der unterschiedlichen Beeinträchtigung der (Alt-)Aktionäre die eindeutige Angabe, ob und welche Art von Anleihe oder ein Genussrecht ausgegeben werden soll. Bei der Begebung einer Anleihe ist daher die Art (Wandelschuldverschreibung oder Gewinnschuldverschreibung) der auszugebenden Anleihe und bei einem Genussrecht dessen konkreter Umfang anzugeben. Im Beschluss muss zudem klar festgestellt werden, ob der Vorstand zur Ausgabe verpflichtet oder nur ermächtigt ist. Wird der Vorstand ermächtigt, ist die Ermächtigung zwingend zu befristen. Der Gesamtnennbetrag oder Höchstbetrag ist festzusetzen.[36] Bei der Gewinnschuldverschreibung muss die HV die Gewinnabhängigkeit des Zinsanspruches konkretisieren.
Die HV kann das Bezugsrecht ausschließen und/oder auch den Inhalt der Ausgabebedingungen konkret vorgeben. In der Regel wird jedoch der Vorstand zur Bestimmung des Inhalts ermächtigt. Liegen weder konkrete Vorgaben vor noch eine Ermächtigung zur Ausgestaltung, gilt § 83 Abs. 2. Nach zutreffender Ansicht kann die HV den Vorstand zur Ausgabe verpflichten.[37] Soweit dies bestritten wird, weil die Beschlusspflicht der HV lediglich eine Berechtigung zur Mitwirkung, nicht aber deren Alleinentscheidungsbefugnis

---

29 MüKo-AktG/*Habersack* Rn 24 mwN.
30 Vgl hierzu *Martens*, AG 1989, 69, 71 ff; *Steiner*, WM 1990, 1776 f.
31 *Martens*, AG 1989, 69, 71 ff; *Hüffer*, Rn 76; aA *Fuchs*, AG 1995, 433, 437; MüKo-AktG/*Habersack*, Rn 39.
32 Dies gilt aber nicht für Mutter-Tochter-Sachverhalte, s. hierzu Rn 53.
33 OLG Frankfurt AG 2013, 132; vorgehend LG Frankfurt/M., Urt. v. 15.11.2011 – 3-05 O 30/11, BeckRS 2011, 26747; *Spindler/Stilz/Seiler*, Rn 82; näher hierzu auch *Schwartzkopff/Hoppe*, NZG 2013, 733; *Trapp/Schlitt/Becker*, AG 2012, 57.
34 OLG Frankfurt AG 2013, 132; vorgehend LG Frankfurt/M., Urt. v. 15.11.2011 – 3-05 O 30/11, BeckRS 2011, 26747; hier gegen Wandlung einer stillen Einlage nach §§ 7 a, 15 Abs. 2 FMStBG.
35 MüKo-AktG/*Habersack*, Rn 144.
36 Dies ist auch von Bedeutung für die Notarkosten, §§ 108, 105 Abs. 1 Nr. 4 a GNotKG; dabei dürfte für die Notargebühren der sich aus dem Höchstbetrag ggf ergebende Wert anzusetzen sein, vgl LG FrankfurtM., Beschl. v. 13.8.2012 – 2-22 OH 5/12, NZG 2013, 618, zu § 71 Abs. 1 Nr. 8.
37 GroßKomm-AktienR/*Hirte*, Rn 106; *Hüffer*, Rn 9; tendenziell ablehnend: MüKo-AktG/*Habersack*, Rn 133 ff.

begründe,[38] kann dem nicht gefolgt werden. Das Beschlusserfordernis des § 221 Abs. 2 stellt nur die konsequente Umsetzung der HV-Zuständigkeit aus § 119 Nr. 6 dar. Ebenso wenig widerspricht der Wortlaut des § 221 Abs. 1 („dürfen", etwa im Gegensatz zu § 182) gegen die Möglichkeit einer solchen Verpflichtung. Enthält der Hauptversammlungsbeschluss keinen Zusatz, ist eine Verpflichtung des Vorstands zur Emission innerhalb einer angemessenen Frist[39] anzunehmen.[40] Bei einer wesentlichen Änderung der Sachlage zwischen der Beschlussfassung und der beabsichtigen Ausführung durch den Vorstand dürfte aus dem Rechtsgedanken des § 313 BGB ggf eine Verpflichtung entfallen.

16 **b) Folgen eines fehlenden/fehlerhaften Beschlusses.** Gibt der Vorstand Wandel- bzw Optionsanleihen, Gewinnschuldverschreibungen oder Genussrechte ohne Beschluss oder aufgrund eines fehlerhaften Beschlusses aus, berührt das die Wirksamkeit der begebenen Rechte nicht.[41] Fehlt die Kapitalunterlage zur Erfüllung der Ansprüche aus Wandel- und Optionsanleihen, ist die Erfüllung des Primäranspruchs auf Umtausch und/oder Bezug unmöglich. Dem Inhaber solcher Schuldverschreibungen stehen dann ggf Schadensersatzansprüche gegen die Gesellschaft zu, für die sie uU Regressansprüche gegen Vorstand (§ 93 Abs. 2) und/oder Aufsichtsrat (§§ 116, 93 Abs. 2) haben kann.

17 **c) Ermächtigung.** Die HV kann den Vorstand, anstatt ihn zur Ausgabe zu verpflichten, dazu auch lediglich ermächtigen. Entgegen dem klaren Wortlaut des Abs. 2 S. 1 gilt dies gleichermaßen für Gewinnschuldverschreibungen und Genussrechte. Insoweit ist von einer unbewussten Regelungslücke des Gesetzgebers auszugehen.[42] Auch hier ist eine Konkurrenz mit Aktionärsrechten gegeben, was zum Regelungsgehalt des § 221 gehört.[43] Die **Ermächtigung** ist zwingend auf höchstens fünf Jahre zu befristen, kann aber durch neuen Beschluss verlängert werden. Die HV muss die Frist konkret bestimmen. Fristbeginn ist der Zeitpunkt der Beschlussfassung, nicht etwa der Zeitpunkt der Hinterlegung oder der Bekanntmachung.[44] Dies ist sachgerecht, da es ansonsten der Vorstand in der Hand hätte, durch ein Aufschieben der Hinterlegung des Beschlusses oder der Bekanntmachung den Fristlauf beginnen zu lassen. Beschließt die HV nicht über eine Frist oder wählt sie eine längere Frist als fünf Jahre, ist der Beschluss nicht anfechtbar, sondern nach hM[45] nichtig. Eine Heilung nach § 242 kommt mangels Eintragung in das Handelsregister nicht in Betracht. In der Ausgestaltung der Ermächtigung ist die HV frei. Sie kann daher besondere Voraussetzungen an die Ausübung der Ermächtigung stellen, zB die Ausgabe nur für bestimmte Zwecke vorsehen. Der Vorstand entscheidet über die Ausgabe im Fall der Ermächtigung nach pflichtgemäßem Ermessen. Eine Zustimmung des Aufsichtsrats für die Ausübung der Ermächtigung sieht das Gesetz nicht vor. Durch die Satzung oder durch Beschluss des Aufsichtsrats gem. § 111 Abs. 4 kann aber die Ausgabe von Wandelschuldverschreibungen, Gewinnschuldverschreibungen und Genussrechten an die Zustimmung des Aufsichtsrats gebunden werden.[46] Auch der HV-Beschluss kann enthalten, dass die Ausübung der Ermächtigung an einen zustimmenden Beschluss des AR gebunden ist.[47]

18 **d) Hinterlegung und Bekanntmachung.** Der Beschluss über die Ausgabe von Wandel- bzw Optionsanleihen, Gewinnschuldverschreibungen und Genussrechten, da auch diese das vermögenswerte Recht der Beteiligung betreffen und die Erklärung über deren Ausgabe ist gemäß Abs. 2 S. 2 beim zuständigen Registergericht zu hinterlegen.[48] Nach dem ausdrücklichen Wortlaut des Abs. 2 S. 2 trifft diese Verpflichtung den Vorstand und den AR-Vorsitzenden gemeinsam. Hinterlegung bedeutet nicht Anmeldung zur Eintragung. Eine Eintragung in das Handelsregister darf auch nicht erfolgen. Der Beschluss und die Erklärung sind in den Gesellschaftsblättern bekannt zu machen.

---

38 KölnKomm-AktG/*Lutter*, Rn 78; *Henn*, Handbuch des Aktienrechts, Rn 1290.

39 Drei Monate dürften hier sachgerecht sein, vgl GroßKomm-AktienR/*Hirte*, Rn 106.

40 GroßKomm-AktienR/*Hirte*, Rn 106; aA noch *Radlmayr* in Vorauflage, wonach der Beschluss dann auszulegen sei. Die Auslegung von Hauptversammlungsbeschlüssen orientiert sich jedoch an der objektiven Verkehrsauffassung, also weder am wirklichen Willen der Abstimmenden noch an deren objektiven Empfängerhorizont, vgl MüKo-AktG/*Schroer*, § 133 Rn 4, so dass regelmäßig eine Auslegung hier ausscheidet.

41 OLG Frankfurt AG 2013, 132; vorgehend LG Frankfurt/M., Urt. v. 15.11.2011 – 3-05 O 30/11, BeckRS 2011, 26747; GroßKomm-AktienR/*Hirte*, Rn 100.

42 Vgl nur KölnKomm-AktG/*Lutter*, Rn 83; im Erg. ebenso, aber in der Begründung aA: *Hüffer*, Rn 13, der das Ergebnis aus allg. Grundsätzen herleiten will.

43 K. Schmitt/Lutter/*Merkt*, Rn 41.

44 MüKo-AktG/*Habersack*, Rn 157; aA GroßKomm-AktienR/*Hirte*, Rn 108, der zutr. darauf hinweist, dass die Frist für eine ggf parallel erteilte Ermächtigung nach § 202 erst mit der Eintragung in das Handelsregister zu laufen beginnt, daher eine Abweichung der Fristen vorliegt.

45 MüKo-AktG/*Habersack*, Rn 158 mwN; aA GroßKomm-AktienR/*Hirte*, Rn 108, der sich beachtlichen Gründen nur für eine Anfechtbarkeit ausspricht; ausdrücklich offen gelassen von BGH AG 1995, 83.

46 GroßKomm-AktienR/*Hirte*, Rn 116, hält aufgrund des Schutzzwecks der 2. Kapitalschutzrichtlinie immer die Zustimmung des Aufsichtsrats für erforderlich.

47 LG Frankfurt/M., Urt. v. 10.2.1997 – 3/1 O 119/96, WM 1997, 473; MüKo-AktG/*Habersack*, Rn 152; *Hüffer*, Rn 13; aA *Bergau*, AG 2006, 769.

48 MüKo-AktG/*Habersack*, Rn 149; wohl auch BGH AG 1995, 83; aA *Hüffer*, Rn 20, der nur Wandel- bzw Optionsanleihen als erfasst ansieht.

2. Kapitalunterlage. Soweit Wandel- bzw Optionsanleihen begeben werden sollen, muss die Gesellschaft in die Lage versetzt werden, das Umtausch- bzw Bezugsrecht zu erfüllen. Dafür kommen ggf in Betracht genehmigtes Kapital, reguläre Kapitalerhöhung, eigene Aktien und bedingtes Kapital.[49] In der Praxis wird regelmäßig bedingtes Kapital (§§ 192 ff) verwendet.

§ 192 Abs. 2 Nr. 1 sieht die Schaffung bedingten Kapitals zur Erfüllung des Umtauschrechts bzw des Bezugsrechts bei Wandelschuldverschreibungen ausdrücklich vor. Seit der Neufassung des § 193 Abs. 2 Nr. 3 durch das ARUG genügt im Rahmen der Beschlussfassung über das bedingte Kapital die Angabe eines Mindestausgabebetrags.[50] Der Beschluss über die Schaffung bedingten Kapitals ist nicht identisch mit dem Beschluss über die Begebung der Anleihen. Nach zutr. hM kann der Beschluss über die Schaffung des bedingten Kapitals dem Beschluss über die Begebung der Anleihen vorausgehen oder auch nachfolgen. Das Umtausch- oder Bezugsrecht ist aber erst mit der Schaffung des bedingten Kapitals gesichert.[51] Bleibt der Beschluss über die Schaffung bedingten Kapitals aus und begibt die AG dennoch Umtausch- oder Bezugsrechte, führt das zu einer Schadenersatzpflicht der Gesellschaft, gegebenenfalls verbunden mit Regressansprüchen gegenüber den Verwaltungsorganen.

3. Verbriefung und Begebung. Die Rechte werden durch Rechtsgeschäft zwischen der AG und Dritten begründet. In der Praxis erfolgt das durch Verbriefung als Inhaberschuldverschreibung (möglich auch Namens – oder Orderschuldverschreibung) und anschließender Begebung. Die Verbriefung ist gem. § 793 BGB für die Wirksamkeit von Wandel- und Optionsanleihen sowie Gewinnschuldverschreibungen zwingende Voraussetzung und erfolgt gem. § 78 durch den Vorstand. Die Verbriefung erfolgt häufig durch Ausgabe einer Globalurkunde gemäß § 9a Abs. 1 DepotG. Bei der Optionsanleihe ist allerdings zu beachten, dass das Optionsrecht meist in besonderen Optionsscheinen verbrieft wird, die von der Anleihe (ab einem bestimmten Zeitpunkt) getrennt werden können und selbstständig handelbar sind. Auch Genussscheine sind als Schuldverschreibungen anzusehen (näher hierzu Rn 67). Nach zutreffender hM[52] ist für die Begründung der Zahlungsverpflichtungen darüber hinaus auch der Begebungsvertrag[53] (= Übereignungsvertrag; sog. Vertragstheorie) zwingende Voraussetzung für die Entstehung der Rechte.

Die Gesellschaft wird durch den Vorstand vertreten (§ 78). In der Regel erfolgt die Ausgabe anschließend nicht durch die AG selbst, sondern durch Fremdemission (vgl § 186 Abs. 5).

III. Übertragbarkeit. Die einzelnen Instrumente sind grundsätzlich übertragbar. Sei es durch Abtretung (§§ 398, 413 BGB; stets möglich)[54] oder nach sachenrechtlichen Grundsätzen (§§ 929 ff BGB; setzt Verbriefung voraus).

IV. Bezugsrecht/Bezugsrechtausschluss (Abs. 4). 1. Bezugsrecht. Die Aktionäre (gleich, ob Stamm- oder Vorzugsaktionäre), nicht aber Inhaber anderer Rechte (also insbesondere Anleiheinhaber, Genussrechtsinhaber) haben auf Wandel- und Optionsanleihen, Gewinnschuldverschreibungen und Genussrechte[55] grundsätzlich ein Bezugsrecht (Abs. 4 S. 1). Über die Verweisung des Abs. 4 S. 2 gelten die Bestimmungen über das Bezugsrecht bei der regulären Kapitalerhöhung (§ 186) umfassend. Auf die dortige Erläuterung wird verwiesen.

Das Bezugsrecht soll die Aktionäre gegen Beeinträchtigungen schützen, die sie durch die Ausgabe der Anleihen erleiden (zB Verwässerung). Wird der Vorstand zur Ausgabe verpflichtet, entsteht der Bezugsanspruch bei Gewinnschuldverschreibungen und Genussrechten mit dem HV-Beschluss. Bei Options- und Wandelanleihen ist darüber hinaus erforderlich, dass das entsprechende Kapital durch einen eingetragenen Kapitalerhöhungsbeschluss zur Verfügung gestellt ist. Für den Fall, dass der Vorstand zur Ausgabe ermächtigt ist, entsteht der Bezugsanspruch erst mit dem entsprechenden Vorstandsbeschluss. Der AG selbst steht kein Bezugsrecht aus eigenen Aktien zu (§ 71 b).

Das Bezugsrecht der Aktionäre kann ganz oder teilweise ausgeschlossen werden. Über den gesetzlich vorgegebenen Fall hinaus, dass die HV über den Ausschluss befindet, ist im Falle des Ermächtigungsbeschlusses in Analogie zu § 203 Abs. 2 S. 1 auch die Ermächtigung des Vorstands zum Bezugsrechtsausschluss zuläs-

---

49 Eingehend zu diesen Alternativen: *Schlitt/Seiler/Singhof*, AG 2003, 256 ff sowie MüKo-AktG/*Habersack*, Rn 213 ff.

50 Das war zuvor strittig. Allerdings hatte BGH WM 2009, 1567 dies bereits zur vorherigen Gesetzesfassung („Ausgabebetrag") im Wege teleologischer Reduktion angenommen.

51 Wegen Einzelheiten wird auf die Kommentierung zu § 192 verwiesen.

52 BGH NJW 1973, 283; Palandt/*Sprau*, § 793 BGB Rn 8; MüKo-BGB/*Hüffer*, vor § 793 Rn 24 ff; *Hüffer*, Rn 48; zur Eintragung des Beschlusses vgl auch OLG München NZG 2013, 1144.

53 Sie hierzu auch sowie zur Frage der Rechtswahl für diesen Vertrag LG Frankfurt/M., Urt. v. 15.11.2011 – 3-05 O 45/11, BeckRS 2011, 26939.

54 BGH NZG 2013, 903.

55 Nach BGH ZIP 2003, 1788 ff (hierzu *Radlmayr*, EWiR 2003, 1113) ist ein als stille Beteiligung einzuordnendes Rechtsverhältnis kein Genussrecht und löst entsprechend kein Bezugsrecht aus.

sig.[56] Schließt die HV das Bezugsrecht aus, ist dies zwingend in den Beschluss aufzunehmen (§§ 186 Abs. 3, 221 Abs. 4 S. 2).

27 **2. Bezugsrechtsausschluss. a) Formelle Anforderungen.** Abs. 4 S. 2 verweist auf § 186. Die formellen Voraussetzungen des § 186 Abs. 3, Abs. 4 sind daher zu beachten.[57] Der Bezugsrechtsausschluss oder die Ermächtigung des Vorstands zum Bezugsrechtsausschluss muss Bestandteil des Beschlusses gemäß § 221 Abs. 1 S. 1 sein (§ 186 Abs. 3 S. 1 iVm § 221 Abs. 4 S. 2).[58] Der Beschluss kann nur mit einer Kapitalmehrheit gefasst werden, die mindestens drei Viertel des bei der Beschlussfassung vertretenen Grundkapitals umfasst (§ 186 Abs. 3 S. 2 iVm § 221 Abs. 4 S. 2). Eine Satzungsbestimmung, die ein geringeres Zustimmungserfordernis vorsieht, ist unzulässig (§ 186 Abs. 3 S. 3 iVm § 221 Abs. 4 S. 2). Die Beschlussfassung über den Ausschluss setzt voraus, dass die Ausschließungsabsicht vorher ausdrücklich und ordnungsgemäß iSd § 124 Abs. 1 bekannt gemacht wurde (§ 186 Abs. 4 S. 1 iVm § 221 Abs. 4 S. 2).

28 Eine sachgerechte Entscheidung über den Bezugsrechtsausschluss setzt voraus, dass der Vorstand der HV einen inhaltlich hinreichenden[59] Bericht über den Grund des Bezugsrechtsausschlusses vorlegt (§ 186 Abs. 3 S. 3 iVm § 221 Abs. 4 S. 2). Der Bericht muss im Falle der Ausgabe von Wandel- oder Optionsanleihen vollständig sein und die konkreten Tatsachen mitteilen, die den Bezugsrechtsausschluss materiell rechtfertigen. Darüber hinaus muss er die Erwägungen des Vorstands darlegen.[60] In der Hauptversammlung sind ggf auf Fragen von Aktionären nähere Erläuterungen zu geben.[61]

29 Der Bericht muss den vorgeschlagenen Ausgabebetrag begründen und die wesentlichen Konditionen darlegen, zu denen Wandel- und Optionsanleihen sowie Gewinnschuldverschreibungen und Genussrechte ausgegeben werden sollen. Entsprechend § 175 Abs. 2 ist der Bericht von der Einberufung an in den Geschäftsräumen und während der Hauptversammlung auszulegen[62] und auf Verlangen jedem Aktionär eine Abschrift zu übersenden. Nach der älteren Rechtsprechung soll dies bei der Ausgabe von Genussrechten nicht gelten.[63] Bei Genussrechten soll es ausreichen, wenn im Bericht das Ziel der Ausgabe und der Rahmen für die Festsetzung des Ausgabekurses abgesteckt werden. Dies ist abzulehnen. § 221 schränkt die formellen Beschlussvoraussetzungen für keinen der dort genannten Finanzierungsinstrumente ein. Die Beachtung der formellen Voraussetzungen auch bei Genussrechten entspricht dem gebotenen Schutzzweck der Norm.[64] Genügt der Vorstandsbericht den dargelegten Anforderungen von Beginn an nicht, besteht ein Anfechtungsgrund. Nachbesserungen hinsichtlich dieser Inhaltsanforderungen an den schriftlichen Bericht durch mündliche Erläuterungen in der HV – unabhängig von der gebotenen Beantwortung ergänzender Frage von Aktionären – sind aufgrund des Schriftformerfordernisses nicht möglich.[65] Im Übrigen muss der Vorstand bei einer Ermächtigung verbunden mit genehmigtem Kapital über die Einzelheiten seines Vorgehens auf der nächsten ordentlichen Hauptversammlung der Gesellschaft berichten.[66]

30 **b) Materielle Anforderungen.** In materieller Hinsicht ist beim Ausschluss des Bezugsrechts bei der Ausgabe von Wandel- und Optionsanleihen die sachliche Rechtfertigung ebenso erforderlich wie bei der regulären Kapitalerhöhung,[67] denn das gewährte Recht zum Erwerb von Mitgliedsrechten greift gleichfalls in die Aktionärsrechte ein wie die Ausgabe junger Aktien selbst. **Streitig** ist hingegen das Erfordernis der sachlichen Rechtfertigung im Hinblick auf Genussrechte (und Gewinnschuldverschreibungen).[68] Nach der Rechtsprechung des BGH[69] hängt die Frage nach dem Erfordernis der sachlichen Rechtfertigung und auch des Umfangs der sachlichen Rechtfertigung vom Inhalt des Genussrechts ab. Das ist sachgerecht, wenn durch die konkrete Ausgestaltung das Genussrecht stark an Aktionärsrechte angenähert ist.

---

56 BGH WM 2009, 1567; 2007= NJW-RR 2009, 1196; OLG München AG 1991, 210, 211; OLG München AG 1994, 372, 273; LG Frankfurt WM 1990, 1745 ff; LG München I AG 1991, 73.
57 Hier ist auf die entsprechende Kommentierung zu § 186 Rn 31 ff zu verweisen.
58 OLG Schleswig AG 2003, 48; *Hüffer*, Rn 40; MüKo-AktG/*Habersack*, Rn 172 f.
59 OLG München NZG 2002, 1113, LG Frankfurt/M., Urt. v. 23.12.2008 – 3-05 O 150/08.
60 OLG Frankfurt AG 1992, 271; OLG München AG 1991, 210, 211; OLG München AG 1994, 372, 374; LG Frankfurt WM 1990, 1745, 1747ff; LG München I AG 1991, 73, 474 ff.
61 OLG Frankfurt BeckRS 2011, 17968; *Litzenberger*, NZG 2011, 1019.
62 Soweit nicht gem. § 124a Abs. 3 eine Veröffentlichung auf der Internetseite der Gesellschaft erfolgt.
63 LG Bremen AG 1992, 37; OLG Bremen AG 1992, 268, 270; offen gelassen von BGHZ 120, 141, 156; aA *Hüffer*, Rn 41; MüKo-AktG/*Habersack*, Rn 181 f.
64 Vgl GroßKomm-AktienR/*Hirte*, Rn 323.
65 LG Frankfurt/M. WM 1990, 1745, 1747 f; vgl auch LG Frankfurt/M., Urt. v. 20.12.2011 – 3-05 O 37/11, BeckRS 2012, 09259.
66 Vgl OLG Frankfurt OLG Frankfurt BeckRS 2011, 17968; vorhergehend LG Frankfurt/M., Urt. v. 13.4.2010 – 3-05 O 263/09.
67 OLG München AG 1991, 210, 211; LG München I AG 1991, 73, 74 ff.
68 Bejahend: KölnKomm-AktG/*Lutter*, Rn 58; verneinend u.a. LG Bremen AG 1992, 37 f;; auch verneinend aber differenzierend GroßKomm-AktienR/*Hirte*, Rn 409.
69 BGHZ 120, 141, 146 ff; OLG Bremen AG 1992, 268, 269; diesen folgend: *Hüffer* Rn 43; MüKo-AktG/*Habersack*, Rn 187 (unter Aufgabe der in WuB II a § 221 AktG 1.92 vertretenen Ansicht).

Wegen der uneingeschränkten Verweisung auf § 186 ist auch § 186 Abs. 3 S. 4 anwendbar, dh der Bezugs- 31
rechtsausschluss kann bereits kraft Gesetzes gerechtfertigt sein.[70]
Die sachliche Rechtfertigung des Bezugsrechtsausschlusses unterliegt nur einer eingeschränkten richterli- 32
chen Prüfung.[71] Es steht grundsätzlich der Hauptversammlung frei, die Grenzen der von ihr erteilten Ermächtigung zu bestimmen, wobei dies im wohlverstandenen Interesse der Gesellschaft liegen muss.[72]

V. Einzelheiten zu Wandelanleihen/Optionsanleihen. 1. Inhaltliche Ausgestaltung. Bei einer **Wandelanlei-** 33
he wird dem Inhaber durch die Gesellschaft die Zahlung einer bestimmten Geldsumme zuzüglich des ver-
einbarten Zinses bei Fälligkeit versprochen. Darüber hinaus wird die Verpflichtung oder Berechtigung der
Gesellschaft begründet, ggf innerhalb einer bestimmten Frist, mit diesem Anleihegläubiger einen Zeichnungsvertrag über die Begebung einer bestimmten Anzahl von Aktien der Gesellschaft für die Tilgung der
Anleihe zu schließen. Bei der umgekehrten Wandelanleihe besteht ein Recht der Gesellschaft anstelle der
Tilgung eine bestimmte Anzahl von Aktien der Gesellschaft zu begeben.[73]
Weitere Vertragsbestandteile betreffen die Frage, ob die Wandelanleihe als Inhaber- Namens- oder Order- 34
schuldverschreibung ausgegeben wird, Beginn und Ende der Verzinsung, Zeitpunkt der Rückzahlung, Kündigungsmodalitäten, Details der Verzinsung, Ausgestaltung des Wandlungsrechts, ggf Höhe der Zuzahlung
(bei Wandelanleihe), Ausgestaltung des Optionsrechts, Höhe des Optionspreises,[74] Sperrfristen, in denen
keine Ausübung erfolgen darf, Art/Gattung der zu gewährenden Aktien, Dividendenberechtigung der Bezugsaktien, Zulässigkeit und Rechtsfolgen bei Eingriffen in die gewährte Rechtsposition (Verwässerungsschutz), Börsennotierung, Bestimmungen über Zins- und Legitimationsscheine, Bekanntmachungsmodalitäten, Gerichtsstand.[75]
Bei der Ausgestaltung der **Anleihebedingungen** ist grundsätzlich den Anforderungen der §§ 305 ff BGB 35
Rechnung zu tragen.[76] Der Anwendung der §§ 305 ff BGB steht die Bereichsausnahme des § 310 Abs. 4
BGB nicht entgegen. Bei Anleihebedingungen handelt es sich – wie bei Genussscheinbedingungen (hierzu
unten Rn 44 ff) – nicht um Verträge auf dem Gebiet des Gesellschaftsrechts, sondern zunächst um rein
schuldrechtliche Verträge, die nicht durch einen gemeinsamen Zweck gekennzeichnet sind..[77]
Man muss jedoch für die Frage der Inhaltskontrolle nach §§ 305 ff BGB zwischen Fremdemissionen und
Direktemissionen unterscheiden.[78]
Bei der **Direktemission** kommt es zum Abschluss eines Begebungsvertrags zwischen dem Emittenten und
dem Anleger unter Einschluss der vom Emittenten vorformulierten Anleihebedingungen. Für diese Fälle hat
der BGH[79] die grundsätzliche Anwendbarkeit der §§ 305 ff BGB auf Schuldverschreibungen bejaht. Für die
Einbeziehung der Anleihebedingungen in den Vertrag zwischen den Parteien genügt eine zumindest konkludente Einbeziehungsvereinbarung, dh es kommt nicht darauf an, ob die Anleihebedingungen durch den
Emittenten dem Käufer am Primärmarkt ausgehändigt worden sind.
Bei der **Fremdemission** richtet sich der Emittent hingegen zur Abwicklung der Emission an eine Bank oder
ein Bankenkonsortium, das die Emission für ihn abwickelt. Im Rahmen der Abwicklung der Transaktion
erwirbt die Emissionsbank das Eigentum an den Schuldverschreibungen und veräußert sie im eigenem Namen weiter. Im Verhältnis zwischen dem Emittenten und der Emissionsbank finden die §§ 305 ff BGB keine
Anwendung, weil das Klauselwerk regelmäßig das Ergebnis von Verhandlungen zwischen Emittenten und
Emissionsbank ist. Damit erwirbt der Anleger von der Emissionsbank ein „fertiges Produkt", die Anleihebedingungen können nicht als AGB iSv §§ 305 ff BGB angesehen werden. An der Voraussetzung für die
Annahme eine Umgehung iSv § 306 a BGB, dass der Emittent das Instrument einer Fremdemission gewählt
hat, obwohl er mit einer Eigenemission das gleiche Ziel hätte erreichen können, wird es regelmäßig scheitern.

2. Begründung der Mitgliedsrechte. a) Anspruchsinhalt bei Wandelanleihe. Die Ausgabe der Wandelanlei- 36
he selbst begründet keine mitgliedschaftlichen Rechte, sondern lediglich einen schuldrechtlichen Anspruch
auf den Erwerb der Mitgliedschaft, was auch bei der umgekehrten Wandelanleihe oder Pflichtwandelanlei-

---

[70] BGH WM 2007, 2110 = NZG 2007, 907; OLG München AG 2007, 37.
[71] LG Bremen AG 1992, 37 f; vgl auch BGHZ 71, 40, 50.
[72] Vgl BGHZ 136, 133.
[73] Hierzu *Friel*, Wandelanleihen mit Pflichtwandlung; *Rozijn*, ZBB 1998, 77 ff; *Schlitt/Seiler/Singhof*, AG 2003, 254, 266 ff.
[74] Hier sind die §§ 9 Abs. 1, 255 Abs. 2 zu beachten.
[75] Ausführlich hierzu Spindler/Stilz/*Seiler*, Rn 141.
[76] Vgl BGHZ 163, 311 = NJW 2005, 2917 für Inhaberschuldverschreibungen; BGHZ 119, 305, 312 für Genussscheinbedingungen; vgl auch hinten die Kommentierung zu § 3 SchVG Rn 5 f.
[77] Unter Geltung des SchVG 1899 war umstritten, ob die §§ 305 ff BGB auf Schuldverschreibungen anwendbar sind. Im Gesetzgebungsverfahren zum SchVG 2009 war deshalb im Interesse der Wettbewerbsfähigkeit des Finanzstandortes Deutschland erwogen worden, Anleihebedingungen von Schuldverschreibungen der AGB-Kontrolle zu entziehen. Davon ist man dann im Rahmen der Beratungen wieder abgekommen.
[78] AA noch *Radlmayr* in Vorauflage; Hölters/*Haberstock/Greitemann*, Rn 16.
[79] BGHZ 163, 311 = NJW 2005, 2917; BGH NJW-RR 2009, 1641.

he gilt. Der in der Wandelanleihe verkörperte schuldrechtliche Anspruch ist auf den Abschluss eines Zeichnungsvertrages gerichtet, der mit der Ausgabe und Begebung der Wandelanleihe an den Dritten entsteht. Erst aufgrund des Zeichnungsvertrages entsteht die Verpflichtung zur Ausgabe der Aktien (§ 198). Der Anleiheinhaber oder ggf die Gesellschaft bei der umgekehrten Wandelanleihe kann diesen Anspruch nach Wahl aufgrund der vereinbarten Ersetzungsbefugnis geltend machen.

37 **b) Anspruchsinhalt bei Optionsanleihe.** Auch bei der Optionsanleihe besteht nur ein schuldrechtlicher Anspruch auf Aktienbezug, beinhaltet, aber keine Ersetzungsbefugnis. Hier bestehen rechtlich selbstständig kumulativ nebeneinander das Forderungsrecht aus der Anleihe und das Optionsrecht auf den Erwerb von Aktien, welches einen (vorvertraglichen) Anspruch gegen den Emittenten auf Abschluss eines Zeichnungsvertrages zu den im Optionsrecht bestimmten Konditionen gibt. Diese rechtliche Selbstständigkeit findet ihren Niederschlag dann in der Verbriefung, wenn das Bezugsrecht in gesonderten Optionsscheinen verbrieft wird, die zu Beginn mit der Anleihe verbunden sind, aber ggf ab einem bestimmten Zeitpunkt jedoch von der Anleihe getrennt und selbstständig gehandelt werden können.

38 **c) Ausübung.** Da in der Praxis das Umtausch- bzw Bezugsrecht nahezu ausschließlich durch bedingtes Kapital gesichert wird, wird das Umtausch- bzw Bezugsrecht durch die Bezugserklärung ausgeübt (§ 198 Abs. 1). Die Bezugserklärung kann – je nach Ausgestaltung der Anleihebedingungen – entweder das Angebot auf den Abschluss des Zeichnungsvertrages oder aber die Annahme eines bereits von der AG abgegebenen Angebotes auf Abschluss desselben darstellen.[80]

39 Bei der Optionsanleihe darf die Aktie erst nach der Leistung des Gegenwertes ausgegeben werden (§ 199). Das gilt auch für die Wandelanleihe, sofern eine Zuzahlung vereinbart ist.

40 Die Ausübung des Bezugsrechts bleibt bei der Optionsanleihe ohne Auswirkung auf die Anleihe selbst. Die Zahlungspflicht des Anleiheschuldners besteht weiter.
Bei der Wandelanleihe setzt die Ausgabe der Aktie nicht voraus, dass die Wandelanleihe der Gesellschaft zurückgewährt wird. Die Ausgabe der Aktien ohne Rückgabe der Anleihe, ändert den Zahlungsanspruch aus der Wandelanleihe selbst nicht, allerdings erfüllt die Gesellschaft mit der Ausgabe und Übertragung der Aktien ihre Schuld aus der Anleihe.

41 **3. Eingriffe.** Die Anleihegläubiger können sich gegenüber der Gesellschaft grundsätzlich auf alle Gläubigerschutzbestimmungen des bürgerlichen Rechts berufen. Unmittelbare **einseitige Eingriffe** in die Rechtsposition des Anleiheinhabers sind nach allgemeinen vertragsrechtlichen Grundsätzen **unzulässig**.[81]

42 Nach der Emission können durch die Gesellschaft aufgrund einer nach Begebung durchgeführten **Kapitalerhöhung**, wie auch durch spätere Begebung von weiteren Wandel- oder Optionsanleihen, Beeinträchtigungen des wirtschaftlichen Werts der Anleihe stattfinden. Hier wird das Recht des Inhabers der früher begebenen Anleihe verwässert, weil er bei Ausübung des Wandlungsrechts[82] einen geringeren Anteil an der Gesellschaft erhält als bei Begebung vorausgesetzt. Gesetzlich ist die Gesellschaft hier nicht beschränkt. Lediglich bei der Erhöhung des Kapitals aus Gesellschaftsmitteln kommt es nach § 216 Abs. 3 zu einer automatischen Anpassung des Bezugsrechts. Zweckmäßigerweise sollten die Anleihebedingungen zur Kapitalerhöhung gegen Einlagen bzw Ausgabe weiterer Finanzierungsinstrumente, die auch unter § 221 fallen, geeignete Regelungen enthalten. In Betracht kämen zB die Einräumung vertraglicher Bezugsrechte auf Aktien bzw Wandelschuldverschreibungen – was aber nur unter dem Vorbehalt des Bezugsrechts der Aktionäre, § 187 Abs. 2, möglich wäre – oder die Ermäßigung des Wandlungspreises. **Unzulässig** wäre jedenfalls eine Verpflichtung der AG, auf Kapitalerhöhungen gänzlich zu verzichten (Rechtsgedanke des § 187 Abs. 2). Fehlt es an derartigen Regelungen, wird in der Literatur der Schutz der Anleihegläubiger über eine entsprechende Anwendung des § 216 Abs. 3 oder eine ergänzende Vertragsauslegung bzw eine Vertragsanpassung gem. § 313 BGB gesucht.[83] Berücksichtigt man aber, dass den Gläubigern sowohl von Schuldverschreibungen als auch von Genussrechten aufgrund der rein schuldrechtlichen Beziehung zwischen ihnen und der Gesellschaft keinerlei mitgliedschaftlichen Rechte zustehen und die Frage der Kapitalerhöhung oder die Ausgabe von weiteren Finanzierungsinstrumenten des § 221 von der Entscheidung der HV abhängen, erscheint eine – schuldrechtliche – Schadensersatzlösung vorzugswürdig. Richtungweisend ist insoweit die „Klöckner"-

---

80 Es dürfte auch nicht zu beanstanden sein, wenn noch vor Durchführung des Zeichnungsvertrages durch satzungsändernden HV-Beschluss dem Anleiheinhaber ein Entsendungsrecht nach § 100 Abs. 2 eingeräumt wird. Entscheidend ist dabei, dass zum Zeitpunkt der rechtswirksamen Begründung des Entsendungsrechts durch die konstitutive Handelsregistereintragung der Entsendungsberechtigte dann Aktionär der Gesellschaft ist, näher hierzu LG Frankfurt/M., Urt. v. 16.7.2013 – 3-05 O 186/12.

81 Vgl hinten die Kommentierung zu § 5 SchVG, wonach Anleihebedingungen aus Gesamtemissionen aufgrund Mehrheitsbeschlusses geändert werden können, soweit die Anleihebedingungen dies vorsehen.

82 Dies gilt insb. für Pflichtwandelanleihen und die umgekehrten Wandelanleihen, da hier die Gesellschaft die Entscheidung trifft, ob sie in Erfüllung der Anleiheschuld Aktien der Gesellschaft übertragen will.

83 Vgl MüKo-AktG/*Habersack*, Rn 290 ff; GroßKomm-AktienR/*Hirte*, Rn 181 ff, jew. mwN.

Entscheidung des BGH,[84] in der nur eine schuldrechtliche Schadensersatzpflicht (§ 251 aF BGB) der Gesellschaft im Rahmen von Genussrechtsverhältnissen für die Beeinträchtigung durch die Gesellschaft bejaht wurde.

Bei einer Kapitalherabsetzung ist zu differenzieren zwischen der *nominellen* und der *effektiven* Kapitalherabsetzung. Nur bei der erstgenannten wird der Anleihegläubiger in seiner vermögenswerten Position gestärkt. weil er in diesem Fall durch den Aktienerwerb einen größeren Anteil an der Gesellschaft erhält als bei der Begebung vorausgesetzt. Die hM[85] befürwortet zutreffend hier eine sinngemäße Anwendung des § 216 Abs. 3. Hier scheitert die schuldrechtliche Schadensersatzlösung, da es an einem dem Gläubiger zurechenbaren Verhalten fehlt. Bei der effektiven Kapitalherabsetzung ist dies aber ggf nicht erforderlich, wenn der Kapitalabfluss beteiligungsproportional erfolgt.[86]

VI. Einzelheiten zu Genussrechten. 1. Inhaltliche Ausgestaltung. a) Bestandteile. Nach dem Zweck des Abs. 3 sind als **Genussrechte** ausschließlich solche Rechte anzusehen, die die Gesellschaft Nichtaktionären einräumt, die ein ähnliches Konfliktpotential wie Wandel- und Gewinnschuldverschreibungen zu den Mitgliedschaftsrechten der Aktionäre haben, dh Finanzinstrumente, die über rein obligationstypische Rechte hinaus Ansprüche begründen, die ansonsten eine Aktionärsstellung voraussetzen, wie zB Teilhabe am Gewinn (ggf verbunden mit einer Festverzinsung), Liquidationserlös, Sachbezüge und Nutzung von Gesellschaftseinrichtungen. In erster Linie sind sie ein Kapitalbeschaffungsinstrument, vielfach an öffentlichen Kapitalmärkten. In verbriefter Form (sog. Genussscheine) sind sie grundsätzlich auch börsenhandelsfähig. Gesetzlich ist der Emittent in der Gestaltung der Genussrechtsbedingungen in den Grenzen der §§ 134, 138 BGB frei. Zweckmäßigerweise sollte geregelt werden, die Art der Begebung (zB Inhaberschuldverschreibungen), Laufzeit, Kündigungsmodalitäten (Ausschluss der Kündigung aus wichtigem Grund, wie stets, unzulässig), Sonderkündigungsrechte, Höhe des Gewinn- und/oder Verlustanteils, Beginn der Ausschüttungsberechtigung, Änderungsvorbehalte, Ausgabe neuer Genussrechte mit Gleichrang/Vorrang, Ausschluss eines Bezugsrechts bei künftiger Schaffung von Genussrechten, Hinterlegung, Verkürzung der Vorlegungsfrist, Ausschluss von § 804 BGB, Bekanntmachungsmodalitäten, Erfüllungsort und Gerichtsstand.[87] Genussrechte stellen aber keine mitgliedschaftliche Beteiligung an der Aktiengesellschaft dar, sondern sie erschöpfen sich in einem bestimmten geldwerten Anspruch.[88]

b) Gestaltungsgrenzen. Genussrechtsbedingungen unterliegen wie die anderen in § 221 genannten Finanzinstrumente der Inhaltskontrolle nach §§ 305 ff BGB.[89] Ist das Genussrecht überwiegend aktienähnlich ausgestaltet, kommt zudem eine aktienrechtliche Inhaltskontrolle in Betracht.[90]

Der **Inhaltskontrolle** nach §§ 305 ff BGB unterliegen jedenfalls solche Vereinbarungen, die die Leistung der Gesellschaft ausschließen, einschränken oder verändern. Keiner AGB-Kontrolle unterliegen als *essentialia negotii* die Bestimmung der Leistung und Gegenleistung.[91] Nicht zu beanstanden sind Klauseln, die bei einer Kapitalherabsetzung auch zur Herabsetzung des Genusskapitals berechtigen,[92] oder solche, die die Einräumung eines Sonderkündigungsrechts des Emittenten bei Veränderung der steuerlichen Handhabung von Genussrechten zum Gegenstand haben. Unzulässig dürfte ein genereller einseitiger Änderungsvorbehalt sein. Auch eine erhebliche Verkürzung von Verjährungsfristen hinsichtlich Zins- und Rückzahlungsansprüchen dürfte regelmäßig der Inhaltskontrolle nicht standhalten.

Ungeklärt ist die Frage „aktienähnlicher" bzw „aktiengleicher" Genussrechte;[93] dh ob durch die Begebung von Genussrechten in zulässiger Weise eine Position geschaffen werden kann, die materiell der eines Vorzugsaktionärs entspricht, die Regelungen der §§ 139 f jedoch keine Anwendung finden.[94] Praktisch ist daher der Streit ohne Bedeutung, weil Genussrechte in aller Regel eine Befristung oder Kündigungsmöglich-

---

84 BGHZ 119, 205, 333 f = NJW 1993, 57; vgl hierzu auch Hölters/*Haberstock/Greitemann*, Rn 76.
85 MüHb-AG/*Krieger*, § 63 Rn 19; GroßKomm-AktienR/*Hirte*, Rn 186; aA nur in der Begründung: *Hüffer*, Rn 63; MüKo-AktG/*Habersack*, Rn 309; (ergänzende Vertragsauslegung).
86 Vgl GroßKomm-AktienR/*Hirte*, Rn 186; MüKo-AktG/*Habersack*, Rn 310.
87 Ausführliche Darstellung der einzelnen Gestaltungselemente bei Spindler/Stilz/*Seiler*, Rn 141 ff sowie Rn 177 ff.
88 BGH, Urt. v. 28.5.2013 – II ZR 2/12, Tz 15 mwN.
89 BGHZ 119, 305, 312; eingehend zur Inhaltskontrolle unter AGB Gesichtspunkten: MüKo-AktG/*Habersack*, Rn 254 ff; GroßKomm-AktienR/*Hirte*, Rn 399 auch zur Frage des Nichteingreifens vom § 310 Abs. 4 BGB; Hölters/*Haberstock/Greitemann*, Rn 44 f; sie auch oben Rn 35.
90 BGHZ 119, 305, 312; BGH Beck RS 2013, 13624.
91 BGHZ 119, 305, 315.
92 BGHZ 119, 305, 313; OLG Düsseldorf AG 1991, 438.
93 Bejahend u.a. *Claussen*, AG 1985, 77, 78; *Sethe*, AG 1993, 293, 307; verneinend u.a. MüKo-AktG/*Habersack*, Rn 123 ff; GroßKomm-AktienR/*Hirte*, Rn 372; *Habersack*, ZHR 155, 378, 385; *Hirte*, ZIP 1988, 477, 478.
94 Vgl auch BGHZ 119, 305, 311 ff und OLG Düsseldorf AG 1991, 438. Dort war nicht beanstandet worden, dass nach den Genussscheinbedingungen im Falle einer Herabsetzung des Grundkapitals der Gesellschaft zum Ausgleich von Wertminderungen oder Verlusten auch der Gesamtgrundbetrag des Genusskapitals im gleichen Verhältnis und zu entsprechenden Bedingungen herabgesetzt werden soll. Dies gelte auch, wenn dadurch das Genusskapital praktisch auf null herabgesetzt werde und die Genussscheinbedingungen keine Regelung über eine Wiederauffüllung des Genusskapitals aus späteren Gewinnen enthalten.

keit enthalten und ihre Ansprüche denen der Aktionäre (auch bei Nachrang gegenüber anderen Gläubigern) vorgehen.[95]

48 **c) Kombinierbarkeit.** Es ist zulässig, im Rahmen von Genussrechten Bezugsrechte auf Aktien einzuräumen. Gegen eine Kombination von Genussrechten mit Wandel- und Optionsrechten bestehen keine Bedenken, solange die Genussrechte nicht nur auf die Verwertung von Wandlungsrechten gerichtet sind.

49 **2. Eingriffe.** Auch Genussrechte werden durch (spätere) Kapitalmaßnahmen der Gesellschaft beeinträchtigt. Im Fall der Kapitalerhöhung aus Gesellschaftsmitteln findet auch hier § 216 Abs. 3 Anwendung. In anderen Fällen der Kapitalerhöhung hat der Genussrechtsinhaber die damit einhergehende Verwässerung des Genusskapitals hinzunehmen.[96] In der Literatur wird dies zT für nicht sachgerecht gehalten, Hier soll dann eine Anpassung entweder durch Anwendung des Rechtsgedankens der §§ 216 Abs. 3, 23 UmwG[97] oder im Wege der ergänzenden Vertragsauslegung[98] erfolgen.[99] Aufgrund der neueren Rechtsprechung des BGH[100] zum Abschluss eines Beherrschungs- und Gewinnabführungsvertrags nach Ausgabe des Genussrechts könnte auch in diesen Fällen wegen Änderung der Geschäftsgrundlage an eine Vertragsanpassung gem. § 313 BGB zu denken sein.

50 **3. Ersatzansprüche.** Diese Anpassung erscheint jedoch auch hier wegen des schuldrechtlichen Charakters der Genussscheine nicht geboten (vgl Rn 38). In der „Klöckner"-Entscheidung des BGH[101] wird den Genussscheininhabern nur ein Schadensersatzanspruch in Geld nach § 251 BGB zugestanden.

51 **VII. Einzelheiten zu Gewinnschuldverschreibungen.** Gewinnschuldverschreibung, dh Schuldverschreibungen, bei denen die Rechte der Gläubiger mit Gewinnanteilen von Aktionären in Verbindung gebracht werden, stellen einen Unterfall der Genussrechte dar, mit der Besonderheit, dass eine Verlustteilnahme nicht erfolgt.[102] Die praktische Bedeutung von Gewinnschuldverschreibungen ist gering, da eine steuerliche Abzugsfähigkeit und eine Anerkennung als Eigenkapital nicht gegeben sind.[103]

52 **VIII. Sonderfragen. 1. Erwerb durch Gesellschaft.** Die Gesellschaft selbst kann wegen der Notwendigkeit eines **Begebungsvertrags** originär keine eigenen Wandelschuldverschreibungen, Gewinnschuldverschreibungen oder Genussrechte erwerben. Der Erwerb von Derivaten ist hingegen statthaft. Die §§ 71 ff sind nur auf Aktien anwendbar.[104] Der Umtausch- oder Bezugsrechte aus derivativ erworbenen Wandel- oder Optionsanleihen kann durch die Gesellschaft selbst – wie auch ein abhängiges Unternehmen – wegen § 56 nicht ausgeübt werden; praktisch ist dies daher ohne Bedeutung.

53 **2. Konzernsachverhalte. a) Mutter-Tochter-Sachverhalte.** Zwar findet § 221 keine Anwendung auf Fremdwandelanleihen. Weitgehend Einigkeit[105] herrscht jedoch darüber, dass § 221 analog aufgrund seines Schutzzwecks auf solche Mutter-Tochter-Sachverhalte anzuwenden ist, bei denen die Ausgabe einer Anleihe durch die Tochtergesellschaft mit Bezugsrechten für Aktien der Muttergesellschaft kombiniert wird und die Mutter die Anleihe und/oder das Bezugsrecht garantiert bzw lediglich die Anleihe garantiert und das Bezugsrecht unmittelbar gewährt.
Auf die von § 221 erfassten Finanzinstrumente muss sich ein Übernahme- oder Pflichtangebot nach §§ 29 ff, 35 Abs. 2 S. 1 WpÜG nicht richten.[106]

54 **b) Eingliederung.** Bei einer Eingliederung der emittierenden Gesellschaft in eine andere, richten sich Gläubigerrechte weiterhin gegen die eingegliederte Gesellschaft; wobei die Hauptgesellschaft hierfür nach § 322 haftet. Entgegen der hM[107] ist für Genussrechte nicht § 23 UmwG entsprechend anzuwenden, sondern der Mithaftungsanspruch der Hauptgesellschaft durch einen Abfindungsanspruch des Genussberechtigten analog § 320 b zu ergänzen.[108]
Der Eingliederungsbeschluss ist trotz § 192 Abs. 4 auch bei Umtausch- und Bezugsrechten von Wandel- und Optionsgläubigern zulässig (vgl § 192 Rn 17). Nach Maßgabe der Bestimmungen der §§ 320 a, 320 b AktG, §§ 23, 36 Abs. 1 UmwG sind die genannten Rechte des bei Eingliederung festgelegten Umtauschver-

---

95 Hölters/*Haberstock/Greitemann*, Rn 43.
96 BGHZ 28, 259, 277; RGZ 83, 295, 298.
97 MüKo-AktG/*Habersack*, Rn 306; KölnKomm-AktG/*Lutter*, Rn 390; *Hirte*, ZIP 1988, 477, 478.
98 *Hüffer*, Rn 67.
99 Zum Meinungs- und Streitstand vgl GroßKomm-AktienR/*Hirte*, Rn 415 mwN.
100 Urteile vom 18.5.2013 – II ZR 2/12, BeckRS 2013, 13623, und II ZR 67/12, BeckRS 2013, 13624.
101 BGHZ 119, 305 = NJW 1993, 57.
102 Insoweit kann auf das oben (Rn 44 ff) zu den Genussrechten ausgeführte verwiesen werden.
103 Vgl hierzu näher GroßKomm-AktienR/*Hirte*, Rn 353 und 463 mwN.
104 MüKo-AktG/*Habersack*, Rn 205.
105 *Hüffer*, Rn 72 mwN.
106 *Schlitt/Seiler/Singhof*, AG 2003, 254, 267; *Ekkenga/Hofschroer*, DStR 2002, 768, 771; allerdings enthalten Anleihe- und Genussrechtsbedingungen häufig ein Kündigungsrecht des Gläubigers für den Fall eines Kontrollwechsels, hierzu näher Spindler/Stilz/*Seiler*, Rn 160 f.
107 MüHb-AG/*Krieger*, § 63 Rn 72; KölnKomm-AktG/*Lutter*, Rn 402; MüKo-AktG/*Habersack*, Rn 317 mwN.
108 *Hüffer*, Rn 68 a.

hältnisses durch entsprechende Rechte gegen die Hauptgesellschaft zu ersetzen.[109] Hat bei der eingegliederten Gesellschaft ein bedingtes Kapital bestanden, ist die Hauptgesellschaft zur Schaffung eines entsprechenden bedingten Kapitals verpflichtet, wenn und soweit ein solches auch in der eingegliederten Gesellschaft bestanden hat.[110]

c) **Beherrschungs- und Gewinnabführungsvertrag.** Handelt es sich bei dem Emittenten um ein Unternehmen, welches aufgrund eines nach der Emission abgeschlossenen Beherrschungsvertrags eine herrschende Gesellschaft wird, so kann für die Genussrechtinhaber die Gefahr bestehen, dass der Gewinn in der Untergesellschaft belassen wird bzw eigene Gewinne dort hin verlagert oder ein gewinnbeeinträchtigender übermäßiger Ausgleich für die Gesellschafter der Untergesellschaft vereinbart wird.[111] Auch hier muss es dabei bleiben, dass den Inhabern von Genussrechten nur ein schuldrechtlicher Schadensersatzanspruch zusteht (vgl Rn 42).

Schließt die emittierende Gesellschaft **nachträglich** als abhängiges Unternehmen einen **Beherrschungs- oder Gewinnabführungsvertrag**, so ist für Genussrechte nunmehr durch die Entscheidungen des BGH[112] entschieden, dass soweit die Genussscheinbedingungen hierfür keine Regelung für den Fall des Abschlusses eines Beherrschungs- und Gewinnabführungsvertrages enthalten, diese Bedingungen dahin gehend gem. § 313 BGB anzupassen sind, dass auf die Genussscheine – unabhängig von der künftigen tatsächlichen Ertragslage der emittierenden Gesellschaft – die vollen ursprünglich vorgesehenen Ausschüttungen erbracht werden müssen und die Rückzahlungsansprüche nicht herabgesetzt werden dürfen, sofern die Prognose der Gesellschaft ohne den Beherrschungs- und Gewinnabführungsvertrag für die Dauer des Vertrags im nach § 293 e geprüften und hier gebilligten Vertragsbericht nach § 293 a hinsichtlich der Ertragsentwicklung der Gesellschaft bei Abschluss des Beherrschungs- und Gewinnabführungsvertrages entsprechend positiv gewesen sei.[113] Dies führt praktisch dazu, dass sich Eigenkapitalgenussscheine mit Abschluss eines Beherrschungs- und Gewinnabführungsvertrags als Anleihen mit einer garantierten Verzinsung darstellen.[114] Für Inhaber von Gewinnschuldverschreibungen wird Gleiches zu gelten haben. Hier wird man an den im Vertrag vereinbarten Ausgleich gem. § 304[115] anknüpfen müssen.

Bei nachträglichem Abschluss eines Beherrschungs- und Gewinnabführungsvertrages sind auch Wandel- und Optionsanleihengläubiger Schutzrechte und Ansprüche gegen die herrschende Gesellschaft zuzubilligen. Es kann nicht sachgerecht sein, diese für ihre Umtausch- und Bezugsrechte (bei Umtauschpflicht: Verpflichtung) nur auf die emittierende abhängige Gesellschaft zu verweisen. Handelt es sich bei dem herrschenden Unternehmen um eine Aktiengesellschaft, erscheint es sachgerecht, ihnen in analoger Anwendung des § 305 Abs. 2 entsprechende Erwerbsrechte auf Aktien des herrschenden Unternehmens zuzubilligen, wie den bereits vorhanden Aktionären des beherrschten Unternehmens, denen nach § 305 Abs. 2 Nr. 1 grundsätzlich Aktien des herrschenden Unternehmens anzubieten sind.[116] Kommt dies nicht in Betracht, weil – wie häufig – das herrschende Unternehmen keine Aktiengesellschaft ist, erscheint es sachgerecht, sie nach Ausübung des Wandlung- oder Optionsrechts wie die Aktionäre der beherrschten Gesellschaft zu behandeln,[117] dh sie auf den vertraglich[118] vereinbarten Abfindungs- oder Ausgleichsanspruch gegen den Vertragspartner zu verweisen.[119] Da hier das Recht tatsächlich ausgeübt wird, sie daher Aktionäre werden

---

109 BGH NJW 1998, 2146; OLG München ZIP 1993, 1001, 1004; MüKo-AktG/*Habersack*, Rn 318 mwN.
110 MüKo-AktG/*Habersack*, Rn 318; differenzierend *Martens*, AG 1992, 210.
111 Vgl hierzu zB den Sachverhalt von LG Frankfurt/M., Urt. v. 18.12.2012 – 3-05 O 96/12, NZG 2013, 140.
112 Urteile v. 18. 5.2013 – II ZR 2/12, BeckRS 2013, 13623, und II ZR 67/12, BeckRS 2013, 13624, auch zum bisherigen Streitstand.
113 So auch schon die Vorinstanz OLG Frankfurt/M. AG 2012, 293 und BeckRS 2011, 29048; aA als erste Instanz LG Frankfurt/M., Urteile v. 14.12.2010 – 3-05 O 65/10, BeckRS 2011, 01088, und v. 5.2.2011 – 3-05 O 100/10, BeckRS 2011, 04028, wonach die Vertragsergänzung dahin gehend vorzunehmen sei, dass eine Orientierung am Gewinn der Obergesellschaft stattzufinden habe.
114 *Mosel*, GWR 2012, 182.
115 Ggf erhöht durch die Entscheidung in einem Spruchverfahren, vgl hierzu auch Fn 126.
116 Der Gesetzgeber gibt hier zu erkennen, dass den außenstehenden Aktionären die Aufrechterhaltung der Mitgliedschaft in der vertraglich konzernierten Gesellschaft ggf nicht zugemutet werden kann.
117 Zumal bei einer Ermittlung des Unternehmenswertes im Rahmen der Bemessung der angemessenen Abfindung/Ausgleich bestehende Wandlungs- und/oder Optionsrechte als negative Sonderwerte berücksichtigt werden, dh die entsprechenden Ansprüche der bereits vorahnden Aktionäre an die herrschende Gesellschaft sich damit reduzieren, vgl aber Fn 143.
118 Ggf erhöht durch eine Entscheidung in einem Spruchverfahren, wobei ihnen eine Antragsbefugnis für ein derartiges Verfahren hierzu erst mit Ausübung des Rechts und tatsächlicher Übertragung der Aktien zusteht, da § 3 Abs. 1 Nr. 1 SpruchG die Antragsbefugnis ausdrücklich an der Aktionärsstellung festmacht. Sollte daher das Wandlungs- oder Optionsrecht erst nach Ablauf der Antragsfrist des § 4 Abs. 1 Nr. 1 SpruchG ausgeübt werden (können), muss es bei der vertraglich vereinbarten Höhe verbleiben, wenn nicht bereits Aktionäre ein Spruchverfahren angestrengt haben, dessen Ergebnis sich gem. § 13 SpruchG ggf auch zugunsten der das Wandlungs- oder Optionsrecht ausübenden Anleiheglaubiger auswirkt. Wegen der Wirkungen einer Entscheidung im Spruchverfahren wird im Übrigen auf die Kommentierung zu § 13 SpruchG verwiesen.
119 Demgegenüber nur für Abfindung: MüKo-AktG/*Habersack*, Rn 319; aA insoweit auch GroßKomm-AktienR/*Hirte*, Rn 187 der nur einen Ausgleich entsprechend § 304 gewähren will.

(können), dürfte abweichend zum Ausschluss der Minderheitsaktionäre der volle Betrag anzusetzen sein (siehe hierzu Rn 63 aE).

58 **d) Faktischer Konzern.** Bei Begründung eines einfachen Konzerns als auch im faktischen Konzern sind besondere Schutzvorkehrungen zugunsten der Inhaber von unter § 221 fallenden Emissionen nicht erforderlich. Der Schutz dieser Gläubiger erfolgt in gleicher Weise wie der Schutz der Aktionäre nämlich über den Schutz der Untergesellschaft. Bei qualifizierter Nachteilszufügung finden die bei Abschluss eines Beherrschungsvertrags bestehenden Schutzmechanismen entsprechend Anwendung.

59 **3. Naked Warrants.** Nicht geklärt ist, ob die Gesellschaft Optionsrechte ausgeben kann, ohne sie mit einer Anleihe zu verbinden („**Naked Warrants**"). Die Rechtsprechung[120] steht dem eher vorsichtig gegenüber.

60 Die Zulässigkeit von *naked warrants* wird über den gesetzlich geregelten Fall in § 192 Abs. 2 Nr. 3 hinaus bestritten.[121] Nach der Gegenansicht[122] komme § 192 Abs. 2 Nr. 1 keine Indizwirkung dahin gehend zu, dass nur in den dort genannten Fällen Titel auf den Bezug von Aktien ausgegeben werden könnten. Auch § 192 Abs. 2 Nr. 3 stehe der Begebung von *naked warrants* nicht entgegen. Vielmehr setze § 192 Abs. 2 Nr. 3 die Möglichkeit zur Begebung von *naked warrants* voraus.

61 Wenn man *naked warrants* überhaupt für zulässig hält, muss jedenfalls § 192 als abschließende Regelung hinsichtlich der Bedienung mit bedingtem Kapital verstanden werden. § 192 Abs. 2 Nr. 1 sieht konkret die bedingte Kapitalerhöhung zur Gewährung von Umtausch- oder Bezugsrechten an Gläubiger von Wandelschuldverschreibungen vor. Der Gesetzgeber verknüpft hier das Umtausch- oder Bezugsrecht zwingend mit der Gläubigerstellung. Zudem wird in § 192 Abs. 2 Nr. 3 die Schaffung bedingten Kapitals für den Fall der Gewährung von bloßen Bezugsrechten für einen Einzelfall geregelt. Darüber hinaus muss eine Bedienung mit bedingtem Kapital ausscheiden. [123]

62 **4. Mitarbeiterbeteiligungen (Stock Options).** Über die Finanzinstrumente des § 221 können auch Mitarbeiterbeteiligungsprogramme erfolgen.[124] Die Ausgabe von Wandel- oder Optionsanleihen an Mitglieder des Aufsichtsrats anstelle (unzulässiger) Stock Options ist aber seit der im Rahmen des UMAG erfolgten Einführung des Verweises auf § 193 Abs. 2 Nr. 4 in § 221 Abs. 4 nicht mehr zulässig.[125]

63 **5. Squeeze-out.** Weder die §§ 327 a ff noch §§ 39 a f. WpÜG enthalten Regelungen zur Behandlung der in § 221 angesprochenen Finanzinstrumente beim Ausschlusses der Minderheitsaktionäre. Für das Erreichen der notwendigen Schwellenwerte sind sie jedenfalls nicht zu berücksichtigen;[126] in beiden Fällen spricht das Gesetz von Aktien, dh dem bereits entstandenen Mitgliedschaftsrecht und nicht einem schuldrechtlichen Anspruch hierauf. Das Umtausch- oder Bezugsrecht wandelt sich beim Squeeze-out zu einem Anspruch auf Barabfindung gegen den Hauptaktionär um.[127] Soweit der Fortbestand der Optionsrechte vertreten wird,[128] kann dem nicht gefolgt werden. Ein Anspruch auf die Gewährung von Aktien muss ausscheiden, da dies mit der gesetzlichen Intention des vollständigen Ausschlusses der Minderheitsaktionäre zugunsten des Hauptaktionärs nicht vereinbar wäre. Mit dem Squeeze-out endet die Laufzeit der Anleihe jedoch nicht automatisch. Man wird zwar dem Bezugsberechtigten zubilligen müssen, seinen Barabfindungsanspruch sofort geltend machen zu dürfen, eine Verpflichtung hierzu besteht aber nicht.[129]

Abweichend zum Beherrschungs- und Gewinnabführungsvertrag, bei dem die Option nach Abschluss des Vertrags ausgeübt wird und daher tatsächlich eine Aktionärsstellung eintritt, entspricht beim Squeeze-out die Höhe der Abfindung für die Optionsrechtsinhaber zum maßgeblichen Zeitpunkt (die über den Ausschluss beschließende Hauptversammlung) nicht der den Minderheitsaktionären zustehenden vollen

---

[120] OLG Stuttgart ZIP 2002, 1807.
[121] OLG Braunschweig ZIP 1998, 1586; LG Stuttgart AG 1998, 41, 43; *Martens*, AG 1989, 69, 71; KölnKomm-AktG/*Lutter*, Rn 185; *Hüffer*, Rn 75.
[122] *Paefgen*, AG 1999, 67, 70 ff; *Fuchs*, AG 1995, 433 ff; *Steiner*, WM 1990, 1776; *Roth/Schoneweg* WM 2002, 677, 678 ff; *Gätsch/Theusing*, WM 2005, 1256, 1259 ff; *Schlitt/Löscher*, BKR 2002, 150; *Spindler/Stilz/Seiler*, Rn 40; MüKo-AktG/*Habersack*, Rn 36 ff, *Hölters/Haberstock/Greitemann*, Rn 46 GroßKomm-AktienR/*Hirte*, Rn 298 ff mwN.
[123] Vgl *Kuntz*, AG 2004, 480, 485; ähnlich, wenngleich Zulässigkeit von *naked warrants* eher ablehnend: OLG Stuttgart ZIP 2002, 1807, 1808 ff.
[124] Sie hierzu § 192 Rn 19 ff sowie *Hüffer*, ZHR 161 (1997), 214.
[125] RegBegr. BR-Drucks. 3/05, S. 52. In diese Richtung zuvor schon BGH ZIP 2004, 613 = NZG 2004, 376.
[126] MüKo-AktG/*Habersack*, Rn 323 mwN.
[127] So auch *Hüffer*, § 327 b Rn 3; *Ehricke/Roth*, DStR 2001, 1120, 1122; *Krieger*, BB 2002, 53, 61; *Grunewald*, ZIP 2002, 18; *Geibel/Süßmann/Grzimek*, Art. 7, § 327 f Rn 31; MüKo-AktG/*Habersack*, Rn 323; *Schlitt/Seiler/Singhof*, AG 2003, 254, 267; *Spindler/Stilz/Seiler*, Rn 162 mwN.
[128] *Baums*, Ausschluss von Minderheitsaktionären, S. 156 ff; *Baums*, WM 2001, 1843, 1847 ff.
[129] Vgl für den vergleichbare Gestaltung bei der Eingliederung BGH ZIP 1998, 560.

Barabfindung, vielmehr ist nur der Wert des Optionsrechts abzufinden. Dieser ist in der Regel nach dem anerkannten Bewertungsverfahren (**Black-Scholes-Modell**) zu ermitteln.[130]
Im Rahmen der Abfindungsermittlung für die Minderheitsaktionäre nach § 327b ist der Wert der Optionen als negativer Sonderwert als Verwässerungseffekt[131] zu berücksichtigen.

IX. Bilanzierung. 1. Wandel-/Optionsanleihen. Wandel- und Optionsanleihen sind bilanziell zunächst Fremdkapital, das sich später in Eigenkapital wandeln kann. Dabei ist zu differenzieren zwischen dem Anleiheteil sowie dem Wandlungs- bzw Bezugsrecht. Die zurückzuzahlende Summe aus der Anleihe ist als Fremdkapital auszuweisen, während in Höhe des für das Wandlungs- bzw Bezugsrecht erhaltenen Betrags („Optionsprämie") gemäß § 272 Abs. 2 Nr. 2 HGB eine Kapitalrücklage zu bilden ist. Auf der Aktivseite wird dies durch einen Rechnungsabgrenzungsposten ausgeglichen, der über die Laufzeit der Anleihe abzuschreiben ist.[132] 64

Auch der bilanzierende Anleger von Wandel- oder Optionsanleihen, muss zwischen Anleihe- und Optionsteil differenzieren. Der Rückzahlungsanspruch ist zu aktivieren, ebenso wie das Wandlungs- bzw Bezugsrecht. Hier ist eine Bewertung des Optionsrechts vorzunehmen. In der Höhe des Werts des Wandlungs- bzw Bezugsrechts ist bei der üblichen Unterverzinsung ein passiver Rechnungsabgrenzungsposten auszuweisen, der bis zum Auslaufen der Anleihe aufzulösen ist.[133]

2. Gewinnschuldverschreibungen. Gewinnschuldverschreibungen sind in der Regel als Fremdkapital zum Rückzahlungsbetrag als Verbindlichkeit auszuweisen. Der Zinsanteil ist im Moment der Entstehung als Betriebsausgaben zu passivieren.[134] Auf Seiten des Anlegers handelt es sich bei den Einnahmen um Einkünfte aus Kapitalvermögen gemäß § 20 EStG. 65

3. Genussrechte. Bei Genussrechten ist zu differenzieren.[135] Die Bilanzierung als Eigenkapital ist möglich, soweit das Genussrecht nachrangig und erfolgsabhängig ausgestaltet ist, am Verlust bis zur vollen Höhe teilnimmt und langfristig gewährt wird. Ist eines dieser Kriterien nicht erfüllt, ist das Genussrecht als Fremdkapital zu qualifizieren. Ist die Rückzahlung eines als Eigenkapital ausgewiesenen Genussrechts innerhalb des dem Stichtag folgenden Geschäftsjahres möglich, ist eine Umqualifizierung des Genussrechts in Fremdkapital vorzunehmen. 66

Die von der Höhe der Dividendenzahlungen an die Aktionäre abhängigen jährlichen Erträge aus Genussrechten, die lediglich eine Beteiligung am Gewinn, nicht aber am Liquidationserlös vermitteln, führen zu Bezügen nach § 20 I Nr. 7 EStG. Allein eine sog. Nachrangvereinbarung, die eine Rückzahlung des Genussrechtskapitals erst nach Befriedigung der übrigen Gesellschaftsgläubiger vorsieht, begründet keine Steuerpflicht nach § 20 Abs. 1 Nr. 1 EStG. Ein von Namensgewinnscheinen gezahlter Abfindungsbetrag führt zu Einnahmen aus Kapitalvermögen nach § 20 Abs. 1 Nr. 7 iVm § 20 Abs. 2 1 Nr. 1 EStG, wenn mit der Abfindung keine Teilhabe an der Wertentwicklung des Unternehmens vergütet wird, sondern ein zusätzliches Entgelt für die Überlassung des Kapitals gewährt wird.[136]

X. Insolvenz. Bei Sanierungsmaßnahmen und Insolvenz der Gesellschaft ist das **Schuldverschreibungsgesetz (SchVG)** von Bedeutung.[137] Der Anwendungsbereich dieses Gesetzes betrifft auch die Schuldverschreibungen des § 221, allerdings nur, soweit es um die Anleihe geht, nicht jedoch um die damit verbundenen Umtausch- oder Bezugsrechte.[138] Noch nicht geklärt ist die Anwendung des SchVG auf Genussrechte. Die Rechtsprechung[139] lehnte dies gegen die überwiegende Meinung im Schrifttum[140] zum SchVG 1899 ab. Unter dem SchVG 2009 ist jedoch von einer Einbeziehung von Genussscheinen auszugehen. Zwar hat der Gesetzgeber bei der Neufassung des SchVG 2009 trotz der bekannten Kontroverse hier keine ausdrückliche Regelung über die Einbeziehung getroffen, doch ergibt sich aus der in § 1 SchVG gewählten Bezugnahme 67

---

130 Spindler/Stilz/*Seiler*, Rn 163; *Schlitt/Seiler/Singhof*, AG 2003, 254, 268; dies gilt jedoch nur, wenn nicht im Einzelnen bekannt ist, wer Anleihegläubiger ist. Ist zB der den Ausschluss betreibende Hauptaktionär auch Anleihegläubiger, ist vielmehr zu prüfen, inwieweit es für diesen wirtschaftlich sinnvoll wäre, die Option oder das Wandlungsrecht auszuüben, was zu verneinen sein dürfte, da sich seine Rechtsposition durch weitere Aktien idR nicht mehr verbessern dürfe, soweit er weiterhin die 95 %-Schwelle überschreitet.
131 Soweit nicht die Ermittlung der Abfindung aufgrund des Börsenkurses erfolgt. Hier ist davon auszugehen, dass der Börsenkurs sich das Bestehen derartiger Optionsrechte bereits mindernd ausgewirkt hat. Bei einer Ertragswertbewertung des die Wandelanleihe begebenden Unternehmens ist ggf die Zinslast bis zum vertragsmäßigen Ende der Anleihe zu berücksichtigen.
132 Vgl zum Gesamtkomplex *A/D/S*, § 266 Rn 218 ff; *Hüffer*, Rn 77.
133 Hölters/*Haberstock/Greitemann*, Rn 116 mwN.
134 Hölters/*Haberstock/Greitemann*, Rn 122.
135 Vgl hierzu ausführlich *A/D/S*, § 266 HGB Rn 190 ff; *Kozikowski/Schubert* in: Bilanzkommentar, § 247 Rn 227 ff; *Hüffer*, Rn 79; MüKo-AktG/*Habersack*, Rn 350 ff.
136 FG Baden-Württemberg, EFG 2012, 616.
137 Zu dessen Voraussetzungen siehe die Kommentierung zu § 1 SchVG Rn 2 ff.
138 GroßKomm-AktienR/*Hirte*, Rn 204; MüKo-AktG/*Habersack*, Rn 251; aA *Lutter/Drygala*, FS Clausen. S. 261, 268.
139 BGHZ 119, 305 = NJW 1993, 57; OLG Frankfurt ZIP 2006, 1388; LG Frankfurt/M. WM 2006, 1340.
140 GroßKomm-AktienR/*Hirte*, Rn 424 ff; MüKo-AktG/*Habersack*, Rn 252; jew mwN.

auf Schuldverschreibungen im Sinne von § 793 BGB,[141] dh Schuldverschreibungen jeder Rechtsform, dass nunmehr auch Genussscheine vom Anwendungsbereich des SchVG erfasst sind.[142]

Bei einer **vorinsolvenzlichen Sanierung** sind daher die Möglichkeiten der §§ 5 ff. SchVG ggf eröffnet.[143]

68 In der Insolvenz der emittierenden Gesellschaft gehören die Gläubiger vom Wandel- und Optionsanleihen sowie von Genussscheinen[144] zu den Insolvenzgläubigern des § 38 InsO. Erst mit der Ausübung des Wandelrechts, welches auch noch nach Insolvenzeröffnung möglich ist,[145] verlieren die Gläubiger von Wandelanleihen ihre Gläubigerstellung, während bei Optionsanleihen die Gläubigerstellung aufgrund der daneben bestehend bleibenden Anleihe durch die Ausübung des Optionsrechts nicht berührt wird. Bei Nichtbedienung des Wandel- oder Optionsrechts kann der Gläubiger eine Forderung wegen Nichterfüllung als Insolvenzforderung anmelden.[146]

69 Bei einer Insolvenzeröffnung ist weiter die Regelung des § 19 SchVG zu beachten, der die Teilnahme von Gläubigerkollektiven einzelner Anleiheserien und die Konzentration der Vertretung und Abstimmung gegenüber dem Insolvenzverwalter durch die Bestellung eines gemeinsamen Vertreters ermöglicht,[147] soweit nicht bereits die Anleihebedingungen hierzu Regelungen enthalten.

Dritter Abschnitt
Maßnahmen der Kapitalherabsetzung

Erster Unterabschnitt
Ordentliche Kapitalherabsetzung

Vor §§ 222 ff

Literatur:
Becker, Der Ausschluß aus der Aktiengesellschaft, ZGR 1986, 383; *Bork*, Mitgliedschaftsrechte unbekannter Aktionäre während des Zusammenlegungsverfahrens nach § 226 AktG, in: FS Claussen, 1997, S. 49; *Boujong*, Rechtsmißbräuchliche Aktionärsklagen vor dem BGH, in: FS Kellermann, 1991, S. 1; *Eichholz/Nelgen*, Asset Backed Securities – ein Finanzierungsinstrument auch für den deutschen Markt?, DB 1992, 793; *Emde*, Die Auswirkungen von Veränderungen des Unternehmenskapitals auf Bestand und Inhalt von Genußrechten, DB 1989, 209; *Fabis*, Vereinfachte Kapitalherabsetzung bei AG und GmbH, MittRhNotK 1999, 169; *von Godin*, Erfolgte Kapitalherabsetzung, ZHR 100 (1934), 221; *Gotthardt*, Sicherheitsleistungen für Forderungen pensionsberechtigter Arbeitnehmer bei Kapitalherabsetzung, BB 1990, 2419; *Grunewald*, Der Ausschluß aus Gesellschaft und Verein, 1987; *Heinzmann*, Die Neuordnung der Kapitalverhältnisse bei Sanierung der GmbH, BWNotZ 1994, 120; *Henze*, Erfordernis der wertgleichen Deckung bei Kapitalerhöhung mit Bareinlage, BB 2002, 955; *Hirte*, Bezugsrechtsausschluß und Konzernbildung, 1986; *ders.*, Genüsse zum Versüßen vereinfachter Kapitalherabsetzungen, in: FS Claussen, 1997, S. 115; *ders.*, Genußschein und Kapitalherabsetzung, ZIP 1991, 1461; *Ihring/Wagner*, Die Reform geht weiter: Das Transparenz- und Publizitätsgesetz kommt, BB 2002, 789; *Jaeger*, Sicherheitsleistung für Ansprüche aus Dauerschuldverhältnissen bei Kapitalherabsetzung, Verschmelzung und Beendigung eines Unternehmensvertrages, DB 1996, 1069; *Kornblum/Kleinle/Baumann/Steffan*, Neue Rechtstatsachen zum Unternehmens- und Gesellschaftsrecht, GmbHR 1985, 42; *Krieger*, Sicherheitsleistung für Versorgungsrechte, in: FS Nirk, 1992, S. 551; *Lutter*, Zur Vorbereitung und Durchführung von Grundlagenbeschlüssen in Aktiengesellschaften, in: FS Fleck, 1988, S. 169; *ders.*, Das überholte Thesaurierungsgebot bei Eintragung einer Kapitalgesellschaft im Handelsregister, NJW 1989, 2649; *ders.*, Zur inhaltlichen Begründung von Mehrheitsentscheidungen, ZGR 1981, 171; *Lutter/Hommelhoff/Timm*, Finanzierungsmaßnahmen zur Krisenabwehr in der Aktiengesellschaft, BB 1980, 737; *Martens*, Der Ausschluß des Bezugsrechts: BGHZ 33, 175 ff, in: FS Fischer 1979, S. 437; *Meilicke*, Wandelschuldverschreibungen bei Kapitalherabsetzungen, DB 1963, 500; *Rheinisch*, Der Ausschluß von Aktionären aus der Aktiengesellschaft, 1992; *Risse*, Rückwirkung der Kapitalherabsetzung einer Aktiengesellschaft, BB 1968, 1012; *Rittner*, Die Sicherheitsleistung bei der ordentlichen Kapitalherabsetzung, in: FS Oppenhoff 1985, S. 317; *Schmidt, Karsten*, Die Umwandlung einer GmbH in eine AG zu Kapitaländerungszwecken, AG 1985, 150; *Schwarcz*, Die Alchemie der Asset Securitization, DB 1997, 1289; *Seibert*, Transparenz- und Publizitätsgesetz, ZIP 2001, 2192; *Tacke*, Asset Backed Securities – Refinanzierungsmöglichkeiten für deutsche Leasinggesellschaften?, DB-Spezial 1997, 8; *Terbrack*, Die Insolvenz der eingetragenen Genossenschaft, 1999; *ders.*, Insolvenzpläne betreffend eingetragene Genossenschaften, ZInsO 2001, 1027; *ders.*, Kommanditistenwechsel und Sonderrechtsnachfolgevermerk, Rpfleger 2003, 105; *ders.*, Kapitalherabsetzende Maßnahmen bei Aktiengesellschaften, RNotZ 2003, 89; *ders.*, Kapitalherabsetzung ohne Herabsetzung des Grundkapitals? – Zur Wiedereinführung der Amortisation im Aktienrecht, DNotZ 2003, 734; *Tielmann*, Die Einziehung von Stückaktien ohne Kapitalherabsetzung, DStR 2003, 1796; *Timm*, Die AG als Konzernspitze, 1980; *Vollmer*, Der Genußschein – ein Instrument für mittelständische Un-

---

141 Sie hierzu hinten die Kommentierung zu § 1 SchVG Rn 1.
142 LG Frankfurt/M., Urt. v. 3.12.2013 – 2-22 O 14/13; so auch *Lorenz/Pospiech*, DB 2009, 2419; *Hartwig/Jacob* in: Frankfurter Kommentar SchVG, § 1 Rn 29 mwN.
143 Wegen Einzelheiten wird auf die Kommentierung zu § 5 ff. SchVG verwiesen.
144 In der Praxis sehen aber die Genussscheinbedingungen häufig vor, dass die Forderung in der Insolvenz erst nachrangig bedient werden, vgl auch § 10 Abs. 5 KWG und § 39 Abs. 2 InsO.
145 OLG Stuttgart AG 1995, 329; GroßKomm-AktienR/*Hirte*, Rn 206.
146 GroßKomm-AktienR/*Hirte*, Rn 206.
147 Wegen Einzelheiten wird auf die Kommentierung zu § 19 SchVG Rn 2 ff verwiesen.

ternehmen zur Eigenkapitalbeschaffung an der Börse, ZGR 1983, 445; *Vollmer/Lorch*, Der Schutz des aktienähnlichen Genußkapitals bei Kapitalveränderung, ZBB 1992, 44; *Werner*, Die Beschlußfassung von stimmrechtslosen Vorzugsaktien, AG 1971, 69; *Wiedemann*, Rechtsethische Maßstäbe im Unternehmens- und Gesellschaftsrecht, ZGR 1980, 147; *Wiedemann/Küpper*, Die Rechte des Pensions-Sicherungs–Vereins als Träger der Insolvenzsicherung vor einem Konkursverfahren und bei einer Kapitalherabsetzung, in: FS Pleyer, 1986, S. 445; *Wieneke/Förl*, Die Einziehung eigener Aktien nach § 237 Abs. 3 Nr 3 AktG – Eine Lockerung des Grundsatzes der Vermögensbindung?, AG 2005, 189; *Wiese*, Zur Sanierung durch Einziehung von Aktien, SozPr 1940, 502; *Winter*, Übersicht über die Ergebnisse der Umfrage zur rechtstatsächlichen Struktur der GmbH, GmbHR 1969, 119; *Wirth*, Vereinfachte Kapitalherabsetzung zur Unternehmenssanierung, DB 1996, 867; *Zöllner/Winter*, Folgen der Nichtigerklärung durchgeführter Kapitalerhöhungsbeschlüsse, ZHR 158, 56.

A. Grundlagen

Das AktG regelt die Maßnahmen der Kapitalherabsetzung **abschließend** in den §§ 222 bis 240. Trotz der vergleichsweise umfangreichen Bestimmungen enthält das Gesetz keine Definition des Begriffes der Kapitalherabsetzung. In der Literatur wird zwischen der **effektiven** und der **nominellen** Kapitalherabsetzung unterschieden.[1] Zielt die effektive Kapitalherabsetzung darauf ab, Betriebskapital der Gesellschaft, das nicht mehr benötigt wird, **freizusetzen**, um es etwa an die Aktionäre auszuschütten, wird mittels der nominellen Kapitalherabsetzung eine rein **bilanzielle Angleichung** an das durch Verluste geschrumpfte tatsächliche Vermögen vorgenommen.

In beiden Fällen wird die als Passiva in der Bilanz zu buchende (§ 266 Abs. 3 A HGB) **Grundkapitalziffer** (§ 6) der Gesellschaft vermindert. Hierdurch wird auf der **Aktivseite** der Bilanz Vermögen freigesetzt, das als **Buchertrag** in der Gewinn- und Verlustrechnung für das im Zeitpunkt der Kapitalherabsetzung laufende Geschäftsjahr einzustellen ist (§ 240).

Dieser Ertrag kann zum einen als Gewinn **ausgeschüttet** werden. Ist das Vermögen auf der Aktivseite durch Verluste geschrumpft, so kann er zum anderen auch zur **Angleichung** der (durch die Verluste geschrumpften) **Aktiva** an die (durch Kapitalherabsetzung verminderten) **Passiva** verwendet werden. Diese Verfahrensweise dient der Vermeidung einer **bilanziellen Überschuldung** und ist oftmals Voraussetzung für eine Sanierung der Gesellschaft durch anschließende Kapitalerhöhung, sogenannter **Kapitalschnitt** (vgl dazu nachfolgend Rn 13 ff).

B. Erscheinungsformen der Kapitalherabsetzung

Das Gesetz kennt **drei** Formen der Kapitalherabsetzung, nämlich die **ordentliche Kapitalherabsetzung** (§§ 222 bis 228), die **vereinfachte Kapitalherabsetzung** (§§ 229 bis 236) und die **Kapitalherabsetzung durch Einziehung von Aktien** (§§ 237 bis 239).

Während mit der ordentlichen Kapitalherabsetzung **jeder Zweck** verfolgt werden kann, also etwa **Einstellung in die Gewinnrücklage, Rückgabe von Sacheinlagen, Ausschüttung an die Aktionäre** oder auch **Sanierung**, ist die vereinfachte Kapitalherabsetzung allein zum Zwecke der Sanierung möglich.

Die Tatsache, dass der Gesetzgeber neben der ordentlichen noch eine vereinfachte Kapitalherabsetzung zum Zwecke der Sanierung geregelt hat, zeigt, dass die ordentliche Kapitalherabsetzung zu Sanierungszwecken – ungeachtet der rechtlichen Möglichkeit hierzu – faktisch ungeeignet ist. Maßgeblicher Grund hierfür sind die zu beachtenden Gläubiger- und Aktionärsschutzbestimmungen (vgl dazu nachfolgend unter Rn 8 f).

Die Kapitalherabsetzung durch Einziehung von Aktien ist ein Instrument zur **Gestaltung der Gesellschafterstruktur**, denn sie zielt auf die Vernichtung von Mitgliedschaftsrechten aus bestimmten Aktien ab (§ 238 S. 3).

C. Gläubiger- und Aktionärsschutzbestimmungen

Eine Kapitalherabsetzung führt zur **Verringerung der Haftungsgrundlage** der Gesellschaft durch Herabsetzung der Grundkapitalziffer. In Höhe des Herabsetzungsbetrages wird Vermögen von den strengen Kapitalerhaltungsvorschriften des AktG befreit (§§ 57, 62, 71 ff). Deshalb gewährleistet das Gesetz in den §§ 225, 230, 233, 237 Abs. 2 den Schutz der Gläubiger der Gesellschaft. So haben bei der ordentlichen Kapitalherabsetzung, die zur Freisetzung vorhandenen Vermögens dient, die Gläubiger der Gesellschaft Anspruch auf **Sicherheitsleistung** (§ 225). Im Sanierungsfall hingegen wird bei Durchführung einer vereinfachten Kapitalherabsetzung kein effektiv vorhandenes Vermögen frei, sondern es erfolgt allein eine bilanzielle Ausgleichung. Insofern ist auch eine Sicherheitsleistung – die regelmäßig wegen fehlendem Vermögen der

---

1 Vgl *K. Schmidt*, GesR, § 29 III; *Kübler*, § 16 V 1; *Krafka/WillerKühn*, Rn 456.

Gesellschaft ohnehin nicht möglich sein würde – nicht erforderlich. Hier ist betreffend die Gläubigerinteressen allein sicherzustellen, dass der Sanierungsfall nicht konstruiert wurde (§ 229 Abs. 2).

9 Neben den Gläubigerinteressen betrifft jede Kapitalherabsetzung auch die Interessen der Aktionäre. Ihre Mitgliedschaftsrechte werden unmittelbar berührt, da die Summe der geringsten Ausgabebeträge aller Aktien (§ 9 Abs. 1) der Grundkapitalziffer entsprechen muss (§ 1 Abs. 2).[2]

D. Kapitalherabsetzung und Änderung der Satzung

10 Eine Kapitalherabsetzung zielt wegen § 23 Abs. 3 Nrn. 3, 4 immer zugleich auch auf eine Änderung der Satzung ab, so dass die §§ 179 bis 181 neben den §§ 222 ff subsidiär Anwendung finden.

11 Ist die Kapitalherabsetzung wirksam geworden (§§ 224, 229 Abs. 3, 238), ist der Satzungstext betreffend Grundkapitalziffer, Anzahl bzw Nennwert der Aktien etc. unrichtig geworden. Er ist durch eine **formelle Satzungsänderung** zu berichtigen.[3] Diese Satzungsänderung, die sich allein nach den §§ 179 bis 181 richtet, ist von dem Kapitalherabsetzungsbeschluss zu unterscheiden.[4]

12 Die Satzungsänderung kann, da sie nur die Fassung betrifft, gem. § 179 Abs. 1 S. 2 vom Aufsichtsrat beschlossen werden, wenn die Hauptversammlung hierzu die entsprechende Befugnis erteilt hat.[5]

E. Kapitalherabsetzung und verbundene Kapitalmaßnahmen

13 Die Kapitalherabsetzung kann auch mit einer sofortigen (Wieder-) Erhöhung des reduzierten Grundkapitals verbunden werden, sog. **Kapitalschnitt**.

14 Dieses Verfahren wird oftmals in Sanierungsfällen aus folgendem Grunde gewählt: Gemäß § 9 Abs. 1 dürfen Aktien nicht unter ihrem geringsten Ausgabebetrag ausgegeben werden, sogenanntes Verbot der **Unterpariemission**. Bei Vorliegen einer Unterbilanz ist aber der geringste Ausgabebetrag der Aktien nicht durch entsprechendes Vermögen der Gesellschaft gedeckt, so dass den wegen des Verbotes der Unterpariemission zum geringsten Ausgabebetrag zu übernehmenden Aktien keine entsprechenden Werte gegenüberstehen und die Aktien folglich überbezahlt wären. Um in einem solchen Fall dennoch Investoren zu finden, wird zunächst eine (vereinfachte) Kapitalherabsetzung durchgeführt, in deren Anschluss dann unmittelbar neues Eigenkapital durch eine Kapitalerhöhung zugeführt werden kann.

15 Für die Verknüpfung dieser beiden Kapitalmaßnahmen gelten die jeweiligen Kapitalherabsetzungs- (§§ 222 ff) und Kapitalerhöhungsvorschriften (§§ 182 ff) nebst den Sondervorschriften der §§ 228, 235.

16 Bei einer Sanierung durch einen Großinvestor kann es auch vorkommen, dass dieser die „Überzahlung" der Aktien zum Nennbetrag zwecks Vermeidung der Kapitalherabsetzung in Kauf nimmt und sofort eine Kapitalerhöhung durchführt.

17 Zudem ist es möglich, eine Kapitalherabsetzung zu beschließen, bei der die Aktionäre durch **freiwillige Zuzahlung** eine Herabsetzung des Nennwertes oder eine Zusammenlegung ihrer Aktien abwenden können (zu Einzelheiten vgl § 222 Rn 23 f). Voraussetzung ist dabei allerdings, dass zum einen der Grundsatz der **Gleichbehandlung** aller Aktionäre beachtet wird und zum anderen **kein wirtschaftlicher Zwang zur Zuzahlung** entsteht. Letzteres ist dann der Fall, wenn die Höhe der Zuzahlung nicht den durch sie erworbenen Vorteilen entspricht.[6]

F. Kapitalherabsetzung in Liquidation und Insolvenz

18 Bei der in **Liquidation** befindlichen Gesellschaft ist eine Kapitalherabsetzung möglich, § 264 Abs. 3. Allerdings ist neben der Beachtung des Gläubigerschutzes nach den Vorschriften über die Kapitalherabsetzung die zusätzliche Beachtung des **Gläubigerschutzes gem. § 272** notwendig.[7]

---

2 *Hüffer*, § 222 Rn 3.
3 *Hüffer*, § 222 Rn 6.
4 KölnKomm-AktG/*Lutter*, § 222 Rn 19; *Hüffer*, § 222 Rn 6; *Nirk*, Hb AG, Rn 1499; abweichend: MüHb-AG/*Krieger*, § 60 Rn 24, der von einer automatischen Anpassung der Satzungsbestimmung über das Grundkapital ausgeht; in diesem Sinne auch die hM zum GmbH-Recht, vgl OLG Düsseldorf GmbHR 1968, 223; Hachenburg/*Ulmer*, GmbHG, § 58 Rn 34; Scholz/*Priester*, GmbHG, § 58 Rn 32.
5 KölnKomm-AktG/*Lutter*, § 222 Rn 19; Müko-AktG/*Oechsler*, § 222 Rn 10; *Hüffer*, § 222 Rn 6.
6 RGZ 80, 81, 85 f; Großkomm-AktienR/*Schilling*, § 222 Rn 20; *Hüffer*, § 222 Rn 5; MüHb-AG/*Krieger*, § 60 Rn 10; Bedenken bei KölnKomm-AktG/*Lutter*, § 222 Rn 33.
7 OLG Frankfurt OLGZ 1974, 129 = NJW 1974, 463; Müko-AktG/*Oechsler* § 229 Rn 30; *Hüffer*, § 222 Rn 24; MüHb-AG/*Krieger*, § 60 Rn 13.

Zulässig ist auch eine Kapitalherabsetzung im Falle der **Insolvenz** und zwar selbst dann, wenn allein zum Zwecke der Buchsanierung eine vereinfachte Kapitalherabsetzung durchgeführt wird.[8] Einschränkungen[9] diesbezüglich sind überflüssig, da die Interessen der Gläubiger der Gesellschaft nicht durch die Kapitalherabsetzung, sondern vielmehr durch die bereits eingetretenen Verluste gefährdet werden.

G. Kapitalherabsetzung und Euroumstellung

Zu den Besonderheiten bei einer Kapitalherabsetzung, die zwecks Umstellung des Grundkapitals auf Euro vorgenommen wird, vgl die Ausführungen bei §§ 1 bis 4 EGAktG.

Anhang zu vor § 222 Ordentliche Kapitalherabsetzung

1. Auszug aus der Niederschrift über die Hauptversammlung

▶ **Zu TOP 7 – Ordentliche Herabsetzung des Grundkapitals**

Der Vorsitzende stellte TOP 7 a) zur Abstimmung:

> „Das in 5.000.000 Stückaktien eingeteilte Grundkapital der Gesellschaft wird von 10.000.000 EUR um 5.000.000 EUR auf 5.000.000 EUR im Wege einer ordentlichen Kapitalherabsetzung zwecks Rückzahlung eines Teils des Grundkapitals an die Aktionäre herabgesetzt.
> Die ausgegebenen Aktienurkunden bleiben gültig und verkörpern den entsprechend herabgesetzten Anteil am Grundkapital (statt bislang 2 EUR je Aktien nunmehr 1 EUR je Aktie)."

Die Abstimmung ergab, dass die vorstehende Kapitalerhöhung einstimmig beschlossen wurde.

Der Vorsitzende gab das Ergebnis bekannt.

Der Vorsitzende stellte sodann TOP 7 b) zur Abstimmung:

> „§ 4 Abs. 1 der Satzung wird wie folgt neu gefasst:
> 1. Das Grundkapital der Gesellschaft beträgt 5.000.000 EUR und ist eingeteilt in 5.000.000 Stückaktien."

Die Abstimmung ergab, dass die vorstehende Änderung der Satzung einstimmig beschlossen wurde.

Der Vorsitzende gab das Ergebnis bekannt. ◀

2. Anmeldung des Kapitalherabsetzungsbeschlusses

▶ An das

Amtsgericht

– Handelsregister –

In der Registersache

telematec Aktiengesellschaft mit dem Sitz in Köln,

HRB 14899,

überreichen wir als alleiniges Mitglied des Vorstands und als Vorsitzender des Aufsichtsrats:
- Ausfertigung der notariellen Niederschrift über die Hauptversammlung der Gesellschaft vom 21.5.2002 – URNr. 1368/2002 – des beglaubigenden Notars;
- vollständiger Wortlaut der geänderten Satzung mit der Bescheinigung des Notars gem. § 181 Abs. 1 AktG.

Wir melden zur Eintragung in das Handelsregister an:
- Die Hauptversammlung vom 21.5.2002 hat beschlossen, das Grundkapital der Gesellschaft im Wege einer ordentlichen Kapitalherabsetzung von 10.000.000 EUR um 5.000.000 EUR auf 5.000.000 EUR herabzusetzen. Die Kapitalherabsetzung ist durchgeführt.
- § 4 Abs. 1 der Satzung (Höhe und Einteilung des Grundkapitals) ist entsprechend geändert.

...

---

[8] BGH NJW 1998, 2054 = AG 1998, 284 = NZG 1998, 422 = WM 1998, 813 = ZIP 1998, 692; Müko-AktG/*Oechsler* § 229 Rn 31; *Hüffer* § 222 Rn 24; MüHb-AG/*Krieger*, § 60 Rn 13; abweichend: KölnKomm-AktG/*Lutter*, § 222 Rn 53.

[9] Vgl Großkomm-AktienR/*Wiedemann*, § 179 Rn 1; *Baumbach/Hueck*, AktG, vor § 179 Rn 2; KölnKomm-AktG/*Lutter*, § 222 Rn 53.

Der Vorstand

...

Der Vorsitzende des Aufsichtsrats

(Beglaubigungsvermerk des Notars) ◀

§ 222 Voraussetzungen

(1) ¹Eine Herabsetzung des Grundkapitals kann nur mit einer Mehrheit beschlossen werden, die mindestens drei Viertel des bei der Beschlußfassung vertretenen Grundkapitals umfaßt. ²Die Satzung kann eine größere Kapitalmehrheit und weitere Erfordernisse bestimmen.

(2) ¹Sind mehrere Gattungen von stimmberechtigten Aktien vorhanden, so bedarf der Beschluß der Hauptversammlung zu seiner Wirksamkeit der Zustimmung der Aktionäre jeder Gattung. ²Über die Zustimmung haben die Aktionäre jeder Gattung einen Sonderbeschluß zu fassen. ³Für diesen gilt Absatz 1.

(3) In dem Beschluß ist festzusetzen, zu welchem Zweck die Herabsetzung stattfindet, namentlich ob Teile des Grundkapitals zurückgezahlt werden sollen.

(4) ¹Die Herabsetzung des Grundkapitals erfordert bei Gesellschaften mit Nennbetragsaktien die Herabsetzung des Nennbetrags der Aktien. ²Soweit der auf die einzelne Aktie entfallende anteilige Betrag des herabgesetzten Grundkapitals den Mindestbetrag nach § 8 Abs. 2 Satz 1 oder Abs. 3 Satz 3 unterschreiten würde, erfolgt die Herabsetzung durch Zusammenlegung der Aktien. ³Der Beschluß muß die Art der Herabsetzung angeben.

A. Grundlagen 1	2. Freiwillige Zuzahlungen der Aktionäre 23
B. Praktische Bedeutung der ordentlichen Kapitalherabsetzung 5	3. Zweck und Art der Herabsetzung 25
C. Ablauf der ordentlichen Kapitalherabsetzung 8	4. Beachtung des Grundsatzes der Gleichbehandlung 27
D. Kapitalherabsetzungsbeschluss (Abs. 1) 9	V. Sachliche Rechtfertigung 29
I. Zuständigkeit 9	VI. Aufhebung und Änderung 32
II. Verfahren 10	VII. Beschlussmängel 36
1. Grundlagen 10	E. Sonderbeschluss (Abs. 2) 40
2. Mehrheitserfordernisse 11	F. Zweck der Kapitalherabsetzung (Abs. 3) 47
a) Allgemeine Erhöhungen der Mehrheitserfordernisse 12	G. Durchführung der Kapitalherabsetzung (Abs. 4) .. 50
b) Spezielle Erhöhungen der Mehrheitserfordernisse 13	I. Grundlagen 50
c) Besonderheiten bei Sachleistungen 15	II. Stückaktien 52
3. Weitere Erfordernisse 17	III. Nennbetragsaktien 54
III. Form 18	IV. Zusammenlegung 56
IV. Inhalt 19	V. Einziehung 58
1. Herabsetzungsbetrag 19	

A. Grundlagen

1 § 222 statuiert die grundlegenden Erfordernisse einer ordentlichen Kapitalherabsetzung. Diese sind ein entsprechender Beschluss der Hauptversammlung, der den in Abs. 1 bis 3 genannten Mehrheits-, Zustimmungs- und Inhaltserfordernissen entspricht sowie ggfs. die Anpassung von vorhandenen Nennbetragsaktien an das verminderte Grundkapital. Zudem sind die Mindestkapitalbeträge für Nennbetrags- (§ 8 Abs. 2 S. 1) und Stückaktien (§ 8 Abs. 3 S. 3) einzuhalten (§ 222 Abs. 4).

2 Die Vorschrift gewährleistet in erster Linie den **Schutz der Aktionäre**, was insbesondere durch die Anordnung des Vorrangs der Herabsetzung des Nennbetrages vor der Zusammenlegung von Aktien in § 222 Abs. 4 deutlich wird. Letzterer Eingriff in die Mitgliedschaftsrechte ist intensiver und daher nur subsidiär zulässig (vgl dazu nachfolgend Rn 56).

3 Die Regelung des § 222 findet gem. § 237 Abs. 2 S. 1 auch bei der Kapitalherabsetzung durch Einziehung von Aktien Anwendung. Teilweise ist § 222 auch bei der vereinfachten Kapitalherabsetzung zu beachten, vgl § 229 Abs. 3.

Geändert wurde § 222 zuletzt durch das Gesetz für kleine Aktiengesellschaften und zur Deregulierung des 4
Aktienrechts vom 2.8.1994[1] und durch das Gesetz über die Zulassung von Stückaktien vom 25.3.1998.[2]

B. Praktische Bedeutung der ordentlichen Kapitalherabsetzung

Ordentliche Kapitalherabsetzungen sind bislang in der Praxis eher selten.[3] Sie werden etwa in solchen Fäl- 5
len vorgenommen, in denen das Geschäftsvolumen der Gesellschaft nachhaltig und dauerhaft zurückgegangen ist. Hier eröffnet eine effektive Herabsetzung des Grundkapitals die Möglichkeit, eine Gewinnausschüttung an die Aktionäre vorzunehmen und zwar vor allem vor dem Hintergrund des geringeren Bedarfs an Eigenmittel der Gesellschaft, der Teile des Haftkapitals überflüssig werden lässt.[4] Auch die Sicherung einer kontinuierlichen Dividendenpolitik lässt sich durch eine Erhöhung der freien Rücklagen zulasten des Grundkapitals erreichen.[5]

Daneben kann eine ordentliche Kapitalherabsetzung zu vom Umwandlungsgesetz nicht erfassten Realtei- 6
lungen von Gesellschaft verwendet werden, indem der Herabsetzungsertrag zur Ausstattung neu gegründeter (Tochter-) Gesellschaften genutzt wird. Den Aktionären der das Kapital herabsetzenden Gesellschaft werden als Ertrag der Herabsetzung Aktien an den auf diese Weise neu geschaffenen Gesellschaften angeboten (zu den Mehrheitserfordernissen eines solchen Beschlusses vgl Rn 27 f).

Möglicherweise wird in Zukunft die ordentliche Kapitalherabsetzung größere praktische Bedeutung im Zu- 7
sammenhang mit neuen Fremdfinanzierungkonzepten erlangen. Der wirtschaftliche Ausgangspunkt ist hier ein ähnlicher wie beim Immobilienleasing: Je weniger Verbindlichkeiten eine Gesellschaft hat, desto höher ist ihre Kreditwürdigkeit und damit die Möglichkeit, eine Fremdfinanzierung zu günstigen Konditionen zu erlangen. Vor diesem Hintergrund wird mit den Erträgen einer ordentliche Kapitalherabsetzung bei der Ursprungsgesellschaft eine neue Zweckgesellschaft ausgestattet, die bilanziell praktisch nur Vermögen und keinerlei Verbindlichkeiten aufzuweisen hat.[6] An diese Zweckgesellschaft werden Vermögenswerte in der Form von Forderungen[7] der Ursprungsgesellschaft verkauft. Die neue Zweckgesellschaft gibt danach Schuldverschreibungen aus, die sie aus den Erträgen der Forderungen bedient. Sie kann nun die zu günstigen Konditionen erlangten Fremdmittel an die Ursprungsgesellschaft weiterreichen, sogenannte asset-backed securization.[8]

C. Ablauf der ordentlichen Kapitalherabsetzung

Die Herabsetzung des Grundkapitals mittels ordentlicher Kapitalherabsetzung wird durch folgenden Ver- 8
fahrensablauf erreicht:

1. Die Hauptversammlung beschließt die Herabsetzung des Grundkapitals (§ 222). Dabei sind auch ggfs. notwendige Sonderbeschlüsse zu fassen (§ 222 Abs. 2).
2. Dieser Beschluss ist vom Vorstand und dem Vorsitzenden des Aufsichtsrates zum Handelsregister anzumelden (§ 223).
3. Nach (beanstandungsfreier) Prüfung durch das Registergericht wird der Herabsetzungsbeschluss in das Handelsregister eingetragen; damit ist das Grundkapital wirksam herabgesetzt (§ 224). Das Registergericht macht die Eintragung bekannt, wobei ein Hinweis auf die Rechte der Gläubiger der Gesellschaft betreffend Sicherheitsleistungen erfolgen muss (§ 225 Abs. 1 S. 2).
4. Eventuelle Durchführungsmaßnahmen der Kapitalherabsetzung sind vom Vorstand vorzunehmen. Die erfolgte Durchführung ist ebenfalls zum Handelsregister anzumelden (§ 227), wobei eine Verbindung der Anmeldung des Herabsetzungsbeschlusses mit der Anmeldung der vollzogenen Durchführungsmaßnahmen möglich ist (§ 227 Abs. 2).

---

1 BGBl. I S. 1961.
2 BGBl. I S. 590.
3 Zahlenmaterial bei KölnKomm-AktG/*Lutter*, vor § 222 Rn 12, sowie MüKo-AktG/*Oechsler*, vor § 222, Rn 11.
4 KölnKomm-AktG/*Lutter*, vor § 222 Rn 5 ff; MüKo-AktG/ *Oechsler*, Rn 2 ff; *Nirk*, Hb AG, Rn 1498.
5 KölnKomm-AktG/*Lutter*, vor § 222 Rn 6.
6 Die Ausstattung der Zweckgesellschaft kann selbstverständlich auch aus bilanziellen Gewinnen erfolgen. Da durch das Modell der sog. *asset-backed securities* nicht unerhebliche Planungs- und Realisierungskosten entstehen, ist ein größeres Finanzvolumen notwendig, um die Rentabilität zu gewährleisten. Derartige Transaktionen erfolgen regelmäßig aus – zumindestens teilweise – gebundenem Anlage- und Umlaufvermögen, sodass häufig eine Kapitalherabsetzung durchzuführen ist.

7 Bei den verkauften und übertragenen Forderungen kann es sich um jegliche Art von Forderungen handeln. Bisher wird dieses Modell etwa bei Forderungen aus Leasing- (so zB bei der Volkswagen Leasing GmbH) oder Entsorgungsverträgen (so zB bei kommunalen Abwasserentsorgungsanlagen) angewandt. Einzelheiten bei *Tacke*, DB-Spezial 1997, 8 ff; *Eichholz/Nelgen*, DB 1992, 793 ff. Neuerdings wird auch im Telekommunikationsbereich dieses Finanzierungsinstrument eingesetzt, so etwa bei der Deutschen Telekom mit Forderungen gegenüber Privatkunden aus dem Festnetzgeschäft.
8 Dazu MüKo-AktG/*Oechsler*, Rn 4 mwN; *Wiese*, DB 1998, 1713 ff; *Schwarcz*, DB 1997, 1289 ff; *Tacke*, DB Spezial 1997 ff; *Eichholz/Nelgen*, DB 1992, 793 ff.

D. Kapitalherabsetzungsbeschluss (Abs. 1)

9 **I. Zuständigkeit.** Ausschließlich zuständig für die Fassung des Beschlusses betreffend die Herabsetzung des Grundkapitals ist die **Hauptversammlung**, da es sich um eine Satzungsänderung handelt.[9] Eine **Ermächtigung des Vorstandes** zur Vornahme einer ordentlichen Kapitalherabsetzung ist nicht möglich.[10]

10 **II. Verfahren. 1. Grundlagen.** Das Beschlussverfahren richtet sich nach §§ 121 ff. Die Beschlussvorlage ist schon bei Einberufung der Hauptversammlung in der bekannt zu machenden Tagesordnung ihrem vollen Wortlaut nach abzudrucken (§ 124 Abs. 2 S. 2 und Abs. 1 S. 1). Es müssen die Art, die Höhe und der Zweck der Herabsetzung aus der Einladung zur Hauptversammlung ersichtlich sein,[11] damit den Aktionären alle wesentlichen Einzelheiten bekannt sind und sie sich auf die Hauptversammlung vorbereiten können.

11 **2. Mehrheitserfordernisse.** Der Herabsetzungsbeschluss ist mit einer Mehrheit von mindestens **drei Vierteln** des bei der Beschlussfassung vertretenen Grundkapitals zu fassen (§ 222 Abs. 1 S. 1). Des Weiteren ist einfache Stimmenmehrheit gem. § 133 Abs. 1 erforderlich, dh es muss wenigstens eine gültige Ja-Stimme mehr als Nein-Stimmen abgegeben worden sein.[12]

12 **a) Allgemeine Erhöhungen der Mehrheitserfordernisse.** Da die Kapitalherabsetzung eine Satzungsänderung ist (vgl vor §§ 222 Rn 10 ff), beziehen sich **allgemeine Erhöhungen** der satzungsändernden Mehrheiten gem. § 179 Abs. 2 S. 2 nach **zutreffender Ansicht** im Zweifel auch auf eine Kapitalherabsetzung.[13]

13 **b) Spezielle Erhöhungen der Mehrheitserfordernisse.** Die Satzung kann für den Beschluss über die Kapitalherabsetzung eine größere Kapitalmehrheit, nicht aber eine geringere festlegen (Abs. 1 S. 2).

14 Die Erhöhung der Mehrheitserfordernisse kann sogar bis hin zur **Einstimmigkeit** des zu fassenden Beschlusses gehen, und zwar alternativ sowohl in Bezug auf sämtliche als auch nur bezogen auf die in der Hauptversammlung anwesenden Aktionäre.[14] Nach allgemeiner Ansicht[15] ist ein Ausschluss der Veränderbarkeit der Satzung unzulässig. Vor diesem Hintergrund wird teilweise vertreten, dass gerade bei **Publikumsgesellschaften** eine die **Einstimmigkeit voraussetzende Bestimmung** in der Satzung zu einem faktischen Ausschluss der Änderungsmöglichkeiten führen würde und insofern **nichtig** sei.[16] Diese Ansicht überzeugt indes nicht und ist abzulehnen, da bei einem erheblichen Anstieg der Zahl der Aktionäre ansonsten eine ursprünglich wirksame Satzungsbestimmung später unwirksam werden würde und umgekehrt. Die Wirksamkeit einer Satzungsbestimmung kann aber nicht davon abhängig sein, wie groß der Kreis der Aktionäre ist.

15 **c) Besonderheiten bei Sachleistungen.** Soll der Ertrag der Kapitalherabsetzung an die Aktionäre in Form von **Sachleistungen** ausgekehrt werden, etwa in Form von Aktien an einem abgespaltenen Unternehmen (vgl oben Rn 6), so bestehen **nach richtiger Ansicht** grundsätzlich keine höheren Mehrheitserfordernisse bei der Beschlussfassung.[17]

16 Liegt allerdings in dem Kapitalherabsetzungsbeschluss ein Verstoß gegen den Grundsatz der **Gleichbehandlung der Aktionäre** (§ 53 a), etwa indem unterschiedliche Sachleistungen an die Aktionäre erbracht werden, ist die Zustimmung aller Aktionäre erforderlich (vgl nachfolgend Rn 27 f).[18]

17 **3. Weitere Erfordernisse.** Die Satzung kann daneben auch weitere Erfordernisse betreffend die Beschlussfassung festlegen (Abs. 1 S. 2), so etwa der **Wiederholung** der Beschlussfassung in einer zweiten Hauptversammlung oder der **Zustimmung** bestimmter Aktionäre.

18 **III. Form.** Der Beschluss über die Herabsetzung des Grundkapitals der Gesellschaft bedarf der **notariellen Beurkundung** (§ 130 Abs. 1 S. 1 und 3 iVm § 222 Abs. 1 S. 1), anderenfalls ist er **nichtig** (§ 241 Nr. 2).

---

9 Großkomm-AktienR/*Schilling*, Rn 8; MüKo-AktG/*Oechsler*, Rn 12; *Hüffer*, Rn 8; MüHb-AG/*Krieger*, § 60 Rn 15.

10 Großkomm-AktienR/*Schilling*, Rn 8; MüKo-AktG/*Oechsler*, Rn 12; *Hüffer*, Rn 8; MüHb-AG/*Krieger*, § 60 Rn 15.

11 Großkomm-AktienR/*Schilling*, Rn 6; KölnKomm-AktG/*Lutter*, Rn 6; MüKo-AktG/*Oechsler*, Rn 13; *Hüffer*, Rn 8.

12 AllgM, vgl KölnKomm-AktG/*Lutter*, Rn 5; MüKo-AktG/*Oechsler*, Rn 14; *Hüffer*, Rn 9; *Nirk*, Hb AG, Rn 1499 mit teilweise unterschiedlicher Begründung.

13 KölnKomm-AktG/*Lutter*, Rn 3; abweichend: MüKo-AktG/*Oechsler*, Rn 16; *Hüffer*, Rn 10.

14 Großkomm-AktienR/*Schilling*, Rn 6; *Nirk*, Hb AG, Rn 1499.

15 KölnKomm-AktG/*Zöllner*, § 179 Rn 2; MüKo-AktG/*Oechsler*, Rn 15; *Hüffer*, § 179 Rn 3.

16 RGZ 169, 65, 81; KölnKomm-AktG/*Zöllner*, § 179 Rn 157; MüKo-AktG/*Oechsler*, Rn 15; *Baumbach/Hueck*, AktG, § 179 Rn 4; differenzierend: *Henn*, Handbuch des Aktienrechts, Rn 180, der nur eine über die Zustimmung aller erschienenen bzw vertretenen Aktionäre hinausgehende Satzungsbestimmung für nichtig erachtet.

17 Differenzierend: KölnKomm-AktG/*Lutter*, § 225 Rn 50, der Einstimmigkeit dann fordert, wenn als Ertrag etwas anderes als Aktien an die Aktionäre geleistet wird; abweichend: MüKo-AktG/*Oechsler*, § 225 Rn 33 f, der in diesen Fällen grundsätzlich Einstimmigkeit für erforderlich hält.

18 KölnKomm-AktG/*Lutter*, § 225 Rn 51; MüKo-AktG/*Oechsler*, Rn 26; *Hüffer*, Rn 15; differenzierend: Großkomm-AktienR/*Schilling*, Rn 19; MüHb-AG/*Krieger*, § 60 Rn 12. Die Problematik der Gleichbehandlung ergibt sich insb. im Bereich der Sachleistung an die Aktionäre, vgl dazu auch § 225 Rn 23 ff.

IV. Inhalt. 1. Herabsetzungsbetrag. In dem Beschluss sollte der Betrag, um den das Grundkapital vermindert werden soll, explizit genannt werden. In der notariellen Praxis ist die zusätzliche Angabe des ursprünglichen und des neuen Grundkapitals üblich (etwa: „Das Grundkapital der Gesellschaft wird von 25 Mio. EUR um 5 Mio. EUR auf 20 Mio. EUR herabgesetzt."). Ausreichend dürfte allerdings auch sein, wenn der Herabsetzungsbetrag **zweifelsfrei** aus dem Beschluss ermittelbar ist, etwa bei der bloßen Gegenüberstellung von altem und neuem Grundkapital.[19]

Ausnahmsweise kann ein **Höchstbetrag** der Herabsetzung nebst **Durchführungsfristen** festgelegt werden, sofern schon im Zeitpunkt der Fassung des Beschlusses der Herabsetzungsbetrag bestimmbar ist.[20] So zB, wenn sich eine **Unterbilanz** abzeichnet, der konkrete Fehlbetrag aber noch nicht ermittelt werden kann (vgl § 229 Rn 31).

Werden **verschiedene Zwecke** mit der Kapitalherabsetzung nebeneinander verfolgt, ist die Angabe eines genauen Betrages für jeden der Zwecke notwendig (dazu nachfolgend Rn 49).[21]

Die Festlegung des Herabsetzungsbetrages darf in keinem Fall dem Vorstand der Gesellschaft überlassen werden; ein Verstoß hiergegen führt zur **Nichtigkeit** des Beschlusses (§ 241 Nr. 3).[22]

2. Freiwillige Zuzahlungen der Aktionäre. Keine Bedenken bestehen bestehen gegen eine Bedingung[23] als Inhalt des Herabsetzungsbeschlusses dergestalt, dass die Herabsetzung des Grundkapitals durch **freiwillige Zuzahlung** der Aktionäre abgewendet werden kann.[24] Hierbei sind allerdings Einschränkungen zu beachten (vgl dazu auch vor § 222 Rn 17), die u.a. darauf basieren, dass dem AktG **Nachschusspflichten** – anders als etwa dem GmbHG[25] oder insbesondere dem GenG[26] – fremd sind (§ 54 Abs. 1).[27]

So darf zum einen die Zuzahlung **nicht erzwungen werden**, was bereits dann der Fall ist, wenn zuzahlenden Aktionären ein besseres Zusammenlegungsverhältnis als den anderen angeboten wird[28] oder eine Nennbetragsherabsetzung durch eine geringere Zuzahlung als den herabzusetzenden Nennbetrag abgewendet werden kann.[29] Zum anderen ist der Grundsatz der **Gleichbehandlung aller Aktionäre** (§ 53 a) zu beachten,[30] dh das Wahlrecht zur Abwendung der Kapitalherabsetzung durch freiwillige Zuzahlung ist allen Aktionären in gleicher Weise anzubieten.[31]

3. Zweck und Art der Herabsetzung. Der Zweck der Herabsetzung ist im Beschluss anzugeben (Abs. 3). Zu möglichen Beschlussinhalten vgl nachfolgend Rn 48. Der Zweck ist **konkret** zu bezeichnen, da zum einen hierdurch den Gläubigern der Gesellschaft die Gründe offen gelegt werden sollen, zum anderen aber auch die Aktionäre geschützt werden.[32]

In dem Herabsetzungsbeschluss ist die **Art der Herabsetzung** – Herabsetzung der Nennbeträge (Abs. 4 S. 1), Zusammenlegung (Abs. 4 S. 2), Einziehung von Aktien (§ 237 Abs. 1 S. 1) oder bloße Herabsetzung der Grundkapitalziffer bei Stückaktien – anzugeben (§ 222 Abs. 4 S. 3; dazu nachfolgend Rn 50 ff).

4. Beachtung des Grundsatzes der Gleichbehandlung. Der Kapitalherabsetzungsbeschluss hat den Grundsatz der Gleichbehandlung der Aktionäre (§ 53 a) zu beachten, was bedeutet, dass die Kapitalmaßnahme **alle Aktionäre gleichmäßig** treffen muss. Ist dies nicht der Fall, müssen alle Aktionäre zustimmen.[33]

In der Praxis kommt eine Ungleichbehandlung nicht selten dann vor, wenn der Ertrag der Kapitalherabsetzung an die Aktionäre in Form von **Sachleistungen** ausgekehrt werden soll, etwa in Form von Aktien an abgespaltenen Unternehmen.[34] Hier ist die Zustimmung aller Aktionäre der Gesellschaft dann erforderlich,

---

[19] MüKo-AktG/*Oechsler*, Rn 19; so wohl auch KölnKomm-AktG/*Lutter*, Rn 12.

[20] Großkomm-AktienR/*Schilling*, Rn 8; KölnKomm-AktG/*Lutter*, Rn 14; MüKo-AktG/*Oechsler*, Rn 20; *Hüffer*, Rn 12; MüHb-AG/*Krieger*, § 60 Rn 20.

[21] Großkomm-AktienR/*Schilling*, § 224 Rn 4; KölnKomm-AktG/*Lutter*, Rn 16; *Hüffer*, Rn 20; Semler/Volhard/*Schroer*, Arbeitshb HV, II M Rn 5; *Meyer-Landrut*, Rn 762; *Fabis*, MittRhNotK 1999, 169, 173.

[22] RGZ 26, 132, 134; KölnKomm-AktG/*Lutter*, Rn 13; MüKo-AktG/*Oechsler*, Rn 20; *Hüffer*, Rn 12.

[23] Zweifel hinsichtlich der Einordnung als Bedingung bei *v. Godin*, ZHR 1934, 221, 236.

[24] RGZ 80, 81, 85 f; Großkomm-AktienR/*Schilling*, Rn 20; MüKo-AktG/*Oechsler*, Rn 29; *Hüffer*, Rn 5; *Heinzmann*, BWNotZ 1994, 120 f; vgl dazu auch KölnKomm-AktG/*Lutter*, Rn 32 f.

[25] Vgl dazu u.a. *Kornblum/Kleinle/Baumann/Steffan*, GmbHR 1985, 42, 47 ff; *Winter*, GmbHR 1969, 119, 146 ff.

[26] Vgl dazu *Terbrack*, Rn 293 ff; *ders.*, ZInsO 2001, 1027, 1028 ff.

[27] Nachschusspflichten statuierende Satzungsbestimmungen sind nichtig, vgl RGZ 113, 152, 155 ff; *Hüffer*, § 54 Rn 5.

[28] Großkomm-AktienR/*Schilling*, Rn 20; *Hüffer*, Rn 5; MüHb-AG/*Krieger*, § 60 Rn 10; abweichend: MüKo-AktG/*Oechsler*, Rn 29; insgesamt zweifelnd bzgl freiwilliger Zuzahlung: KölnKomm-AktG/*Lutter*, Rn 33.

[29] *Hüffer*, Rn 5.

[30] MüKo-AktG/*Oechsler*, Rn 29; *Hüffer*, Rn 5; MüHb-AG/*Krieger*, § 60 Rn 10.

[31] *Hüffer*, Rn 5.

[32] KölnKomm-AktG/*Lutter*, Rn 16.

[33] KölnKomm-AktG/*Lutter*, § 225 Rn 51; MüKo-AktG/*Oechsler*, Rn 26; *Hüffer*, Rn 15; differenzierend: Großkomm-AktienR/*Schilling*, Rn 19; MüHb-AG/*Krieger*, § 60 Rn 12. Die Problematik der Gleichbehandlung ergibt sich insb. im Bereich der Sachleistung an die Aktionäre, vgl dazu auch § 225 Rn 23 ff.

[34] So etwa bei der "Löwenbräu"-Teilung (Sachverhalt bei *Lutter*, in: FS Fleck, S. 170 f) und der "Varta"-Teilung (Sachverhalt bei *Timm*, S. 7 ff).

wenn unterschiedliche Sachleistungen gewährt werden, etwa Aktien an verschiedenen – nicht an einem einzelnen – abgespaltenen Unternehmen, was zu nicht unerheblichen praktischen Problemen führen kann.

29 **V. Sachliche Rechtfertigung.** Der Beschluss über die Herabsetzung des Grundkapitals bedarf keiner sachlichen Rechtfertigung im Hinblick auf den Gesellschaftszweck, Geeignetheit, Erforderlichkeit und Verhältnismäßigkeit.[35] Die Aktionäre sind bei schweren Eingriffen in die Mitgliedschaftsrechte, die allein bei der Zusammenlegung von Aktien (Abs. 4 S. 2) drohen, durch die Subsidiarität dieser Maßnahmen hinreichend geschützt. Dieser spezielle Schutz steht einer materiellen Beschlusskontrolle entgegen.[36]

30 Entsprechend ist auch eine Verpflichtung des Vorstands zur Ablieferung eines schriftlichen Berichtes über den Grund der Kapitalherabsetzung zu verneinen.[37]

31 Allein im Falle der isolierten vereinfachten Kapitalherabsetzung, welche die Überschuldung der Gesellschaft nicht vollständig beseitigen kann, ist ausnahmsweise zu begründen, warum nicht zugleich eine Kapitalerhöhung vorgenommen wird.[38] Ansonsten liefen die aus ihrer Mitgliedschaft verdrängten Aktionäre Gefahr, im Ergebnis ihr Bezugsrecht zu verlieren.[39]

32 **VI. Aufhebung und Änderung.** Der Kapitalherabsetzungsbeschluss kann bis zum Wirksamwerden, dh bis zur Eintragung in das Handelsregister (§ 224), **geändert** oder **aufgehoben** werden.

33 Weil der Kapitalherabsetzungsbeschluss eine Änderung der Satzung ist (siehe oben Rn 12), unterliegt auch die **Abänderung** des bereits gefassten Beschlusses dem qualifizierten Mehrheitserfordernis nach § 222 Abs. 1.[40]

34 Die **Aufhebung** eines bereits durch die Hauptversammlung gefassten, aber noch nicht in das Handelsregister eingetragenen Kapitalherabsetzungsbeschlusses ist nach **richtiger Ansicht** hingegen – da keine Änderung der Satzung Beschlussinhalt ist – durch einfachen Mehrheitsbeschluss möglich (§ 133 Abs. 1).[41]

35 Nach Eintragung der Kapitalherabsetzung in das Handelsregister kann weder eine Abänderung noch eine Aufhebung des Beschlusses durch die Hauptversammlung erfolgen. Eine Korrektur ist nur durch eine erneute Kapitalherabsetzung bzw Kapitalerhöhung möglich.

36 **VII. Beschlussmängel.** Wird durch den Kapitalherabsetzungsbeschluss der **Mindestnennbetrag** des Grundkapitals der Gesellschaft (§ 7) unterschritten, so ist der Beschluss gem. § 241 Nr. 3 **nichtig**, wenn nicht ausnahmsweise die Voraussetzungen des § 228 vorliegen.[42] Gleiches gilt für den Fall, dass der Beschluss zu einem geringeren **Nennbetrag** der Aktien als 1 EUR (§ 8 Abs. 2 S. 1)[43] oder zu einer Unterschreitung des **Mindestumfangs der Beteiligung** bei **Stückaktien** (§ 8 Abs. 3 S. 3) führen würde.[44]

37 Führt hingegen der Kapitalherabsetzungsbeschluss zu einem höheren, aber ungeraden Nennbetrag als 1 EUR (§ 8 Abs. 2 S. 4), ist der Beschluss bloß **anfechtbar**.[45]

38 Bloße **Anfechtbarkeit** ist ebenfalls gegeben bei **fehlender Zweckangabe** der Kapitalherabsetzung (Abs. 3),[46] bei **Nichterreichbarkeit des Zwecks**,[47] bei fehlender Angabe der **Herabsetzungsart** (Abs. 4 S. 3)[48] oder fehlender Zuordnung von Herabsetzungsbeträgen zu verschiedenen Zwecken sowie bei Verstoß gegen das Gebot der **Gleichbehandlung der Aktionäre** (§ 53a).[49]

39 Ausnahmsweise kann ein Kapitalherabsetzungsbeschluss auch **schwebend unwirksam** sein, nämlich dann, wenn ein notwendiger **Sonderbeschluss** nach Abs. 2 fehlt (zum Sonderbeschluss sogleich nachfolgend Rn 40 ff).[50] Der Beschluss kann jederzeit – auch nach bereits versehentlich erfolgter Eintragung der Kapitalhe-

---

35 BGHZ 138, 71 = NJW 1998, 2054 = AG 1998, 284 = NZG 1998, 422 = WM 1998, 813 = ZIP 1998, 692; LG Hannover AG 1995, 285 ff; MüKo-AktG/*Oechsler*, Rn 23 ff; *Hüffer*, Rn 14; MüHb-AG/*Krieger*, § 60 Rn 11; *Terbrack*, RNotZ 2003, 89, 94; aA LG Dresden DB 1995, 1905 ff = ZIP 1995, 1596 sowie OLG Dresden ZIP 1996, 1780 ff und *Hirte*, EWiR 1997, 195; *Lutter*, ZGR 1981, 171 ff; *Wiedemann*, ZGR 1980, 147 ff; *Martens*, in: FS Fischer, S. 437 ff.

36 BGHZ 138, 71, 76 = NJW 1998, 2054 = AG 1998, 284 = NZG 1998, 422 = WM 1998, 813 = ZIP 1998, 692; *Hüffer*, Rn 14.

37 So schon *Hirte*, S. 202; MüHb-AG/*Krieger*, § 60 Rn 11.

38 Vgl MüKo-AktG/*Oechsler*, § 229 Rn 27 ff; *Hüffer*, Rn 14; MüHb-AG/*Krieger*, § 60 Rn 11.

39 *Hüffer*, Rn 14; offen gelassen von BGHZ 138, 71 = NJW 1998, 2054 = AG 1998, 284 = NZG 1998, 422 = WM 1998, 813 = ZIP 1998, 692.

40 Unstreitig, vgl MüKo-AktG/*Oechsler*, Rn 28; KölnKomm-AktG/*Lutter*, Rn 55; *Hüffer*, Rn 16; MüHb-AG/*Krieger*, § 60 Rn 32.

41 MüKo-AktG/*Oechsler*, Rn 28; KölnKomm-AktG/*Lutter*, Rn 55 sowie KölnKomm-AktG/*Zöllner*, § 179 Rn 162; *Baumbach*/*Hueck*, AktG, Rn 6; MüHb-AG/*Krieger*, § 60 Rn 32; abweichend: *Hüffer*, Rn 16, der auch in diesem Fall eine qualifizierte Mehrheit für notwendig erachtet.

42 *Terbrack*, RNotZ 2003, 89, 95; MüKo-AktG/*Oechsler*, Rn 30; KölnKomm-AktG/*Lutter*, Rn 34; *Hüffer*, Rn 17; MüHb-AG/*Krieger*, § 60 Rn 25; *Nirk*, Hb AG, Rn 1506.

43 *Hüffer*, Rn 17.

44 MüKo-AktG/*Oechsler*, Rn 30.

45 BGH AG 1992, 27 ff = WM 1991, 1880 = ZIP 1991, 1423; *Hüffer*, Rn 17.

46 KölnKomm-AktG/*Lutter*, Rn 37; MüKo-AktG/*Oechsler*, Rn 40; *Hüffer*, Rn 17; *Nirk*, Hb AG, Rn 1505.

47 LG Hannover AG 1995, 285 f; *Hüffer*, Rn 17; einschränkend: MüKo-AktG/*Oechsler*, Rn 41.

48 KölnKomm-AktG/*Lutter*, Rn 39; MüKo-AktG/*Oechsler*, Rn 52; *Hüffer*, Rn 17; *Nirk*, Hb AG, Rn 1505; abweichend: *Baumbach*/*Hueck*, AktG, Rn 7; Großkomm-AktienR/*Schilling*, Rn 21.

49 *Hüffer*, Rn 17.

50 RGZ 148, 175, 178 ff; KölnKomm-AktG/*Lutter*, Rn 10; MüKo-AktG/*Oechsler*, Rn 36; *Hüffer*, Rn 17, 19; *Baumbach*/*Hueck*, AktG, Rn 7.

rabsetzung in das Handelsregister – nachgeholt werden.[51] Lehnt jedoch auch nur eine Gattung von Aktionären die Zustimmung dadurch ab, dass der Antrag nicht die erforderliche Mehrheit findet, ist der Kapitalherabsetzungsbeschluss **nach zutreffender** Ansicht endgültig **unwirksam**.[52]

E. Sonderbeschluss (Abs. 2)

Besteht bei der Gesellschaft mehr als eine Aktiengattung (§ 11), so wird der Kapitalherabsetzungsbeschluss nur wirksam, wenn die Aktionäre jeder Gattung durch einen Sonderbeschluss (§ 138) zustimmen (§ 222 Abs. 2 S. 1, 2). 40

Der Sonderbeschluss wird weder dadurch überflüssig, dass eine Gattung durch die Kapitalmaßnahme **gar nicht benachteiligt wird** noch durch einen **einstimmig** in der Hauptversammlung gefassten Beschluss über die Herabsetzung des Grundkapitals.[53] 41

Für den Fall, dass **stimmrechtslose Vorzugsaktien** (§ 139 Abs. 1) eine Gattung bilden, ist ein Sonderbeschluss dieser Gattungsaktionäre ausnahmsweise **entbehrlich**.[54] 42

Das Gleiche muss gelten, wenn sämtliche Aktien **einem Aktionär** gehören, da in diesem Fall eine Veränderung des Stimmverhaltens in der Hauptversammlung ausgeschlossen und die Verpflichtung zur Fassung eines Sonderbeschlusses unsinniger Formalismus wäre. 43

Die **Mehrheitserfordernisse** für den Sonderbeschluss richten sich nach den Vorgaben des § 222 Abs. 1 (Abs. 2 S. 3), er bedarf einer Mehrheit von mindestens drei Vierteln sowie zusätzlich der einfachen Mehrheit nach § 133 Abs. 1 (vgl vorstehend Rn 11). Die Satzung kann eine größere Kapitalmehrheit und weitere Erfordernisse bestimmen (Abs. 2 S. 3, Abs. 1 S. 2). 44

Regelt die Satzung für den Kapitalherabsetzungsbeschluss oder allgemein für Satzungsänderungen besondere Mehrheitserfordernisse, so gelten diese im Zweifel auch für den Sonderbeschluss.[55] 45

Fehlt ein Sonderbeschluss, so ist der Kapitalherabsetzungsbeschluss **schwebend unwirksam** (Einzelheiten vorstehend bei Rn 39). 46

F. Zweck der Kapitalherabsetzung (Abs. 3)

In dem Beschluss ist der Zweck, dem die Kapitalherabsetzung in wirtschaftlicher Hinsicht dient, anzugeben (Abs. 3). Dies schützt die Gläubiger und Aktionäre und bindet den Vorstand bei der Verwendung des Ertrages. 47

Jeder Zweck ist zulässig, er muss aber genau bezeichnet werden, so zB als „Rückzahlung an Aktionäre", „Befreiung der Aktionäre von rückständigen Einlagen", „Rückgabe von Sacheinlagen", „Verlustdeckung", „Ausgleichung von Wertminderung", „Bildung von Rücklagen" etc.[56] Auch **Sachausschüttungen**, zB in Form von Aktien einer zuvor abgespaltenen Gesellschaft, können den Zweck der Kapitalherabsetzung darstellen (dazu vorstehend Rn 6; zu den Mehrheitserfodernissen eines solchen Beschlusses vgl Rn 27 f).[57] 48

Es können auch **mehrere Zwecke** nebeneinander oder in einem Stufenverhältnis (zB „Verlustdeckung, etwaiger überschießender Ertrag ist an Aktionäre zurückzuzahlen") angegeben werden.[58] Die Angaben müssen dann aber auch **erschöpfend** und **genau** sein,[59] was insbesondere bedeutet, dass bei mehreren verfolgten Zwecken jedem ein Kapitalherabsetzungsbetrag zuzuordnen ist.[60] Zu den Rechtsfolgen bei einem Verstoß vgl Rn 38. 49

---

51 MüKo-AktG/*Oechsler*, Rn 36; *Hüffer*, Rn 19; *Baumbach/Hueck*, AktG, Rn 7; *Nirk*, Hb AG, Rn 1502.
52 KölnKomm-AktG/*Lutter*, Rn 10; nicht ganz klar: MüKo-AktG/*Oechsler*, Rn 36, der von einer Unwirksamkeit erst nach "endgültigem Scheitern" des Sonderbeschlusses ausgeht, ohne dies genauer zu qualifizieren; abweichend: *Hüffer*, Rn 19, der von einer Unwirksamkeit erst bei einem die Zustimmung (ausdrücklich) verweigernden Sonderbeschluss ausgehen will.
53 RGZ 148, 175 ff; KG KGJ 35 A, 162 ff; MüKo-AktG/*Oechsler*, Rn 32; *Hüffer*, Rn 18; abweichend: KG JW 1934, 174 ff; zweifelnd: *Werner*, AG 1971, 69 ff.
54 KölnKomm-AktG/*Lutter*, Rn 7; MüKo-AktG/*Oechsler*, Rn 33; *Hüffer*, Rn 18; *Geßler*, Rn 8; iE ebenso, allerdings mit einer noch auf eine alte Rechtslage abstellenden Begründung: OLG Frankfurt DB 1993, 272; LG Frankfurt AG 1991, 405, 406.
55 *Hüffer*, Rn 18.
56 KölnKomm-AktG/*Lutter*, Rn 16.
57 So etwa bei der „Löwenbräu"-Teilung (Sachverhalt bei *Lutter*, in: FS Fleck, S. 170 f) und der "Varta"-Teilung (Sachverhalt bei *Timm*, S. 7 ff).
58 KölnKomm-AktG/*Lutter*, Rn 16; *Hüffer*, Rn 20; *Nirk*, Hb AG, Rn 1508.
59 Großkomm-AktienR/*Schilling*, § 224 Rn 4; KölnKomm-AktG/*Lutter*, Rn 16; *Hüffer*, Rn 20; MüHb-AG/*Krieger*, § 60 Rn 20; Semler/Volhard/*Schroer*, Arbeitshb HV, II M Rn 5; *Meyer-Landrut*, Rn 762; *Fabis*, MittRhNotK 1999, 169, 173.
60 Semler/Volhard/*Schroer*, Arbeitshb HV, II M Rn 5; *Meyer-Landrut*, Rn 762; *Fabis*, MittRhNotK 1999, 169, 173.

G. Durchführung der Kapitalherabsetzung (Abs. 4)

50 **I. Grundlagen.** Dem Gesetz sind vier Wege zur Durchführung der Kapitalherabsetzung zu entnehmen:
- bei Stückaktien die bloße Herabsetzung der Grundkapitalziffer;
- bei Nennbetragsaktien die Herabsetzung der Nennbeträge (§ 222 Abs. 4 S. 1);
- die Zusammenlegung von Aktien (§ 222 Abs. 4 S. 2);
- die Einziehung von Aktien (§§ 237 ff).

51 Andere als die vorgenannten Wege sind **unzulässig**. Der Kapitalherabsetzungsbeschluss muss den **Durchführungsweg** benennen (§ 222 Abs. 4 S. 3). Bei **Nennbetragsaktien** ist anzugeben, ob eine Herabsetzung der Nennbeträge oder eine – subsidiäre (Rn 56 f) – Zusammenlegung erfolgen soll. Bei **Stückaktien** erfolgt durch die Herabsetzung des Grundkapitals automatisch eine Anpassung des auf die einzelnen Aktien entfallenden anteiligen Betrages am Grundkapital (§ 8 Abs. 4). Dem Erfordernis der Angabe des Durchführungsweges (§ 222 Abs. 4 S. 3) ist schon durch den Beschluss über die Herabsetzung des Grundkapitals Genüge getan. Die in der Praxis teilweise zu beobachtenden weiteren Angaben im Beschluss (zB „Die Herabsetzung des Grundkapitals erfolgt in der Weise, dass der auf die einzelnen Stückaktien entfallende anteilige Betrag am neuen Grundkapital nunmehr 2 EUR statt bislang 4 EUR ausmacht. Die ausgegebenen Aktienurkunden bleiben gültig und verkörpern den entsprechend verringerten Anteil am Grundkapital.") sind allein deklaratorischer Natur. Ist allerdings ausnahmsweise eine Zusammenlegung von Stückaktien zur Durchführung notwendig, muss der Kapitalherabsetzungsbeschluss darauf ausdrücklich hinweisen. Zu den Rechtsfolgen bei einem Verstoß vgl oben Rn 38.

52 **II. Stückaktien.** Bei Stückaktien (§ 8 Abs. 1) sind **Durchführungsmaßnahmen** zur Umsetzung der Kapitalherabsetzung grundsätzlich nicht notwendig. Durch die Herabsetzung der Grundkapitalziffer sinkt automatisch der auf die einzelne Stückaktie entfallende anteilige Betrag des Grundkapitals (§ 8 Abs. 4).[61]

53 Der Mindestbetrag von 1 EUR pro Stückaktie (§ 8 Abs. 3 S. 3, Abs. 2 S. 1, 2) darf nicht unterschritten werden. Ist dies nur möglich durch Verringerung der Anzahl der Stückaktien, so ist ausnahmsweise eine Zusammenlegung zulässig (nachfolgend Rn 56 f).

54 **III. Nennbetragsaktien.** Bei Aktien, die auf einen Nennbetrag lauten (§ 8 Abs. 1), erfolgt die Kapitalherabsetzung grundsätzlich durch eine Herabsetzung der Nennbeträge, die entsprechend zu berichtigen sind. Die Herabsetzung darf nicht zu geringeren Beträgen als 1 EUR führen (§ 8 Abs. 2 S. 1); zudem müssen höhere Nennbeträge auf volle Euro lauten (§ 8 Abs. 2 S. 4). Ausnahmsweise kommt auch eine Zusammenlegung in Betracht (vgl nachfolgend Rn 56 f).

55 Mit Wirksamwerden der Kapitalherabsetzung (§ 224) werden die Nennbeträge der Aktienurkunden unrichtig; es sind neue Aktienurkunden auszugeben oder die Nennbeträge auf den alten Urkunden zu berichtigen. Reichen die Aktionäre trotz entsprechender Aufforderung die unrichtigen Aktien nicht ein, so können die Urkunden nach §§ 73, 64 Abs. 2 für kraftlos erklärt werden;[62] § 226 gilt hier nicht, da dies tatbestandlich eine Zusammenlegung von Aktien voraussetzen würde.[63]

56 **IV. Zusammenlegung.** Die Zusammenlegung von Aktien kommt nur bei einer Unterschreitung der in § 8 Abs. 3 S. 3 (bei Stückaktien) bzw in § 8 Abs. 2 S. 1, 3 (bei Nennbetragsaktien) genannten Beträgen in Betracht (Subsidiaritätsprinzip). Hierdurch wird gewährleistet, dass primär die Beteiligungsquote der Aktionäre unberührt bleibt.[64]

57 Sie erfolgt durch Zusammenfassung der bisherigen zu einer geringeren Anzahl neuer Aktien.[65] Eine Kombination der Herabsetzung der Nennbeträge und der Zusammenlegung ist möglich und kann im Einzelfall geboten sein.[66]

58 **V. Einziehung.** Bei der Einziehung bleiben die Mitgliedschaftsrechte der nicht betroffenen Aktien unberührt. Deshalb unterliegt sie auch nicht dem Subsidiaritätsprinzip des Abs. 4 S. 2.[67]

59 Die Einziehung von Aktien ist nur nach vorherigem Erwerb der einzuziehenden Aktien durch die Gesellschaft oder bei Anordnung oder Gestattung in der Satzung zulässig (vgl dazu § 237).[68]

---

61 Terbrack, RNotZ 2003, 89, 98; unklar: Semler/Volhard/Volhard, Arbeitshb HV, II M Rn 8.
62 Terbrack, RNotZ 2003, 89, 98 f; Einzelheiten bei MüHb-AG/Krieger, § 60 Rn 47 ff.
63 MüKo-AktG/Oechsler, Rn 47; Hüffer, Rn 21 b, § 226 Rn 1; MüHb-AG/Krieger, § 60 Rn 46.
64 Terbrack, RNotZ 2003, 89, 98 f; MüKo-AktG/Oechsler, Rn 44; Hüffer, Rn 21 b; MüHb-AG/Krieger, § 60 Rn 5.
65 Hüffer, § 222, Rn 222.
66 MüKo-AktG/Oechsler, Rn 49; Hüffer, Rn 22.
67 MüKo-AktG/Oechsler, Rn 46.
68 Hüffer, § 237 Rn 5 f; MüHb-AG/Krieger, § 60 Rn 6.

§ 223 Anmeldung des Beschlusses

Der Vorstand und der Vorsitzende des Aufsichtsrats haben den Beschluß über die Herabsetzung des Grundkapitals zur Eintragung in das Handelsregister anzumelden.

A. Grundlagen

Regelungsgegenstand ist die Anmeldung des Kapitalherabsetzungsbeschlusses zur Eintragung in das Handelsregister. Mit Eintragung des Kapitalherabsetzungsbeschlusses wird die Kapitalherabsetzung wirksam (§ 224).

Abzugrenzen hiervon ist die Anmeldung und Eintragung der der ggfs. notwendigen Durchführung der Kapitalherabsetzung (§ 227 Abs. 1), die mit der Anmeldung nach § 223 verbunden werden kann (§ 227 Abs. 2). Ebenfalls vom Regelungsgegenstand des § 223 zu unterscheiden ist die Anmeldung und Eintragung der mit der Kapitalherabsetzung notwendigerweise verbundenen Satzungsänderung (vgl vor §§ 222 ff Rn 10 und § 222 Rn 12). Sie ist mit der Anmeldung nach § 223 zu verbinden, da die Eintragung des Kapitalherabsetzungsbeschlusses – die zur Herabsetzung des Grundkapitals führt – nur erfolgen kann, wenn eine notariell bestätigte Neufassung der Satzung und eine entsprechende Anmeldung vorgelegt wird (vgl nachfolgend Rn 10).[1]

B. Anmeldung

I. Anmeldeberechtigung und -verpflichtung. Die Anmeldung des Kapitalherabsetzungsbeschlusses ist durch den **Vorstand** und den **Vorsitzenden des Aufsichtsrates** vorzunehmen (§ 223). Der Vorstand hat in **vertretungsberechtigter Zahl** anzumelden, wobei im Falle der **unechten Gesamtvertretung** (§ 78 Abs. 3) auch Prokuristen mitwirken können.[2]

Anders als zB bei einer Kapitalerhöhung sind keine strafrechtlich relevanten Versicherungen vom Anmelder vorzunehmen, so dass auch eine **Bevollmächtigung** Dritter zur Anmeldung zulässig ist.[3] Sie bedarf allerdings öffentlich beglaubigter Form (§ 12 Abs. 2 S. 1 HGB, § 129 BGB, §§ 39, 40 BeurkG).

Ist der Vorsitzende des Aufsichtsrates verhindert, kann die Anmeldung von seinem Stellvertreter vorgenommen werden (§ 107 Abs. 1 S. 3).

Die zur Anmeldung Berechtigten sind zur Vornahme der Anmeldung **verpflichtet**. Ein Unterlassen oder eine Verspätung kann **Schadensersatzansprüche** (§§ 93, 116) und **Abberufung** (§§ 84 Abs. 3, 103 Abs. 3) begründen.[4] Die Erfüllung dieser Pflicht kann allerdings nicht vom Handelsregister erzwungen werden (§ 407 Abs. 2).[5]

II. Form. Die Anmeldung muss in **öffentlich beglaubigter Form** erfolgen (§ 12 Abs. 2 S. 1 HGB, § 129 BGB, §§ 39, 40 BeurkG). Nicht notwendig ist eine von allen Anmeldern unterzeichnete, einheitliche Anmeldung, vielmehr können auch **getrennte Erklärungen** abgegeben werden.[6]

Für **Zweigniederlassungen** ist keine gesonderte Anmeldung erforderlich (§ 13c Abs. 3 HGB).

III. Beizufügende Unterlagen. Der Anmeldung sind sämtliche zur Prüfung der Eintragung notwendigen Unterlagen beizufügen. Hierzu gehören insbesondere eine Ausfertigung oder beglaubigte Abschrift der **notariellen Niederschrift** über den entsprechenden **Kapitalherabsetzungsbeschluss** der Hauptversammlung (§ 130) sowie über eventuell gefasste **Sonderbeschlüsse** (§ 222 Abs. 2).[7] Auch das Vorliegen **sonstiger Wirksamkeitsvoraussetzungen** ist durch Unterlagen nachzuweisen, etwa eine ggfs. notwendige öffentliche Genehmigung der Kapitalherabsetzung nach §§ 13 Abs. 1, 5 Abs. 3 Nr. 1 VAG.[8]

Zudem ist die Einreichung einer **notariell bestätigten Neufassung der Satzung** (§ 181 Abs. 1 S. 2) nebst entsprechender **Niederschriften** über die Hauptversammlungsbeschlüsse bezüglich der **Satzungsänderungen** (vgl vor §§ 222 ff Rn 10 und § 222 Rn 12) – so zB über Neufassung der Grundkapitalziffer, Nennbeträge,

---

1 *Hüffer*, Rn 1; nicht ganz klar bezüglich des Vorlageerfordernisses einer Anmeldung der Satzungsänderung: KölnKomm-AktG/*Lutter*, Rn 6; MüKo-AktG/*Oechsler*, Rn 1; abweichend diesbezüglich: MüHb-AG/*Krieger*, § 60 Rn 24, der dies nur in bestimmten Fällen für notwendig erachtet.

2 KG JW 1938, 3121; KölnKomm-AktG/*Lutter*, Rn 2; MüKo-AktG/*Oechsler*, Rn 2; *Hüffer*, Rn 3.

3 KölnKomm-AktG/*Lutter*, Rn 2; MüKo-AktG/*Oechsler*, Rn 2; *Hüffer*, Rn 3; *Henn*, Handbuch des Aktienrechts, Rn 1309; zur Frage der Vertretung bei der Registeranmeldung vgl BGH Rpfleger 1992, 201 ff; BGH ZIP 1983, 822 ff; OLG Zweibrücken MittRhNotK 2000, 440 = FGPrax 2000, 208 = DB 2000, 1908 = OLGR Zweibrücken 2001, 18 = MittBayNot 2001, 91 (LS) = Rpfleger 2002, 156 f (mit Anmerkung *Waldner*); *Winkler*, EWiR 2000, 869 f; OLG Oldenburg DNotZ 1992, 186 f = DB 1990, 1909 = NJW-RR 1991, 292; OLG Zweibrücken Rpfleger 1986, 482 f.

4 MüKo-AktG/*Oechsler*, Rn 3; *Hüffer*, Rn 3.

5 Großkomm-AktienR/*Schilling*, Rn 1; KölnKomm-AktG/*Lutter*, Rn 3; *Hüffer*, Rn 3.

6 KölnKomm-AktG/*Lutter*, Rn 5; MüKo-AktG/*Oechsler*, Rn 2; *Hüffer*, Rn 2.

7 KölnKomm-AktG/*Lutter*, Rn 6; MüKo-AktG/*Oechsler*, Rn 5; *Hüffer*, Rn 4; MüHb-AG/*Krieger*, § 60 Rn 26.

8 MüKo-AktG/*Oechsler*, Rn 5; *Hüffer*, Rn 4.

Anzahl und Stückelung der Aktien usw – und einer entsprechenden **Anmeldung der Satzungsänderungen** zum Handelsregister vorzulegen.[9] Letztere kann allein vom Vorstand in vertretungsbrechtigter Anzahl- ohne Mitwirkung des Vorsitzenden des Aufsichtsrates – angemeldet werden (§ 181 Abs. 1 S. 1). In der Praxis werden beide Anmeldungen regelmäßig miteinander verbunden.

11 Existieren **Zweigniederlassungen**, so sind für jede Niederlassung Mehrexemplare der vorgenannten Unterlagen beim Gericht der Hauptniederlassung einzureichen. Zu Zweigniederlassungen von Gesellschaften mit Sitz im Ausland vgl § 13 f HGB.

12 Ist der Kapitalherabsetzungsbeschluss unter einer **Bedingung** oder Festsetzung eines **Höchstbetrages** gefasst worden, so ist durch **geeignete Unterlagen** – die nach **richtiger Auffassung** nicht der Form des § 12 Abs. 1 HGB genügen müssen[10] – das Wirksamwerden bzw die genaue Höhe des Herabsetzungsbetrages nachzuweisen.[11]

C. Registerverfahren

13 **Zuständig** ist das Amtsgericht am Ort der Gesellschaft (§ 14 iVm § 23 a Abs. 2 Nr. 3 GVG). Dies gilt auch für ggfs. vorhandene **Zweigniederlassungen** (§ 13 Abs. 1 HGB). Es hat die Ordnungsmäßigkeit der Anmeldung sowie eventuelle Verstöße gegen Gesetz und/oder Satzung bei Zustandekommen des Herabsetzungsbeschlusses zu prüfen.[12]

14 Die **Eintragung** darf erst erfolgen, wenn der Kapitalherabsetzungsbeschluss wirksam geworden ist und der genaue Herabsetzungsbetrag feststeht. Dies gilt insbesondere bei der Kapitalherabsetzung, die unter einer **Bedingung, Befristung** oder der **Festlegung eines Höchstbetrages** beschlossen wurde.[13]

15 Bei **Nichtigkeit** des Kapitalherabsetzungsbeschlusses ist der Eintragungsantrag abzuweisen. Ist der Beschluss **anfechtbar**, so hat das Registergericht dies nur zu berücksichtigen, wenn die Gesetzesverletzung, auf der die Anfechtbarkeit beruht, **Drittinteressen** und nicht bloß Interessen der bei Beschlussfassung anwesenden Aktionäre schützt.[14] Eine Verpflichtung zur Eintragung eines anfechtbaren Beschlusses vor Ablauf der Anfechtungsfrist bzw bis zur Rechtskraft einer anhängigen Anfechtungsklage besteht bis auf wenige Ausnahmefälle – etwa bei offensichtlicher Unbegründetheit der Anfechtungsklage[15] – nicht.[16]

D. Eintragung

16 Der Inhalt der Eintragung richtet sich nach §§ 181 Abs. 2, 39 Abs. 1, wonach nur die herabgesetzte Ziffer des Grundkapitals einzutragen ist. Im Übrigen kann – so zB hinsichtlich des Zweckes der Kapitalherabsetzung – auf den Beschlussinhalt Bezug genommen werden.[17] Zur **Heilungswirkung** der Eintragung vgl § 242 Abs. 1, 2.

17 Gegen die **Zurückweisung** des Antrages auf Eintragung der Kapitalherabsetzung ist die Beschwerde (§ 63 FamFG) das statthafte Rechtsmittel. Beschwerdeberechtigt ist die Gesellschaft, vertreten durch den Vorstand.[18]

E. Bekanntmachung

18 Die Eintragung des Herabsetzungsbeschlusses ist im Bundesanzeiger und in dem nach § 11 HGB bestimmten Blatt bekannt zu machen (§ 10 HGB).[19] Außer dem Wortlaut der Eintragung muss die Bekanntma-

chung auch die **Anzahl der neuen Aktien** nebst deren ggfs. vorhandenen **Nennbeträgen**, sowie ggfs. die **Aktiengattung** und die **Zahl der Aktien jeder Gattung** enthalten.[20]

Es muss zudem auf das Recht der Gesellschaftsgläubiger zur Verlangung von **Sicherheiten** (§ 225 Abs. 1 S. 2) hingewiesen werden. 19

§ 224 Wirksamwerden der Kapitalherabsetzung

Mit der Eintragung des Beschlusses über die Herabsetzung des Grundkapitals ist das Grundkapital herabgesetzt.

A. Grundlagen	1	C. Rechtsfolgen eines fehlerhaften Kapitalherabsetzungsbeschlusses	11
B. Wirkungen der Eintragung	3	D. Rechte der Aktionäre	13
I. Grundkapital	3	E. Rechte Dritter	15
II. Rückwirkung	4	I. Vertragliche Regelungen	16
III. Rückgängigmachung	6	II. Fehlen einer vertraglichen Regelung	18
IV. Abänderung des Zwecks	7	F. Buchungspflichten	20
V. Abwendungsbefugnis	9		

A. Grundlagen

Zweck der Vorschrift ist die Schaffung von **Rechtssicherheit**.[1] Die Kapitalherabsetzung wird erst wirksam mit Eintragung des Kapitalherabsetzungsbeschlusses im Handelsregister (§ 224), dh die Eintragung des Beschlusses wirkt **konstitutiv**. Damit wird sichergestellt, dass die Kapitalherabsetzung erst nach Abschluss des Registerverfahrens Wirksamkeit erlangt. 1

Die Eintragung der Durchführung der Kapitalherabsetzung (§ 227) hat hingegen keine konstitutive, sondern eine rein deklaratorische Wirkung.[2] Dies ist bei der Kapitalerhöhung umgekehrt; hier wirkt die Eintragung des Erhöhungsbeschlusses (§ 184) deklaratorisch und erst die Eintragung der Durchführung (§ 189) konstitutiv.[3] 2

B. Wirkungen der Eintragung

I. Grundkapital. Mit Eintragung des Kapitalherabsetzungsbeschlusses im Handelsregister ist der Betrag des Grundkapitals verringert.[4] Die neue Höhe des Grundkapitals ist von diesem Zeitpunkt entscheidend, etwa bei der Bestimmung der Höchstzahl der Aufsichtsratsmitglieder (§ 95) oder der betragsmäßigen Obergrenze bei der Schaffung bedingten Kapitals (§ 192 Abs. 3 S. 1) und genehmigten Kapitals (§ 202 Abs. 3 S. 1). 3

II. Rückwirkung. Eine Rückwirkung, dh eine Wirksamkeit der Herabsetzung des Grundkapitals auf einen Zeitpunkt **vor Eintragung** des Beschlusses im Handelsregister, kann der Kapitalherabsetzung nicht beigelegt werden.[5] Ausnahmsweise eröffnet aber § 234 die Möglichkeit der (bloßen) **bilanziellen Rückwirkung** bei der vereinfachten Kapitalherabsetzung (vgl dazu § 234 Rn 5 f). 4

Ebenso wenig ist es nach **zutreffender Ansicht** möglich, die Kapitalherabsetzung zu einem **späteren** als dem in § 224 genannten Zeitpunkt (Eintragung) wirksam werden zu lassen.[6] Dies folgt schon aus der Tatsache, dass der Gesetzgeber für einen früheren Zeitpunkt des Wirksamwerdens eine spezielle Regelung geschaffen hat (§ 234), das Gesetz hingegen für ein späteres Wirksamwerden jegliche Regelung vermissen lässt. Im Übrigen würde auch der Regelungszweck des § 224 – Schaffung von Rechtssicherheit (vgl Rn 1) – unterlaufen, da ein Kapitalherabsetzungsbeschluss, der erst nach der Eintragung Wirkungen entfalten soll, jederzeit bis zur Wirksamkeit aufgehoben werden könnte. 5

III. Rückgängigmachung. Ist der Beschluss der Hauptversammlung über die Herabsetzung des Grundkapitals im Handelsregister eingetragen, kann er **rechtlich** nicht mehr rückgängig gemacht werden.[7] Wirtschaft- 6

---

20 *Hüffer*, Rn 6; *Krafka/WillerKühn*, Rn 460; abweichend wohl Großkomm-AktienR/*Schilling*, Rn 5 sowie KölnKomm-AktG/*Lutter*, Rn 17.
1 KölnKomm-AktG/*Lutter*, Rn 2; MüKo-AktG/*Oechsler*, Rn 1; *Hüffer*, Rn 1; *Nirk*, Hb AG, Rn 1503.
2 KölnKomm-AktG/*Lutter*, Rn 2; MüKo-AktG/*Oechsler*, Rn 1; *Hüffer*, Rn 1.
3 Zu den Gründen vgl *v. Godin*, ZHR 100 (1934), 221 ff; Großkomm-AktienR/*Schilling*, Rn 1; MüKo-AktG/*Oechsler*, Rn 1; *Hüffer*, Rn 1.
4 KölnKomm-AktG/*Lutter*, Rn 5; *Hüffer*, Rn 2; *Nirk*, Hb AG, Rn 1509.
5 Großkomm-AktienR/*Schilling*, Rn 6; KölnKomm-AktG/*Lutter*, Rn 3; MüKo-AktG/*Oechsler*, Rn 3; *Hüffer*, Rn 8; *Baumbach/Hueck*, AktG, Rn 2; MüHb-AG/*Krieger*, § 60 Rn 28.
6 KölnKomm-AktG/*Lutter*, Rn 4; MüKo-AktG/*Oechsler*, Rn 2; *Hüffer*, Rn 8; MüHb-AG/*Krieger*, § 60 Rn 28; abweichend: KGJ 28 A 216, 224; Großkomm-AktienR/*Schilling*, Rn 5; *Baumbach/Hueck*, AktG, Rn 4.
7 MüKo-AktG/*Oechsler*, Rn 1 und § 222 Rn 28; *Hüffer*, Rn 3 und § 222 Rn 16; MüHb-AG/*Krieger*, § 60 Rn 32.

lich ist eine Korrektur des herabgesetzten Grundkapitals nur durch Vornahme einer Kapitalerhöhung (§§ 182 ff) möglich (vgl § 222 Rn 35). Zur Rückgängigmachung bzw Abänderung des Kapitalherabsetzungsbeschlusses vor Eintragung im Handelsregister vgl § 222 Rn 32 ff.

7 **IV. Abänderung des Zwecks.** Die Änderung des Zwecks der Kapitalherabsetzung (§ 222 Abs. 3) ist auch **nach Eintragung** des Kapitalherabsetzungsbeschlusses im Handelsregister möglich. Erforderlich ist hierzu ein den Voraussetzungen der §§ 222 ff genügender – insbesondere §§ 222 Abs. 1 S. 1, 222 Abs. 2 beachtender – und in das Handelsregister einzutragender Hauptversammlungsbeschluss.[8]

8 War ursprünglicher Zweck eine **Rückzahlung freiwerdender Mittel an die Aktionäre**, so ist der Änderungsbeschluss ausnahmsweise von allen Aktionären zu fassen, denn mit Wirksamwerden der Kapitalherabsetzung steht den Aktionären ein Auszahlungsanspruch gegen die Gesellschaft zu, der einseitig nicht verändert werden kann.[9]

9 **V. Abwendungsbefugnis.** Sieht der Herabsetzungsbeschluss vor, dass eine Abwendung durch **freiwillige Zuzahlung der Aktionäre** erfolgen kann, so endet die Abwendungsbefugnis nach **zutreffender Ansicht** mit Eintragung des Kapitalherabsetzungsbeschlusses im Handelsregister.[10] Auch hier gilt, dass die Wirkung der Eintragung nicht über den in § 224 genannten Zeitpunkt hinausgeschoben werden kann.[11] Die Gegenansicht übersieht, dass ansonsten nicht nur das Handelsregister unrichtig werden kann sondern auch eine ggfs. durchgeführte Zusammenlegung und Kraftloserklärung von Aktien zu korrigieren wäre.

10 Die Zahlungen zur Abwendung der Kapitalherabsetzung müssen daher **nach Fassung des Herabsetzungsbeschlusses und vor seiner Eintragung in das Handelsregister** geleistet werden.[12] Aus Gründen der **Praktikabilität** empfiehlt sich bei derartigen Beschlüssen dringend die **Befristung der Abwendungsbefugnis**. Erst wenn diese Frist abgelaufen ist, kann der Beschluss ohne die Gefahr einer noch eintretenden Veränderung zum Handelsregister angemeldet werden.

C. Rechtsfolgen eines fehlerhaften Kapitalherabsetzungsbeschlusses

11 Ist der Kapitalherabsetzungsbeschluss **nichtig**, so zeitigt seine Eintragung im Handelsregister keine Rechtsfolgen; gleiches gilt bei **Unwirksamkeit** oder **Fehlen** desselben.[13] Eine eventuelle Nichtigkeit ist unter den Voraussetzungen des § 242 heilbar. Sonstige Mängel berühren die Rechtsfolgen der Eintragung nicht.

12 Wird der Kapitalherabsetzungsbeschluss gem. § 224 im Handelsregister eingetragen, so hat dies keine Auswirkungen auf eine ggfs. mögliche Anfechtung des Beschlusses.

D. Rechte der Aktionäre

13 Mit der Eintragung der Kapitalherabsetzung verändern sich die Mitgliedsrechte gemäß dem zugrunde liegenden Beschluss der Hauptversammlung (§ 222). Bei einer Kapitalherabsetzung durch Herabsetzung der Nennbeträge (§ 222 Abs. 4 S. 1) verkörpern die Aktien ab diesem Zeitpunkt – unabhängig davon, ob der Nennbetrag auf der Aktienurkunde schon berichtigt ist oder nicht – nur noch den herabgesetzten Betrag.[14]

14 Erfolgt die Herabsetzung durch Zusammenlegung von Aktien (§ 222 Abs. 4 S. 2), entstehen zu diesem Zeitpunkt **Teilrechte**,[15] welche durch die Aktienurkunde verbrieft werden. Die Gesellschaft hat die Teilrechte mittels einseitigem Rechtsgeschäft durch Zusammenlegung zu Vollrechten zu verbinden (vgl dazu § 226 Rn 6 f). Bis dahin können auch aus verbleibenden **Spitzenbeträgen** Mitgliedsrechte ausgeübt werden.[16] Mitgliedsrechte sind im bestehenden Umfang übertragbar; ein **gutgläubiger Erwerb** ist nicht möglich.[17]

---

[8] RGZ 103, 367, 370 f; Großkomm-AktienR/*Schilling*, Rn 4; KölnKomm-AktG/*Lutter*, Rn 7; MüKo-AktG/*Oechsler*, Rn 5 ff; *Hüffer*, Rn 3; MüHb-AG/*Krieger*, § 60 Rn 33.

[9] *Hüffer*, Rn 3; MüHb-AG/*Krieger*, § 60 Rn 33; ähnlich: MüKo-AktG/*Oechsler*, Rn 6.

[10] KölnKomm-AktG/*Lutter*, Rn 8; MüKo-AktG/*Oechsler*, Rn 2 und § 223 Rn 9 f; *Hüffer*, Rn 7; abweichend: Großkomm-AktienR/*Schilling*, Rn 5; *Baumbach/Hueck*, AktG, Rn 4.

[11] KölnKomm-AktG/*Lutter*, Rn 4; MüKo-AktG/*Oechsler*, Rn 2; *Hüffer*, Rn 8; MüHb-AG/*Krieger*, § 60 Rn 28; abweichend: Großkomm-AktienR/*Schilling*, Rn 5.

[12] Vgl KölnKomm-AktG/*Lutter*, Rn 8; MüKo-AktG/*Oechsler*, Rn 2 und § 223 Rn 9 f; *Hüffer*, Rn 7.

[13] RGZ 144, 138, 141; *Hüffer*, Rn 9.

[14] Großkomm-AktienR/*Schilling*, Rn 3; KölnKomm-AktG/*Lutter*, Rn 10; MüKo-AktG/*Oechsler*, Rn 16; *Hüffer*, Rn 4; MüHb-AG/*Krieger*, § 60 Rn 29.

[15] Großkomm-AktienR/*Schilling*, Rn 3; KölnKomm-AktG/*Lutter*, Rn 10; MüKo-AktG/*Oechsler*, Rn 18; *Hüffer*, Rn 5; MüHb-AG/*Krieger*, § 60 Rn 29.

[16] BGH AG 1992, 569 = DB 1991, 2378; OLG Hamburg AG 1991, 242 = WM 1991, 951 = ZIP 1991, 305; Großkomm-AktienR/*Schilling*, Rn 10; *Hüffer*, Rn 6; MüHb-AG/*Krieger*, § 60 Rn 29; differenzierend: KölnKomm-AktG/*Lutter*, Rn 11 f.

[17] BGH AG 1992, 27, 28 = WM 1991, 1880 = ZIP 1991, 1423; KölnKomm-AktG/*Lutter*, Rn 13; MüKo-AktG/*Oechsler*, Rn 19; *Hüffer*, Rn 6.

E. Rechte Dritter

Vertragliche Rechte Dritter können durch eine Kapitalherabsetzung entweder auf- oder abgewertet werden, so zB bei **Wandel-** und **Optionsanleihen, dividendenabhängiger Verzinsung, Genussrechten** etc. 15

I. Vertragliche Regelungen. In der jeweiligen Vereinbarung zur Begründung der Rechte Dritter mit der Gesellschaft kann eine Vertragsanpassung für diesen Fall ausgeschlossen sein oder aber ausdrücklich geregelt werden. Dies ist auch in Form von **allgemeinen Geschäftsbedingungen** möglich.[18] 16

Stellt sich nachträglich heraus, dass die Kapitalherabsetzung im beschlossenen Umfang nicht notwendig war, kommt eine entsprechende Anwendung von § 23 UmwG (früher §§ 216 Abs. 3, 347a) nicht in Betracht;[19] im Einzelfall kann sich aber durch **ergänzende Vertragsauslegung** (§§ 133, 157 BGB) ein Anspruch auf anteilige Ausgleichszahlungen ergeben.[20] 17

II. Fehlen einer vertraglichen Regelung. Enthält die Vereinbarung keine Regelung für den Fall der Kapitalherabsetzung, so sind die Grundsätze der **ergänzenden Vertragsauslegung** (§§ 133, 157 BGB) heranzuziehen.[21] Bei einer **Dividendengarantie** wird regelmäßig von der Grundkapitalziffer vor Durchführung der Kapitalherabsetzung auszugehen sein.[22] 18

Führt die ergänzende Vertragsauslegung zu keinem Ergebnis, so sind die weiteren Rechtsfolgen **umstritten**. Dabei wird zum Teil nach der Art des Rechtsgeschäftes – Wandel- und Optionsanleihe[23] oder Genussrechte[24] –, zum Teil wird aber auch generell eine Anpassung bejaht.[25] Nach **zutreffender Ansicht** kommt bei Scheitern einer ergänzenden Vertragsauslegung keine automatische Anpassung in Betracht.[26] 19

F. Buchungspflichten

Mit Eintragung des Beschlusses über die Kapitalherabsetzung im Handelsregister (§ 224) entsteht ein **Buchertrag**. Dieser ist nebst der neuen Grundkapitalziffer unverzüglich und nicht erst zum nächsten Bilanzstichtag auf den jeweiligen Konten zu verbuchen.[27] Dabei ist die Zweckbindung der Kapitalherabsetzung (§ 222 Abs. 3) zu beachten. 20

Soll der Buchertrag an die **Aktionäre zurückgezahlt** werden oder dient er der **Erfüllung noch offener Einlagepflichten**, so ist er bis zum Ablauf der Gläubigerschutzfrist (§ 225 Abs. 2) einem **Sonderkonto** zuzuführen.[28] 21

§ 225 Gläubigerschutz

(1) ¹Den Gläubigern, deren Forderungen begründet worden sind, bevor die Eintragung des Beschlusses bekanntgemacht worden ist, ist, wenn sie sich binnen sechs Monaten nach der Bekanntmachung zu diesem Zweck melden, Sicherheit zu leisten, soweit sie nicht Befriedigung verlangen können. ²Die Gläubiger sind in der Bekanntmachung der Eintragung auf dieses Recht hinzuweisen. ³Das Recht, Sicherheitsleistung zu verlangen, steht Gläubigern nicht zu, die im Fall des Insolvenzverfahrens ein Recht auf vorzugsweise Befriedigung aus einer Deckungsmasse haben, die nach gesetzlicher Vorschrift zu ihrem Schutz errichtet und staatlich überwacht ist.

(2) ¹Zahlungen an die Aktionäre dürfen auf Grund der Herabsetzung des Grundkapitals erst geleistet werden, nachdem seit der Bekanntmachung der Eintragung sechs Monate verstrichen sind und nachdem den Gläubigern, die sich rechtzeitig gemeldet haben, Befriedigung oder Sicherheit gewährt worden ist. ²Auch

---

18 BGHZ 119, 305, 322 (Klöckner-Genüsse) = AG 1993, 125 = WM 1992, 1902 = ZIP 1992, 1542 = NJW 1993, 57; *Hüffer*, Rn 11; abweichend: *Hirte*, ZIP 1991, 1461, 1467.
19 BGHZ 119, 305, 322 (Klöckner-Genüsse) = AG 1993, 125 = WM 1992, 1902 = ZIP 1992, 1542 = NJW 1993, 57; *Hüffer*, Rn 11; *Hueck*, DB 1963, 1347, 1348 f; so wohl auch MüKo-AktG/*Oechsler*, Rn 25; abweichend: KölnKomm-AktG/*Lutter*, Rn 19; MüHb-AG/*Krieger*, § 60 Rn 31; *Hirte*, ZIP 1991, 1461, 1466 f; *Vollmer/Lorch*, ZBB 1992, 44, 49; *Emde*, DB 1989, 209, 212 f; *Meilicke*, BB 1963, 500, 501.
20 BGHZ 119, 305, 322 (Klöckner-Genüsse) = AG 1993, 125 = WM 1992, 1902 = ZIP 1992, 1542 = NJW 1993, 57; *Hüffer*, Rn 11.
21 RGZ 147, 42, 48; BGHZ 119, 305, 322 (Klöckner-Genüsse) = AG 1993, 125 = WM 1992, 1902 = ZIP 1992, 1542 = NJW 1993, 57; MüKo-AktG/*Oechsler*, Rn 21; *Hüffer*, Rn 12; MüHb-AG/*Krieger*, § 60 Rn 31.
22 RGZ 147, 42, 48; KölnKomm-AktG/*Lutter*, Rn 20; MüKo-AktG/*Oechsler*, Rn 22; *Hüffer*, Rn 12; MüHb-AG/*Krieger*, § 60 Rn 31.
23 Anpassung verneinend: Großkomm-AktienR/*Schilling*, § 221 Rn 6; *Hueck*, DB 1963, 1347, 1348 f. Anpassung bejahend: KölnKomm-AktG/*Lutter*, Rn 19; *Meilicke*, BB 1963, 500, 501.
24 Anpassung analog §§ 216 Abs. 3, 347 a aF (nunmehr § 23 UmwG) bejahend: *Hirte*, ZIP 1991, 1461, 1465; *Emde*, DB 1989, 209, 212 f; *Hammen*, EWiR 1991, 843 f; *Meilicke*, BB 1963, 500, 501; *Vollmer*, ZGR 1983, 445, 465 f; *Vollmer/Lorch*, ZBB 1992, 44, 46. Anpassung verneinend: Hachenburg/*Goerdeler/Müller*, GmbHG, Anh. § 29 Rn 15.
25 MüHb-AG/*Krieger*, § 60 Rn 31.
26 *Hüffer*, Rn 13.
27 RGZ 101, 199, 201; KölnKomm-AktG/*Lutter*, Rn 14; MüKo-AktG/*Oechsler*, Rn 13; *Hüffer*, Rn 2.
28 KölnKomm-AktG/*Lutter*, Rn 14; *Hüffer*, Rn 2.

eine Befreiung der Aktionäre von der Verpflichtung zur Leistung von Einlagen wird nicht vor dem bezeichneten Zeitpunkt und nicht vor Befriedigung oder Sicherstellung der Gläubiger wirksam, die sich rechtzeitig gemeldet haben.

(3) Das Recht der Gläubiger, Sicherheitsleistung zu verlangen, ist unabhängig davon, ob Zahlungen an die Aktionäre auf Grund der Herabsetzung des Grundkapitals geleistet werden.

A. Grundlagen 1	III. Art der Sicherheit 18
B. Sicherheitsleistung (Abs. 1) 5	C. Hinweis in der Bekanntmachung 20
I. Voraussetzungen 8	D. Sperrfrist (Abs. 2) 22
1. Forderung gegen die Gesellschaft 8	I. Auszahlungsverbot 23
2. Meldung der Gläubiger 13	II. Erlassverbot 26
II. Ausnahmen 15	III. Rechtsfolgen bei Verstößen 27
1. Fällige Forderungen 15	E. Sicherheitsleistung ohne Gefährdungslage
2. Ausnahmen nach Abs. 1 S. 3 16	(Abs. 3) 29
3. Bereits abgesicherte Forderungen 17	

A. Grundlagen

1 Die Norm gibt den Gläubigern der Gesellschaft unter den nachstehenden Voraussetzungen einen **Anspruch auf Sicherheitsleistung**. Zudem verbietet sie **Rückzahlungen an Aktionäre** vor Ablauf einer Sperrfrist und Befriedigung bzw Besicherung der Gläubiger (Abs. 2).

2 Die Vorschrift findet entsprechende Anwendung bei der Kapitalherabsetzung durch Einziehung von Aktien (§ 237 Abs. 2), nicht aber bei der vereinfachten Kapitalherabsetzung. Hier wird der Gläubigerschutz durch §§ 230 bis 233 gewährleistet.

3 § 225 Abs. 1 S. 1 und Abs. 2 S. 1 sind **Schutzgesetze** iSd § 823 Abs. 2 BGB.[1] Vorstand und Aufsichtsrat haften gegenüber den Gläubigern der Gesellschaft bei Verstößen auf **Schadensersatz**, ebenso die Gesellschaft (§ 31 BGB), die **Regress** nehmen kann (§§ 93 Abs. 3, 116).[2]

4 Vergleichbare Vorschriften finden sich in § 272 (Abwicklung), § 303 (Beendigung eines Beherrschungs- oder Gewinnabführungsvertrages), § 321 (Eingliederung) und § 22 UmwG (Verschmelzung). Die Vorschrift wurde zuletzt durch das Einführungsgesetz zur Insolvenzordnung geändert.[3]

B. Sicherheitsleistung (Abs. 1)

5 Die Gläubiger der Gesellschaft haben gegen diese einen **klagbaren Anspruch auf Sicherheitsleistung**, wenn die nachstehenden Voraussetzungen (vgl nachfolgend Rn 8 ff) gegeben sind und keine Ausnahmen (vgl nachfolgend Rn 15 ff) vorliegen.

6 Auf den Besicherungsanspruch können die Gläubiger **verzichten**,[4] ebenso auf die Einhaltung der Frist gem. Abs. 2 S. 1. Gleichwohl dürfen idR keine Leistungen vor Ablauf der Sechsmonatsfrist (Abs. 2) erfolgen, da praktisch nicht feststellbar ist, ob bereits alle Gläubiger besichert sind bzw hierauf verzichtet haben.

7 Eine **Verkürzung** der Sechsmonatsfrist im Kapitalherabsetzungsbeschluss ist nicht möglich; ein solcher Beschluss wäre **nichtig** (§ 241 Nr. 3).[5]

8 **I. Voraussetzungen. 1. Forderung gegen die Gesellschaft.** Demjenigen, der Sicherheitsleistung verlangt, muss ein **Anspruch** gegen die Gesellschaft zustehen, gleichgültig ob er durch **Gesetz** oder **Vertrag** begründet worden ist.[6] **Dingliche Rechte**, etwa Nießbrauch (§§ 1030 ff BGB), fallen nicht hierunter.[7]

9 Die Forderung muss vor der Bekanntmachung der Eintragung der Kapitalherabsetzung (§ 10 HGB) begründet worden sein; § 15 Abs. 2 HGB findet keine Anwendung, da er durch den spezielleren § 225 Abs. 1 S. 1 verdrängt wird.[8]

10 Begründet ist die Forderung, wenn ihr Rechtsgrund gelegt ist, was bei vertraglichen Ansprüchen regelmäßig mit **Vertragsabschluss** der Fall ist.[9] Bei gesetzlichen Ansprüchen müssen alle **Entstehungsvoraussetzungen**

---

[1] Großkomm-AktienR/*Schilling*, Rn 12, 16; KölnKomm-AktG/*Lutter*, Rn 40; MüKo-AktG/*Oechsler*, Rn 4; *Hüffer*, Rn 18.
[2] MüKo-AktG/*Oechsler*, Rn 4; *Hüffer*, Rn 18.
[3] BGBl. I 1994 S. 2911.
[4] *Hüffer*, Rn 12.
[5] KölnKomm-AktG/*Lutter*, Rn 16; *Hüffer*, Rn 7.
[6] KölnKomm-AktG/*Lutter*, Rn 6; MüKo-AktG/*Oechsler*, Rn 5; *Hüffer*, Rn 2; MüHb-AG/*Krieger*, § 60 Rn 36.
[7] KölnKomm-AktG/*Lutter*, Rn 6, 21; MüKo-AktG/*Oechsler*, Rn 5; *Hüffer*, Rn 2; *Nirk*, Hb AG, Rn 1511; *Henn*, Handbuch des Aktienrechts, Rn 1315.
[8] KölnKomm-AktG/*Lutter*, Rn 7; MüKo-AktG/*Oechsler*, Rn 6; *Hüffer*, Rn 3; *Nirk*, Hb AG, Rn 1511; *Henn*, Handbuch des Aktienrechts, Rn 1315.
[9] MüKo-AktG/*Oechsler*, Rn 7; *Hüffer*, Rn 3.

vorliegen.[10] Auf die **Fälligkeit** des Anspruches kommt es nicht an. Ebenso wenig darauf, ob der Anspruch **befristet, auflösend** oder **aufschiebend bedingt** ist.[11]

Auch bei **Dauerschuldverhältnissen** entsteht der Anspruch auf Besicherung mit Vertragsabschluss, nicht erst mit Fälligkeit. Hier ist jedoch Voraussetzung, dass die zukünftigen Einzelansprüche ohne Weiteres Zutun der Vertragsparteien in vorbestimmter Höhe entstehen, so etwa bei Mietzahlungen.[12] Um bei Dauerschuldverhältnissen eine **Übersicherung** zu vermeiden, sind nicht sämtlich zukünftig entstehenden Forderungen abzusichern; vielmehr ist das Sicherungsinteresse des Gläubigers konkret zu bestimmen.[13] Interessengerecht erscheint eine Besicherung bis zum nächstmöglichen Kündigungstermin durch den Gläubiger[14] oder eine maximale Absicherung eines Fünfjahresbetrages entsprechend § 160 HGB.[15]

Auch für **bestrittene Forderungen** ist Sicherheit zu leisten, es sei denn, sie sind offensichtlich unbegründet. Lehnt die Gesellschaft eine Sicherheitsleistung ab, kann der Gläubiger seinen behaupteten Besicherungsanspruch gerichtlich klären lassen.[16]

2. **Meldung der Gläubiger.** Die Gläubiger müssen sich innerhalb von 6 Monaten nach Bekanntmachung der Eintragung des Herabsetzungsbeschlusses bei der Gesellschaft melden und deutlich machen, aus welchem Rechtsgrund und in welcher Höhe sie Sicherheit verlangen (Abs. 1 S. 1). Eine Meldung **vor Beginn der Frist** schadet nicht.[17] Die Frist läuft unabhängig von der tatsächlichen Kenntnis des Gläubigers[18] und unabhängig davon, ob ein Hinweis nach Abs. 1 S. 2 durch das Registergericht erfolgt ist.[19] **Wiedereinsetzung** kann nicht gewährt werden.[20]

Die **Fristberechnung** erfolgt gem. §§ 187 ff BGB, wobei sich der Fristbeginn nach § 10 Abs. 2 HGB bestimmt. Der Herabsetzungsbeschluss kann eine längere, aber keine kürzere Meldefrist vorsehen.[21]

II. **Ausnahmen.** 1. **Fällige Forderungen.** Ein Anspruch auf Sicherheitsleistung besteht nicht, wenn die zu besichernde Forderung fällig ist (Abs. 1 S. 1). Wird die Forderung erst **im Laufe der Ausschlussfrist** fällig, so besteht bis zu diesem Zeitpunkt ein Anspruch auf Sicherung.[22] Eine **vor Fälligkeit** der Forderung gestellte Sicherheit ist nicht mit Eintritt der Fälligkeit, sondern erst dann herauszugeben, wenn die Forderung erfüllt ist.[23]

2. **Ausnahmen nach Abs. 1 S. 3.** Ein Anspruch auf Sicherheitsleistung besteht ebenfalls nicht in den nach § 225 Abs. 1 S. 3 geregelten Ausnahmen. Dies sind Fälle, in denen die Gläubiger im Falle der **Insolvenz** ein Recht auf **vorzugsweise Befriedigung** aus einer Deckungsmasse haben, die nach gesetzlichen Vorschriften zu ihrem Schutz errichtet und staatlich überwacht ist.[24] Hierzu zählen **Pfandbriefgläubiger** der Hypotheken- und Schiffpfandbriefbanken (§ 35 HypBG; § 36 SchiffsBG) sowie **Versicherungsnehmer** gegenüber ihren Versicherungsgesellschaften (§§ 77, 79 VAG). Ob § 225 Abs. 1 S. 3 entsprechend auch auf Ansprüche aus einer laufenden **betrieblichen Altersversorgung** und auf unverfallbare Anwartschaften aus ihnen nach § 1 BetrAVG anwendbar ist, ist streitig.[25]

3. **Bereits abgesicherte Forderungen.** Ist die Forderung bereits den Anforderungen der §§ 232 ff BGB entsprechend abgesichert, so besteht aufgrund der Kapitalherabsetzung kein Anspruch auf Stellung einer **weiteren Sicherheit**.[26] Gleiches muss gelten, wenn eine **ausreichende**, aber nicht den strengen Anforderungen der §§ 232 ff BGB entsprechende **Sicherheit** besteht (etwa wenn eine Bankbürgschaft vorliegt, obwohl inländische Grundstücke vorhanden sind, vgl § 232 Abs. 2).[27]

---

10 MüKo-AktG/*Oechsler*, Rn 14; *Hüffer*, Rn 3.
11 KölnKomm-AktG/*Lutter*, Rn 9 f; MüKo-AktG/*Oechsler*, Rn 8; *Hüffer*, Rn 4; *Baumbach/Hueck*, AktG, Rn 4; MüHb-AG/*Krieger*, § 60 Rn 36; abweichend bezüglich aufschiebend bedingter Forderungen: Großkomm-AktienR/*Schilling*, Rn 3.
12 KölnKomm-AktG/*Lutter*, Rn 13; MüKo-AktG/*Oechsler*, Rn 9; *Hüffer*, Rn 4.
13 BGH NJW 1996, 1539, 1540 = AG 1996, 312 = WM 1996, 816 = ZIP 1996, 705; MüKo-AktG/*Oechsler*, Rn 10; *Hüffer*, Rn 4; *Jaeger*, DB 1996, 1069, 1070 f.
14 MüKo-AktG/*Oechsler*, Rn 10.
15 *Hüffer*, Rn 4.
16 KölnKomm-AktG/*Lutter*, Rn 33; *Hüffer*, Rn 5.
17 KölnKomm-AktG/*Lutter*, Rn 18; MüKo-AktG/*Oechsler*, Rn 18; *Hüffer*, Rn 7; MüHb-AG/*Krieger*, § 60 Rn 42.
18 Großkomm-AktienR/*Schilling*, Rn 2; KölnKomm-AktG/*Lutter*, Rn 15; MüKo-AktG/*Oechsler*, § 225, Rn 15; *Hüffer*, Rn 6.
19 Großkomm-AktienR/*Schilling*, Rn 2, 10; KölnKomm-AktG/*Lutter*, Rn 15, 35; *Hüffer*, Rn 7; MüHb-AG/*Krieger*, § 60 Rn 42.
20 MüKo-AktG/*Oechsler*, Rn 15.
21 KölnKomm-AktG/*Lutter*, § 225, Rn 16; MüKo-AktG/*Oechsler*, Rn 16 f; *Hüffer*, Rn 7.
22 MüKo-AktG/*Oechsler*, Rn 25; *Hüffer*, Rn 9.
23 Großkomm-AktienR/*Schilling*, Rn 7; KölnKomm-AktG/*Lutter*, Rn 22; MüKo-AktG/*Oechsler*, Rn 24; *Hüffer*, Rn 9; MüHb-AG/*Krieger*, § 60 Rn 37.
24 *Hüffer*, Rn 10.
25 Dafür die wohl hM, weil diese Ansprüche der Insolvenzsicherung nach § 7 BetrAVG unterliegen: BAGE 83, 356, 367 ff = NJW 1997, 1526 = AG 1997, 268, 269 f = DB 1997, 531, 532 f; KölnKomm-AktG/*Lutter*, Rn 28; MüHb-AG/*Krieger*, § 60 Rn 38; *Krieger*, in: FS Nirk, S. 551, 558; *Gotthardt*, BB 1990, 2419, 2421 ff; abweichend wegen des Ausnahmecharakters der Vorschrift: *Rittner*, in: FS Oppenhoff, S. 317, 328; *Wiedemann/Küpper*, in: FS Pleyer, S. 445, 453.
26 KölnKomm-AktG/*Lutter*, Rn 29; MüHb-AG/*Krieger*, § 60 Rn 40; *Rittner*, in: FS Oppenhoff, S. 317, 322 ff; *Wiedemann/Küpper*, in: FS Pleyer, S. 445, 452 f.
27 KölnKomm-AktG/*Lutter*, Rn 29; MüKo-AktG/*Oechsler*, Rn 26; MüHb-AG/*Krieger*, § 60 Rn 40; abweichend: *Rittner*, in: FS Oppenhoff, S. 317, 326 ff.

18 **III. Art der Sicherheit.** Die Forderung ist in **voller Höhe** abzusichern, wobei im Einzelfall **Bewertungsabschläge** vorgenommen werden können.[28]

19 Die Art der Sicherheitsleistung durch die Gesellschaft richtet sich nach §§ 232 ff BGB.[29] Regelmäßig ist die Stellung einer **Realsicherheit** iSv § 232 Abs. 1 BGB notwendig, da Bürgschaften nur subsidiär zulässig sind (§ 232 Abs. 2 BGB). Dies kann zu einer **Bindung** wesentlicher Teile des Gesellschaftsvermögens führen.

C. Hinweis in der Bekanntmachung

20 In der Bekanntmachung der Eintragung des Kapitalherabsetzungsbeschlusses (vgl § 223 Rn 16) ist auf das Recht der Gläubiger hinzuweisen, Sicherheit zu verlangen (§ 225 Abs. 1 S. 2). Der Hinweis kann wie folgt lauten: „Die Gesellschaft hat Gläubigern, deren Forderungen vor dieser Bekanntmachung begründet worden sind, Sicherheit zu leisten, soweit sie nicht Befriedigung verlangen können, wenn sie sich innerhalb von 6 Monaten zu diesem Zwecke bei der Gesellschaft melden."

21 Ist der Hinweis nach Abs. 1 S. 2 **unterblieben**, läuft die Sechsmonatsfrist des Abs. 1 S. 1 gleichwohl.[30] Ebenso wenig wird die **Wirksamkeit** der Kapitalherabsetzung hiervon berührt.

D. Sperrfrist (Abs. 2)

22 Um das Recht der Gläubiger auf Befriedigung oder Sicherheitsleistung zu gewährleisten, dürfen **Zahlungen** aufgrund der Kapitalherabsetzung an die Aktionäre erst dann erfolgen, wenn seit Bekanntmachung der Eintragung der Kapitalherabsetzung sechs Monate verstrichen sind und sämtliche Forderungen der Gläubiger, die sich fristgerecht gemeldet haben, gesichert oder befriedigt wurden (Abs. 2 S. 1). Auch eine **Befreiung** der Aktionäre von der Verpflichtung zur Leistung von Einlagen wird nicht früher wirksam (Abs. 2 S. 2). Sperrfristen betreffend die Eintragung der Kapitalherabsetzung im Handelsregister existieren nach Aktienrecht – anders als im GmbH-Recht (vgl § 58 Abs. 1 Nr. 3 GmbHG) – nicht.

23 **I. Auszahlungsverbot.** Um das Recht der Gläubiger auf Befriedigung oder Sicherheitsleistung zu gewährleisten, dürfen Zahlungen nicht vor dem in Abs. 2 S. 1 bezeichneten Zeitpunkt vorgenommen werden. Das Verbot ist **weit auszulegen** und erstreckt sich auf **jegliche Zahlung** an die Aktionäre, die aufgrund der Kapitalherabsetzung möglich wird.[31]

24 Von dem Auszahlungsverbot nach Abs. 2 S. 1 werden nicht allein **Geldzahlungen**, sondern auch **Sachleistungen** der Gesellschaft an ihre Aktionäre erfasst. Bei einer im Wege der Kapitalherabsetzung vorgenommenen Realteilung[32] ist daher die Übernahme der Aktien an der abgespaltenen Gesellschaft durch die Aktionäre der abspaltenden Gesellschaft vorübergehend gesperrt. Zu den zu beachtenden Mehrheitsverhältnissen bei der Beschlussfassung über die Kapitalherabsetzung vgl § 222 Rn 27 f.

25 Zudem besteht insgesamt bei **Sachleistungen** die Gefahr, dass sie wertmäßig zu niedrig angesetzt werden und damit den Gläubigern der Gesellschaft Haftungsvermögen entgegen den strengen Kapitalbindungsvorschriften des AktG entzogen wird. Daher ist es notwendig, mittels eines **Sachverständigengutachtens** entsprechend §§ 27, 183, 194, 205 zu belegen, dass die Sachleistungen wertmäßig mit dem Herabsetzungsbetrag übereinstimmen. Dies bedeutet auch, dass die ggfs. vorhandenen **Buchwerte** der Gegenstände, die als Sachleistungen ausgezahlt werden sollen, aufzudecken sind.[33]

26 **II. Erlassverbot.** Sollen mit den Erträgen der Kapitalherabsetzung Aktionäre von ihrer Einlagepflicht befreit werden, so werden die dazu notwendigen **Erlassverträge** erst unter den Voraussetzungen des § 225 Abs. 2 S. 2 wirksam. Bis zu diesem Zeitpunkt bleiben die betreffenden Aktionäre zur **Einlageerbringung** verpflichtet (§ 66 Abs. 1 S. 1).

27 **III. Rechtsfolgen bei Verstößen.** Bei einem Verstoß gegen das Auszahlungs- bzw Erlassverbot haben die Aktionäre der Gesellschaft nach § 62 die **empfangenen Leistungen** zurückzugewähren.[34]

28 § 225 Abs. 1 S. 1 und Abs. 2 S. 1 sind **Schutzgesetze** iSd § 823 Abs. 2 BGB.[35] Vorstand und Aufsichtsrat haften gegenüber den Gläubigern der Gesellschaft bei Verstößen auf **Schadensersatz**, ebenso die Gesellschaft (§ 31 BGB), die **Regress** nehmen kann (§§ 93 Abs. 3, 116).[36]

---

28 KölnKomm-AktG/*Lutter*, Rn 10; MüKo-AktG/*Oechsler*, Rn 30; *Hüffer*, Rn 12; MüHb-AG/*Krieger*, § 60 Rn 36.

29 KölnKomm-AktG/*Lutter*, Rn 34; MüKo-AktG/*Oechsler*, Rn 3; *Hüffer*, Rn 13; MüHb-AG/*Krieger*, § 60 Rn 40; *Nirk*, Hb AG, Rn 1512.

30 Großkomm-AktienR/*Schilling*, Rn 2, 10; KölnKomm-AktG/*Lutter*, Rn 15; *Geßler*, Rn 6; *Hüffer*, Rn 7, 14; MüHb-AG/*Krieger*, § 60 Rn 42.

31 KölnKomm-AktG/*Lutter*, Rn 39; MüKo-AktG/*Oechsler*, Rn 32; *Hüffer*, Rn 15; MüHb-AG/*Krieger*, § 60 Rn 43.

32 So etwa bei der „Löwenbräu"-Teilung (Sachverhalt bei *Lutter*, in: FS Fleck, S. 170 f) und der "Varta"-Teilung (Sachverhalt bei *Timm*, S. 7 ff).

33 Vgl dazu KölnKomm-AktG/*Lutter*, Rn 47 ff, 52.

34 KölnKomm-AktG/*Lutter*, Rn 40; MüKo-AktG/*Oechsler*, Rn 37; *Hüffer*, Rn 15; MüHb-AG/*Krieger*, § 60 Rn 43.

35 Großkomm-AktienR/*Schilling*, Rn 12, 16; KölnKomm-AktG/*Lutter*, Rn 40; MüKo-AktG/*Oechsler*, Rn 4, 37; *Hüffer*, Rn 18.

36 MüKo-AktG/*Oechsler*, Rn 4, 37; *Hüffer*, Rn 18.

Sechster Teil | Satzungsänderung. Kapitalbeschaffung u.a. § 226 AktG

E. Sicherheitsleistung ohne Gefährdungslage (Abs. 3)

Der Anspruch des Gläubigers auf Besicherung ist nicht davon abhängig, ob aufgrund der Kapitalherabsetzung **Zahlungen an die Aktionäre** geleistet werden sollen (§ 225 Abs. 3). Der mit der ordentlichen Kapitalherabsetzung verfolgte Zweck (§ 222 Abs. 3) hat somit keine Auswirkungen auf den Anspruch der Gläubiger auf Sicherheitsleistung.[37] 29

Dient die Kapitalherabsetzung der Sanierung, so kann die Gesellschaft durch Wahl des vereinfachten Kapitalherabsetzungsverfahrens einen Besicherungsanspruch der Gläubiger vermeiden.[38] 30

§ 226 Kraftloserklärung von Aktien

(1) ¹Sollen zur Durchführung der Herabsetzung des Grundkapitals Aktien durch Umtausch, Abstempelung oder durch ein ähnliches Verfahren zusammengelegt werden, so kann die Gesellschaft die Aktien für kraftlos erklären, die trotz Aufforderung nicht bei ihr eingereicht worden sind. ²Gleiches gilt für eingereichte Aktien, welche die zum Ersatz durch neue Aktien nötige Zahl nicht erreichen und der Gesellschaft nicht zur Verwertung für Rechnung der Beteiligten zur Verfügung gestellt sind.

(2) ¹Die Aufforderung, die Aktien einzureichen, hat die Kraftloserklärung anzudrohen. ²Die Kraftloserklärung kann nur erfolgen, wenn die Aufforderung in der in § 64 Abs. 2 für die Nachfrist vorgeschriebenen Weise bekanntgemacht worden ist. ³Die Kraftloserklärung geschieht durch Bekanntmachung in den Gesellschaftsblättern. ⁴In der Bekanntmachung sind die für kraftlos erklärten Aktien so zu bezeichnen, daß sich aus der Bekanntmachung ohne weiteres ergibt, ob eine Aktie für kraftlos erklärt ist.

(3) ¹Die neuen Aktien, die an Stelle der für kraftlos erklärten Aktien auszugeben sind, hat die Gesellschaft unverzüglich für Rechnung der Beteiligten zum Börsenpreis und beim Fehlen eines Börsenpreises durch öffentliche Versteigerung zu verkaufen. ²Ist von der Versteigerung am Sitz der Gesellschaft kein angemessener Erfolg zu erwarten, so sind die Aktien an einem geeigneten Ort zu verkaufen. ³Zeit, Ort und Gegenstand der Versteigerung sind öffentlich bekanntzumachen. ⁴Die Beteiligten sind besonders zu benachrichtigen; die Benachrichtigung kann unterbleiben, wenn sie untunlich ist. ⁵Bekanntmachung und Benachrichtigung müssen mindestens zwei Wochen vor der Versteigerung ergehen. ⁶Der Erlös ist den Beteiligten auszuzahlen oder, wenn ein Recht zur Hinterlegung besteht, zu hinterlegen.

A. Grundlagen 1	C. Verfahren der Kraftloserklärung (Abs. 1, 2) 11
B. Zusammenlegung 4	I. Sachliche Anforderungen 11
I. Ausführung des Kapitalherabsetzungsbeschlusses 4	II. Formelle Anforderungen 13
II. Zusammenlegungsentscheidung 6	III. Kraftloserklärung 14
III. Ausführung der Zusammenlegungsentscheidung 8	IV. Rechtsfolgen 17
	V. Fehlerhafte Kraftloserklärung 18
	D. Verwertung (Abs. 3) 19

A. Grundlagen

Die Norm soll verhindern, dass die **Zusammenlegung** von Aktien zur Durchführung der Kapitalherabsetzung an der **fehlenden Mitwirkung** der Aktionäre scheitert.[1] § 226 setzt eine Kapitalherabsetzung durch Zusammenlegung von Aktien (§ 222 Abs. 4 S. 2) voraus und ist bei einer Herabsetzung des Grundkapitals im Wege der Nennbetragsherabsetzung (§ 222 Abs. 4 S. 1) nicht anwendbar.[2] 1

Im letzteren Fall ist der auf der Aktie ausgewiesene Nennbetrag mit Wirksamkeit der Kapitalherabsetzung (§ 224) zu hoch und damit unrichtig. Die Aktien sind entweder zu **berichtigen** (etwa durch Abstempelung) oder **auszutauschen**. Wirken die Aktionäre hierbei nicht mit, kommt eine **Kraftloserklärung** nach § 73 in Betracht.[3] Sind keine Aktien ausgegeben worden, so ist jegliche Durchführung obsolet. 2

§ 226 gilt sinngemäß bei der vereinfachten Kapitalherabsetzung (§ 229 Abs. 3) sowie bei Verschmelzung unter Zusammenlegung von Aktien der übertragenden Gesellschaft (§ 72 UmwG).[4] 3

---

[37] KölnKomm-AktG/*Lutter*, Rn 19; *Geßler*, Rn 14; *Hüffer*, Rn 17; MüHb-AG/*Krieger*, § 60 Rn 39; iE ebenso *Nirk*, Hb AG, Rn 1512.
[38] *Hüffer*, Rn 17; MüHb-AG/*Krieger*, § 60 Rn 39; *Geßler*, Rn 4; *Baumbach/Hueck*, AktG, Rn 9.
[1] BGH AG 1992, 27, 28 = WM 1991, 1880 = ZIP 1991, 1423 = DB 1991, 2378 = BB 1992, 1021 = NJW-RR 1992, 168; MüKo-AktG/*Oechsler*, Rn 1; *Hüffer*, Rn 1; iE ebenso: KölnKomm-AktG/*Lutter*, Rn 2; *Nirk*, Hb AG, Rn 1513.
[2] KölnKomm-AktG/*Lutter*, Rn 5; MüKo-AktG/*Oechsler*, Rn 35; *Geßler*, Rn 1; *Hüffer*, Rn 1; MüHb-AG/*Krieger*, § 60 Rn 46; *Nirk*, Hb AG, Rn 1514.
[3] KölnKomm-AktG/*Lutter*, Rn 5; MüKo-AktG/*Oechsler*, Rn 35; *Hüffer*, Rn 2.
[4] *Hüffer*, Rn 2.

B. Zusammenlegung

4 **I. Ausführung des Kapitalherabsetzungsbeschlusses.** Zuständig für die Ausführung des Kapitalherabsetzungsbeschlusses ist der Vorstand (§ 83 Abs. 2). Dabei ist er an die **Vorgaben** des Beschlusses der Hauptversammlung (§ 222) **gebunden**. **Fehlen** solche oder sind sie **lückenhaft**, hat der Vorstand nach pflichtgemäßem Ermessen zu handeln,[5] was u.a. bedeutet, dass er den Kapitalherabsetzungsbeschluss unverzüglich umzusetzen hat.[6]

5 Der Vorstand hat die Aktionäre aufzufordern, die Aktien einzureichen. Dabei hat er die **Kraftloserklärung** anzudrohen (Abs. 2 S. 1). Im Idealfall kommen alle Aktionäre dieser Aufforderung nach und haben jeweils so viele alte Aktien, dass ihnen ohne Überhang neue Aktien zugeteilt werden können bzw stellen den Überhang der alten Aktien der Gesellschaft zwecks Verwertung für ihre Rechnung zur Verfügung. Dann ist eine Kraftloserklärung nicht notwendig. Dieser Idealfall wird in der Praxis aber nur selten gegeben sein.

6 **II. Zusammenlegungsentscheidung.** Regelmäßig werden nicht alle Aktien freiwillig eingereicht oder es werden alte Aktien, die nicht die Anzahl für die Zuteilung einer neuen Aktien erreichen, nicht der Gesellschaft zwecks Verwertung zur Verfügung gestellt. In derartigen Fällen hat der Vorstand die **Neuordnung der Aktienrechte** zu entscheiden indem er festlegt, welche Mitgliedschaftsrechte konkret auf welche Weise zusammengelegt werden.[7]

7 Die Zusammenlegungsentscheidung des Vorstandes erfolgt durch **einseitiges Rechtsgeschäft** mittels **nicht empfangsbedürftiger Willenserklärung**.[8] Sie wird mit der **Kundgabe**, die in beliebiger Form erfolgen kann (Festlegung im Beschlussbuch der Gesellschaft, Aktenvermerk des Vorstands etc.), **wirksam**.[9]

8 **III. Ausführung der Zusammenlegungsentscheidung.** Nach der Zusammenlegungsentscheidung des Vorstandes sind die alten Aktienurkunden zu **berichtigen** oder gegen neue **auszutauschen**. Sind keine Aktien ausgegeben, hat die Gesellschaft entsprechende **Umbuchungen** vorzunehmen und die Aktionäre über den neuen Nennbetrag der Mitgliedsrechte bzw den neuen Kapitalbetrag bei Stückaktien (§ 8 Abs. 3 S. 3) zu **informieren**.[10]

9 Reichen die alten Aktien eines Aktionärs nicht aus, um eine neue Aktie zu erhalten bzw bleiben entsprechende **Überhänge**, kann der Aktionär der Gesellschaft **Verwertungsbefugnis** erteilen. Dies geschieht idR konkludent mit Einreichung der alten Urkunden. Die Gesellschaft legt diese alten Aktien mit alten Aktien anderer Aktionäre, die ihr ebenfalls Verwertungsbefugnis erteilt haben, zusammen zu neuen Aktien. Die aus der Zusammenlegung entstandenen neuen Aktien stehen im **gemeinschaftlichen Eigentum** dieser Aktionären, und zwar zu ideellen Bruchteilen im Verhältnis ihrer eingebrachten Bruchteilsrechte.[11] Der Vorstand hat die neuen Aktien für Rechnung der am Mitgliedsrecht beteiligten Aktionäre zu verwerten, etwa durch **freihändigen Verkauf**, ohne an die Regeln des Abs. 3 gebunden zu sein.[12]

10 Ab Wirksamkeit der Kapitalherabsetzung (§ 224) haben die Aktionäre einen **klagbaren Anspruch** gegenüber der Gesellschaft auf Zusammenlegung.[13] Zudem haben sie Anspruch auf **Aushändigung** neuer bzw **Berichtigung** alter Aktienurkunden sowie auf Auszahlung eines **Verwertungserlöses** nach § 226 Abs. 3.[14]

C. Verfahren der Kraftloserklärung (Abs. 1, 2)

11 **I. Sachliche Anforderungen.** Aktien können nur für kraftlos erklärt werden, wenn entweder die Aktienurkunden trotz Aufforderung innerhalb einer bestimmten Frist (Abs. 1 S. 1) nicht eingereicht werden oder die Zahl der eingereichten Aktien zu gering ist, um neue Aktien auszugeben bzw Überhänge bestehen bleiben und der Gesellschaft keine Verwertungsbefugnis erteilt wird (dazu vorstehend Rn 9).

12 Die **Satzung** kann das Verfahren der Kraftloserklärung weder **erleichtern** noch **verbieten**, da es sich um ein unverzichtbares Instrument zur Durchführung der ordentlichen Kapitalherabsetzung handelt, welches einen Mindestschutz der Aktionäre sichert.[15] **Zusätzliche Voraussetzungen** zur Durchführung der Kraftloserklä-

---

[5] RGZ 80, 81. 83 f; KölnKomm-AktG/*Lutter*, Rn 6; MüKo-AktG/*Oechsler*, Rn 3; *Hüffer*, Rn 3; MüHb-AG/*Krieger*, § 60 Rn 47.

[6] BGH AG 1992, 27, 28 = WM 1991, 1880 = ZIP 1991, 1423; KölnKomm-AktG/*Lutter*, Rn 6; *Hüffer*, Rn 3; MüHb-AG/*Krieger*, § 60 Rn 47.

[7] KölnKomm-AktG/*Lutter*, Rn 10; MüKo-AktG/*Oechsler*, Rn 4; *Geßler*, Rn 9; *Hüffer*, Rn 4; MüHb-AG/*Krieger*, § 60 Rn 48.

[8] KölnKomm-AktG/*Lutter*, Rn 7; MüKo-AktG/*Oechsler*, Rn 5; *Hüffer*, Rn 4; *Bork*, in: FS Clausen, S. 49, 52; so wohl auch *Geßler*, Rn 5 f und *Hüffer*, Rn 4; MüHb-AG/*Krieger*, § 60 Rn 48; abweichend: Großkomm-AktienR/*Schilling*, Rn 11.

[9] KölnKomm-AktG/*Lutter*, Rn 7.

[10] *Hüffer*, Rn 5; so auch Großkomm-AktienR/*Schilling*, Rn 12; MüKo-AktG/*Oechsler*, Rn 6; *Geßler*, Rn 6.

[11] KölnKomm-AktG/*Lutter*, Rn 9; *Hüffer*, Rn 5.

[12] KölnKomm-AktG/*Lutter*, Rn 27; MüKo-AktG/*Oechsler*, Rn 13 f; *Hüffer*, Rn 5; MüHb-AG/*Krieger*, § 60 Rn 49; abweichend: *Geßler*, Rn 16.

[13] KölnKomm-AktG/*Lutter*, Rn 6; *Hüffer*, Rn 6; MüHb-AG/*Krieger*, § 60 Rn 47.

[14] KölnKomm-AktG/*Lutter*, Rn 6; *Hüffer*, Rn 6.

[15] MüKo-AktG/*Oechsler*, Rn 2; *Hüffer*, Rn 7.

rung können in der Satzung nicht festgelegt werden, da ansonsten die Gefahr besteht, dass sie faktisch verboten wird.[16]

II. Formelle Anforderungen. Vor der Kraftloserklärung muss die **Aufforderung** ergangen sein, die Aktien einzureichen (vgl Abs. 1 S. 1). In ihr muss eine **Frist zur Einreichung** gesetzt und die **Kraftloserklärung** angedroht werden (§§ 226 Abs. 2 S. 1, S. 2, 64 Abs. 2).[17] Die Aufforderung nebst Androhung der Kraftloserklärung ist dreimal in den Gesellschaftsblättern (§ 25) **bekannt zu machen**, beim ersten Mal mindestens drei und beim letzten Mal mindestens einen Monat vor Fristablauf; dabei müssen zwischen den Bekanntmachungen jeweils drei Wochen liegen. Für **vinkulierte Namensaktien** gilt eine Sonderregelung (§ 64 Abs. 2 S. 4), wonach eine einmalige Aufforderung des Inhabers der Aktie mit einer einmonatigen Frist genügt.[18]

III. Kraftloserklärung. Die Kraftloserklärung ist ein **einseitiges**, auf einer **nicht empfangsbedürftigen Willenserklärung** beruhendes **Rechtsgeschäft**.[19] Zu ihrer Wirksamkeit bedarf es der einmaligen Bekanntmachung in den Gesellschaftsblättern (§§ 226 Abs. 2 S. 3, 25).
In der Bekanntmachung müssen die für kraftlos erklärten Aktien **genau bezeichnet** werden (Abs. 2 S. 4). Eine **individuelle Benachrichtigung** des betreffenden Aktionärs ist weder notwendig noch ausreichend.[20] Auch bei vinkulierten Namensaktien ist die Bekanntmachung erforderlich.
Der Vorstand ist entgegen dem Wortlaut des Abs. 1 S. 1 („kann") **verpflichtet**, die Kraftloserklärung durchzuführen.[21]

IV. Rechtsfolgen. Mit der Kraftloserklärung endet die **wertpapiermäßige Verbriefung** der ansonsten fortbestehenden Mietgliedsrechte.[22] Die Gesellschaft kann nun diese Mitgliedsrechte zusammenlegen, neue Aktienurkunden ausgeben und diese verwerten.[23]

V. Fehlerhafte Kraftloserklärung. Die Wirksamkeit der Kraftloserklärung hängt von der Einhaltung der Verfahrensvoraussetzungen (Abs. 2) und der Wirksamkeit des zugrunde liegenden Kapitalherabsetzungsbeschlusses ab.[24] Bei einer **unwirksamen Kraftloserklärung** verbriefen die alten Aktien weiterhin das Mitgliedsrecht, während die neuen Aktienurkunden unwirksam sind.[25] Betroffene Aktionäre können eine entsprechende **Feststellungsklage** gegen die Gesellschaft erheben und auf **Unterlassung der Verwertung** klagen.[26]

D. Verwertung (Abs. 3)

Nach der Zusammenlegung muss der Vorstand **unverzüglich** die Verwertung der neuen Aktien betreiben (Abs. 3 S. 1). Die Norm hat **Schutzgesetzcharakter** iSv § 823 Abs. 2 BGB.[27]
Die neuen Aktien sind für Rechnung der Aktionäre zum **amtlichen Börsenpreis** (vgl §§ 29 ff. BörsG) durch Vermittlung eines Kursmaklers zu verkaufen (Abs. 3 S. 1). Fehlt ein Börsenpreis, so hat der Verkauf durch **öffentliche Versteigerung** zu erfolgen (Abs. 3 S. 1). Die Versteigerung hat am Sitz der Gesellschaft, sofern dort kein angemessener Erfolg zu erwarten ist anderenorts, zu erfolgen (Abs. 3 S. 2). Im Übrigen gilt Abs. 3 S. 3, 4, 5.
Liegen **unverwertbare Aktienspitzen** vor, ist eine **Barabfindung** zu leisten.[28]
Der **Erlös** aus der Verwertung ist unverzüglich an die Berechtigten auszukehren. Liegen die Voraussetzungen vor (§ 372 BGB), ist er zu hinterlegen (§ 226 Abs. 3 S. 6).
Da die Gesellschaft bei der Verwertung für Rechnung der Aktionäre tätig ist, liegt ein **auftragsähnliches Verhältnis** vor. Aus diesem ist die Gesellschaft berechtigt, gegen Rechnungslegung **Aufwendungsersatz** (§ 670 BGB) zu verlangen.[29]
Für Aktien, die der Gesellschaft freiwillig zwecks Verwertung zur Verfügung gestellt wurden, gilt § 226 Abs. 3 nicht (dazu vorstehend Rn 5).

---

16 MüKo-AktG/*Oechsler*, Rn 2; *Hüffer*, Rn 7; abweichend: Großkomm-AktienR/*Schilling*, Rn 14. Teilweise wird auch die Ansicht vertreten, die Satzung könne weitere Voraussetzungen für die Kraftloserklärung aufstellen, sie aber nicht gänzlich verbieten, so KölnKomm-AktG/*Lutter*, Rn 18.
17 KölnKomm-AktG/*Lutter*, Rn 20; MüKo-AktG/*Oechsler*, Rn 15; *Hüffer*, Rn 9; MüHb-AG/*Krieger*, § 60 Rn 51.
18 MüKo-AktG/*Oechsler*, Rn 15; *Hüffer*, Rn 10; MüHb-AG/*Krieger*, § 60 Rn 51.
19 KölnKomm-AktG/*Lutter*, Rn 16; MüKo-AktG/*Oechsler*, Rn 17; *Hüffer*, Rn 11; in diesem Sinne wohl auch *Geßler*, Rn 11.
20 KölnKomm-AktG/*Lutter*, Rn 21; MüKo-AktG/*Oechsler*, Rn 17; *Hüffer*, Rn 11.
21 BGH AG 1992, 27 = WM 1991, 1880 = ZIP 1991, 1423; MüKo-AktG/*Oechsler*, Rn 18; *Geßler*, Rn 13; *Hüffer*, Rn 11; MüHb-AG/*Krieger*, § 60 Rn 47.
22 KölnKomm-AktG/*Lutter*, Rn 23; MüKo-AktG/*Oechsler*, Rn 17; *Geßler*, Rn 12; *Hüffer*, Rn 12; MüHb-AG/*Krieger*, § 60 Rn 51; *Bork*, in: FS Claussen, S. 49, 52.
23 *Geßler*, Rn 15; *Hüffer*, Rn 12; MüHb-AG/*Krieger*, § 60 Rn 52.
24 KölnKomm-AktG/*Lutter*, Rn 24; MüKo-AktG/*Oechsler*, Rn 19 f; *Hüffer*, Rn 17; MüHb-AG/*Krieger*, § 60 Rn 52.
25 KölnKomm-AktG/*Lutter*, Rn 24; MüKo-AktG/*Oechsler*, Rn 21; *Hüffer*, Rn 17; MüHb-AG/*Krieger*, § 60 Rn 52.
26 RGZ 27, 50, 51 f; KölnKomm-AktG/*Lutter*, Rn 24; *Hüffer*, Rn 17.
27 Großkomm-AktienR/*Schilling*, Rn 24; KölnKomm-AktG/*Lutter*, Rn 26; MüKo-AktG/*Oechsler*, Rn 25; *Hüffer*, Rn 14.
28 *Geßler*, Rn 16; *Hüffer*, Rn 15.
29 KölnKomm-AktG/*Lutter*, Rn 25; MüKo-AktG/*Oechsler*, Rn 26; *Hüffer*, Rn 15.

§ 227 Anmeldung der Durchführung

(1) Der Vorstand hat die Durchführung der Herabsetzung des Grundkapitals zur Eintragung in das Handelsregister anzumelden.

(2) Anmeldung und Eintragung der Durchführung der Herabsetzung des Grundkapitals können mit Anmeldung und Eintragung des Beschlusses über die Herabsetzung verbunden werden.

A. Grundlagen

1 Die Norm regelt die Anmeldung der Durchführung der Kapitalherabsetzung zur Eintragung in das Handelsregister. Anders als bei der Anmeldung des Kapitalherabsetzungsbeschlusses (§ 224) hat hier die Eintragung nur **deklaratorischen** Charakter (vgl § 224 Rn 2).[1] Zudem ist die Anmeldung nach § 227 allein vom **Vorstand** vorzunehmen und nicht auch noch vom **Vorsitzenden des Aufsichtsrates**; etwas anderes gilt bei gleichzeitiger Anmeldung des Kapitalherabsetzungsbeschlusses (§§ 227 Abs. 2, 223).

2 Die Anmeldung des Kapitalherabsetzungsbeschlusses (§ 223) und die der Durchführung der Kapitalherabsetzung (Abs. 1) sind voneinander zu unterscheiden, können aber miteinander **verbunden** werden (Abs. 2). Sperrfristen betreffend d Eintragung der Kapitalherabsetzung im Handelsregister existieren nach Aktienrecht – anders als im GmbH-Recht (vgl § 58 Abs. 1 Nr. 3 GmbHG) – nicht.

B. Durchführung der Kapitalherabsetzung

3 Die Anmeldung nach § 227 Abs. 1 kann erst erfolgen, wenn die Kapitalherabsetzung **durchgeführt** ist. Darunter ist die Anpassung der Summe der geringsten Ausgabebeträge (§ 9 Abs. 1) an die Höhe des neuen Grundkapitals zu verstehen.[2]

4 **I. Herabsetzung der Aktiennennbeträge.** Erfolgt die Kapitalherabsetzung durch Herabsetzung der Aktiennennbeträge (§ 222 Abs. 4 S. 1), sind **Durchführungsmaßnahmen** iSd § 227 Abs. 1 nicht erforderlich. Eine solche Kapitalherabsetzung ist mit ihrer Wirksamkeit, dh mit Eintragung des Herabsetzungsbeschlusses in das Handelsregister (§ 224), durchgeführt.[3] Hier können die Anmeldung des Kapitalherabsetzungsbeschlusses (§ 223) und die der Durchführung der Kapitalherabsetzung (§ 227 Abs. 1) miteinander verbunden werden (§ 227 Abs. 2).

5 **II. Zusammenlegung von Aktien.** Wird die Kapitalherabsetzung durch Zusammenlegung von Aktien vorgenommen (§ 222 Abs. 4 S. 2), ist nach der Eintragung des Herabsetzungsbeschlusses das **Zusammenlegungsverfahren** durchzuführen. Dazu gehört die Entscheidung des Vorstandes über die **Zusammenlegung** und die **Einreichung** bzw **Kraftloserklärung** der alten Aktien.[4]

6 Eine **Verbindung** der Anmeldung des Kapitalherabsetzungsbeschlusses und der Durchführung der Kapitalherabsetzung ist in diesem Fall nicht möglich, da das Zusammenlegungsverfahren erst **nach Eintragung** des Herabsetzungsbeschlusses (§ 224) begonnen werden kann.[5]

7 **III. Keine zusätzlichen Durchführungsmaßnahmen.** Sonstige Maßnahmen im Zusammenhang mit der Kapitalherabsetzung, so zB die **Ausgabe** neuer oder die **Berichtigung** der alten Aktien, die **Verwertung** der neuen Aktien (§ 226 Abs. 3) oder die **Sicherheitsleistung** (§ 225 Abs. 1 S. 1), sind keine Durchführungsmaßnahmen iSd § 227 Abs. 1.[6]

C. Anmeldung der Durchführung (Abs. 1)

8 Die Anmeldung der Durchführung der Kapitalherabsetzung hat der **Vorstand** in **öffentlich beglaubigter Form** (§ 12 Abs. 1 HGB) vorzunehmen (§ 227 Abs. 1).

9 Die Anmeldung durch eine **vertretungsberechtigte Anzahl** von Mitgliedern des Vorstandes reicht aus.[7] Auch **unechte Gesamtvertretung** (§ 78 Abs. 3) und **Bevollmächtigung** (unter Beachtung der Formvorschrift

---

1 KölnKomm-AktG/*Lutter*, Rn 2; MüKo-AktG/*Oechsler*, Rn 1; *Geßler*, Rn 2; *Hüffer*, Rn 1; *Baumbach/Hueck*, AktG, Rn 2; Semler/Volhard/*v. Schenck*, Arbeitshb HV, III A Rn 89.
2 *Hüffer*, Rn 2; MüHb-AG/*Krieger*, § 60 Rn 56 f.
3 KölnKomm-AktG/*Lutter*, Rn 3; MüKo-AktG/*Oechsler*, Rn 2; *Hüffer*, Rn 2; *Baumbach/Hueck*, AktG, Rn 2; MüHb-AG/*Krieger*, § 60 Rn 56; Semler/Volhard/*v. Schenck*, Arbeitshb HV, III A Rn 89; *Henn*, Handbuch des Aktienrechts, Rn 1311.
4 KölnKomm-AktG/*Lutter*, Rn 3; MüKo-AktG/*Oechsler*, Rn 2; *Hüffer*, Rn 2; *Baumbach/Hueck*, AktG, Rn 2; MüHb-AG/*Krieger*, § 60 Rn 57; *Henn*, Handbuch des Aktienrechts, Rn 1311.
5 KölnKomm-AktG/*Lutter*, Rn 7; *Geßler*, Rn 4; *Hüffer*, Rn 8; *Baumbach/Hueck*, AktG, Rn 4; MüHb-AG/*Krieger*, § 60 Rn 57; *Henn*, Handbuch des Aktienrechts, Rn 1311.
6 KölnKomm-AktG/*Lutter*, Rn 4; MüKo-AktG/*Oechsler*, Rn 3; *Hüffer*, Rn 3; *Baumbach/Hueck*, AktG, Rn 2; MüHb-AG/*Krieger*, § 60 Rn 57; Semler/Volhard/*Volhard*, Arbeitshb HV, II M Rn 14; *Henn*, Handbuch des Aktienrechts, Rn 1311.
7 KölnKomm-AktG/*Lutter*, Rn 5; *Hüffer*, Rn 5; MüHb-AG/*Krieger*, § 60 Rn 55.

des § 12 Abs. 2 S. 1 HGB) ist möglich.⁸ Einer Mitwirkung des **Vorsitzenden des Aufsichtsrates** bedarf es nicht, sofern nicht eine Anmeldung zusammen mit dem Beschluss über die Kapitalherabsetzung erfolgt (§§ 227 Abs. 2, 223).

Anders als bei der Anmeldung des Kapitalherabsetzungsbeschlusses (vgl § 223 Rn 6) besteht eine vom Registergericht **erzwingbare Pflicht** des Vorstandes zur Anmeldung der Durchführung der Kapitalherabsetzung (§ 14 HGB iVm § 407).⁹   10

D. Tätigkeit des Registergerichts

Das Registergericht prüft **summarisch**, ob die Durchführungsmaßnahmen (Rn 3 ff) rechtmäßig erfolgt sind.¹⁰ Ist dies der Fall, so hat es die Durchführung der Kapitalherabsetzung in Spalte 6 des Handelsregisters (§ 43 Nr. 6 lit. f HRV) **einzutragen**. Eine derartige Eintragung kann zB wie folgt lauten: „Die von der Hauptversammlung am ... beschlossene Herabsetzung des Grundkapitals ist durchgeführt".   11

Der Inhalt der Eintragung ist im Bundesanzeiger und mindestens einem anderen Blatt bekannt zu machen (§ 10 Abs. 1 HGB).¹¹   12

E. Verbindung mit der Anmeldung des Herabsetzungsbeschlusses

Die Anmeldung des Kapitalherabsetzungsbeschlusses (§ 223) kann mit der Anmeldung der Durchführung der Kapitalherabsetzung verbunden werden (§ 227 Abs. 2). Dies ist jedoch nur bei einer Kapitalherabsetzung möglich, die nicht durch **Zusammenlegung von Aktien** (§ 222 Abs. 4 S. 2) erfolgt.¹² Zu den Gründen siehe oben Rn 5 f.   13

§ 228 Herabsetzung unter den Mindestnennbetrag

(1) Das Grundkapital kann unter den in § 7 bestimmten Mindestnennbetrag herabgesetzt werden, wenn dieser durch eine Kapitalerhöhung wieder erreicht wird, die zugleich mit der Kapitalherabsetzung beschlossen ist und bei der Sacheinlagen nicht festgesetzt sind.

(2) ¹Die Beschlüsse sind nichtig, wenn sie und die Durchführung der Erhöhung nicht binnen sechs Monaten nach der Beschlußfassung in das Handelsregister eingetragen worden sind. ²Der Lauf der Frist ist gehemmt, solange eine Anfechtungs- oder Nichtigkeitsklage rechtshängig ist. ³Die Beschlüsse und die Durchführung der Erhöhung des Grundkapitals sollen nur zusammen in das Handelsregister eingetragen werden.

A. Grundlagen

§ 228 ermöglicht eine kurzfristige **Unterschreitung** des Mindestgrundkapitals der Gesellschaft von 50.000 EUR (§ 7) im Rahmen einer Kapitalherabsetzung, wenn es durch eine zeitgleich beschlossene **Barkapitalerhöhung** wieder erreicht wird (§ 228 Abs. 1).   1

Über eine Verweisung (§ 229 Abs. 3) ist die Vorschrift auch bei der vereinfachten Kapitalherabsetzung (§§ 229 ff) anwendbar. Hier liegt ihr Hauptanwendungsfall, der sogenannte **Kapitalschnitt**, eine Kombination einer Kapitalherabsetzung mit einer Kapitalerhöhung zum Zwecke der **Sanierung** (vgl Vorbemerkungen zu §§ 222 Rn 13 ff). Dabei kann zur vollständigen Beseitigung der **Unterbilanz** eine Unterschreitung des Mindestnennbetrag des Grundkapitals notwendig werden.   2

B. Unterschreiten des Mindestnennbetrages

I. Voraussetzungen. Eine Unterschreitung des Mindestnennbetrages des Grundkapitals (§ 7) ist nur zulässig, wenn **zugleich** mit der Kapitalherabsetzung auch eine Kapitalerhöhung beschlossen wird. Dazu ist **kein einheitlicher Beschluss** notwendig, vielmehr können Kapitalherabsetzung und Kapitalerhöhung getrennt be-   3

---

8 KölnKomm-AktG/*Lutter*, Rn 5; *Hüffer*, Rn 5.
9 KölnKomm-AktG/*Lutter*, Rn 5; *Hüffer*, Rn 5; MüHb-AG/*Krieger*, § 60 Rn 55.
10 KölnKomm-AktG/*Lutter*, Rn 6; MüKo-AktG/*Oechsler*, Rn 5; *Geßler*, Rn 3; *Hüffer*, Rn 6; MüHb-AG/*Krieger*, § 60 Rn 58.
11 MüKo-AktG/*Oechsler*, Rn 6; *Hüffer*, Rn 7.
12 KölnKomm-AktG/*Lutter*, Rn 7; MüKo-AktG/*Oechsler*, Rn 7; *Hüffer*, Rn 8; *Baumbach/Hueck*, AktG, Rn 4; MüHb-AG/*Krieger*, § 60 Rn 56 f; *Henn*, Handbuch des Aktienrechts, Rn 1311.

schlossen werden; allerdings müssen dann beide Beschlüsse **innerhalb einer Hauptversammlung** gefasst werden.[1]

4   Durch die Kapitalerhöhung muss der Mindestnennbetrag des Grundkapitals (§ 7) erreicht werden, dh er muss mindestens 50.000 EUR betragen. Eine **bedingte** oder **befristete** Kapitalerhöhung oder eine solche gegen **Sacheinlage** ist zur Erreichung des Mindestnennbetrages nicht zulässig.[2]

5   **II. Fehlerhafte Beschlussfassung.** Verstöße gegen die Erfordernisse des § 228 Abs. 1, die zugleich einen Verstoß gegen § 7 darstellen, führen zur **Nichtigkeit des Kapitalherabsetzungsbeschlusses** (§ 241 Nr. 3).[3] Dies führt auch zur **Nichtigkeit des Kapitalerhöhungsbeschlusses** (§ 139 BGB).[4]

6   Eine **Heilung** der nichtigen Beschlüsse nach Eintragung ist möglich (§ 242 Abs. 2).[5]

C. Eintragungsverfahren (Abs. 2)

7   **I. Eintragungsfrist.** Der Kapitalherabsetzungs- und der Kapitalerhöhungsbeschluss sind **nichtig**, wenn sie und die Durchführung der Erhöhung nicht **binnen sechs Monaten** nach der Beschlussfassung in das Handelsregister eingetragen worden sind (Abs. 2 S. 1).

8   Die Frist beginnt mit dem Tage der Beschlussfassung. Sie wird nur gewahrt, wenn ab diesem Zeitpunkt innerhalb von sechs Monaten alle drei Eintragungen (Kapitalherabsetzungs-, Kapitalerhöhungsbeschluss, Durchführung der Kapitalerhöhung) im Handelsregister erfolgt sind; die bloße **Einreichung der Anmeldung** reicht nicht aus.[6] Unerheblich ist, wann die Durchführung der Kapitalherabsetzung (§ 227) eingetragen wird, da sie nur deklaratorischen Charakter hat (dazu § 227 Rn 1). Nach dem **Ablauf der Frist** darf eine Eintragung nicht mehr erfolgen, da die Beschlüsse dann **unwirksam** sind.[7]

9   **II. Fristhemmung.** Die Sechsmonatsfrist ist gehemmt, solange gegen einen der Beschlüsse eine **Anfechtungs-** oder **Nichtigkeitsklage** (§§ 248 f) rechtshängig (§ 261 Abs. 1 ZPO) ist.

10 **III. Zeitgleiche Eintragung.** Kapitalherabsetzungs-, Kapitalerhöhungsbeschluss und die Durchführung der Kapitalerhöhung sollen nur **gleichzeitig** in das Handelsregister eingetragen werden (Abs. 2 S. 3). Sinn dieser Regelung ist es, Eintragungen im Handelsregister zu verhindern, die noch nachträglich wegen Abs. 2 S. 1 nichtig werden. Zudem soll die Eintragung eines nicht den Anforderungen des § 7 entsprechenden Mindestnennbetrages des Grundkapitals im Handelsregister unterbleiben.[8]

11 Ein Verstoß gegen das Gebot der gleichzeitigen Eintragung berührt die **Wirksamkeit der Beschlüsse** nicht.[9]

Zweiter Unterabschnitt
Vereinfachte Kapitalherabsetzung

§ 229 Voraussetzungen

(1) ¹Eine Herabsetzung des Grundkapitals, die dazu dienen soll, Wertminderungen auszugleichen, sonstige Verluste zu decken oder Beträge in die Kapitalrücklage einzustellen, kann in vereinfachter Form vorgenommen werden. ²Im Beschluß ist festzusetzen, daß die Herabsetzung zu diesen Zwecken stattfindet.

(2) ¹Die vereinfachte Kapitalherabsetzung ist nur zulässig, nachdem der Teil der gesetzlichen Rücklage und der Kapitalrücklage, um den diese zusammen über zehn vom Hundert des nach der Herabsetzung verbleibenden Grundkapitals hinausgehen, sowie die Gewinnrücklagen vorweg aufgelöst sind. ²Sie ist nicht zulässig, solange ein Gewinnvortrag vorhanden ist.

(3) § 222 Abs. 1, 2 und 4, §§ 223, 224, 226 bis 228 über die ordentliche Kapitalherabsetzung gelten sinngemäß.

---

1   Großkomm-AktienR/*Schilling*, Rn 4; KölnKomm-AktG/*Lutter*, Rn 3; MüKo-AktG/*Oechsler*, Rn 4; *Geßler*, Rn 5; *Hüffer*, Rn 2; MüHb-AG/*Krieger*, § 60 Rn 8 f; iE ebenso *Nirk*, Hb AG, Rn 1506.

2   Großkomm-AktienR/*Schilling*, Rn 6; KölnKomm-AktG/*Lutter*, § 228, Rn 8; *Geßler*, Rn 7; *Hüffer*, Rn 2 f; MüKo-AktG/*Oechsler*, Rn 8; *Baumbach/Hueck*, AktG, Rn 2; *Henn*, Handbuch des Aktienrechts, Rn 1312 f.

3   KölnKomm-AktG/*Lutter*, Rn 13; MüKo-AktG/*Oechsler*, Rn 9; *Hüffer*, Rn 4.

4   KG JW 1930, 2718 f; 1932, 1018 f; KölnKomm-AktG/*Lutter*, Rn 13; *Hüffer*, Rn 4; differenzierend: MüKo-AktG/*Oechsler*, Rn 9.

5   MüKo-AktG/*Oechsler*, Rn 11; *Hüffer*, Rn 4.

6   KölnKomm-AktG/*Lutter*, Rn 19; MüKo-AktG/*Oechsler*, Rn 11; *Hüffer*, Rn 5.

7   KölnKomm-AktG/*Lutter*, Rn 14; MüKo-AktG/*Oechsler*, Rn 11; *Geßler*, Rn 11; *Hüffer*, Rn 5; *Nirk*, Hb AG, Rn 1507; *Henn*, Handbuch des Aktienrechts, Rn 1314.

8   KölnKomm-AktG/*Lutter*, Rn 20; MüKo-AktG/*Oechsler*, Rn 15; *Hüffer*, Rn 9; *Nirk*, Hb AG, Rn 1508; Semler/Volhard/*v. Schenck*, Arbeitshb HV, III A Rn 90.

9   KölnKomm-AktG/*Lutter*, Rn 20; MüKo-AktG/*Oechsler*, Rn 15; *Geßler*, Rn 12; *Hüffer*, Rn 9; MüHb-AG/*Krieger*, § 60 Rn 9.

A. Grundlagen... 1	2. Gewinnrücklagen... 22
B. Ablauf der vereinfachten Kapitalherabsetzung... 4	3. Gewinnvortrag... 23
C. Voraussetzungen... 5	III. Verweis auf die Vorschriften über die ordentliche Kapitalherabsetzung (Abs. 3)... 24
I. Zulässige Zwecke der Kapitalherabsetzung (Abs. 1)... 5	1. Beschlussvoraussetzungen und -inhalte... 25
1. Verlustdeckung (Abs. 1 S. 1 Alt. 1 und 2)... 8	2. Besonderheiten beim Herabsetzungsbetrag... 28
2. Einstellung in die Kapitalrücklage (Abs. 1 S. 1 Alt. 3)... 13	3. Anmeldung... 33
3. Festsetzung des Zwecks im Beschluss (Abs. 1 S. 2)... 14	IV. Registerverfahren... 34
II. Auflösung von Rücklagen und Ausschöpfung von Gewinnvorträgen (Abs. 2)... 17	V. Mängel der Beschlussfassung... 36
1. Gesetzliche Rücklage und Kapitalrücklage... 20	

A. Grundlagen

Die Norm regelt die Voraussetzungen der vereinfachten Kapitalherabsetzung, die – anders als die reguläre Kapitalherabsetzung nach §§ 222 ff – allein zum Zwecke der **Sanierung** zulässig ist (§ 229 Abs. 1). **1**

In der Praxis wird die vereinfachte Kapitalherabsetzung häufig mit einer Kapitalerhöhung verbunden, sogenannter **Kapitalschnitt**. Dabei hat die vereinfachte Kapitalherabsetzung die Funktion, die Grundkapitalziffer dem geschrumpften Vermögen der Gesellschaft anzupassen um somit einem Verstoß gegen das Verbot der **Unterpariemission** (§ 9 Abs. 1) vorzubeugen (s. dazu vor §§ 222 ff Rn 14). Gemäß § 9 Abs. 1 dürfen Aktien nicht unter ihrem geringsten Ausgabebetrag ausgegeben werden. Bei Vorliegen einer **Unterbilanz** ist aber der geringste Ausgabebetrag der Aktien nicht durch entsprechendes Vermögen der Gesellschaft gedeckt. Damit stehen den wegen des Verbotes der Unterpariemission zum geringsten Ausgabebetrag zu übernehmenden Aktien keine entsprechenden Werte gegenüber; die Aktien wären folglich **überzahlt**. Um dennoch Investoren zu finden, wird in einem solchen Fall zunächst eine vereinfachte Kapitalherabsetzung durchgeführt, in deren Anschluss dann unmittelbar neues Eigenkapital durch eine Kapitalerhöhung zugeführt werden kann. **2**

Die **Vereinfachung** bei dieser Art der Kapitalherabsetzung ergibt sich aus dem eingeschränkten Verweis in § 229 Abs. 3, wonach der **aufwendige Gläubigerschutz** der ordentlichen Kapitalherabsetzung (§ 225) **entfällt**. Dieser wäre wegen des geschrumpften Realvermögens der Gesellschaft im Sanierungsfall ohnehin nicht zu verwirklichen. Der Schutz der Gläubiger der Gesellschaft wird statt dessen dadurch realisiert, dass die **Erträge** aus der vereinfachten Kapitalherabsetzung **ausschließlich der Sanierung zugute kommen** und nicht an Aktionäre ausgeschüttet bzw offene Einlagepflichten nicht erlassen werden können (§§ 230–233). Dieser abgeschwächte Gläubigerschutz ist vor dem Hintergrund gerechtfertigt, dass die Interessen der Gläubiger nicht durch die Kapitalherabsetzung als solche sondern durch die bereits eingetretenen Vermögensverluste der Gesellschaft gefährdet sind.[1] **3**

B. Ablauf der vereinfachten Kapitalherabsetzung

Die Herabsetzung des Grundkapitals mittels vereinfachter Kapitalherabsetzung wird durch folgenden Verfahrensablauf erreicht: **4**

1. Die gesetzlichen Rücklagen und die Kapitalrücklagen, die Gewinnrücklagen und -vorträge sind aufzulösen (§ 229 Abs. 2).
2. Die Hauptversammlung beschließt die vereinfachte Herabsetzung des Grundkapitals (§§ 229 Abs. 1, 3, 222). Dabei sind auch ggfs. notwendige Sonderbeschlüsse zu fassen (§§ 229 Abs. 3, 222 Abs. 2).
3. Dieser Beschluss ist vom Vorstand und dem Vorsitzenden des Aufsichtsrates zum Handelsregister anzumelden (§§ 229 Abs. 3, 223).
4. Nach (beanstandungsfreier) Prüfung durch das Registergericht wird der Herabsetzungsbeschluss in das Handelsregister eingetragen; damit ist das Grundkapital wirksam herabgesetzt (§§ 229 Ans. 3, 224). Das Registergericht macht die Eintragung bekannt.
5. Eventuelle Durchführungsmaßnahmen sind vom Vorstand vorzunehmen. Die erfolgte Durchführung ist ebenfalls zum Handelsregister anzumelden (§§ 229 Abs. 3, 227), wobei eine Verbindung der Anmeldung des Herabsetzungsbeschlusses mit der Anmeldung der vollzogenen Durchführungsmaßnahmen möglich ist (§§ 229 Abs. 3, 227 Abs. 2).

---

[1] Vgl KölnKomm-AktG/*Lutter*, vor § 229 Rn 1; MüKo-AktG/*Oechsler*, Rn 4; *Geßler*, §§ 229, 230 Rn 2 ff; *Hüffer*, Rn 2; *Nirk*, Hb AG, Rn 1528; *Henn*, Handbuch des Aktienrechts, Rn 1316.

C. Voraussetzungen

5 **I. Zulässige Zwecke der Kapitalherabsetzung (Abs. 1).** Das Grundkapital kann bei einer vereinfachten Kapitalherabsetzung nur zum Zwecke des **Ausgleichs von Wertminderungen**, zur **Deckung von Verlusten** oder zur **Einstellung von Beträgen in die Kapitalrücklage** vermindert werden (Abs. 1 S. 1).

6 Es können auch **mehrere Zwecke** nebeneinander verfolgt werden.[2] Dabei ist erforderlich, dass aus dem Hauptversammlungsbeschluss erkennbar ist, welcher Teil des Herabsetzungsbetrages auf welchen Zweck entfallen soll.[3]

7 Werden mit der Kapitalherabsetzung **andere als die vorgenannten Zwecke** verfolgt, so ist eine ordentliche Kapitalherabsetzung durchzuführen (§§ 222 ff).[4]

8 **1. Verlustdeckung (Abs. 1 S. 1 Alt. 1 und 2).** Die in Abs. 1 S. 1 genannten Begriffe „**Wertminderung**" und „**sonstige Verluste**" sind untechnisch zu verstehen.[5] Entscheidend ist, dass ein Verlust vorliegt, ohne dass es auf die Ursachen ankommt.[6]

9 Eine **Mindesthöhe der Verluste** ist nicht notwendig, allerdings müssen sie so beschaffen sein, dass sie nach **kaufmännischen Grundsätzen** die Herabsetzung der Grundkapitalziffer rechtfertigen; daran fehlt es bei **unbedeutenden** oder **nur vorübergehenden Verlusten**.[7] Entscheidend ist hierbei eine **gewissenhafte Prognose nach kaufmännischen Grundsätzen**, nicht aber die nachträgliche, auf die tatsächliche Entwicklung der Folgezeit gestützte Beurteilung.[8]

10 Besondere formelle Regelungen für die **Verlustfeststellung** gibt es nicht, insbesondere muss keine den Verlust ausweisende **Bilanz** der Beschlussfassung zugrunde gelegt werden. Gleichwohl empfiehlt es sich aus Gründen der Verlustermittlung, einen **Zwischenabschluss** nach den Regeln der Jahresbilanz auf einen möglichst nahe der Hauptversammlung liegenden Stichtag zu erstellen.[9] Eine solche Bilanz braucht weder geprüft noch testiert zu sein, sie bedarf keiner besonderen Feststellung und ist nicht Bestandteil der Beschlussfassung.[10]

11 Der bilanzielle Verlust muss im Zeitpunkt der Hauptversammlung tatsächlich bestehen, wobei davon auch **drohende Verluste**, die sich noch nicht realisiert haben, erfasst werden.[11] Dabei wird aus § 232 die Vorstellung des Gesetzgebers erkennbar, dass bei der Substantiierung der Verluste durchaus die Entwicklungen des laufenden und der beiden folgenden Geschäftsjahre antizipiert werden können.[12]

12 Liegt **kein Verlust** oder aber ein Verlust vor, der **nicht dem Herabsetzungsbetrag** entspricht, so kann der Herabsetzungsbeschluss **anfechtbar** sein (vgl dazu Rn 37).

13 **2. Einstellung in die Kapitalrücklage (Abs. 1 S. 1 Alt. 3).** Die vereinfachte Kapitalherabsetzung kann auch dem Zweck dienen, ohne konkrete Verluste oder Verlusterwartungen Beträge in die Kapitalrücklage (§ 266 Abs. 3 A II HGB) einzustellen.[13] Dies dient in erster Linie der **Vorsorge vor Verlusten**. Sie ist höchstens bis zu dem Betrag zulässig, der erforderlich ist, um die Kapitalrücklage unter Hinzurechnung der gesetzlichen Rücklagen auf 10 % des nach der Herabsetzung verbleibenden Grundkapitals aufzufüllen (§ 231).

14 **3. Festsetzung des Zwecks im Beschluss (Abs. 1 S. 2).** Der Hauptversammlungsbeschluss muss einen in Abs. 1 S. 1 genannten **Zweck eindeutig und konkret benennen** (Abs. 1 S. 2).[14] Allein die Angabe „vereinfachte Kapitalherabsetzung" reicht nicht aus.[15] Denkbar sind etwa folgende Formulierungen: „Die Kapital-

---

[2] KölnKomm-AktG/*Lutter*, Rn 20; MüKo-AktG/*Oechsler*, Rn 14; *Hüffer*, Rn 6; MüHb-AG/*Krieger*, § 61 Rn 5; *Fabis*, MittRhNotK 1999, 169, 172.

[3] KölnKomm-AktG/*Lutter*, Rn 20; MüKo-AktG/*Oechsler*, Rn 14; *Hüffer*, Rn 6, 10; Semler/Volhard/*Schroer*, Arbeitshb HV, II M Rn 5; *Meyer-Landrut*, Rn 762; *Fabis*, MittRhNotK 1999, 169, 173; abweichend: Großkomm-AktienR/*Schilling*, Rn 3.

[4] MüKo-AktG/*Oechsler*, Rn 14; *Hüffer*, Rn 6, 10; MüHb-AG/*Krieger*, § 61 Rn 5.

[5] BGHZ 138, 71 = NJW 1998, 2054 = AG 1998, 284 = NZG 1998, 422 = WM 1998, 813 = ZIP 1998, 692; MüKo-AktG/*Oechsler*, Rn 20; *Hüffer*, Rn 7; *Meyer-Landrut*, Rn 761; *Hirte*, in: FS Claussen, S. 115, 118; *Fabis*, MittRhNotK 1999, 169, 172; *Wirth*, DB 1996, 867, 868.

[6] KölnKomm-AktG/*Lutter*, Rn 10; MüKo-AktG/*Oechsler*, Rn 20; *Hüffer*, Rn 7; MüHb-AG/*Krieger*, § 61 Rn 5; *Wirth*, DB 1996, 867, 868.

[7] OLG Frankfurt AG 1989, 207, 208 = WM 1989, 1688; KölnKomm-AktG/*Lutter*, Rn 17; MüKo-AktG/*Oechsler*, Rn 22; *Geßler*, §§ 229, 230 Rn 6; *Hüffer*, Rn 8; MüHb-AG/*Krieger*,

§ 61 Rn 6; *Nirk*, Hb AG, Rn 1519; *Fabis*, MittRhNotK 1999, 169, 172.

[8] OLG Frankfurt AG 1989, 207, 208 = WM 1989, 1688; *Hüffer*, Rn 8.

[9] MüHb-AG/*Krieger*, § 61 Rn 6; *Fabis*, MittRhNotK 1999, 169, 172; *Wirth*, DB 1996, 867, 868.

[10] KölnKomm-AktG/*Lutter*, Rn 11 ff; *Hüffer*, Rn 7; *Hirte*, in: FS Claussen, S. 115, 118; MüHb-AG/*Krieger*, § 61 Rn 6; *Fabis*, MittRhNotK 1999, 169, 172; *Wirth*, DB 1996, 867, 868.

[11] BGHZ 119, 305, 322 = NJW 1993, 57 = AG 1993, 125 = WM 1992, 1902 = ZIP 1992, 1542; MüKo-AktG/*Oechsler*, Rn 20; *Hüffer*, Rn 8; MüHb-AG/*Krieger*, § 61 Rn 24.

[12] MüKo-AktG/*Oechsler*, Rn 23.

[13] KölnKomm-AktG/*Lutter*, Rn 18; MüKo-AktG/*Oechsler*, Rn 26; *Hüffer*, Rn 9; MüHb-AG/*Krieger*, § 61 Rn 7; *Nirk*, Hb AG, Rn 1520; *Henn*, Handbuch des Aktienrechts, Rn 1317.

[14] KölnKomm-AktG/*Lutter*, Rn 21; MüKo-AktG/*Oechsler*, Rn 13; *Geßler*, §§ 229, 230 Rn 4; *Hüffer*, Rn 10; *Krafka/WillerKühn*, Rn 465; *Fabis*, MittRhNotK 1999, 169, 173.

[15] KölnKomm-AktG/*Lutter*, Rn 21; MüKo-AktG/*Oechsler*, Rn 13; *Geßler*, Rn 4; *Hüffer*, Rn 10; *Fabis*, MittRhNotK 1999, 169, 173.

herabsetzung erfolgt, um Wertminderungen auszugleichen und sonstige Verluste zu decken" oder „Die Kapitalherabsetzung wird zwecks Einstellung von Beträgen in die Kapitalrücklage vorgenommen".
Der Beschluss muss zudem **ausdrücklich erkennen lassen**, dass eine vereinfachte Kapitalherabsetzung durchgeführt werden soll, da ein Verlustausgleich oder die Einstellung von Beträgen in die Rücklage auch durch eine ordentliche Kapitalherabsetzung erreicht werden kann.[16]

Werden **mehrere Zwecke** verfolgt, so sind alle anzugeben. Der auf den jeweiligen Zweck entsprechende Herabsetzungsbetrag ist dann zweifelsfrei festzulegen.[17] Eine **Delegation an den Vorstand** ist insoweit nicht möglich.[18]

II. Auflösung von Rücklagen und Ausschöpfung von Gewinnvorträgen (Abs. 2). Zum Schutz der Aktionäre und der Gläubiger der Gesellschaft ist die vereinfachte Kapitalherabsetzung nur dann zulässig, wenn zuvor **gesetzliche Rücklage, Kapitalrücklage** und **Gewinnrücklagen** zumindest teilweise aufgelöst und Mittel verwendet werden. Gleiches gilt für **Gewinnvorträge** (Abs. 2 S. 2). Damit wird einem **Missbrauch** der vereinfachten Kapitalherabsetzung vorgebeugt.

Der Katalog der auflösungspflichtigen Posten ist abschließend.[19] Nicht aufzulösen sind daher **stille Reserven, Sonderposten mit Rücklageanteil** (§§ 247 Abs. 3, 273 HGB) und **Rückstellungen** gem. § 266 Abs. 3 B HGB.[20]

Die Auflösung erfolgt durch entsprechende **Umbuchungen** seitens des Vorstands. Ist die Auflösung der Rücklage der Hauptversammlung vorbehalten, so ist ein entsprechender Beschluss spätestens in der Hauptversammlung zu fassen, die auch die Kapitalherabsetzung beschließt. Dies gilt für die Auflösung von Gewinnvorträgen und für Rücklagen, über die nach der Satzung die Hauptversammlung zu beschließen hat.[21]

1. Gesetzliche Rücklage und Kapitalrücklage. Gesetzliche Rücklage (§ 150 Abs. 2) und Kapitalrücklage (§ 272 Abs. 2 HGB) sind nicht gänzlich aufzulösen. Sie dürfen in Höhe von **10 % des Grundkapitals** nach der beabsichtigten Kapitalherabsetzung bestehen bleiben (§ 229 Abs. 2 S. 1). Zur Berechnung ist die Kapitalherabsetzung bereits als vollzogen zu unterstellen.

Bei einem **Kapitalschnitt** ist die anschließende Kapitalerhöhung nicht zu berücksichtigen.[22] Ist beabsichtigt, durch die Kapitalherabsetzung kurzfristig den **Mindestnennbetrag** des Grundkapitals (§ 7) **zu unterschreiten** (§ 228), ist von dem gesetzlichen Mindestnennbetrag (§ 7) auszugehen.[23]

2. Gewinnrücklagen. Vollständig aufzulösen sind die Gewinnrücklagen. Damit sind **satzungsmäßige Rücklagen** und **andere Gewinnrücklagen** iSd § 266 Abs. 3 A III Nr. 3, 4 HGB gemeint.[24] Nicht aufzulösen sind **gesetzliche Rücklagen** und **Rücklagen für eigene Anteile** (§ 266 Abs. 3 A III Nr. 1, 2 HGB).[25]

3. Gewinnvortrag. Solange ein Gewinnvortrag (§ 266 Abs. 3 A IV HGB) vorhanden ist, ist eine vereinfachte Kapitalherabsetzung ebenfalls unzulässig (§ 229 Abs. 2 S. 2).

III. Verweis auf die Vorschriften über die ordentliche Kapitalherabsetzung (Abs. 3). Über den Verweis des § 229 Abs. 3 gelten die Vorschriften der ordentlichen auch bei der vereinfachten Kapitalherabsetzung. **Ausgenommen** hiervon ist zum einen **§ 222 Abs. 3**; das Gesetz lässt statt dessen die vereinfachte Kapitalherabsetzung nur zur Verlustdeckung und zur Erhöhung der Kapitalrücklage zu (§ 229 Abs. 1) und bestimmt, dass der Zweck im Herabsetzungsbeschluss anzugeben ist. Zum anderen wird nicht auf § 225 verwiesen, da der **Gläubigerschutz** bei der vereinfachten Kapitalherabsetzung über spezielle Vorschriften gewährleistet wird (§§ 230–233; vgl Rn 3).

1. Beschlussvoraussetzungen und -inhalte. Für die Beschlussfassung betreffend eine vereinfachte Kapitalherabsetzung gelten die gleichen Voraussetzungen wie bei der ordentlichen Kapitalherabsetzung (§§ 229

Abs. 3, 222 Abs. 1, 2, 4, vgl insoweit die Kommentierungen dort). Auch hier können **Sonderbeschlüsse** der Gattungsaktionäre notwendig werden (§§ 229 Abs. 3, 222 Abs. 2).

26 Der Nennbetrag des Grundkapitals kann nur durch **Herabsetzung des Nennbetrages** der Aktien oder hilfsweise durch **Zusammenlegung** von Aktien vermindert werden, wobei die **Art der Herabsetzung** im Beschluss anzugeben ist (§§ 229 Abs. 3, 222 Abs. 4).

27 Darüber hinaus muss der Beschluss erkennen lassen, dass es sich um eine vereinfachte Kapitalherabsetzung handelt (Rn 15) und den mit ihr verfolgten Zweck bezeichnen (Rn 14).

28 **2. Besonderheiten beim Herabsetzungsbetrag.** Der Herabsetzungsbetrag sollte im Kapitalherabsetzungsbeschluss grundsätzlich angegeben werden. Ausreichend dürfte es allerdings sein, wenn der Herabsetzungsbetrag zweifelsfrei aus dem Beschluss ermittelbar ist, etwa bei der bloßen Gegenüberstellung von altem und neuem Grundkapital (vgl § 222 Rn 19).[26]

29 Werden **mehrere Zwecke** verfolgt, so ist der auf den jeweiligen Zweck entfallende Betrag zu spezifizieren (Rn 16).[27]

30 Erweist sich in der Rückschau der festgelegte **Herabsetzungsbetrag** als **zu hoch**, so ist der Unterschiedsbetrag in die Kapitalrücklage einzustellen (vgl § 232).[28]

31 Insbesondere bei der vereinfachten Kapitalherabsetzung zur Verlustdeckung steht die genaue Höhe der Verluste oftmals im Zeitpunkt der Hauptversammlung noch nicht definitiv fest. Hier ist es ausnahmsweise möglich, eine **Höchstgrenze** der Herabsetzung zu beschließen (§ 222 Rn 20). Zugleich müssen genaue **Kriterien** für die spätere Festlegung des Herabsetzungsbetrages bis zur Höchstgrenze durch den Vorstand – ggf mit der Zustimmung des Aufsichtsrats – getroffen und **Durchführungsfristen** bestimmt werden, etwa die Ableitung des konkreten Herabsetzungsbetrages aus einer zu einem bestimmten Zeitpunkt vorliegenden künftigen Unterbilanz.[29] Dabei darf dem Vorstand in keinem Fall ein **Ermessensspielraum** bezüglich der endgültigen Festlegung des Herabsetzungsbetrages eingeräumt werden. Die Höchstgrenze des Herabsetzungsbetrages darf nicht willkürlich in der Hauptversammlung beschlossen werden. Sie hat sich an die vom Vorstand nach kaufmännischen Grundsätzen ermittelten Höhe der voraussichtlich entstehenden Verluste zu halten.

32 Bei dem Nennbetrag des neuen Grundkapitals ist der gesetzliche Mindestbetrag zu wahren (§ 7), wobei die Ausnahme des § 228 auch hier gilt (§ 229 Abs. 3).

33 **3. Anmeldung.** Die Anmeldung ist vom **Vorstand** in vertretungsberechtigter Anzahl und dem **Vorsitzenden des Aufsichtsrates** vorzunehmen (§§ 229 Abs. 3, 223). Es gelten keine Besonderheiten gegenüber der ordentlichen Kapitalherabsetzung (vgl § 223 Rn 3 ff).

34 **IV. Registerverfahren.** Der Registerrichter hat neben den allgemeinen Eintragungsvoraussetzungen (vgl § 223 Rn 13) zu prüfen, ob bei einer vereinfachten Kapitalherabsetzung zur Verlustdeckung der Herabsetzungsbetrag einer angemessenen kaufmännischen Prognose (dazu vorstehend Rn 8 ff) entspricht.[30] Sollen die Beträge in die Kapitalrücklage eingestellt werden, ist die Beachtung des § 231 zu prüfen. Zudem sind alle weiteren besonderen Erfordernisse des § 229 zu kontrollieren.[31] Der Vorstand hat die hierzu erforderlichen **Unterlagen** auf Anfordern bereitzustellen bzw entsprechende **Auskünfte** zu erteilen. Stellt der Registerrichter bei seiner Prüfung einen nicht behebbaren Mangel fest, ist die Eintragung abzulehnen.[32]

35 Die Kapitalherabsetzung wird mit **Eintragung** des Kapitalherabsetzungsbeschlusses in das Handelsregister wirksam (§§ 229 Abs. 3, 224). Sie kann zB lauten: „Die Hauptversammlung vom ... hat die Herabsetzung des Grundkapitals in vereinfachter Form um 500.000 EUR auf 1.200.000 EUR und die entsprechende Änderung der Satzung in § 3 (Grundkapital) beschlossen". Die Eintragung ist **bekannt zu machen**.

36 **V. Mängel der Beschlussfassung.** Die Rechtsfolgen von Mängeln bei der Beschlussfassung richten sich nach den allgemeinen Vorschriften (§§ 241 ff). Sie führen bei Nichtbeachtung der Zulässigkeitsvoraussetzungen einer vereinfachten Kapitalherabsetzung regelmäßig zur **Anfechtbarkeit** des Beschlusses.

37 **Anfechtbar** kann zB ein Kapitalherabsetzungsbeschluss zur Verlustdeckung (§ 229 Abs. 1 S. 1 Alt. 1) sein, wenn **keine entsprechenden Verluste** im Zeitpunkt der Beschlussfassung vorlagen und dies offensichtlich

---

26 *Terbrack*, RNotZ 2003, 89, 102 f; MüKo-AktG/*Oechsler*, § 222 Rn 19; so wohl auch KölnKomm-AktG/*Lutter*, § 222 Rn 12.

27 Semler/Volhard/*Schroer*, Arbeitshb HV, II M Rn 5; *Meyer-Landrut*, Rn 762; *Fabis*, MittRhNotK 1999, 169, 173.

28 BGHZ 119, 305, 321 f = NJW 1993, 57 = AG 1993, 125 = WM 1992, 1902 = ZIP 1992, 1542; *Hüffer*, Rn 16; MüHb-AG/*Krieger*, 61 Rn 22; *Henn*, Handbuch des Aktienrechts, Rn 1322.

29 KölnKomm-AktG/*Lutter*, § 222 Rn 14 f; MüKo-AktG/*Oechsler*, § 222 Rn 20; *Hüffer*, § 222 Rn 12; MüHb-AG/*Krieger*, § 60 Rn 20; *Meyer-Landrut*, Rn 760; *Fabis*, MittRhNotK 1999, 169, 179.

30 KölnKomm-AktG/*Lutter*, Rn 43; *Hüffer*, Rn 20; *Baumbach/Hueck*, AktG, Rn 4; *Krafka/WillerKühn*, Rn 465.

31 KölnKomm-AktG/*Lutter*, Rn 43; *Hüffer*, Rn 20; *Fabis*, MittRhNotK 1999, 169, 180.

32 KölnKomm-AktG/*Lutter*, Rn 43; MüKo-AktG/*Oechsler*, Rn 47; *Hüffer*, Rn 20.

war oder hätte sein müssen.[33] Waren Verluste **nach kaufmännischer Prognose zu erwarten**, realisieren sie sich aber nicht, liegt **keine Anfechtbarkeit** vor.[34] Der Buchertrag der Kapitalherabsetzung ist dann in die Kapitalrücklage einzustellen (entsprechend § 232).[35]

Anfechtbarkeit liegt vor bei einem **Verstoß gegen** § 231 oder bei **fehlender Zweckbestimmung** (§ 229 Abs. 1 S. 2).[36]

Fehlt ein **Hinweis** auf die Durchführung der Kapitalherabsetzung in vereinfachter Form (vgl vorstehend Rn 15), ist sie als ordentliche Kapitalherabsetzung zu behandeln.[37]

Anhang zu § 229   Vereinfachte Kapitalherabsetzung mit gleichzeitiger Kapitalerhöhung (sog. Kapitalschnitt)

1. Auszug aus der Niederschrift über die Hauptversammlung

▶ **Zu TOP 9 – Ordentliche Herabsetzung des Grundkapitals**

Der Vorsitzende erläuterte vorab, dass sich bei der Aufstellung der Jahresbilanz nach Auflösung aller Rücklagen ein Jahresfehlbetrag von 12.000.000 EUR ergeben hat.

Der Vorsitzende stellte fest, dass der Vorstand in einem schriftlichen Bericht, der während der Hauptversammlung zur Einsicht auslag, den bei der nachfolgenden Kapitalerhöhung vorgesehenen Ausschluss des gesetzlichen Bezugsrechts der Aktionäre und den Ausgabebetrag begründet hat. Dieser Bericht ist den Aktionären mit der Einladung zur Hauptversammlung zugesandt worden.

Dem amtierenden Notar wurden vom Vorstand folgende Unterlagen vorgelegt:
- Ein Zeichnungsschein der Deutsche Getreidemühlen AG mit Sitz in Bremen, wonach diese Gesellschaft 10.000.000 auf den Inhaber lautender Aktien im Nennbetrag von je 1 EUR zu einem Ausgabebetrag von je 3 EUR übernimmt;
- eine Bestätigung der Deutsche Bank AG in Düsseldorf, wonach von der Deutsche Getreidemühlen AG auf die Bareinlage nebst Agio der gesamte Betrag von 30.000.000 EUR auf ein Konto der Gesellschaft eingezahlt worden ist.

Der Vorsitzende stellte sodann TOP 9 a) zur Abstimmung:

„Das in 16.000.000, auf den Inhaber lautende Aktien im Nennbetrag von je 1 EUR eingeteilte Grundkapital der Gesellschaft wird im Verhältnis 4 zu 1 von 16.000.000 EUR um 12.000.000 EUR auf 4.000.000 EUR im Wege einer vereinfachten Kapitalherabsetzung zwecks Ausgleichs von Wertminderungen und zur Deckung sonstiger Verluste herabgesetzt. Die Durchführung der Kapitalherabsetzung erfolgt, indem je vier Aktien im Nennbetrag von je 1 EUR zu einer neu auszugebenden, auf den Inhaber lautenden Aktie im Nennbetrag von je 1 EUR zusammengelegt werden. Die Herabsetzung des Grundkapitals erfolgt rückwirkend zum 1.1.2001.
Zugleich wird das auf 4.000.000 EUR herabgesetzte Grundkapital um 10.000.000 EUR auf 14.000.000,– im Wege der Barkapitalerhöhung erhöht. Es werden 10.000.000 neue, auf den Inhaber lautende Aktien im Nennbetrag von je 1 EUR und mit Gewinnberechtigung ab dem 1.1.2002 ausgegeben. Der Ausgabebetrag beträgt 3 EUR je neuer Aktie (Ausgabekurs 300 %). Das gesetzliche Bezugsrecht der Aktionäre wird ausgeschlossen. Die neuen Aktien werden von der Deutsche Getreidemühlen AG mit dem Sitz in Bremen übernommen. Die Kapitalerhöhung erfolgt rückwirkend zum 1.1.2001.
Der Vorstand wird ermächtigt, über die weiteren Einzelheiten der Kapitalherabsetzung und der Kapitalerhöhung zu entscheiden.
Der Jahresabschluss für das Jahr 2001 in der vorgelegten Fassung wird unter Berücksichtigung der beschlossenen Kapitalmaßnahmen festgestellt."

Die Abstimmung ergab, dass die vorstehenden Kapitalmaßnahmen und die Feststellung des Jahresabschlusses einstimmig beschlossen wurden.

Der Vorsitzende gab das Ergebnis bekannt.

...

Der Vorsitzende stellte sodann TOP 9 b) zur Abstimmung:

„§ 4 Abs. 1 der Satzung wird wie folgt neu gefasst:

---

[33] KölnKomm-AktG/*Lutter*, Rn 38 f; *Hüffer*, Rn 23; MüHb-AG/*Krieger*, § 61 Rn 18.
[34] KölnKomm-AktG/*Lutter*, Rn 40; *Hüffer*, Rn 23; MüHb-AG/*Krieger*, § 61 Rn 18.
[35] BGHZ 119, 305, 322 = NJW 1993, 57 = AG 1993, 125 = WM 1992, 1902 = ZIP 1992, 1542; KölnKomm-AktG/*Lutter*, Rn 38; *Geßler*, §§ 229, 230 Rn 6 a; *Hüffer*, Rn 23; MüHb-AG/*Krieger*, § 61 Rn 18; *Fabis*, MittRhNotK 1999, 169, 181; *Henn*, Handbuch des Aktienrechts, Rn 1322.
[36] KölnKomm-AktG/*Lutter*, Rn 41 f; *Hüffer*, Rn 23; differenzierend: MüKo-AktG/*Oechsler*, Rn 16.
[37] KölnKomm-AktG/*Lutter*, Rn 22; *Geßler*, §§ 229, 230 Rn 13; abweichend: MüKo-AktG/*Oechsler*, Rn 16.

1. Das Grundkapital der Gesellschaft beträgt 14.000.000 EUR und ist eingeteilt in 14.000.000, auf den Inhaber lautende Aktien mit einem Nennbetrag von je 1 EUR."

Die Abstimmung ergab, dass die vorstehende Änderung der Satzung einstimmig beschlossen wurde.

Der Vorsitzende gab das Ergebnis bekannt. ◄

2. Anmeldung des Kapitalherabsetzungsbeschlusses

▶ An das

Amtsgericht

– Handelsregister –

In der Registersache

WeGeMAG – Westdeutsche Getreidemühlen Aktiengesellschaft mit dem Sitz in Düsseldorf,

HRB 1409,

überreichen wir als alleiniges Mitglied des Vorstands und als Vorsitzender des Aufsichtsrats:

- Ausfertigung der notariellen Niederschrift über die Hauptversammlung der Gesellschaft vom 27.3.2002 – URNr. 748/2002 – des beglaubigenden Notars;
- vollständigen Wortlaut der geänderten Satzung mit der Bescheinigung des Notars gem. § 181 Abs. 1 AktG;
- Zweitschrift des Zeichnungsscheins;
- Berechnung der Kosten, die der Gesellschaft durch die Ausgabe der neuen Aktien entstehen;
- Bescheinigung der Deutsche Bank AG in Düsseldorf über die Einzahlung auf das Konto der Gesellschaft;
- festgestellten Jahresabschluss 2001 mit dem unterschriebenen, uneingeschränkten Bestätigungsvermerk des Abschlussprüfers;
- Lagebericht des Vorstands und Bericht des Aufsichtsrats für das Geschäftsjahr 2001.

Wir melden zur Eintragung in das Handelsregister an:

- Das in 16.000.000, auf den Inhaber lautende Aktien im Nennbetrag von je 1 EUR eingeteilte Grundkapital der Gesellschaft ist im Verhältnis 4 zu 1 von 16.000.000 EUR um 12.000.000 EUR auf 4.000.000 EUR im Wege einer vereinfachten Kapitalherabsetzung zwecks Ausgleichs von Wertminderungen und zur Deckung sonstiger Verluste herabgesetzt. Die Kapitalherabsetzung ist durchgeführt.
- Zugleich ist das auf 4.000.000 EUR herabgesetzte Grundkapital um 10.000.000 EUR auf 14.000.000 EUR im Wege der Barkapitalerhöhung erhöht worden, durch Ausgabe von 10.000.000 neuer, auf den Inhaber lautender Aktien im Nennbetrag von je 1 EUR.
- Die Erhöhung des Grundkapital ist durchgeführt.
- 4 Abs. 1 der Satzung (Höhe und Einteilung des Grundkapitals) ist entsprechend geändert.

Wir erklären, dass

- 10.000.000 neue, auf den Inhaber lautende Aktien im Nennbetrag von je 1 EUR gezeichnet worden sind und der Zeichnungsbetrag in Höhe von 30.000.000 EUR abzüglich der Kosten für die Ausgabe der neuen Aktien endgültig zur freien Verfügung des Vorstands auf einem Konto der Gesellschaft bei der Deutsche Bank AG in Düsseldorf steht;
- alle Einlagen auf das bisherige Grundkapital geleistet sind.

Ein Belegexemplar des Bundesanzeigers, in dem der Jahresabschluss 2001 offen gelegt ist, reichen wir nach.

...

Der Vorstand

...

Der Vorsitzende des Aufsichtsrats

(Beglaubigungsvermerk des Notars) ◄

§ 230 Verbot von Zahlungen an die Aktionäre

¹Die Beträge, die aus der Auflösung der Kapital- oder Gewinnrücklagen und aus der Kapitalherabsetzung gewonnen werden, dürfen nicht zu Zahlungen an die Aktionäre und nicht dazu verwandt werden, die Aktionäre von der Verpflichtung zur Leistung von Einlagen zu befreien. ²Sie dürfen nur verwandt werden, um Wertminderungen auszugleichen, sonstige Verluste zu decken und Beträge in die Kapitalrücklage oder in die gesetzliche Rücklage einzustellen. ³Auch eine Verwendung zu einem dieser Zwecke ist nur zulässig, soweit sie im Beschluß als Zweck der Herabsetzung angegeben ist.

A. Grundlagen

Die Norm regelt die **Verwendung des Buchgewinns**, der sich aus der vereinfachten Kapitalherabsetzung oder der vorgeschalteten Auflösung der Kapital- oder Gewinnrücklagen ergibt.[1] Sie spiegelt die **strenge Zweckbindung** der vereinfachten Kapitalherabsetzung wider und schützt **Gesellschaftsgläubiger** (vgl § 230 S. 1) wie **Aktionäre** (vgl § 230 S. 2, 3). § 230 ist zwingendes Recht.[2] 1

Das **gläubigerschützende Ausschüttungsverbot** (§ 230 S. 1) verhindert als Folge der vereinfachten Kapitalherabsetzung den Entzug tatsächlich bei der Gesellschaft vorhandener Mittel und die Befreiung der Aktionäre von ihrer Einlagepflicht.[3] Die **aktionärsschützende strenge Verwendungsbindung** (§ 230 S. 2, 3) sichert, dass die Beträge aus der vereinfachten Kapitalherabsetzung **ausschließlich** zu dem im Kapitalherabsetzungsbeschluss festgelegten Zweck (§ 229 Abs. 1 S. 2) verwendet werden.[4] 2

B. Ausschüttungsverbot (S. 1)

Die bei der Kapitalherabsetzung gewonnenen Beträge dürfen nicht an die Aktionäre **ausgeschüttet** oder zum **Erlass von Einlageverpflichtungen** der Aktionäre benutzt werden (§ 230 S. 1). Dieses sog. Ausschüttungsverbot dient dem **Schutz der Gesellschaftsgläubiger**, indem es verhindert, dass der Gesellschaft aufgrund der vereinfachten Kapitalherabsetzung tatsächlich Mittel entzogen werden. 3

I. Inhalt. Zur Vermeidung von Umgehungen hat das Ausschüttungsverbot einen **weiten Anwendungsbereich**. Es erfasst sowohl den aus der vereinfachten Kapitalherabsetzung selbst gewonnenen Betrag als auch die Beträge,[5] die durch die nach § 229 Abs. 2 erforderliche Auflösung der Kapital- und Gewinnrücklagen gewonnen werden einschließlich des Gewinnvortrages[6] aus § 229 Abs. 2 S. 2.[7] 4

Das Ausschüttungsverbot gilt für **jede Form der Zahlung**, also nicht nur für **unmittelbare Ausschüttungen**, sondern auch für Auszahlungen der fraglichen Beträge durch **Gewinnausschüttungen in verdeckter Form**.[8] 5

Zeitlich gilt das Ausschüttungsverbot uneingeschränkt. Es ist auch unabhängig von den weiteren Einschränkungen der Gewinnausschüttung nach § 233, dh auch bei Einhaltung der sich aus § 233 ergebenden Beschränkungen dürfen die aus der Auflösung von Rücklagen und aus der Kapitalherabsetzung gewonnenen Beträge nicht ausgeschüttet werden (§ 233 Abs. 3).[9] 6

II. Rechtsfolgen bei Verstößen. Empfangen **Aktionäre** Leistungen entgegen dem Verbot des § 230 S. 1, so haften sie der Gesellschaft auf **Rückgewähr** nach § 62.[10] Wurde ein **Einlageerlass** vereinbart, so ist dieser **nichtig** (§ 134 BGB iVm § 230 S. 1).[11] **Vorstands- und Aufsichtsratsmitglieder** haften nach §§ 93, 116.[12] 7

Weist ein **Jahresabschluss** Beträge aus der vereinfachten Kapitalherabsetzung oder aus der Auflösung von Rücklagen entgegen § 230 S. 1 als Gewinn aus, so ist er **nichtig** (§ 256 Abs. 1 Nr. 1).[13] Die gleiche Rechtsfolge tritt bei einem darauf aufbauenden **Gewinnverwendungsbeschluss** ein (§ 253 Abs. 1 S. 1).[14] 8

C. Verwendungsverbot (S. 2, 3)

Das sog. Verwendungsverbot (§ 230 S. 2, 3) sichert, dass die nach § 229 Abs. 1, 2 freigesetzten Beträge allein zu dem im Kapitalherabsetzungsbeschluss bezeichneten Zweck (§ 229 Abs. 1) verwendet werden. 9

I. Inhalt. Von § 230 erfasste Beträge (vgl dazu oben Rn 4 ff) dürfen nur verwendet werden, um **Wertminderungen** auszugleichen, **sonstige Verluste** zu decken und Beträge in die **Kapitalrücklage** oder in die **gesetzliche Rücklage** einzustellen (§ 230 S. 2) und zwar nur dann, wenn dies im Beschluss als Zweck der Herab- 10

---

1 KölnKomm-AktG/*Lutter*, Rn 4; MüKo-AktG/*Oechsler*, Rn 1 f; *Geßler*, §§ 229, 230 Rn 3; *Hüffer*, Rn 1; *Henn*, Handbuch des Aktienrechts, Rn 1321.
2 *Hüffer*, Rn 1.
3 KölnKomm-AktG/*Lutter*, Rn 3; MüKo-AktG/*Oechsler*, § 230, Rn 1; *Hüffer*, Rn 1; *Geßler*, §§ 229, 230 Rn 7; MüHb-AG/*Krieger*, § 61 Rn 20; *Fabis*, MittRhNotK 1999, 169, 180.
4 MüKo-AktG/*Oechsler*, Rn 2; *Hüffer*, Rn 1; *Geßler* §§ 229, 230 Rn 7; MüHb-AG/*Krieger*, § 61 Rn 20.
5 KölnKomm-AktG/*Lutter*, Rn 4, 10; MüKo-AktG/*Oechsler*, Rn 3; *Hüffer*, Rn 2; MüHb-AG/*Krieger*, § 61 Rn 20.
6 KölnKomm-AktG/*Lutter*, 230 Rn 14; MüKo-AktG/*Oechsler*, Rn 6; *Hüffer*, Rn 2; MüHb-AG/*Krieger*, § 61 Rn 20; *Fabis*, MittRhNotK 1999, 169, 180.
7 *Fabis*, MittRhNotK 1999, 169, 180.
8 KölnKomm-AktG/*Lutter*, Rn 16; MüKo-AktG/*Oechsler*, Rn 8; *Hüffer*, Rn 3; MüHb-AG/*Krieger*, § 61 Rn 20; *Fabis*, MittRhNotK 1999, 169, 180.
9 MüHb-AG/*Krieger*, § 61 Rn 20; KölnKomm-AktG/*Lutter*, Rn 12; *Hüffer*, Rn 3; *Nirk*, Hb AG, Rn 1529; iE ebenso: *Baumbach/Hueck*, AktG, Rn 3; abweichend: MüKo-AktG/*Oechsler*, Rn 9.
10 KölnKomm-AktG/*Lutter*, Rn 17; MüKo-AktG/*Oechsler*, Rn 10; *Hüffer*, Rn 4; *Baumbach/Hueck*, AktG, Rn 3; MüHb-AG/*Krieger*, § 61 Rn 21; *Nirk*, Hb AG, Rn 1529; *Fabis*, MittRhNotK 1999, 169, 182.
11 KölnKomm-AktG/*Lutter*, Rn 17; MüKo-AktG/*Oechsler*, Rn 10; *Hüffer*, Rn 4; MüHb-AG/*Krieger*, § 61 Rn 21; *Fabis*, MittRhNotK 1999, 169, 182.
12 KölnKomm-AktG/*Lutter*, Rn 17; MüKo-AktG/*Oechsler*, Rn 10; *Hüffer*, Rn 4; MüHb-AG/*Krieger*, § 61 Rn 21; *Fabis*, MittRhNotK 1999, 169, 182.
13 KölnKomm-AktG/*Lutter*, Rn 21; MüKo-AktG/*Oechsler*, Rn 10; *Hüffer*, Rn 4; MüHb-AG/*Krieger*, § 61 Rn 21; *Fabis*, MittRhNotK 1999, 169, 182.
14 KölnKomm-AktG/*Lutter*, Rn 21; MüKo-AktG/*Oechsler*, Rn 10; *Hüffer*, Rn 4; MüHb-AG/*Krieger*, § 61 Rn 21; *Fabis*, MittRhNotK 1999, 169, 182.

setzung angegeben ist (§ 230 S. 3). Diese Regelungen ergänzen § 229 Abs. 1 und binden die Verwaltung der Gesellschaft an den im Herabsetzungsbeschluss festgelegten Zweck (vgl dazu die Ausführungen zu § 229).

11 Kann die Verwaltung den im Hauptversammlungsbeschluss bezifferten Herabsetzungsbetrag **nicht oder nur teilweise zweckgerichtet verwenden**, insbesondere weil keine Verluste in der angenommenen Höhe eingetreten sind, ist der **Unterschiedsbetrag** gem. § 232 in die Kapitalrücklage einzustellen. Ggfs. ist § 232 entsprechend anzuwenden (vgl dazu § 232 Rn 14 ff).

12 **II. Rechtsfolgen bei Verstößen.** Verstoßen **Verwaltungsmitglieder** gegen das Verwendungsverbot, können sie nach §§ 93, 116 **haftbar** sein.[15]

13 Ein gegen § 230 S. 2, 3 verstoßender **Jahresabschluss** ist **nicht nichtig** (§ 256), weil die Norm dem Schutz der Aktionäre und nicht dem der Gläubiger der Gesellschaft dient.[16] Ein derartiger **Jahresabschluss** ist auch **nicht anfechtbar** (§ 257 Abs. 1 S. 2).[17]

§ 231 Beschränkte Einstellung in die Kapitalrücklage und in die gesetzliche Rücklage

¹Die Einstellung der Beträge, die aus der Auflösung von anderen Gewinnrücklagen gewonnen werden, in die gesetzliche Rücklage und der Beträge, die aus der Kapitalherabsetzung gewonnen werden, in die Kapitalrücklage ist nur zulässig, soweit die Kapitalrücklage und die gesetzliche Rücklage zusammen zehn vom Hundert des Grundkapitals nicht übersteigen. ²Als Grundkapital gilt dabei der Nennbetrag, der sich durch die Herabsetzung ergibt, mindestens aber der in § 7 bestimmte Mindestnennbetrag. ³Bei der Bemessung der zulässigen Höhe bleiben Beträge, die in der Zeit nach der Beschlußfassung über die Kapitalherabsetzung in die Kapitalrücklage einzustellen sind, auch dann außer Betracht, wenn ihre Zahlung auf einem Beschluß beruht, der zugleich mit dem Beschluß über die Kapitalherabsetzung gefaßt wird.

A. Grundlagen

1 § 231 ergänzt die Regelungen der §§ 229, 230, indem er die dort eröffneten Möglichkeiten zum **Schutz der Aktionäre** beschränkt. Nach § 229 Abs. 2 S. 1 ist Voraussetzung einer vereinfachten Kapitalherabsetzung, dass die Kapitalrücklage und die gesetzliche Rücklage so weit aufgelöst werden, dass sie zusammen nicht mehr als 10 % des herabgesetzten Grundkapitals ausmachen (vgl § 229 Rn 20). Damit werden die Aktionäre der Gesellschaft vor einer **unnötig hohen Reduzierung des Grundkapitals** geschützt. An eben dieser Stelle knüpft die Regelung des § 231 an, indem im Interesse der Aktionäre eine Herabsetzung des Grundkapitals zur **unangemessenen Erhöhung der gesetzlichen Rücklage oder der Kapitalrücklage** verhindert wird.[1] Die nach §§ 229 Abs. 1, 230 S. 2 grundsätzlich zulässige **Einstellung** von Beträgen, die aus einer vereinfachten Kapitalherabsetzung resultieren, in die **gesetzliche Rücklage** und die **Kapitalrücklage** wird **dem Umfang nach durch § 231 begrenzt**.[2]

2 Keine Anwendung findet die Vorschrift im Falle einer vereinfachten Kapitalherabsetzung zum Zwecke der Verlustdeckung, bei der die Verluste zu hoch angenommen worden sind. Hier gilt allein § 232 (vgl die Anmerkungen dort).[3]

B. Einstellung in die gesetzliche Rücklage und die Kapitalrücklage

3 Die Einstellung von **Buchgewinnen** aus einer vereinfachten Kapitalherabsetzung in die gesetzliche Rücklage oder die Kapitalrücklage ist gem. § 231 S. 1 nur zulässig bis zur **Auffüllung des gesetzlichen Reservefonds** (§ 150 Abs. 1), der als Summe von gesetzlicher Rücklage und Kapitalrücklage (§ 272 Abs. 2 Nr. 1 bis 3 HGB) nicht mehr als 10 % des Grundkapitals ausmachen darf. Damit regelt § 231 S. 1 bloße **Umbuchungen zwischen Eigenkapitalkonten** der Gesellschaft.[4]

4 **I. Einstellung in die gesetzliche Rücklage (S. 1 Hs 1).** Nach § 231 S. 1 Hs 1 ist die Auflösung der Gewinnrücklage (§ 266 Abs. 2 A III Nr. 4 HGB) und die Umbuchung der freiwerdenden Beträge in die gesetzliche Rücklage (§ 266 Abs. 2 A III Nr. 1 HGB; § 150 Abs. 1) möglich.

---

15 KölnKomm-AktG/*Lutter*, Rn 20; MüKo-AktG/*Oechsler*, Rn 11; *Hüffer*, Rn 7; *Baumbach/Hueck*, AktG, Rn 3.
16 *Hüffer*, Rn 7; iE ebenso: MüKo-AktG/*Oechsler*, Rn 11.
17 MüKo-AktG/*Oechsler*, Rn 11; *Hüffer*, Rn 7.
1 KölnKomm-AktG/*Lutter*, Rn 3; MüKo-AktG/*Oechsler*, Rn 1; *Geßler*, §§ 231–233 Rn 3; *Hüffer*, Rn 1.
2 KölnKomm-AktG/*Lutter*, Rn 3.
3 KölnKomm-AktG/*Lutter*, Rn 3; MüKo-AktG/*Oechsler*, Rn 3; *Geßler*, §§ 231–233 Rn 9; *Hüffer*, Rn 1; *Baumbach/Hueck*, AktG, Rn 3.
4 *Hüffer*, Rn 2.

II. Einstellung in die Kapitalrücklage (S. 1 Hs 2).
Nach § 231 S. 1 Hs 2 ist eine **Umbuchung** vom gezeichneten Kapital oder Grundkapital (§ 266 Abs. 3 A I HGB) in die Kapitalrücklage (§ 266 Abs. 3 A II HGB) möglich.

III. Höchstbetrag der Einstellung (S. 2, 3).
Einstellungen in die gesetzliche Rücklage und in die Kapitalrücklage sind gem. § 231 nur in einer **bestimmten Höhe zulässig** (zu den Gründen vgl oben Rn 1). Diese zulässige Höhe errechnet sich aus der Differenz zwischen 10 % des Grundkapitals nach der Kapitalherabsetzung – mindestens aber 10 % des in § 7 bestimmten Mindestnennbetrages (§ 231 S. 2) – und der Summe, die sich aus der Addition der zur Zeit der Beschlussfassung der Hauptversammlung bestehenden Kapitalrücklage und der gesetzlichen Rücklage ergibt.[5] Dieser Unterschiedsbetrag ist der Höchstbetrag einer Rücklagendotierung aus dem Grundkapital. Hieraus folgt, dass eine Kapitalherabsetzung zur **Auffüllung der Kapitalrücklage** ausgeschlossen ist, wenn bereits durch die nach § 229 Abs. 2 vorgeschriebene Auflösung der satzungsmäßigen Rücklagen und der anderen Gewinnrücklagen sowie eines etwaigen Gewinnvortrages die gesetzliche Rücklage soweit aufgefüllt werden kann, dass sie zusammen mit der Kapitalrücklage 10 % des Grundkapitals erreicht.[6]

Unberücksichtigt bleiben bei der Berechnung alle **späteren Zuweisungen** in die gesetzliche Rücklage bzw. die Kapitalrücklage. Wird in derselben Hauptversammlung eine Kapitalerhöhung beschlossen (§ 228), so sind daraus resultierende, in die Kapitalrücklage einzubuchende Beträge für die vorstehende Berechnung ohne Belang (§ 231 S. 3).[7]

C. Rechtsfolgen bei Verstößen

Wird eine vereinfachte Kapitalherabsetzung beschlossen, die gegen die nach § 231 gesetzten Grenzen verstößt, so ist der **Kapitalherabsetzungsbeschluss anfechtbar**.[8] Erfolgt keine Anfechtung, ist eine **Ausschüttung** an die Aktionäre verboten (§ 230 S. 1).[9]

Beträge, die über dem Höchstbetrag der Einstellung in die gesetzliche Rücklage oder die Kapitalrücklage liegen, sind **nach zutreffender Ansicht** entsprechend § 232 in die **Kapitalrücklage einzustellen**.[10] Dieses Ergebnis erscheint auf den ersten Blick paradox: Auf der einen Seite verbietet § 231 Einstellungen ab einer gewissen Höhe in die Kapitalrücklage, auf der anderen Seite soll bei einem entsprechenden Verstoß die Einstellung zwingend vorzunehmen sein. Dieser scheinbare Widerspruch löst sich auf, wenn man bedenkt, dass § 231 allein die Interessen der Aktionäre schützt; verzichten diese hierauf – indem sie den gegen § 231 verstoßenden Beschluss in der Hauptversammlung beschließen bzw ihn später nicht anfechten – greift jedenfalls das allgemeine Ausschüttungsverbot (§ 230 S. 1), dem wirksam nur durch Einstellung der Beträge in die Kapitalrücklage Rechnung getragen werden kann.

§ 232 Einstellung von Beträgen in die Kapitalrücklage bei zu hoch angenommenen Verlusten

Ergibt sich bei Aufstellung der Jahresbilanz für das Geschäftsjahr, in dem der Beschluß über die Kapitalherabsetzung gefaßt wurde, oder für eines der beiden folgenden Geschäftsjahre, daß Wertminderungen und sonstige Verluste in der bei der Beschlußfassung angenommenen Höhe tatsächlich nicht eingetreten oder ausgeglichen waren, so ist der Unterschiedsbetrag in die Kapitalrücklage einzustellen.

A. Grundlagen

Die Norm regelt die **Verwendung zu hoch angenommener Verluste** bei einer vereinfachten Kapitalherabsetzung zum Zwecke der Verlustdeckung (§ 229 Abs. 1 S. 1 Fall 1 und 2). Im Interesse der Gläubiger der Ge-

---

5 KölnKomm-AktG/*Lutter*, Rn 5 f; MüKo-AktG/*Oechsler*, Rn 6 f; *Geßler*, §§ 231–233 Rn 3; *Hüffer*, Rn 3.
6 MüHb-AG/*Krieger*, § 61 Rn 14.
7 KölnKomm-AktG/*Lutter*, Rn 6; MüKo-AktG/*Oechsler*, Rn 8; *Geßler*, §§ 231–233 Rn 4; *Hüffer*, Rn 6; MüHb-AG/*Krieger*, § 61 Rn 14.
8 KölnKomm-AktG/*Lutter*, Rn 7; MüKo-AktG/*Oechsler*, Rn 9; *Geßler*, §§ 231–233 Rn 7; *Hüffer*, Rn 7; MüHb-AG/*Krieger*, § 61 Rn 27.
9 KölnKomm-AktG/*Lutter*, Rn 7; MüKo-AktG/*Oechsler*, Rn 10; *Hüffer*, Rn 7; MüHb-AG/*Krieger*, § 61 Rn 27.
10 KölnKomm-AktG/*Lutter*, Rn 7; MüKo-AktG/*Oechsler*, Rn 10; *Geßler*, §§ 231–233 Rn 6; *Hüffer*, Rn 7; MüHb-AG/*Krieger*, § 61 Rn 27; abweichend: *Hirte*, in: FS Claussen, S. 115, 123.

sellschaft ordnet sie die **Einstellung** der nicht zur Verlustdeckung benötigten Beträge aus einer vereinfachten Kapitalherabsetzung **in die Kapitalrücklage** an.[1]

2 Die vereinfachte Kapitalherabsetzung zum Zwecke der Verlustdeckung (§ 229 Abs. 1 S. 1 Fall 1 und 2) erfordert eine **Prognose der zu erwartenden Verluste im Zeitpunkt der Beschlussfassung** über die Kapitalmaßnahme durch die Hauptversammlung (vgl dazu § 229 Rn 8 ff). Nicht selten stellt sich im Nachhinein heraus, dass die finanzielle Entwicklung der Gesellschaft dabei zu negativ eingeschätzt wurde, so dass der durch die Kapitalherabsetzung **freiwerdende Buchertrag größer als die auszugleichenden Verluste ist**. Für diesen Fall ordnet § 232 an, dass der nicht zur Verlustdeckung benötigte Ertrag der Kapitalherabsetzung in die Kapitalrücklage einzustellen ist und infolgedessen den **Bindungen nach § 150 Abs. 3, 4** unterworfen wird. Damit wird verhindert, dass der überschüssige Buchgewinn zum Schaden der Gläubiger zu frei verfügbaren Mitteln der Gesellschaft wird. § 232 ergänzt letztlich das **Verbot der Auszahlung** der durch eine vereinfachte Kapitalherabsetzung gewonnenen Beträge an die Aktionäre aus § 230.[2]

3 Des Weiteren wird durch § 232 **manipulativen Verlustannahmen** vorgebeugt. Dadurch, dass überschüssige Erträge aus einer vereinfachten Kapitalherabsetzung zum Zwecke der Verlustdeckung nicht von den strengen Kapitalbindungsvorschriften (§ 57 Abs. 1, 3) befreit und folglich nicht ausschüttungsfähig sind, wird der Hauptversammlung jeder Anreiz genommen, zu erwartende Verluste der Gesellschaft bewusst zu hoch einzuschätzen.[3]

4 § 232 gilt unabhängig davon, ob die Kapitalrücklage zusammen mit der gesetzlichen Rücklage bereits 10 % des Stammkapitals erreicht. Das Verbot des § 231 findet auf § 232 keine Anwendung.[4]

B. Voraussetzungen der angeordneten Einstellung in die Kapitalrücklage

5 § 232 regelt **direkt** nur diejenigen Sachverhalte, in denen bei einer vereinfachten Kapitalherabsetzung zur Verlustdeckung (§ 229 Abs. 1 S. 1 Fall 1 und 2) die durch **ordnungsgemäße Prognose** ermittelten Verluste tatsächlich nicht in der erwarteten Höhe eintreten.[5]

6 Verstößt der Kapitalherabsetzungsbeschluss gegen die **Anforderungen an die ordnungsgemäße Prognose** eines Verlustes (vgl dazu § 229 Rn 8 ff), ist § 232 wegen seines Schutzzweckes (vgl dazu Rn 1) **entsprechend** anzuwenden (vgl Rn 3). Gleiches gilt, wenn die vereinfachte Kapitalherabsetzung zum Zwecke der Dotierung der Kapitalrücklage beschlossen und der Herabsetzungsbetrag unter **Verstoß gegen § 231** festgesetzt worden ist (vgl Rn 2 und § 231 Rn 9).

7 **I. Unterschiedsbetrag.** Voraussetzung für die Anwendbarkeit des § 232 ist ein Unterschiedsbetrag. Ein solcher liegt vor, wenn der Herabsetzungsbetrag ganz oder teilweise **nicht zur Verlustdeckung erforderlich** ist, weil Verluste in der bei Beschlussfassung – nach ordnungsgemäßer Prognose – angenommenen Höhe tatsächlich **nicht eingetreten** oder zwischenzeitlich **ausgeglichen** sind.[6] Unerheblich ist dabei, ob die konkret erwarteten oder andere Verluste eingetreten sind – entscheidend ist allein die **zutreffende Annahme der Unternehmensentwicklung** insgesamt.[7]

8 Der Unterschiedsbetrag ist als **Differenz** einer **fiktiven Jahresbilanz**, bezogen auf den Stichtag der Beschlussfassung über die Kapitalherabsetzung, und der **tatsächlichen Jahresbilanz** zu ermitteln.[8] Wird daher in der Rückschau auf die Prognoseentscheidung zum Zeitpunkt der Beschlussfassung über die Kapitalherabsetzung festgestellt, dass die angenommenen Verluste tatsächlich bis zu diesem Zeitpunkt – dem Zeitpunkt der Beschlussfassung über die Kapitalherabsetzung – nicht eingetreten sind bzw wieder ausgeglichen waren, so ist der Unterschiedsbetrag in die Kapitalrücklage einzustellen.

9 Erfährt die Gesellschaft nach der Beschlussfassung über die Kapitalherabsetzung eine **Verbesserung ihrer Vermögenssituation**, so bleibt diese für die Beurteilung, ob ein Unterschiedsbetrag nach § 232 vorliegt, unberücksichtigt.[9]

---

1 BGHZ 119, 305, 322 = NJW 1993, 57 = AG 1993, 125 = WM 1992, 1902 = ZIP 1992, 1542; KölnKomm-AktG/*Lutter*, Rn 3; MüKo-AktG/*Oechsler*, Rn 1; *Geßler*, §§ 231–233 Rn 8 f; *Hüffer*, Rn 1; *Henn*, Handbuch des Aktienrechts, Rn 1321; *Fabis*, MittRhNotK 1999, 169, 181.

2 BGHZ 119, 305, 321 = NJW 1993, 57 = AG 1993, 125 = WM 1992, 1902 = ZIP 1992, 1542; KölnKomm-AktG/*Lutter*, Rn 3; *Hüffer*, Rn 1; MüHb-AG/*Krieger*, § 61 Rn 22; *Fabis*, MittRhNotK 1999, 169, 181.

3 MüKo-AktG/*Oechsler*, Rn 2; KölnKomm-AktG/*Lutter*, Rn 7.

4 KölnKomm-AktG/*Lutter*, Rn 4; MüKo-AktG/*Oechsler*, Rn 4; *Hüffer*, Rn 6; MüHb-AG/*Krieger*, § 61 Rn 22; *Fabis*, MittRhNotK 1999, 169, 181.

5 OLG Frankfurt DB 1989, 471 = AG 1989, 207 = WM 1989, 1688; MüKo-AktG/*Oechsler*, Rn 6, 10; *Hüffer*, Rn 2; MüHb-AG/*Krieger*, § 61 Rn 26; *Henn*, Handbuch des Aktienrechts, Rn 1321; *Fabis*, MittRhNotK 1999, 169, 181; *Wirth*, DB 1996, 867, 869.

6 *Hüffer*, Rn 2.

7 KölnKomm-AktG/*Lutter*, Rn 5; MüKo-AktG/*Oechsler*, Rn 6; *Hüffer*, Rn 3; MüHb-AG/*Krieger*, § 61 Rn 23; *Nirk*, Hb AG, Rn 1530; *Fabis*, MittRhNotK 1999, 169, 181.

8 KölnKomm-AktG/*Lutter*, Rn 5; MüKo-AktG/*Oechsler*, Rn 5; *Hüffer*, Rn 3; MüHb-AG/*Krieger*, § 61 Rn 23 f; *Fabis*, MittRhNotK 1999, 169, 181.

9 KölnKomm-AktG/*Lutter*, Rn 6; MüKo-AktG/*Oechsler*, Rn 7; *Hüffer*, Rn 4; MüHb-AG/*Krieger*, § 61 Rn 24; *Fabis*, MittRhNotK 1999, 169, 181.

Unberücksichtigt bleiben ferner **Verschlechterungen der Vermögenslage** nach der Beschlussfassung der Hauptversammlung.[10] War also bei der Beschlussfassung – entgegen der ordnungsgemäßen Prognose – tatsächlich kein Fehlbetrag gegeben, sondern ist ein solcher erst später entstanden, ist der Unterschiedsbetrag aus der Kapitalherabsetzung in die Kapitalrücklage einzubuchen (§ 232); er kann nicht zum Ausgleich des Verlustes verwendet werden, der erst nach dem Beschluss über die vereinfachte Kapitalherabsetzung entstanden ist.

II. **Verlusteintritt.** Eine vereinfachte Kapitalherabsetzung zum Zwecke von Verlustausgleichen (§ 229 Abs. 1 S. 1) ist nur dann gerechtfertigt, wenn der im Zeitpunkt der Beschlussfassung prognostizierte Verlust **überprüfbar** innerhalb von 3 Jahren – das Jahr der Beschlussfassung eingerechnet – eintritt. Dies ist dann der Fall, wenn er **bilanziell** erfasst werden kann.[11]

C. Rechtsfolgen

Der Unterschiedsbetrag (Rn 7 ff) ist in die **Kapitalrücklage einzustellen**. Er sollte als solcher, dh als **außerordentlicher Ertrag** (Überschuss nach Verlustdeckung) aus vereinfachter Kapitalherabsetzung, ausgewiesen werden.[12] In der **Gewinn- und Verlustrechnung** ist der Unterschiedsbetrag als „Einstellung in die Kapitalrücklage nach den Vorschriften über die vereinfachte Kapitalherabsetzung" **gesondert auszuweisen** (vgl dazu § 240 Rn 4).[13]

Zu der angeordneten Einstellung in die Kapitalrücklage ist dasjenige Organ der Gesellschaft **verpflichtet**, welches den entsprechenden Jahresabschluss feststellt, dh entweder Vorstand und Aufsichtsrat (§ 172) oder die Hauptversammlung (§ 173).[14]

D. Erweiterter Anwendungsbereich des § 232

Wurde der Herabsetzungsbetrag bei einer vereinfachten Kapitalherabsetzung zur Verlustdeckung (§ 229 Abs. 1 S. 1) **nicht ordnungsgemäß prognostiziert** (vgl dazu § 229 Rn 8 ff), sondern **bewusst zu hoch angesetzt**, so ergibt sich ebenfalls ein Unterschiedsbetrag. Wird der Beschluss nicht angefochten (zur Anfechtbarkeit in derartigen Fällen vgl § 229 Rn 37),[15] ist der Unterschiedsbetrag wegen des Schutzzweckes des § 232 (Rn 1) in **entsprechender Anwendung** dieser Vorschrift in die Kapitalrücklage einzustellen.[16]

Das Gleiche, dh entsprechend § 232 Einstellung des Unterschiedsbetrages in die Kapitalrücklage, gilt bei einem **Verstoß des Kapitalherabsetzungsbeschlusses gegen** § 231 S. 1 (vgl § 231 Rn 9).[17]

Bestehen bei der Gesellschaft für erwartete Verluste **Rückstellungen** und werden diese, weil die Verluste in der angenommenen Höhe nicht eingetreten sind, aufgelöst, so sind dieses Beträge ebenfalls entsprechend § 232 in die Kapitalrücklage einzustellen.[18]

E. Rechtsfolgen bei Verstößen

Findet sich in dem entsprechenden **Jahresabschluss** nach seiner Feststellung die aus § 232 resultierende Einstellung in die Kapitalrücklage nicht wieder, so ist der Jahresabschluss nach § 256 Abs. 1 Nr. 1 und Nr. 4 **nichtig**.[19] Seine **Heilung** kann aus § 256 Abs. 6 folgen.

Nichtig ist auch ein **Gewinnverwendungsbeschluss**, der auf einem vorstehend beschriebenen Jahresabschluss beruht (§ 253 Abs. 1 S. 1).[20]

Aktionäre haften nach § 62 auf Rückzahlung für **Ausschüttungen** aufgrund eines derart nichtigen Jahresabschlusses.[21] **Aufsichtsrats- und Vorstandsmitglieder** haften nach §§ 93, 116 für Schäden, die der Gesellschaft durch den Verstoß gegen § 232 entstehen.[22]

---

10 KölnKomm-AktG/*Lutter*, Rn 6; *Hüffer*, Rn 4; MüHb-AG/*Krieger*, § 61 Rn 24; *Fabis*, MittRhNotK 1999, 169, 181.
11 KölnKomm-AktG/*Lutter*, Rn 9; MüKo-AktG/*Oechsler*, Rn 9.
12 *Hüffer*, Rn 6.
13 *Hüffer*, Rn 6.
14 KölnKomm-AktG/*Lutter*, Rn 11; *Hüffer*, Rn 6.
15 Zur Anfechtbarkeit in derartigen Fällen vgl ebenfalls OLG Frankfurt DB 1989, 471 = AG 1989, 207 = WM 1989, 1688; KölnKomm-AktG/*Lutter*, § 229 Rn 39; *Hüffer*, § 229 Rn 23; MüHb-AG/*Krieger*, § 61 Rn 18; *Wirth*, DB 1996, 867, 869; *Fabis*, MittRhNotK 1999, 169, 173.
16 KölnKomm-AktG/*Lutter*, Rn 12; MüKo-AktG/*Oechsler*, Rn 10; *Hüffer*, Rn 8; MüHb-AG/*Krieger*, § 61 Rn 26.
17 KölnKomm-AktG/*Lutter*, Rn 12; MüKo-AktG/*Oechsler*, Rn 11; *Hüffer*, Rn 8; MüHb-AG/*Krieger*, § 61 Rn 27; *Fabis*, MittRhNotK 1999, 169, 181.
18 BGHZ 119, 305, 321 f = NJW 1993, 57 = AG 1993, 125 = WM 1992, 1902 = ZIP 1992, 1542; *Hüffer*, Rn 8.
19 *Hüffer*, Rn 7; *Geßler*, §§ 231–233 Rn 9; teilweise abweichend: KölnKomm-AktG/*Lutter*, Rn 13, der bei Feststellung des Jahresabschlusses durch die Hauptversammlung von dessen Nichtigkeit nach § 241 Nr. 3 ausgeht; nicht klar, ob die Nichtigkeit aus § 256 oder § 241 folgt bei MüKo-AktG/*Oechsler*, Rn 14 sowie bei *Fabis*, MittRhNotK 1999, 169, 182.
20 KölnKomm-AktG/*Lutter*, Rn 13; *Hüffer*, Rn 7; MüHb-AG/*Krieger*, § 61 Rn 28; *Fabis*, MittRhNotK 1999, 169, 182.
21 KölnKomm-AktG/*Lutter*, Rn 13; *Hüffer*, Rn 7.
22 KölnKomm-AktG/*Lutter*, Rn 13; *Hüffer*, § 232 Rn 7.

§ 233 Gewinnausschüttung. Gläubigerschutz

(1) ¹Gewinn darf nicht ausgeschüttet werden, bevor die gesetzliche Rücklage und die Kapitalrücklage zusammen zehn vom Hundert des Grundkapitals erreicht haben. ²Als Grundkapital gilt dabei der Nennbetrag, der sich durch die Herabsetzung ergibt, mindestens aber der in § 7 bestimmte Mindestnennbetrag.

(2) ¹Die Zahlung eines Gewinnanteils von mehr als vier vom Hundert ist erst für ein Geschäftsjahr zulässig, das später als zwei Jahre nach der Beschlußfassung über die Kapitalherabsetzung beginnt. ²Dies gilt nicht, wenn die Gläubiger, deren Forderungen vor der Bekanntmachung der Eintragung des Beschlusses begründet worden waren, befriedigt oder sichergestellt sind, soweit sie sich binnen sechs Monaten nach der Bekanntmachung des Jahresabschlusses, auf Grund dessen die Gewinnverteilung beschlossen ist, zu diesem Zweck gemeldet haben. ³Einer Sicherstellung der Gläubiger bedarf es nicht, die im Fall des Insolvenzverfahrens ein Recht auf vorzugsweise Befriedigung aus einer Deckungsmasse haben, die nach gesetzlicher Vorschrift zu ihrem Schutz errichtet und staatlich überwacht ist. ⁴Die Gläubiger sind in der Bekanntmachung nach § 325 Abs. 2 des Handelsgesetzbuchs auf die Befriedigung oder Sicherstellung hinzuweisen.

(3) Die Beträge, die aus der Auflösung von Kapital- und Gewinnrücklagen und aus der Kapitalherabsetzung gewonnen sind, dürfen auch nach diesen Vorschriften nicht als Gewinn ausgeschüttet werden.

A. Grundlagen 1	I. Bemessungsgrundlage 12
B. Gewinnausschüttungsverbot (Abs. 1) 2	II. Reichweite des Verbotes 14
I. Kein Einstellungszwang in den gesetzlichen Reservefonds 3	1. Zeitliche Grenzen 14
II. Bemessungsgrundlage 4	2. Inhaltliche Grenzen 15
III. Reichweite des Verbotes 5	III. Abwendung der Ausschüttungsbeschränkung .. 16
1. Zeitliche Grenzen 5	D. Ausschüttungsverbot für Beträge aus Kapitalherabsetzung (Abs. 3) 18
2. Inhaltliche Grenzen 7	E. Rechtsfolgen bei Verstößen 19
C. Beschränkung der Gewinnausschüttung (Abs. 2) . 11	

A. Grundlagen

1 § 233 beschränkt zum **Schutz der Gläubiger** bei einer vereinfachten Kapitalherabsetzung ab Eintragung des Herabsetzungsbeschlusses im Handelsregister die Möglichkeit der **Gewinnausschüttung** an die Aktionäre. Verboten sind zum einen Gewinnausschüttungen überhaupt, wenn und solange gesetzliche Rücklage und Kapitalrücklage zusammen noch nicht 10 % des herabgesetzten Grundkapitals – mindestens aber den in § 7 genannten Mindestnennbetrag – erreichen (Abs. 1). Zum anderen ist eine Gewinnausschüttung von mehr als 4 % des Grundkapitals zum Zeitpunkt der Gewinnverteilung für die auf den Kapitalherabsetzungsbeschluss **folgenden zwei Geschäftsjahre** zusätzlich untersagt, es sei denn, die Forderungen der Gläubiger der Gesellschaft wurden befriedigt oder besichert (Abs. 2). Letztlich stellt die Vorschrift klar, dass im Zusammenhang mit der vereinfachten Kapitalherabsetzung gewonnene Beträge nicht an die Aktionäre ausgeschüttet werden dürfen (Abs. 3).

B. Gewinnausschüttungsverbot (Abs. 1)

2 Nach Abs. 1 sind Gewinnausschüttungen verboten, wenn und solange **gesetzliche Rücklage** und **Kapitalrücklage** zusammen noch nicht **10 % des herabgesetzten Grundkapitals** – mindestens aber 10 % des in § 7 genannten Mindestnennbetrages – erreichen. Mit diesem Verbot soll im Interesse der Gläubiger der Gesellschaft vor einer Gewinnausschüttung zunächst der gesetzliche Reservefonds seine vorgeschriebene **Mindesthöhe** (§ 150 Abs. 2) erreichen. Die Vorschrift ist **zwingendes Recht**.[1]

3 **I. Kein Einstellungszwang in den gesetzlichen Reservefonds.** Abs. 1 soll verhindern, dass im Anschluss an eine Kapitalherabsetzung Gewinnausschüttungen vorgenommen werden, ohne zuvor den **gesetzlichen Reservefonds** mit den vorgeschriebenen Mindestbeträgen auszustatten. Aus Abs. 1 folgt daher keine Pflicht der Gesellschaft, nach einer kapitalherabsetzenden Maßnahme anfallende Gewinne in die gesetzliche Rücklage oder die Kapitalrücklage einzustellen. Sie kann derartige **Gewinne** vielmehr – mit Ausnahme der Beschränkung aus Abs. 1 – **frei verwenden**, sie etwa in die Gewinnrücklage einstellen, auf neue Rechnung vortragen oder zur Kapitalerhöhung aus Gesellschaftsmitteln verwenden.[2]

---

[1] KölnKomm-AktG/*Lutter*, Rn 10; MüKo-AktG/*Oechsler*, Rn 12; *Hüffer*, Rn 2; *Henn*, Handbuch des Aktienrechts, Rn 1323.

[2] KölnKomm-AktG/*Lutter*, Rn 6; MüKo-AktG/*Oechsler*, Rn 9; *Geßler*, §§ 231–233 Rn 11; *Hüffer*, Rn 2; MüHb-AG/*Krieger*, § 61 Rn 29; *Fabis*, MittRhNotK 1999, 169, 181.

II. Bemessungsgrundlage. Gewinn darf nicht ausgeschüttet werden, bevor nicht gesetzliche Rücklage und **4**
Kapitalrücklage (§ 150) zusammen 10 % des **Grundkapitals der Gesellschaft** erreichen (§ 233 Abs. 1 S. 1).
Bemessungsgrundlage ist also das **Grundkapital der Gesellschaft**, und zwar **nach der Herabsetzung** (§ 233
Abs. 1 S. 2). Wurde das Grundkapital unter den Mindestnennbetrag (§ 7) herabgesetzt und anschließend
wieder erhöht (§ 228), ist Bemessungsgrundlage der zu errechnenden Quote von 10 % der **Mindestnennbetrag nach § 7**, nicht aber der Betrag des Grundkapitals nach der Kapitalerhöhung.[3]

III. Reichweite des Verbotes. 1. Zeitliche Grenzen. Das aus § 233 Abs. 1 resultierende Gewinnausschüt- **5**
tungsverbot greift nach Wirksamwerden der Kapitalherabsetzung, dh also unmittelbar **nach Eintragung des
Kapitalherabsetzungsbeschlusses** im Handelsregister (§§ 224, 229 Abs. 3). **Vorher beschlossene Gewinnausschüttungen** verbietet die Vorschrift nicht; dies gilt selbst dann, wenn die Zahlungen an die Aktionäre erst
nach Wirksamwerden der Kapitalherabsetzung zu leisten sind.[4] Etwas anderes kann **richtiger Ansicht nach**
im Einzelfall gelten, wenn der **Gewinnverwendungsbeschluss missbräuchlich** zur Umgehung von Schutzvorschriften (§§ 225, 233) gefasst wurde.[5] Die Gegenansicht,[6] die dieses Umgehungsproblem leugnet, verkennt, dass es sich bei § 233 um eine Vorschrift zum Schutze der Gläubiger der Gesellschaft handelt (Rn 1).
Das Gewinnausschüttungsverbot endet, wenn gesetzliche Rücklage und Kapitalrücklage die vorgeschriebe- **6**
ne Quote von 10 % des herabgesetzten Grundkapitals – mindestens aber 10 % des Mindestnennbetrages
(§ 7) – erreicht haben. Ein **späteres Absinken** des gesetzlichen Reservefonds zur Verlustdeckung führt nicht
zu einem neuerlichen Gewinnausschüttungsverbot nach § 233 Abs. 1.[7]

2. Inhaltliche Grenzen. § 233 Abs. 1 untersagt Gewinnausschüttungen an Aktionäre. Verboten sind aber **7**
nicht **andere Zahlungen** an Aktionäre oder Dritte, selbst wenn sie der Höhe nach vom Gewinn der Gesellschaft zu berechnen sind.[8] Inhaber von **Gewinnschuldverschreibungen** und **Genussrechten** (§ 221) werden,
soweit sich ihr Anspruch nicht am ausgeschütteten Gewinn orientiert, vom Verbot nicht berührt.[9]
Gewinnabführungsverträge unterfallen nach **zutreffender Ansicht** dem Verbot des § 233 Abs. 1, so dass **8**
entsprechende Zahlungen der Gesellschaft erst nach Auffüllung des gesetzlichen Reservefonds (Abs. 1 S. 1)
vorgenommen werden dürfen.[10] Die gegen diese Auffassung unter Hinweis auf die in §§ 291 ff geregelten
Bestimmungen zur Sicherung der gewinnabführenden Gesellschaft teilweise geäußerten Bedenken[11] können
nicht überzeugen. Denn die gesetzlich vorgesehene Verlustübernahmepflicht (§ 302) und die Verpflichtung
zur beschleunigten Auffüllung der gesetzlichen Rücklage der gewinnabführenden Gesellschaft (§ 300 Nr. 1)
stellen keine echte Gegenleistung dar. Eine solche muss aber vorliegen, da ansonsten – entgegen dem von
§ 233 beabsichtigten Gläubigerschutz – dem gewinnabführenden Unternehmen Vermögen entzogen würde.
Entsprechend werden vom Verbot des § 233 Abs. 1 nicht **Teilgewinnabführungsverträge** (§ 292 Abs. 1 **9**
Nr. 2) erfasst, bei denen die gewinnabführende Gesellschaft eine angemessene Gegenleistung erhält.[12] Das
Gleiche gilt für **Gewinngemeinschaften** (§ 292 Abs. 1 Nr. 1).[13]
Zahlungen aufgrund von **Dividendengarantien**, insbesondere nach § 304 Abs. 2 S. 2, werden von § 233 **10**
Abs. 1 nicht untersagt.[14]

C. Beschränkung der Gewinnausschüttung (Abs. 2)

Nach Auffüllung des gesetzlichen Reservefonds gem. den Vorgaben aus Abs. 1 bestimmt Abs. 2 weitere Be- **11**
schränkungen der Gewinnausschüttung. Die Zahlung eines **höheren Gewinnanteils als 4 % des Grundkapitals** ist erst für das Geschäftsjahr zugelassen, das später als zwei Jahre nach der Beschlussfassung über die
Kapitalherabsetzung beginnt (Abs. 2 S. 1).

---

3   KölnKomm-AktG/*Lutter*, Rn 5; *Hüffer*, Rn 4; MüHb-AG/*Krieger*, § 61 Rn 29; *Nirk*, Hb AG, Rn 1532; *Fabis*, MittRhNotK 1999, 169, 181; abweichend: Großkomm-AktienR/*Schilling*, Rn 5.
4   KölnKomm-AktG/*Lutter*, Rn 7; *Hüffer*, Rn 5; MüHb-AG/*Krieger*, § 61 Rn 31; *Fabis*, MittRhNotK 1999, 169, 181.
5   KölnKomm-AktG/*Lutter*, Rn 7; *Hüffer*, Rn 5; MüHb-AG/*Krieger*, § 61 Rn 31; *Fabis*, MittRhNotK 1999, 169, 181.
6   MüKo-AktG/*Oechsler*, Rn 10.
7   KölnKomm-AktG/*Lutter*, Rn 5; MüKo-AktG/*Oechsler*, Rn 11; *Hüffer*, Rn 5; MüHb-AG/*Krieger*, § 61 Rn 29; *Fabis*, MittRhNotK 1999, 169, 181.
8   KölnKomm-AktG/*Lutter*, Rn 8; MüKo-AktG/*Oechsler*, Rn 5; *Geßler*, §§ 231–233 Rn 11; *Hüffer*, Rn 3; MüHb-AG/*Krieger*, § 61 Rn 30; *Fabis*, MittRhNotK 1999, 169, 181 f.
9   KölnKomm-AktG/*Lutter*, Rn 8; MüKo-AktG/*Oechsler*, Rn 5; *Hüffer*, Rn 3; *Henn*, Handbuch des Aktienrechts, Rn 1324; MüHb-AG/*Krieger*, § 61 Rn 30.
10 KölnKomm-AktG/*Lutter*, Rn 9; *Hüffer*, Rn 3; *Henn*, Handbuch des Aktienrechts, Rn 1324; *Fabis*, MittRhNotK 1999, 169, 181 f.
11 MüKo-AktG/*Oechsler*, Rn 6; MüHb-AG/*Krieger*, § 61 Rn 30.
12 KölnKomm-AktG/*Lutter*, Rn 9; MüKo-AktG/*Oechsler*, Rn 5; *Hüffer*, Rn 3; MüHb-AG/*Krieger*, § 61 Rn 30; *Fabis*, MittRhNotK 1999, 169, 181 f.
13 KölnKomm-AktG/*Lutter*, Rn 9; MüKo-AktG/*Oechsler*, Rn 5; *Hüffer*, Rn 3; MüHb-AG/*Krieger*, § 61 Rn 30; *Fabis*, MittRhNotK 1999, 169, 181 f.
14 MüKo-AktG/*Oechsler*, Rn 5; *Hüffer*, Rn 3; MüHb-AG/*Krieger*, § 61 Rn 30.

12 **I. Bemessungsgrundlage.** Bemessungsgrundlage für die Obergrenze von 4 % Dividende ist das Grundkapital der Gesellschaft. Abweichend von Abs. 1 ist jedoch nicht das herabgesetzte (Rn 4), sondern das **Grundkapital im Zeitpunkt des Gewinnverwendungsbeschlusses** maßgebend.[15]

13 Bei der **Dividende** kommt es allein auf den **Nominalwert der Ausschüttung** an; ob einzelne Aktiengattungen (§ 11 S. 2) unterschiedliche Dividenden erhalten, ist unerheblich.[16]

14 **II. Reichweite des Verbotes. 1. Zeitliche Grenzen.** Die Begrenzung der Gewinnausschüttung setzt das Wirksamwerden der vereinfachten Kapitalherabsetzung durch Eintragung im Handelsregister voraus (§§ 224, 229 Abs. 3, vgl dazu Rn 5 f) und gilt für das zum Zeitpunkt des Kapitalherabsetzungsbeschlusses **laufende Geschäftsjahr** und die **zwei nachfolgenden Geschäftsjahre** (§ 233 Abs. 2 S. 1).[17] Daher können bis zum Wirksamwerden der Kapitalherabsetzung durch Eintragung in das Handelsregister (§§ 224, 229 Abs. 3) höhere Gewinnverwendungen beschlossen und auch ausgeführt werden. Nach Wirksamwerden der Kapitalherabsetzung darf kein höherer Gewinnanteil als nach § 233 Abs. 2 zulässig gezahlt werden;[18] damit greift Abs. 2 – anders als Abs. 1 (vgl Rn 5) – umgestaltend in bereits entstandene Gewinnansprüche ein.

15 **2. Inhaltliche Grenzen.** Bezüglich der inhaltlichen Grenzen der Ausschüttungsbeschränkung gelten die Ausführungen zu Abs. 1 (Rn 2) sinngemäß.

16 **III. Abwendung der Ausschüttungsbeschränkung.** Die aus § 233 Abs. 2 S. 1 resultierende Ausschüttungsbeschränkung kann unter den Voraussetzungen des Abs. 2 S. 2 bis 4 abgewendet werden. Da die Vorschrift § 225 nachgebildet ist, wird bezüglich der Tatbestandsmerkmale auf die dortigen Kommentierungen verwiesen.

17 Besonderheiten ergeben sich allein in Bezug auf den **Hinweis an die Gläubiger** wegen der Befriedigung oder Sicherstellung. Entgegen § 225 Abs. 1 S. 2 geschieht er nicht mit der Bekanntmachung der Eintragung des Kapitalherabsetzungsbeschlusses, sondern im Zusammenhang mit der **Bekanntmachung des Jahresabschlusses** im elektronischen Bundesanzeiger (§ 325 Abs. 2 HGB, § 233 Abs. 2 S. 4). Entsprechend beginnt die **halbjährige Meldefrist** (§ 233 Abs. 2 S. 2) erst mit der vorgenannten Bekanntmachung.

D. Ausschüttungsverbot für Beträge aus Kapitalherabsetzung (Abs. 3)

18 § 233 Abs. 3 stellt klar, dass das Ausschüttungsverbot des § 230 S. 1 **uneingeschränkt** gilt.[19] Beträge, die aus der Kapitalherabsetzung und der Auflösung von Kapital- und Gewinnrücklagen gewonnen wurden, dürfen nicht ausgeschüttet werden.

E. Rechtsfolgen bei Verstößen

19 Gegen § 233 verstoßende **Gewinnverwendungsbeschlüsse** sind **nichtig** (§§ 253 Abs. 1, 241 Nr. 3), da die Vorschrift Gläubigerinteressen schützt.[20]

20 Aktionäre haften nach § 62, wenn die Zahlungen unter Verstoß gegen § 233 an sie geleistet wurden.[21] **Aufsichtsrats- und Vorstandsmitglieder** haften nach §§ 93, 116 für Schäden, die der Gesellschaft durch den Verstoß gegen § 233 entstehen.[22]

§ 234 Rückwirkung der Kapitalherabsetzung

(1) Im Jahresabschluß für das letzte vor der Beschlußfassung über die Kapitalherabsetzung abgelaufene Geschäftsjahr können das gezeichnete Kapital sowie die Kapital- und Gewinnrücklagen in der Höhe ausgewiesen werden, in der sie nach der Kapitalherabsetzung bestehen sollen.

(2) ¹In diesem Fall beschließt die Hauptversammlung über die Feststellung des Jahresabschlusses. ²Der Beschluß soll zugleich mit dem Beschluß über die Kapitalherabsetzung gefaßt werden.

---

15 KölnKomm-AktG/*Lutter*, Rn 11; MüKo-AktG/*Oechsler*, Rn 13; *Geßler*, §§ 231–233 Rn 10; *Hüffer*, Rn 6; *Baumbach/Hueck*, AktG, Rn 4; MüHb-AG/*Krieger*, § 61 Rn 32; *Fabis*, MittRhNotK 1999, 169, 182.
16 MüKo-AktG/*Oechsler*, Rn 14; *Hüffer*, Rn 6.
17 KölnKomm-AktG/*Lutter*, Rn 13; MüKo-AktG/*Oechsler*, Rn 15; *Hüffer*, Rn 7; MüHb-AG/*Krieger*, § 61 Rn 33.
18 KölnKomm-AktG/*Lutter*, Rn 13; MüKo-AktG/*Oechsler*, Rn 15; *Hüffer*, Rn 7; MüHb-AG/*Krieger*, § 61 Rn 33.
19 *Hüffer*, Rn 10.
20 KölnKomm-AktG/*Lutter*, Rn 17; MüKo-AktG/*Oechsler*, Rn 16; *Hüffer*, Rn 10; MüHb-AG/*Krieger*, § 61 Rn 35.
21 KölnKomm-AktG/*Lutter*, Rn 17; MüKo-AktG/*Oechsler*, Rn 16; *Hüffer*, § 232 Rn 10; *Baumbach/Hueck*, AktG, Rn 2; MüHb-AG/*Krieger*, § 61 Rn 35.
22 KölnKomm-AktG/*Lutter*, § 232 Rn 17; *Hüffer*, § 232 Rn 10; *Baumbach/Hueck*, AktG, Rn 2; MüHb-AG/*Krieger*, § 61 Rn 35.

(3) ¹Die Beschlüsse sind nichtig, wenn der Beschluß über die Kapitalherabsetzung nicht binnen drei Monaten nach der Beschlußfassung in das Handelsregister eingetragen worden ist. ²Der Lauf der Frist ist gehemmt, solange eine Anfechtungs- oder Nichtigkeitsklage rechtshängig ist.

A. Grundlagen 1	3. Anweisung durch die Hauptversammlung . 14
B. Reichweite der Rückwirkung (Abs. 1) 5	III. Gleichzeitige Beschlussfassung (Abs. 2 S. 2).... 15
C. Feststellung des Jahresabschlusses durch die Hauptversammlung (Abs. 2)................. 8	D. Fristgemäße Eintragung (Abs. 3) 17
I. Bereits festgestellter Jahresabschluss 9	I. Grundsätze 17
II. Entscheidungsmöglichkeiten der Hauptversammlung................................. 11	II. Fristberechnung 18
1. Feststellung des Jahresabschlusses gem. § 173 12	III. Fristhemmung (Abs. 3 S. 2)................... 20
2. Vorlage eines Jahresabschlusses mit Rückwirkung..................................... 13	IV. Rechtsfolgen bei Fristüberschreitung (Abs. 3 S. 1)...................................... 21
	V. Heilung... 24

A. Grundlagen

§ 234 gestattet die **Rückbeziehung** der vereinfachten Kapitalherabsetzung auf den **Jahresabschluss des vorangegangenen Geschäftsjahres**. Die **Wirksamkeit der Kapitalherabsetzung** wird durch die Vorschrift **nicht vorverlagert**; es bleibt bei dem Grundsatz, dass die Kapitalherabsetzung erst mit Eintragung des Herabsetzungsbeschlusses im Handelsregister wirksam wird (§§ 229 Abs. 3, 224). Der Gesellschaft wird – unter Durchbrechung des **Stichtagsprinzips** (§ 252 S. 1 Nr. 3 HGB) – allein ermöglicht, die sich aus der Kapitalherabsetzung ergebenden Eigenkapitalposten schon im Jahresabschluss für das vorhergehende Geschäftsjahr auszuweisen. Damit soll das **Ansehen** und die **Kreditwürdigkeit** der Gesellschaft gewahrt und **Sanierungsbemühungen** erleichtert werden.[1] In dem Fall der Verbindung einer Kapitalherabsetzung mit einer Kapitalerhöhung eröffnet § 235 entsprechende Möglichkeiten auch für diese Kapitalmaßnahme. 1

Auskunft über den **Herabsetzungsvorgang** und damit über die **wahre Ertragslage** der Gesellschaft gibt in ausreichender Form die Gewinn- und Verlustrechnung (§ 158), in der der Buchgewinn aus der vereinfachten Kapitalherabsetzung als solcher aufzuführen ist (vgl § 240).[2] 2

Die Norm ist nur bei einer **vereinfachten Kapitalherabsetzung** anwendbar, nicht aber bei einer ordentlichen Kapitalherabsetzung (§§ 222 ff) – selbst wenn sie Sanierungszwecken dienen sollte – oder einer Kapitalherabsetzung durch Einziehung von Aktien (§§ 237 ff).[3] 3

Die Möglichkeit der Rückwirkung (§ 234 Abs. 1) hat zum einen die **Feststellung des betreffenden Jahresabschlusses** durch die Hauptversammlung (Abs. 2) und zum anderen die **fristgemäße Eintragung des Kapitalherabsetzungsbeschlusses** im Handelsregister (Abs. 3) zur Voraussetzung. 4

B. Reichweite der Rückwirkung (Abs. 1)

Ob die Gesellschaft von der Rückwirkungsmöglichkeit nach § 234 Gebrauch macht, entscheiden ihre Organe. Liegt eine entsprechende Entscheidung vor, bezieht sie sich allein auf das Geschäftsjahr, welches dem Geschäftsjahr, in dem der Beschluss über die Kapitalherabsetzung gefasst wurde, vorausgegangen ist. Eine **weiter gehende Rückwirkung** ist nicht möglich.[4] 5

Rückwirkend verändert werden können allein die Bilanzposten **gezeichnetes Kapital** (§ 266 Abs. 3 A I HGB) sowie die **Kapital- und Gewinnrücklagen** (§ 266 Abs. 3 A II, III HGB). 6

Die Bilanzposten sind so zu verändern, als wäre die Kapitalherabsetzung bereits wirksam.[5] 7

C. Feststellung des Jahresabschlusses durch die Hauptversammlung (Abs. 2)

Soll eine Kapitalherabsetzung mit Rückwirkung beschlossen werden, setzt dies zwingend die **Feststellung des Jahresabschlusses durch die Hauptversammlung** voraus (Abs. 2 S. 1). Die Rückwirkung erfolgt durch Feststellung des letzten Jahresabschlusses unter Zugrundelegung des Kapitals und der Rücklagen in der Hö- 8

---

[1] OLG Düsseldorf ZIP 1981, 847; KölnKomm-AktG/*Lutter*, Rn 3; MüKo-AktG/*Oechsler*, Rn 1; *Hüffer*, Rn 1; *Nirk*, Hb AG, Rn 1535; *Henn*, Handbuch des Aktienrechts, Rn 1320; *Lutter/Hommelhoff/Timm*, BB 1980, 737, 741; *K. Schmidt*, AG 1985, 150, 156.

[2] KölnKomm-AktG/*Lutter*, Rn 3; *Geßler*, §§ 234–236 Rn 1; *Nirk*, Hb AG, Rn 1553.

[3] MüKo-AktG/*Oechsler*, Rn 3; *Geßler*, §§ 234–236 Rn 1; *Hüffer*, Rn 2; *Henn*, Handbuch des Aktienrechts, Rn 1320.

[4] KölnKomm-AktG/*Lutter*, Rn 21; *Hüffer*, Rn 3; MüHb-AG/*Krieger*, § 61 Rn 36; *Nirk*, Hb AG, Rn 1535.

[5] KölnKomm-AktG/*Lutter*, Rn 21; *Geßler*, §§ 234–236 Rn 2; *Hüffer*, Rn 3; MüHb-AG/*Krieger*, § 61 Rn 36.

he, in der sie nach der Kapitalherabsetzung bestehen sollen.[6] Diese Ausnahme zu den Grundsätzen der §§ 172, 173 ist notwendig, damit die Verwaltung der Gesellschaft der Hauptversammlung nicht hinsichtlich der Kapitalherabsetzung und ihres Umfanges vorgreifen kann.[7]

9 **I. Bereits festgestellter Jahresabschluss.** Ist der Jahresabschluss für das der Beschlussfassung über die Kapitalherabsetzung vorausgegangene Geschäftsjahr – gleichgültig ob nach § 172 oder § 173 – bereits festgestellt, scheidet eine Abänderung nach § 234 aus.[8]

10 Die Verwaltung der Gesellschaft hat faktisch die Möglichkeit, durch Feststellung des Jahresabschlusses nach § 172 eine Rückwirkung zu vereiteln. Ihr steht damit ein bedeutendes **Vorentscheidungsrecht über die bilanzielle Rückwirkung** der Kapitalherabsetzung zu.[9] Sie hat dieses nach **pflichtgemäßem Ermessen** auszuüben und kann sich bei pflichtwidrigem Verhalten ggfs. nach §§ 93, 116 **schadenersatzpflichtig** machen.

11 **II. Entscheidungsmöglichkeiten der Hauptversammlung.** Ist der Jahresabschluss noch nicht festgestellt, so ist wie folgt zu unterscheiden:

12 **1. Feststellung des Jahresabschlusses gem. § 173.** Haben Vorstand und Aufsichtsrat beschlossen, den geprüften Jahresabschluss gem. § 173 der Hauptversammlung zur Beschlussfassung vorzulegen, so ist diese in der Entscheidung über die Rückwirkung frei.[10] Entsprechende Änderungen des Jahresabschlusses können während der Hauptversammlung vorgenommen werden; sie bedürfen dann einer **Nachtragsprüfung** (§ 173 Abs. 3).[11]

13 **2. Vorlage eines Jahresabschlusses mit Rückwirkung.** Legt der Vorstand der Hauptversammlung einen Jahresabschluss zur Feststellung vor, der bereits die Rückwirkung einer Kapitalherabsetzung berücksichtigt, so kann die Hauptversammlung nur hierüber entscheiden. Sie kann den Jahresabschluss also lediglich feststellen oder ablehnen; lehnt sie ihn ab, kann sie wegen §§ 172, 173 nicht zugleich eine ordentliche Feststellung des Jahresabschlusses beschließen.[12]

14 **3. Anweisung durch die Hauptversammlung.** Wird der Vorstand bezüglich des Jahresabschlusses nicht tätig, so kann die Hauptversammlung ihn anweisen, einen Jahresabschluss zur Feststellung gem. § 234 vorzulegen. Die Verwaltung der Gesellschaft ist an diese Anweisung gebunden.[13]

15 **III. Gleichzeitige Beschlussfassung (Abs. 2 S. 2).** Die Feststellung des Jahresabschlusses, der die Kapitalherabsetzung vorwegnimmt, soll gem. § 234 Abs. 2 S. 2 zugleich mit dem Beschluss über die Kapitalherabsetzung (§ 229) erfolgen, dh im Rahmen einer Hauptversammlung.[14]

16 § 234 Abs. 2 S. 2 ist eine reine **Sollvorschrift**; seine Nichtbeachtung hat nach **richtiger Ansicht** weder Folgen für die Kapitalherabsetzung noch für die Feststellung des Jahresabschlusses.[15] Zum Teil wird in der Literatur auch die Ansicht vertreten, dass bei abweichender Handhabung wegen des engen Zusammenhanges der beiden Beschlüsse die Feststellung des Jahresabschlusses nach §§ 243 Abs. 1, 257 Abs. 1 S. 1 anfechtbar sein soll.[16] Dabei wird aber die eindeutige Ausgestaltung der Norm als Sollvorschrift ebenso übersehen wie § 234 Abs. 3, der bereits den engen Zusammenhang zwischen Kapitalherabsetzungsbeschluss und Feststellung des Jahresabschlusses in ausreichendem Maße sichert.

D. Fristgemäße Eintragung (Abs. 3)

17 **I. Grundsätze.** Abs. 3 soll das **zeitnahe Wirksamwerden** der beschlossenen Kapitalherabsetzung gewährleisten, damit die bilanzielle Rückwirkung möglichst rasch durch **Realisierung der beschlossenen Kapitalmaßnahme** gedeckt ist.[17] Daher ordnet Abs. 3 S. 1 die Nichtigkeit – gemeint ist **Unwirksamkeit**[18] – des **Kapitalherabsetzungsbeschlusses sowie des Beschlusses über die Feststellung des Jahresabschlusses** an, wenn nicht der Beschluss über die Kapitalherabsetzung binnen drei Monaten nach der Beschlussfassung in das Handelsregister eingetragen wird (§§ 229 Abs. 3, 224).

18 **II. Fristberechnung.** Die Frist beginnt mit dem Tag, der auf den Kapitalherabsetzungsbeschluss folgt. Für die Fristberechnung gelten die §§ 187 Abs. 1, 188 Abs. 2 BGB. Werden Kapitalherabsetzung und Jahresab-

---

6 MüHb-AG/*Krieger*, § 61 Rn 37.
7 KölnKomm-AktG/*Lutter*, Rn 6; iE ebenso: MüKo-AktG/*Oechsler*, Rn 7.
8 KölnKomm-AktG/*Lutter*, Rn 7; *Hüffer*, Rn 4; MüHb-AG/*Krieger*, § 61 Rn 37.
9 MüKo-AktG/*Oechsler*, Rn 9; KölnKomm-AktG/*Lutter*, Rn 7.
10 KölnKomm-AktG/*Lutter*, Rn 9; MüKo-AktG/*Oechsler*, Rn 10; *Hüffer*, Rn 5.
11 KölnKomm-AktG/*Lutter*, Rn 9; MüKo-AktG/*Oechsler*, Rn 10; *Hüffer*, Rn 5.
12 KölnKomm-AktG/*Lutter*, Rn 10; MüKo-AktG/*Oechsler*, Rn 11, 8; *Hüffer*, Rn 5; MüHb-AG/*Krieger*, § 61 Rn 37.
13 KölnKomm-AktG/*Lutter*, Rn 11; MüKo-AktG/*Oechsler*, Rn 12; *Hüffer*, Rn 5.
14 KölnKomm-AktG/*Lutter*, Rn 14; MüKo-AktG/*Oechsler*, Rn 13; *Geßler*, §§ 234–236 Rn 3; *Hüffer*, Rn 6; MüHb-AG/*Krieger*, § 61 Rn 38.
15 KölnKomm-AktG/*Lutter*, Rn 14; MüKo-AktG/*Oechsler*, Rn 13; *Geßler*, §§ 234–236 Rn 3; MüHb-AG/*Krieger*, § 61 Rn 39.
16 *Hüffer*, Rn 6.
17 MüKo-AktG/*Oechsler*, Rn 14.
18 MüKo-AktG/*Oechsler*, Rn 17; *Hüffer*, Rn 9.

schluss **nicht zugleich beschlossen** (§ 234 Abs. 2 S. 2), so beginnt die Frist mit dem **zuerst gefassten Beschluss**.[19] Dies entspricht zwar nicht dem Gesetzeswortlaut,[20] der allein auf den Beschluss der Kapitalherabsetzung abstellt, ist aber folgerichtig, da ansonsten länger als drei Monate offen bliebe, ob die im Jahresabschluss festgestellt Rückwirkung durch einen entsprechenden Kapitalherabsetzungsbeschluss gedeckt wird.

Die Frist ist nur eingehalten bei fristgerechter Eintragung der Kapitalherabsetzung (§§ 229 Abs. 3, 224); die bloße Anmeldung (§§ 229 Abs. 3, 223) innerhalb der Frist ist nicht ausreichend. Trägt das Registergericht schuldhaft verspätet ein, kommen **Amtshaftungsansprüche** (Art. 34 GG, § 839 BGB) in Betracht.[21]

III. Fristhemmung (Abs. 3 S. 2). Der Lauf der Frist ist iSd § 205 BGB gehemmt, solange eine **Anfechtungs- oder Nichtigkeitsklage** rechthängig (§ 261 Abs. 1 ZPO) ist (§ 234 Abs. 3 S. 2). Zu Einzelheiten vgl die Kommentierungen zu dem wortgleichen § 228 Abs. 2 S. 2.

IV. Rechtsfolgen bei Fristüberschreitung (Abs. 3 S. 1). Nach Fristablauf darf der Registerrichter den **nichtigen Kapitalherabsetzungsbeschluss** nicht in das Handelsregister eintragen.

Erfolgt keine fristgerechte Eintragung des Kapitalherabsetzungsbeschlusses im Handelsregister, so ist sowohl der **Kapitalherabsetzungsbeschluss** als auch der **Jahresabschluss nichtig** (Abs. 3 S. 1). Bis zum Zeitpunkt der Nichtigkeit sind Jahresabschluss und Kapitalherabsetzungsbeschluss **schwebend unwirksam**.[22]

Die Hauptversammlung kann im Kapitalherabsetzungsbeschluss zur **Vermeidung der Nichtigkeit** aus Abs. 3 S. 1 bestimmen, dass die Kapitalherabsetzung unabhängig von der Rückwirkung wirksam werden soll.[23]

V. Heilung. Trägt der Registerrichter pflichtwidrig trotz Fristablauf den **Kapitalherabsetzungsbeschluss** ein (Rn 21) und erfolgt keine Amtslöschung (§ 395 FamFG), kommt dessen **Heilung** nach § 242 Abs. 3 S. 2 in Betracht.[24]

Tritt eine Heilung des Kapitalherabsetzungsbeschlusses ein, erstreckt sie sich auch auf den **Jahresabschluss**.[25] Zudem können beide Beschlüsse von der Hauptversammlung jederzeit wiederholt werden um sie dann nach rechtzeitiger Eintragung in das Handelsregister voll wirksam werden zu lassen.[26]

§ 235 Rückwirkung einer gleichzeitigen Kapitalerhöhung

(1) ¹Wird im Fall des § 234 zugleich mit der Kapitalherabsetzung eine Erhöhung des Grundkapitals beschlossen, so kann auch die Kapitalerhöhung in dem Jahresabschluß als vollzogen berücksichtigt werden. ²Die Beschlußfassung ist nur zulässig, wenn die neuen Aktien gezeichnet, keine Sacheinlagen festgesetzt sind und wenn auf jede Aktie die Einzahlung geleistet ist, die nach § 188 Abs. 2 zur Zeit der Anmeldung der Durchführung der Kapitalerhöhung bewirkt sein muß. ³Die Zeichnung und die Einzahlung sind dem Notar nachzuweisen, der den Beschluß über die Erhöhung des Grundkapitals beurkundet.

(2) ¹Sämtliche Beschlüsse sind nichtig, wenn die Beschlüsse über die Kapitalherabsetzung und die Kapitalerhöhung und die Durchführung der Erhöhung nicht binnen drei Monaten nach der Beschlußfassung in das Handelsregister eingetragen worden sind. ²Der Lauf der Frist ist gehemmt, solange eine Anfechtungs- oder Nichtigkeitsklage rechtshängig ist. ³Die Beschlüsse und die Durchführung der Erhöhung des Grundkapitals sollen nur zusammen in das Handelsregister eingetragen werden.

A. Grundlagen 1	V. Nachweise 15
B. Gestaltungsmöglichkeiten 2	E. Eintragung im Handelsregister (Abs. 2) 19
C. Reichweite der Rückwirkung (Abs. 1 S. 1) 4	I. Grundsätze 19
D. Voraussetzungen der Beschlussfassung (Abs. 1) ... 7	II. Fristberechnung 21
I. Reguläre Barkapitalerhöhung 8	III. Fristhemmung 23
II. Gleichzeitige Beschlussfassung 10	IV. Rechtsfolgen bei Fristüberschreitung 24
III. Zeichnung des Erhöhungsbetrages 12	V. Heilung 27
IV. Mindesteinzahlungen 13	VI. Gleichzeitige Eintragung 29

---

19 KölnKomm-AktG/*Lutter*, Rn 16; MüKo-AktG/*Oechsler*, Rn 14; MüHb-AG/*Krieger*, § 61 Rn 39.
20 Zweifelnd daher *Geßler*, §§ 234–236 Rn 14.
21 MüKo-AktG/*Oechsler*, Rn 15; *Hüffer*, Rn 7.
22 KölnKomm-AktG/*Lutter*, Rn 19; *Hüffer*, Rn 9.
23 KölnKomm-AktG/*Lutter*, Rn 17; MüKo-AktG/*Oechsler*, Rn 17; *Hüffer*, Rn 9; MüHb-AG/*Krieger*, § 61 Rn 39.
24 KölnKomm-AktG/*Lutter*, Rn 20; *Geßler*, §§ 234–236 Rn 16; *Hüffer*, Rn 10; MüHb-AG/*Krieger*, § 61 Rn 39.
25 KölnKomm-AktG/*Lutter*, Rn 20; MüKo-AktG/*Oechsler*, Rn 18; *Hüffer*, Rn 10; MüHb-AG/*Krieger*, § 61 Rn 39.
26 KölnKomm-AktG/*Lutter*, Rn 20; *Hüffer*, Rn 10.

A. Grundlagen

1 § 235 gestattet – in Ergänzung zu § 234 – die Rückbeziehung auch einer Kapitalerhöhung auf den Jahresabschluss für das vorangegangene Geschäftsjahr, wenn sie im Fall des § 234 zugleich mit der vereinfachten Kapitalherabsetzung beschlossen wurde (§ 235 Abs. 1 S. 1). Damit sollen, wie bei § 234, **Sanierungsbemühungen** unter Durchbrechung des **Stichtagsprinzips** erleichtert werden (vgl dazu § 234 Rn 1). Die **Wirksamkeit der Kapitalerhöhung** wird durch die Vorschrift **nicht vorverlagert**; es bleibt bei dem Grundsatz, dass die Kapitalerhöhung erst mit Eintragung der Durchführung im Handelsregister wirksam wird (§ 189).

B. Gestaltungsmöglichkeiten

2 Wird eine Kapitalherabsetzung mit einer Kapitalerhöhung verbunden, eröffnen sich der Gesellschaft drei Gestaltungsmöglichkeiten bezüglich der bilanziellen Rückwirkung: (1.) Sie kann von den Rückwirkungsmöglichkeiten keinerlei Gebrauch machen. (2.) Sie kann nur die bilanzielle Wirkung der Kapitalherabsetzung zurückbeziehen. (3.) Sie kann sowohl die Kapitalherabsetzung als auch die Kapitalerhöhung rückwirken lassen.[1]

3 Nicht möglich ist hingegen **allein die Rückbeziehung der Kapitalerhöhung**;[2] die Rückbeziehung der Kapitalerhöhung setzt nach dem klaren Wortlaut der Vorschrift unabdingbar auch die Rückbeziehung der Kapitalherabsetzung voraus (Abs. 1 S. 1).

C. Reichweite der Rückwirkung (Abs. 1 S. 1)

4 Ob die Gesellschaft von der Rückwirkungsmöglichkeit nach § 235 Gebrauch macht, entscheiden ihre Organe. Liegt eine entsprechende Entscheidung vor, bezieht sie sich allein auf das Geschäftsjahr, welches dem Geschäftsjahr, in dem der Beschluss über die Kapitalherabsetzung und die Kapitalerhöhung gefasst wurde, vorausgegangen ist (Abs. 1 S. 1). Eine **weiter gehende Rückwirkung** ist nicht möglich.[3]

5 Rückwirkend verändert werden können auf der Passivseite der Bilanz die Posten **gezeichnetes Kapital** (§ 266 Abs. 3 A I HGB) sowie bei einem vereinbarten Agio (§ 9 Abs. 2) die **Kapitalrücklage** (§§ 266 Abs. 3 A II, 272 Abs. 1 Nr. 1 HGB). Auf der Aktivseite der Bilanz sind vor dem Anlagevermögen die **Einlageforderungen** auszuweisen (§ 272 Abs. 1 S. 2 HGB).[4]

6 Die Bilanzposten sind so zu verändern, als wäre die Kapitalerhöhung bereits wirksam.[5]

D. Voraussetzungen der Beschlussfassung (Abs. 1)

7 Damit neben der Kapitalherabsetzung auch die Kapitalerhöhung auf den Jahresabschluss des letzten Geschäftsjahres zurückbezogen werden kann, müssen gem. § 235 Abs. 1 S. 1 zunächst die **Voraussetzungen des § 234** gegeben sein (vgl insoweit die Kommentierungen dort). Zudem sind folgende weitere Anforderungen an die Beschlussfassung zu erfüllen:

8 **I. Reguläre Barkapitalerhöhung.** Die Erhöhung des Grundkapital der Gesellschaft muss durch eine **Kapitalerhöhung gegen Bareinlage** (§§ 182 ff) erfolgen.[6] **Sacheinlagen** scheiden für die Anwendung des § 235 aus.[7]

9 Es muss sich zudem um eine **reguläre Kapitalerhöhung** handeln.[8] Die Schaffung eines **genehmigten Kapitals** (§ 202) ist nicht möglich, da § 235 Abs. 1 iVm § 234 Abs. 2 einen Beschluss der Hauptversammlung über die Kapitalerhöhung fordert; eine **bedingte Kapitalerhöhung** (§ 192) sowie eine **Kapitalerhöhung aus Gesellschaftsmitteln** genügen nicht, da § 235 Abs. 1 S. 2 die Zeichnung neuer Aktien voraussetzt.[9]

10 **II. Gleichzeitige Beschlussfassung.** Die Kapitalerhöhung muss zugleich mit der vereinfachte Kapitalherabsetzung beschlossen werden (Abs. 1 S. 1), dh **in einer Hauptversammlung**.[10] Dies folgt aus dem klaren Wortlaut der Vorschrift.[11]

---

1 KölnKomm-AktG/*Lutter*, Rn 3; *Geßler*, §§ 234–236 Rn 9; *Hüffer*, Rn 3.
2 KölnKomm-AktG/*Lutter*, Rn 3; MüKo-AktG/*Oechsler*, Rn 4; *Geßler*, §§ 234–236 Rn 9; *Hüffer*, Rn 3.
3 KölnKomm-AktG/*Lutter*, Rn 4; *Geßler*, §§ 234–236 Rn 5; MüHb-AG/*Krieger*, § 61 Rn 40; *Nirk*, Hb AG, Rn 1535.
4 *Hüffer*, Rn 2.
5 KölnKomm-AktG/*Lutter*, Rn 4; *Geßler*, §§ 234–236 Rn 5; *Hüffer*, Rn 2; MüHb-AG/*Krieger*, § 61 Rn 40.
6 KölnKomm-AktG/*Lutter*, Rn 6; MüKo-AktG/*Oechsler*, Rn 7; *Hüffer*, Rn 5; MüHb-AG/*Krieger*, § 61 Rn 41; *Lutter/Hommelhoff/Timm*, BB 1980, 737, 741.
7 OLG Düsseldorf ZIP 1981, 847; KölnKomm-AktG/*Lutter*, Rn 8; MüKo-AktG/*Oechsler*, Rn 9; *Geßler*, §§ 234–236 Rn 5; *Hüffer*, Rn 5; MüHb-AG/*Krieger*, § 61 Rn 41.
8 KölnKomm-AktG/*Lutter*, Rn 6; MüKo-AktG/*Oechsler*, Rn 7; *Hüffer*, Rn 5; MüHb-AG/*Krieger*, § 61 Rn 41.
9 KölnKomm-AktG/*Lutter*, Rn 6.
10 KölnKomm-AktG/*Lutter*, Rn 7; *Hüffer*, Rn 4; MüHb-AG/*Krieger*, § 61 Rn 41.
11 Abweichend wohl MüKo-AktG/*Oechsler*, Rn 6, der die Beschlussfassung in einer Hauptversammlung lediglich als Sollvorschrift versteht.

Zudem sollte zugleich mit den vorgenannten Kapitalmaßnahmen der Beschluss über die Feststellung des Jahresabschlusses gefasst werden (vgl dazu § 234 Rn 8); § 234 Abs. 2 S. 2 ist kumulativ zu beachten (Rn 7).

III. Zeichnung des Erhöhungsbetrages. Der gesamte Erhöhungsbetrag muss **im Zeitpunkt der Beschlussfassung** wirksam gezeichnet sein (Abs. 1 S. 2). Dies macht den Abschluss von **Zeichnungsverträgen** nach § 185 vor dem entsprechenden Beschluss der Hauptversammlung notwendig; sie stehen unter der **aufschiebenden Bedingung** der Fassung des Kapitalerhöhungsbeschlusses.[12]

IV. Mindesteinzahlungen. Auf jede Aktie muss vor der Beschlussfassung die Mindesteinzahlung von 25 % des geringsten Ausgabebetrages zuzüglich des vollen ggfs. vereinbarten Agios (§§ 188 Abs. 2, 36 a Abs. 1, 36 Abs. 2) eingezahlt sein (§ 235 Abs. 2 S. 2). Hat der Vorstand der Gesellschaft einen **höheren Betrag** als den Mindestbetrag eingefordert, so ist auch dieser zuvor zu erbringen.[13]

Der einzufordernde Betrag muss eingezahlt und dem Vorstand **endgültig zur freien Verfügung** stehen. Das Erfordernis der freien Verfügbarkeit durch den Vorstand bedeutet – anders als bei einer regulären Kapitalerhöhung – nicht, dass der eingezahlte Betrag bis zum Zeitpunkt der Anmeldung der Durchführung der Kapitalerhöhung zumindest noch wertmäßig im Vermögen der Gesellschaft vorhanden sein muss (§ 188 Abs. 2); ein solches Verständnis würde dem besonderen Sanierungszweck des § 235 nicht gerecht.[14] Es reicht nach **zutreffender Ansicht** vielmehr aus, wenn der gesamte eingeforderte Betrag dem Vorstand einmal zur freien Verfügung stand.[15]

V. Nachweise. Die **Zeichnung** (Rn 12) und die **Zahlungen** (Rn 13 f) sind nach Abs. 1 S. 3 dem **Notar** nachzuweisen, der den Beschluss über die Erhöhung des Grundkapitals beurkundet (§ 130).

In welcher Weise die Nachweise zu führen sind, bestimmt der Notar nach **pflichtgemäßem Ermessen**. Normalerweise wird er die **Vorlage der Zeichnungsscheine** und der **Einzahlungsbelege** oder einer **schriftlichen Bestätigung über den Geldeingang** der Bank verlangen.[16]

Verlangt der Notar – entgegen Abs. 1 S. 3 – keine Nachweise oder werden ihm die geforderten Nachweise nicht vorgelegt, so ist ein gleichwohl beurkundeter Hauptversammlungsbeschluss wirksam.[17]

Werden dem Notar die nach pflichtgemäßem Ermessen geforderten Nachweise nicht vorgelegt, so hat er die Beurkundung grds. **abzulehnen**.[18] Die Ansicht, dass der Notar in derartigen Fällen die Beurkundung ablehnen darf, insofern also ein Wahlrecht haben soll, vermag nicht zu überzeugen.[19] Der Notar, der keine Nachweise fordert, begeht eine **Amtspflichtverletzung**.

E. Eintragung im Handelsregister (Abs. 2)

I. Grundsätze. § 235 Abs. 2 soll – wie § 234 Abs. 3 (vgl § 234 Rn 17) – eine **zeitnahe Realisierung** der beschlossenen Kapitalmaßnahmen gewährleisten. Daher ordnet § 235 Abs. 2 S. 1 die **Nichtigkeit sämtlicher Beschlüsse**, dh des Kapitalherabsetzungs-, des Kapitalerhöhungsbeschlusses und der Feststellung des Jahresabschlusses für das vorhergehende Geschäftsjahr, von Anfang an, wenn nicht die Beschlüsse über die Kapitalherabsetzung und die Kapitalerhöhung und deren Durchführung binnen drei Monaten nach der Beschlussfassung in das Handelsregister eingetragen worden sind.

Zudem sollen die Beschlüsse über die Kapitalmaßnahmen und die Durchführung der Erhöhung des Grundkapitals nur **zusammen** in das Handelsregister eingetragen werden (Abs. 2 S. 3).

II. Fristberechnung. Die Frist beginnt mit dem Tag, der auf die Beschlussfassung folgt. Für die Fristberechnung gelten die §§ 187 Abs. 1, 188 Abs. 2 BGB. Werden die Kapitalmaßnahmen und der Jahresabschluss **nicht zugleich beschlossen** (vgl Rn 11 und § 234 Rn 8), so beginnt die Frist mit dem **zuerst gefassten Beschluss** (Einzelheiten bei § 234 Rn 18).

Die Frist ist nur eingehalten bei fristgerechter **Eintragung der Beschlüsse** nebst der **Durchführung der Kapitalerhöhung** im Handelsregister; die bloße Anmeldung innerhalb der Frist ist nicht ausreichend. Trägt das Registergericht schuldhaft verspätet ein, kommen **Amtshaftungsansprüche** (Art. 34 GG, § 839 BGB) in Betracht.

---

12 KölnKomm-AktG/*Lutter*, Rn 9; MüKo-AktG/*Oechsler*, Rn 8; *Hüffer*, Rn 5.
13 BGHZ 118, 83, 88 = NJW 1992, 2222 = AG 1992, 312 = WM 1992, 1225 = ZIP 1992, 995; OLG Düsseldorf ZIP 1981, 847; KölnKomm-AktG/*Lutter*, Rn 10; MüKo-AktG/*Oechsler*, Rn 10; *Geßler*, §§ 234–236 Rn 5; *Hüffer*, Rn 6; MüHb-AG/*Krieger*, § 61 Rn 41.
14 OLG Düsseldorf ZIP 1981, 847; KölnKomm-AktG/*Lutter*, Rn 10; MüKo-AktG/*Oechsler*, Rn 11; *Hüffer*, Rn 7; *Lutter*, NJW 1989, 2649.
15 In diesem Sinne BGH BB 2002, 957, 958 f = GmbHR 2002, 545 (für die GmbH), dazu *Henze*, BB 2002, 955, 956 f; OLG Düsseldorf ZIP 1981, 847; KölnKomm-AktG/*Lutter*, Rn 10; MüKo-AktG/*Oechsler*, Rn 11; *Hüffer*, Rn 7; *Lutter*, NJW 1989, 2649; einschränkend: *Lutter/Hommelhoff/Timm*, BB 1980, 737, 744 f, die eine solche Lockerung nur für die Mindesteinlage nach § 36 a Abs. 1 annehmen wollen.
16 KölnKomm-AktG/*Lutter*, Rn 11; MüKo-AktG/*Oechsler*, Rn 12; *Hüffer*, Rn 8.
17 KölnKomm-AktG/*Lutter*, Rn 11; MüKo-AktG/*Oechsler*, Rn 12; *Geßler*, §§ 234–236 Rn 13; *Hüffer*, Rn 8; MüHb-AG/*Krieger*, § 61 Rn 41.
18 KölnKomm-AktG/*Lutter*, Rn 11; *Hüffer*, Rn 8.
19 *Geßler*, §§ 234–236 Rn 13.

23 **III. Fristhemmung.** Der Lauf der Frist ist iSd § 205 BGB gehemmt, solange eine **Anfechtungs-** oder **Nichtigkeitsklage** rechtshängig (§ 261 Abs. 1 ZPO) ist (§ 235 Abs. 2 S. 2; vgl § 234 Rn 20).

24 **IV. Rechtsfolgen bei Fristüberschreitung.** Nach Fristablauf darf der Registerrichter den Kapitalherabsetzungsbeschluss, den Kapitalerhöhungsbeschluss und die Durchführung derselben nicht mehr in das Handelsregister eintragen.

25 Erfolgt **keine fristgerechte Eintragung**, sind der Kapitalherabsetzungsbeschluss, der Kapitalerhöhungsbeschluss und der Beschluss über die Feststellung des Jahresabschlusses **nichtig** (§ 235 Abs. 2 S. 1). Bis zum Zeitpunkt der Nichtigkeit sind die Beschlüsse **schwebend unwirksam** (vgl § 234 Rn 22).

26 Die Hauptversammlung kann im Kapitalerhöhungsbeschluss **zur Vermeidung der Nichtigkeit** aus § 235 Abs. 2 S. 1 bestimmen, dass die Kapitalerhöhung unabhängig von der Rückwirkung wirksam werden soll (vgl § 234 Rn 23).[20]

27 **V. Heilung.** Trägt der Registerrichter nach Fristablauf pflichtwidrig ein und erfolgt keine Amtslöschung (§ 395 FamFG), kommt eine **Heilung** der Kapitalmaßnahmen nach § 242 Abs. 3, 2 in Betracht.[21]

28 Tritt eine Heilung im vorgenannten Sinne ein, erstreckt sie sich auch auf den **Jahresabschluss**.[22]

29 **VI. Gleichzeitige Eintragung.** Die Beschlüsse über die Kapitalmaßnahmen und die Durchführung der Erhöhung des Grundkapitals sollen nur zusammen in das Handelsregister eingetragen werden (Abs. 2 S. 3). Es handelt sich insoweit um eine **reine Ordnungsvorschrift**, die vom Registerrichter zu beachten ist; ihre Nichtbeachtung zeitigt für die Beschlüsse keinerlei Folgen.[23]

§ 236 Offenlegung

Die Offenlegung des Jahresabschlusses nach § 325 des Handelsgesetzbuchs darf im Fall des § 234 erst nach Eintragung des Beschlusses über die Kapitalherabsetzung, im Fall des § 235 erst ergehen, nachdem die Beschlüsse über die Kapitalherabsetzung und Kapitalerhöhung und die Durchführung der Kapitalerhöhung eingetragen worden sind.

A. Grundlagen

1 Nach § 325 HGB ist ein **festgestellter Jahresabschluss** unverzüglich dem Handelsregister **einzureichen** und **bekannt zu machen**. § 236 modifiziert diese Vorschrift zum **Schutz von Gläubigern und zukünftigen Aktionären**,[1] denn bis zur Vornahme der nach §§ 234, 235 erforderlichen Eintragungen ist der Jahresabschluss schwebend unwirksam (vgl § 234 Rn 25 sowie § 235 Rn 22).[2]

B. Regelungsgegenstand

2 Die **Pflicht** zur unverzüglichen Offenlegung des Jahresabschlusses (§ 325 Abs. 1 S. 1 HGB) entsteht gemäß § 236 im Fall des § 234 erst nach Eintragung des Kapitalherabsetzungsbeschlusses im Handelsregister (§§ 229 Abs. 3, 224) und im Fall des § 235 erst nach Eintragung der Beschlüsse über die Kapitalmaßnahmen und der Eintragung der Durchführung der Kapitalerhöhung im Handelsregister. Somit wird die Verpflichtung aus § 325 HGB solange **ausgesetzt**, bis die für die Wirksamkeit der Kapitalmaßnahmen letzte Eintragung erfolgt ist.[3]

3 Nach Vornahme der letzten Eintragung durch das Handelsregister ist der **Jahresabschluss unverzüglich** (§ 121 Abs. 1 S. 1 BGB) nach § 325 HGB **offen zu legen**.[4]

C. Rechtsfolgen bei Verstößen

4 § 236 ist ein **Schutzgesetz** iSd § 823 Abs. 2 BGB.[5] Betreibt der Vorstand der Gesellschaft entgegen § 236 die Offenlegung zu früh und erweist sich der Jahresabschluss später als nichtig (§§ 234 Abs. 3, 235 Abs. 2),

---

20 MüKo-AktG/*Oechsler*, Rn 18.
21 KölnKomm-AktG/*Lutter*, Rn 15; MüKo-AktG/*Oechsler*, Rn 17; Geßler, §§ 234–236 Rn 16; *Hüffer*, Rn 11.
22 MüKo-AktG/*Oechsler*, Rn 17; *Hüffer*, Rn 11.
23 KölnKomm-AktG/*Lutter*, Rn 16; MüKo-AktG/*Oechsler*, Rn 20; *Hüffer*, Rn 13; MüHb-AG/*Krieger*, § 61 Rn 42.
1 MüKo-AktG/*Oechsler*, Rn 1; *Hüffer*, Rn 1.
2 Geßler, §§ 234–236 Rn 17; iE ebenso KölnKomm-AktG/*Lutter*, Rn 2; MüKo-AktG/*Oechsler*, Rn 1 f; *Hüffer*, Rn 1; MüHb-AG/*Krieger*, § 61 Rn 43.
3 KölnKomm-AktG/*Lutter*, Rn 2; MüKo-AktG/*Oechsler*, Rn 2; Geßler, §§ 234–236 Rn 17; *Hüffer*, Rn 1; MüHb-AG/*Krieger*, § 61 Rn 43.
4 KölnKomm-AktG/*Lutter*, Rn 2; MüKo-AktG/*Oechsler*, Rn 2; *Hüffer*, Rn 1; MüHb-AG/*Krieger*, § 61 Rn 43.
5 KölnKomm-AktG/*Lutter*, Rn 3; MüKo-AktG/*Oechsler*, Rn 3; *Hüffer*, Rn 3; MüHb-AG/*Krieger*, § 61 Rn 43.

haftet die Gesellschaft ggfs. auf **Schadenersatz** (§§ 823 Abs. 2, 31 BGB, § 236).[6] Der Gesellschaft gegenüber kommt eine **Haftung von Vorstands- und Aufsichtsratsmitgliedern** nach §§ 93, 116 in Betracht.[7]

Dritter Unterabschnitt
Kapitalherabsetzung durch Einziehung von Aktien. Ausnahme für Stückaktien

Literatur:
Ihring/Wagner, Die Reform geht weiter: Das Transparenz- und Publizitätsgesetz kommt, BB 2002, 789; *Terbrack,* Kapitalherabsetzung ohne Herabsetzung des Grundkapitals? – Zur Wiedereinführung der Amortisation im Aktienrecht, DNotZ 2003, 734; *Tielmann,* Die Einziehung von Stückaktien ohne Kapitalherabsetzung, DStR 2003, 1796; *Wieneke/Förl,* Die Einziehung eigener Aktien nach § 237 Abs. 3 Nr 3 AktG – Eine Lockerung des Grundsatzes der Vermögensbindung?, AG 2005, 189.

§ 237 Voraussetzungen

(1) ¹Aktien können zwangsweise oder nach Erwerb durch die Gesellschaft eingezogen werden. ²Eine Zwangseinziehung ist nur zulässig, wenn sie in der ursprünglichen Satzung oder durch eine Satzungsänderung vor Übernahme oder Zeichnung der Aktien angeordnet oder gestattet war.

(2) ¹Bei der Einziehung sind die Vorschriften über die ordentliche Kapitalherabsetzung zu befolgen. ²In der Satzung oder in dem Beschluß der Hauptversammlung sind die Voraussetzungen für eine Zwangseinziehung und die Einzelheiten ihrer Durchführung festzulegen. ³Für die Zahlung des Entgelts, das Aktionären bei einer Zwangseinziehung oder bei einem Erwerb von Aktien zum Zwecke der Einziehung gewährt wird, und für die Befreiung dieser Aktionäre von der Verpflichtung zur Leistung von Einlagen gilt § 225 Abs. 2 sinngemäß.

(3) Die Vorschriften über die ordentliche Kapitalherabsetzung brauchen nicht befolgt zu werden, wenn Aktien, auf die der Ausgabebetrag voll geleistet ist,

1. der Gesellschaft unentgeltlich zur Verfügung gestellt oder
2. zu Lasten des Bilanzgewinns oder einer anderen Gewinnrücklage, soweit sie zu diesem Zweck verwandt werden können, eingezogen werden oder
3. Stückaktien sind und der Beschluss der Hauptversammlung bestimmt, dass sich durch die Einziehung der Anteil der übrigen Aktien am Grundkapital gemäß § 8 Abs. 3 erhöht; wird der Vorstand zur Einziehung ermächtigt, so kann er auch zur Anpassung der Angabe der Zahl in der Satzung ermächtigt werden.

(4) ¹Auch in den Fällen des Absatzes 3 kann die Kapitalherabsetzung durch Einziehung nur von der Hauptversammlung beschlossen werden. ²Für den Beschluß genügt die einfache Stimmenmehrheit. ³Die Satzung kann eine größere Mehrheit und weitere Erfordernisse bestimmen. ⁴Im Beschluß ist der Zweck der Kapitalherabsetzung festzusetzen. ⁵Der Vorstand und der Vorsitzende des Aufsichtsrats haben den Beschluß zur Eintragung in das Handelsregister anzumelden.

(5) In den Fällen des Absatzes 3 Nr. 1 und 2 ist in die Kapitalrücklage ein Betrag einzustellen, der dem auf die eingezogenen Aktien entfallenden Betrag des Grundkapitals gleichkommt.

(6) ¹Soweit es sich um eine durch die Satzung angeordnete Zwangseinziehung handelt, bedarf es eines Beschlusses der Hauptversammlung nicht. ²In diesem Fall tritt für die Anwendung der Vorschriften über die ordentliche Kapitalherabsetzung an die Stelle des Hauptversammlungsbeschlusses die Entscheidung des Vorstands über die Einziehung.

A. Grundlagen	1	I. Zwangseinziehung (Abs. 1 S. 1 Alt. 1)	14
I. Allgemeines	1	1. Zulassung in der Satzung	14
II. Abgrenzung zu ähnlichen Rechtsinstituten	5	a) Zulassung in der Ursprungssatzung	15
III. Arten der Einziehung und Gang des Verfahrens	7	b) Zulassung durch Satzungsänderung	16
IV. Einziehungszwecke	9	aa) Wirksamkeit der Satzungsänderung	16
B. Zwangseinziehung und Einziehung nach Erwerb (Abs. 1)	11	bb) Zustimmung der Aktionäre	17
		c) Zeichnung/Übernahme	19

---

[6] KölnKomm-AktG/*Lutter,* Rn 3; MüKo-AktG/*Oechsler,* Rn 3; *Hüffer,* Rn 3; MüHb-AG/*Krieger,* § 61 Rn 43.

[7] KölnKomm-AktG/*Lutter,* Rn 3; *Hüffer,* Rn 3; MüHb-AG/*Krieger,* § 61 Rn 43.

2. Angeordnete Zwangseinziehung 21	a) Volleinzahlung 64
a) Bestimmtheitsgebot 23	b) Unentgeltlich zur Verfügung stellen (Abs. 3 Nr. 1) 66
b) Einziehungsvoraussetzungen 26	c) Einziehung zulasten des Bilanzgewinns oder einer anderen Gewinnrücklage (Abs. 3 Nr. 2) 70
c) Sachliche Rechtfertigung 28	
3. Gestattete Zwangseinziehung 29	
a) Beschluss der Hauptversammlung 31	
b) Sachliche Rechtfertigung 32	d) Sonderregelung für Stückaktien (Abs. 3 Nr. 3) 73
4. Einziehungsentgelt 34	
a) Regelungen in der Satzung 35	2. Rechtsfolgen 77
b) Vorgaben zur Höhe des Entgeltes ... 38	a) Beschlussfassung 78
c) Vollständiger Ausschluss des Einziehungsentgeltes 41	aa) Mehrheitserfordernisse 79
	bb) Sonderbeschlüsse 82
II. Einziehung nach Erwerb (Abs. 1 S. 1 Alt. 2) 42	cc) Inhaltliche Anforderungen 84
1. Begriff der eigenen Aktie 44	b) Anmeldung zum Handelsregister ... 86
2. Maßgeblicher Zeitpunkt 47	c) Gläubigerschutz (Abs. 5) 88
C. Einziehungsverfahren 48	III. Einziehung durch den Vorstand (Abs. 6) 92
I. Ordentliches Einziehungsverfahren (Abs. 2) 49	1. Entscheidung der Hauptversammlung ... 92
1. Stimmrecht in der Hauptversammlung 50	2. Entscheidung des Vorstands 94
2. Beschlussinhalt 54	3. Anmeldung der Entscheidung des Vorstands zum Handelsregister 95
3. Grenzen der Beschlussfassung 56	
4. Anmeldung und Eintragung 58	IV. Rechtsfolgen bei Verstößen 97
5. Gläubigerschutz 59	
II. Vereinfachtes Einziehungsverfahren (Abs. 3 bis 5) 62	
1. Voraussetzungen 63	

A. Grundlagen

1 **I. Allgemeines.** § 237 betrifft die Einziehung von Aktien und gestaltet diese als **eine mögliche Form der Durchführung** einer Kapitalherabsetzung aus. Damit tritt sie neben die **zwei anderen Formen** der Kapitalherabsetzung, die **Herabsetzung des Nennbetrages** (§ 222 Abs. 4 S. 1) und die **Zusammenlegung von Aktien** (§ 222 Abs. 4 S. 2).

2 Während die Kapitalherabsetzung durch Zusammenlegung von Aktien **subsidiär** zur Herabsetzung des Nennbetrages ist (§ 222 Rn 56), ist die Kapitalherabsetzung durch Einziehung von Aktien nach § 237 eine **echte Alternative**, die in **keinem Konkurrenzverhältnis** zu den anderen Formen der Kapitalherabsetzung steht. Zudem unterscheidet die Einziehung nach § 237 von den anderen Formen der Kapitalherabsetzung, dass sie zum **Untergang einzelner Aktien** und damit zum **Ausschluss** von Aktionären führt, während ansonsten alle Aktien **gleichmäßig** betroffen werden. Insofern bietet sich die Einziehung von Aktien insbesondere dann an, wenn die **Struktur der Gesellschafter** verändert oder **bestimmte Aktienarten**, zB **Vorzugsaktien**, beseitigt werden sollen.

3 Der für die Einziehung von Aktien eigens ausgestalteten **Aktionärsschutz** erlaubt eine zwangsweise Einziehung (Abs. 1 S. 1 Alt. 1) nur dann, wenn diese aufgrund einer **Satzungsbestimmung** zulässig ist, die bereits in der ursprünglichen Satzung enthalten oder durch Satzungsänderung vor Übernahme oder Zeichnung der durch die Einziehung betroffenen Aktien eingefügt war (Abs. 1 S. 2). Zieht die Gesellschaft eigene Aktien ein, entfällt dieses Schutzbedürfnis (Abs. 1 S. 1 Alt. 2).

4 Die Kapitalherabsetzung durch Einziehung von Aktien ist **Satzungsänderung**; die §§ 179–181 sind neben §§ 237 ff anzuwenden (vgl dazu vor §§ 222 ff Rn 10 ff sowie § 222 Rn 12). Die Vorschrift wurde zuletzt geändert durch das Transparenz- und Publizitätsgesetz vom 19.7.2002.[1]

5 **II. Abgrenzung zu ähnlichen Rechtsinstituten.** Während die Einziehung von Aktien zur **Vernichtung der Mitgliedsrechte** führt, bleiben diese bei der **Kaduzierung** (§ 64) bestehen; hier verliert ein mit der Einzahlung säumiger Aktionär seine Mitgliedsrechte zugunsten der Gesellschaft. Vergleichbares gilt beim **Erwerb eigener Aktien** (§ 71). **Die Kraftloserklärung von Aktien** (§§ 72, 73, 226) ergreift nur die Aktie als Wertpapier, nicht aber die Mitgliedsrechte.

6 Umstritten ist, ob – entsprechend der gängigen Praxis im GmbH-Recht – aufgrund einer entsprechenden Satzungsbestimmung die Hauptversammlung bestimmen kann, dass Aktionäre ihre Aktien **auf bestimmte Dritte zu übertragen haben**, sog. **Auslosung**. Die Rechtsprechung des Reichsgerichts hat dies zwar bejaht,[2] nach **richtiger Ansicht** ist eine solche Einziehung zugunster Dritter jedoch nicht zulässig. Sie verstößt gegen § 23 Abs. 5, da die Einziehung von Aktien – vorbehaltlich der Neuregelung des § 237 Abs. 3 Nr. 3 – zwingend zum **Untergang der Mitgliedsrechte** führen muss, nicht aber zu deren Übertragung – und damit zu

---

[1] BGBl. I S. 2681.
[2] RGZ 120, 177, 180 f; dem folgend: Großkomm-AktienR/*Schilling*, Rn 3; *Hüffer*, Rn 2.

ihrem Fortbestand – führen kann.[3] Zudem würde durch eine derartige Satzungsbestimmung entgegen § 54 Abs. 1 eine zusätzliche Verpflichtung des Aktionärs begründet; diese Verpflichtung kann im Einzelfall aufgrund des Eigeninteresses des Begünstigten eine stärkere Belastung der Mitgliedsrechte als die Einziehung darstellen.

III. Arten der Einziehung und Gang des Verfahrens. Das Gesetz unterscheidet zwischen zwei **Arten der Einziehung** – der **Zwangseinziehung** (Abs. 1 S. 1 Alt. 1) und der **Einziehung nach Erwerb der Aktien** durch die Gesellschaft (Abs. 1 S. 1 Alt. 2). Für beide Arten der Einziehung stehen wiederum **zwei Einziehungsverfahren** zur Verfügung – das **ordentliche** (Abs. 1, 2) und das **vereinfachte Einziehungsverfahren** (Abs. 3 bis 5).[4]

Üblicherweise läuft das Einziehungsverfahren wie folgt ab:

1. Beschluss der Hauptversammlung über die Kapitalherabsetzung durch Einziehung; im Falle des § 71 Abs. 1 Nr. 8 S. 6 und im Falle einer durch Satzung angeordneten Zwangseinziehung Einziehungsentscheidung durch den Vorstand (§ 237 Abs. 6).
2. Anmeldung des Kapitalherabsetzungsbeschlusses zum Handelsregister (§§ 237 Abs. 2 S. 1, 223).
3. Eintragung und Bekanntmachung des Beschlusses mit dem Hinweis auf das Recht der Gläubiger zur Besicherung (§§ 237 Abs. 2 S. 1, 225 Abs. 1 S. 2).
4. Einziehung der Aktien (§ 238).
5. Anmeldung und Eintragung der Durchführung der Kapitalherabsetzung in das Handelsregister (§ 239).
6. Zahlung des Einziehungsentgeltes.

IV. Einziehungszwecke. Die Einziehung ist zu **jedem denkbaren Zweck** möglich, sie kann zur **Sanierung**, **Rückzahlung an die Aktionäre**, **Einstellung in die Kapitalrücklage**, **Vorbereitung einer Kapitalerhöhung** usw dienen; in der Praxis häufiger zu finden ist auch die **Beseitigung bestimmter Mitgliedsrechte**, etwa bei deren Veräußerung oder Vererbung an familienfremde Personen oder solche, die nicht einem bestimmten Beruf angehören.[5]

Der verfolgte Zweck ist im Beschluss **anzugeben**. Dies folgt für das ordentliche Einziehungsverfahren aus §§ 237 Abs. 2 S. 1, 222 Abs. 3 und für das vereinfachte Einziehungsverfahren aus § 237 Abs. 4 S. 4. Werden mehrere Zwecke nebeneinander verfolgt, sind alle nebst dem jeweils auf sie entfallenden Herabsetzungsbetrag anzugeben (vgl § 222 Rn 21, 49).

B. Zwangseinziehung und Einziehung nach Erwerb (Abs. 1)

Durch die Einziehung **erlöschen** die betroffenen Mitgliedsrechte.[6]

Eine **Zwangseinziehung** (Abs. 1 S. 1 Alt. 1) liegt vor, wenn nicht der Gesellschaft selbst gehörende Mitgliedsrechte betroffen sind.[7] Wegen des damit verbundenen stärksten Eingriffs in die Mitgliedsposition der betroffenen Aktionäre ist die Zwangseinziehung nur unter **engen Voraussetzungen** anwendbar; sie muss in der ursprünglichen Satzung der Gesellschaft oder durch Satzungsänderung vor Übernahme oder Zeichnung der Aktien angeordnet oder zugelassen sein (Abs. 1 S. 2), so dass die Mitgliedsrechte die Möglichkeit der Vernichtung vorher in sich tragen. Unerheblich ist hingegen bei der Zwangseinziehung, ob die betroffenen Aktionäre bei der Einziehung freiwillig mitwirken oder nicht;[8] insoweit ist die Bezeichnung „Zwangseinziehung" irreführend.

Werden der Gesellschaft selbst gehörende Aktien eingezogen, so handelt es sich um eine **Einziehung nach Erwerb** (Abs. 1 S. 1 Alt. 2). Einer vorherigen Satzungsermächtigung bedarf es hierbei mangels schutzwürdiger Interessen nicht.

I. Zwangseinziehung (Abs. 1 S. 1 Alt. 1). 1. Zulassung in der Satzung. Eine Zwangseinziehung ist dann gegeben, wenn die einzuziehenden Aktien nicht der Gesellschaft gehören. Sie ist nur zulässig, wenn die Zwangseinziehung in der **ursprünglichen** Satzung oder durch **Satzungsänderung** vor Übernahme oder Zeichnung der Aktien angeordnet oder zugelassen war (Abs. 1 S. 2).

a) Zulassung in der Ursprungssatzung. Eine in der ursprünglichen Satzung enthaltene Bestimmung gilt für **alle Aktien**, gleichgültig, wann sie entstanden sind.

b) Zulassung durch Satzungsänderung. aa) Wirksamkeit der Satzungsänderung. Erfolgt die Zulassung der Einziehung durch **Satzungsänderung**, muss diese **vor der Zeichnung** bzw der **Übernahme** wirksam werden,

---

3 KölnKomm-AktG/*Lutter*, Rn 10, allerdings widersprüchlich hierzu in Rn 130; *Geßler*, Rn 4; *Nirk*, Hb AG, Rn 1538; hierzu tendierend: MüKo-AktG/*Oechsler*, Rn 122; MüHb-AG/*Krieger*, § 62 Rn 1.
4 MüHb-AG/*Krieger*, § 62 Rn 5.
5 KölnKomm-AktG/*Lutter*, Rn 13; *Hüffer*, Rn 4; *Geßler*, Rn 10.
6 MüKo-AktG/*Oechsler*, Rn 2; *Geßler*, Rn 2; *Hüffer*, Rn 5; MüHb-AG/*Krieger*, § 62 Rn 1.
7 MüKo-AktG/*Oechsler*, Rn 12; *Hüffer*, Rn 5; MüHb-AG/*Krieger*, § 62 Rn 6; *Nirk*, Hb AG, Rn 1540.
8 *Hüffer*, Rn 5.

dh in das Handelsregister eingetragen sein (§ 181 Abs. 3).[9] Werden eine Kapitalerhöhung und die Gestattung/Anordnung der Einziehung zugleich beschlossen, so sind vor Eintragung der Satzungsänderung übernommene bzw gezeichnete Aktien nicht mit der Einziehbarkeit belastet.[10]

17 **bb) Zustimmung der Aktionäre.** Wird die Satzungsänderung zum Zwecke der Einziehung erst nach Übernahme bzw Zeichnung wirksam, ist eine Einziehung ausnahmsweise mit Zustimmung **aller betroffenen Aktionäre** möglich.[11] Die Aktionäre sind nach **zutreffender Auffassung** frei, auf den ihnen gewährten Schutz aus Abs. 1 S. 2 zu verzichten.[12]

18 Die Zustimmung ist **Willenserklärung** und gegenüber der AG zu erteilen. Sie unterliegt **keiner Form** und kann auch konkludent erteilt werden, etwa durch das **Votum für die Satzungsänderung** in der entsprechenden Hauptversammlung.

19 **c) Zeichnung/Übernahme.** Der Begriff der **Zeichnung** ist iSv § 185 zu verstehen;[13] entscheidender Zeitpunkt ist hier die **Absendung der entsprechenden Erklärung**, nicht deren Zugang.[14] Vor diesem Zeitpunkt muss die Satzungsänderung im Handelsregister eingetragen worden sein. Die **Kenntnis** des Zeichners von der (noch nicht wirksamen) Satzungsänderung ist unerheblich.[15] Bei **mittelbarem Bezug** (§ 186 Abs. 5) kommt es auf die Zeichnung durch das Kreditinstitut und nicht auf den Bezug des Aktionärs von diesem an.[16]

20 Unter den Begriff der **Übernahme** fallen alle originären Erwerbsvorgänge von Aktien, die nicht durch Zeichnung erfolgen, etwa die Kapitalerhöhung aus Gesellschaftsmitteln.[17]

21 **2. Angeordnete Zwangseinziehung.** Legt die Satzung fest, dass eine Einziehung unter bestimmten Voraussetzungen erfolgen muss, so liegt eine angeordnete Zwangseinziehung vor (Abs. 1 S. 2).

22 Ein **Hauptversammlungsbeschluss** ist nicht notwendig (Abs. 6 S. 1), da die Hauptversammlung die Einziehungsvoraussetzungen bereits **in der Satzung** genau festgelegt hat (vgl dazu sogleich Rn 23 ff). An seine Stelle tritt die Entscheidung des Vorstandes (Abs. 6 S. 2, vgl dazu Rn 90).

23 **a) Bestimmtheitsgebot.** Die Satzung muss die Voraussetzungen der angeordneten Einziehung so **genau festlegen**, dass im konkreten Einziehungsverfahren **kein weiterer Entscheidungsspielraum** verbleibt.[18] Dem Vorstand muss es allein obliegen, den **Eintritt** der in der Satzung festgelegten Tatbestandsvoraussetzungen festzustellen. Daher sind auch **Einzelheiten der Durchführung** genau in der Satzung festzulegen; hierzu gehört die Regelung eines etwa zu zahlenden **Einziehungsentgeltes** sowie des **Einziehungszeitpunktes**.[19]

24 Die strengen Anforderungen an die entsprechende Bestimmung in der Satzung machen zum einen die Satzungsgestaltung zu einer äußerst anspruchsvollen und haftungsträchtigen Aufgabe; zum anderen lassen sie die angeordneten Zwangseinziehung zu einem unflexiblen Instrument werden. Vorteilhaft ist allerdings, dass die angeordnete Zwangseinziehung – anders als die gestattete Zwangseinziehung – **nicht sachlich gerechtfertigt** sein muss (dazu Rn 28) und insofern taugliches Instrument zur Wahrung einer **personalistischen Struktur** sein kann.

25 Genügt die Satzung dem Bestimmtheitsgebot nicht, finden die Vorschriften über die gestattete Zwangseinziehung (Rn 29 ff) Anwendung.[20]

26 **b) Einziehungsvoraussetzungen.** Unter welchen Voraussetzungen die zwangsweise Einziehung angeordnet wird, kann in der Satzung **weitgehend frei** bestimmt werden. Möglich ist – im Rahmen des Bestimmtheitsgebotes – die Anordnung der Einziehung einer bestimmten **Gattung von Aktien**, die Einziehung einer **bestimmten Menge von Aktien** nach Auslosung usw.[21] Die Satzung kann auch an **persönliche Verhältnisse**

---

9 KölnKomm-AktG/*Lutter*, Rn 26; MüKo-AktG/*Oechsler*, Rn 22; *Hüffer*, Rn 7; MüHb-AG/*Krieger*, § 62 Rn 6.
10 KölnKomm-AktG/*Lutter*, Rn 28; MüKo-AktG/*Oechsler*, Rn 22; *Hüffer*, Rn 7; abweichend: Großkomm-AktienR/*Schilling*, Rn 10.
11 KölnKomm-AktG/*Lutter*, Rn 30; *Geßler*, Rn 11; *Hüffer*, Rn 8; MüHb-AG/*Krieger*, § 62 Rn 6; einschränkend: MüKo-AktG/*Oechsler*, Rn 24, der die Zustimmung von Pfandgläubigern und Nießbrauchsberechtigten entsprechend § 1276 BGB für notwendig erachtet; gänzlich ablehnend: *Henn*, Handbuch des Aktienrechts, Rn 1327.
12 KölnKomm-AktG/*Lutter*, Rn 29 ff; *Geßler*, Rn 11; *Hüffer*, Rn 8; MüHb-AG/*Krieger*, § 62 Rn 6; abweichend: MüKo-AktG/*Oechsler*, Rn 24, der die Zustimmung von Pfandgläubigern und Nießbrauchsberechtigten entsprechend § 1276 BGB für notwendig erachtet; gänzlich ablehnend: *Henn*, Handbuch des Aktienrechts, Rn 1327.
13 MüKo-AktG/*Oechsler*, Rn 19; *Hüffer*, Rn 6.
14 MüKo-AktG/*Oechsler*, Rn 19.
15 KölnKomm-AktG/*Lutter*, Rn 26.
16 KölnKomm-AktG/*Lutter*, Rn 27; MüKo-AktG/*Oechsler*, Rn 20; *Hüffer*, Rn 6.
17 MüKo-AktG/*Oechsler*, Rn 21; *Hüffer*, Rn 6.
18 KGJ 45 A 172, 174; KölnKomm-AktG/*Lutter*, Rn 34; MüKo-AktG/*Oechsler*, Rn 28; *Geßler*, Rn 16; *Hüffer*, Rn 10; MüHb-AG/*Krieger*, § 62 Rn 7; *Nirk*, Hb AG, Rn 1541.
19 KölnKomm-AktG/*Lutter*, Rn 34; MüKo-AktG/*Oechsler*, Rn 28; *Geßler*, Rn 19; *Hüffer*, Rn 10; MüHb-AG/*Krieger*, § 62 Rn 7; *Nirk*, Hb AG, Rn 1541.
20 KölnKomm-AktG/*Lutter*, Rn 34; MüKo-AktG/*Oechsler*, Rn 35; *Hüffer*, Rn 10; MüHb-AG/*Krieger*, § 62 Rn 7.
21 MüHb-AG/*Krieger*, § 62 Rn 8.

der Aktionäre anknüpfen, etwa deren **Insolvenz** oder **Pfändung** ihrer Aktien, sofern der Einziehungsgrund jeden[22] oder bestimmte[23] Aktionäre treffen kann.

Eine Einziehungsanordnung kann nicht darauf abstellen, ob die **Einlageleistung** erbracht wird;[24] diesbezüglich sind die §§ 63 ff abschließend. Nicht von §§ 54 f gedeckte **Nebenverpflichtungen** der Aktionäre dürfen auch nicht mittelbar über die Zwangseinziehung durchgesetzt werden.[25]

c) **Sachliche Rechtfertigung.** Da die Mitgliedschaft von vorneherein unter dem Vorbehalt steht, dass sie bei Eintreten bestimmter, dem Aktionär im Voraus bekannter Voraussetzungen einzuziehen ist, muss die statutarisch angeordnete Zwangseinziehung – anders als die gestattete Zwangseinziehung (dazu Rn 32 f) – **sachlich nicht gerechtfertigt** sein.[26]

3. Gestattete Zwangseinziehung. Statt die Einziehung – unter Beachtung des Bestimmtheitsgebotes – anzuordnen, kann die Satzung die Einziehung auch bloß gestatten (Abs. 1 S. 2). In einem solchen Fall obliegt der **Hauptversammlung** die Entscheidung, ob im konkreten Einzelfall von der Gestattung Gebrauch gemacht und die Einziehung vollzogen wird.

Die Satzung **kann** – muss aber nicht – Voraussetzungen und Durchführungsmaßnahmen für die gestattete Zwangseinziehung vorschreiben.[27]

a) **Beschluss der Hauptversammlung.** Ist die zwangsweise Einziehung von Aktien kraft Satzungsrecht gestattet, kann die Hauptversammlung – vorbehaltlich etwaiger Vorgaben in der Satzung – nach ihrem **Ermessen** entscheiden, ob von dieser Befugnis Gebrauch gemacht wird. Eine entsprechende **Entscheidung des Vorstandes** (Abs. 6) ist nicht zulässig.[28]

b) **Sachliche Rechtfertigung.** Die Entscheidung der Hauptversammlung, von der Einziehungsbefugnis in der Satzung Gebrauch zu machen, bedarf im Einzelfall im Interesse der Gesellschaft einer **sachlichen Rechtfertigung**.[29] Zudem ist der Grundsatz der **Gleichbehandlung der Aktionäre** (§ 53 a) zu beachten.[30] Da aber jede Einziehung im Verhältnis zu den verbleibenden Aktionären eine Ungleichbehandlung darstellt, muss entweder die **Art der Durchführung** die Gleichbehandlung wieder herstellen (insbesondere **Auslosung** der betroffenen Aktien) oder es müssen sachliche Gründe aus **Zweck und Interesse** der Gesellschaft diese Ungleichbehandlung sachlich rechtfertigen.[31]

Zielt die Einziehung auf eine echte **Teilliquidation** von Gesellschaftsvermögen ab (**Kapitalrückzahlung, Erlass von Einlagepflichten**), ist eine besondere sachliche Rechtfertigung entbehrlich.[32]

4. Einziehungsentgelt. Wird eine zwangsweise Einziehung vorgenommen, stellt sich die Frage nach einem etwa zu zahlenden Entgelt für den Verlust der Mitgliedsrechte an den betroffenen Aktionär.

a) **Regelungen in der Satzung.** Im Falle der angeordneten Zwangseinziehung müssen diesbezüglich **detaillierte Regelungen** in der Satzung enthalten sein (Rn 23 ff). Im Falle der gestatteten Zwangseinziehung kann die Satzung Regelungen enthalten, muss dies aber nicht (Rn 30).

Enthält die Satzung keine Vorgaben, ist ein **angemessenes Entgelt** iSv § 305 Abs. 3 S. 2 zu zahlen.[33]

Unzulässig ist eine Satzungsbestimmung, die das zu zahlende Entgelt in das **freie Ermessen** der Hauptversammlung stellt.[34]

b) **Vorgaben zur Höhe des Entgeltes.** Problematisch sind die Fälle, in denen das Einziehungsentgelt über oder unter dem wahren Wert der eingezogenen Aktie liegt.

---

22 *Hüffer*, Rn 12; heute hM, vgl KölnKomm-AktG/*Lutter*, Rn 36 f; MüKo-AktG/*Oechsler*, Rn 29; MüHb-AG/*Krieger*, § 62 Rn 8; abweichend noch RGZ 49, 77, 79; RGZ 120, 177, 180.
23 KölnKomm-AktG/*Lutter*, Rn 37; *Hüffer*, Rn 12; MüHb-AG/*Krieger*, § 62 Rn 8.
24 MüKo-AktG/*Oechsler*, Rn 34, 37; *Hüffer*, Rn 13.
25 RG JW 1928, 2622, 2624 f; OLG Karlsruhe OLGR 43, 309 f; KölnKomm-AktG/*Lutter*, Rn 39; MüKo-AktG/*Oechsler*, Rn 38; *Hüffer*, Rn 13; MüHb-AG/*Krieger*, § 62 Rn 8.
26 KölnKomm-AktG/*Lutter*, Rn 38; *Hüffer*, Rn 11; MüHb-AG/*Krieger*, § 62 Rn 9.
27 Großkomm-AktienR/*Schilling*, Rn 9; KölnKomm-AktG/*Lutter*, Rn 44; *Hüffer*, Rn 15; MüHb-AG/*Krieger*, § 62 Rn 10; abweichend: *Grunewald*, S. 232 f; zumindest kritisch: MüKo-AktG/*Oechsler*, Rn 42.
28 KölnKomm-AktG/*Lutter*, Rn 44; MüKo-AktG/*Oechsler*, Rn 42; *Hüffer*, Rn 15; *Nirk*, Hb AG, Rn 1542.
29 KölnKomm-AktG/*Lutter*, Rn 47; MüKo-AktG/*Oechsler*, Rn 45; *Hüffer*, Rn 16; MüHb-AG/*Krieger*, § 62 Rn 11; *Henn*, Handbuch des Aktienrechts, Rn 1327; *Grunewald*, S. 232 f; *Reinisch*, S. 23.
30 KölnKomm-AktG/*Lutter*, Rn 48 ff; MüKo-AktG/*Oechsler*, Rn 45; *Hüffer*, Rn 16; MüHb-AG/*Krieger*, § 62 Rn 11; *Nirk*, Hb AG, Rn 1542.
31 KölnKomm-AktG/*Lutter*, Rn 48.
32 KölnKomm-AktG/*Lutter*, Rn 47; MüHb-AG/*Krieger*, § 62 Rn 11.
33 MüKo-AktG/*Oechsler*, Rn 64; *Geßler*, Rn 25; *Hüffer*, Rn 18; MüHb-AG/*Krieger*, § 62 Rn 12; *Zöllner/Winter*, ZHR 158, 56, 64; differenzierend: KölnKomm-AktG/*Lutter*, Rn 72.
34 KölnKomm-AktG/*Lutter*, Rn 71; MüKo-AktG/*Oechsler*, Rn 64; *Hüffer*, Rn 18; MüHb-AG/*Krieger*, § 62 Rn 12.

39 Nach **zutreffender Ansicht** ist sowohl die Bestimmung eines **höheren**[35] als auch eines **niedrigeren**[36] **Entgeltes** (zu dem Sonderproblem des vollständigen Ausschlusses des Einziehungsentgeltes vgl sogleich Rn 41) in der Satzung zulässig.

40 Vertreten wird aber – nach indes abzulehnender Ansicht – auch, dass bei der Höhe des Einziehungsentgeltes nach dem **Charakter der Gesellschaft** -mitunternehmerisch personalistische Gesellschaft oder Anlagegesellschaft – zu unterscheiden sei.[37] In letzterem Fall würde der über ein Kreditinstitut erwerbende Dritte „nie daran denken, vorweg einen Blick in die Satzung zu werfen".[38] Daher sei eine Reduzierung des Einziehungsentgeltes unter den wahren Wert der eingezogenen Aktie eine „völlig unerwartete Fallgrube zulasten der Anleger", die gegen Gesichtspunkte des § 3 AGBG (nunmehr § 305c BGB nF) verstoße.[39] Im Falle einer personenbezogenen, geschlossenen Gesellschaft sei hingegen eine Reduzierung auf den Buch- bzw Bilanzwert möglich.[40] Diese Differenzierung ist nur schwer praktikabel, denn im Einzelfall kann es äußerst kompliziert sein, die Unterscheidung zwischen Anlagegesellschaft und personalistisch unternehmerisch geprägter Gesellschaft zu treffen; die Grenzen dürften hier oftmals fließend verlaufen.[41] Zum anderen stellt sich die Frage, wie mit Aktionären von Anlagegesellschaften zu verfahren ist, die sich über den Inhalt der Satzung informiert haben und daher auch Kenntnis von der Beschränkung des Einziehungsentgeltes hatten. Für diese kann es sich wohl kaum um eine „völlig unerwartete Fallgrube" handeln.

41 c) **Vollständiger Ausschluss des Einziehungsentgeltes.** Ein **vollständiger** Ausschluss des Einziehungsentgeltes kann nach **zutreffender und wohl herrschender Ansicht** wirksam in der Satzung festgelegt werden.[42] Eine derartige Regelung widerspricht nicht dem kapitalistischen Charakter einer AG, sondern hat den – legitimen – Charakter einer **Vertragsstrafe**. Insbesondere für den Fall der **Insolvenz** des Aktionärs oder der Vornahme einer **Zwangsvollstreckungsmaßnahme** gegen ihn ist ein unentgeltlicher Ausschluss zulässig, vorausgesetzt die Satzung legt nicht bei anderen in der Person des Aktionärs liegenden Einziehungsgründen die Zahlung eines Entgelts fest.[43]

42 **II. Einziehung nach Erwerb (Abs. 1 S. 1 Alt. 2).** Eigene Aktien kann die Gesellschaft **jederzeit** und **ohne besondere Zulassung** in der Satzung einziehen (Abs. 1 S. 1 Alt. 2).

43 Die Satzung kann diesbezüglich einschränkende Regelungen beinhalten; ganz ausschließen kann sie die Einziehung eigener Aktien aber nicht.[44] Einen gesetzlich angeordneten Fall der Einziehung eigener Aktien stellt § 71c Abs. 3 dar. **Voraussetzung** für den Erwerb eigener Aktien ist ein entsprechender Hauptversammlungsbeschluss.

44 **1. Begriff der eigenen Aktie.** Einziehen kann die Gesellschaft nur eigene Aktien nach Erwerb (Abs. 1 S. 1 Alt. 2).

45 Eigene Aktien der Gesellschaft sind daher nur solche, deren **dinglicher Inhaber** die Gesellschaft selbst ist; auf die **schuldrechtliche Rechtslage** kommt es nicht an.[45] Daher sind Aktien, an denen die Gesellschaft ein **Pfandrecht** hat oder die einem **Dritten für Rechnung der Gesellschaft** gehören ebenso wenig **eigene Aktien** iSv Abs. 1 S. 1 Alt. 2 wie Aktien, die einem **abhängigen Unternehmen** gehören.[46]

46 Ein **Verstoß** gegen § 71, der die Voraussetzungen für den Erwerb eigener Aktien aufstellt, lässt die Einziehung nicht unzulässig werden, da die Gesellschaft gleichwohl dinglicher Inhaber der Aktien ist (§ 71 Abs. 4 S. 1).[47]

47 **2. Maßgeblicher Zeitpunkt.** Entscheidender Zeitpunkt für die Frage, ob die Gesellschaft dinglicher Inhaber der Aktie ist, ist der **Einziehungszeitpunkt**, nicht aber schon die Fassung des Einziehungsbeschlusses durch die Hauptversammlung.[48]

---

[35] KölnKomm-AktG/*Lutter*, Rn 63; *Hüffer*, Rn 17 f; MüHb-AG/*Krieger*, § 62 Rn 12; abweichend: Großkomm-AktienR/*Schilling*, Rn 15.

[36] Großkomm-AktienR/*Schilling*, Rn 15; *Hüffer*, Rn 17 f; teilweise abweichend: MüHb-AG/*Krieger*, § 62 Rn 12, der dies nur in den zum GmbH-Recht entwickelten Grenzen für zulässig hält.

[37] KölnKomm-AktG/*Lutter*, Rn 67 ff; dem folgend: MüKo-AktG/*Oechsler*, Rn 67.

[38] KölnKomm-AktG/*Lutter*, Rn 67.

[39] KölnKomm-AktG/*Lutter*, Rn 67.

[40] KölnKomm-AktG/*Lutter*, Rn 67, 66.

[41] Diese Zweifel lassen sich auch bei den Befürwortern dieser Ansicht wiederfinden, vgl KölnKomm-AktG/*Lutter*, Rn 68: "... ist eine Unterscheidung bei der Abfindung nach der Struktur der betreffenden AG möglich.".

[42] *Terbrack*, RNotZ 2003, 89, 111; Großkomm-AktienR/*Schilling*, Rn 15; *Baumbach/Hueck*, AktG, Rn 4; *Geßler*, Rn 24; zweifelnd: *Hüffer*, Rn 17 f; MüHb-AG/*Krieger*, § 62 Rn 12; weitgehend ablehnend: KölnKomm-AktG/*Lutter*, Rn 65; MüKo-AktG/*Oechsler*, Rn 65.

[43] KölnKomm-AktG/*Lutter*, Rn 68; *Hüffer*, Rn 17 f; MüHb-AG/*Krieger*, § 62 Rn 12; dies entspricht der hM zum GmbH-Recht, vgl RGZ 142, 373, 377 f; BGHZ 65, 22, 28 f = NJW 1975, 1835 = WM 1975, 913.

[44] KölnKomm-AktG/*Lutter*, Rn 75; MüKo-AktG/*Oechsler*, Rn 75; *Hüffer*, Rn 19; MüHb-AG/*Krieger*, § 62 Rn 13; *Nirk*, Hb AG, Rn 1544.

[45] KölnKomm-AktG/*Lutter*, Rn 77; MüKo-AktG/*Oechsler*, Rn 73; *Hüffer*, Rn 20; MüHb-AG/*Krieger*, § 62 Rn 13.

[46] Vgl KölnKomm-AktG/*Lutter*, Rn 77; *Geßler*, Rn 28.

[47] MüKo-AktG/*Oechsler*, Rn 73; *Hüffer*, Rn 21; MüHb-AG/*Krieger*, § 62 Rn 13.

[48] KölnKomm-AktG/*Lutter*, Rn 78; MüKo-AktG/*Oechsler*, Rn 74; *Hüffer*, Rn 20; MüHb-AG/*Krieger*, § 62 Rn 13.

C. Einziehungsverfahren

Zwangseinziehung und Einziehung eigener Akten können jeweils entweder im **ordentlichen** (Abs. 2) oder im **vereinfachten** Verfahren (Abs. 3 bis 5) durchgeführt werden. Bei dem ordentlichen Einziehungsverfahren sind die Vorschriften über die ordentliche Kapitalherabsetzung zu befolgen (Abs. 2 S. 1). Das vereinfachte Verfahren zeichnet sich durch **Erleichterungen** bei der **Beschlussfassung** (Abs. 4 S. 2) und beim **Schutz der Gläubiger** (Abs. 5) aus. 48

I. Ordentliches Einziehungsverfahren (Abs. 2). Bei dem ordentlichen Einziehungsverfahren sind gem. Abs. 2 S. 1 die Vorschriften über die ordentliche Kapitalherabsetzung (§§ 222 ff) zu befolgen; vgl insoweit die dortigen Kommentierungen. Im Übrigen sind folgende **Besonderheiten** zu beachten: 49

1. Stimmrecht in der Hauptversammlung. Grundsätzlich ist ein Hauptversammlungsbeschluss für die Zwangseinziehung notwendig. Eine Ausnahme besteht nur bei angeordneter Zwangseinziehung (Abs. 6). 50

Bezüglich des Hauptversammlungsbeschlusses gelten bei dem ordentlichen Einziehungsverfahren **keine Abweichungen** von den Vorschriften der ordentlichen Kapitalherabsetzung (vgl dazu die entsprechenden Kommentierungen bei § 222), dh es bedarf ggfs. auch der Fassung von **Sonderbeschlüssen** (§ 222 Abs. 2). 51

Besonderheiten ergeben sich daraus, dass bei der Einziehung – anders als bei der ordentlichen Kapitalherabsetzung – nur **einzelne** Aktionäre betroffen sind; dies hat zum Teil Auswirkungen auf das **Stimmrecht des Betroffenen** bei dem Hauptversammlungsbeschluss. Gesetzlich geregelt ist eine derartige Besonderheit für den Fall, dass **eigene Aktien** der Gesellschaft eingezogen werden sollen. Hier stehen dem Betroffenen – also der Gesellschaft – aus den einzuziehenden Aktien keine (Stimm-)Rechte zu (§ 71 b). Gleiches gilt bei einem Zwangseinziehungsbeschluss der Hauptversammlung aus **wichtigem Grunde in der Person des betreffenden Aktionärs**. Dies folgt nach **richtiger**, teilweise aber bestrittener Ansicht aus dem Rechtsgedanken des § 136 Abs. 1.[49] 52

Im Übrigen sind Aktionäre, deren Aktien eingezogen werden sollen, nicht an der Ausübung ihres Stimmrechtes in der über die Einziehung beschließenden Hauptversammlung gehindert.[50] 53

2. Beschlussinhalt. Der Inhalt des Beschlusses muss zunächst den Anforderungen an einen ordentlichen Kapitalherabsetzungsbeschluss genügen (§§ 237 Abs. 2 S. 1, 222 ff), dh er muss die **Höhe des Herabsetzungsbetrages** (vgl § 222 Rn 19 ff) ebenso festsetzen wie den **Zweck der Kapitalherabsetzung** (vgl insoweit Rn 10). Daneben muss er insbesondere erkennen lassen, dass es sich um eine Kapitalherabsetzung im Wege der Einziehung von Aktien handelt und bestimmen, ob diese eine Zwangseinziehung oder eine Einziehung eigener Aktien ist.[51] 54

Darüber hinaus muss der Beschluss die **Voraussetzungen der Zwangseinziehung** und die **Einzelheiten der Durchführung** festsetzen, soweit dies nicht bereits in der Satzung geschehen ist (Abs. 2 S. 2). Es ist anzugeben, welche Aktien einzuziehen sind; zudem ist festzulegen, ob und wenn ja in welcher Höhe und unter welchen Bedingungen ein Entgelt zu zahlen ist.[52] Der Hauptversammlungsbeschluss muss insgesamt den strengen Anforderungen genügen, die an die Satzungsregelungen bei angeordneter Zwangseinziehung zu stellen sind (vgl dazu Rn 23). 55

3. Grenzen der Beschlussfassung. Begrenzt ist die Hauptversammlung bezüglich des zu beachtenden **Mindestnennbetrages des Grundkapitals** (§ 7). Ein weiter gehender Kapitalherabsetzungsbeschluss der Hauptversammlung bzw des Vorstandes (im Falle des § 237 Abs. 6) wäre unwirksam. Eine **Ausnahme** eröffnet allerdings § 228, der auch bei der Einziehung von Aktien anwendbar ist (§ 237 Abs. 2 S. 1). Er lässt die Herabsetzung auch unter den Mindestnennbetrag des Grundkapitals zu, wenn dieser durch eine zugleich beschlossenen Kapitalerhöhung **ohne Sacheinlage** wieder erreicht wird (vgl zu Einzelheiten die Kommentierung zu § 228). Dies eröffnet sogar die Möglichkeit, das Grundkapital durch Einziehung aller Aktien **auf Null** herabzusetzen, so dass hierdurch – wegen der notwendigen Kapitalerhöhung allerdings nur für eine juristische Sekunde – eine **Gesellschaft ohne Aktionäre** entsteht.[53] 56

Sonstige Grenzen können sich bei **Liquidation** und **Insolvenz** der Gesellschaft ergeben; vgl insoweit vor §§ 222 Rn 18 f. 57

4. Anmeldung und Eintragung. Anmeldung und Eintragung einer Kapitalherabsetzung durch Einziehung von Aktien richten sich nach den Vorschriften über die ordentliche Kapitalherabsetzung (§§ 237 Abs. 2 58

---

49 KölnKomm-AktG/*Lutter*, Rn 83; MüHb-AG/*Krieger*, § 62 Rn 15; *Grunewald*, ZGR 1986, 383, 405; unstreitig ist dies im GmbH-Recht, vgl nur OLG Stuttgart WM 1989, 1252, 1253 mwN; abweichend: MüKo-AktG/*Oechsler*, Rn 79; *Hüffer*, Rn 23 a.

50 KölnKomm-AktG/*Lutter*, Rn 83; MüKo-AktG/*Oechsler*, Rn 79; *Hüffer*, Rn 23 a; MüHb-AG/*Krieger*, § 62 Rn 15.

51 KölnKomm-AktG/*Lutter*, Rn 84; *Hüffer*, Rn 24; MüHb-AG/*Krieger*, § 62 Rn 15; *Nirk*, Hb AG, Rn 1546.

52 KölnKomm-AktG/*Lutter*, Rn 84; MüKo-AktG/*Oechsler*, Rn 80 ff; *Hüffer*, Rn 24; MüHb-AG/*Krieger*, § 62 Rn 15.

53 KölnKomm-AktG/*Lutter*, Rn 15, 45; MüKo-AktG/*Oechsler*, Rn 81; abweichend: *Hüffer*, Rn 24.

S. 1, 223 ff). Abweichungen ergeben sich beim **Wirksamwerden** der Kapitalmaßnahme. Die Kapitalherabsetzung durch Einziehung von Aktien wird – anders als die ordentliche Kapitalherabsetzung (§ 224) – nicht schon allein mit Eintragung des Kapitalherabsetzungsbeschlusses im Handelsregister wirksam, sondern bedarf **zusätzlich** noch der **Durchführung der Einziehung** (§ 238 S. 1). Zu der Frage, was zur Durchführung der Einziehung notwendig ist, vgl § 238 Rn 12 ff.

59 5. **Gläubigerschutz.** Der Schutz der Gläubiger der Gesellschaft wird bei der ordentlichen Kapitalherabsetzung über § 225 realisiert, der auch bei der Kapitalherabsetzung durch Einziehung von Aktien anzuwenden ist (§ 237 Abs. 2 S. 1). Zu Einzelfragen vgl die Anmerkungen zu § 225. § 237 Abs. 2 S. 3 stellt klar, dass das **Ausschüttungsverbot** nach § 225 Abs. 2 sowohl hinsichtlich eines etwa zu zahlenden **Einziehungsentgeltes** als auch für **teilweise eingezahlte Aktien** gilt; in letzterem Falle bleibt die Verpflichtung der Aktionäre zur **Leistung der Resteinlage** trotz Einziehung bestehen, bis die Voraussetzungen des § 225 Abs. 2 erfüllt sind.[54]

60 Das Auszahlungsverbot gilt ferner beim **Erwerb eigener Aktien** durch die Gesellschaft nach vorangegangener Beschlussfassung gem. § 71 Abs. 1 Nr. 6 und bezieht sich hier auf das Entgelt, das die Gesellschaft zum Zwecke der Einziehung zahlt (§ 237 Abs. 2 S. 3).[55]

61 Ein Verstoß gegen diese Regelungen kann zu **Schadensersatzansprüchen** der Gesellschaft gegen ihre **Verwaltungsmitglieder** nach §§ 93, 116 führen.[56] Ein entsprechender **Hauptversammlungsbeschluss** (insbesondere ein Gewinnverwendungsbeschluss) ist nach §§ 241 Nr. 3, 253 Abs. 1 S. 1 **nichtig**.[57]

62 II. **Vereinfachtes Einziehungsverfahren (Abs. 3 bis 5).** Das vereinfachte Einziehungsverfahren (Abs. 3 bis 5) unterscheidet sich vom ordentlichen (Abs. 2) durch **Erleichterungen** bei den **Beschlusserfordernissen** und beim **Gläubigerschutz**. Gemeinsam ist dem vereinfachten und dem ordentlichen Einziehungsverfahren, dass beide sowohl für die Zwangseinziehung als auch für die Einziehung nach Erwerb eigener Aktien verwendet werden können.[58] Das vereinfachte Einziehungsverfahren ist eine **Sonderform** der Kapitalherabsetzung durch Einziehung (§§ 237 ff) und darf nicht mit der vereinfachten Kapitalherabsetzung (§§ 229 ff) verwechselt werden.

63 1. **Voraussetzungen.** Voraussetzungen für die Anwendung des vereinfachten Einziehungsverfahrens sind die **Volleinzahlung** und der **unentgeltliche Erwerb** der einzuziehenden Aktien durch die Gesellschaft (Abs. 3 Nr. 1); alternativ zum unentgeltlichen Erwerb kommt auch eine **Einziehung zulasten des Bilanzgewinns** oder einer **anderen Gewinnrücklage** in Betracht (Abs. 3 Nr. 2).

64 a) **Volleinzahlung.** Die einzuziehenden Aktien müssen voll eingezahlt sein, dh es muss der **volle Ausgabebetrag** nebst einem etwaigen **Agio** geleistet sein.[59]

65 Die Voraussetzung der Volleinzahlung muss erst im Zeitpunkt des **Wirksamwerdens** der Kapitalherabsetzung vorliegen.[60] Verstößt der **Hauptversammlungsbeschluss** hiergegen, ist er **nichtig** (§ 241 Nr. 3).[61]

66 b) **Unentgeltlich zur Verfügung stellen (Abs. 3 Nr. 1).** Die einzuziehenden Aktien müssen der Gesellschaft unentgeltlich zur Verfügung gestellt werden (Abs. 3 Nr. 1).

67 Das Tatbestandsmerkmal „zur Verfügung gestellt" ist **weit auszulegen** und erfasst die Überlassung von Aktien durch den Inhaber an die Gesellschaft; unerheblich ist es dabei, ob die Gesellschaft Inhaberin der einzuziehenden Mitgliedsrechte wird, oder ob der Aktionär die Aktie lediglich zum Zwecke der Einziehung der Gesellschaft überlässt, das Mitgliedsrecht also bis zu seiner Vernichtung behält.[62]

68 **Unentgeltlichkeit** liegt vor, wenn die Gesellschaft keinerlei Gegenleistung erbracht und zu erbringen hat.[63] Streitig ist die Unentgeltlichkeit bei **eigenen Aktien** der Gesellschaft, die bereits nach § 266 Abs. 2 B III Nr. 2 HGB **aktiviert** wurden. Die wohl **noch hM** lehnt die Anwendung des § 237 Abs. 3 Nr. 1 ab, da die Aktivierung dem Zweck der unentgeltlichen Überlassung zur Einziehung widerspreche.[64] Dabei wird aber **nach richtiger Ansicht** übersehen, dass für eigene Anteile zwingend eine Rücklage zu bilden ist (§§ 272 Abs. 4, 262 Abs. 3 A III Nr. 2 HGB), die den Aktivposten neutralisiert.[65] Diese Rücklage ist bei Einziehung

---

54 MüHb-AG/*Krieger*, § 62 Rn 18.
55 KölnKomm-AktG/*Lutter*, Rn 91; MüKo-AktG/*Oechsler*, Rn 89, 76 f; *Geßler*, Rn 32; *Hüffer*, Rn 28; MüHb-AG/*Krieger*, § 62 Rn 18.
56 KölnKomm-AktG/*Lutter*, Rn 90; *Hüffer*, Rn 28.
57 KölnKomm-AktG/*Lutter*, Rn 90; *Hüffer*, Rn 28.
58 KölnKomm-AktG/*Lutter*, Rn 92; *Hüffer*, Rn 30; MüHb-AG/*Krieger*, § 62 Rn 19.
59 KölnKomm-AktG/*Lutter*, Rn 94; MüKo-AktG/*Oechsler*, Rn 92; *Geßler*, Rn 33; *Hüffer*, Rn 31.
60 KölnKomm-AktG/*Lutter*, Rn 94; MüKo-AktG/*Oechsler*, Rn 92; *Hüffer*, Rn 31; MüHb-AG/*Krieger*, § 62 Rn 19.
61 KölnKomm-AktG/*Lutter*, Rn 95; MüKo-AktG/*Oechsler*, Rn 101; *Hüffer*, Rn 31.
62 MüKo-AktG/*Oechsler*, Rn 95; ebenso KölnKomm-AktG/*Lutter*, Rn 96; *Hüffer*, Rn 32; MüHb-AG/*Krieger*, § 62 Rn 20; abweichend: *Baumbach/Hueck*, AktG, Rn 9.
63 KölnKomm-AktG/*Lutter*, Rn 96; MüKo-AktG/*Oechsler*, Rn 93; *Hüffer*, Rn 32; MüHb-AG/*Krieger*, § 62 Rn 20.
64 Großkomm-AktienR/*Schilling*, Rn 29; *Baumbach/Hueck*, AktG, Rn 9; teilweise abweichend: KölnKomm-AktG/*Lutter*, Rn 98 f.
65 *Hüffer*, Rn 33; dem folgend: MüKo-AktG/*Oechsler*, Rn 94; MüHb-AG/*Krieger*, § 62 Rn 20.

aufzulösen (§ 272 Abs. 4 S. 2).⁶⁶ Die praktische Bedeutung dieser Streitfrage dürfte indes gering sein, da ein solche Einziehung aktivierter Aktien auch unter § 237 Abs. 3 Nr. 2 zu fassen ist.⁶⁷
In **zeitlicher Hinsicht** ist es gleichgültig, ob die einzuziehenden Aktien der Gesellschaft vor oder nach der Beschlussfassung zur Verfügung gestellt werden. Spätestens **bei Wirksamwerden der Einziehung** müssen die Voraussetzungen aber gegeben sein.⁶⁸

c) Einziehung zulasten des Bilanzgewinns oder einer anderen Gewinnrücklage (Abs. 3 Nr. 2). Alternativ zum unentgeltlichen Erwerb (Abs. 3 Nr. 1) kommt auch eine **Einziehung zulasten des Bilanzgewinns** oder einer **anderen Gewinnrücklage** in Betracht (Abs. 3 Nr. 2).

Dazu ist es notwendig, dass ein Bilanzgewinn (§ 158 Abs. 1 Nr. 5) oder eine andere Gewinnrücklage (§ 266 Abs. 3 A III Nr. 4 HGB) zur entsprechenden Verfügung stehen. Dies ist der Fall, wenn zum einen der Gewinn oder die Gewinnrücklage der **Höhe** nach geeignet ist, die Erwerbskosten zu decken, und zum anderen keine **Bindungen des Gewinns** (zB durch einen anderweitigen **Gewinnverwendungsbeschluss** oder einen **Gewinnabführungsvertrag**) oder der **Gewinnrücklagen** (zB durch Bildung der Rücklage zu einem anderen, noch bestehenden Zweck) bestehen.⁶⁹

Verstößt der **Hauptversammlungsbeschluss** gegen **bestehende Zweckbindungen** oder greift er in einen bereits **entstandenen Dividendenzahlungsanspruch** ein, ist er **anfechtbar**.⁷⁰

d) Sonderregelung für Stückaktien (Abs. 3 Nr. 3). Durch das Transparenz- und Publizitätsgesetz vom 19.7.2002⁷¹ hat der Gesetzgeber in § 273 Abs. 3 Nr. 3 eine Möglichkeit der Einziehung von Aktien geschaffen, die nicht zwangsläufig mit einer Kapitalherabsetzung einher gehen muss.⁷² Insofern ist diese Regelung im dritten Abschnitt des AktG zu Maßnahmen der Kapitalherabsetzung systematisch ein Fremdkörper.⁷³ Der Gesetzgeber führt mit der Gesetzesnovelle die sogenannte **Amortisation**, die das Aktienrecht bis 1937 kannte,⁷⁴ wieder ein.⁷⁵

Die Hauptversammlung kann die Einziehung **volleingezahlter Stückaktien** beschließen, ohne dass damit eine Verringerung des Grundkapitals verbunden sein muss (Abs. 3 Nr. 3). In diesem Fall tritt bei Stückaktien **automatisch** eine Erhöhung des auf die verbleibenden Aktien entfallenden anteiligen Betrages am Grundkapital ein.⁷⁶ Abs. 3 Nr. 3 verlangt im Beschluss der Hauptversammlung eine **ausdrückliche Bestimmung**, dass sich durch die Einziehung der Anteil der übrigen Aktien am Grundkapital erhöht. Damit soll Klarheit geschaffen werden, ob die Einziehung von Aktien zu einer Verringerung des Grundkapitals führen soll oder nicht.⁷⁷ Konsequent ist diese Regelung nicht unbedingt, denn wenn eine derartige Bestimmung fehlt, der Beschluss der Hauptversammlung aber auch keinen Herabsetzungsbetrag benennt, liegt wohl schon kein wirksamer Kapitalherabsetzungs- und damit für den objektiven Betrachter erkennbar ein reiner Einziehungsbeschluss vor. Gleichwohl wird sich die Praxis an diese gesetzgeberische Vorgabe halten müssen.

Die Hauptversammlung kann den **Vorstand ermächtigen**, Aktien einzuziehen (Abs. 3 Nr. 3 Hs 2). In diesen Fällen kann der Vorstand zusätzlich ermächtigt werden, die Satzung bezüglich der veränderten **Anzahl der Stückaktien** anzupassen. Die Regelung ist erkennbar angelehnt an § 71 Abs. 1 Nr. 8 letzter Satz.⁷⁸

Nach dem bis zum 1.11.2005 geltenden **Gesetzeswortlaut des Abs. 5** war auch bei einer Einziehung von Stückaktien ohne Kapitalherabsetzung (Abs. 3 Nr. 3) ein Betrag in die Kapitalrücklage einzustellen, der dem auf die eingezogenen Aktien entfallenden Betrag des Grundkapitals gleichkommt. Da Abs. 5 allein den Schutz der Gläubiger der Gesellschaft bei einer Verringerung des Haftkapitals durch eine Kapitalherabsetzung gewährleisten soll und ein solcher Effekt bei einer Einziehung von Aktien ohne Herabsetzung des Grundkapitals gerade nicht eintreten konnte und letztlich auch in derartigen Fällen kein Buchertrag vorhanden ist, der in die Rücklage einzubuchen wäre, wurde in der Vorauflage die Ansicht vertreten, dass der Gesetzgeber bei der Neueinführung des Abs. 3 Nr. 3 offenbar übersehen hat, Abs. 5 entsprechend einzuschränken.⁷⁹ Daraus wurde die Schlussfolgerung gezogen, dass in den Fällen des Abs. 3 Nr. 3, in denen die **Einziehung von Aktien ohne** Herabsetzung des Grundkapitals vollzogen wird, Abs. 5 nicht anzuwenden sei,

---

66 *Hüffer*, Rn 33.
67 Hierauf weist zu Recht MüKo-AktG/*Oechsler*, Rn 94 hin.
68 Großkomm-AktienR/*Schilling*, Rn 29; *Hüffer*, Rn 33.
69 KölnKomm-AktG/*Lutter*, Rn 100 ff; MüKo-AktG/*Oechsler*, Rn 98 f; *Hüffer*, Rn 34; MüHb-AG/*Krieger*, § 62 Rn 21.
70 KölnKomm-AktG/*Lutter*, Rn 101; MüKo-AktG/*Oechsler*, Rn 102; *Hüffer*, Rn 34.
71 BGBl. I S. 2681.
72 Art. 1 Nr. 25 TransPublG, BGBl. I S. 2681, 2683; zum Ganzen: *Terbrack*, DNotZ 2003, 734.
73 Stellungnahme des *Deutschen Anwaltsvereins* zum Referentenentwurf des TransPublG, NZG 2002, 115, 118 f; *Ihring*/

Wagner, BB 2002, 789, 795 f; *Terbrack*, DNotZ 2003, 734, 736.
74 Zur Gesetzeshistorie vgl *Grunewald*, S. 50 ff.
75 *Terbrack*, DNotZ 2003, 734, 735.
76 Der Gesetzeswortlaut in § 237 Abs. 3 Nr. 3 verweist zwar bezüglich dieser Rechtsfolge auf § 8 Abs. 3, richtigerweise ist aber wohl § 8 Abs. 4 gemeint.
77 Begründung zu Art. 1 Nr. 22 des Gesetzentwurfs zum TransPublG, abgedruckt u.a. bei *Seibert*, ZIP 2002, 2192, 2197.
78 *Ihring*/*Wagner*, BB 2002, 789, 795 f.
79 Vgl *Terbrack* in der Vorauflage, Rn 72 d.

dh es solle entgegen dem Gesetzeswortlaut keine Einstellung in die Kapitalrücklage vorgenommen werden.[80] Die Literatur hat sich dieser Kritik größtenteils angeschlossen.[81] Mit dem UMAG vom 27.9.2005[82] hat sich der Gesetzgeber dieser Ansicht angeschlossen und § 237 Abs. 5 im Sinne der hier vertretenen Ansicht mit Wirkung zum 1.11.2005 klarstellend ergänzt.

77 **2. Rechtsfolgen.** Liegen die vorgenannten Voraussetzungen (Rn 63 ff) vor, brauchen die Vorschriften über die ordentliche Kapitalherabsetzung nicht befolgt zu werden (Abs. 3 S. 1). Hieraus folgen insbesondere **Erleichterungen** bei der Fassung des Kapitalherabsetzungsbeschlusses und beim Gläubigerschutz.

78 **a) Beschlussfassung.** Die Kapitalherabsetzung im vereinfachten Verfahren ist grundsätzlich von der **Hauptversammlung** zu beschließen (Abs. 4 S. 1); ausgenommen ist lediglich der Fall der angeordneten Zwangseinziehung, bei dem der Vorstand die Einziehungsentscheidung treffen kann (Abs. 6).

79 **aa) Mehrheitserfordernisse.** Der Hauptversammlungsbeschluss bedarf lediglich der **einfachen Mehrheit** der abgegebenen Stimmen (§§ 237 Abs. 4 S. 2, 133 Abs. 1). Dies ist der einzige Fall einer Satzungsänderung ohne qualifizierte Mehrheit.

80 Die Satzung der Gesellschaft kann eine **größere Mehrheit** und weitere Erfordernisse bestimmen (Abs. 4 S. 3); weitere **Erleichterungen** sind hingegen nicht zulässig.[83]

81 Geht man davon aus, dass neben dem Kapitalherabsetzungsbeschluss ein Beschluss über die Änderung der Satzung der Gesellschaft (Grundkapitalziffer, Einteilung der Aktien etc.) notwendig ist (vgl vor §§ 222 ff Rn 10 ff und § 222 Rn 12), so reichen für diesen Beschluss die gleichen Mehrheitsverhältnisse aus.[84]

82 **bb) Sonderbeschlüsse.** Bestehen bei der Gesellschaft mehrere **Aktiengattungen** (§ 11), sind Sonderbeschlüsse nach **zutreffender Auffassung nicht erforderlich**.[85] Die teilweise vertretene Gegenansicht[86] übersieht § 237 Abs. 3, nach dem die Vorschriften über die ordentliche Kapitalherabsetzung – und damit auch § 222 Abs. 2 – im vereinfachten Einziehungsverfahren ausdrücklich nicht zu beachten sind.

83 Erforderlich ist aber weiterhin die Einhaltung der allgemeinen Vorschriften; insbesondere ist bei der Einziehung von **Vorzugsaktien** die Zustimmung der betroffenen Aktionäre notwendig (§ 141 Abs. 1).[87]

84 **cc) Inhaltliche Anforderungen.** Im Beschluss ist der **Zweck der Kapitalherabsetzung** festzusetzen (Abs. 4 S. 4). Vgl zu den diesbezüglichen Anforderungen Rn 9 f.

85 Des Weiteren muss der Beschluss erkennen lassen, dass die Kapitalherabsetzung durch Einziehung von Aktien im **vereinfachten Verfahren** erfolgen soll. Dies folgt schon aus der Tatsache, dass Abs. 3 S. 1 der Hauptversammlung eine Wahlmöglichkeit eröffnet („Die Vorschriften über die ordentliche Kapitalherabsetzung **brauchen** nicht befolgt zu werden, wenn..."), von der sie Gebrauch machen muss.[88]

86 **b) Anmeldung zum Handelsregister.** Der **Vorstand** und der **Vorsitzende des Aufsichtsrates** haben den Kapitalherabsetzungsbeschluss zur Eintragung in das Handelsregister anzumelden (§ 237 Abs. 4 S. 5). Die Vorschrift entspricht § 223; daher kann auf die dortigen Kommentierungen verwiesen werden.

87 Anmeldung und Eintragung des Beschlusses können mit der Anmeldung und Eintragung der Durchführung **verbunden** werden (§ 239 Abs. 2).

88 **c) Gläubigerschutz (Abs. 5).** Wird eine Einziehung im vereinfachten Verfahren vorgenommen, ist in die **Kapitalrücklage** ein Betrag einzustellen, der dem auf die eingezogenen Aktien entfallenden Betrag des Grundkapitals entspricht (§ 237 Abs. 5). Zur **Ausnahme** in den Fällen der Einziehung von Aktien ohne Kapitalherabsetzung vgl ausführlich Rn 76. Das Gesetz ersetzt damit die strenge, gläubigerschützende Vorschrift des § 225 durch die Unterwerfung des Buchertrages aus der Kapitalherabsetzung unter die **Verwendungsbindungen** nach § 150 Abs. 3, 4 und verhindert hierdurch eine **Ausschüttung des Buchgewinns** an die Aktionäre.

---

80 Vgl *Terbrack* in der Vorauflage, Rn 72 d. Abweichend, allerdings ohne Begründung: *Ihring/Wagner*, BB 2002, 789, 795.
81 *Hüffer*, Rn 38; *Hirte* in Hirte (Hrsg.), Das Transparenz- und Publizitätsgesetz, 2003, Kapitel 1 Rn 102 sowie *Heckschen*, ebenda, Kapitel 3 Rn 67; *Wieneke/Förl*, AG 2005, 189, 193.
82 Gesetz zur Unternehmensintegrität und Modernisierung des Anfechtungsrechts, BGBl. I S. 2802, 2805.
83 KölnKomm-AktG/*Lutter*, Rn 108; *Hüffer*, Rn 35; *Geßler*, Rn 37; MüHb-AG/*Krieger*, § 62 Rn 22.
84 KölnKomm-AktG/*Lutter*, Rn 108; *Hüffer*, Rn 35; MüHb-AG/*Krieger*, § 62 Rn 22.
85 Großkomm-AktienR/*Schilling*, Rn 35; MüKo-AktG/*Oechsler*, Rn 103; *Hüffer*, Rn 35; *Baumbach/Hueck*, AktG, Rn 10; MüHb-AG/*Krieger*, § 62 Rn 22, die allerdings allesamt auf den abschließenden Charakter des § 237 Abs. 4 abstellen, und nicht – wie hier vertreten – auf den expliziten Wortlaut des § 237 Abs. 3.
86 KölnKomm-AktG/*Lutter*, Rn 109; *Geßler*, Rn 37.
87 Großkomm-AktienR/*Schilling*, Rn 35; KölnKomm-AktG/*Lutter*, Rn 109; MüKo-AktG/*Oechsler*, Rn 104; *Hüffer*, Rn 35; MüHb-AG/*Krieger*, § 62 Rn 22.
88 Großkomm-AktienR/*Schilling*, Rn 36; KölnKomm-AktG/*Lutter*, Rn 110; *Hüffer*, Rn 36; *Baumbach/Hueck*, AktG, Rn 10; MüHb-AG/*Krieger*, § 62 Rn 22, die zur Begründung allerdings die Vorschriften über die ordentliche Kapitalherabsetzung anführen.

Die Einstellung in die Kapitalrücklage (§§ 266 Abs. 3 A II, 272 Abs. 2 HGB) erfolgt zulasten des Grundkapitals (§ 266 Abs. 3 A I HGB), dh durch eine **Umbuchung auf der Passivseite** der Bilanz.[89]

Die Verpflichtung zur Einstellung in die Kapitalrücklage nach § 237 Abs. 5 entsteht erst mit **Wirksamwerden** der Kapitalherabsetzung (§ 238); die Zuweisung muss daher erst in dem **Jahresabschluss** enthalten sein, der auf die Kapitalherabsetzung folgt.[90] Fehlt sie, ist der **Jahresabschluss nichtig** (§ 256 Abs. 1 Nr. 1, 4).[91] Gleiches gilt für einen darauf beruhenden **Gewinnverwendungsbeschluss** (§ 241 Nr. 3).[92] Ein gegen § 237 Abs. 5 verstoßender **Kapitalherabsetzungsbeschluss** ist ebenfalls nach § 241 Nr. 3 **nichtig**.[93]

Wurde die Einstellung vorgenommen, dürfen die aus der Kapitalherabsetzung gewonnenen Bucherträge **zutreffender Ansicht** nach unter Beachtung von § 150 Abs. 3, 4 **sogleich** verwandt werden.[94] Dies eröffnet die Möglichkeit, die Kapitalherabsetzung durch Einziehung im vereinfachten Verfahren zu **Sanierungszwecken** einzusetzen, indem der in die Kapitalrücklage eingestellte Betrag zum Ausgleich eines **Jahresfehlbetrages** oder eines **Verlustvortrages** verwandt wird. Unter Hinweis auf eine **entsprechende Anwendung des § 233** wird diese freie Verwendung teilweise **angezweifelt**. Spätere Gewinne der Gesellschaft müssten normalerweise zunächst zur Verlustdeckung verwendet werden; der Ausgleich aus dem Buchertrag der Kapitalherabsetzung ermögliche insofern eine frühere bzw höhere Gewinnausschüttung.[95] Die Vertreter dieser Ansicht übersehen dabei, dass der Gesetzgeber die bei einer vereinfachten Kapitalherabsetzung durch Einziehung von Aktien zu beachtenden Vorschriften gänzlich in die §§ 237 ff eingestellt hat. Dies bringt auch § 237 Abs. 3 zum Ausdruck, der die Vorschriften der ordentlichen Kapitalherabsetzung für nicht anwendbar erklärt. Eine entsprechende Anwendung des § 233 ist damit ausgeschlossen.[96]

III. Einziehung durch den Vorstand (Abs. 6). 1. Entscheidung der Hauptversammlung. Ist die Einziehung der Aktien in der Satzung **angeordnet**, bedarf es **keines** Beschlusses der Hauptversammlung (Abs. 6 S. 1). Diese Ausnahme erklärt sich dadurch, dass die Hauptversammlung bereits so genau die Voraussetzungen und Rechtsfolgen der Einziehung festgelegt hat (vgl dazu oben Rn 23 ff), dass ein weiteres Befassen mit einer derart gelagerten Angelegenheit nicht notwendig ist. Die Entscheidung des Vorstands ersetzt einen (nochmaligen) Hauptversammlungsbeschluss (Abs. 6 S. 2).

Gleichwohl ist die Hauptversammlung **nicht gehindert**, auch bei angeordneter Zwangseinziehung selbst zu entscheiden. Dies folgt aus §§ 237 Abs. 6 S. 1, 238 S. 2. Verlangt der Vorstand nach § 119 Abs. 2 die **Zustimmung der Hauptversammlung zur Einziehung**, muss die Hauptversammlung sogar hierüber beschließen.[97]

2. Entscheidung des Vorstands. Die Entscheidung des Vorstandes ersetzt den Hauptversammlungsbeschluss (Abs. 6 S. 2). Der Vorstand der Gesellschaft hat das Vorliegen eines Einziehungssachverhaltes anhand der detaillierten Satzungsvorgaben zu prüfen und die Einziehung durchzuführen. Ein wie auch immer gearteter **Entscheidungsspielraum** steht dem Vorstand dabei aufgrund der klaren Satzungsvorgaben (vgl dazu oben Rn 23 ff) nicht zu. Hieraus folgt die **ganz hM** im Schrifttum, dass der Vorstand letztlich nur die in der Satzung getroffene Regelung durch eine **konkrete Einziehungshandlung** umsetzt.[98] Die Entscheidung des Vorstands iSd § 237 Abs. 6 S. 2 ist demnach keine echte – weil Alternativen voraussetzende – Entscheidung, sondern **identisch mit der Einziehungshandlung nach § 238 S. 3**.[99] Augenfällig ist dabei, dass der vom Gesetz verwendete Begriff der „Entscheidung" des Vorstands zur bloßen Ausführungshandlung herabgesetzt wird und der Feststellung eines von der Satzung geregelten Sachverhaltes keinerlei Bedeutung zugemessen wird, obwohl sie im Einzelfall schwierig sein kann. Der missverständliche Wortlaut der Vorschrift erklärt sich wohl nur vor dem Hintergrund, dass der Vorstand nach pflichtgemäßer Prüfung das Vorliegen eines in der Satzung festgelegten Sachverhaltes festzustellen hat, der zu einer Einziehung führen muss.

3. Anmeldung der Entscheidung des Vorstands zum Handelsregister. Streitig ist, ob die Entscheidung des Vorstands nach §§ 237 Abs. 2 S. 1 bzw 237 Abs. 4 S. 5 iVm § 223 **zum Handelsregister anzumelden** bzw

---

[89] KölnKomm-AktG/*Lutter*, Rn 112; MüKo-AktG/*Oechsler*, Rn 108; *Hüffer*, Rn 38.
[90] MüKo-AktG/*Oechsler*, Rn 108; *Hüffer*, Rn 38; MüHb-AG/*Krieger*, § 62 Rn 23.
[91] Großkomm-AktienR/*Schilling*, Rn 38; KölnKomm-AktG/*Lutter*, Rn 114; MüKo-AktG/*Oechsler*, Rn 108; *Hüffer*, Rn 38; MüHb-AG/*Krieger*, § 62 Rn 23.
[92] Großkomm-AktienR/*Schilling*, Rn 38; KölnKomm-AktG/*Lutter*, Rn 114; MüKo-AktG/*Oechsler*, Rn 110; *Hüffer*, Rn 38.
[93] KölnKomm-AktG/*Lutter*, Rn 114; MüKo-AktG/*Oechsler*, Rn 110.
[94] KölnKomm-AktG/*Lutter*, Rn 113; *Geßler*, Rn 40; *Hüffer*, Rn 39; MüHb-AG/*Krieger*, § 62 Rn 23.
[95] Großkomm-AktienR/*Schilling*, Rn 34; MüKo-AktG/*Oechsler*, Rn 109; einschränkend: *Baumbach/Hueck*, AktG, Rn 12.
[96] Im Erg. ebenso: KölnKomm-AktG/*Lutter*, Rn 113; *Geßler*, Rn 40; *Hüffer*, Rn 39; MüHb-AG/*Krieger*, § 62 Rn 23.
[97] Großkomm-AktienR/*Schilling*, Rn 39; MüKo-AktG/*Oechsler*, Rn 112; *Hüffer*, Rn 41.
[98] KölnKomm-AktG/*Lutter*, Rn 116; MüKo-AktG/*Oechsler*, Rn 113; *Hüffer*, Rn 41.
[99] KölnKomm-AktG/*Lutter*, Rn 116; MüKo-AktG/*Oechsler*, Rn 113; *Hüffer*, Rn 41.

einzutragen ist.[100] Nach richtiger Ansicht ist diese Frage zu verneinen, denn zum einen würde ansonsten § 239 Abs. 1 S. 2 eine doppelte – und damit unsinnige – Eintragung der Entscheidung des Vorstandes statuieren: zum ersten die Eintragung anstelle des Hauptversammlungsbeschlusses nach § 237 Abs. 2 S. 1 bzw Abs. 4 S. 5, jeweils iVm § 223 und zum zweiten die Eintragung der Durchführung der Kapitalherabsetzung nach § 239 Abs. 1. Zum anderen ergibt die Regelung des § 238 S. 2 nur Sinn, wenn sie als Ausnahme zu § 238 S. 1 verstanden wird.

96 Aus der Tatsache, dass die **Entscheidung des Vorstands** nicht zum Handelsregister anzumelden bzw **nicht eintragungsfähig ist**, folgt, dass der **Hinweis des Registergerichtes auf die Gläubigerrechte** (§ 225 Abs. 1 S. 2) erst mit der Bekanntmachung der Eintragung der Durchführung der Kapitalherabsetzung (§ 239) erfolgt.[101] Ab diesem Zeitpunkt läuft die **Sperrfrist für Zahlungen** an Aktionäre bei der regulären Zwangseinziehung (§§ 237 Abs. 2 S. 1, 225 Abs. 2 S. 1).[102]

97 **IV. Rechtsfolgen bei Verstößen.** Die Rechtsfolgen eines fehlerhaften **Einziehungsbeschlusses** der Hauptversammlung bestimmen sich nach §§ 241 ff. Liegen die Voraussetzungen des § 237 Abs. 1 S. 2 für die Zwangseinziehung nicht vor, ist der **Beschluss anfechtbar**.[103] Verletzt der Beschluss den **Grundsatz der Gleichbehandlung** oder fehlt eine erforderliche **sachliche Rechtfertigung**, ist er **anfechtbar**.[104]

98 Entscheidet der Vorstand über die Einziehung (Abs. 6) und liegen die Voraussetzungen für die Einziehung nicht vor, entfaltet diese Entscheidung **keine Wirkungen**.[105]

99 Zu den Rechtsfolgen bei **Verstößen gegen Abs. 3 bis 5** vgl die Anmerkungen dort (Rn 62 ff).

§ 238 Wirksamwerden der Kapitalherabsetzung

¹Mit der Eintragung des Beschlusses oder, wenn die Einziehung nachfolgt, mit der Einziehung ist das Grundkapital um den auf die eingezogenen Aktien entfallenden Betrag herabgesetzt. ²Handelt es sich um eine durch die Satzung angeordnete Zwangseinziehung, so ist, wenn die Hauptversammlung nicht über die Kapitalherabsetzung beschließt, das Grundkapital mit der Zwangseinziehung herabgesetzt. ³Zur Einziehung bedarf es einer Handlung der Gesellschaft, die auf Vernichtung der Rechte aus bestimmten Aktien gerichtet ist.

A. Grundlagen 1	IV. Rückbeziehung der Wirksamkeit 11
B. Zeitpunkt des Wirksamwerdens der Kapitalherabsetzung 4	V. Einziehungshandlung (S. 3) 12
I. Regelfall (S. 1) 4	1. Zuständiges Organ 13
II. Ausnahme (S. 2) 6	2. Inhaltliche Erfordernisse 14
III. Rechtsfolgen 8	VI. Unwirksamkeit der Einziehungshandlung ... 18

A. Grundlagen

1 Die Vorschrift regelt das Wirksamwerden der Kapitalherabsetzung durch Einziehung von Aktien. Anders als bei der ordentlichen (§§ 222 ff) oder der vereinfachten Kapitalherabsetzung (§§ 229 ff), die bereits mit Eintragung des Kapitalherabsetzungsbeschlusses im Handelsregister wirksam werden (§ 224 bzw §§ 224, 229 Abs. 3), wird eine Kapitalherabsetzung durch Einziehung von Aktien erst wirksam, wenn zusätzlich die **Einziehungshandlungen abgeschlossen sind** (§ 238 S. 1).

2 Die Einziehungshandlung ist **echtes Wirksamkeitserfordernis**, was damit zu begründen ist, dass sich die Kapitalherabsetzung nur gegen einzelne Mitgliedsrechte richtet.[1] Hat der **Vorstand** über die Einziehung entschieden (§ 237 Abs. 6), genügt zum Wirksamwerden der Kapitalherabsetzung ausnahmsweise allein der Abschluss der Einziehungshandlungen (§ 238 S. 2).

3 § 238 S. 1 wurde zuletzt geändert durch Art. 1 Nr. 34 StückAG.[2]

---

100 Für eine Anmeldung zum Handelsregister: Großkomm-AktienR/*Schilling*, Rn 40; *Baumbach/Hueck*, AktG, Rn 13; *Krafka/WillerKühn*, Rn 471. Gegen eine Anmeldung zum Handelsregister: KölnKomm-AktG/*Lutter*, Rn 116 und § 239 Rn 6; MüHb-AktG/*Oechsler*, Rn 115 und § 239 Rn 6; *Hüffer*, Rn 41 und § 239 Rn 8; MüHb-AG/*Krieger*, § 62 Rn 18, 24; *Nirk*, Hb AG, Rn 155; *Henn*, Handbuch des Aktienrechts, Rn 1329.
101 KölnKomm-AktG/*Lutter*, Rn 116; MüKo-AktG/*Oechsler*, Rn 115; *Hüffer*, Rn 41; MüHb-AG/*Krieger*, § 62 Rn 24.
102 KölnKomm-AktG/*Lutter*, Rn 116; MüKo-AktG/*Oechsler*, Rn 115; *Hüffer*, Rn 41; MüHb-AG/*Krieger*, § 62 Rn 24.
103 Großkomm-AktienR/*Schilling*, Rn 11; KölnKomm-AktG/*Lutter*, Rn 54; abweichend: *Baumbach/Hueck*, AktG Rn 5, der stets von Nichtigkeit ausgeht; differenzierend: MüKo-AktG/*Oechsler*, Rn 25 f; *Hüffer*, Rn 42; MüHb-AG/*Krieger*, § 62 Rn 17.
104 KölnKomm-AktG/*Lutter*, Rn 55; *Hüffer*, Rn 43.
105 KölnKomm-AktG/*Lutter*, Rn 56; *Hüffer*, Rn 43; MüHb-AG/*Krieger*, § 62 Rn 17.
1 KölnKomm-AktG/*Lutter*, Rn 2; MüKo-AktG/*Oechsler*, Rn 1; *Geßler*, §§ 238, 239 Rn 1; *Hüffer*, Rn 1.
2 BGBl. I S. 590.

B. Zeitpunkt des Wirksamwerdens der Kapitalherabsetzung

I. Regelfall (S. 1). Beschließt über die Kapitalherabsetzung durch Einziehung von Aktien – wie dies im Regelfall üblich ist – die **Hauptversammlung**, ist das Grundkapital der Gesellschaft mit Eintragung des Beschlusses, oder, wenn die Einziehung nachfolgt, mit der Einziehung um den auf die eingezogenen Aktien entfallenden Betrag herabgesetzt (§ 238 S. 1). Zum Wirksamwerden der Kapitalherabsetzung müssen folglich **kumulativ** die **Einziehungshandlungen** vorgenommen (dazu Rn 12 ff) und der **Kapitalherabsetzungsbeschluss** in das Handelsregister **eingetragen** worden sein.[3]

Dabei ist es **gleichgültig**, ob die Kapitalherabsetzung durch Einziehung von Aktien angeordnet oder gestattet oder im ordentlichen bzw vereinfachten Verfahren durchgeführt wurde.[4]

II. Ausnahme (S. 2). Liegt statt des Hauptversammlungsbeschlusses eine **Entscheidung des Vorstands** der Gesellschaft über die Einziehung vor (§ 237 Abs. 6), was nur bei einer **angeordneten Zwangseinziehung** möglich ist, ist das Grundkapital bereits mit der Zwangseinziehung herabgesetzt (§ 238 S. 2). Grund für diese Ausnahme ist die Tatsache, dass die den Hauptversammlungsbeschluss „ersetzende" Entscheidung des Vorstands nach **zutreffender Ansicht** im Handelsregister nicht eintragungsfähig ist (vgl zu diesem Meinungsstreit die Ausführungen bei § 237 Rn 91).

Hat der Vorstand von der Möglichkeit aus § 237 Abs. 6 keinen Gebrauch gemacht und stattdessen die **Hauptversammlung** beschlossen, gilt § 238 S. 1.[5]

III. Rechtsfolgen. Mit Wirksamwerden der Kapitalherabsetzung gehen die betroffenen **Mitgliedsrechte** unter; es bestehen keine mitgliedschaftlichen Rechte und Pflichten mehr zwischen der Gesellschaft und dem betroffenen Aktionär.[6] Vor der Einziehung entstandene **Gewinnansprüche** können als Forderung gegen die Gesellschaft geltend gemacht werden.[7] Später gefasste **Gewinnverwendungsbeschlüsse** geben dem betroffenen Aktionär keinen **Dividendenanspruch**.[8]

Mit Wirksamwerden der Kapitalherabsetzung hat die Gesellschaft die neue **Grundkapitalziffer** (§ 238 S. 1, 2). Zugleich entsteht ein **Buchertrag** in Höhe des Herabsetzungsbetrages.

Ausgegebene **Aktienurkunden** bzw **Zwischenscheine** verkörpern nach Wirksamkeit der Einziehung keine Mitgliedsrechte mehr. Ein **klagbarer Anspruch auf Aushändigung der Urkunden** zwecks Vernichtung steht der Gesellschaft nach überwiegender Auffassung nicht zu;[9] allerdings kann die Gesellschaft bei **Gewinnansprüchen** des betroffenen Aktionärs verlangen, dass Zahlungen nur **Zug um Zug** gegen Aushändigung der Aktienurkunden vorgenommen werden (§ 797 BGB).[10] Im Übrigen sind die Urkunden für **kraftlos zu erklären** (§ 73).[11]

IV. Rückbeziehung der Wirksamkeit. Eine Rückbeziehung der Kapitalherabsetzung durch Einziehung von Aktien entsprechend § 234 ist **nicht möglich**.[12] Dem steht entgegen, dass die Kapitalherabsetzung durch Einziehung von Aktien – anders als die vereinfachte Kapitalherabsetzung (§§ 229 ff) – nicht allein auf eine Umbuchung zwischen verschiedene Bilanzkonten abstellt.[13]

V. Einziehungshandlung (S. 3). Zur Einziehung bedarf es einer Handlung der Gesellschaft, die auf die **Vernichtung** der Rechte aus bestimmten Aktien gerichtet ist (§ 283 S. 3).

1. Zuständiges Organ. Zuständiges Organ für die Ausführung der Einziehungshandlung ist nach **zutreffender Ansicht** stets der **Vorstand**.[14] Erfolgt die Einziehung aufgrund eines Hauptversammlungsbeschlusses, folgt dies aus § 83 Abs. 2; liegt bei der angeordneten Zwangseinziehung eine Entscheidung des Vorstands vor (§ 237 Abs. 6 S. 2), ergibt sich die Zuständigkeit des Vorstands aus § 237 Abs. 6.

2. Inhaltliche Erfordernisse. Die konkrete Einziehung ist eine **empfangsbedürftige Willenserklärung** der Gesellschaft gegenüber dem Inhaber der betroffenen Aktien, auf welche die besonderen Regeln des Handels-

---

[3] KölnKomm-AktG/*Lutter*, Rn 3; *Hüffer*, Rn 2.
[4] KölnKomm-AktG/*Lutter*, Rn 3; *Hüffer*, Rn 3.
[5] Großkomm-AktienR/*Schilling*, Rn 2; KölnKomm-AktG/*Lutter*, Rn 3; *Hüffer*, Rn 4.
[6] KölnKomm-AktG/*Lutter*, Rn 9; MüKo-AktG/*Oechsler*, Rn 8; *Hüffer*, Rn 5; MüHb-AG/*Krieger*, § 62 Rn 26.
[7] Großkomm-AktienR/*Schilling*, Rn 12; MüKo-AktG/*Oechsler*, Rn 8; *Hüffer*, Rn 5.
[8] BGH NJW 1998, 3646, 3647 (zur GmbH) = AG 1999, 79 = WM 1998, 2198 = ZIP 1998, 1836; *Hüffer*, § 237 Rn 5.
[9] KölnKomm-AktG/*Lutter*, Rn 9; MüKo-AktG/*Oechsler*, Rn 8; *Hüffer*, Rn 5; MüHb-AG/*Krieger*, § 62 Rn 26; abweichend: Großkomm-AktienR/*Schilling*, Rn 11; *Baumbach/Hueck*, AktG, Rn 3.
[10] MüKo-AktG/*Oechsler*, Rn 8; *Hüffer*, Rn 5.
[11] KölnKomm-AktG/*Lutter*, § 237 Rn 9; MüKo-AktG/*Oechsler*, § 237 Rn 8; *Hüffer*, § 237 Rn 5; MüHb-AG/*Krieger*, § 62 Rn 26. I.E. ebenso Großkomm-AktienR/*Schilling*, § 237 Rn 7, der für eine entsprechende Anwendung des § 73 eintritt.
[12] Großkomm-AktienR/*Schilling*, Rn 8; KölnKomm-AktG/*Lutter*, Rn 5; MüKo-AktG/*Oechsler*, Rn 9; *Hüffer*, Rn 6; MüHb-AG/*Krieger*, § 62 Rn 26; *Risse*, BB 1968, 1012 f; abweichend: *Wiese*, SozPr 1940, 502, 504.
[13] Überzeugend MüKo-AktG/*Oechsler*, Rn 9; iE ebenso KölnKomm-AktG/*Lutter*, Rn 5; MüKo-AktG/*Oechsler*, Rn 9; *Hüffer*, Rn 6; MüHb-AG/*Krieger*, § 62 Rn 26; *Risse*, BB 1968, 1012 f.
[14] KölnKomm-AktG/*Lutter*, Rn 8; MüKo-AktG/*Oechsler*, Rn 5; *Geßler*, §§ 238, 239 Rn 5; *Hüffer*, Rn 7; MüHb-AG/*Krieger*, § 62 Rn 25; abweichend: Großkomm-AktienR/*Schilling*, Rn 4; *Baumbach/Hueck*, AktG, Rn 3, die eine Zuständigkeit der Hauptversammlung für gegeben sehen.

rechts Anwendung finden: vorbehaltlich spezieller Satzungsbestimmungen wird der Zugang durch **Veröffentlichung in den Gesellschaftsblättern** bewirkt, soweit die betroffenen Aktionäre nicht bekannt sind.[15] Aus der Willenserklärung muss sich **unmissverständlich** ergeben, dass die Mitgliedsrechte der genau bezeichneten Aktien (etwa nach Serie und Nummer) oder der genau bezeichneten Aktionäre erlöschen sollen.[16] Zur Frage, ob ein klagbarer Anspruch der Gesellschaft gegenüber den betroffenen Aktionären auf Aushändigung der Aktienurkunden zwecks Vernichtung besteht vgl vorstehend Rn 10.

15 Eine tatsächliche **Vernichtung** der Aktienurkunden ist zur Durchführung der Einziehung nicht zwingend erforderlich, da letztere **Rechtsgeschäft** ist. Wurden allerdings der Gesellschaft Aktien zum Zwecke der Einziehung vom betroffenen Aktionär übergeben, liegt in der **Vernichtung** bzw **Abstempelung** die (konkludente) Einziehungshandlung. Diese Willenserklärung muss dem Aktionär nicht mehr zugehen, da von einem entsprechenden **Verzicht** des Aktionärs aufgrund der Aushändigung zwecks Vernichtung auszugehen ist.[17]

16 Zieht die Gesellschaft **eigene Aktien** ein, so muss sich dieses Rechtsgeschäft in einer nach außen erkennbaren Handlung widerspiegeln, etwa durch **Abstempelung** oder **Vernichtung der Urkunden** oder durch **Abbuchung** der betreffenden Aktien in den Büchern der Gesellschaft.[18]

17 Die **Zahlung** eines etwaigen **Einziehungsentgeltes** ist nicht Bestandteil der Einziehungshandlung und damit auch nicht Voraussetzung für das Erlöschen der betroffenen Mitgliedschaftsrechte.[19]

18 **VI. Unwirksamkeit der Einziehungshandlung.** Das Mitgliedsrechts besteht unverändert fort, wenn die Einziehungshandlung unwirksam ist. Dies ist der Fall, wenn ein wirksamer Hauptversammlungsbeschluss nicht vorliegt oder die Satzung die Maßnahme der Verwaltung nach § 237 Abs. 6 nicht deckt.[20] Eine gleichwohl vorgenommene Eintragung des Herabsetzungsbeschlusses oder der Durchführung der Kapitalherabsetzung im Handelsregister ist unrichtig und von Amts wegen zu löschen.

§ 239 Anmeldung der Durchführung

(1) ¹Der Vorstand hat die Durchführung der Herabsetzung des Grundkapitals zur Eintragung in das Handelsregister anzumelden. ²Dies gilt auch dann, wenn es sich um eine durch die Satzung angeordnete Zwangseinziehung handelt.

(2) Anmeldung und Eintragung der Durchführung der Herabsetzung können mit Anmeldung und Eintragung des Beschlusses über die Herabsetzung verbunden werden.

A. Grundlagen

1 Die Vorschrift regelt die Anmeldung der Durchführung der Kapitalherabsetzung zum Handelsregister. Die Eintragung der Durchführung hat – vergleichbar mit § 227 – rein **deklaratorische** Wirkung. Im Übrigen ist der Wortlaut des § 239 **identisch** mit dem des § 227 (insofern sei zunächst auf die dortigen Kommentierungen verwiesen), ausgenommen § 239 Abs. 1 S. 2.

B. Durchführung der Kapitalherabsetzung

2 Die Anmeldung nach § 239 Abs. 1 kann erst erfolgen, wenn die Kapitalherabsetzung durch Einziehung von Aktien durchgeführt ist. Dies ist der Fall, wenn alle notwendigen **Einziehungshandlungen** vorgenommen worden und daher alle betroffenen Aktien durch konkrete Einziehunghandlungen beseitigt sind (§ 238 S. 3).[1]

---

15 KölnKomm-AktG/*Lutter*, Rn 7; MüKo-AktG/*Oechsler*, Rn 5; *Hüffer*, Rn 8; *Baumbach/Hueck*, AktG, Rn 3; MüHb-AG/*Krieger*, § 62 Rn 25.

16 KölnKomm-AktG/*Lutter*, Rn 7; MüKo-AktG/*Oechsler*, Rn 6; *Hüffer*, Rn 9; MüHb-AG/*Krieger*, § 62 Rn 25.

17 KölnKomm-AktG/*Lutter*, Rn 7; *Hüffer*, Rn 9.

18 KölnKomm-AktG/*Lutter*, Rn 7; MüKo-AktG/*Oechsler*, Rn 6; *Hüffer*, Rn 9; *Baumbach/Hueck*, AktG, Rn 3.

19 Großkomm-AktienR/*Schilling*, Rn 5; anders die wohl hM im GmbH-Recht: hier soll der Untergang der Mitgliedschaftsrechte des betroffenen Gesellschafters erst wirksam sein, wenn das Einziehungsentgelt von der Gesellschaft ausgezahlt wurde, vgl RGZ 142, 286, 290; *Scholz/Westermann*, GmbHG, § 34 Rn 58; zweifelnd: Hachenburg/*Ulmer*, GmbHG, § 34 Rn 59 f; abweichend: *Roth/Altmeppen*, GmbHG, § 34 Rn 49, 17 ff.

20 KölnKomm-AktG/*Lutter*, Rn 10; *Hüffer*, Rn 10.

1 Großkomm-AktienR/*Schilling*, Rn 2; KölnKomm-AktG/*Lutter*, Rn 3; MüKo-AktG/*Oechsler*, Rn 2; *Hüffer*, Rn 2; MüHb-AG/*Krieger*, § 62 Rn 27; *Krafka/WillerKühn*, Rn 471, 461.

C. Anmeldung der Durchführung (Abs. 1)

Die Anmeldung der Durchführung der Kapitalherabsetzung hat der **Vorstand** der Gesellschaft in **öffentlich beglaubigter Form** (§ 12 Abs. 1 HGB) vorzunehmen (§ 239 Abs. 1 S. 1). Die Anmeldung durch eine **vertretungsberechtigte Anzahl** von Mitgliedern des Vorstandes reicht aus.[2] Auch **unechte Gesamtvertretung**[3] (§ 78 Abs. 3) und **Bevollmächtigung** (unter Beachtung der Formvorschrift des § 12 Abs. 2 S. 1 HGB)[4] ist möglich. Einer Mitwirkung des **Vorsitzenden des Aufsichtsrates** bedarf es nicht.

Anders als bei der Anmeldung des Kapitalherabsetzungsbeschlusses besteht eine vom Registergericht **erzwingbare Pflicht** des Vorstands zur Anmeldung der Durchführung der Kapitalherabsetzung (§ 14 HGB iVm § 407).[5]

Auch bei einer **angeordneten Zwangseinziehung** (§ 237 Abs. 6) ist die Durchführung der Kapitalherabsetzung zum Handelsregister anzumelden (§ 239 Abs. 1 S. 2). Die Vorschrift hat klarstellenden Charakter. Ein in das Handelsregister einzutragender Herabsetzungsbeschluss (vgl dazu § 238 Rn 4 ff) der Hauptversammlung liegt in derartigen Fällen in der Regel nicht vor, so dass die Öffentlichkeit durch die Eintragung der Durchführung erstmals von der bereits erfolgten Kapitalherabsetzung erfährt.[6]

D. Tätigkeit des Registergerichts

Das Registergericht prüft **summarisch**, ob die Durchführungsmaßnahmen ordnungsgemäß abgeschlossen wurden.[7] Liegt ein Fall der angeordneten Zwangseinziehung mit Entscheidung des Vorstands über die Einziehung vor (§ 237 Abs. 6), ist auch die Rechtmäßigkeit des Vorstandsbeschlusses zu prüfen, weil dieser mangels Eintragung im Handelsregister (vgl dazu § 238 Rn 6 und § 237 Rn 91) noch keiner Prüfung unterlag.[8]

Liegen die Eintragungsvoraussetzungen vor, ist die Durchführung der Kapitalherabsetzung in Spalte 6 des Handelsregisters (§ 43 Nr. 6 lit. f HRV) einzutragen („Die am ... beschlossene Herabsetzung des Grundkapitals durch Einziehung von Aktien ist durchgeführt").[9] Die Eintragung hat rein **deklaratorische Wirkung** (vgl Rn 1). Der Inhalt der Eintragung ist im Bundesanzeiger und mindestens einem anderen Blatt **bekannt zu machen** (§ 10 Abs. 1 HGB).[10]

E. Verbindung der Anmeldung der Durchführung und des Herabsetzungsbeschlusses (Abs. 2)

Die Anmeldung und Eintragung der Durchführung der Herabsetzung des Grundkapitals kann mit der Anmeldung und Eintragung des Beschlusses über die Herabsetzung verbunden werden (Abs. 2). **Verfahrenserleichterungen** sind damit nicht verbunden.[11]

Liegt kein Hauptversammlungsbeschluss, sondern eine Entscheidung des Vorstands über die Einziehung vor (§ 237 Abs. 6), ist diese Entscheidung nach **zutreffender Ansicht** nicht in das Handelsregister einzutragen (vgl § 239 Rn 91).[12]

Die Anmeldung und Eintragung der Satzungsänderung, die sich zwangsläufig zumindest aus der Veränderung des Grundkapitals ergibt, ist ebenfalls mit den Anmeldungen nach § 239 zu verbinden.

Auch bei einem Kapitalherabsetzungsbeschluss, der die **Einziehung noch zu erwerbender, eigener Aktien** vorsieht, ist eine Verbindung gem. Abs. 2 **zutreffender Ansicht** nach möglich.[13] Das Gesetz sieht insoweit keine Einschränkungen vor.

---

2 KölnKomm-AktG/*Lutter*, Rn 2; MüKo-AktG/*Oechsler*, Rn 3; *Hüffer*, Rn 4; *Krafka/WillerKühn*, Rn 471.
3 KG JW 1938, 3121; KölnKomm-AktG/*Lutter*, Rn 2; *Hüffer*, Rn 4.
4 KölnKomm-AktG/*Lutter*, Rn 2; MüKo-AktG/*Oechsler*, Rn 3; *Hüffer*, Rn 4.
5 KölnKomm-AktG/*Lutter*, Rn 2; *Hüffer*, Rn 4; *Baumbach/Hueck*, AktG, Rn 2; *Krafka/WillerKühn*, Rn 471.
6 KölnKomm-AktG/*Lutter*, Rn 6; MüKo-AktG/*Oechsler*, Rn 4; *Hüffer*, Rn 5.
7 MüKo-AktG/*Oechsler*, Rn 5; *Hüffer*, Rn 6; *Krafka/WillerKühn*, Rn 471, 462.
8 MüKo-AktG/*Oechsler*, Rn 5; *Hüffer*, Rn 6; *Krafka/WillerKühn*, Rn 471, 462.
9 MüKo-AktG/*Oechsler*, Rn 1, 5; *Hüffer*, Rn 7.
10 *Hüffer*, Rn 7; *Krafka/WillerKühn*, Rn 471, 462.
11 *Hüffer*, Rn 8; MüHb-AG/*Krieger*, § 62 Rn 27.
12 KölnKomm-AktG/*Lutter*, Rn 116 und Rn 6; MüKo-AktG/*Oechsler*, Rn 115 und § 239 Rn 6; *Hüffer*, Rn 41 und Rn 8; MüHb-AG/*Krieger*, § 62 Rn 18, 24; *Nirk*, Hb AG, Rn 1552; *Henn*, Handbuch des Aktienrechts, Rn 1329; abweichend: Großkomm-AktienR/*Schilling*, Rn 40; *Baumbach/Hueck*, AktG, Rn 13; *Krafka/WillerKühn*, Rn 471.
13 MüKo-AktG/*Oechsler*, Rn 7; *Hüffer*, Rn 9; MüHb-AG/*Krieger*, § 62 Rn 27; abweichend: KölnKomm-AktG/*Lutter*, Rn 4.

Vierter Unterabschnitt
Ausweis der Kapitalherabsetzung

§ 240 [Gesonderte Ausweisung]

¹Der aus der Kapitalherabsetzung gewonnene Betrag ist in der Gewinn- und Verlustrechnung als „Ertrag aus der Kapitalherabsetzung" gesondert, und zwar hinter dem Posten „Entnahmen aus Gewinnrücklagen", auszuweisen. ²Eine Einstellung in die Kapitalrücklage nach § 229 Abs. 1 und § 232 ist als „Einstellung in die Kapitalrücklage nach den Vorschriften über die vereinfachte Kapitalherabsetzung" gesondert auszuweisen. ³Im Anhang ist zu erläutern, ob und in welcher Höhe die aus der Kapitalherabsetzung und aus der Auflösung von Gewinnrücklagen gewonnenen Beträge

1. zum Ausgleich von Wertminderungen,
2. zur Deckung von sonstigen Verlusten oder
3. zur Einstellung in die Kapitalrücklage

verwandt werden.

A. Grundlagen

1 § 240 gilt für alle drei Formen der Kapitalherabsetzung gleichermaßen, dh für die ordentliche (§§ 222 ff), die vereinfachte (§§ 229 ff) und für die Kapitalherabsetzung durch Einziehung von Aktien (§§ 237 ff). Dies folgt aus der **systematischen Stellung** der Norm in einem eigenen Unterabschnitt (4. Unterabschnitt: Ausweis der Kapitalherabsetzung) am Ende der Vorschriften über die Maßnahmen der Kapitalherabsetzung.[1] Die Vorschrift soll die **Informierung der Aktionäre und Gläubiger** über die Verwendung des aus der Kapitalherabsetzung resultierenden **Buchertrages** und die **Ertragslage** der Gesellschaft sicherstellen.[2] Entnahmen aus der **Kapital- oder Gewinnrücklage** einschließlich der **gesetzlichen Rücklage** (vgl § 229 Abs. 2) sind nach § 158 Abs. 1 Nr. 2, 3 auszuweisen.[3]

2 Die Vorschrift wurde letztmalig durch das Bilanzrichtliniengesetz von 1985 geändert.

B. Ausweis des Ertrages aus der Kapitalherabsetzung (S. 1)

3 Der aus der Kapitalherabsetzung resultierende Buchertrag ist in der **Gewinn- und Verlustrechnung** der Gesellschaft als „Ertrag aus der Kapitalherabsetzung" gesondert auszuweisen, und zwar hinter dem in § 158 Abs. 1 Nr. 3 genannten Posten „Entnahmen aus Gewinnrücklagen" (§ 240 S. 1). Das nach § 158 Abs. 1 S. 2 bestehende **Wahlrecht**, den Ausweis bloß im Anhang zur Gewinn- und Verlustrechnung zu machen, wird bei Erträgen aus der Kapitalherabsetzung durch die speziellere Vorschrift des § 240 S. 1 verdrängt.[4]

C. Gesonderter Ausweis der Einstellung in die Kapitalrücklage (S. 2)

4 Bezweckt eine vereinfachte Kapitalherabsetzung die Dotierung der Kapitalrücklage (§ 229 Abs. 1 S. 1) oder sind bei zu hoch angenommenen Verlusten Beträge in die Kapitalrücklage einzustellen (§ 232), sind sie – zusätzlich zum Ausweis nach § 240 S. 1 – **gesondert** in der Gewinn- und Verlustrechnung als „Einstellung in die Kapitalrücklage nach den Vorschriften über die vereinfachte Kapitalherabsetzung" **auszuweisen** (§ 240 S. 2).[5]

5 Obwohl nicht ausdrücklich erwähnt, gilt **§ 240 S. 2** entsprechend bei einer Kapitalherabsetzung durch Einziehung von Aktien nach § 237 Abs. 3, 5.[6] In der Gewinn- und Verlustrechnung sollte zum Ausdruck gebracht werden, dass der Posten aus einer Kapitalherabsetzung nach § 237 Abs. 3, 5 stammt, etwa durch die Formulierung „Einstellung in die Kapitalrücklage nach § 237 Abs. 5"[7] oder „Einstellung in die Kapitalrücklage nach den Vorschriften über die vereinfachte Kapitalherabsetzung durch Einziehung von Aktien".[8]

---

1 MüKo-AktG/*Oechsler*, Rn 2.
2 KölnKomm-AktG/*Lutter*, Rn 3; MüKo-AktG/*Oechsler*, Rn 1; *Hüffer*, Rn 1; *Nirk*, Hb AG, Rn 1553.
3 KölnKomm-AktG/*Lutter*, Rn 4; MüKo-AktG/*Oechsler*, Rn 1; *Hüffer*, Rn 1.
4 MüKo-AktG/*Oechsler*, Rn 3; *Hüffer*, Rn 3.
5 *Hüffer*, Rn 4; MüHb-AG/*Krieger*, § 60 Rn 2.
6 KölnKomm-AktG/*Lutter*, Rn 7; MüKo-AktG/*Oechsler*, Rn 6; *Hüffer*, Rn 5.
7 *Hüffer*, Rn 5.
8 MüKo-AktG/*Oechsler*, Rn 6.

D. Auskunft über die Verwendung des Buchertrages (S. 3)

Im **Anhang** ist Auskunft über die Verwendung der Beträge zu geben, die aus einer Kapitalherabsetzung oder der Auflösung von Gewinnrücklagen aus Anlass einer Kapitalherabsetzung gewonnen wurden (§ 240 S. 3). Die Vorschrift ergänzt § 240 S. 1.

E. Zeitpunkt der Ausweis- und Erläuterungspflichten

Die aus § 240 resultierenden Ausweis- und Erläuterungspflichten sind in dem **Jahresabschluss** des Geschäftsjahres vorzunehmen, in dem die entsprechenden Buchungen zu erfolgen haben. Diese haben zu erfolgen, sobald die Kapitalherabsetzung wirksam geworden ist (vgl §§ 224, 229 Abs. 3 iVm 224, 238).[9] Ausnahmsweise ist bei einer **Rückwirkung der Kapitalherabsetzung** (§ 234) § 240 bereits für den Jahresabschluss zu beachten, in dem die Kapitalherabsetzung rückwirkend Berücksichtigung findet.[10]

F. Rechtsfolgen bei Verstößen

Bei einem Verstoß gegen § 240 ist der **Bestätigungsvermerk** der Abschlussprüfer nach § 322 HGB zu versagen.[11] Der **Jahresabschluss** ist **nichtig** (§ 256 Abs. 1 Nr. 4), wenn durch den Verstoß **Klarheit und Übersichtlichkeit** fehlen. Dies wird regelmäßig nur dann der Fall sein, wenn die Beträge entgegen § 240 gar nicht ausgewiesen wurden.[12]

Siebenter Teil Nichtigkeit von Hauptversammlungsbeschlüssen und des festgestellten Jahresabschlusses. Sonderprüfung wegen unzulässiger Unterbewertung

Erster Abschnitt
Nichtigkeit von Hauptversammlungsbeschlüssen

Erster Unterabschnitt
Allgemeines

§ 241 Nichtigkeitsgründe

Ein Beschluß der Hauptversammlung ist außer in den Fällen des § 192 Abs. 4, §§ 212, 217 Abs. 2, § 228 Abs. 2, § 234 Abs. 3 und § 235 Abs. 2 nur dann nichtig, wenn er
1. in einer Hauptversammlung gefaßt worden ist, die unter Verstoß gegen § 121 Abs. 2 und 3 Satz 1 oder Abs. 4 einberufen war,
2. nicht nach § 130 Abs. 1 und 2 Satz 1 und Abs. 4 beurkundet ist,
3. mit dem Wesen der Aktiengesellschaft nicht zu vereinbaren ist oder durch seinen Inhalt Vorschriften verletzt, die ausschließlich oder überwiegend zum Schutze der Gläubiger der Gesellschaft oder sonst im öffentlichen Interesse gegeben sind,
4. durch seinen Inhalt gegen die guten Sitten verstößt,
5. auf Anfechtungsklage durch Urteil rechtskräftig für nichtig erklärt worden ist,
6. nach § 398 des Gesetzes über das Verfahren in Familiensachen und in den Angelegenheiten der freiwilligen Gerichtsbarkeit auf Grund rechtskräftiger Entscheidung als nichtig gelöscht worden ist.

Literatur:
Axhausen, Anfechtbarkeit aktienrechtlicher Aufsichtsratsbeschlüsse, 1986; *Bauer*, Organklagen zwischen Vorstand und Aufsichtsrat, 1986; *Baums*, Der unwirksame Hauptversammlungsbeschluß, ZHR 142 (1978), 582; *ders.*, Eintragung und Löschung von Gesellschafterbeschlüssen, 1981; *ders.*, Der fehlerhafte Aufsichtsratsbeschluß, ZGR, 1983, 300; *Brondies*, Die Aktionärsklage, 1988; *v. Gerkan*, Die Gesellschafterklage, ZGR 1988, 441; *Geßler*, Nichtigkeit von Hauptversammlungsbeschlüssen und Satzungsbestimmungen, ZGR 1980, 427; *Großfeld/Brondies*, Die Aktionärsklage – nun auch im deutschen Recht, JZ 1982, 589;

---

9 KölnKomm-AktG/*Lutter*, Rn 9; *Hüffer*, Rn 2; MüHb-AG/*Krieger*, § 60 Rn 2.
10 KölnKomm-AktG/*Lutter*, Rn 9; *Hüffer*, Rn 2.
11 KölnKomm-AktG/*Lutter*, Rn 10; MüKo-AktG/*Oechsler*, Rn 8; *Hüffer*, Rn 7; MüHb-AG/*Krieger*, § 60 Rn 2; *Nirk*, Hb AG, Rn 1553.
12 KölnKomm-AktG/*Lutter*, Rn 10; MüKo-AktG/*Oechsler*, Rn 8; *Hüffer*, Rn 7; iE ebenso: MüHb-AG/*Krieger*, § 60 Rn 2.

Hoffmann, Zur Nichtigkeit eines Hauptversammlungsbeschlusses nach § 241 Nr. 3 Alt. 3 AktG, AG 1980, 141; *Hommelhoff*, Der aktienrechtliche Organstreit, ZHR 143 (1979), 288; *Huber*, Zur Entstehung und aktuellen Auslegung des § 241 Nr. 3 AktG, in: FS Coing, Bd. II, 1981, S. 167; *Hueck*, Anfechtbarkeit und Nichtigkeit von Generalversammlungsbeschlüssen, 1924; *ders.*, Die Sittenwidrigkeit von Generalversammlungsbeschlüssen der Aktiengesellschaft und die Rechtsprechung des Reichsgerichts, RG-Festgabe, Bd. IV, 1929, S. 167; *ders.*, Anfechtbarkeit und Nichtigkeit von Generalversammlungsbeschlüssen, 1924; *Kindl*, Analoge Anwendung der §§ 241 ff AktG auf aktienrechtliche Aufsichtsratsbeschlüsse?, AG 1993, 153; *ders.*, Die Geltendmachung von Mängeln bei aktienrechtlichen Aufsichtsratsbeschlüssen und die Besetzung von Ausschüssen in mitbestimmten Gesellschaften, DB 1993, 2065; *Knobbe-Keuk*, Das Klagerecht des Gesellschafters einer Kapitalgesellschaft wegen gesetz- und satzungswidriger Maßnahmen der Geschäftsführung, in: FS Ballerstedt, 1975, S. 239; *Kropff*, Auswirkungen der Nichtigkeit eines Jahresabschlusses auf die Folgebeschlüsse, in: FS Budde, 1995, S. 341; *Meilicke*, Fehlerhafte Aufsichtsratsbeschlüsse, in: FS Walter Schmidt, 1959, S. 71; *Mertens*, Der Aktionär als Wahrer des Rechts?, AG 1990, 49; *Mülbert*, Aktiengesellschaft, Unternehmensgruppe und Kapitalmarkt, 1995; *Noack*, Fehlerhafte Beschlüsse in Gesellschaften und Vereinen, 1989; *Pflugradt*, Leistungsklagen zur Erzwingung rechtmäßigen Vorstandsverhaltens in der Aktiengesellschaft, 1990; *Priester*, Satzungsänderung und Satzungsdurchbrechung, ZHR 151 (1987), 40; *Raiser*, Das Recht der Gesellschafterklagen, ZHR 153 (1989), 1; *K. Schmidt*, Fehlerhafte Beschlüsse in Gesellschaften und Vereinen, AG 1977, 205 und 243; *ders.*, „Insichprozesse" durch Leistungsklagen in der AG?, ZZP 92 (1979), 212; *Stein*, Rechtsschutz gegen gesetzwidrige Satzungsnormen bei Kapitalgesellschaften, ZGR 1994, 472; *Timm*, Beschlußanfechtungsklage und Schiedsfähigkeit im Recht der personalistisch strukturierten Gesellschaften, in: FS Fleck, 1988, S. 365; *Weber/Kersjes*, Hauptversammlungsbeschlüsse vor Gericht, 2010; *Wiedemann*, Organverantwortung und Gesellschafterklagen in der Aktiengesellschaft, 1989; *Zöllner*, Schranken mitgliedschaftlicher Stimmrechtsmacht bei den privatrechtlichen Personenverbänden, 1963.

A.	Regelungsgehalt	1	2. Gläubigerschützende oder sonst im öffentlichen Interesse liegende Vorschriften (Nr. 3 Alt. 2 und 3)	10
B.	Die Regelungen im Einzelnen	4	VI. Sittenverstoß (Nr. 4)	11
	I. Beschluss der HV (Hs 1)	4	VII. Rechtskräftiges Anfechtungsurteil (Nr. 5)	12
	II. Nichtigkeitsgründe außerhalb § 241 (Hs 2)	5	VIII. Nichtigkeit gemäß § 98 FamFG (Nr. 6)	13
	III. Einberufungsmangel als Nichtigkeitsgrund (Nr. 1)	6	IX. Rechtsfolge: Nichtigkeit, Gesamt-/Teilnichtigkeit	14
	IV. Beurkundungsmängel (Nr. 2)	7		
	V. Unvereinbarkeit mit dem Wesen der Aktiengesellschaft oder Verstoß gegen Gläubigerschutz bzw öffentliches Interesse (Nr. 3)	8		
	1. „Wesensverstöße" (Nr. 3 Alt. 1)	9		

A. Regelungsgehalt

1   Anders als im allgemeinen Zivilrecht sind nach dem Aktiengesetz aus Gründen der Rechtssicherheit nur bestimmte rechtswidrige HV-Beschlüsse nichtig. In den meisten Fällen der Rechtswidrigkeit ist die Nichtigerklärung durch rechtskräftiges Urteil Voraussetzung der Nichtigkeit (§ 241 Nr. 5). § 241 entspricht im Wesentlichen dem Aktiengesetz 1937.[1] Der **Katalog der Nichtigkeitsgründe** ist nach dem klaren Wortlaut des Gesetzes („Beschluss … ist … nur dann nichtig") **abschließend**.[2] Von den nichtigen Beschlüssen sind die **unwirksamen Beschlüsse** abzugrenzen. Dies sind solche Beschlüsse, denen noch ein Wirksamkeitserfordernis fehlt.[3] Standardfälle sind die Eintragung eines Beschlusses in das Handelsregister (§ 181 Abs. 3), das Erfordernis eines Sonderbeschlusses (§ 138) oder die Zustimmung einzelner Aktionäre zur Übernahme von Nebenpflichten (§ 180 Abs. 1). Nicht zielführend erscheint es, bestimmte mangelhafte Beschlüsse als **Nicht- oder Scheinbeschlüsse** zu charakterisieren; meist wird in diesen Fällen überhaupt kein HV-Beschluss vorliegen.[4] Den **Rechtsschutz** gegen rechtswidrige Beschlüsse der HV realisiert das AktG durch Nichtigkeitsklage und Anfechtungsklage (vgl im Einzelnen § 246 Rn 2 ff und § 249 Rn 3 ff). Neben diesen Klagen gibt es keine allgemeine Aktionärsklage zur Verhinderung rechtswidriger Geschäftsführungsmaßnahmen, Möglichkeiten vorläufigen Rechtsschutzes sind sehr beschränkt (vgl § 246 Rn 61 ff).[5] De lege lata sind die Aktionäre insbesondere auf die Geltendmachung von Schadensersatzansprüchen gemäß §§ 93, 147 f beschränkt – ein völlig unzureichendes Rechtsschutzkonzept, wenn man bedenkt, dass kaum ein Vorstandsmitglied über hinreichende Bonität angesichts möglicher Milliardenschäden verfügt. Klagbare Abwehrrechte bestehen aber dann, wenn die Verwaltung **die Zuständigkeitsordnung der Gesellschaft** verletzt: Greift sie in Mitwir-

---

1   Vgl RegBegr. *Kropff*, S. 327 f.
2   Wie hier: *Hüffer*, Rn 1, 15; aA *Geßler*, ZGR 1980, 427, 444; Großkomm-AktienR/*K. Schmidt*, Rn 20, 111, spricht zwar von einem Numerus clausus der Nichtigkeitsgründe, lässt aber rechtsfortbildende Lückenfüllung zu.
3   Großkomm-AktienR/*K. Schmidt*, Rn 14; *Hüffer*, Rn 6; MüHb-AG/*Semler*, § 41 Rn 3.
4   Vgl BGHZ 11, 231, 236 zum Fall, dass ein Mann von der Straße eine Versammlung mit Personen als Pseudo-Hauptversammlung abhält, die mit der Gesellschaft nichts tun haben; zu Recht zur Entbehrlichkeit der Kategorie Scheinbeschluss: *Hüffer*, Rn 3; KölnKomm-AktG/*Zöllner*, Rn 49; vgl auch Großkomm-AktienR/*K. Schmidt*, Rn 12; *Grigoleit/Ehmann*, Rn 8 weist mit Recht darauf hin, dass ein „Scheinbeschluss" mit der Protokollierung ein Beschluss im Rechtssinne werde.
5   Vgl auch *Grigoleit/Ehmann*, Rn 1 zur Klage auf Umsetzung oder Vorbereitung eines HV-Beschlusses.

kungsbefugnisse der Aktionäre ein, verletzt sie deren Mitgliedschaftsrechte, und die Aktionäre können ihre Abwehrrechte im Klageweg durchsetzen (vgl § 246 Rn 61 ff).[6]

Neben den gesetzlich geregelten Fällen (vgl §§ 309 Abs. 4, 317 Abs. 4, 318 Abs. 4) soll es bei der AG keine actio pro socio/pro societate geben.[7]

Streitig ist die Frage der **Ausdehnung bzw entsprechender Anwendung der §§ 241 ff auf andere Beschlüsse**. Ausgangspunkt für die Beantwortung der Frage ist der ausdrückliche Regelungsgehalt des AktG. Für **Sonderbeschlüsse** verweist § 138 S. 2 auf die §§ 241 ff.[8] Hinsichtlich Beschlüssen von Vorstand und Aufsichtsrat erklärt das Gesetz die §§ 241 ff nicht (ausdrücklich) für anwendbar; dies gilt auch für solche nahe liegenden Fälle wie beispielsweise die Ausnutzung einer Ermächtigung der HV durch Vorstand und Aufsichtsrat beim genehmigten Kapital (vgl § 203). Der BGH verneint die sinnentsprechende Anwendung der §§ 241 ff auf Vorstands- und Aufsichtsratsbeschlüsse.[9] Das BVerfG hat das Fehlen der Anfechtungsmöglichkeit nicht beanstandet und stattdessen auf die Möglichkeiten einer vorbeugenden Unterlassungsklage mit vorläufigem Rechtsschutz und die allgemeine Feststellungsklage verwiesen.[10] Daher ist die Nichtigkeit von Aufsichtsratsbeschlüssen nach der Rechtsprechung mit der Feststellungsklage gemäß § 256 ZPO geltend zu machen.[11] ME müsste demgegenüber die Nichtigkeits-/Anfechtungsklage jedenfalls dann zugelassen werden, wenn die HV dem Aufsichtsrat/Vorstand an sich ihr obliegenden Beschlüsse überträgt (vgl § 246 Rn 61 ff). Das hat der BGH für die GmbH ausdrücklich entschieden.[12] *Hirte* favorisiert eine „Unterlassungs- oder Leistungsklage in der Form der verlängerten Anfechtungsklage."[13] Wenn zumal den Aktionären der Rechtsschutz mit der aktienrechtlichen Nichtigkeits- bzw Anfechtungsklage verwehrt wird und sie stattdessen auf die Feststellungsklage verwiesen werden, müssen für diese die Streitwertvorschriften des Aktiengesetzes entsprechend gelten (vgl § 247 Rn 4).

B. Die Regelungen im Einzelnen

I. Beschluss der HV (Hs 1). Der HV-Beschluss wird als das korporationsrechtliche Rechtsgeschäft definiert, mit dem die HV als Gesellschaftsorgan durch Stimmabgabe der Aktionäre ihren Willen zur Regelung von Gesellschaftsangelegenheiten bildet und innerhalb der Gesellschaft erklärt.[14] Alle **Hauptversammlungsbeschlüsse** unterliegen den §§ 241 ff, also insbesondere auch satzungsändernde oder sonst mit qualifizierter Mehrheit zu fassende Beschlüsse; dies gilt für positive und negative Beschlüsse. Voraussetzung soll sein, dass das Beschlussverfahren zu einem protokollierungsfähigen Ergebnis geführt hat, weshalb das **Übergehen eines Antrags** oder eines **Minderheitsverlangens** gemäß §§ 120 Abs. 1 S. 2, 137, 147 Abs. 1 kein anfechtbarer Beschluss sein soll,[15] (vgl § 246 Rn 11 ff) was aber Tatbestände begründen kann, in denen mit dem RW übergegangenen Antrag/Verlangen in sachlichem Zusammenhang stehende Beschlüsse ihrerseits RW sind.[16] Beschlüsse liegen auch vor, wenn sie nur auf nichtigen Stimmen beruhen[17] (vgl zu Nichtigkeit / Anfechtbarkeit solcher Beschlüsse Rn 9).

---

6 BGHZ 83, 122, 135 = AG 1982, 158, 160 = NJW 1982, 1703, 1706 (Holzmüller); BGHZ 159, 30 = DB 2004, 1200 = ZIP 2004, 993 = NJW 2004, 1860 (Gelatine); KölnKomm-AktG/*Mertens*, § 91 Rn 191; Großkomm-AktienR/*K. Schmidt*, Rn 5, sowie § 246 Rn 61.

7 Großkomm-AktienR/*K. Schmidt*, Rn 7; *K. Schmidt*, GesR, § 21 IV 6 a; dagegen für die Einführung einer *actio pro socio*: *Baums*, Gutachten zum 63. Deutschen Juristentag, F 244 ff; *Bayer*, NJW 2000, 2609, 2618; *Lutter*, ZHR 159 (1995), 287, 304 ff; *Ulmer*, ZHR 163 (1999), 290, 329 ff.

8 Vgl zu *Hüffer*, § 138 Rn 4; Spindler/Stilz/*Würthwein*, Rn 47; Großkomm-AktienR/*K. Schmidt*, Rn 31 ff; K. Schmidt/Lutter/*Schwab*, Rn 1.

9 BGHZ 122, 342, 347 ff = NJW 1993, 2307; bestätigt in BGHZ 124, 111, 115 = NJW 1994, 520, 521; BGHZ 135, 244, 247 = NJW 1997, 1926; BGHZ 164, 249 = AG 2006, 38, 39 = ZIP 2005, 2740 = WM 2005, 2388 (Mangusta/Commerzbank II); BGH AG 2012, 677 = ZIP 2012, 1750 Rn 10; ebenso OLG Zweibrücken AG 2011, 304 = ZIP 2011, 617; vgl zur Gegenansicht Hanseatisches OLG (Hamburg) AG 1992, 197 = DB 1992, 774 ff; *Baums*, ZGR 1983, 305 ff; Großkomm-AktienR/*K. Schmidt*, Rn 35 f; Schmidt/Lutter/*Schwab*, Rn § 255 Rn 7;

Schwab, Das Prozessrecht gesellschaftsinterner Streitigkeiten, S. 521 ff.

10 BVerfG AG 2009, 325 = NJW 2009, 1331 = ZIP 2009, 753.

11 BGHZ 122, 342, 344 f = NJW 1993, 2307, 2309; Spindler/Stilz/*Würthwein*, Rn 50; differenzierend Grigoleit/*Ehmann*, Rn 4.

12 Vgl BGHZ 43, 261, 265 = WM 1965, 422, 424; (zur bergrechtlichen Gesellschaft); BGHZ 84, 201 = WM 1984, 2200; OLG Schleswig NZG 2003, 821 = GmbHR 2003, 843; OLG Düsseldorf BB 1982, 1074 = ZIP 1982, 694; Hachenburg/*Schilling/Zutt*, 7. Aufl., nach § 47 GmbHG Rn 225 ff; Scholz/*K. Schmidt*, GmbHG, § 45 Rn 185; *Roth*, nach § 47 GmbHG Anm. 6.6; Lutter/Hommelhoff, GmbHG, nach § 47 Rn 7; Rowedder/Koppensteiner, GmbHG, § 45 Rn 13; aA Baumbach/Hueck/Zöllner, GmbHG, nach § 47 Rn 95.

13 Großkomm-AktienR/*Hirte*, Rn 202 Rn 21, § 203 Rn 134, jeweils zum genehmigten Kapital.

14 MüKo-AktG/*Hüffer*, Rn 8; *Hüffer*, Rn 2.

15 Großkomm-AktienR/*K. Schmidt*, Rn 10; *Hüffer*, Rn 2; Spindler/Stilz/*Würthwein*, Rn 46, 48.

16 Grigoleit/*Ehmann*, Rn 4, Henssler/Strohn/*Drescher*, Rn 12.

17 BGHZ 167, 204 = NJW-RR 2006, 1110 = WM 2006, 1151, vgl auch Henssler/Strohn/*Drescher*, Rn 9.

5 **II. Nichtigkeitsgründe außerhalb § 241 (Hs 2).** Das Gesetz nennt die **ausdrücklichen weiteren Nichtigkeitsgründe** neben dem Katalog des § 241.[18] Vgl dazu § 192 Rn 26, § 212 Rn 4, § 217 Rn 7, § 228 Rn 5, § 234 Rn 22 sowie § 235 Rn 25.

6 **III. Einberufungsmangel als Nichtigkeitsgrund (Nr. 1).** HV-Beschlüsse sind nach der Novelle durch das ARUG[19] nur nichtig, wenn sie in einer HV gefasst worden sind, die unter Verstoß gegen § 121 Abs. 2 und 3 S. 1 oder Abs. 4 einberufen worden ist.[20] Danach ist insbesondere ein HV-Beschluss nichtig, wenn (abgesehen von Sonderregelungen wie § 111 Abs. 3 § 122 Abs. 2, vgl § 121 Abs. 2 S. 3) nicht der Vorstand die HV einberufen hat (§ 121 Abs. 2 S. 1). Aktionäre können einen solchen Beschluss nur in den Grenzen des § 242 Abs. 2 S. 4 genehmigen, und selbst Aktionäre, die dem Beschluss zugestimmt haben, können sich auf die Nichtigkeit berufen.[21] Eine Ausnahme gilt, wenn **alle Aktionäre erschienen oder vertreten waren (Vollversammlung).** Nach dem klaren Wortlaut des § 121 Abs. 6 müssen mE „alle Aktionäre" erschienen oder vertreten sein, nicht nur die zur Teilnahme berechtigten Aktionäre.[22] **Wesentliche Fälle** der Nichtigkeit nach dieser Norm sind die folgenden Situationen:

- Die **HV ist überhaupt nicht einberufen** worden; die **Spontanversammlung** kann wirksam nur als Vollversammlung beschließen.[23]
- Die Nichtigkeit begründet auch die **Einberufung durch unbefugte Personen** (vgl § 121 Rn 11 ff); zuständig für die Einberufung ist grundsätzlich der Vorstand (§ 121 Abs. 1), ausnahmsweise der Aufsichtsrat (§ 111 Abs. 3) sowie eine Aktionärsminderheit aufgrund gerichtlicher Ermächtigung (§ 122 Abs. 3); die Einberufungsbefugnis des Vorstands fehlt beispielsweise, wenn dessen Bestellung nichtig ist (vgl aber § 121 Abs. 2 S. 2),[24] der Vorstand nicht beschlossen hat oder sein Beschluss nichtig ist[25] (vgl § 250 Rn 10 ff zu den Wirkungen der Nichtigkeit von Bestellungsbeschlüssen von Organmitgliedern auf nachfolgende Beschlüsse des Organs). Wenn bei Einberufung durch den Aufsichtsrat (§ 111 Abs. 3) das Gesellschaftswohl die Einberufung nicht erfordert, liegt darin mE weder ein Nichtigkeits- noch Anfechtungsgrund, da nicht ersichtlich ist, dass das Gericht bei der prozessualen Geltendmachung besser qualifiziert ist, das Gesellschaftswohl zu beurteilen, als der Aufsichtsrat.[26] Beruft die Aktionärsminderheit die HV nach entsprechender Ermächtigung (§ 122 Abs. 3) ein, sind die gefassten Beschlüsse weder anfechtbar noch nichtig, wenn die Minderheit das Quorum nicht erreicht oder der Ermächtigungsbeschluss nach der HV aufgehoben wird (anders aber bei Aufhebung vor der HV oder wenn der Vorstand durch eine eigene Einberufung der Aussetzung der Ermächtigung zuvor gekommen ist); diese Tatsachen ändern nichts an der wirksamen Ermächtigung zur Einberufung.[27]
- **Fehler bei der Bekanntmachung** entgegen **§ 121 Abs. 3 S. 1 und Abs. 4** führen zur Nichtigkeit.[28] ME gilt dies darüber hinaus auch bei Missachtung einer über Gesetz und Satzung hinausgehenden Übung mit verpflichtendem Charakter.[29]
- **Fehlen von Mindestangaben** gemäß § 121 Abs. 3 S. 1, Abs. 4 führt stets zur Nichtigkeit, eine einschränkende Auslegung und eine „Einzelfallkorrektur gemäß § 242 BGB", wie sie vor der Novelle von §§ 121, 241 Nr. 1 durch das ARUG vertreten wurde,[30] scheidet aus.
- Angesichts des klaren Gesetzeswortlauts sind **Unterschreitung der Einberufungsfrist (§ 123)** sowie **Fehler bei der Bekanntmachung der Tagesordnung (§ 124)** keine Nichtigkeitsgründe.

---

18 Vgl zur weitgehend dogmatischen Frage, ob es sich insoweit tatsächlich um Nichtigkeit handelt, MüKo-AktG/*Hüffer*, Rn 14 f; KölnKomm-AktG/*Zöllner*, Rn 14; vgl auch Großkomm-AktienR/*K. Schmidt*, Rn 16, 109.

19 Das ARUG schränkte im Wesentlichen die Nichtigkeit bei Ladungsmängeln gem. § 121 Abs. 3 S. 2 ein, wonach die fehlerhafte Angabe von Bedingungen, von denen die Teilnahme an der HV und die Ausübung des Stimmrechts abhingen, zur Nichtigkeit führten.

20 Vgl zur Auseinandersetzung um die sog „LEICA"-Rspr zur Frage der Vorlage der Vollmacht nach § 134 OLG Frankfurt ZIP 2008, 1722; bestätigt in OLG Frankfurt NZG 2009, 1183 = AG 2010, 210; Urt. v. 27.4.2010 – 5 U14/09 (n.v.), Rn 44 ff bei juris; dagegen OLG München NZG 2008, 795 = AG 2008, 746 (HVB); BGH NZG 2012, 122 = AG 2012, 882 Rn 5; BGHZ 190, 291 = ZIP 2011, 1862 Rn 41; BGH ZIP 2011, 1813 = AG 2011, 750 Rn 12 f.

21 BGHZ 11, 231, 236, 239.

22 So aber Großkomm-AktienR/*K. Schmidt*, Rn 50; Spindler/Stilz/*Würthwein*, Rn 166; ähnlich wie hier MüKo-AktG/*Hüffer*, Rn 34 und Henssler/Strohn/*Drescher*, Rn 29.

23 Großkomm-AktienR/*K. Schmidt*, Rn 43; *Hüffer*, Rn 10.

24 BGHZ 18, 334, 337 (zur Genossenschaft).

25 Großkomm-AktienR/*K. Schmidt*, Rn 44; *Hüffer*, Rn 10 teilweise bestritten; K. Schmidt/Lutter/*Schwab*, Rn 7.

26 *Hüffer*, Rn 10: kein Nichtigkeitsgrund.

27 Str, vgl einerseits *Hüffer*, Rn 10; Grigoleit/*Ehmann*, Rn 11; zu Recht aA Großkomm-AktienR/*K. Schmidt*, Rn 45.

28 Fehlende oder unzutreffende Angaben von Firma oder Sitz der AG, Zeit oder Ort der HV, vgl BGHZ 36, 207, 211 = NJW 1962, 538; BGHZ 49, 183 = NJW 1968, 743, weitere Beispiele auch bei Henssler/Strohn/*Drescher*, Rn 27.

29 AA MüKo-AktG/*Hüffer*, Rn 30; KölnKomm-AktG/*Zöllner*, Rn 82.

30 Vgl allg. MüKo-AktG/*Hüffer*, Rn 33; Großkomm-AktienR/ *K. Schmidt*, Rn 46; *Hüffer*, Rn 11; RGZ 34, 110, 113 hielt ein fehlendes Komma in der Firmierung (insofern zutreffend) sowie fehlenden Rechtsformzusatz für unerheblich (insofern unzutreffend); OLG Hamburg AG 1981, 193, 195 sah zu Unrecht den Zusatz "von 1870" als belanglos an; vgl auch OLG Frankfurt AG 1991, 208, 209 = WM 1991, 681, 683 f, sowie OLG München AG 2000, 134, 135 (teilweise) unrichtig angegebene Teilnahme- bzw Stimmrechtsbedingungen.

In krassen Ausnahmefällen soll die Berufung auf marginale Bekanntmachungsfehler unzulässige Rechtsausübung oder sonst unbeachtlich sein.[31]

IV. Beurkundungsmängel (Nr. 2). Zur Nichtigkeit führt nach dem klaren Gesetzeswortlaut nur **jegliches Fehlen der Beurkundung** (§ 130 Abs. 1 S. 1 und 3) sowie das Fehlen förmlicher oder inhaltlicher wesentlicher Bestandteile der Beurkundung (§ 130 Abs. 2 S. 1) bzw der Unterschrift des Notars[32] (§ 130 Abs. 4) bzw Versammlungsleiters/Aufsichtsratsvorsitzenden (§ 130 Abs. 1 S. 3). **Wesentlicher Bestandteil der Beurkundung**[33] ist insbesondere, dass gemäß § 130 Abs. 2 nicht nur das Ergebnis der Abstimmung, sondern auch die Feststellung des **Beschlussergebnisses** durch den Versammlungsleiter (vgl zu diesem vor §§ 129–132 Rn 33 ff) der Beurkundung bedarf. Das Abstimmungsergebnis muss sich regelmäßig mit ziffernmäßigen Angaben aus dem Protokoll ergeben (vgl § 130 Rn 31).[34] Nötig sind bei den Angaben zur Art der Abstimmung gem. § 130 Abs. 2 S. 1 Feststellungen zur Ermittlung des Abstimmungsergebnisses – durch Ermittlung der Ja- und Nein-Stimmen und ggf Enthaltungen im Wege des Additionsverfahrens oder des Subtraktionsverfahrens; anderenfalls ist der Beschluss nichtig.[35] Im Fall bestrittener Stimmberechtigung muss sich aus dem Protokoll ergeben, welche Stimmen der Versammlungsleiter als gültig bzw ungültig angesehen hat.[36] Der Beschluss ist inhaltlich festzustellen (vgl § 130 Rn 30).[37] Eine Protokollierung abweichend von der Verkündung begründet Nichtigkeit[38] (anders unrichtige Beschlussfeststellung: lediglich anfechtbar, vgl § 243 Rn 14). Verstöße gegen die Regelungen für börsennotierte Gesellschaften gemäß § 130 Abs. 2 S. 2[39] führen nicht zur Nichtigkeit, sondern nur zur Anfechtbarkeit. Nach dem BGH in Sachen Kirch/Deutsche Bank sind die HV-Beschlüsse „schwebend nichtig", solange die in der HV begonnene Protokollierung nicht abgeschlossen und ihre Fertigstellung nicht endgültig unmöglich geworden ist.[40] Nicht durchgesetzt hat sich die Auffassung des Landgerichts Wuppertal, dass der Notar die **Stimmenauszählung** überwachen muss.[41] Ein Nichtigkeitsgrund ist es mE auch, wenn eine HV nicht von einem dazu berufenen **Versammlungsleiter** geleitet wird – beispielsweise weil ein Aufsichtsratsvorsitzender die Versammlung nach einer entsprechenden Satzungsklausel leitet, obwohl er nichtig/anfechtbar zum Aufsichtsratsmitglied gewählt wurde und er damit keine organschaftliche Stellung erlangt hat, vgl § 250 Rn 9, oder weil sich der Versammlungsleiter rechtswidrig geweigert hat, einen Antrag auf seine Abberufung nicht zur Abstimmung zu stellen (vgl vor §§ 129–132 Rn 6 ff);[42] demgegenüber vertritt das OLG Frankfurt, dass die Leitung der HV durch einen unzuständigen Versammlungsleiter als solche weder zu Nichtigkeit noch Anfechtbarkeit der HV-Beschlüsse führe; solches käme nur bei Fehlern der Durchführung der Versammlungsleitung in Betracht.[43]

Das Beurkundungserfordernis besteht auch bei der Einmann-AG.[44] Der Nichtigkeitsgrund gilt auch beim privatschriftlichen Protokoll gemäß § 130 Abs. 1 S. 3.[45] Zur Nichtigkeit führt ausnahmslos jeder Verstoß gegen die Normen nach Nr. 2 ohne Bagatellvorbehalt.[46]

V. Unvereinbarkeit mit dem Wesen der Aktiengesellschaft oder Verstoß gegen Gläubigerschutz bzw öffentliches Interesse (Nr. 3). Das **Verhältnis der drei Varianten** zueinander ist streitig,[47] ist aber wegen der identischen Rechtsfolge der Nichtigkeit praktisch ohne Bedeutung.[48] Nach dem Wortlaut des Gesetzes können

---

31 OLG München AG 2000, 134, 135; *Hüffer*, Rn 11; *Grigoleit/Ehmann*, Rn 12; aA *Schmidt/Lutter/Schwab*, Rn 11.
32 Keine Nichtigkeit bei Beurkundung außerhalb des Amtsbezirks, vgl *Grigoleit/Ehmann*, Rn 13; *Schmidt/Lutter/Schwab*, Rn 14.
33 Vgl BGHZ 180, 9 = AG 2009, 285, 286 f = ZIP 2009, 460 = NJW 2009, 2207, wonach Notar Niederschrift nicht in der HV fertig stellen, sondern danach im Einzelnen ausarbeiten und der AG die Entwurfsfassung zur kritischen Lektüre zur Verfügung stellen darf; Vorentscheidungen OLG Frankfurt ZIP 2007, 1463; LG Frankfurt ZIP 2006, 335; vgl zur strafrechtlichen Beurteilung des Notarverhaltens LG Frankfurt ZIP 2007, 2358.
34 BGH ZIP 1994, 1171 = AG 1994, 466.
35 LG München AG 2013, 138, 139 f = ZIP 2012, 2209; OLG Düsseldorf AG 2003, 510, 511 = ZIP 2003, 1147; *Hüffer*, § 130 Rn 17; aA Spindler/Stilz/*Wicke*, § 130 Rn 46.
36 *Grigoleit/Ehmann*, Rn 13 unter Verweis auf BayObLG NJW 1973, 250, 251.
37 Vgl auch Großkomm-AktienR/*K. Schmidt*, Rn 52; BayObLG AG 1973, 65 zu den Angaben der Mehrheit.
38 Großkomm-AktienR/*K. Schmidt*, Rn 52; *Grigoleit/Ehmann*, Rn 13.
39 Vgl dazu BT-Drucks. 16/11642, S. 39 f.
40 BGHZ 180, 9, 13 ff = AG 2009, 285 ff; vgl zu Folgeproblemen, u.a. der Frage, ob mit Dividendenauszahlung und AR-Konstituierung bis zur Fertigstellung der Niederschrift gewartet werden sollte/muss, *Roeckl/Schmidt/Stoll*, AG 2012, 225.

41 LG Wuppertal ZIP 2002, 1621 (Goldzack); aufgehoben durch OLG Düsseldorf ZIP 2003, 1147, 1151; ebenso: BGHZ 180, 9 = AG 2009, 285, 287 = ZIP 2009, 460 = NJW 2009, 2207; gegen LG Wuppertal auch *Priester*, EWIR 2002, 645; *Krieger*, ZIP 2002, 1597.
42 So zutreffend iSv „Vogel/WCM" LG Frankfurt ZIP 2005, 1176 = BB 2005, 1071, iSv „Felten & Guilleaume" LG Köln AG 2005, 696 = Konzern 2005, 759; OLG Bremen AG 2010, 256 Rn 36 nimmt Anfechtbarkeit an; kritisch: *Butzke*, ZIP 2005, 1164, der aber zu Unrecht der HV nicht das Recht einräumt, im Rahmen ihrer Selbstorganisation bei einem schlüssig vorgetragenen wichtigen Grund selbst bindend zu entscheiden, ob ein wichtiger Grund vorliegt.
43 ZIP 2008, 738 = WM 2008, 986 = AG 2008, 417, Rn 29 bei juris; AG 2010, 596 = ZIP 2010, 2500, Rn 63 bei juris; *Hüffer*, Rn 7 und § 243 Rn 16.
44 RGZ 119, 229, 230.
45 MüKo-AktG/*Hüffer*, Rn 39; OLG Bremen v. 13.11.2009 – 2 U 57/09 (n.v., zitiert nach juris) nimmt lediglich Anfechtbarkeit an.
46 LG München AG 2013, 138, 140 = ZIP 2012, 2209; BGH NJW-RR 1994, 1250, 1251 = ZIP 1994, 1521.
47 Großkomm-AktienR/*K. Schmidt*, Rn 54; *Hüffer*, Rn 16; KölnKomm-AktG/*Zöllner*, Rn 96 f; Spindler/Stilz/*Würthwein*, Rn 197.
48 So auch MüHb-AG/*Semler*, § 41 Rn 13.

die mit dem Wesen der Aktiengesellschaft nicht zu vereinbarenden Beschlüsse sowohl nach dem **Zustandekommen** als auch nach dem **Inhalt** mit dem Wesen der AG nicht zu vereinbaren sein,[49] während es beim Verstoß gegen Vorschriften im öffentlichen Interesse/Gläubigerschutz nur um Inhaltsmängel geht.

9 1. „Wesensverstöße" (Nr. 3 Alt. 1). Was „mit dem Wesen der AG nicht zu vereinbaren" ist, wird in Rspr und Lit. kaum greifbar definiert. Jüngst hat das OLG München formuliert, der Tatbestand sei restriktiv zu interpretieren; nicht sämtliche zwingenden Vorschriften des AktG begründeten einen Wesensverstoß, da andernfalls die übrigen Tatbestandsvarianten überflüssig wären; es müsse gegen einen „fundamentalen Grundsatz des ... Aktienrechts verstoßen" werden, der nicht bereits durch eine speziellere Regelung geschützt bzw sanktioniert werde; dabei sei die Wertung des Gesetzgebers zu berücksichtigen, dass ein Rechtsverstoß nur ausnahmsweise die Nichtigkeit nach sich ziehen soll; nur besonders gravierende Verstöße sollten aus „überragenden Allgemeininteressen" erfasst werden.[50] Zu diesen werden **mit § 23 Abs. 5 unvereinbare Beschlussfassungen** gezählt;[51] ob diese Sicht zutrifft, ist streitig.[52] Weitere Beispiele sind unverhältnismäßige Anforderungen an den Nachweis der Teilnahmeberechtigung der Aktionäre an der HV,[53] Squeeze-out-Beschlüsse ohne Gewährleistungserklärung (vgl § 327b Rn 14), Erschwerungen der Übertragung von Aktien,[54] auf nichtige erste Kapitalerhöhung aufbauende weitere Kapitalerhöhung,[55] stimmrechtslos gefasste Beschlüsse,[56] mE auch deutliche Verstöße gegen das Verbot des Richtens in eigener Sache (vgl § 136)[57] und Entscheidungen, mit denen die HV in die **Kompetenzen anderer Organe** eingreift, zB dem Vorstand Weisungen erteilt;[58] keine Kompetenzüberschreitung liegt vor, wenn die HV dem Vorstand untersagt, eine nach den Grundsätzen der Holzmüller- bzw Gelatine-Rechtsprechung (§ 119 Rn 18 ff) zustimmungsbedürftige Maßnahme nicht zu ergreifen, zB wie im „Babcock"-Fall des LG Duisburg[59] die Mehrheitsbeteiligung an einer Tochtergesellschaft nicht zu veräußern; denn wenn der Vorstand nicht von sich aus die HV mit einer Maßnahme befasst, für die er ihrer Zustimmung bedarf, kann man davon ausgehen, dass der Vorstand beabsichtigt, die Maßnahme ohne die HV-Zustimmung durchzuführen, was nach der hM die Wirksamkeit der Maßnahme im Außenverhältnis nicht berühren würde (vgl § 119 Rn 22 ff); daher gehört es zur Sicherung der internen Kompetenz der HV, dass diese auch beschließen kann, eine bestimmte Maßnahme nicht zuzulassen und den Vorstand gemäß § 83 Abs. 2 zu verpflichten, den HV-Beschluss umzusetzen.

10 2. Gläubigerschützende oder sonst im öffentlichen Interesse liegende Vorschriften (Nr. 3 Alt. 2 und 3). Welche Vorschriften dies konkret sind, ist mangels ausreichender Fallpraxis weithin ungeklärt.[60] Der Begriff ist weit zu fassen; anerkannt ist, dass er schwer abzugrenzen ist.[61] Die Gläubigerinteressen oder sonst die öffentlichen Interessen müssen die **Nichtanerkennung des Beschlussergebnisses mE zwingend gebieten.**[62] Ungeachtet dieser theoretischen Zweifel ist jedenfalls anerkannt, dass unter die Norm die der Kapitalerhaltung dienenden Normen zu subsumieren sind.[63] Als Vorschriften, bei denen der Verstoß § 241 Nr. 3 einschlägig ist, werden genannt: Verbot der Einlagenrückgewähr (§ 57),[64] Verbot verdeckter Gewinn-

---

49 AA Großkomm-AktienR/*K. Schmidt*, Rn 55.
50 OLG München ZIP 2012, 2439 = NZG 2013, 459 unter Hinweis auf Bürgers/Körber/*Dörr*, Rn 14 und Spindler/Stilz/*Würthwein*, Rn 195.
51 Großkomm-AktienR/*K. Schmidt*, Rn 56; *Hüffer*, Rn 19, subsumiert differenzierend unter die Norm im öffentlichen Interesse; ebenso: Spindler/Stilz/*Würthwein*, Rn 201 f.
52 AA KölnKomm-AktG/*Zöllner*, Rn 14 ff; MüKo-AktG/*Hüffer*, Rn 61; MüHb-AG/*Semler*, § 41 Rn 15; offen gelassen vom BGH: BGHZ 99, 211, 216 f = NJW 1987, 902, 903; 1988, 260, 261.
53 *Butzke*, WM 2005, 1981, 1983.
54 BGH AG 2004, 673.
55 *Hüffer*, Rn 21; *Trendelnburg*, NZG 2003, 860, 861 f.
56 BayObLG ZIP 2001, 70 = NZG 2001, 128; ähnlich OLG München NZG 1999, 1173; aA *Semler/Asmus*, NZG 2004, 881, 887; OLG Dresden ZIP 2005, 573 = AG 2005, 247; BGHZ 167, 204 = ZIP 2006, 1134 = AG 2006, 501 (lediglich anfechtbar).
57 Nach LG München AG 2009, 796 = ZIP 2009, 2198 mit Anm. *Lutter* = NJW 2009, 3794 = NZG 2009, 1311 soll bei der Abberufung des Besonderen Vertreters nach § 147 Abs. 2 S. 1 AktG durch den zum Alleinaktionär gewordenen Großaktionär kein Nichtigkeits-, sondern lediglich ein Anfechtungsgrund vorliegen, vgl auch Altmeppen, NJW 2009, 3757 und *Peters-Hecker*, NZG 2009, 1294.
58 Großkomm-AktienR/*K. Schmidt*, Rn 57; Grigoleit/*Ehmann*, Rn 15; Schmidt/Lutter/*Schwab*, Rn 15 ff; KölnKomm-AktG/*Zöllner*, Rn 26, 117; OLG Stuttgart AG 2004, 678, 679; BGH ließ Nichtigkeit mangels Entscheidungsrelevanz bislang offen, BGHZ 99, 211 = AG 1987, 152 = NJW 1987, 902; BGH AG 1987, 348 = NJW 1988, 260. *Hüffer*, Rn 20, fasst diese Beschlüsse gleichfalls als Verstoß gegen Vorschriften im öffentlichen Interesse auf: anders MüKo-AktG/*Hüffer*, Rn 46 ff.
59 LG Duisburg NZG 2002, 643, 644 (Babcock Borsig/HDW).
60 MüHb-AG/*Semler*, § 41 Rn 16, 17 hat keine Fälle gefunden, bei denen die Rspr den gläubigerschützenden Charakter von Normen bzw den Wesensverstoß im Zusammenhang mit § 241 Abs. 1 Nr. 3 bejaht hätte.
61 So die Zusammenfassung der wohl hM bei Großkomm-AktienR/*K. Schmidt*, Rn 59; für weite Auslegung zB auch K. Schmidt/Lutter/*Schwab*, Rn 22; Grigoleit/*Ehmann*, Rn 17.
62 Großkomm-AktienR/*K. Schmidt*, Rn 59; demgegenüber lassen andere die wesentliche Bedeutung der jeweiligen Norm für den Gläubigerschutz bzw das öffentliche Interesse genügen, *Hüffer*, Rn 17.
63 *Hüffer*, Rn 17; MüHb-AG/*Semler*, § 41 Rn 15; Großkomm-AktienR/*K. Schmidt*, Rn 60; Spindler/Stilz/*Würthwein*, Rn 211.
64 LG München AG 2004, 159 (Ingram/Macroton) – Veräußerung einer wesentlichen Beteiligung der AG an eine dem Hauptaktionär nahe stehende Gesellschaft zu einem Preis deutlich unter Verkehrswert; BGH AG 2012, 680 = ZIP 2012, 1753 Rn 13 (HVB/UniCredit).

ausschüttung (§ 58), Beschränkungen hinsichtlich eigener Aktien (§§ 71 ff), Sicherung von Gläubigern und Ausschüttungsbeschränkungen bei Kapitalherabsetzung (§§ 225, 233), Sicherung von Gläubigern bei Beendigung von Gewinnabführungs- oder Beherrschungsverträgen (§ 303), Gläubigerschutz bei Eingliederung (§ 321),[65] 95%-Beteiligung bei Squeeze-out.[66] *Schmidt*[67] zählt dazu mit Recht auch die Vorschriften über qualifizierte Mehrheiten (§§ 179 Abs. 2, 179 a Abs. 1, 182 Abs. 1, 222 Abs. 1, 262 Abs. 1 Nr. 2 etc.). Im öffentlichen Interesse[68] sind auch die Vorschriften der §§ 25 ff. MitbestG über die innere Ordnung des Aufsichtsrats und gravierende Fälle der Befangenheit des Abschlussprüfers (vgl § 249 Rn 3, § 243 Rn 22, 36 a, b zur Anfechtbarkeit). Nichtig sind auch in sich widersprüchliche (perplexe) Beschlüsse[69] oder Veranlassungen zu Nachteilen iSd § 311 Abs. 1 ohne Nachteilsausgleich nach § 311 Abs. 2 schon im HV-Beschluss.[70] Stimmrechtsmissbräuche, Treuepflichtverletzungen, Verstöße gegen den Gleichbehandlungsgrundsatz oder Verstöße gegen Satzungsvorschriften führen nicht grundsätzlich zur Nichtigkeit, sondern regelmäßig nur zur Anfechtbarkeit.[71] Eine Beschlussfassung unter Verstoß gegen eV soll keine Nichtigkeit begründen.[72]

VI. Sittenverstoß (Nr. 4). Nichtig ist nach Nr. 4 der Beschluss, der „durch seinen Inhalt gegen die guten Sitten verstößt". Der Begriff der guten Sitten wird mit dem Schlagwort des „Anstandsgefühls aller billig und gerecht Denkenden"[73] mehr vernebelt denn klar abgegrenzt.[74] Da es nach dem Gesetzeswortlaut auf den **Beschlussinhalt** ankommt, ist der **Tatbestand enger als der des § 138 Abs. 1 BGB**; dort geht es um das „Rechtsgeschäft, das gegen die guten Sitten verstößt" und darum, ob der Inhalt oder der Gesamtcharakter des Geschäfts (Gesamtwürdigung, in die Inhalt, Beweggründe, Umstände der Entstehung und Zweck des Geschäfts einzubeziehen sind) Sittenwidrigkeit begründen.[75] Schon nach der Rechtsprechung des Reichsgerichts zur wortgleichen Vorläufernorm der Nr. 4 (§ 195 Nr. 4 aF) musste der Beschluss für sich allein genommen sittenwidrig sein.[76] Formale – unsittliche – Fehler beim Zustandekommen oder Unsittlichkeit der Beweggründe oder des Zwecks eines Beschlusses sollen grundsätzlich nur Anfechtbarkeit begründen.[77] Hiervon macht die Rechtsprechung eine Ausnahme, wenn der Beschluss zwar „seinem Wortlaut nach keine Sittenwidrigkeit beinhaltet, aber seinem inneren Gehalt nach in einer sittenwidrigen Schädigung nicht anfechtungsberechtigter Personen besteht".[78]

In der Judikatur ist die Sittenwidrigkeit nach Nr. 4 zwar häufig mal ein Thema – bejaht wird sie selten: **Sittenwidrigkeit bejaht** bei unangemessenen Entgeltregelungen bei Einziehung eines GmbH-Geschäftsanteils,[79] bei Verschmelzungsbeschluss, der keinen angemessenen Ausgleich von Vor- und Nachteilen zwischen den Gesellschaften bewirkt, sondern einseitige Vor- und gleichzeitig Nachteile ohne wirtschaftliches Äquivalent schafft, indem aufnehmende AG in unverhältnismäßigem Umfang Schulden übernehmen muss,[80] bei Beschluss einer Taxi-Zentrale (Genossenschaft), der Zentrale angeschlossene Taxifahrer (Genossen) nach ihrer Nationalität bei der Vergabe von Aufträgen zu bevorzugen,[81] bei grob unangemessener Abfindungsregelung in Satzung für ausscheidende Gesellschafter,[82] bei massivem Verstoß gegen Informationspflichten bei Beschluss über Kapitalherabsetzung mit darauf folgender Kapitalerhöhung.[83] **Sittenwidrigkeit verneint** bei Beschluss über Vertrauensentzug gegenüber dem Vorstand ohne sachlichen Grund,[84] bei Beschluss über Eingliederung einer hochverschuldeten Gesellschaft unter Ausnutzung der gesetzlichen Fol-

---

65 Beispiele nach MüHb-AG/*Semler*, § 41 Rn 15.
66 OLG München NZG 2007, 192, 193 = AG 2007, 173.
67 Großkomm-AktienR/*K. Schmidt*, § Rn 60.
68 BGHZ 99, 217; NJW 1988, 260, 261; 1988, 1214; *Henze*, HHR-AktienR, Rn 1209 ff.
69 Grigoleit/*Ehmann*, Rn 17; Großkomm-AktienR/*K. Schmidt*, Rn 64; Schmidt/Lutter/*Schwab*, Rn 18.
70 BGH AG 2012, 680 = ZIP 2012, 1753 Rn 13 (HVB/UniCredit); vgl zum zugrunde liegenden Fall *Heidel*, FS Meilicke, 2010, S. 125.
71 BGHZ 101, 113, 116 = ZIP 1987, 1251 (zur GmbH); BGHZ 116, 359, 372 = ZIP 1992, 237 (zur GmbH); BGHZ 134, 364, 366 = ZIP 1997, 732.
72 OLG Hamm v. 17.10.2007 – 8 U 28/07 (n.v., juris).
73 RGZ 48, 114, 124; BGHZ 10, 228, 232.
74 Vgl zum Versuch der Konkretisierung Großkomm-AktienR/*K. Schmidt*, Rn 66.
75 Vgl statt aller Palandt/*Ellenberger*, § 138 BGB Rn 7 f; NK-BGB*Looschelders*, § 138 BGB Rn 91.
76 RG JW 1934, 1493; RGZ 131, 141, 145; OLG Jena AG 2009, 582, 583 = NJW-RR 2009, 182.
77 BGH NJW 1952, 98, 99; BGHZ 8, 348, 355; 15, 382, 385 f = WM 1955, 63; 24, 119, 123.
78 BGHZ 15, 382 = WM 1955, 63; ebenso OLG Dresden NZG 1999, 1109; OLG Brandenburg ZInsO 2005, 42 = NJ 2005, 84.
79 BGHZ 144, 365 = ZIP 2000, 1294 = AG 2000, 515.
80 LG Mühlhausen/Thüringen AG 1996, 526 = DB 1996, 1967.
81 OLGR Düsseldorf 2000, 93 = ZIP 1999, 1357.
82 OLG Oldenburg GmbHR 1997, 503. Sittenwidrig zB auch völliger Abfindungsausschluss auch bei Ausschließung aus wichtigem Grund, zB bei grober Verletzung der Interessen der Gesellschaft, OLG Karlsruhe NZG 2013, 942, 946 = ZIP 2013, 1958.
83 LG Hamburg AG 2006, 512: „Etwas anderes ergibt sich auch nicht unter dem Gesichtspunkt des Fragerechts des Aktionärs. Es ist unzureichend und unzumutbar, unter Verzicht auf Vorlage des Minimums an Unterlagen und Zahlenmaterial den Aktionär auf ein mündliches Frage- und Antwortspiel in der Hauptversammlung zu verweisen. Wie ungeeignet diese Vorgehensweise ist, zeigt die immense Dauer der Versammlung. Die Aktionäre hätten sich erst die Mindestgrundlagen für ihre zu treffende Entscheidung erfragen müssen und hatten damit gar keine Gelegenheit für echte Nachfragen. Das aber ist nicht Sinn des Fragerechts des Aktionärs auf der Hauptversammlung."
84 OLG Hamm AG 2010, 789 = Der Aufsichtsrat 2010, 178.

gen,[85] bei Squeeze-out-Beschluss sowie Zustimmungsbeschluss zum Beherrschungsvertrag, obgleich diese Rechtsverletzungen gegenüber der AG perpetuieren, die durch im Vorfeld der Beschlussfassung geschlossene, den Aktionären erst verspätet zur Kenntnis gelangte Ausgliederungsverträge eintraten, wodurch AG vorsätzlich geschädigt wurde und gegen die die Aktionäre ihre Rechte aufgrund der Beschlüsse nicht mehr wahren konnten,[86] bei Beschluss über die Einziehung eines GmbH-Geschäftsanteils durch Gesellschafterversammlung bei sittenwidrigen Zielen des Mehrheitsgesellschafters,[87] bei Abberufung eines GF, um ungestört der GmbH Wettbewerb machen zu können,[88] bei GF-Abberufung unter Verstoß gegen Treuepflichten und Gleichbehandlungspflicht,[89] bei sittenwidriger Herbeiführung einer Pfändung, um Geschäftsanteil einzuziehen,[90] bei zwangsweiser Einziehung eines Geschäftsanteils, um Zwangsvollstreckung durch Gläubiger des Gesellschafters zu unterlaufen,[91] sittenwidriger Machtmissbrauch im Abstimmungsverfahren, wenn der Beschluss nicht in unverzichtbare Rechte des Gesellschafters eingreift oder Gläubiger schädigt.[92] Streitig ist Sittenwidrigkeit von GF-Bestellungsbeschlüsse zur Vorbereitung von Firmenbestattungen.[93]

Nicht nach § 241 Nr. 4, sondern nach § 138 BGB beurteilt der BGH **schuldrechtliche Nebenabreden zwischen Aktionären bzw der AG und Aktionären**: Ob die Beteiligten darin eine Bindung aller Aktionäre neben der Satzung vereinbaren dürfen, hat der BGH offen gelassen; es sei aber ein Sittenverstoß, den Aktionär zu verpflichten, seine entgeltlich erworbenen Aktien bei Vertragsende unentgeltlich auf die AG zu übertragen.[94]

12 **VII. Rechtskräftiges Anfechtungsurteil (Nr. 5).** Ein HV-Beschluss ist auch nichtig, wenn er durch Urteil auf eine **Anfechtungsklage** hin rechtskräftig für nichtig erklärt worden ist (vgl § 248).

13 **VIII. Nichtigkeit gemäß § 98 FamFG (Nr. 6).** Ein Beschluss ist zudem nichtig, wenn er gemäß § 398 FamFG nF (§ 144 Abs. 2 FGG aF) aufgrund rechtskräftiger Entscheidung als nichtig gelöscht worden ist.[95]

14 **IX. Rechtsfolge: Nichtigkeit, Gesamt-/Teilnichtigkeit.** Die Nichtigkeit eines HV-Beschlusses bedeutet, dass die von den Trägern des rechtsgeschäftlichen Willens beabsichtigte oder gewollte Rechtsverbindlichkeit nicht eintritt.[96] **Auf die Nichtigkeit kann sich jedermann berufen** und diese in jeder ihm geeignet erscheinenden Weise geltend machen. Soll innerhalb der Gesellschaft Nichtigkeitsklage erhoben werden, gelten die Besonderheiten des § 249 (vgl dort). Das **Registergericht** darf einen nichtigen HV-Beschluss nicht eintragen; es muss von Amts wegen prüfen, ob Nichtigkeit vorliegt; es hat eine materielle und formelle Prüfungskompetenz.[97] ME muss der **Vorstand** einen von ihm für nichtig gehaltenen eintragungspflichtigen HV-Beschluss zwar zum Handelsregister anmelden; gleichzeitig aber auf die seiner Meinung nach bestehenden Mängel hinweisen und nach § 249 Nichtigkeitsklage erheben.[98] Dem Vorstand eine materielle und formelle Prüfungskompetenz hinsichtlich der Rechtmäßigkeit der HV-Beschlüsse zu gewähren, würde faktisch dazu führen, dass der Vorstand die Umsetzung missliebiger HV-Beschlüsse verhindern kann; da die HV keine Möglichkeit zur Ersatzvornahme hat, kann und muss der Vorstand die Anmeldung vornehmen und auch sonst den HV-Beschluss umsetzen – es sei denn, gegen die Umsetzung wird eine einstweilige Verfügung durchgesetzt.[99]

15 Der **Notar** (bzw die **Urkundsperson** nach § 130 Abs. 2 S. 3) muss einen HV-Beschluss auch dann beurkunden, wenn der Beschluss trotz seiner (ggf geäußerten) Bedenken gefasst wird.[100] Eine Verweigerung der Beurkundung entgegen der Beschlussfassung der HV-Mehrheit scheidet aus, da die fehlende Beurkundung selbst einen Nichtigkeitsgrund begründen würde (§ 241 Nr. 2), der nicht seinen Grund im Inhalt oder Zu-

---

85 OLG Karlsruhe AG 2002, 523 = DB 2001, 1483.
86 OLG Frankfurt Der Konzern 2010, 180 Leitsatz, vollständig bei juris; OLG Frankfurt GWR 2009, 113 Kurzwiedergabe, vollständig bei juris.
87 OLGR Hamm 2009, 657 = GmbHR 2009, 1161.
88 OLGR München 1994, 244 = GmbHR 1995, 232.
89 OLG Nürnberg NZG 2000, 700.
90 OLGR Hamm 2009, 657 = GmbHR 2009, 1161.
91 OLG Düsseldorf v. 7.2.2007 – I – 15 130/06 (n.v.), juris.
92 OLG Karlsruhe NZG 2013, 942, 947 = ZIP 2013, 1958.
93 Vgl aus der strafgerichtlichen Rspr OLG Karlsruhe NZG 2013, 818 = ZInsO 2013, 1313; BGH NJW 2003, 3787; BGH NStZ 2009, 635 = ZIP 2010, 471; BGH ZIP 2013, 514 = NZG 2013, 397. Vgl zur zivilgerichtlichen Rspr (Anfechtbarkeit bejahend, Nichtigkeit verneinend): OLG Karlsruhe ZIP 2013, 1915 = NZG 2013, 818; mit zust. Anm. *Wertenbruch*, EWiR 2013, 721; MüKo-AktG/*Hüffer*, Rn 24; Nichtigkeit bejaht OLG Zweibrücken NZG 2013, 1113 = NJW-RR 2013, 1375; AG Memmingen GmbHR 2004, 952, 954 f, mit zust. Anm. *Wachter* = ZIP 2004, 1047-1049; im Ergebnis ähnlich KG ZIP 2011, 1566 = GmbHR 2011, 1104; BayObLG NJW-RR 2004, 1134 = NZG 2004, 1011; Baumbach/Hueck/*Zöll-*
ner, GmbHG, § 47 Anh Rn 55; MüKo-GmbHG/*Wissmann*, § 84 Rn 64.
94 BGH ZIP 2013, 263 = NZG 2013, 220.
95 Ausführlich: Spindler/Stilz/*Würthwein*, Rn 245.
96 Großkomm-AktienR/*K. Schmidt*, Rn 20; ähnlich: MüKo-AktG/*Hüffer*, Rn 14, 89, die Wirkungen bleiben "schlechthin und ohne weiteres aus".
97 Spindler/Stilz/*Würthwein*, Rn 29, 111.
98 Demgegenüber hält zB MüKo-AktG/*Hüffer*, Rn 95, den Vorstand für nicht verpflichtet, nichtige Beschlüsse zur Eintragung anzumelden; *Fleischer*, BB 2005, 2025 ist der Auffassung, dass der Vorstand generell rechtswidrige HV-Beschlüsse nicht einzuführen braucht.
99 Vgl zu einem solchen Fall OLG Frankfurt NZG 2004, 526.
100 So die hM, vgl die Nachweise bei MüKo-AktG/*Hüffer*, Rn 96, dort allerdings differenzierend: Beurkundungspflicht nur bei fehlender Evidenz der Nichtigkeit; Großkomm-AktienR/*Werner*, § 130 Rn 87 ff; KölnKomm-AktG/*Zöllner*, § 130 Rn 11 ff; vgl § 130 Rn 24; ebenso: K. Schmidt/Lutter/*Schwab*, Rn 44; andere Differenzierung bei Henssler/Strohn/*Drescher*, Rn 47.

standekommen des HV-Beschlusses hat; durch die (notarielle) Beurkundung gemäß § 130 ist nicht bezweckt, die Rechtswirksamkeit der in der Versammlung gefassten Beschlüsse zu gewährleisten, vgl § 130 Rn 1; daher kann man dem Notar auch keine Prüfungs- oder Ablehnungskompetenz geben, ob er einen Beschluss beurkundet.[101]

Für Fragen der **Teilnichtigkeit** (vgl § 248 Rn 4) gelten die Rechtsgrundsätze des § 139 BGB.[102] Ist ein Teil eines Rechtsgeschäfts (eines HV-Beschlusses) nichtig (bzw anfechtbar), ist das ganze Rechtsgeschäft nichtig (bzw anfechtbar), wenn nicht anzunehmen ist, dass es auch ohne den nichtigen (bzw anfechtbaren) Teil vorgenommen worden wäre. Der maßgebliche hypothetische Wille der HV ist durch Auslegung des Beschlusses und seines Zustandekommens (daher zB Einheitlichkeit, wenn die HV-Mehrheit der Aufforderung nicht nachkam, den Beschluss ohne den nichtigen Beschluss-Teil zu fassen) zu ermitteln. Auch Fragen des öffentlichen Interesses können bei der Entscheidung eine Rolle spielen.[103] Ergibt die Auslegung nichts, ist die Rechtsfolge die Gesamtnichtigkeit. Nach allgemeinen Grundsätzen des Zivilrechts gilt bei der Aufnahme in eine Urkunde (und entsprechend in einen Beschluss) die tatsächliche Vermutung oder zumindest der Anscheinsbeweis der Einheitlichkeit.[104] Diese Grundsätze wurden regelmäßig übersehen, wenn es zumal die Rechtsprechung tendenziell bei der Teilnichtigkeit belässt und häufig ohne konkrete Anhaltspunkte auf ihre Sicht des Standpunktes des angeblich vernünftig urteilenden Aktionärs abstellt.[105] **16**

Von den Fragen der Teilnichtigkeit zu unterscheiden ist der **Einfluss der Nichtigkeit** (Nichtigerklärung) eines Beschlusses auf die Wirksamkeit eines anderen, selbstständigen Beschlusses; dafür gilt § 139 BGB nicht (analog).[106] Grundsätzlich wirkt sich die Nichtigkeit eines Beschlusses nicht auf den anderen Beschluss aus, soweit die Beschlüsse nur durch den äußeren Ablauf der Tagesordnung miteinander verbunden sind.[107] **17**

Möglich ist die **Heilung** eines nichtigen Beschlusses gemäß § 242 (vgl § 242 Rn 2 ff). Die **Neuvornahme** behebt Nichtigkeitsmängel nicht, sondern begründet einen neuen Beschlusstatbestand (vgl § 244 Rn 2 f). **18**

§ 242 Heilung der Nichtigkeit

(1) Die Nichtigkeit eines Hauptversammlungsbeschlusses, der entgegen § 130 Abs. 1 und 2 Satz 1 und Abs. 4 nicht oder nicht gehörig beurkundet worden ist, kann nicht mehr geltend gemacht werden, wenn der Beschluß in das Handelsregister eingetragen worden ist.

(2) ¹Ist ein Hauptversammlungsbeschluß nach § 241 Nr. 1, 3 oder 4 nichtig, so kann die Nichtigkeit nicht mehr geltend gemacht werden, wenn der Beschluß in das Handelsregister eingetragen worden ist und seitdem drei Jahre verstrichen sind. ²Ist bei Ablauf der Frist eine Klage auf Feststellung der Nichtigkeit des Hauptversammlungsbeschlusses rechtshängig, so verlängert sich die Frist, bis über die Klage rechtskräftig entschieden ist oder sie sich auf andere Weise endgültig erledigt hat. ³Eine Löschung des Beschlusses von Amts wegen nach § 398 des Gesetzes über das Verfahren in Familiensachen und in den Angelegenheiten der freiwilligen Gerichtsbarkeit wird durch den Zeitablauf nicht ausgeschlossen. ⁴Ist ein Hauptversammlungsbeschluß wegen Verstoßes gegen § 121 Abs. 4 Satz 2 nach § 241 Nr. 1 nichtig, so kann die Nichtigkeit auch dann nicht mehr geltend gemacht werden, wenn der nicht geladene Aktionär den Beschluß genehmigt. ⁵Ist ein Hauptversammlungsbeschluss nach § 241 Nr. 5 oder § 249 nichtig, so kann das Urteil nach § 248 Abs. 1 Satz 3 nicht mehr eingetragen werden, wenn gemäß § 246 a Abs. 1 rechtskräftig festgestellt wurde, dass Mängel des Hauptversammlungsbeschlusses die Wirkung der Eintragung unberührt lassen; § 398 des Gesetzes über das Verfahren in Familiensachen und in den Angelegenheiten der freiwilligen Gerichtsbarkeit findet keine Anwendung.

(3) Absatz 2 gilt entsprechend, wenn in den Fällen des § 217 Abs. 2, § 228 Abs. 2, § 234 Abs. 3 und § 235 Abs. 2 die erforderlichen Eintragungen nicht fristgemäß vorgenommen worden sind.

---

101 Hält Notar Beschluss für nichtig, soll er das Registergericht bei Anmeldung auf seine Bedenken aufmerksam machen, Grigoleit/*Ehmann*, Rn 28.
102 RGZ 118, 218, 221; 146, 385, 394; BGH NJW 1988, 1214 = ZIP 1988, 432; BGHZ 124, 111, 122; Großkomm-AktienR/*K. Schmidt*, Rn 27; *Hüffer*, Rn 36.
103 OLG München AG 2012, 44, 45 = WM 2012, 515, 516 = ZIP 2011, 2007 zur Frage, dass ein bedingtes Kapital den Höchstbetrag nach § 192 Abs. 3 S. 1 überschreitet.
104 BGHZ 54, 71, 72; BGH NJW-RR 1988, 348, 351; NJW 1987, 2004, 2007; Staudinger/*Roth*, BGB, § 139 Rn 40.
105 OLG Hamburg AG 1970, 230 für AR-Beschlüsse; OLG Hamburg NJW 1990, 3024, 3025 für rückwirkenden Beherrschungsvertrag; OLG Hamburg NZG 2003, 539 f = WM 2003, 1271 f (Kind/Philips).
106 Großkomm-AktienR/*K. Schmidt*, Rn 8; *Hüffer*, Rn 36; Grigoleit/*Ehmann*, Rn 9, 29; OLG Frankfurt AG 2009, 631 = NZG 2009, 1226; vgl zum Fall aufeinander aufbauender Kapitalerhöhungen *Zöllner* in: FS Haddings, S. 725, 729.
107 Großkomm-AktienR/*K. Schmidt*, Rn 27, 28; vgl differenzierend KölnKomm-AktG/*Zöllner*, Rn 62, 65 ff; vgl zum Personengesellschaftsrecht OLG Nürnberg ZIP 2013, 1177 = NZG 2013, 256 = Rn 159 zur Personengesellschaft, das darauf abstellt, ob es sich bei mehreren Beschlüssen um ein einheitliches Gesamtpaket mehrerer Beschlüsse handelt.

Literatur:
Casper, Die Heilung nichtiger Beschlüsse im Kapitalgesellschaftsrecht, 1998.

A. Regelungsgehalt

1 § 242 sieht wie seine Vorläufernorm § 196 AktG 1937 die Heilung der Nichtigkeit von HV-Beschlüssen vor.[1] Die Norm dient der **Rechtssicherheit**. Ihre Legitimationsgrundlage ist im Wesentlichen die mit der Eintragung im Handelsregister verbundene Publizität. Ähnliche Regelungen enthalten §§ 20 Abs. 2, 202 Abs. 3 UmwG.[2] Die Norm gilt nur für die Nichtigkeitsgründe des § 241 Nr. 1-4 sowie die Unwirksamkeit gemäß § 242 Abs. 3, nicht aber für Beschlüsse, die gemäß § 241 Nr. 5 für nichtig erklärt oder gemäß § 241 Nr. 6 gelöscht werden; keine Heilung sieht das Gesetz vor für die genannten Nichtigkeitsgründe des § 241 Hs 1 (vgl dazu § 241 Rn 5). Vgl zur Rechtsfolge der Heilung Rn 2, 5.

B. Die Regelungen im Einzelnen

2 I. Heilung von Beurkundungsmängeln (Abs. 1). Ab **Eintragung** eines nicht oder nicht gehörig beurkundeten Beschlusses **in das Handelsregister** (Nichtigkeitsgrund gemäß § 241 Nr. 2 iVm § 130 Abs. 1, 2 S. 1 und Abs. 4) kann die Nichtigkeit „nicht mehr geltend gemacht werden". Wie diese prozessuale Formulierung auszulegen ist, ist streitig: Entweder bleibt es bei der Nichtigkeit des Beschlusses, auf die sich aber niemand berufen kann, oder mit der Eintragung wird die Nichtigkeit tatsächlich geheilt.[3] Dem historischen Gesetzgeber ging es um die „Heilung der Nichtigkeit", die in der gesetzlichen Überschrift zum Ausdruck kommt.[4] Das spricht für die mit Gestaltungswirkung eintretende Heilung mit Wirkung ex tunc. Ab der Eintragung kann die Nichtigkeit nicht mehr geltend gemacht werden – in welcher Beziehung auch immer; ein bis zum Eintritt der Heilungsvoraussetzungen nichtiger HV-Beschluss wird gültig.[5] Die Heilungswirkung bezieht sich auch auf nichtige HV-Beschlüsse zur **Satzungsänderung**.[6] Ursprüngliche Satzungsbestimmungen können nicht geheilt werden; der BGH hat offen gelassen, ob eine Heilung analog § 242 (im entschiedenen Fall § 242 Abs. 2) möglich ist.[7] Mit der Eintragung wird eine erhobene Nichtigkeitsklage unbegründet, das soll auch dann gelten, wenn die Anfechtungs- oder Nichtigkeitsklage zum Zeitpunkt der Eintragung bereits anhängig war.[8] Die Eintragung im Handelsregister heilt nur Beurkundungsmängel, nicht andere Mängel, unter denen der Beschluss leidet.[9] Voraussetzung für die Heilung ist die Eintragungsfähigkeit des Beschlusses.[10] Der Registerrichter kann die Eintragung nicht mehr gemäß § 398 FamFG (vormals § 142 FGG) als unzulässig löschen.[11] Voraussetzung all dieser Heilungsmöglichkeiten ist die Eintragung in das zuständige (§ 14) **Handelsregister am Sitz der Gesellschaft**, nicht aber nur einer Zweigniederlassung.[12]

3 II. Heilung von Mängeln und Genehmigung (Abs. 2). 1. Heilung bei Einberufungs- und Inhaltsmängeln (Abs. 2 S. 1 bis 3 iVm § 241 Abs. 1, 3 und 4). Die Nichtigkeit gemäß § 241 Nr. 1, 3 und 4 kann gemäß § 242 Abs. 2 S. 1 nach **Eintragung des Beschlusses** in das **Handelsregister und Ablauf einer Dreijahresfrist** nicht mehr geltend gemacht werden. *Zöllner* kritisiert mit Recht, dass nach dieser Norm „Satzungsbestimmungen wirksam werden können, die zwingendem Gesetzesrecht widersprechen oder inhaltlich gegen die guten Sitten verstoßen. Letztlich führt dies dazu, dass Satzungsrecht stärker zu wirken vermag als zwingendes Recht",[13] was untragbar erscheint. Der Fristbeginn ist nach dem klaren Gesetzeswortlaut die Eintragung in das Handelsregister, nicht aber die Eintragungsverfügung oder die Bekanntmachung. Fristbeginn und Fristende berechnen sich nach §§ 186 ff BGB; die Frist beginnt mit dem auf die Eintragung folgenden Tag (§ 187 Abs. 1 BGB), für das Fristende gilt § 188 BGB; fällt das Fristende auf Sonnabend, Sonntag oder

---

1 Kritik an der von der Rspr bislang bejahten Anwendung auf GmbH-Gesellschafterbeschlüsse beim Vorsitzenden des BGH-Gesellschaftsrechtssenats *Goette*, in FS Röhricht, 2005, S. 115 ff.

2 Vgl zum Verhältnis der Vorschriften Großkomm-AktienR/ *K. Schmidt*, Rn 1; nach § 20 Abs. 2 UmwG kann neben der im Handelsregister eingetragenen (zB) Verschmelzung auch der zum Zwecke dieser Verschmelzung gefasste und im Register eingetragene Kapitalerhöhungsbeschluss sowie die mit diesem auf das Engste verbundene Kapitalherabsetzung Bestandskraft erlangen, vgl OLG Frankfurt AG 2012, 461 = NZG 2012, 596.

3 Vgl einerseits *Schlegelberger/Quassowski*, AktG 1937, § 196 Rn 3; *Cahn*, JZ 1997, 8, 11; aA MüKo-AktG/*Hüffer*, Rn 3; Spindler/Stilz/*Casper*, Rn 1 ff, 12; siehe dazu *Casper*, Heilung nichtiger Beschlüsse, S. 140 f.

4 Vgl RegBegr. *Kropff*, S. 328.

5 Wie hier *Hüffer*, Rn 7.

6 BGHZ 99, 211, 217 = NJW 1987, 902, 903; BGHZ 144, 365, 367 = NJW 2000, 2819, 2820 zu § 241 Nr. 3.

7 BGHZ 99, 211, 217 = NJW 1987, 902, 903 = ZIP 1987, 366; bejahend: *Geßler*, ZGR 1980, 427, 452 f.

8 Großkomm-AktienR/*K. Schmidt*, Rn 7; KölnKomm-AktG/ *Zöllner*, Rn 19.

9 KölnKomm-AktG/*Zöllner*, Rn 17.

10 MüKo-AktG/*Hüffer*, Rn 4; Großkomm-AktienR/*K. Schmidt*, Rn 6.

11 *Hüffer*, Rn 2; Grigoleit/Ehmann, Rn 3; Großkomm-AktienR/ *K. Schmidt*, Rn 7.

12 Großkomm-AktienR/*K. Schmidt*, Rn 6; *Hüffer*, Rn 2.

13 DNotZ 2001, 872, 874.

Feiertag, verschiebt sich das Fristende analog § 193 BGB auf den nächsten Werktag.[14] Eine Wiedereinsetzung in den vorherigen Stand nach §§ 233 ff ZPO gibt es nicht, da die Frist eine materiellrechtliche Ausschlussfrist ist.

Gemäß Abs. 2 S. 2 verlängert sich die Frist, wenn bei Ablauf der Frist eine **Klage** auf Feststellung der Nichtigkeit des HV-Beschlusses rechtshängig ist, bis zur rechtskräftigen Entscheidung über die Klage oder deren endgültiger Erledigung. Die „Klage auf Feststellung der Nichtigkeit des HV-Beschlusses" im Sinne dieser Vorschrift ist nach überwiegender Auffassung die Nichtigkeitsfeststellungsklage gemäß § 249, nicht aber die allgemeine, ggf von Dritten erhobene Feststellungsklage nach der ZPO.[15] Ebenso wie die Nichtigkeitsfeststellungsklage verlängert sich die Dreijahresfrist bei der Anfechtungsklage gemäß §§ 246, 248, die denselben Streitgegenstand wie die Nichtigkeitsfeststellungsklage hat (vgl § 246 Rn 20 f).[16] Der Wortlaut des Gesetzes verlangt die **Rechtshängigkeit der Klage.** Dieser ist gleichzustellen die Anhängigkeit bei Zustellung demnächst gemäß § 167 ZPO.[17] Nach zutreffender Auffassung verlängert ein Antrag auf Prozesskostenhilfe die Frist.[18] Die Fristverlängerung endet bei rechtskräftiger Entscheidung bzw endgültiger Erledigung der Klage (Abs. 2 S. 1. und Alt. 2). Die **Wirkung der Fristverlängerung** beschränkt sich auf den Nichtablauf der Frist am Dreijahresstichtag; Fristhemmung oder Unterbrechung tritt nicht ein.[19]

Die Heilungswirkung umfasst die **rückwirkende Beseitigung der Nichtigkeit.** Allerdings bewirkt sie mE nicht die Gesetzmäßigkeit des Beschlusses.[20] Mit dem nach aA vertretenen Fortfall der Gesetzwidrigkeit verträgt sich nicht die von der einhelligen Auffassung vertretenen Sicht, dass trotz Heilung die Amtslöschung gemäß § 241 Nr. 6 iVm § 398 FamFG (vormals § 144 Abs. 2 FGG) möglich bleibt, was § 242 Abs. 2 S. 3 ausdrücklich anordnet.[21] Daher sind mE auch Organe nicht verpflichtet und berechtigt, den Beschluss auszuführen.[22] Auch Autoren, die von rückwirkender Gesetzmäßigkeit des Beschlusses ausgehen, halten zu Recht eine Schadensersatzpflicht der Organe oder Mehrheitsgesellschafter für möglich, die den nichtigen Beschluss rechtswidrig und schuldhaft herbeigeführt haben, wenn sie nicht verhindert haben, dass der fragliche Beschluss nicht angegriffen und so geheilt wurde.[23] In der Literatur finden sich gelegentlich Versuche, den absoluten Bestand von Beschlüssen, die nach § 241 Nr. 3 oder 4 Inhaltsmängel aufweisen, zu begrenzen,[24] was aber nur im Wege einer teleologischen Reduktion möglich und auf krasse Ausnahmefälle beschränkt sein muss, soweit nicht in Ausnahmefällen das Institut der ergänzenden Auslegung des HV-Beschlusses oder seiner Anpassung nach den Regeln über den Wegfall der Geschäftsgrundlage in Betracht kommt.

2. Heilung von Einberufungsmängeln durch Genehmigung (Abs. 2 S. 4). Einen Sonderfall der Heilung eines Einberufungsfehlers sieht Abs. 2 S. 4 vor, wenn nach § 241 Nr. 1 gemäß § 121 Abs. 4 zur HV durch eingeschriebenen Brief eingeladen wurde (vgl § 121 Rn 24). Der nicht geladene Aktionär kann – angeblich selbst bei vorsätzlicher Nicht-Ladung[25] – den Beschluss mit heilender Wirkung genehmigen. Er erhält also eine **vollständig in sein Belieben gestellte Genehmigungsbefugnis.** Heilungsvoraussetzung ist, dass bei der Einberufung – zu Recht oder zu Unrecht – das Verfahren gemäß § 121 Abs. 4 eingeschlagen wurde, aber nicht alle Aktionäre geladen werden.[26] Da die Genehmigung in das Belieben des Aktionärs gestellt ist, können – auch ausnahmsweise – Treuepflichten eine Genehmigungspflicht nicht begründen.[27] Zu Recht vereinzelt ist die Auffassung von *Schmidt*[28] geblieben, der den Vorstand analog §§ 108 Abs. 2, 177 Abs. 2 BGB für berechtigt bzw verpflichtet hält, die zur Genehmigung befugten Aktionäre zur Erklärung aufzufordern mit der Maßgabe, dass ein Schweigen als Genehmigungsverweigerung gelte.[29] Der übergangene Aktionär kann

---

14 Großkomm-AktienR/*K. Schmidt,* Rn 11; anders wohl die überwiegende Meinung: KölnKomm-AktG/*Zöllner,* Rn 33; *Hüffer,* Rn 3; OLG Düsseldorf NZG 2001, 1036, 1038 = DB 2001, 2086.
15 Großkomm-AktienR/*K. Schmidt,* Rn 12; *Hüffer,* Rn 4; Spindler/Stilz/*Casper,* Rn 8; aA KölnKomm-AktG/*Zöllner,* Rn 37.
16 MüKo-AktG/*Hüffer,* Rn 8; BGHZ 134, 364, 366 f.
17 MüKo-AktG/*Hüffer,* Rn 9; Großkomm-AktienR/*K. Schmidt,* Rn 12; BGH NJW 1989, 904, 905; BGH ZIP 1989, 163, 164; dazu auch *Henze,* HHR-AktienR, Rn 1220; weiter gehend: KölnKomm-AktG/*Zöllner,* Rn 35, der Anhängigkeit generell genügen lässt.
18 MüKo-AktG/*Hüffer,* Rn 10, auch zur Gegenansicht.
19 Großkomm-AktienR/*K. Schmidt,* Rn 12; KölnKomm-AktG/*Zöllner,* Rn 33; MüKo-AktG/*Hüffer,* Rn 11.
20 AA Großkomm-AktienR/*K. Schmidt,* Rn 13, unter Berufung auf BGHZ 33, 175, 176 f, womit mE die Entscheidung überinterpretiert; vgl auch KölnKomm-AktG/*Zöllner,* Rn 46; MüKo-AktG/*Hüffer,* Rn 19, 21; K. Schmidt/Lutter/*Schwab,* Rn 14.
21 Vgl dazu MüKo-AktG/*Hüffer,* Rn 23; Großkomm-AktienR/*K. Schmidt,* Rn 14; Löschung regelmäßig geboten, vgl Grigoleit/*Ehmann,* Rn 8.
22 Geßler/*Hefermehl,* § 93 Rn 48; *Mestmäcker,* BB 1961, 947 f; *Hefermehl,* in: FS Schilling, S. 159, 168; *Stein,* ZGR 1994, 472, 480 f; aA K. Schmidt/Lutter/*Schwab,* Rn 16.
23 Großkomm-AktienR/*K. Schmidt,* Rn 13; MüKo-AktG/*Hüffer,* Rn 22; aA Henssler/Strohn/*Drescher,* Rn 9, K. Schmidt/Lutter/*Schwab,* Rn 17, der differenziert zwischen nach Abs. 1 und Abs. 2 geheilten Beschlüssen.
24 Vgl jüngst *Geißler,* NZG 2006, 527.
25 Grigoleit/*Ehmann,* Rn 5; *Hüffer,* Rn 5 a; Spindler/Stilz/*Casper,* Rn 11.
26 Großkomm-AktienR/*K. Schmidt,* Rn 18; MüKo-AktG/*Hüffer,* Rn 15.
27 So aber Großkomm-AktienR/*K. Schmidt,* Rn 19; Grigoleit/*Ehmann,* Rn 5; aA MüKo-AktG/*Hüffer,* Rn 16; *Hüffer,* Rn 5 a; Spindler/Stilz/*Casper,* Rn 11.
28 Großkomm-AktienR/*K. Schmidt,* Rn 19.
29 Kritisch auch MüKo-AktG/*Hüffer,* Rn 16; *Casper,* Heilung nichtiger Beschlüsse, S. 135 f.

entscheiden, ob er einzelne von mehreren gefassten HV-Beschlüssen genehmigt.[30] Die Genehmigung ist an den Vorstand (§ 78 Abs. 2 S. 2) zu richten; sie ist formfrei und nicht an Fristen gebunden.[31]

6a **3. Keine Urteilseintragung bei Freigabe nach § 246a (Abs. 2 S. 5).** S. 5 ist Folge des Freigabeverfahrens gemäß § 246a mit Bestandskraft von Beschlüssen trotz Nichtigkeit. Nach der Regierungsbegründung[32] soll S. 5 die Bestandskraft dadurch gewährleisten, dass gemäß S. 5 Hs 1 das klagestattgebende Urteil entgegen § 248 Abs. 1 S. 3 (vgl § 248 Rn 17) nicht mehr in das Handelsregister eingetragen werden kann, wenn das Prozessgericht rechtskräftig die Feststellung nach § 246a getroffen hat; dadurch werde klargestellt, dass der eingetragene HV-Beschluss trotz Nichtigkeit nicht als nichtig bezeichnet werden kann. S. 5 Hs 2 solle klarstellen, dass ein gemäß § 246a als bestandskräftig bezeichneter HV-Beschluss auch nicht von Amts wegen als nichtig gelöscht werden dürfe. Die Eintragung des HV-Beschlusses unter Feststellung der Bestandskraft durch das Prozessgericht gemäß § 246a kann damit weder gemäß § 248 Abs. 1 S. 3 noch gemäß § 398 FamFG rückgängig gemacht werden. Der freigegebene Beschluss ist mithin nichtig, seine Wirkungen haben aber Bestand.

7 **III. Heilung unwirksamer Kapitalveränderungen (Abs. 3).** Abs. 2 gilt gemäß Abs. 3 entsprechend bei gemäß §§ 217 Abs. 2, 228 Abs. 2, 234 Abs. 3 und 235 Abs. 2 mangels fristgemäßer Eintragungen unwirksamer Kapitalveränderungen. Danach (vgl § 217 Rn 7, § 234 Rn 22, § 235 Rn 25, § 228 Rn 5) sind die HV-Beschlüsse nichtig bzw unwirksam, wenn erforderliche Eintragungen nicht innerhalb von drei bzw sechs Monaten vorgenommen werden. Die entsprechende Geltung des Abs. 2 bedeutet, dass die **verspätete Eintragung so wirkt als wäre sie rechtzeitig** erfolgt; die **Amtslöschung** bleibt zulässig (Abs. 3 iVm Abs. 2 S. 3).[33] Die Unwirksamkeit dieser Beschlüsse wird geheilt, wenn sie nicht binnen drei Jahren durch Klage geltend gemacht wird (vgl Rn 3f).

8 Nach hM ist die Heilung analog Abs. 3 in sonstigen Fällen der Unwirksamkeit (vgl § 241 Rn 1) möglich.[34]

§ 243 Anfechtungsgründe

(1) Ein Beschluß der Hauptversammlung kann wegen Verletzung des Gesetzes oder der Satzung durch Klage angefochten werden.

(2) ¹Die Anfechtung kann auch darauf gestützt werden, daß ein Aktionär mit der Ausübung des Stimmrechts für sich oder einen Dritten Sondervorteile zum Schaden der Gesellschaft oder der anderen Aktionäre zu erlangen suchte und der Beschluß geeignet ist, diesem Zweck zu dienen. ²Dies gilt nicht, wenn der Beschluß den anderen Aktionären einen angemessenen Ausgleich für ihren Schaden gewährt.

(3) Die Anfechtung kann nicht gestützt werden:
1. auf die durch eine technische Störung verursachte Verletzung von Rechten, die nach § 118 Abs. 1 Satz 2, Abs. 2 und § 134 Abs. 3 auf elektronischem Wege wahrgenommen worden sind, es sei denn, der Gesellschaft ist grobe Fahrlässigkeit oder Vorsatz vorzuwerfen; in der Satzung kann ein strengerer Verschuldensmaßstab bestimmt werden,
2. auf eine Verletzung des § 121 Abs. 4a, des § 124a oder des § 128,
3. auf Gründe, die ein Verfahren nach § 318 Abs. 3 des Handelsgesetzbuchs rechtfertigen.

(4) ¹Wegen unrichtiger, unvollständiger oder verweigerter Erteilung von Informationen kann nur angefochten werden, wenn ein objektiv urteilender Aktionär die Erteilung der Information als wesentliche Voraussetzung für die sachgerechte Wahrnehmung seiner Teilnahme- und Mitgliedschaftsrechte angesehen hätte. ²Auf unrichtige, unvollständige oder unzureichende Informationen in der Hauptversammlung über die Ermittlung, Höhe oder Angemessenheit von Ausgleich, Abfindung, Zuzahlung oder über sonstige Kompensationen kann eine Anfechtungsklage nicht gestützt werden, wenn das Gesetz für Bewertungsrügen ein Spruchverfahren vorsieht.

Literatur:
Abrell, Der Begriff des aktienrechtlichen Sondervorteils bei entgeltlichen Geschäften der Gesellschaft mit ihrem Mehrheitsaktionär, BB 1974, 1463; *Assmann*, Trojaner (*vulgo*: Räuberische Aktionäre) ohne Ende?, AG 2008, 208; *Baums*, Eintragung und Löschung von Gesellschafterbeschlüssen, 1981; *Baur*, Zur Beschränkung der Entscheidungsbefugnis des Registerrichters durch einst-

---

30 MüKo-AktG/*Hüffer*, Rn 16; Großkomm-AktienR/*K. Schmidt*, Rn 20; *Casper*, Heilung nichtiger Beschlüsse, S. 135 f.
31 MüKo-AktG/*Hüffer*, Rn 16.
32 BT-Drucks. 15/5092, S. 25, 28.
33 *Hüffer*, Rn 9.
34 Großkomm-AktienR/*K. Schmidt*, Rn 16; KölnKomm-AktG/*Zöllner*, § 179 Rn 14; MüKo-AktG/*Hüffer*, Rn 26; OLG Hamburg AG 1970, 230; Spindler/Stilz/*Casper*, Rn 26; differenzierend: K. Schmidt/Lutter/*Schwab*, Rn 21.

weilige Verfügung, ZGR 1972, 421; *Casper*, Das Anfechtungsklageerfordernis im GmbH-Beschlußmängelrecht, ZHR 163 (1999), 54; *Damm*, Einstweiliger Rechtsschutz im Gesellschaftsrecht, ZHR 154 (1990), 413; *Fischer*, Der Minderheitenschutz im deutschen Aktienrecht, in: Minderheitenschutz bei Kapitalgesellschaften (Vereinigung für den Gedankenaustausch zwischen deutschen und italienischen Juristen, Heft 2), 1967, S. 59; *Fleischer*, Vorstandspflichten bei rechtswidrigen Hauptversammlungsbeschlüssen, BB 2005, 2025; *Geßler*, Zur Anfechtung wegen Strebens nach Sondervorteilen (§ 243 Abs. 2 AktG), in: FS Barz, 1974, S. 97; *Goslar/Linden*, Anfechtbarkeit von Hauptversammlungsbeschlüssen aufgrund fehlerhafter Entsprechenserklärungen, DB 2009, 1691; *Happ*, Stimmbindungsverträge und Beschlussanfechtung, ZGR 1984, 168; *Grundmann/Gillmann*, Hauptversammlungsniederschriften und Auswirkungen von formalen Mängeln, NZG 2004, 839 ff; *Heinze*, Einstweiliger Rechtsschutz im aktienrechtlichen Anfechtungs- und Nichtigkeitsverfahren, ZGR 1979, 293; *Henn*, Die Gleichbehandlung der Aktionäre in Theorie und Praxis, AG 1985, 250; *Henze*, Zur Treuepflicht unter Aktionären, in: FS Kellermann, 1991, S. 141; *ders*., Rechtsschutz bei Verletzung von Auskunfts- und Informationsrechten im Unternehmens-, Umwandlungs- und Verschmelzungsrecht, in: RWS-Forum 20, 2001, 39; *ders*., Aspekte und Entwicklungstendenzen der aktienrechtlichen Anfechtungsklage in der Rechtsprechung des BGH, ZIP 2002, 97; *Hirte*, Bezugsrechtsausschluss und Konzernbildung, 1986; *ders*., Informationsmängel und Spruchverfahren, ZHR 167 (2003), 8; *Hoffmann-Becking*, Rechtsschutz bei Informationsmängeln im Unternehmensvertrags- und Umwandlungsrecht, in: RWS-Forum 20, 2001, 55; *A. Hueck*, Anfechtbarkeit und Nichtigkeit von Generalversammlungsbeschlüssen, 1924; *Hueck/Götz*, Der Grundsatz der gleichmäßigen Behandlung im Privatrecht, 1958; *Hüffer*, Beschlussmängel im Aktienrecht und im Recht der GmbH – eine Bestandsaufnahme unter Berücksichtigung der Beschlüsse von Leitungs- und Überwachungsorganen, ZGR 2001, 833; *Kersting*, Die aktienrechtliche Beschlussanfechtung wegen unrichtiger, unvollständiger oder verweigerter Erteilung von Informationen, ZGR 2007, 319; *Kirschbaum*, Zu den Rechtsfolgen der Nichtbeachtung von Regeln des Deutschen Corporate Governance Kodex, ZIP 2007, 2362; *Kort*, Zur Treuepflicht des Aktionärs, ZIP 1990, 294; *Lüke*, Das Verhältnis von Auskunfts-, Anfechtungs- und Registerverfahren im Aktienrecht, ZGR 1990, 157; *Lutter*, Zur Treuepflicht des Großaktionärs, JZ 1976, 225; *ders*., Materielle und förmliche Erfordernisse eines Bezugsrechtsausschlusses, ZGR 1974, 401; *ders*., Zur inhaltlichen Begründung von Mehrheitsentscheidungen, ZGR 1981, 171; *ders*., Die Treuepflicht des Aktionärs, ZHR 153 (1989), 171; *Martens*, Mehrheits-Minderheits-Konflikte innerhalb abhängiger Unternehmen, AG 1974, 9; *ders*., Die Eintragung anfechtbarer Hauptversammlungsbeschlüsse im Handelsregister, NJW 1969, 1873; *Meier-Hajoz/Zweifel*, Der Grundsatz der schonenden Rechtsausübung im Gesellschaftsrecht, in: FS Westermann, 1974, S. 283; *Mestmäcker*, Verwaltung, Konzerngewalt und Rechte der Aktionäre, 1958; *Mülbert*, Aktiengesellschaft, Unternehmensgruppe und Kapitalmarkt, 1995, 2. (unveränderte) Auflage 1996; *Mutter*, Überlegungen über Jusitiziabilität von Entsprechenserklärungen nach § 161 AktG, ZGR 2009, 788; *Noack*, Fehlerhafte Beschlüsse in Gesellschaften und Vereinen, 1989; *Noack/Zetsche*, Die Informationsanfechtung nach der Neufassung des § 243 Abs. 4 AktG, ZHR 170 (2006), 218; *Römer*, „Liebe Aktionärinnen und Aktionäre ..." – Plädoyer für eine lebendige Aktionärsdemokratie, AG 2008, 368; *Schilling*, Gesellschaftstreue und Konzernrecht, in: FG Hengeler, 1972, S. 226; *K. Schmidt*, Fehlerhafte Beschlüsse von Gesellschaften und Vereinen, AG 1977, 205, 243; *ders*., Reflektionen über das Beschlussmängelrecht, AG 2009, 248; *Seibert/Florstedt*, Der Regierungsentwurf des ARUG, ZIP 2008, 2145; *Timm*, Zur Sachkontrolle von Mehrheitsentscheidungen im Kapitalgesellschaftsrecht, ZGR 1987, 403; *ders*., Treuepflichten im Aktienrecht, WM 1991, 481; *Tödtmann/Schauer*, Der Corporate Governance Kodex zieht scharf, ZIP 2009, 995; *Ulmer*, Verletzung schuldrechtlicher Nebenabreden als Anfechtungsgrund im GmbH-Recht, NJW 1987, 1849; *Vetter*, Modifikation der aktienrechtlichen Anfechtungsklage, AG 2008, 177; *Winter*, Mitgliedschaftliche Treuebindungen im GmbH-Recht, 1988; *ders*., Organisationsrechtliche Schranken bei Verletzung schuldrechtlicher Gesellschaftervereinbarungen, ZHR 154 (1990), 259; *Zöllner*, Die Schranken mitgliedschaftlicher Stimmrechtsmacht bei den privaten Personenverbänden, 1963; *ders*., Evaluation des Freigabeverfahrens, in: FS Westermann, 2008, 1631; *Zöllner/Noack*, Geltendmachung von Beschlussmängeln im GmbH-Recht, ZGR 1989, 525; *Zutt*, Einstweiliger Rechtsschutz bei Stimmbindungen, ZHR 155 (1991) 190.

A. Regelungsgehalt	1
B. Die Regelungen im Einzelnen	6
I. Anfechtung eines Beschlusses wegen Verletzung von Gesetz oder Satzung (Abs. 1)	6
1. HV-Beschluss	6
2. Verletzung des Gesetzes (Abs. 1 Alt. 1)	7
a) Grundsätzliches	7
b) Sonderproblem: Corporate Governance Kodex (DCGK)	7a
3. Verletzung der Satzung (Abs. 1 Alt. 2)	8
4. Verfahrensfehler – Kausalität/Relevanz	9
5. Verfahrensfehler – Fallgruppen	11
a) Einberufung der HV	11
b) Eingriffe in Teilnahmerechte	13
c) Fehler bei Abstimmung und Ergebnisfeststellung	14
d) Verletzung von Auskunfts- und Informationspflichten.........................	15
6. Besonderheiten bei Entlastungsbeschlüssen?	20a
7. Inhaltsmängel	21
a) Verstöße gegen konkrete Vorschriften ..	22
b) Machtmissbrauch/Treuepflichtverletzung	23
II. Sondervorteile zum Schaden von Gesellschaft oder Aktionären (Abs. 2)	26
1. Sondervorteil (Abs. 2 S. 1)	28
2. Ausübung des Stimmrechts (Abs. 2 S. 1) ...	30
3. Vorsatz („zu erlangen suchte"; Abs. 2 S. 1)	31
4. Schaden der AG oder anderer Aktionäre (Abs. 2 S. 1)	32
5. Eignung zur Erlangung von Sondervorteilen (Abs. 2 S. 1 Hs 2)	33
6. Anfechtungsausschluss bei Ausgleichsgewährung (Abs. 2 S. 2)	34
7. Sonstige Anfechtungsausschlüsse bei Sondervorteilen............................	35
III. Keine Anfechtung bei Verletzung von Rechten aufgrund technischer Störungen, von §§ 121 Abs. 4 a, 124 a, § 128 und Gründen nach § 318 Abs. 3 HGB (Abs. 3)	35a
IV. Besonderheiten bei Informationspflichtverletzung (Abs. 4)	37
1. Anfechtung bei Informationspflichtverletzung (Abs. 4 S. 1)	37a
2. Anfechtungsausschluss bei Spruchverfahren (Abs. 4 S. 2)	37d
C. Exkurs: Rechtsfolgen der Anfechtbarkeit	38
I. Anfechtungsklage, vorläufiger Rechtsschutz ...	38
II. Notar, Registergericht, Vorstand	40

A. Regelungsgehalt

1 § 243 dient der Rechtssicherheit und der **Kontrolle der Mehrheitsmacht**.[1] Er entspricht im Wesentlichen § 197 AktG 1937; er bestimmt als zusätzlichen Anfechtungsgrund die Verfolgung von Sondervorteilen (Abs. 2), wodurch der Gesetzgeber ebenso wie durch die Normierung der Unerheblichkeit von Erklärungen zur Unbeachtlichkeit der Auskunftsverweigerung nach Abs. 4 aF die **Anfechtung erleichtern** wollte.[2]

2 Im Zusammenspiel von §§ 241 bis 243 folgt, dass rechtswidrige HV-Beschlüsse nicht per se nichtig sind (so aber § 134 BGB), sondern es – abgesehen von dem Fall des Eingreifens der speziellen Nichtigkeitsgründe, zumal nach § 241 – der (**rechtskräftigen**) **Nichtigerklärung** (§ 248 Abs. 1 S. 1) bedarf, um einen Beschluss aus der Welt zu schaffen.[3]

3 Die Regelungen zur Anfechtbarkeit werden teilweise auf **GmbH, Vereine und Personengesellschaften** entsprechend angewendet.[4] **Aufsichtsrats- und Vorstandsbeschlüsse** sollen nicht angefochten werden können (vgl § 241 Rn 3).

4 Die **Anfechtungsbefugnis** steht gemäß § 245 den Aktionären, dem Vorstand (vgl zum Besonderen Vertreter § 147 Rn 24a und § 245 Rn 22) sowie einzelnen Mitgliedern von Vorstand und Aufsichtsrat zu. Sie hat den Zweck der Rechtskontrolle bzw Kontrolle der Mehrheitsmacht.[5] Nicht einheitlich beantwortet wird, ob die Anfechtung individuellem oder institutionellem Rechtsschutz dient.[6] Beide Komponenten kommen in dem Ausspruch *Flechtheims* aus dem Jahre 1912 zum Ausdruck, wonach der klagende Aktionär *der geborene Anwalt der beleidigten Interessen der Aktionärsgesamtheit und jedes einzelnen Aktionärs* ist.[7] Für *Zöllner* ist die „Anfechtungsklage das ‚*Schwert des Aktionärs*', ... praktisch die einzige Waffe, die ihm zur Verfügung steht, die Einhaltung der Stimmrechtsschranken zu erzwingen"; das Problem, den Missbrauch dieser Waffe zu verhindern, ohne das Schwert selbst „allzu stumpf zu machen, ist wie viele Probleme des Rechts antinomischer Natur und demgemäß niemals vollkommen lösbar."[8] Prozessual ist die Anfechtungsklage eine Gestaltungsklage, da mit der (rechtskräftigen) Nichtigerklärung (§ 248 Abs. 2 S. 1) die Rechtslage durch gerichtliches Urteil unmittelbar verändert wird. Die Anfechtungsbefugnis der Aktionäre ist ein **aus der Mitgliedschaft folgendes Individualrecht**.[9]

5 **Anfechtungsgegenstand** sind HV-Beschlüsse (Abs. 1) und Sonderbeschlüsse (§ 138 S. 2). **Teilanfechtungen** kommen in Betracht.[10] § 139 BGB ist die einschlägige Rechtsgrundlage für die Frage, ob die Nichtigerklärung (§ 248 Abs. 1 S. 1) auch weitere Beschlussteile erfasst (vgl § 241 Rn 16 f).

B. Die Regelungen im Einzelnen

6 **I. Anfechtung eines Beschlusses wegen Verletzung von Gesetz oder Satzung (Abs. 1). 1. HV-Beschluss.** Nur HV-Beschlüsse[11] (vgl § 241 Rn 4) sind Anfechtungsgegenstand (vgl zu Sonderbeschlüssen § 138 S. 2 sowie Aufsichtsrats- und Vorstandsbeschlüssen § 241 Rn 3).

7 **2. Verletzung des Gesetzes (Abs. 1 Alt. 1). a) Grundsätzliches.** Jede Rechtsnorm (Gesetz) im materiellen Sinne ist Gesetz (Art. 2 EGBGB) – also Gesetze im formellen Sinn, Gewohnheitsrecht, Rechtsverordnungen, Satzungen öffentlich-rechtlicher Körperschaften und im Inland geltendes Völker- und EU-Recht. Einigkeit besteht über den Gesetzescharakter von Generalklauseln, zu denen auch die **mitgliedschaftliche Treupflicht** zählt (vgl Rn 23); eine gesetzliche Generalklausel von herausragender Bedeutung ist der Gleichbehandlungsgrundsatz des § 53 a (vgl § 53 a Rn 5 ff). **Kein Gesetz** sind beispielsweise tatsächliche Übung (selbst bei Verkehrssitte gemäß § 157 BGB und Handelsbrauch gemäß § 346 HGB), vertragliche Bindungen[12] und

---

[1] Vgl zum Erfordernis der Kontrolle der Mehrheitsmacht auch grundlegend die „Feldmühle"-Entscheidung, BVerfGE 14, 263, 283 f; vgl auch MüKo-AktG/*Hüffer*, Rn 6 f, der mit Recht fragt, "ob das Gesetz zwischen Rechtssicherheit einerseits und notwendiger Kontrolle andererseits die Balance hält. Namentlich die Kürze der Anfechtungsfrist von einem Monat und die Präklusion nachgeschobener Gründe durch den Fristablauf bleiben unter diesem Gesichtspunkt problematisch"; kritisch: *Wiedemann*, GesR, § 8 IV 2 b.

[2] Vgl RegBegr. *Kropff*, S. 329.

[3] Vgl zu diesem fein austarierten System *Schmidt*, AG 2009, 248, 249 ff.

[4] Vgl statt aller (kritisch) *Hüffer*, Rn 2; *Schmidt*, AG 2009, 248, 252 ff; FS Stimpel, 1985, S. 217, 225 ff.

[5] MüKo-AktG/*Hüffer*, Rn 6.

[6] Vgl einerseits *Zöllner*, AG 2000, 145, 146, andererseits *Schmidt*, Verhandlungen des 63. DJT II/1, S. O 15; *Becker*, Verwaltungskontrolle durch Gesellschafterrechte, 1997, S. 71 ff.

[7] FS Zitelmann, 1913, S. 3, 5.

[8] *Zöllner*, Die Schranken mitgliedschaftlicher Stimmrechtsmacht bei den privatrechtlichen Personenverbänden, S. 391.

[9] *Hüffer*, Rn 3.

[10] *Hüffer*, Rn 4.

[11] Auch sog. stimmrechtslose Beschlüsse bei Verstoß aller Aktionäre gegen ihre Mitteilungspflichten, OLG Dresden AG 2005, 247, 248 ff; BGHZ 167, 204 = ZIP 2006, 1134 = AG 2006, 501.

[12] Großkomm-AktienR/K. *Schmidt*, Rn 10.

Stimmbindungsverträge (Poolverträge,[13] wobei im Einzelfall über die Treuepflicht der Aktionäre gesellschaftsbezogenen Konsortialbindungen aller Aktionäre untereinander Maßstab der Anfechtung sein können).[14] Nach der BGH-Entscheidung „Schutzgemeinschaftsvertrag II" ist eine Vereinbarung einer Stimmbindungs-GbR zulässig, wonach die Konsortialmitglieder ihr Stimmrecht auch bei in der AG einer qualifizierten Mehrheit bedürftigen Beschlüssen so auszuüben haben, wie das zuvor im Konsortium mit einfacher Mehrheit entschieden wurde; eine solche könne im Einzelfall wegen Verstoßes gegen die gesellschafterliche Treuepflicht unwirksam sein; das gelte generell und nicht lediglich bei Beschlüssen, welche in Grundlagen des Konsortiums oder in den Kernbereich der Mitgliedschaftsrechte der Minderheit eingreifen.[15] Eine die Anfechtung begründende Treuepflichtverletzung scheidet aus bei Verstoß gegenüber einem nicht an der AG beteiligten Treugeber (vgl auch Rn 23).[16] Auch die Verletzung von sog. Sollvorschriften führt regelmäßig zur Anfechtbarkeit.[17] Bereits das RG versuchte, bestimmte „bedeutungslose Ordnungsvorschriften" als Maßstabsnorm auszuschließen.[18] Als Verstöße gegen solche **angeblichen bloßen „Ordnungsvorschriften"** bezeichnet die Literatur Verstöße gegen §§ 118 Abs. 2, 120 Abs. 3 S. 1;[19] dagegen seien Verstöße gegen §§ 113 Abs. 1 S. 3, 121 Abs. 5 S. 1, 143 Abs. 1, 176 Abs. 1 S. 2 und S. 3, 182 Abs. 4 S. 1, 234 Abs. 2 S. 2 ein Anfechtungsgrund. ME ist die Ausgrenzung von „Ordnungsvorschriften" aus dem Anwendungsbereich des § 243 Abs. 1 nicht mit dem klaren Wortlaut des Gesetzes zu vereinbaren. Möglicherweise kann in Einzelfällen der Verstoß gegen die „Ordnungsvorschriften" ein bloßer (von der Gesellschaft zu beweisender) nicht kausaler bzw irrelevanter Fehler (vgl Rn 9 ff) sein, der keinerlei Auswirkungen auf den Beschluss haben kann.

b) Sonderproblem: Corporate Governance Kodex (DCGK). Eine intensive Diskussion[20] und divergierende Gerichtsentscheidungen[21] gibt es zur Frage der Folge von Verstößen gegen den DCGK bzw die Entsprechenserklärung nach § 161 (vgl die Kommentierung zu § 161). Dem DCGK kommt keine Gesetzeskraft (vgl Art. 2 EGBG) zu.[22] Sie haben auch keinen Satzungsrang. Der Verstoß gegen sie kann daher **nicht un-**

---

13 Vgl aus der umfangreichen Literatur zu Stimmbindungsverträgen *Ehrmann*, AG 1959, 267, 300; *Hirte*, Kapitalgesellschaftsrecht, Rn 418 ff; *Noack*, Gesellschaftervereinbarungen bei Kapitalgesellschaften, 1994; *Peters*, AcP 156 (1957), 311; *Reichert/Harbarth*, AG 2001, 447; *Schröder*, ZGR 1978, 578; *Ulmer* in: FS Röhricht, 2005, S. 633; *Zöllner*, ZHR 155 (1991), 168; *Zutt*, ZHR 155 (1991, 190); Stimmbindungsverträge haben nach heute wohl ganz hM schuldrechtlichen, nicht organisationsrechtlichen Charakter und daher keine Außenwirkung, RGZ 119, 386, 388 f; Konsortialverträge begründen regelmäßig eine GbR als Innengesellschaft; bei Stimmbindungsverträgen kann es sich auch um leistungssichernde Nebenabreden, Auftrag oder Geschäftsbesorgung handeln; nach ganz hM sind Stimmbindungsverträge grundsätzlich zulässig, BGHZ 48, 163, 166 = NJW 1967, 1963 = AG 1967, 358 = WM 1967, 925; BGH ZIP 1983, 432, 433; NJW 1987, 1890 = WM 1987, 71 = ZIP 1987, 293; *Noack*, Gesellschaftervereinbarungen, S. 66 ff; *Geßler/Eckardt*, § 136 Rn 52; MüHb-AG/*Semler*, § 38 Rn 42; problematisch sind Stimmbindungsverträge mit Nichtaktionären; auch ein Verstoß gegen § 136 Abs. 2 kann zur Nichtigkeit führen; nichtig sind Stimmbindungsverträge unter Verletzung der mitgliedschaftlichen Treuepflicht, vgl *Hüffer*, § 133 Rn 28; Stimmbindungsverträge können einen klagbaren Erfüllungsanspruch begründen, BGHZ 48, 163, 169 = NJW 1967, 1963 zur GmbH; aA noch RGZ 112, 273, 279; 160, 257, 262; kritisch auch *Geßler/Eckardt*, § 136 Rn 56; Köln-Komm-AktG/*Zöllner*, § 136 Rn 112 ff; vgl aber später *ders.*, ZHR 155 (1991) 168, 185 f. Zwangsvollstreckung soll aus Stimmbindungsvereinbarungen § 894 ZPO möglich sein, nicht gem. § 887 ZPO, vgl BGHZ 48, 163, 173 f; *Noack*, Gesellschaftervereinbarungen, 1994, S. 73 f; für möglich gehalten wird die Durchsetzung im Wege einstweiliger Verfügung, *Zutt*, ZHR 155 (1991), 190, 199, einschränkend: OLG Celle GmbHR 1981, 264; OLG Frankfurt WM 1982, 382 = ZIP 1982, 180.

14 Vgl BGH DB 1983, 996 = NJW 1983, 1910; BB 1987, 218 = NJW 1987, 1890 zur GmbH; ähnlich: OLG Hamm NZG 2000, 1036, 1037; vgl aus der Literatur dem BGH-Ergebnis zustimmend: Großkomm-AktienR/*K. Schmidt*, Rn 18 ff; *Baumbach/Hueck*, § 47 GmbHG Rn 79; *Noack*, Gesellschaftervereinbarungen, S. 162 ff, 168 ff; *Grigoleit/Ehmann*, Rn 5; aA Hachenburg/*Hüffer*, GmbHG, § 47 Rn 84; *Winter*, Mitgliedschaftliche Treubindung, S. 51 f; *ders.*, ZHR 154 (1990), 259, 268; auf Missbräuchlichkeit abstellend: *Hüffer*, Rn 10.

15 BGHZ 179, 13 = AG 2009, 163 = DStR 2009, 280; vgl dazu *Goette*, DStR 2009, 2602.

16 OGH GesRZ 2008, 238.

17 RGZ 68, 232, 233; 170, 83, 97; ebenso: *v. Godin/Wilhelmi*, Anm. 4; MüKo-AktG/*Hüffer*, Rn 18 f; Großkomm-AktienR/*K. Schmidt*, Rn 12 bezeichnet die Frage der Verletzung "bloßer" Sollvorschriften als "auf undeutlichen Gesetzesformulierungen beruhendes terminologisches Scheinproblem"; *Hüffer*, Rn 7.

18 RGZ 170, 83, 97; 44, 8; 68, 232.

19 *Hüffer*, Rn 7; MüKo-AktG/*Hüffer*, Rn 19.

20 Vgl aus der Literatur *Kirschbaum*, ZIP 2007, 2362; *Vetter*, NZG 2008, 121; *Theusinger/Liese*, DB 2008, 1419; *Kocher/Bedkowski*, BB 2009, 234; *Mutter*, ZGR 2009, 788; *Goslar/von der Linden*, NZG 2009, 1337; *Pluskat*, EWiR 2009, 259; *Oxe*, EWiR 2008, 547; *Ogorek/von den Steinen*, EWiR 2008, 65; *Staake*, EWiR 2009, 461; *Leuering*, DStR 2010, 2255; *Deilmann*, AG 2010, 727; *Reger/Theusinger*, EWiR 2010, 345; *Ogorek/Witte*, EWiR 2008, 355; *Mutter*, ZIP 2009, 470; *Goette*, GWR 2009, 459; *Goette* in: FS Hüffer, S. 225; *Ederle*, NZG 2010, 655; *Priester*, EWiR 2010, 1; Köln-Komm-AktG/*Lutter*, § 161 Rn 65 ff; *Spindler/Stilz/Hoffmann*, § 120 Rn 50 f; *Hüffer*, in: VGR, Gesellschaftsrecht in der Diskussion, 2010, S. 63 ff; *Mülbert/Wilhelm*, ZHR 176 (2012), 286; *Timm*, ZIP 2010, 2125.

21 Vor den BGH-Entscheidungen in Sachen „Kirch/Deutsche Bank" und „Axel Springer AG" sind folgende wichtige Entscheidungen ergangen: OLG Schleswig AG 2003, 102 = NZG 2003, 176; OLG Schleswig AG 2004, 453 = BB 2004, 1187; OLG Frankfurt AG 2007, 672 = WM 2007, 1704; LG München AG 2008, 90 = ZIP 2007, 2360 sowie dazu Berufungsurteil OLG München ZIP 2009, 133 = BB 2009, 232; OLG München AG 2008, 386 = NZG 2008, 337; LG München Konzern 2008, 295 sowie dazu Berufungsurteil OLG München ZIP 2009, 718 = AG 2009, 450; KG AG 2009, 118 = NZG 2008, 788 (Berufungsurteil zu BGHZ 182, 272).

22 BGHZ 180, 9 = AG 2009, 285 = ZIP 2009, 460 = NJW 2009, 2107 Rn 26 (Kirch/Deutsche Bank); vgl allg. *Möllers/Fekonja*, ZGR 2012, 777, 803.

mittelbar einen Verstoß iSd § 243 Abs. 1 begründen.[23] Der Kodex hat aber in zweierlei Hinsicht Bedeutung für die Anfechtbarkeit[24] (vgl § 161 Rn 76 a): (1) Zum einen in Hinblick darauf, dass er weithin allgemein gültige Standards guter Unternehmensführung enthält;[25] daher kann man mE den Kodex bei der **Auslegung von Regelungen des Gesetzes und der Satzung** heranziehen.[26] (2) Zum anderen im Hinblick auf die Entsprechenserklärung nach § 161, durch die die unmittelbare rechtliche Relevanz des Kodex entsteht.[27] § 161 Abs. 1 S. 1 verpflichtet Vorstand und AR zur Abgabe von jährlichen Erklärungen dazu, dass den Empfehlungen des DCGK entsprochen wurde und wird, und welche Empfehlungen nicht angewendet wurden oder werden und warum nicht. Gemäß § 161 Abs. 2 ist diese sog. Entsprechenserklärung den Aktionären dauerhaft zugänglich zu machen. Sie hat somit einen **Vergangenheits-, Gegenwarts- und Zukunftsbezug** bzw den Charakter einer Dauererklärung, die jeweils binnen Jahresfrist zu erneuern ist. Im Fall von Abweichungen von den DCGK-Empfehlungen ist die Erklärung jedenfalls **unverzüglich auch unterjährig zu berichten**[28] (vgl § 161 Rn 64 f). Als Verstöße gegen § 161 kommen damit insbesondere die folgenden Fälle in Betracht, bei denen es sich allesamt um Gesetzesverstöße handelt, die die Anfechtbarkeit von gleichwohl gefassten Beschlüssen begründen könnten:[29] (1) Die Erklärung wird nicht abgegeben. (2) Die Erklärung wird nicht gem. § 161 Abs. 2 dauerhaft öffentlich zugänglich gemacht. (3) Die Erklärung wird nicht gem. § 325 Abs. 1 S. 3 HGB zum Handelsregister eingereicht. (4) Hinweise auf die Erklärung finden sich nicht im Anhang zum Jahres- und Konzernabschluss gem. § 285 Nr. 16, § 314 Abs. 1 Nr. 8 HGB. (5) Die vergangenheitsbezogene Erklärung ist falsch. (6) Die Organmitglieder halten sich ganz oder teilweise nicht an den Inhalt ihrer zukunftsgerichteten Erklärung. (7) Die Entsprechenserklärung enthält entgegen § 161 Abs. 1 S. 1 keine Begründung zum „warum nicht".[30]

7b Nach der BGH-Entscheidung „Kirch/Deutsche Bank" führt die Unrichtigkeit der Entsprechenserklärung (dh dass diese von vornherein in einem nicht unwesentlichen Punkt nicht der tatsächlichen Praxis der AG entspricht oder nicht berichtigt wird) wegen der darin liegenden **Verletzung von Organpflichten** zur Anfechtbarkeit jedenfalls der gleichwohl gefassten Entlastungsbeschlüsse, soweit die Organmitglieder die **Unrichtigkeit kannten oder kennen mussten**.[31] In der Entscheidung ging es um das Fehlen des im Kodex vorgesehenen Berichts über Interessenkollisionen und deren Behandlung im AR; die entsprechende Regelung von Ziffer 5.5.3 S. 1 DCGK hatten die Verwaltungsorgane der AG in der Entsprechenserklärung anerkannt. Nach dem BGH führt das Fehlen dazu, dass die bis zur HV aufrecht erhaltene Entsprechenserklärung „in einer für die Organentlastung relevanten Hinsicht unrichtig war", was die Anfechtbarkeit sämtlicher Entlastungsbeschlüsse[32] begründe.[33] Der BGH hat einige Monate später in Sachen „Axel Springer AG" seine Sicht konkretisiert:[34] Die Unterlassung der Berichterstattung über Interessenkonflikte begründe einen zur Anfechtung führenden Verstoß gegen die Pflicht zur Abgabe einer richtigen oder zur Berichtigung einer unrichtig gewordenen Entsprechenserklärung nur, „wenn die unterbliebene Information für einen objektiv urteilenden Aktionär für die sachgerechte Wahrnehmung seiner Teilnahme- und Mitgliedsrechte relevant ist"; der BGH verweist auf seine Rechtsprechung, dass nur „eindeutige und schwerwiegende Gesetzesverstöße die Entlastungsentscheidung anfechtbar machen (BGHZ 153, 47, 51)" (vgl Rn 20 a), weshalb der in der unrichtigen Entsprechenserklärung liegende Verstoß **„über einen Formalverstoß hinausgehen und auch im konkreten Einzelfall Gewicht haben"** müsse; bei einem Verstoß gegen Ziffer 5.5.3 DCGK werde die Entsprechenserklärung erst aufgrund einer Informationspflichtverletzung – der fehlenden Erwähnung des Interessenkonflikts im HV-Bericht – unrichtig; nach der Wertung von Abs. 4 S. 1 sei die Pflichtverletzung nur von Bedeutung, wenn der objektiv urteilende Aktionär die Information als Voraussetzung für die sachgerechte Wahrnehmung seiner Aktionärsrechte ansehe; hieran könne es fehlen, wenn der Interessen-

---

23 *Hüffer*, Rn 6; KölnKomm-AktG/*Lutter*, § 161 Rn 11.
24 Vgl zu sonstigen Rechtsfolgen bei Verstößen, insb. zur Haftung, aus der umfangreichen Lit. exemplarisch *Lutter* in: FS Hopt, S. 1025 ff und in: FS Druey, S. 463 ff.
25 Vgl statt aller *von Werder*, in: Ringleb ua, DGGK Kommentar, 3. Aufl., Rn 134.
26 Vgl MüKo-AktG/*Semler*, 2. Aufl., § 161 Rn 31: „gewisse Ausstrahlungswirkung auf die Auslegung unbestimmter Rechtsnormen".
27 KölnKomm-AktG/*Lutter*, § 161 Rn 11.
28 BGHZ 180, 9 = AG 2009, 285, 288 = ZIP 2009, 460 = NJW 2009, 2107, Rn 19 (Kirch/Deutsche Bank); vorher schon OLG München ZIP 2009, 133 und in der Lit. zB KölnKomm-AktG/*Lutter*, § 161 Rn 53; kritisch zB *Eberle*, NZG 2010, 655.
29 Vgl KölnKomm-AktG/*Lutter*, § 161 Rn 65, 67.
30 Beispiele nach KölnKomm-AktG/*Lutter*, § 161 Rn 65.
31 BGHZ 180, 9 = AG 2009, 285, 288 = ZIP 2009, 460 = NJW 2009, 2107. Vgl *Lutter* in: FS Hopt, S. 1025, 1030 wirft die Frage auf, wie sich aus dem unzureichenden Umgang des AR mit den Pflichten nach der Entsprechungserklärung die Rechtswidrigkeit der Vorstands-Entlastung begründen lässt.
32 Soweit die jeweiligen Organmitglieder es versäumt haben, eine notwendige Aktualisierung vorzunehmen; wenn die betroffenen Organmitglieder zuvor aus dem Amt geschieden sind, kann die fehlende Aktualisierung die Anfechtung ihrer Entlastungsbeschlusses nicht rechtfertigen, BGH ZIP 2010, 879 = WM 2010, 849 = AG 2010, 452 sowie Berufungsurteil OLG München AG 2008, 336 = NZG 2008, 337.
33 BGHZ 180, 9 = AG 2009, 285, 287 ff = ZIP 2009, 460 = NJW 2009, 2107.
34 Nach *Goette*, GWR 2009, 459 „bewusst – und durchaus eingeschränkend – präzisiert"; nach *Goette* in: FS Hüffer, S. 225, 232 f, „liegt es nicht fern, diese (Entsprechens-)Erklärung als einen gesondert geregelten Fall der Informationserteilung anzusehen und … die zu §§ 131, 243 Abs. 4, 120 AktG entwickelten Grundsätze entsprechend heranzuziehen.".

konflikt und seine Behandlung „bereits aus allgemeinen Quellen bekannt sind ... oder beides – etwa wegen Geringfügigkeit – nicht geeignet ist, die Entscheidungen eines objektiv urteilenden Aktionärs zu beeinflussen"; nachträgliche Informationen in der HV beseitigten die Anfechtbarkeit nicht.[35] Nach der Sicht des damaligen Vorsitzenden des Gesellschaftsrechtssenats des BGH *Goette* zeigt die Entscheidung „Springer AG", dass keineswegs ein Automatismus bestehe: Eine unrichtige Entsprechenserklärung schlage nicht in jedem Fall auf die HV-Beschlüsse durch, es bedürfe vielmehr sensibler Differenzierung zur Klärung „ob und in welchem Umfang eine Nachlässigkeit bei der Abgabe oder bei der Korrektur der Entsprechenserklärung die Beschlussanfechtung rechtfertigen kann".[36]

Die BGH-Urteile haben sich nur mit einem Teilbereich der Fragen zu § 161 befasst. Offen ist zB, welche Folgen auch außerhalb von Entlastungsbeschlüssen generell ein Verstoß gegen § 161 hat und welches nach dem BGH nicht nur unwesentliche Verstöße gegen den DCGK sind, die zur Anfechtung berechtigen.[37] Einigkeit besteht darüber, dass Entlastungsbeschlüsse wegen schwerwiegender Gesetzesverstöße anfechtbar sind, wenn Vorstand und AR die Abgabe von Entsprechenserklärungen zum DCGK gänzlich unterlassen.[38] Verstöße von Organmitgliedern gegen Pflichten nach § 161 können zB auch dazu führen, dass ihre Wahl in den AR wegen der Schwere des Pflichtverstoßes anfechtbar ist.[39] ME weist darüber hinaus ein Urteil des OLG München den Weg zum gebotenen Verständnis des § 161:[40] Die Entsprechenserklärung ist danach über die künftige Beachtung der Empfehlungen des DCGK sei eine freiwillige Selbstbindung der Verwaltungsorgane. Unterbreiten diese der HV einen Beschlussvorschlag, der inhaltlich der Kodex-Empfehlung widerspreche, der sie sich durch die Erklärung unterworfen hätten, so müssten sie die geänderte Absicht zumindest gleichzeitig mit dem Beschlussvorschlag bekanntmachen. Dies gebiete der Vertrauensschutz der Aktionäre, die davon ausgehen dürften, dass sich die Verwaltungsorgane bei ihren Beschlussvorschlägen an die für die Zukunft abgegebene Erklärung zu den Empfehlungen des DCGK hielten. Ein AR-Beschluss, der einer vom AR anerkannten Empfehlung des Kodex widerspreche, leide unter einem inhaltlichen Mangel, wenn der AR nicht zeitgleich auch die Abweichung von der bisherigen Entsprechenserklärung und deren Bekanntmachung beschließe. Dieser Verstoß gegen § 161 begründe die Nichtigkeit des AR-Beschlusses. Ein auf dieser Grundlage gefasster Beschluss der HV sei anfechtbar.[41] Der BGH hat die Nichtzulassungsbeschwerde gegen das Urteil mit der Begründung zurückgewiesen, das OLG habe rechtsfehlerfrei festgestellt, dass der AR nicht gegen Bestimmungen des DCGK verstoßen habe; daher komme es auf die Frage nicht an, „ob überhaupt und ggf in welchem Umfang eine etwa unrichtige Entsprechenserklärung Auswirkungen auf den Wahlvorschlagsbeschluss des Aufsichtsrats und die nachfolgende Wahl in der Hauptversammlung" habe.[42]

ME ist die vom BGH offen gelassene Frage mit dem OLG München dahin gehend zu beantworten, dass **Beschlüsse der Verwaltungsorgane generell rechtswidrig sind, wenn sie gegen die Entsprechenserklärung verstoßen.** Nach hM bedeutet dies, dass solche Beschlüsse nichtig sind[43] (vgl § 108 Rn 22; § 241 Rn 3). Ein HV-Beschluss, der auf einer solchermaßen nichtigen Beschlussempfehlung von Vorstand und/oder AR gemäß § 124 Abs. 3 beruht, ist damit schon aus diesem Grunde anfechtbar.[44] Darüber hinaus bedeutet die hier vertretene Sicht, dass auch sonstiges Verwaltungshandeln rechtswidrig ist, das von der Selbstbindung in der Kodex-Erklärung abweicht – zB eine Vergütungszusage nach § 87, die vom Kodex (Ziffer 4.2) abweicht, wenn Vorstand und AR keine Abweichung nach § 161 bekanntgemacht haben. Demgegenüber

---

35 BGHZ 182, 272 = AG 2009, 824 = ZIP 2009, 2051 (Umschreibestopp), Rn 16-18; BGH NZG 2013, 783 = AG 2013, 643; BGHZ 194, 14 = NZG 2012, 1064 Rn 18 (Fresenius).
36 GWR 2009, 459.
37 Vgl zu beiden Fragen eingehend *Mutter*, ZGR 2009, 788, 795 ff.
38 LG München I ZIP 2008, 745 = Konzern 2008, 295 mit Anm. *Ogorek* in EWiR 2008, 355; OLG München ZIP 2008, 742 = NZG 2008, 337 = AG 2008, 386.
39 Vgl *Goette* in: FS Hüffer, S. 225, 231.
40 ZIP 2009, 133 = BB 2009, 232 = WM 2009, 658 = AG 2009, 294 = NZG 2009, 508, Rn 60 bei juris (MAN/Piëch); vgl demgegenüber die Vorinstanz LG München ZIP 2007, 2360 = BB 2008, 10 = DB 2007, 2759 = WM 2008, 130 = AG 2008, 90, in dessen Leitsatz es hieß: „Der DCGK Kodex ist weder Gesetz noch kommt ihm satzungsgleiche Wirkung zu. Die Wahl eines Aufsichtsratsmitgliedes kann daher nicht mit der Begründung angefochten werden, die Wahl verstoße gegen Grundsätze, die nur dort niedergelegt sind, nicht jedoch dem Aktiengesetz entnommen werden können."
41 Im von ihm entschiedenen Fall sah das OLG München allerdings keinen Verstoß gegen den Kodex bzw die Entsprechens-

erklärung. Es ging um die Frage, ob Ziffer 5.4.1 des DCGK verletzt ist, wenn der AR bestimmt, dass für seine Mitglieder „in der Regel" eine Altersgrenze von 70 Jahren gelten solle und der AR einen Über-70-Jährigen zur Wahl vorschlägt. Vgl auch LG Hannover AG 2010, 459 = ZIP 2010, 833 (Continental/Schaeffler). Für die grundsätzliche Möglichkeit der Anfechtbarkeit der Wahl von AR-Mitgliedern sprechen sich u.a. aus: *Spindler*, NZG 2011, 1007, 1011; *Waclawik*, ZIP 2011, 885, 890; dagegen: *Tröger*, ZHR 175 (2011), 746, 772 ff; *Mülbert/Wilhelm*, ZHR 176 (2012), 286, 295 ff – die auf S. 296 verkennen, dass die Anfechtbarkeit von Wahlbeschlüssen keine doppelte Sanktionierung bedeutet, da es etwas anderes ist, ob ein Wahl- oder ein Entlastungsbeschluss gefasst ist, beide können am selben Mangel leiden; *Rieder*, NZG 2010, 737, 738; *Hüffer*, ZIP 2010, 1979, 1980; differenzierend *Kiefner*, NZG 2011, 201, 203 ff; *E. Vetter*, FS Schneider 2011, S. 1345, 1359.
42 Beschluss vom 9.11.2009 – II ZR 14/09, n.v., zitiert nach juris.
43 BGHZ 122, 342, 347; BGHZ 124, 111, 125; BGHZ 135, 244, 247; *Hüffer*, § 108 Rn 19; *Lutter/Krieger*, AR, § 9 Rn 611; *Raiser*, Recht der Kapitalgesellschaften, § 15 Rn 74 ff.
44 Vgl zur Anfechtbarkeit *Hüffer*, § 124 Rn 12.

scheint der BGH in die Richtung gehen zu wollen, dass Grund der Anfechtbarkeit lediglich die in der Abgabe einer falschen oder falsch gewordenen Entsprechenserklärung liegende Pflichtverletzung der Mitglieder der Verwaltungsorgane ist (vgl Rn 7 b).

7e Die hier vertretene Sicht begründet sich wie folgt:[45] Es ist nicht allein die Verletzung von Organpflichten, die zur Anfechtbarkeit des HV-Beschlusses führt. Vielmehr kann bereits die dem HV-Beschluss zugrunde liegende Beschlussempfehlung nichtig sein, wenn sie gegen die Entsprechenserklärung verstößt. Es ist allgemein anerkannt, dass Verstöße gegen die Sorgfaltspflichten als Grund für die Nichtigkeit/Rechtswidrigkeit eines AR-Beschlusses in Betracht kommen.[46] Das beruht darauf, dass in einem solchen Fall ein **inhaltlich pflichtwidriger Beschluss** gefasst wurde. Es macht keinen Unterschied, ob gegen eine spezielle gesetzliche Regelung oder gegen die allgemeine Sorgfalts- bzw Treuepflicht verstoßen wurde.[47] Das OLG München spricht in Sachen „MAN/Piëch" insoweit zutreffend die weiteren Gesichtspunkte des Verstoßes gegen die Selbstbindung der Verwaltung sowie den Vertrauensschutz der Aktionäre an. Diese dürfen darauf vertrauen, dass sich die Verwaltung nur so verhält, wie sie in der Entsprechenserklärung festgelegt. Es ist anerkannt, dass AR-Beschlüsse nichtig sind, wenn die AR-Mitglieder bei der Beschlussfassung die **Grenzen ihres Ermessens überschreiten**.[48] Auch selbst gesetzte und wie in der Entsprechenserklärung den Aktionären und dem Kapitalmarkt bekannt gemachte Ermessenbeschränkungen können eine solche Überschreitung begründen. Es drängt sich insoweit die Parallele zur Außenwirkung von zunächst nur verwaltungsintern geltenden Verwaltungsvorschriften auf.[49] Deren Außenwirkung wird nach der hM über die Verwaltungspraxis und den Gleichheitssatz hergestellt. Die Selbstbindung der Verwaltung bedeutet, dass die Verwaltung gleichgelagerte Fälle nicht ohne sachlichen Grund unterschiedlich behandeln darf. Dadurch erlangen Verwaltungsvorschriften mittelbar rechtliche Außenwirkung, wodurch sie zwar nach ihrer Intensität, nicht aber in ihrem Umfang einer Gesetzesbindung gleichkommen.[50] Die Entsprechenserklärung nach § 161 „ist vergangenheits- und zukunftsbezogen"[51] (vgl Rn 7 a). Die Verwaltung muss erklären, dass dem DCGK entsprochen wurde „und wird" oder welche Empfehlungen nicht angewendet wurden „oder werden". Damit wird die **verbindliche Erklärung** für die Zukunft abgegeben. Eine Abweichung von der Selbstbindung kommt daher nur bei (vorheriger) Korrektur der Erklärung in Betracht. ME muss man insoweit noch über das OLG München und den BGH hinausgehen, die eine Korrektur der Entsprechenserklärung (nur) „gleichzeitig mit dem Beschlussvorschlag" verlangen;[52] Da die Selbstbindung der Verwaltungsorgane durch die Entsprechenserklärung schon durch die dauerhafte Zugänglichmachung auch Außenwirkung haben soll, setzen Beschlüsse der Verwaltungsorgane, die vom Inhalt der Entsprechenserklärung abweichen sollen, zunächst eine **Korrektur der Entsprechenserklärung und deren Bekanntgabe an den Kapitalmarkt nebst angemessener Wartefrist** vor der erstmaligen Anwendung des Inhalts der geänderten Entsprechenserklärung voraus, damit die Aktionäre über die geänderte Haltung und Selbstbindung der Verwaltung informiert sind und daraus Konsequenzen ziehen können – etwa durch eine Veräußerung von Aktien. Eine erst gleichzeitige Veröffentlichung über die geänderte Entsprechenserklärung kann dem Zweck der Selbstbindung nicht hinreichend gerecht werden.

7f Die hier vertretene Sicht bedeutet im Übrigen, dass HV-Beschlüsse trotz Verstoßes gegen die Entsprechenserklärung nicht anfechtbar sind, wenn sie nicht auf einem solchen Beschlussvorschlag der Verwaltung beruhen. Veranschaulicht am Fall „MAN/Piëch" (Rn 7 c): Auch wenn die Kodex-Erklärung der Verwaltungsorgane eine starre Altersgrenze von 70 Jahren vorsähe, wäre die HV nicht gehindert, einen Älteren zu wählen, wenn dies nicht auf einem Beschlussvorschlag des AR beruhte. Denn der Verwaltung steht es nicht zu, durch ihre Entsprechenserklärung die Beschlussfassung der HV zu bevormunden.

---

45 Tendenziell ähnlich KölnKomm-AktG/*Lutter*, § 161 Rn 68 ff.
46 BGHZ 135, 244, 251 ff (ARAG/Garmenbeck) = NJW 1997, 1926 = AG 1997, 377 = ZIP 1997, 383.
47 Großkomm-AktienR/*Hopt*/*Roth*, § 108 Rn 154.
48 Großkomm-AktienR/*Hopt*/*Roth*, § 108 Rn 154; Köln-Komm-AktG/*Habersack*, § 108 Rn 80.
49 Vgl allgemein *Maurer*, Verwaltungsrecht, AT, 17. Aufl., § 24 Rn 15 ff.
50 Vgl allgemein *Maurer*, Verwaltungsrecht, AT, 17. Aufl., § 24 Rn 21 ff.
51 RegBegr. des § 161, vgl BT-Drucks. 14/8769 S. 22. Den Gegenwarts- und Zukunftsbezug bzw den Charakter als Dauererklärung, die im Fall einer Abweichung von DCGK-Empfehlungen umgehend zu berichten ist, unterstreicht auch das BGH-Urteil in Sachen „Kirch/Deutsche Bank", BGHZ 180, 9 = DB 2009, 500 = ZIP 2009, 460 = NZG 2009, 342 = AG 2009, 285, Rn 19; vgl auch *Hüffer*, § 161 Rn 14, 20, und Köln-Komm-AktG/*Lutter*, § 161 Rn 36.
52 So ausdrücklich OLG München ZIP 2009, 133 = BB 2009, 232 = WM 2009, 658 = AG 2009, 294 = NZG 2009, 508, Rn 40 bei juris (MAN/Piëch); ähnlich der BGH zur Axel Springer AG, BGHZ 182, 272 = ZIP 2009, 2051 = WM 2009, 2085 = AG 2009, 824, Rn 17 (Umschreibungsstopp): „Die Entsprechenserklärung ... wurde nach dem weder den Interessenkonflikt noch seine Behandlung erwähnenden Bericht an die Hauptversammlung auch nicht umgehend dahin berichtet, dass die Beklagte der Empfehlung 5.5.3 des DCGK nicht gefolgt sei bzw ihr nicht mehr folgen wolle."; KölnKomm-AktG/*Lutter*, § 161 Rn 76: „Bindungswirkung ohne förmlichen Gegenbeschluss abzustreifen, wäre pflichtwidrig ...".

3. Verletzung der Satzung (Abs. 1 Alt. 2). Die Satzung[53] ist die gemäß § 23 Abs. 1 S. 1 notariell beurkundete Satzung. Verstöße gegen Aktionärsübung oder Vertragspflichten können allenfalls Gesetzesverstöße sein (vgl Rn 7). ME führt der Verstoß gegen **alle Satzungsbestimmungen** zur Anfechtbarkeit – und zwar auch bei punktueller Satzungsdurchbrechung.[54] Die von *Schmidt* vertretene Unterscheidung in Nicht-Anfechtbarkeit bei schuldrechtlich wirkenden Satzungsbestandteilen und Anfechtbarkeit bei korporativen Satzungsbestandteilen überzeugt zumal aus Gründen der Rechtssicherheit nicht.[55] Legen Gesellschafter in der Satzung Bestimmungen ihres Verhältnisses und der Beziehung zur Gesellschaft fest, führen Verstöße zur Anfechtbarkeit. Nicht überzeugend ist auch die Differenzierung in bedeutungslose Satzungsbestimmungen und Verstöße gegen sinnhafte Regelungen.[56]

4. Verfahrensfehler – Kausalität/Relevanz. Das Zustandekommen eines Beschlusses kann Satzung und/oder Gesetz verletzen. Ein solcher Fehler kann sich zumal auf die Vorbereitung und Durchführung der HV sowie das Verfahren und die Feststellung des Beschlusses beziehen. Im Zentrum der praktischen Auseinandersetzung steht häufig nicht die Frage, ob Satzung oder Gesetz verletzt sind, sondern ob ein **hinreichender Zusammenhang zwischen Verletzung und Beschluss** besteht. Nach ganz hM soll nicht jeder Verfahrensverstoß gegen Satzung oder Gesetz die Anfechtbarkeit begründen. Aus dem Wortlaut des Abs. 1 lässt sich dieses Ergebnis nicht ableiten; danach kann der Beschluss **„wegen Verletzung"** angefochten werden. Die Präposition „wegen" könnte auch ersetzt werden durch das Synonym „aufgrund von".[57] Der Begriff „wegen" drückt keine Kausalität zwischen Gesetz-/Satzungsverletzung und Beschluss aus, sondern nach dem Wortlaut ist eine Anfechtung immer dann möglich, wenn im Hinblick auf den Beschluss Verfahrensfehler vorgekommen sind. Allerdings folgt aus der systematischen Auslegung von Abs. 1 und Abs. 4, dass der Gesetzgeber gewisse Erwägungen zur erforderlichen Beziehung zwischen Rechtsverletzung und Beschluss zulassen wollte, sonst hätte er in Abs. 4 (vor und nach der UMAG-Novelle, vgl Rn 1) nicht ausdrücklich einen neuralgischen Punkt der Beziehung aufgegriffen.[58] Da bei der Verabschiedung des AktG 1965 die Rechtsprechung zum Erfordernis der Kausalität etabliert war (vgl Rn 10), der Gesetzgeber aber nicht die Kausalität generell, sondern in Abs. 4 aF nur einen Aspekt aufgegriffen hat, wird man davon ausgehen können, dass der historische Gesetzgeber prinzipiell gewisse Erwägungen im Hinblick auf Kausalität bzw Erheblichkeit des Verfahrensfehlers akzeptierte.

Die Rechtsprechung verlangte in der Vergangenheit eine **potenzielle Kausalität**[59] des Verfahrensfehlers für das Beschlussergebnis; es musste ausgeschlossen sein, dass der Verfahrensverstoß nicht kausal für den Beschluss war.[60] Schon das RG legte Kausalität nicht strikt aus; gelegentlich sprach es von der genügenden „Erheblichkeit" des Verfahrensfehlers.[61] In diese Richtung ging auch eine Rechtsprechung, meist im Hinblick auf Fragen der Auskunftsverweigerung, die darauf abstellte, ob ein **objektiv urteilender Aktionär** bei Kenntnis der Auskünfte, die ihm verweigert wurden, anders als tatsächlich geschehen abgestimmt hätte.[62] Damit näherte sich die Rechtsprechung der Rechtslehre an, die nicht auf die potenzielle Kausalität, sondern die **Relevanz des Verfahrensfehlers** abstellt: diese soll eine wertende Betrachtung belegen, die sich am Zweck der verletzten Norm orientiert.[63] Mit Recht ist festgestellt worden, dass die theoretisch unterschiedlichen Ansätze in der Praxis meist zu gleichen Ergebnissen gelangen.[64] **Der BGH hat sich Ende 2001 endgültig vom Kausalitätserfordernis verabschiedet** – was generell Zustimmung der seitherigen Rechtsprechung gefunden hat[65] – und ist auf die Relevanztheorie umgeschwenkt: Es habe sich gezeigt, dass Kausalitätserwägungen bei der unberechtigten Verweigerung von Auskunftsrechten keinen hinreichenden Schutz der Aktionäre gewährleisten; im Falle der Vorlage von den gesetzlichen Anforderungen offensichtlich nicht entsprechenden Verschmelzungsberichten sowie der unberechtigten Verweigerung von Auskünften,

---

[53] Die zwar nicht entgegen § 23 Abs. 5 vom AktG abweichen darf, aber zB über das HGB hinaus Pflichten zum Jahresabschluss/Lagebericht enthalten kann, vgl LG Nürnberg-Fürth AG 2005, 262.
[54] Grigoleit/*Ehmann*, Rn 4.
[55] Großkomm-AktienR/*K. Schmidt*, Rn 15; so auch jetzt Spindler/Stilz/*Würthwein*, Rn 68; vgl auch KölnKomm-AktG/*Zöllner*, § 179 Rn 50.
[56] So aber *Hüffer*, Rn 8; vgl auch RGZ 170, 83, 97; dagegen: KölnKomm-AktG/*Zöllner*, Rn 73.
[57] Vgl Brockhaus, Wörterbuch der deutschen Sprache, Stichwort „wegen"; Wahrig, Deutsches Wörterbuch, Stichwort „wegen".
[58] Vgl RegBegr. *Kropff*, S. 330, K. Schmidt/Lutter/*Schwab*, Rn 30 sieht § 243 Abs. 4 nach der Novelle durch das UMAG als einen Beleg dafür, dass der Anerkennung der Relevanztheorie „auch bei sonstigen Verfahrensfehlern nichts mehr im Wege" stehe.
[59] Begriff nach KölnKomm-AktG/*Zöllner*, Rn 80; ihn verwendet auch MüKo-AktG/*Hüffer*, Rn 28.
[60] St. Rspr des BGH, vgl BGHZ 119, 1; 107, 296; 86, 1, 3; 59, 369, 375; 49, 209, 211; NJW 1998, 684, bis BGHZ 149, 158.
[61] RGZ 110, 194, 198.
[62] BGH ZIP 1995, 1256 = NJW 1995, 3115; BGHZ 122, 211, 238 f; vgl schon BGHZ 36, 121, 139 f.
[63] KölnKomm-AktG/*Zöllner*, Rn 81 ff; *Hüffer*, Rn 13; MüKo-AktG/*Hüffer*, Rn 29 f; Spindler/Stilz/*Würthwein*, Rn 83; *Raiser*, Recht der Kapitalgesellschaften, § 16 Rn 118; Großkomm-AktienR/*K. Schmidt*, Rn 24 ff.
[64] MüHb-AG/*Semler*, § 41 Rn 36; vgl auch BGH ZIP 1998, 684 = DB 1998, 124 = NZG 1998, 128 = DStR 1998, 128.
[65] Vgl zB LG Nürnberg-Fürth AG 2005, 262 (Anfechtbarkeit bei Fehlen eines nur in der Satzung vorgeschriebenen Lageberichts); KG NZG 2009, 1389, 1391 = WM 2010, 1389; KG AG 2010, 163, 166 = BB 2009, 2730.

die aus der Sicht eines objektiv urteilenden Aktionärs für die Meinungsbildung der Minderheitsaktionäre in der HV erforderlich sind, werde ein objektiv urteilender Aktionär zu dem Ergebnis gelangen, dass es die Bedeutung der ihm nach dem Gesetz zustehenden Information nicht rechtfertige, die Informationen vorzuenthalten; durch die Vorenthaltung von Informationen, die für die **Mitwirkung der Aktionäre an der Beschlussfassung** wesentlich seien, werde in grundlegender Weise gegen das **Teilnahme- und Mitwirkungsrecht des Aktionärs** verstoßen; es lasse sich kaum beurteilen, ob ein vernünftig urteilender Aktionär seine Entscheidung zB bei ordnungsgemäßer Beschlussvorlage ebenso wie bei nicht ordnungsgemäßer Vorlage getroffen hätte; daher sei entscheidend, ob es bei wertender Betrachtungsweise möglich oder ausgeschlossen sei, dass sich der Verfahrensfehler auf das Beschlussergebnis ausgewirkt habe.[66] In seiner Entscheidung „Thyssen/Krupp" hat der BGH klargestellt, dass maßgebend für die Relevanz nicht die Auswirkung des Rechtsfehlers auf das Verhalten des Aktionärs ist; die in BGHZ 149, 158, 164 f (Sachsenmilch III) anklingenden Kausalitätsanforderungen halte er nicht aufrecht[67] (vgl auch Rn 37 ff). Der BGH hat sich somit ganz generell von der potenziellen Kausalität verabschiedet; maßgebend ist die **Verletzung des Partizipationsinteresses des Aktionärs** (und generell des Gesellschafters).[68] Daher sind Auffassungen zB wie die des Kammergerichts neben der Sache, dass zB eine versehentlich unterbliebene Übersendung von Informationsunterlagen vor der HV nicht zur Anfechtung der Beschlüsse führe, „wenn eine Kausalität für die Beschlussfassung auszuschließen ist, weil feststeht, dass der Beschluss auch ohne die Stimmen des betroffenen Aktionärs gefasst worden wäre"; entgegen dem Kammergericht kann von einem Legitimationsdefizit, das bei die Anfechtbarkeit rechtfertigt, nicht nur gesprochen werden, wenn der Informationsmangel „auf einer zielgerichteten Entscheidung des Gesellschaftsorgans über die Informationserteilung bzw ihren Umfang beruht".[69] Die Sicht des Kammergerichts verkennt, dass es lediglich auf die Auswirkung des Pflichtverstoßes der AG auf die Mitwirkungsrechte der Aktionäre ankommt, für die Verschulden der AG unbedeutend ist; zudem wäre es faktisch immer unmöglich, der AG nachzuweisen oder deren Vortrag zu erschüttern, dass nur ein versehentlicher Verstoß gegen Informationspflichten vorliegt, wodurch sachwidrig die Anfechtung erschwert wird. An die **Darlegungs- und Beweislast der für das Fehlen von Relevanz beweispflichtigen AG** (vgl allg. § 246 Rn 38 ff) sind strenge Anforderungen zu stellen; die Möglichkeit, dass der durch den Mangel betroffene Aktionär das Beschlussergebnis hätte beeinflussen können, muss – so formulierte der BGH noch nach der Kausalitätstheorie, was entsprechend auch für die Relevanz gilt – „nicht nur unwahrscheinlich sein, sondern bei vernünftiger Betrachtung unter keinen Umständen in Betracht kommen"[70] (vgl Rn 12). Diese Rspr. bedeutet mE auch, dass die AG sich nicht mit dem Hinweis auf **rechtmäßiges Alternativverhalten** entlasten kann. Dies hat das LG im Hinblick auf Eingriffe in Teilnahmerechte der Aktionäre durch den unberechtigten Entzug des Rederechts mit Recht ausgesprochen (vgl Rn 13): Eine Anfechtung scheide nur dann aus, wenn die AG beweise, „dass der Verfahrensfehler bei einer wertenden Betrachtung schlechthin nicht relevant geworden sein kann"; da nicht ausgeschlossen werden könne, dass die anderen Aktionäre aufgrund des Redebeitrags ein anderes Stimmverhalten gewählt hätten, sei die Relevanzschwelle überschritten. Der Einwand der AG sei ausgeschlossen, bei rechtmäßigem Alternativverhalten wären die unter Missachtung der Teilhaberechte der Kläger gefassten Beschlüsse auch bei deren Beachtung aufgrund der Mehrheitsverhältnisse gefasst worden.[71] Entgegen einer in der Literatur geäußerten Auffassung[72] hat die Einführung der **Briefwahl** (§ 118 Abs. 2) weder allgemein noch in dem Fall eine „folgenreiche Wirkung" für die Frage der Relevanz, wenn der Beschluss aufgrund der Briefwahlstimmen schon vor der Rechtsverletzung in oder bei der HV feststeht; denn nach dem in Abs. 4 S. 1 kodifizierten Rechtsgrundsatz der Relevanz kommt es darauf an, ob der objektiv urteilende Aktionär die Erteilung der Information als Voraussetzung für die Wahrnehmung seiner Rechte „angesehen hätte"; entscheidend ist also eine wertende, abstrakte Betrachtung aus der Sicht des objektiven Aktionärs, so dass es nicht darauf ankommt, ob eine Mehrheit ohnehin festgestanden hätte (so schon Abs. 4 aF, dessen Grundsatz nach wie vor gilt, vgl Rn 37).

5. Verfahrensfehler – Fallgruppen. a) Einberufung der HV. Verletzung der Pflichten bei Einberufung (vgl allg. die Kommentierungen zu § 121 Rn 4 ff; § 122 Rn 6 ff; § 124 Rn 5 ff; § 125 Rn 15 ff; § 126 Rn 11 ff; § 127 Rn 3 ff) begründen regelmäßig die Anfechtung, zB: Einberufung an einem unzulässigen Ort;[73] bei der

---

[66] BGHZ 149, 158, 163 ff = NJW 2002, 1128 = DStR 2002, 1312 = WM 2002, 179 = DB 2002, 196 = ZIP 2002, 172 (Sachsenmilch).
[67] ZIP 2004, 2428, 2430 = BGHZ 160, 385 ff = DB 2004, 1306 = AG 2004, 43.
[68] Goette, DStR 2002, 1312, 1314.
[69] AG 2009, 30, 36 f.
[70] BGH NJW 1972, 1320, 1321; LG Frankfurt ZIP 2013, 578 = EWiR 2013, 195 verlangt unter Verweis auf BGH DStR 2004, 1967 = WM 2004, 2207 und OLG Brandenburg, Urt. v. 3.7.2012 – 11 U 174/07 (juris) mit Recht Darlegung und Beweis durch die AG, dass der Verfahrensfehler „bei einer wertenden Betrachtung schlechthin nicht relevant geworden sein kann"; das sei jedenfalls zu verneinen, wenn dem Aktionär ohne Grund das Wort entzogen oder trotz Wortmeldung kein Rederecht eingeräumt wurde.
[71] LG Frankfurt ZIP 2013, 578 = AG 2013, 178.
[72] Noack WM 2009, 2289, 2292.
[73] BGH AG 1985, 188, 189 = WM 1985, 567; RGZ 44, 8, 9; OLG Hamm NJW 1974, 1057; Spindler/Stilz/*Würthwein*, Rn 101 unter Berufung auf OLG Düsseldorf NZG 2003, 975.

Einberufung durch eine Minderheit unterlassener Hinweis auf die gerichtliche Ermächtigung[74] (Aufhebung der Ermächtigung nach Beschlussfassung führt nicht zur Rechtswidrigkeit der Beschlüsse[75]). Nichteinhaltung der Einberufungsfrist;[76] ungenügende Ankündigung der Tagesordnung;[77] unvollständige Bekanntmachung der Einberufung;[78] bei Einberufung angegebene Pflicht, dass nicht nur der Aktionär, sondern auch der Stimmrechtsvertreter anzumelden ist;[79] mangels Unterbesetzung des Vorstands nicht gültig beschlossener Beschlussvorschlag;[80] verspätete, unvollständige oder unterlassene Erstellung[81] oder Auslegung (bzw Zugänglichmachung) des Jahresabschlusses einschließlich Lagebericht oder sonstiger auslegungspflichtiger Unterlagen[82] – wobei der Aktionär angeblich rügen muss, wenn er Unterlagen nicht erhält;[83] sonstige Nichterteilung von Abschriften, zB Unterlagen gemäß § 63 Abs. 1 UmwG (Verschmelzungsvertrag, Jahresabschlüsse, Verschmelzungsberichte, Prüfungsberichte) – und zwar ohne dass es auf die Stimmen des betroffenen Aktionärs ankommt, da dann, wenn solche Fehler der Abschriftenerteilung vorliegen, immer davon ausgegangen werden muss, dass in einer Vielzahl von Fällen Abschriften nicht erteilt worden sind, so dass es nach dem Relevanzkriterium nicht auf die Auswirkungen in dem einzelnen konkreten Fall ankommt;[84] Verstoß gegen Regelungen der Konzern-Rechnungslegung;[85] keine Aufnahme des Bestätigungsvermerks des Abschlussprüfers in dem Bericht des Aufsichtsrats an die HV entgegen § 314 Abs. 2 S. 3;[86] unzureichende Berichterstattung des Aufsichtsrats an die HV zB über Interessenkonflikte oder über Art und Umfang seiner Prüfung der Geschäftsführung, die sich bei wirtschaftlichen Schwierigkeiten intensiviert und zu einer damit korrespondierenden Intensivierung der Berichtspflicht nach § 171 Abs. 2 S. 2;[87] generell der nicht ordnungsgemäße (zB nicht im Original unterschriebene oder nicht ordnungsgemäß vom aktuellen AR beschlossene) AR-Bericht, der nach § 175 Abs. 2 auszulegen ist,[88] was u.a. zur Anfechtung von Vorstands- und AR-Entlastung führe; unzureichende oder keine Berichterstattung nach Ausnutzung genehmigten Kapitals (mE ungeachtet ob ohne oder mit Bezugsrechtsausschluss);[89] unzureichende Weitergabe von Oppositionsanträgen[90] – nicht aber Fehler bei der Weitergabe von Mitteilungen durch Kreditinstitute (§ 243 Abs. 3); unzureichende Bekanntgabe des wesentlichen Inhalts eines Vertrages nach § 124 Abs. 2 S. 2 sowie Nicht-Auslage von Unterlagen in den Geschäftsräumen ab Einberufung der HV und Nicht-Versand auf Verlangen;[91] unrichtige und irreführende Bekanntmachungen bei der Einberufung;[92] unrichtige Angaben zum Unternehmenswert; Beschlussvorschläge nach § 124 Abs. 3 durch unzuständiges Organ,[93] zB Vorschlag zur Bestellung eines Prüfers (Sonderprüfer, Abschlussprüfer); Verlangen nach Vollmachtsvorlage vor HV entgegen § 134 Abs. 3,[94] geschieht dies bereits bei der Einberufung, liegt nach der Novelle von §§ 241 Nr. 1 nF, 121 Abs. 3 keine Nichtigkeit mehr vor (vgl § 241 Rn 6). Die Einberufung durch Unbefugte (§ 121 Abs. 2) begründet bereits Nichtigkeit gemäß § 241 Nr. 1 (vgl § 241 Rn 6). Nichtigkeitsgrund ist auch die mangelhafte Bekanntmachung der Einberufung (vgl § 241 Rn 6, vgl dort auch zu sonstigen Nichtigkeitsgründen im Hinblick auf Einberufungsfehler).

---

74 Vgl RGZ 170, 83, 95 f zur Genossenschaft.
75 BGH AG 2012, 592, 594 = ZIP 2012, 1313.
76 BGHZ 100, 264 = NJW 1987, 2580 = ZIP 1987, 1117.
77 RG JW 1925, 1277.
78 RG JW 1915, 1366. Allerdings ist der Entscheidung nicht zu folgen, sofern darin Kausalität/Relevanz verneint wird, so auch *Hüffer*, Rn 15.
79 LG München AG 2011, 763; OLG Koblenz 19.4.13 - 6 U 733/12 AktG (n.v., juris).
80 OLG Dresden AG 1999, 517, 518 f = DB 1999, 2102; AG 2000, 43, 44 f; BGH DB 2002, 196 = ZIP 2002, 172 = NJW 2002, 1128 = WM 2002, 179 (Sachsenmilch).
81 BGH ZIP 2008, 70 (DIC Asset) = DStR 2008, 629; vgl dazu *Goette*, DStR 2008, 2483; *Graff*, AG 2008, 479; *Haar*, NZG 2008, 494; *Mock*, EWiR 2008, 251.
82 RG JW 1927, 1679.
83 LG München AG 2011, 760, 761 = ZIP 2011, 2203.
84 Vgl zB *Diekmann*, in: Semler/Stengel, UmwG, § 63 Rn 29; *Leuering*, ZIP 2000, 2053, 2058; aA (Kausalitätserfordernis unter Berufung auf ein angeblich fehlendes angemessenes Verhältnis zwischen Gesetzesverstoß und Vernichtung des Beschlussergebnisses) zB *Lutter/Grunewald*, UmwG, § 63 Rn 9; *Rieger*, in: Widmann/Mayer; Umwandlungsrecht, § 63 Rn 35.
85 AG 1999, 96 (Deutsche Effecten- und Wechsel-Beteiligungen AG).
86 LG München I AG 2006, 170 (AGROB).
87 OLG Stuttgart ZIP 2006, 756 = WM 2006, 861 = AG 2006, 840; BGHZ 180, 9 = ZIP 2009, 460 = NJW 2009, 2207 (Kirch/Deutsche Bank) und LG München BB 2008, 581, EWiR 2008, 33; OLG München WM 2009, 265 = AG 2009, 121 = ZIP 2009, 1667; OLG Frankfurt AG 2011, 713, 715 = ZIP 2011, 1613 (Kirch/Deutsche Bank HV 2009, Nichtzulassungsbeschwerde zurückgenommen, II ZR 159/11).
88 BGH AG 2010, 632 = ZIP 2010, 1681 („Aufsichtsratsbericht") mit Anm. *Lutter*, EWiR 2010, 661.
89 OLG Frankfurt AG 2011, 713, 714 f = ZIP 2011, 1613 (Kirch/Deutsche Bank HV 2009, Nichtzulassungsbeschwerde zurückgenommen, BGH II ZR 159/11); die Verletzung der Berichtspflicht führt zur Anfechtbarkeit der Beschlüsse zur Entlastung (angeblich nur des Vorstands, nicht des AR), sowie zur Schaffung neuen genehmigten Kapitals; vgl *Litzenberger*, NZG 2011, 1019, 1020; *Born*, ZIP 2011, 1793; aA *Niggemann/Wansleben*, AG 2013, 269.
90 BGH NJW 2000, 1328 f; OLG Frankfurt AG 1999, 233 f.
91 LG Flensburg AG 2004, 623 (MobilCom), insoweit aufgehoben von OLG Schleswig WM 2006, 231 ff = AG 2006, 120 ff = ZIP 2006, 421 ff.
92 OLG Köln AG 2003, 448 = DB 2003, 36 (Kaufhalle/Kaufhof).
93 BGHZ 153, 32 = NZG 2003, 216 = NJW 2003, 970 = JZ 2003, 566 mit Anm. *Lutter* = ZIP 2003, 290.
94 OLG Düsseldorf NJW-RR 1992, 100 = WM 1991, 2145 = WuB II. A, § 123 AktG 1.92 mit zustimmender Anm. *Marsch-Barner* (Jacubowski/Effecten Spiegel); OLG München NJW RR 2000, 363, 337 = BB 2000, 582 = ZIP 2000, 272; DStR 2000, 392.

12 Zur Anfechtung führende Einberufungsmängel sollen angeblich **ausnahmsweise nicht kausal/relevant** sein, wenn die Gesellschaft klar belegt, dass der Beschluss in gleicher Weise auch bei ordnungsgemäßer Einladung zustande gekommen wäre.[95] ME wird ein solcher Ausnahmefall **allenfalls in extremen Sonderfällen** einschlägig sein können, da der Minderheitsschutz durch ordnungsgemäße Verfahren, der auch grundrechtlichen Schutz genießt,[96] nicht zur Disposition der Versammlungsmehrheit bzw der Verwaltung steht;[97] diese Sicht hat der BGH bestätigt: Im Falle „Sachsenmilch III" (vgl Rn 10) ging es um die Anfechtbarkeit eines HV-Beschlusses, den ein nicht ordnungsgemäß besetzter Vorstand gemäß § 124 Abs. 3 S. 1 zur Beschlussfassung empfohlen hatte; der BGH beantwortete die „Relevanz des Verfahrensfehlers für das Beschlussergebnis... aus dem Gesetz": Gemäß § 124 Abs. 4 S. 1 dürfe über Gegenstände der Tagesordnung, die nicht ordnungsgemäß bekannt gemacht worden sind, überhaupt kein Beschluss gefasst werden; dem liege die gesetzliche Wertung zugrunde, dass Bekanntmachungsmängel für das Teilhaberecht des Aktionärs grundsätzlich von Bedeutung sind; davon werde auch ein Verstoß gegen die Regelung des § 124 Abs. 3 S. 1 erfasst.[98]

13 **b) Eingriffe in Teilnahmerechte.** Beispiele für anfechtbare Gesetzesverstöße sind: unberechtigter Ausschluss stimmberechtigter Aktionäre von der Teilnahme an der HV;[99] keine Erstattung eines Abhängigkeitsberichts gemäß § 312;[100] unzulässige Eingriffe in das Teilnahmerecht der Aktionäre, zumal durch **unberechtigte Leitungsmaßnahmen** (vgl vor §§ 129 ff Rn 16 ff) des Versammlungsleiters (vgl § 241 Rn 7 zur Leitung der HV durch den nicht befugten Versammlungsleiter), die das Teilnahmerecht oder die Rechte des Aktionärs auf Ausübung von Rede-, Auskunfts- und Stimmrecht beeinträchtigen;[101] unberechtigtes Übergehen von Anträgen, zB bei Weigerung des Versammlungsleiters, über einen – zB beim Tagesordnungspunkt Entlastung gemäß § 124 Abs. 4 S. 2 bekanntmachungsfreien (vgl § 124 Rn 29) – Sonderprüfungsantrag vor der Entlastung abstimmen zu lassen;[102] Absetzen von Tagesordnungspunkten;[103] Ungleichbehandlung bei Zumessung der Redezeit;[104] keine Übertragung der HV im gesamten Präsenzbereich (vgl vor § 129 Rn 26). Eingriffe in Teilnahmerechte begründen die Anfechtbarkeit ohne Rücksicht auf die Mehrheitsverhältnisse;[105] insbesondere bei rechtswidriger Nichtzulassung zur HV kommt es nicht darauf an, ob die Teilnahme den Beschluss hätte beeinflussen können.[106] Ähnlich hat das LG München die Anfechtbarkeit wegen Ungleichbehandlung (§ 53a) bei der Zumessung der Redezeit bejaht, weil rechtzeitige Wortmeldungen wegen deren Anordnung des Debattenschlusses nicht mehr zum Zuge kamen[107] (vgl allgemein zur Versammlungsleitung vor §§ 129–132 Rn 16 ff). In all diesen Fällen ist der Rechtsverstoß für das Beschlussergebnis relevant, so dass die Anfechtung immer durchgreift; denn das Gesetz gibt die für die nach der Relevanzrechtsprechung erforderliche Bewertung durch die ausdrücklichen Normen vor, die Teilnahmerechte der Aktionäre und Gleichbehandlungsanspruch normieren, so dass die Verstöße für das Teilhaberecht des Aktionärs grundsätzlich von Bedeutung sind (vgl auch Rn 10).

14 **c) Fehler bei Abstimmung und Ergebnisfeststellung.** Feststellung und Verkündung des Beschlussergebnisses sind zB fehlerhaft, wenn Abstimmungsverfahren unrichtig gewählt wurde,[108] die erforderliche Mehrheit nicht erreicht war,[109] nicht stimmberechtigte Personen an der Abstimmung teilnahmen,[110] wirksame Stimmen nicht oder aber Stimmen zu Unrecht trotz Stimmverbots (zB gemäß § 136) oder trotz treuwidriger Stimmabgabe[111] gezählt wurden, der Abstimmende nicht bevollmächtigt war[112] oder Bevollmächtigte nicht

---

95 Vgl *Hüffer*, Rn 12, 15; ebenso: OLG Frankfurt bei sog. marginalen Fehlern (concreto entgegen, § 124 Abs. 3 S. 3 nicht [korrekt] angegebener ausgeübter Beruf eines Aufsichtsratskandidaten) ZIP 2007, 232 = AG 2007, 374; bestätigt vom BGH DStR 2007, 1493 mit Anm. *Goette*; aA LG München Konzern 2007, 448.
96 Vgl allg. zur verfahrensrechtlichen Dimension von Grundrechten, hier zumal Art. 14 GG; zB *Hesse*, Grundzüge des Verfassungsrechts, § 12 Rn 441 ff.
97 So auch *Hüffer*, Rn 15; MüKo-AktG/*Hüffer*, Rn 34; KölnKomm-AktG/*Zöllner*, Rn 90; Großkomm-AktienR/*K. Schmidt*, Rn 31.
98 BGH NJW 2002, 1128 = DStR 2002, 1312 = WM 2002, 179 = DB 2002, 196 = ZIP 2002, 172 (Sachsenmilch).
99 BGHZ 44, 245, 250 = NJW 1966, 43.
100 BGHZ 62, 193, 194 f = NJW 1974, 855; Spindler/Stilz/*Hoffmann*, § 120 Rn 45; Hölters/Drinhausen, § 120 Rn 37; *Weber/Kersjes*, Hauptversammlungsbeschluss vor Gericht, § 1 Rn 422; *Semler* in: MünchHdb. § 34 Rn 32; Spindler/Stilz/*Würthwein*, Rn 130; MüKo-AktG/*Hüffer*, Rn 40; Wachter/*Wagner/Epe*, Rn 45; K. Schmidt/Lutter/*Schwab*, Rn 9; *Grigoleit/Grigoleit*, § 312 Rn 8; aA LG Franfurt v. 20.12.13, 3 – 05 O 157/13 (n.v. – Commerzbank) zu Unrecht unter Berufung auf OLG Düsseldorf AG 2013, 759, 762 = NZG 2013, 178, bei dem es nicht um die Frage der Verletzung von Berichtspflichten, sondern einzelner Prüfungspflichten des AR ging.
101 BGHZ 44, 245, 251 = NJW 1966, 43; OLG Frankfurt AG 2007, 357 = ZIP 2007, 629.
102 Vgl *Butzke*, S. 480, Rn G 11.
103 *Scholz/Schmidt*, GmbHG, § 45 Rn 96; Großkomm-AktienR/*Barz*, 3. Aufl., § 119, Anm. 38.
104 LG München AG 2000, 139.
105 *Hüffer*, Rn 16; MüKo-AktG/*Hüffer*, Rn 34; KölnKomm-AktG/*Zöllner*, Rn 118.
106 OLG Düsseldorf NJW-RR 1992, 100; WM 1991, 2145 = WuB II.A, § 123 AktG 1.92 mit zust. Anm. *Marsch-Barner* (Jacubowski/Effecten Spiegel); OLG München NJW RR 2000, 363, 337 = BB 2000, 582 = ZIP 2000, 272; DStR 2000, 392.
107 LG München I AG 2000, 139; ebenso LG Frankfurt ZIP 2013, 578 = AG 2013, 178.
108 Vgl zum GmbH-Recht *Scholz/Schmidt*, GmbHG, § 45 Rn 96.
109 BGHZ 76, 191, 197.
110 OLG Frankfurt GmbHR 1976, 110 (für GmbH).
111 BGH WM 1977, 360 (für GmbH); *Scholz/Schmidt*, GmbHG, § 45 Rn 96.
112 BGH NJW 1952, 98.

zur Stimmabgabe zugelassen wurden. In diesen Fällen der fehlerhaften Feststellung des Ergebnisses soll es regelmäßig trotz der grundsätzlichen Geltung der Relevanztheorie (vgl Rn 9 ff) an Relevanz fehlen, wenn der Feststellungsfehler **keinen Einfluss auf das Beschlussergebnis** haben konnte.[113] Diese gänzlich unsystematische Ausnahme kann mE nicht überzeugen, da sie sich in einem wesentlichen Bereich der Verfahrensfehler der Erkenntnis verschließt, dass entscheidend für die Anfechtung („wegen Verletzung") die Verletzung des Gesetzes als solches ist. Sie passt auch nicht dazu, dass § 241 zahlreiche Feststellungsfehler mit dem Verdikt der Nichtigkeit belegt (vgl dazu § 241 Rn 7).

d) **Verletzung von Auskunfts- und Informationspflichten.** Beschlüsse sind wegen Gesetzesverletzung anfechtbar, wenn eine **Auskunft zum Beschlussgegenstand entgegen § 131 Abs. 1 und 3 verweigert oder nicht erteilt wird oder entgegen § 131 Abs. 2 falsch ist.**[114] Zum Inhalt des Anfechtungsrechts vgl auch Rn 37 ff. Das Anfechtungsrecht steht jedem Aktionär zu, der Widerspruch eingelegt hat, auch wenn er die Auskunft nicht selbst verlangt hat.[115] Anfechtbar kann neben dem den Gegenstand der Information unmittelbar bildenden Beschluss[116] auch ein damit unmittelbar zusammenhängender, auf demselben Informationsbedarf aufbauender Beschluss sein, weitgehend kann Auskunftsverletzung zur Anfechtbarkeit aller Beschlüsse führen, wenn die Verweigerung der Auskunft einen zentralen Punkt betrifft.[117] ME folgt aus § 243 Abs. 4 aF (an dessen Inhalt der Gesetzgeber durch die Novelle durch das UMAG nichts ändern wollte)[118] iVm dem Willen des historischen Gesetzgebers des AktG 1965, dass immer dann, wenn eine Auskunft nach § 131 zu Unrecht nicht gegeben worden ist, der gleichwohl gefasste Beschluss der Anfechtung unterliegt. Vollständige Offenlegung aller Tatsachen („full disclosure")[119] ist Voraussetzung für mängelfreie Beschlussfassung. Das belegt die Regierungsbegründung des Gesetzentwurfs zum AktG 1965: „Verweigert der Vorstand zu Unrecht eine Auskunft, so muss angenommen werden, dass die Aktionäre ihr Stimmrecht nicht sachgemäß ausüben konnten, weil sie die zur Beurteilung erheblichen Tatsachen nicht vollständig kannten."[120]

Dieser Maßgabe des historischen Gesetzgebers werden **Versuche zur Bagatellisierung** der Auskunftspflichtverletzung nicht gerecht. Nach dem RG musste die Gesellschaft ohne jeden Zweifel belegen, dass keine Kausalität vorliegen kann.[121] Der BGH meinte in einer Entscheidung aus den frühen 1960er Jahren, dies sei „überspannt", und stellte auf das ab, was er für den objektiv urteilenden Aktionär hielt; die Anfechtungsklage bleibe erfolglos, wenn es keinem vernünftigen Zweifel unterliege, „daß das Ergebnis der Abstimmung durch eine unberechtigte Auskunftsverweigerung nicht beeinflußt worden ist".[122] In der Literatur wird mit ähnlichen Ergebnissen vertreten, dass die unberechtigte Verweigerung der Auskunft ausnahmsweise irrelevant ist, wenn vom Standpunkt eines vernünftigen Beurteilers aus zwischen dem Gesetzesverstoß in seinem konkreten Erscheinungsbild und der Vernichtung des Beschlusses als Sanktion kein angemessenes Verhältnis bestehe.[123] Noch weiter gingen das Landgericht München[124] und das Hanseatische Oberlandesgericht (Hamburg) und verneinen die Anfechtbarkeit von **Entlastungsbeschlüssen** bei Verletzungen der Auskunftspflicht: „Denn angesichts der ihnen bekannten Fakten oblag es den Aktionären zu entscheiden, ob sie den Vorstand entlasten oder nicht. Das Ergebnis muss die überstimmte Mehrheit und damit auch der Kläger hinnehmen."[125] (vgl Rn 16 b und 20 a). Die **Regierungskommission Corporate Governance** lehnte zwar Forderungen nach Beseitigung des Verbots der Kausalitätsprüfung[126] sowie Einführung einer Verhältnismäßigkeitsprüfung ab; sie empfahl aber de lege ferenda (1) als Voraussetzung der Anfechtbarkeit einen Aktien-Mindestbesitz von 1 % des Grundkapitals oder einen Börsen-/Marktwert von 100.000 EUR; (2) Anfechtbarkeit nur bei wesentlicher Bedeutung der verletzten Information für das Verhalten eines objektiv urteilenden Aktionärs; (3) ausdrückliche gesetzliche Beschränkungen der Anfechtung bei unzureichender In-

---

113 MüKo-AktG/*Hüffer*, Rn 41; *Hüffer*, Rn 19; KölnKomm-AktG/*Zöllner*, Rn 97; Großkomm-AktienR/*K. Schmidt*, Rn 39; Grigoleit/*Ehmann*, Rn 11.
114 Großkomm-AktienR/*K. Schmidt*, Rn 34, im Anschluss an LG Berlin AG 1995, 41 = WM 1994, 1246; st. Rspr. vgl statt aller BGHZ 119, 1, 13 = NJW 1992, 2760, 2763 (ASEA/BBC).
115 BGHZ 119, 1, 13 = NJW 1992, 2760 = ZIP 1992, 1297.
116 BGH NJW 1992, 2760, 2763 f = BGHZ 119, 1 = ZIP 1992, 1227 = AG 1992, 450 verlangt als Grundsatz eindeutige Zuordnung der Informationspflichtverletzung zu einem einzelnen Tagesordnungspunkt.
117 OLG Brandenburg AG 2003, 328; restriktiver OLG Frankfurt AG 2009, 542, 546; aA zu Unrecht OLG Frankfurt EWiR 2008, 385; aA die Vorentscheidung LG Frankfurt EWiR 2007, 129 zu „Mangusta/Commerzbank III" – der Frage, ob im Jahr des Ablaufs der Verjährungsfrist von Schadensersatzansprüchen gegen den Vorstand und Aufsichtsrat Auskünfte zu dem möglichen Schadensersatzanspruch zugrunde liegenden Tatsachen erteilt werden müssen.
118 Regbegründung, BT-Drucks. 15/5092, S. 26.
119 Vgl zum Konzept des Informationsrechts nach US-amerikanischen Recht *Witt*, AG 2000, 257.
120 RegBegr. *Kropff*, S. 330.
121 RGZ 167, 151, 165.
122 BGHZ 36, 121, 140 = NJW 1962, 104; 119, 1, 18 f; BGH AG 1995, 462 = ZIP 1995, 1256 = NJW 1995, 3115.
123 MüKo-AktG/*Hüffer*, Rn 37 f; vgl auch Großkomm-AktienR/ *K. Schmidt*, Rn 37.
124 Urt. v. 21.9.2000 – 5 HKO 10119/00 (Hypo-Vereinsbank), n.v.; dagegen zu Recht OLG München BB 2002, 112 = NZG 2002, 187.
125 Hanseatische OLG (Hamburg) AG 2002, 460, 462.
126 § 243 Abs. 4 AktG aF: „Für eine Anfechtung, die auf die Verweigerung einer Auskunft gestützt wird, ist es unerheblich, daß die Hauptversammlung oder Aktionäre erklärt haben oder erklären, die Verweigerung der Auskunft habe ihre Beschlußfassung nicht beeinflußt."

formation über Bewertungsfragen, wenn die Bewertungsrüge auf Spruchverfahren verwiesen ist.[127] Solche Beschränkungsversuche werten mE zu gering, dass nach dem Willen des historischen Gesetzgebers und nach dem Zweck der Auskunftspflicht **bei zu Unrecht verweigerter oder unrichtiger Auskunft angenommen werden muss, dass die** „Aktionäre ihr Stimmrecht nicht sachgemäß ausüben konnten" (vgl Rn 15), was in jedem Fall zur Anfechtbarkeit des gleichwohl gefassten Beschlusses führt. Abgesehen von der Beschränkung der Anfechtung bei Bewertungsrügen (vgl Rn 37 d ff) hat der Gesetzgeber zu Recht keine Beschränkung der Anfechtbarkeit eingeführt, auch nicht durch die Novelle von § 243 Abs. 4 S. 1 (vgl Rn 37 ff).

16a Eine deutliche **Stärkung des Auskunftsrechts** bedeutet die Rechtsprechungsänderung des BGH, mit der er sich 2001 der Relevanztheorie angeschlossen hat (vgl Rn 10): Die Anfechtung wegen Verletzung von Informationspflichten ist begründet, wenn die vorenthaltenen Informationen für die **Mitwirkung der Aktionäre an der Beschlussfassung** wesentlich sind;[128] unbeachtlich ist mithin eine Auswirkung der Information auf das Beschlussergebnis. Das gilt nach der BGH-Entscheidung „Thyssen/Krupp" auch für Entlastungsbeschlüsse.[129] Darin unterstreicht der BGH zu Recht, dass es „einem Aktionär nicht zuzumuten ist, die Tätigkeit der Verwaltung ohne die dazu erforderlichen Informationen ‚abzusegnen' und ihr das Vertrauen auszusprechen". Ein solches „Absegnen" von Beschlussanträgen ohne umfassende Informationserteilung kann Aktionären generell nicht zugemutet werden. Die LG Frankfurt und München sehen bei vollständigem Wortentzug bzw Nicht-Einräumung des Rederechts trotz Meldung zutreffend einen so gravierenden Eingriff in das Rederecht und ein so großes Legitimationsdefizit des HV-Beschlusses, dass es auf die vom Aktionär konkret beabsichtigten Fragen nicht ankommen könne.[130]

16b Nicht zu folgen ist daher älteren Judikaten, die die Anfechtbarkeit von **Entlastungsbeschlüssen** bei Auskunftspflichtverletzungen verneinten: Ihnen lag der Gedanke zugrunde, einer HV stehe es frei, auch eine pflichtvergessene Verwaltung zu entlasten[131] (vgl Rn 16). Dabei wurde aber zu Unrecht die beschränkte Bedeutung der Entlastung (vgl § 120 Rn 5 ff) mit der Frage der Anfechtbarkeit des HV-Beschlusses vermengt (vgl Rn 20 a). Dieser ist gemäß Abs. 1 bei Verletzung des Gesetzes anfechtbar – unabhängig von der rechtlichen Tragweite, die er haben mag; es gibt keine HV-Beschlüsse erster und zweiter Güte und eine je nach Güteklasse gestufte Rechtsverletzung und damit Anfechtbarkeit –, es sei denn, der Gesetzgeber ordnet dies ausdrücklich an, wie beim Votum zum Vergütungssystem gem. § 120 Abs. 4. Der Entlastungsbeschluss ist anfechtbar, „wenn der Vorstand seiner insoweit bestehenden gesetzlichen Informationspflicht nicht nachgekommen ist. Denn ohne ausreichende Information ist dem Aktionär die sachgerechte Ausübung seines Ermessens bei der Beschlussfassung über die Entlastung nicht möglich."[132] Anfechtbarkeit besteht auch, wenn sich der Gegenstand der Auskunft auf das zur Zeit des Entlastungsbeschlusses laufende Geschäftsjahr bezieht.[133]

17 Verletzt ist das **Auskunftsrecht**, wenn die verlangte Auskunft verweigert oder unrichtig, unvollständig oder verspätet erteilt wurde.[134] Die bloße Weigerung, eine berechtigte Auskunftsverweigerung zu begründen (vgl § 131 Rn 84), soll kein Anfechtungsgrund sein.[135] Zur Anfechtbarkeit können auch **in früheren HV bereits**

---

127 *Baums*, Regierungskommission Corporate Governance, Bericht, Rn 133 ff.
128 BGHZ 149, 158, 164 f = AG 2002, 241; vgl auch BGHZ 153, 32, 36 f = ZIP 2003, 290 ff = DB 2003, 383 ff = WM 2003, 437 ff = BB 2003, 462 ff = NZG 2003, 216 ff; BGH NJW 2002, 1128 = DStR 2002, 1312 = WM 2002, 179 = DB 2002, 196 = ZIP 2002, 172 (Sachsenmilch); OLG Stuttgart AG 2006, 379; vgl auch Spindler/Stilz/*Würthwein*, Rn 125.
129 BGH AG 2005, 87, 89 = BGHZ 160, 385 = ZIP 2004, 2428 = WM 2004, 2489 = DB 2004, 2803 (Thyssen/Krupp). In der Entscheidung heißt es: „Auch ein innerhalb der Ermessensgrenzen liegender Entlastungsbeschluss ist ... anfechtbar, wenn einem Aktionär die zur Ermessensausübung erforderlichen Auskünfte unberechtigt verweigert werden..., was freilich voraussetzt, dass das Auskunftsbegehren auf Vorgänge von einigem Gewicht gerichtet ist, die für die Beurteilung der Vertrauenswürdigkeit der Verwaltung von Bedeutung sind. Für eine weiter gehende Einschränkung besteht kein Anlass, weil einem Aktionär nicht zuzumuten ist, die Tätigkeit der Verwaltung ohne die dazu erforderlichen Informationen ‚abzusegnen' und das Vertrauen auszusprechen.... Werden einem Aktionär Auskünfte vorenthalten, die aus der Sicht eines objektiv urteilenden Aktionärs in der Fragesituation zur sachgerechten Beurteilung des Beschlussgegenstandes..., erforderlich' sind, so liegt darin zugleich ein ‚relevanter' Verstoß gegen das Teilnahme- und Mitwirkungsrecht des betreffenden Aktionärs, ohne dass es darauf ankommt, ob der tatsächliche Inhalt der in der Hauptversammlung verweigerten und später – evtl erst im Anfechtungsprozess – erteilten Auskunft einen objektiv urteilenden Aktionär von der Zustimmung zu der Beschlussvorlage abgehalten hätte (missverständlich § 243 Abs. 4 S. 1 AktG-RefE UMAG; dazu Seibert/Schütz, ZIP 2004, 252, 256. Soweit in BGHZ 149, 158, 164 f noch Kausalitätserwägungen als notwendiges Relevanzkriterium anklingen, wird daran nicht festgehalten." Ebenso BGH WM 2013, 2361, Rn 39.
130 LG Frankfurt ZIP 2013, 578 = AG 2013, 178; LG München AG 2011, 763.
131 Geßler/*Eckardt*, § 120 Rn 38; BGH DB 1967, 940; *Lutter*, NJW 1973, 113 f; OLG München DB 2002, 823; OLG Düsseldorf WM 1996, 777; mit gutem Grund einschränkend: *Hüffer*, § 120 Rn 12.
132 OLG München BB 2002, 112 = NZG 2002, 187 (HypoVereinsbank), mit Anm. *Leuering*, EWiR 2002, 599, im Anschluss an BGH DB 1967, 940 = NJW 1967, 1462 = AG 1967, 200; BGHZ 62, 193 = AG 1974, 220 = NJW 1974, 855; KG AG 2001, 355; Hanseatisches OLG (Hamburg) AG 2001, 359; vgl auch OLG München ZIP 1992, 327, 335 f; Großkomm-AktienR/*Mülbert*, § 120 Rn 119.
133 OLG München ZIP 2009, 1667, 1668 = AG 2009, 121.
134 Großkomm-AktienR/*K. Schmidt*, Rn 34.
135 BGHZ 101, 1 = NJW 1987, 3136.

behandelte **Auskunftsverlangen** führen, soweit sie einen ausreichenden Bezug zum streitgegenständlichen Beschluss haben.[136]

Die Anfechtung setzt **keine vorherige Durchführung eines Erzwingungsverfahrens** gemäß § 132 voraus (vgl § 132 Rn 3);[137] ein rechtskräftiger Beschluss im Verfahren gemäß § 132 bindet das Gericht im Anfechtungsprozess nicht[138] (vgl § 132 Rn 3). **18**

Auch die **Verletzung sonstiger Informationspflichten** neben § 131 kann die Anfechtung eines Beschlusses begründen. Dies gilt beispielsweise für die Verletzung der Pflicht zur Auslegung des Jahresabschlusses etc. gemäß § 175 Abs. 2 im Hinblick auf den Gewinnverwendungsbeschluss (vgl § 175 Rn 7) und für die Verletzung der Berichtspflicht gemäß § 186 Abs. 4 S. 2 (vgl § 186 Rn 37)[139] – was auch beim genehmigten Kapital gilt, und zwar mE vor der Ausnutzung der Ermächtigung durch den Vorstand.[140] Anfechtungsgrund ist auch die gemäß § 120 Abs. 3 bei Entlastung unzureichende Vorlage der Unterlagen,[141] unzureichende Berichterstattung des Aufsichtsrats nach § 171[142] sowie Nichtvorlage eines Abhängigkeitsberichtes.[143] Nach st. Rspr begründen auch (erhebliche) Mängel von Verschmelzungs- und Verschmelzungsprüfungsbericht die Anfechtung.[144] Gleiches gilt für einen unzureichenden Bericht nach § 179a Abs. 2.[145] Auch die Verletzung der aus § 131 abzuleitenden Pflicht, bei „Holzmüller"- bzw „Gelatine"-Entscheidungen (vgl § 119 Rn 14 ff) oder der Zustimmung zu einem Vertrag (§ 124 Abs. 2 S. 2) alle wesentlichen zur Beurteilung der Maßnahme erforderlichen Unterlagen ab Einberufung der HV in den Geschäftsräumen auszulegen und auf Verlangen zu versenden, begründet die Anfechtbarkeit.[146] **19**

Für Fälle des Formwechsels hatte der BGH schon vor der Novelle des § 243 Abs. 4 S. 2 (dazu Rn 37 d ff) entschieden, dass es einen **Klageausschluss zugunsten von Spruchverfahren** gibt;[147] danach sollte der in § 210 UmwG vorgesehene Klageausschluss auch gelten bei der Verletzung von Auskunftspflichten gemäß § 131 im Hinblick auf die Höhe der Abfindung.[148] Vgl zur nach wie vor berechtigten Kritik 1. Aufl, Rn 20. **20**

6. Besonderheiten bei Entlastungsbeschlüssen? Die Frage der Anfechtung von Entlastungsbeschlüssen wegen **Informationspflichtverletzungen** wurde schon behandelt (vgl Rn 16, 16 b). Entlastungsbeschlüsse können auch sonst wegen **Verfahrensfehlern** anfechtbar sein (vgl zu allgemeinen Fehlern Rn 11 ff, § 120 Rn 13 ff zur Einzel- und Gesamtentlastung). Auch **Inhaltsfehler** können zur Anfechtbarkeit führen. Für die Praxis überholt ist die Rechtsprechung, nach der es angesichts des Ermessens der HV grundsätzlich freistehe, auch eine pflichtwidrig handelnde Verwaltung zu entlasten (vgl Rn 16 b). Demgegenüber hat der BGH seit seiner „Macroton"-Entscheidung in ständiger Rechtsprechung festgestellt, dass ein HV-Beschluss, der Verwaltungsmitgliedern trotz eines **schwerwiegenden und eindeutigen Gesetzes- oder Satzungsverstoßes** Entlastung erteilt, selbst inhaltlich gesetzwidrig und anfechtbar ist.[149] Da der Anfechtungsgrund der Rechtsverstoß ist, ist Voraussetzung für die Anfechtung mE nicht, dass dieser Verstoß der HV erkennbar war.[150] Der BGH hat die Frage jüngst ausdrücklich offen gelassen.[151] Auf **Erkennbarkeit des Fehlverhaltens** abzustellen verkennt die Bedeutung der Entlastung, die gem. § 120 Abs. 2 in der Billigung der Leitung der AG durch **20a**

---

136 OLG München ZIP 2009, 1667, 1669 = AG 2009, 121 zur Frage der Schaffung eines genehmigten Kapitals im Hinblick auf einige Zeit vorher durchgeführte Kapitalerhöhungen.
137 BGHZ 86, 1 = NJW 1983, 878; OLG Stuttgart DB 1991, 1178; *Hüffer*, Rn 47; K. Schmidt/Lutter/*Schwab*, Rn 9; *Henze*, HHR-AktienR, Rn 1231 ff; aA noch *Werner*, in: FS Heinsius, 1991, S. 911, 918; *Werner*, in: FS Bartz, S. 293.
138 BGHZ 180, 9 = ZIP 2009, 460 = AG 2009, 285 (Kirch/Deutsche Bank).
139 BGHZ 83, 319, 325; KölnKomm-AktG/*Lutter*, § 186 Rn 98; *Hüffer*, Rn 18.
140 Vgl *Meilicke/Heidel*, DB 2000, 2358, 2359; KölnKomm-AktG/*Lutter*, § 203 Rn 31; *Lutter*, BB 1981, 861, 863; *Timm*, DB 1982, 211, 215; *Hirte*, Bezugsrechtsausschluss und Konzernbildung, 1986, S. 120 ff; Großkomm-AktienR/*Hirte*, § 203 Rn 75, 86; *Hüffer*, 4. Aufl., § 203 Rn 36; aA *ders.*, 5. Aufl., § 203 Rn 36 (nach einem entsprechendem Parteigutachten, in dem er die 4. Aufl. vertretene Sicht aufgab); Geßler/*Hefermehl*/*Bungeroth*, § 203 Rn 27; MüHb-AG/*Krieger*, § 58 Rn 44; offen gelassen von BGHZ 83, 319, 327.
141 BGHZ 62, 193, 194; Großkomm-AktienR/*K. Schmidt*, Rn 35.
142 OLG Stuttgart AG 2006, 379.
143 BGHZ 62, 193, 194 = NJW 1974, 855; OLG Düsseldorf ZIP 1993, 1791, 1793,.
144 BGHZ 107, 206, 306 = NJW 1989, 2689; BGH AG 1990, 259, 262 = NJW-RR 1990, 350, 352 (DAT-Altana); BGHZ 119, 1, 18 ff = NJW 1992, 2760 (ASEA/BBC); OLG Frankfurt ZIP 2012, 766 = AG 2012, 414 (CefDex); *Hüffer*, FS Fleck, 1988, S. 158; Geßler/*Grunewald*, § 340 b Rn 21; vgl auch OLG Karlsruhe WM 1989, 1134, 1140.
145 BGHZ 82, 188, 197 = NJW 1982, 933, 935.
146 OLG Schleswig DB 2006, WM 2006, 231 = AG 2006, 120 = ZIP 2006, 421 (MobilCom).
147 BGHZ 146, 179, 181 = NJW 2001, 1425.
148 Bestätigt in BGH NJW 2001, 1428, jeweils unter Aufgabe der älteren Rspr zum Abfindungsanspruch, BGH NJW 1995, 3115, 3116, nicht aber der Rspr zum Ausgleichsanspruch, BGHZ 122, 211, 238; vgl aus dem Schrifttum *Henze*, ZIP 2002, 97, 105; *Sinewe*, DB 2001, 690 f; *Kallmeyer*, GmbHR 2001; 204; *Luttermann*, BB 2001, 204; *Wenger*, EWiR, 2001, 331; Kritik wegen Verstoßes gegen EMRK: *Meilicke/Heidel*, BB 2003, 1805.
149 BGHZ 153, 47, 52 = AG 2003, 273 (Macroton); BGH NZG 2013, 783 = AG 2013, 643; vgl *K. Schmidt*, NZG 2003, 601; *Röhricht*, VGR, Gesellschaftsrecht in der Diskussion, 2003, S. 30 ff; ZIP 2004, 2428, 2430 = BGHZ 160, 385 ff = WM 2004, 2489 ff; DB 2004, 1306 = AG 2004, 43; für freies Ermessen bei der Entlastungsentscheidung: K. Schmidt/Lutter/*Spindler*, § 120 Rn 55; MüKo-AktG/*Kubis*, § 120 Rn 15.
150 So aber OLG Köln AG 2009, 1099; OLG Frankfurt ZIP 2007, 26 = AG 2007, 329; tendenziell diesen zustimmend: *Lutter* in: FS Hopt, S. 1025, 1029 f.
151 BGH ZIP 2012, 2438 = AG 2013, 90; gegen OLG Stuttgart AG 2012, 298, 303 f = ZIP 2012, 625 (Porsche/Piëch), vgl dazu *Heidel/Schatz*, EWiR 2013, 229.

Vorstand und Aufsichtsrat liegt. Die Billigung kann nicht davon abhängig sein, ob die Mängel der Geschäftsleitung der HV bekannt waren; denn sonst würde man die besonders geschickt vorgehende und verschleiernde Verwaltung privilegieren. Mit Recht bejaht das LG München die Anfechtung des Entlastungsbeschlusses auch dann, wenn die Aktionäre nicht alle hinreichend Informationen erhalten, aufgrund derer sie urteilen können, inwieweit eine schwere Pflichtverletzung iSd Rspr vorliegt.[152] Inhaltsfehler und Verfahrensfehler muss man ansonsten mE klar auseinanderhalten;[153] vor allem ist der Gefahr zu begegnen, aus Verfahrensfehlern Inhaltsfehler zu machen und zB eine relevante Auskunftsverletzung nur noch anzunehmen, wenn dieser ein „schwerwiegender und eindeutiger" Verstoß iSd Rspr zugrunde liegt. Ein schwerwiegender Gesetzesverstoß soll nach dem BGH und der OLG-Rspr nur vorliegen können, wenn sich das Verwaltungsorgan über eine **zweifelsfreie Gesetzeslage** hinweggesetzt hat; wenn eine Frage umstritten ist – wie zB die, ob und inwieweit im faktischen Konzern die Vergütung des Vorstands einer abhängigen AG an der Ertragslage der herrschenden Gesellschaft ausgerichtet werden darf[154] –, wenn eine Frage in Rspr und Lit. nicht diskutiert wird[155] oder sogar schon dann, wenn in der höchstrichterlichen Rspr „eindeutige Aussagen … nicht vorliegen"[156], soll eine Anfechtbarkeit ausscheiden.[157] ME ist dieser Sicht nicht zu folgen, und zwar aus Gründen ähnlich denen, ob Klagen iSd § 246a offensichtlich unbegründet sind: Auf den Prüfungsaufwand und die Frage, ob die Literatur die Frage streitig beantwortet, kann es nicht ankommen, da die HV durch die Entlastung das Verwaltungshandeln gem. § 120 Abs. 2 S. 1 billigt, was bei einem objektiv schwerwiegenden Gesetzesverstoß ausscheidet. Ungeklärt ist, wann die vom BGH gezogene Grenze zum **schwerwiegenden Verstoß** überschritten ist. Solches ist mE immer zu bejahen bei Straftaten oder Ordnungswidrigkeiten zulasten der AG, der Aktionäre oder bei börsennotierten Unternehmen zulasten des Kapitalmarktes, Verstößen iSd § 93 Abs. 1 und Abs. 3, § 116,[158] Übergehen der Zuständigkeit anderer Organe – insbesondere der HV in „Holzmüller"-Situationen[159] –, Verletzung der Pflicht zur eigenverantwortlichen Leitung der AG (§ 76) und sonst Verletzungen der Pflichten als Organmitglied, wie insb. Treuepflichten, zumal wenn diese wichtigen Gründe gemäß §§ 84 Abs. 3 S. 1, 103 Abs. 3 begründen.

21 7. **Inhaltsmängel.** Verstöße des Inhalts des HV-Beschlusses **gegen Gesetz oder Satzung** (vgl Rn 7 ff) führen zur Anfechtbarkeit, wenn der Beschluss nicht schon gemäß § 241 nichtig ist. **Kausalitäts- und Relevanzfragen** des Inhaltsverstoßes spielen als Voraussetzung der Anfechtbarkeit keine Rolle.[160]

22 a) **Verstöße gegen konkrete Vorschriften.** HV-Beschlüsse können gegen **Verbotsgesetze gemäß § 134 BGB** verstoßen. Gemäß § 251 ist die Wahl von Aufsichtsratsmitgliedern anfechtbar, gemäß § 254 der Beschluss über die Verwendung des Bilanzgewinnes und gemäß § 255 die Kapitalerhöhung. Ein Kern des Aktienrechts ist der **Gleichbehandlungsgrundsatz** des § 53a (vgl § 53a Rn 5 ff), dessen Verletzung aber nur die Anfechtbarkeit, nicht aber die Nichtigkeit begründen soll[161] und der auch keinen Anspruch auf Gleichbehandlung im Unrecht gewährt.[162] Auch wenn ein Beschluss das Gleichbehandlungsgebot nicht verletzt, kann er aber **anfechtbar mangels sachlicher Rechtfertigung** sein[163] (vgl dazu Rn 24). Beschlüsse nach § 84 Abs. 3 S. 2 auf Vertrauensentzug bedürfen ebenso wie solche auf Entziehung der Geschäftsführungs- und Vertretungsbefugnis einer Komplementärin nach § 278 Abs. 2 iVm §§ 117, 127 HGB keiner sachlichen Rechtfertigung; ob der wichtige Grund zur Entziehung der Vertretungsbefugnis bzw der sachliche Grund zum Vertrauensentzug vorliegt, ist in der Auseinandersetzung über die Entziehungsklage bzw die Abberufung durch den AR zu klären.[164] Auch Verstöße gegen § 57 begründen die Anfechtung, da auch Nichtig-

---

152 LG München AG 2012, 386, 388.
153 Vgl *von der Linden*, ZIP 2013, 2343.
154 Vgl dazu *Heidel*, in FS Mehle, 2009, S. 247; *Habersack*, NZG 2008, 634.
155 LG München NZG 2012, 1152; BGH AG 2012, 712, 714 = ZIP 2012, 1807 gegen Vorinstanz OLG Frankfurt AG 2011, 256 = ZIP 2011, 425 (Fresenius).
156 OLG Düsseldorf GWR 2012, 536 (Kurzwiedergabe, Volltext juris Rn 111 ff).
157 BGH ZIP 2009, 2436 = AG 2010, 79; ebenso im Erg. schon OLG München ZIP 2008, 1237 = WM 2008, 1320, sowie die Vorentscheidung des LG München DB 2007, 2640 = WM 2008, 81; BGH WM 2012, 546 = AG 2012, 248 (Commerzbank) gegen LG Frankfurt ZIP 2010, 429 = WM 2010, 618 mit zust. Anm. *Wilhelm*, WuB 2012, 351; grundlegend kritisch gegen die Rspr *Wackerbarth*, ZIP 2009, 2436, 2437, 2438: Sie enthalte einen logischen Zirkel, „indem sie die Entscheidung über eine bestimmte Rechtsfrage von der Klärung ebendieser Frage abhängig macht"; wie solle die Frage „dann jemals geklärt und künftig eine eindeutige Rechtslage hergestellt werden, wenn der BGH ihre Klärung mit der Begründung ablehnt, sie sei eben nicht geklärt?".
158 Vgl zu den Anforderungen an einen substantiierten Vortrag OLG Düsseldorf GWR 2012, 53 (Kurzwiedergabe, Volltext in juris Rn 121 ff).
159 Vgl exemplarisch LG Frankfurt iS „Commerzbank/Dresdner Bank", ZIP 2010, 429 = WM 2010, 618 = BB 2010, 980 = AG 2010, 416; aA BGH WM 2012, 546 = AG 2012, 248.
160 Vgl statt aller Großkomm-AktienR/*K. Schmidt*, Rn 40; Spindler/Stilz/*Würthwein*, Rn 157.
161 RGZ 118, 67 f; RG JW 1935, 1776; BGHZ 71, 40, 43 ff = NJW 1978, 1316, 1317 f; BGHZ 120, 141, 149 ff = NJW 1993, 400, 402; BGHZ 33, 175, 186; BGHZ 70, 117, 121; BGHZ 84, 303, 305; Großkomm-AktienR/*K. Schmidt*, Rn 44; in der Literatur wurde in der Vergangenheit Unwirksamkeit angenommen: *Fischer*, JZ 1956, 363; Großkomm-AktienR/*Wiedemann*, 3. Aufl., § 179 Anm. 8 b; *K. Schmidt/Lutter/Schwab*, Rn 6 weist auf die Möglichkeit hin, in die Benachteiligung einzuwilligen.
162 BGH ZIP 2008, 218 = AG 2008,164.
163 *Hüffer*, Rn 29.
164 Vgl LG Frankfurt ZIP 2013, 748 = NZG 2013, 1425.

keitsgründe die Anfechtung begründen, zB im Falle der Veräußerung einer wesentlichen Beteiligung zu einem Preis deutlich unter Verkehrswert.[165] Zur Anfechtbarkeit führt auch die unzulässige Verfolgung von **Sondervorteilen** (Abs. 2, vgl sogleich bei Rn 28 ff). Die Wahl von Abschlussprüfern konnte wegen Besorgnis ihrer Befangenheit bis zur Normierung von Abs. 3 Nr. 2 (vgl dazu Rn 36 a) ungeachtet von § 318 Abs. 3 S. 1 HGB angefochten werden.[166] Anfechtbarkeit – mE Nichtigkeit – kann sich nach § 139 BGB ergeben, wenn das Geschäft nichtig ist, dem die HV zustimmen soll.[167] Eine erhebliche Rolle bei Anfechtungen wegen Inhaltsmängeln spielt auch der **Bezugrechtsausschluss** bei Kapitalerhöhung (vgl § 186 Rn 46 ff). Bloße **Einwände gegen die Zweckmäßigkeit** des HV-Beschlusses führen nicht zur Anfechtbarkeit.[168] Bei unzweckmäßigen oder sonst kaufmännisch nicht richtigen Beschlüssen kann allerdings der Verdacht nahe liegen, dass der Beschluss auf sachfremden Erwägungen beruht, was die Anfechtbarkeit begründen kann.[169] Ein wesentlicher Anfechtungsgrund können auch Rechtsverstöße insbesondere der Verwaltungsorgane sein, zumal bei Entlastungsbeschlüssen (vgl Rn 16, 20 a).

b) Machtmissbrauch/Treuepflichtverletzung. Besondere Bedeutung als Anfechtungsgrund[170] hat die Anfechtung bei Machtmissbrauch der HV-Mehrheit; das BVerfG hat schon in der „Feldmühle"-Entscheidung gefordert, dass den überstimmten Minderheitsaktionären **wirksame Rechtsbehelfe gegen den Missbrauch wirtschaftlicher Mehrheitsmacht** zustehen müssen.[171] Zwar muss die überstimmte Minderheit Entscheidungen grundsätzlich hinnehmen, auch wenn sie für ihre Interessen nachteilig sind; die Mehrheit darf ihre Befugnisse aber nicht unter unangemessener Beeinträchtigung der Minderheitsinteressen durchsetzen.[172] Diesen Grundsatz erkennen Rechtsprechung und Literatur einhellig an;[173] exemplarisch ist für diese Sicht eine Entscheidung des OLG Stuttgart aus dem Jahre 2004: Die Zustimmung eines Mehrheitsgesellschafters zu einem Ausgliederungsbeschluss ist wegen Verstoßes gegen die Treuepflicht des Gesellschafters anfechtbar, wenn der Mehrheitsaktionär wegen für ihn erkennbarer Bewertungsfehler die Zustimmung zu dem Beschluss hätte verweigern müssen.[174] Was die Rechtsgrundlage für die Begrenzung der Mehrheitsmacht ist, ist noch weithin ungeklärt, in der Praxis aber zweitrangig. Genannt werden die Grundsätze von Treu und Glauben, die **mitgliedschaftliche Treuepflicht der Aktionäre**, ein allgemeines Verbot institutionellen Rechtsmissbrauchs oder Gewohnheitsrecht; mE ist wesentlicher Anknüpfungspunkt auch die **Eigentumsgarantie der Minderheitsaktionäre** (vgl auch § 242 Rn 7).

Konkret bedeutet die Grenze Mehrheitsmissbrauch, dass **HV-Beschlüsse, die in die Rechtsstellung der Minderheit oder die Rechte der einzelnen Minderheitsaktionäre eingreifen**, nach dem Maßstab der **Erforderlichkeit und Verhältnismäßigkeit** zu prüfen sind. Der BGH hat in st. Rspr Beschlüsse als anfechtbar verworfen, wenn sie in die Mitgliedschaft der Minderheitsaktionäre eingreifen und wenn die Beeinträchtigung im konkreten Fall nicht durch das Gesellschaftsinteresse sachlich geboten oder zwar geboten, aber bei Abwägung von Gesellschaftsinteresse einerseits und Interesse der betroffenen Minderheitsaktionäre andererseits unverhältnismäßig ist.[175] Im Hinblick auf den besonderen Zweck des genehmigten Kapitals hat der BGH in „Siemens/Nold" diese Grundsätze zugunsten des (überprüfbaren) unternehmerischen Ermessens des Vorstands gelockert.[176]

---

165 LG München I AG 2004, 159 = DB 2004, 923 (Ingram Macroton).
166 BGHZ 153, 32, 37 ff = DB 2003, 383 = NJW 2003, 970 = NZG 2003, 216 entgegen LG und OLG München DB 2000, 35 und 2001, 258 (HypoVereinsbank); vgl zum Urteil Marx, DB 2003, 431; Lutter, JZ 2003, 566, 567, der das Urteil mit Recht positiv bespricht: "... die Entscheidung sagt implizit: Die Besorgnis der Befangenheit schließt die Wahl eines Abschlussprüfers/Konzernabschlussprüfers aus. Und dem kann man gewisslich nur zustimmen." Ebenso stellt Lutter zu Recht fest, dass Fragen der allgemeinen Befangenheit vom Gesetz nicht abschließend in das Verfahren nach § 318 Abs. 3 HGB verwiesen worden seien; "es wäre auch merkwürdig genug, wenn ein befangener Wirtschaftsprüfer zunächst wirksam gewählt werden könnte, und dann in dem komplizierten Minderheits-Verfahren nach § 318 Abs. 3 HGB wieder abberufen werden müsste. Dieses Verfahren ist eine Notmaßnahme für später auftretende Befangenheitsprobleme, aber kein Ausschluss des Anfechtungsrechts der Wahl eines Befangenen".
167 LG München NZG 2012, 1152 = GWR 2012, 274 (WET), Berufung OLG München, 7 U 1805/12, vgl Anm. von Paschos, NZG 2012, 1142, zur Rechtswidrigkeit eines HV-Beschlusses zur Zustimmung zu einem Unternehmensvertrag, dem ein nichtiges Business Combination Agreement zugrunde liegt; grundsätzlich ebenso OLG München, AG 2012, 260, 261 f = ZIP 2012, 773 im Freigabeverfahren.
168 BGH DB 1977, 85; MüHb-AG/Semler, § 41 Rn 35.
169 BGH WM 1970, 165; vgl Henze, HHR-AktienR, Rn 1258.
170 Regelmäßig soll keine Nichtigkeit vorliegen, BGHZ 132, 84, 93 f = NJW 1996, 1756.
171 BVerfGE 14, 263, 283 f.
172 St. Rspr, schon des RG, vgl RGZ 132, 149, 163; Fischer, Minderheitenschutz bei Kapitalgesellschaften, 1967.
173 BGHZ 65, 15, 19 (ITT); 71, 40, 44 ff (Kali + Salz); 83, 319, 321 ff (Holzmann); 103, 184, 189 (Linotype); 119, 305 (Klöckner); 120, 141, 145 f (Bankverein Bremen); 125, 239, 241 f (Deutsche Bank); 136, 133 (Siemens/Nold) – unter teilweiser Aufgaben von BGHZ 83, 319; Großkomm-AktienR/K. Schmidt, Rn 45 ff; Hüffer, Rn 22 ff; MüKo-AktG/Hüffer, Rn 47 ff; Lutter, ZHR 162 (1998), 164; Spindler/Stilz/Würthwein, Rn 158 ff; Henze, ZHR 162 (1998), 186; Timm, ZGR 1987, 403; als überholt gelten RGZ 68, 235, 246 (Hibernia) und die daran anknüpfenden Entscheidungen BGHZ 21, 354, 357 f (Minimax I); 33, 175, 186 f (Minimax II); Henssler/Strohn/Drescher, Rn 21,23;K. Schmidt/Lutter/Schwab, Rn 3 ff, jeweils mit zahlreichen Beispielsfällen.
174 OLG Stuttgart AG 2004, 271; AG 2003, 456.
175 BGHZ 132, 84, 93; 120, 141, 145 f; 83, 319, 321; 71, 40, 43.
176 BGHZ 136, 133, 138, ff = NJW 1997, 2815; vgl § 186 Rn 42.

25 Im Fluss ist die Frage der Reichweite der **Überprüfung von Grundlagenbeschlüssen,** zumal von Unternehmensverträgen, Verschmelzungen und Mehrheitseingliederungen. Während manche angesichts der ausdrücklichen Zulassung von solchen Maßnahmen das Erfordernis sachlicher Rechtfertigung verneinen und nur eine Missbrauchskontrolle favorisieren,[177] sprechen sich andere für eine generelle materielle Kontrolle aus.[178] Die Rechtsprechung stellt häufig darauf ab, dass im Gesetz vorgesehene Institute keiner positiven sachlichen Rechtfertigung bedürfen.[179]

26 **II. Sondervorteile zum Schaden von Gesellschaft oder Aktionären (Abs. 2).** Abs. 2 ergänzt („.... auch darauf ...") Abs. 1. *Schmidt* bezeichnet den Abs. 2 als „Spezialtatbestand ohne Sperrwirkung für Abs. 1".[180] Abs. 2 soll nach dem Willen des Gesetzgebers die **Anfechtung** gegenüber dem Vorläufer § 197 AktG 1937 **erleichtern.** Nach damaligem Recht musste der Vorsatz auch den Schaden der Gesellschaft oder der anderen Aktionäre umfassen.[181] Die Praxis ist angesichts der Ausweitung der mitgliedschaftlichen Treuebindung und der allgemeinen Kontrolle der Mehrheitsmacht (vgl Rn 23 ff) zurückhaltend in der Anwendung der Sondervorteilsregeln,[182] was seinen unausgesprochenen Grund darin zu haben scheint, den jedem Aktionär unabhängig von der HV-Teilnahme zugänglichen Anfechtungsgrund (vgl § 245 Nr. 3) nicht allzu weit auszulegen, was indes nicht mit dem Zweck des § 245 Nr. 3 vereinbar ist. So soll es keinen Sondervorteil begründen, wenn der Mehrheitsaktionär die Verschmelzung der AG deshalb betreibt, um bevorzugt gegenüber den Minderheitsaktionären in den Genuss eines Verlustvortrags zu kommen,[183] oder wenn er die rechtsformwechselnde Umwandlung der AG in eine Personengesellschaft betreibt, um in den Vorzug von Steuervorteilen zu kommen, auch wenn das für die Minderheitsaktionäre erhebliche steuerliche Nachteile mit sich bringt.[184] Doch gibt es auch Gegenbeispiele: Das LG München I hat prägnant belegt, wie ein steuerlich neutraler Anteilstausch einen Sondervorteil zugunsten des Großaktionärs und zur Schädigung der Minderheitsaktionäre und der Gesellschaft begründen kann.[185] ME ist die zurückhaltende Anwendung des Abs. 2 und seine **Verwässerung in einem allgemeinen Treuepflichttatbestand** (vgl Rn 23) dem Zweck des Verbots der Erstrebung von Sondervorteilen nicht angemessen und widerspricht auch der Regelungsabsicht des Gesetzgebers, die Anfechtung zu erleichtern (vgl Rn 1). Zudem hat der Sondervorteil klarere Konturen als die so gern bemühte mitgliedschaftliche Treuepflicht.

27 Mitunter verwendet die Rechtsprechung eine **Kombination** der Anfechtungsgründe Treuepflichtverletzung des Mehrheitsgesellschafters **und Sondervorteil** gemäß Abs. 2. So hat der BGH die Anfechtbarkeit eines HV-Beschlusses entsprechend Abs. 2 bejaht, wenn der Mehrheitsgesellschafter vor einem Auflösungsbeschluss mit dem Vorstand Absprachen über die Übertragung des Unternehmens oder dessen wesentlicher Teile getroffen hat; ein solches Verhalten bedeute eine Treuepflichtverletzung gegenüber den Minderheitsaktionären.[186]

28 **1. Sondervorteil (Abs. 2 S. 1).** Der Sondervorteil kann **jeder Vorteil** sein, der eine **sachwidrige Bevorzugung** des (Groß-)Aktionärs oder des Dritten darstellt.[187] Die sachwidrige Bevorzugung stellt wesentlich auf die (mitgliedschaftliche) Ungleichbehandlung der Aktionäre bzw Ungleichbehandlung in Betracht kommender Dritter ab; ausschlaggebend ist, dass der Vorteil nicht allen zufließt, die sich gegenüber der Gesellschaft in vergleichbarer Lage befinden; soweit es an einem Markt fehlt, kommt es auf die fiktive Gegenleistung eines vernünftigen außenstehenden Dritten an; *Schmidt* hebt im Anschluss an *Schilling* den Aspekt der wirt-

---

177 MüKo-AktG/*Hüffer*, Rn 63 ff; *Hüffer*, Rn 26 ff; differenzierend: *Lutter*, § 13 UmwG Rn 33 ff; Großkomm-AktienR/*K. Schmidt*, Rn 45 ff.
178 *Wiedemann*, ZGR 1980, 147, 156 f; Spindler/Stilz/*Würthwein*, Rn 176 ff.
179 BGHZ 76, 352, 353 zum Auflösungsbeschluss bei einer GmbH; BGHZ 103, 184 = NJW 1988, 1579 (Linotype) auch zum Auflösungsbeschluss; hierzu auch BGH AG 1992, 27 = NJW 1992, 168; BGHZ 119, 1 (Unternehmensverträge); BGHZ 70, 117, 121 (Mannesmann – nachträgliche Einführung von Höchststimmrechten); OLG Düsseldorf AG 2003, 578, 579; vgl Spindler/Stilz/*Würthwein*, Rn 166 ff.
180 Großkomm-AktienR/*K. Schmidt*, Rn 53.
181 RegBegr. *Kropff*, S. 329.
182 Großkomm-AktienR/*K. Schmidt*, Rn 52, und *Hüffer*, Rn 31, weisen zu Recht darauf hin, dass § 243 Abs. 2 keine erhebliche praktische Bedeutung erlangt hätte; *Hüffer*, Rn 31, auch mit zahlreichen Nachweisen zu den Defiziten der Norm. Diese werden hiernach durch die Ausweichklausel des § 243 Abs. 2 S. 2 verschärft, "weil Eingriff in Mitgliedsrechte der Minderheitsrechte, der nicht erforderlich oder nicht verhältnismäßig ist, nicht deshalb sachlich gerechtfertigt ist, weil die Mehrheit sich diesen Eingriff kosten lässt".
183 *Hüffer*, Rn 36 zu Unrecht gegen LG Hanau AG 2003, 534 = DB 2002, 2261.
184 BGH WM 2005, 1462 = ZIP 2005, 1318 ff = DB 2005, 1842 ff = AG 2005, 613 ff (FPB Holding).
185 LG München I AG 2002, 301 = NZG 2002, 826 (Paulaner/Schörghuber Braustiftung).
186 BGHZ 103, 184, 193 ff = ZIP 1988, 301; nach vielfach vertretener Sicht hätte es zur Subsumtion unter § 243 Abs. 2 des Rückgriffs auf die Treuepflicht nicht bedurft, *Bommert*, JR 1988, 509, 510; *Lutter*, ZHR, 153 (1989), 446, 457; vgl aber *Timm*, NJW 1988, 1582 f; *Henze*, HHR-AktienR, Rn 1253 f.
187 Vgl Großkomm-AktienR/*K. Schmidt*, Rn 54 f; *Henze*, HHR-AktienR, Rn 1255; *Hüffer*, Rn 35 f; BGH AG 2009, 534 = NJW 2009, 2458; K. Schmidt/Lutter/*Schwab*, Rn 21; vgl aus der Rspr BGHZ 138, 71, 80 f = NJW 1998, 2054; BGH AG 2009, 534, 535 = ZIP 2009, 1317; OLG Frankfurt AG 2012, 414 = ZIP 2012, 766; OLG Düsseldorf Konzern 2006, 768, 775 = ZIP 2007, 380; OLG Hamm NZG 2008, 914, 915 = ZIP 2008, 1530; OLG Jena AG 2009, 582, 583 = NJW-RR 2009, 182; OLG Schleswig AG 2008, 129, 131 = ZIP 2007, 2214; LG München AG 2010, 378, 382 = ZIP 2010, 779.

schaftlich ungerechtfertigten Vorteilserlangung hervor.[188] Anders gewendet: Der Sondervorteil ist dann gegeben, wenn der Aktionär von der Gesellschaft einen Vorteil erwerben oder einen erzielten Vorteil behalten möchte, obwohl der Vorstand diesen Vorteil als pflichtbewusster, selbstständig handelnder und fremden Vermögensinteressen verpflichteter Leiter nicht gewähren oder belassen darf.[189]

Beispiele:

Abschluss eines Betriebspachtvertrages mit dem Mehrheitsaktionär zu nicht marktüblichen oder zu schlechteren Konditionen als dem vom Minderheitsaktionär ernsthaft angebotenen alternativen Vertrag;[190] steuerlich zwar neutraler, aber wirtschaftlich für die AG angesichts der Unternehmenswerte ungünstiger Tausch von Beteiligungen im Immobilienbereich gegen Beteiligungen in Getränkeindustrie;[191] Möglichkeit zu einer günstigen Geschäftsübernahme des Großaktionärs,[192] Verschiebung von Mehrheitsverhältnissen durch Kapitalerhöhung unter Bezugsrechtsausschluss oder Begründung von Tantiemeforderungen,[193] Ausnutzung eines Stimmrechtsverlusts nach § 28 WpHG; § 20 Abs. 7 AktG,[194] Einräumen von Vorteilen für Vorstand,[195] unangemessene Vergütung für Mehrheitsgesellschafter,[196] Verschmelzung um Darlehen untergehen zu lassen.[197] **Kein Sondervorteil** sollen die folgenden Fälle sein: mangels Schadens der Gesellschaft und übrigen Aktionäre aufgrund einer Kapitalerhöhung der Erbringung einer angemessen bewerteten Sacheinlage;[198] Wahl zum Aufsichtsratsmitglied;[199] Begründung von Entsenderechten in den Aufsichtsrat[200] (damit wird aber mE verkannt, dass das Entsendungsrecht ein Sonderrecht des Aktionärs gem. § 35 BGB ist, das ihm nur mit seiner Zustimmung wieder entzogen werden kann; allein aus der Ermöglichung einer Satzungsregelung zur Entsendung gem. § 101 Abs. 2 folgt nicht, dass diese mit Mehrheitsbeschluss oder ohne Entschädigung der anderen Aktionäre eingeführt werden darf, zumal das Entsendungsrecht einem Vorzugsstimmrecht für die begünstigte Aktionärin und einen nicht gerechtfertigten Verstoß gegen den Gleichbehandlungsgrundsatz aller Aktionäre darstellt) Durchsetzung einer Sonderprüfung, um damit eigene Schadensersatzansprüche gegen die AG oder Mitglieder der Verwaltungsorgane durchzusetzen;[201] Folgen, die sich unmittelbar aus der Herbeiführung einer gesetzlichen Regelung ergeben – zB einer Verschmelzung –, wenn die Maßnahme nicht zur Durchsetzung sachwidriger Ziele instrumentalisiert wird.[202] Ausgabe von Genussrechten, obwohl junge Aktien billiger wären;[203] Steuervorteile und Begünstigung zugunsten Großaktionär und zulasten Minderheitsaktionären bei Verschmelzung/Umwandlung (vgl Rn 26). Steuervorteile allein für die Großaktionärin, die sich bei einer Ausschüttung aus der gesetzlichen Regelung ergeben.[204] Wahl eines RA zum Versammlungsleiter gegen Tageshonorar von 7.000 EUR.[205]

2. Ausübung des Stimmrechts (Abs. 2 S. 1). Der Aktionär muss „mit der Ausübung des Stimmrechts" den Sondervorteil zu erlangen suchen. **Auf die Kausalität der vom (Mehrheits-)Aktionär abgegebenen Stimmen für das Beschlussergebnis kommt es nicht an;** schon nach dem Wortlaut genügt es, dass der (Groß-)Aktionär mit seinen Stimmen den Sondervorteil „zu erlangen suchte";[206] dieser braucht also nicht tatsächlich mit den Stimmen herbeigeführt zu werden.[207]

---

188 Großkomm-AktienR/*K. Schmidt*, Rn 55; *Hüffer*, Rn 35; Spindler/Stilz/*Würthwein*, Rn 197 nennt zu Recht auch als Vorteil die Stärkung der Mitgliedsstellung zB durch Stärkung der Stimmrechte.
189 OLG Frankfurt ZIP 2012, 766 = AG 2012, 414 unter Verweis auf MüKo-AktG/*Hüffer*, Rn 79.
190 OLG Frankfurt AG 1973, 136; vgl dazu MüKo-AktG/*Hüffer*, Rn 104; Grigoleit/*Ehmann*, Rn 20.
191 LG München I AG 2002, 301 = NZG 2002, 826 (Paulaner/Schörghuber Braustiftung); aA für einen Sonderfall bei Vorteilen auch der AG: LG Köln AG 2002, 103 = ZIP 2001, 572.
192 BGHZ 76, 352, 357 zur GmbH; BGHZ 103, 184, 193 (Linotype).
193 BGH AG 2009, 534 = NJW 2009, 2458.
194 OLG Schleswig ZIP 2007, 2214 = AG 2008, 129, bestätigt von BGH NJW 2009, 2458 = ZIP 2009, 1317, dort begründet mit Rechtsmissbrauch der übrigen Aktionäre; Grigoleit/*Ehmann*, Rn 20.
195 OLG München NZG 2012, 261 = ZIP 2012, 773.
196 Grigoleit/*Ehmann*, Rn 20 unter Hinweis auf BGH WM 1976, 1226, 1227 = DB 1977, 85.
197 OLG Frankfurt GWR 2012, 180 = ZIP 2012, 766.
198 BGHZ 71, 40, 52 f; vgl *Henze*, HHR-AktienR, Rn 1256.
199 OLG Hamburg AG 1972, 183, 187; Großkomm-AktienR/*K. Schmidt*, § 251 Rn 2; Spindler/Stilz/*Würthwein*, Rn 197; *Hüffer*, § 251 Rn 5.
200 OLG Hamm BB 2008, 1136 (Thyssen-Krupp) = DStR 2008, 1250 = AG 2008, 552 = ZIP 2008, 1530, bestätigt vom BGH ZIP 2009, 1566 = AG 2009, 694 = DStR 2009, 2547.
201 LG München AG 2011, 760, 762 = ZIP 2011, 2203.
202 OLG Frankfurt AG 2006, 249 = DB 2006, 438; OLG Düsseldorf ZIP 2001, 1717 = AG 2002, 47; OLG Saarbrücken AG 2011, 343, 345 f = ZIP 2011, 469; zutreffend kritisch *Hommelhoff*, AG 2012, 194 gegen OLG Hamm AG 2011, 624 = Konzern 2011, 354; in einer ähnlichen Situation wie der des OLG Hamm zurecht Rechtswidrigkeit der Maßnahme erkannt bei OLG Frankfurt ZIP 2012, 766 = AG 2012, 414 (CeFDex).
203 OLG Bremen AG 1992, 268, 270.
204 LG Frankfurt AG 2008, 300 (Altana/Klatten).
205 LG München AG 2010, 419, 423 = GWR 2009, 426.
206 MüKo-AktG/*Hüffer*, Rn 85, 86, dort auch zutreffende Argumente gegen Absichten, entgegen dem Willen des historischen Gesetzgebers und entgegen dem Wortlaut einen Vorsatz hinsichtlich des Schadens in die Norm hineinzulesen.
207 LG München I AG 2002, 301 = NZG 2002, 826 (Paulaner/Schörghuber Braustiftung).

31 **3. Vorsatz („zu erlangen suchte"; Abs. 2 S. 1).** Der Vorsatz braucht sich, anders als nach dem AktG 1937, nur noch auf die **Absicht der Erlangung des Sondervorteils, nicht auf den Schaden**[208] zu beziehen. Bedingter Vorsatz genügt.[209]

32 **4. Schaden der AG oder anderer Aktionäre (Abs. 2 S. 1).** Der Sondervorteil muss zum Schaden der Gesellschaft oder anderer – nicht aller anderen[210] – Aktionäre[211] erstrebt werden. Zwischen dem (eingetretenen bzw potenziellen) Schaden und der Vorteilsgewährung muss ein (mittelbarer oder unmittelbarer) zurechenbarer **Kausalzusammenhang** bestehen.[212] „Stoffgleichheit" ist nicht erforderlich.[213]

33 **5. Eignung zur Erlangung von Sondervorteilen (Abs. 2 S. 1 Hs 2).** Der Beschluss muss geeignet sein, der Erlangung von Sondervorteilen zu dienen. Der Sondervorteil muss die objektiv mögliche Folge des Beschlusses sein. Hieran sind **keine strengen Anforderungen** zu stellen, „weil sonst die Kontrollfunktion der Anfechtungsklage gegenüber einer zu missbilligenden Selbstbegünstigung zu kurz käme".[214]

34 **6. Anfechtungsausschluss bei Ausgleichsgewährung (Abs. 2 S. 2).** Die Anfechtbarkeit greift nicht durch, wenn der HV-Beschluss (also nicht etwa erst eine Vereinbarung nach § 311 Abs. 2, vgl Rn 35) den anderen Aktionären einen angemessenen Ausgleich gewährt (Abs. 2 S. 2). Die Vorschrift schließt die Anfechtung **nur bei Schäden anderer Aktionäre, nicht beim Schaden der Gesellschaft** aus.[215] Die Norm wird als gesetzgeberische Fehlleistung kritisiert, da sie die Interessenlage des Aktionärs „undifferenziert auf diejenige eines gläubigerähnlichen Kapitalanlegers verkürzt".[216] **Rechtsfolge** der Ausgleichsgewährung ist nur, dass die gemäß Abs. 2 S. 1 begründete Rechtswidrigkeit entfällt; das bedeutet nicht aber automatisch, dass eine Rechtswidrigkeit nach Abs. 1 (etwa wegen Verletzung des Gleichbehandlungsgebots oder wegen Verstoßes gegen das Missbrauchsverbot, vgl Rn 23) entfällt.[217]

35 **7. Sonstige Anfechtungsausschlüsse bei Sondervorteilen.** Obgleich **Beherrschungs- oder Gewinnabführungsverträge** dem Vertragspartner der AG Sondervorteile gewähren, ist nach – zweifelhaftem[218] – deutschen Verständnis deren Anfechtung gemäß Abs. 2 nach den Rechtsgedanken von §§ 304 Abs. 3 S. 2, 305 Abs. 5 S. 1 ausgeschlossen;[219] selbstverständlich bleibt die Anfechtung gemäß § 243 Abs. 1 möglich. Nicht ausgeschlossen ist die Anwendung des Abs. 2 bei sonstigen Unternehmensverträgen.[220] Sondervorteile durch HV-Beschluss können trotz der Nachteilsausgleichungspflicht gemäß § 311 Abs. 1 auch im faktischen Konzern durch Anfechtungsklage angegriffen werden,[221] zumal wenn nicht schon der Beschluss den Nachteilsausgleich nach § 311 Abs. 2 festlegt.[222]

35a **III. Keine Anfechtung bei Verletzung von Rechten aufgrund technischer Störungen, von §§ 121 Abs. 4 a, 124 a, § 128 und Gründen nach § 318 Abs. 3 HGB (Abs. 3).** Der durch das ARUG eingeführte Abs. 3 Nr. 1

---

208 Grigoleit/*Ehmann*, Rn 19.
209 *Hüffer*, Rn 34; KölnKomm-AktG/*Zöllner*, Rn 223; Spindler/Stilz/*Würthwein*, Rn 204; MüKo-AktG/*Hüffer*, Rn 85; aA v. Godin/Wilhelmi, Anm. 5; K. Schmidt/Lutter/*Schwab*, Rn 24.
210 KölnKomm-AktG/*Zöllner*, Rn 220; MüKo-AktG/*Hüffer*, Rn 83; K. Schmidt/Lutter/*Schwab*, Rn 23.
211 BGH AG 2009, 534, 535 = NJW 2009, 2458 stellt im Anschluss an *Hüffer*, Rn 33, mit Recht in Frage, ob dem Kriterium überhaupt selbständige Bedeutung zukommt.
212 MüKo-AktG/*Hüffer*, Rn 83.
213 Grigoleit/*Ehmann*, Rn 19; Großkomm-AktienR/*K. Schmidt*, Rn 57.
214 MüKo-AktG/*Hüffer*, Rn 84; ähnlich: KölnKomm-AktG/*Zöllner*, Rn 228.
215 *Hüffer*, Rn 40; MüKo-AktG/*Hüffer*, Rn 92; Großkomm-AktienR/*K. Schmidt*, Rn 60; KölnKomm-AktG/*Zöllner*, Rn 242; *Zöllner*, Aktienrecht im Wandel, Bd. II, S. 462, 487 kritisiert die Norm mit Recht so: „Im AktG 1965 ist die Praktikabilität des Tatbestandes dadurch erschwert worden, dass man ihm in S. 2 eine Art ‚Ausgleichstatbestand' hinzugefügt hat, der jedoch unmöglich meinen kann, was er vordergründig sagt. Denn dass man sich als Mehrheitsaktionär von der Anfechtbarkeit freikaufen kann, wenn man einen Tatbestand verwirklicht, der in der Rspr des RG als sittenwidrig qualifiziert worden ist, kann schwerlich der wahre Wille des Gesetzgebers sein."; aA *Geßler*, in: FS Bartz, S. 97, 99 f; differenzierend: K. Schmidt/Lutter/*Schwab*, Rn 26.
216 *Hüffer*, Rn 37; vgl MüKo-AktG/*Hüffer*, Rn 98 ff; Großkomm-AktienR/*K. Schmidt*, Rn 59; KölnKomm-AktG/*Zöllner*, Rn 236; *Schilling*, in: FS Hengeler, 1972, S. 226, 233 f.
217 Großkomm-AktienR/*K. Schmidt*, Rn 52, 59, 62; *Hüffer*, Rn 39; Grigoleit/*Ehmann*, Rn 17; aA aber wohl *Mülbert*, Aktiengesellschaft, Unternehmensgruppe, Kapitalmarkt, 1996, S. 348 ff.
218 Vgl *Meilicke*, DB 2001, 2387.
219 Großkomm-AktienR/*K. Schmidt*, Rn 58; MüKo-AktG/*Hüffer*, Rn 102; vgl BGHZ 119, 1, 9 f.
220 Großkomm-AktienR/*K. Schmidt*, Rn 58; *Hüffer*, Rn 42; Henssler/Strohn/*Drescher*, Rn 28.
221 So die ganz hM, MüKo-AktG/*Hüffer*, Rn 105; *Hüffer*, Rn 43; MüKo-AktG/*Kropff*, § 311 Rn 118 ff; Großkomm-AktienR/*K. Schmidt*, Rn 58; Spindler/Stilz/*Würthwein*, Rn 219; aA OLG Stuttgart AG 1994, 411, 412; KölnKomm-AktG/*Koppensteiner*, Rn 109.
222 BGH ZIP 2012, 1753 = AG 2012, 680 Rn 15 ff (HVB / UniCredit) unter Verweis auf OLG Frankfurt WM 1972, 348, 350 f; *Hüffer*, Rn 43 und § 311 Rn 48; MüKo-AktG/*Hüffer*, Rn 105; KölnKomm-AktG/*Koppenstein*, 3. Aufl., § 311 Rn 166; Emmerich/Habersack/*Habersack*, Aktien- und GmbH-Konzernrecht, 6. Aufl., § 311 Rn 85; Spindler/Stilz/*H.F. Müller*, § 311 Rn 65; Großkomm-AktienR/*K. Schmidt*, 4. Aufl., Rn 58; KölnKomm-AktG/*Zöllner*, 1. Aufl., Rn 258; Spindler/Stilz/*Würthwein*, Rn 220 f; K. Schmidt/Lutter/*J. Vetter*, 2. Aufl., § 311 Rn 123; Bürgers/Körber/*Fett*, § 311 AktG Rn 59; im Ergebnis auch MüKo-AktG/*Altmeppen*, 3. Aufl., § 311 Rn 130, 132; vgl dazu *K. Schmidt* und *Priester* in: JbFaStR 2013/14, S. 352 ff; aA *Mülbert*, Aktiengesellschaft, Unternehmensgruppe und Kapitalmarkt, 2. Aufl., 1996, S. 288 ff; *Abrell*, BB 1974, 1463, 1467; für § 119 Abs. 2 AktG auch *Strohn*, Die Verfassung der Aktiengesellschaft im faktischen Konzern, 1977, S. 39 ff. Vgl zum zugrunde liegenden Fall auch *Heidel*, FS Meilicke, 2010, S. 125.

und 2, weicht den Grundsatz des Abs. 1, dass Verstöße gegen Gesetz oder Satzung zur Anfechtbarkeit führen, durch Ausnahmen auf: Gemäß Abs. 3 Nr. 1 kann die Anfechtung nicht gestützt werden auf die durch eine technische Störung verursachte Verletzung von Rechten, die nach § 118 Abs. 1 S. 2; Abs. 2 und § 134 Abs. 3 auf elektronischem Wege wahrgenommen wurden – es sei denn, der AG ist grobe Fahrlässigkeit oder Vorsatz vorzuwerfen, wobei die Satzung einen strengeren Verschuldensmaßstab bestimmen kann.[223]

Abs. 3 Nr. 2 nimmt ganz von der Anfechtbarkeit aus Verstöße gegen die aufgrund der Aktionärsrechte-Richtlinie (vgl § 131 Rn 6a) eingeführten Veröffentlichungspflichten für börsennotierte Gesellschaften – Verbreitung der Einberufung in der gesamten EU gem. § 121 Abs. 4a und Veröffentlichung der dazugehörigen Unterlagen auf der Internetseite gem. § 124 a.[224] 35b

Gemäß § 20 Abs. 1 EGAktG gilt die Novelle des § 243 Abs. 3, Nr. 1 und 2 erstmals für Beschlüsse auf HV, die nach dem 31. Dezember 2009 einberufen worden sind. 35c

Auch die Verletzung der **Mitteilungspflichten der Kreditinstitute** gemäß § 128 ist nach Abs. 3 Nr. 2 kein Anfechtungsgrund. Nach den Gesetzesmaterialien ist für den Anfechtungsausschluss der fehlende Einfluss der Gesellschaft darauf maßgeblich, ob Kreditinstitute und Aktionärsvereine die Vorschrift beachten; daher könne die AG für die Nichtbeachtung nicht in der Weise verantwortlich gemacht werden, dass diese zur Anfechtung führt.[225] 36

Gemäß **Abs. 3 Nr. 3** ist bei **Gründen, die ein Verfahren nach § 318 Abs. 3 HGB rechtfertigen**, seit 2004 die Anfechtung ausgeschlossen[226] das gilt aus denselben Gründen, die zB bei der Novelle des Abs. 4 S. 2 maßgebend sind (vgl Rn 37d), nicht für bei Inkrafttreten bereits anhängige Anfechtungsklagen, sondern gem. § 17 EGAktG erstmals für nach dem 31.12.2004 erhobene Klagen.[227] 36a

Der Novelle vorausgegangen war eine für die Sicherung der Qualität der Abschlussprüfung wegweisende **Entscheidung des BGH**, der entgegen den Vorinstanzen auch in Fällen, die unter § 318 Abs. 3 HGB fallen, die Anfechtung zuließ (vgl Rn 22; vgl zur Nichtigkeit § 241 Rn 10, § 249 Rn 3), mit der sich der Gesetzgeber aber nicht auseinander setzt. 36b

Nach der Regierungsbegründung soll die Regelung Klagen gegen HV-Beschlüsse zur Wahl von Abschlussprüfern insoweit ausschließen, als die Klagegründe die Durchführung des Ersetzungsverfahrens nach § 318 HGB rechtfertigen; das trage dem Umstand Rechnung, dass die Befangenheitsgründe stark erweitert worden seien; damit sei zu besorgen, dass in stärkerem Umfang als zuvor die Befangenheit behauptet werde; die weit reichenden Folgen einer nachträglichen Nichtigkeit des Wahlbeschlusses „und die damit für die Gesellschaft verbundenen Konsequenzen und Kosten" sollen begrenzt werden; dadurch werde sichergestellt, dass „zu jedem Zeitpunkt ein wirksam bestellter Abschlussprüfer vorhanden ist"; gleichzeitig werde „einer missbräuchlichen Geltendmachung von Befangenheitsgründen durch Aktionäre entgegengewirkt".[228] Klarstellend weist die RegBeg darauf hin, dass in nicht von § 319 Abs. 3 HGB erfassten Fällen von Fehlern, zB bei der Bekanntmachung des Tagesordnungspunktes Wahl des Abschlussprüfers bei der Einberufung Klagen auch zukünftig zulässig blieben.[229] Diesen klar im Wortlaut des Gesetzes zum Ausdruck gebrachten Grundsatz verkennen zB das OLG München und LG München: Sie stellen sich auf den Standpunkt, dass „eine auf die unzureichende Beantwortung von Fragen nach einer möglichen Befangenheit des Abschlussprüferkandidaten gestützten Anfechtung des Beschlusses über die Wahl des Abschlussprüfers (Nr. 3) entgegen (steht), der einen strikten Vorrang des Verfahrens nach § 318 Abs. 3 HGB bestimmt".[230] Denn Auskunftspflichtverletzungen rechtfertigen nach § 318 Abs. 3 HGB gerade keine Auswechslung eines Abschlussprüfers, so dass die Verletzung der Auskunftspflicht die Anfechtbarkeit begründet. Als Einschränkung des Grundsatzes der Anfechtbarkeit ist Abs. 3 Nr. 3 eng auszulegen, zumal diese Norm eine deutliche Verkürzung des Rechtsschutzes der Aktionäre mit sich bringt und daher nicht durch analoge Anwendung ausgeweitet werden kann, was ohnehin dem Regelungsmotiv des Gesetzgebers widerspräche, das seinen Niederschlag in der RegBeg gefunden hat. 36c

Die Novelle findet sich im „Gesetz... zur Sicherung der Qualität der Abschlussprüfung". Ein Merkmal von *qualitätsvoller Abschlussprüfung* ist es aber gerade nicht, dass befangene Abschlussprüfer tätig sind und Abschlüsse testieren; das hatte unmittelbar vor der Gesetzesänderung der BGH bestätigt, der sich der Gesetzgeber entgegengestellt hat (vgl Rn 36 b). Der Gesetzgeber verkennt bei seiner Beseitigung der Klagemöglichkeit, dass es schon ausscheidet, einen befangenen Wirtschaftsprüfer wirksam zum Abschlussprüfer zu wählen, und dass ein qualitativer Unterschied zwischen der ex tunc bestehenden Nichtigkeit der Bestellung 36d

---

223 Vgl dazu auch RegBegr. BT-Drucks. 16/11642, S. 40.
224 Vgl zur Regelungsbegründung BT-Drucks. 16/11642, S. 40.
225 AusschussBer *Kropff*, S. 330.
226 Gemäß Art. 10 des Bilanzrechtsreformgesetz BGBl. I 2004 S. 3166, 3178.
227 OLG Frankfurt AG 2007, 672, 674.
228 BT-Drucks. 15/3419, S. 54 f; Lob an der Novelle aus der Sicht eines Rechtsanwalts aus einer unternehmensberatenden Großsozietät, der in das Bundesjustizministerium nach eigenen Angaben abgeordnet war und "die... Regelungen... verantwortlich mitgestaltet" hat, bei *Schütz*, DB 2004, 419, 421.
229 BT-Drucks. 15/3419, S. 54 f.
230 OLG München ZIP 2009, 1667, 1670 f = AG 2009, 121.

(nicht, wie der Gesetzgeber meint, „nachträglichen Nichtigkeit" des Wahlbeschlusses) und dem komplizierten Abberufungsverfahren nach dem HGB besteht.[231] Zudem besteht ein unüberbrückbarer Wertungswiderspruch zwischen der weiterhin gegebenen Zulässigkeit der Anfechtung als Jedermanns-Recht bei den formalen Fehlern und dem komplizierten, an die Erfüllung von Quoren gebundenen Verfahren nach § 318 Abs. 3 HGB bei den für die Qualität der Abschlussprüfer wesentlicheren materiellen Fehlern. Indessen bezeichnet die Literatur den Übergang vom Individualrecht des Aktionärs auf Anfechtung zum Antragsrecht einer Minderheit als „nicht problemlos, aber im Interesse der Rechtssicherheit sachgerecht".[232]

36e Eine parallele Vorschrift zu § 243 Abs. 3 Nr. 2 hatte der Gesetzgeber in § 249 Abs. 1 S. 1 eingeführt, inzwischen aber wieder gestrichen (vgl § 249 Rn 3); die Anfechtungsbeschränkung in Fällen des § 319 Abs. 3 HGB regeln auch § 256 Nr. 3 sowie § 258 Abs. 4 S. 2.

37 **IV. Besonderheiten bei Informationspflichtverletzung (Abs. 4).** Das UMAG[233] hat Abs. 4 der Anfechtung bei Informationspflichtverletzungen (vgl allg. Rn 15 ff) einen neuen Wortlaut und zT Inhalt gegeben: Mit S. 1 wollte der Gesetzgeber der Linie des BGH (vgl Rn 15 ff) zur Auskunftspflichtverletzung folgen („**die höchstrichterliche Rechtsprechung aufgreifende und verdichtende positiv-rechtliche Fassung**").[234] Mit S. 2 brachte die Novelle eine inhaltliche Neuerung, indem sie die BGH-Rechtsprechung zum **Anfechtungsausschluss zugunsten von Spruchverfahren** weit über das vorherige Maß der Rechtsprechung erweiterte (vgl Rn 20). Die ersatzlose **Aufhebung des Absatzes 4 aF** („Für eine Anfechtung, die auf die Verweigerung einer Auskunft gestützt wird, ist es unerheblich, daß die Hauptversammlung oder Aktionäre erklärt haben oder erklären, die Verweigerung der Auskunft habe ihre Beschlußfassung nicht beeinflußt") bedeutet nicht, dass dieser Regelungsgehalt obsolet wäre; im Gegenteil betont die Regierungsbegründung, dass die Aufhebung „keine Änderung der bisherigen Gesetzesregelung" bedeute; diese werde „durch den neu eingeführten Bezug auf den objektiv urteilenden Aktionär... abgedeckt".[235] Daher kann nach wie vor eine Anfechtung wegen Auskunftsverweigerung (und analog bei Nicht- und Falscherteilung, vgl allg. Rn 15 ff, § 131 Rn 55) auch durchgreifen, wenn die HV oder Aktionäre erklären, die Verweigerung habe ihre Beschlussfassung nicht beeinflusst. Die Norm bezweckt eine **Stärkung der Auskunftsrechte und die Befreiung der Anfechtung wegen Auskunftsverweigerung vom Kausalitäts-/Relevanzerfordernis** (vgl Rn 9 f). Sie bezieht sich ausdrücklich auf Erklärungen der HV oder von Aktionären. Sie ist darüber hinaus Beleg dafür, dass es auf die Kausalität der Auskunftsverweigerung für das Beschlussergebnis nicht ankommen kann (vgl Rn 15 ff).

37a **1. Anfechtung bei Informationspflichtverletzung (Abs. 4 S. 1).** Anders als Abs. 4 aF, wo es um die Verletzung einer Pflicht zur Auskunft ging, stellt die Novelle (Rn 37) auf die Erteilung von Informationen ab. Das stellt klar, dass Anwendungsbereich nicht nur die Verletzung von Auskunftspflichten gemäß § 131 ist, sondern jedenfalls **sämtliche im Aktiengesetz geregelte Informationspflichten** umfasst sind, also zB auch solche in der HV zu erstattenden schriftlichen Berichte. Die Anfechtbarkeit können aber nicht nur Informationspflichtverletzungen in der HV, sondern auch nach anderen Gesetzen **außerhalb der HV** zu erteilende Informationen erfüllen, zB die Verletzung der Pflicht zur ordnungsgemäßen Mitteilung kursbeeinflussender Tatsachen oder von Directors Dealings (§§ 15 f. WpHG) oder Stellungnahmen der Verwaltung nach dem WpÜG. Das folgt schon aus dem weiten Begriff der „Erteilung von Informationen" und der systematischen Auslegung von S. 1 in Abgrenzung zu S. 2, wo eine Spezialregelung für einen Teilbereich von Informationen geregelt ist, die „Informationen in der Hauptversammlung". Will der Gesetzgeber, dass Informationspflichtverletzungen nach anderen Gesetzen nicht zur Anfechtung führen, muss er das ausdrücklich regeln, wie er das beispielsweise in § 30 g WpHG für die Informationspflichten nach §§ 30 a ff WpHG getan hat.

37b Die Anfechtungsbefugnis besteht bei „unrichtiger, unvollständiger oder verweigerter" Erteilung der Informationen. Nach der Regierungsbegründung soll die Formulierung keine inhaltliche Änderung der bisherigen Auslegung bedeuten[236] (vgl dazu Rn 15 ff), so dass auch die in S. 2 ausdrücklich angesprochene „unzureichende" Information zur Anfechtung berechtigt. Die Korrektur unrichtiger Informationen, die vor HV erteilt werden müssen – wie zB Verschmelzungs- oder Berichte über den Bezugsrechtsausschluss (§§ 8 UmwG, 186 Abs. 4 S. 2 AktG) – ändert nichts an der Anfechtbarkeit; denn Sinn und Zweck der Berichte ist es, den Aktionären vor Durchführung der HV den geplanten Beschluss so transparent wie möglich zu machen, so dass der Zweck der Vorabberichterstattung nicht erreicht werden kann, wenn der Vorstand die Korrektur erst in der HV vornimmt.[237]

37c Die Novelle nimmt den in der st. Rspr zu § 131 als Maßstab für die Erforderlichkeit der Auskunft verwendeten „objektiv urteilenden Aktionäre" in den Gesetzeswortlaut auf. In der Regierungsbegründung zur No-

---

231 *Lutter*, JZ 2003, 566, 567.
232 *Hüffer*, Rn 44c unter Verweis auf *Müller*, NZG 2004, 1037, 1039.
233 BGBl. I 2005 S. 2802.
234 BT-Drucks. 15/5092, S. 26.
235 BT-Drucks. 15/5092, S. 26.
236 BT-Drucks. 15/5092, S. 26.
237 K. Schmidt/Lutter/*Schwab*, Rn 34, auch mit Nachweisen der Gegenansicht.

velle findet sich eine Definition dieses Aktionärs: Das soll der „vernünftig und im wohlverstandenen Unternehmensinteresse handelnde Aktionär" sein, der „keine kurzfristigen Ziele (verfolgt), sondern... an der langfristigen Ertrags- und Wettbewerbsfähigkeit seiner Gesellschaft interessiert" sei.[238] Dieses Leitbild könnte darauf hindeuten, dass der Gesetzgeber durch die Hintertür einen Ausschluss von Informationsansprüchen der sogenannten „Heuschrecken" und anderer Aktionäre im Schilde geführt hat, die zB an kurzfristigen Kursgewinnen interessiert sind. Eine derartige Auslegung der Auskunftsrechte und Anfechtbarkeit widerspräche aber krass der Eigentumsgarantie, die das Auskunftsrecht schützt (vgl § 131 Rn 3). **Das Gesetz darf, schon nach dem Gleichbehandlungsgrundsatz (§ 53 a), nicht zwischen guten und bösen Aktionären differenzieren** und etwa Informationspflichtverletzungen gegenüber solchen Aktionären nicht sanktionieren, deren erklärtes Ziel es ist, rasche Kursgewinne zu erzielen.[239] Mit der Wirklichkeit in deutschen Aktiengesellschaften hat das Zerrbild des Aktionärs nach der Regierungsbegründung angesichts der Tatsache ohnehin nichts zu tun, dass nach Ermittlungen des Deutschen Aktieninstituts (DAI) die durchschnittliche Haltedauer von börsennotierten Aktien in Deutschland weniger als ein Jahr beträgt.[240] Mit dem Verweis auf den Aktionär, der „die Erteilung der Information als wesentliche Voraussetzung für die sachgerechte Wahrnehmung seiner Teilnahme- und Mitgliedschaftsrechte angesehen hätte", stellt das Gesetz nun ausdrücklich auf die vom BGH in der jüngeren Rechtsprechung deutlich vertretene Linie ab, dass die anfechtungsbegründende **Relevanz des Verfahrensverstoßes** unberührt bleibt von potenziellen Kausalitätserwägungen hinsichtlich der Frage, ob bei Informationsverletzung ein „Aktionär sein Verhalten von ihrem Inhalt abhängig gemacht hätte", wie es noch im UMAG-Referentenentwurf hieß.[241] In seinem „Thyssen/Krupp"-Urteil hatte der BGH den Entwurf insoweit deutlich kritisiert[242] (vgl Rn 16). Damit normiert der § 243 Abs. 4 S. 1 die Rechtsprechung des BGH, die die Anfechtungsrelevanz gleichsetzt mit der Erforderlichkeit einer verlangten Auskunft gemäß § 131 Abs. 1 S. 1.[243] Bei jeder Auskunft, die aus der Sicht eines objektiv urteilenden Aktionärs zur sachgerechten Beurteilung des Beschlussgegenstandes erforderlich ist, liegt damit zugleich ein relevanter Verstoß gegen das Teilnahme -und Mitwirkungsrecht des Aktionärs bei der Beschlussfassung[244] (vgl allg. Rn 9 ff). Etwas anderes ergibt sich auch nicht aus dem Wörtchen „**wesentliche**" Voraussetzung für die Wahrnehmung der Rechte des Aktionärs in S. 4.[245] Aus der Regierungsbegründung folgt, dass der Gesetzgeber die Rechtsprechung in Gesetz gießen wollte. Daher löst die Novelle keine Rückwirkungsproblematik aus.[246] Insoweit formuliert sie nur positiv, was der BGH in „Thyssen/Krupp" noch negativ formuliert hatte; dort hieß es nämlich, dass Maßstab für die Erforderlichkeit des Auskunftsverlangens der Standpunkt eines objektiv urteilenden Aktionärs ist, der die Gesellschaftsverhältnisse nur aufgrund allgemein bekannter Tatsache kennt „und daher die begehrte Auskunft als nicht unwesentliches Beurteilungselement benötigt".[247] Wird eine gemäß § 131 erforderliche Information nicht erteilt, ist der Beschluss anfechtbar.[248] Nur diese klare Linie wird dieser in der st. Rspr des BGH geprägten Vorstellung gerecht, „dass das Auskunftsrecht die Partizipation der Aktionäre am Willensbildungsprozess der HV gewährleistet und eine wirksame Sanktion in Gestalt der Anfechtungsklage unverzichtbar ist".[249] Die Ausweitung des Fragerechts durch die Aktionärsrechte-Richtlinie, die im Wortlaut des § 131 Abs. 1 AktG nicht widergespiegelt ist (vgl § 131 Rn 6 a), führt indes nicht zu einer Ausweitung des Anfechtungsrechts; dieses ist gem. § 243 Abs. 4 S. 1 nur gegeben, wenn der Aktionär die Informationserteilung als „wesentliche" Voraussetzung für die Wahrnehmung seiner Rechte in der HV angesehen hätte, was auf der Linie der herkömmlichen Interpretation der Erforderlichkeit der Informationserlangung gem. § 131 Abs. 1 liegt.[250]

---

238 BT-Drucks. 15/5092, S. 26.
239 Ähnlich bzw ebenso: K. Schmidt/Lutter/*Schwab*, Rn 32; Grigoleit/*Ehmann*, Rn 29.
240 Zu einer durchschnittlichen Haltedauer von 6 Monaten kommen sowohl *Tenbrock* in „Börsen-Entschleuniger", DIE ZEIT vom 21.3.2013 Nr. 9, abrufbar unter <http://www.zeit.de/2013/09/FDP-Finanztransaktionssteuer-Boerse/seite-2> als auch die World Federation of Exchanges (WFE), abrufbar unter <http://www.world-exchanges.org/statistics>.
241 Der RefE vom 28.1.2004 ist abrufbar auf den Internet-Seiten <www.bmj.bund.de/media/archive/701.pdf>.
242 BGH ZIP 2004, 2428, 2430 = ZIP 2004, 2428, 2430 = BGHZ 160, 385 ff = WM 2004, 2489ff; DB 2004, 1306 = AG 2004, 43 (Thyssen/Krupp).
243 BGH ZIP 2004, 2428, 2429 f = BGHZ 160, 385 ff = WM 2004, 2489 ff; DB 2004, 1306 = AG 2004, 43 (Thyssen/Krupp).
244 So der zweite Leitsatz zu „Thyssen/Krupp", BGHZ 160, 385 ff = BGH ZIP 2004, 2428 = BGHZ 160, 385 ff = WM 2004, 2489 ff = DB 2004, 2803 ff.

245 Im Erg. wie hier zB K. Schmidt/Lutter/*Schwab*, Rn 31 f; *Kersting*, ZIP 2009, 2317, 2323; *Kersting*, ZGR 2007, 319, 324; *Hüffer*, Rn 46 b; *Zöllner*, Aktienrecht im Wandel, Bd. II, S. 462, 497; aA Handelsrechtsausschuss des DAV, NZG 2005, 388, 392; *Weißhaupt*, ZIP 2005, 1766, 1771; *Sünner*, AG 2006, 450, 452; nicht eindeutig: *Noack/Zetsche*, ZHR 170 (2006), 218, 226, 229; *Fleischer*, NJW 2005, 3525, 3528, 3529.
246 OLG Frankfurt AG 2009, 542, 545; das OLG stützt sich insoweit zu Unrecht auf BGHZ 180, 9 = BGH ZIP 2009, 460 = NJW 2009, 2007 = AG 2009, 285 – das OLG macht keine konkrete Seitenangabe, bezieht sich aber offenbar auf die Ausführungen AG 2009, 285, 291, wo der BGH seine herkömmliche Rspr zu §§ 131, 243 zitiert, BGHZ 160, 385, 389.
247 BGHZ 160, 385, 389 = BGH ZIP 2004, 2428, 2429; diesen Passus der BGH-Entscheidung scheinen *Weißhaupt*, ZIP 1766, 1771 und der Handelsrechtsausschuss des DAV, ZIP 2005, 774, 779 zu übersehen.
248 Ebenso Grigoleit/*Ehmann*, Rn 28; *Hüffer*, Rn 46 b.
249 *Veil*, AG 2005, 567, 569.
250 Wie hier: *Kersting*, ZIP 2009, 2317, 2323 f.

37d **2. Anfechtungsausschluss bei Spruchverfahren (Abs. 4 S. 2).** Das UMAG hat in Abs. 4 S. 2[251] den Klageausschluss zugunsten von Spruchverfahren, den schon die vorherige Rechtsprechung für Teilbereiche vertrat (vgl Rn 20), erheblich erweitert.[252] Die Neuregelung hatte keine Rückwirkung (vgl 3. Aufl., Rn 37 d).

37e Der Anfechtungsausschluss gilt nur bei unrichtiger, unvollständiger oder unzureichender Information in der HV. Der Gesetzgeber wollte damit die Anfechtung nur ausschließen für „Fehler, Mängel, Unvollständigkeiten in Teilbereichen. Nicht erfasst sind **Totalverweigerungen von Informationen**".[253] Als eine solche Totalverweigerung sind mE auch gänzlich inhaltsleere Angaben zu verstehen, die kein ausreichendes Informationsniveau herstellen können[254] Da es nach dem klaren Wortlaut des Gesetzes, der den Intentionen des Gesetzgebers entspricht, nur um Informationen in der HV geht, sind alle gesetzlich vorgeschriebenen **Berichtspflichten, die vor und außerhalb der HV** zu erfüllen sind, vom Anfechtungsausschluss nicht erfasst; Gleiches gilt bei Beantwortung von Fragen auf der Internetseite der Gesellschaft gemäß § 131 Abs. 3.[255] Der Gesetzgeber hält dies für „konsistent mit dem Bestreben, die Information der abwesenden Aktionäre standardisiert zu verbessern und dazu Information aus der HV hinaus zu verlagern".[256] Mit dieser Beschränkung des Anfechtungsausschlusses bei Spruchverfahren ist es ausgeschlossen, die vom BGH in den Fällen „Aqua/Butzke" und „MEZ" begründete Rechtsprechung (vgl Rn 20) weiter anzuwenden, soweit diese über die Regelungen von Abs. 4 S. 2 hinausgeht.[257] Denn durch die Novelle hat der Gesetzgeber klargestellt, dass es ihm darum geht, das Anfechtungsrecht „in extremen Fällen" als zulässiges Schutzinstrument zu erhalten und Verletzungen der standardisierten Informationspflicht und Berichtsform als Anfechtungsgrund generell zu erhalten.

37f Nach der Regierungsbegründung sollen durch die Novelle bewertungsbezogene Informationsmängel als Anfechtungsgrund ausgeschlossen werden in den Fällen des § 14 Abs. 2, der §§ 15, 29, 32, 125, 176 bis 181, 184, 186, 196 und 207, 210 UmwG, § 304 Abs. 3 S. 3, § 305 Abs. 4 S. 1 und 2 und § 327 f AktG; die Bezugnahme von S. 4 Hs 2 auf „das Gesetz" nehme jedes Bundesgesetz in Bezug; die Beschränkung auf gesetzlich geregelte Spruchverfahren solle kein Analogieverbot bedeuten.[258]

C. Exkurs: Rechtsfolgen der Anfechtbarkeit

38 **I. Anfechtungsklage, vorläufiger Rechtsschutz.** Der anfechtbare Beschluss ist **rechtswidrig, aber wirksam** Er unterliegt der Anfechtungsklage (§ 246, vgl dort). Die Anfechtung kann nur durch die Anfechtungsklage geltend gemacht werden; eine Anfechtungseinrede gibt es nicht.[259]

39 Der Anfechtungskläger kann bei oder vor Einreichung der Anfechtungsklage **vorläufigen Rechtsschutz** zur Abwendung wesentlicher Nachteile für ihn persönlich oder die Gesellschaft erreichen (§§ 935 ff ZPO, vgl § 246 Rn 58 f).[260] ME setzt der Verfügungsgrund nicht die Anhängigkeit (geschweige denn Rechtshängigkeit) der Anfechtungsklage voraus; aus Gründen des Eilbedürfnisses kann es genügen, die Erhebung der Anfechtungsklage anzukündigen und im Verfügungsverfahren die Anfechtbarkeit schlüssig zu begründen[261] Ggf kann der Tenor eine Frist für die Klage setzen. Verfügungsgrund ist, dass die von der Gesellschaft geschaffenen Tatsachen nicht ohne spürbaren Nachteil für den Kläger oder die Gesellschaft beseitigt werden können. Ein Verfügungsgrund ist insbesondere auch die drohende Registereintragung. Eine einstweilige Verfügung, die eine Eintragung in das Handelsregister für unzulässig erklärt, ist eine gemäß § 16 Abs. 2 HGB vollstreckbare Entscheidung, die der Eintragung entgegensteht und die das Registergericht bindet.[262]

40 **II. Notar, Registergericht, Vorstand.** Der **Notar** ist in der HV mE verpflichtet, einen von ihm für anfechtbar gehaltenen Beschluss zu protokollieren (vgl schon zu nichtigen Beschlüssen § 241 Rn 15).[263] Der **Vorstand** darf mE auch nach Ablauf der Anfechtungsfrist anfechtbare Beschlüsse nicht ausführen, da §§ 83

---

251 BGBl. I 2005 S. 2802, Art. 3 des UMAG regelt das Inkrafttreten.
252 Auch unter europarechtlichen Gesichtspunkten *Meilicke/Heidel*, DB 2004, 1483.
253 RegBegr. BT-Drucks. 15/5092, S. 26; K. Schmidt/Lutter/*Schwab*, Rn 38, bezeichnet das als „wohl nur ein theoretisches Szenario".
254 Vgl hierzu, freilich mit anderem Erg. als hier, *Noack/Zetsche*, ZHR 170 (2006), 218, 235 f; tendenziell wie hier: Spindler/Stilz/*Würthwein*, Rn 259.
255 Wie hier: K. Schmidt/Lutter/*Schwab*, Rn 38; *Hüffer*, Rn 47 c; *Bungert*; VGR 2004, 2005, S. 89; *Wilsing*, DB 2005, 35, 36; *von Falkenhayn*, Das Recht des Aktionärs auf wertbezogene Informationen bei Strukturänderungen, 2005, S. 184 ff; aA *Noack/Zetsche*, ZHR 170 (2006), 218, 238 ff.
256 RegBegr. BT-Drucks. 15/5092, S. 26.
257 So aber *Simon/Leuering*, NJW-Spezial 2005, 315.
258 BT-Drucks. 15/5092, S. 26.
259 Großkomm-AktienR/*K. Schmidt*, Rn 70; Grigoleit/*Ehmann*, Rn 33.
260 *Hüffer*, Rn 66; MüKo-AktG/*Hüffer*, Rn 153 ff; Großkomm-AktienR/*K. Schmidt*, Rn 72; KölnKomm-AktG/*Zöllner*, Rn 45, und § 242 Rn 15.
261 AA *Hüffer*, Rn 66 und Grigoleit/*Ehmann*, Rn 38, die Erhebung der Klage verlangen, was aber schon deshalb nicht überzeugt, da der Kläger auf die Erhebung (dh Zustellung) der Klage keinen sicheren Einfluss hat.
262 *Hüffer*, Rn 66.
263 Vgl auch *Hüffer*, Rn 49.

Abs. 2, 93 Abs. 4 S. 1 rechtmäßige Beschlüsse voraussetzen, (vgl § 93 Rn 17).[264] Hält der Vorstand den Beschluss für anfechtbar, muss er ihn mE anfechten (vgl § 245 Rn 21), sonst muss er ausführen.

Das **Registergericht** hat die Rechtmäßigkeit des Beschlusses formell und materiell zu prüfen.[265] Das Registergericht hat ggf das Eintragungsverfahren bis zum Ablauf der Anfechtungsfrist und ggf bis zur Entscheidung über die Anfechtungsklage auszusetzen; eine rechtskräftige Nichtigkeitserklärung durch das Prozessgericht bindet das Registergericht, § 248 Abs. 1 S. 3 (vgl § 248 Rn 17); bei rechtskräftiger Abweisung der Anfechtungsklage bleibt es bei der eigenen Prüfungspflicht des Registergerichts, die zumal dann besonders aktuell ist, wenn die Kläger die Ausschlussfristen des § 246 Abs. 1 versäumt haben.[266] Besonderheiten gelten, wenn das Prozessgericht nach §§ 246a, 319 Abs. 6, § 327e Abs. 2 AktG oder § 16 Abs. 3 UmwG die Eintragung in das Handelsregister freigegeben hat (vgl die Kommentierung dieser Normen).

§ 244 Bestätigung anfechtbarer Hauptversammlungsbeschlüsse

¹Die Anfechtung kann nicht mehr geltend gemacht werden, wenn die Hauptversammlung den anfechtbaren Beschluß durch einen neuen Beschluß bestätigt hat und dieser Beschluß innerhalb der Anfechtungsfrist nicht angefochten oder die Anfechtung rechtskräftig zurückgewiesen worden ist. ²Hat der Kläger ein rechtliches Interesse, daß der anfechtbare Beschluß für die Zeit bis zum Bestätigungsbeschluß für nichtig erklärt wird, so kann er die Anfechtung weiterhin mit dem Ziel geltend machen, den anfechtbaren Beschluß für diese Zeit für nichtig zu erklären.

Literatur:
Arens, Streitgegenstand und Rechtskraft im aktienrechtlichen Anfechtungsverfahren, 1960; *Ballerstedt*, Die Bestätigung anfechtbarer Beschlüsse körperschaftlicher Organe, ZHR 124 (1962), 233; *Bokern*, Die Anfechtung von Bestätigungsbeschlüssen und deren Einfluss auf gerichtliche Verfahren, AG 2005, 285; *v. Caemmerer*, Die Bestätigung anfechtbarer Hauptversammlungsbeschlüsse, in: FS A. Hueck, 1959, S. 281; *Hüffer*, Die Bestätigung fehlerhafter Beschlüsse der Hauptversammlung, ZGR 2012, 730; *Hirte/Groß*, Zum Bestätigungsbeschluss I, EWiR 2004, 575; *Kiethe*, Der Bestätigungsbeschluss nach § 244 AktG – Allheilmittel oder notwendiges Korrektiv?, NZG 1999, 1086; *Nießen*, Die prozessualen Auswirkungen des Bestätigungsbeschlusses auf Ausgangs- und Freigabeverfahren, Konzern 2007, 239; *K. Schmidt*, Zum Streitgegenstand von Anfechtungs- und Nichtigkeitsklagen im Gesellschaftsrecht, JZ 1977, 769; *Zöllner*, Die Bestätigung anfechtbarer Hauptversammlungsbeschlüsse während des Revisionsverfahrens, in: FS Beusch, 1993, S. 973; *ders.*, Die Bestätigung anfechtbarer Hauptversammlungsbeschlüsse, ZZP 81 (1968), 135; *ders.*, Die Bestätigung von Hauptversammlungsbeschlüssen – ein problematisches Rechtsinstitut, AG 2004, 397.

A. Regelungsgehalt	1	IV. Nichtigerklärung für die Zeit zwischen Erst- und Bestätigungsbeschluss (S. 2)	10
B. Die Regelungen im Einzelnen	2	V. Prozessuales	12
I. Bestätigung des anfechtbaren HV-Beschlusses durch neuen HV-Beschluss	2	1. Doppelanfechtung	12
II. Wirksamkeit des Bestätigungsbeschlusses (S. 1 Hs 2)	6	2. Erledigung der Hauptsache	14
III. Bestätigungswirkung („Anfechtung kann nicht mehr geltend gemacht werden"; S. 1 Hs 1)	7	3. Streitwert	15

A. Regelungsgehalt

§ 244 ist eine Neuerung des AktG 1965; zuvor war nur anerkannt, dass die Gesellschaft den durch die Anfechtung hervorgerufenen Schwebezustand durch Wiederholung des angefochtenen Beschlusses unter Ausschaltung der Mängel beenden konnte, wodurch das Rechtsschutzbedürfnis für die Anfechtungsklage entfiel.[1] Die Regelung dient der **Rechtssicherheit**.[2] Die Norm lehnt sich eng an die Vorschriften des bürgerlichen Rechts über die Bestätigung anfechtbarer Rechtsgeschäfte an (§ 144 BGB) und grenzt sich ab von § 141 Abs. 1 BGB.[3] Das Gesetz geht davon aus, dass Erst- und Bestätigungsbeschluss zwei getrennte Beschlüsse sind, die jeweils der Anfechtung unterliegen können; die beiden Beschlüsse sind verschiedene, je-

---

264 Vgl zu der str Frage einerseits Geßler/*Hefermehl*, § 93 Rn 48; *Hüffer*, Rn 50, § 93 Rn 25; Großkomm-AktienR/*Hopt*, § 93 Rn 322 f; KölnKomm-AktG/*Mertens*, § 93 Rn 119; anderseits *Geßler*, JW 1937, 497, 501; *Golling*, Sorgfaltspflicht und Verantwortlichkeit der Vorstandsmitglieder für ihre Gesellschaft innerhalb der nicht konzerngebundenen Aktiengesellschaft, 1968, S. 81 ff.

265 Vgl Großkomm-HGB/*Hüffer*, § 8 Rn 53 ff; *Ammon* in: Heidel/Schall, HGB, 2011, § 8 Rn 56 ff, 73 ff.
266 Vgl *Hüffer*, Rn 51 ff; Großkomm-AktienR/*K. Schmidt*, Rn 72 f; MüKo-AktG/*Hüffer*, Rn 132 ff; Grigoleit/*Ehmann*, Rn 32.
1 RegBegr. *Kropff*, S. 331 f; BGHZ 21, 354, 356 (Minimax I).
2 KölnKomm-AktG/*Zöllner*, Rn 2; *Hüffer*, Rn 1; MüKo-AktG/*Hüffer*, Rn 2; Großkomm-AktienR/*K. Schmidt*, Rn 1.
3 RegBegr. *Kropff*, S. 331.

doch zusammenhängende Beschlüsse mit unterschiedlichem, jedoch zusammenhängendem Regelungsgehalt.[4]

B. Die Regelungen im Einzelnen

I. Bestätigung des anfechtbaren HV-Beschlusses durch neuen HV-Beschluss. Die Bestätigung ist **nur möglich bei anfechtbaren, nicht aber bei nichtigen HV-Beschlüssen**;[5] die nicht rechtskräftige Nichtigerklärung steht der Feststellung der Nichtigkeit nicht gleich.[6] Auch Bestätigungsbeschlüsse sollen bestätigt werden können, so dass eine „Kaskade von Bestätigungsbeschlüssen (und) eine Kaskade von Anfechtungsprozessen" möglich ist.[7] Bestätigungsbeschluss ist nur der Beschluss, der den Erstbeschluss trotz dessen Mängeln als verbindliche Regelung anerkennt.[8] Nach dem BGH brauchen im Zeitpunkt des Bestätigungsbeschlusses die materiellen Voraussetzungen für den Erstbeschluss nicht mehr erfüllt zu sein.[9] Das ist in dieser Allgemeinheit, wie *Zöllner* zu Recht anmerkt, nicht zu Ende gedacht: „Kann, um nur ein Beispiel herauszugreifen, die Bestellung von Abschlussprüfern bestätigt werden, wenn der Prüfer inzwischen befangen ist?"[10] (vgl auch Rn 5). Keine Bestätigung liegt bei Wiederholung des Erstbeschlusses oder Neuvornahme vor, wenn die HV nicht ausdrücklich am ersten Beschluss festhält, sondern einen neuen Beschluss an die Stelle des Erstbeschlusses oder neben diesen setzt. Welche Möglichkeit einschlägig ist, ergibt die Auslegung. **Bestätigung ist nur bei völliger inhaltlicher Übereinstimmung möglich**; beseitigt oder ändert der Zweitbeschluss die im Erstbeschluss enthaltenen Regelungen, liegt keine Bestätigung vor.[11] Auch bei Wortgleichheit des „Bestätigungs"beschlusses mit dem Ausgangsbeschluss liegt dann kein Bestätigungsbeschluss iSd § 244 vor, wenn erster und zweiter Beschluss inhaltlich nicht übereinstimmen; an Übereinstimmung fehlt es, wenn der dem Beschluss zugrunde liegende Sachverhalt verändert ist; dann liegt dem zweiten Beschluss regelmäßig ein anderer Regelungswille zugrunde als dem Ausgangsbeschluss.[12] Ein Auslegungsprinzip, dass im Zweifel Bestätigung anzunehmen ist, gibt es mE nicht.[13] Praktisch kommt der Bestätigungsbeschluss **nur bei Verfahrensfehlern**[14] in Betracht (vgl § 243 Rn 9 ff). Bei Inhaltsmängeln (§ 243 Rn 21 ff) leidet der Bestätigungsbeschluss an den gleichen Mängeln wie der Erstbeschluss,[15] wird ein solcher Beschluss nicht angefochten, kann er heilen.[16] Ob der Bestätigungsbeschluss bei **fehlerhafter Feststellung von Beschlussergebnissen** in Betracht kommt, ist streitig;[17] der BGH hat die Frage bejaht und gleichzeitig entschieden, dass der wirksame Bestätigungsbeschluss nicht nur der Anfechtbarkeit des Erstbeschlusses den Boden entzieht, sondern auch der im Erstprozess mit der Anfechtung des Erstbeschlusses verbundenen positiven Beschlussfeststellungsklage.[18]

Die HV kann den Bestätigungsbeschluss auch mit der Maßgabe fassen, dass er **hilfsweise als Neuvornahme** des Erstbeschlusses gelten soll.[19]

---

4 Großkomm-AktienR/*K. Schmidt*, Rn 3.
5 Großkomm-AktienR/*K. Schmidt*, Rn 5, 28; MüKo-AktG/*Hüffer*, Rn 6; K. Schmidt/Lutter/*Schwab*, Rn 2; OLG Frankfurt AG 2011, 304; OLG Hamburg AG 2011, 677, 679 = WM 2011, 1516, 1517; BGH NZG 2011, 506 = AG 2011, 335 = WM 2011, 749 keine (analoge) Anwendung auf Vorstands- und AR-Beschlüsse; *Hüffer*, ZGR 2012, 730, 735.
6 LG Frankfurt ZIP 2013, 2405 (Deutsche Bank) unter Verweis auf Henssler/Strohn/*Drescher*, Rn 6.
7 *Zöllner*, AG 2004, 397, 398.
8 KölnKomm-AktG/*Zöllner*, Rn 3; Großkomm-AktienR/ *K. Schmidt*, Rn 5, MüKo-AktG/*Hüffer*, Rn 4.
9 Ähnlich wie BGH: Habersack/Schürnbrand, in: FS Hadding, 2004, S. 391, 404; *Kiethe*, NZG 1999, 1086, 1090; *Kocher*, NZG 2006, 1, 3; *Hüffer*, Rn 2; Hirte/Groß, EWiR 2004, 575 f; differenzierend und tendenziell gegenüber dem BGH kritisch: K. Schmidt/Lutter/*Schwab*, Rn 9 f; BGHZ 157, 206, 210 f = DB 2004, 426 ff = AG 2004, 204 = BB 2004, 346 ff.
10 AG 2004, 397, 404.
11 Großkomm-AktienR/*K. Schmidt*, Rn 6; *Hüffer*, Rn 2 a; KölnKomm-AktG/*Zöllner*, Rn 11; Spindler/Stilz/*Würthwein*, Rn 4, 25.
12 OLG München ZIP 2012, 2439 = WM 2013, 703 = NZG 2013, 459.
13 AA *Hüffer*, Rn 2; MüKo-AktG/*Hüffer*, Rn 4; Großkomm-AktienR/*K. Schmidt*, Rn 6; OLG Frankfurt AG 2011, 36, 42 = WM 2011, 221; LG Frankfurt ZIP 2013, 2405 (Deutsche Bank).
14 Wozu auch der Verstoß gegen Meldepflichten nach §§ 21 f. WpHG gehören sollen, die zum Stimmrechtsverlust gem. § 28 WpHG gehören, LG Köln NZG 2009, 1150 = ZIP 2009, 1818 = AG 2009, 593 (Strabag); aA LG Mannheim AG 2005, 780; LG Köln AG 2008, 336; *Brozenhard*, in: FS Mailänder, 2006, S. 301, 307; Marsch-Barner/*Schäfer*, § 17 Rn 58.
15 *Hüffer*, Rn 2; MüHb-AG/*Semler*, § 41 Rn 42; K. Schmidt/Lutter/*Schwab*, Rn 3; Grigoleit/*Ehmann*, Rn 2; BGH NZG 2011, 669 = AG 2011, 518 Rn 23, 27.
16 OLG Frankfurt AG 2009, 168, 169 = ZIP 2008, 2286; *Großbecker/Kuhlmann*, NZG 2007, 1, 4; Grigoleit/*Ehmann*, Rn 2, der indes zu Unrecht meint, in einem solchen Falle könne die Bestätigung „faktisch zielführend" sein, da der Bestätigungsbeschluss angefochten werden müsse, was möglicherweise unterbleibe und wodurch jedenfalls „das Verfahren verlängert" werde, das verkennt, dass sich Vorstand/AR in solchen Fällen nach §§ 93, 116 haftbar machen; aA Henssler/Strohn/*Drescher*, Rn 7.
17 Gegen Anwendung: OLG München AG 2003, 645; K. Schmidt/Lutter/*Schwab*, Rn 4; für Anwendung OLG Stuttgart AG 2004, 457 = ZIP 2004, 1456; LG Köln NZG 2009, 1150, 1152; *Kocher*, NZG 2006, 1, 5; *Hüffer*, Rn 2; *Flume*, Konzern 2009, 385, 389; *Happ*, FS Schmidt, S. 545, 554 ff; vgl auch zur Wirkung auf positive Beschlussfeststellungsklage LG München I DB 2003, 1268; *Kocher*, NZG 2006, 1, 5 f; Habersack/*Schürnbrand*, in: FS Hadding, 2004, S. 391, 399 f.
18 BGH ZIP 2006, 227 = AG 2006, 158 = DB 2006, 381 (Webac Holding).
19 Großkomm-AktienR/*K. Schmidt*, Rn 6.

ME kommt eine **Umdeutung eines Bestätigungsbeschlusses** in eine Neuvornahme nicht in Betracht, wenn es am Willen der HV zur Neuvornahme fehlt.[20]

Da es beim Bestätigungsbeschluss nur um die Geltungserklärung des Erstbeschlusses geht, soll eine **Aktualisierung eines für den Erstbeschluss vorgeschriebenen Berichts** und die Erläuterung sonstiger seitheriger Entwicklungen nicht erforderlich sein.[21] ME ist das falsch, da der objektiv denkende Aktionär (vgl § 131 Rn 33 ff) die Bestätigung nur bei vollständiger Kenntnis der aktuellen Tatsachen beurteilen kann. Daher sind zB auch **Auskünfte gemäß § 131 Abs. 1 ohne jede Einschränkung wie beim Erstbeschluss zu erteilen**.[22] Das Gleiche gilt mE für Berichte wie den über den Unternehmensvertrag (§ 293a), die wegen der ex-nunc-Wirkung des Bestätigungsbeschlusses (vgl Rn 8) auf dessen Datum abgestellt sein müssen.[23]

II. Wirksamkeit des Bestätigungsbeschlusses (S. 1 Hs 2). Der Bestätigungsbeschluss entfaltet Wirkung nur, wenn er „innerhalb der Anfechtungsfrist nicht angefochten oder die Anfechtung rechtskräftig zurückgewiesen worden ist". Das regelt die Fragen der Wirksamkeit des Bestätigungsbeschlusses nur teilweise. Unstreitig muss der Bestätigungsbeschluss wirksam, darf also insbesondere nicht nichtig (§ 241)[24] oder noch von Zustimmungen wie zumal Sonderbeschlüssen (§ 138) abhängig sein. Bloße **Anfechtungsmängel des Bestätigungsbeschlusses** hindern die Bestätigungswirkung nicht, solange nicht der Bestätigungsbeschluss gemäß § 248 für nichtig erklärt wird. Daher muss ein Anfechtungskläger auch den Bestätigungsbeschluss anfechten, er kann seine Anfechtungsklage gegen den Erstbeschluss gemäß § 264 Nr. 2 ZPO erweitern, kann aber auch eine separate Klage erheben.[25] Die Bestätigungswirkung tritt erst nach Ablauf der Anfechtungsfrist ein, die Klageerhebung hindert den Eintritt der Heilungswirkung, auch wenn die Klage unzulässig ist.[26] Kein Rechtswidrigkeitsgrund des Bestätigungsbeschlusses ist, dass dieser innerhalb der Dreijahresfrist des § 93 Abs. 4 S. 3 eine Vorstandshaftung ausschließt; denn dem Bestätigungsbeschluss kommt keine Verzichtswirkung zu.[27] Bestätigungsbeschlüsse nach Ausscheiden des Anfechtungsklägers aus der AG aufgrund Squeeze-out können nach hM sittenwidrig gem. § 241 Nr. 4 sein.[28] ME ist ein Bestätigungsbeschluss für den Erstprozess jedenfalls immer dann ohne Belang, wenn der Kläger des Erstprozesses an dem Bestätigungsprozess nicht mehr teilnehmen konnte, was typischerweise im Fall des Squeeze-out gilt. Bestätigt der nach Wirksamwerden eines Squeeze-out zum Alleinaktionär gewordene Hauptaktionär einen anfechtbaren Beschluss, so ist dieser Bestätigungsbeschluss für den Erstprozess mE generell wirkungslos. *Schmidt* weist zutreffend darauf hin, dass Legitimationsvoraussetzung des § 244 die Verfügungsbefugnis der Aktionäre in Bezug auf das Anfechtungsrecht ist; die Bestätigung eines Beschlusses, über den noch ein Anfechtungsstreit geführt wird, ist ein Eingriff in ein subjektives Recht des Anfechtungsklägers und setzt dessen Mitwirkungsmöglichkeit voraus.[29] Anderenfalls wäre die schützenswerte Rechtsposition der Minderheitsaktionäre der willkürlichen Rechtsmacht des Alleinaktionärs ausgesetzt, was die Rechtsposition der Minderheit aushöhlen würde. Das gilt insbesondere für Fälle, in denen nach einem Freigabebeschluss beim Squeeze-out der Alleinaktionär Verfahrensfehler beim Zustandekommen des Squeeze-out-Beschlusses heilt oder aber nachträglich Maßnahmen der AG per Bestätigungsbeschluss billigt, die der AG zum Nachteil gereichen, wie zB Veräußerung ihres Vermögens unter Wert. Typischerweise ist in solchen Fällen der Erstbeschluss ohnehin nichtig.[30]

III. Bestätigungswirkung („Anfechtung kann nicht mehr geltend gemacht werden"; S. 1 Hs 1). Trotz der prozessualen Formulierung „kann nicht mehr geltend gemacht werden" besteht Konsens, dass nicht bloß

---

20 Vgl aber KölnKomm-AktG/*Zöllner*, Rn 3; Großkomm-AktienR/*K. Schmidt*, Rn 6.
21 *Hüffer*, ZGR 2001, 833, 849; *Volhard*, HV, § 42 Rn 51; *Kocher*, NZG 2006, 1, 3 ff; *Hüffer*, Rn 2, OLG Karlsruhe AG 1999, 470; OLG München ZIP 1997, 1743, 1747 f; *Kiethe*, NZG 1999, 1086, 1090; *Bungert*, NZG 1999, 605, 606; *Habersack/Schürnbrand*, in: FS Hadding, 2004, 391, 402 ff.
22 BGH BGH DB 2004, 426 ff = AG 2004, 204 = BB 2004, 346 ff; *Butzke*, WuB II.A, § 244 AktG 1.98; *Karollus*, EWiR 1997, 867, 868; LG Ingolstadt ZIP 1997, 45, 147; K. Schmidt/Lutter/*Schwab*, Rn 12.
23 AA die wohl hM OLG Karlsruhe AG 1999, 470; *Hüffer*, ZGR 2001, 833, 849; *Hüffer*, Rn 2; Spindler/Stilz/*Würthwein*, Rn 19; K. Schmidt/Lutter/*Schwab*, Rn 12 meint, es könne „nicht auf jegliche Aktualisierung verzichtet werden. Vielmehr muss der Vorstand im Vorfeld des Bestätigungsbeschlusses schriftlich erläutern, ob und inwieweit die Umstände, die seinerzeit für die rechtliche und wirtschaftliche Begründung der Maßnahme leitend waren, noch fortbestehen".
24 Bestätigungsbeschlusses nach dem Ausscheiden des Anfechtungsklägers aus der Gesellschaft, die zur Sittenwidrigkeit der Bestätigung gem. § 241 Nr. 4 führen kann, BGHZ 15, 382, 384 ff; KölnKomm-AktG/*Zöllner*, Rn 12; Spindler/Stilz/*Würthwein*, Rn 57; MüKo-AktG/*Hüffer*, Rn 7 f; Großkomm-AktienR/*K. Schmidt*, Rn 7.
25 Vgl Großkomm-AktienR/*K. Schmidt*, Rn 9, 17 f.
26 Großkomm-AktienR/*K. Schmidt*, Rn 10; Grigoleit/*Ehmann*, Rn 3.
27 OLG München, Urt. v. 22.10.2010 – 7 U 1584/10, n.v., zit. nach *Schwichtenberg/Krenek*, BB 2012, 2127, 2132.
28 BGHZ 15, 382, 384 ff; KölnKomm-AktG/*Zöllner*, Rn 12; Spindler/Stilz/*Würthwein*, Rn 57; MüKo-AktG/*Hüffer*, Rn 7 f; Großkomm-AktienR/*K. Schmidt*, Rn 7.
29 Großkomm-AktienR/*K. Schmidt*, Rn 8; ohne Begr. aA LG Dresden v. 9.11.2007 – 43 O 0137/06, n.v. (SAPSI); ebenso die wohl hM, wonach die Minderheit durch Spruchverfahren geschützt sein soll, Grigoleit/*Ehmann*, Rn 3, 8; LG München I AG 2010, 173, 177 f; BGH NZG 2011, 669 = AG 2011, 518 Rn 23; gegen fortbestehende Klagebefugnis auf *Hüffer*, ZGR 2012, 739.
30 BGH AG 2012, 680 = ZIP 2012, 1753 (HVB/UniCredit) zum Bestätigungsbeschluss der BACA-Veräußerung der HVB.

das Rechtsschutzbedürfnis wegfällt (diese Folge tritt bei einem wiederholenden Beschluss ein), sondern dass der Bestätigungsbeschluss **materielle Heilungswirkung** hat.[31]

8 Streitig ist, ob die Bestätigung **ex nunc oder ex tunc** auf den Zeitpunkt der ersten Beschlussfassung wirkt. Die hM geht von Ex-nunc-Wirkung aus[32] (vgl Rn 2 und 5 zur Frage des maßgeblichen Beurteilungszeitpunkts bei Änderung der Sach- und Rechtslage sowie zur Aktualisierung von Berichten und Auskünften). Dass nur diese in Betracht kommt, folgt schon aus § 244 S. 2, da bei Ex-tunc-Heilung die Nichtigerklärung für die Zeit zwischen Erst- und Bestätigungsbeschluss ausscheiden würde. Das LG Frankfurt hat in Zusammenhang mit der Bestätigung eines anfechtbaren Beschlusses über die Gewinnverwendung herausgearbeitet, dass im Bestätigungsbeschluss eine Gestaltungserklärung liegt; diese mache den Erstbeschluss nicht ab dessen Fassung gültig, sondern lasse ihn trotz möglicher Mängel als für die Zukunft rechtsbeständige Regelung gültig bleiben. Das bedeute in Hinblick auf den bestätigten Gewinnverwendungsbeschluss, dass die Aktionäre dividendenbezugsberechtigt sind, die zum Zeitpunkt der Fassung des ursprünglichen Beschlusses Aktionäre waren – nicht aber die, die zum Zeitpunkt des Bestätigungsbeschlusses Aktionäre waren.[33]

9 Die Heilungswirkung kann der Bestätigungsbeschluss mE nur dann entfalten, wenn er in den **Anfechtungsprozess über den Erstbeschluss** noch in der Tatsacheninstanz eingeführt wird.[34]

10 **IV. Nichtigerklärung für die Zeit zwischen Erst- und Bestätigungsbeschluss (S. 2).** Die Regelung ist im Gesetzgebungsverfahren 1965 ergänzend zum Regierungsentwurf eingefügt worden. Der BT ging (unrichtig, vgl Rn 8) davon aus, dass die Bestätigung den anfechtbaren Beschluss rückwirkend heile, der Anfechtungskläger aber ein schutzwürdiges Interesse haben könne, den Beschluss bis zur Bestätigung für nichtig erklären und erst von diesem Zeitpunkt an als wirksam behandeln zu lassen.[35] Die Nichtigerklärung setzt eine zulässige Anfechtungsklage voraus. Der Kläger muss trotz des Bestätigungsbeschlusses ein **rechtliches Interesse an der Nichtigerklärung** des Erstbeschlusses für die Zwischenzeit haben. **Wesentliche Fälle** dieses Interesses sind, dass sich der nichtige Beschluss auf den Inhalt der Mitgliedschaft des Aktionärs ausgewirkt hat oder in der Zwischenzeit auf seiner Grundlage Maßnahmen beschlossen worden sind.[36] Typische Fälle des rechtlichen Interesses sind durchgeführte RW Unternehmensverträge, Herabsetzung eines Dividendenverzugs[37] oder Abhängigkeit der Maßnahme von Mehrheitserfordernissen, die der Erstbeschluss einführte. Zwar mag es statistisch ein solches rechtliches Interesse nur selten geben; rechtliche Schlussfolgerungen lässt ein solches etwaiges Regel-Ausnahme-Verhältnis[38] nicht zu.

11 **Prozessual** ist der Übergang vom Anfechtungsantrag zum Antrag auf Nichtigerklärung für die Zwischenzeit eine (stets zulässige) Beschränkung gemäß § 264 Nr. 2 ZPO.[39] Der geänderte Klageantrag lautet etwa: „Der Beschluss der Hauptversammlung der AG vom... zu Punkt... der Tagesordnung, wonach..., wird für die Zeit zwischen der Beschlussfassung und dem Bestätigungsbeschluss der Hauptversammlung der AG vom... für nichtig erklärt."[40]

12 **V. Prozessuales. 1. Doppelanfechtung.** Um die Heilungswirkung des **Bestätigungsbeschlusses** zu verhindern, ist dieser **anzufechten** (vgl Rn 6), **auch wenn er am selben Mangel leidet** wie der Erstbeschluss. Meist wird der Anfechtungskläger des Erstprozesses auch Anfechtungskläger des Bestätigungsbeschlusses sein. Vom Gesetz vorausgesetzt ist die Identität der Kläger jedoch nicht. Nach dem klaren Wortlaut kommt es nur darauf an, dass der Bestätigungsbeschluss „nicht angefochten... worden ist"; in den Passiv „worden ist" lässt sich nicht hineinlesen, dass derselbe Kläger klagen muss.[41] Die Anfechtung des Bestätigungsbeschlusses ist möglich durch **normale Klageerhebung** (§§ 243 Abs. 1, 246) **oder** durch auch zweitinstanzlich

---

31 Großkomm-AktienR/*K. Schmidt*, Rn 12 f; *Hüffer*, Rn 5; MüKo-AktG/*Hüffer*, Rn 11; KölnKomm-AktG/*Zöllner*, Rn 18; Spindler/Stilz/*Würthwein*, Rn 4; K. Schmidt/Lutter/*Schwab*, Rn 15; BGH DB 2004, 426 = AG 2004, 204 = BB 2004, 346 = NZG 2004, 235 = ZIP 2004, 310; *Hüffer*, ZGR 2012, 730, 733; anders noch BGHZ 21, 354, 356 (Minimax I) zum AktG 1937; tendenziell nun auch wieder *Zöllner*, AG 2004, 397, 401 f.

32 BGH DB 2004, 426 = AG 2004, 204 = BB 2004, 346 = NZG 2004, 235 = ZIP 2004, 310; BGH NJW 1972, 1320, 1321; OLG Düsseldorf NZG 2003, 975, 978; Großkomm-AktienR/*K. Schmidt*, Rn 15 f; *Hüffer*, Rn 6; MüKo-AktG/*Hüffer*, Rn 12; KölnKomm-AktG/*Zöllner*, Rn 8; Spindler/Stilz/*Würthwein*, Rn 5, 6; K. Schmidt/Lutter/*Schwab*, Rn 15; *Werner*, AG 1968, 184; demgegenüber ex tunc: BayObLG NJW 1978, 1387; *Baumbach/Hueck*, AktG, Rn 2, 5; Großkomm-AktienR/*Schilling*, 3. Aufl., Anm. 2, 5.

33 LG Frankfurt, Urt. v. 12.11.2013 – 3-05 O 151/13 (Deutsche Bank, n.v., juris).

34 Grigoleit/*Ehmann*, Rn 10; AA *Hüffer*, Rn 10; Großkomm-AktienR/*K. Schmidt*, Rn 11; *Zöllner*, in: FS Beusch, 1993, S. 973, 981 f; *Kocher*, NZG 2006, 1, 6.

35 AusschussBer *Kropff*, S. 332.

36 KölnKomm-AktG/*Zöllner*, Rn 22 ff; Großkomm-AktienR/*K. Schmidt*, Rn 23; Spindler/Stilz/*Würthwein*, Rn 54; MüKo-AktG/*Hüffer*, Rn 15; vgl aus der Rspr BGH NJW 1972, 1320 = WM 1972, 742.

37 *Hüffer*, ZGR 2012, 730, 742.

38 MüKo-AktG/*Hüffer*, Rn 15; *Hüffer*, ZGR 2012, 730, 741.

39 Großkomm-AktienR/*K. Schmidt*, Rn 24; Grigoleit/*Ehmann*, Rn 7; OLG Stuttgart AG 2005, 125, 131 = NZG 2005, 432, 433 wendet § 263 ZPO an; ohne Unterschied im Erg. meint MüKo-AktG/*Hüffer*, Rn 16, die Klageänderung sei nach § 244 S. 2 zulässig, ohne dass es auf §§ 263, 264 Nr. 2 ZPO ankomme.

40 Vgl Großkomm-AktienR/*K. Schmidt*, Rn 25; KölnKomm-AktG/*Zöllner*, Rn 26; MüKo-AktG/*Hüffer*, Rn 16.

41 Großkomm-AktienR/*K. Schmidt*, Rn 17; zu Unrecht aA (derselbe Kläger), aber ohne Begründung, *Hüffer*, Rn 9; unklar: MüKo-AktG/*Hüffer*, Rn 19 f.

denkbare (§ 533 Nr. 1 ZPO)⁴² nachträgliche **Klageerweiterung** (mE § 264 Nr. 2 ZPO, jedenfalls sachdienlich gemäß § 263 ZPO).⁴³ Sind die Klagen beim selben Gericht anhängig, sind die Klagen grundsätzlich gemäß § 147 ZPO zu verbinden.⁴⁴ Das Gericht kann grundsätzlich gemäß § 148 ZPO das Verfahren über den Erstbeschluss **aussetzen**, bis über die Klage gegen den Bestätigungsbeschluss entschieden ist.⁴⁵ Entgegen *Goette* gibt es keine „Notwendigkeit einer Aussetzung des ersten Verfahrens",⁴⁶ da nach § 148 ZPO das Gericht gerade auch bei Vorgreiflichkeit Ermessen ausüben muss, ob es aussetzt. Zwar ist die Aussetzung „manches Richters liebstes Kind",⁴⁷ doch vielfach wird das Gericht bei der pflichtgemäßen Ermessensausübung die Aussetzung ablehnen. Denn vielfach kann eine Aussetzung den mit § 244 verfolgten Zweck der Beschleunigung und der Rechtssicherheit nicht erfüllen, da mit der Entscheidung im zweiten Prozess überhaupt nicht feststeht, ob nicht ein inhaltlich RW Erstbeschluss vorliegt, so dass die Bestätigungswirkung des § 244 nicht greift (vgl Rn 6). Zudem beseitigt die Aussetzung nicht die Rechtsunsicherheit für die Phase zwischen Inkrafttreten des Erstbeschlusses und des Bestätigungsbeschlusses (Wirksamkeit des Bestätigungsbeschlusses und Anfechtbarkeit des Erstbeschlusses unterstellt). Wenn zB der Erstbeschluss die Zustimmung zu einem infolge der Anfechtbarkeit nichtigen Beherrschungsvertrag betrifft und das nichtig vertraglich herrschende Unternehmen die AG bis zur Grenze der Existenzvernichtung durch nachteilige Weisungen wirtschaftlich ausgehöhlt hat, haben die Aktionäre gemäß S. 2 den Anspruch, den anfechtbaren Erstbeschluss für die Zeit zwischen dessen nichtigem Wirksamwerden durch Eintragung in das Handelsregister und Bestätigungsbeschluss für nichtig erklären zu lassen; darüber hinaus haben die Aktionäre ein berechtigtes Interesse, dass diese Nichtigerklärung zeitnah ausgesprochen wird. Gegen Aussetzungen des Erstprozesses kann zB das Erfordernis einer Beweisaufnahme im Erstprozess durch Zeugenvernehmung sprechen. ME wird daher das prozessual gebotene Mittel regelmäßig gemäß § 147 ZPO **die Verbindung der Prozesse** über Erstbeschluss und Bestätigungsbeschluss sein; die Unmöglichkeit der Verbindung ist Voraussetzung für die Aussetzung.⁴⁸

Wenn Anfechtungsprozesse mehrere Beschlüsse betreffen, von denen nur einzelne Gegenstand eines Bestätigungsbeschlusses sind, kommt allenfalls (vgl Rn 12) eine **Teilaussetzung** in Betracht,⁴⁹ die aber regelmäßig der Prozessökonomie widersprechen wird, wenn identische Anfechtungsgründe für sämtliche angefochtenen Beschlüsse vorliegen. 12a

Die Anfechtung des Bestätigungsbeschlusses ist zwar ein neuer Streitgegenstand, der grundsätzlich ein zusätzliches Kostenrisiko auslösen kann; gemäß § 247 Abs. 1 sind bei der **Streitwertbemessung** die Umstände des Einzelfalls zu berücksichtigen (vgl § 247 Rn 7 ff). Da es bei Erst- und Bestätigungsbeschluss sachlich um dieselbe Angelegenheit geht, ist es mE sachgerecht, bei Wahrung des Interesses der Parteien an der Möglichkeit der Einlegung von Rechtsmitteln den Streitwert der Klage gegen den Erstbeschluss angemessen auf beide Anfechtungsklagen zu splitten.⁵⁰ 13

2. Erledigung der Hauptsache. Greift die Anfechtungsklage gegen den Bestätigungsbeschluss nicht durch, wird zugleich die **Klage gegen den Erstbeschluss durch den nicht erfolgreich anfechtbaren Bestätigungsbeschluss abweisungsreif.** Der Kläger hat also ggf die Erledigung der Hauptsache in der Klage gegen den Erstbeschluss zu erklären, will er die Abweisung seiner Anfechtungsklage verhindern. Bei übereinstimmender Erledigungserklärung richten sich die Kostenfolgen nach § 91 a ZPO. Bleibt es bei der einseitigen Erledigungserklärung – etwa wenn die AG den Erstbeschluss von Anfang an für ordnungsgemäß hält –, gelten die allgemeinen ZPO-Grundsätze: Der Kläger beantragt im Wege zulässiger Klageänderung die Feststellung der Erledigung; diese liegt vor bei zulässiger und ohne den Bestätigungsbeschluss begründeter Anfechtungsklage. Liegen diese Voraussetzungen nicht vor, ist die Klage auf Feststellung der Erledigung mit der Kostenfolge des § 91 ZPO abzuweisen.⁵¹ Hält der Kläger des Erstprozesses die bestätigten Beschlüsse für nichtig, soll er nach dem BGH den Rechtsstreit nicht hilfsweise für erledigt erklären und sich ansonsten nach wie vor in erster Linie auf die Nichtigkeit der Beschlüsse berufen.⁵² Sind mehrere Kläger notwendige Streitgenossen, kann auch nur ein Teil der Kläger die Erledigung erklären. 14

---

42 OLG Stuttgart AG 2005, 125, 126.
43 Für § 264 ZPO: Großkomm-AktienR/*K. Schmidt*, Rn 17; KölnKomm-AktG/*Zöllner*, Rn 17; Spindler/Stilz/*Würthwein*, Rn 37; K. Schmidt/Lutter/*Schwab*, Rn 21; für § 263 Nr. 2 ZPO: OLG Stuttgart AG 2005, 125, 126; Bürgers/Körber/*Göz*, Rn 9; *Hüffer*, ZGR 2012, 730, 743.
44 *Hüffer*, ZGR 2012, 730, 744.
45 KölnKomm-AktG/*Zöllner*, Rn 19; MüKo-AktG/*Hüffer*, Rn 21; *Hüffer*, Rn 9; BGH AG 2010, 709; Großkomm-AktienR/ *K. Schmidt*, Rn 18; *Hüffer*, Rn 8 f; aA *Bokern*, AG 2005, 285.
46 DStR 2005, 603, 606.
47 *Zöllner*, AG 2004, 397, 398.
48 Großkomm-AktienR/*K. Schmidt*, Rn 18.

49 ArbG Berlin, Az 7 Ca 2796/05, n.v., zitiert nach juris.
50 Vgl *Hüffer*, Rn 9; MüKo-AktG/*Hüffer*, Rn 23; Großkomm-AktienR/*K. Schmidt*, § 247 Rn 19, die den Höchstwert des § 247 Abs. 1 S. 2 nur einmal ansetzen wollen; Spindler/Stilz/ *Würthwein*, Rn 50, will den Streitwert des Verfahrens über den Bestätigungsbeschluss im Rahmen der Bemessung nach § 247 deutlich niedriger ansetzen als in Anfechtungsverfahren über den Erstbeschluss.
51 Großkomm-AktienR/*K. Schmidt*, Rn 19; *Hüffer*, Rn 8; MüKo-AktG/*Hüffer*, Rn 18; *Hüffer*, ZGR 2012, 730, 742 f; Spindler/ Stilz/*Würthwein*, Rn 43 ff.
52 BGH AG 2011, 335, 337 = NZG 2011, 506 = ZIP 2011, 637; aA OLG Frankfurt ZIP 2008, 2286 = AG 2009, 168 (Wella).

15 **3. Streitwert.** Maßgeblich für den Streitwert ist § 247 (vgl § 247 Rn 13).

§ 245 Anfechtungsbefugnis

Zur Anfechtung ist befugt

1. jeder in der Hauptversammlung erschienene Aktionär, wenn er die Aktien schon vor der Bekanntmachung der Tagesordnung erworben hatte und gegen den Beschluß Widerspruch zur Niederschrift erklärt hat;
2. jeder in der Hauptversammlung nicht erschienene Aktionär, wenn er zu der Hauptversammlung zu Unrecht nicht zugelassen worden ist oder die Versammlung nicht ordnungsgemäß einberufen oder der Gegenstand der Beschlußfassung nicht ordnungsgemäß bekanntgemacht worden ist;
3. im Fall des § 243 Abs. 2 jeder Aktionär, wenn er die Aktien schon vor der Bekanntmachung der Tagesordnung erworben hatte;
4. der Vorstand;
5. jedes Mitglied des Vorstands und des Aufsichtsrats, wenn durch die Ausführung des Beschlusses Mitglieder des Vorstands oder des Aufsichtsrats eine strafbare Handlung oder eine Ordnungswidrigkeit begehen oder wenn sie ersatzpflichtig werden würden.

Literatur:
Baums, Eintragung und Löschung von Gesellschafterbeschlüssen, 1981; *ders.*, Empfiehlt sich eine Neuregelung des aktienrechtlichen Anfechtungs- und Organschaftsrechts? Gutachten F zum 63. Deutschen Juristentag, 2000; *ders.*, Bericht der Regierungskommission Corporate Governance, 2001; *Bokelmann*, Rechtsmißbrauch des Anfechtungsrechts durch den Aktionär?, BB 1972, 733; *Boujong*, Rechtsmißbräuchliche Aktionärsklagen vor dem Bundesgerichtshof – Eine Zwischenbilanz, in: FS Kellermann, 1991, S. 1; *Deckert*, Klagemöglichkeiten einzelner Aufsichtsratsmitglieder, AG 1994, 457; *Diekgräf*, Sonderzahlungen an opponierende Kleinaktionäre im Rahmen von Anfechtungs- und Spruchstellenverfahren, 1990; *Götz*, Zum Missbrauch aktienrechtlicher Anfechtungsklagen, DB 1989, 261; *Henze*, Aspekte und Entwicklungstendenzen der aktienrechtlichen Anfechtungsklage, ZIP 2002, 97; *Hirte*, Die Nichtbestellung von Sonderprüfern im Feldmühle-Verfahren, ZIP 1988, 953; *ders.*, Missbrauch aktienrechtlicher Anfechtungsklagen, BB 1988, 1469; *ders.*, Missbrauch von Anfechtungsklagen – Allgemeine Abwägung oder konkrete Definition, DB 1989, 267, *ders.*, Die Behandlung unbegründeter oder missbräuchlicher Gesellschafterklagen im Referentenentwurf eines Umwandlungsgesetzes, DB 1993, 77; *Hirte/Hommelhoff*, Zur Kontrolle strukturändernder Gesellschafterbeschlüsse, ZGR 1990, 447; *Hommelhoff/Timm*, Aufwandspauschalen für Anfechtungskläger?, AG 1989, 168; *Hueck*, Anfechtbarkeit und Nichtigkeit von Generalversammlungsbeschlüssen, 1924; *Künzel*, Rechtsschutzbedürfnis bei aktienrechtlichen Anfechtungsklagen, in: FS Heinsius, 1991, S. 425; *Lutter*, Die entgeltliche Ablösung von Anfechtungsrechten – Gedanken zur aktiven Gleichbehandlung im Aktienrecht, ZGR 1978, 347; *ders.*, Zur Abwehr räuberischer Aktionäre, in: FS 40 Jahre Der Betrieb, 1988, S. 193; *Noack*, Fehlerhafte Beschlüsse in Gesellschaften und Vereinen, 1989; *ders.*, Der Widerspruch des Aktionärs in der Hauptversammlung, AG 1989, 78; *Mestmäcker*, Zur aktienrechtlichen Stellung der Verwaltung bei Kapitalerhöhungen, BB 1961, 945, 951 f; *ders.*, Verwaltung, Konzerngewalt und Rechte der Aktionäre, 1958, S. 14; *Rohleder*, Missbräuchliches Aktionärsverhalten, AG 1989, 433; *Schatz*, Der Missbrauch der Anfechtungsbefugnis durch den Aktionär und die Reform des aktienrechtlichen Beschlussmängelrechts, 2012; *K. Schmidt*, Anfechtungsbefugnisse von Aufsichtsratsmitgliedern, in: FS Semler, 1993, S. 329; *Timm (Hrsg.)*, Mißbräuchliches Aktionärsverhalten (RWS-Forum 4), 1990; *Weber/Kersjes*, Hauptversammlungsbeschlüsse vor Gericht, 2010; *Westermann*, Individualrechte und unternehmerische Handlungsfreiheit im Aktienrecht, ZHR 156 (1992), 203; *Zöllner*, Kontrollrechte des einzelnen Aktionärs; Beschränkung, Erweiterung und Missbrauchsbekämpfung, ZGR-Sonderheft 12, 1994, S. 147; *ders.*, Die Schranken mitgliedschaftlicher Stimmrechtsmacht bei den privatrechtlichen Personenverbänden, 1963.

A. Regelungsgehalt 1	c) Nicht ordnungsgemäß einberufene HV 17
B. Die Regelungen im Einzelnen 4	d) Nicht ordnungsgemäße Bekanntmachung eines Gegenstands der Beschlussfassung 18
I. Das Anfechtungsrecht des Aktionärs gemäß Nr. 1 bis 3 4	
1. Jeder einzelne Aktionär nach seinem Widerspruch in der Hauptversammlung (Nr. 1) 4	3. Anfechtungsbefugnis jedes Aktionärs bei Gewährung von Sondervorteilen (Nr. 3) ... 19
a) Aktionärseigenschaft 4	II. Anfechtungsrecht des Vorstands (Nr. 4) ... 21
b) Erscheinen in der HV 7	III. Anfechtungsbefugnis einzelner Mitglieder der Verwaltung (Nr. 5) 25
c) Widerspruch gegen den Beschluss zur Niederschrift 8	IV. Rechtsmissbräuchlichkeit der Anfechtung 28
2. Der nicht erschienene Aktionär (Nr. 2) 14	1. Grundlagen, Rechtsentwicklung 28
a) In der HV nicht erschienener Aktionär . 15	2. Die neuere Entwicklung der Rechtsprechung 33
b) Zu Unrecht zur Hauptversammlung nicht zugelassener Aktionär 16	3. Zur Kritik an der Missbrauchs-Rechtsprechung 34

A. Regelungsgehalt

§ 245 entspricht im Wesentlichen § 198 AktG 1937.[1] Die Funktion der Anfechtung ist die Rechtmäßigkeitskontrolle von HV-Beschlüssen (§ 243). Der Gesetzgeber vertraut der durch die **im eigenen Interesse vorgenommene Rechtmäßigkeitskontrolle der Aktionäre** (§ 245 Nr. 1–3) und setzt nicht auf staatliche Überwachung.[2] Das Anfechtungsrecht ist ein privates **materiellrechtliches Gestaltungsrecht** des Aktionärs.[3] Es ist ein eigennütziges Verwaltungsrecht, dessen Ausübung keinen gesteigerten Treuebindungen zur AG unterliegt; äußerste Grenzen ergeben sich durch das im allgemeinen Recht geltende Verbot des Rechtsmissbrauchs gemäß § 242 BGB (vgl Rn 28 ff).[4] Das AktG 1965 bestätigt den Charakter des Anfechtungsrechts als Individualrecht des Aktionärs und garantiert es als „die wirksamste Waffe des Aktionärs".[5]

Der **Vorstand** nimmt seine Anfechtungsbefugnis (§ 245 Nr. 4) als Organ der Gesellschaft wahr, das auf das Gesellschaftsinteresse verpflichtet ist, zu dem auch die Rechtmäßigkeit der HV-Beschlüsse gehört. Das Anfechtungsrecht des einzelnen Verwaltungsmitglieds gemäß § 245 Nr. 5 hat zudem die individualschützende Funktion, nicht schadensersatzpflichtig zu werden oder in Konflikt mit Straf- oder Bußgeldvorschriften zu gelangen.[6]

Es gibt immer wieder **Erwägungen zur Beschränkung des Anfechtungsrechts** der Aktionäre: Der Gesetzgeber des AktG 1965 hat Erschwerungen abgelehnt und zur Begründung der Ablehnung das Bild vom Anfechtungsrecht als wirksamster Waffe des Aktionärs verwendet.[7] In der jüngsten Zeit mehren sich – meist aus Unternehmen bzw unternehmensnahen Kreisen – die Forderungen nach Erschwerungen der Anfechtung.[8] Diese Vorschläge verstehen sich meist als Antwort auf angebliche Missbrauchsprobleme (vgl dazu Rn 28 ff) und die angeblich gestiegenen Zahlen von Anfechtungsklagen. Freilich wohnt all diesen Erwägungen die Gefahr inne, das Kind mit dem Bade auszuschütten. Konkret festgestellten Missbräuchen ist konkret zu begegnen – so wie mit dem Instrument des Missbrauchs der Klage auch sonst bei ZPO-Klagen.[9] Solchen Verschärfungsabsichten hatte noch vor wenigen Jahren zu Recht *Schmidt* entgegengehalten: „Wie aber das Stimmrecht als individuelles Teilhaberrecht ausgestaltet ist, auf das sich der Aktionär jederzeit, auch wenn er der Gesellschaft fernsteht, besinnen kann, so ist auch das individuelle Anfechtungsrecht Bestandteil der Mitgliedschaft, und es ist konsequent, wenn alle Träger der mehrheitlichen Willensbildung auch befugt sind, deren gerichtliche Kontrolle zu initiieren. Dem individuellen Missbrauch von Anfechtungsrechten ist mit individual-rechtlichen Lösungen, der institutionellen Erpressbarkeit von Gesellschaften mit sachbezogenen Korrekturen zu begegnen."[10] Der 63. Deutsche Juristentag hat 2000 eine grundlegende Revision des Konzepts der Anfechtungsklage abgelehnt.[11] Die Regierungskommission Corporate Governance hat in ihrem Bericht 2001 generellen Forderungen nach Einschränkungen der Anfechtung eine Absage erteilt und stattdessen Freigabeverfahren nach dem Modell des § 16 Abs. 3 UmwG favorisiert[12] (vgl jetzt § 246 a). Der UMAG-Gesetzgeber hat in § 245 Nr. 1 und 3 den Erwerb der Aktien vor Bekanntgabe der Tagesordnung als Voraussetzung der Anfechtung festgelegt, weitere Begrenzungen aber ebenso abgelehnt wie der BT im Rahmen der Aktienrechtsreform 2013, der aber in der Begründung des Rechtsaus-

---

[1] Weitere Vorgänger waren § 271 Abs. 3 und 4 HGB 1897 und Art. 190 a Abs. 1 S. 3 ADHGB idF von 1884.
[2] Vgl *Lutter*, ZGR 1978, 347, 349 f; *Lutter*, AcP 180 (1980), 84, 143.
[3] BGH AG 1992, 448, 449 = DB 1992, 1567 = ZIP 1992, 1391; KölnKomm-AktG/*Zöllner*, § 243 Rn 11; *Boujong*, in: FS Kellermann, 1991, S. 1, 10; *Hüffer*, Rn 2; MüKo-AktG/*Hüffer*, Rn 9; *Bötticher*, in: FS Dölle I, 1963, S. 41 ff; vgl zur anderen Sicht des Anfechtungsrechts als subjektives öffentliches Recht gegen den Staat auch auf Vornahme der richterlichen Gestaltung *Henckel*, Parteilehre und Streitgegenstand, 1961, S. 34 f; *Schlosser*, Gestaltungsklagen und Gestaltungsurteile, 1966, S. 366 ff; vgl zum Ganzen auch Großkomm-AktienR/ *K. Schmidt*, Rn 5 f, der angesichts der Wirkung des Nichtigkeitsurteils, eine für und gegen jedermann wirkende richterliche Gestaltung zu erwirken, meint, dass die Anfechtungsbefugnis als Klagebefugnis "interessiert", nicht als materielles Gestaltungsklagerecht – ohne dies freilich in Abrede zu stellen.
[4] MüKo-AktG/*Hüffer*, Rn 7; Spindler/Stilz/*Dörr*, Rn 8.
[5] RegBegr. *Kropff*, S. 332.
[6] MüKo-AktG/*Hüffer*, Rn 17 ff.
[7] RegBegr. *Kropff*, S. 332.
[8] Überblick geben MüKo-AktG/*Hüffer*, Rn 10 ff; Semler/*Zöllner*, Reformbedarf im Aktienrecht (ZGR Sonderheft 12), 1994; vgl a. die Erörterungen beim 63. Deutschen Juristentag, zB Gutachten *Baums* ("Empfiehlt sich eine Neuregelung des aktienrechtlichen Anfechtungs- und Organschaftsrechts..."); *Bayer*, NJW 2000, 2609; Ständige Deputation des Deutschen Juristentages, Verhandlungen des dreiundsechzigsten Deutschen Juristentags, Leipzig 2000, Band II/1 (Sitzungsberichte - Referate und Beschlüsse), Band II/2 (Sitzungsberichte - Diskussion - Beschlussfassung); Bericht zB bei *Paschos*, JZ 2001, 294; vgl auch *Baums*, Regierungskommission Corporate Governance, Bericht, Rn 145 ff.
[9] Vgl *Zöllner/Vollkommer*, ZPO, Einl. Rn 57; *Baumbach/Lauterbach*, ZPO, Einl. Rn 54 ff.
[10] Großkomm-AktienR/*K. Schmidt*, Rn 11.
[11] Ständige Deputation des Deutschen Juristentages, Verhandlungen des dreiundsechzigsten Deutschen Juristentags, Leipzig 2000, Band II/1 (Sitzungsberichte - Referate und Beschlüsse), Band II/2 (Sitzungsberichte - Diskussion - Beschlussfassung).
[12] *Baums*, Regierungskommission Corporate Governance, Rn 145 ff; außerdem zB Empfehlung zur Beschränkung der Anfechtbarkeit bei Auskunftsverletzung, zur – ohnehin schon vorher üblichen – Publizität von Abfindungsvergleichen, Schiedsfähigkeit von Beschlüssen nicht börsennotierter Gesellschaften sowie ausschließliche Zuständigkeit eines LG pro Bundesland für Beschlussmängelklagen.

schusses auf die andauernde Reformdiskussion verwiesen hat.[13] Vgl auch zur Reformdiskussion § 246 Rn 1.

B. Die Regelungen im Einzelnen

4 I. Das Anfechtungsrecht des Aktionärs gemäß Nr. 1 bis 3. 1. Jeder einzelne Aktionär nach seinem Widerspruch in der Hauptversammlung (Nr. 1). a) Aktionärseigenschaft. Jeder einzelne Aktionär ist anfechtungsberechtigt – schon mit einer Aktie. Aktienerwerb im Wege des Wertpapierdarlehens genügt.[14] Es darf **kein verschuldeter Rechtsverlust** nach § 20 Abs. 7 AktG, § 28 WpHG, § 59 WpÜG bestehen.[15] ME lebt das Anfechtungsrecht wieder auf, wenn der Aktionär die Meldung bzw das Angebot nachgeholt hat[16] (vgl auch § 20 Rn 18). Denn nach den den Rechtsverlust begründenden Normen besteht dieser grundsätzlich nur „für die Zeit", für die die Pflichten nicht erfüllt wurden (vgl zu einem Sonderfall § 28 S. 3 WpHG). Bezweckt ist kein dauerhafter Rechtsverlust. Dieser wäre aber die Folge, wenn auch nach Erfüllung der Pflicht der Aktionär keine Anfechtungsmöglichkeit hätte – etwa von Beschlüssen, die rechtswidrig in sein Mitgliedsrecht eingreifen. Insoweit unterscheidet sich die Anfechtungsbefugnis von anderen Aktionärsrechten, die nur in der HV ausgeübt werden können, wie das Rede-, Stimm- und Auskunftsrecht, bei denen der „temporäre" Rechtsverlust notwendigerweise zu einem endgültigen Verlust der Rechte bei der jeweiligen HV führt, wenn die Pflicht nicht vor dem Ende der HV erfüllt wurde. Der dauerhafte Ausschluss des Klagerechts entspricht auch nicht dem Regelungszweck der Meldepflichten und des Rechtsverlusts, der Transparenz (des Kapitalmarkts) und dessen effektiver Sicherung.[17] Unbeachtlich ist, ob der Aktionär **stimmberechtigt** ist.[18] Die AG muss sich ggf nach Treu und Glauben mE daran festhalten lassen, dass sie nach Einlasskontrolle jemandem als Aktionär das Stimmrecht bei der HV gewährt hat, sie kann nicht später im Prozess dessen Aktionärsstellung bzw Teilnahmeberechtigung bestreiten.[19] Es gibt **kein Anfechtungsrecht der AG aus eigenen Aktien** (§§ 71 b, 71 d S. 4).

4a Seit dem UMAG[20] muss der Widersprechende die **Aktien schon vor Bekanntmachung der Tagesordnung (§ 124)**[21] erworben haben.[22] Die Frage der erstmaligen Anwendung ist nach wie vor streitig; da sie grundlegende Themen betrifft, sei sie hier ausführlich beantwortet: Die Beschränkung gilt mE nur für HV nach dem **Inkrafttreten** des UMAG[23] (vgl § 243 Rn 37 d). Eine Anwendung von § 245 nF auf Altprozesse verbietet sich, da die Anfechtung eine Norm des materiellen Rechts ist (vgl Rn 1); § 245 ist trotz der irreführenden gesetzlichen Überschrift keine prozessuale Norm, sondern regelt zusammen mit § 243 das aktienrechtliche Anfechtungsrecht, bei dem es sich um Gestaltungsrecht handelt (vgl Rn 1).[24] Zumal es im UMAG an einer Überleitungsvorschrift fehlt, gelten die allgemeinen intertemporal-rechtlichen Grundsätze. Hinsichtlich des materiellen Zivilrechts – darum handelt es sich bei § 245 – ist dies der im Rechtsstaatsprinzip wurzelnde Grundsatz der Nicht-Rückwirkung neuer Gesetze.[25] Haben Aktionäre von ihrem Anfechtungsrecht bereits vor der Gesetzesänderung durch (zu diesem Zeitpunkt) ordnungsgemäße Klageerhebung Gebrauch gemacht, so kann diese wirksam erlangte Rechtsposition nicht ohne ausdrückliche gesetzliche Regelung

---

13 BT-Drucks. 17/14214, S. 18 in Zusammenhang mit der im Gesetzentwurf vorgesehenen relativen Befristung der Nichtigkeitsklage nach § 249 S. 3 des Entwurfs: „Es soll nicht an dieser Stelle eine weitere Einzelkorrektur vorgenommen, sondern eine Lösung mit weiterem Blick auf das gesamte System des Beschlussmängelrecht erwogen werden."

14 BGHZ 180, 154 = AG 2009, 441 = ZIP 2009, 908 (Wertpapierdarlehen) Rn 7 ff (zum Aktienbesitz des Hauptaktionärs bei § 327 a).

15 BGHZ 167, 204 = AG 2006, 501 Rn 14; BGH AG 2009, 534, 535 = NJW 2009, 2458; OLG Stuttgart AG 2005, 125, 126; *Schneider*, in: Assmann/Schneider, § 28 WpHG Rn 20; *Hüffer*, § 20 Rn 14. Vgl zu Ausnahmen bei stimmrechtslosen HV-Beschlüssen OLG Dresden ZIP 2005, 573 = AG 2005, 247.

16 Insoweit aA OLG Schleswig AG 2006, 120, 122 = ZIP 2006, 421, 423; Grigoleit/*Ehmann*, Rn 6; *Hüffer*, § 20 Rn 14.

17 Vgl *Neye*, ZIP 1996, 1853, 1857.

18 BGHZ 14, 264, 271; MüKo-AktG/*Hüffer*, Rn 20; Großkomm-AktienR/*K. Schmidt*, Rn 13; MüHb-AG/*Semler*, § 41Rn 48; K. Schmidt/Lutter/*Schwab*, Rn 3.

19 OLG Brandenburg AG 2003, 328. Vgl auch LG Frankfurt ZIP 2013, 119, 120 = NZG 2013, 140 mit Recht zur Unzulässigkeit der Infragestellung der Eigenschaft als Legitimationsaktionär erst im Prozess. Vgl jüngst zu (mE vor dem Hintergrund der nach § 129 Abs. 3 S. 1 lediglich erforderlichen Ermächtigung in der Allgemeinheit überzogenen Anforderungen an Fremdbesitz, dem angeblich tatsächlich Besitz an den Aktien gemäß §§ 855 ff BGB eingeräumt werden muss, KG ZIP 2010, 180 = AG 2010, 166 = NZG 2010, 166; OLG Bremen ZIP 2013, 460).

20 BGBl. I 2005 S. 2802; Inkrafttreten 1.11.2005. Wie hier: OLG München ZIP 2006, 2370 = NZG 2007, 192 = AG 2007, 173, bestätigt in BGHZ 180, 154 Rn 21 f = DStR 2009, 862 = DB 2009, 1004 = ZIP 2009, 908; LG Hamburg ZIP 2006, 1823, 1824; aA *Hüffer*, Rn 7.

21 Angesichts der Verwendung des gesetzlichen Begriffs ist entgegen *Wilsing*, DB 2005, 35, 36 f, auf die förmliche Bekanntmachung iSd § 124 abzustellen, nicht aber auf einen anderen früheren Zeitpunkt des Bekanntwerdens; vgl zur Bestimmung des Zeitpunkts bei mehreren Gesellschaftsblättern (§ 25) *Hüffer*, Rn 7.

22 Zur Kritik allg. Meilicke/*Heidel*, DB 2004, 1479, 1484; zur verfassungsrechtlichen Kritik und Auslegung: K. Schmidt/Lutter/*Schwab*, Rn 7 ff; dagegen positiv zB Hirschberger/Weiler, DB 2004, 1137, 1138 f.

23 Wie hier: OLG München ZIP 2006, 2370 = NZG 2007, 192 = AG 2007, 173, bestätigt in BGHZ 180, 154 Rn 21 f = DStR 2009, 862 = DB 2009, 1004 = ZIP 2009, 908; LG Hamburg ZIP 2006, 1823, 1824; aA *Hüffer*, Rn 7.

24 KölnKomm-AktG/*Zöllner*, § 243 Rn 11.

25 Vgl zB BGHZ 10, 391, 394; 44, 192, 194; BGH ZIP 2001, 611; Palandt/*Heinrichs*, Einl. vor § 241 Rn 14).

nachträglich infolge von Gesetzesänderungen entwertet werden. Wie beispielsweise in § 13 EGAktG[26] ausdrücklich kodifiziert, gilt die Neufassung von § 245 nur für solche Anfechtungsklagen gegen Beschlüsse von HV, die nach dem Inkrafttreten des UMAG gefasst wurden. Der UMAG-Gesetzentwurf begründet die Einschränkung der Aktionärsrechte so: „Wer nach Bekanntmachung der Aktien kauft, weiß, welche Beschlüsse zu erwarten sind, und ist weniger schutzwürdig."[27] Mit Blick auf diesen **Gesetzeszweck** ist der Anwendungsbereich mE zu reduzieren: (1.) Wenn Anleger erst nach der Bekanntmachung Aktien gekauft haben und erst danach bis zum Ablauf der Anfechtungsfrist (§ 246 Abs. 1) erkennen können,[28] dass anfechtbare Beschlüsse gefasst wurden, steht ihnen das Anfechtungsrecht unabhängig vom Aktienerwerb nach der Bekanntmachung zu. (2.) Da es ausweislich der Regierungsbegründung dem Gesetzgeber darum ging, den Fehlanreiz durch gezielten Erwerb von ganz wenigen Aktien einer AG mit unmittelbar bevorstehender anfechtungsträchtiger Tagesordnung zu verhindern,[29] ist § 245 Nr. 1 teleologisch zu reduzieren und Aktionären größerer Beteiligungen (wobei jedenfalls die Überschreitung der 5-Prozent-Meldegrenze nach § 21 WpHG oder der Grenze von § 122 Abs. 2 AktG genügt) die Möglichkeit der Anfechtung zu geben.

Der **Nachweis der Aktionärseigenschaft** wird bei Inhaberaktien durch Vorlage der Aktie bzw einer Hinterlegungsbescheinigung oder durch nicht-urkundliche Belege (zB Zeugnis von für die Depotverwaltung zuständigen Bankmitarbeitern) erbracht; bei Namensaktien kommt es auf die Eintragung in das Aktienregister an (§ 67 Abs. 1, Abs. 2). Steht die Aktie mehreren Berechtigten zu, können sie gemäß § 69 Abs. 1 das Anfechtungsrecht nur durch einen gemeinschaftlichen Vertreter ausüben.[30] Der Kläger braucht seine Aktionärseigenschaft nicht schon in der Klageschrift nachzuweisen; es genügt Nachweis im Falle des Bestreitens durch die AG, dieser ist bei Namensaktien nur unter der Voraussetzung substantiiert, dass die AG die Nicht-Eintragung im Aktienregister nachweist. 5

Streitig ist die Frage, wann die Aktionärseigenschaft bestehen muss. Es gibt keine hM, wonach pauschal die Aktionärseigenschaft nach Nr. 1 aF bei einer Beschlussfassung bzw nach Nr. 1 nF **vor Bekanntmachung und bei Beschlussfassung** bestehen müsse und es nicht genüge, dass sie bei Klageerhebung gegeben sei, es sei denn, dass der Kläger Gesamtrechtsnachfolger des Aktionärs ist.[31] Mindestens ebenso prominent vertreten war vor der Novelle von Nr. 1 durch das UMAG die Sicht, es genüge die Aktionärseigenschaft bei Klageerhebung, da man beim Erwerb vom Rechtsvorgänger auch die Befugnis zur Anfechtung von HV-Beschlüssen erwirbt.[32] ME ist der zweiten Auffassung zu folgen. Die Anfechtungsbefugnis ist Teil des Mitgliedschaftsrechts. Sie geht daher auf den Erwerber über.[33] An diesen Grundsätzen vermag auch die UMAG-Novelle zur Vorbesitzzeit (Rn 4 a) nichts zu ändern. Streitig ist auch das Erfordernis der **Fortdauer der Aktionärseigenschaft während des Anfechtungsprozesses**. Der BGH hat zur GmbH in st. Rspr entschieden, dass dem Gesellschafter, der seine Beteiligung veräußert hat, der Schutz des § 265 ZPO zugute komme, wenn er an der Fortführung des Rechtsstreits ein rechtliches Interesse hat.[34] Zwar sind Antrags- bzw Anfechtungsbefugnis nicht Gegenstand des Rechtsstreitigkeit gemäß § 265 Abs. 1 und 2 ZPO, aber der Schutzgedanke des § 265 ZPO gilt entsprechend. Deshalb ist mit der hM § 265 ZPO analog anzuwenden – und zwar auch nach einem Squeeze-out.[35] Der BGH stellt insoweit darauf ab, dass der Kläger im konkreten Einzelfall ein rechtliches Interesse an einer Verfahrensfortsetzung haben müsse, was zB dann bestehe, soweit der Ausgang des Anfechtungsverfahrens rechtlich erhebliche Auswirkungen auf die als Vermögens- 6

---

26 Vgl *Kropff*, AktG, S. 326.
27 BT-Drucks. 15/5092, S. 26 f.
28 Vgl *Meilicke/Heidel*, DB 2004, 1479, 1484.
29 RegBegr. BT-Drucks. 15/5092, S. 27: „... Es [führt] zu Fehlanreizen, wenn das Gesetz die Möglichkeit eröffnet, nach Bekanntmachung der Tagesordnung gezielt einzelne Aktien zu kaufen, um damit Anfechtungsklagen zu betreiben. In diesen Fällen dürfte regelmäßig nicht das Interesse an einer langfristig gedeihlichen Entwicklung der Gesellschaft und an der Wertsteigerung der erworbenen Unternehmensbeteiligung die Kaufentscheidung motiviert haben.".
30 *Hüffer*, Rn 6; MüKo-AktG/*Hüffer*, Rn 22 f; Großkomm-AktienR/*K. Schmidt*, Rn 14; KölnKomm-AktG/*Zöllner*, Rn 9; *K. Schmidt/Lutter/Schwab*, Rn 4 (Ausnahme möglich bei § 744, § 2038 Abs. 1 S. 2 Hs 2 BGB).
31 So aber *Hüffer*, Rn 7; MüKo-AktG/*Hüffer*, Rn 23; Spindler/Stilz/*Dörr*, Rn 19; vgl auch RGZ 33, 91, 94; 66, 134 f; OLG Celle AG 1984, 266, 271, MüHb-AG/*Semler*, § 41 Rn 58.
32 Großkomm-AktienR/*K. Schmidt*, Rn 17 f; noch weiter gehend: KölnKomm-AktG/*Zöllner*, Rn 18 ff; differenzierend: *K. Schmidt/Lutter/Schwab*, Rn 25.
33 Vgl zur Fortsetzung bei einer Anfechtungsklage durch den Veräußerer auch *Henze*, HHR-AktienR, Rn 1174 ff.
34 BGHZ 43, 261, 267; WM 1968, 1369; 1972, 742; 1974, 592, 393; ZIP 1993, 1228, 1229; noch weitere Klageberechtigung bei der Personengesellschaft, dort hat nach dem BGH jeder Gesellschafter grundsätzlich ein Interesse an der Feststellung der Unwirksamkeit eines Gesellschafterbeschlusses, und zwar in der Regel über das Bestehen der Gesellschaft oder die Zugehörigkeit des Gesellschafters zu der Gesellschaft hinaus, BGH ZIP 2012, 917 = NZG 2012, 625; BGH ZIP 2013, 1021 = DB 2013, 1410 = NZG 2013, 664.
35 MüKo-AktG/*Hüffer*, Rn 24; *Hüffer*, Rn 8 f; KölnKomm-AktG/*Zöllner*, Rn 32; Großkomm-AktienR/*K. Schmidt*, Rn 17; *Henze*, HHR-AktienR, Rn 1174 ff; *Heise/Dreier*, BB 2004, 1126, 1127; K. Schmidt/Lutter/*Schwab*, Rn 26; im Ansatz ebenso: OLG Koblenz ZIP 2005, 714, 715 (Massa), was aber nicht beim Squeeze out über der Kläger gelten sollte, da diese ihr Interesse im Spruchverfahren geltend machen könnten, vgl vor §§ 327 a ff Rn 14; dem OLG Koblenz zustimmend: *Bungert*, BB 2005, 1345; *Buchta/Ott*, DB 2005, 990, 993; dagegen aber mit gutem Grund OLG Stuttgart ZIP 2006, 27, 28 = AG 2006, 340 (Landesbank Baden Württemberg); OLG Koblenz, aufgehoben vom BGH, BGHZ 169, 221 Rn 16 ff = DB 2006, 2566 = ZIP 2006, 2167; vgl demgegenüber *Baumbach/Hueck*, AktG, Rn 2; *v. Godin/Wilhelmi*, Anm. 2; *Beyerle*, DB 1982, 837; RGZ 66, 134 f; OLG Celle AG 1984, 266 = WM 1984, 494.

ausgleich für den Verlust der Mitgliedsrechte zu gewährende angemessene Barabfindung haben könne.[36] Divergierende Entscheidungen gibt es zur Frage des **Wegfalls der Aktionärseigenschaft vor Klageerhebung durch Squeeze-out** (dh vor Zustellung der Klage an die AG): Das BVerfG hat für den Fall einer rechtswidrigen vorzeitigen Eintragung eines Squeeze-out nahegelegt, § 245 Nr. 1 AktG verfassungskonform auszulegen und zur Gewährleistung von Rechtsschutz gegen den Übertragungsbeschluss die ursprüngliche Anfechtungsbefugnis auch nach der verfrühten Registereintragung zu bejahen.[37] Demgegenüber hatte das OLG Köln bei nicht-rechtswidrig verfrühter Eintragung und dadurch bedingtem Verlust der Aktionärsstellung die Aktivlegitimation des Aktionärs verneint, aber im Hinblick auf das zum Zeitpunkt seiner Entscheidung noch anhängige Verfahren vor dem BVerfG, das zur o.g. Entscheidung geführt hat, die Revision zugelassen.[38] ME gebietet der Grundsatz des effektiven Rechtsschutzes / Justizgewährleistungsanspruch, dass Aktionäre in jedem Fall die Möglichkeit haben, ihren Squeeze-out durch Anfechtungs-/Nichtigkeitsklage prüfen zu lassen. Das BVerfG hat in der o.g. Entscheidung hervorgehoben, dass der Zugang zu den in den Verfahrensordnungen eingeräumten Instanzen nicht von Voraussetzungen abhängig gemacht werden darf, die unerfüllbar oder unzumutbar sind oder den Zugang in nicht zu rechtfertigender Weise erschweren. Seit der „Feldmühle"-Entscheidung ist es eherner Grundsatz, dass Aktionäre Maßnahmen wie den Squeeze-out effektiv gerichtlich überprüfen lassen können (vgl Vor § 327a Rn 7). Dies würde verfassungswidrig konterkariert, ließe die Handelsregistereintragung trotz ordnungsgemäßer Klage die Rechtsschutzmöglichkeit entfallen. Dieser Sichtweise hat sich der BGH angeschlossen.[39] Ggf kommt auch die Löschung des unberechtigt eingetragenen Squeeze-out-Beschlusses nach § 395 FamFG in Betracht.[40] Anfechtungsbefugt sind ehemalige durch Squeeze-out gegen ihren Willen aus der AG herausgedrängte Aktionäre mE auch bei Klagen nach dem Unwirksamwerden des Squeeze-out, wenn sie dadurch Interessen verfolgen, die durch das Spruchverfahren nicht hinreichend geschützt sind – zB bei der Frage, ob ein Beschluss zur Geltendmachung von Ersatzansprüchen nach § 147 aufheben durfte.[41]

6a Besteht an der Aktie ein **Pfandrecht**, behält der Aktionär die Anfechtungsbefugnis, da das Pfandrecht nur die Verwertungsbefugnis gibt; auch beim **Nießbrauch** behält der Aktionär die Anfechtungsbefugnis.[42] **Genussscheininhaber** haben kein Anfechtungsrecht.[43] Gleiches gilt für den **Treugeber**, da für die Aktionärsstellung die rechtliche, nicht die wirtschaftliche Betrachtungsweise des Steuerrechts und (in Grenzen) des Kapitalmarktrechts (vgl §§ 21 f. WpHG) ausschlaggebend ist.[44] Sehr streitig ist, ob dem **Legitimationsaktionär** (vgl zum Begriff § 129 Rn 21) die Anfechtungsbefugnis zusteht.[45] ME folgt aus der Anerkennung von Legitimationsübertragung, bei der der wahre Aktionär nicht offengelegt werden muss, dass der Legitimationsaktionär auch in eigenem Namen ohne Offenlegung des wahren Aktionärs anfechtungsbefugt ist (vgl auch Rn 4); denn mangels anderer Anhaltspunkte will der wirkliche Aktionär hinter dem Legitimationsaktionär anonym bleiben, nicht nur in der HV und bei Widerspruchseinlegung, sondern auch bei Klageerhebung. Diese Anonymität des wahren Aktionärs akzeptiert das Gesetz bei der HV, und es wäre inkonsequent und gefährdete die Erreichung des Zwecks der Legitimationsübertragung, wenn der wahre Aktionär hinter dem Legitimationsaktionär bei Klageerhebung offenbart werden müsste.[46] Will stattdessen der wah-

---

[36] BGHZ 169, 221 = NJW 2007, 300 Rn 19; vgl auch OLG München AG 2009, 912, 913 = ZIP 2009, 2314; OLG Frankfurt AG 2010, 679 f = BB 2010, 449.
[37] BVerfG, 1. Senat, 3. Kammer, WM 2010, 170 = AG 2010, 160 = ZIP 2010, 571.
[38] OLG Köln AG 2010, 298 = NZG 2010, 184 = ZIP 2010, 584, unter Berufung auf *Goette*, in: FS K. Schmidt, 2009, S. 469, 473 ff; anders noch die Vorinstanz: LG Köln v. 17.10.2008 – 82 O 5/08, n.v. (juris), das der AG zutreffend die rechtsmissbräuchliche Herbeiführung der Eintragung vorwarf.
[39] BGHZ 189, 32 ff = ZIP 2011, 1055 Rn 6 ff unter Hinweis auf die in diesem Kommentar seit der 2. Aufl. vertretenen Auffassung und Schmidt/Lutter/*Schwab*, Rn 28; Spindler/Stilz/*Stilz*, § 327 e Rn 10; nunmehr auch *Hüffer*, Rn 8 a.
[40] Vgl BVerfG AG 2010, 160 = ZIP 2010, 571.
[41] Vgl – allerdings aA – die Rspr: LG München NJW 2009, 3794 = ZIP 2009,2198; OLG München AG 2010, 673 = ZIP 2010, 725; vgl auch *Lutter*, NZG 2009, 1311; *Hirte/Mock*, BB 2010, 775; *Altmeppen*, NJW 2009, 3575.
[42] LG Mannheim WM 1990, 760 = AG 1991, 29; *Hüffer*, Rn 10; MüKo-AktG/*Hüffer*, Rn 28; Großkomm-AktienR/*K. Schmidt*, Rn 16; K. Schmidt/Lutter/*Schwab*, Rn 5; str, vgl aA *v. Godin/Wilhelmi*, Anm. 2. Vgl auch zum Parallelproblem der Verpfändung, die eine Hauptaktionärseigenschaft beim Squeeze-out-Verlangen nicht entgegensteht, OLG München ZIP 2009, 416 = WM 2009, 553 Rn 41 (Entscheidungsveröffentlichung bei juris).
[43] BGHZ 119, 305.
[44] BGHZ 24, 119, 124; BGH WM 1962, 419 = GmbHR 1962, 117; NJW 1966, 1458 = WM 1966, 614; MüKo-AktG/*Hüffer*, Rn 30; KölnKomm-AktG/*Zöllner*, Rn 12; Großkomm-AktienR/*K. Schmidt*, Rn 15.
[45] Anfechtungsbefugnis bejaht von RGZ 30, 50 f; RGJW 1929, 3086; 1931, 793; BayObLG AG 1988, 18 = ZIP 1987, 1547; *Baumbach/Hueck*, AktG, Rn 2; aA KölnKomm-AktG/*Zöllner*, Rn 11; *Hüffer*, Rn 11; MüKo-AktG/*Hüffer*, Rn 33; BayObLG AG 1996, 563 = ZIP 1996, 1945; Noack, AG 1989, 78, 82; vermittelnd: Großkomm-AktienR/*K. Schmidt*, Rn 15; OLG Stuttgart AG 2003, 588 = ZIP 2003, 2024; KG ZIP 2010, 180, 181 =AG 2010, 166; vgl zum Spruchverfahren OLG Stuttgart AG 2002, 353, 355.
[46] Im Erg. ebenso: Großkomm-AktienR/*K. Schmidt*, Rn 15; Grigoleit/*Ehmann*, Rn 6; aA zB MüKo-AktG/*Hüffer*, Rn 29; K. Schmidt/Lutter/*Schwab*, Rn 5; OLG Stuttgart ZIP 2003, 2024, 2025 = AG 2003, 588.

re Aktionär klagen, muss er innerhalb der Anfechtungsfrist offen legen, wer als Legitimationsaktionär für ihn Widerspruch eingelegt hat.[47]

b) **Erscheinen in der HV.** Nach dem Gesetzeswortlaut muss der Aktionär in der HV erschienen sein; mE genügt, wenn der Rechtsvorgänger erschienen ist (vgl Rn 6). Persönliches Erscheinen ist nicht erforderlich; jedenfalls genügt das Erscheinen eines offenen Stellvertreters gemäß §§ 164 ff, mE auch verdeckte Stellvertretung im Namen dessen, den es angeht, zumal durch Kreditinstitute, Vereinigungen von Aktionären sowie sonst geschäftsmäßig Handelnde (vgl § 135 Rn 16).[48] Es genügt auch das Erscheinen eines Legitimationsaktionärs (vgl Rn 6 a),[49] dem aber tatsächlich Besitz an den Aktien gemäß §§ 855 ff BGB eingeräumt werden muss, oder Erscheinen eines Treuhänders.[50]

c) **Widerspruch gegen den Beschluss zur Niederschrift.** Der Aktionär muss Widerspruch zur Niederschrift erklärt haben. Nach bestrittener, aber zutreffender Ansicht bedarf es keines Widerspruchs bei **unerkennbaren Beschlussmängeln.**[51] ME ist die Gegenansicht unrichtig; es kann keine Rede davon sein, dass das Gesetz eine restriktive Tendenz hinsichtlich der Zulassung von Anfechtungsklagen verfolge; der Gesetzgeber sieht die Anfechtungsklage vielmehr als wirksamste Waffe des Aktionärs (vgl Rn 1, 3), das Widerspruchserfordernis beruht nur auf dem Verbot des venire contra factum proprium;[52] (vgl Rn 12) wenn der Aktionär Mängel nicht erkennen konnte, ist ihm der fehlende Widerspruch nicht anzulasten (vgl § 246 Rn 30 ff zur mE ausnahmsweise unschädlichen Nichteinhaltung der Anfechtungsfrist des § 246 Abs. 1 und zum Nachschieben von Gründen).

Es muss nicht der klagende Aktionär Widerspruch eingelegt haben (vgl § 245 Rn 6 und § 246 Rn 5).

Der Widerspruch ist die Protesterklärung gegen die Rechtmäßigkeit des Beschlusses; die bloße Stimmabgabe gegen den Beschluss ist kein Widerspruch. Die Stimmabgabe für den Beschluss hindert die Wirksamkeit des Widerspruchs generell entgegen der Sicht des BGH nicht.[53] Der Widersprechende muss **deutlich machen, dass er sich gegen die Gültigkeit des Beschlusses wendet.** Das ist ggf durch Auslegung zu ermitteln. Der Widersprechende braucht keine bestimmten Worte zu verwenden; die Erklärung genügt zB, er widerspreche, fechte an, verwahre sich gegen den Beschluss, halte ihn für gesetzes- oder satzungswidrig, nichtig, unwirksam oder ungültig oder protestiere sonst gegen den Beschluss.[54] Der Widersprechende braucht keine Begründung zu geben, und eine eventuell gegebene Begründung schränkt nicht die Anfechtungsgründe im Prozess ein.[55] Der Widerspruch muss erkennen lassen, gegen welchen Beschluss er sich richtet; ein **genereller Widerspruch gegen alle HV-Beschlüsse** oder ab einem bestimmten Zeitpunkt gefasste HV-Beschlüsse ist möglich –[56] und zwar unabhängig davon, ob der Kläger Verfahrens- oder materielle Mängel rügt.[57] Der Widerspruch muss sich gegen einen Beschluss richten; mE ist ein Protest gegen eine Stimmrechtsentziehung zu Beginn der HV ohne Weiteres auszulegen als Widerspruch gegen sämtliche gefassten HV-Beschlüsse.[58]

Hat der Vorstand die Erteilung einer **Auskunft** verweigert, genügt der Widerspruch des Klägers gegen den entsprechenden HV-Beschluss; er braucht nicht selbst die verweigerte Auskunft verlangt zu haben.[59]

Das Gesetz enthält keine Regelung des **Zeitpunkts des Widerspruchs** (anders der Widerspruch nach § 121 Abs. 6, der nach hM nur bis spätestens vor Bekanntgabe des Beschlussergebnisses durch den Versammlungsleiter erhoben werden kann[60]; dieser kann während der gesamten Dauer der HV erhoben werden,

---

47 Vgl KölnKomm-AktG/*Zöllner*, Rn 32; *Hüffer*, Rn 12; Großkomm-AktienR/*K. Schmidt*, Rn 15,18; vgl KG 2010, 180; LG München AG 2010, 47, 48 = WM 2009, 1976.
48 MüKo-AktG/*Hüffer*, Rn 35; KölnKomm-AktG/*Zöllner*, Rn 31; *Hüffer*, Rn 12.
49 *Hüffer*, Rn 12; MüKo-AktG/*Hüffer*, Rn 35; KölnKomm-AktG/*Zöllner*, Rn 32; Großkomm-AktienR/*K. Schmidt*, Rn 15, 18.
50 Grigoleit/*Ehmann*, Rn 10 vertritt mit Recht, dass der Treugeber anfechtungsbefugt ist, wenn der Treuhänder nach der HV die Aktien auf den Treugeber zurücküberträgt.
51 KölnKomm-AktG/*Zöllner*, Rn 42 f, 57; *Hüffer*, Rn 16; MüKo-AktG/*Hüffer*, Rn 337; Großkomm-AktienR/*K. Schmidt*, Rn 19; Spindler/Stilz/*Dörr*, Rn 30; Hensseler/Strohn/*Drescher*, Rn 9; *K. Schmidt*/Lutter/*Schwab*, Rn 16; vgl ausführlich: *Noack*, AG 1989, 82 f; aA MüH-AG/*Semler*, § 41 Rn 55.
52 Großkomm-AktienR/*K. Schmidt*, Rn 19.
53 *Hüffer*, Rn 13; MüKo-AktG/*Hüffer*, Rn 35; Spindler/Stilz/*Dörr*, Rn 25; demgegenüber verneint BGH AG 2010, 632 = ZIP 2010, 1437 = NZG 2010, 943 (Aufsichtsratsbericht), Rn 36 ff – unter Berufung auf KölnKomm-AktG/*Zöllner*, Rn 82, und AG 2000, 145, 146, die Anfechtungsbefugnis, wenn Aktionär dem Beschlussvorschlag in Kenntnis des Mangels zugestimmt hat und lässt Anfechtungsbefugnis bei Zustimmung in Unkenntnis des Mangels offen.
54 *Hüffer*, Rn 14; MüKo-AktG/*Hüffer*, Rn 38; *Noack*, AG 1989, 78, 80; RGZ 53, 291, 293; BGH DB 1994, 31 mit Anm. *Götz* = NJW 1994, 320, 321; Großkomm-AktienR/*K. Schmidt*, Rn 20; KölnKomm-AktG/*Zöllner*, Rn 35.
55 *Noack*, AG 1989, 78, 81; Großkomm-AktienR/*K. Schmidt*, Rn 20.
56 RGZ 30, 50, 52; 36, 24, 26; KölnKomm-AktG/*Zöllner*, Rn 36; *Hüffer*, Rn 14; MüKo-AktG/*Hüffer*, Rn 38; *Noack*, AG 1989, 78, 81.
57 So aber LG Frankfurt AG 2005, 51, 52 zu Unrecht unter Berufung auf MüKo-Akt/*Hüffer*, Rn 38.
58 AA *Hüffer*, Rn 14 im Anschluss an OLG Oldenburg; NJW 1975, 1790; LG Ellwangen AG 1976, 276.
59 BGHZ 119, 1, 13 = ZIP 1992, 1227.
60 OLG Stuttgart AG 2013, 845.

auch vor Beschlussfassung.[61] Demgegenüber verlangte das LG Frankfurt als Mindermeinung eine Widerspruchseinlegung nach Beschlussfassung.[62] Der Sicht ist nicht zu folgen, was inzwischen wieder hM entspricht (vgl zur Begründung 2. Aufl. Rn 12 a ff).[63][64]

12a Nach Schließung der HV ist der Widerspruch grundsätzlich unbeachtlich – es sei denn, dass die Schließung so überraschend kam, dass eine Einlegung des Widerspruchs während der HV nicht mehr möglich war,[65] oder der Versammlungsleiter sonst nach den Beschlussfassungen nicht hinreichend Zeit zur Erledigung gegeben hat. ME braucht in einem solchen Fall der Widerspruch der Gesellschaft nicht alsbald nach Erhebung des Widerspruchs zur Kenntnis gebracht zu werden, da nach Schluss der HV die Beweisfunktion der Niederschrift des Widerspruchs nicht mehr erfüllt werden kann.[66]

13 Der Widerspruch muss **zur Niederschrift** (vgl § 130 Rn 11) erklärt werden. Es genügt, dass ein sorgfältiger Notar (oder anderer Führer der Niederschrift, vgl § 130 Abs. 1 S. 3) das Vorliegen des Widerspruchs erkennen kann; die Protokollierung braucht man nicht besonders zu verlangen, anders als bei § 131 Abs. 5 (vgl dazu § 131 Rn 82 ff).[67] Enthält die Niederschrift den Widerspruch nicht, kann der Aktionär ihn auch im Bestreitensfalle mit anderen Beweismitteln belegen.[68]

14 **2. Der nicht erschienene Aktionär (Nr. 2).** Auch nicht erschienene Aktionäre haben Anfechtungsbefugnis, wenn sie zu der HV zu Unrecht nicht zugelassen wurden oder die Versammlung nicht ordnungsgemäß einberufen oder ein Gegenstand der Beschlussfassung nicht ordnungsgemäß bekannt gemacht wurde. Die **Anfechtungsgründe** des nicht erschienenen Aktionärs **beschränken sich nicht auf die Geltendmachung der Mängel des § 245 Nr. 2**.[69]

15 a) **In der HV nicht erschienener Aktionär.** Voraussetzung des Nichterscheinens ist, dass der Aktionär (vgl Rn 4 ff, die Beschränkung Vorbesitzzeit gilt hier nicht) weder persönlich anwesend noch vertreten war, auch nicht durch einen Legitimationsaktionär (vgl Rn 6). War der Aktionär oder sein Vertreter etc. erschienen, kann er grundsätzlich nicht nach § 245 Nr. 2 anfechten, sondern nur nach § 245 Nr. 1, da er während der HV Widerspruch erheben konnte (vgl Rn 12).[70] Bei **Verweisung aus dem Saal** entfällt mE in jedem Fal-

---

61 Fast ganz einhellige Auffassung seit mehr als einem Jahrhundert: RGZ 20, 140, 141; 22, 158, 161; 30, 51; 53, 291, 292; Staub, HGB, 12. Aufl. 1926, § 271 Anm. 10; v. Godin/Wilhelmi, AktG 1937, § 198, II 2; Schlegelberger, AktG, 3. Aufl. 1939, § 198 Rn 7; Gadow/Heinichen, AktG 1939, § 198 Anm. 8; Ritter, AktG, 2. Aufl. 1939, § 198, S. 560; Teichmann/Koehler, AktG, 3. Aufl., 1950, § 198 Ziff. 1; Baumbach/Hueck, AktG, 10. Aufl. 1959, § 198 Ziff. 2; Barz/Fischer/Klug, AktG, 2. Aufl. 1965, § 198 Anm. 8; v. Godin/Wilhelmi, AktG, 3. Aufl. 1967, Anm. 3; Baumbach/Hueck, AktG, 13. Aufl. 1968, Rn 3; Semler/Volhard/Volbard, Arbeitsb HV, 2003, § 15 Rn 59, S. 560; MüHb-Ag/Semler, 2. Aufl., 1999, § 41 Rn 3; MüKo-AktG/Hüffer, Rn 40; Noack, AG 1989,78, 81; Hüffer, Rn 14; Großkomm-AktienR/K. Schmidt, Rn 22; Köln-Komm-AktG/Zöllner, Rn 36; Spindler/Stilz/Dörr, Rn 27; Priester, EWiR 2005, 329.

62 LG Frankfurt ZIP 2005, 991 = DB 2005, 603 (Celanese); LG Frankfurt AG 2005, 51 (Fraport); LG Frankfurt ZIP 2005, 1275 ff = WM 2005, 2235 ff = AG 2005, 891 ff (Kirch/Deutsche Bank); LG Frankfurt ZIP 2006, 335 (Kirch/Deutsche Bank); so auch noch LG Hamburg v. 14.12.2005 – 417 O 164/04 (n.v.); das LG Frankfurt stützte sich in seiner Entscheidung auf die Kommentierung von MüKo-AktG/Kubis, 2. Aufl, § 130 Rn 7.

63 Die Beliebigkeit des Einlegungszeitpunkts folgt insb. vor dem Hintergrund der Ausführungen der Allgemeinen Begründung des AktG, zit. bei Schubert/Hommelhoff, 100 Jahre modernes Aktienrecht, ZGR-Sonderheft 4, 1985, S. 387, 467; aus: Allg. Begründung, S. 296 reSp. – Stenografische Berichte über die Verhandlungen des Reichsgerichts, 5. Legislatorperiode, 1884, Bd. III, Aktenstück Nr. 21, wonach vor Erlass der aktienrechtlichen Novelle 1884 "in Ermangelung entgegenstehender Vorschriften angenommen (wurde), dass die Anfechtung von jedem Aktionär geltend gemacht werden könne, ohne Rücksicht darauf, ob er in der Generalversammlung, welche den Beschluss gefasst hat, zugegen war oder nicht, ob der Beschluss schon ausgeführt ist oder nicht, und ob die Ausführung thatsächlich noch rückgängig gemacht werden kann. Eine Zeitgrenze für die Anfechtung oder sonstige Schranken für dieselbe sind nicht gesetzt." Das erschien dem Gesetzgeber im 19. Jahrhundert untragbar. In der Gesetzesbegründung heißt es daher weiter: "Das Recht eines Jeden zu Anfechtung ist ein zweischneidiges Mittel, welches Chikanen Thür und Thor öffnet [...] Der Entwurf musste es sich deshalb zur Aufgabe setzen, dasselbe gleichzeitig auf einen festen Boden zu stellen und in einer dem allgemeinen Interesse entsprechenden Weise zu begrenzen. Es bestimmt... dass [...] nur ein Aktionär zur Anfechtung des Beschlusses berechtigt sein soll, [...], wenn er seinen Widerspruch gegen den Beschluss in der Generalversammlung zu Protokoll erklärt hat." Eine Festlegung, zu welchem Zeitpunkt der Widerspruch einzulegen ist, wurde bewusst nicht in die aktienrechtlichen Regelungen eingefügt.

64 BGH DB 2007, 2472 = WM 2007, 2110 = ZIP 2007, 2122; KG AG 2009, 30; 32; Goette, DStR 2009, 51, 55; OLG Frankfurt DB 2006, 438; OLG Jena, AG 2006, 417 = ZIP 2006, 729; LG München v. 27.4.2006 – 5 HKO 10400/05 (MK Medien/Advanced).

65 Hüffer, Rn 14; MüKo-AktG/Hüffer, Rn 36; Großkomm-AktienR/K. Schmidt, Rn 22; Henssler/Strohn/Drescher, Rn 9; Noack, AG 1989, 78, 81.

66 AA Hüffer, Rn 14; MüKo-AktG/Hüffer, Rn 40, 47; jeweils zu Unrecht unter Berufung auf Großkomm-AktienR/K. Schmidt, Rn 22; K. Schmidt/Lutter/Schwab „unverzüglich", Rn 15.

67 Hüffer, Rn 15; MüKo-AktG/Hüffer, Rn 39; Großkomm-AktienR/K. Schmidt, Rn 21; Spindler/Stilz/Dörr, Rn 28.

68 RGZ 53, 291, 293; OLG Breslau OLGR 34, 351; OLG Hamburg AG 1960, 333 f; wenn die notarielle Niederschrift den Widerspruch anders enthält, als vom Anfechtungskläger vorgetragen, kann (und muss) dieser nach dem BGH den Gegenbeweis gem. § 415 Abs. 2 ZPO führen, dass der "Vorgang" nicht richtig beurkundet worden ist, BGH DNotZ 1994, 615 = Mitt-BayNotK 1994, 77, 78 = NJW 1994, 320 = WM 1993, 2244; Hüffer, Rn 15; MüKo-AktG/Hüffer, Rn 39; Großkomm-AktienR/K. Schmidt, Rn 21; KölnKomm-AktG/Zöllner, Rn 37.

69 Vgl statt aller Großkomm-AktienR/K. Schmidt, Rn 23.

70 Vgl Hüffer, Rn 13, 17; MüKo-AktG/Hüffer, Rn 43; Großkomm-AktienR/K. Schmidt, Rn 24; KölnKomm-AktG/Zöllner, Rn 47; OLG München AG 2010, 677 = ZIP 2010, 326.

le – also auch bei berechtigter Saalverweisung – das Erfordernis des Widerspruchs, da dem des Saales Verwiesenen typischerweise keine angemessene Möglichkeit zukommen wird, Widerspruch einzulegen.[71]

b) Zu Unrecht zur Hauptversammlung nicht zugelassener Aktionär. Da jeder Aktionär, der die **Teilnahmebedingungen erfüllt** (vgl § 123 Rn 10 ff), das Teilnahmerecht (vgl § 118 Rn 1, 11) hat, ist er zur Anfechtung befugt, wenn er oder sein Vertreter nicht zugelassen werden.[72] Vgl zu Fällen nach § 123 Abs. 3 aF, 3. Aufl., Rn 16.[73]

c) Nicht ordnungsgemäß einberufene HV. Nicht ordnungsgemäß einberufen ist nach allgemeiner Auffassung bei Verstoß gegen §§ 121 bis 123 sowie nach herrschender und zutreffender Auffassung auch bei Verstoß gegen die §§ 125 bis 127.[74] Eine Verletzung des § 128 durch die Anfechtungsbefugnis nicht auslösen (§ 243 Abs. 3).[75] Von der Anfechtungsbefugnis ist die Frage zu unterscheiden, ob sich der Fehler auf die Rechtmäßigkeit des Beschlusses auswirkt, was sich nach §§ 241 Nr. 1, 243 Abs. 1 entscheidet. Durchweg sind Einberufungsmängel Verfahrensfehler und daher Anfechtungsgründe (vgl § 243 Rn 9 ff).[76]

d) Nicht ordnungsgemäße Bekanntmachung eines Gegenstands der Beschlussfassung. Bekanntmachungsfehler sind Verstöße gegen § 124 Abs. 1 bis 3 (vgl dazu § 124 Rn 5–22). Gemäß § 124 Abs. 4 S. 1 darf über einen nicht ordnungsgemäß bekannt gemachten Gegenstand kein Beschluss gefasst werden; auch der nicht erschienene Aktionär hat Anfechtungsbefugnis.[77]

3. Anfechtungsbefugnis jedes Aktionärs bei Gewährung von Sondervorteilen (Nr. 3). Bei unzulässiger Gewährung von Sondervorteilen hat gemäß § 245 Nr. 3 jeder Aktionär die Anfechtungsbefugnis. Die Anfechtungsklage ist in jedem Falle zulässig, wenn sie sich auf § 243 Abs. 2 stützt. Nach einhelliger Ansicht ist die **Anfechtungsbefugnis aber auf den in § 243 Abs. 2 beschriebenen Beschlussmangel beschränkt** (und ggf gleichzustellende Mängel, vgl Rn 20). Stellt das Gericht weder die Einschlägigkeit von § 243 Abs. 2 noch der gleichgestellten Mängel fest, so ist die Klage als unbegründet, nicht als unzulässig abzuweisen; weitere Anfechtungsgründe als die nach § 243 Abs. 2 und die gleichgestellten kann der nur gemäß § 245 Nr. 3 anfechtungsbefugte Kläger nicht geltend machen.[78]

Da nach heutiger überwiegender Sicht § 243 Abs. 2 als ein Sonderfall der Treuepflichtverletzung gesehen wird (vgl § 243 Rn 26), ist **§ 245 Nr. 3 analog anzuwenden auf Inhaltsverstöße der Beschlüsse gegen den Gleichbehandlungsgrundsatz des § 53 a sowie die Treuepflicht**.[79]

II. Anfechtungsrecht des Vorstands (Nr. 4). Träger des Anfechtungsrechts ist der Vorstand (nicht die AG) als Kollegialorgan (vgl Rn 2). Die Anfechtung ist unabhängig davon, ob der Vorstand den Beschluss selbst vorgeschlagen hat (§ 124 Abs. 3 S. 1) oder Vorstandsmitglieder als Aktionäre für den Beschluss gestimmt haben. Der Vorstandsbeschluss zur Anfechtung ist einstimmig zu fassen, es sei denn, Satzung oder Geschäftsordnung enthalten eine andere Regelung (vgl § 77 Rn 8). Kläger ist der Vorstand in seiner jeweiligen Besetzung. Ohne wirksamen Vorstandsbeschluss ist die gleichwohl erhobene Klage abzuweisen.[80]

Da **Abwickler** im Falle einer Auflösung der Gesellschaft (§ 262) an die Stelle des Vorstands treten, sind sie gemäß §§ 245 Nr. 4, 264 Abs. 2, 268 Abs. 2 zur Anfechtung befugt.[81] Streitig ist die Anfechtungsbefugnis des **Insolvenzverwalters**; nach überzeugender Sicht von *Schmidt* sind sowohl Vorstand als auch Insolvenzverwalter anfechtungsbefugt; der Vorstand benötigt ggf die Zustimmung des Insolvenzverwalters oder

---

[71] Str, offen gelassen in BGHZ 44, 245, 250; BGHZ 44, 243 = WM 1965, 1207, 1208 = NJW 1966, 43, 44 = AG 1966, 28; wie hier: KölnKomm-AktG/*Zöllner*, Rn 48; *Hüffer*, Rn 18 bei unberechtigter Verweisung; so auch OLG München AG 2010, 842, 843 = ZIP 2011, 1147; aA MüKo-AktG/*Hüffer*, Rn 44; Großkomm-AktienR/*K. Schmidt*, Rn 24; MüHb-AG/*Semler*, § 41 Rn 54; *Spindler/Stilz/Dörr*, Rn 36; *K. Schmidt/Lutter/Schwab*, Rn 21.

[72] OLG Düsseldorf AG 1991, 444f (Effecten-Spiegel).

[73] AA *Hüffer*, Rn 18; OLG Hamburg DB 2002, 572 = WM 2002, 696, 703; MüKo-AktG/*Hüffer*, Rn 46; KölnKomm-AktG/*Zöllner*, Rn 51; MüHb-AG/*Semler*, § 41 Rn 56; *Semler/Volhard/Richter*, Arbeitshb HV, 2003, § 47 Rn 74, S. 991.

[74] *Hüffer*, Rn 19; MüKo-AktG/*Hüffer*, Rn 48; Großkomm-AktienR/*K. Schmidt*, Rn 27; *Zöllner*, Rn 52 f; MüHb-AG/*Semler*, § 41 Rn 53; teilweise aA Großkomm-AktienR/*Werner*, § 125 Rn 91 ff.

[75] *Hüffer*, Rn 19; MüKo-AktG/*Hüffer*, Rn 44; Großkomm-AktienR/*K. Schmidt*, Rn 27.

[76] *Hüffer*, Rn 19.

[77] Nach zutr. hM (anders als nach hM bei Nr. 1 und 2, vgl dagegen Rn 4) unabhängig von der Erfüllung von Mitteilungspflichten nach § 21 WpHG, § 20 AktG etc. zZt der HV, sie sollen aber in der Anfechtungsfrist nachgeholt werden müssen, vgl BGH AG 2009, 534 = NJW 2009, 2458; OLG Schleswig ZIP 2007, 2214 = AG 2008, 129.

[78] Großkomm-AktienR/*K. Schmidt*, Rn 29; vgl allg. auch *Hüffer*, Rn 21; MüKo-AktG/*Hüffer*, Rn 50; *K. Schmidt/Lutter/Schwab*, Rn 24.

[79] Großkomm-AktienR/*K. Schmidt*, Rn 30; KölnKomm-AktG/*Zöllner*, Rn 56 f; aA KölnKomm-AktG/*Hüffer*, Rn 46; *Henssler/Strohn/Drescher*, Rn 54.

[80] Str, ob als unbegründet oder unzulässig, vgl MüKo-AktG/*Hüffer*, Rn 66; vgl allg. auch KölnKomm-AktG/*Zöllner*, Rn 63, Großkomm-AktienR/*K. Schmidt*, Rn 32.

[81] *Hüffer*, Rn 29; MüKo-AktG/*Hüffer*, Rn 70; Großkomm-AktienR/*K. Schmidt*, Rn 36.

muss im Prozesskostenhilfeverfahren klagen.[82] Streitig, aber zu bejahen ist das Anfechtungsrecht des **Besonderen Vertreters** (vgl § 147 Rn 24 a), jedenfalls wenn es um die Grundlagen seiner Bestellung oder Abberufung geht,[83] daher ist mE der Besondere Vertreter zB anfechtungsbefugt, wenn die HV einem Vertrag zustimmt, der dazu führt, dass Ersatzansprüche entfallen, die er geltend machen soll; denn der Besondere Vertreter verdrängt den Vorstand, soweit sein Aufgabenbereich reicht.[84]

23 Der Vorstand ist für das Verfahren **als Organ parteifähig**; das Prozessrechtsverhältnis unter Einschluss der Kostenfolgen entsteht zwischen dem Vorstand als Organ und der AG.[85]

24 Der Vorstand muss innerhalb der Monatsfrist des § 246 Abs. 1 prüfen, ob er von seiner Anfechtungsbefugnis Gebrauch machen will – auch wenn er den Beschluss selbst vorgeschlagen hatte.[86] Die **Pflicht zur Anfechtung** ist jedenfalls bei Beschlüssen zu bejahen, die für die Gesellschaft schädlich sind[87] (vgl § 241 Rn 14). Der Vorstand kann rechtsmissbräuchlich handeln, wenn er Fehler rügt, die er selbst verursacht hat. Vgl allg. zur missbräuchlichen Klage § 245 Rn 28 ff.

25 **III. Anfechtungsbefugnis einzelner Mitglieder der Verwaltung (Nr. 5).** Die Anfechtungsbefugnis nach § 245 Nr. 5 besitzt **jedes Mitglied von Vorstand und Aufsichtsrat**, wenn durch die Ausführung des Beschlusses irgendwelcher Mitglieder von Vorstand oder Aufsichtsrat eine strafbare Handlung oder Ordnungswidrigkeit begehen oder ersatzpflichtig würde. Dagegen erteilte § 198 Abs. 1 Nr. 5 AktG 1937 die Anfechtungsbefugnis, „wenn sich die Mitglieder des Vorstands und des Aufsichtsrats durch die Ausführung des Beschlusses strafbar oder ersatzpflichtig machen würden". Demgegenüber stellt die Vorschrift jetzt klar, dass auch das Mitglied des Vorstands oder des Aufsichtsrats anfechten kann, das bei einer Ausführung des Beschlusses nicht persönlich strafbar bzw ordnungswidrig handeln oder sich ersatzpflichtig machen würde.[88] Die Befugnis ist an eine **Mitgliedschaft im Organ zum Zeitpunkt der Klageerhebung** gebunden; sie braucht nicht bis zur letzten mündlichen Verhandlung erhalten zu bleiben; das jeweilige Verwaltungsmitglied kann den Prozess fortführen.[89]

26 Die Anfechtungsbefugnis bezieht sich nach dem klaren Wortlaut nur auf **ausführungsbedürftige Beschlüsse** („... durch die Ausführung des Beschlusses"). Eine Ausführungshandlung ist zB schon die Anmeldung zum Handelsregister.[90] Es kommt nicht darauf an, dass das klagende Verwaltungsmitglied den Beschluss ausführen müsste oder ob andere Verwaltungsmitglieder den Beschluss bereits ausgeführt haben oder ausführen wollen; die Verantwortlichkeit für die Beschlussausführung ist abstrakt (hypothetisch) festzustellen (vgl schon Rn 2).[91] Die Anfechtung ist nicht auf die Normen beschränkt, die die Strafbarkeit, Ordnungswidrigkeit oder Ersatzpflicht begründen können.[92]

27 Das klagende Organmitglied hat eine **eigene Anfechtungsbefugnis** und ist selbst Prozesspartei, die Klage begründet keine Prozessstandschaft.[93] Bei Klageabweisung legt das Gericht die Kosten dem klagenden Organmitglied auf, nicht aber der Gesellschaft; das Organmitglied kann aber einen Aufwendungsersatzanspruch gegen die AG gemäß §§ 670, 675 BGB haben.[94]

---

82 Großkomm-AktienR/*K. Schmidt*, Rn 37; demgegenüber nimmt die wohl hM eine zwischen Vorstand und Insolvenzverwalter gespaltene Zuständigkeit an, was impraktikabel erscheinen, vgl *Hüffer*, Rn 29; MüKo-AktG/*Hüffer*, Rn 71; Spindler/Stilz/*Dörr*, Rn 47: *v. Godin/Wilhelmi*, Anm. 5; KölnKomm-AktG/*Zöllner*, Rn 66. Nach BGH ZIP 2011, 1853 = AG 2011, 786 Rn 9 wird eine Beschlussmängelklage über das Vermögen der AG nur unterbrochen, wenn sie die Masse iSd § 35 InsO betreffen, was nur der Fall sei, wenn der angefochtene Beschluss Ansprüche der Masse begründet oder Verbindlichkeiten wegfallen; daraus wird man schließen, dass nach dem BGH nur wenn sich die Anfechtung nachteilig auswirkt, der Insolvenzverwalter anfechtungsbefugt ist; vgl auch *Hüffer*, Rn 29.

83 LG München AG 2009, 796 = ZIP 2009, 2198 mit zust. Anm. *Lutter*, NZG 2009, 1311 und *Hirte/Mock*, DB 2010, 775; offen gelassen von OLG München ZIP 2008, 2173 = AG 2009, 119, und OLG München ZIP 2010, 725 = AG 2010, 673; aA *Hüffer*, Rn 28; MüKo-AktG/*Hüffer*, Rn 15 unter Verweis auf *Peters/Hecker*, NZG 2009, 1294, 1295.

84 Vgl den Fall HVB/UniCredit, allerdings aA LG München ZIP 2007, 2420 = AG 2008, 92; OLG München ZIP 2008, 1916 = AG 2008, 864.

85 Großkomm-AktienR/*K. Schmidt*, Rn 35; *Hüffer*, Rn 30; MüKo-AktG/*Hüffer*, Rn 15 ff, 68, zum Teil str; vgl KölnKomm-AktG/*Zöllner*, Rn 24; *Westermann*, FS Böttcher, 1969, S. 369, 375; Grigoleit/*Ehmann*, Rn 20; Schmidt/Lutter/*Schwab*, Rn 29, 32.

86 Grigoleit/*Ehmann*, Rn 19; MüKo-AktG/*Hüffer*, Rn 60.

87 *Hüffer*, § 243 Rn 50; MüKo-AktG/*Hüffer*, § 243 Rn 131; Geßler/*Hefermehl*, § 93 Rn 48.

88 RegBegr. *Kropff*, S. 132 f.

89 *Hüffer*, Rn 31; MüKo-AktG/*Hüffer*, Rn 73; Großkomm-AktienR/*K. Schmidt*, Rn 40; KölnKomm-AktG/*Zöllner*, Rn 74; K. Schmidt/Lutter/*Schwab*, Rn 32; Grigoleit/*Ehmann*, Rn 23; differenzierend: MüHb-AG/*Semler*, § 41 Rn 60, der meint, dass durch den Wegfall der Organstellung das Rechtsschutzbedürfnis wegfallen kann; dabei übersieht *Semler*, dass Streitgegenstand die Nichtigkeitserklärung des Beschlusses ist, die auch nach Ausscheiden des Vorstandsmitglieds noch erreicht werden kann.

90 *Hüffer*, Rn 32; MüKo-AktG/*Hüffer*, Rn 74; Großkomm-AktienR/*K. Schmidt*, Rn 41.

91 Großkomm-AktienR/*K. Schmidt*, Rn 42; *Hüffer*, Rn 32; MüKo-AktG/*Hüffer*, Rn 75; KölnKomm-AktG/*Zöllner*, Rn 75.

92 Grigoleit/*Ehmann*, Rn 23; Großkomm-AktienR/*K. Schmidt*, Rn 43; Schmidt/Lutter/*Schwab*, Rn 34.

93 *Hüffer*, Rn 33; MüKo-AktG/*Hüffer*, Rn 71; Großkomm-AktienR/*K. Schmidt*, Rn 44; aA *Zöllner*, § 246 Rn 25.

94 *Hüffer*, Rn 33; MüKo-AktG/*Hüffer*, Rn 76; Großkomm-AktienR/*K. Schmidt*, Rn 44; MüKo-AktG/*Hoffmann-Becking*, § 33 Rn 12; *Dänzer-Vanotti*, BB 1985, 1732; *Schmidt*, in: FS Semler, 1993, S. 340; MüHb-AG/*Semler*, § 41 Rn 61, anders noch in Vorauflagen.

IV. Rechtsmissbräuchlichkeit der Anfechtung. 1. Grundlagen, Rechtsentwicklung. Die Anfechtungsbefugnis unterliegt, wie jede andere Befugnis, dem Verbot missbräuchlicher Ausnutzung. Das **Reichsgericht** hatte daher die Einschränkung des Anfechtungsrechts zugelassen, aber mit Recht sehr enge Voraussetzungen aufgestellt: Der Aktionär dürfe zur Wahrung der Ordnung Beschlüsse der AG angreifen, auch wenn sie ihm persönlich keine Nachteile bringen. Nur wo das Recht mit der Treuepflicht in Widerspruch stehe und der Aktionär mit dem Anfechtungsrecht **der Gesellschaft selbstsüchtig erpresserisch seinen Willen aufzwingen** wolle, also zu gesellschaftsfremden Zwecken handele, liege darin eine so gröbliche Verletzung der Treuepflicht, dass sich die Ausübung des Rechts als Missbrauch darstelle. Regelmäßig sei der Aktionär, dem das Gesetz das Recht zur Anfechtung gebe, auch befugt, von dem Recht Gebrauch zu machen; könne die beweispflichtige Gesellschaft nicht ausräumen, dass der Anfechtungskläger der Meinung (!) gewesen sei, die Vorstandsmitglieder hätten die ihnen gegenüber der Gesellschaft obliegenden Pflichten verletzt, so könne der Beweis der ausschließlich gesellschaftsfremden Zwecke schwerlich erbracht werden.[95] Weitergehend war die **Literatur** der Auffassung, die **Funktion der Anfechtungsklage** – die Beseitigung rechtswidriger HV-Beschlüsse – schließe eine **Berücksichtigung** zu missbilligender **Motive des anfechtenden Aktionärs gänzlich aus**.[96]

Daneben sah das Aktienrecht **seit 1897 Schadensersatzvorschriften** für missbräuchliche Anfechtungsklagen vor. § 273 Abs. 2 HGB 1897 lautete: „Für einen durch unbegründete Anfechtung des Beschlusses der Gesellschaft entstehenden Schaden haften ihr die Kläger, welchen eine bösliche Handlungsweise zur Last fällt, als Gesamtschuldner". Diese Haftung wurde durch § 200 Abs. 2 AktG 1937 im subjektiven Tatbestand verschärft: „Für einen Schaden aus unbegründeter Anfechtung sind der Gesellschaft die Kläger, denen Vorsatz oder grobe Fahrlässigkeit zur Last fällt, als Gesamtschuldner verantwortlich".

Die Haftungsbestimmungen hat Gesetzgeber unter deren ausdrücklicher Verwerfung als unangemessen nicht in das AktG 1965 übernommen.[97]

Darüber hinaus konnte bis zum AktG 1965 das Gericht nach § 199 Abs. 4 AktG 1937 anordnen, dass der klagende Aktionär der AG **Sicherheit zu leisten** habe, wenn die AG glaubhaft machte, dass ihr gegen den Kläger ein Ersatzanspruch zustehen oder erwachsen könne. Der Aktiengesetzgeber 1965 hat auch diese Vorschrift nicht übernommen, da dem Aktionär eine Pflicht auferlegt werde, die in anderen Rechtsstreitigkeiten unbekannt sei, obgleich auch dort dem Beklagten aufgrund der Klage ein Ersatzanspruch gegen den Kläger erwachsen könne; für die ungleiche Behandlung bestehe kein ausreichender Anlass.[98]

Auch sonst lehnte der Gesetzgeber des AktG 1965 eine Verschärfung der Vorschriften zur Anfechtung zulasten der Anfechtungskläger im Hinblick auf Missbrauchsfälle ab. Zur Begründung hieß es: Der Entwurf „sieht namentlich davon ab, das Anfechtungsrecht des Aktionärs zu erschweren. Dieses Recht ist die wirksamste Waffe des Aktionärs."[99]

2. Die neuere Entwicklung der Rechtsprechung. Die Rechtsprechung sah sich in den 1980er und 1990er Jahren mit krassen Fällen konfrontiert, in denen nach den Feststellungen der Gerichte[100] Anfechtungsklagen nur mit dem Ziel erhoben worden waren, sich für die Rücknahme der Klagen Abfindungen zahlen zu lassen und sich so den Lästigkeitswert der Anfechtungsklagen abkaufen zu lassen (**„Auskaufen von Aktionären"**). In diesen Fällen hat der BGH eine neue Rechtsprechung zum Rechtsmissbrauch entwickelt: Der Kläger handele rechtsmissbräuchlich, wenn er die Klage mit dem Ziel erhebe, die verklagte Gesellschaft in grob eigennütziger Weise zu einer Leistung zu veranlassen, auf die er keinen Anspruch habe und billiger Weise auch nicht erheben könne, wobei er sich von der Vorstellung leiten lasse, die verklagte Gesellschaft werde die Leistung erbringen, weil sie hoffe, dass der Eintritt anfechtungsbedingter Nachteile und Schäden dadurch vermieden und gering gehalten werden könne.[101] Verfassungsrechtliche Bedenken sollen gegen die

---

95 RGZ 146, 385, 394 ff; BGHZ 33, 175, 185; BGH WM 1962, 456, 457.
96 *Mestmäcker*, BB 1961, 945, 951 f; *Mestmäcker*, Verwaltung, Konzerngewalt und Rechte der Aktionäre, S. 14; Großkomm-AktienR/*Schilling*, § 243 Anm. 25.
97 „Der Entwurf übernimmt diese Vorschrift nicht. Sie enthält eine ungerechtfertigte Benachteiligung des Anfechtungsklägers. Auch bei anderen gerichtlichen Verfahren kann es vorkommen, dass der Kläger durch die Klageerhebung dem Beklagten schuldhaft einen Schaden zufügt. Für diese Fälle ist nirgends im Gesetz eine besondere Haftung vorgesehen, auch dort nicht, wo zwischen den Parteien gesellschaftsrechtliche Beziehungen bestehen. Für die Schadensersatzpflicht gelten vielmehr die allgemeinen Vorschriften über unerlaubte Handlungen, namentlich § 826 BGB. Es besteht kein sachlicher Grund, den Anfechtungskläger anders zu behandeln und ihn strenger als nach diesen Vorschriften haften zu lassen.", RegBegr. *Kropff*, S. 335.
98 RegBegr. *Kropff*, S. 333.
99 RegBegr. *Kropff*, S. 332.
100 Die nicht immer zweifelsfrei zutrafen.
101 BGHZ 107, 296, 308 ff = NJW 1989, 2689 (Kochs Adler); ähnlich: BGH NJW 1990, 322 = ZIP 1989, 1388 = WM 1989, 1765 (DAT-Altana); BGHZ 112, 9, 30 = NJW 1990, 2747 = ZIP 1990, 985 = AG 1990, 538; BGHZ 112, 382 = AG 1991, 104 = NJW 1991, 566 (SEN); BGH ZIP 1991, 1577 = WM 1991, 2061 = AG 1992, 86 = NJW 1992, 569 (Deutsche Bank); BGH WM 1992, 1404 = ZIP 1992, 1391 = AG 1992, 448.

Rechtsprechung nicht bestehen.[102] Der BGH hat sich mehrfach zur Frage geäußert, warum und wann es rechtsmissbräuchlich ist, dass die Gesellschaft zur Leistung veranlasst werden soll; die Rechtsprechung hat dabei Missbrauch bejaht, wenn Aktionäre ausdrücklich an die AG herantreten, sonst Verhandlungen geführt werden oder sogar wenn die AG die Initiative ergriffen hat.[103] Das LG Berlin ging in einer unveröffentlichten – mit Recht aufgehobenen – Entscheidung gar so weit, aus Indizien, die angeblich „derart massiert vorliegen, dass sich dieser Schluss aufdrängt", Rechtsmissbrauch zu konstatieren: „Die Kläger sind zum einen sämtlich wirtschaftlich verflochten, einen rationalen Sinn ergibt die mehrfache Klageerhebung nicht. Zum zweiten sind die erhobenen Anfechtungsgründe ausschließlich formeller Natur. Ferner halten die Kläger jeweils im Verhältnis zu den Anteilen eher geringfügige Beteiligung. Schließlich führten die Kläger in der Vergangenheit bereits eine Vielzahl von aktienrechtlichen Verfahren und haben dabei zumindest in der Vergangenheit die Bereitschaft zum schnellen Vergleichsabschluss gezeigt. Alle diese Indizien würden jedes für sich genommen keinen ausreichenden Grund für die Annahme eines rechtsmissbräuchlichen Verhaltens ergeben – in der Summe jedoch haben sie die Kammer überzeugt."[104] Das LG Frankfurt nahm in einem Urteil, das in der Berufungsinstanz keinen Bestand hatte,[105] Rechtsmissbräuchlichkeit schon dann an, „wenn der Kläger nach Klageerhebung einen Vergleich erstrebt, der wegen eines (angeblich) sachlich nicht gerechtfertigen hohen Vergleichsmehrwerts zu Kostenbelastungen bei der Beklagten durch die Übernahme der Rechtsanwaltskosten des Klägers führen würde.[106] Maßgeblicher Beurteilungszeitpunkt ist der Schluss der mündlichen Verhandlung.[107] **Rechtsfolge des Rechtsmissbrauchs soll sein, dass der Kläger seine Anfechtungsbefugnis verwirkt** und die Klage unbegründet ist.[108] Zahlungen und sonstige Leistungen der Gesellschaft sollen verbotene Einlagenrückgewähr (vgl § 57 Rn 4) sein und den aktienrechtlichen Rückgewähranspruch gemäß § 62 begründen können (vgl § 62 Rn 2 ff). Zudem sollen Ansprüche gemäß §§ 823 ff BGB bestehen können (vgl § 62 Rn 17) – angeblich nicht nur gegenüber der AG, sondern auch gegenüber Aktionären[109] – was mE mehr als zweifelhaft ist, wenn der Aktionär einen rechtswidrigen HV-Beschluss angreift. Dann mag zwar seine Anfechtung rechtswidrig, da missbräuchlich sein, wenn er mit dem einzigen Grund klagt, sich das Anfechtungsrecht von der Gesellschaft abkaufen zu lassen. Aus dem unterstellten Rechtsmissbrauch kann aber kein ersatzfähiger Schaden für die Gesellschaft entstehen, wenn die Anfechtungsklage begründet war; denn es widerspricht dem Grundsatz des Gesetzes, dass anfechtbare (oder gar nichtige), rechtswidrige HV-Beschlüsse nicht in das Handelsregister eingetragen oder sonst ausgeführt wer-

---

102 BVerfG ZIP 1990, 228 = WM 1990, 755; vgl aus der Literatur *Boujong*, in: FS Kellermann, 1991, S. 1; *Lutter*, in: FS 40 Jahre Der Betrieb, 1988, S. 193; *Zöllner*, Kontrollrechte des einzelnen Aktionärs, ZGR Sonderheft 12, 1994, 147.
103 BGHZ 107, 296, 312; ZIP 1991, 1577, 1578 f; ZIP 1990, 168, 171 f; 1560, 1563 f; 1992, 1082, 1084.
104 LG Berlin v. 6.8.2009 – 91 O 116/08 (Juragent AG/Zapf ua, n.v.), aufgehoben vom KG AG 2011, 299 f = ZIP 2011, 123, Nichtzulassungsbeschwerde zurückgewiesen, BGH, II ZR 2555/10. Das KG stellt mit Recht u.a. das Folgende fest: „Für einen Rechtsmissbrauch ist es weder isoliert noch in einer Gesamtabwägung betrachtet ein Beweisanzeichen, dass die Kläger unstreitig wirtschaftlich „verflochten" sind. ... Ein Aktionär muss sich ... nicht auf die Wahrnehmung seiner Rechte durch ihm nahe stehende Dritte verweisen lassen. ... Für einen Rechtsmissbrauch ist es weiter weder isoliert noch in einer Gesamtabwägung betrachtet ein Beweisanzeichen, dass die Kläger formelle Beschlussmängel zur Überprüfung stellen. Es ist nicht erkennbar, dass das Aktiengesetz im Rahmen der Anfechtbarkeit/Nichtigkeit eines Beschlusses der Qualität nach zwischen formellen und/oder materiellen Beschlussmängeln unterschiede ... Soweit die Rechtsprechung bei formellen Mängeln ihre „Relevanz" untersucht, ist diese Untersuchung keine des Rechtsmissbrauchs. Sähe man dieses anders, wäre eine Aktiengesellschaft in vergleichbaren Fällen nicht gehindert, letztlich sämtliche formellen Anforderungen an eine ordnungsmäßige Beschlussfassung zu ignorieren, wenn darunter nur die materielle Ordnungsmäßigkeit nicht litte. Auch geringer Aktienbesitz ... ist kein ausreichendes Beweisanzeichen für einen Rechtsmissbrauch. ... Auch dass die Kläger in der Vergangenheit bereits eine Vielzahl von aktienrechtlichen Verfahren führten und dort zum Teil die Bereitschaft zu einem Vergleichsabschluss zeigten, ist isoliert betrachtet, aber auch vor dem Hintergrund der anderen genannten Beweisanzeichen bedeutungslos. Zum einen ist eine vergleichsweise Beilegung eines Rechtsstreits stets vorzugswürdig und von den Gerichten zu motivieren, § 278 Abs. 1 ZPO. Zum anderen steht es den beklagten Gesellschaften jeweils frei, eine streitige Entscheidung zu wählen und keinen Vergleich zu schließen. ... Nicht ausreichend ist schließlich, dass die Schriftsätze der Kläger große Ähnlichkeiten aufweisen und zum Teil aufeinander verweisen sowie die Tatsache, dass es keine weiteren Kläger gibt, die selbst noch nicht in Zusammenhang mit einem Rechtsmissbrauch gebracht wurden."
105 OLG Frankfurt AG 2011, 303.
106 LG Frankfurt ZIP 2008, 1591 = AG 2008, 830 = NZG 2008, 917.
107 OLG Frankfurt AG 2011, 303, 304 entgegen LG Frankfurt AG 2008, 830 = NZG 2008, 917 = ZIP 2008, 1591, das OLG hob mit Recht darauf ab, dass nach Umständen, die den Fall der Rechtsmissbräuchlichkeit aufkommen ließen – im entschiedenen Fall Vergleichsverhandlungen –, die Klägerin die Klage weiterverfolgte, ohne dass sie „eine Leistung erstrebte, auf die sie billigerweise keinen Anspruch hatte".
108 BGH ZIP 1992, 1391 = AG 1992, 448 = WM 1992, 1404; *Henze*, ZIP 2002, 97, 100; *Hüffer*, Rn 26; MüKo-AktG/*Hüffer*, Rn 63; KölnKomm-AktG/*Zöllner*, Rn 89; *Hirte*, BB 1988, 1469, 1472; *Hirte*, DB 1989, 267; KG ZIP 2011,123, 124 = AG 2011, 299; aA (unzulässig mangels Rechtsschutzbedürfnis) OLG Karlsruhe WM 1991, 1755 = ZIP 1991, 925; Großkomm-AktienR/*K. Schmidt*, Rn 75 f; *v. Godin/Wilhelmi*, § 243 Anm. 2; *Teichmann*, JuS 1990, 269, 271; *K. Schmidt/Lutter/Schwab*, Rn 48. Vgl zu steuerlichen Folgen FG Berlin-Brandenburg NJW-Spezial 2011, 304, Urt. v. 24.11.2010 (juris).
109 LG Hamburg ZIP 2009, 1960 = AG 2009, 552 mit Recht aufgehoben vom OLG Hamburg ZIP 2011, 126, 128 = NZG 2011, 232, Nichtzulassungsbeschwerde zurückgewiesen, BGH, VI ZR 308/10; vgl dazu *Lochner*, EWiR 2011, 45; LG Frankfurt ZIP 2007, 2034 = AG 2007, 824; OLG Frankfurt ZIP 2009, 271 = AG 2009, 200; (NANOINVEST), vgl dazu *Martens*, AG 2009, 173.

den. *Wackerbarth* weist zutreffend darauf hin, dass „nicht die missbräuchliche Anfechtungsklage, sondern die fehlerhaften Hauptversammlungs-Beschlüsse ... die Ursache für den Schaden der Gesellschaft" sind.[110] Schadensersatzansprüche sollen nicht nur gegen klagende Aktionäre, sondern auch gegen ihre Berater und Prozessbevollmächtigten in Betracht kommen.[111] Handelt bei mehreren Anfechtungsklägern ein einziger oder einzelne, nicht aber alle Anfechtungskläger (angeblich) rechtsmissbräuchlich, so ist wegen der Einheitlichkeit der Entscheidung im Prozess die Rechtsmissbräuchlichkeit des einen notwendigen Streitgenossen offen zu lassen, da sich der angeblich rechtsmissbräuchliche Kläger auch auf die jedenfalls nicht rechtsmissbräuchlichen Anfechtungsklagen und die damit verbundenen Anfechtungsrügen der übrigen Streitgenossen stützen kann.[112]

3. Zur Kritik an der Missbrauchs-Rechtsprechung. Die Kritik an der Rechtsprechung wird mE den Grundsatz des „**bad cases make bad law**" zu bedenken haben. Die aus der Situation um 1990 und angesichts der mitunter krassen Fälle entwickelte Rechtsprechung[113] muss mE ausgehend von der Bedeutung des Missbrauchs wieder auf den Kern des Missbrauchs beschränkt werden, wie er vom RG vertreten worden ist (vgl Rn 28, vgl auch die bei Rn 33 zitierte Rspr des KG). Die Grenzen des Missbrauchs müssen eng gezogen werden.[114] Der Aktionär braucht nach einhelliger Auffassung kein eigenes materielles Interesse an der Beseitigung des Beschlusses zu haben, er kann auch im allgemeinen Interesse die Beseitigung rechtswidriger Beschlüsse betreiben und etwa nur eine Aktie halten, die er kurz vor der Bekanntgabe der Einberufung der HV erworben hat.[115] Es schadet nicht, wenn der Anfechtungskläger mit seiner Anfechtungsklage eigennützige Interessen verbindet; so kann es beispielsweise keinen Missbrauch darstellen, wenn ein Anfechtungskläger von ihm für rechtswidrig gehaltene Beschlüsse etwa über Kapitalerhöhungen mit der Anfechtungsklage bekämpft, doch gleichzeitig zu erkennen gibt, dass er auch bereit ist, statt die Anfechtungsklage durchzuziehen, seine Beteiligung zum angemessenem Wert der Aktien zu veräußern.[116]

ME spricht auch nichts für Missbräuchlichkeit, wenn der klagende Aktionär verlangt, dass im Gegenzug für die Rücknahme der Anfechtung seine durch die angegriffene Maßnahme verursachten materiellen Schäden beseitigt werden oder er, an den Vorteilen der angegriffenen Maßnahme angemessen beteiligt zu werden.[117] Daher geht es regelmäßig auch zu weit, dass Rechtsmissbrauch schon dann bestehen soll, wenn eine erstrebte Zahlung in keinem angemessenen Verhältnis zu dem Nachteil steht, der dem Kläger durch den angegriffenen Beschluss allenfalls entsteht.[118] So wird ein rechtswidriger Entlastungsbeschluss dem Kläger regelmäßig keine eigenen wirtschaftlichen Nachteile bringen; doch kann es dem Kläger auch in einem solchen Fall nicht verwehrt sein, seine Beteiligung an einen Dritten zu veräußern und hernach die Anfechtungsklage nicht fortzuführen. Keinesfalls darf aus professionellem Vorgehen von Klägern Rechtsmissbräuchlichkeit geschlossen werden.[119]

Nach der Novelle des AktG durch das **UMAG** wird mE regelmäßig ausscheiden, Aktionären rechtsmissbräuchliches Verhalten durch Anfechtungen und Klagen mit Erfolg vorzuwerfen, da das UMAG gerade ein Instrumentarium geschaffen hat, dessen Ziel es ist, die „missbräuchliche Ausnutzung des Anfechtungsrechts zu unterbinden".[120] Nach den an anderer Stelle erläuterten Grundsätzen (vgl § 131 Rn 43 f) scheidet daher der Rückgriff auf allgemeine Erwägungen von Rechtsmissbrauch aus. Es besteht auch keine Berechtigung,

---

110 *Wackerbarth*, Corporate BLawG, 18. Oktober 2007, "Sittenwidrig? Eine Entscheidung aus dem Mittelalter des Kapitalgesellschaftsrechts".
111 BGH AG 1992, 317 = NJW 1992, 2821 = WM 1992, 1184 = ZIP 1992, 1081 (AMB/BFG); Haftung im konkreten Falle verneint bei LG Frankfurt AG 1999, 473, 474 ff, in dem die Gesellschaft einem mit mehreren Prozenten am Grundkapital beteiligten Minderheitsaktionär und seinem Rechtsanwalt Schadensersatzansprüche von bis zu 50 Mio. DM vorhielt; zu Recht hat das LG die Klage rechtskräftig abgewiesen. *Förster*, AcP 209 (2009), S. 398, 410 ff, 444, weist mit Recht darauf hin, dass sich bei der Haftung nach § 826 BGB regelmäßig das Vorliegen des Schädigungsvorsatzes und der Kausalität zwischen der Handlung des (vermeintlichen) Schädigers und dem Schaden als „nur schwer feststellen" lasse.
112 LG Berlin ZIP 2003, 2027, 2029.
113 Zumindest ex post zeigt sich, dass der BGH dabei auch über das Ziel hinausgeschossen ist: So begründeten nach der „DAT/Altana"-Entscheidung, BGH NJW 1990, 322 = ZIP 1989, 1388 = WM 1989, 1765, zur Rücknahme der Anfechtung in den Raum gestellte Ausgleichsforderungen den Rechtsmissbrauch, die, soweit inzwischen bekannt geworden ist, niedriger sind als das, was nach den späteren „DAT/Altana"-Entscheidungen von BVerfG (BVerfGE 100, 289 = NJW 1999, 3769 = ZIP 1999, 1436 = AG 1999, 566) und BGH (BGHZ 147, 108 = NJW 2001, 2080 = ZIP 2001, 734 = DB 2001, 969 mit Anm. *Meilicke/Heidel*) an Ausgleichsforderungen der beteiligten Aktionäre entstanden ist. Der damalige Vorsitzende des BGH-Gesellschaftsrechtssenats, *Goette*, räumte ein, der BGH habe geglaubt, mit dem zu dem Vorgehen der Kläger „passenden groben Keule des Rechtsmissbrauchs reagieren" zu können, BGH DStR 2009, 51, 59 – was die Frage provoziert, ob eine *grobe Keule* tatsächlich das Instrument des Rechts sein darf.
114 MüHb-AG/*Semler*, § 41 Rn 62.
115 Spindler/Stilz/*Dörr*, Rn 62.
116 So der Fall des LG Frankfurt AG 1999, 473, 475 (Meilicke/SAI); BGH BB 1962, 426.
117 So könnte mE im Beispielsfall von *Mertens*, AG 2002, 377, 381, der als Anfechtungskläger bekannte Minderheitsaktionär F von den verkaufswilligen Großaktionären verlangen, dass er seine Anfechtungsklage gegen den offensichtlich rechtswidrigen Squeeze-out nur zurücknimmt, wenn er angemessen am Verkaufs-Mehrerlös beteiligt wird.
118 Vgl Großkomm-AktienR/*K. Schmidt*, Rn 57 f.
119 *Lochner* in: Ad legendum 3/2013, S. 225.
120 RegBegr. BT-Drucks. 15/5092, S. 10.

Anfechtungskläger unter einen generellen Verdacht des Rechtsmissbrauchs zu stellen, wie es bis hinein ins Justizministerium verbreitet war.[121] Demgegenüber weisen erfahrene Richter in aktienrechtlichen Streitigkeiten mit Recht darauf hin, dass von den sog. Berufsklägern relativ viel zu halten sei: „Sie treiben das Aktienrecht voran. Wenn es diese Beteiligten nicht gäbe, würden Hauptversammlungen oft noch viel schlampiger vorbereitet und durchgeführt, als das schon der Fall ist".[122] Auch der BGH sieht mit Recht, dass die beklagten Aktiengesellschaften zu gern versuchen, missliebige Klage mit unbegründeten Vorwürfen des Rechtsmissbrauchs bei Seite zu wischen, wofür der Senat beispielsweise in Beschlüssen vom 22. April 2007 kritisch die Bewertung „formelhaft" verwendet hat.[123] Zutreffend hat auch der damalige Vorsitzende des Gesellschaftsrechtssenats des BGH festgestellt, man müsse „- auch wenn man das Abstoßen des Vorgehens mancher gegen Hauptversammlungsbeschlüsse vorgehenden Minderheitsaktionäre nicht aus dem Auge verlieren darf – doch bedenken, dass die beschriebene Ausübung der Polizeifunktion eines einzelnen Aktionärs, mag er auch Dunkles im Schilde führen, für die Kultur des Aktienrechts gleichwohl segensreich wirken kann. Denn es geht bei diesen Verfahren auch um den Schutz der Minderheit vor Allmachtbestrebungen der Mehrheit und der von ihr berufenen Organmitglieder."[124] Ähnlich äußerte sich der für aktienrechtliche Streitigkeiten beim LG München zuständige Vorsitzende: „Die Erfahrung aus einer Vielzahl von Anfechtungsprozessen zeigt zudem, dass das Handeln der Gesellschaften nicht immer über jeden Zweifel erhaben und daher die Möglichkeit der Anfechtungsklage ein sinnvolles Kontrollinstrument ist."[125]

§ 246 Anfechtungsklage

(1) Die Klage muß innerhalb eines Monats nach der Beschlußfassung erhoben werden.

(2) ¹Die Klage ist gegen die Gesellschaft zu richten. ²Die Gesellschaft wird durch Vorstand und Aufsichtsrat vertreten. ³Klagt der Vorstand oder ein Vorstandsmitglied, wird die Gesellschaft durch den Aufsichtsrat, klagt ein Aufsichtsratsmitglied, wird sie durch den Vorstand vertreten.

(3) ¹Zuständig für die Klage ist ausschließlich das Landgericht, in dessen Bezirk die Gesellschaft ihren Sitz hat. ²Ist bei dem Landgericht eine Kammer für Handelssachen gebildet, so entscheidet diese an Stelle der Zivilkammer. ³§ 148 Abs. 2 Satz 3 und 4 gilt entsprechend. ⁴Die mündliche Verhandlung findet nicht vor Ablauf der Monatsfrist des Absatzes 1 statt. ⁵Die Gesellschaft kann unmittelbar nach Ablauf der Monatsfrist des Absatzes 1 eine eingereichte Klage bereits vor Zustellung einsehen und sich von der Geschäftsstelle Auszüge und Abschriften erteilen lassen. ⁶Mehrere Anfechtungsprozesse sind zur gleichzeitigen Verhandlung und Entscheidung zu verbinden.

(4) ¹Der Vorstand hat die Erhebung der Klage und den Termin zur mündlichen Verhandlung unverzüglich in den Gesellschaftsblättern bekanntzumachen. ²Ein Aktionär kann sich als Nebenintervenient nur innerhalb eines Monats nach der Bekanntmachung an der Klage beteiligen.

Literatur:
Arens, Streitgegenstand und Rechtskraft im aktienrechtlichen Anfechtungsverfahren, 1960; *Austmann,* Rechtsfragen der Nebenintervention im aktienrechtlichen Anfechtungsprozeß, ZHR 158 (1994), 495; *Backhaus,* Die Beteiligung Dritter bei aktienrechtlichen Rechtsbehelfen, 2009; *Bayer,* Nebenintervention im Recht der Aktiengesellschaft, in: FS Maier-Reimer, 2010, S. 1; *Bayer/Habersack,* Aktienrecht im Wandel, Bd. II, Grundsatzfragen des Aktienrechts, 2007; *Bender,* Schiedsklagen gegen Gesellschafterbeschlüsse im Recht der Kapitalgesellschaften nach der Neuregelung des Schiedsverfahrensrechts, DB 1998, 1900; *Boesebeck,* Versäumnis der aktienrechtlichen Anfechtungsfrist von einem Monat wegen verspäteter Entscheidung über einen rechtzeitig gestellten Armenrechtsantrag, AG 1966, 303; *Bork,* Das Anerkenntnis im aktienrechtlichen Beschlußanfechtungsverfahren, ZIP 1992, 1205; *ders.,* Zur Schiedsfähigkeit von Beschlußmängelstreitigkeiten, ZHR 160 (1996), 374; *ders.,* Doppelsitz und Zuständigkeit im aktienrechtlichen Anfechtungsprozeß, ZIP 1995, 609; *Damm,* Einstweiliger Rechtsschutz im Gesellschaftsrecht, ZHR 154 (1990), 413; *Ebbing,* Schiedsvereinbarungen in Gesellschaftsverträgen, NZG 1998, 281; *Emde,* Der Angriff eines Mitgesellschafters gegen die Beschlußfeststellungsklage, ZIP 1998, 1475; *Feltkamp,* Anfechtungsklage und Vergleich im Aktienrecht, 1991; *Fleischer,* Reformperspektiven des aktienrechtlichen Beschlussmängelrechts im Lichte der Rechtsvergleichung, AG 2012, 765; *Florstedt,* Die Reform des Beschlussmängelrechts durch das ARUG, AG 2009, 465; *Gehrlein,* Zur streitgenössischen Nebenintervention eines Gesellschafters bei der aktienrechtlichen Anfechtungs- und Nichtigkeitsklage, AG 1994, 103; *von Gleichenstein,* Die Zustellung der aktienrechtlichen Anfechtungsklage nach § 246 AktG, AG 1969; 305; *H.-N. Götz,* Referat auf dem 63. Deutschen Juristentag, O 40; *Ph. Götz,* Beschlussmängelklagen bei der SE, ZGR 2008, 593; *Heinze,* Einstweiliger Rechtsschutz im aktienrechtlichen An-

---

[121] Vgl *Jahn,* AG-Report 2008, R 211, wo über den RefE des Justizministeriums zum ARUG berichtet und die damalige Justizministerin wie folgt zitiert wird: „Das Geschäftsmodell von klagefreudigen Aktionären, denen es nicht um das gemeinsame Ganze geht, sondern die mit ihren Klagen lediglich eigene wirtschaftliche Interessen verfolgen, hat ausgedient."; vgl auch *Assmann,* AG 2008, 208 und *Römer,* AG 2008, 368.

[122] Interview mit *Dr. Martin Müller,* Vorsitzender Richter am LG Frankfurt, zitiert nach JUVE Rechtsmarkt 03/08, S. 36.
[123] DStR 2007, 1778 und 1781.
[124] *Goette,* DStR 2009, 51, 55.
[125] *Kreneck,* NZG 2008, Heft 1, S. VIII f.

fechtungs- und Nichtigkeitsverfahren, ZGR 1979, 293; *Heer*, Die positive Beschlussfeststellungsklage im Aktienrecht – Voraussetzungen und besondere Problemstellungen, ZIP 2012, 803; *Henn*, Erhebung der Anfechtungsklage vor dem unzuständigen Gericht, AG 1989, 230; *Henze*, Zur Schiedsfähigkeit von Gesellschafterbeschlüssen im GmbH-Recht, ZGR 1988, 542; *ders.*, Aspekte und Entwicklungstendenzen der aktienrechtlichen Anfechtungsklage, ZIP 2002, 97; *Heuer*, Die rechtsmißbräuchliche Erhebung der aktienrechtlichen Anfechtungsklage beim örtlich unzuständigen Gericht, AG 1989, 234; *Hirte*, Die Reform der Anfechtungsklage im italienischen Recht – Vorbild für das UMAG?, ZIP 2004, 1091 ff; *Hueck*, Gestaltungsklagen im Recht der Handelsgesellschaften, in: FS Heymanns Verlag, 1965, S. 287; *Hüffer*, Zur Darlegungs- und Beweislast bei der aktienrechtlichen Anfechtungsklage, in: FS Fleck, 1988, S. 151; *Kersting*, Die aktienrechtliche Beschlussanfechtung wegen unrichtiger, unvollständiger oder verweigerter Erteilung von Informationen, ZGR 2007, 319; *Krenek*, 17 Tage Halbwertzeit von Reformen oder: Das Aktienrecht als Bauernopfer?, ZRP 2006, 78; *Krieger*, Aktionärsklage zur Kontrolle des Vorstands- und Aufsichtsratshandelns, ZHR 163 (1999), 343; *Maier-Reimer/Flume*, Rechtsschutz bei gesellschaftsrechtlichen Strukturmaßnahmen in der Aktiengesellschaft, KSzW 2013, 30; *Mestmäcker*, Verwaltung, Konzerngewalt und Rechte der Aktionäre, 1958, S. 14; *Noack*, Fehlerhafte Beschlüsse in Gesellschaften und Vereinen, 1989; *Paefgen*, Justiziabilität des Verwaltungshandelns beim genehmigten Kapital, ZIP 2004, 145; *Raiser*, Nichtigkeits- und Anfechtungsklage, in: FS 100 Jahre GmbH-Gesetz, 1992, S. 587; *Riegger/Wilske*, Auf dem Weg zu einer allgemeinen Schiedsfähigkeit von Beschlussmängelstreitigkeiten?, ZGR 2010, 733; *Schatz*, Der Missbrauch der Anfechtungsbefugnis durch den Aktionär und die Reform des aktienrechtlichen Beschlussmängelrechts, 2012; *K. Schmidt*, Geklärte und offene Probleme der „positiven Beschlußfeststellungsklage", AG 1980, 169; *ders.*, Rechtsschutz des Minderheitsgesellschafters gegen rechtswidrig ablehnende Beschlüsse, NJW 1986, 2018; *ders.*, Nichtigkeitsklagen als Gestaltungsklagen, JZ 1988, 729; *ders.*, Die Beschlußanfechtungsklage bei Vereinen und Personengesellschaften – Ein Beitrag zur Institutionsbildung im Gesellschaftsrecht, in: FS Stimpel, 1985, S. 217; *ders.*, Fehlerhafte Beschlüsse in Gesellschaften und Vereinen, AG 1977, 205 ff und 243 ff; *ders.*, Zum Streitgegenstand von Anfechtungs- und Nichtigkeitsklagen im Gesellschaftsrecht, JZ 1977, 769; *ders.*, Reflektionen über Beschlussmängelrecht, AG 2009, 248; *ders.*, Schiedsgerichtsbarkeit, VGR 2009, 2010 (im Druck); *Schulte*, Rechtsnatur und Wirkungen des Anfechtungs- und Nichtigkeitsurteils nach den §§ 246, 248 AktG, AG 1988, 67; *Spindler*, Die Reform der Hauptversammlung und der Anfechtungsklage durch das UMAG, NZG 2005, 825; *Stein*, Rechtsschutz gegen gesetzeswidrige Satzungsnormen bei Kapitalgesellschaften, ZGR 1994, 472; *Stilz*, Zum Nachschieben von Anfechtungsgründen im Beschlussmängelstreit, GS M. Winter, 2011, S. 675; *Tielmann*, Die Zustellung der aktienrechtlichen Anfechtungsklage nach dem Zustellungsreformgesetz, ZIP 2002, 1879; *ders.*, Die Anfechtungsklage – Ein Gesamtüberblick unter Berücksichtigung des UMAG, WM 2007, 1686; *Ulmer*, Die Aktionärsklage als Instrument zur Kontrolle des Vorstands- und Aufsichtsratshandelns – Vor dem Hintergrund der US-Erfahrungen mit der shareholders' derivative action, ZHR 163 (1999), 290; *Veil*, Klagemöglichkeiten bei Beschlussmängeln der Hauptversammlung nach dem UMAG, AG 2005, 567; *Verse*, Das Beschlussmängelrecht nach dem ARUG, NZG 2009, 1127; *Vetter*, Modifikation der aktienrechtlichen Anfechtungsklage, AG 2008, 177; *Wassmann/Kallweit*, Die Nebenintervention in aktienrechtlichen Anfechtungs- und Freigabeverfahren, Der Konzern 2008, 135; *Weber/Kersjes*, Hauptversammlungsbeschlüsse vor Gericht, 2010; *Wolff*, Beschlussmängelstreitigkeiten im Schiedsverfahren, NJW 2009, 2021; *Zöllner*, Zur positiven Beschlußfeststellungsklage im Aktienrecht (und anderen Fragen des Beschlußrechts), ZGR 1982, 623; *ders.*, Die Schranken mitgliedschaftlicher Stimmrechtsmacht bei den privatrechtlichen Personenverbänden, 1963.

A. Regelungsgehalt	1
B. Die Regelungen im Einzelnen	2
I. Klage binnen Monatsfrist nach Beschlussfassung (Abs. 1)	2
1. Parteien	2
a) Kläger	2
b) Beklagte	6
c) Nebenintervention	7
2. Klageart	10
3. Exkurs: Allgemeine Feststellungsklage; positive Beschlussfeststellungsklage	11
4. Weiterer Exkurs: Schiedsfähigkeit von HV-Beschlüssen	14
5. Rechtsschutzbedürfnis	15
6. Klage, Klageantrag und Streitgegenstand	18
7. Anfechtungsfrist	22
a) Zwingende materiellrechtliche Frist	23
b) Fristberechnung	25
c) Fristwahrung	26
d) Benennung der Anfechtungsgründe innerhalb der Klagefrist; Nachschieben und Auswechseln von Anfechtungsgründen	30
8. Exkurs: Parteiherrschaft auf Kläger- und Beklagtenseite	33
a) Kläger	33
b) Beklagte	35
c) Vergleich, Erledigung	37
9. Darlegungs- und Beweislast	38
10. Exkurs: Wirkungen der AG-Insolvenz auf den Anfechtungsprozess	42
II. Die beklagte Gesellschaft und ihre Vertretung (Abs. 2)	43
1. Beklagte (Abs. 2 S. 1)	43
2. Vertretung der Gesellschaft (Abs. 2 S. 2 und 3)	46
a) Grundprinzip: Doppelvertretung (Abs. 2 S. 2)	47
b) Einzelvertretung bei Klage des Vorstands oder von Organmitgliedern (Abs. 2 S. 3)	48
c) Vertretung bei anderen Klagen	49
III. Zuständiges Landgericht; mündliche Verhandlung; Verbindung mehrerer Anfechtungsprozesse (Abs. 3)	50
1. Zuständiges Landgericht, KfH (Abs. 3 S. 1 bis 3)	50
2. Erster Termin und Akteneinsicht der AG (Abs. 3 S. 4 und 5)	53
3. Verbindung mehrerer Prozesse (Abs. 3 S. 6)	54
IV. Bekanntmachungspflicht und Nebenintervention (Abs. 4)	55
C. Exkurs: Weitere Rechtsschutzmöglichkeiten	58
I. Vorläufiger Rechtsschutz zumal gegen anfechtbare Beschlüsse	58
II. Abwehrklage der Aktionäre	61

A. Regelungsgehalt

1 Die Norm enthält besondere Regelungen über das Verfahren der Anfechtungsklage. Sie entspricht im Wesentlichen dem Regelungsinhalt der Vorläufernorm § 199 AktG 1937 mit Ausnahme des Abs. 2 S. 3, der verhindern soll, dass Mitglieder ein und desselben Organs als Kläger und Beklagter an einem Rechtsstreit beteiligt sind.[1] Zudem beseitigte das Aktiengesetz 1965 zur **Erleichterung von Klagen** die Ungleichbehandlung von Anfechtungsklägern gegenüber allen sonstigen Klägern in bürgerlichen Rechtsstreitigkeiten durch eine bis dahin vorgesehene Schadenersatzpflicht (vgl § 245 Rn 29 ff). Sinn und Zweck der Verfahrensregelungen sind die Herstellung von **Rechtssicherheit** durch die Ausschlussfrist des Abs. 1, die **Konzentration** von Anfechtungsklagen gemäß Abs. 3 zur Verhinderung widersprüchlicher Entscheidungen sowie die Herstellung der **Öffentlichkeit** gemäß Abs. 4. Die Rechtsprechung[2] und der Gesetzgeber mit dem UMAG (vgl § 243 Rn 37 ff, § 245 Rn 4 a, unten Rn 7 a ff, § 246 a Rn 1 ff) haben in den letzten Jahren die Anfechtung vielfältigen Restriktionen unterworfen, was *Emmerich* zu Recht zu der Bewertung veranlasst, es sei „beim besten Willen nicht einzusehen, wieso es erstrebenswert sein soll, das gesetzlich vorgesehene Anfechtungsrecht der Aktionäre in irgendeiner Hinsicht einzuschränken. Zur Kontrolle der auf der Hand liegenden vielfältigen Missbräuche des Managements, die immer auf Kosten der Aktionäre gehen, wäre wohl die gegenteilige Tendenz heute angebrachter".[3] Forderungen nach weiterer Reform – dh meist Beschränkung – der Beschlussmängelklage sind nach wie vor en vogue.[4] Möglicherweise wird die strafrechtliche Rechtsprechung hier eine Wende bringen, die der BGH in Sachen „Mannesmann/Ackermann/Esser" begründet hat: „Das Unternehmensinteresse ist bei unternehmerischen Entscheidungen als verbindliche Richtlinie anerkannt ... Der allgemeine Grundsatz des Zivilrechts, dass derjenige, der fremdes Vermögen zu betreuen hat, ausschließlich und uneingeschränkt im Interesse des Vermögensinhabers handeln muss und das anvertraute Vermögen nicht nutzlos hingeben darf, gilt auch im Aktienrecht."[5] Maßgebende Richtschnur der unternehmerischen Entscheidungen und ihrer Rechtskontrolle zB durch Anfechtungs- und Nichtigkeitsklagen ist damit, dass die Verwaltungsorgane im Hinblick auf das ihnen von den Aktionären anvertraute Gesellschaftsvermögen[6] „ausschließlich und uneingeschränkt" im Interesse der Vermögensinhaber (der Aktionäre) verwalten müssen (vgl zu Reformforderungen auch § 245 Rn 3).

B. Die Regelungen im Einzelnen

2 **I. Klage binnen Monatsfrist nach Beschlussfassung (Abs. 1). 1. Parteien. a) Kläger.** Nach dem formellen Prozessrecht ist Kläger die in der Klageschrift genannte Person. Wer richtiger Kläger sein kann, folgt aus § 245; **Kläger können sein** ein gemäß § 245 anfechtungsbefugter **Aktionär** (auch Legitimationsaktionär, vgl § 245 Rn 6), **Vorstand oder Verwaltungsmitglied** (vgl § 245 Rn 4 ff, 21 ff, 25 ff). Klagt der falsche Kläger, ist die Klage unbegründet.[7]

3 Mehrere Anfechtungskläger sind **notwendige Streitgenossen** gemäß §§ 60, 62 ZPO; die Streitgenossenschaft ist prozessrechtlich notwendig (§ 62 Abs. 1 Alt. 1 ZPO), da die Rechtskraft des Urteils gemäß § 248 Abs. 1 S. 1 für alle Aktionäre etc. (vgl § 248 Rn 4 ff)[8] wirkt. Dessen ungeachtet können einzelne Klagen (zB mangels Einlegung eines Widerspruchs als Voraussetzung der Anfechtungsbefugnis oder bei Klageerhebung nach Ablauf der Ausschlussfrist)[9] abgewiesen werden, während eine andere Klage obsiegt. Insoweit ist nicht über das gemeinsame streitige Rechtsverhältnis zu entscheiden.[10] Streitgenossenschaft besteht nur, soweit sich die Klage auf denselben Hauptversammlungsbeschluss bezieht. Auch unterschiedlich als Nichtigkeitsklage, Anfechtungsklage oder Unwirksamkeitsklage bezeichnete Klagen gegen denselben Hauptversammlungsbeschluss verbinden die Kläger zur notwendigen Streitgenossenschaft, da die Klagen denselben Streitgegenstand haben (vgl Rn 20 f).[11] Folge der notwendigen Streitgenossenschaft ist insbesondere, dass gemäß § 62 Abs. 1 ZPO ein Streitgenosse, der einen Termin oder eine Frist versäumt hat, als von den ande-

---

1 RegBegr. *Kropff*, S. 333.
2 Einen Überblick gibt *Henze* zur von ihm so bezeichneten "dosierten" Einschränkung der Anfechtungsklage in der BGH-Rspr in: FS Hadding, 2004, S. 409.
3 *Emmerich*, AG 2005, 707, 708.
4 Vgl aus der jüngeren Lit. *Bayer/Fiebelkorn*, ZIP 2012, 2181; Arbeitskreis Beschlussmängelrecht, AG 2008, 617; *Habersack/Stilz*, ZGR 2010, 710; *Grunewald*, NZG 2009, 967; *Hirte*, in: FS Meilicke, 2010, S. 201; *Schatz*, Der Missbrauch der Anfechtungsbefugnis, 2012; *J. Vetter*, GS Winter, S. 73 ff; vgl rechtsvergleichend *Fleischer*, AG 2012, 765.
5 BGH ZIP 2006, 72, 74.
6 Vgl insoweit auch das Modell des AktG 1965 vom Aktionär als dem wirtschaftlichen Eigentümer der AG, *Kropff*, AktG, S. 14, 15.
7 Großkomm-AktienR/*K. Schmidt*, § 245 Rn 6 f; *Hüffer*, § 245 Rn 2; MüKo-AktG/*Hüffer*, § 245 Rn 3, 63.
8 RGZ 164, 129, 131 f; BGHZ 122, 211, 240; BGHZ 180, 154 = ZIP 2008, 908 Rn 5; BGH WM 2011, 749 = ZIP 2011, 637 Rn 20; *Hüffer*, Rn 13; MüKo-AktG/*Hüffer*, Rn 7; Großkomm-AktienR/*K. Schmidt*, Rn 29; KölnKomm-AktG/*Zöllner*, Rn 88; Zöller/Vollkommer, ZPO, § 62 Rn 3.
9 LG Frankfurt aM v. 30.3.2007 – 3-5 O 111/06 (Wella), n.v.
10 BGHZ 180, 9 = DB 2009, 500 = WM 2009, 459 = ZIP 2009, 460, Rn 55.
11 Großkomm-AktienR/*K. Schmidt*, Rn 29.

ren nicht säumigen Streitgenossen vertreten angesehen wird und dass säumige Streitgenossen auch in dem späteren Verfahren zuzuziehen sind (§ 62 Abs. 1 und 2 ZPO).

Die Anfechtungsfrist gemäß Abs. 1 ist keine prozessuale, sondern eine **materiellrechtliche Frist** (vgl Rn 7 ff). Daher ist nach Verstreichen der Frist nur noch eine **Nebenintervention** möglich (vgl Rn 22 ff), wenn nicht die Voraussetzungen der Nichtigkeitsklage (§ 249) gegeben sind.

Möglich ist der **Parteiwechsel** während des Rechtsstreits. Dafür gelten die allgemeinen zivilprozessualen Grundsätze. Nach der Rechtsprechung ist gemäß §§ 263, 269 ZPO nach Beginn der mündlichen Verhandlung die Zustimmung der AG erforderlich; diese darf die Zustimmung nicht rechtsmissbräuchlich ablehnen; das Gericht kann die Zustimmung durch die Sachdienlichkeitserklärung ersetzen; diese Grundsätze gelten auch für die Parteierweiterung auf Klägerseite.[12] Veräußert der klagende Aktionär während des Prozesses seine Aktie, bleibt er analog § 265 ZPO aktivlegitimiert (vgl § 245 Rn 6). Der Eintritt des neuen Aktionärs in den laufenden Anfechtungsprozess ist nach den Grundsätzen des Parteiwechsels möglich.[13]

b) **Beklagte.** Gemäß Abs. 2 S. 1 ist die Klage „**gegen die Gesellschaft** zu richten"; (nur) diese ist Beklagte (vgl wegen der Einzelheiten Rn 43 ff).

c) **Nebenintervention.** Erhebliche Bedeutung im Anfechtungsprozess hat die Nebenintervention – sowohl auf Kläger- als auch auf Beklagtenseite. Der Nebenintervenient muss ein rechtliches **Interesse am Obsiegen** der Partei haben, der er als Nebenintervenient (Streithelfer) beitritt (§ 66 ZPO). Ob ein rechtliches Interesse vorliegt, kann das Gericht auf Antrag gemäß § 71 ZPO im Zwischenstreit klären. Wegen der Urteilswirkung gemäß § 248 Abs. 1 ist das rechtliche Interesse unabhängig vom rechtlichen Interesse nach § 66 ZPO ohne Weiteres zu bejahen für **alle Aktionäre**[14] (unabhängig von ihrer Anfechtungsbefugnis gemäß § 245,[15] was sowohl bei Beitritt auf Kläger- wie auf AG-Seite gilt).[16] Das rechtliche Interesse setzt nicht voraus, dass der Nebenintervenient im Prozess zur Sache vorträgt.[17] Eine Einschränkung dieser Grundsätze klingt zwar in der Regierungsbegründung des UMAG zu § 245 Nr. 1, Nr. 3 nF an, wo es heißt: „Es bedarf keiner ausdrücklichen Regelung im Gesetz, dass die Vorbesitzzeitregelung auch für die Nebenintervention zu gelten hat. Es ist nicht ersichtlich, weshalb der Kläger in den Klagevoraussetzungen schlechter gestellt sein sollte, als der Nebenintervenient."[18] Damit wird jedoch verkannt, dass der Nebenintervenient kein eigenes Anfechtungsrecht benötigt, sondern sich allein wegen seines rechtlichen Interesses, das bereits seine Aktionärsstellung begründet, an einem fremden Prozess beteiligt. Da die Intention des Entwurfsverfassers im Gesetz keinen Ausdruck gefunden hat, bleibt es bei den bisherigen Grundsätzen.[19] ME besteht das rechtliche Interesse auch für **jedes Mitglied von Vorstand und Aufsichtsrat**[20] sowie für den Besonderen Vertreter nach § 147 Abs. 2, soweit dessen Aufgabenkreis betroffen ist.[21] Der Vorstand kann nur auf Klägerseite beitreten.[22] Bei **Dritten**, die weder Aktionäre noch Verwaltungsmitglied sind, wird das rechtliche Interesse gemäß § 66 ZPO meist fehlen.[23] Genannt werden als Ausnahme folgende Fälle: der Dritte ist Partei eines Unternehmens- oder Verschmelzungsvertrags und der Zustimmungsbeschluss der HV wird angefochten; es be-

---

12 BGHZ 65, 264, 268; Großkomm-AktienR/*K. Schmidt*, Rn 30; vgl MüKo-ZPO/*Lüke*, § 263 Rn 70 ff; *Baumbach/Lauterbach*, ZPO, § 263 Rn 5 ff; AnwK-ZPO/*Wassermann*, § 263 Rn 8; Zöller/*Greger*, ZPO, § 528 Rn 11; instruktiv LG Frankfurt AG 2008, 75 = ZIP 2008, 1723 (Leica), bestätigt vom OLG Frankfurt v. 5.5.2009 – 5 U 121/08 (n.v.), juris, danach soll ein Klagebeitritt eines als Nebenintervenient der Kläger beigetretenen Aktionärs nicht sachdienlich sein, da dieser ohnehin durch Vortrag zur gerichtlichen Feststellung der Rechtswidrigkeit des HV-Beschlusses hinwirken könne, weshalb es einer nachträglichen Parteierweiterung nicht bedürfe.
13 Großkomm-AktienR/*K. Schmidt*, Rn 30.
14 *Austmann*, ZHR 158 (1994), 495, 499; *Wallawik*, WM 2004, 1361, 1366; OLG Frankfurt AG 2002, 88, 89; OLG Düsseldorf AG 2004, 677; OLG Nürnberg AG 2009, 748 = ZIP 2009, 2470; KölnKomm-AktG/*Zöllner*, Rn 89; einschränkend: Großkomm-AktienR/*K. Schmidt*, Rn 43, der anscheinend zusätzlich zum aus § 248 begründeten Interesse ein nach § 66 ZPO zu begründendes eigenes rechtliches Interesse verlangt.
15 So auch Großkomm-AktienR/*K. Schmidt*, Rn 42 f; MüHb-AG/*Semler*, § 41 Rn 66; Spindler/Stilz/*Dörr*, Rn 35; *Hüffer*, Rn 9, noch undeutlich: MüKo-AktG/*Hüffer*, Rn 9, der auf das Einhalten der Voraussetzungen von § 245 abzustellen scheint; für radikale Beschränkungen der Zulässigkeit: *Falkenhausen/Kocher*, ZIP 2004, 1179; im Erg. wie hier: *K. Schmidt/Lutter/Schwab*, Rn 32.
16 OLG Nürnberg ZIP 2009, 2470 = AG 2009, 748.
17 OLG Nürnberg ZIP 2009, 2470, 2472 = AG 2009, 748.
18 BT-Drucks. 15/5092, S. 27; zustimmend: *Wilsing*, DB 2005, 35, 37.
19 Ebenso: BGH AG 2008, 630; AG 2007, 629 = BGHZ 172, 136; LG Köln AG 2009, 593 = ZIP 2009, 1818; BGH ZIP 2008, 1398 = WM 2008, 1400 = DStR 1652 = NZG 2008, 630; OLG Nürnberg AG 2009, 748, 749 = ZIP 2009, 2470; LG Frankfurt NZG 2009, 149, 150.
20 Großkomm-AktienR/*K. Schmidt*, Rn 43; Spindler/Stilz/*Dörr*, Rn 35; *Stein/Jonas/Bork*, ZPO, § 66 Rn 14; *Hüffer*, Rn 6; Henssler/Strohn/*Drescher*, Rn 18; KölnKomm-AktG/*Zöllner*, 1. Aufl. Rn 9; Grigoleit/*Ehmann*, Rn 20; vgl zur Nebenintervention eines AR Mitglieds im Prozess um die Abberufung eines Vorstandsmitglieds BGH AG 2013, 257 = ZIP 2013, 483.
21 AA OLG München ZIP 2008, 2173 = WM 2008, 2376 = AG 2009, 119 = NZG 2009, 305. Unentschlossen Henssler/Strohn/*Drescher*, Rn 18, der *alle Gesellschaftsorgane* für beitrittsberechtigt hält, den besonderen Vertreter jedoch ausdrücklich außen vor lässt. Fraglich ist, was gilt, wenn man den besonderen Vertreter als Organ der AG betrachtet.
22 MüHb-AG/*Semler*, § 41 Rn 66; *Hüffer*, Rn 5; Großkomm-AktienR/*K. Schmidt*, Rn 42; MüKo-AktG/*Hüffer*, Rn 9; aA *Austmann*, ZHR 158 (1994), 495, 500 f.
23 *Hüffer*, Rn 6; MüKo-AktG/*Hüffer*, Rn 10; Großkomm-AktienR/*K. Schmidt*, Rn 43; *Austmann*, ZHR 158 (1994), 495, 502 f.

steht Vorgreiflichkeit der im Anfechtungsprozess zu treffenden Entscheidung für Regressansprüche (zB gegen Berater oder Wirtschaftsprüfer). Bei vorangegangener **Streitverkündung** soll schon die drohende Interventionswirkung genügen, **um** das rechtliche Interesse zu begründen.[24] Das birgt mE die Gefahr, dass auf Seiten der anderen Prozesspartei – bei der Anfechtungsklage also typischerweise Aktionäre – das Kostenrisiko entgegen dem § 247 zugrunde liegenden Rechtsprinzip unbeherrschbar werden kann. Zudem hat der Dritte, der nicht Aktionär oder Verwaltungsmitglied (oder diesem gleichzustellen ist, wie zB ein externer Versammlungsleiter, den das Gericht nach § 122 Abs. 3 oder die HV bestellt) ist, keine förmliche Möglichkeit besessen, die Beschlussfassung zu beeinflussen, und er kann daher mE auch nur in krassen Ausnahmefällen ein rechtliches Interesse iSd § 66 ZPO haben, sich an einer gerichtlichen Auseinandersetzung über deren Bestand zu beteiligen.

7a Der Nebenintervenient konnte bis zur Novelle von Abs. 4 S. 2 durch das UMAG **in jedem Stadium des Verfahrens beitreten**, insbesondere auch nach Abhaltung einer mündlichen Verhandlung, an deren Ende ein Termin zur Verkündung einer Entscheidung verkündet wird. Denn der Nebenintervenient hat zB die Möglichkeit der Einlegung von Rechtsmitteln gegen den Willen der Hauptpartei (vgl Rn 9), so dass wegen des Datums des Beitritts weder Zulässigkeit der Nebenintervention noch Kostenerstattung zugunsten des Nebenintervenienten (§ 101 ZPO) mit dem Vorwurf der Rechtsmissbräuchlichkeit zurückgewiesen werden können.[25]

7b Abs. 4 S. 2 idF des UMAG[26] sieht – in bedenklicher Verkürzung des Anspruchs auf rechtliches Gehör[27] – vor, dass ein Aktionär sich als Nebenintervenient nur innerhalb eines Monats nach der Bekanntmachung gemäß Abs. 4 S. 1 an der Klage beteiligen kann. Das beschränkt nur die **Nebenintervention auf Seiten der Kläger**, da nur hierbei die Nebenintervention eine Beteiligung „an der Klage" sein kann.[28] Nach Abs. 4 S. 1 sind jeweils die Erhebung der Klage und der erste Termin bekannt zu machen (Rn 55); da S. 2 Rechte beschränkt, ist die Vorschrift eng auszulegen und auf den Zeitpunkt der letzten Bekanntmachung abzustellen.[29]

7c Die Novelle gilt gemäß Art. 3 Hs 2 UMAG seit dessen Inkrafttreten am 1.11.2005. Sie findet keine Anwendung auf bereits zuvor erklärte Nebeninterventionen[30] (vgl 2. Aufl. Rn 7 c).

8 Ob ein Nebenintervenient **einfacher oder streitgenössischer Nebenintervenient** ist, hängt gemäß § 69 ZPO davon ab, ob die Rechtskraft der Entscheidung auf das Rechtsverhältnis des Nebenintervenienten zu dem Gegner der Hauptpartei wirkt. Daher ist ein beitretender Aktionär ausnahmslos streitgenössischer Nebenintervenient.[31] Gleiches gilt für Vorstand und Aufsichtsrat bzw Verwaltungsmitglieder.[32]

9 **Handlungen der unterstützten Hauptpartei wie das Geständnis oder Anerkenntnis (§§ 288, 307 ZPO) wirken gemäß § 61 ZPO nicht zum Nachteil des Nebenintervenienten.** Der streitgenössische Nebenintervenient kann durch Terminwahrnehmung Säumnis der Hauptpartei ausschließen und, auch bei Verzicht der Hauptpartei, Rechtsmittel einlegen.[33] Allerdings setzt die Durchführung des Rechtsmittels gegen den Willen der Hauptpartei voraus, dass der streitgenössische Nebenintervenient das **Rechtsmittel** innerhalb der für ihn laufenden Rechtsmittelfrist[34] selbst eingelegt hat.[35] Hat nur ein streitgenössischer Nebenintervenient das Rechtsmittel vor Ablauf der Rechtsmittelfrist eingelegt, entzieht dessen Rücknahme weiteren streitgenössischen Nebenintervenienten und der Hauptpartei ihre Stellung als Partei der Rechtsmittelinstanz.[36] Verzichtet die Hauptpartei auf Rechtsmittel, so kann mE die Nebenintervention noch wirksam bis zum Ablauf der Rechtsmittelfrist erstmals (vgl aber Rn 7 b) erklärt werden.[37] Anerkenntnis und Geständnis wirken

---

24 Zöller/Vollkommer, ZPO, § 66 Rn 8 und § 72 Rn 1; MüKo-ZPO/Schilken, § 74 Rn 3; Musielak/Weth, ZPO, § 74 Rn 2; Baumbach/Lauterbach, ZPO, § 66 Rn 14; Stein/Jonas/Leipold, ZPO, § 74 Rn 3; Anderes soll nach OLG Köln OLGR Köln 2005, 219 gelten, wenn die Streitverkündung mangels vertraglicher Beziehung zwischen Streitverkünder und Streitverkündetem von Anfang an unbegründet ist oder wenn sich der angedrohte Rückgriff aus anderen Gründen als aussichtslos darstellt, so OLG Frankfurt aM NJW 1970, 817.
25 AA LG Hamburg v. 30.10.2002 – 411 O 34/02 (Philips Kommunikations Industrie, n.v.) unter Berufung auf Zöller/Hergert, § 101 ZPO Rn 2.
26 BGBl. I 2005 S. 2802.
27 K. Schmidt/Lutter/Schwab, Rn 26, 31; aA Goslar/von der Linden WM 2009, 492, 493; Hüffer, Rn 40; Wilsing/Ogorek, NZG 2010,1058; OLG Frankfurt NZG 2010, 785, 786 = AG 2010, 558.
28 So auch BGH ZIP 2009, 1538 = AG 2009, 624 Rn 8; Hüffer, Rn 40; Spindler/Stilz/Dörr, Rn 56; OLG Nürnberg AG 2009, 748 = ZIP 2009, 2470.
29 AA Hüffer, Rn 40; Wassmann/Kallweit, Der Konzern 2008, 135, 139.
30 BGHZ 172, 136 Tz 11 ff = ZIP 2007, 1528–1531 = AG 2007, 629-631 = BB 2007, 1916–1918; Hüffer, Rn 40.
31 BGHZ 122, 211, 240; BGH AG 1993, 514, 515 (zur GmbH); BGH ZIP 1999, 190, 192; Austmann, ZHR 158 (1994), 496, 504 ff; Gehrlein, AG 1994, 103, 107 ff; Hüffer, Rn 7; MüKo-AktG/Hüffer, Rn 10; Großkomm-AktienR/K. Schmidt, Rn 44.
32 Großkomm-AktienR/K. Schmidt, Rn 44.
33 Hüffer, Rn 7; MüKo-AktG/Hüffer, Rn 12; Spindler/Stilz/Dörr, Rn 37; Großkomm-AktienR/K. Schmidt, Rn 45 f.
34 Die Zustellung des Urteils setzt die Berufungsfrist auch für einen dem Rechtsstreit bisher nicht beigetretenen Nebenintervenienten in Lauf, BGH AG 2005, 89.
35 BGH EWiR 1994, 101 = MDR 1994, 304 = VersR 1994, 702 = BB 1993, 2336; ZIP 1999, 192 = NZG 1999, 68; ZIP 1999, 190 = AG 1999, 267 = WM 1999, 279.
36 BGH ZIP 1999, 192, 193 = NZG 1999, 68.
37 Großkomm-AktienR/K. Schmidt, Rn 96, str; MüKo-AktG/Hüffer, § 248 Rn 11; Zöller/Vollkommer, ZPO, § 57 Rn 5; Zöller/Gummer, ZPO, vor § 511 Rn 29; Baumbach/Lauterbach, ZPO, § 67 Rn 7, 12.

nicht gegen den streitgenössischen Nebenintervenienten.[38] Zulasten des Nebenintervenienten sollen aber **Klagerücknahme und Erledigungserklärung** wirken.[39] Kläger und Beklagte sollen (sogar unter vorsätzlicher Umgehung des Nebenintervenienten durch Unterlassung der Ladung zum Vergleichstermin) den Rechtsstreit durch **Vergleich** ohne Beteiligung des Nebenintervenienten beenden können.[40] ME sind die von der überwiegenden Auffassung zu Vergleich und Erledigungserklärung vertretenen Auffassungen unzutreffend; die zivilprozessuale Literatur ist bei streitgegenständlicher Nebenintervention (um die es sich bei der Nebenintervention zur Anfechtungsklage regelmäßig handelt, vgl Rn 8) ganz überwiegend der Auffassung, dass Erledigungserklärungen der Parteien ohne Zustimmung des Nebenintervenienten wirkungslos sind.[41] Da der Nebenintervenient eine weithin selbstständige prozessuale Rolle hat, kann es auch nicht darauf ankommen, ob die Hauptparteien auf seine Ladung zu Terminen verzichten. ME ist insoweit für eine unterschiedliche Behandlung der sog. echten notwendigen Streitgenossenschaft gemäß § 62 Abs. 1 Alt. 2 ZPO und der prozessual notwendigen Streitgenossenschaft gemäß Alt. 1 jedenfalls im Hinblick auf Anfechtungsklagen kein Raum. Die Möglichkeit der Nebenintervention soll gerade dazu dienen, dass weitere vom Anfechtungsurteil Betroffene (vgl § 248) Händel um die Anfechtung verhindern können. Damit dieser Rechtsschutz effektiv sein kann, muss ihnen neben der – unstreitig garantierten – Möglichkeit der eigenen Rechtsbehelfe (auch gegen den Willen der unterstützten Partei) die Möglichkeit zugestanden werden, Beendigungen der Auseinandersetzung durch Vergleich und Erledigungserklärungen zu verhindern.

Der **Kostenerstattungsanspruch** des Nebenintervenienten folgt allgemeinen Grundsätzen. Nach dem BGH gilt der in § 101 Abs. 1 ZPO geregelte Grundsatz der Kostenparallelität nur in Fällen einfacher Nebenintervention; bei der streitgenössischen Nebenintervention von Aktionären zu einer von anderen Aktionären geführten Anfechtungsklage seien ausschließlich §§ 101 Abs. 2, 100 ZPO anzuwenden, so dass über die Kosten der Nebenintervenienten eigenständig und unabhängig von der gegenüber der unterstützten Hauptpartei zu treffenden Kostenentscheidungen zu befinden sei;[42] sie sind daher auch in eine Kostenverteilung nach § 100 ZPO einzubeziehen.[43] Hintergrund der Rechtsprechung sind nach Erläuterungen des damaligen Vorsitzenden des Gesellschaftsrechtssenats Entwicklungen, bei denen die Frage entstehe, ob einzelne Aktionäre „von ihren mitgliedschaftlichen Kontrollrechten einen zweckwidrigen Gebrauch machen", was auch durch Nebeninterventionen geschehe. Es liege auf der Hand, dass durch die Entscheidung die Attraktivität der Nebenintervention „für einen Aktionär, sich ohne großes eigenes Risiko an der Anfechtungs- oder Nichtigkeitsklage eines anderen Aktionärs zu beteiligen – in den einschlägigen Kreisen wird insofern bereits von ‚Trittbrettfahrerei' gesprochen – stark abnehmen muss".[44] Zwar darf das (Kosten-)Recht nicht danach ausgelegt werden, ob es viele oder wenige Nebenintervenienten gibt oder diese wirtschaftspolitisch missliebig sind. Doch in der Sache ist dem BGH zuzustimmen. § 101 ZPO unterscheidet in seinen Absätzen 1 und 2 nun einmal klar zwischen einfachem und streitgenössischem Nebenintervenienten. Das bedeutet, Nebenintervenienten von einer AG eine Kostenerstattung nur erhalten, wenn die Kläger obsiegen; verlieren die Kläger oder nehmen sie die Klage zurück, hat der Nebenintervenient Kosten selbst zu tragen; bei einem Vergleich mit der AG richtet sich die Kostentragung abgesehen von dem Fall, dass der Nebenintervenient Partei des Vergleichs ist, nicht nach den Regeln des Vergleichs, sondern das Gericht hat über die Kostenerstattung unabhängig vom Vergleich insbesondere nach § 91a Abs. 1 S. 1, § 269 Abs. 3 S. 2 ZPO nach allgemeinen Grundsätzen zu entscheiden.[45] Insoweit hatte der 5. Zivilsenat des BGH entschieden, dass der einfache Nebenintervenient bei Kostenaufhebung gegeneinander keinen Anspruch auf Kostenerstattung hat, wenn die Kosten gegeneinander aufgehoben werden.[46] Bei unterbliebener Verbindung von Prozessen nach Abs. 3 hat der Nebenintervenient ggf einem mehrfachen Anspruch auf Kostenerstattung.[47]

---

38 MüHb-AG/*Semler*, § 41 Rn 66; MüKo-AktG/*Hüffer*, Rn 8; Großkomm-AktienR/*K. Schmidt*, Rn 45; BGH BB 1993, 1681, 1682 = ZIP 1993, 1228, 1229 (zur GmbH); *Austmann*, ZHR 158 (1994), 495, 511.

39 MüHb-AG/*Semler*, § 41 Rn 66; Großkomm-AktienR/ *K. Schmidt*, Rn 46; *Austmann*, ZHR 158 (1994), 495, 513 f; *Hüffer*, Rn 7; OLG Köln AG 2003, 522, 523 (DSL/Postbank).

40 OLG Frankfurt, Az 5 W 30/99, demgegenüber stellte das OLG Frankfurt iS Az 5 U 69/04, jeweils n.v., bei einer aktienrechtlichen Anfechtungsklage Folgendes fest: „Im Hinblick darauf, dass eine Ladung der beteiligten streitgenössischen Streithelfer gem. § 63 ZPO nicht erfolgt ist und hierauf nicht verzichtet wurde, kann gegenwärtig eine Vergleichsprotokollierung nicht erfolgen.".

41 Zöller/*Vollkommer*, ZPO, § 91a Rn 58, Stichwort „Streitgenosse"; *Baumbach/Lauterbach*, ZPO, Rn 91a; Musielak/*Wolst*, ZPO, § 91a Rn 59; aA *Thomas/Putzo*, ZPO, Rn 91a, 18; OLG München OLGR 2000, 165.

42 BGH ZIP 2007, 1337 = WM 2007, 1238 = AG 2007, 547, bestätigt in BGH ZIP 2009, 1538 = NZG 2009, 948 = AG 2009, 624; BGH ZIP 2010, 1771 = AG 2010, 709 Rn 8 ff.

43 BGH, 23.4.2012, II ZR 215/10 (nv, juris).

44 *Goette*, DStR 2007, 2264, 2265 f; der BGH ließ seine Pressestelle die Mitteilung über die Entscheidung sogar mit der Überschrift versehen: „Niederlage für sog. ‚Berufsaktionäre'", Pressemitteilung Nr. 80/2007 vom 20. Juni 2007.

45 Vgl *Goslar/von der Linden*, WM 2009, 492, 500; *Goette*, DStR 2007, 2264, 2266.

46 BGHZ 154, 351 = NJW 2003, 1948; im Falle einer im Vergleich vereinbarten Kostenaufhebung hat der Gegner des Nebenintervenienten mindestens die Hälfte von dessen Kosten zu tragen, vgl OLG München MDR 2000, 114.

47 BGH WM 2010, 1323 f = NZG 2010, 831.

10 **2. Klageart.** Die Anfechtungsklage ist eine Gestaltungsklage, mit der der Kläger die Änderung der materiellen Rechtslage beantragt, da der bis dahin gültige HV-Beschluss (zumal mit Wirkung für die Gesellschaft und gemäß § 248 Abs. 1 für ihre Organmitglieder) für nichtig erklärt werden soll.[48] Mit der Klage nimmt der Kläger sein auf der Mitgliedschaft beruhendes, in §§ 243, 245 verbrieftes Anfechtungsrecht wahr. Das aktienrechtliche Anfechtungsrecht ist ein in ein prozessuales Gewand gekleidetes materielles Gestaltungsrecht.[49]

11 **3. Exkurs: Allgemeine Feststellungsklage; positive Beschlussfeststellungsklage.** In Betracht kommen allgemeine Feststellungsklagen gemäß § 256 ZPO (vgl dazu Rn 61 ff und § 249 Rn 4) sowie die sogenannte **positive Beschlussfeststellungsklage.** Diese ist eine durch Rechtsfortbildung entwickelte Gestaltungsklage, die über die rein kassatorische Wirkung der §§ 246, 248, 249 hinausgeht. HV-Beschlüsse können nicht nur angefochten werden, wenn ihr Beschlussinhalt einem Antrag stattgibt. Auch ein ablehnender HV-Beschluss kann eine Rechtsverletzung bedeuten und der Anfechtung unterliegen (vgl Rn 16).[50] Das rein kassatorische Anfechtungs- bzw Nichtigkeitsurteil allein würde nicht weiterhelfen, wenn der Kläger dem zu Unrecht abgelehnten Beschlussantrag Geltung verschaffen will. Eine reine Anfechtungs-/Nichtigkeitsklage würde nicht zum Erfolg führen, da deren Urteil neben der Aufhebungswirkung keine positive Feststellungswirkung hat.[51] Mit der bloßen Vernichtung des Beschlusses ist dem Kläger nicht gedient. Denn er möchte positiv entschieden sehen, welcher Beschluss statt des rechtswidrigen Beschlusses gilt. Diese Entscheidung kann die allgemeine Feststellungsklage nach § 256 ZPO nicht herbeiführen. Denn die Rechtswidrigkeit eines gefassten Beschlusses rechtfertigt nicht die Feststellung, dass ein anderer Beschluss gefasst worden ist.[52] Eine solche Wirkung kann nur ein Gestaltungsurteil herbeiführen. Auf dessen Herbeiführung ist die positive Beschlussfeststellungsklage gerichtet, mit der ein rechtmäßiger Beschluss an die Stelle des rechtswidrigen Beschlusses gesetzt werden soll. Eine derartige Klage bzw ein solches Urteil wird heute allgemein für zulässig gehalten. Prozessual muss der Kläger in diesen Fällen seinen Anfechtungsantrag mit einem Feststellungsantrag verbinden, dass ein Beschluss mit einem näher bezeichneten Inhalt zustande gekommen ist.[53]

12 **Wichtige Anwendungsfälle** der positiven Beschlussfeststellungsklage: Unrichtige Beschlussfeststellungen gemäß § 130 Abs. 2;[54] Zählung von Ja-Stimmen, obgleich sie von einem Nicht-Stimmberechtigten oder unter Verstoß gegen ein Stimmverbot (vgl § 136 Rn 4 ff) abgegeben wurden;[55] zu Unrecht vom Versammlungsleiter als treuwidrig nicht mitgezählte Stimmen;[56] treuwidrige Abgabe von Stimmen bei positiver Stimmpflicht. Eine positive Beschlussfeststellungsklage scheidet aus, wenn der Beschluss, den der Kläger festgestellt wissen möchte, in der Versammlung förmlich vom Versammlungsleiter festgestellt worden ist; denn die Beschlussfeststellungsklage dient nur dazu festzustellen, dass ein positiver Beschluss gefasst worden ist – nicht aber, dass ein Beschlussantrag abgelehnt worden ist; dieses Ergebnis steht bereits mit der der Anfechtungsklage stattgebenden Entscheidung fest.[57]

12a ME genügt es zum effektiven Rechtsschutz nicht, beim in Rn 11 f geschilderten Anwendungsbereich stehen zu bleiben. Beispielsweise bliebe eine rechtswidrige Versammlungsleitung im entscheidenden Punkt sanktionslos, wenn es der Versammlungsleiter in der Hand hätte, durch eine **Verweigerung der Abstimmung über einen Beschlussantrag** dem rechtlich maßgebenden Willen der Hauptversammlung zu verfälschen; mit der nach § 256 ZPO möglichen Feststellung der Rechtswidrigkeit der Maßnahme ist dem Rechtsschutzbegehren nicht in ausreichendem Maße Genüge getan. Daher spricht mE viel dafür, aus Gründen des effektiven Rechtsschutzes die positive Feststellungsklage als Gestaltungsklage über den bislang allgemein anerkannten Bereich hinaus auch für Fälle der Verweigerung der Abstimmung anzuerkennen, jedenfalls wenn die Mehrheitsverhältnisse eindeutig und leicht feststellbar sind.

13 Der Kläger muss die positive Beschlussfeststellungsklage wie die gleichzeitig zu erhebende Anfechtungsklage binnen der **Monatsfrist** des Abs. 1 erheben; der Kläger muss **anfechtungsbefugt** sein (§ 245).[58] Das Urteil

---

48 *Hüffer*, Rn 8; MüKo-AktG/*Hüffer*, Rn 14, Großkomm-AktienR/*K. Schmidt*, Rn 9, § 241 Rn 69; KölnKomm-AktG/*Zöllner*, Rn 44, § 244 Rn 4 ff.

49 BGH AG 1992, 448 = DB 1992, 1567 = ZIP 1992, 1361; OLG Hamm DB 2001, 134 = NZG 2001, 563 = AG 2001, 146; KölnKomm-AktG/*Zöllner*, § 243 Rn 11; MüKo-AktG/*Hüffer*, § 243 Rn 8; *Lochner*, ZIP 2006, 135; *Noack*, AG 1989, 83.

50 RGZ 122, 102, 107; BGHZ 76, 191, 197; aA *Maier-Reimer*, in: FS Oppenhoff, 1995, S. 193.

51 RGZ 142, 123, 128 f; vgl aber zuvor RGZ 64, 258, 261 f; 76, 244, 248.

52 Großkomm-AktienR/*K. Schmidt*, Rn 100.

53 BGHZ 76, 191, 197 ff; 88, 320, 329 f; 97, 28, 30 f; BGHZ 147, 394, 397 = BGH AG 2001, 587, 588 = NJW 2001, 2176; WM 2001, 1633, 1635; DB 2001, 1773, 1774; OLG Brandenburg AG 2003, 328; MüKo-AktG/*Hüffer*, Rn 86; Großkomm-AktienR/*K. Schmidt*, Rn 98 ff; Spindler/Stilz/*Dörr*, Rn 59; KölnKomm-AktG/*Zöllner*, § 248 Rn 24 ff; *Henze*, HRR-AktienR, Rn 1225 ff.

54 BGHZ 76, 191, 197; *Zöllner*, ZGR 1982, 623.

55 BGHZ 97, 28.

56 OLG München ZIP 2012, 2150 = GmbHR 2012, 905.

57 BGHZ 88, 320 (GmbH); vgl Hanseatisches OLG (Hamburg) GmbHR 1992, 43, 47; Großkomm-AktienR/*K. Schmidt*, Rn 102.

58 *Hüffer*, Rn 43; MüKo-AktG/*Hüffer*, Rn 84; Großkomm-AktienR/*K. Schmidt*, Rn 107 ff.

entfaltet **Rechtskraftwirkung** analog § 248 Abs. 1 S. 1.[59] Auch sonst gelten die Vorschriften der §§ 246 ff entsprechend.[60] Gegen ein Beschlussfeststellungsurteil ist weder Anfechtungs- noch Nichtigkeitsklage möglich,[61] wohl aber allgemeine Feststellungsklage nach § 256 ZPO.

4. Weiterer Exkurs: Schiedsfähigkeit von HV-Beschlüssen. Das Schiedsgerichtsverfahren gemäß §§ 1025 ff ZPO scheidet für die Überprüfung der Anfechtbarkeit (und Nichtigkeit) von HV-Beschlüssen nach der ständigen herkömmlichen Rechtsprechung des BGH aus.[62] Eine deutliche Fortentwicklung der Rechtsprechung deutet sich an im **BGH-Urteil „Schiedsfähigkeit II":**[63] Danach sind Beschlussmängelstreitigkeiten im Recht der GmbH der Wirkungen der §§ 248 Abs. 1 S. 1, 249 Abs. 1 S. 1 grundsätzlich Kraft einer dies im Gesellschaftsvertrag festschreibenden Schiedsvereinbarung oder einer außerhalb der Satzung unter Mitwirkung aller Gesellschafter und der Gesellschaft getroffenen Individualabrede „schiedsfähig", sofern und soweit das schiedsgerichtliche Verfahren in einer **dem Rechtsschutz durch staatliche Gerichte gleichwertigen Weise** ausgestaltet sei unter Einhaltung eines aus dem Rechtsstaatsprinzip folgenden Mindeststandards an Mitwirkungsrechten und damit an Rechtsschutzgewährung für alle ihr unterworfenen Gesellschafter.[64] Im Anschluss an diese Fortentwicklung der Rechtsprechung wird die Anwendung der GmbH-Grundsätze auf HV-Beschlüsse diskutiert.[65] Dabei werden auch Differenzierungen einerseits zwischen der kleinen bzw der nicht börsennotierten und der normalen bzw der börsennotierten AG auf der anderen Seite diskutiert, was in Hinblick auf die unterschiedslose Behandlung aller vier Arten in § 23 Abs. 5 nicht mit dem Gesetz in Einklang zu bringen sein dürfte.[66] ME scheitert die Schiedsklausel als Satzungsinhalt an § 23 Abs. 5, da § 241 Nr. 5 als Nichtigkeitsgrund nur die Nichtigerklärung auf Anfechtungsklage durch Urteil nennt, was ein solches des LG gemäß § 246 Abs. 3 S. 1 ist, damit es die Gestaltungswirkung für und gegen Jedermann gemäß § 248 Abs. 1 S. 1 hat. Eine dem § 23 Abs. 5 vergleichbare Regelung gibt es bei der GmbH nicht, so dass mE „Schiedsfähigkeit II" nicht auf HV-Beschlüsse übertragbar ist.[67] ME steht die Urteilswirkung für und gegen Jedermann auch Schiedsvereinbarungen im Einzelfall entgegen (vgl § 23 Rn 44).

5. Rechtsschutzbedürfnis. Das Rechtsschutzbedürfnis[68] ist regelmäßig zu bejahen, da nur die Anfechtungsklage (vgl zur Schiedsfähigkeit Rn 14) einen wegen Gesetzes- oder Satzungsverstoß rechtswidrigen Beschluss zur Überprüfung stellen und ein Urteil herbeiführen kann. Auch bei Inhaberschaft einer einzigen Aktie oder dem Fehlen von wirtschaftlichen oder sonstigen persönlichen Auswirkungen auf den Anfechtungskläger besteht das Rechtsschutzbedürfnis.[69] Das Interesse an der Feststellung der Nichtigkeit bzw Vernichtung eines rechtswidrigen Beschlusses folgt schon aus der Stellung als Aktionär bzw Organ oder Organmitglied; diese Personen haben ein Recht darauf, dass die **HV nur solche Beschlüsse fasst, die mit Gesetz und Satzung vereinbar sind**; die gesellschaftsrechtliche Nichtigkeits- bzw Anfechtungsklage ist das Instrument zur Kontrolle der Rechtmäßigkeit des Handelns einer Kapitalgesellschaft; Zweck des Anfechtungsrechts insbesondere der Aktionäre ist u.a. die Kontrolle der Rechtmäßigkeit; das Rechtsschutzinteresse für die Klage folgt schon aus der Wahrnehmung des Kontrollzwecks.[70] Nach dem BGH erfordert die Anfechtungsklage kein besonderes eigenes Rechtsschutzinteresse des Aktionärs wegen der Gestaltungswirkung, die

---

59 BGHZ 76, 191, 199 f; Großkomm-AktienR/*K. Schmidt*, Rn 112; OLG Hamburg AG 2003, 46, 48.
60 *Hüffer*, Rn 43; MüKo-AktG/*Hüffer*, Rn 87 f; Großkomm-AktienR/*K. Schmidt*, Rn 107 ff; Henssler/Strohn/*Drescher*, Rn 51.
61 Wie hier: hinsichtlich Anfechtungsklage: *Hüffer*, Rn 43; aA *Bauschatz*, NZG 2002, 317, 319 f.
62 BGH BB 1951, 683; WM 1966, 1132, 1133; NJW 1979, 2567, 2669; BGHZ 38, 155, 158; BGHZ 132, 278 = ZIP 1996, 830, 831 f (Schiedsfähigkeit I – zur GmbH); vgl auch BGH ZIP 1991, 1231; BGHZ 107, 296, 308 ff; vgl *Hüffer*, Rn 19 f; differenzierend: Großkomm-AktienR/*K. Schmidt*, Rn 114 ff; *Henze*, HRR-AktienR, Rn 1177 ff, in Erg. für Publikumsgesellschaften dem BGH folgend, Rn 1033; vgl auch *Schmidt*, ZGR 1988, 523; *Schmidt*, AG 1995, 551; *Schmidt*, ZHR 162 (1998), 265; *Schmidt*, VGR, Gesellschaftsrecht in der Diskussion 2010 (im Druck); sehr beachtliche Argumente für generell Zulässigkeit schiedsgerichtlicher Verfahren auch bei *Zöllner*, AG 2000, 145, 150 f; anders noch Köln-Komm-AktG/*Zöllner*, Rn 61; *K. Schmidt*/Lutter/*Schwab*, Rn 42, satzungsmäßige Schiedsklausel für zulässig; Spindler/Stilz/*Dörr*, Rn 10 ff hält satzungsmäßige Schiedsklausel für unzulässig, aber eine Vereinbarung unter Mitwirkung aller Aktionäre nach §§ 1029 ff ZPO für zulässig; Bedenken AG bei *Hüffer*, Rn 19 a.
63 BGHZ 180, 221 Rn 13 f = GmbHR 2009, 705 mit Anm. *Römermann* = JZ 2009, 794 mit Anm. *Habersack* = NJW 2009, 1962 mit Anm. *Dove/Keller*; vgl auch *Schmidt*, VGR, Gesellschaftsrecht in der Diskussion 2009, 2010, S. 110 ff; *Riegger/Wilske*, ZGR 2010, 733, 740 ff; *Albrecht*, NZG 2010, 486; *Böttcher/Helle*, NZG 2009, 700; *Borris*, NZG 2010, 481; *Göz/Peitsmeyer*, DB 2009, 1915; *Saenger/Splittgerber*, DZWIR 2010, 177.
64 Vgl zu den neuen Ergänzenden Regeln für gesellschaftsrechtliche Streitigkeiten der DIS, die mE den Anforderungen des BGH genügen, *Schwedt/Schaper*, NZG 2009, 1281.
65 Vgl *Schmidt*, VGR, Gesellschaftsrecht in der Diskussion 2009, 2010, S. 129; *Habersack*, JZ 2009, 797, 799; Henssler/Strohn/*Drescher*, Rn 33.
66 Vgl dazu aber die Erörterungen de lege verenda die Erörterungen beim 67. DJT 2008, vgl *Beyer*-Gutachten E zum 67. DJT, 2008, 81 ff; *Mülbert*, Verhandlungen des 67. DJT Band II/1 2009, SN 51, 55 ff; vgl auch *Spindler*, AG 2008, 598, 600 ff; *Windbichler*, JZ 2008, 840, 844 ff.
67 Deutlich zur Übertragbarkeit tendierend *Habersack*, JZ 2009, 797.
68 Vgl allg. *Zöller/Greger*, ZPO, vor § 253 Rn 13; MüKo-ZPO/*Lüke*, vor § 253 Rn 30.
69 RGZ 77, 255, 257; 145, 336, 338; 146, 385, 395; 166, 175, 188; BGHZ 43, 261, 265 f; BGH WM 1966, 446; KölnKomm-AktG/*Zöllner*, Rn 9; Großkomm-AktienR/*K. Schmidt*, Rn 60.
70 *Henze*, HRR-AktienR, Rn 1170.

nur durch Urteil möglich sei.[71] Das Rechtsschutzbedürfnis entfällt nicht durch Eintragung von angefochtenen Maßnahmen im Handelsregister oder deren Durchführung – es sei denn, die Handelsregistereintragung führt zur Heilung (vgl § 242).[72] Die Anfechtbarkeit kann auch nicht dadurch eingeschränkt werden, dass in der der Anfechtung unterliegenden Maßnahme, wie zB der Zustimmung zu einem nur mit Zustimmung der HV wirksam werdenden Vertrag (§ 122 Abs. 2 S. 2), vereinbart wird, dass die Zustimmung zu dem Vertrag schon dann als wirksam erteilt „gilt", wenn sie im notariellen Protokoll der HV verzeichnet ist, da es anderenfalls die Verwaltungsorgane in der Hand hätten, die Anfechtbarkeit auszuschließen.[73] Der Missbrauch des Anfechtungsrechts berührt nach der Gerichtspraxis nicht die Zulässigkeit der Klage, sondern deren Begründetheit (vgl § 245 Rn 33).

16 Das **Rechtsschutzbedürfnis kann nur in Ausnahmefällen fehlen**: Standardbeispiel ist eine **Anfechtung ablehnender HV-Beschlüsse**, wenn die Anfechtung nicht mit einem positiven Beschlussfeststellungsantrag verbunden ist (vgl Rn 11 ff); für die Anfechtung ablehnender Beschlüsse haben RG und BGH nur ein „gewisses" schutzwürdiges Interesse verlangt, so dass mE die reine Anfechtungsklage nicht in jedem Falle am fehlenden Rechtsschutzinteresse scheitern muss.[74] Als weitere Beispiele fehlenden Rechtsschutzinteresses nennt der BGH, dass eine spätere HV den **Beschluss erneut gefasst**[75] **oder aufgehoben** hat – wenn nicht der aufgehobene Beschluss ausnahmsweise Folgewirkungen für die Sach- und Rechtslage hat.[76] Der **BGH** begründet seine Sicht im Wesentlichen mit der Gestaltungswirkung des Urteils (vgl Rn 15): Wenn diese Wirkung wie zB nach der Aufhebung eines Beschlusses nicht mehr eintreten könne, sei das Rechtsschutzinteresse an der Vernichtung des Beschlusses entfallen. Gleiches gelte, wenn die Nichtigerklärung keinerlei Auswirkungen auf die Rechtsbeziehungen der Gesellschaft, der Aktionäre, der Mitglieder des Vorstands oder des Aufsichtsrats mehr haben könne: Wenn ein **Beschluss keinerlei Wirkungen für Vergangenheit und Zukunft** mehr habe, bestehe „an seiner Vernichtung oder der Klärung seiner Rechtmäßigkeit kein anerkennenswertes Rechtsschutzinteresse mehr". Das sei zB bei Neuvornahme der Fall.[77] ME wird demgegenüber das Rechtsschutzbedürfnis des Klägers an einer ausdrücklichen gerichtlichen Feststellung, dass der von ihm angefochtene HV-Beschluss wegen Verstoßes gegen Satzung oder Gesetz aufzuheben ist, regelmäßig bestehen bleiben. Denn nur so kann klargestellt werden, dass die ursprüngliche Beschlussfassung Recht verletzt, während der Aufhebungsbeschluss zB nur auf Zweckmäßigkeitserwägungen gestützt war. Das Rechtsschutzinteresse besteht regelmäßig fort trotz Vollzugs der Maßnahmen.[78] Das fortbestehende Rechtsschutzinteresse muss der Kläger darlegen.[79] Die hier vertretene Sicht beruht im Wesentlichen auf zwei Erwägungen: (1.) Zum einen der in ständiger Rechtsprechung bestätigten Sicht, dass die gesellschaftsrechtliche Nichtigkeits- und Anfechtungsklage das wesentliche Instrument zur **Kontrolle der Gesetz- und Rechtmäßigkeit des Organhandelns** ist; diese hat der Gesetzgeber in die Hände der Aktionäre gelegt.[80] Daher folgt das Rechtsschutzinteresse für eine solche Klage bereits daraus, dass ihre Erhebung der Ermöglichung der Kontrolle des Gesetz und Satzung entsprechenden Rechtszustandes dient. (2.) Zum anderen den Grundsätzen, die der BGH exemplarisch in seiner Commerzbank/Mangusta II-Rechtsprechung (vgl Rn 64 ff) herausgearbeitet hat:[81] Danach verfolgt aktienrechtlicher Rechtsschutz auch das Ziel, die Verwaltung zu rechtmäßigem Verhalten in der Zukunft anzuhalten. Damals hat der BGH mit Recht keinen Zweifel daran gelassen, dass Aktionäre die Rechtswidrigkeit von Vorstandshandeln überprüfen lassen können, auch wenn eine eingetragene und durchgeführte (Kapital-)Maßnahme nicht mehr rückgängig zu machen ist.[82] All das verkennt der BGH in seiner aktuellen Rspr zum nur vermeintlich fehlenden Rechtsschutzinteresse: Auch wenn ein Beschluss zB wegen seiner Aufhebung keine Wirkungen mehr hat, kann ohne Weiteres an der Klärung seiner Rechtmäßigkeit ein anerkennenswertes Rechtsschutzinteresse bestehen. Das folgt schon aus dem Rechtsprinzip des § 244 S. 2.[83] Die vom Gesetz in die Hand des einzelnen Aktionärs gelegte Rechtmäßigkeitskontrolle kann im Übrigen nicht effektiv dadurch erfüllt werden, dass das Gericht nach einer vermeint-

---

71 BGH AG 2013, 387 = ZIP 2013, 720 Rn 13; BGH ZIP 2009, 1158 = GmbHR 2009, 770 Rn 13.
72 OLG Stuttgart AG 2004, 271, 272 f zur Ausgliederung; OLG Schleswig AG 2006, 120, 121 (MobilCom) zur Durchführung eines Vertrages, der nur mit Zustimmung der HV wirksam werden soll, insoweit nicht in ZIP 2006, 421 und DB 2006, 146 abgedruckt.
73 OLG Schleswig AG 2006, 120, 121 (MobilCom), insoweit nicht in ZIP 2006, 421 und DB 2006, 146 abgedruckt.
74 RG NJW 1936, 920; BGH WM 1964, 1188, 1191.
75 BGHZ 157, 206, 210 = AG 2004, 204;.
76 Großkomm-AktienR/K. Schmidt, Rn 60, 85, vgl aber § 244 Rn 26 f; Spindler/Stilz/Dörr, Rn 85; vgl OLG Jena, AG 2006, 417 = ZIP 2006, 729; BGH ZIP 2011, 2195 = NZG 2011, 1383 (HVB / UniCredit).
77 BGH AG 2013, 387 = ZIP 2013, 720 Rn 14 unter Verweis auf BGHZ 157, 206, 210 = ZIP 2004, 310.
78 BGHZ 164, 249, 253 = NJW 2006, 374 = AG 2006, 38 (Rn 14 ff, juris – Commerzbank/Mangusta II). Vgl BGH WM 2011, 237, = NJW 2011, 2660 zum WEG-Recht.
79 BGH ZIP 2011, 2195 = NZG 2011, 1383 (HVB/UniCredit).
80 Vgl BGHZ 107, 296, 308 mwN = AG 1989, 399 = ZIP 1989, 980 (Kochs-Adler.).
81 Auf diesen Aspekt weist (insoweit) zutreffend *Schürnbrand* hin (NZG 2013, 481, 484).
82 BGHZ 164, 249, 257 = AG 2006, 38, 40 = NJW 2006, 374 (juris Rn 18 ff).
83 Dabei kann es nicht maßgebend auf den Unterschied ankommen, dass der Bestätigungsbeschluss nicht zum Wegfall des Rechtsschutzbedürfnisses führt, sondern materielle Wirkung auf den Ausgangsbeschlussbeschluss hat, vgl BGHZ 157, 206, 210.

lichen „Erledigung" der Klage zB durch Aufhebung des Beschlusses nur über die Kostentragung der Anfechtungsklage entscheidet. Denn bei dieser ist das Gericht nicht gezwungen, sich wirklich inhaltlich mit der Sache zu befassen. Vielmehr entscheidet es gemäß § 91 a ZPO nach billigem Ermessen und kann gerade in bedeutenden Zweifelsfällen der gesellschaftsrechtlich und unter dem Aspekt des effektiven Rechtsschutzes / Justizgewährleistungsanspruchs gebotenen Entscheidung der Zweifelsfrage aus dem Weg gehen. Zudem wirkt auch eine eindeutige Kostenentscheidung nur *inter partes*, wodurch die gebotene Wirkung nach § 248 und die Rechtmäßigkeitskontrolle nicht herbeigeführt werden kann.[84] Vgl zur Verschmelzung der AG und anderen Umwandlungsvorgängen Rn 45. Vgl zur Folge der Nichtigkeit von AR-Wahlen § 250 Rn 9.

Das Rechtsschutzbedürfnis kann nach der ausdrücklichen Gesetzesregelung entfallen, wenn die HV den **angefochtenen Beschluss bestätigt** (vgl § 244 Rn 2 ff). ME entfällt das Rechtsschutzbedürfnis für die Klage gegen den Erstbeschluss nicht, wenn ein mit einem Mangel behafteter HV-Beschluss erneuert, also nicht lediglich bestätigt wird (vgl zum Unterschied Bestätigungsbeschluss – Neuvornahme § 244 Rn 2 ff), ohne dass der Mangel dem neuen Beschluss anhaftet;[85] denn auch insoweit kann der Kläger ein berechtigtes Interesse haben, gerichtlich die Nichtigerklärung des Erstbeschlusses wegen dessen Rechtswidrigkeit herbeizuführen (vgl Rn 16). Keinesfalls entfällt die Anfechtbarkeit nach einhelliger Auffassung, wenn dem Erstbeschluss noch weitere Mängel anhaften, die auch der neue Beschluss enthält; in dem Fall sind beide Beschlüsse für nichtig zu erklären.[86] 17

6. Klage, Klageantrag und Streitgegenstand. Die Klage wird erhoben durch **Zustellung** einer Klageschrift (§ 253 Abs. 1 ZPO). Sie muss die **Parteien** (zur Vertretung der Beklagten vgl Rn 46 ff) sowie das **Gericht** bezeichnen, einen bestimmten **Antrag** enthalten und den **Gegenstand der Klage** benennen (§ 253 Abs. 2 ZPO). Der angefochtene Beschluss ist genau zu bezeichnen, bei Teilanfechtung ist der Umfang des Anfechtungsbegehrens anzugeben. Der Kläger hat den **Lebenssachverhalt** darzulegen, aus dem sich Beschlussfassung und Anfechtungsgrund ergeben. 18

Der **Klageantrag** ist darauf gerichtet, den (genau bezeichneten) Beschluss für nichtig zu erklären. Er kann zB lauten: „Der Beschluss der HV der Beklagten vom... zum Tagesordnungspunkt..., wonach..., wird für nichtig erklärt". Bei einer Mehrzahl von Beschlussgegenständen liegt eine Mehrheit von Anträgen, also Klagehäufung vor. Die Bestimmtheit des Klageantrags hat sich nach dem Streitgegenstand der Anfechtungsklage (vgl Rn 20 f) zu richten. Der angefochtene Beschluss ist ebenso zu benennen wie die Tatsachen, auf die sich die Anfechtung stützt.[87] 19

Streitgegenstand der Anfechtungsklage ist das Begehren des Klägers, die Nichtigkeit des von ihm bezeichneten HV-Beschlusses mit Wirkung für und gegen jedermann zu klären.[88] Der Streitgegenstand differenziert nicht danach, ob der Kläger eine Nichtigkeitserklärung (durch Anfechtungsklage) oder eine Feststellung der Nichtigkeit (durch Nichtigkeitsfeststellungsklage) begehrt. Nichtigkeits- und Anfechtungsklage verfolgen mit der richterlichen Klärung der Nichtigkeit von Gesellschafterbeschlüssen mit Wirkung für und gegen jedermann dasselbe materielle Ziel.[89] Nicht entscheidend ist, ob der Kläger dieses Ziel durch Klage auf Feststellung der Nichtigkeit oder durch Anfechtung des wirksamen, aber vernichtbaren HV-Beschlusses verfolgt. Aufgrund der Identität des mit der Nichtigkeits- oder Anfechtungsklage verfolgten Ziels hat das Gericht den angegriffenen Beschluss unter Berücksichtigung des gesamten Klagevortrags auf seine Nichtigkeit zu prüfen – unabhängig davon, ob der Kläger die Gründe aus dem Aspekt der Nichtigkeit oder der Anfechtbarkeit vorträgt. Eine **Teilung des Streitgegenstands** danach, ob der Sachvortrag die Voraussetzungen der Nichtigkeit oder der Anfechtbarkeit erfüllt, und der Erlass eines Teilurteils (§ 301 ZPO) scheiden aus.[90] Für die Entscheidung des Gerichts ist unerheblich, ob der Kläger einen Nichtigkeits- oder Anfechtungsantrag stellt. Wie das Gericht den Tenor seines Urteils formuliert, richtet sich nur danach, ob der Sachverhalt die Voraussetzungen der Nichtigkeit oder der Anfechtbarkeit erfüllt.[91] Daher ist es nicht erforderlich, dass der Kläger in einem Eventualverhältnis Anträge auf die Feststellung oder hilfsweise die Erklärung der Nichtigkeit stellt. Eventualanträge sind aber unschädlich und auch kostenmäßig ohne Folgen.[92] Folge der **Identi-** 20

---

84 Vgl auch Großkomm-AktienR/K. *Schmidt*, § 244 Rn 26 f, der aus ähnlichen wie den hiesigen Erwägungen bei Erledigung einen Feststellungsantrag nach dem Vorbild von § 113 Abs. 1 S. 4 VwGO als zulässig erachtet.
85 BGHZ 21, 354, 356; vgl dazu *Henze*, HRR-AktienR, Rn 1166 f; *Kuhn*, WM 1957, 1444; *Pohle*, AG 1957, 45.
86 AllgM, vgl BGHZ 21, 354, 357 ff; *Henze*, HRR-AktienR, Rn 1168.
87 Großkomm-AktienR/K. *Schmidt*, Rn 57.

88 Großkomm-AktienR/K. *Schmidt*, Rn 61; *Hüffer*, Rn 12, 18; MüKo-AktG/*Hüffer*, Rn 18; KölnKomm-AktG/*Zöllner*, Rn 47 ff; *Henze*, ZIP 2002, 97, 98; BGH WM 2002, 1885 = ZIP 2002, 1684; BGH AG 2010, 452 = ZIP 2010, 879 Rn 3.
89 BGHZ 134, 364, 366; BGH ZIP 1999, 580 = NJW 1999, 1638 = AG 1999, 375; die vorherige Rspr BGHZ 32, 318, 322 (zur Genossenschaft) hat der BGH aufgegeben.
90 BGH ZIP 1999, 580 = NJW 1999, 1638 = AG 1999, 375; *Henze*, ZIP 2002, 97, 98.
91 *Henze*, HRR-AktienR, Rn 1159.
92 *Hüffer*, Rn 14.

21 tät der Streitgegenstände ist ua, dass Kläger, die die Feststellung der Nichtigkeit beantragen und die (nur) die Nichtigerklärung des Beschlusses beantragen, notwendige Streitgenossen sind (vgl Rn 3).[93]

21 Für die Praxis entschieden hat der BGH im Grundsatz die Frage, welche **Bedeutung** beim herkömmlich nach der ZPO zweigliedrig verstandenen Streitgegenstand (richterliche Entscheidung über den Klageantrag aufgrund des klagebegründenden Sachverhalts) dem **vorgetragenen Lebenssachverhalt** zukommt: Die zuvor hM vertrat die Auffassung, Streitgegenstand sei „die richterliche Klärung der Nichtigkeit eines bestimmten... HV-Beschlusses aufgrund des dazu vorgetragenen Sachverhaltes", wobei der „Komplex des Lebenssachverhaltes tatbestandlich außerordentlich eng gefasst" wurde.[94] Demgegenüber schließt sich der BGH „im Grundsatz" der vormaligen Mindermeinung von *Zöllner* an: Streitgegenstand sei das prozessuale Begehren, „**die Nichtigkeit des HV-Beschlusses anhand der dem Beschluss anhaftenden Mängel richterlich klären zu lassen**", woraus nach Zöllner folgte, dass die Geltendmachung in der Klageschrift noch nicht vorgetragener zusätzlicher Mängel durch ergänzenden Sachvortrag zulässig sei und nicht zur Klageänderung führte.[95] Eine weitergehende Unterteilung des Streitgegenstands nach einzelnen Elementen würde nach dem BGH die einheitliche Überprüfung des Beschlusses je nach den Einzelheiten des Klägervortrags verhindern; das könne dazu führen, „dass derselbe Aktionär... die Gesellschaft mehrfach mit einer solchen gegen denselben Beschluss gerichteten (Nichtigkeits-)Klage überzieht", was der BGH verhindern will.[96] Die neue Rechtsprechung des BGH hat mE die Folge der Zulässigkeit des Nachschiebens oder Auswechselns von Anfechtungs- und Nichtigkeitsgründen, die keine Klageänderung oder Klageerweiterung bedeuten,[97] was besondere Bedeutung im Hinblick auf die Wahrung der Anfechtungsfrist hat (str, vgl Rn 30 f). Zu den objektiven und subjektiven Rechtskraftwirkungen vgl § 248 Rn 13 ff.

22 **7. Anfechtungsfrist.** Die Anfechtungsklage „**muss innerhalb eines Monats** nach der Beschlussfassung" erhoben werden. Der BGH bejaht u.a. die Unterbrechung eines Prozesses durch die Insolvenz des klagenden Aktionärs, wenn es lediglich um die Anfechtung von Entlastungsbeschlüssen geht.[98]

23 **a) Zwingende materiellrechtliche Frist.** Die Monatsfrist ist eine materiellrechtliche Ausschlussfrist (**Präklusionsfrist**); Fristüberschreitung lässt die Anfechtungsbefugnis entfallen und führt zur Unbegründetheit der Klage.[99] Die Fristwahrung ist eine materielle Klagevoraussetzung. Der Kläger muss sie darlegen, das Gericht muss ihr Vorliegen von Amts wegen prüfen.[100] Eine Wiedereinsetzung (analog) der §§ 233 ff ZPO wird nicht für zulässig gehalten.[101] Da die Klagefrist keine Verjährungsfrist ist, soll keine Hemmung gemäß oder analog §§ 203 ff BGB möglich sein[102] (vgl Rn 29).

24 Die Anfechtungsfrist ist **zwingend** („muss"); sie kann weder durch Satzung (§ 23 Abs. 5) noch durch Vereinbarung der Prozessparteien noch durch das Gericht verlängert werden.[103] Eine Verlängerung der zwingenden Anfechtungsfrist soll selbst dann ausscheiden, wenn die Gesellschaft die Fristwahrung rechtsmissbräuchlich verhindert hat.[104] ME ist dieser Sicht nicht zu folgen, da der Schutzzweck von § 246 Abs. 1 (vgl Rn 1) und § 243 Abs. 1 (vgl § 243 Rn 1) gerade bei rechtsmissbräuchlichem Behindern der fristgemäßen Anfechtung durch die AG eine Rechtmäßigkeitskontrolle der HV-Beschlüsse gebieten.

25 **b) Fristberechnung.** Maßgeblich für den **Fristbeginn** ist der Tag der HV, die den Beschluss gefasst hat. Dauert die HV mehrere Tage, tritt nach zutreffender hM der letzte Versammlungstag an die Stelle des Ta-

---

93 BGHZ 122, 213, 240; BGH ZIP 1999, 580, 581 = NJW 1999, 1638.
94 So die Zusammenfassung BGHZ 152, 1, 5 = ZIP 2002, 1684, 1685 = WM 2002, 1885 = NJW 2002, 3465, unter Hinweis auf *Hüffer*, 4. Aufl., Rn 12; MüKo-AktG/*Hüffer*, Rn 19; Großkomm-AktienR/*K. Schmidt*, Rn 61; *Bork*, ZIP 1995, 609, 612 f.
95 So die Sicht von KölnKomm-AktG/*Zöllner*, Rn 47, und nach BGHZ 152, 1 = NJW 2002, 3465 = ZIP 2002, 1684, 1686 = WM 2002, 1885 im Grundsatz auch die des BGH; *Zöllner* bringt seine Auffassung zum weiten Begriff des Streitgegenstands, auch im Hinblick auf die Anfechtungsfrist, noch pointierter als an der vom BGH zitierten Stelle, bei Rn 17 ff zum Ausdruck.
96 BGH ZIP 2002, 1684, 1686 = WM 2002, 1885; zustimmend: *Wagner*, DStR 2003, 468 ff; mit anderer Begründung: *Bub*, AG 2002, 679 ff; gegen BGH *Hüffer*, Rn 12; *Bork*, NZG 2002, 1094.
97 KölnKomm-AktG/*Zöllner*, Rn 56.
98 BGH, Beschl. v. 5.2.2013 – II ZR 318/12 (n.v.), unter Verweis auf BGHZ 190, 45 = NZG 2011, 902 juris Rn 7; vgl auch BGH NZG 2011, 1147 = AG 2011, 786.
99 *Hüffer*, Rn 20; MüKo-AktG/*Hüffer*, Rn 36; Großkomm-AktienR/*K. Schmidt*, Rn 13, 25; Spindler/Stilz/*Dörr*, Rn 12; RGZ 123, 203, 207; OLG Frankfurt AG 1984, 110, 111 = WM 1984, 209 = ZIP 1984, 110; BGH ZIP 1998, 1392 = NJW 1998, 3344 = AG 1998, 483 = WM 1998, 1580; aA K. Schmidt/Lutter/*Schwab*, Rn 4, der von einer prozessualen Frist ausgeht und die Anfechtungsbefugnis als Zulässigkeitsvoraussetzung ansieht.
100 BGH ZIP 1998, 1392 = NJW 1998, 3344 = AG 1998, 483 = WM 1998, 1580.
101 Großkomm-AktienR/*K. Schmidt*, Rn 13; *Hüffer*, Rn 20; MüKo-AktG/*Hüffer*, Rn 36; KölnKomm-AktG/*Zöllner*, Rn 6; RGZ 123, 204, 207 f; aA *Lüke*, NJW 1966, 839.
102 RGZ 158, 137, 140; BGH NJW 1952, 98, 99; OLG Celle AG 2010, 367 = ZIP 2010, 1198; vgl aber *Hüffer*, Rn 25; MüKo-AktG/*Hüffer*, Rn 37; K. Schmidt/Lutter/*Schwab*, Rn 9; Spindler/Stilz/*Dörr*, Rn 13.
103 MüKo-AktG/*Hüffer*, Rn 38; Spindler/Stilz/*Dörr*, Rn 13; Grigoleit/*Ehmann*, Rn 6.
104 BGH NJW 1952, 98, 99; *Henze*, HRR-AktienR, Rn 1243.

ges der Beschlussfassung, da bis dahin zB auch die Einlegung des Widerspruchs möglich ist.[105] Gemäß § 187 Abs. 1 BGB wird der Tag der (Beendigung der) HV bei der Fristberechnung nicht mitgezählt. Der **Fristablauf** bestimmt sich nach § 188 Abs. 2 BGB: Danach endet die Monatsfrist mit Ablauf des Tages, der im folgenden Kalendermonat dem (letzten) Tag der HV entspricht; fehlt dieses Datum im folgenden Kalendermonat (bei einer an einem 31. oder in den letzten Januar-Tagen abgehaltenen HV), läuft die Frist mit dem Monatsende ab (§ 188 Abs. 3 BGB). Ist der letzte Tag der Frist ein Sonnabend, Sonntag oder ein gesetzlicher Feiertag, läuft die Frist mit dem nächsten Werktag ab (§ 193 BGB).

c) **Fristwahrung.** Der Kläger wahrt die Frist (nur – vgl Rn 29 zum Antrag auf Prozesskostenhilfe) durch Klageerhebung, also durch **Zustellung der Klageschrift** (Rn 27). Bei der Zustellung sind **Besonderheiten** zu beachten, die die regelmäßige **Doppelvertretung** der AG durch Vorstand und Aufsichtsrat mit sich bringt, denen beiden die Klage zuzustellen ist[106] (vgl Rn 46 ff): Zur Zustellung an die **Gesellschaft vertreten durch den Vorstand** genügt (Abs. 2 S. 2 Alt. 1, S. 3 Hs 2) als Angabe der zustellungsfähigen Anschrift in der Klage die Anschrift des Geschäftslokals der Gesellschaft und die Zustellung dort oder in anderen Räumen, von denen aus das Vorstandsmitglied selbstständig tätig ist (§ 178 Abs. 1 Nr. 2 ZPO);[107] gemäß § 178 Abs. 1 Nr. 1 ZPO ist auch Ersatzzustellung in der Wohnung des Vorstandsmitglieds möglich. Da Aufsichtsratsmitglieder regelmäßig bei der Gesellschaft keinen Geschäftsraum haben, kann die Klage an die **Gesellschaft, vertreten durch den Aufsichtsrat** (Abs. 2 S. 2 Alt. 2 S. 3 Hs 1), nur den Aufsichtsratsmitgliedern persönlich, in erster Linie unter deren Privatanschrift zugestellt werden.[108] Gemäß § 178 Abs. 1 Nr. 2 ZPO kann an Aufsichtsratsmitglieder, die dem Vorstand einer anderen Gesellschaft angehören, auch unter der Geschäftsanschrift der anderen Gesellschaft wirksam zugestellt werden; § 178 Abs. 1 Nr. 2 ZPO knüpft anders als die Vorgängernorm nicht mehr an eine bestimmte Berufsausübung an und erfasst alle Fälle, in denen ein Zustellungsadressat einen Geschäftsraum unterhält und die Zustellung dort erfolgen soll; auf der Grundlage von § 178 Abs. 2 ZPO ist zB die Zustellung an Aufsichtratsmitglieder, die Anwälte oder Notare sind, unter ihrer Geschäftsadresse möglich.[109] Heilung von Zustellungsmängeln ist möglich (vgl Rn 27).[110] Gemäß § 170 Abs. 3 ZPO genügt die Zustellung an jeweils **ein Mitglied** von Vorstand und Aufsichtsrat.[111] Die Frist ist jedenfalls bei **Zustellung vor Fristablauf** gewahrt. Gemäß § 167 ZPO genügt die **Zustellung demnächst**.[112] „Demnächst" ist die Klage zugestellt, wenn sie binnen angemessener Frist ohne eine vom Kläger zu vertretende Verzögerung zugestellt werden kann. Die Zustellung „demnächst" bei der Aktionärsklage muss sowohl an die AG vertreten durch Vorstand als auch an die AG vertreten durch den Aufsichtsrat gehen (Abs. 2 S. 2, vgl Rn 26). In Fällen des Abs. 2 S. 3 genügt mE die Zustellung an das vertretungsberechtigte Organ.[113] Eine Ausschöpfung der Frist (Einreichung der Klage beim Gericht am Tage des Fristablaufs) ist dem Kläger nicht anzulasten.[114] Den **Prozesskostenvorschuss** braucht der Kläger nicht bei der Einreichung der Klage einzuzahlen; er kann vielmehr auf die Zahlungsaufforderung des Gerichts warten; nach Eingang der Aufforderung muss er unverzüglich zahlen.[115] Nach der ständigen – mE zweifelhaften (vgl § 247 Rn 6 a) – Rechtsprechung muss trotz der zwangsweisen Verbindung gemäß Abs. 3 S. 6 jeder einzelne Kläger den Vorschuss zahlen.[116] Zulasten des Klägers gehen Verzögerungen, die auf seinen Nachlässigkeiten beruhen, wie etwa unrichtige oder unvollständige Angaben von Zustellungsanschriften,[117] nicht aber Fehler der Geschäftsstelle des Gerichts.[118] Auch nicht zulasten des Anfechtungsklägers geht es,

---

105 *Hüffer*, Rn 22; MüKo-AktG/*Hüffer*, Rn 39; Großkomm-AktienR/*K. Schmidt*, Rn 16; K. Schmidt/Lutter/*Schwab*, Rn 6; Henssler/Strohn/*Drescher*, Rn 3; aA MüHb-AG/*Semler*, § 41 Rn 72 (der aber zu Recht darauf hinweist, dass die von ihm vertretene Sicht eine Mindermeinung ist); *Baumbach/Hueck*, AktG, Rn 3; *Henn*, AG 1989, 230, 232.
106 Ganz hM, vgl BGHZ 32, 114, 118 = NJW 1960, 1006 = AG 1960, 279 (zur Genossenschaft; BGHZ 107, 296 = AG 1989, 399 = ZIP 1989, 980; KG AG 2005, 583 = KGR Berlin 2005, 552 ff; *Hüffer*, Rn 32; kritisch: *Westermann*, in: FS Hadding, 2004, S. 707, 713 ff.
107 *Tielmann*, ZIP 2002, 1879, 1883; *Hüffer*, Rn 33.
108 *Henze*, HRR-AktienR, 1236 zur Rechtslage vor dem Zustellungsreformgesetz; OLG Celle ZIP 1989, 511 = AG 1989, 209 hielt (rkr.) Ersatzzustellung in den Geschäftsräumen der Gesellschaft für ausreichend; ebenso: *Borsch*, AG 2005, 606 und Schmidt/Lutter/*Schwab*, Rn 17; demgegenüber ganz hM gegen Ersatzzustellung in Geschäftsräumen der AG, vgl *Hüffer*, Rn 34; OLG München AG 2008, 460 = NZG 2008, 599; für den Fall der Übergabe der Klage an das Personal der AG und der anschließenden Bestellung eines Prozessbevollmächtigten für die durch Vorstand und AR vertretene AG.
109 RegBegr. zum Zustellungsreformgesetz, BT-Drucks. 14/4554, S. 20; *Tielmann*, ZIP 2002, 1879, 1883.
110 Exemplarisch: OLG München AG 2008, 460 = NZG 2008, 599.
111 St. Rspr auch vor Novelle, vgl zB BGH NJW 1992, 2099 = AG 1992, 265; *Henze*, HRR-AktienR, Rn 1238.
112 BGHZ 15, 177, 180; 32, 318, 322; 116, 359, 375; OLG München WM 2010, 1859, 1860 = AG 2010, 842; OLG Stuttgart AG 1998, 529 = DB 1998, 1757.
113 Vgl *Hölters/Englisch*, Rn 43.
114 BGH NJW 1991, 411, 413; 1995, 2230, 2231; Großkomm-AktienR/*K. Schmidt*, Rn 17.
115 *Zöller/Greger*, ZPO, § 270 Rn 8; BGH NJW 1993, 2811; Henssler/Strohn/*Drescher*, Rn 5, der eine Frist von 2 Wochen annimmt.
116 OLG Düsseldorf AG 2009, 666; Henssler/Strohn/*Drescher*, Rn 5.
117 Großkomm-AktienR/*K. Schmidt*, Rn 17; *Hüffer*, Rn 23; MüKo-AktG/*Hüffer*, Rn 40; Henssler/Strohn/*Drescher*, Rn 5; OLG Frankfurt WM 1984, 209, 211 f = AG 1984, 110, 111 = ZIP 1984, 110, 111 f.
118 OLG München WM 2010, 1859, 1860 = AG 2010, 842.

wenn er nicht in der Lage ist, die (wegen der Doppelvertretung der AG durch Vorstand und Aufsichtsrat) erforderliche zustellungsfähige (**Privat-**) **Anschrift von Aufsichtsratsmitgliedern** anzugeben, wenn er sich um die Beschaffung der Anschriften hinreichend bemüht hat, etwa durch Anfrage bei der Gesellschaft oder Auskunftsbegehren bei den Einwohnermeldeämtern. Ggf ist in der Klage die öffentliche Zustellung zu beantragen (§ 185 ZPO). Ein **anderweitiger Zugang** kann gemäß § 189 ZPO **Zustellungsmängel heilen**. Erforderlich ist die Heilung innerhalb des (um den gemäß § 167 ZPO verlängerten) Zeitraums der Monatsfrist des § 246 Abs. 1.[119] Ein anderweitiger fristgemäßer Zugang ist eine Tatsache, die die AG gemäß §§ 138 Abs. 3, 288 ZPO zugestehen kann,[120] wofür schon genügt, dass sich für die AG ein Prozessbevollmächtigter bestellt und nicht rügt, dass die Klage nicht Vorstand und AG zugestellt wurde,[121] mE auch außerhalb der Frist.[122]

28 Die **Klage vor einem unzuständigen Gericht** genügt. Denn auch diese Klage bringt das Prozessrechtsverhältnis zum Entstehen. Das unzuständige Gericht kann gemäß § 281 Abs. 1 ZPO verweisen. Verweisungsantrag und -beschluss nach Ablauf der Anfechtungsfrist genügen mE[123] – wie auch im vergleichbaren Fall des Antrags nach § 132 (vgl § 132 Rn 6). Ausnahmsweise soll der Klageerhebung vor dem unzuständigen Gericht, etwa bei einer serienweisen Klageerhebung, der Einwand der Rechtsmissbräuchlichkeit entgegenstehen;[124] mE ist dieser Auffassung nicht zu folgen, da auch die Klageerhebung beim unzuständigen Gericht das Prozessrechtsverhältnis zum Entstehen bringt und die AG auch bei Zustellung der vor dem unzuständigen Gericht erhobenen Klage weiß, dass der HV-Beschluss angefochten ist.

29 Zur Fristwahrung genügt nach wohl hM auch ein **Antrag auf Prozesskostenhilfe** (PKH), wenn (1) der Antrag in der gemäß § 167 ZPO erweiterten (vgl Rn 27) Monatsfrist des § 246 Abs. 1 unter Beifügung eines hinreichend substantiierten Entwurfs der Klageschrift gestellt ist und (2) der Kläger die Klage nach Bewilligung bzw Versagung der PKH innerhalb einer aus § 234 Abs. 1 ZPO abgeleiteten Zwei-Wochen-Frist erhebt.[125]

30 d) **Benennung der Anfechtungsgründe innerhalb der Klagefrist; Nachschieben und Auswechseln von Anfechtungsgründen.** Abs. 1 soll nach **bisher ganz hM** – die mit dem Wortlaut von Abs. 1 nicht zu vereinbaren ist, da dieser nur die Klage als solche, nicht aber den Vortrag der einzelnen Anfechtungsgründe innerhalb der Frist verlangt – bedeuten, dass nicht schon die Erhebung der Anfechtungsklage als solche die umfassende Überprüfung der Anfechtbarkeit ermöglicht, sondern nur die Geltendmachung solcher Anfechtungsgründe, die der Kläger ihrem tatsächlichen Kern nach innerhalb der Frist geltend macht.[126] Innerhalb der Anfechtungsfrist brauchen aber nur die Tatsachen vorgetragen zu sein, nicht ihre rechtliche Würdigung. Es genügt, die Angriffsrichtung festzulegen.[127] Stützt der Kläger seine Anfechtung auf Darstellungen, die sich aus Anlagen zur Klageschrift ergeben, muss er diese innerhalb der Anfechtungsfrist dem Gericht zugänglich machen; es genügt also zB nicht, innerhalb der Frist nur die Klageschrift als solche dem Gericht zu faxen und Anlagen, auf die zur Begründung des Vortrags (nicht zum Beweis des Vortrags) Bezug genommen wird, nach Ablauf der Frist dem Gericht vorzulegen.[128] Innerhalb der Frist braucht der Kläger den Tatsachenkomplex, aus dem sich die Rechtswidrigkeit ergibt, nicht vollständig in allen Einzelheiten darzulegen; er kann seinen Vortrag später ergänzen und berichtigen – bis zur Grenze der Klageänderung.[129] Bei **Verstößen gegen Informationspflichten** soll die Angabe nicht genügen, der Vorstand habe „eine ganze Reihe von Fragen" aus einer der Klageschrift beigefügten Frageliste nicht oder unzutreffend beantwortet.[130]

---

119 *Hüffer*, Rn 35.
120 *Hüffer*, Rn 35; *Henze*, HRR-AktienR, Rn 1239.
121 OLG Hamburg NZG 2001, 898 = AG 2002, 521 ff; OLG München AG 2008, 460.
122 AA wohl *Hüffer*, Rn 35.
123 Großkomm-AktienR/*K. Schmidt*, Rn 18; *Hüffer*, Rn 24; MüKo-AktG/*Hüffer*, Rn 41; KölnKomm-AktG/*Zöllner*, Rn 59; Spindler/Stilz/*Dörr*, Rn 18; K. Schmidt/Lutter/*Schwab*, Rn 8; OLG Dresden AG 1999, 274, 275 (zu § 132); aA *Henn*, AG 1989, 230, 232 f; Großkomm-AktienR/*Schilling*, 3. Aufl., Anm. 14; *v. Godin*/*Wilhelmi*, Anm. 5; Grigoleit/*Ehmann*, Rn 11.
124 Großkomm-AktienR/*K. Schmidt*, Rn 18; *Hüffer*, Rn 24.
125 *Hüffer*, Rn 25; K. Schmidt/Lutter/*Schwab*, Rn 10; Spindler/Stilz/*Dörr*, Rn 17; MüKo-AktG/*Hüffer*, Rn 42 f (noch zurückhaltender); Großkomm-AktienR/*K. Schmidt*, Rn 21; Henssler/Strohn/*Drescher*, Rn 7; Grigoleit/*Ehmann*, Rn 8; aA (noch) KölnKomm-AktG/*Zöllner*, Rn 15; MüHb-AG/*Semler*, § 41 Rn 71; *Henn*, AG 1989, 230, 232; jetzt wieder OLG Celle AG 2010, 36 = ZIP 2010, 1198 bei Aufhebung der PKH für einen sog „räuberischen Aktionär" wegen Mutwilligkeit nach § 114 ZPO; generell OLG Karlsruhe NZG 2013, 942 = ZIP 2013, 1958.
126 RGZ 91, 316, 323; 125, 143, 155 f; 131, 192, 195; 170, 83, 94 f; BGHZ 15, 177, 180; 32, 318, 322 f; 120, 141, 156 f; 122, 211; vgl auf revisionsrechtlichem Hintergrund BGH AG 2010, 452 = ZIP 2010, 879 Rn 3; BGH AG 2010, 748 = ZIP 2010, 1898 Rn 4; Großkomm-AktienR/*K. Schmidt*, Rn 22; *Hüffer*, Rn 26; MüKo-AktG/*Hüffer*, Rn 44; MüHb-AG/*Semler*, § 41 Rn 73; *Henze*, HRR-AktienR, Rn 1244; Spindler/Stilz/*Dörr*, Rn 19; K. Schmidt/Lutter/*Schwab*, Rn 11; *Stilz*, in: GS Winter 2011, S. 675, 682 f; aA KölnKomm-AktG/*Zöllner*, Rn 18 ff; *Wiedemann*, GesR I, § 8 IV 2 b.
127 BGHZ 32, 318, 323; 120, 141; 122, 211; zur Angriffsrichtung: BGH NJW 1966, 2055 = AG 1966, 397; *Hüffer*, Rn 26; MüKo-AktG/*Hüffer*, Rn 44; Großkomm-AktienR/*K. Schmidt*, Rn 23.
128 LG Frankfurt NZG 2013, 1181.
129 BGH NJW 1987, 780 = ZIP 1987, 165 = AG 1987, 157; *Hüffer*, Rn 26; MüKo-AktG/*Hüffer*, Rn 46; Großkomm-AktienR/*K. Schmidt*, Rn 24.
130 BGHZ 180, 9 = ZIP 2009, 460 = AG 2009, 285.

Rügt der Kläger, dass Auskünfte unrichtig/unvollständig erteilt seien, verlangt die Rechtsprechung zT den Vortrag von Fragen und Antworten innerhalb der Anfechtungsfrist.[131] ME überspannt das die Anforderungen an eine schlüssige Rüge, denn die Tatsache der Auskunftsverletzung ist hinreichend klar dadurch belegt, dass der Kläger die Nicht-Beantwortung einer in der Klage wiedergegebenen Frage rügt; nach den Grundsätzen der sekundären Beweislast muss die AG darstellen, dass und was sie geantwortet haben will.

Unzulässig soll nach hM ein **generelles Nachschieben oder Auswechseln von Anfechtungsgründen** sein.[132] Ein Nachschieben ist aber unstreitig nach allg. Meinung immer bei Nichtigkeitsgründen[133] und bei Anfechtungsgründen jedenfalls dann möglich, wenn die Anfechtungsklage zB auf Stimmrechtsmissbrauch gestützt ist und das Motiv für den Missbrauch und damit der Missbrauch erst nach Ablauf der Anfechtungsfrist deutlich werden.[134] Anderenfalls würde ein bis zum Ende der Frist nicht erkannter Machtmissbrauch als Anfechtungsgrund ausscheiden. Würde man das zulassen, könnten eigensüchtige, gesellschaftsfremde Zwecke umso leichter durchgesetzt werden, je perfider beim Machtmissbrauch vorgegangen wird bzw je mehr er getarnt wird, so dass die wahren Ziele der Beschlussfassung nicht rechtzeitig erkennbar sind. Gleiches gilt mE immer dann, wenn Anfechtungsgründe innerhalb der Anfechtungsfrist für den Anfechtungskläger nicht erkennbar sind. Abs. 1 dient nur der Klarheit und der Rechtssicherheit dadurch, dass innerhalb der Frist die Klage gegen einen HV-Beschluss vorliegen muss. Dieser Zweck verlangt nicht, dass innerhalb der Frist unerkennbare Anfechtungsgründe im fristgemäß rechtshängig gemachten Prozess ausgeschlossen sind. Jede andere Auslegung – die aber der bisher hM entspricht, die der BGH in einer Entscheidung zur GmbH (ohne jede Veranlassung im Sachverhalt, da Anfechtungsgründe nicht einmal schlüssig vorgetragen worden waren) für die AG zunächst *obiter* und seither in stRspr bestätigt hat[135] – führt den Kontrollzweck der Anfechtungsklage ad absurdum. ME folgt aus dem Zweck der Rechtssicherheit auch, dass ein Nachschieben von Anfechtungsgründen über die innerhalb der Frist unerkennbaren Anfechtungsgründe hinaus möglich sein muss. Denn allein durch die Tatsache der Erhebung der Anfechtungsklage innerhalb der Anfechtungsfrist weiß die AG, dass ein HV-Beschluss auf dem gerichtlichen Prüfstand steht. Diese Auffassung wird bestätigt durch die neuere Rechtsprechung des BGH zum Begriff des Streitgegenstandes (vgl Rn 21): Wenn nämlich Streitgegenstand alle einem HV-Beschluss anhaftenden Mängel sind, ist mE ein **Nachschieben und Auswechseln von Anfechtungsgründen aktienrechtlich unbegrenzt zulässig und prozessual in den Grenzen des § 296 ZPO möglich**. Denn das Gesetz „verlangt nur fristgerechte Klageerhebung, nicht fristgerechte volle Klagebegründung."[136] *Zöllner* (dem sich der BGH in seiner Rechtsprechung zum Streitgegenstand anschließt) hat belegt, dass es jede andere Auffassung dem Anfechtungskläger über Gebühr schwer macht, da er Nachforschungen vielfach in der Monatsfrist nicht abschließen könne; vielfach sei der Anfechtungsprozess für den Kläger, der Unregelmäßigkeiten vermute, die einzige Möglichkeit, an die entscheidenden Tatsachen über einen Beweisbeschluss des Gerichts[137] heranzukommen; „ungezählte Missbräuche, die sich... bis in die neueste Zeit hinein abgespielt haben, sind im Verborgenen vorbereitet und praktiziert worden. Dem Anfechtungskläger zuzumuten, die oft sehr komplizierten Sachverhalte binnen eines Monats... zu durchschauen und auch nur in Umrissen aufzuklären, wird den praktischen Bedürfnissen und Gegebenheiten nicht gerecht oder stellt eine rigorose Beschneidung des Anfechtungsrechts dar".[138] Die hier vertretene Sicht macht entgegen dem BGH gerade nicht die „vom Gesetzgeber aus wohlerwogenen Gründen geschaffene Vorschrift des § 246 Abs. 1 funktionslos".[139] Zu dem Verdikt gelangt der BGH, ohne sich mit der Funktion der Anfechtungsklage zu befassen, die der Rechtssicherheit dient, indem sie die Anfechtungsklage als solche der Ausschlussfrist unterwirft: Wer nicht innerhalb der Monatsfrist klagt, verliert das Anfechtungsrecht (vgl Rn 23). Es besteht aber kein schutzwürdiges Interesse der AG, bei Erhebung unentdeckte Rechtswidrigkeiten des Beschlusses nicht aufzudecken. Zudem berücksichtigt der BGH nicht hinreichend, dass der Vorstand in eigener Verantwortung prüfen muss (in der Praxis bedeutet das, prüfen müsste), ob Mängel

---

131 OLG Düsseldorf GWR 2012, 536 = AG 2013, 264, 265, unter Berufung auf (insoweit zu Unrecht) BGHZ 180, 9 = WM 2009, 459 Rn 34 sowie OLG Stuttgart AG 2011, 93 (Leitsatz I b, juris Rn 632).
132 BGHZ 15, 177, 180 f; 120, 141, 157, bestätigt in AG 2005, 395; 397; BGH AG 2005, 613, 614; BGHZ 180, 9 = NJW 2009, 2207 Rn 34; BGH NZG 2011, 669 = AG 2011, 518 Rn 18; wie BGH zB *Hüffer*, Rn 26; K. Schmidt/Lutter/*Schwab*, Rn 11; Spindler/Stilz/*Dörr*, Rn 19 f; OLG Hamm AG 2010, 789, 790 = GWR 2010, 401 (Kurzwiedergabe); zutreffend dezidiert aA KölnKomm-AktG/*Zöllner*, Rn 18 ff.
133 KG AG 2005, 478, 479.
134 BGH WM 1966, 1132, 1134 = NJW 1966, 2055 = AG 1966, 397; wie hier *Henze*, HRR-AktienR, Rn 1246; zu Recht noch weiter gehend: KölnKomm-AktG/*Zöllner*, Rn 17 ff; *Wiedemann*, GesR I, § 8 IV 2 b.
135 BGH AG 2005, 395, 397 = ZIP 2005, 706, 708, dazu *Wagner*, EWiR 2005, 622; im Urteil zu Unrecht als "Klarstellung" zu BGHZ 152, 1, 6 = ZIP 2002, 1684, 1686 bezeichnet; betätigt in BGH ZIP 2005, 1318, 1320 f = AG 2005, 613, 614; BGH ZIP 2006, 227, 229 = AG 2006, 158 = BGHZ 167, 204 = ZIP 2006, 1134 Rn 18; BGH ZIP 2009, 460 = DB 2009, 500 Rn 34; KG AG 2006, 200.
136 KölnKomm-AktG/*Zöllner*, Rn 18.
137 ZZ der Abfassung der Kommentierung von *Zöllner* hatten die Gerichte noch nicht die Möglichkeiten zur Amtsermittlung nach § 142 ZPO, von dem sie allzu zurückhaltend Gebrauch machen).
138 KölnKomm-AktG/*Zöllner*, Rn 18.
139 BGH AG 2005, 395, 397 = ZIP 2005, 706.

vorliegen – zumal auch in der Anfechtungsklage nicht vorgetragene und dem Anfechtungskläger nicht erkennbare Mängel (vgl § 245 Rn 24). Diese Verpflichtung kann man dem Vorstand nicht durch extensive Auslegung der Fristen des Abs. 1 erleichtern; §§ 243 und 246 gebieten vielmehr und unbegrenzt die Rechtmäßigkeitskontrolle im Interesse der AG und ihrer Aktionäre bei Erhebung der Anfechtungsklage.[140] Ausgehend von dem der Rechtmäßigkeit von HV-Beschlüssen dienenden Ansatz der neuen Rechtsprechung zum Streitgegenstand müssen die Gerichte Präklusionsvorschriften jedenfalls äußerst behutsam anwenden: **Im Zweifel ist Verspätung zu verneinen bzw als entschuldigt anzusehen**; denn durch die zivilprozessuale Hintertür der Präklusion darf nicht der aktienrechtlich überholte Begriff des Streitgegenstands wiederbelebt werden.

31a Der **Legitimationsaktionär** soll innerhalb der Anfechtungsfrist deutlich machen müssen, dass er aufgrund einer Ermächtigung eines Aktionärs klagt; das Unterlassen der Offenlegung soll nur dann unschädlich sein, wenn offenkundig ist, dass der Kläger aufgrund einer Ermächtigung klagt.[141] Dafür genügt aber bereits, dass der Legitimationsaktionär bei der HV selbst Widerspruch eingelegt hat (vgl § 245 Rn 4, 6, 8).

32 Das Gericht weist eine **verspätete Klage** als unbegründet ab (vgl Rn 23).

33 **8. Exkurs: Parteiherrschaft auf Kläger- und Beklagtenseite. a) Kläger.** Dem Kläger ist es unbenommen, seine **Klage nach Gutdünken** zu erheben; er kann nach den allgemeinen zivilprozessualen Regeln über den Streitgegenstand verfügen. Klagerücknahme, Klageverzicht und Säumnis unterliegen in ihren Voraussetzungen und Folgen den allgemeinen ZPO-Regeln (§§ 269, 306, 330 ff ZPO). Ggf sind die Besonderheiten der Streitgenossenschaft und der Nebenintervention (Rn 2 ff) zu berücksichtigen.

34 Die Frage, ob und unter welchen Voraussetzungen ein „**Abkauf von Anfechtungsrechten**" zulässig ist, wird unterschiedlich beantwortet. Die Frage steht in nahem Zusammenhang mit dem Missbrauch des Anfechtungsrechts (vgl § 245 Rn 28 ff), ist davon aber zu unterscheiden: Denn die Zulässigkeit von Leistungen zur Herbeiführung einer Rücknahme etc. der Anfechtung stellt sich nicht nur, wenn es der Kläger von vornherein darauf anlegt, mit seiner Klage solche Vorteile zu erwirken.[142] Es werden im Wesentlichen die Meinungen der rigorosen Unzulässigkeit, der generellen Zulässigkeit sowie der Zulässigkeit bei angemessener Entschädigung für die Kosten des Anfechtungsstreits sowie der Kompensation der durch den Beschluss erlittenen Nachteile vertreten.[143] ME ist die Sicht der rigorosen Unzulässigkeit zu verwerfen und jedenfalls der Auffassung zu folgen, dass ohne Weiteres Kosten des Anfechtungsstreits erstattet und durch den Beschluss erlittene Nachteile ausgeglichen werden dürfen.[144] Das schließt den Abkauf der Aktien zu angemessenen Preisen ein, wobei für die Angemessenheit jeweils ein weiter kaufmännischer Spielraum besteht. Auskauffälle jenseits dieser Grenze kommen in der Praxis aufgrund der restriktiven Rechtsprechung praktisch nicht (mehr) vor (vgl § 245 Rn 28 ff zum Topos Rechtsmissbrauch), so dass die äußersten Grenzen des zulässigen Auskaufens, die mE über die Angemessenheit des gezahlten Kaufpreises hinausgehen, hier nicht erörtert zu werden brauchen. Sind die Grenzen des zulässigen Abkaufens nicht gewahrt, bleibt es zwar bei der Wirksamkeit von Klagerücknahme/Klageverzicht/Versäumnisurteil zulasten des Klägers, ggf steht der Gesellschaft aber gemäß § 812 BGB ein Regressanspruch zu.[145]

35 **b) Beklagte.** Die AG kann den **Tatsachenvortrag zugestehen** (auch zu Unrecht, § 288 ZPO) oder **unbestritten lassen** (§ 138 Abs. 3 ZPO).[146] **Versäumnisurteil** gegen die AG ist zulässig.[147] Diese kann nach überwiegender Auffassung **anerkennen**.[148] ME ist die Möglichkeit des Anerkenntnisses zu bejahen, da das Gesetz zu Unrecht abgegebenen Anerkenntnissen abschließend mit der Konzeption der Doppelvertretung durch Vorstand und Aufsichtsrat begegnet; das bedeutet, dass bei übereinstimmender Sicht beider Organe von der Rechtswidrigkeit eines Beschlusses kein Prozess um des Prozessierens Willen geführt werden soll. Zudem kann sich die den Beschluss tragende Aktionärsmehrheit auf Seiten der AG am Anfechtungsprozess als Nebenintervenient beteiligen (vgl Rn 7 ff), wodurch missbräuchlichen Anerkenntnissen ein hinreichender Riegel vorgeschoben wird.

36 Zulässig sind auch **Rechtsmittelverzicht und Rechtsmittelrücknahme** der AG.[149]

---

140 Kritik am BGH auch bei *Wagner*, EWiR 2005, 621 ff: im Erg. wie hier: *Bork*, NZG 2002, 1094; gegen Nachschieben zB *Falkenhausen/Kocher*, ZIP 2003, 426; *Hüffer*, Rn 26.
141 OLG Stuttgart ZIP 2003, 2024, 2025 f = NZG 2003, 1025.
142 So auch Großkomm-AktienR/*K. Schmidt*, Rn 69.
143 Vgl statt aller Großkomm-AktienR/*K. Schmidt*, Rn 69; *Hirte*, BB 1988, 1469, 1473.
144 So auch Großkomm-AktienR/*K. Schmidt*, Rn 69.
145 Großkomm-AktienR/*K. Schmidt*, Rn 70.
146 Großkomm-AktienR/*K. Schmidt*, Rn 71, dort auch zu Schadensersatzfolgen bei schlechter Prozessführung seitens des Vorstands oder Aufsichtsrats.
147 KölnKomm-AktG/*Zöllner*, Rn 72; *Hüffer*, Rn 17; MüKo-AktG/*Hüffer*, Rn 28; BGH NZG 1999, 68 f = WM 1998, 2484 = DB 1999, 88 = NJW-RR 1999, 285 = ZIP 1999, 192.
148 *Hüffer*, Rn 17; MüKo-AktG/*Hüffer*, Rn 29; KölnKomm-AktG/*Zöllner*, Rn 72 ff; *Bork*, ZIP 1992, 1205; aA Großkomm-AktienR/*K. Schmidt*, Rn 75 ff; Schmidt/Lutter/*Schwab*, Rn 20; Grigoleit/*Ehmann*, Rn 24; offen lassend: BGH NJW 1975, 1273 = WM 1975, 538 (zur GmbH); BGH AG 1993, 514, 515; differenzierend: Spindler/Stilz/*Dörr*, Rn 51: zulässig wenn alle Aktionäre dem Anerkenntnis zugestimmt haben.
149 Großkomm-AktienR/*K. Schmidt*, Rn 79; MüKo-AktG/*Hüffer*, Rn 28; MüHb-AG/*Semler*, § 41 Rn 79.

c) Vergleich, Erledigung. Im Vergleichswege können die Parteien **nicht vereinbaren, dass der angefochtene Beschluss aufgehoben wird oder als aufgehoben** gilt; diese Aufhebung ist allein Aufgabe des Prozessgerichts im Urteil oder der Aktionäre in einer (nächsten) HV.[150] Zulässig sind aber Vergleiche, die den Beschluss als solchen unberührt lassen. Insbesondere kommt in Betracht, dass der Kläger zB die Klage zurücknimmt. Gegen Übernahme von Prozesskosten und/oder Leistungen zumal des Großaktionärs an alle außenstehenden Aktionäre, etwa zur Erhöhung von vertraglich vorgesehenen Ausgleichs- und Abfindungsleistungen oder der Garantie bestimmter gesellschaftsrechtlicher Standards auf bestimmte/unbestimmte Zeit. Möglich ist auch ein Vergleich, durch den sich eine AG verpflichtet, einen Beschluss nicht auszuführen[151] – freilich mE unter der Voraussetzung, dass der Vergleich nur mit Zustimmung aller beteiligten streitgenössischen **Nebenintervenienten** wirksam ist (vgl Rn 7 ff). Möglich ist auch ein Vergleich, durch den sich zB Mitglieder von Vorstand und Aufsichtsrat sowie der Mehrheitsaktionär verpflichten, bei nächster Gelegenheit für die Aufhebung des angefochtenen Beschlusses und die Rückgängigmachung aller seiner Folgen zu sorgen.[152]

37

Da Gegenstand der Anfechtungsklage die Klärung der Nichtigkeit eines HV-Beschlusses ist (vgl Rn 21 f), erledigt sich die Klage allenfalls durch eine rechtmäßige Aufhebung oder Bestätigung der Beschlüsse (vgl o. Rn 16, § 244 Rn 2 ff), nicht aber zB dadurch, dass Wirkungen eines solchen RW-Beschlusses anderweitig ausgeglichen werden (zB durch nachträgliche Erhöhung eines RW niedrigen Kaufpreises in angemessene Höhe).[153]

37a

9. Darlegungs- und Beweislast. Das Gesetz regelt nicht speziell die Verteilung und die Anforderungen an die Darlegungs- und Beweislast. Daher gilt nach den **allgemeinen Rechtsgrundsätzen der Normentheorie**, dass jede Partei die zur Begründung von geltend gemachten Ansprüchen erforderlichen Tatsachen darzulegen und im Streitfall zu beweisen hat.[154] Der Zweck der Anfechtungsklage, Minderheitenschutz und Rechtmäßigkeitskontrolle, rechtfertigt keine allgemeine Umkehr der Beweislast zugunsten des Anfechtungsklägers.[155]

38

Der Kläger muss daher zumal folgende Tatsachen darlegen und beweisen: (1) Tatsachen, die die Anfechtungsbefugnis belegen (§ 245), zumal Aktionärseigenschaft und Widerspruch; (2) ggf Fristwahrung (§ 246 Abs. 1); (3) Voraussetzungen des § 243, also Tatsachen der Beschlussfassung, des Gesetzes- oder Satzungsverstoßes oder der unzulässigen Verfolgung von Sondervorteilen.

39

Rügt der Kläger Verfahrensverstöße, hat er grundsätzlich die den Verfahrensverstoß begründenden Tatsachen darzulegen und zu beweisen.[156] Allerdings können ihm **Beweiserleichterungen** zugute kommen. Insbesondere verkürzt das Prinzip der Tatsachennähe die Darlegungs- und Beweislast des Klägers. Bei Informations- und Berichtsmängeln hat die AG die Erfüllung der Pflichten zu belegen, der Kläger muss aber zuvor konkret die Nicht-Beantwortung gerügt haben (vgl Rn 30). Ähnliches wird regelmäßig für Verfahrensverstöße bei der Vorbereitung und Ordnung der HV gelten.[157] Hinsichtlich der (fehlenden) Kausalität bzw Relevanz des Verstoßes (vgl § 243 Rn 9 ff) trägt regelmäßig die AG die Darlegungs- und Beweislast.[158] Beweislastumkehr ist möglich, beispielsweise bei Beweisvereitelung.[159] Die Beweislastumkehr wird häufig zB einschlägig sein bei der Frage der Verletzung von Meldepflichten: So hat mit gutem Grund das OLG Dresden eine Umkehr der Beweislast zugunsten der Aktionäre bei Verletzung der Mitteilungspflichten nach § 20 angenommen,[160] was entsprechend geltend muss bei Verletzung der Mitteilungspflichten gemäß §§ 21 f. WpHG. In dem Sinne hat das LG Köln eine Umkehr der Beweislast bei unübersichtlichen, verschachtelten Beteiligungsverhältnissen der Inhaber von Aktien angenommen, die unter §§ 21 f. WpHG fallen;[161] eine generelle Beweislastumkehr gibt es bei solchen Meldesachverhalten allerdings nicht, wohl aber Beweiserleich-

40

---

150 *Hüffer*, Rn 18; MüKo-AktG/*Hüffer*, Rn 30; Großkomm-AktienR/K. *Schmidt*, Rn 74; K. Schmidt/Lutter/*Schwab*, Rn 41; KölnKomm-AktG/*Zöllner*, Rn 76, § 248 Rn 45; BGH LM, § 199 AktG 1937 Nr. 1 = MDR 1951, 674 = BB 1951, 683; MüHb-AG/*Semler*, § 71 Rn 79.

151 *Hüffer*, Rn 18; MüKo-AktG/*Hüffer*, Rn 30: aA Grigoleit/*Ehmann*, Rn 24; KölnKomm-AktG/*Zöllner*, § 248 Rn 45.

152 Vgl Großkomm-AktienR/K. *Schmidt*, § 74.

153 LG München I AG 2004, 159, 160 (Ingram Macrotron); OLG Jena, AG 2006, 417, 418 f = ZIP 2006, 729.

154 Vgl MüKo-AktG/*Hüffer*, § 243 Rn 144 ff; *Hüffer*, § 243 Rn 59 ff; Großkomm-AktienR/K. *Schmidt*, Rn 80.

155 *Hüffer*, § 243 Rn 59; MüKo-AktG/*Hüffer*, § 243 Rn 134; Großkomm-AktienR/K. *Schmidt*, Rn 80.

156 Großkomm-AktienR/K. *Schmidt*, Rn 81; KölnKomm-AktG/*Zöllner*, § 243 Rn 108 ff.

157 Großkomm-AktienR/K. *Schmidt*, Rn 81; KölnKomm-AktG/*Zöllner*, § 243 Rn 9; *Hüffer*, § 243 Rn 62; MüKo-AktG/*Hüffer*, § 243 Rn 148; Hachenburg/*Raiser*, GmbHG, Anh. § 47 Rn 218.

158 RGZ 167, 151, 165; Großkomm-AktienR/K. *Schmidt*, Rn 81; *Hüffer*, § 243 Rn 61; MüKo-AktG/*Hüffer*, § 243 Rn 147.

159 *Hüffer*, § 243 Rn 62; Großkomm-AktienR/K. *Schmidt*, Rn 81.

160 OLG Dresden AG 2005, 247, 249.

161 LG Köln AG 2005, 696 = DB 2005, 2067 (Felten & Guilleaume); ebenso: LG München I AG 2005, 52 (W.E.T. Automotive Systems).

terungen bis hin zur Beweislastumkehr, wenn die Kläger greifbare Anhaltspunkte darlegen, die Zweifel an ordnungsgemäßer Erfüllung von Mitteilungspflichten rechtfertigen.[162]

41 Der Kläger muss die **Tatsachen behaupten und beweisen, die die Verletzung konkreter Bestimmungen von Satzung oder Gesetz belegen.** Allerdings darf die **Substantiierungslast nicht überspannt** werden, zumal der Kläger die einer Rechtsverletzung zugrunde liegenden Interna häufig weder kennt noch kennen kann.[163] Bei Ungleichbehandlung, Treuepflichtverstoß und Verfolgung von Sondervorteilen genügt es, dass der Kläger die typischen Tatbestände darlegt, während die Gesellschaft, die die Ungleichbehandlung etc. rechtfertigen will, die Tatsachen darlegen und beweisen muss, aus denen sich ausnahmsweise die Rechtfertigung ergibt.[164] Beim Bezugsrechtsausschluss (§ 186) muss die Gesellschaft die den Ausschluss rechtfertigenden Tatsachen vortragen und beweisen.[165] Gleiches gilt in allen Fällen, in denen ein HV-Beschluss der sachlichen Rechtfertigung bedarf.[166]

42 **10. Exkurs: Wirkungen der AG-Insolvenz auf den Anfechtungsprozess.** Die Eröffnung des Insolvenzverfahrens hat vielfältige Wirkungen auf die Anfechtung von HV-Beschlüssen: Es stellen sich die Fragen, **gegen wen die Klage zu richten ist, wer die AG vertritt und was aus der Anfechtungsbefugnis des Vorstands wird** (vgl o. Rn 44 und Rn 47, § 245 Rn 4 ff, 22). Ein bei Eröffnung des Insolvenzverfahrens anhängiger Anfechtungsprozess wird jedenfalls insoweit unterbrochen, als sein Ausgang Auswirkungen auf die Insolvenzmasse hat (§ 240 ZPO, vgl § 245 Rn 22). Dazu zählt auch die Anfechtung einer vor Verfahrenseröffnung beschlossenen, aber noch nicht eingetragenen Kapitalerhöhung, da diese gemäß § 35 InsO kein insolvenzfreies Vermögen erzeugt (vgl allg. auch Rn 44, 47).[167] Gleiches gilt für Anfechtungsverfahren über Beschlussfassungen zur Reduzierung des Stammkapitals sowie die damit in unmittelbarem Zusammenhang stehende Anfechtung von Beschlüssen über die Erhöhung des Stammkapitals und Ermächtigung des Vorstands zur Entscheidung über Einzelheiten dieser Maßnahmen.[168]

43 **II. Die beklagte Gesellschaft und ihre Vertretung (Abs. 2). 1. Beklagte (Abs. 2 S. 1).** Die Anfechtungsklage ist **gegen die AG** zu richten, in deren HV der angegriffene Beschluss gefasst wurde.

44 Auch eine **aufgelöste** (§§ 262 ff) **oder sich im Insolvenzverfahren befindende AG** (§ 11 Abs. 1 InsO) kann Beklagte sein. Gegen eine gemäß § 273 bzw § 394 FamFG **gelöschte AG** kann die Anfechtungsklage erhoben werden, wenn der Kläger das Fortbestehen der Gesellschaft trotz Löschung geltend macht (vgl zur Vertretung und den Folgen für den laufenden Prozess Rn 42, 47). ME ist auch nach der Eröffnung des Insolvenzverfahrens die Passivpartei die Gesellschaft, nicht aber der Insolvenzverwalter.[169] ME spricht für diese Lösung der klare Wortlaut des Gesetzes („Klage ist gegen die Gesellschaft zu richten"). Stattdessen in bestimmten Konstellationen den Insolvenzverwalter als richtigen Beklagten anzusehen – oder, wie mitunter vertreten, eine Differenzierung danach, ob die Insolvenzmasse betroffen ist –, widerspricht dem Gesetzeszweck und dem klaren Wortlaut, so dass die Klage immer gegen die AG zu richten ist. Angesichts der streitigen Frage, ob bei Insolvenz die richtige Partei die AG oder der Insolvenzverwalter ist, wird ein vorsichtiger Kläger seine Anfechtungsklage (unter Inkaufnahme des Kostenrisikos) sowohl gegen die AG als auch den Insolvenzverwalter richten und für Zustellung der Klage vorsorglich an beide sorgen (nämlich erstens der Gesellschaft vertreten durch den Vorstand, Aufsichtsrat und – vorsorglich – den Insolvenzverwalter sowie zweitens dem Insolvenzverwalter als Partei).[170]

45 Aus Gründen der Rechtssicherheit bleibt es mE bei der Klage gegen die AG, die den Beschluss erlassen hat, auch dann, wenn die AG nach dem HV-Beschluss von einer **Umwandlung** betroffen ist;[171] jedenfalls im Hinblick auf die Wahrung der Anfechtungsfrist des Abs. 1 genügt die Erhebung der Klage gegen die AG und deren Bezeichnung als Beklagte in der Klageschrift; es überspannt angesichts des klaren Gesetzeswort-

---

162 OLG Düsseldorf AG 2009, 40, 42 = ZIP 2009, 170 = NZG 2009, 260. Vgl differenzierend unter dem Hinweis, Darlegungslast und Beweislast müssten strikt auseinander gehalten werden, und unter Hinweis auf primäre und sekundäre Darlegungslast OLG Stuttgart AG 2009, 124, 127 f = OLGR Stuttgart 2009, 103, NZB zurückgewiesen vom BGH (DStR 2010, 609 = ZIP 2010, 622).
163 Großkomm-AktienR/*K. Schmidt*, Rn 82; BGHZ 103, 184, 196.
164 BGH NJW 1978, 1316, 1317 f; Großkomm-AktienR/ *K. Schmidt*, Rn 82; *Hüffer*, § 244 Rn 63; MüKo-AktG/*Hüffer*, § 243 Rn 139 ff.
165 Großkomm-AktienR/*K. Schmidt*, Rn 82; *Hüffer*, § 243 Rn 64; Großkomm-AktienR/*Wiedemann*, § 186 Rn 3 e, 4 a; *Lutter*, ZGR 1979, 401, 412 ff; *Lutter*, ZHR 153 (1989), 446, 470; MüKo-AktG/*Hüffer*, § 243 Rn 150 f; vgl Hachenburg/*Raiser*, GmbHG, Anh. § 47 Rn 221.
166 Vgl *Scholz/Schmidt*, § 45 GmbHG Rn 161; *Ulmer/Habersack/ Winterreiser*, GmbHG Großkomm, § 47 Anh. 249; vgl auch KölnKomm-AktG/*Zöllner*, Rn 107 zur Beweislast der AG für die sachliche Berechtigung einer Ungleichbehandlung.
167 *Hüffer*, Rn 29; Uhlenbruck/*Hirte*, Kommentar zum Insolvenzrecht, § 11 Rn 141; vgl allg. MüKo-ZPO/*Feiber*, § 240 Rn 16 ff.
168 OLG Düsseldorf NZG 2013, 875.
169 Wie hier: Großkomm-AktienR/*K. Schmidt*, Rn 34; vgl demgegenüber differenzierend *Hüffer*, Rn 29; MüKo-AktG/*Hüffer*, Rn 49; Spindler/Stilz/*Dörr*, Rn 24; RGZ 76, 244, 249 f; BGHZ 32, 114, 121= NJW 1960, 1006; KölnKomm-AktG/*Zöllner*, Rn 41; Uhlenbruck/*Hirte*, Kommentar zum Insolvenzrecht, § 11 InsO Rn 138 ff; aA K. Schmidt/Lutter/*Schwab*, Rn 15 (Insolvenzverwalter ist immer der ausschließlich richtige Beklagte).
170 Vgl zur Zustellung *Hüffer*, Rn 31.
171 Vgl Grigoleit/*Ehmann*, Rn 12.

lauts die Anforderung an die Bezeichnung der Beklagten in der Klageschrift, vom Kläger bis in die letzte Sekunde vor Eingang der Klageschrift beim Gericht die Prüfung zu verlangen, ob Umwandlungsvorgänge wirksam geworden sind.[172] ME lassen Verschmelzung- und andere Umwandlungsvorgänge grundsätzlich auch nicht das Rechtsschutzbedürfnis für die Klage entfallen. Bei erhobener oder im Laufe des Prozesses eingetretenen formwechselnder Umwandlung ist die AG in ihrer neuen Rechtsform Beklagte.[173] Soweit die Aktionäre Anteilsinhaber des übernehmenden Rechtsträgers werden (§ 20 Abs. 1 Nr. 3 UmwG), haben sie mE unabhängig davon, ob Schadensersatz vorbereitet werden soll, das Rechtschutzinteresse an der Fortsetzung des Prozesses.[174] Denn da die Aktionäre nach wie vor Anteilseigner sind, haben sie regelmäßig auch ein berechtigtes Interesse an der gerichtlichen Feststellung der Verletzung von Satzung oder Gesetz durch die Gesellschaft, deren Mitglied sie bislang waren. Für viele Fälle bestätigt der Rechtsgedanke des § 246 a Abs. 4, § 16 Abs. 3 S. 6 UmwG die Möglichkeit der Fortführung der Klage auch nach Wirksamwerden der Maßnahme.[175]

2. Vertretung der Gesellschaft (Abs. 2 S. 2 und 3). Vorstand und Aufsichtsrat vertreten die AG (Abs. 2 S. 2). Klagt der Vorstand oder ein Vorstandsmitglied, vertritt der Aufsichtsrat die AG; klagt ein Mitglied des Aufsichtsrats, vertritt der Vorstand die AG allein (Abs. 2 S. 3).

a) Grundprinzip: Doppelvertretung (Abs. 2 S. 2). Bei Klagen von Aktionären gilt das Prinzip der **Doppelvertretung der AG durch Vorstand und Aufsichtsrat**, die Doppelvertretung gilt auch für die Erteilung der Prozessvollmacht[176]. ME gilt das Prinzip auch für Vereinbarungen im Umfeld von Prozessen – zB beim Abschluss eines (außergerichtlichen) Vergleichs.[177] In der Willensbildung zur Klage fassen Vorstand und Aufsichtsrat Beschlüsse[178] jeweils für sich allein.[179] Fehlen zur Vertretung berechtigte Organe (zB weil die Aufsichtsratsmitglieder bei der Insolvenz der Gesellschaft ihre Mandate niedergelegt haben), kommt die **Bestellung eines Prozesspflegers** in Betracht.[180] Nicht geklärt sind die **Rechtsfolgen bei Konflikten zwischen Vorstand und Aufsichtsrat**, die zwar in der Praxis bislang nicht bekannt geworden sind, aber durchaus möglich sind, etwa wenn ein neuer Mehrheitsaktionär die Gesellschaft feindlich übernommen und mit seiner Mehrheit den Aufsichtsrat ausgewechselt hat, dieser aber den Vorstand nicht aus wichtigem Grund abberufen kann (vgl § 84 Abs. 3). In der Literatur wird zwar vertreten, dass sich beide Organe über einzuleitenden Schritte einigen müssten, und zwar durch jeweils selbstständige, aber inhaltlich gleichgerichtete Beschlüsse.[181] ME ist schon zweifelhaft, ob es eine solche Pflicht zur Einigung geben kann; denn Vorstand und Aufsichtsrat können die Begründetheit von Anfechtungsklagen mit jeweils gut vertretbaren Argumenten unterschiedlich beurteilen, so dass selbst dann, wenn es ein „richtiges" Ergebnis gäbe, dem jeweils anderen Organ kein Vorwurf für dessen „unrichtige" Bewertung gemacht werden könnte. Auch die Bestellung eines Prozesspflegers gemäß oder analog § 57 ZPO scheidet aus, denn es handelt sich bei der Uneinigkeit der Organe nicht um eine Partei, die ohne gesetzlichen Vertreter ist (§ 57 ZPO), sondern die Gesellschaft hat tatsächlich einen (ordnungsgemäß aus Vorstand und Aufsichtsrat bestehenden) Vertreter. Auch prozessuale Auseinandersetzungen zwischen den Organen vor Führung des Anfechtungsprozesses dürften rechtlich wie praktisch ausscheiden. ME wird man daher in Kauf nehmen müssen, dass bei Uneinigkeit der Organe sich die AG nicht wirksam verteidigen kann und zB keine einheitliche Verteidigungsanzeige abzugeben in der Lage ist. In Extremfällen, etwa bei kollusivem Zusammenwirken zwischen einem der Organe und dem Kläger, mögen Schadensersatzansprüche der Gesellschaft gegen das Organ denkbar sein. Der Kläger braucht **in der Klageschrift keine Angaben zur Vertretung** zu machen, da gemäß § 253 Abs. 2 Nr. 1 ZPO notwendiger

---

172 Vgl wie hier OLG Hamburg DB 2004, 1143 (HBAG/AGIV); nach LG Frankfurt NZG 2007, 120 = DStR 2007, 168, richtet sich beim Erlöschen nach § 20 Abs. 1 Nr. 2 S. 1 UmwG die Zuständigkeit nach dem Sitz des übernehmenden Rechtsträgers; auf Antrag ist dorthin zu verweisen. Zum Teil differenzierend und aA *Hüffer*, Rn 28; MüKo-AktG/*Hüffer*, Rn 50 ff; Großkomm-AktienR/*K. Schmidt*, Rn 36, 91 ff; auch zu Fragen um die Umwandlung während des Rechtsstreits.
173 *Hüffer*, Rn 28; Henssler/Strohn/*Drescher*, Rn 12.
174 Deutlich einschränkend: LG Bonn ZIP 2008, 835 mit Anm. *Lutter*; LG München I DB 1999, 628; Lutter/*Grunewald*, UmwG, § 28 Rn 4, 7; *Hüffer*, Rn 28.
175 Vgl auch BGH DB 2007, 1858 = ZIP 2007, 1524 = AG 2007, 625, Rn 13 zur Rechtslage vor Inkrafttreten des § 246 a.
176 OLG Köln WM 2013, 2030, 2031 = ZIP 2012, 1458.
177 AA Großkomm-AktienR/*K. Schmidt*, Rn 39; Grigoleit/*Ehmann*, Rn 13.
178 Ähnlich den Rechtsfragen der Vertretung der AG im Rechtsstreit mit dem Vorstand durch den AR wird man davon auszugehen haben, dass die Entscheidungen dem AR bzw Vorstand als Gremium zugewiesen sind, das seinen Willen durch Beschluss fasst; dieser Vorgang einheitlicher Willensbildung kann wie in Verfahren nach § 112 nicht durch die Entscheidung eines AR-Mitglieds/des Vorsitzenden ersetzt werden; allerdings kommt mE wie bei den Verfahren nach § 112 eine Genehmigung in Betracht, vgl BGH AG 2013, 562 = ZIP 2013, 1274 = NZG 2013, 792.
179 *Hüffer*, Rn 30; KölnKomm-AktG/*Zöllner*, Rn 35; MüKo-AktG/*Hüffer*, Rn 55.
180 OLG Dresden AG 2005, 812 = ZIP 2005, 1845; OLG Hamburg AG 2003, 519 = NZG 2003, 478; Grigoleit/*Ehmann*, Rn 12; Großkomm-AktienR/*K. Schmidt*, Rn 38.
181 *Henn*, Handbuch des Aktienrechts, § 27 Rn 950, unter Berufung auf Großkomm-AktienR/*Schilling*, 3. Aufl., Anm. 8; *Baumbach/Hueck*, AktG, Rn 6; *Hüffer*, Rn 30; *v. Godin/Wilhelmi*, Anm. 4; nach *Hueck*, in: FS Bötticher, 1969, S. 197, 205, sollen Vorstand und AR nicht einmal unterschiedliche Prozessbevollmächtigte bestellen dürfen; unklare Rechtslage sieht KölnKomm-AktG/*Zöllner*, Rn 35.

Inhalt der Klageschrift nur die Bezeichnung der Partei, nicht aber die Angabe ihrer Vertretungsorgane ist. Die Angabe kann der Kläger nach Ablauf der Monatsfrist nachholen, insbesondere auch eine entgegen § 130 Nr. 1 ZPO unterbliebene namentliche Bezeichnung der oder einzelner Mitglieder von Vorstand und Aufsichtsrat.[182] Unabdingbar ist aber, dass der klagende Aktionär in der Klageschrift durch hinreichende Angaben für die **Zustellung der Klage sowohl an Vorstand als auch Aufsichtsrat** sorgt (vgl Rn 26 f).

47 Bei der KGaA ist der unbeschränkt haftende Gesellschafter an Stelle des Vorstands Vertretungsorgan, vgl §§ 283 iVm 278 Abs. 2 (vgl § 283 Rn 35). Die **Abwickler** treten gemäß § 269 Abs. 1 nach Auflösung der AG an die Stelle des Vorstands; sie vertreten daher nach der Auflösung die AG.[183] Differenziert beantwortet wird die Frage der Vertretung der Gesellschaft **nach Eröffnung des Insolvenzverfahrens** (vgl auch Rn 44 sowie zur Frage der Anfechtungsbefugnis des Vorstands oder des Insolvenzverwalters sowie zur Aussetzung nach § 240 ZPO, § 245 Rn 21 ff);[184] mE bleibt es in jedem Falle ungeachtet der Frage, ob der Prozess die Insolvenzmasse betrifft, bei der im Gesetz ausdrücklich angeordneten Vertretung durch Vorstand bzw Aufsichtsrat und nicht durch den Insolvenzverwalter; dessen ungeachtet wird der angesichts der streitigen Frage der Vertretung vorsichtige Kläger die Klage gegen die AG vertreten durch Vorstand, Aufsichtsrat und Insolvenzverwalter erheben.[185]

48 b) **Einzelvertretung bei Klage des Vorstands oder von Organmitgliedern (Abs. 2 S. 3).** Das Prinzip des Abs. 2 S. 3 soll die Beteiligung von Mitgliedern desselben Gesellschaftsorgans auf beiden Seiten des Rechtsstreits verhindern.[186] Es gilt entsprechend, wenn das klagende **Organmitglied als Aktionär klagt.**[187] Gleiches muss mE gelten, wenn das Organmitglied maßgeblichen Einfluss auf den Aktionär hat (vgl zu Parallelfragen § 112 Rn 1 c und § 114 Rn 5 a). Auch die **Nebenintervention** eines Organmitglieds auf Klägerseite führt dazu, dass die AG nur noch vom anderen Organ vertreten wird.[188] Nicht gesetzlich geregelt und soweit ersichtlich nicht diskutiert ist die **Vertretung der AG gegenüber ehemaligen Organmitgliedern auf Klägerseite.** Bei der parallelen Frage der Vertretung der AG gegenüber ehemaligen Vorstandsmitgliedern nach § 112 durch den AR vertritt der BGH in ständiger Rspr., dass zur unbefangenen Wahrung der Gesellschaftsbelange der AR die AG vertritt[189] (vgl § 112 Rn 2). ME sind diese Grundsätze nicht auf den Anfechtungsprozess übertragbar. Es mag auch hier die Gefahr bestehen, dass Vorstand und AR die AG-Belange gegenüber ausgeschiedenen Organmitgliedern nicht sicherstellen. Im Anfechtungsprozess bestehen indes, anders als nach § 112, umfangreiche Möglichkeiten der Nebenintervention aufseiten der AG (vgl Rn 7). So können Mauscheleien zwischen der AG und dem Ausgeschiedenen effektiv verhindert werden. Daher besteht mangels einer ausdrücklichen gesetzlichen Anordnung hinausgehend über den gesetzlichen Wortlaut, der die Vertretung der AR gegenüber den ehemaligen Organmitgliedern nicht adressiert, kein Bedürfnis zur Ausschaltung des Gesellschaftsorgans, dem der Ausgeschiedene angehört hatte. Scheidet ein klagendes Organmitglied während des laufenden Anfechtungsprozesses aus dem Organ aus, lebt mE die Vertretungsbefugnis und Vertretungspflicht des Organs nach Abs. 2 S. 1 wieder auf, und die AG ist ab diesem Zeitpunkt doppelt zu vertreten; maßgebend für diese Sicht ist, dass die Prozessvoraussetzungen, zu denen die ordnungsgemäße Vertretung der AG gehört, in jedem Stadium des Verfahrens vorliegen muss und in jeder Verfahrenslage und in jedem Rechtszug von Amts wegen zu prüfen ist.

49 c) **Vertretung bei anderen Klagen.** Das Gesetz regelt nicht die Frage der Vertretung der AG, wenn **Aktionär, Vorstand und Aufsichtsratsmitglied nebeneinander** klagen. In dem Fall hat mE das Gericht gemäß § 57 ZPO einen Vertreter (Prozesspfleger) zu bestellen.[190] Mangels einer gesetzlichen Lücke besteht nicht die von manchen Autoren favorisierte Möglichkeit, dass die HV analog § 147 Abs. 2 S. 1 einen Vertreter bestellt.[191]

50 III. **Zuständiges Landgericht; mündliche Verhandlung; Verbindung mehrerer Anfechtungsprozesse (Abs. 3).** 1. **Zuständiges Landgericht, KfH (Abs. 3 S. 1 bis 3).** Ausschließlich zuständig[192] für die Anfechtungsklage (und mE auch für die allg. Feststellungsklage nach § 256 ZPO, vgl Rn 62 ff, da diese nach dem BGH eine

---

[182] *Hüffer*, Rn 30; MüKo-AktG/*Hüffer*, Rn 52; KölnKomm-AktG/*Zöllner*, Rn 42; BGHZ 32, 114, 118.
[183] BGHZ 32, 114, 118.
[184] Vgl *Hüffer*, Rn 31; MüKo-AktG/*Hüffer*, Rn 54; Großkomm-AktienR/*K. Schmidt*, Rn 41; K. Schmidt/Lutter/*Schwab*, Rn 18; Uhlenbruck/*Hirte*, Kommentar zum Insolvenzrecht, § 11 InsO Rn 138 ff; differenzierend BGH AG 2011, 786 = ZInsO 2011, 2034, Rn 9; Hensler/Strohn/*Drescher*, Rn 12; vgl zur GmbH OLG München ZIP 2010, 1005 = GmbHR 2011, 89.
[185] Ebenso Grigoleit/*Ehmann*, Rn 11.
[186] Henssler/Strohn/*Drescher*, Rn 20; Dörr Rn 34.
[187] Hölters/*Englisch*, Rn 44; MüKo-AktG/*Hüffer*, Rn 66.
[188] Henssler/Strohn/*Drescher*, Rn 20; Dörr Rn 34.
[189] BGH ZIP 1991, 796 = AG 1991, 269.
[190] *Hüffer*, Rn 36; MüKo-AktG/*Hüffer*, Rn 67; KölnKomm-AktG/*Zöllner*, Rn 39; Großkomm-AktienR/*K. Schmidt*, Rn 38; Henssler/Strohn/*Drescher*, Rn 16.
[191] So aber Großkomm-AktienR/*K. Schmidt*, Rn 38; *Hüffer*, Rn 36; MüKo-AktG/*Hüffer*, Rn 67; KölnKomm-AktG/*Zöllner*, Rn 39; *v. Godin/Wilhelmi*, Anm. 4; Grigoleit/*Ehmann*, Rn 15; Schmidt/Lutter/*Schwab*, Rn 19.
[192] Auch international, *Wedemann*, AG 2011, 282; vgl zu den vergleichbaren Fragen bei Spruchverfahren *Meilicke/Lochner*, AG 2010, 23.

vom Gesetzgeber gelassene Lücke schließt)[193] ist das Landgericht,[194] in dessen Bezirk die Gesellschaft bei Klageerhebung[195] ggf auch nach Verlegung des Satzungssitzes[196] (vgl auch Rn 45) ihren Sitz hat (§ 246 Abs. 3 S. 1). §§ 38, 39 ZPO können keine andere Zuständigkeit begründen. Gemäß § 246 Abs. 3 S. 3 gilt die **Konzentrations**vorschrift des § 148 Abs. 2 S. 3 und 4 entsprechend (vgl § 148 Rn 19). Nicht gesetzlich geregelt ist die Rechtslage bei **Doppelsitzen**. Dem Gesetzeszweck der Konzentration von Anfechtungsstreitigkeiten bei einem ausschließlich zuständigen Gericht in einem Verfahren ist mE zu entnehmen, dass das Gesetz keine Doppelzuständigkeit zulassen will.[197] Entsprechend § 17 Abs. 1 S. 2 ZPO ist daher mE ein ausschließlicher Gerichtsstand zu bestimmen, der sich nach dem tatsächlichen inländischen Verwaltungssitz richtet.[198]

Ggf kann bei Anfechtungsklagen zB eine Kartellstreitigkeit vorliegen, so dass bei der Bestimmung des Landgerichts entsprechende besondere **Zuständigkeitsvorschriften** zu berücksichtigen sind.[199]

Gemäß § 95 Abs. 2 Nr. 4a GVG ist der Rechtsstreit **Handelssache**. Auch ohne entsprechenden Antrag kommen Rechtsstreite gemäß § 246 Abs. 3 S. 2 vor die KfH (§§ 96, 98 GVG), wenn beim Landgericht eine solche besteht.

2. Erster Termin und Akteneinsicht der AG (Abs. 3 S. 4 und 5). Die mündliche Verhandlung findet nicht vor **Ablauf der Monatsfrist** gemäß Abs. 1 statt (Abs. 3 S. 2). Dies gilt auch für den frühen ersten Termin und analog für das schriftliche Vorverfahren sowie mE für die Güteverhandlung nach § 278 Abs. 2 ZPO.[200]

Abs. 3 S. 5[201] gewährt der AG Rechte auf **Akteneinsicht und Erteilung von Kopien** unabhängig von den Voraussetzungen des § 299 Abs. 1 ZPO vor Zustellung der Klage, aber erst nach Ablauf der Anfechtungsfrist des § 246 Abs. 1.[202] Nach dem klaren Wortlaut bezieht sich das Informationsrecht nur auf die eingereichte Klage, nicht auf den sonstigen Inhalt der Gerichtsakte.

3. Verbindung mehrerer Prozesse (Abs. 3 S. 6). Mehrere Anfechtungs- und Nichtigkeitsklagen sind gemäß Abs. 3 S. 6 zur **gleichzeitigen Verhandlung und Entscheidung** zu verbinden, ggf auch in höherer Instanz. Voraussetzung ist die Anfechtung desselben Beschlusses; auf den geltend gemachten Anfechtungsgrund kommt es nach dem klaren Gesetzeswortlaut[203] (vgl auch zum einheitlichen Streitgegenstand Rn 20) nicht an. Gemäß § 147 ZPO kann das Gericht auch bei verschiedenen Beschlüssen verbinden. Bei gleichzeitiger Anhängigkeit von Anfechtungs- und Feststellungsklagen nach § 256 ZPO zum gleichen Sachverhaltskomplex (vgl Rn 62 ff) besteht keine Pflicht zur Verbindung[204] nach S. 6, sinnvoll wird aber Verbindung nach § 147 ZPO sein. Ein Teilurteil über die Feststellungsklage des Dritten ist wegen der Gefahr von Widersprüchen mit der späteren Entscheidung über die Klage des Aktionärs unzulässig, da die spätere Entscheidung über die Aktionärsklage auch Auswirkungen auf die allgemeine Feststellungsklage eines Nicht-Aktionärs wegen der Wirkung für und gegen alle haben könnte.[205] Nach hM sind die verschiedenen Anfechtungsklagen bis zur Verbindung selbstständige gebührenrechtliche Angelegenheiten (vgl Rn 27 und § 247 Rn 6 a).

IV. Bekanntmachungspflicht und Nebenintervention (Abs. 4). Der Vorstand hat die Erhebung der Klage (Anfechtungs-, Nichtigkeits- und positive Beschlussfeststellungsklage, mE auch Klage nach § 256 ZPO und PKH-Antrag) und den Termin zur mündlichen Verhandlung unverzüglich (§ 121 Abs. 1 S. 1 BGB) in den Gesellschaftsblättern (§ 25) bekannt zu machen (§ 246 Abs. 4). Die **Tatsache der Klage** muss mE schon bei deren Erhebung bekannt gemacht werden, ungeachtet der Frage, ob kumulativ das Gericht einen Termin anordnet.[206] Bekanntzumachen ist außerdem der **erste Termin** (auch wenn schon das schriftliche Vorverfahren nach § 276 ZPO bekannt gemacht wurde), sobald das LG zu ihm geladen hat; die mit dem Gesetz verbundene Warnfunktion verlangt nicht, dass der Vorstand Folgetermine bekannt macht. Durch die infol-

---

193 BGH AG 2006, 38, 39 = ZIP 2005, 274 ff = WM 2005, 2388 ff (Mangusta/Commerzbank II); aA zur Zuständigkeit: OLG Stuttgart AG 2005, 693.
194 Reformüberlegungen einer erstinstanzlichen OLG-Zuständigkeit hat die 76. Justizministerkonferenz am 29./30.6.2005 geäußert, zu Recht kritisch der Deutsche AnwaltVerein (www.anwaltverein.de/03/05/2005/50-05.pdf); *Krenek*, ZRP 2006, 78.
195 OLG Hamm AG 2004, 147.
196 *Hüffer*, Rn 37.
197 So aber KG AG 1996, 421 = WM 1996, 1454; LG Berlin AG 1995, 41, 42 = WM 1994, 1246; *Henn*, AG 1989, 230, 231; MüKo-AktG/*Heider*, § 5 Rn 56; *Tiedemann*, WM 2007, 1686.
198 *Hüffer*, Rn 37; MüKo-AktG/*Hüffer*, Rn 72; Großkomm-AktienR/*K. Schmidt*, Rn 63; *Bork*, ZIP 1994, 609, 616; Grigoleit/*Ehmann*, Rn 16.
199 Großkomm-AktienR/*K. Schmidt*, Rn 63; *Hüffer*, Rn 37; MüKo-AktG/*Hüffer*, Rn 67; *Henn*, AG 1989, 230, 231; *Schmidt*, NJW 1990, 2109; Spindler/Stilz/*Dörr*, Rn 40.
200 *Hüffer*, Rn 38; MüKo-AktG/*Hüffer*, Rn 73.
201 Eingeführt durch das ARUG mit Wirkung vom 1.9.2009.
202 Vgl RegBegr. BT-Drucks. 16/11642, S. 41.
203 OLG Hamburg AG 1971, 403. Angeblich auch bei rechtlich voneinander abhängigen Beschlüssen kein Zwang zur Verbindung, OLG Stuttgart AG 1995, 283 = WM 1995, 844; vgl auch *Hüffer*, Rn 39; MüKo-AktG/*Hüffer*, Rn 69; Großkomm-AktienR/*K. Schmidt*, Rn 66; KölnKomm-AktG/*Zöllner*, 1. Aufl., Rn 8.
204 Insoweit zutreffend: OLG Stuttgart AG 2005, 693, 694.
205 BGH AG 2009, 167 = ZIP 2008, 2215 = DB 2008, 2589 (zur GmbH).
206 Großkomm-AktienR/*K. Schmidt*, Rn 50; undeutlich: *Hüffer*, Rn 40; MüKo-AktG/*Hüffer*, Rn 77 f.

ge des Vetos des Bundesrats nicht Gesetz gewordene Aktienrechts-Novelle 2013 idF der Beschlussempfehlung des Rechtsausschusses sollte die entsprechende Vorschrift in Abs. 4 S. 1 (*„den Termin zur mündlichen Verhandlung"*) gestrichen werden.[207] In der Bekanntmachung sind der bzw die **angefochtenen Beschlüsse** – ggf unter Hinweis auf eine beantragte Beschlussfeststellung[208] – zu nennen, nicht jedoch der Name des Klägers.[209] Die Bekanntmachung muss inhaltlich klar sein und darf nicht dazu dienen, „einen Kläger anzuschwärzen, auch wenn der Ärger über ihn noch so groß ist".[210]

56 Mitteilungspflichtig ist der Vorstand (**jedes einzelne Vorstandsmitglied**).[211] Verstößt der Vorstand gegen seine Pflicht, kann das Registergericht gemäß § 407 Abs. 1 die Bekanntmachung mit Zwangsgeld durchsetzen. Schadensersatzpflichten der Gesellschaft kommen gemäß § 93 in Betracht, solche gegenüber Aktionären gemäß § 823 Abs. 2 BGB iVm 246 Abs. 4.[212]

57 Vgl zur Nebenintervention Rn 7 ff.

C. Exkurs: Weitere Rechtsschutzmöglichkeiten

58 I. **Vorläufiger Rechtsschutz zumal gegen anfechtbare Beschlüsse.** Einstweiliger **Rechtsschutz gegen rechtswidrige Beschlüsse als solche** wird weithin abgelehnt. Als Grund wird überwiegend das Verbot der Vorwegnahme der Hauptsache gesehen.[213] In Ausnahmefällen, in denen auf andere Art effektiver Rechtsschutz nicht gewährleistet ist, kann der Aktionär aber durch einstweiligen Rechtsschutz das **Zustandekommen rechtswidriger Beschlüsse** verhindern sowie einstweiligen Rechtsschutz aufgrund von Stimmbindungsverträgen/Konsortialvereinbarungen erlangen (vgl § 243 Rn 7).[214]

59 Verhindert werden kann nach einhelliger Auffassung unter den Voraussetzungen des § 940 ZPO, ggf iVm § 16 Abs. 2 HGB, die **Ausführung von Beschlüssen**, soweit dies zur Abwendung wesentlicher Nachteile oder aus anderen Gründen nötig erscheint; das gilt auch zur Verhinderung von Registereintragungen.[215]

60 Eine noch nicht geklärte Frage betrifft die **Haftung nach § 945 ZPO**. Es wird mit gutem Grund darauf hingewiesen, dass zB im Falle einer Verzögerung einer Beteiligungsveräußerung, wie sie dem „Babcock/Borsig"-Fall zugrunde lag,[216] aber auch in vielen anderen Fällen, bei Aufhebung der einstweiligen Verfügung in der nächsten Instanz oder im Hauptsacheverfahren die „Durchsetzung eines solchen Schadens zur Existenzvernichtung des Antragstellers führen" könnte.[217] ME ist die Auffassung von *Hirte* zutreffend, dass dann, wenn der vorläufige Rechtsschutz eine der Anfechtungsklage gleichwertige Überprüfungsmöglichkeit erst ermöglicht oder schafft, die im Normalfall bestehende verschuldensunabhängige Haftung ausscheidet.[218] Nicht einschlägig ist der Einwand, so „ließe sich jegliches Haftungsrecht aushebeln".[219] Denn hier liegt der Sonderfall vor, dass ohne den vorläufigen Rechtsschutz überhaupt kein effektiver Rechtsschutz möglich wäre; dieser darf verfassungsrechtlich (Art. 14 Abs. 1, 20 Abs. 3 GG) nicht vor so hohen Hürden

---

207 Vgl BT-Drucks. 17/14214, S. 9, 18. Als Grund der Streichung wurde genannt, dass angeblich die Vorschrift „der Praxis" Schwierigkeiten bereite und angeblich die Bekanntmachung des Termins zur mündlichen Verhandlung „keine erkennbare praktische Bedeutung für die Beteiligten" habe.
208 Spindler/Stilz/*Dörr*, Rn 53.
209 Großkomm-AktienR/*K. Schmidt*, Rn 51; KölnKomm-AktG/*Zöllner*, Rn 96; *Hüffer*, Rn 40; MüKo-AktG/*Hüffer*, Rn 77.
210 *Seibert*, NZG 2007, 841, 842.
211 Großkomm-AktienR/*K. Schmidt*, Rn 53.
212 Großkomm-AktienR/*K. Schmidt*, Rn 55; KölnKomm-AktG/*Zöllner*, Rn 103; MüKo-AktG/*Hüffer*, Rn 79.
213 Großkomm-AktienR/*K. Schmidt*, Rn 128, freilich mit dem Verlangen nach differenzierender Betrachtung; OLG Nürnberg BB 1971, 1478; OLG Celle GmbHR 1981, 264, 266; OLG Frankfurt BB 1982, 274 = ZIP 1982, 180; Spindler/Stilz/*Würthwein*, § 243, Rn 275 ff, weist darauf hin, dass seiner Meinung nach fast jede einstweilige Verfügung für den Regelungszeitraum endgültige Faktoren schaffe; vgl demgegenüber, zutreffend auf das Schutzbedürfnis des Aktionärs vor vollendeten Tatsachen abstellend, *Heinze*, ZGR 1979, 293 ff; zu großzügig bei der Gewährung vorläufigen Rechtsschutzes gegen Beschlussfassung *Buchta*, DB 2008, 913, 914 ff.
214 Vgl Großkomm-AktienR/*K. Schmidt*, Rn 130; Spindler/Stilz/*Würthwein*, § 243, Rn 275 ff; OLG München NZG 2007, 152 = ZIP 2006, 2334; zur GmbH: OLG München NZG 1999,

407 = GmbHR 1999, 718; OLG Düsseldorf NZG 2005, 633; OLG Hamburg NJW 1992, 186 = GmbHR 1991, 467. Abzulehnen ist die Entscheidung des LG Düsseldorf, 39 O 15/13, v. 19.3. und 2.7.2013 (n.v), das sogar die Abhaltung einer vom Vorstand nach einem Minderheitsverlangen nach § 122 Abs. 1 einberufenen HV durch eV untersagt hat.
215 OLG München NZG 2007, 152 = ZIP 2006, 2334; OLG Koblenz GmbHR 1992, 588; OLG Celle GmbHR 1981, 264, 265; OLG Frankfurt BB 1982, 274 = ZIP 1982, 180; OLG Köln AG 2001; OLG Koblenz GmbHR 1986, 430 = NJW-RR 1986, 1039; OLG Nürnberg GmbHR 1992, 588; OLG Hamburg GmbHR 1991, 467; LG Duisburg NZG 2002, 643; vgl auch Spindler/Stilz/*Würthwein*, § 243 Rn 279 ff; *Scholz/Schmidt*, GmbHG, § 45 Rn 183; *Damm*, ZHR 154 (1990), 413; *v. Gerkan*, ZGR 1985, 165; *Zutt*, ZHR 155 (1991), 190; *Schmidt-Diewitz*, Einstweiliger Rechtsschutz gegen rechtswidrige Gesellschafterbeschlüsse, 1993; *Buchta*, DB 2008, 913, 917.
216 LG Duisburg NZG 2002, 643 = DB 2003, 441 = AG 2003, 390.
217 *Sinewe*, EWiR 2002, 839.
218 Großkomm-AktienR/*Hirte*, § 203 Rn 133; ähnlich: *Heinze*, ZGR 1979, 293, 319 ff; *Lüke*, ZGR 1990, 657, 676 f; aA *Cahn*, ZHR 164 (2000), 113, 118; *Krieger*, ZHR 163 (1999), 343, 355; *Grigoleit/Ehmann*, Rn 29.
219 *Grigoleit/Ehmann*, Rn 29.

oder Risiken stehen, dass seine Effektivität beeinträchtigt ist.²²⁰ Der **Streitwert** bei einstweiligem Rechtsschutz richtet sich nach § 247.²²¹

II. Abwehrklage der Aktionäre. Es gibt im Aktienrecht nach einhelliger Auffassung **keine allgemeine Aktionärsklage zur Verhinderung rechtswidriger Maßnahmen** der Verwaltung (vgl § 241 Rn 1); die Aktionäre sollen dem Vorstand keine Weisungen erteilen können und grundsätzlich nicht gegen Geschäftsführungsmaßnahmen vorgehen, die rechtswidrig sind; schon gar nicht können sie gegen unzweckmäßige Maßnahmen vorgehen.²²² Ebenso soll es keine Feststellungsklagen nach § 256 Abs. 1 ZPO zB zur Feststellung der Rechte von anderen Aktionären geben, zB des Stimmrechts, im entschiedenen Fall in Hinblick auf § 59 WpÜG.²²³ ME gehen solche Tendenzen ganz ohne Not sehr restriktiv an die Auslegung des § 256 ZPO im Aktienrecht heran – mutmaßlich mit dem Gedanken, eine Flut von Aktionärsklagen zu verhindern. Dabei wird aber unterbewertet, dass es berechtigte Interessen der Aktionäre geben kann, beispielsweise feststellen zu lassen, ob ein Großaktionär in Folge der Unterlassung eines Pflichtangebots vom Stimmrecht ausgeschlossen ist. Die Frage, wer stimmberechtigt in einer AG ist, berührt fundamental die Verfasstheit der AG und die Mitgliedsrechte, so dass Rechtsschutz nach § 256 ZPO mE zulässig ist.²²⁴ Die Verneinung des rechtlichen Interesses einer Klage zur Feststellung des Rechtsverlustes nach § 59 WpÜG missachtet die schon vom Reichsgericht etablierte Rechtsprechung, wonach ein GmbH-Gesellschafter die Feststellungsklage erheben kann zur Feststellung, dass ein Dritter nicht Gesellschafter geworden sei, als die Abtretung nichtig war: Das Reichsgericht begründete das Feststellungsinteresse damit, dass die Gewinnanteile bei einer unwirksamen Abtretung bei der GmbH liegend ruhten und damit mittelbar auch dem Kläger zugute kämen; dieses begründe ein Rechtsverhältnis, für dass die Abtretung eine Vorfrage sei.²²⁵

Die Grenze der Schutzlosigkeit der Aktionäre ist jedenfalls dort überschritten, wo die Verwaltung, insbesondere der Vorstand, ihre Zuständigkeiten überschreiten, wo in die **Zuständigkeit und Mitwirkungsrechte der Aktionäre eingegriffen** wird. In dem Fall stehen den Aktionären **einklagbare Abwehrrechte** zu.²²⁶ Die Rechtsprechung hat diese Gedanken aufgegriffen. Der BGH hat in seinem „**Holzmüller**"-Urteil²²⁷ einen verbandsrechtlichen Anspruch des Aktionärs anerkannt, dass die Gesellschaft seine Mitgliedsrechte achtet und alles unterlässt, was diese Rechte über das durch die Satzung und das Gesetz vorgegebene Maß hinaus beeinträchtigt. Verstoße die Gesellschaft gegen diese Pflicht, so stehe dem Aktionär grundsätzlich die Aktionärsklage auf Unterlassung oder Wiederherstellung zur Verfügung. Zwar sei es den Aktionären grundsätzlich verwehrt, durch Weisungen oder Verbote selbst auf pflichtgemäßes Verhalten hinzuwirken. Dies gelte aber nicht, wenn die angegriffene Maßnahme keine gewöhnliche, vom Vorstand allein zu verantwortende Geschäftsführungsmaßnahme sei, sondern darauf beruhe, dass der Vorstand die Aktionäre bei einer von ihnen intern mit zu entscheidenden Angelegenheit übergangen habe. Ein Aktionär müsse, „soll er nicht rechtlos gestellt sein, diese Klage jedenfalls dann erheben können, wenn zur Wahrung seiner Rechte ebenso geeignete aktienrechtliche Behelfe nicht zur Verfügung stehen oder nur auf schwierigen Umwegen zum Ziel führen könnten". Die Klagebefugnis beruhe darauf, dass der Aktionär „geltend macht,... in seiner eigenen Mitgliedstellung betroffen zu sein".²²⁸

Die **Klage** ist nicht gegen das jeweils handelnde Verwaltungsorgan(mitglied) zu richten, sondern **gegen die AG**.²²⁹ Klageberechtigt ist der einzelne Aktionär – unabhängig vom Umfang seines Aktienbesitzes. Die Klage ist binnen angemessener Frist²³⁰ zu erheben; nach dem BGH soll die Zeit „nicht außer Verhältnis stehen" zur Frist nach Abs. 1. Das Klagerecht darf nach dem BGH nicht „missbräuchlich unter Verletzung der Rücksichtnahme ausgeübt werden,... die der Aktionär... der Gesellschaft schuldet".²³¹ Die Anforderungen an die Treuepflicht dürfen indes nicht überspannt werden, da es um die Frage geht, ob die AG unzulässig in die Mitgliedstellung des Aktionärs eingreift. Das LG Köln hat zutreffend darauf hingewiesen, dass die für

---

220 Vgl OLG Düsseldorf AG 2011, 459 = ZIP 2011, 1567.
221 LG Duisburg AG 2003, 390 (Babcock/Borsig), vgl Hauptsachbeschluss DB 2003, 441 = NZG 2002, 643; Wert der verhinderten Transaktion mehrere 100 Mio. EUR – Streitwertfestlegung auf 200.000 EUR; LG Frankfurt ZIP 2001, 117 ff = WM 2000, 2159 ff und OLG Frankfurt WM 2001, 206 ff (Commerzbank/Mangusta, Streitwertfestlegung auf 500.000 DM – die Rechtsvertreter der Commerzbank verlangten demgegenüber in ihrem ersten Schriftsatz die Festlegung des Streitwerts auf 1,9 Mrd. DM, den Wert der durch die eV zu verhindernden Transaktion) (Streitwertbeschlüsse jeweils n.v.).
222 AllgM, vgl statt aller Großkomm-AktienR/*K. Schmidt*, § 241 Rn 5.
223 LG München AG 2009, 171 = ZIP 2009, 584 = NZG 2009, 226 (HVB/UniCredit).
224 Vgl exemplarisch am Fall „Postband/Deutsche Bank" *Meilicke*, ZIP 2010, 558.
225 RG JW 1936, 323.
226 AllgM, wesentlich geprägt von *Knobbe-Keuk*, in: FS Ballerstedt, 1975, S. 239; ähnlich: *Timm*, AG 1980, 185 f; *Lutter*, AcP 180 (1980), 84, 142 f; *K. Schmidt*, GesR, § 21 V 3; vgl auch *Habersack*, DStR 1998, 533; KölnKomm-AktG/*Mertens*, § 93 Rn 190 ff; *Brondics*, Die Aktionärsklage, 1988.
227 BGHZ 83, 122, 133 f = NJW 1982, 1703 = ZIP 1982, 568 (Holzmüller).
228 BGHZ 83, 122, 134 f = NJW 1982, 1703 = ZIP 1982, 568 (Holzmüller).
229 BGHZ 83, 122, 134 = NJW 1982, 1703 = ZIP 1982, 568 (Holzmüller).
230 BGH AG 2006, 38, 39 f = ZIP 2005, 2740 ff = WM 2005, 2388 ff = BGHZ 164, 249 (Mangusta/Commerzbank II); ebenso: OLG Koblenz AG 2003, 522.
231 BGHZ 83, 122, 135 f = NJW 1982, 1703 = ZIP 1982, 568 (Holzmüller).

eine Feststellungsklage in Betracht kommenden Fallgestaltungen regelmäßig keine klare zeitliche Zäsur aufweisen; zudem sind die als rechtswidrig angegriffenen Verwaltungsmaßnahmen bereits erfolgt, so dass eine andere zeitliche Grenze als die Rücksichtnahmepflicht gegenüber der AG, die missbräuchlich späte Klagen ausschließt, nicht einschlägig ist.[232] ME wird diese Grenze kaum einmal einschlägig sein können, da es kein berechtigtes Schutzbedürfnis der AG gibt, rechtswidriges Handeln geheim zu halten (vgl zur ähnlichen Thematik bei der Auskunftsverweigerung § 131 Rn 62).[233] Die Grundsätze der „Holzmüller"-Entscheidung zur Treuepflicht zitiert der BGH in Sachen „Mangusta/Commerzbank II" dahin gehend, dass Aktionäre „bei rechtswidrigem Verwaltungshandeln ihre Rechte nicht unter Verletzung der Rücksichtnahmepflicht gegenüber der Gesellschaft missbräuchlich ausüben" dürften,[234] womit zutreffend nur noch der **allgemeine Missbrauchstatbestand** angesprochen ist.

64 Keine endgültige Klarheit gibt es über die **Frage, in welchen Fällen im Sinne der Holzmüller-Rechtsprechung in die Mitgliedstellung des Aktionärs eingegriffen wird.** Häufig genannte Beispiele sind faktische Satzungsänderungen,[235] sonstige ohne erforderliche Zustimmung der HV vollzogene Strukturänderungen,[236] Unterwerfung unter nur durch Beherrschungsvertrag legitimierbare Abhängigkeit, faktische Umwandlungsvorgänge, Beteiligungsveräußerungen,[237] Erwerb wesentlicher Beteiligungen sowie Vermögensübertragungen,[238] und – nach der weitesten Sicht – Eingriffe in fundamentale Aktionärsrechte, da es einen Anspruch auf „gesetzes- und satzungsmäßiges Handeln der Verwaltungsorgane" gebe.[239] Minimalkonsens ist das Eingreifen der Aktionärs-Klagerechte bei Verletzung der HV-Kompetenzen.[240] Weithin vertreten wird, dass darüber hinaus Klagerechte auch bei der Verletzung anderer subjektiver Aktionärsrechte (zB Bezugsrecht, Gleichbehandlungsrechte) bestehen.[241] In Zusammenhang mit der Übernahmeschlacht Vodafone/Mannesmann verneinte das LG Düsseldorf vor Inkrafttreten des WpÜG einen Anspruch des einzelnen Aktionärs auf Unterlassung von Maßnahmen zur Abwehr einer feindlichen Übernahme.[242] Ein wichtiger Fall des Eingriffs in die Mitgliedstellung ist die Überschreitung der Ermächtigung zum Bezugsrechtsausschluss beim genehmigten Kapital: Der BGH hat in seiner „Siemens/Nold"-Entscheidung ausdrücklich anerkannt, dass der einzelne Aktionär die Pflichtwidrigkeit des Verhaltens von Vorstand und Aufsichtsrat „zum Gegenstand einer Feststellungs- oder – soweit noch möglich – einer Unterlassungsklage, die beide gegen die Gesellschaft zu richten sind", machen kann.[243] Ohne solchen Rechtsschutz wären die Aktionäre faktisch rechtlos gestellt, da der Nachweis von Schäden des einzelnen Aktionärs durch rechtswidrige Bezugsrechtsausschlüsse[244] faktisch, trotz der Möglichkeit zur Schadensschätzung nach § 287 ZPO, kaum einmal möglich sein wird.

64a Der BGH hat in seiner **„Mangusta/Commerzbank II"-Entscheidung** das Recht des in seinen Mitgliedsrechten beeinträchtigten Aktionärs bestätigt, das pflichtwidrige, kompetenzüberschreitende Organhandeln des Vorstands und Aufsichtsrats zum Gegenstand einer gegen die Gesellschaft zu richtenden Klage zu machen. Die Klage ist nach der „Mangusta/Commerzbank II"-Entscheidung des BGH eine allgemeine Feststellungsklage gemäß § 256 ZPO,[245] keine Klage analog §§ 241 ff,[246] insb. nicht analog § 249. Dem einzelnen Aktionär sei verwehrt, „mit Gestaltungswirkung für und gegen jedermann in eine Handlung der Verwaltung einzugreifen". Da das Handeln der Geschäftsleitung in Beschlüssen „nur entweder rechtmäßig und dann wirksam oder aber rechtswidrig und dann nichtig ist", sei die Feststellungsklage auf Feststellung der Nich-

---

232 LG Köln AG 2008, 327 Rn 55.
233 Mit Recht hat aber zB das OLG Frankfurt NZG 2011, 746, 747 = AG 2011, 631 bei der Klage wegen rechtmäßiger Ausnutzung des genehmigten Kapitals auf den Fristbeginn der unterlassenen Berichterstattung in der Folge-HV abgestellt.
234 BGH AG 2006, 38, 41 = BGH ZIP 2005, 2740 = BGHZ 14, 249.
235 BGHZ 83, 122, 130 = NJW 1982, 1703 = ZIP 1982, 568 (Holzmüller).
236 OLG Koblenz AG 2003, 522.
237 Exemplarisch insoweit der „Babcock Borsig/HDW"-Fall, LG Duisburg NZG 2002, 643 = NZG 2002, 643; vgl zu Kompetenzen der HV beim Verkauf von Unternehmensteilen aus der umfangreichen Lit. zB *Lutter/Leinekugel*, ZIP 1998, 225; *Habersack*, in: Emmerich/Habersack, vor § 311 Rn 20; MüHb-AG/*Krieger*, § 69 Rn 9 ff.
238 Vgl zB Großkomm-AktienR/*K. Schmidt*, § 241 Rn 5; *Habersack*, DStR 1998, 533; MüHb-AG/*Wiesner*, § 18 Rn 18.
239 Grundlegend: *Knobbe/Keuk*, in: FS Ballerstedt, 1975, S. 239 ff; *Paefgen*, Unternehmerische Entschädigungen und Rechtsbindungen der Organe der AG, 2002; *Paefgen*, AG 2004, 145, 150 f; *Wellkamp*, DZWiR 1994, 221, 224; *Grunewald*, DB 1981, 407; *Becker*, Verwaltungskontrolle durch Gesellschafterrechte, 1997, S. 613 ff; dagegen: *Adolff*, ZHR 169 (2005), 310.
240 *Lutter*, JZ 2000, 837, 841; *Hommelhoff*, Die Konzernleitungspflicht, 1982, S. 459 f; *Großfeld*, JZ 1981, 236; Großkomm-AktG/*Hopt*, § 93 Rn 459; *Gerkan*, ZGR 1988, 441, 450; *Rehbinder*, ZGR 1983, 92, 105; *Schiessl*, AG 1999, 442, 449; *Roth*, in: FS Henckel, 1995, S. 707; *K. Schmidt*, GesR, § 21 V 3, S. 648 ff; *Markwardt*, WM 2004, 211, 213. Vgl auch Votum des Deutschen Juristentag, 2002, Verhandlungen des 63. Deutschen Juristentag 2002, Sitzungsbericht O, 78 f.
241 *Hoffmann-Becking*, ZHR 167 (2003), 357; *Hoffmann-Becking*, WPG Sonderheft 2001, S. 121; *Bayer*, NJW 2000, 2609, 2611; *Baums*, Gutachten F für den 63. Deutschen Juristentag, 2002, F 212 ff; *Krieger*, ZHR 163 (1999), 343, 357.
242 LG Düsseldorf AG 2000, 233 = WM 2000, 528 mit Anm. *Kiem*, EWiR 2000, 413.
243 BGHZ 136, 133, 140 f = NJW 1997, 2815 = AG 1997, 465 = ZIP 1997, 1499.
244 Vgl zu den Ersatzmöglichkeiten und Rechtsgrundlagen zB Großkomm-AktienR/*Hirte*, § 203 Rn 138 ff.
245 BGHZ 164, 249 = AG 2006, 38, 39 = ZIP 2005, 2207; gegen Vorentscheidung LG Frankfurt v. 5.2.2001 – 3/1 O 139/00; OLG Frankfurt AG 2003, 276, 277 = ZIP 2003, 1198.
246 Dafür zB *Baums*, ZGR 1983, 300, 340; *Paefgen*, ZIP 2004, 145, 149 ff.

tigkeit des zugrunde liegenden Vorstandsbeschlusses und des Zustimmungsbeschlusses des Aufsichtsrats zu richten.

Die BGH-Rspr ist hinsichtlich der **Verortung des Rechtsschutzes in § 256 ZPO** und nicht analog § 249 inkonsequent, ist aber hinsichtlich der, wenn auch unzureichenden, Garantie des Rechtsschutzes zutreffend:[247] Rechtsschutz analog § 249 wäre auch im Sinne der BGH-Entscheidung der konsequente Weg gewesen, da der BGH mit Recht feststellt, dass rechtswidriges Verwaltungshandeln „nur entweder rechtmäßig und dann wirksam oder rechtswidrig und dann aber nichtig ist", was nicht zu der inter partes Wirkung der allgemeinen Feststellungsklage der ZPO passt.[248] Eine Folge der Feststellung der Nichtigkeit der Maßnahme ist die Pflicht der Verwaltungsorgane, für die Schadensbeseitigung zugunsten der Gesellschaft und der Aktionäre zu sorgen; dazu gehört zB bei unangemessen niedrigem Ausgabebeitrag (§ 255), von den Inferenten angemessene Nachzahlungen zu verlangen. Diese Pflicht der Verwaltung hat der BGH in Mangusta/Commerzbank II zwar nicht angesprochen, wohl aber nachdrücklich in einer späteren Entscheidung zur Nichtigkeit der Entsendung von Aufsichtsratsmitgliedern nach § 101 Abs. 2 (vgl § 250 Rn 13): Nach dem BGH ist die AG „berechtigt und verpflichtet", ein Aufsichtsratsmitglied, dessen Nichtigkeit der Entsendung gemäß § 256 ZPO feststeht, „von der Mitwirkung in diesem Organ auszuschließen".[249]

Während über die theoretisch möglichen Anwendungsgebiete der Aktionärsklage weitgehend Einigkeit besteht, wird Kern der Auseinandersetzung regelmäßig sein, ob **die konkrete Maßnahme derart bedeutend ist, dass sie einen Eingriff** in die Mitwirkungsrechte der Aktionäre in ihre Rechtsstellung **begründet**.[250]

Unentbehrlich zur Abwehr der Eingriffe wird regelmäßig der – prozessual und aktienrechtlich, in den Grundzügen auch grundrechtlich (Art. 14 GG als Verfahrensgarantie und Gewährleistung effektiven Rechtsschutzes) – gesicherte **vorläufige Rechtsschutz** sein (vgl Rn 58 ff).

Die nach den „Holzmüller"- und „Mangusta/Commerzbank II"-Urteilen zur Feststellung der Nichtigkeit oder Unzulässigkeit einer Verwaltungsmaßnahme zulässige **allgemeine Feststellungsklage gemäß § 256 ZPO** (vgl Rn 64 a, b), kann erhoben werden, wenn sie die Stellung als Aktionär und damit das Rechtsverhältnis zwischen AG und Aktionär betrifft. Im Fall der Holzmüller-Ausgliederung sah der BGH diese Voraussetzung als erfüllt an: Wenn gegenüber dem klagenden Aktionär die Nichtigkeit der Ausgliederung festgestellt würde, bestehe die „begründete Aussicht, daß die Gesellschaftsorgane hieraus die notwendigen Folgerungen ziehen würden. Wollte die (AG) aber entgegen einem solchen Urteil den tatsächlich geschaffenen Zustand zum Nachteil des (Aktionärs) aufrechterhalten und zu weiteren Maßnahmen, die etwa die Kapitalverhältnisse oder die Gewinnverwendung beträfen, ausnutzen, so könnte dies für ihn die Grundlage konkreter Abwehrrechte oder Schadensersatzansprüche bilden oder mindestens entsprechende Anträge in der HV rechtfertigen. Hieraus ergibt sich das rechtliche Interesse... an der gewünschten Feststellung". Aktienrechtliche Gründe stehen der Klage nach der BGH-Rechtsprechung nicht entgegen. Insbesondere braucht sich der Aktionär nicht entgegenhalten zu lassen, (1) er dürfe seine Mitspracherechte nur in der HV ausüben, (2) er müsse abwarten, bis sich die rechtswidrige Maßnahme zu einem konkret berechenbaren Vermögensschaden verdichtet habe, (3) ein Vorgehen nach §§ 117, 147 (148, 317) sei vorrangig, oder (4) ein Verlagen nach § 122 müsse zunächst gestellt werden. Eine materiell begründete Rechtsverfolgung dürfe nicht daran scheitern, dass die dem AktG eigenen Rechtsbehelfe tatbestandsmäßig versagten; vielmehr müsse der Aktionär auf die ihm in den allgemeinen Gesetzen zur Verfügung gestellten Mittel zurückgreifen können.[251] Die AG wird mE entsprechend § 246 Abs. 2 durch Vorstand und AR vertreten.[252]

Zur **Streitwertbegrenzung** analog § 247 (vgl § 247 Rn 4).

---

[247] Vgl aus der umfangreichen Literatur zustimmend: *Goette*, VGR, Gesellschaftsrecht in der Diskussion 2005 (2006), 1, 14 ff; *Kubis*, DStR 2006, 188, 193; *Wilsing*, ZGR 2006, 722, 736 ff; kritisch: *Paschos*, DB 2005, 2731; *Waclawik*, ZIP 2006, 397, 402 ff.

[248] Ähnlich zu Recht K. Schmidt/Lutter/*Schwab*, § 255 Rn 7 für Anfechtungsklage gegen Beschlüsse der Verwaltungsorgane; ebenso *Schwab*, Das Prozessrecht gesellschaftsinterner Streitigkeiten, S. 521 ff.

[249] BGH ZIP 2006, 177, 178 = AG 2006, 117 (Sedlmayr/Spaten Franziskanerbräu).

[250] *Hirte*, Kapitalgesellschaftsrecht, Rn 503. Vgl instruktiv die Auseinandersetzung zwischen LG Köln AG 2008, 327 und OLG Köln AG 2009, 416 = ZIP 2009, 1469: Während das LG beispielsweise auch bei Verstößen gegen den Gleichbehandlungsgrundsatz die Klage für zulässig hielt, beschränkt das OLG die Zulässigkeit auf die Gesichtspunkte der Satzungsunterschreitung, der ungeschriebenen Zuständigkeit der HV und die Grundsätze zum qualifiziert faktischen Konzern. Zu restriktiv OLG Frankfurt AG 2011, 631, 632 ff = NZG 2011, 746 (Kirch/Deutsche Bank) in einem Commerzbank/Mangusta-Fall.

[251] BGHZ 83, 122, 126 f = NJW 1982, 1703 = ZIP 1982, 568 (Holzmüller).

[252] AA OLG Frankfurt AG 2011, 631, 632 = NZG 2011, 746 (Kirch/Deutsche Bank): nur Vorstand.

§ 246a Freigabeverfahren

(1) ¹Wird gegen einen Hauptversammlungsbeschluss über eine Maßnahme der Kapitalbeschaffung, der Kapitalherabsetzung (§§ 182 bis 240) oder einen Unternehmensvertrag (§§ 291 bis 307) Klage erhoben, so kann das Gericht auf Antrag der Gesellschaft durch Beschluss feststellen, dass die Erhebung der Klage der Eintragung nicht entgegensteht und Mängel des Hauptversammlungsbeschlusses die Wirkung der Eintragung unberührt lassen. ²Auf das Verfahren sind § 247, die §§ 82, 83 Abs. 1 und § 84 der Zivilprozessordnung sowie die im ersten Rechtszug für das Verfahren vor den Landgerichten geltenden Vorschriften der Zivilprozessordnung entsprechend anzuwenden, soweit nichts Abweichendes bestimmt ist. ³Über den Antrag entscheidet ein Senat des Oberlandesgerichts, in dessen Bezirk die Gesellschaft ihren Sitz hat.

(2) Ein Beschluss nach Absatz 1 ergeht, wenn
1. die Klage unzulässig oder offensichtlich unbegründet ist,
2. der Kläger nicht binnen einer Woche nach Zustellung des Antrags durch Urkunden nachgewiesen hat, dass er seit Bekanntmachung der Einberufung einen anteiligen Betrag von mindestens 1 000 Euro hält oder
3. das alsbaldige Wirksamwerden des Hauptversammlungsbeschlusses vorrangig erscheint, weil die vom Antragsteller dargelegten wesentlichen Nachteile für die Gesellschaft und ihre Aktionäre nach freier Überzeugung des Gerichts die Nachteile für den Antragsgegner überwiegen, es sei denn, es liegt eine besondere Schwere des Rechtsverstoßes vor.

(3) ¹Eine Übertragung auf den Einzelrichter ist ausgeschlossen; einer Güteverhandlung bedarf es nicht. ²In dringenden Fällen kann auf eine mündliche Verhandlung verzichtet werden. ³Die vorgebrachten Tatsachen, auf Grund deren der Beschluss ergehen kann, sind glaubhaft zu machen. ⁴Der Beschluss ist unanfechtbar. ⁵Er ist für das Registergericht bindend; die Feststellung der Bestandskraft der Eintragung wirkt für und gegen jedermann. ⁶Der Beschluss soll spätestens drei Monate nach Antragstellung ergehen; Verzögerungen der Entscheidung sind durch unanfechtbaren Beschluss zu begründen.

(4) ¹Erweist sich die Klage als begründet, so ist die Gesellschaft, die den Beschluss erwirkt hat, verpflichtet, dem Antragsgegner den Schaden zu ersetzen, der ihm aus einer auf dem Beschluss beruhenden Eintragung des Hauptversammlungsbeschlusses entstanden ist. ²Nach der Eintragung lassen Mängel des Beschlusses seine Durchführung unberührt; die Beseitigung dieser Wirkung der Eintragung kann auch nicht als Schadensersatz verlangt werden.

Literatur:
Bayer, Das Freigabeverfahren gem. § 246a AktG idF des ARUG als Instrument zur Bekämpfung räuberischer Aktionäre, FS Hoffmann-Becking, 2013, S. 91; *Fiebelkorn*, Die Reform der aktienrechtlichen Beschlussmängelklagen, 2013; *Hirte*, Anmerkung zur Neuordnung des Freigabeverfahrens durch das ARUG, FS W. Meilicke, 2010, S. 201; *Jocksch*, Das Freigabeverfahren gem. § 246a AktG im System des einstweiligen Rechtsschutzes, 2013; *Nietsch*, Freigabeverfahren - Beschlusskontrolle bei Strukturveränderungen, 2013; *Satzl*, Freigabe von Gesellschafterbeschlüssen im Kapitalgesellschaftsrecht, 2011; *Schatz*, Der Missbrauch der Anfechtungsbefugnis durch den Aktionär und die Reform der aktienrechtlichen Beschlussmängelrechts, 2012; *Stilz*, Freigabeverfahren und Beschlussmängelrecht – Zur Evaluation des Freigabeverfahrens nach dem ARUG und zur Weiterentwicklung des Beschlussmängelrechts, FS Hommelhoff, 2012, S. 1181; *Zöllner*, Evaluation des Freigabeverfahrens, FS H.P. Westermann, 2008, S. 1629.

A. Überblick 1	III. Gerichtliches Verfahren (Abs. 1 und Abs. 3) ... 18
I. Regelungsgegenstand und Normzweck 1	C. Freigabegründe (Abs. 2) 22
II. Bewertung des Freigabekonzepts 3	I. Unzulässigkeit der Klage (Abs. 2 Nr. 1 Alt. 1) .. 22
III. Anwendungsbereich des Freigabeverfahrens nach § 246a AktG 5	II. Offensichtliche Unbegründetheit der Klage (Abs. 2 Nr. 1 Alt. 2) 23
1. Unmittelbarer Anwendungsbereich 5	1. Unbegründetheit 23
2. Gesetzliche Verweisungen, fehlende Analogiefähigkeit 6	2. Offensichtlichkeit 24
B. Freigabeantrag, Verfahren 7	III. Kein fristgerechter Nachweis hinreichenden Anteilsbesitzes (Abs. 2 Nr. 2) 31
I. Freigabeantrag (Abs. 1) 7	1. Normzweck 31
1. Statthaftigkeit 8	2. Verfassungskonformität 33
a) Klage gegen einen der in § 246a AktG genannten Hauptversammlungsbeschlüsse 8	3. Anwendungsbereich 36
	4. Nachweis des erforderlichen Anteilsbesitzes 40
b) „Erhobene" Klage, Zeitpunkt der Antragstellung 10	a) Inhaltliche Anforderungen 40
2. Antragstellerin, Vertretung, Anwaltszwang ... 14	aa) Anteiliger Betrag von mindestens 1.000 Euro 40
3. Antragsgegner, Zustellung 15	bb) Nachweiszeitraum 42
II. Zuständiges Gericht (Abs. 1 S. 3) 17	b) Mittel des Nachweises 45

5. Wochenfrist 47	D. Die Entscheidung des Gerichts und ihre Rechtsfolgen 81
6. Rechtsfolgen bei Verfehlen des Quorums .. 49	I. Stattgebende Entscheidung 81
IV. Vorrangiges Interesse am alsbaldigen Wirksamwerden der Maßnahme (Abs. 2 Nr. 3) 52	1. Tenor der Freigabeentscheidung (Abs. 1 S. 1) 81
1. Überblick 52	2. Registereintragung; Bindungswirkung für das Registergericht (Abs. 3 S. 5) 82
a) Zweistufige Grundstruktur 52	3. Durchführung des Beschlusses (Abs. 4 S. 2 Hs 1) 83
b) Implikationen der zweistufigen Grundstruktur für das Verständnis der Abwägungsvariante 54	4. Sicherung der Eintragungswirkungen, Bestandskraft (Abs. 1 S. 1, Abs. 3 S. 5 Hs 2) 84
2. Einzelheiten 57	5. Keine Auswirkungen auf den schwebenden Beschlussmängelprozess 87
a) Erste Stufe: Nachteilsvergleich 57	a) Keine Erledigung der Hauptsache 87
aa) Wesentliche Nachteile für die Gesellschaft und ihre Aktionäre ... 58	b) Keine Bindungswirkung des rechtskräftigen Freigabebeschlusses für die Entscheidung im Beschlussmängelprozess .. 89
(1) Berücksichtigungsfähige Nachteile 58	
(2) Wesentlichkeit 64	
(3) Glaubhaftmachung 65	6. Schadensersatzanspruch bei erfolgreicher Beschlussmängelklage (Abs. 4) 90
bb) Nachteile für den Antragsgegner .. 67	II. Zurückweisung des Freigabeantrages 97
cc) Nachteilsgewichtung 69	E. Verhältnis zur einstweiligen Verfügung 99
b) Zweite Stufe: Kein Rechtsverstoß von besonderer Schwere 72	
aa) Rechtsverstoß von besonderer Schwere 72	
bb) Nichtvorliegen eines solchen Rechtsverstoßes 79	

A. Überblick

I. Regelungsgegenstand und Normzweck. Die 2005 in Anlehnung an §§ 16 Abs. 3 UmwG, 319 Abs. 6 durch das UMAG[1] in das Aktiengesetz eingefügte Vorschrift des § 246 a regelt das **Freigabeverfahren bei Kapitalmaßnahmen und Unternehmensverträgen**. Es handelt sich um ein **den Regeln der ZPO unterliegendes Eilverfahren sui generis**,[2] das auf die **zügige Durchsetzung der konstitutiven Registereintragung bei Kapitalmaßnahmen und Unternehmensverträgen** trotz Anhängigkeit einer Beschlussmängelklage und auf die Vermittlung von **Bestandsschutz** für diese Eintragung und ihre Wirkungen gerichtet ist. Nach vorzeitiger Registereintragung aufgrund eines Freigabebeschlusses lässt ein späterer Erfolg der Beschlussmängelklage trotz rückwirkender Kassation des zugrunde liegenden Hauptversammlungsbeschlusses den Bestand der vorzeitig wirksam gewordenen Maßnahme unberührt; der Kläger ist in diesem Falle auf den Ersatz seines Individualschadens gemäß § 246 a Abs. 4 beschränkt. Durch das zum 1. September 2009 in Kraft getretene ARUG[3] hat § 246 a diverse Änderungen erfahren, die auf eine Verbesserung der praktischen Wirksamkeit des Freigabeverfahrens abzielen.[4] Hervorzuheben sind die Beschränkung des Verfahrens auf eine Instanz vor dem OLG (Rn 17), die Einführung eines „Bagatellquorums" in Abs. 2 Nr. 2 (Rn 31 ff) sowie die mit erheblichen praktischen Konsequenzen verbundene Neufassung der Abwägungsvariante in Abs. 2 Nr. 3 (Rn 52 ff).

Anlass für die Einführung der aktien- und umwandlungsrechtlichen Freigabeverfahren war die Beobachtung, dass geringfügig beteiligte Aktionäre Hauptversammlungsbeschlüsse im Rahmen bedeutsamer Kapital- und Strukturmaßnahmen anfochten, dadurch die für das Wirksamwerden der betreffenden Maßnahme konstitutive Handelsregistereintragung vorerst blockierten[5] und sich ihre Klagen dann zu einem durch deren enormen „Lästigkeitswert" bestimmten Preis von der Gesellschaft „abkaufen" ließen.[6] Diese **funktionswidrige Ausnutzung des registerrechtlichen Blockadepotentials von Beschlussmängelklagen** soll das Freigabeverfahren unterbinden, indem es eine zügige und bestandskräftige Umsetzung der beschlossenen Maßnahme ermöglicht und dadurch den Vergleichsdruck von den Gesellschaften nimmt.

II. Bewertung des Freigabekonzepts. Gemessen an dieser begrüßenswerten Zielsetzung hat sich das Freigabeverfahren gemäß § 246 a insbesondere nach seinen Modifikationen durch das ARUG **in der Praxis be-**

---

1 BGBl. I S. 2802, Gesetz zur Unternehmensintegrität und Modernisierung des Anfechtungsrechts (UMAG) vom 22. September 2005.
2 *Bayer*, FS Hoffmann-Becking, 2013, S. 91, 92; *Hüffer*, Rn 24; eingehend *Schatz*, Missbrauch der Anfechtungsbefugnis, S. 128 ff.
3 Gesetz zur Umsetzung der Aktionärsrechterichtlinie (ARUG), BGBl. I, S. 2479.
4 Eingehend zu diesen Änderungen *Schatz*, Missbrauch der Anfechtungsbefugnis, S. 177 ff.
5 Bei Kapitalmaßnahmen und Unternehmensverträgen sieht das Gesetz anders als in den Fällen der §§ 319 Abs. 5 S. 2, 327 e Abs. 2 AktG, 16 Abs. 2 S. 2 UmwG zwar keine gesetzliche Registersperre für die Folge der Erhebung einer Beschlussmängelklage vor. In der Praxis setzen die Registergerichte jedoch die Eintragungsverfahren in diesem Falle regelmäßig nach §§ 21, 381 FamFG aus („faktische Registersperre").
6 Siehe hierzu eingehend *Schatz*, Missbrauch der Anfechtungsbefugnis, S. 41 ff.

währt.[7] Seine **rechtspolitische Bewertung** muss dennoch **kritisch** ausfallen.[8] Der durch das Freigabeverfahren bewirkte Schutz der Gesellschaften vor missbräuchlichen Beschlussmängelklagen wird durch eine **erhebliche Verkürzung des Rechtsschutzes** auch redlicher Kläger gegen rechtswidrige Hauptversammlungsbeschlüsse und durch eine **massive Zurückdrängung der institutionell bedeutsamen überindividuellen Kontrollfunktion und präventiven Steuerwirkung von Beschlussmängelklagen**[9] teuer erkauft.[10] Gravierenden Bedenken begegnet insbesondere die durch das ARUG neu gefasste Abwägungsvariante in Abs. 2 Nr. 3, nach der die Reichweite der einem Kläger zustehenden Blockade- und Kassationsbefugnis entscheidend durch eine wirtschaftliche Nachteilsabwägung zu bestimmen ist (siehe Rn 53 ff),[11] zumal es hierbei in der Sache um eine Relativierung der materiellrechtlichen Beschlussmängelfolgen unter verfahrensrechtlichem Deckmantel geht.[12] Bei einer extensiven Anwendung kann dieser Freigabegrund in Kombination mit der durch einen Freigabebeschluss vermittelten Bestandskraft (siehe Rn 84 ff) dazu führen, dass gerade im Zusammenhang mit den von § 246a erfassten bedeutsamen Maßnahmen die Verletzung materieller Rechtmäßigkeitsanforderungen aufgrund rein ökonomischer Erwägungen in ganz erheblichem Umfang de facto sanktionslos bleibt und so die effektive Sanktionierung von Beschlussmängeln in rechtspolitisch unerträglichem Ausmaß zurückgenommen wird.[13] Hier ist von den Oberlandesgerichten besonderes **Augenmaß bei der Rechtsanwendung** gefragt.

4 In **dogmatischer und systematischer Hinsicht** überzeugt insbesondere das Nebeneinander von rückwirkender Beschlusskassation aufgrund erfolgreicher Beschlussmängelklage und gleichzeitiger Bestandskraft der auf dem Hauptversammlungsbeschluss aufbauenden Maßnahme nicht.[14] Was Not tut, ist eine stringent durchdachte, grundlegende Reform des aktienrechtlichen Beschlussmängelrechts.[15] Die Diskussion darüber darf allerdings keinesfalls auf den Aspekt der Missbrauchsbekämpfung verengt werden.[16]

5 **III. Anwendungsbereich des Freigabeverfahrens nach § 246a AktG. 1. Unmittelbarer Anwendungsbereich.** Der unmittelbare Anwendungsbereich des § 246a erfasst Beschlüsse der Hauptversammlung einer AG über eine Maßnahme der Kapitalbeschaffung oder -herabsetzung (§§ 182 bis 240) oder über einen Unternehmensvertrag (§§ 291 bis 307).

6 **2. Gesetzliche Verweisungen, fehlende Analogiefähigkeit.** Eine entsprechende Anwendung des § 246a kommt nur bei ausdrücklicher gesetzlicher Verweisung in Betracht. Eine solche findet sich in § 278 Abs. 3 für die **KGaA**[17] und in Art. 9 Abs. 1 c) ii), Art. 10 SE-VO für die **SE**.[18] Gemäß § 20 Abs. 3 S. 4 Hs 2 SchVG findet § 246a zudem bei der Anfechtung von **Beschlüssen einer Gläubigerversammlung** entsprechende Anwendung, wenn die Schuldverschreibungen in den Anwendungsbereich des SchVG fallen.[19] Jenseits der Fälle einer ausdrücklichen gesetzlichen Verweisung ist die Vorschrift des § 246a mangels planwidriger Regelungslücke und wegen des Ausnahmecharakters des rechtspolitisch ohnehin kritikwürdigen (hierzu oben Rn 3) Freigabekonzeptes **nicht analogiefähig**. Eine analoge Anwendung auf andere Beschlussgegenstände[20] oder auf Gesellschafterbeschlüsse über Kapitalmaßnahmen oder Unternehmensverträge bei der GmbH scheidet daher aus.[21] Die bewusste gesetzgeberische Beschränkung des Freigabeverfahrens auf die in

---

7 Vgl *Bayer/Hoffmann/Sawada*, ZIP 2012, 897 ff; *Stilz*, FS Hommelhoff, 2012, S. 1181, 1189.
8 Vernichtende Kritik bei *Zöllner*, FS Westermann, 2008, S. 1629 ff; *Heidel*, Vorauflg., Rn 1-1 b; *Meilicke/Heidel*, DB 2004, 1479, 1484; kritisch auch *Hirte*, FS W. Meilicke, 2010, S. 201 ff; *Habersack*, Bucerius Law Journal 2009, 31, 32; *Martens/Martens*, FS K. Schmidt, 2009, S. 1129, 1142 ff; *Schatz*, Missbrauch der Anfechtungsbefugnis, S. 219 f.
9 Hierzu *Schatz*, Missbrauch der Anfechtungsbefugnis, S. 16 f.
10 Richtig *Bayer/Hoffmann/Sawada*, ZIP 2012, 897, 910; *Habersack*, Bucerius Law Journal 2009, 31, 32; *ders./Stilz*, ZGR 2010, 711, 714; *Hüffer*, Rn 23; *Martens/Martens*, FS K. Schmidt, 2009, S. 1129, 1145.
11 Kritisch hierzu etwa *C. Schäfer*, FS K. Schmidt, 2009, S. 1389, 1408; *Habersack*, Bucerius Law Journal 2009, 31, 32; *Schatz*, Missbrauch der Anfechtungsbefugnis, S. 216, 220; bereits vor dem ARUG *Zöllner*, FS Westermann, 2008, S. 1629, 1643: „platte Interessenabwägung".
12 Vgl bereits *M. Winter*, FS Ulmer, 2003, S. 699, 716; *Zöllner*, FS Westermann, 2008, S. 1629, 1643; *Hirte*, FS W. Meilicke, 2010, S. 201, 210.
13 Näher *Schatz*, Missbrauch der Anfechtungsbefugnis, S. 220; siehe auch Grigoleit/Ehmann, Rn 3: „skandalös".
14 *Habersack/Stilz*, ZGR 2010, 710, 717; *C. Schäfer*, FS K. Schmidt, 2009, S. 1389, 1405; *M. Winter*, Liber amicorum Happ, 2006, S. 363, 370; *Schatz*, Missbrauch der Anfechtungsbefugnis, S. 212; Grigoleit/*Ehmann*, Rn 3: „rechtssystematisch … ein Desaster".
15 Arbeitskreis Beschlussmängelrecht, AG 2008, 617, 619; *Habersack/Stilz*, ZGR 2010, 710, 723; *Stilz*, FS Hommelhoff, 2012, S. 1181, 1189, 1194 f; *Schatz*, Missbrauch der Anfechtungsbefugnis, S. 222 ff.
16 *K. Schmidt*, AG 2009, 248, 258; *Fiebelkorn*, Die Reform der aktienrechtlichen Beschlussmängelklagen, S. 254; *Schatz*, Missbrauch der Anfechtungsbefugnis, S. 222 sowie S. 223 ff zu den wesentlichen rechtspolitischen Postulaten für eine Ausgestaltung des Beschlussmängelrechts de lege ferenda.
17 Hierzu *Satzl*, Freigabe von Gesellschafterbeschlüssen, S. 168.
18 Siehe hierzu OLG Frankfurt ZIP 2010, 986, 987; *Satzl*, Freigabe von Gesellschafterbeschlüssen, S. 168.
19 Siehe OLG Frankfurt ZIP 2012, 725, 726.
20 Vgl OLG Frankfurt v. 2.12.2010 – 5 Sch 3/10, Rn 23 (zitiert nach juris, insoweit nicht abgedruckt in NZG 2012, 351); Grigoleit/*Ehmann*, Rn 2; K. Schmidt/Lutter/*Schwab*, Rn 1; *Satzl*, Freigabe von Gesellschafterbeschlüssen, S. 163; *J. Vetter*, Liber Amicorum M. Winter, 2011, S. 731, 738.
21 KG ZIP 2011, 1474; *Fleischer*, DB 2011, 2132; *Sauerbruch*, NZG 2011, 189; *Hüffer*, Rn 4; Grigoleit/*Ehmann*, Rn 2; aA etwa *Bayer/Lieder*, NZG 2011, 1170; *Harbarth*, GmbHR 2005, 966; *Satzl*, Freigabe von Gesellschafterbeschlüssen, S. 165 f mwN.

§§ 246 a, 319 Abs. 6, 327 e Abs. 2 AktG, 16 Abs. 3 UmwG genannten Fälle verbietet schließlich auch die in der jüngeren Literatur vereinzelt erwogene[22] wertungsmäßigen Übertragung der Abwägungsvariante des § 246 a Abs. 2 Nr. 3 auf nicht vom Anwendungsbereich eines Freigabeverfahrens erfasste Strukturmaßnahmen, etwa „Holzmüller"-Beschlüsse, mit der Folge, dass der Vorstand trotz Anhängigkeit einer aussichtsreichen Anfechtungsklage ausführungsbefugt wäre.[23]

B. Freigabeantrag, Verfahren

I. Freigabeantrag (Abs. 1). Das Freigabeverfahren wird durch einen Antrag der Gesellschaft eingeleitet. Von Amts wegen kann das OLG keinen Freigabebeschluss erlassen.[24]

1. Statthaftigkeit. a) Klage gegen einen der in § 246 a AktG genannten Hauptversammlungsbeschlüsse. § 246 a setzt eine Klage gegen einen der dort genannten Hauptversammlungsbeschlüsse voraus. „Klage" iSd § 246 a ist jedenfalls die **Anfechtungsklage** und wegen der Verweisung in § 249 Abs. 1 S. 1 auch die **Nichtigkeitsklage**. Erfasst ist nach vorzugswürdiger Auffassung zudem die auf Feststellung der Nichtigkeit oder Unwirksamkeit eines der von § 246 a erfassten Beschlüsse gerichtete **allgemeine Feststellungsklage** gemäß § 256 Abs. 1 ZPO.[25]

Es ist streitig, ob ein **Unternehmensvertrag** auch in das Handelsregister am Sitz der Obergesellschaft eingetragen werden muss.[26] Schon weil diesbezüglich keine einheitliche Linie der Registergerichte existiert, ist auch ein auf Eintragung des Unternehmensvertrages in das Handelsregister der Obergesellschaft gerichteter Freigabeantrag statthaft.[27]

b) „Erhobene" Klage, Zeitpunkt der Antragstellung. Die Klage muss gegen denjenigen Beschluss, der Gegenstand des Freigabeantrages ist,[28] **erhoben** sein. Erhoben ist sie gemäß §§ 253, 261 ZPO mit Eintritt der Rechtshängigkeit durch Zustellung der Klageschrift. Nach allgemeinen Grundsätzen reicht es aber aus, wenn diese Sachentscheidungsvoraussetzung zum Zeitpunkt der Entscheidung über den Freigabeantrag vorliegt.[29] Der Freigabeantrag kann daher auch schon zwischen Anhängigkeit und Rechtshängigkeit der Klage eingereicht werden.[30] Das entspricht auch dem Beschleunigungszweck der durch das ARUG neu in das AktG eingefügten Regelung des § 246 Abs. 3 S. 5. Hat die Gesellschaft sich nach dieser Vorschrift Kenntnis vom Inhalt der Klageschrift(en) verschafft, so kann sie sich in ihrem Freigabeantrag auch schon substantiiert mit den vorgebrachten Rügen auseinandersetzen und weiß zudem, gegen wen der Freigabeantrag zu richten ist. Mit Zustellung der Klageschrift wird der bereits zuvor eingereichte Freigabeantrag dann zulässig.[31]

Die **Statthaftigkeit** des Freigabeantrages setzt nicht voraus, dass die Kapitalmaßnahme bzw der Unternehmensvertrag schon zur Eintragung in das Handelsregister angemeldet wurde oder dass das Registergericht das Eintragungsverfahren ausgesetzt[32] oder den Eintragungsantrag zurückgewiesen hat. Nach zutreffender hM kann ein Freigabeantrag auch noch **nach bereits erfolgter Registereintragung** zulässigerweise gestellt werden.[33] Er ist dann zwar nicht mehr erforderlich, um die Eintragung und das daran anknüpfende Wirksamwerden der beschlossenen Maßnahme durchzusetzen, wohl aber um die ausschließlich mit einem stattgebenden Freigabebeschluss zu erreichende Bestandskraft der Eintragung und ihrer Wirkungen (sprich: der eingetragenen Maßnahme) gemäß § 246 a Abs. 1 S. 1, letzter Hs, Abs. 3 S. 5 Hs 2, Abs. 4 S. 2, § 242 Abs. 2 S. 5 herbeizuführen.[34] Aus demselben Grund kann ein bereits eingeleitetes Freigabeverfahren ohne Wegfall des Rechtsschutzbedürfnisses weiter betrieben werden, wenn der Registerrichter nach Einreichung des Freigabeantrages die Eintragung der angegriffenen Maßnahme verfügt.[35]

---

22 J. Vetter, Liber Amicorum M. Winter, 2011, S. 731, 738 ff.
23 Richtig Hüffer, Rn 4 und 21.
24 Satzl, Freigabe von Gesellschafterbeschlüssen, S. 154.
25 Heidel, Vorauﬂ., Rn 3 c; Hüffer, Rn 6; Spindler/Stilz/Dörr, Rn 7; Grigoleit/Ehmann, Rn 4; aA etwa Hölters/Englisch, Rn 7.
26 Zum Streitstand siehe Spindler/Stilz/Veil, § 294 Rn 2.
27 KG ZIP 2011, 172, 173; OLG Hamburg AG 2010, 214.
28 Hierzu OLG Frankfurt ZIP 2010, 2500, 2501: Unzulässigkeit eines Freigabeantrages, wenn zwar andere auf der Hauptversammlung gefasste Beschlüsse angefochten wurden, nicht jedoch der Beschluss, der Gegenstand des Freigabeantrages ist.
29 So auch OLG München ZIP 2013, 931; Heidel, Vorauﬂ., Rn 6; Hüffer, Rn 6.
30 Heidel, Vorauﬂ., Rn 6.
31 OLG München ZIP 2013, 931; Heidel, Vorauﬂ., Rn 6; Henssler/Strohn/Drescher, Gesellschaftsrecht, Rn 10; Hüffer, Rn 6; Widmann/Mayer/Fronhöfer, UmwG, 112. Erg.-Lfg., § 16

Rn 126; Satzl, Freigabe von Gesellschafterbeschlüssen, S. 161; sympathisierend auch Grigoleit/Ehmann, Rn 4.
32 MüKo-AktG/Hüffer, Rn 18; Fiebelkorn, Die Reform der aktienrechtlichen Beschlussmängelklagen, S. 143, 145.
33 OLG Frankfurt ZIP 2010, 986, 987; OLG Düsseldorf ZIP 2009, 518, 519; OLG Celle ZIP 2008, 318; Hüffer, Rn 5; Grigoleit/Ehmann, Rn 4; Büchel, Liber amicorum Happ, 2006, S. 1, 6; Faßbender, AG 2006, 872, 880; M. Winter, Liber amicorum Happ, 2006, S. 363, 369; aA Heidel, Vorauﬂ., Rn 3 a; Zöllner, FS Westermann, 2008, S. 1631, 1633; Schütz, NZG 2005, 5, 9.
34 OLG Frankfurt ZIP 2010, 986, 987; OLG Celle ZIP 2008, 318; OLG Düsseldorf ZIP 2009, 518, 519 f; Hüffer, Rn 5; Grigoleit/Ehmann, Rn 4.
35 K. Schmidt/Lutter/Schwab, Rn 28 mwN; Hölters/Englisch, Rn 13; Fiebelkorn, Die Reform der aktienrechtlichen Beschlussmängelklagen, S. 149.

12 Nach vorzugswürdiger Ansicht kann ein Freigabeantrag sogar dann noch zulässigerweise gestellt werden, wenn die **Beschlussmängelklage bereits rechtskräftig stattgegeben** wurde.[36] Dieses auf den ersten Blick befremdliche Ergebnis folgt daraus, dass nach Abs. 2 Nr. 2 und Nr. 3 eine Freigabe auch bei zweifelsfrei begründeter Klage erfolgen kann,[37] die Entscheidungsmaßstäbe für das Beschlussmängelverfahren einerseits und das Freigabeverfahren andererseits also auseinanderfallen. Der Wortlaut des Abs. 1 S. 1 steht der Zulässigkeit eines Freigabeantrages nach rechtskräftigem Durchdringen der Beschlussmängelklage nicht entgegen, denn er setzt nur voraus, dass die Klage „erhoben" wurde, nicht auch, dass die Rechtshängigkeit fortbesteht. § 242 Abs. 2 S. 5 gilt analog. Die betreffende Konstellation wird in der Praxis allerdings allenfalls selten und zwar nur dann auftreten, wenn der Freigabeantrag sehr spät – im Extremfall erst nach Erlass eines stattgebenden Urteils im Beschlussmängelprozess – gestellt worden ist. In diesem Falle wird es der antragstellenden Gesellschaft allerdings regelmäßig schwerfallen, das für eine Freigabe nach Abs. 2 Nr. 3 erforderliche Interesse an einem „alsbaldigen" Wirksamwerden der betreffenden Maßnahme zu begründen. Im Hinblick auf eine Freigabe nach Abs. 2 Nr. 2 mag unter diesem Gesichtspunkt das Rechtsschutzbedürfnis zweifelhaft sein. Anders ist es, wenn die Maßnahme schon eingetragen wurde und der Freigabeantrag auf die nachträgliche Herbeiführung der Bestandskraft abzielt.

13 Ist die **Beschlussmängelklage rechtskräftig abgewiesen** worden, so wird ein anhängiger Freigabeantrag unzulässig.[38] Wird allerdings zulässigerweise eine Nichtigkeitsklage „nachgeschoben", so steht das Freigabeverfahren wieder offen.[39]

14 **2. Antragstellerin, Vertretung, Anwaltszwang.** Antragstellerin kann ausweislich des Wortlautes des § 246a Abs. 1 S. 1 nur die im Beschlussmängelverfahren beklagten Gesellschaft sein. Ein diesem Verfahren auf Seiten der Gesellschaft beigetretener Nebenintervenient kann den Freigabeantrag nicht stellen.[40] Nach zutreffender hM wird die Gesellschaft bei Klagen von Aktionären im Freigabeverfahren gemäß § 78 Abs. 1 S. 1 **allein durch den Vorstand vertreten**; das Doppelvertretungsgebot des § 246 Abs. 2 S. 2 findet keine analoge Anwendung.[41] Solange die Frage weiter umstritten ist, sollte – Einigkeit vorausgesetzt – der Antrag in der Praxis aber vorsorglich durch Vorstand und Aufsichtsrat gemeinsam gestellt werden. Für die Einreichung des Freigabeantrages herrscht analog §§ 936, 920 Abs. 3, 78 Abs. 3 ZPO kein **Anwaltszwang**, wohl aber für die Vertretung in der regelmäßig stattfindenden (vgl Rn 19) mündlichen Verhandlung vor dem OLG (§ 246a Abs. 1 S. 2, 78 Abs. 1 ZPO).[42]

15 **3. Antragsgegner, Zustellung.** Der Freigabeantrag hat sich gegen **alle Beschlussmängelkläger** zu richten,[43] nicht jedoch gegen die Nebenintervenienten, die dem Beschlussmängelverfahren auf Klägerseite beigetreten sind.[44] Diese sind auch nicht von Amts wegen durch das OLG am Freigabeverfahren zu beteiligen,[45] können ihm aber aus eigenem Antrieb beitreten (siehe hierzu noch Rn 37).[46] Sie sind dann streitgenössische Nebenintervenienten iSd § 69 ZPO.[47]

16 Gemäß § 246a Abs. 1 S. 2 gelten die §§ 82, 83 ZPO für das Freigabeverfahren entsprechend. Deswegen können die **Zustellung** des Freigabeantrages und die übrigen im Freigabeverfahren nötigen Zustellungen an den Prozessbevollmächtigten des Antragsgegners im Beschlussmängelverfahren erfolgen. Eine eventuelle Beschränkung der Prozessvollmacht auf das Beschlussmängelverfahren hat im Freigabeverfahren der antragstellenden Gesellschaft gegenüber nur in dem von § 83 ZPO abgesteckten Rahmen Wirkung.

---

36 Richtig *Satzl*, Freigabe von Gesellschafterbeschlüssen, S. 162; aA Hölters/*Englisch*, Rn 10; K. Schmidt/Lutter/*Schwab*, Rn 27; Mehrbrey/*Bussian*, Handbuch Gesellschaftsrechtliche Streitigkeiten, § 8 Rn 357; *Jocksch*, Freigabeverfahren, S. 145.
37 Siehe hierzu unten Rn 49 und 54.
38 Vgl *Satzl*, Freigabe von Gesellschafterbeschlüssen, S. 162; Hölters/*Englisch*, Rn 9; *Jocksch*, Freigabeverfahren, S. 145.
39 K. Schmidt/Lutter/*Schwab*, Rn 27; Hölters/*Englisch*, Rn 9.
40 Henssler/Strohn/*Drescher*, Rn 13.
41 OLG Frankfurt AG 2010, 39 f; OLG Frankfurt AG 2008, 667, 668; OLG Bremen AG 2009, 412; OLG Hamm ZIP 2005, 1457, 1458; *Hüffer*, Rn 7; Grigoleit/*Ehmann*, Rn 10; *Satzl*, Freigabe von Gesellschafterbeschlüssen, S. 159; *Jocksch*, Freigabeverfahren, S. 143 f; aA OLG Düsseldorf ZIP 2004, 359; LG München I AG 2008, 340, 341; LG München I, Der Konzern 2007, 831, 833 f; *Heidel*, Vorauf., Rn 7.
42 K. Schmidt/Lutter/*Schwab*, Rn 24; *Satzl*, Freigabe von Gesellschafterbeschlüssen, S. 154; *Jocksch*, Freigabeverfahren, S. 147.
43 OLG Jena ZIP 2006, 1989, 1991; *Hüffer*, Rn 7; Grigoleit/*Ehmann*, Rn 10; Hölters/*Englisch*, Rn 14; *K. Schmidt*, Liber amicorum Happ, 2006, S. 259, 268; eingehend *Satzl*, Freigabe von Gesellschafterbeschlüssen, S. 156.
44 OLG Frankfurt AG 2008, 667; OLG Jena ZIP 2006, 1989, 1991; OLG Düsseldorf AG 2005, 654; OLG Stuttgart AG 2005, 662, 663; Grigoleit/*Ehmann*, Rn 10; *Hüffer*, Rn 7; *K. Schmidt*, Liber amicorum Happ, 2006, S. 259; 270; aA K. Schmidt/Lutter/*Schwab*, Rn 29.
45 OLG Jena ZIP 2006, 1989, 1991; OLG Düsseldorf AG 2005, 654, 655; OLG Stuttgart AG 2005, 662, 663; *K. Schmidt*, Liber amicorum Happ, 2006, S. 259, 268; aA *Jocksch*, Freigabeverfahren, S. 155 ff, der überdies eine analoge Anwendung der Bekanntmachungspflicht aus § 246 Abs. 4 S. 1 auf das Freigabeverfahren befürwortet.
46 OLG Hamm NZG 2007, 879; Grigoleit/*Ehmann*, Rn 10; Henssler/Strohn/*Drescher*, Gesellschaftsrecht, Rn 14; *Jocksch*, Freigabeverfahren, S. 148 ff; *Schatz*, Missbrauch der Anfechtungsbefugnis, S. 143; *K. Schmidt*, Liber amicorum Happ, 2006, S. 259, 271 f; unklar OLG Bremen ZIP 2013, 460, 465.
47 Vgl *Jocksch*, Freigabeverfahren, S. 150 ff.

II. Zuständiges Gericht (Abs. 1 S. 3). Zuständig für die Entscheidung über den Freigabeantrag ist gemäß Abs. 1 S. 3 ein **Senat des OLG**, in dessen Bezirk die Gesellschaft ihren Sitz hat. Eine Übertragung auf den Einzelrichter ist gemäß Abs. 3 S. 1 ausgeschlossen.

III. Gerichtliches Verfahren (Abs. 1 und Abs. 3). Für das Verfahren vor dem OLG gelten gemäß § 246 a Abs. 1 S. 2 die im ersten Rechtszug auf das Verfahren vor den Landgerichten anwendbaren **Vorschriften der ZPO**, soweit nichts Abweichendes bestimmt ist. Wegen des Eilcharakters des Freigabeverfahrens sind dies neben den §§ 253 ff ZPO insbesondere die §§ 916 ff ZPO.[48] Hinsichtlich der entscheidungsrelevanten Tatsachen genügt gemäß § 246 a Abs. 3 S. 3 **Glaubhaftmachung** iSd § 294 ZPO. Zu den diesbezüglichen Besonderheiten beim Freigabegrund der „offensichtlichen Unbegründetheit" der Klage siehe unter Rn 27 ff.

Nach § 246 a Abs. 3 S. 2 kann in dringenden Fällen auf eine **mündliche Verhandlung** verzichtet werden. Daraus folgt im Umkehrschluss, dass grundsätzlich eine mündliche Verhandlung stattzufinden hat.[49] An das Vorliegen eines „dringenden Falles" sind zumal im Hinblick auf die mit dem Erlass eines Freigabebeschlusses verbundenen weitreichenden Rechtsfolgen (Rn 81 ff) hohe Anforderungen zu stellen. Insbesondere vermag ein von der Antragstellerin durch eine späte Antragstellung selbst geschaffener Zeitdruck den Verzicht auf eine mündliche Verhandlung nicht zu rechtfertigen.[50] Ein „dringender Fall" iSd Abs. 3 S. 2 kann vielmehr nur angenommen werden, wenn trotz zügiger Antragstellung selbst bei schnellstmöglicher Terminierung der Zweck der angefochtenen Maßnahme gefährdet würde.[51] Auch in diesem Falle ist dem Antragsgegner jedoch die Möglichkeit zu einer schriftlichen Stellungnahme zu geben, zumal ohnehin stets die Wochenfrist des Abs. 2 Nr. 2 abgewartet werden muss, bevor das Gericht entscheiden kann.[52] Nach teilweise vertretener Auffassung, soll eine mündliche Verhandlung entsprechend § 937 Abs. 2 Alt. 2 ZPO unabhängig vom Vorliegen eines dringenden Falles auch dann entbehrlich sein, wenn der Senat eine Zurückweisung des Freigabeantrages beabsichtigt.[53] Dem ist nicht zu folgen. Die enger gefasste Regelung des § 246 a Abs. 3 S. 2 ist im Verhältnis zu § 937 Abs. 2 ZPO abschließende lex specialis.[54] Eine der mündlichen Verhandlung vorausgehende Güteverhandlung ist nach § 246 a Abs. 3 S. 1 entbehrlich, bleibt aber zulässig.[55]

Die **Entscheidung über den Freigabeantrag** ergeht stets, auch nach mündlicher Verhandlung, durch Beschluss. Dieser ist unanfechtbar, § 246 a Abs. 3 S. 4. Möglich ist eine Anhörungsrüge nach § 321 a ZPO.[56] Gemäß § 246 a Abs. 3 S. 6 soll über den Freigabeantrag spätestens drei Monate nach der Antragstellung entschieden werden. Eine Überschreitung dieser **Dreimonatsfrist** ist vom Senat in einem separaten, unanfechtbaren Beschluss zu begründen, § 246 a Abs. 3 S. 6 Hs 2, der unverzüglich nach Verstreichen der drei Monate zu ergehen hat.[57] Die Dreimonatsfrist wird in der Praxis zumeist eingehalten oder nur geringfügig überschritten.[58]

Die **Kosten** des Freigabeverfahrens trägt die unterlegene Partei, § 91 Abs. 1 ZPO. Sie richten sich nach Nummern 1641, 1642 des Kostenverzeichnisses zum GKG und Nummern 3325, 3332 VV RVG. Aufgrund der Verweisung in § 246 a Abs. 1 S. 2 gilt bezüglich des Streitwertes § 247. Wird der Freigabeantrag zurückgewiesen, so hat die Gesellschaft auch die Kosten derjenigen Antragsgegner zu tragen, deren Anteilsbesitz das Mindestquorum nicht erreicht.[59]

C. Freigabegründe (Abs. 2)

I. Unzulässigkeit der Klage (Abs. 2 Nr. 1 Alt. 1). Die Unzulässigkeit der Klage ist vom OLG abschließend festzustellen.[60] Umstritten ist, ob eine Freigabe nur bei unbehebbaren Zulässigkeitsmängeln ergehen kann[61] oder ob es ausreicht, dass die Klage im Zeitpunkt der Entscheidung über den Freigabeantrag unzulässig ist,[62] mag der Mangel bis zur Entscheidung über die Beschlussmängelklage auch noch behoben werden

---

48 Grigoleit/*Ehmann*, Rn 10; K. Schmidt/Lutter/*Schwab*, Rn 24 ff; *Satzl*, Freigabe von Gesellschafterbeschlüssen, S. 126.
49 Mehrbrey/*Bussian*, Handbuch gesellschaftsrechtliche Streitigkeiten, § 8 Rn 366.
50 Henssler/Strohn/*Drescher*, Gesellschaftsrecht, Rn 16.
51 Hölters/*Englisch*, Rn 50; Mehrbrey/*Bussian*, Handbuch gesellschaftsrechtliche Streitigkeiten, § 8 Rn 364.
52 *Heidel*, Vorauf., Rn 25 b.
53 K. Schmidt/Lutter/*Schwab*, Rn 31; Hölters/*Englisch*, Rn 50; *Heidel*, Vorauf., Rn 25 b.
54 Eingehend Mehrbrey/*Bussian*, Handbuch gesellschaftsrechtliche Streitigkeiten, § 8 Rn 365.
55 Mehrbrey/*Bussian*, Handbuch gesellschaftsrechtliche Streitigkeiten, § 8 Rn 366.
56 Henssler/Strohn/*Drescher*, Gesellschaftsrecht, Rn 17.
57 K. Schmidt/Lutter/*Schwab*, Rn 33.
58 Baums/Drinhausen/Keinath, ZIP 2011, 2329, 2348 f; *Bayer/Hoffmann/Sawada*, ZIP 2012, 897, 908 f.
59 OLG Bremen, ZIP 2013, 460, 465; OLG München v. 4.11.2009 – 7 A 2/09; zitiert nach juris, dort Rn 32, insoweit nicht abgedruckt in ZIP 2010, 84 ff.
60 *Bayer*, FS Hoffmann-Becking, 2013, S. 91, 101; *Büchel*, Liber amicorum Happ, 2006, S. 1, 9; *Faßbender*, AG 2006, 872, 876. Zur Behandlung von – etwa bei Klagen ausländischer Fonds denkbaren – Zweifeln an der Parteifähigkeit des Beschlussmängelklägers iRd § 246 a Abs. 2 Nr. 1, Alt. 1 siehe *Jocksch*, Freigabeverfahren, S. 124 ff.
61 So bspw *Bayer*, FS Hoffmann-Becking, 2013, S. 91, 101; *Brandner/Bergmann*, FS Bezzenberger, 2000, S. 59; 63.
62 So etwa K. Schmidt/Lutter/*Schwab*, Rn 2; Hölters/*Englisch*, Rn 22.

können, wie etwa gemäß § 281 Abs. 1 ZPO im Falle einer Klageerhebung beim unzuständigen Gericht. Praktisch werden sich diese unterschiedlichen Auffassungen selten auswirken. Gemäß § 139 Abs. 3 ZPO hat das OLG den Antragsgegner frühzeitig (vgl § 139 Abs. 4 ZPO) auf den Zulässigkeitsmangel hinzuweisen und ihm unter Fristsetzung Gelegenheit zur Behebung geben.[63] Diese wird der Antragsgegner in aller Regel nutzen. Tut er dies nicht, kann wegen Unzulässigkeit der Klage freigegeben werden, selbst wenn der Antragsgegner den Mangel im Beschlussmängelprozess (in dem die Fristsetzung des OLG nicht gilt) theoretisch noch zu einem späteren Zeitpunkt beheben könnte.[64]

23 **II. Offensichtliche Unbegründetheit der Klage (Abs. 2 Nr. 1 Alt. 2). 1. Unbegründetheit.** Unbegründet ist die Beschlussmängelklage insbesondere, wenn keine Anfechtungs- oder Nichtigkeitsgründe vorliegen. Zu beachten ist, dass wegen der notwendigen Streitgenossenschaft (§ 62 Abs. 1 Alt. 1 ZPO) mehrerer Kläger im Beschlussmängelprozess sämtliche Klagen begründet sind, wenn nur ein einziger Anfechtungsberechtigter fristgerecht durchgreifende Beschlussmängel vorgetragen hat.[65] Das ist auch bei der Prüfung der „offensichtlichen Unbegründetheit" im Freigabeverfahren zu berücksichtigen und zwar unabhängig davon, ob man mehrere Antragsgegner auch im Freigabeverfahren als notwendige Streitgenossen ansieht,[66] denn es geht im Rahmen des Freigabegrundes der „offensichtlichen Unbegründetheit" um eine Prognose der Erfolgsaussichten der jeweiligen Beschlussmängelklage. Allerdings sind im Freigabeverfahren nur die von solchen Klägern vorgetragenen Beschlussmängel zu berücksichtigen, die das Quorum nach Nr. 2 erreichen (siehe Rn 50). Bei der Anfechtungsklage führen auch das Fehlen der Anfechtungsbefugnis[67] und deren missbräuchliche Ausübung[68] sowie das Versäumen der Anfechtungsfrist[69] zur Unbegründetheit. Insoweit gilt, dass auch im Freigabeverfahren nur solche Anfechtungsgründe zu berücksichtigen sind, die innerhalb der Monatsfrist des § 246 Abs. 1 klageweise geltend gemacht wurden.[70]

24 **2. Offensichtlichkeit.** Das Tatbestandsmerkmal „offensichtlich" verlangt einen **hohen Grad an Gewissheit hinsichtlich der Unbegründetheit der anhängigen Beschlussmängelklage.**[71] Erforderlich ist, dass ein Erfolg der Klage nach Einschätzung des erkennenden OLG-Senates auch unter Berücksichtigung des weiteren Instanzenzuges,[72] dh einer ggf nach § 543 Abs. 2 ZPO zuzulassenden Revision zum Bundesgerichtshof, mit Sicherheit[73] oder immerhin hoher Wahrscheinlichkeit[74] ausgeschlossen ist. Die Unbegründetheit der Klage muss so eindeutig sein, dass eine abweichende Beurteilung nicht oder kaum vertretbar erscheint.[75]

25 Nach zutreffender, heute ganz herrschender Meinung ist „Offensichtlichkeit" aber **nicht mit „Evidenz" oder „leichter Erkennbarkeit" gleichzusetzen.**[76] Die erforderliche Sicherheit hinsichtlich der Unbegründetheit der Klage muss sich nicht schon bei kursorischer Prüfung ohne schwierige rechtliche Überlegungen und ohne vertiefte Auseinandersetzung mit komplexen Rechtsfragen gewinnen lassen.[77] In Bezug auf Rechtsfragen führt das Offensichtlichkeitserfordernis nicht zu einer Beschränkung von Prüfungstiefe und Prüfungsaufwand.[78] Vielmehr hat das OLG in eine **umfassende und erschöpfende Rechtsprüfung** einzutreten und

---

63 Henssler/Strohn/*Drescher*, Rn 4; Spindler/Stilz/*Dörr*, Rn 20.
64 Spindler/Stilz/*Dörr*, Rn 20; *Jocksch*, Freigabeverfahren, S. 124..
65 BGHZ 180, 9, 38; BGHZ 122, 211, 240. Keine notwendige Streitgenossenschaft besteht jedoch insoweit, wie die Klage eines Klägers gemäß § 246 Abs. 1 AktG verfristet ist oder dem Kläger die Anfechtungsbefugnis gemäß § 245 AktG fehlt, vgl BGHZ 180, 9, 38.
66 Hierzu *Satzl*, Freigabe von Gesellschafterbeschlüssen, S. 156.
67 Siehe BGH ZIP 2007, 2122, 2124; OLG Karlsruhe WM 1987, 533, 536.
68 BGH ZIP 1992, 1391, 1392; *Hüffer*, § 245 Rn 26.
69 RGZ 123, 204, 207; *Hüffer*, Rn 20.
70 OLG München ZIP 2013, 931, 933.
71 *Rettmann*, Rechtmäßigkeitskontrolle, S. 114; *Schatz*, Missbrauch der Anfechtungsbefugnis, S. 146.
72 OLG Karlsruhe ZIP 2007, 270, 271; OLG Schleswig ZIP 2007, 2162, 2163; OLG Hamm ZIP 2006, 133; OLG Stuttgart AG 2009, 204, 205; OLG Stuttgart AG 2008, 464; aA Henssler/Strohn/*Drescher*, Rn 5.
73 OLG Frankfurt ZIP 2012, 766, 768; KG ZIP 2010, 180, 181; OLG Frankfurt AG 2010, 39, 40; OLG Frankfurt ZIP 2008, 1966, 1968; KG ZIP 2009, 1223, 1226; OLG Schleswig ZIP 2007, 2162, 2163; OLG Köln v. 8.3.2007, 18 W 71/06, Rn 4 (zitiert nach juris); K. Schmidt/Lutter/*Schwab*, Rn 3; noch strenger offenbar Lutter/Winter/*Bork*, UmwG, § 16 Rn 22 mit Fn 2.
74 OLG Bremen ZIP 2013, 460, 461; OLG Karlsruhe ZIP 2007, 270, 271; OLG Stuttgart AG 2009, 204, 205; OLG Jena ZIP 2006, 1989, 1991; *Bayer*, FS Hoffmann-Becking, 2013, S. 91, 101; Hölters/*Englisch*, § 246 a Rn 23.
75 OLG Bremen ZIP 2013, 460, 461; OLG Frankfurt ZIP 2012, 766; OLG München ZIP 2012, 773; OLG Stuttgart AG 2009, 204, 205; OLG Karlsruhe ZIP 2007, 270, 271; OLG Hamburg ZIP 2005, 2259; *Hüffer*, Rn 17; K. Schmidt/Lutter/*Schwab*, Rn 3; Spindler/Stilz/*Dörr*, Rn 25; *Bayer*, FS Hoffmann-Becking, 2013, S. 91; aA Henssler/Strohn/*Drescher*, Rn 5.
76 Siehe etwa OLG Rostock, AG 2013, 768, 769; OLG Stuttgart v. 21.12.2012, 20 AktG 1/12, Rn 119 (zitiert nach juris); OLG Jena ZIP 2006, 1989, 1991; *Bayer*, FS Hoffmann-Becking, 2013, S. 91, 101 mwN.
77 OLG Stuttgart v. 21.12.2012, 20 AktG 1/12, Rn 119 (zitiert nach juris); OLG Frankfurt ZIP 2012, 766, 768; OLG München ZIP 2012, 773, 774; OLG Hamburg ZIP 2012, 1347, 1348; KG ZIP 2009, 1223, 1226; OLG Karlsruhe ZIP 2007, 270, 271; OLG Jena ZIP 2006, 1989, 1991; OLG Düsseldorf ZIP 2004, 359; OLG Köln ZIP 2004, 760; OLG Hamm AG 2005, 361; *Hüffer*, Rn 17; Spindler/Stilz/*Dörr*, Rn 25; *Büchel*, Liber amicorum Happ, 2006, S. 1, 10; *Brandner/Bergmann*, FS Bezzenberger, 2000, S. 59, 65 f; *Satzl*, Freigabe von Gesellschafterbeschlüssen, S. 194 f.
78 OLG Jena ZIP 2006, 1989, 1991; Bürgers/Körber/*Göz*, Rn 4.

den Streitstoff in rechtlicher Hinsicht vollumfänglich durchzuarbeiten.[79] Es darf dabei auch schwierige Rechtsfragen nicht unter Hinweis auf den mit ihrer Lösung verbundenen Prüfungs- und Zeitaufwand aussparen.[80] Die vereinzelt vertretene Gegenansicht[81] übersieht, dass für eine nur kursorische Prüfung von Rechtsfragen auch in einem Eilverfahren grundsätzlich kein Raum ist.[82] Die Beschränkung auf eine solche würde den Freigabegrund der „offensichtlichen Unbegründetheit" zudem weitgehend seiner praktischen Bedeutung berauben, da Beschlussmängelklagen häufig komplexe Rechtsfragen aufwerfen, die nicht ohne vertiefte Prüfung mit der erforderlichen Gewissheit beantwortet werden können.[83] Schließlich kann sich die hM auf Ausführungen in der Regierungsbegründung zum UMAG stützen.[84] Verbleiben allerdings auch nach umfassender Prüfung Zweifel an der Aussichtslosigkeit der Klage, so geht dies zulasten der antragstellenden Gesellschaft und es darf nicht nach Abs. 2 Nr. 1 Alt. 2 freigegeben werden.[85]

Allein der Umstand, dass eine **entscheidungserhebliche Rechtsfrage** – wie oftmals – in Rechtsprechung und Literatur **umstritten** ist und auch eine Auffassung vertreten wird, die der Klage zum Erfolg verhülfe, schließt die Annahme „offensichtlicher" Unbegründetheit nicht aus, wenn der entscheidende Senat die Abweisung der Beschlussmängelklage gleichwohl für sicher hält.[86] Das gilt insbesondere, wenn die betreffende Rechtsfrage höchstrichterlich bereits im Sinne der beklagten Gesellschaft entschieden worden ist.[87] Umgekehrt schließt der Umstand, dass eine entscheidungserhebliche Rechtsfrage noch nicht in einem zur Klageabweisung führenden Sinne höchstrichterlich entschieden ist, die Annahme „offensichtlicher Unbegründetheit" nach zutreffender Ansicht nicht zwingend aus.[88] Ist die Beantwortung einer solchen Frage aber ernstlich zweifelhaft und klärungsbedürftig, so dass das OLG deshalb im Beschlussmängelverfahren nach § 543 Abs. 2 ZPO die Revision zuzulassen hätte, so scheidet eine auf die „offensichtliche Unbegründetheit" der Klage gestützte Freigabe aus.[89] In diesem Falle kann keine Rede davon sein, dass die betreffende Rechtsfrage eindeutig beantwortet und ein Erfolg der Klage sicher ausgeschlossen werden könne. 26

Nach § 246 a Abs. 3 S. 3 sind die **Tatsachen**, aufgrund deren ein Freigabebeschluss ergehen kann, **glaubhaft zu machen**. Nach seinem Wortlaut und seiner systematischen Stellung gilt Abs. 3 S. 3 für alle Freigabegründe, auch für den der „offensichtlichen Unbegründetheit der Klage". Bezüglich des erforderlichen Grades an Gewissheit hinsichtlich des Vorliegens der für die Freigabe wegen „offensichtlicher Unbegründetheit" entscheidungserheblichen streitigen Tatsachen besteht allerdings ein **Spannungsverhältnis zum herrschenden Verständnis der „Offensichtlichkeit"** (siehe hierzu Rn 24 ff). Für die Glaubhaftmachung gilt nämlich ein reduziertes Beweismaß. Anders als beim Vollbeweis muss die beweisbedürftige Tatsache nicht zur vollen Überzeugung des Gerichts feststehen, sondern es genügt ein „gewisser Grad von Wahrscheinlichkeit", der zumeist als „überwiegende Wahrscheinlichkeit" beschrieben wird.[90] Diese soll bereits dann gegeben sein, wenn mehr für als gegen das Vorliegen der betreffenden Tatsache spricht.[91] Wenn aber das Vorliegen der für die Aussichtslosigkeit der Klage entscheidungserheblichen Tatsachen lediglich in diesem Sinne „überwiegend wahrscheinlich" ist, dann kann auf dieser Tatsachengrundlage die Unbegründetheit der Klage selbst bei völliger Eindeutigkeit der rechtlichen Beurteilung ihrerseits allenfalls mit „überwiegender Wahrscheinlichkeit", nicht jedoch mit Sicherheit oder auch nur mit hoher Wahrscheinlichkeit prognostiziert werden.[92] Wie dieser Widerspruch zwischen dem gesteigerten Gewissheitsgrad, den die hM für das Vorliegen von „Offensichtlichkeit" fordert, und dem herabgesetzten Gewissheits- bzw Wahrscheinlichkeitsgrad i.R.d. Glaubhaftmachung aufzulösen ist, ist streitig. 27

---

79 OLG Hamburg ZIP 2012, 1347, 1348; OLG München ZIP 2012, 773, 774; OLG Frankfurt ZIP 2012, 766, 767, OLG Jena ZIP 2006, 1989, 1992; *Bayer*, FS Hoffmann-Becking, 2013, S. 91, 101. Für Nachweise aus der älteren Rechtsprechung siehe *Schatz*, Missbrauch der Anfechtungsbefugnis, S. 150 Fn 738.
80 Siehe etwa OLG Stuttgart v. 21.12.12, 20 AktG 1/12, Rn 119 (zitiert nach juris); OLG Jena ZIP 2006, 1989, 1992.
81 OLG Frankfurt ZIP 1997, 1291; LG Freiburg AG 1998, 537; LG Hanau ZIP 1995, 1820, 1821 (alle zu § 16 Abs. 3 UmwG); K. Schmidt/Lutter/*Schwab*, Rn 3.
82 OLG München ZIP 2012, 773 und ZIP 2010, 84, 85; OLG Jena ZIP 2006, 1989, 1992; OLG Köln ZIP 2004, 760; *Hüffer*, Rn 17; Hölters/*Englisch*, Rn 23.
83 *Büchel*, Liber amicorum Happ, 2006, S. 1, 10; näher *Schatz*, Missbrauch der Anfechtungsbefugnis, S. 152.
84 BT-Drucks. 15/5092, S. 29.
85 Emmerich/Habersack/*Habersack*, § 319 Rn 35; *Noack*, ZHR 164 (2000), 274, 282.
86 OLG Stuttgart v. 21.12.12, 20 AktG 1/12, Rn 119 (zitiert nach juris); OLG Stuttgart AG 2009, 204, 205; OLG Frankfurt AG 2009, 549; OLG Frankfurt ZIP 2008, 1966; 1968; OLG Karlsruhe ZIP 2007, 217, 271; Spindler/Stilz/*Singhof*, § 319 Rn 23.
87 Siehe OLG Hamburg ZIP 2012, 1347, 1348; *Hüffer*, Rn 18; *Weber/Kersjes*, Hauptversammlungsbeschlüsse vor Gericht, § 3 Rn 42; *Heidel*, Vorauflage, Rn 17 b.
88 OLG Hamburg ZIP 2012, 1347, 1348; OLG Karlsruhe ZIP 2007, 270, 271 f; *Hüffer*, Rn 18; Hölters/*Englisch*, Rn 24; aA etwa OLG München ZIP 2012, 2439, 2441 und ZIP 2012, 773,775.
89 Vgl BGHZ 168, 49, 54 (Rn 13); *Büchel*, Liber amicorum Happ, 2006, S. 1, 12; *Heidel*, Vorauflage, Rn 17 b; K. Schmidt/Lutter/*Schwab*, Rn 3; *Sosnitza*, NZG 1999, 965, 970; aA OLG Karlsruhe ZIP 2007, 270, 271.
90 Siehe etwa BGHZ 156, 139, 141 f; Musielak/*Huber*, ZPO, § 294 Rn 3; MüKo-ZPO/*Prütting*, § 294 Rn 2 und Rn 24).
91 MüKo-ZPO/*Prütting*, § 294 Rn 2 und Rn 24; Musielak/*Huber*, ZPO, § 294 Rn 3.
92 Vgl K. Schmidt/Lutter/*Schwab*, Rn 32; *Heidel*, Vorauflage, Rn 17 c.

28 Eine **Mindermeinung** möchte den Freigabegrund der „offensichtlichen Unbegründetheit" mittels einer teleologischen Reduktion vom Anwendungsbereich des § 246 a Abs. 3 S. 3 ausnehmen.[93] Genau wie hinsichtlich der rechtlichen Würdigung, so sei auch hinsichtlich der entscheidungserheblichen Tatsachen zu fordern, dass das OLG eine abweichende Würdigung im Beschlussmängelverfahren für sicher ausgeschlossen erachte.[94] Diese Gewissheit müsse das OLG abweichend von § 294 Abs. 1 ZPO – wie im Beschlussmängelverfahren auch – mit den Mitteln des Strengbeweises (§§ 355 ff ZPO) gewinnen.[95] Nach der **herrschenden Gegenauffassung** ist nicht der Anwendungsbereich des § 246 a Abs. 3 S. 3, sondern derjenige des Offensichtlichkeitserfordernisses einzuschränken. Dieses beziehe sich allein auf die rechtliche Würdigung. Soweit die für die Feststellung der Unbegründetheit der Klage entscheidungserheblichen Tatsachen streitig seien, reiche hingegen eine Glaubhaftmachung durch die Gesellschaft nach den allgemeinen Grundsätzen des § 294 ZPO aus.[96] Hiervon gehen in der Praxis offenbar auch die OLGs aus, wenn sie ohne Auseinandersetzung mit der Problematik formulieren, zur Ermittlung der „offensichtlichen Unbegründetheit" habe eine umfassende rechtliche Prüfung des „unstreitigen und glaubhaft gemachten Sachverhaltes" zu erfolgen.[97]

29 **Überzeugend** erscheint eine **vermittelnde Lösung**: § 246 a Abs. 3 S. 3 ist zwar auch auf den Freigabegrund der „offensichtlichen Unbegründetheit" anwendbar. Im Rahmen der Glaubhaftmachung sind aber erhöhte Anforderung an die Gewissheit des Senats hinsichtlich der streitigen entscheidungserheblichen Tatsachen zu stellen.[98] Erforderlich ist, dass nicht lediglich eine überwiegende, sondern eine **hohe Wahrscheinlichkeit** für das Vorliegen der glaubhaft gemachten Tatsachen spricht.[99] Eine generelle Beschränkung auf Mittel des Strengbeweises scheint demgegenüber nicht geboten.[100] Die Annahme „offensichtlicher Unbegründetheit" scheidet jedoch aus, wenn sich für das Beschlussmängelverfahren die Notwendigkeit einer umfassenden Beweisaufnahme abzeichnet, die nicht auch in einer ohnehin angesetzten mündlichen Verhandlung im Freigabeverfahren mit präsenten Beweismitteln abgeschlossen werden kann.[101]

30 Die „offensichtliche Unbegründetheit" der Klage kann sich auch aus einem nach Klageerhebung herbeigeführten **Bestätigungsbeschluss** gemäß § 244 ergeben,[102] wenn die Gesellschaft diese Tatsache rechtzeitig in das Freigabeverfahren einführt. Ist der Bestätigungsbeschluss erst nach Zurückweisung des Freigabeantrages gefasst worden, so kann die Gesellschaft ein neues Freigabeverfahren einleiten. Dem steht nicht etwa die materielle Rechtskraft der abweisenden Entscheidung im ersten Freigabeverfahren entgegen.[103] Zwar hat sich auch der zweite Freigabeantrag auf den im Handelsregister einzutragenden Ausgangsbeschluss zu beziehen, dessen Eintragungsfähigkeit bereits Gegenstand des ersten Freigabeverfahrens war.[104] Jedoch hat sich der zugrunde liegende Lebenssachverhalt durch den nachträglichen Bestätigungsbeschluss geändert.[105] Ist der in das Freigabeverfahren eingeführte **Bestätigungsbeschluss seinerseits angefochten**, so folgt daraus nicht zwingend, dass er nicht zur „offensichtlichen Unbegründetheit" der Klage gegen den Ausgangsbeschluss führen könnte. Vielmehr sind die Erfolgsaussichten der Klage gegen den Bestätigungsbeschluss inzident zu prüfen.[106] Ist hingegen im Zeitpunkt der Entscheidung über den Freigabeantrag noch kein Bestätigungsbeschluss gefasst worden, so reicht allein der Umstand, dass ein solcher zukünftig noch gefasst werden und zur Heilung der dem Ausgangsbeschluss anhaftenden Mängel führen könnte, für die Annahme einer „offensichtlichen Unbegründetheit" nicht aus.[107]

---

[93] *Rettmann*, Rechtmäßigkeitskontrolle von Verschmelzungsbeschlüssen, S. 119; *Kösters*, WM 2000, 1921, 1926; in der Sache auch K. Schmidt/Lutter/*Schwab*, Rn 32; *Heidel*, Voraufl., Rn 17 c.

[94] *Rettmann*, Rechtmäßigkeitskontrolle von Verschmelzungsbeschlüssen, S. 123; ähnlich K. Schmidt/ Lutter/*Schwab*, Rn 32; *Heidel*, Voraufl., Rn 17 c: Das OLG müsse sich im Freigabeverfahren davon *überzeugen*, dass Vortrag der Gesellschaft zutreffe.

[95] *Rettmann*, Rechtmäßigkeitskontrolle von Verschmelzungsbeschlüssen, S. 123; K. Schmidt/ Lutter/*Schwab*, Rn 32; *Heidel*, Voraufl., Rn 17 c; *Kösters*, WM 2000, 1921, 1926.

[96] So ausdrücklich *Satzl*, Freigabe von Gesellschafterbeschlüssen, S. 130; Widmann/Mayer/ *Fronhöfer*, UmwG, § 16 Rn 151; implizit etwa *Hüffer*, Rn 19; Hölters/*Englisch*, Rn 23.

[97] Vgl etwa OLG Frankfurt aM ZIP 2012, 766, 768; OLG München ZIP 2012, 733, 775 differenzierend aber jetzt bspw OLG Stuttgart v. 21.12.2012, 20 AktG 1/12, Rn 119 (zitiert nach juris).

[98] Diese Gesetzesauslegung ist möglich, weil § 294 ZPO für die Glaubhaftmachung kein festes „Beweismaß" vorgibt, Zöller/ Greger, ZPO, § 294 Rn 6.

[99] Ähnlich OLG Stuttgart v. 21.12.2012, 20 AktG 1/12, Rn 119 (zitiert nach juris); Henssler/Strohn/*Drescher*, § 246 a Rn 5; „eindeutig überwiegende Wahrscheinlichkeit".

[100] So auch *Bayer*, FS Hoffmann-Becking, 2013, S. 91, 102; *Satzl*, Freigabe von Gesellschafterbeschlüssen, S. 124 ff.

[101] *Weber/Kersjes*, Hauptversammlungsbeschlüsse vor Gericht, § 3 Rn 44; *Emmerich/Habersack/ Habersack*, § 319 Rn 35.

[102] OLG München ZIP 2012, 2439; OLG Frankfurt ZIP 2008, 138, 139; *Hüffer*, Rn 18; Hölters/*Englisch*, Rn 24; *Ihrig/Erwin*, BB 2005, 1973, 1977 f; *Rieckers*, BB 2005, 1348; *Kocher*, NZG 2006, 1, 6; aA *Bozenhardt*, FS Mailänder, 2006, S. 301, 311 ff.

[103] Siehe OLG München ZIP 2012, 2439, 2440; OLG Frankfurt ZIP 2008, 138, 139; *Rieckers*, BB 2005, 1348, 1351.

[104] OLG München ZIP 2012, 2439, 2440; OLG Frankfurt ZIP 2008, 138, 139; vgl auch *Kocher*, NZG 2006, 1, 6.

[105] OLG München ZIP 2012, 2439, 2441; OLG Frankfurt ZIP 2008, 138, 139; *Rieckers*, BB 2005, 1348, 1351.

[106] OLG München ZIP 2012, 2439, 2442; OLG Frankfurt ZIP 2008, 138, 139 unter Bezugnahme auf eine unveröffentlichte Entscheidung des OLG Hamburg, Beschl. v. 14.12.2006, 11 W 126/05; *Rieckers*, BB 2005, 1348, 1351.

[107] Insoweit zutreffend *Bozenhardt*, FS Mailänder, 2006, S. 301, 313, Fn 53.

III. Kein fristgerechter Nachweis hinreichenden Anteilsbesitzes (Abs. 2 Nr. 2). 1. Normzweck. Der Freigabegrund des Abs. 2 Nr. 2 wurde im Zuge des ARUG in das Aktiengesetz eingefügt. **31**
Durch die Normierung dieses „**Bagatellquorums**" als Freigabegrund bezweckte der Gesetzgeber, „nicht die Klagebefugnis der Aktionäre ab[zuschneiden], sondern [...] lediglich die Möglichkeit des Kleinstaktionärs, eine Freigabe zu verhindern [zu beschränken]".[108] Es kann weiterhin jeder Aktionär Anfechtungsklage erheben. Die Möglichkeit zur Verhinderung einer Freigabe wird aber auf solche Aktionäre beschränkt, „die ein ökonomisch nachvollziehbares Investment in eine Gesellschaft getätigt haben und dadurch auch ein Interesse an der nachhaltigen Entwicklung des Unternehmens vermuten lassen".[109] Damit soll ausgeschlossen werden, „dass Aktionäre [...] mit einem ökonomisch betrachtet nicht sinnvollen Investment in der Gesellschaft das Recht haben, unternehmensstrukturelle Maßnahmen von größter Bedeutung für hunderttausende andere Aktionäre und die Gesellschaft durch eine Anfechtungsklage aufzuhalten".[110] **32**

2. Verfassungskonformität. Nach ganz hM bestehen **keine Bedenken** hinsichtlich der Verfassungskonformität des § 246 a Abs. 2 Nr. 2, insbesondere nicht im Hinblick auf Art. 14 Abs. 1 GG.[111] Zur Begründung verweisen die Vertreter dieser Auffassung vor allem auf den Beschluss des BVerfG zum Freigabeverfahren beim Squeeze-out aus dem Jahre 2007.[112] In diesem Beschluss hat das BVerfG für den Fall einer Freigabe nach § 327 e Abs. 2 iVm § 319 Abs. 6 S. 3 Nr. 1 Alt. 2 („offensichtliche Unbegründetheit der Klage") klargestellt, dass der Gesetzgeber von Verfassungs wegen nicht gehalten sei, ein Verfahren zur Verfügung zu stellen, das dem ausgeschlossenen Aktionär die Wiedererlangung seiner Aktionärsstellung garantiert, falls die Beschlussmängelklage letztlich doch Erfolg habe. Es sei verfassungsrechtlich nicht zu beanstanden, dass der „zu Unrecht" ausgeschlossene Aktionär auf Schadenskompensation gemäß § 327 e Abs. 2 iVm § 319 Abs. 6 S. 10 und 11 verwiesen werde und sich der gesetzlich vorgesehene Schutz somit auf die Vermögenskomponente seiner Mitgliedschaft konzentriere.[113] Aus dieser Aussage wird verbreitet gefolgert, dass es auf der Grundlage der bisherigen Rechtsprechung des BVerfG auch zulässig sein müsse, Kleinaktionären durch ein Quorum wie das in § 246 Abs. 2 Nr. 2 vorgesehene von vornherein die Möglichkeit zur Verhinderung einer Kapital- oder Strukturmaßnahme zu nehmen und sie für den Fall der Rechtswidrigkeit dieser Maßnahme *a priori* auf Schadenskompensation zu verweisen.[114] **33**

Es ist allerdings **zweifelhaft**, ob diese Aussage dem zitierten Beschluss des BVerfG tatsächlich entnommen werden kann.[115] Das BVerfG billigt gesetzliche Regelungen, die es dem Mehrheitsaktionär bzw der Hauptversammlungsmehrheit gestatten, in das durch Art. 14 Abs. 1 GG geschützte Aktieneigentum dissentierender Minderheitsaktionäre „einzugreifen", nur unter der Voraussetzung, dass deren berechtigte Interessen gewahrt bleiben. Das setzt nach ständiger Rechtsprechung des Gerichts voraus, dass den betroffenen (Minderheits-)Aktionären ein „**wirksamer Rechtsbehelf gegen einen denkbaren Missbrauch wirtschaftlicher Macht**" zur Verfügung steht und ihnen – kumulativ, nicht alternativ[116] – eine gerichtlich überprüfbare volle Entschädigung für die durch die betreffende Maßnahme erlittene Beeinträchtigung ihres durch Art. 14 Abs. 1 GG geschützten Aktieneigentums gewährt wird.[117] In dem vom BVerfG im Jahre 2007 entschiedenen Fall der Freigabe eines Squeeze-out wegen „offensichtlicher Unbegründetheit der Klage" gewährleistete die Beschlussmängelklage einen „wirksamen Schutz gegen einen denkbaren Missbrauch wirtschaftlicher Macht", denn die Freigabe erfolgte hier erst nach umfassender Rechtmäßigkeitsprüfung des angegriffenen Hauptversammlungsbeschlusses im Rahmen des Freigabegrundes der „offensichtlichen Unbegründetheit" (vgl Rn 24 f), nachdem die Anfechtungsklage zunächst die gesetzliche Registersperre gemäß § 327 e Abs. 2 iVm § 319 Abs. 5 ausgelöst und dadurch hinsichtlich der Mitgliedschaft des klagenden Aktionärs den Status quo gesichert hatte. Erst, nachdem das OLG zu dem Ergebnis gelangt war, dass die Klage „offensichtlich unbegründet", der angegriffene Hauptversammlungsbeschluss also **rechtmäßig** sei, wurde freigegeben. Nur auf den – praktisch äußerst unwahrscheinlichen – Fall, dass das letztinstanzlich entscheidende Gericht im Beschlussmängelverfahren die Klage abweichend von der vom OLG im Freigabeverfahren im Rahmen der Prüfung der „offensichtlichen Unbegründetheit" vertretenen Auffassung für begründet hält, bezieht sich **34**

---

108 Begr. RegE zum ARUG, BT-Drucks. 16/11642, S. 41.
109 Beschlussempfehlung und Bericht des Rechtsausschusses, BT-Drucks. 16/13098, S. 14.
110 Begr. RegE zum ARUG, BT-Drucks. 16/11642, S. 42.
111 OLG Bremen ZIP 2013, 460, 461; OLG Nürnberg ZIP 2012, 2052, 2055; OLG Stuttgart ZIP 2009, 2337; OLG Hamburg AG 2010, 214 f; OLG Hamburg AG 2010, 215; OLG Frankfurt ZIP 2010, 2500, 2502; KG ZIP 2010, 180; OLG Nürnberg ZIP 2010, 498; *Hüffer*, Rn 20; *Bayer*, FS Hoffmann-Becking, 2013, S. 91, 104; *Verse*, NZG 2009, 1127, 1128; vorsichtig bejahend auch *Schatz*, Missbrauch der Anfechtungsbefugnis, S. 318; aA *Heidel*, Voraufl., Rn 17 g; K. Schmidt/Lutter/*Schwab*, Rn 7.
112 BVerfG ZIP 2007, 1261.
113 Vgl BVerfG ZIP 2007, 1261, 1264.
114 Vgl etwa OLG Stuttgart ZIP 2009, 2337, 2338; OLG Hamburg AG 2010, 214, 215; *Nikoleyczik/Buntenschön*, NZG 2010, 218, 219; Hölters/*Englisch*, Rn 29.
115 Verneinend etwa *Heidel*, Voraufl., Rn 17 g; K. Schmidt/Lutter/*Schwab*, Rn 8; zweifelnd auch *Satzl*, Freigabe von Gesellschafterbeschlüssen, S. 122 f; ausführlich *Schatz*, Missbrauch der Anfechtungsbefugnis, S. 306 ff.
116 So auch *Baums/Drinhausen*, ZIP 2008, 145, 149.
117 BVerfGE 14, 263, 283; BVerfG ZIP 1999, 532, 533; BVerfGE 100, 289, 303; BVerfG ZIP 2000, 1670, 1672.

daher die Aussage des BVerfG, es sei von Verfassungs wegen nicht geboten, dem „zu Unrecht" ausgeschlossenen Aktionär die Wiedererlangung seiner Aktionärsstellung zu garantieren. Ob es mit verfassungsrechtlichen Vorgaben vereinbar ist, wenn das OLG dem Freigabeantrag stattgibt, obwohl es die Anfechtungsklage für begründet hält, hat das BVerfG hingegen ausdrücklich offen gelassen.[118]

35 Der besagten Entscheidung des BVerfG kann daher entgegen verbreiteter Lesart nicht entnommen werden, dass das Gericht das Erfordernis eines „wirksamen Rechtsbehelfs gegen einen denkbaren Missbrauch wirtschaftlicher Macht" für Minderheitsaktionäre aufgegeben und es für verfassungsrechtlich unbedenklich erklärt habe, ihnen jeglichen abwehrenden Rechtsbehelf gegen rechtswidrige Mehrheitsbeschlüsse der Hauptversammlung zu versagen und sie stattdessen *a priori* auf Kompensation der durch diese Beschlüsse eventuell erlittenen Vermögenseinbußen zu verweisen. Genau dies geschieht aber durch § 246 a Abs. 2 Nr. 2. Denn bei Verfehlen des Quorums erfolgt eine Freigabe und die damit einhergehende Beschränkung des Klägers auf Schadenskompensation (Abs. 4) **ohne jede Rechtmäßigkeitsprüfung des angegriffenen Beschlusses stets und mithin auch bei Vorliegen schwerster Rechtsverstöße und eklatanten Machtmissbrauchs durch die Hauptversammlungsmehrheit** (siehe Rn 49). Ein wirksamer abwehrender Rechtsbehelf hiergegen steht denjenigen Aktionären, deren Anteilsbesitz unterhalb eines anteiligen Betrages von 1.000 Euro liegt – was nach Einschätzung des Rechtsausschusses einem Börsenwert zwischen 10.000 und 20.000 Euro entspricht[119] – nicht zur Verfügung. Die spätere Nichtigerklärung des Hauptversammlungsbeschlusses im Beschlussmängelverfahren bleibt wegen der Bestandskraft der Eintragung und ihrer Wirkung (Abs. 1 S. 1) *de facto* folgenlos. Der bisherigen Judikatur des BVerfG lässt sich die Verfassungskonformität des Abs. 2 Nr. 2 mithin nicht entnehmen. Vielmehr kann die Vorschrift nur dann als mit Art. 14 Abs. 1 GG vereinbar angesehen werden, wenn man über den bisherigen Stand der Rechtsprechung des BVerfG hinausgehend annimmt, dass für Beteiligungen der in Abs. 2 Nr. 2 genannten Größenordnung – also durchaus auch bei Börsenwerten von 10.000 bis 20.000 Euro – ein abwehrender „wirksamer Rechtsbehelf gegen den Missbrauch wirtschaftlicher Macht" gänzlich verzichtbar und unter Verhältnismäßigkeitsgesichtspunkten eine vollständige Beschränkung auf vermögensmäßigen Ausgleich für durch rechtswidrige Kapital- und Strukturmaßnahmen erlittene Einbußen zulässig ist.[120] Ob das BVerfG sich zu diesem Schritt bereit findet, scheint nicht sicher, zumal der Schadensersatzanspruch aus Abs. 4 bei der Verletzung von (aktionärsschützenden) Verfahrensvorschriften sowie des seinerseits verfassungsrechtlich geschützten Auskunftsrechts der Aktionäre[121] mangels Schadens in aller Regel leerläuft. Hinzu kommt, dass selbst bei Vorliegen eines nach Abs. 4 ersatzfähigen Schadens der Aufwand der Anspruchsverfolgung prohibitiv hoch ist. Der Aktionär muss uU drei Verfahren (Beschlussmängelklage, Freigabeverfahren, Leistungsklage auf Zahlung) führen, um Kompensation für seinen Individualschaden zu erlangen.

36 **3. Anwendungsbereich.** Nach seinem Wortlaut („der Kläger") ist § 246 a Abs. 2 Nr. 2 unterschiedslos auf sämtliche Beschlussmängelklagen anzuwenden. Der Normzweck (Rn 32) deckt allerdings nur eine Anwendung auf **von Aktionären erhobene Klagen,** so dass Klagen der nach § 245 Nr. 4 und 5 Anfechtungsbefugten im Wege teleologischer Reduktion vom Nachweiserfordernis auszunehmen sind, was aber praktisch ohnehin kaum relevant werden wird.

37 Umstritten ist, ob das Nachweiserfordernis analog auf **Nebenintervenienten** anzuwenden ist, die sich auf Seiten des Klägers (Antragsgegners) am Freigabeverfahren beteiligen. Die besseren Gründe sprechen dafür, dies zu verneinen.[122] Für eine solche Analogie fehlt es schon an einer planwidrigen Regelungslücke. Bereits während des Gesetzgebungsverfahrens zum ARUG hat der Bundesrat eine Beschränkung bzw sogar einen Ausschluss der Möglichkeit zur Nebenintervention im Beschlussmängelverfahren und im Freigabeverfahren angeregt.[123] Der Handelsrechtsausschuss des DAV hat ausdrücklich einer Erstreckung des für Kläger geltenden Mindestanteilsbesitzes im Freigabeverfahren auf Nebenintervenienten gefordert.[124] Im weiteren Verlauf des Gesetzgebungsverfahrens haben sich diese Vorschläge aber nicht durchgesetzt. Schon deshalb verbietet es sich, das Mindestanteilserfordernis nun im Wege einer Analogie auf Nebenintervenienten zu erstrecken. Hierfür besteht auch kein Bedürfnis. Die teils geäußerte Befürchtung, Aktionäre mit Splitterbeteiligungen unterhalb des Quorums könnten dieses dadurch systematisch leerlaufen lassen, dass sie sich scharenweise als Nebenintervenienten auf Antragsgegnerseite am Freigabeverfahren beteiligen und dieses dadurch „aufblähen," hat sich in der Praxis nicht bestätigt. Schließlich ist zu beachten, dass der Bundesgerichtshof dem Versuch, die für den Anfechtungskläger geltenden Beschränkungen aus § 246 Abs. 1 (An-

---

118 Siehe BVerfG ZIP 2007, 1261, 1264 Rn 35 für die Abwägungsvariante gemäß §§ 327 e Abs. 2, 319 Abs. 6 S. 3 Nr. 3; näher hierzu *Schatz*, Missbrauch der Anfechtungsbefugnis, S. 311 ff.
119 BT-Drucks. 16/13098, S. 41.
120 Vgl auch *Satzl*, Freigabe von Gesellschafterbeschlüssen, S. 123.
121 BVerfG ZIP 1999, 1798; BVerfG ZIP 1999, 1801.
122 *Heidel*, Voraufl., Rn 17 j; K. Schmidt/Lutter/*Schwab*, Rn 9; *Jocksch*, Freigabeverfahren, S. 160 f; aA bspw Hölters/*Englisch*, Rn 31; *Verse*, NZG 2009, 1127, 1129; wohl auch OLG Bremen ZIP 2013, 460, 465.
123 Siehe etwa Stellungnahme des Bundesrates v. 19.12.2008, BR-Drucks. 847/08, 15 f.
124 Handelsrechtsausschuss des DAV, NZG 2008, 534, 542.

fechtungsfrist) und § 245 Nr. 1 (Präsenz- und Widerspruchsobliegenheit, Vorbesitz) im Wege der Analogie auf die klägerseitige Nebenintervention im Anfechtungsverfahren zu erstrecken, unter Hinweis auf die „grundlegenden Unterschiede zwischen Klage und Nebenintervention" eine Absage erteilt hat.[125] Aus demselben Grund muss eine analoge Anwendung des § 246 a Abs. 2 Nr. 2 auf Nebenintervenienten ausscheiden.[126] Dem lässt sich nicht entgegenhalten, dass der Aktionär mit einem Anteilsbesitz unterhalb des Schwellenwertes auf der Grundlage dieser Sichtweise als Nebenintervenient eine Entscheidung erreichen könne, die ihm als Kläger stets versagt bliebe, weil in diesem Falle gemäß § 246 a Abs. 2 Nr. 2 ein Freigabebeschluss zu ergehen hätte.[127] Erstens träfe diese Argumentation auch auf den Aktionär zu, der sich ohne die Voraussetzungen gemäß §§ 245 Nr. 1-3, 246 Abs. 1 zu erfüllen als Nebenintervenient am Anfechtungsprozess beteiligt, was er nach der Rechtsprechung des Bundesgerichtshofes aber tun kann. Zweitens – und vor allem – ist sie aber auch sachlich unrichtig. Sie übersieht nämlich die Unselbstständigkeit der Stellung des Nebenintervenienten. Solange nicht der Anteilsbesitz mindestens eines Klägers den anteiligen Betrag von 1.000 Euro überschreitet, kann ein Aktionär als Nebenintervenient eine Freigabe nach § 246 a Abs. 2 Nr. 2 gerade nicht verhindern und zwar selbst dann nicht, wenn sein eigener Anteilsbesitz deutlich über dem Schwellenwert liegt.

38 Das Nachweiserfordernis gilt nicht nur für **Inhaberaktien**, sondern nach bislang einhelliger Rechtsprechung auch für **Namensaktien**,[128] sogar für vinkulierte.[129] Dafür spricht schon der Gesetzeswortlaut, der nicht zwischen Namensaktien und Inhaberaktien differenziert. Auch der Umstand, dass die Gesellschaft bei Namensaktien aufgrund des Aktienregisters Kenntnis von der Aktionärseigenschaft des Antragsgegners und von der Höhe seines Anteilsbesitzes hat bzw sich diese ohne Weiteres verschaffen kann (vgl § 67 Abs. 2),[130] kann den Antragsgegner unter Zugrundelegung des von der hM angenommenen materiellrechtlichen Charakters desselben[131] nicht von dem gesetzlich geforderten fristgerechten Nachweis gegenüber dem Gericht dispensieren.[132] Das OLG München geht sogar davon aus, dass § 67 Abs. 2 im Freigabeverfahren nicht anwendbar sei. Erforderlich sei vielmehr, dass der Aktionär fristgerecht nachweise, dass er Aktien im erforderlichen Umfang im maßgeblichen Zeitraum **tatsächlich** gehalten habe.[133]

39 Umstritten ist, ob das Nachweiserfordernis auch gilt, wenn ein **über dem Mindestbetrag liegender Aktienbesitz des Klägers** für den Nachweiszeitraum **unstreitig** ist. Die herrschende Meinung bejaht dies.[134] Sie geht davon aus, dass es sich bei dem Erfordernis des fristgerechten urkundlichen Nachweises eines hinreichend großen Anteilsbesitzes um eine **materielle Freigabevoraussetzung** und nicht lediglich um eine (Sonder-)Regelung für die Beweisführung bei streitigem Anteilsbesitz des Antragsgegners handele.[135] Sie stützt dieses Verständnis vor allem auf den Wortlaut des § 246 a Abs. 2 Nr. 2, der voraussetzungslos und uneingeschränkt fordere, dass ein hinreichender Anteilsbesitz „durch Urkunden nachgewiesen" werde.[136] Eine teleologische Reduktion des Abs. 2 Nr. 2 auf Fälle, in denen ein hinreichender Anteilsbesitz des Antragsgegners streitig ist, lehnen die Vertreter der herrschenden Meinung ab. Das Quorum solle nicht nur Kleinaktionäre daran hindern, durch ihre Klagen die Umsetzung von Strukturmaßnahmen zu verzögern, sondern zusammen mit der kurzen Nachweisfrist diene es auch einer Straffung und Beschleunigung des Freigabeverfahrens.[137] Eine Woche nach Zustellung des Freigabeantrages solle für das Gericht feststehen, ob und ggf welche Kläger den erforderlichen Anteilsbesitz aufwiesen, so dass ihre Klagen und ihr Vortrag im Freigabeverfahren zu berücksichtigen seien.[138] Dieses Ziel sei nicht zu erreichen, wenn das Nachweiserfordernis nur bei streitigem Aktienbesitz eingreife. Denn selbst wenn die Gesellschaft während der Wochenfrist nicht bestreite, dass der Aktienbesitz des Klägers einen anteiligen Betrag von 1.000 Euro erreicht, so könne sie dies unter Umständen bis zur Entscheidung über den Antrag noch nachholen.[139] Wegen des in der Fristgebundenheit des Nachweises zum Ausdruck kommenden Beschleunigungszwecks des Nachweiserfordernisses

---

125 BGHZ 172, 137, 139 ff; BGH ZIP 2008, 1398,1399.
126 So auch *Heidel*, Vorauflage, Rn 17 j.
127 So aber Hölters/*Englisch*, Rn 32.
128 Ausdrücklich OLG Nürnberg ZIP 2012, 2052, 2054; KG ZIP 2011, 172, 174; ohne ausdrückliche Erörterung von der Anwendbarkeit des Quorums auf Namensaktien ausgehend OLG München ZIP 2013, 931, 932 und AG 2010, 715, 716; OLG Hamm ZIP 2011, 225, 228; offen gelassen von OLG Frankfurt ZIP 2010, 2500, 2503.
129 OLG Nürnberg ZIP 2012, 2052, 2054; KG ZIP 2011, 172, 174.
130 Vgl hierzu OLG Frankfurt ZIP 2010, 2500, 2503.
131 OLG Nürnberg ZIP 2012, 2052, 2054; OLG Hamm ZIP 2011, 2257, 2258; KG ZIP 2011, 172, 173.
132 Vgl auch OLG Nürnberg ZIP 2012, 2054, 2056.
133 OLG München ZIP 2013, 931, 932.
134 OLG Nürnberg ZIP 2012, 2052, 2054; KG ZIP 2011, 172, 173 f; OLG Hamm ZIP 2011, 2257, 2258; im Grundsatz auch OLG Köln v. 23.1.2012, 18 U 323/11, BeckRS 2012, 03266; *Bayer*, FS Hoffmann-Becking, S. 91, 104; *Reichard*, NZG 2011, 292, 293; *Wilsing/Saß*, DB 2011, 919, 923; *Stilz*, FS Hommelhoff, 2012, S. 1181, 1187; aA OLG Frankfurt ZIP 2012, 766, 767 und ZIP 2010, 986 sowie noch OLG Nürnberg ZIP 2010, 2498, 2499; *Hüffer*, Rn 20.
135 OLG Nürnberg ZIP 2012, 2052, 2054; OLG Hamm ZIP 2011, 2257, 2258; KG ZIP 2011, 172, 173; OLG Köln v. 23.1.2012, 18 U 323/11, BeckRS 2012, 03266.
136 OLG Nürnberg ZIP 2012, 2052, 2054; OLG Hamm ZIP 2011, 2257, 2258; KG ZIP 2011, 172, 173.
137 Siehe etwa OLG Nürnberg ZIP 2012, 2052, 2054.
138 Vgl etwa OLG Nürnberg ZIP 2012, 2052, 2055.
139 Vgl OLG Nürnberg ZIP 2012, 2052, 2054; OLG Hamm ZIP 2011, 2257, 2258; KG ZIP 2011, 172, 173.

passe auch die von der Gegenansicht gezogene Parallele[140] zur Rechtlage im Urkundenverfahren gemäß §§ 592 ff ZPO nicht.[141]

40 **4. Nachweis des erforderlichen Anteilsbesitzes. a) Inhaltliche Anforderungen. aa) Anteiliger Betrag von mindestens 1.000 Euro.** Aus der Urkunde muss sich ergeben, dass der Antragsgegner einen anteiligen Betrag von mindestens 1.000 Euro hält. Daher genügt es nicht, wenn der Antragsgegner eine Bescheinigung seiner Depotbank vorlegt, aus der zwar seine Aktionärseigenschaft hervorgeht, nicht jedoch die Höhe seines Anteilsbesitzes.[142] Der „**anteilige Betrag**" meint nicht den Börsen- bzw Verkehrswert, sondern den ausgehend vom Grundkapital berechneten **Nominalwert** der Beteiligung des Antragsgegners, dh das anteilige Grundkapital, das seine Aktien repräsentieren.[143] Der Nominalwert berechnet sich bei **Nennbetragsaktien** (§ 8 Abs. 2) durch Multiplikation der Aktienanzahl mit dem Nennwert, bei **Stückaktien** (§ 8 Abs. 3) durch Multiplikation der Aktienzahl mit dem auf die einzelne Aktien entfallenden anteiligen Betrag am nominellen Grundkapital.[144] Bei Stückaktien reicht es für den erforderlichen Nachweis aus, wenn sich ein über 1.000 Euro liegender anteiliger Betrag aus einer Zusammenschau der die Stückzahl der vom Kläger gehaltenen Aktien belegenden Urkunde mit anderen innerhalb der Wochenfrist ins Freigabeverfahren eingeführten Urkunden (aktuelle Satzung der beklagten Gesellschaft, Verschmelzungsbericht etc.) ergibt.[145] Im **Erbfall** müssen neben dem Anteilsbesitz des Erblassers auch der Erbfall und die Erbenstellung des Antragsgegners urkundlich nachgewiesen werden.[146] Klagt der Antragsgegner in seiner Eigenschaft als Testamentsvollstrecker, so muss er auch die Anordnung der Testamentsvollstreckung und seine Ernennung zum Testamentsvollstrecker urkundlich nachweisen.[147]

41 Erheben **mehrere Aktionäre** eine Beschlussmängelklage gegen denselben Hauptversammlungsbeschluss, so ist ihr **Anteilsbesitz** für die Frage des Erreichens des Bagatellquorums nach ganz hM **nicht zusammenzurechnen.** Vielmehr hat jeder einzelne Kläger fristgerecht den urkundlichen Nachweis dafür zu erbringen, dass sein individueller Aktienbesitz den anteiligen Betrag von 1.000 Euro erreicht.[148] Für dieses Verständnis streitet nicht nur der Gesetzeswortlaut („wenn nicht *der Kläger* nachweist...., dass *er...*hält"), sondern in systematischer Hinsicht auch ein Umkehrschluss zu den §§ 122 Abs. 1 S. 1, Abs. 2 S. 1, 142 Abs. 2 S. 1, 147 Abs. 2 S. 2, 148 Abs. 1 S. 1, 254 Abs. 2 S. 3,[149] in denen eine Zusammenrechnung ausdrücklich zugelassen wird. Schließlich spricht auch die Zielsetzung des Mindestanteilserfordernisses dagegen, dass ihm durch Zusammenrechnung der Anteile mehrerer Kläger genügt werden kann. Das Mindestanteilserfordernis soll verhindern, dass Aktionäre mit minimalen Splitterbeteiligungen unterhalb der 1.000-Euro-Schwelle wichtige Kapital- und Strukturmaßnahmen blockieren können (Rn 32). Diese gesetzgeberische Zielsetzung würde unterlaufen, wenn dem Mindestanteilserfordernis durch Zusammenrechnung der Anteile mehrerer oder ggf zahlreicher Kläger Rechnung getragen werden könnte. Für zulässig gehalten wird es hingegen, dass mehrere Aktionäre ihre Anteile zum Zwecke des Erreichens des Quorums bei einem von ihnen oder in einem gemeinsamen Rechtsträger bündeln.[150] Allerdings muss diese Bündelung schon zum Bekanntmachungszeitpunkt der Hauptversammlungseinberufung erfolgt sein[151] und während des gesamten Nachweiszeitraumes (siehe Rn 42 ff) fortbestehen. Halten mehrere Mitberechtigte Aktien in einer **nicht rechtsfähigen Bruchteils- oder Gesamthandgemeinschaft**, so ist diese wegen § 69 Abs. 1 AktG für die Erreichung des Quorums als ein Kläger zu behandeln mit der Folge, dass alle in Rechtsgemeinschaft gehaltenen Anteile zusammenzurechnen sind.[152]

42 **bb) Nachweiszeitraum.** Ausweislich des Gesetzeswortlautes („seit") muss sich der urkundliche Nachweis des Anteilsbesitzes nicht lediglich auf den Einberufungszeitpunkt beziehen, sondern auf einen mit diesem

---

140 Siehe etwa OLG Frankfurt ZIP 2010, 986, 988.
141 OLG Nürnberg ZIP 2012, 2052, 2054 f.
142 OLG Saarbrücken ZIP 2011, 469.
143 Vgl OLG Stuttgart v. 21.12.2012, 20 AktG 1/12, Rn 116 (zitiert nach juris); OLG Stuttgart NZG 2010, 27, 28; OLG Hamburg AG 2010, 214; OLG Frankfurt ZIP 2010, 987, 989; Bericht des Rechtsausschusses zum ARUG, BT-Drucks. 16/13098, S. 35; *Bayer,* FS Hoffmann-Becking, 2013, S. 91, 103.
144 Vgl *Hüffer,* Rn 20.
145 OLG Saarbrücken ZIP 2011, 469; vgl auch Henssler/Strohn/*Drescher,* Gesellschaftsrecht, Rn 7.
146 OLG München AG 2010, 715, 716.
147 OLG München AG 2010, 715, 716; *Wilsing/Saß,* DB 2011, 919, 922.
148 OLG Bremen ZIP 2013, 460, 461; OLG Nürnberg ZIP 2012, 2052, 2053; OLG München ZIP 2011, 2199, 2200; OLG Stuttgart AG 2010, 89, 90; OLG Hamburg AG 2010, 214; OLG Hamburg AG 2010, 215; OLG Frankfurt ZIP 2010, 986, 989; OLG Frankfurt ZIP 2010, 2500, 2502; *Bayer,* FS Hoffmann-Becking, 2013, S. 91, 103; Henssler/Strohn/*Drescher,* Gesellschaftsrecht, Rn 6; *Hüffer,* Rn 20; *Verse,* NZG 2009, 1127, 1129; *Stilz,* FS Hommelhoff, 2012, S. 1181, 1186; aA K. Schmidt/Lutter/*Schwab,* Rn 9; zweifelnd auch *Poelzig,* DStR 2008, 1538, 1541.
149 Vgl *Wilsing/Saß,* DB 2011, 919, 921.
150 Vgl etwa Henssler/Strohn/*Drescher,* Gesellschaftsrecht, Rn 6; *Heidel,* Voraufl., Rn 17; K. Schmidt/Lutter/*Schwab,* Rn 6.
151 Zutreffend *Heidel,* Voraufl., Rn 17; *Verse,* NZG 2009, 1127, 1129.
152 OLG Rostock, AG 2013, 768; Widmann/Mayer/*Fronhöfer,* UmwG, 112. Erg-Lfg, § 16 Rn 156.7.

beginnenden **Zeitraum**.[153] Wann dieser Zeitraum beginnt und wann er endet, ist umstritten. Hinsichtlich des **Beginns** des Nachweiszeitraums ist zu beachten, dass § 246 a Abs. 2 Nr. 2 anders als § 245 Nr. 1 und 2 nicht den Nachweis fordert, dass der Antragsgegner den 1.000 Euro übersteigenden anteiligen Betrag bereits „vor" der Bekanntmachung der Tagesordnung hielt. Die stattdessen verwendete Formulierung „seit Bekanntmachung" kann so verstanden werden, dass es ausreicht, wenn der Antragsgegner nachweisen kann, dass sein Anteilsbesitz ab dem Tage der Bekanntmachung (dh vor dessen Ablauf) den anteiligen Betrag von 1.000 Euro erreichte. Allerdings eröffnet dieses Verständnis Aktionären die Möglichkeit, noch am Tage der Bekanntmachung gezielt eine den Schwellenwert übersteigende Beteiligung zu erwerben bzw ihre vorhandene Beteiligung auf einen anteiligen Betrag von 1.000 Euro aufzustocken, wenn die bekannt gemachte Tagesordnung eine anfechtungsträchtige Beschlussfassung über eine Kapitalmaßnahme oder einen Unternehmensvertrag vorsieht, um gegebenenfalls einen Freigabebeschluss verhindern zu können.[154] Die Eröffnung dieser Möglichkeit würde indessen dem Zweck des Mindestanteilserfordernisses zuwiderlaufen. Trotz der von § 245 Nr. 1 und 2 abweichenden Formulierung in § 246 a Abs. 2 Nr. 2 wird deshalb teilweise vertreten, dass der Antragsgegner auch hier nachweisen müsse, dass sein Anteilsbesitz bereits „bei" bzw „vor" Bekanntmachung der Einberufung den anteiligen Betrag von 1.000 Euro überstiegen habe.[155] Bei einer Vollversammlung nach § 121 Abs. 6 tritt der Zeitpunkt der Hauptversammlung an die Stelle der Bekanntgabe der Einberufung.[156]

Zum **Ende des Nachweiszeitraumes** enthält das Gesetz keine explizite Aussage. Nicht erforderlich ist jedenfalls der (etwa mittels eines Sperrvermerks in der Depotbescheinigung zu führende) Nachweis, dass der Antragsgegner eine Beteiligung in Höhe eines anteiligen Betrages von 1.000 Euro bis zur Entscheidung über den Freigabeantrag hält.[157] Anders als §§ 142 Abs. 2 S. 2, 122 Abs. 1 S. 2 fordert § 246 a Abs. 2 Nr. 2 dies gerade nicht. Umstritten ist, ob der Nachweiszeitraum mit dem Zeitpunkt der Klageerhebung[158] oder erst mit demjenigen der Zustellung des Freigabeantrages[159] endet. Für ersteres sprechen der Gesetzeswortlaut („der Kläger")[160] sowie die Kürze der Wochenfrist. Ginge man davon aus, dass der Nachweiszeitraum erst mit Zustellung des Freigabeantrages beim Kläger (= Antragsgegner) ende und der urkundliche Nachweis folglich nach diesem Zeitpunkt ausgestellt werden müsse, so könnte es dem Kläger uU aus rein praktischen Gründen ohne sein Verschulden unmöglich sein, den erforderlichen Nachweis fristgerecht zu führen.[161]

Zusammenfassend bleibt sonach festzuhalten, dass der urkundliche Nachweis des erforderlichen Anteilsbesitzes richtigerweise den Zeitraum vom Tag der Einberufung der Hauptversammlung bis zum Tag der Klageerhebung abdecken muss. Solange die dargestellten Zweifelsfragen nicht geklärt sind, empfiehlt es sich aber für die Praxis, bei der Beratung des Klägers und Antragsgegners vorsorglich darauf zu achten, dass der Nachweis möglichst den gesamten Zeitraum vom Tag vor Einberufung der Hauptversammlung bis zum Tag nach Zustellung des Freigabeantrages abdeckt.

b) **Mittel des Nachweises.** Als Mittel des urkundlichen Nachweises kommt neben **Aktienurkunden** vor allem eine **Depotbescheinigung**[162] und bei Namensaktien zusätzlich ein **aktueller Auszug aus dem Aktienregister** der AG[163] in Betracht. Jedenfalls wenn ein solcher aktueller Auszug auf rechtzeitige Anforderung des Aktionärs nicht unverzüglich binnen der Wochenfrist zur Verfügung gestellt wird, kann der Aktionär den Nachweis nach zutreffender Ansicht auch indirekt führen, indem er binnen Wochenfrist, diesen Sachverhalt

---

153 OLG Nürnberg ZIP 2012, 2052, 2054 und ZIP 2010, 2498, 2499; *Bayer*, FS Hoffmann-Becking, 2013, S. 91, 105; *Fiebelkorn*, Die Reform der aktienrechtlichen Beschlussmängelklagen, S. 185; *Wilsing/Saß*, DB 2011, 919, 921; aA offenbar *Heidel*, Vorauflage, Rn 17.
154 *Weber/Kersjes*, Hauptversammlungsbeschlüsse vor Gericht, § 3 Rn 45; *Wilsing/Saß*, DB 2011, 919, 922.
155 Vgl *Spindler/Stilz/Singhof*, § 319 Rn 22 a; *Wilsing/Saß*, DB 2011, 919, 922; *Fiebelkorn*, Die Reform der aktienrechtlichen Beschlussmängelklagen, S. 188; wohl auch OLG Nürnberg ZIP 2012, 2052, 2054 („bereits zum Zeitpunkt der Bekanntmachung der Einberufung der Hauptversammlung") und ZIP 2010, 2498, 2500; OLG München ZIP 2013, 931, 932 („bereits vor dem 7.12.2012"); dagegen zutreffend OLG Frankfurt v. 18.12.2010 – 5 Sch 3/10, Rn 27 (zitiert nach juris, insoweit nicht abgedruckt in NZG 2012, 351); *Bayer*, FS Hoffmann-Becking, 2013, S. 91, 106.
156 *Henssler/Strohn/Drescher*, Gesellschaftsrecht, Rn 6.
157 OLG Saarbrücken ZIP 2011, 469, 470; *Bayer*, FS Hoffmann-Becking, 2013, S. 91, 106; *Hüffer*, Rn 20; *Fiebelkorn*, Die Reform der aktienrechtlichen Beschlussmängelklagen, S. 186.
158 Hierfür bspw *Bayer*, FS Hoffmann-Becking, 2013, S. 91, 106; *Fiebelkorn*, Die Reform der aktienrechtlichen Beschlussmängelklagen, S. 185 f; *Satzl*, Freigabe von Gesellschafterbeschlüssen, S. 203.
159 OLG Bamberg v. 9.12.2013 – 3 AktG 2/13, Rn 32 (zitiert nach juris); *Wilsing/Saß*, DB 2011, 919, 922; wohl auch *Henssler/Strohn/Drescher*, Gesellschaftsrecht, Rn 6.
160 *Bayer*, FS Hoffmann-Becking, 2013, S. 91, 106.
161 Richtig *Bayer*, FS Hoffmann-Becking, 2013, S. 91, 106; *Fiebelkorn*, Die Reform der aktienrechtlichen Beschlussmängelklagen, S. 185 ff; sehr bedenklich hingegen OLG Bamberg v. 9.12.2013 – 3 AktG 2/13, Rn 25 ff (zitiert nach juris), das meint, der Nachweis habe den gesamten Zeitraum bis zur Zustellung des Freigabeantrages abzudecken und zugleich fordert, dass der diesbezügliche urkundliche Nachweis binnen der Wochenfrist im Original beim OLG eingehen müsse.
162 Vgl OLG Nürnberg ZIP 2012, 2052, 2056, OLG Hamm ZIP 2011, 2257, 2259; *Hüffer*, Rn 20; *Bayer*, FS Hoffmann-Becking, 2013, S. 91, 107.
163 OLG Nürnberg ZIP 2012, 2052, 2056; KG v. 12.3.2010 – 14 AktG 1/09, Rn 18, zitiert nach juris (insoweit nicht abgedruckt in AG 2010, 497); *Bayer*, FS Hoffmann-Becking, 2013, S. 91, 107.

im Freigabeverfahren vorträgt und urkundlich nachweist, dass er rechtzeitig vor Ablauf der Wochenfrist die Erteilung eines aktuellen Auszuges aus dem Aktienregister von der AG verlangt hat,[164] und gemäß § 421 ZPO die Vorlage des Aktienregisterauszuges durch die AG beantragt. Nach Auffassung des OLG Nürnberg kann der Kläger alternativ hierzu auch einen früheren Auszug aus dem Aktienregister vorlegen und alle nachfolgenden Mitteilungen, die er über Veränderungen seines Aktienbesitzes gegenüber der AG gemacht hat, in urkundlicher Form nachweisen.[165] Weist der Antragsgegner seinen Anteilsbesitz durch eine Depotbescheinigung nach, so ist der **urkundliche Nachweis der Vertretungsberechtigung** des Unterzeichners dieser Bestätigung **nicht erforderlich**.[166] Die zu § 327 b Abs. 3 ergangene Rechtsprechung ist auf die Bankbestätigung wegen ihres Charakters als bloße Wissenserklärung nicht übertragbar.[167]

46 Nach Auffassung des OLG Bamberg genügt die Vorlage einer **unbeglaubigten Kopie** der den erforderlichen Aktienbesitz dokumentierende Urkunde innerhalb der Wochenfrist den Anforderungen des Abs. 2 Nr. 2 nicht.[168] Erforderlich sei vielmehr, dass das Original der Urkunde innerhalb der Wochenfrist bei Gericht eingehe. Diese Auffassung überzeugt nicht. Der zu ihrer Begründung vorgetragene Hinweis auf die §§ 415 ff ZPO[169] verfängt jedenfalls dann nicht, wenn man das Nachweiserfordernis nicht als beweisrechtliche Vorschrift einordnet, sondern gerade seinen materiellrechtlichen Charakter hervorhebt.[170] Wegen der Kürze der – nach hM nicht verlängerbaren und einer Wiedereinsetzung in den vorigen Stand nicht zugänglichen (siehe Rn 47) – Wochenfrist kann es dem Antragsgegner überdies ohne sein Verschulden rein praktisch unmöglich sein sicherzustellen, dass das Original der Urkunde der Gesellschaft rechtzeitig zugeht. Das gilt insbesondere, wenn man die Auffassung vertritt, dass der urkundliche Nachweise des erforderlichen Aktienbesitzes den gesamten Zeitraum bis zum Tage der bzw nach Zustellung des Freigabeantrages abdecken müsse (siehe Rn 43), was impliziert, dass der Aktionär sich die erforderliche Bescheinigung nicht schon vorher „auf Vorrat" beschaffen kann. Richtigerweise muss deshalb auch der Zugang einer unbeglaubigten Kopie der Urkunde per Telefax etc. innerhalb der Wochenfrist genügen. Das gilt jedenfalls dann, wenn der Kläger in der mündlichen Verhandlung das Original vorlegen kann, was aber auch nur bei ernsthaften Zweifeln an der Echtheit der fristgerecht übermittelten Kopie gefordert werden sollte.[171]

47 **5. Wochenfrist.** Der urkundliche Nachweis des erforderlichen Anteilsbesitzes hat binnen einer Woche ab Zustellung des Freigabeantrages an den jeweiligen Kläger zu erfolgen. Maßgeblich ist der **Eingang des Nachweises bei Gericht**.[172] Eine gerichtliche Verlängerung der Frist oder eine Wiedereinsetzung in den vorigen Stand kommen nach einhelliger Auffassung nicht in Betracht.[173] Begründet wird dies damit, dass es sich bei der Wochenfrist um eine materiellrechtliche Ausschlussfrist handele.[174]

48 Im Falle einer Gesellschaft, die Namensaktien ausgab, hat das KG es allerdings für unschädlich erachtet, dass die Antragsgegner den urkundlichen Nachweis ihres Anteilsbesitzes erst geringfügig nach Ablauf der Wochenfrist beigebracht hatten. Entscheidend hierfür war die Erwägung, dass allein die Antragstellerin aufgrund des von ihr geführten Aktienregisters Bescheinigungen über den Aktienbesitz der Antragsgegner ausstellen könne und diese somit selbst nicht über urkundliche Nachweise verfügt hätten, die sie binnen Wochenfrist hätten vorlegen können.[175] An diese Entscheidung des KG anknüpfend wird in der Literatur vereinzelt verallgemeinernd davon ausgegangen, dass eine Überschreitung der Wochenfrist stets dann unschädlich sei, wenn der Antragsgegner nicht innerhalb der Frist über urkundliche Nachweise verfügt habe bzw habe verfügen können.[176] Vereinzelt wird auch ohne diese Einschränkung die Auffassung vertreten,

---

164 OLG Nürnberg ZIP 2012, 2052, 2056; *Bayer*, FS Hoffmann-Becking, 2013, S. 91, 107; *Fiebelkorn*, Die Reform der aktienrechtlichen Beschlussmängelklagen, S. 179 f; aA OLG Hamm ZIP 2001, 2257, 2259. Noch großzügiger hingegen *Hüffer*, Rn 20 aE: wegen § 67 Abs. 2 AktG genüge es, wenn sich der Kläger binnen Wochenfrist auf die Eintragung eines dem Quorum entsprechenden Aktienbesitzes im Aktienregister berufe. Vgl auch Henssler/Strohn/*Drescher*, Gesellschaftsrecht, § 246 a Rn 7: Wenn bei Namensaktien die Gesellschaft das Aktienregister führe und den Aktienbestand des Klägers bereits im Antrag mitteile, erübrige sich der Nachweis eines über dem Quorum liegenden Aktienbesitzes; siehe aber OLG München ZIP 2013, 931, 932.
165 OLG Nürnberg ZIP 2012, 2052, 2056; dem folgend *Bayer*, FS Hoffmann-Becking, 2013, S. 91, 107.
166 OLG Saarbrücken ZIP 2011, 469, 470; *Wilsing/Saß*, DB 2011, 919, 922.
167 OLG Saarbrücken ZIP 2011, 469, 470; *Wilsing/Saß*, DB 2011, 919, 922.
168 OLG Bamberg v. 9.12.2013 – 3 AktG 2/13, Rn 31 (zitiert nach juris); so wohl auch OLG Frankfurt ZIP 2010, 986, 989 (obiter dictum); offen gelassen von OLG Hamm ZIP 2011, 2257, 2558.
169 So etwa OLG Bamberg v. 9.12.2013, Rn 28 ff (zitiert nach juris).
170 So das OLG Bamberg (vorherige Fn) selbst, Rn 30 (zitiert nach juris); ferner etwa OLG Nürnberg ZIP 2013, 2052, 2054; KG ZIP 2011, 172, 173.
171 Vgl OLG München ZIP 2011, 2199, 2200.
172 Henssler/Strohn/*Drescher*, Rn 7; *Hüffer*, Rn 20.
173 OLG Nürnberg ZIP 2012, 2052, 2054 und ZIP 2010, 2498, 2500; KG ZIP 2011, 172, 173; *Hüffer*, Rn 20; *Wilsing/Saß*, DB 2011, 919, 922; Henssler/Strohn/*Drescher*, Gesellschaftsrecht, Rn 7.
174 OLG Nürnberg ZIP 2012, 2052, 2057 und ZIP 2010, 2498, 2500; KG ZIP 2011, 172, 173; *Hüffer*, Rn 20.
175 KG v. 12. 3. 2010 – 14 AktG 1/09, zitiert nach juris, Rn 18, insoweit nicht abgedruckt in AG 2010, 497, 498.
176 *Heidel*, Vorauft., Rn 17 m, der die Wochenfrist zudem für unanwendbar bzw ihre Überschreitung für unschädlich hält, wenn es um ein „nachgeschobenes" Freigabeverfahren zur Herbeiführung der Bestandskraft eines bereits eingetragenen Beschlusses geht.

dass wegen der erforderlichen Gewährleistung rechtlichen Gehörs und unter Berücksichtigung der Wertung aus § 356 ZPO auch ein nach Ablauf der Wochenfrist, aber vor der Entscheidung des OLG erbrachter Nachweis noch zu berücksichtigen sei.[177]

6. Rechtsfolgen bei Verfehlen des Quorums. Hat keiner von mehreren Klägern fristgerecht den erforderlichen Anteilsbesitz urkundlich nachgewiesen, so ist dem Freigabeantrag (gegenüber jedem von ihnen) gemäß §§ 246 a Abs. 2 Nr. 2 stattzugeben, ohne dass es auf das Vorliegen eines weiteren Freigabegrundes ankommt.[178] Die **Freigabe** hat in diesem Falle nach der Konzeption des Gesetzes **selbst bei Vorliegen schwerster Rechtsverletzungen** zu erfolgen.[179] Haben nur einige von mehreren Klägern fristgerecht den erforderlichen Nachweis hinreichenden Anteilsbesitzes erbracht, so braucht das OLG nur hinsichtlich der von ihnen erhobenen Klagen zu prüfen, ob einer der übrigen Freigabegründe eingreift.[180] 49

Bei der Prüfung des Freigabegrundes der „offensichtlichen Unbegründetheit der Klage" ist in diesem Falle nach ganz herrschender Auffassung auch nur der Sachvortrag derjenigen Kläger zu berücksichtigen, die fristgerecht einen hinreichenden Aktienbesitz nachgewiesen haben, nicht jedoch der Sachvortrag der Kläger, die dies nicht getan haben.[181] Praktische Bedeutung erlangt diese Einschränkung, wenn ausschließlich letztere zu denjenigen Beschlussmängeln vorgetragen haben, die tatsächlich vorliegen und auch nicht im Wege der Abwägung überwunden werden können. 50

Zur fehlenden Bindungswirkung eines auf Abs. 2 Nr. 2 gestützten Freigabebeschlusses für das Registergericht siehe Rn 82. 51

IV. Vorrangiges Interesse am alsbaldigen Wirksamwerden der Maßnahme (Abs. 2 Nr. 3). 1. Überblick. a) Zweistufige Grundstruktur. Der praktisch wichtige Freigabegrund des Abs. 2 Nr. 3 („Abwägungsvariante") ist durch das ARUG neu gefasst worden. Der neue Gesetzeswortlaut verleiht ihm eine deutlich klarere Struktur als bislang. Der Wortlaut zeichnet eine zweistufige Prüfung vor: Auf der **ersten Stufe** hat das Gericht einen **reinen Nachteilsvergleich** auf der gedanklichen Grundlage einer Doppelhypothese durchzuführen. Zu fragen ist, ob die wesentlichen Nachteile, die die Gesellschaft und ihre Aktionäre im Falle der Verweigerung einer (vorzeitigen) Registereintragung erlitten, diejenigen Nachteile überwiegen, die dem Antragsgegner aufgrund der Vornahme einer solchen entstünden. Wenn diese Frage zu verneinen ist, scheidet eine auf die Abwägungsvariante gestützte Freigabe schon deshalb aus. Ist sie zu bejahen, so hat das OLG auf der **zweiten Stufe** zu prüfen, ob ein **Rechtsverstoß von „besonderer Schwere"** vorliegt. Ist dies zu bejahen, so scheidet eine auf die Abwägungsvariante gestützte Freigabe aus. Fällt der Nachteilsvergleich zugunsten der Gesellschaft aus und liegt kein Rechtsverstoß von „besonderer Schwere" vor, so hat das Gericht hingegen freizugeben, ein Ermessen besteht nicht.[182] Aus der zweistufigen Struktur der Abwägungsvariante folgt allerdings **keine zwingende Prüfungsreihenfolge**. Das OLG kann auch zuerst das Vorliegen eines besonders schweren Rechtsverstoßes prüfen.[183] Bejaht es einen solchen, so erübrigt sich ein Nachteilsvergleich.[184] 52

Im Gegensatz zur Gesetzesfassung vor Inkrafttreten des ARUG ist die **Schwere des Rechtsverstoßes** somit **kein Abwägungsposten** mehr.[185] Damit vermeidet die zweistufige Grundstruktur der Abwägungsvariante in der Fassung des ARUG das Kerndilemma der zuvor geltenden Gesetzesformulierung, die eine Abwägung der Schwere des geltend gemachten Rechtsverstoßes mit den der Gesellschaft und ihren Aktionären im Falle der Verweigerung der Registereintragung drohenden wirtschaftlichen Nachteilen forderte und dem Rechtsanwender damit einen Vergleich an sich völlig inkomparabler Aspekte abverlangte.[186] In der Sache umschreibt das Erfordernis einer „besonderen Schwere" des Rechtsverstoßes auf der zweiten Stufe der neu gefassten Abwägungsvariante den **beschränkten Umfang der Blockadebefugnis**, die dem Antragsgegner ver- 53

---

177 Henssler/Strohn/*Drescher*, Gesellschaftsrecht, § 246 a Rn 7, der davon ausgeht, dass es sich bei der Wochenfrist nicht um eine Ausschlussfrist zur Wahrnehmung von Rechten handele.
178 *Schatz*, Missbrauch der Anfechtungsbefugnis, S. 185.
179 Siehe etwa OLG Nürnberg ZIP 2012, 2052, 2057 und ZIP 2010, 2498, 2499; *Bayer*, FS Hoffmann-Becking, 2013, S. 91, 104; *Hirte*, FS W. Meilicke, 2010, S. 201, 210; *Fiebelkorn*, Die Reform der aktienrechtlichen Beschlussmängelklagen, S. 191 f; *Schatz*, Missbrauch der Anfechtungsbefugnis, S. 202; aA *Heidel*, Vorauft., Rn 17 h; *Jocksch*, Freigabeverfahren, S. 134.
180 *Verse*, NZG 2009, 1127, 1129; *Schatz*, Missbrauch der Anfechtungsbefugnis, S. 185.
181 OLG Rostock ZIP 2013, 768, 769; OLG Bremen ZIP 2013, 460, 461; OLG Frankfurt v. 11. 4. 2011 – 5 Sch 4/10, Rn 40 (zitiert nach juris); Henssler/Strohn/*Drescher*, Gesellschaftsrecht, Rn 5; Hölters/*Englisch*, AktG, Rn 27; *Hüffer*, AktG, Rn 20 aE; MüKo-AktG/*Hüffer*, Rn 24; *Kläsener/Wasse*, AG 2010, 202, 204; *Satzl*, Freigabe von Gesellschafterbeschlüssen, S. 204 f; *Verse*, NZG 2009, 1127, 1129; *Wilsing/Saß*, DB 2011, 919, 923; wohl auch OLG München ZIP 2011, 2199, 2200; offen gelassen noch in OLG München ZIP 2010, 84, 86; aA *Heidel*, Vorauft., Rn 17 d; K. Schmidt/Lutter/*Schwab*, Rn 9; *Jocksch*, Freigabeverfahren, S. 134.
182 *Bayer*, FS Hoffmann-Becking, 2013, S. 91, 109.
183 Dies empfehlen bspw *Enders/Ruttmann*, ZIP 2010, 2280, 2281; K. Schmidt/Lutter/*Schwab*, Rn 10; Hölters/*Englisch*, Rn 35; Beispiel aus der Rechtsprechung: OLG Frankfurt ZIP 2010, 986, 989.
184 Hölters/*Englisch*, Rn 35 mwN.
185 Vgl KG AG 2010, 497, 498; KG ZIP 2011, 172, 174; *Florstedt*, AG 2009, 465, 470; *Verse*, NZG 2009, 1127, 1130.
186 Siehe *Zöllner*, FS Westermann, 2008, S. 1631, 1641: „auf seriöse Weise gar nicht möglich".

bleibt, wenn das Gericht im Rahmen der Nachteilsabwägung ein Überwiegen der Gesellschaftsnachteile festgestellt hat. Damit kommt der **Nachteilsabwägung** auf der ersten Stufe der neu gefassten Abwägungsvariante **in der Praxis häufig weichenstellende Bedeutung** für die Beantwortung der Frage zu, ob dem Freigabeantrag der Gesellschaft auf der Grundlage der Abwägungsvariante stattzugeben ist.[187]

54 b) **Implikationen der zweistufigen Grundstruktur für das Verständnis der Abwägungsvariante.** Die im Zuge des ARUG erfolgte Neufassung hat erhebliche Implikationen für die Funktionsbestimmung der Abwägungsvariante.[188] Aus dem Umstand, dass nur das Vorliegen eines Rechtsverstoßes von „besonderer Schwere" einer auf die Abwägungsvariante gestützten Freigabe entgegensteht, wenn der auf der ersten Stufe derselben durchzuführende Nachteilsvergleich zugunsten der Gesellschaft und ihrer nicht klagenden Aktionäre ausfällt, folgt im Umkehrschluss, dass bei Überwiegen der Gesellschaftsnachteile **selbst sicher vorliegende Rechtsverstöße unterhalb der Schwelle der „besonderer Schwere" eine vorzeitige Registereintragung nach der Konzeption des Gesetzes nicht sollen hindern können**.[189] Durch die Neufassung der Abwägungsvariante ist daher die zuvor verbreitet vertretene Auffassung obsolet geworden, der zufolge bei einem als wahrscheinlich oder gar sicher vorhersehbaren Erfolg der Beschlussmängelklage eine Freigabe aufgrund der Abwägungsvariante zwingend zu unterbleiben hatte.[190] Diese Sichtweise ist mit der geltenden Gesetzesfassung und der hierin zum Ausdruck kommenden gewandelten Konzeption der Abwägungsvariante unvereinbar,[191] mag man diese in rechtspolitischer und systematischer Hinsicht auch mit guten Gründen für misslungen halten (dazu bereits Rn 3 f). Sie lässt sich folglich auf dem Boden der *lex lata* methodisch allenfalls noch im Wege verfassungskonformer Auslegung des Abs. 2 Nr. 3 begründen, wenn man eine solche denn für geboten hält.[192]

55 Mit der Neuformulierung der Abwägungsvariante hat der Gesetzgeber somit für den Anwendungsbereich der aktien- und umwandlungsrechtlichen Freigabeverfahren eine Abkehr von der Vorstellung vollzogen, dass jeder Beschlussmangel dieselbe Rechtsfolge nach sich ziehen und ein Wirksamwerden der beschlossene Maßnahme hindern müsse. Stattdessen nimmt er eine Hinwendung zu einer **Abstufung bzw einer – wenn auch nur sehr begrenzten – Ausdifferenzierung von Beschlussmängelfolgen** vor:[193] Auch im Anwendungsbereich der Freigabeverfahren führt zwar weiterhin das Vorliegen eines jeden (relevanten) Mangels dazu, dass der angegriffene Hauptversammlungsbeschluss im Beschlussmängelverfahren für nichtig erklärt bzw im Falle des Vorliegens von Nichtigkeitsgründen seine Nichtigkeit festgestellt wird. Wie der Wortlaut der Abwägungsvariante zum Ausdruck bringt, soll aber nicht jeder Beschlussmangel auch automatisch das (irreversible) Wirksamwerden der beschlossenen Strukturmaßnahme hindern. Wenn der Nachteilsvergleich auf der ersten Stufe der Abwägungsvariante zugunsten der Gesellschaft und ihrer nicht klagenden Aktionäre ausfällt, sollen vielmehr nur Rechtsverletzungen von „besonderer Schwere" die Wirksamkeit der jeweiligen Maßnahme hindern. Mängel, die diese Schwelle nicht erreichen, bleiben ohne Auswirkung auf die Wirksamkeit der jeweiligen Maßnahme und führen neben der Beschlusskassation allenfalls zum Ersatz des dem Kläger entstandenen Individualschadens.

56 Für die **Funktionsbestimmung der Abwägungsvariante** bedeutet dies: Mit der Abwägungsvariante gibt das Gesetz dem OLG ein Instrument an die Hand, das es ihm ermöglichen soll, einzelfallbezogen eine **wertende Entscheidung** über die im Falle der Mangelhaftigkeit des Beschlusses zusätzlich zu seiner Nichtigerklärung angemessen erscheinende Rechtsfolge (Blockade der Maßnahme oder nur Ersatz des Individualschadens des Antragsgegners) zu treffen.[194] Die Entscheidung über die irreversible Wirksamkeit der beschlossenen Strukturmaßnahme wird somit nicht nur zeitlich von derjenigen über die im Beschlussmängelprozess zu beurteilende Wirksamkeit des zugrunde liegenden Hauptversammlungsbeschlusses abgekoppelt – nämlich vorgezogen – und dieser gegenüber verfahrensmäßig verselbstständigt, sondern ist aufgrund der Freigabegründe in Abs. 2 Nr. 2 und 3 auch anhand deutlich anderer Kriterien als diese zu treffen.[195]

---

187 *Schatz*, Missbrauch der Anfechtungsbefugnis, S. 192; *Martens/Martens*, FS K. Schmidt, 2009, S. 1129, 1143.
188 Eingehend hierzu *Schatz*, Missbrauch der Anfechtungsbefugnis, S. 200 ff.
189 *Schatz*, Missbrauch der Anfechtungsbefugnis, S. 200, ebenso *Bayer*, FS Hoffmann-Becking, 2013, S. 91, 99; *Hirte*, FS W. Meilicke, 2010, S. 201, 210; *Lorenz/Pospiech*, BB 2010, 2515, 2520; *Schall/Habbe/Wiegand*, NZG 2010, 1789, 1790; *Verse*, NZG 2009, 1127,1130; aA *Heidel*, Vorauft., Rn 20 b; K. Schmidt/Lutter/*Schwab*, Rn 14; *Jocksch*, Freigabeverfahren, S. 105.
190 Siehe bspw *Halfmeier*, WM 2006, 1465, 1467 ff; *Meilicke/Heidel*, DB 2004, 1479, 1484; *Zöllner*, FS Westermann, 2008, S. 1631, 1643 ff; tendenziell auch OLG Jena ZIP 2006, 1989, 1997.
191 Richtig *Bayer*, FS Hoffmann-Becking, 2013, S. 91, 99; aA *Jocksch*, Freigabeverfahren, S. 98 ff.
192 So bspw K. Schmidt/Lutter/*Schwab*, Rn 14.
193 Zur rechtspolitischen Bewertung eingehend *Schatz*, Missbrauch der Anfechtungsbefugnis, S. 212 f.
194 Eingehend *Schatz*, Missbrauch der Anfechtungsbefugnis, S. 200 ff; anders, aber nicht überzeugend *Jocksch*, Freigabeverfahren, S. 103: Funktion der Abwägungsvariante bestehe lediglich in der Regulierung rechtlicher Ungewissheit hinsichtlich der Erfolgsaussichten der Anfechtungsklage.
195 Vgl auch *Hirte*, FS W. Meilicke, 2010, S. 201, 210; *Schatz*, Missbrauch der Anfechtungsbefugnis, S. 202.

2. Einzelheiten. a) Erste Stufe: Nachteilsvergleich. Im Rahmen des Nachteilsvergleichs auf der ersten Stufe 57
der Abwägungsvariante sind ausschließlich die **wirtschaftlichen Folgen** der Eintragung oder ihrer Verweigerung gegenüberzustellen. Zwar gebietet der natürliche Wortsinn des Begriffs „Nachteile" eine derartige Beschränkung nicht zwingend.[196] Sie entspricht aber den Gesetzesmaterialien[197] und der ganz hM in Rechtsprechung und Schrifttum.[198] Die Beschränkung auf wirtschaftliche Aspekte impliziert, dass insbesondere die Erfolgaussichten der anhängigen Beschlussmängelklage im Rahmen des Nachteilsvergleichs keine Rolle spielen.[199] Sie schließt es aber nicht aus, bestimmte Posten aufgrund normativer Erwägungen aus dem wirtschaftlichen Nachteilsvergleich auszublenden (siehe etwa Rn 62).

aa) Wesentliche Nachteile für die Gesellschaft und ihre Aktionäre. (1) Berücksichtigungsfähige Nachteile. 58
Noch nicht sicher geklärt ist, welche wirtschaftlichen Nachteile auf Seiten der Gesellschaft zu berücksichtigen sind. Unstreitig erfasst sind **Verzögerungsnachteile**, dh sämtliche Nachteile, die adäquat kausal infolge einer (weiteren) Verzögerung der Eintragung entstünden.[200] In Betracht kommen beispielsweise[201] die **drohende Insolvenz der Gesellschaft** im Falle einer weiteren Verzögerung einer beschlossenen Kapitalerhöhung[202] oder **entgehende Synergieeffekte, Kostenersparnisse und Steuervorteile**, die mit der Durchführung eines Beherrschungs- und Gewinnabführungsvertrages verbunden sind.[203] Diese können nach der Rechtsprechung auch dann beachtlich sein, wenn der Unternehmensvertrag zwar bereits ohne Freigabeverfahren durch das Registergericht in das Handelsregister eingetragen wurde und die betreffenden Vorteile daher aktuell bereits realisiert werden können, jedoch im Falle eines rechtskräftigen Durchdringens der Anfechtungsklage mangels Bestandskraft der Eintragung und ihrer Wirkungen vorzeitig wieder entfielen.[204] Nach der Rechtsprechung reicht es zudem, dass sich die **wirtschaftlichen Vorteile** bei Eintragung der Kapitalmaßnahme oder des Unternehmensvertrages **auf der Ebene einer Tochtergesellschaft** der Antragstellerin erzielen lassen.[205]

Neben solchen finanziell bezifferbaren Einbußen hat die Rechtsprechung teils auch **nicht konkret bezifferbare Nachteile** wie etwa einen im Falle einer weiteren Verzögerung bzw eines Scheiterns der Maßnahme 59
drohenden Reputations- und Imageverlust am Markt,[206] die Verunsicherung von Mitarbeitern bzw die drohende Abwanderung qualifizierten Personals[207] oder die drohende Verunsicherung von Geschäftspartnern[208] als berücksichtigungsfähige Nachteile anerkannt. Allerdings ist bei solchen kaum verlässlich verifizierbaren und in ihren wirtschaftlichen Auswirkungen idR nicht bezifferbaren Aspekten **Zurückhaltung geboten**. Es sind hohe Anforderungen an eine substantiierte Darlegung und an die Glaubhaftmachung durch die Gesellschaft zu stellen[209] und die erforderliche „Wesentlichkeit" der Nachteile (hierzu Rn 64) ist genau zu prüfen.[210]

Umstritten ist, ob auch diejenigen Nachteile berücksichtigungsfähig sind, die aus einer endgültigen Nichteintragung, dh einem endgültigen Scheitern der betreffenden Maßnahme resultieren würden („**Nichteintragungsnachteile**",[211] „**Nichtdurchführungsschaden**"[212]). Hier geht es insbesondere um die Nachteile, die der 60
Gesellschaft aufgrund eines Erfolges der Beschlussmängelklage entstünden.[213] Nach hM, die sich auf Ausführungen in der Regierungsbegründung zum UMAG stützen kann,[214] sind auch solche Nachteile in den Nachteilsvergleich auf der ersten Stufe der Abwägungsvariante einzustellen.[215] Eine Gegenansicht hält hin-

---

196 Vgl schon *Schatz*, Missbrauch der Anfechtungsbefugnis, S. 193 Fn 896; ferner *Bayer*, FS Hoffmann-Becking, 2013, S. 91, 109.
197 Siehe Beschlussempfehlung und Bericht des Rechtsausschusses, BT-Drucks. 16/13098, S. 60.
198 OLG Rostock AG 2013, 768, 772; OLG München ZIP 2012, 2439, 2444; KG ZIP 2011, 172, 174; OLG Hamm AG 2011, 624, 625; KG ZIP 2010, 1849; *Bayer*, FS Hoffmann-Becking, 2013, S. 91, 109; *Baums/Drinhausen* ZIP 2008, 145, 151; Spindler/Stilz/*Dörr*, Rn 30; *Koch/Wackerbeck*, ZIP 2009, 1603, 1606; *C. Schäfer*, NJW 2008, 1389, 1408; weitere Nachweise bei *Schatz*, Missbrauch der Anfechtungsbefugnis, S. 193 Fn 896.
199 Vgl *Hüffer*, Rn 22; Spindler/Stilz/*Dörr*, Rn 30; Mehrbrey/*Bussian*, Handbuch gesellschaftsrechtliche Streitigkeiten, § 8 Rn 384.
200 Vgl OLG Rostock AG 2013, 768, 772; *Bayer*, FS Hoffmann-Becking, 2013, S. 91, 109.
201 Überblick über weitere Posten bei *Satzl*, Freigabe von Gesellschafterbeschlüssen, S. 212 f.
202 Siehe etwa KG ZIP 2010, 1849, 1850.
203 Siehe etwa OLG Düsseldorf ZIP 2009, 518, 520; KG ZIP 2009, 1223, 1234; *Jocksch*, Freigabeverfahren, S. 114.
204 Siehe KG ZIP 2009, 1223, 1234. Bedeutung hat dies in Fällen eines zur Herbeiführung der Bestandskraft nachgeschobenen Freigabeverfahrens (siehe Rn 11).
205 KG ZIP 2009, 1223, 1234 und OLG Frankfurt ZIP 2006, 370; OLG Düsseldorf ZIP 2001, 1717; OLG Stuttgart AG 2003, 456, 460; OLG München DB 2006, 1608, 1609.
206 Siehe bspw LG Duisburg ZIP 1999, 798.
207 Siehe bspw OLG Hamm AG 2005, 361, 364.
208 Siehe bspw OLG Stuttgart ZIP 1997, 75, 77.
209 In diese Richtung auch *Heermann*, ZIP 1999, 1861, 1863.
210 Vgl auch *Satzl*, Freigabe von Gesellschafterbeschlüssen, S. 211 f.
211 *Bayer*, FS Hoffmann-Becking, 2013, S. 91.
212 *Satzl*, Freigabe von Gesellschafterbeschlüssen, S. 207.
213 Siehe etwa *Satzl*, Freigabe von Gesellschafterbeschlüssen, S. 207.
214 BT-Drucks.15/5092, S. 29.
215 OLG Rostock AG 2013, 768, 772; OLG Frankfurt ZIP 2006, 370, 380 mit Verweis auf BT Drucks. 15/5092, S. 29; *Faßbender*, AG 2006, 872, 877 f; *Heinrich/Theusinger*, BB 2006, 449, 452; *Satzl*, Freigabe von Gesellschafterbeschlüssen, S. 207 f; *Schütz*, DB 2004, 419, 424.

gegen ausschließlich „Verzögerungsnachteile" für berücksichtigungsfähig.[216] Festzuhalten bleibt zunächst, dass nach beiden Ansichten die „Nichteintragungsnachteile" jedenfalls dann berücksichtigungsfähig sind, wenn das endgültige Scheitern der Maßnahme unabhängig vom Ausgang des Beschlussmängelverfahrens alleine schon aus einer (im Falle einer Versagung der Freigabe zu erwartenden) weiteren Verzögerung der Registereintragung resultieren würde.[217] Hier fallen „Verzögerungsnachteil" und „Nichteintragungsnachteil" zusammen. Im Übrigen wird für eine Beschränkung auf „Verzögerungsnachteile" der Wortlaut der Abwägungsvariante ins Feld geführt, der auf das Interesse der antragstellenden Gesellschaft am „*alsbaldigen* Wirksamwerden" abstelle und damit das zeitliche Element ganz in den Vordergrund rücke.[218]

61 Dem lässt sich entgegenhalten, dass § 246 a ausweislich der Regelungen in Abs. 1 S. 1, Abs. 3 S. 5 Hs 2, Abs. 4 S. 2 Hs 2 nicht nur das Interesse der Gesellschaft an einem raschen Wirksamwerden der beschlossenen Maßnahme, sondern auch dasjenige an deren dauerhaftem Bestand schützt.[219] Das spricht für die Berücksichtigung auch solcher „Nichteintragungsnachteile", die nicht spezifisch infolge einer (weiteren) Verzögerung der Eintragung einträten, sondern im Falle einer Zurückweisung des Freigabeantrages infolge eines – unterstellten – Erfolges der anhängigen Beschlussmängelklage. Andernfalls schiede eine auf die Abwägungsvariante gestützte Freigabe von vornherein in all denjenigen Fällen aus, in denen die vorzeitige Handelsregistereintragung bereits durch das Registergericht verfügt worden ist und das Freigabeverfahren ausschließlich der Herbeiführung der Bestandskraft der betreffenden Maßnahme dient (siehe hierzu oben Rn 11). Denn in diesen Fällen ist dem Interesse der Gesellschaft an einem „alsbaldigen Wirksamwerden" der Maßnahme bereits Rechnung getragen und es geht ausschließlich um die Sicherung des Bestandes derselben für den Fall, dass die anhängige Beschlussmängelklage Erfolg haben sollte. Wenn man aber in diesen Fällen das Bestandsinteresse der Gesellschaft für schutzwürdig und aus diesem Grunde einen Freigabeantrag weiterhin für zulässig hält, dann müssen in die Nachteilsabwägung im Rahmen des Abs. 2 Nr. 3 konsequenterweise auch all diejenigen Nachteile eingestellt werden, die der Gesellschaft im Falle eines Erfolges der Klage und infolge einer ohne Bestandskraftanordnung gemäß Abs. 1 S. 1 drohenden Verpflichtung zur „Rückgängigmachung" der Maßnahme und ihrer Folgen drohen.

62 Selbst wenn man aus vorstehenden Erwägungen grundsätzlich auch die im Falle eines Erfolges der Klage drohenden „Nichteintragungsnachteile" für berücksichtigungsfähig hält, so sind hiervon allerdings entgegen verbreiteter Auffassung[220] aus Wertungsgründen jedenfalls die **Kosten einer Wiederholung der Hauptversammlung** auszunehmen.[221] Ansonsten könnte es allein aufgrund dieser Folgekosten der eigenen Rechtsuntreue der Gesellschaft selbst dann zu einer Freigabe aufgrund der Abwägungsvariante kommen, wenn die Gesellschaft keinerlei spezifisch mit der Verzögerung oder dem endgültigen Scheitern der betreffenden Maßnahme verbundenen Nachteile glaubhaft machen kann.[222] Erst recht muss eine Berücksichtigung der Kosten einer Wiederholung der Hauptversammlung ausscheiden, wenn der betreffende Beschluss an einem inhaltlichen Mangel leidet und deshalb auch in einer erneuten Hauptversammlung nicht rechtmäßig gefasst werden könnte.[223]

63 Nach dem Gesetzeswortlaut sind die Nachteile, die der Gesellschaft „und ihren Aktionären" im Falle einer Verzögerung bzw Verweigerung der Eintragung drohen, in die Abwägung einzustellen. Bei normativer Betrachtung liegt allerdings kein berücksichtigungsfähiger Nachteil darin, dass einem Aktionär bei einer Versagung der Freigabe **rechtswidrige Sondervorteile** iSd § 243 Abs. 2 entgehen, die er bei Wirksamwerden der Maßnahme erhielte.[224]

64 **(2) Wesentlichkeit.** Auf Antragstellerseite sind nur **wesentliche Nachteile** in den Nachteilsvergleich einzustellen. In seiner Beschlussempfehlung zum ARUG hebt der Rechtsausschuss hervor, dass die Wesentlichkeitsschwelle nicht nur bei Insolvenzgefahr oder ähnlich extremen Szenarien erreicht sei.[225] Ausreichend, aber auch erforderlich sind vielmehr alle Nachteile von gewissem Gewicht.[226] Die konkrete Wesentlichkeitsschwelle hat das OLG unter Berücksichtigung der Umstände des Einzelfalles zu bestimmen. **Eigenständige praktische Bedeutung** hat das Wesentlichkeitserfordernis in denjenigen Fällen, in denen dem Antrags-

---

[216] So bspw *Bayer*, FS Hoffmann-Becking, 2013, S. 91, 110; *Fiebelkorn*, Die Reform der aktienrechtlichen Beschlussmängelklagen, S. 213 ff; *Jocksch*, Freigabeverfahren, S. 113.
[217] Vgl *Bayer*, FS Hoffmann-Becking, 2013, S. 91, 110; *Fiebelkorn*, Die Reform der aktienrechtlichen Beschlussmängelklagen, S. 213 ff.
[218] Vgl etwa *Bayer*, FS Hoffmann-Becking, 2013, S. 91, 111; *Fiebelkorn*, Die Reform der aktienrechtlichen Beschlussmängelklagen, S. 214.
[219] *Faßbender*, AG 2006, 872, 876; *Satzl*, Freigabe von Gesellschafterbeschlüssen, S. 207.
[220] So bspw Beschlussempfehlung und Bericht des Rechtsausschusses zum ARUG, BT-Drucks. 16/13098, S. 42.
[221] Im Erg. ebenso *Bayer*, FS Hoffmann-Becking, 2013, S. 91, 111; *Mehrbrey/Bussian*, Handbuch gesellschaftsrechtliche Streitigkeiten, § 8 Rn 384; *Grigoleit/Ehmann*, Rn 8; *Jocksch*, Freigabeverfahren, S. 114.
[222] OLG Frankfurt v. 11.4.2011, 5 Sch 4/10.
[223] Richtig OLG Frankfurt ZIP 2012, 766, 772.
[224] Vgl auch *Satzl*, Freigabe von Gesellschafterbeschlüssen, S. 210. Überdies stellt ein Verstoß gegen § 243 Abs. 2 AktG stets eine Rechtsverletzung von „besonderer Schwere" dar, siehe Rn 77.
[225] BT-Drucks. 16/13098, S. 42.
[226] Widmann/Mayer/*Fronhöfer*, UmwG, § 16 Rn 165; *Satzl*, Freigabe von Gesellschafterbeschlüssen, S. 211.

gegner infolge der Freigabe überhaupt keine bezifferbaren wirtschaftlichen Nachteile drohen (beispielsweise weil „nur" die Verletzung von Verfahrensvorschriften oder Berichts- und Auskunftpflichten gerügt wird), so dass der Nachteilsvergleich zwangsläufig zugunsten der Gesellschaft ausfällt, wenn die von ihr dargelegten Nachteile die Wesentlichkeitsschwelle erreichen.[227] Hier hat das Gericht sich zu fragen, ob die seitens der Gesellschaft dargetanen Nachteile hinreichend gewichtig sind, um eine Beschränkung der Blockade- und Kassationsmacht des Antragsgegners auf Rechtsverstöße von „besonderer Schwere" rechtfertigen zu können.

(3) **Glaubhaftmachung.** Die wesentlichen Nachteile sind von der antragstellenden AG substantiiert darzulegen und glaubhaft zu machen.[228] Eine pauschale und unspezifische Behauptung angeblicher Nachteile genügt nicht.[229] Vielmehr muss nachvollziehbar dargetan werden, welche wesentlichen Nachteile – ggf in welcher Höhe – der antragstellenden Gesellschaft gerade infolge einer Verzögerung oder eines endgültigen Unterbleibens der Eintragung entstehen.[230] Als Mittel der Glaubhaftmachung kommen insbesondere eidesstattliche Versicherungen von Vorstandsmitgliedern hinsichtlich der prognostizierten wirtschaftlichen Auswirkungen der intendierten Maßnahme in Betracht, soweit sie einen der Glaubhaftmachung zugänglichen Tatsachenkern enthalten.[231] Das Gericht hat die Ausführungen der Vorstandsmitglieder einer kritischen Würdigung zu unterziehen.[232] Aufgrund einer Verzögerung der Eintragung ausbleibende Synergieeffekte sind idR aufgrund einer nachvollziehbaren betriebswirtschaftlichen Ausarbeitung darzulegen.[233] Ist **bereits einmal ein Freigabeantrag zurückgewiesen** worden, weil die antragstellende Gesellschaft ein alsbaldiges Vollzugsinteresse und insbesondere die behaupteten wirtschaftlichen Nachteile nicht hinreichend substantiiert dargetan und/oder nicht glaubhaft gemacht hat, so ist es der Gesellschaft verwehrt, den betreffenden Sachvortrag bzw die seinerzeit schon verfügbaren Mittel der Glaubhaftmachung zur Grundlage eines erneuten Freigabeantrages zu machen.[234] Vielmehr kann ein solcher erneuter Antrag ausschließlich auf neuen Sachvortrag bzw neue Mittel der Glaubhaftmachung gestützt werden, die im ersten Freigabeverfahren noch nicht vorgebracht werden konnten.[235] Auch dieser Umstand ist substantiiert darzulegen und glaubhaft zu machen.[236]

Das Erfordernis der Darlegung und Glaubhaftmachung der drohenden Nachteile mag es mit sich bringen, dass die antragstellende Gesellschaft aus ihrer Sicht **sensible Informationen** in das Freigabeverfahren einführen muss. Der Rechtsausschuss hat in seiner Stellungnahme und Beschlussempfehlung zum ARUG vor diesem Hintergrund angemerkt, es möge ein **Geheimhaltungsschutz** durch die Gerichte entwickelt werden.[237] In der Literatur wird hieran anknüpfend teilweise eine analoge Anwendung des § 7 Abs. 7 S. 2 SpruchG auf das Freigabeverfahren vorgeschlagen.[238] Das erscheint im Hinblick auf das Erfordernis rechtlichen Gehörs problematisch,[239] zumal unter Berücksichtigung des Umstandes, dass der Freigabebeschluss und die aufgrund seiner erfolgende Registereintragung zu einer irreversiblen Rechtsänderung führen, die sich uU massiv nachteilig auf die mitgliedschaftliche Position des Antragsgegners auswirkt. Insbesondere unter Berücksichtigung des kontradiktorischen Charakters des Freigabeverfahrens muss der Antragsgegner in der Lage sein, sich mit dem Vortrag der Antragstellerin zu den angeblich drohenden Nachteilen und den angebotenen Mitteln der Glaubhaftmachung substantiiert auseinanderzusetzen, zumal hier in der Regel die Weichen für eine auf die Abwägungsvariante gestützte Freigabe oder deren Verweigerung gestellt werden. Dazu muss der Antragsgegner die von der Antragstellerin zur Substantiierung ihres Tatsachenvortrages und zum Zwecke der Glaubhaftmachung vorgelegten Unterlagen kennen, soweit sie für die Entscheidung (potenziell) Wesentliches enthalten. Nur für die Abwägungsentscheidung unwesentliche Passagen können geschwärzt werden.[240]

bb) **Nachteile für den Antragsgegner.** Auf Seiten des Antragsgegners sind ausschließlich die **individuellen Nachteile** zu berücksichtigen, die ihm infolge der Registereintragung entstünden, nicht auch die nachteiligen Auswirkungen der Maßnahme auf weitere nicht klagende Aktionäre.[241] Diese Beschränkung ist zwar

---

227 AA *Jocksch*, Freigabeverfahren, S. 115: keine eigenständige Bedeutung.
228 *Satzl*, Freigabe von Gesellschafterbeschlüssen, S. 206.
229 Siehe etwa OLG München ZIP 2012, 2439, 2444; *Peitsmeyer/Theusinger*, EWiR 2012, 333, 334.
230 Vgl OLG München ZIP 2012, 2439, 2444.
231 Vgl OLG Düsseldorf ZIP 2009, 518, 521; K.Schmidt/Lutter/*Schwab*, Rn 32; *Jocksch*, Freigabeverfahren, S. 165 f.
232 Siehe beispielhaft OLG Rostock, AG 2013, 768, 772.
233 OLG München ZIP 2012, 773, 776; kritisch *Peitsmeyer/Theusinger*, EWiR 2012, 333, 334.
234 OLG München ZIP 2012, 2439, 2444.
235 OLG München ZIP 2012, 2439, 2444.
236 Vgl OLG München ZIP 2012, 2439, 2444.
237 BT-Drucks, 16/11642, S. 42.
238 So bspw *Florstedt*, AG 2009, 465, 470; *Enders/Ruttmann*, ZIP 2010, 2080, 2284 f.
239 Vgl zu § 7 Abs. 7 S. 2 SpruchG etwa *Meilicke/Heidel*, BB 2003, 2007, 2271; *Hüffer*, Rn 9; KölnKomm-SpruchG/*Puszkajler*, § 7 Rn 71 ff.
240 Siehe hierzu KG ZIP 2010, 1849, 1851.
241 KG ZIP 2011, 172, 174; KG ZIP 2010, 1848, 1849; OLG Saarbrücken ZIP 2011, 469, 472; *Hirte*, FS W. Meilicke, 2010, S. 201, 210; *Verse*, NZG 2009, 1127, 1130; anders mit beachtlichen Erwägungen für Fälle des Vorliegens von Nichtigkeitsgründen nach § 241 Nr. 3 und Nr. 4 AktG *Fiebelkorn*, Die Reform der aktienrechtlichen Beschlussmängelklagen, S. 225 ff.

wegen ihrer Unvereinbarkeit mit der überindividuellen Kontrollfunktion der Anfechtungsklage systemwidrig,[242] entspricht aber dem klaren Gesetzeswortlaut („für den Antragsgegner") und dem Willen des Gesetzgebers.[243] Bei einer **Mehrheit von Antragsgegnern** sind jedoch die **Nachteile aller Antragsgegner**, die das Quorum des Abs. 2 Nr. 2 erreichen, zum Zwecke des Nachteilsvergleichs **zu addieren**.[244] Da das Ausmaß der individuellen wirtschaftlichen Nachteile, die einem Aktionär infolge des Wirksamwerdens einer von § 246 a erfassten Strukturmaßnahme entstehen können, entscheidend vom Umfang seines Anteilsbesitzes an der betreffenden Gesellschaft abhängt, kommt der Beteiligungshöhe nach der Neufassung der Abwägungsvariante durch das ARUG auch oberhalb der Schwelle des Abs. 2 Nr. 2 Bedeutung für den Nachteilsvergleich und somit für die Reichweite der Blockade- und Kassationsbefugnis eines Beschlussmängelkläger zu.[245]

68 Entgegen einer in der Rechtsprechung vertretenen Auffassung[246] ist es im Rahmen des Nachteilsvergleichs irrelevant, ob der dem Antragsgegner entstehende individuelle Nachteil **durch einen Schadensersatzanspruch gemäß Abs. 4 S. 1 vollständig ausgeglichen werden kann**.[247] Anderenfalls gäbe es im Regelfall gar nichts gegeneinander abzuwägen, da die im Rahmen des Nachteilsvergleiches allein berücksichtigungsfähigen (bezifferbaren) wirtschaftlichen Nachteile des Antragsgegners stets mittels des Schadensersatzanspruches aus Abs. 4 kompensiert werden können.[248] Die Nachteilsabwägung auf der ersten Stufe der Abwägungsvariante liefe somit *de facto* systematisch leer,[249] was aber erkennbar der Konzeption des Gesetzes widerspräche. Überdies ist die praktische Realisierbarkeit des Anspruchs des Abs. 4 S. 1 nicht selten zweifelhaft.[250]

69 cc) **Nachteilsgewichtung**. Das Überwiegen der der Gesellschaft und ihren nicht klagenden Aktionären drohenden Nachteile hat das OLG nach seiner „**freien Überzeugung**" festzustellen. Durch diese Formulierung wird ihm ein **weiter Ermessensspielraum** bei der Gewichtung der beiderseits zu erwartenden Nachteile eingeräumt.[251] Dies lässt erkennen, dass es bei der Durchführung des Nachteilsvergleiches auf der ersten Stufe der Abwägungsvariante nach der Konzeption des Gesetzes nicht um eine rein summenmäßige Gegenüberstellung der (bezifferbaren) finanziellen Einbußen gehen kann, denn für die Durchführung einer solchen rein rechnerischen Operation bedarf es keiner Ermessensausübung. Mit anderen Worten: Dass die der Gesellschaft und ihren nicht klagenden Aktionären im Falle einer Verweigerung der Registereintragung drohenden wirtschaftlichen Nachteile die dem Kläger im Falle der Eintragung drohenden Nachteile rein summenmäßig übersteigen, bedeutet nicht automatisch, dass sie auch im Sinne der Formulierung der Abwägungsvariante „überwiegen". Vielmehr weist das Gesetz dem OLG die Aufgabe zu, in jedem Einzelfall aufgrund einer **wertenden und wägenden Gewichtung der beiderseits drohenden Nachteile** den Umfang der Blockade- und Kassationsbefugnis des Klägers festzulegen[252] und zu bestimmen, ob dieser die vorzeitige (und endgültige) Registereintragung der angegriffenen Maßnahme bei Vorliegen eines jeden oder nur bei Vorliegen eines „besonders schweren" Rechtsverstoßes verhindern kann.

70 Als **grobe Leitlinie** für die Durchführung der Nachteilsabwägung kann ein **gleitender Maßstab** dienen: Ausweislich der Regierungsbegründung zum ARUG soll die zweistufige Fassung der Abwägungsvariante verhindern, dass Aktionäre mit sehr geringer Beteiligung (aber oberhalb des „Bagatellquorums") durch den Vortrag von weniger bedeutenden Beschlussmängeln wichtige unternehmensstrukturelle Maßnahmen der

---

242 *Habersack*, Bucerius Law Journal 2009, 31, 32; *Martens/Martens*, FS K. Schmidt, 2009, S. 1129, 1144; *Verse*, NZG 2009, 1127, 1130; *Enders/Ruttmann*, ZIP 2010, 2280, 2283.

243 Siehe Beschlussempfehlung und Bericht des Rechtsausschusses, BT-Drucks. 16/13098, S. 42.

244 *Hölters/Englisch*, Rn 39; Henssler/Strohn/*Drescher*, Rn 8; *Verse*, NZG 2009, 1127, 1130; *Enders/Ruttmann*, ZIP 2010, 2280, 2281; *Bayer*, FS Hoffmann-Becking, 2013, S. 91, 112.

245 Vgl bereits *Schatz*, Missbrauch der Anfechtungsbefugnis, S. 194 f; ferner *Hirte*, FS W. Meilicke, 2010, S. 201, 210; *Bayer*, FS Hoffmann-Becking, 2013, S. 91, 113; K. Schmidt/Lutter/ *Schwab*, Rn 4; aA Spindler/Stilz/*Dörr*, Rn 33. Diese Bedeutung wird allerdings dadurch relativiert, dass im Rahmen des Nachteilsvergleichs eine wertende Gewichtung der beiderseitigen Nachteile und keine rein rechnerisch-summenmäßige Gegenüberstellung stattzufinden hat, vgl Rn 69. Vor diesem Hintergrund dürften wohl auch die Ausführungen des OLG Frankfurt ZIP 2012, 766, 772 zu verstehen sein, wo es – zu Recht – heißt, oberhalb des Quorums könne die regelmäßig vorliegende Tatsache, dass der Schaden des Anfechtungsklägers im Verhältnis zum behaupteten Nachteil für die Gesellschaft oder die Gesellschaftermehrheit bei Aufschub der Maßnahme ungleich geringer sein dürfte, für sich alleine keine Ausnahme von der Registersperre begründen.

246 OLG Stuttgart v. 21.12. 2012, 20 AktG 1/12, Rn 233 (zitiert nach juris); KG ZIP 2010, 1849, 1850; KG AG 2010, 497, 499; Spindler/Stilz/*Dörr*, Rn 33.

247 Richtig, *Bayer*, FS Hoffmann-Becking, 2013, S. 91, 114; K. Schmidt/Lutter/*Schwab*, Rn 21; *Fiebelkorn*, Die Reform der aktienrechtlichen Beschlussmängelklagen, S. 218 f; *Jocksch*, Freigabeverfahren, S. 116.

248 Vgl *Bayer*, FS Hoffmann-Becking, 2013, S. 91, 114; *Fiebelkorn*, Die Reform der aktienrechtlichen Beschlussmängelklagen, S. 219.

249 *Fiebelkorn*, Die Reform der aktienrechtlichen Beschlussmängelklagen, S. 219.

250 Vgl *Jocksch*, Freigabeverfahren, S. 117.

251 So die Erläuterung in der Regierungsbegründung zu § 16 UmwG, vgl BT-Drucks. 12/6699, S. 90.

252 *Schatz*, Missbrauch der Anfechtungsbefugnis, S. 195; dem folgend *Bayer*, FS Hoffmann-Becking, 2013, S. 91, 114; vgl auch OLG Frankfurt ZIP 2012, 766, 772: „bei wertender Betrachtung".

Gesellschaft blockieren können.²⁵³ Bei **Aktionären, deren Beteiligungshöhe das Bagatellquorum nur knapp übersteigt**, dürfen daher keine überhöhten Anforderungen an das Überwiegen der Gesellschaftsnachteile gestellt werden.²⁵⁴ Die Abwägungsvariante soll und darf aber andererseits nicht dazu führen, dass auch **Aktionäre mit bedeutsamen Aktienpositionen ("Paketaktionäre")** von der Hauptversammlungsmehrheit bzw dem Mehrheitsaktionär beschlossene rechtswidrige Maßnahmen nur noch bei Vorliegen besonders schwerer Rechtsverletzungen verhindern können. Bei von solchen Aktionären erhobenen Klagen ist daher eine gewisse Zurückhaltung bei der Bejahung eines Überwiegens der Gesellschaftsnachteile geboten.²⁵⁵ Das gilt insbesondere, wenn der **Wert des klägerischen Anteilsbesitzes** und die dem Kläger bei Eintragung der Maßnahme **drohenden Nachteile** (auch) **absolut betrachtet substantiell** sind. Andernfalls würden weite Teile der Rechtmäßigkeitsanforderungen an Hauptversammlungsbeschlüsse im Zusammenhang mit Kapitalmaßnahmen und Unternehmensverträgen zu de facto sanktionslos verletzbaren *leges imperfectae* degradiert.²⁵⁶ Diese Gefahr besteht besonders bei sehr großvolumigen (Kapital-) Maßnahmen von Gesellschaften mit hohem Grundkapital. Ein rein summenmäßig-rechnerisch durchgeführter Nachteilsvergleich würde hier in aller Regel selbst dann zugunsten der Gesellschaft ausfallen, wenn der Antragsgegner eine in absoluten Zahlen betrachtet sehr bedeutsame Aktienposition hält. Es wäre aber ausgesprochen bedenklich, wenn ausgerechnet bei wirtschaftlich besonders bedeutsamen Maßnahmen eine wirksame Sanktionierung von Beschlussmängeln auf Rechtsverstöße von "besonderer Schwere" beschränkt bliebe.

Ausweislich des Gesetzeswortlautes setzt eine auf die Abwägungsvariante gestützte Freigabe voraus, dass die antragstellende Gesellschaft ein Interesse an einem "**alsbaldigen** Wirksamwerden" der beschlossenen Maßnahme hat. Es muss also ein **beschleunigtes Vollzugsinteresse** bestehen.²⁵⁷ Dieses Interesse muss sich auch in der Art und Weise, wie die Antragstellerin das Freigabeverfahren betreibt, dh insbesondere in einer **zügigen Antragstellung** widerspiegeln.²⁵⁸ Ist dies nicht der Fall, etwa weil die Gesellschaft zwischen der Zustellung der Anfechtungsklage und der Stellung des Freigabeantrages einen längeren Zeitraum verstreichen lässt, ohne später im Freigabeantrag nachvollziehbare Gründe hierfür darzulegen, kann dies gegen ein beschleunigtes Vollzugsinteresse sprechen.²⁵⁹ Nicht als kategorisch anzuwendende „Frist", wohl aber als Anhaltspunkt dafür, bis wann nach der Wertung des Gesetzgebers auch ohne Darlegung von Gründen für eine verzögerte Antragstellung ohne Weiteres noch von einem beschleunigten Vollzugsinteresse auszugehen ist, kann die Drei-Monats-Frist aus Abs. 3 S. 6 herangezogen werden.²⁶⁰ 71

b) Zweite Stufe: Kein Rechtsverstoß von besonderer Schwere. aa) Rechtsverstoß von besonderer Schwere. Fällt der Nachteilsvergleich auf der ersten Stufe zugunsten der Antragstellerin aus, so ist die Freigabe aufgrund der Abwägungsvariante zu erteilen, „es sei denn, es liegt eine besondere Schwere des Rechtsverstoßes vor." Die sprachliche Anknüpfung des letzten Halbsatzes („es sei denn") zeigt, dass die Schwere des Rechtsverstoßes nach der Konzeption des Gesetzes einer Freigabe bei überwiegendem (wirtschaftlichen) Eintragungsinteresse der Gesellschaft nur **ausnahmsweise** entgegenstehen soll.²⁶¹ Die doppelte Qualifizierung des Rechtsverstoßes – ausreichend ist nicht jeder schwere, sondern nur ein „besonders schwerer" Verstoß – lässt zudem erkennen, dass nach der Konzeption des Gesetzes **hohe Anforderungen an das Gewicht eines solchen Verstoßes** zu stellen sind.²⁶² Damit hat der Gesetzgeber einer vor Inkrafttreten des ARUG in Rechtsprechung²⁶³ und Literatur²⁶⁴ teilweise vertretenen Auffassung eine Absage erteilt, die das Regel – Ausnahme – Verhältnis genau umgekehrt sah und der zufolge eine auf die Abwägungsvariante gestützte Freigabe nur ausnahmsweise bei geringfügigen Rechtsverletzungen in Betracht kommen sollte.²⁶⁵ Bestätigt wird der sich bereits aus dem neu gefassten Wortlaut der Abwägungsvariante ergebende Ausnahmecharakter des Verdikts der „besonderen Schwere" eines Rechtsverstoßes durch entsprechende Ausführungen in der Regierungsbegründung sowie in der Beschlussempfehlung des Rechtsausschusses zum ARUG. Dort heißt es, es müsse sich um einen „ganz gravierenden Rechtsverstoß" handeln, aufgrund dessen der angegrif- 72

---

253 BT-Drucks. 16/11642, S. 41.
254 Vgl *Enders/Ruttmann*, ZIP 2010, 2280, 2283; *Florstedt*, Die Reform des Beschlussmängelrechts durch das ARUG, AG 2009, 465, 470.
255 Zu Recht für eine zurückhaltende Anwendung des Freigabeverfahrens bei Konflikten zwischen Mehrheitsaktionären und Paketaktionären plädierend *Bayer*, FS Hoffmann-Becking, 2013, S. 91, 121.
256 Zutreffend und prägnant K. Schmidt/Lutter/*Ziemons*, § 319 Rn 39.
257 OLG München ZIP 2010, 84, 87; Hölters/*Englisch*, Rn 34.
258 OLG München ZIP 2010, 84, 87; Hölters/*Englisch*, Rn 34; *Bayer*, FS Hoffmann-Becking, 2013, S. 91; 115; zurückhaltender OLG Frankfurt ZIP 2010, 986, 990.
259 OLG München ZIP 2010, 84, 87; Hölters/*Englisch*, Rn 34; *Hirte*, FS W. Meilicke, 2010, S. 201, 211; K. Schmidt/Lutter/*Schwab*, Rn 18; *Heidel*, Status: recht 06/2008, 188.
260 OLG München. ZIP 2010, 84, 88; Hölters/*Englisch*, Rn 34.
261 KG AG 2010, 497; *Schatz*, Missbrauch der Anfechtungsbefugnis, S. 197; *Bayer*, FS Hoffmann-Becking, 2013, S. 91, 115.
262 *Seibert/Florstedt*, ZIP 2008, 2145, 2152; *Schatz*, Missbrauch der Anfechtungsbefugnis, S. 197; *Bayer*, FS Hoffmann-Becking, 2013, S. 91, 115.
263 Siehe etwa OLG Jena ZIP 2006, 1989, 1997.
264 *Bayer* in RWS, Gesellschaftsrecht 1997, 133, 136; *Holler*, Anfechtungsklage und Spruchverfahren, S. 170 ff; ferner *Sosnitza*, NZG 1999, 965, 971.
265 *Schatz*, Missbrauch der Anfechtungsbefugnis, S. 197; *Bayer*, FS Hoffmann-Becking, 2013, S. 91, 115.

fene Beschluss „so krass rechtswidrig" sei, dass seine Registereintragung und Durchführung für die Rechtsordnung schlicht „unerträglich" erscheine.[266]

73 Für die „besondere Schwere" eines Rechtsverstoßes sollen ausweislich der Gesetzesmaterialien die Bedeutung der verletzten Norm sowie Art und Ausmaß der Rechtsverletzung im konkreten Einzelfall entscheidend sein.[267] Zur Ermittlung der **Bedeutung der verletzten Norm** soll die gesetzliche Unterscheidung zwischen nichtigen, anfechtbaren, durch Eintragung heilbaren sowie bestätigungsfähigen Beschlüssen zu beachten sein.[268] Allerdings geht die hM im Anschluss an Ausführungen in der Regierungsbegründung[269] und in der Beschlussempfehlung des Rechtsausschusses[270] zum ARUG davon aus, dass allein der Umstand, dass es sich bei einer Rechtsverletzung um einen **Nichtigkeitsgrund** handele, „keineswegs" automatisch dazu führe, dass ihr auch eine „besondere Schwere" zu attestieren sei.[271] Jedenfalls bei Verstößen gegen die § 241 Nr. 3 und Nr. 4 wird die „besondere Schwere" aber stets zu bejahen sein.[272]

74 **Materielle Beschlussmängel** werden tendenziell schwerer zu gewichten sein als **formale Fehler** bei der Vorbereitung oder Durchführung der Hauptversammlung.[273] Zu weit ginge es aber, bei Verfahrensfehlern generell die „besondere Schwere" zu verneinen.[274] Vielmehr bedarf es auch hier stets einer Prüfung im Einzelfall.[275] Sehr bedenklich ist insbesondere die teils zu beobachtende Tendenz,[276] der **Verletzung von Berichts- und Auskunftspflichten** mehr oder minder pauschal die „besondere Schwere" abzusprechen.[277] Vielmehr ist die Schwelle zur „besonderen Schwere" hier jedenfalls dann überschritten, wenn die Informationspflichtverletzung vorsätzlich, insbesondere systematisch und planvoll erfolgt oder wenn durch das Zusammentreffen mehrerer anfechtungsrelevanter Informationspflichtverletzungen das berechtigte Informationsinteresse der Aktionäre gravierend verletzt wird.[278] Anderenfalls könnte der Vorstand ausgerechnet bei den in den Anwendungsbereich des § 246 a fallenden Maßnahme, die besonders gravierende Auswirkungen auf die Mitgliedschaft der Aktionäre haben können und die typischerweise erhöhten Informationsbedarf auslösen, seine Berichts -und Auskunftspflichten systematisch verletzen, ohne eine spürbare Sanktionierung fürchten zu müssen: Eine spätere Beschlussvernichtung im Anfechtungsprozess bleibt wegen der im Freigabebeschluss angesprochenen Bestandskraftanordnung ohne Auswirkungen auf die jeweilige Maßnahme und ist daher de facto bedeutungslos. Einen nach § 246 a Abs. 4 ersatzfähigen Schaden wird die Verletzung von Berichts- und Auskunftspflichten idR nicht mit sich bringen. Da das Auskunftsrecht des Aktionärs aus § 131 Abs. 1 nach der Rechtsprechung des BVerfG[279] den Schutz des Art. 14 Abs. 1 GG genießt, begegnet eine Auslegung der Abwägungsvariante, die dazu führt, dass dieses Recht im Anwendungsbereich des § 246 a de facto sanktionslos verletzt werden kann, nicht nur rechtspolitischen, sondern auch verfassungsrechtlichen Bedenken.

75 Hinsichtlich der **Intensität** und des **Ausmaßes der Rechtsverletzung** ist u.a. bedeutsam, ob und in welchem Grad die Hauptversammlungsmehrheit (bzw den Mehrheitsaktionär) oder die Verwaltung ein **Verschulden** an dem Rechtsverstoß trifft.[280] Eine gezielte, vorsätzliche Begehung wird regelmäßig auch einen Verstoß, dem objektiv betrachtet geringeres Gewicht zukommt, zu einem „besonders schweren" machen.[281] Für das

---

266 BT-Drucks. 16/11642, S. 41 und 16/13098, S. 42. Dem folgend bspw KG AG 2010, 497, 500; KG ZIP 2011, 172, 174; OLG Hamm AG 2011, 136, 139; OLG Saarbrücken ZIP 2011, 469, 473; OLG Hamm, Der Konzern 2011, 354, 358.
267 BT-Drucks. 16/11642, S. 41.
268 BT-Drucks. 16/11642, S. 41.
269 BT-Drucks. 16/11642, S. 41.
270 BT-Drucks. 16/13098, S. 42.
271 So bspw OLG Hamm AG 2011, 136, 139; OLG Hamm, Der Konzern 2011, 354, 358; OLG Saarbrücken AG 2011, 343, 346; KG AG 2010, 494, 495; KG ZIP 2010, 1849, 1851; KG ZIP 2011, 172, 174; Spindler/Stilz/Dörr, Rn 28; Spindler/Stilz/Singhof, § 319 Rn 24; Weber/Kersjes, S. 282 Rn 56. Generell gegen Freigabe bei Vorliegen eines Nichtigkeitsgrundes jedoch K. Schmidt/Lutter/Schwab, Rn 16; Jocksch, Freigabeverfahren, S. 108.
272 Zur Problematik einer Freigabe über die Abwägungsvariante in den Fällen des § 241 Nr. 3 und 4 AktG auch Fiebelkorn, Die Reform der aktienrechtlichen Beschlussmängelklagen, S. 225, der vorschlägt, dass in diesen Fällen im Rahmen der Nachteilsabwägung auf der ersten Stufe der Abwägungsvariante auch das Gläubigerinteresse bzw das öffentliche Interesse, welches der Antragsgegner mit seiner Klage verteidige, bei der Nachteilsgewichtung zu berücksichtigen sei.
273 Fiebelkorn, Die Reform der aktienrechtlichen Beschlussmängelklagen, S. 207; Jocksch, Freigabeverfahren, S. 105; Schmidt/Hörtnagl/Stratz/Stratz, UmwG, § 16 Rn 50.
274 In diese Richtung aber bspw Heinrich/Theusinger, BB 2005, 449, 453; Faßbender, AG 2006, 872, 878; dagegen etwa Jocksch, Freigabeverfahren, S. 106.
275 Richtig Fiebelkorn, Die Reform der aktienrechtlichen Beschlussmängelklagen, S. 207 f; Widman/Mayer/Fronhöfer, UmwG, 112. Erg-Lfg., § 16 Rn 177 f.
276 Siehe bspw OLG Frankfurt ZIP 2010, 2500, 2504 und ZIP 2010, 986, 989; KG AG 2010, 497, 501.
277 Kritisch hierzu bereits Schatz, Missbrauch der Anfechtungsbefugnis, S. 214, Fn 975.
278 Ähnlich Widman/Mayer/Fronhöfer, UmwG, 112. Erg.-Lfg., § 16 Rn 179; deutlich weitergehend Jocksch, Freigabeverfahren, S. 109: Informationsmängel, die die Wesentlichkeitsschwelle iSd § 243 Abs. 4 S. 1 erreichten, wiesen stets „besondere Schwere" iSd § 246 a Abs. 2 Nr. 3 auf.
279 BVerfG ZIP 1999, 1798; BVerfG ZIP 1999, 1801.
280 Fiebelkorn, Die Reform der aktienrechtlichen Beschlussmängelklagen, S. 205; Satzl, Freigabe von Gesellschafterbeschlüssen, S. 231; vgl auch BT-Drucks. 16/11642, S. 41.
281 Vgl Grigoleit/Ehmann, Rn 9; Emmerich/Habersack/Habersack, § 319 Rn 38. Weitergehend K. Schmidt/Lutter/Schwab, Rn 14 und Jocksch, Freigabeverfahren, S. 106, die mit beachtlichen Gründen jede vorsätzliche Rechtsverletzung ohne Rücksicht auf ihr objektives Gewicht als „besonders schwer" einstufen; ähnlich offenbar Satzl, Freigabe von Gesellschafterbeschlüssen, S. 231.

Ausmaß der Rechtsverletzung bedeutsam ist auch, ob der Verstoß neben dem Antragsgegner weitere Aktionäre – auch solche, die keine Beschlussmängelklage erhoben haben – nachteilig trifft.[282] Der Umstand, dass im Rahmen des wirtschaftlichen Nachteilsvergleichs auf der ersten Stufe der Abwägungsvariante ausschließlich auf die individuellen Nachteile des Antragsgegners abzustellen ist, schließt es nicht aus, bei der Frage nach der „besonderen Schwere" einer Rechtsverletzung auch deren „Breitenwirkung" zu berücksichtigen.[283] Bedeutsam ist schließlich, wie deutlich von normativen Vorgaben abgewichen wird, wie weit also beispielsweise im Falle des § 255 Abs. 2 der Ausgabebetrag den wahren Wert unterschreitet oder ob der gemäß § 186 Abs. 4 S. 2 zu erstattende Vorstandsbericht gänzlich fehlt oder nur vergleichsweise geringfügige inhaltliche Mängel aufweist.

Im Rahmen der anzustellenden Gesamtschau zur „besonderen Schwere" ist auch zu berücksichtigen, ob die **Rechtsbeeinträchtigung des Antragsgegners** durch den Schadenersatzanspruch aus Abs. 4 **vollständig kompensiert** werden kann.[284] Entgegen teilweise vertretener Auffassung[285] scheidet eine „besonders schwere" Rechtsverletzung aber nicht generell aus, wenn dies zu bejahen ist. So verliert beispielsweise ein objektiv gravierender und vorsätzlich begangener Rechtsverstoß, der zudem eine Vielzahl nicht klagender Aktionäre schädigt, nicht deshalb seine „besondere Schwere", weil der individuelle Schaden des Antragsgegners über Abs. 4 vollständig ausgeglichen werden kann.[286] Andererseits kann der Umstand, dass die Folgen eines Rechtsverstoßes im Falle einer Freigabe nicht durch Schadenersatz ausgeglichen werden können, für die „besondere Schwere" dieses Verstoßes sprechen.[287]

Die Stellungnahme des Rechtsausschusses zum ARUG nennt als **Beispiele für Rechtsverstöße von besonderer Schwere**: Die Beschlussfassung in einer „Geheimversammlung", die bewusst zu diesem Zweck nicht ordnungsgemäß einberufen wurde, absichtliche Verstöße gegen Gleichbehandlungsgebot und Treupflicht mit schweren Folgen, das völlige Fehlen der notariellen Beurkundung bei einer börsennotierten Gesellschaft sowie die Unvereinbarkeit des Hauptversammlungsbeschlusses mit grundlegenden Prinzipien des Aktienrechts.[288] Die Rechtsprechung hat beispielsweise Verstöße gegen das Gleichbehandlungsgebot,[289] die Gewährung eines unzulässigen Sondervorteils,[290] ein Verstoß gegen das Eigenkapitalersatzrecht[291] sowie die rechtswidrige Verweigerung des Teilnahme- und Stimmrechts gegenüber dem Mehrheitsaktionär (!) unter fälschlicher Berufung auf § 20 Abs. 7[292] als Rechtsverstöße von „besonderer Schwere" klassifiziert.

Die **Darlegungs- und Glaubhaftmachungslast** hinsichtlich der den Rechtsverstoß und seine besondere Schwere begründenden Tatsachen trifft den Antragsgegner.[293]

bb) Nichtvorliegen eines solchen Rechtsverstoßes. Wie der Gesetzeswortlaut eindeutig erkennen lässt, steht auch eine Rechtsverletzung von „besonderer Schwere" einer vorzeitigen Registereintragung bei Überwiegen der Gesellschaftsnachteile auf der ersten Stufe der Abwägungsvariante nur dann entgegen, wenn sie **tatsächlich vorliegt**.[294] Es reicht also nicht schon aus, dass der Kläger eine solche Rechtsverletzung mit seiner Klage rügt. Dies ist konsequent. Andernfalls könnten Kläger auch dann, wenn der Nachteilsvergleich auf der ersten Stufe der Abwägungsvariante klar zugunsten der Gesellschaft ausfällt, eine vorzeitige Registereintragung durch das bloße Behaupten besonders gravierender Beschlussmängel blockieren.

Auch im Rahmen des § 246 Abs. 2 Nr. 3 ist das Entfallen eines Mangels infolge eines zwischenzeitlich gefassten **Bestätigungsbeschlusses** gemäß § 244 zu berücksichtigen. Ein solcher Mangel stellt keine, erst recht keine „besonders schwere" Rechtsverletzung mehr dar.[295]

D. Die Entscheidung des Gerichts und ihre Rechtsfolgen

I. Stattgebende Entscheidung. 1. Tenor der Freigabeentscheidung (Abs. 1 S. 1).
Der Tenor der Freigabeentscheidung enthält die Feststellung, dass die Erhebung der Klage gegen den (näher bezeichneten) Hauptver-

sammlungsbeschluss der Eintragung des Beschlusses bzw des Unternehmensvertrages nicht entgegensteht und dass Mängel des Hauptversammlungsbeschlusses die Wirkung der Eintragung unberührt lassen, vgl Abs. 1 S. 1. Ist die Eintragung in das Handelsregister bereits erfolgt (siehe hierzu Rn 11), kann der erste Teil der Feststellung entfallen.[296]

82 **2. Registereintragung; Bindungswirkung für das Registergericht (Abs. 3 S. 5).** Gemäß Abs. 3 S. 5 ist der (sofort rechtskräftige) Freigabebeschluss des OLG und damit die in ihm enthaltene Feststellung, dass die Erhebung der Klage der Eintragung nicht entgegensteht, für das Registergericht bindend. Damit endet dessen nach § 21 FamFG zunächst bestehende Aussetzungsbefugnis.[297] Soweit die Bindungswirkung des Freigabebeschlusses sachlich reicht, wird zudem das eigenständige materielle Prüfungsrecht[298] und die diesem korrespondierende Prüfungspflicht des Registergerichts[299] ausgeschlossen. Nach hM erfasst diese **Bindungswirkung** aber **nur diejenigen Beschlussmängel**, die das OLG im Freigabeverfahren **tatsächlich geprüft** und als **die Eintragung nicht hindernd** eingestuft hat, weil es entweder von der „offensichtlichen Unbegründetheit" der betreffenden Rügen ausgegangen ist oder weil es insoweit ein überwiegendes Eintragungsinteresse gemäß Abs. 2 Nr. 3 angenommen hat.[300] Auf eine abweichende eigene Würdigung dieser Beschlussmängel darf das Registergericht eine Zurückweisung des Eintragungsantrages also nicht stützen;[301] insoweit besteht eine Eintragungspflicht.[302] Bezüglich solcher Mängel, mit denen sich das OLG im Freigabeverfahren sachlich nicht befasst hat, bleiben das eigenständige materielle Prüfungsrecht und die korrespondierende Prüfungspflicht des Registergerichts hingegen nach hM bestehen.[303] Auf solche Mängel kann das Registergericht die Zurückweisung des Eintragungsantrages auch bei Vorliegen eines (rechtskräftigen) Freigabebeschlusses noch stützen. In der Konsequenz dieser hM liegt es, dass bei einer auf Abs. 2 Nr. 2 gestützten Freigabe das materielle Prüfungsrecht des Registergerichts und seine Befugnis, auf dieser Grundlage die Eintragung zu verweigern, in vollem Umfang bestehen bleiben.[304] Unberührt bleibt auch die Befugnis des Registergerichts, die Eintragung aus formalen Gründen, etwa wegen Fehlens eines ordnungsgemäßen Eintragungsantrages oder erforderlicher Urkunden auszusetzen oder zu verweigern.[305]

83 **3. Durchführung des Beschlusses (Abs. 4 S. 2 Hs 1).** Nach erfolgter Eintragung lassen Mängel des Beschlusses gemäß Abs. 4 S. 2 Hs 1 seine Durchführung unberührt. Das bedeutet zweierlei: Erstens **darf der Vorstand den angegriffenen Hauptversammlungsbeschluss** abweichend vom Normalfall[306] ohne Rücksicht auf den schwebenden Beschlussmängelprozess und insbesondere in den Fällen einer auf Abs. 2 Nr. 2 oder Nr. 3 gestützten Freigabe auch ohne Rücksicht auf eine eventuelle – und ggf vom OLG in der Freigabeentscheidung sogar schon festgestellte oder als naheliegend erachtete – Mangelhaftigkeit **vollziehen**. Wegen § 83 Abs. 2 ist er hierzu sogar grundsätzlich verpflichtet,[307] jedenfalls darf er den Vollzug nach erfolgter Freigabe nicht mehr unter Hinweis auf die (mögliche) Mangelhaftigkeit des angegriffenen Beschlusses verweigern.[308] Insoweit muss wegen § 246 a Abs. 4 S. 2 Hs 1 eine Haftung des Vorstandes für den Vollzug des Hauptversammlungsbeschlusses konsequenterweise auch dann ausscheiden, wenn dieser nicht „gesetzmäßig" iSd § 93 Abs. 4 S. 1 ist. **Zweitens** ergibt sich aus § 246 a Abs. 4 S. 2 Hs 1, dass die Mangelhaftigkeit des zugrunde liegenden Hauptversammlungsbeschlusses die **Rechtmäßigkeit und Wirksamkeit der auf ihm aufbauenden Umsetzungs- und Vollzugsakte unberührt lässt**.

84 **4. Sicherung der Eintragungswirkungen, Bestandskraft (Abs. 1 S. 1, Abs. 3 S. 5 Hs 2).** Nach Abs. 1 S. 1 Hs 2 enthält der Freigabebeschluss die Feststellung, dass **Mängel des Hauptversammlungsbeschlusses** die Wirkung der Eintragung, unberührt lassen. Da die Wirkung der Eintragung im Wirksamwerden der betreffenden Maßnahme besteht, besagt die Feststellung nach Abs. 1 S. 1 Hs 2 nichts anderes, als dass eventuelle Mängel des Hauptversammlungsbeschlusses die mit der Handelsregistereintragung eingetretene **Wirksamkeit der Maßnahme unberührt lassen**. Durch die entsprechende Feststellung im Tenor des Freigabebeschlusses wird die jeweilige Maßnahme also gegen eventuelle Mängel des ihr zugrunde liegenden Hauptversamm-

---

296 OLG Frankfurt ZIP 2010, 986, 987; Grigoleit/*Ehmann*, Rn 11; *Hüffer*, Rn 9.
297 Grigoleit/*Ehmann*, Rn 11; *Heidel*, Voraufl., Rn 29; *Hüffer*, a Rn 15.
298 Zu dessen Reichweite siehe *Heidel*, § 243 Rn 41 sowie *Schatz*, Missbrauch der Anfechtungsbefugnis, S. 111 f.
299 Vgl hierzu *Schatz*, Missbrauch der Anfechtungsbefugnis, S. 112 f mwN.
300 *Schatz*, Missbrauch der Anfechtungsbefugnis, S. 113 mwN.
301 Grigoleit/*Ehmann*, Rn 11; *Heidel*, Voraufl., Rn 29; Spindler/Stilz/*Dörr*, Rn 36; K. Schmidt/Lutter/*Schwab*, Rn 41.
302 *Schatz*, Missbrauch der Anfechtungsbefugnis, S. 113; K. Schmidt/Lutter/*Schwab*, Rn 40.
303 Spindler/Stilz/*Dörr*, Rn 36; Grigoleit/*Ehmann*, Rn 11; *Heidel*, Voraufl., Rn 29; *Fiebelkorn*, Die Reform der aktienrechtlichen Beschlussmängelklagen, S. 231; Widmann/Mayer/*Fronhöfer*, UmwG, 112. Erg-Lfg, § 16 Rn 207 aE.
304 *Heidel*, Voraufl., Rn 29; Widmann/Mayer/*Fronhöfer*, UmwG, 112. Erg-Lfg, § 16 Rn 207; *Noack*, NZG 2008, 441, 446.
305 Grigoleit/*Ehmann*, Rn 11; *Heidel*, Voraufl., Rn 29; *Zöllner*, FS Westermann, 2008, S. 1629, 1634.
306 Zu den Vorstandspflichten im Zusammenhang mit dem Vollzug (eventuell) mangelhafter Hauptversammlungsbeschlüsse siehe etwa *Fleischer*, BB 2005, 2025; MüKo-AktG/*Spindler*, § 83 Rn 17 ff.
307 K. Schmidt/Lutter/*Schwab*, Rn 44; *Jocksch*, Freigabeverfahren, S. 196.
308 Zu sonstigen Grenzen der Ausführungspflicht siehe etwa Spindler/Stilz/*Fleischer*, § 83 Rn 17; Hölters/*Weber*, § 83 Rn 9.

lungsbeschlusses gleichsam „immunisiert", ihre Wirksamkeit wird von derjenigen ihrer rechtsgeschäftlichen Grundlage „entkoppelt".[309] Dadurch kommt ihr **dauerhafte Bestandskraft** auch für den Fall zu, dass der zugrunde liegende Hauptversammlungsbeschluss an einem Nichtigkeitsgrund leidet oder infolge einer erfolgreichen Anfechtungsklage rückwirkend für nichtig erklärt wird (vgl § 241 Nr. 5). Deshalb besteht in einem solchen Falle keine Verpflichtung der Gesellschaft zur „Rückgängigmachung" der Maßnahme, auch nicht für die Zukunft.[310] Nach § 246 a Abs. 3 S. 5 Hs 2 wirkt die Feststellung der Bestandskraft – spiegelbildlich zur Rechtskraft des einer Beschlussmängelklage stattgebenden Urteils, vgl §§ 248, 249 Abs. 1 S. 1 – nicht nur zwischen der antragstellenden Gesellschaft und dem Antragsgegner, sondern **für und gegen jedermann**. **Registerrechtlich** wird die Bestandskraftanordnung nach § 246 a Abs. 1 S. und Abs. 3 S. 4 Hs 2 durch die Regelung des **§ 242 Abs. 2 S. 5** flankiert.[311]

Da die **Bestandskraft** im Anwendungsbereich des § 246 a durch die entsprechende Feststellung im Freigabebeschluss vermittelt wird und damit anders als etwa im Verschmelzungsrecht (vgl § 20 UmwG) nicht an die Eintragung als solche anknüpft, tritt sie nur ein, wenn die **Registereintragung aufgrund eines Freigabebeschlusses** erfolgt ist, nicht hingegen, wenn der Registerrichter bereits unabhängig von einem solchen Beschluss die Eintragung verfügt hat.[312] Deshalb bleibt in einem solchen Falle ein Freigabeantrag auch nach erfolgter Eintragung zulässig (siehe Rn 11).

Zu beachten ist schließlich, dass die **Bestandskraftanordnung** nach § 246 a Abs. 1 S. 1 **nur Mängel des Hauptversammlungsbeschlusses überwindet**, nicht hingegen sonstige Mängel der Kapitalmaßnahme bzw des Unternehmensvertrages. Sind beispielsweise bei einer Kapitalerhöhung die Zeichnungsverträge nichtig oder ist der Unternehmensvertrag unwirksam, so kommt eine (vorübergehende) Bestandskraft allenfalls unter Heranziehung der Grundsätze der fehlerhaften Gesellschaft in Betracht, nicht jedoch aufgrund des Feststellung nach Abs. 1 S. 1.[313]

5. Keine Auswirkungen auf den schwebenden Beschlussmängelprozess. a) Keine Erledigung der Hauptsache. Auf den anhängigen Beschlussmängelprozess haben der Freigabebeschluss und die aufgrund seiner erfolgende Registereintragung keine Auswirkungen.[314] Insbesondere tritt **keine Erledigung der Hauptsache** ein,[315] denn eine bislang begründete Beschlussmängelklage wird durch den Freigabebeschluss und die aufgrund seiner erfolgte Registereintragung nicht unzulässig oder unbegründet. In Bestandskraft erwächst nämlich nach § 246 a Abs. 1 S. 1 nur die aufgrund des Freigabebeschlusses vorzeitig eingetragene und wirksam gewordene Maßnahme, nicht jedoch der ihr zugrunde liegende Hauptversammlungsbeschluss.[316] Dieser wird durch die Eintragung auch nicht etwa geheilt.[317] Deshalb erfährt die **Tenorierung im Beschlussmängelprozess** im Falle einer begründeten Klage durch die Freigabe bzw die Eintragung **keine Veränderung**:[318] ist der angegriffene Hauptversammlungsbeschluss anfechtbar, so ist er (mit Rückwirkung) nach § 241 Nr. 5 für nichtig zu erklären, ist er nichtig, so ist seine Nichtigkeit festzustellen.[319]

Da der Kläger dieses Ziel weiterhin erreichen kann und zudem das Vorliegen eines der Beschlussmängelklage rechtskräftig stattgebenden Urteils sogar Voraussetzung für einen möglichen Schadensersatzanspruch des Klägers nach Abs. 4 ist (siehe hierzu Rn 91), lassen Freigabebeschluss und vorzeitige Registereintragung auch nicht das **Rechtsschutzbedürfnis** für die anhängige Beschlussmängelklage entfallen,[320] obwohl der Kläger sein „eigentliches" Ziel, nämlich die über die bloße Beschlussvernichtung hinausgehende Verhinderung bzw „Rückabwicklung" der angegriffenen Maßnahme, nicht mehr erreichen kann. Da der Schadensersatzanspruch aus Abs. 4 ein der Beschlussmängelklage rechtskräftig stattgebendes Urteil voraussetzt, kann der Kläger nach Ergehen eines Freigabebeschlusses bzw nach erfolgter Registereintragung seinen Klageantrag im Beschlussmängelprozess auch nicht einfach gemäß § 264 Nr. 3 ZPO auf Schadensersatz umstellen.[321]

---

309 Vgl *Schatz*, Missbrauch der Anfechtungsbefugnis, S. 115 f.
310 *Hüffer*, Rn 12; K. Schmidt/Lutter/*Schwab*, Rn 42 f; *Satzl*, Freigabe von Gesellschafterbeschlüssen, S. 237 f; *Schatz*, Missbrauch der Anfechtungsbefugnis, S. 116 mwN.
311 Siehe hierzu *Zöllner*, FS Westermann, 2008, S. 1629, 1636.
312 OLG Frankfurt ZIP 2010, 986, 987; OLG Düsseldorf ZIP 2009, 518, 519; OLG Celle ZIP 2008, 318; DAV-Handelsrechtsausschuss, NZG 2005, 388, 393; *Ihrig/Erwin*, BB 2005, 1973, 1975; Mehrbrey/*Bussian*, Handbuch gesellschaftsrechtliche Streitigkeiten, § 8 Rn 388.
313 *Satzl*, Freigabe von Gesellschafterbeschlüssen, S. 238.
314 Spindler/Stilz/*Dörr*, Rn 38; Widman/Mayer/*Fronhöfer*, UmwG, 112. Erg.-Lfg., § 16 Rn 209; *Schatz*, Missbrauch der Anfechtungsbefugnis, S. 121; *Zöllner*, FS Westermann, 2008, S. 1629, 1635.
315 OLG Düsseldorf ZIP 2001, 1717, 1722; K. Schmidt/Lutter/*Schwab*, Rn 50; *Schatz*, Missbrauch der Anfechtungsbefugnis, S. 121.
316 *Schatz*, Missbrauch der Anfechtungsbefugnis, S. 121; anders, aber unrichtig *Jocksch*, Freigabeverfahren, S. 142.
317 *Hüffer*, § 242 Rn 8 a; K. Schmidt/Lutter/*Schwab*, Rn 50; *Schatz*, Missbrauch der Anfechtungsbefugnis, S. 122 f.
318 K. Schmidt/Lutter/*Schwab*, Rn 50.
319 Vgl M. *Winter*, Liber amicorum Happ, 2006, S. 363, 370; *Zöllner*, FS Westermann, 2008, S. 1629, 1636.
320 OLG Hamburg ZIP 2004, 906, 908, OLG Stuttgart ZIP 2004, 1145, 1146; OLG Hamm AG 2009, 876, 877 (alle zu § 16 Abs. 3 UmwG); Widman/Mayer/*Fronhöfer*, UmwG, 112. Erg.-Lfg., § 16 Rn 209; *Schatz*, Missbrauch der Anfechtungsbefugnis, S. 125.
321 K. Schmidt/Lutter/*Schwab*, Rn 50.

89 **b) Keine Bindungswirkung des rechtskräftigen Freigabebeschlusses für die Entscheidung im Beschlussmängelprozess.** Der rechtskräftige Freigabebeschluss entfaltet keine Bindungswirkung hinsichtlich der Beurteilung der Mangelhaftigkeit des angegriffenen Hauptversammlungsbeschlusses im Beschlussmängelprozess.[322] Diese ist, soweit sich das OLG im Freigabeverfahren überhaupt mit ihr befasst und den Freigabebeschluss nicht ohne Rechtmäßigkeitsprüfung auf Abs. 2 Nr. 2 oder Nr. 3 stützt, lediglich Vorfrage der im Freigabeverfahren streitgegenständlichen Feststellung, dass die Erhebung der Klage der Eintragung nicht entgegensteht.[323] Als solche nimmt sie nicht an der materiellen Rechtskraft des im Freigabeverfahren ergehenden Beschlusses teil. Das Gericht kann also im Beschlussmängelprozess von einer im Freigabeverfahren inzident vorgenommenen Beurteilung der Rechtmäßigkeit bzw Rechtswidrigkeit des Hauptversammlungsbeschlusses durchaus abweichen.

90 **6. Schadensersatzanspruch bei erfolgreicher Beschlussmängelklage (Abs. 4).** Erweist sich die anhängige Beschlussmängelklage als begründet, so ist die Gesellschaft nach Abs. 4 verpflichtet, dem Antragsgegner den Schaden zu ersetzen, der ihm aus einer auf dem Freigabebeschluss beruhenden Eintragung des Hauptversammlungsbeschlusses entstanden ist.

91 Dieser Anspruch ist **verschuldensunabhängig**[324] und insoweit mit demjenigen aus § 945 ZPO vergleichbar.[325] Voraussetzung für seine Entstehung ist ein der Beschlussmängelklage rechtskräftig stattgebendes Urteil.[326] **Schuldner** ist die Gesellschaft, die den Freigabeantrag gestellt hat.[327] **Anspruchsberechtigt** sind ausweislich des Gesetzeswortlautes nur diejenigen Aktionäre, die aufgrund ihrer Stellung als Kläger des Beschlussmängelprozesses als Antragsgegner am Freigabeverfahren beteiligt waren. Dagegen steht der Anspruch nicht den übrigen durch die Eintragung in gleicher Weise geschädigten Aktionären zu, die keine Klage erhoben haben.[328] Ihnen kann allenfalls Schadensersatz auf anderer Anspruchsgrundlage zustehen.[329] Das ist rechtspolitisch nicht überzeugend und mit der überindividuellen Kontrollfunktion von Beschlussmängelklagen unvereinbar und wird deshalb zu Recht verbreitet kritisiert.[330] Umstritten ist, ob der Anspruch auch Nebenintervenienten auf Klägerseite zusteht. Die hM verneint dies zu Recht.[331] Anspruchsberechtigt sind nach dem Wortlaut des Abs. 4 nur die Antragsgegner des Freigabeverfahrens. Gegen Nebenintervenienten; die sich am Hauptsacheverfahren auf Klägerseite beteiligen, ist der Freigabeantrag jedoch nicht zu richten (siehe Rn 15) und selbst wenn sie dem Freigabeverfahren auf Antragsgegnerseite beitreten, so werden sie dadurch nicht selbst zum „Antragsgegner" im technischen Sinne.[332]

92 **Ersatzfähig** ist der Schaden, der adäquat kausal auf der infolge des Freigabebeschlusses erfolgten Registereintragung beruht.[333] Der Anspruchsinhalt richtet sich im Ausgangspunkt nach den §§ 249 ff BGB.[334] Naturalrestitution ist jedoch gemäß § 246 a Abs. 4 S. 2 Hs 2 insoweit ausgeschlossen, als der Kläger nicht die Beseitigung der Eintragungswirkungen, dh die „Rückabwicklung" der Kapitalmaßnahme oder des Unternehmensvertrages verlangen kann. So wird verhindert, dass die mit dem Freigabebeschluss verbundene Bestandskraft (siehe Rn 84) der Maßnahme über den Umweg des Schadensersatzes ausgehebelt werden kann.[335] Vielmehr ist der Kläger auf Geldersatz beschränkt.

93 Im Fall einer **Kapitalerhöhung** mit rechtswidrigem Bezugsrechtsausschluss kann der Kläger Erstattung des entgangenen Gewinns verlangen, den er durch den Handel mit den ihm zustehenden Bezugsrechten hätte erzielen können.[336] Zu erstatten ist alternativ der Wert der Aktien, die ihm hätten gewährt werden müssen, abzüglich der hypothetischen Bezugskosten,[337] zuzüglich entgangener Dividendenzahlungen.[338] Einen Geldersatz für den infolge der rechtswidrigen Kapitalerhöhung erlittenen Einflussverlust erhält der Kläger nur,

---

322 OLG Düsseldorf ZIP 2001, 1717, 171; *M. Winter*, FS Ulmer, 2003, S. 699, 719; *Zöllner*, FS Westermann, 2008, S. 1631, 1635; *Schatz*, Missbrauch der Anfechtungsbefugnis, S. 125.
323 Widman/Mayer/*Fronhöfer*, UmwG, 112. Erg.-Lfg., § 16 Rn 208; *Schatz*, Missbrauch der Anfechtungsbefugnis, S. 125 mwN.
324 *Hüffer*, Rn 27; Hölters/*Englisch*, Rn 55; Spindler/Stilz/*Dörr*, Rn 40; allgM.
325 *Zöllner*, FS Westermann, 2008, S. 1631, 1637; *Sosnitza*, NZG 1999, 965, 973; *Hüffer*, Rn 27.
326 K. Schmidt/Lutter/*Schwab*, Rn 51.
327 *Schatz*, Missbrauch der Anfechtungsbefugnis, S. 126.
328 *M. Winter*, FS Ulmer, 2003, S. 699, 717; *Satzl*, Freigabe von Gesellschafterbeschlüssen, S. 239.
329 *Heidel*, Voraufl., Rn 32; *Satzl*, Freigabe von Gesellschafterbeschlüssen, S. 240.
330 Siehe insbes. *M. Winter*, FS Ulmer, 2003, S. 699, 717; *ders.* Liber amicorum Happ, 2006, S. 363, 373 f; *Zöllner*, FS Westermann, 2008, S. 1631, 1638; *Hirte*, FS W. Meilicke, 2010, S. 201, 207; *Schatz*, Missbrauch der Anfechtungsbefugnis, S. 215.
331 Siehe etwa *K. Schmidt*, Liber amicorum Happ, 2006, S. 259, 274; Grigoleit/*Ehmann*, Rn 14; *Sauerbruch*, Das Freigabeverfahren gemäß § 246 a Aktiengesetz, S. 71; bejahend hingegen mit beachtlichen Erwägungen: *Heidel*, Voraufl., Rn 33; K. Schmidt/Lutter/*Schwab*, Rn 29; *Jocksch*, Freigabeverfahren, S. 197.
332 *K. Schmidt*, Liber amicorum Happ, 2006, S. 259, 272 f; *Fiebelkorn*, Die Reform der aktienrechtlichen Beschlussmängelklagen, S. 250.
333 Grigoleit/*Ehmann*, Rn 14; *Hüffer*, Rn 27; *Zöllner*, FS Westermann, 2008, S. 1631, 1637.
334 Spindler/Stilz/*Dörr*, Rn 40; Hölters/*Englisch*, Rn 55.
335 *Schatz*, Missbrauch der Anfechtungsbefugnis, S. 127.
336 K. Schmidt/Lutter/*Schwab*, Rn 46; *Satzl*, Freigabe von Gesellschafterbeschlüssen, S. 241.
337 K. Schmidt/Lutter/*Schwab*, Rn 46; *Zöllner*, FS Westermann, 2008, S. 1631, 1638.
338 *Heidel*, Voraufl., Rn 33; K. Schmidt/Lutter/*Schwab*, Rn 46.

wenn sich dieser negativ auf den Wert seiner Beteiligung auswirkt, was bei größeren Aktienpaketen der Fall sein kann.[339] Zu ersetzen ist schließlich der Verwässerungsschaden im Falle einer nach § 255 Abs. 2 anfechtbaren Kapitalerhöhung[340] sowie ein eventueller Kursdifferenzschaden,[341] wobei diesbezüglich allerdings der Kausalitätsnachweis regelmäßig Schwierigkeiten bereiten dürfte. Bei einem **Unternehmensvertrag** ist zu beachten, dass ein Aktionär insoweit keinen Schaden erleidet, wie eventuelle Einbußen aufgrund der §§ 304, 305 kompensiert werden.[342]

Nach der Regierungsbegründung zum UMAG soll der Schadensersatzanspruch auch die vom Beschlussmängelkläger aufgrund der Bestandskraft der Eintragung vergeblich aufgewendeten **Prozesskosten** umfassen.[343] Streng genommen beruhen allerdings weder die Kosten des Freigabeverfahrens noch diejenigen des Beschlussmängelprozesses auf der Eintragung der angegriffenen Maßnahme infolge des Freigabebeschlusses.[344] Die Kosten des Freigabeverfahrens sind dem obsiegenden Beschlussmängelkläger allerdings nach zutreffender hM dennoch zu ersetzen.[345] Das ist wertungsmäßig geboten[346] und lässt sich methodisch jedenfalls durch eine analoge Anwendung des § 246 a Abs. 4 S. 1 begründen.[347] Die Kosten des Beschlussmängelverfahrens sind dem obsiegenden Kläger schon unabhängig von Abs. 4 S. 1 nach § 91 Abs. 1 ZPO von der AG zu ersetzen.[348]

Fraglich ist, ob ein Schadensersatzanspruch gemäß § 246 a Abs. 4 auch dann besteht, wenn der Registerrichter die **Eintragung bereits unabhängig von einem Freigabebeschluss vorgenommen** hat und die Gesellschaft später zur Herbeiführung der Bestandskraft erfolgreich ein Freigabeverfahren „nachschiebt" (s.o. Rn 11). In diesem Falle „beruht" zwar die Bestandskraft, nicht aber die Eintragung auf dem Freigabebeschluss, so dass bei einer streng am Gesetzeswortlaut orientierten Auslegung ein Anspruch nach Abs. 4 S. 1 ausscheidet. Nach zutreffender hM steht dem obsiegenden Beschlussmängelkläger aber auch in diesem Falle der Schadensersatzanspruch gemäß oder jedenfalls analog Abs. 4 zu.[349] Denn der Zweck des Schadensersatzanspruches aus Abs. 4 besteht darin, dem Kläger umfassenden Ausgleich für sämtliche Beeinträchtigungen zu gewähren, die er infolge des Freigabebeschlusses erleidet.[350] Erst die mit dem Freigabebeschluss verbundene Bestandskraftanordnung schließt aber eine Rückgängigmachung der Eintragung, ihrer Wirkungen und eventueller Vollzugs- und Umsetzungsakte und mithin eine Abwehr der mit der jeweiligen Maßnahme verbundenen Beeinträchtigung der mitgliedschaftlichen Rechtsstellung des Klägers endgültig aus. Nach dem Normzweck muss dem Kläger daher auch im Falle eines „nachgeschobenen" Freigabeantrages Schadensersatz nach Abs. 4 zustehen, wenn die Beschlussmängelklage später rechtskräftig durchdringt. Zudem ist die Bereitschaft der Registerrichter, trotz schwebender Beschlussmängelklage auch ohne Freigabebeschluss des OLG eine vorzeitige Handelsregistereintragung vorzunehmen, unterschiedlich ausgeprägt. Der aus Sicht des Klägers zufällige Umstand, ob sich der Registerrichter auch unabhängig vom Vorliegen eines Freigabebeschlusses zur Eintragung bereit gefunden hat, sollte nicht darüber entscheiden, ob der Kläger in den Genuss des verschuldensunabhängigen Schadensersatzanspruchs aus § 264 a Abs. 4 kommt oder nicht.

Die **Darlegungs- und Beweislast** für die anspruchs- und schadensbegründenden Umstände trägt der Kläger. Zulässig und ggf geboten ist eine Schadensschätzung gemäß § 287 ZPO bzw analog § 738 Abs. 2 BGB.[351] Verweigert die Gesellschaft den nach § 246 a Abs. 4 geschuldeten Schadensersatz, so muss der Kläger seinen Anspruch mittels einer Leistungsklage durchsetzen.[352]

II. Zurückweisung des Freigabeantrages. Wird der Freigabeantrag zurückgewiesen, so bleibt der Registerrichter nach hM gleichwohl zur Eintragung befugt.[353] Allerdings genießt eine solche Eintragung anders als die aufgrund eines Freigabebeschlusses erfolgte keine Bestandskraft (siehe Rn 85). In der Praxis wird es ohnehin kaum vorkommen, dass der Registerrichter die Eintragung verfügt, nachdem er sie zunächst nach

---

339 Zöllner, FS Westermann, 2008, S. 1631, 1638; vgl auch Satzl, Freigabe von Gesellschafterbeschlüssen, S. 241.
340 Heidel, Voraufl., Rn 33; Spindler/Stilz/Dörr, Rn 40; MüKo-AktG/Hüffer, Rn 37; K. Schmidt/Lutter/Schwab, Rn 46; Zöllner, FS Westermann, 2008, S. 1631, 1638.
341 Satzl, Freigabe von Gesellschafterbeschlüssen, S. 241.
342 K. Schmidt/Lutter/Schwab, Rn 46.
343 Begr. RegE, BT-Drucks., 15/5092, S. 28.
344 Kösters, WM 2000, 1921, 1929; Rettmann, Rechtmäßigkeitskontrolle, S. 181.
345 Grigoleit/Ehmann, Rn 14; Hölters/Englisch, Rn 55; K. Schmidt/Lutter/Schwab, Rn 47; Rettmann, Rechtmäßigkeitskontrolle, S. 182 ff; Lorenz/Pospiech, BB 2010, 2515, 2520; aA Kösters, WM 2000, 1921, 1929.
346 Eingehend K. Schmidt/Lutter/Schwab, Rn 47; Rettmann, Rechtmäßigkeitskontrolle, S. 182 ff; Fiebelkorn, Die Reform der aktienrechtlichen Beschlussmängelklagen, S. 248; anders,

aber nicht überzeugend Satzl, Freigabe von Gesellschafterbeschlüssen, S. 242.
347 Eingehend Rettmann, Rechtmäßigkeitskontrolle, S. 182 ff.
348 Grigoleit/Ehmann, Rn 14.
349 OLG Frankfurt ZIP 2010, 986, 987; Grigoleit/Ehmann, Rn 14; Fiebelkorn, Die Reform der aktienrechtlichen Beschlussmängelklagen, S. 247 Fn 1139; Satzl, Freigabe von Gesellschafterbeschlüssen, S. 241.
350 In diese Richtung auch Satzl, Freigabe von Gesellschafterbeschlüssen, S. 241.
351 Hüffer, Rn 27; Hölters/Englisch, Rn 55; Spindler/Stilz/Dörr, Rn 40.
352 Hierzu näher K. Schmidt/Lutter/Schwab, Rn 51.
353 Spindler/Stilz/Dörr, Rn 39; K. Schmidt/Lutter/Schwab, Rn 38; Fiebelkorn, Die Reform der aktienrechtlichen Beschlussmängelklagen, S. 232; Satzl, Freigabe von Gesellschafterbeschlüssen, S. 243.

§§ 21, 381 FamFG ausgesetzt hatte und sodann das OLG einen zur Überwindung der faktischen Registersperre gestellten Freigabeantrag zurückgewiesen hat.[354]

98 Ein neuer Freigabeantrag bezüglich desselben Hauptversammlungsbeschlusses ist zulässig, wenn er auf neue Tatsachen gestützt wird, die im ersten Freigabeverfahren noch nicht geltend gemacht werden konnten.[355] In Betracht kommt namentlich ein inzwischen gefasster Bestätigungsbeschluss[356] (siehe Rn 30). In Anlehnung an die zu §§ 916 ff ZPO entwickelten Grundsätze gilt Gleiches, wenn der zweite Antrag auf neue Mittel der Glaubhaftmachung gestützt wird, die die Gesellschaft im ersten Verfahren noch nicht vorbringen konnte[357] (siehe auch Rn 65).

E. Verhältnis zur einstweiligen Verfügung

99 Ein Verfügungsantrag der AG mit dem Ziel, das Registergericht zur Eintragung zu verpflichten, scheidet im Anwendungsbereich des Freigabeverfahrens aus. Insoweit ist § 246 a *lex specialis*.[358] Hinsichtlich eines auf Verhinderung der Eintragung gerichteten **Verfügungsantrages von Aktionären** ist zu unterscheiden: Hat die AG bereits ein Freigabeverfahren eingeleitet, so geht dieses auch insoweit im Wege der Spezialität vor; ein auf Verhinderung der Eintragung gerichteter Verfügungsantrag eines Aktionärs ist unzulässig.[359] Der Kläger kann und muss der Registereintragung im Freigabeverfahren entgegentreten. Solange die AG kein Freigabeverfahren eingeleitet hat, ist ein auf Verhinderung der Eintragung gerichteter Verfügungsantrag eines Aktionärs hingegen zulässig.[360] Wird später ein Freigabeverfahren eingeleitet, tritt Erledigung des Verfügungsverfahrens ein.[361]

§ 247 Streitwert

(1) ¹Den Streitwert bestimmt das Prozeßgericht unter Berücksichtigung aller Umstände des einzelnen Falles, insbesondere der Bedeutung der Sache für die Parteien, nach billigem Ermessen. ²Er darf jedoch ein Zehntel des Grundkapitals oder, wenn dieses Zehntel mehr als 500 000 Euro beträgt, 500 000 Euro nur insoweit übersteigen, als die Bedeutung der Sache für den Kläger höher zu bewerten ist.

(2) ¹Macht eine Partei glaubhaft, daß die Belastung mit den Prozeßkosten nach dem gemäß Absatz 1 bestimmten Streitwert ihre wirtschaftliche Lage erheblich gefährden würde, so kann das Prozeßgericht auf ihren Antrag anordnen, daß ihre Verpflichtung zur Zahlung von Gerichtskosten sich nach einem ihrer Wirtschaftslage angepaßten Teil des Streitwerts bemißt. ²Die Anordnung hat zur Folge, daß die begünstigte Partei die Gebühren ihres Rechtsanwalts ebenfalls nur nach diesem Teil des Streitwerts zu entrichten hat. ³Soweit ihr Kosten des Rechtsstreits auferlegt werden oder soweit sie diese übernimmt, hat sie die von dem Gegner entrichteten Gerichtsgebühren und die Gebühren seines Rechtsanwalts nur nach dem Teil des Streitwerts zu erstatten. ⁴Soweit die außergerichtlichen Kosten dem Gegner auferlegt oder von ihm übernommen werden, kann der Rechtsanwalt der begünstigten Partei seine Gebühren von dem Gegner nach dem für diesen geltenden Streitwert beitreiben.

(3) ¹Der Antrag nach Absatz 2 kann vor der Geschäftsstelle des Prozeßgerichts zur Niederschrift erklärt werden. ²Er ist vor der Verhandlung zur Hauptsache anzubringen. ³Später ist er nur zulässig, wenn der angenommene oder festgesetzte Streitwert durch das Prozeßgericht heraufgesetzt wird. ⁴Vor der Entscheidung über den Antrag ist der Gegner zu hören.

Literatur:
Baumgärtel, Gleicher Zugang zum Recht für alle (Prozeßrechtliche Abhandlungen, Heft 43), 1976; *Baums*, Die Prozesskosten der aktienrechtlichen Anfechtungsklage, in: FS Lutter, 2000, S. 283; *Däubler*, Bürger ohne Rechtsschutz?, BB 1969, 545; *Frank*, Anspruchsmehrheiten im Streitwertrecht, 1986; *Fürst*, Zur Bemessung des Wertes des Streitgegenstandes bei Anfechtungs- und Nichtigkeitsklagen gegenüber Generalversammlungsbeschlüssen, JW 1930, 3705; *Happ/Pfeifer*, Der Streitwert gesellschaftsrechtlicher Klagen und Gerichtsverfahren, ZGR 1991, 103; *Reeb*, Streitwertherabsetzung nach § 247 Abs. 2 und 3 AktG und Armenrecht, BB 1970, 865; *Saenger*, Aktienrechtliche Anfechtungsklagen: Verfahrenseffizienz und Kosten, AG 2002, 536.

---

354 Vgl *Fiebelkorn*, Die Reform der aktienrechtlichen Beschlussmängelklagen, S. 233 f; *Satzl*, Freigabe von Gesellschafterbeschlüssen, S. 243.
355 OLG München ZIP 2012, 2439, 2440 f; OLG Frankfurt ZIP 2008, 138, 139; *Rieckers*, BB 2008, 514 ff; K. Schmidt/Lutter/*Schwab*, Rn 35.
356 OLG München ZIP 2012, 2439, 2440 f; OLG Frankfurt ZIP 2008, 138, 139; *Rieckers*, BB 2008, 514 ff.
357 OLG München ZIP 2012, 2439, 2444; *Rieckers*, BB 2008, 514, 516; K. Schmidt/Lutter/*Schwab*, Rn 35.
358 *Hüffer*, Rn 28; Grigoleit/*Ehmann*, Rn 13; Hölters/*Englisch*, Rn 57.
359 Siehe vorherige Fn; aA K. Schmidt/Lutter/*Schwab*, Rn 52.
360 *Hüffer*, Rn 28; Grigoleit/*Ehmann*, Rn 13; Hölters/*Englisch*, Rn 57.
361 *Hüffer*, Rn 28; Hölters/*Englisch*, Rn 58.

A. Regelungsgehalt

§ 247 bezweckt eine Begrenzung des Streitwerts zur **Ermöglichung von Anfechtungsklagen zumal von Kleinaktionären**. Die Regierungsbegründung zum AktG 1965 weist darauf hin, dass nach § 199 Abs. 6 AktG 1937 das Gericht den Streitwert nach den gesamten, im einzelnen Fall gegebenen Verhältnissen unter Berücksichtigung des Interesses der Gesellschaft an der Aufrechterhaltung des angefochtenen Beschlusses nach freiem Ermessen bestimmt habe; das habe dazu geführt, dass „praktisch von Kleinaktionären kaum Anfechtungsklagen erhoben wurden. Das Kostenwagnis ist für sie zu groß". Auch für die Gesellschaften seien die hohen Streitwerte nachteilig. Daher sehe der Gesetzentwurf die Neuregelung vor.[1] Die Streitwertbegrenzung wird dadurch erreicht, dass gemäß Abs. 1 das Gericht den Streitwert unter Berücksichtigung aller Umstände des einzelnen Falls, namentlich der Bedeutung der Sache für beide Parteien, nach billigem Ermessen bestimmt. Um zu verhindern, dass sich gegenüber dem Interesse des Klägers durch das Interesse der Gesellschaft an dem Beschluss „der Streitwert zu stark erhöht", wird er nach der Regierungsbegründung gemäß Abs. 1 S. 2 auf ein Zehntel des Grundkapitals bzw eine Million DM (jetzt 500.000 EUR) begrenzt; die Höchstgrenze könne dann und insoweit überschritten werden, als die Bedeutung der Sache für den Kläger höher zu bewerten sei, was „vor allem bei Anfechtungsklagen von Großaktionären in Betracht" komme.[2]

Die Spaltung der Prozesskosten gemäß Abs. 2 und 3 verfolgt den Zweck, bei Gefährdung der wirtschaftlichen Lage einer Partei mit den vollen Prozesskosten das **Risiko angemessen zu reduzieren**. Nach der Regierungsbegründung zum AktG 1965 ist die **Anordnung unabhängig davon, ob „die Klage hinreichend Aussicht auf Erfolg** verspricht. Die Tatsache, dass die Partei in jedem Fall die ihrer Leistungsfähigkeit angemessenen Prozesskosten aufbringen muss, wird sie regelmäßig von einer mutwilligen und aussichtslosen Prozessführung abhalten"; nur bei „völlig aussichtsloser oder mutwilliger Prozessführung" könne die Streitwertspaltung abgelehnt werden.[3]

Bei der **Streitwertfestsetzung** sind im Übrigen die **Grenzen von Art. 2 Abs. 1, Art. 20 Abs. 3 GG zu beachten**; die Kosten dürfen nicht dazu führen, dass das Prinzip effektiven Rechtsschutzes eingeschränkt wird.[4]

§ 247 gilt nach den ausdrücklichen Regelungen des Gesetzes auch bei §§ 249 Abs. 1 S. 1, 256 Abs. 7, 275 Abs. 4 S. 1. Analog anwendbar ist § 247 unstreitig auf die **positive Beschlussfeststellungsklage** (vgl § 246 Rn 11 ff).[5] Entsprechend anzuwenden ist § 247 mE auch auf die allgemeine **ZPO-Feststellungsklage**, die ein Aktionär gegen die AG erhebt, sowie auf die Aktionärsklage gegen **rechtswidrige strukturändernde Maßnahmen** des Vorstands und AR (vgl § 246 Rn 61 ff).[6] Maßgebend für die analoge Anwendung in beiden Fällen ist, dass der Rechtsschutz des Aktionärs bei rechtswidrigen Handlungen des Vorstands und des AR unter Ausschaltung der Aktionärsrechte nicht weniger effektiv sein darf (als bei rechtmäßigem Handeln von Vorstand und AR) – sie also zB eine Holzmüller-Beschlussfassung der HV (vgl § 119 Rn 18) herbeiführen, der der Aktionär mit der Anfechtungsklage begegnen kann. Ein wesentlicher Aspekt des effektiven Rechtsschutzes ist das Kostenrisiko.[7] Der Anwendungsbereich des § 247 ist nach allg. Meinung nicht auf die aktienrechtliche Beschlussanfechtung beschränkt, sondern findet für vergleichbare Klagen bei anderen

---

1 RegBegr. *Kropff*, S. 334.
2 RegBegr. *Kropff*, S. 334.
3 RegBegr. *Kropff*, S. 335.
4 BVerfGE 85, 337, 347; BVerfG NJW 1997, 311, 312; MüKo-AktG/*Hüffer*, Rn 4 f; *Hüffer*, Rn 2.
5 Großkomm-AktienR/*K. Schmidt*, Rn 4; BGH DB 1992, 2336; MüKo-AktG/*Hüffer*, Rn 7; Spindler/Stilz/*Dörr*, Rn 4; Henssler/Strohn/*Drescher*, Rn 1.
6 Wie hier Henssler/Strohn/*Drescher*, Rn 1; Grigoleit/*Ehmann*, Rn 2; *Hüffer*, Rn 3; OLG Hamm NZG 2008, 155 = ZIP 2008, 832; OLG Düsseldorf NJW-RR 2001, 250; offen gelassen vom BGH für die allgemeine Feststellungsklage BGH DB 1992, 2336.
7 LG Düsseldorf AG 2000, 233; OLG Düsseldorf AG 2001, 267 = DB 2000, 2210 (Mannesmann); *K. Schmidt*, GesR, § 21 V 3 a („zu erwägen"); *Flume*, Juristische Person, 8 V 4; *Brondies*, Aktionärsklage, S. 174; *Knobbe/Keuk*, in: FS Ballerstedt, S. 239, 254; *Großfeld*, JZ 1981, 234, 235; *Baums*, Gutachten F für den 63. Deutschen Juristentag 2000, F 219 ff; *Seiler/Singhof*, Konzern 2003, 313, 317; *Krieger*, ZHR 163 (1999), 343, 355, nimmt als Basis der Streitwertbemessung das Teilhaberecht des Klägers an; nach *Adolff*, ZHR 169 (2005), 310, 312 regelmäßig ebenfalls zu „recht geringen Streitwerten" führt; verneinend für die gewöhnliche Feststellungsklage nach § 256 ZPO durch Dritte: MüKo-AktG/*Hüffer*, § 249 Rn 6; KölnKomm-AktG/*Zöllner*, § 449 Rn 4; Großkomm-AktienR/*K. Schmidt*, Rn 4; offen gelassen in BGH DB 1992, 2336.

Rechtsformen – insb. der GmbH – grds. Anwendung.[8] Die Norm soll aber nicht (analog) auf den WpÜG-rechtlichen Squeeze-out anwendbar sein.[9]

5 **Streitwertspaltung** gemäß Abs. 3 **und Prozesskostenhilfe** (für den Kläger gemäß §§ 114 ff ZPO, für die Beklagte gemäß § 116 Abs. 1 Nr. 2 ZPO) schließen sich nicht aus.[10]

6 Bedeutsam ist der Streitwert für die **Gerichtsgebühren** (§ 34 Abs. 1 GKG), für die **Anwaltsgebühren** (§ 23 Abs. 1 RVG), für den Wert des Beschwerdegegenstandes bzw die **Beschwer**[11] und damit die Zulässigkeit von Berufung und – nach altem Recht – Revision gemäß §§ 511 ZPO nF, 542 ZPO aF.

6a Die **Verbindung nach § 246 Abs. 3 S. 6** soll die **bis zu dem Zeitpunkt angefallenen Gerichtsgebühren** nicht berühren;[12] für die verbundenen Prozesse sollen die Gebühren nicht nur insgesamt einmal anfallen, sondern bis zur Verbindung für jedes der verbundenen Verfahren. Das ist mE falsch, die Gerichtskosten entstehen nur ein Mal aus dem Streitwert nach § 247. Maßgebend dafür ist, dass die Verfahren bis zur Verbindung, die das Gericht unmittelbar bei Eingang der Klagen vornehmen muss (§ 246 Abs. 3 S. 6), keinen isolierbaren Aufwand in Höhe der Verfahrensgebühr (3 Gebühren) verursacht haben, der eine Erhebung von Gebühren legitimieren könnte; Gebühren sind pauschale öffentliche Abgaben aus Anlass einer besonderen Inanspruchnahme des Staats, was grundsätzlich ohne Rücksicht darauf gilt, ob und welcher tatsächliche Verwaltungsaufwand entstanden ist;[13] es gilt die Einschränkung nach der Rechtsprechung des BVerfG, wonach Gebühren speziell die Kosten der individuell zurechenbaren öffentlichen Leistung decken müssen.[14] Bei mehreren Anfechtungsklagen über einen HV-Beschluss durch mehrere Klagen mehrerer Kläger entsteht kein besonderer Aufwand, der abzugelten wäre; für hypothetischen Aufwand Gebühren zu berechnen, widerspricht dem Prinzip des Gerichtskostenrechts, wonach „der **Arbeitsaufwand des Gerichts für die Höhe der Gebühr mitbestimmend** sein soll".[15] Die Unrichtigkeit der entgegenstehenden Auffassung drängt sich auf, wenn man die Folgen nach § 91 ZPO für die in einem Anfechtungsrechtsstreit unterlegene AG bedenkt: Ist diese zB durch erfolgreiche Anfechtungsklagen gegen einen HV-Beschluss von hundert separat klagenden Klägern überzogen worden, so müsste sie hundertmal Gerichtskosten in Höhe der vollen Verfahrensgebühr tragen.[16] Das würde dazu führen, dass statt des gemäß Abs. 1 angemessenen Gegenstandswerts die AG Gerichtskosten aus einem einhundert Mal oder, wegen der degressiven Gerichtskosten, noch einen höheren Gegenstandswert erstatten müsste als der Wert, der dem Anfechtungsprozess zukommt; ggf können konkrete Aufwendungen (zB separate Zustellungen der Klagen) als konkrete Kosten nach dem Kostenverzeichnis zum GKG ersetzt verlangt werden.

6b Parallel zur unrichtigen Auffassung vom mehrfachen Anfall der Gerichtsgebühren (vgl Rn 6 a) vertritt die Rspr, dass die **Prozessbevollmächtigten der beklagten AG** bis zur Verbindung für jede anhängig gewordene Klage in jeweils verschiedenen Angelegenheiten nach dem RVG tätig waren, was zur Folge habe, dass jedenfalls 0,8 Verfahrensgebühren (§ 247 Abs. 2 der Vorbemerkung 3 VV RVG) von den unterlegenen Klägern als zur zweckentsprechenden Rechtsverteidigung notwendige Kosten zu tragen sind.[17]

---

8 BGH NZG 2011, 997 = AG 2011, 823; BGH NJW-RR 1999, 1485; *Hüffer*, Rn 3; die Anwendung von Abs. 1 S. 2 und Abs. 2 ist streitig, vgl zur GmbH dafür: OLG München GmbHR 2008, 1267; Scholz/*K. Schmidt*, GmbHG, 10. Aufl., § 45 Rn 153; dagegen: Henssler/Strohn/*Drescher*, Rn 1; OLG Frankfurt NJW 1968, 2112; OLG Karlsruhe GmbHR 1995, 300; OLG Saarbrücken AG 2013, 999 = ZIP 2013, 472; *Hüffer*, Rn 3; Spindler/Stilz/*Dörr*, Rn 5; Baumbach/Hueck/*Zöllner*, GmbHG, 19. Aufl., Anh. § 47 Rn 171; Roth/Altmeppen/*Roth*, GmbHG, 7. Aufl., § 47 Rn 150; Saenger/Inhester/*Puszkajer*, GmbHG, Anh. § 47 Rn 86; offenlassend: BGH NZG 2009,1438; NJW-RR 1999, 1485 = NZG 1999, 999. Vgl zur Genossenschaft OLG Naumburg JurBüro 1999, 310; OLG Schleswig NZG 2009, 434; nach hM grundsätzlich keine Anwendung für Personengesellschaften – BGH NJW-RR 2002, 823 = AG 2003, 318; Grigoleit/*Ehmann*, Rn 2, anders aber bei Publikums-Personengesellschaften, OLG Bremen NZG 2011, 312; keine Anwendung auch bei Vereinen – BGH NJW-RR 1992, 1209; OLG Bremen MDR 2011, 628 = NZG 2011, 312; BGH AG 2011, 823 = NZG 2011, 997; Henssler/Strohn/*Drescher*, Rn 2.

9 OLG Frankfurt ZIP 2012, 1602 = AG 2012, 635 Rn 64 ff.

10 *Hüffer*, Rn 16; KölnKomm-AktG/*Zöllner*, Rn 25; Großkomm-AktienR/*K. Schmidt*, Rn 11; Henssler/Strohn/*Drescher*, Rn 8; vgl aber OLG Karlsruhe NZG 2013, 942, 944 f, dass die Regeln nach §§ 247 Abs. 2 und 3 zeigten, dass ein PKH-Gesuch jedenfalls nicht die Anfechtungsfrist wahrt.

11 *Henze*, Aktienrecht, Rn 1202; BGH 2011, 823 = NZG 2011, 997.

12 OLG Koblenz AG 2005, 661; OLG München MDR 1996, 1075 = JurBüro 1997, 603; OLG München MDR 1999, 829 = JurBüro 1999, 484 = AnwBl 1999, 414; OLG München v. 23.3.2000 – II W 1561/00 (n.v.); BGH WM 2013, 1357 = ZIP 2013, 1445; vgl BGH NZG 2010, 876 = AG 2010, 590.

13 *Hartmann*, Kostengesetze, GKG Einl. II A Rn 7.

14 BVerfGE 50, 217, 226.

15 *Mayer*, JurBüro 1999, 239, 240.

16 Mit der Verfahrensgebühr nach dem Kostenverzeichnis Nr. 1210 sind grundsätzlich alle Handlungen des Gerichts bis zur Beendigung des Verfahrens erster Instanz abgedeckt; spezielle Urteilsgebühren gibt es erstinstanzlich nicht, vgl dazu auch *Sänger/Wöstmann*, ZPO, § 147 Rn 12, der im Anschluss an OLG Oldenburg JurBüro 2003, 322, darauf hinweist, dass bis zur Verbindung entstandene Gebühren unberührt und ihr getrennter Ansatz bestehen bleiben soll; die Verfahrensgebühr entsteht (wird fällig) aber bereits bei Einreichung der Klage, § 6 Abs. 1 Nr. 1 a GKG.

17 KG ZIP 2009, 1087 = AG 2009, 581 unter Aufgabe der vorherigen Rspr KG JurBüro 2008, 2008 = KGR Berlin 2008, 486; BGH NZG 2010, 876, 877 = AG 2010, 590.

B. Die Regelungen im Einzelnen

I. Regelstreitwert (Abs. 1). Der Regelstreitwert ist der **volle Streitwert** gemäß Abs. 1 im Unterschied zum gemäß Abs. 2 herabgesetzten **Teilstreitwert**.

1. Festsetzung nach billigem Ermessen (Abs. 1 S. 1). Der Streitwert bestimmt sich nach allgemeinen Grundsätzen nach dem Wert des Streitgegenstandes, also dem Begehren des Klägers, die Nichtigkeit des HV-Beschlusses zu klären. Dieses Prinzip modifiziert das AktG zugunsten der klagenden Aktionäre (vgl Rn 1): Das Prozessgericht bestimmt den Streitwert unter Berücksichtigung aller „des einzelnen Falles, insbesondere die Bedeutung der Sache für die Parteien, nach billigem Ermessen (Abs. 1 S. 1). Das „billige Ermessen" entspricht dem freien Ermessen des § 3 ZPO.[18] Das Gericht ermittelt den Streitwert ohne Bindung an Angaben oder Streitwertvorgaben der Parteien. Im Gegensatz zur Festlegung nach § 3 ZPO berücksichtigt das Gericht nicht nur das Interesse des Klägers, sondern die „Bedeutung der Sache für die Parteien". Darüber hinaus ist insb. („aller Umstände") auch die Bedeutung für die anderen, von der Urteilswirkung gemäß § 248 Abs. 1 S. 1, betroffenen Aktionäre zu berücksichtigen.[19] Streitig ist, welcher Streitwert einer **Nebenintervention** zukommt. ME zu Recht ganz hM war bislang, dass sich der Streitwert der Nebenintervention mit dem Wert der Hauptsache deckt – jedenfalls wenn der Nebenintervenient dieselben Anträge wie die von ihm unterstützte Partei stellt.[20] Demgegenüber gibt es eine Mindermeinung, wonach es ungeachtet des vom Nebenintervenienten formulierten Antrags auf sein nach § 3 ZPO bemessenes Interesse am Beitritt ankommen soll.[21] Diese Sicht ist zwar richtig, soweit sie auf die Unbeachtlichkeit der konkreten Antragstellung des Nebenintervenienten abstellt, da dessen rechtliches Interesse auf den ihn ebenso wie die Hauptpartei treffenden Folgen des Beschlusses bzw Urteils beruht (vgl § 246 Rn 3). Unrichtig ist die Mindermeinung aber im Hinblick auf die Anwendung des § 3 ZPO jedenfalls für Klagen nach den §§ 241 ff, da § 247 eine abschließende Norm zur Streitwertbemessung enthält,[22] die den Rückgriff auf § 3 ZPO verbietet.

Das Gesetz gibt keine Richtlinie für die Gewichtung der Interessen. Kein Interesse überwiegt daher per se das andere. Interessen sind aber auch nicht generell gleichgewichtig.[23] Die Rspr berücksichtigt aus Gründen der Rechtssicherheit auch, wie sie in der Vergangenheit vergleichbare Fälle bewertete.[24] **Welche Umstände im jeweiligen Fall entscheidungsrelevant sind und welche Bedeutung die Sache für die Parteien hat, hängt vom Inhalt des jeweiligen Hauptversammlungsbeschlusses ab.** Nach diesem bemessen sich im Wesentlichen die wirtschaftlichen und gesellschaftsrechtlichen Auswirkungen, die der Beschluss und seine Nichtigerklärung für den anfechtenden Aktionär und die AG haben; auf die Zahl der gegen einen Beschluss vorgetragenen Anfechtungsgründe kommt es nicht an. Die Streitwertbemessung kann von den wirtschaftlichen Auswirkungen abhängen, die eine Entscheidung über die Unwirksamkeit des HV-Beschlusses für beide Parteien hat.[25] Sie muss zumal bei der Anfechtung von HV-Beschlüssen von Großgesellschaften ungeachtet der durch Abs. 2 geschaffenen Möglichkeiten der Streitwertspaltung das Prinzip beachten, dass der **rechtsstaatlich gebotene Schutz der Aktionäre durch Anfechtungsklagen nicht mit allzu großen Risiken belastet werden darf**[26] (vgl Rn 4). Daher hat sich mE die Streitwertbemessung von vornherein „weitgehend den niedrigeren Interessen des Aktionärs anzunähern".[27] Eine – gelegentlich verlangte – pauschale Bildung eines Mittelwerts zwischen Kläger- und Beklagteninteresse,[28] scheidet aus, da eine individuelle Ermessensentscheidung zu fällen ist.

Das **isoliert betrachtete Klägerinteresse** soll regelmäßig durch den Kurswert seiner Aktien[29] nach oben begrenzt sein,[30] mE kann der Kläger ein höheres Interesse belegen, zB wenn der Kurswert nicht dem inneren Wert der Beteiligung (vgl § 255 Rn 9 ff) entspricht oder es ihm um die Beseitigung schwerwiegender Ein-

---

18 *Hüffer*, Rn 5; MüKo-AktG/*Hüffer*, Rn 10; Großkomm-AktienR/*K. Schmidt*, Rn 14; KölnKomm-AktG/*Zöllner*, Rn 4; Spindler/Stilz/*Dörr*, Rn 7; K. Schmidt/Lutter/*Schwab*, Rn 3; Grigoleit/*Ehmann*, Rn 3.
19 BGH AG 1982, 19 f = WM 1981, 1344 = ZIP 1981, 1335; *Hüffer*, Rn 6; Großkomm-AktienR/*K. Schmidt*, Rn 14; KölnKomm-AktG/*Zöllner*, Rn 1; Happ/*Pfeifer*, ZGR 1991, 103, 106; Spindler/Stilz/*Dörr*, Rn 8; Grigoleit/*Ehmann*, Rn 3.
20 BGHZ 31, 144; *Baumbach/Hartmann*, § 3 Rn 106; OLG München MDR 1997, 788; 1166; OLG Hamburg AnwBl 1985, 263.
21 Schneider/*Herget*, Streitwertkommentar, Rn 3360; Zöller/*Herget*, ZPO, § 3 Rn 16 Stichwort „Nebenintervention".
22 Das verkennt OLG Bamberg v. 19.9.2002 – 4 W 65/02 (Überlandwerk) – n.v.
23 Großkomm-AktienR/*K. Schmidt*, Rn 14.
24 OLG Frankfurt AG 2005, 122; AG 2002, 562 = DB 2001, 2139.
25 *Henze*, Aktienrecht, Rn 1203.
26 OLG Frankfurt AG 2002, 562 (AGIV).
27 OLG Frankfurt DB 2001, 2139; offen gelassen von OLG Bamberg v. 19.9.2002 – 4 W 65/02 (Überlandwerk) – n.v.
28 OLG Hamm AG 1976, 19; zustimmend: Großkomm-AktienR/*K. Schmidt*, Rn 18; vgl K. Schmidt/Lutter/*Schwab*, Rn 6; kritisch: *Emde*, DB 1996, 1558 f.
29 Dabei ist unbeachtlich, dass der Kläger (wie die Schutzgemeinschaft der Kapitalanleger im entschiedenen Fall) regelmäßig auch die Interessen anderer Aktionäre vertritt, OLG Frankfurt AG 2005, 122.
30 OLG Frankfurt AG 2005, 122; OLG Düsseldorf AG 2001, 267; OLG Düsseldorf 20.12.2011, I -6 W 214/11 (nv, juris); LG Berlin AG 2001, 543; *Hüffer*, Rn 8; Großkomm-AktienR/*K. Schmidt*, Rn 15; vgl auch BGH AG 1982, 19, 20 = WM 1981, 1344; BGH DB 1992, 2336; anders in einem Ausnahmefall OLG Frankfurt DB 1984, 869 = AG 1984, 154; Spindler/Stilz/*Dörr*, Rn 9.

griffe und seine Aktionärsrechte geht. Nicht ausschlaggebend sind die wirtschaftlichen Verhältnisse der Parteien, sie spielen nur bei Abs. 2 eine Rolle.[31]

11 Für das **Interesse der Beklagten an der Aufrechterhaltung** des Beschlusses sind von Belang das Grundkapital als Indiz für die Bedeutung der Gesellschaft, die Bilanzsumme zumal bei Streitigkeiten um den Jahresabschluss und die Entlastung, das Kosteninteresse der Gesellschaft an der Wirksamkeit des Beschlusses sowie die Differenz zwischen der in einem Unternehmensvertrag angebotenen und der vom Kläger erstrebten Ausgleichs- bzw Abfindungsregelung.[32] Bei einer Mehrheit von Anträgen (Anfechtung mehrerer Beschlüsse / Klagehäufung) setzt das Gericht den Streitwert grundsätzlich für jeden Antrag gesondert fest und bildet den **Gesamtstreitwert** durch Zusammenrechnung entsprechend § 5 Hs 1 ZPO, § 39 Abs. 1 GKG.[33] Bei Haupt- und Hilfsantrag (allerdings nicht bei Nichtigkeits- und hilfsweiser Anfechtungsklage und vice versa, vgl § 246 Rn 20) ist gemäß § 45 Abs. 1 S. 3 GKG der höhere Wert maßgebend.[34]

12 In der Literatur finden sich **Beispielsammlungen über Streitwerte** in von den Gerichten entschiedenen Fällen, die aber Anhaltspunkte für Streitwerte sind.[35] Hier einige Beispiele aus der Rspr, die zwischen einzelnen OLG-Bezirken variiert:

- je 50.000 EUR bei Anfechtungs- bzw Nichtigkeitsklagen von HV-Beschlüssen mittlerer und großer AGs (Grundkapital über 3 Mio. EUR) pro angegriffenem Beschluss,[36] jeweils 10.000 bis 25.000 EUR bei kleineren Gesellschaften[37];
- 3.000 EUR „Lästigkeitswert" für die Feststellung der Rechtswidrigkeit von Beschlüssen der Gesellschafterversammlung einer nicht mehr existenten KG;[38]
- 100.000 EUR bei Anfechtung von Beschlüssen zu Betriebsfortführung und der Aufnahme neuen Kapitals bei einer KG (Publikums KG, geschlossener Schiffsfonds) unter Berücksichtigung der Einlage des Klägers von 15.000 EUR;[39]
- Strukturmaßnahmen bei großen AG 500.000 EUR,[40] bei kleineren 100.000–200.000 EUR; generell nicht mehr als 10 % des Grundkapitals;[41]
- Nichtigkeit des Jahresabschlusses bei AG mit Grundkapital von 83 Mio. EUR: 300.000 EUR.[42]
- 523.504,69 EUR bei Anfechtung des Gewinnverwendungsbeschlusses bei einer GmbH unter Berücksichtigung der begehrten Ausschüttung und des Gesellschaftsanteils des Klägers; 50.900 EUR (10 % des Stammkapitals) für die Nichtzulassungsbeschwerde; 58.900 EUR für die Beschlussanfechtung hinsichtlich der Gewinnrücklagenbildung;[43]
- 15.000 EUR bei Feststellung der Unwirksamkeit einer Wahl zur Vertreterversammlung in einer Genossenschaft unter Berücksichtigung des Genossenschaftsanteils des Klägers iHv nominal 1.000 EUR und dem wirtschaftlichen Interesse der Beklagten an der Nichtwiederholung der Wahl;[44]
- 2,30 Mio. EUR bei Anfechtung von satzungsändernden Beschlüssen in einer GmbH unter Berücksichtigung des Werts der Geschäftsbeteiligung des Klägers (ca. 8,5 Mio. EUR) und ungewissen Realisierungsmöglichkeiten;[45]
- 250.000 EUR bei Anfechtung zweier Beschlüsse, die den Sonderprüfer wieder abberufen hatten, durch zwei Kleinaktionäre unter Nichtberücksichtigung der Sonderprüferkosten auf Beklagtenseite;[46]
- 15.000 DM bei Anfechtungsklage gegen Entlastung des Aufsichtsrats unter Berücksichtigung von Aktienanzahl des Klägers und Grundkapital und Bilanzsumme der Beklagten;[47]
- 100.000 DM bei Kapitalherabsetzung mit anschließender Barkapitalerhöhung unter Bezugsrechtsausschluss;[48]
- 75.000 DM bei Ausgliederungsanfechtung unter Berücksichtigung des Wertverlusts auf Kläger- und der Synergie-Effekte auf Beklagtenseite;[49]

---

31 *Hüffer*, Rn 8; MüKo-AktG/*Hüffer*, Rn 12; Großkomm-AktienR/*K. Schmidt*, Rn 15; KölnKomm-AktG/*Zöllner*, Rn 9.
32 Großkomm-AktienR/*K. Schmidt*, Rn 16.
33 Großkomm-AktienR/*K. Schmidt*, Rn 10; *Hüffer*, Rn 6; MüKo-AktG/*Hüffer*, Rn 14; KölnKomm-AktG/*Zöllner*, Rn 15; Henssler/Strohn/*Drescher*, Rn 6; BGH WM 1992, 1370, 1371 = NJW-RR 1992, 1122, 1123; OLG Frankfurt DB 2001, 2139; DB 1984, 869 = AG 1984, 154.
34 Grigoleit/*Ehmann*, Rn 7; Henssler/Strohn/*Drescher*, Rn 7.
35 Vgl zB *Hüffer*, Rn 7; Großkomm-AktienR/*K. Schmidt*, Rn 15; Grigoleit/*Ehmann*, Rn 6; Schmidt/Lutter/*Schwab*, Rn 7; Spindler/Stilz/*Dörr*, Rn 11; Happ/*Pfeifer*, ZGR 1991, 103, 108; Schneider/*Herget*, Streitwertkommentar, Rn 168; Anders/*Gehle*, Streitwertlexikon, Stichwort „Anfechtungsklagen".
36 LG Frankfurt aM, Beschl. v. 16.10.2012 (n.v.) unter Bezugnahme der ständigen Rspr des OLG Frankfurt (Beschl. v. 24.6.2004 – 5 W 13/04, 10.3.2005 – 5 W 47/04); LG München AG 2012, 386, 388.
37 OLG Köln vom 25.6.2009, 18 U 167/08.
38 BGH AG 2011, 823 = NZG 2011, 997.
39 OLG Bremen NZG 2011, 312 = MDR 2011, 628.
40 So Auskunft der für aktienrechtliche Streitigkeiten zuständige Kammervorsitzende bei LG München gegenüber Verfasser.
41 So Auskunft der für aktienrechtliche Streitigkeiten zuständige Kammervorsitzende bei LG München gegenüber Verfasser.
42 LG München AG 2012, 386, 388.
43 BGH NZG 2009, 1438.
44 OLG Schleswig NZG 2009, 434.
45 OLG München GmbHR 2008, 1267.
46 OLG Düsseldorf, I-6 W 214/11, 6 W 214/11 (juris).
47 OLG Stuttgart AG 2006, 379.
48 OLG Frankfurt AG 2005, 122.
49 OLG Stuttgart AG 2004, 271.

- je 5.000 DM für Aufsichtsrats- und Vorstandsentlastung wegen geringer Bedeutung; 45.000 DM bezüglich des Jahresabschlusses;[50]
- 1 Mio. DM bei Umtausch von Vorzugs- in Stammaktien unter Berücksichtigung des Kurswerts von 175.000 DM auf Klägerseite und Rückzahlrisiken iHv 460 Mio. DM auf Beklagtenseite;[51]
- 150.000 DM bei Anfechtung eines Aktienpaketverkaufs bei Abwägung zwischen Klägerinteresse iHv 100.000 DM und Beklagteninteresse iHv ca. 1 Mio. DM;[52]
- 100.000 DM Gesamtstreitwert bei Anfechtungsklage gegen Jahres- und Konzernabschlüsse (70 %) und Nichtigkeitsfeststellung bezüglich der Vorstandsentlastung (30 %);[53]
- 50.000 DM bei Anfechtung der Entlastung des Aufsichtsratsvorsitzenden unter Berücksichtigung des geringen Umfangs des Aktienbesitzes beim Kläger und der auf Seiten der Beklagten zwar hohen Bilanzsumme (33 Mrd. DM), jedoch großen Unwahrscheinlichkeit der wirtschaftlichen/gesellschaftlichen Beeinträchtigungen;[54]
- Wahl der Aktionärsvertreter in den AR: Bei fünf angefochtenen einzelnen Wahlbeschlüssen insg. 250.000 EUR[55];
- in einem Fall umstrittener Abschreibungen iHv 61 Mio. DM und streitigen Aktienerwerbs der AG in Milliardenhöhe: Entlastung des gesamten Vorstands und Aufsichtsrats insg. 200.000 DM, Wahl des Jahresabschlussprüfers 75.000 DM, Wahl der Aktionärsvertreter in den Aufsichtsrat 125.000 DM.[56]

2. Obergrenze des Regelstreitwerts (Abs. 1 S. 2). Abs. 1 S. 2 begrenzt den Regelstreitwert in zweifacher Weise: Dieser darf ein Zehntel des Grundkapitals oder, wenn das Zehntel mehr als 500.000 EUR beträgt, 500.000 EUR nur insoweit überschreiten, als die Bedeutung der Sache für den Kläger (vgl Rn 10) höher zu bewerten ist. Bei **Anfechtung mehrerer Beschlüsse** (Rn 12) gilt die Obergrenze für jeden Antrag einzeln, der Gesamtstreitwert kann also über der Obergrenze liegen.[57] Das gilt aber nicht bei Anfechtung von Ausgangs- und Bestätigungsbeschluss.[58] Das Gericht kann bei seiner Ermessensentscheidung die Obergrenze überschreiten, wenn die Bedeutung der Sache für den Kläger höher zu bewerten ist. Ob der Betrag zu überschreiten ist, beurteilt das Gericht nach seinem pflichtgemäß auszuübenden billigen Ermessen gemäß Abs. 1 S. 1. Es gibt keinen Automatismus der Festsetzung höherer Werte als 500.000 EUR – auch nicht bei Großaktionären; immer bleibt es beim pflichtgemäßen Ermessen des Gerichts.[59]

3. Verfahrensfragen. Das **Verfahren der Streitwertfestsetzung** bestimmt sich erstinstanzlich nach § 63 GKG, für die Rechtsmittelinstanzen nach § 62 GKG. Für die Entscheidung über die Zuständigkeit bedarf es wegen der Regelung des § 246 Abs. 3 S. 2 keiner Streitwertfestsetzung. Die Streitwertfestsetzung gemäß § 63 GKG ist gemäß § 32 RVG auch für die Anwaltsgebühren maßgeblich. Da keine bestimmte Geldforderung im Streit ist, setzt das Gericht gemäß § 63 Abs. 1 GKG den Streitwert vorläufig fest. Es nimmt die endgültige Festsetzung vor, sobald es die Endentscheidung für die Instanz erlassen hat, ohne dass ein Antrag erforderlich ist. Rechtsbehelfe folgen aus § 68 GKG. Das OLG kann die Streitwertfestsetzung des Landgerichts ändern (§ 63 Abs. 3 S. 2 GKG).

Das OLG setzte bis zur ZPO-Reform den Wert der Beschwer in seinem Urteil fest (§ 546 Abs. 2 S. 1 ZPO aF). Eine Festsetzung der Beschwer unterhalb der Revisionssumme band nicht, der BGH konnte die Beschwer höher bewerten und die Revision annehmen.[60] Die Vorschriften gelten nicht mehr – das bisherige Mischsystem von Zulassungsrevision und Streitwertrevision ist durch eine Zulassungsrevision mit Nichtzulassungsbeschwerde ersetzt, § 543 ZPO. Der BGH hat die Änderungsbefugnis für den Gebührenstreitwert gemäß § 63 Abs. 3 GKG.

II. Streitwertspaltung bzw Teilstreitwert (Abs. 2). Auf Antrag (vgl Rn 20) kann das Prozessgericht gemäß Abs. 2 S. 1 die Spaltung des Streitwerts anordnen (einen Teilstreitwert festlegen). Vorbild ist § 53 PatG aF/§ 144 PatG nF.[61] So kann es der wirtschaftlich schwächeren Partei, regelmäßig **dem Kläger, die Durchführung des Prozesses erleichtern**. Der Teilstreitwert begünstigt einseitig eine Partei. Die Ungleichbehand-

---

50 OLG Stuttgart AG 2003, 165.
51 OLG Köln, AG 2002, 244 = NZG 2002, 966.
52 OLG Frankfurt AG 2002, 562. Der Senat befürwortet eine Bemessung nahe am (niedrigeren) Klägerinteresse.
53 BGH WM 1999, 853 = AG 1999, 376.
54 OLG Stuttgart AG 1995, 237.
55 LG Hannover ZIP 2010, 833 = AG 2010, 459 (Continental).
56 BGH WM 1992, 1370 = NJW-RR 1992, 1122.
57 Grigoleit/*Ehmann*, Rn 7; Großkomm-AktienR/*K. Schmidt*, Rn 19.
58 Grigoleit/*Ehmann*, Rn 7 f; Großkomm-AktienR/*K. Schmidt*, Rn 19; Spindler/Stilz/*Dörr*, Rn 14; MüKo-AktG/*Hüffer*, Rn 18; aA *Hüffer*, ZGR 2012, 730, 749; nach K. Schmidt/Lutter/*Schwab*, Rn 16 ist bei Anfechtung von Ausgangs- und Bestätigungsbeschluss für diesen kein separater Wert festzusetzen.
59 Anders: MüKo-AktG/*K. Schmidt*, Rn 20 („darf und muss"); ähnlich: MüKo-AktG/*Hüffer*, Rn 17; vgl KölnKomm-AktG/*Zöllner*, Rn 13.
60 MüKo-AktG/*Hüffer*, Rn 20.
61 RegBegr. *Kropff*, S. 334 f; vgl auch § 23 b UWG, § 142 MarkenG.

lung ist verfassungskonform.[62] Die Anordnung wirkt nur zugunsten der begünstigten Partei; der Prozessgegner trägt die Kosten aus dem Regelstreitwert des Abs. 1. Dieser ist auch maßgeblich für den Wert des Beschwerdegegenstands § 511 Abs. 2 Nr. 1 ZPO.[63] Die **Festsetzung des Teilstreitwerts gilt mE für alle Instanzen**, da die Partei von Anfang an die Sicherheit haben muss, den Anfechtungsprozess in allen Instanzen zum geminderten Streitwert führen zu können.[64] Folge der Festlegung des Teilstreitwerts ist, dass die begünstigte Partei die von ihr geschuldeten Gerichtskosten sowie die Gebühren ihres Rechtsanwalts nur nach dem Teilstreitwert entrichten muss (Abs. 2 S. 1 und 2). Der Teilstreitwert gilt auch für die der begünstigten Partei auferlegte oder sonst übernommene Kostenerstattung (Abs. 2 S. 3). Bei **Kostenerstattungspflicht des Gegners** kann der Rechtsanwalt der begünstigten Partei vom Gegner die Gebühren nach dem für diesen geltenden Streitwert verlangen (Abs. 2 S. 4).

17 Das Gericht ordnet die Streitwertspaltung an, indem es für die begünstigte Partei den **Gebührenstreitwert in einer auf Euro lautenden Summe festsetzt**.[65] Vor der Entscheidung über den Antrag ist der Gegner zu hören (Abs. 3 S. 4). Der Antragsteller hat die Voraussetzungen des Abs. 2 glaubhaft zu machen (vgl § 294 ZPO), etwa durch eidesstattliche Versicherung oder durch Vorlage von Steuerbescheiden.[66] Das Gericht kann nach seinem pflichtgemäß auszuübenden **Ermessen**[67] den Teilstreitwert anordnen, wenn der Regelstreitwert gemäß Abs. 1 die wirtschaftliche Lage der belasteten Partei erheblich gefährden würde. Ausschlaggebend soll die Gesamtvermögenslage unter Berücksichtigung des Einkommens sein. Im Hinblick auf den Zweck der Norm kann die Streitwertspaltung mE aber schon dann geboten sein, wenn der Kläger soviel von seinem Vermögen einsetzen müsste, dass das Risiko in keinem vernünftigen Verhältnis zum Prozessziel steht.[68] Der Partei muss ein gewisser Vermögensbestand erhalten bleiben. Ausschlaggebend sind zwar angeblich nur die Kosten der jeweiligen Instanz, aber Vor- und Folgeinstanzen sind bei der Feststellung des Vermögens der Partei zu berücksichtigen.[69]

18 Anders als bei der Prozesskostenhilfe ist **ohne Belang, ob die Rechtsverfolgung oder Rechtsverteidigung Aussicht auf Erfolg** hat (vgl Rn 2).[70] Bei völliger Aussichtslosigkeit oder völlig mutwilliger Prozessführung soll das Gericht die Streitwertspaltung trotz sonstigen Vorliegens der Voraussetzungen des Abs. 2 ablehnen können.[71] Die Feststellung solcher völligen Mutwillig- bzw Aussichtslosigkeit ist nur zulässig, wenn sich diese Tatbestände ohne Verfahrensverzögerung feststellen lassen.[72]

19 Das Gericht entscheidet gemäß § 63 Abs. 1 S. 1 GKG durch **Beschluss**, gegen den **einfache Beschwerde** gemäß § 68 Abs. 1 GKG zulässig ist. Beschwerdeberechtigt ist die beschwerte Partei sowie gemäß § 32 Abs. 2 S. 1 RVG deren Anwalt (Abs. 2 S. 2); beschwerdeberechtigt ist auch der Klagegegner.[73]

20 III. **Antrag auf Streitwertspaltung (Abs. 3)**. Die Partei kann den für die Streitwertspaltung erforderlichen Antrag (Abs. 2 S. 1) vor der Geschäftsstelle des Prozessgerichts erklären (Abs. 3 S. 1). Die Antragstellung ist auch vor der Geschäftsstelle eines beliebigen sonstigen Amtsgerichts zur Niederschrift des Urkundsbeamten möglich, wird in dem Falle aber erst mit Eingang beim Prozessgericht wirksam (§ 129 a Abs. 2 S. 2 ZPO). Anwaltszwang besteht nicht. Der Antrag muss vor Verhandlung zur Hauptsache angebracht werden (Abs. 3 S. 2). **Setzt das Prozessgericht den Regelstreitwert hoch, ist ein erneuter Antrag zulässig** (Abs. 3 S. 3). Vor der Entscheidung ist der Gegner zu hören (Abs. 3 S. 4). Das Gericht braucht nicht mündlich zu verhandeln.[74]

§ 248 Urteilswirkung

(1) ¹Soweit der Beschluß durch rechtskräftiges Urteil für nichtig erklärt ist, wirkt das Urteil für und gegen alle Aktionäre sowie die Mitglieder des Vorstands und des Aufsichtsrats, auch wenn sie nicht Partei sind.

---

[62] Großkomm-AktienR/*K. Schmidt*, Rn 3; *v. Godin/Wilhelmi*, Anm. 1; *Lutter*, AG 1968, 73, 75; K. Schmidt/Lutter/*Schwab*, Rn 18; Spindler/Stilz/*Dörr*, Rn 3, 16; KölnKomm-AktG/*Zöllner*, Rn 17; *Hüffer*, Rn 2; MüKo-AktG/*Hüffer*, Rn 6; *Happ/Pfeifer*, ZGR 1991, 103, 109.
[63] *Hüffer*, Rn 11; MüKo-AktG/*Hüffer*, Rn 21.
[64] OLG Frankfurt WM 1984, 1470, 1471 = AG 1985, 55; KölnKomm-AktG/*Zöllner*, Rn 31; *Hirte*, EWiR 1991, 683 f; aA BGH AG 1993, 85 = DB 1992, 2492, 2493 = ZIP 1992, 1734 (unter Aufgabe des Beschl. vom 19.4.1982 – II ZR 88/81); OLG Karlsruhe ZIP 1991, 930; *Hüffer*, Rn 18; MüKo-AktG/*Hüffer*, Rn 29; Großkomm-AktienR/*K. Schmidt*, Rn 26; *Henze*, Aktienrecht, Rn 1207.
[65] *Hüffer*, Rn 17; MüKo-AktG/*Hüffer*, Rn 28.
[66] OLG Frankfurt AG 1985, 55 = WM 1984, 1470, 1471.
[67] RGZ 155, 129, 132.
[68] K. Schmidt/Lutter/*Schwab*, Rn 19 mwN.
[69] Großkomm-AktienR/*K. Schmidt*, Rn 22.
[70] RegBegr. *Kropff*, S. 335.
[71] RegBegr. *Kropff*, S. 335; vgl Großkomm-AktienR/*K. Schmidt*, Rn 23; KölnKomm-AktG/*Zöllner*, Rn 22; MüKo-AktG/*Hüffer*, Rn 26; K. Schmidt/Lutter/*Schwab*, Rn 20; BGH v. 22.2.2012 – II ZR 134/09 (n.v., juris); BGH AG 1991, 399 = ZIP 1991, 1581.
[72] BGH AG 1992, 59 = ZIP 1991, 1581; OLG Hamm WM 1993, 1283; *Hüffer*, Rn 15; MüKo-AktG/*Hüffer*, Rn 26; KölnKomm-AktG/*Zöllner*, Rn 22; MüHb-AG/*Semler*, § 41 Rn 82; K. Schmidt/Lutter/*Schwab*, Rn 20; BGH v. 22.2.2012 – II ZR 134/09 (n.v., juris); BGH ZIP 1991, 1581 = WM 1991, 2065.
[73] MüKo-AktG/*Hüffer*, Rn 31.
[74] Großkomm-AktienR/*K. Schmidt*, Rn 24; *Hüffer*, Rn 20.

²Der Vorstand hat das Urteil unverzüglich zum Handelsregister einzureichen. ³War der Beschluß in das Handelsregister eingetragen, so ist auch das Urteil einzutragen. ⁴Die Eintragung des Urteils ist in gleicher Weise wie die des Beschlusses bekanntzumachen.

(2) Hatte der Beschluß eine Satzungsänderung zum Inhalt, so ist mit dem Urteil der vollständige Wortlaut der Satzung, wie er sich unter Berücksichtigung des Urteils und aller bisherigen Satzungsänderungen ergibt, mit der Bescheinigung eines Notars über diese Tatsache zum Handelsregister einzureichen.

Literatur:
Arens, Streitgegenstand und Rechtskraft im aktienrechtlichen Anfechtungsverfahren, 1960; *Hommelhoff,* Zum vorläufigen Bestand fehlerhafter Strukturänderungen in Kapitalgesellschaften, ZHR 158 (1994), 11; *Hueck,* Anfechtbarkeit und Nichtigkeit von Generalversammlungsbeschlüssen, 1924; *Kort,* Aktien aus vernichteten Kapitalerhöhungen, ZGR 1994, 291; *Krieger,* Fehlerhafte Satzungsänderungen: Fallgruppen und Bestandskraft, ZGR 1994, 35; *Noack,* Fehlerhafte Beschlüsse in Gesellschaften und Vereinen, 1989; *Schlosser,* Gestaltungsklagen und Gestaltungsurteile, 1966; *K. Schmidt,* Fehlerhafte Beschlüsse in Gesellschaften und Vereinen, AG 1977, 205 ff und 243 ff; *ders.,* Zum Streitgegenstand von Anfechtungs- und Nichtigkeitsklagen im Gesellschaftsrecht, JZ 1977, 769; *Schulte,* Rechtsnatur und Wirkungen des Anfechtungs- und Nichtigkeitsurteils nach den §§ 246, 248 AktG, AG 1988, 67; *Zöllner,* Folgen der Nichtigerklärung durchgeführter Kapitalerhöhungsbeschlüsse, AG 1993, 68; *Zöllner/Winter,* Folgen der Nichtigerklärung durchgeführter Kapitalerhöhungsbeschlüsse, ZHR 158 (1994), 59.

A. Regelungsgehalt	1	3. Materielle Rechtskraft	13
B. Die Regelungen im Einzelnen	3	4. Exkurs: Wirkungen eines klagabweisenden Urteils	15
I. Die Wirkungen der rechtskräftigen Nichtigerklärung (Abs. 1)	3	5. Allgemeine Einreichungspflicht zum Handelsregister (Abs. 1 S. 2)	16
1. Voraussetzungen	3	6. Handelsregistereintragung und Bekanntmachung (Abs. 1 S. 3 und 4)	17
2. Urteilswirkung	4	II. Erweiterte Eintragungspflicht bei Satzungsänderung (Abs. 2)	18
a) Auswirkung auf Durchführungsgeschäfte	5		
b) Wirkungen des positiven Beschlussfeststellungsurteils	12		

A. Regelungsgehalt

Ein HV-Beschluss kann nur **einheitlich gegenüber allen Aktionären** und **Gesellschaftsorganen nichtig** sein. 1 § 248 bestimmt deshalb ebenso wie sein Vorläufer § 200 Abs. 1 AktG 1937, dass das Urteil, das den Beschluss für nichtig erklärt, für und gegen alle Aktionäre sowie die Mitglieder von Vorstand und AR wirkt, auch wenn sie nicht Partei waren. Zudem regelt die Vorschrift Pflichten des Vorstands gegenüber dem Registergericht und dessen Verfahren. Auf diese Weise dient die Norm der Rechtsklarheit und -sicherheit. Aus der Norm folgt, dass zwischen mehreren Anfechtungsklägern notwendige Streitgenossenschaft im Sinne des § 62 Abs. 1 ZPO besteht[1] (vgl § 246 Rn 3).

Die **Haftungsvorschrift** des **§ 200 Abs. 2 AktG 1937** hat das AktG 1965 aufgehoben, vgl § 245 Rn 29 f. 2

B. Die Regelungen im Einzelnen

I. Die Wirkungen der rechtskräftigen Nichtigerklärung (Abs. 1). 1. Voraussetzungen. Abs. 1 S. 1 setzt 3 einen **durch rechtskräftiges** (§ 705 ZPO) **Urteil für nichtig erklärten HV-Beschluss** voraus (zur Klageabweisung vgl Rn 15). Die Regelung gilt für Urteile sowohl aufgrund von Anfechtungsklagen nach § 246 als auch aufgrund von Nichtigkeitsklagen gemäß § 249 (vgl § 249 Abs. 1 S. 1). Unbeachtlich ist, ob das Urteil streitiges Urteil, Versäumnis- oder Anerkenntnisurteil ist.[2] Die Wirkung des § 248 kommt einem Vergleich (vgl zu diesem § 246 Rn 37) nicht zu.[3] Wenn das Urteil ergangen und in formeller Rechtskraft erwachsen ist, beseitigt es den HV-Beschluss grundsätzlich ohne Rücksicht auf die Rechtmäßigkeit seines Zustandekommens.[4] Gegenüber den Wirkungen des rechtskräftigen Urteils kommt in krassen Fällen der Einwand der Arglist in Betracht, zumal wenn ein Urteil evident unrichtig, kollusiv herbeigeführt oder arglistig ausgenutzt wird.[5]

2. Urteilswirkung. Das Anfechtungsurteil ist **Gestaltungsurteil**; die Gestaltungswirkung folgt aus § 241 4 Nr. 5 (vgl § 241 Rn 12): Der rechtskräftig für nichtig erklärte Beschluss ist im Verhältnis zu jedermann ex

---

1 Vgl BGHZ 180, 9 = ZIP 2009, 460 = WM 2009, 459 = AG 2009, 285 Rn 55.
2 Grigoleit/*Ehmann,* Rn 3; Großkomm-AktienR/*K. Schmidt,* Rn 3; *Hüffer,* Rn 2.
3 Henssler/Strohn/*Drescher,* Rn 3.
4 AllgM, BGH NJW 1975, 1273; RGJW 1938, 748, 750; *v. Godin/Wilhelmi,* Anm. 8; KölnKomm-AktG/*Zöllner,* Rn 3; *Hüffer,* Rn 2; MüKo-AktG/*Hüffer,* Rn 10.
5 Großkomm-AktienR/*K. Schmidt,* Rn 3.

tunc nichtig (nicht nur im Verhältnis zu allen Aktionären, Vorstands- und AR-Mitgliedern).[6] Jede Person, auch ein gesellschaftsfremder Dritter, jedes Gericht und jede Behörde muss die Gestaltungswirkung für und gegen sich gelten lassen.[7] Das Urteil hat Rückwirkung auf den Zeitpunkt der Beschlussfassung, auch die Rückwirkung gilt für und gegen jedermann.[8] Eine Nichtigerklärung von Teilen des Beschlusses ist nach dem klaren Gesetzeswortlaut („Soweit der Beschluss...") möglich (vgl § 241 Rn 14 ff).

5 **a) Auswirkung auf Durchführungsgeschäfte.** Nicht ausdrücklich gesetzlich geregelt ist, welche Wirkung die rückwirkende Gestaltung auf Durchführungsgeschäfte hat. Der historische Gesetzgeber wollte die Frage nicht generell lösen, sondern meinte, die Entscheidung sei „nur im einzelnen Falle nach Maßgabe des in Betracht kommenden Verhältnisses richtig zu finden".[9] **Exemplarisch** gilt Folgendes:

6 Ist der von der HV festgestellte **Jahresabschluss** (§§ 173 Abs. 1, 257) oder ein **Ausschüttungsbeschluss** (§§ 174 Abs. 2 Nr. 2, 25) für nichtig erklärt, ist die auf der Grundlage dieses Beschlusses vorgenommene Ausschüttung eine gesetzwidrige Leistung gemäß § 62 Abs. 1[10] (vgl § 253 Rn 7 und § 256 Rn 46).

7 Hat die Hauptversammlung ihre Zustimmung zu einer **Maßnahme** des Vorstandes erteilt, die **nach den Grundsätzen der „Holzmüller"-Doktrin** des BGH zustimmungsbedürftig ist (vgl § 119 Rn 18),[11] so ist mit der Vernichtung des Beschlusses die Zustimmung nicht erteilt; den Aktionären steht ein Anspruch auf Rückgängigmachung zu;[12] steht die Holzmüller-Maßnahme oder eine andere, die der Vorstand von der Zustimmung der HV abhängig macht, durch Vereinbarungen mit Dritten unter dem Vorbehalt der HV-Zustimmung, so wird das jeweilige Rechtsgeschäft nach rückwirkender Nichtigerklärung nichtig; diese Folge kann der Vorstand nicht durch eine Vereinbarung aushebeln, dass die Zustimmung schon dann als wirksam erteilt gilt, wenn der entsprechende Zustimmungsbeschluss im HV-Protokoll nach § 130 Abs. 2 enthalten ist, da es ansonsten der Vorstand in der Hand hätte, gesetzliche Folgen der Beschlussnichtigkeit zu umgehen.[13]

8 **Vermögensübertragungen** gemäß § 179 a[14] sind mangels HV-Beschluss ebenso nichtig wie Verträge zur **Nachgründung**[15] (§ 52 Abs. 1).

9 Kapitalerhöhungsbeschlüsse und sonstige **satzungsändernde Beschlüsse** werden erst mit der Eintragung in das Handelsregister wirksam (§ 181 Abs. 3); solange die Anfechtungsklage schwebt, wird das Registergericht regelmäßig gemäß § 21 FamFG das Verfahren aussetzen (vgl auch § 246 a Rn 3); trägt es während der Anhängigkeit der Anfechtungsklage trotzdem ein und wird zB die Kapitalerhöhung durchgeführt, indem die neuen Aktien gezeichnet und Einzahlungen auf sie geleistet werden, sind diese Maßnahmen wirksam. Wird der Kapitalerhöhungsbeschluss mit Rückwirkung gemäß § 255 vernichtet, ist die Kapitalerhöhung rückabzuwickeln; der Schutz der Gläubiger ist unter Beachtung des § 225 zu gewährleisten.[16] Anderes gilt bei Freigabe mit Bestandskraft gemäß § 246 a (vgl dort).

10 Gemäß §§ 20 Abs. 2, 131 Abs. 2, 202 Abs. 3 UmwG lassen **Mängel der Beschlüsse über Verschmelzung, Spaltung und Formwechsel** deren Wirkungen grundsätzlich unberührt; ob diese Bestimmungen den rechtswidrigen Umwandlungsvorgang irreversibel machen, ist streitig[17] (vgl aber § 246 a).

11 Für **Unternehmensverträge** gilt Ähnliches wie für Verschmelzungen etc. Ungeachtet der rechtlichen Mängel ist der Unternehmensvertrag solange über die Grundsätze der fehlerhaften Gesellschaft als wirksam zu behandeln, bis sich einer der Vertragspartner auf den Vertragsmangel beruft und dadurch die Nichtigkeit ex nunc herbeiführt.[18]

---

6 Großkomm-AktienR/*K. Schmidt*, Rn 4; *Hüffer*, Rn 3 ff; differenzierend zur Erga-omnes-Wirkung: K. Schmidt/Lutter/ Schwab, Rn 5.
7 Großkomm-AktienR/*K. Schmidt*, Rn 4.
8 Großkomm-AktienR/*K. Schmidt*, Rn 5; KölnKomm-AktG/ *Zöllner*, Rn 9, 17; *Hüffer*, Rn 6 f; MüKo-AktG/*Hüffer*, Rn 14 ff.
9 Allg. Begr. der Aktienrechtsnovelle 1884, zit. nach *Schubert/ Hommelhoff*, 100 Jahre modernes Aktienrecht, 1985, S. 468 f.
10 Großkomm-AktienR/*K. Schmidt*, Rn 6; KölnKomm-AktG/*Lutter*, Rn 17; MüHb-AG/*Semler*, § 41 Rn 86; Spindler/Stilz/*Dörr*, Rn 9.
11 BGHZ 83, 122 = NJW 1982, 1703.
12 MüHb-AG/*Semler*, § 41 Rn 84; demgegenüber meint *Schmidt* im Großkomm-AktienR, Rn 6, der HV-Beschluss sei grundsätzlich nicht Wirksamkeitsvoraussetzung und die Nichtigerklärung des HV-Beschlusses berühre grundsätzlich nicht die Wirksamkeit des Ausführungsgeschäftes; ähnlich: MüKo-AktG/*Hüffer*, Rn 23, und Henssler/Strohn/*Drescher*, Rn 8.
13 Vgl zu ähnlichen Fragen der Anfechtungsbefugnis in einem solchen Fall OLG Schleswig AG 2006, 120 = WM 2006, 231 ff = ZIP 2006, 421 ff (MobilCom).

14 MüKo-AktG/*Hüffer*, Rn 19; Spindler/Stilz/*Dörr*, Rn 10.
15 Grigoleit/*Ehmann*, Rn 5.
16 MüHb-AG/*Semler*, § 41 Rn 87; Großkomm-AktienR/ *K. Schmidt*, § 255 Rn 15; *Kort*, ZGR 1994, 291; *Zöllner*, AG 1993, 68; *Zöllner/Winter*, ZHR 158 (1994), 59; MüKo-AktG/ *Hüffer*, Rn 21.
17 Vgl Großkomm-AktienR/*K. Schmidt*, Rn 7; Spindler/Stilz/*Dörr*, Rn 12.
18 BGHZ 103, 1; 116, 37; *Ulmer*, BB 1989, 10, 15 ff; einschränkend: *Kleindieck*, ZIP 1988, 613; *Timm*, GmbHR 1988, 11; entgegen OLG Karlsruhe AG 2011, 673 = ZIP 2011, 1817 und OLG Zweibrücken AG 2005, 256 = NZG 2004, 382 (Reginaris) bleibt im Falle einer bereits durchgeführten Eingliederung / eines bereits durchgeführten Gewinnabführungs- und/oder Beherrschungsvertrags der Ausgleichs- und Abfindungsanspruch bestehen, und es ist das Spruchverfahren in Anwendung der Grundsätze über fehlerhafte Gesellschaft durchzuführen; das gilt nach OLG Hamburg AG 2005, 299 = ZIP 2005, 427 nicht, wenn der Unternehmensvertrag überhaupt nicht durchgeführt wurde.

b) Wirkungen des positiven Beschlussfeststellungsurteils. Die Gestaltungswirkung betrifft grundsätzlich nur den kassatorischen Charakter des Anfechtungsurteils, da das Gericht nach dem gesetzlichen Leitbild der Anfechtungsklage nur den angefochtenen Beschluss gemäß § 241 Nr. 5 für nichtig erklärt, nicht aber einen anderen Beschluss an seine Stelle setzt. Dessen ungeachtet sind die positive Beschlussfeststellungsklage und das entsprechende -urteil anerkannt (vgl § 246 Rn 11 ff). Die **Gestaltungswirkung des Beschlussfeststellungsurteils entspricht der des Anfechtungsurteils**: Entscheidet das Gericht aufgrund der positiven Beschlussfeststellungsklage rechtskräftig, dass der Beschluss einen anderen als den protokollierten und verkündeten Inhalt hat, ist analog § 248 Abs. 1 (bzw im Umkehrschluss zu § 241 Nr. 5) kraft Gestaltungswirkung dieser Beschlussinhalt hergestellt. Diese Gestaltungswirkung tritt für und gegen jedermann ein. Mit der Rechtskraft des der Klage stattgebenden Urteils stehen gegenüber jedermann auch der Mangel des verkündeten und die Rechtmäßigkeit des vom Gericht festgestellten Beschlusses fest.[19]

3. Materielle Rechtskraft. Abs. 1 S. 1 regelt die **subjektiven Grenzen** der materiellen Rechtskraft. **Das Urteil bindet die Prozessparteien sowie alle Aktionäre und Organmitglieder**: Dieser Personenkreis kann, auch nicht im Wege der Nichtigkeitsklage, nicht noch einmal ein Gericht mit der Frage der Gültigkeit des HV-Beschlusses befassen; eine gleichwohl erhobene Klage ist wegen entgegenstehender Rechtskraft unzulässig.[20] Aus dem gleichen Grunde sind andere Anfechtungs- oder Nichtigkeitsklagen, über die mangels Prozessverbindung gemäß §§ 246 Abs. 3, 249 Abs. 2 bei Eintritt der Rechtskraft noch nicht entschieden ist, in der Hauptsache erledigt.[21]

Die **objektiven Grenzen** der materiellen Rechtskraft sind vom Streitgegenstand bestimmt (vgl zu diesem § 246 Rn 20 f).

4. Exkurs: Wirkungen eines klagabweisenden Urteils. Weist das Gericht Anfechtungs- oder Nichtigkeitsklage rechtskräftig als unbegründet ab, ist die **Klage desselben Klägers mit gleichem Streitgegenstand unzulässig**.[22] Neue, von dem vorgetragenen Lebenssachverhalt nicht umfasste Beschlussmängel sind durch die rechtskräftige Klageabweisung nicht abgeschnitten.[23] Daher ist eine erneute Nichtigkeitsklage zulässig.[24] Das gilt auch nach der neueren Rspr des BGH zum weiten Streitgegenstand, aber der Unzulässigkeit des Nachschiebens von Anfechtungsgründen (vgl § 246 Rn 20 f; 30 f), soweit der Anfechtungskläger die Nichtigkeitsgründe nicht bereits im Erstprozess vortragen konnte; anderenfalls würde der Rechtsschutz gegen die besonders gravierenden Rechtsverletzungen, die zur Nichtigkeit der Beschlüsse führen, vom Rechtsschutzsystem ausgeschlossen, was nicht mit dem Schutzzweck der Anfechtungsklage (Rechtmäßigkeitskontrolle und Abwehr gegen rechtswidrige Beeinträchtigung) vereinbar wäre.

5. Allgemeine Einreichungspflicht zum Handelsregister (Abs. 1 S. 2). Gemäß Abs. 1 S. 2 hat der Vorstand das (Anfechtungs- und ggf Feststellungs-)Urteil **unverzüglich** (§ 121 Abs. 1 S. 1 BGB) **zum Handelsregister einzureichen**. Einzureichen ist das rechtskräftige gesamte Urteil.[25] Kommt der Vorstand seiner Pflicht nicht nach, hält ihn das Registergericht gemäß § 14 HGB, § 388 ff. FamFG zwangsweise an. Das Urteil unterliegt gemäß § 9 HGB der Einsicht für jedermann.

6. Handelsregistereintragung und Bekanntmachung (Abs. 1 S. 3 und 4). War der rechtskräftig **für nichtig erklärte Beschluss im Handelsregister eingetragen**, ist auch das Urteil in das Register einzutragen und ggf in gleicher Weise wie der für nichtig erklärte Beschluss bekannt zu machen (Abs. 1 S. 3 und 4). Eine Ausnahme gilt gemäß § 242 Abs. 2 S. 5 bei Freigabebeschlüssen gemäß § 246a Abs. 1, soweit rechtskräftig feststeht, dass Mängel des HV-Beschlusses die Eintragungswirkung unberührt lassen. Das Verfahren ist in § 44 HRV geregelt (Vermerk in allen Spalten des Registerblatts, in denen der Beschluss eingetragen war). Die Änderung der Rechtsverhältnisse, die das Urteil bewirkt, ist eine im Sinne von § 15 HGB einzutragende Tatsache. Eine Nichtbekanntmachung der eintragungspflichtigen Tatsache kann zur Haftung gemäß § 15 Abs. 1 HGB führen.

II. Erweiterte Eintragungspflicht bei Satzungsänderung (Abs. 2). Gemäß Abs. 2 gilt **für Satzungsänderungen eine erweiterte Eintragungspflicht**. Mit dem (rechtskräftigen) Urteil ist der vollständige Wortlaut der Satzung, wie er sich unter Berücksichtigung des Urteils und aller bisherigen Satzungsänderungen ergibt, mit

---

19 Großkomm-AktienR/*K. Schmidt*, Rn 18 ff; Grigoleit/*Ehmann*, Rn 7.
20 BGHZ 34, 337, 339; 36, 365, 367; BGH NJW 1989, 389, 393, 394; 2133, 2134; *Hüffer*, Rn 8; MüKo-AktG/*Hüffer*, Rn 26.
21 *Hüffer*, Rn 8; MüKo-AktG/*Hüffer*, Rn 26; KölnKomm-AktG/*Zöllner*, Rn 15.
22 Großkomm-AktienR/*K. Schmidt*, Rn 15; *Hüffer*, Rn 13 ff; Grigoleit/*Ehmann*, Rn 8; OLG Düsseldorf AG 2009, 666, 667.
23 Großkomm-AktienR/*K. Schmidt*, Rn 15.
24 RGZ 120, 28, 31; Großkomm-AktienR/*K. Schmidt*, Rn 15; Spindler/Stilz/*Dörr*, Rn 27; *Hüffer*, Rn 15; MüKo-AktG/*Hüffer*, Rn 36; Bürgers/Körber/*Göz*, Rn 22: str., für generelle Unzulässigkeit einer erneuten Klage unabhängig vom Lebenssachverhalt KölnKomm-AktG/*Zöllner*, Rn 34 und § 246 Rn 85; Grigoleit/*Ehmann*, Rn 8; für generelle Anfechtbarkeit v. Godin/*Wilhelmi*, § 249 Anm. 4.
25 Großkomm-AktienR/*K. Schmidt*, Rn 21; MüKo-AktG/*Hüffer*, Rn 29; K. Schmidt/Lutter/*Schwab*, Rn 8.

Notarbescheinigung zum Handelsregister einzureichen. Die Pflicht besteht auch dann, wenn die Satzungsänderung selbst noch nicht eingetragen war – nicht aber, wenn der angefochtene Beschluss zur Satzungsänderung noch nicht zur Eintragung angemeldet war.[26]

§ 248 a Bekanntmachungen zur Anfechtungsklage

[1]Wird der Anfechtungsprozess beendet, hat die börsennotierte Gesellschaft die Verfahrensbeendigung unverzüglich in den Gesellschaftsblättern bekannt zu machen. [2]§ 149 Abs. 2 und 3 ist entsprechend anzuwenden.

Literatur:
Meyer/Ulbrich, Die Bekanntmachungspflicht nach § 248 a AktG bei teilweiser Verfahrensbeendigung, NZG 2010, 246.

1 Seit dem UMAG[1] hat die börsennotierte Gesellschaft (§ 3 Abs. 2) die **Verfahrensbeendigung** – gleichgültig, in welcher Art sie herbeigeführt wird (Urteil, gerichtliche und außergerichtliche Vergleiche, verfahrensbeendende Prozesshandlungen wie Klagerücknahme und Erledigungserklärungen)[2] – unverzüglich (§ 121 Abs. 1 S. 1 BGB) „in den Gesellschaftsblättern"[3] (§ 25) bekannt zu machen. Gemäß § 248 a S. 2 iVm § 149 Abs. 3 gilt das entsprechend für **Vereinbarungen zur Prozessvermeidung**. Die Regierungsbegründung erläutert das als „Vereinbarungen, die im Vorfeld eines Anfechtungsprozesses, regelmäßig nach Einlegung eines Widerspruchs, mit Aktionären oder ihnen nahe stehenden Dritten zur Vermeidung eines Anfechtungsprozesses geschlossen wurden".[4] Gemäß § 248 a S. 2 ist § 149 Abs. 2 und 3 auch sonst entsprechend anzuwenden (vgl § 149 Rn 4 ff). Die Literatur behandelt streitig die Frage der Bekanntmachungspflicht beim **Ausscheiden einzelner Kläger**.[5] ME ist die Beendigung/Vermeidung des Verfahrens mit jedem einzelnen Kläger bekannt zu machen: Wenn man angesichts der Qualität heutiger Gesetzesformulierungen zwar generell zurückhaltend mit der Wortlautinterpretation ist, wird man zu bedenken haben, dass das Wort „der Anfechtungsprozess" den Prozess eines einzelnen Klägers betrifft, wie der Vergleich mit § 246 Abs. 3 S. 6 zeigt („mehrere Anfechtungsprozesse"). Zudem wollte der Gesetzgeber unverzügliche Transparenz erreichen bei Vereinbarungen zur Verfahrensbeendigung/vermeidung.[6] Diese Transparenz ist nur herstellbar, wenn die AG unverzüglich über jede einzelne Verfahrensbeendigung/-vermeidung berichtet.[7] Dem Gesetzeswortlaut und -zweck widerspricht es, die Veröffentlichungspflicht davon anhängig zu machen, ob die Beteiligten beim Ausscheiden Vereinbarungen getroffen haben.[8] Voraussetzung der Pflicht ist, dass die jeweilige prozessuale Auseinandersetzung beendet bzw vermieden wird. Schließen die Parteien solche Vereinbarungen aufschiebend bedingt oder verpflichten sie sich lediglich, bis zu bestimmten Daten oder bei Eintritt von Ereignissen die Prozesse zu beenden, löst das nach dem klaren Wortlaut „wird ... beendet" keine Veröffentlichungspflicht aus; ein anderer Regelungsinhalt kann auch nicht in den Inhalt der Norm unter Mobilisierung des Wortlauts der gesetzlichen Überschrift „Bekanntmachungen *zur* Anfechtungsklage" hineingelesen werden, da ein solcher Inhalt nicht ansatzweise im Wortlaut der Regelung zum Ausdruck gekommen ist. Auch hier gilt der Grundsatz der Klarheit und, dass blumige Formulierungen und Diskriminierungen durch die Veröffentlichungen rechtswidrig sind (vgl § 246 Rn 55).

§ 249 Nichtigkeitsklage

(1) [1]Erhebt ein Aktionär, der Vorstand oder ein Mitglied des Vorstands oder des Aufsichtsrats Klage auf Feststellung der Nichtigkeit eines Hauptversammlungsbeschlusses gegen die Gesellschaft, so finden § 246 Abs. 2, Abs. 3 Satz 1 bis 5, Abs. 4, §§ 246 a, 247, 248 und 248 a entsprechende Anwendung. [2]Es ist nicht ausgeschlossen, die Nichtigkeit auf andere Weise als durch Erhebung der Klage geltend zu machen. [3]Schafft der Hauptversammlungsbeschluss Voraussetzungen für eine Umwandlung nach § 1 des Umwandlungsgesetzes und ist der Umwandlungsbeschluss eingetragen, so gilt § 20 Abs. 2 des Umwandlungsgesetzes für den Hauptversammlungsbeschluss entsprechend.

---

26 Hüffer, Rn 12; MüKo-AktG/Hüffer, Rn 33; Großkomm-AktienR/K. Schmidt, Rn 22; KölnKomm-AktG/Zöllner, Rn 53; K. Schmidt/Lutter/Schwab, Rn 9.
1 BGBl. I 2005 S. 2802; vgl zur Kritik auch Novelle Meilicke/Heidel, DB 2004, 1479, 1485.
2 RegBegr. BT-Drucks. 15/5092, S. 30.
3 RegBegr. BT-Drucks. 15/5092, S. 30: nur elektronischer Bundesanzeiger, § 25, S. 1.
4 BT-Drucks. 15/5092, S. 30; zur Kritik an dem zu unbestimmten Kriterium Meilicke/Heidel, DB 2004, 1479, 1486 f.
5 Vgl Schnabel, ZIP 2008, 1667; Meyer-Ulbrich, NZG 2010, 246.
6 RegBegr. BT-Drucks. 15/5092, S. 30.
7 Grigoleit/Ehmann, Rn 1.
8 So aber Hüffer, Rn 2; Meyer/Ulbrich, NZG 2010, 246, 248; Schnabel, ZIP 2008, 1667.

(2) ¹Mehrere Nichtigkeitsprozesse sind zur gleichzeitigen Verhandlung und Entscheidung zu verbinden. ²Nichtigkeits- und Anfechtungsprozesse können verbunden werden.

Literatur:
K. Schmidt, Nichtigkeitsklagen als Gestaltungsklagen, JZ 1988, 729; vgl Angaben zu §§ 246, 247 und 248.

A. Regelungsgehalt	1
B. Die Regelungen im Einzelnen	3
I. Geltendmachung der Nichtigkeit (Abs. 1)	3
1. Sinngemäße Geltung einzelner Vorschriften über die Anfechtungsklage (Abs. 1 S. 1)....	3
a) Klageart	4
b) Taugliche Kläger	5
c) Beklagte	6
d) Nebenintervention	8
e) Feststellungs- und Rechtsschutzinteresse	9
f) Gerichtliche Zuständigkeit	10
g) Bekanntmachungen	11
h) Freigabeverfahren	11a
i) Streitwert	12
j) Klageantrag und Streitgegenstand, Urteilswirkung, Rechtsmissbrauch.....	13
k) Registerverfahren	15
2. Geltendmachung der Nichtigkeit „auf andere Weise als durch Erhebung der Klage" (Abs. 1 S. 2)	16
3. Beschränkung der Nichtigkeitsfolgen bei Umwandlungen (Abs. 1 S. 3)	16a
II. Verbindung von mehreren Nichtigkeitsprozessen sowie von Nichtigkeits- und Anfechtungsprozessen (Abs. 2)	17
III. Exkurs: Analoge Anwendung auf unwirksame Beschlüsse	19

A. Regelungsgehalt

§ 249 entspricht dem § 201 AktG 1937. Nichtigkeitsklage und Nichtigkeitsurteil dienen der **Rechtssicherheit**.¹ Die Nichtigkeitsklage ist wie die Anfechtungsklage gerichtet auf die **Beseitigung des Beschlusses mit Wirkung für und gegen jedermann**: Einzelheiten der Rechtsnatur der Klage sind str, vgl Rn 4.² Die Nichtigkeitsklage hat wie die Anfechtungsklage das Ziel und damit den Streitgegenstand, die Nichtigkeit des vom Kläger bezeichneten HV-Beschlusses wegen des von ihm vorgebrachten Sachverhalts mit Wirkung für und gegen jedermann zu klären. Streitgegenstand bei Anfechtungs- und Nichtigkeitsklage decken sich also (vgl § 246 Rn 20 f).³ Im Unterschied zur Anfechtbarkeit kann die Nichtigkeit von HV-Beschlüssen auch anders als durch Nichtigkeitsklage geltend gemacht werden; das stellt Abs. 1 S. 2 klar. 1

Die Nichtigkeitsklage und die Anfechtungsklage können nur von den Aktionären, dem Vorstand und einzelnen Verwaltungsmitgliedern erhoben werden. Das Urteil, das aufgrund einer solchen Klage ergeht und die Nichtigkeit eines Beschlusses feststellt oder diesen für nichtig erklärt, entfaltet als **Gestaltungsurteil** nicht nur zwischen den jeweiligen Prozessparteien Rechtskraftwirkung, sondern auch gegenüber den übrigen Aktionären, dem Vorstand und dem AR (§§ 249 Abs. 1, 248 Abs. 1 S. 1). Der Regierungsentwurf der sog. **Aktienrechtsnovelle 2012/2013** sah die Einfügung eines Abs. 3 vor. Danach sollte ein Aktionär eine weitere Nichtigkeitsklage nur binnen einer Monatsfrist nach der Bekanntmachung der bereits anhängigen Anfechtungs- oder Nichtigkeitsklage erheben können. Ziel des Vorschlags ist erklärtermaßen die Bekämpfung „missbräuchlich nachgeschobener Nichtigkeitsklagen" – was Klagen sein sollen, die „zweckwidrig hinausgezögert" werden und bei denen sich die Kläger auf diese Weise „einen ungerechtfertigten Vorteil ... verschaffen", indem sie Beschlussmängelverfahren verzögerten und so ihren Lästigkeitswert erhöhten.⁴ Der Bundestag hat aufgrund einer Beschlussempfehlung seines Rechtsausschusses diese Novelle abgelehnt, aber auf die Frage der grundsätzlichen Reformbedürftigkeit des Anfechtungsrechts (vgl §§ 245 Rn 1, 246 Rn 1) verwiesen.⁵ 2

B. Die Regelungen im Einzelnen

I. Geltendmachung der Nichtigkeit (Abs. 1). 1. Sinngemäße Geltung einzelner Vorschriften über die Anfechtungsklage (Abs. 1 S. 1). Klagt ein Aktionär, der Vorstand oder ein Verwaltungsmitglied auf die Feststellung der Nichtigkeit eines HV-Beschlusses gegen die AG, gelten § 246 Abs. 2, Abs. 3 S. 1 bis 4, Abs. 4, §§ 246 a, 247, 248 und 248 a **sinngemäß** (Abs. 1 S. 1).⁶ Keine Anwendung findet auf Nichtigkeitsklagen die **Monatsfrist gemäß § 246 Abs. 1** (vgl Rn 1). Zu berücksichtigen ist die gesetzliche Ausnahme nach § 14 3

---

1 *Hüffer*, Rn 1; MüKo-AktG/*Hüffer*, Rn 2; Großkomm-AktienR/*K. Schmidt*, Rn 1.
2 Vgl Großkomm-AktienR/*K. Schmidt*, Rn 1.
3 MüKo-AktG/*Hüffer*, Rn 5.
4 BR-Drucks. 852/11, Rn 21 ff. Vgl dazu *Bayer*, AG 2012,141, 147 ff; *Merkner/Schmidt-Bendun*, DB 2012, 98, 102; *Bungert/Wettich*, ZIP 2011, 160,163; *Seibert/Böttcher*, ZIP 2012, 12,

14; vgl schon die Anregung des Bundesrats im ARUG-Gesetzgebungsverfahren, BT-Drucks. 16/11642 S. 55.
5 Rechtsausschuss BT-Drucks. (elektronische Vorab-Fassung) 17/14214, S. 10, 24.
6 S. 1 neu gefasst durch das UMAG, BGBl. I 2005 S. 2802, wodurch die UMAG-Novellen auch für Nichtigkeitsklagen gelten.

Abs. 1 UmwG, dass alle Klagen gegen die Wirksamkeit eines Verschmelzungsbeschlusses binnen eines Monats nach der Beschlussfassung erhoben werden müssen.[7] Angesichts der klaren gesetzgeberischen Entscheidung, dass bei Nichtigkeitsklagen mangels einer ausdrücklichen gesetzlichen Regelung die Monatsfrist des § 246 Abs. 1 nicht gilt, scheidet es aus, durch die Hintertür etwa über Verwirkungsregeln Klagefristen im Einzelfall zu statuieren.

3a Ob die Wahl des Abschlussprüfers Gegenstand der Nichtigkeitsklage sein kann, ist streitig. Das UMAG hat den gerade kurz vorher durch das Bilanzrechtsreformgesetz[8] geschaffenen weiteren Verweis auf § 243 **Abs. 3 Nr. 2 aF/Nr. 3 nF** gestrichen, ohne dass ersichtlich ist, ob der Gesetzgeber sich bei der Schaffung des Verweises auf eine Vorschrift, die ausdrücklich nur einen Anfechtungsgrund[9] abschaffen sollte (vgl § 243 Rn 36 b), oder bei dessen Abschaffung wirklich etwas gedacht hat.[10] ME wird man daher angesichts der Aufhebung der Beschränkung der Nichtigkeitsgründe durch den Verweis auf § 243 Abs. 3 Nr. 2 aF nach den allgemeinen Regeln der Gesetzesauslegung die Auffassung vertreten müssen, dass schwerwiegende Verletzungen der Gründe, die ein Verfahren nach § 318 Abs. 3 HGB rechtfertigen, gleichzeitig Nichtigkeitsgründe (§ 241 Nr. 3, 4) sind. Nur das wird dem hohen Rang zB der Unbefangenheit des Abschlussprüfers gerecht (vgl § 243 Rn 22, 36 a, b). Dieser hatte den BGH zu dem Rechtssatz gebracht, dass die Besorgnis der Befangenheit die Wahl per se gesetzwidrig macht. *Hüffer* veranlasst derselbe tatsächliche Befund zur Auslegung „in berichtigender Lesart" im Sinne des zwischenzeitlichen Verweises auf § 243 Abs. 3 Nr. 3.[11] Das erscheint aber nicht sachgerecht, da der Anfechtungsausschluss nach § 243 Abs. 3 einen derartigen Systembruch darstellt, dass er ohne ausdrückliche gesetzliche Anordnung nicht in andere Vorschriften hineingelesen werden kann. Eine berichtigende Auslegung gegen den eindeutigen bzw nicht vorhandenen Gesetzeswortlaut scheidet mE spätestens aus, seitdem das ARUG in Art. 1 Nr. 40 § 249 Abs. 1 S. 1 zwar geändert, die in der Literatur streitige Frage aber nicht aufgegriffen hat.[12] Nach *Hüffer* soll allerdings die Feststellungsklage nach § 256 ZPO möglich bleiben, was er freilich mit dem Hinweis verbindet „in den für sie auch sonst geltenden Grenzen". ME ist das aber inkonsequent, da damit eine sonst verneinte Möglichkeit eröffnet würde, allgemeine Feststellungsklagen geradezu in jeder Angelegenheit der AG von einiger Bedeutung zu erheben (vgl allg. § 246 Rn 61).

4 a) **Klageart.** Die Nichtigkeitsklage ist eine auf Feststellung der Nichtigkeit eines HV-Beschlusses gerichtete Klage, die ein Aktionär, der Vorstand oder ein Verwaltungsmitglied erhebt. **Streitig ist, welche Rechtsnatur die Nichtigkeitsklage** hat: Die wohl überwiegende Auffassung sieht in ihr eine den besonderen Regeln des § 249 unterliegende Feststellungsklage.[13] Demgegenüber sieht insb. *Schmidt* die Nichtigkeitsklage als Gestaltungsklage an.[14] In der Praxis laufen beide Sichten auf das gleiche Ergebnis hinaus. Denn es besteht Übereinstimmung, dass Kläger, die zu dem in Abs. 1 S. 1 genannten Personenkreis gehören, die Nichtigkeit von HV-Beschlüssen nur in der Form der Nichtigkeitsklage gemäß § 249 geltend machen können, nicht aber mit der gewöhnlichen Feststellungsklage nach § 256 ZPO, da die HV-Beschlüsse nicht ein Individualrechtsverhältnis sind, sondern die Gesamtheit der Aktionäre betreffen. Unter den Aspekten der Rechtssicherheit und Rechtsklarheit wird es nicht für tragbar gehalten, einem HV-Beschluss abweichend von den Regeln der §§ 249 Abs. 1, 248 Abs. 1 S. 1 im Verhältnis zu einem einzelnen Aktionär jegliche Verbindlichkeit abzusprechen, den Beschluss gegenüber den anderen Aktionären aber für wirksam zu halten.[15]

5 b) **Taugliche Kläger.** Die Nichtigkeitsklage nach § 249 kann nur von den in Abs. 1 S. 1 genannten Klägern erhoben werden. In der Praxis wichtigster Fall ist die **Klageerhebung durch Aktionäre.** Abs. 1 S. 1 verweist zutreffend nicht auf eine entsprechende Geltung der Regeln zur Anfechtungsbefugnis gemäß § 245 Nr. 1 bis 3. Das Interesse an der Nichtigkeitsfeststellung ist beim Aktionär ausnahmslos gegeben. Es folgt schon

---

7 Diese umwandlungsrechtliche Frist gilt nur für Klagen iSd §§ 241 ff AktG, nicht für die allgemeine ZPO-Feststellungsklage, da diese keine inter omnes-Wirkung hat, vgl MüKo-AktG/*Hüffer*, Rn 26; Großkomm-AktienR/*K. Schmidt*, Rn 44.
8 BGBl. I 2004 S. 3166.
9 BGHZ 153, 32 ff = ZIP 2003, 290 ff = WM 2003, 437 ff = NZG 2003, 216; vgl auch *Lutter*, JZ 2003, 567.
10 Die RegBegr. des Entwurfs des Bilanzrechtsreformgesetzes begründete die Verweisung in § 249 schlicht als „eine Folgeänderung zur Änderung des § 243 Abs. 3"; *Schütz*, der sich als RA einer unternehmensberatenden Sozietät der Abordnung in das Justizministerium zur verantwortlichen Mitgestaltung des UMAG-Entwurfs berühmte, DB 2004, 419, begründete die Novelle des Bilanzrechtsreformgesetzes damit, dass sie „zur Unzulässigkeit von gegen den Wahlbeschluss gerichteten Anfechtungs- und Nichtigkeitsklagen" führen solle, soweit sie sich auf die „vorgebliche Befangenheit des Abschlussprüfers" stützen, DB 2004, 419, 421.
11 *Hüffer*, Rn 1, 12 a; Grigoleit/*Ehmann*, Rn 7; ähnlich: K. Schmidt/Lutter/*Schwab*, Rn 5, der zwar nicht berichtigend auslegen will, sondern, § 243 Abs. 3 Nr. 2 entsprechend anwenden will.
12 Einfügung des Verweises auf § 246 Abs. 3 S. 1 bis 5 (statt vorher 1 bis 4), BGBl. I 2009 S. 2479.
13 BGHZ 70, 384, 387; BGH NJW 1966, 1458, 1459; *Hüffer*, Rn 2; MüKo-AktG/*Hüffer*, Rn 4; KölnKomm-AktG/*Zöllner*, Rn 25; MüHb-AG/*Semler*, § 41 Rn 94; Spindler/Stilz/*Dörr*, Rn 4; K. Schmidt/Lutter/*Schwab*, Rn 1.
14 Großkomm-AktienR/*K. Schmidt*, Rn 3 ff; ebenso Grigoleit/*Ehmann*, Rn 2; vgl auch *Noack*, Fehlerhafte Beschlüsse von Gesellschaften und Vereinen, S. 92 ff.
15 BGHZ 70, 384, 388 (zur Genossenschaft); vgl BGH ZIP 1992, 918 f; BGHZ 122, 342, 350 f; *Henze*, Aktienrecht, Rn 1154.

aus der Mitgliedschaft. Ein darüber hinausgehendes Interesse braucht der Aktionär nicht darzutun.[16] Demgegenüber wendet *Hüffer* zu Unrecht ein, „angesichts der Identität der Rechtsschutzziele von Anfechtungs- und Nichtigkeitsklage darf letztere aber nicht leichter zugänglich sein. Sollte sich zeigen, daß das Ziel des Vorbesitzerfordernisses bei Zulässigkeit der Nichtigkeitsklage nicht erreicht werden kann, ist teilanaloge Anwendung des § 245 Nr. 1 und 3 zu erwägen".[17] Damit wird der grundlegende Unterschied zwischen Anfechtungs- und Nichtigkeitsklage verwischt, mit der nur der beschränkte Katalog von besonders gravierenden Rechtswidrigkeitsgründen gemäß § 241 geltend gemacht werden kann, bei deren Vorliegen ein HV-Beschluss unabhängig von der Anfechtung durch Berechtigte in der Anfechtungsfrist des § 246 Abs. 1 nichtig ist. Die **Befugnis zur Erhebung der Nichtigkeitsklage prüft das Gericht von Amts wegen**.[18] Auch das Revisionsgericht muss prüfen.[19] Maßgeblicher Zeitpunkt für die Erfüllung der Klägereigenschaft nach § 249 Abs. 1 S. 1 ist der Zeitpunkt der letzten mündlichen Verhandlung.[20] Auch wer lange nach dem streitgegenständlichen Beschluss seine Aktie erworben hat, kann klagen.[21] Streitig sind die Auswirkungen von Änderungen zumal der Aktionärseigenschaft während des Prozesses (vgl § 245 Rn 4ff).[22] Neben dem Aktionär kann auch der Vorstand sowie ein Mitglied von Vorstand oder AR tauglicher Kläger sein; diese brauchen nicht die Voraussetzungen des § 245 Nr. 5 zu erfüllen.[23]

c) **Beklagte.** Die Klage ist **gegen die AG** zu richten (§ 249 Abs. 1 S. 1 iVm § 246 Abs. 2 S. 1). Nicht völlig geklärt ist die Parteifähigkeit bei Umwandlung, Liquidation und Insolvenz (vgl § 246 Rn 44 f). Klagt der Kläger gegen einen Dritten, kommt nur die allgemeine Feststellungsklage des § 256 ZPO in Betracht.

Die **Vertretung der AG** richtet sich nach § 249 Abs. 1 S. 1 iVm § 246 Abs. 2 (vgl § 246 Rn 43ff). Wichtig ist auch hier die Doppelvertretung der AG durch Vorstand und AR. Bei Mehrheit von Organmitgliedern genügt gemäß § 170 Abs. 3 ZPO die Zustellung an ein Organmitglied;[24] die Kenntnis des AR von der Klage ohne Zugang der Klageschrift bewirkt angeblich keine Heilung.[25]

d) **Nebenintervention.** Nebenintervention ist nach den **allgemeinen Regeln** der Anfechtungsklage möglich (vgl § 246 Rn 44 f) – freilich ohne die Beschränkung nach § 246 Abs. 4 S. 2, da der Aktionär auch selbständig Nichtigkeitsklage erheben könnte; insoweit ist die pauschale Verweisung von § 249 Abs. 1 S. 1 auf § 246 Abs. 4 einengend auszulegen.[26] Gehört der Nebenintervenient zu dem in § 249 Abs. 1 S. 1 genannten tauglichen Klägerkreis, ist er wegen der Urteilswirkung nach § 248 streitgenössischer Nebenintervenient (vgl § 246 Rn 7 ff).[27]

e) **Feststellungs- und Rechtsschutzinteresse.** Das für eine Feststellungsklage erforderliche Feststellungsinteresse folgt aus der **Mitgliedschaft des Aktionärs** in der AG; Verwaltungsmitglieder und Vorstand haben ein Feststellungs- und Rechtsschutzinteresse aus ihrer **korporationsrechtlichen Beziehung** zur AG. Weitergehende Feststellungs- und Rechtsschutzinteressen sind grundsätzlich nicht erforderlich, sie können allenfalls ausnahmsweise einmal fehlen bei mangelfreier Wiederholung des nichtigen Beschlusses[28] (vgl zur Anfechtungsklage § 246 Rn 15 ff).

f) **Gerichtliche Zuständigkeit.** Gemäß § 249 Abs. 1 S. 1 iVm § 246 Abs. 3 S. 1 ist sachlich und örtlich **ausschließlich zuständig** das Landgericht am Sitz der Gesellschaft (vgl § 246 Rn 50 f). Die Klage nach § 249 ist Handelssache gemäß § 95 Abs. 2 GVG (vgl zur Anfechtungsklage § 246 Rn 52).[29]

g) **Bekanntmachungen.** Gemäß § 249 Abs. 1 S. 1 iVm § 246 Abs. 4 sind jeweils die **Erhebung** der Nichtigkeitsklage und **erster Termin zur mündlichen Verhandlung** vom Vorstand unverzüglich (§ 121 Abs. 1 S. 1 BGB) in den Gesellschaftsblättern (§ 25) bekannt zu machen (vgl § 246 Rn 55 ff). Gemäß § 249 Abs. 1 S. 1 ist § 248 a zu den **Bekanntmachungen bei Verfahrensbeendigung** entsprechend anzuwenden.

h) **Freigabeverfahren.** Gemäß Abs. 1 S. 1 gelten die Vorschriften zum Freigabeverfahren entsprechend.

i) **Streitwert.** Es gelten entsprechend die Regeln des § 247 (vgl § 247 Rn 7 ff).

---

16 K. Schmidt/Lutter/*Schwab*, Rn 3.
17 *Hüffer*, Rn 4; aA Grigoleit/*Ehmann*, Rn 5.
18 Großkomm-AktienR/*K. Schmidt*, Rn 12; *Hüffer*, Rn 5; MüKo-AktG/*Hüffer*, Rn 10; KölnKomm-AktG/*Zöllner* Rn 15.
19 *Hüffer*, Rn 5; BGHZ 43, 261, 265 (zur GmbH).
20 Großkomm-AktienR/*K. Schmidt*, Rn 13; *Hüffer*, Rn 5; Grigoleit/*Ehmann*, Rn 5; Spindler/Stilz/*Dörr*, Rn 8; OLG Stuttgart AG 2001, 315, 316.
21 Grigoleit/*Ehmann*, Rn 5.
22 Vgl *Hüffer*, Rn 5 f; MüKo-AktG/*Hüffer*, Rn 12 f, 15; Großkomm-AktienR/*K. Schmidt*, Rn 15 ff; Spindler/Stilz/*Dörr*, Rn 9 ff; Grigoleit/*Ehmann*, Rn 6.
23 Großkomm-AktienR/*K. Schmidt*, Rn 16; KölnKomm-AktG/*Zöllner*, Rn 18; MüKo-AktG/*Hüffer*, Rn 15.
24 BGHZ 32, 114, 119 = BGH NJW 1992, 2099.
25 BGHZ 70, 384, 387.
26 AA LG Frankfurt ZIP 2010, 429 = WM 2010, 618 = BB 2010, 980 (Commerzbank), ohne Begründung.
27 Spindler/Stilz/*Dörr*, Rn 16.
28 BGHZ 21, 354, 356; 43, 261, 265; *Hüffer*, Rn 11; nach K. Schmidt/Lutter/*Schwab*, Rn 3 ist Interesse immer gegeben.
29 *Hüffer*, Rn 14; MüKo-AktG/*Hüffer*, Rn 20; Großkomm-AktienR/*K. Schmidt*, Rn 19.

13 **j) Klageantrag und Streitgegenstand, Urteilswirkung, Rechtsmissbrauch.** Der **Klageantrag** ist entsprechend dem Wortlaut des in Abs. 1 S. 1 auf **Feststellung der Nichtigkeit des konkret zu benennenden Beschlusses** gerichtet. Beispiel: „Es wird festgestellt, dass der Beschluss der Hauptversammlung der Beklagten vom ... zu Tagesordnungspunkt..., wonach..., nichtig ist." Es ist nicht erforderlich, aber unschädlich, Klaganträge auf Feststellung der Nichtigkeit und hilfsweise auf Nichtigerklärung zu stellen (vgl § 246 Rn 18 ff).

14 Der **Streitgegenstand** der Nichtigkeitsklage entspricht innerhalb des vorgetragenen Lebenssachverhalts dem der Anfechtungsklage. Geht ein Kläger ohne Änderung des Lebenssachverhalts vom Antrag auf Feststellung der Nichtigkeit zum Antrag auf Erklärung der Nichtigkeit über, begründet dies keine Klageänderung (vgl § 246 Rn 20);[30] den Nichtigkeits- schließt den Anfechtungsantrag mit ein.[31] Das Gericht muss aufgrund eines Anfechtungsantrags bei Vorliegen eines Nichtigkeitsgrunds ohne Weiteres die Nichtigkeit feststellen. Reichen bei einem Nichtigkeitsantrag die vorgetragenen Gründe nicht für die Nichtigkeit, aber für die Anfechtbarkeit, erklärt das Gericht den jeweiligen Beschluss für nichtig, ohne im Übrigen die Klage abzuweisen.[32] Das rechtskräftige Nichtigkeitsurteil bindet nicht nur die Prozessparteien; sondern es ist gemäß §§ 249 Abs. 1 S. 1 iVm 248 Abs. 1 S. 1 für **alle Aktionäre und Organmitglieder** im Wege der **Rechtskrafterstreckung** verbindlich; darüber hinaus wirkt das Feststellungsurteil **für und gegen jedermann**.[33] Nach hM ist bei **Rechtsmissbrauch** eine Nichtigkeitsklage unzulässig[34] (vgl demgegenüber zur Anfechtungsklage § 245 Rn 33).

15 **k) Registerverfahren.** Abs. 1 S. 1 verweist auf § 248 insgesamt und damit u.a. dessen Abs. 1 S. 2 bis 4 sowie Abs. 2, so dass den Vorstand Pflichten gegenüber dem Registergericht wie bei einem Anfechtungsurteil treffen (vgl § 248 Rn 16 ff).

16 **2. Geltendmachung der Nichtigkeit „auf andere Weise als durch Erhebung der Klage" (Abs. 1 S. 2).** Gemäß Abs. 1 S. 2 kann die Nichtigkeit auch auf andere Weise als durch Erhebung der Nichtigkeitsklage geltend gemacht werden. Diese Möglichkeit der **anderweitigen Geltendmachung gilt gerade auch für den in Abs. 1 S. 1 festgelegten Klägerkreis.** Denkbar ist insbesondere eine auf die Nichtigkeit des Beschlusses gestützte Rechtsverteidigung, wenn die Gesellschaft oder andere Aktionäre aus einem Beschluss Rechte herleiten. Abs. 1 S. 2 normiert daher einen wichtigen Unterschied zwischen Nichtigkeit und Anfechtbarkeit: Die Anfechtbarkeit kann ausschließlich durch die Anfechtungsklage geltend gemacht werden (§ **241 Nr. 5),** die Nichtigkeit auf jede Weise. Eine Möglichkeit der anderweitigen Geltendmachung ist die Erhebung einer Feststellungsklage.[35] Die in Abs. 1 S. 1 ausdrücklich für klagebefugt erklärten Personen können aber grundsätzlich keine zulässige Klage auf Feststellung der Nichtigkeit gemäß § 256 ZPO erheben (vgl Rn 4).[36]

16a **3. Beschränkung der Nichtigkeitsfolgen bei Umwandlungen (Abs. 1 S. 3).** Abs. 1 S. 3 ist eine Schöpfung des UMAG.[37] Nach der Regierungsbegründung[38] ist Zweck der Novelle, „ein Problem der Praxis bei Umwandlungsbeschlüssen" zu lösen, das sich daraus ergebe, dass die Ausschlussfrist des § 14 Abs. 1 UmwG für die Erhebung von Anfechtungs- und Nichtigkeitsklagen gegen einen Umwandlungsbeschluss nicht auch für Nichtigkeitsklagen gegen einen **Kapitalerhöhungsbeschluss** gelte, der regelmäßig erforderlich ist, um bei dem übernehmenden Rechtsträger die Anteile zu schaffen, die den Anteilsinhabern des übertragenden Rechtsträgers als Gegenleistung für ihre untergehende Beteiligung am übertragenden Rechtsträger gesetzlich zu gewähren sind;[39] in anderen Konstellationen könne ein **Kapitalherabsetzungsbeschluss** Voraussetzung für einen Verschmelzungsbeschluss sein; um zu vermeiden, dass nach Ablauf der Anfechtungsfristen der § 14 Abs. 1 UmwG, § 246 Abs. 1 AktG Nichtigkeitsklage gegen den Annex-Beschluss erhoben wird, bestimmt S. 3 dass in diesem Fall die Bestimmung des § 20 Abs. 2 UmwG auch für diesen Beschluss gilt. Dies bestätige die bisherige hM, die mit einer Analogie gearbeitet habe.[40] Aus der entsprechenden Anwendung

---

[30] Großkomm-AktienR/K. *Schmidt*, Rn 21; KölnKomm-AktG/*Zöllner*, § 246 Rn 48 f; *Hüffer*, § 246 Rn 13; MüKo-AktG/*Hüffer*, § 246 Rn 18 ff; K. Schmidt/Lutter/*Schwab*, Rn 2.

[31] RegBegr. BT-Drucks. 15/5092, S. 30 im Anschluss an BGHZ 134, 364 = DB 1997, 865.

[32] Großkomm-AktienR/K. *Schmidt*, Rn 21; *Henze*, ZIP 2002, 97, 98.

[33] *Hüffer*, Rn 17; MüKo-AktG/*Hüffer*, Rn 24; KölnKomm-AktG/*Zöllner*, Rn 41; Großkomm-AktienR/K. *Schmidt*, Rn 31; *Noack*, Fehlerhafte Beschlüsse von Gesellschaften und Vereinen, S. 90.

[34] *Hüffer*, Rn 11; K. Schmidt/Lutter/*Schwab*, Rn 5; Grigoleit/*Ehmann*, Rn 7; OLG Stuttgart AG 2001, 315, 316 = NZG 2001, 277 = ZIP 2001, 650; OLG Stuttgart AG 2003, 165 = NZG 2003, 1170; OLG Frankfurt AG 1991, 208 = ZIP 1991, 657.

[35] Großkomm-AktienR/K. *Schmidt*, Rn 8.

[36] Großkomm-AktienR/K. *Schmidt*, Rn 36; *Hüffer*, Rn 2; KölnKomm-AktG/*Zöllner*, Rn 4; MüKo-AktG/*Hüffer*, Rn 7; *v. Godin/Wilhelmi*, Anm. 5; MüHb-AG/*Semler*, § 41 Rn 96; BGHZ 70, 384, 388.

[37] BGBl. I 2005 S. 2802.

[38] BT-Drucks. 15/5092, S. 30; vgl auch zum RefE *Seibert/Schütz*, ZIP 2004, 252, 258; *Schütz*, DB 2004, 419, 425; *Schütz*, NZG 2005, 5, 10 (zum RegE), der nach seiner Auffassung „den intendierten Regelungszweck verfehlt".

[39] *Lutter/Grunewald*, UmwG, § 20 Rn 79 f; *Semler/Stengel/Kübler*, UmwG, § 20 Rn 95 ff, jeweils mwN.

[40] Vgl insoweit *Semler/Stengel/Kübler*, UmwG, § 20 Rn 95; *Kallmeyer/Marsch-Barner*, UmwG, § 20 Rn 42; *Lutter/Grunewald*, UmwG, § 20 Rn 79 f; *Schmitt/Hörtnagel/Stratz*, UmwG, § 20 Rn 102; aA OLG Karlsruhe ZIP 1991, 1145; KölnKomm-AktG/*Kraft*, § 352 a Rn 28.

von § 20 Abs. 2 UmwG folgt damit, dass Kapitalerhöhungs- oder Kapitalherabsetzungsbeschlüsse, die der Umsetzung einer Umwandlung dienen, nach Handelsregistereintragung des Umwandlungsbeschlusses trotz etwaiger ihnen anhaftender Mängel unangreifbar werden.[41]

II. **Verbindung von mehreren Nichtigkeitsprozessen sowie von Nichtigkeits- und Anfechtungsprozessen (Abs. 2).** Gemäß Abs. 2 S. 1 müssen mehrere Nichtigkeitsprozesse zur gleichzeitigen Verhandlung und Entscheidung verbunden werden. Diese Verbindungspflicht entspricht § 246 Abs. 3 S. 6 (vgl § 246 Rn 54). Die **Pflicht zur Verbindung** besteht nicht nach § 249 Abs. 2 S. 1, wenn eine Feststellungsklage nach § 256 ZPO und eine Nichtigkeitsklage gemäß § 249 erhoben sind; die Möglichkeit der Verbindung beruht dann auf § 147 ZPO.[42]

Gemäß Abs. 2 S. 2 können nach pflichtgemäßem Ermessen des Gerichts **Nichtigkeits- und Anfechtungsprozesse** verbunden werden. Nach ganz hM besteht im Ergebnis eine Pflicht zur Verbindung.[43]

III. **Exkurs: Analoge Anwendung auf unwirksame Beschlüsse.** Die analoge Anwendung auf unwirksame Beschlüsse (vgl § 241 Rn 1) ist streitig. Für **Analogie** sprechen das Bedürfnis nach Rechtssicherheit durch Erstreckung auf alle Aktionäre etc. gemäß § 248 und die sachgerechte Vertretung der AG durch Vorstand und AR gemäß § 246 Abs. 2 S. 2; durchgreifende Argumente gegen die Analogie sind nicht ersichtlich.[44]

Zweiter Unterabschnitt
Nichtigkeit bestimmter Hauptversammlungsbeschlüsse

§ 250 Nichtigkeit der Wahl von Aufsichtsratsmitgliedern

(1) Die Wahl eines Aufsichtsratsmitglieds durch die Hauptversammlung ist außer im Falle des § 241 Nr. 1, 2 und 5 nur dann nichtig, wenn

1. der Aufsichtsrat unter Verstoß gegen § 96 Abs. 2, § 97 Abs. 2 Satz 1 oder § 98 Abs. 4 zusammengesetzt wird;
2. die Hauptversammlung, obwohl sie an Wahlvorschläge gebunden ist (§§ 6 und 8 des Montan-Mitbestimmungsgesetzes), eine nicht vorgeschlagene Person wählt;
3. durch die Wahl die gesetzliche Höchstzahl der Aufsichtsratsmitglieder überschritten wird (§ 95);
4. die gewählte Person nach § 100 Abs. 1 und 2 bei Beginn ihrer Amtszeit nicht Aufsichtsratsmitglied sein kann.

(2) Für die Klage auf Feststellung, daß die Wahl eines Aufsichtsratsmitglieds nichtig ist, sind parteifähig

1. der Gesamtbetriebsrat der Gesellschaft oder, wenn in der Gesellschaft nur ein Betriebsrat besteht, der Betriebsrat, sowie, wenn die Gesellschaft herrschendes Unternehmen eines Konzerns ist, der Konzernbetriebsrat,
2. der Gesamt- oder Unternehmenssprecherausschuss der Gesellschaft oder, wenn in der Gesellschaft nur ein Sprecherausschuss besteht, der Sprecherausschuss sowie, wenn die Gesellschaft herrschendes Unternehmen eines Konzerns ist, der Konzernsprecherausschuss,
3. der Gesamtbetriebsrat eines anderen Unternehmens, dessen Arbeitnehmer selbst oder durch Delegierte an der Wahl von Aufsichtsratsmitgliedern der Gesellschaft teilnehmen, oder, wenn in dem anderen Unternehmen nur ein Betriebsrat besteht, der Betriebsrat,
4. der Gesamt- oder Unternehmenssprecherausschuss eines anderen Unternehmens, dessen Arbeitnehmer selbst oder durch Delegierte an der Wahl von Aufsichtsratsmitgliedern der Gesellschaft teilnehmen, oder, wenn in dem anderen Unternehmen nur ein Sprecherausschuss besteht, der Sprecherausschuss,
5. jede in der Gesellschaft oder in einem Unternehmen, dessen Arbeitnehmer selbst oder durch Delegierte an der Wahl von Aufsichtsratsmitgliedern der Gesellschaft teilnehmen, vertretene Gewerkschaft sowie deren Spitzenorganisation.

(3) ¹Erhebt ein Aktionär, der Vorstand, ein Mitglied des Vorstands oder des Aufsichtsrats oder eine in Absatz 2 bezeichnete Organisation oder Vertretung der Arbeitnehmer gegen die Gesellschaft Klage auf Fest-

---

[41] *Schütz*, NZG 2005, 5, 10 hält den Regelungszweck dagegen zu Unrecht für verfehlt.
[42] Großkomm-AktienR/*K. Schmidt*, Rn 39; *Hüffer*, Rn 20.
[43] Großkomm-AktienR/*K. Schmidt*, Rn 27; KölnKomm-AktG/*Zöllner*, § 246 Rn 82; *Schmidt*, AG 1977, 243, 246; zurückhaltender: *Hüffer*, Rn 20, MüKo-AktG/*Hüffer*, Rn 29 („Prozessverbindung wegen der Identität des Streitgegenstands die allein richtige verfahrensleitende Entscheidung").
[44] Vgl Großkomm-AktienR/*K. Schmidt*, Rn 9; KölnKomm-AktG/*Zöllner*, Rn 51; *K. Schmidt/Lutter/Schwab*, Rn 13; gegen eine analoge Anwendung: *Hüffer*, Rn 21; MüKo-AktG/*Hüffer*, Rn 33; *Baumbach/Hueck*, AktG, vor § 241 Rn 5; *v. Godin/Wilhelmi*, Anm. 1; Spindler/Stilz/*Dörr*, Rn 5; vgl BGHZ 15, 177, 181.

stellung, dass die Wahl eines Aufsichtsratsmitglieds nichtig ist, so gelten §§ 246 Abs. 2, Abs. 3 Satz 1 bis 4, Abs. 4, §§ 247, 248 Abs. 1 Satz 2, §§ 248a und 249 Abs. 2 sinngemäß. ²Es ist nicht ausgeschlossen, die Nichtigkeit auf andere Weise als durch Erhebung der Klage geltend zu machen.

Literatur:
Bayer/Lieder, Die Lehre vom fehlerhaften Bestellungsverhältnis, NZG 2012, 1; *Beuthien*, Mitbestimmungsvereinbarungen nach geltendem und künftigem Recht, ZHR 148 (1984), 95; *Claussen*, Das Recht der Aufsichtsratswahl im Schnittpunkt der Fraktionen, AG 1971, 385; *Fabricius*, Erweiterung der Arbeitnehmer-Beteiligung im Aufsichtsrat einer Aktiengesellschaft gem. § 76 BetrVG 1952 auf rechtsgeschäftlicher Grundlage, in: FS Hilger und Stumpff, 1983, S. 155; *Fuchs/Köstler*, Handbuch zur Aufsichtsratswahl, 1994; *Gerber/Wernicke*, Zulässigkeit der Blockabstimmung bei Wahlen zum Aufsichtsrat einer Aktiengesellschaft, DStR 2004, 1138; *Hanau*, Sicherung unternehmerischer Mitbestimmung, insbesondere durch Vereinbarung, ZGR 2001, 75; *Hommelhoff*, Vereinbarte Mitbestimmung, ZHR 148 (1984), 118; *Ihrig/Schlitt*, Vereinbarungen über eine freiwillige Einführung oder Erweiterung der Mitbestimmung, NZG 1999, 333; *Kittner/Fuchs/Zachert/Köstler*, Arbeitnehmervertreter im Aufsichtsrat, Bd. 2, 4. Auflage 1991; *Kocher*, Erneute Bestellung desselben AR-Mitglieds durch das Registergericht, NZG 2007, 372; *Lutter/Krieger*, Rechte und Pflichten des Aufsichtsrates, 2. Auflage 1989; *Martens*, Mitbestimmungsrecht und Prozessrecht, ZGR 1977, 385; *Ramm*, Gegenantrag und Vorschlagsliste – Zur Gestaltung des aktienrechtlichen Verfahrens für die Wahlen zum Aufsichtsrat, NJW 1991, 2753; *Rummel*, Die Mangelhaftigkeit von Aufsichtsratswahlen der Hauptversammlung nach dem neuen Aktiengesetz, Diss. Köln 1969; *Schmiedel*, Arbeitnehmervertreter im Aufsichtsrat durch Aktionärsbeschluss?, JZ 1973, 343; *J. Schröder*, Mangel und Heilung der Wählbarkeit bei Aufsichtsrats- und Betriebsratswahlen (Hagener Seminarbeiträge zum Unternehmensrecht, Heft 4), 1979; *Thau*, Mängel der Aufsichtsratswahlen nach dem Mitbestimmungsgesetz, 1983; *E. Vetter*, Anfechtung der Wahl der Aufsichtsratsmitglieder, Bestandsschutzinteresse der AG und die Verantwortung der Verwaltung, ZIP 2012, 701; *Vetter/van Laak*, Die angefochtene Aufsichtsratswahl, ZIP 2008, 1806; *Wlotzke*, Zusammensetzung und Wahl der Aufsichtsratsmitglieder der Arbeitnehmer, ZGR 1977, 355; vgl auch Angaben zu §§ 96, 97, 100, 105 und zur Mitbestimmung.

A. Regelungsgehalt 1
B. Die Regelungen im Einzelnen 2
   I. Abschließende Nichtigkeitsgründe für die Wahl eines Aufsichtsratsmitglieds durch die HV (Abs. 1) 2
     1. HV-Beschluss 2
     2. Nichtigkeit gemäß Abs. 1 Hs 1 iVm § 241 Nr. 1, 2 und 5 3
     3. Katalog der Nichtigkeitsgründe gemäß Abs. 1 Nr. 1 bis 4 4
       a) Fehlerhafte Zusammensetzung (Abs. 1 Nr. 1) 4
       b) Abweisung von mitbestimmungsrechtlich bindenden Wahlvorschlägen (Abs. 1 Nr. 2) 5
       c) Überschreitung der gesetzlichen Höchstzahl der Aufsichtsratsmitglieder (Abs. 1 Nr. 3) 6
       d) Mangelnde Wählbarkeit gemäß § 100 Abs. 1 und 2 (Abs. 1 Nr. 4) 8
     4. Exkurs: Wirkungen der Nichtigkeit 9
  II. Erweiterte Parteifähigkeit auf Klägerseite (Abs. 2) 20
 III. Anwendbarkeit von Vorschriften der Anfechtungs- und Nichtigkeitsklage (Abs. 3) 21

A. Regelungsgehalt

1 § 250 enthält anders als das AktG 1937 Sonderregelungen für die Nichtigkeit der Wahl von AR-Mitgliedern durch Beschlüsse der HV. § 250 schränkt im **Hinblick auf diese Wahlbeschlüsse** die **allgemeinen Nichtigkeitsgründe des § 241** ein. § 250 ist eine den §§ 241 ff vorgehende Sonderregelung mit abschließendem Charakter (vgl „nur", Abs. 1 Hs 1). Zudem normiert § 250 den Nichtigkeitskatalog um **spezielle Nichtigkeitsgründe** bei Beschlüssen zur Wahl von AR-Mitgliedern. Die Norm bezweckt Rechtssicherheit und Rechtsklarheit hinsichtlich der Nichtigkeitsgründe. Zweck ist zudem der Rechtsschutz der Arbeitnehmer gegen Verletzung zwingender mitbestimmungsrechtlicher Vorschriften durch Wahlbeschlüsse der HV.[1]

1a Parallel zur Anhängigkeit einer Nichtigkeits-(oder Anfechtungs-)Klage gegen die Wahl kommt mE **keine vorsorgliche Bestellung der (gewählten) AR-Mitglieder durch das Registergericht** analog § 104 Abs. 1 und Abs. 2 in Betracht[2] (vgl § 104 Rn 6). Vollends scheidet die in der Literatur angedachte Möglichkeit[3] aus, dass das Registergericht (1.) im Wege eines Vorratsbeschlusses (2.) ggf auch Personen zu AR-Mitgliedern bestellt, gegen die sich die Klage richtet; denn diese sind mit dem durch das Prozessgericht zu klärenden

---

[1] Vgl RegBegr. *Kropff*, S. 336 f.
[2] OLG Köln ZIP 2008, 508 = WM 2007, 837 = AG 2007, 822; OLG Köln NZG 2011, 508 = AG 2011, 465 (IVG Immobilien AG); aA Amtsgericht München – Registergericht – im Beschluss vom 17.2.2004 in Sachen „HVB", vgl LG München AG 2006, 762, 766 = Der Aufsichtsrat 2006, Nr. 1, 11 = ZIP 2006, 952, sowie LG München DB 2005, 1617, 1618 = Der Aufsichtsrat 2005, Nr. 7/8, 18; OLGR München 2007, 945 (zu Unrecht unter Berufung auf BGH AG 2002, 676 = DB 2002, 1928), das die Anordnung nicht für nichtig hält, da die Analogie „nicht jeder gesetzlichen Grundlage entbehren würde"; vgl *Vetter/van Laak*, ZIP 2008, 1806, 1810 ff, halten eine für den Erfolg der Anfechtung/Nichtigkeitsklage aufschiebend bedingte gerichtliche Bestellung für möglich. vgl auch *Vetter*, ZIP 2012, 701, 706; *Schroeder/Pussar*, BB 2011, 1930, 1932; K. Schmidt/Lutter/*Drygala*, § 104 Rn 17; KölnKomm-AktG/*Mertens/Cahn*, § 104 Rn 13.
[3] *Vetter/van Laak*, ZIP 2008, 1806, 1812.

Vorwurf behaftet, dass ihre Wahl rechtswidrig durchgesetzt werden sollte; dem Vorratsbeschluss fehlt zudem das Rechtsschutzinteresse, da eine gerichtliche Bestellung zügig vorgenommen werden kann, wenn das Urteil rechtskräftig wird; es würde zudem, der gerichtlichen Entscheidung über die Klage eine logische Sekunde nach ihrer Rechtskraft den wesentlichen Teil ihrer Wirkung nehmen.[4] An diesem Befund ändern auch die nicht völlig geklärten Folgen der gerichtlichen Feststellung der Nichtigkeit bzw. Nichtigerklärung der AR-Wahl (vgl Rn 9 ff) nichts. Will das möglicherweise rechtswidrig gewählte AR-Mitglied die durch die zweifelhafte Wahl begründete Rechtsunsicherheit durch ein Verfahren nach § 104 beenden, bleibt ihm nur die Möglichkeit der freiwilligen[5] definitiven Mandatsniederlegung vor Einleitung des Verfahrens (also nicht etwa einer durch die Neubestellung aufschiebend bedingten Niederlegung). Das Gericht muss im Bestellungsverfahren sein Auswahlermessen ausüben (vgl § 104 Rn 10). Dem von der HV gewählten Mitglied kommt dabei kein prinzipieller Vorzug vor anderen Kandidaten zu.[6] Bei im Prozess plausibel vorgetragenen Gründen der Rechtswidrigkeit der Wahl wird das Gericht sogar regelmäßig ein anderes Mitglied bestellen (nicht nur bei inhaltlichen Gründen der Ungeeignetheit des Gewählten, sondern auch bei Verfahrensfehlern, zB wenn der Versammlungsleiter Abstimmungsergebnisse unrichtig festgestellt hat).

B. Die Regelungen im Einzelnen

I. Abschließende Nichtigkeitsgründe für die Wahl eines Aufsichtsratsmitglieds durch die HV (Abs. 1).

1. HV-Beschluss. § 250 (und die folgenden Vorschriften §§ 251 bis 252) gilt **nur für HV-Beschlüsse** zur Wahl von AR-Mitgliedern (§ 101 Abs. 1 S. 1 Hs 1) – nicht bei Entsendung gemäß § 101 Abs. 2 (vgl Rn 13 und § 101 Rn 10 ff) sowie Wahl gemäß § 101 Abs. 1 Hs 2 Alt. 2 der AR-Mitglieder der Arbeitnehmer (vgl zu Rechtsschutzmöglichkeiten bei Entsendung Rn 13, bei Mitbestimmung §§ 21, 22 MitbestG Rn 1 ff).

2. Nichtigkeit gemäß Abs. 1 Hs 1 iVm § 241 Nr. 1, 2 und 5. Gemäß Abs. 1 Hs 1 ist der Wahlbeschluss nichtig bei **Einberufungsfehlern** gemäß § 241 Nr. 1, **Beurkundungsfehlern** gemäß § 241 Nr. 2 sowie **rechtskräftiger Nichtigerklärung** gemäß § 241 Nr. 5 (vgl im Einzelnen § 241 Rn 6, 7, 12).

3. Katalog der Nichtigkeitsgründe gemäß Abs. 1 Nr. 1 bis 4. a) Fehlerhafte Zusammensetzung (Abs. 1 Nr. 1). Der Wahlbeschluss ist gemäß Abs. 1 Nr. 1 nichtig, wenn der AR unter Verstoß gegen §§ 96 Abs. 2, 97 Abs. 2 S. 1 oder 98 Abs. 4 zusammengesetzt wird. Dieser Nichtigkeitsgrund dient der **Sicherung der Mitbestimmung**. Geschützt ist auch das zwingende Statusverfahren (vgl § 96 Rn 1 ff), das das maßgebliche System des AR klären soll. Abs. 1 begründet die Nichtigkeit bei Verfahrensverstößen.[7] Ausgangspunkt der Anfechtbarkeit ist der in § 96 Abs. 2 normierte Kontinuitätsgrundsatz (Status-Quo-Prinzip, vgl § 96 Rn 12): Der AR muss sich grundsätzlich nach den in der Vergangenheit angewandten aktien- und mitbestimmungsrechtlichen Vorschriften zusammensetzen, wenn nicht der Vorstand oder das Gericht im Wege eines der in den §§ 97, 98 geregelten Verfahren andere Normen für anwendbar erklärten. Gemäß Abs. 1 Nr. 1 ist der **Wahlbeschluss in drei Fällen** nichtig:

(1) Verletzung des **Kontinuitätsgrundsatzes**, § 96 Abs. 2 (vgl § 96 Rn 12);
(2) Verstoß gegen eine **Bekanntmachung** des Vorstandes **über die Zusammensetzung** des AR, § 97 Abs. 2 S. 1 (vgl § 97 Rn 7);
(3) Verstoß gegen eine **gerichtliche Entscheidung** über die Zusammensetzung des AR, § 98 Abs. 4 (vgl § 98 Rn 10).

b) Abweisung von mitbestimmungsrechtlich bindenden Wahlvorschlägen (Abs. 1 Nr. 2). Wählt die HV eine Person entgegen einem bindenden Wahlvorschlag, ist dieser Wahlbeschluss gemäß Abs. 1 Nr. 2 nichtig. Einschlägige Vorschriften sind §§ 6, 8 Montan-MitbestG sowie § 5 Abs. 3 Montan-MitbestErgG.

c) Überschreitung der gesetzlichen Höchstzahl der Aufsichtsratsmitglieder (Abs. 1 Nr. 3). Nichtig ist die Wahl auch, wenn durch sie die gesetzliche Höchstzahl der AR-Mitglieder überschritten wird. Die Höchstzahl ist zB überschritten, wenn ein AR-Sitz mangels wirksamer Amtsniederlegungserklärung des gewählten AR-Mitglieds nicht vakant war.[8] Die Höchstzahl bei Gesellschaften, die nicht der Mitbestimmung unterliegen oder deren Mitbestimmung sich nach § 76 BetrVG 1952 richtet, folgt aus § 95 S. 4 (vgl § 95 Rn 8). Bestehen neben den allgemeinen Regeln gemäß § 95 S. 5 vorgehende mitbestimmungsrechtliche Spezialre-

---

[4] Ähnlich: *Hüffer*, Rn 8.
[5] Zur Mandatsniederlegung besteht entgegen *Arnold/Gayk*, DB 2013, 1830, 1837, keine „organschaftliche Treuepflicht", die AG kann nur an die Gewählten appellieren, durch die Niederlegung den Schwebezustand zu beenden.
[6] Vgl OLG Hamm NZG 2013, 1099 = ZIP 2013, 2008 zu einer Ermessensentscheidung nach § 104, bei der das Gericht in Hinblick auf die fachlichen und persönlichen Qualifikation der vorgeschlagenen Kandidaten bewusst und entgegen dem Vorschlag der AG die Kandidaten für besser geeignet gehalten hat, die externe und unabhängige Kandidaten waren.
[7] *Hüffer*, Rn 4; Großkomm-AktienR/*K. Schmidt*, Rn 11.
[8] LG Flensburg AG 2004, 623, 624; KölnKomm-AktG/*Kiefner*, 3. Aufl., Rn 33.

geln (vgl § 95 Rn 3), gilt diese Höchstzahl.[9] Kein Nichtigkeitsgrund ist die Überschreitung der **satzungsmäßigen Höchstzahl oder der Regelzahl des § 95 S. 1** (vgl § 95 Rn 4); in den Fällen liegt regelmäßig Anfechtbarkeitsgrund vor.[10]

7 Die Nichtigkeitsfolgen richten sich nach dem angewandten Wahlverfahren, und sie sind unterschiedlich bei mitbestimmten und nicht-mitbestimmten Aufsichtsräten: Finden bei **nicht mitbestimmten Aufsichtsräten** Einzelwahlen in aufeinander folgenden Wahlgängen statt, sind alle Wahlen gültig, bis die Höchstzahl erreicht ist; danach sind die Wahlbeschlüsse nichtig.[11] Findet eine Listen- oder Gesamtwahl statt, durch die die gesetzliche Höchstzahl der AR-Mitglieder überschritten wird, ist die Wahl aller Gewählten nichtig, da sich nicht ermitteln lässt, wer bei Einhaltung der Höchstgrenze gewählt worden wäre.[12] Bei **mitbestimmten Gesellschaften** ist der gesamte Beschlusses schon dann nichtig, wenn die HV mehr Mitglieder wählt, als sie nach den jeweils anwendbaren Vorschriften des Mitbestimmungsrechts zu wählen hat; Listen- bzw Gesamtwahl ist schon dann nichtig, wenn die HV mehr Personen wählt, als sie nach mitbestimmungsrechtlichen Vorschriften zu wählen hat.[13]

8 d) **Mangelnde Wählbarkeit gemäß § 100 Abs. 1 und 2 (Abs. 1 Nr. 4).** Nichtig ist auch die Wahl einer Person, die „bei Beginn ihrer Amtszeit" die persönlichen Voraussetzungen nach **§ 100 Abs. 1 oder 2** nicht erfüllt. Persönliche Voraussetzungen sind insbesondere, dass das AR-Mitglied eine natürliche unbeschränkt geschäftsfähige Person ist und dass keine Bestellungshindernisse vorliegen (vgl § 100 Rn 6 ff). Nichtig ist auch die Wahl bei Überkreuzverflechtung (§ 100 Abs. 2 S. 1 Nr. 3)[14] und bei Unterschreitung der Karenzzeit (§ 100 Abs. 2 S. 1 Nr. 4).[15] Gemäß **§ 105 Abs. 1** ist die AR-Mitgliedschaft unvereinbar mit der Zugehörigkeit zum Vorstand (einschließlich anderer Leitungspositionen). In solchen Fällen ist analog Abs. 1 Nr. 4 der Wahlbeschluss nichtig.[16] Streitig ist, ob ein **Wettbewerber** zum Mitglied des AR gewählt werden darf.[17] Da § 250 gemäß Abs. 1 Hs 1 einen abschließenden Katalog von Nichtigkeitsgründen („nur", vgl Rn 1) enthält, kann eine solche Wahl mE keinesfalls nichtig sein. Gleiches gilt für die Verletzung der Pflicht, gemäß § 100 Abs. 5 bei kapitalmarktorientierten Gesellschaften zu gewährleisten, dass ein **unabhängiges Mitglied des AR über Sachverstand auf den Gebieten Rechnungslegung und Abschlussprüfung** verfügt (sog. unabhängiger Finanzexperte), vgl dazu § 251 Rn 3 a. **Maßgeblicher Zeitpunkt** für das Nicht-Vorliegen der Kriterien nach § 100 ist nach dem ausdrücklichen Gesetzeswortlaut der **Beginn der Amtszeit** – nicht der des Wahlbeschlusses. Das gilt auch für Ersatzmitglieder.[18] Verliert der Gewählte sein Amt bis zum oder nach Amtsantritt, endet das Amt, da der Beschluss nichtig wird.[19] Entfällt das Wahlhindernis erst nach Amtsamt, bleibt es bei der Nichtigkeit.[20]

9 4. **Exkurs: Wirkungen der Nichtigkeit.** Die Nichtigkeit der Wahl hat zur Folge, dass der Gewählte entgegen dem Willen der HV nicht AR-Mitglied werden kann, unabhängig von einer Annahme der Wahl. Das nichtig bestellte AR-Mitglied erlangt keine organschaftliche Stellung.[21] Allerdings ist es nach ganz hM **aktienrechtlich verantwortlich** (§§ 116, 93), wenn es dennoch sein Amt antritt.[22] Gleiches soll für die straf-

---

9 K. Schmidt/Lutter/*Schwab*, Rn 4; Grigoleit/*Ehmann*, Rn 6.
10 *Hüffer*, Rn 6; Grigoleit/*Ehmann*, Rn 6; K. Schmidt/Lutter/*Schwab*, Rn 4; vgl auch OLG Hamburg DB 2002, 572.
11 *Hüffer*, Rn 7; MüKo-AktG/*Hüffer*, Rn 12; v. Godin/*Wilhelmi*, Anm. 2; KölnKomm-AktG/*Zöllner*, Rn 31; Großkomm-AktienR/*K. Schmidt*, Rn 18.
12 Großkomm-AktienR/*K. Schmidt*, Rn 18; KölnKomm-AktG/*Kiefner*, 3. Aufl., Rn 40; *Hüffer*, Rn 7; MüKo-AktG/*Hüffer*, Rn 12; v. Godin/*Wilhelmi*, Anm. 2; K. Schmidt/Lutter/*Schwab*, Rn 4.
13 *Hüffer*, Rn 8; MüKo-AktG/*Hüffer*, Rn 12; Großkomm-AktienR/*K. Schmidt*, Rn 18; KölnKomm-AktG/*Zöllner*, Rn 30 ff; LG Flensburg AG 2004, 623, 624 (MobilCom).
14 Großkomm-AktienR/*K. Schmidt*, Rn 24; *Hüffer*, Rn 10; MüKo-AktG/*Hüffer*, Rn 16.
15 Vgl MüKo-AktG/*Hüffer*, Rn 17.
16 *Hüffer*, Rn 11; MüKo-AktG/*Hüffer*, Rn 18; Großkomm-AktienR/*K. Schmidt*, Rn 25; KölnKomm-AktG/*Zöllner*, Rn 37; K. Schmidt/Lutter/*Schwab*, Rn 5; LG München I AG 2004, 330 (HypoVereinsbank); Zweifel bei Spindler/Stilz/*Stilz*, Rn 18.
17 Bejahend: KölnKomm-AktG/Mertens, § 100 Rn 22; Großkomm-AktienR/*Hopt/Roth*, § 100 Rn 73, *Decher*, ZIP 1990, 277, 287; verneinend: *Reichert/Schlitt*, AG 1995, 241, 244 ff;

Scheffler, DB 1994, 793, 795; *Wiedemann*, ZIP 1997, 1565, 1568; *Lutter*, ZHR 159 (1995), 287, 303; vgl auch Corporate Governance Kodex, Ziff. 5.4.2.; vgl zur Unzulässigkeit, nach § 104 einen Wettbewerber zu bestellen, Lutter/*Kirschbaum*, ZIP 2005, 103 ff; aA OLG Schleswig ZIP 2004, 1143 ff = DB 2004, 1306 = AG 2004, 453 (MobilCom); vgl auch LG Hannover AG 2009, 341 = ZIP 2009, 761 (Schaeffler/Continantal), wonach das Registergericht keine Person zum AR-Mitglied bestellen darf, bei der eine gravierende unlösbare Pflichtenkollision bestände.
18 BGHZ 99, 211 = NJW 1987, 902; KölnKomm-AktG/*Kiefner*, 3. Aufl., Rn 54: *Vetter*, in: FS Maier-Reimer, 2010, S. 795, 815 ff.
19 Henssler/Strohn/*Drescher*, Rn 6; Großkomm-AktienR/ *K. Schmidt*, Rn 26; K. Schmidt/Lutter/*Schwab*, Rn 5.
20 K. Schmidt/Lutter/*Schwab*, Rn 5.
21 Vgl statt aller MüKo-AktG/*Hüffer*, Rn 20.
22 RGZ 152, 273, 278 f; MüKo-AktG/*Hüffer*, Rn 20; Großkomm-AktienR/*K. Schmidt*, Rn 29; KölnKomm-AktG/*Mertens*, § 101 Rn 93; KölnKomm-AktG/*Mertens/Cahn*, 3. Aufl., § 101 Rn 108; Spindler/Stilz/*Stilz*, Rn 20; *Baumbach/Hueck*, AktG, § 116 Rn 2; KölnKomm-AktG/*Kiefner*, 3. Aufl., Rn 17; aA KölnKomm-AktG/*Zöllner*, Rn 41.

rechtliche Verantwortlichkeit gelten, was zweifelhaft erscheint (vgl § 399 Rn 5).[23] Nach ganz hM hat es auch Anspruch auf die in der Satzung vorgesehene Vergütung.[24]

Die **Nichtigkeit der Bestellung der AR-Mitglieder** kann die Nichtigkeit der AR-Beschlüsse bewirken (sowie von beschließenden Ausschüssen nach § 107 Abs. 3). Details sind sehr streitig. Die lange hA vertrat Folgendes: (1.) Ist die Bestellung des gesamten AR nichtig, sind die von ihm gefassten Beschlüsse nichtig.[25] (2.) Ist nur die Wahl einzelner Mitglieder nichtig, soll es auf die Kausalität der Stimmabgabe des nichtig Gewählten für das Beschlussergebnis ankommen; die Nichtigkeitsfolge soll nicht schon deshalb eintreten, weil nichtig Gewählte an der Beschlussfassung mitgewirkt haben; vielmehr soll es darauf ankommen, ob der AR auch ohne nichtig Bestellte beschlussfähig war und die erforderliche Mehrheit auch nach Abzug solcher Stimmen bestand; kann das bejaht werden, soll der Beschluss gültig sein, weil er nicht auf der Stimmabgabe der nichtig Gewählten beruhen soll; anderenfalls ist der Beschluss nichtig.[26] Ggf kommt (wie in den Konstellationen, die der positiven Beschlussfeststellungsklage zugrunde liegen, vgl § 246 Rn 11 ff) auch eine **Umkehrung des Beschlussergebnisses** in Betracht.[27] Hinter dieser Sicht steht der Gedanke, dass das nichtig oder anfechtbar gewählte AR-Mitglied ein Dritter und als solcher zu behandeln sei.[28] 10

Eine neuere Sicht vertritt demgegenüber unter Berufung auf die für Geschäftsleiter entwickelte **Lehre vom fehlerhaften Bestellungsverhältnis** Folgendes: Das trotz Nichtigkeit des Wahlbeschlusses amtierende AR-Mitglied könne durch gütige Stimmabgabe an der Beschlussfassung des AR teilnehmen; trotz des fehlerhaften Bestellungsaktes soll nach dieser Sicht das AR-Mitglied generell – also nicht nur hinsichtlich Vergütung und Haftung – als wirksam bestellt behandelt werden, bis die Nichtigkeit festgestellt wird; Ausnahmen macht diese Sicht in Hinblick auf die Regelungen nach §§ 100, 105.[29] 11

Der BGH hat zu der Thematik jüngst sehr ausführlich, aber nur *obiter* Stellung genommen.[30] Der Anlass war die Frage der **Auswirkung des Rücktritts eines AR-Mitglieds auf das Rechtsschutzbedürfnis für die Anfechtungsklage** (vgl § 246 Rn 15 ff): Die Beendigung des AR-Amtes durch Rücktritt (Mandatsniederlegung) des gewählten Aufsichtsratsmitglieds führe zum Wegfall des Rechtsschutzinteresses für die Wahlanfechtungsklage, wenn die Nichtigerklärung keinen Einfluss auf die Rechtsbeziehungen der Gesellschaft, der Aktionäre sowie der Mitglieder des Vorstands und des Aufsichtsrats mehr haben könne.[31] Auf der Grundlage dieses (mE unrichtigen, vgl § 246 Rn 15 ff) Ausgangspunkts bestätigt der BGH den Grundsatz, dass das Aufsichtsratsmitglied, dessen Wahl nichtig ist oder für nichtig erklärt wird, für Stimmabgabe und Beschlussfassung wie ein Nichtmitglied zu behandeln sei; anderes sei mit der Ex-tunc-Wirkung des Urteils nicht zu vereinbaren. Bei Kausalität der Stimmabgabe der als Nichtmitglieder zu behandelnden Aufsichtsratsmitglieder für den Beschluss sei ein solcher nicht gefasst, auch eine Umkehrung des Beschlussergebnisses komme in Betracht. Im **Einzelfall seien die Rechtsfolgen zu klären, wenn eine Rückabwicklung den berechtigten Interessen der Beteiligten widerspreche**: (1.) Soweit AR-Beschlüsse gegenüber **außenstehenden Dritten** vollzogen werden, seien die Dritten, die die Nichtigkeit eines Beschlusses nicht kennen oder nicht kennen müssen, dadurch geschützt, dass sie auf die Handlungsbefugnis desjenigen vertrauen dürften, der die Aufsichtsratsbeschlüsse vollzieht. (2.) **Organmitglieder**, die die Nichtigkeit kennen oder kennen müssen, seien jedenfalls nicht über die Aufdeckung der Nichtigkeit der Wahl hinaus schutzwürdig. (3.) Der **Vor- 12**

---

23 KölnKomm-AktG/*Geilen*, § 399 Rn 31, 35; KölnKomm-AktG/*Altenhain*, 3. Aufl, § 399 Rn 27 ff, 36; Großkomm-AktienR/*K. Schmidt*, Rn 29; K. Schmidt/Lutter/*Schwab*, Rn 6; vgl für den Vorstand: BGHSt 21, 101, 105; für GmbH-Geschäftsführer: BGHSt 31, 118, 122; aA KölnKomm-AktG/*Zöllner*, Rn 41.
24 BGHZ 168, 188 = AG 2006, 667 Rn 14; MüKo-AktG/*Hüffer*, Rn 20; KölnKomm-AktG/*Kiefner*, 3. Aufl., Rn 17. Vgl auch zum Besonderen Vertreter BGH NZG 2011, 1383, 1384 = ZIP 2011, 2195 = AG 2011, 875.
25 Großkomm-AktienR/*K. Schmidt*, Rn 31; KölnKomm-AktG/*Zöllner*, Rn 43; MüHb-AG/*Semler*, § 41 Rn 112; BGHZ 11, 231, 246 (zur GmbH); MüKo-AktG/*Hüffer*, Rn 21; K. Schmidt/Lutter/*Schwab*, Rn 6.
26 MüKo-AktG/*Hüffer*, Rn 21; Großkomm-AktienR/*K. Schmidt*, Rn 31; MüHb-AG/*Semler*, § 41 Rn 112; BGHZ 47, 341, 346 = NJW 1967, 1711; K. Schmidt/Lutter/*Schwab*, Rn 6; OLG Hamburg DB 2002, 572; aA (noch) BGHZ 12, 327, 330 f.
27 MüKo-AktG/*Habersack*, § 108 Rn 75; nun auch BGH AG 2013, 387, 388. = ZIP 2013, 720 Rn 21.
28 Vgl OLG Köln ZIP 2008, 1767,1768 = AG 2008, 458; *E. Vetter*, ZIP 2012, 701, 707 f; Großkomm-AktienR/*K. Schmidt*, 4. Aufl., § 252 Rn 12; Spindler/Stilz/*Stilz*, § 252 Rn 6; MüKo-AktG/*Hüffer*, Rn 21; KölnKomm-AktG/*Mertens/Cahn*,

3. Aufl., § 101 Rn 111 und § 108 Rn 93; Hölters/*Simons*, § 101 Rn 51; Bürgers/Körber/*Bürgers/Israel*, § 101 Rn 3; Heidel/*Breuer/Fraune*, 3. Aufl., § 101 Rn 24; differenzierend zu den Auswirkungen *Marsch-Barner*, in: FS K. Schmidt, 2009, S. 1109, 1123 ff; vgl auch Großkomm-AktienR/*Hopt/Roth*, § 101 Rn 217 und 228.
29 *Hüffer*, Rn 16 und § 101 Rn 17, MüKo-AktG/*Habersack*, Rn 70 f, und *Happ*, in: FS Hüffer, 2010, S. 293; 305 ff, Grigoleit/*Tomasic*, § 101 Rn 33, § 108 Rn 36; K. Schmidt/Lutter/*Drygala*, § 101 Rn 36 ff; Spindler/Stilz/*Spindler*, § 101 Rn 112; *Schürnbrand*, NZG 2008, 609, 610; *Schürnbrand*, NZG 2013, 481; *Schürnbrand*, Organschaft im Recht der privaten Verbände, 2008, S. 286 ff; *Bayer/Lieder*, NZG 2012, 1, 6 f; vgl auch *Zöllner*, AG 2004, 397, 403; kritisch demgegenüber *E. Vetter*, ZIP 2012, 701, 704 ff.
30 AG 2013, 387, 388 ff = ZIP 2013, 720 Rn 17 ff = NJW 2013, 1535 mAnm *Cziupka/Pitz*, in wesentlichen Aspekten unter Verweis auf *E. Vetter*, ZIP 2012, 701. Vgl dazu KölnKomm-AktG/*Kiefner*, 3. Aufl., § 252 Rn 11 ff; *Schatz/Schödel*, EWiR 2013, 333; *Schürnbrand*, NZG 2013, 481; *Rieckers*, AG 2013, 383; *Rieckers*, VGR 2013 (demnächst); *Priester*, GWR 2013, 175; *Arnold/Gayk*, DB 2013, 1830; *Kiefner/Seibel*, Konzern 2013, 310.
31 AG 2013, 387 = ZIP 2013, 720 Rn 13.

stand sei hinsichtlich Vergütung und Geschäftsführungsbefugnis durch die Grundsätze über die fehlerhafte Bestellung geschützt. Der AR könne die fehlerhafte Bestellung ohne Bindung an § 84 Abs. 3 beenden. (4.) Wo AR-Beschlüsse wie bei § 124 Abs. 3 S. 1 oder Satzungsklauseln zur HV-Leitung durch den AR-Vorsitzenden Anknüpfungspunkt für **HV-Beschlüsse** seien, sei der infolge fehlerhafter Bestellung gleichfalls rechtswidrige AR-Beschluss ein für den HV-Beschluss nicht relevanter Verfahrensfehler. (5.) Zudem enthalte § 256 Abs. 6 S. 1 **Sonderregeln für den Jahresabschuss.**

13 ME ist dem BGH zuzustimmen, dass er der **Anwendung der Sicht vom fehlerhaften Bestellungsverhältnis auf die AR-Mitglieder** (Rn 10a) eine **deutliche Absage** erteilt, da dieses die Ex-tunc-Wirkung des Nichtigkeitsurteils leerlaufen ließe. Es ist nämlich nie auszuschließen, dass ein nichtig gewähltes AR-Mitglied Abstimmungsergebnisse etwa durch Einflussnahme herbeigeführt hat; nach den Grundsätzen der potenziellen Kausalität bzw der Relevanz des Fehlers (vgl § 243 Rn 9 ff) kann daher praktisch nicht widerlegt werden, dass die Beschlussfassung auf der Mitwirkung des nichtig gewählten AR-Mitglieds beruht. ME sollte es daher zumindest bei dem Grundsatz von BGHZ 12, 327 bleiben. Danach ist der AR-Beschluss nicht wirksam, wenn bei der Beschlussfassung AR-Mitglieder mitgestimmt haben, die zur Ausübung ihres Amtes nicht befugt waren, es sei denn, dass derjenige, der sich auf die Gültigkeit des Beschlusses berufe, einwandfrei die Möglichkeit ausräume, dass der Beschluss durch das Mitstimmen der Unbefugten beeinflusst wurde.[32] An diesen Nachweis sind mE sehr hohe Anforderungen zu stellen.

14 Will man nicht so weit wie nach Rn 13 gehen, ist dem differenzierten Ansatz des BGH zu folgen. Dafür spricht der gebotene **Schutz des Vertrauens zumal Dritter auf die Wirksamkeit der aufgrund nichtiger Beschlussfassung des fehlerhaft besetzten AR getroffenen Maßnahmen im Außenverhältnis**. In der vergleichbaren Konstellation der Wirksamkeit zB einer durch einen Besonderen Vertreter (§ 147 Abs. 2 S. 1) erhobenen Klage hat der BGH mit Recht festgestellt,[33] dass auch bei rückwirkender Nichtigerklärung des Bestellungsbeschlusses die von dem Vertreter namens der AG vorgenommenen Maßnahmen (insb. die Haftungsklage namens der AG) wirksam sind.[34] Juristisch nur *obiter*, dafür aber um so praxisrelevanter gibt der BGH wichtige und dem Ansatz nach richtige Hinweise für die Wirkung von infolge fehlerhafter Bestellung nichtigen Beschlüssen, die **nicht auf die Fälle der Nichtigkeit der Wahl einzelner AR-Mitglieder beschränkt sind, sondern generell und auch für anfechtbare Wahlen gelten** (vgl Rn 12); die wesentlichen Konstellationen sind mE wie folgt zu bewerten:

15 (1.) Die **außenstehenden Dritten** können sich im Regelfall beim Vollzug von AR-Beschlüssen darauf verlassen, dass der vom Versammlungsleiter festgestellte Wahlbeschluss und daher Maßnahmen des AR im Außenverhältnis wirksam sind – zB bei der (in der Praxis gar nicht so seltenen) Beauftragung von Leistungen durch den AR zB im Standardfall der Beauftragung des Abschussprüfers; dieser braucht nicht zu fürchten, für erbrachte Leistungen nicht honoriert zu werden, solange sich der AR nicht mit Wirkung für die Zukunft auf den Standpunkt stellt, seine Bestellung und damit die Beauftragung sei nichtig, bzw wenn dies ein Gericht rechtskräftig feststellt. Solange nicht zumindest erstinstanzlich festgestellt ist[35], liegt mE kein Fall vor, dass der Dritte im Sinne der Rspr die Nichtigkeit *kennen muss*. Keinen Schutz verdienen mE AR-Mitglieder (einschl. Dritter wie zB die RA-Gesellschaft eines AR-Mitglieds)[36], die trotz der Zweifelhaftigkeit ihrer Bestellung Vergünstigungen nach §§ 114 f bekommen.[37]

16 (2.) Zwar ist dem BGH zuzustimmen: **Organmitglieder**, die die Nichtigkeit kennen oder kennen müssen, sind jedenfalls nicht über die Aufdeckung der Nichtigkeit der Wahl hinaus schutzwürdig, und der Vorstand sowie andere Organmitglieder können die Unwirksamkeit der AR-Beschlüsse geltend machen. ME gibt es aber ungeachtet Abs. 3 S. 2 **kein Recht zur Selbsthilfe** in dem Sinne, dass sich zB der Vorstand auf den Standpunkt stellt, der AR sei (mehrheitlich) nichtig/anfechtbar gewählt und sich mit dieser Behauptung weigert, Beschlüsse des AR umzusetzen – etwa Zustimmungsvorbehalte nach § 111 Abs. 4 S. 2 zu befolgen. Bis zur gerichtlichen rechtskräftigen Klärung muss er die HV-Beschlüsse und damit auch AR-Vorgaben beachten (vgl § 241 Rn 14). Ggf kommt vorläufiger Rechtsschutz in Betracht. Das gilt mE auch für den Fall, dass ein nichtig/anfechtbar bestellter AR ein Vorstandsmitglied abberuft. Das auf diese Weise nichtig abberufene Vorstandsmitglied kann sich dann ebenso wie

---

32 BGHZ 12, 327, 330 f, aufgegeben in BGHZ 47, 341, 345 f = NJW 1967, 1711.

33 AG 2011, 875 = ZIP 2011, 2195 (HVB/UniCredit), vgl *Bayer*, NZG 2012, 1; *Verhoeven*, EWiR 2012, 65.

34 AG 2011, 875 = NZG 2011, 1383. *Schürnbrand*, NZG 2013, 481, 482, ist indes der Auffassung, dass sich diese Entscheidung mit BGH AG 2013, 387 = ZIP 2013, 720 „im methodischen Ausgangspunkt nur schwer ... vereinbaren (lässt)"; ähnlich *Schatz/Schödel*, EWiR 2013, 333, 334.

35 Im Erg. ebenso KölnKomm-AktG/*Kiefner*, 3. Aufl., Rn 19; *Arnold/Gayk*, DB 2013, 1830, 1832.

36 Vgl BGH ZIP 2013, 516 = NZG 2013, 548 Rn 45.

37 Vgl BGH AG 2013, 387 = ZIP 2013, 720 Rn 22-24.

überstimmte, aber wirksam gewählte AR-Mitglieder auch mit vorläufigem Rechtsschutz gegen die Beschlussfassung der AR zur Wehr setzen, da dieser formal angreifbar ist.[38]

(3.) Der **nichtig bestellte Vorstand** hat alle Rechte und Pflichten eines ordnungsgemäß bestellten Vorstands, solange sich nicht der AR auf die Nichtigkeit beruft oder das Gericht die Nichtigkeit der Bestellung der AR-Mitglieder rechtskräftig ausspricht.[39]

(4.) Wann nach der **Relevanztheorie** ein nichtiger AR-Beschluss zur Nichtigkeit von **HV-Beschlüssen** führt, darüber wird man im Einzelfall trefflich streiten können (vgl allg. § 243 Rn 11 ff). Zweifelhaft erscheint die BGH-Sicht, auf Beschlussvorschläge nach § 124 Abs. 3 S. 1 schlage die Nichtigkeit generell nicht durch.[40]
Denn für die Aktionäre kann es beurteilungsrelevant sein, ob Beschlussvorschläge vom rechtmäßigen AR stammen oder von einem, der rechtswidrig in sein Amt gekommen ist (dies gilt zumal bei der Rechtswidrigkeit der Wahl wegen Inhaltsfehlern). Jedenfalls wird man einem nichtig bestellten AR nach § 111 Abs. 3 ermöglichen müssen, eine HV zur Neuwahl der AR-Mitglieder einzuberufen, wenn nicht der (möglicherweise gleichfalls nichtig bestellte) Vorstand einberuft (vgl § 121 Abs. 2 S. 2).[41] Bis zur Feststellung der Rechtswidrigkeit seiner Wahl kann ein anfechtbar/nichtig gewähltes AR-Mitglied auch seine satzungsmäßige Aufgabe der Leitung der HV erfüllen, da ansonsten die HV nicht in der Lage wäre, wirksam Beschlüsse zu fassen[42] (vgl vor § 129 Rn 5).

(5.) Die Grundsätze nach oben (3.) (Rn 17) gelten mE entsprechend für den in der Lit. erörterten Fall der **Zustimmungsvorbehalte** nach § 111 Abs. 4 S. 2:[43] Solange der Beschluss in der Welt ist und die Nichtigkeit der AR-Wahl nicht rechtskräftig feststeht, muss der Vorstand die Zustimmungsvorbehalte beachten und kann eine erteilte Zustimmung als wirksam betrachten. Nur wenn er die Nichtigkeit der Wahl und damit des Zustimmungsvorbehalts bzw der erteilten Zustimmung kennt/kennen muss, droht ihm die Haftung nach § 93.[44]

(6.) Da Anfechtbarkeit/Nichtigkeit der AR-Wahl nicht zur faktischen Handlungsunfähigkeit der AG bis zur Rechtskraft der gerichtlichen Entscheidung führen dürfen, muss man mE auch über die bei Rn 15 erörterten Fälle hinaus von der Wirksamkeit der Vertretung durch das rechtswidrig bestellte Mitglied im Außenverhältnis ausgehen, wenn es (ansonsten rechtmäßig) für die AG nach außen auftritt – zB als Zustellungsadressat, Vertreter nach §§ 112, 246 Abs. 2 und bei Handelsregisteranmeldungen (§§ 184 Abs. 1, 188 Abs. 1 223, 237 Abs. 4).[45]

(7.) Mangels Außenwirkung der AR-Beschlussfassung bedeutet die *ex tunc* feststehende Nichtigkeit seiner Mitwirkung bei Geschäften, die der Vorstand nur mit Zustimmung des AR ausführen darf (wie den Erwerb eigener Aktien oder die Ausnutzung von genehmigtem Kapital) für die Vertragspartner der AG regelmäßig kein Problem. Sie können sich auf die Wirksamkeit der Vertretung durch den Vorstand verlassen – wenn sie nicht ausnahmsweise einmal die Unwirksamkeit der AR-Mitwirkung kennen oder kennen müssen oder sonst kollusiv mit dem Vorstand zusammenwirken.

II. Erweiterte Parteifähigkeit auf Klägerseite (Abs. 2). Abs. 2 normiert eine Spezialregelung der aktiven Parteifähigkeit. **Betriebsräte, Sprecherausschüsse, Gewerkschaften und deren Spitzenorganisationen** sind parteifähig, um den Rechtsschutz der Arbeitnehmerseite zu gewährleisten; die Parteifähigkeit schließt die Fähigkeit zur Nebenintervention ein.[46] Streitig ist, ob aus der Parteifähigkeit zu schließen ist, dass Rechtsschutzbedürfnis/Klagebefugnis generell,[47] nur für AR-Mitglieder der Arbeitnehmer[48] oder, so die hM, für alle AR-Mitglieder in der mitbestimmten AG[49] gilt. Der Gesetzeswortlaut ist offen, der Gesetzesbegründung[50] ist keine eindeutige Aussage zu entnehmen. Hätte der Gesetzgeber die Beschränkung gewollt, wäre es ein Leichtes gewesen, diese zu normieren – wie er dies in § 251 Abs. 2 S. 2-3 getan hat. All dies spricht

---

38 Vgl *Arnold/Gayk*, DB 2013, 1830, 1835; *Heidel*, AG-Report 2013, 341.
39 Nach dem Wortlaut von BGH AG 2013, 387 = ZIP 2013, 720 Rn 14 scheint es, als halte der BGH eine ausdrückliche Entscheidung des AR für erforderlich („Der nach der Aufdeckung der Nichtigkeit der Wahl rechtmäßig zusammengesetzte Aufsichtsrat kann die fehlerhafte Bestellung bestätigen, kann sie aber auch – ebenso wie der Vorstand – beenden."). ME steht indes auch ohne einen solchen AR-Beschluss die Nichtigkeit der Vorstandsbestellung fest, da durch die Nichtigerklärung/-feststellung der AR-Wahl der Bestellung die Grundlage entzogen ist.
40 Dem BGH zustimmend KölnKomm-AktG/*Kiefner*, 3. Aufl., Rn 18.
41 Im Erg. wie hier KölnKomm-AktG/*Kiefner*, 3. Aufl., § 252 Rn 18.
42 BGH AG 2013, 387 = ZIP 2013, 720 Rn 25; *Arnold/Gayk*, DB 2013, 1830, 1833 für anfechtbar gewählte AR-Mitglieder.
43 Vgl *Rieckers*, AG 2013, 383, 386; *Happ* in: FS Hüffer 2010, S. 293, 300; *Marsch-Barner* in: FS K. Schmidt, 2009, S. 1109, 1128.
44 Ähnlich *Arnold/Gayk*, DB 2013, 1830, 1834.
45 *Arnold/Gayk*, DB 2013, 1830, 1833.
46 Vgl im Einzelnen *Hüffer*, Rn 12; MüKo-AktG/*Hüffer*, Rn 22 ff; Großkomm-AktienR/*K. Schmidt*, Rn 33 ff.
47 KölnKomm-AktG/*Zöllner*, Rn 52; tendenziell auch Spindler/Stilz/*Dörr*, Rn 23 und *Martens*, ZGR 1977, 385, 395.
48 *Rummel*, Mangelhaftigkeit von AR-Wahlen, 1969, S. 43 ff.
49 Hensler/Strohn/*Drescher*, Rn 9; *Hüffer*, Rn 15; MüKo-AktG/Hüffer, Rn 27; Großkomm-AktienR/*K. Schmidt*, Rn 37; K. Schmidt/Lutter/*Schwab*, Rn 8; Grigoleit/*Ehmann*, Rn 10.
50 *Kropff*, S. 336 f.

21 **III. Anwendbarkeit von Vorschriften der Anfechtungs- und Nichtigkeitsklage (Abs. 3).** Gemäß Abs. 3 gelten dort im Einzelnen bezeichnete Vorschriften über Anfechtungs- und Nichtigkeitsklage sinngemäß. Wie die Nichtigkeitsklage gemäß § 249 ist die Nichtigkeitsklage gemäß § 250 nach hM Feststellungsklage (§ 252 Abs. 1), für die aber **kein besonderes Feststellungsinteresse** gemäß § 256 ZPO nachgewiesen werden muss (vgl schon zur Nichtigkeitsklage § 249 Rn 9). Rechtsschutz- bzw Feststellungsinteresse sind ohne Weiteres gegeben, wenn Aktionär, Vorstand oder Verwaltungsmitglied klagen[51] (vgl auch Rn 9 f, 11 und § 246 Rn 15 ff). Wie bei der Nichtigkeit von HV-Beschlüssen generell gilt gemäß Abs. 2 S. 2, dass die Nichtigkeit der Wahl von AR-Mitgliedern auf **andere Weise als durch Erhebung der Klage geltend gemacht werden** kann (vgl Rn 10 ff und § 249 Rn 16).

22 Nach hM ist Abs. 3 nicht (analog) anwendbar bei Klagen gegen die Rechtswidrigkeit der **Entsendung von Mitgliedern des AR** gemäß § 101 Abs. 2 AktG; diese soll nur im Wege der allgemeinen Feststellungsklage gemäß § 256 ZPO überprüfbar sein; zur Begründung verweist auf der BGH nur darauf, dass Fehler einer Entsendung und deren gerichtliche Kontrolle im Aktiengesetz nicht geregelt sind, ohne die Folgefrage zu prüfen, ob zur Schließung der Lücke nicht die analoge Anwendung von Abs. 3 geboten wäre; er bejaht das Rechtsschutzinteresse und die Klagebefugnis gemäß § 256 ZPO, da der Aktionär ein berechtigtes Interesse an der Feststellung habe, ob der AR seiner Gesellschaft richtig besetzt sei; die Beschränkung der Rechtskraft der begehrten Feststellung auf das Verhältnis zwischen den Prozessparteien stehe „einem Rechtsschutzinteresse... nicht entgegen. Die (Gesellschaft) wäre ggf berechtigt und verpflichtet, ein unwirksam bestelltes AR-Mitglied von der Mitwirkung in diesem Organ auszuschließen".[52] ME wäre es demgegenüber geboten, den Rechtsschutz analog § 250 zu garantieren, da die Inter-partes-Wirkung nicht zur rechtssicheren Klärung der Besetzung der Verwaltungsorgane passt (vgl zu entsprechenden Fragestellungen bei Beschlüssen von Vorstand und AR § 246 Rn 61 ff).

§ 251 Anfechtung der Wahl von Aufsichtsratsmitgliedern

(1) ¹Die Wahl eines Aufsichtsratsmitglieds durch die Hauptversammlung kann wegen Verletzung des Gesetzes oder der Satzung durch Klage angefochten werden. ²Ist die Hauptversammlung an Wahlvorschläge gebunden, so kann die Anfechtung auch darauf gestützt werden, daß der Wahlvorschlag gesetzwidrig zustande gekommen ist. ³§ 243 Abs. 4 und § 244 gelten.

(2) ¹Für die Anfechtungsbefugnis gilt § 245 Nr. 1, 2 und 4. ²Die Wahl eines Aufsichtsratsmitglieds, das nach dem Montan-Mitbestimmungsgesetz auf Vorschlag der Betriebsräte gewählt worden ist, kann auch von jedem Betriebsrat eines Betriebs der Gesellschaft, jeder in den Betrieben der Gesellschaft vertretenen Gewerkschaft oder deren Spitzenorganisation angefochten werden. ³Die Wahl eines weiteren Mitglieds, das nach dem Montan-Mitbestimmungsgesetz oder dem Mitbestimmungsergänzungsgesetz auf Vorschlag der übrigen Aufsichtratsmitglieder gewählt worden ist, kann auch von jedem Aufsichtsratsmitglied angefochten werden.

(3) Für das Anfechtungsverfahren gelten die §§ 246, 247, 248 Abs. 1 Satz 2 und § 248 a.

Literatur:
Vgl Angaben zu § 250.

A. Regelungsgehalt

1 § 251 hat keinen Vorgänger im AktG 1937. Er regelt als **Parallele zur Nichtigkeitsregelung des § 250 die Anfechtung von HV-Beschlüssen zur Wahl von AR-Mitgliedern**. § 251 ist eine abschließende Sonderregelung. Sie geht den allgemeinen Regeln der Anfechtbarkeit vor.[1] Abs. 1 S. 2 enthält den besonderen Anfechtungsgrund bei Bindung der HV an Wahlvorschläge. Zudem beschränkt die Norm die Anfechtbarkeit insoweit, als kein Gesetzesverstoß beim Streben nach Sondervorteilen vorliegt und die Anfechtungsbefugnis von Verwaltungsmitgliedern ausgeschlossen wird; stattdessen erweitert Abs. 2 S. 2 und 3 die Anfechtungsbefugnis im Hinblick auf die Mitbestimmung auf andere Beteiligte.

---

51 Hüffer, Rn 12; KölnKomm-AktG/Zöllner, Rn 50; Großkomm-AktienR/K. Schmidt, Rn 36.
52 BGHZ 165, 192 = ZIP 2006, 177, 178 = AG 2006, 117, Rn 10 (Sedlmayr/Spaten Franziskanerbräu); KölnKomm-AktG/Kiefner, 3. Aufl., Rn 2; hinsichtlich des Rechtsschutzes nach § 256 ZPO zustimmend: Ek/Schiemzik, BB 2006, 456.
1 Großkomm-AktienR/K. Schmidt, Rn 1; MüKo-AktG/Hüffer, Rn 1; Grigoleit/Ehmann, Rn 1.

B. Die Regelungen im Einzelnen

I. Anfechtbarkeit der Wahl eines Aufsichtsratsmitglieds durch die HV (Abs. 1). 1. Verletzung des Gesetzes oder der Satzung (Abs. 1 S. 1 und 3). Gegenstand der Anfechtung ist der **Wahlbeschluss in der HV**. Wie bei § 250 (vgl § 250 Rn 2) erfasst das Gesetz nicht andere Formen der Wahl (zumal nicht die durch die Arbeitnehmer) oder eine Entsendung von AR-Mitgliedern. Verstößt die Wahl von AR-Mitgliedern der Arbeitnehmer gegen die mitbestimmungsrechtlichen Vorschriften, sehen die jeweiligen Mitbestimmungsgesetze besondere Anfechtungsverfahren vor (vgl §§ 21, 22 MitbestG Rn 1 ff).

Die HV-Wahl eines AR-Mitglieds ist gemäß Abs. 1 S. 1 bei **Verstoß des Beschlusses gegen Gesetz oder Satzung anfechtbar** (vgl zur Nichtigkeit § 250 Rn 3 ff). Grundsätzlich kann der Wahlbeschluss unter den gleichen Voraussetzungen angefochten werden, die sonst gemäß § 243 Abs. 1 für Beschlüsse gelten (vgl § 243 Rn 6 ff) – zB wenn der AR in seinem Bericht nach § 171 Abs. 2 nicht über Rechtsstreitigkeiten um seine Wahl berichtet,[2] AR-Mitglieder für eine kürzere Wahlperiode als die nach der Satzung vorgesehene gewählt werden,[3] die Gewählten Vorgaben der Satzung nach § 100 Abs. 4 an persönliche Qualifikationen nicht erfüllen,[4] sie für andere Fristen als die in der Satzung nach § 102 vorgesehene oder in größerer Zahl als die nach § 95 S. 2 satzungsmäßige bestimmt werden, entgegen der Erklärung nach § 161 Interessenkonflikte nicht offengelegt werden[5] (vgl § 250 Rn 8 zur Anfechtbarkeit bei Interessenkonflikten) oder bei Wahl in der ordentlichen HV (§ 175) AR-Bericht an die HV fehlt.[6] Als Verstoß gilt auch die Verletzung von satzungsbegleitenden bindenden Abreden sämtlicher Aktionäre untereinander (vgl § 243 Rn 7)[7]; ob Vereinbarungen der Aktionäre über die Wahl von AR-Mitgliedern zulässig sind und ob ein Verstoß dagegen die Anfechtbarkeit begründet, ist streitig.[8] ME können solche **Vereinbarungen außerhalb der Satzung** außerhalb des Stimmkaufs (§ § 136 Abs. 2 und des § 405 Abs. 3 Nr. 6, 7) die Anfechtbarkeit nicht begründen, da das Gesetz Gesetzes- oder Satzungsverstoß verlangt; einen Vertragsverstoß als Gesetzesverstoß auszulegen, kommt nur in krassen Ausnahmefällen wegen Verletzung der Treuepflicht in Betracht (vgl § 243 Rn 23). Auch Verfahrensverstöße können zur Anfechtbarkeit führen – so zB, wenn der Versammlungsleiter Blockwahl durchführt und dabei einen Geschäftsordnungsantrag zur Einzelwahl übergeht[9] (vgl Vor §§ 129 Rn 38) oder die Abstimmungsreihenfolge nach § 137 nicht beachtet[10] oder Pflichtangaben zu den Kandidaten oder zur AR-Zusammensetzung verletzt sind (§ 124 Abs. 2 S. 1, Abs. 3 S. 1, S. 4, § 125). Entgegen einer vereinzelt gebliebenen Entscheidung begründet es keine Anfechtbarkeit, wenn der herrschende Gesellschafter den AR einer abhängigen AG ausschließlich mit seinen Interessenvertretern besetzt.[11]

Viel diskutiert sind Fragen der Verletzung von § 100 Abs. 5 zum **unabhängigen Finanzexperten** bei kapitalmarktorientierten AG (vgl §§ 100 Rn 18 ff, § 250 Rn 8).[12] Die Norm dient der Umsetzung von Art. 41 Abs. 1 der Abschlussprüferrichtlinie.[13] ME kann kein Zweifel daran bestehen, dass ein Wahlbeschluss, der zur Folge hat, dass der AR den Anforderungen des § 100 Abs. 5 nicht genügt, anfechtbar ist. Das LG München ist in der ersten Entscheidung, die sich soweit ersichtlich mit dieser Frage befasst hat, davon ausgegangen, dass ein Verstoß gegen § 100 Abs. 5 die Anfechtbarkeit begründen kann.[14] Es befindet sich damit im Einklang mit der ganz überwiegenden Auffassung.[15] Gerade die besondere Bedeutung und der zwingende

---

2 LG München ZIP 2006, 952.
3 Grigoleit/Ehmann, Rn 2; OLG Frankfurt NJW-RR 1987, 158, 159 = BB 1986, 2230.
4 Grigoleit/Ehmann, Rn 2.
5 OLG München NZG 2009, 508 = ZIP 2009, 133; LG Hannover NZG 2010, 744, 748 = ZIP 2010, 833.
6 BGH NZG 2010, 943 = WM 2010, 1502, juris Rn 28.
7 BGH NJW 1983, 1910 = GmbHR 1983, 196 zur GmbH; K. Schmidt/Lutter/Schwab, § 243 Rn 19; aA MüKo-AktG/Hüffer, § 243 Rn 24; KölnKomm-AktG/Kiefner, 3. Aufl., Rn 40.
8 Vgl einerseits Großkomm-AktienR/K. Schmidt, Rn 4 f; Noack, Gesellschaftervereinbarungen bei Kapitalgesellschaften, 1994, S. 278; andererseits: MüKo-AktG/Hüffer, Rn 4; Spindler/Stilz/Stilz, Rn 5.
9 Vgl Grigoleit/Ehmann, Rn 2; LG München NZG 2004, 626 = AG 2004, 330.
10 Henssler/Strohn/Drescher, Rn 2.
11 Grigoleit/Ehmann, Rn 2; Großkomm-AktenR/K. Schmidt, Rn 6, MüKo-AktG/Hüffer, Rn 4; Henssler/Strohn/Drescher, Rn 22; Mertens, AG 1987, 38, 40; Schneider in: FS Raiser, S. 341, 347; Timm, NJW 1987, 977, 985 f; Bürgers/Körber/Göz, Rn 2; aA OLG Hamm NJW 1987, 1030 = WM 1987, 1030 mit dem Argument, ; vermittelnd K. Schmidt/Lutter/Schwab, Rn 3, wonach die Wahl eines AR-Mitglieds gegen die Treuepflicht gegenüber der AG verstößt, wenn der Gewählte nicht die Gewähr für eine strikte Loyalität gegenüber dem Interesse der AG verbürgt, zu dessen AR-Mitglied es gewählt wird; die Vertreter des herrschenden Unternehmens müssten „die Gewähr für den gebotenen Respekt vor dem Tochter-Eigeninteresse bieten".
12 Vgl aus der Lit. Hüffer, § 100, Rn 15; KölnKomm-AktG/Kiefner, Rn 35 ff; Gruber, NZG 2008, 12, 14; Ehlers/Nohlen, in: GS Gruson, 2009, S. 107, 118; Kropff, in: FS K. Schmidt, 2009, S. 1023, 1032; Habersack, AG 2008, 98, 102; Jaspers, AG 2009, 607, 612 ff; Diekmann/Bitmon, NZG 2009, 1087; Widmann, BB 2009, 2602; von Falkenhausen/Kocher, ZIP 2009, 1601; E. Vetter in: FS Mayer-Raimer, 2010, S. 795 ff; vgl aus der Rspr LG München ZIP 2010, 627 = DStR 2010, 711 = BB 2010, 865 = DB 2010, 888.
13 RL 2006/43/EG vom 17.5.2006 über Abschlussprüfungen von Jahresabschlüssen und konsolidierten Abschlüssen, ABl. EU Nr. L 157/87 vom 9.6.2006.
14 LG München ZIP 2010, 627 = DStR 2010, 711 = BB 2010, 865 = DB 2010, 888.
15 Habersack, AG 2008, 98, 102; Ehlers/Nohlen, GS Gruson, 2009, S. 107, 118; Kropff, in: FS K. Schmidt, 2009, S. 1023, 1032; Jaspers, AG 2009, 607, 612 ff; KölnKomm-AktG/Kiefner, Rn 35 ff.

Charakter, die der Gesetzgeber dem unabhängigen Finanzexperten zugemessen hat,[16] verbietet es, sich sanktionslos über das Erfordernis des § 100 Abs. 5 hinwegzusetzen. Der Gesetzgeber hat im § 243 Abs. 3 gezeigt, dass ihm das Instrumentarium gegenwärtig ist, wie man bestimmte HV-Beschlüsse von der Anfechtung ausnimmt. Demgegenüber wird zum Teil darauf hingewiesen, dass § 100 Abs. 5 eine für das Gesamtorgan AR geltende Organisationsanforderung aufstelle, deren Verfehlung nicht auf die Wahl der einzelnen AR-Mitglieder durchschlagen dürfe.[17] Damit wird der Zweck der Novelle zu gering geachtet. § 100 Abs. 5 ist enthalten in der Norm, die nach ihrer gesetzlichen Überschrift „persönliche Voraussetzung für Aufsichtsratsmitglieder" festlegt. Damit ist § 100 Abs. 5 nicht lediglich eine Organisationsvorschrift. Vielmehr bestimmt er die persönliche Voraussetzung für die Wahl eines AR-Mitglieds, dass dieses selbst oder mindestens ein anderes Mitglied des AR im Sinne des § 100 Abs. 5 die hinreichenden persönlichen Voraussetzungen für die AR-Mitgliedschaft erfüllt. Falls nicht (mindestens) ein AR-Mitglied die Anforderungen des § 100 Abs. 5 erfüllt, sind **bei Listenwahl sämtliche Gewählten anfechtbar** gewählt; bei Einzelwahl betrifft die Anfechtbarkeit entsprechend § 250 Abs. 1 Nr. 3 **das zuletzt gewählt AR-Mitglied** (vgl § 20 Rn 7).[18] Ein Verstoß gegen das AGG soll die Anfechtbarkeit nicht begründen.[19]

3b Bereits zu § 243 erörterte Fragen stellen sich, wenn die **AR-Wahl gegen den Deutschen Corporate Governance Kodex (DCGK) oder die Entsprechenserklärung gemäß § 161** verstößt (vgl § 243 Rn 7a ff und § 250 Rn 8). ME gilt Entsprechendes wie zu § 243 auch bei § 251: Unterbreitet der AR einen Beschlussvorschlag, der im Widerspruch zu den Empfehlungen des DCGK steht, denen sich der AR durch Erklärung gemäß § 161 uneingeschränkt unterworfen hat, muss er die geänderte Absicht auch unterjährig mindestens gleichzeitig mit dem Beschlussvorschlag bekannt machen; ein Verstoß hiergegen verletzt § 161 und begründet die Rechtswidrigkeit des AR-Beschlusses sowie die Anfechtbarkeit des auf dieser Grundlage gefassten HV-Beschlusses.[20]

4 Keine Anfechtbarkeit begründet es, wenn die HV Arbeitnehmer unter **Überschreitung der Drittelgrenze des § 76 Abs. 1 BetrVG 1952** in den AR wählt; denn von den Aktionären freiwillig gewählte Arbeitnehmervertreter sind rechtlich Vertreter der Aktionäre; abgesehen von Unvereinbarkeitsregeln oder gesetzlichen bzw satzungsmäßigen Voraussetzungen (vgl zum Wettbewerber im AR § 250 Rn 8) steht es den Aktionären frei, wen sie in den AR wählen.[21]

5 Kein Anfechtungsgrund ist nach hM, durch Wahl **Sondervorteile** zu erstreben; die hM stützt sich im Wesentlichen darauf, dass Abs. 1 den § 243 Abs. 2 nicht ausdrücklich in den Katalog der Anfechtungsgründe aufnimmt.[22] ME ist der hM aus folgenden Gründen zu folgen: (1) Dass die Erlangung eines Sondervorteils kein Anfechtungsgrund sein soll, folgt schon aus der systematischen Auslegung des Gesetzes; denn Abs. 2 S. 1 versagt die Anfechtungsbefugnis jedes Aktionärs gemäß § 245 Nr. 3 im Falle der AR. (2) Jede Wahl in den AR stellt für den Gewählten einen Sondervorteil dar; somit würde ein Perpetuum mobile der Anfechtbarkeit begründet werden, nähme man die Anfechtbarkeit der AR-Wahl wegen Sondervorteilserlangung an. Freilich kann die AR-Wahl theoretisch als Treuepflichtverstoß anzusehen sein.[23] Das wird aber nur in ganz krassen Ausnahmefällen einmal zu bejahen sein, da die Besetzung des Organs AR zur Disposition der jeweiligen HV-Mehrheit steht.

6 Nach hM begründet die **Verletzung der in § 243 Abs. 3 genannten Norm** keine Anfechtbarkeit,[24] der Nicht-Verweis in Abs. 1 S. 3 soll ein Redaktionsversehen sein.

7 Gemäß Abs. 1 S. 3 iVm § 244 S. 1 ist nach einem **Bestätigungsbeschluss** die Anfechtung ausgeschlossen (vgl § 244 Rn 2 ff). Möglich bleibt die Nichtigerklärung für die Vergangenheit gemäß § 244 S. 2 (vgl § 244 Rn 10). *Drescher* nennt als Anwendungsfall, dass das Zustandekommen eines AR-Beschlusses von der Stimme des zunächst anfechtbar Gewählten abhängt.[25]

---

16 BT-Drucks. 16/1067, S. 101.
17 *Gruber*, NZG 2008, 12, 14; *Hüffer*, § 100 Rn 15.
18 *Jaspers*, AG 2009, 607, 613; K. Schmidt/Lutter/*Schwab*, Rn 1; KölnKomm-AktG/*Kiefner*, Rn 36.
19 KölnKomm-AktG/*Kiefner*, 3. Aufl., Rn 41.
20 OLG München ZIP 2009, 133 = WM 2009, 658 = AG 2009, 294; ebenso: *Kirschbaum*, ZIP 2000, 2362; *Vetter*, NZG 2008, 121; LG Hannover ZIP 2010, 833, 834 = AG 2010, 459; aA *Rieder*, GWR 2009, 25, 27; *Theusinger/Liese*, DB 2008, 1419; *Kocher/Bedkowski*, BB 2009, 234, 235; *Hüffer*, § 161 Rn 31; zweifelnd: *Mutter*, ZGR 2009, 788, 793; KölnKomm-AktG/*Kiefner*, Rn 13 ff; vgl auch BGHZ 180, 9 = AG 2009, 285 = NZG 2009, 342 (Kirch/Deutsche Bank) zu Entlastungsbeschlüssen; ähnlich: BGH AG 2009, 824 = BB 2009, 2725 = DB 2009, 2424 Umschreibungsstopp.

21 Str, wie hier die hM: BGH NJW 1975, 1657, 1658; OLG Bremen NJW 1977, 1153, 1155; OLG Hamburg AG 1972, 183, 184; Großkomm-AktienR/*K. Schmidt*, Rn 7; KölnKomm-AktG/*Mertens*, § 96 Rn 12 f; KölnKomm-AktG/*Zöllner*, Rn 6; KölnKomm-AktG/*Kiefner*, Rn 34; aA *Hüffer*, Rn 2; MüKo-AktG/*Hüffer*, Rn 5; *v. Godin/Wilhelmi*, § 105, Anm. 3.
22 K. Schmidt/Lutter/*Schwab*, Rn 5; Spindler/Stilz/*Stilz*, Rn 2; *Hüffer*, Rn 5; MüKo-AktG/*Hüffer*, Rn 11; Hensler/Strohn/*Drescher*, Rn 3; OLG Hamburg AG 1972, 183, 187; MüHb-AG/*Semler*, § 41 Rn 31; aA insb. KölnKomm-AktG/*Zöllner*, Rn 2, 8 f; *Rummel*, Die Mangelhaftigkeit von Aufsichtsratswahlen, 1969, S. 57 ff, 66 ff.
23 Großkomm-AktienR/*K. Schmidt*, Rn 12.
24 KölnKomm-AktG/*Kiefner*, Rn 11.
25 Hensler/Strohn/*Drescher*, Rn 5; aA KölnKomm-AktG/*Kiefner*, Rn 12.

Nach der ausdrücklichen Regelung des Abs. 1 S. 3 gilt § 243 Abs. 4 (**Anfechtung bei Auskunftsverweigerung**) auch bei der Wahl von AR-Mitgliedern.

2. Gesetzwidriges Zustandekommen von Wahlvorschlägen (Abs. 1 S. 2). Gemäß Abs. 1 S. 2 ist ein weiterer Anfechtungsgrund das gesetzwidrige Zustandekommen von Wahlvorschlägen, an die die HV gebunden ist. Dieser **besondere Anfechtungsgrund soll die mitbestimmungsrechtlichen Mitwirkungsrechte** sichern. Die HV ist in Fällen von §§ 6, 8 Montan-MitbestG sowie § 5 Abs. 3 S. 2 Montan-MitbestErgG an Vorschläge gebunden. Die einhellige Meinung zu Abs. 1 S. 2 verlangt einen Verstoß gegen **wesentliche Vorschriften** des Wahlrechts.[26] Kausalität oder Relevanz des Gesetzesverstoßes für den Wahlvorschlag ist nicht erforderlich, da anderenfalls entgegen dem Gesetzeszweck nicht jede Missachtung von Mitwirkungsrechten im Vorschlagsverfahren geahndet würde.[27]

II. Anfechtungsbefugnis (Abs. 2). 1. Allgemeine Anfechtungsbefugnis von Aktionären und Vorstand (Abs. 2 S. 1). Gemäß Abs. 2 S. 1 bestimmt sich die **Anfechtungsbefugnis nach § 245 Nr. 1, 2 und 4**, nicht aber nach § 245 Nr. 3 und 5. Daher sind widersprechende und (unter bestimmten Voraussetzungen) nicht erschienene Aktionäre sowie der Vorstand als Organ zur Anfechtung berechtigt. Da das Erstreben von Sondervorteilen kein Anfechtungsgrund ist, gilt in diesem Fall die Anfechtungsbefugnis nicht (vgl Rn 5). Anders als bei § 245 Nr. 5 sind einzelne Verwaltungsmitglieder nicht anfechtungsbefugt, da die Wahl von AR-Mitgliedern keiner Ausführung bedarf.[28]

2. Mitbestimmungsrechtliche Erweiterungen der Anfechtungsbefugnis (Abs. 2 S. 2 bis 3). Abs. 2 S. 2 und 3 erweitert die Anfechtungsbefugnis auf **Betriebsräte** (auch Gesamtbetriebsrat),[29] die **Gewerkschaften** und die **Spitzenorganisationen**, denen ein Vorschlags- oder Beratungsrecht bei der Wahl der AR-Mitglieder zusteht; maßgebend für die Regelung ist, dass der Wahlbeschluss Vorschriften verletzen kann, die die Interessen der Arbeitnehmer schützen; daher sollen auch die Arbeitnehmer eine mangelhafte Wahl anfechten können.[30] Die Vorschrift bezieht sich auf die Wahl der in § 4 Abs. 1 S. 2 lit. b und c Montan-MitbestG genannten AR-Mitglieder. Gemäß Abs. 2 S. 3 kann die Wahl des (neutralen) AR-Mitglieds gemäß § 4 Abs. 2 S. 2 lit. c Montan-MitbestG neben den Betriebsräten etc. auch von AR-Mitgliedern angefochten werden.[31]

III. Anfechtungsverfahren (Abs. 3). Für das Anfechtungsverfahren gelten gemäß Abs. 3 die §§ 246, 247 und 248 Abs. 1 S. 2 und § 248 a. Es gelten daher die wesentlichen Regelungen der **allgemeinen Anfechtungsklage**. Statt der Regelung zur Urteilswirkung in § 248 Abs. 1 S. 1 gilt die Regelung des § 252. Vgl zu den Folgen der Nichtigerklärung § 250 Rn 9 ff.

§ 252 Urteilswirkung

(1) Erhebt ein Aktionär, der Vorstand, ein Mitglied des Vorstands oder des Aufsichtsrats oder eine in § 250 Abs. 2 bezeichnete Organisation oder Vertretung der Arbeitnehmer gegen die Gesellschaft Klage auf Feststellung, daß die Wahl eines Aufsichtsratsmitglieds durch die Hauptversammlung nichtig ist, so wirkt ein Urteil, das die Nichtigkeit der Wahl rechtskräftig feststellt, für und gegen alle Aktionäre und Arbeitnehmer der Gesellschaft, alle Arbeitnehmer von anderen Unternehmen, deren Arbeitnehmer selbst oder durch Delegierte an der Wahl von Aufsichtsratsmitgliedern der Gesellschaft teilnehmen, die Mitglieder des Vorstands und des Aufsichtsrats sowie die in § 250 Abs. 2 bezeichneten Organisationen und Vertretungen der Arbeitnehmer, auch wenn sie nicht Partei sind.

(2) ¹Wird die Wahl eines Aufsichtsratsmitglieds durch die Hauptversammlung durch rechtskräftiges Urteil für nichtig erklärt, so wirkt das Urteil für und gegen alle Aktionäre sowie die Mitglieder des Vorstands und Aufsichtsrats, auch wenn sie nicht Partei sind. ²Im Fall des § 251 Abs. 2 Satz 2 wirkt das Urteil auch für und gegen die nach dieser Vorschrift anfechtungsberechtigten Betriebsräte, Gewerkschaften und Spitzenorganisationen, auch wenn sie nicht Partei sind.

---

26 *Hüffer*, Rn 3; MüKo-AktG/*Hüffer*, Rn 7; Großkomm-AktienR/ *K. Schmidt*, Rn 9; KölnKomm-AktG/*Zöllner*, Rn 14 f; Grigoleit/*Ehmann*, Rn 3; Henssler/Strohn/*Drescher*, Rn 4; *Rummel*, Die Mangelhaftigkeit von Aufsichtsratswahlen, 1969, S. 51.

27 Großkomm-AktienR/*K. Schmidt*, Rn 9; RegBegr. *Kropff*, S. 337; *Hüffer*, Rn 3; MüKo-AktG/*Hüffer*, Rn 7 verlangen, leicht akademisch, „(ohne weiteres gegeben) Relevanz des Vorschlags für den Beschluss". K. Schmidt/Lutter/*Schwab*, Rn 4 verwirft die Kriterien der Wesentlichkeit der verletzten Vorschriften des Wahlrechts und stellt auf deren Relevanz ab.

28 K. Schmidt/Lutter/*Schwab*, Rn 7; Großkomm-AktienR/ *K. Schmidt*, Rn 15; zweifelnd KölnKomm-AktG/*Zöllner*, Rn 25.

29 So hM, Henssler/Strohn/*Drescher*, Rn 7; MüKo-AktG/*Hüffer*, Rn 11; aA Spindler/Stilz/*Stilz*, Rn 15.

30 RegBegr. *Kropff*, S. 338.

31 HM: *Hüffer*, Rn 9; MüKo-AktG/*Hüffer*, Rn 15 f; Großkomm-AktienR/*K. Schmidt*, Rn 18; KölnKomm-AktG/*Zöllner*, Rn 30; KölnKomm-AktG/*Kiefner*, Rn 59; aA *Baumbach/Hueck*, AktG, Rn 10; *v. Godin/Wilhelmi*, Anm. 3; Großkomm-AktienR/*Schilling*, 3. Aufl., Rn 6.

AktG § 252

Literatur:
Vgl Angaben zu § 250.

A. Regelungsgehalt

1 Nach der Regierungsbegründung zum AktG 1965 soll die Norm die **Urteilswirkung im Vergleich zu anderen Nichtigkeits- und Anfechtungsurteilen ausdehnen**. Denn an den Wahlen zum AR sind auch die Arbeitnehmer und ihre Organisationen beteiligt. Deshalb kann allen gegenüber die Nichtigkeit der Wahl nur einheitlich festgestellt werden. Die Wirkung des Urteils, das die Nichtigkeit rechtskräftig feststellt, weitet die Norm auf alle aus, die zum Bereich der Gesellschaft gehören. Sie wirkt daher insbesondere für und gegen die Arbeitnehmer der Gesellschaft, die Betriebsräte und die in den Betrieben vertretenen Gewerkschaften und deren Spitzenorganisationen (Abs. 1). Das Anfechtungsurteil wirkt gemäß Abs. 2 für alle Anfechtungsberechtigten; da die Arbeitnehmer nicht anfechtungsberechtigt sind, erfasst sie die Urteilswirkung nicht.[1] § 252 tritt an die Stelle von § 248 Abs. 1 S. 1 und § 249 Abs. 1 S. 1.[2] Die Rechtskrafterstreckung gilt ebenso wie die nach § 248 f (vgl § 248 Rn 3 ff, 15, § 249 Rn 13 f) nur für stattgebende, nicht für klageabweisende Urteile.[3]

B. Die Regelungen im Einzelnen

2 **I. Nichtigkeitsklage und Nichtigkeitsurteil (Abs. 1).** Ohne dass es auf Fragen der Rechtsnatur der Klage und des Urteils ankommt[4] (vgl § 249 Rn 4), **hängt die erweiterte Urteilswirkung des § 252 ausschließlich von der Art der Prozessparteien ab**: Gehört der Kläger zu den in Abs. 1 genannten Klägern, wirkt das Urteil kraft Gesetzes auch gegen Dritte. Für die Urteilswirkung kommt es also darauf an, ob der Kläger ein Aktionär, Vorstand, Vorstands- oder AR-Mitglied oder eine Organisation oder Vertretung der Arbeitnehmer iSd § 250 Abs. 2 ist und die Klage gegen die Gesellschaft auf Feststellung der Nichtigkeit der Wahl eines AR-Mitglieds durch die HV gerichtet ist.

3 In dem Falle **wirkt das die Nichtigkeit der Wahl rechtskräftig feststellende Urteil im Wege der materiellen Rechtskraft für und gegen folgende Personen und Stellen**:

- Alle Aktionäre,
- alle Arbeitnehmer der AG,
- alle Arbeitnehmer anderer Unternehmen, deren Arbeitnehmer selbst oder durch Delegierte an der Wahl von AR-Mitglieder der AG teilnehmen,
- sämtliche Mitglieder von Vorstand und AR,
- die in § 250 Abs. 2 bezeichneten Organisationen und Vertreter der Arbeitnehmer, auch wenn diese nicht Partei sind.

4 Über diesen ausdrücklichen Wortlaut des Gesetzes hinaus wird ganz überwiegend angenommen, dass das Urteil nach § 252 ebenso wie im Falle des § 249 (vgl § 249 Rn 14) **Feststellungswirkung für und gegen jedermann** entfaltet.[5]

5 **II. Anfechtungsklage und Anfechtungsurteil (Abs. 2).** Die Urteilswirkung betrifft die Klage von gemäß § 251 Abs. 2 anfechtungsbefugten Klägern (vgl § 251 Rn 10 f). Das (der Klage stattgebende, vgl Rn 1) **Gestaltungsurteil aufgrund der Anfechtungsklage hat Doppelwirkung**: Es ändert die materielle Rechtslage und wirkt, entsprechend dem Urteil nach § 248, für und gegen jedermann (vgl § 248 Rn 12 f). Darüber hinaus bindet das Urteil die in Abs. 2 genannten Personen. Eine neue Klage mit demselben Streitgegenstand wäre daher unzulässig.

6 Abs. 2 regelt die Drittwirkung der materiellen Rechtskraft, also die Frage, wessen erneute Klage als unzulässig abzuweisen ist.[6] Die **Rechtskraftwirkung** gilt gemäß Abs. 2 S. 1 für sämtliche Aktionäre und Verwaltungsmitglieder; darüber hinaus gemäß Abs. 2 S. 2 im Falle des § 251 Abs. 2 S. 2 (vgl § 251 Rn 11) für die dort genannten anfechtungsbefugten Betriebsräte etc., nicht aber für Arbeitnehmer der AG.[7] Nicht aus-

---

[1] RegBegr. *Kropff*, S. 338; vgl demgegenüber Großkomm-AktienR/*K. Schmidt*, Rn 3 ff, der der Regierungsbegründung eine doppelte Fehleinschätzung vorwirft, da sie von der Natur der Nichtigkeitsklage als Feststellungsklage ausgehe und darüber hinaus nicht hinreichend zwischen Gestaltungswirkung und materieller Rechtskraft unterscheide.

[2] Henssler/Strohn/*Drescher*, Rn 1.

[3] Henssler/Strohn/*Drescher*, Rn 2; K. Schmidt/Lutter/*Schwab*, Rn 1; Spindler/Stilz/*Stilz*, Rn 1.

[4] Die str sind, exemplarisch: Großkomm-AktienR/*K. Schmidt*, Rn 4: Gestaltungsklage; Hensseler/Strohn/*Drescher*, Rn 2; Grigoleit/*Ehmann*, Rn 2; *Hüffer*, Rn 2: K. Schmidt/Lutter/*Schwab*, Rn 2; Bürgers/Körber/*Göz*, Rn 2 Feststellungsklage.

[5] *Hüffer*, Rn 3; MüKo-AktG/*Hüffer*, Rn 6; Großkomm-AktienR/ *K. Schmidt*, Rn 4, 7; Spindler/Stilz/*Stilz*, Rn 4; KölnKomm-AktG/*Kiefner*, Rn 8; K. Schmidt/Lutter/*Schwab*, Rn 2.

[6] *Hüffer*, Rn 6; MüKo-AktG/*Hüffer*, Rn 11 f; Großkomm-AktienR/*K. Schmidt*, Rn 5.

[7] Kritisch: KölnKomm-AktG/*Zöllner*, Rn 14; *Baumbach/Hueck*; AktG, Rn 3.

drücklich geregelt ist die Rechtskraftwirkung für den Fall des § 251 Abs. 2 S. 3; soweit AR-Mitglieder Kläger sind, folgt die Drittwirkung aus Abs. 2 S. 3; bei Klagen von Betriebsräten etc. folgt die Rechtskraftwirkung aus der analogen Geltung des Abs. 2 S. 2.[8]

Das Anfechtungsurteil hat **Rückwirkung**[9] (vgl zu mit der Rückwirkung verbundenen Themen § 250 Rn 1, Rn 9 ff). 7

§ 253 Nichtigkeit des Beschlusses über die Verwendung des Bilanzgewinns

(1) ¹Der Beschluß über die Verwendung des Bilanzgewinns ist außer in den Fällen des § 173 Abs. 3, des § 217 Abs. 2 und des § 241 nur dann nichtig, wenn die Feststellung des Jahresabschlusses, auf dem er beruht, nichtig ist. ²Die Nichtigkeit des Beschlusses aus diesem Grunde kann nicht mehr geltend gemacht werden, wenn die Nichtigkeit der Feststellung des Jahresabschlusses nicht mehr geltend gemacht werden kann.

(2) Für die Klage auf Feststellung der Nichtigkeit gegen die Gesellschaft gilt § 249.

Literatur:
Vgl die Angaben zu §§ 58, 173, 174, 217, 241, 249, 254 und 256; ferner: *Döllerer*, Der Gewinnbegriff des neuen Aktiengesetzes, in: FS Geßler, 1971, S. 93; *Geßler*, Rücklagenbildung bei Gewinnabführungsverträgen, in: FS Meilicke, 1985, S. 18; *Nauss*, Probleme bei der Verwendung des Jahresüberschusses und des Bilanzgewinns nach dem Aktiengesetz von 1965, AG 1967, 127.

A. Regelungsgehalt

§ 253 hat zwar keinen gesetzlichen Vorläufer. Doch die Nichtigkeit des Gewinnverwendungsbeschlusses bei Nichtigkeit des Jahresabschlusses entsprach bei der Verabschiedung des AktG 1965 allgemeiner Auffassung.[1] Die Norm verweist für die Nichtigkeit des Beschlusses über die Verwendung des Bilanzgewinns auf die allgemeine Regelung des § 241 und ergänzt diese um den **besonderen Nichtigkeitsgrund der Nichtigkeit des Jahresabschlusses**.[2] Die Vorschrift gilt entsprechend für die GmbH.[3] 1

B. Die Regelungen im Einzelnen

I. Gründe der Nichtigkeit des Gewinnverwendungsbeschlusses (Abs. 1). 1. Fälle außerhalb des § 253 (Abs. 1 S. 1). Der Gewinnverwendungsbeschluss (174 Abs. 1 S. 1 – der auch vorliegt, wenn die HV mehr oder weniger als den Bilanzgewinn verteilt)[4] ist **nichtig unter den Voraussetzungen der §§ 173 Abs. 3, 217 Abs. 2**[5] **und 241** (vgl § 173 Rn 22; § 217 Rn 8; § 241 Rn 4 ff). Nach § 241 ist der Beschluss insbesondere in den folgenden Fällen nichtig: 2

- Unvereinbarkeit des Gewinnverwendungsbeschlusses mit dem **festgestellten Bilanzgewinn**, nichtig gemäß § 241 Nr. 3;[6]
- erfolgreiche Anfechtung wegen **übermäßiger Rücklagenbildung** nach § 254, Nichtigkeit gemäß § 241 Nr. 5.[7]
- Gewinnverwendungsbeschluss unter Missachtung der Bindung an den festgestellten Jahresabschluss, § 174 Abs. 1 S. 2, Nichtigkeit gemäß § 241 Abs. 1 Nr. 3.[8]

Kein Nichtigkeitsgrund – wohl aber Anfechtungsgrund – sind **Verstöße gegen § 174 Abs. 2** (vgl § 174 Rn 8 ff).[9] 3

---

8 *Hüffer*, Rn 7; MüKo-AktG/*Hüffer*, Rn 12; Großkomm-AktienR/*K. Schmidt*, Rn 14.
9 *Hüffer*, Rn 8; MüKo-AktG/*Hüffer*, Rn 10; Großkomm-AktienR/*K. Schmidt*, Rn 12; KölnKomm-AktG/*Zöllner*, Rn 10 f; MüHb-AG/*Semler*, § 41 Rn 83; Hensslser/Strohn/*Drescher*, Rn 3; K. Schmidt/Lutter/*Schwab*, Rn 3; aA Großkomm-AktienR, 3. Aufl., Rn 5; *Baumbach/Hueck*, AktG, Rn 3.
1 RegBegr. *Kropff*, S. 339.
2 Vgl K. Schmidt/Lutter/*Schwab*, Rn 1, Großkomm-AktienR/ *K. Schmidt*, Rn 1.
3 Hensslser/Strohn/*Drescher*, Rn 1; BGH ZIP 2008, 1818 = NZG 2008, 783; OLG Stuttgart NZG 2004, 675 = ZIP 2004, 909; OLG Hamm BB 1991, 2122 = AG 1992, 233.
4 K. Schmidt/Lutter/*Schwab*, Rn 2; MüKo-AktG/*Hüffer*, Rn 3; Spindler/Stilz/*Stilz*, Rn 1.
5 K. Schmidt/Lutter/*Schwab*, Rn 3; Hensslser/Strohn/*Drescher*, Rn 3.
6 Großkomm-AktienR/*K. Schmidt*, Rn 2, 6; KölnKomm-AktG/ *Zöllner*, Rn 4; MüKo-AktG/*Hüffer*, Rn 7; K. Schmidt/Lutter/ *Schwab*, Rn 4.
7 *Hüffer*, Rn 3; MüKo-AktG/*Hüffer*, Rn 7; Großkomm-AktienR/ *K. Schmidt*, Rn 6; K. Schmidt/Lutter/*Schwab*, Rn 5.
8 K. Schmidt/Lutter/*Schwab*, Rn 4; MüKo-AktG/*Hüffer*, Rn 7; Spindler/Stilz/*Stilz*, Rn 8; Großkomm-AktienR/*K. Schmidt*, Rn 2, 6.
9 *Hüffer*, Rn 3; MüKo-AktG/*Hüffer*, Rn 7; Großkomm-AktienR/ *K. Schmidt*, Rn 6; K. Schmidt/Lutter/*Schwab*, Rn 5; KölnKomm-AktG/*Zöllner*, Rn 10.

4 2. Nichtigkeit des Gewinnverwendungsbeschlusses wegen Nichtigkeit der Feststellung des Jahresabschlusses (Abs. 1 S. 1 Hs 2). Gemäß Abs. 1 S. 1 Hs 2 ist der Gewinnfeststellungsbeschluss nichtig, wenn die Feststellung des Jahresabschlusses nichtig ist, auf dem der Gewinnfeststellungsbeschluss beruht.[10] Die Feststellung des Jahresabschlusses ist nichtig im Fall der Nichtigkeit gemäß § 256 oder der Nichtigerklärung gemäß § 257 (vgl § 256 Rn 6 ff; § 257 Rn 2 ff). Der Gewinnverwendungsbeschluss „beruht" auf dem Jahresabschluss, wenn der Gewinnverwendungsbeschluss den Bilanzgewinn des Jahresabschlusses als Ausgangsgröße aufnimmt.[11] Eine erneute Feststellung desselben Betrages als Bilanzgewinn beseitigt nicht das „**Beruhen**" gemäß Abs. 1 S. 1; vielmehr ist über die Gewinnverwendung auch in einem solchen Fall erneut zu entscheiden.[12] Ein nichtiger und bereits vollzogener Gewinnverwendungsbeschluss kann nicht dadurch geheilt werden, dass der Jahresabschluss (ggf nach Durchführung einer Pflichtprüfung) erneut festgestellt wird;[13] ein Beschluss über die Genehmigung einer im Entwurf vorliegenden Bilanz und die Verwendung des Ergebnisses kann nicht in einen Beschluss über eine Vorab-Ausschüttung umgedeutet werden.[14] Ein Gewinnverwendungsbeschluss bei einer prüfungspflichtigen AG beruht auch dann nicht auf einem den gesellschaftsrechtlichen Vorschriften entsprechenden Jahresabschluss, wenn der geprüfte Jahresabschluss durch die HV geändert und der Bestätigungsvermerk des Abschlussprüfers über die Nachtragsprüfung (§ 316 Abs. 3 HGB) erst nach Ablauf der Frist des § 173 Abs. 3 S. 2 erteilt wurde.[15] Nach allgemeinen Grundsätzen trägt der Kläger, der sich auf die Nichtigkeit des Jahresabschlusses beruft, die Darlegungs- und Beweislast.[16]

5 3. Heilung der Nichtigkeit (Abs. 1 S. 2). Gemäß Abs. 1 S. 2 kann die Nichtigkeit des Gewinnverwendungsbeschlusses wegen Nichtigkeit der Feststellung des Jahresabschlusses nicht mehr geltend gemacht werden, wenn die **Nichtigkeit des Jahresabschlusses nicht mehr geltend gemacht** werden kann. Die Heilung nach Abs. 1 S. 2 als besonderer Heilungstatbestand richtet sich nach § 256 Abs. 6 (vgl § 256 Rn 39 f). Die Nichtigkeitsklage gegen den Verwendungsbeschluss soll die Heilung des Jahresabschlusses nicht hemmen,[17] weshalb eine isolierte Feststellungsklage gegen den Verwendungsbeschluss unbegründet wird, wenn während des Prozesses der Jahresabschluss geheilt wird; daher muss der Kläger ggf den Rechtsstreit für erledigt erklären, will er die Klageabweisung vermeiden.[18] Unberührt von Heilung nach Abs. 1 S. 2 bleibt Heilung nach § 242 geheilt werden.[19]

6 Mangels Eintragung des Gewinnverwendungsbeschlusses in das Handelsregister kommt eine **Heilung nur gemäß §§ 242 Abs. 3, 217 Abs. 2** in Betracht, wenn bei der Kapitalerhöhung aus Gesellschaftsmitteln beschlossen wird, dass die neuen Aktien am Gewinn des abgelaufenen Geschäftsjahres teilnehmen.[20]

7 II. Rechtsfolgen und Geltendmachung der Nichtigkeit (Abs. 2). Rechtsfolge der Nichtigkeit des Gewinnverteilungsbeschlusses ist, dass die Aktionäre **keinen Anspruch auf Zahlung von Dividenden** haben, da der Anspruch auf Zahlung der Dividende erst mit Wirksamwerden des Gewinnverwendungsbeschlusses entsteht (vgl § 58 Rn 41; § 174 Rn 2 ff).[21] Daher muss die AG die Zahlung der Dividenden verweigern. Hat sie eine Dividende gezahlt, besteht grundsätzlich die **Haftung der Aktionäre gemäß § 62 Abs. 1**, nicht gemäß §§ 812 ff BGB, (vgl § 62 Rn 5 ff).[22] Der Anspruch wird allerdings häufig gemäß § 62 Abs. 1 S. 2 ausscheiden: Die AG muss nachweisen, dass die Aktionäre wussten oder fahrlässig nicht wussten, dass sie zum Dividendenbezug nicht berechtigt waren. (vgl § 62 Rn 18 ff) Dazu wird sie beim Fall der Nichtigkeit wegen Nichtigkeit des Jahresabschlusses meist nicht in der Lage sein. **Schadensersatzansprüche** gegen Aktionäre werden meist mangels Verschuldens ausscheiden. Besteht doch mal ein Anspruch, können die Aktionäre ggf nachweisen, dass bei korrekt erstelltem Jahresabschluss (zB trotz Beseitigung einer Überbewertung nach

---

10 Vgl aus der Rspr OLG Stuttgart NZG 2003; 778 = ZIP 2003, 1981; OLG Stuttgart WM 2006, 292 = ZIP 2006, 27; OLG Frankfurt ZIP 2008, 738 = WM 2008, 986; BGH ZIP 2008, 1818 = WM 2008, 1876 (zur GmbH).

11 Großkomm-AktienR/*K. Schmidt*, Rn 7; *Hüffer*, Rn 4; MüKo-AktG/*Hüffer*, Rn 8; KölnKomm-AktG/*Zöllner*, Rn 18; K. Schmidt/Lutter/*Schwab*, Rn 6.

12 Großkomm-AktienR/*K. Schmidt*, Rn 7; *Hüffer*, Rn 4; MüKo-AktG/*Hüffer*, Rn 8; KölnKomm-AktG/*Zöllner*, Rn 18; Hennsler/Strohn/*Drescher*, Rn 5.

13 K. Schmidt/Lutter/*Schwab*, Rn 6; Großkomm-AktienR/ *K. Schmidt*, Rn 7; KölnKomm-AktG/*Zöllner*, Rn 16; MüKo-AktG/*Hüffer*, Rn 8.

14 FG Rheinland Pfalz EFG 2006, 1278 = DStRE 2007, 889, Nichtzulassungsbeschwerde zurückgewiesen, BFH v. 6.3.2007 – I B 37/06 (n.v.).

15 BFHE 215, 98 = BStBl II 2007, 728 = DB 2007, 323 = BB 2007, 434 = GmbHR 2007, 206 (zur GmbH); vgl dazu *Pezzer*, FR 2007, 433; *Hoffmann*, GmbHR 2007, 208; Hennsler/Strohn/*Drescher*, Rn 3; Schmidt/Lutter/*Schwab*, Rn 3.

16 K. Schmidt/Lutter/*Schwab*, Rn 6; Hennsler/Strohn/*Drescher*, Rn 4; OLG München BB 1994, 323 = AG 1994, 375; Großkomm-AktienR/*K. Schmidt*, Rn 7; MüKo-AktG/*Hüffer*, Rn 8; aA KölnKomm-AktG/*Zöllner*, Rn 4.

17 OLG Stuttgart WM 2006, 292 = ZIP 2006, 27; Schmidt/Lutter/*Schwab*, Rn 9; Großkomm-AktienR/*K. Schmidt*, Rn 9; KölnKomm-AktG/*Zöllner*, Rn 20; MüKo-AktG/*Hüffer*, Rn 10.

18 K. Schmidt/Lutter/*Schwab*, Rn 9.

19 Hennsler/Strohn/*Drescher*, Rn 6.

20 Großkomm-AktienR/*K. Schmidt*, Rn 8; *Hüffer*, Rn 5; MüKo-AktG/*Hüffer*, Rn 9; KölnKomm-AktG/*Zöllner*, Rn 21; Spindler/Stilz/*Stilz*, Rn 15,16; K. Schmidt/Lutter/*Schwab*, Rn 8; undeutlich: *v. Godin*/*Wilhelmi*, Anm. 4.

21 BGHZ 65, 230 = WM 1976, 12; BGHZ 137, 378 = WM 1998, 510 = NJW 1998, 1559.

22 *Hüffer*, Rn 7; MüKo-AktG/*Hüffer*, Rn 11; Großkomm-AktienR/*K. Schmidt*, Rn 10; Spindler/Stilz/*Stilz*, Rn 20; Hennsler/Stohn/*Drescher*, Rn 5.

§ 256 Abs. 5 Nr. 1) ein positives ausschüttbares Ergebnis vorhanden wäre. Dann könnte sich grundsätzlich ein Gegenanspruch der Aktionäre auf eine vollständige Ausschüttung des Bilanzgewinns in den Grenzen von § 58 Abs. 4 bezogen auf den neu festgestellten Jahresabschluss ergeben (vgl § 254 Rn 1).[23] Ist bei den Aktionären eine Rückforderung nicht zu erlangen, kommt eine **Haftung der Mitglieder der Verwaltungsorgane** in Betracht, in erster Linie gemäß § 93 Abs. 2, Abs. 3 Nr. 1, Nr. 2 Alt. 2, § 116, ggf zB bei vorwerfbarer Falschbilanzierung nach § 256 auch auf der Basis von § 823 Abs. 2 iVm § 331 Nr. 1, Nr. 1 a HGB. Vorstands-Anstellungsverträge mit dividendenabhängiger Vergütung vor, werden regelmäßig so auszulegen sein, dass die Vergütung ohne gültigen Gewinnverwendungsbeschluss nicht geschuldet ist.[24] Wie die Nichtigkeit eines jeden anderen HV-Beschlusses, kann die **Nichtigkeit des Verwendungsbeschlusses in jeder beliebigen Weise geltend gemacht** werden, nicht nur durch Nichtigkeitsklage (vgl zu § 249 Abs. 1 S. 2 § 249 Rn 16). Nach einhelliger Auffassung steht dem Wortlaut des Abs. 2 nicht entgegen, der auf § 249 nur in Hinblick auf die Nichtigkeitsklage verweist.[25] Standardfall hierfür ist, dass die AG die Nichtigkeit einwendet, wenn Aktionäre die Zahlung der Dividende verlangen.[26] Die Rechtskraft des Urteils zur Nichtigkeit des Verwendungsbeschlusses erstreckt sich nicht auf die Nichtigkeit des Jahresabschlusses, zumal da § 256 spezielle Nichtigkeitsgründe enthält[27] (vgl Rn 5).

§ 254 Anfechtung des Beschlusses über die Verwendung des Bilanzgewinns

(1) Der Beschluß über die Verwendung des Bilanzgewinns kann außer nach § 243 auch angefochten werden, wenn die Hauptversammlung aus dem Bilanzgewinn Beträge in Gewinnrücklagen einstellt oder als Gewinn vorträgt, die nicht nach Gesetz oder Satzung von der Verteilung unter die Aktionäre ausgeschlossen sind, obwohl die Einstellung oder der Gewinnvortrag bei vernünftiger kaufmännischer Beurteilung nicht notwendig ist, um die Lebens- und Widerstandsfähigkeit der Gesellschaft für einen hinsichtlich der wirtschaftlichen und finanziellen Notwendigkeiten übersehbaren Zeitraum zu sichern und dadurch unter die Aktionäre kein Gewinn in Höhe von mindestens vier vom Hundert des Grundkapitals abzüglich von noch nicht eingeforderten Einlagen verteilt werden kann.

(2) ¹Für die Anfechtung gelten die §§ 244 bis 246, 247 bis 248 a. ²Die Anfechtungsfrist beginnt auch dann mit der Beschlußfassung, wenn der Jahresabschluß nach § 316 Abs. 3 des Handelsgesetzbuchs erneut zu prüfen ist. ³Zu einer Anfechtung nach Absatz 1 sind Aktionäre nur befugt, wenn ihre Anteile zusammen den zwanzigsten Teil des Grundkapitals oder den anteiligen Betrag von 500 000 Euro erreichen.

Literatur:
Vgl die Angaben zu §§ 58, 174 und 253.

A. Regelungsgehalt

Regelungszweck ist nach der Regierungsbegründung zum AktG 1965 **Schutz der Minderheit in einer AG vor Aushungerung bei Ausschüttungen**. § 58 Abs. 3 sieht nämlich vor, dass die HV ohne Ermächtigung in der Satzung im Beschluss über die Verwendung des Bilanzgewinns Beträge in offene Rücklagen einstellen oder als Gewinn vortragen darf. Für entsprechende HV-Beschlüsse genügt die einfache Stimmenmehrheit (§ 133 Abs. 1). Diese Regelung berge zumal bei von einem Großaktionär beherrschten Gesellschaften die Gefahr in sich, dass die HV-Mehrheit jahrelang jede Ausschüttung verhindert und stattdessen Rücklagen in einem Ausmaß ansammele, das unter wirtschaftlichen Gesichtspunkten nicht zu rechtfertigen sei. Unterblieben dann noch Kapitalerhöhungen aus Gesellschaftsmitteln, würden Minderheitsaktionäre geneigt sein, ihre Beteiligung an der AG aufzugeben, ohne einen angemessenen Gegenwert zu erhalten. Daher sehe der Gesetzesentwurf ein Anfechtungsrecht vor, das an strenge Voraussetzungen geknüpft sei; der Minderheitenschutz dürfe nämlich nicht soweit gehen, dass die Minderheit die Rücklagenpolitik der Gesellschaft bestimme. Der Minderheit sei nur eine **Mindestverzinsung** zu garantieren.[1] Aus dem Zusammenspiel von §§ 254, 58 wird hergeleitet, dass die Aktionäre grundsätzlich einen Anspruch auf die höchstmögliche Gewinnaus-

---

23 Vgl *Weilep/Weilep*, BB 2006, 147, 151.
24 K. Schmidt/Lutter/*Schwab*, Rn 10; MüKo-AktG/*Hüffer*, Rn 12, Großkomm-AktienR/*K. Schmidt*, Rn 11.
25 Großkomm-AktienR/*K. Schmidt*, Rn 11; MüKo-AktG/*Hüffer*, Rn 12.
26 MüKo-AktG/*Hüffer*, Rn 12.
27 Im Erg. ebenso Henssler/Strohn/*Drescher*, Rn 7; Spindler/Stilz/ *Stilz*, Rn 22.
1 RegBegr. *Kropff*, S. 340.

schüttung haben.² Zu Recht wird kritisiert, dass die Norm meist leerläuft; denn die Mindestdividende ist durch den Bezug zum Nennwert sehr niedrig angesetzt.³

B. Die Regelungen im Einzelnen

2 I. **Anfechtung des Gewinnverwendungsbeschlusses (Abs. 1).** Gegenstand der Anfechtung ist der Beschluss über die Verwendung des Bilanzgewinns gemäß § 174 Abs. 1 S. 1 (vgl § 174 Rn 8 ff, 29, vgl auch § 253 Rn 2). Nicht nach § 254 anfechtbar soll Beschluss nach § 58 Abs. 2 S. 2 sein, der Verwaltung zur Einstellung von mehr als der Hälfte des Jahresüberschusses in Gewinnrücklagen ermächtigt.⁴

3 1. **Anfechtung gemäß § 243 (Abs. 1 Hs 1).** Der Gewinnverwendungsbeschluss kann nach den **allgemeinen Anfechtungsgründen** des § 243 wegen Gesetzes- und Satzungsverstoßes und Verfolgung von Sondervorteilen angefochten werden (vgl § 243 Rn 7 ff, 26 ff). Besondere Bedeutung hat die Anfechtung wegen treuwidriger oder missbräuchlicher Stimmrechtsausübung und Verfolgung von Sondervorteilen.⁵ Eine entsprechende Treuepflicht gegenüber den Minderheitsaktionären soll es in der AG nicht geben, so dass eine ihrer Meinung nach zu geringe Ausschüttung nicht unter diesem Gesichtspunkt angefochten werden kann.⁶ Gegen die Sondervorteils-Anfechtung kann nicht geltend gemacht werden, § 254 sei eine abschließende Sonderregelung; anfechtbar ist zB der Beschluss, wenn der Mehrheitsaktionär durch Aushungern die Aktien der Minderheit billig zu erwerben oder ihnen die Zustimmung zu einem Unternehmensvertrag abzunötigen versucht.⁷ Denkbar ist also die Anfechtung nach § 243 zB auch wegen Verfahrensfehlern, Verstoßes gegen § 58 Abs. 3 S. 2, § 174 Abs. 2 (vgl § 253 Rn 3) und statuarische Gewinnverwendungsvorschriften.

4 2. **Anfechtung wegen nicht notwendiger Gewinnrücklage oder Gewinnvortrag (Abs. 1 Hs 2).** Die Anfechtbarkeit nach dieser Norm setzt **kumulativ zwei Gründe** voraus:

5 a) **Mindestausschüttung unterschritten (Abs. 1 aE).** Der Beschluss muss dazu führen, dass unter die Aktionäre **kein Gewinn in Höhe von mindestens 4 % des Grundkapitals** (abzüglich noch nicht eingeforderter Einlagen) verteilt werden kann (Abs. 1 aE). Streitig ist, ob auf den Betrag der gesamten Ausschüttung oder den dem einzelnen Aktionär zufließenden Betrag abzustellen ist.⁸ ME kommt es auf die Gesamtausschüttung an – was auch der Wortlaut des Gesetzes nahe legt („unter die Aktionäre kein Gewinn ... verteilt werden kann"). Maßgebend ist, dass Abs. 1 zwar auch den Schutz der Mindestdividende des einzelnen Aktionärs bezweckt;⁹ diese soll aber auch ausweislich der Regierungsbegründung so garantiert werden, dass der gesamten Minderheit eine Mindestdividende garantiert wird.¹⁰ Voraussetzung für die Anfechtbarkeit ist, dass die zur Ausschüttung zur Verfügung stehenden Beträge **verteilungsfähig** sind, sie dürfen also nicht nach Gesetz oder Satzung von der Verteilung ausgeschlossen sein; **Satzungsklauseln zur Beschränkung der Ausschüttung** sind grundsätzlich zulässig.¹¹ Nicht zur Ausschüttung zur Verfügung steht ein nicht verteilungsfähiger Spitzenbetrag.¹²

6 b) **Einstellung von Beträgen in Gewinnrücklagen oder Gewinnvortrag.** Kumulativ muss **für die Unterschreitung der Mindestdividende kausal** sein, dass die HV durch den Gewinnverwendungsbeschluss Beträge in **Gewinnrücklagen** (§ 266 Abs. 3 A III HGB) **einstellt oder** als **Gewinn vorträgt** (§ 266 Abs. 3 A IV HGB), die

- nicht nach Gesetz oder Satzung von der Verteilung unter die Aktionäre ausgeschlossen sind,
- deren Einstellung oder Gewinnvortrag bei vernünftiger kaufmännischer Beurteilung nicht notwendig ist, um die Lebens- und Widerstandsfähigkeit der Gesellschaft für einen übersehbaren Zeitraum zu sichern.

---

2 LG Frankfurt AG 2008, 300, 301; Spindler/Stilz/*Cahn/v. Spannenberg*, § 58 Rn 2; K. Schmidt/Lutter/*Schwab*, Rn 1.
3 Grigoleit/*Ehmann*, Rn 1.
4 BGHZ 55, 359, 364 f = WM 1971, 376; Großkomm-AktienR/ *K. Schmidt*, Rn 4; MüKo-AktG/*Hüffer*, Rn 5; Spindler/Stilz/ *Stilz*, Rn 4; K. Schmidt/Lutter/*Schwab*, Rn 2; aA *Schäfer*, BB 1966, 229, 233; *Staber*, BB 1966, 1254.
5 Vgl MüKo-AktG/*Hüffer*, Rn 6 ff.
6 K. Schmidt/Lutter/*Schwab*, Rn 6; MüKo-AktG/*Hüffer*, Rn 8; KölnKomm-AktG/*Zöllner*, Rn 7; vgl demgegenüber die Diskussion zur GmbH *Hommelhoff* in: FS Rowedder, S. 171; *Zöllner*, ZGR 1988, 392, 416 f; Baumbach/Hueck/*Zöllner*, GmbHG nach § 47 Rn 107; *Hueck* in: FS Steindorff, S. 45, 56 f.
7 K. Schmidt/Lutter/*Schwab*, Rn 7; KölnKomm-AktG/*Zöllner*, Rn 11; MüKo-AktG/*Hüffer*, Rn 9.
8 Für Einzelbetrachtung: Großkomm-AktienR/*K. Schmidt*, Rn 7; KölnKomm-AktG/*Zöllner*, Rn 13; K. Schmidt/Lutter/*Schwab*, Rn 3; Grigoleit/*Ehmann*, Rn 3; aA für Maßgeblichkeit der Gesamtausschüttung: *Hüffer*, Rn 3; MüKo-AktG/*Hüffer*, Rn 11; MüHb-AG/*Semler*, § 41 Rn 124; Henssler/Strohn/*Drescher*, Rn 3; Spindler/Stilz/*Stilz*, Rn 13, 14 hält beide Berechnungsmethoden für möglich. BGH formuliert, § 254 wolle „dem Aktionär" Mindestdividende sichern, BGHZ 84, 303, 305 = NJW 1983, 202, allerdings wird aus dem Zusammenhang nicht klar, ob er damit tatsächlich für Einzelbetrachtung votiert.
9 BGHZ 84, 303, 305 = NJW 1989, 282.
10 RegBegr. *Kropff*, S. 340.
11 BGHZ 84, 303, = NJW 1983, 282; K. Schmidt/Lutter/*Schwab*, Rn 4; Henssler/Strohn/*Drescher*, Rn 4.
12 Henssler/Strohn/*Drescher*, Rn 4; Spindler/Stilz/*Stilz*, Rn 9.

Der Begriff der **Sicherung der Lebens- und Widerstandsfähigkeit der Gesellschaft** umschreibt die wirtschaftliche Erforderlichkeit der Gewinnthesaurierung.[13] Diese soll nach kaufmännischer Betrachtungsweise bestimmt werden, was einen Beurteilungsspielraum der AG umfasse.[14] Der maßgebende „übersehbare Zeitraum" soll fünf Jahre sein.[15] Die AG trägt die Darlegungs- und Beweislast für das Vorliegen der Voraussetzungen von Rücklagenbildung bzw. Gewinnvortrag.[16] Dieser Nachweis wird nur selten gelingen; die Anfechtbarkeit ist die Regel, der Vorbehalt der Erforderlichkeit der Thesaurierung die Ausnahme.[17]

II. Anfechtung (Abs. 2). Die Befugnis zur Anfechtung wegen nicht in § 254 genannter Mängel bleibt unberührt, was Abs. 1 S. 1 ausdrücklich klarstellt („außer nach § 243 auch"), vgl Rn 3.[18] Gemäß Abs. 2 S. 1 gelten für die Anfechtung §§ 244 bis 246, 247 bis 248 a. Gemäß Abs. 2 S. 2 beginnt die **Anfechtungsfrist** auch bei Nachtragsprüfung gemäß § 316 Abs. 3 HGB[19] mit dem HV-Beschluss (bzw dem letzten Tag der HV, vgl § 246 Rn 22 ff).

Abs. 2 S. 3 beschränkt die Anfechtungsbefugnis für Klagen von Aktionären nach § 254 – icht aber nach Abs. 1 S. 1 iVm § 243 (vgl Rn 3): Antragsbefugt sind nur die Aktionäre, die 5 % des Grundkapitals oder den anteiligen Betrag von 500.000 EUR (§ 8 Abs. 3 S. 3, vgl § 8 Rn 13 f) erreichen. ME ist es nicht erforderlich, dass der (die) Kläger zudem gemäß § 245 anfechtungsbefugt sind. Das folgt schon aus der Regierungsbegründung zu § 254 Abs. 2. Dort heißt es, dass für die Anfechtung des Beschlusses die allgemeinen Vorschriften gelten, der Entwurf aber „eine Ausnahme" mache wegen übermäßiger Rücklagenbildung: Diesen Anfechtungsgrund könne „nicht jeder Aktionär, sondern nur eine Minderheit der Aktionäre geltend machen, deren Anteil zusammen den 20. Teil des Grundkapitals erreicht.[20] Daraus wird deutlich, dass das Gesetz der qualifizierten Minderheit das Anfechtungsrecht sichern wollte **unabhängig von der Einlegung eines Widerspruchs** oder der Erfüllung sonstiger Voraussetzungen gemäß § 245.[21] ME genügt es, dass das Quorum bei Klageerhebung besteht; wie sonst bei der Anfechtungsklage beseitigt der nachträgliche Wegfall der Aktionärseigenschaft die Aktivlegitimation nicht (vgl § 246 Rn 5). Die Frage ist streitig. Für meine Sicht ist maßgebend, dass die Kläger ihre Dividendenansprüche für einen abgeschlossenen Gewinnfeststellungszeitraum sichern wollen. ME widerspricht es daher dem Rechtsschutzinteresse, von ihnen die Inhaberschaft ihrer Aktien bis zur letzten mündlichen Verhandlung zu verlangen (was viele Jahre bedeuten kann), wenn sie der AG vorwerfen, dass deren Mehrheitsaktionär sie zu Unrecht aushungert; sie müssen vielmehr in der Lage sein, sich von ihren Aktien zu trennen und trotzdem für die abgeschlossenen Zeiträume ihrer Aktieninhaberschaft die Anfechtbarkeit durchsetzen können.[22] Anfechtungsbefugt ist auch der Vorstand (Abs. 2 iVm § 245 Nr. 4) – nicht aber ein einzelnes Organmitglied.[23]

§ 255 Anfechtung der Kapitalerhöhung gegen Einlagen

(1) Der Beschluß über eine Kapitalerhöhung gegen Einlagen kann nach § 243 angefochten werden.

(2) ¹Die Anfechtung kann, wenn das Bezugsrecht der Aktionäre ganz oder zum Teil ausgeschlossen worden ist, auch darauf gestützt werden, daß der sich aus dem Erhöhungsbeschluß ergebende Ausgabebetrag oder der Mindestbetrag, unter dem die neuen Aktien nicht ausgegeben werden sollen, unangemessen niedrig ist. ²Dies gilt nicht, wenn die neuen Aktien von einem Dritten mit der Verpflichtung übernommen werden sollen, sie den Aktionären zum Bezug anzubieten.

(3) Für die Anfechtung gelten die §§ 244 bis 248 a.

---

13 Großkomm-AktienR/*K. Schmidt*, Rn 10; Gesetzesformulierung im Anschluss an RGZ 116, 119, 133.
14 Henssler/Strohn/*Drescher*, Rn 5; Spindler/Stilz/*Stilz*, Rn 10.
15 *Hüffer*, Rn 7; Großkomm-AktienR/*K. Schmidt*, Rn 20; KölnKomm-AktG/*Zöllner*, Rn 20; demgegenüber noch RGZ 116, 119, 133: „nächste Zukunft" – zwei bis drei Jahre; im Gesetzgebungsverfahren ist die Frist, die dem RG vorschwebte, für zu kurz gehalten worden, vgl Bundesrat und Ausschuss, die für die Änderung der Gesetzesformulierung von „nächster Zukunft" in „übersehbarem Zeitraum" erfolgreich votiert haben, zit. nach *Kropff*, S. 340.
16 *Hüffer*, Rn 7; MüKo-AktG/*Hüffer*, Rn 14; KölnKomm-AktG/*Zöllner*, Rn 21; Großkomm-AktienR/*K. Schmidt*, Rn 17; Henssler/Strohn/*Drescher*, Rn 8.
17 Vgl mit weiteren Differenzierungen K. Schmidt/Lutter/*Schwab*, Rn 5.
18 K. Schmidt/Lutter/*Schwab*, Rn 6; Spindler/Stilz/*Stilz*, Rn 5; Bürgers/Körber/*Göz*, Rn 2.
19 Henssler/Strohn/*Drescher*, Rn 6.
20 RegBegr. *Kropff*, S. 341.
21 Wie hier *Hüffer*, Rn 9; MüKo-AktG/*Hüffer*, Rn 20, verlangt, dass das Erfordernis des § 245 Nr. 1 oder 2 in der Person eines Aktionärs gewahrt ist und das Quorum bis zur Klageerhebung erfüllt wird; ebenso K. Schmidt/Lutter/*Schwab*, Rn 10; Großkomm-AktienR/*K. Schmidt*, Rn 12 verlangt sogar kumulativ zu § 254 Abs. 2 S. 3 Anfechtungsbefugnis gem. § 245 bei allen Klägern; vgl Henssler/Strohn/*Drescher*, Rn 7.
22 Im Erg. ähnlich wie hier: *Hüffer*, Rn 9; MüKo-AktG/*Hüffer*, Rn 21; Großkomm-AktienR/*K. Schmidt*, Rn 13; Henssler/Strohn/*Drescher*, Rn 7; aA Großkomm-AktienR/*Schilling*, 3. Aufl., Rn 6; KölnKomm-AktG/*Zöllner*, Rn 23.
23 K. Schmidt/Lutter/*Schwab*, Rn 12; KölnKomm-AktG/*Zöllner*, Rn 24.

AktG § 255

Literatur:
Bayer, Kapitalerhöhung mit Bezugsrechtsausschluss und Vermögensschutz der Aktionäre nach § 255 Abs. 2 AktG, ZHR 163 (1999), 505; *Bayer*, Materielle Schranken und Kontrollinstrumente beim Einsatz des genehmigten Kapitals mit Bezugsrechtsausschluß, ZHR 168 (2004), 132; *Bayer*, Fehlerhafte Bewertung: Aktien als Ausgleich bei Sachkapitalerhöhung und Verschmelzung, ZHR 172 (2008), 24; *Bayer/Schmidt*, Die Reform der Kapitalaufbringung bei der Aktiengesellschaft durch das ARUG, ZGR 2009, 805; *Cannive/Suerbaum*, Die Fairness Opinion bei Sachkapitalerhöhungen von Aktiengesellschaften – Rechtliche Anforderungen und Ausgestaltung nach IDW S 8, AG 2011, 317; *Ebenroth/Müller*, Die Beeinträchtigung der Aktionärsinteressen beim teilweisen Bezugsrechtsausschluss auf Genussrechte, BB 1993, 509; *Elkart/Naumann*, Zur Fortentwicklung der Grundsätze für die Erteilung von Bestätigungsvermerken bei Abschlussprüfungen nach § 322 HGB, WPg 1995, 357 (Teil 1), 402; *Groß*, Bezugsrechtsausschluss bei Barkapitalerhöhungen, DB 1994, 2431; *Haase*, Zur Klage auf Feststellung der Nichtigkeit des Jahresabschlusses im Konkurs der Aktiengesellschaft, DB 1977, 241; *Hense*, Rechtsfolgen nichtiger Jahresabschlüsse und Konsequenzen für Folgeabschlüsse, WPg 1993, 716; *Hüffer*, Ausgleichsanspruch und Spruchverfahren statt Anfechtungsklage beim Verschmelzungs- oder Kapitalerhöhungsbeschluß des erwerbenden Rechtsträgers, ZHR 172 (2008), 8, *Hüffer*, Unternehmenszusammenschlüsse: Bewertungsfragen, Anfechtungsprobleme und Integrationsschranken, ZHR 172 (2008), 572; *Johannsen-Roth/Goslar*, Rechtliche Rahmenbedingungen für Übernahmeprämien bei Misch- oder Tauschangeboten im Lichte von § 255 Abs. 2 Satz 1 AktG und § 57 AktG, AG 2007, 573; *Kauffmann*, Beschlussfähigkeit des Aufsichtsrats bei Mängeln der Wahl oder fehlerhafter Feststellung der gewählten Arbeitnehmervertreter?, DB 1955, 1164; *Kindler*, Die sachliche Rechtfertigung des aktienrechtlichen Bezugsrechtsausschlusses im Lichte der Zweiten Gesellschaftsrechtlichen Richtlinie der Europäischen Gemeinschaft, ZHR 158 (1994), 339; *Klette*, Der Emissionskurs beim genehmigten Kapital, BB 1968, 977; *Kort*, Aktien aus vernichteten Kapitalerhöhungen, ZGR 1994, 291; *Kowalski*, Der nichtige Jahresabschluss – was nun?, AG 1993, 502; *Kropff*, Die Beschlüsse des Aufsichtsrats zum Jahresabschluss und zum Abhängigkeitsbericht, ZGR 1994, 628; *ders.*, Auswirkungen der Nichtigkeit eines Jahresabschlusses auf die Folgeabschlüsse, in: FS Budde, 1995, S. 341; *Lutter*, Der doppelte Wirtschaftsprüfer, in: FS Semler, 1993, S. 835; *ders.*, Der Streit um die Gültigkeit des Jahresabschlusses einer Aktiengesellschaft, in: FS Helmrich, 1994, S. 565; *Martens*, Bewertungsspielräume bei Fusionen und fusionsähnlichen Strukturänderungen, in: FS Röhricht, 2005, S. 987; *Martens*, Der Ausschluss des Bezugsrechts, ZIP 1992, 1677; *ders.*, Die Bewertung eines Beteiligungserwerbs nach § 255 Abs. 2 AktG – Unternehmenswert kontra Börsenkurs, in: FS Bezzenberger, 2000, S. 267; *Rodewald*, Die Angemessenheit des Ausgabenbetrags für neue Aktien bei börsennotierten Gesellschaften, BB 2004, 613; *Schäfer*, Vereinfachung der Kapitalrichtlinie Sacheinlage, Konzern 2007, 407; *Schedlbauer*, Die Gefährdung der Bestandskraft von Jahresabschlüssen durch Bewertungsfehler, DB 1992, 2097; *Seibt/Voigt*, Kapitalerhöhungen zu Sanierungszwecken, AG 2009, 133; *Sinewe*, Die Relevanz des Börsenkurses im Rahmen des § 255 II AktG, NZG 2002, 314; *Sommerschuh*, Der Emissionskurs bei der Begebung neuer Aktien, AG 1966, 354; *Timm*, Der Bezugsrechtsausschluss beim genehmigten Kapital, DB 1982, 211; *Vaupel/Reers*, Kapitalerhöhungen bei börsennotierten Aktiengesellschaften in der Krise, AG 2007, 93; *Vetter*, Ausweitung des Spruchverfahrens, ZHR 168 (2004), 8; *Vollmer/Lorch*, Der Ausschluss des Bezugsrechts von Minderheitsaktionären auf Genussscheine und andere stimmrechtslose Titel, DB 1991, 1313; *Wichmann*, Nichtigkeit des Jahresabschlusses der GmbH im Falle einer verdeckten Gewinnausschüttung, GmbHR 1992, 643; *Winter*, Die Anfechtung eintragungsbedürftiger Strukturbeschlüsse de lege lata und de lege ferenda, in: FS Ulmer 2003, S. 699; *Winter*, Die Reform des Beschlußanfechtungsrechts – Eine Zwischenbilanz, FG Happ, 2006, S. 363; *Zöllner*, Folgen der Nichtigkeit durchgeführter Kapitalerhöhungsbeschlüsse, AG 1993, 68; *Zöllner/Winter*, Folgen der Nichtigerklärung durchgeführter Kapitalerhöhungsbeschlüsse, ZHR 158 (1994), 59; vgl auch Angaben zu § 186.

A. Regelungsgehalt 1	h) Unangemessen niedriger Mindestbetrag 13c
B. Die Regelungen im Einzelnen 2	i) Bedingte Kapitalerhöhung und genehmigtes Kapital 13d
I. Anfechtung des Kapitalerhöhungsbeschlusses nach § 243 (Abs. 1) 2	j) Genussrechte, Wandelschuldverschreibungen 13e
1. Der Gegenstand der Anfechtung 3	k) Andienung eigener Aktien 13f
2. Anfechtungsgründe 4	l) Kapitalerhöhung zur Vorbereitung von Verschmelzungen und Unternehmensübernahmen 13g
II. Zusätzlicher Anfechtungsgrund bei Bezugsrechtsausschluss (Abs. 2) 7	m) Ausgabekurs bei mehreren Aktiengattungen 13h
1. Ausschluss des Bezugsrechts der Aktionäre ganz oder teilweise 8	n) Darlegungs- und Beweislast 13i
2. Unangemessen niedriger, sich aus dem Erhöhungsbeschluss ergebender Ausgabebetrag 9	III. Exkurs: Analoge Anwendung bei Erhöhungsbeschlüssen, die Ausgabe- oder Mindestbetrag nicht angeben 15
a) Ehernes Prinzip: Maßgeblichkeit des wirklichen Werts des Unternehmens 10	1. Kapitalerhöhungen gegen Sacheinlagen 16
b) Wertermittlung 10b	2. Gemischte Bar- und Sachkapitalerhöhung . 18a
c) Bedeutung subjektiver Kriterien 11	3. Unangemessen niedriger Mindestbetrag bei Baremissionen gemäß § 182 Abs. 3 19
d) Bedeutung des Börsenkurses 12a	4. Bedingte Kapitalerhöhung (§ 193 Abs. 2 Nr. 3 Alt. 2) 20
e) Verhältnis von Abs. 2 zu § 186 Abs. 3 S. 4 13	5. Genehmigtes Kapital gemäß § 202 21
f) Börsenkurs bei Sachkapitalerhöhungen 13a	IV. Verweis auf anwendbare Vorschriften (Abs. 3) 22
g) Keine Ausnahme bei Verhandlungspreis 13b	

A. Regelungsgehalt

1 § 255 ist auf Intervention des Bundesrats in das AktG 1965 eingefügt worden. Zur Begründung hieß es, die allgemeinen Anfechtungsgründe nach § 243 reichten zum Schutz der Minderheit nicht aus. Dieser Auffassung schloss sich die Bundesregierung an.[1] Entstehungsgeschichte und Begründung der Novelle zeigen, dass Norm keinesfalls dafür angeführt werden kann, das AktG wolle den Aktionär nur mit seinen Vermögensinteressen, nicht aber seinen Mitgliedsinteressen schützen. Zweck ist die **Erweiterung des Schutzes der Mitgliedsinteressen**.[2] § 255 setzt eine effektive Kapitalerhöhung voraus (Kapitalerhöhung gegen Einlagen gemäß §§ 182 ff; bedingte Kapitalerhöhung, §§ 192 ff; genehmigtes Kapital §§ 202 ff), bei Kapitalerhöhungen aus Gesellschaftsmitteln scheidet der Bezugsrechtsausschluss generell aus (§ 212). § 255 gilt sowohl bei Barerhöhungen (§ 182) als auch (analog) bei Kapitalerhöhungen mit Sacheinlagen (§ 183). Abs. 2 normiert einen **Schutz der Aktionäre vor einer vermögensrechtlichen Verwässerung ihrer Beteiligungsrechte**, die eintreten würde, wenn die auf die neuen Aktien geleisteten Einlagen nicht dem Wert der Mitgliedschaft entsprechen (vgl Rn 7). Einen Schutz der Minderheit garantiert auch das Verbot der Sondervorteile gemäß § 243 Abs. 2. Im Gegensatz zum Streben nach Sondervorteilen ist der Verwässerungsschutz nach Abs. 2 rein objektiv auszulegen.[3] **Abs. 2 ist keine abschließende Spezialregelung beim Bezugsrechtsausschluss** („Anfechtung kann ... *auch* darauf gestützt werden, dass..."); vielmehr erweitert das Gesetz die allgemeinen Anfechtungsmöglichkeiten.

Das rechtskräftige **Anfechtungsurteil entfaltet Rückwirkung**.[4] Auch wenn der Kläger der Sache nach zB nur einen höheren Ausgabepreis anstrebt, erklärt das Gericht auf begründete Anfechtung den Erhöhungsbeschluss insgesamt für nichtig.[5] Die **Rückwirkung** schließt nach Zeichnung der Aktien und Eintragung der Kapitalerhöhung deren Wirksamkeit nicht aus. Die Aktien als Mitgliedschaftsrechte sind zwar entstanden, aber die Kapitalerhöhung unterliegt nach den Grundsätzen der fehlerhaften Gesellschaft der **Rückabwicklung** ex nunc, wobei die Gläubiger schützenden Kapitalherabsetzungsregeln des § 225 Abs. 2 einzuhalten sind.[6] Bei der Rückabwicklung muss beachtet werden, dass durch die Rückabwicklung nicht die Folgen perpetuiert werden dürfen, vor denen Abs. 2 gerade schützen soll, so dass zB eine **Neubewertung der Sacheinlage** erforderlich ist.[7]

Es gibt **Rechtsreform-Diskussionen** einer Streichung des § 255 (Abs. 2) und des Verweises der Prüfung der Angemessenheit des Ausgabebetrages in **Spruchverfahren**.[8] Der Gesetzgeber hat diese Vorschläge nicht aufgegriffen, sieht man von der einschneidenden verfahrensrechtlichen Möglichkeit ab, auf der Grundlage von § 246a Bestandskraft der Maßnahme – nach der Vorstellung des Gesetzgebers sogar ohne einen dem Spruchverfahren adäquaten Schutz – zu erreichen (vgl zur Kritik Rn 22 ff). ME hat der Gesetzgeber die Reformforderung zu Recht nicht aufgegriffen: Die einschneidende Nichtigkeitsfolge erhöht zugunsten der Eigentumsrechte der Aktionäre die Hemmschwelle gegen Kapitalerhöhungen unter Missachtung des berechtigten Eigentumsinteresses der Aktionäre, vom Bezugsrecht nur ausgeschlossen zu werden, wenn der Ausgabekurs angemessen (hoch) festgesetzt ist. Die Rechtsprechung hat demgemäß bislang abgelehnt, auf Kapitalerhöhungen unter Bezugsrechtsausschluss § 1 SpruchG analog anzuwenden.[9] Diese Sicht ist zutreffend. Denn der Schutz des § 255 ist dem durch Spruchverfahren (mindestens) gleichwertig. Allerdings ist mE das Spruchverfahren bei Freigabebeschlüssen nach § 246a analog anzuwenden und nach den Grundsätzen von *Macrotron* (vgl Vor § 327a Rn 16 ff) eine Pflicht der durch die Freigabe begünstigten (Groß-)Aktionäre anzunehmen, eine angemessene Ausgleichspflicht für die Nachteile der freigegebenen Kapitalerhöhung zu leisten.

B. Die Regelungen im Einzelnen

I. Anfechtung des Kapitalerhöhungsbeschlusses nach § 243 (Abs. 1). Gemäß Abs. 1 kann der Beschluss über eine Kapitalerhöhung gegen Einlagen nach § 243 angefochten werden.

1. Der Gegenstand der Anfechtung. Gegenstand der Anfechtung sind HV-Beschlüsse über eine effektive **Kapitalerhöhung**. Abs. 1 bestätigt diesen Grundsatz lediglich. Er setzt voraus, dass auch eine Kapitalerhö-

---

1 Vgl *Kropff*, S. 341 ff.
2 Wie hier K. Schmidt/Lutter/*Schwab*, Rn 1 gegen *Mülbert*, Aktiengesellschaft, Unternehmensgruppe und Kapitalmarkt, S. 348, und *Ekkenga*, AG 1994, 59, 63 f; dagegen auch *Bayer*, ZHR 163 (1999), 505, 530 ff; MüKo-AktG/*Hüffer*, Rn 8.
3 Großkomm-AktienR/*K. Schmidt*, Rn 1; *Hüffer*, Rn 2a; MüKo-AktG/*Hüffer*, Rn 2; KölnKomm-AktG/*Zöllner*, Rn 1.
4 Großkomm-AktienR/*K. Schmidt*, Rn 15; *Hüffer*, Rn 3; BGHZ 139, 225, 231 = NJW 1998, 3345, 3346; aA *Hommelhoff*, ZHR 158 (1994) 28 (ex nunc Aufhebung).
5 Spindler/Stilz/*Stilz*, Rn 27.
6 Großkomm-AktienR/*K. Schmidt*, Rn 15; *Zöllner*, AG 1993, 68, 77 ff; *Zöllner/Winter*, ZHR 158 (1994), 59; *Hüffer*, Rn 3; MüKo-AktG/*Hüffer*, Rn 28; OLG Köln AG 1999, 471, 472;
Huber, in: FS Claussen, 1997, S. 147 ff; *Korth*, ZGR 1994, 291, 306; *Winter*, in: FS Ulmer, 2003, S. 699, 702 f.
7 *Winter*, in: FS Ulmer, 2003, S. 699, 702 ff.
8 *Bayer*, ZHR 163 (1999), 505, 544 ff; *Bayer*, ZHR 168 (2004), 132, 160; *Hüffer*, ZGR 2001, 833, 861 f; *Hüffer*, ZHR 172 (2008), 8, 15 ff und 572, 883 f; Spindler/Stilz/*Stilz*, Rn 2; *Vetter*, ZHR 168 (2004), 8, 29; *Winter*, in: FS Ulmer, 2003, S. 699, 719 ff; *Winter*, in: FS Happ, 2006, S. 363, 376 ff; DAV-Handelsrechtsausschuss, NZG 2007, 497, 499 ff; Beschluss des 63. DJT, Bd. II/12000, S. O 76; aA Bericht der Regierungskommission Corporate Governance, 2001, Rn 152; *Lutter*, JZ 2000, 837, 839.
9 LG Mannheim NZG 2007, 639.

hung aus Gesellschaftsmitteln (§ 207 Abs. 1) angefochten werden kann.[10] Abs. 1 gilt unterschiedslos für Bar- und Sacheinlagen. Er gilt für jede Form der effektiven Kapitalerhöhung („eine" Kapitalerhöhung). Damit bestätigt Abs. 1 die Anfechtbarkeit einer Kapitalerhöhung gegen Einlagen gemäß §§ 182 ff, einer bedingten Kapitalerhöhung (§§ 192 ff) und eines genehmigten Kapitals (§§ 202 ff). Auf Bezugsrechtsausschlüsse bei der Ausgabe von Wandelschuldverschreibungen, Gewinnschuldverschreibungen und Genussrechten soll § 255 nicht anwendbar sein[11] (vgl aber Rn 13 e). Beschlüsse der Verwaltung bei Ausnutzung der Ermächtigung zur Erhöhung des Kapitals (genehmigtes Kapital) sollen nicht unmittelbarer Gegenstand von Anfechtungsklagen sein (vgl Rn 8 sowie § 246 Rn 61 ff, § 243 Rn 6). Die Ermächtigung zum Bezugsrechtsausschluss ist indes ein selbstständig anfechtbarer Streitgegenstand[12] (vgl Rn 21).

2. Anfechtungsgründe. Der **Beschluss kann** gemäß §§ 255 Abs. 1 iVm 243 Abs. 1, Abs. 2 wegen **Gesetzes- oder Satzungsverstoßes sowie wegen unzulässiger Verfolgung von Sondervorteilen angefochten werden** (vgl dazu § 243 Rn 7 ff, 26 ff).

Typische in der Praxis **wichtige Fälle:**

- Gesetzesverletzung beim schlechthin gesetzwidrigen Ausschluss des Bezugsrechts (§ 186 Abs. 1);
- HV-Beschluss nimmt den Aktionären das Bezugsrecht ohne aus dem Gesellschaftsinteresse gebotene sachliche Gründe, also ohne dass diese Maßnahme aus Gründen des Gesellschaftsinteresses sachlich gerechtfertigt (erforderlich und verhältnismäßig) ist (vgl § 186 Rn 43 ff);[13]
- unter Verstoß gegen § 243 Abs. 2 liegt die aus dem Bezugsrechtsausschluss resultierende Schmälerung der Verwaltungskompetenz nur im Sonderinteresse der HV-Mehrheit, nicht aber im allgemeinen Gesellschaftsinteresse.[14] Der Anfechtungsgrund des § 255 Abs. 2 verdrängt nicht den des § 243 Abs. 2.[15]
- Bei der GmbH muss nach dem OLG Stuttgart auch ohne Bezugsrechtsausschluss der Ausgabekurs für neue Anteile den inneren Wert der Anteile angemessen widerspiegeln, und er darf nicht zu niedrig sein; erfolge die Bewertung nämlich zu niedrig, werde ein faktischer Zwang zur Teilnahme an der Kapitalerhöhung ausgeübt, der mit den Grundsätzen des GmbH-Rechts unvereinbar sei; das begründe einen Verstoß gegen die gesellschaftliche Treuepflicht und die Anfechtbarkeit der Beschlussfassung (**faktischer Bezugszwang**).[16] ME handelt es sich hierbei um die – regelmäßig zu bejahende – Frage (vgl Rn 8), ob bei einer solchen Kapitalerhöhung nicht in Wirklichkeit ein Bezugsrechtsausschluss vorliegt. Ansonsten gilt, dass die HV im Grundsatz die Höhe des Ausgabebetrags frei bestimmen kann, ein besonders niedriger Ausgabebetrag ist weder unzulässige Einlagenrückgewähr noch VGA.[17]
- Informationspflichtverletzungen.
- Verletzung der Pflicht, nach Ausnutzung von genehmigtem Kapital unter Bezugsrechtsausschluss hierüber zu berichten, begründet (u.a. vgl § 253 Rn 11) Anfechtbarkeit nachfolgender Kapitalerhöhungsbeschlüsse.[18]

II. Zusätzlicher Anfechtungsgrund bei Bezugsrechtsausschluss (Abs. 2). Abs. 2 normiert als besonderen zusätzlichen Anfechtungsgrund den Verstoß gegen den **Verwässerungsschutz für die Aktionärsminderheit**.[19]

1. Ausschluss des Bezugsrechts der Aktionäre ganz oder teilweise. Die Aktionäre müssen ganz oder teilweise vom Bezug der jungen Aktien ausgeschlossen sein. **Nicht erforderlich ist ein ausdrücklicher Ausschluss.** Bei Kapitalerhöhungen gegen **Sacheinlagen** folgt der Bezugsrechtsausschluss regelmäßig mittelbar aus den Emissionsbedingungen, was für die Anwendbarkeit des Abs. 2 genügt.[20] Der Bezugsrechtsausschluss ist bei **bedingten Kapitalerhöhungen** geradezu der Zweck der bedingten Kapitalzuführung. Überlässt die HV bei der Ermächtigung zur Schaffung eines **genehmigten Kapitals** dem Vorstand die Entscheidung, ob das Bezugsrecht ausgeschlossen werden soll (§ 203 Abs. 2), oder enthält der Ermächtigungsbeschluss keine solche Ermächtigung, scheidet nach hM die Anfechtung gemäß Abs. 2 grundsätzlich aus (vgl aber zur analogen Anwendung, Rn 15 ff);[21] die Verwaltung muss aber bei der Bemessung des Ausgabekurses die Vorgaben

---

10 MüKo-AktG/*Hüffer*, Rn 4.
11 LG München I AG 2006, 169.
12 BGH NJW-RR 2008, 289 = ZIP 2007, 2122.
13 BGHZ 71, 40, 43 ff (Kali + Salz) = AG 1978, 196, 198 = NJW 1978, 1316, 1318 = WM 1978, 401; DB 1978, 974 = BB 1978, 776; BGHZ 83, 319, 321 (Holzmann); K. Schmidt/Lutter/*Schwab*, Rn 2.
14 Großkomm-AktienR/*K. Schmidt*, Rn 2; *Hüffer*, Rn 3; MüKo-AktG/*Hüffer*, Rn 7.
15 *Hüffer*, Rn 3; MüKo-AktG/*Hüffer*, Rn 7 f; Spindler/Stilz/*Stilz*, Rn 4; Henssler/Strohn/*Drescher*, Rn 3; K. Schmidt/Lutter/*Schwab*, Rn 2.
16 OLG Stuttgart NZG 2000, 156 = DB 2000, 135 = GmbHR 2000, 333 = BB 2000, 1155; zustimmend zitiert bei Henssler/Strohn/*Drescher*, Rn 4.
17 *Hüffer*, § 182 Rn 23; BFHE 114, 185, 187.
18 OLG Frankfurt AG 2011, 713 = ZIP 2011, 1613 (Rn 133 juris), Nichtzulassungsbeschwerde II ZR 159/11 zurückgenommen.
19 Vgl statt aller *Bayer*, ZHR 163 (1999), 505, 515; *Hüffer*, Rn 2; OLG München AG 2007, 37, 41; K. Schmidt/Lutter/*Schwab*, Rn 1; Spindler/Stilz/*Stilz*, Rn 1; OLG Düsseldorf NZG 2003, 588, 597.
20 Großkomm-AktienR/*K. Schmidt*, Rn 10.
21 Großkomm-AktienR/*K. Schmidt*, Rn 10; Henssler/Strohn/*Drescher*, Rn 4; K. Schmidt/Lutter/*Schwab*, Rn 7.

von Abs. 2 beachten,²² die Kontrolle des Verwaltungshandelns soll nur durch Unterlassungs- und allg. Feststellungsklage realisiert werden (vgl § 246 Rn 64 ff). Die Vorgaben des Abs. 2 können auch bei einem bloß **faktischen Ausschluss des Bezugsrechts** zu beachten sein, zB bei Beschränkungen der Veräußerbarkeit des Bezugsrechts bzw einem faktischen Zwang zur Ausübung des Bezugsrechts²³ (vgl Rn 6). Streitig ist, ob es einen Bezugsrechtsausschluss darstellt, wenn bei **verschiedenen Aktiengattungen** die Aktionäre jeder Gattung die jungen Aktien nur proportional zu ihrer Beteiligung zeichnen dürfen (vgl § 186 Rn 6, vgl Rn 13 h zur Festsetzung des Ausgabekurses). Die Verstöße gegen die förmlichen Voraussetzungen des Bezugsrechtsausschlusses (§ 186 Abs. 3 und 4) sowie dessen mangelnde Rechtfertigung sind vor dem besonderen Anfechtungsgrund des Abs. 2 zu prüfen. Gemäß § 186 Abs. 5 S. 1 ist es nicht als Ausschluss des Bezugsrechts anzusehen, wenn ein Kreditinstitut (oder im Gesetz bestimmte andere nach dem KWG tätige Unternehmen) die neuen Aktien zunächst übernehmen sollen und diese den bisherigen Aktionären anzubieten haben (sog. mittelbares Bezugsrecht, vgl § 186 Rn 78 ff). Ein Beschluss mit solchem Inhalt erfüllt nicht den Tatbestand des Abs. 2.²⁴ Schließen andere Dritte (zB Großaktionär) das Bezugsrecht aus, ist gemäß Abs. 2 S. 2 die Anfechtung ausgeschlossen, wenn der Dritte die Aktien mit der Verpflichtung (im Wege eines echten Vertrags zugunsten Dritter)²⁵ übernehmen soll, sie den Aktionären zum Bezug anzubieten; auch in dem Fall sieht das Gesetz keine Verwässerungsgefahr und gewährt daher kein Anfechtungsrecht nach Abs. 2.²⁶

2. Unangemessen niedriger, sich aus dem Erhöhungsbeschluss ergebender Ausgabebetrag. Anfechtungsgrund ist, dass der sich aus dem Erhöhungsbeschluss ergebende Ausgabebetrag – oder der Mindestbetrag, unter dem die neuen Aktien nicht ausgegeben werden sollen – unangemessen niedrig ist.

a) Ehernes Prinzip: Maßgeblichkeit des wirklichen Werts des Unternehmens. Der BGH hat in seinem viel zitierten „Kali + Salz"-Urteil (betraf Erhöhung des Kapitals gegen Sacheinlagen, vgl Rn 16 f) hierzu Folgendes entschieden:²⁷ Die Frage, welche Gegenleistung für die bei einer Kapitalerhöhung ausgegebenen neuen Aktien angemessen sei, bestimme sich bei § 255 wie auch in anderen Fällen, in denen der Begriff der Angemessenheit im Zusammenhang mit einer vermögensmäßigen Benachteiligung von Aktionären eine Rolle spiele (wie nach § 305 Abs. 3, § 320 Abs. 5 AktG aF/§ 320 b AktG nF oder nach § 12 UmwG AG/§ 15 UmwG nF),²⁸ grundsätzlich **nicht nach Börsenkursen, sondern nach dem "wirklichen", unter Einschluss stiller Reserven und des inneren Geschäftswerts zu ermittelnden Wert**; sei (wie im Fall „Kali + Salz") eine Beteiligung gegen junge Aktien einzubringen, hänge die Anfechtbarkeit des Kapitalerhöhungsbeschlusses davon ab, „ob diese Beteiligung mit einem höheren oder die dafür ausgegebenen Aktien mit einem geringeren als ihrem wahren Wert angesetzt worden sind."²⁹ Nach der allgemein vertretenen Auffassung ist die Feststellung, wann ein Betrag unangemessen niedrig ist, in erster Linie eine Frage des Einzelfalls, da die Gestaltung des Emissionskurses vielfältigen Einflüssen unterliegt.³⁰

Während über Vorstehendes grundsätzlich allgemein Einverständnis besteht, wird in der Literatur die Bedeutung des Tatbestandsmerkmals „Ausgabebetrag ... unangemessen niedrig" vielfach erörtert. Es stehen sich folgende wesentliche Standpunkte gegenüber: (1.) Der Ausgabebetrag sei immer unangemessen niedrig, wenn er den vollen Wert der Aktie nicht erreicht.³¹ (2.) Er sei erst dann unangemessen niedrig, wenn die Unterschreitung des vollen Werts für den Aktionär objektiv nicht hinnehmbar sei, unzulässig sei erst eine unangemessene Unterschreitung des vollen Werts.³² Die Sicht (2.) ist abzulehnen. Sie missachtet nämlich den allgemein anerkannten Regelungszweck des Abs. 2, den Verwässerungsschutz (vgl Rn 7). Der Verwässerungsschutz setzt nicht erst ein, wenn die Verwässerung objektiv nicht hinnehmbar ist, sondern die Verwässerung als solche ist nicht hinnehmbar, und vor ihr soll Abs. 2 gerade schützen. Etwas anderes lässt sich auch nicht mit der allgemeinen Erwägung rechtfertigen, dass jede Kapitalerhöhung zumindest tendenziell

---

22 BGHZ 136, 133, 141 (Siemens/Nold); BGHZ 144, 290, 295 (adidas); BGHZ 164, 249, 256 (Commerzbank/Mangusta); K. Schmidt/Lutter/*Schwab*, Rn 7 – maßgebend ist der Zeitpunkt der Verwaltungsentscheidung.
23 Großkomm-AktienR/*Hirte*, § 203 Rn 10; OLG Stuttgart BB 2000, 1155, 1156 = NZG 2000, 156 = GmbHR 2000, 333 =DB 2000, 135 (zur GmbH).
24 KölnKomm-AktG/*Zöllner*, Rn 14; K. Schmidt/Lutter/*Schwab*, Rn 11; Großkomm-AktienR/*K. Schmidt*, Rn 11.
25 K. Schmidt/Lutter/*Schwab*, Rn 11; Großkomm-AktienR/ K. Schmidt, Rn 11; MüKo-AktG/*Hüffer*, Rn 22; Spindler/Stilz/ *Stilz*, Rn 15.
26 Großkomm-AktienR/K. Schmidt, Rn 11; *Hüffer*, Rn 4.
27 BGHZ 71, 40, 51 = AG 1978, 196, 198 = NJW 1978, 1316, 1318 = WM 1978, 401; DB 1978, 974 = BB 1978, 776.
28 BGH verweist in Hinblick auf den Börsenkurs auf BGH WM 1967, 479 = NJW 1967, 1464 =BB 1967, 559.

29 BGHZ 71, 40, 51 = AG 1978, 196, 198 = NJW 1978, 1316, 1318 = WM 1978, 401; DB 1978, 974 = BB 1978, 776; zustimmend zitiert: Großkomm-AktienR/*K. Schmidt*, Rn 12; *Hirte*, WM 1997, 1001, 1004; *Paefgen*, AG 1999, 67, 69; *Sinewe*, NZG 2002, 314; *Mülbert*, Aktiengesellschaft, Unternehmensgruppe und Kapitalmarkt, 1996, S. 262 ff; OLG Frankfurt AG 1999, 231, 232 f; *Hüffer*, Rn 5; MüKo-AktG/*Hüffer*, Rn 16 f; K. Schmidt/Lutter/*Schwab*, Rn 3.
30 Vgl *Sommerschuh*, AG 1966, 354, 355; Spindler/Stilz/*Stilz*, Rn 19.
31 *Bayer*, ZHR 163 (1999), 505, 532 f; *Hirte*, WM 1997, 1001, 1004; *Mülbert*, Aktiengesellschaft, Unternehmensgruppe und Kapitalmarkt, S. 262 ff; *von Falkenhausen*, Verfassungsrechtliche Grenzen der Mehrheitsherrschaft, S. 46 f.
32 *Hüffer*, Rn 7; Spindler/Stilz/*Stilz*, Rn 19; K. Schmidt/Lutter/ *Schwab*, Rn 3; *Sethe*, AG 1993, 293, 312; *Sethe*, AG 1994, 342, 349.

unter Wert vorgenommen werde, denn sonst wäre die Zeichnung junger Aktien ohne genügenden wirtschaftlichen Reiz.[33] Wenn Ausgabe unter Wert nötig ist, kann das Bezugsrecht nicht ausgeschlossen werden. *Hüffer*, der sich der Auffassung (2) angeschlossen hat, vertritt in anderem Zusammenhang, wenn die Mehrheit eine Kapitalerhöhung unter Wert vornehmen wolle, „mag sie das mit Bezugsrecht der Aktionäre tun".[34] Ohne Bezugsrecht ist der Vermögensschutz der Altaktionäre vorrangig. Die hier vertretene Sicht schließt sich nahtlos an „Kali + Salz" (Rn 10) an, wonach sich die Festlegung, welche Gegenleistung für die neuen Aktien angemessen ist, nach dem **wirklichen Wert der neuen Aktien** bestimmt. Wird dieser Wert nicht erreicht, ist der Ausgabebetrag unangemessen niedrig.

10b **b) Wertermittlung.** Da nach „Kali + Salz" unter Verweis auf Vorschriften wie § 305 Abs. 3 der wirkliche Wert maßgebend ist (Rn 10), ist mE **der Wert der eigenen neuen Aktien regelmäßig im Rahmen einer Unternehmensbewertung zu ermitteln**; nur so ist verlässlich feststellbar, dass die Wertrelation zwischen ausgegebenen jungen Aktien und dem dafür angesetzten Ausgabebetrag bzw durch die Sacheinlage erworbenen Gegenstand gemäß Abs. 2 angemessen ist.[35] Demgegenüber stellt eine sich immer mehr ausweitende Literatur-Auffassung darauf ab, dass keine Unternehmensbewertung durchgeführt werden müsse. Vielmehr wird der **Grundsatz vernünftiger kaufmännischer Beurteilung** bemüht: Es genüge, dass der Vorstand auf der Basis angemessener Informationen nach vernünftiger kaufmännischer Beurteilung schätze, welcher volle Wert seinem eigenen Unternehmen (und bei Sachkapitalerhöhung auch dem eingebrachten Erwerbsobjekt) beizulegen sei; es genüge die Berücksichtigung des Sorgfaltsstandards des § 93 Abs. 1 einschließlich Business Judgement Rule; dafür sollten Entscheidungsgrundlagen wie Vergangenheitsergebnisse, Planzahlen und Fairness-Opinions[36] sowie der Prozess der Entscheidungsfindung nachvollziehbar dokumentiert werden.[37] Dieser Auffassung ist mE schon im Ansatz nicht zu folgen. Die vernünftige kaufmännische Beurteilung ist, wie gerade *Hüffers* Verweis auf § 254 Abs. 1 zeigt,[38] kein für die Unternehmensbewertung üblicher Maßstab, sondern ein bilanzieller Begriff (vgl auch § 253 Abs. 1 HGB, § 253 Abs. 3 HGB aF, § 286 Abs. 2, Abs. 3 Nr. 2, § 313 Abs. 3 HGB). Auch der Verweis auf die Business Judgement Rule ist nicht einschlägig, da es bei der Ermittlung des angemessenen Ausgabebetrags nicht um die Frage einer Pflichtverletzung und Haftung von Vorstands- und AR-Mitgliedern gegenüber der AG[39] geht (§§ 93, 116), sondern um den Eigentumsschutz der Aktionäre gegen Verwässerung ihrer vermögensmäßigen Positionen. Unstreitig anfechtbar ist es jedenfalls, eine Wertermittlung völlig fehlen zu lassen.[40]

11 **c) Bedeutung subjektiver Kriterien. Streitig ist, ob der wirkliche Wert des Unternehmens der einzige maßgebliche Referenzwert für den Ausgabebetrag ist.** Da eine Kapitalerhöhung sich kaum einmal platzieren lasse, wenn der Ausgabebetrag ausschließlich am inneren Wert des Unternehmens orientiert sei, soll ein angemessener Abschlag auf diesen Wert regelmäßig zu tolerieren sein.[41] Gegenüber dem Interesse der übergangenen Aktionäre an der Einlage entsprechend dem wirklichen Wert soll das Interesse der Gesellschaft an der Beteiligung des neuen Aktionärs und seiner Einlage in Rechnung zu stellen sein; daher soll der Ausgabebetrag noch angemessen sein können, wenn zwar auf dem Markt ein höherer Preis erzielbar gewesen wäre, die Interessen der Gesellschaft aber für eine Annahme des niedrigeren Angebots sprechen, etwa weil die Gesellschaft von einer Aufnahme des neuen Aktionärs objektiv angemessene Vorteile erwarte, zB Verbundvorteile.[42]

11a Der BGH ließ in „Kali + Salz" offen, ob und ggf inwieweit „das subjektive Interesse des Sacheinlegers am Erwerb der jungen Aktien oder andererseits ein besonderes Interesse der Gesellschaft an gerade dieser Ein-

---

33 *Hüffer*, Rn 7; Bürgers/Körber/*Götz*, Rn 6; Großkomm-AktienR/K. *Schmidt*, Rn 12.
34 *Hüffer*, Rn 10.
35 Vgl BGHZ 71, 40, 51 (Kali + Salz) = AG 1978, 196, 198 = NJW 1978, 1316, 1318 = WM 1978, 401; DB 1978, 974 = BB 1978, 776; aA *Hüffer*, Rn 6; wie hier *Martens*, in: FS Bezzenberger, 2000, S. 264, 283; Großkomm-AktienR/*Hirte*, § 203 Rn 99; KölnKomm-AktG/*Lutter*, § 204 Rn 13; WM 1967, 479 = NJW 1967, 1464; Spindler/Stilz/*Stilz*, Rn 20 für nicht börsennotierte Unternehmen.
36 Mit Recht sehr kritisch insoweit *Schüppen*, Was helfen Fairness Opinions?, 66. Deutscher Betriebswirtschafter-Tag 2012; vgl auch *Schiessl*, ZGR 2003, 814; *Wollny*, DStR 2013, 482; *Fleischer*, AG 2011, 201; IDW-Standard: Grundsätze für die Erstellung von Fairness Opinions (IDW S 8); *Canieve/Suerbaum*, AG 2011, 317.
37 Exemplarisch: *Hüffer*, Rn 5 f.
38 *Hüffer*, Rn 6.
39 Auf diesen Aspekt weist *Hirte*, EWiR 2006, 65, 66 hin.
40 OLG Stuttgart NZG 2000, 156, 157 f = GmbHR 2000, 333 = DB 2000, 135; vgl dazu auch FG Münster EFG 2004, 368 = Der Konzern 2004, 305, wonach in der Nichtteilnahme an einer Kapitalerhöhung einer Beteiligungsgesellschaft und in deren Zustimmung zur Kapitalerhöhung zum Nennwert und nicht zum wahren inneren Wert eine verdeckte Gewinnausschüttung liege; die Vermögensminderung sei in dem Ausscheiden des sich durch die Kapitalerhöhung zum Nennwert ergebenden abgespaltenen Buchwerts sowie in den in ihm verkörperten stillen Reserven aus dem Betriebsvermögen zu sehen; differenzierend: BFHE 209, 57 = BStBl II 2009, 197, DB 2005, 915 = AG 2005, 486, vgl dazu *Wassermeyer*, Der Konzern 2005, 424; *Buciek*, DStZ 2005, 479.
41 Großkomm-AktienR/K. *Schmidt*, Rn 12.
42 OLG Jena NZG 2007, 147, 150 = DB 2006, 223 = ZIP 2006, 1889; Großkomm-AktienR/K. *Schmidt*, Rn 12; KölnKomm-AktG/*Zöllner*, Rn 9 f; K. Schmidt/Lutter/*Schwab*, Rn 3; Spindler/Stilz/*Stilz*, Rn 18 ff; Henssler/Strohn/*Drescher*, Rn 6; tendenziell auch *Hüffer*, Rn 5 ff;.

lage oder gerade diesem Einleger mit zu berücksichtigen sind".[43] Er wies aber Erwägungen deutlich zurück, die AG dürfe dem Inferenten bei der Bewertung einer Sacheinlage entgegenkommen; das gelte selbst dann, wenn die AG (im entschiedenen Fall infolge ihrer kritischen finanziellen Lage) ein außerordentlich großes Interesse an der Einlage habe; Solches verstoße gegen Abs. 2.[44]

ME ist der Wert des Unternehmens das einzige Kriterium für den Ausgabebetrag. Zwar kann das Angemessenheitsurteil nur unter Berücksichtigung sämtlicher Umstände des Falls abgegeben werden. Doch die Angemessenheit nach Abs. 2 bezieht sich ausdrücklich auf die Frage, ob der sich aus dem Erhöhungsbeschluss ergebende Ausgabebetrag unangemessen niedrig ist. Es geht also um den Wert der neuen Aktien, deren Ausgabebetrag zum Schutz gegen Verwässerung der Altaktionäre angemessen festgesetzt werden muss – nicht aber um weitere Erwägungen, die die HV-Mehrheit mit der Einbringung verbindet. Willkür der Beurteilungskriterien für Angemessenheit wäre Tür und Tor geöffnet, wenn nicht **strikt allein die Angemessenheit der festgesetzten Werte maßgebend** wäre. Sähe man das anders, so stände die Beurteilung der Angemessenheit des Ausgabekurses zur Disposition der HV-Mehrheit: Diese hätte die gerichtlich nicht überprüfbare Beurteilsprärogative, ob die AG an einem neuen Aktionär interessiert ist und durch ihn zB Verbundvorteile erwartet, die aber im Ertragswert zB der einzubringenden Unternehmensbeteiligung (noch) nicht reflektiert sind. Dem steht der Grundsatz entgegen, dass im Interesse des Eigentumsschutzes zumal der Minderheit die jungen Aktien zum angemessenen inneren Wert ausgegeben werden müssen (vgl Rn 10). Der BGH legt in Kali + Salz der Beurteilung, was der angemessene Ausgabebetrag ist, denselben Begriff der Angemessenheit wie bei der Abfindung nach § 305 Abs. 3 und seinen Parallelnormen zugrunde. Auch dort kommt es allein auf die objektive Wertermittlung an. Es ist im Hinblick auf den in beiden Konstellationen erforderlichen gleichen Minderheitenschutz nicht ersichtlich, dass die Frage der persönlichen Zuneigung zu bestimmten Inferenten einen Einfluss haben dürfte auf die Bewertung und damit den angemessenen Ausgabekurs. Denn dann würde die vom BGH von Kali + Salz verlangte Wertgleichheit gerade verletzt.

Daher ist mE auch in Fällen **öffentlicher Übernahmeangebote keine Ausnahme** vom Grundsatz der Maßgeblichkeit des vollen Werts zu machen: Es mag zwar statistisch richtig sein, dass Übernahmeangebote, bei denen die Bieterin ihre eigenen Aktien als Akquisitionswährung verwenden will, nur dann erfolgreich sein werden, wenn die Aktionäre der Zielgesellschaft das Umtauschverhältnis als günstig ansehen. Dies darf aber mE bei der Bemessung des Ausgabekurses wie auch in den sonstigen Fällen der Kapitalerhöhung gerade nicht berücksichtigt werden. Denn die Altaktionäre der Bieterin haben einen Anspruch auf den ungeschmälerten Vermögensschutz gemäß Abs. 2 vor einer Verwässerung ihrer Anteile auch in Übernahmesachverhalten.[45]

Jedenfalls verstößt es gegen Abs. 2, wenn die Gesellschaft einem zur Zeichnung der neuen Aktien bereiten **Großaktionär** nur deshalb einen dem objektiven Unternehmenswert inadäquaten Ausgabebetrag gewährt, weil dieser sich **mit seiner Stimmmacht durchsetzen konnte**.[46]

d) Bedeutung des Börsenkurses. Nach einem Teil der Literatur soll es bei Gesellschaften mit Börsenkursen (oder börsennotierten Unternehmen, vgl § 3 Abs. 2, was nicht immer differenziert wird) Besonderheiten geben können. Nach der Rechtsprechungsänderung zur Bemessung der Abfindung bei Unternehmensverträgen seit der DAT/Altana-Rechtsprechung[47] und zahlreichen gesetzlichen Normierungen, die auf Börsenkurse abheben (§§ 3 Abs. 2, 71 Abs. 1 Nr. 8, 186 Abs. 3 S. 4; § 31 Abs. 1 WpÜG), könne „nicht mehr am Börsenkurs vorbei gegangen werden".[48] Ein **Börsenpreis** im Vorfeld der Emission könnte eine **ausreichende Schätzgrundlage für die Feststellung des vollen Werts** sein, ohne dass es einer zusätzlichen Ertragswertberechnung bedürfe; die Emission zu Börsenkursen rechtfertige zwar nicht per se über § 186 Abs. 3 S. 4 hinaus (vgl dazu Rn 13) den Bezugsrechtsausschluss; liege die Börsenkapitalisierung unter dem aus einer Ertragswertberechnung abgeleiteten Unternehmenswert, werde für die neuen Aktien in der Regel eine theoretisch errechneter höherer Wert am Markt nicht durchsetzbar sein; die Entscheidung über die Wahrnehmung der Bezugsberechtigung sei ein komplexer unternehmerischer Vorgang, der über Angebot und Nach-

---

43 BGHZ 71, 40, 51 = AG 1978, 196, 198 = NJW 1978, 1316, 1318 = WM 1978, 401; DB 1978, 974 = BB 1978, 776; BGH verweist auf KölnKomm-AktG/*Zöllner*, Rn 9 f, wo es u.a. heißt: „Unangemessen ... im Regelfall ... Ausgabe unter Kapitalwert ..., wenn sich ... höherer Ausgabepreis hätte erzielen lassen (strenger v. Falkenhausen ..., der die Ausgabe unter Wert nur bei Leistung angemessenen Ausgleichs an die Aktionäre gem. § 243 II 2 zulassen will ...). Zweifelhaft ..., ob das Kriterium der Erzielbarkeit eines höheren Ausgabepreises auch dann die Unangemessenheit begründet, wenn der Ausgabebetrag über dem Kapitalwert der jungen Anteile liegt, jedoch für einen höheren Preis Interessenten vorhanden gewesen wären. Weiter ... zweifelhaft, ob ... unangemessen ..., wenn zwar ... höherer Preis erzielbar war, aber sachliche Gründe gegen ... besser zahlenden Interessenten sprachen.".

44 BGHZ 71, 40, 51 f = AG 1978, 196, 198 = NJW 1978, 1316, 1318 = WM 1978, 401; DB 1978, 974 = BB 1978, 776.

45 AA K. Schmidt/Lutter/*Schwab*, Rn 10; Johannsen-Roth/Goslar, AG 2007, 573, 575.

46 BGHZ 71, 40, 52 = AG 1978, 196, 198 = NJW 1978, 1316, 1318 = WM 1978, 401; DB 1978, 974 = BB 1978, 776.

47 BVerfGE 100, 289 = NJW 1999, 3769; BGHZ 147, 108 = NJW 2001, 2080 = ZIP 2001, 734 = DB 2001, 969 mit Anm. *Meilicke/Heidel*.

48 Spindler/Stilz/*Stilz*, Rn 21.

frage zu einem ausgehandelten Preis führe; es widerspreche dem Interesse der AG, die Preisfindung an realitätsferne Parameter zu binden; wenn junge Aktien über die Börse abgesetzt würden, sei ein Bewertungsabschlag unvermeidbar und hinzunehmen, um die Marktfähigkeit herzustellen; die Wahl eines marktnahen Preisfindungsverfahrens (Book Building) trage zur Objektivierung bei und könne als Indiz für einen angemessenen Ausgabebetrag verwendet werden; der Börsenkurs sei ohne Rücksicht auf den inneren Wert der angemessene Ausgabebetrag, und auch niedrigerer Betrag sei gerechtfertigt, wenn der Aktionär die Chance erhalte, die jungen Aktien an der Börse zu erwerben und seine Beteiligungsquote aufzustocken; der Börsenkurs begründe zumindest eine **widerlegliche Vermutung**.[49]

12b Stellungnahme: Der BGH hatte in „Kali + Salz" eine Bedeutung des Börsenkurses gänzlich abgelehnt.[50] Vertreten wird in einer Kombination aus Prinzipien von „Kali + Salz" und „DAT/Altana", dass der Börsenkurs nicht unterschritten werden darf; wenn der innere Wert höher ist, ist dieser maßgebend.[51] ME ist dieser Auffassung zu folgen. Für den Ausgabebetrag sind **Börsenkurs und innerer Wert jeweils Untergrenzen**. Maßgebend ist dafür Folgendes:

12c Es gibt keinen Grund, warum sich dadurch, dass Aktien auf einem Markt – zB an der Börse – gehandelt werden, sich etwas an dem **Prinzip des vollen Werts** ändern sollte. Daher sind auch bei der Bewertung junger börsennotierter Aktien stille Reserven und innerer Geschäftswert zu berücksichtigen; demgemäß ist der Erhöhungsbeschluss anfechtbar, wenn Ausgabebetrag zwar dem Börsenkurs entspricht, aber hinter dem vollen Wert zurückbleibt.[52] Dass der Börsenkurs keine Vermutung für den inneren Wert begründet, zeigt das Auf und Ab von Börsenkursen deutlich. Der Börsenkurs kann sich mit dem wahren, nach Abs. 2 maßgebenden Wert decken, er kann aber auch niedriger oder höher sein; er ergibt sich grundsätzlich aus dem im Augenblick der Kursbildung vorhandenen Verhältnis von Angebot und Nachfrage, das von der Größe oder Enge des Marktes, von zufallsbedingten Umsätzen, von spekulativen Einflüssen und sonstigen nicht wertbezogenen Faktoren wie politischen Ereignissen, Gerüchten, Informationen, psychologischen Momenten oder einer allgemeinen Tendenz abhängt; außerdem unterliegt der Börsenkurs unberechenbaren Schwankungen und Entwicklungen, wie die Aktienkurse der letzten Jahre besonders deutlich gemacht haben; das schließt es aus, der Berechnung des angemessenen Ausgabebetrages den Börsenkurs zugrunde zu legen[53] – so der BGH 1967 zur angemessenen Abfindung, was nach den Grundsätzen von BGH in „Kali + Salz"[54] entsprechend bei der Bemessung des angemessenen Ausgabebetrages gilt, vgl Rn 10. Diese Grundsätze des BGH sind zwar überholt, da seit „DAT/Altana" bei Abfindungen anerkannt ist, dass der Börsenkurs eine Untergrenze der Abfindung ist (vgl § 327b Rn 7 ff). Jedenfalls wäre die Widerlegung einer Vermutung ohne Weiteres möglich, dass der Börsenkurs der maßgebende innere Wert ist. Daher bleibt mE die Anfechtung gemäß Abs. 2 ohne Einschränkungen möglich, auch wenn die HV eine Emission unter Bezugsrechtsausschluss in der Nähe des Börsenkurses beschließt[55] (vgl § 186 Rn 58, 74).

12d Demgegenüber wird vereinzelt gemeint, die Bindung der Preisfindung an realitätsferne Parameter wie der Ertragswertermittlung sei nicht „mit dem Interesse der Gesellschaft und damit auch der Altaktionäre" zu vereinbaren.[56] Dabei wird übersehen, dass Abs. 2 nicht in erster Linie die AG und quasi als Reflex die Aktionäre schützt; **geschützt sind vielmehr die Vermögensinteressen der Altaktionäre**, denen ein Bezugsrechtsausschluss aufgezwungen wird. Dieser kann nur dann rechtmäßig sein, wenn der Ausgabebetrag der neuen Aktien angemessen ist.

12e Das bedeutet in der Konsequenz, dass wenn die neuen Aktien über die Börse abgesetzt werden sollen und die Herstellung der Marktfähigkeit nur mit einem Abschlag vom inneren Wert erreichbar ist, das Bezugsrecht nicht ausgeschlossen werden kann. Dabei kommt es auch nicht darauf an, wie die Preisfindung an der Börse betrieben wird.

12f Die Berücksichtigung **des Börsenkurses als Untergrenze** folgt aus der „DAT/Altana"-Rechtsprechung. Entgegen *Stilz*[57] besteht ein zureichender Grund für die bewertungsrechtliche Gleichbehandlung des angemes-

---

49 So mit Unterschieden im Einzelnen *Hüffer*, 8. Aufl., Rn 5; *Hüffer*, Rn 8; Spindler/Stilz/*Stilz*, Rn 21 ff; Henssler/Strohn/*Drescher*, Rn 6; *Bayer*, ZHR 163 (1999), 505, 536 ff; *Rodewald*, BB 2004, 613, 1616; *Sinewe*, NZG 2002, 314, 317; *Hoffmann/Becking*, in: FS Lieberknecht, 1997, S. 25, 29; *Martens*, in: FS Bezzenberger, 2000, S. 267, 277 f; *Singhof*, ZHR 170 (2006), 673, 695 f; *Gude*, Strukturänderungen und Unternehmensbewertungen zum Börsenkurs, 2004, 111 ff; *Decher*, in: FS Wiedemann, 2002, S. 796 ff; *Cahn*, ZHR 163 (1999), 554, 584 ff; OLG Stuttgart AG 2006, 421 ff; *Stilz*, in: FS Mailänder, 2006, S. 423 ff; K. Schmidt/Lutter/*Schwab*, Rn 4.
50 BGHZ 71, 40, 51 = AG 1978, 196, 198 = NJW 1978, 1316, 1318 = WM 1978, 401; DB 1978, 974 = BB 1978, 776.
51 *Mülbert*, Aktiengesellschaft, Unternehmensgruppe und Kapitalmarkt, S. 267 f; *Hirte*, WM 1997, 1001, 1004; Grigoleit/*Ehmann*, Rn 6; *Hüffer*, § 186 Rn 39 e.
52 Im Erg. wie hier: Großkomm-AktienR/*Hirte*, § 203 Rn 99 im Anschluss an *Ekkenga*, VGR Bd. 3, S. 77, 90 f. Vom Ansatz her ebenso: *Hüffer*, Rn 8.
53 BGH NJW 1967, 1464 = BB 1967, 559 = WM 1967, 479.
54 BGHZ 71, 40, 51 = AG 1978, 196, 198 = NJW 1978, 1316, 1318 = WM 1978, 401; DB 1978, 974 = BB 1978, 776.
55 Im Erg. grds. wie hier: Großkomm-AktienR/*Hirte*, § 203 Rn 100; *ders.*, ZIP 1994, 356, 359; *ders.*, WM 1997, 1001, 1004; hier *Mülbert*, Aktiengesellschaft, Unternehmensgruppe und Kapitalmarkt, S. 266 ff; *Zöllner*, AG 1994, 336, 341.
56 Spindler/Stilz/*Stilz*, Rn 23.
57 Spindler/Stilz/*Stilz*, Rn 23, 24.

senen Ausgabekurses bei Kapitalerhöhungen mit Bezugsrechtsausschluss einerseits sowie andererseits Unternehmensverträgen und ähnlichen Strukturmaßnahmen, für die nach „DAT/Altana" der Börsenkurs die neben dem inneren Wert die weitere Untergrenze des den Aktionären zustehenden Werts ist (vgl § 327 b Rn 7; § 305 Rn 34 ff). Es geht nämlich jeweils um die Sicherstellung des angemessenen Werts der Beteiligung. Dieser kann beim Squeeze-out, Unternehmensverträgen und ähnlichen Strukturmaßnahmen ebenso beeinträchtigt werden wie bei Kapitalerhöhungen unter Bezugsrechtsausschluss.

Der **maßgebende Börsenkurs** ist mE zu ermitteln wie bei den Strukturmaßnahmen.[58]

12g

e) **Verhältnis von Abs. 2 zu § 186 Abs. 3 S. 4.** Gemäß § 186 Abs. 3 S. 4 ist der HV-Beschluss zum Ausschluss des Bezugsrechts auch „zulässig", wenn die Kapitalerhöhung **gegen Bareinlagen** 10 % des Grundkapitals nicht übersteigt und der Ausgabebetrag den **Börsenkurs nicht wesentlich unterschreitet** (vgl § 186 Rn 58 ff). Hieran anknüpfend gibt es eine Diskussion, ob daneben Abs. 2 anwendbar ist.[59] Vielfach wird angenommen, eine Anfechtung gemäß Abs. 2 S. 1 werde regelmäßig scheitern, da der Ausgabebetrag in der Nähe des durchschnittlichen Börsenkurses nicht unangemessen niedrig sei.[60] ME ist § 186 Abs. 3 S. 4 keine Spezialnorm, die § 255 Abs. 2 verdrängt. Das folgt schon aus den unterschiedlichen Regelungsgründen: Regelungszweck des § 186 Abs. 3 S. 4 ist, unter den dort normierten Bedingungen die Zulässigkeit des Bezugsrechtsausschlusses festzulegen. Der Bezugsrechtsausschluss, der § 186 Abs. 3 S. 4 entspricht, bedarf keiner besonderen sachlichen Rechtfertigung wie sonst ein Bezugsrechtsausschluss durch die Kriterien der Ausrichtung am Gesellschaftsinteresse, Geeignetheit, Erforderlichkeit und Verhältnismäßigkeit. Demgegenüber ist Zweck des § 255 der Schutz der vom (grundsätzlich zulässigen) Bezugsrechtsausschluss betroffenen Altaktionäre vor der Verwässerung ihrer Beteiligung. Jeder nach § 186 Abs. 3 zulässige Bezugsrechtsausschluss muss die weitere Voraussetzung erfüllen, dass der Ausgabebetrag § 255 Abs. 2 beachtet. Aus § 186 Abs. 3 S. 4 kann daher mE auch **keine Vermutung** abzuleiten sein, **dass der Börsenkurs dem inneren Wert entspricht** und daher angemessen im Sinne des § 255 Abs. 2 wäre (vgl Rn 12 a ff).[61]

13

f) **Börsenkurs bei Sachkapitalerhöhungen.** Für Sachkapitalerhöhungen gilt Abs. 2 analog (Rn 16). Für diese gelten dieselben Grundsätze wie für Barkapitalerhöhungen. Der Wert einerseits der Sacheinlagen und andererseits der neuen Aktien, mit denen die AG die Sacheinlage „bezahlt", müssen sich decken; der Wert der Sacheinlage tritt an die Stelle des Ausgabebetrages der Aktien; der Wert der Sacheinlage muss dem Wert der ausgegebenen neuen Aktien angemessen sein. Es ist kein Grund ersichtlich, warum von den allgemeinen Grundsätzen, die bei der Barkapitalerhöhung gelten (vgl Rn 10 ff), bei Sachkapitalerhöhungen abgewichen werden sollte. Der Wert des Einlagegegenstands ist mit dem vollen Wert der Aktien zu vergleichen.[62] Dabei spielt es aufgrund des durch Abs. 2 bezweckten Vermögensschutzes der Minderheitsaktionäre keine Rolle, ob die Aktionärsmehrheit bzw. die AG am Erwerb des Anlagegegenstands gegen die Gewährung von Aktien interessiert war (vgl Rn 11 ff). Auch wenn die Sacheinlage ihrerseits einen Börsenwert hat, kommt es auf den inneren Wert an; da Abs. 2 den inneren Wert der Beteiligung der Altaktionäre schützt, ist die Überprüfung nach Maßgabe der Angemessenheit auf Grundlage des inneren Werts nicht entbehrlich, wenn das Einlageobjekt einen Börsenkurs hat.[63]

13a

g) **Keine Ausnahme bei Verhandlungspreis.** Eine Ausnahme von diesen Grundsätzen ist auch nicht zu machen für Fälle des Beteiligungserwerbs entsprechend einer vom OLG Stuttgart zu Verschmelzungsfällen entwickelten Rechtsprechung, wonach es auf den inneren Wert nicht ankommen soll, wenn **Umtauschverhältnisse zwischen selbstständigen Partnern ausgehandelt** werden.[64] Auch solche Modelle sind mE nicht mit dem von Abs. 2 bezweckten Verwässerungsschutz vereinbar, da durch die angedachte Lösung der Eigentumsschutz dem Verhandlungsgeschick dem Vorstand des Unternehmens überantwortet wird, dessen Mitglied der Minderheitsaktionär ist; das Gesetz schützt die Minderheitsaktionäre aber nicht durch das Postulat guter Verhandlungsführung, sondern durch das Erfordernis des angemessenen Ausgabebetrages. Beim Erwerb von anderen Unternehmensbeteiligungen mit der Akquisitionswährung eigene Aktien kann das Management derartig vielfältige Interessen verfolgen, die nicht deckungsgleich mit denen der Aktionäre sind, dass die objektive Wertgleichheit in den Händen des Managements nicht garantiert ist. Daher findet auch nicht bloß eine Plausibilitätskontrolle des Werts statt, sondern es muss bei der vollen gerichtlichen Überprüfung der Angemessenheit von Leistung und Gegenleistung bleiben. Es hat daher bei dem allgemeinen Grundsatz zu bleiben, dass Aktionäre der übernehmenden Gesellschaft den Kapitalerhöhungsbeschluss mit

13b

---

58 Vgl *Meilicke/Heidel*, DB 2001, 969.
59 Vgl *Hüffer*, Rn 9 f, § 186 Rn 39 e.
60 *Hüffer*, § 186 Rn 39 e.
61 So auch von einem anderen Ansatz aus Spindler/Stilz/*Stilz*, Rn 22.
62 *Hüffer*, Rn 11.
63 BGHZ 71, 40, 50 = AG 1978, 196, 198 = NJW 1978, 1316, 1318 = WM 1978, 401; DB 1978, 974 = BB 1978, 776; OLG Jena NZG 2007, 147, 149 = AG 2007, 31, 34; aA *Kossmann*, AG 2005, 9, 15; Spindler/Stilz/*Stilz*, Rn 21 ff; *Sinewe*, NZG 2002, 314, 317.
64 OLG Stuttgart AG 2006, 421, 423 f = Der Konzern 2006, 447 = DStR 2006, 626; OLG Stuttgart AG 2011, 49 = GWR 2010, 533 (Daimler Chrysler).

der Begründung anfechten können, dass die Zahl der an die Neuaktionäre ausgegebenen Aktien nicht im angemessenen Verhältnis zum Wert den übertragenen Unternehmens steht; der Sache nach bringen die Neuaktionäre nämlich den Wert des von der übertragenden Gesellschaft betriebenen Unternehmens in die übernehmende Gesellschaft ein und beziehen im Gegenzug deren Aktien.[65] Die hier schon lange vertretene Sichtweise hat das BVerfG in Sachen Daimler Chrysler bestätigt.[66]

13c h) **Unangemessen niedriger Mindestbetrag.** Setzt der Erhöhungsbeschluss lediglich gemäß Abs. 2 S. 1 einen Mindestbetrag fest, unter dem die neuen Aktien nicht ausgegeben werden sollen, gelten die bei Rn 19 erörterten Grundsätze.

13d i) **Bedingte Kapitalerhöhung und genehmigtes Kapital.** Vgl hierzu Rn 20 f.

13e j) **Genussrechte, Wandelschuldverschreibungen.** Abs. 2 gilt analog bei Ausschluss des Bezugsrechts der Aktionäre bei der Ausgabe von Genussrechten (§ 221 Abs. 4 S. 2 iVm § 186 Abs. 3, 4 S. 2), da hierbei für die Aktionäre ähnliche Verwässerungsgefahren wie bei der regulären Kapitalerhöhung mit Bezugsrechtsausschluss bestehen.[67] Gleiches gilt bei der Ausgabe von Wandelschuldverschreibungen oder Optionsanleihen.[68]

13f k) **Andienung eigener Aktien.** ME ist Abs. 2 analog anzuwenden, wenn die AG eigene Aktien nicht gleichmäßig allen, sondern nur ausgewählten Aktionären oder Dritten andient. Denn auch hier besteht entsprechend der Situation bei einem Bezugsrechtsausschluss die Verwässerungsgefahr.[69]

13g l) **Kapitalerhöhung zur Vorbereitung von Verschmelzungen und Unternehmensübernahmen.** Hierzu wurde Stellung genommen (vgl Rn 19 c und 13 c).

13h m) **Ausgabekurs bei mehreren Aktiengattungen.** Hat die AG mehrere Aktiengattungen (vgl zur Frage, ob überhaupt Bezugsrechtsausschluss vorliegt, Rn 8), muss der Ausgabekurs einem unterschiedlichen Börsenkurs als Untergrenze Rechnung tragen; mE wird es regelmäßig ausscheiden, unterschiedliche innere Werte und damit Ausgabebeträge zu postulieren (vgl zur entsprechenden Frage bei der Abfindung § 305 Rn 57).[70]

13i n) **Darlegungs- und Beweislast.** Streitig ist, wer die Darlegungs- und Beweislast für eine unangemessen niedrige Betragsfestsetzung trifft. ME gelten entsprechend die Grundsätze zum Bezugsrechtsausschluss, wonach die AG die sachliche Rechtfertigung des Bezugsrechsausschlusses darlegen und beweisen muss. Die AG trägt auch die Beweislast für die Angemessenheit des Ausgabekurses.[71] Dafür ist maßgebend, dass der Ausschluss des Bezugsrechts einen gravierenden Eingriff in die Rechtsstellung der Aktionäre begründet, der nur unter der Voraussetzung des angemessenen Ausgabekurses für die vom Bezugsrecht ausgeschlossenen Aktionäre ein rechtmäßiger Eingriff in das Eigentum ist; dann muss derjenige, der in das Eigentum eingreift, die Berechtigung zum Eingriff nachweisen.

14 **Fehlt für den Ausgabebetrag schlechthin eine Wertermittlung**, ist der gleichwohl gefasste Erhöhungsbeschluss zumal wegen treuwidriger Herbeiführung des Beschlusses anfechtbar.[72]

15 III. **Exkurs: Analoge Anwendung bei Erhöhungsbeschlüssen, die Ausgabe- oder Mindestbetrag nicht angeben.** Abs. 2 S. 2 setzt nach seinem Wortlaut voraus, dass sich Ausgabe- oder Mindestbetrag „aus dem Erhöhungsbeschluss" ergeben muss". In Fällen, in denen das nicht der Fall ist,[73] ist die Frage der **analogen Anwendung des Abs. 2** zu entscheiden.

---

65 Großkomm-AktienR/*K. Schmidt*, § 7; K. Schmidt/Lutter/*Schwab*, Rn 10; OLG Hamm WM 1988, 1164, 1169 = AG 1989, 31; LG Frankfurt WM 1990, 592, 594 f = WuB II A, § 345 AktG 1.90.
66 ZIP 2012, 1656 = WM 2012, 1683 = AG 2012, 674 = NZG 2012, 1035 = NJW 2012, 3020, Leitsatz 2.b.aa.
67 K. Schmidt/Lutter/*Schwab*, Rn 10 im Anschluss an *Ebenroth/Müller*, BB 1993, 509, 514; Hensslser/Strohn/*Drescher*, Rn 2; *Hirte*, ZIP 1988, 477, 486; *Hirte*, ZBB 1992, 50 ff; *Ried-Niebler*, EWiR 1992, 119; *Vollmer/Lorch*, DB 1991, 1313, 1314 f; Spindler/Stilz/*Stilz*, Rn 13; OLG Bremen ZIP 1991, 1589, 1592 f = AG 1992, 268, offen gelassen in BGHZ 120, 141 = ZIP 1992, 1728 = NJW 1993, 400.
68 K. Schmidt/Lutter/*Schwab*, Rn 10; *Paeffgen*, AG 1999, 67, 69.
69 Wie hier: K. Schmidt/Lutter/*Schwab*, Rn 10; *Paeffgen*, ZIP 2002, 1509, 1512; aA Spindler/Stilz/*Stilz*, Rn 13; Henssler/Strohn/*Drescher*, Rn 2.
70 Vgl demgegenüber *Trölitzsch*, DB 1993, 1457; *Münch*, DB 1993, 769, 773.
71 Wie hier: *Mülbert*, Aktiengesellschaft, Unternehmensgruppe und Kapitalmarkt, S. 345; *Hirte*, WM 1997, 1001, 1005; aA OLG Karlsruhe NZG 2002, 959, 963; OLG Frankfurt NZG 1999, 119, 121 = AG 1999, 231; Spindler/Stilz/*Stilz*, Rn 20; Henssler/Strohn/*Drescher*, Rn 6.
72 OLG Stuttgart NZG 2000, 156, 157.
73 Unmittelbare Anwendung aber jedenfalls dann, wenn zwar im Ermächtigungsbeschluss kein Ausgabebetrag festgelegt, aber die Ausgabe junger Aktien zu einem angemessenen Betrag von Anfang an unmöglich war, KG WM 2002, 653 = DB 2002, 313 zum Bookbuilding-Verfahren mit Mehrzuteilungsoption (Green Shoe), vgl allg. Kap. 17, Rn 62, 72.

1. Kapitalerhöhungen gegen Sacheinlagen. Seit der „Kali + Salz"-Entscheidung des BGH steht für die Praxis fest, dass **Abs. 2 für Kapitalerhöhungen gegen Sacheinlagen (§ 183) entsprechend gilt.**[74] Die Anwendung des § 255 ist in Fällen von Sacheinlagen dringend geboten. Der von § 255 bezweckte Verwässerungsschutz ist bei Sacheinlagen mindestens so wichtig wie bei Bareinlagen. Anstelle des Ausgabebetrages tritt der Wert der Sacheinlagen, der wirtschaftlich dasselbe ist wie ein Ausgabebetrag.[75] Ebensowenig wie bei der Barerhöhung (vgl Rn 11) ist mE als werterhöhender Umstand für die Sacheinlage das **Interesse der AG an dem neuen Aktionär**, an seiner Einlage oder gemeinsam verfolgten Unternehmenskonzept zu berücksichtigen.[76] Eine solche Berücksichtigung eröffnete nämlich der Willkür der Aktionärsmehrheit sowie des Vorstands und Missbräuchen unter Hintanstellung der Rechte der Altaktionäre Tür und Tor. Das Gesetz normiert dagegen zugunsten der Altaktionäre den Schutz gegen die Verwässerung ihrer Vermögensposition. Dieser Schutz kann nur dann effektiv sein, wenn auf die Wertgleichheit der eingebrachten Vermögensgegenstände einerseits und der dafür hingegebenen Aktien andererseits abgestellt wird. Der rein subjektiven Auslegung zugängliche Kriterien wie das gemeinsame Unternehmenskonzept oder das „Interesse der AG an einem neuen Aktionär" sind mit diesem Schutzzweck nicht vereinbar.

Entgegen vereinzelten Auffassungen in der Literatur[77] erlaubt Abs. 2 auch nicht den **Austausch von Beteiligungen zu Börsenpreisen**. Denn bei Abs. 2 ist ausschlaggebend der wirkliche Wert des Unternehmens unter Berücksichtigung von stillen Reserven und des inneren Geschäftswerts (vgl Rn 10). Es kommt also darauf an, dass (von der AG zu belegen, vgl Rn 13 h) gleiche Börsenwerte von Beteiligungen auch identische wirkliche Werte der Beteiligungen verkörpern.[78] Der Umfang und die Dichte der Nachprüfung sind nach hM einzelfallbezogen. Dabei muss aber zunächst der angemessene Wert festgestellt werden, was nicht auf eine reine Plausibilitätskontrolle beschränkt sein kann.[79] Entgegen OLG Frankfurt[80] ist die angemessene Bewertung eine rechtlich und keine rein betriebswirtschaftlich zu beurteilende Frage; daher genügt es nicht, im gerichtlichen Verfahren zu prüfen, ob ein betriebswirtschaftlich geeignetes Verfahren gewählt ist und die Bewertung betriebswirtschaftlichen Grundsätzen nicht widerspricht. Auch bei einer Kapitalerhöhung gegen Sacheinlage ist der Wert der eigenen Aktien der Gesellschaft regelmäßig durch eine Unternehmensbewertung zu prüfen (vgl allg. Rn 10). Es ist daher ein doppeltes Bewertungsverfahren erforderlich: Zum einen muss der Wert der neuen Aktien, zum anderen auch der Wert der Sacheinlage festgestellt werden; beide Werte müssen grundsätzlich nach denselben Bewertungsmethoden ermittelt werden.[81]

§ 186 Abs. 3 S. 4 (vgl Rn 13) greift bei Sachkapitalerhöhungen nicht ein.[82]

2. Gemischte Bar- und Sachkapitalerhöhung. Bei gemischter Bar- und Sachkapitalerhöhung entspricht die Gefährdungslage für die Aktionäre prinzipiell der bei einer ausschließlichen Sachkapitalerhöhung. Daher sind die Grundsätze zur Kapitalerhöhung gegen Sacheinlagen (vgl Rn 16 ff) entsprechend anwendbar.[83]

3. Unangemessen niedriger Mindestbetrag bei Baremissionen gemäß § 182 Abs. 3. Setzt der Erhöhungsbeschluss beim Bezugsrechtsausschluss lediglich gemäß Abs. 2 S. 1 einen Mindestbetrag fest, unter dem die neuen Aktien nicht ausgegeben werden sollen, entscheidet der Vorstand gemäß § 182 Abs. 3 nach pflichtgemäßem Ermessen über den Ausgabebetrag (vgl § 182 Rn 47).[84] Die früher hM ging davon aus, dass die neuen Aktien zu pari auszugeben sind, wenn der Kapitalerhöhungsbeschluss keinen Ausgabebetrag nennt.[85] Demgegenüber sind nach der heutigen hM **die Aktien nicht zum Nennwert, sondern zum bestmöglichen**

---

74 BGHZ 71, 40, 50 f = AG 1978, 196, 198 = NJW 1978, 1316, 1318 = WM 1978, 401; DB 1978, 974 = BB 1978, 776; OLG Jena NZG 2007, 147, 149 = DB 2006, 2235 = ZIP 2006, 1889; OLG Frankfurt NZG 1999, 119 = AG 1999, 231; Spindler/Stilz/Stilz, Rn 12; Hüffer, Rn 14; MüKo-AktG/Hüffer, Rn 12; Großkomm-AktienR/K. Schmidt, Rn 5; KölnKomm-AktG/Zöllner, Rn 7; Lutter, ZGR 1979, 416; MüHb-AG/Semler, § 41 Rn 126; Geßler/Hefermehl, § 183 Rn 3 vertreten unmittelbare Anwendung.

75 BGHZ 71, 40, 50 = AG 1978, 196, 198 = NJW 1978, 1316, 1318 = WM 1978, 401; DB 1978, 974 = BB 1978, 776; Großkomm-AktienR/K. Schmidt, Rn 5; Hüffer, Rn 15; K. Schmidt/Lutter/Schwab, Rn 6.

76 So aber Hommelhoff/Röhricht, GesR, S. 191, 221 f; ihm folgend: Hüffer, Rn 255.

77 Hüffer, Rn 15.

78 Vgl auch Lochner/Heidel, DB 2001, 2031, 2034 zur vergleichbaren Rechtslage beim Squeeze out; wie krass Börsenkurse vom wirklichen Wert der Beteiligung entfernt sein können, zeigt anschaulich LG München I NZG 2002, 826 (Paulaner/Brauholding).

79 OLG Jena NZG 2007, 147, 150 = DB 2006, 2235 = ZIP 2006, 1889.

80 NZG 1999, 119 = AG 1999, 231.

81 OLG Jena NZG 2007, 147, 149 = DB 2006, 2235 = ZIP 2006, 1889 unter Verweis auf KölnKomm-AktG/Lutter, § 186 Rn 92; Bayer, ZHR 163 (1999), 505, 534 f.

82 KölnKomm-AktG/Lutter, Nachtrag zu § 186 Rn 6; weitgehend Martens, in: FS Bezzenberger, 2000, S. 267, 285, Fn 39, der die in dieser Vorschrift liegenden Wertungen auch für die Beurteilung der Sachkapitalerhöhung heranziehen will.

83 OLG Jena NZG 2007, 747 = DB 2006, 2235 = ZIP 2006, 889; Hüffer, Rn 15; Henssler/Strohn/Drescher, Rn 4.

84 Vgl Großkomm-AktienR/K. Schmidt, Rn 13; K. Schmidt/Lutter/Schwab, Rn 5; KölnKomm-AktG/Lutter, § 182 Rn 24; Hüffer, Rn 16; MüKo-AktG/Peifer, § 182 Rn 50.

85 RGZ 143, 20, 23; 144, 138, 143; BGHZ 33, 175, 178; Baumbach/Hueck, AktG, Rn 3; v. Godin/Wilhelmi, § 182 Anm. 6.

Kurs auszugeben.[86] Das ist richtig, denn Pari-Emissionen bei gleichzeitigem Ausschluss des Bezugsrechts benachteiligen regelmäßig die vom Bezugsrecht ausgeschlossenen Aktionäre. Da bei Festlegung des Mindestbetrages der tatsächliche Ausgabebetrag noch offen ist, kann es für die Beurteilung der Unangemessenheit nur auf den Mindestbetrag ankommen; wenn der **Mindestbetrag diesen vollen Wert der Aktien** im Zeitpunkt der Beschlussfassung nicht erreicht, ist der Beschluss anfechtbar.[87]

19a Gelingt auf der rechtswidrigen Grundlage eines unangemessen niedrigen Mindestbetrages eine **Ausgabe zum angemessenen Ausgabebetrag**, kann der Anfechtungsklage das Rechtsschutzbedürfnis fehlen, und sie kann unbegründet werden.[88] Das setzt aber voraus, dass der tatsächliche Ausgabekurs angemessen im Verhältnis zum inneren Wert sowohl zum Zeitpunkt der Beschussfassung der HV als auch der tatsächlichen Ausgabe ist;[89] denn § 255 verlangt die Angemessenheit zum Zeitpunkt der Beschlussfassung der HV. Er gibt der Aktionärsmehrheit nicht in die Hand, einen Zeitpunkt der Ausgabe auszusuchen, zu dem der Ausgabekurs dem inneren Wert entspricht. Soweit diese Voraussetzungen erfüllt sind, wird der Kläger seine Klage für erledigt erklären, will er die kostenpflichtige Klageabweisung vermeiden.[90] Hat er ein berechtigtes Interesse, dass der anfechtbare Beschluss für die Zeit bis zur Ausgabe zum angemessenen Wert für nichtig erklärt wird, kann er mE die Anfechtung weiterhin mit dem Ziel geltend machen, analog § 244 S. 2 den anfechtbaren Beschluss für diese Zeit für nichtig zu erklären.

20 4. **Bedingte Kapitalerhöhung (§ 193 Abs. 2 Nr. 3 Alt. 2).** Der Beschluss ist anfechtbar, wenn sich aus den Berechnungsgrundlagen ein **zu niedriger Ausgabebetrag** ergibt.[91]

21 5. **Genehmigtes Kapital gemäß § 202.** Die Anfechtbarkeit hängt davon ab, ob die Verwaltung durch die Satzungsklausel **Vorgaben enthält, die einem Ausgabe- oder Mindestbetrag entsprechen**. Enthält der HV-Beschluss bzw die Satzung derartige Maßgaben, kann der Beschluss analog Abs. 2 angefochten werden.[92] In die besondere Verwaltungskompetenz, den Ausgabekurs nach pflichtgemäßem Ermessen festzulegen,[93] soll nicht nachträglich eingegriffen werden dürfen.[94] Allerdings kann das Verhalten der Verwaltungsorgane (vgl zur Berichtspflicht des Vorstands § 243 Rn 19) jedenfalls zum Gegenstand einer Unterlassungs- und Schadensersatzklage gemacht werden,[95] was auch die Möglichkeit einstweiligen Rechtsschutzes einschließt (vgl § 246 Rn 61 ff, 64 a ff).

22 IV. **Verweis auf anwendbare Vorschriften (Abs. 3).** Abs. 3 verweist ohne jede Einschränkung auf die allgemeinen Vorschriften der §§ 244 bis 248 a. Grundsätzliche Besonderheiten bestehen daher nicht.

Zweiter Abschnitt
Nichtigkeit des festgestellten Jahresabschlusses

§ 256 Nichtigkeit

(1) Ein festgestellter Jahresabschluß ist außer in den Fällen des § 173 Abs. 3, § 234 Abs. 3 und § 235 Abs. 2 nichtig, wenn

1. er durch seinen Inhalt Vorschriften verletzt, die ausschließlich oder überwiegend zum Schutze der Gläubiger der Gesellschaft gegeben sind,

---

86 KölnKomm-AktG/*Lutter*, Rn 26 f; *Hüffer*, Rn 16; MüKo-AktG/*Hüffer*, Rn 15 ff; *Klette*, DB 1968, 2203, 2206; DB 1968, 2261, 2265; K. Schmidt/Lutter/*Pfeil*, § 182 Rn 22 ff; ähnlich: BGHZ 21, 354, 357; 71, 40, 51 für genehmigtes Kapital bzw Kapitalerhöhung gegen Sacheinlagen.

87 K. Schmidt/Lutter/*Schwab*, Rn 5; Großkomm-AktienR/ K. Schmidt; Rn 4; MüKo-AktG/*Hüffer*, Rn 19; *Hüffer*, Rn 16; MüHb-AG/*Semler*, § 41 Rn 129; *Bayer*, ZHR 163 (1999), 505, 519; aA Grigoleit/*Ehmann*, Rn 5.

88 Großkomm-AktienR/K. *Schmidt*, En 13; MüKo-AktG/*Hüffer*, Rn 18; K. Schmidt/Lutter/*Schwab*, Rn 5.

89 AA K. Schmidt/Lutter/*Schwab*, Rn 5; Großkomm-AktienR/ K. Schmidt, Rn 13; MüKo-AktG/*Hüffer*, Rn 18, wo allein auf den Zeitpunkt der Ausgabe abgestellt wird.

90 K. Schmidt/Lutter/*Schwab*, Rn 5.

91 Großkomm-AktienR/K. *Schmidt*, Rn 4; KölnKomm-AktG/ *Zöllner*, Rn 7; MüHb-AG/*Semler*, § 41 Rn 112; *Hüffer*, Rn 16; Spindler/Stilz/*Stilz*, Rn 9; K. Schmidt/Lutter/*Schwab*, Rn 9; Henssler/Strohn/*Drescher*, Rn 5; Müko-AktG/*Hüffer*, Rn 10.

92 *Hüffer*, Rn 16; MüKo-AktG/*Hüffer*, Rn 14; Großkomm-AktienR/K. *Schmidt*, Rn 4; KölnKomm-AktG/*Zöllner*, Rn 9;

Henssler/Strohn/*Drescher*, Rn 5; *Martens*, in: FS Bezzenberger, 2000, S. 267, 269; Spindler/Stilz/*Stilz*, Rn 10; BGH AG 2009, 446 = ZIP 2009, 913 = DB 2009, 1061 = NZG 2009, 589, Rn 6; vgl zum Sonderfall im sog. Greenshoe-Verfahren mit Mehrzuteilungsoption KG WM 2002, 653, 655 = AG 2002, 243 = ZIP 2001, 2178; vgl dazu K. Schmidt/Lutter/*Schwab*, Rn 8; *Busch*, AG 2002, 230, 232; *Groß*, ZIP 2002, 160, 164; *Mayer*, WM 2002, 1106, 1110 ff; Rspr aufgegeben: KG ZIP 2007, 1660 = NZG 2008, 29.

93 Die Pflicht zur pflichtgemäßen Ermessensausübung betont mit Recht Großkomm-AktienR/*Hirte*, § 203 Rn 78 ff.

94 Großkomm-AktienR/K. *Schmidt*, Rn 4; MüKo-AktG/*Hüffer*, Rn 14; KölnKomm-AktG/*Zöllner*, Rn 7; aA aber unter besonderen Konstellationen KG ZIP 2001, 2178, 2180 = AG 2002, 243, 244. Hier hing die Entscheidung über die Ausgabe zusätzlicher Aktien in Wahrheit nicht vom Vorstand ab, sondern stand im Ermessen der Konsortialbank.

95 BGHZ 136, 133, 140 f (Siemens/Nold); BGHZ 164, 249 ff = ZIP 2005, 2207 ff (Commerzbank/Mangusta II).

2. er im Falle einer gesetzlichen Prüfungspflicht nicht nach § 316 Abs. 1 und 3 des Handelsgesetzbuchs geprüft worden ist,
3. er im Falle einer gesetzlichen Prüfungspflicht von Personen geprüft worden ist, die nach § 319 Abs. 1 des Handelsgesetzbuchs oder nach Artikel 25 des Einführungsgesetzes zum Handelsgesetzbuch nicht Abschlussprüfer sind oder aus anderen Gründen als einem Verstoß gegen § 319 Abs. 2, 3 oder Abs. 4 oder § 319a Abs. 1 oder § 319b Abs. 1 des Handelsgesetzbuchs nicht zum Abschlussprüfer bestellt sind,
4. bei seiner Feststellung die Bestimmungen des Gesetzes oder der Satzung über die Einstellung von Beträgen in Kapital- oder Gewinnrücklagen oder über die Entnahme von Beträgen aus Kapital- oder Gewinnrücklagen verletzt worden sind.

(2) Ein von Vorstand und Aufsichtsrat festgestellter Jahresabschluß ist außer nach Absatz 1 nur nichtig, wenn der Vorstand oder der Aufsichtsrat bei seiner Feststellung nicht ordnungsgemäß mitgewirkt hat.

(3) Ein von der Hauptversammlung festgestellter Jahresabschluß ist außer nach Absatz 1 nur nichtig, wenn die Feststellung

1. in einer Hauptversammlung beschlossen worden ist, die unter Verstoß gegen § 121 Abs. 2 und 3 Satz 1 oder Abs. 4 einberufen war,
2. nicht nach § 130 Abs. 1 und 2 Satz 1 und Abs. 4 beurkundet ist,
3. auf Anfechtungsklage durch Urteil rechtskräftig für nichtig erklärt worden ist.

(4) Wegen Verstoßes gegen die Vorschriften über die Gliederung des Jahresabschlusses sowie wegen der Nichtbeachtung von Formblättern, nach denen der Jahresabschluß zu gliedern ist, ist der Jahresabschluß nur nichtig, wenn seine Klarheit und Übersichtlichkeit dadurch wesentlich beeinträchtigt sind.

(5) [1]Wegen Verstoßes gegen die Bewertungsvorschriften ist der Jahresabschluß nur nichtig, wenn

1. Posten überbewertet oder
2. Posten unterbewertet sind und dadurch die Vermögens- und Ertragslage der Gesellschaft vorsätzlich unrichtig wiedergegeben oder verschleiert wird.

[2]Überbewertet sind Aktivposten, wenn sie mit einem höheren Wert, Passivposten, wenn sie mit einem niedrigeren Betrag angesetzt sind, als nach §§ 253 bis 256 des Handelsgesetzbuchs zulässig ist. [3]Unterbewertet sind Aktivposten, wenn sie mit einem niedrigeren Wert, Passivposten, wenn sie mit einem höheren Betrag angesetzt sind, als nach §§ 253 bis 256 des Handelsgesetzbuchs zulässig ist. [4]Bei Kreditinstituten oder Finanzdienstleistungsinstituten sowie bei Kapitalverwaltungsgesellschaften im Sinn des § 17 des Kapitalanlagegesetzbuchs liegt ein Verstoß gegen die Bewertungsvorschriften nicht vor, soweit die Abweichung nach den für sie geltenden Vorschriften, insbesondere den §§ 340e bis 340g des Handelsgesetzbuchs, zulässig ist; dies gilt entsprechend für Versicherungsunternehmen nach Maßgabe der für sie geltenden Vorschriften, insbesondere der §§ 341b bis 341h des Handelsgesetzbuchs.

(6) [1]Die Nichtigkeit nach Absatz 1 Nr. 1, 3 und 4, Absatz 2, Absatz 3 Nr. 1 und 2, Absatz 4 und 5 kann nicht mehr geltend gemacht werden, wenn seit der Bekanntmachung nach § 325 Abs. 2 des Handelsgesetzbuchs in den Fällen des Absatzes 1 Nr. 3 und 4, des Absatzes 2 und des Absatzes 3 Nr. 1 und 2 sechs Monate, in den anderen Fällen drei Jahre verstrichen sind. [2]Ist bei Ablauf der Frist eine Klage auf Feststellung der Nichtigkeit des Jahresabschlusses rechtshängig, so verlängert sich die Frist, bis über die Klage rechtskräftig entschieden ist oder sie sich auf andere Weise endgültig erledigt hat.

(7) [1]Für die Klage auf Feststellung der Nichtigkeit gegen die Gesellschaft gilt § 249 sinngemäß. [2]Hat die Gesellschaft Wertpapiere im Sinne des § 2 Abs. 1 Satz 1 des Wertpapierhandelsgesetzes ausgegeben, die an einer inländischen Börse zum Handel im regulierten Markt zugelassen sind, so hat das Gericht der Bundesanstalt für Finanzdienstleistungsaufsicht den Eingang einer Klage auf Feststellung der Nichtigkeit sowie jede rechtskräftige Entscheidung über diese Klage mitzuteilen.

Literatur:
Bange, Die Rückforderungen von Gewinnausschüttungen durch den Insolvenzverwalter bei nichtigen Jahresabschlüssen, ZinsO 2006, 519; *Brete/Thomsen*, Nichtigkeit und Heilung von Jahresabschlüssen der GmbH, GmbHR 2008, 176; *Geist*, Die Pflicht zur Berichtigung unrichtiger Jahresabschlüsse bei Kapitalgesellschaften, DStR 1996, 306; *Gelhausen/Kuss*, Zur Vereinbarkeit von Abschlußprüfung und Beratungsleistungen durch den Abschlußprüfer, NZG 2003, 424; *Geßler*, Nichtigkeit und Anfechtung des GmbH-Jahresabschlusses nach dem Bilanzrichtlinien-Gesetz, in: FS Goerdeler, 1987, S. 127; *Habersack*, Die Auswirkungen der Nichtigkeit des Beschlusses über die Bestellung des Abschlußprüfers auf den festgestellten Jahresabschluß, NZG 2003, 659; *Henrichs*, Fehlerhafte Bilanzen, Enforcement und Aktienrecht, ZHR 168 (2004), 383; *Jungius/Schmidt*, Nichtigkeit des Jahresabschlusses aufgrund von Bewertungsfehlern, DB 2012, 1697; *Henze*, Europäisches Gesellschaftsrecht in der Rechtsprechung des Bundesgerichtshofs, DB 2003, 2159 ff; *Mattheus/Schwab*, Rechtsschutz für Aktionäre bei Rechnungslegungs-Enforcement, DB 2004, 1975; *Mock*, Bindung einer Aktiengesellschaft an einen im Enforcement-Verfahren festgestellten Fehler in nachfolgenden

aktienrechtlichen Verfahren, DB 2005, 987; *Ch. Müller*, Die Fehlerfeststellung im Enforcement-Verfahren, AG 2010, 483; *H.-P. Müller*, Rechtsfolgen unzulässiger Änderungen von festgestellten Jahresabschlüssen, in: FS Budde, 1995, S. 431; *W. Müller*, Prüfverfahren und Jahresabschlussnichtigkeit nach dem Bilanzkontrollgesetz, ZHR 168 (2004), 414; *Osterloh*, Nichtigkeit des Jahresabschlusses einer AG wegen Überbewertung, ZIP 2008, 2241; *Priester*, Aufstellung und Feststellung des Jahresabschlusses bei unterbesetztem Vorstand, in: FS Kropff, 1997, S. 591; *Seiffert*, Die Wirksamkeit des aktienrechtlichen Jahresabschlusses bei eingeschränktem oder versagtem Bestätigungsvermerk, Diss. Hamburg 1974; *Tielmann*, Durchsetzung ordnungsgemäßer Rechnungslegung – ein Beitrag zur aktuellen Enforcement-Diskussion, 2001; *Vogl/Heemeyer*, Nichtigkeit von Jahresabschlüssen BBK Fach 12, 7059 (8/2002); *Weilep/Weilep*, Nichtigkeit von Jahresabschlüssen: Tatbestandsvoraussetzungen sowie die Konsequenzen für die Unternehmensleitung, BB 2006, 147; *Zöllner*, Folgen der Nichtigkeit eines Jahresabschlusses für den nächsten Jahresabschluss und für Gewinnverwendungsbeschlüsse, in: FS Scherrer, 2004, S. 355.

A. Regelungsgehalt 1	V. Nichtigkeit wegen Verstoßes gegen Bewertungsvorschriften (Abs. 5) 28
B. Die Regelungen im Einzelnen 6	1. Allgemeine Grundsätze 29
I. Nichtigkeitsgründe des festgestellten Jahresabschlusses gemäß Abs. 1 6	2. Überbewertungen (Abs. 5 S. 1 Nr. 1, S. 2) .. 35
1. Begriff festgestellter Jahresabschluss (Abs. 1 Hs 1) 6	3. Unterbewertungen (Abs. 5 S. 1 Nr. 2, S. 3) . 36
2. Nichtigkeitsgründe außerhalb § 256 gemäß § 173 Abs. 3, § 234 Abs. 3, § 235 Abs. 2 (Abs. 1 Hs 1) 8	4. Sonderregelungen in Finanzbranche (Abs. 5 S. 4) 38
3. Katalog der Nichtigkeitsgründe des Abs. 1 .. 9	VI. Heilung der Nichtigkeit (Abs. 6) 39
a) Inhalt verletzt Vorschriften zum Schutze der Gläubiger (Abs. 1 Nr. 1) ... 11	VII. Nichtigkeitsklage, Enforcement-Verfahren (Abs. 7) 41
b) Prüfungsmängel gemäß Abs. 1 Nr. 2 ... 13	1. Verfahren der Nichtigkeitsklage (Abs. 7, S. 2) 41
c) Fehlende Prüfereigenschaft (Abs. 1 Nr. 3) 16	2. Enforcement-Verfahren 42
d) Verletzung von Bestimmungen über Einstellung von Beträgen in und Entnahme aus Rücklagen (Abs. 1 Nr. 4) ... 18	VIII. Bedeutung und Auswirkung der Nichtigkeit ... 43
	1. Bedeutung der Nichtigkeit 43
II. Weiterer Nichtigkeitsfall: Nicht ordnungsgemäße Mitwirkung von Vorstand oder Aufsichtsrat (Abs. 2) 20	2. Wirkung auf nachfolgende Jahresabschlüsse 44
III. Weitere Nichtigkeitsfälle bei von der HV festgestelltem Jahresabschluss (Abs. 3) 22	3. Beseitigung der Nichtigkeit durch Neuvornahme 45
IV. Nichtigkeit wegen Verstoßes gegen Gliederungsvorschriften (Abs. 4) 24	4. Zivil- und Strafrechtliche Konsequenzen für Aktionäre und Mitglieder der Verwaltungsorgane 46

A. Regelungsgehalt

1 Nach den **Erläuterungen des historischen Gesetzgebers** des AktG 1965 liegt der Regelung des § 256[1] sowie generell der §§ 256 bis 261 folgendes Konzept zu Grunde:[2]

2 Abweichend von den Entwürfen der Bundesregierung zum AktG 1965 bestehe bei Verstößen gegen die Vorschriften über den Jahresabschluss **für** dessen **Anfechtung kein wesentlicher Raum**; vielmehr trete regelmäßig Nichtigkeit ein. Die Rechnungslegungsvorschriften sollten nicht nur im Interesse der vorhandenen Aktionäre, sondern auch aller künftiger Aktienerwerber und aller anderen an der Gesellschaft Beteiligten sicherstellen, dass aussagekräftige Jahresabschlüsse aufgestellt und bekannt gemacht würden. Die Vorschriften beständen im öffentlichen Interesse. Daher reiche die Anfechtungsklage als Sanktion nicht aus; mit ihr würden nämlich typischerweise nur Interessen der Aktionäre geltend gemacht; sie werde nicht erhoben, wenn sich keine anfechtungswillige Minderheit finde. Schwere Gesetzesverstöße müssten demgegenüber ohne Weiteres zur Nichtigkeit des Jahresabschlusses führen.

3 Ein vom Vorstand und Aufsichtsrat festgestellter Jahresabschluss ist nicht anfechtbar. Lediglich die Feststellung des Jahresabschlusses durch die HV kann angefochten werden, aber nur bei Mängeln der Beschlussfassung, nicht bei inhaltlichen Mängeln (vgl § 257 Rn 2). Folge der Entscheidung des Gesetzgebers für den weitgehenden Fortfall der Anfechtungsklage ist eine **eingehende Regelung der Nichtigkeit** bei Verstoß gegen Rechnungslegungsvorschriften. Namentlich bestimmte Verstöße gegen Gliederungs- oder Bewertungsvorschriften machen den Jahresabschluss nichtig: Bei zu hohen Wertansätzen (Überbewertungen) ist der Jahresabschluss stets nichtig (Abs. 5 Nr. 1); bei zu niedrigen Wertansätzen (Unterbewertungen) sowie bei Verstößen gegen Gliederungsvorschriften kommt es auf die Schwere des Verstoßes an (Abs. 4, Abs. 5 Nr. 2). Nach allgemeiner Auffassung gibt es keine Nichtigkeit des Jahresabschlusses außer in den

---

[1] Vgl ausführlich zum Schutzzweck der Norm und zur Funktion des Jahresabschlusses Großkomm-AktienR/*Bezzenberger*, 4. Aufl., Rn 16 ff.

[2] AusschussBer *Kropff*, S. 342 ff.

durch § 256 ausdrücklich geregelten Fällen.[3] Die Rechtsfolgen der Nichtigkeit sind im Vergleich zum AktG 1937 dadurch gemildert, dass die Nichtigkeit in mehr Fällen und in kürzeren Fristen als nach dem AktG 1937 geheilt wird (Abs. 6). Unterbewertungen, die den Jahresabschluss nicht nichtig machen, und Verstöße gegen Berichtspflichten können nach dem Konzept des Gesetzes nur in einem besonderen Verfahren geltend gemacht werden (§§ 258 ff).

Das **Bilanzrichtliniengesetz** sollte das Konzept der §§ 256 ff ändern; der Gesetzgeber hat die vorgeschlagenen Änderungen jedoch verworfen.[4] Die meisten Nichtigkeitsgründe und die Heilung nach Abs. 6 sind **bei der GmbH analog,**[5] bei Personenhandelsgesellschaften regelmäßig nicht[6] anwendbar.

In der jüngeren Vergangenheit hat § 256 **Änderungen** erfahren insbesondere durch das Gesetz für kleine Aktiengesellschaften und zur Deregulierung des Aktienrechts sowie durch das Gesetz zur Umsetzung von EG-Richtlinien zur Harmonisierung bank- und wertpapieraufsichtsrechtlicher Vorschriften.[7] Eine mittelbare Auswirkung hat die Neuregelung des Enforcement-Verfahrens gemäß § 342 b HGB,[8] nach dessen Abs. 7 die Anhängigkeit einer Klage auf Nichtigkeit gemäß § 256 Abs. 7 eine Sperrwirkung auf das Entforcement-Verfahren der Prüfstelle für Rechnungslegung ausübt (vgl Rn 42 a ff).

B. Die Regelungen im Einzelnen

I. Nichtigkeitsgründe des festgestellten Jahresabschlusses gemäß Abs. 1. 1. Begriff festgestellter Jahresabschluss (Abs. 1 Hs 1). Die Nichtigkeit betrifft nur den festgestellten Jahresabschluss. Das Gesetz meint damit das korporationsrechtliche Rechtsgeschäft der Feststellung des Jahresabschlusses, das die Rechnungslegung verbindlich macht (vgl § 172 Rn 2).[9] Die **Nichtigkeitsfolge** umfasst im Ausnahmefall der Feststellung durch die HV deren Beschluss, im typischen Fall des § 172 das gesamte, zur Feststellung des Jahresabschlusses durch Vorstand und Aufsichtsrat gemäß §§ 170 bis 172 führende Rechtsgeschäft.[10] Dieses ist ein Institut eigener Art. Dazu gehören die Vorlage des Jahresabschlusses durch den Vorstand und der darauf bezogene Billigungsbeschluss des Aufsichtsrats nebst entsprechender Erklärung gemäß § 171 Abs. 2 S. 4, Abs. 3.[11] Da sich die Nichtigkeit auf den Billigungsbeschluss des Aufsichtsrats erstreckt, ist eine Klage auf Feststellung der Nichtigkeit des Aufsichtsratsbeschlusses nach § 172 nur als Klage auf Feststellung der Nichtigkeit des Jahresabschlusses möglich[12] (vgl Rn 41 a). Der **Jahresabschluss** umfasst die Bilanz sowie die Gewinn- und Verlustrechnung (§ 242 Abs. 3 HGB). Der **Anhang** (§§ 284 ff HGB) bildet gemäß § 264 Abs. 1 S. 1 HGB eine Einheit mit dem Jahresausschluss, er ist wesentlicher Teil des Jahresabschlusses.[13] Der **Lagebericht** (§ 264 Abs. 1, § 289 HGB) ist kein Bestandteil des Jahresabschlusses. Daher können nur Mängel der Bilanz, der Gewinn- und Verlustrechnung oder des Anhangs zur Nichtigkeit führen.[14] Mängel der Berichterstattung im Lagebericht (selbst vollständiges Fehlen, unvollständige oder unzutreffende Angaben) sind keine Nichtigkeitsgründe.[15] Auch der **Abhängigkeitsbericht** (§ 312) ist kein Teil des Jahresabschlusses,[16] so dass dessen Fehlen oder das Fehlen von Erklärungen zum Abhängigkeitsbericht gemäß § 314 Abs. 2 nicht zur Nichtigkeit des Jahresabschlusses führen (jedoch zur Anfechtbarkeit von Entlastungsbeschlüssen, vgl § 243 Rn 19).[17] Vgl zur Anfechtbarkeit der von der HV festgestellten Abschlüsse § 257 Rn 6. Befindet der AR in einem Beschluss neben der Feststellung des Jahresabschlusses auch über die Billigung des Konzernabschlusses, des Lageberichts oder des Abhängigkeitsberichts (§ 314 Abs. 2, 3) und leidet der

---

[3] *Hüffer*, Rn 1; MüHb-AG/*Hoffmann-Becking*, § 47 Rn 2; MüKo-AktG/*Hüffer*, Rn 6; A/D/S, Rn 1; KölnKomm-AktG/*Zöllner*, Rn 5; vgl BGHZ 124, 111, 116 f = NJW 1994, 520.
[4] Vgl *Hüffer*, Rn 2; MüKo-AktG/*Hüffer*, Rn 2; Geßler/*Hüffer*, Rn 5; vgl ausführlich zur Gesetzesgeschichte Großkomm-AktienR/*Bezzenberger*, 4. Aufl., Rn 6 ff.
[5] BGHZ 83, 341, 347 = WM 1982, 896; BGHZ 118, 142, 149 = NJW 1992, 2021; BGHZ 137, 378, 380 = NJW 1983, 42; BGH ZIP 2013, 1577 = WM 2013, 1560, Rn 8 = DB 2013, 1845; Baumbach/Hueck/*Haas*, § 42 a GmbHG Rn 25 ff.
[6] WP-Handbuch 2012, Bd. I, U Rn 179.
[7] BGBl. I 1994 S. 1961; BGBl. I 1997 S. 2567.
[8] Eingeführt durch Art. 1 Bilanzkontrollgesetz vom 15.12.2004, BGBl. I 2004 S. 3408; Übergangsvorschrift in Art. 56 EGHGB.
[9] *Hüffer*, Rn 3; MüKo-AktG/*Hüffer*, Rn 9; MüHb-AG/*Hoffmann-Becking*, § 47 Rn 1; BGHZ 124, 111, 116 f; K. Schmidt/Lutter/*Schwab*, Rn 2; Hennrichs, ZHR 168 (2004), 383, 387; Hennrichs, ZHR 174 (2010), 683, 688.
[10] A/D/S, Rn 74; Spindler/Stilz/*Rölike*, Rn 87; Großkomm-AktienR/*Bezzenberger*, 4. Aufl., Rn 207.
[11] BGHZ 124, 111, 121 ff = ZIP 1993, 1862, 1863, 1865.
[12] BGHZ 124, 111, 116 f; MüHb-AG/*Hoffmann-Becking*, § 47 Rn 1; *Hüffer*, Rn 3; MüKo-AktG/*Hüffer*, Rn 9; Kropff, ZGR 1994, 628, 633 ff.
[13] MüKo-AktG/*Hüffer*, Rn 8; *Hüffer*, Rn 8; BGHZ 124, 111, 121 = NJW 1994, 520, 523; BGHZ 142, 382, 384 = NJW 2000, 210.
[14] K. Schmidt/Lutter/*Schwab*, Rn 8; Henssler/Strohn/E. *Vetter*, Rn 6; Großkomm-AktienR/*Bezzenberger*, 4. Aufl., Rn 30 f.
[15] MüKo-AktG/*Hüffer*, Rn 8; A/D/S, Rn 13; Henssler/Strohn/E. *Vetter*, Rn 3; WP-Handbuch 2012, Bd. I, U Rn 177; aA Timm, ZIP 1993, 114, 116.
[16] MüHb-AG/*Hoffmann-Becking*, § 47 Rn 4.
[17] OLG Köln AG 1993, 86, 87 = WM 1993, 644 = ZIP 1993, 110; A/D/S, Rn 13; Henssler/Strohn/E. *Vetter*, Rn 3; WP-Handbuch 2012, Bd. I, U Rn 177; aA Timm, ZIP 1993, 114, 116.

Jahresabschluss an einem Nichtigkeitsgrund, kann dies nach § 139 BGB auf die Wirksamkeit der anderen Beschlüsse durchschlagen.[18]

7 Streitig ist, ob auch **andere Abschlüsse und Bilanzen** nichtig sein können, **insbesondere der Konzernabschluss** (§§ 290 ff, HGB, § 337 – vgl auch § 172 Rn 5), der in § 256 nicht genannt ist und der nicht festgestellt wird. Nach hM, der sich der BGH angeschlossen hat, scheiden Nichtigkeit (ggf analog § 256) und Nichtigkeitsklage gegen den Konzernabschluss aus, da es in Abs. 1 Hs 1 ausdrücklich heißt, „ein festgestellter Jahresabschluss ist... nichtig", eine entsprechende Regelung für den Konzernabschluss aber fehle; das stehe auch im Einklang mit Bedeutung und Wesen des Konzernabschlusses, was Analogie ausschließe: diesem komme ausschließlich eine Informationsfunktion zu; demgegenüber habe der Jahresabschluss eine rechtsgeschäftliche Basis, da in der Vorlage und Billigung mit verbindlicher Feststellungsfolge ein korporationsrechtliches Rechtsgeschäft eigener Art zu sehen sei, was auf den Konzernabschluss nicht zutreffe; der Gesetzgeber habe die Gleichstellung des Konzernabschlusses mit dem Jahresabschluss „bewusst nicht vorgenommen" (BGH).[19] Gegenüber dieser Auffassung hat *Hennrichs* zutreffende Bedenken vorgetragen: Dass der Konzernabschluss keine rechtsgeschäftliche Grundlage habe, sei „nicht mehr wirklich überzeugend", da die in § 171 Abs. 2 S. 4 und 5, § 173 Abs. 1 S. 2 vorgesehene Billigung des Konzernabschlusses funktional weitgehend der Feststellung des Jahresabschlusses entspricht; es sei „schwerlich einleuchtend", wenn das gerichtliche Kontrollsystem bezogen auf einen Konzernabschluss „ausgerechnet bei der AG schwächer ausgestaltet wäre als bei der GmbH".[20] Die hM klebt demgegenüber zu sehr am Wortlaut des § 256 Abs. 1 und berücksichtigt nicht hinreichend die Wertung des Gesetzgebers in §§ 171, 173 und der Billigung des Konzernabschlusses durch den AR: Gegenstand der Nichtigkeitsklage ist auch nach der hM das zur Feststellung des Jahresabschlusses führende Rechtsgeschäft (Rn 6). Insoweit erstreckt sich die Nichtigkeit des Jahresabschlusses zwar nach dem Wortlaut nur auf den „festgestellten" Jahresabschluss; nach dem Sinn des Gesetzes umfasst die Nichtigkeitsfolge das gesamte, zur Feststellung des Jahresabschlusses durch Vorstand und Aufsichtsrat führende korporationsrechtliche Rechtsgeschäft als Rechtsgeschäft eigener Art, zu dem die Vorlage des Jahresabschlusses durch den Vorstand und der darauf bezogene Billigungsbeschluss des Aufsichtsrats gehören, wie der BGH festgestellt hat (vgl Rn 6).[21] Eben diese Schritte von Vorlage durch den Vorstand (§ 170 Abs. 1 S. 2) und Prüfung (§ 171 Abs. 1 S. 1), Bericht (§ 171 Abs. 2 S. 1) sowie Billigung (§ 171 Abs. 2 S. 5) durch den AR sieht das Gesetz auch für den Konzernabschluss vor, so dass eine unterschiedliche Behandlung von Jahresabschluss und Konzernabschluss mE sachwidrig ist. Insoweit weist *Hennrichs* zutreffend darauf hin, dass Streitgegenstand der Nichtigkeitsklage „der gesamte Jahresabschluss (ist), genauer: Der Feststellungsakt mit sämtlichen seiner Entstehung zugrunde liegenden Umständen, die einen einheitlichen Lebenssachverhalt darstellen.[22] Der formale Unterschied zwischen der „Billigung" des Konzernabschlusses und der „Feststellung" des Jahresabschlusses erscheint nicht als ein so gravierender Unterschied, als dass nicht angesichts der offensichtlichen Regelungslücke für die Feststellung der Nichtigkeit des Jahresabschlusses § 256 Abs. 6 analog anzuwenden ist. Denn ebenso wie beim Jahresabschluss besteht ein Bedürfnis der Feststellung von dessen Nichtigkeit bei bestimmten Nichtigkeitsgründen – und zwar nur bei diesen – mit Wirkung für und gegen jedermann (vgl zu ähnlichen Fragen § 250 Rn 13; § 246 Rn 61 ff).

7a Jedenfalls können mE der **Konzernabschluss und die Beschlussfassung des AR Gegenstand einer allgemeinen ZPO-Feststellungsklage** auch von Aktionären sein, da die Richtigkeit der Aufstellung des Konzernabschlusses die Rechtsstellung der Aktionäre berühren kann, schon allein wegen der Informationsfunktion des Konzernabschlusses als unabdingbare Voraussetzung der Ausübung der Aktionärsrechte,[23] er hat aber auch sonst Bedeutung für Rechtsverhältnisse, zB für Fragen der Unternehmensbewertung im Spruchverfahren.[24] Auch diese prozessualen Rechtsschutzmöglichkeiten verneint der BGH mit der Begründung, es liege in Hinblick auf den Konzernabschluss kein Rechtsverhältnis vor und die Beschlussfassung berühre nicht

---

[18] BGHZ 124, 111, 121 ff = ZIP 1993, 1892 = AG 1994, 124; Bürgers/*Körber/Schulz*, Rn 23; MüKo-AktG/*Hüffer*, Rn 15; aA *Schön*, JZ 1994, 684, 685; *H.-P. Müller*, AG 1994, 410, 411; WP-Handbuch, 2012, Bd. I, U Rn 177; K. Schmidt/Lutter/*Schwab*, Rn 33.

[19] LG Frankfurt AG 2005, 665; OLG Frankfurt ZIP 2007, 72 = AG 2007, 282; BGH AG 2008, 325; LG München BB 2007, 2510, 2511 = DB 2007, 2306 = Der Konzern 2007, 537 (Siemens) mit Anm. *Luttermann* EWiR 2007, 469; OLG Köln AG 1998, 525 = NZG 1998, 553; *Hüffer* Rn 3; WP-Handbuch, 2012, Bd. I, U Rn 180 ff; Spindler/Stilz/*Rölike*, Rn 4; Großkomm-AktienR/*Bezzenberger*, 4. Aufl., Rn 35 f.

[20] *Hennrichs*, ZHR 168 (2004), 384, 398; in dieser Richtung auch *Busse von Colbe*, BB 2002, 1583, 1586 f; K. Schmidt/Lutter/*Schwab*, Rn 3. Teilweise für analoge Anwendung des § 256 MüKo-AktG/*Kropff*, 2. Aufl., § 172 Rn 87; nunmehr in der 3. Aufl. von *Hennrichs/Pöschke* aufgegeben, § 172 Rn 110 ff, 118.

[21] BGHZ 124, 111, 116 ff = ZIP 1993, 1892 = AG 1994, 124.

[22] *Hennrichs*, ZHR 168 (2004), 383, 406, unter Berufung auf BGHZ 152, 1 = NJW 2002, 3465 = ZIP 2002, 1648.

[23] *Hennrichs*, ZHR 168 (2004), 383, 398.

[24] *Luttermann*, EWiR 2007, 469, 470.

entsprechend den CoBank/Mangusta-II-Grundsätzen[25] (vgl dazu § 246 Rn 64 a) die Rechtsstellung der Aktionäre.[26]

2. Nichtigkeitsgründe außerhalb § 256 gemäß § 173 Abs. 3, § 234 Abs. 3, § 235 Abs. 2 (Abs. 1 Hs 1). Ausdrücklich unberührt lässt Abs. 1 Hs 1 die Nichtigkeitsgründe der §§ 173 Abs. 3 (Nichtigkeit der Änderung des Jahresabschlusses bei nicht rechtzeitiger Erteilung eines Nachtragstestats), § 234 Abs. 3 (nicht rechtzeitige Eintragung der Kapitalherabsetzung in das Handelsregister) sowie § 235 Abs. 2 (nicht rechtzeitige Eintragung einer Kapitalerhöhung), vgl dazu § 173 Rn 22, § 234 Rn 22, § 235 Rn 25).

3. Katalog der Nichtigkeitsgründe des Abs. 1. Der Katalog des Abs. 1 gilt für Jahresabschlüsse **unabhängig von der Art der Feststellung** durch Billigung des Aufsichtsrats gemäß § 172 bzw Beschluss der HV gemäß § 173.

Maßgeblicher Zeitpunkt für die Beurteilung von Mängeln ist mE die Feststellung des Jahresabschlusses, nicht aber der der Aufstellung[27] – unstreitig jedenfalls nicht der der letzten mündlichen Verhandlung.

a) Inhalt verletzt Vorschriften zum Schutze der Gläubiger (Abs. 1 Nr. 1). Der Jahresabschluss ist nichtig, wenn sein Inhalt Vorschriften verletzt, die ausschließlich oder überwiegend zum Schutze der Gläubiger gegeben sind (Abs. 1 Nr. 1). Der **Inhalt des Abschlusses muss die Schutzbestimmungen verletzen.** Das ist der Fall, wenn der Berichtsinhalt unzutreffend ist oder berichtspflichtige Sachverhalte nicht enthalten sind, wenn der Jahresabschluss als solcher durch einzelne seiner Posten gegen gesetzliche Vorschriften verstößt. Kein Nichtigkeitsgrund ist es, dass der Jahresabschluss gesetzwidrige Geschäftsvorgänge ausweist, die sich außerhalb des Jahresabschlusses vollziehen; zu einem Verstoß gegen Gläubigerschutzvorschriften führt dies erst, wenn der Jahresabschluss die **Grundsätze ordnungsgemäßer Buchführung** (GoB) im Sinne der §§ 238 Abs. 1 S. 1, 264 Abs. 2 S. 1 HGB verletzt.[28] Den GoB kommt Rechtsnormqualität zu, ihre Verletzung ist also Gesetzesverletzung.[29]

Nur **Gesetzesverstöße, nicht aber Satzungsverstöße** können die Nichtigkeit begründen.[30] Die verletzten Vorschriften müssen mindestens überwiegend dem Schutz der Gläubiger dienen. Dieser Grundsatz ist so auszulegen wie die entsprechende Regelung bei § 241 (vgl § 241 Rn 10). In der Praxis wird ein Verstoß gegen Abs. 1 Nr. 1 meist nur einschlägig sein beim Verstoß gegen allgemeine Buchführungs- und Bilanzierungsgrundsätze;[31] denn die Nichtigkeitsfolge des Verstoßes gegen Gliederungs- und Bewertungsvorschriften ist – mit einschränkenden Regelungen – in den Spezialvorschriften der Abs. 4 und 5 normiert.[32] Einen wichtigen Hinweis, wann die Schwelle des Gläubigerschutzes überschritten ist, geben die Ordnungswidrigkeitsvorschriften in § 334 HGB, die indizielle Wirkung haben.[33] Ein Verstoß gegen Abs. 1 Nr. 1 soll nur vorliegen, wenn die **Darstellung der Vermögens- und Ertragslage wesentlich beeinträchtigt** ist.[34] Diese Auffassung ist mE unzutreffend. Dem klaren Wortlaut des Gesetzes ist die Einschränkung auf eine wesentliche Beeinträchtigung nicht zu entnehmen, und sie führt zu einer unzutreffenden Bagatellisierung der Gläubigerschutzvorschriften. Der von der Gegenmeinung angeführte Rechtsgedanke von Abs. 4 Hs 2, wonach der Jahresabschluss nur bei wesentlicher Beeinträchtigung seiner Klarheit und Übersichtlichkeit nichtig ist, ist schon deshalb nicht einschlägig, da diese Einschränkung nach der ausdrücklichen gesetzlichen Regelung nur auf die Gliederungsvorschriften bezieht (vgl Rn 27). Demgegenüber verlangt Abs. 1 Nr. 1 ohne jede Einschränkung, dass bei überwiegendem Schutz von Vorschriften zugunsten von Gläubigern die Nichtigkeitsfolge eintritt.

b) Prüfungsmängel gemäß Abs. 1 Nr. 2. Der Abschluss ist auch nichtig, wenn er bei gesetzlicher Prüfungspflicht[35] **entgegen § 316 Abs. 1 und 3 HGB nicht geprüft worden** ist. Nach dem Sinn dieser Vorschrift – der Sicherung der qualifizierten Abschlussprüfung[36] – ist der Abschluss nicht nur dann nicht geprüft, wenn

---

[25] BGHZ 164, 249, 255 = ZIP 2005, 2207 = AG 2006, 38.
[26] LG Frankfurt AG 2005, 665; OLG Frankfurt ZIP 2007, 72 = AG 2007, 282; BGH AG 2008, 325; ebenso Großkomm-AktienR/*Bezzenberger*, 4. Aufl., Rn 36.
[27] *Hüffer*, Rn 6, unter Verweis auf OLG Hamm AG 1992, 274 = WM 1992, 946 = ZIP 1992, 482 (wo es allerdings reichlich mehrdeutig heißt, bei Überprüfung der Bilanz sei „auf den Zeitpunkt ihrer Aufstellung bzw Feststellung abzustellen"); Bürgers/Körber/*Schulz*, Rn 2; K. Schmidt/Lutter/*Schwab* Rn 10; aA (Zeitpunkt der Aufstellung) Spindler/Stilz/*Rölike*, Rn 20.
[28] BGHZ 124, 111, 117 f = ZIP 1993, 1862, 1864 = DB 1994, 84, 85.
[29] K. Schmidt/Lutter/*Schwab* Rn 7; *Hüffer*, Rn 7; Spindler/Stilz/ *Rölike*, Rn 21; Bürgers/Körber/*Schulz*, Rn 3.
[30] *Hüffer*, Rn 7; MüKo-AktG/*Hüffer*, Rn 15; A/D/S, Rn 6; K. Schmidt/Lutter/*Schwab*, Rn 9; WP-Handbuch 2012, Bd. I, U Rn 186; Henssler/Strohn/*E. Vetter*, Rn 6; aA KölnKomm-AktG/*Zöllner*, Rn 24.
[31] Henssler/Strohn/*E. Vetter*, Rn 6; *Hüffer*, Rn 7; Spindler/Stilz/ *Rölike*, Rn 21.
[32] BGHZ 124, 111, 117 f = DB 1994, 84, 85 = ZIP 1993, 1862; MüKo-AktG/*Hüffer*, Rn 16; A/D/S, Rn 7.
[33] WP-Handbuch 2012, Bd. I, U Rn 187.
[34] *Hüffer*, Rn 7; MüHb-AktG/*Hoffmann-Becking*, § 47 Rn 5; Großkomm-AktienR/*Schilling*, Rn 4; Spindler/Stilz/*Rölike*, Rn 24; Großkomm-AktienR/*Bezzenberger*, 4. Aufl., Rn 52; WP-Handbuch 2012, Bd. I, U Rn 190.
[35] Angeblich nicht analog anwendbar bei satzungsmäßiger Prüfungspflicht, vgl WP-Handbuch 2012, Bd. I, U Rn 194.
[36] WP-Handbuch 2012, Bd. I, U Rn 192.

er überhaupt nicht geprüft worden ist,[37] sondern schon dann, wenn der **Mindestumfang der Abschlussprüfung nicht gewahrt** oder wenn die Prüfung nicht durch die Vorlage eines **Prüfungsberichts** sowie die Erteilung oder Nicht-Erteilung des **Bestätigungsvermerks** abgeschlossen ist.[38]

14 Jedenfalls **schlechthin unzureichende Prüfungshandlungen** begründen die Nichtigkeitsfolge.[39] Das soll den Verstoß gegen grundlegende, die zwingende öffentlich-rechtliche Bedeutung der Pflichtprüfung berührende Bestimmungen voraussetzen. Diese Voraussetzung ist jedenfalls gegeben, wenn ganze Bilanzposten wie Anlage- oder Umlaufvermögen nicht geprüft werden.[40] ME kann man dabei aber nicht stehen bleiben und etwa vertreten, dass das Unterlassen der Prüfung einzelner Vermögensgegenstände oder vergleichbare Qualitätsmängel einer Abschlussprüfung nicht zur Nichtigkeit führen. Der Pflichtenrahmen des § 317 HGB soll nicht als solcher herangezogen werden können, um die **Mindestanforderungen an eine ausreichende Prüfung** zu konkretisieren; das soll sich daraus ergeben, dass Abs. 1 Nr. 2 zwar auf § 316 HGB, nicht aber auf § 317 HGB Bezug nimmt.[41] ME bedeutet diese Sicht eine Bagatellisierung der Prüfungspflichten, die nicht mit Sinn und Zweck der Nichtigkeitsfolge bei Unterlassung ordnungsgemäßer Prüfung zu vereinbaren ist. Diese Unvereinbarkeit der Bagatellisierung mit dem Gesetz ergibt sich auch aus dem Zweck des Gesetzes und dem Regelungsmotiv des historischen Gesetzgebers. Dieser hat zu Abs. 1 Nr. 2 ausgeführt, dass die Nichtigkeitsfolge eintreten muss, „wenn die Prüfung von sachlich oder persönlich ungeeigneten Prüfern durchgeführt worden ist. Die strenge Rechtsfolge der Nichtigkeit ist in diesen Fällen notwendig, um die **Einhaltung der Vorschriften über die Abschlussprüfung zu sichern**".[42] Diese Sicherung ist nur möglich, wenn man einen strengen Maßstab an die zureichenden Prüfungshandlungen anlegt und unzureichenden Prüfungen mit der Rechtsfolge der Nichtigkeit des Jahresabschlusses begegnet.

15 **Unvollständige Prüfungen** sind auch folgende Tatbestände:
(1) Keine Bestellung eines Abschlussprüfers.
(2) Keine Erstellung eines Prüfungsberichts.
(3) Fehlen des Bestätigungs- oder des Versagungsvermerks – nicht aber eingeschränktes oder versagtes Testat als solches (§ 322 HGB).[43]
(4) Vorliegen des Prüfungsberichts erst nachdem der Aufsichtsrat die Billigung des Jahresabschlusses beschließt.
(5) Fehlende Schriftform des Prüfungsberichts einschließlich Unterzeichnung,[44] wobei Fehlen der nach Berufsrecht gebotene Siegelung unbeachtlich ist und es genügen soll, dass bis zur Bilanzsitzung nur ein Entwurf des Berichts vorliegt und der Prüfer in der Sitzung unterzeichnet.[45]
(6) Fehlende Nachtragsprüfung (§ 316 Abs. 3 HGB).[46]
(7) ME auch ein Verstoß gegen den Grundsatz von § 319 Abs. 3 Nr. 3 (insb. lit. a), dass der Prüfer den Abschluss, den er maßgeblich mit aufgestellt hat, nicht prüfen darf[47] (vgl auch Rn 17 a).[48]
(8) Bei Eingreifen von § 256 Abs. 1 Nr. 3 ist der Nichtigkeitsgrund von Nr. 2 parallel anwendbar.[49]
(9) Nicht zur Nichtigkeit führt die fehlende Prüfung des Abhängigkeitsberichts, da die Prüfung nicht in § 316 HGB, sondern § 313 AktG vorgeschrieben ist.[50]
(10) Nicht zur Nichtigkeit führen soll nach einer prominent vertretenen Meinung[51] die Prüfung des Lageberichts; diese ist indes ausdrücklich in § 316 Abs. 1 HGB vorgeschrieben, so dass kein Grund ersichtlich ist, warum Mängel dieser Prüfung nicht auf die Nichtigkeit des Jahresabschlusses durchschlagen sollen.

16 **c) Fehlende Prüfereigenschaft (Abs. 1 Nr. 3).** Bei **gesetzlicher Prüfungspflicht** bestehen weitere Nichtigkeitsgründe nach Abs. 1 Nr. 3.[52] Die Prüfungspflicht besteht nach dem Gesetz gemäß §§ 316 Abs. 1, 267 Abs. 1

---

37 Undeutlich: MüHb-AG/*Hoffmann-Becking*, § 47 Rn 5.
38 *A/D/S*, Rn 16; *Hüffer*, Rn 10 ff; MüKo-AktG/*Hüffer*, Rn 20 ff; Großkomm-AktienR/*Bezzenberger*, 4. Aufl., Rn 134; WP-Handbuch 2012, Bd. I, U Rn 192; OLG Hamburg AG 2002, 460, 461; OLG Stuttgart DB 2009, 1521 = GWR 2009, 225.
39 RG Bankwirtschaft 1945, 26 = WPg 1970, 421, 423; OLG Hamburg AG 2002, 460, 461; OLG Stuttgart DB 2009, 1521 = GWR 2009, 225.
40 *Hüffer*, Rn 11; MüKo-AktG/*Hüffer*, Rn 22; KölnKomm-AktG/*Zöllner*, Rn 55; Großkomm-AktienR/*Schilling*, Anm. 5; Spindler/Stilz/*Rölike*, Rn 29, 30; Großkomm-AktienR/*Bezzenberger*, 4. Aufl., Rn 135.
41 MüKo-AktG/*Hüffer*, Rn 22; *A/D/S*, Rn 16.
42 RegBegr. *Kropff*, Rn 346.
43 Hensseler/Strohn/*E. Vetter*, Rn 7; MüKo-AktG/*Hüffer*, Rn 25; K. Schmidt/Lutter/*Schwab*, Rn 12; *Hüffer*, Rn 12.
44 *Hüffer*, Rn 10 ff; MüKo-AktG/*Hüffer*, Rn 18 ff; *A/D/S*, Rn 17; KölnKomm-AktG/*Zöllner*, Rn 57 ff.
45 OLG Stuttgart DB 2009, 1521, 1525 = GWR 2009, 225.
46 Hensseler/Strohn/*E. Vetter*, Rn 7; MüKo-AktG/*Hüffer*, Rn 26; Spindler/Stilz/*Rölike*, Rn 28.
47 Vgl BGH AG 2010, 328 = ZIP 2010, 433 Rn 7 ff zum Honoraranspruch des Abschlussprüfers bei der Mitwirkung an der Aufstellung des Abschlusses; vgl dazu auch Heidel/Schall/*Schüppen*, HGB, § 319, Rn 34 ff.
48 AA Schmidt/Lutter/*Schwab*, Rn 25 f.
49 WP-Handbuch 2012, Bd. I, U Rn 192.
50 WP-Handbuch 2012, Bd. I, U Rn 192; K. Schmidt/Lutter/*Schwab*, Rn 25 f.
51 WP-Handbuch 2012, Bd. I, U Rn 192.
52 MüKo-AktG/*Hüffer*, Rn 29; *A/D/S*, Rn 29; *Habersack*, NZG 2003, 659, 663.

HGB. Der Prüfer ist durch HV-Beschluss zu bestellen (§ 119 Abs. 1 Nr. 4 AktG, § 318 Abs. 1 S. 1 HGB, vgl § 119 Rn 8); ggf kommt die gerichtliche Bestellung gemäß § 318 Abs. 3 und 4 HGB in Betracht (vgl Rn 17a).

Zur Nichtigkeit (auch des Wahlbeschlusses)[53] führt, gemäß Abs. 1 **Nr. 3 Alt. 1**, dass die **Prüferbefähigung fehlt**, wenn der Bestellte also weder Wirtschaftsprüfer noch Wirtschaftsprüfungsgesellschaft[54] ist (§ 319 Abs. 1 HGB, Art. 25 EGHGB).[55] Vereidigte Buchprüfer und Buchprüfungsgesellschaften scheiden als Prüfer aus (§ 319 Abs. 1 S. 2 HGB). Die Qualifikation des Abschlussprüfers als Wirtschaftsprüfer bzw Wirtschaftsprüfungsgesellschaft muss nicht nur bei seiner Bestellung, sondern bis zum Abschluss der Prüfung und der Erteilung des Bestätigungsvermerks vorhanden sein.[56] Der fehlenden Qualifikation als Wirtschaftsprüfer wird gleichgestellt, dass der Abschlussprüfer nicht über eine wirksame Bescheinigung über die Teilnahme an Qualitätskontrollverfahren nach § 57a WPO verfügt und somit die Anforderungen des § 319 Abs. 1 S. 3 HGB nicht erfüllt.[57] 17

Weiterer Nichtigkeitsgrund ist gemäß **Nr. 3 Alt. 2**, dass der **Prüfer** aus anderen Gründen als einem Verstoß gegen § 319 Abs. 2 bis 4, § 319a Abs. 1 oder § 319b Abs. 1[58] HGB **nicht (wirksam) zum Abschlussprüfer bestellt** ist. Der maßgebende Zeitpunkt, zu dem der Prüfer wirksam bestellt sein muss, soll nach hM die Vorlage des Prüfungsberichts an den AR sein;[59] dieser Auffassung habe ich mich ohne Begründung bis zur 2. Auflage angeschlossen, sie ist mE unrichtig, vielmehr muss die Prüferbestellung ununterbrochen ab Beginn der Tätigkeit des Prüfers gegeben sein: Soweit die hM überhaupt begründet wird, stützt sie sich auf § 163 Abs. 5 Hs 1 aF;[60] aus dieser Vorschrift folgte aber nur, dass die HV die Prüferbestellung bis zur Vorlegung des Berichts an den Vorstand widerrufen konnte; aus ihr ergibt sich nichts zur Frage, ab wann die Bestellung bestehen muss; mE kann bei der Bestellung nichts anderes gelten als nach Rn 17 für die Prüferbefähigung; wer einen Abschluss ordnungsgemäß prüft, muss von Anfang seiner Prüfung an ordnungsgemäß zum Prüfer bestellt sein, sonst prüft ein Nicht-Abschlussprüfer; da der Prüfungsbericht die gesamte Prüfung und ihr Ergebnis (vgl § 321 Abs. 1, Abs. 3 HGB) darstellen soll, können das nur solche Prüfungshandlungen sein, die ein richtig bestellter Abschlussprüfer, nicht aber ein unternehmensfremder WP vorgenommen hat. Die **Nichtigkeit oder Nichtigerklärung der Prüferbestellung** beseitigt die Prüferstellung mit Wirkung ex tunc, so dass es an der wirksamen Prüferbestellung fehlt.[61] ME scheidet es aus, parallel zur **Klage vorsorglich durch das Registergericht gemäß/analog** § 318 Abs. 3, 4 HGB **einen Abschlussprüfer zu bestellen**[62] (vgl zur vergleichbaren Frage bei AR-Mitgliedern § 250 Rn 1) – auch nicht einen zusätzlichen Prüfer zu einer voneinander unhängigen doppelten Prüfung:[63] Was sollte wohl gelten, wenn die beiden unabhängig Prüfenden zu unterschiedlichen Ergebnissen gelangen, etwa bei der Bewertung oder in der Frage der Erteilung/Nichterteilung des Testats (§ 322 HGB)? Richtig kann nur sein, dass die Rechtskraft des Prozesses abgewartet werden muss – mit allen Nachteilen für die AG, keinen festgestellten Abschluss zu haben. Die Auswechslung des Prüfers durch das **registergerichtliche Ersetzungsverfahren nach § 318 Abs. 3 HGB** wirkt ex nunc mit der erstinstanzlichen Entscheidung unabhängig von der Rechtskraft.[64] Der so neu bestellte Prüfer ist daher ordnungsgemäß bestellt, solange er im Amt ist. Auch eine spätere Aufhebung seiner Bestellung führt daher nicht zur Nichtigkeit des Jahresabschlusses. Die Prüferbestellung fehlt grundsätzlich nicht, wenn der bestellte Abschlussprüfer juristische Person ist und deren Vermögen nach dem UmwG (§ 20) im Wege der Gesamtrechtsnachfolge auf einen Dritten übergeht und der übernehmende Rechtsträger prüft.[65] 17a

---

53 K. Schmidt/Lutter/*Schwab*, Rn 25.
54 Ist eine solche bestellt, soll sie den gesetzlichen Erfordernissen genügen; welche natürlichen Personen bei der Prüfung welche Aufgaben übernehmen, soll keine Rolle spielen, solange natürliche Personen den Bestätigungsvermerk unterschreiben, die selbst WP sind (vgl § 32 WPO), ein Verstoß gegen diese berufsrechtliche Vorschrift soll den Abschluss nicht nichtig machen, vgl WP-Handbuch 2012, Bd. I, U Rn 197.
55 Vgl A/D/S, Rn 31f; Großkomm-AktienR/*Bezzenberger*, 4. Aufl., Rn 142 leitet diese Folge nicht aus Nr. 3, sondern aus der Nichtigkeit des Prüferwahlbeschlusses der HV ab.
56 WP-Handbuch 2012, Bd. I U Rn 196; A/D/S, § 319 HGB Rn 28; KölnKomm-AktG/*Zöllner*, Rn 7.
57 WP-Handbuch 2012, Bd. I U Rn 198; Großkomm-AktienR/ *Bezzenberger*, 4. Aufl., Rn 145; BGH ZIP 2013, 1577 = WM 2013, 1560, Rn 5, 7 = DB 2013, 1845.
58 Das BilMoG, BGBl. 2009 S. 1102, ergänzte Nr. 3 Alt. 2 um einen Verweis auf die Netzwerk-Regelung des § 319b HGB.
59 *Hüffer*, Rn 13 (unter offenbar versehentlichem Abstellen auf Berichtsvorlage an Vorstand); Spindler/Stilz/*Rölike*, Rn 36;
MüKo-AktG/*Hüffer*, Rn 29; A/D/S, Rn 20; KölnKomm-AktG/ *Zöllner*, Rn 72; Großkomm-AktienR/*Bezzenberger*, 4. Aufl., Rn 146ff.
60 Großkomm-AktienR/*Schilling*, Rn 6, auf den Spindler/Stilz/ *Rölike*, Rn 36 verweist.
61 MüKo-AktG/*Hüffer*, Rn 30; KölnKomm-AktG/*Zöllner*, Rn 72; Henssler/Strohn/E. *Vetter*, Rn 9; differenziert: A/D/S Rn 26ff; Großkomm-AktienR/*Bezzenberger*, 4. Aufl., Rn 148.
62 AA Henssler/Strohn/E. *Vetter*, Rn 9; *von Falkenhausen/Kocher*, ZIP 2005, 602; Baumbach/Hopt/*Merkt*, § 318 HGB Rn 11; *Lutter*, in: FS Semler 1993, S. 835; *von Falkenhausen/Kocher*, ZIP 2005, 602.
63 So aber Baumbach/Hopt/*Merkt*, § 318 HGB Rn 11 unter Berufung auf *Lutter*, in: FS Semler 1993, S. 835.
64 KölnKomm-AktG/*Zöllner*, Rn 74; A/D/S Rn 23; BeckBilKomm/Förschle/*Heinz*, § 318 Rn 21f; Großkomm-AktienR/ *Bezzenberger*, 4. Aufl., Rn 159, 163.
65 LG München AG 2012, 386.

17b Ausschlaggebend für die Nichtigkeit ist nur, dass die Prüfenden „**nicht zum Abschlussprüfer bestellt sind**". Die Bestellung ist der erste Akt eines dreiaktigen Vorgangs, durch den ein Wirtschaftsprüfer die Stellung als gesetzlicher Abschlussprüfer erlangt – nämlich Bestellung durch die HV, Beauftragung gemäß § 111 Abs. 2 S. 3 AktG/§ 318 Abs. 1 S. 4 HGB durch den AR und Annahme des Auftrags durch den Wirtschaftsprüfer (§ 51 WPO). Zwar erlangt der Wirtschaftsprüfer die Stellung als gesetzlicher Abschlussprüfer nur dann, wenn alle Teilakte wirksam vollzogen sind.[66] Der Gesetzeswortlaut stellt darauf ab, dass die prüfende Person nicht zum Abschlussprüfer „bestellt" ist. Daher schlägt mE die Mangelhaftigkeit anderer Teilakte als die Bestellung nicht auf die Nichtigkeit des Jahresabschlusses durch.[67] Das gilt insb. für die Unwirksamkeit des vom AR nach § 111 Abs. 2 S. 3 erteilten Prüfungsauftrags/Geschäftsbesorgungsvertrags.[68] Bei gerichtlicher Bestellung (§ 318 Abs. 3 oder 4 HGB) wird die Stellung bereits durch die Entscheidung des Gerichts und die Annahme durch den Wirtschaftsprüfer begründet, ohne dass es eines besonderen schuldrechtlichen Auftrags bedarf, der aber nicht unzulässig ist.[69] Eine wirksame Bestellung gemäß § 256 Abs. 1 Nr. 3 Alt. 2 fehlt zB, wenn nicht die HV den Prüfer gewählt hat, sondern die Verwaltung diesen ohne vorherige Wahl beauftragt. Sie fehlt gemäß Abs. 1 Nr. 3 Alt. 2 nicht bei einem Verstoß gegen die dort genannten Normen der §§ 319 ff HGB – insbesondere der **Befangenheit** des gewählten Prüfers. Nach der Regierungsbegründung der durch das Bilanzrechtsreformgesetz geschaffenen Regelung[70] sollte mit Abs. 1 Nr. 3 Alt. 2 entschieden werden, ob die Nichtigkeit der Wahl des Abschlussprüfers aufgrund eines Verstoßes gegen § 319 Abs. 2 oder 3 HGB aF (vgl Rn 17 und § 243 Rn 36 a ff)[71] bei einer darauf gestützten Klage (vgl § 243 Rn 36 a ff; § 249 Rn 3 a) zur Nichtigkeit des Jahresabschlusses führt; die Neufassung stelle klar, dass die Nichtigkeit des Wahlbeschlusses nicht auf die Wirksamkeit des festgestellten Jahresabschlusses durchschlage, so dass lediglich ein Verstoß gegen § 319 Abs. 1, nicht jedoch ein Verstoß gegen § 319 Abs. 2, 3 und 4 sowie § 319a Abs. 1 HGB zur Nichtigkeit führe.[72] Wie schon zu § 243 Abs. 3 Nr. 2 angemerkt (vgl § 243 Rn 36 a ff), verträgt sich die Novelle nicht mit dem erklärten Ziel des Bilanzrechtsreformgesetzes. Dessen ungeachtet ist es hinzunehmen, dass nach dem novellierten Gesetz der Jahresabschluss nur noch bei nichtigem Wahlbeschluss des Abschlussprüfers gemäß Abs. 1 Nr. 3 Alt. 2 nichtig ist. (Vgl zur Frage des Inkrafttretens der Neuregelung durch das Bilanzrechtsreformgesetz 2. Aufl, § 256 Rn 17 a.)

18 d) **Verletzung von Bestimmungen über Einstellung von Beträgen in und Entnahme aus Rücklagen (Abs. 1 Nr. 4).** Ein Abschluss ist auch nichtig, wenn bei seiner Feststellung Gesetzes- oder Satzungsbestimmungen (solche sind nach §§ 58 Abs. 1 und 2, § 150 Abs. 3 und 4, § 173 Abs. 2 zulässig) über die Einstellung oder Entnahme von Beträgen in bzw aus Kapital- oder Gewinnrücklagen verletzt worden sind (Abs. 1 Nr. 4).

19 Eine Verletzung dieser Norm kommt **insbesondere bei der Verletzung folgender Bestimmungen** über Rücklagen in Betracht: §§ 58, 150, 173 Abs. 2 S. 2, 230 bis 232, 237 Abs. 5, 300, 301 S. 2 AktG; § 272 Abs. 2[73] und 4 HGB – nicht aber bei der unzulässigen Bildung von stillen Reserven, die nach Abs. 5 zu beurteilen ist.[74] § 256 Abs. 1 Nr. 4 geht Abs. 1 Nr. 1 als lex specialis vor.[75]

20 II. **Weiterer Nichtigkeitsfall: Nicht ordnungsgemäße Mitwirkung von Vorstand oder Aufsichtsrat (Abs. 2).** Ein von Vorstand und Aufsichtsrat festgestellter Jahresabschluss ist außer in den Fällen des Abs. 1 nur nichtig, wenn der Vorstand oder Aufsichtsrat bei der Feststellung des Abschlusses nicht ordnungsgemäß mitgewirkt hat (Abs. 2). Beide Organe müssen **verfahrensfehlerfreie Beschlüsse** gefasst haben. Ein Fall der nicht-ordnungsgemäßen Mitwirkung ist es mE auch, wenn **Vorstand oder AR überhaupt nicht mitgewirkt** haben;[76] denn das Gesetz will aus Gründen der Rechtssicherheit eine Beschränkung auf klar umrissene Nichtigkeitsgründe (vgl Rn 3); dazu passt es nicht, neben die vom Gesetz vorgegebene Kategorie der Nichtigkeit (mit Heilung nach Abs. 6) eine weitere zu stellen, bei der die Heilung ausgeschlossen sein soll. Kein

---

66 Vgl im Einzelnen A/D/S, § 318 HGB Rn 15, 47, 187.
67 Hüffer, Rn 13; aA WP-Handbuch 2012, Bd. I, U Rn 199 f; offen gelassen bei Forster, WPg 1998, 41, 43.
68 Henssler/Strohn/E. Vetter, Rn 9; MüKo-AktG/Hüffer, Rn 28; Spindler/Stilz/Rölike, Rn 37; unrichtig oder zumindest sehr unklar WP-Handbuch 2012, Bd. I, U Rn 199.
69 A/D/S, § 318 HGB Rn 422.
70 BT-Drucks. 15/3419, S. 55.
71 Vgl auch Habersack, NZG 2003, 659; BGH NZG 2003, 216 = BGHZ 153, 32 ff = ZIP 20003, 290 ff = DB 2003, 283 ff; Lutter, JZ 2003, 566.
72 Vgl Hüffer, Rn 14, der mit Recht auf die Nichtigkeit des Prüfungsauftrags/Geschätsbesorgungsvertrags verweist, sofern dieser gegen Tätigkeitsverbote verstößt, vgl BGHZ 118, 142, 148 = NJW 1992, 2021; MüKo-AktG/Hüffer, Rn 21; Henssler/Strohn/E. Vetter, Rn 10, das soll auch in Fällen von § 319 Abs. 2 HGB gelten, vgl Bormann, DStR 2010, 1430 unter Verweis auf BT-Drucks. 15/3419, S. 37.
73 Vgl zur Frage, ob Fehler bei der Einstellung in die Kapitalrücklagen nach Abs. 2 Nr. 4 HGB (freiwillige Gesellschafterleistungen/andere Zuzahlungen, die Gesellschafter in das Eigenkapital leisten) Nichtigkeit begründen können, WP-Handbuch 2012, Bd. I, U Rn 205.
74 Vgl A/D/S, Rn 33 f; Hüffer, Rn 15; K. Schmidt/Lutter/Schwab, Rn 21.
75 A/D/S, Rn 34; K. Schmidt/Lutter/Schwab, Rn 22; Hüffer, Rn 15; vgl differenzierend zum Verhältnis von Nr. 1 und Nr. 4 Großkomm-AktienR/Bezzenberger, 4. Aufl., Rn 112 ff sowie T. Bezzenberger, Das Kapital der Aktiengesellschaft, 2005, S. 16 ff.
76 Baumbach/Hueck, Rn 12; aA Hüffer, Rn 16; K. Schmidt/Lutter/Schwab, Rn 28; KölnKomm-AktG/Zöllner, Rn 78; WP-Handbuch 2012, Bd. I, U Rn 213.

Fall der Nichtigkeit iSd Abs. 2 mit Heilungsmöglichkeit nach Abs. 6 ist – selbst bei (nicht vom Gesetz vorgesehener) Feststellung durch die HV –, wenn weder Vorstand noch AR mitgewirkt haben.[77]
Nur wenn Satzung oder Geschäftsordnung **Mehrheitsbeschlüsse** vorsehen, kann der Vorstand den Jahresabschluss mit Mehrheit feststellen.[78] ME scheidet selbst bei derartiger Regelung die Aufstellung allein durch den Vorsitzenden oder den Finanzvorstand aus.[79] Die Zustimmung des Aufsichtsrats zu einem vom Vorstand nicht ordnungsgemäß aufgestellten Jahresabschluss heilt nicht die Nichtigkeit.[80] Zur Nichtigkeit führt auch eine **vorschriftswidrige Besetzung** des Verwaltungsorgans.[81] Dazu zählt mE auch, dass dem AR entgegen § 100 Abs. 5 kein unabhängiger Finanzexperte angehört;[82] auf dessen Teilnahme an der konkreten Beschlussfassung kommt es indes mangels ausdrücklicher gesetzlicher Anordnung nicht an. Keine ordnungsgemäße Mitwirkung des Vorstands liegt mE auch vor, wenn infolge der Nichtigkeit der Bestellung zum Vorstandsmitglied die Mindestzahl der Vorstandsmitglieder nach § 76 Abs. 2 nicht erreicht ist oder wenn ein Vorstandsbeschluss auf den Stimmen des nichtig bestellten Vorstandsmitglieds beruht;[83] Kausalität der Stimmen des nichtig bestellten Verwaltungsmitglieds ist mE nicht erforderlich, da sonst die nichtige Bestellung sanktionslos bliebe.[84] Erwägungen zur **Kausalität** vertragen sich nicht damit, dass die heute allgemeine Auffassung bei der Beurteilung der Rechtswidrigkeit von HV-Beschlüssen auf die Relevanz des Fehlers für die Beschlussfassung abstellt (vgl § 243 Rn 10); dazu passt es nicht, bei Beschlüssen der Verwaltungsorgane auf die Kausalität abzustellen (vgl § 25 Rn 9 ff). Keine ordnungsgemäße Mitwirkung auch, wenn sich der Vorstand bei der Aufstellung des Jahresabschlusses **ohne eigene Prüfung** dem Diktat des Mehrheitsgesellschafters beugt,[85] was mE entsprechend zu gelten hat bei entsprechendem Druck Dritter, zB des Finanzvorstands oder Aufsichtsratsvorsitzenden. Das Unterlassen der Unterzeichnung eines ordnungsgemäß aufgestellten Jahresabschlusses durch alle Vorstandsmitglieder entgegen § 245 HGB soll nicht zur Nichtigkeit führen.[86] Will der Vorstand den aufgestellten Jahresabschluss vor der Feststellung noch ändern, ist ein erneuter ordnungsgemäßer Beschluss ggf nebst Nachtragsprüfung des Abschlussprüfers erforderlich, so dass entgegen dem OLG Stuttgart[87] die Möglichkeit der Änderung nicht gegen das Erfordernis der Unterzeichnung spricht. Die Unterzeichnung des Jahresabschlusses ist Teil seiner Aufstellung; jedenfalls begründet die fehlende Unterzeichnung durch einzelne Vorstandsmitglieder die Vermutung (Beweislastumkehr) von deren fehlender Mitwirkung.

Keine ordnungsgemäße Mitwirkung des Aufsichtsrats liegt bei **Beschlussmängeln** vor. **Beispiele:** Beschlussunfähigkeit des Aufsichtsrats (angeblich aber nicht bloße Unterbesetzung bei der Beschlussfassung, wenn die Einladung der Mitglieder ordnungsgemäß war);[88] bei Einberufungsfehlern, bei Beschlussfassung ohne Anwesenheit des Prüfers iSd § 171 Abs. 1 S. 2,[89] bei Entscheidung durch AR-Ausschuss statt durch Plenum entgegen § 107 Abs. 3 S. 2[90] bei der Mitwirkung nichtig bestellter Aufsichtsratsmitglieder, jedenfalls wenn es auf deren Stimme ankommt – mE auch bei mit Ex-tunc-Wirkung ausgesprochener Anfechtbarkeit des Wahlbeschlusses[91] –, nicht aber, wenn der AR seinen Beschluss zum Jahresabschluss außerhalb einer Präsenzsitzung fasst, zB in einer ordnungsgemäß einberufenen Telefonkonferenz unter Beteiligung des Ab-

---

77 So auch WP-Handbuch 2012, Bd. I, U Rn 214; *Hüffer*, Rn 1; *A/D/S*, Rn 56; K. Schmidt/Lutter/*Schwab*, Rn 31; aA KölnKomm-AktG/*Zöllner*, Rn 78; Großkomm-AktienR/*Bezzenberger*, 4. Aufl., Rn 205; Spindler/Stilz/*Rölike*, Rn 55.
78 *Hüffer*, Rn 18; *A/D/S*, Rn 62; MüHb-AG/*Hoffmann-Becking*, § 47 Rn 6.
79 Vgl *Hüffer*, Rn 18.
80 Henssler/Strohn/*E. Vetter*, Rn 13.
81 Schmidt/Lutter/*Schwab*, Rn 27; *Hüffer*, Rn 18, § 76 Rn 23; OLD Dresden NZG 2000, 428 = ZIP 1999, 1632; KG ZIP 2011, 123, 125 = NZG 2011, 146 zum unterbesetzten Vorstand; aA *Priester*, in: FS Kropff, 1997, S. 591, 603 f; nach unzutreffender Auffassung des OLG Hamburg WM 2002, 696, 699 = DB 2002, 572, 573 soll eine Überbesetzung des Aufsichtsrats, durch die die satzungsmäßige Höchstzahl der Aufsichtsratsmitglieder überschritten wird, nicht zur Nichtigkeit des AR-Beschlusses und damit des Jahresabschlusses führen.
82 AA *Hüffer*, § 100 Rn 15; WP-Handbuch 2012, Bd. I, U Rn 210; *Kropff*, in: FS K. Schmidt, 2009, S. 1023, 1032 ff; *Widmann*, BB 2009, 2602, 2604; *Wind/Kliie*, DStR 2010, 1339, 1341.
83 KölnKomm-AktG/*Zöllner*, Rn 82; *A/D/S*, Rn 69; Henssler/Strohn/*E. Vetter*, Rn 13; WP-Handbuch 2012, Bd. I, U Rn 212;
Geßler/*Hüffer*, Rn 68; aA *Hüffer*, Rn 18 und MüKo-AktG/*Hüffer*, Rn 38 f.
84 AA aber zB WP-Handbuch 2012, Bd. I U Rn 211; MüKo-AktG/*Hüffer*, Rn 39; KölnKomm-AktG/*Zöllner*, Rn 83.
85 OLG Karlsruhe WM 1987, 533 mit Anm. *Müller*, EWiR, 1987, 1155; aA MüKo-AktG/*Hüffer*, Rn 37.
86 MüHb-AG/*Hoffmann-Becking*, § 47 Rn 6; *A/D/S*, Rn 63; MüKo-AktG/*Hüffer*, Rn 40; Spindler/Stilz/*Rölike*, Rn 49; OLG Stuttgart DB 2009, 1521; Bedenken bzw aA: *Maluck/Göbel*, WPg 1978, 625; KölnKomm-AktG/*Claussen/Korth*, § 245 HGB Rn 4.
87 DB 2009, 1521.
88 WP-Handbuch 2012, Bd. I, U Rn 210; *A/D/S*, Rn 57; MüKo-AktG/*Hüffer*, Rn 43.
89 Vgl statt aller *Lutter/Krieger*, Rechte und Pflichten des AR, Rn 182 ff.
90 MüHb-AG/*Hoffmann-Becking*, § 45 Rn 2; *Priester*, in: FS Kropff, 1997, S. 591, 600.
91 AA *Hüffer*, Rn 19; MüKo-AktG/*Hüffer*, Rn 44; *A/D/S*, Rn 64 ff; Nichtigkeit generell verneinend Spindler/Stilz/*Rölike*, Rn 51; vgl auch BGH AG 2013, 387, 389 = ZIP 2013, 720 Rn 26; wie hier Henssler/Strohn/*E. Vetter*, Rn 14.

schlussprüfers an den Verhandlungen[92] (vgl § 110 Rn 11; vgl auch § 250 Rn 9 ff). ME ist ein Fall nicht ordnungsgemäßer Mitwirkung des AR auch die **mangelhafte Prüfung des Abschlusses durch den AR**.[93]

22 **III. Weitere Nichtigkeitsfälle bei von der HV festgestelltem Jahresabschluss (Abs. 3).** Abs. 3 normiert Fälle der Nichtigkeit eines von der HV festgestellten Jahresabschlusses und begrenzt die Nichtigkeitsfälle („nur"). Abs. 3 betrifft **Verfahrensfehler**. Seine Tatbestände entsprechen denen des § 241 Nr. 1, 2 und 5, so dass auf die dortige Kommentierung verwiesen werden kann (vgl § 241 Rn 6, 7, 12). Die Heilung richtet sich nicht nach § 242, sondern nach der lex specialis Abs. 6.

23 Kein Verfahrensfehler nach Abs. 3, sondern schon ein Nichtigkeitsgrund gemäß Abs. 1 Nr. 1 ist eine Feststellung des Jahresabschlusses durch die **unzuständige HV**;[94] die HV ist zuständig für die Feststellung des Jahresabschlusses nach den §§ 173 Abs. 1, 234 Abs. 2, 235, 270 Abs. 2 sowie 286 (vgl § 173 Rn 7, § 234 Rn 15, § 235 Rn 10, § 270 Rn 20, § 286 Rn 3). Nichtigkeit tritt mE auch ein, wenn statt der HV der **unzuständige Vorstand/Aufsichtsrat** den Jahresabschluss feststellt; demgegenüber wird vertreten, dass bei der Feststellung durch ein unzuständiges Organ von vornherein keine Feststellung vorliege, so dass zB auch die Heilungswirkung des Abs. 6 nicht eintreten könne.[95] Dieser Sicht ist mE nicht zu folgen: Aus Systematik sowie Sinn und Zweck des § 256, zumal aus Gründen der Rechtssicherheit und des Schutzes der Interessen der beteiligten Aktionäre, Gläubiger etc, besteht das Bedürfnis nach Rechtsklarheit binnen angemessener Frist; daher kann die Kategorie der mangelhaften Jahresabschlüsse nicht um die Kategorie der Nicht-Jahresabschlüsse ergänzt werden; somit kommt nur die (ggf analoge)[96] Anwendung des Abs. 1 Nr. 1 auf diesen Fall in Betracht.

24 **IV. Nichtigkeit wegen Verstoßes gegen Gliederungsvorschriften (Abs. 4).** Gemäß Abs. 4 ist der Jahresabschluss wegen Verstoßes gegen die Vorschriften über die Gliederung (Hs 1 Alt. 1) sowie wegen Nichtbeachtung von Formblättern zur Gliederung (Hs 1 Alt. 2) nur nichtig, wenn dadurch seine Klarheit und Übersichtlichkeit wesentlich beeinträchtigt ist.

25 Zu den Vorschriften über die Gliederung des Jahresabschlusses zählen: §§ 265, 266, 268, 269, 272, 273, 274, 275, 277 HGB, §§ 152 Abs. 1, 158 Abs. 1, 240, 261, 286 Abs. 2 AktG (vgl § 152 Rn 3 ff, § 158 Rn 3, 5 ff, § 240 Rn 3 ff, § 261 Rn 1 ff, 286 Rn 11). Neben diesen Gliederungsvorschriften kommen als Vorschriften iSd § 256 Abs. 4 auch Ansatzvorschriften des HGB in Betracht, (§ 246 Abs. 2, § 247; § 250, § 251).[97] Im Streit ist die Anwendbarkeit des § 256 bei Verstößen gegen § 264 Abs. 2.[98] Formblätter nach § 256 Abs. 4 Hs 1 Alt. 2 sind solche nach § 330 HGB.[99]

26 Ein Jahresabschluss verstößt gegen Gliederungsvorschriften, wenn zB die Bilanz oder die Gewinn- und Verlustrechnung nicht ausreichend tief gegliedert ist oder Vermögensgegenstände, Kapital oder Verbindlichkeiten an unzutreffender Stelle in der Bilanz aufgeführt sind[100] oder wenn das Saldierungsverbot (§ 246 Abs. 2 HGB)[101] missachtet wurde.[102]

27 Seit dem AktG 1965 führen Verstöße gegen die Vorschriften über die Gliederung des Jahresabschlusses nur zur Nichtigkeit bei **wesentlicher Beeinträchtigung der Klarheit und Übersichtlichkeit des Abschlusses** (§ 243 Abs. 2 HGB). Wann Klarheit und Übersichtlichkeit wesentlich beeinträchtigt sind, normiert das Gesetz nicht. § 256 Abs. 4 S. 2 AktG 1965 sah noch einen Beispielkatalog („eine wesentliche Beeinträchtigung liegt namentlich vor, wenn... ") vor, den das BiRiLiG gestrichen hat.[103] Er soll aber nach wie vor Interpretationshilfe sein können.[104] In Rechtsprechung und Literatur hat sich die Formel entwickelt, eine wesentliche Beeinträchtigung lasse sich nicht annehmen, wenn der Betrachter noch ein zutreffendes Bild der Vermö-

---

92 Vgl zur Frage, dass der AR eine Sitzung auch in einer Telefonkonferenz abhalten kann, Lutter/Krieger, AR, Rn 726; Hüffer, § 110 Rn 11; Spindler/Stilz/Spindler, § 110 Rn 35; MüHb-AG/Hoffmann-Becking, § 31 Rn 89.

93 OLG Stuttgart DB 2009, 1521, 1524 = OLGR Stuttgart 2009, 580 (OLG bejaht Nichtigkeit, wenn „Prüfung vor der Fassung des Billigungsbeschlusses des AR zwar nicht vollständig unterblieben ist, die durchgeführte Prüfung aber Mindestanforderungen nicht genügt"; aA Henssler/Strohn/E. Vetter, Rn 14).

94 Hüffer, Rn 20 Henssler/Strohn/E. Vetter, Rn 17; Spindler/Stilz/Rölike, Rn 55; KölnKomm-AktG/Kersting, 3. Aufl., Rn 88; zweifelnd MüKo-AktG/Hüffer, Rn 50; aA K. Schmidt/Lutter/Schwab, Rn 31; Großkomm-AktienR/Bezzenberger, 4. Aufl., Rn 206 leitet die Nichtigkeit nicht aus Nr. 1, sondern aus der Nichtigkeit des HV-Beschlusses ab.

95 Wie hier: Henssler/Strohn/E. Vetter, Rn 17; Spindler/Stilz/Rölike, Rn 55; aA A/D/S, Rn 56; WP-Handbuch 2012, Bd. I, U Rn 214; K. Schmidt/Lutter/Schwab, Rn 29 f; vgl auch Großkomm-AktienR/Bezzenberger, 4. Aufl., Rn 201, 205.

96 MüKo-AktG/Hüffer, Rn 50.

97 A/D/S, Rn 35.

98 Vgl die Kommentierung zu § 264 Abs. 2 HGB, zB BeckBil-Komm, Rn 35 bis 60.

99 Vgl dazu die Kommentierungen zu § 330 HGB, zB BeckBil-Komm; vgl auch Himmelreich, WPg 1988, 289, 365 (Kreditinstitute); Heidel/Schall/Stork, § 330, Rn 1; Richter/Geib, WPg 1987, 181 ff, und Laaß, WPg 1988, 353 (Versicherungsunternehmen).

100 Hüffer, Rn 23; MüKo-AktG/Hüffer, Rn 53; A/D/S, Rn 35; K. Schmidt/Lutter/Schwab, Rn 11; Großkomm-AktienR/Bezzenberger, 4. Aufl., Rn 63; LG München I Der Konzern 2008, 59 = DB 2008, 343.

101 Vgl dazu die Kommentierung zum HGB, zB BeckBil-Komm, § 246 Rn 79 bis 86; Heidel/Schall/Jonas/Elprana, § 246 Rn 63 ff; BGHZ 86, 1, 7 = NJW 1983, 878 = AG 1983, 75.

102 Weitere Beispiele bei K. Schmidt/Lutter/Schwab, Rn 12; MüKo-AktG/Hüffer, Rn 51 ff.

103 Vgl zu dem Regelungsmotiven des Aktiengesetzgebers 1965 Ausschussbericht, zit. bei Kropff, S. 346.

104 Hüffer, Rn 24; MüKo-AktG/Hüffer, Rn 55; WP-Handbuch 2012, Bd. I, U Rn 223.

gens-, Finanz- und Ertragslage erhält; eine wesentliche Beeinträchtigung liegt vor, wenn man aufgrund des Gliederungsverstoßes zu einem wesentlich anderen Bild der Vermögensverhältnisse gelange, als es zutreffend wäre.[105] Ein Indiz für Beeinträchtigung kann sein, dass der Verstoß gegen die Gliederungsvorschrift eine Ordnungswidrigkeit gemäß § 334 HGB begründet,[106] denn durch die Einordnung des Verstoßes als Ordnungswidrigkeit unterstreicht der Gesetzgeber die besondere Bedeutung der jeweils missachteten Vorschrift. Einigkeit besteht, dass Erläuterungen im Anhang Defizite in der Bilanz- und im Jahresabschluss ausgleichen können.[107] Der Grundgedanke ist die Beschränkung der Nichtigkeit auf wichtige Fälle. **Bagatellverstöße** sind unbeachtlich.[108] ME muss man bei Verstößen unterscheiden zwischen solchen, die schon wegen der Bedeutung der verletzten Gliederungsvorschrift als wesentlich anzusehen sind, und Verstößen, die erst durch den Umfang des Verstoßes (zumal die Größenordnung der in Frage stehenden Beträge) zu wesentlichen Verstößen werden, wobei es jedenfalls auf die Höhe in Relation zur Größenordnung der Bilanzposten ankommt,[109] aber auch viel dafür spricht, ab gewisser Höhe der Beträge in jedem Fall einen beachtlichen Verstoß anzunehmen.

V. Nichtigkeit wegen Verstoßes gegen Bewertungsvorschriften (Abs. 5). Der Jahresabschluss ist bei Verstoß gegen Bewertungsvorschriften nur nichtig im Falle der Überbewertung von Posten (Abs. 5 Nr. 1) oder der Unterbewertung von Posten, wenn durch die Unterbewertung die Vermögens- und Ertragslage vorsätzlich unrichtig wiedergegeben oder verschleiert wird (Abs. 5 Nr. 2). **Die fehlerhafte Bewertung ist der in der Praxis wichtigste Nichtigkeitsgrund.**[110] Überbewertungen sind bedeutsamer als Unterbewertungen; der Schutz der Gläubiger (vgl Abs. 1 Nr. 1) steht im Rang höher als das Interesse der Aktionäre, dass eine Wertuntergrenze nicht unterschritten wird.[111]

1. Allgemeine Grundsätze. Die Legaldefinition des Abs. 5 S. 2 bis 3 zur Über- bzw Unterbewertung verweist auf die Unzulässigkeit von Wertansätzen nach §§ 253 bis 256 HGB.[112] Nach einhelliger Meinung sind Verstöße gegen die **Bilanzierungsgebote und -verbote** (Ansatzvorschriften) der §§ 246 Abs. 1, 248, 249, 250 HGB gleichfalls nach § 256 Abs. 5 zu beurteilen, weshalb eine unterbliebene, aber gebotene Aktivierung oder Passivierung einer Unter- bzw Überbewertung gleichsteht.[113] (vgl Rn 35, 36). Der Verweis auf „die Bewertungsvorschriften" erfasst nach einhelliger Auffassung nicht die allgemeinen Vorschriften des § 252 HGB, obgleich sich diese zT ebenfalls auf die Bewertung auswirken.[114]

Zulässige **Wahlrechtsausübungen** bei der Bewertung[115] sowie Bewertungen innerhalb der Grenzen der **vernünftigen kaufmännischen Bewertung**[116] begründen keine Verletzung des Abs. 5.

Streitig ist die Auslegung des Tatbestandsmerkmals (der **Über- bzw Unterbewertung von**) „**Posten**" in Abs. 5 S. 1 (in S. 2, 3 „Aktivposten" bzw „Passivposten"). Verbreitet wird es als Synonym für die Gliederungspositionen des § 266 HGB ausgelegt. Auf den Betrag einzelner Vermögensgegenstände oder einzelner Verbindlichkeiten soll es nach dieser Sicht nicht ankommen; Bewertungsfehler innerhalb einer Gliederungsposition sollen kompensierend wirken können.[117] ME ist dieser Sicht nicht zu folgen. Insbesondere iVm den Einzelerläuterungen der Bilanz im Anhang können Über- bzw Unterbewertungen einzelner Vermögensgegenstände innerhalb eines Postens die Aussagekraft der Bilanz mindestens ebenso verfälschen wie ein unrichtiges Gesamtergebnis: Man denke etwa an die unrichtige Darstellung von Beteiligungsansätzen einzelner Beteiligungen, die immense Auswirkungen auf stille Reserven der jeweiligen Beteiligung haben können.

Um es an einem **Beispiel** deutlich zu machen: Es macht einen entscheidenden Unterschied der Beurteilung der Vermögens- und Ertragslage einer AG aus, wenn bei einem Gesamtansatz von Beteiligungen von 100

---

105 LG München DB 2008, 343 = Der Konzern 2008, 59, Rn 16 bei juris; Spindler/Stilz/*Rölicke*, Rn 59; GroßKomm-AktG/*Schilling*, Rn 13; MüKo-AktG/*Hüffer*, Rn 55; A/D/S Rn 37 („für die Gesamtstruktur des JA wesentlich"); Bürgers/Körber/*Schulz*, Rn 15; Großkomm-AktienR/*Bezzenberger*, 4. Aufl., Rn 68.
106 AA MüKo-AktG/*Hüffer*, Rn 55.
107 A/D/S, Rn 37.
108 A/D/S, Rn 37; MüKo-AktG/*Hüffer*, Rn 55; WP-Handbuch 2012, Bd. I, U Rn 223; KölnKomm-AktG/*Zöllner*, Rn 37.
109 A/D/S, Rn 37; Henssler/Strohn/*E. Vetter*, Rn 9; Spindler/Stilz/*Rölike*, Rn 59; OLG Hamm AG 1992, 233, 234 = DB 1991, 1924.
110 MüKo-AktG/*Hoffmann-Becking*, Rn 8.
111 A/D/S, Rn 38; vgl auch AusschussBer *Kropff*, S. 347, wonach "Unterbewertungen den Jahresabschluss nur in schwerwiegenden Fällen nichtig machen" sollen.
112 Bis zur Novelle durch Art. 5 Nr. 13 BilMoG, BGBl. I 2009 S. 1102, verwiesen Abs. 5 S.2 und 3 auch noch auf §§ 279 bis 283 HGB; die Streichung der Bezugnahme folgt aus deren Aufhebung. Vgl exemplarisch zu unverzinsten kurzfristigen Forderungen im Konzernverbund LG München AG 2012, 386, 388.
113 A/D/S, Rn 39; *Glade*, Rechnungslegung, § 256 Rn 3; *Hüffer*, Rn 25 f; MüKo-AktG/*Hüffer*, Rn 59 (für unmittelbare Anwendung des § 256 Abs. 5); *H.-P. Müller*, in: FS Quack, S. 349; WP-Handbuch 2012, Bd. I, U Rn 224, 226; BGH DB 1998, 567, 569 = BGHZ 137, 378; BGH AG 1994, 124 = ZIP 1994, 1259.
114 WP-Handbuch 2012, Bd. I, U Rn 226.
115 A/D/S, Rn 40; WP-Handbuch 2012, Bd. I, U Rn 229.
116 A/D/S, Rn 40; *Glade*, Rechnungslegung, § 256 Rn 19.
117 *Hüffer*, Rn 25; MüKo-AktG/*Hüffer*, Rn 58; A/D/S, Rn 41 ff; KölnKomm-AktG/*Zöllner*, Rn 42; WP-Handbuch 2012, Bd. I, U Rn 231; Spindler/Stilz/*Rölike*, Rn 66; Großkomm-AktienR/*Bezzenberger*, 4. Aufl., Rn 73; Weilep/Weilep, BB 2006, 147, 148; K. Schmidt/Lutter/*Schwab*, Rn 18; aA v. Godin/Wilhelmi, Anm. 10; kritisch auch *Thielmann*, Durchsetzung ordnungsgemäßer Rechnungslegung, 2001, 145.

nach dem Jahresabschluss die Beteiligung A einen Ansatz von 90 und die Beteiligung B einen Ansatz von 10 hat, in Wirklichkeit aber die Verhältnisse umgekehrt sind; bricht im Bereich der Beteiligung A zB eine generelle Strukturkrise aus, die eine Abwertung dieser Beteiligung auf einen Erinnerungsposten von 1 nach sich zieht, sind aus der Sicht von Gläubigern und Aktionären die Lage der AG und die Auswirkungen der bevorstehenden Abwertung völlig anders zu bewerten als dann, wenn die Werte richtig angegeben wären.

33 Die hier abgelehnte Gegenansicht ist auch aus systematischen Gründen falsch, denn sie setzt sich in einen unauflösbaren Widerspruch zur ganz herrschenden zutreffenden Auslegung von § 258 Abs. 1 S. 2 („Sonderprüfer haben die bemängelten Posten... zu prüfen"), wonach das Gericht auch die Überprüfung von genau bezeichneten einzelnen Vermögensgegenständen anordnen kann.[118] (vgl § 258 Rn 5) Aus § 259 Abs. 1 S. 1, Abs. 2 folgt, dass der **Inhalt des Begriffs der „Posten" bei §§ 256, 258 gleich** ist. Die hier vertretene, zumal auf Sinn und Zweck der Nichtigkeit wegen Über- bzw Unterbewertung abstellende Sicht wird durch den **historischen Gesetzgeber** bestätigt: Im Ausschussbericht, der zur Einführung des § 256 Abs. 1 Nr. 1, Abs. 5 führte, heißt es: „Auch die Bewertungsvorschriften müssen, namentlich in der von den Ausschüssen beschlossenen Form (§§ 153 bis 156 AktG 1965) als Vorschriften angesehen werden, die zum Schutz der Gläubiger der Gesellschaft und im öffentlichen Interesse gegeben sind. Aus Abs. 1 Nr. 1 könnte man daher auch folgern, dass jeder Verstoß gegen die Bewertungsvorschriften zur Nichtigkeit des Jahresabschlusses führt. Nach Abs. 5 Nr. 1 soll diese Rechtsfolge aber uneingeschränkt nur bei der – unter Gesichtspunkten des Gläubigerschutzes besonders bedenklichen – Überbewertung eingreifen."[119] Bei den vom Gesetzgeber zitierten Bewertungsvorschriften der §§ 153 ff AktG 1965 aF ging es gerade nicht um die saldierten Beträge der Posten der Bilanz, sondern um die Wertansätze einzelner Vermögensgegenstände.

34 Jedenfalls scheidet eine **Kompensation ganzer Bilanzposten** untereinander aus.[120]

34a **Maßgebender Zeitpunkt** für die Falschbewertung ist das Ende des Wertaufhellungszeitraums; die Überbewertung kommt daher nur in Betracht, wenn innerhalb des Wertaufhellungszeitraums[121] – bei dem es sich mE aus dem Gesichtspunkt des Gläubigerschutzes um den Zeitpunkt der Feststellung des Abschlusses handelt – abgewichen wird; das ist der Fall, wenn zum Ende des Wertaufhellungszeitraums die Gründe zB für eine außerplanmäßige Abschreibung bekannt waren bzw hätten bekannt sein müssen und es sich dabei um wertaufhellende Umstände handelt. Werden diese nach Ende des Aufhellungszeitraums bekannt, können sie keine Nichtigkeit begründen.[122] Ohne Belang sind daher ex post-Erkenntnisse – dass also zB eine außerplanmäßige Abschreibung im Jahresabschluss hätte vorgenommen werden müssen, für die man keine Anhaltspunkte haben konnte.

35 **2. Überbewertungen (Abs. 5 S. 1 Nr. 1, S. 2).** Überbewertungen von Posten (vgl dazu Rn 31 ff) führen gemäß Abs. 5 S. 1 Nr. 1 zur Nichtigkeit. Sie liegen gemäß Abs. 5 S. 2 dann vor, wenn

- Aktivposten mit einem höheren Wert und
- Passivposten mit einem niedrigeren Betrag

angesetzt sind, als nach §§ 253–256 HGB (vgl Rn 29) zulässig. Darüber hinaus liegen sie auch vor, wenn rechtswidrig (1) kein Passivposten[123] oder (2) ein Aktivposten[124] gebildet wurde (vgl Rn 29).

35a Nach dem klaren Wortlaut von Abs. 5 S. 1 Nr. 1 führt jede Überbewertung zur Nichtigkeit. Dessen ungeachtet sollen nach hM **„geringfügige" Überbewertungen** irrelevant sein, die Überbewertung müsse die Dar-

---

118 *Von der Linden/Wilsing*, unten § 258 Rn 5; *A/D/S*, § 258 Rn 57; Großkomm-AktienR/*Barz*, § 258 Anm. 13; KölnKomm-AktG/*Claussen*, § 258 Rn 37; aA MüKo-AktG/*Hüffer*, § 258 Rn 55, der aber bei der Antragstellung es für zulässig hält, dass die Fehlbewertung einzelner Vermögensgegenstände gerügt wird.
119 AusschussBer *Kropff*, S. 347.
120 *Hüffer*, Rn 25; MüKo-AktG/*Hüffer*, Rn 58; *A/D/S*, Rn 45; WP-Handbuch 2012, Bd. I, U Rn 231; LG Stuttgart DB 2001, 1025 f; K. Schmidt/Lutter/*Schwab*, Rn 18.
121 Vgl zum Streit, ob das Ende des Wertaufhellungszeitraums bei der Aufstellung oder Feststellung des Jahresabschlusses liegt, *Kütting/Kaiser*, WPg 2000, 577; BeckBil-Komm/*Winkeljohann/Büssow*, § 252 Rn 39; Heidel/Schall/*Jonas/Elprana*, § 252 Rn 25.
122 *Weilep/Weilep*, BB 2006, 147, 148.
123 BGHZ 83, 341, 347 f = WM 1982, 896 = ZIP 1982, 1077 (zur GmbH); MüKo-AktG/*Hüffer*, Rn 59; OLG Dresden DB 2006, 1606 = BB 2006, 1962 = ZIP 2006, 1773 = AG 2006, 672; OLG Frankfurt AG 2008, 417, 419 = NZG 2008, 429 = ZIP 2008, 738; OLG Hamm AG 1992, 233, 234 = DB 1991, 1924 = BB 1991, 2122.
124 *Hüffer*, Rn 25; LG Düsseldorf AG 1989, 140 = BB 1989, 882; LG Stuttgart DB 2001, 1025.

stellung wesentlich beeinträchtigen.[125] ME ist dieser einschränkenden Auslegung nicht zu folgen: Zunächst sei darauf hingewiesen, dass die hM sich zu Unrecht auf BGHZ 83, 341, 347 beruft; denn dort steht lediglich das Folgende: „Der Jahresabschluß einer GmbH ... ist in entsprechender Anwendung des § 256 Abs. 5 AktG mit Rücksicht auf den gebotenen Gläubigerschutz *jedenfalls dann nichtig* ...,[126] wenn eine Überbewertung dahin vorliegt, dass sie den Grundsätzen ordnungsgemäßer Bilanzierung widerspricht und ihrem Umfange nach nicht bedeutungslos ist .....[127]" Dieser Grundsatz ist gar nicht im Streit: Ist eine Überbewertung „ihrem Umfange nach nicht bedeutungslos", ist der Jahresabschluss „jedenfalls ... nichtig". Die entscheidende Frage der Auslegung des Abs. 5 S. 1 Nr. 1 ist nicht, unter welchen Umständen der Abschluss „jedenfalls" nichtig ist. Es kommt vielmehr auf die Grenze an, ab der der Abschluss nichtig ist.

Die Auslegung nach den anerkannten Methoden zeigt, dass die postulierte Geringfügigkeitsgrenze nicht besteht. Das ergibt schon die Auslegung nach Wortlaut und Systematik von Abs. 5 Nr. 1 und 2: Der Gesetzgeber ordnet nach dem klaren Wortlaut des Gesetzes die Nichtigkeit bei jedem Fall der Überbewertung an (Nr. 1); bei Unterbewertung muss kumulativ die vorsätzliche unrichtige Wiedergabe bzw Verschleierung der Lage der Gesellschaft hinzukommen (Nr. 2). Diese bewusst differenzierte Regelung bekräftigte der historische Gesetzgeber: „... zu hohe Wertansätze (Überbewertung) [machen] den Jahresabschluss stets nichtig".[128] In der Einzelbegründung zu Abs. 5 heißt es, dass die Rechtsfolge der Nichtigkeit „uneingeschränkt... bei der – unter Gesichtspunkten des Gläubigerschutzes besonders bedenklichen – Überbewertung eingreifen"[129] solle. Der Gesetzgeber des AktG 1965 stellte damit klar, dass er über das zuvor geltende Recht[130] hinausgehen wollte.[131] Diese deutlich im Wortlaut der Norm enthaltene gesetzgeberische Entscheidung kann man nicht relativieren im Hinblick auf die angebliche Bedenklichkeit der Schwere der Rechtsfolge.[132] Wenn der Gesetzgeber von der Praxis (und man darf fragen: Auf wessen Interesse ist hier abzustellen?) als „bedenklich schwer" angesehene Rechtsfolgen erlässt, dann mag man auf ihn einwirken, die Regeln zu ändern; es geht aber nicht an, dem Gesetz einen anderen Inhalt zu unterlegen, als nach dem deutlichen Wortlaut und Regelungsmotiv beabsichtigt.

35b

Aus den Gründen des historischen Gesetzgebers folgt auch, dass die teleologische Reduktion der Vorschrift, wie sie die Rechtsprechung mitunter vertritt,[133] nicht zu akzeptieren ist. Denn das Telos des Gesetzes ist nun mal, alle Überbewertungen zu verhindern. Wie bedenklich weit die Rechtsprechung bei ihrer teleologischen Reduktion geht, veranschaulichen die Deutsche Bank/Breuer-Fälle, in denen Land- und Oberlandesgericht Frankfurt eine möglicherweise unterlassene Rückstellung von 3,6 Mrd Euro angesichts der Höhe der Bilanzsumme der Bank (mehr als 1.000 Mrd EUR) als unbedenklich angesehen haben. Die Unterlassung hätte angeblich keine „bedeutsame Veränderung des Bildes der Vermögens-, Finanz- und Ertragslage der AG ergeben", da die streitigen Rückstellungen einen Betrag von weniger als 0,5 % der Bilanzsumme ausmachten; die Passivierung hätte keine beachtliche Beeinträchtigung der Liquiditätslage verursacht; sie hätte zwar die Höhe des Bilanzgewinns im Geschäftsjahr beeinträchtigt, jedoch keine Verzerrung der Darstellung der Ertragslage verursacht, da die für die Bewertung des Unternehmens maßgebliche Fähigkeit zur Generierung von Erträgen in der Zukunft durch die Bildung einer einmaligen Rückstellung auch in einer erheblichen Größenordnung nicht entscheidend beeinträchtigt worden wäre; auf die Relation des Ansatzfehlers zum Bilanzgewinn eines einzelnen Jahres könne es für das Wesentlichkeitsurteil nicht ankommen, da im Falle einer Gesellschaft mit regelmäßig geringem erwirtschafteten Gewinn die Lage durch nahezu jeden Ansatzfehler wesentlich falsch dargestellt wäre.[134] In einer späteren Entscheidung hat das LG Frankfurt

35c

---

125 BGHZ 83, 341, 347 = NJW 1983, 42 = ZIP 1982, 1077 BGHZ 124, 111, 117 = NJW 1994, 520;OLG München AG 2008, 509 = WM 2008, 876; Vorinstanz: LG München I DB 2007, 2306 = BB 2007, 2512 Rn 19 ff; Der Konzern 2007, 537, 538 (Siemens) mit Anm. *Luttermann*, EWiR 2007, 469; OLG Frankfurt AG 2008, 417, 419 = NZG 2008, 429, 431 = ZIP 2008, 738 (Deutsche Bank) geht sogar so weit, dass unterlassene Passivierung, die tatsächlichen Verluste in Gewinn verwandelt, nicht wesentlich ist, vgl dazu eingehend und mit Recht ablehnend *Schulze-Osterloh*, ZIP 2008, 2241; vgl auch LG Frankfurt NZG 2009, 149, 150 (Deutsche Bank); OLG Frankfurt AG 2011, 36, 37 = ZIP 2011, 221; OLG Hamm AG 1992, 233; OLG Hamburg AG 2006, 45, 48LG Frankfurt DB 2001, 1483; vgl aus der Lit. mit geringfügigen Unterschieden in der Formulierung zur Frage zum Grad der Überbewertung: *Hüffer*, Rn 25; MüKo-AktG/*Hüffer*, Rn 57; *Schedlbauer*, DB 1992, 2097, 2099; KölnKomm-AktG/*Zöllner*, Rn 45; Spindler/Stilz/*Rölike*, Rn 64; WP-Handbuch 2012, Bd. I, U Rn 232; *A/D/S*, Rn 48; Großkomm-AktienR/*Bezzenberger*, 4. Aufl., Rn 82, 85; ähnlich wie hier: *Kowalski*, AG 1993, 502,
503; K. Schmidt/Lutter/*Schwab*, Rn 15 ff, der eine strenge Handhabung der Bagatellausnahme bei Überbewertungen fordert; *Baumbach/Hueck*, Rn 18.
126 Hervorhebung hinzugefügt.
127 BGH zitiert *Schilling/Zutt*, in: Hachenburg, 7. Aufl., Anh. § 47 Rn 68 mwN; Scholz/K.Schmidt, 6. Aufl., § 46 Anm. 39.
128 AusschussBer *Kropff*, S. 344.
129 AusschussBer *Kropff*, S. 347.
130 § 202 Abs. 1 Nr. 2 AktG 1937 lautete: "... nichtig, wenn er mit dem Wesen der (AG) unvereinbar ist oder durch seinen Inhalt Vorschriften verletzt, die ausschließlich oder überwiegend zum Schutze der Gesellschaft oder sonst im öffentlichen Interesse gegeben sind".
131 AusschussBer *Kropff*, S. 344.
132 So aber KölnKomm-AktG/*Zöllner*, Rn 45; *A/D/S*, Rn 48.
133 LG München I DB 2007, 2306 = BB 2007, 2512, Rn 19.
134 LG Frankfurt NZG 2009, 149, 150; ähnlich Berufungsentscheidung: OLG Franfurt AG 2008, 417, 419 = NZG 2008, 429 = ZIP 2008, 738, Revision verworfen BGH Beschl. vom 11.10.2010 – II ZR 93/08 (nv, juris).

sogar bei einer (unterstellten) Überbewertung von ca. 7,5 Mrd. EUR (bei ca. 1.869 Mrd EUR Bilanzsumme bei einem Jahresüberschuss von 1,4 Mrd. EUR nach 0,488 Mrd EUR im Vorjahr) die Nichtigkeit verneint mit der lakonischen Bemerkung, nach dem Wortlaut von Abs. 5 genüge zwar jede noch so geringfügige Überbewertung, um die Nichtigkeitsfolge herbeizuführen. Jedoch sei zusätzlich zu verlangen, dass es einer wesentlichen Beeinträchtigung der Aussagekraft des Jahresabschlusses bedarf, so dass es „allein auf eine gewisse Ergebniswirksamkeit nicht ankommt".[135] Man fragt sich, ob eine Umkehrung des Ergebnisses von kleinem Überschuss in einen großen Fehlbetrag nicht doch das Kriterium der *gewissen* Ergebniswirksamkeit erfüllt. *Schwab* bemerkt zu solcher Rechtsprechung: „Es erscheint völlig unbegreiflich, wie man derartige Fehlleistungen in der Rechnungslegung für bedeutungslos erklären kann."[136] Mit Recht kritisiert das in der WP-Praxis viel beachtete WP-Handbuch die Frankfurter Rechtsprechung nachhaltig.[137] Wenn man den Ansatz einer Wesentlichkeit der Überbewertung akzeptieren wollte, müsste man mindestens wie das LG München zB auf quantitativ betrachtet wesentliche Auswirkungen auf den jeweiligen Jahresüberschuss abstellen.[138] Andere favorisieren eine Kombination verschiedener Referenzgrößen (zB Auswirkungen auf Jahresgewinn und Dividendenzahlungen; Relation zu Jahresüberschuss, Bilanzsumme und bilanziellem Eigenkapital).[139] Eine „wesentliche Beeinträchtigung" liegt nach einhelliger Meinung jedenfalls vor, wenn die Überbewertung verschleiert, dass die **Hälfte des Grundkapitals aufgezehrt** oder die **AG überschuldet ist**.[140]

35d Daher führt mE jede Überbewertung zur Nichtigkeit.[141] Dabei wird nicht verkannt, dass im Bilanzrecht unter dem Aspekt der Wesentlichkeit (Materiality) erörtert wird, welcher Aufwand bei Ansatz- und Bewertungsfragen zur Informationsbeschaffung betrieben werden muss. Anerkannter Maßstab ist die Auswirkung auf das Ergebnis; in Hinblick auf Positionen von völlig untergeordneter Bedeutung kann der Aufwand der Ermittlung klein gehalten werden, bei Positionen, die sich mehr als unwesentlich auf das Ergebnis auswirken können, sind genaue Ermittlungen zu fordern.[142] Keine Überbewertung im Sinne von Abs. 5 S. 1 Nr. 1 liegt vor, soweit der Bereich nicht verlassen wird, der nach dem HGB als nach vernünftiger kaufmännischer Beurteilung sachgerecht angesehen wird, gemäß § 264 Abs. 2 S. 1 HGB ein den tatsächlichen Verhältnissen entsprechendes Bild der Vermögens-, Finanz- und Ertragslage vermittelt und demgemäß auch nicht nach § 317 Abs. 1 S. 3 HGB zu beanstanden ist. **Zulässige Beurteilungsspielräume** sind also zu beachten.[143] Erst wenn die (äußerste) Grenze des Spielraums verlassen wird, ist der Tatbestand der Überbewertung erfüllt,[144] Um das an einem aktuellen Beispiel aus der Rechtsprechung zu veranschaulichen: Zur Frage der Bewertung von Pensionsrückstellungen führt das LG München I aus, dass „ein Zinssatz zwischen 3 % und 6 % allgemein als zulässig erachtet (wird) und vernünftiger kaufmännischer Beurteilung entspricht"; da sich die in concreto verwendete Abzinsung „im Rahmen dessen hält, was weithin als sachgerecht angesehen wird", könne der gewählte Abzinsungsfaktor nicht als unzutreffend angesehen werden.[145] Nach ganz hM genügt das **objektive Vorliegen der Überbewertung**; anders als bei Unterbewertungen (vgl Rn 36) ist kein Vorsatz erforderlich, was *e contrario* aus Abs. 5 S. 1 Nr. 2 folgt.[146]

36 **3. Unterbewertungen (Abs. 5 S. 1 Nr. 2, S. 3).** Unterbewertungen von Posten (vgl dazu Rn 31 ff), die gemäß Abs. 5 S. 1 Nr. 2 zur Nichtigkeit führen können, liegen gemäß Abs. 5 S. 3 dann vor, wenn

- Aktivposten mit einem niedrigeren Wert und Passivposten mit einem höheren Betrag angesetzt sind als nach §§ 253–256 HGB (vgl Rn 29 und 35) zulässig.

---

135 LG Frankfurt AG 2013, 178, 179 = ZIP 2013, 578, 580.
136 K. Schmidt/Lutter/*Schwab*, Rn 16.
137 Vgl WP-Handbuch 2012, Bd. I, U Rn 233: „Nicht überzeugend ist ... der Ansatz, die Höhe der festgestellten Überbewertung in allen Fällen nur in Relation zur Bilanzsumme zu setzen. Da nach Gesetzeswortlaut und -systematik auf die Überbewertung einzelner Bilanzposten abzustellen ist, bestehen gegen eine solche pauschalierende Gesamtbetrachtung Bedenken. Zudem ist die Höhe der Bilanzsumme auch unter Gläubigerschutzaspekten (Ausschüttungsbemessungsfunktion des JA) wenig aussagekräftig. Denn eine Überbewertung kann auch dann wesentlich sein, wenn sie zwar nur einen geringfügigen Teil der Bilanzsumme (zB weniger als 1 %) ausmacht, sich aber in erheblichem Umfang auf das Jahresergebnis der Gesellschaft auswirkt".
138 LG München I Der Konzern 2007, 537, 538 = DB 2007, 2306 = BB 2007, 2512; ähnlich auch *Hüffer*, 9. Aufl., Rn 25, anders noch 8. Aufl., Rn 25.
139 WP-Handbuch 2012, Bd. I, U Rn 233; OLG Frankfurt DB 2009, 1863, 1868 = AG 2009, 542; OLG Dresden ZIP 2006, 1773 = DB 2006, 1606; vgl auch BeckBil-Komm/*Winkeljohann*/Schellhorn, § 264 Rn 57; *Weilep/Weilep*, BB 2006, 1247, 1249.
140 BGHZ 137, 378, 385 f = WM 1998, 510.
141 *Von Godin/Wilhelmi*, Anm. 10; vgl auch *Kowalski*, AG 1993, 502, 503.
142 Vgl statt aller *A/D/S*, § 252 HGB Rn 128; Großkomm-HGB/*Kleindick*, § 252 Rn 54; BeckBil-Komm/*Winkeljohann/Geißler*, § 252 Rn 70; vgl auch *Ossadnik*, WPG 1993, 617, 1995, 33 ff.
143 Vgl WP-Handbuch 2012, Bd. I, U Rn 230.
144 *Weilep/Weilep*, BB 2006, 147, 148; A/D/S, § 246 Rn 40; *Kowalski*, AG 1983, 502, 503; WP-Handbuch 2012, Bd. I, U Rn 227 ff.
145 LG München Der Konzern 2008, 59 = DB 2008, 343 unter Hinweis auf Großkomm-HGB/*Kleindick*, § 253 Rn 36; A/D/S, § 253 Rn 307.
146 K. Schmidt/Lutter/*Schwab*, Rn 20; aA *Schedlbauer*, DB 1992, 2097, 2099.

- Darüber hinaus liegen sie vor, wenn Passivposten rechtswidrig gebildet[147] oder wenn rechtswidrig Aktivposten nicht gebildet[148] wurden (vgl Rn 29).

Abs. 5 S. 1 Nr. 2 Hs 2 normiert als weitere Voraussetzung der Nichtigkeit, dass durch die Unterbewertung die Vermögens- oder[149] Ertragslage der AG (bedingt) **vorsätzlich unrichtig wiedergegeben oder verschleiert** wird.[150] Es kommt auf den Vorsatz der an der Feststellung oder Aufstellung maßgeblich beteiligten Organmitglieder an.[151] Nicht jede Unterbewertung führt daher zur Nichtigkeit. Diese muss vielmehr auf die Gesamtdarstellung der Lage der Gesellschaft im Jahresabschluss durchschlagen, sie muss wesentlich sein. Der Gesetzgeber des AktG 1965 spricht davon, dass „Unterbewertungen den Jahresabschluss nur in schwerwiegenden Fällen nichtig machen".[152] Die Rspr hat Unterbewertung zB verneint bei Passivierung einer nicht geschuldeten Verbindlichkeit, was zu einem ca. 4 % zu niedrigen Bilanzgewinn führte;[153] bei Nicht-Aktivierung von Erstattungsansprüchen auf Schmiergeldzahlungen bei Unsicherheit über Schuldner und Betrag der mutmaßlichen Ansprüche in der Größenordnung von 6 % des Jahresüberschusses.[154]
Unrichtig wiedergegeben ist die Lage der Gesellschaft bei falschen Angaben.[155] **Verschleiert** ist die Lage, wenn sich für Dritte aus den Angaben kein klares Bild der wirklichen Verhältnisse ergibt.[156]

4. Sonderregelungen in Finanzbranche (Abs. 5 S. 4). Abs. 5 S. 4 enthält Sonderregelungen für **Kredit-** sowie **Finanzdienstleistungsinstitute, Versicherungsunternehmen**[157] **und Kapitalanlagegesellschaften.**[158]

VI. Heilung der Nichtigkeit (Abs. 6). Abs. 6 regelt in Anlehnung an § 242 Abs. 2 (vgl § 242 Rn 3 ff) für die in § 256 Abs. 1 S. 1 genannten Fälle die Voraussetzung für eine **Heilung der Nichtigkeit durch Zeitablauf**. Bei den dort nicht ausdrücklich genannten Nichtigkeitsfällen scheidet die Heilung aus.[159] Heilung bedeutet trotz der prozessualen Formulierung von § 256 Abs. 6 S. 1 wie bei § 242 (vgl § 242 Rn 2) den nachträglichen fristgebundenen Wegfall der Nichtigkeit mit Ex-tunc-Wirkung.[160] Heilung ist nur in den gesetzlich vorgesehenen Fällen möglich. **Unheilbar** sind daher nach der ausdrücklichen Regelung folgende **Fälle der Nichtigkeit**: gemäß Abs. 6 S. 1 die Nichtigkeit wegen unterbliebener Pflichtprüfung gemäß Abs. 1 Nr. 2; gemäß Abs. 3 Nr. 3 die Nichtigkeit aufgrund eines rechtskräftigen Anfechtungsurteils; auch im Fall des § 173 Abs. 3 (Änderung des Jahresabschlusses ohne Nachtragsprüfung) besteht keine Heilungsmöglichkeit;[161] grundsätzlich keine Heilungsmöglichkeit besteht bei Nichtigkeit des Kapitalherabsetzungs- und -erhöhungsbeschlusses nach §§ 234, 235, es sei denn, die Beschlüsse werden nach Ablauf der Dreimonatsfrist der §§ 234 Abs. 3, 235 Abs. 2 dennoch eingetragen; in dem Falle erstreckt sich die Heilung dieser Beschlüsse gemäß § 242 Abs. 3 auf den festgestellten Jahresabschluss.[162] Die Heilungswirkung erfasst auch den auf dem Jahresabschluss beruhenden Gewinnverwendungsbeschluss (§ 253 Abs. 1) sowie Jahresabschlüsse der Folgejahre.[163] Trotz Heilung ist mE die AG verpflichtet, sich nicht mit der Heilung des nichtigen Jahresabschlusses zu begnügen, sondern dafür zu sorgen, dass der Jahresabschluss für das nachfolgende Geschäftsjahr nicht nur auf einem geheilten, sondern inhaltlich ordnungsgemäßen Jahresabschluss aufbaut, etwa indem sie die aus ihrer Sicht erforderlichen Maßnahmen ergreift – zB die Bilanzwerte des Jahresabschlusses erneut prüfen lässt (sog. Herausforderungsfall);[164] jedenfalls ist die AG zu einem solchen Vorgehen berech-

---

147 BGH AG 1992, 58, 59 = ZIP 1991, 1427 = WM 1991, 1951; *Hüffer*, Rn 26; *A/D/S* Rn 50 f; MüKo-AktG/*Hüffer*, Rn 60.
148 BGHZ 124, 111, 119 = NJW 1994, 520 = ZIP 1993, 1862; BGHZ 137, 378, 384 = NJW 1998, 1559 = ZIP 1998, 560; K. Schmidt/Lutter/*Schwab*, Rn 20; *Hüffer*, Rn 27.
149 Im Gesetzeswortlaut heißt es zwar „Vermögens- und Ertragslage" – nach allg. Meinung genügt, dass durch die Unterbewertung entweder die Vermögenslage oder die Ertragslage unrichtig widergegeben/verschleiert wird, vgl K. Schmidt/Lutter/*Schwab*, Rn 19; *A/D/S*, Rn 51; *Hüffer*, Rn 26 a; KölnKomm-AktG/*Zöllner*, Rn 49.
150 BGHZ 124, 111, 120 = NJW 1994, 520 = ZIP 1993, 1862; *Kropff*, ZGR 1994, 628, 639; daher kein Vorsatz bei erst später geänderter Rsp, BGHZ 137, 378, 384 f = ZIP 1998, 467.
151 *Hüffer*, Rn 27; MüKo-AktG/*Hüffer*, Rn 62; KölnKomm-AktG/*Zöllner*, Rn 48; K. Schmidt/Lutter/*Schwab*, Rn 20; Henssler/Strohn/*E. Vetter*, Rn 22.
152 AusschussBer *Kropff*, S. 347.
153 BGHZ 137, 378, 385 f = WM 1998, 510.
154 LG München BB 2007, 2510 = Konzern 2007, 537; OLG München AG 2008, 509 = WM 2008, 876.
155 Wodurch die Einschränkung auf "greifbar" falsche Angaben bei *Hüffer*, Rn 26 a, MüKo-AktG/*Hüffer*, Rn 61, gerechtfertigt sein soll, ist nicht ersichtlich.
156 *Hüffer*, Rn 26 a; MüKo-AktG/*Hüffer*, Rn 61.
157 Vgl *Hüffer*, Rn 27 a; MüKo-AktG/*Hüffer*, Rn 63; *A/D/S*, Teilbd. 4, Rn 54 f, Ergänzungsbd., Rn 1 ff.
158 Vgl zur Neuregelung zu diesen durch Art. 5 Nr. 13 BilMoG, BGBl. I 2010 S. 1102, die RegBegr. BT-Drucks. S. 105.
159 K. Schmidt/Lutter/*Schwab*, Rn 33; Henssler/Strohn/*E. Vetter*, Rn 27.
160 HM, vgl *Hüffer*, Rn 28; MüKo-AktG/*Hüffer*, Rn 64; *Henrichs*, ZHR 168 (2004), 383, 389; Weilep/Weilep, BB 2006, 147, 149 f; K. Schmidt/Lutter/*Schwab*, Rn 38; Bezzenberger in Großkomm-AktienR/*Schilling*, Rn 19; Großkomm-AktienR/*Bezzenberger*, 4. Aufl. Rn 265; aA *Geist*, DStR 1996, 306, 308; W. Müller, FS Quack, S. 359, 369; *A/D/S*, 5. Aufl. Rn 127, 138; offen gelassen bei BGH ZIP 2013, 1577 = WM 2013, 1560, Rn 8 = DB 2013, 1845, und *A/D/S*, 6. Aufl, Rn 84; auf die mangelnden praktischen Konsequenzen der Frage, ob Heilung eine Änderung der materiellen Rechtslage oder nur einen Ausschluss der Geltendmachung der Nichtigkeit bewirkt, weist KölnKomm-AktG/*Zöllner*, Rn 131 hin.
161 MüKo-AktG/*Hüffer*, Rn 12, 70; *A/D/S*, Rn 85; Großkomm-AktienR/*Bezzenberger*, 4. Aufl. Rn 170.
162 MüKo-AktG/*Hüffer*, Rn 85; *A/D/S*, Rn 85.
163 BGH NJW 1997, 196, 197 = ZIP 1996, 1964 zur GmbH; KölnKomm-AktG/*Zöllner*, Rn 105; Henssler/Strohn/*E. Vetter*, Rn 27.
164 K. Schmidt/Lutter/*Schwab*, Rn 38; Mattheus/Schwab, BB 2004, 1099, 1102.

tigt.[165] Dabei ist indes der Grundsatz der Bilanzkontinuität und Bilanzidentität zu beachten, so dass zB etwaige Bewertungsfehler des nichtigen/geheilten Abschlusses des Jahres 01, dessen Werte als Eröffnungsbilanzwerte im Jahr 02 zu übernehmen sind, im Jahr 02 durch Abschreibungen zu korrigieren sind. Die Heilung schließt eine **Enforcement-Prüfung**[166] (vgl Rn 42 d) nicht aus.

40 Die **Heilungsfrist beginnt** mit der Bekanntmachung des Abschlusses im Bundesanzeiger (Abs. 6 S. 1; § 325 HGB); das Fristende bestimmt sich nach § 188 Abs. 2 Alt. 1 BGB, § 193 BGB gilt wie bei § 242 analog (vgl § 242 Rn 3).[167] Die Frist verlängert sich gemäß Abs. 6 S. 2, wenn bei Fristablauf eine Nichtigkeitsklage (§§ 249, 256 Abs. 7) rechtshängig ist, wozu auch die Anhängigkeit bei demnächstiger Zustellung genügt (§ 242 Rn 4); das Enforcement-Verfahren nach § 342 b Abs. 3 HGB (vgl Rn 42 d) und die Klage gegen den Gewinnverwendungsbeschluss (vgl § 253 Rn 5) hemmen die Frist nicht (vgl § 253 Rn 5, 7). Die **Heilungsfrist beträgt** sechs Monate in den Fällen von Abs. 1 Nr. 3 und 4, Abs. 2, Abs. 3 Nr. 1 und 2, in anderen Fällen (also bei der Verletzung von gläubigerschützenden Vorschriften) drei Jahre.

41 **VII. Nichtigkeitsklage, Enforcement-Verfahren (Abs. 7). 1. Verfahren der Nichtigkeitsklage (Abs. 7, S. 2).** Abs. 7 S. 1 ordnet die sinngemäße Geltung des § 249 an. Das rechtskräftige **Nichtigkeitsurteil** wirkt für und gegen jedermann. Ein besonderes Feststellungsinteresse ist nicht erforderlich.[168] Andere Personen als die in § 249 Abs. 1 S. 1 genannten können bei Feststellungsinteresse die allgemeine Feststellungsklage nach § 256 ZPO erheben; ein solches Feststellungsurteil bindet aber nur die in dem Verfahren Beteiligten.[169]

41a Im **Urteilstenor** ist festzustellen, dass der festgestellte Jahresabschluss, nicht aber (auch) der Beschluss über die Feststellung des Jahresabschlusses, nichtig ist. Zwar können nur die rechtsgeschäftlichen Grundlagen des Abschlusses und nicht der Jahresabschluss als Zahlen- oder Wortbericht nichtig sein; da Abs. 7 auch für den Fall der Feststellung durch die HV die Klage auf Feststellung der Nichtigkeit des Jahresabschlusses vorsieht, ist der Tenor entsprechend zu fassen. Eine auf Feststellung der Nichtigkeit des Beschlusses gerichtete Klage ist umzudeuten; sie ist nicht neben oder an Stelle einer Klage auf Feststellung der Nichtigkeit des Jahresabschlusses möglich; die Nichtigkeitsfolge umfasst das gesamte zur Feststellung des Jahresabschlusses führende korporationsrechtliche Rechtsgeschäft (vgl Rn 6).[170] Das der Klage stattgebende Urteil erfasst nur den angegriffenen Jahresabschluss, nicht aber unmittelbar Folgeabschlüsse, selbst bei identischem Fehler.[171] Es verpflichtet aber die Verwaltungsorgane, den Abschluss neu auf- und festzustellen.[172]

41b **Außer durch Klage nach Abs. 7 S. 1 kann vor Eintritt der Heilung nach Abs. 6 die Nichtigkeit auch auf andere Weise geltend gemacht werden**, etwa durch Einrede oder Erhebung einer Widerklage (Abs. 7 S. 1 iVm § 249 Abs. 1 S. 2). Beispielsweise kann der Vorstand eine aufgrund eines nichtigen Jahresabschlusses beschlossene Dividende nicht auszahlen und einer Dividendenzahlungsklage den Einwand der Nichtigkeit des Jahresabschlusses und des Gewinnverwendungsbeschlusses (§ 253) entgegenhalten.[173] In Fällen des § 256 Abs. 1 Nr. 2 ist auch eine Sonderprüfung möglich (vgl § 258 Rn 2).

42 **2. Enforcement-Verfahren.** Gemäß Abs. 7 S. 2 muss das Gericht der **BaFin den Eingang einer Klage nach Abs. 7 S. 1 sowie jede rechtskräftige Entscheidung über diese Klage mitteilen**, wenn die Gesellschaft Wertpapiere gemäß § 2 Abs. 1 S. 1 WpHG ausgegeben hat, die an einer inländischen Börse zum Handel im regulierten Markt zugelassen sind. Die BaFin benötigt diese Information, da sie während der Anhängigkeit der Klage keine Enforcement-Verfahren betreiben darf (vgl Rn 42 a).[174] Nach dem klaren Wortlaut braucht das Gericht nur die rechtskräftige Entscheidung mitzuteilen. Zuständig für die Mitteilung ist mE die Eingangsinstanz, die auch von der Rechtskraft erfährt.[175] Die in der Literatur vertretene Auffassung, die Mitteilungspflicht erstrecke sich über den Wortlaut hinaus auch auf jede anderweitige endgültige Verfahrenserledigung zB durch eine Klagerücknahme,[176] findet im Gesetz und der Gesetzesgeschichte[177] keine Grundlage.

---

165 BGH v. 2.7.2013 – II ZR 293/11 Rn 14, dort bei Rn 9 ff auch zu Schadensersatzansprüchen des Unternehmens gegen den Abschlussprüfer, wenn die Nichtigkeit darauf beruht, dass der Prüfer nicht über den Qualitätsnachweis nach § 319 Abs. 1 S. 3 HGB verfügt, was zur Nichtigkeit nach § 356 Abs. 1 Nr. 3 führt, ZIP 2013, 1577 = DB 2013, 1845.
166 Großkomm-AktienR/*Bezzenberger*, 4. Aufl. Rn 265.
167 K. Schmidt/Lutter/*Schwab*, Rn 35; MüKo-AktG/*Hüffer*, 2. Aufl., Rn 66; gegen analoge Anwendung des § 193 BGB: Geßler/*Hüffer* Rn 160; *Hüffer*, Rn 30; Spindler/Stilz/*Rölike*, Rn 78; Großkomm-AktienR/*Bezzenberger*, 4. Aufl. Rn 274.
168 OLG Köln NZG 1998, 553 = AG 1998, 525; OLG Celle AG 1984, 266, 267.
169 *Hüffer*, Rn 31; MüKo-AktG/*Hüffer*, Rn 73; A/D/S, Rn 94; *Kowalski*, AG 1993, 502, 504; *Bezzenberger* in Großkomm-AktienR 4. Aufl. Rn 245; aA KölnKomm-AktG/*Zöllner*, Rn 111.
170 OLG Stuttgart NZG 2003, 778, 780 = DB 2003, 1944 = AG 2003, 527; Henssler/Strohn/*E. Vetter*, Rn 29; Spindler/Stilz/*Rölike*, Rn 80; MüHb-AG/*Hoffmann-Becking*, § 47 Rn 3.
171 Henssler/Strohn/*E. Vetter*, Rn 30; Spindler/Stilz/*Rölike*, Rn 80; im Ergebnis ähnlich MüKo-AktG/*Hüffer*, Rn 71, der meint, der Antrag sei nicht umzudeuten, das Gericht müsse aber nach § 139 ZPO auf sachgerechte Antragstellung hinwirken. Nach *Kropff*, ZGR 1994, 628, 634 f und K. Schmidt/Lutter/*Schwab*, Rn 38 genügt Antrag, dem Jahresabschuss zugrunde liegenden Beschlüsse von AR und Vorstand für nichtig zu erklären.
172 Henssler/Strohn/*E. Vetter*, Rn 30; K. Schmidt/Lutter/*Schwab*, Rn 40; *Balthasar*, Die Bestandskraft handelsrechtlicher Jahresabschlüsse, 1999, S. 219 ff.
173 KölnKomm-AktG/*Zöllner*, Rn 112; A/D/S, Rn 95.
174 Eingeführt durch Art. 5 Nr. 3 BilKoG, BGBl. I 2004 S. 3408; RegBegr. BT-Drucks. 15/3421, S. 21.
175 Spindler/Stilz/*Rölike*, Rn 82.
176 Spindler/Stilz/*Rölike*, Rn 82.
177 RegBegr. BT-Drucks. 15/3421, S. 14, 21.

Gemäß § 342 b Abs. 3 HGB hat die Nichtigkeitsklage **Sperrwirkung zulasten des handelsrechtlichen Enforcement-Verfahrens** (vgl allg. Rn 5). Die Sperrwirkung soll divergierende Entscheidungen ausschließen.[178] Gemäß § 342 b Abs. 3 HGB findet eine Prüfung des Jahresabschlusses und des zugehörigen Lageberichts durch die Prüfstelle nicht statt, solange eine Nichtigkeitsklage nach § 256 Abs. 7 S. 1 (nicht sonstige Klagen, zB auf Feststellung gemäß § 256 ZPO) anhängig ist; Gleiches gilt nach § 342 b Abs. 3 S. 2 HGB bei Sonderprüfungen. Selbst ein eingeleitetes Prüfverfahren nach § 342 b HGB ist zu unterbrechen, wenn eine Nichtigkeitsklage rechtshängig wird.[179] Der **Vorrang der Nichtigkeitsklage ist inhaltlich absolut, zeitlich aber begrenzt** auf die Anhängigkeit der Nichtigkeitsklage (§ 342 b Abs. 3 S. 1 HGB: „solange... anhängig ist").[180] Nach dem klaren Wortlaut greift die Sperrwirkung immer dann, solange eine Klage auf Nichtigkeit gemäß § 256 Abs. 7 anhängig ist; insbesondere hat der Gesetzgeber entgegen entsprechenden Forderungen in der Literatur[181] nicht angeordnet, dass das Enforcement-Verfahren nur unterbleibt, „solange und soweit" ein Fehler im Jahresabschluss Klagegegenstand ist. Auch wenn der Kläger den Fehler des Jahresabschlusses, der Gegenstand des Enforcement-Verfahrens ist, in der Nichtigkeitsklage nicht rügt, übt die Nichtigkeitsklage Sperrwirkung aus.[182] Etwas anderes ergibt sich auch nicht aus dem Streitgegenstandsbegriff, da der klare Wortlaut von § 342 b Abs. 3 HGB („solange") auf die zeitliche Dimension der Sperrwirkung einer anhängigen Klage abstellt, nicht aber auf den Streitgegenstand der Klage. Eine Ausnahme von der Sperrwirkung besteht aber mE dann, wenn die Nichtigkeitsklage offensichtlich ausschließlich aus rechtsmissbräuchlichen Motiven etwa durch mit dem Vorstand oder dem Hauptaktionär verbundene Aktionäre erhoben wird, um das Enforcement-Verfahren zu behindern.

Wird die **Nichtigkeitsklage rechtskräftig abgewiesen**, kann die Prüfstelle ihre Prüfung (wieder) aufnehmen und ggf zu einem anderen Ergebnis als das Gericht gelangen. Auch nach **Abschluss des Prüfverfahrens** kann noch Nichtigkeitsklage erhoben werden; eine Bindung des Gerichts an die Entscheidung der Prüfstelle besteht nicht.[183] Dies gilt nicht zuletzt deshalb, da dem Verfahren nach § 256 ein anderer Fehlerbegriff als dem Enforcement-Verfahren zugrunde liegt; bei diesem kommt Fehlerfeststellung nur in Betracht, wenn die geprüfte Rechnungslegung einen oder mehrere Verstöße gegen gesetzliche Vorschriften einschließlich der Grundsätze ordnungsgemäßer Buchführung oder sonst durch Gesetz zugelassene Rechnungslegungsstandards aufweist, die entweder für sich allein betrachtet oder in ihrer Gesamtheit aus der Sicht des Kapitalmarktes wesentlich sind.[184] Die Feststellung von Fehlern durch die BaFin begründet als solche keine Nichtigkeit, sie kann aber auf den Charakter der Fehler als Nichtigkeitsgründe hinweisen.[185] Da ein **rechtskräftiges Nichtigkeitsurteil** gegenüber jedermann wirkt, bindet es auch die Prüfstelle für den streitgegenständlichen Abschluss; nach erfolgreicher Nichtigkeitsklage besteht daher kein öffentliches Interesse an einer Fortsetzung des Prüfverfahrens.[186]

Das Enforcement-Verfahren hemmt nicht die **Frist gemäß Abs. 6 S. 1**,[187] da der Gesetzgeber das Enforcement und das aktienrechtliche Verfahren nebeneinander hat bestehen lassen, so dass abgesehen von der ausdrücklichen Regelung zur Sperrwirkung nach § 342 b Abs. 3 S. 1 HGB keine weitere wechselseitige Bindungswirkung der Verfahren besteht.

VIII. Bedeutung und Auswirkung der Nichtigkeit. 1. Bedeutung der Nichtigkeit. Ein nichtiger Jahresabschluss hat keine Rechtswirkung. Er ist **von Anfang an wirkungslos**. Eine Teilnichtigkeit scheidet aus.[188] Die Nichtigkeit des Jahresabschlusses hat die Nichtigkeit aller zu seiner Feststellung führenden korporationsrechtlichen Rechtsgeschäfte, die als Rechtsgeschäfte eigener Art anzusehen sind, zur Folge, wozu Vorlage des Jahresabschlusses durch den Vorstand und Billigung durch den Aufsichtsrat gehören[189] (vgl Rn 6, 41 a). Die Nichtigkeit des Jahresabschlusses führt gemäß § 253 Abs. 1 S. 1 zur **Nichtigkeit des Gewinnverwendungsbeschlusses**; bereits ausgeschüttete Gewinne sind zurückzufordern, es sei denn, die Aktionäre haben sie in gutem Glauben bezogen (vgl § 253 Rn 4). Nichtigkeit kann auf **Entlastungsbeschlüsse** durchschlagen.[190] Fasst der AR den Beschluss zur Feststellung des Jahresabschlusses gleichzeitig mit anderen Beschlüssen (zB zum Abhängigkeitsbericht oder zum Bericht an die HV), kann dies nach § 139 BGB zur Nichtigkeit aller Beschlüsse führen (vgl Rn 6). Die **Offenlegung eines nichtigen Jahresabschlusses** soll die mit Ordnungsgeld bewehrte Offenlegungslegungspflicht nach § 325 HGB erfüllen, zumal sich die Prüfungspflicht nach § 329 Abs. 1 HGB nicht auf das Vorliegen von Nichtigkeitsgründen bezieht.[191] Streitig sind die

---

178 Zum Regelungsmotiv vgl RegBegr. BT-Drucks. 15/3421, S. 14.
179 BeckBil-Komm/*Grottel*, § 342 b Rn 34; Heidel/Schall/*Psaroudakis*, § 342 b Rn 19; Großkomm-AktienR/*Bezzenberger*, 4. Aufl. Rn 241; Mattheus/*Schwab*, BB 2004, 1099, 1104.
180 BeckBil-Komm/*Ellrott*/*Aicher*, 6. Aufl., § 342 b Rn 32.
181 Mattheus/*Schwab*, BB 2004, 1099, 1105 f.
182 Großkomm-AktienR/*Bezzenberger*, 4. Aufl. Rn 241; Hennrichs ZHR 168 (2004), 383, 406; *Mock* DB 2005, 987.
183 BeckBil-Komm/*Ellrott*/*Aicher*, 6. Aufl., § 342 b Rn 31.
184 OLG Frankfurt DB 2009, 333 = ZIP 2009, 368 = AG 2009, 328.
185 *Hüffer*, Rn 31 a; *Ch. Müller*, AG 2010, 483, 489.
186 BeckBil-Komm/*Ellrott*/*Aicher*, 6. Aufl., § 342 b Rn 31.
187 Großkomm-AktienR/*Bezzenberger*, 4. Aufl. Rn 242.
188 A/D/S, Rn 74.
189 A/D/S, Rn 74.
190 K. Schmidt/Lutter/*Schwab*, Rn 43.
191 WP-Handbuch 2012, Bd. I, U Rn 241.

Folgen eines nichtigen Jahresabschlusses für die Frage der Erteilung oder Versagung des **Bestätigungsvermerks** nach § 322 HGB. Hält der Abschlussprüfer den Abschluss für nichtig, muss er mE den Vermerk versagen; denn ein nichtiger Vermerk kann kein iSd § 322 Abs. 3 S. 1 HGB den tatsächlichen Verhältnissen entsprechendes Bild der Lage des Unternehmens vermitteln.[192] Die Gegenansicht vertritt, es sei „durchaus denkbar, dass ein einzelner quantifizierbarer Bilanzierungsfehler (zB massive Überbewertung in einem bestimmten Bilanzposten) zwar zur Nichtigkeit des JA führt, gleichwohl aber eine positive Gesamtaussage zu wesentlichen Teilen der Rechnungslegung abgegeben werden kann" (WP-Handbuch).[193] Solches verkennt ganz grundlegend die Funktion der Abschlussprüfung: Diese hat nach § 317 Abs. 1 S. 3 HGB dafür zu sorgen, wesentliche Unrichtigkeiten und Verstöße bei gewissenhafter Berufsausübung zu erkennen; der Abschlussprüfer verkennt seine Aufgabe, wenn er sich mit der Aufgabe eines Buchhalters beschränkt und schaut, ob Zahlungen etc. richtig verbucht sind. Er darf nur testieren, wenn der Abschluss ein den tatsächlichen Verhältnissen entsprechendes Bild zeichnet (§ 322 Abs. 3 S. 1 HGB). Das ist bei dem vom WP-Handbuch genannten Beispiel der massiven(!) Überbewertung und auch sonst ausgeschlossen, wenn der Abschluss nichtig ist.

44 **2. Wirkung auf nachfolgende Jahresabschlüsse.** Die Wirkung der Nichtigkeit für Folgeabschlüsse ist nicht endgültig geklärt. Weithin wird vertreten, dass die **Nichtigkeit eines Jahresabschlusses eines Vorjahres nicht ohne Weiteres zur Nichtigkeit des Jahresabschlusses der Folgejahre führt**, da die Nichtigkeit eines vorhergehenden Jahresabschlusses nicht im Katalog der Nichtigkeitsgründe des § 256 genannt ist.[194] Diese Sicht erscheint richtig angesichts der besonderen Bedeutung, die § 256 dem Konzept der Rechtssicherheit gibt. Dieses verlangt grundsätzlich, dass sich die Nichtigkeit nur auf den von dem jeweiligen Nichtigkeitsgrund betroffenen Jahresabschluss bezieht. Eine Nichtigkeit kann sich aber nach dem in § 252 Abs. 1 Nr. 1 HGB kodifizierten Grundsatz der **Bilanzidentität (formelle Bilanzkontinuität)**[195] ergeben: Dessen Verletzung kann dazu führen, dass das Ergebnis der Abschlussperiode zu hoch oder zu niedrig ausgewiesen wird; die Durchbrechung der Bilanzidentität hat in diesen Fällen stets die Nichtigkeit des Jahresabschlusses zur Folge.[196]

45 **3. Beseitigung der Nichtigkeit durch Neuvornahme.** Die Gesellschaftsorgane können die Nichtigkeit – abgesehen von den Fällen der Heilung (vgl Rn 39 f) nur durch die Neuvornahme der Feststellung des Jahresabschlusses beseitigen.[197] Gesellschaftsorgane sollen auch bei Kenntnis der Nichtigkeit nicht verpflichtet sein, die Neuvornahme einzuleiten, sie können angeblich auch den Eintritt der Heilungswirkung abwarten.[198] Solches ist mE mit der Verpflichtung der Verwaltungsorgane nicht zu vereinbaren, rechtmäßiges Handeln der AG sicherzustellen; ggf müssen sie mE sogar Klage erheben, zB wenn zwischen AR und Vorstand kein Konsens über die Nichtigkeit besteht.

46 **4. Zivil- und Strafrechtliche Konsequenzen für Aktionäre und Mitglieder der Verwaltungsorgane.** Sind auf der Basis nichtiger Jahresabschlüsse Gewinnausschüttungen vorgenommen worden, kommt die **zivilrechtliche Haftung** von Aktionären und Mitgliedern der Verwaltungsorgane auf Rückgewähr der empfangenen Gewinnanteile in Betracht (vgl § 253 Rn 7).
Möglich sind auch **strafrechtliche Konsequenzen** für Mitglieder der Verwaltungsorgane (§ 331 Nr. 1, Nr. 1a HGB, § 400 Abs. 1 Nr. 1 AktG; § 266 StGB; ggf § 263, § 265 b Abs. 1 Nr. 1a StGB; § 401 Abs. 1 Nr. 1 AktG; § 283 Abs. 1 Nr. 5, 7a, Abs. 6 StGB; § 283 b Abs. 1 Nr. 1, Nr. 3 a StGB). Für den Abschlussprüfer kommt Beihilfe gemäß § 27 StGB in Betracht, wenn er trotz Kenntnis von der Manipulation einen Bestätigungsvermerk erteilt. In solchen Fällen kommt auch Strafbarkeit gemäß § 332 HGB und § 403 AktG in Betracht.

---

192 Wie hier *Hüffer*, Rn 32; K. Schmidt/Lutter/*Schwab*, Rn 44; *IDW PS 400*, Rn 65 ff; *Kropff*, FS Havermann 1995, S. 321, 339 f; aA, KölnKomm-AktG/*Claussen/Korth*, § 322 HGB Rn 23; WP-Handbuch 2012, Bd. I, U Rn 243; *A/D/S*, § 322 Rn 229 f, 328 ff.
193 WP-Handbuch 2012, Bd. I, U Rn 243.
194 BGH NJW 1997, 196, 197 = ZIP 1996, 1984 = AG 1997, 125; OLG München AG 2009, 912, 914 = ZIP 2009, 2314; *Hüffer*, Rn 34; MüKo-AktG/*Hüffer*, Rn 86; Großkomm-AktienR/*Schilling*, Rn 3; KölnKomm-AktG/*Zöllner*, Rn 106; aA *Baumbach/Hueck*, AktG, § 248 Rn 4; offen gelassen in RGZ 64, 258, 260; 98, 112, 114; 120, 28, 31.
195 Vgl die Erläuterungen zu § 252 HGB, zB BeckBil-Komm, Rn 3 ff.
196 *A/D/S*, Rn 76; ähnlich: Spindler/Stilz/*Rölike*, Rn 94 f; vgl auch K. Schmidt/Lutter/*Schwab*, Rn 42.
197 *Hüffer*, Rn 33; MüKo-AktG/*Hüffer*, Rn 83 f; *A/D/S*, Rn 90 ff; Großkomm-AktienR/*Bezzenberger*, 4. Aufl. Rn 247 ff.
198 *Hüffer*, Rn 33; Spindler/Stilz/*Rölike*, Rn 90; Henssler/Strohn/*E. Vetter*, 24; *Lutter* in: FS Helmrich 1994, S. 685, 694; *Schön* in: FS 50 Jahre BGH, S. 1553, 1563; KölnKomm-AktG/*Zöllner*, Rn 118; *Reichert* in: GS Winter 2011, S. 543, 549; BayObLG AG 2001, 266 = GmbHR 2000, 1103; WP-Handbuch 2012, Bd. I, U Rn 251; aA und ähnlich wie hier *Balthasar*, Die Bestandskraft handelsrechtlicher Jahresabschlüsse, 1999, S. 219 ff; *Barz* in: FS Schilling 1973, S. 127, 132; *Geist*, DStR 1996, 306, 307 ff; *Tielmann*, Durchsetzung ordnungsgemäßer Rechnungslegung, S. 155; K. Schmidt/Lutter/*Schwab*, Rn 36.

§ 257 Anfechtung der Feststellung des Jahresabschlusses durch die Hauptversammlung

(1) ¹Die Feststellung des Jahresabschlusses durch die Hauptversammlung kann nach § 243 angefochten werden. ²Die Anfechtung kann jedoch nicht darauf gestützt werden, daß der Inhalt des Jahresabschlusses gegen Gesetz oder Satzung verstößt.

(2) ¹Für die Anfechtung gelten die §§ 244 bis 246, 247 bis 248 a. ²Die Anfechtungsfrist beginnt auch dann mit der Beschlußfassung, wenn der Jahresabschluß nach § 316 Abs. 3 des Handelsgesetzbuchs erneut zu prüfen ist.

Literatur:
Vgl die Angaben zu § 256.

A. Regelungsgehalt

§ 257 betrifft die Anfechtung des Beschlusses der HV zur Feststellung des Jahresabschlusses. Die HV ist zuständig in Fällen von §§ 173, 234 Abs. 2, 235, 270 Abs. 2, 286 Abs. 1 (vgl § 256 Rn 22 f). Ein Feststellungsbeschluss der HV außerhalb dieser Kompetenz ist gemäß § 256 Abs. 1 Nr. 1 nichtig (vgl § 256 Rn 23). Anfechtung bedeutet die Vernichtung des rechtswidrigen, aber gültigen Beschlusses durch Gestaltungsklage und Gestaltungsurteil mit Wirkung für und gegen Jedermann.[1] **Anders als sonstige HV-Beschlüsse** (vgl allg. § 243 Rn 21 ff) **kann der Beschluss zur Feststellung des Jahresabschlusses nicht bei Verstoß seines Inhalts gegen Gesetz oder Satzung angefochten werden,** sondern nur bei Mängeln der Beschlussfassung (vgl zu den Gründen § 256 Rn 2 f);[2] eine solch erhebliche Beschränkung der Anfechtbarkeit des von der HV festgestellten Jahresabschlusses war in § 197 AktG 1937 noch nicht enthalten. § 257 dient der Rechtssicherheit und Rechtsklarheit.

B. Die Regelungen im Einzelnen

I. Beschränkung der Anfechtung gemäß § 243 auf Mängel der Beschlussfassung (Abs. 1). 1. Allgemeine Verweisung auf § 243 (Abs. 1 S. 1). Gemäß Abs. 1 S. 1 kann die Feststellung des Jahresabschlusses durch die HV nach § 243 angefochten werden. Damit stellt das Gesetz mittelbar klar, dass die Anfechtung des vom Vorstand und Aufsichtsrat festgestellten Jahresabschlusses in jedem Falle ausgeschlossen ist.[3]

2. Beschränkung der Anfechtungsgründe auf Fehler, die keine Inhaltsfehler sind (Abs. 1 S. 2). Gemäß Abs. 1 S. 2 kann die Anfechtung **nicht** darauf gestützt werden, dass der **Inhalt** des Jahresabschlusses gegen Satzung oder Gesetz verstößt.

a) Jahresabschluss im Sinne des Abs. 1 S. 2. Jahresabschluss im Sinne des Gesetzes sind die Bilanz, Gewinn- und Verlustrechnung sowie der mit diesen eine Einheit bildende Anhang, § 264 Abs. 1 S. 1 HGB (vgl § 256 Rn 6). Inhaltsfehler dieser Bestandteile des Jahresabschlusses können keine Anfechtung begründen.[4] Anders ist die Rechtslage beim Lagebericht: Dieser ist nicht Teil des Jahresabschlusses (vgl 264 Abs. 1 S. 1 HGB), sondern eine zusätzliche selbstständige Informationsquelle. Seine Mängel sind daher Anfechtungsgründe[5] (vgl zur Nichtigkeit § 256 Rn 6). Auch das Fehlen des Abhängigkeitsberichts begründet Anfechtbarkeit[6] (vgl § 312 Rn 35). (Schwere) Inhaltsmängel des Jahresabschluss begründen die Nichtigkeit nach § 256 und eröffnen ggf das Verfahren nach §§ 258 ff.

b) Verfahrensfehler als Nichtigkeitsgründe. Zu den Fehlern, die Abs. 1 S. 2 als Anfechtungsgrund vorsieht, gehören nicht die Tatbestände, die schon zur Nichtigkeit des Beschlusses gemäß § 256 Abs. 3 führen.

c) Sonstige Fehler. Alle anderen Fehler können grundsätzlich zur Anfechtbarkeit führen (vgl allg. § 243 Rn 9 ff). Als Anfechtungsgründe kommen namentlich in Betracht:

---

1 Großkomm-AktienR/*Bezzenberger*, 4. Aufl., Rn 16; *Hüffer* Rn 1; Spindler/Stilz/*Rölike*, Rn 17; K. Schmidt/Lutter/*Schwab*, Rn 5.
2 Vgl zu den Gründen die Beschränkung der Anfechtbarkeit bei Inhaltsmängeln zu Gunsten der Nichtigkeit und entgegen dem Entwurf der Bundesregierung für das AktG 1965 AusschussBer *Kropff*, S. 342 ff; K. Schmidt/Lutter/*Schwab*, Rn 1.
3 Vgl AusschussBer *Kropff*, S. 343.
4 *Hüffer*, Rn 6; MüKo-AktG/*Hüffer*, Rn 11; Spindler/Stilz/*Rölike*, Rn 8; aA offenbar KölnKomm-AktG/*Claussen*, §§ 184 bis 188 HGB, § 160 AktG Rn 191.
5 *Hüffer*, Rn 6; Hensnsler/Strohn/*E. Vetter*, Rn 3; Bürgers/Körber/*Schulz*, Rn 3; Großkomm-AktienR/*Bezzenberger*, 4. Aufl., Rn 9; vgl auch BGH AG 2008, 83, 85 = NJW-RR 2008, 907 Rn 5 zur Anfechtbarkeit eines Gewinnverwendungsbeschlusses, wenn der Lagebericht fehlt;.aA Spindler/Stilz/*Rölike*, Rn 14.
6 Henssler/Strohn/*E. Vetter*, Rn 3; Emmerich/Habersack, Konzernrecht, § 312 Rn 20; Spindler/Stilz/*Müller*, § 312, Rn 22 MüKo-AktG/*Altmeppen*, § 312 Rn 74; vgl OLG Stuttgart ZIP 2003, 1981, 1984 = AG 2003, 527, 530.

(1) Mängel der Einberufung;[7]
(2) Nichteinhaltung von Einberufungsfristen gemäß §§ 123 (vgl § 123 Rn 5 ff), 124 (vgl § 124 Rn 5);
(3) Fehlen von Vorschlägen von Vorstand und Aufsichtsrat gemäß § 124 Abs. 3 S. 1 (vgl § 124 Rn 14);
(4) Verletzung der Pflicht zur Auslegung der Beschlussvorlage des Vorstands, des Lageberichts, des Aufsichtsratsberichts und des Gewinnverwendungsvorschlags sowie der Pflicht zur Erteilung von Abschriften auf Verlangen gemäß § 175 Abs. 2, Abs. 3 S. 1 (vgl § 175 Rn 5, 10);
(5) Verstöße gegen Vorlage und Erläuterungspflichten gegenüber der HV gemäß § 176 Abs. 1 (vgl § 176 Rn 2, 4 ff) – die Aktionäre können weder hierbei noch bei Auskunftsverlangen auf die Möglichkeit der Ablehnung der Feststellung verwiesen werden;[8]
(6) Verletzung der Teilnahmepflicht des Abschlussprüfers gemäß § 176 Abs. 2 (vgl § 176 Rn 9 ff);
(7) mE auch, dass ein gesetzlich oder durch die Satzung vorgeschriebener Konzernabschluss nicht aufgestellt und der HV nicht vorgelegt wurde, § 337 (vgl die Kommentierung zu § 337);[9]
(8) Verletzung des Auskunftsrechts gemäß § 131[10] – u.a. auch über stille Reserven, § 131 Abs. 3 Nr. 3 (vgl allg. § 131 Rn 4 ff, § 243 Rn 5 ff);
(9) Nicht-Vorlage des Prüfungsberichts des Abschlussprüfers: Stellt die Hauptversammlung den Jahresabschluss fest, so ist ihr auch der Prüfungsbericht des Abschlussprüfers zuzuleiten;[11]
(10) rechtswidrige Zielsetzung des Jahresabschlusses – zB der Aushungerung (vgl § 254 Rn 1);[12]
(11) Erstreben von Sondervorteilen.[13]

7 Wie auch sonst bei Verfahrensfehlern (also nicht bei den zuletzt genannten Anfechtungsgründen) ist **Relevanz bzw Kausalität** des Verfahrensmangels zu verlangen (vgl § 243 Rn 9 ff) Mit *Adler/Düring/Schmaltz* bin ich aber der Auffassung, dass es genügt, wenn der Beschluss möglicherweise auf dem Verstoß beruht; die Relevanz/Ursächlichkeit ist deshalb nur dann zu verneinen, wenn die beklagte AG die fehlende Relevanz/Ursächlichkeit einwandfrei nachweist.[14]

8 **II. Anwendung der §§ 244 ff; Beginn der Anfechtungsfrist (Abs. 2).** Für die Anfechtung gelten gemäß Abs. 2 S. 1 die §§ 244 bis 246, 247 bis 248 a, was im Wesentlichen den §§ 251 Abs. 1 S. 3, Abs. 2 S. 1 und Abs. 2, 254 Abs. 2 S. 1 sowie 255 Abs. 3 entspricht. Ebenso wie mehrere Anfechtungsklagen gemäß §§ 257 Abs. 2 S. 1 iVm 246 Abs. 3 S. 3 zu verbinden sind, sind mE mehrere Nichtigkeits- und Anfechtungsklagen zu verbinden.[15]

9 Gemäß §§ 257 Abs. 2 S. 1 iVm 246 Abs. 1 beginnt die Anfechtungsfrist mit dem Tag der Beschlussfassung bzw dem letzten Tag der HV (vgl § 246 Rn 25); dies gilt gemäß Abs. 2 S. 2 auch dann, wenn gemäß § 316 HGB eine erneute Prüfung (Nachtragsprüfung) erforderlich ist, nämlich bei Änderung des aufgestellten Jahresabschlusses durch die HV.

Dritter Abschnitt
Sonderprüfung wegen unzulässiger Unterbewertung

§ 258 Bestellung der Sonderprüfer

(1) [1]Besteht Anlaß für die Annahme, daß
1. in einem festgestellten Jahresabschluß bestimmte Posten nicht unwesentlich unterbewertet sind (§ 256 Abs. 5 Satz 3) oder
2. der Anhang die vorgeschriebenen Angaben nicht oder nicht vollständig enthält und der Vorstand in der Hauptversammlung die fehlenden Angaben, obwohl nach ihnen gefragt worden ist, nicht gemacht hat und die Aufnahme der Frage in die Niederschrift verlangt worden ist,

---

7 Großkomm-AktienR/*Bezzenberger*, 4. Aufl., Rn 5.
8 Henssler/Strohn/*E. Vetter*, Rn 2; K. Schmidt/Lutter/*Schwab*, Rn 3; KölnKomm-AktG/*Zöllner*, Rn 10; aA MüKo-AktG/*Hüffer*, Rn 8; *Hüffer*, § 176, Rn 6; Bürgers/Körber/*Schulz*, Rn 3; A/D/S, Rn 8.
9 Großkomm-AktienR/*Bezzenberger*, 4. Aufl., Rn 9; aA A/D/S, Rn 5, die zu Unrecht die Anfechtbarkeit einschränkend auslegen auf die Fälle, dass die durch den Konzernabschluss zu vermittelnden Informationen auf andere Weise der HV nicht gegeben werden konnten; demgegenüber ist der Konzernabschluss ein aliud, an das sich ausweislich § 337 Abs. 4 weitere Fragen anschließen können.
10 A/D/S, Rn 4; *Hüffer*, Rn 6; Henssler/Strohn/*E. Vetter*, Rn 2.
11 Zum Recht der GmbH: Scholz/*Crezelius*, GmbHG, § 42 a Rn 7; BeckBil-Komm/*Ellrott/M. Ring*, vor § 325 Rn 130; Michalski/*Siegloch*, GmbHG, § 42 a Rn 4.
12 MüKo-AktG/*Hüffer*, Rn 10; KölnKomm-AktG/*Zöllner*, Rn 6; Grigoleit/*Ehmann*, Rn 3; Henssler/Strohn/*E. Vetter*, Rn 3; *Hüffer*, Rn 5; Großkomm-AktienR/*Schilling*, Anm. 2; A/D/S, Rn 7; K. Schmidt/Lutter/*Schwab*, Rn 4; aA *v. Godin/Wilhelmi*, Anm. 1.
13 *Hüffer*, Rn 5; MüKo-AktG/*Hüffer*, Rn 10; KölnKomm-AktG/*Zöllner*, Rn 6; zweifelnd: A/D/S, Rn 7; aA *v. Godin/Wilhelmi*, Rn 1; Spindler/Stilz/*Rölike*, Rn 14.
14 A/D/S, Rn 2.
15 Vgl *Hüffer*, Rn 7; A/D/S, Rn 10.

so hat das Gericht auf Antrag Sonderprüfer zu bestellen. ²Die Sonderprüfer haben die bemängelten Posten darauf zu prüfen, ob sie nicht unwesentlich unterbewertet sind. ³Sie haben den Anhang darauf zu prüfen, ob die vorgeschriebenen Angaben nicht oder nicht vollständig gemacht worden sind und der Vorstand in der Hauptversammlung die fehlenden Angaben, obwohl nach ihnen gefragt worden ist, nicht gemacht hat und die Aufnahme der Frage in die Niederschrift verlangt worden ist.

(1 a) Bei Kreditinstituten oder Finanzdienstleistungsinstituten sowie bei Kapitalverwaltungsgesellschaften im Sinn des § 17 des Kapitalanlagegesetzbuchs kann ein Sonderprüfer nach Absatz 1 nicht bestellt werden, soweit die Unterbewertung oder die fehlenden Angaben im Anhang auf der Anwendung des § 340 f des Handelsgesetzbuchs beruhen.

(2) ¹Der Antrag muß innerhalb eines Monats nach der Hauptversammlung über den Jahresabschluß gestellt werden. ²Dies gilt auch, wenn der Jahresabschluß nach § 316 Abs. 3 des Handelsgesetzbuchs erneut zu prüfen ist. ³Er kann nur von Aktionären gestellt werden, deren Anteile zusammen den Schwellenwert des § 142 Abs. 2 erreichen. ⁴Die Antragsteller haben die Aktien bis zur Entscheidung über den Antrag zu hinterlegen oder eine Versicherung des depotführenden Instituts vorzulegen, dass die Aktien so lange nicht veräußert werden, und glaubhaft zu machen, daß sie seit mindestens drei Monaten vor dem Tage der Hauptversammlung Inhaber der Aktien sind. ⁵Zur Glaubhaftmachung genügt eine eidesstattliche Versicherung vor einem Notar.

(3) ¹Vor der Bestellung hat das Gericht den Vorstand, den Aufsichtsrat und den Abschlußprüfer zu hören. ²Gegen die Entscheidung ist die Beschwerde zulässig. ³Über den Antrag gemäß Absatz 1 entscheidet das Landgericht, in dessen Bezirk die Gesellschaft ihren Sitz hat.

(4) ¹Sonderprüfer nach Absatz 1 können nur Wirtschaftsprüfer und Wirtschaftsprüfungsgesellschaften sein. ²Für die Auswahl gelten § 319 Abs. 2 bis 4, § 319 a Abs. 1 und § 319 b Abs. 1 des Handelsgesetzbuchs sinngemäß. ³Der Abschlußprüfer der Gesellschaft und Personen, die in den letzten drei Jahren vor der Bestellung Abschlußprüfer der Gesellschaft waren, können nicht Sonderprüfer nach Absatz 1 sein.

(5) ¹§ 142 Abs. 6 über den Ersatz angemessener barer Auslagen und die Vergütung gerichtlich bestellter Sonderprüfer, § 145 Abs. 1 bis 3 über die Rechte der Sonderprüfer, § 146 über die Kosten der Sonderprüfung und § 323 des Handelsgesetzbuchs über die Verantwortlichkeit des Abschlußprüfers gelten sinngemäß. ²Die Sonderprüfer nach Absatz 1 haben die Rechte nach § 145 Abs. 2 auch gegenüber dem Abschlußprüfer der Gesellschaft.

Literatur:
Claussen, Sinngehalt und Ausformung der Sonderprüfung wegen Unterbewertung, in: FS Barz, 1974, S. 317; *Frey*, Die Sonderprüfung wegen Unterbewertung nach §§ 258 ff AktG, WPg 1966, 633; *Gail*, Stille Reserven, Unterbewertung und Sonderprüfung, 2. Aufl 1978; *Hennrichs*, Fehlerhafte Bilanzen, Enforcement und Aktienrecht, ZHR 168 (2004), 383; *Kirchhoff*, Die Sonderprüfung wegen unzulässiger Unterbewertung nach §§ 258 ff AktG, 1971; *Jänig*, Bilanzrechtliche Sonderprüfung (§ 258 AktG), NZG 2008, 257; *Krag/Hullermann*, Quantitative Voraussetzungen für eine Antragstellung auf Sonderprüfung nach § 258 Abs. 1 Nr. 1 AktG, DB 1980, 457; *Kronstein/Claussen/Biedenkopf*, Zur Frage der Rechtsbehelfe bei Verletzungen der Bewertungsvorschriften des AktG-E, AG 1964, 268; *Kruse*, Die Sonderprüfung wegen unzulässiger Unterbewertung, 1972; *H.P. Müller*, Bilanzrecht und Organverantwortung, in: FS Quack, 1991, S. 345; *Obermüller/Werner/Winden*, Sonderprüfung nach dem AktG 1965, DB 1967, 1119; *Schedlbauer*, Sonderprüfungen, 1984; *Schimmelbusch*, Kritische Bemerkungen zum Institut der Sonderprüfung nach §§ 258 ff AktG, WPg 1972, 141; *Voß*, Die Sonderprüfung wegen unzulässiger Unterbewertung gem. §§ 258 ff AktG, in: FS Münstermann, 1969, S. 443.

A. Grundlagen	1	D. Sonderregelung für Kreditinstitute (Abs. 1 a)	12
B. Abgrenzung	2	E. Antragstellung bei Gericht (Abs. 2)	13
C. Bestellung von Sonderprüfern (Abs. 1)	4	I. Ausschlussfrist	13
I. Anlass für die Annahme	4	II. Antragsquorum	14
II. Unzulässige Unterbewertung	5	III. Hinterlegung, Glaubhaftmachung	15
1. Begriff	5	F. Anhörung (Abs. 3)	16
2. Posten im festgestellten Abschluss	6	G. Zuständigkeit (noch: Abs. 3)	17
3. Nicht unwesentliche Unterbewertung	8	H. Rechtsmittel (noch: Abs. 3)	18
III. Mängel des Anhangs	10	I. Auswahl der Sonderprüfer (Abs. 4)	19
1. Keine oder unvollständige Angaben	10	J. Rechtsstellung der Sonderprüfer (Abs. 5)	20
2. Keine Nachholung in der HV	11		

A. Grundlagen

§ 258 regelt die Voraussetzungen einer Sonderprüfung, mit der bestimmte Posten des Jahresabschlusses auf unzulässige Unterbewertung und der Anhang auf Vollständigkeit überprüft werden können (Abs. 1, 1 a). 1

Außerdem behandelt die Vorschrift das gerichtliche Verfahren zur Bestellung der Sonderprüfer (Abs. 2, 3), die Anforderungen an einen Sonderprüfer und Bestellungsverbote (Abs. 4). Schließlich geht es um die Rechtsstellung der Sonderprüfer einschließlich Auslagenersatz, Vergütung, Prüfungs-, Auskunfts- und Nachweisrechte sowie Verantwortlichkeit (Abs. 5). Die Norm wurde 1965 neu in das Aktienrecht eingeführt.[1] Im AktG 1937 findet sie noch kein unmittelbares Vorbild.[2] Zweck der Regelung ist, die **Einhaltung der bilanzrechtlichen Bewertungsvorschriften** durchzusetzen, soweit diese eine Unterbewertung verbieten (Abs. 1 S. 1 Nr. 1).[3] Dabei geht es nicht nur um die nachträgliche Aufdeckung etwaiger Bewertungsmängel. Beabsichtigt ist auch eine **präventive Wirkung**. Durch die schiere Möglichkeit einer Sonderprüfung soll die Unternehmensleitung von vornherein zur Aufstellung eines sachgerechten Jahresabschlusses angehalten werden.[4] Vor diesem Hintergrund bezwecken die §§ 258 ff zugleich den Schutz der HV-Kompetenz, über die Gewinnverwendung zu beschließen (§ 119 Abs. 1 Nr. 2, § 174).[5] Denn unzulässige Unterbewertungen schmälern den Bilanzgewinn und entziehen den Unterschiedsbetrag der Entscheidungshoheit der HV. Schließlich soll eine vollständige und wahrheitsgemäße Berichterstattung im Anhang des Jahresabschlusses sichergestellt werden (Abs. 1 S. 1 Nr. 2).[6] Nicht geschützt ist hingegen das Individualinteresse des Aktionärs an einer höheren Dividende. Das gilt umso mehr, als die Verwendung eines etwaigen Ertrags aus höherer Bewertung in die freie Entscheidungskompetenz der HV fällt (§ 261 Abs. 3 S. 2 Hs 1). Neben einer Gewinnausschüttung sind dabei auch Gewinnvortrag und Einstellung in Gewinnrücklagen möglich (§ 261 Rn 4). Als Synonym für die Sonderprüfung wegen unzulässiger Unterbewertung (oder Unvollständigkeit des Anhangs) ist der Begriff der **bilanzrechtlichen Sonderprüfung** gebräuchlich.[7] Ältere Änderungen der Vorschrift beruhen auf dem BeurkG v. 28.8.1969,[8] dem BiRiLiG v. 19.12.1985,[9] dem BankBiRiLiG v. 30.11.1990,[10] dem Begleitgesetz zum G zur Umsetzung von EG-Richtlinien zur Harmonisierung bank- und wertpapieraufsichtsrechtlicher Vorschriften v. 22.10.1997,[11] dem StückAG v. 25.3.1998,[12] dem EuroEG v. 9.6.1998[13] und dem BilReG v. 4.12.2004.[14] Wichtige Änderungen in Gestalt der Herabsetzung des Antragsquorums brachte das UMAG v. 22.9.2005,[15] durch das mWz 1.11.2005 Abs. 2 S. 3 neu gefasst und S. 4 geändert wurden. Durch das FGG-RG v. 17.12.2008[16] wurden mWz 1.9.2009 Abs. 3 S. 2 geändert und S. 3 angefügt. Die auf dem BilMoG v. 25.5.2009[17] beruhenden Änderungen der Vorschrift betreffen Abs. 1a und Abs. 4 S. 2 und erfolgten mWz 29.5.2009.

B. Abgrenzung

2 Gem. § 256 Abs. 5 S. 1 Nr. 2 ist ein Jahresabschluss *ipso iure* nichtig, wenn Posten unterbewertet sind und dadurch die Vermögens- und Ertragslage der Gesellschaft vorsätzlich unrichtig wiedergegeben oder verschleiert wird (s. Erl. dort). Demgegenüber geht § 258 davon aus, dass der Jahresabschluss trotz einer nicht unwesentlichen Unterbewertung gültig ist.[18] Dessen ungeachtet besteht zwischen einer **Nichtigkeitsklage** und einem Antrag auf Bestellung von Sonderprüfern nach Abs. 2 kein Ausschließlichkeitsverhältnis.[19] Eine erfolgreiche Nichtigkeitsklage macht eine Neuaufstellung und Neufeststellung des angegriffenen Jahresabschlusses erforderlich.[20] Demgegenüber zielt die bilanzrechtliche Sonderprüfung auf eine Korrektur der Unterbewertung erst in einem Folgeabschluss (§ 261).[21] Außerdem kann die Nichtigkeit eines Jahresabschlusses mit Wirkung gegenüber jedermann und unter Erstreckung der Rechtskraft auf alle Aktionäre und Organmitglieder (§ 256 Abs. 7 S. 1 iVm § 249 Abs. 1 S. 1, § 248 Abs. 1 S. 1) ausschließlich im Klageverfahren nach § 256 Abs. 7 festgestellt werden. IÜ lässt sich vor der Entscheidung über die Bestellung von Sonderprüfern idR keine abschließende Klarheit über die Wirksamkeit des Jahresabschlusses gewinnen. Denn der Antrag auf gerichtliche Bestellung von Sonderprüfern muss binnen Monatsfrist seit der HV über den Jahresabschluss gestellt werden (Abs. 2 S. 1, Rn 15). Die auf Unterbewertungen gestützte Nichtigkeitsklage

---

1 BGBl. I 1965 S. 1089.
2 Spindler/Stilz/*Euler/Wirth*, Rn 1; K. Schmidt/Lutter/*Kleindiek*, Rn 2; Küting/Weber/*Rodewald*, Rn 10.
3 Großkomm-AktienR/*Barz*, Anm. 1; KölnKomm-AktG/*Claussen*, Rn 3; Spindler/Stilz/*Euler/Wirth*, Rn 2; MüKo-AktG/*Hüffer*, Rn 2; *Claussen*, in: FS Barz, S. 317, 318 ff.
4 A/D/S, Rn 7; K. Schmidt/Lutter/*Kleindiek*, Rn 3; Hölters/*Waclawik*, Rn 4.
5 MüKo-AktG/*Hüffer*, Rn 3; K. Schmidt/Lutter/*Kleindiek*, Rn 5; *Voß*, in: FS Münstermann, S. 443, 446.
6 *Hüffer*, Rn 1; MüKo-AktG/*Hüffer*, Rn 4; Küting/Weber/*Rodewald*, Rn 14.
7 Vgl zB *Jänig*, NZG 2008, 257.
8 BGBl. I 1969 S. 1513.
9 BGBl. I 1985 S. 2355.
10 BGBl. I 1990 S. 2570.
11 BGBl. I 1997 S. 2567.
12 BGBl. I 1998 S. 590.
13 BGBl. I 1998 S. 1242.
14 BGBl. I 2004 S. 3166.
15 BGBl. I 2005 S. 2802.
16 BGBl. I 2008 S. 2586.
17 BGBl. I 2009 S. 1102.
18 Spindler/Stilz/*Euler/Wirth*, Rn 6; MüKo-AktG/*Hüffer*, Rn 65.
19 A/D/S, Rn 2, 4; Bürgers/Körber/*Holzborn/Jänig*, Rn 3; *Hüffer*, Rn 2; K. Schmidt/Lutter/*Kleindiek*, Rn 4; Küting/Weber/*Rodewald*, Rn 10; *Claussen*, in: FS Barz, S. 317, 325.
20 *Hüffer*, § 256 Rn 33; W. Müller, ZHR 168 (2004), 414, 423.
21 KölnKomm-AktG/*Claussen*, Rn 9; Bürgers/Körber/*Holzborn/Jänig*, Rn 3; *Hennrichs*, ZHR 168 (2004), 383, 392.

scheidet jedoch frühestens nach Ablauf von drei Jahren seit der Bekanntmachung nach § 325 Abs. 2 HGB aus (§ 256 Abs. 6 S. 1). Auch vor diesem Hintergrund darf das Gericht einen Antrag auf Bestellung von Sonderprüfern nicht mit der Begründung zurückweisen, dass es den Jahresabschluss ohnehin für nichtig hält.[22] Im Verhältnis zur **Anfechtungsklage** gegen die Feststellung des Jahresabschlusses durch die HV (§ 257) ergibt sich ebenfalls kein Konkurrenzproblem. Das gilt schon deshalb, weil § 257 Abs. 1 S. 2 eine Anfechtung wegen Unterbewertung ausschließt.[23]

§ 142 Abs. 3 schließt eine **allg. Sonderprüfung** (142 Abs. 1 und 2) für solche Vorgänge aus, die Gegenstand einer Sonderprüfung nach § 258 sein können. Damit wird ein **absoluter Vorrang** der bilanzrechtlichen Sonderprüfung angeordnet. Mit anderen Worten ist der Rückgriff auf die Vorschriften zur allg. Sonderprüfung auch dann gesperrt, wenn ein Antrag nach Abs. 2 tatsächlich nicht gestellt worden ist und die Ausschlussfrist des Abs. 2 S. 1 abgelaufen ist.[24] Die gegenteilige Auffassung findet im Gesetz keine Stütze und droht, die Ausschlussfrist des Abs. 2 S. 1 auszuhebeln (§ 142 Rn 36). Eine Ausdehnung des Anwendungsbereichs der §§ 258 ff auf andere bilanzrelevante Vorgänge kommt nicht in Betracht.[25] Insoweit greift dann freilich auch die Sperrwirkung des § 142 Abs. 3 nicht ein, so dass solche Vorgänge Gegenstand einer allg. Sonderprüfung sein können (§ 142 Rn 14).

C. Bestellung von Sonderprüfern (Abs. 1)

I. Anlass für die Annahme. Materielle Voraussetzung für die Bestellung von Sonderprüfern ist, dass Anlass für die Annahme einer unzulässigen Unterbewertung bestimmter Posten des festgestellten Jahresabschlusses (Abs. 1 S. 1 Nr. 1) oder der Unvollständigkeit des Anhangs (Abs. 1 S. 1 Nr. 2) besteht. Das Tatbestandsmerkmal „Anlass für die Annahme" hat der Gesetzgeber bewusst unscharf gefasst.[26] In der Sache ist es gleichbedeutend mit der Formulierung des § 142 Abs. 2 S. 1 („Tatsachen, die den Verdacht rechtfertigen"). Naturgemäß können die Antragsteller in beiden Fällen solche Umstände, die durch die Sonderprüfung erst aufgehellt werden sollen, zum Zeitpunkt der Antragstellung bei Gericht noch nicht im Einzelnen darlegen.[27] Wie bei § 142 Abs. 2 S. 1 müssen die Antragsteller deshalb **konkrete Tatsachen behaupten**. Ein Beweis oder eine Glaubhaftmachung sind nicht erforderlich.[28] Jedoch genügen keine unsubstantiierten Behauptungen oder bloßen Vermutungen ohne tatsächlichen Anknüpfungspunkt.[29] Der Amtsermittlungsgrundsatz (§ 26 FamFG) kommt also nicht uneingeschränkt zur Geltung. Die Antragsteller trifft eine erhebliche Darlegungslast. Der Tatsachenvortrag der Antragsteller bildet die Grundlage der gerichtlichen Prüfung („Anlass"). Er muss einen **hinreichenden objektiven Verdacht** ergeben („Annahme"), dass Posten des Jahresabschlusses nicht unwesentlich unterbewertet sind oder der Anhang unvollständige Angaben enthält. Die Frage, ob Unterbewertungen oder unvollständige Angaben im Anhang tatsächlich vorliegen, ist indessen als solche nicht Gegenstand der gerichtlichen Prüfung. Anderenfalls müsste das Gericht das Ergebnis der Sonderprüfung bereits vorwegnehmen.[30] Wenn das Gericht nach Anhörung des Vorstands, des AR und des Abschlussprüfers (Abs. 3 S. 1) oder von sich aus Zweifel hat, ob die tatsächlichen Angaben der Antragsteller zutreffen, hat es von Amts wegen zu ermitteln und die notwendigen Beweise zu erheben. IÜ gelten die Erl. in § 142 Rn 28 f entsprechend.

II. Unzulässige Unterbewertung. 1. Begriff. Der Begriff der Unterbewertung ist legaldefiniert in § 256 Abs. 5 S. 3. In seinem Klammerzusatz nimmt Abs. 1 S. 1 Nr. 1 darauf ausdrücklich Bezug. Demnach sind **Aktivposten** unterbewertet, wenn sie mit einem niedrigeren Wert angesetzt sind als es nach §§ 253–256 HGB zulässig ist. Demgegenüber sind **Passivposten** unterbewertet, wenn sie mit einem höheren Betrag angesetzt sind. Wie iRv § 256 Abs. 5 sind **Ansatzfehler** einer Unterbewertung gleichzustellen.[31] Unter Ansatzfehlern sind unterbliebene, aber gebotene Aktivierungen zu verstehen. Außerdem fallen vorgenommene, aber unzulässige Passivierungen unter den Begriff. Beide sind letztlich nichts anderes sind als die Extremform der Unterbewertung.[32]

---

22 Großkomm-AktienR/*Barz*, Anm. 21; Spindler/Stilz/*Euler/Wirth*, Rn 6; MüKo-AktG/*Hüffer*, Rn 65.
23 MüKo-AktG/*Hüffer*, Rn 65.
24 Großkomm-AktienR/*Barz*, Anm. 20; Spindler/Stilz/*Euler/Wirth*, Rn 5; Bürgers/Körber/*Holzborn/Jänig*, Rn 4; *Hüffer*, Rn 2, § 142 Rn 26; MüKo-AktG/*Hüffer*, Rn 66; K. Schmidt/Lutter/*Kleindiek*, Rn 4; *Claussen*, in: FS Barz, S. 317, 330; *Jänig*, NZG 2008, 257, 258.
25 *A/D/S*, Rn 19; *H.P. Müller*, in: FS Quack, S. 345 ff.
26 *Frey*, WPg 1966, 633 f.
27 Großkomm-AktienR/*Barz*, Anm. 8.
28 OLGR München 2006, 626 = NZG 2006, 628, 630; *A/D/S*, Rn 12; *Hüffer*, Rn 3; MüKo-AktG/*Hüffer*, Rn 11; K. Schmidt/Lutter/*Kleindiek*, Rn 6; Küting/Weber/*Rodewald*, Rn 26.
29 OLGR München 2006, 626 = NZG 2006, 628, 630; *Hüffer*, Rn 3; Hölters/*Waclawik*, Rn 9.
30 OLGR München 2006, 626 = NZG 2006, 628, 630.
31 Vgl BGHZ 124, 111, 119 = NJW 1994, 520; BGHZ 137, 378, 384 = NJW 1998, 1559; *Henze*, HRR-AktienR, Rn 1288; *Kropff*, ZGR 1994, 628, 636; *H.P. Müller*, in: FS Quack, S. 345, 349 f.
32 Spindler/Stilz/*Euler/Wirth*, Rn 10; *Hüffer*, Rn 6; K. Schmidt/Lutter/*Kleindiek*, Rn 8.

6 **2. Posten im festgestellten Abschluss.** Der hinreichende Verdacht der Unterbewertung ist zu prüfen mit Blick auf einen **Posten** im festgestellten (also nicht im nur aufgestellten) Jahresabschluss. Gemeint ist damit eine Gliederungsposition iSv § 266 HGB.[33] Aus dem Vortrag der Antragsteller muss sich folglich nicht zwingend ergeben, welche konkreten Vermögensgegenstände innerhalb eines Aktivpostens oder welche konkreten Ansätze innerhalb eines Passivpostens unzutreffend bewertet sein könnten. Werden bei einzelnen Ansätzen unzulässige Unterbewertungen festgestellt, können diese durch unzulässige, nicht aber durch zulässige **Überbewertungen** (§ 256 Abs. 5 S. 2) innerhalb desselben Postens kompensiert werden. Zwar läuft dies dem Ziel einer Durchsetzung der Bewertungsvorschriften (Rn 1) in gewisser Weise zuwider.[34] Die Sonderprüfung bezieht sich aber auf die Gesamtbewertung eines Postens. Nicht möglich ist hingegen eine **postenübergreifende Kompensation**. Dabei bleibt es auch, wenn beide Posten bemängelt werden und damit Prüfungsgegenstand sind.[35] Die Frage nach einer möglichen Kompensation wird meist erst iRd laufenden Sonderprüfung von Bedeutung sein. Allerdings ist eine Auseinandersetzung mit ihr im gerichtlichen Verfahren nicht ausgeschlossen. Insb. können Vorstand, AR oder Abschlussprüfer sich in ihrer Anhörung (Abs. 3 S. 1, Rn 16) ausdrücklich auf Kompensationseffekte berufen und dazu gezielt Tatsachen vortragen. In diesem Fall muss das Gericht in eine vertiefte Prüfung einsteigen.

7 Der Vortrag der Antragsteller muss sich nicht auf konkrete Einzelgegenstände innerhalb des angegriffenen Postens beziehen (Rn 6). Das erlaubt natürlich nicht den Umkehrschluss, den Antragstellern sei ein derart spezifischer Vortrag verwehrt.[36] Wenn sie ihren Vortrag konzentrieren, hat dies allerdings Konsequenzen für den Prüfungsumfang im gerichtlichen Verfahren und für die Reichweite der dort angeordneten Sonderprüfung. Im **gerichtlichen Verfahren** beschränkt die Verdachtsprüfung des Gerichts sich stets auf die konkret vorgetragenen Aspekte. Anderenfalls würde die Einschränkung des Amtsermittlungsgrundsatzes (Rn 4) ausgehebelt. Andere Einzelgegenstände innerhalb desselben Postens hat das Gericht nur unter dem Gesichtspunkt einer möglichen Kompensation infolge Überbewertung zu prüfen. Dazu wird es idR nur dann Anlass haben, wenn Vorstand, AR oder Abschlussprüfer sich iR ihrer Anhörung (Abs. 3 S. 1) hierauf berufen (Rn 6). Die Frage, ob die Konzentration des Vortrags der Antragsteller und mithin der gerichtlichen Verdachtsprüfung sich außerdem auf die **Reichweite der Sonderprüfung** auswirkt, wird im Schrifttum unterschiedlich beantwortet. Nach einer Auffassung darf und muss die Sonderprüfung sich auf die Bewertung desjenigen Einzelgegenstands beschränken, zu dem die Antragsteller konkret vorgetragen haben und auf den das Gericht seine Entscheidung zur Bestellung der Sonderprüfer gestützt hat.[37] Folge dieser Auffassung ist, dass das Kompensationsproblem sich iRd Sonderprüfung nicht mehr stellen kann. Denn die Sonderprüfung ist nicht auf die übrigen Bestandteile des Bilanzpostens zu erstrecken. Mit Blick auf den Wortlaut sowie den Sinn und Zweck des Gesetzes greift diese Überlegung allerdings zu kurz. Nicht eine fehlerhafte Einzelbewertung, sondern nur die Unterbewertung eines vollständigen Bilanzpostens kann Gegenstand der Sonderprüfung sein. Das folgt eindeutig aus Abs. 1 S. 2. Der Vortrag zur Unterbewertung eines Einzelgegenstands innerhalb eines Bilanzpostens dient deshalb im Verfahren nach Abs. 2 dem Zweck, Rückschlüsse auf die Bewertung des Postens als Ganzes zu ermöglichen. Vor diesem Hintergrund ist für die Reichweite der Sonderprüfung wie folgt zu unterscheiden: Wenn die Sonderprüfer keine hinreichende Unterbewertung des einzelnen Gegenstands feststellen können, ist die Sonderprüfung beendet. Etwaige sonstige Bewertungsfehler haben nämlich für die Anordnung der Prüfung keine Rolle gespielt. Stellt sich hingegen eine Unterbewertung des Einzelgegenstands heraus, muss im Folgenden der gesamte Posten auf kompensierende Überbewertungen untersucht werden. Anderenfalls wäre die abschließende Feststellung nach § 259 Abs. 2 S. 1 Nr. 1 letztlich spekulativ. Dementsprechend bestünde die Gefahr, dass wegen § 261 Abs. 1 S. 1 im Folgeabschluss ein tatsächlich nicht vorhandener Ertrag auszuweisen ist.[38]

8 **3. Nicht unwesentliche Unterbewertung.** Die (mutmaßliche) Unterbewertung muss nicht unwesentlich sein. In diesem Zusammenhang ist zunächst fraglich und umstritten, mit welcher **Vergleichsgröße** die Unterbewertung ins Verhältnis zu setzen ist.[39] Nach wohl hM soll es auf die **Gesamtverhältnisse** des Unternehmens ankommen, insb. auf das ausgewiesene Jahresergebnis und das Grundkapital.[40] Nach der Gegenauffassung ist ein Vergleich zwischen dem Ausmaß der Unterbewertung und dem konkret bemängelten **Bilanzposten**

---

[33] Hüffer, Rn 5; MüKo-AktG/Hüffer, Rn 13; Küting/Weber/Rodewald, Rn 30.
[34] A/D/S, Rn 70; Großkomm-AktienR/Barz, Anm. 3; MüKo-AktG/Hüffer, Rn 14; K. Schmidt/Lutter/Kleindiek, Rn 8; Küting/Weber/Rodewald, Rn 35.
[35] A/D/S, Rn 71; Großkomm-AktienR/Barz, Anm. 3; MüKo-AktG/Hüffer, Rn 14.
[36] Hüffer, Rn 5.
[37] A/D/S, Rn 69; KölnKomm-AktG/Claussen, Rn 18.
[38] MüKo-AktG/Hüffer, Rn 15; ebenso wohl Bürgers/Körber/Holzborn/Jänig, Rn 13.
[39] Offen gelassen von OLGR München 2006, 626 = NZG 2006, 628, 631.
[40] A/D/S, Rn 86; Baumbach/Hueck, AktG, Rn 3; KölnKomm-AktG/Claussen, Rn 17; Claussen, in: FS Barz, S. 317, 332; Frey, WPg 1966, 633, 634; Voß, in: FS Münstermann, S. 443, 460.

maßgeblich.[41] Gegen die erstgenannte Auffassung spricht, dass bilanzrechtliche Sonderprüfungen die handelsrechtlichen Bewertungsvorschriften durchsetzen sollen (Rn 1). Dem widerspräche es, massive Unterbewertungen eines Einzelgegenstands nur deshalb nicht aufzuklären und richtig zu stellen, weil sie mit Blick auf die Gesamtverhältnisse des Unternehmens nicht so sehr ins Gewicht fallen. Dies gilt insb. bei großen Gesellschaften. Für sie könnte eine bilanzrechtliche Sonderprüfung sonst nur noch in wirklichen Extremfällen Bedeutung haben.[42] Umgekehrt ist der hM zuzugeben, dass auch ein Vergleich zwischen der Unterbewertung und dem davon betroffenen Bilanzposten nicht immer befriedigend erscheint. So liegt der Fall, wenn eine Vielzahl von Einzelpositionen unterbewertet ist, die Unterbewertungen auch ihrer Summe nach erheblich sind, wegen ihrer Verteilung auf verschiedene Bilanzposten aber nicht in ihrer Gesamtheit betrachtet werden dürfen.[43] Die zutreffende Lösung ergibt sich daher aus der **Kombination** beider Ansätze: Eine nicht unwesentliche Unterbewertung iSd Norm lässt sich sowohl mit der Relation zu den Gesamtverhältnissen des Unternehmens begründen als auch aus dem Verhältnis zum konkret bemängelten Bilanzposten herleiten.[44]

Aufgrund der doppelten Verneinung („nicht unwesentlich") liegt die maßgebliche Schwelle unterhalb der Wesentlichkeit.[45] Damit ist freilich für die praktische Rechtsanwendung kein spürbarer Erkenntnisfortschritt verbunden. Diskutiert wird daher, ob das Gesetz **feste Betragsgrenzen** hergibt. ZT wird die Antwort von der Vorfrage abhängig gemacht, ob die Bedeutung der Unterbewertung (auch) im Verhältnis zu den Gesamtverhältnissen des Unternehmens bestimmt werden kann (dazu Rn 8). Davon ausgehend wurde in Anlehnung an § 160 Abs. 2 S. 5 aF vorgeschlagen, dass der Betrag der Unterbewertung 10 % des Jahresergebnisses und zugleich 0,5 % des Grundkapitals überschreiten muss.[46] Andere stellen maßgeblich auf das Verhältnis zum konkret bemängelten Bilanzposten ab (dazu Rn 8). Sie nehmen eine nicht unwesentliche Unterbewertung an, wenn der korrekte Wertansatz des jeweiligen Postens um ca 30 % unterschritten wird.[47] IE sind jedoch all diese Ansätze abzulehnen. Ein Rückgriff auf § 160 Abs. 2 S. 5 aF kann schon deshalb nicht überzeugen, weil die Vorschrift durch das BiRiLiG v. 19.12.1985[48] ersatzlos gestrichen worden ist. Für das geltende Recht kann sie daher keine taugliche Auslegungshilfe mehr sein. Die Unterschreitung des korrekten Wertansatzes des betroffenen Postens um rund 30 % ist willkürlich gegriffen. Richtigerweise steht dem Gericht bei der Beurteilung der (Un-)Wesentlichkeit ein erheblicher Spielraum zu. Es hat ihn unter Berücksichtigung aller bekannten Umstände des Einzelfalls sachgerecht auszufüllen.[49] Von Bedeutung ist dabei auch die Abwägung von Aufklärungsinteresse und Prüfungsaufwand.[50]

III. Mängel des Anhangs. 1. Keine oder unvollständige Angaben. Trotz der Überschrift des dritten Abschnitts ist eine bilanzrechtliche Sonderprüfung nicht nur statthaft, um unzulässige Unterbewertungen zu überprüfen. Nach Maßgabe des Abs. 1 S. 1 Nr. 2 kommt sie auch in Betracht, wenn Anlass für die Annahme besteht, dass der Anhang die vorgeschriebenen Mindestangaben nicht oder nicht vollständig enthält. Keine oder unvollständige Angaben enthält der Anhang, wenn Pflichtangaben nach §§ 284 ff HGB, § 160 ganz oder teilweise fehlen. Dem steht gleich, dass die Pflichtangaben im Anhang sachlich falsch wiedergegeben sind. Denn die Aufnahme einer unrichtigen Angabe ändert nichts daran, dass die richtige Angabe fehlt.[51] Demnach führen auch fehlerhafte Fehlanzeigen zu einer unvollständigen Darstellung iSd Norm. Umgekehrt ist das Fehlen einer zweckmäßigen, aber nicht erforderlichen Fehlanzeige unerheblich.[52]

2. Keine Nachholung in der HV. Die Sonderprüfung des Anhangs auf Vollständigkeit setzt weiter voraus, dass die fehlenden Angaben in der HV trotz Nachfrage nicht nachgereicht worden sind. Unterbleibt also die **Nachfrage** nach den fehlenden Angaben, scheidet eine bilanzrechtliche Sonderprüfung bereits deshalb aus. Die Nachfrage muss bestimmt sein und zu erkennen geben, dass der Anhang nach Auffassung des Fragestellers unvollständig ist. Überspannte Anforderungen dürfen allerdings an die Nachfrage nicht gestellt werden. Insb. muss der Fragesteller grds. keine Einzelheiten konkretisieren.[53] Erhöhte Anforderungen können sich im Einzelfall vor allem bei versteckten Fehlangaben ergeben, wenn der Fehler ohne nähere Beschreibung nicht auffindbar ist. Nicht erforderlich ist, dass die späteren Antragsteller in der HV selbst

---

41 Großkomm-AktienR/*Barz*, Anm. 4; MüKo-AktG/*Hüffer*, Rn 21; K. Schmidt/Lutter/*Kleindiek*, Rn 9; *Krag/Hullermann*, DB 1980, 457, 459.
42 Spindler/Stilz/*Euler/Wirth*, Rn 13.
43 *Kruse*, S. 62 ff.
44 IE auch Spindler/Stilz/*Euler/Wirth*, Rn 13 aE.
45 KölnKomm-AktG/*Claussen*, Rn 16; *Hüffer*, Rn 7; K. Schmidt/Lutter/*Kleindiek*, Rn 9; Küting/Weber/*Rodewald*, Rn 39; aA Wachter/*Früchtl*, Rn 5; Hölters/*Waclawik*, Rn 14; *Krag/Hullermann*, DB 1980, 457, 458.
46 *Frey*, WPg 1966, 633, 634; *Gail*, S. 109 f; *Kruse*, S. 67 f.
47 *Krag/Hullermann*, DB 1980, 457, 459.
48 BGBl. I 1985 S. 2355.
49 A/D/S, Rn 86; KölnKomm-AktG/*Claussen*, Rn 16; Spindler/Stilz/*Euler/Wirth*, Rn 14; *Hüffer*, Rn 8; MüKo-AktG/*Hüffer*, Rn 22; K. Schmidt/Lutter/*Kleindiek*, Rn 9.
50 Hölters/*Waclawik*, Rn 14.
51 Großkomm-AktienR/*Barz*, Anm. 5; KölnKomm-AktG/*Claussen*, Rn 20; *Hüffer*, Rn 9; *Kruse*, S. 52.
52 Großkomm-AktienR/*Barz*, Anm. 5; *Hüffer*, Rn 9.
53 KölnKomm-AktG/*Claussen*, Rn 22; *Hüffer*, Rn 10; *Kruse*, S. 93 f; strenger Bürgers/Körber/*Holzborn/Jänig*, Rn 11.

nachgefragt haben.[54] In einem zweiten Schritt ist zu prüfen, ob der Anhang iVm mit den ergänzenden bzw berichtigenden Auskünften des Vorstands in der HV ein vollständiges und zutreffendes Bild zu allen Pflichtangaben liefert. Sofern dies nicht der Fall ist, muss schließlich **verlangt** worden sein, die fruchtlose Nachfrage in die Niederschrift über die HV (§ 130) aufzunehmen. Unerheblich ist, ob das Verlangen vom Fragesteller, von einem späteren Antragsteller oder von einem sonstigen Aktionär stammt.[55] Ebenso wenig kommt es darauf an, ob die Nachfrage dem Verlangen entsprechend tatsächlich protokolliert worden ist.[56]

D. Sonderregelung für Kreditinstitute (Abs. 1a)

12 Für Kreditinstitute (§ 1 Abs. 1, § 2 Abs. 1 KWG), Finanzdienstleistungsinstitute (§ 1 Abs. 1a, § 2 Abs. 6 KWG) und Kapitalanlagegesellschaften (§ 2 Abs. 6 InvG) sieht Abs. 1a eine Sonderregelung vor. Bei diesen Instituten und Gesellschaften gelten Besonderheiten für die Rechnungslegung. In gewissem Umfang ist bei ihnen die Bildung stiller Reserven zur **Sicherung gegen die besonderen Risiken des Geschäftszweigs** zulässig (§ 340f Abs. 1 HGB). Über die Bildung und Auflösung solcher Vorsorgereserven müssen im Jahresabschluss und im Lagebericht keine Angaben gemacht werden (§ 340f Abs. 4 HGB).[57] Deswegen ist eine Sonderprüfung nicht schon dann zuzulassen, wenn sich nach allg. bilanzrechtlichen Maßstäben eine prüfungsfähige Unterbewertung oder Anhangslücke ergibt, dies allerdings auf der zulässigen Anwendung des spezielleren § 340f HGB beruht.[58] Mit anderen Worten stellt Abs. 1a nur klar, dass wegen § 340f HGB ein niedriger Wertansatz gesetzeskonform sein kann. Eine „Unterbewertung" im Rechtssinne steht dann nicht zu befürchten.[59] Freilich können auch die von § 340f HGB eingeräumten Spielräume überschritten sein. Denkbar ist auch, dass die besonderen Rechnungslegungsgrundsätze aus anderen Gründen für die zu untersuchenden Mängel keine Rechtfertigung bieten. In diesen Fällen können bilanzrechtliche Sonderprüfer natürlich auch bei Kredit- und Finanzdienstleistungsinstituten und Kapitalanlagegesellschaften bestellt werden.

E. Antragstellung bei Gericht (Abs. 2)

13 **I. Ausschlussfrist.** Gem. Abs. 2 S. 1 ist die gerichtliche Bestellung von Sonderprüfern innerhalb eines Monats nach der HV über den Jahresabschluss zu beantragen. Wie bei der Frist des § 142 Abs. 4 S. 2 (dort Rn 40) handelt es sich um eine zwingende **materiellrechtliche Ausschlussfrist**, für die spezifisch verfahrensrechtliche Normen nicht gelten.[60] Vor allem sind keine Fristverlängerungen durch das Gericht denkbar. Im Fall der Fristversäumung kommt auch keine Wiedereinsetzung in den vorigen Stand (§§ 17ff FamFG) in Frage.[61] Das Gericht hat eine Fristversäumung **von Amts wegen** zu beachten. Sie führt nicht zur Unzulässigkeit, sondern zur Unbegründetheit des Antrags.[62] Fristauslösendes Ereignis ist die „HV über den Jahresabschluss". Unerheblich ist, ob der Jahresabschluss der HV bereits in festgestellter Form vorliegt (§ 172 S. 1, § 175 Abs. 1) oder die HV selbst über seine Feststellung beschließt (§ 173).[63] Auch etwaige Änderungen des geprüften Jahresabschlusses durch die HV und eine daran anknüpfende Nachtragsprüfung gem. § 316 Abs. 3 HGB stehen dem Fristbeginn nicht entgegen (Abs. 2 S. 2). Nur der rechtzeitige Eingang des Antrags beim sachlich und örtlich zuständigen LG (Rn 17) wahrt die Frist.[64] Weiter kann der Antrag nur aufgrund solcher Bewertungs- oder Vollständigkeitsrügen Erfolg haben, die der Antragsteller innerhalb der Ausschlussfrist vorgetragen hat. Ein **Nachschieben selbstständiger Antragsgründe** ist nach Fristablauf unzulässig. Gleiches gilt für die erstmalige Substantiierung pauschal erhobener Rügen.[65] Keine Bedenken bestehen indessen gegen eine bloße Präzisierung des Vortrags, der in seinem wesentlichen tatsächlichen Kern innerhalb der Frist zum Gegenstand des Verfahrens gemacht worden ist.[66] Ein vor der HV über den Jahresabschluss gestellter Antrag ist unstatthaft. Nach der HV wird er zulässig, wenn und soweit der Antragsteller ihn innerhalb der Ausschlussfrist weiter verfolgt.[67]

14 **II. Antragsquorum.** Antragsberechtigt sind gem. Abs. 2 S. 3 nur Aktionäre, deren Anteile zusammen den Schwellenwert des § 142 Abs. 2 erreichen. Das Antragsquorum beläuft sich demnach auf **1 % des Grund-**

---

54 MüKo-AktG/*Hüffer*, Rn 29.
55 KölnKomm-AktG/*Claussen*, Rn 23.
56 A/D/S, Rn 25; KölnKomm-AktG/*Claussen*, Rn 23; Küting/Weber/*Rodewald*, Rn 51.
57 Spindler/Stilz/*Euler/Wirth*, Rn 46.
58 *Hüffer*, Rn 3; K. Schmidt/Lutter/*Kleindiek*, Rn 12.
59 Hölters/*Waclawik*, Rn 19.
60 MüKo-AktG/*Hüffer*, Rn 40; K. Schmidt/Lutter/*Kleindiek*, Rn 18.
61 Großkomm-AktienR/*Barz*, Anm. 11; KölnKomm-AktG/*Claussen*, Rn 25.

62 *Hüffer*, Rn 14; Hölters/*Waclawik*, Rn 26.
63 A/D/S, Rn 29.
64 A/D/S, Rn 27; *Hüffer*, Rn 15; aA noch MüKo-AktG/*Hüffer*, Rn 42.
65 Bürgers/Körber/*Holzborn/Jänig*, Rn 17; K. Schmidt/Lutter/*Kleindiek*, Rn 18; Küting/Weber/*Rodewald*, Rn 84.
66 MüKo-AktG/*Hüffer*, Rn 43.
67 OLGR München 2006, 626 = NZG 2006, 628, 629; vgl auch BayObLGZ 2002, 56, 64 = ZIP 2002, 935; OLG Stuttgart DB 1992, 1470 (beide zum Spruchverfahren); aA Wachter/*Früchtl*, Rn 12.

kapitals oder einen **anteiligen Betrag von 100 000 EUR**. Maßgeblich ist das Grundkapital, das am Tag der HV vorhanden ist, die den festgestellten Jahresabschluss entgegennimmt oder selbst über die Feststellung des aufgestellten Jahresabschlusses beschließt.[68] IdR ist also auf die an diesem Tag im HR ausgewiesene Grundkapitalziffer abzustellen. Etwas anderes gilt, wenn der Vorstand Bezugsaktien aus einem bedingten Kapital ausgibt und das HR diesen Schritt noch nicht nachvollzogen hat (§ 200). Hinsichtlich der weiteren Einzelheiten gelten die Erl. zu § 142 (dort Rn 33) entsprechend.

III. Hinterlegung, Glaubhaftmachung. Abweichend von § 142 Abs. 2 S. 1 müssen die Antragsteller ihre Aktien bis zur gerichtlichen Entscheidung über den Antrag hinterlegen (Abs. 2 S. 4 Hs 1). Dadurch wird sichergestellt, dass die Antragsberechtigung während der vollständigen Dauer des gerichtlichen Verfahrens erhalten bleibt. Möglich ist die Hinterlegung bei der Hinterlegungsstelle des Gerichts und bei der Gesellschaft gleichermaßen.[69] Alternativ können die Antragsteller eine Versicherung des depotführenden Instituts beibringen, dass die Aktien bis zur gerichtlichen Entscheidung nicht veräußert werden. In diesem Fall erhalten das Gericht und die Gesellschaft zumindest Kenntnis, wenn die Antragsberechtigung im Laufe des Verfahrens entfällt.[70] Zum Inhalt der Versicherung gelten die Ausführungen zu § 142 (dort Rn 34) entsprechend. Erforderlich und genügend ist mithin die Selbstverpflichtung des Instituts, dem Gericht oder der Gesellschaft jede Veränderung des Depotbestands umgehend anzuzeigen.[71] Zwar deutet der Wortlaut von Abs. 2 S. 4 auf einen strengeren Maßstab hin. Eine Übertragung des Aktieneigentums könnte das depotführende Institut aber letztlich nicht verhindern.[72] Schließlich müssen die Antragsteller **glaubhaft machen**, dass sie seit mindestens drei Monaten vor dem Tag der HV über den Jahresabschluss Inhaber der Aktien sind (Abs. 2 S. 4 Hs 2). Ein Nachweis ist nicht erforderlich. Darin liegt ein weiterer wesentlicher Unterschied zu § 142 Abs. 2. Als Mittel der Glaubhaftmachung lässt Abs. 2 S. 5 ausdrücklich die **eidesstattliche Versicherung** vor einem Notar zu. Stattdessen können die Antragsteller aber auch Depotauszüge oder Bestätigungen des Instituts vorlegen. Aus diesen Dokumenten müssen der Depotbestand drei Monate vor dem Tag der HV und alle späteren Änderungen hervorgehen.[73] Die Berechnung der Dreimonatsfrist erfolgt nach Maßgabe des § 121 Abs. 7.[74]

F. Anhörung (Abs. 3)

Gem. Abs. 3 S. 1 hat das Gericht Vorstand, AR und Abschlussprüfer **anzuhören**. Die Anhörung darf unterbleiben, wenn das Gericht den Antrag auf Bestellung von Sonderprüfern ohnehin als unzulässig oder unbegründet zurückweisen möchte.[75] Das folgt aus den einleitenden Worten „vor der Bestellung". Denn im Fall der Antragszurückweisung findet eine Bestellung gerade nicht statt. Insoweit ist der Maßstab laxer als in der Parallelvorschrift des § 142 Abs. 5 S. 1 (dort Rn 42). Soweit das Gesetz vorschreibt, vor der Bestellung den Vorstand anzuhören, hat dies lediglich klarstellende Funktion. Denn die Gesellschaft ist gem. § 7 Abs. 2 Nr. 1 FamFG verfahrensbeteiligt und somit schon nach allg. Regeln anzuhören. Das erfolgt durch Anhörung des Vorstands als gesetzlicher Vertreter (§ 78 Abs. 1). Eigene Bedeutung hat Abs. 3 S. 1 damit nur für die Anhörung des AR und des Abschlussprüfers. Sind mehrere Abschlussprüfer vorhanden, können sie eine gemeinsame Stellungnahme abgeben.[76] Ob und unter welchen Voraussetzungen das Gericht die Vorlage des Prüfungsberichts des Abschlussprüfers (§ 321 HGB) anordnen kann, ist keine Frage der Anhörung.[77] Gleiches gilt für die Vorlage weiterer Unterlagen wie zB der Protokolle über Sitzungen des Vorstands oder des AR. Hier geht es vielmehr um die Reichweite des Rechts und der Pflicht zur Amtsermittlung (Rn 4).

G. Zuständigkeit (noch: Abs. 3)

Seit dem 1.9.2009 liegt die erstinstanzliche Entscheidungszuständigkeit nicht mehr beim AG des Gesellschaftssitzes (§ 14). Zuständig ist vielmehr das LG, in dessen Bezirk die Gesellschaft ihren Sitz hat (Abs. 3 S. 3). Mit Rücksicht auf die Sachnähe der jeweiligen Verfahrensgegenstände hat das FGG-RG v. 17.12.2008[78] insoweit zu einer Harmonisierung mit § 142 Abs. 5 S. 3 geführt.[79] Abs. 3 S. 3 ist vor allem für die **örtliche Zuständigkeit** von Interesse. Die **sachliche Zuständigkeit** des LG folgt – ebenfalls seit der

---

68 A/D/S, Rn 31; KölnKomm-AktG/*Claussen*, Rn 26; Spindler/Stilz/*Euler/Wirth*, Rn 17; *Hüffer*, Rn 16; K. Schmidt/Lutter/*Kleindiek*, Rn 14.
69 A/D/S, Rn 32; KölnKomm-AktG/*Claussen*, Rn 26.
70 Spindler/Stilz/*Euler/Wirth*, Rn 18.
71 OLGR München 2006, 626 = NZG 2006, 628, 629.
72 *Hüffer*, Rn 17.
73 Bürgers/Körber/*Holzborn/Jänig*, Rn 20; *Hüffer*, Rn 17; K. Schmidt/Lutter/*Kleindiek*, Rn 15.
74 RegBegr. UMAG, BT-Drucks. 15/5092, S. 14 f (zu § 123 Abs. 4 aF).
75 Spindler/Stilz/*Euler/Wirth*, Rn 23; *Hüffer*, Rn 20; K. Schmidt/Lutter/*Kleindiek*, Rn 20.
76 MüKo-AktG/*Hüffer*, Rn 51.
77 Dazu *Hüffer*, Rn 21; *Kruse*, S. 104 f.
78 BGBl. I 2008 S. 2586.
79 BR-Stellungnahme v. 6.7.2007, BT-Drucks. 16/6308, S. 392.

FGG-Reform – bereits aus § 71 Abs. 2 Nr. 4 GVG. Eine abweichende örtliche Zuständigkeit ergibt sich, soweit die Landesregierungen bzw Landesjustizverwaltungen von ihrer Konzentrationsermächtigung Gebrauch gemacht haben (§ 71 Abs. 4 GVG). Wenn bei dem zuständigen LG eine KfH gebildet ist, ist diese anstelle der Zivilkammern zu befassen (§§ 94, 95 Abs. 2 Nr. 2 GVG).

H. Rechtsmittel (noch: Abs. 3)

18 Statthaftes Rechtsmittel gegen die erstinstanzliche Entscheidung ist die **Beschwerde** zum OLG (Abs. 3 S. 2 iVm §§ 58 ff FamFG). Die Beschwerdefrist beträgt einen Monat (§ 63 Abs. 1 FamFG). Einzureichen ist die Beschwerde beim LG als Ausgangsgericht (§ 64 Abs. 1 FamFG). Dort findet zunächst ein Abhilfeverfahren statt (§ 68 FamFG). Die Entscheidung des Beschwerdegerichts kann mit der (zulassungsabhängigen) **Rechtsbeschwerde** zum BGH angefochten werden.[80] Das entspricht den allg. Regeln der §§ 70 ff FamFG über den Rechtsmittelzug. Außerdem ist ein Umkehrschluss aus § 142 Abs. 6 S. 3 Hs 2 geboten. Zwar hat der BR im Gesetzgebungsverfahren zum FGG-RG eine abweichende Einschätzung geäußert.[81] Sie findet aber weder im FamFG selbst noch im AktG eine Stütze. Zu weiteren Einzelheiten s. die Erl. zu § 142 (dort Rn 44).

I. Auswahl der Sonderprüfer (Abs. 4)

19 Abs. 4 regelt Mindestanforderungen an die Eignung von Sonderprüfern (S. 1) sowie eine Reihe von Bestellungsverboten (S. 2, 3). An die **Eignung der Sonderprüfer** legt Abs. 4 S. 1 einen strengeren Maßstab an als § 143 Abs. 1 für die allg. Sonderprüfung (dort Rn 2). Die bilanzrechtliche Sonderprüfung hat Unterbewertungen bestimmter Jahresabschlussposten bzw Unvollständigkeiten des Anhangs zum Gegenstand (Rn 1). Deshalb können nur Wirtschaftsprüfer (§ 1 Abs. 1 WPO) und Wirtschaftsprüfungsgesellschaften (§ 1 Abs. 3 WPO) Sonderprüfer sein. Sonstige sachverständige Personen kommen nicht in Betracht.[82] Das entspricht den persönlichen Anforderungen, die § 319 Abs. 1 S. 1 HGB an Abschlussprüfer stellt. **Bestellungsverbote** ergeben sich zunächst aus Abs. 4 S. 2. Ebenso wie § 143 Abs. 2 schließt diese Vorschrift solche Personen aus, die gem. § 319 Abs. 2–4, § 319a Abs. 1, § 319b Abs. 1 HGB (abgedr nach § 143) nicht Abschlussprüfer sein dürfen. Darüber hinaus bestimmt Abs. 4 S. 3, dass der **Abschlussprüfer** der Gesellschaft nicht Sonderprüfer sein kann. Für denjenigen Abschlussprüfer, der den angegriffenen Jahresabschluss selbst geprüft hat, ist auf diese Weise eine Untersuchung in eigener Sache ausgeschlossen. Das Verbot gilt ebenfalls für all jene Personen, die bereits zum Abschlussprüfer des laufenden oder eines späteren Geschäftsjahrs bestellt sind.[83] Bei ihnen geht das Gesetz davon aus, dass die notwendige Distanz zur Gesellschaft fehlt. Gleiches gilt für die ausdrücklich hervorgehobenen Personen, die in den letzten drei Jahren vor der Bestellung Abschlussprüfer waren. Die Frist ist zurückzurechnen vom Tag der erstinstanzlichen Entscheidung über die Bestellung der Sonderprüfer.[84] Getreu dem Gesetzeswortlaut umfasst die Frist nach der zutreffenden hM drei Kalenderjahre.[85] Es kommt also nicht auf die drei vorangegangenen Geschäftsjahre an.[86] Lässt das Gericht bei der Auswahl der Sonderprüfer die Vorgaben des Abs. 4 außer Acht, muss der Rechtsfehler mit der Beschwerde geltend gemacht werden (Abs. 3 S. 2, Rn 18). Anderenfalls erwächst der Beschluss ungeachtet des Verstoßes gegen Abs. 4 in Rechtskraft. In diesem Fall zieht er dieselben Rechtsfolgen nach sich wie die rechtskräftige gerichtliche Bestellung eines allg. Sonderprüfers unter Verstoß gegen § 143 Abs. 2 (dazu dort Rn 5).

J. Rechtsstellung der Sonderprüfer (Abs. 5)

20 Wie in den Fällen des § 142 Abs. 2 und 4 bleibt die gerichtlich beschlossene Bestellung für den ausgewählten Sonderprüfer zunächst ohne Rechtsfolgen. Erforderlich ist, dass er die Annahme erklärt.[87] Erst durch die Annahme erhält er ein **Prüfermandat**. Anders als bei der allg. Sonderprüfung trägt das Mandat im Fall des § 258 starke organschaftliche Züge. Sie kommen vor allem in den Rechtswirkungen der abschließenden Feststellungen zum Ausdruck.[88] Denn der Sonderprüfer kann und muss einen etwaigen Ertrag aufgrund hö-

---

80 Wachter/*Früchtl*, Rn 15; Bürgers/Körber/*Holzborn/Jänig*, Rn 24; *Hüffer*, Rn 23; K. Schmidt/Lutter/*Kleindiek*, Rn 23; Hölters/*Waclawik*, Rn 34.
81 BR-Stellungnahme v. 6.7.2007, BT-Drucks. 16/6308, S. 392.
82 *A/D/S*, Rn 46; *Hüffer*, Rn 24.
83 KölnKomm-AktG/*Claussen*, Rn 35; Bürgers/Körber/*Holzborn/Jänig*, Rn 27; MüKo-AktG/*Hüffer*, Rn 61.
84 *Hüffer*, Rn 26.
85 Großkomm-AktienR/*Barz*, Anm. 15; KölnKomm-AktG/*Claussen*, Rn 35; *Hüffer*, Rn 26; K. Schmidt/Lutter/*Kleindiek*, Rn 25; Küting/Weber/*Rodewald*, Rn 106; *Frey*, WPg 1966, 633, 636.
86 AA *A/D/S*, Rn 50.
87 KölnKomm-AktG/*Claussen*, Rn 37; Bürgers/Körber/*Holzborn/Jänig*, Rn 28; K. Schmidt/Lutter/*Kleindiek*, Rn 26.
88 *Hüffer*, Rn 27; Küting/Weber/*Rodewald*, Rn 107.

herer Bewertung feststellen (§ 259 Abs. 2) und den Anhang um etwaige fehlende Angaben ergänzen (§ 259 Abs. 4 S. 1, 2). Insoweit nimmt er **korporationsrechtliche Aufgaben** anstelle der nach allg. Regeln dazu berufenen Organe Vorstand und AR wahr. Aufgrund der umfangreichen Verweise auf zentrale Regeln der §§ 142 ff entspricht die Rechtsstellung des bilanzrechtlichen Sonderprüfers iÜ weitgehend der eines gerichtlich bestellten allg. Sonderprüfers.[89] So folgen die besonderen Prüfungs-, Auskunfts- und Nachweisrechte des Sonderprüfers (Abs. 5 S. 1 und 2 iVm § 145 Abs. 1–3) unmittelbar aus seinem Mandat. Gleiches gilt für seine Pflichten zur Durchführung der angeordneten Sonderprüfung (Abs. 1 S. 2, 3), zur Erstellung und Einreichung des Prüfungsberichts mit den abschließenden Feststellungen (§§ 259, 145 Abs. 6 S. 1–3), zu gewissenhaftem und unparteiischem Vorgehen und zur Verschwiegenheit (Abs. 5 S. 1 iVm § 323 HGB, abgedr nach § 144). Auf eine gerichtlich festzusetzende Vergütung sowie auf Ersatz angemessener Auslagen hat der gerichtlich bestellte Sonderprüfer einen gesetzlichen Anspruch gegen die Gesellschaft (Abs. 5 S. 1 iVm § 142 Abs. 6, § 146 S. 1). Vor diesem Hintergrund besteht kein Bedürfnis für die verbreitete Annahme, neben dem Prüfermandat werde ein schuldrechtliches Geschäftsbesorgungsverhältnis zur Gesellschaft begründet.[90] Demnach handelt das Gericht bei der Bestellung eines Sonderprüfers auch nicht als Vertreter der Gesellschaft.[91] Ebenso wenig schließt es kraft hoheitlicher Gewalt einen schuldrechtlichen Vertrag zulasten der Gesellschaft.[92]

§ 259 Prüfungsbericht. Abschließende Feststellungen

(1) ¹Die Sonderprüfer haben über das Ergebnis der Prüfung schriftlich zu berichten. ²Stellen die Sonderprüfer bei Wahrnehmung ihrer Aufgaben fest, daß Posten überbewertet sind (§ 256 Abs. 5 Satz 2), oder daß gegen die Vorschriften über die Gliederung des Jahresabschlusses verstoßen ist oder Formblätter nicht beachtet sind, so haben sie auch darüber zu berichten. ³Für den Bericht gilt § 145 Abs. 4 bis 6 sinngemäß.

(2) ¹Sind nach dem Ergebnis der Prüfung die bemängelten Posten nicht unwesentlich unterbewertet (§ 256 Abs. 5 Satz 3), so haben die Sonderprüfer am Schluß ihres Berichts in einer abschließenden Feststellung zu erklären,

1. zu welchem Wert die einzelnen Aktivposten mindestens und mit welchem Betrag die einzelnen Passivposten höchstens anzusetzen waren;
2. um welchen Betrag der Jahresüberschuß sich beim Ansatz dieser Werte oder Beträge erhöht oder der Jahresfehlbetrag sich ermäßigt hätte.

²Die Sonderprüfer haben ihrer Beurteilung die Verhältnisse am Stichtag des Jahresabschlusses zugrunde zu legen. ³Sie haben für den Ansatz der Werte und Beträge nach Nummer 1 diejenige Bewertungs- und Abschreibungsmethode zugrunde zu legen, nach der die Gesellschaft die zu bewertenden Gegenstände oder vergleichbare Gegenstände zuletzt in zulässiger Weise bewertet hat.

(3) Sind nach dem Ergebnis der Prüfung die bemängelten Posten nicht oder nur unwesentlich unterbewertet (§ 256 Abs. 5 Satz 3), so haben die Sonderprüfer am Schluß ihres Berichts in einer abschließenden Feststellung zu erklären, daß nach ihrer pflichtmäßigen Prüfung und Beurteilung die bemängelten Posten nicht unzulässig unterbewertet sind.

(4) ¹Hat nach dem Ergebnis der Prüfung der Anhang die vorgeschriebenen Angaben nicht oder nicht vollständig enthalten und der Vorstand in der Hauptversammlung die fehlenden Angaben, obwohl nach ihnen gefragt worden ist, nicht gemacht und ist die Aufnahme der Frage in die Niederschrift verlangt worden, so haben die Sonderprüfer am Schluß ihres Berichts in einer abschließenden Feststellung die fehlenden Angaben zu machen. ²Ist die Angabe von Abweichungen von Bewertungs- oder Abschreibungsmethoden unterlassen worden, so ist in der abschließenden Feststellung auch der Betrag anzugeben, um den der Jahresüberschuß oder Jahresfehlbetrag ohne die Abweichung, deren Angabe unterlassen wurde, höher oder niedriger gewesen wäre. ³Sind nach dem Ergebnis der Prüfung keine Angaben nach Satz 1 unterlassen worden, so haben die Sonderprüfer in einer abschließenden Feststellung zu erklären, daß nach ihrer pflichtmäßigen Prüfung und Beurteilung im Anhang keine der vorgeschriebenen Angaben unterlassen worden ist.

(5) Der Vorstand hat die abschließenden Feststellungen der Sonderprüfer nach den Absätzen 2 bis 4 unverzüglich in den Gesellschaftsblättern bekanntzumachen.

---

[89] Großkomm-AktienR/*Barz*, Anm. 16.
[90] *Wachter/Früchtl*, Rn 19; aA *A/D/S*, Rn 54; Großkomm-AktienR/*Barz*, Anm. 16; Bürgers/Körber/*Holzborn/Jänig*, Rn 28; *Hüffer*, Rn 27; MüKo-AktG/*Hüffer*, Rn 62; K. Schmidt/Lutter/*Kleindiek*, Rn 26.
[91] AA K. Schmidt/Lutter/*Kleindiek*, Rn 26.
[92] AA MüKo-AktG/*Hüffer*, Rn 62.

A. Grundlagen

1 § 259 regelt Inhalt, Reichweite und Publizität des **Prüfungsberichts**, in dessen Erstellung die bilanzrechtliche Sonderprüfung mündet. Herausragende Bedeutung kommt dabei den **abschließenden Feststellungen** der Sonderprüfer zu. Sie sind am Schluss des Berichts zu treffen. Zu unterscheiden ist zwischen den Feststellungen zu Unterbewertungen (Abs. 2, 3) und den Feststellungen zu Berichtslücken im Anhang (Abs. 4). Soweit **Unterbewertungen** in Rede stehen, bilden die abschließenden Feststellungen die Grundlage für das weitere Verfahren.[1] IE zielt dieses Verfahren auf eine Korrektur in laufender Rechnung und einen gesonderten Ertragsausweis im nächsten Jahresabschluss.[2] Zu diesem Zweck sind die unterbewerteten Posten im kommenden Jahresabschluss mit den von den Sonderprüfern festgestellten Werten oder Beträgen anzusetzen (§ 261 Abs. 1 S. 1). Auf dieser Grundlage ist dann die Summe aller Unterschiedsbeträge als Ertrag auf der Passivseite der Bilanz und in der GuV gesondert auszuweisen (§ 261 Abs. 1 S. 5). Etwas anderes gilt, wenn die Feststellungen der Sonderprüfer noch einer gerichtlichen Kontrolle zugeführt werden (§ 260). Dann richten sich der Ansatz der unterbewerteten Posten und der Ertragsausweis nach dem Ergebnis der rechtskräftigen gerichtlichen Entscheidung (§ 261 Abs. 2). Soweit **Berichtslücken im Anhang** aufgedeckt werden, müssen die Sonderprüfer in ihren abschließenden Feststellungen die fehlenden Angaben selbst nachtragen. Ein Antrag auf gerichtliche Entscheidung über die Richtigkeit der Prüfungsergebnisse ist insoweit nicht statthaft.[3] MWz 1.1.1986 wurden Abs. 1 S. 2 und Abs. 4 geändert und Abs. 2 S. 1 Nr. 2 neu gefasst durch Art. 2 Nr. 58 BiRiLiG v. 19.12.1985.[4] Abs. 1 S. 3 wurde mWz 1.11.2005 geändert durch Art. 1 Nr. 32 UMAG v. 22.9.2005.[5]

B. Prüfungsbericht (Abs. 1)

2 Ebenso wie bei der allg. Sonderprüfung (§ 145 Abs. 6 S. 1, dort Rn 7 ff) müssen die Sonderprüfer über das Ergebnis ihrer Prüfung schriftlich berichten. Hier wie dort muss der Bericht **vollständig, wahrheitsgemäß** und **aus sich heraus verständlich** sein.[6] Denn er soll den Aktionären ein eigenes Urteil über die geprüften Unterbewertungen bzw die Vollständigkeit des Anhangs erlauben.[7] Mündliche Auskünfte oder Erläuterungen schulden die Sonderprüfer weder der Gesellschaft noch deren Organen. Unvollständige oder falsche Berichterstattung ist strafbar (§ 403). In den Bericht müssen auch Tatsachen aufgenommen werden, deren Bekanntwerden der Gesellschaft oder einem verbundenen Unternehmen zum Nachteil gereichen kann (Abs. 1 S. 3 iVm § 145 Abs. 6 S. 2). Auf Antrag des Vorstands nimmt das Gericht allerdings eine Inhaltskontrolle des Berichts vor. IR dieses Verfahrens kann es zum Schutz überwiegender Gesellschaftsbelange anordnen, über bestimmte nachteilige Umstände nicht zu berichten (Abs. 1 S. 3 iVm § 145 Abs. 4, dort Rn 10 f). Abs. 1 S. 2 erweitert die Berichtspflicht in sachlicher Hinsicht über den eigentlichen Prüfungsgegenstand hinaus. Zu berichten ist deshalb auch über etwaige Gliederungsfehler, Verstöße gegen den Formblattzwang und Überbewertungen von Bilanzposten, die den Sonderprüfern bei der Wahrnehmung ihrer Aufgaben auffallen. Angesprochen sind damit Zufallsfunde potenzieller **Nichtigkeitsgründe** iSv § 256 Abs. 4, 5 S. 1 Nr. 1. Auf die Wesentlichkeit der Verstöße kommt es nicht an.[8] Daraus folgt aber keine Pflicht der Sonderprüfer, bei Gelegenheit der Sonderprüfung gezielt nach potenziellen Nichtigkeitsgründen zu suchen.[9] Es kommt also nicht zu einer Erweiterung ihres Prüfungsauftrags kraft Gesetzes.

3 Den endgültigen Prüfungsbericht müssen die Sonderprüfer unverzüglich (1) dem **Vorstand** und (2) zum **HR des Gesellschaftssitzes** einreichen (Abs. 1 S. 3 iVm § 145 Abs. 6 S. 3, näher dort Rn 9). Der Vorstand hat ihn sodann dem AR vorzulegen und bei der Einberufung der nächsten HV als Gegenstand der Tagesordnung bekannt zu machen (Abs. 1 S. 3 iVm § 145 Abs. 6 S. 5). Überdies hat jeder Aktionär Anspruch auf eine (kostenlose) Abschrift des Prüfungsberichts (Abs. 1 S. 3 iVm § 145 Abs. 6 S. 4).[10] In jedem Fall muss der Vorstand aber Gelegenheit haben, den fertigen Bericht zur Kenntnis zu nehmen und über die Einreichung eines Schutzantrags nach Abs. 1 S. 3 iVm § 145 Abs. 4 zu entscheiden. Zu diesem Zweck sind die verschiedenen Prüfer- und Vorstandspflichten zeitlich zu staffeln. Näher dazu § 145 Rn 11.

---

1 MüKo-AktG/*Hüffer*, Rn 2.
2 Bürgers/Körber/*Holzborn/Jänig*, Rn 1.
3 *Hüffer*, Rn 1; K. Schmidt/Lutter/*Kleindiek*, Rn 1.
4 BGBl. I 1985 S. 2355.
5 BGBl. I 2005 S. 2802.
6 A/D/S, Rn 5; KölnKomm-AktG/*Claussen*, Rn 7; Wachter/*Früchtl*, Rn 2; *Hüffer*, Rn 2.
7 MüKo-AktG/*Hüffer*, Rn 3; *Kruse*, S. 130.
8 A/D/S, Rn 8; *Hüffer*, Rn 3; aA v. Godin/*Wilhelmi*, Anm. 2.
9 Großkomm-AktienR/*Barz*, Anm. 3; Spindler/Stilz/*Euler/Wirth*, Rn 5; *Hüffer*, Rn 3.
10 K. Schmidt/Lutter/*Kleindiek*, Rn 4.

C. Feststellungen zur Unterbewertung (Abs. 2, 3)

Über Unterbewertungen müssen die Sonderprüfer in ihrem Bericht abschließende Feststellungen treffen. Einzelheiten dazu folgen aus Abs. 2 S. 1. Bei unterbewerteten Aktivposten ist anzugeben, zu welchem Wert sie mindestens anzusetzen waren (Mindestansatz, Abs. 2 S. 1 Nr. 1). Bei unterbewerteten Passivposten ist spiegelbildlich der höchste zulässige Betrag anzugeben (Höchstansatz, Abs. 2 S. 1 Nr. 1). Weiter muss festgestellt werden, um welchen Betrag der Jahresüberschuss sich beim Ansatz dieser Werte oder Beträge erhöht oder der Jahresfehlbetrag sich ermäßigt hätte (Abs. 2 S. 1 Nr. 2). Bei mehreren unterbewerteten Posten müssen zu diesem Zweck alle festgestellten Unterbewertungen addiert werden. Daraus ergibt sich ein einheitlicher **Unterbewertungsgesamtbetrag**.[11] Zwar können die Sonderprüfer anlässlich ihrer Prüfung zu der Erkenntnis gelangen, dass andere Posten des Jahresabschlusses überbewertet sind. Auf das Prüfungsergebnis wirkt sich dieser Umstand aber nicht aus. Denn eine postenübergreifende Saldierung mit den festgestellten Unterbewertungen ist unzulässig (§ 258 Rn 6).[12] Freilich darf in einem solchen Fall nicht der unzutreffende Eindruck entstehen, dass der in den abschließenden Feststellungen zu Abs. 2 S. 1 Nr. 2 genannte Betrag einem ausschüttungsfähigen Gewinn entspricht. Deshalb sollte ein ergänzender Hinweis auf die parallel festgestellten Überbewertungen nicht nur in den Bericht (Abs. 1 S. 2), sondern speziell in die abschließenden Feststellungen aufgenommen werden.[13] Zwingend geboten ist das allerdings nicht.[14] Konnten als Ergebnis der Sonderprüfung keine oder nur unwesentliche Unterbewertungen festgestellt werden, schließt der Prüfungsbericht mit einem **Negativtestat** (Abs. 3). Die Bewertungen der Sonderprüfer müssen auf Grundlage der Verhältnisse am **Stichtag des Jahresabschlusses** erfolgen (Abs. 2 S. 2). Dh vor allem, dass damals vertretbare Prognoseentscheidungen auch dann nicht in Zweifel zu ziehen sind, wenn sie sich inzwischen als unzutreffend erwiesen haben.[15] Das gilt freilich nur mit der Einschränkung des § 252 Abs. 1 Nr. 4 HGB. Denn danach hat auch die Gesellschaft sog. wertaufhellende Entwicklungen nach dem Abschlussstichtag zu berücksichtigen.[16] An die **Bewertungsmethode**, die die Gesellschaft zuletzt zulässig angewandt hat, sind die Sonderprüfer gebunden (Abs. 2 S. 3).

D. Feststellungen zum Anhang (Abs. 4)

Berichtslücken im Anhang müssen die Sonderprüfer selbst schließen. Dazu müssen sie in ihren abschließenden Feststellungen die fehlenden Angaben machen (Abs. 4 S. 1). Berichtslücken können auch darin liegen, dass Abweichungen von Bewertungs- und Abschreibungsmethoden nicht angegeben worden sind. Dann haben die Sonderprüfer überdies den **Unterschiedsbetrag** zu nennen, um den das Jahresergebnis ohne die verschwiegene Abweichung höher oder niedriger gewesen wäre (Abs. 4 S. 2). All das setzt jedoch voraus, dass der Vorstand nach dem Ergebnis der Prüfung die fehlenden Angaben in der HV trotz Nachfrage nicht nachgereicht hat und die Aufnahme der Frage in die Niederschrift (§ 130) verlangt worden ist. Das entspricht dem Prüfungsprogramm aus § 258 Abs. 1 S. 2. Ist der Anhang hingegen nach der Überzeugung der Sonderprüfer vollständig, nehmen sie ein **Negativtestat** in ihre abschließenden Feststellungen auf (Abs. 4 S. 3). Nicht geregelt ist der Fall, dass die Sonderprüfer eine Berichtslücke ausfindig machen, die in der HV nicht zur Sprache gekommen ist. Die Abgabe der Negativerklärung nach Abs. 4 S. 3 ist dann unpassend.[17] Auch eine Ergänzung des Anhangs gem. Abs. 4 S. 1 erscheint kaum sachgerecht. Denn dadurch würde die in § 258 Abs. 1 S. 2 angeordnete Erstreckung der Sonderprüfung auf das Geschehen in der HV überflüssig. Die hM verlangt daher von den Sonderprüfern, beim Gericht die Aufhebung ihrer Bestellung anzuregen. Folgt das Gericht dieser Anregung nicht, sollten die Sonderprüfer in den abschließenden Feststellungen erklären, dass in der HV keine Frage gestellt worden ist.[18] In gleicher Weise ist zu verfahren, wenn der Vorstand dem Mangel abgeholfen hat oder keine Protokollierung der Frage verlangt worden ist.

E. Bekanntmachung (Abs. 5)

Unverzüglich nach der Vorlage des Prüfungsberichts muss der Vorstand die abschließenden Feststellungen der Sonderprüfer bekannt machen. Diese Pflicht erstreckt sich nicht auf den Wortlaut des vollständigen Prüfungsberichts. Medium der Bekanntmachung sind die Gesellschaftsblätter, zumindest also der BAnz

---

11 MüKo-AktG/*Hüffer*, Rn 13; K. Schmidt/Lutter/*Kleindiek*, Rn 9.
12 *Hüffer*, Rn 5; Küting/Weber/*Rodewald*, Rn 22.
13 Großkomm-AktienR/*Barz*, Anm. 3; Spindler/Stilz/*Euler/Wirth*, Rn 8; *Schedlbauer*, S. 173.
14 AA A/D/S, Rn 13; KölnKomm-AktG/*Claussen*, Rn 10; *Hüffer*, Rn 3.
15 *Hüffer*, Rn 4.
16 Wachter/*Früchtl*, Rn 4; Bürgers/Körber/Holzborn/*Jänig*, Rn 7; Hölters/*Waclawik*, Rn 9; *Kruse*, S. 116; *Voß*, in: FS Münstermann, S. 443, 463.
17 *Hüffer*, Rn 7.
18 A/D/S, § 258 AktG Rn 72; *Hüffer*, Rn 7; MüKo-AktG/*Hüffer*, Rn 15.

(§ 25 S. 1). Die Feststellungen müssen dabei mit dem Hinweis versehen werden, dass sie Ergebnis einer Sonderprüfung gem. § 258 sind.[19] Die Bekanntmachungspflicht kann durch Verhängung eines Zwangsgelds durchgesetzt werden (§ 407 Abs. 1). Ausgehend vom Tag der Bekanntmachung ist die Frist des § 260 Abs. 1 S. 1 zu berechnen.

§ 260 Gerichtliche Entscheidung über die abschließenden Feststellungen der Sonderprüfer

(1) [1]Gegen abschließende Feststellungen der Sonderprüfer nach § 259 Abs. 2 und 3 können die Gesellschaft oder Aktionäre, deren Anteile zusammen den zwanzigsten Teil des Grundkapitals oder den anteiligen Betrag von 500 000 Euro erreichen, innerhalb eines Monats nach der Veröffentlichung im Bundesanzeiger den Antrag auf Entscheidung durch das nach § 132 Abs. 1 zuständige Gericht stellen. [2]§ 258 Abs. 2 Satz 4 und 5 gilt sinngemäß. [3]Der Antrag muß auf Feststellung des Betrags gerichtet sein, mit dem die im Antrag zu bezeichnenden Aktivposten mindestens oder die im Antrag zu bezeichnenden Passivposten höchstens anzusetzen waren. [4]Der Antrag der Gesellschaft kann auch auf Feststellung gerichtet sein, daß der Jahresabschluß die in der abschließenden Feststellung der Sonderprüfer festgestellten Unterbewertungen nicht enthielt.

(2) [1]Über den Antrag entscheidet das Gericht unter Würdigung aller Umstände nach freier Überzeugung. [2]§ 259 Abs. 2 Satz 2 und 3 ist anzuwenden. [3]Soweit die volle Aufklärung aller maßgebenden Umstände mit erheblichen Schwierigkeiten verbunden ist, hat das Gericht die anzusetzenden Werte oder Beträge zu schätzen.

(3) [1]§ 99 Abs. 1, Abs. 2 Satz 1, Abs. 3 und 5 gilt sinngemäß. [2]Das Gericht hat seine Entscheidung der Gesellschaft und, wenn Aktionäre den Antrag nach Absatz 1 gestellt haben, auch diesen zuzustellen. [3]Es hat sie ferner ohne Gründe in den Gesellschaftsblättern bekanntzumachen. [4]Die Beschwerde steht der Gesellschaft und Aktionären zu, deren Anteile zusammen den zwanzigsten Teil des Grundkapitals oder den anteiligen Betrag von 500 000 Euro erreichen. [5]§ 258 Abs. 2 Satz 4 und 5 gilt sinngemäß. [6]Die Beschwerdefrist beginnt mit der Bekanntmachung der Entscheidung im Bundesanzeiger, jedoch für die Gesellschaft und, wenn Aktionäre den Antrag nach Absatz 1 gestellt haben, auch für diese nicht vor der Zustellung der Entscheidung.

(4) [1]Die Kosten sind, wenn dem Antrag stattgegeben wird, der Gesellschaft, sonst dem Antragsteller aufzuerlegen. [2]§ 247 gilt sinngemäß.

A. Grundlagen

1 § 260 bestimmt, dass über die abschließenden Feststellungen der Sonderprüfer zu Unterbewertungen (§ 259 Abs. 2, 3) eine gerichtliche Entscheidung herbeigeführt werden kann. Überdies regelt er das gerichtliche Verfahren. Nach der Erwartung des Gesetzgebers bildet dieses Verfahren in der Praxis die Ausnahme.[1] Wird es tatsächlich eingeleitet und durchgeführt, richten sich etwaige in laufender Rechnung vorzunehmende Korrekturen nicht nach den Feststellungen der Sonderprüfer (§ 261 Abs. 1). Maßgeblich ist stattdessen die rechtskräftige gerichtliche Entscheidung (§ 261 Abs. 2). Auf die abschließenden Feststellungen der Sonderprüfer zu Berichtslücken im Anhang (§ 259 Abs. 4) und auf den Bericht über sonstige Mängel des Jahresabschlusses (§ 259 Abs. 1 S. 2) findet die Vorschrift weder direkte noch analoge Anwendung.[2] Auch sonstige Rechtsbehelfe, insb. eine Feststellungsklage nach § 256 ZPO, sind aufgrund der abschließenden Wertung des § 260 unstatthaft.[3] Abs. 1 S. 1 und Abs. 3 S. 4 wurden geändert durch Art. 1 Nr. 16 StückAG v. 25.3.1998[4] mWz 1.4.1998, Abs. 1 S. 1 und Abs. 3 S. 4 durch Art. 3 § 1 Nr. 8 EuroEG v. 9.6.1998[5] mWz 1.1.1999, Abs. 1 S. 1, Abs. 3 S. 6 durch Art. 5 Nr. 3 lit. c des Zweiten G zur Vereinfachung der Wahl der AN-Vertreter in den AR v. 18.5.2004[6] mWz 1.7.2004 und Abs. 4 S. 3 und 4 durch Art. 74 Nr. 19 FGG-RG v. 17.12.2008[7] mWz 1.9.2009. MWz 1.4.2012 wurden Abs. 1 S. 1 und Abs. 3 S. 6 durch G v. 22.12.2011[8] sprachlich an den neuen § 5 VkBkmG angepasst. Ohne Änderung in der Sache ist seither nicht mehr vom

---

19 KölnKomm-AktG/*Claussen*, Rn 18; *Hüffer*, Rn 10; K. Schmidt/Lutter/*Kleindiek*, Rn 14.
1 Ausschussbericht *Kropff*, S. 344.
2 K. Schmidt/Lutter/*Kleindiek*, Rn 1; Hölters/*Waclawik*, Rn 1.
3 Bürgers/Körber/*Holzborn/Jänig*, Rn 1; MüKo-AktG/*Hüffer*, Rn 3.

4 BGBl. I 1998 S. 590.
5 BGBl. I 1998 S. 1242.
6 BGBl. I 2004 S. 974.
7 BGBl. I 2008 S. 2586.
8 BGBl. I 2009 S. 3044.

Siebenter Teil | Nichtigkeit von Hauptversammlungsbeschlüssen u.a. § 260 AktG

EBAnz die Rede, sondern vom BAnz. Zuletzt wurde Abs. 4 S. 1 bis 5 aufgehoben durch Art. 26 Nr. 3 des 2. KostRMoG v. 23.7.2013[9] mWz 1.8.2013; Abs. 4 S. 6 und 7 aF wurde dadurch zu Abs. 4 S. 1 und 2. Die gerichtlichen Kosten bestimmen sich nunmehr nach dem GNotKG.

B. Antragsberechtigung (Abs. 1)

Antragberechtigt sind gem. Abs. 1 S. 1 (1) die Gesellschaft, vertreten durch ihren Vorstand (§ 78 Abs. 1), und (2) Aktionäre, deren Anteile zusammen 5 % des Grundkapitals oder den anteiligen Betrag von 500 000 EUR erreichen. Wird der Antrag von der Gesellschaft gestellt, ist der Vorstand nicht auf die Zustimmung des AR angewiesen.[10] Denkbar ist lediglich, dass die Satzung oder der AR einen Zustimmungsvorbehalt für die Antragstellung begründet (§ 111 Abs. 4 S. 2).[11] In diesem Fall ist der Vorstand aber nur im Innenverhältnis verpflichtet, die Zustimmung einzuholen. Auf die Wirksamkeit der Antragstellung im Außenverhältnis wirkt der Vorbehalt sich nicht aus (§ 111 Rn 30 a). Für das Aktionärsquorum gelten deutlich strengere Anforderungen als beim Antrag auf gerichtliche Bestellung von Sonderprüfern (§ 258 Abs. 2 S. 2). Wie dort müssen die antragstellenden Aktionäre ihre Aktien bis zur Entscheidung über den Antrag hinterlegen oder eine Versicherung des depotführenden Instituts vorlegen, dass die Aktien bis dahin nicht veräußert werden; außerdem müssen sie die sog. Vorbesitzzeit glaubhaft machen (Abs. 1 S. 2 iVm § 258 Abs. 2 S. 4, 5, dazu dort Rn 15). Die in Abs. 1 S. 2 angeordnete entsprechende Anwendung des § 258 Abs. 2 S. 4 bedeutet nicht, dass die Dreimonatsfrist hier an die Bekanntmachung der abschließenden Feststellungen anknüpft, gegen die sich der Antrag richtet. Maßgeblich bleibt der Tag der HV über den Jahresabschluss.[12] Ein Aktionär soll nämlich nicht das Ergebnis einer Sonderprüfung angreifen, die er selbst nicht beantragen konnte. Unter den Antragstellern müssen jedoch keine Aktionäre sein, die bereits die Sonderprüfung als solche veranlasst haben.[13]

C. Antragsfrist (noch: Abs. 1)

Der Antrag muss innerhalb einer Frist von einem Monat nach der Bekanntmachung der abschließenden Feststellungen im BAnz (§ 259 Abs. 4) gestellt werden. Die Frist ist zwingend und hat materiellrechtlichen Charakter. Demnach kommt weder eine gerichtliche Fristverlängerung noch eine Wiedereinsetzung in den vorigen Stand (§§ 17 ff FamFG) in Betracht.[14] Ohne Belang für den Fristbeginn ist, wenn die Satzung weitere Gesellschaftsblätter bestimmt (§ 25 S. 2) und die Bekanntmachung in ihnen erst später erfolgt.[15] Allein die Antragstellung bei dem zuständigen Gericht wahrt die Frist.[16] Die Berechnung der Frist richtet sich nach § 187 Abs. 1, § 188 Abs. 2 BGB.

D. Zuständigkeit (noch: Abs. 1)

Gem. Abs. 1 S. 1 richtet sich die erstinstanzliche Zuständigkeit nach § 132 Abs. 1. Über den Antrag entscheidet also ausschließlich das LG, in dessen Bezirk die Gesellschaft ihren Sitz hat. Die funktionelle Zuständigkeit der KfH, die Ermächtigung der Landesregierungen zur Konzentration der örtlichen Zuständigkeit und deren Übertragbarkeit auf die Landesjustizverwaltungen folgen seit der Streichung von § 132 Abs. 1 S. 2–4 aF iRd FGG-Reform aus §§ 94, 95 Abs. 2 Nr. 2 und § 74 Abs. 4 GVG. Der Sache nach gilt somit dieselbe Zuständigkeitsregelung wie in den Verfahren zur Bestellung allg. oder bilanzrechtlicher Sonderprüfer (§ 145 Abs. 5 S. 3, § 258 Abs. 3 S. 3).

E. Antragsinhalt (noch: Abs. 1)

Seinem Inhalt nach ist der Antrag auf die Feststellung des Betrags zu richten, mit dem konkret zu bezeichnende (prüfungsgegenständliche) Aktivposten mindestens oder Passivposten höchstens anzusetzen waren (Abs. 1 S. 3). Dabei ist nach zutreffender hM der aus Sicht der Antragsteller richtige Mindest- bzw Höchstansatz im Antrag anzugeben.[17] Eine unbestimmte Antragstellung widerspräche nicht nur allg. verfahrensrechtlichen Grundsätzen. Sie würde auch das zweistufige Konzept von bilanzrechtlicher Sonderprüfung und

---

9 BGBl. I 2013 S. 2586.
10 *A/D/S*, Rn 3; KölnKomm-AktG/*Claussen*, Rn 2; MüKo-AktG/*Hüffer*, Rn 4.
11 *Hüffer*, Rn 2.
12 MüKo-AktG/*Hüffer*, Rn 7; *Kruse*, S. 142 f; aA *von Godin/Wilhelmi*, Anm. 2.
13 Ausschussbericht *Kropff*, S. 351; Hölters/*Waclawik*, Rn 5.
14 Großkomm-AktienR/*Barz*, Anm. 5.
15 *Hüffer*, Rn 4.
16 Spindler/Stilz/*Euler/Wirth*, Rn 5; *Hüffer*, Rn 4.
17 *A/D/S*, Rn 11; Bürgers/Körber/*Holzborn/Jänig*, Rn 5; *Hüffer*, Rn 6; K. Schmidt/Lutter/*Kleindiek*, Rn 8; aA KölnKomm-AktG/*Claussen*, Rn 7; *Kruse*, S. 143 f.

gerichtlicher Entscheidung als solches in Frage stellen. Denn die Sonderprüfung und die abschließenden Feststellungen zu den aufgedeckten Unterbewertungen sollen gerade eine substantiierte Antragstellung in einem etwaigen gerichtlichen Verfahren ermöglichen.[18] Nach Sinn und Zweck des § 260 darf ein Aktionär nur die Feststellung einer höheren Unterbewertung verlangen, die Gesellschaft nur die Feststellung einer niedrigeren.[19] Wie Abs. 1 S. 4 klarstellt, kann die Gesellschaft auch die Feststellung beantragen, dass eine Unterbewertung entgegen dem Ergebnis der Sonderprüfung überhaupt nicht vorliegt. In diesem Fall ist die Angabe des zutreffenden Mindest- bzw Höchstansatzes entbehrlich.[20]

F. Gerichtliche Entscheidung (Abs. 2)

6 Gem. Abs. 2 S. 1 entscheidet das Gericht über den Antrag unter Würdigung aller Umstände nach freier Überzeugung. Das bedeutet jedoch kein unbegrenztes Entscheidungsermessen. Der im Antrag vorgegebene Mindest- bzw Höchstansatz ist für das Gericht nicht nur Orientierungshilfe, sondern bindend (ne ultra petita).[21] Außerdem ist das Gericht ebenso wie die Sonderprüfer bei Bewertungsfragen an das Stichtagsprinzip und an die zuletzt von der Gesellschaft zulässig angewandten Bewertungsmethoden gebunden (Abs. 2 S. 2 iVm § 259 Abs. 2 S. 2, 3, näher dort Rn 4). Damit sagt Abs. 2 S. 1 lediglich aus, dass das Gericht nicht auf bestimmte Beweisregeln festgelegt ist.[22] Wenn die umfassende Sachverhaltsaufklärung mit erheblichen Schwierigkeiten verbunden ist, kann und muss das Gericht im Interesse der Prozessökonomie den zutreffenden Mindest- bzw Höchstansatz schätzen (Abs. 2 S. 3).

G. Verfahren (Abs. 3)

7 Aus der Verweisung des Abs. 3 S. 1 folgt, dass das gerichtliche Verfahren sich nach dem FamFG bestimmt (§ 99 Abs. 1). Besonderheiten können sich aus § 99 Abs. 2 S. 1, Abs. 3, 5 ergeben. Dh im Einzelnen, dass ergänzend zum allg. Verfahrensrecht das Gericht den Antrag auf gerichtliche Entscheidung über die abschließenden Feststellungen in den Gesellschaftsblättern bekannt machen muss (Abs. 3 S. 1 iVm § 99 Abs. 2 S. 1). Die Entscheidung über den Antrag erfolgt durch einen mit Gründen versehenen Beschluss (Abs. 3 S. 1 iVm § 99 Abs. 3 S. 1). Er wird erst mit Rechtskraft wirksam, gilt dann aber für und gegen jedermann (Abs. 3 S. 1 iVm § 99 Abs. 5 S. 1, 3). Er ist der Gesellschaft sowie den antragstellenden Aktionären zuzustellen (Abs. 3 S. 2). Außerdem macht das Gericht Rubrum und Tenor seiner Entscheidung, nicht jedoch die Gründe, in den Gesellschaftsblättern bekannt (Abs. 3 S. 3). Der Begriff der Gesellschaftsblätter bestimmt sich nach § 25. Gemeint ist also zumindest der BAnz.

H. Rechtsmittel (noch: Abs. 3)

8 Statthaftes Rechtsmittel gegen die erstinstanzliche Entscheidung ist die **Beschwerde** zum OLG. Abweichend von §§ 58 ff FamFG kann sie nur auf eine Verletzung des Rechts gestützt werden (Abs. 3 S. 1 iVm § 99 Abs. 3 S. 1, 2 Hs 1). Tatsächliche Feststellungen des LG sind demnach für das Beschwerdegericht bindend. Beschwerdeberechtigt sind die Gesellschaft und Aktionäre, deren Anteile zusammen 5 % des Grundkapitals oder den anteiligen Betrag von 500 000 EUR erreichen (Abs. 3 S. 4). Letztere müssen mit den Antragstellern erster Instanz nicht identisch sein.[23] Auch für die Beschwerdeinstanz sind Glaubhaftmachung und Hinterlegung bzw Vorlage einer Depotbestätigung nach Maßgabe des § 258 Abs. 2 S. 4 und 5 erforderlich. Die Haltefrist knüpft wiederum an den Tag der HV an (Abs. 3 S. 5).[24] Von der Beschwerdeberechtigung zu unterscheiden ist die Frage nach der Beschwer, die ebenfalls gegeben sein muss. Die Beschwerdefrist (§ 63 Abs. 1 FamFG) wird frühestens durch die Bekanntmachung der Entscheidung im BAnz in Lauf gesetzt. Für die Gesellschaft und die antragstellenden Aktionäre beginnt sie jedoch nicht vor Zustellung (Abs. 3 S. 6). Gegen die Beschwerdeentscheidung ist die zulassungsabhängige **Rechtsbeschwerde** zum BGH möglich (§§ 70 ff FamFG). Das entspricht den allg. Grundsätzen des FamFG und dem erklärten Willen des Gesetzgebers iRd FGG-Reform.[25] Die rechtskräftige Entscheidung muss der Vorstand unverzüglich zum HR einreichen (Abs. 3 S. 1 iVm § 99 Abs. 5 S. 3).

---

18 *Hüffer*, Rn 6.
19 MüKo-AktG/*Hüffer*, Rn 9; aA *A/D/S*, Rn 13.
20 Bürgers/Körber/*Holzborn/Jänig*, Rn 5; Hölters/*Waclawik*, Rn 9.
21 MüKo-AktG/*Hüffer*, Rn 13.
22 K. Schmidt/Lutter/*Kleindiek*, Rn 9; Küting/Weber/*Rodewald*, Rn 19.
23 *Hüffer*, Rn 9.
24 Bürgers/Körber/*Holzborn/Jänig*, Rn 8; *Hüffer*, Rn 9; K. Schmidt/Lutter/*Kleindiek*, Rn 11.
25 BT-Drucks. 16/6308, S. 427 (zu § 99 Abs. 3).

I. Kosten (Abs. 4)

Abs. 4 S. 1 verpflichtet das Gericht, von Amts wegen eine Kostenentscheidung zu treffen. Ihr Inhalt hängt vom Erfolg des gestellten Antrags ab. Art und Umfang der Gerichtskosten (Gebühren und Auslagen) richten sich seit Inkrafttreten des 2. KostRMoG am 1.8.2013 (Rn 1) nicht mehr nach der KostO, sondern nach dem GNotKG (§ 1 Abs. 2 Nr. 1 GNotKG). Maßgeblich für die Höhe der Gebühren ist dabei der Geschäftswert (§ 3 Abs. 1 GNotKG). Ihn bestimmt das Gericht nach billigem Ermessen, insb. unter Berücksichtigung der Bedeutung der Sache für die Beteiligten (§ 72 Abs. 1 S. 1 GNotKG). Wer den Antrag gestellt hat, ist für diesen Zweck gleich. Doch darf der Geschäftswert idR 10 % des Grundkapitals bzw. 500.000 EUR nicht übersteigen; etwas anderes gilt nur bei überragender Bedeutung der Sache für den Antragsteller (§ 72 Abs. 1 S. 2 GNotKG). Außerdem bleibt auch nach dem 2. KostRMoG eine Spaltung des Geschäftswerts entsprechend § 247 Abs. 2, 3 möglich (Abs. 4 S. 2, ebenso § 72 Abs. 2 GNotKG). Auf Altverfahren, die vor dem 1.8.2013 anhängig geworden sind, kommt weiterhin die KostO zur Anwendung (§ 136 Abs. 1 Nr. 1, Abs. 5 S. 1 Nr. 7 GNotKG). Gleiches gilt für gerichtliche Verfahren über ein Rechtsmittel, das vor dem 1.8.2013 eingelegt worden ist (§ 136 Abs. 1 Nr. 2, Abs. 5 S. 1 Nr. 7 GNotKG).

§ 261 Entscheidung über den Ertrag auf Grund höherer Bewertung

(1) ¹Haben die Sonderprüfer in ihrer abschließenden Feststellung erklärt, daß Posten unterbewertet sind, und ist gegen diese Feststellung nicht innerhalb der in § 260 Abs. 1 bestimmten Frist der Antrag auf gerichtliche Entscheidung gestellt worden, so sind die Posten in dem ersten Jahresabschluß, der nach Ablauf dieser Frist aufgestellt wird, mit den von den Sonderprüfern festgestellten Werten oder Beträgen anzusetzen. ²Dies gilt nicht, soweit auf Grund veränderter Verhältnisse, namentlich bei Gegenständen, die der Abnutzung unterliegen, auf Grund der Abnutzung, nach §§ 253 bis 256 des Handelsgesetzbuchs oder nach den Grundsätzen ordnungsmäßiger Buchführung für Aktivposten ein niedrigerer Wert oder für Passivposten ein höherer Betrag anzusetzen ist. ³In diesem Fall sind im Anhang die Gründe anzugeben und in einer Sonderrechnung die Entwicklung des von den Sonderprüfern festgestellten Wertes oder Betrags auf den nach Satz 2 angesetzten Wert oder Betrag darzustellen. ⁴Sind die Gegenstände nicht mehr vorhanden, so ist darüber und über die Verwendung des Ertrags aus dem Abgang der Gegenstände im Anhang zu berichten. ⁵Bei den einzelnen Posten der Jahresbilanz sind die Unterschiedsbeträge zu vermerken, um die auf Grund von Satz 1 und 2 Aktivposten zu einem höheren Wert oder Passivposten mit einem niedrigeren Betrag angesetzt worden sind. ⁶Die Summe der Unterschiedsbeträge ist auf der Passivseite der Bilanz und in der Gewinn- und Verlustrechnung als „Ertrag auf Grund höherer Bewertung gemäß dem Ergebnis der Sonderprüfung" gesondert auszuweisen.

(2) ¹Hat das gemäß § 260 angerufene Gericht festgestellt, daß Posten unterbewertet sind, so gilt für den Ansatz der Posten in dem ersten Jahresabschluß, der nach Rechtskraft der gerichtlichen Entscheidung aufgestellt wird, Absatz 1 sinngemäß. ²Die Summe der Unterschiedsbeträge ist als „Ertrag auf Grund höherer Bewertung gemäß gerichtlicher Entscheidung" gesondert auszuweisen.

(3) ¹Der Ertrag aus höherer Bewertung nach Absätzen 1 und 2 rechnet für die Anwendung des § 58 nicht zum Jahresüberschuß. ²Über die Verwendung des Ertrags abzüglich der auf ihn zu entrichtenden Steuern entscheidet die Hauptversammlung, soweit nicht in dem Jahresabschluß ein Bilanzverlust ausgewiesen wird, der nicht durch Kapital- oder Gewinnrücklagen gedeckt ist.

A. Grundlagen

Die Korrektur einer unzulässigen Unterbewertung erfolgt nicht im fehlerhaften Jahresabschluss selbst. Stattdessen zielen die Mindest- bzw. Höchstansätze in den abschließenden Feststellungen der Sonderprüfer (§ 259 Abs. 2 S. 1) oder in der gerichtlichen Entscheidung (§ 260) auf eine Korrektur in laufender Rechnung (§ 258 Rn 2). Maßgeblich ist dafür der erste Jahresabschluss, der nach Bestandskraft der abschließenden Feststellungen bzw. nach Rechtskraft der gerichtlichen Entscheidung aufgestellt wird. Erst in ihm werden die unzulässig gebildeten stillen Reserven aufgelöst und ein entsprechender Ertrag ausgewiesen. Das gilt zumindest, soweit nicht eine Veränderung der Verhältnisse oder der Abgang von Gegenständen entgegensteht. § 261 regelt die **Einbuchung des Ertrags** (Abs. 1, 2) und die **Ertragsverwendung** (Abs. 3). Abs. 1

S. 2–4 und 6 sowie Abs. 3 S. 2 wurden geändert durch Art. 2 Nr. 59 BiRiLiG v. 19.12.1985[1] mWz 1.1.1986, Abs. 1 S. 2 und Abs. 3 S. 1 durch Art. 5 Nr. 15 BilMoG v. 25.5.2009[2] mWz 29.5.2009.

B. Einbuchung des Ertrags (Abs. 1, 2)

2 Unzulässige Unterbewertungen werden entweder auf der Grundlage der abschließenden Feststellungen der Sonderprüfer (§ 259 Abs. 2 S. 1) oder auf der Grundlage der gerichtlichen Entscheidung (§ 260) korrigiert. Ersteres ist der Fall, wenn gegen die abschließenden Feststellungen nicht innerhalb der einmonatigen Ausschlussfrist des § 260 Abs. 1 S. 1 der Antrag auf gerichtliche Entscheidung gestellt worden ist (Abs. 1 S. 1). Letzteres gilt, wenn das Gericht auf Antrag rechtskräftig festgestellt hat, dass Posten unterbewertet sind (Abs. 2 S. 1). Die abschließenden Feststellungen der Sonderprüfer dienen dann allein der substantiierten Antragstellung im gerichtlichen Verfahren. Die Korrektur erfolgt im ersten Jahresabschluss, der nach dem Ablauf der Ausschlussfrist bzw nach Eintritt der Rechtskraft der gerichtlichen Entscheidung aufgestellt wird (Abs. 1 S. 1, Abs. 2 S. 1). Mit anderen Worten geht es um denjenigen Jahresabschluss, bei dessen Aufstellung die jeweils maßgeblichen Ergebnisse erstmals berücksichtigt werden können.[3] **Aufgestellt iSd** Norm ist der Jahresabschluss mit der darauf gerichteten Beschlussfassung des Vorstands.[4] Das gilt auch dann, wenn die gesetzliche Aufstellungsfrist (§ 264 Abs. 1 S. 3, 4 HGB) bereits abgelaufen ist.[5] Ob der Jahresabschluss schon festgestellt wurde (§§ 172, 173), ist ohne Belang.[6]

C. Abweichende Buchung (noch: Abs. 1, 2)

3 Abweichungen von den Feststellungen der Sonderprüfer bzw des Gerichts sind bei **veränderten Verhältnissen** (Abs. 1 S. 2, Abs. 2 S. 1) oder bei **Abgang von Gegenständen** (Abs. 1 S. 4, Abs. 2 S. 1) zulässig. Grund ist, dass die Sonderprüfer und das Gericht bei ihren Bewertungen an das Stichtagsprinzip und an die zuletzt zulässigerweise angewandten Bewertungsmethoden gebunden sind (§ 259 Abs. 2 S. 2, 3, § 260 Abs. 2 S. 2).[7] Die unreflektierte Übernahme der so gefundenen Ergebnisse unter Ausblendung aller Ereignisse, die nach dem Stichtag eingetreten sind, wird idR der Lage der Gesellschaft am Stichtag des Folgeabschlusses nicht gerecht. Sie würde somit den Folgeabschluss verfälschen.[8] Von Bedeutung ist vor allem die vom Gesetz exemplarisch hervorgehobene Abnutzung unterbewerteter Gegenstände. Auch die Anwendung der Bewertungsvorschriften (§§ 253–256 HGB) oder der GoB kann eine Abweichung rechtfertigen. Aufgrund einer **Änderung der Bewertungsmethoden** darf ein abweichender Ansatz nur gewählt werden, wenn die Änderung eine generelle Maßnahme ist, die nicht allein auf die unterbewerteten Posten zielt.[9] Im Fall eines Abgangs von Gegenständen ist im Anhang zu berichten über (1) den Abgang selbst (zB Veräußerung), (2) Art und Höhe des erzielten Ertrags (zB Kaufpreis) und (3) die Verwendung dieses Ertrags (Abs. 1 S. 4). Hierfür reicht idR die Angabe aus, dass der Ertrag in den Bilanzgewinn eingeflossen ist.[10] Der sonst notwendige Vermerk über die Unterschiedsbeträge (Abs. 1 S. 5) entfällt bei vollständigen Abgängen, weil sich in der Bilanz kein Anknüpfungspunkt für ihn findet.[11] Über die Summe der Unterschiedsbeträge ist auf der Passivseite der Bilanz und in der GuV ein Sonderposten zu bilden. Er muss die in Abs. 1 S. 6 bzw Abs. 2 S. 2 vorgegebene Bezeichnung haben und darf nicht mit anderen Posten zusammengefasst werden.[12]

D. Verwendung des Ertrags (Abs. 3)

4 Der gesondert ausgewiesene Ertrag aus höherer Bewertung (Abs. 1 S. 6, Abs. 2 S. 2) rechnet für die Anwendung des § 58 nicht zum Jahresüberschuss (Abs. 3 S. 1). Dh, er kann weder aufgrund einer Satzungsbestimmung (§ 58 Abs. 1) noch aufgrund einer Entscheidung von Vorstand und AR (§ 58 Abs. 2) ganz oder teilweise in freie Gewinnrücklagen eingestellt werden.[13] Vorrangig ist der Ertrag heranzuziehen, um einen etwaigen Bilanzverlust auszugleichen, der nicht durch Kapital- oder Gewinnrücklagen gedeckt ist (Abs. 3 S. 2 Hs 2). IÜ fällt die Verwendung des Ertrags in die freie Entscheidungskompetenz der HV (Abs. 3 S. 2 Hs 1). Lediglich die auf den Ertrag zu entrichtenden Steuern sind abzuziehen. Das haben Vorstand und AR iR ihres Gewinnverwendungsvorschlags an die HV (§ 124 Abs. 3 S. 1) zu berücksichtigen.[14] In ihrer Entschei-

---

1 BGBl. I 1985 S. 2355.
2 BGBl. I 2009 S. 1102.
3 Vgl *Hüffer*, Rn 2; Hölters/*Waclawik*, Rn 3.
4 *A/D/S*, Rn 3; Großkomm-AktienR/*Barz*, Anm. 4; *Hüffer*, Rn 2; MüKo-AktG/*Hüffer*, Rn 5.
5 AA KölnKomm-AktG/*Claussen*, Rn 4.
6 AA *Baumbach/Hueck*, Rn 3; *von Godin/Wilhelmi*, Anm. 4.
7 Bürgers/Körber/*Holzborn/Jänig*, Rn 3; *Hüffer*, Rn 3.
8 K. Schmidt/Lutter/*Kleindiek*, Rn 4.
9 MüKo-AktG/*Hüffer*, Rn 10 mwN; aA *A/D/S*, Rn 10.
10 *Hüffer*, Rn 5; KölnKomm-AktG/*Claussen*, Rn 8.
11 *Hüffer*, Rn 6.
12 *Hüffer*, Rn 7.
13 MüKo-AktG/*Hüffer*, Rn 16.
14 K. Schmidt/Lutter/*Kleindiek*, Rn 12; Küting/Weber/*Rodewald*, Rn 25.

dung über die Art der Verwendung (Ausschüttung, Gewinnvortrag, Einstellung in Gewinnrücklagen) ist die HV frei. Ein Ausschüttungszwang besteht nicht.[15]

§ 261a Mitteilungen an die Bundesanstalt für Finanzdienstleistungsaufsicht

Das Gericht hat der Bundesanstalt für Finanzdienstleistungsaufsicht den Eingang eines Antrags auf Bestellung eines Sonderprüfers, jede rechtskräftige Entscheidung über die Bestellung von Sonderprüfern, den Prüfungsbericht sowie eine rechtskräftige gerichtliche Entscheidung über abschließende Feststellungen der Sonderprüfer nach § 260 mitzuteilen, wenn die Gesellschaft Wertpapiere im Sinne des § 2 Abs. 1 Satz 1 des Wertpapierhandelsgesetzes ausgegeben hat, die an einer inländischen Börse zum Handel im regulierten Markt zugelassen sind.

§ 261a ist Seitenstück zu § 142 Abs. 7. Er wurde durch Art. 5 Nr. 4 BilKoG v. 15.12.2004[1] mWz 21.12.2004 neu in das AktG eingefügt. Geändert wurde er durch Art. 11 Nr. 2 FRUG v. 16.7.2007[2] mWz 1.11.2007. Die Norm sichert den Vorrang der bilanzrechtlichen Sonderprüfung vor einem sog. **Enforcement-Verfahren** (§ 37o Abs. 2 S. 2 WpHG, § 342b Abs. 3 S. 2 HGB). Zu diesem Zweck schafft sie für die BaFin und mittelbar auch für die Prüfstelle für Rechnungslegung (§ 37p Abs. 3 WpHG) eine Möglichkeit, von der Anbahnung, der Durchführung und dem Ergebnis einer Sonderprüfung nach § 258 Kenntnis zu nehmen.[3] Mitteilungspflichtig ist allein das Gericht, nicht die Gesellschaft. Die Mitteilungspflichten des § 261a entsprechen insoweit denen, die § 142 Abs. 7 im Zusammenhang mit der gerichtlichen Bestellung allg. Sonderprüfer anordnet (dazu § 142 Rn 46). Darüber hinaus verpflichtet § 261a zur Mitteilung einer **rechtskräftigen** gerichtlichen Entscheidung über abschließende Feststellungen der Sonderprüfer nach § 260. Alle Mitteilungspflichten setzen voraus, dass die Gesellschaft Wertpapiere iSv § 2 Abs. 1 S. 1 WpHG ausgegeben hat, die an einer inländischen Börse zum Handel im regulierten Markt zugelassen sind. Hintergrund ist, dass für andere Gesellschaften Enforcement-Prüfungen nicht vorgesehen sind, aus Sicht der BaFin und der Prüfstelle also kein Informationsbedarf besteht.

Achter Teil Auflösung und Nichtigerklärung der Gesellschaft

Erster Abschnitt
Auflösung

Erster Unterabschnitt
Auflösungsgründe und Anmeldung

Vor §§ 262 ff

Literatur:
Siehe auch die Literatur zu §§ 60ff GmbHG (Auflösung und Nichtigkeit der GmbH); *Bauch*, Zur Gliederung und Bewertung der Abwicklungsbilanzen (§ 270 AktG), DB 1973, 977; *Behme*, Der Weg deutscher Aktiengesellschaften ins Ausland – Goldene Brücke statt Stolperpfad, BB 2008, 70; *Bokelmann*, Der Prozess gegen eine im Handelsregister gelöschte GmbH, NJW 1977, 1130; *Bredol*, Die Rechtsstellung der Abwickler einer Aktiengesellschaft, 2010; *Brühling*, Rechnungslegung bei Liquidation, WPg 1977, 597; *Drygala*, Anwendbare Vorschriften für das Ausscheiden eines Gesellschafters aus einer Vorgesellschaft und für die Abwicklung, JZ 2007, 997; *Ehricke/Rotstegge*, Die Aktiengesellschaft in Liquidation und Insolvenz, in: Bayer/Habersack (Hrsg), Aktienrecht im Wandel, Bd II, 2007, 1096; *Erle*, Anforderungen an die Kapitalausstattung einer aufgelösten GmbH bei ihrer Fortsetzung, GmbHR 1997, 973; *Förschle/Deubert*, Der Bestätigungsvermerk zur Abwicklungs-/Liquidations-Eröffnungsbilanz, WPg 1993, 397; *dies.*, Entsprechende Anwendung allgemeiner Vorschriften über den Jahresabschluss in der Liquidations-Eröffnungsbilanz, DStR 1996, 1743; *Förschle/Kropp/Deubert*, Notwendigkeit der Schlussbilanz einer werbenden Gesellschaft und Zulässigkeit der Gewinnverwendung bei Abwicklung/Liquidation einer Kapitalgesellschaft, DStR 1992, 1523; *dies.*, „Schlussbilanz der werbenden Gesellschaft" kein Pflichtbestandteil der Rechnungslegung von Kapitalgesellschaften in Liquidation, DB 1994, 998; *Forster*, Die Rechnungslegung der Aktiengesellschaft während der Abwicklung (§ 270 AktG 1965), in: FS Knorr, 1968, S. 77; *Friedrich*, Auflösung einer Kapitalgesellschaft und Übernahme des Unternehmens durch einen Gesellschafter, BB 1994, 89; *Grziwotz*, Die Liquidation von Kapitalgesellschaften, Genossenschaften und Vereinen, DStR 1992, 1404; *ders.*, Sonderfälle der Liquidation

---

15 Ausschussbericht *Kropff*, S. 342 f; Hölters/*Waclawik*, Rn 15.
1 BGBl. I 2004 S. 3408.
2 BGBl. I 2007 S. 1330.
3 RegBegr. BilKoG, BT-Drucks. 15/3421, S. 21; Bürgers/Körber/ *Holzborn/Jänig*, Rn 1; *Hüffer*, Rn 1; K. Schmidt/Lutter/*Kleindiek*, Rn 1.

von Gesellschaften, DStR 1992, 1813; *Hennrichs*, Fortsetzung einer mangels Masse aufgelösten GmbH, ZHR 159 (1995), 593; *Henze*, Auflösung einer Aktiengesellschaft und Erwerb ihres Vermögens durch den Mehrheitsgesellschafter, ZIP 1995, 1473; *Hirte*, Auflösung der Kapitalgesellschaft, ZInsO 2000, 127; *Hofmann*, Zur Liquidation einer GmbH (I), GmbHR 1976, 229; *ders.*, Zur Liquidation einer GmbH (II), GmbHR 1976, 258; *Hönn*, Die konstitutive Wirkung der Löschung von Kapitalgesellschaften, ZHR 138 (1974), 50; *Hüffer*, Das Ende der Rechtspersönlichkeit bei Kapitalgesellschaften – Überlegungen zur konstitutiven Wirkung der Gesellschaftslöschung und zur Zuordnung von Restvermögen, in: GS Schultz, 1987, S. 99; *Jurowsky*, Bilanzierungszweckentsprechende Liquidationsrechnungslegung für Kapitalgesellschaften, DStR 1997, 1782; *Kirberger*, Die Notwendigkeit der gerichtlichen Liquidatorbestellung im Falle der Nachtragsliquidation einer wegen Vermögenslosigkeit gelöschten Gesellschaft oder Genossenschaft, Rpfleger 1975, 341; *Lindacher*, Die Nachgesellschaft – Prozessuale Fragen bei gelöschten Kapitalgesellschaften, in: FS Henckel, 1995, S. 549; *Lutter/Drygala*, Die übertragende Auflösung: Liquidation der Aktiengesellschaft oder Liquidation des Minderheitenschutzes?, in: FS Kropff, 1997, S. 191; *Moxter*, Anschaffungswertprinzip für Abwicklungsbilanzen?, Eine Stellungnahme zu § 270 AktG, WPg 1982, 473; *Olbrich*, Zur Rechnungslegung bei Auflösung einer Aktiengesellschaft, WPg 1975, 265; *ders.*, Zur Besteuerung und Rechnungslegung der Kapitalgesellschaft bei Auflösung, DStR 2001, 1090; *ders.*, Der Grundsatz der Unternehmensfortführung in der Rechnungslegung der Kapitalgesellschaft bei Auflösung, DB 2005, 565; *Pape*, Zu den Voraussetzungen der Löschung von Kapitalgesellschaften nach § 2 Abs. 1 S. 2 LöschG, KTS 1994, 157; *Paschke*, Die fehlerhafte Korporation. Zwischen korporationsrechtlicher Tradition und europarechtlicher Rechtsentwicklung, ZHR 155 (1991), 1; *Peetz*, Handelsrechtliche Rechnungslegung der aufgelösten GmbH, GmbHR 2007, 858; *Piorreck*, Löschung und Liquidation von Kapitalgesellschaften nach dem Löschungsgesetz, Rpfleger 1978, 157; *Roth*, Die übertragende Auflösung nach Einführung des Squeeze-out, NZG 2003, 998; *Sarx*, Zur Abwicklungsrechnungslegung einer Kapitalgesellschaft, in: FS Forster, 1992, S. 547; *Scherrer/Heni*, Externe Rechnungslegung bei Liquidation, DStR 1992, 797; *dies*, Offene Fragen zur Liquidationsbilanz, WPg 1996, 681; *Karsten Schmidt*, Liquidationszweck und Vertretungsmacht der Liquidatoren. Ein Beitrag zur Auslegung der §§ 49 BGB, 149 HGB, 70 GmbHG, 88 GenG und 269 AktG, AcP 174 (1974), 55; *ders.*, Zur Gläubigersicherung im Liquidationsrecht der Kapitalgesellschaften, Genossenschaften und Vereine. Grundprobleme der §§ 73 GmbHG, 272 AktG, 90 GenG, 51 ff BGB, ZIP 1981, 1; *ders.*, Löschung und Beendigung der GmbH. Grundfragen der Vermögenslosigkeit, Vollbeendigung und Nachtragsliquidation, GmbHR 1988, 209; *ders.*, Liquidationsergebnisse und Liquidationsrechnungslegung im Handels- und Steuerrecht, in: FS L. Schmidt, 1993, S. 227; *ders.*, Zur Ablösung des Löschungsgesetzes. Was ändert die Insolvenzrechtsreform für GmbH bzw GmbH & Co.?, GmbHR 1994, 829; *ders.*, Vorfinanzierung der Liquidationsquote im Einklang mit dem Ausschüttungsjahr? – Die §§ 272 AktG, 73 GmbHG: Kapitalerhaltungsregeln oder Thesaurierungsgebote? – DB 1994, 2013; *ders.*, Insolvenzordnung und Gesellschaftsrecht, ZGR 1998, 633; *ders.*, Aktienrecht und Insolvenzrecht – Organisationsprobleme bei insolventen Aktiengesellschaften –, AG 2006, 597; *Schwab*, Die Vertretung der Aktiengesellschaft gegenüber ausgeschiedenen Vorstandsmitgliedern im Liquidationsstadium, ZIP 2006, 1478; *Sethe*, Aktien ohne Vermögensbeteiligung? Zur privatautonomen Beschränkung der Vermögensrechte eines Aktionärs, ZHR 162 (1998), 474; *ders.*, Die Satzungsautonomie in Bezug auf die Liquidation einer AG, ZIP 1998, 770; *Vallender*, Auflösung und Löschung der GmbH – Veränderungen auf Grund des neuen Insolvenzrechts, NZG 1998, 249; *Wilhelm/Dreier*, Beseitigung von Minderheitsbeteiligungen auch durch übertragende Auflösung einer AG?, ZIP 2003, 1369; *Winnefeld*, Löschung oder Fortbestand einer vermögenslosen GmbH?, BB 1975, 70.

A. Überblick

1 Auflösung und Nichtigerklärung zielen auf die Beendigung der AG, führen diese aber nicht unmittelbar herbei. Angesichts ihrer im Wesentlichen gleichen Rechtsfolgen und des Umstandes, dass die Nichtigerklärung der Sache nach einen besonderen Fall der Auflösung darstellt, sind beide Vorgänge sinnvollerweise in einem Regelungsabschnitt zusammengefasst. Parallelvorschriften zur Auflösung und Nichtigkeit der GmbH finden sich in §§ 60 ff GmbHG.

2 Nicht automatisch bereits bei Vorliegen eines Auflösungstatbestandes oder mit Rechtskraft des Urteils, das die AG für nichtig erklärt, tritt die Beendigung der AG im Sinne ihres Unterganges als juristische Person – auch Vollbeendigung genannt – ein. Vielmehr beginnt in beiden Fällen grds. die Abwicklung (Liquidation), während derer die Identität der AG als juristische Person fortbesteht und sich lediglich deren Gesellschaftszweck ändert. An die Stelle des regelmäßig auf Gewinnerzielung gerichteten Zwecks (werbende Gesellschaft) tritt der Abwicklungszweck (dazu § 262 Rn 2 ff). Erst nach Abschluss der Abwicklung und anschließender Löschung im Handelsregister ist die AG voll beendet und als juristische Person untergegangen (dazu § 262 Rn 5 f). Auflösung und Nichtigerklärung bezeichnen demnach den ersten Schritt eines regelmäßig dreistufigen Vorganges, an dessen Ende – nach Abwicklung und Löschung – die (Voll-) Beendigung der AG steht. Lediglich in Ausnahmefällen fallen Auflösung und Beendigung zusammen, ohne dass es einer Abwicklung bedarf (dazu § 262 Rn 4). Auflösung und Nichtigerklärung mit anschließender Abwicklung nach den Vorschriften der §§ 262 ff sind lediglich zwei Fälle, die zur Beendigung der AG führen. Wesentlich häufiger bewirken Umwandlungsmaßnahmen nach dem UmwG „unter Auflösung ohne Abwicklung" (Verschmelzung, Aufspaltung, Vollübertragung, Teilübertragung unter Aufspaltung) den Untergang der (übertragenden) AG (dazu § 262 Rn 4).

3 Für Auflösung, Zahlungsunfähigkeit und ähnliche Verfahren bei einer Europäischen Aktiengesellschaft (SE) verweist Art 63 SE-VO auf das nationale Recht, dh das Recht des Sitzstaates; nach diesem richten sich daher auch die Voraussetzungen und Folgen der Nichtigkeit einer SE. Einen besonderen Auflösungsgrund enthält Art 64 SE-VO iVm § 52 SE-AusfG für den Fall, dass Sitz und Hauptverwaltung der SE auseinanderfallen.

B. Grundzüge der Auflösung und der Abwicklung

Die Auflösung ist geregelt in §§ 262 bis 274. Sie tritt in den in § 262 Abs. 1 enumerativ aufgeführten sechs Fällen sowie gem. § 262 Abs. 2 aus anderen aktienrechtlichen und nichtaktienrechtlichen Gründen ein (zu letzteren § 262 Rn 38). Nach der Auflösung findet, sofern nicht das Insolvenzverfahren eröffnet worden ist, die Abwicklung statt (§ 264 Abs. 1). Bis zu deren Abschluss gelten grds. die Vorschriften für werbende Gesellschaften weiter, soweit nicht in §§ 264 ff ausdrücklich etwas anderes angeordnet ist oder sich aus dem Zweck der Abwicklung etwas anderes ergibt (§ 264 Abs. 3). Die AG bleibt in der Phase der Abwicklung eine umfassend rechts- und parteifähige Gesellschaft mit eigener Rechtspersönlichkeit. Der grds. unverändert bleibenden Firma der AG ist ein die Abwicklung kennzeichnender Zusatz hinzuzufügen (vgl § 268 Abs. 4 S. 1) Die Abwicklung besorgen grds. die Vorstandsmitglieder (§ 265); die Abwickler sind zur Eintragung in das Handelsregister anzumelden (§ 266) und übernehmen auch die organschaftliche Vertretung der AG (§ 269). Sie haben eine Eröffnungsbilanz und einen erläuternden Bericht aufzustellen, die von der Hauptversammlung festzustellen sind (§ 270). Die Gläubiger sind unter Hinweis auf die Auflösung der Gesellschaft in den Gesellschaftsblättern aufzufordern, ihre Ansprüche anzumelden (§ 267). Die Verbindlichkeiten sind zu berichtigen bzw den Gläubigern ist Sicherheit zu leisten (§ 272). Das verbleibende Vermögen wird – frühestens nach einem Sperrjahr – an die Aktionäre grundsätzlich nach ihren Anteilen am Grundkapital verteilt (§§ 271, 272). Schließlich sind eine Schlussrechnung aufzustellen, das Ende der Abwicklung zum Handelsregister anzumelden und die Gesellschaft im Handelsregister zu löschen (§ 273). Solange noch nicht mit der Verteilung des Vermögens an die Aktionäre begonnen worden ist, kann die Hauptversammlung unter bestimmten Voraussetzungen die Fortsetzung der aufgelösten AG beschließen (§ 274).

C. Grundzüge der Nichtigerklärung

Die §§ 275 bis 277 regeln die Nichtigerklärung der AG. Gegenüber der Auflösung hat die Nichtigerklärung einen wesentlich engeren Anwendungsbereich, der auf bestimmte – von § 262 Abs. 1 Nr. 5, § 399 FamFG (vormals § 144 a FGG) nicht erfasste – Satzungsvorschriften beschränkt ist. Anders als bei der Auflösung erfolgt die Nichtigerklärung auch nicht automatisch bei Vorliegen bestimmter Voraussetzungen, sondern im Wege der Gestaltungsklage, die binnen drei Jahren nach Eintragung der Gesellschaft erhoben werden muss (§ 275 Abs. 3 S. 1). So kann bei bestimmten Mängeln der Satzung hinsichtlich des Unternehmensgegenstandes und der Höhe des Grundkapitals jeder Aktionär sowie jedes Mitglied des Vorstandes und des Aufsichtsrates darauf klagen, dass die Gesellschaft für nichtig erklärt wird. Satzungsmängel, die den Unternehmensgegenstand betreffen, sind heilbar (§ 276). Für die Klage gelten die wesentlichen Bestimmungen über die Anfechtungsklage und über die Nichtigkeitsklage gegen Hauptversammlungsbeschlüsse entsprechend (§ 275 Abs. 4 S. 1). Ist ein rechtskräftiges Nichtigkeitsurteil in das Handelsregister eingetragen, ist die AG – wie im Falle der Auflösung – abzuwickeln (§ 277 Abs. 1 Hs 2 iVm §§ 264 bis 274). Folge der Nichtigerklärung ist – wie bei der Auflösung – die Änderung des Gesellschaftszwecks der AG unter Beibehaltung ihrer umfassenden Rechtspersönlichkeit sowie der Beginn der Abwicklungsphase.

§ 262 Auflösungsgründe

(1) Die Aktiengesellschaft wird aufgelöst

1. durch Ablauf der in der Satzung bestimmten Zeit;
2. durch Beschluß der Hauptversammlung; dieser bedarf einer Mehrheit, die mindestens drei Viertel des bei der Beschlußfassung vertretenen Grundkapitals umfaßt; die Satzung kann eine größere Kapitalmehrheit und weitere Erfordernisse bestimmen;
3. durch die Eröffnung des Insolvenzverfahrens über das Vermögen der Gesellschaft;
4. mit der Rechtskraft des Beschlusses, durch den die Eröffnung des Insolvenzverfahrens mangels Masse abgelehnt wird;
5. mit der Rechtskraft einer Verfügung des Registergerichts, durch welche nach § 399 des Gesetzes über das Verfahren in Familiensachen und in den Angelegenheiten der freiwilligen Gerichtsbarkeit ein Mangel der Satzung festgestellt worden ist;
6. durch Löschung der Gesellschaft wegen Vermögenslosigkeit nach § 394 des Gesetzes über das Verfahren in Familiensachen und in den Angelegenheiten der freiwilligen Gerichtsbarkeit.

(2) Dieser Abschnitt gilt auch, wenn die Aktiengesellschaft aus anderen Gründen aufgelöst wird.

A.	Allgemeines	1	aa) Firma und Sitz	23
	I. Inhalt und Zweck der Regelung	1	bb) Höhe des Grundkapitals	26
	II. Begriff der Auflösung	2	cc) Aktien	27
	1. Auflösung als Änderung des Gesellschaftszwecks	2	dd) Zahl der Vorstandsmitglieder	28
			c) Verfahren nach § 399 FamFG	29
	2. Auflösung, Abwicklung und Vollbeendigung	3	d) Eintritt der Auflösung, Rechtskraft des Feststellungsbeschlusses	30
	3. Vollbeendigung und Löschung	5	6. Löschung wegen Vermögenslosigkeit (§ 262 Abs. 1 Nr. 6 iVm § 394 FamFG)	31
	III. Anwendungsbereich	7	a) Allgemeines, Text des § 394 FamFG	31
B.	Gründe für die Auflösung	8	b) Löschungsvoraussetzungen des § 394 Abs. 1 FamFG	33
	I. Auflösungsgründe des Abs. 1	8	aa) Vermögenslosigkeit	33
	1. Zeitablauf (Abs. 1 Nr. 1)	9	bb) Durchführung des Insolvenzverfahrens	34
	2. Beschluss der Hauptversammlung (Abs. 1 Nr. 2)	13	c) Verfahren nach § 394 FamFG	35
	3. Eröffnung des Insolvenzverfahrens (Abs. 1 Nr. 3)	19	d) Eintritt der Auflösung, Löschungswirkung	36
	4. Ablehnung der Insolvenzeröffnung (Abs. 1 Nr. 4)	20	e) Verhältnis zu den anderen Auflösungsgründen des § 262 Abs. 1	37
	5. Feststellung eines Satzungsmangels (§ 262 Abs. 1 Nr. 5 iVm § 399 FamFG)	21	II. Andere Auflösungsgründe iSd § 262 Abs. 2	38
	a) Allgemeines, Text des § 399 FamFG	21	III. Keine Auflösungsgründe	39
	b) Satzungsmängel gem. § 399 Abs. 1 FamFG	23		

A. Allgemeines

1 **I. Inhalt und Zweck der Regelung.** In Abs. 1 werden die sechs wichtigsten Auflösungsgründe enumerativ aufgelistet, Abs. 2 bestimmt ergänzend, dass die weiteren Vorschriften des Abschnittes (§§ 263 bis 274) auch für die Auflösung aus anderen Gründen gelten. §§ 262 ff dienen einem **geordneten Ausscheiden der AG aus dem Rechtsleben**.[1] Die darauf zielenden **Interessen** spiegeln sich in den Auflösungsgründen des Abs. 1 wider: Bei Nr. 1 und Nr. 2 geht es um die Gewährleistung der autonomen Entscheidung der Aktionäre, über das Ende der AG zu bestimmen und ihr Engagement in der Gesellschaft durch Desinvestition zu beenden.[2] Dagegen geht es bei Nr. 3 sowohl um das Interesse der Gesellschaftsgläubiger an einer Verwertung des Gesellschaftsvermögens als auch um das öffentliche Interesse an der Auflösung einer nicht mit hinreichendem Vermögen ausgestatteten AG.[3] Gleichfalls aus Gründen des öffentlichen Interesses sowie zum Schutz von Interessen Dritter sollen vermögenslos gewordene – so bei Nr. 4 und 6 – sowie mit Gründungsfehlern behaftete Gesellschaften – so bei Nr. 5 – aus dem Rechtsleben ausscheiden.[4] Nr. 5 dient zudem als Druckmittel des Registergerichts, mit dessen Hilfe die AG gezwungen werden kann, eine korrekte Satzung aufzustellen.[5]

2 **II. Begriff der Auflösung. 1. Auflösung als Änderung des Gesellschaftszwecks.** Mit dem Vorliegen eines Auflösungsgrundes ändert die AG – außer im Falle der Auflösung nach Abs. 1 Nr. 6 (Rn 4, 31 ff) und anderer Ausnahmefälle (Rn 4) – lediglich ihren Gesellschaftszweck; die körperschaftliche Verfassung der AG bleibt erhalten. Aus der werbenden Gesellschaft mit ihrem regelmäßig auf Gewinnerzielung gerichteten Zweck wird eine **Abwicklungs- oder Liquidationsgesellschaft**, deren Zweck nur noch darin besteht, im Wege der Abwicklung ihr Vermögen zu versilbern, die Gläubiger zu befriedigen und den verbleibenden Überschuss unter die Aktionäre zu verteilen.[6] Siehe auch vor §§ 262 ff Rn 1 ff.

3 **2. Auflösung, Abwicklung und Vollbeendigung.** Die Auflösung führt grds. nicht unmittelbar zur Beendigung der AG im Sinne ihres Unterganges als juristische Person (Vollbeendigung). Sie bezeichnet vielmehr den Beginn der Abwicklungs- bzw Liquidationsphase, die sich nach §§ 264 ff oder im Falle der Eröffnung des Insolvenzverfahrens nach der InsO richtet (vgl Rn 19). Die Auflösung ist damit der erste Schritt eines regelmäßig dreistufigen Vorganges, an dessen Ende – nach Abwicklung und Löschung – die Vollbeendigung der AG steht.[7]

---

1 Hüffer, Rn 1.
2 KölnKomm-AktG/*Kraft*, vor § 262 Rn 3 ff, § 262 Rn 5; MüKo-AktG/*Hüffer*, Rn 11; vgl auch BGHZ 76, 352, 354 f (zur GmbH) = NJW 1980, 1278.
3 Vgl MüKo-AktG/*Hüffer*, Rn 11; KölnKomm-AktG/*Kraft*, vor § 262 Rn 3 ff, § 262 Rn 5.
4 Vgl MüKo-AktG/*Hüffer*, Rn 11; *Raiser/Veil*, Recht der Kapitalgesellschaften, § 22 Rn 11; BGHZ 75, 178, 180 (zur KG) = NJW 1980, 233.
5 Vgl *Raiser/Veil*, Recht der Kapitalgesellschaften, § 22 Rn 14; KölnKomm-AktG/*Kraft*, Rn 5.
6 Heute allgM, vgl RGZ 169, 337, 340 (zur GmbH); BGHZ 14, 163, 168 (zur GmbH) = NJW 1954, 1682; BGHZ 24, 279, 286 f = NJW 1957, 1279; MüKo-AktG/*Hüffer*, Rn 12; KölnKomm-AktG/*Kraft*, vor § 262 Rn 1; kritisch Großkomm-AktienR/*K. Schmidt*, § 264 Rn 7.
7 Vgl *K. Schmidt/Lutter/Riesenhuber*, Rn 1; MüKo-AktG/*Hüffer*, Rn 14.

Auflösung und Beendigung fallen lediglich in den Fällen zusammen, in denen es mangels Vermögens einer Abwicklung nicht bedarf.[8] Dabei handelt es sich um die Löschung der AG wegen Vermögenslosigkeit gem. § 262 Abs. 1 Nr. 6 iVm § 394 FamFG (s. Rn 31 ff) sowie um die Fälle der Verschmelzung und Aufspaltung nach dem UmwG. Die beiden letztgenannten Vorgänge führen „unter Auflösung ohne Abwicklung" zum Untergang der (übertragenden) Gesellschaft (§§ 2, 20 Abs. 1 Nr. 2 sowie 123 Abs. 1, 131 Abs. 1 Nr. 2 UmwG). An die Stelle der Abwicklung tritt der Übergang des Vermögens auf den neuen Rechtsträger im Wege der Universalsukzession (§§ 20 Abs. 1 Nr. 1 sowie 131 Abs. 1 Nr. 1 UmwG). Das Gleiche gilt für die Fälle der Vollübertragung und der Teilübertragung unter Aufspaltung gem. § 174 UmwG.

3. Vollbeendigung und Löschung. Umstritten ist, ob die Vollbeendigung der AG bereits mit dem Ende der Abwicklung, dh mit ihrer abwicklungsbedingten Vermögenslosigkeit eintritt, und die in § 273 Abs. 1 S. 2 bzw in § 394 Abs. 1 FamFG angeordnete Löschung deshalb nur deklaratorische Bedeutung hat,[9] oder ob allein die Löschung die Vollbeendigung bewirkt und jener deshalb konstitutive Wirkung zukommt,[10] oder ob schließlich die Vollbeendigung erst eintritt, wenn die Gesellschaft sowohl im Register gelöscht wurde als auch kein Vermögen mehr besitzt (Lehre vom Doppeltatbestand).[11][12] Namentlich mit Blick auf die Rechts- und Parteifähigkeit der AG bzw mit Blick auf die Zuordnung subjektiver Rechte und Pflichten hat die Streitfrage immer dann Relevanz, wenn schon vor der Löschung kein Vermögen mehr vorhanden ist oder sich nach der Löschung herausstellt, dass noch Abwicklungsmaßnahmen erforderlich sind; letzteres sind die Fälle der Nachtragsabwicklung gem. § 264 Abs. 2 (s. dort Rn 5 ff) und § 273 Abs. 4 (s. dort Rn 13 ff). Vorzugswürdig ist – entgegen den von der Rechtsprechung überwiegend bezogenen Positionen – die Annahme einer schlechthin konstitutiven Wirkung der Löschung, dh erst mit ihrer Löschung ist die AG als juristische Person nicht mehr existent. Dies gilt auch dann, wenn die Vermögenslosigkeit bereits vor der Löschung eingetreten ist oder die Löschung – etwa wegen weiterer Abwicklungsmaßnahmen bzw noch vorhandenen Restvermögens – unberechtigt gewesen sein sollte. Denn die Existenz einer AG als juristische Person ist unmittelbar an deren Registereintrag zu knüpfen, so dass die AG durch ihre Eintragung nicht nur als solche erst entsteht (§ 41 Abs. 1 S. 1), sondern auch allein nur durch ihre Löschung die rechtliche Existenz verliert.[13] Zur Frage der Prozessführung und des Zuordnungsobjektes subjektiver Rechte und Pflichten nach der Löschung s. § 273 Rn 8 f, § 264 Rn 5.

III. Anwendungsbereich. § 262 betrifft die Auflösung der „Aktiengesellschaft". Da eine solche erst mit der Eintragung gem. § 41 Abs. 1 S. 1 entsteht, setzt die Anwendung des § 262 sowie der Vorschriften über die Abwicklung eine **eingetragene AG** voraus.[14] Ob und inwieweit die Vorschriften der §§ 262 ff auch auf die **Vor-AG** (dazu § 41 Rn 5 ff) anzuwenden sind, ist umstritten.[15] Vorzugswürdig ist die entsprechende Heranziehung derjenigen Auflösungsgründe, die sinnvollerweise auf eine AG im Gründungsstadium unter Berücksichtigung ihrer Besonderheiten übertragen werden können und überdies keine Eintragung in das Handelsregister voraussetzen.[16] Ferner ist es sachgerecht, auch auf die Abwicklung einer Vor-AG die Vorschrif-

---

8 Ausführlich: MüKo-AktG/*Hüffer*, Rn 15 f.
9 Für deklaratorische Bedeutung des Registereintrags vgl etwa RGZ 149, 293, 296 f (zur GmbH); 155, 42, 43 ff (zur GmbH); 156, 23, 26 f; KG JFG 4, 178, 182 f; BGHZ 48, 303, 307 (zur GmbH) = NJW 1968, 297; BGHZ 53, 264, 266 (zur GmbH); BGHZ 74, 212, 213 (zum eV) = NJW 1979, 1592; BGHZ 105, 259, 262 (zur GmbH) = NJW 1989, 220; BGH NJW-RR 1994, 542 (zur GmbH) = GmbHR 1994, 260; OLG Düsseldorf GmbHR 1979, 227 f (zur GmbH) = DNotZ 1980, 170; OLG Hamm NJW-RR 1990, 477, 478 (zur GmbH) = DB 1990, 1226; OLG Stuttgart NJW 1969, 1493; *Bokelmann*, NJW 1977, 1130 f; *Hofmann*, GmbHR 1976, 258, 267.
10 Für konstitutive Wirkung des Registereintrags vgl etwa MüKo-AktG/*Hüffer*, Rn 17, 84 ff, § 273 Rn 14 ff; *Hüffer*, Rn 4, 23, § 273 Rn 7; *Hüffer*, GS Schultz, 1987, S. 99, 103 ff; Köln-Komm-AktG/*Kraft*, vor § 262 Rn 10, § 273 Rn 36 ff; Hachenburg/*Ulmer*, GmbHG, § 60 Rn 18, Anh. § 60 Rn 37 ff; MüKo-AktG/*Heider*, § 1 Rn 26; *Hönn*, ZHR 138 (1974), 50, 69; *Lindacher*, in: FS Henckel, 1995, S. 549, 554 f; beachtliche Gründe einräumend: BGH WM 1986, 145 = NJW-RR 1986, 394.
11 Für die Lehre vom Doppeltatbestand vgl OLG Köln NZG 2002, 1062 = AG 2003, 449; BGH NJW 2001, 304, 305 (zur GmbH) = NZG 2000, 1222; OLG Düsseldorf NZG 2004, 916, 918 (zur GmbH) = ZIP 2004, 1956; OLG Koblenz NZG 2007, 431, 432 (zur GmbH) = ZIP 2007, 2166; BayObLG ZIP 2002, 1845 (zur GmbH); BayObLG NZG 1998, 228 (zur GmbH) = NJW-RR 1998, 1333 = ZIP 1998, 421; OLG Stuttgart ZIP 1986, 647, 648 (zur GmbH) = NJW-RR 1986, 836; OLG Stuttgart NZG 1999, 31, 32 = AG 1999, 280; BayObLG NJW 1988, 2637 (zur GmbH) = GmbHR 1988, 388; Großkomm-AktienR/*K. Schmidt*, § 264 Rn 15 ff, § 273 Rn 2; Scholz/*K. Schmidt/Bitter*, GmbHG, § 60 Rn 56 f; Scholz/*K. Schmidt*, GmbHG, § 74 Rn 14; *K. Schmidt*, GesR, § 11 V 6; *ders.*, GmbHR 1988, 209, 211; *ders.*, GmbHR 1994, 829, 832; *Hirte*, Kapitalgesellschaftsrecht Rn 7.24; *ders.*, ZInsO 2000, 127, 130 f; *Raiser/Veil*, Recht der Kapitalgesellschaften, § 22 Rn 2 aE; *Erle*, GmbHR 1997, 973, 981.
12 Ausführlich: zum Streit: Scholz/*K. Schmidt/Bitter*, GmbHG, § 60 Rn 56 ff, § 74 Rn 12 ff; MüKo-AktG/*Hüffer*, Rn 17, 85 ff, § 273 Rn 14 ff; KölnKomm-AktG/*Kraft*, § 273 Rn 36 ff.
13 KölnKomm-AktG/*Kraft*, § 273 Rn 37; MüKo-AktG/*Hüffer*, Rn 85, 89 f; *Hüffer*, Rn 4, 23.
14 Großkomm-AktienR/*K. Schmidt*, Rn 6; KölnKomm-AktG/*Kraft*, Rn 4; *Hüffer*, Rn 5.
15 Zum Streit s. Großkomm-AktienR/*K. Schmidt*, Rn 7; MüKo-AktG/*Hüffer*, Rn 24 f; KölnKomm-AktG/*Kraft*, Rn 4. Zur Auflösung einer Vor-Gesellschaft durch Kündigung aus wichtigem Grund s. BGHZ 169, 270 = NZG 2007, 20 = AG 2007, 82.
16 Hinsichtlich der entsprechenden Anwendung einzelner Auflösungsgründe s. MüKo-AktG/*Hüffer*, Rn 24.

ten der §§ 264 ff anzuwenden, soweit sie nicht die Eintragung der AG im Handelsregister voraussetzen.[17] Im Falle der Auflösung aus Anlass der **Vermögensübertragung** gem. § 179 a Abs. 3 bedarf es des Rückgriffes auf § 262 Abs. 1 Nr. 2 sowie der Abwicklung gem. §§ 264 ff; die Vermögensübertragung als solche stellt keinen eigenständigen Auflösungsgrund dar (Rn 39).[18] Für Auflösung und Abwicklung einer **KGaA** gibt es in §§ 289, 290 eigenständige Regelungen (s. dort).

B. Gründe für die Auflösung

8 **I. Auflösungsgründe des Abs. 1.** Zu den hinter den einzelnen Auflösungsgründen des Abs. 1 stehenden Interessen und Zielrichtungen s. Rn 1.

9 **1. Zeitablauf (Abs. 1 Nr. 1).** Der Ablauf einer in der Satzung bestimmten Zeit führt automatisch zur Auflösung der AG. Eine solche satzungsmäßige Höchstdauer ist ungewöhnlich, hat in der Praxis kaum Bedeutung und mag nur vor dem Hintergrund bestimmter für die Tätigkeit der AG ausschlaggebender Umstände praktisch sinnvoll sein, wie etwa die Tätigkeit als Projektgesellschaft, die Laufzeit eines Patents oder eines anderen gewerblichen Schutzrechtes oder die Lebenszeit eines bestimmten Aktionärs.[19] Zur Kündigung der AG, die generell nicht als Befristung ausgelegt werden kann, s. Rn 39.

10 Maßgebend für die Auflösung infolge Zeitablaufs ist der **Inhalt der Satzung,** nicht die gem. § 39 Abs. 2 vorgeschriebene Eintragung der entsprechenden Bestimmung im Handelsregister, so dass im Falle fälschlich unterbliebener Eintragung die anfängliche Zeitbestimmung gleichwohl gültig ist.[20] Die in der Satzung festgelegte Höchstdauer bzw der festgelegte Zeitpunkt müssen **eindeutig bestimmbar** sein; die Angabe eines Kalendertages ist nicht erforderlich.[21] Zulässig ist auch eine in der Satzung neben der Höchstdauer vorgesehene Möglichkeit einer Verlängerung jeweils um eine weitere bestimmte Zeit (**Verlängerungsklausel**).[22] Die Festlegung einer Mindestdauer ist nicht zulässig; sie wäre mit dem Auflösungsrecht der Hauptversammlung gem. § 262 Abs. 1 Nr. 2 nicht vereinbar.[23]

11 Die Zeitbestimmung braucht nicht in der ursprünglichen Satzung enthalten zu sein, sondern kann auch **nachträglich durch Satzungsänderung** (§§ 179 ff) aufgenommen werden (s. noch Rn 15, § 263 Rn 5). Da ein solcher Beschluss zugleich die zukünftige Auflösung der AG herbeiführt, bedarf er der qualifizierten Mehrheit iSd § 262 Abs. 1 Nr. 2.[24] Das Gleiche gilt im Falle einer Verkürzung der ursprünglich in der Satzung enthaltenen Zeitbestimmung.[25]

12 Dagegen muss die **nachträgliche Aufhebung oder Verlängerung** einer in der Satzung vorgesehenen Höchstdauer – soweit Zeitablauf iSd § 262 Abs. 1 Nr. 1 noch nicht eingetreten ist – weder den Erfordernissen des § 262 Abs. 1 Nr. 2 noch denen des § 274 Abs. 1 S. 2 und 3 entsprechen.[26] Für die erforderliche Satzungsänderung genügt vielmehr die Kapitalmehrheit des § 179 Abs. 2 einschließlich einer etwaig geringeren satzungsmäßigen Mehrheit.[27] Einstimmigkeit oder die Zustimmung bestimmter einzelner Aktionäre ist – ungeachtet der auf die Abwicklung zum ursprünglichen Zeitpunkt gerichteten Mitgliedschaftsrechte – nicht erforderlich.[28] Anderes gilt, wenn die Satzung **Sonderrechte** in Bezug auf die Abwicklung (etwa am Abwicklungserlös) gewährt (§ 11); in diesem Fall ist die Zustimmung aller Sonderrechtsinhaber erforderlich.[29] Auch im Falle einer **Nebenleistungs-AG** (§ 55) ist nach dem Rechtsgedanken des § 180 Abs. 1 die Zustimmung derjenigen Aktionäre erforderlich, denen Nebenverpflichtungen auferlegt sind.[30] Tritt der bisher in der Satzung vorgesehene Endtermin ein, bevor die nachträgliche Aufhebung bzw Fristverlängerung wirk-

---

17 So auch MüKo-AktG/*Hüffer*, Rn 25; *Hüffer*, Rn 5; KölnKomm-AktG/*Kraft*, Rn 4, § 265 Rn 16; vgl auch BGH NJW 1998, 1079, 1080 (zur GmbH) = AG 1998, 138. S. ferner § 265 Rn 2.

18 Vgl Großkomm-AktienR/*K. Schmidt*, Rn 12; MüKo-AktG/ *Hüffer*, Rn 22; *Hüffer*, Rn 6; MüKo-AktG/*Kraft*, Rn 84.

19 Vgl K. *Schmidt/Lutter/Riesenhuber*, Rn 4; *Hirte*, Kapitalgesellschaftsrecht, Rn 7.8; *ders.*, ZInsO 2000, 127, 128; KölnKomm-AktG/*Kraft*, Rn 7, 8.

20 K. *Schmidt/Lutter/Riesenhuber*, Rn 5; Großkomm-AktienR/ *K. Schmidt*, Rn 17; KölnKomm-AktG/*Kraft*, Rn 7; MüKo-AktG/*Hüffer*, Rn 26; *Hüffer*, Rn 8.

21 HM, vgl Großkomm-AktienR/*K. Schmidt*, Rn 16; K. *Schmidt/ Lutter/Riesenhuber*, Rn 4; KölnKomm-AktG/*Kraft*, Rn 8; MüKo-AktG/*Hüffer*, Rn 26; *Hüffer*, Rn 8; BayObLGZ 1974, 479, 481 f (zur GmbH) = BB 1975, 249.

22 Großkomm-AktienR/*K. Schmidt*, Rn 16; KölnKomm-AktG/ *Kraft*, Rn 9; MüKo-AktG/*Hüffer*, Rn 26; *Hüffer*, Rn 8; RGZ 82, 395, 399 f; 136, 236, 240 f (zur GbR).

23 K. *Schmidt/Lutter/Riesenhuber*, Rn 4, 8.

24 KölnKomm-AktG/*Kraft*, Rn 10; MüKo-AktG/*Hüffer*, Rn 28; *Hüffer*, Rn 8; MüHb-AG/*Hoffmann-Becking*, § 65 Rn 2; K. *Schmidt/Lutter/Riesenhuber*, Rn 5; aA Großkomm-AktienR/ *K. Schmidt*, Rn 18: Mehrheit des § 179. Zu Abgrenzungsschwierigkeiten zwischen der Auflösung nach § 262 Abs. 1 Nr. 1 und derjenigen nach § 262 Abs. 1 Nr. 2 s. noch Rn 15 sowie MüKo-AktG/*Hüffer*, Rn 29, 39; KölnKomm-AktG/*Kraft*, Rn 25.

25 KölnKomm-AktG/*Kraft*, Rn 10.

26 Vgl KölnKomm-AktG/*Kraft*, Rn 11; MüKo-AktG/*Hüffer*, Rn 30; K. *Schmidt/Lutter/Riesenhuber*, Rn 6.

27 KölnKomm-AktG/*Kraft*, Rn 11; MüKo-AktG/*Hüffer*, Rn 30; *Hüffer*, Rn 9; K. *Schmidt/Lutter/Riesenhuber*, Rn 6.

28 Vgl KölnKomm-AktG/*Kraft*, Rn 11; MüKo-AktG/*Hüffer*, Rn 30; *Hüffer*, Rn 9; BGHZ 70, 117, 119 ff = NJW 1978, 540.

29 Vgl KölnKomm-AktG/*Kraft*, Rn 13; MüKo-AktG/*Hüffer*, Rn 31; *Hüffer*, Rn 9; K. *Schmidt/Lutter/Riesenhuber*, Rn 6.

30 Vgl KölnKomm-AktG/*Kraft*, Rn 13; MüKo-AktG/*Hüffer*, Rn 31; *Hüffer*, Rn 9.

sam geworden, dh der Änderungsbeschluss gem. § 181 Abs. 3 im Handelsregister eingetragen worden ist, so wird die AG mit Eintritt des ursprünglichen Zeitpunktes aufgelöst.[31] Der Änderungsbeschluss wird indes regelmäßig in einen Fortsetzungsbeschluss nach § 274 umgedeutet werden können, wobei für eine Beseitigung der Auflösung dessen Voraussetzungen berücksichtigt werden müssen.[32] Nach der mit Zeitablauf ipso iure eingetretenen Auflösung ist eine Fortsetzung nur nach § 274 möglich.[33]

2. Beschluss der Hauptversammlung (Abs. 1 Nr. 2). Die AG kann jederzeit durch einen Beschluss der Hauptversammlung aufgelöst werden. Praktische Bedeutung erlangt die Auflösung durch Hauptversammlungsbeschluss immer dann, wenn die Aktionäre rechtzeitig zu der Erkenntnis gelangen, dass das von der Gesellschaft verfolgte Unternehmen auf Dauer nicht mehr gewinnbringend betrieben werden kann.[34]

Aus dem **Inhalt** des Beschlusses muss unzweideutig der Wille der Hauptversammlung hervorgehen, die AG aufzulösen, dh die werbende Tätigkeit einzustellen und stattdessen die Abwicklung zu betreiben.[35] Der Auflösungswille kann zwar auch durch Auslegung ermittelt werden; dabei ist jedoch größte Zurückhaltung zu üben.[36] Der Beschluss kann die Auflösung auch von einer aufschiebenden Bedingung oder einer Befristung abhängig machen (vgl Rn 15).[37] Die **Verlegung des Sitzes ins Ausland** wird nach hM zum früheren § 5 in einen Auflösungsbeschluss umgedeutet.[38] Nach Streichung des § 5 Abs. 2 durch Art. 5 Nr. 1 MoMiG ist jedenfalls die Verlegung des Verwaltungssitzes (im Gegensatz zum Satzungssitz) ins Ausland möglich; ein dahin gehender Beschluss ist folglich nicht gesetzwidrig und kann deshalb nicht als Auflösung behandelt werden (s. zum Ganzen auch § 5 Rn 15 ff).[39] Die **Form** des Auflösungsbeschlusses richtet sich nach § 130, so dass die faktische Aufgabe der Geschäftstätigkeit oder allein die Duldung tatsächlich durchgeführter Liquidationsmaßnahmen nicht als Auflösungsbeschluss gewertet werden können.[40] Der Auflösungsbeschluss stellt **keine Satzungsänderung** dar und ist deshalb nicht an die entsprechenden Vorschriften gebunden (vgl Rn 15).[41]

Der Auflösungsbeschluss wird – sofern die Hauptversammlung nichts anderes bestimmt – mit seinem Zustandekommen **wirksam**; mit der Fassung des Beschlusses ist die AG bereits aufgelöst; die Eintragung in das Handelsregister (§ 263) hat keine konstitutive Wirkung (s. dort Rn 9).[42] Enthält der Beschluss eine Bedingung oder Befristung, bedarf es der Abgrenzung zwischen einem Auflösungsbeschluss iSd § 262 Abs. 1 Nr. 2 und einer nachträglich eingefügten Zeitbestimmung iSd § 262 Abs. 1 Nr. 1, bei der zugleich die Vorschriften über die Satzungsänderung zu beachten sind (vgl Rn 11). Wenn der festgelegte Zeitpunkt kurz nach der Beschlussfassung oder nur im Hinblick auf eine ordnungsgemäße Abwicklung in naher Zukunft liegt (etwa im Hinblick auf das Ende des Geschäftsjahres oder wegen einer konkret geplanten Unternehmensveräußerung), dann dürfte regelmäßig eine interessengerechte Auslegung des Hauptversammlungsbeschlusses ergeben, dass eine alsbaldige Auflösung und nicht eine Änderung der Satzungsgrundlage gewollt ist.[43] Die besonderen Erfordernisse einer Satzungsänderung sind deshalb nicht zu beachten, so dass – weil § 181 Abs. 3 nicht gilt – die Auflösung ohne Eintragung in das Handelsregister zum vorgesehenen Zeitpunkt wirksam wird (s. auch § 263 Rn 5).[44]

Der Auflösungsbeschluss bedarf einer **Mehrheit** von mindestens drei Viertel des bei der Beschlussfassung vertretenen Grundkapitals. Dabei ist neben der einfachen Stimmenmehrheit des § 133 zusätzlich die Mehrheit von 3/4 des vertretenen Grundkapitals erforderlich (sog. doppelte Mehrheit).[45] Das Mehrheitserforder-

---

31 Vgl KölnKomm-AktG/*Kraft*, Rn 14; *Hüffer*, Rn 9.
32 KölnKomm-AktG/*Kraft*, Rn 14.
33 K. Schmidt/Lutter/*Riesenhuber*, Rn 6 f.
34 *Hirte*, Kapitalgesellschaftsrecht, Rn 7.4; *ders.*, ZInsO 2000, 127, 128.
35 Vgl Großkomm-AktienR/*K. Schmidt*, Rn 22; MüKo-AktG/*Hüffer*, Rn 32; KölnKomm-AktG/*Kraft*, Rn 23.
36 Vgl MüKo-AktG/*Hüffer*, Rn 32; Großkomm-AktienR/ *K. Schmidt*, Rn 22.
37 KölnKomm-AktG/*Kraft*, Rn 22.
38 Vgl dazu RGZ 7, 68, 69 f; 88, 53, 55; 107, 94, 97; BGHZ 19, 102, 105; 25, 134, 144; 78, 318, 334 = NJW 1981, 522, 525; BGHZ 97, 269, 271 f = NJW 1986, 2194; BayObLG AG 1992, 456 (zur GmbH) = NJW-RR 1993, 43; OLG Düsseldorf NJW 2001, 2184 (zur GmbH) = NZG 2001, 506; OLG Hamm NJW 2001, 2183 (zur GmbH) = NZG 2001, 562; OLG Hamm NJW-RR 1998, 615 (zur GmbH) = ZIP 1997, 1696; aA KölnKomm-AktG/*Kraft*, Rn 35 f; MüKo-AktG/*Hüffer*, Rn 34 ff: Verlegungsbeschluss als Satzungsänderungsbeschluss nichtig gem. § 241 Nr. 3. Zu der hM ggf entgegenstehenden europarechtlichen Gesichtspunkten/Entwicklungen s. *Hirte*, Kapitalgesellschaftsrecht, Rn 7.13 ff; *ders.*, ZInsO 2000, 127, 129, jew. mwN. Der EuGH hat zwischenzeitlich eine aus der Niederlassungsfreiheit abzuleitende Wegzugsfreiheit abgelehnt. Danach stehen Art. 43, 48 EG Rechtsvorschriften eines Mitgliedstaats nicht entgegen, die es einer nach dem nationalen Recht gegründeten Gesellschaft verwehren, ihren Sitz in einen anderen Mitgliedstaat zu verlegen und dabei ihre Eigenschaft als Gesellschaft des nationalen Rechts zu behalten; EuGH NZG 2009, 61, 67 f = NJW 2009, 569.
39 Vgl Scholz/*K. Schmidt/Bitter*, GmbHG, § 60 Rn 13 a.
40 KölnKomm-AktG/*Kraft*, Rn 26; *Hüffer*, Rn 10; MüHb-AG/ *Hoffmann-Becking*, § 65 Rn 4; K. Schmidt/Lutter/*Riesenhuber*, Rn 9.
41 Vgl Großkomm-AktienR/*K. Schmidt*, Rn 23; KölnKomm-AktG/*Kraft*, Rn 24 f.
42 Vgl auch KölnKomm-AktG/*Kraft*, Rn 29; MüKo-AktG/*Hüffer*, Rn 39.
43 Vgl RGZ 145, 99, 101 ff (zur GmbH); Großkomm-AktienR/ *K. Schmidt*, Rn 23; KölnKomm-AktG/*Kraft*, Rn 25; MüKo-AktG/*Hüffer*, Rn 39, 29.
44 MüKo-AktG/*Hüffer*, Rn 39, 29.
45 Vgl RGZ 125, 356, 359; K. Schmidt/Lutter/*Riesenhuber*, Rn 10; KölnKomm-AktG/*Kraft*, Rn 27; MüKo-AktG/*Hüffer*, Rn 40, dort auch zur Berechnung der Mehrheit.

nis kann durch die **Satzung weiter verschärft** werden.[46] Auch kann die Satzung **weitere Erfordernisse** für den Hauptversammlungsbeschluss – wie etwa die Zustimmung bestimmter Aktionäre oder die Notwendigkeit mehrfacher Abstimmungen – verlangen.[47] Dagegen kann das Auflösungsrecht der Hauptversammlung nicht durch Satzung ausgeschlossen werden (§ 23 Abs. 5);[48] auch darf es weder delegiert noch an die Zustimmung bzw Mitwirkung weiterer Stellen gebunden werden.[49] Eine in der Satzung enthaltene Zeitbestimmung iSd § 262 Abs. 1 Nr. 1 steht einem Auflösungsbeschluss vor dem festgelegten Zeitablauf nicht entgegen; jene beinhaltet lediglich eine Höchst-, nicht auch eine Mindestdauer der AG.[50]

17 Bei **Mängeln des Auflösungsbeschlusses** greifen die allgemeinen Bestimmungen der §§ 241 ff (Nichtigkeit, Anfechtbarkeit).[51] Ein Beschluss, der nicht die gesetzliche oder satzungsmäßige Mehrheit erreicht oder weiteren satzungsmäßigen Erfordernissen nicht entspricht, berechtigt (lediglich) zur Anfechtung gem. § 243 Abs. 1.[52] Hinsichtlich der für die Heilung der Nichtigkeit gem. § 242 Abs. 2 maßgeblichen Handelsregistereintragung ist in entsprechender Anwendung des § 242 Abs. 2 auf die Eintragung der Auflösung abzustellen, da nicht der Auflösungsbeschluss, sondern die Auflösung selbst in das Handelsregister eingetragen wird (§ 263).[53]

18 Die Auflösung durch Hauptversammlungsbeschluss bedarf keiner sachlichen Rechtfertigung und unterliegt **keiner gerichtlichen Inhaltskontrolle** im Hinblick auf Erforderlichkeit und Verhältnismäßigkeit.[54] Allerdings kann eine **Treuepflichtverletzung** oder ein unzulässiges Streben nach **Sondervorteilen** vorliegen (mit der Folge der Anfechtbarkeit nach § 243 Abs. 2), wenn etwa der Mehrheitsaktionär planmäßig die Auflösung betreibt, um dadurch den Minderheitsgesellschafter herauszudrängen und das Unternehmen im Zuge der Abwicklung selbst preisgünstig zu erwerben oder eine Vermögensübertragung an von ihm beherrschte Dritte zu veranlassen („**übertragende Auflösung**").[55] Zum – grundsätzlich auch im Stadium der Auflösung zulässigen[56] – Ausschluss von Minderheitsaktionären im Wege des sog. Squeeze-out s. §§ 327 a ff.

19 **3. Eröffnung des Insolvenzverfahrens (Abs. 1 Nr. 3).** Durch die Eröffnung des Insolvenzverfahrens über das Vermögen der AG wird diese aufgelöst. Die Insolvenz von Aktionären – auch des Alleinaktionärs – ist kein Auflösungsgrund.[57] Auch die Anordnung vorläufiger Sicherungsmaßnahmen (zB §§ 21, 22 InsO) ist kein Auflösungsgrund.[58] Der **maßgebliche Zeitpunkt** für die Auflösung ist die im Eröffnungsbeschluss angegebene Stunde, mangels solcher die Mittagsstunde des Beschlusstages (§ 27 Abs. 2 Nr. 3, Abs. 3 InsO).[59] **Insolvenzgründe** sind Zahlungsunfähigkeit (§§ 17 f. InsO) und Überschuldung (§ 19 InsO).[60] Sie begründen gem. § 15 a InsO eine Antragspflicht des Vorstandes. Die Eröffnung des Insolvenzverfahrens bewirkt zwar die Auflösung der AG, die auch gem. § 263 S. 3 von Amts wegen in das Handelsregister einzutragen ist. Es folgt jedoch **keine Abwicklung** gem. §§ 264 ff (§ 264 Abs. 1 Hs 2); vielmehr wird ein **Insolvenzverfahren** nach der InsO durchgeführt. S. auch § 264 Rn 1, 3 f. Zum Verhältnis der Auflösung gem. § 262 Abs. 1 Nr. 3 zur Löschung gem. § 394 FamFG (vormals § 141 a FGG) s. Rn 37.

20 **4. Ablehnung der Insolvenzeröffnung (Abs. 1 Nr. 4).** Die Ablehnung der Eröffnung des Insolvenzverfahrens mangels Masse ist Auflösungsgrund. Voraussetzung ist ein rechtskräftiger Beschluss des Insolvenzgerichts nach **§ 26 Abs. 1 InsO** (keine die Kosten des Verfahrens deckende Masse und kein Vorschuss). Der Beschluss ist rechtskräftig, sobald die Rechtsmittelfristen verstrichen sind und/oder der Instanzenzug erschöpft ist.[61] Rechtsmittel gegen den abweisenden Beschluss ist die sofortige Beschwerde (§§ 6 Abs. 1, 34

---

46 Ob die Satzung auch Einstimmigkeit für den Auflösungsbeschluss verlangen kann, ist indes problematisch; dafür etwa MüKo-AktG/*Hüffer*, Rn 41; KölnKomm-AktG/*Kraft*, Rn 28; dagegen etwa K. Schmidt/Lutter/*Riesenhuber*, Rn 10, wenn ein Auflösungsbeschluss nach den Verhältnissen der Gesellschaft faktisch vereitelt wird.
47 MüKo-AktG/*Hüffer*, Rn 42; *Hüffer*, Rn 12; KölnKomm-AktG/*Kraft*, Rn 28.
48 Vgl *Hüffer*, Rn 12; K. Schmidt/Lutter/*Riesenhuber*, Rn 8.
49 Vgl RGZ 169, 65, 80 (zur GmbH); Großkomm-AktienR/ *K. Schmidt*, Rn 24; KölnKomm-AktG/*Kraft*, Rn 28; MüKo-AktG/*Hüffer*, Rn 38; *Hüffer*, Rn 12.
50 KölnKomm-AktG/*Kraft*, Rn 7, 22; *Hüffer*, Rn 12; K. Schmidt/ Lutter/*Riesenhuber*, Rn 4, 8.
51 KölnKomm-AktG/*Kraft*, Rn 30; MüKo-AktG/*Hüffer*, Rn 43.
52 MüKo-AktG/*Hüffer*, Rn 43.
53 KölnKomm-AktG/*Kraft*, Rn 30; MüKo-AktG/*Hüffer*, Rn 44.
54 Vgl dazu BGHZ 76, 352, 354 f = NJW 1980, 1278; 103, 184, 189 f (Linotype) = NJW 1988, 1579; 129, 136, 151 (Girmes) = NJW 1995, 1739; OLG Stuttgart AG 1994, 411, 412 ff (Moto Meter I) = ZIP 1995, 1515; OLG Stuttgart ZIP 1997, 362, 363 (Moto Meter II) = AG 1997, 136; OLG Frankfurt NZG 2009, 1226 = AG 2009, 631; OLG Frankfurt AG 1991, 208 = NJW-RR 1991, 805; BayObLGZ 1998, 211 = NJW-RR 1999, 1559 = AG 1999, 185; LG Stuttgart ZIP 1993, 514 = AG 1993, 471; *Hirte*, ZInsO 2000, 127, 128; MüHb-AG/ *Hoffmann-Becking*, § 65 Rn 5; *Lutter/Drygala*, in: FS Kropff, 1997, 191, 221 f; *Henze*, ZIP 1995, 1473, 1475 ff; *Friedrich*, BB 1994, 89, 93; KölnKomm-AktG/*Kraft*, Rn 34; MüKo-AktG/*Hüffer*, Rn 47; *Hüffer*, § 243 Rn 28; K. Schmidt/Lutter/ *Riesenhuber*, Rn 11.
55 Vgl zum Missbrauch der Auflösung die Nachweise in vorstehender Fn sowie BVerfG NJW 2001, 279 (Moto Meter) = NZG 2000, 1117, zur „übertragenden Auflösung"; ferner OLG Düsseldorf AG 2005, 771; *Nilsemann*, NJW 2005, 2312.
56 BGH NZG 2006, 905 = AG 2006, 887 = ZIP 2006, 2080.
57 MüKo-AktG/*Hüffer*, Rn 48; *Hüffer*, Rn 13; K. Schmidt/Lutter/ *Riesenhuber*, Rn 13.
58 Großkomm-AktienR/*K. Schmidt*, Rn 30.
59 MüKo-AktG/*Hüffer*, Rn 48; *Hüffer*, Rn 13.
60 Siehe auch MüKo-AktG/*Hüffer*, Rn 49.
61 Siehe auch MüKo-AktG/*Hüffer*, Rn 53; Großkomm-AktienR/ *K. Schmidt*, Rn 48; K. Schmidt/Lutter/*Riesenhuber*, Rn 14; KölnKomm-AktG/*Kraft*, Rn 54.

Abs. 1 InsO), die binnen einer Notfrist von zwei Wochen zu erheben ist (§§ 4, 6 InsO iVm § 569 Abs. 1 ZPO); gegen die Abweisung der Beschwerde ist ggf die Rechtsbeschwerde zulässig (§ 4 InsO iVm § 574 ZPO). Kein Fall des § 262 Abs. 1 Nr. 4 liegt vor, wenn das Insolvenzverfahren zunächst eröffnet und später mangels Masse gem. § 207 InsO eingestellt wird; vielmehr tritt in diesen Fällen die Auflösung bereits gem. § 262 Abs. 1 Nr. 3 ein.[62] Die Auflösung im Falle der Ablehnung der Insolvenzeröffnung führt – da ein Insolvenzverfahren nicht durchgeführt wird – zur **Abwicklung gem. §§ 264 ff**[63] Sie ist endgültig (keine Fortsetzungsmöglichkeit gem. § 274; s. dort Rn 6) und unabhängig von privaten Willensentschlüssen (etwa Hauptversammlungsbeschluss). Eine fortdauernde Untätigkeit der Abwickler kann Vermögenslosigkeit der AG nahe legen und eine Amtslöschung nach § 394 Abs. 1 S. 1 FamFG (vormals § 141 a Abs. 1 S. 1 FGG) rechtfertigen.[64] Zum Verhältnis der Auflösung gem. § 262 Abs. 1 Nr. 4 und zur Löschung gem. § 394 FamFG (vormals § 141 a FGG) s. Rn 37.

5. Feststellung eines Satzungsmangels (§ 262 Abs. 1 Nr. 5 iVm § 399 FamFG). a) Allgemeines, Text des § 399 FamFG. Wenn nach § 399 Abs. 1 FamFG (vormals § 144 a Abs. 1 FGG) bestimmte wesentliche Bestimmungen der Satzung fehlen oder nichtig sind und eine vom Registergericht gesetzte Frist zur Beseitigung dieses Mangels fruchtlos verstrichen ist und das Gericht den Mangel der Satzung gemäß § 399 Abs. 2 FamFG (vormals § 144 a Abs. 2 FGG) festgestellt hat, ist die AG mit der Rechtskraft des registergerichtlichen Beschlusses aufgelöst (§ 262 Abs. 1 Nr. 5; sog. Amtsauflösung).[65] Die Amtsauflösung erstreckt sich auf Mängel hinsichtlich derjenigen zwingenden Satzungsbestimmungen iSd § 23 Abs. 3, die von minderer Schwere und deshalb nicht von der Möglichkeit der Nichtigerklärung gem. § 275 Abs. 1 erfasst sind (s. § 275 Rn 1, 3 ff).[66]

§ 399 FamFG lautet:

§ 399 Auflösung wegen Mangels der Satzung

(1) Enthält die Satzung einer in das Handelsregister eingetragenen Aktiengesellschaft oder einer Kommanditgesellschaft auf Aktien eine der nach § 23 Abs. 3 Nr. 1, 4, 5 oder Nr. 6 des Aktiengesetzes wesentlichen Bestimmungen nicht oder ist eine dieser Bestimmungen oder die Bestimmung nach § 23 Abs. 3 Nr. 3 des Aktiengesetzes nichtig, hat das Registergericht die Gesellschaft von Amts wegen oder auf Antrag der berufsständischen Organe aufzufordern, innerhalb einer bestimmten Frist eine Satzungsänderung, die den Mangel der Satzung behebt, zur Eintragung in das Handelsregister anzumelden oder die Unterlassung durch Widerspruch gegen die Aufforderung zu rechtfertigen. Das Gericht hat gleichzeitig darauf hinzuweisen, dass andernfalls ein nicht behobener Mangel im Sinne des Absatzes 2 festzustellen ist und dass die Gesellschaft dadurch nach § 262 Abs. 1 Nr. 5 oder § 289 Abs. 2 Nr. 2 des Aktiengesetzes aufgelöst wird.
(2) Wird innerhalb der nach Absatz 1 bestimmten Frist weder der Aufforderung genügt noch Widerspruch erhoben oder ist ein Widerspruch zurückgewiesen worden, hat das Gericht den Mangel der Satzung festzustellen. Die Feststellung kann mit der Zurückweisung des Widerspruchs verbunden werden. Mit der Zurückweisung des Widerspruchs sind der Gesellschaft zugleich die Kosten des Widerspruchsverfahrens aufzuerlegen, soweit dies nicht unbillig ist.
(3) Der Beschluss, durch den eine Feststellung nach Absatz 2 getroffen, ein Antrag oder ein Widerspruch zurückgewiesen wird, ist mit der Beschwerde anfechtbar.
(4) [...]

b) Satzungsmängel gem. § 399 Abs. 1 FamFG. aa) Firma und Sitz. § 23 Abs. 3 Nr. 1 schreibt zwingend die Angabe der Firma und des Sitzes der AG in der Satzung vor. Fehlen diese Angaben oder sind sie nichtig, so greift § 399 FamFG (vormals § 144 a FGG) ein. Zumindest das anfängliche Fehlen dieser Bestimmungen dürfte praktisch sehr selten sein, da das Registergericht die zwingenden Bestandteile der Satzung iSd § 23 Abs. 3 u. 4 im Rahmen der Anmeldung der AG gem. §§ 36 Abs. 1, 37 Abs. 4 Nr. 1, 38 Abs. 1 prüft und im Falle des Bestehens von Mängeln die Eintragung ablehnen wird.[67]
Satzungsbestimmungen zur Firma sind jedenfalls dann nichtig, wenn sie gegen die zwingenden Vorschriften der §§ 4 und § 18 Abs. 2 HGB über die Firmenbildung und -führung verstoßen;[68] nach hM auch, wenn sie

---

62 MüKo-AktG/*Hüffer*, Rn 52.
63 Insoweit kritisch mit Hinblick auf die GmbH: *Vallender*, NZG 1998, 249, 250.
64 Vgl dazu unten Rn 37; MüKo-AktG/*Hüffer*, Rn 55; *Hüffer*, Rn 14 aE; KölnKomm-AktG/*Kraft*, Rn 56.
65 Siehe MüKo-AktG/*Hüffer*, Rn 56; *Hüffer*, Rn 15.
66 Zur Abgrenzung vgl auch KölnKomm-AktG/*Kraft*, vor § 262 Rn 36 f.
67 KölnKomm-AktG/*Kraft*, Rn 73, 76; K. Schmidt/Lutter/*Riesenhuber*, Rn 21.
68 KölnKomm-AktG/*Kraft*, Rn 73; MüKo-AktG/*Hüffer*, Rn 59; *Hüffer*, Rn 16.

gegen das Unterscheidbarkeitserfordernis des § 30 HGB verstoßen.[69] Die Bestimmung über die Firma wird nach hM nachträglich nichtig, wenn sie nicht mehr den tatsächlichen Verhältnissen entspricht und damit gesetzwidrig, zB täuschend iSd § 18 Abs. 2 HGB wird.[70] Anders liegt es bei einer Verletzung firmenrechtlicher Bestimmungen durch eine Satzungsänderung; nach zutreffender Auffassung ist § 399 FamFG (vormals § 144 a FGG) in diesem Fall nicht anwendbar.[71]

25 Die Nichtigkeit der unter Berücksichtigung von § 5 zu treffenden **Satzungsbestimmung über den Sitz** ist denkbar, wenn ein Ort im Ausland angegeben ist.[72] Verstößt ein nachträglich gefasster satzungsändernder Beschluss gegen § 5, so greift nicht § 399 FamFG (vormals § 144 a FGG) ein; vielmehr führt dies zur Nichtigkeit des Änderungsbeschlusses selbst, so dass die ursprüngliche rechtmäßige Regelung bestehen bleibt (s. auch § 5 Rn 12).[73] Die früher umstrittene Frage, ob ein (nachträgliches) Auseinanderfallen von satzungsmäßigem und tatsächlichem (Verwaltungs-)Sitz zur Anwendung des § 399 FamFG (vormals § 144 a FGG) führt,[74] hat sich mit Streichung des früheren § 5 Abs. 2 durch Art. 5 Nr. 1 MoMiG erledigt (s. auch § 5 Rn 12).[75] Zur Verlegung des Sitzes ins Ausland s. Rn 14.

26 bb) **Höhe des Grundkapitals.** Nur wenn die gem. § 23 Abs. 3 Nr. 3 erforderliche Satzungsbestimmung über die Höhe des Grundkapitals – etwa wegen Verstoßes gegen §§ 6 oder 7 – nichtig ist, rechtfertigt dies die Amtsauflösung nach § 399 FamFG (vormals § 144 a FGG). Das Fehlen einer solchen Bestimmung begründet dagegen die Möglichkeit des Löschungsverfahrens gem. § 397 FamFG bzw der Klage auf Nichtigerklärung gem. §§ 275, 277 (s. § 275 Rn 3).

27 cc) **Aktien.** Fehlen in der Satzung die nach § 23 Abs. 3 Nr. 4 und 5 zwingenden Angaben zu den Aktien oder sind solche Angaben nichtig, so greift § 399 FamFG (vormals § 144 a FGG) ein. Das Fehlen der Angaben ist angesichts der Registerkontrolle praktisch ausgeschlossen. § 23 Abs. 3 Nr. 4 bezieht sich insbesondere auf §§ 8, 9 und 11; § 23 Abs. 3 Nr. 5 auf § 10.

28 dd) **Zahl der Vorstandsmitglieder.** § 399 FamFG (vormals § 144 a FGG) greift auch dann, wenn in der Satzung die gem. § 23 Abs. 3 Nr. 6 erforderlichen Bestimmungen über die Zahl der Vorstandsmitglieder oder die Regeln, nach denen diese Zahl festgelegt wird, fehlen oder diese Bestimmungen nichtig sind.

29 c) **Verfahren nach § 399 FamFG.** Das Registergericht (**Amtsgericht des Gesellschaftssitzes**, § 14, §§ 374 Nr. 1, 376 Abs. 1, 377 Abs. 1 FamFG) leitet das Verfahren **von Amts wegen** (regelm. auf Anregung durch eine Behörde, Gesellschafter oder Dritte) oder auf **Antrag der berufsständischen Organe** (§ 380 FamFG) ein. Das Gericht hat hierbei **kein Ermessen**, wenn es nach Vorprüfung vom Vorliegen eines Satzungsmangels iSd Vorschrift überzeugt ist.[76] Es fordert die AG unter Fristsetzung auf, den Satzungsmangel zu beheben, dh durch ihre Hauptversammlung die für die Beseitigung des Mangels notwendige Satzungsänderung zu beschließen und zur Eintragung in das Handelsregister anzumelden oder die Unterlassung durch Widerspruch zu rechtfertigen. Die Bekanntgabe der Verfügung erfolgt gem. § 15 Abs. 2 S. 1 FamFG. Auch bedarf es gem. § 399 Abs. 1 S. 2 FamFG (vormals § 144 a Abs. 1 S. 2 FGG) eines Hinweises auf die Feststellungsfolge des § 399 Abs. 2 FamFG (vormals § 144 a Abs. 2 FGG) sowie die mit der Rechtskraft der Verfügung eintretende Auflösung. Gegen die Aufforderung nach § 399 Abs. 1 FamFG (vormals § 144 a Abs. 1 FGG) kann lediglich Widerspruch erhoben werden, über den das Registergericht entscheidet.[77] Die Zurückweisung des Widerspruchs ist mit der Beschwerde anfechtbar (§§ 399 Abs. 3, 58 FamFG). Falls die AG der Aufforderung nicht folgt bzw nach der Zurückweisung des Widerspruchs (also schon vor Rechtskraft der Zurückweisung),[78] trifft das Gericht die angekündigte Feststellung gem. § 399 Abs. 2 FamFG (vormals § 144 a Abs. 2 FGG), wobei die Zurückweisung des Widerspruches und die Feststellung verbunden werden

---

69 Vgl BayObLGZ 1989, 44, 48 = NJW-RR 1989, 867; KG OLGZ 1991, 396, 400 ff = NJW-RR 1991, 860; Großkomm-AktienR/*K. Schmidt*, Rn 56; K. Schmidt/Lutter/*Riesenhuber*, Rn 21; KölnKomm-AktG/*Kraft*, Rn 73; MüKo-AktG/*Hüffer*, Rn 60; *Hüffer*, Rn 16, jeweils mwN. Zum Verhältnis der Amtsauflösung zum Firmenmissbrauchsverfahren nach § 37 Abs. 1 HGB s. Großkomm-AktienR/*K. Schmidt*, Rn 55; MüKo-AktG/*Hüffer*, Rn 63.

70 Vgl LG München I MittBayNotK 1971, 374 f; KölnKomm-AktG/*Kraft*, Rn 74; MüKo-AktG/*Hüffer*, Rn 62; *Hüffer*, Rn 16, jeweils mwN AA Großkomm-AktienR/*K. Schmidt*, Rn 56; BayObLGZ 1979, 207, 208 ff = GmbHR 1980, 11.

71 KölnKomm-AktG/*Kraft*, Rn 75; K. Schmidt/Lutter/*Riesenhuber*, Rn 21; MüKo-AktG/*Hüffer*, Rn 61; *Hüffer*, Rn 16, jeweils mwN.

72 Vgl MüKo-ZPO/*Krafka*, § 399 FamFG Rn 6; Keidel/*Heinemann*, FamFG, § 399 Rn 11.

73 HM, vgl KölnKomm-AktG/*Kraft*, Rn 76; MüKo-AktG/*Hüffer*, Rn 65; *Hüffer*, § 5 Rn 9.

74 Vgl etwa BGH NJW 2008, 2914, 2915 f (zur GmbH) = NZG 2008, 707; MüKo-AktG/*Hüffer*, Rn 65; BayObLG NZG 2002, 828, 829 (zur GmbH) = ZIP 2002, 1400; BayObLGZ 1982, 140, 142 f (zur GmbH) = BB 1982, 578; OLG Frankfurt GmbHR 1979, 226 (zur GmbH) = RPfleger 1979, 339 f; KölnKomm-AktG/*Kraft*, Rn 76.

75 MüKo-AktG/*Hüffer*, Rn 65; Großkomm-AktienR/*K. Schmidt*, Rn 57; *Hüffer*, Rn 16; Scholz/*K. Schmidt/Bitter*, GmbHG, § 60 Rn 39.

76 Schulte-Bunert/Weinreich/*Nedden-Boeger*, FamFG, § 399 Rn 22; Keidel/*Heinemann*, FamFG, § 399 Rn 18.

77 Schulte-Bunert/Weinreich/*Nedden-Boeger*, FamFG, § 399 Rn 35; Keidel/*Heinemann*, FamFG, § 399 Rn 21, 28 ff.

78 *Bumiller/Harders*, FamFG, § 399 Rn 12; Schulte-Bunert/Weinreich/*Nedden-Boeger*, FamFG, § 399 Rn 45.

können (§ 399 Abs. 2 S. 2 FamFG, vormals § 144 a Abs. 2 S. 2 FGG). Auch der Beschluss gem. § 399 Abs. 2 FamFG ist mit der Beschwerde anfechtbar (§§ 399 Abs. 3, 58 FamFG). Die Amtsauflösung nach § 399 FamFG (vormals § 144a FGG) ist gegenüber der Amtslöschung gem. § 395 FamFG (vormals § 142 FGG) das speziellere Verfahren, so dass wegen der in § 399 Abs. 1 FamFG (vormals § 144 a Abs. 1 FGG) aufgeführten Satzungsmängel ein Verfahren nach § 395 FamFG (vormals § 142 FGG) grundsätzlich nicht möglich ist.[79]

d) Eintritt der Auflösung, Rechtskraft des Feststellungsbeschlusses. Gemäß § 262 Abs. 1 Nr. 5 ist die AG erst mit der **Rechtskraft des registergerichtlichen Beschlusses**, durch den der Satzungsmangel festgestellt worden ist, aufgelöst. Der Beschluss ist rechtskräftig, sobald die Rechtsmittelfristen verstrichen sind und / oder der Instanzenzug erschöpft ist.[80] **Rechtsmittel** gegen den Feststellungsbeschluss ist die binnen einer Frist von einem Monat einzulegende Beschwerde (§§ 399 Abs. 3, 58 ff FGG); gegen die Beschwerdeentscheidung findet ggf die Rechtsbeschwerde statt (§§ 70 ff. FamFG). Die gem. § 263 S. 2 u. 3 von Amts wegen vorzunehmende Eintragung der Auflösung in das Handelsregister hat nur deklaratorische Bedeutung (s. § 263 Rn 9).[81] Gemäß § 274 Abs. 2 Nr. 2 kann die aufgelöste AG fortgesetzt werden, wenn eine den Mangel behebende Satzungsänderung vor oder mit der Fortsetzung beschlossen wird (s. § 274 Rn 4).

6. Löschung wegen Vermögenslosigkeit (§ 262 Abs. 1 Nr. 6 iVm § 394 FamFG). a) Allgemeines, Text des § 394 FamFG. Die AG wird gem. § 262 Abs. 1 Nr. 6 aufgelöst durch Löschung wegen Vermögenslosigkeit nach § 394 FamFG (vormals § 141 a FGG).[82] Von § 394 FamFG sind **zwei Fallgruppen** erfasst: Vermögenslosigkeit, die ohne Abwicklung und ohne Durchführung eines Insolvenzverfahrens eingetreten ist (§ 394 Abs. 1 S. 1 FamFG), sowie Vermögenslosigkeit, die erst durch ein Insolvenzverfahren bewirkt worden ist (§ 394 Abs. 1 S. 2 FamFG).

§ 394 FamFG lautet:

§ 394 Löschung vermögensloser Gesellschaften und Genossenschaften

(1) Eine Aktiengesellschaft, Kommanditgesellschaft auf Aktien, Gesellschaft mit beschränkter Haftung oder Genossenschaft, die kein Vermögen besitzt, kann von Amts wegen oder auf Antrag der Finanzbehörde oder der berufsständischen Organe gelöscht werden. Sie ist von Amts wegen zu löschen, wenn das Insolvenzverfahren über das Vermögen der Gesellschaft durchgeführt worden ist und keine Anhaltspunkte dafür vorliegen, dass die Gesellschaft noch Vermögen besitzt.
(2) Das Gericht hat die Absicht der Löschung den gesetzlichen Vertretern der Gesellschaft oder Genossenschaft, soweit solche vorhanden sind und ihre Person und ihr inländischer Aufenthalt bekannt ist, bekannt zu machen und ihnen zugleich eine angemessene Frist zur Geltendmachung des Widerspruchs zu bestimmen. Auch wenn eine Pflicht zur Bekanntmachung und Fristbestimmung nach Satz 1 nicht besteht, kann das Gericht anordnen, dass die Bekanntmachung und die Bestimmung der Frist durch Bekanntmachung in dem für die Bekanntmachung der Eintragungen in das Handelsregister bestimmten elektronischen Informations- und Kommunikationssystem nach § 10 des Handelsgesetzbuchs erfolgt; in diesem Fall ist jeder zur Erhebung des Widerspruchs berechtigt, der an der Unterlassung der Löschung ein berechtigtes Interesse hat. Vor der Löschung sind die in § 380 bezeichneten Organe, im Fall einer Genossenschaft der Prüfungsverband, zu hören.
(3) Für das weitere Verfahren gilt § 393 Abs. 3 bis 5 entsprechend.
(4) [...]

b) Löschungsvoraussetzungen des § 394 Abs. 1 FamFG. aa) Vermögenslosigkeit. Eine AG, die kein Vermögen besitzt, kann gem. § 394 Abs. 1 S. 1 FamFG (vormals § 141 a Abs. 1 S. 1 FGG) gelöscht werden. Entscheidend ist, dass die AG **mangels aktivierbarer Vermögensgegenstände** (Kriterium: Ansatz- und Be-

---

79 Vgl zum Verhältnis von Amtsauflösung und Amtslöschung Schulte-Bunert/Weinreich/*Nedden-Boeger*, FamFG, § 399 Rn 13 f; Keidel/*Heinemann*, FamFG, § 399 Rn 3; MüKo-ZPO/*Krafka*, § 399 FamFG Rn 3; BayObLGZ 1979, 207, 211 = GmbHR 1980, 11; 1989, 44, 49 = NJW-RR 1989, 867; KG OLGZ 1991, 396, 400 = NJW-RR 1991, 860; OLG Stuttgart BB 1982, 1194, 1195; MüKo-AktG/*Hüffer*, Rn 71; *Hüffer*, Rn 20 aE.
80 Siehe auch MüKo-AktG/*Hüffer*, Rn 72; KölnKomm-AktG/*Kraft*, Rn 81.
81 Schulte-Bunert/Weinreich/*Nedden-Boeger*, FamFG, § 399 Rn 58; Keidel/*Heinemann*, FamFG, § 399 Rn 35; MüKo-AktG/*Hüffer*, Rn 72; KölnKomm-AktG/*Kraft*, Rn 81.
82 Die Terminologie "Auflösung durch Löschung" ist unzutreffend, da die Löschung keine Abwicklung nach sich zieht (§ 264 Abs. 2) und die Vollbeendigung der AG unabhängig vom Eintritt der Vermögenslosigkeit mit der Löschung eintritt (vgl Rn 4, 5 f, 36); s. *Hüffer*, Rn 22 f.

wertungsfähigkeit) **nicht mehr lebensfähig** ist.[83] Da das Aktivvermögen maßgebend ist, ist Überschuldung weder erforderlich noch genügend.[84] Während das Führen von Aktivprozessen vermögensrechtlicher Art gegen die Annahme der Vermögenslosigkeit spricht,[85] steht ein Passivprozess als solcher der Löschung jedenfalls nicht entgegen, macht aber sorgfältige Ermittlungen des Registergerichts (§ 26 FamFG) erforderlich (vgl auch § 273 Rn 9).[86] **Maßgeblicher Zeitpunkt** für die Vermögenslosigkeit ist die Löschung.[87] Die Kannvorschrift des § 394 Abs. 1 S. 1 FamFG (vormals § 141a Abs. 1 S. 1 FGG) eröffnet nach hM dem Registergericht einen **Ermessensspielraum**, wonach im Einzelfall zu prüfen ist, ob das öffentliche Interesse an der Löschung vermögensloser Gesellschaften das Interesse der Beteiligten am Fortbestand der AG überwiegt.[88]

34 **bb) Durchführung des Insolvenzverfahrens.** Nach § 394 Abs. 1 S. 2 FamFG (vormals § 141a Abs. 1 S. 2 FGG) ist die AG zu löschen, wenn das Insolvenzverfahren durchgeführt – nicht mangels Masse abgelehnt – worden ist und keine Anhaltspunkte dafür vorliegen, dass die Gesellschaft noch Vermögen besitzt.[89] Das Insolvenzverfahren ist durchgeführt, wenn die **Schlussverteilung** gem. § 196 InsO erfolgt ist; nicht erforderlich ist die Aufhebung des Insolvenzverfahrens gem. § 200 InsO.[90] Die Löschung darf nicht erfolgen, wenn die AG nach der Schlussverteilung noch Vermögen besitzt; dies betrifft die Fälle der Hinterlegung zurückbehaltener Beträge bis zu einer Nachtragsverteilung (§§ 198, 203 Abs. 1 Nr. 1 InsO), das Zurückfließen ausbezahlter Beträge an die Masse (§ 203 Abs. 1 Nr. 2 InsO), die nachträgliche Ermittlung von Vermögensgegenständen (§ 203 Abs. 1 Nr. 3 InsO) sowie die Freigabe von Massegegenständen durch den Insolvenzverwalter.[91]

35 **c) Verfahren nach § 394 FamFG.** Das Registergericht (Amtsgericht[92] des Gesellschaftssitzes, § 14, § 377 Abs. 1 FamFG) betreibt das Löschungsverfahren **von Amts wegen** (etwa auf Anregung durch Aktionäre, Gesellschaftsgläubiger oder Dritte) oder auf **Antrag der Finanzbehörde oder der berufsständischen Organe** (§ 380 FamFG).[93] Gemäß § 26 FamFG hat das Gericht auch die zur Feststellung der Vermögenslosigkeit erforderlichen **Ermittlungen von Amts** wegen anzustellen.[94] Hinsichtlich der Löschung ohne vorausgegangenem Insolvenzverfahren bedeutet dies, dass die Prüfung mit besonderer Genauigkeit und Gewissenhaftigkeit zu erfolgen hat.[95] Dagegen besteht bei Löschung nach Durchführung des Insolvenzverfahrens eine tatsächliche Vermutung für die Vermögenslosigkeit, und nur bei besonderen Anhaltspunkten für etwaiges Restvermögen sind Ermittlungen anzustellen.[96] Vor der Löschungsverfügung bedarf es der Anhörung der in § 380 FamFG bezeichneten Organe (§ 394 Abs. 2 S. 3 FamFG). Die Einzelheiten des weiteren Verfahrens

---

83 Vgl dazu und zum Umfang etwaigen Restvermögens oder zu sonstigen Konstellationen (auch zur GmbH), in denen noch nicht oder schon gelöscht werden darf, Schulte-Bunert/Weinreich/*Nedden-Boeger*, FamFG, § 394 Rn 5 ff; Keidel/*Heinemann*, FamFG, § 394 Rn 7 ff; BayObLG NZG 1999, 399 = NJW-RR 1999, 1054; GmbHR 1983, 171 = BB 1982, 1590; WM 1984, 602 = ZIP 1984, 175; ZIP 1985, 33 f = GmbHR 1985, 215; OLG Düsseldorf ZIP 1997, 201 = NJW-RR 1997, 870; GmbHR 2011, 311; OLG Frankfurt DB 2006, 273 = GmbHR 2006, 94; NZG 2005, 844 = ZIP 2005, 2157; OLGZ 1978, 48, 49 f = DB 1978, 628; WM 1983, 281 = ZIP 1983, 312; ZIP 1983, 309 = GmbHR 1983, 303; KG NZG 2007, 474 = GmbHR 2007, 659; OLG Koblenz GmbHR 1994, 483 = NJW 1994, 500; OLG Brandenburg NJW-RR 2001, 176, 177; KölnKomm-AktG/*Kraft*, Rn 61; K. Schmidt/Lutter/*Riesenhuber*, Rn 17; MüKo-AktG/*Hüffer*, Rn 76, 78 f; *Hüffer*, Anh. § 262 Rn 4.
84 OLG Frankfurt ZIP 1983, 309 = GmbHR 1983, 303; Großkomm-AktienR/*K. Schmidt*, Rn 64; MüKo-AktG/*Hüffer*, Rn 76; *Hüffer*, Anh. § 262 Rn 4.
85 Vgl BayObLG NJW-RR 1995, 103 = GmbHR 1994, 888; Großkomm-AktienR/*K. Schmidt*, Rn 64; K. Schmidt/Lutter/*Riesenhuber*, Rn 17; MüKo-AktG/*Hüffer*, Rn 78; *Piorreck*, Rpfleger 1978, 157; s. auch BayObLG FGPrax 1995, 46 f = GmbHR 1995, 530.
86 Vgl BayObLGZ 1995, 9, 12 f = NJW-RR 1995, 612; MüKo-AktG/*Hüffer*, Rn 78; *Piorreck*, Rpfleger 1978, 157; MüKo-AktG/*Hüffer*, Rn 78; Rn 78; *Piorreck*, Rpfleger 1978, 157; Rn 78; Rn 78; *Piorreck*, Rpfleger 1978, 157; MüKo-AktG/*Hüffer*, Rn 78, Rn 78; K. Schmidt/Lutter/*Riesenhuber*, Rn 17, jeweils mwN.
87 Vgl OLG Köln NJW-RR 1994, 726, 727; MüKo-AktG/*Hüffer*, Rn 80; *Hüffer*, Anh. § 262 Rn 4; Schulte-Bunert/Weinreich/*Nedden-Boeger*, FamFG, § 394 Rn 63; Keidel/*Heinemann*, FamFG, § 394 Rn 31. Unerheblich ist, wenn die Vermögenslosigkeit zu einem anderen Zeitpunkt bestand; ggf ist die Löschungsverfügung zurückzunehmen.
88 Vgl etwa Schulte-Bunert/Weinreich/*Nedden-Boeger*, FamFG, § 394 Rn 23; Schulte-Bunert/Weinreich/*Nedden-Boeger*, FamFG, § 394 Rn 14; OLG Düsseldorf NJW-RR 2006, 903, 904 = NZG 2006, 542; OLG Karlsruhe NJW-RR 2000, 630 f = NZG 2000, 150; JFG 13, 379, 381; OLG Frankfurt OLGZ 1978, 48, 50 = DB 1978, 628; DB 1981, 83; WM 1983, 281 = ZIP 1983, 312; *Piorreck*, Rpfleger 1978, 157, 158; *Winnefeld*, BB 1975, 70, 72; aA K. Schmidt/Lutter/*Riesenhuber*, Rn 19; Scholz/*K. Schmidt/Bitter*, GmbHG, § 60 Rn 55; vgl auch MüKo-AktG/*Hüffer*, Rn 98; *Hüffer*, Anh. § 262 Rn 4 aE, 9, jeweils mwN.
89 Zu Anhaltspunkten für fortdauernden Vermögensbesitz s. MüKo-AktG/*Hüffer*, Rn 82.
90 MüKo-AktG/*Hüffer*, Rn 82; *Hüffer*, Anh. § 262 Rn 6.
91 MüKo-AktG/*Hüffer*, Rn 82; *Hüffer*, Anh. § 262 Rn 6.
92 Richtervorbehalt gem. § 17 Nr. 1 lit. e) RpflG.
93 Zu einer Pflicht zum Tätigwerden s. MüKo-AktG/*Hüffer*, Rn 93, mwN.
94 Zu Einzelheiten s. MüKo-AktG/*Hüffer*, Rn 97.
95 Vgl BayObLG GmbHR 1983, 171 = BB 1982, 1590 f; OLG Frankfurt ZIP 1983, 309 = GmbHR 1983 303; OLG Hamm Rpfleger 1993, 286, 287; OLG Düsseldorf ZIP 1997, 201 = NJW-RR 1997, 870; GmbHR 2011, 311; OLG Karlsruhe NJW-RR 2000, 630 = NZG 2000, 150; *Bumiller/Harders*, FamFG, § 394 Rn 3; *Piorreck*, Rpfleger 1978, 157, 158; KölnKomm-AktG/*Kraft*, Rn 63; MüKo-AktG/*Hüffer*, Rn 97; *Hüffer*, Anh. § 262 Rn 8.
96 *Hüffer*, Anh. § 262 Rn 8; K. Schmidt/Lutter/*Riesenhuber*, Rn 18.

sind geregelt in §§ 394 Abs. 2 S. 1 u 2, Abs. 3 iVm 393 Abs. 3 – 5 FamFG (Bekanntmachung der Löschungsabsicht; Entscheidung über Widerspruch, falls erhoben; Löschungsverfügung).[97]

d) Eintritt der Auflösung, Löschungswirkung. Die Löschung gem. § 394 FamFG (vormals § 141 a FGG) erfolgt durch die Eintragung eines entsprechenden Vermerkes im Handelsregister.[98] Dies bewirkt die Auflösung gem. § 262 Abs. 1 Nr. 6, die indes nicht in das Handelsregister eingetragen wird (§ 263 S. 4; s. dort Rn 7).[99] Gemäß § 264 Abs. 2 S. 1 findet grundsätzlich keine Abwicklung statt (§ 264 Rn 5 ff). Eine solche erfolgt nur, wenn noch Vermögen aufgefunden wird, das nicht der insolvenzrechtlichen Nachtragsverteilung gem. §§ 203 ff. InsO unterliegt (s. auch § 264 Rn 4, 5 ff).[100] Die Löschung führt in der Regel unmittelbar zur Vollbeendigung der AG (str, s. Rn 4, 5 f).[101]

e) Verhältnis zu den anderen Auflösungsgründen des § 262 Abs. 1. Auch eine bereits aufgelöste AG kann grundsätzlich noch nach § 394 FamFG (vormals § 141 a FGG) gelöscht werden, da die Auflösung grundsätzlich nur eine Änderung des Gesellschaftszwecks bewirkt und die AG als juristische Person im Übrigen unberührt lässt (s. Rn 2, 3; vor § 262 ff Rn 2).[102] Eine Löschung der bereits aufgelösten AG kann insbesondere dann sinnvoll sein, wenn die AG infolge Ablehnung der Insolvenzeröffnung gem. § 262 Abs. 1 Nr. 4 aufgelöst worden ist und die Abwickler untätig bleiben.[103] Dagegen ist die Löschung gem. § 394 FamFG (vormals § 141 a FGG) unzulässig, wenn die Auflösung auf der Eröffnung des Insolvenzverfahrens beruht (§ 262 Abs. 1 Nr. 3) und dieses noch durchgeführt wird (s. auch § 264 Rn 3) oder wenn sich die Vermögenslosigkeit als Ergebnis der Abwicklung gem. §§ 264 ff darstellt (dann gilt § 273).[104]

II. Andere Auflösungsgründe iSd § 262 Abs. 2. Wenn die AG aus anderen als den in § 262 Abs. 1 genannten Gründen aufgelöst wird, gelten gleichfalls die weiteren Vorschriften des Abschnittes (§§ 263 bis 274); dh es erfolgt die Abwicklung gem. §§ 264 ff, sofern keine anderweitigen spezialgesetzlichen Regelungen eingreifen.[105] Andere Auflösungsgründe sind etwa:[106] die Auflösung wegen **Gefährdung des Gemeinwohls** nach § 396 (s. dort), das Verbot der AG nach § 3 Abs. 1 S. 1 VereinsG durch Verwaltungsakt der obersten Landesbehörde, die Rücknahme der Geschäftserlaubnis einer Bank-AG nach §§ 35, 38 Abs. 1 KWG oder einer Versicherungs-AG nach §§ 81, 87 VAG durch Verwaltungsakt der Bundesanstalt für Finanzdienstleistungsaufsicht[107] sowie der praktisch bedeutungslose Fall der Entstehung einer sog. **Keinmann-AG**.[108] Zu – unzulässigen – satzungsmäßigen Auflösungsgründen und zur Auflösung infolge Kündigung durch einen Aktionär s. Rn 39.

III. Keine Auflösungsgründe. Die Statuierung **satzungsmäßiger außergesetzlicher Auflösungsgründe** – etwa ein in der Satzung eingeräumtes Kündigungsrecht für einen oder mehrere Aktionäre – ist nach zutreffender, indes umstrittener Auffassung nicht möglich.[109] Auch das Gesetz selbst sieht eine **Kündigung**, die zur Auflösung führen könnte, weder für Aktionäre noch für Gläubiger der Gesellschaft vor.[110] Ebenfalls ist dem Aktienrecht eine **Auflösungsklage aus wichtigem Grund** entsprechend § 61 GmbHG fremd.[111] Keine Auflösungsgründe sind auch **rein tatsächliche Veränderungen** wie die Einstellung des Betriebes,[112] Veräußerung oder Verpachtung des Unternehmens, Entziehung einer amtlichen Erlaubnis oder Erreichung des Geschäftszwecks.[113] Das Gleiche gilt hinsichtlich der nachträglichen Vereinigung aller Aktien in einer Hand (Ein-

---

97 Siehe dazu und zu den Rechtsmitteln etwa Schulte-Bunert/Weinreich/*Nedden-Boeger*, FamFG, § 394 Rn 14 ff; Keidel/*Heinemann*, FamFG, § 394 Rn 13 ff, 19 ff; *Bumiller/Harders*, FamFG, § 394 Rn 5 ff, § 393 Rn 4 ff.
98 Zu den Einzelheiten s. Schulte-Bunert/Weinreich/*Nedden-Boeger*, FamFG, § 394 Rn 62; MüKo-ZPO/*Krafka*, § 399 FamFG Rn 19; MüKo-AktG/*Hüffer*, Rn 96.
99 Zu den Löschungswirkungen s. auch MüKo-AktG/*Hüffer*, Rn 84 ff.
100 Vgl *Hüffer*, Anh. § 262 Rn 7, § 264 Rn 6.
101 *Hüffer*, Anh. § 262 Rn 7.
102 BayObLG ZIP 1984, 175, 176 = GmbHR 1985, 53; OLG Frankfurt BB 1976, 810; DB 1981, 83; MüKo-AktG/*Hüffer*, Rn 75, 83, mwN.
103 MüKo-AktG/*Hüffer*, Rn 83, 55; KölnKomm-AktG/*Kraft*, Rn 56.
104 Vgl MüKo-AktG/*Hüffer*, Rn 83.
105 Vgl MüHb-AG/*Hoffmann-Becking*, § 65 Rn 10; MüKo-AktG/*Hüffer*, Rn 100.
106 Vgl auch die Aufstellungen bei MüKo-AktG/*Hüffer*, Rn 101 ff (dort auch zur Systematisierung der anderen Auflösungsgründe); KölnKomm-AktG/*Kraft*, Rn 82 ff; Großkomm-AktienR/*K. Schmidt*, Rn 68.
107 Durch das Finanzdienstleistungsaufsichtsgesetz (FinDAG) v. 22.4.2002 (BGBl. I S. 1310) sind die früheren Bundesaufsichtsämter für das Kreditwesen, das Versicherungswesen sowie den Wertpapierhandel zur Bundesanstalt für Finanzdienstleistungsaufsicht zusammengelegt worden. Zur Auflösung durch Maßnahmen der Wirtschaftsaufsicht vgl auch OLG Düsseldorf AG 1988, 50, 52 = NJW-RR 1988, 354.
108 Siehe dazu KölnKomm-AktG/*Kraft*, Rn 83; MüKo-AktG/*Hüffer*, Rn 102; *Hüffer*, Rn 24; Großkomm-AktienR/*K. Schmidt*, Rn 68.
109 So etwa Großkomm-AktienR/*K. Schmidt*, Rn 8, 20; KölnKomm-AktG/*Kraft*, Rn 82, 16 ff; MüKo-AktG/*Hüffer*, Rn 19 ff; *Hüffer*, Rn 7; K. Schmidt/Lutter/*Riesenhuber*, Rn 12; MüHb-AG/*Hoffmann-Becking*, § 65 Rn 3, 10; aA RGZ 79, 418, 422 (zur GmbH); *Baumbach/Hueck*, AktG, Anm. 9; *v. Godin/Wilhelmi*, Anm. 3.
110 Vgl K. Schmidt/Lutter/*Riesenhuber*, Rn 12; MüKo-AktG/*Hüffer*, Rn 19.
111 *Raiser/Veil*, Recht der Kapitalgesellschaften, § 22 Rn 15.
112 Vielmehr kann die AG als Mantel- oder Holdinggesellschaft fortbestehen.
113 Vgl *Hüffer*, Rn 6; KölnKomm-AktG/*Kraft*, Rn 89.

mann-AG).[114] Auch bei der **Vermögensübertragung** gem. § 179a Abs. 3 handelt es sich nicht um einen eigenständigen Auflösungsgrund (Rn 7).[115] Zur Sitzverlegung ins Ausland s. Rn 14.

§ 263 Anmeldung und Eintragung der Auflösung

[1]Der Vorstand hat die Auflösung der Gesellschaft zur Eintragung in das Handelsregister anzumelden. [2]Dies gilt nicht in den Fällen der Eröffnung und der Ablehnung der Eröffnung des Insolvenzverfahrens (§ 262 Abs. 1 Nr. 3 und 4) sowie im Falle der gerichtlichen Feststellung eines Mangels der Satzung (§ 262 Abs. 1 Nr. 5). [3]In diesen Fällen hat das Gericht die Auflösung und ihren Grund von Amts wegen einzutragen. [4]Im Falle der Löschung der Gesellschaft (§ 262 Abs. 1 Nr. 6) entfällt die Eintragung der Auflösung.

Literatur:
Siehe die Hinweise vor §§ 262 ff.

A. Inhalt und Zweck der Regelung 1	C. Eintragung von Amts wegen (S. 2 und 3 und andere Fälle) 6
B. Anmeldung zur Eintragung (S. 1) 2	D. Keine Eintragung (S. 4) 7
I. Gegenstand der Anmeldung 2	E. Eintragung und Bekanntmachung 8
II. Anmeldepflicht des Vorstandes 3	F. Wirkung der Eintragung und Bekanntmachung .. 9
III. Durchführung der Anmeldung und registergerichtliche Prüfung 4	
IV. Sonderfall: Auflösung aufgrund Satzungsänderung 5	

A. Inhalt und Zweck der Regelung

1 § 263 regelt die **registerrechtliche Handhabung** der Auflösung und bezweckt deren **Publizität**.[1] Der durch die Auflösung regelmäßig eingetretene Wechsel von der werbenden Gesellschaft zur Abwicklungsgesellschaft soll für jedermann erkennbar sein.[2] § 263 S. 1 normiert den Grundsatz, wonach die Auflösung vom Vorstand zur Eintragung in das Handelsregister anzumelden ist. Davon abweichend bestimmen § 263 S. 2 und 3, dass im Falle der Auflösung nach § 262 Abs. 1 Nr. 3, 4 und 5 das Registergericht die Auflösung (und ihren Grund) von Amts wegen einzutragen hat. § 263 S. 4 schließlich lässt die Eintragung der Auflösung im Falle des § 262 Abs. 1 Nr. 6 – klarstellend vor dem Hintergrund des § 394 FamFG (vormals § 141a FGG) – entfallen.

B. Anmeldung zur Eintragung (S. 1)

2 **I. Gegenstand der Anmeldung.** Anzumelden nach § 263 S. 1 ist – wie aus dessen Wortlaut und dem Vergleich mit § 263 S. 3 folgt – die **Auflösung als solche, nicht auch der Auflösungsgrund**, wie etwa der Ablauf der in der Satzung bestimmten Zeit oder der Auflösungsbeschluss (§ 262 Abs. 1 Nr. 1 und 2).[3] Im Hinblick auf die registergerichtliche Prüfung (Rn 4) ist es jedoch zumindest zweckmäßig, in der Anmeldung zugleich den Auflösungsgrund zu benennen.[4] Anzumelden ist jede Auflösung, soweit sie nicht von Amts wegen einzutragen ist (§ 263 S. 2, 3; Rn 6) oder durch Löschung bewirkt wird (§ 263 S. 4; Rn 7). Praktisch beschränkt sich das Erfordernis der Anmeldung indes auf die **Auflösungsfälle nach § 262 Abs. 1 Nr. 1 und 2**. Denn für die übrigen Auflösungsgründe nach § 262 Abs. 1 gilt § 263 S. 2–4, für andere Auflösungsgründe iSd § 262 Abs. 2 sind Verfahren von Amts wegen vorgesehen (Rn 6) und satzungsmäßige außergesetzliche Auflösungsgründe, die eine Anmeldung gem. § 263 S. 1 erfordern könnten, sind nach diesseitiger Auffassung nicht möglich (§ 262 Rn 39).[5]

3 **II. Anmeldepflicht des Vorstandes.** Die Auflösung anzumelden, ist **Pflicht des Vorstandes**, und zwar des (ehemaligen) Vorstandes, der zum Zeitpunkt der Auflösung im Amt war.[6] Die Anmeldepflicht obliegt nicht

---

114 KölnKomm-AktG/*Kraft*, Rn 89; *Hüffer*, Rn 6.
115 Vgl Großkomm-AktienR/*K. Schmidt*, Rn 12; MüKo-AktG/*Hüffer*, Rn 22; *Hüffer*, Rn 6; KölnKomm-AktG/*Kraft*, Rn 84.
1 MüKo-AktG/*Hüffer*, Rn 1, 2; *Hüffer*, Rn 1; Großkomm-AktienR/*K. Schmidt*, Rn 1; K. Schmidt/Lutter/*Riesenhuber*, Rn 1.
2 RegBegr. *Kropff*, S. 354.
3 KölnKomm-AktG/*Kraft*, Rn 2; MüKo-AktG/*Hüffer*, Rn 4.
4 KölnKomm-AktG/*Kraft*, Rn 2. Weitergehend: MüKo-AktG/*Hüffer*, Rn 4: Angabe des Grundes ist praktisch unumgänglich.
5 Vgl auch MüKo-AktG/*Hüffer*, Rn 3; *Hüffer*, Rn 2; KölnKomm-AktG/*Kraft*, Rn 3.
6 *Hüffer*, Rn 2. MüKo-AktG/*Hüffer*, Rn 7: Vorstandsmitglieder als Schuldner einer nachwirkenden öffentlich-rechtlichen Verpflichtung gegenüber dem Registergericht.

den Abwicklern.[7] Die Anmeldung einer bereits wirksamen Auflösung (Regelfall; anders bei Auflösung aufgrund Satzungsänderung, s. Rn 5), ist mit der Anmeldung der Abwickler gem. § 266 zu verbinden.[8] In den Fällen, in denen die Vorstandsmitglieder nicht Abwickler werden (§ 265), ist das daraus resultierende Erlöschen ihrer Vertretungsmacht ebenfalls in die Anmeldung der Auflösung aufzunehmen.[9] Die Anmeldung hat grundsätzlich durch den Vorstand **in der vertretungsberechtigten Zusammensetzung** (§ 78) zu erfolgen.[10] Besteht der Vorstand nicht mehr vollständig, genügt aus Gründen der Praktikabilität im Hinblick auf den Abwicklungszweck die Anmeldung durch die verbliebenen Vorstandsmitglieder.[11] Sind überhaupt keine Vorstandsmitglieder mehr vorhanden, so können solche durch das Registergericht bestellt werden.[12] Die Anmeldung hat **unverzüglich**, dh ohne schuldhaftes Zögern (§ 121 Abs. 1 S. 1 BGB) zu erfolgen, was jedoch im Einzelfall ein kurzfristiges Hinausschieben im Interesse einer sachgemäßen Abwicklung nicht ausschließt.[13] Der Vorstand kann durch **Festsetzung eines Zwangsgeldes** gem. § 14 HGB zur Anmeldung angehalten werden (anders bei Auflösung aufgrund Satzungsänderung, s. Rn 5).[14]

III. Durchführung der Anmeldung und registergerichtliche Prüfung. Die Anmeldung hat in **öffentlich beglaubigter Form** zu erfolgen (§ 12 HGB). Zuständig ist das **Amtsgericht des Gesellschaftssitzes** (§ 14, §§ 374 Nr. 1, 376 Abs. 1, 377 Abs. 1 FamFG). Das Registergericht hat die Anmeldung in **formeller und materieller Hinsicht zu prüfen**.[15] Da sich das Gericht von der Wirksamkeit der Auflösung zu überzeugen hat, ist es sinnvoll, bei der Anmeldung den Auflösungsgrund in geeigneter Weise darzutun, um einer entsprechenden Zwischenverfügung des Registergerichts zuvorzukommen.[16]

IV. Sonderfall: Auflösung aufgrund Satzungsänderung. Beruht die Auflösung ausnahmsweise auf einer Satzungsänderung (s. § 262 Rn 11, 15), so wird die Auflösung nur mit der Satzungsänderung wirksam. Diese setzt ihrerseits Anmeldung und Eintragung voraus (§ 181 Abs. 1 und 3). Deshalb sollte sinnvollerweise die **Anmeldung** der (noch nicht wirksamen) **Auflösung mit derjenigen der Satzungsänderung verbunden** werden.[17] Da die Auflösung infolge einer Satzungsänderung erst mit deren Eintragung wirksam wird, kann gegen den Vorstand nicht gem. § 14 HGB vorgegangen werden, weil die Anmeldung der Satzungsänderung **nicht mit Zwangsgeld** durchgesetzt werden kann (§ 407 Abs. 2 S. 1).[18]

C. Eintragung von Amts wegen (S. 2 und 3 und andere Fälle)

Den Vorstand trifft gem. § 263 S. 2 **keine Anmeldepflicht** in den Auflösungsfällen der Eröffnung und Ablehnung des Insolvenzverfahrens (§ 262 Abs. 1 Nr. 3 und 4) sowie der gerichtlichen Feststellung eines Satzungsmangels (§ 262 Abs. 1 Nr. 5 iVm § 399 FamFG). Vielmehr hat in diesen Fällen das Registergericht gem. § 263 S. 3 die **Auflösung und ihren Grund von Amts wegen einzutragen**. Hintergrund dessen ist, dass das Registergericht in den insolvenzrechtlichen Fällen ohnehin von Amts wegen gem. § 31 InsO unterrichtet wird und im Falle des § 262 Abs. 1 Nr. 5 den Satzungsmangel selbst festgestellt hat.[19] Auch **in anderen Fällen**, in denen das Registergericht von Amts wegen unterrichtet wird, trifft den Vorstand keine Anmeldepflicht. Dies betrifft etwa die gerichtliche Auflösung wegen Gemeinwohlgefährdung nach § 396 (vgl § 398 S. 1; s. dort Rn 6), die Verbotsverfügung nach § 3 VereinsG sowie die Auflösung nach § 38 KWG und § 87 VAG.[20]

---

7 Großkomm-AktienR/*K. Schmidt*, Rn 4; KölnKomm-AktG/*Kraft*, Rn 3; MüKo-AktG/*Hüffer*, Rn 7; *Hüffer*, Rn 2; K. Schmidt/Lutter/*Riesenhuber*, Rn 2. Anders die hM zur GmbH, vgl BayObLG GmbHR 1994, 478 = BB 1994, 959; Scholz/*K. Schmidt*, GmbHG, § 65 Rn 7; Baumbach/Hueck/*Haas*, GmbHG, § 65 Rn 7.
8 MüKo-AktG/*Hüffer*, Rn 4.
9 OLG Köln BB 1984, 1066 f (zur GmbH) = GmbHR 1985, 23; MüKo-AktG/*Hüffer*, Rn 4.
10 Großkomm-AktienR/*K. Schmidt*, Rn 8; KölnKomm-AktG/*Kraft*, Rn 3; MüKo-AktG/*Hüffer*, Rn 8; *Hüffer*, Rn 2.
11 Großkomm-AktienR/*K. Schmidt*, Rn 8; KölnKomm-AktG/*Kraft*, Rn 3; MüKo-AktG/*Hüffer*, Rn 8; K. Schmidt/Lutter/*Riesenhuber*, Rn 2.
12 KölnKomm-AktG/*Kraft*, Rn 3; K. Schmidt/Lutter/*Riesenhuber*, Rn 2.
13 RGZ 145, 99, 103 f; KölnKomm-AktG/*Kraft*, Rn 3; MüKo-AktG/*Hüffer*, Rn 8; *Hüffer*, Rn 2; K. Schmidt/Lutter/*Riesenhuber*, Rn 2; Großkomm-AktienR/*K. Schmidt*, Rn 5.
14 Siehe auch KölnKomm-AktG/*Kraft*, Rn 3; MüKo-AktG/*Hüffer*, Rn 8.
15 MüKo-AktG/*Hüffer*, Rn 9; *Hüffer*, Rn 3; Großkomm-AktienR/*K. Schmidt*, Rn 9.
16 Vgl K. Schmidt/Lutter/*Riesenhuber*, Rn 5; KölnKomm-AktG/*Kraft*, Rn 2; ferner MüKo-AktG/*Hüffer*, Rn 9, 4.
17 MüKo-AktG/*Hüffer*, Rn 6. Dort auch zu dem Fall, dass ein Fortsetzungsbeschluss gefasst wird, bevor die Auflösung angemeldet oder eingetragen ist, was die Anmeldung der Auflösung nicht entbehrlich macht.
18 Siehe auch KölnKomm-AktG/*Kraft*, Rn 4; MüKo-AktG/*Hüffer*, Rn 8.
19 Vgl auch MüKo-AktG/*Hüffer*, Rn 12; *Hüffer*, Rn 4; KölnKomm-AktG/*Kraft*, Rn 6.
20 Siehe auch K. Schmidt/Lutter/*Riesenhuber*, Rn 4; KölnKomm-AktG/*Kraft*, Rn 7; MüKo-AktG/*Hüffer*, Rn 12. Zu diesen Fällen s. auch § 262 Rn 38.

D. Keine Eintragung (S. 4)

7 Wird die AG wegen Vermögenslosigkeit gem. § 394 FamFG (vormals § 141a FGG) gelöscht, was gem. § 262 Abs. 1 Nr. 6 zu deren Auflösung führt, so bedarf es nicht auch noch der Eintragung der Auflösung (§ 263 S. 4); ausreichend ist allein die Eintragung der Löschung. Insoweit hat § 263 S. 4 klarstellende Funktion.[21]

E. Eintragung und Bekanntmachung

8 Das Gericht verfügt – in den Fällen des § 263 S. 1 nach ordnungsgemäßer Anmeldung durch den Vorstand oder in den amtswegigen Fällen des § 263 S. 2 – die Eintragung der Auflösung. In den amtswegigen Fällen des § 263 S. 2, dh hinsichtlich der Auflösungsgründe des § 262 Abs. 1 Nr. 3, 4 und 5, erstreckt sich die Eintragung nicht nur auf die Auflösung als solche, sondern auch auf deren Grund. Die **Bekanntmachung** der Eintragung richtet sich nach §§ 10, 11 HGB. Zu Unrecht erfolgte Eintragungen kann das Registergericht von Amts wegen löschen (§ 395 FamFG, vormals § 142 FGG).

F. Wirkung der Eintragung und Bekanntmachung

9 Wie sich aus § 262 Abs. 1 („Die Aktiengesellschaft wird aufgelöst...") sowie § 264 Abs. 1 („Nach der Auflösung ... findet die Abwicklung statt ...") ergibt, treten Auflösung und Abwicklung bei Vorliegen eines Auflösungsgrundes ipso iure ein, ohne dass es einer Eintragung in das Handelsregister bedürfte. Sowohl die Eintragung nach Anmeldung als auch die von Amts wegen zu verfügende **Eintragung der Auflösung** haben deshalb lediglich **deklaratorische Bedeutung** und keine konstitutive Wirkung.[22] Obgleich es sich bei der Auflösung um eine eintragungspflichtige Tatsache handelt, kommen der Eintragung und der Bekanntmachung der Auflösung hinsichtlich der **Publizitätswirkung des Handelsregisters** nach § 15 HGB jedenfalls praktisch keine wesentliche Bedeutung zu, da die Auflösungswirkungen für Dritte nicht relevant sind.[23] Wird die AG durch Eröffnung des Insolvenzverfahrens aufgelöst, findet § 15 HGB ohnehin keine Anwendung (§ 32 Abs. 2 S. 2 HGB iVm § 3).

Zweiter Unterabschnitt
Abwicklung

§ 264 Notwendigkeit der Abwicklung

(1) Nach der Auflösung der Gesellschaft findet die Abwicklung statt, wenn nicht über das Vermögen der Gesellschaft das Insolvenzverfahren eröffnet worden ist.

(2) ¹Ist die Gesellschaft durch Löschung wegen Vermögenslosigkeit aufgelöst, so findet eine Abwicklung nur statt, wenn sich nach der Löschung herausstellt, daß Vermögen vorhanden ist, das der Verteilung unterliegt. ²Die Abwickler sind auf Antrag eines Beteiligten durch das Gericht zu ernennen.

(3) Soweit sich aus diesem Unterabschnitt oder aus dem Zweck der Abwicklung nichts anderes ergibt, sind auf die Gesellschaft bis zum Schluß der Abwicklung die Vorschriften weiterhin anzuwenden, die für nicht aufgelöste Gesellschaften gelten.

Literatur:
Siehe die Hinweise vor §§ 262 ff.

A. Inhalt und Zweck der Regelung	1	I. Allgemeines	5
B. Abwicklung als Regel (Abs. 1 Hs 1)	2	II. Voraussetzungen (Abs. 2 S. 1)	6
C. Insolvenzverfahren als Ausnahme (Abs. 1 Hs 2)	3	III. Ernennung der Abwickler auf Antrag (Abs. 2 S. 2)	7
I. Vorrang des Insolvenzverfahrens	3	IV. Abwicklungsverfahren	8
II. Abwicklung im Anschluss an Insolvenzverfahren	4	E. Beschränkte Weitergeltung der allgemeinen Vorschriften (Abs. 3)	9
D. Abwicklung nach Löschung (Abs. 2)	5		

---

[21] MüKo-AktG/*Hüffer*, Rn 14; *Hüffer*, Rn 5; K. Schmidt/Lutter/*Riesenhuber*, Rn 5.

[22] KölnKomm-AktG/*Kraft*, vor § 262 Rn 7, § 263 Rn 10; MüKo-AktG/*Hüffer*, Rn 10, 13; K. Schmidt/Lutter/*Riesenhuber*, Rn 6.

Zu § 263 S. 4 iVm § 262 Abs. 1 Nr. 6, § 394 FamFG s. auch § 262 Rn 36.

[23] Siehe MüKo-AktG/*Hüffer*, Rn 11, 13; *Hüffer*, Rn 3; K. Schmidt/Lutter/*Riesenhuber*, Rn 7. Anders etwa KölnKomm-AktG/*Kraft*, Rn 11 ff.

| I. Allgemeines .... 9 | II. Einzelheiten .... 10 |

A. Inhalt und Zweck der Regelung

§ 264 Abs. 1 Hs 1 bestimmt, dass nach der Auflösung im **Regelfall** die **Abwicklung** durchzuführen ist. Die **1** Vorschrift bezweckt den **Schutz der Gesellschaftsgläubiger und der Aktionäre**.[1] Für den Fall der Auflösung nach § 262 Abs. 1 Nr. 3 ordnet § 264 Abs. 1 Hs 2 klarstellend den **Vorrang des Insolvenzverfahrens** vor der aktienrechtlichen Abwicklung an.[2] Für den Auflösungsfall nach § 262 Abs. 1 Nr. 6 (Löschung wegen Vermögenslosigkeit) bestimmt § 264 Abs. 2 abweichend von der Regel, dass eine Abwicklung nur als **Nachtragsabwicklung** bei unberechtigter Löschung durchzuführen ist. **Ergänzend zu** §§ 265 ff erklärt § 264 Abs. 3 die **Vorschriften für werbende Gesellschaften** auch während der Abwicklung unter Berücksichtigung des Abwicklungszwecks für anwendbar.

B. Abwicklung als Regel (Abs. 1 Hs 1)

Die Abwicklung in Gestalt des in §§ 265 ff näher geregelten Verfahrens ist gem. § 264 Abs. 1 Hs 1 die **2** **zwingende Regelfolge** grundsätzlich jeder Auflösung.[3] **Andere Formen der Liquidation** sind – abgesehen vom Insolvenzverfahren (Rn 3) sowie der Nachtragsabwicklung (Rn 5 ff) – **nicht zulässig** und auch nicht durch Satzungsbestimmung oder Hauptversammlungsbeschluss möglich (vgl §§ 23 Abs. 5 S. 1, 241 Nr. 3).[4] Die Abwicklung hat deshalb auch in den Fällen der **Einmann-AG**,[5] der **vermögenslosen**[6] sowie der **schuldenfreien**[7] AG zu erfolgen. Allerdings können die in §§ 265 ff getroffenen Regelungen durch Satzung oder Hauptversammlungsbeschluss **grundsätzlich modifiziert** werden, solange der Gläubiger- und Aktionärsschutz (insbesondere die Regelungen in §§ 267, 272) nicht umgangen wird.[8] Da für die Auflösung nach § 262 Abs. 1 Nr. 3 das Insolvenzverfahren gilt und im Falle der Auflösung nach § 262 Abs. 1 Nr. 6 allenfalls eine Nachtragsabwicklung in Betracht kommt, ist die Abwicklung notwendige Folge lediglich der **Auflösungsfälle nach § 262 Abs. 1 Nr. 1, 2, 4 und 5** sowie ggf § 262 Abs. 2.[9] Die Abwicklung zielt auf die Vollbeendigung der AG (§ 262 Rn 3). Vor der Vollbeendigung kann das Abwicklungsverfahren nur unter den Voraussetzungen des § 274 abgebrochen werden, wonach eine Fortsetzung der aufgelösten und sich im Abwicklungsstadium befindenden AG möglich ist, solange mit der Vermögensverteilung noch nicht begonnen wurde. Zur Abwicklung einer **Vor-AG** s. § 262 Rn 7. Zu den Grundzügen des Abwicklungsverfahrens s. vor §§ 262 ff Rn 3.

C. Insolvenzverfahren als Ausnahme (Abs. 1 Hs 2)

I. Vorrang des Insolvenzverfahrens. Eine Abwicklung nach §§ 265 ff findet gem. § 264 Abs. 1 Hs 2 aus- **3** nahmsweise dann nicht statt, wenn über das Vermögen der AG das Insolvenzverfahren eröffnet worden, also die AG nach § 262 Abs. 1 Nr. 3 aufgelöst ist. Vielmehr schließt sich als gleichsam spezielleres Verfahren an die Auflösung ein reguläres **Insolvenzverfahren nach der InsO** an.[10] Dies führt entweder im Wege des Insolvenzplanverfahrens (§§ 217 ff InsO) zur Reorganisation oder im Wege des liquidierenden Insolvenzverfahrens zur Vollabwicklung der AG.[11] Letzteres zielt auf die Löschung der AG wegen Vermögenslosigkeit nach § 394 Abs. 1 S. 2 FamFG (vormals § 141 a Abs. 1 S. 2 FGG) (s. auch § 262 Rn 36).[12] Wurde die Eröffnung des Insolvenzverfahrens mangels Masse abgelehnt (Auflösungsgrund nach § 262 Abs. 1 Nr. 4; s. dort Rn 20), findet indes die aktienrechtliche Abwicklung statt und § 264 gelangt zur Anwendung.

II. Abwicklung im Anschluss an Insolvenzverfahren. Die **Beendigung des Insolvenzverfahrens** (durch Auf- **4** hebung etwa gem. §§ 200, 258 InsO oder Einstellung etwa gem. §§ 207, 212, 213 InsO) führt nicht zum

---

1 MüKo-AktG/*Hüffer*, Rn 2, 4; *Hüffer*, Rn 1; *Sethe*, ZIP 1998, 770; K. Schmidt/Lutter/*Riesenhuber*, Rn 2. Einschränkend: KölnKomm-AktG/*Kraft*, Rn 2: primär Schutz der Gläubiger.
2 *Hüffer*, Rn 1.
3 MüKo-AktG/*Hüffer*, Rn 2, 3, 4; *Hüffer*, Rn 1, 2; K. Schmidt/Lutter/*Riesenhuber*, Rn 1, 3.
4 KölnKomm-AktG/*Kraft*, Rn 2; MüKo-AktG/*Hüffer*, Rn 2, 3, 4; *Hüffer*, Rn 1, 2.
5 KG OLGR 9, 268; MüKo-AktG/*Hüffer*, Rn 3; *Hüffer*, Rn 2; K. Schmidt/Lutter/*Riesenhuber*, Rn 3; KölnKomm-AktG/*Kraft*, Rn 3.
6 KG JW 1926, 2934 (zur GmbH); MüKo-AktG/*Hüffer*, Rn 3; *Hüffer*, Rn 2; K. Schmidt/Lutter/*Riesenhuber*, Rn 3; KölnKomm-AktG/*Kraft*, Rn 3.
7 *Hüffer*, Rn 2; K. Schmidt/Lutter/*Riesenhuber*, Rn 3.
8 Vgl KölnKomm-AktG/*Kraft*, Rn 4; MüKo-AktG/*Hüffer*, Rn 4.
9 Vgl KölnKomm-AktG/*Kraft*, Rn 3, 5; *Hüffer*, Rn 1. Die Abwicklung gem. §§ 265 ff erfolgt auch nach Eintragung der Nichtigkeit der AG (§ 277 Abs. 1; s. dort Rn 3) sowie im Falle der gerichtlichen Auflösung wegen Gemeinwohlgefährdung (§ 396; s. dort Rn 4). Zu Fällen der Auflösung ohne Abwicklung s. § 262 Rn 4.
10 MüKo-AktG/*Hüffer*, Rn 33; *Hüffer*, Rn 7.
11 Vgl MüKo-AktG/*Hüffer*, Rn 36 ff.
12 Vgl MüKo-AktG/*Hüffer*, Rn 36, 86.

Untergang der AG als juristische Person;[13] vielmehr bleibt die AG wegen der **fortbestehenden Auflösungsfolge** des § 262 Abs. 1 Nr. 3 als Liquidationsgesellschaft bestehen, so dass **§§ 264 ff.** Anwendung finden.[14] Dabei verbleibt es, solange nicht die Amtslöschung wegen Vermögenslosigkeit gem. § 394 Abs. 1 S. 2 FamFG (vormals § 141a Abs. 1 S. 2 FGG) erfolgt oder wenn noch Vermögen vorhanden ist und nicht die Nachtragsverteilung gem. § 203 InsO angeordnet wird.[15] Eine Rückkehr zur werbenden Gesellschaft ist regelmäßig nur unter den Voraussetzungen des § 274 Abs. 2 Nr. 1 möglich (s. dort Rn 3). Wurde die AG im Anschluss an ein liquidierendes Insolvenzverfahren wegen Vermögenslosigkeit gem. § 394 Abs. 1 S. 2 FamFG (vormals § 141a Abs. 1 S. 2 FGG) gelöscht, kommt eine Abwicklung nur bei unberechtigter Löschung als Nachtragsabwicklung gem. § 264 Abs. 2 S. 1 in Betracht (Rn 5 f).

D. Abwicklung nach Löschung (Abs. 2)

5 **I. Allgemeines.** Gemäß § 264 Abs. 2 findet eine Abwicklung im Falle der Löschung wegen Vermögenslosigkeit (Auflösungsgrund nach § 262 Abs. 1 Nr. 6 iVm § 394 FamFG, s. § 262 Rn 31 ff) nur statt, wenn sich nach der Löschung herausstellt, dass noch verteilungsfähiges Vermögen vorhanden ist (sog. **Nachtragsabwicklung**).[16] Dabei handelt es sich um ein **eigenständiges Verfahren**, das im Hinblick auf die nur noch notwendigen Einzelmaßnahmen gegenüber der normalen Abwicklung Besonderheiten aufweist (s. auch Rn 8).[17] Da die AG mit der Löschung – auch wenn diese wegen noch vorhandenen Restvermögens unberechtigt erfolgt sein sollte – als juristische Person untergegangen ist (str, § 262 Rn 5 f), kann das Restvermögen nicht mehr ihr zustehen; **Zuordnungssubjekt** ist vielmehr die **Gesamtheit der ehemaligen Aktionäre als teilrechtsfähiger Verband** (Nachgesellschaft).[18] Zur **Prozessführung nach Löschung** s. § 273 Rn 9.

6 **II. Voraussetzungen (Abs. 2 S. 1).** Eine Nachtragsabwicklung kommt nur in den Fällen der **Amtslöschung** nach § 394 Abs. 1 S. 1 FamFG (vormals § 141a Abs. 1 S. 1 FGG) (§ 262 Rn 33) und nach § 394 Abs. 1 S. 2 FamFG (vormals § 141a Abs. 1 S. 2 FGG) (§ 262 Rn 34) in Betracht. In letzterem Fall (Vermögenslosigkeit nach Durchführung des Insolvenzverfahrens) ist die **Nachtragsabwicklung** jedoch **gegenüber** der insolvenzrechtlichen **Nachtragsverteilung gem. §§ 203 ff. InsO subsidiär** (vgl schon Rn 4).[19] Sollte das Gericht unter den Voraussetzungen des § 203 Abs. 3 InsO (Geringfügigkeit) von der Nachtragsverteilung indes absehen, bleibt Raum für eine Nachtragsabwicklung gem. § 264 Abs. 2.[20] Ferner muss noch **verteilungsfähiges Vermögen** vorhanden sein (zur Vermögenslosigkeit s. § 262 Rn 33).[21] Das ist namentlich dann der Fall, wenn noch realisierbare Ansprüche gegen (ehemalige) Aktionäre – etwa aus § 62 – oder Ersatzansprüche gegen (ehemalige) Organmitglieder existieren.[22] Nicht ausreichend ist die **Existenz ungedeckter Verbindlichkeiten**;[23] denn diese sind – sofern kein Vermögen vorhanden ist – mit der Löschung untergegangen.[24] Falls für die gelöschte AG noch **Erklärungen** abgegeben werden müssen oder **sonstige Abwicklungsmaßnahmen** notwendig sind, ist aus Gründen der Praktikabilität die Bestellung von Abwicklern nach § 264 Abs. 2 zuzulassen.[25]

7 **III. Ernennung der Abwickler auf Antrag (Abs. 2 S. 2).** Die Abwickler werden gem. § 264 Abs. 2 S. 2 durch das **Gericht** ernannt.[26] Das Amt früherer Vorstandsmitglieder oder Abwickler lebt nicht wieder auf.[27] Erforderlich ist der **Antrag eines Beteiligten.** Als solche kommen noch nicht befriedigte Gläubiger der AG,

---

13 Erst die Löschung – etwa gem. § 394 Abs. 1 S. 2 FamFG (vormals § 141a Abs. 1 S. 2 FGG) – führt zum Untergang (str; s. § 262 Rn 5 f).
14 MüKo-AktG/*Hüffer*, Rn 85 f; *Hirte*, Kapitalgesellschaftsrecht, Rn 7.45 ff; *ders.*, ZInsO 2000, 127, 133.
15 MüKo-AktG/*Hüffer*, Rn 88; *Hüffer*, Rn 6.
16 Im Unterschied zur Nachtragsabwicklung gem. § 273 Abs. 4 ist im Falle des § 264 Abs. 2 keine Abwicklung vorausgegangen; BayObLG 1955, 288, 292; MüKo-AktG/*Hüffer*, Rn 9.
17 Vgl MüKo-AktG/*Hüffer*, Rn 8, 16; KölnKomm-AktG/*Kraft*, § 273 Rn 35.
18 Str, ausführlich: KölnKomm-AktG/*Kraft*, § 273 Rn 38 ff; MüKo-AktG/*Hüffer*, § 262 Rn 89 ff, 264 Rn 8, § 273 Rn 31; jeweils auch mN zu den Gegenauffassungen; vgl ferner *Hüffer*, § 273 Rn 13; *Hüffer*, GS Schultz, 1987, S. 99, 103 ff; *Hönn*, ZHR 138 (1974), 50, 69 ff.
19 MüKo-AktG/*Hüffer*, Rn 10, 88; *Hüffer*, Rn 6, 13; K. Schmidt/Lutter/*Riesenhuber*, Rn 13.
20 MüKo-AktG/*Hüffer*, Rn 88; K. Schmidt/Lutter/*Riesenhuber*, Rn 13.
21 Unerheblich ist, woraus die Existenz nachträglichen Vermögens resultiert und aus welchem Grund deshalb die Löschung unberechtigterweise erfolgt ist; vgl MüKo-AktG/*Hüffer*, Rn 11.
22 Vgl BayObLG BB 1985, 7 (zur GmbH) = ZIP 1985, 33; BayObLGZ 1993, 332, 333 f (zur GmbH) = NJW-RR 1994, 230; MüKo-AktG/*Hüffer*, Rn 11; *Hüffer*, Rn 13; K. Schmidt/Lutter/*Riesenhuber*, Rn 14.
23 MüKo-AktG/*Hüffer*, Rn 11; *Hüffer*, Rn 13.
24 Vgl BGHZ 74, 212, 215 (zum Verein) = NJW 1979, 1592; MüKo-AktG/*Hüffer*, Rn 11, § 262 Rn 86, mwN AA etwa BGH NJW 1981, 47 (zur GmbH) = ZIP 1980, 983.
25 Siehe im Einzelnen MüKo-AktG/*Hüffer*, Rn 12; vgl ferner KölnKomm-AktG/*Kraft*, § 262 Rn 67. Kritisch etwa K. Schmidt/Lutter/*Riesenhuber*, Rn 15.
26 Es handelt sich um ein unternehmensrechtliches Verfahren iSd § 375 FamFG. Dass unter § 375 Nr. 3 FamFG nicht auch die Anordnung der Nachtragsabwicklung für die AG nach deren Löschung wegen Vermögenslosigkeit (§ 264 Abs. 2) aufgenommen wurde, ist als schlichtes Redaktionsversehen des Gesetzgebers zu werten; Schulte-Bunert/Weinreich/*Nedden-Boeger*, FamFG, § 375 Rn 46, § 394 Rn 78.
27 *Piorreck*, Rpfleger 1978, 157, 159; *Kirberger*, Rpfleger 1975, 341 ff; MüKo-AktG/*Hüffer*, Rn 13; *Hüffer*, Rn 14.

einzelne (ehemalige) Aktionäre sowie (ehemalige) Organmitglieder der AG in Betracht.[28] Das Gericht entscheidet nach pflichtgemäßem Ermessen, ohne an den Antrag gebunden zu sein.[29] **Rechtsmittel** gegen die Gerichtsentscheidung ist die Beschwerde (§§ 402 Abs. 1, 58 ff. FamFG). Zur amtswegigen Eintragung der ernannten Abwickler s. § 266 Rn 6.

IV. Abwicklungsverfahren. Auf die Nachtragsabwicklung sind unter Berücksichtigung ihres besonderen Charakters als eigenständigem Verfahren mit einem gegenüber der normalen Abwicklung beschränkten Zweck (s. Rn 5) die **§§ 264 ff sinngemäß anzuwenden**.[30] Wenig sinnvoll ist insoweit die Anwendung der Vorschriften über den Gläubigeraufruf (§ 267), die Vertretung, die Bilanzierung und die Vermögensverteilung (§§ 269 – 272).[31] Die Eintragung der Abwickler in das Handelsregister (§ 266 Abs. 4; s. dort Rn 6) kann unterbleiben, wenn das Gericht den Abwicklern einen lediglich eng umgrenzten Aufgabenbereich zugewiesen hat.[32] Eine Wiedereintragung der AG kommt entgegen der hM zu § 273 Abs. 4 nicht in Betracht (s. dort Rn 16).[33] Allerdings rechtfertigt ein wesentlicher Verfahrensmangel die Beseitigung der Amtslöschung im Wege des § 395 FamFG (vormals § 142 FGG).[34] Nach Beendigung der Abwicklung ist gem. § 273 Abs. 1 zu verfahren.[35] Die Fortsetzung der gelöschten AG ist – nach umstrittener Auffassung – nicht möglich.[36]

E. Beschränkte Weitergeltung der allgemeinen Vorschriften (Abs. 3)

I. Allgemeines. Von der Auflösung bis zum Schluss der Abwicklung gelten gem. § 264 Abs. 3 **im Grundsatz alle Vorschriften des AktG** weiterhin auch für die Liquidationsgesellschaft, allerdings mit folgenden **Einschränkungen**: die Vorschriften der §§ 264–274 haben als leges speciales Vorrang gegenüber den anderen aktienrechtlichen Regelungen; ferner muss die Anwendung der allgemeinen Vorschriften mit dem Zweck der Abwicklung, die Rechtsverhältnisse der AG zu Dritten und zu ihren Aktionären zu beenden, vereinbar sein.[37] Hinsichtlich der Anwendbarkeit der für den Vorstand geltenden Bestimmungen auf die Abwickler s. auch § 268 Rn 6.

II. Einzelheiten. Ungeachtet ihrer Auflösung bleibt die AG als **juristische Person mit eigener Rechtspersönlichkeit** bestehen; es gelten die §§ 1, 3, 4 und 5 weiter.[38] Die AG bleibt auch parteifähig iSd § 50 ZPO, insolvenzfähig (klargestellt durch § 11 Abs. 3 InsO) sowie register-, namentlich grundbuchfähig.[39] Die Pflicht der **Aktionäre** zur **Erbringung rückständiger Einlagen** (§ 54) besteht nur, soweit diese Mittel für die Befriedigung der Gläubiger notwendig (§ 268 Abs. 1 S. 1) oder in den Fällen des § 271 Abs. 3 für die Erstattung der Einlagen erforderlich sind (s. dort Rn 8).[40] Für deren Einforderung in der Abwicklung sind besondere satzungsmäßige Voraussetzungen – etwa ein Hauptversammlungsbeschluss – nicht zu beachten.[41] Der Gleichbehandlungsgrundsatz nach § 53 a ist zu beachten; allerdings müssen offenbar vermögenslose Aktionäre nicht in Anspruch genommen werden.[42] Die **Rückgewähr von Einlagen** (§ 57) ist auch während der Abwicklung verboten; insoweit greifen §§ 271, 272.[43] Die Pflicht zur **Erbringung von Nebenleistungen** (§ 55) bleibt bestehen, sofern sich der Aktionär zum Zeitpunkt der Auflösung mit deren Leistung im Rückstand befindet oder die Leistung für die Fortführung des Unternehmens (§ 268 Abs. 1 S. 2) erforderlich

---

28 MüKo-AktG/*Hüffer*, Rn 14; *Hüffer*, Rn 14; K. Schmidt/Lutter/*Riesenhuber*, Rn 16.
29 Vgl BGHZ 53, 264, 269 = NJW 1970, 1044; OLG Celle AG 1962, 254; MüKo-AktG/*Hüffer*, Rn 14; *Hüffer*, Rn 14.
30 Vgl MüKo-AktG/*Hüffer*, Rn 16; *Hüffer*, Rn 15; K. Schmidt/Lutter/*Riesenhuber*, Rn 16.
31 Vgl auch MüKo-AktG/*Hüffer*, Rn 16; K. Schmidt/Lutter/*Riesenhuber*, Rn 16. Anders etwa: Anwendung des § 269 hinsichtlich der Vertretungsmacht LG Berlin JW 1936, 746; *Piorreck*, Rpfleger 1978, 157, 159 f; Letzterer auch hinsichtlich §§ 267, 272.
32 Vgl BayObLGZ 1955, 288, 292 (zur GmbH); MüKo-AktG/*Hüffer*, Rn 17; *Hüffer*, Rn 15; K. Schmidt/Lutter/*Riesenhuber*, Rn 16; KölnKomm-AktG/*Kraft*, § 273 Rn 33.
33 Siehe MüKo-AktG/*Hüffer*, Rn 17; *Hüffer*, Rn 15.
34 Vgl OLG Düsseldorf FGPrax 1998, 231 = NJW-RR 1999, 1053; BayObLGZ 1993, 341, 345 = NJW 1994, 594; Schulte-Bunert/Weinreich/*Nedden-Boeger*, FamFG, § 394 Rn 68 ff; Keidel/*Heinemann*, FamFG, § 394 Rn 33; MüKo-AktG/*Hüffer*, Rn 17; *Hüffer*, Rn 15.
35 MüKo-AktG/*Hüffer*, Rn 17.
36 Wie hier RGZ 156, 23, 26 f; MüKo-AktG/*Hüffer*, Rn 18; *Hüffer*, Rn 15; KölnKomm-AktG/*Kraft*, § 262 Rn 69; aA etwa OLG Düsseldorf GmbHR 1979, 227 f = DNotZ 1980, 170; KG DR 1941, 1543 (jeweils zur GmbH).
37 MüHb-AG/*Hoffmann-Becking*, § 66 Rn 2; MüKo-AktG/*Hüffer*, Rn 19. Zu Einzelfragen anwendbarer Regelungen des AktG s. auch *Hüffer*, aaO, Rn 20 – 31; KölnKomm-AktG/*Kraft*, vor § 262 Rn 13 – 27, § 264 Rn 10 – 20.
38 Vgl MüKo-AktG/*Hüffer*, Rn 20; *Hüffer*, Rn 16; KölnKomm-AktG/*Kraft*, vor § 262 Rn 11; MüHb-AG/*Hoffmann-Becking*, § 66 Rn 1; K. Schmidt/Lutter/*Riesenhuber*, Rn 5.
39 MüKo-AktG/*Hüffer*, Rn 21; *Hüffer*, Rn 16; K. Schmidt/Lutter/*Riesenhuber*, Rn 5.
40 KölnKomm-AktG/*Kraft*, vor § 262 Rn 19; MüHb-AG/*Hoffmann-Becking*, § 66 Rn 2; MüKo-AktG/*Hüffer*, Rn 22; *Hüffer*, Rn 16; K. Schmidt/Lutter/*Riesenhuber*, Rn 5.
41 Vgl RGZ 45, 153, 155; 138, 106, 111 (zur GmbH); KölnKomm-AktG/*Kraft*, vor § 262 Rn 19; MüKo-AktG/*Hüffer*, Rn 22; *Hüffer*, Rn 16.
42 Vgl RGZ 149, 293, 300; KölnKomm-AktG/*Kraft*, vor § 262 Rn 19; MüKo-AktG/*Hüffer*, Rn 22; *Hüffer*, Rn 16; K. Schmidt/Lutter/*Riesenhuber*, Rn 6.
43 Vgl MüKo-AktG/*Hüffer*, Rn 23; *Hüffer*, Rn 16; K. Schmidt/Lutter/*Riesenhuber*, Rn 6.

ist.[44] Die **Organstruktur** der AG in der Liquidation bleibt unberührt.[45] An die Stelle der **Vorstandsmitglieder** treten die Abwickler, deren Aufgabe gem. § 265 Abs. 1 im Regelfall von den Vorstandsmitgliedern wahrgenommen wird. Die **Gehaltsansprüche** der die Abwicklung besorgenden Vorstandsmitglieder bestehen vorbehaltlich des § 87 Abs. 2 fort; dagegen entfällt der Anspruch auf eine **Tantieme** (ausgenommen sog. Garantietantieme), da während der Abwicklung kein Jahresgewinn ermittelt wird; ggf besteht allerdings ein Anspruch auf Zahlung eines Ausgleichsbetrages.[46] Der **Aufsichtsrat** bleibt im Amt; er vertritt die Gesellschaft gegenüber den Abwicklern (§ 112), nicht jedoch gegenüber ehemaligen Vorstandsmitgliedern; insoweit haben die Abwickler Vertretungsmacht.[47] Die Personalhoheit des Aufsichtsrats (§ 84) sowie dessen Feststellungskompetenz (§ 172) sind zugunsten der Regelungen in § 265 Abs. 2 S. 1, Abs. 5 S. 1 (s. auch dort Rn 1) sowie § 270 Abs. 2 erloschen (s. auch § 268 Rn 7).[48] Die Vergütungsansprüche der Aufsichtsratsmitglieder ergeben sich nach verbreiteter Meinung aus § 612 BGB.[49] Beschlüsse der **Hauptversammlung** müssen dem Zweck der Abwicklung dienen.[50] So können während der Abwicklung auch **Satzungsänderungen** beschlossen werden (§§ 119 Abs. 1 Nr. 5, 179), soweit der Abwicklungszweck nicht entgegensteht (s. auch § 268 Rn 8).[51] Zulässig dürften die **Änderung der Firma** (etwa wegen § 22 HGB) sowie die **Verlegung des Gesellschaftssitzes** sein.[52] Dagegen dürfte die Änderung des Unternehmensgegenstandes nur zulässig sein, wenn sie mit einem Fortsetzungsbeschluss gem. § 274 verbunden wird.[53] In der Abwicklung kommt eine **Kapitalerhöhung** nur gegen Einlagen (§§ 182 ff), nicht dagegen aus Gesellschaftsmitteln (§§ 207 ff) in Betracht.[54] Eine **Kapitalherabsetzung** ist – nach umstrittener Auffassung – auch während der Abwicklung zulässig (s. auch vor §§ 222 ff Rn 18).[55] Während der Abwicklung kann die Hauptversammlung auch den **Formwechsel** in eine andere Rechtsform (§ 191 Abs. 3 UmwG) oder eine **Verschmelzung oder Spaltung** der AG als übertragender Gesellschaft (§§ 3 Abs. 3, 124 Abs. 2 UmwG) beschließen; dagegen ist eine Verschmelzung oder Spaltung mit Beteiligung der aufgelösten AG als übernehmender Gesellschaft nicht möglich.[56] Da die **Ausschüttung eines Jahresgewinns** der Liquidationsgesellschaft dem Zweck der Abwicklung widerspricht, kann der Jahresüberschuss nach hM nicht als Dividende ausgeschüttet, sondern nur als Teil des Liquidationsüberschusses nach § 271 Abs. 1 unter die Aktionäre verteilt werden (s. noch § 270 Rn 4; § 272 Rn 3).[57] Die Auswirkung der Auflösung auf den Bestand von **Unternehmensverträgen** (§§ 291, 292) ist umstritten;[58] nach hM führt die Auflösung zu deren Beendigung.[59] Ein **Squeeze-out** (§§ 327 a ff) ist nach hM auch im Abwicklungsstadium möglich, weil die Auflösung nur eine Zweckänderung und nicht den Wegfall der Gesellschaft bewirkt.[60]

§ 265 Abwickler

(1) Die Abwicklung besorgen die Vorstandsmitglieder als Abwickler.

---

44 KölnKomm-AktG/*Kraft*, vor § 262 Rn 20; MüKo-AktG/*Hüffer*, Rn 22.
45 MüKo-AktG/*Hüffer*, Rn 24; *Hüffer*, Rn 16; K. Schmidt/Lutter/*Riesenhuber*, Rn 7.
46 MüKo-AktG/*Hüffer*, Rn 24, § 265 Rn 7; *Hüffer*, Rn 17; KölnKomm-AktG/*Kraft*, Rn 14 f, § 265 Rn 31. Vgl auch K. Schmidt/Lutter/*Riesenhuber*, Rn 7.
47 OLG Köln NZG 2002, 1062, 1063 = AG 2003, 449; K. Schmidt/Lutter/*Riesenhuber*, Rn 8.
48 MüKo-AktG/*Hüffer*, Rn 25; *Hüffer*, § 268 Rn 6; K. Schmidt/Lutter/*Riesenhuber*, Rn 8.
49 KölnKomm-AktG/*Kraft*, Rn 13; aA MüKo-AktG/*Hüffer*, Rn 26; *Hüffer*, Rn 17: ein zugesagter Festbetrag wird bis zur Korrektur der Zusage durch Satzung bzw Hauptversammlung von der Gesellschaft geschuldet.
50 OLG Hamburg NZG 2003, 132, 134 = AG 2003, 643.
51 RGZ 121, 246, 253 (zur Genossenschaft); BGHZ 24, 279, 288 = NJW 1957, 1279; OLG Frankfurt OLGZ 1974, 129 (zur GmbH) = NJW 1974, 463; MüHb-AG/*Hoffmann-Becking*, § 66 Rn 2; MüKo-AktG/*Hüffer*, Rn 28; *Hüffer*, Rn 16; KölnKomm-AktG/*Kraft*, vor § 262 Rn 15 f; K. Schmidt/Lutter/*Riesenhuber*, Rn 9.
52 KölnKomm-AktG/*Kraft*, vor § 262 Rn 16; MüKo-AktG/*Hüffer*, Rn 28; *Hüffer*, Rn 16.
53 Str; vgl KölnKomm-AktG/*Kraft*, vor § 262 Rn 16; MüKo-AktG/*Hüffer*, Rn 28; K. Schmidt/Lutter/*Riesenhuber*, Rn 9.
54 Vgl BGHZ 24, 279, 286 = NJW 1957, 1279; MüKo-AktG/*Hüffer*, Rn 29; *Hüffer*, Rn 16; KölnKomm-AktG/*Kraft*, vor § 262 Rn 16.
55 Wie hier MüKo-AktG/*Hüffer*, Rn 30; *Hüffer*, Rn 16, § 222 Rn 24; MüHb-AG/*Krieger*, § 60 Rn 13; K. Schmidt/Lutter/*Riesenhuber*, Rn 9; ferner BGHZ 138, 71, 78 ff = NJW 1998, 2054; OLG Frankfurt OLGZ 1974, 129 (zur GmbH) = NJW 1974, 463; aA etwa KölnKomm-AktG/*Kraft*, vor § 262 Rn 16.
56 MüHb-AG/*Hoffmann-Becking*, § 66 Rn 2; OLG Naumburg NJW-RR 1998, 178 = GmbHR 1997, 1152; AG Erfurt Rpfleger 1996, 163; aA *Dehmer*, UmwG/UmwStG, § 3 UmwG Rn 34; differenzierend: *Bayer*, EWiR 1997, 807, 808.
57 MüHb-AG/*Hoffmann-Becking*, § 66 Rn 2; *Hüffer*, § 270 Rn 5; KölnKomm-AktG/*Kraft*, Rn 11 f, § 270 Rn 17.
58 Siehe dazu etwa KölnKomm-AktG/*Kraft*, vor § 262 Rn 21; MüKo-AktG/*Hüffer*, Rn 31; *Hüffer*, Rn 16; § 297 Rn 22; MüHb-AG/*Krieger*, § 70 Rn 129, 172, § 71 Rn 12; K. Schmidt/Lutter/*Riesenhuber*, Rn 10.
59 Vgl BGHZ 103, 1, 6 f (zur GmbH) = NJW 1988, 1326; BayObLGZ 1988, 231, 234; *Hüffer*, Rn 16; § 297 Rn 22; aA zum Gewinnabführungsvertrag BFHE 90, 370, 373.
60 BGH NZG 2006, 905 = NJW-RR 2007, 99; *Hüffer*, Rn 16, § 327 a Rn 6.

(2) ¹Die Satzung oder ein Beschluß der Hauptversammlung kann andere Personen als Abwickler bestellen. ²Für die Auswahl der Abwickler gilt § 76 Abs. 3 Satz 2 und 3 sinngemäß. ³Auch eine juristische Person kann Abwickler sein.

(3) ¹Auf Antrag des Aufsichtsrats oder einer Minderheit von Aktionären, deren Anteile zusammen den zwanzigsten Teil des Grundkapitals oder den anteiligen Betrag von 500 000 Euro erreichen, hat das Gericht bei Vorliegen eines wichtigen Grundes die Abwickler zu bestellen und abzuberufen. ²Die Aktionäre haben glaubhaft zu machen, daß sie seit mindestens drei Monaten Inhaber der Aktien sind. ³Zur Glaubhaftmachung genügt eine eidesstattliche Versicherung vor einem Gericht oder Notar. ⁴Gegen die Entscheidung ist die Beschwerde zulässig.

(4) ¹Die gerichtlich bestellten Abwickler haben Anspruch auf Ersatz angemessener barer Auslagen und auf Vergütung für ihre Tätigkeit. ²Einigen sich der gerichtlich bestellte Abwickler und die Gesellschaft nicht, so setzt das Gericht die Auslagen und die Vergütung fest. ³Gegen die Entscheidung ist die Beschwerde zulässig; die Rechtsbeschwerde ist ausgeschlossen. ⁴Aus der rechtskräftigen Entscheidung findet die Zwangsvollstreckung nach der Zivilprozeßordnung statt.

(5) ¹Abwickler, die nicht vom Gericht bestellt sind, kann die Hauptversammlung jederzeit abberufen. ²Für die Ansprüche aus dem Anstellungsvertrag gelten die allgemeinen Vorschriften.

(6) Die Absätze 2 bis 5 gelten nicht für den Arbeitsdirektor, soweit sich seine Bestellung und Abberufung nach den Vorschriften des Montan-Mitbestimmungsgesetzes bestimmen.

A. Inhalt und Zweck der Regelung 1	E. Durch das Gericht bestellte und abberufene Abwickler (Abs. 3 und 4) 10
B. Anwendungsbereich 2	I. Antragsberechtigung 11
C. Vorstandsmitglieder als Abwickler (Abs. 1) 3	II. Wichtiger Grund 12
D. Durch Satzung oder Hauptversammlungsbeschluss bestellte Abwickler (Abs. 2) 4	III. Verfahren 13
I. Satzung 4	IV. Vergütung und Auslagenersatz (Abs. 4) 15
II. Beschluss der Hauptversammlung 6	F. Abberufung der Abwickler (Abs. 5) 16
III. Persönliche Bestellungshindernisse (Abs. 2 S. 2) 7	G. Amtsniederlegung 17
IV. Juristische Personen als Abwickler (Abs. 2 S. 3)	H. Arbeitsdirektor nach dem Montan-MitbestG (Abs. 6) 18
V. Wirksamwerden der Bestellung; Anstellungsverhältnis der gekorenen Abwickler 9	

A. Inhalt und Zweck der Regelung

§ 265 regelt die **Bestellung und Abberufung der Abwickler**; er bezweckt eine **Optimierung des Abwicklungsergebnisses** und dient damit den Interessen der Aktionäre und der Gesellschaftsgläubiger.[1] Angesichts dessen stärken Abs. 2 S. 1 und Abs. 5 S. 1 durch den **Übergang der Personalkompetenz** vom Aufsichtsrat (§ 84) auf die Hauptversammlung deren Rechtsposition und mithin die der Aktionäre.[2] § 265 befasst sich – mit Ausnahme seines Abs. 4 – nur mit der **korporationsrechtlichen Stellung** der Abwickler, nicht auch mit Begründung, Inhalt und Beendigung des Anstellungsverhältnisses.[3] Abs. 1 normiert die **gesetzliche Regel**, wonach die Vorstandsmitglieder die Abwicklung besorgen. Davon abweichend können gem. Abs. 2 die Satzung oder ein Beschluss der Hauptversammlung andere – auch juristische – Personen als Abwickler vorsehen. Zum Zwecke des **Minderheitenschutzes**[4] besteht gem. Abs. 3 die Möglichkeit der gerichtlichen Bestellung und Abberufung von Abwicklern aus wichtigem Grund, – ergänzt durch die Regelung in Abs. 4 über den Auslagenersatz und die Vergütung gerichtlich bestellter Abwickler. Nicht vom Gericht bestellte Abwickler kann die Hauptversammlung jederzeit gem. Abs. 5 abberufen. Abs. 6 enthält eine Sonderregelung für den Arbeitsdirektor nach dem Montan-MitbestG.

B. Anwendungsbereich

Die Anwendung des § 265 setzt eine durch Eintragung (§ 41 Abs. 1 S. 1) als juristische Person entstandene AG voraus (vgl auch § 262 Rn 7); die Vorschrift gilt – einschließlich der Möglichkeit gerichtlich zu bestel-

---

1 MüKo-AktG/*Hüffer*, Rn 2.
2 MüKo-AktG/*Hüffer*, Rn 2; *Hüffer*, Rn 1.
3 KölnKomm-AktG/*Kraft*, Rn 3.
4 Vgl KölnKomm-AktG/*Kraft*, Rn 2, 15; MüKo-AktG/*Hüffer*, Rn 13; K. Schmidt/Lutter/*Riesenhuber*, Rn 1.

lender Abwickler gem. § 265 Abs. 3 – auch für die **Vor-AG**.[5] Für die Abwicklung einer **Bank- oder Versicherungs-AG** sind Sonderregelungen zu beachten: § 38 Abs. 2 S. 2 KWG, § 81 Abs. 2 S. 1 VAG.[6] Zum **Arbeitsdirektor** s. Rn 18.

C. Vorstandsmitglieder als Abwickler (Abs. 1)

3 Falls die Satzung oder ein Hauptversammlungsbeschluss nichts anderes bestimmen, werden die Vorstandsmitglieder gem. § 265 Abs. 1 **kraft Gesetzes** Abwickler. Eines besonderen Bestellungsaktes oder einer besonderen Annahmeerklärung seitens der bisherigen Vorstandsmitglieder bedarf es nicht (sog. **geborene Abwickler**).[7] Abwickler wird nicht der Vorstand als solcher, sondern dessen im Zeitpunkt der Auflösung tatsächlich noch vorhandene Mitglieder.[8] Wenn zum Zeitpunkt der Auflösung die in der Satzung festgelegte Zahl an Vorstandsmitgliedern nicht erreicht ist (Unterbesetzung), werden (nur) die verbliebenen Vorstandsmitglieder Abwickler.[9] Stellvertretende Vorstandsmitglieder werden zu stellvertretenden Abwicklern (§§ 264 Abs. 2, 94).[10] Die **Amtszeit** der zu Abwicklern gewordenen Vorstandsmitglieder endet – sofern sie nicht vorher abberufen werden (Rn 10, 16) oder ihr Amt niederlegen (Rn 17) – erst mit der Löschung der AG im Handelsregister (§ 273 Abs. 1 S. 2), und zwar auch dann, wenn ihre Vorstandsbestellung vorher ausgelaufen wäre.[11] Das **Anstellungsverhältnis** des einzelnen Vorstandsmitglieds bleibt auch mit Eintritt der Auflösung bestehen, sofern das Vorstandsmitglied nicht von vornherein von der Pflicht zur Abwicklertätigkeit entbunden ist oder andere abweichende Regelungen vereinbart hat.[12] Im Einzelfall können die mit der Übernahme der Abwicklerfunktion verbundene Änderung des Tätigkeitsbereichs oder etwaige Umstände der Auflösung jedoch zur außerordentlichen Kündigung berechtigen.[13] Zu Gehalts- und Tantiemeansprüchen der als Abwickler tätigen ehemaligen Vorstandsmitglieder s. § 264 Rn 10. Überdauert die Amtszeit als Abwickler die vereinbarte Vertragsdauer, so wird der bisherige Anstellungsvertrag zwar nicht kraft Gesetzes fortgesetzt, allerdings kann die Fortdauer der Tätigkeit als schlüssige Vertragsverlängerung gewertet werden.[14]

D. Durch Satzung oder Hauptversammlungsbeschluss bestellte Abwickler (Abs. 2)

4 **I. Satzung.** Abweichend von der gesetzlichen Regel des Abs. 1 können gem. Abs. 2 S. 1 Alt. 1 durch die Satzung andere Personen als die Vorstandsmitglieder oder zusätzliche Personen als Abwickler bestellt werden (sog. **gekorene Abwickler**). Eine solche Bestimmung kann **auch nachträglich** in die Satzung **aufgenommen** oder eine bereits enthaltene Bestimmung **geändert** werden und ist auch noch möglich, wenn die Gesellschaft bereits aufgelöst ist und wenn bereits andere Abwickler – etwa die früheren Vorstandsmitglieder gem. Abs. 1 – ihre Tätigkeit aufgenommen haben.[15] Eines zusätzlichen Bestellungsaktes bedarf es nicht; jedoch kann der Organstatus als Abwickler nicht gegen den Willen des Benannten entstehen (s. noch Rn 9).[16] Bei der nachträglichen Änderung oder Ergänzung der Satzung handelt es sich um eine Satzungsänderung iSd §§ 179 ff.[17]

5 Die Satzung kann einzelne oder alle Vorstandsmitglieder von der Abwicklung ausschließen und eine oder mehrere andere Personen (auch zusätzlich) als Abwickler bestimmen.[18] Die Bestimmung darf jedoch **nicht**

---

5 BGH NJW 2007, 589, 592 = AG 2007, 82; BGH NJW 1998, 1079, 1080 (zur GmbH) = AG 1998, 138; MüKo-AktG/*Hüffer*, Rn 3 f; *Hüffer*, Rn 2; Großkomm-AktienR/*K. Schmidt*, Rn 5; KölnKomm-AktG/*Kraft*, Rn 16; aA BayObLG NJW 1965, 2234; BGH NJW 1963, 859 (zur GmbH); BGHZ 51, 30, 34 (zur GmbH) = NJW 1969, 509; BGHZ 86, 122, 127 (zur GmbH) = NJW 1983, 876; OLG Frankfurt AG 1996, 88 (zur GmbH).
6 Siehe MüKo-AktG/*Hüffer*, Rn 38 f.
7 MüKo-AktG/*Hüffer*, Rn 5; *Hüffer*, Rn 3; KölnKomm-AktG/*Kraft*, Rn 4; K. Schmidt/Lutter/*Riesenhuber*, Rn 2.
8 KölnKomm-AktG/*Kraft*, Rn 4; MüKo-AktG/*Hüffer*, Rn 5; *Hüffer*, Rn 3; K. Schmidt/Lutter/*Riesenhuber*, Rn 2.
9 MüKo-AktG/*Hüffer*, Rn 5; *Hüffer*, Rn 3.
10 KölnKomm-AktG/*Kraft*, Rn 4; MüKo-AktG/*Hüffer*, Rn 5.
11 KölnKomm-AktG/*Kraft*, Rn 4; MüKo-AktG/*Hüffer*, Rn 6; *Hüffer*, Rn 3; MüHb-AG/*Hoffmann-Becking*, § 66 Rn 3; Großkomm-AktienR/*K. Schmidt*, Rn 15.
12 Vgl KölnKomm-AktG/*Kraft*, Rn 31; MüKo-AktG/*Hüffer*, Rn 7; *Hüffer*, Rn 3; K. Schmidt/Lutter/*Riesenhuber*, Rn 3; MüHb-AG/*Hoffmann-Becking*, § 66 Rn 4. Zur Fortgeltung eines vertraglich vereinbarten Nebentätigkeitsverbots OLG Brandenburg AG 2009, 513.
13 KölnKomm-AktG/*Kraft*, Rn 31; MüKo-AktG/*Hüffer*, Rn 7; K. Schmidt/Lutter/*Riesenhuber*, Rn 3.
14 MüKo-AktG/*Hüffer*, Rn 7; *Hüffer*, Rn 3; KölnKomm-AktG/*Kraft*, Rn 31; K. Schmidt/Lutter/*Riesenhuber*, Rn 4.
15 KölnKomm-AktG/*Kraft*, Rn 6; MüKo-AktG/*Hüffer*, Rn 8; Großkomm-AktienR/*K. Schmidt*, Rn 19.
16 *Hüffer*, Rn 4; Großkomm-AktienR/*K. Schmidt*, Rn 18, 21.
17 Großkomm-AktienR/*K. Schmidt*, Rn 19; KölnKomm-AktG/*Kraft*, Rn 6; K. Schmidt/Lutter/*Riesenhuber*, Rn 6; aA MüKo-AktG/*Hüffer*, Rn 8; *Hüffer*, Rn 4: entsprechende Klauseln sind mangels Regelung mitgliedschaftlicher Verhältnisse unechte (formelle) Satzungsbestandteile, so dass insb. §§ 179 Abs. 2, 181 Abs. 3 nicht anzuwenden sind.
18 KölnKomm-AktG/*Kraft*, Rn 6; MüKo-AktG/*Hüffer*, Rn 9; *Hüffer*, Rn 4; MüHb-AG/*Hoffmann-Becking*, § 66 Rn 3 a; K. Schmidt/Lutter/*Riesenhuber*, Rn 5; Großkomm-AktienR/*K. Schmidt*, Rn 20.

einem Dritten – auch nicht dem Aufsichtsrat – **überlassen** bleiben.[19] Die Abwickler müssen der **Person nach genau bezeichnet** sein; nicht ausreichend ist die Bestimmung des „jeweiligen" Inhabers eines Amtes oder des „jeweiligen" Leiters einer Behörde.[20] Zu persönlichen Bestellungshindernissen, die der Satzungsgeber zu beachten hat, s. Rn 7. Unzulässige Satzungsbestimmungen bzw darauf gerichtete Hauptversammlungsbeschlüsse sind nichtig gem. § 241 Nr. 3 (öffentliches Interesse).[21]

II. Beschluss der Hauptversammlung. Auch durch Beschluss der Hauptversammlung können gem. § 265 Abs. 2 S. 1 Var. 2 andere Personen als die Vorstandsmitglieder als Abwickler bestellt werden. Dieses Recht der Hauptversammlung kann **nicht durch die Satzung ausgeschlossen** werden.[22] Für den Hauptversammlungsbeschluss ist die **einfache Stimmenmehrheit** (§ 133) genügend; dies gilt angesichts der Abberufungsmöglichkeit nach § 265 Abs. 5 auch dann, wenn – was zulässig ist – von bereits in der Satzung benannten Abwicklern abgewichen werden soll.[23] Auch die Hauptversammlung darf die Bestimmung der konkreten Abwickler nicht an Dritte übertragen (Rn 5)[24] und muss die persönlichen Bestellungshindernisse beachten[25] (zu diesen s. Rn 7). Im Hinblick auf die Vertretungsmacht mehrerer Abwickler ist die Hauptversammlung „sonst zuständige Stelle" iSd § 269 Abs. 2 S. 1 (s. dort Rn 5). Wird ein Hauptversammlungsbeschluss erst nach der Auflösung wirksam, werden zwar zunächst gem. § 265 Abs. 1 die ehemaligen Vorstandsmitglieder oder gem. § 265 Abs. 2 S. 1 Alt. 1 andere durch Satzung gekorene Personen zu Abwicklern; deren Abberufung ist jedoch in dem Beschluss über die Bestellung anderer Abwickler enthalten (Abs. 5 S. 1).[26]

III. Persönliche Bestellungshindernisse (Abs. 2 S. 2). Gemäß § 265 Abs. 2 S. 2 müssen sowohl der Satzungsgeber als auch die Hauptversammlung bei der Auswahl der Abwickler § 76 Abs. 3 S. 2 und 3 beachten. Die dort genannten persönlichen Bestellungshindernisse (Betreuung, Untersagung einschlägiger beruflicher oder gewerblicher Tätigkeit, Verurteilung wegen bestimmter Straftaten) stehen der Bestellung als Abwickler entgegen. Dagegen gilt § 76 Abs. 3 S. 1 für die Abwickler angesichts der vorrangigen Regelung in § 265 Abs. 2 S. 3 nicht (s. dazu Rn 8).

IV. Juristische Personen als Abwickler (Abs. 2 S. 3). Anders als die Reglung in § 76 Abs. 3 S. 1 bestimmt § 265 Abs. 2 S. 3, dass auch eine juristische Person Abwickler sein kann. Dies ermöglicht die aufgrund entsprechender Sachkunde oftmals wünschenswerte Bestellung von **Treuhandgesellschaften** und öffentlichrechtlichen Körperschaften.[27] Nach hM kommen deshalb auch oHG sowie KG als Abwickler in Betracht.[28]

V. Wirksamwerden der Bestellung; Anstellungsverhältnis der gekorenen Abwickler. Da die Abwickler durch die Satzung bzw den Hauptversammlungsbeschluss „bestellt" werden, ist abweichend von § 84 eine Bestellung durch den Aufsichtsrat weder erforderlich noch möglich (vgl auch Rn 1).[29] Erst mit **Zugang** der Mitteilung über die Bestellung an den Bestellten und seiner ausdrücklichen oder schlüssigen (namentlich durch Aufnahme der Tätigkeit) **Annahmeerklärung** wird die Bestellung wirksam.[30] Eine Verpflichtung zur Annahme des Amtes als Abwickler besteht nicht.[31] Da anders als bei Vorstandsmitgliedern als geborenen Abwicklern noch keine Vertragsbeziehung besteht, sollte mit dem gekorenen Abwickler ausdrücklich ein **Anstellungsvertrag** geschlossen werden, der insbesondere Regelungen über die Vergütung und die Dauer der Tätigkeit enthalten sollte.[32] Über den Vertragsschluss hat die Hauptversammlung zu beschließen, da diese auch gem. Abs. 2 S. 1 Alt. 2 über die Bestellung der Abwickler zu entscheiden hat.[33] Hinsichtlich des förmlichen Abschlusses des Vertrages wird die AG in entsprechender Anwendung des § 112 durch den Aufsichtsrat vertreten.[34]

E. Durch das Gericht bestellte und abberufene Abwickler (Abs. 3 und 4)

Gemäß Abs. 3 S. 1 hat das Registergericht auf Antrag bei Vorliegen eines wichtigen Grundes die Abwickler zu bestellen und abzuberufen (sog. **befohlene Abwickler**). Eine gerichtliche Bestellung oder Abberufung

---

19 Vgl KG OLGR 8, 235; KGJ 49, 122, 123 ff; Großkomm-AktienR/*K. Schmidt*, Rn 18; KölnKomm-AktG/*Kraft*, Rn 6; MüKo-AktG/*Hüffer*, Rn 9; *Hüffer*, Rn 4; *Sethe*, ZIP 1998, 770, 771; K. Schmidt/Lutter/*Riesenhuber*, Rn 6.
20 MüKo-AktG/*Hüffer*, Rn 9; *Hüffer*, Rn 4; KölnKomm-AktG/*Kraft*, Rn 6;; aA *Sethe*, ZIP 1998, 770, 771.
21 MüKo-AktG/*Hüffer*, Rn 9.
22 MüHb-AG/*Hoffmann-Becking*, § 66 Rn 3 a; MüKo-AktG/*Hüffer*, Rn 10; *Hüffer*, Rn 5.
23 KölnKomm-AktG/*Kraft*, Rn 7; MüKo-AktG/*Hüffer*, Rn 10; *Hüffer*, Rn 5; MüHb-AG/*Hoffmann-Becking*, § 66 Rn 3 a; K. Schmidt/Lutter/*Riesenhuber*, Rn 7.
24 KölnKomm-AktG/*Kraft*, Rn 7.
25 MüKo-AktG/*Hüffer*, Rn 10.
26 MüKo-AktG/*Hüffer*, Rn 10; KölnKomm-AktG/*Kraft*, Rn 13.
27 KölnKomm-AktG/*Kraft*, Rn 9; MüKo-AktG/*Hüffer*, Rn 11; *Hüffer*, Rn 6; K. Schmidt/Lutter/*Riesenhuber*, Rn 8.
28 MüHb-AG/*Hoffmann-Becking*, § 66 Rn 3 a; MüKo-AktG/*Hüffer*, Rn 11; *Hüffer*, Rn 6; K. Schmidt/Lutter/*Riesenhuber*, Rn 8; Großkomm-AktienR/*K. Schmidt*, Rn 17. Kritisch: KölnKomm-AktG/*Kraft*, Rn 10 ff.
29 MüKo-AktG/*Hüffer*, Rn 12.
30 KölnKomm-AktG/*Kraft*, Rn 14; MüKo-AktG/*Hüffer*, Rn 12.
31 MüKo-AktG/*Hüffer*, Rn 12; KölnKomm-AktG/*Kraft*, Rn 5.
32 MüKo-AktG/*Hüffer*, Rn 12; KölnKomm-AktG/*Kraft*, Rn 32.
33 KölnKomm-AktG/*Kraft*, Rn 32; MüHb-AG/*Hoffmann-Becking*, § 66 Rn 4.
34 MüHb-AG/*Hoffmann-Becking*, § 66 Rn 4; Großkomm-AktienR/*K. Schmidt*, Rn 27; KölnKomm-AktG/*Kraft*, Rn 32; vgl auch MüKo-AktG/*Hüffer*, Rn 12.

kann die Hauptversammlung selbst einstimmig nicht rückgängig machen (vgl Abs. 5 S. 1), solches kann nur durch das Gericht erfolgen; umgekehrt können indes alle geborenen und gekorenen Abwickler und auch bereits gerichtlich bestellte Abwickler durch das Gericht – unter den Voraussetzungen des Abs. 3 – abberufen werden.[35]

11 **I. Antragsberechtigung.** Das Gericht wird nur auf Antrag, nicht auch von Amts wegen etwa aufgrund entsprechender Anregung tätig.[36] Antragsberechtigt ist zum einen der **Aufsichtsrat als Organ**.[37] Er entscheidet durch mehrheitlichen Beschluss (§ 108 Abs. 1).[38] Auch im Falle schriftlicher Beschlussfassung muss eine Niederschrift gem. § 107 Abs. 2 vorliegen; allein die Unterzeichnung des Antrages durch alle Aufsichtsratsmitglieder genügt deshalb nicht (str).[39] Antragsberechtigt ist auch eine **qualifizierte Minderheit von Aktionären**. Deren Anteile müssen zusammen 5 % des Grundkapitals oder den anteiligen Nennbetrag von 500.000 EUR erreichen. Ausreichend ist auch, dass das erforderliche Quorum von einem einzelnen Aktionär erreicht wird.[40] Der bzw die antragstellenden Aktionäre müssen seit mindestens 3 Monaten Inhaber der Aktien sein (zur Berechnung der Aktienbesitzzeit s. § 70); dies haben sie gem. § 265 Abs. 3 S. 2 glaubhaft zu machen; zur Glaubhaftmachung genügt gem. Abs. 3 S. 3 eine eidesstattliche Versicherung vor einem Gericht oder Notar. Es ist keine Hinterlegung der Aktien erforderlich.[41] **Nicht antragsberechtigt sind Gesellschaftsgläubiger.**[42] Fehlt eine der Antragsvoraussetzungen oder wird der Antrag von einem nicht Antragsberechtigten gestellt, so ist der Antrag als unzulässig abzuweisen.[43]

12 **II. Wichtiger Grund.** Der Antrag auf Bestellung oder Abberufung eines Abwicklers ist begründet, wenn ein wichtiger Grund vorliegt. Ein solcher ist etwa gegeben, wenn Abwickler **für einen nicht absehbaren Zeitraum fehlen**; bei nur vorübergehendem Fehlen ist nur eine Notbestellung gem. § 85 möglich.[44] Ferner ist von einem wichtigen Grund auszugehen, wenn Umstände vorliegen, aufgrund deren bei verständiger Würdigung die **weitere Amtsführung der Abwickler für die Minderheit nicht mehr zumutbar** ist.[45] Dies ist etwa der Fall bei groben Pflichtverletzungen, bei Unfähigkeit zu ordnungsgemäßer Abwicklung oder bei berechtigten Zweifeln an der Unparteilichkeit.[46] Für die Abberufung ist ein Verschulden der bisherigen Abwickler nicht erforderlich.[47]

13 **III. Verfahren.** Das Amtsgericht des Gesellschaftssitzes (§ 14, §§ 376 Abs. 1, 377 Abs. 1 FamFG) entscheidet gem. § 375 Nr. 3 FamFG (unternehmensrechtliches Verfahren), und zwar gem. § 17 Nr. 2 a RPflG durch den Richter. Das Vorliegen eines wichtigen Grundes hat das Gericht gem. § 26 FamFG von Amts wegen im Rahmen des vorgetragenen Sachverhaltes zu prüfen. Beteiligte (§ 7 FamFG) sind der Antragsteller, die AG (nicht ihre Aktionäre), vertreten durch ihre Abwickler,[48] sowie – in den Fällen der Abberufung – der abzuberufende Abwickler.[49] Deren Anhörung (§ 34 Abs. 1 FamFG) ist im Lichte des Art. 103 Abs. 1 GG immer geboten, sofern sie nicht – etwa mangels Abwicklern – unmöglich ist oder ihr andere zwingende Gründe entgegenstehen.[50] Das Gericht hat die ihm als Abwickler am geeignetsten erscheinenden Personen auszuwählen, ohne an Anträge oder Vorschläge der Beteiligten gebunden zu sein.[51] Es kann eine oder mehrere Personen als Abwickler bestellen bzw auch einzelne Abwickler abberufen, auch solche, die nicht gerichtlich bestellt wurden.[52] Im Hinblick auf die Vertretungsmacht mehrerer Abwickler ist das Gericht „sonst zuständige Stelle" iSd § 269 Abs. 2 S. 1 (s. dort Rn 5). Das Gericht entscheidet durch zu begründenden Beschluss (§ 38 FamFG).

---

35 KölnKomm-AktG/*Kraft*, Rn 15, 27; K. Schmidt/Lutter/*Riesenhuber*, Rn 12.
36 Vgl MüKo-AktG/*Hüffer*, Rn 14, 16; KölnKomm-AktG/*Kraft*, Rn 19.
37 KölnKomm-AktG/*Kraft*, Rn 17; MüKo-AktG/*Hüffer*, Rn 14.
38 MüKo-AktG/*Hüffer*, Rn 14; *Hüffer*, Rn 7; KölnKomm-AktG/*Kraft*, Rn 17; Großkomm-AktienR/*K. Schmidt*, Rn 30.
39 Vgl dazu MüKo-AktG/*Hüffer*, Rn 14; *Hüffer*, Rn 7; K. Schmidt/Lutter/*Riesenhuber*, Rn 9; ferner KölnKomm-AktG/*Kraft*, Rn 18; Großkomm-AktienR/*K. Schmidt*, Rn 30; *v. Godin/Wilhelmi*, Anm. 7.
40 MüKo-AktG/*Hüffer*, Rn 15.
41 KölnKomm-AktG/*Kraft*, Rn 20; MüKo-AktG/*Hüffer*, Rn 15; *Hüffer*, Rn 7.
42 KGJ 46 A 161 ff; KölnKomm-AktG/*Kraft*, Rn 19; MüKo-AktG/*Hüffer*, Rn 16; *Hüffer*, Rn 7.
43 Vgl MüKo-AktG/*Hüffer*, Rn 15, 16; *Hüffer*, Rn 7.
44 KölnKomm-AktG/*Kraft*, Rn 21; MüKo-AktG/*Hüffer*, Rn 18; *Hüffer*, Rn 8. Zur Abgrenzung zwischen der auch während der Abwicklung möglichen Notbestellung gem. § 85 und der gerichtlichen Bestellung gem. § 265 Abs. 3 s. MüKo-AktG/*Hüffer*, Rn 30.
45 KölnKomm-AktG/*Kraft*, Rn 27; MüKo-AktG/*Hüffer*, Rn 18; *Hüffer*, Rn 8.

46 Vgl (zur GmbH bzw KG) OLG Köln NZG 2003, 340, 341 f = ZIP 2003, 573; OLG Düsseldorf NJW-RR 1999, 37 = NZG 1998, 853; BayObLG NJW 1955, 1678; BayObLGZ 1969, 65, 68 ff; BayObLG NJW-RR 1996, 1384; OLG Hamm BB 1958, 497; OLG Hamm BB 1960, 918 und 1355; ferner KölnKomm-AktG/*Kraft*, Rn 27, 21; MüKo-AktG/*Hüffer*, Rn 18; *Hüffer*, Rn 8; K. Schmidt/Lutter/*Riesenhuber*, Rn 9.
47 OLG Köln NZG 2003, 340, 342 (zur GmbH)= ZIP 2003, 573; BayObLG NJW 1955, 1678 (zur GmbH); KölnKomm-AktG/*Kraft*, Rn 27; MüKo-AktG/*Hüffer*, Rn 18; *Hüffer*, Rn 8; K. Schmidt/Lutter/*Riesenhuber*, Rn 9.
48 MüKo-AktG/*Hüffer*, Rn 20; *Hüffer*, Rn 9.
49 Vgl *Bumiller/Harders*, FamFG, § 402 Rn 3 f. Ein zu bestellender Abwickler ist jedenfalls – ungeachtet der Frage, ob auch er Beteiligter ist – anzuhören.
50 MüKo-AktG/*Hüffer*, Rn 20; *Hüffer*, Rn 9.
51 Vgl BayObLGZ 24 (1925), 58, 59 f (zur OHG/KG); KölnKomm-AktG/*Kraft*, Rn 22; MüKo-AktG/*Hüffer*, Rn 21; *Hüffer*, Rn 9. Zu Auswahlschwierigkeiten und -kriterien s. auch MüKo-AktG/*Hüffer*, Rn 22: Anhörung von Wirtschaftsprüferkammer, IHK oder anderen Institutionen, um auf Neutralität bedachte Abwickler zu gewinnen.
52 MüKo-AktG/*Hüffer*, Rn 21; *Hüffer*, Rn 12.

Rechtsmittel gegen den Beschluss ist gem. § 265 Abs. 3 S. 4 die Beschwerde (§§ 402 Abs. 1, 58 ff. FamFG); **14** gegen die Beschwerdeentscheidung findet ggf die Rechtsbeschwerde statt (§§ 70 ff. FamFG). **Beschwerdeberechtigt** ist bei Abweisung des Antrages nur der Antragsteller (§ 59 Abs. 2 FamFG), bei Erfolg des Antrages jeder, dessen Recht durch die Verfügung beeinträchtigt ist (§ 59 Abs. 1 FamFG), also die AG und ggf die Abwickler, in deren Tätigkeitsbereich eingegriffen wird; nicht jedoch die Bestellten, da sie die Annahme des Amtes einfach ablehnen können.[53] Nicht beschwerdeberechtigt sind (andere) Aktionäre[54] oder der Aufsichtsrat.[55] Für die **Beschwerdefrist** gilt § 63 FamFG (ein Monat). Die Beschwerde ist bei dem Gericht einzulegen, dessen Beschluss angefochten wird (§ 64 Abs. 1 FamFG).

IV. Vergütung und Auslagenersatz (Abs. 4). § 265 Abs. 4 S. 1 normiert einen **gesetzlichen Anspruch** der gerichtlich bestellten Abwickler auf Vergütung ihrer Tätigkeit sowie auf Ersatz angemessener Auslagen. Anspruchsgegner ist die AG.[56] Die Höhe des Anspruchs richtet sich primär nach der vertraglichen Vereinbarung zwischen den bestellten Abwicklern und der AG.[57] Kommt eine solche nicht zustande, so setzt das Gericht die Auslagen und die Vergütung fest (§ 265 Abs. 4 S. 2, § 375 Nr. 3 FamFG, unternehmensrechtliches Verfahren), wobei es in gewissem Umfang in den Grenzen des § 87 Abs. 1 auch **erfolgsorientierte Kriterien** berücksichtigen kann.[58] **Rechtsmittel** gegen die gerichtliche Festsetzung ist die Beschwerde (§ 265 Abs. 4 S. 3, §§ 402 Abs. 1, 58 ff. FamFG); die Rechtsbeschwerde ist ausgeschlossen (§ 265 Abs. 4 S. 4). Der rechtskräftige Festsetzungsbeschluss ist **Vollstreckungstitel** gem. § 794 Abs. 1 Nr. 3 ZPO (§ 265 Abs. 4 S. 5).[59] Das Gericht kann und sollte die Bestellung der Abwickler von der **Leistung eines Vorschusses** durch die AG abhängig machen.[60] **15**

F. Abberufung der Abwickler (Abs. 5)

Die Hauptversammlung kann gem. § 265 Abs. 5 S. 1 **jederzeit** die Abwickler, die nicht vom Gericht bestellt **16** sind, abberufen. Nicht vom Gericht bestellt sind die in § 265 Abs. 1 und Abs. 2 genannten Abwickler (Rn 3, 4 ff). Die Satzung kann dieses Recht der Hauptversammlung nicht wirksam einschränken.[61] Erforderlich und genügend ist ein mit **einfacher Stimmenmehrheit** (§ 133 Abs. 1) gefasster Hauptversammlungsbeschluss.[62] Die Abberufung ist **nicht an weitere Voraussetzungen** – etwa einen wichtigen Grund – gebunden.[63] Sie wird **wirksam** mit der Zustellung des Abberufungsbeschlusses (vgl Rn 9), und zwar auch gegen den Willen des Abberufenen.[64] Mit der Abberufung enden die körperschaftlichen Rechte und Pflichten der Abwickler; hinsichtlich des **Anstellungsvertrages** verbleibt es gem. § 265 Abs. 5 S. 2 bei den allgemeinen Vorschriften. Erforderlich ist demnach die Kündigung des Anstellungsvertrages, bei der die AG gem. §§ 264 Abs. 2, 112 durch den Aufsichtsrat vertreten wird.[65] Nicht zur Abberufung befugt ist mangels Personalkompetenz der Aufsichtsrat (vgl Rn 9, 1),[66] so dass er den Anstellungsvertrag eines Abwicklers ohne Rücksicht auf eine Entscheidung der Hauptversammlung über seine Abberufung als Abwickler auch nicht kündigen kann.[67] Zur **Abberufung durch das Amtsgericht** nach § 265 Abs. 3 S. 1 s. Rn 10 ff.

G. Amtsniederlegung

Die Abwickler sind grundsätzlich befugt, ihr Amt niederzulegen.[68] Die gerichtlich bestellten Abwickler haben **17** die Amtsniederlegung gegenüber dem Gericht; die geborenen und gekorenen Abwickler gegenüber der AG, vertreten durch den Aufsichtsrat (§ 112), zu erklären.[69] Die Amtsniederlegung wird mit Zugang der

---

[53] Vgl BayObLG NJW-RR 1997, 419 (zur GmbH); KGJ 45 A 178, 180 (zur GmbH); KölnKomm-AktG/*Kraft*, Rn 24. Enger MüKo-AktG/*Hüffer*, Rn 25; *Hüffer*, Rn 9: nur die AG als unterlegene Antragsgegnerin.
[54] KG OLGR 8, 235 f; KG Recht 1930, Nr. 902; MüKo-AktG/*Hüffer*, Rn 25; *Hüffer*, Rn 9; KölnKomm-AktG/*Kraft*, Rn 24.
[55] KG OLGR 8, 235 f; KG Recht 1930, Nr. 902; OLG Rostock JFG 2, 231 f; MüKo-AktG/*Hüffer*, Rn 25; *Hüffer*, Rn 9; KölnKomm-AktG/*Kraft*, Rn 24.
[56] MüKo-AktG/*Hüffer*, Rn 29.
[57] MüKo-AktG/*Hüffer*, Rn 28; *Hüffer*, Rn 10. Zur (Un-)Wirksamkeit der Vereinbarung eines Erfolgshonorars für einen als Abwickler bestellten Rechtsanwalt s. BGHZ 133, 90 ff = NJW 1996, 2499.
[58] Vgl BGHZ 133, 90, 96 f = NJW 1996, 2499; *Hüffer*, Rn 10.
[59] MüKo-AktG/*Hüffer*, Rn 29; *Hüffer*, Rn 10.
[60] Vgl KG RJA 8, 267, 268 f; KölnKomm-AktG/*Kraft*, Rn 33; MüKo-AktG/*Hüffer*, Rn 29; *Hüffer*, Rn 10; kritisch K. Schmidt/Lutter/*Riesenhuber*, Rn 10.
[61] KölnKomm-AktG/*Kraft*, Rn 28; MüKo-AktG/*Hüffer*, Rn 32.
[62] KölnKomm-AktG/*Kraft*, Rn 28; MüKo-AktG/*Hüffer*, Rn 32.
[63] Vgl MüKo-AktG/*Hüffer*, Rn 32; Großkomm-AktienR/ K. Schmidt, Rn 44.
[64] KölnKomm-AktG/*Kraft*, Rn 29; MüKo-AktG/*Hüffer*, Rn 32.
[65] OLG Frankfurt AG 2009, 335; MüKo-AktG/*Hüffer*, Rn 33; *Hüffer*, Rn 11; KölnKomm-AktG/*Kraft*, Rn 35.
[66] KölnKomm-AktG/*Kraft*, Rn 29; MüKo-AktG/*Hüffer*, Rn 32.
[67] BGH NZG 2009, 664 f = AG 2009, 502.
[68] Vgl (zur GmbH) BGH BB 1968, 230; OLG Hamm NJW 1960, 872; ferner KölnKomm-AktG/*Kraft*, Rn 5, 29; MüKo-AktG/*Hüffer*, Rn 36; *Hüffer*, Rn 13.
[69] KölnKomm-AktG/*Kraft*, Rn 29; MüKo-AktG/*Hüffer*, Rn 36; *Hüffer*, Rn 13.

entsprechenden Erklärung **wirksam**.[70] Eines **wichtigen Grundes bedarf es nicht**; auf einen solchen muss sich der das Amt niederlegende Abwickler auch nicht berufen.[71]

H. Arbeitsdirektor nach dem Montan-MitbestG (Abs. 6)

18 Auf den unter das Montan-MitbestG fallenden Arbeitsdirektor finden gem. § 265 Abs. 6 die Abs. 2 bis 5 des § 265 keine Anwendung. Der Arbeitsdirektor des Montan-MitbestG wird deshalb gem. § 265 Abs. 1 iVm §§ 12, 13 Montan-MitbestG **stets Abwickler**, ohne dass die Satzung, die Hauptversammlung oder das Registergericht etwas anderes bestimmen können.[72] Auch bei aufgelöster Gesellschaft kann er nur vom Aufsichtsrat bestellt und gem. § 84 Abs. 3 bei Vorliegen eines wichtigen Grundes abberufen werden.[73] Für den Arbeitsdirektor, der dem MitbestErgG oder dem MitbestG 1976 unterfällt, gilt die Sonderregelung nicht; vielmehr verbleibt es bei den Möglichkeiten nach § 265 Abs. 2 bis 5.[74]

§ 266 Anmeldung der Abwickler

(1) Die ersten Abwickler sowie ihre Vertretungsbefugnis hat der Vorstand, jeden Wechsel der Abwickler und jede Änderung ihrer Vertretungsbefugnis haben die Abwickler zur Eintragung in das Handelsregister anzumelden.

(2) Der Anmeldung sind die Urkunden über die Bestellung oder Abberufung sowie über die Vertretungsbefugnis in Urschrift oder öffentlich beglaubigter Abschrift beizufügen.

(3) ¹In der Anmeldung haben die Abwickler zu versichern, daß keine Umstände vorliegen, die ihrer Bestellung nach § 265 Abs. 2 Satz 2 entgegenstehen, und daß sie über ihre unbeschränkte Auskunftspflicht gegenüber dem Gericht belehrt worden sind. ²§ 37 Abs. 2 Satz 2 ist anzuwenden.

(4) Die Bestellung oder Abberufung von Abwicklern durch das Gericht wird von Amts wegen eingetragen.

Literatur:
Siehe die Hinweise vor §§ 262 ff.

A. Inhalt und Zweck der Regelung

1 § 266 regelt die **registerrechtliche Behandlung** der Bestellung und Abberufung von Abwicklern und normiert die insoweit gegenüber dem Registergericht bestehenden Pflichten des Vorstandes und der Abwickler; die Regelung bezweckt die **Publizität der Vertretungsverhältnisse** in der Abwicklung.[1]

B. Anmeldung der Abwickler und ihrer Vertretungsbefugnis (Abs. 1)

2 I. Gegenstand der Anmeldung und anmeldepflichtige Personen. Zur Eintragung in das Handelsregister anzumelden sind gem. § 266 Abs. 1 die **ersten** – nach § 265 Abs. 1 und 2 bestellten (nicht die gerichtlich bestellten, vgl § 266 Abs. 4) – **Abwickler** sowie ihre **Vertretungsverhältnisse**. Die Regelung entspricht § 37 Abs. 2 – 4. Die Anmeldung der ersten Abwickler ist die **Pflicht des Vorstandes**, und zwar wie er im Zeitpunkt der Auflösung im Amt war und ohne Rücksicht darauf, ob seine Mitglieder selbst die Abwicklung besorgen (§ 265 Abs. 1) oder ob andere Personen als Abwickler bestellt sind (§ 265 Abs. 2).[2] Der Vorstand hat in der **vertretungsberechtigten Zahl** (§ 78) zu handeln;[3] besteht er nicht mehr vollständig, genügt aus Gründen der Praktikabilität die Anmeldung durch die verbliebenen Vorstandsmitglieder.[4] Gegen säumige Vorstandsmitglieder kann durch **Festsetzung eines Zwangsgeldes** gem. § 14 S. 1 HGB vorgegangen werden. Alle **späteren Anmeldungen**, dh jeden Wechsel der geborenen oder gekorenen Abwickler (s. § 265 Rn 3, 4 ff) sowie ihrer Vertretungsverhältnisse, haben die **Abwickler** in zur Vertretung berechtigter Zahl (§ 269

---

[70] Vgl MüKo-AktG/*Hüffer*, Rn 36.
[71] KölnKomm-AktG/*Kraft*, Rn 29; MüKo-AktG/*Hüffer*, Rn 36; *Hüffer*, Rn 13; vgl auch BGHZ 121, 257, 261 (zur GmbH) = NJW 1993, 1198.
[72] Vgl MüKo-AktG/*Hüffer*, Rn 37; *Hüffer*, Rn 14; KölnKomm-AktG/*Kraft*, Rn 37.
[73] Vgl MüKo-AktG/*Hüffer*, Rn 37; *Hüffer*, Rn 14; KölnKomm-AktG/*Kraft*, Rn 37.
[74] Vgl MüKo-AktG/*Hüffer*, Rn 37; *Hüffer*, Rn 14; KölnKomm-AktG/*Kraft*, Rn 37.
[1] Vgl MüKo-AktG/*Hüffer*, Rn 1 f; *Hüffer*, Rn 1; K. Schmidt/Lutter/*Riesenhuber*, Rn 1.
[2] KölnKomm-AktG/*Kraft*, Rn 2; MüKo-AktG/*Hüffer*, Rn 6; *Hüffer*, Rn 3.
[3] KölnKomm-AktG/*Kraft*, Rn 2; MüKo-AktG/*Hüffer*, Rn 6; *Hüffer*, Rn 3.
[4] Vgl KölnKomm-AktG/*Kraft*, Rn 2.

Abs. 2, 3; s. dort Rn 3 ff) vorzunehmen.[5] Nur neu bestellte und im Amt gebliebene Abwickler sind verpflichtet; ein ausgeschiedener Abwickler kann bei der Anmeldung seines Ausscheidens nicht mitwirken.[6]

II. Durchführung der Anmeldung und registergerichtliche Prüfung. Die Anmeldung richtet sich nach den für das **Registerverfahren** maßgeblichen Vorschriften der §§ 374 ff. FamFG und §§ 8 ff HGB; zur **Form** der Anmeldung: § 12 HGB. Zuständig ist das **Amtsgericht des Gesellschaftssitzes** (§ 14, §§ 374 Nr. 1, 376 Abs. 1, 377 Abs. 1 FamFG). Bie Zweigniederlassungen ist § 13 HGB zu beachten. Im Hinblick auf § 43 Nr. 4 b HRV sind die Abwickler mit Vor- und Familiennamen, Beruf und Wohnort anzumelden. Änderungen des Namens (etwa wegen Heirat) sind gleichfalls anzumelden.[7] Genügend ist bei der Anmeldung grundsätzlich die **abstrakte Angabe der Vertretungsbefugnis**; sie ist nur bei abweichender Regelung konkret zu ergänzen, etwa im Fall der Alleinvertretungsbefugnis.[8] Das Registergericht hat die Anmeldung in **formeller und materieller Hinsicht zu prüfen**.[9]

C. Der Anmeldung beizufügende Urkunden (Abs. 2)

Damit das Gericht die Richtigkeit der Angaben überprüfen kann und im Hinblick auf das Einsichtsrecht nach § 9 HGB, sind der Anmeldung die Urkunden über die Bestellung oder Abberufung sowie über die Vertretungsbefugnis beizufügen (§ 266 Abs. 2).[10] Urkunden, die **dem Gericht bereits vorliegen**, wie etwa die Satzung (§§ 37 Abs. 4 Nr. 1, 181) oder die Niederschrift bzw das Protokoll über die Hauptversammlung (§ 130 Abs. 5), sind **nicht erneut** vorzulegen;[11] eine Bezugnahme in der Anmeldung auf diese Urkunden genügt. Deshalb bedarf es im Falle des § 265 Abs. 1 keiner Beifügung weiterer Urkunden.[12] Abgesehen von diesem Fall muss dem Gericht dargelegt werden, dass der Bestellte das Amt auch angenommen hat.[13] Die Urkunden sind in **Urschrift oder öffentlich beglaubigter Abschrift** vorzulegen (zur elektronischen Einreichung: § 12 Abs. 2 HGB). Im Falle der Säumnis kommt die **Festsetzung eines Zwangsgeldes** in Betracht (§ 14 S. 1 HGB). Nach Aufhebung des früheren § 266 Abs. 5 durch Art. 9 Nr. 13 EHUG sind die Abwickler – entsprechend der Änderungen in §§ 37 und 81 – nicht mehr verpflichtet, ihre Namensunterschrift zur Aufbewahrung bei dem Gericht zu zeichnen.

D. Versicherung der Abwickler (Abs. 3)

Gemäß § 266 Abs. 3 S. 1 müssen die Abwickler in der Anmeldung **zweierlei versichern**, nämlich dass **kein Bestellungshindernis** gem. § 265 Abs. 2 S. 2 iVm § 76 Abs. 3 S. 2 und 3 (s. § 265 Rn 7) vorliegt und dass sie **über** ihre **unbeschränkte Auskunftspflicht** gegenüber dem Gericht **belehrt** worden sind. Die Regelung entspricht §§ 37 Abs. 2 S. 1, 81 Abs. 3. Aufgrund der in § 266 Abs. 3 S. 2 angeordneten Anwendung des § 37 Abs. 2 S. 2 kann diese Belehrung auch durch einen Notar erfolgen. Auch die Versicherung bedarf – da sie in der Anmeldung zu erfolgen hat – der öffentlichen Beglaubigung, ohne indes in derselben Urkunde wie die Anmeldung enthalten sein zu müssen.[14]

E. Eintragung von Amts wegen (Abs. 4)

In den Fällen des § 265 Abs. 3 (sog. befohlene Abwickler, § 265 Rn 10) ist die Bestellung und Abberufung der Abwickler von Amts wegen einzutragen (§ 266 Abs. 4), da das Gericht ohnehin tätig wird. Auch die Vertretungsbefugnis gerichtlich bestellter Abwickler sowie ihre Änderung sind von Amts wegen einzutragen.[15] Für die gerichtlich bestellten Abwickler besteht mangels Anmeldung weder die Pflicht zur Beifügung von Urkunden nach § 266 Abs. 2 noch die Erklärungspflicht nach § 266 Abs. 3. Von Amts wegen einzutragen sind grds. auch die im Falle der Nachtragsabwicklung vom Gericht gem. § 264 Abs. 2 S. 2 ernannten

---

5 KölnKomm-AktG/*Kraft*, Rn 3; MüKo-AktG/*Hüffer*, Rn 7; *Hüffer*, Rn 3.
6 KG OLGR 34, 348 f; KölnKomm-AktG/*Kraft*, Rn 3; MüKo-AktG/*Hüffer*, Rn 7; *Hüffer*, Rn 3; Großkomm-AktG/*K. Schmidt*, Rn 9. Ausgeschiedenen Abwicklern bleibt zur Durchsetzung der Anmeldung ihres Ausscheidens nur der Weg einer Anregung an das Registergericht, nach § 14 HGB einzuschreiten (MüKo-AktG/*Hüffer*, aaO; KölnKomm-AktG/*Kraft*, aaO).
7 KölnKomm-AktG/*Kraft*, Rn 4.
8 Vgl BGHZ 87, 59, 63 = NJW 1983, 1676; BayObLGZ 1974, 49, 51 ff = MDR 1974, 495; OLG Frankfurt OLGZ 1970, 404, 405; OLG Hamm NJW 1972, 1763; OLG Köln OLGZ 1970, 265, 266; KölnKomm-AktG/*Kraft*, Rn 4; MüKo-AktG/*Hüffer*, Rn 3; K. Schmidt/Lutter/*Riesenhuber*, Rn 2.
9 Schulte-Bunert/Weinreich/*Nedden-Boeger*, FamFG, Vor § 378 Rn 65 ff; MüKo-AktG/*Hüffer*, Rn 8; KölnKomm-AktG/*Kraft*, Rn 9.
10 MüKo-AktG/*Hüffer*, Rn 10; KölnKomm-AktG/*Kraft*, Rn 5, dort auch jeweils zu insoweit geeigneten Urkunden.
11 KölnKomm-AktG/*Kraft*, Rn 5; MüKo-AktG/*Hüffer*, Rn 10.
12 KölnKomm-AktG/*Kraft*, Rn 5; MüKo-AktG/*Hüffer*, Rn 10.
13 KölnKomm-AktG/*Kraft*, Rn 5; MüKo-AktG/*Hüffer*, Rn 10.
14 KölnKomm-AktG/*Kraft*, Rn 6; MüKo-AktG/*Hüffer*, Rn 14.
15 MüKo-AktG/*Hüffer*, Rn 15; *Hüffer*, Rn 5; KölnKomm-AktG/*Kraft*, Rn 10.

Abwickler (s. dort Rn 7f).[16] Dies gilt grds. auch im Falle der Nachtragsabwicklung nach § 273 Abs. 4 (s. dort Rn 15).

F. Wirkung der Eintragung und Bekanntmachung

[7] Eintragungen und ihre Bekanntmachungen haben **lediglich deklaratorische Bedeutung** und keine konstitutive Wirkung (vgl auch § 263 Rn 9 zur Eintragung der Auflösung).[17] Trotz fehlerhaften Verfahrens ist deshalb eine Eintragung nicht zu löschen, wenn sie jedenfalls sachlich richtig ist.[18] Der Schutz des Rechtsverkehrs erfolgt durch § 15 HGB.[19]

§ 267 Aufruf der Gläubiger

¹Die Abwickler haben unter Hinweis auf die Auflösung der Gesellschaft die Gläubiger der Gesellschaft aufzufordern, ihre Ansprüche anzumelden. ²Die Aufforderung ist in den Gesellschaftsblättern bekanntzumachen.

A. Inhalt und Zweck der Regelung

[1] § 267 regelt den Gläubigeraufruf. Bezweckt ist der **Schutz der Gläubiger**, indem über die Auflösung öffentlich informiert und der Lauf des Sperrjahres (§ 272 Abs. 1; s. dort Rn 2) von der Bekanntmachung des Aufrufs abhängig gemacht wird.[1]

B. Inhalt und Verfahren des Gläubigeraufrufs

[2] Die Abwickler haben unter Hinweis auf die Auflösung der AG die Gesellschaftsgläubiger aufzufordern, ihre Ansprüche anzumelden (§ 267 S. 1). Die Abwickler handeln in vertretungsberechtigter Zahl (§ 269 Abs. 2, 3; s. dort Rn 3 ff); sie sind gegenüber der AG, nicht gegenüber den Gläubigern verpflichtet.[2] Den **Mindestanforderungen**[3] wird folgender Text gerecht: „Die X-AG in Y wird aufgelöst. Die Gläubiger werden aufgefordert, ihre Ansprüche anzumelden. X-AG in Abwicklung. A als Abwickler."[4] Die Aufforderung ist **in den Gesellschaftsblättern** (§ 25) bekannt zu machen (§ 267 S. 2). **Weitere satzungsmäßige Anforderungen** nach § 23 Abs. 4 sind zu beachten. Mangels entsprechender Regelung hat die Bekanntmachung **unverzüglich nach der Auflösung** zu erfolgen, ohne dass es – außer ggf in Zweifelsfällen über die Wirksamkeit der Auflösung – bereits der Eintragung der Auflösung oder sogar der Abwickler bedarf.[5] Der Aufruf muss im Bundesanzeiger und im Falle weiterer Gesellschaftsblätter auch in diesen veröffentlicht werden.[6] Eine einmalige Bekanntmachung genügt; das frühere Erfordernis einer dreimaligen Bekanntmachung des Gläubigeraufrufs wurde durch Art. 1 Nr. 41a ARUG gestrichen.

C. Wirkungen des Gläubigeraufrufs und Folgen eines Verstoßes

[3] Der ordnungsgemäße Gläubigeraufruf setzt den **Lauf des Sperrjahres in Gang** (vgl § 272 Abs. 1; s. dort Rn 2). Weitergehende Wirkungen hat er nicht, insbesondere keine Ausschlusswirkung; so auch nicht den Verlust der Gläubigerrechte nach Ablauf des Sperrjahres (s. noch § 272 Rn 2).[7] Wird der Aufruf nicht oder nicht ordnungsgemäß durchgeführt, verzögert sich der Beginn des Sperrjahres und die Verteilung des Vermögens. Erfolgt die Verteilung gleichwohl, können gegenüber den Abwicklern und dem Aufsichtsrat **Schadensersatzansprüche der AG** entstehen (§§ 93 Abs. 3 Nr. 5, 116 iVm § 264 Abs. 3); auch kommt eine Haftung der Aktionäre gem. § 62 iVm § 264 Abs. 3 in Betracht (s. auch § 272 Rn 6).[8] Im Übrigen sind die Ab-

---

16 MüKo-AktG/*Hüffer*, Rn 15; vgl auch KölnKomm-AktG/*Kraft*, Rn 10 zum früheren § 2 Abs. 3 LöschungsG.
17 KölnKomm-AktG/*Kraft*, Rn 11; MüKo-AktG/*Hüffer*, Rn 9; *Hüffer*, Rn 1; K. Schmidt/Lutter/*Riesenhuber*, Rn 1.
18 BayObLG ZIP 1994, 1767, 1770 = DB 1994, 2282; MüKo-AktG/*Hüffer*, Rn 9; *Hüffer*, Rn 1.
19 KölnKomm-AktG/*Kraft*, Rn 11; MüKo-AktG/*Hüffer*, Rn 9; *Hüffer*, Rn 1; K. Schmidt/Lutter/*Riesenhuber*, Rn 1.
1 Vgl MüKo-AktG/*Hüffer*, Rn 2; *Hüffer*, Rn 1; KölnKomm-AktG/*Kraft*, Rn 2.
2 MüKo-AktG/*Hüffer*, Rn 4; *Hüffer*, Rn 1.
3 Zu diesen s. etwa MüKo-AktG/*Hüffer*, Rn 3; KölnKomm-AktG/*Kraft*, Rn 3.
4 MüKo-AktG/*Hüffer*, Rn 3; *Hüffer*, Rn 2.
5 KölnKomm-AktG/*Kraft*, Rn 5; MüKo-AktG/*Hüffer*, Rn 5; K. Schmidt/Lutter/*Riesenhuber*, Rn 2.
6 KölnKomm-AktG/*Kraft*, Rn 5; MüHb-AG/*Hoffmann-Becking*, § 66 Rn 9; MüKo-AktG/*Hüffer*, Rn 6; *Hüffer*, Rn 2.
7 Großkomm-AktienR/*K. Schmidt*, Rn 11; MüKo-AktG/*Hüffer*, Rn 7, § 272 Rn 15; KölnKomm-AktG/*Kraft*, § 272 Rn 3; K. Schmidt/Lutter/*Riesenhuber*, Rn 3.
8 KölnKomm-AktG/*Kraft*, Rn 6; MüKo-AktG/*Hüffer*, Rn 8; *Hüffer*, Rn 3; Großkomm-AktienR/*K. Schmidt*, Rn 12.

wickler, ggf auch die Aufsichtsratsmitglieder im Falle eines Überwachungsfehlers, für einen Verzögerungsschaden verantwortlich (§§ 93 Abs. 2 bzw 116 iVm § 264 Abs. 3).[9] Das Gericht kann den Gläubigeraufruf weder nach § 14 HGB noch nach § 407 Abs. 1 erzwingen.[10]

§ 268 Pflichten der Abwickler

(1) ¹Die Abwickler haben die laufenden Geschäfte zu beenden, die Forderungen einzuziehen, das übrige Vermögen in Geld umzusetzen und die Gläubiger zu befriedigen. ²Soweit es die Abwicklung erfordert, dürfen sie auch neue Geschäfte eingehen.

(2) ¹Im übrigen haben die Abwickler innerhalb ihres Geschäftskreises die Rechte und Pflichten des Vorstands. ²Sie unterliegen wie dieser der Überwachung durch den Aufsichtsrat.

(3) Das Wettbewerbsverbot des § 88 gilt für sie nicht.

(4) ¹Auf allen Geschäftsbriefen, die an einen bestimmten Empfänger gerichtet werden, müssen die Rechtsform und der Sitz der Gesellschaft, die Tatsache, daß die Gesellschaft sich in Abwicklung befindet, das Registergericht des Sitzes der Gesellschaft und die Nummer, unter der die Gesellschaft in das Handelsregister eingetragen ist, sowie alle Abwickler und der Vorsitzende des Aufsichtsrats mit dem Familiennamen und mindestens einem ausgeschriebenen Vornamen angegeben werden. ²Werden Angaben über das Kapital der Gesellschaft gemacht, so müssen in jedem Falle das Grundkapital sowie, wenn auf die Aktien der Ausgabebetrag nicht vollständig eingezahlt ist, der Gesamtbetrag der ausstehenden Einlagen angegeben werden. ³Der Angaben nach Satz 1 bedarf es nicht bei Mitteilungen oder Berichten, die im Rahmen einer bestehenden Geschäftsverbindung ergehen und für die üblicherweise Vordrucke verwendet werden, in denen lediglich die im Einzelfall erforderlichen besonderen Angaben eingefügt zu werden brauchen. ⁴Bestellscheine gelten als Geschäftsbriefe im Sinne des Satzes 1; Satz 3 ist auf sie nicht anzuwenden.

Literatur:
Siehe die Hinweise vor §§ 262 ff.

A. Inhalt und Zweck der Regelung 1	II. Überwachung durch den Aufsichtsrat (Abs. 2 S. 2) 7
B. Geschäftskreis der Abwickler (Abs. 1) 2	III. Verhältnis zur Hauptversammlung 8
I. Allgemeines 2	D. Kein Wettbewerbsverbot für die Abwickler
II. Abwicklungsgeschäfte des Abs. 1 3	(Abs. 3) 9
III. Weitere zulässige Abwicklungsgeschäfte .. 5	E. Angaben auf Geschäftsbriefen (Abs. 4) 10
C. Organschaftliche Stellung der Abwickler (Abs. 2) 6	
I. Vorstandsähnliche Stellung der Abwickler (Abs. 2 S. 1) 6	

A. Inhalt und Zweck der Regelung

§ 268 regelt – flankiert von den weiteren Vorschriften des Unterabschnittes – die Rechte und Pflichten der Abwickler. Sein wesentlicher Zweck liegt in der Bestimmung ihrer organschaftlichen Stellung; er entspricht insofern § 76 Abs. 1 (vgl Rn 6).[1] Für das Außenverhältnis wird er ergänzt durch § 269. § 268 Abs. 1 und 2 umschreiben den Geschäftskreis der Abwickler, dh deren im Rahmen der Abwicklung zu erfüllende Aufgaben; Abs. 2 regelt zugleich die organschaftliche Stellung der Abwickler. § 268 Abs. 3 nimmt die Abwickler von der Geltung des Wettbewerbsverbotes des § 88 aus. § 268 Abs. 4 regelt die Angaben auf Geschäftsbriefen.

B. Geschäftskreis der Abwickler (Abs. 1)

I. Allgemeines. Die in Abs. 1 enthaltene Umschreibung der Aufgaben der Abwickler dokumentiert die Vorstellung des Gesetzgebers, dass durch Zerschlagung des Gesellschaftsvermögens in kurzer Zeit die Verteilungsmasse geschaffen werden soll.[2] Da der Erlös einer solchen kurzfristigen Einzelveräußerung der Unternehmensgegenstände regelmäßig wesentlich geringer ist als der Erlös bei einer Gesamtveräußerung des Unternehmens, sind die Abwickler im Interesse der Gesellschaftsgläubiger und der Aktionäre befugt, das Un-

---

9 K. Schmidt/Lutter/*Riesenhuber*, Rn 3.
10 KölnKomm-AktG/*Kraft*, Rn 6; MüKo-AktG/*Hüffer*, Rn 4.
1 Vgl MüKo-AktG/*Hüffer*, Rn 2; *Hüffer*, Rn 1; MüHb-AG/*Hoffmann-Becking*, § 66 Rn 8.
2 KölnKomm-AktG/*Kraft*, Rn 3; MüKo-AktG/*Hüffer*, Rn 3; *Hüffer*, Rn 2.

ternehmen im Hinblick auf eine **Erlösmaximierung** zunächst **fortzuführen** (s. auch die in Rn 5 genannten Maßnahmen); der Geschäftskreis der Abwickler unterscheidet sich insoweit nicht grundlegend von dem des Vorstandes der werbenden Gesellschaft.[3]

3 II. **Abwicklungsgeschäfte des Abs. 1.** Gemäß § 268 Abs. 1 S. 1 bestehen die Aufgaben der Abwickler in der Beendigung der laufenden Geschäfte, der Einziehung von Forderungen, der Versilberung des übrigen Vermögens sowie in der Befriedigung der Gläubiger. Die **Beendigung der laufenden Geschäfte** erstreckt sich nicht nur auf Rechtsgeschäfte, sondern auf sämtliche Handlungen im Zusammenhang mit dem Unternehmensgegenstand; sie erfordert nicht deren vorzeitigen Abbruch, vielmehr sind sie weiterzuführen bis zur Beendigung etwa durch Erfüllung oder Kündigung; auch schwebende Gerichts- und sonstige Verfahren sind fortzuführen.[4] Die **Einziehung (Realisierung) von Forderungen** erstreckt sich auf alle Arten von Forderungen ungeachtet ihres Rechtsgrundes und Anspruchsinhaltes (zB Schadensersatzansprüche, Auflassungsansprüche)[5] und erfolgt durch beliebige Verwertung (zB Verkauf, Abtretung, Aufrechnung, Vergleich) einschließlich der (gerichtlichen) Rechtsverfolgung.[6] Die **Umsetzung des übrigen Vermögens in Geld** haben die Abwickler mit Blick auf eine Erlösmaximierung nach pflichtgemäßem Ermessen vorzunehmen; in Betracht kommen insbesondere die in Rn 5 genannten Maßnahmen. Nach hM kann der Grundsatz der Vermögensversilberung mittels Satzungsbestimmung oder eines mit einfacher Mehrheit gefassten Beschlusses der Hauptversammlung durchbrochen werden, so dass ein Abwicklungsüberschuss nicht in Geld auszuschütten, sondern auf sonstige Weise, etwa in natura, an die Aktionäre zu verteilen ist.[7] Die **Befriedigung der Gläubiger** erfolgt nach den Bestimmungen des BGB (zB Erfüllung, Aufrechnung und – soweit zulässig – Hinterlegung) unter Beachtung des § 272 Abs. 2 und 3 (s. dort Rn 4 f; zur Abgrenzung zwischen gebotener Gläubigerbefriedigung und verbotswidriger Vermögensverteilung s. § 272 Rn 3).[8] Reicht das Vermögen zur Begleichung der Schulden nicht aus (Zahlungsunfähigkeit oder Überschuldung), so sind die Abwickler verpflichtet, Insolvenzantrag zu stellen (§§ 92 Abs. 2, 264 Abs. 3).[9]

4 Gemäß § 268 Abs. 1 S. 2 dürfen die Abwickler **neue Geschäfte** eingehen, soweit es die Abwicklung erfordert. Erfasst sind insbesondere Einzelmaßnahmen (Abschluss neuer Verträge oder sonstige Maßnahmen), die bei der Verwertung des Gesellschaftsvermögens erforderlich werden; die Zulässigkeit weiterreichender, das gesamte Unternehmen betreffender Maßnahmen folgt bereits unmittelbar aus dem Zweck der Abwicklung (vgl Rn 2, 5).[10]

5 III. **Weitere zulässige Abwicklungsgeschäfte.** Vor dem Hintergrund der auf eine Erlösmaximierung gerichteten Interessen der Gesellschaftsgläubiger und der Aktionäre sind außer den in § 268 Abs. 1 ausdrücklich genannten Abwicklungsgeschäften weitere der Abwicklung dienende Maßnahmen zulässig:[11] **Veräußerung des Unternehmens als Ganzes**,[12] (Betriebs-, Anlagen-) **Teilveräußerungen**,[13] **Errichtung einer neuen Gesellschaft** etwa als Vorbereitung für eine spätere Unternehmensveräußerung,[14] **Betriebsaufspaltung**,[15] **Ausgliederung**,[16] **Verschmelzung** (vgl § 3 Abs. 3 UmwG),[17] **Spaltung** (vgl §§ 124 Abs. 2 iVm 3 Abs. 3 UmwG),[18] **Formwechsel** (vgl § 191 Abs. 3 UmwG),[19] **Vermögensübertragung** (§ 179 a), für die nach hM auch in der Abwicklung ein mit qualifizierter Mehrheit gefasster Hauptversammlungsbeschluss erforderlich ist.[20]

---

3 Vgl MüHb-AG/*Hoffmann-Becking*, § 66 Rn 7; MüKo-AktG/*Hüffer*, Rn 3 ff; *Hüffer*, Rn 2; KölnKomm-AktG/*Kraft*, Rn 3, 8; K. Schmidt/Lutter/*Riesenhuber*, Rn 2.

4 Vgl KölnKomm-AktG/*Kraft*, Rn 9; MüKo-AktG/*Hüffer*, Rn 16; *Hüffer*, Rn 4; K. Schmidt/Lutter/*Riesenhuber*, Rn 3; Großkomm-AktienR/*K. Schmidt*, Rn 6.

5 Vgl RGZ 44, 80, 84.

6 Vgl KölnKomm-AktG/*Kraft*, Rn 10; MüKo-AktG/*Hüffer*, Rn 17; *Hüffer*, Rn 4; K. Schmidt/Lutter/*Riesenhuber*, Rn 3.

7 Vgl RGZ 62, 56, 58 f; BGH NZG 2005, 69 f = AG 2004, 670; KölnKomm-AktG/*Kraft*, Rn 7; aA MüKo-AktG/*Hüffer*, Rn 19 f; *Hüffer*, Rn 4: zu fordern sind Verzichtserklärungen aller Aktionäre, sofern nicht, wie bei Verschmelzung, vom Gesetz ausdrücklich anderes bestimmt wird.

8 Vgl MüKo-AktG/*Hüffer*, Rn 21 f; *Hüffer*, Rn 4; KölnKomm-AktG/*Kraft*, § 272 Rn 7 ff.

9 Vgl KölnKomm-AktG/*Kraft*, Rn 17, § 272 Rn 7; MüKo-AktG/*Hüffer*, Rn 22.

10 Vgl auch MüKo-AktG/*Hüffer*, Rn 23 f; MüHb-AG/*Hoffmann-Becking*, § 66 Rn 7.

11 Siehe auch MüKo-AktG/*Hüffer*, Rn 4 ff; *Hüffer*, Rn 3; KölnKomm-AktG/*Kraft*, Rn 3; K. Schmidt/Lutter/*Riesenhuber*, Rn 4; vgl aber auch Großkomm-AktienR/*K. Schmidt*, Rn 7.

12 Vgl BGHZ 76, 352, 356 = NJW 1980, 1278; BGHZ 103, 184, 192 = NJW 1988, 1579; OLG Hamm BB 1954, 913 = JMBl. NRW 1954, 233; MüKo-AktG/*Hüffer*, Rn 5 ff; *Hüffer*, Rn 3; K. Schmidt/Lutter/*Riesenhuber*, Rn 4.

13 MüKo-AktG/*Hüffer*, Rn 4; *Hüffer*, Rn 3; K. Schmidt/Lutter/*Riesenhuber*, Rn 4.

14 MüKo-AktG/*Hüffer*, Rn 10; *Hüffer*, Rn 3.

15 Vgl MüKo-AktG/*Hüffer*, Rn 11; K. Schmidt/Lutter/*Riesenhuber*, Rn 4.

16 Vgl MüKo-AktG/*Hüffer*, Rn 12; K. Schmidt/Lutter/*Riesenhuber*, Rn 4. Zu beachten sind ggf die Restriktionen aus BGHZ 83, 122 ff (Holzmüller) = NJW 1982, 1703.

17 KölnKomm-AktG/*Kraft*, Rn 12; MüKo-AktG/*Hüffer*, Rn 13; *Hüffer*, Rn 3; K. Schmidt/Lutter/*Riesenhuber*, Rn 4.

18 MüKo-AktG/*Hüffer*, Rn 13; K. Schmidt/Lutter/*Riesenhuber*, Rn 4.

19 MüKo-AktG/*Hüffer*, Rn 13; *Hüffer*, Rn 3; K. Schmidt/Lutter/*Riesenhuber*, Rn 4.

20 KölnKomm-AktG/*Kraft*, Rn 12; K. Schmidt/Lutter/*Riesenhuber*, Rn 4; MüKo-AktG/*Hüffer*, Rn 14 f; *Hüffer*, Rn 3.

C. Organschaftliche Stellung der Abwickler (Abs. 2)

I. Vorstandsähnliche Stellung der Abwickler (Abs. 2 S. 1). Gemäß § 268 Abs. 2 S. 1 haben die Abwickler innerhalb ihres Geschäftskreises die **Rechte und Pflichten des Vorstands**. Sie leiten im Rahmen des Abwicklungszwecks die Gesellschaft **unter eigener Verantwortung** (§ 76 Abs. 1) und dürfen die Abwicklung nicht auf Dritte übertragen, jedoch Hilfskräfte zuziehen.[21] **Anwendbar** auf die Abwickler sind das Prinzip der Gesamtgeschäftsführung (§ 77 Abs. 1), die Beschränkung der Geschäftsführungsbefugnis (§ 82 Abs. 2, wobei dem Abwicklungszweck widerstreitende Satzungsbestimmungen im Zweifel nicht für die Abwickler gelten), die Bestimmungen über die Vorbereitung und Ausführung von Hauptversammlungsbeschlüssen (§ 83) und die Kreditgewährung an Vorstandsmitglieder (§ 89), die Berichtpflicht an den Aufsichtsrat (§ 90), die Buchführungspflicht (§ 91), die Antragspflicht gem. § 15a Abs. 1 InsO und das Zahlungsverbot gem. § 92 Abs. 2, die Sorgfalts- und Ersatzpflicht gem. § 93 (wobei die Anwendung des Abs. 4 umstritten ist), die Unvereinbarkeitsregelung des § 105, die Pflicht zur Einberufung des Aufsichtsrates (§ 121 Abs. 2), die Anfechtungsbefugnis gem. § 245 Nr. 4 sowie die Vertretungsbefugnis nach § 246 Abs. 2.[22] **Nicht anwendbar** sind die Bestimmungen über die Zeichnung nach § 79 (insoweit gilt § 269 Abs. 6, s. dort Rn 7), die Angaben auf Geschäftsbriefen nach § 80 (insoweit gilt § 268 Abs. 4, s. Rn 10), die Anmeldung der Änderung des Vorstands und seiner Vertretungsbefugnis gem. § 81 (insoweit gilt § 266), das Wettbewerbsverbot gem. § 88 (insoweit gilt § 268 Abs. 3, s. Rn 9).[23] Zu den Vergütungsansprüchen der Vorstandsmitglieder als Abwickler (§§ 86, 87) s. § 264 Rn 10.

II. Überwachung durch den Aufsichtsrat (Abs. 2 S. 2). Gemäß § 268 Abs. 2 S. 2 unterliegen auch die Abwickler der Überwachung durch den Aufsichtsrat. Die Regelung entspricht § 111 Abs. 1. Dem Aufsichtsrat stehen die in § 111 genannten Rechte und Pflichten zu.[24] Den Abwicklern obliegt die Berichterstattung an den Aufsichtsrat (§ 90).[25] Die Vorschriften über den Aufsichtsrat gelten im Übrigen nur, soweit sich aus dem Zweck der Abwicklung oder den für sie geltenden besonderen Vorschriften nichts anderes ergibt (§ 264 Abs. 3), was insbesondere für die Personalhoheit (§ 84) und die Feststellungskompetenz (§ 172) gilt (s. § 264 Rn 10).

III. Verhältnis zur Hauptversammlung. Zum Verhältnis zwischen Hauptversammlung und Abwicklern enthält das Gesetz, abgesehen von den Regelungen über deren Bestellung und Abberufung (§ 265 Abs. 2 und 5), keine Aussage. Maßgebend ist mithin § 264 Abs. 3, so dass die in § 119 Abs. 1 genannten Maßnahmen auch in der Abwicklung in Betracht kommen, sofern dies mit dem Abwicklungszweck vereinbar ist (vgl § 264 Rn 10).[26] Der Hauptversammlung steht gegenüber den Abwicklern **kein Weisungsrecht** in Angelegenheiten der Geschäftsführung zu.[27]

D. Kein Wettbewerbsverbot für die Abwickler (Abs. 3)

Gemäß § 268 Abs. 3 gilt das gesetzliche Wettbewerbsverbot des § 88 nicht für die Abwickler, auch nicht für **ehemalige Vorstandsmitglieder** als Abwickler.[28] Abweichende Vereinbarungen im **Anstellungsvertrag** mit dem Abwickler sind jedoch zulässig.[29] Ob mit Vorstandsmitgliedern vertraglich vereinbarte Wettbewerbsverbote auch für ihre Tätigkeit als Abwickler (fort-) gelten, bedarf der Auslegung und kann etwa angenommen werden, wenn der volle Geschäftsbetrieb längere Zeit fortgesetzt wird.[30]

E. Angaben auf Geschäftsbriefen (Abs. 4)

Die in § 268 Abs. 4 enthaltene Regelung über Angaben auf Geschäftsbriefen entspricht im Wesentlichen § 80 Abs. 1–3 (s. dort). Ergänzend verpflichtet § 268 Abs. 4 S. 1 die Abwickler, auf allen Geschäftsbriefen die Tatsache zu vermerken, dass sich die Gesellschaft in Abwicklung befindet. Dazu dürfte zumindest bei

---

21 KölnKomm-AktG/*Kraft*, Rn 19; MüKo-AktG/*Hüffer*, Rn 25; MüHb-AG/*Hoffmann-Becking*, § 66 Rn 8.
22 Vgl MüKo-AktG/*Hüffer*, Rn 26 f; *Hüffer*, Rn 5; KölnKomm-AktG/*Kraft*, Rn 19 ff; K. Schmidt/Lutter/*Riesenhuber*, Rn 5.
23 Vgl MüKo-AktG/*Hüffer*, Rn 26 f; *Hüffer*, Rn 5; KölnKomm-AktG/*Kraft*, Rn 19 ff.
24 Vgl MüKo-AktG/*Hüffer*, Rn 30; *Hüffer*, Rn 6; KölnKomm-AktG/*Kraft*, Rn 24.
25 MüKo-AktG/*Hüffer*, Rn 30; *Hüffer*, Rn 6; KölnKomm-AktG/*Kraft*, Rn 19.
26 *Hüffer*, Rn 6.
27 Großkomm-AktienR/*K. Schmidt*, Rn 3; KölnKomm-AktG/*Kraft*, Rn 4 ff, 21; MüKo-AktG/*Hüffer*, Rn 28 f; *Hüffer*, Rn 6; MüHb-AG/*Hoffmann-Becking*, § 66 Rn 8; K. Schmidt/Lutter/*Riesenhuber*, Rn 7.
28 MüKo-AktG/*Hüffer*, Rn 31; *Hüffer*, Rn 7.
29 KölnKomm-AktG/*Kraft*, Rn 25; MüKo-AktG/*Hüffer*, Rn 31; Großkomm-AktienR/*K. Schmidt*, Rn 9.
30 Vgl KölnKomm-AktG/*Kraft*, Rn 25; MüKo-AktG/*Hüffer*, Rn 31; *Hüffer*, Rn 7; ferner im Zusammenhang mit der Fortgeltung eines vertraglich vereinbarten Nebentätigkeitsverbots OLG Brandenburg AG 2009, 513.

deutschen Adressaten der Zusatz „i. L." hinter der Firma ausreichen.[31] Die Einhaltung der Regelung kann mit **Zwangsgeld** durchgesetzt werden (§ 407 Abs. 1).

§ 269 Vertretung durch die Abwickler

(1) Die Abwickler vertreten die Gesellschaft gerichtlich und außergerichtlich.

(2) [1]Sind mehrere Abwickler bestellt, so sind, wenn die Satzung oder die sonst zuständige Stelle nichts anderes bestimmt, sämtliche Abwickler nur gemeinschaftlich zur Vertretung der Gesellschaft befugt. [2]Ist eine Willenserklärung gegenüber der Gesellschaft abzugeben, so genügt die Abgabe gegenüber einem Abwickler.

(3) [1]Die Satzung oder die sonst zuständige Stelle kann auch bestimmen, daß einzelne Abwickler allein oder in Gemeinschaft mit einem Prokuristen zur Vertretung der Gesellschaft befugt sind. [2]Dasselbe kann der Aufsichtsrat bestimmen, wenn die Satzung oder ein Beschluß der Hauptversammlung ihn hierzu ermächtigt hat. [3]Absatz 2 Satz 2 gilt in diesen Fällen sinngemäß.

(4) [1]Zur Gesamtvertretung befugte Abwickler können einzelne von ihnen zur Vornahme bestimmter Geschäfte oder bestimmter Arten von Geschäften ermächtigen. [2]Dies gilt sinngemäß, wenn ein einzelner Abwickler in Gemeinschaft mit einem Prokuristen zur Vertretung der Gesellschaft befugt ist.

(5) Die Vertretungsbefugnis der Abwickler kann nicht beschränkt werden.

(6) Abwickler zeichnen für die Gesellschaft, indem sie der Firma einen die Abwicklung andeutenden Zusatz und ihre Namensunterschrift hinzufügen.

Literatur:
Siehe die Hinweise vor §§ 262 ff.

A. Inhalt und Zweck der Regelung

1 § 269 regelt die Vertretungsmacht der Abwickler und ergänzt § 268 für das Außenverhältnis. Er entspricht mit den aus dem Wesen der Abwicklung resultierenden Besonderheiten den §§ 78 und 82 Abs. 1. Sein Zweck liegt in der Sicherstellung der Handlungsfähigkeit der aufgelösten AG, darüber hinaus im Schutz des Rechtsverkehrs durch die unbeschränkte und unbeschränkbare Vertretungsmacht (§ 269 Abs. 1 und 5) sowie im Schutz der AG durch das Prinzip der Gesamtvertretung (§ 269 Abs. 2).[1]

B. Umfang der Vertretungsmacht der Abwickler (Abs. 1 und 5)

2 Die Abwickler sind die **organschaftlichen** Vertreter der aufgelösten AG; sie vertreten diese gerichtlich und außergerichtlich (§ 269 Abs. 1). Ihre Vertretungsmacht ist **unbeschränkt** (§ 269 Abs. 1) und **unbeschränkbar** (§ 269 Abs. 5);[2] entsprechend §§ 78 Abs. 1, 82 Abs. 1 (s. auch dort) ist die Vertretungsbefugnis nicht durch den Abwicklungszweck beschränkt[3] und kann weder durch die Satzung noch durch die Hauptversammlung, die Geschäftsordnung oder den Aufsichtsrat beschränkt werden.[4] Im Innenverhältnis sind die Abwickler jedoch an ihren durch den Abwicklungszweck vorgegebenen Geschäftskreis (§ 268 Abs. 1 und 2) und im Einzelfall zulässige Beschränkungen (vgl § 82 Abs. 2) gebunden (vgl § 268 Rn 2–6), so dass sie sich im Falle pflichtwidriger Überschreitung ihrer Befugnis unter den Voraussetzungen des § 93 schadensersatzpflichtig machen.[5] Im Falle des Missbrauchs der Vertretungsmacht (zB Kollusion) gelten für das Außenverhältnis die entsprechenden Grundsätze.[6] ZT sind **Ausnahmen** von dem Grundsatz der unbeschränkten Vertretungsmacht normiert: bei der Verschmelzung (§ 13 UmwG) und bei der Vermögensübertragung (§ 179 a) ist die Zustimmung der Hauptversammlung erforderlich; bei der Anfechtungsklage von Aktionären findet gem. § 246 Abs. 2 S. 2 eine gemeinsame Vertretung durch die Abwickler und den Aufsichtsrat statt. Sofern die Gesellschaft in den Fällen des § 112 sowie gem. § 246 Abs. 2 S. 3 Alt. 1 gegen die Abwickler vertreten

---

[31] MüHb-AG/*Hoffmann-Becking*, § 66 Rn 10; *Raiser/Veil*, Recht der Kapitalgesellschaften, § 22 Rn 15. Zweifelnd KölnKomm-AktG/*Kraft*, Rn 26.
[1] MüKo-AktG/*Hüffer*, § 269 Rn 2; *Hüffer*, § 269 Rn 1 f.
[2] KölnKomm-AktG/*Kraft*, Rn 2, 6; MüKo-AktG/*Hüffer*, Rn 4 f; *Hüffer*, Rn 2, 7.
[3] Vgl MüHb-AG/*Hoffmann-Becking*, § 66 Rn 11; MüKo-AktG/*Hüffer*, Rn 4 ff; *Hüffer*, Rn 2, 7; K. Schmidt/Lutter/*Riesenhuber*, Rn 3.
[4] Vgl MüHb-AG/*Hoffmann-Becking*, § 66 Rn 11; MüKo-AktG/*Hüffer*, Rn 5; *Hüffer*, Rn 2, 7.
[5] Vgl MüKo-AktG/*Hüffer*, Rn 5; *Hüffer*, Rn 7; MüHb-AG/*Hoffmann-Becking*, § 66 Rn 11; KölnKomm-AktG/*Kraft*, Rn 7; K. Schmidt/Lutter/*Riesenhuber*, Rn 3.
[6] Vgl MüKo-AktG/*Hüffer*, Rn 10; *Hüffer*, Rn 7, § 82 Rn 6 f; KölnKomm-AktG/*Kraft*, Rn 7.

werden muss, erfolgt eine Alleinvertretung durch den Aufsichtsrat.[7] Gegenüber ehemaligen Vorstandsmitgliedern liegt die Vertretung im Falle bestellter Fremdabwickler bei diesen und nicht beim Aufsichtsrat.[8]

C. Gesamt- und Einzelvertretung (Abs. 2 und 3)

I. Grundsatz (Abs. 2). Hinsichtlich der **Aktivvertretung** gilt (entsprechend § 78 Abs. 2 S. 1, s. auch dort): sind mehrere Abwickler bestellt, so vertreten sie die AG **grundsätzlich gemeinsam** (Gesamtvertretung, § 269 Abs. 2 S. 1), auch dann, wenn sie als Vorstandsmitglieder alleinvertretungsberechtigt waren.[9] § 269 Abs. 2 geht jedoch ins Leere, wenn lediglich ein Abwickler vorgesehen ist.[10] Auch erstarkt die Gesamtvertretungsmacht eines von mehreren Abwicklern nicht zur Einzelvertretungsmacht, wenn die übrigen Abwickler aus dem Amt scheiden.[11] Vielmehr ist dem verbleibenden Abwickler Einzelvertretungsmacht zu erteilen (§ 269 Abs. 3) oder ein weiterer Abwickler zu berufen.[12] Hinsichtlich der **Passivvertretung** gilt (entsprechend § 78 Abs. 2 S. 2, s. auch dort): für den Empfang von Willenserklärungen ist **Einzelvertretung** vorgeschrieben (§ 269 Abs. 2 S. 2). Dies gilt für geschäftsähnliche Handlungen entsprechend.[13] Von der Einzelbefugnis bei der Passivvertretung kann nicht wirksam abgewichen werden (vgl § 269 Abs. 3 S. 3, s. Rn 5).

II. Abweichende Vertretungsregelungen (Abs. 3). § 269 Abs. 3 S. 1 und 2 eröffnet die Möglichkeit, abweichend von Abs. 2 auch **Einzelvertretung** oder die Vertretung durch einen Abwickler in Gemeinschaft mit einem Prokuristen (sog. **unechte Gesamtvertretung**) zu bestimmen; er entspricht § 78 Abs. 3 S. 1 und 2 (s. auch dort). Von einer Gesamtvertretung abweichende Regelungen in der Satzung der werbenden AG gelten grds. nicht fort für das Stadium der Auflösung, auch dann nicht, wenn die Vorstandsmitglieder als Abwickler eingesetzt sind (str.); von § 269 Abs. 2 abweichende Bestimmungen müssen sich eindeutig auf die Abwicklung beziehen.[14] Durch § 269 Abs. 3 S. 1 wird zugleich klargestellt, dass auch die Abwicklungsgesellschaft **Prokuristen** (§§ 48 ff HGB) haben kann; eine vor der Auflösung erteilte Prokura bleibt bestehen.[15] Auch ist ein Prokurist allein empfangsvertretungsberechtigt (§ 269 Abs. 3 S. 3).[16]

Eine von § 269 Abs. 2 abweichende Vertretungsregelung kann durch die **Satzung** oder die **sonst zuständige Stelle** (§ 269 Abs. 3 S. 1), ggf auch durch den Aufsichtsrat (§ 269 Abs. 3 S. 2) bestimmt werden. Für die durch Gesetz, Satzung oder Hauptversammlungsbeschluss berufenen Abwickler (Fälle des § 265 Abs. 1 und 2) ist „sonst zuständige Stelle" die **Hauptversammlung**.[17] Zuständig ist auch der **Aufsichtsrat**, falls er durch die Satzung oder einen Hauptversammlungsbeschluss ermächtigt worden ist (§ 269 Abs. 3 S. 2). Für die vom **Gericht** nach § 265 Abs. 3 bestellten Abwickler kann nur das Gericht als „sonst zuständige Stelle" Abweichungen vom Grundsatz der Gesamtvertretung bestimmen; es kann jedoch keine Prokura zwecks Ermöglichung unechter Gesamtvertretung erteilen, wohl aber unechte Gesamtvertretung anordnen, wenn die aufgelöste AG ohnehin über Prokuristen verfügt.[18] Von der Einzelbefugnis bei der Passivvertretung kann in keinem Fall abgewichen werden (§ 269 Abs. 3 S. 3).

D. Ermächtigung zur Vornahme bestimmter Geschäfte (Abs. 4)

§ 269 Abs. 4 eröffnet den Abwicklern bei echter oder unechter Gesamtvertretungsbefugnis die Möglichkeit, einzelne von ihnen (jedoch keinen Prokuristen) zur Vornahme von bestimmten Geschäften oder bestimmten Geschäftsarten zu ermächtigen. Die Regelung entspricht § 78 Abs. 4 (s. dort). Die Ermächtigung erweitert die organschaftliche Vertretungsmacht des Abwicklers und ist nicht lediglich eine Bevollmächtigung.[19]

E. Zeichnung durch die Abwickler (Abs. 6)

§ 269 Abs. 6 regelt die Zeichnung durch die Abwickler. Er entspricht der früheren für den Vorstand geltenden und durch Art. 5 Nr. 8 MoMiG aufgehobenen Bestimmung des § 79. Die Abwickler zeichnen, indem

---

7 Siehe KölnKomm-AktG/*Kraft*, Rn 6; MüKo-AktG/*Hüffer*, Rn 8 f; K. Schmidt/Lutter/*Riesenhuber*, Rn 2.
8 OLG Brandenburg NZG 2002, 1024 = AG 2003, 44; OLG Köln NZG 2002, 1062, 1063 = AG 2003, 449.
9 KölnKomm-AktG/*Kraft*, Rn 10.
10 MüKo-AktG/*Hüffer*, Rn 13; *Hüffer*, Rn 3.
11 Vgl BGH, WM 1975, 157 f; BGHZ 121, 263, 264 f = NJW 1993, 1654; KölnKomm-AktG/*Kraft*, Rn 10, 6; MüKo-AktG/*Hüffer*, Rn 13; *Hüffer*, Rn 3; K. Schmidt/Lutter/*Riesenhuber*, Rn 4.
12 MüKo-AktG/*Hüffer*, Rn 13; *Hüffer*, Rn 3; KölnKomm-AktG/*Kraft*, Rn 10; K. Schmidt/Lutter/*Riesenhuber*, Rn 4.
13 MüKo-AktG/*Hüffer*, Rn 14; *Hüffer*, Rn 3; K. Schmidt/Lutter/*Riesenhuber*, Rn 4.
14 BGH NZG 2009, 72, 73 (zur GmbH) = NJW-RR 2009, 333, 334 f; *Hüffer*, Rn 3 f; aA Großkomm-AktienR/K. Schmidt, Rn 11.
15 Vgl RegBegr. Kropff, S. 359; KölnKomm-AktG/*Kraft*, Rn 5; MüKo-AktG/*Hüffer*, Rn 16; *Hüffer*, Rn 4.
16 KölnKomm-AktG/*Kraft*, Rn 11; MüKo-AktG/*Hüffer*, Rn 16.
17 MüHb-AG/*Hoffmann-Becking*, § 66 Rn 11 a; MüKo-AktG/*Hüffer*, Rn 18; *Hüffer*, Rn 5.
18 KölnKomm-AktG/*Kraft*, Rn 9; MüKo-AktG/*Hüffer*, Rn 18; *Hüffer*, Rn 5.
19 Vgl BGHZ 64, 72, 75 = NJW 1975, 1117; BGHZ 91, 334, 336 = NJW 1984, 2085; KölnKomm-AktG/*Kraft*, Rn 12; MüKo-AktG/*Hüffer*, Rn 19; aA RGZ 48, 56, 58; 80, 180, 182.

sie der Firma einen die Abwicklung andeutenden Zusatz sowie ihre Namensunterschrift hinzufügen. Als Abwicklungszusatz sind im Verkehr gebräuchliche Abkürzungen („i. L.") ausreichend.[20] Ein Verstoß gegen § 269 Abs. 6 berührt nicht die Wirksamkeit von Erklärungen für und gegen die AG, sofern die Fremdbezogenheit des Handelns erkennbar ist.[21]

§ 270 Eröffnungsbilanz. Jahresabschluß und Lagebericht

(1) Die Abwickler haben für den Beginn der Abwicklung eine Bilanz (Eröffnungsbilanz) und einen die Eröffnungsbilanz erläuternden Bericht sowie für den Schluß eines jeden Jahres einen Jahresabschluß und einen Lagebericht aufzustellen.

(2) [1]Die Hauptversammlung beschließt über die Feststellung der Eröffnungsbilanz und des Jahresabschlusses sowie über die Entlastung der Abwickler und der Mitglieder des Aufsichtsrats. [2]Auf die Eröffnungsbilanz und den erläuternden Bericht sind die Vorschriften über den Jahresabschluß entsprechend anzuwenden. [3]Vermögensgegenstände des Anlagevermögens sind jedoch wie Umlaufvermögen zu bewerten, soweit ihre Veräußerung innerhalb eines übersehbaren Zeitraums beabsichtigt ist oder diese Vermögensgegenstände nicht mehr dem Geschäftsbetrieb dienen; dies gilt auch für den Jahresabschluß.

(3) [1]Das Gericht kann von der Prüfung des Jahresabschlusses und des Lageberichts durch einen Abschlußprüfer befreien, wenn die Verhältnisse der Gesellschaft so überschaubar sind, daß eine Prüfung im Interesse der Gläubiger und Aktionäre nicht geboten erscheint. [2]Gegen die Entscheidung ist die Beschwerde zulässig.

Literatur:
Siehe die Hinweise vor §§ 262 ff.

A. Allgemeines 1
   I. Inhalt und Anwendungsbereich der Regelung .. 1
   II. Übersicht über die Rechnungslegung der Abwicklungsgesellschaft 2
B. Abschließende Rechnungslegung für die werbende AG 3
C. Rechnungslegung der Abwicklungsgesellschaft ... 5
   I. Erläuterte Eröffnungsbilanz 5
      1. Eröffnungsbilanz 5
      2. Erläuterungsbericht 8

      3. Aufstellung, Prüfung, Feststellung und Offenlegung 9
   II. Rechnungslegung für die Zeit der Abwicklung   15
      1. Abwicklungsjahresabschluss 15
      2. Lagebericht 18
      3. Aufstellung, Prüfung, Feststellung und Offenlegung 19
   III. Entlastung der Abwickler und der Aufsichtsratsmitglieder 20

A. Allgemeines

1 **I. Inhalt und Anwendungsbereich der Regelung.** § 270 regelt die Rechnungslegung nach der Auflösung und während der Zeit der Abwicklung. Er ist im öffentlichen Interesse **abschließend** und damit **zwingend**[1] § 270 gilt für **alle Auflösungsfälle mit Ausnahme des Insolvenzverfahrens** (§ 264 Abs. 1); bei einem solchen hat der Insolvenzverwalter eine Vermögensübersicht gem. § 153 InsO aufzustellen. Wird über eine bereits aufgelöste AG, deren Eröffnungsbilanz noch nicht aufgestellt ist, das Insolvenzverfahren eröffnet, so kommt § 270 im Hinblick auf § 153 InsO nicht zur Anwendung; jedoch gilt § 270, wenn sich an das Insolvenzverfahren noch eine aktienrechtliche Abwicklung anschließt (vgl dazu § 264 Rn 4).[2]

2 **II. Übersicht über die Rechnungslegung der Abwicklungsgesellschaft.** Zunächst bedarf es, ohne dass dies eine besondere gesetzliche Regelung erfahren hätte, der abschließenden Rechnungslegung der werbenden AG über das der Auflösung vorangegangene (Rumpf-) Geschäftsjahr (s. Rn 3 f).[3] Sodann haben die Abwickler gem. § 270 Abs. 1 für die Abwicklungs-AG eine Eröffnungsbilanz nebst erläuterndem Bericht (s. Rn 5 ff) sowie für den Schluss eines jeden Abwicklungsjahres einen Jahresabschluss nebst ggf Lagebericht (s. Rn 15 ff) aufzustellen. Nach Beendigung der Abwicklung obliegt den Abwicklern noch die Erstellung einer in § 273 Abs. 1 vorausgesetzten Schlussrechnung (s. dort Rn 4).

---

20 KölnKomm-AktG/*Kraft*, Rn 13; MüKo-AktG/*Hüffer*, Rn 20; *Hüffer*, Rn 8; K. Schmidt/Lutter/*Riesenhuber*, Rn 6.
21 MüKo-AktG/*Hüffer*, Rn 20; *Hüffer*, Rn 8; KölnKomm-AktG/ *Kraft*, Rn 13.

1 KölnKomm-AktG/*Kraft*, Rn 4; MüKo-AktG/*Hüffer*, Rn 5; *Hüffer*, Rn 1.
2 Vgl KölnKomm-AktG/*Kraft*, Rn 9; MüKo-AktG/*Hüffer*, Rn 5.
3 Vgl MüKo-AktG/*Hüffer*, Rn 7; *Hüffer*, Rn 2; KölnKomm-AktG/*Kraft*, Rn 26.

B. Abschließende Rechnungslegung für die werbende AG

Fällt die Auflösung mit dem Ende des Geschäftsjahres zusammen, so ist für das **volle abgelaufene Geschäftsjahr** nach den allgemeinen Grundsätzen ein Jahresabschluss einschließlich Anhang (§§ 242 ff, 264 ff, 284 ff HGB) auf- und festzustellen und um einen Lagebericht zu ergänzen (§§ 264, 289 HGB).[4] Erfolgt die Auflösung im Laufe des Geschäftsjahres, so bedarf es nach hM auch für das **Rumpfgeschäftsjahr** eines Jahresabschlusses.[5]

Der für die Bilanz maßgebliche **Stichtag** richtet sich grundsätzlich nach dem Auflösungszeitpunkt;[6] es ist der **Tag vor der Auflösung**.[7] Im Falle erheblicher Schwierigkeiten ist ein abweichender, jedoch zeitnah zu wählender Stichtag möglich.[8] Auch der Jahresabschluss für das Rumpfgeschäftsjahr unterliegt der **Pflichtprüfung** (§ 316 HGB analog).[9] Zuständig für die **Aufstellung** des Jahresabschlusses sind entsprechend § 270 Abs. 1 die Abwickler (nicht der ehemalige Vorstand).[10] Die **Feststellung** erfolgt nach hM entsprechend § 270 Abs. 2 S. 1 durch Beschluss der Hauptversammlung; § 172 ist nicht anwendbar.[11] Die Hauptversammlung darf wegen § 272 nach der Auflösung der Gesellschaft keinen **Gewinnverwendungsbeschluss** (§§ 58, 174) mehr fassen (hM); dies gilt sowohl für ein volles abgelaufenes Geschäftsjahr als auch für ein Rumpfgeschäftsjahr.[12]

C. Rechnungslegung der Abwicklungsgesellschaft

I. Erläuterte Eröffnungsbilanz. 1. Eröffnungsbilanz. Für den Beginn der Abwicklung haben die Abwickler eine **Eröffnungsbilanz** zu erstellen (§ 270 Abs. 1). Sie ist die Grundlage für die Rechnungslegung während der Abwicklung und ist auch dann erforderlich, wenn kurz zuvor eine Jahresbilanz erstellt wurde oder sich an dieser nichts geändert hat.[13] **Stichtag** für die Erstellung ist der Tag der Auflösung; maßgeblich ist der Eintritt des Auflösungsereignisses, ohne dass es auf die Bestellung oder Eintragung der Abwickler oder auf die Eintragung der Auflösung ankommt (vgl auch § 263 Rn 9).[14]

Auf die Eröffnungsbilanz sind die **Vorschriften über den Jahresabschluss entsprechend** anzuwenden (§ 270 Abs. 2 S. 2), dh die §§ 243–256 a, 264–274 a HGB sowie §§ 150, 152.[15] Bei der **Bilanzgliederung** entsprechend §§ 266 ff HGB ist der Abwicklungszweck zu berücksichtigen, so dass auf der Passivseite weder Grundkapital noch Rücklagen als solche auszuweisen sind; vielmehr ist das Abwicklungsvermögen insgesamt in einem Bilanzposten zusammenzufassen und bei positivem Ergebnis als Passivposten einzustellen und bei negativem Ergebnis als Liquidationskonto zu aktivieren (str).[16] Für die **Bewertung** gilt angesichts des § 270 Abs. 2 S. 2 nicht das bis zum BiRiLiG (vgl Fn 15) geltende Prinzip der Neubewertung, wonach die Realisationswerte anzusetzen sind; vielmehr ist grundsätzlich so zu bewerten, **wie in den bisherigen Jahresabschlüssen der werbenden AG**.[17] Allerdings bedarf die Streitfrage, ob das in § 252 Abs. 1 Nr. 2 HGB verankerte **going-concern-Prinzip** (Bewertung unter Annahme der unbegrenzten Unternehmensfortführung)

---

4   MüKo-AktG/*Hüffer*, Rn 8; *Hüffer*, Rn 3.
5   Vgl BayObLG DB 1994, 523, 524 (zur GmbH) = GmbHR 1994, 331; KölnKomm-AktG/*Kraft*, Rn 16; MüKo-AktG/*Hüffer*, Rn 9; *Hüffer*, Rn 3; Großkomm-AktienR/*K. Schmidt*, Rn 5; K. Schmidt/Lutter/*Riesenhuber*, Rn 2, jeweils mwN nur zur Gegenansicht; aA (keine Schlussbilanz für Rumpfgeschäftsjahr erforderlich) etwa: *v. Godin/Wilhelmi*, Anm. 3; MüHb-AG/*Hoffmann-Becking*, § 66 Rn 13; *Förschle/Kropp/Deubert*, DStR 1992, 1523 f; *dies*, DB 1994, 998 f.
6   *Olbrich*, WPg 1975, 265 f; MüKo-AktG/*Hüffer*, Rn 10; *Hüffer*, Rn 4.
7   Vgl (zur GmbH) BFHE 113, 112, 114; BayObLG DB 1994, 523, 524 = GmbHR 1994, 331; ferner MüKo-AktG/*Hüffer*, Rn 9; *Hüffer*, Rn 4; K. Schmidt/Lutter/*Riesenhuber*, Rn 2.
8   *Olbrich*, WPg 1975, 265 f; MüKo-AktG/*Hüffer*, Rn 10; *Hüffer*, Rn 4.
9   *Olbrich*, WPg 1975, 265 f (zu § 162 aF); MüKo-AktG/*Hüffer*, Rn 10; *Hüffer*, Rn 4.
10 Vgl MüKo-AktG/*Hüffer*, Rn 11; *Hüffer*, Rn 4; KölnKomm-AktG/*Kraft*, Rn 16.
11 Vgl KölnKomm-AktG/*Kraft*, Rn 27; MüKo-AktG/*Hüffer*, Rn 11; *Hüffer*, Rn 4; K. Schmidt/Lutter/*Riesenhuber*, Rn 2; aA *v. Godin/Wilhelmi*, Anm. 3.
12 Vgl KölnKomm-AktG/*Kraft*, Rn 17; MüKo-AktG/*Hüffer*, Rn 12 ff; *Hüffer*, Rn 5; K. Schmidt/Lutter/*Riesenhuber*, Rn 2; BFHE 110, 353, 356 (zur GmbH); aA *Baumbach/Hueck*, AktG, Rn 3 (Gewinnverwendungsbeschluss nur für volles abgelaufenes Geschäftsjahr möglich).
13 Vgl KölnKomm-AktG/*Kraft*, Rn 5; MüKo-AktG/*Hüffer*, Rn 16.
14 KölnKomm-AktG/*Kraft*, Rn 6; MüKo-AktG/*Hüffer*, Rn 17.
15 Zur abweichenden, bis zum BiRiLiG v. 19.12.1985 (BGBl. I S. 2355), durch dessen Art. 2 Nr. 60 die Bestimmung des § 270 Abs. 2 S. 2 eingeführt worden ist, geltenden Rechtslage einschließlich eines Vergleichs zwischen dieser und der neuen Rechtslage s. MüKo-AktG/*Hüffer*, Rn 23 ff, 29 ff; *Hüffer*, Rn 6 f; KölnKomm-AktG/*Kraft*, Rn 7.
16 Vgl dazu KölnKomm-AktG/*Kraft*, Rn 5; MüKo-AktG/*Hüffer*, Rn 25 ff; *Hüffer*, Rn 6; Budde u.a./Förschle/*Deubert*, Sonderbilanzen, T 235 ff; *Scherrer/Heni*, Liquidations-Rechnungslegung, S. 64 ff; *dies*, DStR 1992, 797 ff; *Jurowsky*, DStR 1997, 1782, 1787; *Forster*, in: FS Knorr, 1968, S. 77, 82 ff.
17 MüKo-AktG/*Hüffer*, Rn 29 f; *Hüffer*, Rn 7, jeweils mN zur Kritik an der durch das BiRiLiG bedingten Neuorientierung; ferner KölnKomm-AktG/*Kraft*, Rn 7; K. Schmidt/Lutter/*Riesenhuber*, Rn 4.

auch für die Eröffnungsbilanz gilt, einer differenzierten, an den tatsächlichen Gegebenheiten für eine Unternehmensfortführung orientierten Antwort.[18]

7 Gegenstände des **Anlagevermögens** sind wie Umlaufvermögen zu bewerten (und ggf umzugliedern),[19] wenn beabsichtigt ist, sie innerhalb eines übersehbaren Zeitraumes zu veräußern, oder wenn sie nicht mehr dem Geschäftsbetrieb dienen (§ 270 Abs. 2 S. 3). Als übersehbarer Zeitraum gilt zumindest ein Geschäftsjahr.[20] § 270 Abs. 2 S. 3 eröffnet kein Wahlrecht, sondern begründet eine gesetzliche Pflicht.[21] Die Bewertung erfolgt durch die Vornahme von Abschreibungen in entsprechender Anwendung des § 253 Abs. 3 HGB (**strenges Niederstwertprinzip**).[22]

8 **2. Erläuterungsbericht.** Die Abwickler haben zusätzlich einen die Eröffnungsbilanz **erläuternden Bericht** zu erstellen (§ 270 Abs. 1). Durch ihn sollen **Bewertungsunterschiede** zwischen den bisherigen Jahresabschlüssen und der Eröffnungsbilanz verständlich gemacht werden.[23] Auch auf den Erläuterungsbericht finden die Vorschriften über den Jahresabschluss entsprechende Anwendung (§ 270 Abs. 2 S. 2); heranzuziehen sind §§ 284 ff HGB, § 289 HGB und § 160,[24] ohne dass indes der Erläuterungsbericht um einen Anhang und um einen Lagebericht zu ergänzen wäre; jener übernimmt vielmehr deren Funktion.[25] Werden dem gesetzlichen Regelfall entsprechend die Buchwerte der abschließenden Rechnungslegung in der Eröffnungsbilanz fortgeführt, wird sich der erläuternde Bericht auch über die Chancen höherer Veräußerungserlöse und insoweit über das Abwicklungsergebnis aussprechen müssen.[26]

9 **3. Aufstellung, Prüfung, Feststellung und Offenlegung.** Die **Aufstellung** der Eröffnungsbilanz und des erläuternden Berichts ist **Pflicht der Abwickler** (§ 270 Abs. 1). Die **Frist** zur Aufstellung richtet sich nach § 270 Abs. 2 S. 2 iVm § 264 Abs. 1 S. 3 HGB und beträgt drei Monate nach der Auflösung. Das Fehlen hinreichender Gesellschaftsmittel befreit nicht von der Pflicht.[27] Gegen säumige Abwickler kann das Registergericht notfalls mittels **Zwangsgeldes** (§ 407 Abs. 1) vorgehen.

10 Die Abwickler haben die Eröffnungsbilanz und den erläuternden Bericht unverzüglich dem Aufsichtsrat vorzulegen (§ 270 Abs. 2 S. 2 iVm § 170 Abs. 1); dieser hat beide zu prüfen (§ 270 Abs. 2 S. 2 iVm § 171 Abs. 1 S. 1).[28] Des Weiteren unterliegen die Eröffnungsbilanz und der Erläuterungsbericht nicht kleiner Aktiengesellschaften der (externen) **Pflichtprüfung** (§ 270 Abs. 2 S. 2 iVm §§ 316 ff HGB).[29] Der Prüfer wird von der Hauptversammlung gewählt (§§ 119 Abs. 1 Nr. 4, 270 Abs. 2 S. 2 iVm § 318 Abs. 1 S. 1 HGB); den Prüfungsauftrag erteilt der Aufsichtsrat (§ 270 Abs. 2 S. 2 iVm § 111 Abs. 2 S. 3).[30] Erforderlich sind der schriftliche Prüfungsbericht und der Bestätigungsvermerk (§ 270 Abs. 2 S. 2 iVm §§ 321, 322 HGB). Den Bericht hat der Prüfer dem Aufsichtsrat unmittelbar zuzuleiten, nachdem er den Abwicklern Gelegenheit zur Stellungnahme gegeben hat (§ 270 Abs. 2 S. 2 iVm § 321 Abs. 5 S. 2 HGB).

11 Gemäß § 270 Abs. 3 S. 1 kann das Gericht unter bestimmten Voraussetzungen **von der Pflicht zur externen Prüfung** des Abwicklungsjahresabschlusses und des Lageberichts **befreien**. Die Befreiungsmöglichkeit gilt über § 270 Abs. 2 S. 2 auch für die Eröffnungsbilanz und den erläuternden Bericht.[31] Vorausgesetzt sind Gesellschaftsverhältnisse, die so überschaubar sind, dass eine Prüfung im Interesse der Gläubiger und Aktionäre nicht geboten erscheint. Eine Befreiung kommt insbesondere dann nicht in Betracht, wenn noch wesentliche Geschäftstätigkeit zu erwarten ist[32] oder wenn Zweifel an der ordnungsgemäßen Durchführung der Abwicklung bestehen, etwa aufgrund Mängel der bisherigen Rechnungslegung, persönlicher Unzuverlässigkeit der Verantwortlichen oder atypischer Begleitumstände der Auflösung.[33] Allein die Größe und Bedeutung eines Unternehmens stehen der Annahme überschaubarer Gesellschaftsverhältnisse nicht entgegen (hM).[34] Die Möglichkeit von der Befreiung gem. § 270 Abs. 3 wird durch § 155 Abs. 1 S. 1 InsO nicht ausgeschlossen.[35] **Zuständig** für die Befreiung ist das Amtsgericht des Gesellschaftssitzes (§ 14, §§ 375 Nr. 3,

---

18 Hüffer, Rn 7; K. Schmidt/Lutter/Riesenhuber, Rn 4; näher dazu MüKo-AktG/Hüffer, Rn 31 ff; Budde u.a./Förschle/Deubert, Sonderbilanzen, T 145 ff; Förschle/Deubert, DStR 1996, 1743, 1746 f; Scherrer/Heni, Liquidations-Rechnungslegung, S. 85 ff; dies, DStR 1992, 797, 802 f; dies, WPg 1996, 681, 685.
19 KG NZG 2001, 845, 846; Hüffer, Rn 7.
20 MüKo-AktG/Hüffer, Rn 41; Hüffer, Rn 8; K. Schmidt/Lutter/Riesenhuber, Rn 4.
21 MüKo-AktG/Hüffer, Rn 43; Hüffer, Rn 8.
22 Vgl dazu MüKo-AktG/Hüffer, Rn 43; Hüffer, Rn 8; Scherrer/Heni, Liquidations-Rechnungslegung, S. 90 ff; Budde u.a./Förschle/Deubert, Sonderbilanzen, T 158.
23 RegBegr. Kropff, S. 360; MüKo-AktG/Hüffer, Rn 44; Hüffer, Rn 9; KölnKomm-AktG/Kraft, Rn 10.
24 MüKo-AktG/Hüffer, Rn 44; Hüffer, Rn 9; K. Schmidt/Lutter/Riesenhuber, Rn 4; aA hinsichtlich § 160 sowie § 289 HGB; KölnKomm-AktG/Kraft, Rn 10.
25 MüKo-AktG/Hüffer, Rn 44; Hüffer, Rn 9.
26 MüKo-AktG/Hüffer, Rn 45; Hüffer, Rn 9.
27 Vgl MüKo-AktG/Hüffer, Rn 19; Hüffer, Rn 10.
28 MüKo-AktG/Hüffer, Rn 21; Hüffer, Rn 11; KölnKomm-AktG/Kraft, Rn 23.
29 MüKo-AktG/Hüffer, Rn 20, 46 ff; Hüffer, Rn 10; KölnKomm-AktG/Kraft, Rn 19.
30 MüKo-AktG/Hüffer, Rn 47; Hüffer, Rn 11; K. Schmidt/Lutter/Riesenhuber, Rn 6.
31 BT-Drucks. 10/4268, S. 86, 128; MüKo-AktG/Hüffer, Rn 48; Hüffer, Rn 12.
32 Vgl MüKo-AktG/Hüffer, Rn 49; Hüffer, Rn 12.
33 Vgl MüKo-AktG/Hüffer, Rn 49; Hüffer, Rn 12; KölnKomm-AktG/Kraft, Rn 20.
34 MüKo-AktG/Hüffer, Rn 49; Hüffer, Rn 12.
35 Vgl OLG München, NZG 2008, 229, 230 = NJW-RR 2008, 775.

376 Abs. 1, 377 Abs. 1 FamFG, unternehmensrechtliches Verfahren). Die Befreiung kann auch noch nach Beginn der Prüfung, jedoch nicht mehr nach ihrer Durchführung erteilt werden.[36] Mangels öffentlichen Interesses an der Befreiung wird das Gericht nur auf Antrag der Gesellschaft, den die Abwickler in deren Namen stellen, tätig.[37]

Die **Entscheidung** ergeht durch Beschluss, der zu begründen ist (§ 38 FamFG). Liegen die Befreiungsvoraussetzungen vor, so muss das Gericht die Befreiung aussprechen.[38] **Rechtsmittel** gegen die Befreiung von der Prüfung ist die Beschwerde (§ 270 Abs. 3 S. 2, §§ 402 Abs. 1, 58 ff. FamFG); sie steht den von der Entscheidung betroffenen Gläubigern und Aktionären (vgl § 59 Abs. 1 FamFG), nicht jedoch der durch die Abwickler vertretenen Gesellschaft zu.[39] Hat das Gericht den Antrag der Gesellschaft auf Befreiung aber zurückgewiesen, so ist die Gesellschaft beschwerdeberechtigt (§ 59 Abs. 2 FamFG).

Zuständig für die **Feststellung** der Eröffnungsbilanz ist allein die Hauptversammlung (§ 270 Abs. 2 S. 1); § 172 kommt nicht zur Anwendung.[40] Die Feststellung richtet sich nach § 270 Abs. 2 S. 2 iVm §§ 175, 176.[41] Sie kann nur erfolgen, wenn die Eröffnungsbilanz zuvor geprüft worden ist (§ 270 Abs. 2 S. 2 iVm § 316 Abs. 1 S. 2 HGB; zur Prüfung s. Rn 10), sofern nicht das Gericht von der Prüfung gem. § 270 Abs. 3 S. 1 befreit hat (dazu Rn 11). Ist der Feststellung keine Prüfung vorausgegangen, so ist der Feststellungsbeschluss und damit die Bilanz nichtig (§ 256 Abs. 1 Nr. 2).[42]

Für die **Offenlegung** der Eröffnungsbilanz und des erläuternden Berichts gelten gem. § 270 Abs. 2 S. 2 die Bestimmungen der §§ 325 ff HGB entsprechend.[43] Kommen die Abwickler den ihnen obliegenden Pflichten nicht nach, ist gegen sie ein Ordnungsgeld festzusetzen (§ 270 Abs. 2 S. 2 iVm § 335 HGB).[44]

II. Rechnungslegung für die Zeit der Abwicklung. 1. Abwicklungsjahresabschluss. Für den Schluss eines jeden Jahres während der Abwicklung haben die Abwickler einen **Jahresabschluss** und einen Lagebericht (dazu Rn 18) aufzustellen (§ 270 Abs. 1). Gemäß § 264 Abs. 3 sind in den durch den Abwicklungszweck gesetzten Grenzen die **Vorschriften über die Rechnungslegung der werbenden AG** anzuwenden.[45] Der Jahresabschluss besteht demnach aus der Bilanz und der Gewinn- und Verlustrechnung (§ 242 Abs. 3 HGB, s. noch Rn 17) und ist um einen Anhang zu erweitern (s. Rn 17). Die **Abwicklungsjahresbilanz** dient, wie die Eröffnungsbilanz, angesichts der §§ 271, 272 nicht der Gewinnermittlung, sondern hat den **Zweck**, periodisch eine Übersicht über den Stand der Abwicklung und die Vermögenssituation der Abwicklungsgesellschaft zu geben.[46] Im Hinblick auf die Bilanzkontinuität (vgl § 252 Abs. 1 Nr. 1 und 6 HGB) sind der Abwicklungsjahresbilanz die für die Eröffnungsbilanz geltenden Gliederungs-, Ansatz- und Bewertungsregeln (vgl dazu Rn 6) zugrunde zu legen; keine Kontinuität besteht indes zwischen der abschließenden Rechnungslegung für die werbende AG (dazu Rn 3 f) und dem Abwicklungsjahresabschluss.[47]

Bilanzperiode ist das Jahr der Abwicklung; der **Bilanzstichtag** ergibt sich demnach aus Tag und Monat der Eröffnungsbilanz (zu deren Stichtag s. Rn 5), so dass sich für die Abwicklung ein neues Geschäftsjahr ergeben kann.[48] Zulässig ist es, zum bisherigen Geschäftsjahr – etwa dem Kalenderjahr – zurückzukehren.[49] Dafür erforderlich ist ein Beschluss der Hauptversammlung, wobei im Hinblick auf den Streit um dessen satzungsändernden Charakter vorsorglich das Verfahren nach §§ 179 ff eingehalten werden sollte.[50]

Für die **Gewinn- und Verlustrechnung** gelten gem. § 264 Abs. 3 die Bestimmungen der §§ 275 ff HGB einschließlich der in § 158 geforderten Ergänzungen; für den erforderlichen **Anhang** gelten gem. § 264 Abs. 3 die Vorschriften der §§ 264 Abs. 1 S. 1, 284 ff HGB, § 160.[51]

2. Lagebericht. Die Abwickler haben gem. § 270 Abs. 1 neben dem Abwicklungsjahresabschluss auch einen Lagebericht aufzustellen, sofern dieser nicht gem. §§ 264 Abs. 1 S. 4, 267 Abs. 1 HGB entbehrlich ist.[52] Der Inhalt des Lageberichts richtet sich gem. § 264 Abs. 3 unter Berücksichtigung der Abwicklungssituation nach § 289 HGB.[53]

---

36 MüKo-AktG/*Hüffer*, Rn 50; KölnKomm-AktG/*Kraft*, Rn 21.
37 MüKo-AktG/*Hüffer*, Rn 50; Budde u.a./*Förschle/Deubert*, Sonderbilanzen, T 318.
38 MüKo-AktG/*Hüffer*, Rn 48.
39 KölnKomm-AktG/*Kraft*, Rn 22; MüKo-AktG/*Hüffer*, Rn 51.
40 Vgl K. Schmidt/Lutter/*Riesenhuber*, Rn 8; MüKo-AktG/*Hüffer*, Rn 22; *Hüffer*, Rn 10.
41 KölnKomm-AktG/*Kraft*, Rn 24; MüKo-AktG/*Hüffer*, Rn 22.
42 *Hüffer*, Rn 10.
43 KölnKomm-AktG/*Kraft*, Rn 25; MüKo-AktG/*Hüffer*, Rn 52; *Hüffer*, Rn 13.
44 Vgl MüKo-AktG/*Hüffer*, Rn 52; *Hüffer*, Rn 13.
45 BT-Drucks. 10/4268, 86, 128; MüKo-AktG/*Hüffer*, Rn 53; *Hüffer*, Rn 14; KölnKomm-AktG/*Kraft*, Rn 11.
46 KölnKomm-AktG/*Kraft*, Rn 13; MüKo-AktG/*Hüffer*, Rn 54; *Hüffer*, Rn 14; Budde u.a./*Förschle/Deubert*, Sonderbilanzen, T 196; *Scherrer/Heni*, Liquidations-Rechnungslegung, S. 107.
47 MüKo-AktG/*Hüffer*, Rn 57; *Hüffer*, Rn 14.
48 Vgl MüKo-AktG/*Hüffer*, Rn 55; *Hüffer*, Rn 14.
49 Vgl RegBegr. *Kropff*, S. 360; KölnKomm-AktG/*Kraft*, Rn 12; MüKo-AktG/*Hüffer*, Rn 55; *Hüffer*, Rn 14.
50 Vgl MüKo-AktG/*Hüffer*, Rn 55.
51 KölnKomm-AktG/*Kraft*, Rn 11, 14; MüKo-AktG/*Hüffer*, Rn 58, 59; *Hüffer*, Rn 15.
52 KölnKomm-AktG/*Kraft*, Rn 11; MüKo-AktG/*Hüffer*, Rn 60; *Scherrer/Heni*, Liquidations-Rechnungslegung, S. 110.
53 Vgl KölnKomm-AktG/*Kraft*, Rn 11; MüKo-AktG/*Hüffer*, Rn 60; *Hüffer*, Rn 16.

19 3. **Aufstellung, Prüfung, Feststellung und Offenlegung.** Die Aufstellung des Jahresabschlusses und des Lageberichts ist Pflicht der Abwickler (§ 270 Abs. 1); zuständig für die Feststellung ist die Hauptversammlung (§ 270 Abs. 1). Gemäß § 264 Abs. 3 gelten die Bestimmungen über die Prüfung und die Offenlegung während der Abwicklung weiter. Insgesamt kann auf die Ausführungen zur Eröffnungsbilanz verwiesen werden, s. dazu Rn 9–14.

20 **III. Entlastung der Abwickler und der Aufsichtsratsmitglieder.** Die Hauptversammlung, die den Abwicklungsjahresabschluss feststellt, beschließt auch über die Entlastung der Abwickler und der Aufsichtsratsmitglieder (§ 270 Abs. 2 S. 1). Gemäß § 264 Abs. 3 ist § 120 entsprechend anwendbar; an die Stelle der Verhandlung über den Bilanzgewinn (§ 120 Abs. 3 S. 1) tritt wegen §§ 271, 272 jedoch die Verhandlung über den Abwicklungsjahresabschluss.[54] Zur Abweichung bei der Billigung der Schlussrechnung s. § 273 Rn 4.

§ 271 Verteilung des Vermögens

(1) Das nach der Berichtigung der Verbindlichkeiten verbleibende Vermögen der Gesellschaft wird unter die Aktionäre verteilt.

(2) Das Vermögen ist nach den Anteilen am Grundkapital zu verteilen, wenn nicht Aktien mit verschiedenen Rechten bei der Verteilung des Gesellschaftsvermögens vorhanden sind.

(3) ¹Sind die Einlagen auf das Grundkapital nicht auf alle Aktien in demselben Verhältnis geleistet, so werden die geleisteten Einlagen erstattet und ein Überschuß nach den Anteilen am Grundkapital verteilt. ²Reicht das Vermögen zur Erstattung der Einlagen nicht aus, so haben die Aktionäre den Verlust nach ihren Anteilen am Grundkapital zu tragen; die noch ausstehenden Einlagen sind, soweit nötig, einzuziehen.

Literatur:
Siehe die Hinweise vor §§ 262 ff.

A. Inhalt und Zweck der Regelung 1	V. Erlöschen des Anspruchs, Verjährung 6
B. Vermögensverteilung (Abs. 1) 2	C. Verteilungsmaßstab (Abs. 2 und 3) 7
I. Anspruch auf anteiligen Abwicklungsüberschuss 2	I. Verteilungsmaßstab bei gleichmäßig geleisteten Einlagen (Abs. 2) 7
II. Gegenstand der Verteilung 3	II. Besonderheiten bei unterschiedlich geleisteten Einlagen (Abs. 3) 8
III. Zeitpunkt der Verteilung 4	
IV. Verfahren der Verteilung 5	D. Haftung bei fehlerhafter Vermögensverteilung 9

A. Inhalt und Zweck der Regelung

1 § 271 regelt die **Verteilung des Abwicklungsüberschusses.** Dessen Abs. 1 stellt klar, dass der Abwicklungsüberschuss den Aktionären zusteht;[1] Abs. 1 ist ferner die organschaftliche **Zuständigkeit der Abwickler** für die Verteilung des Abwicklungsüberschusses zu entnehmen, ohne dass der Hauptversammlung insoweit Kompetenzen zukämen.[2] § 270 Abs. 2 und 3 bestimmen den Maßstab für die Verteilung des Abwicklungsüberschusses und bezwecken eine **Gleichbehandlung der Aktionäre** (§ 53 a), orientiert an der Höhe ihrer Kapitalbeteiligung.[3]

B. Vermögensverteilung (Abs. 1)

2 **I. Anspruch auf anteiligen Abwicklungsüberschuss.** Aus § 271 resultiert ein Anspruch der Aktionäre auf den anteiligen Abwicklungsüberschuss. Seiner **Rechtsnatur** nach handelt es sich um ein zunächst nicht selbstständig durchsetzbares mitgliedschaftliches Vermögensrecht, das mit Eintritt der gesetzlichen Verteilungsvoraussetzungen zu einem auf Zahlung gerichteten Gläubigerrecht erstarkt.[4] Der zum Gläubigerrecht erstarkte Anspruch kann ohne Zustimmung des Berechtigten **nicht entzogen oder beeinträchtigt** werden.[5] Problematisch ist indes, ob und inwieweit das mitgliedschaftliche Vermögensrecht zur **Disposition** des Sat-

---

54 Vgl KölnKomm-AktG/*Kraft*, Rn 28; MüKo-AktG/*Hüffer*, Rn 62; *Hüffer*, Rn 18.
1 MüKo-AktG/*Hüffer*, Rn 2; *Hüffer*, Rn 1.
2 Vgl MüKo-AktG/*Hüffer*, Rn 2; *Hüffer*, Rn 1.
3 Vgl KölnKomm-AktG/*Kraft*, Rn 11; MüKo-AktG/*Hüffer*, Rn 21, 23.
4 KG AG 2009, 905, 906; KölnKomm-AktG/*Kraft*, Rn 2; MüKo-AktG/*Hüffer*, Rn 3; *Hüffer*, Rn 2.
5 KölnKomm-AktG/*Kraft*, Rn 3; *Hüffer*, Rn 4; K. Schmidt/Lutter/*Riesenhuber*, §§ 271, 272 Rn 8.

zungsgebers oder der Hauptversammlung steht:[6] zulässig ist nach hM ein Ausschluss in der **ursprünglichen Satzung**; durch einen **nachträglichen Beschluss der Hauptversammlung** kann das mitgliedschaftliche Recht nur ausgeschlossen oder eingeschränkt bzw zwischen den Aktionären eine Ungleichbehandlung begründet werden, wenn jeder betroffene Aktionär der Regelung zustimmt.[7]

II. Gegenstand der Verteilung. Gegenstand der Verteilung ist das nach Berichtigung der Verbindlichkeiten verbleibende Vermögen, also der **Abwicklungsüberschuss** (zu dessen Ermittlung s. Rn 5). Die **Gläubigerbefriedigung** hat **absoluten Vorrang** vor der Vermögensverteilung (zur Gläubigerbefriedigung s. § 268 Rn 3; zur Abgrenzung zwischen zulässiger Gläubigerbefriedigung und verbotswidriger Verteilung s. § 272 Rn 3).[8] Zu den zu berichtigenden Verbindlichkeiten zählen aus der Zeit der werbenden Tätigkeit zB Steuerschulden, Lohn-, Pensionsansprüche, bereits entstandene Dividendenansprüche, sowie Abwicklungskosten, wie Vergütungs- und andere Ansprüche der Abwickler.[9] Die Verteilung des Abwicklungsüberschusses hat durch **Geldzahlung** zu erfolgen; eine abweichende (Natural-)Verteilung ist lediglich durch entsprechenden Vertrag zwischen der AG und dem Aktionär nebst Zustimmung der anderen Aktionäre möglich (str).[10] Verbleibt nach der Berichtigung der Verbindlichkeiten kein verteilungsfähiges Vermögen, erhalten die Aktionäre nichts; sie haften aber auch nicht persönlich, falls die Gläubiger nicht befriedigt werden konnten (§ 1 Abs. 1 S. 2).

III. Zeitpunkt der Verteilung. Mit der Verteilung des Vermögens darf frühestens nach **Ablauf des Sperrjahres** begonnen werden (§ 272 Abs. 1; s. dort Rn 2 f); sie ist auch dann nur zulässig, wenn alle Verbindlichkeiten der Gesellschaft berichtigt sind (§ 271 Abs. 1; Rn 3) oder wenn der geschuldete Betrag hinterlegt oder dem Gläubiger Sicherheit geleistet ist (§ 272 Abs. 2 und 3; s. dort Rn 4 f).

IV. Verfahren der Verteilung. Mangels gesetzlicher Regelung des Verteilungsverfahrens sind entsprechende Bestimmungen in der Satzung zulässig (§ 23 Abs. 5 S. 2).[11] Fehlen solche, ist die Verteilung durch die Abwickler vorzunehmen; sie müssen dabei die Sorgfalt eines ordentlichen und gewissenhaften Amtswalters anwenden (§ 268 Abs. 2 S. 1 iVm § 93 Abs. 1).[12] Daraus folgt: Zur Ermittlung des Abwicklungsüberschusses wird regelmäßig die Aufstellung einer **Schlussbilanz nebst eines Verteilungsplans** erforderlich, jedenfalls sinnvoll sein.[13] Die Feststellung dieser Schlussbilanz durch die Hauptversammlung ist angesichts der Zuständigkeit der Abwickler (Rn 1) weder erforderlich noch möglich.[14] Ferner bedarf es der **Feststellung der Aktionäre**, wozu ein **Aufruf in den Gesellschaftsblättern** (§ 25) erforderlich sein kann.[15] Für die Auszahlung ist zur **Legitimation** der Aktionäre bei Inhaberaktien die Vorlage der Aktienurkunde oder einer Hinterlegungsbescheinigung erforderlich; bei Namensaktien ist das Aktienregister (§ 67 Abs. 2) maßgebend.[16] Ein Anspruch der Abwickler auf Aushändigung der Aktienurkunde besteht nach hM nicht, weil sie zur Legitimation in den Fällen des § 273 Abs. 1, 3 und 4 benötigt wird.[17] Einem Missbrauch der Urkunde kann durch einen Vermerk auf der Aktie über die (ggf Teil-) Auszahlung vorgebeugt werden.[18] Im Übrigen sollten die Abwickler den **Quittungsanspruch** gem. § 368 BGB geltend machen. Im Hinblick auf die Rückgewährpflicht aus § 264 Abs. 3 iVm § 62 sollten die Abwickler auch **Namen und Anschrift der Zahlungsempfänger** festhalten; ansonsten machen sie sich ggf ersatzpflichtig (§ 268 Abs. 2 S. 1 iVm § 93).[19]

V. Erlöschen des Anspruchs, Verjährung. Auf den aus einer **Inhaberaktie** resultierenden Anspruch auf den Abwicklungsüberschuss findet **§ 801 Abs. 1 BGB** sinngemäß Anwendung (hM), so dass der Anspruch erlischt, wenn er nicht innerhalb einer **Ausschlussfrist** von 30 Jahren seit Eintritt der Verteilungsvoraussetzungen geltend gemacht wird.[20] Wird der Anspruch rechtzeitig geltend gemacht, so beginnt mit Ende der Ausschlussfrist eine zweijährige Verjährungsfrist (§ 801 Abs. 1 S. 2 BGB). Eine kürzere Ausschlussfrist darf

---

6 Siehe dazu MüKo-AktG/*Hüffer*, Rn 5 ff; KölnKomm-AktG/*Kraft*, Rn 3 ff.
7 Vgl *Sethe*, ZHR 162 (1998), 474, 483 ff; *ders.*, ZIP 1998, 770, 772; KölnKomm-AktG/*Kraft*, Rn 3 f; K. Schmidt/Lutter/*Riesenhuber*, §§ 271, 272 Rn 8; Großkomm-AktienR/*K. Schmidt*, Rn 5 f. Einschränkend: MüKo-AktG/*Hüffer*, Rn 6 f; *Hüffer*, Rn 2: zulässig jeweils nur, soweit das Gesellschaftsvermögen an eine (andere) steuerbegünstigte Körperschaft fallen soll.
8 KölnKomm-AktG/*Kraft*, Rn 7, § 272 Rn 2; MüKo-AktG/*Hüffer*, Rn 9; vgl auch Großkomm-AktG/*K. Schmidt*, § 272 Rn 1.
9 KölnKomm-AktG/*Kraft*, Rn 7; MüKo-AktG/*Hüffer*, Rn 9.
10 So auch MüKo-AktG/*Hüffer*, Rn 4; aA KölnKomm-AktG/*Kraft*, Rn 6; K. Schmidt/Lutter/*Riesenhuber*, §§ 271, 272 Rn 9: Beschluss der Hauptversammlung mit einfacher Mehrheit ausreichend.
11 Siehe dazu *Sethe*, ZHR 162 (1998), 474, 481 ff; *ders.*, ZIP 1998, 770, 772.
12 Vgl MüKo-AktG/*Hüffer*, Rn 12; *Hüffer*, Rn 4; KölnKomm-AktG/*Kraft*, Rn 9, 19.
13 Vgl KölnKomm-AktG/*Kraft*, Rn 10; MüKo-AktG/*Hüffer*, Rn 10; *Hüffer*, Rn 3; K. Schmidt/Lutter/*Riesenhuber*, §§ 271, 272 Rn 11; weniger streng: MüHb-AG/*Hoffmann-Becking*, § 66 Rn 16.
14 MüKo-AktG/*Hüffer*, Rn 10; *Hüffer*, Rn 3.
15 Vgl KölnKomm-AktG/*Kraft*, Rn 19; MüKo-AktG/*Hüffer*, Rn 13; *Hüffer*, Rn 4.
16 KölnKomm-AktG/*Kraft*, Rn 20; MüKo-AktG/*Hüffer*, Rn 14; *Hüffer*, Rn 4.
17 LG München I WM 1958, 1111; KölnKomm-AktG/*Kraft*, Rn 20; K. Schmidt/Lutter/*Riesenhuber*, §§ 271, 272 Rn 11; aA MüKo-AktG/*Hüffer*, Rn 15; *Hüffer*, Rn 4: ausreichend ist eine von den Abwicklern Zug um Zug gegen Aushändigung der Urkunde ausgehändigte und zum Nachweis geeignete Bestätigung.
18 Vgl KölnKomm-AktG/*Kraft*, Rn 20.
19 KölnKomm-AktG/*Kraft*, Rn 21; MüKo-AktG/*Hüffer*, Rn 16.
20 KölnKomm-AktG/*Kraft*, Rn 22, 24; MüKo-AktG/*Hüffer*, Rn 18; *Hüffer*, Rn 5; K. Schmidt/Lutter/*Riesenhuber*, §§ 271, 272 Rn 12.

in der **Satzung** (auch durch deren nachträgliche Änderung) vorgesehen werden.[21] Im Übrigen gilt für den Anspruch auf den Abwicklungsüberschuss mangels abweichender Regelung die regelmäßige **Verjährungsfrist** von drei Jahren bei kenntnisabhängigem Verjährungsbeginn und zehnjähriger Verjährungshöchstfrist (§§ 195, 199 Abs. 1 und 4 BGB).[22] Auch die Verjährungsfrist darf durch die Satzung verkürzt werden, sofern dadurch der Anspruch nicht in der Sache beeinträchtigt wird.[23]

C. Verteilungsmaßstab (Abs. 2 und 3)

7 **I. Verteilungsmaßstab bei gleichmäßig geleisteten Einlagen (Abs. 2).** § 271 Abs. 2 bestimmt den Maßstab für die Verteilung des Abwicklungsüberschusses, wenn die Einlagen auf das Grundkapital für alle Aktien voll oder gleichmäßig anteilig geleistet sind (ansonsten s. Rn 8).[24] Gesetzlicher Verteilungsmaßstab ist – wie bei der Gewinnverteilung gem. § 60 Abs. 1 – das **Verhältnis der Anteile am Grundkapital** (§ 271 Abs. 2 Hs 1). Bei Nennbetragsaktien (§ 8 Abs. 2) bestimmt sich die Quote nach dem Verhältnis des Nennbetrags zum Grundkapital (vgl auch § 8 Abs. 4); bei Stückaktien (§ 8 Abs. 3) errechnet sie sich mittels Division des Überschusses durch die Aktienzahl (vgl auch § 8 Abs. 4).[25] Eigene Aktien der AG werden nicht in Ansatz gebracht (§ 71 b).[26] Ein abweichender Verteilungsmaßstab gilt, wenn und soweit in der Satzung Aktien gem. § 11 S. 1 mit einem **Vorzugsrecht** bei der Verteilung des Gesellschaftsvermögens ausgestattet sind (§ 271 Abs. 2 Hs 2); zunächst sind die bevorrechtigten Aktien zu bedienen, ein danach verbleibender Überschuss ist nach § 271 Abs. 2 Hs 1 zu verteilen.[27] Ein Gewinnvorzugsrecht begründet jedoch nicht ohne Weiteres auch ein Vorzugsrecht für die Vermögensverteilung.[28]

8 **II. Besonderheiten bei unterschiedlich geleisteten Einlagen (Abs. 3).** Wenn die Einlagen auf das Grundkapital nicht auf alle Aktien in demselben Verhältnis geleistet sind, so werden die geleisteten Einlagen erstattet (§ 271 Abs. 3 S. 1). Verbleibt danach ein **Überschuss**, so ist dieser nach dem Maßstab des § 271 Abs. 2 (s. Rn 7) zu verteilen (§ 271 Abs. 3 S. 1). Ansprüche aus Vorzugsrechten (vgl Rn 7) gehen indes der Erstattung der geleisteten Einlagen vor.[29] Reicht das Vermögen zur Erstattung der Einlagen nicht aus (**Fehlbetrag**), so greift § 271 Abs. 3 S. 2, der der Regelung des § 735 BGB zur Nachschusspflicht bei einer BGB-Gesellschaft entspricht: Der Fehlbetrag ist von den Aktionären nach ihren Anteilen am Grundkapital zu tragen. Dazu ist zunächst der auf die einzelne Aktie entfallende Fehlbetrag mit dem Anspruch des Aktionärs auf Einlagenerstattung zu verrechnen; in Höhe des danach verbleibenden Fehlbetragsanteils ist die ausstehende Einlage noch zu leisten (vgl auch § 264 Rn 10).[30] Der aus uneinbringlichen Einlagen resultierende Verlust ist ebenfalls anteilig zu verteilen, ohne dass indes eine Nachschusspflicht der Aktionäre besteht.[31]

D. Haftung bei fehlerhafter Vermögensverteilung

9 Ist die Vermögensverteilung fehlerhaft, etwa weil gegen den Verteilungsmaßstab des § 271 Abs. 2 oder 3 verstoßen worden ist, so ist der benachteiligte Aktionär in seinem Gläubigerrecht (Rn 2) verletzt; daraus erwachsen dieselben Rechtsfolgen wie aus der Verletzung der Rechte anderer Gläubiger (s. dazu § 272 Rn 6).[32]

§ 272 Gläubigerschutz

(1) Das Vermögen darf nur verteilt werden, wenn ein Jahr seit dem Tage verstrichen ist, an dem der Aufruf der Gläubiger bekanntgemacht worden ist.

---

21 Vgl RGZ 7, 32 ff: fünf Jahre sind zulässig; KölnKomm-AktG/*Kraft*, Rn 22; MüKo-AktG/*Hüffer*, Rn 18; *Hüffer*, Rn 5; K. Schmidt/Lutter/*Riesenhuber*, §§ 271, 272 Rn 2.

22 Vgl MüKo-AktG/*Hüffer*, Rn 17; ferner auf der Grundlage des § 195 BGB aF KölnKomm-AktG/*Kraft*, Rn 24.

23 MüKo-AktG/*Hüffer*, Rn 17 f; *Hüffer*, Rn 5; KölnKomm-AktG/*Kraft*, Rn 23.

24 Vgl KölnKomm-AktG/*Kraft*, Rn 13; MüKo-AktG/*Hüffer*, Rn 21.

25 MüKo-AktG/*Hüffer*, Rn 21; *Hüffer*, Rn 6.

26 Vgl RGZ 103, 64, 66; KölnKomm-AktG/*Kraft*, Rn 13; MüKo-AktG/*Hüffer*, Rn 21.

27 Vgl KölnKomm-AktG/*Kraft*, Rn 11 f; MüKo-AktG/*Hüffer*, Rn 21 f; *Hüffer*, Rn 6.

28 Vgl RGZ 33, 16, 17 f; KölnKomm-AktG/*Kraft*, Rn 12; MüKo-AktG/*Hüffer*, Rn 22; MüHb-AG/*Hoffmann-Becking*, § 66 Rn 16; K. Schmidt/Lutter/*Riesenhuber*, §§ 271, 272 Rn 10.

29 Vgl dazu KölnKomm-AktG/*Kraft*, Rn 16 f; MüKo-AktG/*Hüffer*, Rn 25; *Hüffer*, Rn 7.

30 MüKo-AktG/*Hüffer*, Rn 26; *Hüffer*, Rn 7; KölnKomm-AktG/*Kraft*, Rn 15.

31 Vgl KölnKomm-AktG/*Kraft*, Rn 15; MüKo-AktG/*Hüffer*, Rn 26; *Hüffer*, Rn 7.

32 Vgl dazu MüKo-AktG/*Hüffer*, Rn 27 f; *Hüffer*, Rn 8; KölnKomm-AktG/*Kraft*, Rn 25 ff.

(2) Meldet sich ein bekannter Gläubiger nicht, so ist der geschuldete Betrag für ihn zu hinterlegen, wenn ein Recht zur Hinterlegung besteht.

(3) Kann eine Verbindlichkeit zur Zeit nicht berichtigt werden oder ist sie streitig, so darf das Vermögen nur verteilt werden, wenn dem Gläubiger Sicherheit geleistet ist.

Literatur:
Siehe die Hinweise vor §§ 262 ff.

A. Inhalt und Zweck der Regelung

§ 272 knüpft an den in § 271 normierten absoluten Vorrang der Gläubigerbefriedigung (vgl § 271 Rn 3) an **1** und bestimmt die weiteren zeitlichen und sachlichen **Voraussetzungen für den Beginn der (Rest-)Vermögensverteilung**. Bezweckt ist der **Schutz der Gläubiger**.[1] § 272 ist **zwingend** (§ 23 Abs. 5) und kann weder durch die Satzung noch durch einen Hauptversammlungsbeschluss wirksam ausgeschlossen werden (vgl § 241 Nr. 3 Alt. 2).[2] § 272 Abs. 1 statuiert ein befristetes Verteilungsverbot (sog. **Sperrjahr**). § 272 Abs. 2 und 3 ordnen die Hinterlegung und Sicherheitsleistung für Fälle an, in denen eine Gläubigerbefriedigung noch nicht erfolgen konnte.

B. Sperrjahr (Abs. 1)

I. Allgemeines, Fristberechnung und Wirkungen des Fristablaufs. Gemäß § 272 Abs. 1 darf mit der Vertei- **2** lung des Abwicklungsüberschusses erst nach Ablauf des sog. Sperrjahres begonnen werden. Die Vorschrift ist zwingend (Rn 1); selbst mit Zustimmung aller bekannten Gläubiger darf wegen der Möglichkeit des Auftauchens weiterer Gläubiger nicht auf die Einhaltung des Sperrjahres verzichtet werden.[3] **Fristbeginn** ist gem. § 187 Abs. 1 BGB der Tag, der auf die Bekanntmachung des Gläubigeraufrufs gem. § 267 (s. dort Rn 2) folgt.[4] Das **Fristende** errechnet sich nach § 188 Abs. 2 Hs 1 BGB. Der Ablauf des Sperrjahres ist – vorbehaltlich der weiteren Voraussetzungen – der **frühestmögliche Zeitpunkt** zulässiger Vermögensverteilung; ggf ist zuzuwarten, wenn etwa noch ein Anfechtungsprozess rechtshängig ist.[5] Der Gläubigeraufruf nach § 267 ist kein Aufgebotsverfahren; auch ist das Sperrjahr **keine Ausschlussfrist**, so dass dessen Ablauf auf den Bestand der Gläubigeransprüche – auch derjenigen, die entgegen § 267 nicht angemeldet wurden – keine Wirkung hat (vgl § 267 Rn 3).[6] Sind allerdings die Person des Gläubigers und die Forderung selbst unbekannt und kommen deshalb weder Hinterlegung noch Sicherheitsleistung nach § 272 Abs. 2 oder 3 in Betracht, so kann der Gläubiger keine Befriedigung mehr verlangen, wenn Gesellschaftsvermögen nicht mehr vorhanden ist.[7]

II. Inhalt des Verteilungsverbotes, Abgrenzungen. Das Verteilungsverbot umfasst **alle Handlungen**, die zu- **3** gunsten der Aktionäre zu einer **Verkürzung des Gesellschaftsvermögens** als Haftungsmasse führen.[8] Verbotswidrig sind zB Abschlagsverteilungen, Gewinnausschüttungen, soweit nicht vor der Auflösung Gläubigerrechte entstanden sind, grds. auch Darlehen, die später mit der Abwicklungsquote verrechnet werden sollen.[9] Abgrenzungsprobleme zwischen gebotener Gläubigerbefriedigung und verbotswidriger Vermögensverteilung bestehen immer dann, wenn Gesellschaftsgläubiger zugleich Aktionäre sind.[10] **Drittgläubigeransprüche** (zB aus Kauf- oder Werkvertrag) sind von den Abwicklern ohne Rücksicht auf das Sperrjahr wie die Ansprüche sonstiger Dritter zu behandeln.[11] **Zahlungsansprüche aus dem Gesellschaftsverhältnis**, insb. auf Tantieme- oder Dividendenzahlung, können ohne Rücksicht auf das Sperrjahr geltend gemacht werden, sofern der Gewinnverwendungsbeschluss vor der Auflösung gefasst wurde (§§ 58, 174) und das Grundkapital sowie die gesetzliche Rücklage (§ 150) erhalten bleiben.[12] Dagegen dürfte der Rückzahlungsanspruch aus **kapitalersetzenden Aktionärsdarlehen** als unselbstständiger Posten in die Auseinandersetzungsrechnung einzustellen sein, so dass eine Zahlung nur im Rahmen der Vermögensverteilung zulässig sein dürfte.[13]

---

1 Vgl KölnKomm-AktG/*Kraft*, Rn 2 ff; MüKo-AktG/*Hüffer*, Rn 2; *Hüffer*, Rn 1.
2 Großkomm-AktienR/*K. Schmidt*, § 271 Rn 1; KölnKomm-AktG/*Kraft*, Rn 2; MüKo-AktG/*Hüffer*, Rn 3.
3 KölnKomm-AktG/*Kraft*, Rn 2, 12; MüKo-AktG/*Hüffer*, Rn 3; *Hüffer*, Rn 1.
4 MüKo-AktG/*Hüffer*, Rn 4; *Hüffer*, Rn 2.
5 Vgl KölnKomm-AktG/*Kraft*, Rn 12; MüKo-AktG/*Hüffer*, Rn 14.
6 Vgl RGZ 92, 77, 82; 109, 387, 392; 124, 210, 213; Köln-Komm-AktG/*Kraft*, Rn 3; MüKo-AktG/*Hüffer*, Rn 15.
7 KölnKomm-AktG/*Kraft*, Rn 4; MüKo-AktG/*Hüffer*, Rn 15.
8 MüKo-AktG/*Hüffer*, Rn 5; *Hüffer*, Rn 2.
9 MüKo-AktG/*Hüffer*, Rn 5; *Hüffer*, Rn 2. Bzgl. der Verzinslichkeit der Darlehen vgl *K. Schmidt*, DB 1994, 2013, 2014 f.
10 Vgl im Einzelnen MüKo-AktG/*Hüffer*, Rn 6 ff.
11 Dazu MüKo-AktG/*Hüffer*, Rn 7; *K. Schmidt/Lutter/Riesenhuber*, §§ 271, 272 Rn 4; Großkomm-AktienR/*K. Schmidt*, Rn 4.
12 Dazu MüKo-AktG/*Hüffer*, Rn 8 ff; *K. Schmidt/Lutter/Riesenhuber*, §§ 271, 272 Rn 4.
13 Dazu MüKo-AktG/*Hüffer*, Rn 12 f; *Hüffer*, Rn 3; *K. Schmidt/Lutter/Riesenhuber*, §§ 271, 272 Rn 4.

C. Hinterlegung (Abs. 2)

4 Meldet sich ein bekannter Gläubiger nicht, so darf mit der Vermögensverteilung erst begonnen werden, wenn der geschuldete Betrag für ihn hinterlegt ist (§ 272 Abs. 2). Es muss ein **Recht zur Hinterlegung** bestehen; dies richtet sich nach §§ 372 ff BGB. Bekanntheit setzt die **positive Kenntnis** der Abwickler von der **Forderung nach Grund und Höhe** voraus; nicht erforderlich ist Kenntnis von Name und Anschrift des Gläubigers; ein Kennenmüssen steht nicht gleich.[14] Ferner muss es sich um eine **Geldschuld** handeln.[15] Liegen die Voraussetzungen vor, so muss die Hinterlegung erfolgen; Sicherheitsleistung ist dann nicht ausreichend.[16] Im Übrigen steht es im pflichtgemäßen Ermessen der Abwickler, die Gläubiger – soweit zulässig – durch Hinterlegung oder Sicherheitsleistung zu befriedigen, wenn eine Verbindlichkeit nicht durch Erfüllung oder Aufrechnung berichtigt werden kann (vgl § 268 Rn 3).[17] Im Falle des § 272 Abs. 2 haben die Gläubiger zwar **keinen Anspruch** auf Hinterlegung, jedoch darauf, dass mit der Vermögensverteilung erst nach erfolgter Hinterlegung begonnen wird.[18]

D. Sicherheitsleistung (Abs. 3)

5 Sicherheit muss vor der Vermögensverteilung geleistet werden, wenn eine Verbindlichkeit zur Zeit nicht berichtigt werden kann oder streitig ist (§ 272 Abs. 3). Verbindlichkeiten können **zur Zeit nicht berichtigt** werden, wenn sie bedingt oder befristet sind und deshalb weder Erfüllung oder Aufrechnung möglich sind noch Hinterlegung vorzunehmen ist.[19] **Streitig** ist eine Forderung, die gerichtlich oder außergerichtlich geltend gemacht wird und von den Abwicklern nach Grund oder Höhe nicht anerkennt werden kann.[20] Bei einer offensichtlich unbegründeten Forderung (offensichtlicher Missbrauch) muss jedoch keine Sicherheit geleistet werden.[21] Die **Art der Sicherheitsleistung** richtet sich nach §§ 232 ff BGB.[22] Da diese Bestimmungen nicht zwingend sind, können die Parteien auch anderes vereinbaren.[23] Einen **einklagbaren Anspruch** auf Leistung einer Sicherheit haben die Gläubiger **nicht** (str).[24] Allerdings steht ihnen wegen ihres Primäranspruchs das Arrestverfahren (§§ 916 ff ZPO) zur Seite; auch können sie gegen die Abwickler ihren Anspruch auf Unterlassung verbotswidriger Verteilung im Wege der einstweiligen Verfügung (§§ 935 ff ZPO) sichern.[25] Im Übrigen resultieren aus einer entgegen § 272 Abs. 3 vorgenommenen Vermögensverteilung ggf Regressansprüche (s. Rn 6).

E. Rechtsfolgen verbotswidriger Verteilung

6 Erfolgt die Vermögensverteilung unter Verstoß gegen §§ 271 Abs. 1, 272, begründet dies **keine Nichtigkeit** gem. § 134 BGB; vielmehr ist die Verteilung **dinglich rechtswirksam**.[26] Anderes gilt nur bei Verstoß gegen § 138 BGB.[27] Umgekehrt werden die Gläubigeransprüche durch eine verbotswidrige Verteilung in ihrem rechtlichen Bestand nicht betroffen.[28] Die verbotswidrige Verteilung kann **Ersatzansprüche** gegenüber den Abwicklern und den Aufsichtsratsmitgliedern gem. §§ 268 Abs. 2, 93 und §§ 264 Abs. 3, 93, 116 sowie nach allgemeinem Deliktsrecht begründen.[29] Ferner können **Rückgewähransprüche** aus § 62 Abs. 1 S. 1 begründet sein, ohne dass es auf Verschulden, guten Glauben oder den Wegfall der Bereicherung ankäme (körperschaftsrechtlicher, kein bereicherungsrechtlicher Anspruch).[30] Diese grds. der Gesellschaft zustehenden Ansprüche können auch von den Gläubigern unter den Voraussetzungen des §§ 264 Abs. 3, 93 Abs. 5

---

14 Vgl RGZ 92, 77, 80; RG JW 1930, 2943; KölnKomm-AktG/*Kraft*, Rn 8; MüKo-AktG/*Hüffer*, Rn 18; *Hüffer*, Rn 4.
15 MüKo-AktG/*Hüffer*, Rn 18; *Hüffer*, Rn 4.
16 KölnKomm-AktG/*Kraft*, Rn 8; MüKo-AktG/*Hüffer*, Rn 19; *Hüffer*, Rn 4.
17 Vgl MüKo-AktG/*Hüffer*, Rn 17; KölnKomm-AktG/*Kraft*, Rn 8.
18 Vgl MüKo-AktG/*Hüffer*, Rn 19, 25; *Hüffer*, Rn 4.
19 KölnKomm-AktG/*Kraft*, Rn 10; MüKo-AktG/*Hüffer*, Rn 20; *Hüffer*, Rn 5.
20 KölnKomm-AktG/*Kraft*, Rn 10; MüKo-AktG/*Hüffer*, Rn 21; *Hüffer*, Rn 5.
21 Vgl KölnKomm-AktG/*Kraft*, Rn 10; Großkomm-AktienR/*K. Schmidt*, Rn 11; MüKo-AktG/*Hüffer*, Rn 21; *Hüffer*, Rn 5.
22 Vgl RGZ 72, 15, 20; 143, 301 ff; KölnKomm-AktG/*Kraft*, Rn 11; MüKo-AktG/*Hüffer*, Rn 23; *Hüffer*, Rn 5.
23 Vgl RGZ 143, 301 ff: Bürgschaft des beherrschenden Unternehmens; KölnKomm-AktG/*Kraft*, Rn 11; MüKo-AktG/*Hüffer*, Rn 24; *Hüffer*, Rn 5.
24 Vgl MüKo-AktG/*Hüffer*, Rn 22, 25; *Hüffer*, Rn 5, 6; KölnKomm-AktG/*Kraft*, Rn 11 K. Schmidt/Lutter/*Riesenhuber*, §§ 271, 272 Rn 7; aA – allerdings bei Verneinung der Fälligkeit, solange der Beginn der Verteilung nicht in naher Zukunft zu erwarten ist – RGZ 143, 301 ff S. auch *K. Schmidt*, ZIP 1981, 1, 4.
25 Vgl K. Schmidt/Lutter/*Riesenhuber*, §§ 271, 272 Rn 7; MüKo-AktG/*Hüffer*, Rn 27.
26 HM; vgl (zur GmbH) RGZ 92, 77, 79; BGH NJW 1973, 1695 f; ferner KölnKomm-AktG/*Kraft*, Rn 16; MüKo-AktG/*Hüffer*, Rn 29; *Hüffer*, Rn 7; K. Schmidt/Lutter/*Riesenhuber*, §§ 271, 272 Rn 7; *K. Schmidt*, ZIP 1981, 1, 6.
27 MüKo-AktG/*Hüffer*, Rn 29; *Hüffer*, Rn 7.
28 MüKo-AktG/*Hüffer*, Rn 30; KölnKomm-AktG/*Kraft*, Rn 14.
29 KölnKomm-AktG/*Kraft*, Rn 17; MüKo-AktG/*Hüffer*, Rn 32; *Hüffer*, Rn 7.
30 Vgl RGZ 92, 77, 81; 109, 387, 391 f; 124, 210, 215; KölnKomm-AktG/*Kraft*, Rn 18; MüKo-AktG/*Hüffer*, Rn 31; *Hüffer*, Rn 7; K. Schmidt/Lutter/*Riesenhuber*, §§ 271, 272 Rn 7.

bzw §§ 264 Abs. 3, 62 Abs. 2 geltend gemacht werden.[31] Hinsichtlich des Rückgewähranspruchs können die Gläubiger jedoch nicht Leistung an sich selbst, sondern an die AG bzw nach deren Löschung Leistung an die Nachtragsabwickler (§ 273 Abs. 4) verlangen (str).[32] Gegen eine verbotswidrige Verteilung können die Gläubiger auch mit der **Unterlassungsklage** vorgehen;[33] sie haben jedoch keinen Anspruch auf Hinterlegung oder Sicherheitsleistung (Rn 4, 5). Bei Dringlichkeit kommen **Arrest** wegen des Anspruchs auf Zahlung bzw sonstige Leistung oder **einstweilige Verfügung** hinsichtlich des Unterlassungsanspruches in Betracht.[34]

§ 273 Schluß der Abwicklung

(1) ¹Ist die Abwicklung beendet und die Schlußrechnung gelegt, so haben die Abwickler den Schluß der Abwicklung zur Eintragung in das Handelsregister anzumelden. ²Die Gesellschaft ist zu löschen.

(2) Die Bücher und Schriften der Gesellschaft sind an einen vom Gericht bestimmten sicheren Ort zur Aufbewahrung auf zehn Jahre zu hinterlegen.

(3) Das Gericht kann den Aktionären und den Gläubigern die Einsicht der Bücher und Schriften gestatten.

(4) ¹Stellt sich nachträglich heraus, daß weitere Abwicklungsmaßnahmen nötig sind, so hat auf Antrag eines Beteiligten das Gericht die bisherigen Abwickler neu zu bestellen oder andere Abwickler zu berufen. ²§ 265 Abs. 4 gilt.

(5) Gegen die Entscheidungen nach den Absätzen 2, 3 und 4 Satz 1 ist die Beschwerde zulässig.

Literatur:
Siehe die Hinweise vor §§ 262 ff.

A. Inhalt und Zweck der Regelung 1	C. Hinterlegung der Schriften und Bücher, Einsichtsrecht (Abs. 2 und 3) 10
B. Anmeldung des Abwicklungsschlusses und Löschung (Abs. 1) 2	I. Hinterlegung (Abs. 2) 10
I. Anmeldung zur Eintragung (Abs. 1 S. 1) 2	II. Einsichtnahme (Abs. 3) 11
1. Voraussetzungen der Anmeldung 3	D. Nachtragsabwicklung (Abs. 4) 13
a) Beendigung der Abwicklung 3	I. Notwendigkeit weiterer Abwicklungsmaßnahmen 13
b) Schlussrechnung 4	II. Antragsrecht 14
2. Gegenstand und Durchführung der Anmeldung 5	III. Neubestellung der Abwickler 15
II. Löschung der Gesellschaft (Abs. 1 S. 2) 6	IV. Registerrechtliche Maßnahmen hinsichtlich der gelöschten AG 16
1. Registergerichtliche Prüfung, Eintragung und Löschung 6	V. Durchführung der Nachtragsabwicklung 17
2. Wirkungen der Löschung 7	E. Rechtsmittel (Abs. 5) 18

A. Inhalt und Zweck der Regelung

§ 273 Abs. 1 regelt die **registerrechtliche Behandlung des Abwicklungsschlusses**.[1] Abs. 2 und 3 betreffen die Aufbewahrung der Bücher und Schriften der AG nach deren Löschung sowie ein diesbezügliches Einsichtsrecht. Abs. 4 behandelt die sog. **Nachtragsabwicklung** für den Fall, dass nach der Löschung weitere Abwicklungsmaßnahmen erforderlich sein sollten. Abs. 5 bestimmt das zulässige Rechtsmittel gegen Entscheidungen hinsichtlich Aufbewahrung, Einsichtnahme und Nachtragsabwicklung. 1

B. Anmeldung des Abwicklungsschlusses und Löschung (Abs. 1)

I. Anmeldung zur Eintragung (Abs. 1 S. 1). Der Schluss der Abwicklung ist zur Eintragung in das Handelsregister anzumelden, sobald die Abwicklung beendet und die Schlussrechnung gelegt ist (Abs. 1 S. 1). 2

1. Voraussetzungen der Anmeldung. a) Beendigung der Abwicklung. Beendet ist die Abwicklung, wenn den §§ 267, 268 Abs. 1, 271, 272 Genüge getan ist, also sobald die laufenden Geschäfte beendet, Forde- 3

---

31 Vgl KölnKomm-AktG/*Kraft*, Rn 18; MüKo-AktG/*Hüffer*, Rn 34; *Hüffer*, Rn 7.
32 MüKo-AktG/*Hüffer*, Rn 33; *Hüffer*, Rn 7; aA KölnKomm-AktG/*Kraft*, Rn 18.
33 KölnKomm-AktG/*Kraft*, Rn 13; MüKo-AktG/*Hüffer*, Rn 25, § 271 Rn 11; *Hüffer*, Rn 6.

34 Vgl dazu KölnKomm-AktG/*Kraft*, Rn 13; MüKo-AktG/*Hüffer*, Rn 26 ff, § 271 Rn 27; *Hüffer*, Rn 6; *K. Schmidt*, ZIP 1981, 1, 5.

1 Vgl MüKo-AktG/*Hüffer*, Rn 1 f; *Hüffer*, Rn 1.

rungen (auch Ersatzansprüche gegen Verwaltungsträger und Rückgewähransprüche gegen Aktionäre, s. dazu § 272 Rn 6)[2] eingezogen, das Vermögen versilbert und die Gesellschaftsgläubiger befriedigt sind sowie ein danach verbleibendes Restvermögen unter die Aktionäre verteilt ist.[3] Eine Beendigung der Abwicklung vor **Ablauf des Sperrjahres** ist nicht möglich, da vorher die Verteilung des Abwicklungsüberschusses nicht erfolgen darf (§§ 267, 272 Abs. 1).[4] **Gerichtliche Verfahren**, in denen die Gesellschaft Partei ist (zB Anfechtungsklagen), müssen beendet sein; diesbezügliche Urteile müssen Rechtskraft erlangt haben.[5] Die **Hinterlegung** nach § 272 Abs. 2 steht für die Beendigung der Abwicklung der Befriedigung des Gläubigers gleich, dagegen kommt es für die **Sicherheitsleistung** gem. § 272 Abs. 3 auf die Umstände des Einzelfalles an; sie führt jedenfalls bei streitigen Ansprüchen nicht zur Beendigung der Abwicklung.[6] Ein nach der Vermögensverteilung verbleibender **Restbetrag**, dessen Verteilung angesichts der entstehenden Kosten vernünftigerweise nicht lohnt, steht dem Abwicklungsende nicht entgegen; über dessen Verwendung hat die Hauptversammlung bei der Billigung der Schlussrechnung (dazu Rn 4) aufgrund eines Vorschlages der Abwickler zu entscheiden.[7]

4 b) **Schlussrechnung.** Die Abwickler haben eine **Schlussrechnung** zu legen. Diese gegenüber der AG bestehende Pflicht[8] wird in § 273 Abs. 1 vorausgesetzt, ohne dass die die Abwicklung abschließende Rechnungslegung besonders geregelt wäre. Der **Umfang der Rechenschaftspflicht** richtet sich nach **§ 259 BGB**, so dass eine geordnete Zusammenstellung der Einnahmen und Ausgaben unter Vorlage der Belege grundsätzlich ausreicht und eine Bilanz nicht erforderlich, jedoch im Einzelfall sinnvoll oder sogar geboten ist.[9] Die Schlussrechnung ist der **Hauptversammlung** vorzulegen; diese hat die Vorlage der Abwickler durch Beschluss zu billigen (**Entlastung**).[10] Erst dann darf der Schluss der Abwicklung zur Eintragung angemeldet werden.[11] Anders als im Falle der Entlastung nach §§ 120, 270 Abs. 2 haben die Abwickler und die Aufsichtsratsmitglieder einen **klagbaren Anspruch** auf die Billigung ihrer Schlussrechnung.[12] Auch hat die Billigung der Schlussrechnung – anders als nach § 120 Abs. 2 S. 2 – die Wirkung eines **Verzichts** auf etwaige Ersatzansprüche gegen die Abwickler (str).[13]

5 2. **Gegenstand und Durchführung der Anmeldung.** Anzumelden ist der **Schluss der Abwicklung**. Die Anmeldung ist **Pflicht der Abwickler**, die in vertretungsberechtigter Zahl (§ 269 Abs. 2, 3; s. dort Rn 3 ff) handeln. Zur Form der Anmeldung: § 12 HGB. Zuständig ist das **Amtsgericht des Gesellschaftssitzes** (§ 14, §§ 3/4 Nr. 1, 3/6 Abs. 1, 3/7 Abs. 1 FamFG). Da das Registergericht die Anmeldung in formeller und materieller Hinsicht zu prüfen hat (Rn 6), ist es sinnvoll, der Anmeldung die Schlussrechnung und den diese billigenden Hauptversammlungsbeschluss (Rn 4) beizufügen und den Ablauf des Sperrjahres nachzuweisen.[14] Die Abwickler können durch **Festsetzung eines Zwangsgeldes** zur Anmeldung angehalten werden (§ 14 HGB). Ggf kommt eine amtswegige Löschung gem. § 394 FamFG in Betracht (zu dieser s. § 262 Rn 31 ff).

6 II. **Löschung der Gesellschaft (Abs. 1 S. 2).** 1. **Registergerichtliche Prüfung, Eintragung und Löschung.** Das Registergericht hat die Anmeldung **in formeller und materieller Hinsicht zu prüfen** und ggf von Amts wegen zu ermitteln (§ 26 FamFG), ob die Voraussetzungen für die Anmeldung tatsächlich erfüllt sind (Beendigung der Abwicklung samt Ablauf des Sperrjahres sowie gebilligte Schlussrechnung, s. Rn 3 f); ggf ist die Anmeldung zurückzuweisen.[15] Bestehen keine Bedenken gegen die Anmeldung, so verfügt das Registergericht antragsgemäß die **Eintragung des Schlusses der Abwicklung** sowie von Amts wegen (§ 273 Abs. 1 S. 2) die **Löschung der Gesellschaft**; zweckmäßig ist die Verbindung beider Eintragungen: „Die Abwicklung ist beendet. Die Gesellschaft ist gelöscht".[16] Die **Bekanntmachung** der Eintragung richtet sich nach § 10 HGB.

---

2   Vgl KölnKomm-AktG/*Kraft*, Rn 3; MüKo-AktG/*Hüffer*, Rn 4.
3   KölnKomm-AktG/*Kraft*, Rn 2; MüKo-AktG/*Hüffer*, Rn 3; *Hüffer*, Rn 2.
4   Vgl MüKo-AktG/*Hüffer*, Rn 3; *Hüffer*, Rn 2; KölnKomm-AktG/*Kraft*, Rn 5. Anders die hM zur GmbH, wonach die Einhaltung des Sperrjahres entbehrlich ist, wenn kein verteilungsfähiges Gesellschaftsvermögen mehr vorhanden ist und eine entsprechende Versicherung der Anmelder vorliegt, vgl Scholz/ K. Schmidt, GmbHG, § 74 Rn 1; Baumbach/Hueck/*Haas*, GmbHG, § 74 Rn 2; OLG Köln NZG 2005, 83, 84 = ZIP 2004, 2376; offen gelassen von OLG Naumburg ZIP 2002, 1529, 1530 = GmbHR 2002, 858.
5   Vgl RGZ 77, 268, 273 (zur Anfechtungsklage); KölnKomm-AktG/*Kraft*, Rn 2; MüKo-AktG/*Hüffer*, Rn 4; *Hüffer*, Rn 2; vgl noch Großkomm-AktienR/*K. Schmidt*, Rn 3.
6   KölnKomm-AktG/*Kraft*, Rn 4; MüKo-AktG/*Hüffer*, Rn 4; *Hüffer*, Rn 2. ZT aA *v. Godin/Wilhelmi*, Anm. 4.
7   KölnKomm-AktG/*Kraft*, Rn 5; MüKo-AktG/*Hüffer*, Rn 4; *Hüffer*, Rn 2.
8   Vgl MüKo-AktG/*Hüffer*, Rn 5, 11; *Hüffer*, Rn 3.
9   Vgl KölnKomm-AktG/*Kraft*, Rn 6; MüKo-AktG/*Hüffer*, Rn 6; *Hüffer*, Rn 3.
10 Vgl KölnKomm-AktG/*Kraft*, Rn 7 f; MüKo-AktG/*Hüffer*, Rn 7; *Hüffer*, Rn 3; Großkomm-AktienR/*K. Schmidt*, Rn 6.
11 MüKo-AktG/*Hüffer*, Rn 7; KölnKomm-AktG/*Kraft*, Rn 8.
12 KölnKomm-AktG/*Kraft*, Rn 8; MüKo-AktG/*Hüffer*, Rn 7; *Hüffer*, Rn 3.
13 MüKo-AktG/*Hüffer*, Rn 8; *Hüffer*, Rn 3; Großkomm-AktienR/*K. Schmidt*, Rn 6; aA KölnKomm-AktG/*Kraft*, Rn 8 ff.
14 Vgl KölnKomm-AktG/*Kraft*, Rn 12; MüKo-AktG/*Hüffer*, Rn 11 f; *Hüffer*, Rn 5.
15 Vgl KölnKomm-AktG/*Kraft*, Rn 13; MüKo-AktG/*Hüffer*, Rn 12 f; *Hüffer*, Rn 6.
16 MüKo-AktG/*Hüffer*, Rn 13; *Hüffer*, Rn 6.

2. Wirkungen der Löschung. Die Wirkung der Löschung im Hinblick auf den Untergang der AG als juristische Person (Vollbeendigung; § 262 Rn 3) ist umstritten (s. dazu § 262 Rn 5 f). Entgegen den überwiegend von der Rechtsprechung bezogenen Positionen ist richtigerweise – wie bei Löschung wegen Vermögenslosigkeit gem. § 394 FamFG (vormals § 141 a FGG) (§ 262 Rn 36) – davon auszugehen, dass die Löschung **schlechthin konstitutive Wirkung** hat, und zwar auch dann, wenn sie unberechtigt erfolgt sein sollte (§ 262 Rn 6).[17]

Im Falle unberechtigter Löschung ist **Träger subjektiver Rechte** nicht mehr die AG, da diese infolge der konstitutiven Wirkung der Löschung untergegangen ist, sondern vielmehr die **Gesamtheit der ehemaligen Aktionäre als teilrechtsfähiger Verband** (Nachgesellschaft; s. auch § 264 Rn 5).[18] **Schulden** der vermögenslosen AG erlöschen mit der Registereintragung, da es Schulden ohne Schuldner nicht gibt.[19] Diesbezügliche **Sicherheiten** gehen nicht unter, sondern bestehen fort; dies gilt auch für akzessorische Sicherheiten, die als verselbstständigtes Recht fortbestehen, sofern das Sicherungsrecht bei der Löschung schon bestand.[20] Ein **Schuldbeitritt** ist nach der Löschung in Ermangelung von Gesellschaftsverbindlichkeiten nicht mehr möglich (str).[21]

Hinsichtlich der **Prozessführung** gilt: **Aktivprozesse** kommen nur im Falle der Nachtragsabwicklung gem. § 273 Abs. 4 in Betracht (s. Rn 13 ff). Eine Klage gegen die gelöschte AG (**Passivprozess**) ist als unzulässig abzuweisen, wenn sie nach der Löschung erhoben wird.[22] Grundsätzlich wird auch die Klage gegen eine AG unzulässig, wenn diese während des Prozesses gelöscht wird (str).[23] Ausnahmsweise ist es zulässig, die AG mittels Fiktion als Prozesspartei zu erhalten, wenn gerade die Existenz der Gesellschaft oder Kostenfolgen ihres Wegfalls in Streit stehen.[24]

C. Hinterlegung der Schriften und Bücher, Einsichtsrecht (Abs. 2 und 3)

I. Hinterlegung (Abs. 2). Bücher und Schriften der Gesellschaft sind zur Aufbewahrung zu hinterlegen. Diese **Pflicht** trifft die **Abwickler** und kann ggf mit **Zwangsgeld** gem. § 407 Abs. 1 durchgesetzt werden.[25] § 273 Abs. 2 stellt die Erfüllung der handelsrechtlichen Aufbewahrungspflicht des § 257 HGB für die Zeit nach der Vollbeendigung der AG sicher.[26] § 273 Abs. 2 gilt auch für die Löschung wegen Vermögenslosigkeit gem. § 394 FamFG (vormals § 141 a FGG).[27] **Gegenstand** der Hinterlegung sind die in § 257 HGB genannten Unterlagen, ferner das Aktienregister (§ 67) sowie insbesondere Unterlagen über die Abwicklung, wie die Schlussrechnung und die Belege über den Gläubigeraufruf nach § 267.[28] Im Falle der Unternehmensveräußerung geht die Pflicht aus § 257 HGB auf den Erwerber über, so dass sich die Hinterlegung lediglich auf den Veräußerungsvertrag und diejenigen (Abwicklungs-) Unterlagen erstreckt, die nicht auf den Erwerber übergehen.[29] Den **Ort der Aufbewahrung** bestimmt das Amtsgericht des Gesellschaftssitzes (§ 14, §§ 375 Nr. 3, 376 Abs. 1, 377 Abs. 1 FamFG, unternehmensrechtliches Verfahren) von Amts wegen; es entscheidet durch den Richter (§ 17 Nr. 2 a RPflG, § 375 Nr. 3 FamFG).[30] Die Abwickler sollten zweckmäßigerweise Vorschläge unterbreiten, zu denen das Gericht die Abwickler auch auffordern kann.[31] Sichere

---

17 Ausführlich dazu KölnKomm-AktG/*Kraft*, Rn 36 ff; MüKo-AktG/*Hüffer*, § 262 Rn 84 ff; *Hüffer*, GS Schultz, 1987, 99, 103 ff.
18 Str; KölnKomm-AktG/*Kraft*, Rn 38 ff; MüKo-AktG/*Hüffer*, § 262 Rn 89 ff, § 264 Rn 8, § 273 Rn 30 f; *Hüffer*, Rn 13; *Hüffer*, GS Schultz, 1987, 99, 103 ff; jeweils auch mN zu den Gegenauffassungen.
19 BGHZ 74, 212, 213 (zum eV) = NJW 1979, 1592; MüKo-AktG/*Hüffer*, Rn 16, § 262 Rn 86; *Hüffer*, Rn 8; aA ohne Begründung: BGH NJW 1981, 47.
20 MüKo-AktG/*Hüffer*, Rn 16, § 262 Rn 86; *Hüffer*, Rn 8; vgl dazu ferner BGHZ 82, 323, 326 ff = NJW 1982, 875; BGHZ 105, 259, 261 ff = NJW 1989, 220; BGHZ 48, 303, 307 = NJW 1968, 297.
21 MüKo-AktG/*Hüffer*, Rn 16, § 262 Rn 86; *Hüffer*, Rn 8; aA BGH NJW 1981, 47.
22 MüKo-AktG/*Hüffer*, Rn 16, § 262 Rn 87; *Hüffer*, Rn 9. Zum Erfordernis der Bestellung eines Nachtragsliquidators in Verfahren gegen eine bereits gelöschte Gesellschaft s. BayObLG ZIP 2002, 1845 (zur GmbH) = GmbHR 2002, 1077.
23 Vgl BGHZ 74, 212, 213 (zum eV) = NJW 1979, 1592; OLG Rostock NZG 2002, 94 (zur GmbH) = NJW-RR 2002, 828; OLG Saarbrücken GmbHR 1992, 311 (zur GmbH); MüKo-AktG/*Hüffer*, Rn 16, § 262 Rn 87; *Hüffer*, Rn 9; K. Schmidt/*Lutter/Riesenhuber*, Rn 3; aA OLG Stuttgart NJW 1969, 1493; OLG Frankfurt DB 1978, 2355 = OLGZ 1979, 193; OLG Koblenz NJW-RR 1999, 39, 40 (zur GmbH) = ZIP 1998, 967. Gegen die Vornahme von Löschungen während der Anhängigkeit eines Passivprozesses *Bokelmann*, NJW 1977, 1130, 1132. Vgl auch *Hirte*, ZInsO 2000, 127, 131.
24 Vgl BGHZ 24, 91, 94 = NJW 1957, 989; BGHZ 74, 212, 214 (zum eV) = NJW 1979, 1592; BGH NJW 1982, 238 (zur KG/GmbH) = ZIP 1981, 1268; MüKo-AktG/*Hüffer*, Rn 16, § 262 Rn 87; *Hüffer*, Rn 9; K. Schmidt/*Lutter/Riesenhuber*, Rn 3. Weitergehend BAGE 36, 125, 129 ff (zur GmbH) = NJW 1982, 1831; LAG Hessen GmbHR 1994, 483, 484 f (zur GmbH) = NZA 1994, 384.
25 KölnKomm-AktG/*Kraft*, Rn 14; MüKo-AktG/*Hüffer*, Rn 17; *Hüffer*, Rn 10.
26 Vgl KölnKomm-AktG/*Kraft*, Rn 15; MüKo-AktG/*Hüffer*, Rn 17; *Hüffer*, Rn 10.
27 Vgl MüKo-AktG/*Hüffer*, Rn 17; KölnKomm-AktG/*Kraft*, Rn 14.
28 KölnKomm-AktG/*Kraft*, Rn 15; MüKo-AktG/*Hüffer*, Rn 18; *Hüffer*, Rn 10; vgl auch BayObLGZ 1967, 240, 242 = NJW 1968, 56 bzgl Abwicklungsunterlagen.
29 MüKo-AktG/*Hüffer*, Rn 19; *Hüffer*, Rn 10; KölnKomm-AktG/*Kraft*, Rn 16.
30 Hinsichtlich des mit der Hinterlegung entstehenden Rechtsverhältnisses vgl KölnKomm-AktG/*Kraft*, Rn 20; MüKo-AktG/*Hüffer*, Rn 20.
31 MüKo-AktG/*Hüffer*, Rn 20; *Hüffer*, Rn 10.

Aufbewahrungsorte sind etwa (jeweils konkret zu bezeichnende) Banken oder Treuhandgesellschaften.[32] Zweckmäßigerweise sollte das Gericht die Entscheidung nach der Anmeldung und vor der Eintragung des Abwicklungsschlusses sowie der Löschung treffen.[33] Die **Kosten** für die Hinterlegung sind Kosten der Abwicklung, für die entsprechende Beträge zurückzuhalten und vorschussweise zu zahlen sind.[34] Die **Aufbewahrungsfrist** beträgt zehn Jahre und beginnt mit dem auf die Hinterlegung folgenden Tag (§ 187 Abs. 1 BGB; Fristende: § 188 Abs. 2 Alt. 1 BGB).[35] Zum **Rechtsmittel** gegen die Entscheidung des Amtsgerichts s. Rn 18.

II. Einsichtnahme (Abs. 3). Die Einsichtnahme in die nach § 273 Abs. 2 hinterlegten Unterlagen kann durch das Amtsgericht des Gesellschaftssitzes (§ 14, §§ 375 Nr. 3, 376 Abs. 1, 377 Abs. 1 FamFG, unternehmensrechtliches Verfahren) gestattet werden. **Berechtigt** zur Einsichtnahme sind Aktionäre und Gläubiger. Dazu gehören auch die früheren Aktionäre, die bei der Abwicklung nicht mehr Mitglieder der AG waren (str).[36] Das Einsichtsrecht steht allen Gläubigern zu, die keine (volle) Befriedigung gefunden haben, auch den während der Abwicklung nicht bekannten Gläubigern.[37] Auch die Rechtsnachfolger des Aktionärs oder Gläubigers sind einsichtsberechtigt.[38] Im Übrigen besteht neben § 273 Abs. 3 das **allgemeine Einsichtsrecht nach § 810 BGB**.[39] Für die Einsichtnahme erforderlich ist ein berechtigtes Interesse, das zumindest glaubhaft zu machen ist (str) und bei dessen Vorliegen das Gericht dem Antrag stattgeben muss.[40]

§ 273 Abs. 3 gewährt nur ein Recht auf **Einsicht**, nicht jedoch auf Aushändigung der Unterlagen oder auf Erteilung von Abschriften; umfasst ist auch die Befugnis, Notizen, Auszüge oder Fotokopien anzufertigen und einen Sachverständigen zur Einsicht hinzuzuziehen.[41] Die umstrittene Frage, ob das Gericht die Durchsetzung der von ihm gestatteten Einsichtnahme durch **Festsetzung eines Zwangsgeldes** gem. § 35 FamFG erreichen kann, oder ob mittels Klage bzw einstweiliger Verfügung der Verwahrer zur Duldung der Einsicht gezwungen werden muss, ist im Sinne der erstgenannten Auffassung zu entscheiden.[42] Zum **Rechtsmittel** gegen die Entscheidung des Gerichts s. Rn 18.

D. Nachtragsabwicklung (Abs. 4)

I. Notwendigkeit weiterer Abwicklungsmaßnahmen. Eine sog. Nachtragsabwicklung findet auf Antrag durch gerichtlich zu bestellende Nachtragsabwickler statt, wenn sich nachträglich – nach der Löschung[43] – herausstellt, dass weitere Abwicklungsmaßnahmen nötig sind. Nicht erforderlich ist, dass das Vermögen erst nachträglich entdeckt wird; eine Nachtragsabwicklung findet auch dann statt, wenn der Schluss der Abwicklung zu Unrecht angemeldet worden ist und dies den Anmeldern bewusst war.[44] Erfasst sind insb. die Fälle, in denen noch **verteilungsfähiges Vermögen** vorhanden ist;[45] dazu zählen ggf auch Ersatzansprüche gegen Organe (§§ 93, 116; s. dazu § 272 Rn 6) sowie Rückgewähransprüche gegen Aktionäre (§ 62; s. dazu § 272 Rn 6).[46] Der Antragsteller hat schlüssig darzulegen, dass der behauptete Anspruch auch realisiert werden kann.[47] Keine Nachtragsabwicklung rechtfertigt allein die Feststellung **ungedeckter Verbindlichkeiten** bzw das Auftauchen neuer Gläubiger, ohne dass zugleich auch verteilungsfähiges Vermögen vorhanden ist.[48] Ungeachtet des Vorhandenseins weiteren Vermögens kommt dagegen eine Nachtragsabwicklung iS einer pflegerähnlichen Geschäftsbesorgung in Betracht, wenn etwa noch **Erklärungen für die Gesell-**

---

32 KölnKomm-AktG/*Kraft*, Rn 17; MüKo-AktG/*Hüffer*, Rn 20; *Hüffer*, Rn 10.
33 KölnKomm-AktG/*Kraft*, Rn 18.
34 Vgl *Hüffer*, Rn 10; KölnKomm-AktG/*Kraft*, Rn 17.
35 Vgl MüKo-AktG/*Hüffer*, Rn 21; *Hüffer*, Rn 10; KölnKomm-AktG/*Kraft*, Rn 20.
36 MüKo-AktG/*Hüffer*, Rn 23; *Hüffer*, Rn 11; Großkomm-AktienR/*K. Schmidt*, Rn 11; aA v. *Godin/Wilhelmi*, Anm. 7.
37 KölnKomm-AktG/*Kraft*, Rn 21; MüKo-AktG/*Hüffer*, Rn 23; *Hüffer*, Rn 11.
38 Vgl mit unterschiedlicher Begründung KölnKomm-AktG/*Kraft*, Rn 21; MüKo-AktG/*Hüffer*, Rn 23.
39 Vgl MüKo-AktG/*Hüffer*, Rn 24, 27; KölnKomm-AktG/*Kraft*, Rn 21; dort jeweils auch zu der umstrittenen Frage der Zuständigkeit des Registergerichts für die Sachentscheidung in Fällen des § 810 BGB; ferner Großkomm-AktienR/*K. Schmidt*, Rn 11.
40 KölnKomm-AktG/*Kraft*, Rn 21; MüKo-AktG/*Hüffer*, Rn 22, 27; *Hüffer*, Rn 11; aA (Glaubhaftmachung nicht ausreichend) v. *Godin/Wilhelmi*, Anm. 7.
41 KölnKomm-AktG/*Kraft*, Rn 22; MüKo-AktG/*Hüffer*, Rn 25 f; *Hüffer*, Rn 11.
42 So MüKo-AktG/*Hüffer*, Rn 25 f; *Hüffer*, Rn 11; KG JW 1937, 2289; OLG Oldenburg BB 1983, 1434 (zur GmbH) = GmbHR 1983, 200; aA KölnKomm-AktG/*Kraft*, Rn 23; jeweils mwN.
43 Siehe dazu OLG Düsseldorf ZIP 2013, 877 = AG 2013, 469.
44 OLG Düsseldorf ZIP 2013, 877 = AG 2013, 469; MüKo-AktG/*Hüffer*, Rn 32.
45 OLG Düsseldorf ZIP 2013, 877 = AG 2013, 469; BayObLG NZG 2004, 1164 (zur GmbH) = ZIP 2004, 2204; BayObLGZ 1983, 130, 136 (zur GmbH) = ZIP 1983, 938; ZIP 1985, 33 f (zur GmbH) = GmbHR 1985, 215; KölnKomm-AktG/*Kraft*, Rn 25; MüKo-AktG/*Hüffer*, Rn 32; *Hüffer*, Rn 14.
46 Siehe dazu OLG Düsseldorf ZIP 2013, 877 = AG 2013, 469; KölnKomm-AktG/*Kraft*, Rn 25; MüKo-AktG/*Hüffer*, Rn 32; K. Schmidt/Lutter/*Riesenhuber*, Rn 10.
47 OLG Düsseldorf ZIP 2013, 877 = AG 2013, 469; BayObLG ZIP 1985, 33 f (zur GmbH) = GmbHR 1985, 215.
48 KölnKomm-AktG/*Kraft*, Rn 25; MüKo-AktG/*Hüffer*, Rn 33; *Hüffer*, Rn 14.

schaft (zB Freigabeerklärungen im Hinterlegungsverfahren, Löschungsbewilligung) abgegeben oder andere Handlungen vorgenommen werden müssen.[49]

II. Antragsrecht. Gemäß § 273 Abs. 4 S. 1 ist der Antrag eines **Beteiligten** erforderlich. Beteiligt sind frühere Aktionäre, sofern sie noch zum Zeitpunkt der Löschung Aktionäre waren,[50] frühere Gläubiger und frühere Organmitglieder, insb. Abwickler, sowie an der Abgabe von Erklärungen (vgl Rn 13) Interessierte.[51] Antragsberechtigt ist auch die Finanzverwaltung, wenn sie Steuerforderungen oder einen Hilfsanspruch auf Duldung der Betriebsprüfung geltend macht.[52] In dem Antrag ist die Notwendigkeit weiterer Abwicklungsmaßnahmen durch substantiierte Behauptungen darzulegen.[53] Zweckmäßigerweise sollte der Antrag bereits einen Vorschlag zur Person des Nachtragsabwicklers enthalten.[54]

III. Neubestellung der Abwickler. Das Gericht prüft den Antrag in formeller und materieller Hinsicht und stellt ggf Ermittlungen von Amts wegen an (§ 26 FamFG). Zuständig ist das **Amtsgericht des Gesellschaftssitzes** (§ 14, §§ 375 Nr. 3, 376 Abs. 1, 377 Abs. 1 FamFG, unternehmensrechtliches Verfahren); dieses entscheidet durch den Richter (§ 17 Nr. 2 a RPflG, § 375 Nr. 3 FamFG).[55] Ist der Antrag begründet, sind Abwickler neu zu bestellen. Eine **Neubestellung** ist auch dann erforderlich, wenn das Gericht die früheren Abwickler wiederbestellen will; das Amt früherer Abwickler lebt nicht wieder auf.[56] Das Gericht entscheidet über die Person des Abwicklers nach pflichtgemäßem Ermessen.[57] Ermessensfehlerhaft wäre es, die bisherigen Abwickler neu zu bestellen, wenn gerade sie in Anspruch genommen werden sollen.[58] Für die Bestellung des Abwicklers ist dessen **Einverständnis** erforderlich (vgl auch § 265 Rn 4, 9).[59] Die Abwickler sind von Amts wegen grds. in das **Handelsregister** einzutragen (§ 266 Abs. 4; s. dort Rn 6); es sei denn, deren Tätigkeit beschränkt sich lediglich auf Einzelmaßnahmen; dann genügt die Bestellungsurkunde zur Legitimation.[60] Zum **Rechtsmittel** gegen die Entscheidung des Gerichts s. Rn 18. Die Abwickler haben einen Anspruch auf **Auslagenersatz und Vergütung** (§ 273 Abs. 4 S. 2 iVm § 265 Abs. 4; s. dort Rn 15). Im Hinblick darauf ist der Antragsteller **vorschusspflichtig**, insb. bei Ungewissheit über das Vorhandensein hinreichenden Gesellschaftsvermögens.[61]

IV. Registerrechtliche Maßnahmen hinsichtlich der gelöschten AG. Entgegen der wohl hM, wonach die gelöschte AG in das Handelsregister wieder einzutragen ist,[62] bedarf es angesichts der konstitutiven Wirkung der Löschung (str; § 262 Rn 5 f) grds. **keiner registerrechtlichen Maßnahmen** hinsichtlich der gelöschten AG; diese ist als juristische Person durch die Löschung untergegangen (Rn 7) und kann durch bloße Eintragung nicht wiederbelebt werden.[63] Durch die Eintragung der neu bestellten Abwickler wird in hinreichendem Maße dokumentiert, dass die Löschung zu früh erfolgte.[64] **Ausnahmsweise** im Falle schwerer Verfahrensfehler kommt eine **Amtslöschung der Löschung** nach § 395 FamFG (vormals § 142 FGG) in Betracht.[65]

V. Durchführung der Nachtragsabwicklung. Die Durchführung der Nachtragsabwicklung richtet sich nach §§ 264 ff unter besonderer Berücksichtigung des beschränkten Zweckes der Nachtragsabwicklung und ei-

---

49 Vgl OLG München NZG 2008, 555, 556 = ZIP 2009, 490; OLG Düsseldorf FGPrax 2011, 9 = Rpfleger 2011, 26; MüKo-AktG/*Hüffer*, Rn 34 f; *Hüffer*, Rn 14; KölnKomm-AktG/*Kraft*, Rn 26; K. Schmidt/Lutter/*Riesenhuber*, Rn 10, jew. mwN zur Rspr zur GmbH. Kritisch Großkomm-AktienR/*K. Schmidt*, Rn 14: Fall einer „unechten Nachtragsliquidation".
50 OLG Jena AG 2001, 536 = NZG 2001, 417; K. Schmidt/Lutter/*Riesenhuber*, Rn 11.
51 KölnKomm-AktG/*Kraft*, Rn 28; MüKo-AktG/*Hüffer*, Rn 36; *Hüffer*, Rn 15.
52 Vgl (zur GmbH) BayObLGZ 1983, 130, 135 ff = ZIP 1983, 938; BayObLG ZIP 1985, 33 f = GmbHR 1985, 215; MüKo-AktG/*Hüffer*, Rn 36; *Hüffer*, Rn 15.
53 OLG Frankfurt GmbHR 2005, 1137 = FGPrax 2005, 271; K. Schmidt/Lutter/*Riesenhuber*, Rn 11. Strenger wohl OLG Düsseldorf ZIP 2013, 877 = AG 2013, 469; MüKo-AktG/*Hüffer*, Rn 37; *Hüffer*, Rn 15: Glaubhaftmachung erforderlich.
54 Vgl KölnKomm-AktG/*Kraft*, Rn 28; MüKo-AktG/*Hüffer*, Rn 38.
55 OLG Frankfurt NJW-RR 1993, 932 (zur GmbH) = OLGZ 1993, 412.
56 Vgl (zur GmbH bzw KG) BGHZ 155, 121, 126 = NJW 2003, 2676; BGHZ 53, 264, 266 ff = NJW 1970, 1044; BGH NJW 1985, 2479; BayObLGZ 1992, 328, 333 f = NJW-RR 1993, 359; BayObLG NZG 2000, 833, 834 = NJW-RR 2000, 1348; BayObLG NZG 2001, 408, 409 = NJW-RR 2001, 613; OLG Hamm NJW-RR 2002, 324, 325 f = FGPrax 2001, 210; OLG Stuttgart AG 1995, 284, 285 = NJW-RR 1995, 805; OLG Frankfurt NJW-RR 1993, 932 = OLGZ 1993, 412. Ferner KölnKomm-AktG/*Kraft*, Rn 27; MüKo-AktG/*Hüffer*, Rn 37; *Hüffer*, Rn 16.
57 Vgl BGHZ 53, 264, 269 (zur GmbH) = NJW 1970, 1044; OLG Celle AG 1962, 254; KölnKomm-AktG/*Kraft*, Rn 29; MüKo-AktG/*Hüffer*, Rn 38; *Hüffer*, Rn 16.
58 Vgl OLG Hamm FGPrax 1997, 33 f (zur KG); KölnKomm-AktG/*Kraft*, Rn 29; MüKo-AktG/*Hüffer*, Rn 38; dort jeweils auch zu anderen Auswahlgesichtspunkten.
59 Vgl KG FGPrax 2001, 86, 87 f = AG 2002, 86; KölnKomm-AktG/*Kraft*, Rn 29; MüKo-AktG/*Hüffer*, Rn 39; K. Schmidt/Lutter/*Riesenhuber*, Rn 11.
60 Vgl BayObLGZ 1955, 288, 292 (zur GmbH); KölnKomm-AktG/*Kraft*, Rn 32 f; MüKo-AktG/*Hüffer*, Rn 40; *Hüffer*, Rn 16.
61 KölnKomm-AktG/*Kraft*, Rn 28; MüKo-AktG/*Hüffer*, Rn 39; *Hüffer*, Rn 16.
62 Vgl etwa KG JW 1937, 1739, 1740; *v. Godin/Wilhelmi*, Anm. 9.
63 Siehe dazu MüKo-AktG/*Hüffer*, Rn 41 f; *Hüffer*, Rn 17; KölnKomm-AktG/*Kraft*, Rn 34; kritisch vor dem Hintergrund der Lehre vom Doppeltatbestand (vgl § 262 Rn 5) etwa Großkomm-AktienR/*K. Schmidt*, Rn 18.
64 MüKo-AktG/*Hüffer*, Rn 41 f; *Hüffer*, Rn 17; KölnKomm-AktG/*Kraft*, Rn 34.
65 Vgl OLG Hamm NJW-RR 2002, 324, 325 (zur GmbH) = FGPrax 2001, 210; KölnKomm-AktG/*Kraft*, Rn 34; MüKo-AktG/*Hüffer*, Rn 42; *Hüffer*, Rn 17.

nes etwaig durch den gerichtlichen Beschluss beschränkten Aufgabenkreises der Nachtragsabwickler.[66] Keine Anwendung finden § 267 (Gläubigeraufruf), § 270 (Eröffnungsbilanz, Rechnungslegung) sowie § 272 (Sperrjahr).[67] Die Vertretungsmacht der Nachtragsabwickler bestimmt sich nicht nach § 269, sondern nach ihrem im Bestellungsbeschluss des Gerichts festgelegten Geschäftskreis.[68] Dementsprechend ist eine Klage außerhalb des – indes auf Antrag zu erweiternden – Geschäftskreises mangels Prozessführungsbefugnis des Nachtragsabwicklers unzulässig.[69]

E. Rechtsmittel (Abs. 5)

18 § 273 Abs. 5 bestimmt die **Beschwerde** (§§ 58 ff. FamFG) als zulässiges Rechtsmittel gegen Entscheidungen nach § 273 Abs. 2, 3 und 4. Ggf kommt die **Rechtsbeschwerde** in Betracht (§§ 70 ff. FamFG). Hinsichtlich der **Beschwerdeberechtigung** gilt (vgl § 59 FamFG): Im Fall der gerichtlichen Bestimmung des Aufbewahrungsortes nach § 273 Abs. 2 (Rn 10) ist bis zu ihrer Löschung die AG und danach sind die Abwickler beschwerdeberechtigt.[70] Im Fall des § 273 **Abs. 3** (Rn 11) ist beschwerdeberechtigt der Antragsteller, dessen Einsichtsbegehren abgelehnt worden ist (§ 59 Abs. 2 FamFG), bei Erfolg des Antrags die ehemaligen Abwickler (str).[71] Im Fall des § 273 **Abs. 4** (Rn 13 ff) sind der erfolglose Antragsteller (§ 59 Abs. 2 FamFG) und bei Erfolg des Antrags die gelöschte AG beschwerdeberechtigt,[72] diese wird vertreten durch die ehemaligen Abwickler (str).[73]

§ 274 Fortsetzung einer aufgelösten Gesellschaft

(1) ¹Ist eine Aktiengesellschaft durch Zeitablauf oder durch Beschluß der Hauptversammlung aufgelöst worden, so kann die Hauptversammlung, solange noch nicht mit der Verteilung des Vermögens unter die Aktionäre begonnen ist, die Fortsetzung der Gesellschaft beschließen. ²Der Beschluß bedarf einer Mehrheit, die mindestens drei Viertel des bei der Beschlußfassung vertretenen Grundkapitals umfaßt. ³Die Satzung kann eine größere Kapitalmehrheit und weitere Erfordernisse bestimmen.

(2) Gleiches gilt, wenn die Gesellschaft
1. durch die Eröffnung des Insolvenzverfahrens aufgelöst, das Verfahren aber auf Antrag des Schuldners eingestellt oder nach der Bestätigung eines Insolvenzplans, der den Fortbestand der Gesellschaft vorsieht, aufgehoben worden ist;
2. durch die gerichtliche Feststellung eines Mangels der Satzung nach § 262 Abs. 1 Nr. 5 aufgelöst worden ist, eine den Mangel behebende Satzungsänderung aber spätestens zugleich mit der Fortsetzung der Gesellschaft beschlossen wird.

(3) ¹Die Abwickler haben die Fortsetzung der Gesellschaft zur Eintragung in das Handelsregister anzumelden. ²Sie haben bei der Anmeldung nachzuweisen, daß noch nicht mit der Verteilung des Vermögens der Gesellschaft unter die Aktionäre begonnen worden ist.

(4) ¹Der Fortsetzungsbeschluß wird erst wirksam, wenn er in das Handelsregister des Sitzes der Gesellschaft eingetragen worden ist. ²Im Falle des Absatzes 2 Nr. 2 hat der Fortsetzungsbeschluß keine Wirkung, solange er und der Beschluß über die Satzungsänderung nicht in das Handelsregister des Sitzes der Gesellschaft eingetragen worden sind; die beiden Beschlüsse sollen nur zusammen in das Handelsregister eingetragen werden.

Literatur:
Siehe die Hinweise vor §§ 262 ff.

---

66 Siehe dazu MüKo-AktG/*Hüffer*, Rn 43 ff; KölnKomm-AktG/*Kraft*, Rn 35; vgl auch OLG Düsseldorf, GmbHR 2011, 873 (zur GmbH). Zu Fragen der Prozessführung im Falle der Nachtragsabwicklung s. MüKo-AktG/*Hüffer*, Rn 45 f; *Hüffer*, Rn 19.
67 MüKo-AktG/*Hüffer*, Rn 44; *Hüffer*, Rn 18; KölnKomm-AktG/*Kraft*, Rn 35.
68 KG AG 1999, 123, 125 f = NZG 1999, 163; MüKo-AktG/*Hüffer*, Rn 43; *Hüffer*, Rn 18; K. Schmidt/Lutter/*Riesenhuber*, Rn 13.
69 Vgl *Hüffer*, Rn 18; aA OLG Koblenz NZG 2007, 431, 432 = ZIP 2007, 2166.
70 KölnKomm-AktG/*Kraft*, Rn 19; MüKo-AktG/*Hüffer*, Rn 47; *Hüffer*, Rn 20.
71 MüKo-AktG/*Hüffer*, Rn 47; *Hüffer*, Rn 20; aA (nur der erfolglose Antragsteller) KölnKomm-AktG/*Kraft*, Rn 21.
72 Vgl OLG Düsseldorf ZIP 2013, 877 = AG 2013, 469; BayObLGZ 1983, 130, 133 (zur GmbH) = ZIP 1983, 938; MüKo-AktG/*Hüffer*, Rn 48; *Hüffer*, Rn 20; wohl auch KölnKomm-AktG/*Kraft*, Rn 30; offen lassend: KG OLGZ 1982, 145, 148 (zur GmbH) = ZIP 1982, 59.
73 BayObLGZ 1983, 130, 134 (zur GmbH) = ZIP 1983, 938; MüKo-AktG/*Hüffer*, Rn 48; *Hüffer*, Rn 20; vgl auch OLG Düsseldorf ZIP 2013, 877 = AG 2013, 469; aA (früherer Aufsichtsrat als Vertreter) KölnKomm-AktG/*Kraft*, Rn 30; (jetzige Abwickler) *Baumbach/Hueck*, AktG, Rn 10.

§ 274 AktG

Achter Teil | Auflösung und Nichtigerklärung der Gesellschaft

A. Inhalt und Zweck der Regelung 1
B. Möglichkeit der Fortsetzung 2
　I. Fortsetzungsfälle des Abs. 1 S. 1. 2
　II. Fortsetzungsfälle des Abs. 2 Nr. 1 und 2 3
　III. Weitere Fortsetzungsfälle 5
　IV. Keine Fortsetzungsmöglichkeit 6
C. Fortsetzungsvoraussetzung: Keine Vermögensverteilung 7
D. Fortsetzungsbeschluss 8
E. Anmeldung zur Eintragung, Nachweis der Nichtverteilung (Abs. 3) 9
F. Wirksamwerden des Fortsetzungsbeschlusses (Abs. 4) 10
G. Wirkungen der Fortsetzung 11

A. Inhalt und Zweck der Regelung

§ 274 regelt die Voraussetzungen, unter denen die **Fortsetzung einer aufgelösten AG** zulässig ist. Er bezweckt, die Vermögenswerte der Gesellschaft in ihrer Gesamtheit zu erhalten.[1] Die Vorschrift differenziert nach den Auflösungstatbeständen des § 262 und ist **als Ausnahmevorschrift restriktiv auszulegen**. Zugleich gewährleistet § 274 den **Schutz der Gläubiger und der Aktionäre**, indem die Zulässigkeit der Fortsetzung davon abhängt, dass noch nicht mit der Vermögensverteilung unter die Aktionäre begonnen worden ist.[2] Die Fortsetzung der aufgelösten AG bedeutet eine **erneute Zweckänderung**: von der Abwicklung wird zu erneuter werbender Tätigkeit übergegangen.[3]

B. Möglichkeit der Fortsetzung

I. Fortsetzungsfälle des Abs. 1 S. 1. Die Fortsetzung der aufgelösten AG ist gem. § 274 Abs. 1 S. 1 zulässig bei Auflösung durch **Zeitablauf** (§ 262 Abs. 1 Nr. 1; s. dort Rn 9 ff) und bei Auflösung durch **Beschluss der Hauptversammlung** (§ 262 Abs. 1 Nr. 2; s. dort Rn 13 ff). Wird die Auflösung einer AG durch eine in der Satzung zugelassene **Kündigung** für möglich gehalten (vgl § 262 Rn 39), so muss auch in diesen Fällen eine Fortsetzung entsprechend § 274 Abs. 1 zulässig sein, wobei grds. die Zustimmung des Kündigungsberechtigten erforderlich ist.[4]

II. Fortsetzungsfälle des Abs. 2 Nr. 1 und 2. Auch bei der **Auflösung durch Eröffnung des Insolvenzverfahrens** (§ 262 Abs. 1 Nr. 3; s. dort Rn 19) ist die Fortsetzung zulässig (§ 274 Abs. 2 Nr. 1). Voraussetzung ist, dass das Insolvenzverfahren entweder auf Antrag der AG gem. §§ 212, 213 InsO wegen Wegfalls des Eröffnungsgrundes oder mit Zustimmung der Gläubiger eingestellt worden ist oder gem. § 258 InsO nach rechtskräftiger Bestätigung eines Insolvenzplans aufgehoben worden ist. Ohne Fortsetzungsbeschluss verbleibt es bei der Auflösungsfolge des § 262 Abs. 1 Nr. 3 (vgl § 264 Rn 4).[5] Zur Unzulässigkeit der Fortsetzung in anderen Fällen der Beendigung des Insolvenzverfahrens s. Rn 6.

Die Fortsetzung ist gem. § 274 Abs. 2 Nr. 2 auch möglich im Falle der **Auflösung wegen Satzungsmangels** (§ 262 Abs. 1 Nr. 5 iVm § 399 FamFG; s. dort Rn 21 ff). Dazu ist erforderlich, dass eine den Mangel behebende Satzungsänderung spätestens zugleich mit der Fortsetzung der AG beschlossen wird. Dabei kann der Fortsetzungsbeschluss in dem Satzungsänderungsbeschluss enthalten sein.[6]

III. Weitere Fortsetzungsfälle. Aufgrund des Verweises in § 277 Abs. 1 ist die Fortsetzung auch möglich, wenn die AG durch **Nichtigkeitsurteil** (§§ 275, 277) oder **Amtslöschung** (§ 397 FamFG – vormals § 144 Abs. 1 FGG -, § 277) in das Abwicklungsstadium getreten und der Satzungsmangel heilbar ist (§ 276); in diesem Fall kommt die Fortsetzung durch Satzungsänderung in Betracht (§§ 274 Abs. 2 Nr. 2, 277 Abs. 1).[7] Eine Fortsetzung kommt unter bestimmten Voraussetzungen auch in den Fällen des Verbotes der AG nach § 3 VereinsG sowie der Rücknahme der Geschäftserlaubnis nach § 38 KWG bzw § 87 VAG in Betracht (zu diesen Auflösungsgründen s. § 262 Rn 38).[8]

IV. Keine Fortsetzungsmöglichkeit. Unzulässig ist die Fortsetzung einer infolge Ablehnung der Insolvenzeröffnung mangels Masse aufgelösten AG (Fall des § 262 Abs. 1 Nr. 4; s. dort Rn 20).[9] Das Gleiche gilt für die Fälle des § 262 Abs. 1 Nr. 3, wenn das Insolvenzverfahren nach der Schlussverteilung aufgehoben

---

1 KölnKomm-AktG/*Kraft*, vor § 262 Rn 9.
2 Vgl KölnKomm-AktG/*Kraft*, Rn 12; MüKo-AktG/*Hüffer*, Rn 2, 21; *Hüffer*, Rn 1, 4.
3 KölnKomm-AktG/*Kraft*, Rn 2; MüKo-AktG/*Hüffer*, Rn 3; *Hüffer*, Rn 2.
4 Vgl KölnKomm-AktG/*Kraft*, Rn 4; MüKo-AktG/*Hüffer*, Rn 7; *Hüffer*, Rn 2.
5 MüKo-AktG/*Hüffer*, Rn 10; *Hüffer*, Rn 5.
6 MüKo-AktG/*Hüffer*, Rn 4, 11.
7 Vgl MüKo-AktG/*Hüffer*, Rn 12; *Hüffer*, Rn 5; Großkomm-AktienR/*K. Schmidt*, § 277 Rn 12, 14.
8 Siehe dazu MüKo-AktG/*Hüffer*, Rn 13; KölnKomm-AktG/*Kraft*, Rn 11.
9 Vgl (zur GmbH) BGHZ 75, 178, 180 = NJW 1980, 233; BayObLGZ 1993, 341, 342 ff = NJW 1994, 594; BayObLG NJW-RR 1996, 417 = GmbHR 1995, 532; KG ZIP 1993, 1476, 1477 = NJW-RR 1994, 229; OLG Köln NZG 2010, 507, 508 = ZIP 2010, 1183; ferner: Großkomm-AktienR/ *K. Schmidt*, Rn 19; KölnKomm-AktG/*Kraft*, Rn 6; MüKo-AktG/*Hüffer*, Rn 20; *Hüffer*, Rn 6; K. Schmidt/Lutter/*Riesenhuber*, Rn 3; aA (zur GmbH) *Hennrichs*, ZHR 159 (1995), 593, 594 ff im Falle erneuter Kapitalausstattung. Einschränkend auch *Hirte*, ZInsO 2000, 127, 132.

(§ 200 InsO), mangels kostendeckender Masse eingestellt (§ 207 InsO) oder nach Anzeige der Masseunzulänglichkeit eingestellt wird (§ 211 InsO).[10] Auch eine wegen Gefährdung des Gemeinwohls aufgelöste AG (§ 396; s. dort Rn 4) kann nicht fortgesetzt werden (hM).[11] Das Gleiche gilt im Falle der Löschung wegen Vermögenslosigkeit gem. § 394 FamFG, vormals § 141a FGG (Auflösungsgrund nach § 262 Abs. 1 Nr. 6; s. dort Rn 31 ff).[12]

C. Fortsetzungsvoraussetzung: Keine Vermögensverteilung

7 Die Fortsetzung ist nur zulässig, solange **noch nicht** mit der **Verteilung des Vermögens** unter die Aktionäre **begonnen** wurde (§ 274 Abs. 1 S. 1). Das zum Schutz der Gläubiger und der Aktionäre statuierte Fortsetzungshindernis ist **strikt zu beachten**.[13] Jede Verteilungsmaßnahme iSd § 272 (s. dort Rn 3) steht ungeachtet ihres ggf geringen Umfanges einer Fortsetzung entgegen; auch die Rückführung bereits verteilten Vermögens in das Gesellschaftsvermögen führt nicht zur Zulässigkeit der Fortsetzung.[14] Da § 274 die Fortsetzung nicht von der Höhe des vorhandenen Vermögens abhängig macht, kommt eine Fortsetzung auch in Betracht, wenn das Vermögen nicht mehr das satzungsmäßige Grundkapital oder sogar das gesetzliche Mindestnennkapital (§ 7) erreicht; allerdings ist eine Fortsetzung im Falle der **Überschuldung** der AG ausgeschlossen.[15] Das Erfordernis, dass noch nicht mit der Vermögensverteilung begonnen sein darf, **gilt für alle Fortsetzungsfälle**, also neben denen des § 274 Abs. 1 S. 1 (Rn 2) auch für die des § 274 Abs. 2 (Rn 3 f) sowie die nicht in § 274 geregelten Fälle (Rn 5).[16]

D. Fortsetzungsbeschluss

8 Die Fortsetzung kann in allen Fällen nur durch die Hauptversammlung beschlossen werden (§ 274 Abs. 1 S. 1). Der **Fortsetzungsbeschluss** bedarf neben der nach § 133 immer erforderlichen einfachen Stimmenmehrheit zusätzlich einer **Mehrheit von drei Vierteln** des vertretenen Grundkapitals (§ 274 Abs. 1 S. 2). Bei der Berechnung bleiben eigene Aktien (§ 71b) sowie Aktien nicht stimmberechtigter Aktionäre außer Ansatz.[17] Die Satzung kann die Fortsetzung der aufgelösten AG durch die Festlegung einer größeren Kapitalmehrheit und weiterer Erfordernisse (zB Zustimmung bestimmter Aktionäre oder Einstimmigkeit) **erschweren** (§ 274 Abs. 1 S. 3); Erleichterungen sind dagegen nicht zulässig.[18] Der bloße Fortsetzungsbeschluss beinhaltet wegen der Unterscheidung zwischen dem durch die Fortsetzung wechselnden Gesellschaftszweck und dem Unternehmensgegenstand keine Satzungsänderung (vgl § 23 Abs. 3 Nr. 2).[19] Zum Wirksamwerden des Beschlusses s. Rn 10.

E. Anmeldung zur Eintragung, Nachweis der Nichtverteilung (Abs. 3)

9 Die **Fortsetzung** der AG und auch der **Fortsetzungsbeschluss** sind zur Eintragung in das Handelsregister **anzumelden** (doppelte Eintragung; § 274 Abs. 3 S. 1 iVm § 274 Abs. 4 S. 1).[20] Die Anmeldung ist **Pflicht der Abwickler**, die in vertretungsberechtigter Zahl (§ 269 Abs. 2, 3; s. dort Rn 3 f) handeln. Zur Form der Anmeldung: § 12 HGB. Zuständig ist das **Amtsgericht des Gesellschaftssitzes** (§ 14, § 374 Nr. 1, 376 Abs. 1, 377 Abs. 1 FamFG). Im Falle der Fortsetzung gem. § 274 Abs. 2 Nr. 1 (Auflösung durch Eröffnung des Insolvenzverfahrens; Rn 3) sind die Vorstandsmitglieder der aufgelösten AG zur Anmeldung verpflichtet, da in diesen Fällen Abwickler nicht bestellt werden und der Insolvenzverwalter insoweit nicht zuständig ist.[21] Die Anmeldung kann **nicht durch Zwangsgeld** erzwungen werden (§ 407 Abs. 2 S. 1); jedoch kommen Ersatzansprüche der Gesellschafter bei Verzögerung der Anmeldung in Betracht.[22] Die Abwickler bzw die Vorstandsmitglieder müssen bei der Anmeldung den **Nachweis** erbringen, dass noch nicht mit der Verteilung des Vermögens unter die Aktionäre begonnen worden ist (§ 274 Abs. 3 S. 2). Nicht ausreichend ist

---

10 Vgl MüKo-AktG/*Hüffer*, Rn 18 f; *Hüffer*, Rn 6; KölnKomm-AktG/*Kraft*, Rn 6; BGH NZG 2003, 532, 534 = AG 2003, 424; OLG Celle NZG 2011, 464. Einschränkend: *Hirte*, ZInsO 2000, 127, 131.

11 KölnKomm-AktG/*Kraft*, Rn 10; MüKo-AktG/*Hüffer*, Rn 14; *Hüffer*, Rn 6; K. Schmidt/Lutter/*Riesenhuber*, Rn 3; vgl aber Großkomm-AktienR/*K. Schmidt*, Rn 18.

12 Vgl RGZ 156, 23, 26 f; KölnKomm-AktG/*Kraft*, Rn 7; MüKo-AktG/*Hüffer*, Rn 16 f; *Hüffer*, Rn 6; Großkomm-AktienR/*K. Schmidt*, Rn 19; K. Schmidt/Lutter/*Riesenhuber*, Rn 3. Einschränkend: *Hirte*, ZInsO 2000, 127, 132.

13 MüKo-AktG/*Hüffer*, Rn 21; *Hüffer*, Rn 4; zweifelnd: KölnKomm-AktG/*Kraft*, Rn 12.

14 MüKo-AktG/*Hüffer*, Rn 21; *Hüffer*, Rn 4.

15 Vgl OLG Dresden AG 2001, 489, 491 = ZIP 2001, 1539; MüKo-AktG/*Hüffer*, Rn 23; *Hüffer*, Rn 4; KölnKomm-AktG/*Kraft*, Rn 14; K. Schmidt/Lutter/*Riesenhuber*, Rn 5.

16 MüKo-AktG/*Hüffer*, Rn 21; *Hüffer*, Rn 4.

17 MüKo-AktG/*Hüffer*, Rn 24; *Hüffer*, Rn 3.

18 Vgl KölnKomm-AktG/*Kraft*, Rn 17 f; MüKo-AktG/*Hüffer*, Rn 24; *Hüffer*, Rn 3; K. Schmidt/Lutter/*Riesenhuber*, Rn 6.

19 MüKo-AktG/*Hüffer*, Rn 4; *Hüffer*, Rn 2; KölnKomm-AktG/*Kraft*, Rn 16.

20 MüKo-AktG/*Hüffer*, Rn 28.

21 Vgl MüKo-AktG/*Hüffer*, Rn 29; *Hüffer*, Rn 7; KölnKomm-AktG/*Kraft*, Rn 24.

22 KölnKomm-AktG/*Kraft*, Rn 23; MüKo-AktG/*Hüffer*, Rn 29.

eine bloße Versicherung; vielmehr ist eine entsprechende Auskunft oder **Bescheinigung eines Wirtschaftsprüfers** erforderlich (hM).[23] Ggf hat das Gericht, das die Anmeldung in formeller und materieller Hinsicht zu prüfen hat, weitere Ermittlungen von Amts wegen anzustellen (§ 26 FamFG).[24] Die doppelte Eintragung ist gem. § 10 HGB bekannt zu machen.

F. Wirksamwerden des Fortsetzungsbeschlusses (Abs. 4)

Erst mit seiner **Eintragung in das Handelsregister** wird der Fortsetzungsbeschluss wirksam (§ 274 Abs. 4 S. 1); der Eintrag hat also **konstitutive Wirkung**.[25] Etwas anderes gilt nur im Falle des § 274 Abs. 2 Nr. 2 (Fortsetzung mit Satzungsänderung zur Behebung eines Satzungsmangels; Rn 4, 5): der Fortsetzungsbeschluss wird erst wirksam, wenn neben ihm auch der Beschluss über die Satzungsänderung eingetragen worden ist (§ 274 Abs. 4 S. 2 Hs 1). Beide Beschlüsse sollen nur zusammen eingetragen werden (§ 274 Abs. 4 S. 2 Hs 2); die Gleichzeitigkeit der Eintragung ist jedoch keine Wirksamkeitsvoraussetzung.[26]

10

G. Wirkungen der Fortsetzung

Mit dem Wirksamwerden des Fortsetzungsbeschlusses wird die AG wieder zur **werbenden Gesellschaft**, ohne dass dies Auswirkungen auf Rechts- oder Prozessverhältnisse hätte (vgl aber § 240 ZPO).[27] Das **Amt der Abwickler erlischt** kraft Gesetzes; eine Anmeldung gem. § 266 ist nicht erforderlich.[28] Die (früheren) Abwickler sind entsprechend § 273 Abs. 1 zur **Rechnungslegung** verpflichtet und von der Hauptversammlung zu entlasten, wobei dies lediglich eine Billigung der Verwaltung iSd § 120 Abs. 2 bedeutet.[29] **Hauptversammlung** und **Aufsichtsrat** haben als Organe während der Abwicklung fortbestanden (vgl § 264 Rn 10); sie erwerben kraft Gesetzes wieder die ihnen allgemein zustehenden Kompetenzen.[30] Die Wirkungen der Fortsetzung sind hinsichtlich des **Vorstandes** unklar.[31] Der Aufsichtsrat hat jedenfalls den Vorstand neu zu bestellen, wenn Abwickler nicht gem. § 265 Abs. 1 die früheren Vorstandsmitglieder waren, sondern ein Fall des § 265 Abs. 2 oder 3 vorlag.[32] Auch im Übrigen sollte der Vorstand zur Vermeidung von Unsicherheiten neu bestellt werden.[33] Dies kann auch schon zeitlich vor der Fortsetzung unter der aufschiebenden Bedingung des Wirksamwerdens des Fortsetzungsbeschlusses erfolgen.[34]

11

Zweiter Abschnitt
Nichtigerklärung der Gesellschaft

§ 275 Klage auf Nichtigerklärung

(1) ¹Enthält die Satzung keine Bestimmungen über die Höhe des Grundkapitals oder über den Gegenstand des Unternehmens oder sind die Bestimmungen der Satzung über den Gegenstand des Unternehmens nichtig, so kann jeder Aktionär und jedes Mitglied des Vorstands und des Aufsichtsrats darauf klagen, daß die Gesellschaft für nichtig erklärt werde. ²Auf andere Gründe kann die Klage nicht gestützt werden.

(2) Kann der Mangel nach § 276 geheilt werden, so kann die Klage erst erhoben werden, nachdem ein Klageberechtigter die Gesellschaft aufgefordert hat, den Mangel zu beseitigen, und sie binnen drei Monaten dieser Aufforderung nicht nachgekommen ist.

(3) ¹Die Klage muß binnen drei Jahren nach Eintragung der Gesellschaft erhoben werden. ²Eine Löschung der Gesellschaft von Amts wegen nach § 397 Abs. 1 des Gesetzes über das Verfahren in Familiensachen und in den Angelegenheiten der freiwilligen Gerichtsbarkeit wird durch den Zeitablauf nicht ausgeschlossen.

---

23 MüKo-AktG/*Hüffer*, Rn 30; *Hüffer*, Rn 7; KölnKomm-AktG/*Kraft*, Rn 25.
24 Siehe dazu MüKo-AktG/*Hüffer*, Rn 30; KölnKomm-AktG/*Kraft*, Rn 25.
25 Großkomm-AktienR/*K. Schmidt*, Rn 20; KölnKomm-AktG/*Kraft*, Rn 26; MüKo-AktG/*Hüffer*, Rn 31; *Hüffer*, Rn 8.
26 KölnKomm-AktG/*Kraft*, Rn 27; MüKo-AktG/*Hüffer*, Rn 32; *Hüffer*, Rn 8.
27 Vgl KölnKomm-AktG/*Kraft*, Rn 31; MüKo-AktG/*Hüffer*, Rn 33; *Hüffer*, Rn 9.
28 KölnKomm-AktG/*Kraft*, Rn 32; MüKo-AktG/*Hüffer*, Rn 34; *Hüffer*, Rn 9.
29 MüKo-AktG/*Hüffer*, Rn 34; *Hüffer*, Rn 9.
30 KölnKomm-AktG/*Kraft*, Rn 32; MüKo-AktG/*Hüffer*, Rn 35; *Hüffer*, Rn 9.
31 Vgl MüKo-AktG/*Hüffer*, Rn 35; ferner KölnKomm-AktG/*Kraft*, Rn 32.
32 MüKo-AktG/*Hüffer*, Rn 35; *Hüffer*, Rn 9; KölnKomm-AktG/*Kraft*, Rn 32.
33 MüKo-AktG/*Hüffer*, Rn 35; *Hüffer*, Rn 9.
34 Vgl KölnKomm-AktG/*Kraft*, Rn 32; MüKo-AktG/*Hüffer*, Rn 35; *Hüffer*, Rn 9.

(4) ¹Für die Anfechtung gelten § 246 Abs. 2 bis 4, §§ 247, 248 Abs. 1 Satz 1, §§ 248a, 249 Abs. 2 sinngemäß. ²Der Vorstand hat eine beglaubigte Abschrift der Klage und das rechtskräftige Urteil zum Handelsregister einzureichen. ³Die Nichtigkeit der Gesellschaft auf Grund rechtskräftigen Urteils ist einzutragen.

Literatur:
Siehe die Hinweise vor §§ 262 ff.

A. Inhalt und Zweck der Regelung 1	II. Keine anderen Klagegründe (Abs. 1 S. 2) 9
B. Anwendungsbereich 2	D. Nichtigkeitsklage 10
C. Nichtigkeitsgründe (Abs. 1) 3	I. Allgemeines 10
I. Tatbestände des Abs. 1 S. 1 3	II. Weitere Sachurteilsvoraussetzungen, Verfahren 11
1. Fehlende Bestimmung über die Höhe des Grundkapitals 3	1. Klagebefugnis 11
2. Fehlende Bestimmung über den Gegenstand des Unternehmens 4	2. Aufforderung zur Mängelbeseitigung (Abs. 2) 12
3. Nichtigkeit der Bestimmung über den Gegenstand des Unternehmens 5	3. Klagefrist (Abs. 3) 13
a) Allgemeines 5	4. Anwendbare Vorschriften (Abs. 4 S. 1) 14
b) Einzelfälle: Nichtigkeit 7	III. Urteilswirkungen 15
c) Einzelfälle: Keine Nichtigkeit 8	IV. Handelsregister (Abs. 4 S. 2 und 3) 16

A. Inhalt und Zweck der Regelung

1 Zu den Grundzügen der Nichtigerklärung s. Vor §§ 262 ff Rn 5. Der Grundsatz, dass eine AG trotz Gründungs- bzw Satzungsmängeln fortbesteht (Bestands- und Verkehrsschutz),¹ soll zum Schutz der Aktionäre und des Rechtsverkehrs nur **im Falle schwerwiegender Mängel** durchbrochen werden können. Diesem Zweck dient die Regelung der §§ 275 ff: Gründungsmängel der AG, die nach der Registereintragung festgestellt werden, können – abgesehen von der Amtslöschung nach § 397 FamFG (vormals § 144 Abs. 1 FGG) – nur im Wege der Nichtigkeitsklage gem. § 275 geltend gemacht werden, und dies auch nur in den dort abschließend genannten drei Fällen und nur mit der Folge, dass – sofern nicht eine Heilung gem. § 276 erfolgt – die Abwicklung wie bei der Auflösung stattfindet (§ 277 Abs. 1).²

B. Anwendungsbereich

2 Die Anwendung des § 275 setzt eine durch **Registereintragung** (§ 41 Abs. 1 S. 1) als juristische Person entstandene AG voraus.³ Auf eine bereits in Vollzug gesetzte **Vor-AG** sind dagegen die Grundsätze über die fehlerhafte Gesellschaft anzuwenden; im Übrigen finden vor Eintragung die allgemeinen Vorschriften Anwendung.⁴ Bei der **Verschmelzung** gelten §§ 275 ff nicht; auch nicht bei Verschmelzung durch Neugründung (§§ 20 Abs. 2, 36 Abs. 1 UmwG).⁵ Dagegen sind im Falle des **Verstoßes gegen wesentliche Verfahrensvorschriften** (zB keine Anmeldung, Anmeldung durch Unbefugte) die §§ 275 ff – ungeachtet der Möglichkeit der Amtslöschung nach § 395 FamFG (vormals § 142 FGG) – anwendbar (str).⁶ Auch eine bereits gem. § 262 erfolgte **Auflösung** steht der Anwendung der §§ 275 ff nicht entgegen (zum Rechtsschutzinteresse in diesem Fall s. Rn 10).⁷

C. Nichtigkeitsgründe (Abs. 1)

3 **I. Tatbestände des Abs. 1 S. 1. 1. Fehlende Bestimmung über die Höhe des Grundkapitals.** Eine Nichtigkeitsklage kann erhoben werden, wenn die Satzung entgegen § 23 Abs. 3 Nr. 3 keine Bestimmung über die Höhe des Grundkapitals enthält. Dieser Mangel ist **nicht heilbar** (Umkehrschluss aus § 276).⁸ Ist eine Satzungsbestimmung über die Höhe des Grundkapitals zwar vorhanden, aber **nichtig** (zB wegen Verstoßes ge-

---

1 Vgl dazu KölnKomm-AktG/*Kraft*, Rn 6 ff; MüKo-AktG/*Hüffer*, Rn 5 ff; *Hüffer*, Rn 1 ff.
2 Vgl KölnKomm-AktG/*Kraft*, Rn 3 f; MüKo-AktG/*Hüffer*, Rn 5 ff; *Hüffer*, Rn 1 ff; *Paschke*, ZHR 155 (1991), 1, 3 ff.
3 KölnKomm-AktG/*Kraft*, Rn 5; MüKo-AktG/*Hüffer*, Rn 9; *Hüffer*, Rn 5; Großkomm-AktienR/*K. Schmidt*, Rn 6; *Paschke*, ZHR 155 (1991), 1, 7.
4 HM; MüKo-AktG/*Hüffer*, Rn 14 f; *Hüffer*, Rn 8; Großkomm-AktienR/*K. Schmidt*, Rn 6; *Paschke*, ZHR 155 (1991), 1, 7 f; unklar: KölnKomm-AktG/*Kraft*, Rn 5.
5 MüKo-AktG/*Hüffer*, Rn 13; *Hüffer*, Rn 7. Einschränkend: KölnKomm-AktG/*Kraft*, Rn 13.
6 KölnKomm-AktG/*Kraft*, Rn 8; MüKo-AktG/*Hüffer*, Rn 10 f; *Hüffer*, Rn 6; aA noch *v. Godin/Wilhelmi*, Anm. 2; *Baumbach/Hueck*, AktG, Rn 3.
7 MüKo-AktG/*Hüffer*, Rn 9; *Hüffer*, Rn 5; Großkomm-AktienR/*K. Schmidt*, Rn 6.
8 KölnKomm-AktG/*Kraft*, Rn 28; MüKo-AktG/*Hüffer*, Rn 16; *Hüffer*, Rn 9.

gen §§ 6 oder 7), so ist § 275 nicht anwendbar; vielmehr kommt nur eine Amtsauflösung gem. § 262 Abs. 1 Nr. 5 iVm § 399 FamFG (vormals § 144a FGG) in Betracht (s. § 262 Rn 21, 26).[9]

2. Fehlende Bestimmung über den Gegenstand des Unternehmens. Auf Nichtigerklärung der AG kann ferner geklagt werden, wenn die Satzung entgegen § 23 Abs. 3 Nr. 2 keine Bestimmung über den Gegenstand des Unternehmens enthält (zum Begriff des Unternehmensgegenstandes und dessen Abgrenzungen s. § 23 Rn 21). Erforderlich ist das völlige Fehlen jedweder Aussage über den Unternehmensgegenstand; erhebliche **Unklarheiten** oder gänzliche **Unbestimmtheit** etwaiger Angaben reichen angesichts des gebotenen Bestands- und Verkehrsschutzes als Nichtigkeitsgrund nicht aus.[10] Zur Heilungsmöglichkeit gem. § 276 s. dort Rn 2.

3. Nichtigkeit der Bestimmung über den Gegenstand des Unternehmens. a) Allgemeines. Eine Nichtigkeitsklage kommt schließlich in Betracht, wenn die Satzungsbestimmung über den Unternehmensgegenstand (§ 23 Abs. 3 Nr. 2) nichtig ist. Die Nichtigkeit einer Satzungsbestimmung lässt sich unter **Rückgriff auf § 241 Nr. 3 und 4** ermitteln; danach ist eine Bestimmung nichtig, wenn sie mit dem Wesen der AG unvereinbar ist oder durch ihren Inhalt Vorschriften verletzt, die ausschließlich oder überwiegend zum Schutze der Gläubiger oder sonst im öffentlichen Interesse erlassen sind oder wenn sie durch ihren Inhalt gegen die guten Sitten verstößt.[11] Zur Heilungsmöglichkeit gem. § 276 s. dort Rn 2.

Zur Bestimmung der Nichtigkeit ist nach der – zu Recht kritisierten – sog. „Marleasing"-Entscheidung des EuGH allein auf den **Wortlaut** der Satzungsregelung, nicht auch auf die tatsächlichen Verhältnisse abzustellen.[12] Angesichts der EuGH-Entscheidung kann auch die **nachträgliche tatsächliche Veränderung** des ursprünglich rechtmäßigen satzungsmäßigen Unternehmensgegenstandes keine Nichtigkeitsklage rechtfertigen.[13] §§ 275 ff kommen auch nicht zur Anwendung, wenn der Unternehmensgegenstand nachträglich **durch Satzungsänderung geändert** wird und die Bestimmung in ihrer neuen Fassung gesetz- oder sittenwidrig iSd § 241 Nr. 3 oder 4 ist; vielmehr verbleibt es bei der Nichtigkeit des Änderungsbeschlusses, der durch Klage gem. §§ 249 Abs. 1, 241 oder durch Amtslöschung gem. § 398 FamFG (vormals § 144 Abs. 2 FGG) beseitigt bzw die auf andere Weise (§ 249 Abs. 1 S. 2) geltend gemacht werden kann.[14]

b) Einzelfälle: Nichtigkeit. Eine Satzungsbestimmung über den Unternehmensgegenstand ist wegen Gesetzeswidrigkeit etwa nichtig, wenn die Tätigkeit gegen **strafrechtliche Vorschriften** (zB verbotenes Glücksspiel, gewerblicher Schmuggel,[15] Hehlerei) oder gegen **wirtschaftsrechtliche Bestimmungen** (zB verbotene Börsentermingeschäfte (§ 65 BörsG), Verstoß gegen staatliches Monopol,[16] ggf Kartellverbot (§ 1 GWB), str) verstößt.[17] Nichtigkeit wegen Sittenwidrigkeit ist etwa zu bejahen im Falle des organisierten Austauschs von Wechselakzepten (Finanzwechseln),[18] bei Scheck- oder Lastschriftreiterei und im Falle der Organisation von Steuerhinterziehung.[19][20]

c) Einzelfälle: Keine Nichtigkeit. Keine Nichtigkeit liegt vor im Falle der **Vorrats- oder Mantelgründung**, bei der die AG vorerst kein Unternehmen betreiben, sondern auf die Verwaltung des eigenen Gesellschaftsvermögens beschränkt bleiben soll (näher zur Vorrats- bzw Mantel-AG § 23 Rn 26ff).[21] Die sog. offene Vorratsgründung, bei der der Vorratszweck durch eine entsprechende Formulierung (etwa „Verwaltung eigenen Vermögens") offen gelegt und der Unternehmensgegenstand somit korrekt angegeben wird, verstößt nicht gegen § 23 Abs. 3 Nr. 2, so dass es von vornherein an der Nichtigkeit der Satzung fehlt.[22] Entgegen der wohl hM muss dies angesichts der ausschließlich auf den Wortlaut der Satzungsbestimmung abstellenden „Marleasing"-Entscheidung des EuGH (Rn 6) auch im Falle der sog. verdeckten Vorratsgründung gelten, sofern nicht der in der Satzung genannte Zweck gesetz- oder sittenwidrig ist.[23] Eine den Anforderun-

---

9 KölnKomm-AktG/*Kraft*, Rn 28; MüKo-AktG/*Hüffer*, Rn 17; *Hüffer*, Rn 9; Großkomm-AktienR/*K. Schmidt*, Rn 11.
10 HM; MüKo-AktG/*Hüffer*, Rn 19; *Hüffer*, Rn 10; Großkomm-AktienR/*K. Schmidt*, Rn 12; KölnKomm-AktG/*Kraft*, Rn 16, jeweils mN zu vereinzelt vertretenen Gegenauffassungen.
11 Vgl KölnKomm-AktG/*Kraft*, Rn 17; Großkomm-AktienR/*K. Schmidt*, Rn 14; MüKo-AktG/*Hüffer*, Rn 21; *Hüffer*, Rn 11.
12 EuGH, Slg 1990-I, 4135, 5159f (Nr. 11 und 12) zur Bedeutung von Art. 1 lit. b der Publizitätsrichtlinie vom 9.3.1969 (ABlEG v. 14.3.1968 Nr. L 65 S. 8; BGBl. I S. 1146). Zur Kritik an dieser Entscheidung und zu anderen Lösungsansätzen s. MüKo-AktG/*Hüffer*, Rn 22f; *Hüffer*, Rn 12, jew. mwN.
13 Vgl mit zutreffender Kritik MüKo-AktG/*Hüffer*, Rn 25f; *Hüffer*, Rn 14; Großkomm-AktienR/*K. Schmidt*, Rn 16f, jew. mwN.
14 Vgl BayObLGZ 1984, 283, 286f; MüKo-AktG/*Hüffer*, Rn 24; *Hüffer*, Rn 13; KölnKomm-AktG/*Kraft*, Rn 26.
15 RGZ 96, 282ff.
16 Vgl BayObLG NJW 1971, 528; BayObLGZ 1972, 126, 129.
17 KölnKomm-AktG/*Kraft*, Rn 18; MüKo-AktG/*Hüffer*, Rn 27; *Hüffer*, Rn 15.
18 Vgl BGHZ 27, 172, 176 = NJW 1958, 989.
19 Vgl OLG Koblenz WM 1979, 1435f.
20 Vgl auch KölnKomm-AktG/*Kraft*, Rn 18; Großkomm-AktienR/*K. Schmidt*, Rn 18; MüKo-AktG/*Hüffer*, Rn 28; *Hüffer*, Rn 15.
21 Siehe Großkomm-AktienR/*K. Schmidt*, Rn 18; MüKo-AktG/*Hüffer*, Rn 30; *Hüffer*, Rn 17; KölnKomm-AktG/*Kraft*, Rn 20ff.
22 Vgl BGHZ 117, 323, 331ff = NJW 1992, 1824; OLG Stuttgart ZIP 1992, 250, 251f = BB 1992, 88; MüKo-AktG/*Hüffer*, Rn 30; *Hüffer*, Rn 17; KölnKomm-AktG/*Kraft*, Rn 21; jew. mwN.
23 So zu Recht MüKo-AktG/*Hüffer*, Rn 30; *Hüffer*, Rn 17; vgl auch KölnKomm-AktG/*Kraft*, Rn 22ff. Kritisch bzw aA Großkomm-AktienR/*K. Schmidt*, Rn 18; BGHZ 117, 323, 334 = NJW 1992, 1824.

gen des § 23 Abs. 3 Nr. 2 nicht entsprechende, **unzureichende Präzisierung des Unternehmensgegenstandes** stellt ebenso wenig einen Nichtigkeitsgrund dar (s. Rn 4),[24] wie das **Fehlen einer gewerberechtlichen Genehmigung**.[25]

9 **II. Keine anderen Klagegründe (Abs. 1 S. 2).** Auf andere als die drei in § 275 Abs. 1 S. 1 genannten Gründe (Rn 3 ff) kann eine Klage auf Nichtigerklärung der Gesellschaft nicht gestützt werden (§ 275 Abs. 1 S. 2). Sonstige als die in § 275 Abs. 1 S. 1 genannten Mängel des notwendigen Satzungsinhalts iSd § 23 Abs. 3 rechtfertigen nicht die Klage auf Nichtigerklärung; in Betracht kommt vielmehr die Amtsauflösung gem. § 262 Abs. 1 Nr. 5 iVm § 399 FamFG (vormals § 144a FGG) (s. § 262 Rn 21, 26). Im Übrigen verbleiben lediglich die Möglichkeiten der Amtslöschung gem. §§ 395, 397, 398 FamFG (vormals §§ 142, 144 Abs. 1 und 2 FGG).

D. Nichtigkeitsklage

10 **I. Allgemeines.** Die Nichtigerklärung kann – abgesehen von der Amtslöschung gem. § 397 FamFG (vormals § 144 Abs. 1 FGG) – **ausschließlich** durch Klage erreicht werden.[26] Die Nichtigkeit kann nicht im Wege der bloßen Einrede geltend gemacht werden.[27] Ihrer Rechtsnatur nach ist die Klage eine **Gestaltungsklage**, die nicht auf die Feststellung der Nichtigkeit, sondern auf die Umwandlung der AG in eine Abwicklungsgesellschaft durch richterlichen Akt gerichtet ist.[28] Weder ein bereits laufendes **Amtslöschungsverfahren** gem. § 397 FamFG (vormals § 144 Abs. 1 FGG) noch dessen Einleitung bilden ein Prozesshindernis; das Amtslöschungsverfahren kann jedoch gem. § 148 ZPO ausgesetzt werden.[29] Das **Rechtsschutzbedürfnis** ist grds. auch zu bejahen, wenn die AG bereits gem. § 262 aufgelöst ist, da die Fortsetzung der AG gem. § 274 im Falle der Nichtigkeitsklage nur möglich ist, wenn der Satzungsmangel geheilt worden ist (§ 274 Rn 5, § 276 Rn 4 f, § 277 Rn 3); nur dann, wenn eine Fortsetzung der AG wegen des Beginns der Vermögensverteilung ausgeschlossen ist (§ 274 Abs. 1 S. 1; s. dort Rn 7), fehlt es am Rechtsschutzbedürfnis für eine Klage nach § 275.[30]

11 **II. Weitere Sachurteilsvoraussetzungen, Verfahren. 1. Klagebefugnis.** Klagebefugt ist zum einen **jeder Aktionär** (§ 275 Abs. 1 S. 1), also zB auch der Inhaber stimmrechtsloser Vorzugsaktien (§ 12 Abs. 1 S. 2) oder der Inhaber lediglich einer Aktie.[31] Die **Aktionärseigenschaft** muss zum **Zeitpunkt der Klageerhebung** bestehen und bis zur letzten mündlichen Verhandlung fortbestehen.[32] Klagebefugt ist zum anderen **jedes Mitglied des Vorstands und des Aufsichtsrats** (§ 275 Abs. 1 S. 1), auch gerichtlich bestellte (§ 85) sowie stellvertretende (§ 94) Vorstandsmitglieder, Ersatzmitglieder des Aufsichtsrates erst, wenn sie gem. § 101 Abs. 3 S. 2 eingerückt sind; nicht klagebefugt ist indes das jeweilige Kollegialorgan als solches.[33] **Dritten**, wie Inhabern von Wandelobligationen oder Genussrechten sowie Pfandnehmern, Nießbrauchern oder sonstigen Gläubigern, steht das **Klagerecht** nicht zu.[34]

12 **2. Aufforderung zur Mängelbeseitigung (Abs. 2).** Wenn der Satzungsmangel nach § 276 heilbar ist, dh wenn die Klage auf das Fehlen oder die Nichtigkeit der Bestimmung über den Unternehmensgegenstand gestützt werden soll, kann die Klage erst erhoben werden, nachdem ein Klageberechtigter die AG **zur Mangelbeseitigung aufgefordert** hat und sie **binnen drei Monaten dieser Aufforderung nicht nachgekommen** ist (§§ 275 Abs. 2, 276). Das Vorliegen der Voraussetzungen hat das Gericht **von Amts wegen zu prüfen**.[35] **Adressat** der Aufforderung ist die AG, vertreten durch den Vorstand (§ 78); will ein Vorstandsmitglied auffordern, muss es sich an den Aufsichtsrat wenden (§ 112). Die Aufforderung ist **formlos** möglich; der behauptete Mangel muss jedoch so **genau bezeichnet** sein, dass es der AG möglich ist, ein Verfahren zur Mangelbeseitigung einzuleiten.[36] Die Aufforderung kann durch „jeden" Klageberechtigten (Rn 11), also nicht notwendigerweise durch den späteren Kläger, erfolgen.[37] Für die Berechnung der **Dreimonatsfrist** gelten die §§ 187 Abs. 1, 188 Abs. 2 BGB. Nachgekommen ist die AG der Aufforderung erst, wenn die erforderliche

---

[24] MüKo-AktG/*Hüffer*, Rn 31; *Hüffer*, Rn 16. Zum Erfordernis einer hinreichend aussagekräftigen satzungsmäßigen Angabe s. BGHZ 78, 311 ff = NJW 1981, 682.
[25] KölnKomm-AktG/*Kraft*, Rn 18; MüKo-AktG/*Hüffer*, Rn 27.
[26] KölnKomm-AktG/*Kraft*, Rn 15, 29; MüKo-AktG/*Hüffer*, Rn 38; *Hüffer*, Rn 19.
[27] MüKo-AktG/*Hüffer*, Rn 38; *Hüffer*, Rn 19.
[28] Vgl KölnKomm-AktG/*Kraft*, Rn 29; MüKo-AktG/*Hüffer*, Rn 39; *Hüffer*, Rn 20.
[29] KölnKomm-AktG/*Kraft*, Rn 32; MüKo-AktG/*Hüffer*, Rn 40; *Hüffer*, Rn 20.
[30] MüKo-AktG/*Hüffer*, Rn 40, 74; *Hüffer*, Rn 20; KölnKomm-AktG/*Kraft*, Rn 33.
[31] Vgl MüKo-AktG/*Hüffer*, Rn 45; *Hüffer*, Rn 21; KölnKomm-AktG/*Kraft*, Rn 34; Großkomm-AktienR/*K. Schmidt*, Rn 23.
[32] KölnKomm-AktG/*Kraft*, Rn 34; MüKo-AktG/*Hüffer*, Rn 47; *Hüffer*, Rn 21; Großkomm-AktienR/*K. Schmidt*, Rn 23.
[33] Vgl MüKo-AktG/*Hüffer*, Rn 48; *Hüffer*, Rn 22; KölnKomm-AktG/*Kraft*, Rn 34; Großkomm-AktienR/*K. Schmidt*, Rn 23.
[34] Vgl MüKo-AktG/*Hüffer*, Rn 46; *Hüffer*, Rn 21; KölnKomm-AktG/*Kraft*, Rn 34; Großkomm-AktienR/*K. Schmidt*, Rn 23.
[35] MüKo-AktG/*Hüffer*, Rn 41.
[36] MüKo-AktG/*Hüffer*, Rn 42; *Hüffer*, Rn 24; KölnKomm-AktG/*Kraft*, Rn 37; Großkomm-AktienR/*K. Schmidt*, Rn 29.
[37] KölnKomm-AktG/*Kraft*, Rn 37; MüKo-AktG/*Hüffer*, Rn 42; *Hüffer*, Rn 24; Großkomm-AktienR/*K. Schmidt*, Rn 29.

Satzungsänderung beschlossen (§ 179) und durch Registereintragung wirksam geworden ist (§ 181 Abs. 3).[38] Ausnahmsweise ist die Klage vor Ablauf der Dreimonatsfrist zulässig, wenn sie ansonsten an der Klagefrist des § 275 Abs. 3 S. 1 (Rn 13) scheitern würde.[39] Im Übrigen gilt: fehlt es an einer der Voraussetzungen (Aufforderung zur Mangelbeseitigung oder Ablauf der Dreimonatsfrist), ist die Klage als zur Zeit unzulässig abzuweisen, wobei sie bis zum Ablauf der Klagefrist des § 275 Abs. 3 S. 1 erneut erhoben werden kann.[40]

3. Klagefrist (Abs. 3). Die Klage muss – gleichgültig auf welchen der in § 275 Abs. 1 S. 1 genannten Nichtigkeitsgründe sie gestützt wird – **binnen drei Jahren nach Eintragung** der Gesellschaft erhoben werden (§ 275 Abs. 3 S. 1). Die Klagefrist ist eine **materiellrechtliche Ausschlussfrist**, nach deren Ablauf die Klage als unbegründet abzuweisen ist.[41] Der Fristablauf ändert jedoch nichts an dem Nichtigkeitsgrund, sondern bewirkt nur die Unanfechtbarkeit.[42] Wiedereinsetzung in den vorigen Stand nach §§ 233 ff ZPO ist nicht möglich.[43] Einer Amtslöschung gem. § 397 FamFG (vormals § 144 Abs. 1 FGG), die von jedem Beteiligten, also auch von den Klageberechtigten angeregt werden kann, steht der Fristablauf jedoch nicht entgegen (§ 275 Abs. 3 S. 2). Für die Berechnung der Frist gelten die §§ 187 Abs. 1, 188 Abs. 2 BGB. Die Klageerhebung bestimmt sich nach §§ 253 Abs. 1, 270 Abs. 3 ZPO.

4. Anwendbare Vorschriften (Abs. 4 S. 1). Für die Klage gelten die wesentlichen Vorschriften über die Anfechtungsklage sowie die Nichtigkeitsklage gegen Hauptversammlungsbeschlüsse sinngemäß (§ 275 Abs. 4 S. 1), nämlich § 246 Abs. 2 bis 4, §§ 247, 248 Abs. 1 S. 1 sowie § 249 Abs. 2. S. im Einzelnen dort.

III. Urteilswirkungen. Das der Klage **stattgebende Urteil** erklärt die AG für nichtig. Dessen (auch materielle) Rechtskraft wirkt für und gegen alle Klageberechtigten (Rn 11), auch wenn sie nicht Prozesspartei waren (§§ 275 Abs. 4 S. 1, 248 Abs. 1 S. 1).[44] Die **Gestaltungswirkung** des rechtskräftigen Urteils besteht in der Auflösung der AG und der damit verbundenen Abwicklungsfolge (§ 277 Abs. 1; s. dort Rn 2). Für das **klageabweisende Urteil** und andere Formen der Verfahrensbeendigung gelten die allgemeinen prozessrechtlichen Grundsätze.[45]

IV. Handelsregister (Abs. 4 S. 2 und 3). Der Vorstand hat eine beglaubigte Abschrift der Klage sowie das rechtskräftige Urteil, dh eine mit einem Rechtskraftzeugnis (§ 706 ZPO) versehene Ausfertigung des Urteils zum Handelsregister einzureichen (§ 275 Abs. 4 S. 2). Die Einreichungspflicht erstreckt sich sowohl auf ein die AG für nichtig erklärendes als auch auf ein die Klage abweisendes Urteil. Zur Erfüllung der Pflicht kann der Vorstand durch Zwangsgeld angehalten werden (§ 14 HGB). Aufgrund stattgebenden, rechtskräftigen Urteils verfügt das Registergericht die Eintragung der Nichtigkeit. Die Eintragung ist gem. § 10 HGB bekannt zu machen. Zur umstr. lediglich deklaratorischen Bedeutung der Eintragung s. § 277 Rn 2.

§ 276 Heilung von Mängeln

Ein Mangel, der die Bestimmungen über den Gegenstand des Unternehmens betrifft, kann unter Beachtung der Bestimmungen des Gesetzes und der Satzung über Satzungsänderungen geheilt werden.

Literatur:
Siehe die Hinweise vor §§ 262 ff.

A. Inhalt und Zweck der Regelung

§ 276 eröffnet die Möglichkeit, bestimmte Satzungsmängel, die eine Klage auf Nichtigerklärung gem. § 275 Abs. 1 oder eine Amtslöschung gem. § 397 FamFG (vormals § 144 Abs. 1 FGG) rechtfertigen, zu heilen, um so die in § 277 Abs. 1 angeordnete Abwicklungsfolge zu vermeiden bzw zu beseitigen. In Ergänzung des § 275 (s. dort Rn 1) bezweckt § 276 den Bestandsschutz der eingetragenen AG und dient damit auch dem Verkehrsschutz.[1]

---

38 KölnKomm-AktG/*Kraft*, Rn 38; MüKo-AktG/*Hüffer*, Rn 43.
39 MüKo-AktG/*Hüffer*, Rn 44; *Hüffer*, Rn 24; KölnKomm-AktG/*Kraft*, Rn 39.
40 MüKo-AktG/*Hüffer*, Rn 41; *Hüffer*, Rn 24; aA Großkomm-AktienR/*K. Schmidt*, Rn 28, 29: zulässig, aber ggf zur Zeit unbegründet.
41 MüKo-AktG/*Hüffer*, Rn 50, 54; *Hüffer*, Rn 25; KölnKomm-AktG/*Kraft*, Rn 35; Großkomm-AktienR/*K. Schmidt*, Rn 26.
42 BGH NZG 1999, 1120, 1121 = NJW 1999, 2522; K. Schmidt/Lutter/*Riesenhuber*, Rn 12.
43 MüKo-AktG/*Hüffer*, Rn 50 f; KölnKomm-AktG/*Kraft*, Rn 35.
44 Vgl MüKo-AktG/*Hüffer*, Rn 58; *Hüffer*, Rn 27; Großkomm-AktienR/*K. Schmidt*, Rn 35.
45 Vgl dazu MüKo-AktG/*Hüffer*, Rn 59; *Hüffer*, Rn 28; KölnKomm-AktG/*Kraft*, Rn 47.
1 Siehe MüKo-AktG/*Hüffer*, Rn 2.

B. Heilungsfähige Mängel

2 Geheilt werden können **alle Mängel**, die die Satzungsbestimmungen über den **Gegenstand des Unternehmens** (§ 23 Abs. 3 Nr. 2) betreffen. Heilungsfähig ist demnach das Fehlen einer solchen Bestimmung (s. § 275 Rn 4) sowie die Nichtigkeit einer vorhandenen Regelung (s. § 275 Rn 5 ff).[2] Dagegen kann das Fehlen einer Bestimmung über die Höhe des Grundkapitals (s. § 275 Rn 3) **nicht geheilt** werden (str.).[3]

C. Voraussetzungen der Heilung

3 Die Heilung kann nur durch **Satzungsänderung** erfolgen; dabei sind die entsprechenden gesetzlichen Bestimmungen (§§ 179 ff) sowie etwaige satzungsmäßige Anforderungen zu beachten. Erforderlich ist ein **Hauptversammlungsbeschluss**, der der **Dreiviertelmehrheit** des § 179 Abs. 2 S. 1 bedarf, sofern die Satzung keine milderen oder strengeren Mehrheitsanforderungen enthält. Wenn nicht das Fehlen einer Satzungsbestimmung über den Unternehmensgegenstand geheilt und insofern die Satzung ergänzt werden soll, sondern vielmehr die vorhandene Regelung geändert oder die tatsächlich eingetretene Änderung des Unternehmensgegenstandes bereinigt werden soll, darf die Satzung die Mehrheitsanforderungen jedoch nur verschärfen, nicht abmildern, da es insoweit tatbestandlich um die Änderung des Unternehmensgegenstandes geht (§ 179 Abs. 2 S. 2 Alt. 2).[4] Die **Einberufung** der Hauptversammlung richtet sich nach §§ 121 ff. Eine **Pflicht** des Vorstandes zur Einberufung dürfte im Interesse des Wohles der AG anzunehmen sein, wenn ein nach § 275 Abs. 1 Klageberechtigter die Gesellschaft gem. § 275 Abs. 2 zur Beseitigung des Mangels aufgefordert hat.[5] Ob eine **Pflicht der Aktionäre zu positiver Stimmabgabe** besteht, wird uneinheitlich beurteilt und dürfte auch für die Gründungsaktionäre im Falle bloßen Versehens zu verneinen sein und ebenso wenig aus einer Treuepflicht resultieren.[6] Zu ihrer Wirksamkeit bedarf die Satzungsänderung der **Anmeldung und Eintragung** in das Handelsregister (§ 181); es gelten die allgemeinen Vorschriften.[7]

D. Keine Heilungshindernisse

4 Die Heilungsmöglichkeit nach § 276 unterliegt **keiner Ausschlussfrist**. Der Heilung steht weder der Ablauf der Dreimonatsfrist des § 275 Abs. 2 noch die gem. §§ 397, 395 FamFG gesetzte Frist entgegen.[8] Die Heilung ist auch dann möglich, wenn bereits Klage auf Nichtigerklärung gem. § 275 Abs. 1 erhoben worden oder die Amtslöschung gem. § 397 FamFG (vormals § 144 Abs. 1 FGG) verfügt worden ist oder wenn die Klagefrist des § 275 Abs. 3 abgelaufen ist.[9] Auch ein rechtskräftiges, die AG für nichtig erklärendes Urteil oder eine bereits vollzogene Löschungsverfügung nach § 397 FamFG (vormals § 144 Abs. 1 FGG) stehen der Heilung nicht entgegen; da sich die AG jedoch im Abwicklungszustand befindet (vgl § 277 Abs. 1), muss in diesen Fällen auch die Fortsetzung gem. § 274 beschlossen werden.[10]

E. Wirkung der Heilung

5 Die Wirkung der Heilung liegt darin, dass sich niemand mehr auf den Mangel berufen und die werbende AG **ex nunc nicht mehr aufgelöst** werden kann; eine bereits aufgelöste AG darf durch Fortsetzungsbeschluss gem. § 274 zur werbenden Tätigkeit zurückkehren (Rn 4).[11] Die Heilung steht jedoch nicht der Geltendmachung von Ersatzansprüchen (§§ 93, 116) oder der Abberufung (§§ 84 Abs. 3, 103) entgegen, die auf in der Vergangenheit liegende Pflichtverletzungen im Zusammenhang mit dem nunmehr geheilten Mangel gestützt werden.[12]

---

2 Vgl auch MüKo-AktG/*Hüffer*, Rn 4; *Hüffer*, Rn 1.
3 KölnKomm-AktG/*Kraft*, Rn 4; MüKo-AktG/*Hüffer*, Rn 5; *Hüffer*, Rn 1; aA Großkomm-AktienR/*K. Schmidt*, Rn 7.
4 Vgl MüKo-AktG/*Hüffer*, Rn 8; *Hüffer*, Rn 2; KölnKomm-AktG/*Kraft*, Rn 10.
5 KölnKomm-AktG/*Kraft*, Rn 10; MüKo-AktG/*Hüffer*, Rn 6; ähnlich Großkomm-AktienR/*K. Schmidt*, Rn 8.
6 So auch MüKo-AktG/*Hüffer*, Rn 9 f; *Hüffer*, Rn 2; aA Köln-Komm-AktG/*Kraft*, Rn 11; Großkomm-AktienR/*K. Schmidt*, Rn 8; *Baumbach/Hueck*, AktG, Rn 2.
7 Vgl MüKo-AktG/*Hüffer*, Rn 12 f; *Hüffer*, Rn 3.
8 MüKo-AktG/*Hüffer*, Rn 14.
9 MüKo-AktG/*Hüffer*, Rn 14.
10 MüKo-AktG/*Hüffer*, Rn 14.
11 KölnKomm-AktG/*Kraft*, Rn 14; MüKo-AktG/*Hüffer*, Rn 16; *Hüffer*, Rn 4.
12 MüKo-AktG/*Hüffer*, Rn 16; *Hüffer*, Rn 4.

§ 277 Wirkung der Eintragung der Nichtigkeit

(1) Ist die Nichtigkeit einer Gesellschaft auf Grund rechtskräftigen Urteils oder einer Entscheidung des Registergerichts in das Handelsregister eingetragen, so findet die Abwicklung nach den Vorschriften über die Abwicklung bei Auflösung statt.

(2) Die Wirksamkeit der im Namen der Gesellschaft vorgenommenen Rechtsgeschäfte wird durch die Nichtigkeit nicht berührt.

(3) Die Gesellschafter haben die Einlagen zu leisten, soweit es zur Erfüllung der eingegangenen Verbindlichkeiten nötig ist.

Literatur:
Siehe die Hinweise vor §§ 262 ff.

A. Inhalt und Zweck der Regelung

§ 277 regelt die **Rechtsfolgen der Nichtigkeit** und bezweckt den Schutz der Gläubiger sowie eine geordnete Verteilung des Restvermögens, indem nicht unmittelbar die Vollbeendigung der AG oder eine Nichtigkeit von Anfang an angeordnet wird, sondern die Abwicklung nach den Vorschriften über die Abwicklung bei Auflösung (§§ 264 ff) stattfindet.[1]

B. Rechtsfolgen der Nichtigkeit

I. Auflösung (Abs. 1). Die **Nichtigkeit** der AG aufgrund rechtskräftigen Urteils sowie aufgrund einer Löschungsverfügung gem. § 397 FamFG (vormals § 144 Abs. 1 FGG) stellt (lediglich) einen **Auflösungstatbestand** dar, der die Abwicklung ebenso nach sich zieht wie andere Auflösungstatbestände des § 262.[2] Nach dem Wortlaut des § 277 Abs. 1 finden die Abwicklungsvorschriften erst Anwendung, wenn die Nichtigkeit der AG in das Handelsregister eingetragen ist; insoweit hätte die Eintragung konstitutive Wirkung. Allerdings ist für den **Eintritt in das Abwicklungsstadium** zwischen der Eintragung aufgrund rechtskräftigen Urteils und derjenigen aufgrund Löschungsverfügung zu unterscheiden: Im Falle der Nichtigkeit aufgrund rechtskräftigen Urteils wirkt die Eintragung entgegen dem Wortlaut des § 277 Abs. 1 nicht konstitutiv für den Eintritt in das Abwicklungsstadium; vielmehr kommt ihr nur deklaratorische Bedeutung zu (str).[3] Dagegen gelten die Abwicklungsvorschriften im Falle der Nichtigkeit aufgrund einer Löschungsverfügung (§ 397 FamFG) erst, wenn die Nichtigkeit eingetragen worden ist; in diesem Fall hat die Eintragung konstitutive Wirkung.[4]

Die aufgelöste AG ist gem. § 277 Abs. 1 nach den **Vorschriften der §§ 264 ff** abzuwickeln (s. im Einzelnen dort). Sie besteht als juristische Person trotz ihres Gründungsmangels bis zu ihrer Vollbeendigung fort. Im Falle eines Nichtigkeitsurteils endet die **Vertretungsmacht des Vorstandes** mit Rechtskraft des Urteils und nicht erst mit Eintragung der Nichtigkeit in das Handelsregister (vgl Rn 2); der Schutz des Rechtsverkehrs erfolgt in diesem Fall durch § 15 Abs. 1 und 2 HGB.[5] Ein **Fortsetzungsbeschluss** kann unter den Voraussetzungen der §§ 274, 276 gefasst werden.

II. Wirksamkeit von Rechtsgeschäften (Abs. 2). Gemäß § 277 Abs. 2 wird die Wirksamkeit von Rechtsgeschäften der AG durch ihre Nichtigkeit nicht berührt. Die Regelung enthält lediglich eine Klarstellung, da die AG trotz ihrer Nichtigkeit als juristische Person bis zur Vollbeendigung fortbesteht.[6] Da es insoweit nicht um einen Fall des § 15 HGB oder um eine Rechtsscheinshaftung geht, ist die Kenntnis des Geschäftspartners von dem Satzungsmangel oder von der Auflösungsfolge unerheblich.[7]

III. Leistung von Einlagen (Abs. 3). Nach der Auflösung besteht die **Einlagepflicht** der Aktionäre gem. § 277 Abs. 3 nur noch in beschränktem Umfang, nämlich nur, **soweit es zur Erfüllung der Verbindlichkeiten erforderlich ist**. Dies entspricht dem auch im Falle der Auflösung mangelfreier Gesellschaften geltenden Grundsatz, wonach die Einlagepflicht durch den Abwicklungszweck beschränkt ist (vgl § 264 Rn 10).[8]

---

[1] Vgl auch MüKo-AktG/*Hüffer*, Rn 1 f.
[2] *Hüffer*, Rn 1.
[3] So zu Recht Großkomm-AktienR/*K. Schmidt*, § 275 Rn 37, § 277 Rn 4; MüKo-AktG/*Hüffer*, Rn 4 f; *Hüffer*, Rn 4, unter Hinweis auf die zu §§ 262, 263 anerkannte Rechtslage sowie die Gestaltungswirkung des Nichtigkeitsurteils; aA (Eintragung hat konstitutive Wirkung für den Eintritt in das Abwicklungsstadium) KölnKomm-AktG/*Kraft*, Rn 2.
[4] MüKo-AktG/*Hüffer*, Rn 6; *Hüffer*, Rn 2; ferner: KölnKomm-AktG/*Kraft*, Rn 2; aA Großkomm-AktienR/*K. Schmidt*, Rn 4.
[5] MüKo-AktG/*Hüffer*, Rn 7; *Hüffer*, Rn 3; aA wohl Großkomm-AktienR/*K. Schmidt*, Rn 5.
[6] MüKo-AktG/*Hüffer*, Rn 8; *Hüffer*, Rn 4; KölnKomm-AktG/*Kraft*, Rn 3.
[7] MüKo-AktG/*Hüffer*, Rn 8; *Hüffer*, Rn 4; KölnKomm-AktG/*Kraft*, Rn 4.
[8] KölnKomm-AktG/*Kraft*, Rn 6; MüKo-AktG/*Hüffer*, Rn 9; *Hüffer*, Rn 5.

Maßgeblicher **Zeitpunkt** für die Beschränkung der Einlagepflicht ist die Rechtskraft des Nichtigkeitsurteils (vgl Rn 2).[9] Wegen des Gleichbehandlungsgrundsatzes des § 53a hat die AG den Schuldenbetrag grds. gleichmäßig auf alle Aktien umzulegen.[10] Der Aktionär hat ggf zu beweisen, dass seine Leistung zur Gläubigerbefriedigung nicht mehr benötigt wird.[11]

Zweites Buch Kommanditgesellschaft auf Aktien
§ 278 Wesen der Kommanditgesellschaft auf Aktien

(1) Die Kommanditgesellschaft auf Aktien ist eine Gesellschaft mit eigener Rechtspersönlichkeit, bei der mindestens ein Gesellschafter den Gesellschaftsgläubigern unbeschränkt haftet (persönlich haftender Gesellschafter) und die übrigen an dem in Aktien zerlegten Grundkapital beteiligt sind, ohne persönlich für die Verbindlichkeiten der Gesellschaft zu haften (Kommanditaktionäre).

(2) Das Rechtsverhältnis der persönlich haftenden Gesellschafter untereinander und gegenüber der Gesamtheit der Kommanditaktionäre sowie gegenüber Dritten, namentlich die Befugnis der persönlich haftenden Gesellschafter zur Geschäftsführung und zur Vertretung der Gesellschaft, bestimmt sich nach den Vorschriften des Handelsgesetzbuchs über die Kommanditgesellschaft.

(3) Im übrigen gelten für die Kommanditgesellschaft auf Aktien, soweit sich aus den folgenden Vorschriften oder aus dem Fehlen eines Vorstands nichts anderes ergibt, die Vorschriften des Ersten Buchs über die Aktiengesellschaft sinngemäß.

Literatur:
Ammenwerth, Die Kommanditgesellschaft auf Aktien – eine Rechtsformalternative für personenbezogene Unternehmen?, 1997; *Arnold*, Die GmbH & Co. KGaA, 2001; *Binz/Sorg*, Die KGaA mit beschränkter Haftung – quo vadis?, DB 1997, 313; *Bachmann*, Die Änderung personengesellschaftsrechtlicher Satzungsbestandteile bei der KGaA, in: FS Karsten Schmidt, 2009, S. 41; *Fett/Förl*, Die Mitwirkung der Hauptversammlung einer KGaA bei der Veräußerung wesentlicher Unternehmensteile, NZG 2004, 210; *Freudenberg/Binz*, Die KGaA mit beschränkter Haftung, 2. Aufl. 2010; *Gonella/Mikic*, Die Kapitalgesellschaft & Co. KGaA als „Einheitsgesellschaft", AG 1998, 508; *Habersack*, Der Gesellschafterausschuss der KGaA, in: Festschrift für Hans-Jürgen Hellwig zum 70. Geburtstag, 2010, S. 113; *Halasz/L. Kloster/A. Kloster*, Die GmbH & Co. KGaA, GmbHR 2002, 77; *Heermann*, Unentziehbare Mitwirkungsrechte der Minderheitsaktionäre bei außergewöhnlichen Geschäften in der GmbH & Co. KGaA, ZGR 2000, 61; *Herfs*, Vereinbarungen zwischen der KGaA und ihren Komplementären, AG 2005, 589; *Hennerkes/Lorz*, Roma locuta causa finita: Die GmbH & Co. KGaA ist zulässig, DB 1997, 1388; *Hoffmann-Becking/Herfs*, Struktur und Satzung der Familien-KGaA, in: FS Sigle, 2000, S. 273; *Hommelhoff*, Anlegerschutz in der GmbH & Co. KGaA, in: ZHR Sonderheft 67, 1998, S. 9; *Ihrig/Schlitt*, Die KGaA nach dem Beschluss des BGH vom 24.2.1997, Beiheft 67 der ZHR 1998, S. 33; *Kessler*, Die Entwicklung des Binnenrechts der KGaA seit BGHZ 134,392 = NJW 1997, 1923; *Kölling*, Gestaltungsspielräume und Anlegerschutz in der kapitalistischen KGaA, 2005; *Mertens*, Zur Existenzberechtigung der Kommanditgesellschaft auf Aktien, in: FS Barz, 1974, S. 253; *ders.*, Die Handelsgesellschaft KGaA als Gegenstand gesellschaftsrechtlicher Diskussion und die Wissenschaft vom Gesellschaftsrecht, in: FS Ritter, 1997, S.731; *ders.*, Abhängigkeitsbericht bei „Unternehmenseinheit" in der Handelsgesellschaft KGaA?, in: FS Claussen, 1997, S. 297; *Muthers*, Gemeinsame anwaltliche Berufsausübung in der Kapitalgesellschaft – Die Anwalts-AG und -KGaA, NZG 2001, 930; *Priester*, Die Kommanditgesellschaft auf Aktien ohne natürlichen Komplementär, ZHR 160, 1996, 250; *Philbert*, Die Kommanditgesellschaft auf Aktien zwischen Personengesellschaftsrecht und Aktienrecht, 2005; *Schaumburg/Schulte*, Die KGaA, 2000; *Karsten Schmidt*, Deregulierung des Aktienrechts durch Denaturierung des Kommanditgesellschaft auf Aktien?, ZHR 160, 1996, 265; *ders.*, Zehn Jahre GmbH & Co. KGaA – Zurechnungs- und Durchgriffsprobleme nach BGHZ 134, 392, in: FS Priester, 2007, S. 691; *Schlitt*, Die Satzung der Kommanditgesellschaft auf Aktien, 1999; *Sethe*, Die personalistische Kapitalgesellschaft mit Börsenzugang, 1996; *Siebold/Wichert*, Die Einflusssicherung des Vereins in einer Fußball-KGaA, SpuRt 2000, 177; *Wichert*, Die Finanzen der Kommanditgesellschaft auf Aktien, 1999; *ders.*, Die GmbH & Co. KGaA nach dem Beschluss BGHZ 134, 392, AG 2000, 268; *Würdinger*, Zur rechtlichen Struktur der Kommanditgesellschaft auf Aktien, Zeitschrift der Akademie für deutsches Recht 1940, 314.

A. Allgemeiner Überblick	1	II. Gesellschafter	20
I. Aufbau der Vorschrift und allgemeine Charakterisierung der KGaA	1	III. Organe der Gesellschaft	22
		C. Rechtsstellung der Komplementäre (Abs. 2)	23
II. Geschichte und tatsächliche Verbreitung	4	I. Anwendbares Recht und Gestaltungsfreiheit	23
III. Kapitalgesellschaft & Co. KGaA	9	II. Persönliche Anforderungen	30
IV. Gründe für die Wahl einer KGaA	14	III. Begründung der Komplementärsstellung	33
B. Rechtliche Struktur (Abs. 1)	18	IV. Komplementär als Gesellschaftsorgan und Gesellschafter	34
I. KGaA als juristische Person, Handelsgesellschaft und Formkaufmann	18	1. Geschäftsführung und Vertretung	34

---

[9] Vgl RGZ 114, 77, 81f; MüKo-AktG/*Hüffer*, Rn 10; *Hüffer*, Rn 5; aA Großkomm-AktienR/*K. Schmidt*, Rn 8ff: „kein Stichtagsproblem", alle Verbindlichkeiten müssen beglichen werden.

[10] MüKo-AktG/*Hüffer*, Rn 10; *Hüffer*, Rn 5; KölnKomm-AktG/*Kraft*, Rn 6; Großkomm-AktienR/*K. Schmidt*, Rn 11.

[11] MüKo-AktG/*Hüffer*, Rn 10; *Hüffer*, Rn 5.

2. Entzug von Geschäftsführungs- und Vertretungsbefugnis; Abberufungsdurchgriff bei einer Komplementär-GmbH	38	D. Sinngemäße Geltung des allgemeinen Aktienrechts (Abs. 3)	56
3. Vermögensrechte	45	I. Rechtsstellung der Kommanditaktionäre	56
4. Haftung	46	II. Grundkapital und eigenkapitalersetzende Darlehen	60
5. Sonstige Ausgestaltung der Rechtsstellung	47	III. Konzernrecht	66
V. Verhältnis mehrerer Komplementäre untereinander	50	IV. Sonstiges allgemeines Aktienrecht	70
VI. Verhältnis zu der „Gesamtheit der Kommanditaktionäre"	51		

A. Allgemeiner Überblick[1]

I. Aufbau der Vorschrift und allgemeine Charakterisierung der KGaA. § 278 ist die **zentrale Norm** im Recht der KGaA: Abs. 1 enthält die allgemeine rechtliche Charakterisierung der Gesellschaft; Abs. 2 verweist für die eine Gesellschaftergruppe, die Komplementäre, auf das Kommanditrecht (§§ 161 ff, 109 ff HGB, § 705 BGB); Abs. 3 verweist „im Übrigen" auf die „sinngemäße Geltung" des allgemeinen Aktienrechts. Daneben enthalten die §§ 279–290 einige wenige Sondervorschriften für die KGaA. Diese Mischung von **Kommanditrecht, allgemeinem Aktienrecht** und **rechtsformspezifischem Aktienrecht** ist bis heute wenig transparent.[2] Verkompliziert wird die Sache dadurch, dass den §§ 278–290 ein Leitbild der KGaA zugrunde liegt, welches dem ADHGB entstammt und den heutigen Gegebenheiten nicht mehr angemessen ist (siehe Rn 51 ff).[3]

Dieser Mischung der verschiedenen Rechtsgebiete entsprechend, wird die KGaA meist als Mischform aus AG und KG oder auch als hybride Rechtsform charakterisiert.[4] Dabei ist sie für die einen mehr **Abart der AG**, für andere überwiegen die **kommanditrechtlichen Elemente**; Dritte sehen sie als **Rechtsform sui generis**.[5] Im Ergebnis dürfte eine solche allgemeine Charakterisierung der KGaA überflüssig sein und der Lösung praktischer Fragen eher im Wege stehen.[6] Daher braucht dem hier nicht weiter nachgegangen zu werden.

Wichtig ist allerdings, dass bei der Rechtsanwendung eines bedacht wird: Aufgrund der im Einzelnen nicht aufeinander abgestimmten unterschiedlichen Rechtsgebiete und dem in einigen Gesetzesformulierungen nach wie vor zum Ausdruck kommenden tradierten Leitbild (dazu Rn 51 ff) ist die KGaA keine in sich schlüssige Rechtsform, keine Rechtsform „aus einem Guss".[7] Gewisse Widersprüchlichkeiten lassen sich durch eine flexible Gesetzesauslegung mildern, aber nicht vollständig beseitigen. Dies mag man beklagen, bis auf Weiteres ist daran aber nichts zu ändern.

II. Geschichte und tatsächliche Verbreitung. Die KGaA ist eine **traditionsreiche Rechtsform**.[8] Nach einigen Vorläufern in verschiedenen Ländern wird die 1716 in Frankreich gegründete „Banque Royal" als erste KGaA angesehen. In Deutschland soll die 1851 von David Hansemann gegründete „Disconto Gesellschaft" die erste KGaA gewesen sein. Gesetzlich geregelt wurde die KGaA in Deutschland **erstmals 1861 im ADHGB**. Sie war dort als Unterart der KG konzipiert. Allerdings unterlag sie, insofern der damaligen AG vergleichbar, grundsätzlich dem Konzessionszwang, bis dieser dann im Jahre 1870 generell aufgehoben wurde. Im HGB von 1897 wurde die KGaA als Unterart der AG aufgefasst; dort benutzte der Gesetzgeber auch erstmals die noch heute maßgebliche, wenig transparente Verweisungstechnik: Kommanditrecht für die Rechtsstellung des Komplementärs, im Übrigen Aktienrecht.

Eine überaus wichtige Änderung ergab sich dann durch das **Aktiengesetz von 1937**, in dem die KGaA als **juristische Person** verselbständigt wurde. Die nächste wichtige Änderung erfolgte erst wieder durch das **Handelsrechtsreformgesetz** im Jahre 1998, durch welche die zuvor vom BGH in seiner Entscheidung BGHZ 134, 392,[9] zugelassene Kapitalgesellschaft & Co. KGaA auch gesetzlich anerkannt wurde (vgl § 279 Abs. 2).

---

[1] Zum steuerlichen Aspekt s. Kapitel 20 „Besteuerung der AG und der KGaA", Rn 147 ff; ferner: MüHb-AG/*Kraft*, § 81; *Kollruss*, BB 2012, 3178.

[2] Dazu *Mertens*, in: FS Barz, 1974, S. 253, 254; *Sethe*, S. 109 ff; *Wichert*, S. 38 f.

[3] Zu diesem Befund auch BGH v. 24.2.1997 – II ZB 11/96 – BGHZ 134, 392, 399; *Mertens*, in: FS Barz, 1974, S. 253, 255 ff.

[4] *Arnold*, S. 1 mwN.

[5] Vgl die Nachweise bei Großkomm-AktienR/*Assmann/Sethe*, vor § 278 Rn 142; MüKo-AktG/*Perlitt*, Vor § 278 Rn 29; K. Schmidt/Lutter/*K. Schmidt*, Rn 1.

[6] Ähnlich: *Hüffer*, Rn 3; KölnKomm-AktG/*Mertens/Cahn*, vor § 278 Rn 2; *Wachter/Blaurock*, Rn 2.

[7] Dazu auch Großkomm-AktienR/*Assmann/Sethe*, vor § 278 Rn 158 ff; KölnKomm-AktG/*Mertens/Cahn*, vor § 278 Rn 13; *Raiser/Veil*, § 23 Rn 3.

[8] Zur Geschichte der KGaA. *Sethe*, S. 11 ff; ferner: MüHb-AG/*Herfs*, § 75 Rn 1 ff; MüKo-AktG/*Perlitt*, Vor § 278 Rn 6 ff.

[9] Entscheidung vom 24.2.1997 – II ZB 11/96.

6 An der Gesetzesgeschichte fällt auf, dass die KGaA seit ihrer ersten grundlegenden Konzeption im ADHGB bzw der Abwandlung im HGB von 1897 nur noch einzelne Änderungen erfahren hat.[10] Insbesondere haben weder die Verselbstständigung als juristische Person im AktG von 1937 noch die ausdrückliche Zulassung der Kapitalgesellschaft & Co. KGaA durch das Handelsrechtsreformgesetz von 1998 zu einer schlüssigen (Neu-)Konzeption geführt. Daher wundert es nicht, dass das ursprüngliche Leitbild des historischen Gesetzgebers – KGaA als Unterart der KG – auch heute noch in einigen Gesetzesformulierungen zu finden ist und bei der Auslegung Schwierigkeiten bereitet (vgl Rn 51 ff).

7 Die tatsächliche Verbreitung der KGaA war zunächst schwankend.[11] Gab es bis zum Jahre 1880 nur etwa bis zu 50 Gesellschaften, so kam es in den darauf folgenden Jahren zu einem **ersten sprunghaften Anstieg**, welcher sich durch die Verschärfungen erklären lässt, welche die AG durch die 2. Aktienrechtsnovelle 1884 erfuhr. Diesen Verschärfungen wurde vielfach durch Flucht in die KGaA ausgewichen. Im Jahre 1890 lassen sich etwa 150 Gesellschaften ausmachen; bis zum Jahre 1920 war die Anzahl allerdings wieder auf etwa 30 gesunken. Ein **zweiter sprunghafter Anstieg** lässt sich ab 1922 beobachten; im Jahre 1924 gab es etwa 200 Gesellschaften. Hintergrund dafür war die Furcht vor drohender Überfremdung, welche die KGaA gegenüber der AG als vorzugswürdig erscheinen ließ. Ab Ende der 1930er Jahre pendelte sich dann die Anzahl der Gesellschaften auf 20 bis 30 ein. **Ein weiterer deutlicher Anstieg** wurde prophezeit, nachdem der Bundesgerichtshof in seiner Entscheidung vom 24.2.1997[12] die bis dahin umstrittene Kapitalgesellschaft & Co. KGaA für zulässig erklärt hatte.[13] Mangels zuverlässiger statistischer Daten[14] lässt sich derzeit aber nicht genug Verlässliches darüber sagen, ob diese Prophezeiung schon eingetroffen ist.[15]

8 Bekannte Gesellschaften in der Rechtsform der KGaA sind heute zB: eff-eff Fritz Fuss GmbH & Co. KGaA, 1 & 1 Aktiengesellschaft & Co. KGaA, Henkel KGaA, Merck KGaA, Sal. Oppenheim jr. & Cie. KGaA, Trinkhaus & Burkhardt KGaA, Willy Bogner KGaA.[16] Neuerdings wird die KGaA auch zunehmend für die Ausgliederung der Profiabteilungen von Vereinen der Fußball-Bundesligen verwandt, dafür stehen Namen wie: Borussia Dortmund GmbH & Co. KGaA, Hertha BSC GmbH & Co. KGaA, Hannover 96 GmbH & Co. KGaA, Borussia Mönchengladbach GmbH & Co. KGaA, SV Werder Bremen GmbH & Co. KGaA.[17] Auch als Rechtsform für die gemeinsame **anwaltliche Berufsausübung** kommt die KGaA in Betracht.[18]

9 **III. Kapitalgesellschaft & Co. KGaA.** Der historische Gesetzgeber ging davon aus, dass Komplementär einer KGaA nur eine natürliche Person sein kann.[19] Dagegen erhob sich im Schrifttum allerdings frühzeitig Widerspruch.[20] Seitdem war die Frage lebhaft umstritten. Die Rechtsprechung wurde damit erst in jüngerer Vergangenheit konfrontiert: Im Jahre 1968 entschied das Hanseatische OLG, dass eine GmbH & Co. KG neben einer natürlichen Person Komplementärin einer KGaA sein kann.[21] Die Frage, ob die Komplementärin einer KGaA ausschließlich aus Personen ohne persönliche Haftung bestehen könnte, blieb damit offen und im Schrifttum weiterhin umstritten. Diesem Streit setzte der BGH in seiner grundlegenden Entscheidung vom 24.2.1997[22] ein Ende. Danach kann auch eine juristische Person einzige Komplementärin einer KGaA sein. Dieses Ergebnis hat der Gesetzgeber mit dem Handelsrechtsreformgesetz 1998 durch Änderung des § 279 Abs. 2 nachvollzogen.

10 Seitdem wird die Zulässigkeit der Kapitalgesellschaft & Co. KGaA im Schrifttum zwar nicht mehr in Abrede gestellt. Ausgehend von einem obiter dictum des BGH in seiner Grundsatzentscheidung,[23] sind jedoch nunmehr Versuche zu beobachten, für diese haftungsbeschränkende Rechtsform unter dem Stichwort „**Anlegerschutz**" ein restriktives **Sonderrecht** ähnlich der **GmbH & Co. KG** zu etablieren.[24] In erster Linie geht

---

10 Vgl *Mertens*, in: FS Barz, 1974, S. 253, 255; ähnlich: *Sethe*, S. 94; *Wichert*, S. 46 ff.

11 Zum Folgenden: Großkomm-AktienR/*Assmann/Sethe*, vor § 278 Rn 44 f.

12 BGH v. 24.2.1997 – II ZB 11/96, BGHZ 134, 392.

13 *Schaumburg/Schulte*, S. 1 f; *Siebold/Wichert*, SpuRt 1998, 138, 140; *Strieder/Habel*, BB 1997, 1375, 1377; vgl auch *Priester*, ZHR 160 (1996), 250, 253.

14 Im statistischen Jahrbuch wird die KGaA seit 1996 nicht mehr erfasst.

15 *Kornblum*, GmbHR 2013, 693, 694, 702 f, spricht von 280 Gesellschaften zum Stichtag 1.1.2013.

16 Ein Überblick über bestehende KGaA findet sich bei *Kölling*, Gestaltungsspielräume und Anlegerschutz in der kapitalistischen KGaA, S. 251 ff; *Philbert*, Die Kommanditgesellschaft auf Aktien zwischen Personengesellschaftsrecht und Aktienrecht, S. 258 ff; *Wichert*, S. 79 ff.

17 Vgl zu den Vorteilen einer Fußball-KGaA: *Habel/Strieder*, NZG 1998, 929; *Siebold/Wichert*, SpuRt 1998, 138; *dies*, SpuRt 2000, 177; *Wagner*, NZG 1999, 469, 476 ff; *Zacharias*, Going Public einer Fußballkapitalgesellschaft, 1999, S. 266; *Weber*, GmbHR 2013, 631.

18 Dazu *Muthers*, NZG 2001, 930, 933 f.

19 BGH v. 24.2.1997 – II ZB 11/96, BGHZ 134, 392.

20 Hierzu *Arnold*, S. 9 ff; *Graf*, Die Kapitalgesellschaft & Co. KG auf Aktien, 1993, S. 118 ff.

21 OLG Hamburg v. 5.12.1968 – 2 W 34/68, NJW 1969, 1030.

22 BGH v. 24.2.1997 – II ZB 11/96, BGHZ 134, 392.

23 BGH v. 24.2.1997 – II ZB 11/96, BGHZ 134, 392, 399 f.

24 Vgl dazu insb. die für Einschränkungen plädierenden Beiträge von *Hommelhoff* und *Ihrig/Schlitt*, ZHR Sonderheft 67, 1998; für erhebliche Einschränkungen auch *Kölling*, S. 200 ff; ferner: *Arnold*, S. 53 ff; *Ladwig/Motte*, DStR 1997, 1539, 1541; *Schaumburg/Schulte*, S. 35 f; siehe ferner MüKo-AktG/*Perlitt*, Rn 347 ff, der allerdings für gewisse Einschränkungen der Gestaltungsfreiheit auch bei Gesellschaften mit natürlicher Person als Komplementär befürwortet.

es um die Beschränkung der in der KGaA aufgrund § 278 Abs. 2, § 109 HGB herrschenden Gestaltungsfreiheit.

Solchen Versuchen ist indes eine **entschiedene Absage** zu erteilen.[25] Dies schon deshalb, weil sie das vom BGH verfolgte Ziel gefährden, dem Mittelstand den Zugang zum Kapitalmarkt zu erleichtern. Beruht doch die Attraktivität der KGaA im Wesentlichen auf der Gestaltungsfreiheit, die in deutlichem Gegensatz zu der für die AG geltenden Satzungsstrenge des § 23 Abs. 5 steht.

Die Beschränkung der Gestaltungsfreiheit ist aber auch **nicht erforderlich**. Das zeigen folgende Erwägungen:[26] **Erstens:** Dass eine Kapitalgesellschaft & Co. KGaA anlegerschädlich ist, ist bislang nicht mehr als eine Unterstellung. Verantwortlich dafür scheint bei manchen ein tief sitzendes Misstrauen gegen die Gestaltungsfreiheit als solche zu sein, das sicher nicht berechtigt ist. In diesem Zusammenhang sind auch undifferenzierte Versuche von Teilen der Rechtslehre, einer „Herr-im-Hause-Mentalität" von Familienunternehmen entgegenzusteuern,[27] als praxisfern und wirtschaftsfeindlich zurückzuweisen. **Zweitens:** Aus heutiger Sicht kann auch die persönliche Haftung einer natürlichen Person nicht mehr in ausreichendem Maße Anlegerschutz garantieren. Diejenigen, die aus Gründen des Anlegerschutzes einer Einschränkung der Gestaltungsfreiheit das Wort reden, dürften konsequenterweise auch vor der gesetzestypischen KGaA keinen Halt machen.[28] Dies wäre indes Anlegerschutz contra legem. **Drittens:** Die Anleger einer Kapitalgesellschaft & Co. KGaA sind bereits ausreichend durch zwingende Vorschriften des Aktienrechts geschützt. Insofern unterscheiden sich die Verhältnisse maßgeblich von denen in der GmbH & Co. KG. **Viertens:** Der Kapitalmarkt selbst dürfte für effektiven Anlegerschutz sorgen. Und **fünftens:** Keiner wird gezwungen, sich an einer Kapitalgesellschaft & Co. KGaA zu beteiligen. Diejenigen, denen die Mitbestimmungsrechte der Kommanditaktionäre nicht weit genug gehen – dies dürften in erster Linie wenig schutzbedürftige institutionelle Großanleger sein –, haben häufig andere Möglichkeiten, ihren Einfluss geltend zu machen.

Aus all dem folgt: Der vom BGH für die Zulässigkeit einer Kapitalgesellschaft & Co. KGaA herangezogene Grundsatz der **Privatautonomie** spricht dafür, es trotz Haftungsbeschränkung bei der vollen Gestaltungsfreiheit zu belassen. Erforderlich ist allerdings, dass die Haftungsbeschränkung nach außen sichtbar wird (**Publizität**). Gläubiger und Anleger müssen wissen, zumindest wissen können, auf welche Gesellschaftsform sie sich einlassen. Diese Publizität ist durch § 279 Abs. 2, § 18 Nr. 3 BörsZulVO[29] gewährleistet. Erforderlich ist weiterhin, dass **Interessenkollisionen**, die entstehen können, weil hinter der Komplementärgesellschaft weitere Personen mit eigenen Interessen stehen, bei der Auslegung verschiedener Vorschriften (etwa bei §§ 285 Abs. 1, 284) konsequent berücksichtigt und vermieden werden. Schließlich ist einzelnen Missbräuchen mit dem allgemeinen Instrumentarium (**Treuepflicht**, §§ 242, 826 BGB etc.) konsequent zu begegnen. Unter Berücksichtigung dessen dürften keine Bedenken gegen eine Kapitalgesellschaft & Co. KGaA bestehen. Ob sich diese Rechtsform durchsetzt, soll der Markt entscheiden.

IV. Gründe für die Wahl einer KGaA.[30] Die KGaA ist in erster Linie für **mittelständische Unternehmen** und **Familienunternehmen** geeignet. Der unternehmerische Einfluss basiert auf der schon von Gesetzes wegen stark ausgestalteten Komplementärsstellung. Dieser Einfluss bleibt im Wesentlichen auch dann erhalten, wenn die Gesellschaft an der Börse Kapital aufnimmt. Im Gegensatz zu den Verhältnissen in der AG kann die **Führung** der KGaA also **kapitalneutral** ausgeübt werden. Der Einfluss wird auch durch den **Aufsichtsrat** nicht wesentlich geschmälert, da dieser in der KGaA nur über **eingeschränkte Befugnisse** verfügt; insbesondere fehlt ihm die Personalkompetenz.

Ein weiterer Vorteil gegenüber der AG liegt in der **Gestaltungsfreiheit** der KGaA, die dazu genutzt werden kann, die Satzung auf die Bedürfnisse der jeweiligen Gesellschaft zuzuschneiden. Nicht von der Hand zu weisen sind auch die steuerlichen Vorteile, insbesondere hinsichtlich **Erbschaft- und Schenkungsteuer**, bei Finanzierung der KGaA durch die Vermögenseinlage der Komplementäre. Diese wird nämlich nicht nach dem Börsenwert oder dem Stuttgarter Verfahren bewertet; maßgeblich ist vielmehr der regelmäßig niedrigere anteilige Einheitswert.[31] Auch die **Privilegierung** bei der **unternehmerischen Mitbestimmung** – der Aufsichtsrat der KGaA hat nur eingeschränkte Befugnisse, die Komplementärgesellschaft bleibt mitbestimmungsfrei (vgl § 4 MitbestG Rn 11 ff, § 5 MitbestG Rn 13 ff) – dürfte bei manchen eine gewisse Rolle für

---

25 So auch Großkomm-AktienR/*Assmann/Sethe*, Rn 7; *Halasz/ Kloster/Kloster*, GmbHR 2002, 77, 80 ff; MüHb-AG/*Herfs*, § 78 Rn 17; KölnKomm-AktG/*Mertens/Cahn*, vor § 278 Rn 15 f; *Wichert*, AG 2000, 268 ff; *Wienecke/Fett*, in: Schütz/Bürgers/Riotte, KGaA, § 10 Rn 36 ff.

26 Zum Folgenden *Wichert*, AG 2000, 268 ff.

27 In diese Richtung etwa die ansonsten lesenswerte Monographie von *Arnold*, S. 164.

28 Entsprechende Forderungen werden bereits in den Raum gestellt, vgl *Ihrig/Schlitt*, ZHR Sonderheft 67, 1998, S. 33, 63; MüKo-AktG/*Perlitt*, Rn 338 f.

29 § 18 Nr. 3 BörsZulVO verpflichtet zu Angaben im Börsenzulassungsprospekt über den Komplementär und die Satzungsbestimmungen, die vom Gesetz abweichen.

30 Vgl *Hoffmann-Becking/Herfs*, in: FS Sigle, 2000, S. 273, 276 ff; *Ihrig/Wagner* in: Arens/Trepper, Praxisformularbuch Gesellschaftsrecht, 4. Aufl. 2013, § 6 Rn 428; KölnKomm-AktG/*Mertens/Cahn*, vor § 278 Rn 7 f; *Schaumburg/Schulte*, 125 f.

31 Großkomm-AktienR/*Assmann/Sethe*, vor § 278 Rn 129; *Wichert*, S. 88. *Hoffmann-Becking/Herfs*, in: FS Sigle, 2000, S. 273, 280 f.

die Wahl der Rechtsform spielen. Schließlich lässt sich über die Kapitalgesellschaft & Co. KGaA auch die **Unternehmensnachfolge** absichern: Der Fortbestand des Unternehmens ist auch bei einem Generationswechsel gesichert.

16 Der **Hauptnachteil der KGaA** ist entfallen. Die **persönliche Haftung** kann durch die Einsetzung einer Kapitalgesellschaft als Komplementärin vermieden werden. Ein weiterer Nachteil, die **komplizierte Handhabung** aufgrund der Berücksichtigung dreier Rechtsgebiete, lässt sich durch kompetente Beratung im Ergebnis ohne größere Schwierigkeiten beherrschen. Die **mangelnde Akzeptanz** der KGaA – so ein weiterer genannter Nachteil – dürfte in erster Linie auf Unkenntnis beruhen. Ob diese mangelnde Akzeptanz an der Börse tatsächlich zu **Kursabschlägen** führt, ist zwar häufig gemutmaßt, bislang aber nicht nachgewiesen worden. Allerdings besteht hinsichtlich gewisser Satzungsgestaltungen in der Kapitalgesellschaft & Co. KGaA, welche den Einfluss der Kommanditaktionäre schmälern, mangels einschlägiger Rechtsprechung und angesichts unterschiedlicher Auffassungen im Schrifttum noch eine gewisse **Rechtsunsicherheit**. Wer diese vermeiden möchte, der sollte sich bei entsprechender Satzungsgestaltung zurückhalten.[32]

17 Unter Berücksichtigung aller Vor- und Nachteile scheint folgende Einschätzung berechtigt: Die KGaA als Sonderrechtsform wird sich sicherlich nicht auf breiter Front durchsetzen. Sie ist aber seit BGHZ 134, 392,[33] besonders für mittelständische Unternehmen und Familienunternehmen interessant, welche ihre Eigenkapitalquote verbessern möchten, ohne wesentlich an unternehmerischem Einfluss zu verlieren. Daher ist in den nächsten Jahren mit einem Anstieg von Gesellschaften in der Rechtsform der KGaA zu rechnen. Schließlich wird die KGaA weiterhin als Übergangsform zur AG eine Rolle spielen. Vor diesem Hintergrund gibt es heute gute Gründe, welche die – in der Vergangenheit immer wieder angezweifelte – Existenzberechtigung dieser Rechtsform belegen.

B. Rechtliche Struktur (Abs. 1)

18 **I. KGaA als juristische Person, Handelsgesellschaft und Formkaufmann.** Gemäß Abs. 1 ist die KGaA als juristische Person verselbstständigt. Als solche ist sie Trägerin von Rechten und Pflichten; im Prozess ist sie parteifähig, das heißt, sie kann klagen und verklagt werden. Das Gesellschaftskapital – Grundkapital und ggf Vermögenseinlage – ist ausschließlich der Gesellschaft und nicht den Gesellschaftern zugeordnet.[34] Als juristische Person ist die KGaA verantwortlich für ihre Verbindlichkeiten. Zusätzlich haftet der Komplementär wie der Komplementär einer KG. Die Kommanditaktionäre sind dagegen, entsprechend den Aktionären der AG, von jeder persönlichen Haftung ausgenommen.

19 Die KGaA ist wie die AG Handelsgesellschaft und Formkaufmann (§§ 278 Abs. 3, 3 Abs. 1, § 6 Abs. 1 HGB).

20 **II. Gesellschafter.** Die KGaA hat zwingend zwei Arten von Gesellschaftern: Komplementäre und Kommanditaktionäre. Dabei können Komplementäre zugleich auch Kommanditaktionäre sein, der im Personengesellschaftsrecht herrschende Grundsatz der Einheitlichkeit der Mitgliedschaft (Folge: In der KG kann der Komplementär nicht zugleich Kommanditist sein) ist also nicht einschlägig.[35] Allerdings gibt es nur eine einheitliche Komplementärbeteiligung, ein Komplementär kann also nicht mehrere Komplementäranteile halten.[36] Ist der einzige Komplementär zugleich einziger Kommanditaktionär, so handelt es sich um eine zulässige **Einmanngesellschaft**.[37] Zulässig ist auch eine **Einheits-Kapitalgesellschaft**, bei der die KGaA alle Anteile der einzigen Komplementärgesellschaft hält.[38] In einem solchen Fall könnte allerdings der Geschäftsführer der Komplementärgesellschaft selbst über seine Abberufung und Entlastung entscheiden, weil er in seiner Stellung gleichzeitig die KGaA vertritt. Deshalb hat die Satzung die Rechte der Komplementärgesellschaft auf ein anderes Gremium zu übertragen, etwa den Aufsichtsrat oder einen von den Kommanditaktionären bestimmten Beirat.[39] Will eine KGaA im Nachhinein alle Anteile ihrer Komplementärgesellschaft erwerben, so ist fraglich, ob es sich um eine bloße Geschäftsführungsmaßnahme handelt, die von der Komplementärgesellschaft ohne Hauptversammlungsbeschluss entschieden werden kann.[40] Da eine solche Entscheidung erhebliche Auswirkungen auf die internen Verhältnisse beider Gesellschaften haben kann, kann man sie nicht mehr als bloße Geschäftsführungsmaßnahme bewerten. Wenn die Komplementärgesellschaft das alleine entscheiden soll, wird man zumindest eine konkrete Ermächtigung in der Satzung der KGaA verlangen müssen.

---

32 Ähnlich: *Schlitt*, S. 16.
33 Entscheidung vom 24.2.1997 – II ZB 11/96.
34 *Wichert*, S. 88.
35 Vgl *Wichert*, S. 87 mwN.
36 K. Schmidt/Lutter/*K. Schmidt*, Rn 12.
37 Großkomm-AktienR/*Assmann/Sethe*, Rn 18; MüKo-AktG/*Perlitt*, § 280 Rn 30 f; aA noch *v. Godin/Wilhelmi*, § 280 Anm. 2.
38 Hierzu *Gonella/Mikic*, AG 1998, 508; MüHb-AG/*Herfs*, § 77 Rn 11 a.
39 MüKo-AktG/*Perlitt*, § 278 Rn 388; *Gonella/Mikic*, AG 1998, 508, 511 f.
40 Diese Frage ist kürzlich im Fall der ecolutions GmbH & Co. KGaA praktisch geworden.

Weitere Gesellschafter, insbesondere Kommanditisten, hat die KGaA nicht. Abs. 1 regelt den Kreis der Gesellschafter abschließend und zwingend.[41] Allerdings können sich auch an der KGaA stille Gesellschafter beteiligen.[42]

III. Organe der Gesellschaft. Die KGaA hat zwingend folgende Organe: den **Komplementär** als Geschäftsführungs- und Vertretungsorgan (es gibt also **keinen Vorstand**); die **Hauptversammlung** als Vertretungsorgan der Kommanditaktionäre (vgl die Ausführungen zu § 285); den **Aufsichtsrat** als Kontroll- und Ausführungsorgan (vgl die Ausführungen zu § 287). Zusätzlich können in der Satzung **weitere Organe** eingeführt werden, welche Kompetenzen, die unter § 278 Abs. 2 fallen, wahrnehmen. Insofern besteht kommanditrechtliche **Gestaltungsfreiheit**.[43] In der Praxis kommen solche zusätzlichen Organe, welche die unterschiedlichsten Namen wie etwa **Beirat**, Aktionärsausschuss, Gesellschafterausschuss, Verwaltungsrat etc. tragen, durchaus häufig vor. Sie können **dispositive** Befugnisse von Komplementären, der Hauptversammlung und des Aufsichtsrates übernehmen oder auch nur **beratende Funktion** ausüben.[44]

C. Rechtsstellung der Komplementäre (Abs. 2)

I. Anwendbares Recht und Gestaltungsfreiheit. Abs. 2 regelt seinem Wortlaut nach die Rechtsstellung des Komplementärs nicht umfassend, sondern nur im Verhältnis zu der **Gesamtheit der Kommanditaktionäre**, im Verhältnis der **Komplementäre untereinander** und im Verhältnis zu **Dritten**. Es fehlt insbesondere das Verhältnis **zur Gesellschaft**, das u.a. auch für die Behandlung der Vermögenseinlage maßgeblich ist (Leistung der Vermögenseinlage, Entnahme etc.). Diese einschränkende Formulierung ist seit Verselbständigung der KGaA nicht mehr gerechtfertigt. Vielmehr fällt die **gesamte Rechtsstellung des Komplementärs** unter § 278 Abs. 2, sofern nicht **§§ 278–290 Sondervorschriften** enthalten oder ausnahmsweise **Einschränkungen aufgrund allgemeinen Aktienrechts** geboten sind.[45] Somit bestimmt sich die Rechtsstellung der Komplementäre über den Verweis des § 278 Abs. 2 grundsätzlich nach den **Vorschriften des HGB über die Kommanditgesellschaft**, also nach den §§ 161 ff, 109 ff HGB, §§ 705 ff BGB.

Der Verweis des § 278 Abs. 2 bezieht sich auch auf die in § 109 HGB niedergelegte **Gestaltungsfreiheit** im Innenverhältnis.[46] Das heißt: Die Rechtsstellung des Komplementärs, sofern sie nicht in §§ 279–290 oder aufgrund allgemeiner aktienrechtlicher Wertungen zwingend ausgestaltet ist, kann in der Satzung abweichend geregelt werden. Sie lässt sich erweitern, aber auch zugunsten von Hauptversammlung, Aufsichtsrat oder Beirat begrenzen. Entsprechend der Ausgestaltung der Kompetenzen unterscheidet man die **komplementärsdominierte**, die **hauptversammlungsdominierte** oder die **aufsichtsrats-** bzw **beiratsdominierte** KGaA.[47]

Allerdings unterliegt diese Gestaltungsfreiheit auch gewissen Grenzen. Über den Verweis des Abs. 2 sind auch die im **Kommanditrecht rechtsfortbildend entwickelten Einschränkungen** zu beachten. Dies gilt jedoch nicht für den bereits im Kommanditrecht umstrittenen **Bestimmtheitsgrundsatz**.[48] Verallgemeinert zusammengefasst besagt dieser, dass jede Abweichung von gesetzlichen Einstimmigkeitserfordernissen dem Gesellschaftsvertrag (der Satzung) unzweideutig zu entnehmen sein muss. Erforderlich ist demnach, dass jede Abweichung in der Satzung einzeln aufgeführt wird. In neuerer Rechtsprechung lässt der BGH allerdings offen, ob es im Kommanditrecht an dieser Definition des Bestimmtheitsgrundsatzes festhält oder ob es nur noch um Auslegung des Gesellschaftsvertrags geht.[49]

Die Rechtsprechung wendet den Bestimmtheitsgrundsatz auf körperschaftlich strukturierte Gesellschaften, die von vornherein auf das Mehrheitsprinzip ausgerichtet sind, nicht an.[50] Diese Einschränkung lässt sich

---

41 Heute allg. Meinung, vgl nur Großkomm-AktienR/*Assmann/Sethe*, Rn 15; KölnKomm-AktG/*Mertens/Cahn*, Rn 9.
42 *Hüffer*, Rn 5; KölnKomm-AktG/*Mertens/Cahn*, Rn 9.
43 Großkomm-AktienR/*Assmann/Sethe*, § 287 Rn 91 ff; MüKo-AktG/*Perlitt*, § 287 Rn 87 ff; Spindler/Stilz/*Bachmann*, § 287 Rn 29 ff; zurückhaltender: KölnKomm-AktG/*Mertens/Cahn*, § 287 Rn 26 ff.
44 Zu allen Einzelheiten umfassend *Assmann/Sethe*, in: FS Lutter, S. 251; *Habersack*, in: FS Hellwig, S. 143; vgl ferner *Martens*, AG 1982, 113; *Schaumburg/Schulte*, S. 9.
45 Vgl etwa BGH v. 24.2.1997 – II ZB 11/96, BGHZ 134, 392 (Führungsstruktur richtet sich gemäß § 278 Abs. 2 nach Personengesellschaftsrecht); Großkomm-AktienR/*Assmann/Sethe*, Rn 19 ("auf die Rechtsverhältnisse der persönlich haftenden Gesellschafter findet gemäß Abs. 2 das Recht der KG Anwendung..."); *Herfs*, AG 2005, 589, 591; differenzierend: *Cahn*,
AG 2001, 579, 581; KölnKomm-AktG/*Mertens/Cahn*, Vorb § 278 Rn 13.
46 AllgM, vgl *Hüffer*, Rn 6; K. Schmidt/Lutter/*K. Schmidt*, Rn 33; Spindler/Stilz/*Bachmann*, Rn 25.
47 Dazu Großkomm-AktienR/*Assmann/Sethe*, Rn 147 ff.
48 Vgl *Sethe*, S. 119 f; *Wichert*, S. 68 ff.
49 BGH v. 15.1.2007 – II ZR 245/05, AG 2007, 493; BGH v. 24.11.2008 – II ZR 116/08, AG 2009, 163; BGH v. 19.10.2009 – II ZR 240/08, NZG 2009, 1347; zur Problematik auch *Holler*, DB 2008, 2067; *Schäfer*, ZGR 2009, 768, 773 f; *Schmidt*, ZIP 2009, 737, 739 f; *Weber*, DStR 2010, 702 f.
50 BGH v. 13.3.1978 – II ZR 63/77, BGHZ 71, 53, 57 f; BGH v. 15.11.1982 – II ZR 62/82, BGHZ 85, 350, 356 ff; vgl MüKo-HGB/*Enzinger*, 3. Aufl. 2011, § 119 Rn 80.

auf die KGaA übertragen.[51] Hier ist der Bestimmtheitsgrundsatz also ebenfalls nicht einschlägig. Es muss somit nicht jede Abweichung von der gesetzlichen Kompetenzordnung in der Satzung einzeln aufgelistet werden. Es reicht aus, wenn der Umfang der Kompetenzverschiebung allgemein oder durch Auslegung aus der Satzung hervorgeht. Allerdings dürfte es wegen der Kompliziertheit der Rechtslage zweckmäßig sein, Abweichungen von der gesetzlichen Kompetenzordnung in der Satzung zur Klarstellung möglichst konkret aufzuführen.

27 Über Abs. 2 findet aber die **Kernbereichslehre** Eingang in das Recht der KGaA.[52] Die Kernbereichslehre dient im Kommanditrecht dem Minderheitenschutz. Bestimmte mitgliedschaftliche Rechtspositionen sollen nicht der Mehrheitsherrschaft unterliegen. Dem entsprechend lässt sich die Kernbereichslehre verallgemeinernd so zusammenfassen, dass in den Kernbereich der Mitgliedschaft eines Gesellschafters nur eingegriffen werden darf, wenn dieser zustimmt. Die (antizipierte) Zustimmung kann bereits in der Satzung erteilt werden; allerdings ist die entsprechende Satzungsbestimmung so präzise zu fassen, dass der nachfolgende Beschluss keinen eigenen Regelungscharakter mehr aufweist.[53]

28 Schließlich ist die kommanditrechtliche Gestaltungsfreiheit insofern begrenzt, als nicht in die zwingende **aktienrechtliche Stellung der Aktionäre** und die zwingenden **aktienrechtlichen Kompetenzen der Hauptversammlung** eingegriffen werden darf.[54]

29 Diese kommanditrechtliche Gestaltungsfreiheit einschließlich ihrer kommandit- und aktienrechtlichen Grenzen besteht auch für eine **Kapitalgesellschaft & Co. KGaA**. Dass dort keine natürliche Person unbeschränkt haftet, rechtfertigt keine Restriktionen (so Rn 9 ff).

30 **II. Persönliche Anforderungen.** Nach dem Leitbild des historischen Gesetzgebers konnte Komplementär einer KGaA nur eine **natürliche Person** sein. Dies ist jedoch spätestens seit BGHZ 134, 392,[55] und der nachfolgenden Änderung des § 279 Abs. 2 überholt. Nunmehr können auch **Personengesellschaften und juristische Personen** die Stellung des (einzigen) Komplementärs einnehmen. Komplementär kann also sein: OHG, KG, GmbH & Co. KG, rechtsfähiger Verein, GmbH, AG, KGaA, Stiftung, Genossenschaft. Nach bisher herrschender Ansicht konnte eine **GbR** nicht Komplementärin einer KGaA sein.[56] Im Kommanditrecht besteht über die entsprechende Frage keine Einigkeit.[57] Nachdem der BGH die Rechts- und Parteifähigkeit der (Außen-)GbR jüngst ausdrücklich anerkannt hat,[58] ist nun aber auch eine (Außen-)GbR als Komplementärin einer KGaA zuzulassen.[59] Nimmt eine (Außen-)GbR die Stellung als Komplementärin einer KGaA ein, sind in entsprechender Anwendung von §§ 106, 107 HGB alle Gesellschafter und jeder Gesellschafterwechsel zum Handelsregister anzumelden; dort müssten auch die Vertretungsverhältnisse der GbR ersichtlich sein.[60] Noch nicht verbindlich geklärt ist, ob eine **ausländische juristische Person** Komplementärin einer KGaA sein kann.[61] Allerdings haben inzwischen einige Handelsregister KGaA mit ausländischer Komplementärgesellschaft anerkannt und eingetragen.[62] Nicht als Komplementär einer KGaA können rechtsfähiger Verein, Erbengemeinschaft und eheliche Gütergemeinschaft eingesetzt werden.[63] Auch eine Wohnungseigentümergemeinschaft, wiewohl mittlerweile als rechtsfähig anerkannt,[64] dürfte nicht als Komplementär eingesetzt werden können.[65]

31 Umstritten, in der Praxis aber von minderer Bedeutung, ist die Frage, ob Komplementär nur sein darf, wer **geschäftsfähig** ist. Dies ist zu bejahen bei Komplementären, die zur Geschäftsführung und Vertretung berechtigt und verpflichtet sind. Insofern ist auf die berechtigten Erwartungen des Rechtsverkehrs und nicht auf die kommanditrechtliche Gestaltungsfreiheit bzw die kommanditrechtliche Möglichkeit der Vertretung

---

51 *Wichert*, S. 68 ff; ders., AG 1999, 362, 366; so jetzt auch *Schütz/Reger*, in: Schütz/Bürgers/Riotte, § 5 Rn 15 ff; aA Großkomm-AktienR/*Assmann/Sethe*, vor § 278 Rn 60; *Sethe*, S. 119 f.
52 Zur Kernbereichslehre im Kommanditrecht vgl jüngst: BGH v. 15.1.2007 – II ZR 245/05, AG 2007, 493; BGH v. 24.11.2008 – II ZR 116/08, AG 2009, 163; BGH v. 19.10.2009 – II ZR 240/08, NZG 2009, 1347; *Weber*, DStR 2010, 702 ff; zu den Einzelheiten bei der KGaA vgl *Schütz/Reger*, in: Schütz/Bürgers/Riotte, KGaA, § 5 Rn 12 ff; *Sethe*, S. 117 ff; *Wichert*, S. 71 ff; ders., AG 1999, 362, 364, 366.
53 *Wichert*, S. 73 f.
54 *Wichert*, S. 58 ff.
55 Entscheidung vom 24.2.1997 – II ZB 11/96.
56 Großkomm-AktienR/*Assmann/Sethe*, Rn 42; MüKo-AktG/*Perlitt*, Rn 36.
57 Nach dem LG Berlin v. 8.4.2003 – 102 T 6/03, BB 2003, 1351, kann eine GbR Komplementärin einer KG sein; vgl auch *Pohlmann*, WM 2002, 1421, 1431 ff, dort auch wN in Fn 156, 157.
58 BGH v. 29.1.2001 – II ZR 331/00, BGHZ 146, 341; vgl auch BGH v. 18.2.2002 – II ZR 331/00, ZIP 2002, 614, 615.
59 So auch *Bürgers/Schütz*, in: Schütz/Bürgers/Riotte, KGaA, § 4 Rn 9; KölnKomm-AktG/*Cahn/Mertens*, Rn 13; MüKo-AktG/*Perlitt*, Rn 36; Spindler/Stilz/*Bachmann*, Rn 40; Wachter/*Blaurock*, Rn 13; *Heinze*, DNotZ 2012, 426.
60 Vgl *Pohlmann*, WM 2002, 1421, 1432; ähnlich: *Bürgers/Schütz*, in: Schütz/Bürgers/Riotte, KGaA, § 4 Rn 9; KölnKomm-AktG/*Cahn/Mertens*, Rn 13; *Heinze*, DNotZ 2012, 426.
61 Dafür etwa *Schaumburg/Schulte*, S. 29; MüKo-AktG/*Perlitt*, Rn 35; Spindler/Stilz/*Bachmann*, Rn 240; Wachter/*Blaurock*, Rn 13. Dagegen: Großkomm-AktienR/*Assmann/Sethe*, vor § 278 Rn 270 f; *Bürgers/Schütz*, in: Schütz/Bürgers/Riotte, KGaA, § 4 Rn 14 f.
62 Vgl die Nachw. bei MüKo-AktG/*Perlitt*, Rn 35.
63 Großkomm-AktienR/*Assmann/Sethe*, Rn 42; ähnlich: K. Schmidt/Lutter/*K. Schmidt*, Rn 23 ff.
64 BGH v. 2.6.2005 – V ZB 32/05, NJW 2005, 2061.
65 K. Schmidt/Lutter/*K. Schmidt*, Rn 26.

(§§ 114, 125, 161 Abs. 2 HGB) abzustellen.⁶⁶ Dagegen müssen Komplementäre, die von Geschäftsführung und Vertretung ausgeschlossen sind, nicht geschäftsfähig sein.⁶⁷

Hinsichtlich der persönlichen Anforderungen des Komplementärs herrscht **Gestaltungsfreiheit**.⁶⁸ Die Satzung kann also weitere Voraussetzungen aufstellen, etwa die Zugehörigkeit zu einer bestimmten Familie oder ein bestimmtes Eintritts- und/oder Austrittsalter. 32

III. Begründung der Komplementärsstellung. Die ersten Komplementäre verdanken ihre Stellung der **Gründung** der KGaA (§ 280 Abs. 2). Werden später neue Komplementäre aufgenommen, so geschieht dies durch **Satzungsänderung**,⁶⁹ an der alle Gesellschafter zu beteiligen sind. Der Aufsichtsrat hat in der KGaA also keine Personalkompetenz. Diese Grundsätze sind allerdings disponibel, auch insofern herrscht **Gestaltungsfreiheit** (vgl § 281 Rn 26). Das Ausscheiden des Komplementärs ist in § 289 geregelt und wird dort kommentiert. 33

IV. Komplementär als Gesellschaftsorgan und Gesellschafter. 1. Geschäftsführung und Vertretung. Dem Komplementär obliegt die **Geschäftsführung** der Gesellschaft (§ 278 Abs. 2, §§ 114–118, 161 Abs. 2 HGB). Die Geschäftsführungsbefugnis erstreckt sich nur auf Handlungen, die der gewöhnliche Geschäftsbetrieb mit sich bringt (§ 116 Abs. 1 HGB). Dagegen sind **außergewöhnliche Geschäfte** von der Geschäftsführungsbefugnis nicht umfasst; Gleiches gilt für **Grundlagengeschäfte** und **Satzungsänderungen**. Bei solchen nicht mehr von der Geschäftsführung erfassten Maßnahmen muss die Hauptversammlung eingeschaltet werden (vgl § 285). 34

Die organschaftliche **Vertretungsbefugnis** der Komplementäre ergibt sich aus § 278 Abs. 2, §§ 125–127, 161 Abs. 2 HGB. Es besteht Einzelvertretung, die Satzung kann aber Gesamtvertretung anordnen. Kraft Gesetzes ist die Vertretungsbefugnis der Komplementäre eingeschränkt, sofern entsprechende Einschränkungen für den Vorstand einer AG gelten (§ 283 Abs. 1).⁷⁰ Im Übrigen kann der Umfang der Vertretungsmacht nach außen nicht beschränkt werden. Die Vertretungsbefugnis sowie jede spätere Änderung muss zum Handelsregister angemeldet werden. 35

Auch im Hinblick auf Geschäftsführung und Vertretung herrscht **Gestaltungsfreiheit**. Möglich ist etwa, die Stellung eines Komplementärs ohne Geschäftsführungsbefugnis zu schaffen, sofern nur ein anderer geschäftsführungsbefugter Komplementär vorhanden ist. Oder die Geschäftsführungsbefugnis wird **auch** auf **außerordentliche Maßnahmen** ausgedehnt;⁷¹ diese Möglichkeit steht in der Kapitalgesellschaft & Co. KGaA ebenfalls zur Verfügung. Die Komplementärgesellschaft kann also allein über solche Maßnahmen entscheiden und muss auch nicht den Aufsichtsrat einschalten.⁷² Wird die Geschäftsführungsbefugnis entsprechend ausgedehnt, so bezieht sie sich gleichwohl **nicht** auf **Grundlagengeschäfte**. Insofern kann das Zustimmungsrecht der Hauptversammlung nur in engen Grenzen abbedungen werden.⁷³ Ob diese allgemein akzeptierte Einschränkung der Gestaltungsfreiheit auf der „Holzmüller"-Doktrin oder auf personengesellschaftsrechtlichen Grundätzen (Kernbereichslehre) beruht, ist allerdings noch nicht höchstrichterlich geklärt und im Schrifttum umstritten.⁷⁴ Unklar ist auch, welche rechtlichen Konsequenzen diese dogmatische Einordnung hat. Ungeachtet dessen wird man sagen können: Zu den Grundlagengeschäften gehören nicht nur Satzungsänderungen, sondern auch strukturändernde Maßnahmen, also uU auch der Verkauf wesentli- 36

---

66 Ähnlich: KölnKomm-AktG/*Mertens/Cahn*, Rn 16; *Wachter/Blaurock*, Rn 12; so auch MüKo-AktG/*Semler*, Rn 25, allerdings nur für börsennotierte Gesellschaften; aA etwa Großkomm-AktienR/*Assmann/Sethe*, Rn 23 ff; Spindler/Stilz/*Bachmann*, Rn 39; Hölters/*Müller-Michaels*, Rn 12; zweifelnd auch *Hüffer*, Rn 7.
67 *Hüffer*, Rn 7; KölnKomm-AktG/*Mertens/Cahn*, Rn 16.
68 AllgM, vgl Großkomm-AktienR/*Assmann/Sethe*, Rn 28 f; KölnKomm-AktG/*Mertens/Cahn*, Rn 12.
69 *v. Godin/Wilhelmi*, § 281 Anm. 4; KölnKomm-AktG/*Mertens/Cahn*, § 281 Rn 5; Hölters/*Müller-Michaels*, Rn 13.
70 MüKo-AktG/*Perlitt*, Rn 251.
71 AllgM, vgl *Hüffer*, Rn 19; *Schütz/Reger*, in: Schütz/Bürgers/Riotte, § 5 Rn 93.
72 Streitig; wie hier auch Großkomm-AktienR/*Assmann/Sethe*, Rn 110 ff; KölnKomm-AktG/*Mertens/Cahn*, Rn 86; MüHb-AG/*Herfs*, § 778 Rn 17; *Pühler*, in: Happ, Aktienrecht, 1.03 Rn 11; *Raiser/Veil*, § 23 Rn 50; *Schaumburg/Schulte*, S. 38 f; *Schütz/Reger*, in: Schütz/Bürgers/Riotte, § 5 Rn 98 ff; MüKo-AktG/*Perlitt*, Rn 360; *Wichert*, AG 2000, 268, 270; aA OLG Stuttgart v. 14.5.2003 – 20 U 31/02, AG 2003, 527, 531 (legt sich aber wohl nicht verbindlich fest); *Arnold*, S. 65 f; *Dirksen/Möhrle*, ZIP 1998, 1377, 1385; *Ihrig/Schlitt*, ZHR Beiheft 67 (1998), S. 33, 64 ff; *Koch*, DB 2002, 1701, 1702; *Strieder/Habel*, BB 1997, 1375, 1377; wohl auch K. Schmidt/Lutter/*K. Schmidt*, Rn 38.
73 Ähnlich: OLG Stuttgart v. 14.5.2003 – 20 U 31/02, AG 2003, 527, 531; Großkomm-AktienR/*Assmann/Sethe*, Rn 122 ff; *Heermann*, ZGR 2000, 61, 66 f, 84; *Koch*, DB 2002, 1701, 1703 f; Spindler/Stilz/*Bachmann*, Rn 71; *Wichert*, AG 2000, 268, 270; großzügiger *Fett/Förl*, NZG 2004, 210, 215 f (abstrakte Umschreibung reiche aus); aA *Hoffmann-Becking/Herfs*, in: FS Sigle, S. 273, 286.
74 Zum Streitstand vgl *Fett*, in: Schütz/Bürgers/Riotte, KGaA, § 3 Rn 15 ff; MüKo-AktG/*Perlitt*, Rn 180 ff; Spindler/Stilz/*Bachmann*, Rn 64 ff; K. Schmidt/Lutter/*K. Schmidt*, Rn 39; Hölters/*Müller-Michaels*, Rn 14.

cher Betriebsteile.⁷⁵ Allerdings gilt das nur dann, wenn die betreffende Maßnahme „einem Zustand nahezu entspricht, der allein durch eine Satzungsänderung herbeigeführt werden kann."⁷⁶

37 Zulässig ist es schließlich auch, Hauptversammlung, Aufsichtsrat oder Beirat/Gesellschafterausschuss an der normalen Geschäftsführung zu beteiligen, wobei aber ein Mindestmaß an Geschäftsführungsbefugnissen bei dem Komplementär verbleiben muss.⁷⁷ Nicht zulässig ist, die Geschäftsführung auf einen Dritten zu übertragen, auch in der KGaA gilt der Grundsatz der **Selbstorganschaft**.⁷⁸

38 **2. Entzug von Geschäftsführungs- und Vertretungsbefugnis; Abberufungsdurchgriff bei einer Komplementär-GmbH.** **Geschäftsführungs-** wie **Vertretungsbefugnis** können einem Komplementär im Nachhinein durch gerichtliche Entscheidung **entzogen** werden, wenn ein wichtiger Grund vorliegt (§ 278 Abs. 2, §§ 161 Abs. 2, 117, 127 HGB). Voraussetzung ist ein Beschluss der übrigen Gesellschafter, dh der Komplementäre und der Hauptversammlung.

39 Allerdings besteht auch insofern **Gestaltungsfreiheit**.⁷⁹ So kann die Entziehung von Geschäftsführungs- und/oder Vertretungsbefugnis auf ein Gesellschaftsorgan übertragen werden, etwa auf den Aufsichtsrat. In dem Fall bedarf es keiner gerichtlichen Entscheidung. Auch die Voraussetzungen für die Entziehung können näher geregelt werden. Insbesondere kann die Satzung den erforderlichen wichtigen Grund definieren und so die Entziehung erleichtern oder erschweren. Solche Regelungen sind auch dringend anzuraten, um möglichst ein gerichtliches Verfahren mit ungewissem Ausgang zu vermeiden.

40 All dies gilt auch bei der **Kapitalgesellschaft & Co. KGaA**. Liegt ein wichtiger Grund vor, können der Komplementärgesellschaft ebenfalls Geschäftsführungs- wie Vertretungsbefugnis gerichtlich entzogen werden. Die Satzung kann davon abweichen, wie oben ausgeführt.

41 Ein von Teilen des Schrifttums gefordertes weitergehendes Recht der Hauptversammlung oder des Aufsichtsrats der KGaA, die Abberufung des Geschäftsführers der Komplementärgesellschaft, sofern es sich um eine GmbH oder GmbH & Co. KG handelt, zu verlangen (**Abberufungsdurchgriff**),⁸⁰ ist dagegen nicht anzuerkennen. Dies wäre ein Eingriff in die Organisationsstruktur der Komplementärgesellschaft, der auch durch die beschränkte Haftung nicht gerechtfertigt ist.⁸¹ Zur Bestellung wie Abberufung des Geschäftsführers sind in der Komplementärgesellschaft deren Gesellschafter befugt.

42 Allerdings obliegen der Komplementärgesellschaft bei der Bestellung wie Abberufung des Geschäftsführers gegenüber der KGaA und den Mitgesellschaftern **Treuepflichten**.⁸² Gebietet diese Treuepflicht eine Abberufung, etwa weil der Geschäftsführer einen wichtigen Grund dafür gesetzt hat, und kommt dem die Komplementärgesellschaft nicht nach, so kann ihr selbst die Geschäftsführungsbefugnis für die KGaA entzogen oder sie aus der KGaA ausgeschlossen werden.⁸³ Auch Schadensersatzansprüche sind denkbar.

43 Ein **Abberufungsdurchgriff** kann aber durch **Satzungsgestaltung** erreicht werden.⁸⁴ Dies zumindest dann, wenn die Komplementärgesellschaft außer der Geschäftsführung der KGaA keine weitere Tätigkeit entfaltet. Warum soll die gewollte **Unternehmenseinheit** nicht auch dadurch dokumentiert werden können, dass Hauptversammlung oder Aufsichtsrat der KGaA durch die Satzung ermächtigt werden, den Geschäftsführer abzuberufen? Aufgrund dieser Unternehmenseinheit kann eine solche Gestaltung jedenfalls nicht damit verglichen werden, dass einem fremden Dritten originäre Befugnisse der Gesellschafter übertragen werden, was tatsächlich nicht zulässig wäre.

44 Allerdings ist zumindest fraglich, ob ein solcher durch die Satzung zugelassener Abberufungsdurchgriff sinnvoll ist. Denn wenn die Gesellschafter der Komplementär-GmbH trotz Aufforderung von Hauptversammlung oder Aufsichtsrat der KGaA von sich aus zu einer Abberufung des Geschäftsführers nicht bereit sind – und für diesen Fall ist der Abberufungsdurchgriff letztlich gedacht –, dann kann einer Abberufung durch ein Organ der KGaA dadurch die Wirkung genommen werden, dass die Komplementärgesellschaft

---

75 Vgl OLG Stuttgart v. 14.5.2003 – 20 U 31/02, AG 2003, 527, 531.
76 So seit 2004 der BGH v. 26.4.2004 – II ZR 155/02, AG 2004, 384, 388 (Gelantine) für die AG; ob die Entscheidung des OLG Stuttgart v. 14.5.2003 – 20 U 31/02, AG 2003, 527, 531, diesen Maßstab einhält oder nicht zu früh zu einem "Grundlagengeschäft" kommt, erscheint fraglich; ähnlich: *Wagner*, DStR 2004, 469, 470; vgl auch *Fett/Förl*, NZG 2004, 210; *Kessler*, NZG 2005, 145, 148 f.
77 MüKo-AktG/*Perlitt*, Rn 225, 232; Spindler/Stilz/*Bachmann*, Rn 58.
78 KölnKomm-AktG/*Mertens/Cahn*, Rn 90; MüKo-AktG/*Perlitt*, Rn 228 f; Spindler/Stilz/*Bachmann*, Rn 58.
79 Dazu Großkomm-AktienR/*Assmann/Sethe*, Rn 178 mwN.
80 *Hennerkes/Lorz*, DB 1997, 1388, 1391; *Overlack*, RWS-Forum Gesellschaftsrecht, 1997, S. 237, 254; *Raiser/Veil*, § 23 Rn 48; *Schaumburg*, DStZ 1998, 523; vgl auch *Ladwig/Motte*, DStR 1997, 1539, 1540, und *Kallmeyer*, DZWiR 1998, 238, 239.
81 *Arnold*, S. 83 ff; Großkomm-AktienR/*Assmann/Sethe*, Rn 172; KölnKomm-AktG/*Mertens/Cahn*, Rn 81; *Ihrig/Schlitt*, S. 53 f; MüHb-AG/*Herfs*, § 78 Rn 9; MüKo-AktG/*Perlitt*, Rn 372; *Wichert*, AG 2000, 268, 274 f.
82 BGH v. 24.2.1997 – II ZB 11/96, BGHZ 134, 392, 399.
83 Ähnlich: KölnKomm-AktG/*Mertens/Cahn*, Rn 81; aA *Schütz/Reger*, in: Schütz/Bürgers/Riotte, KGaA, Rn 207 f.
84 *Arnold*, S. 80; *Hennerkes/Lorz*, DB 1997, 1388, 1391; *Wichert*, AG 2000, 268, 275; aA Großkomm-AktienR/*Assmann/Sethe*, Rn 173, 175, wobei allerdings nicht ganz klar wird, ob von Unzulässigkeit auch dann auszugehen ist, wenn die GmbH außer der Führung der KGaA keine weiteren Aufgaben hat; MüKo-AktG/*Perlitt*, Rn 373 f.

einen neuen Geschäftsführer bestellt, der die Politik seines Vorgängers fortsetzt.[85] Dann muss der Streit im Ergebnis doch zwischen KGaA und Komplementärgesellschaft ausgetragen werden.

3. Vermögensrechte. Der Komplementär kann sich am **Grundkapital** beteiligen, er ist dann zugleich auch Kommanditaktionär. Sofern in der Satzung vorgesehen, kann der Komplementär aber auch eine gesonderte **Vermögenseinlage** leisten (vgl § 281 Abs. 2). Die Vermögenseinlage geht in das Alleineigentum der KGaA über, ist aber scharf vom Grundkapital zu trennen. Der auf den Komplementär entfallende **Gewinn** und **Verlust** sowie die **Entnahmerechte** werden u.a. durch die Höhe der Vermögenseinlage bestimmt. Wegen der Einzelheiten wird auf die Kommentierung zu §§ 281, 286, 288 verwiesen.

4. Haftung. Gemäß § 278 Abs. 2, §§ 161 Abs. 2, 128 ff HGB haftet der Komplementär – gesamtschuldnerisch mit den übrigen Komplementären – für die Verbindlichkeiten der Gesellschaft persönlich und unbeschränkt. Diese Haftung ist zwingend, sie kann also in der Satzung nicht ausgeschlossen oder beschränkt werden. Ein rechtsgeschäftlicher Ausschluss gegenüber einzelnen Gläubigern ist dagegen möglich. Neu eintretende Komplementäre haften persönlich auch für die bereits bestehenden Verbindlichkeiten der Gesellschaft (§§ 161 Abs. 2, 130 HGB). Für ausgeschiedene Komplementäre gilt § 160 HGB, sie haften also noch fünf Jahre nach Ausscheiden weiter.[86] Die Frist beginnt noch nicht mit dem Ausscheiden des Komplementärs, sondern mit der entsprechenden Handelsregistereintragung.[87] Der Ausgeschiedene kann allerdings Rückgriff gegen die Gesellschaft und die Gesellschafter nehmen.[88] Wegen der weiteren Einzelheiten wird auf die Kommentierungen zum HGB verwiesen.

5. Sonstige Ausgestaltung der Rechtsstellung. Aufgrund ihrer Stellung als Gesellschafter haben die Komplementäre **Stimm-, Informations-** und **Kontrollrechte** (§§ 161 Abs. 2, 118, 119 HGB).[89] Will die Satzung hier Einschränkungen treffen, muss die Kernbereichslehre berücksichtigt werden.

Den Komplementären obliegen **Treue- und Rücksichtspflichten**.[90] Diese gelten einmal gegenüber der Gesellschaft und gegenüber den übrigen Komplementären; sie gelten weiterhin auch gegenüber den einzelnen Kommanditaktionären, dagegen nicht gegenüber der „Gesamtheit der Kommanditaktionäre", da diese keinen eigenen Verband darstellt, sondern in der Hauptversammlung aufgeht (dazu Rn 51 ff).[91]

Umstritten ist, ob dem geschäftsführungs- und vertretungsberechtigten Komplementär die **Kaufmannseigenschaft** zuzuschreiben ist. Früher wurde dies überwiegend bejaht, heute wird richtigerweise auf eine Prüfung des Einzelfalls anhand der HGB-Vorschriften abgestellt.[92]

V. Verhältnis mehrerer Komplementäre untereinander. Auch das Verhältnis mehrerer Komplementäre untereinander richtet sich nach Kommanditrecht (§§ 161 Abs. 2, 110–122 HGB). Die Komplementäre entscheiden durch Beschluss, der einstimmig erfolgen muss (§ 119 HGB). Allerdings kann die Satzung von dem Einstimmigkeitserfordernis abweichen und Mehrheitsbeschlüsse zulassen oder einem Komplementär die Geschäftsführungsaufgaben alleine zuweisen. Die Schranken der Gestaltungsfreiheit werden durch die Kernbereichslehre gezogen (vgl Rn 27).

VI. Verhältnis zu der „Gesamtheit der Kommanditaktionäre". Abs. 2 unterwirft auch das Verhältnis von Komplementären zu der „Gesamtheit der Kommanditaktionäre" dem Kommanditrecht. Allerdings wirft die Formulierung „Gesamtheit der Kommanditaktionäre" Fragen auf. Insbesondere ist unklar, welche Bedeutung sie neben der **Hauptversammlung** haben soll.[93] Zum besseren Verständnis ist der gesetzesgeschichtliche Hintergrund heranzuziehen.[94]

Im ADHGB von 1861 war die KGaA als Unterart der KG konzipiert. Um die Einflussmöglichkeit der Vielzahl der Kommanditaktionäre gegenüber den Komplementären zu stärken, wurden sie organisatorisch als „Gesamtheit der Kommanditaktionäre" in der Generalversammlung vereinigt und diese mit den Rechten eines Kommanditisten ausgestattet (vgl Art. 186 ADHGB). Diese Rechte konnte die Gesamtheit der Kommanditaktionäre gegenüber den Komplementären auch klageweise durchsetzen. Sie konnte dabei auch als Prozesspartei auftreten, war also ein parteifähiger Personenverband. Diese Konzeption des ADHGB, die

---

[85] Ähnlich: *Arnold*, S. 85; Großkomm-AktienR/*Assmann*/*Sethe*, Rn 175 f.
[86] So auch Großkomm-AktienR/*Assmann*/*Sethe*, Rn 67; *Hüffer*, Rn 10; Kölner/Komm-AktG/*Mertens*/*Cahn*, § 289 Rn 66; Spindler/Stilz/*Bachmann*, Rn 43; Hölters/*Müller-Michaels*, Rn 15; anders: *Wiesner*, ZHR 148 (1984), 56, 67 ff, der wegen der Sicherung der Gläubiger durch das Grundkapital eine Nachhaftung ausschließen will.
[87] Kölner/Komm-AktG/*Mertens*/*Cahn*, § 289 Rn 66.
[88] *Hüffer*, Rn 10; Spindler/Stilz/*Bachmann*, Rn 43.
[89] Großkomm-AktienR/*Assmann*/*Sethe*, Rn 53.
[90] Zu deren Inhalt vgl Großkomm-AktienR/*Assmann*/*Sethe*, Rn 56 ff; *Wichert*, S. 77 f.
[91] In der Begründung anders: Großkomm-AktienR/*Assmann*/*Sethe*, Rn 59 f, welche die Treuepflichten aus dem Verhältnis zwischen Komplementären und der "Gesamtheit der Kommanditaktionäre" herleiten.
[92] Dazu *Schütz*/*Reger*, in: Schütz/Bürgers/Riotte, KGaA, Rn 218; MüKo-AktG/*Perlitt*, Rn 41 mwN.
[93] *Raiser*/*Veil*, § 23 Rn 41 ff.
[94] Zum Folgenden auch KölnKomm-AktG/*Mertens*/*Cahn*, Rn 38, 45; § 287 Rn 2 f; *Mertens*, in: FS Barz, 1974, S. 253, 255 f; *Wichert*, S. 45 ff.

durch die Formulierung „Gesamtheit der Kommanditaktionäre" zum Ausdruck kommt, überdauerte alle späteren Gesetzesänderungen und findet sich auch im heutigen Aktiengesetz.

53 Legt man dieses tradierte Leitbild zugrunde, so ist die KGaA doppelstöckig konstruiert: Zum einen besteht – unabhängig von der KGaA als juristischer Person – ein **personengesellschaftsrechtliches Verhältnis** zwischen den Gesellschaftergruppen, den Komplementären und den Kommanditaktionären. In diesem Verhältnis sind auch Klagen möglich, etwa Zustimmung zum Jahresabschluss, zur Gewinnverteilung, zu Entnahmen der Komplementäre etc., bei denen die Gesamtheit der Kommanditaktionäre vom Aufsichtsrat vertreten wird (§ 287 Abs. 1). Zum anderen besteht die KGaA als verselbstständigte juristische Person mit den entsprechenden **aktienrechtlichen Verhältnissen**, Rechten und Pflichten der Gesellschafter bzw der Gesellschaftsorgane im Verhältnis zur KGaA. Auf dieser Ebene ist der Aufsichtsrat nicht der Gesamtheit der Kommanditaktionäre, sondern den Interessen der Gesellschaft verpflichtet.

54 Diese doppelstöckige Konstruktion ist gesellschafts- und prozessrechtlich – Gesamtheit der Kommanditaktionäre als parteifähiges Gebilde – zweifelhaft und heute nicht mehr erforderlich. Daher ist sie aufzugeben.[95] Das bedeutet: Ein gesondertes personenrechtliches Verhältnis zwischen Komplementären und der Gesamtheit der Kommanditaktionäre mit gesonderten Rechten und Pflichten ist abzulehnen. Der Rechtsschutz der Kommanditaktionäre findet, entsprechend den Verhältnissen in AG und GmbH, im Verhältnis von Gesellschafter und Gesellschaft statt.

55 Vor diesem Hintergrund ist die entsprechende Regelung in Abs. 2 so zu verstehen, dass sie innerhalb der KGaA Kompetenzen zwischen Komplementären und Hauptversammlung nach kommanditrechtlichen Grundsätzen voneinander abgrenzt.[96] Der Sache nach bezieht sie sich im Wesentlichen auf die Verteilung der Kompetenzen zwischen Komplementären und Hauptversammlung bei der Geschäftsführung und der Verteilung des Gewinns auf die beiden Gesellschaftergruppen. Die ansonsten diesem Verhältnis zugeordneten Bereiche[97] – zB Wettbewerbsverbot der Komplementäre, Entnahmerecht der Komplementäre, Leistung der Komplementärseinlage – betreffen schwerpunktmäßig das Verhältnis der Komplementäre zur Gesellschaft, unterfallen aber gleichwohl Abs. 2 (siehe Rn 23).

D. Sinngemäße Geltung des allgemeinen Aktienrechts (Abs. 3)

56 **I. Rechtsstellung der Kommanditaktionäre.** Die Rechtsstellung der Kommanditaktionäre bestimmt sich über den Verweis des Abs. 3 nach allgemeinem Aktienrecht, sofern nicht in den §§ 278–290 Sonderregelungen enthalten sind.[98] Das bedeutet zunächst, dass den einzelnen Kommanditaktionär für die Verbindlichkeiten der Gesellschaft **keine persönliche Haftung** trifft. Im Übrigen hat er **mitgliedschaftliche Rechte** und **Pflichten** wie ein Aktionär einer AG.

57 Der Kommanditaktionär hat also wie ein Aktionär einer AG seine **Einlage** zu leisten. **Nebenverpflichtungen** können ihm nur gemäß § 55 auferlegt werden. Nicht mehr zulässig wäre etwa die früher häufig als Beispiel angeführte Verpflichtung der Kommanditaktionäre, über ein Losverfahren eine bestimmte Anzahl Aktien für die Komplementäre zur Verfügung zu stellen.[99] Ebenso wenig zulässig wäre eine satzungsmäßige Bestimmung, welche die Aktionärsstellung an die Mitgliedschaft zu einem Familienstamm knüpft und die Aktionäre bei Verlust der Mitgliedschaft zur Übertragung der Aktien verpflichtet.[100]

58 Die **Vermögensrechte** der Kommanditaktionäre bestimmen sich nach §§ 55 ff. Danach haben sie insbesondere ein Recht auf Gewinnbeteiligung und – nach Beschluss über die Gewinnverwendung – einen Anspruch auf Auszahlung des auf sie entfallenden Gewinns. Von praktischer Bedeutung ist das in § 186 niedergelegte **Bezugsrecht**, welches auch den Kommanditaktionären zusteht. Ihre mitgliedschaftlichen **Verwaltungsrechte** üben die Kommanditaktionäre regelmäßig auch auf der **Hauptversammlung** aus, auch insofern entspricht ihre Stellung der eines Aktionärs einer AG.[101] Werden einem Kommanditaktionär Sondervorteile eingeräumt, gilt § 26 (zur eingeschränkten Anwendbarkeit des § 26 bei Komplementären vgl § 281 Rn 28 ff).

59 Die aktienrechtliche Rechtsstellung der Kommanditaktionäre unterliegt **nicht** der kommanditrechtlichen **Gestaltungsfreiheit**; maßgeblich ist vielmehr **§ 23 Abs. 5**.[102] Praktisch wird dies insbesondere bei Satzungsregelungen, welche das Bezugsrecht der Kommanditaktionäre einschränken. Solche Regelungen sind grundsätzlich unzulässig (vgl § 281 Rn 21).

---

95 So als Erster *Würdinger*, Zeitschrift der Akademie für deutsches Recht, 1940, S. 314; ihm folgend KölnKomm-AktG/*Mertens*/*Cahn*, Rn 38, 45; *Mertens*, in: FS Barz, 1974, S. 253, 255 f; *Hüffer*, § 287 Rn 1; *Wichert*, S. 51; in der Tendenz ähnlich, in den sich daraus ergebenden Folgerungen aber zT aA Großkomm-AktienR/*Assmann*/*Sethe*, Rn 93; MüHb-AG/*Herfs*, § 77 Rn 56 f; *Sethe*, AG 1996, 289, 299 f.
96 *Wichert*, S. 50.
97 Vgl MüKo-AktG/*Perlitt*, Rn 129 ff.
98 MüKo-AktG/*Perlitt*, Rn 95; Spindler/Stilz/*Bachmann*, Rn 33.
99 *Würdinger*, Zeitschrift der Akademie für deutsches Recht 1940, 314; MüKo-AktG/*Perlitt*, Rn 102.
100 *Wichert*, S. 60.
101 MüKo-AktG/*Perlitt*, Rn 106.
102 Großkomm-AktienR/*Assmann*/*Sethe*, Rn 85.

II. Grundkapital und eigenkapitalersetzende Darlehen. Über Abs. 3 ist im Hinblick auf das Grundkapital   60
allgemeines Aktienrecht anwendbar. So richten sich **Erhöhung** oder **Herabsetzung** des **Grundkapitals** nach
den §§ 182 ff.[103] Zu beachten sind ferner die strikten aktienrechtlichen Vorschriften zur **Aufbringung** und
Erhaltung des **Grundkapitals**.[104] Hier bestehen keinerlei kommanditrechtliche Gestaltungsspielräume.
Dem Schutz des Grundkapitals dienten bisher auch die Grundsätze über **eigenkapitalersetzende Aktionärs-** 61
darlehen, die auch für die KGaA galten.[105] Das MoMiG hat allerdings das Recht des Eigenkapitalersatzes
beseitigt. Daher ist nunmehr der Rechtszustand vor und der nach dem MoMiG zu unterscheiden. Bis zum
MoMiG war von Folgendem auszugehen: Voraussetzung war, dass der darlehensgebende Gesellschafter an
der KGaA **unternehmerisch beteiligt** ist. Entsprechend den Verhältnissen der AG galt ein **Kommanditaktio-**
när regelmäßig dann als unternehmerisch beteiligt, wenn er zumindest **25 %** des Grundkapitals hält.[106]
Auch eine Beteiligung von unter 25 % konnte im Einzelfall geeignet sein, die Haftung wegen eines eigenkapitalersetzenden Darlehens auszulösen.[107] Allerdings bedurfte es stets einer genauen Prüfung des Einzelfalls,
ob die Regelannahme angesichts abweichender Satzungsgestaltungen zutraf.
Aber auch eine Darlehensgewährung des **Komplementärs** konnte dem Eigenkapitalersatzrecht unterfal- 62
len.[108] Dessen persönliche Haftung stand dem nicht entgegen. Wie aus § 288 ersichtlich wird, ist das
Grundkapital auch gegenüber dem Komplementär geschützt. Das Gesetz selbst verlässt sich also nicht auf
dessen persönliche Haftung. Zudem müssten Gesellschaftsgläubiger, wären die Regelungen über kapitalersetzende Darlehen auf die Komplementäre nicht anwendbar, mit deren Privatgläubigern konkurrieren und
trügen das Insolvenzrisiko. Das wäre wenig angemessen.
Die Stellung des Komplementärs durfte zwar regelmäßig eine **unternehmerische Beteiligung** im Sinne des   63
Eigenkapitalersatzrechts vermitteln. Aber bei atypischen Satzungsgestaltungen – Ausschluss von der Geschäftsführung, keine vermögensmäßige Beteiligung etc. – konnte es auch anders sein. Insofern nötigt die
Gestaltungsfreiheit zu einer genauen Prüfung des Einzelfalls.
Diese Grundsätze galten auch bei der **Kapitalgesellschaft & Co. KGaA**. Eine Anwendung des § 172a HGB 64
war also nicht vonnöten. Es stellte sich allerdings die weitere Frage, ob nicht die **Gesellschafter** der Komplementärgesellschaft den Regeln des Eigenkapitalersatzes unterworfen sind. Dies war zu bejahen, es sei
denn, es lagen die Voraussetzungen des hier anwendbaren § 32a Abs. 3 S. 2 GmbHG – Beteiligung an der
Komplementärgesellschaft von unter 10 %, kein Geschäftsführer – vor.[109] In allen anderen Fällen oblag
den Komplementärgesellschaftern eine Finanzierungsverantwortung auch für die KGaA.
Fraglich war, in welcher Höhe ein eigenkapitalersetzendes Darlehen verstrickt war. Diese Frage war auch   65
für die AG noch nicht höchstrichterlich entschieden und im Schrifttum umstritten.[110] Drei Auffassungen
wurden vertreten: Bindung bis zum Ausgleich des Grundkapitals; Bindung bis zum Ausgleich des Grundkapitals und der gesetzlichen Rücklage; Bindung in vollem Umfang. Jedenfalls für die KGaA war der Auffassung zu folgen, welche eine Bindung bis zum Ausgleich des Grundkapitals befürwortet. Nur insofern konnte der (potenzielle) Gläubiger auf die Kapitalausstattung vertrauen.[111]
Das MoMiG hat das bisherige Kapitalsatzrecht wesentlich geändert. Aus Gründen der Deregulierung   65a
wurden die im GmbHG enthaltenen Regelungen über das Kapitalersatzrecht aufgehoben und durch den
verbesserten insolvenzrechtlichen Schutz der Gesellschaft ersetzt.[112] Aufgehoben wurden also sowohl die
gesetzlichen Regeln, vor allem §§ 32a, 32b GmbHG, als auch die Rechtsprechungsregeln (analoge Anwendung der §§ 30, 31 GmbHG). Durch das MoMiG hat der Gesetzgeber also das Recht des Eigenkapitalersatzes für alle Gesellschaftsformen, also auch die KGaA, beseitigt. Dies muss von der Rechtsprechung akzeptiert werden. Nunmehr gilt Folgendes:
Gesellschafterdarlehen bei einer KGaA mit einer natürlichen Person als Komplementär sind von vornherein   65b
nicht erfasst (§§ 135 Abs. 4, 39 Abs. 4 InsO).
Handelt es sich um eine KGaA ohne natürliche Person als Komplementär, so werden folgende Gesellschafterdarlehen von den §§ 39 Abs. 1 Nr. 5 und 135 Abs. 1 InsO nF erfasst:

---

103 Zu den verschiedenen Kapitalmaßnahmen vgl *Wichert*, S. 160 ff.
104 Vgl hierzu OLG München v. 27.9.2006 – 7 U 1857/06, DB 2004, 2734; der BGH hat die Nichtzulassungsbeschwerde gegen diese Entscheidung zurückgewiesen, BGH v. 15.10.2007 – II ZR 249/06, DB 2008, 50.
105 Großkomm-AktienR/*Assmann/Sethe*, vor § 278 Rn 70; *Göz*, in: Schütz/Bürgers/Riotte, KGaA, § 7 Rn 45 ff; KölnKomm-AktG/*Mertens/Cahn*, Rn 5; MüKo-AktG/*Perlitt*, Rn 114; Spindler/Stilz/*Bachmann*, Rn 33; *Wichert*, S. 203 ff; vgl auch *Ketzer*, Eigenkapitalersetzende Aktionärsdarlehen, 1989.
106 So für die AG: BGH v. 26.3.1984 – II ZR 171/83, AG 1984, 181; BGH v. 9.5.2005 – II ZR 66/03, AG 2005, 617; ähnlich für die KGaA: *Raiser/Veil*, § 23 Rn 59.
107 BGH v. 26.4.2010 – II ZR 60/09, AG 2010, 594.
108 KölnKomm-AktG/*Mertens/Cahn*, Rn 33; *Raiser/Veil*, § 23 Rn 59; *Wichert*, S. 210 f; aA *Göz*, in: Schütz/Bürgers/Riotte, KGaA, § 7 Rn 41 ff; MüHb-AG/*Herfs*, § 76 Rn 27; MüKo-AktG/*Perlitt*, vor § 278 Rn 73 f. Die Übertragung auf den Komplementär ablehnen; allerdings sei bei einer Komplementärgesellschaft ohne natürliche Person § 172a HGB anzuwenden.
109 So auch *Arnold*, S. 157 f.
110 Vgl *Wichert*, S. 207, 219 mwN.
111 MüKo-AktG/*Perlitt*, Rn 116 Fn 121; *Wichert*, S. 219 ff.
112 Vgl *Gehrlein*, BB 2008, 846; Begr. RegE, BT-Drucks. 16/6140, S. 56.

- Alle neuen **Gesellschafterdarlehen** aus dem letzten Jahr vor der Verfahrenseröffnung gelten als nachrangig, sind also wirtschaftlich bedeutungslos – gleich ob kapitalersetzend oder nicht.
- Alle **Rückzahlungen** von Gesellschafterdarlehen im letzten Jahr vor der Verfahrenseröffnung darf der Insolvenzverwalter anfechten.
- Alle **darlehensähnlichen Geschäfte** (= Rechtshandlungen des Gesellschafters oder eines Dritten, die einem Gesellschafterdarlehen wirtschaftlich entsprechen) sind in gleicher Weise zu behandeln, wenn sie in dem Einjahreszeitraum stattfinden.

Diese Grundsätze gelten allerdings nur für Darlehen durch die geschäftsführende Komplementärgesellschaft und für Aktionäre mit Beteiligungen von mehr als 10 %. Diese Schwelle von 10 % sollte nunmehr generell auch für die Aktionäre einer KGaA gelten.[113]

65c Das MoMiG gilt ab dem 1.11.2008. Zur Abgrenzung von Alt- und Neufällen bestimmt § 103 d EGInsO folgendes: Altfälle sind diejenigen Fälle, in denen **vor dem 1.11.2008** das Insolvenzverfahren eröffnet wurde; für sie gilt noch das alte Recht einschließlich der Rechtsprechungsregeln. In den Fällen, in denen das Insolvenzverfahren **am 1.11.2008** oder später eröffnet wurde, gilt neues Recht. Diese grundsätzliche Aufteilung hat mittlerweile auch der BGH bestätigt.[114]

66 **III. Konzernrecht.** Über Abs. 3 sind für die KGaA auch die §§ 15–18 anwendbar.[115] Keine Bezugnahme findet sich hingegen auf das **dritte Buch des Aktiengesetzes**. Dieses gilt jedoch aufgrund verschiedener Gleichstellungsvorschriften im Wesentlichen auch für die KGaA.[116]

67 Noch nicht hinreichend geklärt ist die Frage, wann die KGaA als eigener Konzern anzusehen ist. Gesichert scheint Folgendes: Eine Komplementärgesellschaft kann nur dann als **Unternehmen** im Sinne des Konzernrechts angesehen werden, wenn sie außerhalb der KGaA unternehmerische Tätigkeiten entfaltet. Nur in einem solchen Fall besteht die Gefahr, dass ein nachteiliger Einfluss auf die KGaA ausgeübt wird. Beschränkt sich die Komplementärgesellschaft dagegen nur auf die Leitung der KGaA, liegt von vornherein kein Konzerntatbestand vor.[117]

68 Ist die Komplementärgesellschaft als Unternehmen im Sinne des Konzernrechts zu qualifizieren, so bedarf es zwischen ihr und der KGaA weiterhin eines **Abhängigkeitsverhältnisses**. Dabei ist nicht auf die Vermutung des § 17 Abs. 2 abzustellen, die auf die Verhältnisse innerhalb der KGaA nicht passt. Maßgeblich ist vielmehr die durch die Satzung vermittelte Einflussmöglichkeit des Komplementärs.[118] Die gesetzliche Stellung des Komplementärs und die dadurch vermittelte Einflussmöglichkeit begründen noch keine beherrschende Stellung.[119] Ermöglicht aber die Satzung durch Ausnutzung der kommanditrechtlichen Gestaltungsspielräume dem Komplementär die alleinige unternehmerische Führung der KGaA – etwa durch Ausschluss des den übrigen Komplementären und der Hauptversammlung gegebenen Zustimmungsrechts gemäß § 278 Abs. 2, § 164 HGB –, so dürfte dies ein Abhängigkeitsverhältnis im Sinne des § 17 begründen.[120] Im Übrigen kommt es auf die Einzelheiten der Satzungsgestaltung an.

69 Liegt nach diesen Grundsätzen ein (faktischer) Konzern vor, so ist etwa ein **Abhängigkeitsbericht** zu erstellen (§ 312).[121] Allerdings kann diese Pflicht in bestimmten Fallkonstellationen entfallen, etwa bei einer durch Satzung hergestellten Vermögens- und Ergebnisgemeinschaft zwischen Komplementär und KGaA.[122]

70 **IV. Sonstiges allgemeines Aktienrecht.** Im Übrigen sind gemäß § 278 Abs. 3 die Vorschriften des ersten Buchs, also §§ 1–277, sinngemäß anzuwenden, soweit sich aus den Sondervorschriften der §§ 278–290 nichts Abweichendes ergibt.[123] Maßgeblich ist insofern etwa auch der aktienrechtliche Grundsatz der **Satzungsstrenge** (§ 23 Abs. 5). Auch die aktienrechtlichen Vorschriften über **Hauptversammlung** und **Aufsichtsrat** sind anwendbar, sofern sie durch §§ 279–290 nicht modifiziert werden.

---

[113] Differenzierend: MüKo-AktG/*Perlitt*, Rn 115 ff.

[114] BGH v. 26.1.2009 – II ZR 260/07, NZG 2009, 422; vgl auch OLG Köln, 11.12.2008 – 18 U 138/07, ZIP 2009, 315; *Altmeppen*, NJW 2008, 3601; *Hirte/Knof/Mock*, NZG 2009, 48.

[115] Das Konzernrecht gilt rechtsformunabhängig, also auch dann, wenn Komplementär eine natürliche Person ist, vgl *Schaumburg/Schulte*, S. 45.

[116] AllgM, vgl nur *Hüffer*, Rn 20; KölnKomm-AktG/*Mertens/Cahn*, Rn 6; K. *Schmidt/Lutter/K. Schmidt*, Rn 46.

[117] *Arnold*, S. 71 f; Großkomm-AktienR/*Assmann/Sethe*, Vor 278 Rn 76; KölnKomm-AktG/*Mertens/Cahn*, vor § 278 Rn 24; *Mertens*, in: FS Claussen, 1997, S. 297; MüKo-AktG*Perlitt*, Vor § 278 Rn 101; *Schaumburg/Schulte*, S. 45 f; *Schlitt*, S. 45; aA *Strieder*, DB 2004, 799, 800.

[118] Großkomm-AktienR/*Assmann/Sethe*, vor § 278 Rn 79 mwN; vgl auch *Fett*, in: Schütz/Bürgers/Riotte, KGaA, § 12 Rn 27 f, 41 f.

[119] So aber Spindler/Stilz/*Bachmann*, Rn 93 mwN.

[120] Ähnlich: Großkomm-AktienR/*Assmann/Sethe*, vor § 278 Rn 79 ff; MüKo-AktG/*Perlitt*, Vor § 278 Rn 106 f; enger: *Schaumburg/Schulte*, S. 48 ff.

[121] Hierzu *Strieder*, DB 2004, 799.

[122] Hierzu *Mertens*, in: FS Claussen, 1997, S. 297; ähnlich auch KölnKomm-AktG/*Mertens/Cahn*, Vorb § 278 Rn 24; Großkomm-AktienR/*Assmann/Sethe*, vor § 278 Rn 82.

[123] Übersichten finden sich etwa bei Großkomm-AktienR/*Assmann/Sethe*, Rn 6; MüKo-AktG/*Perlitt*, Rn 263 ff.

§ 279 Firma

(1) Die Firma der Kommanditgesellschaft auf Aktien muß, auch wenn sie nach § 22 des Handelsgesetzbuchs oder nach anderen gesetzlichen Vorschriften fortgeführt wird, die Bezeichnung „Kommanditgesellschaft auf Aktien" oder eine allgemein verständliche Abkürzung dieser Bezeichnung enthalten.

(2) Wenn in der Gesellschaft keine natürliche Person persönlich haftet, muß die Firma, auch wenn sie nach § 22 des Handelsgesetzbuchs oder nach anderen gesetzlichen Vorschriften fortgeführt wird, eine Bezeichnung enthalten, welche die Haftungsbeschränkung kennzeichnet.

Abs. 1 in seiner jetzigen Fassung beruht auf dem am 1.7.1998 in Kraft getretenen Handelsrechtsreformgesetz. Regelungsgehalt ist die Bezeichnung der Firma der KGaA. Als solche Bezeichnung ist selbstverständlich „Kommanditgesellschaft auf Aktien" als ausgeschriebene Bezeichnung zulässig. Dies ist aber nicht zwingend. Als Rechtsformzusatz ist auch eine allgemein verständliche Abkürzung zulässig. Im Ergebnis kommen allerdings allein die Abkürzungen „Kommanditgesellschaft aA", „KG auf Aktien" oder „KGaA" in Betracht; andere Abkürzungen sind nicht gebräuchlich und daher nicht zulässig.[1] Davon abgesehen herrscht beim Firmennamen der KGaA Freiheit. Der Unternehmensgegenstand braucht nicht Namensbestandteil sein, zulässig sind auch Personen- und Sachfirmen.

Abs. 2 beruht ebenfalls auf dem Handelsrechtsreformgesetz und letztlich auf der Entscheidung BGHZ 134, 392.[2] Es geht darum, dem Rechtsverkehr die Haftungsbeschränkung in der Kapitalgesellschaft & Co. KGaA im Firmennamen offen zu legen. Voraussetzung ist, dass keine natürliche Person als Komplementär unbeschränkt haftet. Die Haftungsbeschränkung anzeigenden Bezeichnungen können insbesondere GmbH & Co. KGaA[3] oder AG & Co. KGaA sein. Dagegen ist eine bloße Aneinanderreihung der Firmennamen – also KGaA mbH, GmbHKGaA oder AGKGaA – nicht eindeutig und daher unzulässig.[4] Werden diese Grundsätze nicht eingehalten, kommt die Haftungsbeschränkung also nicht eindeutig im Firmennamen zum Ausdruck, so kann dies eine persönliche (Rechtsschein-) Haftung der handelnden Geschäftsführer begründen.[5] Eine Rechtsscheinhaftung der Gesellschafter der Komplementärgesellschaft dürfte dagegen nur in Ausnahmefällen in Betracht kommen.[6] Zudem kann das Registergericht ein Zwangsgeld gemäß § 407 Abs. 1 verhängen; auch ein Ordnungsgeld, § 37 Abs. 1 HGB, und sogar eine Löschung der Gesellschaft, §§ 399 FamFG, 262 Abs. 2 Nr. 5, kommen in Betracht.[7]

§ 280 Feststellung der Satzung. Gründer

(1) ¹Die Satzung muß durch notarielle Beurkundung festgestellt werden. ²In der Urkunde sind bei Nennbetragsaktien der Nennbetrag, bei Stückaktien die Zahl, der Ausgabebetrag und, wenn mehrere Gattungen bestehen, die Gattung der Aktien anzugeben, die jeder Beteiligte übernimmt. ³Bevollmächtigte bedürfen einer notariell beglaubigten Vollmacht.

(2) ¹Alle persönlich haftenden Gesellschafter müssen sich bei der Feststellung der Satzung beteiligen. ²Außer ihnen müssen die Personen mitwirken, die als Kommanditaktionäre Aktien gegen Einlagen übernehmen.

(3) Die Gesellschafter, die die Satzung festgestellt haben, sind die Gründer der Gesellschaft.

§ 280 betrifft die Gründung der KGaA. Die Feststellung der Satzung bedarf der notariellen Beurkundung und muss die in Abs. 1 angeführten Angaben enthalten. Im Übrigen gelten die allgemeinen aktienrechtlichen Gründungsvorschriften.[1] Durch Art. 1 Nr. 34 UMAG wurde § 280 Abs. 1 S. 1 mit Wirkung zum 22.9.2005 insofern geändert, als dass keine Vorgabe mehr über die Zahl der Gründer besteht. Damit ist die KGaA nun auch als **Einmanngesellschaft** möglich.[2] Der bisherige Meinungsstreit darüber ist also überholt.

---

1 MüKo-AktG/*Perlitt*, Rn 4; K. Schmidt/Lutter/*K. Schmidt*, Rn 3; Spindler/Stilz/*Bachmann*, Rn 4, der allerdings auch die Abkürzungen „KG auf Aktien" und „Kommanditgesellschaft aA" für problematisch hält.
2 Entscheidung vom 24.2.1997 – II ZB 11/96.
3 Diese Abkürzung gilt, wenn Komplementärin eine GmbH oder eine GmbH & Co. KG ist; im zweiten Fall ist der Zusatz "& Co." nicht zweimal aufzuführen, vgl *Arnold*, S. 37; Dirksen/Möhrle, ZIP 1998, 1377, 1380; *Schlitt*, S. 93.
4 KölnKomm-AktG/*Mertens*/*Cahn*, Rn 8; MüKo-AktG/*Perlitt*, Rn 6 Wachter/*Blaurock*, Rn 3; vgl zu zweifelhaften Firmierungen bei KGaA ohne haftende natürliche Person auch *Kornblum*, Rpfleger 2012, 374, 375 f.
5 Dirksen/Möhrle, ZIP 1998, 1377, 1378, 1382 f; MüKo-AktG/*Perlitt*, Rn 8.
6 Ähnlich: *Arnold*, S. 39; Wachter/*Blaurock*, Rn 3.
7 Hölters/*Müller-Michaels*, Rn 4; Grigoleit/*Servatius*, Rn 6.

1 Vgl MüKo-AktG/*Perlitt*, Rn 19 ff; eine Checkliste zur Gründung einer KGaA findet sich bei *Ihrig/Wagner*, in: Arens/Trepper, Praxisformularbuch Gesellschaftsrecht, 4. Aufl. 2013, § 6 Rn 442.
2 *Hüffer*, Rn 2; MüKo-AktG/*Perlitt*, Rn 27; Spindler/Stilz/*Bachmann*, Rn 2.

2 Hinsichtlich der **Nachgründungsvorschriften** sind für die KGaA allerdings Modifikationen vorzunehmen. Für die Ermittlung der zehnprozentigen Grenze des § 52 Abs. 1 sind Grundkapital und Vermögenseinlage (Kapitalanteil) zu addieren.[3] Anderenfalls würden Gesellschaften, deren Vermögenseinlage das Grundkapital übersteigt,[4] in ihrer Geschäftsführung übermäßig behindert. Manipulationen kann mit dem Institut der verschleierten Sacheinlage begegnet werden.

3 An der Gründung müssen sich **sämtliche Komplementäre** und **Kommanditaktionäre** beteiligen. Die Komplementäre (bzw der Komplementär bei einer Einmann-Gründung) können zugleich alle Kommanditaktien übernehmen.[5] Die Gründungsbeteiligten – also Komplementäre wie Komanditaktionäre – sind **Gründer** der Gesellschaft. Sie unterliegen den aktienrechtlichen **Gründervorschriften**, insbesondere der zivil- und strafrechtlichen Gründerhaftung (§§ 46, 399 Abs. 1 Nr. 1 und 2).[6]

§ 281 Inhalt der Satzung

(1) Die Satzung muß außer den Festsetzungen nach § 23 Abs. 3 und 4 den Namen, Vornamen und Wohnort jedes persönlich haftenden Gesellschafters enthalten.

(2) Vermögenseinlagen der persönlich haftenden Gesellschafter müssen, wenn sie nicht auf das Grundkapital geleistet werden, nach Höhe und Art in der Satzung festgesetzt werden.

Literatur:
Bachmann, Die Änderung personengesellschaftsrechtlicher Satzungsbestandteile bei der KGaA, in: FS Karsten Schmidt, 2009, S. 41; *Cahn*, Die Änderung von Satzungsbestimmungen nach § 281 AktG bei der Kommanditgesellschaft auf Aktien, AG 2001, 579; *Freudenberg/Binz*, Die KGaA mit beschränkter Haftung, 1999; *Hoffmann-Becking/Herfs*, Struktur und Satzung der Familien-KGaA, in: FS Sigle, 2000, S. 273; *Huber*, Vermögensanteil, Kapitalanteil und Gesellschaftsanteil an Personengesellschaften des Handelsrechts, 1970; *Krug*, Gestaltungsmöglichkeiten bei der KGaA durch Umwandlung von Komplementäranteilen in Aktien, AG 2000, 510; *Masuch*, Sachkapitalerhöhung des Komplementärkapitals in der KGaA, NZG 2003, 1033; *Niedner/Kusterer*, Die atypisch ausgestaltete Familien-KGaA aus der Sicht des Kommanditaktionärs; *Schlitt*, Die Satzung der Kommanditgesellschaft auf Aktien, 1999; *Schürmann/Groh*, KGaA und GmbH & Co. KGaA, BB 1995, 684; *Sethe*, Die personalistische Kapitalgesellschaft mit Börsenzugang; *Wichert*, Die Finanzen der Kommanditgesellschaft auf Aktien, 1999; *ders.*, Satzungsänderungen in der Kommanditgesellschaft auf Aktien, AG 1999, 362.

A. Zwingender und fakultativer Inhalt der Satzung (Abs. 1) 1	2. Bewertung der Sacheinlage 13
B. Vermögenseinlage der Komplementäre (Abs. 2) .. 3	V. Erhöhung und Herabsetzung der Vermögenseinlage 16
I. Bedeutung der Vermögenseinlage und maßgebliches Rechtsgebiet 3	VI. Umwandlung des Kapitalanteils in Grundkapital 20
II. Festlegung in der Satzung und Leistung 5	C. Satzungsänderungen 23
III. Kapitalanteil und Kapitalkonto 8	D. Festsetzung von Sondervorteilen in der Satzung (ehemals Abs. 3) 28
IV. Besonderheiten bei der Sacheinlage 10	
1. Einlagefähigkeit 10	

A. Zwingender und fakultativer Inhalt der Satzung (Abs. 1)

1 Der **zwingende aktienrechtliche Inhalt** der Satzung bestimmt sich zunächst **nach § 23 Abs. 4 und 5**. Ausgenommen davon ist allerdings – wie sich aus § 278 Abs. 3 ergibt – § 23 Abs. 3 Nr. 6, die Anzahl der Komplementäre muss also nicht angegeben werden.[1] Zwingend muss die Satzung weiterhin die in § 281 Abs. 1 aufgeführten **Angaben** über die **Komplementäre** enthalten. Ist Komplementärin eine Gesellschaft, so muss die Satzung deren Firma und Sitz enthalten.[2] Handelt es sich um eine (Außen-) GBR, müssen auch deren Gesellschafter angegeben werden.[3]

2 Daneben kann die Satzung noch weitere Bestandteile – **fakultativer Inhalt** – enthalten. Dies ist Ausdruck der im Recht der KGaA herrschenden **Gestaltungsfreiheit**, § 278 Abs. 2, § 109 HGB. An erster Stelle ist hier die **Vermögenseinlage der Komplementäre** zu nennen, die gemäß § 281 Abs. 2 nur dann geleistet werden

---

[3] KölnKomm-AktG/*Mertens/Cahn*, Rn 14; *Schaumburg/Schulte*, S. 13 f; *Wichert*, S. 113 ff; anders die wohl inzwischen hM: *Bürgers/Schütz*, in: Schütz/Bürgers/Riotte, Rn 55; MüKo-AktG/*Perlitt*, § 278 Rn 335; Spindler/Stilz/*Bachmann*, Rn 15; K. Schmidt/Lutter/*K. Schmidt*, Rn 10; Grigoleit/*Servatius*, Rn 12; Wachter/*Blaurock*, Rn 6.

[4] In der Praxis übersteigt die Vermögenseinlage das Grundkapital aus steuerlichen Gründen häufig um ein Vielfaches, vgl *Niedner/Kusterer*, DB 1997, 1451; *Wichert*, S. 79 ff.

[5] Großkomm-AktienR/*Assmann/Sethe*, Rn 13; *Hüffer*, Rn 3; MüKo-AktG/*Perlitt*, Rn 15 ff; aA noch *v. Godin/Wilhelmi*, Anm. 2.

[6] *Hüffer*, Rn 3; K. Schmidt/Lutter/*K. Schmidt*, Rn 4.

[1] *Hüffer*, Rn 1; KölnKomm-AktG/*Mertens/Cahn*, Rn 2; K. Schmidt/Lutter/*K. Schmidt*, Rn 2.

[2] MüKo-AktG/*Perlitt*, Rn 11; K. Schmidt/Lutter/*K. Schmidt*, Rn 4.

[3] *Hölters/Müller-Michaels*, Rn 2; Wachter/*Blaurock*, Rn 2.

muss (darf), wenn Art und Höhe in der Satzung festgelegt sind (dazu unten Rn 5). Ferner kann die Satzung weitere Bestimmungen über die **Rechtsstellung der Komplementäre** enthalten. Dies können etwa sein: Regelungen zur Geschäftsführungs- und Vertretungsbefugnis, zur Gewinnverteilung, zum Entnahmerecht, zur Ausgestaltung der Vermögenseinlage, über die Führung der Kapitalkonten etc.[4] Sofern die Satzung über die Rechtsstellung der Komplementäre keine Regelungen enthält, bestimmt sich diese nach den gesetzlichen Vorgaben.

Die Satzung einer KGaA enthält somit Bestandteile, die nach Aktienrecht, und Bestandteile, die nach Kommanditrecht zu beurteilen sind. Trotz dieser unterschiedlichen Bestandteile handelt es sich um die einheitliche Satzung der Gesellschaft.[5] Unterschiede ergeben sich allerdings bei der Frage, unter welchen Voraussetzungen eine Satzungsänderung zulässig ist (dazu unten Rn 23 ff).

B. Vermögenseinlage der Komplementäre (Abs. 2)

I. Bedeutung der Vermögenseinlage und maßgebliches Rechtsgebiet. Die Finanzierung der Gesellschaft durch Vermögenseinlagen der Komplementäre hat **erhebliche praktische Bedeutung**. Dies zeigt ein Blick in die Satzungen bestehender Gesellschaften.[6] Danach übersteigt die Summe der Vermögenseinlagen das Grundkapital nicht selten um ein Vielfaches. In erster Linie hat dies steuerliche Gründe. Die Vermögenseinlage wird nach personengesellschaftsrechtlichen Grundsätzen besteuert, was erhebliche Vorteile bei Substanz- wie Ertragsbesteuerung bedeutet.[7]

Die Vermögenseinlage wird gemäß § 278 Abs. 2 grundsätzlich nach **Kommanditrecht** beurteilt (vgl § 278 Rn 45). Die strengen **aktienrechtlichen Vorschriften** über **Kapitalaufbringung und -erhaltung** sind grundsätzlich **nicht** einschlägig.[8] Zu berücksichtigen ist allerdings auch, dass die Vermögenseinlage ihren Niederschlag im Jahresabschluss findet, für den nach § 278 Abs. 3, §§ 264 ff HGB **aktienrechtliche Maßstäbe** gelten (dazu § 286). Zudem ist bei verschiedenen Gestaltungen zu überprüfen, ob nicht zwingende aktienrechtliche Wertungen die Anwendung von Aktienrecht erfordern.

II. Festlegung in der Satzung und Leistung. Voraussetzung für die Berechtigung und Verpflichtung zur Leistung einer Vermögenseinlage ist eine entsprechende Festsetzung in der Satzung. Wird eine Vermögenseinlage satzungswidrig erbracht, so ist die Übereignung an die Gesellschaft zwar wirksam; der Komplementär kann daraus aber keine Rechte geltend machen, sondern sie nur aus §§ 812 ff BGB zurückfordern.[9]

Soll eine Vermögenseinlage geleistet werden, so ist zum einen deren **Höhe** in der Satzung festzulegen. Dabei reicht es nach überwiegender Auffassung aus, dass die Satzung lediglich einen **Rahmen** – dh einen Höchst- und einen Tiefstwert – aufführt, innerhalb dessen sich die Leistung des Komplementärs bewegen muss.[10] Zwar gibt eine solche Rahmensetzung dem Komplementär eine gewisse Flexibilität, die er durchaus zur Erzielung von Gewinnen ausnutzen kann (Erhöhung der Vermögenseinlage bis zum Höchstwert in wirtschaftlich guten Zeiten). Daran ist aber nichts auszusetzen, denn die übrigen Gesellschafter sind durch die Satzungsregelung ausreichend gewarnt; zudem muss der Komplementär damit rechnen, dass seine Vermögenseinlage später durch Verluste aufgezehrt wird, er trägt also auch ein gewisses Risiko.[11] Neben der Höhe muss auch die **Art** der Sacheinlage – Bareinlage oder Sacheinlage – angegeben werden. Steht dazu nichts in der Satzung, ist von einer Bareinlage auszugehen.[12]

Die **Fälligkeit** der Vermögenseinlage richtet sich nach der Satzung. Ist dort nichts geregelt, tritt sofort Fälligkeit ein (§ 271 BGB). Wird die Leistung bei Fälligkeit nicht erbracht, so richtet sich die Rechtsfolge nach § 111 HGB. Die Vermögenseinlage geht mit Leistung in das Eigentum der Gesellschaft über.

III. Kapitalanteil und Kapitalkonto. Die Vermögenseinlage bildet bilanzrechtlich den Ausgangspunkt für den Kapitalanteil des Gesellschafters. Der Kapitalanteil ist eine **Rechnungsziffer, „die den gegenwärtigen Stand der Einlage wiedergibt, so wie er sich nach den Methoden der kaufmännischen Buchführung und Bilanzierung errechnet".**[13] Er begründet bilanzielle Pflichten und ist Anknüpfungspunkt verschiedener vermö-

---

4 Vgl Mustersatzung unten in Anhang zu § 281 Rn 35 ff; Mustersatzungen finden sich ferner bei: *Bürgers/Förl*, in: Schütze/Bürgers/Riotte, KGaA, § 13; *Freudenberg/Binz*, S. 11 ff; *Ihrig/Wagner*, in: Heidel/Pauly/Amend, Anwaltformulare, 7. Aufl. 2012, § 1 Rn 154 ff; *Ihrig/Wagner*, in: Praxisformularbuch Gesellschaftsrecht, 4. Aufl. 2013, § 6 Rn 444; *Lorz*, in: Lorz/Pfisterer/Gerber, Beck'sches Formularbuch Aktienrecht 2005, S. 1233 ff; *Pühler*, in: Happ, Aktienrecht, 1.03; *Schlitt*, S. 33 ff.

5 Spindler/Stilz/*Bachmann*, Rn 19; *Bachmann*, in: FS K. Schmidt, 2009, S. 41, 44; vgl K. Schmidt/Lutter/*K. Schmidt*, Rn 15.

6 Siehe die Auflistung von *Wichert*, S. 79 ff; vgl auch *Niedner/Kusterer*, DB 1997, 1451; *Sethe*, S. 185 f.

7 Dazu *Wichert*, S. 84 ff mwN.

8 *Riotte/Hansen*, in: Schütz/Bürgers/Riotte/Hansen, KGaA, § 6 Rn 83; *Sethe*, S. 186; *Wichert*, S. 54.

9 KölnKomm-AktG/*Mertens*Cahn, Rn 12; *Wichert*, S. 90.

10 MüHb-AG/*Herfs*, § 75 Rn 5; *Schütz/Reger*, in: Schütz/Bürgers/Riotte, KGaA, § 5 Rn 242; MüKo-AktG*Perlitt*, Rn 22; Hölters/*Müller-Michaels*, Rn 3; differenzierend: KölnKomm-AktG/*Mertens*/*Cahn*, Rn 14 f.

11 Zu dieser Argumentation *Wichert*, AG 1999, 362, 368 f; *ders.*, AG 2000, 268, 272.

12 Großkomm-AktienR/*Assmann*/*Sethe*, Rn 16.

13 So die Definition von *Huber*, S. 228, die sich inzwischen weitgehend durchgesetzt hat; vgl auch *Hüffer*, § 286 Rn 2; *Sethe*, DB 1998, 1044, 1046.

gensrechtlicher Beziehungen der Gesellschafter untereinander bzw der Gesellschafter und der Gesellschaft (vgl §§ 286 Abs. 2–4, 288 Abs. 1, § 278 Abs. 2, §§ 120–122, 155 HGB).

9 Nach dem Gesetz ist der **Kapitalanteil variabel**. Dh: Er erhöht sich durch Stehen lassen von Gewinnen und vermindert sich durch Verluste und Entnahmen. Buchhalterisch findet der Kapitalanteil des Komplementärs seinen Niederschlag im **Kapitalkonto**. Auch dieses ist nach der gesetzlichen Konzeption variabel. In der Praxis wird davon allerdings vielfach durch Satzungsgestaltung abgewichen. Die gesetzliche Konzeption wird nur selten den wirtschaftlichen Verhältnissen und den gesellschaftsrechtlichen Bedürfnissen nach klarer Zuordnung von Rechten und Pflichten gerecht. Durchgesetzt hat sich die Festsetzung eines festen Kapitalanteils, der sich aus der Höhe der ursprünglichen Einlage ergibt, verbunden mit der Einrichtung weiterer Konten, wo spätere Gewinne, Verluste und Rücklagen verbucht werden.[14]

10 **IV. Besonderheiten bei der Sacheinlage. 1. Einlagefähigkeit.** Nach hM bestimmt sich die Einlagefähigkeit nach Personengesellschaftsrecht; insbesondere seien auch **Dienstleistungen einlagefähig**. Allerdings gelte für die Bilanzierung der Vermögenseinlage Aktienrecht, Dienstleistungen schlagen sich also, obwohl nach hM einlagefähig, nicht in der Bilanz nieder.[15] Diese Differenzierung ist inkonsequent, terminologisch verwirrend und entspricht auch nicht mehr der Diskussionslage im Personengesellschaftsrecht.[16] Daher ist die Einlagefähigkeit anders zu bestimmen. Es gelten folgende Grundsätze:[17]

11 Wie bereits aus der Formulierung „Vermögenseinlage" ersichtlich, muss die Einlage **Vermögensqualität** haben.[18] Die Vermögensqualität richtet sich nach **§ 27 Abs. 2**. Dies folgt aus der Verknüpfung von Vermögensanteil, Kapitalkonto und Bilanzierung. Einlagefähig sind also nur **Vermögensgegenstände**, deren **wirtschaftlicher Wert feststellbar** ist und die deshalb in der (Eröffnungs-) **Bilanz** zu aktivieren sind. Für die Bilanzierung in der KGaA die gleichen Regelungen wie in der AG (§§ 264 ff HGB).

12 Es können danach als Sacheinlage eingebracht werden: bewegliche und unbewegliche Sachen, beschränkte dingliche Rechte, Immaterialgüterrechte, Know how, ein Unternehmen. Nicht einlagefähig sind dagegen Dienstleistungen.[19] Eine Sachleistung, die **nicht einlagefähig** ist, kann allerdings als gesellschaftsrechtlicher **Beitrag**, der aufgrund Satzungsbestimmung etwa bei Gewinnverteilung und Entnahme zu berücksichtigen ist, vereinbart werden, dies folgt aus § 706 Abs. 3 BGB.[20] Eine solche nicht bilanzierungsfähige Leistung schlägt sich aber nicht auf das Kapitalkonto nieder.[21]

13 **2. Bewertung der Sacheinlage.** Bei der bilanziellen Bewertung der Sacheinlage sind die Gesellschafter nicht frei. Es darf weder eine Über- noch eine Unterbewertung erfolgen. Die Sacheinlage ist mit ihrem **Zeitwert** anzusetzen. Dies ergibt sich aus den §§ 252 ff, 279 ff HGB, nach denen der Jahresabschluss der KGaA ein zutreffendes Bild der Vermögensverhältnisse geben muss.[22] In der Satzung kann allerdings zum Zwecke von Entnahme und Gewinnverteilung bis zur Grenze des § 138 BGB eine andere Bewertung festgesetzt werden.[23] Dabei muss aber deutlich werden, dass bilanzielle und gesellschaftsrechtliche Bewertung der Sacheinlage auseinander gehen.

14 Wird die Sacheinlage bilanziell **überbewertet**, so hat der Komplementär die Differenz in bar nachzuzahlen (**Differenzhaftung**).[24] Anderenfalls würde der Gewinnanspruch der übrigen Gesellschafter geschmälert, ohne dass dies aus der Satzung ersichtlich würde. Entsprechendes gilt, wenn die Leistung der Vermögenseinlage **unmöglich** ist oder diese **Fehler** aufweist, welche ihren Wert verringern.[25] Dabei kommt es auf ein Verschulden des Komplementärs nicht an.

---

14 Zu den Einzelheiten vgl *Huber*, ZGR 1988, 1, 47 f, 72 ff; *Raiser/Veil*, § 23 Rn 19 ff; *Schlitt*, S. 124; *K. Schmidt/Lutter/K. Schmidt*, § 286 Rn 5; *Wichert*, S. 96 f.

15 Großkomm-AktienR/*Assmann/Sethe*, Rn 15, 27; MüKo-AktG/*Perlitt*, Rn 20 ff.

16 Im Personengesellschaftsrecht wird heute vermehrt die bilanzierungsfähige Einlage von dem Beitrag des Gesellschafters unterschieden, vgl *Huber*, S. 192 f; vgl ferner die Angaben in *Wichert*, S. 100 Fn 77.

17 Zum Folgenden s. *Wichert*, S. 98 ff; ähnlich: KölnKomm-AktG/*Mertens/Cahn*, Rn 10, dort auch weitere Nachweise zum Streitstand; vgl auch Spindler/Stilz/*Bachmann*, Rn 7.

18 Auch im Personengesellschaftsrecht ist "Einlage" jede Leistung mit Vermögensqualität. Davon abzugrenzen ist "Beitrag", der als Oberbegriff jede gesellschaftsrechtliche Förderungsleistung umfasst, vgl *Huber*, S. 192 f; *Wichert*, S. 100 f, dort weitere Nachweise auch zu abweichenden Abgrenzungsversuchen.

19 So auch *Ammenwerth*, S. 43; KölnKomm-AktG/*Mertens/Cahn*, Rn 10; Spindler/Stilz/*Bachmann*, Rn 7; Grigoleit/*Servatius*, Rn 8; aA etwa Großkomm-AktienR/*Assmann/Sethe*, Rn 15; MüKo-AktG/*Perlitt*, Rn 21; MüHb-AG/*Herfs*, 76 Rn 22.

20 Vgl *K. Schmidt*, GesR, S. 573 f; *Wichert*, S. 106.

21 Ähnlich: *Schütz/Reger*, in: Schütz/Bürgers/Riotte, KGaA, § 5 Rn 236 ff.

22 Ähnlich: Großkomm-AktienR/*Assmann/Sethe*, Rn 27; *Hüffer*, § 286 Rn 2; KölnKomm-AktG/*Mertens/Cahn*, Rn 20; MüKo-AktG/*Perlitt*, § 286 Rn 15 ff; *Wichert*, S. 107 ff.

23 MüKo-AktG/*Perlitt*, § 286 Rn 18; *Wichert*, S. 145.

24 Großkomm-AktienR/*Assmann/Sethe*, § 286 Rn 35; *Raiser/Veil*, § 23 Rn 12; *Riotte/Hansen*, in: Schütz/Bürgers/Riotte, KGaA, § 6 Rn 85; *Wichert*, S. 110 f; aA MüKo-AktG/*Perlitt*, Rn 29; Spindler/Stilz/*Bachmann*, Rn 8; Hölters/*Müller-Michaels*, Rn 3; Wachter/*Blaurock*, Rn 4.

25 *Wichert*, S. 111 f.

Das Interesse an einer zutreffenden Bewertung der Sacheinlage ist allerdings keine Rechtfertigung für eine **externe Gründungsprüfung**.[26] Denn deren Wertansatz wird bereits in der **Eröffnungsbilanz** überprüft, dies vermittelt einen ausreichenden Schutz vor Manipulationsversuchen. Dagegen würde eine gesonderte externe Gründungsprüfung die Sache nur verkomplizieren und Umgehungsversuche provozieren.

V. Erhöhung und Herabsetzung der Vermögenseinlage. Der gesetzlichen Konzeption nach ist der auf der Vermögensanlage basierende **Kapitalanteil variabel** (§ 278 Abs. 2, §§ 120–120 HGB). Er erhöht sich durch stehen gelassene Gewinne, vermindert sich durch Verluste und Entnahmen. In der Praxis ist diese gesetzliche Konzeption, die in der KGaA noch unpraktikabler ist als bei den Personengesellschaften, aber in aller Regel abbedungen und ein fester Kapitalanteil eingerichtet (vgl Rn 8 f). Soll dieser erhöht oder herabgesetzt werden, so bedarf es wegen § 281 Abs. 2 einer Satzungsänderung, der die Hauptversammlung gemäß § 133 und die Komplementäre gemäß § 285 Abs. 2 S. 1 zustimmen müssen (dazu unten Rn 23).[27] Die Satzung kann davon aber abweichen.

So finden sich in der Praxis häufig Bestimmungen, wonach der Komplementär **einseitig** seinen **Kapitalanteil** durch Zuzahlung **erhöhen** kann. Solche Bestimmungen sind wirksam, sofern nur eine Obergrenze, bis zu welcher die Erhöhung erfolgen kann, festgesetzt ist; einen zeitlichen Rahmen muss die Satzung nicht vorsehen.[28] Entsprechendes gilt auch für die Kapitalgesellschaft & Co. KGaA.[29] Wenn dies von Teilen des Schrifttums mit dem Argument angezweifelt wird, eine solche Regelung gewähre dem Komplementär zulasten der Kommanditaktionäre einen unzulässigen Gewinnabschöpfungsvorteil,[30] kann dem nicht gefolgt werden.

Zum einen fällt auf, dass alle Vertreter dieser Auffassung im Hinblick auf die Festsetzung der Vermögenseinlage gemäß Abs. 2 eine Rahmengröße zulassen. Das ist widersprüchlich, treten doch die beanstandeten Sondervorteile der Komplementäre auch bei einer solchen Gestaltung auf.[31] Zum anderen mag die einseitige Erhöhungsmöglichkeit zwar mittelbar die übrigen Gesellschafter beeinträchtigen, wie es etwa auch der Eintritt eines neuen Komplementärs tut. Solche mittelbaren Beeinträchtigungen berühren indes noch nicht den Kernbereich der Mitgliedschaft. Hinzu kommt, dass der Komplementär bei tatsächlicher Erhöhung auch das Risiko eingeht, dass der erhöhte Kapitalanteil durch spätere Verluste aufgezehrt wird. Schließlich sind die Kommanditaktionäre durch die Satzungsbestimmung ausreichend gewarnt.

Wirksam ist schließlich auch die in der Praxis häufig anzutreffende Regelung, nach der die Komplementäre bei **Erhöhung des Grundkapitals** auch ihren Kapitalanteil entsprechend erhöhen können.[32]

VI. Umwandlung des Kapitalanteils in Grundkapital. Die Satzungen einiger Gesellschaften sehen vor, dass der Komplementär seinen Kapitalanteil in Grundkapital umwandeln kann. Das zugrunde liegende Motiv dürfte in erster Linie sein, die Mehrheitsverhältnisse in der Hauptversammlung zu ändern.[33] Rechtstechnisch vollzieht sich eine solche Umwandlung durch Herabsetzung des Kapitalanteils bei gleichzeitiger entsprechender Erhöhung des Grundkapitals. Gegenstand der (Sach-) Einlage auf das Grundkapital ist die aus der Herabsetzung des Kapitalanteils resultierende Forderung des Komplementärs auf Auszahlung des Entnahme- oder Auseinandersetzungsguthabens.[34] Diese Forderung ist im Hinblick auf den Grundsatz der realen Kapitalaufbringung und der Wertung des § 66 nicht zum Nennwert einzubringen; vielmehr kommt es auf ihre tatsächliche Werthaltigkeit an.[35] Erforderlich ist außerdem eine Sacherhöhungsprüfung gemäß § 183 Abs. 3.[36] Bei einer großen KGaA gemäß § 267 Abs. 3 ist eine solche Sacherhöhungsprüfung aller-

---

26 So auch *Bürgers/Schütz*, in: Schütz/Bürgers/Riotte, KGaA, § 4 Rn 35 ff; MüHb-AG/*Herfs*, 76 Rn 24; *Schaumburg/Schulte*, S. 18 f; MüKo-AktG/*Perlitt*, Rn 31 f; K. Schmidt/Lutter/ *K. Schmidt*, § 280 Rn 7; *Wichert*, S. 112 f; Wachter/*Blaurock*, Rn 4; aA Großkomm-AktienR/*Assmann/Sethe*, Rn 24 f; Köln-Komm-AktG/*Mertens/Cahn*, § 280 Rn 10; *Sethe*, DB 1998, 1044, 1046 f.

27 *Wichert*, S. 162 f; *ders.*, AG 1999, 362, 368; für diejenigen, die auf jedwede Satzungsänderung § 179 AktG anwenden, bedarf es eines Hauptversammlungsbeschlusses mit den dort vorgeschriebenen Mehrheiten, vgl Rn 23 Fn 43.

28 *Fett*, in Schütz/Bürgers/Riotte, KGaA § 7 Rn 8; *Wichert*, AG 1999, 362, 368 f; *Schlitt*, S. 148; vgl auch *Pühler*, in: Happ, Aktienrecht, 1.03 Rn 7.

29 *Arnold*, S. 142 f; *Wichert*, AG 2000, 268, 272; aA *Ihrig/Schlitt*, S. 73 ff; *Schlitt*, S. 148.

30 Großkomm-AktienR/*Assmann/Sethe*, § 278 Rn 186; MüHb-AG/*Herfs*, § 79 Rn 10; MüKo-AktG/*Perlitt*, § 278 Rn 401; Spindler/Stilz/*Bachmann*, Rn 12.

31 Großkomm-AktienR/*Assmann/Sethe*, Rn 16; MüHb-AG/*Herfs*, § 76 Rn 4, 21; MüKo-AktG/*Perlitt*, Rn 22; diesen Widerspruch monieren auch *Arnold*, S. 143 f; *Wichert*, AG 2000, 268, 272 Fn 37.

32 Großkomm-AktienR/*Assmann/Sethe*, § 278 Rn 186, § 281 Rn 30; MüHb-AG/*Herfs*, § 79 Rn 10; *Schlitt*, S. 147 f; *Wichert*, AG 1999, 362, 369.

33 Ähnlich: Großkomm-AktienR/*Assmann/Sethe*, § 278 Rn 188; *Krug*, AG 2000, 510, 511; *Schürmann/Groh*, BB 1995, 684, 687; *Wichert*, S. 181; einen Überblick über verschiedene andere Motive gibt *Fett*, in: Schütz/Bürgers/Riotte, KGaA, § 7 Rn 18 f.

34 Großkomm-AktienR/*Assmann/Sethe*, § 278 Rn 189; *Fett*, in: Schütz/Bürgers/Riotte, KGaA, § 7 Rn 23; MüHb-AG/*Herfs*, § 79 Rn 12; MüKo-AktG*Perlitt*, § 278 Rn 389; *Wichert*, S. 167 f; aA etwa KölnKomm-AktG/*Mertens/Cahn*, Rn 29 (Gegenstand der Sacheinlage sei der Kapitalanteil des Komplementärs).

35 *Wichert*, S. 168 f.

36 *Krug*, AG 2000, 510, 514; *Wichert*, S. 171.

dings entbehrlich.[37] Denn diese unterliegt gemäß § 316 HGB der Pflichtprüfung durch einen sachverständigen Dritten. Die Bonität der Forderung ist damit gewährleistet. Ausnahme: Die Prüfung liegt mehr als acht Monate zurück oder es ist eine Verschlechterung der Vermögensverhältnisse eingetreten.

21 Die Erhöhung des Grundkapitals kann durch **einfache** und **genehmigte** Kapitalerhöhung geschehen.[38] In Betracht kommt auch eine **bedingte Kapitalerhöhung**; insofern ist eine analoge Anwendung des § 192 Abs. 2 geboten.[39] In allen Fällen der Kapitalerhöhung bedarf es für die Umwandlung eines **Bezugsrechtsausschlusses**. Dieser muss sachlich gerechtfertigt sein, dies folgt aus §§ 278 Abs. 3, 186 Abs. 3.[40] Die Anwendung dieser Vorschriften ist auch sachgerecht, denn durch die Umwandlung des Kapitalanteils in Grundkapital werden zumindest die Verwaltungsrechte der Kommanditaktionäre verwässert.[41] Auch im Falle des bedingten Kapitals bedarf es zum Umtausch der Vermögenseinlage zusätzlich noch eines sachlichen Grundes.[42] Ein solcher sachlicher Grund setzt voraus, dass der Umtausch der Vermögenseinlage dem Interesse der Gesellschaft dient – das Interesse des Komplementärs am Umtausch der Vermögenseinlage wird nur ausnahmsweise zu berücksichtigen sein – sowie geeignet, erforderlich und verhältnismäßig ist.[43]

22 Der Erhöhung des Grundkapitals zwecks Umwandlung der Vermögenseinlage müssen alle Gesellschafter zustimmen, es sei denn, die Satzung hält bereits genehmigtes oder bedingtes Kapital für die Umwandlung bereit.[44] Die Zustimmungspflicht der übrigen Komplementäre folgt aus § 285 Abs. 2 S. 1, sie ist allerdings abdingbar. Die Zustimmung der Hauptversammlung (vgl §§ 182 Abs. 1, 133) kann in der Satzung nicht vorweggenommen werden, dies ergibt sich aus **§ 187 Abs. 2**.[45] Wenn die Anwendung des § 187 Abs. 2 verneint wird, weil insofern das ausschließlich nach § 278 Abs. 2 zu beurteilende Verhältnis zwischen Hauptversammlung und Komplementären betroffen sei,[46] kann dem nicht gefolgt werden. Denn § 187 Abs. 2 schützt das Bezugsrecht, welches als Individualrecht der Kommanditaktionäre unter § 278 Abs. 3 fällt. In ein Individualrecht der Kommanditaktionäre darf aber nach allgemeiner Auffassung nicht eingegriffen werden.[47]

C. Satzungsänderungen

23 Bei nachträglichen Änderungen der Satzung ist zunächst zu differenzieren, ob es um einen aktienrechtlichen oder um einen kommanditrechtlichen Bestandteil der Satzung geht (vgl oben Rn 2). Für die Änderung eines **aktienrechtlichen Bestandteils** – etwa die Änderung der Firma oder des Sitzes der Gesellschaft, die Erhöhung oder Herabsetzung des Grundkapitals etc. – bedarf es eines Hauptversammlungsbeschlusses gemäß § 179 Abs. 1.[48] Anders beurteilt sich die Lage bei Änderung eines **kommanditrechtlichen Bestandteils** der Satzung, etwa Regelungen über Geschäftsführung, Gewinnverteilung, Entnahmerechte der Komplementäre. Insofern muss die Hauptversammlung mit den Mehrheiten des weniger strengen § 133 zustimmen. Dies ist Ausfluss der Freiheit, welche das Kommanditrecht den Gesellschaftern für die Regelungen ihrer Angelegenheiten lässt.[49] Der zustimmende Hauptversammlungsbeschluss bedarf der notariellen Beurkundung gemäß § 130.[50] Die **Komplementäre** müssen jeder Satzungsänderung – unabhängig, um welchen Satzungsbestandteil es geht – einstimmig und in notarieller Form zustimmen (§ 285 Abs. 2 S. 1, Abs. 3 S. 2).[51]

---

37 Großkomm-AktienR/*Assmann/Sethe*, § 278 Rn 188; MüKo-AktG/*Perlitt*, § 278 Rn 389; *Wichert*, S. 171 mwN; ähnlich: *Fett*, in: Schütz/Bürgers/Riotte, KGaA, § 7 Rn 25, der allerdings empfiehlt, vorsorglich doch eine Sacheinlageprüfung einzuplanen, um etwaige Bedenken des Registerrichters zu zerstreuen.

38 Großkomm-AktienR/*Assmann/Sethe*, § 278 Rn 190; *Wichert*, S. 171; vgl auch *Raiser/Veil*, § 23 Rn 60.

39 Großkomm-AktienR/*Assmann/Sethe*, § 278 Rn 191; MüHb-AG/*Herfs*, § 79 Rn 13 b; *Raiser/Veil*, § 23 Rn 60; *Schlitt*, S. 152; MüKo-AktG/*Perlitt*, § 278 Rn 390; Spindler/Stilz/*Bachmann*, Rn 13; *Wichert*, S. 171 ff; aA *Krug*, AG 2000, 510, 514.

40 Großkomm-AktienR/*Assmann/Sethe*, § 278 Rn 190; *Krug*, AG 2000, 510, 511 ff; MüKo-AktG*Perlitt*, § 278 Rn 392; *Wichert*, S. 180 ff; aA *Fett*, in: Schütz/Bürgers/Riotte, KGaA, § 7 Rn 29; MüHb-AG/*Herfs*, § 79 Rn 13; KölnKomm-AktG/*Mertens/Cahn*, Rn 30.

41 MüKo-AktG/*Perlitt*, § 278 Rn 392; *Wichert*, S. 180 ff.

42 Großkomm-AktienR/*Assmann/Sethe*, Rn 9; MüKo-AktG/*Perlitt*, § 278 Rn 390; *Wichert*, S. 175 f; aA *Fett*, in: Schütz/Bürgers/Riotte, KGaA, § 7 Rn 29; Spindler/Stilz/*Bachmann*, Rn 13.

43 Hierzu und zu verschiedenen Fallkonstellationen *Wichert*, S. 177 ff.

44 *Wichert*, S. 193.

45 MüKo-AktG/*Perlitt*, § 278 Rn 396; KölnKomm-AktG/*Mertens/Cahn*, Rn 28; *Wichert*, S. 189 ff; ähnlich: *Durchlaub*, BB 1977, 875.

46 Großkomm-AktienR/*Assmann/Sethe*, § 278 Rn 190; *Fett*, in: Schütz/Bürgers/Riotte, KGaA, § 7 Rn 27; MüHb-AG/*Herfs*, § 79 Rn 13.

47 *Wichert*, S. 196, 60 f, dort mwN.

48 Spindler/Stilz/*Bachmann*, Rn 22; *Bachmann*, in: FS K. Schmidt, 2009, S. 41, 48; *Wichert*, AG 1999, 362, 365; *Würdinger*, S. 259.

49 Spindler/Stilz/*Bachmann*, Rn 22; *Wichert*, AG 1999, 362, 365; *Würdinger*, S. 259; anders die hM, die jede Satzungsänderung unter § 179 Abs. 1 AktG fasst, vgl *Cahn*, AG 2001, 579, 582; MüKo-AktG/*Perlitt*, Rn 60; K. Schmidt/Lutter/*K. Schmidt*, Rn 15. Der Unterschied beider Auffassungen relativiert sich allerdings dadurch, dass nach den meisten Vertretern der herrschenden Auffassung § 179 Abs. 1 in der Satzung abbedungen werden kann, sofern es sich um Satzungsbestandteile handelt, für die Kommanditrecht gilt, vgl *Cahn*, ebenda; MüKo-AktG/*Perlitt*, Rn 63.

50 Zu den formellen Erfordernissen einer Satzungsänderung vgl *Cahn*, AG 2001, 579, 583 ff.

51 Dazu etwa OLG Stuttgart, 27.11.2002 – 20 U 14/02 – AG 2003, 587 (Zustimmung zur Auswechslung des Komplementärs).

Die Satzung kann von diesen gesetzlichen Vorgaben abweichen, auch insofern herrscht **Gestaltungsfreiheit**. 24
Allerdings ist wiederum zu differenzieren (vgl Rn 1 f): Hinsichtlich **aktienrechtlicher Bestandteile der Satzung** kann die **Hauptversammlungszuständigkeit** gemäß § 179 Abs. 1 nicht beschränkt werden, insofern gilt der Grundsatz der Satzungsstrenge (§ 23 Abs. 5). Hinsichtlich der **kommanditrechtlichen Bestandteile der Satzung** herrscht dagegen der Grundsatz der Satzungsautonomie. Insofern kann also die Zustimmungspflicht der Hauptversammlung zu Satzungsänderungen beschränkt oder auch ganz abbedungen werden.
Letzteres gilt auch für die **Zustimmungspflicht der Komplementäre**, hier allerdings unabhängig davon, welcher Satzungsbestandteil betroffen ist. Diese Zustimmungspflicht kann hinsichtlich einzelner oder auch aller Komplementäre beschränkt oder ausgeschlossen werden, sofern die Kernbereichslehre nichts Gegensätzliches fordert.[52] 25

Von praktischer Bedeutung sind Satzungsgestaltungen über die Aufnahme neuer Komplementäre oder die 26
Erhöhung des Kapitalanteils. Zulässig sind zB folgende Regelungen: Über die Aufnahme neuer Komplementäre beschließen nur die Hauptversammlung, nur der Aufsichtsrat, nur die Komplementäre oder nur ein einzelner Komplementär.[53] Dies ist kein Verstoß gegen die Kernbereichslehre, denn die Rechte der übrigen Gesellschafter werden durch die Aufnahme nur mittelbar beeinträchtigt. Allerdings darf etwa kein Komplementär aufgenommen werden, gegen den wichtige Gründe im Sinne des § 140 HGB sprechen, dies stünde nicht in Einklang mit der gesellschaftsrechtlichen Treuepflicht.[54] Soll der neue Komplementär eine Vermögenseinlage übernehmen, muss auch diese und deren Höhe in der Satzung festgesetzt sein.[55] Entsprechendes gilt, wenn der neue Komplementär die Vermögenseinlage eines anderen Komplementärs ganz oder teilweise übernehmen soll. Wegen möglicher Regelungen über einseitige Änderungen des Kapitalanteils wird auf Rn 17 f verwiesen.

Formelles Wirksamkeitserfordernis jeder Satzungsänderung ist die Eintragung in das Handelsregister gemäß § 181. Dies gilt für die Änderung kommanditrechtlicher wie aktienrechtlicher Bestandteile gleichermaßen.[56] 27

D. Festsetzung von Sondervorteilen in der Satzung (ehemals Abs. 3)

Ursprünglich enthielt § 281 Abs. 3 eine Bezugnahme auf § 26 Abs. 1 (Sondervorteile). Ob sich diese Bezugnahme auch auf die weiteren Absätze dieser Vorschrift bezog, wurde in der Kommentarliteratur, soweit ersichtlich, nicht weiter problematisiert und auch nicht eindeutig beantwortet.[57] Diese Bezugnahme wurde durch das Gesetz zur Durchführung der Zweiten Richtlinie des Rates der Europäischen Gemeinschaften zur Koordinierung des Gesellschaftsrechts vom 13.12.1978 (BGBl. I 1959) aufgehoben. 28

Nach überwiegender Auffassung ist nunmehr § 26 über § 278 Abs. 3 anwendbar.[58] Dies ist problematisch, 29
wenn es um Sondervorteile für die Komplementäre aufgrund Abweichung von den gesetzlichen Gewinnverteilungsregelungen geht. Insofern ist **§ 26 Abs. 1** zum einen **überflüssig**. Dass eine vom Gesetz abweichende Regelung über die Gewinnverteilung in der Satzung dokumentiert sein muss, ergibt sich nämlich bereits aus §§ 278 Abs. 2, 109 HGB.[59] Zum anderen scheinen jedenfalls die **Abs. 4 und 5 des § 26 unangemessen**. Gemäß § 26 Abs. 4 kann ein Sondervorteil – also jede vom Gesetz abweichende vorteilhafte Gewinnverteilung – erst **nach fünf Jahren** geändert werden. Nach überwiegender Auffassung kann diese Änderung nur **zugunsten der AG** erfolgen[60] Gemäß § 26 Abs. 5 kann die **Festsetzung eines Sondervorteils erst nach 30 Jahren** beseitigt werden. Soll dies tatsächlich auch für ursprüngliche, bei der Gründung vereinbarte vorteilhafte Gewinnverteilungsregelungen gelten?

Hinzu kommt, dass § 26 nach überwiegender Auffassung auch auf vorteilhafte weitere Rechte, zB Informationsrechte, anwendbar ist.[61] Streng genommen müsste darunter beispielsweise auch der Ausschluss des Zustimmungsrechts der Hauptversammlung für außergewöhnliche Geschäftsführungsmaßnahmen (§ 278 Rn 36) fallen. Das erscheint kaum gerechtfertigt. 30

---

52 MüKo-AktG/*Perlitt*, Rn 62; Wachter/*Blaurock*, Rn 5; *Wichert*, AG 1999, 362, 365.
53 *Cahn*, AG 2001, 579, 582 f; *Pühler*, in: Happ, Aktienrecht, 1.03 Rn 9; *Wichert*, AG 1999, 362, 367 f; im Erg. ebenso Großkomm-AktienR/*Assmann/Sethe*, Rn 9, MüKo-AktG/*Perlitt*, Rn 15, der jedoch unzutreffend davon ausgeht, dass bei Ermächtigung eines anderen Organs zur Aufnahme neuer Komplementäre keine Satzungsänderung, sondern nur eine Änderung der Satzungsfassung vorläge. Diese (früher herrschende) Differenzierung lässt sich im Rahmen des § 179 nicht aufrechterhalten, vgl *Wichert*, AG 1999, 362, 363, 367.
54 *Wichert*, AG 1999, 362, 368.
55 Vgl auch *Pühler*, in: Happ, Aktienrecht, 1.03 Rn 9.
56 Hierzu *Cahn*, AG 2001, 579, 583 ff; Spindler/Stilz/*Bachmann*, Rn 23; *Bachmann*, in: FS K. Schmidt, 2009, S. 41, 48 f.
57 Die Bezugnahme wurde wohl auf den gesamten § 26 erstreckt von Großkomm-AktienR/*Barz*, Rn 8; möglicherweise anders: *Baumbach/Hueck*, AktG, Rn 4; *v. Godin/Wilhelmi*, Anm. 4.
58 Vgl nur Großkomm-AktienR/*Assmann/Sethe*, Rn 32; *K. Schmidt/Lutter/K. Schmidt*, Rn 5; anders jetzt Spindler/Stilz/*Bachmann*, Rn 16 f; differenzierend: MüKo-AktG/*Perlitt*, Rn 41 ff, der zwar § 26 AktG für anwendbar hält, dabei aber „personengesellschaftsrechtliche Vorgaben" berücksichtigt.
59 In diese Richtung bereits *v. Godin/Wilhelmi*, Anm. 4.
60 MüKo-AktG/*Pentz*, § 26 Rn 56.
61 *Hüffer*, § 26 Rn 3.

31 Gegen eine Anwendung von § 26 für abweichende Gewinnverteilungsregelungen spricht schließlich noch ein weiterer Gesichtspunkt. Nach Auffassung der Kommentarliteratur handelt es sich bei den Sondervorteilen gemäß § 26 nicht um mitgliedschaftliche Rechte, sondern um Gläubigerrechte.[62] Das passt nicht auf abweichende Gewinnverteilungs- oder Kompetenzregelungen für die Komplementäre.

32 Vor diesem Hintergrund spricht doch einiges dafür, § 26 nicht anzuwenden, wenn es um dispositive mitgliedschaftliche Rechte der Komplementäre geht.[63] Dies lässt sich auch durchaus mit dem Wortlaut von § 278 Abs. 3 vereinbaren, der von einer „sinngemäßen" Anwendung des allgemeinen Aktienrechts spricht. Werden solche Vorteile gewährt, ohne dass dies in der Satzung festgesetzt ist, so ist dies gemäß §§ 278 Abs. 2, 109 HGB unwirksam. Die Restriktionen der Abs. 3–5 des § 26 sind dagegen unbeachtlich.

33 Sofern es dagegen um andere vorteilhafte Leistungen für die Komplementäre anlässlich der Gründung[64] geht – Recht zum Bezug von Waren oder zur Benutzung bestimmter Einrichtungen der Gesellschaft – ist § 26 einschlägig. Entsprechendes dürfte auch für die Vereinbarung eines Geschäftsführergehaltes einschließlich Altersvorsorge gelten, denn solche Leistungen sind im Kommanditrecht für den geschäftsführenden Gesellschafter nicht vorgesehen.[65] Allerdings sollte eine Rahmenregelung in der Satzung ausreichen, die Einzelheiten können dann außerhalb der Satzung vereinbart werden.[66] Vgl näher zu Tätigkeits- und Vergütungsvereinbarungen § 288 Rn 7, 44 f.

34 Unabhängig von dem Anwendungsbereich des § 26 ist es ratsam, in der Gründersatzung eine genau durchdachte Festsetzung der Gewinnverteilung vorzunehmen. Dazu gehört auch die Regelung, dass den geschäftsführenden Komplementären eine feste Tätigkeitsvergütung zusteht oder später zustehen kann, die durch den Aufsichtsrat konkretisiert wird.

Anhang zu § 281 Satzung einer GmbH & Co KGaA

35 ▶ **Satzung der Alpha Hightec GmbH & Co KGaA**

I. Allgemeine Bestimmungen

§ 1 Firma, Sitz, Geschäftsjahr

1. Die Firma der Gesellschaft ist: Alpha Hightec GmbH & Co KGaA.
2. Die Gesellschaft hat ihren Sitz in Frankfurt.
3. Geschäftsjahr ist das Kalenderjahr.

§ 2 Gegenstand des Unternehmens

1. Gegenstand des Unternehmens ist....
2. Die Gesellschaft kann alle Geschäfte durchführen und Maßnahmen treffen, die dem Gegenstand des Unternehmens dienen. Sie kann zu diesem Zweck auch andere Gesellschaften im In- und Ausland gründen, erwerben oder sich an ihnen beteiligen, Zweigniederlassungen im In- und Ausland errichten sowie mit anderen Unternehmen Unternehmensverträge abschließen.

§ 3 Bekanntmachungen

Bekanntmachungen der Gesellschaft erfolgen ausschließlich im elektronischen Bundesanzeiger.

II. Grundkapital und Aktien

§ 4 Höhe und Einteilung des Grundkapitals

1. Das Grundkapital beträgt 500.000 EUR (in Worten: fünfhunderttausend Euro) und ist eingeteilt in 250.000 Stückaktien ohne Nennwert.
2. Die Aktien lauten auf den Inhaber.

---

[62] Hüffer, § 26 Rn 2; Großkomm-AktienR/Röhricht, § 26 Rn 7.
[63] Anders die überwiegende Meinung, vgl Großkomm-AktienR/Assmann/Sethe, Rn 33; KölnKomm-AktG/Mertens/Cahn, Rn 31 ff; K. Schmidt/Lutter/K. Schmidt, Rn 5; ähnlich wie hier: Spindler/Stilz/Bachmann, Rn 16 f; differenzierend: MüKo-AktG/Perlitt, Rn 41 ff.
[64] Dazu MüKo-AktG/Pentz, § 26 Rn 19.
[65] Großkomm-AktienR/Assmann/Sethe, Rn 34; KölnKomm-AktG/Mertens/Cahn, Rn 32 f; MüKo-AktG/Perlitt, Rn 47 ff; zweifelnd aber: Spindler/Stilz/Bachmann, Rn 17.
[66] MüKo-AktG/Perlitt, Rn 47 ff mwN.

3. Die persönlich haftende Gesellschafterin bestimmt die Form der Aktienurkunden. Die Gesellschaft kann einzelne Aktien in Aktienurkunden zusammenfassen, die eine Mehrzahl von Aktien verbriefen (Sammelurkunden). Der Anspruch der Kommanditaktionäre auf Einzelverbriefung wird ausgeschlossen.

III. Persönlich haftende Gesellschafterin (Komplementärin)

§ 5 Persönlich haftende Gesellschafterin

1. Persönlich haftende Gesellschafterin ist die Alpha Verwaltungsgesellschaft GmbH & Co KG, eingetragen im Handelsregister des Amtsgerichts Frankfurt unter HR A 1470 mit einem Kapitalanteil von 100.000 EUR.
2. Die persönlich haftende Gesellschafterin nimmt am Gewinn und Verlust der Gesellschaft sowie an einem etwaigen Liquidationserlös im Verhältnis ihres Kapitalanteils zum Gesamtkapital teil. Gesamtkapital iSd Satzes 1 ist das Grundkapital zuzüglich des Kapitalanteils der persönlich haftenden Gesellschafterin.
3. Wird der Kapitalanteil der persönlich haftenden Gesellschafterin durch Verluste vermindert, ist der ihr zustehende Gewinnanteil späterer Geschäftsjahre zunächst zur Auffüllung des Kapitalanteils zu verwenden.

§ 6 Rechtsverhältnis zur persönlich haftende Gesellschafterin

Die Rechtsverhältnisse zwischen der Gesellschaft und der persönlich haftenden Gesellschafterin werden, soweit sie sich nicht aus dieser Satzung oder zwingenden gesetzlichen Vorschriften ergeben, durch Vereinbarung zwischen der Gesellschaft, vertreten durch die Hauptversammlung, und der persönlich haftenden Gesellschafterin geregelt.

§ 7 Tätigkeitsvergütung der persönlich haftenden Gesellschafterin

1. Die persönlich haftende Gesellschafterin erhält alle Aufwendungen ersetzt, die ihr im Zusammenhang mit der Geschäftsführung entstehen. Hierzu zählen auch Tätigkeitsvergütungen ihrer Geschäftsführer.
2. Des Weiteren erhält die persönlich haftende Gesellschafterin eine Tätigkeitsvergütung.
3. Einzelheiten der Tätigkeitsvergütung und des Aufwendungsersatzes werden durch Vereinbarung iSd § 6 geregelt.

§ 8 Vertretung der Gesellschaft

1. Die Gesellschaft wird durch die persönlich haftende Gesellschafterin allein vertreten.
2. Die persönlich haftende Gesellschafterin ist vom Verbot des § 181 BGB befreit.

§ 9 Geschäftsführung

1. Zur Geschäftsführung der Gesellschaft ist ausschließlich die persönlich haftende Gesellschafterin berechtigt und verpflichtet.
2. Das Widerspruchsrecht bezüglich Handlungen, die über den gewöhnlichen Geschäftsbetrieb der Gesellschaft hinausgehen, wird abweichend von § 164 HGB durch den Aufsichtsrat ausgeübt. Dieser entscheidet anstelle der Hauptversammlung.

IV. Aufsichtsrat

§ 10 Zusammensetzung, Wahl und Amtsdauer

1. Der Aufsichtsrat besteht aus drei Mitgliedern, die von der Hauptversammlung gewählt werden.
2. Die Mitglieder des Aufsichtsrats werden für die Zeit bis zur Beendigung der Hauptversammlung gewählt, die über ihre Entlastung für das vierte Geschäftsjahr nach Beginn der Amtszeit beschließt. Das Geschäftsjahr, in dem die Amtszeit beginnt, wird nicht mitgerechnet. Eine Wiederwahl ist möglich.
3. Die Hauptversammlung kann drei Ersatzmitglieder des Aufsichtsrats wählen. Das Ersatzmitglied übt das Aufsichtsratsmandat im Falle des vorzeitigen Ausscheidens eines Aufsichtsratsmitglieds aus. Bei der Wahl ist die Reihenfolge festzulegen, in der Ersatzmitglieder nachrücken. Das Amt des Ersatzmitglieds endet, wenn in der nächsten Hauptversammlung nach Eintritt des Ersatzfalles eine Neuwahl für den Ausgeschiedenen durchgeführt wird, mit Beendigung dieser Hauptversammlung. Unterbleibt eine Neuwahl, endet die Amtszeit des Ersatzmitglieds mit Ablauf der restlichen Amtszeit des ausgeschiedenen Mitglieds.
4. Der Aufsichtsrat wählt einen Aufsichtsratsvorsitzenden und einen stellvertretenden Vorsitzenden für die Dauer der Amtszeit iSd Ziffer 2. Im Fall der vorzeitigen Amtsbeendigung erfolgt eine Neuwahl für die restliche Amtszeit des Ausgeschiedenen. Die Regelungen dieser Satzung über den Aufsichtsratsvorsitzenden gelten im Verhinderungsfalle entsprechend für den stellvertretenden Aufsichtsratsvorsitzenden.
5. Aufsichtsratsmitglieder können ihr Amt unter Wahrung einer Frist von drei Monaten durch schriftliche Erklärung gegenüber der persönlich haftenden Gesellschafterin niederlegen. Das Recht zur sofortigen Amtsniederlegung aus wichtigem Grund bleibt hiervon unberührt.

§ 11 Aufsichtsratssitzungen

1. Der Aufsichtsrat soll mindestens zweimal im Kalenderhalbjahr zusammentreten.
2. Der Vorsitzende des Aufsichtsrats beruft die Sitzungen des Aufsichtsrats unter Wahrung einer Einberufungsfrist von 14 Tagen schriftlich ein. Der Tag der Einberufung und der Sitzungstag werden nicht mitgerechnet. In dringenden Fällen kann der Vorsitzende diese Frist angemessen verkürzen und auch telegrafisch, mündlich, fernmündlich, fernschriftlich oder per e-Mail einberufen.

3. Mit der Einberufung sind die Tagesordnungspunkte bekannt zu geben. Ist eine Tagesordnung nicht ordnungsgemäß mitgeteilt, kann hierüber nur beschlossen werden, wenn anwesende Mitglieder nicht widersprechen und abwesende Mitglieder nach Zugang des Sitzungsprotokolls nicht innerhalb von zwei Wochen beim Vorsitzenden schriftlich widersprechen.

§ 12 Beschlussfassung des Aufsichtsrats

1. Beschlüsse werden im Regelfall in einer Aufsichtsratssitzung gefasst. Außerhalb einer Aufsichtsratssitzung ist eine Beschlussfassung durch schriftliche, telegrafische, fernmündliche oder fernschriftliche Stimmabgabe bzw durch Stimmabgabe per e-Mail zulässig, sofern der Vorsitzende ein solches Beschlussverfahren anordnet und kein Mitglied widerspricht.
2. Beschlüsse des Aufsichtsrats werden mit einfacher Mehrheit der abgegebenen Stimmen gefasst. Stimmenthaltungen gelten nicht als Stimmabgaben. Bei Stimmengleichheit entscheidet die Stimme des Vorsitzenden.
3. Über die Sitzungen und die Beschlüsse des Aufsichtsrats sind Niederschriften anzufertigen, die vom Aufsichtsratsvorsitzenden zu unterzeichnen sind. Hierbei sind der Ort und der Tag der Sitzung bzw der Beschlussfassung, die Teilnehmer, die Gegenstände der Tagesordnung, der wesentliche Inhalt der Verhandlungen und Beschlüsse sowie Form und Ergebnis des Abstimmungsverfahrens festzuhalten.
4. Die Durchführung der Beschlüsse erfolgt durch den Aufsichtsratsvorsitzenden. Dieser ist ermächtigt, die hierzu erforderlichen Erklärungen im Namen des Aufsichtsrats abzugeben sowie an den Aufsichtsrat gerichtete Erklärungen entgegenzunehmen.

§ 13 Vergütung der Aufsichtsratsmitglieder

1. Die Aufsichtsratsmitglieder erhalten für jedes volle Geschäftsjahr ihrer Zugehörigkeit zum Aufsichtsrat die folgende Vergütung:
   Der Aufsichtsratsvorsitzende:... EUR
   Der stellvertretende Aufsichtsratsvorsitzende:... EUR
   Die übrigen Mitglieder jeweils:... EUR.
   Die Vergütung ist fällig mit Ablauf des Geschäftsjahrs. Bei Amtsbeginn und Amtsbeendigung im laufenden Geschäftsjahrs wird die Vergütung zeitanteilig gekürzt.
2. Ferner erhält jedes Aufsichtsratsmitglied Ersatz seiner Auslagen sowie Ersatz der etwa auf seine Vergütung und Auslagen zu entrichtenden Umsatzsteuer.

§ 14 Befugnis zur Änderung der Satzungsfassung

Der Aufsichtsrat kann Satzungsänderungen beschließen, die nur die Satzungsfassung betreffen.

§ 15 Teilnahme an der Hauptversammlung

Aufsichtsratsmitglieder, die ihren Wohnsitz im Ausland haben oder ihre hauptberufliche Tätigkeit im Ausland ausüben, können im Wege der Ton- und Bildübertragung an der Hauptversammlung teilnehmen.

§ 16 Geschäftsordnung

Der Aufsichtsrat gibt sich selbst eine Geschäftsordnung. Die Geschäftsordnung kann auch die Bildung von Ausschüssen des Aufsichtsrats im Rahmen der gesetzlichen Vorschriften vorsehen.

V. Hauptversammlung

§ 17 Einberufung der Hauptversammlung

1. Die Hauptversammlung findet am Sitz der Gesellschaft statt. Sie wird durch die persönlich haftende Gesellschafterin oder – soweit gesetzlich vorgesehen – durch den Aufsichtsrat einberufen. Die Einberufung erfolgt durch Bekanntmachung im Bundesanzeiger.
2. Die Hauptversammlung, die über die Entlastung der persönlich haftenden Gesellschafter und des Aufsichtsrats sowie die Gewinnverteilung beschließt (ordentliche Hauptversammlung), findet innerhalb der ersten sechs Monate eines jeden Geschäftsjahrs statt.
3. Darüber hinaus kann die persönlich haftende Gesellschafterin eine außerordentliche Hauptversammlung einberufen, wenn nach Gesetz oder Satzung eine Einberufung notwendig ist oder die Interessen der Gesellschaft die Einberufung einer außerordentlichen Hauptversammlung erfordern.
4. Die Hauptversammlung ist mindestens dreißig Tage vor dem Tag, bis zu dessen Ablauf die Aktionäre sich zur Teilnahme anzumelden haben, einzuberufen.

§ 18 Teilnahme- und Stimmberechtigung

1. An der Hauptversammlung können nur solche Aktionäre teilnehmen, die ihre Aktien hinterlegen und die Hinterlegung gegenüber der Gesellschaft nachweisen.
2. Die Aktien sind spätestens am siebten Tage vor der Versammlung bei der Gesellschaft, einem deutschen Notar, einer Wertpapiersammelbank oder bei einer anderen, in der Einberufung bezeichneten Stelle während der Geschäftsstunden zu hinterlegen und dort bis zur Beendigung der Hauptversammlung zu belassen. Fällt

der Tag auf einen Sonnabend, Sonntag oder Feiertag, kann die Anmeldung am darauf folgenden Werktag erfolgen.
3. Werden die Aktien nicht bei der Gesellschaft hinterlegt, ist spätestens am ersten Werktag nach Ablauf der Hinterlegungsfrist die Bescheinigung über die Hinterlegung bei der Gesellschaft einzureichen, wobei der Sonnabend nicht als Werktag gilt.

§ 19 Vorsitz in der Hauptversammlung

1. Den Vorsitz in der Hauptversammlung führt der Aufsichtsratsvorsitzende, im Falle seiner Verhinderung der stellvertretende Aufsichtsratsvorsitzende. Ist dieser gleichfalls verhindert, wird ein Versammlungsleiter gewählt. Die Wahl erfolgt unter Leitung des an Lebensjahren ältesten Kommanditaktionärs.
2. Der Vorsitzende leitet die Versammlung, bestimmt die Reihenfolge der Tagesordnungspunkte sowie Form und Reihenfolge der Abstimmung. Der Vorsitzende kann das Frage- und Rederecht der Aktionäre zeitlich angemessen beschränken.

§ 20 Übertragung der Hauptversammlung

Die Hauptversammlung kann in Ton und Bild übertragen werden. Die Übertragung an Personen, die nicht an der Gesellschaft beteiligt sind, ist zulässig. Die Einzelheiten der Übertragung legt die persönlich haftende Gesellschafterin mit Zustimmung des Aufsichtsrats fest.

§ 21 Beschlussfassung

1. Jede Kommanditaktie gewährt eine Stimme. Das Stimmrecht beginnt mit der vollständigen Leistung der Einlage.
2. Beschlüsse werden mit einfacher Mehrheit der abgegebenen Stimmen gefasst, soweit gesetzliche Vorschriften nicht zwingend eine weitergehende Stimmmehrheit vorschreiben. Schreibt das Gesetz eine Kapitalmehrheit vor, werden Beschlüsse mit der einfachen Mehrheit des bei Beschlussfassung vertretenen Grundkapitals gefasst.
3. Das Stimmrecht kann durch Bevollmächtigte ausgeübt werden. Die Vollmacht kann schriftlich, per Telefax oder per e-Mail erteilt werden. Der Bevollmächtigte wird nur dann zur Stimmabgabe zugelassen, wenn die Bevollmächtigung vor der Beschlussfassung dem Vorsitzenden nachgewiesen wird.

VI. Rechnungslegung/Gewinnverwendung

§ 22 Jahresabschluss

1. Die persönlich haftende Gesellschafterin hat in den ersten drei Monaten des Geschäftsjahrs für das vorangegangene Geschäftsjahr den Jahresabschluss und den Lagebericht aufzustellen und im Fall einer Prüfungspflicht dem Abschlussprüfer vorzulegen. Die Unterlagen sind mit einem Gewinnverwendungsbeschluss nach Eingang des Prüfungsberichts unverzüglich dem Aufsichtsrat vorzulegen.
2. Der Aufsichtsrat hat den Jahresabschluss, den Lagebericht und den Gewinnverwendungsvorschlag zu prüfen. Innerhalb eines Monats, nachdem ihm die Vorlagen zugegangen sind, hat der Aufsichtsrat den Bericht über die Prüfung der persönlich haftenden Gesellschafterin zuzuleiten. Diese beruft unverzüglich die ordentliche Hauptversammlung ein.
3. Der Jahresabschluss wird durch Beschluss der Hauptversammlung mit Zustimmung der persönlich haftenden Gesellschafterin festgestellt.

§ 23 Ergebnisverwendung

1. Der Aufteilung des Ergebnisses ist das Jahresergebnis nach Abzug der festen Tätigkeitsvergütung sowie des Aufwendungsersatzes der persönlich haftenden Gesellschafterin, der Vergütungen des Aufsichtsrats und der Ertragssteuern zugrunde zu legen.
2. Über die Verwendung des danach verbleibenden Betrages (Jahresergebnis) entscheidet die Hauptversammlung.

VII. Schlussbestimmungen

§ 24 Salvatorische Klausel

Sollte eine Bestimmung dieser Satzung ganz oder teilweise unwirksam sein oder ihre Wirksamkeit später verlieren, wird hierdurch die Wirksamkeit der übrigen Satzungsregelungen nicht berührt. In einem solchen Falle sind die Gesellschafter verpflichtet, durch Beschluss die ungültige Bestimmung durch eine wirksame Bestimmung zu ersetzen, die der unwirksamen Regelung nach dem beabsichtigten und rechtlichen Zweck möglichst nahe kommt. Liegt eine Regelungslücke vor, sind die Gesellschafter verpflichtet, durch Beschluss die Satzung durch eine Regelung zu ergänzen, die sie nach dem Sinn und Zweck dieser Satzung aufgenommen hätten, wenn ihnen die Regelungslücke bewusst gewesen wäre.

§ 25 Gründungskosten

Die Gesellschaft trägt die Gründungskosten bis zu einer Höhe von 25.000 EUR. ◀

§ 282 Eintragung der persönlich haftenden Gesellschafter

¹Bei der Eintragung der Gesellschaft in das Handelsregister sind statt der Vorstandsmitglieder die persönlich haftenden Gesellschafter anzugeben. ²Ferner ist einzutragen, welche Vertretungsbefugnis die persönlich haftenden Gesellschafter haben.

1 § 282 wandelt den für die AG geltenden § 39 Abs. 1 ab. Da die KGaA keine Vorstandsmitglieder hat, sind dem Handelsregister alle bei der Gründung vorhandenen Komplementäre sowie deren Vertretungsbefugnisse (Einzelvertretung, Gesamtvertretung) anzugeben. Eine von den Komplementären gemäß Satzung zu leistende Vermögenseinlage wird dagegen nicht in das Handelsregister eingetragen. Tritt später hinsichtlich der Komplementäre oder der Vertretungsbefugnisse eine Änderung ein, muss dies dem Handelsregister zur Eintragung angemeldet werden.

§ 283 Persönlich haftende Gesellschafter

Für die persönlich haftenden Gesellschafter gelten sinngemäß die für den Vorstand der Aktiengesellschaft geltenden Vorschriften über

1. die Anmeldungen, Einreichungen, Erklärungen und Nachweise zum Handelsregister sowie über Bekanntmachungen;
2. die Gründungsprüfung;
3. die Sorgfaltspflicht und Verantwortlichkeit;
4. die Pflichten gegenüber dem Aufsichtsrat;
5. die Zulässigkeit einer Kreditgewährung;
6. die Einberufung der Hauptversammlung;
7. die Sonderprüfung;
8. die Geltendmachung von Ersatzansprüchen wegen der Geschäftsführung;
9. die Aufstellung, Vorlegung und Prüfung des Jahresabschlusses und des Vorschlags für die Verwendung des Bilanzgewinns;
10. die Vorlegung und Prüfung des Lageberichts sowie eines Konzernabschlusses und eines Konzernlageberichts;
11. die Vorlegung, Prüfung und Offenlegung eines Einzelabschlusses nach § 325 Abs. 2 a des Handelsgesetzbuchs;
12. die Ausgabe von Aktien bei bedingter Kapitalerhöhung, bei genehmigtem Kapital und bei Kapitalerhöhung aus Gesellschaftsmitteln;
13. die Nichtigkeit und Anfechtung von Hauptversammlungsbeschlüssen;
14. den Antrag auf Eröffnung des Insolvenzverfahrens.

1 Die Rechtsstellung der Komplementäre bestimmt sich zwar gemäß § 278 Abs. 2 grundsätzlich nach Kommanditrecht. Dem geht die Sondervorschrift des § 283, der sich auf die Vorstandsfunktionen der Komplementäre bezieht, aber vor. § 283 ist zwingend und abschließend.[1] Er gilt grundsätzlich für alle Komplementäre, unabhängig von deren satzungsmäßigen Geschäftsführungs- und Vertretungsbefugnissen.[2] Allerdings setzen einige der in § 283 aufgeführten Rechte und Pflichten die (uneingeschränkte) Geschäftsführungsbefugnis des Komplementärs voraus, insofern sind die nicht geschäftsführungsbefugten Komplementäre von der Anwendung ausgenommen.[3]

2 Nr. 1: Diese betrifft den Verkehr mit Handelsregister und Bekanntmachungen. Die erste Anmeldung ist von allen Komplementären vorzunehmen, ebenfalls das Ausscheiden eines Komplementärs und die Auflösung der Gesellschaft (§§ 280, 289). Ansonsten richtet sich Nr. 1 nur an die geschäftsführungsbefugten Komplementäre. **Nr. 2:** Für die Gründungsprüfung sind alle Komplementäre verantwortlich. Die Gründungsprüfung vollzieht sich nach §§ 33 ff. **Nr. 3:** Bei Gründung (§ 48), Nachgründung (§ 53) und Geschäftsführung (§ 93 Abs. 1) haben die Komplementäre mit der Sorgfalt eines ordentlichen und gewissenhaften Geschäftsleiters zu handeln. § 708 BGB ist also zugunsten der Komplementäre nicht anwendbar. Bei Verletzung der Sorgfaltspflichten haften die Komplementäre gemäß § 93 Abs. 2.[4] Ferner sind §§ 117, 309, 310, 312, 318 in Bezug genommen. **Nr. 4:** Den geschäftsführungsbefugten Komplementären obliegt wie dem Vorstand

---

1 BGH v. 24.2.1997 – II ZB 11/96, BGHZ 134, 392, 394; Wachter/*Blaurock*, Rn 1.
2 Großkomm-AktienR/*Assmann/Sethe*, Rn 5 f; *Hüffer*, Rn 1; MüKo-AktG/*Perlitt*, Rn 4, 8.
3 MüKo-AktG/*Perlitt*, Rn 8 ff; Spindler/Stilz/*Bachmann*, Rn 3.
4 Spindler/Stilz/*Bachmann*, Rn 9; Hölters/*Müller-Michaels*, Rn 4.

einer AG eine Berichts- (§ 90) und Vorlagepflicht (§ 170). Der Aufsichtsrat hat die Einsichts- und Prüfungsrechte des § 111 Abs. 2. **Nr. 5:** Kredite an Komplementäre und deren Angehörige dürfen nur mit Zustimmung des Aufsichtsrats gewährt werden (§ 89).[5] Als Kredite gelten auch Entnahmen, die den Kapitalanteil des betreffenden Komplementärs unter die in der Satzung festgesetzte Höhe drücken.[6] Bei Krediten an Aufsichtsratsmitglieder ist § 115 zu beachten. **Nr. 6:** Für die geschäftsführungs- und vertretungsberechtigten Komplementäre gelten §§ 121 ff, 175 Abs. 1, 92 Abs. 1.[7] Entsprechend § 122 steht ausnahmsweise auch den nicht geschäftsführungs- und vertretungsbefugten Komplementären ein Einberufungsrecht zu, sofern deren Rechtsstellung gefährdet ist.[8] **Nr. 7:** Hinsichtlich Sonderprüfungen haben die geschäftsführungsbefugten Komplementäre die §§ 142 ff, 258 zu beachten. An die nicht geschäftsführungsbefugten Komplementäre richtet sich dies, wenn es um eigene Mitwirkungshandlungen geht.

Nr. 8: Anwendbar sind die §§ 147 ff. **Nr. 9:** Die geschäftsführenden Komplementäre haben für die Aufstellung des Jahresabschlusses und ggf für einen Lagebericht zu sorgen (§§ 264 ff HGB). Ferner haben sie einen Gewinnverwendungsvorschlag zu machen. Zu den Einzelheiten vgl die Kommentierung zu § 286. **Nr. 10:** Die geschäftsführenden Komplementäre müssen den Jahresabschluss auch prüfen lassen, sofern erforderlich (§§ 316 ff HGB). **Nr. 11:** Für die geschäftsführenden Komplementäre folgt die Rechnungslegung im Konzern den §§ 290 ff HGB. **Nr. 12:** Maßgeblich sind §§ 199, 203, 214, die sich an die geschäftsführungsbefugten Komplementäre richten. **Nr. 13:** Für die geschäftsführungsbefugten Komplementäre gelten §§ 241–257, insbesondere auch § 245 Abs. 4 und 5. Ausgenommen ist allerdings § 256 Abs. 2, der von § 286 verdrängt wird.[9] **Nr. 14:** Die geschäftsführenden Komplementäre unterliegen der Insolvenzantragspflicht des § 92 Abs. 2.

§ 284 Wettbewerbsverbot

(1) ¹Ein persönlich haftender Gesellschafter darf ohne ausdrückliche Einwilligung der übrigen persönlich haftenden Gesellschafter und des Aufsichtsrats weder im Geschäftszweig der Gesellschaft für eigene oder fremde Rechnung Geschäfte machen noch Mitglied des Vorstands oder Geschäftsführer oder persönlich haftender Gesellschafter einer anderen gleichartigen Handelsgesellschaft sein. ²Die Einwilligung kann nur für bestimmte Arten von Geschäften oder für bestimmte Handelsgesellschaften erteilt werden.

(2) ¹Verstößt ein persönlich haftender Gesellschafter gegen dieses Verbot, so kann die Gesellschaft Schadenersatz fordern. ²Sie kann statt dessen von dem Gesellschafter verlangen, daß er die für eigene Rechnung gemachten Geschäfte als für Rechnung der Gesellschaft eingegangen gelten läßt und die aus Geschäften für fremde Rechnung bezogene Vergütung herausgibt oder seinen Anspruch auf die Vergütung abtritt.

(3) ¹Die Ansprüche der Gesellschaft verjähren in drei Monaten seit dem Zeitpunkt, in dem die übrigen persönlich haftenden Gesellschafter und die Aufsichtsratsmitglieder von der zum Schadensersatz verpflichtenden Handlung Kenntnis erlangen oder ohne grobe Fahrlässigkeit erlangen müssten. ²Sie verjähren ohne Rücksicht auf diese Kenntnis oder grob fahrlässige Unkenntnis in fünf Jahren von ihrer Entstehung an.

§ 284 untersagt den Komplementären, mit der Gesellschaft in Wettbewerb zu treten. Damit soll – anders als beim Vorstand einer AG – nicht deren Arbeitskraft voll erhalten werden. Zweck ist vielmehr die Wahrung der den Komplementären obliegenden **gesellschaftsrechtlichen Treuepflicht**.[1] Es soll verhindert werden, dass die aufgrund der Gesellschafterstellung erlangten Kenntnisse von Schaden der Gesellschaft anderweitig verwendet werden. Wegen des Wortlauts und Zwecks sind Normadressaten **alle Komplementäre**, also auch die nicht geschäftsführungsbefugten.[2] In der kapitalistischen KGaA unterliegen die **Komplementärgesellschaft**, deren **Geschäftsführer** und die **beherrschenden Gesellschafter** dem Wettbewerbsverbot des § 284.[3] Das Wettbewerbsverbot erlischt bei Ausscheiden des Gesellschafters.[4] Nur ganz ausnahmsweise haben sich ausgeschiedene Gesellschafter aufgrund nachwirkender Treuepflichten dem Wettbewerb zu enthalten.[5]

---

5 OLG Stuttgart v. 28.7.2004 – 20 U 5/04, DB 2004, 1768, 1770.
6 Großkomm-AktienR/*Assmann/Sethe*, Rn 25.
7 MüKo-AktG/*Perlitt*, Rn 28, dort auch Nachweise zur abweichenden Meinung hinsichtlich § 92 Abs. 2.
8 Großkomm-AktienR/*Assmann/Sethe*, Rn 27; in die Richtung auch MüKo-AktG/*Perlitt*, Rn 28.
9 MüKo-AktG/*Perlitt*, Rn 41.
1 Großkomm-AktienR/*Assmann/Sethe*, Rn 2, 4; MüKo-AktG/*Semler/Perlitt*, Rn 3.

2 Streitig, wie hier Großkomm-AktienR/*Assmann/Sethe*, Rn 5; *Schütz/Reger*, in: Schütz/Bürgers/Riotte, KGaA, Rn 278; MüKo-AktG/*Perlitt*, Rn 4; zweifelnd: *Hüffer*, Rn 1; aA *Armbrüster*, ZIP 1997, 1269, 1271; MüHb-AG/*Herfs*, § 77 Rn 24.
3 Großkomm-AktienR/*Assmann/Sethe*, Rn 9 ff; MüHb-AG/*Herfs*, § 77 Rn 24 a; K. Schmidt/Lutter/*K. Schmidt*, Rn 9; Hölters/*Müller-Michaels*, Rn 2; *Wichert*, AG 2000, 268, 274.
4 K. Schmidt/Lutter/*K. Schmidt*, Rn 2.
5 Wachter/*Blaurock* Rn 2; Grigoleit/*Servatius*, Rn 3.

2 Den Komplementären ist nicht jede andere Tätigkeit, sondern nur **Konkurrenztätigkeit** untersagt. Sie dürfen nicht im Geschäftszweig der Gesellschaft tätig sein und sich nicht an einer gleichartigen Handelsgesellschaft beteiligen. Die Komplementäre dürfen auch nicht Geschäftschancen der Gesellschaft nutzen („Geschäftschancenlehre").[6] Allerdings kann für bestimmte Arten von Geschäften und bestimmte Handelsgesellschaften **Dispens** erteilt werden. Erforderlich ist die ausdrückliche Zustimmung aller übrigen Komplementäre und des Aufsichtsrats. Verstoßen die Komplementäre gegen das Wettbewerbsverbot, so ergeben sich die Rechtsfolgen aus Abs. 2.

3 Die Satzung darf dieses Wettbewerbsverbot zwar verschärfen, nicht aber einschränken oder ausschließen. § 284 ist insofern also zwingend.[7] Zwar geht es um die Stellung der Komplementäre, für die grundsätzlich über § 278 Abs. 2 die abdingbaren Regelungen des HGB, hier § 112 HGB, einschlägig sind. § 284 stellt demgegenüber eine sich nach Aktienrecht beurteilende Sondervorschrift dar. Dies folgt u.a. aus den Regeln über den Dispens, der nicht allgemein zu erteilen ist, sondern nur bezogen auf bestimmte Vorgänge. Könnte die Satzung das Wettbewerbsverbot generell ausschließen, liefe die Regel über den Dispens ins Leere.

4 Verstößt der Komplementär gegen das Wettbewerbsverbot, so kann die Gesellschaft nach eigener Wahl Schadensersatz fordern oder das Geschäft an sich ziehen (**Abs. 2**). Darüber hinaus kann sie nach allgemeinen Grundsätzen den Komplementär – ggf im Wege der einstweiligen Verfügung – auf Unterlassung in Anspruch nehmen, ihm die Geschäftsführung/Vertretung entziehen oder in schweren Fällen aus der Gesellschaft ausschließen.[8] Die Verjährung der Ansprüche gegen den Komplementär ergibt sich aus **Abs. 3**, welcher § 88 Abs. 3 entspricht.

§ 285 Hauptversammlung

(1) ¹In der Hauptversammlung haben die persönlich haftenden Gesellschafter nur ein Stimmrecht für ihre Aktien. ²Sie können das Stimmrecht weder für sich noch für einen anderen ausüben bei Beschlußfassungen über

1. die Wahl und Abberufung des Aufsichtsrats;
2. die Entlastung der persönlich haftenden Gesellschafter und der Mitglieder des Aufsichtsrats;
3. die Bestellung von Sonderprüfern;
4. die Geltendmachung von Ersatzansprüchen;
5. den Verzicht auf Ersatzansprüche;
6. die Wahl von Abschlußprüfern.

³Bei diesen Beschlußfassungen kann ihr Stimmrecht auch nicht durch einen anderen ausgeübt werden.

(2) ¹Die Beschlüsse der Hauptversammlung bedürfen der Zustimmung der persönlich haftenden Gesellschafter, soweit sie Angelegenheiten betreffen, für die bei einer Kommanditgesellschaft das Einverständnis der persönlich haftenden Gesellschafter und der Kommanditisten erforderlich ist. ²Die Ausübung der Befugnisse, die der Hauptversammlung oder einer Minderheit von Kommanditaktionären bei der Bestellung von Prüfern und der Geltendmachung von Ansprüchen der Gesellschaft aus der Gründung oder der Geschäftsführung zustehen, bedarf nicht der Zustimmung der persönlich haftenden Gesellschafter.

(3) ¹Beschlüsse der Hauptversammlung, die der Zustimmung der persönlich haftenden Gesellschafter bedürfen, sind zum Handelsregister erst einzureichen, wenn die Zustimmung vorliegt. ²Bei Beschlüssen, die in das Handelsregister einzutragen sind, ist die Zustimmung in der Verhandlungsniederschrift oder in einem Anhang zur Niederschrift zu beurkunden.

Literatur:
Dreisow, Zu den Stimmverboten für die Komplementäre einer Kommanditgesellschaft auf Aktien, DB 1977, 851; *Durchlaub*, Mitwirkung der Hauptversammlung und des Aufsichtsrats bei Geschäftsführungsmaßnahmen in der Kommanditgesellschaft auf Aktien; *Ihrig/Schlitt*, Die GmbH & Co. KGaA nach dem Beschluss des BGH vom 24.2.1997, Beiheft 67 der ZHR 1998, S. 33; *Sethe*, Die personalistische Kapitalgesellschaft mit Börsenzugang, 1996; *Wichert*, Die GmbH & Co. KGaA nach dem Beschluss BGHZ 134, 392, Besprechung des Beihefts 67/1998 zur ZHR, AG 2000, 268.

---

[6] KölnKomm-AktG/*Mertens/Cahn*, Rn 23; Hölters/*Müller-Michaels*, Rn 3; kritisch Grigoleit/*Servatius*, Rn 11.
[7] So auch *Armbrüster*, ZIP 1997, 1269, 1272; MüHb-AG/*Herfs*, § 77 Rn 25; Spindler/Stilz/*Bachmann*, Rn 8 f; Wachter/*Blaurock*, Rn 3; Grigoleit/*Servatius*, Rn 13; wohl auch K. Schmidt/Lutter/*K. Schmidt*, Rn 22; anders die (noch) hM, vgl Großkomm-AktienR/*Assmann/Sethe*, Rn 25 ff; *Hüffer*, Rn 1; *Schütz/Reger*, in: Schütz/Bürgers/Riotte, KGaA, Rn 281; MüKo-AktG/*Perlitt*, Rn 26 f.
[8] Spindler/Spilz/*Bachmann*, Rn 12; Grigoleit/*Servatius*, Rn 12; Wachter/*Blaurock*, Rn 4.

A. Befugnisse der Hauptversammlung

Die Kommanditaktionäre üben ihre Rechte auf der Hauptversammlung aus, insofern verweist § 278 Abs. 3 auf §§ 118 ff. Sie haben dort die Rechte, die dem Aktionär einer AG zustehen.[1] Dies gilt etwa für das **Auskunftsrecht** des § 131. Im Falle einer Kapitalgesellschaft & Co. KGaA erstreckt sich dieses auch auf die Belange der Komplementärgesellschaft, sofern es um die Leitung der KGaA geht.[2]

Ferner gelten auch die allgemeinen Regelungen über **Einberufung** und **Abwicklung** der Hauptversammlung. Die Kompetenzen der Hauptversammlung ergeben sich aus § 119 Abs. 1. Dagegen wird § 119 Abs. 2 durch §§ 278 Abs. 2, 164 HGB verdrängt. Danach hat die Hauptversammlung, sofern nicht abweichend geregelt (§ 278 Rn 36), bei **außergewöhnlichen Geschäftsführungsmaßnahmen** ein Zustimmungsrecht. Ferner ist die Hauptversammlung bei **Grundlagengeschäften** zu beteiligen, insofern kann die Satzung nur eingeschränkt abweichende Regeln treffen (§ 278 Rn 36). Schließlich ist die Hauptversammlung gemäß § 286 Abs. 1 an der **Feststellung des Jahresabschlusses** beteiligt.

B. Teilnahme der Komplementäre an der Hauptversammlung

Für die Komplementäre gelten die Vorschriften des Aktiengesetzes über die Einberufung einer Hauptversammlung, dies sieht § 283 Nr. 6 vor. Nicht gesondert geregelt ist dagegen, ob die Komplementäre an der Hauptversammlung teilnehmen können oder müssen. Sind sie zugleich Kommanditaktionäre, so sind sie nur als solche und nicht als Komplementäre teilnahmeberechtigt. Für die geschäftsführungs- und vertretungsbefugten Komplementäre kann aber nach zutreffender Auffassung der Rechtsgedanke des § 118 Abs. 2 – obwohl in § 283 nicht erwähnt – herangezogen werden.[3] Danach haben die geschäftsführungs- und vertretungsbefugten Komplementäre ein Teilnahmerecht und eine -pflicht. Letztere besteht unabhängig davon, welche Gegenstände auf der Hauptversammlung entschieden werden.[4] Werden allerdings ausschließlich Gegenstände behandelt, die nur die Kommanditaktionäre betreffen, kann die Hauptversammlung die Komplementäre von der Teilnahme ausschließen.[5] Die nicht geschäftsführungsbefugten Komplementäre haben aus Informationsgründen ein – ausschließbares – Anwesenheitsrecht, aber keine -pflicht.[6]

C. Stimmrecht der Komplementäre und dessen Ausschluss (Abs. 1)

In der Hauptversammlung haben die Komplementäre als solche kein Stimmrecht. Anders liegen die Dinge, wenn sie zugleich Kommanditaktionäre sind. Sie haben dann die gleichen Stimmrechte wie die übrigen Kommanditaktionäre. Ausgenommen sind nur die in Abs. 1 genannten sechs Beschlussgegenstände. Diesen ist gemeinsam, dass sie zumindest mittelbar die Kontrolle der Komplementäre betreffen, sich diese also in einer **Interessenkollision** befinden. Die Stimmverbote gelten allerdings auch für Komplementäre, die keine Geschäftsführungsbefugnisse haben, in denen es also an einer konkreten Interessenkollision regelmäßig fehlt.[7] In einer **kapitalistischen KGaA** unterliegen auch deren **Geschäftsführung** und **Gesellschafter**, sofern sie Aktien der KGaA besitzen, dem Stimmrechtsausschluss des Abs. 1. Eine Ausnahme kann allenfalls bei geringfügig beteiligten Gesellschaftern gemacht werden.[8] Für die Einmann-KGaA gelten die Stimmverbote nicht, weil es von vornherein an einer Interessenkollision fehlt.[9] Wird das Stimmrecht entgegen § 285 Abs. 1 ausgeübt, so ist die Stimme gemäß § 134 BGB nichtig und nicht mitzuzählen.[10] Beruht ein Hauptversammlungsbeschluss auf einer satzungswidrigen Ausübung des Stimmrechts, ist der Beschluss anfechtbar.[11]

Die Satzung kann diese gesetzliche Regelung verschärfen. Sie kann also bestimmen, dass es Komplementären untersagt ist, Aktien zu erwerben oder dass das Stimmrecht auch bei weiteren Gegenständen oder ganz

---

[1] MüKo-AktG/*Perlitt*, § 278 Rn 119 f.
[2] *Ihrig/Schlitt*, ZHR Sonderheft 67, 1998, 33, 50 ff; MüKo-AktG/*Perlitt*, § 278 Rn 329; *Wichert*, AG 2000, 268, 275; zum Umfang des Auskunftsrechts auch BayObLG v. 14.7.1999 – 3 Z BR 11/99, BB 1999, 2369.
[3] Großkomm-AktienR/*Assmann/Sethe*, Rn 7 f; ähnlich: MüHb-AG/*Herfs*, § 78 Rn 29 f; KölnKomm-AktG/*Mertens/Cahn*, Rn 3; Rn 29; MüKo-AktG/*Perlitt*, Rn 6 f.
[4] Obwohl § 118 Abs. 2 als Sollvorschrift formuliert ist, wird für den Vorstand einer AG auch eine Teilnahmepflicht angenommen, vgl nur *Hüffer*, § 118 Rn 10. Gleiches muss für die KGaA gelten, so auch Großkomm-AktienR/*Assmann/Sethe*, Rn 9; differenzierend: MüKo-AktG/*Perlitt*, Rn 6 f; Spindler/Stilz/*Bachmann*, Rn 4.
[5] Großkomm-AktienR/*Assmann/Sethe*, Rn 9; Spindler/Stilz/*Bachmann*, Rn 5; K. Schmidt/Lutter/*K. Schmidt*, Rn 4 f; aA für geschäftsführungsbefugte Komplementäre: KölnKomm-AktG/*Mertens/Cahn*, Rn 4.
[6] Großkomm-AktienR/*Assmann/Sethe*, Rn 8; KölnKomm-AktG/*Mertens/Cahn*, Rn 5; MüHb-AG/*Herfs*, § 78 Rn 30; K. Schmidt/Lutter/*K. Schmidt*, Rn 5.
[7] MüKo-AktG/*Perlitt*, Rn 20; Grigoleit/*Servatius*, Rn 3.
[8] Großkomm-AktienR/*Assmann/Sethe*, Rn 25; *Wichert*, AG 2000, 268, 274.
[9] Allg. Meinung, vgl Schmidt/Lutter/*K. Schmidt*, Rn 13; Hölters/*Müller-Michaels*, Rn 4.
[10] K. Schmidt/Lutter/*K. Schmidt*, Rn 25.
[11] Großkomm-AktienR/*Assmann/Sethe*, Rn 47; Spindler/Stilz/*Bachmann*, Rn 29.

ausgeschlossen ist.[12] Nicht möglich ist es allerdings, per Satzung die gesetzlichen Stimmrechtsausschlüsse zu beseitigen; insofern ist Abs. 1 zwingend.[13]

D. Zustimmung der Komplementäre zu Hauptversammlungsbeschlüssen (Abs. 2)

6 I. Zustimmungsbedürftige Beschlüsse und Alleinentscheidungsrecht der Hauptversammlung. Die Frage, welchen Hauptversammlungsbeschlüssen die Komplementäre zustimmen müssen, ist nach Kommanditrecht zu beurteilen. Maßgeblich ist, ob es sich um Angelegenheiten handelt, die in der Kommanditgesellschaft das Einverständnis aller Gesellschafter bedarf. Danach müssen alle Komplementäre, auch die nicht geschäftsführungsbefugten, folgenden Beschlussgegenständen zustimmen: **außergewöhnliche Geschäftsführungsmaßnahmen, Satzungsänderungen und andere Grundlagengeschäfte**.[14] Die Zustimmung bedarf keiner Form, sie kann also auch konkludent erfolgen, zB durch Mitwirkung bei der Einreichung des Beschlusses zum Handelsregister.[15] Anders ist es nur bei der Zustimmung zu Beschlüssen der Hauptversammlung gemäß Abs. 3 S. 2. In diesem Fall bedarf die Zustimmungserklärung der notariellen Beurkundung, und zwar in der Verhandlungsniederschrift oder in einem Anhang zur Niederschrift.[16] Bis die Zustimmung erfolgt ist, sind entsprechende Hauptversammlungsbeschlüsse **schwebend unwirksam**.[17] Im Einzelfall kann ein Anspruch auf Zustimmung der Komplementäre kraft deren gesellschaftsrechtlicher **Treuepflicht** bestehen.[18]

7 Die in Abs. 2 S. 2 genannten Entscheidungen trifft die Hauptversammlung alleine, dh ohne die Zustimmung der Komplementäre. Wie bei den Stimmrechtsausschlüssen des Abs. 1 ist Motiv dafür, dass sich die Komplementäre in einer Interessenkollision befinden.

8 II. Gestaltungsfreiheit. Das in § 285 Abs. 1 S. 1 geregelte Zusammenspiel von Hauptversammlung und allen Komplementären ist nicht satzungsfest. Es gelten §§ 278 Abs. 2, 109 HGB. Folgende Satzungsregelungen sind zulässig: Das Zustimmungsrecht einzelner oder aller Komplementäre kann abbedungen werden; oder es wird statt des Einstimmigkeits- das Mehrheitsprinzip eingeführt. Geschieht dies für Satzungsänderungen oder Grundlagengeschäfte, ist allerdings die Kernbereichslehre zu beachten.[19] Das Recht zur Mitwirkung an außergewöhnlichen Geschäftsführungsmaßnahmen kann der Hauptversammlung entzogen werden. Auch das Recht der Hauptversammlung zur Mitwirkung bei Satzungsänderung und anderer Grundlagengeschäfte ist, sofern kommanditrechtliche Gegenstände betroffen sind (Aufnahme eines neuen Komplementars, Erhöhung des Kapitalanteils etc.), nicht satzungsfest. Diese dispositiven Rechte der Hauptversammlung können auch dem Aufsichtsrat oder einem Beirat (mit-) übertragen werden.

9 Die in § 285 Abs. 2 S. 2 genannten Alleinentscheidungsbefugnisse sind dagegen zwingend.[20] Abweichende Satzungsregelungen sind nicht zulässig. Dies gilt aber auch für das Alleinentscheidungsrecht der Hauptversammlung über den Bilanzgewinn. Dies folgt aus §§ 278 Abs. 3, 174 Abs. 1 (vgl § 286 Rn 10).

10 All diese Grundsätze gelten auch für die **Kapitalgesellschaft & Co. KGaA**. Insbesondere können dort auch Maßnahmen der außerordentlichen Geschäftsführung der Komplementärgesellschaft übertragen werden. Eine besondere Inhaltskontrolle findet nicht statt (vgl § 278 Rn 9 ff).

E. Handelsregister (Abs. 3)

11 Hauptversammlungsbeschlüsse können, falls erforderlich, erst dann zum Handelsregister eingereicht werden, wenn die Zustimmungserklärung der Komplementäre vorliegt. Eine fehlende Zustimmungserklärung kann aber noch nachgeholt und nachgereicht werden.[21] Bei eintragungspflichtigen Hauptversammlungsbeschlüssen ist das zwingende Beurkundungserfordernis des Abs. 3 S. 2 für die Zustimmung des Komplementärs zu beachten.[22]

---

12 Großkomm-AktienR/*Assmann/Sethe*, Rn 45; MüKo-AktG/*Perlitt*, Rn 11; zweifelnd: Spindler/Stilz/*Bachmann*, Rn 14.
13 KölnKomm-AktG/*Mertens/Cahn*, Rn 30; MüKo-AktG/*Perlitt*, Rn 23; K. Schmidt/Lutter/*K. Schmidt*, Rn 26.
14 *Hüffer*, Rn 2; KölnKomm-AktG/*Mertens/Cahn*, Rn 35 f; *Sethe*, S. 124; MüKo-AktG/*Perlitt*, Rn 39 ff.
15 KölnKomm-AKtG/*Mertens/Cahn*, Rn 46; Spindler/Stilz/*Bachmann*, Rn 34.
16 Dazu OLG Stuttgart, 27.11.2002 – 20 U 14/02 – AG 2003, 587; KölnKomm-AktG/*Mertens/Cahn*, Rn 47.
17 AllgM, vgl MüKo-AktG/*Perlitt*, Rn 52; Spindler/Stilz/*Bachmann*, Rn 38; K. Schmidt/Lutter/*K. Schmidt*, Rn 30.
18 LG München I, 29.8.2013 – 5 HK O 23315/12, ZIP 2014, 25, 28; Großkomm-AktienR/*Assmann/Sethe*, Rn 65; MüKo-AktG/*Perlitt*, Rn 61 f.
19 Zum Folgenden Großkomm-AktienR/*Assmann/Sethe*, Rn 69 ff; *Wichert*, S. 58 ff.
20 AllgM, vgl nur MüKo-AktG/*Perlitt*, Rn 46.
21 Großkomm-AktienR/*Assmann/Sethe*, Rn 91; KölnKomm-AktG/*Mertens/Cahn*, Rn 50; Spindler/Stilz/*Bachmann*, Rn 39; aA *v. Godin/Wilhelmi*, Anm. 8.
22 Dazu OLG Stuttgart, 27.11.2002 – 20 U 14/02 – AG 2003, 587.

§ 286 Jahresabschluß. Lagebericht

(1) ¹Die Hauptversammlung beschließt über die Feststellung des Jahresabschlusses. ²Der Beschluß bedarf der Zustimmung der persönlich haftenden Gesellschafter.

(2) ¹In der Jahresbilanz sind die Kapitalanteile der persönlich haftenden Gesellschafter nach dem Posten „Gezeichnetes Kapital" gesondert auszuweisen. ²Der auf den Kapitalanteil eines persönlich haftenden Gesellschafters für das Geschäftsjahr entfallende Verlust ist von dem Kapitalanteil abzuschreiben. ³Soweit der Verlust den Kapitalanteil übersteigt, ist er auf der Aktivseite unter der Bezeichnung „Einzahlungsverpflichtungen persönlich haftender Gesellschafter" unter den Forderungen gesondert auszuweisen, soweit eine Zahlungsverpflichtung besteht; besteht keine Zahlungsverpflichtung, so ist der Betrag als „Nicht durch Vermögenseinlagen gedeckter Verlustanteil persönlich haftender Gesellschafter" zu bezeichnen und gemäß § 268 Abs. 3 des Handelsgesetzbuchs auszuweisen. ⁴Unter § 89 fallende Kredite, die die Gesellschaft persönlich haftenden Gesellschaftern, deren Ehegatten, Lebenspartnern oder minderjährigen Kindern oder Dritten, die für Rechnung dieser Personen handeln, gewährt hat, sind auf der Aktivseite bei den entsprechenden Posten unter der Bezeichnung „davon an persönlich haftende Gesellschafter und deren Angehörige" zu vermerken.

(3) In der Gewinn- und Verlustrechnung braucht der auf die Kapitalanteile der persönlich haftenden Gesellschafter entfallende Gewinn oder Verlust nicht gesondert ausgewiesen zu werden.

(4) § 285 Nr. 9 Buchstabe a und b des Handelsgesetzbuchs gilt für die persönlich haftenden Gesellschafter mit der Maßgabe, daß der auf den Kapitalanteil eines persönlich haftenden Gesellschafters entfallende Gewinn nicht angegeben zu werden braucht.

A. Feststellung des Jahresabschlusses (Abs. 1)

I. Feststellungskompetenz. Die **Aufstellung des Jahresabschlusses** obliegt den geschäftsführenden Komplementären (§ 283 Nr. 9). Dabei können sie **analog § 58 Abs. 2** – § 58 Abs. 1 ist bei der KGaA nicht anwendbar – bis zur Hälfte des Jahresüberschusses in **Gewinnrücklage** stellen.[1] Die Satzung kann zu einer höheren oder niedrigeren Einstellung ermächtigen. Der aufgestellte Jahresabschluss wird von **Abschlussprüfer** und **Aufsichtsrat** geprüft und der Hauptversammlung zur Feststellung zugeleitet. 1

Die Kommanditaktionäre können auf der Hauptversammlung von den geschäftsführenden Komplementären **Auskünfte** über den festzustellenden Jahresabschluss verlangen (§§ 278 Abs. 3, 131). Dieses Auskunftsrecht geht §§ 278 Abs. 3, 166 HGB vor.[2] Es erstreckt sich auf die Höhe des auf die Kapitalanteile entfallenden Gewinns und Verlustes, auch wenn diese in GuV und Anhang nicht gesondert aufgeführt werden müssen.[3] Das Auskunftsverweigerungsrecht des § 131 Abs. 3 und 4 steht den Komplementären nicht zu.[4] 2

Zuständig für die Feststellung des Jahresabschlusses sind die **Hauptversammlung** und **alle Komplementäre**, auch die nicht geschäftsführungsbefugten. In der Vorlage des geprüften Jahresabschlusses an die Hauptversammlung dürfte regelmäßig die konkludente Zustimmung der geschäftsführenden Komplementäre zu sehen sein.[5] Die Hauptversammlung entscheidet mit **einfacher Mehrheit** (§ 133 AktG) über den ihr vorgelegten Jahresabschluss.[6] Billigt sie ihn, wird er den nicht geschäftsführungsbefugten Komplementären zur Entscheidung zugeleitet. Danach ist der Jahresabschluss festgestellt. Die Hauptversammlung kann den Jahresabschluss aber auch ablehnen oder einzelne Positionen korrigieren; dabei kann sie auch abweichende bilanzpolitische Entscheidungen treffen (§ 173 Abs. 2). Ändert die Hauptversammlung den Jahresabschluss ab, bedarf es wiederum des Bestätigungsvermerks des Abschlussprüfers und der Zustimmung aller Komplementäre. 3

Die Hauptversammlungszuständigkeit zur Feststellung des Jahresabschlusses ist zwingend.[7] Die Satzung kann nur eine über § 133 hinausgehende Mehrheit verlangen. Dagegen unterliegt die Zustimmungspflicht der Komplementäre gemäß §§ 278 Abs. 2, 109 HGB der **Gestaltungsfreiheit**.[8] In der Satzung kann also eine 4

---

1 Zur näheren Begründung für die Analogie vgl Großkomm-AktienR/*Assmann/Sethe*, Rn 24 ff; KölnKomm-AktG/*Mertens/Cahn*, Rn 18 f; MüKo-AktG/*Perlitt*, Rn 54 f; *Wichert*, S. 125 ff, alle mwN; für eine Anwendung des § 58 Abs. 1: *Werther*, AG 1966, 305, 307.
2 MüKo-AktG/*Perlitt*, Rn 74.
3 AllgM, vgl Großkomm-AktienR/*Assmann/Sethe*, Rn 23; Spindler/Stilz/*Bachmann*, Rn 3.
4 AllgM, vgl *Hüffer*, Rn 1; MüKo-AktG/*Perlitt*, Rn 75; K. Schmidt/Lutter/*K. Schmidt*, Rn 2; Spindler/Stilz/*Bachmann*, Rn 3.
5 Spindler/Stilz/*Bachmann*, Rn 2; *Wichert*, S. 122.
6 Großkomm-AktienR/*Assmann/Sethe*, Rn 5; MüHb-AG/*Herfs*, § 80 Rn 11.
7 AllgM, vgl nur MüHb-AG/*Herfs*, § 80 Rn 11; KölnKomm-AktG/*Mertens/Cahn*, Rn 22; K. Schmidt/Lutter/*K. Schmidt*, Rn 2.
8 KölnKomm-AktG/*Mertens/Cahn*, Rn 27; MüKo-AktG/*Perlitt*, § 285 Rn 61; *Wichert*, S. 139; nicht ganz klar MüHb-AG/*Herfs*, § 80 Rn 11.

Mehrheitsentscheidung oder der Ausschluss der Zustimmung einzelner Komplementäre festgelegt werden. Nicht zulässig ist es aber, das Erfordernis der Zustimmung aller Komplementäre ganz auszuschließen.[9]

5 **II. Streitigkeiten unter den Gesellschaftern über die Feststellung.** Im Schrifttum besteht Streit darüber, wie zu verfahren ist, wenn sich Komplementäre und Hauptversammlung über die **Feststellung des Jahresabschlusses nicht einig** werden.[10] Richtigerweise gilt Folgendes: Zunächst ist festzuhalten, dass Streitigkeiten über den Jahresabschluss (notfalls) **gerichtlich ausgetragen werden können**. Die im GmbH-Recht vertretene Auffassung, Klagen seien nicht zulässig, vielmehr sei die Gesellschaft bei nicht lösbarem Streit über den Jahresabschluss auflösungsreif,[11] passt nicht auf die KGaA und berücksichtigt nicht ausreichend das Rechtsschutzinteresse der Kommanditaktionäre.[12]

6 Die Frage, welche Klagemöglichkeiten bestehen, hängt davon ab, welche **Ansprüche** geltend gemacht werden können. Ein allgemeiner Anspruch auf Zustimmung zu einem Jahresabschluss besteht nicht, das würde der Entscheidungsfreiheit der Gesellschafter nicht gerecht.[13] Allerdings dürfen die Gesellschafter aufgrund der gesellschaftsrechtlichen Treuepflicht ihre Zustimmung zu einem ordnungsgemäß aufgestellten und geprüften Jahresabschluss **nicht rechtsmissbräuchlich** verweigern. Bei der Frage des Rechtsmissbrauchs ist auch das **Bilanzierungsermessen** der geschäftsführenden Komplementäre in Rechnung zu stellen.[14] Nach der neueren höchstrichterlichen Rechtsprechung zum Kommanditrecht, die auch für die KGaA fruchtbar gemacht werden kann, bezieht sich dieses Ermessen auf Maßnahmen, die der **Darstellung der Lage des Unternehmens dienen**, nicht aber auf Maßnahmen, die der **Sache nach Ergebnisverwendung** sind.[15]

7 Für die Frage des Zustimmungsanspruchs bedeutet dies: Die Gesellschafter – Komplementäre wie Kommanditaktionäre – dürfen die Zustimmung zu einem ordnungsgemäß aufgestellten und geprüften Jahresabschluss nicht rechtsmissbräuchlich, dh aus sachfremden Motiven, verweigern. Sachfremd wäre auch eine Verweigerung durch Kommanditaktionäre und nicht geschäftsführungsbefugten Komplementäre, welche auf der Uneinigkeit über Angelegenheiten beruht, die im Bilanzierungsermessen der geschäftsführenden Komplementäre liegt. In diesen Fällen – und nur in diesen Fällen – besteht gegenüber den sich weigernden Gesellschaftern ein Anspruch auf Zustimmung.

8 Stimmt danach die Hauptversammlung rechtsmissbräuchlich oder unter Verkennung des Bilanzierungsermessens der geschäftsführungsbefugten Komplementäre einem Jahresabschlussentwurf nicht (mit der erforderlichen Mehrheit) zu, können die Komplementäre und die überstimmten Kommanditaktionäre **Anfechtungsklage** kombiniert mit einer **positiven Beschlussfeststellungsklage** gegen die Gesellschaft – nicht gegen die nicht parteifähige Hauptversammlung – erheben.[16] Aus prozessualer Vorsorge sollte den Komplementären, wenn nicht diese selbst Klage erheben, der Streit verkündet werden.[17] Stimmen alle oder einzelne Komplementäre dem von der Hauptversammlung geänderten Jahresabschluss rechtsmissbräuchlich nicht zu, können diese von der **Gesellschaft** auf **Zustimmung** verklagt werden.[18]

9 Besteht kein Anspruch auf Zustimmung der sich weigernden Gesellschafter, so kann jeder Kommanditaktionär oder Komplementär von der Gesellschaft die **Feststellung des Jahresabschlusses** verlangen. Dies folgt aus dem **mitgliedschaftlichen Gewinnbeteiligungsrecht**, welches zwingend einen festgestellten Jahresabschluss voraussetzt. Prozessual ist eine Gestaltungsklage entsprechend § 315 Abs. 3 BGB zu erheben.[19] Auch in einem solchen Fall sollte den Komplementären, wenn diese nicht selbst Klage erheben, der Streit verkündet werden.[20]

---

9 KölnKomm-AktG/*Mertens/Cahn*, Rn 27; *Riotte/Hansen*, in: Schütze/Bürgers/Riotte, KGaA, § 6 Rn 31.
10 Zum Streitstand siehe Großkomm-AktienR/*Assmann/Sethe*, Rn 9 ff; KölnKomm-AktG/*Mertens/Cahn*, Rn 29 ff; *Wichert*, S. 130 ff.
11 So *Hüffer*, Rn 1 "für GmbH, aber verallgemeinerungsfähig"; Spindler/Stilz/*Bachmann*, Rn 4, befürwortet die Klagemöglichkeit, hält die Gesellschaft aber dann für auflösungsreif, wenn dadurch ein Jahresabschluss nicht erreicht werden kann.
12 Großkomm-AktienR/*Assmann/Sethe*, Rn 13; *Reger*, in: Schütz/Bürgers/Riotte, KGaA, § 5 Rn 630; *Raiser/Veil*, § 23 Rn 57; Grigoleit/*Servatius*, Rn 2; *Wichert*, S. 132.
13 *Wichert*, S. 134.
14 *Wichert*, S. 135 f; so im Ansatz auch Großkomm-AktienR/*Assmann/Sethe*, Rn 20 f; *Reger*, in: Schütz/Bürgers/Riotte, KGaA, § 5 Rn 632; MüHb-AG/*Herfs*, § 80 Rn 13; MüKo-AktG/*Perlitt*, Rn 71; Wachter/*Blaurock*, Rn 3.
15 So für die KG: BGH v. 29.3.1996 – II ZR 263/94 – NJW 1996, 1678; BGH v. 15.1.2007 – II ZR 245/05 – NZG 2007, 259 hat diese Unterscheidung im Ergebnis nicht aufgegeben; *Baumbach/Hopt*, HGB, 25. Aufl. 2012, § 164 Rn 3; Röhricht/v. Westphalen/*von Gerkan*, HGB, 3. Aufl. 2008, § 120 Rn 7; ebenso für die KGaA: *Wichert*, S. 135 mwN; ähnlich: Spindler/Stilz/*Bachmann*, Rn 4; weiter gehend: Großkomm-AktienR/*Assmann/Sethe*, Rn 22; MüHb-AG/*Herfs*, § 80 Rn 13; MüKo-AktG/*Perlitt*, Rn 71, die den geschäftsführenden Komplementären im Zweifel jegliche Bilanzierungsentscheidung überlassen wollen.
16 Ähnlich: Großkomm-AktienR/*Assmann/Sethe*, Rn 21; MüKo-AktG/*Perlitt*, Rn 72 f; MüHb-AG/*Herfs*, § 80 Rn 13; K. Schmidt/Lutter/*K. Schmidt*, Rn 2; Spindler/Stilz/*Bachmann*, Rn 4; Wachter/*Blaurock*, Rn 3; *Wichert*, S. 135 f; vgl auch *Nirk*, Hb AG, I Rn 1953.
17 Vgl K. Schmidt/Lutter/*K. Schmidt*, Rn 2; MüKo-AktG/*Perlitt*, Rn 72.
18 Großkomm-AktienR/*Assmann/Sethe*, Rn 22; Spindler/Stilz/*Bachmann*, Rn 4; *Wichert*, S. 136.
19 *Wichert*, S. 136 f.
20 Vgl K. Schmidt/Lutter/*K. Schmidt*, Rn 2; MüKo-AktG/*Perlitt*, Rn 72.

III. **Gewinnverwendungsbeschluss.** Nach Feststellung des Jahresabschlusses entscheidet die Hauptversammlung über die Verwendung des Bilanzgewinns (§§ 278 Abs. 3, 174 Abs. 1). Die Komplementäre sind nicht stimmberechtigt. Da die Verwendung des Bilanzgewinns nicht dem Verhältnis zwischen Komplementären und Hauptversammlung, sondern dem mitgliedschaftlichen Gewinnanspruch der Kommanditaktionäre zuzuordnen ist, kann die Satzung dies nicht anders regeln. Insbesondere kann der Gewinnverwendungsbeschluss nicht von der Zustimmung des Komplementärs abhängig gemacht werden.[21] Dies gilt nicht nur für eine kapitalistisch, sondern auch für eine personalistisch strukturierte KGaA.[22] Zwar mögen natürliche Personen als Komplementäre wegen ihrer persönlichen Haftung für Verbindlichkeiten der KGaA ein Interesse daran haben, Gewinnausschüttungen an die Kommanditaktionäre zu verhindern. Das reicht aber nicht aus, um den mitgliedschaftlichen Gewinnanspruch der Kommanditaktionäre zu überspielen und die Ausschüttung von ordnungsgemäß festgestellten Gewinnen an die Kommanditaktionäre zu kontrollieren.[23]

B. Besonderheiten der Jahresbilanz (Abs. 2)

Der Ausweis der Kapitalanteile der Komplementäre (zum Begriff vgl § 281 Rn 8) in der Jahresbilanz erfolgt auf der Passivseite nach dem Posten „Gezeichnetes Kapital". Die Kapitalanteile können zusammengefasst werden, eine Aufteilung auf die einzelnen Komplementäre ist nicht erforderlich.[24] Ob eine solche Zusammenfassung sinnvoll ist, ist aber im Hinblick auf Abs. 2 S. 2 und 3 fraglich.[25] Nicht zulässig ist es aber, positive und negative Kapitalanteile zu saldieren; denn negative Kapitalanteile sind gesondert auszuweisen.[26]
Den Kapitalanteilen sind die auf sie entfallenden **Verluste** abzuschreiben. Diese Regelung ist, anders als § 120 Abs. 2 S. 2 HGB, zwingend.[27] Wie bereits oben erwähnt, ist ein negativer Kapitalanteil auf der Aktivseite gesondert auszuweisen. Gesondert auszuweisen sind auch die **Kredite** an Komplementäre oder ihnen nahe stehenden Personen, sofern sie über einem Bruttomonatsgehalt des Komplementärs liegen (§ 89 Abs. 1). Auch insofern kann eine Gesamtsumme aller Kredite angegeben werden, ein Einzelausweis ist nicht erforderlich.[28]

C. Besonderheiten der GuV (Abs. 3) und des Anhangs (Abs. 4)

In der Gewinn- und Verlustrechnung ist es nicht erforderlich, das auf den einzelnen Komplementär entfallende Ergebnis besonders auszuweisen. Entsprechendes gilt für den Anhang, in dem der Gewinnanteil des einzelnen Komplementärs nicht angegeben wird. Dies ist zwar nicht unproblematisch, denn dadurch wird das berechtigte Informationsinteresse der Kommanditaktionäre beeinträchtigt.[29] Da aber die Kommanditaktionäre nach allgemeiner Meinung auf der Hauptversammlung entsprechend Auskunft verlangen können (siehe oben Rn 2) ist das Problem entschärft.

§ 287 Aufsichtsrat

(1) Die Beschlüsse der Kommanditaktionäre führt der Aufsichtsrat aus, wenn die Satzung nichts anderes bestimmt.

(2) ¹In Rechtsstreitigkeiten, die die Gesamtheit der Kommanditaktionäre gegen die persönlich haftenden Gesellschafter oder diese gegen die Gesamtheit der Kommanditaktionäre führen, vertritt der Aufsichtsrat die Kommanditaktionäre, wenn die Hauptversammlung keine besonderen Vertreter gewählt hat. ²Für die Kosten des Rechtsstreits, die den Kommanditaktionären zur Last fallen, haftet die Gesellschaft unbeschadet ihres Rückgriffs gegen die Kommanditaktionäre.

(3) Persönlich haftende Gesellschafter können nicht Aufsichtsratsmitglieder sein.

---

21 Großkomm-AktienR/*Assmann/Sethe*, § 285 Rn 82; Spindler/Stilz/*Bachmann*, Rn 2; *Wichert*, AG 2000, 268, 270; für die kapitalistische KGaA ebenso *Ihrig/Schlitt*, S. 69 f; *Raiser/Veil*, § 23 Rn 51; aA MüHb-AG/*Herfs*, § 80 Rn 19; KölnKomm-AktG/*Mertens/Cahn*, Rn 33; MüKo-AktG/*Perlitt*, Rn 80; K. Schmidt/Lutter/*K. Schmidt*, Rn 12, allerdings alle ohne nähere Begründung.
22 Anders jetzt LG München I, 29.8.2013 – 5 HK O 23315/12, ZIP 2014, 25, 27.
23 So aber LG München I, 29.8.2013 – 5 HK O 23315/12, ZIP 2014, 25, 27.
24 AllgM, vgl MüKo-AktG/*Perlitt*, Rn 83; Spindler/Stilz/*Bachmann*, Rn 9.
25 K. Schmidt/Lutter/*K. Schmidt*, Rn 6.
26 AllgM, vgl *Riotte/Hansen*, in: Schütz/Bürgers/Riotte, KGaA, § 6 Rn 77; *Sethe*, DB 1998, 1044, 1047 mwN.
27 AllgM, vgl *Hüffer*, Rn 4; K. Schmidt/Lutter/*K. Schmidt*, Rn 7; *Wichert*, S. 128.
28 AllgM, vgl *Hüffer*, Rn 5; *Sethe*, DB 1998, 1044, 1048; Spindler/Stilz/*Bachmann*, Rn 10; *Wichert*, S. 128.
29 Vgl *Ammenwerth*, S. 89 f; *Wichert*, S. 130; Spindler/Stilz/*Bachmann*, Rn 11.

Literatur:
Habersack, Der Gesellschafterausschuss der KGaA, in: Festschrift für Hans-Jürgen Hellwig zum 70. Geburtstag, 2010, S. 143; *Kallmeyer*, Rechte und Pflichten des Aufsichtsrats in der Kommanditgesellschaft auf Aktien, ZGR 1983, 57; *Mertens*, Zur Existenzberechtigung der Kommanditgesellschaft auf Aktien, in: FS Barz, 1974, S. 253; *Sethe*, Aufsichtsratsreform mit Lücken – Die Einbeziehung der Kommanditgesellschaft auf Aktien in die gegenwärtige Reformdiskussion, AG 1996, 289.

A. Allgemeine Stellung, Kompetenzen und Zusammensetzung des Aufsichtsrats

1 Wie Abs. 1 und 2 zu entnehmen ist, wird dem Aufsichtsrat nach der gesetzlichen Konzeption eine Doppelrolle zugewiesen. Er ist **Organ** der **Gesellschaft** und zugleich **Organ** der **Gesamtheit der Kommanditaktionäre**. Diese Doppelrolle lässt sich historisch erklären. Die KGaA war im ADHGB noch als Unterart der KG konzipiert und war dort Organ der Gesamtheit der Kommanditaktionäre (vgl § 278 Rn 52 ff). Seitdem die KGaA als juristische Person verselbstständigt ist, ist der Aufsichtsrat auch Organ der Gesellschaft. Diese dem gesetzlichen Leitbild entsprechende Doppelrolle ist problematisch.[1] Der Aufsichtsrat ist dem **Unternehmensinteresse** und zugleich dem **Interesse der Kommanditaktionäre** verpflichtet; dies kann leicht zu Interessenkollisionen führen. Wenig überzeugend ist zudem, dass die Arbeitnehmervertreter im Aufsichtsrat dem Interesse der Kommanditaktionäre verpflichtet sein sollen. Aufgrund dieser erheblichen Bedenken ist an dem tradierten Leitbild nicht weiter festzuhalten. Der Aufsichtsrat ist ausschließlich als Organ der Gesellschaft aufzufassen, dem für das Verhältnis Hauptversammlung zu Komplementären einige besondere Kompetenzen zugewiesen sind.[2]

2 Die **allgemeinen aktienrechtlichen Kompetenzen** des **Aufsichtsrats als Gesellschaftsorgan** folgen aus §§ 278 Abs. 3, 95 ff. Im Vergleich zum Aufsichtsrat in der AG sind diese Kompetenzen deutlich eingeschränkt. Grund dafür ist die Stellung des Komplementärs als geborenes und nicht gekorenes Geschäftsführungsorgan. Im Wesentlichen stehen dem Aufsichtsrat folgende Kompetenzen zu:[3] die **Überwachungskompetenz** des § 111 Abs. 1, das **Prüfungsrecht** des § 111 Abs. 2 und das **Informationsrecht** gemäß § 90. Ferner obliegt ihm gemäß § 112 die ausschließliche **Vertretungskompetenz** in Angelegenheiten der Gesellschaft gegenüber den Komplementären.[4] Dies gilt auch dann, wenn diese ausgeschieden sind und mittlerweile eine andere Funktion in der Gesellschaft übernommen haben.[5] In der kapitalistischen KGaA vertritt der Aufsichtsrat die Gesellschaft auch gegenüber Geschäftsführer und beherrschenden Gesellschaftern, andererseits bestünde auch insofern die Gefahr einer Interessenkollision.[6] Dagegen fehlen dem Aufsichtsrat die aktienrechtlichen Personal- (§ 84), Zustimmungs- (§ 111 Abs. 4 S. 2), Bilanzfeststellungs- und Geschäftsordnungskompetenzen.

3 Diese dem Aufsichtsrat zugewiesenen **aktienrechtlichen Kompetenzen** als Organ der Gesellschaft sind insofern **zwingend**, als sie nicht eingeschränkt oder auf ein anderes Organ, etwa einen Beirat, übertragen werden dürfen.[7] Die Satzung kann die Kompetenzen des Aufsichtsrats aber erweitern. Auch von der Vertretungskompetenz des § 112 darf nicht abgewichen werden, entgegenstehende Satzungsbestimmungen sind nichtig.[8] Ebenso wenig kann die Satzung von den Beschränkungen des § 181 BGB befreien, auch dies verstieße gegen § 112.[9] Schließlich kann die Satzung neben dem Aufsichtsrat ein zusätzliches Gremium, einen Gesellschafterausschuss oder Beirat, schaffen, der zusätzliche Aufgaben übernimmt.[10] Vgl zu Letzterem auch § 278 Rn 22.

---

1 Zum Folgenden *Mertens*, in: FS Barz, 1974, S. 253 ff; *Wichert*, S. 48 f; *Zacharopoulou*, Kommanditgesellschaft auf Aktien und Mitbestimmungsgesetz, 2000, S. 102 ff; ähnlich: *Fischer*, KGaA, S. 55 f.

2 So auch die heute hM, vgl Großkomm-AktienR/*Assmann/Sethe*, Rn 31; *Fischer*, S. 59 ff; *Hüffer*, Rn 1; KölnKomm-AktG/*Mertens/Cahn*, Rn 2; *Mertens*, in: FS Barz, 1974, S. 253, 255 f; MüKo-AktG/*Perlitt*, Rn 5 f; *Sethe*, AG 1996, 289, 299 f; *Wichert*, S. 51 f.

3 *Bürgers*, in: Schütze/Bürgers/Riotte, KGaA, § 5 Rn 482 ff; KölnKomm-AktG/*Mertens/Cahn*, Rn 12 ff; *Schaumburg/Schulte*, S. 13 f.

4 BGH v. 29.11.2004 – II ZR 364/02, ZIP 2005, 348; Großkomm-AktienR/*Assmann/Sethe*, Rn 67; *Ihrig/Schlitt*, S. 55; MüKo-AktG/*Perlitt*, Rn 66 f; *Sethe*, DB 1996, 289, 298 f; *Spindler/Stilz/Bachmann*, Rn 11 f; *Wichert*, AG 2000, 268, 273; modifizierend: KölnKomm-AktG/*Mertens/Cahn*, Rn 19.

5 BGH v. 29.11.2004 – II ZR 364/02, ZIP 2005, 348.

6 Großkomm-AktienR/*Assmann/Sethe*, Rn 73; *Arnold*, S. 129 f; *Ihrig/Schlitt*, S. 54 ff; *Wichert*, AG 2000, 268, 273; aA *Dirksen/Möhrle*, ZIP 1998, 1377, 1384.

7 Großkomm-AktienR/*Assmann/Sethe*, Rn 75; differenzierend: MüKo-AktG/*Perlitt*, Rn 69 f.

8 Großkomm-AktienR/*Assmann/Sethe*, Rn 68; Spindler/Stilz/*Bachmann*, Rn 16; *Pühler*, in: Happ, Aktienrecht, 1.03 Rn 10; *Schlitt*, S. 179; *Wichert*, AG 2000, 268, 274; aA OLG München v. 26.7.1995 – 7 U 5169/94, AG 1996, 86; MüHb-AG/*Herfs*, § 78 Rn 56; *Herfs*, AG 2005, 589, 592 f; K. *Schmidt/Lutter/K. Schmidt*, Rn 20; BGH v. 29.11.2004 – II ZR 364/02 – brauchte in seiner Entscheidung (ZIP 2005, 348) dazu nicht Stellung nehmen.

9 Großkomm-AktienR/*Assmann/Sethe*, Rn 68; MüKo-AktG/*Perlitt*, Rn 67 f; *Wichert*, AG 2000, 268, 274; so wohl auch *Arnold*, S. 129; aA K. *Schmidt/Lutter/K. Schmidt*, Rn 20; *Bachmann*, in: FS K. Schmidt, 2009, S. 41, 53 f; nicht ganz klar *Pühler*, in: Happ, Aktienrecht, 1.03 Rn 10, der einerseits eine Befreiung von § 181 BGB für möglich und gleichzeitig die Vertretungsbefugnis des § 112 AktG für zwingend hält. In Mustersatzungen wird häufig ohne nähere Problematisierungen empfohlen, von den Beschränkungen des § 181 BGB zu befreien, so etwa *Freudenberg/Sorg*, Die KGaA mit beschränkter Haftung, 1999, S. 12; *Hartel*, Die Unternehmer-AG, 1996, S. 147.

10 *Habersack*, in: FS Hellwig, S. 143.

Der Aufsichtsrat wird nach allgemeinem Aktienrecht bestellt und abberufen (§§ 278 Abs. 3, 30 Abs. 1–3, 101 ff). Einzelnen Kommanditaktionären können in der Satzung auch **Entsenderechte** eingeräumt werden (§§ 278 Abs. 3, 101 Abs. 2). Allerdings dürfen diese nicht zugleich Komplementäre oder – im Falle einer kapitalistischen KGaA – Geschäftsführer oder maßgeblich beteiligte Gesellschafter der Komplementärgesellschaft sein.[11] Zulässig ist allerdings, dass ein an der Komplementärgesellschaft maßgeblich beteiligter Gesellschafter sein in einer Namensaktie verbrieftes Entsenderecht auf eine ihm genehme dritte Person überträgt. Dies stellt kein unzulässiges Umgehungsgeschäft, sondern eine zulässige Gestaltungsform dar.[12] Der Aufsichtsrat einer KGaA, die mehr als 2000 Arbeitnehmer beschäftigt, unterliegt dem MitbestG. Auf eine kapitalistische KGaA sind §§ 4, 5 MitbestG nicht anwendbar (dazu § 4 MitbestG Rn 11 ff; § 5 MitbestG Rn 13 ff). Beschäftigt eine KGaA mehr als 500 Arbeitnehmer, ist das DrittelbG einschlägig.

B. Ausführung der Beschlüsse der Kommanditaktionäre (Abs. 1)

Der Aufsichtsrat ist zuständig für die Ausführung der Beschlüsse der Hauptversammlung. Diese Zuständigkeit betrifft allerdings nur die Beschlüsse, welche die Hauptversammlung aufgrund ihrer kommanditrechtlichen Kompetenzen trifft, etwa die Zustimmung zu außergewöhnlichen Geschäftsführungsmaßnahmen, sofern diese nicht abbedungen ist. Dagegen führen Beschlüsse der Hauptversammlung, die diese nach allgemeinem Aktienrecht trifft, die Komplementäre als Geschäftsführungsorgan aus.[13] Die Ausführungskompetenz des Abs. 1 ist abdingbar, kann also auch einem Beirat übertragen werden.[14]

C. Stellung bei Rechtsstreitigkeiten (Abs. 2)

Abs. 2 geht von der Möglichkeit innergesellschaftlicher Prozesse zwischen den Gesellschaftergruppen aus und verleiht der Hauptversammlung Parteifähigkeit. Dies mag zum Schutz der Kommanditaktionäre zu einer Zeit berechtigt gewesen sein, als die KGaA noch keine eigene Rechtspersönlichkeit hatte (vgl § 278 Rn 52 ff). Durch die Verselbstständigung der KGaA als juristische Person ist dies nicht mehr notwendig, ja sogar schädlich, da überflüssige In-sich-Prozesse provoziert werden. § 287 Abs. 2 ist heute so zu interpretieren, dass die **Parteifähigkeit** nicht bei der Hauptversammlung, sondern bei der **Gesellschaft** liegt.[15] Folgt man dieser Auslegung, ist die in Abs. 2 enthaltene Regelung über die Haftung der Gesellschaft für die **Kosten des Rechtsstreits** überflüssig. Denn der Gesellschaft fallen diese bereits als Partei des Rechtsstreits zur Last. Die Möglichkeit, Rückgriff gegen die Kommanditaktionäre zu nehmen, ist nur in den Fällen zuzulassen, in denen die betreffenden Kommanditaktionäre pflichtwidrig einem Klageverfahren zugestimmt haben. Insofern muss Abs. 2 S. 2 einschränkend ausgelegt werden.[16]

D. Unvereinbarkeit (Abs. 3)

Komplementäre können nicht Mitglied des Aufsichtsrats sein. Dies gilt auch für nicht geschäftsführungsbefugte Komplementäre. Da der Aufsichtsrat die Komplementäre überwacht, käme es anderenfalls zu Interessenkollisionen. In einer kapitalistischen KGaA sind wegen möglicher Interessenkollisionen auch deren Geschäftsführer und Gesellschafter, sofern nicht nur eine Bagatellbeteiligung vorliegt, vom Aufsichtsratsamt ausgeschlossen.[17] Eine Anwendung des Abs. 3 kommt auch bei mittelbar an der Komplementärgesellschaft Beteiligten in Betracht, sofern diese einen bestimmenden Einfluss ausüben können.[18] Wie stets kommt es bei der Prüfung auf alle Umstände des Einzelfalls an.

---

11 Großkomm-AktienR/*Assmann/Sethe*, Rn 6; MüHb-AG/*Herfs*, § 78 Rn 48; *Wichert*, AG 2000, 268, 273.
12 BGH v. 5.12.2005 – II ZR 291/03, ZIP 2006, 177, 180; *Hoffmann-Becking/Herfs*, in: FS Sigle, 2000, S. 273, 289 f.
13 Großkomm-AktienR/*Assmann/Sethe*, Rn 49; MüKo-AktG/*Perlitt*, Rn 59; *Wachter/Blaurock*, Rn 3.
14 Großkomm-AktienR/*Assmann/Sethe*, Rn 55 f; MüKo-AktG/*Perlitt*, Rn 58, 10 f.
15 Großkomm-AktienR/*Assmann/Sethe*, Rn 62; *Hüffer*, Rn 2; KölnKomm-AktG/*Mertens/Cahn*, Rn 20; *Reger*, in: Schütz/Bürgers/Riotte, KGaA, § 5 Rn 13 ff; MüKo-AktG/*Perlitt*, Rn 74 f; *Raiser/Veil*, § 23 Rn 41 ff; K. Schmidt/Lutter/*K. Schmidt*, Rn 20; Spindler/Stilz/*Bachmann*, Rn 24; Hölters/*Müller-Michaels*, Rn 3; *Wichert*, S. 50 ff; aA MüHb-AG/*Herfs*, § 77 Rn 57.
16 Großkomm-AktienR/*Assmann/Sethe*, Rn 64; *Hüffer*, Rn 3; KölnKomm-AktG/*Mertens/Cahn*, Rn 21; *Sethe*, AG 1996, 289; MüKo-AktG/*Perlitt*, Rn 77; K. Schmidt/Lutter/*K. Schmidt*, Rn 21; *Wachter/Blaurock*, Rn 4.
17 OLG München, 13.8.2003 – 7 U 2927/02 – ZIP 2004, 214; Großkomm-AktienR/*Assmann/Sethe*, Rn 10; MüHb-AG/*Herfs*, § 78 Rn 49; *Wichert*, AG 2000, 268, 273; enger: BGH v. 5.12.2005 – II ZR 291/03, ZIP 2006, 177, 178 f, wonach nur Gesellschafter, die eine organähnliche Leitungsfunktion tatsächlich ausüben oder an der Komplementärgesellschaft maßgeblich beteiligt sind, unter § 287 Abs. 3 fallen; ähnlich: *Arnold*, S. 106; KölnKomm-AktG/*Mertens/Cahn*, Rn 8; MüKo-AktG/*Perlitt*, Rn 29; Spindler/Stilz/*Bachmann*, Rn 5; Hölters/*Müller-Michaels*, Rn 7; *Wachter/Blaurock*, Rn 6.
18 OLG München v. 13.8.2003 – 7 U 2927/02, ZIP 2004, 214, 217; *Kessler*, NZG 2005, 145, 150.

§ 288 Entnahmen der persönlich haftenden Gesellschafter. Kreditgewährung

(1) ¹Entfällt auf einen persönlich haftenden Gesellschafter ein Verlust, der seinen Kapitalanteil übersteigt, so darf er keinen Gewinn auf seinen Kapitalanteil entnehmen. ²Er darf ferner keinen solchen Gewinnanteil und kein Geld auf seinen Kapitalanteil entnehmen, solange die Summe aus Bilanzverlust, Einzahlungsverpflichtungen, Verlustanteilen persönlich haftender Gesellschafter und Forderungen aus Krediten an persönlich haftende Gesellschafter und deren Angehörige die Summe aus Gewinnvortrag, Kapital- und Gewinnrücklagen sowie Kapitalanteilen der persönlich haftenden Gesellschafter übersteigt.

(2) ¹Solange die Voraussetzung von Absatz 1 Satz 2 vorliegt, darf die Gesellschaft keinen unter § 286 Abs. 2 Satz 4 fallenden Kredit gewähren. ²Ein trotzdem gewährter Kredit ist ohne Rücksicht auf entgegenstehende Vereinbarungen sofort zurückzugewähren.

(3) ¹Ansprüche persönlich haftender Gesellschafter auf nicht vom Gewinn abhängige Tätigkeitsvergütungen werden durch diese Vorschriften nicht berührt. ²Für eine Herabsetzung solcher Vergütungen gilt § 87 Abs. 2 Satz 1 und 2 sinngemäß.

Literatur:
Ammenwerth, Die Kommanditgesellschaft auf Aktien – eine Rechtsformalternative für personenbezogene Unternehmen?, 1997; *Herfs*, Vereinbarungen zwischen der KGaA und ihren Komplementären, AG 2005, 589; *Sethe*, Die Besonderheiten der Rechnungslegung bei der KGaA, DB 1998, 1044; *Wichert*, Die Finanzen der Kommanditgesellschaft auf Aktien, 1999.

A. Ermittlung und Verteilung des Jahresergebnisses

1 **I. Keine Sonderbilanz zur Ermittlung des Komplementärsergebnisses.** Das Ergebnis der Gesellschaft ermittelt sich aus dem aktienrechtlichen Grundsätzen unterliegenden Jahresabschluss. Streitig ist, wie sich das **Ergebnis der Komplementäre** ermittelt. Nach der früher herrschenden Auffassung ist insofern gemäß §§ 120, 161 Abs. 2 HGB eine **Sonderbilanz für die Komplementäre** aufzustellen, deren Ansätze nicht den strengen §§ 264 ff HGB, sondern den §§ 238 ff, 252 ff HGB unterliege und die Jahr für Jahr fortzuschreiben sei. Der Anteil der Kommanditaktionäre werde aus dem Jahresabschluss der Gesellschaft ermittelt.[1] Eine zweite Ansicht befürwortet ebenfalls eine Sonderbilanz, für diese seien jedoch nicht handelsrechtliche, sondern aktienrechtliche Ansätze maßgeblich.[2] Eine dritte Ansicht verwirft diese doppelte Ermittlung des Jahresergebnisses. Auszugehen sei vielmehr von dem aktienrechtlichen Jahresabschluss der Gesellschaft; anhand dessen ergebe sich das Jahresergebnis der Gesellschaft. Dieses Jahresergebnis sei nach kommanditrechtlichen Grundsätzen zu verteilen.[3]

2 Den Vorzug verdient die dritte Ansicht. Sie verwirklicht konsequent die Verselbstständigung der KGaA als juristische Person, indem sie zwischen Ermittlung des Ergebnisses der Gesellschaft und der Verteilung zwischen den Gesellschaftern differenziert. Dafür spricht auch die Zuständigkeitsverteilung zwischen den Gesellschaftern. Die Feststellung des Jahresabschlusses ist gemäß § 286 Abs. 1 Angelegenheit aller Gesellschafter. Dem widerspräche es, müsste die Hauptversammlung eine von den Komplementären aufgestellte interne Sonderbilanz bei der Feststellung der Jahresbilanz hinnehmen.

3 Maßgeblich für die Ergebnisverteilung ist allerdings nicht der Bilanzgewinn oder -verlust. Denn dann wären die Komplementäre an Verlustvorträgen beteiligt, obwohl ihrem Kapitalanteil der auf sie fallende Verlust bereits abgezogen wurde. Zudem müssten die Komplementäre entgegen den Intentionen der Aktienrechtsnovelle 1965 auch die gesetzliche Rücklage mitfinanzieren, ohne an ihrer späteren Auflösung partizipieren zu können. Deshalb ist Anknüpfungspunkt für die Ergebnisbeteiligung der Komplementäre der Jahresüberschuss oder -fehlbetrag in der GuV.[4] Der nach Verteilung auf die Komplementäre fallende Gewinn oder Verlust wird in der GuV nicht als sonstige betriebliche Aufwendungen (§ 275 Abs. 2 Nr. 8, Abs. 3 Nr. 7 HGB) bzw sonstige betriebliche Erträge (§ 275 Abs. 2 Nr. 4, Abs. 3 Nr. 6 HGB) verbucht.[5] Vielmehr werden sie erst bei dem Posten Bilanzgewinn oder -verlust berücksichtigt.[6] In der Jahresbilanz wird er direkt den Kapitalanteilen zu- bzw von ihnen abgeschrieben.

---

1 OLG Hamm v. 11.4.1969 – 8 W 22/69, AG 1969, 295; Großkomm-AktienR/*Assmann/Sethe*, Rn 6 ff; *Mathiak*, DStR 1989, 661, 667; *Sethe*, DB 1998, 1044, 1045; *Würdinger*, S. 256.

2 *Baumbach/Hueck*, AktG, Rn 5; MüKo-AktG/*Perlitt*, § 286 Rn 25.

3 *Ammenwerth*, S. 55 ff; *Cahn*, AG 2001, 579, *Geßler*, BB 1973, 1080; *Halasz/Kloster/Kloster*, GmbHR 2002, 77, 86; MüHb-AG/*Herfs*, § 80 Rn 10; *Hüffer*, Rn 2; KölnKomm-AktG/*Mertens/Cahn*, Rn 5 ff; *Mertens*, in: FS Barz, 1974, S. 253, 256; *Riotte/Hansen*, in: Schütz/Bürgers/Riotte, KGaA, § 6 Rn 51 ff; K. Schmidt/Lutter/*K. Schmidt*, § 286 Rn 4, § 288 Rn 4; Wachter/*Blaurock*, Rn 2; *Wichert*, S. 143 ff.

4 Ähnlich: *Ammenwerth*, S. 58 f; *Geßler*, BB 1973, 1080; *Wichert*, S. 143 f; Wachter/*Blaurock*, Rn 2; umfassend dazu KölnKomm-AktG/*Mertens/Cahn*, § 286 Rn 6 ff.

5 So aber Großkomm-AktienR/*Assmann/Sethe*, § 286 Rn 46; MüKo-AktG/*Perlitt*, § 286 Rn 11, 91.

6 *Ammenwerth*, S. 56 f; KölnKomm-AktG/*Mertens/Cahn*, § 286 Rn 11 f; *Wichert*, S. 143 f.

II. Verteilung des Jahresergebnisses. Die **Verteilung des Jahresergebnisses** bestimmt sich nach **Kommanditrecht** (§§ 278 Abs. 2, 121, 168 Abs. 1 HGB). Im Falle eines Jahresüberschusses sind gemäß §§ **168 Abs. 1, 121 Abs. 1 S. 1 HGB** zunächst die Kapitalanteile und das Grundkapital mit Prozent zu verzinsen (Vorausdividende). Reicht der Jahresüberschuss hierzu nicht aus, ist die Vorausdividende entsprechend zu kürzen. Übersteigt der Jahresüberschuss den Betrag der Vorausdividende, ist der Rest in einem „den Umständen nach angemessenen Verhältnis" zwischen den Komplementären einerseits und der Gesamtheit der Kommanditaktionäre andererseits zu verteilen.[7] Bei der Bestimmung des **angemessenen Verhältnisses** wird regelmäßig die **unbeschränkte persönliche Haftung** und die **Geschäftsführertätigkeit** auf Seiten der Komplementäre sowie die **Höhe der Finanzierungsleistungen** – Verhältnis von Grundkapital und Kapitalanteilen – eine Rolle spielen.[8] Der nach diesem Maßstab auf die Gruppe der Komplementäre entfallende Gewinn ist dann unter den einzelnen Komplementären zu verteilen. Maßstab ist wiederum das Kriterium der Angemessenheit (§ 168 Abs. 2 HGB), eine Verteilung wie in § 121 Abs. 3 für die Gesellschafter einer OHG vorgesehen, erfolgt bei der KG nicht.[9] Die Verteilung des Bilanzgewinns unter den Kommanditaktionären bestimmt sich nach Aktienrecht.[10] Insofern bestehen keine Unterschiede zur AG.

Die Verteilung eines etwaigen Verlustes unter den Gesellschaftern ist in § 168 Abs. 2 HGB geregelt. Sie erfolgt ebenfalls in einem „den Umständen nach angemessenen Verhältnis". Maßgeblich sind wiederum alle Umstände des Einzelfalls, wobei die für die Gewinnverteilung genannten Umstände in der Regel auch für die Verteilung des Verlustes eine Rolle spielen. Häufig dürften sich Gewinn- und Verlustverteilungsschlüssel entsprechen. Auch unter den Komplementären bestimmt sich der Anteil an Verlust nach dem Kriterium der Angemessenheit.

III. Gestaltungsmöglichkeiten. Die Ermittlung des **Gewinns der Gesellschaft** unterliegt zwingend aktien- und handelsrechtlichen Vorschriften. Dagegen ist die sich nach Kommanditrecht bestimmende **Verteilung des Jahresergebnisses** zwischen den Gesellschaftergruppen dispositiv.[11] Abweichende Regelungen sind dringend zu empfehlen und in der Praxis auch üblich.[12] Die satzungsmäßigen Gestaltungsmöglichkeiten bei der Ergebnisverteilung sind vielfältig (zur eingeschränkten Anwendbarkeit der §§ 278 Abs. 3, 26 vgl § 281 Rn 28 ff). Exemplarisch seien im Folgenden einige aufgeführt:[13]

Der **Berechnungsmodus** der Gewinnverteilung kann in der Satzung beliebig abgeändert werden. Zulässig ist etwa, den Komplementären einen bestimmten Prozentsatz des Jahresüberschusses als Gewinnanteil zuzuerkennen oder die Verteilung des Ergebnisses entsprechend dem Verhältnis von Grundkapital und Kapitalanteilen vorzunehmen. Wie sich aus Abs. 3 ergibt, können die Komplementäre auch unabhängig vom Jahresergebnis der Gesellschaft eine feste Vergütung erhalten, sei es für die Geschäftsführertätigkeit, sei es für die Übernahme der persönlichen Haftung, sei es zur Verzinsung des von ihnen zur Verfügung gestellten Kapitals.[14] Zulässig ist auch, eine in der Satzung vorgesehene feste Vergütung nicht dort zu konkretisieren, sondern dies dem Aufsichtsrat zuzuweisen. Eine Zuweisung an ein anderes Organ ist wegen des zwingenden Charakters des § 112 AktG (vgl § 287 Rn 2 f) nicht möglich.[15] Noch nicht ausreichend geklärt ist es, welche konkreten Vorgaben die Satzung hinsichtlich der Vergütungsvereinbarung machen muss. Drei Auffassungen werden dazu vertreten. **Erstens:** Es bedarf keiner weiteren Vorgabe.[16] **Zweitens:** Es müssen zumindest die Bemessungsgrundsätze vorgegeben werden.[17] **Drittens:** Es bedarf nur dann keiner weiteren Vorgaben, wenn der Aufsichtsrat für die Gesellschaft handelt; ansonsten muss die Höhe der Zahlungen in der Satzung festgelegt sein.[18]

Für die Gewinnverteilung kann der Kapitalanteil bzw die zugrunde liegende Vermögensanlage intern (nicht bilanziell) bis an die Grenze des § 138 BGB über- oder unterbewertet werden. Dies setzt aber eine eindeutige Satzungsbestimmung voraus (vgl § 281 Rn 13). Wirksam ist aber auch eine Satzungsbestimmung, nach der sich der Gewinnanteil der Komplementäre anhand einer internen Sonderbilanz nach kommanditrechtlichen Grundsätzen errechnet. Denn wenn die Gesellschafter in der Satzung den Gewinnverteilungsschlüssel frei bestimmen können und darüber hinaus auch eine feste, gewinnunabhängige Vergütung zulässig ist, dann muss auch eine Ergebnisberechnung anhand § 120 Abs. 1 HGB vereinbar sein. Damit wird nicht die oben abgelehnte doppelte Gewinnermittlung qua Satzung eingeführt. Es handelt sich vielmehr um einen bloßen Berechnungsmodus für die Vergütung der Komplementäre. Zur Klarstellung sei aber noch einmal

---

7 *Ammenwerth*, S. 59; K. Schmidt/Lutter/*K. Schmidt*, Rn 4; *Wichert*, S. 144.
8 *Wichert*, S. 144 mwN.
9 Großkomm-AktienR/*Assmann/Sethe*, Rn 28.
10 MüKo-AktG/*Perlitt*, Rn 10; K. Schmidt/Lutter/*K. Schmidt*, Rn 4, 6; Wachter/*Blaurock*, Rn 2; *Wichert*, S. 150 f.
11 MüKo-AktG/*Perlitt*, Rn 20.
12 *Wichert*, S. 147.
13 Zum Folgenden *Wichert*, S. 146 ff; vgl auch MüKo-AktG/*Perlitt*, Rn 20 ff.
14 Hierzu *Herfs*, AG 2005, 589.
15 Spindler/Stilz/*Bachmann*, Rn 9, 11; aA *Hecht*, in: Schütz/Bürgers/Riotte, KGaA, § 5 261; MüKo-AktG/*Perlitt*, § 287 Rn 70; *Herfs*, AG 2005, 589, 594.
16 *Herfs*, AG 2005, 589, 595; MüKo-AktG/*Perlitt*, § 281 Rn 47.
17 So KölnKomm-AktG/*Mertens/Cahn*, § 281 Rn 32.
18 In diese Richtung OLG Stuttgart v. 28.7.2004 – 20 U 5/04, AG 2004, 678; so wohl auch Spindler/Stilz/*Bachmann*, Rn 11.

betont, dass dieser Berechnungsmodus eine ausdrückliche Verankerung in der Satzung erfordert. Nur dadurch ist die notwendige Transparenz und das Einverständnis der Kommanditaktionäre gewährleistet.

B. Entnahme- und Kreditbeschränkungen (Abs. 1 und 2)

9 Die Verwendung des auf die Komplementäre entfallenden Gewinns bestimmt sich nach Kommanditrecht, also nach §§ 168, 169, 121, 122 HGB.[19] Dort wird vom Prinzip der **Vollausschüttung** ausgegangen. Zu unterscheiden ist zwischen **Grundentnahme** (4 Prozent des festgestellten Kapitalanteils) und **Gewinnentnahme** (Mehrgewinn des letzten Geschäftsjahres). Die gesetzlichen Entnahmerechte bestehen für das letzte Geschäftsjahr. Übt sie der Komplementär bis zur Feststellung des neuen Jahresabschlusses nicht aus – was er nicht muss –, so verfallen sie.

10 Von diesen Regelungen kann allerdings abgewichen werden und wird in der Praxis auch häufig abgewichen. Solche **abweichenden Entnahmeregelungen** gehen regelmäßig mit einer differenzierten Kapitalkontenbildung einher, um unerwünschte Schwankungen des Kapitalanteils zu verhindern (vgl § 281 Rn 9).[20]

11 Bei den Entnahmen sind kommandit- und aktienrechtliche Beschränkungen zu beachten. Zunächst gilt auch für die KGaA die **Entnahmesperre des § 122 Abs. 1 HGB**. Weitergehende Entnahmebeschränkungen sind in **§ 288 Abs. 1** statuiert. Sie dienen dem Schutz des aktienrechtlichen Grundkapitals, das nicht durch Entnahme der Komplementäre aufgezehrt werden soll.[21] Das Gesetz geht also davon aus, dass bei Gefährdung des Grundkapitals die persönliche Haftung der Komplementäre zum Schutz der Gläubiger nicht ausreicht (vgl § 278 Rn 62). § 288 Abs. 1 enthält zwei Entnahmesperren: Zum einen sind dem Komplementär bei einem **negativen Kapitalanteil** jegliche Entnahmen untersagt. Dieses Entnahmeverbot greift bereits ein, wenn das Minus durch die Entnahme erst entsteht. Zum zweiten dürfen keine Entnahmen getätigt werden, wenn die Kapitalgrundlagen der Gesellschaft gefährdet, dh **bis auf das Grundkapital alle Eigenkapitalposten aufgezehrt sind**. Zur Feststellung dessen sieht Abs. 1 ein besonderes Berechnungsverfahren vor.[22] Ergibt sich daraus ein negativer Gesamtbetrag, darf nichts entnommen werden.

12 Durch die Entnahmesperren der § 122 HGB und § 288 Abs. 1 verliert der betroffene Gesellschafter nicht seine Gewinnansprüche. Sein Gewinn wird ihm auf seinen Kapitalanteil gutgeschrieben; er darf ihn aber nicht entnehmen. Hat er gleichwohl Beträge entnommen, hat die Gesellschaft einen entsprechenden Rückzahlungsanspruch entsprechend § 62 Abs. 1 S. 1. Der Komplementär kann dem nicht seinen guten Glauben entgegenhalten, § 62 Abs. 1 S. 2 ist nicht anwendbar.[23] Darüber hinaus kann der Rückzahlungsanspruch auch auf §§ 284 Nr. 3, 93 und auf § 823 Abs. 2 BGB gestützt werden.[24]

13 In dem Fall des Abs. 1 S. 2 dürfen auch keine **Kredite** an die Gesellschafter, ihre Angehörigen oder Mittelsmänner ausgezahlt werden. Dies bestimmt **Abs. 2 S. 1**. Ein dem zuwider gewährter Kredit ist vom Empfänger sofort zurückzuzahlen, **Abs. 2 S. 1**. Daneben kommen Schadensersatzpflichten der beteiligten Komplementäre und Aufsichtsratsmitglieder in Betracht.[25] Auch Abs. 2 dient dem Schutz des Grundkapitals und ist **zwingend**.[26] Sie kann durch die Satzung nur verschärft werden.

C. Sonderregelung für gewinnunabhängige Tätigkeitsvergütung (Abs. 3)

14 Die Entnahmesperren des **Abs. 1** gelten nicht für **gewinnunabhängige Tätigkeitsvergütungen** der Komplementäre. Dafür gilt vielmehr Abs. 3. Voraussetzung für eine solche gewinnunabhängige Tätigkeitsvergütung ist zum einen, dass die Vergütung **nicht** in irgend einer Art vom **Gewinn** der Gesellschaft, also vom Jahresüberschuss, dem Bilanzgewinn oder der Dividende, abhängt.[27] Dies ist nicht nur bei einer festen Vergütung, sondern auch bei einer Umsatzprovision der Fall.[28] Eine solche unterliegt also nicht der Entnahmesperre. Zum anderen muss es sich um eine **Tätigkeitsvergütung** handeln, eine sonstige gewinnunabhängige Vergütung, etwa zur Abgeltung des Haftungsrisikos, zählt nicht dazu. Erhält ein Komplementär Bezüge, die sich teils aus einer gewinnunabhängigen Tätigkeitsvergütung, teils aus anderen Vergütungsbestandteilen zusammensetzen, so sind diese entsprechend aufzuspalten: Der erste Teil der Bezüge unterfällt Abs. 3, kann

---

19 Zu den Einzelheiten der gesetzlichen Regelung vgl *Wichert*, S. 151 ff.
20 Zu möglichen Satzungsbestimmungen siehe Großkomm-AktienR/*Assmann/Sethe*, Rn 57 ff; MüKo-AktG/*Perlitt*, Rn 39 ff; *Wichert*, S. 157 f.
21 MüKo-AktG/*Perlitt*, Rn 45; *Wichert*, S. 153.
22 Dazu Großkomm-AktienR/*Assmann/Sethe*, Rn 50; *Wichert*, S. 154.
23 Hölters/*Müller-Michaels*, Rn 3.
24 MüKo-AktG/*Perlitt*, Rn 57 f; Wachter/*Blaurock*, Rn 4; Hölters/*Müller/Michaels*, Rn 3; gegen einen Anspruch aus § 823 Abs. 2 BGB sprechen sich hingegen aus: KölnKomm-AktG/*Mertens/Cahn*, Rn 13; Spindler/Spilz/*Bachmann*, Rn 7; Grigoleit/*Servatius*, Rn 3.
25 Grigoleit/*Servatius*, Rn 5.
26 MüKo-AktG/*Perlitt*, Rn 61; Grigoleit/*Servatius*, Rn 4.
27 KölnKomm/*Mertens/Cahn*, Rn 12; Spindler/Spilz/*Bachmann*, Rn 5; aM Grigoleit/*Servatius*, Rn 6, der auf die Marktüblichkeit abstellt, was aber im Wortlaut des Abs. 3 S. 1 keine Stütze findet.
28 Großkomm-AktienR/*Assmann/Sethe*, Rn 65; KölnKomm-AktG/*Mertens/Cahn*, Rn 38.

also entnommen werden; die Entnahme der weiteren Vergütungsbestandteile ist hingegen gem. Abs. 1 untersagt.

Abs. 3 S. 2 ordnet **zwingend** die sinngemäße Anwendung des § 87 Abs. 2 Nr. 1 an. Der Aufsichtsrat ist also 15 berechtigt, die Bezüge der Komplementäre angemessen herabzusetzen, wenn eine so wesentliche Verschlechterung in den Verhältnissen der Gesellschaft eintritt, dass eine weitere Gewährung der Tätigkeitsvergütung eine schwere Unbilligkeit für die Gesellschaft bedeuten würde. In einem solchen Fall wird also, anders als bei den oben behandelten Entnahmesperren, nicht nur die Auszahlung des weiter bestehenden Gewinnbeteiligungsanspruchs (vorübergehend) blockiert. Vielmehr entfällt die Differenz zwischen vereinbarter und herabgesetzter Vergütung so lange ersatzlos, bis die Krise der Gesellschaft vorüber ist. Dies gilt allerdings nur für die gewinnunabhängige Tätigkeitsvergütung, nur auf diese bezieht sich Abs. 3 S. 2 seinem Wortlaut und Zweck nach. Die gewinnabhängige Tätigkeitsvergütung fällt also nicht darunter.[29]

§ 289 Auflösung

(1) Die Gründe für die Auflösung der Kommanditgesellschaft auf Aktien und das Ausscheiden eines von mehreren persönlich haftenden Gesellschaftern aus der Gesellschaft richten sich, soweit in den Absätzen 2 bis 6 nichts anderes bestimmt ist, nach den Vorschriften des Handelsgesetzbuchs über die Kommanditgesellschaft.

(2) Die Kommanditgesellschaft auf Aktien wird auch aufgelöst
1. mit der Rechtskraft des Beschlusses, durch den die Eröffnung des Insolvenzverfahrens mangels Masse abgelehnt wird;
2. mit der Rechtskraft einer Verfügung des Registergerichts, durch welche nach § 399 des Gesetzes über das Verfahren in Familiensachen und in den Angelegenheiten der freiwilligen Gerichtsbarkeit ein Mangel der Satzung festgestellt worden ist;
3. durch die Löschung der Gesellschaft wegen Vermögenslosigkeit nach § 394 des Gesetzes über das Verfahren in Familiensachen und in den Angelegenheiten der freiwilligen Gerichtsbarkeit.

(3) ¹Durch die Eröffnung des Insolvenzverfahrens über das Vermögen eines Kommanditaktionärs wird die Gesellschaft nicht aufgelöst. ²Die Gläubiger eines Kommanditaktionärs sind nicht berechtigt, die Gesellschaft zu kündigen.

(4) ¹Für die Kündigung der Gesellschaft durch die Kommanditaktionäre und für ihre Zustimmung zur Auflösung der Gesellschaft ist ein Beschluß der Hauptversammlung nötig. ²Gleiches gilt für den Antrag auf Auflösung der Gesellschaft durch gerichtliche Entscheidung. ³Der Beschluß bedarf einer Mehrheit, die mindestens drei Viertel des bei der Beschlußfassung vertretenen Grundkapitals umfaßt. ⁴Die Satzung kann eine größere Kapitalmehrheit und weitere Erfordernisse bestimmen.

(5) Persönlich haftende Gesellschafter können außer durch Ausschließung nur ausscheiden, wenn es die Satzung für zulässig erklärt.

(6) ¹Die Auflösung der Gesellschaft und das Ausscheiden eines persönlich haftenden Gesellschafters ist von allen persönlich haftenden Gesellschaftern zur Eintragung in das Handelsregister anzumelden. ²§ 143 Abs. 3 des Handelsgesetzbuchs gilt sinngemäß. ³In den Fällen des Absatzes 2 hat das Gericht die Auflösung und ihren Grund von Amts wegen einzutragen. ⁴Im Falle des Absatzes 2 Nr. 3 entfällt die Eintragung der Auflösung.

Literatur:
Durchlaub, Fortsetzung einer Kommanditgesellschaft auf Aktien mit den Erben des Komplementärs, BB 1977, 875; *Mertens*, Die Auflösung der KGaA durch Kündigung der Kommanditaktionäre, AG 2004, 333; *Veil*, Die Kündigung der KGaA durch persönlich haftende Gesellschafter und Kommanditaktionäre, NZG 2000, 72; *Wichert*, Die Finanzen der Kommanditgesellschaft auf Aktien, 1999.

A. Allgemeiner Überblick	1	II. Rechtsformspezifische Auflösungsgründe (Abs. 2)	8
B. Auflösung der Gesellschaft	4	III. Keine Auflösung aufgrund Insolvenz eines Kommanditaktionärs (Abs. 3)	10
I. Auflösung nach Kommanditrecht und Beschlusserfordernisse (Abs. 1 und 4)	4		

---

29 Streitig, wie hier MüHb-AG/*Herfs*, § 80 Rn 26; MüKo-AktG/*Perlitt*, Rn 75 ff; *Schlitt*, S. 229; Spindler/Stilz/*Bachmann*, Rn 14; Wachter/*Blaurock*, Rn 6; aA Großkomm-AktienR/*Assmann/Sethe*, Rn 90; *Hüffer*, Rn 6; KölnKomm-AktG/*Mertens/Cahn*, Rn 42; K. Schmidt/Lutter/*K. Schmidt*, Rn 19.

IV. Keine Auflösung aufgrund Kündigung der Kommanditaktionäre (noch zu Abs. 4) 11	V. Gestaltungsmöglichkeiten 25
V. Gestaltungsmöglichkeiten 14	1. Erleichterung des Ausscheidens 26
C. Ausscheiden eines Komplementärs 16	2. Erschwerung des Ausscheidens 29
I. Ausscheiden nach Kommanditrecht (Abs. 1) ... 16	3. Regelungen für den Fall des Todes eines Komplementärs 30
II. Freiwilliges Ausscheiden nur aufgrund Satzungsermächtigung? (Abs. 5) 21	4. Regelungen über das Auseinandersetzungsguthaben 35
III. Ausscheiden des einzigen Komplementärs 22	D. Handelsregistererfordernisse (Abs. 6) 39
IV. Auseinandersetzung bei Ausscheiden eines Komplementärs 23	

A. Allgemeiner Überblick

1 § 289 betrifft die Auflösung der Gesellschaft und das Ausscheiden eines persönlich haftenden Gesellschafters. Anwendbar ist in erster Linie **Kommanditrecht**. Insofern sind auch für die KGaA durch das **Handelsrechtsreformgesetz 1998** einige nicht unerhebliche Änderungen eingetreten.[1] Gewisse Auslegungsfragen ergeben sich allerdings insofern, als der Gesetzgeber diese Änderungen in § 289 nicht nachvollzogen hat.[2]

2 Im Übrigen unterliegt die Auflösung der Gesellschaft aber nicht allein dem Kommanditrecht, § 289 stellt daneben einige **rechtsformspezifische Regelungen** auf. Allerdings sind die Gründe für eine Auflösung der KGaA in § 289 nicht abschließend aufgeführt. In einigen weiteren Vorschriften bzw Gesetzen finden sich weitere solcher Gründe, etwa § 396, § 38 KWG etc.[3]

3 § 289 besagt nichts über das Ausscheiden von Kommanditaktionären. Insofern ist über § 278 Abs. 3 allgemeines Aktienrecht anwendbar.[4] Folglich ist ein freiwilliges Ausscheiden nicht möglich. Wie der Aktionär einer AG können die Kommanditaktionäre ihre Aktien veräußern. In Betracht kommt noch ein Ausscheiden durch Einziehung von Aktien. Weitere Möglichkeiten bestehen nicht.

B. Auflösung der Gesellschaft

4 **I. Auflösung nach Kommanditrecht und Beschlusserfordernisse (Abs. 1 und 4).** § 289 Abs. 1 verweist auf § 131 Abs 1 HGB. Danach wird die KGaA in folgenden **vier Fällen** aufgelöst: durch Ablauf der Zeit, für welche sie eingegangen ist (§ 131 Abs. 1 Nr. 1 HGB); durch Beschluss der Gesellschafter (§ 131 Abs. 1 Nr. 2 HGB); durch Eröffnung des Insolvenzverfahrens über das Vermögen der Gesellschaft (§ 131 Abs. 1 Nr. 3 HGB); durch gerichtliche Entscheidung (§§ 131 Abs. 1 Nr. 4, 133 HGB).

5 Für die **Auflösung der Gesellschaft** aufgrund **Gesellschafterbeschlusses** müssen alle Komplementäre zustimmen (§ 119 HGB). Der gleichfalls erforderliche Hauptversammlungsbeschluss bedarf einer Mehrheit von drei Viertel des bei der Beschlussfassung vertretenen Grundkapitals (§ 289 Abs. 4).[5] Einer sachlichen Rechtfertigung für die Auflösung bedarf es nicht.[6]

6 Für die **Auflösung der Gesellschaft** durch **gerichtliche Entscheidung** bedarf es zunächst eines wichtigen Grundes. Insofern wird auf die Kommentierungen zu § 133 HGB verwiesen. Liegt ein solcher wichtiger Grund vor, kann **jeder Komplementär** die Auflösungsklage erheben. Diese Klage richtet sich – insofern abweichend von §§ 131 Abs. 1 Nr. 4, 133 HGB – nicht gegen die übrigen Gesellschafter, sondern **gegen die Gesellschaft** selbst, vertreten durch den Aufsichtsrat.[7] Damit wird einmal dem Umstand Rechnung getragen, dass die KGaA eine juristische Person ist, insofern also nicht einer KG, sondern einer GmbH vergleichbar, bei der gemäß § 61 Abs. 2 GmbHG die Auflösungsklage gegen die Gesellschaft und nicht gegen die Mitgesellschafter zu richten ist. Eine Auflösungsklage gegen die Hauptversammlung wäre überdies nicht zulässig, da sie nicht parteifähig ist (dazu § 278 Rn 52 ff, § 287 Rn 6).

7 Aus diesem letzten Grund kann die **Hauptversammlung** auch keine Auflösungsklage gegen die übrigen Gesellschafter erheben. Insoweit sind §§ 131 Abs. 1 Nr. 4, 133 HGB ebenfalls den Verhältnissen der KGaA anzupassen. Danach kann die Hauptversammlung bei Vorliegen eines wichtigen Grundes mit der Mehrheit des Abs. 4 einen Auflösungsbeschluss fassen und die Gesellschaft, vertreten durch den Aufsichtsrat, die Komplementäre auf Zustimmung verklagen.[8]

---

1 Wegen der bis zum 31.12.2001 geltenden Übergangsvorschrift vgl *Veil*, NZG 2000, 72, 73.
2 Vgl dazu den instruktiven Beitrag von *Veil*, NZG 2000, 72.
3 Zu weiteren Auflösungsgründen vgl Großkomm-AktienR/*Assmann/Sethe*, Rn 59 ff.
4 *Hüffer*, Rn 3; MüKo-AktG/*Perlitt*, Rn 204 f.
5 KölnKomm-AktG/*Mertens/Cahn*, Rn 12; *Schulz*, in: Schütz/Bürgers/Riotte, KGaA, § 8 Rn 8.
6 *Wachter/Blaurock*, Rn 4.
7 So auch KölnKomm-AktG/*Mertens/Cahn*, Rn 17; MüKo-AktG/*Perlitt*, Rn 28; MüHb-AG/*Herfs*, § 76 Rn 34; nach aA sind Klagegegner die übrigen Gesellschafter, dh die übrigen Komplementäre und die Gesamtheit der Kommanditaktionäre sind, vgl Großkomm-AktienR/*Assmann/Sethe*, Rn 46; K. Schmidt/Lutter/*K. Schmidt*, Rn 10.
8 So KölnKomm-AktG/*Mertens/Cahn*, Rn 17; MüKo-AktG/*Perlitt*, Rn 28; wohl auch Großkomm-AktienR/*Assmann/Sethe*, Rn 46, 48; aA MüHb-AG/*Herfs*, § 76 Rn 34.

II. Rechtsformspezifische Auflösungsgründe (Abs. 2). § 289 Abs. 2 nennt drei weitere rechtsformspezifische Auflösungsgründe, die für alle KGaA und nicht nur für eine Kapitalgesellschaft & Co. KGaA gelten.[9] Danach findet eine Auflösung in folgenden **drei weiteren Fällen** statt: rechtskräftiger Beschluss, mit der Eröffnung des Insolvenzverfahrens mangels Masse abgelehnt wird (Nr. 1); rechtskräftige Verfügung des Registergerichts nach § 144 a FGG wegen eines Satzungsmangels (Nr. 2); Löschung wegen Vermögenslosigkeit nach § 141 a FGG (Nr. 3). 8

Die Auflösung gemäß Nr. 2 setzt einen Verstoß gegen zwingendes Aktienrecht voraus. Daher muss sich der Mangel auf einen aktienrechtlichen Bestandteil der Satzung beziehen (vgl § 281 Rn 1 f). Bei Mangel eines kommanditrechtlichen Bestandteils der Satzung gelten über § 278 Abs. 2 kommanditrechtliche Grundsätze. Danach können solche Satzungsbestimmungen allgemein gerichtlich überprüft werden (Feststellungsklage der Gesellschaft auf Unwirksamkeit der entsprechenden Satzungsklausel).[10] 9

III. Keine Auflösung aufgrund Insolvenz eines Kommanditaktionärs (Abs. 3). Abs. 3 stellt klar, dass die Insolvenz eines Kommanditaktionärs kein Auflösungsgrund ist und dass ein Gläubiger eines Kommanditaktionärs die Gesellschaft nicht kündigen kann. Nach der Neuregelung durch das Handelsrechtsreformgesetz ist diese Regelung überflüssig, da auch das HGB diese Auflösungsgründe nicht mehr kennt.[11] 10

IV. Keine Auflösung aufgrund Kündigung der Kommanditaktionäre (noch zu Abs. 4). Abs. 4 legt Beschlusserfordernisse für drei Regelungsgegenstände fest: für die Kündigung der Gesellschaft durch die Kommanditaktionäre, für die Zustimmung zur Auflösung und für den Antrag der Hauptversammlung auf Auflösung der Gesellschaft durch die Gerichte. Die beiden letzten Fälle sind oben kommentiert (Rn 5 f). Hier geht es um den ersten Fall der **Auflösung der Gesellschaft durch Kündigung durch die Hauptversammlung**. Es ist umstritten, wie sich das Handelsrechtsreformgesetz von 1998 auf diese Kündigungsmöglichkeit auswirkt. 11

Nach einer Auffassung bleibt es bei der Kündigungsmöglichkeit.[12] Nach einer zweiten Auffassung besteht die Kündigungsmöglichkeit zwar weiterhin. Die Kündigung löse jedoch die Gesellschaft nicht auf, die Kommanditaktionäre würden vielmehr ausscheiden.[13] Schließlich wird vertreten, dass die Kündigungsmöglichkeit der Hauptversammlung aufgrund der Wertungen des Handelsrechtsreformgesetzes ganz weggefallen ist.[14] Dieser letzten Auffassung ist aus folgenden Erwägungen zuzustimmen:[15] 12

Zunächst ist festzustellen, dass dem Handelsrechtsreformgesetz 1998 folgende Wertung zu entnehmen ist: Die Kündigung eines Gesellschafters führt grundsätzlich nicht zur Auflösung der Gesellschaft, sondern lediglich zum Ausscheiden des betreffenden Gesellschafters. Dem widerspräche es, einer Kündigung durch die Hauptversammlung eine Auflösungswirkung zuzusprechen. Aber auch die Interpretation, nach der eine Kündigung zum Ausscheiden der zustimmenden (oder der Gesamtheit, also aller?) Kommanditaktionäre führt, überzeugt nicht. § 289 bezieht sich nicht auf das Ausscheiden von Kommanditaktionären, vielmehr ist über § 278 Abs. 3 allgemeines Aktienrecht anwendbar, das ein Ausscheiden von Kommanditaktionären gerade nicht vorsieht (vgl oben Rn 3). Diese Wertung würde missachtet, gäbe man der Gesamtheit der Kommanditaktionäre ein Recht, durch Kündigung auszuscheiden. Ein solches Recht ist auch nicht notwendig. Die Kommanditaktionäre können ihre Aktien veräußern. Und bei Vorliegen eines wichtigen Grundes kann die Hauptversammlung die Auflösung der Gesellschaft beschließen und gerichtlich durchsetzen lassen.[16] 13

V. Gestaltungsmöglichkeiten. Die Satzung kann **weitere Auflösungsgründe** festlegen, etwa die Gründe, die zu einem Ausscheiden führen, zu Auflösungsgründen machen.[17] Auch kann die Auflösungsklage aus wichtigem Grund dadurch erleichtert werden, dass die Gründe in der Satzung umschrieben werden.[18] Dagegen ist eine Erleichterung dadurch, dass Beschlussmehrheiten gesenkt werden, nicht möglich. Die erforderliche Hauptversammlungszustimmung zu § 131 Abs. 1 Nr. 2 und 4 HGB kann durch die Satzung nicht ausgeschlossen werden. Ebenso wenig lassen sich geringere Mehrheitserfordernisse festlegen.[19] Auch die Zustimmungspflicht aller Komplementäre bei einer Auflösung gemäß § 131 Abs. 1 Nr. 2 HGB kann die Satzung 14

---

9 Vgl auch die in § 131 Abs. 2 HGB genannten Auflösungsgründe für beschränkt haftende Personengesellschaften.
10 Ähnlich: MüHb-AG/*Herfs*, § 76 Rn 40; in diese Richtung wohl auch MüKo-AktG/*Perlitt*, Rn 36.
11 *Hüffer*, Rn 5; Spindler/Stilz/*Bachmann*, Rn 10.
12 KölnKomm-AktG/*Mertens/Cahn*, Rn 20; *Mertens*, AG 2004, 333; *Schlitt*, S. 233 f.
13 Großkomm-AktienR/*Assmann/Sethe*, Rn 72 ff; MüHb-AG/*Herfs*, § 76 Rn 37.
14 *Hüffer*, Rn 6; *Raiser/Veil*, § 23 Rn 62; *Schulz*, in: Schütz/Bürgers/Riotte, KGaA, § 8 Rn 52; *Veil*, NZG 2000, 72, 73 f, 76 f; MüKo-AktG/*Perlitt*, Rn 37 f; Wachter/*Blaurock*, Rn 6.
15 Zum Folgenden *Veil*, NZG 2000, 72, 73 f, 76 f.
16 Möglich ist zum einen ein Auflösungsbeschluss gemäß § 131 Abs. 1 Nr. 2 HGB, dem die Komplementäre ggf kraft Treuepflichten zustimmen müssen, vgl *Veil*, NZG 2000, 72, 77; oder aber die Hauptversammlung fasst einen Auflösungsbeschluss gemäß § 131 Abs. 1 Nr. 4 HGB und veranlasst den Aufsichtsrat zu einer Auflösungsklage der Gesellschaft.
17 Vgl *Baumbach/Hopt*, HGB, 35. Aufl. 2012, § 131 Rn 74 für die Personengesellschaft.
18 Großkomm-AktienR/*Assmann/Sethe*, Rn 53.
19 Ähnlich: Großkomm-AktienR/*Assmann/Sethe*, Rn 27.

nicht entfallen lassen, dies verstieße gegen die Kernbereichslehre.[20] Allenfalls dürfte es zulässig sein, dass ein oder mehrere Komplementäre für einen in der Satzung konkret umschriebenen Fall bereits dort (antizipiert) ihre Zustimmung erteilen.

15 Bei der Einschränkung der gesetzlichen Auflösungsgründe, dh Erschwerung der Auflösung, sind der Gestaltungsfreiheit Grenzen gesetzt. §§ 131 Abs. 1 Nr. 3 und 289 Abs. 2 sind zwingend.[21] Auch die Auflösungsklage aus wichtigem Grund ist zwingend (§ 133 Abs. 3 HGB). Anders als im Kommanditrecht kann die Satzung statt Auflösungsklage nicht ein Kündigungsrecht etablieren, welches ohne gerichtliches Verfahren eine Auflösung herbeiführt.[22] Die damit verbundene Rechtsunsicherheit kann bei der KGaA nicht hingenommen werden. Zulässig dürfte es aber sein, wenn die Satzung für die Auflösungsklage ein Schiedsgerichtsverfahren vorsieht.[23]

C. Ausscheiden eines Komplementärs

16 **I. Ausscheiden nach Kommanditrecht (Abs. 1).** § 289 verweist auf § 131 Abs. 3 HGB. Danach scheidet ein Komplementär in folgenden **sechs Fällen** aus der Gesellschaft aus: Tod des Komplementärs (§ 131 Abs. 3 Nr. 1 HGB); Eröffnung des Insolvenzverfahrens (§ 131 Abs. 3 Nr. 2 HGB); Kündigung (§ 131 Abs. 3 Nr. 3 HGB); Kündigung durch Privatgläubiger (§ 131 Abs. 3 Nr. 4 HGB); Eintritt von weiteren im Gesellschaftsvertrag vorgesehenen Fällen (§ 131 Abs. 3 Nr. 5 HGB); Beschluss der Gesellschafter (§ 131 Abs. 3 Nr. 6 HGB). Ein **siebter Fall** ergibt sich aus § 140 HGB. Danach kann statt Auflösungsklage eine Ausschließungsklage gegen den Gesellschafter erhoben werden, der einen wichtigen Grund gesetzt hat.

17 Beim **Tod eines Komplementärs** (§ 131 Abs. 3 Nr. 1 HGB) wächst den übrigen Gesellschaftern dessen Anteil zu. Die Erben des Verstorbenen haben, sofern dieser einen Kapitalanteil besaß, einen entsprechenden Abfindungsanspruch gegen die Gesellschaft. Dem Tod eines Komplementärs entspricht die Vollbeendigung einer Komplementärgesellschaft.[24]

18 Der Komplementär hat bei einer auf unbestimmte Zeit eingegangenen Gesellschaft ein **ordentliches Kündigungsrecht** gemäß § 131 Abs. 3 Nr. 3 HGB (Frist: sechs Monate zum Ende eines Geschäftsjahres, § 132 HGB), das zu seinem Ausscheiden führt. Die Kündigung setzt keinen wichtigen Grund voraus.

19 Ein **Ausscheiden** ist gemäß § 133 Abs. 3 Nr. 6 HGB auch durch Beschluss der Gesellschafter möglich. Gemeint ist ein einvernehmliches Ausscheiden, also mit Willen des betreffenden Gesellschafters. Erforderlich ist ein Beschluss aller Komplementäre (§ 119 HGB) und der Hauptversammlung gemäß § 289 Abs. 4.[25]

20 Eine **Ausschlussklage** gemäß § 140 HGB ist nur dann berechtigt, wenn in der Person des Auszuschließenden ein wichtiger Grund liegt und kein milderes Mittel, etwa Entziehung der Geschäftsführungs- und Vertretungsbefugnis, in Betracht kommt.[26] Erforderlich ist ein Beschluss der übrigen Komplementäre und der Hauptversammlung gemäß § 289 Abs. 4.[27] Kläger sind nicht die Komplementäre und die Gesamtheit der Kommanditaktionäre.[28] Vielmehr klagt wie bei der Auflösungsklage die Gesellschaft,[29] Beklagter ist der betroffene Komplementär.

21 **II. Freiwilliges Ausscheiden nur aufgrund Satzungsermächtigung? (Abs. 5).** Gemäß § 289 Abs. 5 ist ein Ausscheiden eines Komplementärs nur durch Ausschließung möglich, es sei denn die Satzung lässt anderes zu. Dem widerspricht der Verweis des § 289 Abs. 1 auf § 131 Abs. 3 HGB. Nahezu einhellig wird im Schrifttum die Auffassung vertreten, dass auch insofern die erforderliche Anpassung aufgrund des Handelsrechtsreformgesetzes – Stichwort: Ausscheiden statt Auflösung – versehentlich unterblieben ist und § 289 Abs. 5 entsprechend uminterpretiert werden muss.[30] Dem ist beizutreten. § 289 Abs. 5 ist deshalb nunmehr so zu lesen, dass ein Ausscheiden aus anderen als den in §§ 131 Abs. 3, 140 HGB genannten Gründen nur bei entsprechender Satzungsermächtigung zulässig ist.

---

20 Großkomm-AktienR/*Assmann/Sethe*, Rn 21 ff; aA KölnKomm-AktG/*Mertens/Cahn*, Rn 14; *Schulz*, in: Schütz/Bürgers/Riotte, KGaA, § 8 Rn 13 ff; MüKo-AktG/*Perlitt*, Rn 17; Spindler/Stilz/*Bachmann*, Rn 3, die alle eine Mehrheitsentscheidung kraft Satzungsermächtigung für zulässig halten.

21 MüKo-AktG/*Semler/Perlitt*, Rn 36.

22 Großkomm-AktienR/*Assmann/Sethe*, Rn 53; K. Schmidt/Lutter/*K. Schmidt*, Rn 12; aA Spindler/Stilz/*Bachmann*, Rn 6: Statt Auflösungsklage könne Satzung einseitige Auflösungserklärung zulassen.

23 KölnKomm-AktG/*Mertens/Cahn*, Rn 19; Schmdit/Lutter/*K. Schmidt*, Rn 12; aA Großkomm-AktienR/*Assmann/Sethe*, Rn 53.

24 MüKo-AktG/*Perlitt*, Rn 69; *Schlitt*, S. 141; Spindler/Stilz/*Bachmann*, Rn 28; Hölters/*Müller-Michaels*, Rn 7.

25 Großkomm-AktienR/*Assmann/Sethe*, Rn 90.

26 MüKo-AktG/*Perlitt*, Rn 120; Spindler/Stilz/*Bachmann*, Rn 19.

27 *Hüffer*, Rn 6; KölnKomm-AktG/*Mertens/Cahn*, Rn 57; MüKo-AktG/*Perlitt*, Rn 125; aA Großkomm-AktienR/*Assmann/Sethe*, Rn 92, 99.

28 So die hM, vgl *Hüffer*, Rn 7; MüKo-AktG/*Perlitt*, Rn 125 f; Spindler/Stilz/*Bachmann*, Rn 19.

29 *Wichert*, S. 51 mit Verweis auf die entsprechende Rechtslage in der GmbH; ähnlich: *Nirk*, Hb AG, I Rn 1935; *Reger*, in: Schütz/Bürgers/Riotte, KGaA, § 5 Rn 624 Fn 1460; K. Schmidt/Lutter/*K. Schmidt*, Rn 30.

30 KölnKomm-AktG/*Mertens/Cahn*, Rn 33; Großkomm-AktienR/*Assmann/Sethe*, Rn 77 ff; MüHb-AG/*Herfs*, § 76 Rn 29; *Hüffer*, Rn 8; *Veil*, NZG 2000, 72, 74 ff; Spindler/Stilz/*Bachmann*, Rn 20; Hölters/*Müller-Michaels*, Rn 9; Wachter/*Blaurock*, Rn 11; aA; *Schlitt*, S. 40, allerdings ohne Auseinandersetzung mit den Änderungen durch das Handelsrechtsreformgesetz.

III. Ausscheiden des einzigen Komplementärs. Noch nicht ganz geklärt ist, was geschieht, wenn der einzige Komplementär ausscheidet. Einigkeit dürfte darin bestehen, dass eine KGaA ohne Komplementär nicht zulässig ist. Das muss jedoch nicht bedeuten, dass die KGaA mit Wegfall des einzigen Komplementärs automatisch aufgelöst ist.[31] Vorzugswürdig erscheint eine analoge Anwendung von § 139 Abs. 3 S. 1 HGB.[32] Danach haben Gesellschaft und Gesellschafter ab Ausscheiden des Komplementärs drei Monate Zeit, einen neuen Komplementär zu finden. Der Komplementär als Organ ist in dieser Zeit durch gerichtliche Notbestellung analog § 29 BGB zu ersetzen.[33]

IV. Auseinandersetzung bei Ausscheiden eines Komplementärs. Die Auseinandersetzung bei Ausscheiden eines Komplementärs richtet sich nach Kommanditrecht (§ 278 Abs. 2, §§ 161 Abs. 2, 105 Abs. 2 HGB, §§ 738–740 BGB).[34] Danach hat der ausgeschiedene Gesellschafter Anspruch auf **Rückgabe der Gegenstände**, die er der Gesellschaft überlassen hat, und auf **Befreiung von gemeinschaftlichen Schulden** bzw auf **Stellung von Sicherheiten**. Ferner hat er einen Anspruch auf Beteiligung am Ergebnis schwebender Geschäfte. Sofern der Komplementär einen Kapitalanteil hält, steht ihm ein Anspruch auf **Auseinandersetzungsguthaben** zu. Ihm ist das zu zahlen, was er bei Auflösung der Gesellschaft erhalten würde (§ 738 Abs. 1 S. 2 BGB). Zur Berechnung bedarf es einer Abschichtungsbilanz, in welcher der Wert des Unternehmens, einschließlich stiller Reserven und good will, ermittelt wird. Der Anteil des ausscheidenden Komplementärs errechnet sich aus der Relation seines Kapitalanteils zum Kapitalanteil der übrigen Komplementäre und zum Grundkapital. Das sich ergebende Auseinandersetzungsguthaben ist dem Komplementär auszuzahlen, einen negativen Betrag hat er gemäß § 739 BGB auszugleichen.

V. Gestaltungsmöglichkeiten. Im Hinblick auf das Ausscheiden eines Gesellschafters bestehen nicht unerhebliche Gestaltungsmöglichkeiten. Das Ausscheiden kann erleichtert oder erschwert werden; auch Regelungen über die Berechnung und Auszahlung des Auseinandersetzungsguthabens sind möglich. Zulässig sind etwa folgende Satzungsbestimmungen über das Ausscheiden:[35]

1. Erleichterung des Ausscheidens. Die Satzung kann ein Ausscheiden **kraft Vereinbarung** zwischen Komplementär und einem anderen Organ – etwa Aufsichtsrat oder Beirat – vorsehen. Sie kann auch ein **automatisches Ausscheiden** des Komplementärs **bei Eintritt bestimmter Voraussetzungen** – bestimmtes Alter, länger dauernde Krankheit – bestimmen.[36] Die Satzung kann die Mitgliedschaft eines **Komplementärs** auch befristen.

Die Vereinbarung einer ordentlichen Kündigung gegen einen Komplementär ohne jeden sachlichen Grund (sog. **Hinauskündigungsklausel**) ist dagegen insofern problematisch, als der Betreffende der Willkür seiner Mitgesellschafter ausgesetzt ist.[37] Auf der anderen Seite hat der betreffende Komplementär der Kündigungsmöglichkeit zugestimmt, und es steht ihm schließlich selbst ein gesetzliches ordentliches Kündigungsrecht zu (§ 131 Abs. 3 Nr. 3 HGB). Daher erscheint folgende Lösung sachgerecht: Eine Hinauskündigungsklausel ist zulässig, wenn erstens die Kündigungsmöglichkeit des Komplementärs aus § 131 Abs. 3 Nr. 3 HGB nicht abbedungen ist und zweitens das Auseinandersetzungsguthaben nicht unangemessen beschränkt wird.

Zulässig ist es auch, dem **Komplementär** ein **außerordentliches Kündigungsrecht** zum Zwecke des Ausscheidens zu gewähren.[38] Er ist dann nicht auf eine Auflösungsklage angewiesen.

2. Erschwerung des Ausscheidens. Die Satzung kann das **gesetzliche Kündigungsrecht** des Komplementärs (§ 131 Abs. 3 Nr. 3 HGB) erschweren oder ausschließen; auch die Kündigungsfrist kann abweichend geregelt werden. Die **Ausschlussklage gegen den Komplementär** (§ 140 HGB) kann ebenfalls erschwert, von der Satzung aber **nicht beseitigt werden**.[39] Die Mitgesellschafter müssen die Möglichkeit haben, sich von einem Komplementär, in dessen Person ein wichtiger Grund liegt, zu trennen, ohne dass die Gesellschaft aufzulösen ist.

3. Regelungen für den Fall des Todes eines Komplementärs. Es ist empfehlenswert, in die Satzungen Regelungen für den Fall des Todes eines Komplementärs aufzunehmen. Soll etwa der Tod des Komplementärs zum Ausscheiden führen, kann der Abfindungsanspruch der Erben ausgeschlossen und so Kapitalabfluss verhindert werden.[40]

---

31 So aber MüHb-AG/*Herfs*, § 77 Rn 46; *Hüffer*, Rn 9; Spindler/Stilz/*Bachmann*, Rn 26.
32 So Großkomm-AktienR/*Assmann/Sethe*, Rn 147.
33 Großkomm-AktienR/*Assmann/Sethe*, Rn 139 ff mwN; ähnlich jetzt auch MüKo-AktG/*Perlitt*, Rn 143, 147 ff.
34 Hierzu vgl *Wichert*, S. 228 f; ferner: Großkomm-AktienR/*Assmann/Sethe*, Rn 168 ff.
35 Zu Gestaltungsmöglichkeiten vgl Großkomm-AktienR/*Assmann/Sethe*, Rn 94 ff; MüKo-AktG/*Perlitt*, Rn 127 ff.
36 K. Schmidt/Lutter/*K. Schmidt*, Rn 27; Spindler/Stilz/*Bachmann*, Rn 24.
37 Gegen eine solche Kündigungsmöglichkeit etwa Großkomm-AktienR/*Assmann/Sethe*, Rn 111; MüHb-AG/*Herfs*, § 77 Rn 39; Spindler/Stilz/*Bachmann*, Rn 25.
38 MüHb-AG/*Herfs*, § 77 Rn 44.
39 Großkomm-AktienR/*Assmann/Sethe*, Rn 109; aA KölnKomm-AktG/*Mertens/Cahn*, Rn 59; MüKo-AktG/*Perlitt*, Rn 123.
40 AllgM, vgl *Hüffer*, Rn 8; KölnKomm-AktG/*Mertens/Cahn*, Rn 36.

31 Die Satzung kann aber auch die Fortsetzung der Gesellschaft mit allen oder bestimmten Erben vorsehen. Den Erben steht dann das **zwingende Wahlrecht** des § 139 HGB zu.[41] Das bedeutet: Der oder die Erben können binnen drei Monaten entscheiden, ob sie die Komplementärstellung übernehmen. Bei mehreren Erben steht jedem Einzelnen diese Wahlmöglichkeit zu.

32 Der oder die **Erben** können aber auch verlangen, **als Kommanditaktionäre** in der Gesellschaft zu verbleiben. In dem Fall wird der aus dem Kapitalanteil des verstorbenen Komplementärs resultierende Auseinandersetzungsanspruch als Sacheinlage auf die durch Kapitalerhöhung zu schaffenden Aktien erbracht.[42] Hatte der Komplementär keinen Kapitalanteil und somit auch keinen Auseinandersetzungsanspruch, besteht diese Wahlmöglichkeit der Erben nicht. Dann können diese sich nur für die Komplementärstellung oder den Austritt aus der Gesellschaft entscheiden.[43]

33 Verlangt ein Erbe, als Kommanditaktionär in der Gesellschaft zu verbleiben, muss die Gesellschaft entscheiden, ob sie dem nachkommt. Erforderlich ist, dass alle Komplementäre und die Hauptversammlung – wegen der erforderlichen Kapitalerhöhung mit satzungsändernder Mehrheit – zustimmen.[44] Der bei der Erhöhung des Grundkapitals erforderliche **Ausschluss des Bezugsrechts** zugunsten der Erben bedarf **keines sachlichen Grundes**; dies folgt aus der in § 139 Abs. 1 HGB zum Ausdruck kommenden gesetzlichen Privilegierung des Erben.[45] Lehnt die Gesellschaft das Verlangen des Erben ab, kann dieser sein sofortiges Ausscheiden aus der Gesellschaft erklären (§ 139 Abs. 2 HGB).

34 Die Satzung kann § 139 HGB zwar nicht abbedingen, wohl aber modifizieren. Insbesondere kann dem Erben eines Komplementärs ein Anspruch auf Umwandlung seiner Stellung eingeräumt werden. Dieser lässt sich wegen § 187 Abs. 2 allerdings im Streitfall nicht durchsetzen (vgl § 281 Rn 22).[46] Nicht zulässig sind dagegen aus dem Kommanditrecht bekannte Regelungen, nach denen dem Erben ein Optionsrecht zusteht, aufgrund dessen sich die Umwandlung automatisch vollzieht, oder nach denen im Erbfall die Umwandlung automatisch eintritt. Denn der für die Umwandlung erforderliche Kapitalerhöhungsbeschluss kann auch im Erbfall nicht vorweggenommen werden (vgl § 281 Rn 22).[47]

35 **4. Regelungen über das Auseinandersetzungsguthaben.** Auch hinsichtlich des Auseinandersetzungsguthabens besteht Gestaltungsfreiheit. Die Abfindung kann im Vergleich zu der gesetzlichen Lage günstiger oder ungünstiger ausgestaltet werden. Möglich sind etwa Regelungen über die in der Abschichtungsbilanz zugrunde zu legende Bewertung. So bestehen gegen Buchwertklauseln keine Einwände.[48] Etwas anderes gilt allerdings für Klauseln, die den Abfindungsanspruch unangemessen niedrig ansetzen oder ganz ausschließen. Hier ist anhand aller Umstände des Einzelfalls zu überprüfen (zB Anlass des Ausscheidens, Art der Beteiligung), ob eine solche Klausel eine **unzulässige Kündigungsbeschränkung** darstellt; in dem Fall wäre sie unwirksam.[49] Ein Ausschluss oder eine Beschränkung des Auseinandersetzungsanspruchs zulasten von Dritten – also im Falle der Insolvenz oder zulasten von Privatgläubigern – ist unzulässig.[50]

36 Möglich sind weiterhin Regelungen über die Auszahlung des Abfindungsguthabens, etwa Ratenzahlung oder Hinausschieben der Zahlung. Auch eine sehr lange Stundungs- oder Auszahlungsfrist kann aber im Einzelfall eine unangemessene Benachteiligung sein.[51]

37 Die Satzungen einiger KGaA sehen vor, dass die **Abfindung** in Form von Aktien der Gesellschaft gewährt wird, um Liquiditätsabfluss zu vermeiden. Solche Klauseln sind grundsätzlich zulässig, sie stellen keine unzulässige Kündigungsbeschränkung dar.[52] Allerdings darf der Wert der Aktien im Vergleich zum Kapitalanteil nicht unangemessen niedrig sein. Zudem kann es im Einzelfall für einen ausscheidenden Komplementär unzumutbar sein, als Kommanditaktionär in der Gesellschaft zu verbleiben.[53] In einem solchen Fall kann er verlangen, dass die Abfindung in Geld ausgezahlt wird. Werden ihm vinkulierte Namensaktien gewährt, muss die Gesellschaft ggf ihre Zustimmung zum Verkauf geben.[54]

---

41 KölnKomm-AktG/*Mertens/Cahn*, Rn 37.
42 Großkomm-AktienR/*Assmann/Sethe*, Rn 123; *Durchlaub*, BB 1977, 875; MüKo-AktG/*Perlitt*, Rn 55; *Wichert*, S. 199; aA hinsichtlich des Gegenstandes der Sacheinlage KölnKomm-AktG/*Mertens/Cahn*, Rn 38 (Gegenstand sei der auf den Erben entfallende Kapitalanteil); so auch Spindler/Stilz/*Bachmann*, Rn 21.
43 *Wichert*, S. 198 mit näherer Begründung; wie hier auch *v. Godin/Wilhelmi*, Anm. 4; KölnKomm-AktG/*Mertens/Cahn*, Rn 40; aA Großkomm-AktienR/*Assmann/Sethe*, Rn 123; MüKo-AktG/*Perlitt*, Rn 51, nach denen sich der Erbe auch dann die Stellung als Kommanditaktionär verlangen kann, wenn er eine anderweitige Einlage auf das Grundkapital erbringt.
44 MüKo-AktG/*Perlitt*, Rn 56, 60; *Wichert*, S. 200 f.
45 *Wichert*, S. 200; ebenso: MüKo-AktG/*Perlitt*, Rn 56 Fn 63.
46 KölnKomm-AktG/*Mertens/Cahn*, Rn 39; *Wichert*, S. 202.
47 *Wichert*, S. 202; ebenso: MüKo-AktG/*Perlitt*, Rn 67; aA möglicherweise Großkomm-AktienR/*Assmann/Sethe*, Rn 129, allerdings ohne Problematisierung.
48 Großkomm-AktienR/*Assmann/Sethe*, Rn 177; *Wichert*, S. 230.
49 *Wichert*, S. 230 f mwN; vgl auch K. Schmidt/Lutter/*K. Schmidt*, § 278 Rn 30, § 289 Rn 33.
50 Großkomm-AktienR/*Assmann/Sethe*, Rn 177; *Wichert*, S. 230.
51 *Wichert*, S. 231 mwN.
52 Großkomm-AktienR/*Assmann/Sethe*, Rn 177; MüHb-AG/*Herfs*, § 77 Rn 53; KölnKomm-AktG/*Mertens/Cahn*, Rn 67; *Pühler*, in: Happ, Aktienrecht, 1.03 Rn 41; MüKo-AktG/*Perlitt*, Rn 200 f; *Wichert*, S. 231 ff; differenzierend: *Schlitt*, S. 144, nach dem eine solche Klausel nur zulässig ist, wenn der Komplementär statt Aktien auch eine Barabfindung verlangen kann.
53 Dazu *Wichert*, S. 231; ferner: MüKo-AktG/*Perlitt*, Rn 201.
54 MüKo-AktG/*Perlitt*, Rn 201; *Wichert*, S. 233.

Auf der anderen Seite kann der ausscheidende Komplementär die Gesellschaft nicht zur Kapitalerhöhung zwingen, um die Aktien für das Ausscheiden zu generieren. Dem steht § 187 Abs. 2 entgegen (vgl § 281 Rn 22). Ob der erforderliche Bezugsrechtsausschluss gerechtfertigt ist, ist eine Frage des Einzelfalls. In Betracht käme das Interesse der Gesellschaft, Liquiditätsabfluss zu vermeiden oder das Interesse des Komplementärs, weiter an der Gesellschaft beteiligt zu sein.[55]

D. Handelsregistererfordernisse (Abs. 6)

Nach Abs. 6 sind die Auflösung der Gesellschaft und das Ausscheiden eines Komplementärs von allen Komplementären – im zweiten Fall also auch von dem Ausscheidenden – zur Eintragung in das Handelsregister anzumelden. Dies gilt nicht für eine Auflösung gemäß Abs. 2, die von Amts wegen einzutragen ist.[56]

§ 290 Abwicklung

(1) Die Abwicklung besorgen alle persönlich haftenden Gesellschafter und eine oder mehrere von der Hauptversammlung gewählte Personen als Abwickler, wenn die Satzung nichts anderes bestimmt.

(2) Die Bestellung oder Abberufung von Abwicklern durch das Gericht kann auch jeder persönlich haftende Gesellschafter beantragen.

(3) ¹Ist die Gesellschaft durch Löschung wegen Vermögenslosigkeit aufgelöst, so findet eine Abwicklung nur statt, wenn sich nach der Löschung herausstellt, daß Vermögen vorhanden ist, das der Verteilung unterliegt. ²Die Abwickler sind auf Antrag eines Beteiligten durch das Gericht zu ernennen.

Die Abwicklung einer KGaA vollzieht sich nach allgemeinem Aktienrecht (§§ 278 Abs. 3, 262 ff). Ausgenommen davon ist nur die Verteilung des Liquidationserlöses, insofern ist über § 278 Abs. 2 Kommanditrecht maßgeblich.[1] § 290 trifft einige rechtsformspezifische Regelungen über die Abwickler einer KGaA.

Gemäß Abs. 1 sind alle Komplementäre für die Abwicklung verantwortlich, auch diejenigen, die keine Geschäftsführungsbefugnis haben.[2] Daneben kann die Hauptversammlung eine oder mehrere Personen als Abwickler wählen, damit diese ihre Interessen wahren. Erforderlich ist ein Beschluss der Hauptversammlung mit einfacher Mehrheit.[3] Ein Vetorecht der Komplementäre besteht nicht.[4] Gemäß Abs. 2 können auch die Komplementäre gemäß § 265 Abs. 3 bei Vorliegen eines wichtigen Grundes die gerichtliche Bestellung oder Abberufung von Abwicklern beantragen. Abs. 3 enthält eine Sonderregelung für die Abwicklung nach Löschung wegen Vermögenslosigkeit, die § 264 Abs. 2 entspricht, daher bedürfte es Abs. 3 eigentlich nicht, denn dessen Inhalt ergibt sich bereits aus §§ 278 Abs. 2 iVm § 264 Abs. 2.[5]

Die Aufgaben der Abwickler folgen aus §§ 264 ff. Diese haben zum Zwecke des Schutzes von Gläubigern und Kommanditaktionären auch für den Ausgleich von negativen Kapitalanteilen der Komplementäre zu sorgen.[6]

Die Verteilung des Liquidationsüberschusses zwischen Komplementären und Kommanditaktionären richtet sich nach Kommanditrecht (§ 278 Abs. 2, § 155 HGB). Maßgeblich ist das Verhältnis zwischen der Summe aller Kapitalanteile und dem Grundkapital. Für die Verteilung des auf die Komplementäre entfallenden Anteils auf jeden einzelnen Komplementär gilt ebenfalls § 155 HGB. Die Verteilung des auf die Kommanditaktionäre entfallenden Anteils erfolgt dagegen gemäß § 278 Abs. 3 nach Aktienrecht.

Der auf die Kommanditaktionäre entfallende Anteil darf gemäß §§ 278 Abs. 3, 272 nicht vor Ablauf des Sperrjahres ausgezahlt werden. Dies gilt aber auch für den auf die Komplementäre entfallenden Anteil.[7] Dafür sprechen Wortlaut und Zweck des § 272. Dort ist explizit die Rede von „Vermögen" der Gesellschaft; dazu gehören bei der KGaA alle Anteile der Gesellschafter. Zudem ist bei vorzeitiger Auszahlung an die Komplementäre auch unter Berücksichtigung der persönlichen Haftung eine Schlechterstellung der Ge-

---

55 Vgl *Wichert*, S. 183 ff.
56 *Hüffer*, Rn 10.
1 *Schulz*, in: Schütz/Bürgers/Riotte, KGaA, § 8 Rn 64; MüKo-AktG/*Perlitt*, Rn 2; *Sethe*, ZIP 1998, 1138, 1140.
2 *Wachter/Blaurock*, Rn 2; *Grigoleit/Servatius*, Rn 2.
3 Entsprechend § 265 Abs. 2, vgl *Hüffer*, § 265 Rn 5; K. Schmidt/Lutter/*K. Schmidt*, Rn 5.
4 KölnKomm-AktG/*Mertens/Cahn*, § 289 Rn 6; Spindler/Stilz/*Bachmann*, Rn 3.
5 Spindler/Stilz/*Bachmann*, Rn 12.
6 Großkomm-AktienR/*Assmann/Sethe*, Rn 24; MüKo-AktG/*Perlitt*, Rn 13; Spindler/Stilz/*Bachmann*, Rn 8; *Wichert*, S. 225.
7 Streitig, wie hier: Großkomm-AktienR/*Assmann/Sethe*, Rn 27; MüHb-AG/*Herfs*, § 76 Rn 44; KölnKomm-AktG/*Mertens/Cahn*, Rn 3; K. Schmidt/Lutter/*K. Schmidt*, Rn 13; Spindler/Stilz/*Bachmann*, Rn 8; Hölters/*Müller-Michaels*, Rn 7; *Wichert*, S. 226 f; aA *v. Godin/Wilhelmi*, Anm. 3; *Schulz*, in: Schütz/Bürgers/Riotte, KGaA, § 8 Rn 67; MüKo-AktG/*Perlitt*, Rn 8 f; *Schlitt*, S. 234 f.

sellschaftsgläubiger nicht auszuschließen. Sie tragen das Risiko der Vermögenslosigkeit der Komplementäre und müssen mit deren persönlichen Gläubigern konkurrieren.

6 Auch hinsichtlich des Abwicklungsverfahrens besteht **Gestaltungsfreiheit**, soweit es sich nicht nach zwingendem Aktienrecht bestimmt.[8] So können in der Satzung **Abwickler** bestimmt werden, Abs. 1 ist nicht satzungsfest. Das Recht der Hauptversammlung, Abwickler zu wählen, kann ausgeschlossen oder dem Veto der Komplementäre unterstellt werden. Auch hinsichtlich der Verteilung des Liquidationsvermögens kann die Satzung von den gesetzlichen Regelungen abweichen.

Drittes Buch Verbundene Unternehmen
Erster Teil Unternehmensverträge

Erster Abschnitt
Arten von Unternehmensverträgen

Einleitung zu §§ 291–310

A. Beherrschungs- und Gewinnabführungsverträge .. 1	III. Entstehungsgeschichte von Beherrschungs- und Gewinnabführungsverträgen 37
I. Das Wesen von Beherrschungs- und Gewinnabführungsverträgen 1	IV. Zur Vereinbarkeit von Beherrschungs- und Gewinnabführungsverträgen mit dem deutschen Grundgesetz 47
1. Wirtschaftlicher Grund für den Abschluss von Beherrschungs- und Gewinnabführungsverträgen 1	1. Verfassungsmäßigkeit des Eigentumseingriffs 47
2. Gegenstand des Beherrschungsvertrages ... 3	2. Volle Entschädigung der außenstehenden Aktionäre durch Abfindung nach § 305 49
3. Gegenstand des Gewinnabführungsvertrages 6	a) Insolvenzrisiko 50
4. Änderung der Grundlagen der Gesellschaft 7	b) Diskrepanz zwischen Bewertungsstichtag und Zinsbeginn 52
a) Abbedingung der §§ 57, 58 und 60 8	c) Versagung von Zinseszinsen 53
b) Abbedingung von § 53a 11	3. Volle Entschädigung der außenstehenden Aktionäre durch Ausgleich nach § 304 54
c) Suspendierung des Gesellschaftszwecks der gemeinsamen Gewinnerzielungsabsicht 13	4. Verfassungsrechtlicher Schutz der Gesellschaftsgläubiger 55
5. Gemeinsame Schutzmechanismen für Beherrschungs- und Gewinnabführungsverträge 15	5. Verfahrensgrundrechte 56
a) Eigenkapitalschutz 16	V. Zur Vereinbarkeit von Beherrschungs- und Gewinnabführungsverträgen mit europäischem Gemeinschaftsrecht 57
b) Schutz der außenstehenden Aktionäre .. 17	VI. Zur Vereinbarkeit von Beherrschungs- und Gewinnabführungsverträgen mit der EMRK ... 59
c) Unvollständigkeit der an die Gesellschaft fließenden Gegenleistung 18	VII. Sorgfaltspflichten des Vorstandes bei Beherrschungs- und Gewinnabführungsverträgen 60
6. Vertragscharakter von Beherrschungs- und Gewinnabführungsverträgen 19	1. Pflicht zum Schutz des Vermögens der AG .. 60
a) Organisationsvertrag 19	2. Pflicht zum Schutz des Vermögens der außenstehenden Aktionäre? 63
b) Grenzen der Vertragsfreiheit 20	a) Sorgfaltspflichten bei Vertragsabschluss 64
aa) Grenzen des Weisungsrechts 21	b) Sorgfaltspflichten bei Vertragsbeendigung 65
bb) Grenzen der Gewinnabführung ... 22	VIII. Rechtspolitische Überlegungen 66
cc) Vertragsfreiheit bei Festsetzung von Ausgleich und Abfindung 23	1. Steuerpolitische Überlegungen 67
dd) Vertragsfreiheit bei der Vertragsdauer 26	2. Unternehmenspolitische Überlegungen 70
ee) Rückwirkung 30	IX. Altverträge 71
ff) Mehrzahl von „anderen Vertragsteilen" 33	X. Analoge Anwendung der §§ 291 ff. 71a
gg) Verfassungsrechtliche Grenzen der Vertragsfreiheit 34	B. Andere Unternehmensverträge 72
II. Rechtsvergleichung 35	

---

[8] Hierzu Großkomm-AktienR/*Assmann/Sethe*, Rn 34 ff; MüKo-AktG/*Perlitt*, Rn 24 ff; *Sethe*, ZIP 1998, 1138.

Erster Teil | Unternehmensverträge — Einleitung zu §§ 291–310 AktG

Der erste Teil des Dritten Buches über Unternehmensverträge behandelt zwei sehr unterschiedliche Institutionen: Beherrschungsverträge und Gewinnabführungsverträge in § 291, andere Unternehmensverträge in § 292.

Literatur:
Bachmann/Veil, Grenzen atypischer stiller Beteiligung an einer Aktiengesellschaft, ZIP 1999, 348; *Hirte*, Die Entwicklung des Kapitalgesellschaftsrechts in Deutschland in den Jahren 2003 bis 2004, NJW 2005, 477; *Huber*, Betriebsführungsverträge zwischen konzernverbundenen Unternehmen, ZHR 152 (1988), 123; *Knepper*, Wirksamkeit von Unternehmensverträgen, DStR 1994, 377; *Kiethe*, Ansprüche der Aktiengesellschaft bei Schädigung durch herrschende Unternehmen und Leitungsorgane, WM 2000, 1182; *Kleindiek*, Fehlerhafte Unternehmensverträge im GmbH-Recht, ZIP 1988, 613; *ders*, Steueranlagen im gewerbesteuerlichen Organkreis – Anmerkung aus aktienrechtlicher Sicht, DStR 2000, 559; *Kort*, Zur Vertragsfreiheit bei Unternehmensverträgen, BB 1988, 79; *H. Meilicke*, Konzentration durch Beherrschungs- und Ergebnisübernahmeverträge, in: Die Konzentration in der Wirtschaft, Band 20/I, 1971; *ders*, Kooperative Versklavung deutscher Aktiengesellschaften durch Beherrschungs- und Gewinnabführungsverträge gegenüber in- und ausländischen Unternehmen, in: FS Hirsch, 1968, S. 99; *W. Meilicke*, Rechtsansprüche außenstehender Aktionäre bei Konkurs des abfindungspflichtigen Unternehmens, DB 1976, 567; *ders*, Insolvenzsicherung für die Abfindung außenstehender Aktionäre?, DB 2001, 2387; *Müller*, Zur Gewinn- und Verlustermittlung bei Unternehmensverträgen bei aktienrechtlichen Gewinnabführungsverträgen, in: FS Goerdeler, 1987, S. 375; *Pentz*, Die Rechtsstellung der Enkel-AG in einer mehrstufigen Unternehmensverbindung, Diss., 1994; *Schürnbrand*, „Verdeckte" und „atypische" Beherrschungsverträge im Aktien- und GmbH-Recht, ZHR 169 (2005), 35; *Sonnenschein*, Der aktienrechtliche Vertragskonzern im Unternehmensrecht, ZGR 1981, 429; *Ulmer*, Grundstrukturen eines Personengesellschaftskonzernrechts, in: Probleme des Konzernrechts, ZHR, Beiheft 62, 1989, 26.

A. Beherrschungs- und Gewinnabführungsverträge

I. Das Wesen von Beherrschungs- und Gewinnabführungsverträgen. 1. Wirtschaftlicher Grund für den Abschluss von Beherrschungs- und Gewinnabführungsverträgen. Meistens sind Beherrschungs- und Gewinnabführungsverträge **steuerlich motiviert**. Das Bestehen eines Gewinnabführungsvertrages ist nach § 14 Abs. 1 S. 1 KStG und § 2 Abs. 2 S. 2 GewStG Voraussetzung für die körperschaftsteuerliche und gewerbesteuerliche Organschaft. Auch Beherrschungsverträge sind meistens steuerlich motiviert. Beim Bestehen eines Beherrschungsvertrages wird nämlich nach § 2 Abs. 2 Nr. 2 S. 1 UStG die für die umsatzsteuerliche Organschaft erforderliche organisatorische Eingliederung vermutet. Bis Ende 2000 war auch für die körperschaftsteuerliche Organschaft die organisatorische Eingliederung erforderlich, welche nach § 14 Nr. 2 S. 2 KStG in der bis 31.12.2000 geltenden Fassung bei Abschluss eines Beherrschungsvertrages vermutet wurde. Schon weil die steuerlichen Wirkungen nur eintreten, wenn der andere Vertragsteil mittelbar oder unmittelbar die Mehrheit der Stimmrechte an der unterworfenen AG hält, werden Beherrschungs- und Gewinnabführungsverträge in der Praxis nur mit (mindestens mittelbaren) Mehrheitsaktionären als anderem Vertragsteil abgeschlossen. Beherrschungs- und Gewinnabführungsverträge zusammen ermöglichen es, die AG ohne Rücksichtnahme auf deren eigene Interessen steuerlich und wirtschaftlich wie eine Betriebsabteilung des anderen Vertragsteils zu führen. Wenngleich das Gesetz eine Beteiligung des anderen Vertragsteils an dem unterworfenen Unternehmen nicht verlangt, sind keine Beherrschungs- oder Gewinnabführungsverträge bekannt geworden, bei welchen der andere Vertragsteil nicht mindestens mittelbar eine Mehrheitsbeteiligung an der unterworfenen AG hielt.

Ein weiteres, nicht steuerliches Motiv für den Abschluss von Beherrschungs- und Gewinnabführungsverträgen ist die **Erhöhung der Beteiligung** des Mehrheitsaktionärs. Im Hinblick auf den Verlust der Eigenständigkeit „ihrer" AG pflegen nämlich die meisten außenstehenden Aktionäre die nach § 305 anzubietende Abfindung anzunehmen. Dieses Mittel der Erhöhung der Beteiligung hat für den Mehrheitsaktionär allerdings einen unkalkulierbaren Preis, weil erst das Spruchstellengericht die Höhe der Abfindung verbindlich festlegt.

2. Gegenstand des Beherrschungsvertrages. Gegenstand des Beherrschungsvertrages ist das Recht des anderen Vertragsteils, der beherrschten AG im Konzerninteresse **nachteilige Weisungen** zu erteilen, und die Pflicht ihres Vorstandes, solche Weisungen zu befolgen (§ 308 Abs. 1 S. 2), zB zum Verkauf eines Grundstücks oder einer Beteiligung oder einer Betriebsabteilung oder Betriebsfunktion unter dem Verkehrswert an den anderen Vertragsteil.

Ohne Bestehen eines Beherrschungsvertrages wäre der Vorstand zur Wahrung der Interessen der AG verpflichtet. Ein für die Gesellschaft nachteiliges Geschäft würde eine Untreue (§ 266 StGB) darstellen. Der Vorstand würde nach § 93, der andere Vertragsteil nach §§ 117, 317 AktG, § 823 Abs. 2 BGB haften. Die Durchführung des nachteiligen Geschäfts könnte uU durch einstweilige Anordnung unterbunden werden.

Alle diese Schutzmechanismen werden durch den Beherrschungsvertrag außer Kraft gesetzt. Die Befolgung der für die AG nachteiligen Weisung ist kraft Bestehens des Beherrschungsvertrages **rechtmäßig**. Die Erstellung eines Abhängigkeitsberichts ist während des Bestehens eines Beherrschungsvertrages entbehrlich.

3. Gegenstand des Gewinnabführungsvertrages. Gegenstand des Gewinnabführungsvertrages ist das Recht des anderen Vertragsteils, den **Jahresüberschuss** der AG unter Ausschluss der Aktionäre an sich **abzuführen** (§ 301). Der Gewinnabführungsvertrag suspendiert also das Gewinnbezugsrecht der Aktionäre.

4. Änderung der Grundlagen der Gesellschaft. Das Wirksamwerden eines Beherrschungs- oder Gewinnabführungsvertrages ändert die Grundlagen der Gesellschaft.

a) **Abbedingung der §§ 57, 58 und 60.** Nach § 291 Abs. 3 gelten Leistungen der Gesellschaft aufgrund eines Beherrschungs- oder Gewinnabführungsvertrages nicht als Verstoß gegen die §§ 57, 58 und 60. Es handelt sich um eine **gesetzliche Fiktion**; denn die Rechtswirkungen von Beherrschungs- und Gewinnabführungsverträgen durchbrechen natürlich die dort gesetzten Regeln:

Das in § 57 Abs. 1 S. 1 statuierte Verbot der Rückzahlung von Einlagen wird zeitweise durchbrochen, wenn eine nachteilige Weisung dazu führt, dass die Aktiva das Grundkapital nicht mehr decken. Zwar besteht der Anspruch auf Verlustausgleich nach § 302. Dieser wird aber erst mit Ablauf des Geschäftsjahres fällig. Zu diesem Zeitpunkt ist die Werthaltigkeit des Anspruchs auf Verlustausgleich nicht mehr gesichert.

§§ 58 Abs. 4, 60 Abs. 1 werden durchbrochen, wenn der Jahresüberschuss nicht im Verhältnis ihres Anteils am Grundkapital an alle Aktionäre ausgeschüttet, sondern an den anderen Vertragsteil abgeführt wird.

b) **Abbedingung von § 53 a.** Obgleich in § 291 Abs. 3 nicht erwähnt,[1] ist ebenfalls das in § 53 a verankerte Gebot durchbrochen, alle Aktionäre unter gleichen Voraussetzungen gleich zu behandeln. Beherrschungs- und Gewinnabführungsverträge würden mit keinem unverbundenen fremden Dritten abgeschlossen, weil die AG dem anderen Vertragsteil mehr zuwendet, als sie selbst von diesem erhält.[2] Beherrschungs- und Gewinnabführungsverträge durchbrechen den **Gleichbehandlungsgrundsatz**, weil die außenstehenden Aktionäre eine feste Ausgleichszahlung erhalten, wohingegen der mehrheitlich beteiligte andere Vertragsteil den variablen effektiven Jahresüberschuss erhält.

Zur europarechtlichen Fragestellung unten Rn 57 f.

c) **Suspendierung des Gesellschaftszwecks der gemeinsamen Gewinnerzielungsabsicht.** Konstituierendes Element jeder Gesellschaft ist ein gemeinsamer Zweck (§ 705 BGB). Nach allgemeinen Regeln ist die Zustimmung aller Aktionäre zur Änderung des Gesellschaftszwecks erforderlich, wenn die Gewinnerzielungsabsicht aufgegeben werden soll.[3] Mit Wirksamwerden des Gewinnabführungs- oder Beherrschungsvertrages verfolgt die AG nicht mehr für alle Aktionäre eine Gewinnerzielungsabsicht, sondern tut dies nur noch für Rechnung des anderen Vertragsteils, während die außenstehenden Aktionäre, sofern sie nicht vorziehen, durch Annahme der Abfindung auszuscheiden, mit einer gewinnunabhängigen Ausgleichszahlung abgefunden werden. Der gemeinsame Zweck „Gewinnerzielung" wird also für die Dauer des Beherrschungs- oder Gewinnabführungsvertrages suspendiert.

Aus diesem Grunde ist bei der GmbH, wo die Regeln der §§ 291–310 nicht gelten, nach der wohl zutreffenden hM **Einstimmigkeit** für den Abschluss von Beherrschungs- oder Gewinnabführungsverträgen erforderlich.[4]

5. Gemeinsame Schutzmechanismen für Beherrschungs- und Gewinnabführungsverträge. Beherrschungs- und Gewinnabführungsverträge haben gemeinsame Schutzmechanismen für Gläubiger und außenstehende Aktionäre.

a) **Eigenkapitalschutz.** Die Pflichten zur Einzahlung eines Jahresfehlbetrages nach § 302 und zur Sicherheitsleistung nach § 303 sollen den Erhalt des nominellen Eigenkapitals der AG sicherstellen und bedeuten darüber hinaus praktisch die **Übernahme der unbeschränkten persönlichen Haftung des anderen Vertragsteils** für alle Verbindlichkeiten der AG.

b) **Schutz der außenstehenden Aktionäre.** Zum Schutz der außenstehenden Aktionäre sehen § 304 eine Ausgleichszahlung für die entzogene Gewinnbeteiligung und § 305 ein Recht auf Abfindung vor. Ausgleichszahlung und Abfindung werden auf Antrag vom Gericht im Spruchverfahren festgesetzt. Dieses wird durch das **SpruchG** geregelt.[5]

---

1 Es handelt sich uE um ein Redaktionsversehen. § 53 a ist nämlich erst nach der Verabschiedung des AktG 1965 durch die 2. EG-Richtlinie zur Harmonisierung des Gesellschaftsrechts eingeführt worden.
2 Durchbrechung der Grundsätze des ITT-Urteils, BGHZ 65, 15 = NJW 1976, 191 = BB 1975, 1450.
3 Für den Fall des Wechsels von erwerbswirtschaftlicher zu gemeinnütziger Tätigkeit vgl *Hüffer*, § 179 Rn 33; KölnKomm-AktG/*Zöllner*, § 179 Rn 113.
4 Baumbach/Hueck/*Zöllner/Beurskens*, SchlAnhKonzernR, Rn 54; Scholz/*Priester/Veil*, GmbHG, § 53 Rn 171; *Hönle*, DB 1979, 485, 486; *Schilling*, ZHR 140, (1976), 535; *Ulmer*, BB 1989, 10, 13; Zustimmung aller Gesellschafter: Hachenburg/*Ulmer*, GmbHG, § 53 Rn 158; aA: Rowedder/*Koppensteiner*, GmbHG, Anh. § 52 Rn 43; *Timm*, GmbHR, 1987, 8, 11; *Heckschen*, DB 1989, 29, 30; *Richter-Stengel*, DB 1993, 1861, 1862.
5 Eingeführt durch das Gesetz zur Neuordnung des gesellschaftsrechtlichen Spruchverfahrens vom 12.6.2003, BGBl. I, 838 ff.

c) Unvollständigkeit der an die Gesellschaft fließenden Gegenleistung. Die AG selbst erhält – außer der Garantie ihres buchmäßigen Eigenkapitals – keinerlei Gegenleistung dafür, dass sie nachteilige Weisungen dulden bzw ihren ganzen Jahresüberschuss an den anderen Vertragsteil abführen muss. Solange der Unternehmenswert der unterworfenen AG – wie regelmäßig – positiv ist, solange also nachhaltig Erträge erwirtschaftet werden, stellt die Verlustübernahme keine angemessene Gegenleistung dafür dar, dass der andere Vertragsteil durch Gewinnabführung oder nachteilige Weisungen die Erträge an sich ziehen kann. Beherrschungs- und Gewinnabführungsverträge stellen dadurch einen weitgehend einseitig verpflichtenden Vertrag zugunsten des anderen Vertragsteils dar. Der Sache nach handelt es sich um einen **Eingriff in das Eigentum** der AG, der außenstehenden Aktionäre und der Gesellschaftsgläubiger, welcher verfassungsrechtlich abgesicherte Entschädigungspflichten auslöst (dazu nachstehend Rn 47 ff). 18

6. Vertragscharakter von Beherrschungs- und Gewinnabführungsverträgen. a) Organisationsvertrag. Der andere Vertragsteil kann seinen Wunsch, einen Beherrschungsvertrag und/oder einen Gewinnabführungsvertrag abzuschließen, regelmäßig durch seine Mehrheitsbeteiligung erzwingen. Beherrschungs- oder Gewinnabführungsverträge, bei denen der andere Vertragsteil nicht wenigstens indirekt die Mehrheit an der unterworfenen AG hält, sind nicht bekannt geworden. Der Sache nach ist das Recht des Mehrheitsaktionärs, mit 3/4-Mehrheit einen Beherrschungs- oder Gewinnabführungsvertrag abzuschließen, ein **Gestaltungsrecht des Mehrheitsaktionärs**. Der Gesetzgeber hat Beherrschungs- und Gewinnabführungsvertrag zwar als Vertrag zwischen der unterworfenen AG und dem anderen Vertragsteil ausgestaltet. Es fehlt jedoch das für Verträge typische Charakteristikum des Aushandelns zwischen Vertragsparteien mit gegensätzlichen Interessen. Außerdem sind die Gestaltungsmöglichkeiten angesichts des zwingenden Gesellschaftsrechts und angesichts der zusätzlichen Erfordernisse des Steuerrechts sehr begrenzt. Weitgehend sind es typisierte, durch Gesetz vorgeformte Vertragsinhalte. Beherrschungs- und Gewinnabführungsverträge werden deshalb als „Organisationsvertrag" bezeichnet,[6] womit ausgedrückt werden soll, dass der „Vertrag" **satzungsändernden Charakter** hat und die Organisation der Gesellschaft ändert. 19

b) Grenzen der Vertragsfreiheit. Die Ausgestaltung von Beherrschungs- und Gewinnabführungsverträgen als „Vertrag" ist dogmatisch natürlich zu akzeptieren. Der aus dieser Einordnung des Gesetzgebers resultierenden Vertragsfreiheit (§ 241 BGB) sind jedoch enge Grenzen gesetzt. 20

aa) Grenzen des Weisungsrechts. Beim Beherrschungsvertrag gehört zur Vertragsfreiheit, das Weisungsrecht zu definieren. Nach § 308 Abs. 1 kann der Beherrschungsvertrag Weisungen, die für die Gesellschaft nachteilig sind, aber nur vorsehen, wenn die Weisungen den Belangen des herrschenden Unternehmens oder der mit ihm und der Gesellschaft konzernverbundenen Unternehmen dienen. Der Vorstand ist nach § 308 Abs. 2 S. 2 nicht berechtigt, die Befolgung einer Weisung zu verweigern, weil sie nach seiner Ansicht nicht den Belangen des herrschenden Unternehmens oder der mit ihm und der Gesellschaft konzernverbundenen Unternehmen dient, es sei denn, dass sie offensichtlich nicht diesen Belangen dient. Für ein darüber hinausgehendes Weisungsrecht hat der Mehrheitsaktionär ohnehin kein erkennbares Bedürfnis, es sei denn, er wollte zB die Pflege des Gartens seiner Ehefrau qua Weisung durchsetzen. Beherrschungsverträge, welche das Weisungsrecht enger als gesetzlich zulässig definieren, sind nicht bekannt geworden. Gegen eine engere Definition des Weisungsrechts spricht auch, dass dann die steuerliche Wirkung der Fiktion der organisatorischen Eingliederung nicht mehr gesichert wäre. 21

bb) Grenzen der Gewinnabführung. Beim Gewinnabführungsvertrag gehört zur Vertragsfreiheit, die Gewinnabführung zu definieren. Gleichgültig, welche Vereinbarungen über die Berechnung des abzuführenden Gewinns getroffen werden, kann die Gesellschaft nach § 301 als ihren Gewinn aber höchstens den ohne die Gewinnabführung entstandenen Jahresüberschuss, vermindert um einen Verlustvortrag aus dem Vorjahr und um den in die gesetzliche Rücklage einzustellenden Betrag, an den anderen Vertragsteil abführen. Gewinnabführungsverträge, welche die Gewinnabführung geringer als gesetzlich zulässig definieren, sind nicht bekannt geworden. Gegen eine engere Definition des abzuführenden Gewinns spricht auch, dass dann die körperschaftsteuerliche und gewerbesteuerliche Organschaft nicht mehr gesichert wäre. Zum Teilgewinnabführungsvertrag nachstehend Rn 72 f und die Kommentierung zu § 292. 22

cc) Vertragsfreiheit bei Festsetzung von Ausgleich und Abfindung. Ein wichtiges Element der Vertragsfreiheit ist, dass der Vorstand der abhängigen AG mit dem anderen Vertragsteil die Höhe der Ausgleichszahlung und der Abfindung vereinbaren kann. Diese Vereinbarung hat zwar nur **vorläufigen Charakter**, weil das Spruchstellengericht die Höhe von Ausgleich und Abfindung verbindlich feststellt. Spruchverfahren dauern im Durchschnitt jedoch zwischen 8 und 30 Jahren. Der Gestaltungsfreiheit bei der – vorläufigen – 23

---

[6] BGHZ 103, 1, 4 f = NJW 1988, 1326; BGHZ 105, 324, 331 = NJW 1989, 295, 296; BGH NJW 1992, 1452, 1454; OLG Düsseldorf AG 1992, 60, 61; *Hüffer*, § 291 Rn 17, 23; MüKo AktG/*Altmeppen*, § 291 Rn 25 f.

Festlegung von Ausgleichszahlung und Abfindung kommt deshalb große Bedeutung zu, weil sie den Finanzierungsaufwand des anderen Vertragsteils auf Jahrzehnte vermindern kann und den außenstehenden Aktionären das **Zinsrisiko und das Insolvenzrisiko** aufbürdet. Der Vertragsfreiheit bei der Festsetzung der Ausgleichszahlung sind jedoch steuerliche Grenzen gesetzt.[7]

24 Zur Pflicht des Vorstandes, im Vertrag die gesetzlich geschuldete Abfindung und Ausgleichszahlung zu treffen, und zu seiner Haftung bei Pflichtverletzung, siehe nachstehend Rn 63 ff, § 304 Rn 42 und § 305 Rn 8.

25 Zur Vertragsfreiheit gehört auch, eine das gesetzliche Minimum übersteigende Ausgleichszahlung und/oder Abfindung zu vereinbaren, siehe § 304 Rn 19 ff und § 305 Rn 6.

26 **dd) Vertragsfreiheit bei der Vertragsdauer.** Das AktG enthält keine Vorschriften über die Höchst- oder Mindestdauer von Beherrschungs- und Gewinnabführungsverträgen. § 296 Abs. 1 S. 2 geht von der Möglichkeit der unterjährigen Vertragsdauer aus, wenn er von dem „sonst vertraglich bestimmten Abrechnungszeitraum" spricht.

27 Praktisch richtet sich die Mindestdauer von Gewinnabführungsverträgen nach **§ 14 Abs. 1 S. 1 Nr. 3 KStG**, wonach ein Gewinnabführungsvertrag mindestens auf fünf Kalenderjahre (nicht: Geschäftsjahre) fest abgeschlossen sein muss, damit die körperschaftsteuerliche und gewerbesteuerliche Organschaft anerkannt wird.

28 Die Vertragspraxis sieht meistens vor, dass der Vertrag sich danach **automatisch verlängert**, wenn er nicht von dem anderen Vertragsteil oder der Gesellschaft gekündigt wird. Dadurch erhält der Mehrheitsaktionär die Möglichkeit, den Vertrag zu kündigen, wenn die Ertragslage sich so verschlechtert, dass die Ausgleichszahlung den anteiligen abzuführenden Gewinn der Gesellschaft übersteigt, ihn aber aufrechtzuerhalten, wenn die Ertragslage sich günstiger entwickelt, so dass die Ausgleichszahlung hinter der anteiligen Gewinnabführung zurückbleibt. Der Mehrheitsaktionär wettet also gewissermaßen mit den außenstehenden Aktionären: „heads I win, tails you loose".

29 Rechtlich zulässig ist auch, den außenstehenden Aktionären ein **Kündigungsrecht** einzuräumen. Davon wird aber nur in „closely-held corporations" Gebrauch gemacht, wenn die Zustimmung von Gesellschaftern aus dem Management oder von Gesellschaftern mit Sperrminorität für die körperschaftsteuerliche und gewerbesteuerliche Organschaft gewünscht oder benötigt wird.

30 **ee) Rückwirkung.** Bei Beherrschungsverträgen ist eine Rückwirkung nicht zulässig.[8] Das Weisungsrecht setzt also erst mit Eintragung des Beherrschungsvertrages in das Handelsregister ein. Eine vorher befolgte nachteilige Weisung stellt eine vollendete Untreue (§ 266 StGB) des Vorstandes dar, welche durch späteres Wirksamwerden des Beherrschungsvertrages nicht mehr straffrei wird. Bis zum Tag der Eintragung in das Handelsregister ist der Abhängigkeitsbericht zu erstellen.

31 Für Gewinnabführungsverträge sieht § 14 Abs. 1 S. 2 KStG vor, dass die körperschaftsteuerliche und gewerbesteuerliche Organschaft ab Beginn des Geschäftsjahres anerkannt wird, wenn der Gewinnabführungsvertrag während des Geschäftsjahres abgeschlossen und bis zum Ende des Geschäftsjahres[9] wirksam wird. Das Steuerrecht geht also davon aus, dass ein im Jahr 2005 vom Vorstand und vom anderen Vertragsteil unterzeichneter Gewinnabführungsvertrag rückwirkend zum 1.1.2005 wirksam werden kann, wenn die HV am 30.11.2005 zustimmt und die Handelsregistereintragung am 31.12.2005 erfolgt. Das Steuerrecht setzt allerdings in § 14 Abs. 1 Nr. 3 KStG weiter voraus, dass der Gewinnabführungsvertrag schon ab 1.1.2005 tatsächlich durchgeführt worden ist. Das ist problematisch, wenn die HV der AG zwischenzeitlich über eine Vorabdividende für das Geschäftsjahr 2005 befunden hat.

32 Fraglich ist, ob die Rückwirkung auch gesellschaftsrechtlich zulässig ist. Die steuerrechtlichen Vorgaben sind für das Gesellschaftsrecht nicht ohne Weiteres verbindlich, wie man schon daran erkennen kann, dass der BGH[10] für Gewinnabführungsverträge mit GmbHs die **notarielle Beurkundung** des Zustimmungsbeschlusses verlangte, obwohl § 17 KStG 1977 den schriftlichen Abschluss des Vertrages genügen ließ. Die Rückwirkung eines Gewinnabführungsvertrages während des laufenden Geschäftsjahres ist aber gängige Praxis. Nach hM ist sie zulässig.[11] Einwendungen sind dagegen nicht zu erheben (zum Verstoß gegen Gemeinschafsrecht vgl Rn 57). Nur muss die vollständige Entschädigung für die Rückwirkung bei Abfindung und Ausgleichszahlung gesichert sein (dazu nachstehend § 304 Rn 35).

---

7 Vgl BFH, BStBl 1976 II S 510; modifizierend BMF-Schreiben v. 16.4.1991, DB 1991, 1049 und BMF-Schreiben v. 13.9.1991, DB 1991, 2110; *Dötsch/Pung/Möhlenbrock*, KStG, § 16 Rn 12.

8 OLG Hamburg NJW 1990, 521; NJW 1990, 3024; OLG München AG 1991, 358, 359; *Hüffer*, § 291 Rn 11; *Knepper*, DStR 1994, 377, 380; MüHb-AG/*Krieger*, § 70 Rn 58; Köln-Komm-AktG/*Koppensteiner*, § 294 Rn 34; offen gelassen von BGHZ 122, 211, 223; aA MüKo-AktG/*Altmeppen*, § 294 Rn 52 f.

9 Bis zum Veranlagungszeitraum 2002 war die Eintragung bis zum Endes des folgenden Geschäftsjahres ausreichend.

10 BGHZ 105, 324, 342 = NJW 1989, 295, 299.

11 BGHZ 122, 211, 223 f = NJW 1990, 1976, 1979; OLG Düsseldorf AG 1996, 473, 474 = DB 1996, 1862; *Hüffer*, § 291 Rn 24; MüKo-AktG/*Altmeppen*, § 291 Rn 144.

ff) Mehrzahl von „anderen Vertragsteilen". Sowohl bei Beherrschungsverträgen als auch bei Gewinnabführungsverträgen kommt es vor, dass mehrere verbundene Unternehmen Weisungsbefugnisse aus dem Beherrschungsvertrag haben, oder dass bei der früher[12] zulässigen **Mehrmütterorganschaft** der Gewinn aus dem Gewinnabführungsvertrag an mehrere Mütter abzuführen ist. Die mehreren Mütter können naturgemäß nur Teilgläubiger des Gewinnabführungsanspruchs sein. Auch kann man beim Beherrschungsvertrag nicht mehreren Herren gleichzeitig dienen, so dass widersprechende Weisungen nicht zulässig sind. Mehrere „andere Vertragsteile" sind für die Verpflichtungen aus §§ 302–305 aber Gesamtschuldner. 33

gg) Verfassungsrechtliche Grenzen der Vertragsfreiheit. Bei der Ausnutzung der Vertragsfreiheit sind der Großzügigkeit der Vertragspartner zugunsten der AG, ihrer Gläubiger und ihrer außenstehenden Aktionäre natürlich keine Grenzen gesetzt. In der Praxis sind aber eher die ungeschriebenen Grenzen der Vertragsfreiheit zulasten der Vorgenannten auszuloten, welche sich aus dem Gebot der vollständigen Entschädigung derer ergeben, in deren Rechte Beherrschungs- und Gewinnabführungsverträge eingreifen. 34

(1) Weitgehend üblich ist, dass der andere Vertragsteil die Abwicklungsspesen insbesondere der Banken für die Annahme des Abfindungsangebots übernimmt. Eine Verpflichtung dazu ergibt sich ohnehin aus § 305 Abs. 3 S. 3 Hs 2 (vgl dazu § 305 Rn 65).
(2) Die Vertragsteile sind berechtigt, eine Insolvenzsicherung zugunsten der außenstehenden Aktionäre zu vereinbaren, bis das Spruchstellengericht über eine Mehrabfindung entschieden hat (siehe Rn 50 f).

II. Rechtsvergleichung. Die in Deutschland durch Beherrschungs- und Gewinnabführungsvertrag bewirkte steuerliche Zusammenveranlagung rechtlich selbstständiger, aber durch Mehrheitsbesitz verbundener Unternehmen wird in anderen Ländern meistens ohne gesellschaftsrechtliche Weisungsbefugnisse und ohne tatsächliche Gewinnabführung erreicht. Infolgedessen ist ausländischen Gesellschaftsrechten die Idee fremd, dass einem Mehrheitsgesellschafter das Recht eingeräumt werden könnte, durch Mehrheitsbeschluss die Gewinne einer Gesellschaft allein zu vereinnahmen und/oder sie durch nachteilige Weisungen im Konzerninteresse des Mehrheitsgesellschafters schädigen zu dürfen. Eine Ausnahme bildet das österreichische Recht.[13] 35

Wenn der BGH[14] die Sitztheorie damit zu rechtfertigen versuchte, nach ausländischem Recht gegründete Gesellschaften müssten dem nach deutschen Gesellschaftsrecht gewährten Schutzvorschriften zur Entschädigung (§ 304 Abs. 1, 2) und zur Abfindung (§ 305) außenstehender Gesellschafter bei Beherrschungs- und Gewinnabführungsverträgen entsprechen, so verkennt er, dass ein Schutzbedürfnis nicht besteht, wenn das ausländische Gesellschaftsrecht der ausländischen Gesellschaft gar nicht gestattet, sich durch einen Beherrschungs- oder Gewinnabführungsvertrag zu unterwerfen.[15] 36

III. Entstehungsgeschichte von Beherrschungs- und Gewinnabführungsverträgen. Blättert man in der deutschen aktienrechtlichen Literatur, so erhält man den Eindruck, als sei die Zulässigkeit von Verträgen, durch die sich AGs der Beherrschung durch andere Unternehmen unterwerfen und sich zur Gewinnabführung verpflichten, vor 1965 nur von Einzelgängern bestritten worden. Hier liegt wieder einmal ein typisches Beispiel dafür vor, wie eine hM manipuliert werden kann. Es wird nämlich regelmäßig verschwiegen, dass das **Reichsgericht** vor dem ersten Weltkrieg Beherrschungs- und **Gewinnabführungsverträge in ständiger Rechtsprechung**[16] **für nichtig erklärt hatte.** 37

Schon im Jahre 1881 hatte sich das RG[17] mit einem solchen Vertrag auseinander zu setzen. Die rumänische Eisenbahn AG, Berlin, hatte dem rumänischen Staat gegen Zahlung einer festen Garantiedividende von 3,5 % an die Minderheitsaktionäre den Betrieb ihres gesamten Eisenbahnnetzes sowie die Verwaltung des gesamten Gesellschaftsvermögens überlassen. Die Verwaltung sollte durch einen Vorstand geführt werden, dessen Mitglieder durch die rumänische Regierung ernannt werden sollten, und der an die Weisungen des rumänischen Ministers für Öffentliche Arbeiten gebunden war. Diesen Vertrag hat das RG für ungültig erklärt, da er gegen die fundamentalen Grundsätze des Aktienrechts verstoße. Es hat ausgeführt, dass eine AG nach der Natur der Sache einen Vorstand zur Ausführung des Gesellschafterwillens haben müsse. Dazu genüge es aber nicht, dass eine oder mehrere Personen als Vorstand bezeichnet und mit der Vertretung der Gesellschaft beauftragt werden; vielmehr müsse der Vorstand in der Tat Organ der AG, dh das Werkzeug sein, durch welches dieselbe ihren Willen zum Vollzug bringt. Daher könne die AG selbst mit Zustimmung 38

---

12 Die Zulässigkeit der Mehrmütterorganschaft wurde durch das Steuervergünstigungsabbaugesetz vom 16.5.2003, BGBl. I, 660 ff abgeschafft.
13 Nach § 238 öAktG sind die Verpflichtung zur Gewinnabführung von einer bestimmten Größenordnung an sowie die Verpachtung des Unternehmens und gleichwertige Vorgänge von der Zustimmung der HV mit 3/4-Mehrheit abhängig zu machen. Weiterhin wird versucht, umfassende Entscheidungskompetenzen der HV de lege lata aus dem Satzungsvorbehalt hinsichtlich Gesellschaftszweck und Unternehmensgegenstand herzuleiten. Vgl dazu *Roth*, ZGR Sonderheft 12, Reformbedarf im Aktienrecht, 167, 168.
14 DB 2000, 1114, 1115 = GmbHR 2000, 714 (Überseering, Vorlagebeschluss an EuGH).
15 Vgl hierzu *W. Meilicke*, GmbHR 2000, 693, 694 f.
16 Vgl RGZ 82, 308, 317.
17 RGZ 3, 123 ff.

der Generalversammlung sich in eine solche Lage ebenso wenig versetzen „wie eine handlungsfähige physische Person durch die freiwillige Unterwerfung unter die Vormundschaft eines anderen eine Selbstentmündigung herbeiführen könnte".[18]

39 Gegen die Überlassung des Eisenbahnbetriebes an den rumänischen Staat gegen Zahlung einer festen Vergütung an die Minderheitsaktionäre hat das Reichsgericht allerdings keine Bedenken gehabt. Es hat es für eine Frage der Zweckmäßigkeit gehalten, über die Vorstand und Generalversammlung allein zu beschließen haben, ob die Gesellschaft die Eisenbahn selbst betreiben wolle oder gegen eine feste Vergütung durch einen Dritten betreiben lasse. Es hat den Gewinnabführungsvertrag also als eine Art Betriebsverpachtung angesehen. Aber auch diese Ansicht des RG ist in der Literatur auf Widerspruch gestoßen, da eine Verpachtung des gesamten Gesellschaftsvermögens einer Änderung des Gesellschaftsgegenstandes gleichkomme.[19]

40 In einer späteren Entscheidung aus dem Jahre 1913[20] ging es um einen ähnlichen Knebelungsvertrag zwischen einer deutschen Tochtergesellschaft der US-amerikanischen Standard Oil Company und der Deutschen Petroleum Verkaufsgesellschaft mbH. Dabei handelte es sich allerdings nicht um einen echten Gewinnabführungsvertrag gegen festes Entgelt. Die Gewinne wurden vielmehr gepoolt; 20 % des gepoolten Gewinns fielen an die geknebelte GmbH. Die GmbH sollte jedoch weisungsgebunden sein und ihre Geschäftsführer und Abteilungsleiter von der herrschenden Gesellschaft ernannt werden. Zudem war vereinbart worden, dass die herrschende Gesellschaft das Anlagevermögen der beherrschten Gesellschaft verkaufen und den Kaufpreis, soweit er die Buchwerte überstieg, für sich behalten könne. Diesen Vertrag hat das RG für sittenwidrig gehalten, da eine Gesellschaft nicht ihre Leitung einem Dritten übertragen könne, und da die beherrschte Gesellschaft durch Entnahme ihres Anlagevermögens zum Buchwert wirtschaftlich vernichtet werden könne.

41 Trotz Ablehnung durch die Judikatur haben sich Beherrschungs- und Gewinnabführungsverträge in der Praxis seit den 20er-Jahren durchgesetzt. Diese Entwicklung ging vom Steuerrecht aus. 1916 war die allgemeine Umsatzsteuer eingeführt worden, die 1920 bereits eine Höhe von 2 % erreicht hatte. Diese Steuer knüpfte an den rechtsgeschäftlichen Verkaufsakt (später Lieferung und Leistung) an. Je mehr Handelsstufen eine Ware durchlief, desto mehr Umsatzsteuer fiel an. Eine Umsatzsteuerpflicht kam daher solange nicht in Betracht, wie die Ware aus dem integrierten Bereich nicht heraustrat. Dabei wurde ein Umsatzsteuer auslösendes Rechtsgeschäft solange nicht angenommen, wie der Lieferer oder der Belieferer weisungsabhängig war und die Ware somit nur als Angestellter lieferte oder entgegennahm.[21] Geschäfte zwischen weisungsgebundenen Parteien waren somit umsatzsteuerfrei.

42 Warenlieferungen kamen auch zwischen AGs und insbesondere zwischen Konzerngesellschaften vor. Nichts lag also näher, als die AGs zum Zwecke der Umsatzsteuerersparnis der Weisung eines anderen Unternehmens zu unterstellen und für seine Rechnung arbeiten zu lassen. So entschied der RFH sehr bald nach seinem Bestehen, dass auch eine AG steuerrechtlich als weisungsgebundene Angestellte behandelt werden könne,[22] und dass Lieferungen zwischen einer solchen weisungsabhängigen AG und ihrem „Arbeitgeber" keine Umsatzsteuer auslöse.[23]

43 Ob das Gesetz, ob der Gesellschaftsvertrag eine solche Unterwerfung unter den Willen eines anderen zulässt, darüber hatte der RFH nicht zu befinden. Im Gegenteil hatte der RFH bereits in seiner Entscheidung v. 17.5.1921[24] ausgeführt, dass es für das Steuerrecht nicht auf die zivilrechtliche, sondern allein auf die tatsächliche wirtschaftliche Gestaltung ankomme.[25] Es fanden sich jedoch sehr schnell Vertreter in der Literatur, die nunmehr nach dem Motto „Recht ist, was der Steuerersparnis nützt" die alte reichsgerichtliche Judikatur kritisierten und sich für die gesellschaftsrechtliche Zulässigkeit sowohl der Gewinnabführung an Dritte als auch der Beherrschung durch Dritte einsetzten.[26] Diese Tendenz wurde später vielleicht durch die nationalsozialistische Doktrin verstärkt, nach der das Gesamtinteresse unbedingten Vorrang vor dem Interesse der Minderheit hatte.[27]

44 Bei der **Aktienrechtsreform 1937** wurde dann der § 256 AktG aF eingefügt, der Gewinnabführungsverträge der Zustimmung der Hauptversammlung mit satzungsändernder Mehrheit unterwarf. Nach der Begründung zum AktG[28] diente diese Vorschrift dem Schutz der freien Aktionäre vor einer Auslieferung ihres Unternehmens an einen Dritten. Über die grundsätzliche Zulässigkeit eines Gewinnabführungsvertrages, ge-

---

18 RGZ 3, 312; vgl *H. Meilicke*, Korporative Versklavung deutscher Aktiengesellschaften durch Beherrschungs- und Gewinnabführungsverträge gegenüber in- und ausländischen Unternehmen, in: FS Hirsch, 1968, S 99 ff.
19 *Brodmann*, AktG, 1928, S 430.
20 RGZ 82, 308 ff.
21 RFH 5, 317 ff.
22 RFH 9, 167.
23 RFH 13, 329; 20, 46.
24 RFH 5, 317 (320).
25 Vgl § 5 (2) StAnpG; heute § 41 AO.
26 Vgl *Flechtheim*, Justitiar der IG-Farbenindustrie AG, in: *Düringer/Hachenburg*, HGB, Anm. 47 zu § 226, 1932; die IG-Farbenindustrie AG hat 1926 einen Ergebnisübernahmevertrag mit der A. Riebeckschen Montanwerke AG abgeschlossen, vgl BGHZ 24, 279 ff.
27 Vgl *Parvis Khan Mehdevi*, Umwandlung der Kapital- in Personalgesellschaften, Diss., 1938, S 16.
28 Deutscher Reichsanzeiger v. 4.2.1937.

schweige denn über die Zulässigkeit eines Beherrschungsvertrages sollte also nach dem Willen des Gesetzgebers keine Aussage getroffen werden. Die aktienrechtliche Literatur fasste sie jedoch überwiegend als Bestätigung für die Zulässigkeit dieser Verträge auf.

Die Kritik an solchen Versklavungsverträgen, die schon vor 1945 nicht verstummt war, lebte unter dem freiheitlichen GG wieder auf.[29] Auch der BGH äußert in einem obiter dictum, das Anstößige solcher Verträge liege darin, dass den Gesellschaftern wider ihren Willen anstelle des Rechts auf Gewinnbeteiligung eine feste Rente aufgedrängt wird.[30]

Das einzige Gericht, das unter dem AktG 1937 über die Zulässigkeit eines Beherrschungs- und Gewinnabführungsvertrages zu befinden hatte, ist das LG Siegen[31] in einem Rechtsstreit gewesen, der dann wegen des hohen Kostenrisikos nicht weitergeführt wurde.[32] Mit diesem Urteil schließt sich das LG Siegen zwar der Auffassung an, dass Beherrschungs- und Gewinnabführungsverträge gegen die Grundsätze des Aktienrechts verstoßen. Es ist jedoch der Ansicht, dass dieser Verstoß durch § 256 AktG 1937 gedeckt ist. Das LG Siegen erkennt auch an, dass durch solche Organschaftsverträge in die eigentumsähnlichen Mitgliedschaftsrechte der Minderheitsaktionäre eingegriffen wird. Es hat jedoch die Grundsätze, die das BVerfG im Feldmühle-Urteil[33] entwickelt hat, auf den Organschaftsvertrag entsprechend angewandt. Der Gesetzgeber habe das Interesse der Allgemeinheit an einer freien Entfaltung der unternehmerischen Initiative im Konzern dem Schutz des Eigentums der Minderheitsaktionäre vorgezogen und vorziehen dürfen. Voraussetzung sei lediglich, dass die berechtigten Interessen der Minderheit gewahrt würden. Das sei dann der Fall, wenn durch eine angemessene Garantiedividende den Minderheitsaktionären volle Entschädigung für ihren Rechtsverlust gewährt werde. Die Einsicht, dass eine Garantiedividende keine volle Entschädigung darstellen kann, hat sich erst seit dem AktG 1965 durchgesetzt.

IV. Zur Vereinbarkeit von Beherrschungs- und Gewinnabführungsverträgen mit dem deutschen Grundgesetz. 1. Verfassungsmäßigkeit des Eigentumseingriffs. Das Recht des Mehrheitsgesellschafters, der unterworfenen AG durch Mehrheitsbeschluss einen Beherrschungsvertrag und/oder einen Gewinnabführungsvertrag aufzudrängen, stellt einen enteignenden Eingriff in das Eigentum der AG, ihrer außenstehenden Aktionäre und uU auch ihrer Gläubiger dar.[34] Im Fall des Beherrschungsvertrages besteht der enteignende Eigentumseingriff in dem Recht des anderen Vertragsteils, der AG durch nachteilige Weisungen zugunsten des anderen Vertragsteils einen Vermögensschaden zuzufügen, im Fall des Gewinnabführungsvertrages in der Abführung des ganzen Jahresüberschusses der AG an den anderen Vertragsteil, wodurch den Mitaktionären das Gewinnbezugsrecht entzogen wird. Seit der Feldmühle-Entscheidung des BVerfG[35] ist aber anerkannt, dass der Gesetzgeber berechtigt ist, einer Privatperson den Eingriff in das Eigentum einer anderen Privatperson zu gestatten.

Der enteignende Eigentumseingriff zugunsten des anderen Vertragsteils kann aber nicht entschädigungslos erfolgen. Vielmehr ist der Gesetzgeber zu privatnützigen Eigentumseingriffen nur berechtigt, wenn er demjenigen, in dessen Eigentum eingegriffen wird, eine volle Entschädigung sicherstellt.[36]

2. Volle Entschädigung der außenstehenden Aktionäre durch Abfindung nach § 305. Dem Gebot, die außenstehenden Aktionäre für den Eigentumseingriff voll zu entschädigen, ist der Gesetzgeber durch das in § 305 gewährte Recht auf Abfindung grundsätzlich gerecht geworden.[37] In Randfragen bleiben aber verfassungsrechtliche Defizite:

a) *Insolvenzrisiko.* Zwischen dem Zeitpunkt des Wirksamwerdens von Beherrschungs- und Gewinnabführungsverträgen und dem Fälligwerden der vom Spruchstellengericht festzusetzenden Abfindung klafft eine mehrjährige Lücke, während welcher der andere Vertragsteil insolvent werden kann. Der andere Vertragsteil hat dann die Vorteile aus der Gewinnabführung und den in seinem Interesse erteilten nachteiligen Weisungen bereits genossen – meist reißt er die unterworfene AG mit in die Insolvenz, – kann aber die verfassungsrechtlich geschuldete Gegenleistung nicht mehr erbringen. Fraglich ist, ob es mit dem GG vereinbar ist, dass der Gesetzgeber in diesem Zeitraum dem außenstehenden Aktionär das Insolvenzrisiko aufbürdet. UE genügt eine Regelung „Nimm jetzt, zahle später" ohne Absicherung des Insolvenzrisikos nicht dem Gebot der vollen Entschädigung für den Eigentumseingriff.

---

29 *Schönwandt*, BB 1952, 727; *Flume*, DB 1956, 455 (Ungeheuerlichkeit); *Duden*, BB 1957, 49.
30 BGH NJW 1960, 722.
31 Urt. v. 17.12.1964 iS Meilicke ./. Hüttenwerke Siegerland, BB 1965, 1417, 1419.
32 Das BVerfG hatte gegen solche den Rechtsschutz ausschließenden Streitwertfestsetzungen keine verfassungsrechtlichen Bedenken, Beschluss v. 24.3.1966, Az 2 BvR 600/65; anders später BVerfGE 85, 337, 347 = NJW 1982, 1673; BVerfG NJW 1997, 311.
33 BVerfGE 14, 563 ff = NJW 1962, 1667 ff.
34 BGHZ 135, 374, 378 ff (Guano); BVerfG 14, 263, 277 ff (Feldmühle) = NJW 1962, 1667 ff.
35 BVerfGE 14, 263, 283 (Feldmühle) = NJW 1962, 1667 ff.
36 BVerfGE 14, 263, 283 (Feldmühle) = NJW 1962, 1667 ff.
37 BVerfGE 100, 289, 304 (DAT/Altana) = BB 1999, 1778 ff = NJW 1999, 3769 ff.

51 Bei Anwendung der Grundsätze des **Bergschäden-Urteils**[38] muss der Staat im Insolvenzfall aus enteignungsgleichem Eingriff haften.[39] Lehnt man eine solche Staatshaftung ab,[40] so stellt sich die Frage, ob der Abschluss des Beherrschungs- bzw Gewinnabführungsvertrages mangels vertraglicher Insolvenzsicherung mit der Anfechtungsklage anzugreifen ist (dazu § 304 Rn 39) und ob der Vorstand den außenstehenden Aktionären für mangelnde Sorgfalt haftet, wenn er den Beherrschungs- bzw Gewinnabführungsvertrag nicht aus wichtigem Grund kündigt, sobald sich die finanzielle Gefährdung des anderen Vertragsteils abzeichnet oder sobald die Weisungen und Gewinnabführungen die Substanz der unterworfenen AG angreifen.[41]

52 b) **Diskrepanz zwischen Bewertungsstichtag und Zinsbeginn.** Ein weiterer Verstoß gegen den Grundsatz der vollen Entschädigung liegt darin, dass die Bewertung des Unternehmens nach § 305 Abs. 3 auf den Tag der HV erfolgt, Verzugszinsen aber nach § 305 Abs. 3 S. 3 Hs 1 iVm § 294 Abs. 2 erst ab Eintragung ins Handelsregister zu laufen beginnen. Dadurch erhält der andere Vertragsteil die Nutzungen des Vermögens der AG für die Zeit zwischen HV und Eintragung ins Handelsregister ohne Leistung einer Entschädigung (vgl dazu § 305 Rn 55). Nach der vom BVerfG bestätigten Rspr des BGH verstößt es nicht gegen Art. 14 GG, wenn dem außenstehenden Aktionär eine „Verzinsungslücke" zugemutet wird, indem er für 15 Monate weder Dividende oder Ausgleichszahlung noch Zinsen für das auf den Hauptaktionär übertragene Gewinnbezugsrecht bekommt.[42] Die hierin liegende Einschränkung von BVerfGE 14, 263 (Feldmühle) kann nicht überzeugen; denn wenn das Gewinnbezugsrecht für 15 Monate entschädigungslos entzogen werden darf, so ist nicht einzusehen, warum es nicht auch für 2 Jahre, 15 Jahre oder alle Ewigkeit soll entschädigungslos entzogen werden dürfen.[43]

53 c) **Versagung von Zinseszinsen.** Während der Unternehmenswert unter Diskontierung der Zukunftserträge mit Zins und Zinseszins errechnet wird, sieht § 305 Abs. 3 S. 3 für die Verzugszinsen keine Zinseszinsen vor. Wenn die Abfindung nach Rechtskraft der Spruchstellenentscheidung endlich fällig wird, sind die Summe aus Abfindung und Verzugszins um den Zinseszins weniger als der entzogene Zukunftsertrag (vgl dazu § 305 Rn 60).

54 **3. Volle Entschädigung der außenstehenden Aktionäre durch Ausgleich nach § 304.** Da der außenstehende Aktionär die Option hat, durch Annahme der Abfindung aus der Gesellschaft auszuscheiden und die Abfindung dem Gebot der vollen Entschädigung zu entsprechen hat, wäre es uE argumentierbar, den Gesetzgeber bei der Bemessung der Ausgleichszahlung von verfassungsrechtlichen Vorgaben zu entbinden. Das BVerfG wendet den Grundsatz der vollen Entschädigung aber auch auf die Ausgleichszahlung an.[44] Auch für die Nachzahlung der Ausgleichszahlung nach Abschluss des Spruchverfahrens stellt sich die Frage, wie die fehlende Insolvenzsicherung und die fehlende gesetzliche Anordnung einer Verzinsung der Nachzahlung sich mit dem Gebot der vollständigen Entschädigung verträgt (dazu vorstehend Rn 50 ff). Aus dem Grundsatz der vollständigen Entschädigung hat das BVerfG[45] bereits eine **Pflicht zur Anpassung der Ausgleichszahlung** an eine veränderte Geschäftsgrundlage bejaht (vgl § 304 Rn 33).

55 **4. Verfassungsrechtlicher Schutz der Gesellschaftsgläubiger.** Durch das „Nimm-jetzt-zahle-später" der §§ 308 Abs. 1 S. 2, 302 verletzt der Gesetzgeber auch die verfassungsrechtlich geschützten Rechte der Gesellschaftsgläubiger. UE kann jeder Gläubiger sich darauf verlassen, dass das dem Gläubigerschutz dienende Grundkapital nicht willkürlich, sondern nur unter Beachtung der althergebrachten, europarechtlich abgesicherten Grundsätze über die Kapitalherabsetzung geschmälert werden darf. Dagegen verstößt es, dass der andere Vertragsteil schon zu Beginn eines jeden Geschäftsjahres nachteilige Weisungen zur Aushöhlung der unterworfenen AG durchsetzen darf, während deren Gläubiger auf einen erst nach Ablauf des Geschäftsjahres entstehenden und fällig werdenden Anspruch auf Verlustausgleich verwiesen werden, dessen Vollwertigkeit zu diesem Zeitpunkt nicht mehr gesichert ist.

56 **5. Verfahrensgrundrechte.** Aus dem Anspruch auf volle Entschädigung in Verbindung mit dem Rechtsstaatsprinzip folgt auch das Grundrecht, Abfindung und Ausgleichszahlung vor Gericht unter Wahrung des rechtlichen Gehörs durchsetzen zu können. Dem Versuch, die außenstehenden Aktionäre durch einen gemeinsamen Vertreter zu bevormunden, hat schon die Feldmühle-Entscheidung des BVerfG[46] eine Absage

---

[38] BGHZ 71, 329 ff = NJW 1978, 1916 = WM 1978, 958.
[39] W. Meilicke, DB 1976, 567 ff.
[40] OLG Köln DB 2001, 1354 = ZIP 2001, 967 = AG 2002, 94. Gegen die Nichtannahme der Revision schwebt die Verfassungsbeschwerde, 1 BvR 966/02. Die entschädigungslose Überbürdung des Risikos der Insolvenz des Abfindungsschuldners auf die außenstehenden Aktionäre für unbedenklich hält zB auch KölnKomm-AktG/*Koppensteiner*, § 305 Rn 29.
[41] W. Meilicke, DB 2001, 973 ff; KölnKomm-AktG/*Koppensteiner*, § 305 Rn 29.
[42] BGH, 19.4.2011, II ZR 237/09, BGHZ 189, 261; BVerfG, 5.12.2012, 1 BvR 1577/11, ZIP 2013, 260.
[43] Kritisch auch *Luttermann*, EWiR 2013, 165.
[44] BVerfGE 100, 289, 305 ff = DB 1999, 1693 = WM 1999, 1666.
[45] BVerfG AG 2000, 40, 41 (Hartmann & Braun) = ZIP 1999, 1804 = NZG 2000, 28 zum Recht auf Anpassung der Ausgleichszahlung an spätere Kapitalmaßnahmen.
[46] BVerfG 14, 263, 283 (Feldmühle) = NJW 1962, 1667 ff.

erteilt. Der BGH⁴⁷ hat die Auffassung einiger OLG verworfen, das Recht auf gerichtliche Geltendmachung der Abfindung erlösche durch Kündigung des Beherrschungs-/Gewinnabführungsvertrages oder durch Eingliederung oder Verschmelzung der unterworfenen AG. UE nicht verfassungsgemäß ist auch die Auffassung des OLG Düsseldorf,[48] ein Aktionär, welcher die angebotene Barabfindung annimmt, verliere damit sein Recht, einen Antrag auf Festsetzung der vollen Abfindung zu stellen oder vor Gericht weiterzuverfolgen.

V. Zur Vereinbarkeit von Beherrschungs- und Gewinnabführungsverträgen mit europäischem Gemeinschaftsrecht. Die §§ 53 a, 57, 58 und 60, welche durch § 291 Abs. 3 und das Institut von Beherrschungs- und Gewinnabführungsverträgen abbedungen werden, beruhen auf der **2. EG-Richtlinie zur Koordinierung des Gesellschaftsrechts.** Deren Art. 15 schreibt vor, dass Ausschüttungen aus dem Gesellschaftsvermögen an die Gesellschafter einer AG nur im Wege einer förmlichen Kapitalherabsetzung mit Gläubigerschutz oder im Wege eines förmlichen Gewinnverteilungsbeschlusses aufgrund eines festgestellten Jahresabschlusses vorgenommen werden dürfen; ferner regelt deren Art. 42, dass im Regelungsbereich der Richtlinie, also auch bei der Auskehrung von Gesellschaftsvermögen an die Gesellschafter, der Grundsatz der Gleichbehandlung der Aktionäre zu beachten ist. Eine Öffnungsklausel für abweichende nationale Vorschriften ist in der Richtlinie nicht vorgesehen. Dass das Institut von Beherrschungs- und Gewinnabführungsverträgen diese Regeln durchbricht, sieht man schon daran, dass der deutsche Gesetzgeber es für richtig erachtet hat, durch die Fiktion des § 291 Abs. 3 die Durchbrechung der Kapitalerhaltungsvorschriften ausdrücklich zu gestatten. Bei Verabschiedung der Richtlinie und ihrer Umsetzung in deutsches Recht ist den deutschen Gesetzgebungsorganen offenbar entgangen, dass die Richtlinie keine Ausnahme für Beherrschungs- und Gewinnabführungsverträge enthält. Das ändert aber nichts daran, dass sich jeder Bürger gegenüber dem Staat auf die Unvereinbarkeit des Rechtsinstituts von Beherrschungs- und Gewinnabführungsverträgen mit dem europäischen Gemeinschaftsrecht berufen kann. Die Haftung der Bundesrepublik Deutschland für den Schaden, welcher Aktionären im Fall der Insolvenz des anderen Vertragsteils entsteht, weil der andere Vertragsteil das Vermögen der AG durch nachteilige Weisungen und gleichheitswidrige Gewinnabführung unter Verletzung der Art. 15, 16 und 43 der 2. EG-Richtlinie an sich gezogen hat, kann deshalb auch auf die Grundsätze des Francovich-Urteils[49] gestützt werden.

Mit dem EU-rechtlichen **Diskrimierungsverbot** (Art. 43 EGV) nicht vereinbar war, dass nach **§ 305 Abs. 2 Nr. 1 und 2 aF** nur inländische AG und KGaA als Abfindung eigene Aktien statt einer Barabfindung gewähren können, während Mehrheitsaktionäre aus dem EU-Ausland eine Barabfindung finanzieren müssen (nachstehend § 305 Rn 23 f). Das hat der Gesetzgeber aufgrund eines von der EU-Kommission eingeleiteten Vertragsverletzungsverfahrens geändert. Seit Einführung des UMAG[50] gilt die bisherige Regelung für alle AG oder KGaA mit Sitz in einem EU-Mitgliedstaat oder in einem anderen Vertragsstaat des Abkommens über den Europäischen Wirtschaftsraum.

VI. Zur Vereinbarkeit von Beherrschungs- und Gewinnabführungsverträgen mit der EMRK. Eigentum und das Recht auf Anrufung der Gerichte sind nicht nur durch das GG, sondern auch durch Art. 1 des 1. Zusatzprotokolls und **Art. 6 EMRK** geschützt. Die Ergebnisse sind uE nicht wesentlich anders als nach der bisherigen Rechtsprechung des BVerfG. Im Fall der Erfolglosigkeit einer Verfassungsbeschwerde ist daher der weitere Rechtsweg zum EGMR in Straßburg eröffnet.

VII. Sorgfaltspflichten des Vorstandes bei Beherrschungs- und Gewinnabführungsverträgen. 1. Pflicht zum Schutz des Vermögens der AG. Die in § 93 definierte Pflicht des Vorstandes, das Vermögen der AG zu schützen, wird durch einen Beherrschungsvertrag modifiziert, weil § 308 anordnet, Weisungen des anderen Vertragsteils zu befolgen, auch wenn sie der Gesellschaft zum Nachteil gereichen. Die Entbindung des Vorstandes von der Pflicht, die Interessen der Gesellschaft gegenüber dem anderen Vertragsteil zu wahren, ist aber nicht grenzenlos.

Das Weisungsrecht setzt erst ein, wenn der Vertrag durch Eintragung in das Handelsregister wirksam wird. Bei **Abschluss** eines Beherrschungs- oder Gewinnabführungsvertrages hat der Vorstand also sehr wohl die Interessen der Gesellschaft zu wahren. Insbesondere ist der Vorstand für die Vereinbarung eines Insolvenzschutzes verantwortlich, zumal wenn eine Staatshaftung analog dem Bergschäden-Urteil[51] nicht eingreift.[52] Den Gläubigern gegenüber kann der Vorstand sich auch nicht darauf berufen, dass die Handlung auf einem gesetzmäßigen Beschluss der Hauptversammlung beruht (§ 93 Abs. 5 S. 4).

---

47 BGHZ 135, 374, 377 (Guano) = ZIP 1997, 1193 = NJW 1997, 2242.
48 DB 2001, 189 = ZIP 2001, 158 = AG 2001, 596; ebenso OLG Frankfurt AG 2007, 699; KölnKomm-AktG/*Koppensteiner*, § 305 Rn 141; MüKo-AktG/*Paulsen*, § 305 Rn 171; LG Dortmund AG 2001, 204; aA *Götz*, DB 2000, 1165.
49 EuGHE, 1991, 5357 = NJW 1992, 165 = EuZW 1991, 758.
50 Gesetz zur Unternehmensintegrität und Modernisierung des Anfechtungsrechts vom 22.9.2005, BGBl. I, 2802; vgl dazu allg. W. Meilicke/Heidel, DB 2004, 1479 ff.
51 BGHZ 71, 329 ff = NJW 1978, 1916 = WM 1978, 958.
52 OLG Köln DB 2001, 1354 f = ZIP 2001, 967 = AG 2002, 94 gegen W. *Meilicke*, DB 1976, 567; vgl vorstehend Rn 50 ff.

62 Nach § 299 hat der Vorstand in eigener Verantwortung darüber zu befinden, ob der Vertrag aufrechterhalten oder beendet werden soll. Gerät der andere Vertragsteil in eine finanzielle Krise, ist der Vorstand verpflichtet, von seinem Recht auf Kündigung des Unternehmensvertrages aus wichtigem Grund Gebrauch zu machen. Unterlässt er dies fahrlässig, so wird er nach § 93 schadensersatzpflichtig.

63 **2. Pflicht zum Schutz des Vermögens der außenstehenden Aktionäre?** Fraglich ist, ob die Sorgfaltspflicht des Vorstandes beim Abschluss und bei Beendigung von Beherrschungs- und Gewinnabführungsverträgen sich auch auf die Interessen der außenstehenden Aktionäre erstreckt.

64 **a) Sorgfaltspflichten bei Vertragsabschluss.** Grundsätzlich ist anerkannt, dass der Vorstand nur der Gesellschaft gegenüber haftet, da der Aktionär durch eine Schädigung der Gesellschaft nur mittelbar betroffen ist und zur Vermeidung einer doppelten Schadensersatzleistung der Entwertungsschaden über das Gesellschaftsvermögen auszugleichen ist.[53] Bei Beherrschungs- und Gewinnabführungsverträgen liegt aber der Sonderfall vor, dass die Gegenleistung des anderen Vertragsteils für die Leistungen der AG (Gewinnabführung und Befolgung nachteiliger Weisungen im Interesse des anderen Vertragsteils) von vornherein nicht in das Vermögen der AG fließt, sondern als „volle Entschädigung" in das Vermögen der außenstehenden Aktionäre. Insofern ist der Vorstand **Sachwalter des Interesses der außenstehenden Aktionäre**. Wenn den Vorstand bei feindlichen Übernahmen die Pflicht trifft, für ein hohes Abfindungsangebot Sorge zu tragen,[54] dann ist nicht einzusehen, warum dies bei Abschluss eines Beherrschungs- oder Gewinnabführungsvertrages anders sein soll. Der Vorstand haftet deshalb für eine vorsätzlich oder fahrlässig zu niedrige Abfindung oder Ausgleichszahlung. Wegen der Vertragsprüfung nach § 293 b wird dem Vorstand ein Verschulden allerdings selten nachzuweisen sein, außer bei Verschweigen wesentlicher Umstände gegenüber den Vertragsprüfern.

65 **b) Sorgfaltspflichten bei Vertragsbeendigung.** Eine wesentliche Rolle spielt die Pflicht des Vorstandes zur Wahrung der Interessen der außenstehenden Aktionäre im Beendigungsfalle.

(i) Wenn sich abzeichnet, dass der andere Vertragsteil in eine Krisenlage gerät, welche Anlass für die Besorgnis gibt, dass er seinen Verpflichtungen aus dem Unternehmensvertrag gegenüber den außenstehenden Aktionären nicht wird nachkommen können, ist der Vorstand auch im Interesse der außenstehenden Aktionäre verpflichtet, eine Kündigung des Unternehmensvertrages aus wichtigem Grund auszusprechen und danach die Befolgung von Weisungen und die Abführung von Gewinnen zu verweigern.

(ii) Ferner ist der Vorstand zur ordentlichen Kündigung des Unternehmensvertrages verpflichtet, wenn sich abzeichnet, dass die Ausgleichszahlung nachhaltig keine angemessene Gegenleistung mehr für die Gewinnabführung ist, weil die pro Aktie abzuführenden Gewinne die Ausgleichszahlung nachhaltig übersteigen.[55]

66 **VIII. Rechtspolitische Überlegungen.** Rechtspolitisch stellt sich die Frage, ob es das Rechtsinstitut des Beherrschungs- und Gewinnabführungsvertrages verdient, bewahrt zu werden.

67 **1. Steuerpolitische Überlegungen.** Während fast alle anderen Kulturstaaten die steuerliche Konsolidierung von Mutter- und Tochterunternehmen ohne Gewinnabführungsvertrag zulassen, hat der deutsche Gesetzgeber anlässlich der KSt-Reform 2000 sich für die Beibehaltung des Erfordernisses eines Gewinnabführungsvertrages ausgesprochen mit dem Argument, die steuerliche Zusammenveranlagung solle nicht gewährt werden, wenn nicht auch zivilrechtlich die Verluste getragen werden müssen.[56] Wenn man bedenkt, dass der Gewinnabführungsvertrag eigentlich nur als Instrument entstanden ist, um unter die Kriterien der steuerlichen Organschaft zu fallen, ist diese Argumentationsweise eher ein Beleg dafür, wie juristische Doktrinen ein Eigenleben entfalten können. Bei den jüngsten steuerpolitischen Überlegungen sind Tendenzen zur Abschaffung des Gewinnabführungsvertrages als Voraussetzung für die ertragsteuerliche Zusammenveranlagung von Konzernunternehmen auch bereits erkennbar.[57]

68 Steuerpolitisch ergibt es uE keinen Sinn, den Abschluss von Gewinnabführungsverträgen zur Voraussetzung für die konsolidierte Veranlagung zur KSt und GewSt zu machen, und es macht auch keinen steuerpolitischen Sinn, Steuerpflichtige mit Beherrschungsverträgen gegenüber anderen Steuerpflichtigen zu bevor-

---

[53] LG Düsseldorf AG 1991, 70, 71; *Hüffer*, § 93 Rn 19; Köln-Komm-AktG/*Mertens/Cahn*, § 93 Rn 207.

[54] Allgemein zum Shareholder-Value-Konzept: *Baudisch*, AG 2001, 251, 252 f; *Groh*, DB 2000, 2153; *Kirchner*, WM 2000, 1821; *Thümmel*, DB 2000, 461; *Ulmer*, AcP 202, 143, 145 f, 155 f.

[55] Vgl zum Recht auf Anpassung der Ausgleichszahlung an spätere Kapitalmaßnahmen BVerfG AG 2000, 40, 41 (Hartmann & Braun)= ZIP 1999, 1804 = NZG 2000, 28; OLG Frankfurt, Beschl. v. 30.3.2010, 5 W 32/09 mwN.

[56] Bericht der Bundesregierung zur Fortentwicklung des Unternehmenssteuerrechts, in: Beilage zu FR 11/2001, S 17.

[57] Vgl *Frey/Sälzer*, BB 2012, 294; *Gerlach*, FR 2012, 450; *Orth*, Konzernbesteuerung 2005, 129 ff; *Herzig/Wagner*, DB 2005, 1 ff.

zugen. Wenn bei der USt und bis 2001 auch bei der GewSt die Organschaft ohne Gewinnabführung über zivilrechtliche Ausgleichsansprüche zwischen den zusammen veranlagten Gesellschaften geregelt wird, so ist nicht einzusehen, warum dies bei der KSt nicht ebenso gehen soll. Dazu bedarf es allerdings angemessener korrigierender Umlegungsgrundsätze;[58] denn es darf nicht sein, dass das Tochterunternehmen und seine Minderheitsgesellschafter unbillige Vorteile aus der Zusammenveranlagung davontragen, ebenso wenig wie eine unbillige Bevorzugung des Organträgers zulässig erscheint.

Spätestens wenn der Staat nach den Grundsätzen des Bergschäden-Urteils[59] oder des Francovich-Urteils[60] in die Insolvenzhaftung genommen wird, dürfte das Umdenken des Gesetzgebers einsetzen.

2. Unternehmenspolitische Überlegungen. Beherrschungs- und Gewinnabführungsverträge sind zwar ein erwünschtes Instrument zum Herausdrängen von Minderheitsaktionäre und zur Schaffung klarer Entscheidungsstrukturen. Mit gerichtlicher Überprüfung von Abfindung und Ausgleichszahlung kosten sie nicht weniger als ein Squeeze-out. Sie bringen aber weniger, weil man die lästigen Mitgesellschafter nicht wirklich loswird. Besser wäre uE, die viel zu hohe Quote von 95 % für ein Squeeze-out auf 75 % zu senken.[61] Wer die satzungsändernde Mehrheit hat, der sollte – bei Zahlung einer gerichtlich überprüfbaren, großzügig bemessenen, angemessenen verzinsten und insolvenzgesicherten Abfindung – die Minderheitsgesellschafter herausdrängen können.

IX. Altverträge. Auf vor dem 31.12.1965 abgeschlossene Beherrschungs- und Gewinnabführungsverträge fanden §§ 291 ff noch keine Anwendung (§ 22 Abs. 1 S. 1 EGAktG). Für diese Verträge gelten insbesondere nicht die §§ 304–305. Einwendungen gegen die Angemessenheit der damals gültigen Garantiedividende hätten innerhalb der – längst abgelaufenen – Anfechtungsfrist mit der Anfechtungsklage geltend gemacht werden müssen. Indes gilt für diese Verträge die Pflicht zur Anpassung der Garantiedividende an geänderte Verhältnisse,[62] und es gilt die Verpflichtung des Vorstandes, den Vertrag ordentlich zu kündigen, wenn die vor 1965 vereinbarte Garantiedividende keine angemessene Gegenleistung mehr für die Gewinnabführung oder für das Recht zur Beherrschung über nachteilige Weisungen darstellt (vgl Rn 65).[63]

X. Analoge Anwendung der §§ 291 ff. Bei vergleichbarem Schutzzweck kommt eine analoge Anwendung der §§ 291 ff in Betracht. Eine solche analoge Anwendung insbesondere der prozessrechtlichen Vorschriften in §§ 304, 305 hatte der BGH für das **Delisting** bejaht.[64] Diese **Rechtsprechung hat der BGH** unter Verweis auf die Rechtsprechung des BVerfG zum Widerruf der Börsenzulassung für den regulierten Markt **aufgegeben.**[65]

Umstritten ist, ob Ausgleichs- und Abfindungsansprüche gemäß §§ 304, 305 bestehen, wenn ein Beherrschungsvertrag oder Gewinnabführungsvertrag zwar **nichtig** ist (zB wegen Formmangels), dieser **aber gleichwohl von den Parteien vollzogen** wird. Ein Teil der Literatur lehnt die Anwendung der §§ 300 ff auf von Anfang an nichtige oder auch nachträglich vernichtete Beherrschungs- und Gewinnabführungsverträge ab und verneint damit Ausgleichs- und Abfindungsansprüche nach §§ 304, 305.[66] Richtigerweise erfordert jedoch in diesen Fällen der verfassungsrechtliche Schutz des Aktieneigentums eine analoge Anwendung der §§ 304, 305 zugunsten der außenstehenden Aktionäre.[67]

Fraglich ist ferner, ob und inwiefern im **mehrstufigen Konzern** bei einem unmittelbaren Beherrschungs- oder Gewinnabführungsvertrag zwischen **Mutter- und Enkelgesellschaft** die außenstehenden Aktionäre der Tochtergesellschaft zu schützen sind. Die hM nimmt in diesem Falle an, dass lediglich die Tochtergesellschaft selbst als außenstehende Aktionärin der Enkelgesellschaft Ansprüche nach §§ 304, 305 habe, für deren Geltendmachung ihr Vorstand verantwortlich ist; die außenstehenden Aktionäre der Tochtergesellschaft sollen hingegen diese Ansprüche selbst nicht haben; sie können dann lediglich nach §§ 311, 317, 318 Schadensersatzansprüche gegen den Vorstand der Tochtergesellschaft und gegen die Muttergesellschaft gel-

---

58 BGHZ 141, 79, 85 ff = WM 1999, 850, 851 f; kritisch *Pyska*, GmbHR 1999, 812; *Roth*, LM Nr. 1 zu § 311 AktG 1965.
59 BGHZ 71, 329 ff = NJW 1978, 1916 = WM 1978, 958; s. Rn 50 f.
60 EuGHE 1991, 5357 = NJW 1992, 165 = EuZW 1991, 758.
61 AA *Heidel/Lochner* in diesem Buch, § 327 a AktG Rn 3, 19 f.
62 Vgl zum Recht auf Anpassung der Ausgleichszahlung an spätere Kapitalmaßnahmen BVerfG AG 2000, 40, 41 (Hartmann & Braun)= ZIP 1999, 1804 = NZG 2000, 28.
63 Dies übersieht LG Berlin AG 2000, 284.
64 BGHZ 153, 47 (Macroton) = DB 2003, 544 mit Anm. *Heidel* = NJW 2003, 1032 = ZIP 2003, 387; vgl zum Delisting Vor §§ 327 a ff Rn 16 ff.
65 BGH WM 2013, 2213; BVerfG, ZIP 2012, 1402.
66 OLG Zweibrücken DB 2004, 642 = NZG 2004, 382 = ZIP 2004, 559 für den Fall der Nichtigerklärung des Zustimmungsbeschlusses; KölnKomm-AktG/*Koppensteiner*, Vorb § 300 Rn 12 ff; § 305 Rn 139; *Emmerich* in: Emmerich/Habersack, § 291 Rn 28 ff.
67 Großkomm-AktienR/*Hasselbach/Hirte*, § 304 Rn 146; vgl auch BVerfG DB 1998, 577 = NZG 1999, 397 = NJW 1999, 1701 für den Fall der zwischen den Vertragsparteien vereinbarten vorzeitigen Beendigung des Unternehmensvertrages.

tend machen mit der Begründung, die Ansprüche der Tochtergesellschaft aus §§ 304, 305 seien nicht in ausreichender Höhe verfolgt worden.[68]

71d UE ist der Abschluss von Gewinnabführungs- und Beherrschungsverträgen zwischen Muttergesellschaft und Untergesellschaften **ohne Zustimmung der HV** der dazwischen geschalteten Tochtergesellschaft wegen Umgehung des verfassungsrechtlich zwingenden Schutzes der außenstehenden Aktionäre gegen Eingriffe aus Beherrschungs- und Gewinnabführungsverträgen[69] **nichtig**. Nur wenn die HV der Zwischengesellschaft zustimmen muss, ist es praktikabel, den außenstehenden Aktionären der Zwischengesellschaft analog §§ 304, 305 Ausgleichs- und Abfindungsansprüche wegen des zwischen Enkel- und Muttergesellschaft geschlossenen Unternehmensvertrages zuzubilligen.[70] Ohne Befassung der HV der Zwischengesellschaft ist die analoge Anwendung der §§ 304, 305 auf die Aktionäre der Zwischengesellschaft unrealistisch, da diese vom Abschluss des Unternehmensvertrages zwischen Mutter- und Enkelgesellschaft regelmäßig nicht erfahren und deshalb auch nicht in der Lage sind, innerhalb der Fristen des § 4 SpruchG Antrag auf gerichtliche Entscheidung zu stellen. Eine Aktionärsobliegenheit zur Überwachung des BAnz hinsichtlich sämtlicher von Enkelgesellschaften ihres Unternehmens abgeschlossener Unternehmensverträge ist schon deshalb nicht praktikabel, weil die außenstehenden Aktionäre häufig gar nicht wissen können, welche Enkelgesellschaften die Gesellschaft, an der sie beteiligt sind, hat. Verweist man die außenstehenden Aktionäre der Zwischengesellschaft dagegen allein auf Ansprüche aus §§ 311, 317, 318, so stellt man die Anwendung des Rechtsschutzes nach §§ 304, 305 und dem SpruchG praktisch in das **Belieben des Mutterunternehmens**, welches diesen Schutz mit Leichtigkeit dadurch umgehen kann, dass es – gegebenenfalls unter vorheriger Ausgliederung des operativen Unternehmens der Zwischengesellschaft in eine Enkelgesellschaft – die Unternehmensverträge unter Umgehung der Tochtergesellschaft schließen kann. Damit ist in das Belieben jedes Mutterunternehmens gestellt, ob es sich der gerichtlichen Überprüfung nach dem SpruchG stellt, oder ob es vorzieht, sich und den Vorstand der Tochtergesellschaft durch Parteigutachten vom Vorwurf der Fahrlässigkeit zu entlasten. Gegen den Schutz der Tochtergesellschaft durch Ansprüche aus § 305 spricht, dass die Tochtergesellschaft dadurch gezwungen werden könnte, gemäß § 305 Abs. 2 Nr. 1 unter Verstoß gegen § 71d Satz 2 Aktien ihrer Muttergesellschaft zu erwerben.[71]

71e Nach jüngeren Entscheidungen ist Genussscheininhabern aufgrund einer ergänzenden Vertragsauslegung ein angemessener Ausgleich entsprechend § 304 für die Dauer des Bestehens eines Beherrschungs- und Gewinnabführungsvertrags zu gewähren. Genussscheininhaber seien in diesen Fällen in ähnlicher Weise schutzbedürftig wie außenstehende Aktionäre.[72]

B. Andere Unternehmensverträge

72 Die in § 292 geregelten „anderen" Unternehmensverträge unterscheiden sich von Beherrschungs- und Gewinnabführungsverträgen vor allem darin, dass die AG vom anderen Vertragsteil eine angemessene Gegenleistung erhält. Ist die Gegenleistung unangemessen, so ist die Anfechtungsklage eröffnet. Außerdem haftet der Vorstand nach allgemeinen Grundsätzen gemäß § 93. Infolgedessen ist für Entschädigungsansprüche der außenstehenden Aktionäre entsprechend §§ 304, 305 oder für die Sicherstellung des Eigenkapitals und der Gläubiger entsprechend §§ 301–303 kein Bedarf. Es bleiben nur die §§ 293, 294, welche die Zustimmung der HV und die Eintragung in das Handelsregister verlangen. Damit rückt diese Kategorie von Verträgen in die Nähe des § 179a. Dass nicht nur die Veräußerung, sondern auch die Verpachtung oder sonstige Überlassung des ganzen Vermögens einer Gesellschaft der Zustimmung der Gesellschafterversammlung bedarf, findet man auch in zahlreichen ausländischen Rechten.

73 Die unterschiedliche Behandlung von Voll- und Teilbeherrschungs- und Gewinnabführungsverträgen zeigt übrigens, dass die Regelungen über Beherrschungs- und Gewinnabführungsverträge letztlich steuerlich motiviert sind und die später eingeführten Schutzmechanismen nur der ideologischen Untermauerung eines aus steuerlichen Gründen gewünschten Ergebnisses dienen.

---

68 LG Düsseldorf DB 2004, 428 mit Anm. *W. Meilicke*; bestätigt durch OLG Düsseldorf, Urt. v. 7.11.2004, I-6 U 27/04; Nichtzulassungsbeschwerde zurückgewiesen, BGH, II ZR 242/04; *Emmerich* in: Habersack/Emmerich, § 304 Rn 60 f; MüHb-AG/*Krieger*, § 70 Rn 100 mwN.

69 BVerfGE 100, 289, 306, 308 (DAT/Altana) = WM 1999, 1666, 1668 = DB 1999, 1693, 1695.

70 In diesem Sinne *Bayer*, FS Ballerstedt, 157, 169 ff.

71 Vgl KölnKomm-AktG/*Koppensteiner*, § 295 Rn 44.

72 OLG Frankfurt AG 2012, 217; OLG Frankfurt AG 2012, 293; die gegen diese Urteile gerichteten Revisionen wurden am 28.5.2013 zurückgewiesen, Az II ZR 2/12 und II ZR 67/12; zustimmend: *Casper*, ZIP 2012, 497.

§ 291 Beherrschungsvertrag. Gewinnabführungsvertrag

(1) ¹Unternehmensverträge sind Verträge, durch die eine Aktiengesellschaft oder Kommanditgesellschaft auf Aktien die Leitung ihrer Gesellschaft einem anderen Unternehmen unterstellt (Beherrschungsvertrag) oder sich verpflichtet, ihren ganzen Gewinn an ein anderes Unternehmen abzuführen (Gewinnabführungsvertrag). ²Als Vertrag über die Abführung des ganzen Gewinns gilt auch ein Vertrag, durch den eine Aktiengesellschaft oder Kommanditgesellschaft auf Aktien es übernimmt, ihr Unternehmen für Rechnung eines anderen Unternehmens zu führen.

(2) Stellen sich Unternehmen, die voneinander nicht abhängig sind, durch Vertrag unter einheitliche Leitung, ohne daß dadurch eines von ihnen von einem anderen vertragschließenden Unternehmen abhängig wird, so ist dieser Vertrag kein Beherrschungsvertrag.

(3) Leistungen der Gesellschaft bei Bestehen eines Beherrschungs- oder eines Gewinnabführungsvertrags gelten nicht als Verstoß gegen die §§ 57, 58 und 60.

A. Allgemeines und Grundlagen	1
I. Entstehungsgeschichte und Abgrenzung zu § 292	1
II. Zweck und Auslegung	5
III. Altverträge	7
B. Beherrschungs- und Gewinnabführungsvertrag	8
I. Rechtsnatur der Unternehmensverträge des § 291	8
1. Organisationsvertrag	8
2. Vertragsfreiheit	11
3. Auslegung von Unternehmensverträgen	14
a) Erläuternde Auslegung	14
b) Ergänzende und geltungserhaltende Auslegung	16
4. Fehlerhafte Unternehmensverträge	18
a) Fehlerquellen	18
aa) Allgemeine Gültigkeitsmängel	18
bb) Formelle Wirksamkeitserfordernisse der §§ 293 und 294	19
cc) Materielle Wirksamkeitsmängel des Vertrages	20
b) Bestandsschutz entsprechend den Grundsätzen fehlerhafter Gesellschaftsverträge	21
c) Beendigung und Rückabwicklung	26
II. Vertragsparteien	30
1. Verpflichtete Gesellschaft („Untergesellschaft")	30
2. Anderer Vertragsteil („Obergesellschaft" bzw berechtigter Vertragspartner der vertragstypischen Leistung)	31
a) Unternehmensbegriff	31
b) Mehrmütterunternehmensverträge	32
III. Beherrschungsvertrag	33
1. Begriff, und rechtliche Behandlung	33
2. Inhalt	34
a) Mindestinhalt (essentialia negotii)	34
aa) Übertragung nur einzelner Leitungs- oder Führungsfunktionen	37
bb) Unterstellung nur einzelner Unternehmensbereiche	40
cc) Ausschluss des Weisungsrechts und/oder dessen Ersetzung durch andere Beherrschungsmittel?	41
dd) Einschränkung des Weisungsrechts	43
b) Weitere Inhaltserfordernisse?	44
aa) Ausgleichs- und Abfindungsregelungen	44
bb) Bezeichnung als Beherrschungsvertrag	45
cc) Anwendbarkeit deutschen Rechts	46
dd) „Wiederaufbauhilfen" nach Vertragsende	47
ee) Umfang des Weisungsrechts	48
3. Vertragsfreiheit/fakultativer Inhalt	49
4. Atypische Beherrschungsverträge	52
5. Sonderformen	55
IV. Gewinnabführungsverträge	57
1. Begriff, Rechtsnatur und rechtliche Behandlung	57
2. Verbindung von Beherrschungs- und Gewinnabführungsvertrag, isolierter Abschluss, Rückwirkung	61
3. Abzuführender Gewinn, Verlust, Einschränkungen der Gewinnabführungspflicht	64
4. Weisungsrecht bei isoliertem Gewinnabführungsvertrag, konzernrechtliche Verknüpfung	67
5. Fehlerhafter, nichtiger Gewinnabführungsvertrag	69
6. Besondere Erscheinungsformen, Abgrenzungsfragen	71
a) Gewinnabführungsvertrag mit mehreren Unternehmen oder einem Gemeinschaftsunternehmen	71
b) Verlustübernahmevertrag	72
c) Teilgewinnabführungsvertrag	73
d) Gewinnbeteiligung, stille Gesellschaft	74
e) Vertrag zugunsten Dritter	75
V. Geschäftsführungsvertrag	76
1. Vorbemerkung/Abgrenzungsfragen	76
2. Inhalt des Geschäftsführungsvertrages	79
3. Rechtsfolgen	82
4. Modifikationen	83
C. Gleichordnungskonzernverträge (Abs. 2)	86
I. Vorbemerkung	86
II. Gleichordnungskonzernvertrag	88
1. Tatbestand und Erscheinungsformen	88
2. Umfang und Grenzen einheitlicher Leitung, Ausgleichspflichten	91
III. Überlagerung und Vermischung mit anderen konzernrechtlichen Elementen	92
IV. Zustimmung der Gesellschafter?	94
D. Befreiung von den §§ 57, 58 und 60 (Abs. 3)	96
I. Vorbemerkung	96
II. Gewinnabführungs- und Geschäftsführungsvertrag	97
III. Beherrschungsvertrag	98
E. Anwendung auf die GmbH	100

A. Allgemeines und Grundlagen

1 **I. Entstehungsgeschichte und Abgrenzung zu § 292.** § 291 entstammt unverändert dem Aktiengesetz 1965. Die Vorgängernorm, § 256 AktG 1937, kannte nur den Gewinnabführungsvertrag, den Betriebspachtvertrag, den Betriebsüberlassungsvertrag und den Geschäftsführungsvertrag.[1] Bei den zuletzt genannten Unternehmensverträgen hatte der Gesetzgeber des Aktiengesetzes 1937 in erster Linie an Austauschverträge gedacht.

2 Die damit bereits zu § 256 AktG 1937 zum Ausdruck gekommene Unterscheidung zwischen Unternehmensverträgen ohne Austauschcharakter und solchen mit Austauschcharakter findet sich in den Differenzierungen von §§ 291 und 292 wieder.

3 Die Unterscheidung der in § 291 genannten Unternehmensverträge von den „anderen Unternehmensverträgen" mit Austauschcharakter iSv § 292 ist wegen der in wesentlichen Punkten andersartigen Rechtsfolgen von grundlegender Bedeutung.[2] So verlangt das Gesetz für die Unternehmensverträge mit Austauschcharakter deutlich reduzierte Wirksamkeitsanforderungen und für die in § 292 Abs. 1 Nr. 1 u. 2 genannten Verträge auch keine Ausgleichs- und Abfindungsansprüche. Auf diese kann verzichtet werden, da die nach § 292 verpflichtete Gesellschaft eine angemessene Gegenleistung erhält, anderenfalls ist der Vertrag wegen Verstoßes gegen §§ 57, 58 und 60 iVm § 134 BGB nichtig, sofern er mit einem beteiligten Unternehmen geschlossen wird.

4 Nach heute wohl hM handelt es sich bei den in § 291 genannten Verträgen um sog. **Organisationsverträge**,[3] da sie in Struktur und Status der abhängigen Gesellschaft eingreifen.[4] Bei den Verträgen des § 292 handelt es sich hingegen um schuldrechtliche Vertragstypen ggf mit organisationsrechtlichen Elementen.[5]

5 **II. Zweck und Auslegung.** Das Konzernrecht im Allgemeinen und das Aktienkonzernrecht des dritten Buches des Aktiengesetzes im Besonderen bezwecken den Schutz der Minderheitsaktionäre (außenstehende Aktionäre), der Gläubiger der abhängigen Gesellschaft sowie den Schutz der Minderheitsgesellschafter des herrschenden Unternehmens.[6] Darüber hinaus verfolgt es organisationsrechtliche sowie ordnungspolitische Ziele und dient damit auch dem Schutz der abhängigen Gesellschaft als solcher.

6 Die §§ 291 und 292 sind, mit Ausnahme ihrer jeweiligen Absätze 3, reine Definitionsnormen. Ihr Verständnis orientiert sich an Inhalt und Zweck der Rechtsfolgenormen, die an die Definitionen der §§ 291 und 292 anknüpfen. Der Zweck der §§ 291, 292 liegt somit darin, alle materiellen Unternehmensvertragssachverhalte zu erfassen, für die das Aktienkonzernrecht Wirksamkeits- und Rechtsfolgenbestimmungen vorsieht. Das Gebot rechtsfolgenorientierter Auslegung der §§ 291, 292 führt u.a. dazu, dass den Vertragsparteien nur ein begrenzter Spielraum bei der inhaltlichen Gestaltung bei Unternehmensverträgen des § 291 zusteht.[7] Dem Gestaltungsspielraum der Vertragsparteien sind auch durch zwingendes Organisationsrecht des Aktiengesetzes für die abhängige Gesellschaft Grenzen gesetzt. Daher gilt der Sache nach die Bestimmung von § 23 Abs. 5 auch für organisationsrechtliche Bestandteile der Unternehmensverträge.[8] Rein schuldrechtliche Ergänzungen lässt das Unternehmensvertragsrecht jedoch nahezu uneingeschränkt zu.[9]

7 **III. Altverträge.** Für vor dem Inkrafttreten (1.1.1966) des Aktiengesetzes 1965 abgeschlossene Unternehmensverträge (§§ 291 und 292) sah die Aktienrechtsnovelle lediglich eine unverzügliche Eintragungspflicht vor (§ 22 Abs. 2 EGAktG). Die materielle Vereinbarkeit mit den §§ 291 ff nF ist somit nach der klaren gesetzgeberischen Entscheidung keine Wirksamkeitsvoraussetzung für das Fortgelten von Altverträgen.[10] Die Aktienrechtsnovelle 1965 sah auch von Auslauffristen für Altverträge ab. Diese werden daher nach zutreffender Rechtsprechung[11] ausschließlich auf ihre Vereinbarkeit mit dem bis zum 31.12.1965 geltenden Rechtszustand überprüft.[12] Nach § 256 aF war die Zulässigkeit von Gewinnabführungsverträgen ausdrücklich, diejenige von Beherrschungsverträgen zumindest gewohnheitsrechtlich anerkannt.[13] Auf unbestimmte Zeit geschlossene und entsprechend § 22 EGAktG eingetragene Altverträge gelten danach grund-

---

1 MüKo-AktG/*Altmeppen*, Rn 141.
2 Zur Unterscheidung § 291 und § 292 vgl allg. MüKo-AktG/*Altmeppen*, Vor § 291 Rn 6 ff; KölnKomm-AktG/*Koppensteiner*, Vor § 291 Rn 8, 153.
3 Vgl BGHZ 103, 1, 4 ff = NJW 1988, 1326; BGHZ 105, 324, 331 = NJW 1989, 295; BGH NJW 1992, 1452, 1454; KG AG 2001, 186 f = NZG 2000, 1132, 1133; BayObLG, Beschl. v. 22.12.1966, NJW 1967, 831 f; LG Ingolstadt AG 1991, 24, 25; *Hüffer*, Rn 17 mwN; MüKo-AktG/*Altmeppen* Rn 25 ff mwN; KölnKomm-AktG/*Koppensteiner*, Vor § 291 Rn 156, 160; Großkomm-AktienR/*Wiedemann*, § 179 Rn 46; *Emmerich/Habersack*, § 11 Rn 19 f; *Kort*, Der Abschluss von Beherrschungs- und Gewinnabführungsverträgen, 1986, S. 130 ff; *Flume*, DB 1955, 485.
4 Vgl *Hüffer*, Rn 17 mwN.
5 Vgl *Hüffer*, § 292 Rn 2; MüKo-AktG/*Altmeppen*, § 292 Rn 7; *K. Schmidt*, ZGR 1984, 295, 304 f.
6 Vgl MüKo-AktG/*Altmeppen*, Rn 1.
7 MüKo-AktG/*Altmeppen*, Rn 29 mwN.
8 Vgl *Grunewald*, GesR, 5. Aufl., 2. C. Rn 13 ff.
9 Vgl LG Kassel, Beschl. v. 15.11.1995, AG 1997, 239 f; *Emmerich/Habersack*, § 11 Rn 13; MüKo-AktG/*Altmeppen*, Rn 29, 35 ff; *Hüffer*, Rn 18.
10 Vgl LG Berlin, Urt. v. 30.6.2000, NZG 2000, 1223 f; MüKo-AktG/*Altmeppen*, Rn 231.
11 Vgl etwa BayObLG, Beschl. v. 22.12.1966, NJW 1967, 831, 832; KG NZG 2000, 1132, 1133.
12 Vgl MüKo-AktG/*Altmeppen*, Rn 231 mwN.
13 So im Erg. wohl auch MüKo-AktG/*Altmeppen*, Rn 231.

sätzlich fort.[14] Ablaufende Verträge sind, wie aus der Verweisung in § 22 Abs. 1 S. 1 EGAktG auf die §§ 295 ff deutlich wird, nach den §§ 291 ff nF neu abzuschließen.

B. Beherrschungs- und Gewinnabführungsvertrag

I. Rechtsnatur der Unternehmensverträge des § 291. 1. Organisationsvertrag. Beherrschungs- und Gewinnabführungsvertrag (letzterer auch in der Form des Geschäftsführungsvertrages) sind Organisationsverträge, weil sie die **Struktur der abhängigen Gesellschaft ändern,**[15] nach der Rechtsprechung, weil sie sich **satzungsänderungsgleich** auf den Status der Untergesellschaft auswirken.[16] Tatsächlich wirken sich Beherrschungs- und Gewinnabführungsvertrag sowohl auf die gesetzliche und satzungsmäßige Struktur als auch auf den Status der abhängigen Gesellschaft aus.[17] Der Beherrschungsvertrag wirkt für die Dauer seiner Laufzeit strukturändernd, weil die Unterstellung unter fremde Leitung in Form des Weisungsrechts nach § 308, die gesetzlich zwingend vorgegebene Kompetenzordnung der abhängigen Gesellschaft (insbesondere die eigenverantwortliche und weisungsfreie Leitung durch den Vorstand gemäß §§ 76, 93) verändert. Dadurch kann das herrschende Unternehmen als „anderer Vertragsteil" (Obergesellschaft) Zweck und Tätigkeit der verpflichteten Gesellschaft (Untergesellschaft) an den eigenen Interessen ausrichten. Dies führt faktisch dazu, dass das Unternehmen nicht mehr im Interesse (Zweck) der Untergesellschaft, sondern im Interesse der Obergesellschaft geführt werden kann.[18]

Der Gewinnabführungsvertrag (ebenso der Geschäftsführungsvertrag) verpflichtet zur Abführung des gesamten Gewinns der Gesellschaft und greift damit – auf Zeit – in den nur durch Satzungsänderung einschränkbaren Anspruch des Aktionärs auf Ausschüttung des Bilanzgewinnes und die Gewinnverwendungskompetenz ein.[19] Zur Durchsetzung des Gewinnabführungsanspruchs stehen der berechtigten Obergesellschaft Gestaltungsrechte bei der Ermittlung des abzuführenden Gewinns zu, sofern gleichzeitig ein Beherrschungsvertrag besteht. Dies betrifft insbesondere die **Auflösung stiller Reserven** und die **Ausübung von Bilanzierungswahlrechten.**[20] Beim isolierten Gewinnabführungsvertrag bestehen keine Weisungsrechte der Obergesellschaft bei Aufstellung des Jahresabschlusses, auch nicht hinsichtlich der Ausübung von Ansatz- und Bewertungswahlrechten bei Bilanzierung.[21] Die Obergesellschaft hat aber einen schuldrechtlichen Anspruch darauf, dass der Vorstand die verpflichtete Gesellschaft weiterhin eigenverantwortlich leitet und sie daher insbesondere – wie eine unabhängige Gesellschaft – auf Gewinnerzielung hin ausrichtet.[22] Im Hinblick auf den Wegfall der Gewinnverwendungskompetenz der Hauptversammlung und des Gewinnbezugsrechts der Aktionäre greift der Gewinnabführungsvertrag wenigstens teilweise auch in das finanzielle Organisationsrecht der Untergesellschaft ein.

Zu den organisationsrechtlichen Bestandteilen des Unternehmensvertrages gehören alle Bestimmungen, die die vertragstypischen Leistungs- und Verhaltenspflichten regeln oder präzisieren sowie die Regeln zur Sicherung der außenstehenden Aktionäre (§§ 304 ff) und der Untergesellschaft (insbesondere Verlustausgleich) und über Beginn und Ende (Kündigungsrecht etc.). Daneben kann der Vertrag rein schuldrechtliche Bestimmungen enthalten.[23] Dabei kann es sich jedoch nur um solche Regelungen handeln, die weder den Status der beteiligten Gesellschaften noch die Rechtsstellung ihrer Anteilseigner, sondern ausschließlich die Durchführung des Vertrages zwischen den Vertragsparteien selbst betreffen.[24]

2. Vertragsfreiheit. Bei der inhaltlichen Ausgestaltung von Unternehmensverträgen iSv §§ 291, 292 sind die Vertragsparteien nur an die gesetzlichen **Mindestanforderungen** und **Ausgestaltungsschranken** gebunden.[25] Die Vertragsfreiheit im Bereich der organisationsrechtlichen Regelungen setzt Gestaltungsspielräume voraus, da in den Status von AG und Kommanditgesellschaft auf Aktien und in die Rechtsstellung ihrer

---

14 Vgl *Emmerich*/Habersack, Vor § 291 Rn 4, 5.
15 Großkomm-AktienR/*Wiedemann*, § 179 Rn 46; *Emmerich*/ Habersack, § 11 Rn 20; *Kort*, S. 130 ff; *Hüffer*, Rn 17; MüKo-AktG/*Altmeppen*, Rn 25 ff mwN.
16 BGHZ 103, 1, 4 ff = NJW 1988, 1326; BayObLG 1988, 201, 204; BayObLGZ 1990, 133, 139; BGHZ 105, 324, 331 = NJW 1989, 295; BGH NJW 1992, 1452, 1454; OLG Stuttgart AG 1998, 585 f.
17 Vgl MüKo-AktG/*Altmeppen*, Vor § 291 Rn 6.
18 Vgl MüKo-AktG/*Altmeppen*, Vor § 291 Rn 7 f.
19 MüKo-AktG/*Altmeppen*, Rn 39, 145 ff.
20 Vgl hierzu näher MüKo-AktG/*Altmeppen*, Rn 147.
21 Ganz hM: MüHb-AG/*Krieger*, § 71 Rn 14; KölnKomm-AktG/ Koppensteiner, Rn 87; *Hüffer*, Rn 32; MüKo-AktG/*Altmeppen*, Rn 150; OLG Karlsruhe 1967, 831, 832.
22 MüHb-AG/*Krieger*, § 71 Rn 14; *Van Venrooy*, DB 1981, 675, 681.
23 Emmerich/Habersack, § 11 Rn 13; MüKo-AktG/*Altmeppen*, Rn 29, 35 ff; *Hüffer*, Rn 18; KölnKomm-AktG/Koppensteiner, vor Rn 157.
24 Vgl so im Erg. auch MüKo-AktG/*Altmeppen*, Rn 35.
25 BGHZ 122, 211, 217 ff = NJW 1993, 1976, 1977; MüKo-AktG/*Altmeppen*, Rn 29 mwN; *Emmerich*/Habersack, Rn 18; *Hirte*, ZGR 1994, 644, 648 ff; *Kleindiek*, WuB 1993, 1175, 1178; ausführlich: Hahn, DStR 2009, 589 ff.

Aktionäre nur durch Verträge der in §§ 291, 292 genannten Art (*numerus clausus*)[26] und mit den für diese Vertragstypen gesetzlich vorgesehenen Mitteln eingegriffen werden kann.[27]

12 Derartige Gestaltungsspielräume im organisatorischen Bereich enthält das Gesetz beispielsweise in § 308 Abs. 1 S. 2 sowie hinsichtlich der Laufzeiten und Kündigungsmöglichkeiten.[28] Art und Umfang der Bindung sowie die Bindungsdauer müssen im organisationsrechtlichen Bereich aus dem Vertrag eindeutig hervorgehen. Die organisationsrechtliche Ausgestaltung darf auch in einzelnen Punkten nicht den Verwaltungen der Vertragsparteien überlassen werden. Dies wäre mit dem Schutzzweck, den der Gesetzgeber mit den Zustimmungserfordernissen des § 293 verfolgt hat, unvereinbar.[29]

13 Wesentlich freier sind die Parteien bei der Regelung schuldrechtlicher Bestandteile. Hier sind lediglich die allgemeinen Bestimmungen (insbesondere aber auch die zwingenden Vorschriften des AktG) zu beachten.

14 **3. Auslegung von Unternehmensverträgen. a) Erläuternde Auslegung.** Ebenso wie die organisationsrechtlichen bzw korporativen Bestandteile der Satzungen von Kapitalgesellschaften sind auch die organisationsrechtlichen Bestandteile von Unternehmensverträgen objektiv auszulegen.[30] Dies folgt zum einen aus dem status- bzw satzungsändernden Charakter der Unternehmensverträge,[31] zum anderen aus der veränderlichen Zusammensetzung der Zustimmungsorgane gemäß § 293 und den zwingenden Verkehrsschutzbestimmungen (etwa § 294). Die Bestimmungen des Unternehmensvertrages sind daher aus sich heraus, dh ohne Berücksichtigung der Entstehungsgeschichte, Vorentwürfe, Äußerungen und Vorstellungen der Vertragsparteien auszulegen;[32] vielmehr kommt es ausschließlich auf den Wortlaut, Sinn und Zweck und den systematischen Zusammenhang der jeweiligen Regelungen an.[33] Allgemein bekannte oder zumindest zugängliche Bezugsgegenstände, wie zum Handelsregister angemeldete Satzungen oder vorausgegangene Unternehmensverträge, dürfen berücksichtigt werden.[34] Die Auslegung der organisationsrechtlichen Bestandteile des Unternehmensvertrages ist vom Revisionsgericht unbeschränkt überprüfbar.[35]

15 Alle lediglich schuldrechtlichen Bestandteile des Unternehmensvertrages sind ebenso wie die individualrechtlichen Bestandteile von Satzungen gemäß §§ 133, 157 BGB auszulegen.[36]

16 **b) Ergänzende und geltungserhaltende Auslegung.** Ergänzende und geltungserhaltende Auslegung sind bei Abschluss und Durchführung von Verträgen mit Dauerwirkung von besonderer Bedeutung. Insbesondere bei Unternehmensverträgen ist ein Interesse aller Mitwirkenden (Vertragspartner, Beschlussorgane) am Bestandsschutz zu unterstellen.[37] Die Vertragsergänzung und die geltungserhaltende Reduktion einzelner Klauseln sind Instrumente des Grundsatzes gesetzes- und sittenkonformer Auslegung, dessen Geltung für Verträge mit Organisationscharakter zwingend vorgegeben ist.[38] Daher können auch bei Unternehmensverträgen planwidrige Lücken durch ergänzende Auslegung geschlossen werden.[39]

17 Der geltungserhaltenden Reduktion kommt insbesondere bei dem Abschluss von Unternehmensverträgen Bedeutung zu. So kann die **Nichtigkeit einer rückwirkenden Beherrschungsklausel**[40] dadurch vermieden werden, dass sie auf das zulässige Maß der Beherrschung ab Wirksamwerden des Unternehmensvertrages reduziert wird, da angenommen werden muss, dass nicht nur die Vertragsschließenden selbst, sondern auch die Zustimmungsorgane einen Beherrschungsvertrag mit zulässigem Inhalt wollen.[41]

---

26 Vgl *Henze*, Konzernrecht, Rn 298; MüKo-AktG/*Altmeppen*, Rn 40, 41 mwN; *Emmerich*/Habersack, § 292 Rn 7.

27 So ganz hM, vgl MüKo-AktG/*Altmeppen*, Rn 40, 41 mwN; KölnKomm-AktG/*Koppensteiner*, Vor § 291 Rn 72; *v. Godin/Wilhelmi*, Vor § 291 Rn 291–328, Anm. 14.

28 Nach einer älteren Auffassung soll dies nur gelten, wenn das Gesetz ausdrücklich zulässt, vgl zum Meinungsstand MüKo-AktG/*Altmeppen*, Rn 40 f; anders die hM, vgl BGH NJW 1993, 1976, 1977 mwN; *Emmerich*/Habersack, Rn 16, 18.

29 Vgl BGH NJW 1993, 1976, 1977; *Henze*, Konzernrecht, Rn 298.

30 Vgl MüKo-AktG/*Altmeppen*, Rn 33; *Kort*, S. 131 ff; kritisch: KölnKomm-AktG/*Koppensteiner*, Vor § 291 Rn 158; vgl auch *Wiedemann*, GesR, Bd. I, S. 165 ff; OLG Düsseldorf DB 1984, 817, 820 = ZIP 1984, 586.

31 Vgl zum satzungsändernden Charakter von Unternehmensverträgen LG Bochum AG 1997, 322.

32 Vgl MüKo-AktG/*Altmeppen*, Rn 33 f.

33 Vgl MüKo-AktG/*Altmeppen*, Rn 33 f mwN; *Hüffer*, § 23 Rn 39; BGH WM 83, 895, 897.

34 *Henze*, Aktienrecht, 5. Aufl., Rn 14; BGHZ 116, 359, 366 = NJW 1992, 892; BGHZ 123, 347, 350 = NJW 1994, 51.

35 *Henze*, Aktienrecht, 5. Aufl., Rn 14; BGHZ 116, 359, 366 = NJW 1992, 892; BGHZ 123, 347, 350 = NJW 1994, 51.

36 Vgl RGZ 1979, 418, 422; RGZ 159, 272, 278 f; RGZ 164, 129, 140; BGHZ 14, 25, 36 f = NJW 1954, 1401; BGHZ 36, 296, 315 = NJW 1962, 864; BGHZ 48, 141, 144 = NJW 1967, 21, 59; BGHZ 96, 245, 250 = NJW 1986, 1083; BGHZ 123, 347, 350 f = NJW 1994, 51; so auch ganz hM in der Literatur, vgl MüKo-AktG/*Altmeppen*, Rn 34; *Hüffer*, § 23 Rn 40; *Kort*, S. 131 ff.

37 *Kort*, S. 131 ff; vgl im Übrigen MüKo-BGB/*Busche*, § 139 Rn 15, der als maßgeblich ansieht, dass die Erzeuger der teilnichtigen Regelung jedenfalls eine Organisationsstruktur schaffen wollten, die als solche, wenn es sich vermeiden lässt, nicht zerschlagen werden sollte.

38 Ohne Bedeutung ist dabei, ob die geltungserhaltende Reduktion ihre dogmatische Grundlage in § 157 BGB oder § 140 BGB findet, vgl *Kort*, S. 140.

39 BGHZ 103, 1, 6 f; OLG München AG 1980, 272, 273; KölnKomm-AktG/*Koppensteiner*, Rn 25 ff; allg. für Satzungen: BGH WM 1983, 835, 837; OLG Düsseldorf, BB 1982, 1574.

40 Eine Rückwirkung ist bei Beherrschungsverträgen grundsätzlich unzulässig, vgl BayObLG, AG 2003, 631, 632 mwN; *Hüffer*, § 308 Rn 2, § 294 Rn 19 f; MüKo-AktG/*Altmeppen*, § 294 Rn 51 ff.

41 Vgl BGHZ 103, 1, 6 f; OLG Hamburg NJW 1990, 521.

4. Fehlerhafte Unternehmensverträge. a) Fehlerquellen. aa) Allgemeine Gültigkeitsmängel. Als Mängel bei 18
Zustandekommen von Unternehmensverträgen kommen insbesondere **Inhalts- und Formmängel** in Betracht. Beruht die Eintragung eines Unternehmensvertrages ins Handelsregister auf einem **rechtskräftigen Freigabebeschluss**, genießt dieser unabhängig von etwaigen Inhalts- oder Formmängeln seit Einführung des § 246a Abs. 4 S. 2 durch das UMAG uneingeschränkte **Bestandskraft**.[42] Nur in den verbleibenden Fällen kommt es darauf an, ob sich Inhaltsmängel[43] (Nichtbeachtung des vorgeschriebenen Inhalts, Überschreitung des gesetzlichen Gestaltungsspielraums) durch ergänzende oder geltungserhaltende Auslegung korrigieren lassen. Erst in einer dritten Stufe stellt sich dann die Frage nach der Gesamt- oder Teilnichtigkeit des Unternehmensvertrages.[44] Das herrschende Verständnis von § 139 BGB hat sich dahin gehend gewandelt, dass im Gesellschaftsrecht grundsätzlich Restgültigkeit statt Gesamtnichtigkeit anzunehmen ist, es sei denn, dass das Vertragsganze infolge der Teilnichtigkeit einzelner Bestandteile seinen Sinn verliert.[45] Diese Umkehrung der Vermutung des § 139 BGB mit dem Ziel der Aufrechterhaltung des Rechtsgeschäfts im Gesellschaftsrecht gilt auch für Unternehmensverträge.[46]

bb) Formelle Wirksamkeitserfordernisse der §§ 293 und 294. Unternehmensverträge werden vor Erfüllung 19
der in § 293 genannten Zustimmungserfordernisse[47] und Eintragung[48] (§ 294) nicht wirksam. Mängel der Zustimmungsbeschlüsse können nicht mit Mitteln der allgemeinen Rechtsgeschäftslehre korrigiert werden, für sie gilt ausschließlich das Beschlussmängelrecht.[49] Insofern ist für die abhängige Gesellschaft zwischen **nichtigen und lediglich anfechtbaren Beschlüssen zu unterscheiden** (vgl hierzu § 293). Die Unterscheidung hat insbesondere für die Frage des Bestandsschutzes nach den Grundsätzen der fehlerhaften Gesellschaft Bedeutung.

cc) Materielle Wirksamkeitsmängel des Vertrages. Einen materiellen bzw inhaltlichen Wirksamkeitsmangel 20
nennt etwa § 304 Abs. 3 S. 1. Im Übrigen unterliegt der Unternehmensvertrag der Prüfung, ob alle übrigen inhaltlichen Mindestanforderungen erfüllt sind. Diese Prüfung findet jedoch zum Teil bereits bei Abschluss des Unternehmensvertrages mit der Möglichkeit korrigierender Auslegung statt (vgl hierzu bereits Rn 16 f).

b) Bestandsschutz entsprechend den Grundsätzen fehlerhafter Gesellschaftsverträge. Nach der Rechtsprechung gelten die Grundsätze der fehlerhaften Gesellschaft auch für Unternehmensverträge.[50] Für fehlerhafte Gesellschaften gilt, dass sie, einmal gegründet und in Vollzug gesetzt, grundsätzlich **nur für die Zukunft aufhebbar** und für die Vergangenheit als wirksam zu behandeln sind.[51] Nach der Rechtsprechung folgt die entsprechende Anwendbarkeit für Beherrschungs- und Gewinnabführungsvertrag aus deren, dem Gesellschaftsstatut gleichen organisationsrechtlichen Charakter.[52] Grundsätzlich folgt dem die hM des neueren Schrifttums unter Hinweis auf die Schwierigkeiten schuldrechtlicher Rückabwicklung und insbesondere auf die Unmöglichkeit rückwirkender Korrektur von Eingriffen der in Abs. 3 vorausgesetzten Art.[53]

Einig sind sich Rechtsprechung und Literatur darüber, dass Bestandsschutz für Unternehmensverträge ent- 22
sprechend den Grundsätzen der fehlerhaften Gesellschaft mindestens den Abschluss des Vertrages und das Zustandekommen eines Zustimmungsbeschlusses nach § 293 voraussetzt,[54] mögen diese auch unwirksam

---

42 *Emmerich*/Habersack, Rn 28a.
43 Vgl hierzu näher MüKo-AktG/*Altmeppen*, Rn 192.
44 OLG München AG 1991, 358, 360; zum Meinungsstand vgl zuletzt *Kort*, S. 130 ff mwN.
45 Hachenburg/*Ulmer*, GmbHG, § 53 Rn 97; *Ulmer*, in: FS Flume, Band II, S. 301, 316 f; *Kort*, S. 139 f; für Gesamtnichtigkeit dagegen grundsätzlich *Emmerich*/Habersack, § 293 Rn 20, der jedoch für den Fall, dass der Vertrag trotz Mängeln praktiziert wird, ebenfalls die Regeln über die fehlerhafte Gesellschaft anwenden will; OLG Hamburg, NJW 1990, 521.
46 Differenzierend: BGH NJW 2002, 822, 823. OLG Hamburg NJW 1990, 3024, 3025; *Kort*, S. 130 ff.
47 Vgl MüKo-AktG/*Altmeppen*, Rn 205 (arg.: der Registerrichter würde anderenfalls gar nicht eintragen); im Erg. ebenso *Hommelhoff*, ZHR 158 (1994), 11, 15.
48 Unter Ablehnung der Rspr/hM zum GmbH-Konzernrecht vgl näher Rn 23 f.
49 So auch LG Frankenthal ZIP 1988, 1460 = AG 1989, 253; *Timm*, EWiR § 297 AktG 1/88 S. 947; *Kleindiek*, ZIP 1988, 613, 619; *Gerth*, BB 1978, 1497, 1499; KölnKomm-AktG/*Koppensteiner*, § 293 Rn 52, 56; *Emmerich*/Habersack, § 11 Rn 24; *Hüffer*, Rn 21, § 293 Rn 16; aA: *Hommelhoff*, ZHR 158 (1994), 11 ff, 18 ff; *Kort*, S. 158 ff, 168; *Krieger*, ZHR 158 (1994) 35, 37 ff; MüHb-AG/*Krieger*, § 70 Rn 47; *Mertens*, BB 1995, 1417, 1419; differenzierend *Hommelhoff*, ZHR 158 (1994), 11 ff, 18 ff, 25 ff; wohl zuerst *Kort*, S. 132, 143, 160, 168; dagegen *Krieger*, ZHR 158 (1994), 35, 38 ff; vgl zum Meinungsstand im Übrigen MüKo-AktG/*Altmeppen*, Rn 199 ff.
50 BGHZ 103, 1, 4 = NJW 1988, 1326; BGHZ 105, 168, 182 = NJW 1988, 3143, BGHZ 116, 37, 39 f = NJW 1992, 505; vgl auch *Emmerich*/Habersack, § 11 Rn 24 ff mwN; ablehnend: *Köhler*, ZGR 1985, 307, 310 ff; OLG München AG 1991, 361.
51 BGHZ 103, 1, 5 ff; BGHZ 116, 37, 39; *Kort*, S. 5 ff mit ausführlicher Zusammenstellung zu Meinungsstand und Rechtsprechung; MüHb-AG/*Krieger*, § 70 Rn 13, 19; *Emmerich*/Habersack, § 11 Rn 24 ff; vgl ferner ausführlich zum Meinungsstand KölnKomm-AktG/*Koppensteiner*, § 297 Rn 52 ff.
52 BGHZ 105, 168, 182; BGHZ 116, 37, 39; *Kort*, S. 156 ff mwN.
53 Vgl *Kort*, S. 157, 158; einschränkend: *Emmerich*/Habersack, § 11 Rn 26.
54 Vgl MüKo-AktG/*Altmeppen*, Rn 205 (arg.: der Registerrichter würde anderenfalls gar nicht eintragen); im Erg. ebenso *Hommelhoff*, ZHR 158 (1994), 11, 15; aA K. *Schmidt*/Lutter/*Langenbucher*, § 293 Rn 45 für den (Ausnahme-)Fall bereits erfolgter Handelsregistereintragung.

oder nichtig sein.[55] Nichtigkeits- oder Unwirksamkeitsmängel des Vertrages hindern den Bestandsschutz dagegen regelmäßig nicht, es sei denn, dass der Schutzzweck der verletzten Norm[56] oder höherrangige Interessen dem im Einzelfall entgegenstehen.[57]

23 Auf das Eintragungserfordernis hat der Bundesgerichtshof im Falle eines mit einer GmbH als abhängiger Gesellschaft geschlossenen Beherrschungs- und Gewinnabführungsvertrages verzichtet,[58] obwohl die Eintragung nach § 294 Abs. 2 Wirksamkeitserfordernis des Unternehmensvertrages ist und nach höchstrichterlicher Rechtsprechung die Grundsätze fehlerhafter Gesellschaft für Kapitalgesellschaften erst ab deren Gründung und Eintragung gelten können.[59] Der Bundesgerichtshof hat diese Rechtsprechung im Falle einer Stillen Gesellschaft bestätigt.[60]

24 Die wohl hM lehnt der Übertragung dieser Rechtsprechung zum GmbH-Konzernrecht auf das Aktienkonzernrecht ab.[61] Dieser Ansicht ist zu folgen, da der mehraktige organisationsrechtliche Strukturvorgang eines Unternehmensvertrages nach eindeutiger gesetzgeberischer Entscheidung erst mit der Eintragung abgeschlossen ist, wie auch Art. 2 EGAktG verdeutlicht. Ohne die Erfüllung organisationsrechtlicher Mindestvoraussetzungen und mangels der von einer Eintragung ausgehenden Vertrauenswirkung ist daher weder Bestandsschutz zugunsten des herrschenden Unternehmens noch der abhängigen Gesellschaft veranlasst.[62]

25 Umstritten ist ferner, ob Bestandsschutz bei fehlerhaftem Unternehmensvertrag über dessen Eintragung hinaus noch zur Voraussetzung hat, dass der Vertrag tatsächlich vollzogen wird.[63] Für den Beherrschungsvertrag wird in § 18 Abs. 1 S. 2 unwiderleglich vermutet, dass das herrschende Unternehmen von seiner Rechtsmacht Gebrauch macht und deshalb das volle Unternehmensrisiko der beherrschten Gesellschaft zu tragen hat. Es darf daher nicht erst darauf abgestellt werden, ob tatsächliche Eingriffe zu Verlusten in der abhängigen Gesellschaft geführt haben.[64] Entsprechendes muss für den Gewinnabführungsvertrag aus der schlichten Verpflichtung der beherrschten Gesellschaft zur Gewinnabführung folgen.[65]

26 **c) Beendigung und Rückabwicklung.** Durch die Einführung des § 246 a Abs. 4 S. 2 im Rahmen des UMAG hat der Gesetzgeber klargestellt, dass der Unternehmensvertrag ohne Rücksicht auf etwaige Mängel bestandskräftig ist, wenn seine Eintragung im Handelsregister auf Grundlage eines rechtskräftigen Freigabebeschlusses erfolgt ist. Nur soweit dies nicht der Fall ist, können fehlerhafte Unternehmensverträge jederzeit durch außerordentliche Kündigung bzw Geltendmachung der Wirksamkeitsmängel mit sofortiger Wirkung und ohne weitere Begründungserfordernisse beendet werden.[66] Zuständig sind die Vertretungsorgane der beteiligten Gesellschaften. Darüber hinausgehender Vertrauensschutz ist allenfalls in Ausnahmefällen unter den Gesichtspunkten der Treuepflicht denkbar.[67] Statt einer schlichten Berufung auf die Wirksamkeitsmängel ist nach hM – mit Wirkung ex nunc – stets eine außerordentliche Kündigung vorzunehmen, wobei die Fehlerhaftigkeit ohne Weiteres einen wichtigen Grund darstellt.[68]

27 Ist der Zustimmungsbeschluss fehlerhaft, weil er sich auf einen mangelhaften Unternehmensvertrag bezieht, können die Vertretungsorgane die Fehlerhaftigkeit – mit Wirkung ex nunc – geltend machen, ohne Nichtigkeits- oder Anfechtungsklage erheben zu müssen.[69] Auch Heilung nach § 242 oder Unanfechtbarkeit der Zustimmungsbeschlüsse stehen nicht entgegen, da Zustimmungsbeschlüsse die Fehlerhaftigkeit von Unternehmensverträgen nicht heilen können.[70] Für den Minderheitsaktionär ist die Beschlussmängelklage aber ggf das einzige Mittel zur Beseitigung des fehlerhaften Unternehmensvertrages.[71]

28 Wenn nur der Zustimmungsbeschluss fehlerhaft ist, etwa wegen Missachtung der §§ 293 a ff, kann der Unternehmensvertrag durch Beschlussmängelklage – mit Wirkung *ex tunc* – beendet werden.[72]

---

55 *Kort*, S. 158 ff, 168; *Hommelhoff*, ZHR 158 (1994), 11 ff, 18 ff; *Krieger*, ZHR 158 (1994), 35, 37 ff; *Mertens*, BB 1995, 1417, 1419; so im Erg. auch MüHb-AG/*Krieger*, § 70 Rn 47; aA LG Frankenthal ZIP 1988, 1460 = AG 1989, 253; *Hüffer*, Rn 21, der im Fall des nichtigen bzw erfolgreich angefochtenen Zustimmungsbeschlusses der HV die Grundsätze der fehlerhaften Gesellschaft nicht anwenden will, da in diesem Fall ein rechtlich beachtliches Einverständnis fehlt; ebenso *Emmerich/Habersack*, § 11 Rn 26; *Timm*, EWiR § 297 AktG 1/88 S. 947; *Kleindiek*, ZIP 1988, 613, 619; *Gerth*, BB 1978, 1497, 1499; vgl zum Meinungsstand MüKo-AktG/*Altmeppen*, Rn 199 ff.
56 Vgl ausführlich *Kort*, S. 33 ff, 169 ff.
57 *Hirte/Schall*, Konz 2006, 243, 251 mwN.
58 Vgl BGHZ 116, 37, 39; so auch OLG Oldenburg NZG 2000, 1138 f; BGH NJW 2002, 822, 823.
59 Vgl BGH NJW 1996, 659, 660.
60 BGH, Konz 2005, 234, 236.
61 *Kort*, S. 149 ff mwN; *Henze*, Konzernrecht, Rn 314 ff; *Emmerich/Habersack*, § 11 Rn 26; *Henze*, Konzernrecht, Rn 310, 315 (S 113 ff mit Ausnahmen); *Hüffer*, Rn 21; *Krieger*, ZHR 158 (1994), 35, 41; MüKo-AktG/*Altmeppen*, Rn 193 ff, 196; MüHb-AG/*Krieger*, § 70 Rn 13, 19.
62 *Emmerich/Habersack*, § 11 Rn 26; anders Hirte/*Schall*, Konz 2006, 243, 246 ff.
63 So MüKo-AktG/*Altmeppen*, Rn 196 mwN.
64 Vgl *Henze*, S. 318.
65 Vgl *Henze*, S. 318; im Erg. ebenso *Kort*, S. 168, der allerdings in der Eintragung des Unternehmensvertrages das vollzugsbegründende Merkmal sieht.
66 *Emmerich/Habersack*, § 11 Rn 28 mwN; MüKo-AktG/*Altmeppen*, Rn 195; *Mertens*, BB 1995, 1417, 1419.
67 *Kort*, S. 169 ff.
68 So die hM: BGH WM 1988, 258, 259 f; *Geßler/Geßler*, § 297 Rn 45; *Timm*, GmbHR 1987, 8, 12; MüHb-AG/*Krieger*, § 70 Rn 19; aA *Emmerich/Habersack*, § 11 Rn 28 unter Hinweis auf § 297 I 1 AktG.
69 *Kort*, S. 146 f u 169.
70 *Kort*, wie vor.
71 *Kort*, S. 170 f.
72 OLG Zweibrücken ZIP 2004, 559, 561 f mwN; *Hüffer*, Rn 21; aA MüKo-AktG/*Altmeppen*, Rn 202 ff.

Unternehmensverträge, auf die die Anwendung der Lehre von der fehlerhaften Gesellschaft nicht in Betracht kommt, sind grundsätzlich, soweit dies möglich ist, rückabzuwickeln. Wo dies nicht möglich ist, sind die §§ 311 ff bei faktischer Beherrschung direkt, ansonsten analog anzuwenden. Darüber kommt eine analoge Anwendung des Vertragskonzernrechts in Ausnahmefällen in Betracht.[73]

II. Vertragsparteien. 1. Verpflichtete Gesellschaft („Untergesellschaft"). Nach dem Aktienkonzernrecht muss es sich bei dem Unternehmen, das sich zu der vertragstypischen Leistung verpflichtet (Unterstellung unter fremde Leitung, Abführung des Gewinns, Führung des eigenen Unternehmens für Rechnung des anderen) um eine **Aktiengesellschaft oder Kommanditgesellschaft auf Aktien** handeln. Eine analoge Anwendung des Aktienkonzernrechts auf Personengesellschaften kommt in Betracht, sofern an ihnen keine natürliche Person beteiligt ist.[74] Im Übrigen wurden für Beherrschungsverträge im GmbH-Konzern Lösungen in Anlehnung an § 291 entwickelt.[75] Mit einer abhängigen ausländischen Gesellschaft kann ein Unternehmensvertrag nach deutschem Recht nicht geschlossen werden. Maßgeblich ist das Gesellschaftsstatut der abhängigen Gesellschaft.[76] Soweit das ausländische Recht dem deutschen Unternehmensvertrag iSv § 291 entsprechende organisationsrechtliche Verträge nicht vorsieht, stellt sich die Frage, ob die deutsche Obergesellschaft mit der anderen Gesellschaft einen schuldrechtlichen Vertrag vergleichbaren Inhalts schließen kann. Das FG Niedersachsen verneint dies.[77] Richtigerweise kommt es darauf an, ob und unter welchen Voraussetzungen das aus Sicht des deutschen internationalen Konzernrechts maßgebliche Recht der abhängigen ausländischen Gesellschaft einen solchen schuldrechtlichen Vertrag zulässt.[78]

2. Anderer Vertragsteil („Obergesellschaft" bzw berechtigter Vertragspartner der vertragstypischen Leistung). a) Unternehmensbegriff. Als beherrschender Vertragspartner kommt nach Abs. 1 jedes in- oder ausländische Unternehmen in Betracht. Ebenso wie in den §§ 15 ff ist der Unternehmensbegriff auch hier **rechtsformneutral** zu verstehen.[79] Auch natürliche Personen,[80] Vereine und Körperschaften des öffentlichen Rechts kommen als herrschende Unternehmen in Betracht.[81] Die schutzzweck- bzw rechtsfolgenorientierte Betrachtungsweise des Konzernrechts verlangt jedoch, dass von dem beherrschenden Vertragspartner eine konzernrechtliche relevante Gefahr für die abhängige Gesellschaft ausgeht,[82] was voraussetzt, dass dieser außerhalb seiner beherrschenden Stellung in der abhängigen Gesellschaft noch anderweitige wirtschaftliche Interessen verfolgt, die nach Art und Intensität die ernsthafte Sorge begründen, dass seine Einflussmöglichkeiten in der abhängigen Gesellschaft zu deren Nachteil ausübt.[83] Diese abstrakte Konzernkonfliktlage (vgl § 15) ist regelmäßig jedenfalls dann gegeben, wenn der beherrschende Vertragspartner maßgeblich an einem anderen Unternehmen beteiligt ist und aufgrund dessen die Möglichkeit besteht, dass er sich unter Ausübung von Leitungsmacht auch in diesem Unternehmen wirtschaftlich betätigt.[84]
Von einer schlichten Privatperson, die sich lediglich als Kapitalanleger betätigt, gehen nach bislang wohl hM keine konzernrechtlich relevanten Gefahren aus;[85] ein mit ihr geschlossener Beherrschungsvertrag soll rechtlich unmöglich bzw wegen Verstoßes gegen § 76 nichtig sein.[86] Dies kritisierte zunächst *Karsten Schmidt* für das Vertragskonzernrecht als zu eng, da es der Nichtunternehmer jederzeit in der Hand hat, die Unternehmenseigenschaft durch gleichzeitigen Abschluss eines zweiten Unternehmensvertrages herbeizuführen.[87] Seiner Ansicht nach wird der Vertragspartner eines Unternehmensvertrages kraft Rechtsform zum Unternehmen im konzernrechtlichen Sinne.[88] Dem ist auch im Hinblick auf die Rechtssicherheit zuzustimmen. Dagegen ist die öffentliche Hand bereits dann als herrschendes Unternehmen anzusehen, wenn sie nur eine abhängige Gesellschaft beherrscht.[89]

---

73 Vgl *Kort*, S. 169 ff mwN.
74 OLG Düsseldorf AG 2004, 324, 326; K. Schmidt/Lutter/*Langenbucher*, Rn 21 mwN.
75 OLG Jena AG 2005, 405, 406; *Hüffer*, Rn 6. Näher dazu Rn 100 f.
76 OLG Frankfurt AG 1988, 267, 272; *Emmerich/Habersack*, Rn 34; das herrschende Unternehmen braucht seinen Sitz dagegen nicht im Inland zu haben, sondern kann auch eine ausländische Gesellschaft sein, vgl etwa MüHb-AG/*Krieger*, § 70 Rn 9; *Emmerich/Habersack*, Rn 8; *Bauschatz*, Konz 2003, 805, 806; *Selzner/Sustmann*, Konz 2003, 85, 91.
77 FG Niedersachsen IStR 2010, 260, 262 in Folge von *Scheunemann*, IStR 2006, 145, 146 f; der BFH ging auf diese Frage im Revisionsverfahren nicht ein, BB 2011, 613 ff.
78 Differenzierend *Hoene*, IStR 2012, 462, 463 f; *Winter/Marx*, DStR 2011, 1101, 1104 mwN.
79 Vgl MüKo-AktG/*Altmeppen*, Rn 3 f; KölnKomm-AktG/*Koppensteiner*, Rn 10; *Hüffer*, Rn 8; MüHb-AG/*Krieger*, § 70 Rn 9; zum konzernrechtlichen Unternehmensbegriff vgl ferner MüKo-AktG/*Bayer*, § 15 Rn 7 ff.
80 So etwa *Flume*, Referentenentwurf (1958), S. 29 f.
81 Vgl § 15 Rn 2 mwN.
82 Vgl MüKo-AktG/*Altmeppen*, Rn 6; aA KölnKomm-AktG/*Koppensteiner*, Rn 11.
83 Vgl § 15 Rn 4 ff; MüKo-AktG/*Altmeppen*, Rn 6.
84 Vgl MüKo-AktG/*Altmeppen*, Rn 6 mwN.
85 Vgl RegBegr. *Kropff*, S. 41 f; *Koppensteiner*, ZHR 131 (1968), 289, 305; MüKo-AktG/*Altmeppen*, Rn 6.
86 Vgl *Emmerich/Habersack*, Rn 9 a mwN; MüHb-AG/*Krieger*, § 70 Rn 9; *Geßler/Geßler*, Rn 7; KölnKomm-AktG/*Koppensteiner*, § 291 Rn 14.
87 *K. Schmidt*, GesR, 4. Aufl., § 31 II 1 d, S. 939; *ders.*, in: FS Koppensteiner, 2001, S. 191; ebenso *Rubner*, Konzern 2003, 735, 739 f; *Geßler/Geßler*, ZHR 169 (2005), 35, 52.
88 *K. Schmidt*, wie vor; ähnlich: *Emmerich/Habersack*, Rn 9 a; dagegen: KölnKomm-AktG/*Koppensteiner*, Rn 14.
89 Zuletzt BGH NJW 2011, 2719, 2722 Rn 30 (Telekom – Dritter Börsengang).

32 **b) Mehrmütterunternehmensverträge.** Der **Abschluss mehrerer voneinander unabhängiger Beherrschungsverträge** (Sternverträge) ist nach hM unzulässig.[90] Dies folgt aus den organisationsrechtlichen Besonderheiten des Unternehmensvertragsrechts, das klare Nachteilsausgleichsverpflichtungen, Haftungsregelungen und möglichst eindeutige Leitungsverhältnisse (vgl § 308 Abs. 2) schaffen will.

Die hM lässt daher den Abschluss mehrerer Beherrschungsverträge nur unter der Voraussetzung zu, dass die herrschenden Vertragspartner ihre **Weisungsrechte koordinieren**.[91] Für die abhängige Gesellschaft ist jedoch durch eine Koordinationsverpflichtung, die nur auf der Ebene der herrschenden Unternehmen wirkt, nichts gewonnen, soweit diese die Weisungsfolgepflicht des Vorstands der Untergesellschaft gegenüber jedem ihrer Vertragspartner unberührt lässt. Sie ist auch mit den Schutzzwecken von § 309 unvereinbar, wenn unklar bleibt, welcher Vertragspartner für eine nachteilige, koordinierte oder unkoordinierte Weisung gegenüber der Gesellschaft und ihren Gläubigern haftet.

Unproblematisch ist es dagegen, wenn die abhängige Gesellschaft den Unternehmensvertrag nur mit einem Vertragspartner abschließt, der sich aufgrund eines **Innengesellschaftsvertrages** gegenüber weiteren Unternehmen zu einer bestimmten Art Weise der Ausübung der Leitungsmacht oder zur Teilung des abgeführten Gewinns verpflichtet.

Beim echten Mehrmütterbeherrschungsvertrag unterstellt die Untergesellschaft ihre Leitung mehreren Unternehmen durch Abschluss eines einheitlichen Unternehmensvertrages. Auf Seiten der beherrschenden Unternehmen entsteht hierdurch eine Gesellschaft bürgerlichen Rechts. Die teilrechtsfähige[92] GbR ist in Ermangelung abweichender vertraglicher Regelungen analog § 124 HGB primär berechtigte und verpflichtete Partei des Unternehmensvertrages.[93] Durch Abschluss des Unternehmensvertrages tritt sie der Untergesellschaft als Außengesellschaft mit der Verpflichtung gegenüber, die ihr übertragenen Leitungsbefugnisse vertreten durch ihre Geschäftsführung nur einheitlich auszuüben. Für alle aus dem Unternehmensvertrag resultierenden Verpflichtungen haften neben der GbR selbst analog § 128 HGB auch ihre Gesellschafter akzessorisch auf Erfüllung. Hat die GbR kein Gesamthandsvermögen gebildet, kann die Untergesellschaft alle Mitglieder der GbR unmittelbar in Anspruch nehmen. Die Anerkennung der GbR als teilrechtsfähig löst darüber hinaus eine Vielzahl von Problemen im Zusammenhang mit Abschluss, Änderung und Beendigung von Unternehmensverträgen bei Beteiligung mehrerer Mütter.[94] Für den Eintritt und den Austritt von Gesellschaftern auf Seiten der Mehrmütter-GbR bedarf es keiner Anwendung der Aufhebungs- oder Änderungsvorschriften, da der Vertragspartner als solcher bestehen bleibt. Für Forthaftung ausscheidender und den Eintritt in bestehende Verpflichtungen gelten die allgemeinen für den Gesellschafterwechsel geltenden Vorschriften.[95]

33 **III. Beherrschungsvertrag. 1. Begriff, und rechtliche Behandlung.** Nach Abs. 1 S. 1 Alt. 1 liegt ein Beherrschungsvertrag vor, wenn eine AG oder KGaA die Leitung ihrer Gesellschaft einem anderen Unternehmen vertraglich unterstellt.[96] § 18 Abs. 1 S. 2 vermutet unwiderleglich, dass aufgrund des Beherrschungsvertrages die Untergesellschaft und die Obergesellschaft unter der einheitlichen Leitung der Obergesellschaft zusammengefasst werden. Nach § 308 Abs. 1 ist die Obergesellschaft aufgrund des Beherrschungsvertrages berechtigt, dem Vorstand der Untergesellschaft hinsichtlich der Leitung der Untergesellschaft Weisungen zu erteilen.[97] Der Beherrschungsvertrag muss den außenstehenden Aktionären einen jährlichen Mindestgewinn garantieren (§ 304), außerdem muss das herrschende Unternehmen im Beherrschungsvertrag den außenstehenden Aktionären anbieten, deren Aktien gegen angemessene Abfindung zu erwerben (§ 305).[98] Diese Bestimmungen hängen u.a. damit zusammen, dass Abs. 3 zwingende Kapitalerhaltungsregelungen zugunsten der Obergesellschaft suspendiert. Die §§ 293 ff enthalten dem Schutz der außenstehenden Aktionäre der Untergesellschaft und den Anteilseignern der Obergesellschaft dienende Wirksamkeitsvoraussetzungen. Dabei beantwortet insbesondere § 293 Abs. 1 die im Aktiengesetz 1937 noch ungeregelte Frage, ob Beherrschungsverträge eines Hauptversammlungsbeschlusses der Untergesellschaft mit satzungsändernder Mehrheit bedürfen. Insbesondere die §§ 294 ff sowie die §§ 300 ff enthalten neben zwingenden aktionärs- und anteilseignerschützenden Regeln auch Gläubiger- und Verkehrsschutzbestimmungen.

34 **2. Inhalt. a) Mindestinhalt (essentialia negotii).** Einigen sich die Vertragspartner nicht über den gesetzlichen Mindestinhalt, kommt der Beherrschungsvertrag nicht zustande. Da der Mindestinhalt organisations-

---

[90] KölnKomm-AktG/*Koppensteiner*, Rn 57; LG Frankfurt aM DB 1990, 624; MüHb-AG/*Krieger*, § 70 Rn 11; aA MüKo-AktG/*Altmeppen*, Rn 106 ff mit zahlreichen Nachweisen zum Meinungsstand.

[91] KölnKomm-AktG/*Koppensteiner*, Rn 57 f; MüHb-AG/*Krieger*, § 70 Rn 10 ff; LG Frankfurt aM DB 1990, 624; *Hüffer*, Rn 15.

[92] BGHZ 142, 315; BGHZ 146, 341 = NJW 2001, 1056; BVerfG NJW 2002, 3533.

[93] Henssler/Strohn/*Paschos*, Rn 21 mwN; aA *Hüffer*, Rn 16.

[94] Zutreffend zum Rechtszustand vor BGHZ 146, 341 = NJW 2001, 1056: MüKo-AktG/*Altmeppen*, Rn 113 f.

[95] MüKo-AktG/*Altmeppen*, Rn 115 f; BGHZ 154, 370 ff.

[96] Geßler/*Geßler*, Rn 39; MüHb-AG/*Krieger*, § 70 Rn 4.

[97] BGH NJW 1988, 1326, 1327; MüHb-AG/*Krieger*, § 70 Rn 5; MüKo-AktG/*Altmeppen*, Rn 55.

[98] Vgl MüKo-AktG/*Altmeppen*, Rn 74.

rechtlicher Art ist, dürfen für seine Ermittlung nur **objektive Auslegungskriterien** herangezogen werden. Anstelle eines nicht zustande gekommenen Beherrschungsvertrages kann ein „anderer Unternehmensvertrag" oder eine schlichte schuldrechtliche Vereinbarung vorliegen. Unter Umständen kommt die Aufrechterhaltung organisationsrechtlich unzulässiger Vertragsbestimmungen als schuldrechtliche Nebenvereinbarung in Betracht.[99]

Der organisationsrechtliche Mindestinhalt des Beherrschungsvertrages folgt aus §§ 291 Abs. 1 S. 1, 76, 18 Abs. 1 S. 2 und 308.[100] Mit dem Begriff der Leitung hat der Gesetzgeber bewusst den in § 76 genannten Oberbegriff gewählt, der für alle Führungsfunktionen in einem Unternehmen steht: Unternehmensplanung und -politik, Finanzwesen (Finanzplanung, Finanzzuteilung und Finanzkontrolle), strategische Führung, Personalführung, operative Geschäftsführung (Einkauf, Vertrieb, Marketing, etc.).[101] Als Mittel zur Durchsetzung der Leistungsbefugnis gewährt § 308 der Obergesellschaft ein uneingeschränktes Recht, dem Vorstand der AG oder die Geschäftsführung der KGaA hinsichtlich der Leitung der Gesellschaft verbindliche Weisungen zu erteilen.[102] Wiederholt der Vertrag die gesetzliche Definition, dass die AG oder der KGaA die Leitung ihrer Gesellschaft einem anderen Unternehmen unterstellt, ist den gesetzlichen Mindestanforderungen Genüge getan. Das Recht der Obergesellschaft, dem Vorstand der Untergesellschaft verbindliche Weisungen zu erteilen, bedarf dann keiner ausdrücklichen Regelung im Vertrag, da es ohne Weiteres aus § 308 folgt. Auch eine ausdrückliche Bezeichnung als Beherrschungsvertrag ist nicht erforderlich.[103]

Umstritten ist, ob ein Beherrschungsvertrag auch dann vorliegt, wenn die Leitung nur teilweise, nur hinsichtlich einzelner Unternehmensbereiche und ohne oder nur mit eingeschränktem Weisungsrecht übertragen wird.[104]

aa) Übertragung nur einzelner Leitungs- oder Führungsfunktionen. Ob eine vom Regeltypus der gesetzlichen Definition abweichende einschränkende Übertragung der Leitung genügt, muss teleologisch und gesetzessystematisch beantwortet werden. Die typischen Konzernierungsgefahren sieht der Gesetzgeber nicht erst im Falle einheitlicher Leitung (vgl § 18 Abs. 1), sondern in der Regel bereits bei Abhängigkeit als gegeben an. Schon Abhängigkeit setzt aber die Möglichkeit einheitlicher Leitung voraus. Nach dem engen Konzernbegriff[105] wird der Konzern als wirtschaftliche Einheit verstanden, die eine einheitliche Zielkonzeption und deren Durchführung und Kontrolle voraussetzt. Die Anhänger des engen Konzernbegriffs verlangen hierfür mindestens die Koordination des Finanzbereichs im Unternehmensverbund.[106]

Dagegen verlangen die Anhänger des weiten Konzernbegriffs einheitliche Leitung in wenigstens einem wesentlichen Bereich unternehmerischer Tätigkeit, wie etwa Einkauf, Organisation, Personalwesen oder Verkauf.[107] Im Mitbestimmungsrecht folgt die Rechtsprechung dem weiten Konzernbegriff.[108]

Aus der eindeutigen gesetzlichen Definition des Beherrschungsvertrages und den strengen Wirksamkeitserfordernissen sowie den Haftungsfolgen für die Obergesellschaft folgt, dass der Obergesellschaft mindestens so viel vertraglich abgesicherte Leitungsmacht zustehen muss, dass es die **verbundenen Unternehmen als Wirtschaftseinheit führen** kann.[109] Dies setzt in der Regel das Recht zur finanziellen Führung (Finanzplanung, Finanzmittelvergabe und -kontrolle) voraus. Ob die Übertragung anderer Unternehmensführungsfunktionen ausreicht, ist teleologisch zu beurteilen. Führt etwa die zentrale Strategieplanung und Durchsetzung oder die Koordination der operativen Geschäftsführung dazu, dass das abhängige Unternehmen seine Eigenständigkeit und selbstständige Überlebensfähigkeit verliert, ist das Merkmal der Leitungsunterstellung als erfüllt anzusehen.

bb) Unterstellung nur einzelner Unternehmensbereiche. Wird dem Vertragspartner lediglich die Leitung über organisatorisch abgrenzbare Teilbetriebe eines Unternehmens unterstellt, liegt idR kein (Teil-)Beherrschungsvertrag,[110] sondern allenfalls ein atypischer Beherrschungsvertrag im Sinne von § 292 vor.

cc) Ausschluss des Weisungsrechts und/oder dessen Ersetzung durch andere Beherrschungsmittel? Nach § 308 Abs. 1 stehen der Obergesellschaft gegenüber dem Vorstand der Untergesellschaft diejenigen Weisungsrechte zu, die sie zur Durchsetzung der ihr übertragenen Leitungsmacht benötigt. Soweit der Vertrag nichts anderes bestimmt (vgl § 308 Abs. 1 S. 2), sind diese Weisungsrechte gegenständlich und in ihrer Wir-

---

99 KG ZIP 2002, 890 ff, 892.
100 Vgl *Hüffer*, Rn 9 ff.
101 Vgl MüKo-AktG/*Altmeppen*, Rn 76, § 308 Rn 83 ff.
102 BGH NJW 1988, 1327.
103 HM, LG Hamburg AG 1991, 365, 366; für Altverträge: KG NZG 2000, 1223, 1224 = AG 2001, 186.
104 Vgl hierzu *Emmerich*/Habersack, Rn 20 f; MüKo-AktG/*Altmeppen*, Rn 85 ff; *Hüffer*, Rn 10 jeweils mwN; MüHb-AG/*Krieger*, § 70 Rn 5; Geßler/*Geßler*, § 51 ff.
105 Vgl *Hüffer*, § 18 Rn 9 mwN; BGH NJW 1988, 1327; LG Berlin NZG 2000, 1223.
106 *Hüffer*, § 18 Rn 9 u. 11 mwN.
107 Vgl *Emmerich*/Habersack, § 4 Rn 14 mwN; MüHb-AG/*Krieger*, § 70 Rn 5; Geßler/*Geßler*, Rn 51 ff; *Hüffer*, Rn 10; MüKo-AktG/*Altmeppen*, Rn 85 ff.
108 Vgl BayObLG ZIP 2002, 1034 ff.
109 KG AG 2001, 186; LG Berlin NZG 2000, 1223.
110 MüHb-AG/*Krieger*, § 70 Rn 5; Geßler/*Geßler*, § 291 Rn 50; KölnKomm-AktG/*Koppensteiner*, Rn 45 mwN; K. Schmidt/Lutter/*Langenbucher*, Rn 31.

kung uneingeschränkt. Zwischen Leitungsmacht und Weisungsrecht als Durchsetzungsmittel besteht somit ein vom Gesetzgeber gewollter organisationsrechtlicher Zusammenhang. Dennoch wird verschiedentlich eine vertragliche Ersetzung des Weisungsrechts durch schuldrechtlich wirkende Beherrschungsmittel für möglich gehalten.[111] So soll etwa ein engmaschiger Katalog zustimmungsbedürftiger Geschäfte ausreichend sein.[112]

42 Für die Zulässigkeit einer Abweichung vom gesetzlichen Normaltypus wird angeführt, dass etwa eine Befreiung des Mehrheitsaktionärs von den in Abs. 3 genannten Vermögensbindungsregeln unter Aufrechterhaltung der Unabhängigkeit der Vertragspartner möglich sein müsse.[113] Es widerspricht aber nicht nur allgemeinen Subsumtionsregeln, sondern auch gerade dem organisationsrechtlichen Verständnis des Konzernrechts, Rechtsfolgemotive der Vertragsparteien über den Typus des geschlossenen Unternehmensvertrages entscheiden zu lassen. Im Übrigen widerspricht die Annahme eines Beherrschungsvertrages im Falle der Weisungsunabhängigkeit dem Umstand, dass ein Beherrschungsvertrag zusätzlich zur **einheitlichen** Leitung iSv § 18 (wie sie – weisungsfrei – auch im faktischen Konzern anzutreffen ist) eine **Unterstellung** der Leitung voraussetzt. Die Unterstellung unter die Leitung des herrschenden Unternehmens setzt daher nach ganz hM korrespondierende Weisungsrechte des herrschenden Unternehmens voraus.[114] Dabei weist die hM zu Recht darauf hin, dass lediglich schuldrechtlich wirkende Leitungsabreden zwischen unabhängigen Unternehmen nur einen Gleichordnungskonzern begründen können, für den nach Abs. 2 die Regelungen über den Beherrschungsvertrag gerade nicht gelten; im Übrigen greifen bei lediglich faktischer Konzernierung (einheitliche Leitung ohne Weisungsrecht) die §§ 311 ff ein.[115] Gleiches gilt bei Begründung bloßer Zustimmungsvorbehalte, die keine Initiativbefugnisse einräumen und damit per se auch die nicht aktive und verbindliche Durchsetzbarkeit einer Leitung im Interesse des Konzerns ermöglichen.

43 dd) **Einschränkung des Weisungsrechts.** Allerdings setzt § 308 Abs. 1 S. 2 ausdrücklich die Möglichkeit voraus, das Weisungsrecht einzuschränken.[116] Aus den soeben dargelegten Gründen dürfen die Einschränkungen jedoch nicht zu einer faktischen Aufgabe der gesetzlich vorausgesetzten Leitungsmacht führen. Unschädlich ist zunächst die Konkretisierung der immanenten Schranken[117] der Weisungsbefugnisse; s. näher § 308 Rn 17, 20 ff. Daher spricht nichts gegen eine auf die spezielle Situation der abhängigen Gesellschaft zugeschnittene Festlegung verbotener existenzgefährdender Maßnahmen. Auch gegenstandsändernde und andere satzungsändernde sowie in die fortbestehende Zuständigkeitsordnung der abhängigen Gesellschaft eingreifende Weisungen können vertraglich verboten werden.[118] Nachteilige Weisungen dürfen insoweit ausgeschlossen werden, als dem herrschenden Unternehmen ausreichende Weisungsbefugnisse zur Durchsetzung der gesetzlich geforderten Leitungsmacht verbleiben. Das Gleiche muss für Weisungen ohne erkennbare Nachteilswirkungen gelten.

44 b) **Weitere Inhaltserfordernisse? aa) Ausgleichs- und Abfindungsregelungen.** Gehören der Untergesellschaft Minderheitsaktionäre an (§ 304 Abs. 1 S. 3: Außenstehende Aktionäre) muss die Obergesellschaft diesen einen angemessenen Ausgleich garantieren.[119] Das Fehlen hat die zwingende Nichtigkeit des Beherrschungsvertrages zur Folge (§ 304 Abs. 3 S. 1). Fehlt dagegen die nach § 305 Abs. 1 geforderte Abfindungsregelung oder sieht der Vertrag eine unangemessene Abfindung vor, ist der Beherrschungsvertrag gleichwohl wirksam, wie aus dem Fehlen der Nichtigkeitsfolge in § 305 Abs. 5 hervorgeht.[120] Auf Antrag ist im Spruchstellenverfahren nach § 306 gerichtlich eine angemessene Abfindung zu bestimmen (§ 305 Abs. 5 S. 2).[121]

---

111 MüKo-AktG/*Altmeppen*, Rn 94 ff mwN.
112 Vgl *Emmerich*/Habersack, § 308 Rn 25; vgl zum Meinungsstand ferner MüKo-AktG/*Altmeppen*, § 308 Rn 10 ff mwN, § 291 Rn 94 ff.
113 Vgl MüKo-AktG/*Altmeppen*, Rn 97 ff mwN; vgl zum Meinungsstand auch MüHb-AG/*Krieger*, § 70 Rn 6.
114 So im Erg. auch MüHb-AG/*Krieger*, § 70 Rn 6, wonach gerade das Weisungsrecht das Wesen des Beherrschungsvertrages bestimmt, so auch KölnKomm-AktG/*Koppensteiner*, Rn 22; Geßler/*Geßler*, Rn 53; K. Schmidt/Lutter/*Langenbucher*, Rn 33.
115 MüKo-AktG/*Altmeppen*, Rn 211.
116 Vgl hierzu MüHb-AG/*Krieger*, § 70 Rn 5 f; 133, 135; *Hüffer*, § 308 Rn 13; KölnKomm-AktG/*Koppensteiner*, § 308 Rn 56 ff.
117 Die Diskussion über die Grenzen der Weisungsbefugnis ist in Rspr und Lit. noch nicht abgeschlossen. Es besteht jedoch Einigkeit darüber, dass etwa bei ganz außergewöhnlichen Geschäftsführungsentscheidungen, wie etwa der Veräußerung wesentlicher Unternehmensteile, die Kompetenz der Hauptversammlung trotz Beherrschungsvertrages bestehen bleibt. Im Ergebnis ist ein weisungsfester Kernbereich, wie zB Satzungsänderungen, anerkannt, vgl OLG Stuttgart AG 1998, 585 ("Dornier/Daimler Benz"); *Emmerich*/Habersack, § 308 Rn 56 f mwN.
118 MüHb-AG/*Krieger*, § 70 Rn 135; zu den Grenzen des Weisungsrechts für den GmbH-Konzern vgl auch OLG Stuttgart AG 1998, 585.
119 MüHb-AG/*Krieger*, § 70 Rn 62 ff mwN.
120 BTDS IV/3296 S. 227; *Hüffer*, § 305 Rn 29 mwN; BGH NJW 1992, 2760; BGH NJW 1997, 2242; HRR-AktienR, Rn 384; MüHb-AG/*Krieger*, § 70 Rn 103, 111.
121 Vgl dazu näher MüHb-AG/*Krieger*, § 70 Rn 103, 111 ff.

bb) Bezeichnung als Beherrschungsvertrag. Die zutreffende Bezeichnung ist entgegen früher verschiedent- 45
lich vertretener Auffassung[122] weder zwingendes[123] noch tragendes Merkmal des Beherrschungsvertrages.
Vielmehr stellt Abs. 1 S. 1 ausschließlich auf den Inhalt des Vertrages ab.[124]

cc) Anwendbarkeit deutschen Rechts. Die Anwendbarkeit deutschen Rechts folgt – auch bei ausländischer 46
Obergesellschaft – aus dem zwingenden Wortlaut von Abs. 1 und dem vom Konzernrecht bezweckten
Schutz der deutschen Untergesellschaft, deren Gesellschaftsstatut maßgeblich ist. Ein Hinweis auf die deutsche Rechtsgeltung hat daher allenfalls klarstellende Bedeutung.[125]

dd) „Wiederaufbauhilfen" nach Vertragsende. Die §§ 302 und 309 sichern die Überlebensfähigkeit der ab- 47
hängigen Gesellschaft nach Vertragsbeendigung nur unzureichend, da sie nur finanzielle Ausgleichs- oder
Ersatzpflichten vorsehen. Je nach Art und Intensität der Einbindung in den Konzernverbund (Spezialisierung, zentrales Marketing, zentrale Forschung etc.) ist das beherrschte Unternehmen bei Vertragsbeendigung auf Stand-alone-Basis nicht mehr wettbewerbsfähig und, mangels mittelfristiger strategischer Unternehmensplanung, auch nicht kreditwürdig. Daher sind vertragliche Regelungen, die die Selbstständigkeit
der Unternehmensstruktur nach Vertragsbeendigung sichern, sicher nützlich, wenn nicht gar notwendig.[126]
Vom Gesetz sind sie allerdings nicht vorgeschrieben[127] und gehören daher nach richtiger Ansicht nicht zum
notwendigen Inhalt des Beherrschungsvertrages.[128]

ee) Umfang des Weisungsrechts. Verschiedentlich wird eine möglichst konkrete Umschreibung des Um- 48
fangs des Weisungsrechts sowie dessen Schranken gefordert.[129] Auch hierbei handelt es sich nicht um zwingende gesetzliche Inhaltsbestimmungen.

3. Vertragsfreiheit/fakultativer Inhalt. Die §§ 291 ff enthalten weitgehend zwingendes Organisationsrecht. 49
Ausdrückliche Gestaltungsspielräume (vgl § 308 Abs. 1 S. 2) bilden die Ausnahme. Präzisierungen zwingender gesetzlicher Vorgaben sind immer möglich.

Grundsätzlich **anzuerkennen** sind **Einschränkungen** oder **Erweiterungen zugunsten der Untergesellschaft**. 50
Dies folgt daraus, dass das Aktienkonzernrecht in erster Linie der Abwehr von Gefahren für die Untergesellschaft und deren Gläubigern dient. Demgegenüber wird die Obergesellschaft vor übermäßigen Verpflichtungen ausreichend durch § 293 Abs. 2 geschützt. Die Vorschriften über Änderung, Aufhebung und
Kündigung (§§ 295 ff) sind jedoch auch zugunsten der Untergesellschaft nur sehr eingeschränkt disponibel.
Auch die Leitungs- und Weisungsbefugnisse müssen der Obergesellschaft mindestens die Möglichkeit vorbehalten, das eigene Unternehmen und die Untergesellschaft als wirtschaftliche Einheit zu führen (vgl Rn
39). Die Präzisierung und Erweiterung der Nachteilsausgleichsverpflichtungen der Obergesellschaft über
die §§ 302, 309 hinaus ist grundsätzlich möglich und im Einzelfall empfehlenswert (vgl Rn 47). Unbedenklich ist auch die Aufnahme schuldvertraglicher Regelungen in den Beherrschungsvertrag.[130] Der Vertrag
kann daher Modalitäten der Verlustausgleichspflicht der Obergesellschaft und Leistungs- bzw Erfüllungsverweigerungsansprüche der Untergesellschaft für den Fall festlegen, dass fällige Ausgleichsansprüche noch
nicht erfüllt sind.[131]

Erweiterungen zugunsten der Obergesellschaft sind dagegen nur **eingeschränkt** möglich. So kann der Ober- 51
gesellschaft kein zeitlich und gegenständlich unbeschränktes Weisungsrecht auch gegenüber den Angestellten der Untergesellschaft eingeräumt werden.[132] Der Vorstand der Untergesellschaft kann der Obergesellschaft lediglich eine widerrufliche und gegenständlich eingeschränkte Vollmacht zu Weisungen an das Personal der Untergesellschaft erteilen.[133] Der Grund hierfür ist darin zu sehen, dass anderenfalls die Überprüfungspflicht des Vorstandes der Untergesellschaft nach § 308 Abs. 2 und die Regeln über die Zuständigkeitsordnung in der Untergesellschaft (Zustimmungserfordernisse des Aufsichtsrates oder der Hauptversammlung) unterlaufen werden könnten. Der Obergesellschaft darf ferner nicht die Weisungsbefugnis zu
satzungsdurchbrechenden Maßnahmen eingeräumt werden. Innerkorporative Vorgänge haben die Organe

---

122 v. Godin/Wilhelmi, § 294 Anm. 6; Großkomm-AktienR/Würdinger, § 292 Anm. 14.
123 KG NZG 2000, 1132, 1133; Hüffer, Rn 13; Emmerich/Habersack, Rn 17; MüHb-AG/Krieger, § 70 Rn 7; MüKo-AktG/Altmeppen, Rn 44; aA KölnKomm-AktG/Koppensteiner, § 293 Rn 14.
124 KG AG 2001, 186; LG Hamburg AG 1991, 365, 366.
125 BFH DStR 2012, 509, 511; Hüffer, Rn 12 f; Emmerich/Habersack, Rn 17, 35 mwN.
126 Vgl MüKo-AktG/Altmeppen, Rn 56 ff.
127 Unabhängig von der fehlenden gesetzlichen Regelung wird zT in der Lit. verlangt, dass geeignete Vereinbarungen im Beherrschungsvertrag zu treffen sind, vgl etwa Geßler/Geßler, vor § 300 Rn 6; vgl zum Meinungsstand MüHb-AG/Krieger, § 70 Rn 193.
128 Emmerich/Habersack, Rn 16; MüHb-AG/Krieger, § 70 Rn 193.
129 Emmerich/Habersack, Rn 17.
130 Vgl MüKo-AktG/Altmeppen, § 291 Rn 35 mwN; Hüffer, Rn 18; Emmerich/Habersack, § 11 Rn 13; KölnKomm-AktG/Koppensteiner, Vor § 291 Rn 157.
131 Vgl § 308 Rn 29; 35 ff; Emmerich/Habersack, Rn 27.
132 Vgl § 308 Rn 30; MüKo-AktG/Altmeppen, § 308 Rn 72.
133 BT-Drucks. wie vor; Hüffer, § 308 Rn 7 ff; MüKo-AktG/Altmeppen, § 308 Rn 72.

der Untergesellschaft grundsätzlich selbst zu entscheiden, Weisungen sind jedoch nach ganz hM zulässig.[134] Unbedenklich ist es ferner, wenn die Weisungsbefugnisse der Obergesellschaft durch einen Maßnahmenkatalog für die Geschäfte des Vorstandes der Untergesellschaft ergänzt werden, die nur mit Zustimmung der Obergesellschaft ausgeführt werden dürfen.[135] Der Beherrschungsvertrag darf auch die Verpflichtung der Untergesellschaft vorsehen, einen Vertreter der Obergesellschaft zum Vorstand der Untergesellschaft zu bestellen.[136]

Die Leitungsmacht und Weisungsrechte können der Obergesellschaft nach ganz hM nur mit Wirkung für die Zukunft übertragen werden. Eine organisationsrechtliche Rückwirkung des Beherrschungsvertrages scheidet daher insbesondere wegen des konstitutiven Charakters des Eintragungserfordernisses des Beherrschungsvertrages und den damit verfolgten Verkehrsschutzzwecken aus.[137]

52 **4. Atypische Beherrschungsverträge.** Unternehmensverträge, die materiellrechtlich die Merkmale eines oder mehrerer in §§ 291 oder 292 genannter Vertragstypen enthalten, von den Parteien aber als solche nicht identifiziert, bezeichnet oder behandelt werden, diskutiert die Lehre unter den Stichworten atypische, faktische oder gar verdeckte Unternehmensverträge. Sie sind fehlerhaft, soweit sie die Wirksamkeitsanforderungen der §§ 293 ff, 294 und ggf 304 Abs. 1 verletzen. Diese Wirksamkeitsanforderungen knüpfen zwingend an den Inhalt des Vertrages an, die irrtümliche oder bewusste Falschbezeichnung ist nicht maßgeblich.[138] Handeln die Parteien unabsichtlich, ist für die Einordnung des Unternehmensvertrages allein der materiellrechtliche Inhalt maßgeblich, die falsche oder unvollständige rechtliche Ausgestaltung oder sog. Typenbezeichnung ist irrelevant.[139] Das Gebot objektiver Normanwendung zwingt aber auch zur Qualifikation solcher Verträge als Unternehmensverträge, die die Parteien mit Umgehungsabsicht abschließen, um die aus der Anwendbarkeit der §§ 291 ff resultierenden Rechtsfolgen zu vermeiden. Typischerweise fehlt es in solchen Fällen an der Zustimmung (§ 293) und Eintragung (§ 294). Es stellt sich dann die Frage, ob dennoch Bestandsschutz nach den Grundsätzen der fehlerhaften Gesellschaft gewährt werden soll[140] oder ob dem herrschenden Unternehmen die Befreiung von den Vermögensbindungsregeln (vgl Abs. 3) wenigstens für die Vergangenheit gesichert werden kann. Nach herrschender Meinung bleiben derartige Verträge indes nichtig, soweit sie nach ihrem Inhalt eine Beherrschung iSv Abs. 1 S. 1 ermöglichen.[141]

52a Unter welchen Voraussetzungen vom Vorliegen eines verdeckten Beherrschungsvertrages auszugehen ist, wurde bislang unterschiedlich beurteilt. Nach einem kontrovers diskutierten Urteil des LG München I soll es unerheblich sein, ob einzelne Vertragsbestimmungen für sich genommen eine Weisungsbefugnis begründen. Ausreichend sei vielmehr, wenn die Zusammenschau der Einzelbestimmungen zu der Annahme führe, dass das herrschende Unternehmen in die Lage versetzt wird, eine auf das Gesamtinteresse der verbundenen Unternehmen ausgerichtete Zielkonzeption zu entwickeln und gegenüber dem Vorstand der beherrschten Gesellschaft durchzusetzen.[142] Das LG München I rekurriert damit im Kern auf die Kurzformel, die sowohl für Zwecke der Definition der „einheitlichen Leitung des herrschenden Unternehmens" iSv § 18 als auch der „Leitung der Gesellschaft" iSv § 291 Abs. 1 AktG gebräuchlich ist.[143] Ohne weitere, sorgfältige Differenzierung würde die Grenzziehung zwischen dem faktischen Konzern und dem Vertragskonzern hierdurch indes verwischt. Dies ergibt sich schon daraus, dass die in § 18 und § 291 genutzten Begriffe der Leitung nicht vollständig identisch sind, weil sie jeweils aus unterschiedlicher Perspektive verwandt werden. Gemäß § 18 Abs. 1 setzt der faktische Konzern lediglich voraus, dass die abhängigen Gesellschaften unter einer **einheitlichen, von der herrschenden Gesellschaft ausgeübten Leitung der Gruppe** zusammengefasst sind. Das Organisationsgefüge der abhängigen Gesellschaft bleibt unberührt. Erst durch Abschluss eines Beherrschungsvertrags wird dem herrschenden Unternehmen auch die **unmittelbare Leitung der abhängigen Gesellschaft selbst** unterstellt. Es kommt praktisch zu einer Übertragung von Kompetenzen des Leitungsorgans der abhängigen Gesellschaft auf das herrschende Unternehmen. Nach richtiger Auffassung ist daher nur dann ein (verdeckter) Beherrschungsvertrag gegeben, wenn die einheitliche Leitung der Gruppe durch ein verbindliches Weisungsrecht des herrschenden Unternehmens gegenüber dem Leitungsorgan der abhängigen Gesellschaft vertraglich abgesichert wird. Dementsprechend führt das OLG Schleswig zutreffend aus, dass eine Vertragsgestaltung, die zu einer Beherrschungssituation iSv § 317 Abs. 1 führen kann (dh zu einer

---

134 Vgl *Emmerich*/Habersack, § 308 Rn 30, 40 f; MüKo-AktG/*Altmeppen*, § 308 Rn 88 ff; KölnKomm-AktG/*Koppensteiner*, § 308 Rn 33; MüHb-AG/*Krieger*, § 70 Rn 133.
135 Vgl *Emmerich*/Habersack, § 308 Rn 25.
136 Vgl *Emmerich*/Habersack, § 308 Rn 29 mwN.
137 *Hüffer*, Rn 11; OLG Hamburg NJW 1990, 521 u. 3024; MüHb-AG/*Krieger*, § 70 Rn 50; aA MüKo-AktG/*Altmeppen*, § 294 Rn 51 ff mit ausführlicher Darstellung des Meinungsstandes.
138 *Hüffer*, Rn 13, § 292 Rn 24.
139 *Hirte*/Schall, Konz 2006, 243, 244 f; *Emmerich*/Habersack, Rn 17; KölnKomm-AktG/*Koppensteiner*, Rn 23; MüKo-AktG/ *Altmeppen*, Rn 44.
140 *Hirte*/Schall, Konz 2006, 243 ff.
141 OLG München AG 2008, 672, 673 f; OLG Schleswig NZG 2008, 868, 873 f; *Hüffer*, Rn 14; Spindler/Stilz/*Veil*, Rn 70; Goslar, DB 2008, 800, 804.
142 LG München, ZIP 2008, 555, 560 (n.rkr.); vgl hierzu Besprechung von *Goslar*, DB 2008, 800 ff.
143 Vgl *Hüffer*, § 18 Rn 11, § 291 Rn 10, jeweils mwN.

nachteiligen Einflussnahme im faktischen Konzern), nicht zugleich die Voraussetzungen eines Beherrschungsvertrages erfüllt.[144] Für einen Beherrschungsvertrag ist die Weisungsbefugnis des § 308 AktG unverzichtbar.[145] Sie muss allerdings nicht – wie bereits einleitend unter Rn 52 dargestellt – ausdrücklich geregelt sein, sondern kann sich auch durch Auslegung im Wege einer Gesamtschau aller vertraglichen Vereinbarungen ergeben.

52b Umstritten ist, ob sich die gebotene Auslegung eines (angeblich) verdeckten Beherrschungsvertrags anhand der Grundsätze der §§ 133, 157 BGB zu vollziehen hat,[146] oder ob angesichts des organisationsrechtlichen Charakters des Beherrschungsvertrags das Gebot der objektivierten Auslegung zu beachten ist.[147] Richtig erscheint eine differenzierte Betrachtung: Für die Bejahung eines verdeckten Beherrschungsvertrags dürfen nur Umstände herangezogen werden, die sich bei objektivierter Auslegung ergeben.[148] Hierbei ist dem Gebot geltungserhaltender Reduktion folgend grundsätzlich bestandserhaltend auszulegen.[149] Umgekehrt können nun für die Verneinung eines verdeckten Beherrschungsvertrages die allgemeinen Auslegungsregelungen der §§ 133, 157 BGB herangezogen werden, da dem fraglichen Vertrag in diesem Fall der organisationsrechtliche Charakter gerade fehlt.

52c Für den Fall, dass nach den vorgenannten Grundsätzen ein verdeckter Beherrschungsvertrag gegeben ist, hat sich in der Rechtsprechung zu Recht die Auffassung verfestigt, dass (allein) daraus kein Anspruch der außenstehenden Aktionäre auf Ausscheiden und Abfindung analog § 305 AktG folgt. Dementsprechend ist es den außenstehenden Aktionären auch verwehrt, die Höhe einer angemessenen Abfindung im Wege des Spruchverfahrens gerichtlich ermitteln zu lassen. Dogmatisch wird dies damit begründet, dass die Grundsätze der fehlerhaften Gesellschaft auf verdeckte Beherrschungsverträge keine Anwendung finden, da es in der Regel an der konstitutiven Eintragung des Vertrags im Handelsregister fehlt. Aber auch wirtschaftlich betrachtet bleiben die außenstehenden Aktionäre nicht schutzlos. Ihre Interessen werden weiterhin über die Regelungen der §§ 311, 317 geschützt.[150] Etwas anderes gilt nur dann, wenn eine qualifizierte Nachteilszufügung (vormals: qualifiziert faktischer Konzern) hinzutritt, die mit den Mitteln der §§ 311, 317 nicht vollständig kompensiert werden kann. Hier hat die Rechtsprechung im Falle abhängiger Aktiengesellschaften bislang offengelassen, ob ein Anspruch analog § 305 AktG besteht (nach dessen rechtskräftiger Feststellung dann ggf ein Spruchverfahren durchzuführen wäre) oder in Anlehnung an den existenzvernichtenden Eingriff bei der GmbH ein Anspruch nach § 826 BGB gegeben ist.[151] Richterlich geklärt schien bislang indes, dass das Vorliegen eines verdeckten Beherrschungsvertrages die Wirksamkeit eines nachfolgend unter Beachtung der §§ 293 ff geschlossenen Beherrschungsvertrags ebenso unberührt lässt wie die Wirksamkeit eines von der Hauptversammlung beschlossenen Squeeze Out.[152] Nach anderer Auffassung stehen der verdeckte und der nachfolgende „offene" Beherrschungsvertrag in einem engen inneren Zusammenhang, woraus die Anfechtbarkeit des Zustimmungsbeschlusses der Hauptversammlung resultieren könne.[153]

53 Von atypischen, faktischen oder verdeckten Unternehmensverträgen sind die Fälle faktisch falscher Bezeichnung von Unternehmensverträgen zu unterscheiden, die unter Beachtung der Regelungen in §§ 293 ff zustande kommen. Werden alle, für den tatsächlich geschlossenen Unternehmensvertragstypus geltenden Wirksamkeitsanforderungen erfüllt, reduziert sich die Problematik auf die Frage, ob und inwieweit die falsche Bezeichnung von Art oder Typus die Gültigkeit der Zustimmungen (§ 293) oder die Richtigkeit der Eintragung (vgl § 294 Abs. 2 S. 1) in Frage stellt.[154]

54 Die Verbindung echter Beherrschungsverträge iSv § 291 mit anderen Unternehmensvertragstypen ist zulässig. So ist die Kombination des Beherrschungs- mit dem Gewinnabführungsvertrag in der Praxis sogar die Regel (steuerlich: Organschaftsvertrag).[155] Zweckmäßig kann auch die Kombination eines Beherrschungsvertrages mit einem Teilgewinnabführungsvertrag oder einem Betriebsführungsvertrag sein. Letzteres ist uU bereits dann der Fall, wenn sich das herrschende Unternehmen neben der Leitung (als herausgehobener

---

144 OLG Schleswig, NZG 2008, 868, 870; vgl hierzu Besprechung von *Kort*, NZG 2009, 364 ff; im gleichen Sinne kann wohl auch das OLG München, NZG 2008, 753, 755 verstanden werden, wenn es darauf hinweist, dass Organisationsverträge Einflussmöglichkeiten iSv § 17 begründen können, ohne hierdurch zu Beherrschungsverträgen iSv § 291 Abs. 1 S. 1 zu werden; Spindler/Stilz/*Veil* Rn 61.
145 So nunmehr auch ausdrücklich das OLG München, AG 2012, 802.
146 So OLG Schleswig, NZG 2008, 868, 870; LG München I, ZIP 2008, 555, 560; ferner wohl auch BGHZ 122, 211, 218 ff.
147 So *Kort*, NZG 2009, 364, 365 f.
148 Vgl oben Rn 14.
149 OLG Schleswig, NZG 2008, 868, 872; *Kort*, NZG 2009, 364, 367; vgl allgemein oben Rn 16 f.
150 OLG Schleswig, NZG 2008, 868, 874 f; OLG München, NZG 2008, 753, 755; *Hüffer*, Rn 14; *Kort*, NZG 2009, 364, 367 f;
Goslar, DB 2008, 800, 804; aA Spindler/Stilz/*Veil* Rn 62; *Emmerich*, in: FS Hüffer, 2010, S. 182 ff (Austrittsrecht gegen angemessene Barabfindung analog § 305).
151 OLG Schleswig, NZG 2008, 868, 874 f mwN; vgl auch die Ausführungen in § 18 Rn 7.
152 OLG Frankfurt, GWR 2009, 113.
153 LG München I GWR 2012, 274; LG Nürnberg Fürth AG 2010, 274 f.
154 Vgl insofern die Ausführungen unter § 293 Rn 9 und § 294 Rn 12.
155 Die Kündigung nur des Ergebnisabführungsteils eines als „Beherrschungs- und Gewinnabführungsvertrags" eingetragenen Unternehmensvertrages ist nicht möglich; diese wäre auf eine unzulässige einseitige Änderung des Organschaftsvertrags gerichtet, vgl OLG Karlsruhe AG 2001, 536.

Teilbereich der Geschäftsführung) auch die unbeschränkte Vollmacht zur Führung des gesamten operativen Geschäftsbetriebs der abhängigen Gesellschaft einräumen lässt.

55 **5. Sonderformen.** Der **Teilbeherrschungsvertrag**, der sich durch eine Reduzierung des Weisungsrechts auf einzelne Betriebe, Unternehmensteile oder -funktionen auszeichnet, kann nur dann eine Sonderform des Beherrschungsvertrages darstellen und in den Anwendungsbereich des § 291 fallen, wenn er der Obergesellschaft im Ergebnis gleichwohl das vertragliche Recht einräumt, die einheitliche Leitung in der Untergesellschaft zumindest in wesentlichen Teilbereichen der Leitungsverantwortung des Vorstands verbindlich durchzusetzen.[156] Um Sonderformen des Beherrschungsvertrages handelt es sich aber insbesondere, wenn auf Seiten der Obergesellschaft mehrere Parteien Vertragspartner des Beherrschungsvertrages werden. Im Falle der **Mehrmütterherrschaft** (steuerlich: Mehrmütterorganschaft) üben mehrere Mutterunternehmen gemeinschaftlich die Leitungsbefugnisse über die Untergesellschaft aus. Zwischen den Mutterunternehmen liegt idR eine Gesellschaft bürgerlichen Rechts vor.[157] Die GbR kann analog § 124 HGB Trägerin der Leitungsbefugnisse und Schuldnerin der Verlustausgleichspflichten sein.[158]

56 Um eine Koordination anderer Art handelt es sich bei sog. mehrstufigen Unternehmensverträgen. Diese dienen der Abstimmung gleichzeitig gegebener verschieden- oder gleichartiger Beherrschungsmöglichkeiten mehrerer herrschender Unternehmen (zB Mutter und Tochter) gegenüber dem abhängigen Unternehmen (zB Enkel).[159] Insbesondere dient der mehrstufige Unternehmensvertrag der Sicherung ausschließlicher oder vorrangiger Leitungsbefugnisse der Konzernspitze im Verhältnis zur Enkelgesellschaft. Auch die Koordination mehrerer unabhängig voneinander abgeschlossener Beherrschungsverträge ist auf diese Weise möglich.[160]

57 **IV. Gewinnabführungsverträge. 1. Begriff, Rechtsnatur und rechtliche Behandlung.** Die zweite Art des Unternehmensvertrags nach Abs. 1 S. 1 ist der Gewinnabführungsvertrag. Aufgrund des Gewinnabführungsvertrages verpflichtet sich die Aktiengesellschaft oder Kommanditgesellschaft auf Aktien, ihren **ganzen Gewinn** an ein anderes Unternehmen abzuführen. Hinsichtlich der allgemeinen Voraussetzungen des Abschlusses eines Unternehmensvertrages nach § 291, der Rechtsnatur eines solchen Unternehmensvertrages und der beteiligten Vertragsparteien kann auf die oben gemachten Ausführungen zu Rn 8 ff verwiesen werden.

58 Ebenso wie der Beherrschungsvertrag stellt der Gewinnabführungsvertrag einen **Organisationsvertrag** dar, der darüber hinaus **schuldrechtliche Austauschbeziehungen** enthält. Wesensmerkmal des Gewinnabführungsvertrages ist die Verpflichtung zur Abführung des ganzen Gewinns der Gesellschaft. Zwar kann die Abführungsverpflichtung auf einen Teil des Gewinns beschränkt werden. Ein solcher Teilgewinnabführungsvertrag stellt jedoch keinen Gewinnabführungsvertrag iSv Abs. 1, sondern einen anderen Unternehmensvertrag nach § 292 Abs. 1 Nr. 2 dar. Entsprechendes gilt für die Verpflichtung zur Abführung des Gewinns einzelner Betriebe der Gesellschaft.

59 Gemäß § 302 Abs. 1 hat der andere Vertragsteil jeden während der Vertragsdauer sonst entstehenden Jahresfehlbetrag auszugleichen, soweit dieser nicht dadurch ausgeglichen wird, dass den anderen Gewinnrücklagen Beträge entnommen werden, die während der Vertragsdauer in sie eingestellt worden sind. Die aufgrund eines Gewinnabführungsvertrages übernommene Gewinnabführungspflicht korreliert untrennbar mit dem Anspruch der abhängigen Gesellschaft auf Ausgleich des Verlustes. Aus diesem Grund wird der Gewinnabführungsvertrag auch weitläufig als Ergebnisabführungs- oder als Ergebnisübernahmevertrag bezeichnet.[161]

60 Die Bezeichnung des Vertrages spielt auch hier keine Rolle. Entscheidend sind die zwischen den Unternehmen vereinbarten Pflichten.[162]

61 **2. Verbindung von Beherrschungs- und Gewinnabführungsvertrag, isolierter Abschluss, Rückwirkung.** Nur selten wurde in der Vergangenheit ein bloßer Gewinnabführungsvertrag zwischen der Gesellschaft und einem Unternehmen abgeschlossen. Weitaus häufiger war der Gewinnabführungsvertrag mit dem Abschluss eines Beherrschungsvertrages verbunden.[163] Dies ist im Wesentlichen auf die bis zum Veranlagungszeitraum 2000 geltenden steuerlichen Regelungen zurückzuführen, wonach zur Begründung einer Körperschaft und gewerbesteuerlichen Organschaft neben der finanziellen auch die organisatorische Eingliederung erforderlich war. Diese wurde meist durch den Abschluss eines Beherrschungsvertrages gewähr-

---

156 Zutreffend: *Hüffer*, Rn 15; vgl zum Teilbeherrschungsvertrag näher Geßler/*Geßler*, Rn 49 ff; *v. Godin/Wilhelmi*, Rn 2; *Emmerich/Habersack*, § 11 Rn 17; ferner MüKo-AktG/*Altmeppen*, Rn 85 ff; für die Zulässigkeit eines Teilbeherrschungsvertrages bezüglich einzelner Betriebsteile *Grobecker*, DStR 2002, 1953, 1955.
157 Vgl hierzu MüKo-AktG/*Altmeppen*, Rn 111; *Hüffer*, Rn 16.
158 Vgl umfassend oben Rn 32.
159 Vgl *Hüffer*, Rn 15; MüKo-AktG/*Altmeppen*, Rn 106 f.
160 Vgl LG Frankfurt DB 1990, 624.
161 KölnKomm-AktG/*Koppensteiner*, Rn 76.
162 *Hüffer*, Rn 23.
163 OLG Karlsruhe NJW 1967, 831, 832; Geßler/*Geßler*, Rn 71.

leistet. Die umsatz- und grunderwerbssteuerliche Organschaft setzt weiterhin auch eine wirtschaftliche und organisatorische Eingliederung voraus, die durch Abschluss eines Beherrschungsvertrags, aber auch durch personelle Verflechtungen hergestellt werden kann.[164]

62 Der Abschluss eines Gewinnabführungsvertrages ohne gleichzeitigen Abschluss eines Beherrschungsvertrages ist ebenso zulässig[165] wie im Einzelfall sinnvoll. Weder aus konzernrechtlichen noch aus allgemeinen gesellschaftsrechtlichen Erwägungen ist der kombinierte Abschluss eines Gewinnabführungsvertrages mit einem Beherrschungsvertrag geboten. Die Zulässigkeit des isolierten Abschlusses ergibt sich zunächst aus dem Wortlaut des § 291 Abs. 1 und des § 302 Abs. 1. Soweit ein isolierter Abschluss in der Literatur abgelehnt wird, wird dies mit dem Wortlaut des § 316 begründet.[166] Besteht zwischen einem herrschenden und einem abhängigen Unternehmen ein Gewinnabführungsvertrag, so werde zwar die Geltung der §§ 312 bis 315 ausgeschlossen. Die §§ 311 iVm 317 blieben dagegen anwendbar. Die Gewinnabführung ohne Beherrschungsvertrag benachteilige jedoch die Aktiengesellschaft in einer von § 311 erfassten Weise und sei deshalb nach § 317 Abs. 1 nicht zulässig. Die überwiegende Meinung hält diese Ansicht jedoch zu Recht mit dem Gesetz für nicht vereinbar, da sowohl die §§ 316, 324 Abs. 2 als auch §§ 14, 17 KStG von der Zulässigkeit isolierter Gewinnabführungsverträge ausgehen.[167] Zudem sind die außenstehenden Aktionäre über die Ausgleichspflicht des herrschenden Unternehmens gemäß § 304 („Garantiedividende") grundsätzlich hinreichend geschützt. Wird die Gesellschaft aufgrund eines isolierten Gewinnabführungsvertrages allerdings zu einer überhöhten Gewinnabführung veranlasst, so besteht eine Nachteilsausgleichspflicht nach § 311.[168]

63 Ein Sonderproblem stellen abweichende Anfangszeitpunkte der einzelnen Vertragsbestandteile eines kombinierten Beherrschungs- und Gewinnabführungsvertrages dar. Während eine rückwirkende Beherrschung aufgrund ihrer tatsächlichen Natur nicht möglich ist,[169] kann die Verpflichtung zur Gewinnabführung auch mit Wirkung für den Zeitraum vor Vertragsschluss begründet werden.[170] Dagegen ist die Kündigung nur einer Vertragskomponente bei gemeinsamem Abschluss eines Beherrschungs- und Gewinnabführungsvertrages nach Ansicht der Rechtsprechung nicht zulässig.[171] Richtigerweise hängt die Beurteilung einer isolierten Kündigung jedoch von den vertraglich getroffenen Vereinbarungen ab. Im Fall der Beendigung einer Vertragskomponente im gegenseitigen Einvernehmen handelt es sich um eine zulässige Vertragsänderung, die allerdings die Vorgaben des § 295 zu berücksichtigen hat.

64 **3. Abzuführender Gewinn, Verlust, Einschränkungen der Gewinnabführungspflicht.** Unter dem abzuführenden Gewinn ist der **Bilanzgewinn** zu verstehen. Dabei handelt es sich grundsätzlich um den fiktiven Bilanzgewinn, der ohne Gewinnabführungsvertrag entstehen würde (Jahresüberschuss iSd § 275 Abs. 2 Nr. 20, Abs. 3 Nr. 19 HGB). Dieser fiktive Bilanzgewinn wird durch die Regelung des § 300 Nr. 1 und § 301 modifiziert. Nach § 301 kann die Gesellschaft, unabhängig von den vertraglichen Vereinbarungen über die Berechnung des abzuführenden Gewinns, höchstens ihren ohne die Gewinnabführung entstehenden Jahresüberschuss, vermindert um einen Verlustvortrag aus dem Vorjahr und um den Betrag, der nach § 300 in die gesetzliche Rücklage einzustellen ist, abführen. Die vertragliche Gewinnabführungspflicht ist gemäß § 266 Abs. 3 Nr. C 6 HGB zu passivieren. Deshalb kann in entsprechender Höhe ein Bilanzgewinn tatsächlich nicht entstehen. Dementsprechend erscheint in der endgültigen Handelsbilanz der verpflichteten Gesellschaft in der Regel kein Ausweis eines Gewinns. Dem Wesen der Gewinnabführung entsprechend ist das berechtigte Unternehmen zur phasengleichen Vereinnahmung verpflichtet, wenn sein Abschlussstichtag mit dem der Schuldnergesellschaft identisch ist oder ihm nachfolgt.[172]

65 Ein Jahresfehlbetrag, der gemäß § 302 von der Obergesellschaft auszugleichen ist, wird umgekehrt bei der Untergesellschaft in der Handelsbilanz gemäß § 266 Abs. 2 Nr. B II 2 HGB aktiviert und in deren Gewinn- und Verlustrechnung als Ertrag gemäß § 277 Abs. 3 S. 2 HGB ausgewiesen.

66 Der Gewinnabführungsvertrag kann bestimmte Einschränkungen vorsehen. So können insbesondere Regelungen zur Ausübung von Bilanzierungswahlrechten oder über die Einstellung von Beträgen in freie Rücklagen der Gesellschaft getroffen werden.[173] Als ganzer, nach dem Gewinnabführungsvertrag abzuführender Gewinn der Gesellschaft ist dementsprechend der nach Einstellung des vorgesehenen Betrages in die ande-

---

164 Vgl BMF-Schreiben v. 7.3.2013, hierzu zB *Dunkmann*, GWR 2013, 178 f; zum Ausgleich von Vorsteuerabzugsbeträgen innerhalb einer umsatzsteuerlichen Organschaft BGH AG 2013, 222 ff.
165 Zur Zulässigkeit isolierter Gewinnabführungsverträge vgl nur MüKo-AktG/*Altmeppen*, Rn 148 und *Hüffer*, Rn 24 mit umfangreichen weiteren Nachweisen; OLG Karlsruhe AG 2001, 596, 537; LG Kassel AG 1997, 239; *Cahn/Simon*, Konz 2003, 1, 2 ff.
166 *Kort*, S. 83 ff; *Sonnenschein*, Organschaft, S. 379 ff; *ders.*, AG 1976, 147 f; *Ebenroth*, Vermögenszuwendungen, S. 402 f.
167 MüKo-AktG/*Altmeppen*, Rn 149; *Emmerich*/Habersack, Rn 59 ff mwN; *Hüffer* Rn 24 mwN.
168 *Hüffer*, Rn 24.
169 Vgl *Hüffer*, § 294 Rn 19 mwN.
170 Vgl *Hüffer*, § 294 Rn 20.
171 OLG Karlsruhe AG 2001, 536, 537.
172 A/D/S, HGB, § 277 Rn 71; BeckBil-Komm/*Förschle*, § 277 Rn 17.
173 KölnKomm-AktG/*Koppensteiner*, Rn 76; MüKo-AktG/*Altmeppen*, Rn 147.

ren Gewinnrücklagen (§ 58 Abs. 2) verbleibende Gewinn anzusehen. Nicht abzuziehen sind satzungsmäßige Pflichtrücklagen nach § 58 Abs. 1, da diese ohne ausdrückliche Regelung im Gewinnabführungsvertrag während der Vertragslaufzeit nicht gebildet werden.[174] Werden andere Gewinnrücklagen, die während der Laufzeit des Gewinnabführungsvertrages gebildet wurden, noch während der Vertragslaufzeit aufgelöst, so ist dieser Betrag nach § 301 S. 2 als Gewinn mitabzuführen.

67 **4. Weisungsrecht bei isoliertem Gewinnabführungsvertrag, konzernrechtliche Verknüpfung.** Im Falle eines isolierten Gewinnabführungsvertrages stehen dem Vertragspartner **keine Leitungsbefugnisse** zu. Weisungen des Gewinnabführungsberechtigten darf die verpflichtete Gesellschaft daher grundsätzlich nicht befolgen.[175] Dies gilt insbesondere auch für die sich aus der Bilanzierungspflicht ergebende Gewinnermittlung der Gesellschaft. Trotz des Gewinnabführungsvertrages und seines organisationsrechtlichen Charakters fallen diese Pflichten allein in den Aufgabenbereich des Vorstands der verpflichteten Gesellschaft.[176] Die Gewinnabführungsverpflichtung ist rein schuldrechtlicher Art. Ihre Erfüllung erfolgt auf der Grundlage des Vertrages. Darüber hinausgehende Weisungen, die die vertraglichen Pflichten der Gesellschaft modifizieren, würden eine einseitige Änderung des Gewinnabführungsvertrages darstellen. Etwas anderes gilt dann, wenn der Gewinnabführungsvertrag selbst dem berechtigten Unternehmen das Recht einräumt, dem Vorstand der Gesellschaft im Rahmen der Gewinnermittlung Weisungen zu erteilen. Die praktische Ausgestaltung ist insoweit jedoch nicht unproblematisch, da dann auch ein modifizierter, dh auf die Gewinnermittlungstätigkeit reduzierter Beherrschungsvertrag im Sinne von Abs. 1 S. 1 Alt. 1 vorliegen könnte.

68 Die Vertragsparteien des Gewinnabführungsvertrages sind verbundene Unternehmen im Sinne von § 15 Alt. 5.[177] Der Gewinnabführungsvertrag ist wegen der in die Organisation der Gesellschaft eingreifenden umfassenden finanziellen Einflussnahme als abhängigkeitsbegründendes Beherrschungsmittel im Sinne von § 17 anzusehen.[178] Die unwiderlegbare Konzernvermutung des § 18 Abs. 1 S. 2 gilt für ihn nicht, wohl aber die widerlegbare Vermutung des § 18 Abs. 1 S. 3.[179]

69 **5. Fehlerhafter, nichtiger Gewinnabführungsvertrag.** Für einen fehlerhaft abgeschlossenen Gewinnabführungsvertrag gelten die unter Rn 18 ff gemachten Ausführungen entsprechend.

70 Ist der Gewinnabführungsvertrag nichtig, wird er jedoch von den Beteiligten tatsächlich durchgeführt, so gelten die sich hieraus ergebenden Rechtsfolgen gleichwohl.[180]

71 **6. Besondere Erscheinungsformen, Abgrenzungsfragen. a) Gewinnabführungsvertrag mit mehreren Unternehmen oder einem Gemeinschaftsunternehmen.** Die Gesellschaft kann einen Gewinnabführungsvertrag auch mit mehreren Unternehmen abschließen.[181] In diesem Fall hat die Gesellschaft ihren Gewinn statt an ein Unternehmen an mehrere Unternehmen abzuführen.[182] Da die Gesellschaft im Rahmen eines Gewinnabführungsvertrages gemäß Abs. 1 jedoch ihren gesamten Gewinn abzuführen hat, können nach § 291 nicht mehrere (Teil-)Gewinnabführungsverträge (Sternverträge) geschlossen werden, selbst wenn aufgrund der einzelnen Verpflichtungen letztlich der gesamte Gewinn abgeführt wird. Eine Verpflichtung zur Gewinnabführung gegenüber mehreren Unternehmen kann vielmehr nur erreicht werden, wenn diese Unternehmen sich selbst zu einer Gesellschaft zusammenschließen, die wiederum Vertragspartei des Gewinnabführungsvertrages wird. Ist der Gewinnabführungsvertrag mit einem Beherrschungsvertrag verknüpft, so ist die Bildung eines Gemeinschaftsunternehmens zwischen den herrschenden Unternehmen schon allein deshalb geboten, um eine gemeinsame Willensbildung zur einheitlichen Ausübung des den herrschenden Unternehmen zustehenden Weisungsrechts zu gewährleisten.[183] Hierfür würde es jedoch ausreichen, wenn die beteiligten Unternehmen sich zum Zwecke der gemeinsamen Willensbildung zu einer Innengesellschaft zusammenschließen. Es können sich jedoch auch mehrere Unternehmen zu einer Gesellschaft zusammenschließen, die wiederum als Vertragspartei des Unternehmensvertrages auftritt. Die teilrechtsfähige GbR kann analog § 124 HGB primär berechtigte und verpflichtete Vertragspartnerin eines Gewinnabführungsvertrages sein. Durch den Abschluss des Unternehmensvertrages tritt sie der abhängigen Gesellschaft als Außengesellschaft gegenüber. Die gesetzlichen Pflichten aus den §§ 302 f und 304 ff treffen primär die

---

174 MüKo-AktG/*Altmeppen*, Rn 147.
175 MüKo-AktG/*Altmeppen*, Rn 150; siehe auch *Hüffer*, Rn 27; KölnKomm-AktG/*Koppensteiner*, Rn 89; aA *von Venrooy*, DB 1981, 675, 681.
176 MüKo-AktG/*Altmeppen*, Rn 146.
177 *Hüffer*, § 15 Rn 16.
178 *Hüffer*, § 17 Rn 12; *Emmerich*/Habersack, § 17 Rn 22, der in einem isoliert abgeschlossenen Gewinnabführungsvertrag zumindest ein starkes Indiz für das Vorliegen eines Abhängigkeitsverhältnisses sieht; KölnKomm-AktG/*Koppensteiner*, § 17 Rn 52, der wegen faktisch-rechtlicher Gegebenheiten die Möglichkeit eines Gewinnabführungsvertrages ohne Abhängigkeit verneint; MüKo-AktG/*Bayer*, § 17 Rn 65.
179 *Hüffer*, Rn 27.
180 *Emmerich*/Habersack, § 17 Rn 22.
181 MüKo-AktG/*Altmeppen*, Rn 151.
182 MüKo-AktG/*Altmeppen*, Rn 151. Nach dieser (zwischenzeitlich wohl durch die Rechtsprechung des BGH BGHZ 142, 315 = NJW 2001, 156 überholten) Ansicht stellen die beteiligten Unternehmen insoweit Gesamtgläubiger im Sinn von § 432 BGB dar; für Verbindlichkeiten aus §§ 302 ff haften sie als Gesamtschuldner im Sinn von § 427 BGB.
183 MüKo-AktG/*Altmeppen*, Rn 107; vgl zu Mehrmütterunternehmensverträgen allgemein Rn 32.

GbR;[184] ihre Gesellschafter haften analog § 128 HGB akzessorisch auf Erfüllung. Eine steuerliche Organschaft mit der GbR kommt nur unter den engen Voraussetzungen des § 14 Abs. 1 S. 1 Nr. 2 S. 2 und 3 KStG in Betracht.

b) Verlustübernahmevertrag. Verpflichtet sich ein Unternehmen, zum Zwecke der **Verbesserung der Kreditwürdigkeit** oder zur Vermeidung des Insolvenzeintritts den Verlust der Gesellschaft zu übernehmen, so liegt ein Unternehmensvertrag iSd §§ 291 ff nicht vor.[185] Dementsprechend kann ein Verlustübernahmevertrag ohne Zustimmung der Hauptversammlung geschlossen werden.[186] Auch im Übrigen finden die Regelungen der §§ 293 ff keine Anwendung.

c) Teilgewinnabführungsvertrag. Ist der von der Gesellschaft mit einem Unternehmen geschlossene Vertrag nur auf die Abführung eines Teils des Gewinns der Gesellschaft oder des Gewinns Einzelner ihrer Betriebe gerichtet, so liegt ein Teilgewinnabführungsvertrag iSv § 292 Abs. 1 Nr. 2 vor. Eine Anwendung von § 291 Abs. 3 kommt ebenso wenig in Betracht wie die Anwendung der §§ 300 ff und 304 ff mit Ausnahme von § 300 Nr. 2 und § 301.[187]

d) Gewinnbeteiligung, stille Gesellschaft. Ist aufgrund der vertraglichen Vereinbarung der gesamte Gewinn der Gesellschaft an den Vertragspartner abzuführen, so kann es sich um einen verschleierten Gewinnabführungsvertrag handeln, selbst wenn im Übrigen die Voraussetzungen von § 292 Abs. 2 vorliegen.[188] In diesem Fall gelten die §§ 291 ff entsprechend.[189] Entsprechendes gilt für Beteiligungen stiller Gesellschafter, sofern der gesamte Gewinn an den stillen Gesellschafter abzuführen ist und die Aktiengesellschaft damit von der Gewinnbeteiligung ausgeschlossen wird.[190] Die Bezeichnung eines verschleierten Gewinnabführungsvertrages ist irrelevant. Auch andere schuldrechtliche Vereinbarungen können entsprechend zu qualifizieren sein, zB Lizenzverträge oder vergleichbare Dauerschuldverhältnisse. Mangels Eintragung des Vertrages in das Handelsregister gemäß § 294 Abs. 2 erlangt dieser Vertrag hinsichtlich der Gewinnabführungspflicht jedoch keine Wirksamkeit. Insoweit gelten die dargelegten Grundsätze der Fehlerhaftigkeit und Unwirksamkeit von Unternehmensverträgen.

e) Vertrag zugunsten Dritter. Ein Gewinnabführungsvertrag zugunsten eines Dritten ist allenfalls dann zulässig, wenn der Dritte ebenfalls ein konzernverbundenes Unternehmen ist und die Verlagerung des Gewinns von der Gesellschaft auf dieses dritte Unternehmen im Konzerninteresse liegt. So kommt es va bei mehrstufigen Konzernverhältnissen vor, dass der Gewinnabführungsvertrag zwischen der Tochter- und der Enkelgesellschaft eines Unternehmens geschlossen wird, der Gewinn jedoch an das Mutterunternehmen abzuführen ist. Auch hier bedarf es jedoch zusätzlich der Feststellung eines Konzerninteresses. Anderenfalls sind Gewinnabführungsverträge zugunsten Dritter aufgrund ihres organisationsrechtlichen Charakters nicht denkbar, da ansonsten die gesetzlichen Schutzvorschriften unterlaufen würden.[191]

V. Geschäftsführungsvertrag. 1. Vorbemerkung/Abgrenzungsfragen. Abs. 1 S. 2 stellt den Vertrag, durch den es eine AG oder KGaA übernimmt, ihr Unternehmen für Rechnung eines anderen Unternehmens zu führen, dem Gewinnabführungsvertrag gleich. Die Formulierung geht auf § 256 Abs. 2 Alt. 3 AktG 1937 zurück. Nach dem Regierungsentwurf sollte der Geschäftsführungsvertrag zunächst in § 292 geregelt werden.[192] Dem Regierungsentwurf lag noch die Vorstellung eines entgeltlichen Geschäftsbesorgungsvertrages zugrunde.[193] Der Bundestag übernahm den Geschäftsführungsvertrag auf Anregung des Rechtsausschusses in Abs. 1 ohne das Merkmal „in eigenem Namen".[194] Der Rechtsausschuss hatte diesen Vorschlag damit begründet, dass die aus Organschaftsverträgen bekannte Verpflichtung der Organgesellschaft, ihre Geschäfte für Rechte des Organträgers zu führen, regelmäßig eine Vereinbarung über die Abführung des gesamten Gewinns bedeutete.[195]

---

184 AA *Emmerich*/Habersack, Rn 56. Gesellschaftsrechtlich seien ohne Rücksicht auf die Abreden der Parteien immer die Mütter als die eigentlichen Vertragspartner anzusehen, so dass auch nur diese die Pflichten aus §§ 302 f und §§ 304 f treffen und nicht etwa eine zwischen die Mütter und das Gemeinschaftsunternehmen zur Bildung des gemeinsamen Willens eingeschobene BGB-Gesellschaft.
185 *Hüffer*, Rn 28 mwN; *Emmerich*/Habersack, Rn 63.
186 OLG Celle AG 1984, 267, 268; *Hüffer*, Rn 28; aA KölnKomm-AktG/*Koppensteiner*, § 292 Rn 68.
187 OLG Düsseldorf AG 1996, 473, 474.
188 *Hüffer*, Rn 29.
189 HM; MüKo-AktG/*Altmeppen*, Rn 160; KölnKomm-AktG/*Koppensteiner*, Rn 92; MüHb-AG/*Krieger*, § 71 Rn 4.
190 KölnKomm-AktG/*Koppensteiner*, Rn 93, allerdings mit dem Hinweis, dass dann in Wahrheit keine stille Gesellschaft mehr vorliege.
191 Vgl MüKo-AktG/*Altmeppen*, Rn 153 ff mwN und ausführlicher Begründung; KölnKomm-AktG/*Koppensteiner*, Rn 92.
192 Regierungsentwurf BT-Drucks. IV/3296, 66: "4. Es unternimmt, ihr Unternehmen im eigenen Namen für Rechnung eines anderen zu führen (Geschäftsführungsvertrag)".
193 RegBegr. *Kropff*, S. 377; MüKo-AktG/*Altmeppen*, Rn 171.
194 Ausschussbericht in RegBegr. *Kropff*, S. 377, 391; MüKo-AktG/*Altmeppen*, Rn 172.
195 Ausschussbericht in RegBegr. *Kropff*, S. 377.

77 Aus der Gesetzgebungsgeschichte folgt, dass mit dem Geschäftsführungsvertrag in Abs. 1 S. 2 ein **unentgeltlicher Vertrag** gemeint ist;[196] aus der Gleichstellung mit dem Gewinnabführungsvertrag ist zu folgern, dass der Geschäftsführungsvertrag als solcher noch keine Weisungsrechte zugunsten des berechtigten Unternehmens gemäß §§ 675, 662 ff BGB begründet.[197] Tatbestandlich unterscheidet sich der Geschäftsführungsvertrag vom Gewinnabführungsvertrag jedoch dadurch, dass bei Letzterem die **verpflichtete Gesellschaft ihr Unternehmen für eigene Rechnung führt** mit der Folge, dass Gewinn und Verlust zunächst bei ihr entstehen, während beim Geschäftsführungsvertrag Gewinn und Verlust von vornherein bei dem berechtigten Unternehmen anfallen.[198]

78 Der Geschäftsführungsvertrag darf nicht mit dem Betriebsführungsvertrag verwechselt werden.[199] Nach heutigem Verständnis liegt ein Betriebsführungsvertrag vor, wenn eine Gesellschaft oder ein Unternehmen ihren eigenen Betrieb oder mehrere ihrer Betriebe durch eine fremde Betriebsführungsfirma führen oder managen lässt (vgl unten § 292 Rn 40 f).[200]

79 **2. Inhalt des Geschäftsführungsvertrages.** Die Einordnung als Geschäftsführungsvertrag richtet sich auch hier nach dem Inhalt der Vereinbarung; die ausdrückliche Bezeichnung als Geschäftsführungsvertrag ist somit auch hier nicht erforderlich.[201] Die Gesellschaft muss sich nur dazu verpflichten, ihr Unternehmen für Rechnung des anderen Vertragsteils zu führen.[202] Die Vertragsparteien können frei vereinbaren, ob die Geschäftsführung in fremdem oder in eigenem Namen erfolgen soll.[203]

80 Gegenstand der Verpflichtung ist die **Führung des gesamten Unternehmens**, nicht nur einzelner Betriebsteile, Niederlassungen, Profitcenter o.ä.[204] Ist nur Letzteres vereinbart, liegt nicht einmal ein anderer Unternehmensvertrag iSv § 292 vor.[205] Das Unternehmen soll als Einheit für fremde Rechnung geführt werden. Das verbietet die Annahme, dass der Geschäftsführer analog §§ 667, 670 BGB laufend Erlöse auszukehren hat und Aufwendungsersatz verlangen kann.[206] Allerdings besteht insofern Regelungsspielraum für die Vertragsparteien.

81 Ein Weisungsrecht des berechtigten Unternehmens zählt weder zum notwendigen Inhalt, wie die Gesetzgebungsgeschichte zeigt, noch lassen sich Weisungsrechte aus der Natur der übernommenen Verpflichtung ableiten.[207] Vielmehr ist die Führung des Unternehmens als Einheit grundsätzlich Sache des Geschäftsführers, dem berechtigten Unternehmen steht lediglich das Gesamtergebnis aus der Geschäftsführung zu. Aus der Gleichstellung mit dem Gewinnabführungsvertrag folgt allerdings, dass dem anderen Vertragsteil zumindest schuldrechtliche Ansprüche auf Beibehaltung der Bilanzkontinuität hinsichtlich der Behandlung stiller Reserven und der Ausübung von Bilanzierungswahlrechten zustehen.

82 **3. Rechtsfolgen.** Aufgrund der gesetzlichen Gleichstellung mit dem Gewinnabführungsvertrag gelten für den Geschäftsführungsvertrag die gleichen Wirksamkeitserfordernisse und Rechtsfolgen.[208] Die für den Gewinnabführungsvertrag geltenden Regeln sind entsprechend anwendbar mit der Folge, dass entgegen des Tatbestandsmerkmals für fremde Rechnung Gewinn und Verlust zunächst bei der verpflichteten Gesellschaft zu erfassen sind. Das Steuerrecht erkennt den Geschäftsführungsvertrag als Grundlage für die körperschaft- und gewerbesteuerliche Organschaft nicht an.[209]

---

196 So auch *Emmerich/Habersack/Emmerich*, Rn 68; entgeltliche Geschäftsbesorgungsverträge wären, da in der Gesellschaft eine Gegenleistung verbleibt, nicht mehr mit einem Gewinnabführungsvertrag vergleichbar, so auch MüKo-AktG/*Altmeppen*, Rn 183, 184; *Emmerich/Habersack*, § 12 Rn 22; *Hüffer*, Rn 31; *Schulze-Osterloh*, ZGR 1974, 427, 453, 455; *van Venrooy*, DB 1981, 675, 678; aA *Geßler*, in: FS Ballerstedt, 1975, S. 219, 222 f.
197 So im Erg. auch MüKo-AktG/*Altmeppen*, Rn 181; *Hüffer*, Rn 32.
198 *Emmerich*/Habersack, Rn 67; *Hüffer*, Rn 30; KölnKomm-AktG/*Koppensteiner*, Rn 82; MüHb-AG/*Krieger*, § 71 Rn 7; MüKo-AktG/*Altmeppen*, Rn 187.
199 In der Kommentarliteratur zu § 256 AktG 1937 bedeuteten Geschäftsführungsvertrag und Betriebsführungsvertrag noch dasselbe, vgl Großkomm-AktienR/*Schilling*, 2. Aufl. 1965, § 256 Anm. 19.
200 Vgl *Emmerich*/Habersack, Rn 69; MüKo-AktG/*Altmeppen*, Rn 191.
201 MüKo-AktG/*Altmeppen*, Rn 175; *Hüffer*, Rn 31.
202 Vgl MüKo-AktG/*Altmeppen*, Rn 173; *Hüffer*, Rn 31.

203 Vgl KölnKomm-AktG/*Koppensteiner*, Rn 83; MüKo-AktG/*Altmeppen*, Rn 174; *Hüffer*, Rn 31; *Emmerich*/Habersack, Rn 67; Großkomm-AktienR/*Würdinger*, Anm. 38.
204 *Emmerich*/Habersack, Rn 67 f; MüKo-AktG/*Altmeppen*, Rn 173.
205 MüKo-AktG/*Altmeppen*, Rn 173: es gilt vielmehr das allgemeine Recht.
206 *Hüffer*, Rn 30.
207 So im Erg. auch MüKo-AktG/ *Altmeppen*, Rn 181; KölnKomm-AktG/*Koppensteiner*, Rn 87 f; OLG Karlsruhe NJW 1967, 831 f; aA *van Venvroy*, DB 1981, 675, 677 ff.
208 Vgl *Emmerich*/Habersack, Rn 71; MüKo-AktG/*Altmeppen*, Rn 176.
209 *Emmerich*/Habersack, Rn 67; *Krepper*, BB 1982, 2061, 2062; MüHb-AG/*Krieger*, § 71 Rn 1; *Raiser*, Kap GesR, § 54 Rn 83; aA MüKo-AktG/*Altmeppen*, Rn 177: danach gibt es keine Gründe dafür, die vom Gesetzgeber in § 291 Abs. 1 S. 2 angeordnete Fiktion außer Acht zu lassen. Anderenfalls würde eine unzulässige Differenzierung durch die Finanzverwaltung vorliegen.

4. Modifikationen. Unterwirft sich die verpflichtete Gesellschaft im Geschäftsführungsvertrag bestimmten Weisungen des anderen Unternehmens, kann ein Beherrschungsvertrag vorliegen, wenn das für den Beherrschungsvertrag erforderliche Maß der Unterstellung unter fremde Leitung erreicht wird.[210]

Die Vertragsparteien können den Vertrag auch um unterjährige Ausgleichs- und Vorschussverpflichtungen des berechtigten Unternehmens ergänzen. Entsprechendes gilt für die Vereinbarung unterjähriger Erlösabführung. Dies ersetzt aber nicht die Ermittlung des fiktiven Bilanzgewinnes zum Ende des Geschäftsjahres.[211]

Vereinbaren die Vertragsparteien hingegen ein Entgelt für die Geschäftsführung, liegt nach gesetzgeberischer Wertung kein Geschäftsführungsvertrag iSv § 291 Abs. 1 S. 2, sondern ein anderer Unternehmensvertrag iSv § 292 Abs. 1 Nr. 3 vor.[212] Nach anderer Auffassung soll der entgeltliche Geschäftsführungsvertrag als schuldrechtlicher Vertrag sui generis behandelt werden, der nur dann der Hauptversammlung der verpflichteten Gesellschaft zur Zustimmung vorzulegen ist, wenn dies die „Holzmüller-Doktrin" gebietet.[213]

C. Gleichordnungskonzernverträge (Abs. 2)

I. Vorbemerkung. Zweck und Bedeutung von Abs. 2 sind unklar geblieben. Der Gesetzgeber wollte mit der Vorschrift klarstellen, dass ein Vertrag, „durch die voneinander unabhängigen Unternehmen sich, ohne dadurch voneinander abhängig zu werden, zu einem Gleichordnungskonzern (§ 18 Abs. 2) zusammenschließen" nicht als Beherrschungsvertrag zu qualifizieren ist.[214] „Ein solcher Vertrag ist kein Beherrschungsvertrag, weil die Gesellschaft in einem solchen Gleichordnungskonzern selbst an der Willensbildung des Leitungsorgans beteiligt ist und ihr daher nicht die mit einem Beherrschungsvertrag verbundenen Gefahren drohen".[215] Aus der Begründung folgt, dass der Gleichordnungskonzernvertrag kein Unternehmensvertrag iSd Aktienkonzernrechts ist,[216] da er keine vertragskonzernspezifischen Gefahren schafft, die die §§ 291 ff abwehren sollen.

Dabei hat der Gesetzgeber jedoch die Legitimationsfunktion des Unternehmensvertragsrechts übersehen, insbesondere, dass nur der Beherrschungsvertrag die Delegation der Leitung auf ein anderes Unternehmen gestattet.[217]

II. Gleichordnungskonzernvertrag. 1. Tatbestand und Erscheinungsformen. Abs. 2 beschreibt den Fall des § 18 Abs. 2, in dem die Zusammenfassung unter einheitlicher Leitung zweier rechtlich selbstständiger Unternehmen durch Vertrag erfolgt. Hierfür kommen zwei Grundmodelle in Betracht: Erstens, die Vertragsparteien vereinbaren **gemeinsame Leitungsorgane** in beiden Unternehmen[218] (etwa Vorstands- und/oder Geschäftsführungsidentität; denkbar auch Identität eines Vorstands einer AG bzw KGaA mit Gesellschaftern einer GmbH); zweitens, die Vertragsparteien gründen eine **gemeinsame externe Leitungsorganisation** in Form einer selbstständigen Gesellschaft, gleich welcher Rechtsform.[219]

Die Vereinbarung der ersten Variante begründet zwischen den Unternehmen zumindest eine Gesellschaft bürgerlichen Rechts, deren Zweck in der koordinierten Leitung der beiden Unternehmen besteht.[220] Die notwendige personelle Verflechtung der Geschäftsführungsorgane wird entweder durch gesellschaftsvertragliche Abreden auf Gesellschafterebene oder durch statutarische Regelungen in den Satzungen oder Gesellschaftsverträgen der beteiligten Unternehmen sichergestellt.[221] Statutarische Vereinbarungen dieser Art in der Satzung einer beteiligten AG sind ausgeschlossen, da in die Bestellungskompetenz des Aufsichtsrates (§ 84) durch Satzung nicht eingegriffen werden kann.[222]

Gründen zwei Unternehmen eine gemeinsame Leitungsgesellschaft (zweite Variante) ist zweifelhaft, inwieweit der Vorstand einer beteiligten AG oder die Geschäftsführung einer KGaA deren Leitung unterstellt werden kann. Nach einer Auffassung scheitert eine solche Unterstellung des Vorstands einer AG oder KGaA unter die Leitung einer gemeinsamen Leitungsgesellschaft an § 23 Abs. 5, sofern nicht ein wirksamer Beherrschungsvertrag vorliegt.[223] Nach anderer Auffassung ist die Unterstellung unter die Leitung einer ge-

---

[210] Vgl MüKo-AktG/*Altmeppen*, Rn 188.
[211] *Hüffer*, Rn 30.
[212] Vgl MüKo-AktG/*Altmeppen*, Rn 183 ff, 190; KölnKomm-AktG/*Koppensteiner*, § 292 Rn 83; MüHb-AG/*Krieger*, § 71 Rn 8.
[213] *Emmerich*/Habersack, Rn 68.
[214] MüKo-AktG/*Altmeppen*, Rn 211; MüKo-AktG/*Bayer*, § 18 Rn 49 ff.
[215] RegBegr. *Kropff*, S. 377.
[216] MüKo-AktG/*Altmeppen*, Rn 212; KölnKomm-AktG/*Koppensteiner*, Rn 104; *Hüffer*, Rn 35, § 18 Rn 20; MüHb-AG/*Krieger*, § 68 Rn 84.
[217] Vgl *K. Schmidt*, ZHR 155 (1991), S. 426 ff.
[218] MüHb-AG/*Krieger*, § 68 Rn 7, 9.
[219] So auch MüHb-AG/*Krieger*, § 68 Rn 79.
[220] *Emmerich*/Habersack, Rn 73; MüKo-AktG/*Altmeppen*, Rn 212.
[221] Vgl Lösungsvorschlag für zwei GmbH MüVhb-GesR/*Hoffmann-Becking*, X. 10.
[222] *Hüffer*, § 84 Rn 1.
[223] Vgl *K. Schmidt*, ZHR 155 (1991), S. 426 ff; ähnlich MüKo-AktG/*Altmeppen*, Rn 221.

meinsamen Leitungsgesellschaft zwar möglich, nachteilige Weisungen sollen aber zum Ausgleich analog §§ 302, 303[224] bzw 311, 317[225] verpflichten.

91 **2. Umfang und Grenzen einheitlicher Leitung, Ausgleichspflichten.** Aus dem soeben Gesagten folgt, dass die Vertragsparteien im Vertrag möglichst genau regeln sollten, welche Unternehmensbereiche und -funktionen gemeinsamer einheitlicher Leitung unterstellt werden. Im Hinblick auf die unklare Rechtslage bei Zusammenfassung der Leitung in einer einheitlichen Leitungsgesellschaft sollte eine Folgepflicht für nachteilige Weisungen ausgeschlossen werden. Zweckmäßig ist ferner die Vereinbarung von Ausgleichspflichten der Vertragsparteien für den Fall, dass die einheitliche Leitung zu einseitigen Nachteilen bei der einen oder anderen Vertragspartei geführt hat.

92 **III. Überlagerung und Vermischung mit anderen konzernrechtlichen Elementen.** Die vertragliche Zusammenfassung unter einheitlicher Leitung schließt nur auf Ebene der beteiligten Vertragsparteien das Vorliegen eines Beherrschungsvertrages aus. Vertragliche oder durch Vertrag institutionalisierte Absprachen auf Ebene der Gesellschafter über eine gemeinsame Leitung oder auch nur eine Koordination der Unternehmenspolitik kann dazu führen, dass faktisch oder vertraglich ein Unterordnungskonzern mit zwei abhängigen Unternehmen unter der Führung einer Mehrmütterkonzernspitze entsteht.[226] Die beiden untergeordneten Unternehmen beherrschen sich dann zwar nicht gegenseitig, sie werden aber ggf von ihren Gesellschaftern gemeinsam beherrscht. Insgesamt kann dann ein zustimmungs- und eintragungspflichtiger Mehrmütterbeherrschungsvertrag vorliegen (vgl hierzu oben Rn 55).

93 Nicht selten sehen Gleichordnungskonzernverträge auch eine Gewinnpoolung oder Gewinngemeinschaft vor.[227] Dann liegt zwischen den Parteien auch ein Unternehmensvertrag gemäß § 292 Abs. 1 Nr. 1 vor, der der Zustimmung der Hauptversammlung bedarf.[228]

94 **IV. Zustimmung der Gesellschafter?** Grundsätzlich kann der Gleichordnungskonzernvertrag formfrei und ohne eine Zustimmung der Hauptversammlung nach § 293 geschlossen werden, da darin gerade der Sinn der Ausnahmeregelung des Abs. 2 liegt.[229]

95 Der Gleichordnungskonzernvertrag kann jedoch aus anderen Gründen zustimmungspflichtig sein. Auf Seiten einer beteiligten GmbH entsprechend § 53 Abs. 2 GmbHG deswegen, weil die gesetzliche Weisungskompetenz der Gesellschafterversammlung in beiden genannten Varianten (einheitliche Leitungsorgane und/oder externe Leitungsgesellschaft) zeitweilig aufgegeben oder eingeschränkt wird, worin eine satzungsdurchbrechende Organisationsänderung zu sehen ist.[230] Bei der Aktiengesellschaft kann der Gleichordnungskonzernvertrag zustimmungsbedürftig sein, wenn die einheitliche Leitungsabrede gerade den Zweck verfolgt, dass der satzungsgemäße Unternehmensgegenstand durch die Gesellschaft nicht mehr selbstständig verfolgt werden soll. In einem solchen Fall hat der Vorstand der AG oder KGaA entsprechend den Grundsätzen der Holzmüller-Doktrin der Hauptversammlung zur Entscheidung vorzulegen.[231]

D. Befreiung von den §§ 57, 58 und 60 (Abs. 3)

96 **I. Vorbemerkung.** Die §§ 57, 58 und 60 dienen der **Vermögensbindung** bzw der **Kapitalerhaltung**. Adressat der Normen ist der Aktionär. Ausgehend von der Diskussion zu § 256 AktG 1937 sah sich der Gesetzgeber veranlasst klarzustellen, dass dann, wenn der andere Vertragsteil ein Aktionär ist, Leistungen der Gesellschaft aufgrund eines Beherrschungs- oder eines Gewinnabführungsvertrages keinen Verstoß gegen die §§ 57, 58 und 60 enthalten und auch keine verdeckten Gewinnausschüttungen darstellen.[232] Mehr als die Klarstellung, dass nicht verboten sein kann, was ausdrücklich für zulässig erklärt wird, enthält § 291 Abs. 3 aber nicht. Aus diesem Grund sah der Gesetzgeber auch davon ab, für den Beherrschungsvertrag Eingriffe in die zwingende eigenverantwortliche Leitung der Gesellschaft nach § 76 ausdrücklich für zulässig zu erklären.[233]

---

224 So etwa *K. Schmidt*, ZHR 155 (1991), 417, 436 ff; vgl hierzu im Übrigen MüKo-AktG/*Altmeppen*, Rn 218 mwN; *Emmerich/Habersack*, § 18 Rn 36.
225 Vgl hierzu MüKo-AktG/*Altmeppen*, Rn 218.
226 MüHb-AG/*Krieger*, § 68 Rn 81 mwN; *K. Schmidt*, ZHR 155 (1991), 417, 423 ff.
227 MüHb-AG/*Krieger*, § 68 Rn 80.
228 Vgl so bereits RegBegr. *Kropff*, S. 377.
229 Vgl MüKo-AktG/*Altmeppen*, Rn 213 f; RegBegr. *Kropff*, S. 377; MüHb-AG/*Krieger*, § 68 Rn 84; die Gegenansicht befürwortet – ungeachtet des Abs. 2 – gleichwohl, dass die HV der beteiligten Gesellschaften in entsprechender Anwendung des § 293 zustimmen müssen, da mit der Gründung von Gleichordnungskonzernen ebenso schwere Gefahren verbunden sein können wie mit einem Unterordnungskonzern, vgl etwa *K. Schmidt*, ZHR 155 (1991) 417, 426 ff; *ders.*, in: FS Ritter, 1991, S. 561, 576 f; vgl zum Meinungsstand auch MüKo-AktG/*Altmeppen*, Rn 213 mwN.
230 So auch MüKo-AktG/*Altmeppen*, Rn 216 mwN.
231 Vgl MüKo-AktG/*Altmeppen*, Rn 215 in Anlehnung an das "Holzmüller"-Urteil.
232 RegBegr. *Kropff*, S. 377 f; so auch MüKo-AktG/*Altmeppen*, Rn 226.
233 Vgl RegBegr. *Kropff*, S. 377.

II. **Gewinnabführungs- und Geschäftsführungsvertrag.** Dass die Ergebnisabführung aufgrund Gewinnabführungs- oder Geschäftsführungsverträgen zulässig ist, versteht sich von selbst.[234] Aus dem deklaratorischen Charakter von Abs. 3 folgt aber, dass Leistungen im Zusammenhang mit Gewinnabführungs- und Geschäftsführungsverträgen, die nicht aufgrund zulässiger Vertragsregelungen oder entgegen den für diese Verträge geltenden gesetzlichen Bestimmungen erfolgen, Verstöße gegen die §§ 57, 58 und 60 darstellen. Durch die Neufassung des Abs. 3 aufgrund des MoMiG ist ein Zusammenhang zwischen der Leistung und dem Gewinnabführungs- bzw Beherrschungsvertrag nicht mehr erforderlich. Im Gegensatz zu § 291 Abs. 3 aF, der nur für Leistungen „aufgrund eines Beherrschungs- oder Gewinnabführungsvertrages" anwendbar war, stellt die Neufassung, tatbestandlich weiter, lediglich auf das bloße Faktum des Bestehens eines Beherrschungs- oder Gewinnabführungsvertrages ab.[235]

III. **Beherrschungsvertrag.** Der Beherrschungsvertrag als solcher berechtigt nicht – jedenfalls nicht ausdrücklich – zu Leistungen, die den Vermögensbindungsregeln zuwider laufen. Im Interesse effektiver Ausübung einheitlicher Leitungsmacht gestattet das Gesetz, soweit vertraglich nichts anderes bestimmt ist (vgl § 308 Abs. 1 S. 2), dem herrschenden Unternehmen aber ausdrücklich auch Weisungen, die für die beherrschte Gesellschaft nachteilig sind.[236] Dieses Konzept setzt voraus, dass das herrschende Unternehmen bei der Ausübung seiner Weisungen hinsichtlich der wirtschaftlichen Folgen zunächst freie Hand behält. Der Schutz, den die §§ 57, 58 und 60 im Normalfall bieten, wird durch die Ausgleichspflicht nach § 302 und die Gläubigerschutzbestimmung nach § 303 kompensiert.

Andererseits gestattet der Beherrschungsvertrag nachteilige Weisungen und damit verbundene Eingriffe in die Vermögensbindung nur im Rahmen der gesetzlichen und vertraglich eingeräumten Leitungsmacht. Leistungen aufgrund existenzgefährdender Weisungen können daher ebenso gegen die Vermögensbindungsregeln verstoßen wie Leistungen, die gegen ausdrückliche vertragliche Beschränkungen des Weisungsrechts verstoßen.[237] Von der gesetzlichen Konzeption her ist das Konzernprivileg des Abs. 3 weit zu verstehen. Der Leistungsverkehr zwischen herrschendem Unternehmen und abhängiger Gesellschaft muss sich aber in den Grenzen gesetzlicher und vertraglicher Leitungsmacht halten.[238]

E. Anwendung auf die GmbH

Der Geschäftsführer der GmbH unterliegt den Weisungen der Gesellschafter schon aufgrund des Gesetzes (§ 45 GmbHG). Daher ist zur Begründung des Weisungsrechtes im Gegensatz zur AG kein Beherrschungsvertrag erforderlich.[239] Doch führt das gesetzliche Weisungsrecht nur zu einer faktischen Abhängigkeit. Eine zwingende Ausgleichspflicht ordnet das GmbHG nicht an. Außerdem greift die Übertragung der Weisungsbefugnisse auf einzelne Gesellschafter in das gesetzliche Mitverwaltungsrecht der übrigen Gesellschafter ein. Dies ist nur durch satzungsändernden Beschluss mit Zustimmung der betroffenen Gesellschafter möglich (§ 53 Abs. 2 und 3 GmbHG). Aus den genannten Gründen ist § 291 auf eine GmbH als abhängige Gesellschaft entsprechend anwendbar. Dies gilt erst recht bei Abschluss von Beherrschungsverträgen mit Dritten.

Auch auf den Gewinnabführungsvertrag ist § 291 entsprechend anwendbar. Zweck einer GmbH ist in der Regel eine Gewinnerzielungsabsicht. Ein Gewinnabführungsvertrag nimmt der GmbH ihre Finanz- und Investitionshoheit und greift in die Gewinnbezugsrechte der Gesellschafter (§ 29 GmbHG) ein. Auch die Gewinnabführung hat somit satzungsändernden Charakter und bedarf der Zustimmung der davon betroffenen Gesellschafter.[240]

§ 292 Andere Unternehmensverträge

(1) Unternehmensverträge sind ferner Verträge, durch die eine Aktiengesellschaft oder Kommanditgesellschaft auf Aktien

1. sich verpflichtet, ihren Gewinn oder den Gewinn einzelner ihrer Betriebe ganz oder zum Teil mit dem Gewinn anderer Unternehmen oder einzelner Betriebe anderer Unternehmen zur Aufteilung eines gemeinschaftlichen Gewinns zusammenzulegen (Gewinngemeinschaft),

---

234 Vgl MüKo-AktG/*Altmeppen*, Rn 227.
235 Vgl hierzu ausführlich, insb. zu den Auswirkungen der Neufassung MüKo-AktG/*Altmeppen*, Rn 226 ff.
236 Vgl MüKo-AktG/*Altmeppen*, Rn 228; *Hüffer*, Rn 36.
237 MüKo-AktG/*Altmeppen*, Rn 229 mwN.
238 MüKo-AktG/*Altmeppen*, Rn 229; KölnKomm-AktG/*Koppensteiner*, Rn 107; *Hüffer*, Rn 36.
239 Vgl *Emmerich*/Habersack, Rn 41.
240 *Roth*/Altmeppen, GmbHG, § 29 Rn 67.

2. sich verpflichtet, einen Teil ihres Gewinns oder den Gewinn einzelner ihrer Betriebe ganz oder zum Teil an einen anderen abzuführen (Teilgewinnabführungsvertrag),
3. den Betrieb ihres Unternehmens einem anderen verpachtet oder sonst überläßt (Betriebspachtvertrag, Betriebsüberlassungsvertrag).

(2) Ein Vertrag über eine Gewinnbeteiligung mit Mitgliedern von Vorstand und Aufsichtsrat oder mit einzelnen Arbeitnehmern der Gesellschaft sowie eine Abrede über eine Gewinnbeteiligung im Rahmen von Verträgen des laufenden Geschäftsverkehrs oder Lizenzverträgen ist kein Teilgewinnabführungsvertrag.

(3) ¹Ein Betriebspacht- oder Betriebsüberlassungsvertrag und der Beschluß, durch den die Hauptversammlung dem Vertrag zugestimmt hat, sind nicht deshalb nichtig, weil der Vertrag gegen die §§ 57, 58 und 60 verstößt. ²Satz 1 schließt die Anfechtung des Beschlusses wegen dieses Verstoßes nicht aus.

A. Allgemeines und Grundlagen 1	b) Gewinnbeteiligungen von Mitgliedern des Vorstands, des Aufsichtsrats sowie von Arbeitnehmern 33
B. Vertragsarten (Abs. 1) 5	
I. Gewinngemeinschaft (Abs. 1 Nr. 1) 5	
1. Vorbemerkung 5	c) Verträge des laufenden Geschäftsverkehrs 34
2. Vertragsparteien 7	
3. Inhalt 8	d) Lizenz- und artverwandte Geschäfte ... 35
a) Grundtatbestand 8	III. Betriebspacht, Betriebsüberlassung (Abs. 1 Nr. 3) und Betriebsführung 36
b) Gewinn 11	
c) Zusammenlegung zur Aufteilung, angemessene Aufteilung 13	1. Allgemeines und Grundlagen 36
	2. Vertragsparteien 37
4. Rechtsfolgen fehlerhafter Gewinngemeinschaftsverträge 15	3. Betriebspachtvertrag 38
	4. Betriebsüberlassung 39
5. Abgrenzung zu anderen Verträgen und Erscheinungsformen 17	5. Betriebsführungsvertrag 40
	6. Kombination mit anderen Unternehmensverträgen, Abgrenzungsfragen 45
II. Teilgewinnabführungsvertrag (Abs. 1 Nr. 2); Ausnahmen (Abs. 2) 20	
1. Vorbemerkung 20	a) Kombination mit Teilgewinnabführungsvertrag 45
2. Vertragsparteien 21	
3. Inhalt 22	b) Kombination und Abgrenzung zum Beherrschungsvertrag 46
a) Teilgewinn 22	
b) Entgeltlichkeit oder Unentgeltlichkeit .. 24	C. Vermögensbindung im Fall von Abs. 1 Nr. 3 (Abs. 3) 49
c) Typische Anwendungsfälle 25	
4. Fehlerhafte Teilgewinnabführungsverträge ... 30	I. Fehlerhafte Verträge nach Abs. 1 Nr. 3 mit einem Aktionär; Auswirkungen von Abs. 3 49
a) Gesellschafter als Vertragspartner 30	
b) Vertrag mit Nichtgesellschafter 31	1. Fehlerquellen 49
5. Ausnahmen: Besondere Gewinnbeteiligungen (Abs. 2) 32	2. Fehlerfolge 51
	II. Fehlerhafte Verträge nach Nr. 3 mit einem Nichtaktionär 54
a) Zweck und Auslegung 32	D. Anwendung auf die GmbH 55

A. Allgemeines und Grundlagen

1 § 292 definiert die „anderen Unternehmensverträge", die nicht unter § 291 fallen. Mit der Formulierung bringt das Gesetz zum Ausdruck, dass die §§ 291 und 292 eine abschließende Regelung der Unternehmensverträge enthalten. Dies ist jedoch nur in dem Sinne zu verstehen, dass die dort beschriebenen **Vertragstatbestände nicht durch weitere Merkmale erweiterbar sind**. Die vom Gesetz gewählten Bezeichnungen binden die Vertragsparteien hingegen nicht. Die zutreffende Bezeichnung erlangt erst im Zusammenhang mit der Eintragung Bedeutung, da bereits der eingetragene Vertragstyp zulässig informieren soll.

2 Ebenso wie § 291 enthält § 292 Abs. 1 Definitionen. Abs. 2 definiert Ausnahmen zu Abs. 1 Nr. 2. Lediglich Abs. 3 enthält eine Rechtsfolgebestimmung. § 292 ist, ebenso wie § 291 (vgl dort Rn 1 f), aus § 256 AktG 1937 hervorgegangen, der grundsätzlich, wenngleich undifferenziert bereits die in den §§ 291 und 292 beschriebenen Erscheinungsformen von Unternehmensverträgen erfasste.[1] In § 292 wurden diejenigen Vertragstypen übernommen, die nach Auffassung des Gesetzgebers schuldrechtlichen Austauschcharakter haben.[2] Da diese Verträge mitunter schwerwiegende Auswirkungen auf die Struktur der betreffenden Gesellschaft haben können, enthalten sie auch organisationsrechtliche Elemente.[3] Es lassen sich aber kaum verallgemeinerungsfähige Kriterien finden, die für alle in § 292 genannten Unternehmensverträge gleichermaßen

---

1 Vgl MüKo-AktG/*Altmeppen*, Einl. v. § 291 ff Rn 14; Rn 4, 5. RegBegr. *Kropff*, S. 378; MüKo-AktG/*Altmeppen*, Rn 7; *K. Schmidt*, ZGR 1984, 295, 304 f; Spindler/Stilz/*Veil*, Rn 1; Großkomm-AktienR/*Würdinger*, Einl. c; *Hüffer*, Rn 2; einschränkend KölnKomm-AktG/*Koppensteiner*, Vor § 291 Rn 8; § 292 Rn 2; *Emmerich*/Habersack, § 11 Rn 1.

3 *Emmerich*/Habersack, Rn 6; Spindler/Stilz/*Veil*, Rn 1.

gelten.⁴ Besonders deutlich wird dies bei der Einordnung eines Teilgewinnabführungsvertrags in Form einer stillen Gesellschaft.⁵

Dem Gesetzgeber ging es darum, mit den in Abs. 1 Nr. 1 und 2 genannten Gewinngemeinschafts- und Teilgewinnabführungsverträgen **alle Verträge zu erfassen,** deren **vertragstypische Verpflichtungen** sich **unmittelbar auf den Gewinn der Gesellschaft auswirken**⁶ und damit vorweg in die Gewinnverwendungskompetenz der Hauptversammlung eingreifen. Dies ist nur bei vertraglicher Vorabdisposition über einzelne GuV-Positionen oder den Bilanzgewinn, nicht aber bei Einzelgeschäften der Fall.⁷ Demgegenüber war für die Aufnahme von Nr. 3 neben der Tatsache, dass die dort genannten Verträge auch schon in § 256 AktG 1937 genannt waren,⁸ deren unmittelbar strukturändernde Wirkung ausschlaggebend, die von ihnen auf das Unternehmen der Gesellschaft ausgeht.⁹ Tatsächlich wird die Gesellschaft, die ihr Unternehmen einem anderen Unternehmen gegen Entgelt zur Bewirtschaftung überlässt, zur Vermögensverwaltungsgesellschaft („Rentnergesellschaft").¹⁰ Die Einflussnahmemöglichkeiten der Gesellschafter auf das Unternehmen werden auf Zeit ausgeschlossen und die aktive Wahrnehmung der Entwicklungschancen, die in dem Unternehmen stecken, wird eingefroren. Gleichzeitig wird dem Vorstand die Unternehmensleitung entzogen.¹¹ Diese Wirkungen gehen nach ganz überwiegender Auffassung auch vom Betriebsführungsvertrag aus, den § 256 AktG 1937 noch nicht kannte, der aber den Betriebsüberlassungsverträgen aus diesem Grund gleichzustellen ist.¹²

Auf alle Unternehmensverträge des § 292 finden die §§ 293 bis 299 Anwendung.¹³ Die Gewinngemeinschaft erfüllt per definitionem den Begriff der verbundenen Unternehmen, wie § 15 bestätigt,¹⁴ der Teilgewinnabführungsvertrag jedoch nur dann, wenn auch der andere Vertragsteil Unternehmen ist.¹⁵ Auf Teilgewinnabführungsverträge ist § 300 Nr. 2 und bei Kombination mit einem Beherrschungsvertrag auch § 300 Nr. 3 anwendbar.¹⁶ Für auf Unternehmen und nicht nur einzelne Betriebe bezogene Teilgewinnabführungsverträge gilt ferner § 301.¹⁷ Auch die unter Nr. 3 genannten Betriebsüberlassungs- und Betriebsführungsverträge erfüllen nur dann den Begriff der verbundenen Unternehmen, wenn auch der andere Vertragsteil Unternehmen ist.¹⁸ Für diese Verträge enthält außerdem § 302 Abs. 2 bei Beteiligung eines herrschenden Unternehmens als Vertragspartner eine spezielle Verlustausgleichspflicht.¹⁹

B. Vertragsarten (Abs. 1)

I. Gewinngemeinschaft (Abs. 1 Nr. 1). 1. Vorbemerkung. In Abs. 1 Nr. 1 u. 2 unterscheidet der Gesetzgeber zwischen der Gewinngemeinschaft und dem Teilgewinnabführungsvertrag, die in § 256 AktG 1937 noch unter der Bezeichnung Gewinngemeinschaft zusammengefasst waren.²⁰ Obwohl der Gewinngemeinschaftsvertrag per definitionem (vgl Rn 14) **nur bei angemessener Gegenleistung zulässig** ist und daher das Gewinnbezugsrecht der Aktionäre nicht schmälern darf, schien dem Gesetzgeber die Aufnahme in den Katalog der nach § 292 zustimmungspflichtigen anderen Unternehmensverträge erforderlich: „Es erscheint im Interesse der Aktionäre, deren Gewinnanspruch durch eine Gewinngemeinschaft beeinflusst wird, geboten, jedes Einbringen von Gewinn in eine Gewinngemeinschaft an die Zustimmung der Hauptversammlung zu binden".²¹

Das Motiv für den Abschluss von reinen Gewinngemeinschaftsverträgen liegt darin, das Interesse der Vertragspartner an der Gewinnmaximierung des anderen Vertragsteils informell, dh ohne weitere vertragliche Verhaltens- oder Leistungspflichten zu fördern.

---

4 KölnKomm-AktG/*Koppensteiner*, Rn 11 ff.
5 LG München ZIP 2010, 522 (Eingriff in Dividendenbezugsrecht), überzeugender (zur GmbH) OLG München DStR 2011, 1139 (darlehenszinsähnliche Gegenleistung für die Einlage).
6 Vgl RegBegr. *Kropff*, S. 379; vgl auch MüKo-AktG/*Altmeppen*, Rn 2.
7 MüKo-AktG/*Altmeppen*, Rn 16; *Emmerich*/*Habersack*, § 13 Rn 10; *Hüffer*, Rn 7; *Emmerich*/*Habersack*, Rn 11; KölnKomm-AktG/*Koppensteiner*, Rn 34; MüHb-AG/*Krieger*, § 72 Rn 10.
8 Vgl *Emmerich*/*Habersack*, Rn 38 mwN.
9 RegBegr. *Kropff*, S. 397; vgl OLG Hamburg NZG 2000, 421, 422; *Emmerich*/*Habersack*, Rn 39.
10 Vgl *Emmerich*/*Habersack*, Rn 39; MüKo-AktG/*Altmeppen*, Rn 6, speziell für Betriebspachtvertrag Rn 97.
11 KölnKomm-AktG/*Koppensteiner*, Rn 19.
12 MüKo-AktG/*Altmeppen*, Rn 149 ff; MüHb-AG/*Krieger*, § 72 Rn 42 ff; *Emmerich*/*Habersack*, Rn 58 ff; *Geßler*/*Geßler*, Rn 84; *Geßler*, DB 1965, 1691; differenzierend Großkomm-AktienR/*Würdinger*, Rn 24; *Emmerich*/*Habersack*, § 15 Rn 22 f; vgl zum Streitstand im Übrigen MüKo-AktG/*Altmeppen*, Rn 149, der selbst lediglich eine analoge Anwendung annimmt; so auch *Hüffer*, Rn 20.
13 LG München ZIP 2010, 522 (für § 293 a bei einem Teilgewinnabführungsvertrag in Form einer stillen Gesellschaft); Spindler/Stilz/*Veil*, Rn 3; K. Schmidt/Lutter/*Langenbucher*, Rn 1; *Emmerich*/*Habersack*, § 293 Rn 1.
14 Vgl MüKo-AktG/*Altmeppen*, Rn 11; *Hüffer*, Rn 4; zum Unternehmensbegriff im Übrigen MüKo-AktG/*Bayer*, § 15 Rn 7 ff.
15 Vgl *Emmerich*/*Habersack*, Rn 46; *Hüffer*, Rn 12.
16 Vgl *Emmerich*/*Habersack*, § 300 Rn 18 bzw 20 f.
17 KölnKomm-AktG/*Koppensteiner*, § 301 Rn 5; *Emmerich*/*Habersack*, § 301 Rn 5.
18 Vgl MüKo-AktG/*Altmeppen*, Rn 95 aE; zum Unternehmensbegriff im Übrigen MüKo-AktG/*Mayer*, § 15 Rn 7 ff; s. hierzu jedoch § 291 Rn 35.
19 *Emmerich*/*Habersack*, § 302 Rn 21 ff.
20 MüKo-AktG/*Altmeppen*, Rn 4.
21 RegBegr. *Kropff*, S. 379.

7 **2. Vertragsparteien.** Abs. 1 Nr. 1 ist nur bei Beteiligung einer AG oder KGaA (Gesellschaft) mit Sitz im Inland anwendbar.[22] Die andere Vertragspartei muss Unternehmereigenschaft haben.[23] Diese Festlegung des Gesetzgebers ist im Gegenschluss zu Teilgewinnabführungsvertrag, Betriebspachtvertrag und Betriebsüberlassungsvertrag eindeutig, obwohl nicht erkennbar ist, warum für die verpflichtete Gesellschaft nur bei Beteiligung eines anderen Unternehmens besondere Gefahren drohen. Auch im Ausland ansässige Unternehmen können Vertragspartner des Gewinngemeinschaftsvertrages sein.

8 **3. Inhalt. a) Grundtatbestand.** Die Gesellschaft muss sich verpflichten, den Gewinn ihres Unternehmens oder einzelner ihrer Betriebe ganz oder teilweise mit dem Gewinn anderer Unternehmen oder einzelner Betriebe anderer Unternehmen zu dem Zweck zusammenzulegen, den gemeinsamen Gewinn nach einem bestimmten Schlüssel aufzuteilen.[24] Eine höhenmäßige Beschränkung des abzuführenden Gewinns besteht nicht. § 301 AktG findet keine Anwendung.[25]

9 Die **Poolung von Gewinnen aus Einzelgeschäften** erfüllt den gesetzlichen Tatbestand nicht. Somit kann die Arbeitsgemeinschaft nicht Gewinngemeinschaft iSv Abs. 1 Nr. 1 sein.[26] Unschädlich ist dagegen die zusätzliche Vergemeinschaftung von Verlusten zu einer Ergebnisgemeinschaft.[27] Eine Gewinngemeinschaft liegt aber ebenfalls nicht vor, wenn nur Verluste gepoolt werden.

10 Der Wortlaut des Gesetzes lässt ohne Weiteres die Beteiligung mehrerer Unternehmen an der Gewinngemeinschaft zu.[28] Durch Vereinbarung einer Gewinngemeinschaft entsteht ipso iure eine Gesellschaft bürgerlichen Rechts.[29] Die Mitglieder der Gewinngemeinschaft können Gewinnbeiträge in unterschiedlicher Höhe leisten; dies muss sich allerdings im Aufteilungsschlüssel widerspiegeln.[30]

11 **b) Gewinn.** Das Gewinnmerkmal ist rechtstechnisch zu verstehen. Daher können nur **periodisch ermittelte Ertrags- oder Ergebnispositionen** Gegenstand der Beitragsverpflichtung sein.[31] Die Anknüpfung an den Bilanzgewinn oder Jahresüberschuss wird dieser Anforderung in jedem Fall gerecht, ist aber bei der Poolung von Betriebsgewinnen nicht immer möglich. Daher genügt nach wohl richtiger, aber noch nicht durch die Rechtsprechung bestätigter Auffassung die Verpflichtung zur Zusammenlegung des Ergebnisses der gewöhnlichen Geschäftstätigkeit und von Roherlösen.[32] Auch die Bezugnahme auf bestimmte Deckungsbeitragspositionen oder Umsatzerlöse sollte möglich sein.[33] Für Teilgewinnabführungsverträge wird der Umsatz als Bezugsgröße jedenfalls allgemein befürwortet.[34] Gegen die Zulässigkeit der Anknüpfung an andere Positionen der Gewinn- und Verlustrechnung als den Jahresüberschuss selbst spricht, dass die Einschätzung der nachteiligen Auswirkungen auf den Gewinnanspruch der Aktionäre umso schwieriger wird, je weiter die jeweilige GuV-Position vor dem Jahresüberschuss liegt.

12 Vom Gesetz ist nicht zwingend vorgegeben, dass jede Vertragspartei ihre Beitragsverpflichtung auf Basis derselben periodischen Bilanz- oder GuV-Position erfüllt.

13 **c) Zusammenlegung zur Aufteilung, angemessene Aufteilung.** Die Zusammenlegung erfolgt zu den vereinbarten Periodenabschlusszeitpunkten. Dadurch wird, zumindest vorübergehend, **Gesamthandsvermögen** gebildet. Die Zusammenlegung darf aber nur zur sofortigen Aufteilung und Auskehrung erfolgen; anderenfalls handelt es sich um einen Fall der Gewinn- oder Teilgewinnabführung oder um einen anderen Unternehmensvertrag im rechtstechnischen oder untechnischen Sinne.

14 Der Vertrag muss **angemessene Aufteilungsquoten** festlegen. Fehlt es daran, ist zunächst an ergänzende Auslegung zu denken. Dabei kommt abweichend von § 722 Abs. 1 BGB nur eine Aufteilung im Verhältnis der Beiträge (eingelegte Gewinne) in Betracht, anderenfalls ist der Verteilungsschlüssel unangemessen.[35] Sollen die eingelegten Gewinne nur teilweise zur Verfügung gestellt, abweichend von den Einlagequoten verteilt oder für andere gemeinschaftliche Zwecke (etwa Finanzierung von Gemeinschaftsvorhaben) ver-

---

22 MüKo-AktG/*Altmeppen*, Rn 11.
23 Vgl zum Unternehmensbegriff MüKo-AktG/*Bayer*, § 15 Rn 7 ff; MüKo-AktG/*Altmeppen*, Rn 11.
24 MüKo-AktG/*Altmeppen*, Rn 12 f; *Hüffer*, Rn 10.
25 K. Schmidt/Lutter/*Langenbucher*, Rn 6.
26 Vgl MüKo-AktG/*Altmeppen*, Rn 16; *Emmerich*/Habersack, § 13 Rn 10; *Hüffer*, Rn 7; *Emmerich*/Habersack, Rn 11; KölnKomm-AktG/*Koppensteiner*, Rn 34; MüHb-AG/*Krieger*, § 72 Rn 10.
27 Vgl MüKo-AktG/*Altmeppen*, Rn 15; *Emmerich*/Habersack, Rn 10 a.
28 MüKo-AktG/*Altmeppen*, Rn 11; *Hüffer*, Rn 4; MüHb-AG/*Krieger*, § 72 Rn 8.
29 BGHZ 24, 279 ff; OLG Frankfurt AG 1988, 267, 269 f; *Emmerich*/Habersack, § 13 Rn 12; MüKo-AktG/*Altmeppen*, Rn 12; *Raiser*, Kap GesR, § 57 Rn 7; *Hüffer*, Rn 2, 4; *Emmerich*/Habersack, Rn 14; KölnKomm-AktG/*Koppensteiner*, Rn 34; MüHb-AG/*Krieger*, § 72 Rn 8.
30 Vgl hierzu MüKo-AktG/*Altmeppen*, Rn 12 f.
31 MüKo-AktG/*Altmeppen*, Rn 16.
32 Spindler/Stilz/*Veil*, Rn 7; K. Schmidt/Lutter/*Langenbucher*, Rn 5; MüKo-AktG/*Altmeppen*, Rn 16; *Emmerich*/Habersack, § 13 Rn 10; *Hüffer*, Rn 8; MüHb-AG/*Krieger*, § 72 Rn 10; *Raiser*, KapGesR, § 57 Rn 10; aA KölnKomm-AktG/*Koppensteiner*, Rn 35, 41 f, der lediglich eine analoge Anwendung annimmt.
33 *Hüffer*, Rn 8.
34 *Emmerich*/Habersack, Rn 25; K. Schmidt, ZGR 1984, 295, 300 f.
35 *Hüffer*, Rn 10.

wendet werden, liegt keine Gewinngemeinschaft, sondern ein Gewinn- oder Teilgewinnabführungsvertrag, möglicherweise auch ein Gemeinschaftsunternehmen vor (vgl Rn 18).

4. Rechtsfolgen fehlerhafter Gewinngemeinschaftsverträge. Vereinbarungen, ohne den in Rn 8 ff beschriebenen notwendigen Inhalt, kommen nicht als Gewinngemeinschaftsverträge zustande.[36] Dies gilt insbesondere bei **fehlendem Konsens** über den gesetzlich geforderten Verteilungsschlüssel.[37] Die Grundsätze fehlerhafter Gesellschaft sind in diesem Fall unanwendbar,[38] da sie den Abschluss eines Gesellschaftsvertrages bzw Unternehmensvertrages voraussetzen.[39] 15

Leistungen aufgrund eines nicht zustande gekommenen Gewinngemeinschaftsvertrages an ein Unternehmen, das zugleich Aktionär der Gesellschaft ist, verstoßen gegen die §§ 57, 58 und 60 und führen zu einer Ausgleichspflicht gemäß § 62.[40] Ist die andere Vertragspartei hingegen nicht an der benachteiligten Gesellschaft beteiligt, sind die §§ 57, 58, 60 und 62 unanwendbar. Die Vereinbarung ist dann, soweit möglich, zunächst geltungserhaltend auszulegen. Scheidet die Aufrechterhaltung als Gewinngemeinschaftsvertrag aus und kommt auch eine Umdeutung in einen anderen Unternehmensvertrag nicht in Betracht (etwa in einen Gewinn- oder Teilgewinnabführungsvertrag mit entsprechender Ausgleichs- oder Entgeltzahlungsverpflichtung), können Überzahlungen im Wege der Leistungskondiktion zurückverlangt werden;[41] daneben haften die Organe der Gesellschaft auf Schadensersatz. 16

5. Abgrenzung zu anderen Verträgen und Erscheinungsformen. Der Gleichordnungskonzernvertrag (vgl Abs. 2) wird durch den Zweck gemeinschaftlicher einheitlicher Führung der beteiligten Gesellschaften bzw Unternehmen bestimmt. Er verpflichtet als solcher nicht zur Zusammenlegung und Aufteilung von Gewinnen. 17

Vereinbaren die Vertragsparteien die Zusammenlegung von Gewinnen zu anderen Zwecken als zur schlichten Aufteilung, also etwa zur Finanzierung gemeinschaftlicher Vorhaben oder Unternehmungen, liegt keine Gewinngemeinschaft, sondern ein **Gemeinschaftsunternehmen** vor.[42] Das Gemeinschaftsunternehmen kann auch in anderer Rechtsform als einer GbR betrieben werden und kann grundsätzlich ohne Zustimmung der Hauptversammlung gegründet werden, da die mit der Gewinngemeinschaft verbundenen Gefahren nicht auftreten, solange die dem Gemeinschaftsunternehmen zugeführten Finanzmittel in der Regel satzungsgemäß zur Verwirklichung der Unternehmensziele und im Rahmen des Unternehmensgegenstands eingesetzt werden.[43] 18

Ähnliches gilt für **Fusionen** und fusionsähnliche Verbindungen.[44] Soweit diese nicht schon nach dem Umwandlungsgesetz oder etwa § 179 a der Zustimmung der Hauptversammlung bedürfen, besteht keine Zustimmungspflicht nach Abs. 1 Nr. 1. Auch eine Analogie[45] scheidet aus, wenn der Vergemeinschaftungsvorgang der Verwirklichung von Zwecken dient, die über die schlichte Zusammenlegung und Aufteilung von Gewinnen hinausgehen. Unabhängig von den Wertungen, die § 292 zugrunde liegen, sind Gemeinschaftsunternehmen oder Fusionen dann der Hauptversammlung zur Zustimmung vorzulegen, wenn wesentliche Unternehmensbereiche aus der Gesellschaft verlagert oder etwa erhebliche Konkurrenztätigkeit im Bereich des Unternehmensgegenstands in einem Gemeinschaftsunternehmen entfaltet werden sollen. Ab wann eine Grundlagenentscheidung vorliegt, die die Einbeziehung der Hauptversammlung erfordert, ist nach den Grundsätzen der Holzmüller-Doktrin zu beurteilen.[46] 19

II. Teilgewinnabführungsvertrag (Abs. 1 Nr. 2); Ausnahmen (Abs. 2). 1. Vorbemerkung. Durch Abs. 1 Nr. 2 soll „im Interesse der Aktionäre jede Abführung von Gewinn des Unternehmens oder einzelner Betriebe – gleichgültig, wie der abzuführende Gewinn berechnet wird – an die Zustimmung der Hauptversammlung gebunden werden", der nicht schon durch § 291 Abs. 1 erfasst wird.[47] Andererseits sollte die Hauptversammlung nach der Vorstellung des Gesetzgebers nicht mit allen im Wirtschaftsleben üblichen 20

---

36 Vgl MüKo-AktG/*Altmeppen*, Rn 13.
37 *Hüffer*, Rn 10; MüKo-AktG/*Altmeppen*, Rn 13.
38 RegBegr. *Kropff*, S. 379: Rückabwicklung nach allgemeinen Grundsätzen.
39 AA zT mit dem Arg., dass hier jedenfalls eine Innengesellschaft bürgerlichen Rechts besteht, und die Rspr und wohl hM die Grundsätze über die fehlerhafte Gesellschaft auch für Innengesellschaften anwendet. Vgl zum Streitstand MüKo-AktG/*Altmeppen*, Rn 40 f.
40 Zutreffend *Hüffer*, Rn 11.
41 So auch der Gesetzgeber, vgl RegBegr. *Kropff*, S. 379: Rückabwicklung nach allgemeinen Grundsätzen, vgl auch MüKo-AktG/*Altmeppen*, Rn 41; *K. Schmidt*, GesR, § 6 II 3 e; aA *Hüffer*, Rn 11: Rückabwicklung nur nach § 62.
42 MüKo-AktG/*Altmeppen*, Rn 21; aA *Emmerich*/Habersack, Rn 13, mit der Begründung, dass auch hier der gemeinschaftli-

che Gewinn mittelbar den Beteiligten zugute komme / aA auch KölnKomm-AktG/*Koppensteiner*, Rn 38 sowie MüHb-AG/ *Krieger*, § 72 Rn 11.
43 Vgl MüKo-AktG/*Altmeppen*, Rn 21 ff mwN.
44 MüKo-AktG/*Altmeppen*, Rn 24 ff; KölnKomm-AktG/*Koppensteiner*, Rn 46 f; *Hüffer*, Rn 6.
45 So etwa *Lutter*, in: FS Barz 1974, S. 199, 210 ff; *ders.*, DB 1973, Beilage 21, S. 13 f; *ders.*, in: FS Fleck, 1988, S. 169, 178 ff; MüHb-AG/*Krieger*, § 72 Rn 12; offen gelassen in BGHZ 282, 188; vgl zum Streitstand im Übrigen ausführlich MüKo-AktG/*Altmeppen*, Rn 23 ff.
46 Vgl BGHZ 83, 122; MüKo-AktG/*Altmeppen*, Rn 26; *Lutter*/ Leinekugel, ZIP 1998, 225; *dies.*, ZIP 1998, 805; *Altmeppen*, DB 1998, 49.
47 Vgl RegBegr. *Kropff*, S. 379.

Formen der Gewinnbeteiligung befasst werden; unbedeutende Gewinnabführungen sollten zustimmungsfrei bleiben. Wegen der Ungenauigkeit der in § 256 Abs. 1 AktG 1937 enthaltenen Dreiviertelgrenze führte der Gesetzgeber mit Abs. 2 gegenständliche Bereichsausnahmen ein.[48]

21 **2. Vertragsparteien.** Bei der zur Teilgewinnabführung verpflichteten Gesellschaft muss es sich um eine Aktiengesellschaft oder Kommanditgesellschaft auf Aktien mit Sitz im Inland handeln,[49] als berechtigter Vertragsteil kommt jede natürliche oder juristische Person in Betracht,[50] wie aus dem Merkmal „an einen anderen" im Gegensatz zu der für den Gewinngemeinschaftsvertrag geforderten Unternehmenseigenschaft des anderen Vertragsteils (Nr. 1) hervorgeht. Der Teilgewinnabführungsvertrag ist somit auch dann zustimmungsbedürftiger Unternehmensvertrag, wenn er mit einem Nichtunternehmer geschlossen wird; verbundene Unternehmen im Sinne von § 15 liegen jedoch nur dann vor, wenn der andere Vertragsteil die Unternehmenseigenschaft hat.

22 **3. Inhalt. a) Teilgewinn.** Die Gesellschaft muss sich zur Abführung eines Teils ihres Gewinns (Unternehmensgewinn) oder des Gewinns oder von Teilen des Gewinns einzelner ihrer Betriebe (Betriebsgewinn) verpflichten.[51] Der Gewinnbegriff ist nach hM mit demjenigen der Gewinngemeinschaft (Nr. 1) identisch. Der Gewinnbegriff ist daher rechtstechnisch aber dennoch weit zu verstehen in dem Sinne, dass Gegenstand der Teilgewinnabführungsverpflichtung alle **Gewinn-, Ertrags- oder Erlöspositionen** aus der Bilanz oder GuV sein können;[52] eine Festverzinsungspflicht genügt nicht.[53] Mit der hM ist auch hier die Beteiligung von Vertragspartnern an Erlösen aus einzelnen Geschäften keine Gewinnabführungsverpflichtung im Sinne von Abs. 1 Nr. 2.[54]

23 Abs. 1 Nr. 2 gilt nur für Verpflichtungen zur Abführung des Teilgewinns. Die Bezeichnung der Vertragsparteien als Teilgewinn ist unmaßgeblich. Es kommt darauf an, dass der verpflichteten Gesellschaft tatsächlich ein Teil des Gewinns verbleibt.[55] Der Sache nach kann es sich daher um einen Gewinnabführungsvertrag nach § 291 Abs. 1 S. 1 handeln, wenn die Gesellschaft sich zur Abführung der Gewinne aus ihren gewinnträchtigen Betrieben verpflichtet und ihre auf Dauer defizitären Betriebe bewusst unberücksichtigt lässt. Das Gleiche gilt, wenn etwa ein so hoher Teil der Umsatzerlöse abzuführen ist, dass nach Abzug aller Aufwendungen nur ein Fehlbetrag verbleibt.[56]

24 **b) Entgeltlichkeit oder Unentgeltlichkeit.** Die Entgeltlichkeit ist kein Definitionsmerkmal des Teilgewinnabführungsvertrages.[57] Insofern liegt ein grundliegender Unterschied zum Gewinngemeinschaftsvertrag vor, zu dessen Wesensmerkmalen ein angemessener Aufteilungsschlüssel zählt.[58] Eine fehlende oder unangemessen niedrige Gegenleistung hindert somit nicht das Zustandekommen des Teilgewinnabführungsvertrages, sondern führt ggf zur Nichtigkeit bei grundsätzlicher Anwendbarkeit der Grundsätze fehlerhafter Gesellschaftsverträge. Ein Vorstand, der einen Unternehmensvertrag schließt, der keine oder eine unangemessene Gegenleistung vorsieht, sähe sich Schadensersatzansprüchen gemäß § 93 und § 826 BGB ausgesetzt. Auch eine Strafbarkeit gemäß § 266 StGB kommt dann in Betracht.[59]

25 **c) Typische Anwendungsfälle.** Unverzichtbares Wesensmerkmal der stillen Gesellschaft ist die **Beteiligung des Stillen am Bilanzgewinn** des gesamten oder eines Teils des Handelsunternehmens;[60] die stille Gesellschaft ist daher typischerweise Teilgewinnabführungsvertrag, wenn eine AG oder KGaA als Trägerin des Handelsunternehmens beteiligt ist.[61] Dies gilt jedoch nicht, wenn auf die Einlage des stillen Gesellschafters eine feste, vom Gewinn unabhängige Vergütung gewährt wird.[62] Die stille Gesellschaft ist nach hM kein Vertrag des laufenden Geschäftsverkehrs im Sinne von Abs. 2.[63] Auch die atypisch stille Gesellschaft ist regelmäßig Teilgewinnabführungsvertrag, auch wenn bei steuerlicher Betrachtung in diesem Fall der Gewinn

---

48 Vgl hierzu ausführlich MüKo-AktG/*Altmeppen*, Rn 2 f.
49 Vgl MüKo-AktG/*Altmeppen*, Rn 46.
50 Vgl MüKo-AktG/*Altmeppen*, aaO; Spindler/Stilz/*Veil*, Rn 13.
51 OLG München NZG 2009, 38, 39.
52 Vgl *Emmerich*/Habersack, Rn 25.
53 BayObLG AG 2001, 424; Spindler/Stilz/*Veil*, Rn 15; K. Schmidt/Lutter/*Langenbucher*, Rn 27.
54 Vgl *Emmerich*/Habersack, Rn 25; *Hüffer*, Rn 13; MüHb-AG/*Krieger*, § 72 Rn 13; *Raiser*, KapGesR, § 57 Rn 10; aA K. Schmidt, ZGR 1984, 295, 300 ff.
55 Vgl MüKo-AktG/*Altmeppen*, Rn 53, zum Streitstand ausführlich Rn 58 f.
56 *Emmerich*/Habersack, Rn 24 a; KölnKomm-AktG/*Koppensteiner*, Rn 54; MüKo-AktG/*Altmeppen*, Rn 54.
57 So ganz hM, vgl K. Schmidt/Lutter/*Langenbucher*, Rn 18; *Hüffer*, Rn 14; *Emmerich*/Habersack, Rn 27; KölnKomm-AktG/*Koppensteiner*, Rn 54; MüHb-AG/*Krieger*, § 72 Rn 16; aA MüKo-AktG/*Altmeppen*, Rn 53, 74 ff mit der Begründung,
dass es sich bei einer unentgeltlichen Gewinnabführung überhaupt nicht um einen geregelten Unternehmensvertrag handle; zweifelnd auch Spindler/Stilz/*Veil*, Rn 18.
58 Vgl MüKo-AktG/*Altmeppen*, Rn 12 f; *Hüffer*, Rn 10.
59 Spindler/Stilz/*Veil*, Rn 18; K. Schmidt/Lutter/*Langenbucher*, Rn 18.
60 Vgl *Koller*, HGB, 3. Aufl., § 230 Rn 11; vgl auch *Emmerich*/Habersack, Rn 29; KölnKomm-AktG/*Koppensteiner*, Rn 61; OLG Stuttgart NZG 2000, 93; OLG Düsseldorf AG 1996, 473; OLG Celle AG 1996, 370.
61 BGHZ 156, 38, 43; BGH BB 2006, 1405, 1406; Spindler/Stilz/*Veil*, Rn 21; K. Schmidt/Lutter/*Langenbucher*, Rn 23; *Hüffer*, Rn 15; *Emmerich*/Habersack, Rn 29.
62 BGH, Urt. v. 18.9.2012 – II ZR 59/11.
63 Vgl MüKo-AktG/*Altmeppen*, Rn 80; K. Schmidt, ZGR 1984, 295, 302; KölnKomm-AktG/*Koppensteiner*, Rn 59; *Hüffer*, Rn 28; MüHb-AG/*Krieger*, § 72 Rn 18.

nicht bei dem Handelsunternehmen, sondern unmittelbar in der atypisch stillen Gesellschaft entstehen soll.[64] Aus gesellschaftsrechtlicher Sicht ist auch die atypisch stille Gesellschaft Innengesellschaft ohne Gesamthandsvermögen mit einem Anspruch des Stillen auf Beteiligung am Bilanzgewinn des Unternehmensträgers.[65] Umstritten ist in diesem Zusammenhang allerdings die Zulässigkeit der Einräumung atypischer Gesellschafterrechte, insbesondere die Beteiligung des Stillen an der Geschäftsführung.[66] Die Einräumung solcher Zustimmungsrechte ist meist steuerrechtlichen Überlegungen geschuldet, da eine „Mitunternehmerinitiative" Voraussetzung für steuerliche Anerkennung einer Mitunternehmerschaft iSd § 15 Abs. 1 EStG ist.[67] Gesellschaftsrechtlich ist dies ausschließlich eine Frage der Zulässigkeit von Eingriffen in die aktiengesetzliche Kompetenzordnung aufgrund oder außerhalb von Beherrschungsverträgen. Die erwähnten Vorbehalte sprechen nicht gegen eine Qualifizierung des atypisch stillen Gesellschaftsvertrags als Teilgewinnabführungsvertrag, solange er nicht als verdeckter Beherrschungsvertrag zu qualifizieren ist (vgl hierzu § 291 Rn 52 ff).

Partiarische Darlehen sind nach zutreffender Auffassung als Teilgewinnabführungsverträge zu behandeln, wenn sie nicht lediglich zur Projektfinanzierung eingesetzt werden und der Darlehensgeber nur an den Projekterträgen beteiligt wird.[68] Unter Umständen können partiarische Darlehen aber auch als Verträge der laufenden Geschäftsführung im Sinne von Abs. 2 einzuordnen sein. 26

Betriebsführungsverträge gewähren dem Betriebsführer als Entgelt in der Regel Beteiligungen an Umsatzerlösen, Roherlösen oder Betriebsgewinnen vor Finanzierung und Steuern. Sie erfüllen dann regelmäßig die Tatbestandsmerkmale des Teilgewinnabführungsvertrags.[69] Es ist dann zu fragen, ob es sich bei dem Betriebsführungsvertrag um einen Vertrag des laufenden Geschäftsverkehrs bzw einen dem Lizenzvertrag gleichzustellenden Vorgang im Sinne von Abs. 2 handelt. 27

Anders kann es bei **Betriebspachtverträgen** mit Erfolgsbeteiligung des Verpächters liegen. Pachtet der Gesellschafter den Pachtbetrieb erst vom Verpächter, entsteht die Gewinnposition erst aufgrund des Pachtvertrages. Somit wird durch die Vereinbarung nicht in ein bestehendes oder künftiges Gewinnverwendungsrecht der Hauptversammlung eingegriffen. Diese Fälle werden nach richtiger Auffassung nicht vom Schutzzweck von Abs. 1 Nr. 2 gedeckt.[70] 28

Als weiterer Anwendungsfall werden die **Genussrechte**[71] genannt. Diese erfüllen zwar die typischen Merkmale des Teilgewinnabführungsvertrags, werden aber im Hinblick auf die spezialgesetzliche Regelung in § 221 Abs. 3 vom Anwendungsbereich des § 292 Abs. 1 Nr. 2 und der Eintragungsverpflichtung nach § 292 ausgenommen.[72] Verlustübernahmeverträge werden nach wohl hM nicht als Teilgewinnabführungsverträge behandelt.[73] 29

Ein Teilgewinnabführungsbetrag liegt auch dann nicht vor, wenn nach einer Besserungsabrede die Verpflichtung des Darlehensschuldners bei Erwirtschaftung eines Jahresüberschusses wieder aufleben soll.[74]

4. Fehlerhafte Teilgewinnabführungsverträge. a) Gesellschafter als Vertragspartner. Abs. 3 befreit nur Betriebspacht und Betriebsüberlassungsverträge bei Inhaltsverstößen gegen die §§ 57, 58 und 60 von der Nichtigkeitsfolge des § 134 BGB.[75] Teilgewinnabführungsverträge können daher nichtig sein, wenn sie die Verpflichtung zur Abführung von Teilgewinnen ohne oder gegen unangemessenes Entgelt an Aktionäre begründen[76] und eine ergänzende bzw nichtigkeitsvermeidende Auslegung nicht möglich ist. Wegen fehlender oder unangemessener Gegenleistung nichtige Teilgewinnabführungsverträge genießen keinen Bestandsschutz nach den Grundsätzen fehlerhafter Gesellschaft. Sie sind daher für die Vergangenheit vollständig rückabzuwickeln;[77] dem Rückgewähranspruch der Gesellschaft aus § 62 stehen Bereicherungsansprüche des Aktionärs gegenüber.[78] Beruht die Fehlerhaftigkeit des Teilgewinnabführungsvertrages dagegen auf der fehlenden Eintragung im Handelsregister, gelten die Grundsätze der fehlerhaften Gesellschaft.[79] 30

---

64 OLG Braunschweig, NZG 2004, 126; 127; MüKo-AktG/*Altmeppen*, Rn 62 f, 66 f mwN zur Steuerrechtslage; vgl auch *Emmerich*/Habersack, Rn 29; KölnKomm-AktG/*Koppensteiner*, Rn 62 f.
65 *Hüffer*, Rn 15 mwN; aA *Schulze-Osterloh*, ZGR 1974, 427, 431 ff.
66 OLG Celle AG 1996, 370, 371; MüKo-AktG/*Altmeppen*, § 308 Rn 10 ff; *Bachmann*/Veil, ZIP 1999, 348, 351 ff mwN.
67 Spindler/Stilz/*Veil*, Rn 23.
68 MüKo-AktG/*Altmeppen*, Rn 68 f; vgl hierzu auch *Emmerich*/Habersack, Rn 30 mwN; KölnKomm-AktG/*Koppensteiner*, Rn 69.
69 *Emmerich*/Habersack, Rn 30; KölnKomm-AktG/*Koppensteiner*, Rn 69 f.
70 Beispiel mit verallgemeinernder Argumentation für andere Austauschverträge mit Erfolgsbeteiligung bei MüKo-AktG/*Altmep-*
pen, Rn 63 f; vgl zur Behandlung von Betriebspachtverträgen auch KölnKomm-AktG/*Koppensteiner*, Rn 64 ff.
71 *Emmerich*/Habersack, Rn 31.
72 BGHZ 120, 141 = NJW 1993, 400; MüKo-AktG/*Altmeppen*, Rn 71; KölnKomm-AktG/*Koppensteiner*, Rn 52; aA *Emmerich*/Habersack, Rn 31; *Emmerich*/Habersack, § 14 Rn 18; *Habersack*, ZHR 155 (1991), 378, 395 f.
73 OLG Celle WM 1984, 494, 497; MüKo-AktG/*Altmeppen*, Rn 75; aA KölnKomm-AktG/*Koppensteiner*, Rn 68.
74 OLG München NZG 2009, 38, 39.
75 MüKo-AktG/*Altmeppen*, Rn 115 f.
76 Vgl OLG Düsseldorf AG 1996, 473, 474; *Hüffer*, Rn 16.
77 MüKo-AktG/*Altmeppen*, Rn 87 mwN.
78 *Hüffer*, Rn 16; MüKo-AktG/*Altmeppen*, Rn 87.
79 BGH, Konz 2005, 234, 236; OLG Braunschweig, NZG 2004, 126, 127; aA *Schürnbrand*, ZHR 169 (2005), 49–51; KölnKomm-AktG/*Koppensteiner*, § 297 Rn 55.

31 **b) Vertrag mit Nichtgesellschafter.** Der Abschluss von unentgeltlichen Teilgewinnabführungsverträgen mit Nichtaktionären ist kaum vorstellbar.[80] Sollte es dennoch dazu kommen, überschreitet der Vorstand für den Dritten erkennbar seine Vertretungsmacht. Im Übrigen würde ein solcher Vertrag kaum die Hauptversammlung passieren, so dass die Anwendung der Grundsätze fehlerhafter Gesellschaftsverträge ausscheidet. Ähnliches gilt für Verträge mit erkennbar unangemessener Gegenleistung.[81] Auch diese haben im Zweifel keine Aussicht auf Zustimmung durch die Hauptversammlung. Unterlaufen den Vertragsparteien bei Abschluss von Teilgewinnabführungsverträgen nicht ohne Weiteres erkennbare Fehler bei der Bewertung der Angemessenheit der Gegenleistung, ist der Vertrag wirksam. Korrekturen sind nur nach allgemeinen Rechtsgeschäftsregeln möglich. Die Anfechtung etwa schützt den Vertragspartner für die Vergangenheit nach den Grundsätzen fehlerhafter Gesellschaftsverträge, soweit die Hauptversammlung der Gesellschaft zugestimmt hat und der Teilgewinnabführungsvertrag in das Handelsregister eingetragen wurde.

32 **5. Ausnahmen: Besondere Gewinnbeteiligungen (Abs. 2). a) Zweck und Auslegung.** Mit Abs. 2 nimmt das Gesetz ausdrücklich nur bestimmte Arten von Gewinnbeteiligungen vom Anwendungsbereich des Abs. 1 Nr. 2 aus. Quantitativ unbedeutende Fälle können dem nicht gleichgestellt werden.[82] Eine ausdehnende oder entsprechende Anwendung scheidet im Hinblick auf die qualitativ und abschließend formulierte Ausnahmebestimmung aus.[83] Die ausdrücklich erwähnten Verträge des laufenden Geschäftsverkehrs und Lizenzverträge lassen als spezielle Ausnahmetatbestände jedoch teleologische Auslegungs- und Wertungsspielräume.[84]

33 **b) Gewinnbeteiligungen von Mitgliedern des Vorstands, des Aufsichtsrats sowie von Arbeitnehmern.** Gewinnbeteiligungsabreden mit Organmitgliedern und Mitarbeitern sind u.a. die häufig anzutreffenden und vom Gesetz ausdrücklich vorgesehenen (vgl §§ 86, 87) **Tantiemezusagen**, denen **stille Beteiligungen gleichzustellen sind.**[85]

34 **c) Verträge des laufenden Geschäftsverkehrs.** Dieser Ausnahmetatbestand entspricht nahezu wörtlich der Ausnahmeregelung von § 52 Abs. 9 Alt. 1, deren Zweck darin liegt, **Geschäfte ohne nachgründungsspezifische Gefährdungslage** von unnötigen Erschwernissen freizustellen.[86] Da auch die Nachgründungsvorschriften u.a. den Zweck verfolgen, außenstehende Aktionäre zu schützen, ist im Rahmen von Abs. 2 die Zustimmung der Hauptversammlung im gleichen Umfang entbehrlich. Danach sind typische, den Erwerbszwecken der Gesellschaft dienende Verkehrsgeschäfte zustimmungsfrei, sofern sie im Rahmen des Unternehmensgegenstands abgeschlossen werden.[87] Da diese Geschäfte auf statutarischer Grundlage der Generierung von Umsätzen und Gewinnen dienen, wird durch sie der Gewinnverwendungsanspruch der Aktionäre nicht eingeschränkt, sondern unterstützt.

35 **d) Lizenz- und artverwandte Geschäfte.** Lizenzgeschäfte enthalten häufig prozentuale Gewinnbeteiligungsabreden.[88] Eine Gefährdungslage für den Gewinnverwendungsanspruch der Aktionäre wird durch sie nicht geschaffen, da ohne Lizenzvertrag entsprechende Gewinne gar nicht erst entstehen können. Dieser Gedanke ist auf artverwandte Geschäfte, wie Know-how-Verträge, Franchise-Verträge und Betriebsführungs- bzw Managementverträge übertragbar;[89] auf Letztere jedenfalls dann, wenn der Betriebs- oder Managementvertrag wesentlich auf den Namen und das Vermarktungs-, Einkaufs-, Produkt- sowie Personalführungs- und Trainings-Know-how des Betriebsführers abstellt, wie dies bei typischen Betriebs- und Managementverträgen etwa in der Hotel- und Tourismusbranche der Fall ist.

36 **III. Betriebspacht, Betriebsüberlassung (Abs. 1 Nr. 3) und Betriebsführung. 1. Allgemeines und Grundlagen.** Der Gesetzgeber sah in Betriebspacht und Betriebsüberlassung nach § 293 zustimmungsbedürftige Unternehmensverträge, weil diese die „Struktur der beteiligten Unternehmen endgültig" verändern.[90] Vor der wirtschaftlichen Ausbeutung des Unternehmens durch das herrschende Unternehmen während der Vertragslaufzeit schützt § 302 Abs. 2 mit einer speziell auf diese Unternehmensverträge zugeschnittenen umfas-

---

80 Vgl MüKo-AktG/*Altmeppen*, Rn 88; KölnKomm-AktG/*Koppensteiner*, Rn 71; *Hüffer*, Rn 16; *Emmerich*/Habersack, Rn 28.
81 Vgl MüKo-AktG/*Altmeppen*, Rn 87 f.
82 *Emmerich*/Habersack, Rn 33; *Hüffer*, Rn 26; MüKo-AktG/*Altmeppen*, Rn 81.
83 KG AG 2000, 183, 184; *Hüffer*, Rn 26; *K. Schmidt*, ZGR 1984, 295, 302; *Emmerich*/Habersack, Rn 33; MüKo-AktG/*Altmeppen*, Rn 83; KölnKomm-AktG/*Koppensteiner*, Rn 60.
84 MüKo-AktG/*Altmeppen*, Rn 82; KölnKomm-AktG/*Koppensteiner*, Rn 34 ff.
85 Vgl *Hüffer*, Rn 27 mwN; *Emmerich*/Habersack, Rn 34; MüKo-AktG/*Altmeppen*, Rn 78 f; KölnKomm-AktG/*Koppensteiner*, Rn 51.
86 Vgl *Hüffer*, § 52 Rn 18.
87 MüKo-AktG/*Altmeppen*, Rn 80; KölnKomm-AktG/*Koppensteiner*, Rn 58; *Emmerich*/Habersack, Rn 35.
88 IdR wird die Beteiligung am Verkaufserlös und nicht am Gewinn vereinbart, vgl MüKo-AktG/*Altmeppen*, Rn 82.
89 *Emmerich*/Habersack, Rn 36; MüKo-AktG/*Altmeppen*, Rn 82; KölnKomm-AktG/*Koppensteiner*, Rn 58; *Hüffer*, Rn 28; *Geßler*/*Geßler*, Rn 41.
90 RegBegr. *Kropff*, S. 397.

senden Verlustausgleichspflicht.[91] Diese erübrigt nach Meinung des Gesetzgebers auch eine automatische Nichtigkeit eines Betriebspacht- und Betriebsüberlassungsvertrages bei Verstoß gegen die §§ 57, 58 oder 60.[92]

2. Vertragsparteien. Bei der Gesellschaft, die sich zur Verpachtung oder Überlassung ihres Unternehmens oder ihrer Betriebe verpflichtet, muss es sich um eine AG oder KGaA handeln,[93] der andere Vertragsteil kann auch ein Nichtunternehmen sein.[94] Allerdings wird die Unternehmenseigenschaft in der Regel durch den vertragsgemäßen Betrieb des überlassenen Unternehmens begründet.[95]

3. Betriebspachtvertrag. Der Begriff Betriebspachtvertrag[96] kennzeichnet den Vertragsgegenstand nur ungenau, da Nr. 3 die Verpachtung des Unternehmens der Gesellschaft zum Betrieb durch den Pächter voraussetzt. Dem ist die Verpachtung sämtlicher Betriebe gleichzustellen. Die Anwendbarkeit der Vorschrift kann nicht dadurch umgangen werden, dass die zur Überlassung verpflichtete Gesellschaft nur wirtschaftlich unbedeutende Betriebe zurückbehält.[97] Pacht ist rechtstechnisch im Sinne der §§ 581 ff BGB zu verstehen.[98] Die Gesellschaft muss daher dem Pächter das gesamte Unternehmen für die Dauer der Pachtzeit zur wirtschaftlichen Nutzung auf eigene Rechnung überlassen.[99] Die Entgeltlichkeit ist Tatbestandsmerkmal, da anderenfalls Leihe vorliegt.[100] Auf die unentgeltliche Nutzungsüberlassung ist allerdings der Betriebsüberlassungsvertrag anwendbar.[101] Die Nutzung des Pachtgegenstandes durch den Pächter in eigenem Namen ist kein begriffsnotwendiges Merkmal der Pacht, aber rechtspraktisch die Regel.[102]

4. Betriebsüberlassung. Das besondere Schuldrecht des BGB kennt keinen Betriebsüberlassungsvertrag. Er betrifft die Fälle, in denen die Gesellschaft die Unternehmen oder ihre sämtlichen Betriebe dem anderen Vertragsteil unentgeltlich oder ohne pachttypische Verpflichtungen auf Dauer zur wirtschaftlichen Nutzung überlässt. Nach herrschender Auffassung ist die Vereinbarung einer Gegenleistung keine Voraussetzung für einen Betriebsüberlassungsvertrag.[103] Wesentliches Merkmal des Betriebsüberlassungsvertrags ist daher die Überlassung zur Nutzung auf eigene Rechnung des Übernehmers.[104] Der Betriebsüberlassungsvertrag ist **Auffangtatbestand** für alle atypischen Nutzungsüberlassungen.

5. Betriebsführungsvertrag. Der Betriebsführungsvertrag wird im Gesetz nicht ausdrücklich genannt. Seine Subsumtion unter Abs. 1 Nr. 3 ist umstritten.[105] Die unmittelbare Vergleichbarkeit mit Betriebspacht- und Betriebsüberlassungsvertrag fehlt, da dem Betriebsführer der Betrieb nicht zur wirtschaftlichen Nutzung für eigene Rechnung überlassen wird.[106] Vergleichbar ist der Betriebsführungsvertrag aber insofern, als die Unternehmensinhaberin ihr Unternehmen oder ihre Betriebe dem Betriebsführer nahezu vollständig zum eigenverantwortlichen Betrieb, wenn auch fremdnützig, überlässt.[107]

Formal bleibt die Unternehmensinhaberin beim Betriebsführungsvertrag im Unterschied zum Betriebspacht- und Betriebsüberlassungsvertrag Betreiberin ihres Unternehmens und Inhaberin ihrer Betriebe.[108] Der für die Betriebspacht und die Betriebsüberlassung typische gegenstandsändernde bzw -durchbrechende Übergang von eigenunternehmerischer Tätigkeit zur schlichten Vermögensverwaltung findet somit nicht statt. Bei typischer Ausgestaltung ist aber für den Betriebsführungsvertrag eine tief greifende organisatorische Trennung der Inhabergesellschaft vom Betrieb ihres Unternehmens im Interesse erfolgreicher Unternehmensführung kennzeichnend.

Beim echten Betriebsführungsvertrag verpflichtet sich der Betriebsführer zur Führung des oder der Betriebe der Inhabergesellschaft in deren Namen und für deren Rechnung.[109] Der echte Betriebsführungsvertrag ist

---

91 Vgl MüKo-AktG/*Altmeppen*, § 302 Rn 51 ff, 103; *Emmerich*/*Habersack*, § 15 Rn 3.
92 Vgl RegBegr. *Kropff*, S. 397: Erläuterung zu Abs. 3.
93 Vgl MüKo-AktG/*Altmeppen*, Rn 95 (Betriebsverträge) Rn 105 mwN (Betriebsüberlassungsverträge).
94 Vgl MüKo-AktG/*Altmeppen*, Rn 95.
95 *Emmerich*/*Habersack*, Rn 41; *Emmerich*/*Habersack*, § 15 Rn 10; MüKo-AktG/*Altmeppen*, Rn 95; Großkomm-AktienR/*Würdinger*, Anm. 17; KölnKomm-AktG/*Koppensteiner*, Rn 6; siehe auch *Hüffer*, Rn 17.
96 OLG Frankfurt aM AG 1973, 136; LG Berlin AG 1992, 91.
97 Vgl MüKo-AktG/*Altmeppen*, Rn 97.
98 MüKo-AktG/*Altmeppen*, Rn 97; *Emmerich*/*Habersack*, Rn 40; KölnKomm-AktG/*Koppensteiner*, Rn 64.
99 *Emmerich*/*Habersack*, Rn 40; MüKo-AktG/*Altmeppen*, Rn 97; *Raiser*, KapGesR, § 57 Rn 15.
100 *Emmerich*/*Habersack*, Rn 40 a; MüKo-AktG/*Altmeppen*, Rn 110 f; *Hüffer*, Rn 18, aA KölnKomm-AktG/*Koppensteiner*, Rn 77.
101 *Hüffer*, Rn 19; *Emmerich*/*Habersack*, Rn 40 a.
102 MüKo-AktG/*Altmeppen*, Rn 99; *Emmerich*/*Habersack*, Rn 40.
103 K. Schmidt/Lutter/*Langenbucher*, Rn 33 mwN; aA Spindler/Stilz/*Veil*, Rn 42.
104 MüKo-AktG/*Altmeppen*, Rn 106.
105 Spindler/Stilz/*Veil*, Rn 54; K. Schmidt/Lutter/*Langenbucher*, Rn 35 jeweils mwN; *Hüffer*, Rn 17; MüKo-AktG/*Altmeppen*, Rn 149.
106 *Emmerich*/*Habersack*, Rn 55; MüKo-AktG/*Altmeppen*, Rn 143.
107 MüKo-AktG/*Altmeppen*, Rn 149 ff; *Hüffer*, Rn 20; *Emmerich*/*Habersack*, Rn 58 f; Geßler/*Geßler*, Rn 84; *Geßler*, DB 1965, 1691, 1693; differenzierend Großkomm-AktienR/*Würdinger*, Rn 24; *Emmerich*/*Habersack*, § 15 Rn 20; KölnKomm-AktG/*Koppensteiner*, Rn 79 ff, der iE eine analoge Anwendung des Abs. 1 Nr. 3 befürwortet.
108 KölnKomm-AktG/*Koppensteiner*, Rn 79.
109 KölnKomm-AktG/*Koppensteiner*, Rn 79; MüKo-AktG/*Altmeppen*, Rn 143; zu unechten Betriebsführungsverträgen vgl MüKo-AktG/*Altmeppen*, Rn 144.

als entgeltlicher Geschäftsbesorgungsvertrag (§§ 675, 662 ff BGB) zu qualifizieren.[110] Der Betriebsführer handelt, da er im Namen der auftraggebenden Gesellschaft auftritt, im Rechtsverkehr und gegenüber dem Unternehmenspersonal aufgrund Vollmacht, die regelmäßig nur aus wichtigem Grund zusammen mit dem Betriebsführungsvertrag kündbar ist. Gegenständlich ist der Vertrag auf operative Führung der Betriebe beschränkt.[111] Somit erhält der Betriebsführer keine ausdrücklichen organschaftlichen Leitungsbefugnisse und Weisungsrechte im Sinne der §§ 291 Abs. 1, 308.[112] Regelmäßig zählen Investitions- und Finanzierungsentscheidungen nicht zum Gegenstand des Betriebsführungsvertrages. Bei der Aufstellung des Jahresabschlusses ist der Betriebsführer lediglich behilflich, indem er das Rechenwerk bis zum Ergebnis aus gewöhnlicher Geschäftstätigkeit liefert. Aufgestellt wird der Jahresabschluss von der Gesellschaft selbst. Betriebsführungsverträge werden in der Regel geschlossen, um sich spezielle Know-how, Betriebsführungs- und insbesondere Personalführungskenntnisse, uU auch verbesserte Einkaufs- und Vertriebsmöglichkeiten und den Namen des Betriebsführers zu sichern,[113] der, wie etwa im Falle von Hotel- und Restaurantketten, regelmäßig als Zusatzbezeichnung neben dem Namen der Inhabergesellschaft verwendet wird. Weisungsrechte der Inhabergesellschaft gegenüber dem Betriebsführer sind damit unvereinbar und werden regelmäßig abbedungen[114] und durch Zustimmungsvorbehalte zugunsten der Inhabergesellschaft bei wesentlichen Geschäftsvorfällen ersetzt.

43 Der Betriebsführungsvertrag enthält als Entgelt für die Überlassung von Namens- und Kennzeichenrechten sowie von Know-how einen Anteil am Betriebsergebnis.[115] Dies gilt auch für die Betriebsführungstätigkeit also solche, um das Interesse des Betriebsführers am Betriebsergebnis zu sichern. Meist wird ein Anteil am Rohertrag (Gross Operating Profit) eingeräumt. In diesen Fällen kann, auch wenn nur einzelne Betriebe Vertragsgegenstand sind, der Vertrag auch als Teilgewinnabführungsvertrag zu qualifizieren sein.

44 Die Bezeichnung als Betriebsführungsvertrag ist nicht bindend.[116] Verspricht der Betriebsführer etwa, bei Übernahme der laufenden Unterhaltskosten ein festes Betriebsergebnis zu erwirtschaften, das der Inhabergesellschaft zusteht, und sollen ihm die darüber hinausgehenden Erlöse im Wesentlichen ungekürzt zustehen, liegt ein verdeckter Pacht- oder Betriebsüberlassungsvertrag vor, wenn es sich um den einzigen oder alle Betriebe der Eigentümergesellschaft handelt.

45 **6. Kombination mit anderen Unternehmensverträgen, Abgrenzungsfragen. a) Kombination mit Teilgewinnabführungsvertrag.** Der Betriebsführungsvertrag kann gleichzeitig Teilgewinnabführungsabreden enthalten.[117] Wird die erfolgsbezogene Vergütung als Gegenleistung für Lizenzrechte oder Know-how-Überlassung geschuldet, finden die Vorschriften für den Teilgewinnabführungsvertrag keine Anwendung. Gleiches muss gelten, wenn die erfolgsbezogene Vergütung typisches Entgelt für ein Geschäft ist, das die Betriebsinhaberin im Rahmen ihres Unternehmensgegenstands abschließt, um die Profitabilität zu verbessern. Greift die Ausnahmebestimmung des Abs. 2 nicht ein, bedarf der Vertrag zu seiner Wirksamkeit der ausdrücklichen Zustimmung der Hauptversammlung zur Teilgewinnabführungsabrede und der Eintragung im Handelsregister.

46 **b) Kombination und Abgrenzung zum Beherrschungsvertrag.** Betriebspacht- und Betriebsüberlassungsverpflichtungen lassen sich nicht sinnvoll durch Leitungsbefugnisse des Pächters oder des Übernehmers ergänzen oder verstärken. Denkbar ist die Unterstellung des Pächters unter die Leitung der Verpächterin. Dann liegt auf Seiten der Verpächterin ein zustimmungspflichtiger Vertrag nach § 292 und auf Seiten der Pächterin ein zustimmungspflichtiger Beherrschungsvertrag vor,[118] sofern diese jeweils AG oder KGaA sind.

47 Die Unterstellung der Unternehmensinhaberin unter die Leitung des Betriebsführungsunternehmens kann sinnvoll sein, um jegliche vertragswidrige Einflussnahme auf die Betriebsführung zu unterbinden und der Betriebsführerin auch die Entscheidungshoheit über betriebsbezogene Finanzierungen und Investitionen zu sichern.[119] Erreichen die Leitungsbefugnisse das für den Beherrschungsvertrag nach § 291 Abs. 1 geforderte Maß, ist fraglich, ob sowohl die Zustimmungs- und Eintragungerfordernisse (hinsichtlich der unterschiedlichen Abreden) für die Beherrschungsabrede nach § 291 Abs. 1 als auch zum Betriebsführungsvertrag nach

---

110 OLG München AG 1987, 380, 382; *Emmerich/Habersack*, Rn 56; *Huber*, ZHR 152 (1988), 1, 31 ff; MüHb-AG/*Krieger*, § 72 Rn 45; bei fehlender Gegenleistung ist im Auftragsverhältnis anzunehmen, vgl *Emmerich/Habersack*, Rn 56.
111 *Emmerich/Habersack*, Rn 57.
112 *Emmerich/Habersack*, Rn 57; MüHb-AG/*Krieger*, § 72 Rn 46; *Raiser*, KapGesR, § 57 Rn 17.
113 So auch *Emmerich/Habersack*, Rn 55.
114 Soweit nicht § 76 entgegensteht, vgl BGH NJW 1982, 1817 "Holiday Inn"; *Emmerich/Habersack*, Rn 56; MüKo-AktG/*Altmeppen*, Rn 153 ff (zur Frage, inwieweit eine Einschränkung der Leitungskompetenz des Vorstands möglich ist, Rn 147 f, 153 ff).
115 Vgl MüKo-AktG/*Altmeppen*, Rn 175; *Emmerich/Habersack*, Rn 58, die für den Fall, dass die Gegenleistung an den Betriebsführer in der Form erbracht, dass die Eigentümergesellschaft einen Teil ihres Gewinns an ihn abführt, neben dem Betriebsführungsvertrag ein Teilgewinnabführungsvertrag iSv Abs. 1 Nr. 2 annehmen.
116 Oftmals auch als Managementvertrag bezeichnet, vgl *Emmerich/Habersack*, Rn 55; MüKo-AktG/*Altmeppen*, Rn 143.
117 Vgl MüKo-AktG/*Altmeppen*, Rn 175; KölnKomm-AktG/*Koppensteiner*, Rn 92; *Emmerich/Habersack*, Rn 58.
118 Vgl MüKo-AktG/*Altmeppen*, Rn 100, 131 ff, 140 ff.
119 Vgl MüKo-AktG/*Altmeppen*, Rn 153.

§ 292 Abs. 1 Nr. 3 zu fordern sind.[120] Richtig dürfte eine differenzierende Betrachtung sein. Jedenfalls beim Betriebsführungsvertrag sollte die Zustimmung zum Beherrschungsvertrag genügen, da die Inhabergesellschaft sowohl vertragstypisch Verpflichtete der Beherrschungsabrede als auch des Betriebsführungsvertrages ist.

Durch den typischen Betriebsführungsvertrag unterstellt sich die Inhabergesellschaft nicht der Leitung der Betriebsführerin, sondern überträgt dieser nur die Führung ihres Betriebs.[121] Insofern bleiben die übertragenen Leitungsrechte hinter den Erfordernissen des Beherrschungsvertrages zurück. Aufgrund der umfassenden weisungsfreien Betriebsführungvollmacht ist die Betriebsführerin allerdings gegenüber dem gesamten Personal weisungsbefugt, das im operativen Unternehmensbereich tätig ist.[122] Damit geht der Betriebsführungsvertrag in seiner Wirkung über die Herrschaftsmittel aufgrund Beherrschungsvertrages hinaus. Ein echter Beherrschungsvertrag liegt in diesen Fällen aber mit Rücksicht auf dessen gesetzlich vorgeschriebenen Mindestinhalt dennoch nicht vor. Es genügt die Gleichstellung mit dem Betriebspacht- und Betriebsüberlassungsvertrag mit der Rechtsfolge, dass der Betriebsführungsvertrag wie diese zustimmungs- und eintragungspflichtig ist.[123] Auch eine entsprechende Anwendung von § 302 Abs. 2 ist zu bejahen, wenn die Betriebsführerin herrschendes Unternehmen ist.[124]

C. Vermögensbindung im Fall von Abs. 1 Nr. 3 (Abs. 3)

I. Fehlerhafte Verträge nach Abs. 1 Nr. 3 mit einem Aktionär; Auswirkungen von Abs. 3. 1. Fehlerquellen. Hinsichtlich allgemeiner Rechtsgeschäftsmängel gilt nichts anderes, als zu § 291 ausgeführt wurde (vgl § 291 Rn 18 f). Es besteht Bestandsschutz nach den Grundsätzen fehlerhafter Gesellschaft.[125] Entsprechendes gilt für anfechtbare oder nichtige Zustimmungsbeschlüsse.[126] Verletzt der Vertrag wegen fehlender oder unangemessener Gegenleistung die Kapitalbindungsregeln der §§ 57, 58 und 60, weil ein Aktionär als Pächter, Übernehmer oder Betriebsführer beteiligt ist, schließt Abs. 3 die Nichtigkeitsfolge des Vertrages ausdrücklich aus.[127] Der Gesetzgeber sah die Gesellschaft durch die Verlustausgleichspflicht gemäß § 302 Abs. 2 als ausreichend geschützt an.[128] Unberührt bleibt aber der Ausgleichsanspruch der Gesellschaft aus § 62,[129] da das Gesetz zwischen Rechtsfolgen aus der Vereinbarung unzulässiger Leistungen und dem Verstoß durch die Vornahme von Leistungen gegen die §§ 57, 58 und 60 unterscheidet.

Im Falle des Betriebsführungsvertrages liegt eine unangemessene Gegenleistung vor, wenn die Höhe des Betriebsführungsentgelts dazu führt, dass die Inhabergesellschaft aus dem Betrieb nach Finanzierung und Investitionsrückstellungen auf Dauer Verluste erwirtschaftet.[130]

2. Fehlerfolge. Bleibt der Betriebsführungsvertrag unangefochten, ist die Rückabwicklung ausgeschlossen. Der Gesellschaft stehen Verlustausgleichsansprüche nach § 302 Abs. 2 und Rückzahlungsansprüche nach § 62 zu. Demgegenüber ist der Betriebsführer auf bereicherungsrechtliche Gegenansprüche angewiesen.[131]

Abs. 3 lässt die Anfechtbarkeit des Zustimmungsbeschlusses wegen Verstößen gegen die §§ 57, 58 und 60 ausdrücklich zu.[132] Die Anfechtung kann auf § 243 Abs. 1 oder 2 gestützt werden.[133] Dabei ist der besondere Anfechtungsausschluss nach § 243 Abs. 2 S. 2 nach richtiger Ansicht auch auf § 243 Abs. 1 zu beziehen,[134] da der angemessene Ausgleich für die Aktionäre als ausreichende Kompensation für beide Anfechtungstatbestände bei Verstößen gegen die §§ 57, 58 und 60 anzusehen ist und der Gesellschaft als solcher der Verlustausgleichsanspruch gemäß § 302 Abs. 2 verbleibt.

Die Unangemessenheit der Gegenleistung ist zumindest indiziert, wenn bessere Vertragsofferten Dritter zugunsten des Mehrheitsaktionärs ausgeschlagen wurden.[135]

---

120 Bejahend *Hüffer*, Rn 21, 24; vgl im Erg. auch MüKo-AktG/*Altmeppen*, Rn 153: Die gesetzlichen Voraussetzungen des Beherrschungsvertrages müssen vorliegen; so auch MüHb-AG/*Krieger*, § 72 Rn 35.
121 KölnKomm-AktG/*Koppensteiner*, Rn 79; MüKo-AktG/*Altmeppen*, Rn 143; *Emmerich*/Habersack, Rn 57.
122 MüKo-AktG/*Altmeppen*, Rn 145; verwendet der Betriebsführer – wie häufig – eigene Arbeitnehmer, ist er selbst Arbeitgeber, vgl MüKo-AktG/*Altmeppen*, aaO, mwN.
123 MüKo-AktG/*Altmeppen*, Rn 149 ff; *Hüffer*, Rn 20; MüHb-AG/*Krieger*, § 72 Rn 42 ff; *Emmerich*/Habersack, Rn 58 f; Geßler/Geßler, Rn 84; *Geßler*, DB 1965, 1691; differenzierend: Großkomm-AktienR/*Würdinger*, Rn 24; *Emmerich*/Habersack, § 15 Rn 22 f.
124 Vgl *Emmerich*/Habersack, Rn 59, 38 ff.
125 Für Betriebspacht- und Betriebsüberlassungsvertrag vgl MüKo-AktG/*Altmeppen*, Rn 128; für fehlerhafte Betriebsführungsverträge vgl Rn 176.
126 Vgl MüKo-AktG/*Altmeppen*, Rn 129 f.
127 MüKo-AktG/*Altmeppen*, Rn 129; KölnKomm-AktG/*Koppensteiner*, Rn 21; RegBegr. *Kropff*, S. 379.
128 Vgl RegBegr. *Kropff*, S. 379.
129 Vgl *Emmerich*/Habersack, Rn 51 a.
130 Zur Angemessenheit der Gegenleistung vgl MüKo-AktG/*Altmeppen*, Rn 172 ff.
131 Vgl MüKo-AktG/*Altmeppen*, Rn 130.
132 KölnKomm-AktG/*Koppensteiner*, Rn 22; *Hüffer*, Rn 30; MüKo-AktG/*Altmeppen*, Rn 118; *Emmerich*/Habersack, Rn 51.
133 KölnKomm-AktG/*Koppensteiner*, Rn 23, 24; *Hüffer*, Rn 30; MüKo-AktG/*Altmeppen*, Rn 121.
134 Vgl *Hüffer*, Rn 30; KölnKomm-AktG/*Altmeppen*, Rn 25; Geßler/*Geßler*, § 243 Rn 104; *Geßler*, in: FS Barz, S. 97, 107; aA MüKo-AktG/*Altmeppen*, Rn 122; *Martens*, AG 1974, 9, Anm. 7.
135 *Hüffer*, Rn 30.

54 II. **Fehlerhafte Verträge nach Nr. 3 mit einem Nichtaktionär.** Abs. 3 ist auf diesen Fall auch nicht entsprechend anwendbar,[136] da insbesondere Abs. 2 der Gesellschaft in diesem Fall keinen Verlustausgleichsanspruch gewährt. Daher gelten die allgemeinen Grundsätze.[137]

D. Anwendung auf die GmbH

55 Alle in Abs. 1 genannten Vertragstypen können auch mit einer GmbH geschlossen werden. Soweit es sich dabei um gesellschaftsrechtliche Organisationsverträge handelt, die satzungsgleich den rechtlichen Status der GmbH ändern, sind diese nicht von der grundsätzlich unbeschränkten Vertretungsmacht des Geschäftsführers gemäß § 37 Abs. 2 GmbHG gedeckt, sondern bedürfen eines Zustimmungsbeschlusses der Gesellschafter nach Maßgabe der §§ 53, 54 GmbHG mit gesellschaftsvertragsändernder Mehrheit.[138]

56 Streitig ist, ob darüber hinaus Einstimmigkeit zu verlangen ist. Dies ist jeweils differenzierend danach zu beantworten, ob eine Zweckänderung im Sinne von § 33 Abs. 1 S. 2 BGB vorliegt.[139] Eine solche eine Zweckänderung liegt jedenfalls dann vor, wenn die Gesellschaft keine angemessene Gegenleistung für den Abschluss eines Teilgewinnabführungsvertrages oder eines Betriebspacht- bzw Betriebsüberlassungsvertrages erhält.[140] Das Einstimmigkeitserfordernis ergibt sich in diesem Fall schon aus dem Schädigungsverbot und der Treuepflicht der Gesellschaftermehrheit gegenüber der Minderheit.

Zweiter Abschnitt
Abschluß, Änderung und Beendigung von Unternehmensverträgen

§ 293 Zustimmung der Hauptversammlung

(1) ¹Ein Unternehmensvertrag wird nur mit Zustimmung der Hauptversammlung wirksam. ²Der Beschluß bedarf einer Mehrheit, die mindestens drei Viertel des bei der Beschlußfassung vertretenen Grundkapitals umfaßt. ³Die Satzung kann eine größere Kapitalmehrheit und weitere Erfordernisse bestimmen. ⁴Auf den Beschluß sind die Bestimmungen des Gesetzes und der Satzung über Satzungsänderungen nicht anzuwenden.

(2) ¹Ein Beherrschungs- oder ein Gewinnabführungsvertrag wird, wenn der andere Vertragsteil eine Aktiengesellschaft oder Kommanditgesellschaft auf Aktien ist, nur wirksam, wenn auch die Hauptversammlung dieser Gesellschaft zustimmt. ²Für den Beschluß gilt Absatz 1 Satz 2 bis 4 sinngemäß.

(3) Der Vertrag bedarf der schriftlichen Form.

A. Grundlagen, Entstehungsgeschichte und Zweck .. 1	IV. Inhaltskontrolle 15
B. Vertragsschluss 4	D. Zustimmung der Hauptversammlung des anderen Vertragsteils bei Beherrschungs- und Gewinnabführungsvertrag 16
I. Vorbemerkung 4	
II. Zustandekommen 6	
III. Schriftformerfordernis gemäß Abs. 3 7	E. Zustimmung des Aufsichtsrates 19
C. Zustimmung der Hauptversammlung der verpflichteten Gesellschaft (Abs. 1) 8	F. Sonderfälle 21
	I. Mehrmütterunternehmensvertrag 21
I. Zuständige Hauptversammlung gemäß Abs. 1 S. 1 8	II. Mehrstufige Beherrschungs- und/oder Gewinnabführungsverträge und verwandte Fragen 22
II. Gegenstand und Inhalt des Zustimmungsbeschlusses 9	G. Rechtsfolgen 24
III. Mehrheitserfordernisse 12	H. Anwendung auf die GmbH 28

A. Grundlagen, Entstehungsgeschichte und Zweck

1 Entgegen der Überschrift des zweiten Abschnitts handeln die §§ 293 ff nicht vom Abschluss, sondern von den **Wirksamkeitserfordernissen**, der **Änderung** und der **Beendigung** von Unternehmensverträgen. Das Zustandekommen des Unternehmensvertrages nach allgemeinen Rechtsgeschäftsregeln durch die vertretungs-

---

136 So auch KölnKomm-AktG/*Koppensteiner*, Rn 24; MüKo-AktG/*Altmeppen*, Rn 127; *Emmerich*/Habersack, Rn 50.
137 MüKo-AktG/*Altmeppen*, Rn 127; *Emmerich*/Habersack, Rn 50.
138 OLG München DStR 2011, 1139 (Teilgewinnabführung hat keine satzungsändernde Wirkung); differenzierend auch Roth/*Altmeppen*, GmbHG, § 13 Anh. Rn 112 ff mwN; pauschal für ein Zustimmungsbedürfnis *Emmerich*/Habersack, Rn 21, 37, 53 f; Scholz/*Emmerich*, GmbHG, § 44 Anh. Rn 211, 214, 218.
139 *Emmerich*/Habersack, Rn 22, 37, 53 f; Scholz/*Emmerich*, GmbHG, § 44 Anh. Rn 211 f, 215, 218; *Führling*, Sonstige Unternehmensverträge, S. 167 ff.
140 *Emmerich*/Habersack, Rn 37 a, 54; Scholz/*Emmerich*, GmbHG, § 44 Anh. Rn 215, 219.

berechtigten Organe von AG und KGaA setzen die Vorschriften, insbesondere § 293, voraus. Zu der Schriftform gemäß Abs. 3 und den Zustimmungserfordernissen des Abs. 1 und 2 muss noch die Eintragung des Unternehmensvertrages nach § 294 treten, erst dann ist der mehraktige Prozess abgeschlossen, den der Unternehmensvertrag bis zu seinem Wirksamwerden durchläuft.[1]

§ 293 dient dem Schutz der Aktionäre von Unter- und Obergesellschaft (Letzteres, soweit ein Beherrschungs- oder Gewinnabführungsvertrag vorliegt)[2] durch ein bereits durch das Aktiengesetz 1965 formalisiertes Verfahren, das durch das Umwandlungsbereinigungsgesetz 1994 um Berichts- und Prüfungserfordernisse ergänzt wurde, die an die Förmlichkeiten von Verschmelzungsbeschlüssen des Umwandlungsgesetzes angelehnt sind. Kernstück ist die gesetzliche Aussage, dass nur der Vertrag wirksam werden kann, der schriftlich als Entwurf oder als abgeschlossener Vertrag mit allen Einzelheiten den Aktionären vorgelegen und deren Zustimmung gefunden hat. Der Grund des Zustimmungserfordernisses ist in der strukturverändernden Wirkung und den wirtschaftlichen Folgen der Unternehmensverträge zu sehen.[3]

§ 293 Abs. 1 ist aus § 256 AktG 1937 hervorgegangen.[4] Die Schriftform des Abs. 3 wurde vom Gesetzgeber neu aufgenommen, um Rechtsklarheit für die außenstehenden Aktionäre und den Rechtsverkehr zu schaffen.[5] Bis 1965 wurden Unternehmensverträge zuweilen nur mündlich geschlossen, häufig waren sie nur lückenhaft dokumentiert.[6] Auch ein Zustimmungserfordernis der Anteilseigner der Obergesellschaft fehlte, da das Aktiengesetz 1937 den anderen Vertragsteil des Beherrschungs- oder Gewinnabführungsvertrages noch nicht mit den rigiden Ausgleichs- und Abfindungsregelungen der §§ 302 f und 304 belegte.[7]

B. Vertragsschluss

I. Vorbemerkung. Grundsätzlich gelten für das Zustandekommen des Unternehmensvertrages die allgemeinen Bestimmungen (§§ 145 ff BGB).[8] Der Vertragsschluss ist Vertretungsgeschäft und obliegt dem Vorstand der AG (§§ 76 bis 78 und 83) bzw dem Komplementär der KGaA.[9] Der Vertrag bedarf nach § 293 Abs. 3 zwingend der Schriftform nach Maßgabe der §§ 125, 126 BGB.[10] Er kann mit vorheriger Zustimmung der Hauptversammlungen gemäß § 183 BGB (Einwilligung) oder deren Genehmigung nach § 184 BGB (nachträgliche Zustimmung) geschlossen werden.[11] Die §§ 293 a-f dienen der Vorbereitung der Zustimmungsbeschlüsse. Sie setzen zumindest voraus, dass der Vertrag in seiner endgültigen schriftlichen Entwurfsfassung vorliegt.[12] Für das Aushandeln des Vertrages sowie die Einberufung und Vorbereitung der Hauptversammlung einschließlich der in §§ 293 a-g genannten Vorbereitungsmaßnahmen ist der Vorstand nach § 83 Abs. 1 S. 2 zuständig.[13] Den Zustimmungsbeschluss schlagen Vorstand und Aufsichtsrat der Gesellschaft nach § 124 Abs. 3 S. 1 gemeinsam vor. Die Hauptversammlung kann den Vorstand anweisen, einen Unternehmensvertrag vorzubereiten und abzuschließen.[14] Für diesen Fall ist fraglich, inwieweit der Aufsichtsrat einzubeziehen ist (vgl Rn 20).

II. Zustandekommen. Inhaltlich setzt der Unternehmensvertrag eine Vereinbarung voraus, die sich in den von §§ 291, 292 gezogenen Grenzen hält.[15] Darüber hinaus dürfen in dem Unternehmensvertrag wegen § 23 Abs. 5 nur **Abreden** aufgenommen werden, denen **keine zwingenden aktienrechtlichen Bestimmungen entgegenstehen**. Dem Schutzzweck der §§ 293 ff würde es etwa widersprechen, den Vorstand zur eigenverantwortlichen Ausgestaltung wesentlicher Vertragsregelungen zu ermächtigen.[16] Daher muss der Vertrag alle zwingenden gesetzlichen Vertragsmerkmale sowie alle von den Vertragsparteien für wesentlich gehaltenen Regelungen enthalten. Die Bezeichnung der Vertragsart ist nicht erforderlich, da sich die Qualifikation

---

1 BGH BB 2006, 1405, 1406.
2 Vgl *Hüffer*, Rn 1.
3 *Spindler/Stilz/Veil*, Rn 1 mit Verweis auf die BegrRegE *Kropff* S. 380.
4 Vgl MüKo-AktG/*Altmeppen*, Rn 1; *Emmerich*/Habersack, Rn 2.
5 Vgl MüKo-AktG/*Altmeppen*, Rn 16.
6 Vgl BegrRegE *Kropff*, S. 381.
7 Vgl BegrRegE *Kropff*, S. 381; MüKo-AktG/*Altmeppen*, Rn 3.
8 Vgl MüKo-AktG/*Altmeppen*, Rn 5 ff.
9 Vgl BGHZ 122, 211, 217 = NJW 1993, 1976 = AG 1993, 422 "SSI"; *Emmerich*/Habersack, Rn 14 f; KölnKomm-AktG/ *Koppensteiner*, Rn 11; MüKo-AktG/*Altmeppen*, Rn 5.
10 Vgl zum Schriftformerfordernis MüKo-AktG/*Altmeppen*, Rn 16; Spindler/Stilz/*Veil*, Rn 1, 9; *Emmerich*/Habersack, Rn 21; KölnKomm-AktG/*Koppensteiner*, Rn 12.
11 BegrRegE *Kropff*, S. 383; *Hüffer*, Rn 4; *Emmerich*/Habersack, Rn 25; *v. Godin/Wilhelmi*, Anm. 2; Großkomm-AktienR/*Würdinger*, Anm. 1; *Emmerich*/Habersack, § 16 Rn 14 ff; *Raiser*, KapGesR, § 54 Rn 20; MüHb-AG/*Krieger*, § 70 Rn 40; KölnKomm-AktG/*Koppensteiner*, Rn 6.
12 BGHZ 82, 188, 194 f = NJW 1982, 933; *Hüffer*, Rn 4.
13 *Emmerich*/Habersack, Rn 16.
14 BGHZ 82, 188, 195 = NJW 1982, 933 = AG 1982, 129; BGHZ 121, 211, 217 = NJW 1993, 1976 = AG 1993, 422; *Hüffer*, § 83 Rn 3; *Emmerich*/Habersack, Rn 16; KölnKomm-AktG/*Mertens*, § 83 Rn 3.
15 Vgl *Henze*, Konzernrecht, Rn 298.
16 *Henze*, Konzernrecht, Rn 298; KölnKomm-AktG/*Koppensteiner*, Rn 13; BGH NJW 1993, 1976, 1977.

des Vertrages allein nach seinem Inhalt richtet.[17] Sie ist erst im Zusammenhang mit der Anmeldung des Unternehmensvertrages und seiner Eintragung von Bedeutung.[18]

7 **III. Schriftformerfordernis gemäß Abs. 3.** Das Schriftformerfordernis ist nach allgemeiner rechtsgeschäftlicher Systematik Wirksamkeitserfordernis.[19] So auch hier. Die Schriftform dient der möglichst vollständigen Unterrichtung der Hauptversammlung und der Publizität.[20] Die Schriftform kann durch die elektronische Form (§ 126 a BGB) ersetzt werden. Alle Vertragsabreden sind in die Vertragsurkunde aufzunehmen.[21] Besteht die Urkunde einschließlich Anlagen aus mehreren Blättern, muss die Zusammengehörigkeit zweifelsfrei erkennbar gemacht werden. Die Einheit der Urkunde kann sich aus fortlaufender Paginierung, fortlaufender Nummerierung der einzelnen Bestimmungen, einheitlicher grafischer Gestaltung, inhaltlichem Zusammenhang des Textes und anderen urkundlichen Merkmalen ergeben.[22] Eine körperliche Verbindung der Urkundenbestandteile ist nicht erforderlich,[23] genügt aber jedenfalls den Schriftformerfordernissen. Nicht beurkundete Abreden sind nichtig (§ 125 S. 1 BGB) und können zur Gesamtnichtigkeit des Vertrages führen.[24]

C. Zustimmung der Hauptversammlung der verpflichteten Gesellschaft (Abs. 1)

8 **I. Zuständige Hauptversammlung gemäß Abs. 1 S. 1.** Zuständige Hauptversammlung iSv Abs. 1 S. 1 ist die derjenigen AG oder KGaA, die die typischen unternehmensvertraglichen Verpflichtungen übernimmt.[25] Beim Beherrschungsvertrag ist das die Gesellschaft, die ihre Leitung einem anderen Unternehmen unterstellt, beim Gewinnabführungsvertrag die Gesellschaft, die sich verpflichtet, ihren ganzen Gewinn an ein anderes Unternehmen abzuführen, beim Geschäftsführungsvertrag die Gesellschaft, die es übernimmt, ihr Unternehmen für Rechnung eines anderen Unternehmens zu führen. Der Gewinngemeinschaftsvertrag verpflichtet alle beteiligten Gesellschaften zu vertragstypischen Leistungen, daher bedarf es der Zustimmung der Anteilseignerversammlungen aller beteiligten Gesellschaften.[26] Bei Betriebspacht- und Betriebsüberlassungsverträgen ist die Hauptversammlungszuständigkeit der überlassenden Gesellschaft gegeben. Beim Betriebsführungsvertrag verpflichtet sich die Inhabergesellschaft zur vertragstypischen Leistung. Aus § 285 Abs. 2 S. 1 folgt ferner, dass der Hauptversammlungsbeschluss bei der KGaA außerdem der Zustimmung des Komplementärs bedarf.[27]

9 **II. Gegenstand und Inhalt des Zustimmungsbeschlusses.** Zustimmungsbedürftig ist der **gesamte Unternehmensvertrag**, dh die vertragstypische Verpflichtung in allen vereinbarten Einzelheiten sowie die Verpflichtungen der anderen Vertragspartei oder -parteien einschließlich aller Zusatz- und Nebenbestimmungen und Anlagen.[28] Zustimmungsbedürftig ist somit alles, was auch dem Schriftformerfordernis unterliegt, was aus dessen Klarstellungsfunktion ohne Weiteres folgt und durch § 293 f. Abs. 1 Nr. 1 und § 293 g Abs. 1 unterstrichen wird. Bestandteile, denen nicht zugestimmt wurde, werden nicht wirksam. Dies kann aus den gleichen Gründen wie der partielle Schriftformmangel zur Gesamtunwirksamkeit des Vertrages führen.[29] Insofern liegt Fehleridentität vor. Dagegen wird man die Zustimmung zu einem lediglich falsch bezeichneten oder unbenannten Unternehmensvertrag nicht eo ipso als nichtig anzusehen haben,[30] sondern allenfalls

---

17 Zutreffend daher Spindler/Stilz/*Veil*, Rn 7; *Emmerich*/Habersack, § 291 Rn 17, § 293 Rn 17; *Hüffer*, Rn 14, 16; MüHb-AG/*Krieger*, § 70 Rn 45; aA KölnKomm-AktG/*Koppensteiner*, Rn 14.
18 Zum Teil wird in der Literatur gefordert, dass zumindest im Zustimmungsbeschluss derjenigen Gesellschaft, die die vertragstypischen Leistungen erbringt, die genaue Rechtsnatur des Vertrages angegeben wird – so etwa KölnKomm-AktG/*Koppensteiner*, Rn 37; ablehnend: *Emmerich*/Habersack, Rn 17; *Hüffer*, Rn 14, 16; MüHb-AG/*Krieger*, § 70 Rn 45.
19 *Hüffer*, Rn 26; *Emmerich*/Habersack, Rn 21; MüKo-AktG/*Altmeppen*, Rn 16; KölnKomm-AktG/*Koppensteiner*, Rn 12.
20 Vgl BegrRegE *Kropff*, S. 381; MüKo-AktG/*Altmeppen*, Rn 16; KölnKomm-AktG/*Koppensteiner*, Rn 12; *Emmerich*/Habersack, § 16 Rn 2; *Hüffer*, Rn 26.
21 Vgl OLG Celle AG 2000, 280 f; OLG Stuttgart NZG 2000, 93, 94; BGHZ 136, 357; *Emmerich*/Habersack, Rn 22; *Hüffer*, Rn 26.
22 Vgl Palandt/*Ellenberger*, § 126 BGB Rn 4; BGHZ 136, 357; *Hüffer*, Rn 26.
23 BGHZ 136, 357; der Standpunkt der früher hM, nach der eine Verbindung erforderlich war, deren Lösung nur unter teilweiser Substanzstörung oder Gewaltanwendung erfolgen konnte (vgl BGHZ 40, 255, 263 f; BGHZ 42, 333, 338 f), ist überholt; vgl aktuell *Michalski*, WM 1998, 1993, 2002 f; *Hüffer*, Rn 26.
24 KölnKomm-AktG/*Koppensteiner*, Rn 12, wonach eine Restgültigkeit insb. in Betracht kommt, wenn dort essentialia negotii fixiert sind; Geßler/*Geßler*, Rn 13; *Emmerich*/Habersack, Rn 21 f; MüKo-AktG/*Altmeppen*, Rn 16.
25 *Emmerich*/Habersack, Rn 23; MüKo-AktG/*Altmeppen*, Rn 30; *Hüffer*, Rn 3; KölnKomm-AktG/*Koppensteiner*, Rn 28, 42.
26 MüKo-AktG/*Altmeppen*, Rn 31; *Emmerich*/Habersack, § 16 Rn 14; *Hüffer*, Rn 3.
27 *Hüffer*, Rn 3, § 285 Rn 2; MüKo-AktG/*Altmeppen*, Rn 32; MüKo-AktG/*Semler/Perlitt*, § 285 Rn 38 ff.
28 *Emmerich*/Habersack, Rn 26; MüKo-AktG/*Altmeppen*, Rn 56.
29 Zur Anwendung des § 139 BGB vgl OLG München AG 1991, 358, 360, OLG Hamburg ZIP 1989, 1326, 1327; MüKo-AktG/*Altmeppen*, Rn 56; KölnKomm-AktG/*Koppensteiner*, Rn 36; *Hüffer*, Rn 5; aA *Emmerich*/Habersack, Rn 27: § 139 BGB passt nicht, es ist daher Gesamtnichtigkeit anzunehmen – arg.: es handelt sich nicht um einen Fall der Teilnichtigkeit, sondern darum, dass der (ganze) von den Parteien geschlossene Vertrag nicht die Zustimmung der Hauptversammlung gefunden hat; BFH DStR 2009, 100, 101.
30 *Hüffer*, Rn 14; aA KölnKomm-AktG/*Koppensteiner* Rn 14 u 59.

dann, wenn sich die Aktionäre weder durch Einsicht in die nach § 293 f auszulegenden Unterlagen noch durch Auskunft über die richtige Vertragsart informieren konnten.

Die strengen Schriftform- und Zustimmungserfordernisse sind nicht disponibel, auch nicht für die Hauptversammlung. Der auf Unternehmensverträge anwendbare § 23 Abs. 5 verbietet es der Hauptversammlung, den Vorstand zur inhaltlichen Ausgestaltung oder Ergänzung des Unternehmensvertrages zu ermächtigen.[31] 10

Eine Zustimmung unter Abänderung oder Ergänzung verhindert das Zustandekommen des Zustimmungsbeschlusses und das Wirksamwerden des Vertrages, da dies gemäß § 150 Abs. 2 BGB als Ablehnung des Zustimmungsantrags zu bewerten ist.[32] Der Zustimmungsbeschluss mit Modifikationen kann auch nicht als Auftrag und Einwilligung zum Abschluss mit dem im Zustimmungsbeschluss festgelegten Inhalt gewertet werden.[33] Dies verbietet sich wegen der zwingenden Bestimmungen über die Vorbereitung des Zustimmungsbeschlusses, insbesondere der §§ 293 f. Abs. 1 und 293 g Abs. 1. Der nachverhandelte Vertrag muss somit das gesamte Zustimmungsverfahren erneut durchlaufen. 11

III. Merhrheitserfordernisse. Der Zustimmungsbeschluss wird mit der einfachen Mehrheit der abgegebenen Stimmen gemäß § 133 Abs. 1 und zusätzlich der in § 293 Abs. 1 S. 2 vorgeschriebenen Mehrheit von 3/4 des bei der Beschlussfassung vertretenen Grundkapitals gefasst.[34] Diese vom Gesetz geforderte qualifizierte Stimmenmehrheit soll die außenstehenden Aktionäre vor Mehrstimmrechten schützen;[35] stimmrechtslose Aktien und bei der Beschlussfassung aus sonstigen Gründen ausgeschlossene Stimmen[36] bleiben bei der Berechnung des vertretenen Grundkapitals unberücksichtigt. 12

Die Satzung kann die in § 293 Abs. 1 bestimmten Mehrheitserfordernisse nur anheben, aber wegen § 23 Abs. 5 nicht absenken. Die Satzung kann Unternehmensverträge nach wohl hM aber nicht ganz verbieten.[37] 13

Abs. 1 S. 2 erklärt die Bestimmung des Gesetzes und der Satzung über Satzungsänderungen ausdrücklich für unanwendbar. Materielle Bedeutung hat diese Regelung nur in den Fällen, in denen die Satzung für Satzungsänderungen strengere Regeln als das Gesetz aufstellt. Zu der Klarstellung hatte sich der Gesetzgeber wegen der Streitfrage zu § 256 AktG aF veranlasst gesehen, ob Unternehmensverträge wegen ihres organisationsrechtlichen Charakters Satzungsänderungen darstellen oder wie solche zu behandeln sind.[38] 14

IV. Inhaltskontrolle. In der Regel steht der Zustimmungsbeschluss zu einem Unternehmensvertrag bei der verpflichteten Gesellschaft bereits vor der Abstimmung fest, weil es sich bei dem Vertragspartner um das herrschende Unternehmen handelt, das über die erforderliche Beschlussmehrheiten verfügt. Daher wird in der Kommentarliteratur das Erfordernis einer materiellen Beschlusskontrolle bzw. sachlichen Rechtfertigung für den Abschluss von Unternehmensverträgen diskutiert.[39] Nach richtiger Auffassung erübrigen sich diese Überlegungen nach Einführung der §§ 293 a-g durch das Umwandlungsbereinigungsgesetz 1994 und die seither durch § 293 b vorgeschriebene Vertragsprüfung.[40] Gegen die einseitige Verfolgung von Sondervorteilen ist der Minderheitsaktionär ausreichend durch die §§ 53 a, 243 Abs. 2 geschützt.[41] 15

D. Zustimmung der Hauptversammlung des anderen Vertragsteils bei Beherrschungs- und Gewinnabführungsvertrag

Wegen der besonders weitgehenden Rechtsfolgen (§§ 302 f, 304 f), die Beherrschungs- und Gewinnabführungsverträge für das herrschende Unternehmen mit sich bringen, hielt der Gesetzgeber bei diesen Verträgen auch die Zustimmung der Hauptversammlung der herrschenden AG oder KGaA für erforderlich.[42] Das 16

---

31 So auch KölnKomm-AktG/*Koppensteiner*, Rn 18, 33; *Hüffer*, Rn 5; Spindler/Stilz/*Veil*, Rn 15; MüHb-AG/*Krieger* § 70 Rn 24; aA MüKo-AktG/*Altmeppen*, Rn 58 ff; BGH NJW 1993, 1976, 1977.

32 Vgl MüKo-AktG/*Altmeppen*, Rn 35; KölnKomm-AktG/*Koppensteiner*, Rn 28; *Emmerich*/Habersack, Rn 28.

33 *Emmerich*/Habersack, Rn 28: Von Fall zu Fall kann darin die Aufforderung an den Vorstand nach § 83 Abs. 1 liegen, durch Verhandlungen eine entsprechende Abänderung des Unternehmensvertrags zu erreichen. vgl auch MüKo-AktG/*Altmeppen*, Rn 35; *Hüffer*, Rn 13, 23; KölnKomm-AktG/*Koppensteiner*, Rn 38.

34 Vgl KölnKomm-AktG/*Koppensteiner*, Rn 28; *Hüffer*, Rn 8; Spindler/Stilz/*Veil*, Rn 24; K. Schmidt/Lutter/*Langenbucher*, Rn 24.

35 Vgl KölnKomm-AktG/*Koppensteiner*, Rn 28.

36 Einen besonderen Stimmrechtsausschluss sieht § 293 nicht vor, der allgemeine Ausschlusstatbestand des § 136 Abs. 1 greift nicht ein, vgl *Hüffer*, Rn 9.

37 MüKo-AktG/*Altmeppen*, Rn 10–15; KölnKomm-AktG/*Koppensteiner*, Rn 28; aA wohl *Emmerich*/Habersack, Rn 33.

38 Zur satzungsänderungsgleichen Auswirkung der Unternehmensverträge vgl BGHZ 103, 1, 4 ff = NJW 1988, 1326; BGHZ 105, 324, 331 = NJW 1989, 295; BGH NJW 1992, 1452, 1454; BegrRegE *Kropff*, S. 381; *Hüffer*, Rn 11.

39 Vgl BGHZ 71, 40 = NJW 1978, 1316; *Hüffer*, Rn 6; MüKo-AktG/*Altmeppen*, Rn 47 ff; MüHb-AG/*Krieger*, § 70 Rn 45; *Emmerich*, AG 1991, 303, 307; *Lutter*, ZGR 1981, 171, 180; *Wiedemann*, ZGR 1980, 147, 156 f; vgl auch KölnKomm-AktG/*Koppensteiner*, Rn 63, der zwischen Verträgen iSd § 291 und solchen iSd § 292 unterscheiden will.

40 In diesem Sinne Henze, Konzernrecht, Rn 114 ff; Spindler/Stilz/*Veil*, Rn 23 ff; *Emmerich*/Habersack, Rn 35.

41 *Hüffer*, Rn 7; MüKo-AktG/*Altmeppen*, Rn 51 f.

42 Vgl BegrRegE *Kropff*, S. 381; BFH DStR 2009, 100; vgl hierzu auch *Hüffer*, Rn 17; KölnKomm-AktG/*Koppensteiner*, Rn 40; *Emmerich*/Habersack, Rn 36; MüKo-AktG/*Altmeppen*, Rn 91 ff; K. Schmidt/Lutter/*Langenbucher*, Rn 29; Spindler/Stilz/*Veil*, Rn 37.

Zustimmungserfordernis dient dem Schutz der Gesellschaft und ihrer Gesellschafter vor unabgestimmten Maßnahmen ihrer Verwaltungen.[43] Die Anwendung der Vorschrift setzt jedoch voraus, dass der andere Vertragsteil (herrschendes Unternehmen) seinen Sitz im Inland hat, da es nicht Aufgabe des deutschen Konzernrechts ist, ausländisches Gesellschaftsrecht zu ersetzen oder zu ergänzen.[44]

17 Umstritten ist die Rechtslage bei einer ausländischen Untergesellschaft. Sicher ist, dass sich das Zustimmungserfordernis ihrer Anteilseignerversammlung nach dem für sie geltenden Recht richtet. Auch die entsprechende Anwendung auf eine inländische herrschende Gesellschaft bei Beherrschungs- und Gewinnabführungsvertrag mit einer ausländischen Gesellschaft wird verneint, wenn sie keinen den §§ 302 f, 304 f vergleichbaren Rechtsfolgen ausgesetzt ist.[45] *Hüffer* verlangt demgegenüber zumindest den Nachweis der Obergesellschaft, dass von ausländischer Rechtslage her keine Gefahren drohen.[46] Da dieser Nachweis aber im Zweifel gegenüber den Anteilseignern zu führen ist (Informationspflicht statt Zustimmungserfordernis), besteht kein Grund, der Anteilseignerversammlung die Entscheidung über die Zustimmung vorzuenthalten.

18 Für Gegenstand, Inhalt und Mehrheitserfordernisse des Zustimmungsbeschlusses gelten aufgrund der Verweisung auf § 293 Abs. 1 S. 2–4 die Ausführungen zu Rn 9 f entsprechend. Auch die mit dem Umwandlungsbereinigungsgesetz 1994 eingeführten §§ 293 a bis 293 g gelten, soweit § 293 Abs. 2 eingreift, für Unter- und Obergesellschaft gleichermaßen. Auf die Ausführungen zum Zustimmungsverfahren der Untergesellschaft kann insgesamt verwiesen werden.

E. Zustimmung des Aufsichtsrates

19 Die Satzungen der Unter- wie der Obergesellschaft können nach § 111 Abs. 4 S. 2 Zustimmungserfordernisse für Unternehmensverträge vorsehen, obwohl nach § 118 Abs. 1 iVm §§ 83 und 293 die zwingende Entscheidungszuständigkeit der Hauptversammlung gegeben ist.[47] Doch sind Vorbereitung und Abschluss von Unternehmensverträgen Geschäftsführungsangelegenheiten, die grundsätzlich in die Überwachungskompetenz des Aufsichtsrats nach § 111 fallen.

20 Demzufolge hat der Vorstand den Unternehmensvertrag, wenn der Aufsichtsrat ihn gemäß § 111 Abs. 4 S. 2 für zustimmungsbedürftig erklärt hat, sowohl diesem als auch der Hauptversammlung vorzulegen. Verweigert der Aufsichtsrat die Zustimmung, legt der Vorstand den Vertrag gemäß § 111 Abs. 4 S. 3 der Hauptversammlung zur Zustimmung vor, die zusätzlich zu der von § 111 Abs. 4 S. 4 bestimmten 3/4-Mehrheit der abgegebenen Stimmen mit der Mehrheit von 3/4 des bei der Beschlussfassung vertretenen Grundkapitals zuzustimmen hat.[48] Die von § 111 Abs. 4 S. 4 geforderte 3/4-Mehrheit der abgegebenen Stimmen allein reicht dagegen nicht aus, da es Vorstand und Aufsichtsrat ansonsten im Zusammenspiel mit dem Mehrheitsaktionär ggf in der Hand hätten, die den Schutz der außenstehenden Aktionäre bezweckenden Zustimmungserfordernisse des § 293 zu unterlaufen. Wenn die Initiative zum Abschluss eines Unternehmensvertrags gemäß §§ 83, 118 unmittelbar von der Hauptversammlung ausgeht, ist es entbehrlich, den Aufsichtsrat trotz Zustimmungsvorbehalts einzubeziehen.[49] Legt der Vorstand der Hauptversammlung den Unternehmensvertrag unter Umgehung des Aufsichtsrats unmittelbar zur Zustimmung vor und stimmt diese mit einfacher Mehrheit nach § 134 und qualifizierter Mehrheit nach § 293 zu, ist den außenrechtlichen Wirksamkeitsanforderungen gemäß §§ 118 Abs. 1, 293, 83 Abs. 2 Genüge getan. Gegenüber einem Dritten kann die fehlende Zustimmung des Aufsichtsrates daher nicht eingewandt werden.[50] Ein Aktionär als Partner des Unternehmensvertrages muss sich den Zustimmungsmangel als Einschränkung der Vertretungsmacht des Vorstands nach allgemeinem Verständnis entgegenhalten lassen.[51]

F. Sonderfälle

21 **I. Mehrmütterunternehmensvertrag.** Verbinden sich mehrere Unternehmen zur koordinierten Beherrschung und/oder zur Verpflichtung einer AG oder KGaA zur Gewinnabführung, treffen die Rechtsfolgen aus §§ 302 f und 304 f jeden Vertragspartner des Mehrmütterunternehmensvertrags. Nach der hM folgt dies

---

43 BegrRegE *Kropff*, S. 381.
44 Spindler/Stilz/*Veil*, Rn 38; *Hüffer*, Rn 18; MüKo-AktG/*Altmeppen*, Rn 119; KölnKomm-AktG/*Koppensteiner*, Rn 47; *Emmerich*/Habersack, § 16 Rn 26.
45 KölnKomm-AktG/*Koppensteiner*, Rn 47; *Hüffer*, Rn 18 mwN; MüKo-AktG/*Altmeppen*, § 121 mwN.
46 *Hüffer*, Rn 18.
47 KölnKomm-AktG/*Koppensteiner*, Rn 7; *Emmerich*/Habersack, Rn 34; *Emmerich*/Habersack, § 16 Rn 25; *Hüffer*, Rn 25; Großkomm-AktienR/*Würdinger*, Anm. 1; *v. Godin/Wilhelmi*, Anm. 6; MüHb-AG/*Krieger*, § 70 Rn 14.
48 Vgl MüKo-AktG/*Altmeppen*, Rn 12; *Hüffer*, Rn 25; MüHb-AG/*Krieger*, § 70 Rn 14; *Emmerich*/Habersack, Rn 34; aA lässt einfache Stimmenmehrheit genügen – so etwa *v. Godin/Wilhelmi*, Rn 6.
49 *Hüffer*, Rn 25; KölnKomm-AktG/*Koppensteiner*, Rn 7; MüKo-AktG/*Altmeppen*, Rn 10 aE, 11 ff.
50 Vgl MüKo-AktG/*Altmeppen*, Rn 15.
51 So im Erg. auch MüKo-AktG/*Altmeppen*, Rn 15 (Bedeutung nur im Innenverhältnis, die Vertretungsmacht wird dagegen nicht beschränkt).

daraus, dass der Mehrmütterunternehmensvertrag mangels Unternehmensqualität der GbR konzernrechtlich nur als Stern- oder Hammelvertrag mit jedem einzelnen Mutterunternehmen anerkannt werden kann.[52] Nach richtigem Verständnis folgt das bereits aus der akzessorischen Erfüllungshaftung der GbR-Gesellschafter analog § 128 HGB. Nach dem Schutzzweck des § 293 Abs. 2 (vgl Rn 16) ist demnach zwingend die Zustimmung jeder Anteilseignerversammlung der beteiligten Obergesellschaften erforderlich, auf die § 293 Abs. 2 bei isoliertem Vertragsschluss Anwendung fände.[53]

II. Mehrstufige Beherrschungs- und/oder Gewinnabführungsverträge und verwandte Fragen. Liegt zwischen Mutter- und Tochtergesellschaft ein wirksamer Beherrschungs- oder Gewinnabführungsvertrag vor und wird danach ein Vertrag zwischen Tochter- und Enkelgesellschaft geschlossen, ist fraglich, ob neben dem Zustimmungsbeschlüssen der direkt beteiligten Tochter- und Enkelgesellschaften in Analogie zu Abs. 2 eine zusätzliche Zustimmung der Muttergesellschaft zu fordern ist, weil die bei der Tochtergesellschaft eintretenden Risiken auch die Muttergesellschaft treffen.[54] Richtiger Auffassung nach besteht für eine Analogie kein Bedürfnis, weil die Zustimmung der Muttergesellschaft zum Beherrschungs- oder Gewinnabführungsvertrag mit ihrer Tochter alle Risiken deckt, die aus der grundsätzlich fortbestehenden Eigenständigkeit der Tochtergesellschaft resultieren.[55] Wird der Beherrschungs- oder Gewinnabführungsvertrag zwischen Mutter- und Tochtergesellschaft erst nach dem Abschluss eines entsprechenden Vertrages zwischen der Tochter- und Enkelgesellschaft geschlossen, ist zu einer vom Regelfall abweichenden Handhabung des § 293 kein Grund gegeben.[56] Die Hauptversammlungen von Mutter- und Tochtergesellschaft müssen zustimmen. Ein Vertrag zwischen Mutter- und Enkelgesellschaft erfordert keine Zustimmung der Hauptversammlung bei der Tochter.[57]

Für den Fall, dass eine Tochtergesellschaft als vertragstypisch verpflichtete Gesellschaft mit einem Dritten einen Beherrschungs- oder Gewinnabführungsvertrag schließt, wird verschiedentlich ein Zustimmungserfordernis der Muttergesellschaft zumindest dann gefordert, wenn die Tochtergesellschaft Trägerin wesentlicher operativer Funktionen der Muttergesellschaft ist.[58] Die Verwaltung der Muttergesellschaft soll diese Frage in der Hauptversammlung der Tochtergesellschaft nicht allein entscheiden dürfen. Dem ist zuzustimmen, doch kann der fehlende Zustimmungsbeschluss der Hauptversammlung der Muttergesellschaft das Wirksamwerden des Unternehmensvertrages nicht verhindern; bei der Zustimmung der Hauptversammlung der Muttergesellschaft handelt es sich allenfalls um ein aus § 118 Abs. 2 abgeleitetes Internum, nicht aber um ein auf § 293 Abs. 1 oder 2 gestütztes Wirksamkeitserfordernis im Außenverhältnis.[59]

G. Rechtsfolgen

Bei Schriftform und Zustimmungsbeschlüssen der Unter- und Obergesellschaft handelt es sich nicht um interne Form- und Mitwirkungserfordernisse, sondern um Wirksamkeitserfordernisse inter omnes.[60] Die fehlende Schriftform ist nicht heilbar, sondern erfordert die Neuvornahme gemäß § 141 BGB und Wiederholung des Zustimmungsverfahrens.[61] Der formgültig abgeschlossene Vertrag ist schwebend unwirksam, bis sämtliche Zustimmungsbeschlüsse gefasst sind und der Unternehmensvertrag eingetragen ist (§ 294).[62]

---

52 MüHb-AG/*Krieger*, § 68 Rn 50 ff; *Emmerich*/Habersack, Rn 7; *Hüffer*, Rn 19; KölnKomm-AktG/*Koppensteiner*, Rn 46; vgl zur ungeklärten Rechtslage bei Mehrmütterherrschaft und Mehrmütterbeherrschungsvertrag § 17 Rn 13 f u § 291 Rn 35 a f.

53 *Emmerich*/Habersack, Rn 7; *Hüffer*, Rn 19; *Koppensteiner*, ZHR 131 (1968), 289, 319; aA MüKo-AktG/*Altmeppen*, Rn 116 f, wonach dies nur für Muttergesellschaften gilt, bei denen die Möglichkeit einer Verpflichtung zur Abfindung in Aktien (§ 305 Abs. 2) besteht bzw bestehen kann; § 293 Abs. 2 gelte insb. dann nicht, wenn das herrschende Unternehmen weder AG noch KGaA ist.

54 Vgl etwa *Emmerich*/Habersack, Rn 11 f; *Emmerich*/Habersack, § 16 Rn 31, wobei jeweils nur eine interne Bedeutung angenommen wird; *Lutter*, in: FS Barz, 1974, S. 199, 212 ff; *Lutter*, in: FS Westermann, 1974, S. 347, 367; so auch zT die Rechtsprechung, vgl BGHZ 83, 122 = NJW 1982, 1703 ("Holzmüller"), vgl zu diesem Urteil *Priester*, ZHR 163 (1999), 187; *Altmeppen*, DB 1998, 49; *Lutter/Leinekugel*, ZIP 1998, 225; *dies*, ZIP 1998, 805; vgl zum Streitstand ausführlich MüKo-AktG/ *Altmeppen*, Rn 109 ff.

55 Wohl hM KölnKomm-AktG/*Koppensteiner*, Rn 45; *Hüffer*, Rn 20; Spindler/Stilz/*Veil*, Rn 41; MüHb-AG/*Krieger*, § 70 Rn 23; MüKo-AktG/*Altmeppen*, Rn 113; K. Schmidt/Lutter/ *Langenbucher*, Rn 30.

56 Vgl hierzu *Hüffer*, Rn 20; *Emmerich*/Habersack, Rn 12; kritisch: KölnKomm-AktG/*Koppensteiner*, Rn 45.

57 LG Düsseldorf DB 2004, 428, 429; KölnKomm-AktG/*Koppensteiner*, Rn 45.

58 *Emmerich*/Habersack, Rn 11 mwN; MüKo-AktG/*Altmeppen*, Rn 109.

59 *Emmerich*/Habersack, § 16 Rn 30; mit abweichender Begründung Spindler/Stilz/*Veil*, Rn 41; *Emmerich*/Habersack, Rn 12.

60 *Hüffer*, Rn 17; *Emmerich*/Habersack, Rn 36; MüKo-AktG/*Altmeppen*, Rn 91, § 294 Rn 40.

61 MüKo-AktG/*Altmeppen*, Rn 16; *Emmerich*/Habersack, § 16 Rn 12.

62 OLG Celle AG 1996, 370, 371; MüKo-AktG/*Altmeppen*, Rn 5, 17, § 294 Rn 38; KölnKomm-AktG/*Koppensteiner*, Rn 11, § 294 Rn 29; *Hüffer*, Rn 12, 24, § 294 Rn 17; *Emmerich*/ Habersack, Rn 15, § 294 Rn 22; *Emmerich*/Habersack, § 16 Rn 53, 55, 62 ff.

25 Das Fehlen der Schriftform, der erforderlichen Zustimmung[63] oder der Eintragung verhindert jeweils selbstständig auch die Anwendbarkeit der Grundsätze fehlerhafter Gesellschaft.[64] Das gilt auch für den sogenannten verdeckten Beherrschungsvertrag, der wegen Verstoßes gegen §§ 293 Abs. 1, 294 AktG unwirksam ist.[65]

26 Der formgültig abgeschlossene Unternehmensvertrag verpflichtet nach richtiger Ansicht die Verwaltungen der beteiligten Gesellschaften aber jedenfalls dazu, den Unternehmensvertrag den Hauptversammlungen ihrer Gesellschaften zur Zustimmung vorzulegen.[66] Die Parteien sind im Verhältnis zueinander auch dazu verpflichtet, die erforderlichen Vorbereitungshandlungen für einen wirksamen Zustimmungsbeschluss zu treffen, und alle die Zustimmung beeinträchtigenden Handlungen zu unterlassen.[67] Eine Verpflichtung der Hauptversammlung zur Fassung eines Beschlusses besteht jedoch nicht.[68] Der bloße schriftliche Vertragsentwurf begründet noch keine Verpflichtungen.[69]

27 Haben die Hauptversammlungen beider Gesellschaften dem schriftlich geschlossenen Unternehmensvertrag zugestimmt, besteht beiderseits die Verpflichtung zur Anmeldung des Unternehmensvertrages zur Eintragung in das Handelsregister nach § 294.[70] Die Verpflichtung kann notfalls gerichtlich durchgesetzt werden.

H. Anwendung auf die GmbH

28 Der Abschluss eines Beherrschungs- oder Gewinnabführungsvertrages kommt bei der abhängigen GmbH einer Änderung des Gesellschaftsvertrages nahe. Die Zustimmung der Gesellschafterversammlung entsprechend den §§ 53 und 54 GmbHG ist daher jedenfalls erforderlich.[71] Die wohl überwiegende Meinung verlangt zum Schutz der Minderheitsgesellschafter sogar, dass alle Gesellschafter dem Vertragsschluss zustimmen müssen.[72] Dies ergibt sich für den Beherrschungsvertrag aus einer entsprechenden Anwendung von § 53 Abs. 3 GmbH,[73] da das Weisungsrecht der Gesellschafter zum Kernbereich der Gesellschafterposition gehört, und für den Gewinnabführungsvertrag aus § 33 Abs. 1 S. 2 BGB analog, da die Beseitigung der eigenen Gewinnerzielungsabsicht eine Änderung des Gesellschaftszwecks darstellt. Nur durch eine einstimmig beschlossene Regelung in der Satzung können die Gesellschafter für bestimmte Vertragsarten von vornherein das Einstimmigkeitserfordernis auf eine qualifizierte Mehrheit herabsetzen.[74]

29 Die Geschäftsführer können dagegen weder generell noch für den Einzelfall ermächtigt werden, Unternehmensverträge ohne die Zustimmung der Gesellschafter wirksam abzuschließen.[75] Auch die Unbeschränkbarkeit der Vertretungsmacht nach § 37 Abs. 2 GmbH, die ohnehin nur im Verhältnis zu Dritten gilt, findet insoweit keine Anwendung. § 293 Abs. 2 ist auf eine GmbH[76] oder KG[77] als herrschende Gesellschaft aufgrund der Übertragbarkeit des Schutzzwecks (Rn 16) ebenfalls entsprechend anwendbar. Darüber hinaus gilt der Schutzgedanke für alle Gesellschafts- und Verbandsformen, in denen die Verwaltung im Außenverhältnis unbeschränkbare Vertretungsmacht besitzt.

---

63 Es ist ausschließlich Beschlussmängelrecht anwendbar, vgl LG Frankenthal ZIP 1988, 1460 = AG 1989, 253; *Timm*, EWiR § 297 AktG 1/88 S. 947; *Kleindiek*, ZIP 1988, 613, 619; *Gerth*, BB 1978, 1497, 1499; KölnKomm-AktG/*Koppensteiner*, Rn 54, 56; *Hüffer*, § 291 Rn 21, § 293 Rn 16; aA: *Hommelhoff*, ZHR 158 (1994), 11 ff, 18 ff; *Kort*, S. 158 ff, 168; *Krieger*, ZHR 158 (1994) 35, 37 ff; MüHb-AG/*Krieger*, § 70 Rn 47; *Mertens*, BB 1995, 1417, 1419; differenzierend: *Hommelhoff*, ZHR 158 (1994), 11 ff, 18 ff, 25 ff; wohl zuerst *Kort*, S. 132, 143, 160, 168; gegen diese Differenzierung vgl *Krieger*, ZHR 158 (1994), 35, 38 ff; vgl zum Meinungsstand im Übrigen MüKo-AktG/*Altmeppen*, § 291 Rn 199, § 293 Rn 85 f.
64 K. Schmidt/Lutter/*Langenbucher*, Rn 41.
65 OLG Schleswig NZG 2008, 868, 872.
66 Vgl MüHb-AG/*Krieger*, § 70 Rn 17; Geßler/*Geßler*, Rn 14; KölnKomm-AktG/*Koppensteiner*, Rn 24; aA *Emmerich*/Habersack, Rn 29; Großkomm-AktienR/*Würdinger*, Anm. 1.
67 KölnKomm-AktG/*Koppensteiner*, Rn 24; MüHb-AG/*Krieger*, § 70 Rn 18; aA MüKo-AktG/*Altmeppen*, Rn 19; *Emmerich*/Habersack, Rn 29, 31 a; *Emmerich*/Habersack, § 16 Rn 23; *v. Godin/Wilhelmi*, § 294 Anm. 6; Großkomm-AktienR/*Würdinger*, § 293 Anm. 1.
68 Vgl *Emmerich*/Habersack, Rn 30 a; KölnKomm-AktG/*Koppensteiner*, Rn 24, 26; MüKo-AktG/*Altmeppen*, Rn 19 ff: Der Vorstand ist lediglich nach § 83 Abs. 2 gegenüber der Hauptversammlung verpflichtet, den Beschluss durch Abschluss des entsprechenden Vertrages auszuführen.
69 So im Erg. auch MüHb-AG/*Krieger*, § 70 Rn 17.
70 MüKo-AktG/*Altmeppen*, § 294 Rn 7 ff.
71 BGHZ 105, 324, 331 f, 338; 116, 37, 43 f; vgl § 291 Rn 100 f.
72 *Emmerich*/Habersack, Rn 43 a; *Emmerich*/Habersack, § 32 Rn 14 ff; Hachenburg/*Ulmer*, GmbHG, § 53 Rn 145; aA Henze, Konzernrecht, Rn 219, 223 ff; Lutter/*Hommelhoff*, GmbHG, § 13 Anh. Rn 38, 49 ff.
73 Roth/*Altmeppen*, GmbHG, § 53 Rn 39; zu den Folgen für die erforderliche Form *Beck*, DNotZ 2013, 90 ff.
74 *Emmerich*/Habersack, Rn 44; Hachenburg/*Ulmer*, GmbHG, § 53 Rn 148.
75 Vgl *Henze*, Konzernrecht, Rn 234 ff; *Emmerich*/Habersack, Rn 44.
76 Vgl BGHZ 105, 324, 333 ff = NJW 1989, 295; BGH NJW 1992, 1452, 1453; BFH NJW-RR 2009, 529, 530; Hachenburg/*Ulmer*, GmbHG, § 53 Rn 148; *Emmerich*/Habersack, Rn 36; *Emmerich*/Habersack, § 16 Rn 26 ff; § 32 Rn 19 ff; kritisch: *Flume*, DB 1989, 665, 667 f; *Gräbelein*, GmbHR 1989, 502, 506; *ders.*, GmbHR 1992, 786, 788; *Vetter*, AG 1993, 168 ff; *Hüffer*, Rn 17; zum Streitstand im Übrigen MüKo-AktG/*Altmeppen*, Rn 98 ff.
77 Vgl LG Mannheim AG 1995, 142, 143; *Hüffer*, Rn 17; zum Streitstand im Übrigen MüKo-AktG/*Altmeppen*, Rn 98 ff.

§ 293 a Bericht über den Unternehmensvertrag

(1) ¹Der Vorstand jeder an einem Unternehmensvertrag beteiligten Aktiengesellschaft oder Kommanditgesellschaft auf Aktien hat, soweit die Zustimmung der Hauptversammlung nach § 293 erforderlich ist, einen ausführlichen schriftlichen Bericht zu erstatten, in dem der Abschluß des Unternehmensvertrags, der Vertrag im einzelnen und insbesondere Art und Höhe des Ausgleichs nach § 304 und der Abfindung nach § 305 rechtlich und wirtschaftlich erläutert und begründet werden; der Bericht kann von den Vorständen auch gemeinsam erstattet werden. ²Auf besondere Schwierigkeiten bei der Bewertung der vertragschließenden Unternehmen sowie auf die Folgen für die Beteiligungen der Aktionäre ist hinzuweisen.

(2) ¹In den Bericht brauchen Tatsachen nicht aufgenommen zu werden, deren Bekanntwerden geeignet ist, einem der vertragschließenden Unternehmen oder einem verbundenen Unternehmen einen nicht unerheblichen Nachteil zuzufügen. ²In diesem Falle sind in dem Bericht die Gründe, aus denen die Tatsachen nicht aufgenommen worden sind, darzulegen.

(3) Der Bericht ist nicht erforderlich, wenn alle Anteilsinhaber aller beteiligten Unternehmen auf seine Erstattung durch öffentlich beglaubigte Erklärung verzichten.

A. Normzweck

Die erst 1994 in das Gesetz eingefügte Vorschrift verfolgt den Zweck, den Aktionären durch rechtzeitige Information vor der Hauptversammlung eine fundierte **Meinungsbildung** für die Abstimmung über den Unternehmensvertrag zu ermöglichen. Soweit die Informationen des Berichtes nicht ausreichen, besteht die Möglichkeit, im Rahmen des Fragerechts auf der Hauptversammlung die Transparenz noch zu verbessern. Gleichzeitig war es Ziel des Gesetzgebers, durch den Bericht das spätere **Spruchstellenverfahren** „zu entlasten". Nach ganz überwiegender Meinung wurde letzteres Ziel bisher nicht erreicht.[1]   1

Zu Recht wird darauf hingewiesen, dass die Zielsetzung, den außenstehen Aktionär vor dem Abschluss eines für ihn ungünstigen Unternehmensvertrags zu schützen, nicht durch eine Einflussnahme auf sein eigenes Abstimmungsverhalten erreicht werden kann. Denn unabhängig davon, wie gut er auch immer informiert sein mag, kommt es auf sein Abstimmungsverhalten nicht an. Der Unternehmensvertrag wird auf der Hauptversammlung der abhängigen Gesellschaft mit der Stimmenmehrheit des herrschenden Unternehmens gegen den Widerstand der außenstehenden Aktionäre abgeschlossen. Es handelt sich um **einen enteignungsgleichen Eingriff von privater Hand**, der in das Kleid des Vertrages gegossen wurde.[2] Dies scheint der Gesetzgeber gelegentlich zu vergessen.   2

B. Anwendungsbereich

Über den Anwendungsbereich der Vorschrift bestehen weitgehende Meinungsverschiedenheiten. Diese sind größtenteils dadurch bedingt, dass §§ 293 a ff nach dem Vorbild der §§ 9–12 UmwG (Verschmelzungsrecht) formuliert wurden und dabei unberücksichtigt blieb, dass die Situationen beim Unternehmensvertrag und im Verschmelzungsfall oft sehr unterschiedlich sind.   3

Zunächst ist strittig, ob § 293 a nur auf **Unternehmensverträge im Sinne des § 291** Anwendung findet oder auch auf **Unternehmensverträge im Sinne des § 292**. Der Hinweis auf den Ausgleich nach § 304 und die Abfindung nach § 305 passt nur für Beherrschungs- und Gewinnabführungsverträge. Verträge im Sinne des § 292 sind reine Austauschverträge und kennen keinen Ausgleich oder keine Abfindung. Die wohl hL wendet § 293 a auf Unternehmensverträge im Sinne von § 291 und § 292 an unter Hinweis auf den Wortlaut.[3]   4

Ebenfalls umstritten ist die Frage, inwieweit § 293 a auf **GmbHs** anzuwenden ist. Grundsätzlich sind nach Ansicht des BGH auf den Gewinnabführungs- und Beherrschungsvertrag zwischen GmbHs und deren Beendigung die Vorschriften der §§ 291 ff entsprechend anzuwenden.[4] Ausnahmen gelten dann, wenn sich aus der analogen Anwendung der Vorschriften des Aktienrechts für die GmbH nicht typische Rechtszustände ergeben würden.[5] Die herrschende Lehre unterscheidet hier wie folgt: 5

Wenn die GmbH als abhängige Gesellschaft (Unternehmensverträge im Sinne des § 291) oder als verpflichtete Gesellschaft (Unternehmensverträge im Sinne des § 292) an einem Unternehmensvertrag beteiligt ist, so gilt § 293 a für die GmbH nicht. Dies wird damit begründet, dass ohnehin jeder Gesellschafter dem Vertrag   6

---

[1] Vgl *Hüffer*, Rn 1; *Emmerich*, in: Emmerich/Habersack, Rn 5 mwN; MüKo-AktG/*Altmeppen*, Rn 1 ff; KölnKomm-AktG/ *Koppensteiner*, Rn 3 ff.
[2] So *Röhricht*, ZHR 162 (1998), 249, 256/7.
[3] So *Hüffer*, Rn 4; MüHb-AG/*Krieger*, § 72 Rn 55; aA *Altmeppen*, ZIP 1998, 1871 ff; MüKo-AktG/*Altmeppen*, Rn 5–11; *Bungert*, DB 1995, 1384, 1386.
[4] BGH NJW 1988, 1326, 1327.
[5] BGH NJW-RR 2011, 1117, Rn 20.

zustimmen muss und er damit seine Zustimmung abhängig machen kann von den Informationen und Berichten, die er für nötig hält.[6] Weiterhin wird darauf hingewiesen, dass das Auskunftsrecht nach § 51a GmbHG so umfassend ist, dass es daneben einer Anwendung des § 293a nicht bedarf.

7 Wenn hingegen die **GmbH als Obergesellschaft** am Abschluss eines Unternehmensvertrages beteiligt ist, so soll § 293a anwendbar sein, weil § 293 Abs. 2 anwendbar ist, jedoch eine 3/4-Mehrheit für die Zustimmung ausreicht. Eine Mindermeinung hält § 293a überhaupt nicht für anwendbar für eine GmbH.[7] Ungeklärt ist, ob eine Berichtspflicht für eine ausländische Obergesellschaft besteht. Da die Obergesellschaft durch ihre Weisungen die Zukunft der abhängigen Gesellschaft gestaltet, ist ihre Einbindung in die Berichtspflicht nötig, da sonst die Gefahr besteht, dass die Darstellung der erwarteten zukünftigen Entwicklung der abhängigen Gesellschaft unvollständig oder falsch ist.

8 Bezüglich des **zeitlichen Anwendungsbereiches** bestehen Unklarheiten, weil Übergangsvorschriften im Umwandlungsbereinigungsgesetz 1994 fehlen. Das Gesetz ist am 1.1.1995 in Kraft getreten. Überwiegend wird § 318 UmwG sinngemäß angewendet mit der Maßgabe, dass in allen Fällen, in denen am 1.1.1995 bereits ein schriftlicher Unternehmensvertrag abgeschlossen war, das neue Recht noch keine Anwendung findet.

C. Formale Anforderungen an den Bericht

9 **Verantwortlich** für den Bericht ist jeweils der Vorstand der AG bzw. die Geschäftsführer der GmbH. Hierbei handelt der Vorstand in eigener Verantwortung gegenüber der Hauptversammlung und nicht als Vertreter der AG. Wenn in der Satzung nichts anderes geregelt ist, sind alle Vorstandsmitglieder verantwortlich für die Erstellung des Berichtes. Unabhängig davon, muss der gesamte Vorstand den Bericht beschließen und alle Vorstandsmitglieder müssen nach hM **unterzeichnen**.[8] Eine Mindermeinung hält es für ausreichend, wenn nur diejenigen Mitglieder des Vorstandes den Bericht erstellen und unterzeichnen, die laut Satzung oder Geschäftsordnung dafür zuständig sind.
Der Bericht muss zeitnah zur HV erstellt worden sein. Ein mehr als 6 Monate alter Bericht reicht nicht aus.[9]

10 Die Vorstände beider Gesellschaften können auch den Bericht gemeinsam erstatten. Es reicht dann ein einziger Bericht, der von allen Mitgliedern beider Vorstände beschlossen und unterzeichnet werden muss.
Der Bericht muss schriftlich erstattet werden (§ 126 BGB).

D. Inhalt des Berichts

11 Das Gesetz erwähnt drei Themenbereiche, zu denen sich der Bericht äußern muss:
- zum Abschluss des Unternehmensvertrages,
- zum Vertrag selbst und
- zur Art und Höhe des Ausgleichs und der Abfindung.

12 Diese drei Punkte sind jeweils ausführlich zu erläutern und zu begründen, und zwar sowohl in rechtlicher als auch in wirtschaftlicher Hinsicht. Nach herrschender Ansicht soll der Bericht den Aktionär in die Lage versetzen, eine **Plausibilitätskontrolle** vorzunehmen. Dadurch soll den Aktionären eine eigene sachliche Entscheidung zu den Vor- und Nachteilen des Vertrages ermöglicht werden. Die hM geht übereinstimmend davon aus, dass der Bericht die Aktionäre nicht in die Lage zu versetzen braucht, eine **Überprüfung der Angemessenheit** der angebotenen Abfindung durchführen zu können. Wenn dem so ist, dann kann von dem Bericht auch keine Entlastung des Spruchstellenverfahrens erwartet werden. Zudem kommt dann dem Amtsermittlungsverfahren im Spruchverfahren erhöhte Bedeutung zu. Nach hM muss der Bericht folgende Themen umfassen:

13 Zunächst muss der Vertrag selbst im **Wortlaut** mitgeteilt und rechtlich und wirtschaftlich erläutert werden. Die **wirtschaftliche Darlegung** erfordert ein Eingehen auf die wirtschaftliche Lage der beteiligten Unternehmen und die zukünftige Beeinflussung dieser Situation durch den Abschluss des Vertrages. Dazu gehört insbesondere auch die Darstellung der geplanten organisatorischen Änderungen, der dadurch zu erreichenden Synergieeffekte und Einsparungen sowie auch die verursachten Einmalkosten. Da dies alles im Einzelnen noch nicht bekannt sein wird, müssen grobe Schätzungen ausreichen.

---

6 *Hüffer*, Rn 5; *Emmerich*, in: Emmerich/Habersack, Rn 11; *Bungert*, DB 1995, 1449, 1455; *Zeidler*, MZG 1999, 692, 694; MüKo-AktG/*Altmeppen*, Rn 14.
7 Vgl zum Meinungsstand MüKo-AktG/*Altmeppen*, Rn 12–22.
8 *Hüffer*, Rn 10; *Emmerich*, in: Emmerich/Habersack, Rn 16; MüHb-AG/*Krieger*, § 70 Rn 28; *Bungert*, DB 1995, 1384, 1388; aA MüKo-AktG/*Altmeppen*, Rn 32–34; OLG Düsseldorf AG 2004, 207, 210 für § 327c (Unterschriften in vertretungsberechtigter Zahl der Organmitglieder.).
9 OLG München, Urt. v. 6.8.2008 – 7 U 3905/06.

Die **rechtliche Erörterung** umfasst zunächst die rechtliche Einordnung des Vertragstyps sowie die sich daraus ergebenden rechtlichen Folgen. Beim Beherrschungsvertrag sind dies insbesondere die Verlustübernahmepflicht des herrschenden Unternehmens sowie das Weisungsrecht nach § 308. Ob auf letzteres hingewiesen werden muss, ist strittig.[10] Zunehmend wird die Meinung vertreten, dass die Aktionäre der abhängigen Gesellschaft darauf hingewiesen werden müssen, dass sie eventuell bei Beendigung des Unternehmensvertrages sich als Anteilseigner eines in die Freiheit entlassenen **nicht lebensfähigen Unternehmens** wiederfinden können.[11] Dies ist die eigentlich wichtige Information, die ihnen bei ihrer Entscheidung klar sein muss. Zwar ist es wirtschaftlich nicht von Bedeutung für die außenstehenden Aktionäre der abhängigen Gesellschaft, wie ihr Stimmverhalten ist (vgl oben), weil der Unternehmensvertrag auf jeden Fall mit den Stimmen der herrschenden Gesellschaft auch gegen den Willen der außenstehenden Aktionäre abgeschlossen wird. Aber für die Frage, ob die außenstehenden Aktionäre die Abfindung annehmen oder nicht, ist die genannte Information von wesentlicher Bedeutung. Es kann bisher nicht festgestellt werden, dass in der Praxis diese Information auch erfolgt. 14

Soweit das Gesetz zusätzlich die Erläuterung und Begründung **der Art und der Höhe des Ausgleichs und der Abfindung** verlangt, ist dies nur für Unternehmensverträge im Sinne von § 291 (Beherrschungs- und Gewinnabführungsverträge) von Bedeutung. Ein Vorstandsbericht zu einem Beherrschungsvertrag genügt im Hinblick auf die vertraglichen Zahlungsverpflichtungen den Anforderungen nicht, wenn er keine ausreichende Angaben zur wirtschaftlichen Lage und Bonität des herrschenden Unternehmens enthält. Insbesondere ist die Vorlage eines in englischer Sprache abgefassten Jahresabschlusses nicht ausreichend.[12] Anderes gilt für den Fall des Squeeze-out, da dort die Leistung nicht durch die Bonität des Hauptaktionärs, sondern durch die Bankgarantie sichergestellt wird.[13] 15

Da es Ziel der Vorschrift ist, das Spruchstellenverfahren zu entlasten, wird man fordern müssen, dass wesentliche **Eckdaten der Wertermittlung** wie Planzahlen, Prognosen über die Geschäftsentwicklung, Zunkunftsperspektiven sowie der Kapitalisierungszinsfuß einschließlich Risikozuschlag und Geldentwertungsabschlag erläutert, begründet und mitgeteilt werden müssen, ebenso auch die Bewertung des nicht betriebsnotwendigen Vermögens, und die dabei angewandten Maßstäbe und Methoden. 16

Schließlich soll im Bericht nach Abs. 1 S. 2 auf **besondere Schwierigkeiten** bei der Bewertung der Unternehmen hingewiesen werden. Was hierunter zu verstehen ist, ist unklar. Die hM will hier auch Punkte wie Unsicherheiten hinsichtlich der Entwicklung der Branche, unklare Zuordnung zum nicht betriebsnotwendigen Vermögen sowie die besonders kritisch zu betrachtende Feststellung des Kapitalisierungszinsfußes berücksichtigt wissen. In der Praxis kommt es praktisch nie vor, dass der Vorstand oder der Vertragsprüfer besondere Schwierigkeiten bei der Bewertung feststellt. 17

E. Ausnahmen von der Berichtspflicht (Abs. 2)

Die Berichtspflicht umfasst nicht mehr die Offenlegung solcher Tatsachen, deren Bekanntwerden dazu führen könnten, dass einem der beteiligten Unternehmen dadurch nicht unerhebliche Nachteile drohen. Ziel ist es, einen angemessenen Ausgleich zu finden zwischen den Informationsinteressen der Aktionäre und dem **Geheimhaltungsbedürfnis** der beteiligten Gesellschaften. Hier geht es zB um Wettbewerbsnachteile, die zu befürchten sind, wenn die Konkurrenz gegebenenfalls Kenntnis der fraglichen Informationen erhalten würde. Im Zweifelsfall sollen hier die Interessen der Gesellschaft Vorrang haben.[14] Welchen Maßstab man dabei in der Praxis in der Regel anwenden kann, wird überwiegend aus § 131 Abs. 3 abgeleitet. Punkte, deren Offenlegung verweigert werden können, sind zB: Steuerliche Wertansätze, die Höhe der einzelnen Steuern, Höhe der stillen Reserven und all diejenigen Zahlen, aus denen die Konkurrenz Schlüsse ziehen könnte auf die zukünftige Strategie. Maßstab, ob mit nicht unerheblichen Nachteilen durch die Offenlegung zu rechnen ist, ist eine „vernünftige kaufmännische Beurteilung". 18

Die Geheimhaltung von Daten ist nach dem Gesetzwortlaut zu begründen. Korrekterweise erfordert dies, dass zunächst darauf hingewiesen wird, welche Art von Daten nicht mitgeteilt werden, und dass insoweit eine Lücke im Bericht ist. Sodann muss erläutert werden, welche Gefahr droht, wenn diese Zahlen veröffentlicht würden. Es ist selten, dass dies in einem Bericht so gehandhabt wird, denn die Anforderungen, was in einem Bericht stehen muss, sind so unklar, dass es weitaus unauffälliger ist, einfach die Themen nicht anzuschneiden, die problematisch sein könnten. 19

---

10 *Emmerich*, in: Emmerich/Habersack, Rn 29; aA *Hüffer*, Rn 17; MüKo-AktG/*Altmeppen*, Rn 45.
11 KölnKomm-AktG/*Koppensteiner*, Rn 27, ebenso: *Neun*, S. 59 Bericht und Prüfungspflichten bei Abschluss u. Änderung von Unternehmensverträgen 2000.
12 So OLG München ZIP 2009, 718.
13 OLG Karlsruhe AG 2007, 92.
14 *Emmerich*, in: Emmerich/Habersack, Rn 32; MüKo-AktG/*Altmeppen*, Rn 60; KölnKomm-AktG/*Zöllner*, § 131 Rn 34; zu § 8 Abs. 2 UmwG: OLG Hamm DB 1988, 1842, 1843; OLG Köln AG 1989, 101, 102; *Mertens*, AG Rn 90, 20, 27.

F. Verzicht

20 Gemäß § 293a Abs. 3 kann der Bericht entfallen, wenn sämtliche Anteilsinhaber der beteiligten Unternehmen auf die Erstellung verzichten. Der Verzicht muss in öffentlich-rechtlich beglaubigter Erklärung erfolgen (§ 129 Abs. 1 S. 1 BGB). Die hM will jedoch daneben auch einen Verzicht durch **einstimmigen Beschluss** aller Anteilsinhaber als ausreichend erachten, wenn dieser Beschluss notariell beurkundet wird. Dies bewirkt eine Kostenersparnis und vereinfacht die Handhabung.

21 Der Gesetzeswortlaut verlangt die Zustimmung aller Anteilsinhaber der beteiligten Gesellschaften. Eine im Vordringen befindliche Meinung hält es für ausreichend, wenn die Anteilseigner jeder Gesellschaft für sich (herrschende oder abhängige Gesellschaft) entscheiden, ob ein Bericht gewollt ist oder nicht. Ein Verzicht im Voraus ist unwirksam.

G. Rechtsfolgen

22 Das Fehlen des Unternehmensberichtes nach § 293a oder bei Unvollständigkeit machen den Zustimmungsbeschluss der Hauptversammlung gemäß § 293 zu dem Unternehmensvertrag **anfechtbar** gemäß § 243 Abs. 1. Der fehlende oder mangelhafte Bericht muss kausal sein im Hinblick auf den Zustimmungsbeschluss. Die hM bejaht die Kausalität, wenn ein objektiv urteilender Aktionär nach Kenntnis vom Fehlen des Berichtes dem Vertrag nicht zugestimmt hätte. Im Zweifel ist die Kausalität zu bejahen.[15]

23 Eine Heilung des Mangels durch Nachholung der fehlenden Angaben in der Hauptversammlung ist nicht möglich. Denn der Bericht hat auch die Aufgabe, dem Aktionär die Vorbereitung auf die Hauptversammlung zu erleichtern. Dafür kommt eine Mitteilung in der Hauptversammlung zu spät.[16]

§ 293b Prüfung des Unternehmensvertrags

(1) Der Unternehmensvertrag ist für jede vertragschließende Aktiengesellschaft oder Kommanditgesellschaft auf Aktien durch einen oder mehrere sachverständige Prüfer (Vertragsprüfer) zu prüfen, es sei denn, daß sich alle Aktien der abhängigen Gesellschaft in der Hand des herrschenden Unternehmens befinden.

(2) § 293a Abs. 3 ist entsprechend anzuwenden.

A. Normzweck

1 § 293b ist Teil derjenigen Vorschriften, mit denen der Gesetzgeber Spruchstellenverfahren nach §§ 304, 305 möglichst überflüssig machen möchte oder sie zumindestens entlasten will.[1] Dieses Ziel wurde bisher nicht erreicht. Dies ist auch nicht verwunderlich, weil die Vertragsprüfung nach hM keine eigenständige Bewertung durch die Prüfer erfordert, sondern sich auf eine **Plausibilitätskontrolle** beschränkt.

B. Anwendungsbereich

2 Ebenso wie bei § 293a ist strittig, ob sich § 293b nur auf **Unternehmensverträge im Sinne von § 291** bezieht, oder ob die Vorschrift auch **auf Unternehmensverträge im Sinne von § 292** anwendbar ist. Nach dem Wortlaut werden Unternehmensverträge nach den §§ 291 und 292 erfasst. Dies ist auch hM.[2] Allerdings kann die hM nicht gut begründen, was denn bei Unternehmensverträgen im Sinne von § 292 **Gegenstand der Prüfung** sein soll. Dies resultiert daraus, dass ein Katalog für Mindestvorschriften der Unternehmensverträge nach § 292 nicht besteht und eine Prüfung der Angemessenheit von Abfindung und Ausgleich gemäß § 293e Abs. 1 S. 3 nicht in Frage kommt. Einigkeit besteht lediglich darin, dass Gegenstand der Prüfung bei Unternehmensverträgen im Sinne von § 292 nicht die Angemessenheit der Gegenleistung sein kann. Ebenso ist unstritig, dass nicht Gegenstand der Prüfung die Zweckmäßigkeit des Vertrages ist. Dies gilt unabhängig davon, ob es sich um Unternehmensverträge nach § 291 oder nach § 292 handelt.

3 Die Prüfung hat für jede am Abschluss eines Unternehmensvertrages beteiligte Aktiengesellschaft zu erfolgen. Soweit es sich um Verträge im Sinne von § 291 handelt, besteht Einigkeit, dass die Prüfungspflicht für beide vertragschließenden Gesellschaften besteht. Wenn § 293b auch im Falle des § 292 für anwendbar ge-

---

15 Vgl MüKo-AktG/*Altmeppen*, Rn 66 ff; *Emmerich*, in: Emmerich/Habersack, Rn 40; *Baier*, AG 1988, 323, 330; BGHZ 107, 296, 307 = NJW 1989, 2689; BGHZ AG 1990, 359, 362.
16 LG München I AG 2000, 86, 87; MüKo-AktG/*Altmeppen*, Rn 65; *Heckschen*, WM 1990, 377, 383; aA *Baier*, AG 1988, 323, 330; *Mertens*, AG 1990, 22, 29.

1 *Hüffer*, Rn 1; MüHb-AG/*Krieger*, § 70 Rn 33.
2 Vgl *Hüffer*, Rn 2; *Emmerich*, in: Emmerich/Habersack, Rn 11; aA MüKo-AktG/*Altmeppen*, Rn 5.

halten wird, macht jedoch auch die hM die Einschränkung, dass nur allein diejenige Vertragspartei erfasst wird, die der Vertragsprüfung unterliegt, weil sie zu einer vertragstypischen Leistung im Sinne des § 292 verpflichtet ist. Denn nur dort ist ein Hauptversammlungsbeschluss erforderlich, zu dessen Vorbereitung nach dem Willen des Gesetzgebers § 293 b geschaffen wurde.[3]

C. Gegenstand der Prüfung

I. Vertrag. Nach dem Wortlaut soll Gegenstand der Prüfung der Vertrag sein. Der Wortlaut folgt der entsprechenden Regelung für die Verschmelzung (§ 9 UmwG). Während der Gesetzgeber jedoch für den Verschmelzungsvertrag umfangreiche Vorschriften über seinen Inhalt vorgegeben hat, fehlt beim Unternehmensvertrag eine entsprechende Regelung.
Aus § 293 e ergibt sich, dass der Schwerpunkt der Prüfung bei Beherrschungs- und Gewinnabführungsverträgen (§ 291) auf die Frage der Angemessenheit von Abfindung und Ausgleich zu legen ist (siehe unten).
Da nach einhelliger Meinung in Schrifttum und Rechtsprechung der Vorstand der abhängigen Gesellschaft keine Verpflichtung hat, **die Lebensfähigkeit der Gesellschaft** auch nach Beendigung des Unternehmensvertrages durch entsprechende Vorschriften im Vertrag **zu sichern**, kann dies auch nicht Gegenstand der Prüfung sein. Die Frage wird folglich in der Literatur praktisch nicht erörtert. Erstaunlich ist nur, dass weder der Gesetzgeber noch die Rechtsprechung und Literatur wenigstens einen **Hinweis als Warnfunktion** für nötig halten, damit der Aktionär sich der Gefahren bewusst wird, die er eingeht, wenn er die angebotene Abfindung nicht annimmt. Die Prüfung des Wortlautes des Vertrages beschränkt sich daher auf die richtige Bezeichnung und die Angabe der gesetzlichen Mindestvorschriften (vgl §§ 302, 304, 305).
II. Abfindung und Ausgleich. Dies betrifft nur Verträge im Sinne von § 291. Einzelheiten dazu siehe § 293 e.
In der Rechtsprechung hat sich die Meinung durchgesetzt, dass die Prüfung keine eigenständige neue Bewertung erfordert. Eine Prüfung des vorliegenden Bewertungsgutachtens auf seine **Plausibilität** reicht aus.[4]
III. Vorstandsbericht. In der Praxis bezieht der Vertragsprüfer meist den Vorstandsbericht in seine Prüfung mit ein und bestätigt dessen Richtigkeit.
Wie zu § 293 e im Einzelnen erläutert, ist eine Prüfung der Angemessenheit von Ausgleich und Abfindung nur auf Basis des Vorstandsberichtes gar nicht möglich, weil sich nur aus der Zusammenschau von Vorstandsbericht und privatem Bewertungsgutachten die Summe der Überlegungen ersehen lässt, aufgrund derer der Vorstand die von ihm angebotene Abfindung und den Ausgleich für angemessen hält.

D. Wegfall der Vertragsprüfung

Eine Vertragsprüfung ist dann nicht notwendig, wenn alle Aktien der abhängigen Gesellschaft sich in der Hand des herrschenden Unternehmens befinden. Dies ist einleuchtend, da dann keine schutzbedürftigen außenstehenden Aktionäre vorhanden sind. Die Aktien müssen sich tatsächlich in der Hand einer Gesellschaft oder bei einem Mehrmütterkonzern im Besitz der Muttergesellschaften befinden. Befinden sich Anteile bei Mutter und Tochter, so entfällt die Vertragsprüfung nicht, da eine Zurechnung nach § 16 Abs. 4 nicht stattfindet.

E. Rechtsfolgen

Die ordnungsgemäße Prüfung nach § 293 b ist Voraussetzung für die Eintragung des Unternehmensvertrages in das Handelsregister. Fehlt sie oder wird die Angemessenheit von Abfindung und Ausgleich nicht bestätigt, darf das Registergericht die Eintragung des Unternehmensvertrages in das Handelsregister nicht vornehmen.[5]
Liegen die vorstehend beschriebenen Mängel vor, so ist der Hauptversammlungsbeschluss über die Zustimmung zum Vertrag nach § 243 Abs. 1 anfechtbar. Erfolgt die Anfechtung vor der Eintragung des Vertrages, so muss das Registergericht prüfen, ob die Verfügung über die Eintragung auszusetzen ist (§ 21 FamFG). In der Praxis kommt es praktisch nicht vor, dass die Hauptversammlung um Zustimmung zu dem Unternehmensvertrag gebeten wird, wenn die Prüfung noch nicht stattgefunden hat oder zu einem negativen Ergebnis gekommen ist. Die Prüfung von Abfindung und Ausgleich setzt voraus, dass diese bereits errechnet wurden, die Prüfung des Vorstandsberichtes, dass dieser vorliegt. In der Praxis wird fast immer die Errechnung

---

3 Vgl *Hüffer*, Rn 7; *Emmerich*, in: Emmerich/Habersack, Rn 10.
4 Vgl Frankfurt, Vfg v. 14.11.2006 – 3/53 O 73/04 = ZIP 2007, 382; OLG Düsseldorf AG 2001, 533; aA *Wittgens*, BB 2007, 1070 mwN.
5 MüKo-AktG/*Altmeppen*, Rn 20; *Emmerich*, in: Emmerich/Habersack, Rn 20; *Humbeck*, BB 1995, 1893, 1898.

der Abfindung und die Erstellung des Vorstandsberichtes sowie die „Prüfung" durch den Vertragsprüfer zeitgleich durchgeführt (sog. Parallelprüfung). Dies ist leicht an den Fertigstellungsdaten zu erkennen. Hintergrund ist der Wunsch der Unternehmen, die weitgehenden Ermessensentscheidungen bei der Unternehmensbewertung erst nach Abstimmung mit dem Vertragsprüfer treffen zu können. So wird in der Praxis gemeinsam der „kleinste gemeinsame Nenner" für Abfindung und Ausgleich zwischen den Beteiligten ausgehandelt. Die Rechtsprechung hat dieses Vorgehen als „Abschnittsprüfung" gebilligt mit dem Hinweis, Ziel der Prüfung sei ein vom Vertragsprüfer gebilligtes Ergebnis.[6] Die Literatur äußert sich teils kritisch.[7]

§ 293 c Bestellung der Vertragsprüfer

(1) ¹Die Vertragsprüfer werden jeweils auf Antrag der Vorstände der vertragschließenden Gesellschaften vom Gericht ausgewählt und bestellt. ²Sie können auf gemeinsamen Antrag der Vorstände für alle vertragschließenden Gesellschaften gemeinsam bestellt werden. ³Zuständig ist das Landgericht, in dessen Bezirk die abhängige Gesellschaft ihren Sitz hat. ⁴Ist bei dem Landgericht eine Kammer für Handelssachen gebildet, so entscheidet deren Vorsitzender an Stelle der Zivilkammer. ⁵Für den Ersatz von Auslagen und für die Vergütung der vom Gericht bestellten Prüfer gilt § 318 Abs. 5 des Handelsgesetzbuchs.

(2) § 10 Abs. 3 bis 5 des Umwandlungsgesetzes gilt entsprechend.

A. Normzweck

1   Der § 293 c regelt das Verfahren zur Bestellung der Vertragsprüfer. Die Vorschrift wurde neu gefasst durch das Spruchverfahrenneuordnungsgesetz (BGBl. I 2003, 838). Die Bestellung erfolgt nunmehr ausschließlich durch das Gericht auf Antrag der Vorstände der vertragschließenden Gesellschaften und auf deren Kosten. Der Gesetzgeber wollte damit die Akzeptanz des Berichtes des Vertragsprüfers erhöhen. In der Praxis werden von den Vorständen mit der Antragstellung bis zu drei aus Sicht des Unternehmens geeignete Personen zur Bestellung vorgeschlagen. Da die späteren Antragsteller noch nicht bekannt sind, können sie nicht in das Verfahren mit einbezogen werden. Es hängt vom Gericht ab, ob einer der Wunschkandidaten des Unternehmens bestellt wird.

B. Bestellung durch das Gericht

2   Zuständig für die Bestellung ist das Landgericht, in dessen Bezirk die „abhängige Gesellschaft" ihren Sitz hat (§ 5, § 293 c Abs. 1 S. 3). In Fällen des § 292 ist wohl die Gesellschaft gemeint, die die vertragstypischen Leistungen erbringt. Der Prüfer erstellt seinen Bericht für die antragstellenden Gesellschaften, nicht für das Gericht.

3   Eine getrennte Bestellung für jede der beiden beteiligten Gesellschaften kommt in der Praxis nicht vor. Soweit ersichtlich, liegt immer ein gemeinsamer Antrag der Vorstände für alle vertragschließenden Gesellschaften vor zur Benennung eines gemeinsamen Vertragsprüfers.

4   Besteht bei dem Landgericht eine Kammer für Handelssachen, so entscheidet deren Vorsitzender. Seine Entscheidung kann mit dem Rechtsmittel der sofortigen Beschwerde angefochten werden (§ 293 c Abs. 2 AktG iVm § 10 Abs. 5 S. 1 UmwG). Zuständig ist das OLG. Die weitere Beschwerde ist ausgeschlossen (§ 293 c Abs. 2 AktG iVm § 10 Abs. 6 UmwG). Das Verfahren richtet sich für Verfahren, die seit dem 1.9.2009 eingeleitet wurden, nach dem FamFG (vorher FGG).

C. Vergütung

5   Gemäß § 293 c Abs. 1 S. 5 gilt für den Ersatz von Auslagen und die Vergütung des vom Gericht bestellten Prüfers § 318 Abs. 5 HGB entsprechend. Schuldner der Vergütung ist bzw sind die Gesellschaft oder Gesellschaften, auf deren Antrag hin der Prüfer vom Gericht bestellt worden ist. Die Vergütung kann durch Vertrag zwischen dem gerichtlich bestellten Prüfer und der Gesellschaft geregelt werden. Erfolgt dies nicht, wird die Vergütung auf Antrag des bestellten Prüfers vom Gericht gemäß § 318 Abs. 5 HGB festgesetzt (§ 318 Abs. 5 HGB). Hiergegen ist die sofortige Beschwerde zulässig gemäß § 318 Abs. 5 S. 2 u. 3 HGB. Die gerichtliche Entscheidung bildet einen Vollstreckungstitel (§ 318 Abs. 5 S. 5 HGB).

---

6   BGH AG 2006, 887; OLG Stuttgart, DB 2004, 60, 62; OLG Düsseldorf NZG 2004, 328, 333; OLG Hamburg NZG 2005, 86, 87; kritisch: OLG Hamm v. 17.3.2006 – 27 W 3/05.

7   *Puszkailer*, ZIP 2003, 518, 521; *Büchel*, NZG 2003, 793, 801.

D. Verfahrenskonzentration

§ 293 c ermöglicht iVm § 10 Abs. 4 und 7 UmwG ähnlich wie nach dem Spruchgesetz (§§ 2 Abs. 4 und 12 Abs. 3) eine Konzentration der Verfahren bei einem Landgericht oder Oberlandesgericht. Die bloße Verordnung nach dem Spruchgesetz erfasst nicht auch automatisch den Fall des § 293 Abs. 2. Soweit ersichtlich, haben von der Möglichkeit der Verfahrenskonzentration all diejenigen Länder Gebrauch macht, die auch eine Verfahrenskonzentration gemäß § 2 Abs. 4 SpruchG vorgesehen haben (s. dort). 6

§ 293 d Auswahl, Stellung und Verantwortlichkeit der Vertragsprüfer

(1) ¹Für die Auswahl und das Auskunftsrecht der Vertragsprüfer gelten § 319 Abs. 1 bis 4, § 319a Abs. 1, § 319b Abs. 1, § 320 Abs. 1 Satz 2 und Abs. 2 Satz 1 und 2 des Handelsgesetzbuchs entsprechend. ²Das Auskunftsrecht besteht gegenüber den vertragschließenden Unternehmen und gegenüber einem Konzernunternehmen sowie einem abhängigen und einem herrschenden Unternehmen.

(2) ¹Für die Verantwortlichkeit der Vertragsprüfer, ihrer Gehilfen und der bei der Prüfung mitwirkenden gesetzlichen Vertreter einer Prüfungsgesellschaft gilt § 323 des Handelsgesetzbuchs entsprechend. ²Die Verantwortlichkeit besteht gegenüber den vertragschließenden Unternehmen und deren Anteilsinhabern.

A. Normzweck

Die Vorschrift regelt die Auswahl, das Auskunftsrecht und die Verantwortlichkeit der Vertragsprüfer. Weitgehend übereinstimmende Vorschriften befinden sich im § 11 UmwG und in den §§ 143–145 für die Sonderprüfung. Die Auswahl ist deshalb von großer praktischer Bedeutung, da der Vertragsprüfer im nachfolgenden Spruchverfahren gemäß § 8 SpruchG zunächst gehört wird. Dort verteidigt er selbstverständlich den angebotenen Ausgleich und die Abfindung, an deren Ermittlung er als Prüfer mitgewirkt hat. Die zusätzliche Bestellung eines neutralen unabhängigen Sachverständigen erfolgt im nachfolgenden Spruchverfahren in weniger als der Hälfte aller Fälle. 1

B. Auswahl der Vertragsprüfer

Die Auswahl der Vertragsprüfer richtet sich nach § 319 Abs. 1–3 HGB. Ob die **Qualifikation eines Wirtschaftsprüfers** bzw einer Wirtschaftsprüfungsgesellschaft erforderlich ist, oder ob auch vereidigte Buchprüfer bzw Buchprüfungsgesellschaften tätig werden können, richtet sich danach, für welche Gesellschaft der Vertragsprüfer bestellt werden soll. Ist die Gesellschaft, für die er bestellt wird, eine AG oder KGaA, so können nur ein Wirtschaftsprüfer oder eine Wirtschaftsprüfungsgesellschaft für diese Gesellschaft als Vertragsprüfer bestellt werden. Gleiches gilt für die große GmbH. Dort stellt sich diese Frage nur, wenn man die Vorschriften der §§ 293a bis 293e überhaupt für GmbHs anwendbar hält. Für mittlere und kleine GmbHs können als Vertragsprüfer auch vereidigte Buchprüfer oder Buchprüfungsgesellschaften bestellt werden.¹ 2

Bestellungsverbote ergeben sich aus § 319 Abs. 2 und 3 HGB. 3

Wenn für mehrere Unternehmen nur ein **gemeinsamer** Vertragsprüfer bestellt wird, oder wenn mehrere Vertragsprüfer einen gemeinsamen Bericht für beide oder mehrere beteiligte Gesellschaften erstellen, so darf bei keinem der beteiligten Prüfer ein Ausschlussgrund im Hinblick auf irgend eine der vom Prüfungsbericht erfassten Gesellschaften vorliegen. Dies ist einleuchtend, da in diesen Fällen die beteiligten Prüfer für mehrere Gesellschaften tätig werden.² 4

Wird für jede Gesellschaft ein **getrennter** Vertragsprüfer bestellt und für jede Gesellschaft ein getrennter Bericht erstattet, so erscheint zweifelhaft, ob auch dann ein Bestellungsverbot greift, wenn ein Ausschlussgrund nur im Hinblick auf die andere Vertragspartei gegeben ist. Dies wird überwiegend bejaht. Die frühere Tätigkeit als **Abschlussprüfer** für eine der beteiligten Gesellschaften schließt nach hL die Eignung als Vertragsprüfer nicht aus, es sei denn, die Voraussetzungen des § 319a HGB liegen vor.³ Der Vertragsprüfer 5

---

1 Vgl *Hüffer*, Rn 2; *Emmerich*, in: Emmerich/Habersack, Rn 4; MüKo-AktG/*Altmeppen*, Rn 2.
2 HM vgl Rn 3; *Emmerich*, in: Emmerich/Habersack, Rn 5; MüKo-AktG/*Altmeppen*, Rn 4.
3 HM unter Hinweis auf die Gesetzesmaterialien zur Verschmelzungsprüfung (Ausschuss BT-Drucks. 9/1785 f, S. 23); vgl *Hüffer*, Rn 3; *Emmerich*, in: Emmerich/Habersack, Rn 5; MüKo-AktG/*Altmeppen*, Rn 5.

kann nach hM im nachfolgenden Spruchverfahren gerichtlich zum Sachverständigen bestellt werden.[4] Wegen der Vorbefassung ist dies in der Regel wenig sinnvoll.

C. Prüfungs- und Auskunftsrecht

6 Die gesetzliche Regelung des Prüfungs- und Auskunftsrechtes ist in doppelter Hinsicht unzureichend. Einerseits fehlt ein Prüfungs- und Auskunftsrecht gegenüber Beteiligungsgesellschaften des zu prüfenden Unternehmens. Zum anderen fehlen dem Vertragsprüfer Möglichkeiten zur zwangsweisen Durchsetzung seines Prüfungs- und Auskunftsrechtes. Nachweise und Auskünfte kann der Vertragsprüfer nur im Rahmen des § 320 Abs. 1 S. 2 und Abs. 2 S. 1 und 2 HGB fordern, dh nur gegenüber dem Unternehmen. Das Auskunftsrecht, nicht jedoch das Prüfungsrecht, wird durch S. 2 des § 293 d weiter ausgedehnt auf den anderen Partner und auf Konzernunternehmen (§ 18) und auf ein abhängiges oder herrschendes Unternehmen.

7 Da das Auskunftsrecht nur gegenüber den gesetzlichen Vertretern besteht, gilt es nicht gegenüber Mitgliedern des **Aufsichtsrates** (str).[5]

8 Verweigert der andere Vertragsteil oder die Gesellschaft, für die der Vertragsprüfer zur Prüfung bestellt wurde, die erbetenen Auskünfte oder werden die angeforderten Nachweise nicht vorgelegt, kann der Vertragsprüfer als Sanktion lediglich das Mandat niederlegen oder einen entsprechend eingeschränkten Bericht vorlegen. In der Praxis wird sich die Gesellschaft dann einen neuen Vertragsprüfer suchen, der mit weniger Auskünften zufrieden ist.

D. Verantwortlichkeit der Vertragsprüfer

9 § 293 d Abs. 2 S. 1 verweist auf § 323 HGB und entspricht damit dem § 144. Nach § 323 HGB ist der Prüfer in erster Linie verpflichtet zur sorgfältigen und gewissenhaften Prüfung und zur Verschwiegenheit. Die Haftung tritt ein, wenn eine dieser Pflichten fahrlässig oder vorsätzlich verletzt wird. Ein Haftungsausschluss ist nicht möglich (vgl § 323 Abs. 4 HGB). Der Anspruch verjährt innerhalb von fünf Jahren (§ 323 Abs. 5 HGB).

10 Anspruchsberechtigt sind die beiden Vertragsparteien und deren Anteilsinhaber. Dies bedeutet, dass bei Pflichtverletzungen des Prüfers die Anteilsinhaber einen eigenen Schadensersatzanspruch haben. Für die Anteilsinhaber ist dies vor allem dann interessant, wenn ein Aktionär seine Anteile im Vertrauen auf den Prüfungsbericht an der Börse verkauft hat und sich in einem anschließenden Spruchstellenverfahren herausstellt, dass die Abfindung oder der Ausgleich wesentlich zu niedrig festgesetzt worden sind. Allerdings wird man dabei sehr genau unterscheiden müssen, ob das abweichende Ergebnis auf einer fehlerhaften Prüfung beruht oder auf einer unterschiedlichen Ausübung des Ermessens. Nicht jede abweichende Ermessensentscheidung ist auch ein Pflichtverstoß. Allerdings ist die Haftung gemäß § 323 HGB auf EUR 1 Mio. EUR je Prüfung beschränkt, soweit es sich um börsennotierte Aktiengesellschaften handelt, auf 4 Mio. EUR (§ 323 Abs. 2 HGB). Darüber hinaus können sich Schadensersatzansprüche ergeben aus § 823 Abs. 2 BGB iVm § 403 (Verletzung der Berichtspflicht) und § 404 (Verletzung der Geheimhaltungspflicht). Diese Vorschriften sind als Schutzgesetze im Sinne von § 823 Abs. 2 BGB anzusehen.[6]

11 Da das Gesetz ausdrücklich als Anspruchsberechtigte nur die Vertragsparteien und deren Anteilseigner aufführt, besteht keine Ersatzpflicht gegenüber Gesellschaften, die mit den Vertragsparteien verbunden sind (anders jedoch § 323 Abs. 3 S. 3 HGB).

E. Rechtsfolgen

12 Wird durch die gerichtliche Bestellung ein Bestellungsverbot verletzt, so ist der Gerichtsbeschluss mit der sofortigen Beschwerde anfechtbar. Der Beschluss ist nicht nichtig, weil fehlerhafte Gerichtsbeschlüsse mit Rechtsmitteln angegriffen werden müssen, aber in der Regel nicht nichtig sind. Das gilt auch hier.[7]

13 Hat bei der Prüfung oder der Erstellung des Prüfungsberichtes ein Prüfer mitgewirkt, der wegen eines Bestellungsverbotes nicht hätte mitwirken dürfen, so liegt kein ordnungsgemäßer Bericht vor. Die Rechtsfolgen sind die gleichen, wie bei anderen Formfehlern des Berichtes (vgl § 293 e Rn 13).

---

4 OLG Düsseldorf AG 2001, 533; 2001, 189, 190; LG Frankfurt AG 2002, 347.
5 *Hüffer*, Rn 4; MüKo-AktG/*Altmeppen*, Rn 12.
6 Vgl *Emmerich*, in: Emmerich/Habersack, Rn 11.
7 Vgl MüKo-AktG/*Altmeppen*, Rn 6–10; *Emmerich*, in: Emmerich/Habersack, Rn 6; *Hüffer*, Rn 3.

§ 293 e Prüfungsbericht

(1) ¹Die Vertragsprüfer haben über das Ergebnis der Prüfung schriftlich zu berichten. ²Der Prüfungsbericht ist mit einer Erklärung darüber abzuschließen, ob der vorgeschlagene Ausgleich oder die vorgeschlagene Abfindung angemessen ist. ³Dabei ist anzugeben,
1. nach welchen Methoden Ausgleich und Abfindung ermittelt worden sind;
2. aus welchen Gründen die Anwendung dieser Methoden angemessen ist;
3. welcher Ausgleich oder welche Abfindung sich bei der Anwendung verschiedener Methoden, sofern mehrere angewandt worden sind, jeweils ergeben würde; zugleich ist darzulegen, welches Gewicht den verschiedenen Methoden bei der Bestimmung des vorgeschlagenen Ausgleichs oder der vorgeschlagenen Abfindung und der ihnen zugrunde liegenden Werte beigemessen worden ist und welche besonderen Schwierigkeiten bei der Bewertung der vertragschließenden Unternehmen aufgetreten sind.

(2) § 293 a Abs. 2 und 3 ist entsprechend anzuwenden.

A. Normzweck

Die Vorschrift dient, ebenso wie die übrigen Vorschriften der §§ 293 a ff, in erster Linie dem **Schutz der Aktionäre**. Sie sollen einerseits vor der Festsetzung einer zu niedrigen Abfindung und eines zu niedrigen Ausgleichs geschützt werden, andererseits soll ihnen der Prüfungsbericht als Entscheidungsgrundlage dienen zur Frage, ob ein Spruchstellenverfahren eingeleitet werden muss. Die vorgeschriebene **Schriftform** dient Beweiszwecken, da sonst auch die vorgeschriebene Haftung der Prüfer weitgehend ins Leere laufen würde. Der in der Vorschrift geregelte Mindestinhalt des Prüfungsberichtes soll sicherstellen, dass im Rahmen der Prüfung die wesentlichen Fragen aufgegriffen wurden und die Aktionäre darüber unterrichtet werden, was sich dabei ergeben hat. An diesem Normzweck muss sich auch die Beantwortung der Zweifelsfragen der Vorschrift ausrichten.

B. Anwendungsbereich

Wie auch in den übrigen Vorschriften der § 293 a ff stellt sich auch hier die Frage, ob die Vorschrift auch auf Unternehmensverträge im Sinne des § 292 Anwendung findet. Da sich die Vorschrift im Wesentlichen nur mit der Prüfung der Angemessenheit von Abfindung und Ausgleich beschäftigt, macht die Anwendung auf Unternehmensverträge im Sinne des § 292 keinen Sinn, da es dort Abfindung und Ausgleich nicht gibt. Die hM bejaht zwar die Anwendung, gesteht jedoch ein, dass ein sinnvoller Bericht nicht möglich ist. Überwiegend wird die Meinung vertreten, dass die im Falle von Verträgen nach § 292 geforderte Feststellung der Einhaltung der Formalien und der Tatsache, dass Ausgleich und Abfindung nicht geschuldet werden, ohne praktischen Wert ist. Fehlt ein Prüfungsbericht, so hat dies nur Bedeutung für die Frage, ob das Registergericht problemlos die Eintragung im Handelsregister vornimmt.

C. Berichtsform

Schriftform bedeutet, dass der Bericht von dem bzw den Vertragsprüfern zu unterschreiben ist (§ 126 Abs. 1 BGB). Der Bericht ist von den Prüfern dem jeweiligen Auftraggeber auszuhändigen, dh in der Regel der abhängigen Gesellschaft. Die Streitfrage, ob die herrschende Gesellschaft den Prüfungsbericht direkt vom Prüfer erhält,[1] oder ob er ihm von der abhängigen Gesellschaft zugeleitet wird,[2] dürfte ohne praktische Bedeutung sein.

Von mehreren Prüfern kann ein gemeinsamer Bericht erstellt werden, wenn sie zum gleichen Ergebnis kommen. Anderenfalls scheint es zweckmäßiger, getrennte Berichte zu erstellen.

D. Berichtsinhalt

Einigkeit besteht, dass der Bericht als Ergebnis eine klare **Aussage** enthalten muss **zur Angemessenheit** von Abfindung und Ausgleich. Soweit die Vorschrift darüber hinaus die Angabe der **Methoden**, mit welchen die Angemessenheit der Abfindung und des Ausgleichs ermittelt wurden, vorschreibt, bestehen Meinungsverschiedenheiten. Die wohl hM interpretiert das Wort „Methoden" dahin gehend, dass nur anzugeben ist, ob nach der Ertragswertmethode, Sachwertmethode, Liquidationswertmethode oder aufgrund des Börsenkur-

---

1 So MüKo-AktG/*Altmeppen*, Rn 4.
2 *Emmerich*, in: Emmerich/Habersack, Rn 7; *Hüffer*, Rn 2.

ses die angemessene Abfindung ermittelt wurde. Da nach der überwiegenden Meinung in der Rechtsprechung in aller Regel die Ertragswertmethode anzuwenden ist, soweit sich nicht eine höhere Abfindung ergibt aufgrund eines höheren maßgeblichen Börsenkurses[3] oder aufgrund eines höheren Liquidationswertes,[4] muss sich der Prüfungsbericht in jedem Fall zu diesen drei Größen äußern. Dabei kann eine detaillierte Untersuchung der Mindestwerte unterbleiben, soweit bereits nach überschlägiger Prüfung erkennbar ist, dass der Ertragswert mit Sicherheit höher liegt als die Mindestwerte. Da regelmäßig Wirtschaftsprüfer zum Vertragsprüfer bestellt werden, legen diese die jeweiligen Richtlinien des IDW der Ermittlung der Ertrags- oder Liquidationswerte zugrunde.[34] Da diese Standards auf modelltheoretischen Überlegungen aufbauen, ist ihre Anwendung sehr umstritten.[35]

Innerhalb des IDW gibt es einen Finanzausschuss für Unternehmensbewertung (FAUB), der durch Empfehlungen Einfluss auf die Anwendungsmodalitäten der einschlägigen IDW-Richtlinien (IDW S 1 2000, IDW S 1 2005, IDW S 1 2008) nimmt. Der IDW ist ein rein privater Zusammenschluss der ganz überwiegenden Zahl der deutschen Wirtschaftsprüfer.

6 In der Literatur wird zum Teil darüber hinausgehend gefordert, dass unter dem Gesichtspunkt der Angabe der Methoden auch über die wichtigsten Parameter der jeweiligen Methode berichtet wird. Bei der Ertragswertmethode handelt es sich im Wesentlichen um folgende Gesichtspunkte:

7 Offenlegung und Begründung der **Plandaten** auf denen die Berechnung des Unternehmenswertes beruht, Erörterung des **Kapitalisierungszinsfußes**, Ermittlung des **nicht betriebsnotwendigen Vermögens**, eventuell zu berücksichtigende **Synergieeffekte** etc.[5]

8 In der Praxis wird die Schwierigkeit der Prognose der zukünftigen Entwicklung der Gesellschaft dadurch abgemildert, dass verschiedene Szenarien gebildet werden. Wird von dieser Möglichkeit Gebrauch gemacht, so sind entsprechende **Alternativberechnungen** anzugeben. Im Übrigen sind Alternativberechnungen in der Praxis wenig üblich, da der bzw die Prüfer bemüht sind, ihren Bericht möglichst unangreifbar zu machen. Die vorstehenden Optionen für den Inhalt gelten selbstverständlich auch für den Ausgleich. Da dieser jedoch auf den Zahlen für die Berechnung der angemessenen Abfindung basiert, ergeben sich insoweit keine Besonderheiten.

9 Nach weit verbreiteter Meinung soll dem außenstehenden Aktionär in jedem Fall die Möglichkeit eingeräumt werden, die **Plausibilität** der vorgelegten Unternehmensbewertung zu prüfen.[6] Dies ist aber nur möglich, wenn die Berechnungsgrundlagen, dh die oben genannten Parameter im Bericht offen gelegt werden.

E. Ausnahmen

10 Für **100 %ige Tochtergesellschaften** besteht keine Prüfungspflicht nach § 293 b Abs. 1 Hs 2. Damit entfällt auch ein Unternehmensbericht. Weiterhin ist ein Prüfungsbericht entbehrlich, wenn sämtliche Anteilsinhaber der beteiligten Unternehmen durch öffentlich beglaubigte Erklärung darauf verzichten.

11 Es brauchen solche Tatsachen in den Bericht nicht aufgenommen zu werden, deren Veröffentlichung einer der Vertragsparteien erhebliche Nachteile bringen würde. In der Praxis spielt diese Vorschrift keine große Rolle, da die Berichte selten so ausführlich sind, dass die Gefahr besteht, **geheimhaltungsbedürftige** Einzelheiten zu offenbaren. Wird von dieser Vorschrift jedoch Gebrauch gemacht, müssen die Gründe dafür offen gelegt werden.

F. Rechtsfolgen

12 Wenn zu Unrecht kein Bericht vorliegt oder gegen irgendwelche Formvorschriften bei der Erstellung des Berichtes verstoßen wurde, kann der Unternehmensvertrag nicht ins Handelsregister eingetragen werden.[7] Ein Formverstoß liegt auch vor, wenn eine klare Aussage zur Angemessenheit von angebotener Abfindung und Ausgleich fehlt. Der Hauptversammlungsbeschluss über die Zustimmung zum Abschluss des Unternehmensvertrages kann angefochten werden,[8] wenn gravierende inhaltliche Mängel oder grobe Unvollständigkeiten vorliegen, die den Grad der Nichterfüllung des Prüfungsauftrags erreichen.[9]

---

3 Vgl BVerfG v. 27.4.1999 – BvR 1613/94 = DB 1999, 1693 f; BGH v. 12.3.2001 – II ZB 15/00 = ZIP 2001, 734 ff.
4 Vgl KölnKomm-AktG/*Koppensteiner*, § 305 Anm. 44; einschränkend: MüKo-AktG/*Altmeppen*, § 305 Rn 10.
5 Vgl MüKo-AktG/*Altmeppen*, Rn 11, *Emmerich*, in: Emmerich/Habersack, Rn 13; *Hüffer*, Rn 6.
6 Vgl *Emmerich*, in: Emmerich/Habersack, Rn 17; MüKo-AktG/*Altmeppen*, Rn 13.
7 Vgl *Emmerich*, in: Emmerich/Habersack, Rn 24; MüKo-AktG/*Altmeppen*, Rn 23.
8 Vgl auch MüKo-AktG/*Altmeppen*, Rn 23, § 293a Rn 66 ff; vgl zur Verschmelzung *Lutter*, UmwG, § 12 Rn 16 mwN.
9 OLG Stuttgart AG 2009, 204 Rn 133, 134.

Ist der Prüfungsbericht insoweit in Ordnung, ergibt sich daraus jedoch die Unangemessenheit der angebotenen Abfindung bzw des Ausgleichs, so kommt dann ebenfalls eine Anfechtung des Hauptversammlungsbeschlusses in Frage, wenn die Obergesellschaft ihr Stimmrecht missbraucht hat.[10] 13

§ 293 f Vorbereitung der Hauptversammlung

(1) Von der Einberufung der Hauptversammlung an, die über die Zustimmung zu dem Unternehmensvertrag beschließen soll, sind in dem Geschäftsraum jeder der beteiligten Aktiengesellschaften oder Kommanditgesellschaften auf Aktien zur Einsicht der Aktionäre auszulegen
1. der Unternehmensvertrag;
2. die Jahresabschlüsse und die Lageberichte der vertragschließenden Unternehmen für die letzten drei Geschäftsjahre;
3. die nach § 293 a erstatteten Berichte der Vorstände und die nach § 293 e erstatteten Berichte der Vertragsprüfer.

(2) Auf Verlangen ist jedem Aktionär unverzüglich und kostenlos eine Abschrift der in Absatz 1 bezeichneten Unterlagen zu erteilen.

(3) Die Verpflichtungen nach den Absätzen 1 und 2 entfallen, wenn die in Absatz 1 bezeichneten Unterlagen für denselben Zeitraum über die Internetseite der Gesellschaft zugänglich sind.

A. Normzweck

Die Vorschrift dient dem Zweck, dass dem Aktionär rechtzeitig vor der Hauptversammlung die nötigen Unterlagen zur Verfügung stehen, so dass er für die Abstimmung in der Hauptversammlung über den Unternehmensvertrag umfassend **informiert** ist. 1

B. Anwendungsbereich

Die Vorschrift gilt sowohl für Unternehmensverträge nach § 291 als auch für Verträge nach § 292. Der Unternehmensvertrag und die Jahresabschlüsse und Lageberichte der vertragschließenden Unternehmen sind in jedem Fall auszulegen bzw zuzusenden. Soweit man die Anwendbarkeit der §§ 293 a ff auf Unternehmensverträge im Sinne von § 292 verneint, entfällt konsequenterweise die Vorlegung des Vertragsberichts (§ 293 a) und des Prüfungsberichts (§ 293 e). Es ist eine Frage der Praktikabilität, ob man trotzdem in jedem Fall, in dem aufgrund der Gesetzeslage dazu eine Veranlassung bestehen könnte, einen Vertrags- und einen Prüfungsbericht erstellt und auslegt bzw zusendet, auch wenn sie inhaltlich wenig aussagekräftig sind und überflüssig erscheinen. Man vermeidet damit mögliche Angriffspunkte und folgt dem **Gebot des sichersten Weges**. 2

C. Auslegung

Trotz der Auslegung bleibt die Verpflichtung bestehen, in der Einberufung der Hauptversammlung mit der **Tagesordnung** auch den vollen **wirklichen** Inhalt des Unternehmensvertrages bekannt zu machen (vgl §§ 121 ff). Denn aufgrund der Mitteilung des Inhaltes des Vertrages soll der Aktionär entscheiden können, ob er es für nötig hält, die genannten Unterlagen anzufordern oder nicht. 3

Außer der Auslegung kann der Aktionär die kostenlose Übersendung der Unterlagen fordern. Insoweit handelt es sich um eine Schickschuld gemäß § 269 Abs. 1 BGB. Die Schuld erlischt nach Übergabe an die Transportperson. Das Risiko des nicht rechtzeitigen Zugangs vor der HV trägt der Aktionär.[42] Für den Aktionär ist es ratsam, von den Vorabinformationsmöglichkeiten, wie sie § 293 f vorsieht, Gebrauch zu machen, da erfahrungsgemäß in der Hauptversammlung nur wenige Exemplare auslegen, so dass kaum die Möglichkeit besteht, dass eine Vielzahl von Aktionären die Unterlagen dort einsieht. Darüber hinaus ist wegen des Umfanges der Unterlagen auch die Möglichkeit, einerseits der Hauptversammlung selbst zu folgen und währenddessen noch die Unterlagen zu studieren, eher gering. Richtigerweise wird man den **Anspruch auf Übersendung** der Unterlagen auch nach der Hauptversammlung noch bejahen müssen, damit der Aktionär, der die Anforderung der Unterlagen versäumt hat oder erst später Aktionär wurde, sich ein 4

---

10 Vgl *Lutter*, UmwG, § 12 Rn 16 wN; aA *Dehmer*, UmwG, § 12 Rn 17.

Urteil darüber bilden kann, ob er ein Spruchstellenverfahren einleiten will oder nicht. Hätte er keine Möglichkeit mehr, die Unterlagen anzufordern, so müsste er das Spruchstellenverfahren blindlings in die Wege leiten. Ein Antragsteller im Spruchverfahren hat Anspruch gem. § 7 Abs. 3 SpruchG, die Unterlagen nach Ziff. 1 und Ziff. 3 auf Antrag zu bekommen. Es ist wohl ein Redaktionsversehen, dass die Unterlagen der Ziff. 2 in § 7 SpruchG nicht erwähnt wurden.

Die Verpflichtung zur Auslegung und Übersendung entfällt, wenn die Unterlagen über die Internetseite der Gesellschaft zugänglich sind. Diese durch Gesetz vom 30.7.2009 (BGBL I S. 2479) eingeführte Modernisierung führt in der Praxis für die Aktionäre zu einer Erschwerung, da die Unterlagen mehrere 100 oft auch bis zu 1000 Seiten umfassen, so dass der Aktionär, der damit arbeiten will, sie sich wohl ausdrucken muss. Spätestens im Spruchverfahren sind dann jedoch die dort einzureichenden Unterlagen in Papierform vorzulegen (§ 7 Abs. 3 SpruchG).

D. Verpflichtete

5   Bei Unternehmensverträgen nach § 291 sind beide Vertragspartner, soweit es sich um eine AG oder KGaA handelt, zur Auslegung verpflichtet. Dies bedeutet, dass die Vorstände bzw die persönlich haftenden Gesellschafter der beteiligten Aktiengesellschaften oder Kommanditgesellschaften auf Aktien die Auslegung bzw Übersendung der Unterlagen veranlassen müssen. In diesen Fällen sind auch beide Gesellschaften zustimmungspflichtig. Bei sonstigen Unternehmensverträgen im Sinne von § 292 ist nur eine Hauptversammlung der verpflichteten (abhängigen) Gesellschaft erforderlich. Daher braucht auch nur diese Gesellschaft auszulegen bzw zu versenden.

E. Gegenstand der Auslegung

6   Bei der Auslegung der Unterlagen ist darauf zu achten, dass der Unternehmensvertrag komplett mit allen Nebenabreden, die zum Vertrag gehören (vgl § 139 BGB), ausgelegt wird. Bei den Jahresabschlüssen und Lageberichten der vertragschließenden Unternehmen wird in der Praxis abgestellt auf die letzten drei Jahre, für die die Jahresabschlüsse und Lageberichte bereits vorliegen. Haben sich die Verhältnisse der Gesellschaften seit dem letzten vorliegenden Jahresabschluss so wesentlich geändert, dass sich durch die ausgelegten Jahresabschlüsse ein falsches Bild über die Lage der Gesellschaft zum Zeitpunkt der Hauptversammlung ergibt, so muss der Vorstand in geeigneter Weise auf die eingetretenen Änderungen schriftlich hinweisen. Konzernabschluss und Lagebericht brauchen nicht ausgelegt zu werden.[1] Trotzdem geschieht dies in aller Regel. Fremdsprachigen Unterlagen ist eine deutsche Übersetzung beizufügen.[2]

F. Rechtsfolgen

7   Unterlässt der Vorstand die Auslegung der Unterlagen, so kann das Registergericht durch die Festsetzung von Zwangsgeldern die Einhaltung des § 293 f durchsetzen.

Werden die Unterlagen nicht oder nicht vollständig ausgelegt oder auf Verlangen nicht zugesendet, so kann dadurch der Hauptversammlungsbeschluss zur Zustimmung zum Abschluss des Unternehmensvertrages anfechtbar werden. Betrifft dies nur einzelne Aktionäre, so dürfte die Kausalität fehlen. Bei Unternehmensvertrag und Squeeze-out hat die Obergesellschaft aufgrund der gesetzlich erforderlichen Beteiligungshöhe sowieso die Abstimmungsmehrheit. Nur in sonstigen Fällen könnte die Kausalität zwischen Verletzung des § 293 f und Zustimmung zum HV-Beschluss gegeben sein, wenn nicht ausgeschlossen werden kann, dass die Kenntnis der Unterlagen das Abstimmungsverhalten der betroffenen Aktionäre beeinflusst hat.[3] Anders liegt der Fall wohl nur, wenn nur inhaltlich unbedeutende Unterlagen gefehlt haben.

§ 293 g   Durchführung der Hauptversammlung

(1) In der Hauptversammlung sind die in § 293 f Abs. 1 bezeichneten Unterlagen zugänglich zu machen.

(2) ¹Der Vorstand hat den Unternehmensvertrag zu Beginn der Verhandlung mündlich zu erläutern. ²Er ist der Niederschrift als Anlage beizufügen.

---

1   OLG Düsseldorf v. 14.1.2005 – I-16 U 59/04; aA für Holding Gesellschaft: OLG Celle AG 2004, 206; vgl LG Frankfurt/M. ZIP 2008, 1180.
2   Vgl KG Berlin IP 2009, 1223, Rn 73.
3   LG München Konzern 2008, 295, 302 f, mwN.

(3) Jedem Aktionär ist auf Verlangen in der Hauptversammlung Auskunft auch über alle für den Vertragschluß wesentlichen Angelegenheiten des anderen Vertragsteils zu geben.

A. Normzweck

Die Vorschrift dient ebenso wie die übrigen Vorschriften der §§ 293 ff der möglichst umfassenden Information der Aktionäre im Zusammenhang mit dem Abschluss eines Unternehmensvertrages. Dazu sind insbesondere auch die Jahresabschlüsse der letzten drei Geschäftsjahre hilfreich, weil die Zukunftsprognose zur weiteren Entwicklung nur auf der Basis der Vergangenheit erfolgen kann.[1]

B. Anwendungsbereich

Die in § 293 g aufgelisteten Pflichten müssen immer in der Hauptversammlung der Untergesellschaft beachtet werden, weil diese dem Unternehmensvertrag in jedem Fall zustimmen muss (§ 293 Abs. 1). Bei Beherrschungs- und Gewinnabführungsverträgen (§ 293 Abs. 2) ist auch die Zustimmung der Obergesellschaft notwendig, und damit ist auch für die Hauptversammlung dieser Gesellschaft § 293 g anzuwenden. Zur Frage, welche Unterlagen auszulegen sind, vgl § 293 f Rn 2.

C. Auslegungspflicht

Die Auslegung nach § 293 g ist zwingend vorgeschrieben. Die Unterlagen müssen daher in dem Raum, in dem die Hauptversammlung stattfindet bzw in den Räumen, wenn sie in mehreren Räumen stattfindet (Videoübertragung), zur Verfügung für die Besucher der Hauptversammlung ausgelegt sein. Es wird dabei nicht reichen, dass jeweils ein Exemplar vorhanden ist, sondern es muss eine ausreichende Anzahl von Exemplaren zur Verfügung stehen, so dass jeder Aktionär, der sich während der Hauptversammlung informieren möchte, dies ohne lange Wartezeit tun kann. Die Auslegung in Papierform kann durch elektronische Bereitstellung ersetzt werden. Die Aufstellung von Monitoren bietet sich an. Eine zeitliche Beschränkung für die Auslegungspflicht lässt sich dem Gesetz nicht entnehmen. Da gerade auch der Abschluss eines Unternehmensvertrages Einfluss haben kann auf die Abstimmung der Aktionäre über die Entlastung von Vorstand und Aufsichtsrat, wird man davon ausgehen müssen, dass die Unterlagen für die gesamte Dauer der Hauptversammlung auszulegen sind.[2]

D. Erläuterungspflicht

Der Vorstand hat den Unternehmensvertrag zu erläutern. Dies beinhaltet nicht nur die Wiedergabe des wesentlichen Inhaltes, sondern auch eine Erörterung der wirtschaftlichen und rechtlichen Bedeutung des Vertrages. Insbesondere ist auch auf die Auswirkungen des Vertrages für die künftige Entwicklung der Gesellschaft einzugehen und auf Risiken (Auspowerung) hinzuweisen. Der letzte Punkt wird in der Praxis aus verständlichen Gründen in der Regel vernachlässigt. Weiterhin muss die Angemessenheit von Abfindung und Ausgleich sowie von sonstigen Gegenleistungen im Falle von Verträgen im Sinne von § 292 dargestellt werden. Berücksichtigt man die Komplexität der Unternehmensbewertung, so wird man nicht fordern können, dass die Erläuterungen so detailliert sind, dass die Aktionäre ausreichende Informationen erhalten, um die Errechnung der angemessen Abfindung oder des angemessenen Ausgleiches **zu kontrollieren**. Wenn schon die vorzulegenden Unterlagen (Vorstandsbericht, Prüfungsbericht) nur zur Plausibilitätsprüfung ausreichen müssen, kann für die Erläuterungen auf der Hauptversammlung nichts anderes gelten. Der an Details interessierte Aktionär hat die Möglichkeit, durch vorherige Anforderung der Unterlagen sich ein Bild zu verschaffen, um weiterführende Fragen zu stellen.

E. Erweiterte Auskunftspflicht

Grundsätzlich gilt § 131 auch bezüglich der Auskunft über alle Umstände, die zur Beurteilung des Unternehmensvertrages und der angebotenen Abfindung und des Ausgleichs für die Aktionäre von Interesse sind. § 293 g enthält nun eine **Erweiterung dieser Auskunftspflicht** in Abs. 3 dahin gehend, dass auf Verlangen eines Aktionärs Auskunft auch zu erteilen ist über alle für den Vertragsschluss wesentlichen Angelegenheiten des anderen Vertragsteils. Da bereits § 131 nach überwiegender Meinung auch ein Informationsrecht

---

[1] Kritisch: MüKo-AktG/*Altmeppen*, Rn 2; *Hüffer*, § 293 f Rn 4.
[2] AA MüKo-AktG/*Altmeppen*, Rn 4.

zu den Verhältnissen der verbundenen Unternehmen beinhaltet, ist nicht ganz klar, inwieweit nun § 293 g Abs. 3 lediglich eine Wiederholung des bereits nach § 131 bestehenden Auskunftsrechtes ist und inwieweit eine echte Erweiterung erfolgt.[3]

6 In jedem Fall ergibt sich aus § 293 g Abs. 3 ein umfassendes Auskunftsrecht über die Verhältnisse des anderen Vertragsteils. Die Obergesellschaft muss auch Auskunft geben über die abhängige Gesellschaft, die abhängige Gesellschaft auch über die Obergesellschaft, vorausgesetzt, die potenziell auskunftspflichtige Gesellschaft unterfällt dem AktG. Voraussetzung ist allerdings, dass die begehrte Auskunft wesentlich ist für die Beurteilung des Unternehmensvertrages bzw für die Angemessenheit von Abfindung und Ausgleich. In der HV der Obergesellschaft ist die Vorschrift besonders von Bedeutung für all diejenigen Informationen, die für die Beurteilung der Angemessenheit von Ausgleich und Abfindung hilfreich sind. Da der Aktionär der abhängigen Gesellschaft als Ersatz für seine bisherige Beteiligung, die durch nachteilige Weisungen kurzfristig wertlos werden kann, einen Anspruch auf Umtausch in Aktien der Obergesellschaft oder einen Anspruch auf eine Barabfindung erhält, sind **alle bewertungserheblichen Umstände** der Obergesellschaft für ihn von wesentlicher Bedeutung.

7 Die Vorschrift gibt jedoch **kein direktes Auskunftsrecht gegenüber der jeweils anderen Gesellschaft**. Diese ist im Zweifelsfall gar nicht durch Vertreter ihrer Organe in der HV vertreten. Der Gesetzgeber geht davon aus, dass der Vorstand der Gesellschaft diese Kenntnisse sich verschafft hat, soweit sie nicht allgemein zugänglich sind. Dazu ist der Vorstand der abhängigen Gesellschaft schon deshalb verpflichtet, weil er bei dem Abschluss des Unternehmensvertrags keinem Weisungsrecht unterliegt und in eigener Verantwortung überprüfen muss, ob der Abschluss des Unternehmensvertrages für das Unternehmen sinnvoll ist oder nicht. Verfügt der Auskunftspflichtige Vorstand nicht über die nötigen Informationen über den anderen Vertragsteil, so muss er sich diese besorgen.[4] Es ist an § 131 AktG (Beteiligung), an den Beherrschungsvertrag etc. zu denken als Anspruchsgrundlage, um den anderen Vertragsteil zur Information an den auskunftspflichtigen Vorstand zu zwingen.[5]

8 § 131 Abs. 3 gibt dem Vorstand der Gesellschaft ein **Auskunftsverweigerungsrecht**, wenn durch die Erteilung der Auskunft Nachteile zu befürchten sind. Strittig ist, ob ein solches Auskunftsverweigerungsrecht auch im Rahmen von § 293 g besteht.[6] Bezüglich der Form der Auskunftserteilung gilt das Gleiche wie im Fall des § 131. Ein Anspruch auf schriftliche Beantwortung besteht nicht.

9 Zu Beweiszwecken ist dem Unternehmensvertrag die Niederschrift über die Hauptversammlung als Anlage beizufügen. Im Rahmen der Anmeldung (§ 294 Abs. 1 S. 2) bedarf es keiner neuen Einreichung, sondern die Bezugnahme reicht aus.

F. Rechtsfolgen

10 Der Rechtsprechung des BGH folgend hat der Gesetzgeber in § 243 Abs. 4 S. 2 das Anfechtungsrecht im Hinblick auf den Zustimmungsbeschluss zum Abschluss des Unternehmensvertrages oder zum Squeeze-out ausgeschlossen, soweit unrichtige, unvollständige oder unzureichende Informationen in der HV über Ermittlung, Höhe oder Angemessenheit von Ausgleich, Abfindung und Zuzahlung oder sonstige Kompensationen erteilt werden, vorausgesetzt, es ist ein Spruchverfahren möglich. Der BGH hatte seine Rechtsprechung mit einem Hinweis auf § 212 S. 2 iVm § 210 UmwG gestützt. Die Argumentation, dass der Fall der unzureichenden Information gleichzusetzen ist mit dem Fall, dass die Barabfindung im Umwandlungsbeschluss nicht oder nicht ordnungsgemäß angeboten wird, überzeugt nicht. Die Information soll dazu dienen, dass der Aktionär beurteilen kann, ob er ein Spruchstellenverfahren einleiten muss. Darüber hinaus soll das Spruchstellenverfahren dadurch entlastet werden, dass die Gesellschaft bereits auf der Hauptversammlung bewertungserhebliche Fragen beantwortet. Beide Ziele sind nicht mehr erreichbar. Werden bewertungserhebliche Fragen nicht ordnungsgemäß beantwortet, so muss der Anwalt seinen Mandanten sicherheitshalber zur Einleitung des Spruchstellenverfahrens raten. Eine Entlastung des Spruchstellenverfahrens kann nicht stattfinden, da unangenehme Fragen eventuell nicht mehr beantwortet werden.

11 Unter verfahrensökonomischen Gesichtspunkten sind die Überlegungen des BGH und des Gesetzgebers nachvollziehbar. Allerdings hängt es sehr von der Prozessführung des einzelnen Gerichts ab, wie weit die Aufklärung der bewertungserheblichen Gesichtspunkte gelingt.

---

3 Vgl LG Frankfurt aM ZIP 1989, 1062 = WM 1989, 683.
4 Zu Einzelfallentscheidungen über die Verpflichtung zur Auskunft über den anderen Vertragsteil s. *Hüffer*, Rn 3 mwN.
5 Vgl im Einzelnen *Emmerich* in: Emmerich/Habersack Rn 16 ff.
6 Verneinend: BGHZ 119, 1, 16 f = NJW 1995, 2760; MüKo-AktG/*Altmeppen* Rn 21; teils aA *Emmerich*, in: Emmerich/Habersack, Rn 23; *Hüffer*, Rn 4 mwN.

§ 294 Eintragung. Wirksamwerden

(1) ¹Der Vorstand der Gesellschaft hat das Bestehen und die Art des Unternehmensvertrages sowie den Namen des anderen Vertragsteils zur Eintragung in das Handelsregister anzumelden; beim Bestehen einer Vielzahl von Teilgewinnabführungsverträgen kann anstelle des Namens des anderen Vertragsteils auch eine andere Bezeichnung eingetragen werden, die den jeweiligen Teilgewinnabführungsvertrag konkret bestimmt. ²Der Anmeldung sind der Vertrag sowie, wenn er nur mit Zustimmung der Hauptversammlung des anderen Vertragsteils wirksam wird, die Niederschrift dieses Beschlusses und ihre Anlagen in Urschrift, Ausfertigung oder öffentlich beglaubigter Abschrift beizufügen.

(2) Der Vertrag wird erst wirksam, wenn sein Bestehen in das Handelsregister des Sitzes der Gesellschaft eingetragen worden ist.

A. Entstehungsgeschichte, Zweck und Bedeutung ... 1	2. Inhalt der Anmeldung 9
I. Entstehungsgeschichte und Zweck 1	a) Bestehen eines Unternehmensvertrages . 9
II. Bedeutung der Vorschrift 2	b) Art des Unternehmensvertrages 10
B. Anmeldung 3	C. Eintragungsverfahren 13
I. Anmeldungsverpflichtung 3	D. Wirksamkeit des Unternehmensvertrages 17
II. Form und Inhalt der Anmeldung 7	E. Anwendung auf die GmbH 19
1. Form 7	

A. Entstehungsgeschichte, Zweck und Bedeutung

I. Entstehungsgeschichte und Zweck. Das Aktiengesetz 1937 kannte keine ausdrückliche Eintragungspflicht für Unternehmensverträge. Die Eintragungsnotwendigkeit hing damit von der streitigen Frage ab, ob und in welchen Fällen der Abschluss eines Unternehmensvertrages als – eintragungspflichtige – Satzungsänderung anzusehen war.[1] Das Gesetz schreibt mit § 294 nunmehr ausdrücklich die Eintragung aller Unternehmensverträge vor, um Rechtsklarheit, Publizität und geordnete Information über Art, Inhalt und die Auswirkungen des Unternehmensvertrages auf die vertragstypisch verpflichtete Gesellschaft sicherzustellen.[2] Das Gesetz verfolgt damit den Schutz der außenstehenden und künftigen Aktionäre der Gesellschaft, der Gesellschaftsgläubiger und des Rechtsverkehrs.[3] Der Gesetzgeber erkannte insbesondere das Bedürfnis der Gesellschaftsgläubiger nach Information darüber, ob und in welchem Umfang etwaige Gewinne abgeführt und durch wen Verluste übernommen werden müssen. Die Öffentlichkeit habe zudem ein Interesse daran zu erfahren, welche Bindungen eine Gesellschaft durch Unternehmensvertrag eingegangen sei, namentlich wer ihre Geschicke tatsächlich leitet.[4]   1

II. Bedeutung der Vorschrift. Ohne Eintragung in das Handelsregister der vertragstypisch verpflichteten Gesellschaft (vgl hierzu § 293 Rn 9) wird der Unternehmensvertrag nicht wirksam.[5] Um einen eintragungspflichtigen Vorgang im Sinne von § 15 HGB handelt es sich jedoch nicht, wie § 407 Abs. 2 klarstellt, da zur Erzwingung von Eintragungen kein Anlass besteht, wenn die Rechtsänderung erst mit – konstitutiver – Eintragung eintritt.[6] Publizitätsschutz nach § 15 Abs. 3 HGB entfaltet die Eintragung daher nicht.[7]   2

B. Anmeldung

I. Anmeldungsverpflichtung. Entgegen dem Wortlaut von Abs. 1 besteht **keine öffentlich-rechtliche Verpflichtung zur Anmeldung** von Unternehmensverträgen.[8] Abs. 1 S. 1 hat nur im Hinblick auf Abs. 2 Bedeutung, wonach der Unternehmensvertrag ohne Eintragung unwirksam bleibt. Die Anmeldung ist eine Ausführungsmaßnahme im Sinne von § 83.[9] Die gesellschaftsrechtliche Verpflichtung des Vorstands, die Anmeldung vorzunehmen, folgt aus dessen Verpflichtung zur Ausführung von Hauptversammlungsbeschlüssen gemäß § 83 Abs. 2.[10]   3

---

1 RegBegr. *Kropff*, S. 382.
2 *Emmerich*/Habersack, Rn 2; *Hüffer*, Rn 1; MüKo-AktG/*Altmeppen*, Rn 1 f.
3 K. Schmidt/Lutter/*Langenbucher*, Rn 1; Spindler/Stilz/*Veil*, Rn 1.
4 RegBegr. *Kropff*, S. 382.
5 Zur konstitutiven Wirkung der Eintragung vgl MüKo-AktG/*Altmeppen*, Rn 1 f; *Hüffer*, Rn 17; MüHb-AG/*Krieger*, § 70 Rn 50; *Emmerich*/Habersack, Rn 26.

6 RegBegr. *Kropff*, S. 510; *Emmerich*/Habersack, Rn 7, 25 f; MüKo-AktG/*Altmeppen*, Rn 38 ff; *Hüffer*, Rn 21; KölnKomm-AktG/*Koppensteiner*, Rn 39.
7 MüKo-AktG/*Altmeppen*, Rn 40; *Hüffer*, Rn 21; KölnKomm-AktG/*Koppensteiner*, Rn 39; *Emmerich*/Habersack, Rn 7, 25.
8 *Emmerich*/Habersack, Rn 26 mwN.
9 BGHZ 122, 211, 217 = NJW 1993, 1976; *Hüffer*, § 83 Rn 5.
10 *Emmerich*/Habersack, Rn 7, § 293 Rn 31; *Hüffer*, Rn 2; MüKo-AktG/*Altmeppen*, Rn 7, 9; zu den Sorgfaltspflichten bei der Kontrolle der erfolgten Eintragung OLG Naumburg AG 2004, 43.

4 Eine andere Frage ist, ob die Gesellschaft **dem anderen Vertragsteil gegenüber zur Anmeldung verpflichtet** ist. Die Frage ist mit der hM grundsätzlich zu bejahen.[11] Während der schwebenden Unwirksamkeit bis zur Eintragung des Vertrages steht den Vertragspartnern wie bei Nachgründungsverträgen gemäß § 52 kein Rücktrittsrecht mehr zu.[12]

5 Nur der Vorstand der vertragstypisch verpflichteten Gesellschaft ist im vorbezeichneten Sinne anzeigepflichtig, da auch die Eintragung nur in ihr Handelsregister erfolgt.[13] Die vertragstypischen Pflichten ergeben sich für die einzelnen Unternehmensverträge aus §§ 291, 292.

6 Die Eintragung in das Handelsregister des anderen Vertragsteils verlangt das Gesetz auch dann nicht, wenn dessen Hauptversammlung gemäß § 293 Abs. 2 zustimmen muss.[14] Den anderen Vertragsteil trifft aber die Verpflichtung nach §§ 293g Abs. 2 S. 1, 130 Abs. 5, die Niederschrift über den Zustimmungsbeschluss der Hauptversammlung nebst Unternehmensvertrag als Anlage zum Handelsregister anzumelden.[15]

7 **II. Form und Inhalt der Anmeldung. 1. Form.** Nach § 12 HGB ist die Eintragung elektronisch in öffentlich beglaubigter Form beim Handelsregister der vertragstypisch verpflichteten Gesellschaft anzumelden, und zwar durch die Vorstandsmitglieder in der vertretungsberechtigten Anzahl.[16] Die vom Gesetz geforderten Anlagen sind in Urschrift, Ausfertigung oder einer öffentlich beglaubigten Abschrift einzureichen. Daher sind als Anlagen in jedem Fall der Unternehmensvertrag (Abs. 1 S. 2) und die Niederschrift des Zustimmungsbeschlusses der Hauptversammlung der vertragstypisch verpflichteten Gesellschaft beizufügen.[17] Dieses Erfordernis wird in Abs. 1 S. 2 nicht ausdrücklich erwähnt, weil es schon aus § 130 Abs. 5 hervorgeht. Da sämtliche zum Handelsregister einzureichende Niederschriften über Hauptversammlungen und/oder deren Beschlüsse nach § 130 Abs. 5 auch die Anlagen enthalten müssen, kann sich der Vorstand in der Regel bei der Anmeldung auf die bereits zuvor oder gleichzeitig eingereichte Niederschrift nach § 130 Abs. 5 beziehen.[18] Der Unternehmensvertrag muss aber in Schriftform (vgl § 293 Abs. 3), also unterschrieben beigefügt werden. Die Bezugnahme genügt dann nicht, wenn die Hauptversammlung nur dem Entwurf zugestimmt hat, was grundsätzlich möglich ist.[19]

8 Verlangt das Gesetz nach § 293 Abs. 2 auch die Zustimmung des anderen Vertragsteils, ist der Anmeldung gemäß § 294 Abs. 1 S. 2 auch die Niederschrift dieses Zustimmungsbeschlusses nebst Anlagen beizufügen.[20] Auf einen zuvor oder gleichzeitig zum Handelsregister eingereichten Hauptversammlungsbeschluss des anderen Vertragsteils kann sich die Anmeldung nur dann beziehen, wenn auch die andere Gesellschaft ihren Sitz im Amtsgerichtsbezirk der anmeldenden Gesellschaft hat.[21]

9 **2. Inhalt der Anmeldung. a) Bestehen eines Unternehmensvertrages.** Nur ein bestehender, dh schriftförmlich geschlossener Unternehmensvertrag kann angemeldet werden. Die nach § 293 erforderlichen Zustimmungsbeschlüsse sind nach § 294 Abs. 1 S. 2 nachzuweisen, so dass mit der Eintragung der Unternehmensvertrag wirksam werden kann. Wurden die Zustimmungsbeschlüsse nur zu einem Vertragsentwurf erteilt, ist der Vertrag in einer gegenüber dem Entwurfstext unveränderten Fassung von beiden Vertragsparteien unterzeichnet der Anmeldung beizufügen.

10 **b) Art des Unternehmensvertrages.** Mit Anmeldung der Art des Vertrages fordert das Gesetz die Zuordnung zu einem der in den §§ 291, 292 definierten Vertragstypen. Die Anmeldung erfordert daher die **richtige Bezeichnung des Vertrages**.[22] Allerdings muss nur in der Anmeldung selbst die richtige Bezeichnung erfolgen, damit die Eintragung die erforderliche Information für den Rechtsverkehr erhält; der Vertrag selbst kann anders überschrieben sein.[23]

---

11 Vgl *Hüffer*, § 293 Rn 15; KölnKomm-AktG/*Koppensteiner*, § 293 Rn 39; MüHb-AG/*Krieger*, § 70 Rn 17, 46; aA *Emmerich*/Habersack, § 16 Rn 46; *Emmerich*/Habersack, § 293 Rn 31.

12 OLG Braunschweig NZG 2004, 126, 127; differenzierend: *Emmerich*/Habersack, § 293 Rn 31 a f.

13 *Emmerich*/Habersack, Rn 5 f; *Hüffer*, Rn 2; MüKo-AktG/*Altmeppen*, Rn 7 mwN; KölnKomm-AktG/*Koppensteiner*, § 294 Rn 5 mwN.

14 AG Erfurt AG 1997, 275 = GmbHR 1997, 75; AG Duisburg AG 1994, 568 = GmbHR 1994, 811; RegBegr. *Kropff*, S. 382 ff; *Emmerich*/Habersack, Rn 5; MüKo-AktG/*Altmeppen*, Rn 12 f; *Emmerich*/Habersack, § 16 Rn 46; MüHb-AG/*Krieger*, § 70 Rn 48; aA LG Bonn AG 1993, 521 = GmbHR 1993, 443.

15 *Emmerich*/Habersack, Rn 5; MüHb-AG/*Krieger*, § 70 Rn 48; MüKo-AktG/*Altmeppen*, Rn 13.

16 K. Schmidt/Lutter/*Langenbucher*, Rn 3 f; Spindler/Stilz/*Veil*, Rn 4; *Hüffer*, Rn 3, 2; MüKo-AktG/*Altmeppen*, Rn 16; Großkomm-HGB/*Hüffer*, § 12 Rn 2 ff.

17 So Baumbach/*Hueck*, AktG, Rn 5; aA *Hüffer*, Rn 7, der davon ausgeht, dass die Niederschrift dem Gericht gemäß § 130 Abs. 5 ohnehin vorliegt; eine Einreichungspflicht bestehe nur, wenn dies nicht der Fall sei.

18 Vgl *Hüffer*, Rn 7; KölnKomm-AktG/*Koppensteiner*, Rn 11; MüKo-AktG/*Altmeppen*, Rn 22.

19 Vgl § 293 Rn 4; RegBegr. *Kropff*, S. 383; *Hüffer*, § 293 Rn 4; Baumbach/*Hueck*, AktG, § 293 Rn 5; v. Godin/Wilhelmi, § 293 Anm. 2; Großkomm-AktienR/*Würdinger*, § 293 Rn 1.

20 Spindler/Stilz/*Veil*, Rn 10 ff; K. Schmidt/Lutter/*Langenbucher*, Rn 6 f. Zum Zweck der Beifügung vgl *Hüffer*, Rn 8; *Emmerich*/Habersack, Rn 15; MüKo-AktG/*Altmeppen*, Rn 23.

21 *Emmerich*/Habersack, Rn 15; MüKo-AktG/*Altmeppen*, Rn 23; *Hüffer*, Rn 8.

22 Spindler/Stilz/*Veil*, Rn 6.

23 K. Schmidt/Lutter/*Langenbucher*, Rn 3; *Hüffer*, Rn 5; KölnKomm-AktG/*Koppensteiner*, Rn 9; MüKo-AktG/*Altmeppen*, Rn 19; zu den Rechtsfolgen einer fehlerhaften Bezeichnung vgl MüKo-AktG/*Altmeppen*, Rn 19, § 293 Rn 75 ff; *Hüffer*, Rn 11.

Daher muss etwa ein stiller Gesellschaftsvertrag als Teilgewinnabführungsvertrag und der Betriebsführungsvertrag als Betriebsüberlassungsvertrag bezeichnet werden. § 292 kennt den Betriebsführungsvertrag nicht. Zur typisierenden Kennzeichnung bleibt nur der Betriebsüberlassungsvertrag nach § 292 Abs. 1 Nr. 3 übrig, obwohl dieser eigentlich nur Nutzungsüberlassungsverträge für Rechnung des Betriebsübernehmers meint.[24]

Enthält der Unternehmensvertrag die Merkmale verschiedener Unternehmensvertragstypen, sind **alle betroffenen Vertragsarten** in der Anmeldung korrekt zu **bezeichnen**.[25] Dies trifft häufig auf Beherrschungs- und Gewinnabführungsverträge zu. Die Anmeldung muss außerdem den anderen Vertragsteil nennen;[26] Erleichterungen sieht das Gesetz insofern nur für die Anmeldung einer Vielzahl von Teilgewinnabführungsverträgen vor.[27]

Umstritten ist die Beurteilung von Unternehmensverträgen, die mit unzutreffender Bezeichnung eingetragen sind. Während ein Teil des Schrifttums von Nichtigkeit ausgeht,[28] gehen andere von der Wirksamkeit aus.[29] Da der Inhalt und nicht die Bezeichnung des Vertrages maßgeblich ist und sich der Rechtsvertreter aus den Anmeldungsunterlagen (vgl Abs. 1 S. 2) unterrichten kann, ist es nicht sachgerecht von einer Nichtigkeit auszugehen.

C. Eintragungsverfahren

Nach §§ 14 und 8 HGB ist das Amtsgericht am Sitz der Gesellschaft (§ 5) für die Eintragung zuständig. Der Registerrichter überprüft die Anmeldung nicht nur in formeller, sondern auch in materieller Hinsicht.[30] Die Formnichtigkeit, die Gesetzeswidrigkeit, die Sittenwidrigkeit des Unternehmensvertrages oder das Fehlen einer Ausgleichsregelung nach § 304 Abs. 3 S. 1 sowie die Nichtigkeit der nach § 293 erforderlichen Zustimmungsbeschlüsse hat das Gericht von Amts wegen zu beachten und hierzu ggf die nach § 26 FamFG erforderlichen Sachverhaltsermittlungen vorzunehmen. Verbleiben Bedenken, lehnt das Gericht den Antrag ab[31] oder setzt das Verfahren gemäß § 381 FamFG aus.[32]

Einzutragen sind die nach Abs. 1 S. 1 anzumeldenden Tatsachen; also die Art des Unternehmensvertrages,[33] Firma und Sitz des anderen Vertragsteils. Bei Gemeinschaftsunternehmen sind alle Parteien des Gemeinschaftsunternehmens (Mehrmütter) einzutragen, da nach noch hM nur sie, nicht aber die GbR als Vertragspartnerinnen anzusehen sind.[34]

Sind die Zustimmungsbeschlüsse angefochten oder ist gegen sie Anfechtungsklage erhoben worden, ist das Registergericht nicht ohne Weiteres berechtigt, die Entscheidung über die Eintragung nach § 381 FamFG bis zur rechtskräftigen Entscheidung über die Anfechtungsklage auszusetzen.[35] Der Regierungsentwurf zum Aktiengesetz 1965 hatte ursprünglich als weitere Eintragungsvoraussetzung noch die § 319 Abs. 2 S. 2 entsprechende Erklärung des Vorstands vorgesehen, dass der Zustimmungsbeschluss nicht angefochten oder eine Anfechtung rechtskräftig abgewiesen worden sei (sog. Negativerklärung). Der Rechtsausschuss verzichtete auf diese Regelung mit der Begründung, dass sie es einzelnen Aktionären ermögliche, durch Erhebung der Anfechtungsklage die Eintragung und damit das Wirksamwerden eines Unternehmensvertrages oder seine Änderung zu verzögern, und zwar ohne Rücksicht darauf, ob die Anfechtungsklage Erfolgsaussichten biete.[36] Die Gesetzeslage bedeutet aber lediglich, dass die Anfechtung keine automatische Registersperre bewirkt. Andererseits besteht aber auch keine automatische Eintragungspflicht. Vielmehr hat das Gericht die Erfolgsaussichten der Klage summarisch zu prüfen. Ist die Anfechtungsklage unzulässig, offensichtlich unbegründet oder missbräuchlich, hat das Gericht die Eintragung vorzunehmen.[37] Hält es den Ausgang des Klageverfahrens für offen, ist einzutragen, wenn das Interesse der Gesellschaft und der zustim-

---

24 *Hüffer*, Rn 5; *Emmerich*/Habersack, Rn 10; aA KölnKomm-AktG/*Koppensteiner*, Rn 9, der eine Anmeldung unter der Bezeichnung aus § 292 mit einem Zusatz der inhaltlichen Vertragsbezeichnung vorzieht.
25 *Hüffer*, Rn 5; KölnKomm-AktG/*Koppensteiner*, Rn 9; MüKo-AktG/*Altmeppen*, Rn 18; *Emmerich*/Habersack, Rn 10.
26 MüKo-AktG/*Altmeppen*, Rn 20: idR ist auch der Sitz der Firma (§ 17 HGB) anzugeben, dies gilt jedenfalls, wenn diese Angabe zur Identifizierung des anderen Vertragsteils erforderlich ist, vgl auch *Hüffer*, Rn 3; *Emmerich*/Habersack, Rn 11; für eine zwingende Angabe des Sitzes der Firma vgl KölnKomm-AktG/*Koppensteiner*, Rn 10.
27 Vgl im Einzelnen *Hüffer*, Rn 6.
28 KölnKomm-AktG/*Koppensteiner* Rn 37 mwN.
29 Vgl *Hüffer* Rn 5.
30 OLG München NZG 2009, 1031; *Hüffer*, Rn 11; *Emmerich*/Habersack, Rn 19; MüKo-AktG/*Altmeppen*, Rn 26; Spindler/Stilz/*Veil*, Rn 15 f; K. Schmidt/Lutter/*Langenbucher*, Rn 14.
31 Vgl OLG München NZG 2009, 1031 für den Fall des Fehlens einer aufsichtsbehördlichen Genehmigung des zur Eintragung angemeldeten Unternehmensvertrages.
32 MüKo-AktG/*Altmeppen*, Rn 26; *Hüffer*, Rn 13 f; *Emmerich*/Habersack, Rn 20.
33 Die Nichtigkeit eines Unternehmensvertrages ist hingegen keine eintragungsfähige Tatsache, OLG Hamm NZG 2009, 1117 f.
34 Vgl § 291 Rn 35 a ff; MüKo-AktG/*Altmeppen*, Rn 20; *Hüffer*, Rn 4; KölnKomm-AktG/*Koppensteiner*, Rn 10.
35 Vgl zu dieser Problematik auch MüKo-AktG/*Altmeppen*, Rn 30 ff; *Emmerich*/Habersack, Rn 21, 22.
36 RegBegr. *Kropff*, S. 383; *Emmerich*/Habersack, Rn 21 f.
37 MüKo-AktG/*Altmeppen*, Rn 32; *Emmerich*/Habersack, Rn 21 f; KölnKomm-AktG/*Koppensteiner*, Rn 25; *Hüffer*, Rn 13 f; MüHb-AG/*Krieger*, § 70, Rn 49; Spindler/Stilz/*Veil*, Rn 19.

menden Mehrheit an raschem Vollzug das Anfechtungsinteresse der Kläger überwiegt.[38] Seit dem UMAG steht dem Vorstand die Möglichkeit der Einleitung eines Freigabeverfahrens (§ 246 a) zu, in dem gerichtlich darüber entschieden wird, ob die Anfechtungsklage der Eintragung entgegensteht.

16 Die Eintragung ist nach § 10 HGB bekannt zu machen. Jedermann ist nach § 9 HGB zur Einsicht in die Handelsregisterakten (Unternehmensvertrag, Zustimmungsbeschlüsse) berechtigt, ohne dass er ein besonderes Interesse dartun müsste.[39]

D. Wirksamkeit des Unternehmensvertrages

17 Der Unternehmensvertrag wird mit dem Datum seiner Eintragung in das Handelsregister wirksam (Abs. 2).[40] Das Eintragungsdatum ist nach § 382 Abs. 2 FamFG im Handelsregister zu vermerken.[41] Im Fall der Gewinngemeinschaft wird der Unternehmensvertrag erst mit der Eintragung bei der letzten an der Gewinngemeinschaft beteiligten Aktiengesellschaft oder des letzten beteiligten Unternehmens wirksam.[42] Die Nichtigkeit nach § 304 Abs. 3 S. 1 oder die Unwirksamkeit wegen nichtiger Zustimmungsbeschlüsse wird durch die Eintragung nicht geheilt.[43] Die Eintragung hat grundsätzlich keine heilende Wirkung.[44] Auch das Vertrauen Dritter auf die Wirksamkeit eines eingetragenen Unternehmensvertrages wird nach § 15 Abs. 3 HGB nicht geschützt (vgl bereits oben Rn 2). Die nachträgliche Feststellung von Eintragungsmängeln berechtigt das Registergericht zur Einleitung eines Amtslöschungsverfahrens nach § 395 Abs. 2 FamFG.[45] Bis zur Amtslöschung kann ein Unternehmensvertrag jedoch nach den Grundsätzen fehlerhafter Gesellschaft als vollwirksam zu behandeln sein.[46] Soweit indes der Unternehmensvertrag auf Grundlage einer Freigabeentscheidung ins Handelsregister eingetragen wird, gelten die speziellen Regelungen des § 246 a.

18 Unabhängig von der konstitutiven Wirkung der Eintragung nach Abs. 2 mit der zwingenden Folge, dass der Unternehmensvertrag als solcher nur ex nunc wirksam werden kann, ist es möglich, bestimmte Leistungen oder Verpflichtungen mit Rückwirkung zu vereinbaren.[47] Ausgeschlossen ist die Rückwirkung lediglich beim Beherrschungsvertrag.[48]

E. Anwendung auf die GmbH

19 Für eine GmbH als verpflichtete Partei eines Beherrschungs- oder Gewinnabführungsvertrages folgt die Eintragungspflicht als Wirksamkeitserfordernis aus einer entsprechenden Anwendung von § 54 GmbHG, da diese Verträge wie eine Satzungsänderung in den Status der beherrschten GmbH eingreifen. Dies gilt auch für Teilgewinnabführungsverträge.[49] Bei der Anmeldung sind der Unternehmensvertrag in Schriftform und der Zustimmungsbeschluss entsprechend § 53 Abs. 2 S. 1 in notariell beurkundeter Form einzureichen.[50] Für den Inhalt der Eintragung ist aufgrund desselben Publizitätsbedürfnisses wie bei einer AG § 294 analog anzuwenden.[51] Die Eintragung von Verträgen im Handelsregister der Obergesellschaft ist wie bei Beherrschung einer AG nicht erforderlich.

§ 295 Änderung

(1) ¹Ein Unternehmensvertrag kann nur mit Zustimmung der Hauptversammlung geändert werden. ²§§ 293 bis 294 gelten sinngemäß.

---

[38] BGHZ 112, 9, 23 ff = NJW 1990, 2747 (noch zur Verschmelzung nach altem Recht; OLG Nürnberg, NJW 1996, 229, 230; OLG Zweibrücken, AG 1989, 251 (Abwägung bei Löschung); MüHb-AG/*Krieger*, § 70, Rn 49; KölnKomm-AktG/*Koppensteiner*, Rn 16, 25; OLG Hamm AG 1988, 246, 247 (Verschmelzung); aA *Hüffer*, Rn 14, der in jedem Fall evidente Unzulässigkeit oder Unbegründetheit bzw Rechtsmissbrauch verlangt und eine entsprechende Anwendung von § 319 Abs. 6 ausdrücklich ablehnt; nach Auffassung von K. Schmidt/Lutter/*Langenbucher*, Rn 16 ff, steht die Eintragung im pflichtgemäßen Ermessen des Registergerichts.
[39] *Emmerich*/Habersack, Rn 24.
[40] Spindler/Stilz/*Veil*, Rn 25; K. Schmidt/Lutter/*Langenbucher*, Rn 25; BGH NJW-RR 2006, 1182, 1183; BFH NJW-RR 2009, 529, 530.
[41] *Emmerich*/Habersack, Rn 26; *Hüffer*, Rn 16.
[42] *Hüffer*, Rn 17; MüKo-AktG/*Altmeppen*, Rn 39; *Emmerich*/Habersack, Rn 27.
[43] MüKo-AktG/*Altmeppen*, Rn 40; *Hüffer*, Rn 17, 21; *Emmerich*/Habersack, Rn 25; KölnKomm-AktG/*Koppensteiner*, Rn 36.
[44] Spindler/Stilz/*Veil*, Rn 28; K. Schmidt/Lutter/*Langenbucher*, Rn 26.
[45] *Hüffer*, Rn 21; KölnKomm-AktG/*Koppensteiner*, Rn 38.
[46] Vgl hierzu § 291, Rn 21 f; *Hüffer*, Rn 21, § 291, Rn 20 f, 23.
[47] RegBegr. *Kropff*, S. 383; MüKo-AktG/*Altmeppen*, Rn 51; *Emmerich*/Habersack, Rn 29.
[48] BayObLG 2003, 631, 632; *Emmerich*/Habersack, Rn 29; *Hüffer*, § 308 Rn 2, § 294 Rn 19; aA MüKo-AktG/*Altmeppen*, Rn 51 ff.
[49] Str, aA BayObLGZ 2003, 21, 23 ff mwN zum Meinungsstand.
[50] BGHZ 105, 324, 342.
[51] BGH NJW 1989, 295, 299 f; *Hüffer*, Rn 1; BFH NJW-RR 2009, 529, 530.

(2) ¹Die Zustimmung der Hauptversammlung der Gesellschaft zu einer Änderung der Bestimmungen des Vertrags, die zur Leistung eines Ausgleichs an die außenstehenden Aktionäre der Gesellschaft oder zum Erwerb ihrer Aktien verpflichten, bedarf, um wirksam zu werden, eines Sonderbeschlusses der außenstehenden Aktionäre. ²Für den Sonderbeschluß gilt § 293 Abs. 1 Satz 2 und 3. ³Jedem außenstehenden Aktionär ist auf Verlangen in der Versammlung, die über die Zustimmung beschließt, Auskunft auch über alle für die Änderung wesentlichen Angelegenheiten des anderen Vertragsteils zu geben.

A. Normzweck und Regelungsgegenstand 1	V. Änderungskündigung 13
B. Die Änderung des Unternehmensvertrages (Abs. 1) 3	VI. Tatsächliche oder faktische Vertragsänderung . 14
I. Begriff der Vertragsänderung 3	VII. Umstrukturierung, Gesamtrechtsnachfolge 15
II. Parteiwechsel 5	C. Durchführung der Vertragsänderung 16
1. Vertragsübernahme 5	D. Sonderbeschluss der außenstehenden Aktionäre (Abs. 2) 21
2. Vertragsbeitritt 6	I. Erforderlichkeit eines Sonderbeschlusses 21
3. Personengesellschaft als Vertragspartei (Mehrmütterorganschaft) 7	II. Außenstehende Aktionäre 23
III. Änderung der Laufzeit 8	III. Beschlussfassung nach Abs. 2 25
IV. Änderung der Art des Unternehmensvertrages . 12	IV. Anwendung auf die GmbH 29

A. Normzweck und Regelungsgegenstand

Die Regelungen über die Änderung von Unternehmensverträgen orientieren sich an den Voraussetzungen für deren Abschluss. Gemäß Abs. 1 sind für die Änderung eines Unternehmensvertrages Schriftform, die Zustimmung der Hauptversammlung sowie die Eintragung der Änderung in das Handelsregister erforderlich. Damit wird einer Umgehung der Vorschriften über den Abschluss von Unternehmensverträgen vorgebeugt.[1] Hätte die Änderung eines Unternehmensvertrages geringere Anforderungen als sein Abschluss, so könnte dem Vertrag nachträglich ein Inhalt gegeben werden, dem die Hauptversammlung ihre Zustimmung verweigert hätte oder auch tatsächlich verweigert hat. Konsequenterweise gelten damit sämtliche Voraussetzungen für den Abschluss eines Unternehmensvertrages gemäß §§ 293 bis 294, also auch die Regelungen über die Berichts- und Prüfungspflicht. Darüber hinaus wird sichergestellt, dass die Öffentlichkeit über die Änderung eines Unternehmensvertrages in gleichem Maße informiert wird wie über dessen Abschluss.[2] Auch ist damit klargestellt, dass es sich bei der Änderung eines Unternehmensvertrages ebenso wenig um eine dem Vorstand vorbehaltene Maßnahme der Geschäftsführung handelt wie bei dessen Abschluss selbst.[3]

Abs. 2 stellt zum Schutz außenstehender Aktionäre besondere Anforderungen an die Änderung eines Unternehmensvertrages. Die Regelung schützt zum einen die außenstehenden Aktionäre der Gesellschaft, indem Änderungen von Bestimmungen des Vertrages, die zur Leistung eines Ausgleichs an die außenstehenden Aktionäre oder zum Erwerb ihrer Aktien verpflichten, eines Sonderbeschlusses dieser außenstehenden Aktionäre bedürfen. Damit können die Interessen der außenstehenden Aktionäre nicht durch die Stimmenmehrheit der anderen Vertragspartei majorisiert werden. Nach den allgemeinen Regelungen in § 328 Abs. 2 oder § 35 BGB bedürfte die Änderung eines solchen Unternehmensvertrages grundsätzlich der Zustimmung jedes einzelnen in seinen Individualinteressen betroffenen Aktionärs. Da dieses Erfordernis jedoch eine Änderung praktisch unmöglich machen würde, hat der Gesetzgeber zum anderen einen Sonderbeschluss mit qualifizierter Mehrheit als vermittelnden Weg zugelassen.[4] Damit erleichtert die Regelung die Vertragsänderung im Interesse der Vertragsparteien.[5]

B. Die Änderung des Unternehmensvertrages (Abs. 1)

I. Begriff der Vertragsänderung. Nach der Rechtsprechung ist eine Vertragsänderung eine zweiseitige rechtsgeschäftliche Vereinbarung der Parteien, die noch während der Laufzeit des Vertrages wirksam werden soll.[6] Dabei ist es unerheblich, ob es sich um eine redaktionelle, eine formale oder eine materiellrechtliche Änderung des Vertrages oder um eine konkludente, aus der einvernehmlichen Änderung der Vertragspraxis herzuleitende Änderung handelt.[7] Aus Gründen der Rechtssicherheit gilt § 295 auch für redaktionel-

---

1 Spindler/Stilz/*Veil*, Rn 1; K. Schmidt/Lutter/*Langenbucher*, Rn 1.
2 Spindler/Stilz/*Veil*, Rn 1.
3 MüKo-AktG/*Altmeppen*, Rn 1; *Hüffer*, Rn 1.
4 RegBegr. *Kropff*, S. 385.
5 Vgl *Hüffer*, Rn 2.
6 BGH NJW 1979, 2103; KölnKomm-AktG/*Koppensteiner*, Rn 5; Spindler/Stilz/*Veil*, Rn 3; K. Schmidt/Lutter/*Langenbucher*, Rn 3.
7 BGH AG 2013, 92, 93; RegBegr. *Kropff*, S. 384; MüKo-AktG/*Altmeppen*, Rn 3.

le Neufassungen einzelner Bestimmungen oder des gesamten Vertrages.[8] Unerheblich ist auch, ob es sich um eine wesentliche oder eine unwesentliche Änderung des Vertrages handelt.[9] Etwas anderes gilt für solche Anpassungen, die nicht auf einer Vereinbarung der Vertragsparteien beruhen, zB Berichtigungen infolge der Firmenänderung einer Vertragspartei.[10]

Strittig ist, inwieweit die Anpassung von Ausgleichsleistungen in den Fällen einer **Kapitalmaßnahme** eine Vertragsänderung iSv § 295 darstellt. Richtigerweise muss auch hier dem Schutzzweck der Vorschrift Rechnung getragen und dem außenstehenden Aktionär die Möglichkeit gegeben werden, seine Rechte durch eine erneute Beschlussfassung zu wahren.[11] Zu berücksichtigen ist jedoch, dass Kapitalmaßnahmen – wie etwa eine Kapitalerhöhung aus Gesellschaftsmitteln verbunden mit der Neueinteilung des Grundkapitals (Aktiensplitt, Ausgabe von Gratisaktien) – die Rechte des außenstehenden Aktionärs wirtschaftlich nicht berühren. Vielmehr wäre eine wortgetreue Durchführung des ursprünglichen Vertragsinhaltes unbillig. Fraglich ist zudem, wie das Fehlen einer Zustimmung der Hauptversammlung und der außenstehenden Aktionäre zu einer Vertragsänderung trotz vorhergehender wirksamer Durchführung einer Kapitalmaßnahme überbrückt werden soll. Insoweit bedarf es im Einzelfall einer differenzierten Betrachtungsweise. Entscheidend ist, inwieweit der Schutzzweck eine Anwendung der Regelungen über die Vertragsänderung gebietet. Idealerweise wird dem Anpassungsbedarf eines Unternehmensvertrages nach Kapitalmaßnahmen bereits durch entsprechende Klauseln im Unternehmensvertrag selbst Rechnung getragen.

4 In der Regel stellt die **Änderungskündigung** keine Vertragsänderung dar, da es sich um eine einseitige Maßnahme handelt.[12]

5 **II. Parteiwechsel. 1. Vertragsübernahme.** Soll ein bestehender Unternehmensvertrag künftig mit einem neuen Vertragspartner fortgesetzt werden, so kann die **Auswechslung dieses Vertragspartners** durch Vertragsübernahme stattfinden. Hierdurch werden die Aufhebung des bisherigen Vertrages und der anschließende Neuabschluss mit dem neuen Vertragspartner vermieden.[13] Die Vertragsübernahme stellt als dreiseitiges Rechtsgeschäft zwischen der verbleibenden Partei sowie der ausscheidenden und der übernehmenden Partei nach richtiger hM eine Vertragsänderung iSv Abs. 1 dar.[14] Dies gilt jedoch nur, wenn die Parteien nicht stattdessen die Vertragsaufhebung vereinbaren und eine Partei anschließend einen gleich lautenden Vertrag mit einem Dritten abschließt. Zwar kann auch hier von einer Vertragsübernahme im weiteren Sinn gesprochen werden; es sind jedoch die §§ 291 und 296 zu beachten. Die Vertragsübernahme bedarf zudem eines Sonderbeschlusses nach Abs. 2, wenn sich mit der neuen Vertragspartei der Schuldner etwaiger Ausgleichs- oder Abfindungsleistungen ändert.[15]

6 **2. Vertragsbeitritt.** Soll ein weiterer Vertragspartner einem bestehenden Unternehmensvertrag beitreten, kann dies ebenfalls durch eine Vertragsänderung nach § 295 mit der Aufrechterhaltung des alten Vertrages erfolgen, um die Aufhebung des alten und den Abschluss eines neuen Vertrages zu vermeiden.[16] Dies gilt auch für einen Beherrschungsvertrag, wenn das Weisungsrecht nach § 308 auf die neu hinzutretende Vertragspartei übergehen soll.[17]

7 **3. Personengesellschaft als Vertragspartei (Mehrmütterorganschaft).** Wurde der Unternehmensvertrag, insbesondere zum Zweck der Bildung einer Mehrmütterorganschaft,[18] mit mehreren zu einer GbR zusammengeschlossenen Unternehmen geschlossen und ändert sich der Gesellschafterbestand dieser GbR, so gilt Folgendes: Sieht man die GbR nach der neuen Rechtsprechung als rechtsfähig an,[19] so ist die GbR selbst Partei des Unternehmensvertrages. Konsequenterweise handelt es sich beim Austausch eines Gesellschafters – wie bei jeder Veränderung im Gesellschafterbestand – um keine Veränderung der Vertragspartei des Unternehmensvertrages; für eine Anwendung von § 295 besteht kein Bedarf.[20] Nach dem früher herrschenden Verständnis der GbR waren die einzelnen Mitglieder der GbR Vertragspartner. Dementsprechend bedeutete

---

8 KölnKomm-AktG/*Koppensteiner*, Rn 5; MüKo-AktG/*Altmeppen*, Rn 3.
9 RegBegr. *Kropff*, S. 384.
10 MüKo-AktG/*Altmeppen*, Rn 3; KölnKomm-AktG/*Koppensteiner*, Rn 6; *Emmerich*/Habersack, Rn 7.
11 MüKo-AktG/*Altmeppen*, Rn 3, ohne weitere Begründung für eine Vertragsänderung; aA Großkomm-AktienR/*Würdinger*, Anm. 1, der eine solche Änderung lediglich als eine neue Garantiezusage ansieht, bei welcher auch der Schutzzweck des § 295 entfällt.
12 Vgl unten Rn 13; zutreffend differenzierend auch Spindler/Stilz/*Veil*, Rn 12; ebenso: K. Schmidt/Lutter/*Langenbucher*, Rn 5.
13 MüKo-AktG/*Altmeppen*, Rn 4 mwN.
14 BGHZ 65, 49, 53 = NJW 1976, 1653; BGHZ 72, 394, 398 = NJW 1979, 369; BGHZ 119, 1, 6 ff = NJW 1992, 2760 (ASEA/BBG); OLG Karlsruhe AG 1991, 114, 115; LG Mannheim AG 1991, 26; MüKo-AktG/*Altmeppen*, Rn 4; *Hüffer*, Rn 5 jeweils mwN; Spindler/Stilz/*Veil*, Rn 4.
15 *Hüffer*, Rn 11.
16 MüKo-AktG/*Altmeppen*, Rn 5; Spindler/Stilz/*Veil*, Rn 6; *Hüffer*, Rn 5.
17 BGHZ 119, 1, 6 ff; MüKo-AktG/*Altmeppen*, Rn 5; *Hüffer*, Rn 5; *Emmerich*/Habersack, Rn 13 f.
18 Zum Begriff vgl Kapitel 20 Rn 164 f; im Allgemeinen § 291 Rn 76.
19 BGH NJW 2001, 1056, wonach die GbR zwar keine juristische Person ist, jedoch Rechtsfähigkeit besitzt, soweit sie als Außengesellschaft tätig ist; bestätigend für die Parteifähigkeit BVerfG NJW 2002, 3533.
20 MüKo-AktG/*Altmeppen*, Rn 6.

die Veränderung im Gesellschafterbestand das Ausscheiden und/oder Beitreten eines neuen Vertragspartners. Nach dieser Ansicht hätte eine Vertragsänderung im Sinne von § 295 vorgelegen.[21]

III. Änderung der Laufzeit. Unternehmensverträge können mit einer festen Laufzeit oder aber auf unbestimmte Zeit abgeschlossen werden. Gewinnabführungsverträge werden in der Regel für mindestens fünf Jahre fest abgeschlossen, da eine körperschaftsteuerliche Organschaft gemäß § 14 Nr. 4 S. 1 KStG eine Laufzeit von mindestens fünf Jahren voraussetzt.[22] Solche für einen Mindestzeitraum abgeschlossenen Unternehmensverträge sehen meist vor, dass sich der Vertrag nach Ablauf der Laufzeit um ein weiteres Jahr verlängert, sofern er nicht durch eine der Parteien zuvor wirksam gekündigt wurde. Denkbar ist jedoch auch, einen Neuabschluss des Unternehmensvertrages nach Ablauf einer festen Laufzeit oder von vornherein eine unbestimmte Laufzeit zu vereinbaren.

Der Abschluss eines gleich lautenden Unternehmensvertrages nach Ablauf einer festen Laufzeit stellt in jedem Fall einen Neuabschluss nach § 293 dar.[23] Heben die Parteien den Vertrag vor Ablauf der vereinbarten Laufzeit ausdrücklich auf und schließen sie einen neuen Unternehmensvertrag ab, so liegt ebenfalls ein Neuabschluss nach § 293 verbunden mit einer Aufhebung nach § 296 vor.

Ändern die Parteien eine Vereinbarung über die im Unternehmensvertrag enthaltene Laufzeitregelung, um den Vertrag zu verlängern, liegt hierin nach hM immer der Abschluss eines neuen Unternehmensvertrages nach § 293.[24] Insoweit kann der neue Vertrag als selbstständig geschlossen angesehen werden und bedarf keines Sonderbeschlusses der außenstehenden Aktionäre.[25]

Anders liegt es im Fall der vorzeitigen Beendigung des Unternehmensvertrages. Hierin kann sowohl eine Änderung als auch eine Vertragsaufhebung liegen. Durch die Verkürzung der Vertragsdauer wird ebenso wie im Fall seiner vorzeitigen Aufhebung in etwaige Ausgleichs- und Abfindungsansprüche außenstehender Aktionäre eingegriffen, weshalb sich die Anwendung von § 295 Abs. 2 ebenso von selbst versteht wie eine Anwendung von § 296 Abs. 2.[26] Selbst wenn man in der Verkürzung des Vertrages die Aufhebung und den anschließenden Neuabschluss eines Unternehmensvertrages sehen wollte, würde den Interessen außenstehender Aktionäre durch die Anwendung von § 296 ausreichend Rechnung getragen.

IV. Änderung der Art des Unternehmensvertrages. Führt die Änderung des Vertrages im Ergebnis dazu, dass sich die Art des Unternehmensvertrages ändert, so handelt es sich um eine Aufhebung des Vertrages nach § 296 verbunden mit einem Neuabschluss nach §§ 295 ff[27] Nach anderer Ansicht liegt auch hier eine Vertragsänderung nach § 295 vor.[28] Eine weitere Meinung erkennt den Parteien ein Wahlrecht zu, nach den Regelungen über die Vertragsänderung oder die Vertragsaufhebung verbunden mit einem Neuabschluss vorzugehen.[29] Richtigerweise liegt eine Änderung der Unternehmensvertragsart nur dann vor, wenn auch die vertragstypischen Merkmale des Vertrages geändert werden sollen.[30] Unabhängig von der Ausgestaltung durch die Parteien ist hierin die Beendigung des bisherigen Vertrages verbunden mit dem Neuabschluss eines anderes Unternehmensvertrages zu sehen.[31] Entscheidend ist deshalb allein, ob die Parteien im Rahmen der von ihnen vorgenommenen Vertragsänderung die Förmlichkeiten für die Vertragsaufhebung und einen Neuabschluss beachten. Ist dies der Fall, so kann bei der „Vertragsänderung" von einer unschädlichen Falschbezeichnung gesprochen werden.[32]

V. Änderungskündigung. Bei der einseitig erklärten Änderungskündigung liegt keine einvernehmliche Vertragsänderung iSv § 295 vor.[33] Stattdessen stellt die einseitige Änderungskündigung einen Unterfall der Kündigung iSv § 297 dar. Allerdings sind die Regelungen über die Vertragsänderungen dann anwendbar, wenn der andere Vertragsteil den Vertrag unter der auflösenden Bedingung der Zustimmung der abhängigen Gesellschaft zu einer Vertragsänderung kündigt.[34]

VI. Tatsächliche oder faktische Vertragsänderung. Von einer faktischen tatsächlichen Vertragsänderung spricht man, wenn die Parteien einvernehmlich von den vertraglichen Vereinbarungen abweichen. Ggf han-

---

21 MüKo-AktG/*Altmeppen*, Rn 6, und noch immer *Hüffer*, Rn 5.
22 FG Berlin-Brandenburg DStR 2008, 355, 357; vgl unten Kapitel 20 Rn 153 ff zur „Organschaft".
23 MüKo-AktG/*Altmeppen*, Rn 10 ff.
24 MüKo-AktG/*Altmeppen*, Rn 12; *Hüffer*, Rn 7; Spindler/Stilz/*Veil*, Rn 9; K. Schmidt/Lutter/*Langenbucher*, Rn 14; aA *Emmerich/Habersack*, § 18 Rn 7; *Bungert*, DB 1995, 1449; *Emmerich/Habersack*, Rn 11, mit der Begründung, das Gesetz eröffne den Parteien eine Wahlmöglichkeit zwischen Vertragsänderung und Aufhebung mit Neuabschluss.
25 MüKo-AktG/*Altmeppen*, Rn 11; *Hüffer*, Rn 7; KölnKomm-AktG/*Koppensteiner*, Rn 16; MüHb-AG/*Krieger*, § 70 Rn 154.
26 MüKo-AktG/*Altmeppen*, Rn 9; K. Schmidt/Lutter/*Langenbucher*, Rn 11; Spindler/Stilz/*Veil*, Rn 8.
27 *Hüffer*, Rn 7; MüKo-AktG/*Altmeppen*, Rn 7 f; Spindler/Stilz/*Veil*, Rn 10; mit abweichender Begründung: K. Schmidt/Lutter/*Langenbucher*, Rn 15.
28 KölnKomm-AktG/*Koppensteiner*, Rn 18, wegen der Verweisung auf die §§ 293 ff bestehe keine Notwendigkeit für eine Aufhebung und einen Neuabschluss des Vertrages.
29 *Emmerich*/Habersack, Rn 12.
30 MüKo-AktG/*Altmeppen*, Rn 7 f.
31 BayObLG ZIP 2002, 127, für die Aufhebung eines Gewinnabführungsvertrages und den gleichzeitigen Abschluss eines Beherrschungsvertrages.
32 So auch MüKo-AktG/*Altmeppen*, Rn 8.
33 BGH NJW 1979, 2103; MüKo-AktG/*Altmeppen*, Rn 13; *Hüffer*, Rn 7; KölnKomm-AktG/*Koppensteiner*, Rn 6; Spindler/Stilz/*Veil*, Rn 12.
34 MüKo-AktG/*Altmeppen*, Rn 14; *Emmerich*/Habersack, Rn 8; *Hüffer*, Rn 7.

delt es sich um einen Vertragsverstoß, eine Vertragsänderung liegt hierin nicht. Zwar kann die abweichende Durchführung des Vertrages rechtsgeschäftlichen Charakter erlangen, insbesondere, wenn die Parteien durch konkludente Vereinbarungen vom ursprünglichen Vertrag abweichen.[35] Da eine solche Abweichung jedoch ohne Zustimmung der Hauptversammlung erfolgt, liegt eine Änderung im Sinn von Abs. 1 nicht vor.[36] Im Fall eines Vertragsverstoßes können jedoch Schadensersatzpflichten aus der Organhaftung nach §§ 93, 116, 309, 310, 311, 317, 318 entstehen. Ebenso kann es bei der Abschlussprüfung zur Einschränkung oder Versagung des Testats kommen;[37] etwaige Nachteile für die abhängige Gesellschaft sind im Abhängigkeitsbericht darzustellen.

15 **VII. Umstrukturierung, Gesamtrechtsnachfolge.** Ergeben sich Änderungen in der Identität, Struktur oder Rechtsform einer Vertragspartei aufgrund der im Rahmen von Umwandlungsmaßnahmen eintretenden Gesamtrechtsnachfolge, liegt keine Vertragsänderung vor. Während die Verschmelzung der Gesellschaft mit einer dritten Gesellschaft ebenso wie deren Eingliederung das Erlöschen des Unternehmensvertrages zur Folge hat,[38] geht der Unternehmensvertrag bei einer Verschmelzung des anderen Vertragsteils auf eine dritte Gesellschaft mit über.[39]

C. Durchführung der Vertragsänderung

16 Wegen des Verweises in § 295 Abs. 1 auf die §§ 293 bis 294 bedarf jede Vertragsänderung der Schriftform nach § 293 Abs. 3.[40]

17 Auf Seiten der Gesellschaft bedarf die Änderung stets der Zustimmung durch die Hauptversammlung nach § 293 Abs. 1. Auf Seiten des anderen Vertragsteils richtet sich die Erforderlichkeit eines Anteilseignerbeschlusses nach § 293 Abs. 2.[41]

18 Auch für die Vertragsänderung besteht **Berichts- und Prüfungspflicht** nach §§ 293 a ff[42] Soweit es sich allerdings lediglich um redaktionelle Änderungen handelt, muss sowohl die Berichts- als auch die Prüfungspflicht im Wege der teleologischen Reduktion auf ein angemessenes Maß reduziert werden.[43] Die Frage ist jedoch praktisch kaum von Bedeutung, da der Berichtspflicht ebenso wie den Prüfungsanforderungen im Fall einer unerheblichen Vertragsänderung leicht Rechnung getragen werden kann. Um beurteilen zu können, inwieweit die Vertragsänderung Auswirkung auf die wirtschaftlichen Eckdaten des Vertrages hat, muss ohnehin festgestellt werden, ob die Vertragsänderung erheblich ist. Im Fall einer erheblichen Änderung ist darüber selbstverständlich zu berichten und den Prüfungsanforderungen genüge zu leisten. Ist die Änderung unerheblich, so ist dies ebenfalls darzustellen und zu prüfen. Erst auf der Grundlage eines solchen Berichtes und einer entsprechenden Prüfung kann sich der Aktionär ein Bild über die Bedeutung der Vertragsänderung machen. Dementsprechend sollte der gesamte Vertragstext in seiner alten und neuen Fassung ausgelegt und erläutert werden; auf Verlangen des Aktionärs sind ihm beide Vertragstexte zur Verfügung zu stellen.[44] Eine auszugsweise Auslegung und Mitteilung ist zulässig, wenn es sich lediglich um redaktionelle Änderungen handelt, die Änderung für sich allein verständlich ist und keine Auswirkungen auf andere Vertragsbestimmungen hat.[45]

19 Die Vertragsänderung ist zum Handelsregister der Gesellschaft **anzumelden und einzutragen**. Anzumelden und einzutragen ist dabei nur die **Tatsache der Vertragsänderung**, nicht jedoch deren Inhalt.[46] Der Inhalt der Änderung kann dem beizufügenden geänderten Vertragstext entnommen werden. Eine Ausnahme gilt für Teilgewinnabführungsverträge, wenn die Vereinbarung über die Höhe des abzuführenden Gewinns geändert wird. Hier ist die neue Vereinbarung einzutragen.[47] In Fällen, in denen die Vertragsänderung einen Neuabschluss nach § 293 bedeutet, sind die Voraussetzungen des § 294 unmittelbar zu beachten. Bei einer Vertragsübernahme ist der neue Vertragspartner anzumelden und einzutragen.[48] Im Fall der Gesamtrechtsnachfolge wie beispielsweise der Verschmelzung werden §§ 294, 295 Abs. 1 S. 2 analog angewendet, um das Handelsregister zu berichtigen. Die Eintragung hat hier jedoch nur deklaratorische Wirkung.[49]

---

35 MüKo-AktG/*Altmeppen*, Rn 15, *Hüffer*, Rn 4.
36 Spindler/Stilz/*Veil*, Rn 13.
37 MüKo-AktG/*Altmeppen*, Rn 15; *Hüffer*, Rn 4; KölnKomm-AktG/*Koppensteiner*, Rn 3; MüHb-AG/*Krieger*, § 70 Rn 157.
38 LG Mannheim AG 1995, 89; MüKo-AktG/*Altmeppen*, Rn 16; KölnKomm-AktG/*Koppensteiner*, § 291 Rn 71; MüHb-AG/*Krieger*, § 70 Rn 173; *Hüffer*, Rn 6 mwN.
39 LG Bonn GmbHR 1996, 774; *Hüffer*, Rn 6 mwN; KölnKomm-AktG/*Koppensteiner*, Rn 8; *Priester*, ZIP 1992, 293, 301.
40 *Hüffer*, Rn 8.
41 Wegen der Einzelheiten vgl § 293.
42 Spindler/Stilz/*Veil*, Rn 16; MüKo-AktG/*Altmeppen*, Rn 20; *Hüffer*, Rn 8.
43 MüKo-AktG/*Altmeppen*, Rn 20; *Bungert*, DB 1995, 1049, 1450, der die Berichtspflicht auf Vertragsänderungen beschränkt, in denen wesentliche Teile des Unternehmensvertrages, insb. Ausgleichs- und/oder Abfindungsansprüche geändert werden; für uneingeschränkte Geltung von Prüfungs- und Berichtspflicht *Hüffer*, Rn 8.
44 *Hüffer*, Rn 8.
45 MüKo-AktG/*Altmeppen*, Rn 22; *Emmerich*/Habersack, Rn 20.
46 MüKo-AktG/*Altmeppen*, Rn 26; *Hüffer*, Rn 9; KölnKomm-AktG/*Koppensteiner*, Rn 27; Spindler/Stilz/Veil, Rn 18.
47 MüKo-AktG/*Altmeppen*, Rn 26; *Hüffer*, Rn 9.
48 MüKo-AktG/*Altmeppen*, Rn 26; *Hüffer*, Rn 9.
49 MüKo-AktG/*Altmeppen*, Rn 26; *Hüffer*, Rn 9.

Die Änderung des Unternehmensvertrages wird mit Zustimmung der Hauptversammlung, der ggf erforderlichen Zustimmung der außenstehenden Aktionäre und der Eintragung in das Handelsregister wirksam. Bis zu diesem Zeitpunkt ist die Vertragsänderung schwebend unwirksam. Die Vertragsänderung kann auch mit Rückwirkung vereinbart werden.[50] Bei einer fehlerhaften Vertragsänderung, der die Hauptversammlung zugestimmt hat und die in das Handelsregister eingetragen wurde, können die Regeln über die fehlerhafte Gesellschaft zur Anwendung kommen.[51] Im Falle einer Freigabeentscheidung ist die Eintragung demgegenüber bestandskräftig (§ 246 a).

D. Sonderbeschluss der außenstehenden Aktionäre (Abs. 2)

I. Erforderlichkeit eines Sonderbeschlusses. Werden Bestimmungen über **Ausgleichs- oder Abfindungsregelungen** des Unternehmensvertrages geändert, so bedarf der Zustimmungsbeschluss der Hauptversammlung, um wirksam zu werden, nach Abs. 1 eines zustimmenden Sonderbeschlusses der außenstehenden Aktionäre. Dieses Erfordernis gilt unabhängig davon, ob die Ausgleichs- oder Abfindungsregelung nach §§ 304, 305 vorgeschrieben ist oder nicht.[52] Unerheblich ist auch, ob die Änderung eine Verbesserung oder Verschlechterung der Stellung des außenstehenden Aktionärs bedeutet.[53] Entsprechendes gilt, wenn die Ausgleichs- oder Abfindungsregelung selbst zwar nicht geändert wird, sich aufgrund anderer Vertragsänderungen jedoch mittelbar Auswirkungen auf diese Regelungen ergeben, wie beispielsweise bei Änderungen der Bemessungsgrundlage.[54] Da sich im Fall der Vertragsübernahme durch Auswechslung des anderen Vertragsteils der Schuldner der Ausgleichs- oder Abfindungsleistung ändert, ist auch hier ein Sonderbeschluss der außenstehenden Aktionäre erforderlich.[55] Kein Sonderbeschluss ist nach hM dagegen erforderlich, wenn auf Seiten des anderen Vertragsteils eine Partei beitritt. Da der bisherige Schuldner der Ausgleichs- oder Abfindungsansprüche erhalten bleibt, werden deren Ansprüche nicht berührt.[56] Eine Ausnahme vom Erfordernis eines Sonderbeschlusses im Fall des Parteiwechsels ist selbst für konzerninterne Umstrukturierungen abzulehnen.[57] Auch in diesem Fall handelt es sich um die Auswechslung des Schuldners der außenstehenden Aktionäre, was selbst bei der Übernahme von Sicherheiten durch den ausscheidenden Vertragsteil immer eine Veränderung in der Qualität des Schuldners bedeutet.

Im Fall der **Änderung des Gesellschafterbestandes** einer zwischengeschalteten GbR ist nach der hier vertretenen Auffassung ein Sonderbeschluss der außenstehenden Aktionäre nicht erforderlich.[58] Die GbR selbst und nicht der einzelne Gesellschafter ist Vertragspartei des Unternehmensvertrages. Nach hM soll demgegenüber jedes einzelne Unternehmen als Gesellschafter der GbR Vertragspartei des Unternehmensvertrages sein.[59] Mit Ausscheiden eines Unternehmens aus dieser GbR fällt ein Schuldner der Ausgleichs- oder Abfindungszahlungen weg, so dass ein Sonderbeschluss erforderlich wird. Die Aufnahme eines weiteren Gesellschafters in die GbR dürfte nach der (noch) hM entsprechend den Regelungen über den Vertragsbeitritt keines Sonderbeschlusses bedürfen, da lediglich ein weiterer Schuldner der Ausgleichs- und Abfindungsleistungen hinzutritt.[60] Nach der hier vertretenen Auffassung ergibt sich jedoch selbst bei Ausscheiden mehrerer Gesellschafter aus der GbR kein Erfordernis für einen zustimmenden Sonderbeschluss. Zum einen ist die GbR selbst Vertragspartei. Zum anderen ist zu beachten, dass die ausscheidenden Gesellschafter für die Ausgleichs- oder Abfindungsverbindlichkeiten gegenüber den außenstehenden Aktionären nach §§ 159, 160 HGB, § 736 Abs. 2 BGB haften. Im Fall des Eintritts eines weiteren Gesellschafters wird die Haftungsgrundlage ohnehin nur zugunsten der außenstehenden Aktionäre erweitert.

II. Außenstehende Aktionäre. Zur Fassung des Sonderbeschlusses sind nur außenstehende Aktionäre berechtigt. Das Gesetz bestimmt bewusst nicht, wer außenstehender Aktionär im Sinn dieser Regelung ist.[61] Der **Kreis dieser Aktionäre** ergibt sich aus dem **Wesen der Sache**. Grundsätzlich sind alle Aktionäre der Ge-

---

50 *Emmerich*/Habersack, Rn 35; § 294 Rn 31.
51 *Emmerich*/Habersack, Rn 35; MüKo-AktG/*Altmeppen*, Rn 28; vgl § 291 Rn 26 ff.
52 MüKo-AktG/*Altmeppen*, Rn 29; *Hüffer*, Rn 10; K. Schmidt/Lutter/*Langenbucher*, Rn 22; KölnKomm-AktG/*Koppensteiner*, Rn 30.
53 MüKo-AktG/*Altmeppen*, Rn 29; *Hüffer*, Rn 10; Ebenroth/Parche, BB 1989, 637, 639.
54 *Emmerich*/Habersack, Rn 26; MüKo-AktG/*Altmeppen*, Rn 30; Spindler/Stilz/*Veil*, Rn 20; BGH AG 1974, 320, 323; BGHZ 119, 1, 8 ff = NJW 1992, 2760 (ASEA/BBC); OLG Karlsruhe AG 1991, 144, 145; LG Mannheim AG 1991, 26, 28; *Röhricht*, ZHR 162 (1998), 149, 250 f.
55 Spindler/Stilz/*Veil*, Rn 21; *Hüffer*, Rn 11; *Bayer*, ZGR 1993, 599, 608; *Priester*, ZIP 1992, 293, 296.
56 *Hüffer*, Rn 11 mwN; aA *Hirte*, ZGR 1994, 644, 658; BGH BGHZ 119, 1, 7 ff = NJW 1992, 2067 (ASEA/BBC); OLG Karlsruhe AG 1991, 144, 146; LG Mannheim ZIP 1990, 379, 382; MüKo-AktG/*Altmeppen*, § 291 Rn 37; differenzierend: Spindler/Stilz/*Veil*, Rn 22; *Heinze*, HRR-AktienR, Rn 1274; *Priester*, ZIP 1992, 293, 301; *Ulrichs*, ZHR 162 (1998), 249, 251; aA *Hirte*, ZGR 1994, 644, 658.
57 MüKo-AktG/*Altmeppen*, Rn 33; *Emmerich*/Habersack, Rn 27; aA *Säcker*, DB 1988, 271, 273 ff; *Priester*, ZIP 1992, 293, 302.
58 Siehe oben Rn 7.
59 Siehe Kommentierung zu § 291.
60 KölnKomm-AktG/*Koppensteiner*, Rn 35.
61 RegBegr. *Kropff*, S. 385; BGH ZIP 1997, 786.

sellschaft mit Ausnahme des anderen Vertragsteils außenstehende Aktionäre.[62] Als Gläubiger der Ausgleichs- oder Abfindungsleistungen nach §§ 304, 305 sind außenstehende Aktionäre alle Aktionäre mit Ausnahme des anderen Vertragsteils und solcher Aktionäre, die von Gewinnabführung oder Leitungsmacht ebenso profitieren wie dieser.[63] Nach der Regierungsbegründung sind diejenigen Aktionäre dem anderen Vertragsteil gleichzustellen, deren Vermögen wirtschaftlich mit dem Vermögen des anderen Vertragsteils eine Einheit bildet oder deren Erträge dem anderen Vertragsteil oder denen die Erträge des anderen Vertragsteils zufließen.[64] Aktionäre, die mit einem Dritten in der erwähnten Weise verbunden sind, sind ebenfalls nicht außenstehende Aktionäre, wenn die Gesellschaft ihre vertraglichen Leistungen statt an den anderen Vertragsteil an diesen Dritten zu erbringen hat.[65] Besteht zwischen dem Aktionär und dem anderen Vertragsteil eine Unternehmensverbindung im Sinn von §§ 15 ff, ohne dass eine nach § 18 Abs. 1 S. 3, § 17 Abs. 2, § 16 vermutete Abhängigkeit gegeben ist, so ist der Aktionär von der Sonderbeschlussfassung nicht ausgeschlossen.[66] Ist eine Abhängigkeit jedoch gegeben, so ist der Aktionär von der Sonderbeschlussfassung ausgeschlossen, obwohl er Ausgleichs- oder Abfindungsansprüche hat. Da das Erfordernis eines Sonderbeschlusses die Majorisierung der außenstehenden Aktionäre durch Stimmenmehrheit des anderen Vertragsteils verhindern soll, sind von ihm abhängige Aktionäre von der Sonderbeschlussfassung auszuschließen.[67] Hat ein Aktionär die Aktien vom anderen Vertragsteil erworben, ohne von diesem abhängig oder ihm sonst zurechenbar zu sein, ist er als außenstehender Aktionär stimmberechtigt.[68] Werden die Aktien zu Umgehungszwecken vom anderen Vertragsteil oder einem von diesem abhängigen und in schädlicher Weise verbundenen Aktionär auf einen Dritten übertragen, ruhen die Stimmrechte entsprechend § 136 Abs. 1.

24 Die Eigenschaft als außenstehender Aktionär hat im **Zeitpunkt der Beschlussfassung** vorzuliegen.[69] Kein Aktionär ist, wer nach Geltendmachung seines Abfindungsanspruches als Aktionär aus der Gesellschaft ausgeschieden ist.[70] Ist ein Spruchstellenverfahren zur Überprüfung der Angemessenheit der Abfindung nach § 305 Abs. 5 S. 2 anhängig, bleibt der Aktionär aufgrund der Verlängerung der Abfindungsfrist nach § 305 Abs. 4 S. 3 abfindungsberechtigt und nimmt an der Sonderbeschlussfassung teil.[71] Die Geltendmachung des Abfindungsanspruches nach § 305 allein führt nicht zum Ausscheiden des Aktionärs.[72] Ist der Aktionär abgefunden und aus der Gesellschaft ausgeschieden, hat er jedoch aufgrund des Spruchstellenverfahrens einen Abfindungsergänzungsanspruch,[73] so ist er zur Sonderbeschlussfassung berechtigt, wenn durch die Änderung des Unternehmensvertrages die Grundlagen des Ergänzungsanspruches berührt sind.[74]

25 **III. Beschlussfassung nach Abs. 2.** Die Sonderbeschlussfassung erfolgt gemäß § 295 Abs. 2 S. 2 iVm § 293 Abs. 1 S. 2 nach den Regelungen des § 138.[75] Demnach genügt die einfache Stimmenmehrheit der außenstehenden Aktionäre bei der Beschlussfassung allein nicht; erforderlich ist eine Kapitalmehrheit, die mindestens drei Viertel des bei dieser Sonderbeschlussfassung von den außenstehenden Aktionären vertretenen Grundkapitals umfasst, sofern die Satzung keine größere Kapitalmehrheit bestimmt. Bei einer Sonderbeschlussfassung im Rahmen einer Hauptversammlung ist eine gesonderte Feststellung der an der Sonderbeschlussfassung teilnehmenden außenstehenden Aktionäre und des von ihnen vertretenen Grundkapitals erforderlich.

26 Gemäß Abs. 2 S. 3 ist jedem außenstehenden Aktionär auf Verlangen in der Versammlung, die über die Zustimmung beschließt, Auskunft auch über alle für die Änderung wesentlichen Angelegenheiten des anderen Vertragsteils zu geben. Als Versammlung ist dabei neben der gesonderten Versammlung nach § 138 auch die Hauptversammlung, im Rahmen derer die gesonderte Abstimmung stattfindet, gemeint. Das Auskunftsrecht besteht nach richtiger Auffassung auch im Fall einer Änderung von Unternehmensverträgen, die freiwillige Ausgleichs- oder Abfindungsregelungen enthalten.[76]

27 Der Sonderbeschluss ist **Wirksamkeitsvoraussetzung** für den Hauptversammlungsbeschluss gemäß Abs. 2 S. 1 über die Zustimmung zur Vertragsänderung. Ob die Sonderbeschlussfassung vor oder nach dem Hauptversammlungsbeschluss gefasst wird, ist gleichgültig.[77] Solange die Sonderbeschlussfassung nicht er-

---

62 Zum Begriff des außenstehenden Aktionärs vgl. K. Schmidt/Lutter/*Langenbucher*, Rn 23 ff.
63 *Hüffer*, Rn 12.
64 RegBegr. *Kropff*, S. 385.
65 RegBegr. *Kropff*, S. 385.
66 Vgl MüKo-AktG/*Altmeppen*, Rn 2, 8; KölnKomm-AktG/*Koppensteiner*, Rn 50.
67 MüKo-AktG/*Altmeppen*, Rn 45; *Hüffer*, Rn 12; KölnKomm-AktG/*Koppensteiner*, Rn 49; *Kley*, Die Rechtsstellung der außenstehenden Aktionäre, 1986, S. 43, bejaht Eigenschaft als außenstehende Aktionäre, nimmt jedoch Stimmverbot nach § 136 an.
68 OLG Nürnberg AG 1996, 228, 229.
69 Spindler/Stilz/*Veil*, Rn 25; K. Schmidt/Lutter/*Langenbucher*, Rn 28.
70 KölnKomm-AktG/*Koppensteiner*, Rn 51.
71 MüKo-AktG/*Altmeppen*, Rn 53.
72 So jedoch KölnKomm-AktG/*Koppensteiner*, Rn 51.
73 Vgl hierzu § 305.
74 MüKo-AktG/*Altmeppen*, Rn 54; *Emmerich*/Habersack, Rn 29; aA *Hüffer*, Rn 13; MüHb-AG/*Krieger*, § 70 Rn 59.
75 Spindler/Stilz/*Veil*, Rn 26; K. Schmidt/Lutter/*Langenbucher*, Rn 29.
76 MüKo-AktG/*Altmeppen*, Rn 57.
77 LG Essen AG 1995, 189, 191; MüKo-AktG/*Altmeppen*, Rn 59; *Emmerich*/Habersack, Rn 33; *Hüffer*, Rn 8; *Vetter*, ZIP 1995, 345, 348.

folgt ist, ist die Vertragsänderung schwebend unwirksam; mit Ablehnung wird sie endgültig unwirksam.[78] Der Handelsregisteranmeldung ist die Niederschrift über die Sonderbeschlussfassung analog § 294 Abs. 1 S. 2 beizufügen. Das Fehlen der Niederschrift stellt ein Eintragungshindernis dar.[79] Liegt ein zustimmender Sonderbeschluss nicht vor, so kann die Unwirksamkeit der Vertragsänderung nicht durch eine Eintragung ins Handelsregister geheilt werden.[80]

Für die Anfechtung des Sonderbeschlusses gelten gemäß § 138 Abs. 2, Hs 2 die gleichen Vorschriften wie für den Hauptversammlungsbeschluss selbst. Dementsprechend kann die Anfechtung nicht gemäß §§ 304 Abs. 3 S. 2 und §§ 305 Abs. 5 S. 1 darauf gestützt werden, dass der geänderte Ausgleichsanspruch oder Abfindungsanspruch unangemessen sei oder gegen die Anforderungen von § 243 Abs. 2 verstoße.[81] 28

IV. **Anwendung auf die GmbH.** § 295 wird nach ganz hM analog auf die GmbH angewendet. Bei der Änderung eines Beherrschungs- oder Gewinnabführungsvertrages muss dabei auf der Seite der abhängigen GmbH wie beim Abschluss solcher Verträge die Zustimmung aller Gesellschafter vorliegen.[82] Bei anderen Verträgen genügt ein vertragsändernder Zustimmungsbeschluss mit qualifizierter Mehrheit, der ggf analog Abs. 2 flankiert wird durch einen Sonderbeschluss der Minderheitsgesellschafter, sofern der Vertrag Ausgleichs- oder Abfindungsbestimmungen enthält, in die durch die Änderung eingegriffen wird.[83] Auf der Seite der herrschenden Gesellschaft ist – unabhängig von deren Rechtsform – ein Änderungsbeschluss mit qualifizierter Mehrheit erforderlich.[84] 29

§ 296 Aufhebung

(1) ¹Ein Unternehmensvertrag kann nur zum Ende des Geschäftsjahrs oder des sonst vertraglich bestimmten Abrechnungszeitraums aufgehoben werden. ²Eine rückwirkende Aufhebung ist unzulässig. ³Die Aufhebung bedarf der schriftlichen Form.

(2) ¹Ein Vertrag, der zur Leistung eines Ausgleichs an die außenstehende Aktionäre oder zum Erwerb ihrer Aktien verpflichtet, kann nur aufgehoben werden, wenn die außenstehenden Aktionäre durch Sonderbeschluß zustimmen. ²Für den Sonderbeschluß gilt § 293 Abs. 1 Satz 2 und 3, § 295 Abs. 2 Satz 3 sinngemäß.

A. Normzweck und Regelungsgegenstand

Die Vertragsparteien können den **Unternehmensvertrag einvernehmlich aufheben**. Im Gegensatz zur Vertragsänderung bedarf es hierzu keines Hauptversammlungsbeschlusses. Ausreichend ist die Schriftform. Enthält der aufzuhebende Unternehmensvertrag Ausgleichs- oder Abfindungsansprüche zugunsten außenstehender Aktionäre, so ist zudem ein Sonderbeschluss nach Abs. 2 der außenstehenden Aktionäre erforderlich. 1

Eine rückwirkende Aufhebung ist nach Abs. 1 S. 2 unzulässig, um der Gesellschaft, ihren Aktionären und etwaigen Gläubigern bereits entstandene Ansprüche aus dem Unternehmensvertrag zu erhalten.[1] Darüber hinaus hat der Gesetzgeber den Ausschluss einer rückwirkenden Änderung angestrebt, um die steuerlichen Voraussetzungen für die Anerkennung einer Organschaft nicht zu gefährden.[2] Eine Aufhebung ist nur zum Ende des Geschäftsjahres oder des vertraglich bestimmten Abrechnungszeitraumes möglich, um Abrechnungsschwierigkeiten und Gewinnmanipulationen vorzubeugen.[3] 2

Die **Aufhebung ist** nach neuester Rechtsprechung des BGH im GmbH-Recht **keine Geschäftsführungsmaßnahme**, sondern ein **innergesellschaftlicher Organisationsakt**.[4] Diese Wertung ist nach den Ausführungen des BGH – entgegen der bislang herrschenden Auffassung – wohl auch auf das Aktienrecht zu übertragen. Ungeachtet dessen unterliegt die Aufhebung ebenso wie die Kündigung nach wie vor der weisungsfreien Entscheidung des Vorstands, wie sich aus §§ 299, 297 Abs. 2 S. 1 ergibt. Nur so ist auch gewährleistet, 3

---

78 K. Schmidt/Lutter/*Langenbucher*, Rn 31; Spindler/Stilz/*Veil*, Rn 27; MüKo-AktG/*Altmeppen*, Rn 59; *Hüffer*, Rn 15; KölnKomm-AktG/*Koppensteiner*, Rn 54.
79 *Hüffer*, Rn 15; Spindler/Stilz/*Veil*, Rn 27; K. Schmidt/Lutter/*Langenbucher*, Rn 32.
80 K. Schmidt/Lutter/*Langenbucher*, Rn 32; Spindler/Stilz/*Veil*, Rn 27; MüKo-AktG/*Altmeppen*, Rn 60.
81 RegBegr. *Kropff*, S. 385; MüKo-AktG/*Altmeppen*, Rn 58; Spindler/Stilz/*Veil*, Rn 27.
82 BFH NJW-RR 2009, 529, 530; Scholz/*Emmerich* GmbHG, § 44 Anh. Rn 187; *Emmerich*/Habersack, Rn 4 a mwN.
83 Vgl *Emmerich*/Habersack, Rn 4 f mwN.
84 Scholz/*Emmerich* GmbHG, § 44 Anh. Rn 188; *Emmerich*/Habersack, Rn 5; aA Roth/*Altmeppen* GmbHG § 13 Anh. Rn 103.
1 MüKo-AktG/*Altmeppen*, Rn 2; *Hüffer*, Rn 1; K. Schmidt/Lutter/*Langenbucher*, Rn 1; Spindler/Stilz/*Veil*, Rn 6.
2 RegBegr. *Kropff*, S. 385.
3 RegBegr. *Kropff*, S. 385; MüKo-AktG/*Altmeppen*, Rn 21; Spindler/Stilz/*Veil*, Rn 5; K. Schmidt/Lutter/*Langenbucher*, Rn 1; *Hüffer*, Rn 2; *Windbichler*, Unternehmensverträge 1977, S. 64.
4 BGH NZG 2011, 902; vgl näher Rn 20.

dass der Normalzustand der Weisungsfreiheit des Vorstands gemäß § 76 auch ohne oder gegen den Willen des beherrschenden Aktionärs wiederhergestellt werden kann. Mit seiner Entscheidung wendet sich der BGH implizit gegen die schon bislang umstrittene Begründung des Gesetzgebers, nach der die Zustimmung der Hauptversammlung nicht erforderlich sei, da die Interessen der Aktionäre durch die Aufhebung in der Regel weniger berührt werden als durch eine Änderung.[5] Die Satzung oder der Aufsichtsrat kann allerdings bestimmen, dass die Aufhebung der Zustimmung des Aufsichtsrates bedarf, § 111 Abs. 4 S. 2. Für eine Vertragsänderung ist die Zustimmung der Hauptversammlung erforderlich, § 295 Abs. 1. Ansonsten könnten die Voraussetzungen für den Abschluss des Unternehmensvertrages nach § 293 dadurch umgangen werden, dass zunächst die Zustimmung der Hauptversammlung für den Abschluss eines Unternehmensvertrages eingeholt würde, anschließend jedoch eine Änderung herbeigeführt wird, an der die Hauptversammlung nicht mehr beteiligt wäre. Sofern der Unternehmensvertrag Ausgleichs- oder Abfindungsansprüche enthält, bedarf es eines zustimmenden Sonderbeschlusses der außenstehenden Aktionäre mit qualifizierter Mehrheit gemäß Abs. 2.[6] Die Regelungen des § 296 sind nicht dispositiv.[7]

B. Begriff der Aufhebung, Aufhebungsvertrag

4 Die Aufhebung eines Unternehmensvertrages liegt vor, wenn die unternehmensvertragliche Bindung durch übereinstimmende Erklärungen der Vertragsparteien **vorzeitig beendet** werden soll. Die Aufhebung stellt einen Vertrag dar.[8]

5 Zur Abgrenzung von Änderungen des Unternehmensvertrages oder von Änderungen der Art des Unternehmensvertrages vgl § 295 Rn 3 ff, 12. Werden Bestimmungen des Unternehmensvertrages geändert oder aufgehoben, die nicht die essentialia negotii betreffen, liegt eine Vertragsänderung nach § 295 vor. Anderenfalls ist die Aufhebung des bisherigen Vertrages nach § 296 und der Abschluss eines neuen Vertrages nach § 293 erforderlich.[9] Wird die Laufzeit eines befristeten Unternehmensvertrages dergestalt geändert, dass dieser zum nächstmöglichen Zeitpunkt enden soll, liegt eine Vertragsänderung im Sinne von § 295 vor. Praktische Relevanz hat diese Unterscheidung jedoch nicht, da die Parteien jederzeit auch die Aufhebung nach § 296 vereinbaren können; ein Sonderbeschluss der außenstehenden Aktionäre ist, sofern deren Rechte betroffen sind, in beiden Fällen erforderlich.[10]

6 Wird eine Vertragspartei im Wege der Vertragsübernahme ausgewechselt, handelt es sich nach überwiegender Ansicht um eine Vertragsänderung im Sinne von § 295.[11] Der Wechsel einer Vertragspartei kann jedoch auch durch die Aufhebung des alten Unternehmensvertrages nach § 296 und den anschließenden Neuabschluss eines Unternehmensvertrages mit dem neuen Vertragsteil nach § 293 erfolgen. Entsprechendes gilt für den Vertragsbeitritt. Auch hier kann eine Änderung nach § 295 vorgenommen oder der alte Vertrag aufgehoben und unter Einbeziehung des neuen Vertragsteils neu abgeschlossen werden. Eine Vertragsänderung ist jedoch vorzugswürdig, wenn der Vertrag Ausgleichs- oder Abfindungsansprüche außenstehender Aktionäre enthält. Da im Fall des Vertragsbeitritts nur ein weiterer Schuldner dieser Ansprüche hinzutritt, werden die Rechte außenstehender Aktionäre nicht berührt. Ein Sonderbeschluss nach § 295 Abs. 2 ist nicht erforderlich. Anderes gilt jedoch im Fall der isolierten Aufhebung nach § 296. Diese wäre nur mit zustimmendem Sonderbeschluss der betroffenen Aktionäre wirksam.

7 Endet der Unternehmensvertrag im Rahmen der Gesamtrechtsnachfolge bei Verschmelzung oder Eingliederung, so bedarf es keiner Aufhebung; umso weniger ist ein Sonderbeschluss nach Abs. 2 zu fassen.[12]

C. Beendigungszeitpunkt bei Aufhebung

8 Die Aufhebung kann gemäß Abs. 1 S. 1 nur **zum Ende des Geschäftsjahres** der verpflichteten Gesellschaft oder zum Ende eines im Unternehmensvertrag gegebenenfalls **abweichend geregelten Abrechnungszeitraums** vereinbart werden.[13] Es muss sich nicht um das laufende Geschäftsjahr oder den laufenden Abrechnungszeitraum handeln. Eine Beendigung ist auch für ein nachfolgendes Geschäftsjahr oder einen nachfol-

---

5 RegBegr. *Kropff*, S. 385; Spindler/Stilz/*Veil*, Rn 9 hält diese Vorstellung des Gesetzgebers für schwer nachvollziehbar und rechtspolitisch bedenklich; ähnlich K. Schmidt/Lutter/*Langenbucher*, Rn 2.
6 Vgl Kommentierung zu § 295.
7 MüKo-AktG/*Altmeppen*, Rn 3.
8 MüKo-AktG/*Altmeppen*, Rn 7; *Hüffer*, Rn 2; Palandt/*Grüneberg*, § 311 BGB Rn 7.
9 MüKo-AktG/*Altmeppen*, § 295 Rn 8.
10 Spindler/Stilz/*Veil*, Rn 15.
11 MüKo-AktG/*Altmeppen*, Rn 5, § 295 Rn 4.
12 BGH AG 1974, 320, 323 = WM 1974, 713; OLG Celle WM 1972, 1004, 1012; MüKo-AktG/*Altmeppen*, Rn 6; nur bzgl Sonderbeschluss *Hüffer*, Rn 7; *Emmerich*/Habersack, Rn 3 und 5; KölnKomm-AktG/*Koppensteiner*, Rn 20; MüHb-AG/*Krieger*, § 70 Rn 183; *Kley*, Rechtsstellung der außenstehenden Aktionäre, S. 132.
13 MüKo-AktG/*Altmeppen*, Rn 21; *Hüffer*, Rn 2; K. Schmidt/Lutter/*Langenbucher*, Rn 7; Spindler/Stilz/*Veil*, Rn 5; auch wenn der Gesetzeswortlaut keine Bestimmung trifft, kommt es ausschließlich auf das Geschäftsjahr der verpflichteten Gesellschaft an, KölnKomm-AktG/*Koppensteiner*, Rn 12.

genden Abrechnungszeitraum zulässig.[14] Im Fall eines Gewinngemeinschaftsvertrages im Sinn von § 291 Abs. 1 Nr. 1 ist eine Beendigung zum Ende eines jeden Geschäftsjahres der verpflichteten Gesellschaften zulässig, sofern der Gewinngemeinschaftsvertrag keinen gemeinsamen Abrechnungszeitraum vorsieht.[15] Ist ein Aufhebungszeitpunkt in der Aufhebungsvereinbarung nicht ausdrücklich bestimmt, gilt der nächstmögliche Beendigungstermin als vereinbart.[16] Die Aufhebung kann nicht auf einen zurückliegenden Zeitpunkt erfolgen.[17] Anderenfalls könnten Ansprüche der Gesellschaft, der Aktionäre oder der Gläubiger rückwirkend beseitigt werden. Eine rückwirkende Aufhebung läge vor, wenn die Wirkung auf einen Zeitpunkt vor Abschluss des Aufhebungsvertrages vereinbart wird. Zulässig ist dagegen, Vereinbarungen über vertragliche Folgen mit Wirkung für die Vergangenheit zu treffen, wenn dadurch keine der von dem Rückwirkungsverbot geschützten Interessen beeinträchtigt wird.[18]

Wird ein Unternehmensvertrag unter Verstoß gegen die Regelungen über die Fusionskontrolle geschlossen und erfolgt eine Untersagungsverfügung, so ist der Vertrag gemäß § 41 Abs. 1 S. 3 GWB gleichwohl mit Eintragung in das zuständige Register rechtswirksam geworden. Die Aufhebung hat jedoch auch hier zum nächstmöglichen Zeitpunkt zu erfolgen.[19] Die Aufhebungspflicht besteht bereits dann, wenn ernsthaft mit einer Untersagung durch die Kartellbehörde zu rechnen ist.

Wird in einem Aufhebungsvertrag ein unzulässiger Aufhebungszeitpunkt vereinbart, so ist die Vereinbarung gemäß § 134 BGB wegen Verstoßes gegen § 296 Abs. 1 S. 1 nichtig.[20] Unabhängig davon ist die Wirksamkeit des Aufhebungsvertrages insgesamt nach § 139 BGB zu beurteilen.[21] Dies gilt insbesondere für die unzulässige Vereinbarung eines rückwirkenden Zeitpunkts.[22] Das FG Hessen lehnt eine Auslegung oder Umdeutung in eine Aufhebung bzw Kündigung zum nächstzulässigen Zeitpunkt unter Verweis auf das Schriftformerfordernis generell ab.[23] Dies überzeugt nicht.

D. Zuständigkeit, Form

Der Vertragsschluss fällt in die Zuständigkeit des Vorstands nach §§ 77, 78, 82 (Rn 3). Soweit der Aufsichtsrat oder die Satzung einen zustimmenden Beschluss des Aufsichtsrates gemäß § 111 Abs. 4 S. 2 erfordern, kann der Vorstand im Fall der Ablehnung durch den Aufsichtsrat gemäß § 111 Abs. 4 S. 3 verlangen, dass die Hauptversammlung über die Zustimmung beschließt.[24] Dieser Beschluss bedarf einer Mehrheit, die mindestens drei Viertel der abgegebenen Stimmen umfasst. Im Übrigen besteht keine Notwendigkeit, die Hauptversammlung mit der Aufhebung des Unternehmensvertrages zu befassen.[25]

Aufgrund des eindeutigen gesetzlichen Wortlauts ist eine **Zustimmung durch die Hauptversammlung nicht erforderlich**, selbst wenn die abhängige Gesellschaft nach Aufhebung des Unternehmensvertrages selbstständig nicht lebensfähig ist.[26] Der Gesetzgeber hat die Zustimmung der Hauptversammlung nicht für erforderlich gehalten, da die Aufhebung des Vertrages in wesentlich geringerem Maße die Interessen der Aktionäre berührt als sein Abschluss.[27] Dem Vorstand bleibt es jedoch unbenommen, den Unternehmensvertrag der Hauptversammlung gemäß § 119 Abs. 2 zur Beschlussfassung vorzulegen. Ist nicht auszuschließen, dass die Gesellschaft nach Beendigung des Unternehmensvertrages insolvent wird, empfiehlt sich eine Vorlage gemäß § 119 Abs. 2 an die Hauptversammlung, um eine etwaige Haftung des Vorstands gemäß § 93

---

14 KölnKomm-AktG/*Koppensteiner*, Rn 6; MüKo-AktG/*Altmeppen*, Rn 21; *Hüffer*, Rn 2.
15 MüKo-AktG/*Altmeppen*, Rn 22; KölnKomm-AktG/*Koppensteiner*, Rn 12.
16 Spindler/Stilz/*Veil*, Rn 5; MüKo-AktG/*Altmeppen*, Rn 26, der eine Auslegung nach dem Parteiwillen gemäß § 133, 157 BGB vornehmen möchte. Da Unternehmensverträge jedoch objektiv auszulegen sind, findet der subjektive Parteiwille keine Berücksichtigung. Ergibt sich bei objektiver Betrachtungsweise kein Anhaltspunkt für einen Beendigungszeitpunkt, so ist der Aufhebungsvertrag wegen fehlender Einigung über die essentialia negotii ungültig. Dieses Ergebnis ist auch nicht unbillig, da die Aufhebungsvereinbarung auch dann unwirksam wäre, wenn objektive Anhaltspunkte dafür bestünden, dass eine Aufhebung mit sofortiger Wirkung erfolgen sollte; aA K. Schmidt/Lutter/*Langenbucher*, Rn 8.
17 RegBegr. *Kropff*, S. 385; OLG München ZIP 1992, 327, 331 = AG 1991, 358; MüKo-AktG/*Altmeppen*, Rn 23; *Emmerich*/Habersack, Rn 15.
18 KölnKomm-AktG/*Koppensteiner*, Rn 15; MüKo-AktG/*Altmeppen*, Rn 23; *Werth*, DB 1975, 1140, 1141; *Emmerich*/Habersack, Rn 15.
19 KölnKomm-AktG/*Koppensteiner*, Rn 12; MüKo-AktG/*Altmeppen*, Rn 24, der lediglich von Aufhebung zum gesetzlich nächstmöglichen Termin ausgeht; konkret hat dies jedoch zu bedeuten, dass die Vertragsparteien verpflichtet sind, eine solche Aufhebung auch tatsächlich zu vereinbaren.
20 K. Schmidt/Lutter/*Langenbucher*, Rn 8.
21 *Hüffer*, Rn 3; KölnKomm-AktG/*Koppensteiner*, Rn 8; aA MüHb-AG/*Krieger*, § 70 Rn 165; MüKo-AktG/*Altmeppen*, Rn 25, der wohl durch Auslegung des subjektiven Parteiwillens eine Umdeutung nach § 140 BGB vornehmen möchte. Ergeben sich jedoch keine objektiven Anhaltspunkte, dass die Aufhebungsvereinbarung auch für den Fall Gültigkeit haben soll, dass sie zu einem späteren Zeitpunkt wirksam wird, so ist Gesamtnichtigkeit anzunehmen; vgl § 291 Rn 18 ff.
22 Vgl BGH NJW 2002, 822, 823.
23 FG Hessen BeckRS 2012, 95079.
24 RegBegr. *Kropff*, S. 385; KölnKomm-AktG/*Koppensteiner*, Rn 9; Bedenken hiergegen *Wilhelm*, Beendigung des Beherrschungs- und Gewinnabführungsvertrags, 1975, S. 20; aA *Vetter*, ZIP 1995, 345, 346.
25 MüKo-AktG/*Altmeppen*, Rn 8; *Hüffer*, Rn 5.
26 MüKo-AktG/*Altmeppen*, Rn 18; *Hüffer*, Rn 5.
27 RegBegr. *Kropff*, S. 385; zweifelnd Spindler/Stilz/*Veil*, Rn 9; K. Schmidt/Lutter/*Langenbucher*, Rn 5.

Abs. 4 S. 1 auszuschließen. Zum Teil wird erwogen, eine Vorlagepflicht nach den Grundsätzen der „Holzmüller"-Rechtsprechung des Bundesgerichtshofs anzunehmen.[28] Aufgrund der eindeutigen Entscheidung des Gesetzgebers ist für diese Erwägung jedoch kein Raum.[29] Eine Schutzbedürftigkeit der Aktionäre des anderen Vertragsteils ist nicht gegeben. Die Hauptversammlung des anderen Vertragsteils hat bereits dem Abschluss des Vertrages und den damit verbundenen Risiken zugestimmt.

13 Da die Aufhebung eines Unternehmensvertrages gemäß Abs. 1 nicht in die Zuständigkeit der Hauptversammlung fällt, kann die Hauptversammlung auch nicht von ihrem Initiativrecht nach § 83 Abs. 1 S. 2 Gebrauch machen.

14 Auch im Rahmen eines Beherrschungs- und Gewinnabführungsvertrages hat das herrschende Unternehmen gemäß § 299 kein Weisungsrecht, die Vertragsaufhebung zu vereinbaren.

15 Wird gegen das Schriftformerfordernis gemäß Abs. 1 S. 3 verstoßen, ist die Aufhebungsvereinbarung gemäß § 125 BGB formnichtig, der Unternehmensvertrag bleibt bis auf weiteres in Kraft. Wird zu einem späteren Zeitpunkt eine erneute, jedoch nunmehr wirksame Aufhebungsvereinbarung getroffen und ist zwischenzeitlich das Geschäftsjahr der abhängigen Gesellschaft abgelaufen oder der vereinbarte Abrechnungszeitraum verstrichen, so ist eine Aufhebung nur zum nächsten darauf folgenden Ende des Geschäftsjahres oder Abrechnungszeitraums möglich.

E. Sonderbeschlussfassung außenstehender Aktionäre

16 Sieht der Unternehmensvertrag einen Ausgleichs- oder Abfindungsanspruch außenstehender Aktionäre vor, so ist nach Abs. 2 S. 1 ein Sonderbeschluss der außenstehenden Aktionäre über die Zustimmung zur Aufhebung des Unternehmensvertrags zu fassen. Dieser Sonderbeschluss ist **Wirksamkeitsvoraussetzung der Aufhebungsvereinbarung**. Eine Aufhebungsvereinbarung, die vor Sonderbeschlussfassung getroffen wurde, ist schwebend unwirksam;[30] der Vorstand handelt in einem solchen Falle als falsus procurator.[31]

17 Die außenstehenden Aktionäre können die Einberufung einer Sonderversammlung zur Beseitigung des Schwebezustandes nach § 138 S. 2, 3 iVm § 122 Abs. 3 verlangen.[32] Wird der Sonderbeschluss nach dem vertraglich vorgesehenen Aufhebungszeitpunkt gefasst, wird dies zum Teil als unzulässige rückwirkende Aufhebung angesehen.[33] Nach richtiger Ansicht dient der Sonderbeschluss nicht der Wahrung von Interessen der abhängigen Gesellschaft oder der Gläubiger, sondern dem Interesse der außenstehenden Aktionäre. Die außenstehenden Aktionäre haben es damit in der Hand, die Wirksamkeit der Aufhebungsvereinbarung zu verhindern.[34] Das Rückwirkungsverbot gilt nur für die vertragliche Regelung, nicht aber für die Sonderbeschlussfassung.[35]

F. Wirkungen der Aufhebung

18 Mit Eintritt des Aufhebungszeitpunkts enden die unternehmensvertraglichen Bindungen. Der Eintragung der Aufhebung in das Handelsregister gemäß § 298 kommt nur deklaratorische Bedeutung zu.[36]

19 Eine Verlustausgleichspflicht des anderen Vertragsteils gemäß § 302 entfällt ab diesem Zeitpunkt. Ausgleichs- und Abfindungsansprüche gemäß §§ 304 und 305 bestehen nicht mehr. Die Vertragsaufhebung führt jedoch nicht zum Wegfall des Rechtsgrundes im Sinn von § 812 Abs. 1 S. 2 Alt. 1 BGB.[37] Vor Eintritt des Aufhebungszeitpunkts gezahlte Ausgleichs- oder Abfindungsleistungen an außenstehende Aktionäre können nicht zurückgefordert werden.[38] Wird ein Beherrschungs- oder Gewinnabführungsvertrag aufgehoben, so hat der andere Vertragsteil den Gläubigern der Gesellschaft gemäß § 303 Sicherheit für solche Forderungen zu leisten, die begründet worden sind, bevor die Eintragung der Beendigung des Vertrages in das Handelsregister nach § 10 HGB als bekannt gemacht gilt. Die hierfür geltende Sechsmonatsfrist beginnt mit der Bekanntmachung der Eintragung der Vertragsaufhebung im Handelsregister gemäß § 298. Darüber hi-

---

28 *Kley*, Rechtsstellung der außenstehenden Aktionäre, S. 79 ff.
29 MüKo-AktG/*Altmeppen*, Rn 18, der zu Recht auf die bestehende Ungewissheit für die Reichweite der "Holzmüller"-Rechtsprechung hinweist; ablehnend wohl auch *Emmerich*/Habersack, Rn 10; Spindler/Stilz/*Veil*, Rn 9.
30 MüKo-AktG/*Altmeppen*, Rn 32; *Hüffer*, Rn 7; MüHb-AG/*Krieger*, § 70 Rn 166; Spindler/Stilz/*Veil*, Rn 17; K. Schmidt/Lutter/*Langenbucher*, Rn 10.
31 Spindler/Stilz/*Veil*, Rn 17; MüKo-AktG/*Altmeppen*, Rn 33, zu den möglichen Schadensersatzansprüchen des anderen Vertragsteils; *Emmerich*/Habersack, Rn 21.
32 *Emmerich*/Habersack, Rn 18; Spindler/Stilz/*Veil*, Rn 17.
33 MüHb-AG/*Krieger*, § 70 Rn 166.
34 So zutreffend KölnKomm-AktG/*Koppensteiner*, Rn 21.
35 *Hüffer*, Rn 8; aA Spindler/Stilz/*Veil*, Rn 9 f mwN.
36 MüKo-AktG/*Altmeppen*, § 298 Rn 2; *Hüffer*, § 296 Rn 9; Spindler/Stilz/*Veil*, Rn 13; K. Schmidt/Lutter/*Langenbucher*, Rn 13.
37 MüKo-AktG/*Altmeppen*, § 297 Rn 41; K. Schmidt/Lutter/*Langenbucher*, Rn 14; *Hüffer*, Rn 9; KölnKomm-AktG/*Koppensteiner*, Rn 17.
38 MüKo-AktG/*Altmeppen*, § 297 Rn 41; *Hüffer*, § 297 Rn 9.

naus besteht keine Verpflichtung, eine Art „Wiederaufbauhilfe" an die Gesellschaft zu leisten.[39] Die abschließenden Regelungen der §§ 300 ff, 304 ff lassen eine solche Verpflichtung nicht zu. Dementsprechend ist eine existenzgefährdende Weisung während der Laufzeit des Unternehmensvertrags unzulässig.[40]

G. Anwendung auf die GmbH

Auf die GmbH ist § 296 grundsätzlich analog anwendbar.[41] Dies gilt sowohl für das Verbot der unterjährigen Aufhebung gemäß Abs. 1 S. 1[42] als auch für das Rückwirkungsverbot gemäß Abs. 1 S. 2. Abweichend von der AG fällt die Aufhebung bzw Kündigung des Unternehmensvertrags jedoch nicht in die Zuständigkeit der Geschäftsführung. Der BGH hat im Jahr 2011 klargestellt, dass Aufhebung und Kündigung eines Unternehmensvertrags keine Geschäftsführungsmaßnahme, sondern einen innergesellschaftlichen Organisationsakt der beherrschten GmbH darstellen. Kündigung und Aufhebung greifen ebenso wie der Abschluss des Unternehmensvertrags in die Unternehmensstruktur ein und haben daher nicht bloß schuldrechtlichen Charakter. Bei der AG unterliegen Kündigung und Aufhebung des Unternehmensvertrags der weisungsfreien Entscheidung des Vorstands (§§ 297 Abs. 2 S. 1, 299), damit dieser den Normalzustand der Weisungsfreiheit (§ 76 Abs. 1) auch ohne oder gegen den Willen des beherrschenden Aktionärs wiederherstellen kann. Hierfür besteht bei der GmbH kein Bedarf, weil die Geschäftsführung grundsätzlich nicht weisungsfrei ist (§ 37 Abs. 1 GmbHG).[43] Nach wohl hM ist für den Aufhebungsbeschluss die Zustimmung der Gesellschafter erforderlich.[44] Der herrschende Gesellschafter selbst ist ebenfalls stimmberechtigt.[45]

20

§ 297 Kündigung

(1) ¹Ein Unternehmensvertrag kann aus wichtigem Grunde ohne Einhaltung einer Kündigungsfrist gekündigt werden. ²Ein wichtiger Grund liegt namentlich vor, wenn der andere Vertragsteil voraussichtlich nicht in der Lage sein wird, seine auf Grund des Vertrags bestehenden Verpflichtungen zu erfüllen.

(2) ¹Der Vorstand der Gesellschaft kann einen Vertrag, der zur Leistung eines Ausgleichs an die außenstehenden Aktionäre der Gesellschaft oder zum Erwerb ihrer Aktien verpflichtet, ohne wichtigen Grund nur kündigen, wenn die außenstehenden Aktionäre durch Sonderbeschluß zustimmen. ²Für den Sonderbeschluß gilt § 293 Abs. 1 Satz 2 und 3, § 295 Abs. 2 Satz 3 sinngemäß.

(3) Die Kündigung bedarf der schriftlichen Form.

A. Normzweck und Regelungsgegenstand	1	III. Befristete außerordentliche Kündigung	25
B. Vereinbarungen über die Vertragsdauer und Kündigung von Unternehmensverträgen	3	E. Ordentliche Kündigung	26
		I. Allgemeines	26
C. Zuständigkeit, Form	7	II. Vereinbarung eines Rechts zur ordentlichen Kündigung	27
D. Außerordentliche Kündigung gemäß Abs. 1	14	III. Frist und Termin der Kündigung	29
I. Allgemeines; Ausschluss oder Vereinbarung eines wichtigen Grundes	14	F. Sonderbeschluss der außenstehenden Aktionäre (Abs. 2)	31
II. Wichtige Gründe im Sinn von Abs. 1	15	G. Folgen der Kündigung	34
1. Gesetzlich vorgesehene wichtige Gründe	16	H. Sonstige Beendigungsgründe	35
2. Sonstige wichtige Gründe	19		

A. Normzweck und Regelungsgegenstand

Anders als § 296, der die einvernehmliche Beendigung des Unternehmensvertrages regelt, hat § 297 die Beendigung des Unternehmensvertrages durch **einseitige Kündigung** zum Gegenstand. Die Vorschrift enthält jedoch nur Regelungen über die außerordentliche Kündigung sowie für die ordentliche Kündigung, sofern durch die Beendigung des Unternehmensvertrages Ausgleichs- oder Abfindungsansprüche außenstehender Aktionäre betroffen sind. Im Übrigen kann unabhängig von § 297 nach den allgemeinen vertraglichen Re-

1

---

39 KölnKomm-AktG/*Koppensteiner*, § 297 Rn 63; Spindler/Stilz/*Veil*, Rn 13; *Hüffer*, Rn 9 mwN; aA *Martens*, "Die existentielle Wirtschaftsabhängigkeit, 1979, S. 42 ff; *Wilhelm*, Beendigung des Beherrschungs- und Gewinnabführungsvertrages, 1975, S. 120: Haftung aus nachwirkender Treuepflicht; MüKo-AktG/*Altmeppen*, § 291 Rn 58 ff, 63 ff.
40 Vgl hierzu § 308 Rn 17; *Hüffer*, Rn 9; *Priester*, ZIP 1989, 1303, 1305; OLG Düsseldorf AG 1990, 490, 492.
41 BGH NJW 2002, 822 f.
42 OLG München NZG 2012, 590; für eine unterjährige Aufhebung hingegen *Priester*, NZG 2012, 641, jeweils mwN.
43 BGH NZG 2011, 902, 904 mwN.
44 DNotI-Report 2012, 42, 45 mwN; OLG Dresden DZWir 2011, 428 mwN.
45 BGH NZG 2011, 902, 903.

gelungen und den gesetzlichen Vorschriften gekündigt werden. Die von § 297 erfassten Kündigungsfälle sind nicht abschließend geregelt;[1] auch sie bedürfen einer Ergänzung durch allgemeine Rechtsvorschriften.[2] Auf die GmbH ist § 297 entsprechend anwendbar.[3]

2 Abs. 1 stellt klar, dass der allgemeine Grundsatz der jederzeitigen Kündbarkeit von Dauerschuldverhältnissen bei Vorliegen eines wichtigen Grundes auch für Unternehmensverträge mit organisationsrechtlichem Charakter gilt.[4] Abs. 2 verlangt für die ansonsten nicht weiter geregelte ordentliche Kündigung die Zustimmung außenstehender Aktionäre, sofern durch die Kündigung deren Ausgleichs- oder Abfindungsansprüche betroffen sind.

B. Vereinbarungen über die Vertragsdauer und Kündigung von Unternehmensverträgen

3 Die Regelungen über Unternehmensverträge sehen keine Bestimmungen über die Laufzeit oder das Kündigungsrecht als solches vor. Insoweit besteht für die Parteien **Vertragsfreiheit**. Der Unternehmensvertrag kann sowohl mit einer festen Laufzeit als auch auf unbestimmte Zeit geschlossen werden.[5]

4 Der zur Begründung einer körperschaftssteuerlichen Organschaft erforderliche Gewinnabführungsvertrag ist für einen Zeitraum von mindestens fünf Jahren abzuschließen.[6] Eine vorzeitige ordentliche Kündigung ist nicht möglich, da die Anerkennung der Organschaft damit rückwirkend entfällt. Auch widerspricht es dem Wesen eines Beherrschungsvertrages, wenn dieser jederzeit ohne Vorliegen eines besonderen Grundes durch eine Vertragspartei, insbesondere die abhängige Gesellschaft, gekündigt werden könnte.

5 Verträge mit unbestimmter Laufzeit sollten zweckmäßigerweise Bestimmungen über ein ordentliches Kündigungsrecht enthalten.[7] Ansonsten bliebe den Parteien neben der einvernehmlichen Aufhebung nach § 296 eine einseitige Beendigungsmöglichkeit nur bei Vorliegen eines wichtigen Grundes.

6 Wie jedes Dauerschuldverhältnis kann auch der Unternehmensvertrag zunächst für eine bestimmte Zeit abgeschlossen und mit einer Fortsetzungsklausel versehen werden. Dies bedeutet, dass sich der zunächst auf eine bestimmte Zeit abgeschlossene Unternehmensvertrag ohne Zutun der Parteien verlängert, wenn nicht eine der Parteien zuvor den Vertrag kündigt.[8] Der Vertrag läuft dann um einen weiteren im Vorhinein festgelegten bestimmten Zeitraum oder aber auf unbestimmte Zeit weiter.

C. Zuständigkeit, Form

7 Die Kündigung erfolgt durch den Vorstand.[9] Im Fall der außerordentlichen Kündigung bestehen keine weiteren gesetzlichen Zustimmungserfordernisse.[10] Die ordentliche Kündigung eines Unternehmensvertrages, der Ausgleichs- oder Abfindungsansprüche für außenstehende Aktionäre enthält, bedarf gemäß Abs. 2 eines Sonderbeschlusses dieser Aktionäre.[11] Die Kündigung bedarf der Zustimmung des Aufsichtsrates, wenn die Satzung oder der Aufsichtsrat dies gemäß § 111 Abs. 4 S. 2 bestimmen. Eine durch den Vorstand ohne Zustimmung des Aufsichtsrates ausgesprochene Kündigung ist dem anderen Vertragsteil gegenüber wirksam; das Erfordernis der Zustimmung des Aufsichtsrats betrifft lediglich das Innenverhältnis.[12]

8 Vereinbaren die Vertragsparteien, die Kündigung von einer Zustimmung der Hauptversammlung abhängig zu machen, so liegt darin kein Verstoß gegen § 82 Abs. 1.[13] Obwohl das Gesetz ein Zustimmungserfordernis nicht vorsieht, können sich die Parteien aufgrund der ihnen zustehenden Privatautonomie verpflichten, die Kündigung von der Zustimmung der Hauptversammlung des anderen Vertragsteils abhängig zu machen. Dabei handelt es sich um ein vertraglich vereinbartes Kündigungserfordernis und nicht um die Ein-

---

1   *Hüffer*, Rn 2 (zur Rspr bezüglich weiterer Kündigungsgründe vgl *Hüffer*, Rn 22).
2   RegBegr. *Kropff*, S. 386.
3   *Emmerich*/Habersack, Rn 3 mwN.
4   Zum zwingenden Charakter des außerordentlichen Kündigungsrechts, vgl *Emmerich*/Habersack, Rn 16; BGHZ 122, 211, 228 = NJW 1993, 1976 = AG 1993, 422; *Emmerich*/Habersack, § 19 Rn 41; MüHb-AG/*Krieger*, § 70 Rn 168; MüKo-AktG/*Altmeppen*, Rn 15, *Krieger/Jannott*, DStR 1995, 1473, 1475.
5   MüKo-AktG/*Altmeppen*, Rn 51 ff; Spindler/Stilz/*Veil*, Rn 23; K. Schmidt/Lutter/*Langenbucher*, Rn 21; *Emmerich*/Habersack, Rn 6; *Hüffer*, Rn 11; MüHb-AG/*Krieger*, § 70 Rn 167; *Emmerich*/Habersack, § 19 Rn 59.
6   Vgl hierzu ausführlich § 20 Rn 186 ff "Organschaft".
7   Vgl zu den vertraglichen Gestaltungsmöglichkeiten ausführlich *Hüffer*, Rn 11; MüKo-AktG/*Altmeppen*, Rn 53 ff; KölnKomm-AktG/*Koppensteiner*, Rn 2 ff; MüHb-AG/*Krieger*, § 70 Rn 154; K. Schmidt/Lutter/*Langenbucher*, Rn 21.
8   Vgl hierzu MüHb-AG/*Krieger*, § 70 Rn 154; KölnKomm-AktG/*Koppensteiner*, Rn 4; *Emmerich*/Habersack, Rn 33; zweifelnd: Geßler/*Geßler*, Rn 15; wie hier auch *Emmerich*/Habersack, § 19 Rn 59. Problematisch ist in diesem Fall jedoch die Situation der außenstehenden Aktionäre, die den Ausgleich nach § 304 gewählt haben, vgl hierzu *Emmerich*/Habersack, § 304 Rn 67 ff.
9   BGH NZG 2011, 902; s.o. § 296 Rn 3, 20.
10 Vgl MüKo-AktG/*Altmeppen*, Rn 8, 81; RegBegr. *Kropff*, S. 386; *Emmerich*/Habersack, Rn 9 mwN; *Hüffer*, Rn 17; MüHb-AG/*Krieger*, § 70 Rn 167; Spindler/Stilz/*Veil*, Rn 27.
11 Spindler/Stilz/*Veil*, Rn 26; vgl zu den Ausnahmen Rn 32 f.
12 MüKo-AktG/*Altmeppen*, Rn 11; *Hüffer*, Rn 19; *Emmerich*/Habersack, § 19 Rn 31.
13 MüKo-AktG/*Altmeppen*, Rn 13.

schränkung der Vertretungsmacht des Vorstandes.[14] Die Kündigung durch die abhängige Gesellschaft kann jedoch nicht von der Zustimmung ihrer Hauptversammlung abhängig gemacht werden.[15] Anderenfalls könnte der Vorstand des anderen (herrschenden) Vertragsteils aufgrund Stimmenmehrheit in der Hauptversammlung der abhängigen Gesellschaft die Kündigung verhindern.[16]

Die Kündigung bedarf gemäß Abs. 3 der Schriftform im Sinne von § 126 BGB. Erforderlich ist eine explizite schriftliche, vom Vorstand eigenhändig unterzeichnete Erklärung.[17] Die Parteien können keine Formerleichterungen, sondern nur -erschwernisse vereinbaren.[18] Das Schriftformerfordernis gilt für jede Art der Kündigung, auch für die außerhalb der Regelungen von Abs. 1 und Abs. 2 erfolgende ordentliche Kündigung aufgrund eines vertraglich vereinbarten Kündigungsrechts. Die Kündigung wird mit ihrem Zugang gemäß § 130 BGB wirksam.[19] Die erforderliche Eintragung in das Handelsregister gemäß § 298 hat lediglich deklaratorische Bedeutung.[20]

Für die Kündigung gelten die allgemeinen Regeln für Gestaltungserklärungen.

Die außerordentliche Kündigung beendet den Vertrag unmittelbar mit Erklärungszugang.[21] Ist für eine ordentliche Kündigung ein Sonderbeschluss gemäß Abs. 2 erforderlich, wird die Kündigung erst mit Beschlussfassung wirksam, sofern diese nach Zugang der Kündigungserklärung erfolgt.[22] Mit Wirksamkeit der Kündigung sind die Parteien an die erklärte Kündigung gebunden. Die Beendigung des Unternehmensvertrages tritt zu dem in der Kündigung erklärten oder dem nächsten vertraglich zulässigen Kündigungstermin ein.

Endet ein Beherrschungs- oder Gewinnabführungsvertrag gemäß § 291 während des Geschäftsjahres, so besteht die Verlustausgleichspflicht nur für den pro rata temporis zu ermittelnden Jahresfehlbetrag.[23] Dementsprechend ist eine Zwischenbilanz auf den Beendigungszeitpunkt aufzustellen.[24] Die Leitungsmacht eines herrschenden Unternehmens endet ebenfalls mit Beendigung des Beherrschungsvertrages. Auch Ausgleichszahlungen gemäß § 304 sind pro rata temporis nur bis zum Zeitpunkt der Beendigung zu zahlen.[25] Die Gläubiger der Gesellschaft können Sicherheitsleistung gemäß § 303 verlangen.[26]

Eine Begründungspflicht besteht für die Kündigung nicht.[27] Für die ordentliche Kündigung ist dies unstreitig. Für die außerordentliche Kündigung ist jedoch materiell das Vorliegen eines wichtigen Grundes erforderlich. Dementsprechend muss dem anderen Vertragsteil die Möglichkeit gegeben sein, das Vorliegen eines Kündigungsgrundes zu überprüfen.[28] Ausreichend ist, wenn sich die Begründung konkludent aus der Kündigungserklärung ergibt.

D. Außerordentliche Kündigung gemäß Abs. 1

I. Allgemeines; Ausschluss oder Vereinbarung eines wichtigen Grundes. Das Recht zur außerordentlichen Kündigung bei Vorliegen eines wichtigen Grundes besteht bei allen Unternehmensverträgen, unabhängig davon, ob sie befristet oder unbefristet abgeschlossen wurden.[29] Auch kann der Vertrag keine objektiv wichtigen Kündigungsgründe ausschließen. Die Vertragsparteien sind aber berechtigt, außerordentliche **Kündigungsgründe zu konkretisieren**. Ob die vertragliche Vereinbarung solcher Tatbestände möglich ist, die ein außerordentliches Kündigungsrecht gewähren, ohne objektiv einen wichtigen Grund darzustellen, ist fraglich.[30] Nach Ansicht der Rechtsprechung handelt es sich dabei um die Vereinbarung eines ordentlichen Kündigungsrechts mit einem von § 296 Abs. 1 S. 1 AktG abweichenden Beendigungszeitpunkt.[31] Es

---

14 MüKo-AktG/*Altmeppen*, Rn 13.
15 AA offenbar MüKo-AktG/*Altmeppen*, Rn 13, der für beide Parteien gleichermaßen Privatautonomie annimmt.
16 RegBegr. *Kropff*, S. 386.
17 OLG München NZG 2011, 1183, 1184.
18 K. Schmidt/Lutter/*Langenbucher*, Rn 25; *Hüffer*, Rn 20; *Emmerich*/Habersack, § 19 Rn 33; *Emmerich*/Habersack, Rn 10.
19 *Emmerich*/Habersack, Rn 10; MüKo-AktG/*Altmeppen*, Rn 86; *Hüffer*, Rn 19.
20 MüKo-AktG/*Altmeppen*, Rn 86, § 298 Rn 2; *Emmerich*/Habersack, § 298 Rn 1; *Hüffer*, Rn 21; K. Schmidt/Lutter/*Langenbucher*, Rn 38.
21 *Emmerich*/Habersack, Rn 25.
22 *Emmerich*/Habersack, Rn 8; MüKo-AktG/*Altmeppen*, Rn 80; Spindler/Stilz/*Veil*, Rn 26.
23 *Hüffer*, § 302 Rn 13; *Emmerich*/Habersack, Rn 54, § 302 Rn 38.
24 BGHZ 103, 1, 9 ff = NJW 1988, 1326; *Hüffer*, § 302 Rn 13; KölnKomm-AktG/*Koppensteiner*, § 302 Rn 35.
25 *Hüffer*, Rn 21, 302 Rn 13; *Emmerich*/Habersack, Rn 55; MüHb-AG/*Krieger*, § 70 Rn 186.
26 Im Fall des Beherrschungs- und Gewinnabführungsvertrages vgl *Emmerich*/Habersack, Rn 54.
27 *Emmerich*/Habersack, Rn 10; *Emmerich*/Habersack, § 19 Rn 33; MüKo-AktG/*Altmeppen*, Rn 88.
28 KölnKomm-AktG/*Koppensteiner*, Rn 11; MüKo-AktG/*Altmeppen*, Rn 88; aA *Emmerich*/Habersack, Rn 25; MüHb-AG/*Krieger*, § 70 Rn 170.
29 MüKo-AktG/*Altmeppen*, Rn 15; *Hüffer*, Rn 3; *Emmerich*/Habersack, Rn 16; *Emmerich*/Habersack, § 19 Rn 37; MüHb-AG/*Krieger*, § 70 Rn 168; *Krieger*/Jannott, DStR 1995, 1473, 1475; BGHZ 122, 211, 228 = NJW 1993, 1976 = AG 1993, 422.
30 Problematisch sind solche vertraglichen Abreden deshalb, weil bei ihrer unbeschränkten Zulassung die Mitwirkung der außenstehenden Aktionäre an einer ordentlichen Kündigung durch Sonderbeschluss nach § 297 Abs. 2 umgangen werden könnte, vgl hierzu *Emmerich*/Habersack, Rn 17; *Emmerich*/Habersack, § 19 Rn 42; KölnKomm-AktG/*Koppensteiner*, Rn 20 jeweils mwN.
31 BGHZ 122, 211 = NJW 1993, 1976; BAG NZA 2007, 999, 1003; K. Schmidt/Lutter/*Langenbucher*, Rn 17.

stellt sich daher nicht die Frage einer zulässigen oder unzulässigen Erweiterung des außerordentlichen Kündigungsrechts.

Richtigerweise ist eine solche Abrede als Vereinbarung eines ordentlichen Kündigungsrechts auszulegen.[32] Dieses wiederum wird eingeschränkt durch die Vereinbarung der Parteien, den Vertrag im Fall der ordentlichen Kündigung sofort zu beenden, und nicht, wie in § 296 Abs. 1 S. 1 für die einvernehmliche Aufhebung eines Unternehmensvertrages oder in § 132 HGB für die Kündigung einer Personengesellschaft vorgesehen, zum Geschäftsjahresende oder mit einer Frist von sechs Monaten.[33] Eine solche abweichende Festlegung des Beendigungszeitpunktes ist ausweislich der Regierungsbegründung der Vertragsfreiheit ausdrücklich vorbehalten.[34] Sind in diesem Fall Ausgleichs- oder Abfindungsansprüche außenstehender Aktionäre betroffen, so bedarf es zur Wirksamkeit der Kündigung eines zustimmenden Sonderbeschlusses der außenstehenden Aktionäre gemäß Abs. 2.[35]

Die Vereinbarung eines außerordentlichen Kündigungsrechts verstößt also grundsätzlich weder gegen zwingendes Aktienrecht, noch führt es zu der Fehlerhaftigkeit des betreffenden Unternehmensvertrages.[36]

15 **II. Wichtige Gründe im Sinn von Abs. 1.** Inwieweit ein wichtiger Grund zur außerordentlichen Kündigung eines Unternehmensvertrages vorliegt, bedarf entsprechend den Regelungen für Dauerschuldverhältnisse nach § 626 Abs. 1 BGB einer **zweistufigen Prüfung**. Zunächst ist festzustellen, ob ein bestimmter Umstand generell, dh unabhängig von der konkreten Situation, als wichtiger Kündigungsgrund in Betracht kommt. Entscheidend ist, ob er wesentlich genug ist, um eine außerordentliche Kündigung zu rechtfertigen. Erst im Anschluss daran ist unter Berücksichtigung aller maßgeblichen Umstände des Einzelfalls zu überprüfen, ob das Verhalten oder die Situation der Vertragsparteien oder der Unternehmensvertrag selbst das Verlangen einer sofortigen Beendigung des Unternehmensvertrages rechtfertigt.[37] Grundsätzlich ist ein wichtiger Grund danach gegeben, wenn ernsthafte, nicht ohne Weiteres zu beseitigende Umstände die unveränderte Vertragsfortsetzung unzumutbar machen. Willkürliche, ohne erkennbaren objektiven Grund erfolgende Veränderungen reichen nicht.[38]

16 **1. Gesetzlich vorgesehene wichtige Gründe.** Gemäß Abs. 1 S. 2 liegt ein wichtiger Grund für eine außerordentliche Kündigung vor, wenn der andere Vertragsteil voraussichtlich nicht in der Lage sein wird, seine Vertragspflichten zu erfüllen. Die Beurteilung, ob dieser wichtige Grund eine außerordentliche Kündigung rechtfertigt, erfolgt aufgrund einer **Prognoseentscheidung**.[39] Die kündigende Gesellschaft braucht nicht einen konkreten Leistungsausfall des anderen Vertragsteils abzuwarten.[40] Die Prognose muss jedoch durch objektive Umstände gerechtfertigt werden. Nur dann, wenn die Vermögenslage des anderen Teils die Annahme rechtfertigt, dass er seine vertraglichen Verpflichtungen nicht wird erfüllen können, kann von der Besorgnis der Nichterfüllung gesprochen werden. Die Besorgnis der Nichterfüllung wiederum braucht objektiv nicht vorzuliegen; lediglich die Kriterien, ob sie voraussichtlich eintreten wird, müssen objektiv bestimmbar sein.[41] Kann die Erfüllungsunfähigkeit kurzfristig behoben werden, so liegt ein wichtiger Grund nach richtiger Ansicht nicht vor.[42] Nach herrschender Auffassung ist grundsätzlich eine Störung längerfristiger Art erforderlich.[43]

17 Ein wichtiger Grund liegt auch dann vor, wenn es sich um eine längerfristige Leistungsstörung handelt und diese nicht ohne Weiteres eingrenzbar ist oder sich unzumutbar hinzieht.[44] Nicht erforderlich ist, dass der andere Vertragsteil die Leistungsstörung zu vertreten hat. Mangelnder Erfüllungswille allein reicht aber nicht zur Annahme der Erfüllungsunfähigkeit aus.[45] Die Beurteilung der Leistungsfähigkeit beschränkt sich dabei nicht nur auf die vertraglichen Pflichten gegenüber der Gesellschaft, sondern erfasst auch alle Leistungspflichten gegenüber den Aktionären und gegenüber Gläubigern der Gesellschaft.[46] Erfasst werden demnach auch Ausgleichs- und Dividendenverpflichtungen sowie die Verpflichtung, nach Beendigung des

---

32 Vgl hierzu MüHb-AG/*Krieger*, § 70 Rn 169 mwN.
33 Vgl zur Möglichkeit, auf die Einhaltung einer Kündigungsfrist zu verzichten *Emmerich*/Habersack, Rn 17.
34 RegBegr. *Kropff*, S. 386; Spindler/Stilz/*Veil*, Rn 6; vgl hierzu auch *Hüffer*, Rn 8 mwN.
35 MüKo-AktG/*Altmeppen*, Rn 38, 49; *Hüffer*, Rn 8 jeweils mwN; Spindler/Stilz/*Veil*, Rn 6. So im Erg. auch *Emmerich*/Habersack, Rn 17, der jedoch nicht danach differenziert, ob hier ein Fall der ordentlichen oder der außerordentlichen Kündigung vorliegt. Ebenso im Erg. BGHZ 122, 211, 227, 231 = NJW 1993, 1976 = AG 193, 422; MüHb-AG/*Krieger*, § 70 Rn 169; *Krieger*/Jannott, DStR 1995, 1473, 1476.
36 OLG Frankfurt/M. ZIP 2008, 1966, 1967.
37 Vgl Staudinger/*Habermeier*, BGB, § 723 Rn 26 f.
38 OLG München DStR 2011, 1476.
39 Spindler/Stilz/*Veil*, Rn 10.
40 *Hüffer*, Rn 4; *Emmerich*/Habersack, Rn 21; MüKo-AktG/*Altmeppen*, Rn 19.
41 MüKo-AktG/*Altmeppen*, Rn 19; K. Schmidt/Lutter/*Langenbucher*, Rn 4.
42 *Hüffer*, Rn 4; MüHb-AG/*Krieger*, § 70 Rn 169; *Emmerich*/Habersack, Rn 21; K. Schmidt/Lutter/*Langenbucher*, Rn 4; differenzierend: MüKo-AktG/*Altmeppen*, Rn 20.
43 K. Schmidt/Lutter/*Langenbucher*, Rn 4 mwN.
44 Vgl *Emmerich*/Habersack, Rn 21; *Hüffer*, Rn 4.
45 *Hüffer*, Rn 4; vgl zur Erfüllungsverweigerung als eigenem Kündigungsgrund Rn 19.
46 *Hüffer*, Rn 4; *Emmerich*/Habersack, Rn 21; RegBegr. *Kropff*, S. 386; MüKo-AktG/*Altmeppen*, Rn 21; *Emmerich*/Habersack, § 19 Rn 45; MüHb-AG/*Krieger*, § 70 Rn 169.

Vertrages Sicherheit zugunsten der Gläubiger nach § 303 zu leisten.[47] Ergeben sich Anhaltspunkte, dass der andere Vertragsteil zur Leistung einer solchen Sicherheit nicht in der Lage sein wird, liegt ein wichtiger Grund für eine außerordentliche Kündigung durch die abhängige Gesellschaft vor.

Die voraussichtliche eigene Leistungsunfähigkeit berechtigt das herrschende Unternehmen selbst zur fristlosen Kündigung. Über den Wortlaut von Abs. 1 S. 2 hinaus ist dem anderen Vertragsteil dieses Kündigungsrecht zuzugestehen, sofern die Erfüllung die Existenz des anderen Vertragsteils selbst gefährdet.[48]

2. Sonstige wichtige Gründe. Einen wichtigen Grund für eine außerordentliche Kündigung stellen auch **schwerwiegende Vertragsverletzungen in der Vergangenheit** dar, die ein weiteres Festhalten am Vertrag für den vertragstreuen Teil wegen ihres Gewichts unzumutbar machen.[49] Mangelnder Erfüllungswille oder Verzug mit den Leistungspflichten, insbesondere aus den §§ 302, 304, 305 stellen richtigerweise solche schwerwiegenden Vertragsverletzungen dar.[50] Es besteht keine Obliegenheit der Gesellschaft als Gläubigerin, zuerst auf Leistung zu klagen.[51] Eine fortlaufende Erteilung unzulässiger Weisungen nach § 308[52] im Rahmen eines Beherrschungsvertrags kann eine schwerwiegende Vertragsverletzung und damit einen wichtigen Grund zur außerordentlichen Kündigung darstellen.[53]

Die **Verbesserung der eigenen wirtschaftlichen Verhältnisse** berechtigt die abhängige Gesellschaft nicht zur Kündigung aus wichtigem Grund.[54]

Inwieweit die **Veräußerung der Beteiligung** eines herrschenden Unternehmens an der abhängigen Gesellschaft zur Kündigung aus wichtigem Grund berechtigt, hängt von den Umständen des Einzelfalls ab. In der Regel schließt eine Gesellschaft einen Unternehmensvertrag nur mit einem Unternehmen, das konzernrechtlich mit der Gesellschaft verbunden ist. Wird diese Verbindung durch Veräußerung der Beteiligung an einen Dritten aufgegeben, so kann dies dazu führen, dass die Geschäftsgrundlage für den Unternehmensvertrag entfällt und das herrschende Unternehmen zur außerordentlichen Kündigung berechtigt ist. Die Missbrauchsgefahr ist jedenfalls dann als gering einzuschätzen, wenn es – wie in der Regel – lediglich darum geht, ob der Unternehmensvertrag gem. § 297 sofort oder gem. § 296 erst zum Ende des laufenden Geschäftsjahres beendet werden kann. Deutlicher ist das außerordentliche Kündigungsrecht der abhängigen Gesellschaft, da es ihr in der Regel nicht zumutbar ist, sich der Beherrschung durch ein fremdes Unternehmen zu unterstellen.[55] Steuerlich kann die Veräußerung ebenfalls einen wichtigen Grund für die Beendigung iSv § 14 Abs. 1 S. 1 Nr. 3 KStG darstellen.[56]

Die **Eröffnung des Insolvenzverfahrens der abhängigen Gesellschaft** führt nach überwiegender Ansicht zu einem Kündigungsrecht aus wichtigem Grund für beide Vertragsparteien.[57] Richtigerweise endet jedoch der Unternehmensvertrag mit Eröffnung des Insolvenzverfahrens oder der Ablehnung seiner Eröffnung mangels Masse gem. § 291.[58] Solange die Obergesellschaft ihren Verpflichtungen gegenüber der Untergesellschaft aufgrund eigener Solvenz nachkommen kann, ist der Fall der Insolvenz bei der abhängigen Gesellschaft jedoch nur denkbar, wenn diese ausnahmsweise zahlungsunfähig werden sollte. Ansonsten kann eine Insolvenz der abhängigen Gesellschaft nur eintreten, wenn die Obergesellschaft ihrerseits zur Erfüllung ihrer Verpflichtungen nicht in der Lage ist. Die Eröffnung des Insolvenzverfahrens über das Vermögen der Muttergesellschaft oder dessen Ablehnung mangels Masse beendet den Unternehmensvertrag ebenfalls, ohne

---

47 MüHb-AG/*Krieger*, § 70 Rn 169; *Emmerich*/Habersack, Rn 21; MüKo-AktG/*Altmeppen*, Rn 21; *Emmerich*/Habersack, § 19 Rn 45.
48 KölnKomm-AktG/*Koppensteiner*, Rn 18; *Hüffer*, Rn 5; MüHb-AG/*Krieger*, § 70 Rn 168; *Emmerich*/Habersack, § 19 Rn 47; einschränkend MüKo-AktG/*Altmeppen*, Rn 35.
49 LG Frankenthal AG 1989, 253, 254; MüKo-AktG/*Altmeppen*, Rn 22 f; *Hüffer*, Rn 6; Spindler/Stilz/*Veil*, Rn 13; KölnKomm-AktG/*Koppensteiner*, Rn 18; *Emmerich*/Habersack, § 19 Rn 48; *Emmerich*/Habersack, Rn 23; K. Schmidt/Lutter/*Langenbucher*, Rn 6.
50 *Emmerich*/Habersack, Rn 23; *Hüffer*, Rn 6, MüKo-AktG/*Altmeppen*, Rn 22, 27 f.
51 MüKo-AktG/*Altmeppen*, Rn 23, inwieweit dagegen eine Mahnung erforderlich ist, hänge von den Umständen des Einzelfalls ab.
52 Vgl zu den Grenzen des Weisungsrechts § 308 Rn 17 ff.
53 MüKo-AktG/*Altmeppen*, Rn 27; *Hüffer*, Rn 6; *Emmerich*/Habersack, Rn 23; KölnKomm-AktG/*Koppensteiner*, Rn 18, § 308 Rn 54.
54 MüKo-AktG/*Altmeppen*, Rn 24; KölnKomm-AktG/*Koppensteiner*, Rn 18; aA Großkomm-AktienR/*Würdinger*, § 304 Rn 24.
55 MüKo-AktG/*Altmeppen*, Rn 30; Für die abhängige Gesellschaft ändert sich die Geschäftsgrundlage, wenn das herrschende Unternehmen seine Beteiligung an ihr aufgibt; für einen wichtigen Grund auch MüHb-AG/*Krieger*, § 70 Rn 169; *Krieger/Jannott*, DStR 1995, 1473, 1476; differenzierend: KölnKomm-AktG/*Koppensteiner*, Rn 18; differenzierend auch: Spindler/Stilz/*Veil*, Rn 11 f, danach soll die Veräußerung der Beteiligung für die Obergesellschaft keinen außerordentlichen Kündigungsgrund darstellen, für die Untergesellschaft hingegen schon; aA *Hüffer*, Rn 7; OLG Düsseldorf AG 1995, 137, 138; LG Duisburg AG 1994, 379 f; LG Frankenthal AG 1989, 253, 254; *Emmerich*/Habersack, § 19 Rn 49 f; nach K. Schmidt/Lutter/*Langenbucher*, Rn 8, soll in einem solchen Falle nur ausnahmsweise ein außerordentlicher Kündigungsgrund vorliegen.
56 FG Berlin-Brandenburg GmbHR 2012, 413; vgl *Burwitz*, NZG 2013, 91 mwN.
57 *Hüffer*, Rn 6 mwN; K. Schmidt/Lutter/*Langenbucher*, Rn 11; Spindler/Stilz/*Veil*, Rn 16; aA MüKo-AktG/*Altmeppen*, Rn 43 mwN zur Gegenansicht; Vor Geltung der InsO (vor dem 1.1.1999) wurde für den Konkursfall einer Vertragspartei eine automatische Beendigung des Unternehmensvertrages angenommen, vgl MüKo, aaO Rn 42.
58 K. Schmidt/Lutter/*Langenbucher*, Rn 11; MüKo-AktG/*Altmeppen*, Rn 117 ff.

dass es einer Kündigung bedarf.[59] Die Verschlechterung der **Ertragslage der abhängigen Gesellschaft** stellt grundsätzlich keinen wichtigen Grund für eine außerordentliche Kündigung dar, da der andere Vertragsteil dieses wirtschaftliche Risiko gegenüber der abhängigen Gesellschaft und den außenstehenden Aktionären übernommen hat.[60] Etwas anderes gilt, wenn es sich um höhere Gewalt handelt, die Risiken für das herrschende Unternehmen untragbar werden und es die Situation nicht zu vertreten hat.[61]

23 Eine **kartellrechtliche Untersagungsverfügung** nach § 41 Abs. 3 S. 1 GWB ist immer ein wichtiger Grund zur außerordentlichen Kündigung des Unternehmensvertrages, da der Unternehmensvertrag trotz Untersagungsverfügung wirksam bleibt.[62]

24 Der Katalog wichtiger Gründe für außerordentliche Kündigungen kann im Unternehmensvertrag selbst nicht erweitert werden.[63] Vereinbaren die Parteien Entsprechendes, handelt es sich um Regelungen zur ordentlichen Kündigung, die ggf nur unter bestimmten Voraussetzungen oder nur zu bestimmten Terminen zugelassen werden sollen. Die Regelung in § 296 Abs. 1 S. 1 kann insoweit nicht analog angewendet werden, da eine Regelungslücke nicht besteht. Laut Regierungsbegründung können die Vertragsparteien den Zeitpunkt der Beendigung frei wählen.[64] Ob ein Sonderbeschluss außenstehender Aktionäre nach Abs. 2 zu fassen ist, richtet sich allein danach, inwieweit Ausgleichs- oder Abfindungsansprüche betroffen sind.[65]

25 **III. Befristete außerordentliche Kündigung.** Liegt ein wichtiger Grund vor, kann die außerordentliche Kündigung auch befristet erfolgen.[66] Dies ist insbesondere bei Betriebspacht- und Betriebsüberlassungsverträgen denkbar, wenn der Pächter keine Unternehmereigenschaft hat.[67]

E. Ordentliche Kündigung

26 **I. Allgemeines.** Die ordentliche Kündigung von Unternehmensverträgen ist gesetzlich nicht geregelt. Sie wird aber vom Gesetz als grundsätzlich zulässig vorausgesetzt (Abs. 2). Sie ist eine einseitige fristgebundene Vertragsauflösung mit Wirkung ex nunc. Ist das Recht zur ordentlichen Kündigung vertraglich nicht ausgeschlossen oder eingeschränkt, ist nach Abs. 2 zu prüfen, ob ein Sonderbeschluss außenstehender Aktionäre erforderlich ist.

27 **II. Vereinbarung eines Rechts zur ordentlichen Kündigung.** Das Recht zur ordentlichen Kündigung kann ebenso wie die Laufzeit im Unternehmensvertrag geregelt werden.[68] Umgekehrt kann das Recht zur ordentlichen Kündigung auch vertraglich ausgeschlossen werden.[69] Auch kann das Recht zur ordentlichen Kündigung von weiteren Erfordernissen, etwa der Zustimmung außenstehender Aktionäre, abhängig gemacht werden.[70] Fehlt eine vertragliche Regelung, so ist für die Frage, ob eine ordentliche Kündigung zulässig ist, zwischen Beherrschungs- und Gewinnabführungsverträgen nach § 291 und sonstigen Unternehmensverträgen im Sinne von § 292 zu unterscheiden. Sieht ein Beherrschungs- oder Gewinnabführungsvertrag kein Recht zur ordentlichen Kündigung vor, ist eine ordentliche Kündigung nach zutreffender hM nicht zulässig.[71]

28 Grundsätzlich ist davon auszugehen, dass bei Schweigen des Vertrages eine langfristige Bindung gewollt ist. Von der Rechtsprechung wird ein Grundsatz, nach dem Dauerschuldverhältnisse notwendigerweise auch ordentlich gekündigt werden können, ausdrücklich abgelehnt.[72] Liegen ausreichende Anhaltspunkte im Beherrschungs- oder Gewinnabführungsvertrag vor, so ist aber auch die konkludente Vereinbarung eines

---

59 MüKo-AktG/*Altmeppen*, § 291 Rn 106 ff.
60 OLG München DStR 2011, 1476; *Hüffer*, Rn 5, 7; K. Schmidt/Lutter/*Langenbucher*, Rn 11; *Emmerich*/Habersack, Rn 22 a; Spindler/Stilz/*Veil*, Rn 15; KölnKomm-AktG/*Koppensteiner*, Rn 18.
61 OLG München DStR 2011, 1476; KölnKomm-AktG/*Koppensteiner*, Rn 18; *Emmerich*/Habersack, Rn 22; MüHb-AG/*Krieger*, § 70 Rn 169; Spindler/Stilz/*Veil*, Rn 16; K. Schmidt/Lutter/*Langenbucher*, Rn 12.
62 MüKo-AktG/*Altmeppen*, Rn 45; *Hüffer*, Rn 6.
63 Vgl hierzu schon oben Rn 14 mwN.
64 RegBegr. *Kropff*, S. 386; BGHZ 122, 211 = NJW 1993, 1976 (SSI); MüKo-AktG/*Altmeppen*, Rn 49.
65 BGHZ 122, 211; *Hüffer*, Rn 8; MüKo-AktG/*Altmeppen*, Rn 38, 49; so im Erg. auch *Emmerich*/Habersack, Rn 17; MüHb-AG/*Krieger*, § 70 Rn 169; *Krieger/Janott*, DStR 1995, 1473, 1476.
66 Vgl Spindler/Stilz/*Veil*, Rn 18 mwN.
67 *Hüffer*, Rn 9; MüKo-AktG/*Altmeppen*, Rn 50; ihre Zulässigkeit richtet sich nach den allg. Vorschriften, vgl RegBegr. *Kropff*, S. 386; *Emmerich*/Habersack, § 19 Rn 52.

68 *Hüffer*, Rn 11; *Emmerich*/Habersack, Rn 6; KölnKomm-AktG/*Koppensteiner*, Rn 4; MüKo-AktG/*Altmeppen*, Rn 59 ff.
69 *Emmerich*/Habersack, Rn 6; Spindler/Stilz/*Veil*, Rn 23; K. Schmidt/Lutter/*Langenbucher*, Rn 21; so im Erg. auch MüKo-AktG/*Altmeppen*, Rn 53 f, 68; MüHb-AG/*Krieger*, § 70 Rn 167.
70 *Hüffer*, Rn 11; *Emmerich*/Habersack, Rn 6; KölnKomm-AktG/*Koppensteiner*, Rn 4; *Emmerich*/Habersack, § 19 Rn 30; Spindler/Stilz/*Veil*, Rn 23; K. Schmidt/Lutter/*Langenbucher*, Rn 21.
71 MüKo-AktG/*Altmeppen*, Rn 68 ff; K. Schmidt/Lutter/*Langenbucher*, Rn 20; *Hüffer*, Rn 12; KölnKomm-AktG/*Koppensteiner*, Rn 6; MüHb-AG/*Krieger*, § 70 Rn 167; aA *Kley*, Die Rechtsstellung der außenstehenden Aktionäre, 1986, S. 57 ff; *Timm* in: FS Kellermann, S. 461, 470 ff; Spindler/Stilz/*Veil*, Rn 21 möchte bei Bestehen von Anhaltspunkten durch Auslegung ein konkludent vereinbartes ordentliches Kündigungsrecht herleiten.
72 BGHZ 64, 288, 290 ff; BGHZ 100, 1, 3; *Hüffer*, Rn 13.

Rechts zur ordentlichen Kündigung denkbar.[73] Bei sonstigen Unternehmensverträgen im Sinne von § 292 sind die allgemeinen Vorschriften des BGB zu beachten. Für Gewinngemeinschaften ergibt sich danach ein Kündigungsrecht aus § 723 BGB, für Betriebspacht- oder Betriebsüberlassungsverträge aus §§ 595, 587 BGB und für Betriebsführungsverträge aus § 627 oder § 671 BGB.[74]

III. Frist und Termin der Kündigung. Ein **Kündigungstermin** kann nach der geltenden Privatautonomie frei vereinbart werden.[75] Haben die Parteien keinen Kündigungstermin vereinbart, so wird zum Teil analog § 296 Abs. 1 AktG, § 132 HGB das Ende des Geschäftsjahres der abhängigen Gesellschafter als Kündigungstermin angenommen.[76] Anders als in § 296 hat der Gesetzgeber für den Fall der ordentlichen Kündigung aber keine Regelung getroffen. § 296 Abs. 1 stellt einen besonderen und deshalb nur ausnahmsweise zulässigen Eingriff in die Privatautonomie dar und ist somit nicht analogiefähig.[77] 29

Die Kündigung hat mit der im Vertrag genannten Frist zu erfolgen. Sieht der Vertrag eine solche Kündigungsfrist nicht vor, ist zwischen Beherrschungs- und Gewinnabführungsverträgen im Sinn von § 291 und sonstigen Unternehmensverträgen nach § 292 zu unterscheiden. Aufgrund des strukturverändernden Charakters von Beherrschungs- und Gewinnabführungsverträgen sollte dieser analog § 132 HGB, § 584 BGB nur mit einer Frist von mindestens sechs Monaten zum Ende eines Geschäftsjahres gekündigt werden. Eine Anwendung von § 723 Abs. 2 BGB wird der langfristigen Anlage eines Beherrschungs- und/oder Gewinnabführungsvertrages nicht gerecht.[78] 30

F. Sonderbeschluss der außenstehenden Aktionäre (Abs. 2)

Enthält der Unternehmensvertrag Ausgleichs- oder Abfindungsansprüche zugunsten außenstehender Aktionäre, so ist eine Kündigung des Unternehmervertrages nur mit einem zustimmenden Sonderbeschluss der außenstehenden Aktionäre wirksam. Insoweit handelt es sich um eine Beschränkung der Vertretungsmacht des Vorstands im Sinne von § 82.[79] Liegt ein Sonderbeschluss der außenstehenden Aktionäre im Zeitpunkt der Kündigung nicht vor, ist die Kündigung unwirksam.[80] Kündigungszeitpunkt ist der Zugang der Kündigungserklärung beim anderen Vertragsteil. Die Kündigung kann jedoch unter den Voraussetzungen des § 180 BGB nachträglich genehmigt werden.[81] 31

Wird der Unternehmensvertrag bei Vorliegen eines wichtigen Grundes nach Abs. 1 außerordentlich gekündigt, so ist ein Beschluss der außenstehenden Aktionäre nicht erforderlich. Die Herbeiführung eines solchen Beschlusses würde das Recht zur sofortigen Kündigung aufgrund des damit verbundenen Zeitaufwandes vereiteln.[82] Eines zustimmenden Sonderbeschlusses bedarf es auch nicht im Fall der ordentlichen Kündigung durch den anderen Vertragsteil.[83] Durch Absprache könnte zwar hierdurch das Zustimmungserfordernis nach Abs. 2 zulasten der außenstehenden Aktionäre umgangen werden, indem der andere Vertragsteil eine Kündigung ausspricht, die ansonsten die Gesellschaft selbst vorgenommen hätte. Daher wird die Regelung auch als verfehlt angesehen, gleichwohl ist sie de lege lata zu beachten.[84] Im Fall der einvernehmlichen Kündigung durch den anderen Vertragsteil ist zu prüfen, ob überhaupt eine Kündigung und nicht vielmehr eine Aufhebung nach § 296 vorliegt.[85] 32

---

73 *Hüffer*, Rn 13. Erforderlich sind aber hinlängliche Anhaltspunkte; bloßes Schweigen genügt nicht; ebenso: Spindler/Stilz/*Veil*, Rn 21.
74 MüKo-AktG/*Altmeppen*, Rn 72; KölnKomm-AktG/*Koppensteiner*, Rn 9; *Hüffer*, Rn 14; MüHb-AG/*Krieger*, § 72 Rn 66; *Emmerich*/Habersack, Rn 5; Großkomm-AktienR/*Würdinger*, Rn 2; vgl zum Betriebsführungsvertrag ohne Weisungsrecht MüKo-AktG/*Altmeppen*, § 292 Rn 153 ff: Hier besteht ein zwingendes Recht zur jederzeitigen freien Kündigung; aA MüHb-AG/*Krieger*, § 72 Rn 66, die bereits die Geltung eines solchen Vertrages verneint.
75 RegBegr. *Kropff*, S. 386; MüKo-AktG/*Altmeppen*, Rn 78; Spindler/Stilz/*Veil*, Rn 24; MüHb-AG/*Krieger*, § 70 Rn 167; *Hüffer*, Rn 16; K. Schmidt/Lutter/*Langenbucher*, Rn 23 f; wollte für den Kündigungstermin die frühere hM Vertragsfreiheit nicht gelten lassen. Vielmehr sollte analog § 296 Abs. 1 nur zum Ende des Geschäftsjahres oder Abrechnungszeitraums gekündigt werden können, vgl etwa KölnKomm-AktG/*Koppensteiner*, § 297 Rn 5 sowie Nachweise bei *Hüffer*, Rn 16.
76 KölnKomm-AktG/*Koppensteiner*, Rn 5; Nachweise bei *Emmerich*/Habersack, Rn 12.
77 MüKo-AktG/*Altmeppen*, Rn 79.
78 MüKo-AktG/*Altmeppen*, Rn 75; *Hüffer*, Rn 15, KölnKomm-AktG/*Koppensteiner*, Rn 6, wonach § 132 HGB als sachgerechte Abwandlung des § 723 Abs. 2 BGB für die organisatorisch verfestigte Dauergesellschaft besser auf Verträge des § 291 passe, als § 723 Abs. 2 BGB.
79 Vgl MüKo-AktG/*Altmeppen*, Rn 80.
80 *Emmerich*/Habersack, Rn 8; Spindler/Stilz/*Veil*, Rn 26; MüKo-AktG/*Altmeppen*, Rn 80.
81 MüKo-AktG/*Altmeppen*, Rn 80; Spindler/Stilz/*Veil*, Rn 26.
82 RegBegr. *Kropff*, S. 386; vgl MüKo-AktG/*Altmeppen*, Rn 8, 81; *Emmerich*/Habersack, Rn 9 mwN; *Hüffer*, Rn 18; MüHb-AG/*Krieger*, § 70 Rn 167.
83 MüKo-AktG/*Altmeppen*, Rn 81; RegBegr. *Kropff*, S. 386; *Emmerich*/Habersack, Rn 8; *Hüffer*, Rn 18 mwN zur Rechtsprechung; KölnKomm-AktG/*Koppensteiner*, Rn 13.
84 BGHZ 122, 211, 233 = NJW 1993, 1976 (SSI); ähnlich bereits BGH NJW 1979, 2103; MüKo-AktG/*Altmeppen*, Rn 82; *Hüffer*, Rn 18; Spindler/Stilz/*Veil*, Rn 27; KölnKomm-AktG/*Koppensteiner*, Rn 2. RegBegr. *Kropff*, S. 386, lautete: "Der andere Vertragsteil kann ein ihm zustehendes Kündigungsrecht ohne diese Zustimmung ausüben. Darin liegt keine unbillige Beeinträchtigung der außenstehenden Aktionäre. Denn die Kündigungsrechte des anderen Vertragsteils gründen sich auf den Vertrag, dem die Hauptversammlung der Gesellschaft zugestimmt hat.".
85 MüKo-AktG/*Altmeppen*, Rn 83.

33 Erfolgt eine Kündigung aus vertraglich vereinbartem wichtigem Grund durch den anderen Vertragsteil, so ist Abs. 2 jedenfalls nicht anwendbar.[86] Davon zu unterscheiden ist ein vertraglich vereinbartes Zustimmungserfordernis. So kann das Kündigungsrecht durchaus von der Zustimmung der außenstehenden Aktionäre der abhängigen Gesellschaft abhängig gemacht werden.[87] Zwar wird hiergegen eingewendet, es handele sich um eine unzulässige Beschränkung der Vertretungsmacht des Vorstandes nach § 82. Nach richtiger Ansicht wird jedoch bereits die Entstehung eines Kündigungsrechts verhindert, da dieses im Unternehmensvertrag aufschiebend bedingt durch die Zustimmung der außenstehenden Aktionäre vereinbart wurde.[88] Die Sonderbeschlussfassung hat entsprechend der Regelungen in § 293 Abs. 1 S. 2 und 3 und § 295 Abs. 2 S. 3 zu erfolgen. Zum Begriff des Sonderbeschlusses und zur Durchführung der Beschlussfassung wird auf die Ausführungen hierzu verwiesen.[89]

G. Folgen der Kündigung

34 Durch die Kündigung wird der Unternehmensvertrag auf den in der Kündigung erklärten oder im Vertrag bestimmten Kündigungszeitpunkt beendet. Die Eintragung der Beendigung im Handelsregister nach § 298 hat nur deklaratorische Bedeutung.[90] Während die außerordentliche Kündigung bereits mit Zugang der Kündigungserklärung beim anderen Vertragsteil wirksam wird, kann die ordentliche Kündigung unter den Voraussetzungen des § 180 BGB von einem zustimmenden Beschluss der außenstehenden Aktionäre abhängen.[91] Erfolgt diese Genehmigung noch vor dem in der Kündigung festgelegten Kündigungstermin, so wird die Kündigung mit Genehmigung auf den Zeitpunkt des Kündigungstermins wirksam. Ist dieser Kündigungstermin bereits verstrichen, so ist mangels anderweitiger Anhaltspunkte der nächstzulässige Kündigungstermin anzunehmen.[92]

H. Sonstige Beendigungsgründe

35 Der Unternehmensvertrag kann neben der **einverständlichen Aufhebung** oder der einseitigen Kündigung auch durch weitere rechtliche oder tatsächliche Gründe beendet werden. So endet ein befristeter Unternehmensvertrag mit **Zeitablauf**.[93] Die Auflösung einer Gesellschaft hat ebenso die Beendigung eines mit ihr geschlossenen Unternehmensvertrages zur Folge wie deren Eingliederung oder ein vergleichbarer Umwandlungsvorgang.[94]
Die Eröffnung des Insolvenzverfahrens über das Vermögen des anderen Vertragsteils oder die Ablehnung der Eröffnung mangels Masse hat nach zutreffender herrschender Meinung die Beendigung des Beherrschungs- oder Gewinnabführungsvertrages zur Folge.[95] Das herrschende Unternehmen hat für die wirtschaftliche Existenz der abhängigen Gesellschaft und die Befriedigung ihrer Gläubiger garantiert, was im Fall der Insolvenz hinfällig wird. Ansprüche der abhängigen Gesellschaft sowie der Gläubiger sind Insolvenzforderungen. Ein Bedürfnis für die Aufrechterhaltung des Beherrschungs- oder Gewinnabführungsvertrages besteht demnach nicht mehr. Dies hat sinngemäß auch für andere Unternehmensverträge (§ 292) zu gelten.[96] Im Fall der Eröffnung des Insolvenzverfahrens über das Vermögen der abhängigen Gesellschaft oder dessen Ablehnung mangels Masse stellt sich die Frage nicht, solange der andere Vertragsteil solvent ist und nicht ausnahmsweise Zahlungsunfähigkeit bei der abhängigen Gesellschaft vorliegt.[97] Da der andere Vertragsteil die Verluste der abhängigen Gesellschaft zu übernehmen hat, kann eine Überschuldung der abhängigen Gesellschaft nicht eintreten. Dies gilt nicht für andere Unternehmensverträge im Sinn von § 292. Hier ist im Einzelfall zu prüfen, inwieweit ein wichtiger Grund zur außerordentlichen Kündigung vorliegt.

36 Gemäß § 307 endet ein Beherrschungs- oder Gewinnabführungsvertrag, der mit einer Gesellschaft ohne außenstehende Aktionäre abgeschlossen wurde, zum Ende des Geschäftsjahres, in dem sich außenstehende Aktionäre erstmals beteiligen.

---

[86] BGHZ 122, 211, 233 = NJW 1993, 1976 (SSI).
[87] MüKo-AktG/*Altmeppen*, Rn 84; aA KölnKomm-AktG/*Koppensteiner*, Rn 8; *Hüffer*, Rn 11, 19.
[88] MüKo-AktG/*Altmeppen*, Rn 12, 84.
[89] Vgl oben § 293, 10–12; § 295 25 ff.
[90] MüKo-AktG/*Altmeppen*, Rn 86, § 298 Rn 2; *Emmerich*/Habersack, § 298 Rn 1; BGHZ 116, 37, 43 f = NJW 1992, 505 = AG 1992, 83.
[91] *Emmerich*/Habersack, Rn 8; MüKo-AktG/*Altmeppen*, Rn 80; *Emmerich*/Habersack, § 19 Rn 31, 33.
[92] *Hüffer*, Rn 21; keine rückwirkende Kündigung, vgl *Emmerich*/Habersack, Rn 12; *Krieger/Jannott*, DStR 1995, 1473, 1475.
[93] Vgl hierzu *Emmerich*/Habersack, Rn 33.
[94] Vgl zur Auflösung ausführlich MüKo-AktG/*Altmeppen*, Rn 102 ff; Spindler/Stilz/*Veil*, Rn 40 ff; *Emmerich*/Habersack, Rn 50 f; vgl zur Eingliederung MüKo-AktG/*Altmeppen*, Rn 139 ff; vgl zur Umwandlung MüKo-AktG/*Altmeppen*, Rn 125 ff; *Emmerich*/Habersack, Rn 37 ff, 45 ff.
[95] MüKo-AktG/*Altmeppen*, Rn 102 ff, 106 ff.
[96] MüKo-AktG/*Altmeppen*, Rn 14; etwas anderes kann allenfalls für Betriebspacht- und Betriebsüberlassungsverträge gelten, bei denen sich ein Bedürfnis nach Fortführung ergeben kann; in diesem Fall besteht jedoch das Recht zur außerordentlichen Kündigung.
[97] MüKo-AktG/*Altmeppen*, Rn 117.

Ein gesetzliches Rücktrittsrecht besteht für Unternehmensverträge nach herrschender Meinung allenfalls bis der Unternehmensvertrag in Vollzug gesetzt wird.[98] Eine gesetzliche Regelung hierzu besteht nicht; vielmehr wollte der Gesetzgeber die Regelung des Rücktritts der Rechtsprechung überlassen.[99] Nach Eintragung eines Beherrschungs- oder Gewinnabführungsvertrages im Handelsregister ist ein Rücktritt nicht mehr möglich. Für andere Unternehmensverträge wird ein Rücktritt bis zur Vornahme von Vollzugshandlungen zugelassen.[100] Die vertragliche Vereinbarung eines Rücktrittsrechts ist für Beherrschungs- oder Gewinnabführungsverträge nach herrschender Meinung nur zulässig, wenn das Rücktrittsrecht nur in der Zeit bis zur Eintragung ins Handelsregister ausgeübt werden kann.[101] Geht ein vereinbarter Rücktrittsvorbehalt darüber hinaus, kommt nur eine Beendigung ex nunc in Betracht. In diesem Fall ist zu prüfen, ob es sich nicht um die Vereinbarung eines ordentlichen Kündigungsrechts oder die Konkretisierung eines wichtigen Grundes für eine außerordentliche Kündigung handelt.[102] Ein Sonderbeschluss der außenstehenden Aktionäre gemäß Abs. 2 ist insbesondere auch im zweiten Fall erforderlich, wenn aus dem im Vertrag festgelegten wichtigen Grund ein Recht zur außerordentlichen Kündigung ohne vertragliche Vereinbarung nicht bestehen würde. Die Vertragsparteien können allenfalls insoweit Vereinbarungen über das Recht zur außerordentlichen Kündigung treffen, soweit die Rechtsstellung Dritter, insbesondere außenstehender Aktionäre, nicht beeinträchtigt ist.[103]

Darüber hinaus kann ein Unternehmensvertrag durch Anfechtung enden.[104] Gleiches ist der Fall, wenn der zugrunde liegende zustimmende Hauptversammlungsbeschluss nach den hierfür geltenden Regelungen angefochten wird.[105]

§ 298 Anmeldung und Eintragung

Der Vorstand der Gesellschaft hat die Beendigung eines Unternehmensvertrags, den Grund und den Zeitpunkt der Beendigung unverzüglich zur Eintragung in das Handelsregister anzumelden.

A. Normzweck und Regelungsgegenstand

Die Regelung des § 298 korrespondiert mit der Pflicht zur Anmeldung und Eintragung des Bestehens von Unternehmensverträgen nach § 294. Wird ein Unternehmensvertrag beendet, wird das Handelsregister unrichtig. Aus diesem Grund ist die Beendigung eines Unternehmensvertrages im Handelsregister einzutragen. Durch die Bekanntmachung nach § 10 HGB werden die Öffentlichkeit und damit alle, für die der Vertrag Bedeutung hat, von seiner Beendigung unterrichtet.[1]

Während die Eintragung des Bestehens eines Unternehmensvertrages konstitutive Wirkung hat, erfolgt die Eintragung der Beendigung nur zu deklaratorischen Zwecken.[2] Der Vertrag selbst endet mit Eintritt des Beendigungszeitpunktes (Geschäftsjahresende, Kündigungstermin etc.) bzw Eintritt des Beendigungstatbestandes.[3] Die Eintragung hat jedoch die Wirkung des § 15 HGB.[4] Die rein deklaratorische Wirkung gilt auch bei der analogen Anwendung von § 298 auf die GmbH.[5]

---

98 *Hüffer*, Rn 23; MüKo-AktG/*Altmeppen*, Rn 92; K. Schmidt/Lutter/*Langenbucher*, Rn 27; *Emmerich*/Habersack, Rn 31; zum Begriff des Vollzugs vgl *Emmerich*/Habersack, § 291 Rn 28 b; MüKo-AktG/*Altmeppen*, Rn 93 Spindler/Stilz/*Veil*, Rn 33.
99 RegBegr. *Kropff*, S. 387; *Hüffer*, Rn 23; *Emmerich*/Habersack, Rn 31; Spindler/Stilz/*Veil*, Rn 32.
100 *Hüffer*, Rn 23; KölnKomm-AktG/*Koppensteiner*, Rn 29; *Emmerich*/Habersack, § 19 Rn 56.
101 BGHZ 122, 211, 225 = NJW 1993, 1976 (SSI); *Hüffer*, Rn 23; nach weiter gehender Ansicht fehlt es bis zu diesem Zeitpunkt bereits an der vertraglichen Entbindung, so dass es eines Rücktrittsrechts nicht bedarf, MüKo-AktG/*Altmeppen*, Rn 95; vgl zu der Problematik auch *Emmerich*/Habersack, Rn 32, der nicht zwischen Beherrschungs- und Gewinnabführungs- und anderen Unternehmensverträgen zu differenzieren scheint und generell ein vertragliches Rücktrittsrecht bis zum Vollzug des Vertrages annimmt.
102 MüKo-AktG/*Altmeppen*, Rn 96; *Hüffer*, Rn 23. Für eine Umdeutung gemäß § 140 BGB *Emmerich*/Habersack, Rn 32.
103 MüKo-AktG/*Altmeppen*, Rn 97.
104 Vgl MüKo-AktG/*Altmeppen*, Rn 100 f; *Emmerich*/Habersack, Rn 30.
105 MüKo-AktG/*Altmeppen*, Rn 100.
1 RegBegr. *Kropff*, S. 387; MüKo-AktG/*Altmeppen*, Rn 1; K. Schmidt/Lutter/*Langenbucher*, Rn 1; *Hüffer*, Rn 1; Spindler/Stilz/*Veil*, Rn 1; *Emmerich*/Habersack, Rn 1; KölnKomm-AktG/*Koppensteiner*, Rn 1.
2 RegBegr. *Kropff*, S. 387; MüKo-AktG/*Altmeppen*, Rn 2; Spindler/Stilz/*Veil*, Rn 1; § 297 Rn 21; *Emmerich*/Habersack, Rn 1; *Hüffer*, Rn 5, KölnKomm-AktG/*Koppensteiner*, Rn 3; MüHb-AG/*Krieger*, § 70 Rn 184; Großkomm-AktienR/*Würdinger*, Rn 2.
3 Vgl § 297 Rn 9 mwN sowie *Emmerich*/Habersack, Rn 1 mwN zur einschlägigen Rspr.
4 Vgl KölnKomm-AktG/*Koppensteiner*, Rn 6.
5 *Hüffer*, Rn 5 mwN; aA *Emmerich*/Habersack, § 296 Rn 7 a, der statt §§ 296, 298 AktG auf die GmbH §§ 53, 54 GmbHG anwenden will.

B. Anmeldung

3 I. Anmeldungsverpflichtung. Der Vorstand der verpflichteten Gesellschaft hat die Beendigung anzumelden.[6] Die Anmeldepflicht trifft jedes einzelne Vorstandsmitglied. Das Vorstandsmitglied kann durch Ordnungsstrafe im Zwangsgeldverfahren nach § 14 HGB zur Anmeldung angehalten werden.[7] § 14 HGB gilt auch für die Fälle der analogen Anwendung des § 298[8] (Nichtigkeit des Unternehmensvertrages und gleichstehende Sachverhalte).[9] Die Anmeldung erfolgt durch eine in der zur Vertretung berechtigten Anzahl an Vorstandsmitgliedern, ggf in Gemeinschaft mit einem Prokuristen.[10]

4 II. Gegenstand der Anmeldung. Gegenstand der Anmeldung sind die **Beendigung** des Unternehmensvertrages, der **Grund** und der **Zeitpunkt** der Beendigung. Die Beendigung ist ohne Rücksicht auf ihren Grund anzumelden. Die Beendigung kann durch Zeitablauf, durch Aufhebung nach § 296, durch außerordentliche oder ordentliche Kündigung, durch Eingliederung oder bei einem Beherrschungs- und Gewinnabführungsvertrag durch Beteiligung eines Außenstehenden erfolgen. Etwas anderes gilt für den Fall der Verschmelzung. Die anmeldepflichtige Gesellschaft erlischt als übertragender Rechtsträger mit Eintragung der Verschmelzung gem. § 20 Abs. 1 Nr. 2 UmwG. Die Anmeldung der Verschmelzung nach § 16 UmwG erfüllt das Publizitätserfordernis jedoch hinreichend.[11] Die Anmeldung der Verschmelzung schließt die Anmeldung der Beendigung als zwingende Folge der Verschmelzung ein, weshalb die Beendigung des Unternehmensvertrages aufgrund dieser Anmeldung einzutragen und bekannt zu machen ist.[12]

5 Im Fall der Nichtigkeit eines Unternehmensvertrages oder gleichstehender Sachverhalte gilt die Anmeldepflicht des § 298 analog.[13] Ist ein Unternehmensvertrag nicht zustande gekommen, schließt dies zwar seine Beendigung aus. Auch besteht die Möglichkeit der Amtslöschung nach §§ 395 FamFG.[14] Der Normzweck gebietet jedoch auch im Fall der Nichtigkeit des Unternehmensvertrages, die Öffentlichkeit und den Rechtsverkehr über das Nichtbestehen des Unternehmensvertrages zu unterrichten, wenn zuvor die Publizität durch die Eintragung des Bestehens eines Unternehmensvertrages begründet wurde.[15]

6 Die Anmeldung hat den Unternehmensvertrag, den Grund und den Zeitpunkt der Beendigung zu bezeichnen, § 43 Nr. 6 b) cc) HRV.[16]

7 Die abstrakte allgemeine Bezeichnung des Beendigungsgrundes ist ausreichend.[17] Der Beendigungszeitpunkt ist anzugeben, da der Unternehmensvertrag unabhängig von der Eintragung im Handelsregister im Beendigungszeitpunkt endet.

8 III. Beizufügende Unterlagen. Welche Unterlagen beizufügen sind, lässt § 298 offen. Aus der Prüfungspflicht und dem Recht des Registergerichts, nach § 26 FamFG die zur Prüfung erforderlichen Unterlagen anzufordern, ergibt sich jedoch, dass die zur Prüfung des Beendigungsgrundes und Zeitpunkts erforderlichen Unterlagen beizufügen sind.[18] Dies können je nach Beendigungsgrund der **Aufhebungsvertrag**, das **Kündigungsschreiben**, ein **rechtskräftiges Urteil** über die Nichtigerklärung eines Hauptversammlungsbeschlusses und dergleichen sein. War ein Sonderbeschluss nach § 296 Abs. 2 oder § 297 Abs. 2 zu fassen, so kann auch die Niederschrift hierüber vorgelegt werden. Ausreichend ist jedoch eine Bezugnahme auf die Registerakten, da der Sonderbeschluss selbst gem. §§ 138, 130 Abs. 5 ohnehin einzureichen ist.[19] Doku-

---

6 Den anderen Vertragsteil trifft keine Anmeldepflicht. Lediglich bei der Gewinngemeinschaft nach § 292 Abs. 1 Nr. 1 obliegt die Anmeldepflicht jeder an der Gewinngemeinschaft beteiligten AG oder KGaA, vgl hierzu *Emmerich*/Habersack, Rn 5; MüKo-AktG/*Altmeppen*, Rn 8.

7 Vgl *Hüffer*, Rn 2; Spindler/Stilz/*Veil*, Rn 7; ablehnend *Emmerich*/Habersack, Rn 5; KölnKomm-AktG/*Koppensteiner*, Rn 4; MüKo-AktG/*Altmeppen*, Rn 8; MüHb-AG/*Krieger*, § 70 Rn 184; K. Schmidt/Lutter/*Langenbucher*, Rn 2.

8 MüKo-AktG/*Altmeppen*, Rn 8; ablehnend *Emmerich*/Habersack, Rn 2; KölnKomm-AktG/*Koppensteiner*, Rn 7 hält die Anwendbarkeit von § 14 HGB wegen des strafrechtlichen Analogieverbots zumindest für zweifelhaft. § 14 HGB stellt nach richtiger Auffassung jedoch nur eine Ordnungsstrafe und nicht Strafrecht im engeren Sinn dar; so auch Spindler/Stilz/*Veil*, Rn 7.

9 Vgl Rn 5.

10 MüHb-AG/*Krieger*, § 70 Rn 184; *Emmerich*/Habersack, Rn 5; MüKo-AktG/*Altmeppen*, Rn 8; Spindler/Stilz/*Veil*, Rn 6.

11 MüKo-AktG/*Altmeppen*; Rn 4; *Hüffer*, Rn 3; KölnKomm-AktG/*Koppensteiner*, Rn 3; aA *Emmerich*/Habersack, Rn 3; MüHb-AG/*Krieger*, § 70 Rn 184.

12 *Hüffer*, Rn 3; insofern auch zutreffend *Emmerich*/Habersack, Rn 3.

13 MüKo-AktG/*Altmeppen*, Rn 5; KölnKomm-AktG/*Koppensteiner*, Rn 7; *Emmerich*/Habersack, Rn 2; MüHb-AG/*Krieger*, § 70 Rn 184, zweifelnd wegen der Möglichkeit der Amtslöschung nach § 142 FGG; *Hüffer*, Rn 2.

14 MüKo-AktG/*Altmeppen*, Rn 5; *Hüffer*, Rn 2.

15 MüKo-AktG/*Altmeppen*, Rn 5; s. auch RegBegr. *Kropff*, S. 387; *Hüffer*, Rn 1.

16 *Emmerich*/Habersack, Rn 6; abgedruckt bei *Baumbach*/Hopt, HGB, S. 1588, 1600.

17 Ebenso MüKo-AktG/*Altmeppen*, Rn 6; aA *Emmerich*/Habersack, Rn 6, der die Angabe eines konkreten Grundes fordert.

18 MüKo-AktG/*Altmeppen*, Rn 7; *Hüffer*, Rn 4; K. Schmidt/Lutter/*Langenbucher*, Rn 5; vgl auch *Emmerich*/Habersack, Rn 7 f, § 294 Abs. 1 S. 2 entsprechend anwenden will; ebenso: Spindler/Stilz/*Veil*, Rn 5; vgl ferner KölnKomm-AktG/*Koppensteiner*, Rn 5.

19 *Emmerich*/Habersack, Rn 7; MüKo-AktG/*Altmeppen*, Rn 7; *Hüffer*, Rn 4; KölnKomm-AktG/*Koppensteiner*, Rn 5; aA Großkomm-AktienR/*Würdinger*, Rn 2, der die Vorlage des Sonderbeschlusses fordert.

C. Eintragung und Bekanntmachung

Das Registergericht verfügt die Eintragung mit dem sich aus der Anmeldung ergebenden Inhalt. Eingetragen werden die Beendigung unter Angabe des Grundes und des Zeitpunktes der Beendigung.[21] Voraus geht eine materielle und formelle Prüfung. Dabei hat das Registergericht jedoch nicht von sich aus in jedem Fall das Vorliegen eines wichtigen Grundes zu prüfen; ergeben sich aber Anhaltspunkte, dass ein Kündigungsgrund nicht vorlag, so ist diese Frage durch das Gericht vor Eintragung zu prüfen.[22] Die Tatsache, dass die Eintragung der Beendigung des Unternehmensvertrages nur deklaratorischen Charakter hat, ändert nichts am Umfang der Prüfung seitens des Registergerichts, dessen Pflicht es ist, unrichtige Eintragungen in das Handelsregister zu vermeiden.[23] Die Eintragung erfolgt gemäß § 43 Nr. 6 g letzter Fall HRV in Abteilung B Spalte 6.

Die Bekanntmachung der Eintragung erfolgt gem. § 10 HGB. Mit dem Zeitpunkt, in welchem die Bekanntmachung als gem. § 10 Abs. 2 HGB erfolgt gilt, beginnen die Fristen in § 302 Abs. 3 über den Verzicht und Vergleich über Ansprüche aus Verlustausgleich und in § 303 Abs. 1 über die Sicherheitsleistung für Gläubiger zu laufen.[24]

§ 299 Ausschluß von Weisungen

Auf Grund eines Unternehmensvertrags kann der Gesellschaft nicht die Weisung erteilt werden, den Vertrag zu ändern, aufrechtzuerhalten oder zu beenden.

A. Normzweck

Durch die Vorschrift soll verhindert werden, dass das herrschende Unternehmen den Vorstand der abhängigen Gesellschaft anweist, einen bestehenden Unternehmensvertrag zu ändern, aufrecht zu erhalten oder zu beenden. Der Gesellschaft soll die freie Entscheidung über die Vertragsdauer und über inhaltliche Änderungen erhalten bleiben. Ziel ist es, die **eigenverantwortliche Entscheidung des Vorstandes der abhängigen Gesellschaft** in diesen Punkten zu sichern.[1]

B. Praktische Bedeutung

Die praktische Bedeutung der Vorschrift ist gering. Eine Weisung ist nur dann erforderlich, wenn die angestrebte Regelung nicht **im gegenseitigen Einvernehmen** zwischen herrschender und beherrschter Gesellschaft geregelt werden kann. Eine einvernehmliche Einigung ist die Regel im Hinblick auf die jederzeitige Absetzbarkeit des Vorstandes der abhängigen Gesellschaft durch die Obergesellschaft. Aber auch aus rechtlichen Gründen läuft die Vorschrift weitgehend ins Leere, da die Obergesellschaft ihren Willen auch ohne Zustimmung der abhängigen Gesellschaft mithilfe der §§ 83 und 119 Abs. 2 durchsetzen kann. Die hM geht davon aus, dass die Vorschrift allenfalls begrenzte haftungsrechtliche Bedeutung hat.[2]

C. Anwendungsbereich

Die Formulierung der Vorschrift ist missglückt. Da **nur ein Beherrschungsvertrag** die Möglichkeit einräumt, Weisungen zu erteilen, wäre präzise gewesen, nicht allgemein vom Unternehmensvertrag zu sprechen, sondern nur vom Beherrschungsvertrag. Die Einbeziehung der **Vertragsänderung** in die Vorschrift macht keinen Sinn, denn für die Vertragsänderung ist gemäß § 295 die Hauptversammlung der abhängigen

---

20 *Emmerich*/Habersack, Rn 7; Spindler/Stilz/*Veil*, Rn 5; MüKo-AktG/*Altmeppen*, Rn 7; *Hüffer*, Rn 4.
21 MüKo-AktG/*Altmeppen*, Rn 13; *Hüffer*, Rn 5; *Emmerich*/Habersack, Rn 9; Großkomm-AktienR/*Würdinger*, Rn 3.
22 OLG Düsseldorf AG 1995, 137, 138 = NJW-RR 1995, 233; MüKo-AktG/*Altmeppen*, Rn 12; *Hüffer*, Rn 5; *Emmerich*/Habersack, Rn 8; KölnKomm-AktG/*Koppensteiner*, Rn 6; aA v. Godin/Wilhelmi, Anm. zu § 298: "Der Registerrichter hat kein Nachprüfungsrecht und keine Nachprüfungspflicht bezüglich der materiellen Rechtslage.".
23 OLG München MittBayNot 2009, 160, 161 f; Spindler/Stilz/*Veil*, Rn 9.
24 MüKo-AktG/*Altmeppen*, Rn 13; *Hüffer*, Rn 5; KölnKomm-AktG/*Koppensteiner*, Rn 6; MüHb-AG/*Krieger*, § 70 Rn 184; Großkomm-AktienR/*Würdinger*, Rn 3.
1 So RegBegr. *Kropff*, S. 387.
2 *Emmerich*, in: Emmerich/Habersack, Rn 1; MüKo-AktG/*Altmeppen*, Rn 2; *Hüffer*, Rn 1, 4; KölnKomm-AktG/*Koppensteiner*, Rn 1.

Gesellschaft zuständig. Hier kann keine Weisung erteilt werden, da sich Weisungen immer nur an den Vorstand richten können. Denkbar ist nur eine Weisung an den Vorstand, die Vertragsänderung vorzubereiten und der Hauptversammlung zur Abstimmung vorzulegen. Die hM bejaht insoweit das Weisungsrecht.[3] In jedem Fall kann die Obergesellschaft auf der Hauptversammlung der abhängigen Gesellschaft gemäß § 83 verlangen, dass die Vertragsänderung auf die Tagesordnung gesetzt wird. Soweit nicht § 295 Abs. 2 eingreift, kann die Obergesellschaft dann mit ihrer Stimmenmehrheit die Vertragsänderung beschließen.

4 **Aufhebung** und **Kündigung** des Vertrages sind anders als die Vertragsänderung Geschäftsführungsmaßnahmen, die in die alleinige Zuständigkeit des Vorstandes fallen (vgl §§ 77, 296, 297). Hier ist eine Weisung an den Vorstand direkt ausgeschlossen. Es ist streitig, ob der Vorstand der abhängigen Gesellschaft angewiesen werden kann, eine solche Maßnahme gemäß § 119 Abs. 2 der Hauptversammlung zur Entscheidung vorzulegen, so dass er nach entsprechendem Beschluss mit den Stimmen der Obergesellschaft an die Entscheidung gebunden ist (§ 83).[4]

5 Das Verbot, Weisungen zu erteilen, erfasst nur Beherrschungsverträge, die zwischen **Weisungsgeber** und **Weisungsempfänger** bestehen. Nicht erfasst von der Vorschrift werden Verträge, die das abhängige Unternehmen mit dritten Unternehmen abgeschlossen hat. Insoweit kann das herrschende Unternehmen dem abhängigen Unternehmen Weisungen erteilen, mit Dritten bestehende Unternehmensverträge zu ändern, aufrecht zu erhalten oder zu beenden. Dies gilt auch im Konzern. Die Muttergesellschaft kann ihrer Tochtergesellschaft Weisungen erteilen bezüglich der Änderung, Aufrechterhaltung oder Beendigung von Beherrschungsverträgen, die zwischen der Tochtergesellschaft und anderen Gesellschaften bestehen.[5] Die Vorschrift ist auch anwendbar auf die **GmbH**.

6 Bei Vorliegen eines Beherrschungsvertrages bezieht sich das Weisungsverbot auch auf **weitere Unternehmensverträge**, die zwischen dem anweisenden Unternehmen und dem Weisungsempfänger abgeschlossen wurden trotz des Wortlautes „den Vertrag zu ändern". Oft sind mehrere Verträge zu einem Vertrag zusammengefasst (fast immer Beherrschungs- und Gewinnabführungsvertrag). Manchmal stehen sie getrennt nebeneinander. Für die Anwendung des § 299 AktG macht dies keinen Unterschied. Im Ergebnis lässt sich daher festhalten, dass das Weisungsverbot alle zwischen den beiden betroffenen Unternehmen abgeschlossenen Unternehmensverträge erfasst, unabhängig ob und wieweit sie zusammengefasst sind.[6]

D. Rechtsfolgen

7 Sollte es ausnahmsweise zu einer verbotenen Weisung kommen, so ist diese gemäß § 134 BGB **nichtig**. Die Weisung braucht vom Vorstand nicht befolgt werden. Tut er dies doch, so macht er sich nach §§ 93 Abs. 2, 310 Abs. 1 schadensersatzpflichtig. Für das herrschende Unternehmen und seinen Vorstand ergibt sich die **Schadensersatzpflicht** aus § 309.[7]

E. Sonstige Gestaltungen

8 Soweit steuerliche Überlegungen dem nicht entgegen stehen (vgl § 14 KStG), werden in der Praxis bereits **beim Abschluss des Unternehmensvertrages** dem herrschenden Unternehmen ausreichende Kündigungsmöglichkeiten des Vertrages oder auch eventuelle Möglichkeiten der Vertragsverlängerung eingeräumt. Die Beendigung oder Aufrechterhaltung des Vertrages kann auch an die Zustimmung des Aufsichtsrates der abhängigen Gesellschaft gebunden werden. Da dieser in der Regel aus Vertretern der Obergesellschaft besteht, kann insofern die Obergesellschaft direkten Einfluss ausüben durch Erteilung oder Verweigerung der Zustimmung. Dies wird von der hM für zulässig erachtet, obwohl es vom Ergebnis her einer Weisung relativ nahe kommt.[8]

---

3   KölnKomm-AktG/*Koppensteiner*, Rn 3; MüKo-AktG/*Altmeppen*, Rn 8 f.
4   MüKo-AktG/*Altmeppen*, Rn 18; *Hüffer*, Rn 6; *Emmerich*, in: Emmerich/Habersack, Rn 7.
5   *Emmerich*, in: Emmerich/Habersack, Rn 3.
6   *Hüffer*, Rn 4; *Emmerich*, in: Emmerich/Habersack, Rn 5; MüKo-AktG/*Altmeppen*, Rn 20.
7   *Hüffer*, Rn 5; Großkomm-AktienR/*Würdinger*, Anm. 3.
8   *Hüffer*, Rn 5; *Emmerich*, in: Emmerich/Habersack, Rn 8; *Hüchting*, Abfindung und Ausgleich S. 103.

Dritter Abschnitt
Sicherung der Gesellschaft und der Gläubiger

Vor §§ 300–303

Die §§ 300 bis 303 enthalten Vorschriften, um **den Bestand der Gesellschaft** (§§ 300 bis 302) trotz Bestehens des Unternehmensvertrages zu **sichern**, und zusätzlich enthält § 303 einen **Schutz für Gläubiger**. Ziel der Vorschriften der §§ 300 bis 302 ist es, das finanzielle Eigenkapital der Gesellschaft zu erhalten und, falls noch nicht geschehen, die Dotierung der Rücklagen in der gesetzlich vorgeschriebenen Höhe zu gewährleisten.

Der Gesetzgeber stellt ab auf das in der Bilanz ausgewiesene Eigenkapital, so dass Eigenkapital, das in der Form von stillen Reserven bei der Gesellschaft gebildet wurde, von den Schutzvorschriften nicht erfasst wird. Maßgebend ist das bilanzielle Eigenkapital der Gesellschaft im Zeitpunkt des Wirksamwerdens des Unternehmensvertrags. Ob bei einer Gesellschaft im größeren Maße stille Reserven in der Vergangenheit gebildet wurden, hängt von dem von ihr verwendeten Buchführungsstandard ab. Der HGB-Standard war in der Vergangenheit vom Vorsichtsprinzip gekennzeichnet, so dass die Bildung stiller Reserven in erheblichem Umfange zulässig war. Die neueren von angelsächsischen Vorstellungen geprägten Buchführungsstandards (insbesondere IFRS) streben eine möglichst genaue Wiedergabe der finanziellen Verhältnisse der Gesellschaft durch die Bilanz an. Die Bildung stiller Reserven ist daher nur in sehr viel eingeschränkterem Maße möglich. Dies hat sich auch auf die Weiterentwicklung des HGB-Standards durch das BilMoG ausgewirkt.

Die Meinungen, ob die Vorschriften geeignet sind, dieses Ziel zu erreichen, gehen auseinander.[1] Für die Dauer des Bestehens des Beherrschungs- und/oder des Gewinnabführungsvertrages kann dies noch bejaht werden. Für die Zeit danach ist der Fortbestand der Gesellschaft vor allem beim Beherrschungs- und Gewinnabführungsvertrag nicht gesichert. Nicht nur ist die Gesellschaft dadurch gefährdet, dass während der Dauer des Beherrschungsvertrags ggf die stillen Reserven aufgelöst und an die Obergesellschaft ausgeschüttet werden können, sondern die während der Dauer des Beherrschungsvertrages abgeschlossenen langfristigen, für die Gesellschaft nachteiligen Verträge gelten auch nach Beendigung des Beherrschungsvertrages weiter. Da dann jedoch die Schutzvorschriften der §§ 300 bis 302 nicht mehr anwendbar sind, ist das baldige Ende der Gesellschaft vorauszusehen. Bei einem reinen Gewinnabführungsvertrag bestehen diese Probleme nicht in gleichem Umfang. Inwieweit der Vorstand der abhängigen Gesellschaft verpflichtet ist, den Abschluss eines Beherrschungsvertrages zu verhindern, weil dieser für eine profitable Gesellschaft in aller Regel nachteilig ist, bzw zu kündigen, sobald die Nachteile offensichtlich sind, oder nachteilige Weisungen aufgrund des Beherrschungsvertrages zu verhindern, ist nicht einwandfrei geklärt. Die hM sieht hier eine Verpflichtung des Vorstandes der abhängigen Gesellschaft nur in krassen Ausnahmefällen.[2]

Zum Schutz der abhängigen Gesellschaft sollte daher von deren Vorstand rechtzeitig ein Wechsel in einen Buchführungsstandard erwogen werden, der das vorhandene Eigenkapital möglichst umfassend in der Bilanz ausweist. Steuerliche Überlegungen können gegen einen solchen Wechsel sprechen.

Der Gesetzgeber hat seinerseits bewusst in Kauf genommen, dass die Gesellschaft nach Beendigung des Unternehmensvertrages alleine nicht mehr überlebensfähig ist.[3]

Besondere Brisanz erhält die Thematik durch den stark gestiegenen internationalen Handel mit Unternehmensbeteiligungen. Dadurch hat die Zahl der ausländischen beherrschenden Gesellschaften gegenüber deutschen Unternehmen stark zugenommen. Die Durchsetzung der Rechte gegenüber dem herrschenden Unternehmen kann sich dadurch für die Gläubiger und außenstehenden Aktionäre erschweren.

§ 300 Gesetzliche Rücklage

In die gesetzliche Rücklage sind an Stelle des in § 150 Abs. 2 bestimmten Betrags einzustellen,

1. wenn ein Gewinnabführungsvertrag besteht, aus dem ohne die Gewinnabführung entstehenden, um einen Verlustvortrag aus dem Vorjahr geminderten Jahresüberschuß der Betrag, der erforderlich ist, um die gesetzliche Rücklage unter Hinzurechnung einer Kapitalrücklage innerhalb der ersten fünf Geschäftsjahre, die während des Bestehens des Vertrags oder nach Durchführung einer Kapitalerhöhung

---

[1] MüKo-AktG/*Altmeppen*, § 300 Rn 7 mwN; *Emmerich*, in: Emmerich/Habersack, Rn 2.
[2] MüKo-AktG/*Altmeppen*, vor § 300 Rn 6; *Riegger/Mutter*, DB 1997, 1603; *Laule*, AG 1990, 145 (155).
[3] RegBegr. *Kropff* z. § 305, S. 297; RegBegr. *Kropff* z. § 303, S. 393.

beginnen, gleichmäßig auf den zehnten oder den in der Satzung bestimmten höheren Teil des Grundkapitals aufzufüllen, mindestens aber der in Nummer 2 bestimmte Betrag;
2. wenn ein Teilgewinnabführungsvertrag besteht, der Betrag, der nach § 150 Abs. 2 aus dem ohne die Gewinnabführung entstehenden, um einen Verlustvortrag aus dem Vorjahr geminderten Jahresüberschuss in die gesetzliche Rücklage einzustellen wäre;
3. wenn ein Beherrschungsvertrag besteht, ohne daß die Gesellschaft auch zur Abführung ihres ganzen Gewinns verpflichtet ist, der zur Auffüllung der gesetzlichen Rücklage nach Nummer 1 erforderliche Betrag, mindestens aber der in § 150 Abs. 2 oder, wenn die Gesellschaft verpflichtet ist, ihren Gewinn zum Teil abzuführen, der in Nummer 2 bestimmte Betrag.

A. Normzweck 1	IV. Isolierter Beherrschungsvertrag 10
B. Anwendungsbereich 2	V. Beherrschungsvertrag mit Teilgewinnabführungsvertrag 11
C. Höhe der Rücklagenzuführung 4	
I. Ausgangsgrößen für die Berechnung 4	D. Kapitalerhöhung 12
II. Gewinnabführungsvertrag (§ 300 Nr. 1) ... 8	E. Frist 15
III. Teilgewinnabführungsvertrag 9	

A. Normzweck

1 Die Höhe der gesetzlichen Rücklage ist im § 150 geregelt. Sie dient als **Reservepolster für eventuelle Verluste**. § 300 ist eine Sondervorschrift zu § 150 Abs. 2. Die Vorschrift erfasst nur die Fälle, in denen im Zeitpunkt des Abschlusses des Unternehmensvertrages die gesetzliche Rücklage noch nicht in der vorgeschriebenen Höhe dotiert ist. Die Vorschrift stellt sicher, dass diese Dotierung erfolgt, obwohl wegen der Gewinnabführung oder der nachteiligen Weisung kein Gewinn entsteht und schreibt darüber hinaus eine schnellere Zuführung vor, als in § 150 Abs. 2 vorgeschrieben ist. Die zu erreichende Gesamthöhe weicht jedoch von § 150 Abs. 2 nicht ab. § 300 ist zwingendes Recht. Ein Jahresabschluss, der § 300 verletzt, ist nichtig (§ 256 Abs. 1 Nr. 1, 4).[1]

B. Anwendungsbereich

2 Das Gesetz regelt ausdrücklich die Fälle des Gewinnabführungsvertrages (§ 300 Nr. 1), des Teilgewinnabführungsvertrages (§ 300 Nr. 2) und des isolierten Beherrschungsvertrages sowie des Beherrschungsvertrages, der mit einem Teilgewinnabführungsvertrag kombiniert ist (§ 300 Nr. 3). Ebenso ist § 300 anzuwenden, wenn eine AG oder KGaA ihr Unternehmen für Rechnung eines anderen Unternehmens führt (vgl § 291 Abs. 1 S. 2). Dies gilt jedoch nur, wenn die Führung des Unternehmens unentgeltlich erfolgt. Bei unangemessen niedrigem Entgelt wendet die hM § 300 Nr. 1 an, denkbar wäre auch die Anwendung der Nr. 2 (Teilgewinnabführungsvertrag).

3 Es werden von § 300 Nr. 2 alle Teilgewinnabführungsverträge im Sinne des § 292 Abs. 1 Nr. 2 erfasst.[2] Eine Unterscheidung zwischen betriebsbezogenen und unternehmensbezogenen Verträgen erfolgt nach hM nicht. Auch spielt es keine Rolle, wie der abzuführende Gewinn zu berechnen ist. ZB kann sich der Vertrag auch auf den Bilanzgewinn beziehen.[3]

C. Höhe der Rücklagenzuführung

4 **I. Ausgangsgrößen für die Berechnung.** Für die Berechnung der Höhe der Zuführung ist derjenige Gewinn zugrundezulegen, der entstanden wäre, wenn kein Gewinn abgeführt worden wäre (sog. fiktiver Gewinn). Der fiktive Gewinn ergibt sich, wenn die Gewinn- und Verlustrechnung ohne den Aufwandposten im Sinne des § 277 Abs. 3 S. 2 HGB (Aufwand aus Gewinnabführung) erstellt wird. Ein eventueller Verlustvortrag aus dem Vorjahr ist davon abzusetzen. Der sich ergebende fiktive Gewinn dient als Bemessungsgrundlage für die weiteren Berechnungen.

5 Das Gesetz kennt zwei Untergrenzen der Rücklagendotierung. Die eine Untergrenze errechnet sich aus dem immer anwendbaren § 150 Abs. 2. Danach ist mindestens der 20. Teil (5 %) der oben beschriebenen Bemessungsgrundlage in die gesetzliche Rücklage einzustellen, bis die Mindesthöhe der Rücklage gem. § 150 erreicht ist.

---

[1] A/D/S, Rn 5; MüKo-AktG/*Altmeppen*, Rn 9.
[2] AA RegBegr. *Kropff*, S. 389; KölnKomm-AktG/*Koppensteiner*, Rn 14; wie hier *Emmerich*, in: Emmerich/Habersack, Rn 19; *Veit*, "Unternehmensverträge und Eingliederung", S. 84; A/D/S, Rn 40.
[3] Ebenso: MüKo-AktG/*Altmeppen*, Rn 23–25; KölnKomm-AktG/*Koppensteiner*, Rn 15; A/D/S, Rn 41.

Die zweite Untergrenze errechnet sich aus § 300 Nr. 1. Hier ist ebenfalls von der oben beschriebenen Bemessungsgrundlage (fiktiver Gewinn) auszugehen. Die Mindestzuführung beläuft sich auf den Betrag, der erforderlich ist, um die gesetzliche Rücklage des § 150 Abs. 2 (unter Hinzurechnung der Rücklagen nach § 272 Abs. 2 Nr. 1–3 HGB) innerhalb der ersten fünf Geschäftsjahre nach Abschluss des Unternehmensvertrages gleichmäßig auf den 10. Teil des Grundkapitals aufzufüllen.[4]

Während also bei der ersten Untergrenze (§ 150 Abs. 2) immer 5 % des fiktiven Gewinnes zuzuführen sind, müssen bei der zweiten Bemessungsgrundlage 20 % des an der Rücklage fehlenden Betrages (= Differenz zwischen Ist- und Sollrücklage) zugeführt werden, unabhängig davon, welcher Prozentsatz des fiktiven Gewinns dies ist. Kann in einem Jahr der sich aus dem Vergleich von Untergrenze 1 und Untergrenze 2 ergebende zuzuführende Betrag mangels unzureichenden effektiven Gewinns nicht zugeführt werden, so muss in den Folgejahren entsprechend mehr zugewendet werden, damit die Fünfjahresfrist eingehalten wird (sog. Nachholgebot). Bezüglich der verschiedenen Alternativen der Vorschrift gilt nun Folgendes:

II. **Gewinnabführungsvertrag (§ 300 Nr. 1).** In diesem Fall müssen die beiden Untergrenzen berechnet werden. Der höhere der beiden sich ergebenden Beträge stellt die gesuchte Zuführung zur Rücklage dar. Daraus ergibt sich, dass in diesem Fall eine Zuführung zur Rücklage nur dann erfolgt, wenn ein fiktiver Gewinn vorhanden ist, denn sonst ist die Untergrenze nach beiden Berechnungsmethoden gleich null.

III. **Teilgewinnabführungsvertrag.** In den gesetzlichen Vorschriften gibt es in diesem Fall lediglich die Berechnung nach der ersten Alternative. Es sind also 5 % des fiktiven Gewinns in die Rücklage einzustellen. Die zweite Alternative ist in diesem Fall ohne Bedeutung.

IV. **Isolierter Beherrschungsvertrag.** Hier verweist das Gesetz auf § 300 Nr. 1. Strittig ist jedoch, ob in diesem Fall der fiktive Gewinn die Bemessungsgrundlage für die Zuführung sein kann. Die Bedenken kommen daher, dass aufgrund des Beherrschungsvertrages erteilte nachteilige Weisungen schwer erkennbar und eine Quantifizierung ihrer Auswirkungen fast unmöglich ist, so dass sich ein fiktiver Jahresüberschuss, der erzielt worden wäre, wenn der Unternehmensvertrag nicht bestünde, nicht errechnen lässt. Die zunehmend hM ist daher der Ansicht, dass unabhängig von dem ausgewiesenen Gewinn oder dem zu errechnenden fiktiven Gewinn immer mindestens 20 % des Rücklagefehlbetrages (= Differenz zwischen Ist- und Sollrücklage) zugeführt werden muss. Ergibt sich bereits aufgrund des ausgewiesenen Gewinns eine höhere Zuweisung nach § 150 Abs. 2, so gilt diese. Weist die Bilanz keinen ausreichenden Gewinn aus, so entsteht ein Verlust, der von dem herrschenden Unternehmen gem. § 302 zu decken ist.

V. **Beherrschungsvertrag mit Teilgewinnabführungsvertrag.** Diese Kombination kommt in der Praxis wohl kaum vor. Die Frage der Rücklagendotierung ist um so umstrittener. Einerseits wird die Meinung vertreten, dass hier das Gleiche gilt wie für einen Teilgewinnabführungsvertrag, weil § 300 Nr. 3 im letzten Teil der Bestimmung auf § 300 Nr. 2 verweist. Teils wird vertreten, dass dieser Fall genauso zu behandeln ist wie ein isolierter Beherrschungsvertrag, weil es sich um eine Gesellschaft handelt, bei der ein Beherrschungsvertrag besteht, ohne dass die Gesellschaft auch zu der Abführung ihres gesamten Gewinns verpflichtet ist (vgl Eingangswortlaut des § 300 Nr. 3). Letztere Meinung ist im Vordringen, da es inkonsequent wäre, geringere Anforderungen an die Rücklagenzuführung zu stellen, wenn eine Gesellschaft außer dem Beherrschungsvertrag noch zusätzlich einen Teilgewinnabführungsvertrag abschließt. Folgerichtig bestehen auch zwischen den Befürwortern dieser Lösung die gleichen Meinungsverschiedenheiten, wie sie oben unter Rn 10 geschildert sind.[5]

D. Kapitalerhöhung

Durch die Kapitalerhöhung erhöht sich der Betrag der nötigen gesetzlichen Rücklage. Besteht der Unternehmensvertrag noch keine fünf Jahre, so rechnet die hM wie folgt:

Die noch bestehende Differenz zwischen Soll- und Istbetrag der ursprünglichen gesetzlichen Rücklage ist auf fünf Jahre zu verteilen, ebenso der durch die Kapitalerhöhung notwendige Erhöhungsbetrag. Die Summe der beiden Beträge stellt die Mindestzufuhr nach § 300 Nr. 1 dar.[6] Eine Mindermeinung vertritt, dass nur der Erhöhungsbetrag auf fünf Jahre verteilt werden darf, während die ursprünglichen Zuführungsbeträge nach unveränderter Berechnungsmethode weiterlaufen. Diese strengere Meinung gewährt im Zeitpunkt der Kapitalerhöhung keine neue Fünfjahresfrist für die noch bestehende Differenz zwischen Ist- und Sollbetrag.[7]

---

4 Berechnungsbeispiele: *A/D/S*, Rn 22; *Havermann*, WPG 1966, 90 (95); *Veit*, DB 1974, 1245.
5 Vgl im Einzelnen RegBegr. *Kropff*, S. 389; *A/D/S*, Rn 56; *Habermann*, WPg 1966, 90 (96); KölnKomm-AktG/*Koppensteiner*, Rn 19; MüHb-AG/*Krieger*, Rn 51; *Veit*, "Unternehmensverträge und Eingliederung", S. 93.
6 MüKo-AktG/*Altmeppen*, Rn 17; *A/D/S*, Rn 28; MüHb-AG/*Krieger*, § 70 Rn 54.
7 *Hüffer*, Rn 8.

14 Besteht der Unternehmensvertrag bereits mehr als fünf Jahre, so sollte an sich im Zeitpunkt der Kapitalerhöhung keine Differenz mehr bestehen zwischen der Soll- und Istrücklage. Es ist dann nur der Zuführungsbetrag aufzuteilen, der sich aus dem Kapitalerhöhungsbetrag ergibt. Sollte jedoch die ursprüngliche Differenz noch nicht ausgeglichen sein, mangels ausreichenden fiktiven Gewinns, dann ist so zu verfahren wie bei einem Unternehmensvertrag, der noch keine fünf Jahre besteht.

E. Frist

15 Die Fünfjahresfrist beginnt mit dem im Vertrag vorgesehenen Inkrafttreten des Gewinnabführungsvertrages. Dies gilt auch bei Rückwirkung des Gewinnabführungsvertrages (eine Rückwirkung des Beherrschungsvertrages ist unwirksam). Beginnt ein Unternehmensvertrag während des laufenden Geschäftsjahrs, so beginnt die Fünfjahresfrist erst mit Beginn des nächsten Geschäftsjahrs.[8]

§ 301 Höchstbetrag der Gewinnabführung

¹Eine Gesellschaft kann, gleichgültig welche Vereinbarungen über die Berechnung des abzuführenden Gewinns getroffen worden sind, als ihren Gewinn höchstens den ohne die Gewinnabführung entstehenden Jahresüberschuss, vermindert um einen Verlustvortrag aus dem Vorjahr, um den Betrag, der nach § 300 in die gesetzlichen Rücklagen einzustellen ist, und den nach § 268 Abs. 8 des Handelsgesetzbuchs ausschüttungsgesperrten Betrag, abführen. ²Sind während der Dauer des Vertrags Beträge in andere Gewinnrücklagen eingestellt worden, so können diese Beträge den anderen Gewinnrücklagen entnommen und als Gewinn abgeführt werden.

A. Normzweck

1 Dem Ziel des Gesetzgebers, mithilfe der §§ 300 bis 302 sicherzustellen, dass trotz Beherrschungs- und Gewinnabführungsvertrag das **bilanzielle Eigenkapital** der Gesellschaft erhalten bleibt, dient § 301 dadurch, dass beim Vorliegen von Gewinnabführungsverträgen verhindert wird, dass übermäßige Gewinnabführungen erfolgen. Liegt ein positives Ergebnis vor, so regelt § 301, dass nicht mehr abgeführt wird als erwirtschaftet wurde, umgekehrt sichert § 302 – für den Fall, dass ein negatives Ergebnis der Gesellschaft vorliegt – dass dieses ausgeglichen wird durch die Obergesellschaft.

B. Anwendungsbereich

2 Die Vorschrift beschränkt vertragliche Verpflichtungen zur Gewinnabführung. Auf isolierte Beherrschungsverträge ist die Vorschrift nicht anwendbar, da keine Vereinbarung über eine Gewinnabführung vorliegt. Die in der Praxis häufigsten Fälle sind Gewinnabführungsverträge im Sinne von § 291 Abs. 1 S. 1 Alt. 2. Strittig ist die Anwendung auf **Geschäftsführungsverträge** im Sinne des § 291 Abs. 1 S. 2. Im Hinblick darauf, dass das Gesetz in § 291 Abs. 1 S. 2 Geschäftsführungsverträge zu den Gewinnabführungsverträgen rechnet und die Anwendung der Vorschrift auch Sinn macht, wird man die Anwendbarkeit bejahen müssen.[1]

3 Das wesentliche Argument der Gegenmeinung, dass ein Geschäftsführungsvertrag bei der abhängigen Gesellschaft keinen Jahresüberschuss entstehen lässt, überzeugt nicht, da dies beim Gewinnabführungsvertrag genauso ist. In allen Fällen lässt sich der fiktive Jahresüberschuss errechnen. Während die hM bei der Anwendung des § 300 zwischen unentgeltlichen und entgeltlichen Geschäftsführungsverträgen unterscheidet, wird diese Differenzierung bei der Anwendung des § 301, soweit ersichtlich, in der Literatur nicht diskutiert. Dies scheint inkonsequent.

Festvergütungen aufgrund eines Vertrages über eine stille Beteiligung bleiben von § 301 AktG unberührt, auch wenn die Gesellschaft keinen Jahresüberschuss erwirtschaftet. Denn § 301 AktG schützt nach seinem Sinn und Zweck nur das Gewinnverwendungsrecht der Aktionäre, schließt aber die Begründung von Aufwandspositionen nicht aus.

---

8 MüKo-AktG/*Altmeppen*, Rn 16; *A/D/S*, Rn 34; MüHb-AG/*Krieger*, § 70 Rn 52; aA *Emmerich*, in: Emmerich/Habersack, Rn 15.

1 MüKo-AktG/*Altmeppen*, Rn 5; aA KölnKomm-AktG/*Koppensteiner*, Rn 4; *Hüffer*, Rn 2.

Auf **Gewinngemeinschaftsverträge** (§ 292 Abs. 1 Nr. 1) ist § 301 jedoch nicht anwendbar. Die hL wendet § 301 auch auf **Teilgewinnabführungsverträge** an.[2] Allerdings beschränkt die hM die Anwendbarkeit auf unternehmensgewinnbezogene Teilgewinnabführungsverträge. Für betriebsgewinnbezogene Teilgewinnabführungsverträge soll § 301 nicht anwendbar sein. Diese Meinung wird schon in den Gesetzesmaterialien vertreten.[3] Dadurch ergibt sich natürlich ein weiter Raum für Gestaltungsmöglichkeiten um die Anwendung des § 301 zu vermeiden. In der Literatur wird daher durchaus auch die Meinung vertreten, dass auch beim betriebsgewinnbezogenen Teilgewinnabführungsvertrag § 301 anwendbar ist.[4]

Die wohl hM hält die Anwendbarkeit des § 301 auf die **GmbH** als verpflichtetes Unternehmen für sachgerecht. Zwar gibt es bei der GmbH keine gesetzliche Rücklage, aber das Problem der Begrenzung des abzuführenden Gewinns stellt sich bei der abhängigen GmbH in gleicher Weise. Allerdings wird teilweise in der Literatur unterschieden zwischen der mehrgliedrigen GmbH und der **Einmann-GmbH**. Bei letzterer soll die Auflösung vorvertraglicher Rücklagen zulässig sein.[5]

C. Berechnung des Höchstbetrags

Auszugehen ist bei den Berechnungen von dem fiktiven Jahresüberschuss (vgl § 300 Rn 4). Von diesem Betrag ist ein etwaiger **Verlustvortrag** aus dem Vorjahr gemäß § 158 Abs. 1 S. 1 Nr. 1 abzuziehen. Dabei handelt es sich in der Regel um einen Verlustvortrag aus der Zeit vor dem Vertragsabschluss, da bei Bestehen eines Gewinnabführungsvertrages wegen der Verlustausgleichspflicht nach § 302 kein Verlust entstehen kann. Zieht man von dem so ermittelten Ertrag die nach § 300 vorgeschriebene Zuweisung zur gesetzlichen Rücklage ab, so erhält man den sogenannten "berichtigten fiktiven Jahresüberschuss".[6]

Es wird nicht zu beanstanden sein, wenn nachträglich bekannt werdende Verpflichtungen mit dem Gewinn des Jahres verrechnet werden, in dem sie gezahlt werden. Problemtisch ist der Fall, dass Verpflichtungen, die die Zeit vor Beendigung des Unternehmensvertrages betreffen, erst nach Beendigung des Unternehmensvertrages bekannt werden und Rückstellungen nicht gebildet wurden. Wenn eine Bilanzberichtigung noch möglich ist, wird man ein Recht der Gesellschaft auf Rückvergütung des zu viel abgeführten Gewinnes bejahen können. Soweit es sich um Verpflichtungen gegenüber dem Organträger handelt, gelten diese mit der Abführung des Jahresüberschusses als ausgeglichen.[7]

Darüber hinaus lässt das Gesetz die Erhöhung des abzuführenden Gewinns nur zu durch die **Entnahme** aus den **anderen Gewinnrücklagen** (§ 158 Abs. 1 Nr. 3 lit. d) von Beträgen, die während der Dauer des Vertrages in die anderen Gewinnrücklagen eingestellt worden sind. Daraus ergibt sich im Umkehrschluss, dass Beträge aus der gesetzlichen Rücklage, aus satzungsmäßigen Rücklagen und Rücklagen für eigene Aktien (§ 158 Abs. 1 Nr. 3 lit. a–c) niemals als Gewinn abgeführt werden dürfen, unabhängig davon, wann die Beträge in die gesetzliche Rücklage eingestellt worden sind.

Auch die **Kapitalrücklagen** (§ 158 Abs. 1 Nr. 2) zählen nicht zu den anderen Rücklagen, sie können deshalb ebenfalls nicht als Gewinn abgeführt werden. Die einzige Ausnahme innerhalb der Kapitalrücklagen sind Zuzahlungen in das Eigenkapital der Gesellschaft im Sinne von § 272 Abs. 2 Nr. 4 HGB, soweit Zuzahlungen nach dem Abschluss des Gewinnabführungsvertrages geleistet worden sind. Letzteres gilt jedoch nicht für das Steuerrecht.[8] Zu berücksichtigen ist aber, dass die Auflösung der nicht abführbaren Rücklagen zu einer Erhöhung des verteilungsfähigen Bilanzgewinns führen kann mit der Folge, dass dieser Gewinn unter Beteiligung der außenstehenden Aktionäre anteilig an die Obergesellschaft ausschüttbar ist.[9] Die Vorschrift wurde durch Gesetz vom 25.5.2009 (BGBl. I S. 1102) an das BilMoG angepasst, indem klargestellt wurde, dass auch der Sperrbetrag des § 268 Abs. 8 HGB nicht ausgeschüttet werden darf.

Die Auflösung von Rückstellungen nach § 249 HGB und von Sonderposten mit Rücklageanteil (§ 247 Abs. 3, § 273, § 281 HGB) führen zu einer Erhöhung des abzuführenden Gewinns, weil sie als sonstige betriebliche Erträge anzusehen sind.

Nichts mit den Rücklagen zu tun haben die „**stillen Reserven**". Während es sich bei den Rücklagen um in der Bilanz ausgewiesene Positionen handelt, geht es bei den stillen Reserven um die Differenz zwischen Buchwerten und Verkehrswerten. Meist stehen bei der Bilanzierung nach HGB Wirtschaftsgüter in der Bilanz des Unternehmens nur mit einem Bruchteil des wahren Wertes. Dies ist durch das Niederstwertprinzip

---

2 *Hüffer*, Rn 2; KölnKomm-AktG/*Koppensteiner*, Rn 5; Großkomm-AktienR/*Würdinger*, Anm. 9; *Schatz*, "Die Sicherung des Gesellschaftsvermögens", S. 74 ff; aA MüKo-AktG/*Altmeppen*, Rn 8.
3 Vgl RegBegr. *Kropff*, S. 390.
4 v. *Godin/Wilhelmi*, Rn 1; *Veit*, "Unternehmensverträge und Eingliederung", S. 97; Großkomm-AktienR/*Würdinger*, Rn 9; *Emmerich*, in: Emmerich/Habersack, Rn 6.
5 R/F/K-*Koppensteiner*, GmbHG, Anh. § 52 Rn 80 mwN.
6 Berechnungsschema: MüKo-AktG/*Altmeppen*, § 301 Rn 521; *Hüffer*, Rn 3–8.
7 BGH BB 2004, 175.
8 BFH NZG 2002, 832(833) = AG 2002, 680.
9 BGH NZG 2003, 1113 = AG 2003, 629 (Philips I) und BGH ZIP 2003, 1933, 1934 ff (Philips II).

bedingt. Werden diese Wirtschaftsgüter dann verkauft, so werden stille Reserven aufgelöst. Dadurch erhöht sich entsprechend der Gewinn. Die abhängige Gesellschaft kann auf diese Weise den abzuführenden Gewinn unbegrenzt erhöhen. Der Gesetzgeber wollte durch die §§ 300 bis 302 nur das in der Bilanz ausgewiesene „bilanzielle Eigenkapital" sichern. Da die stillen Reserven, wie der Name schon sagt, in der Bilanz nicht aufscheinen, sind sie von dem Sicherungskonzept nicht erfasst. Die stillen Reserven sind oft um ein Vielfaches höher als das bilanzielle Eigenkapital. Dies ändert jedoch am Ergebnis nichts. Durch die uneingeschränkte Auflösung und Ausschüttung der stillen Reserven wird die Gesellschaft erheblich geschwächt und damit die Haftungsgrundlage für die Gläubiger vermindert und die Substanz des Eigentums den außenstehenden Aktionären entzogen. Die Gläubiger sind durch § 303 gesichert, die außenstehenden Aktionäre sind auf Abfindungs- und Ausgleichsanspruch gemäß §§ 304, 305 verwiesen. Hier spiegelt sich die Grundentscheidung des Gesetzgebers wieder, dass er zwar einige stützende Maßnahmen für die Überlebensfähigkeit der Gesellschaft vorsehen wollte, aber in Kauf genommen hat, dass sie spätestens nach Ablauf des Unternehmensvertrages durchaus in finanzielle Schwierigkeiten geraten kann.[10]

D. Fälligkeit

9a Der Anspruch auf Abführung des Gewinnes entsteht und wird fällig am Stichtag der Jahresbilanz der beherrschten Gesellschaft. Dies gilt unabhängig von der etwaigen Wirksamkeit oder Unwirksamkeit der Bilanzfeststellung.[11]

E. Gestaltungsmöglichkeiten

10 Der Gesetzgeber knüpft den zulässigen Höchstbetrag für die Gewinnabführung an den in der Bilanz ausgewiesenen Jahresüberschuss. Je höher der Jahresüberschuss ausgewiesen wird, umso mehr Gewinn kann abgeführt werden. Der Jahresüberschuss kann einmal durch die Wahl des **Buchführungsstandards** beeinflusst werden, HGB, IFRS, US-GAAP und innerhalb des Standards durch die Ausübung etwaiger Bilanzwahlrechte. Da das AktG eindeutig ausgeht von der Bilanzierung nach HGB-Vorschriften, ist ungeklärt, wie die Berechnung zu erfolgen hat, wenn nach einem anderen Standard bilanziert wird.[12] § 301 greift nicht ein im Falle freiwilliger Leistungen der Gesellschaft an typische stille Gesellschafter, um diese von einer Kündigung ihrer Beteiligung abzuhalten.[13]

F. Rechtsfolgen

11 Da § 301 zwingendes Recht enthält, sind entgegenstehende Vereinbarungen oder Weisungen wegen Verstoßes gegen § 134 BGB **nichtig**. Der Vorstand der abhängigen Gesellschaft macht sich im Falle eines Verstoßes gegen § 301 **schadenersatzpflichtig**. Die herrschende Gesellschaft muss die zu viel erhaltenen Beträge **zurückzahlen**, ohne sich auf den Wegfall der Bereicherung berufen zu können.[14] Steuerlich gefährdet eine zu hohe Abführung die Anerkennung der körperschaftssteuerlichen Organschaft (vgl §§ 14, 17 KStG).

§ 302 Verlustübernahme

(1) Besteht ein Beherrschungs- oder ein Gewinnabführungsvertrag, so hat der andere Vertragsteil jeden während der Vertragsdauer sonst entstehenden Jahresfehlbetrag auszugleichen, soweit dieser nicht dadurch ausgeglichen wird, daß den anderen Gewinnrücklagen Beträge entnommen werden, die während der Vertragsdauer in sie eingestellt worden sind.

(2) Hat eine abhängige Gesellschaft den Betrieb ihres Unternehmens dem herrschenden Unternehmen verpachtet oder sonst überlassen, so hat das herrschende Unternehmen jeden während der Vertragsdauer sonst entstehenden Jahresfehlbetrag auszugleichen, soweit die vereinbarte Gegenleistung das angemessene Entgelt nicht erreicht.

(3) ¹Die Gesellschaft kann auf den Anspruch auf Ausgleich erst drei Jahre nach dem Tage, an dem die Eintragung der Beendigung des Vertrags in das Handelsregister nach § 10 des Handelsgesetzbuchs bekannt ge-

---

10 MüKo-AktG/*Altmeppen*, Rn 35; *Hüffer*, Rn 4; KölnKomm-AktG/*Koppensteiner*, Rn 21; *H.-P. Müller*, in: FS für Goerdeler, S. 375, 390 ff; BVerfG NJW 1999, 1701 = AG 1999, 217.
11 BGH AG 2005, 397.
12 *Strobl*, in: FS Herrmann Clemm, S. 389 ff mwN.
13 OLG Schleswig-Holstein ZIP 2011, 517–522.
14 MüKo-AktG/*Altmeppen*, Rn 23; *Emmerich*, in: Emmerich/Habersack, Rn 10.

macht worden ist, verzichten oder sich über ihn vergleichen. ²Dies gilt nicht, wenn der Ausgleichspflichtige zahlungsunfähig ist und sich zur Abwendung des Insolvenzverfahrens mit seinen Gläubigern vergleicht oder wenn die Ersatzpflicht in einem Insolvenzplan geregelt wird. ³Der Verzicht oder Vergleich wird nur wirksam, wenn die außenstehenden Aktionäre durch Sonderbeschluß zustimmen und nicht eine Minderheit, deren Anteile zusammen den zehnten Teil des bei der Beschlußfassung vertretenen Grundkapitals erreichen, zur Niederschrift Widerspruch erhebt.

(4) Die Ansprüche aus diesen Vorschriften verjähren in zehn Jahren seit dem Tag, an dem die Eintragung der Beendigung des Vertrags in das Handelsregister nach § 10 des Handelsgesetzbuchs bekannt gemacht worden ist.

A. Normzweck	1	D. Verlustübernahme bei Betriebspacht und Betriebsüberlassungsverträgen (Abs. 2)	18
B. Verlustübernahme bei Beherrschungs- und Gewinnabführungsverträgen (Abs. 1)	4	E. Rechtsfolge	24
I. Anwendungsbereich	4	F. Verjährung	25
II. Ausgleich des Jahresfehlbetrages durch Entnahmen aus anderen Rücklagen	9	G. Geltendmachung	26
C. Analoge Anwendung	16	H. Verzicht und Vergleich (Abs. 3)	28

A. Normzweck

Die heute hM sieht den Normzweck in dem **Kapitalerhaltungsschutz**. Durch den Beherrschungs- und Gewinnabführungsvertrag wird ein weitgehender Eingriff in das Vermögen der abhängigen Gesellschaft ermöglicht, so dass die Vermögensbindung entsprechend gelockert ist (vgl § 291 Abs. 3). Die Verpflichtung der Verlustübernahme soll dafür eine Kompensierung darstellen. Die Vorschrift dient in erster Linie dem **Interesse der Gesellschaft und ihrer Gläubiger**. Ob auch der Schutz der außenstehenden Aktionäre durch die Vorschrift erreicht werden soll, ist strittig.[1] Zu Recht wird darauf hingewiesen, dass die Verlustausgleichspflicht auch als "Korrelat" für die umfassenden Eingriffsrechte des herrschenden Unternehmens gesehen werden muss.[2] Infolge der Verträge wirtschaftet die Gesellschaft nicht mehr vornehmlich im Eigeninteresse, sondern ganz überwiegend im **Fremdinteresse**, dh im Interesse des herrschenden Unternehmens. Wenn aber die Gesellschaft ihre eigenen Interessen, denen des herrschenden Unternehmens unterordnen muss, dann ist die Übernahme des Ergebnisses nur gerecht. Beim Gewinnabführungsvertrag ist besonders augenscheinlich, dass derjenige, der die Gewinne für sich in Anspruch nehmen kann, auch die Kehrseite, nämlich mögliche Verluste, übernehmen muss. Beim Beherrschungsvertrag ist es ähnlich, weil auch dort die Obergesellschaft durch nachteilige Weisungen das erwirtschaftete Ergebnis und auch weiter gehend die Substanz der abhängigen Gesellschaft für sich nutzbar machen kann. Die Verlustübernahmeverpflichtung wurde erst 1965 im AktG kodifiziert. Die Rechtsgrundlage war bereits vorher in der Rechtsprechung und Literatur entwickelt worden, so dass der Gesetzgeber bei der Schaffung des § 302 die bestehende Rechtslage klargestellt, präzisiert und kodifiziert hat.

In der Finanzkrise 2009/2010 ist besonders strittig geworden, ob § 302 auch **Genussscheininhaber** als Gläubiger vor den Auswirkungen eines Beherrschungs- und Gewinnabführungsvertrages schützt, der nach Ausgabe der Genussscheine vom verpflichteten Unternehmen abgeschlossen wurde. Das Problem entstand, weil die Genussscheinberechtigungen für diesen Fall keine Regelung vorsah. Strittig ist, ob die vorab aus dem Gewinn der abhängigen Gesellschaft zu zahlende Zinsvergütung von der Gesellschaft geschuldet wird, obwohl bei der abhängigen Gesellschaft weder ein fiktiver Gewinn entstanden war, noch ein tatsächlicher Gewinn entstehen konnte wegen der Pflicht zur Gewinnabführung. Weiter ist ungeklärt, ob die Vereinbarung über die Kürzung des Rückzahlungsanspruchs des Genussscheininhabers im Falle des Verlustes der verpflichteten Gesellschaft tatsächlich eingreift, wenn bei der abhängigen Gesellschaft zwar zunächst ein Verlust entstanden ist, dieser aber vom herrschenden Unternehmen gemäß § 302 ausgeglichen wird. Nach der Entscheidung des OLG Frankfurt[3] genießt der Genussscheininhaber gemäß § 157 BGB iVm § 304 AktG vergleichbaren Schutz wie ein außenstehender Aktionär nach § 304 AktG. Die Zinszahlungen sind zu leisten, die Voraussetzungen für eine Kürzung des Rückzahlungsanspruchs sind nicht gegeben. Soweit ersichtlich, haben im Interesse ihres Ansehens am internationalen Finanzmarkt nicht alle betroffenen Banken versucht, die umstrittene Zahlung zu vermeiden.

---

[1] Vgl BGHZ 103, 1, 10 = NJW 1988, 1326; BGHZ 107, 7 (18) = NJW 1989, 1800; *Hüffer*, Rn 1–3; *Emmerich*, in: Emmerich/Habersack, Rn 16–17; MüKo-AktG/*Altmeppen*, Rn 1–11.

[2] RegBegr. *Kropff*, S. 291; BGHZ 116, 37, 41; KölnKomm-AktG/*Koppensteiner*, Rn 5; *Schmitt*, ZGR 1983, 513, 515 f;

W. Müller, in: FS Rowedder, 1994, S. 277, 279 ff; *Hommelhoff*, in: FS Goerdeler, 1987, S. 221, 227 ff.

[3] OLG Frankfurt/M., Urt. v. 7.2.2012 – 5 U 95/11 = ZIP 2012, 524-530 (nicht rechtskräftig, anhängig BGH, Az: II ZR 67/12.).

2 Damit ist es auch zu erklären, dass heute die Verlustübernahmeverpflichtung in der Literatur in weit größerem Umfang angenommen wird, als es dem Wortlaut des § 302 entspricht.

3 In der folgenden Kommentierung werden zunächst die Voraussetzungen der direkten Anwendung des § 302 besprochen. Erst am Ende wird dann auf weitere Situationen hingewiesen, in denen eine Verlustübernahmeverpflichtung besteht. In diesem Zusammenhang wird in der Literatur überwiegend von einer analogen Anwendung des § 302 gesprochen.

B. Verlustübernahme bei Beherrschungs- und Gewinnabführungsverträgen (Abs. 1)

4 **I. Anwendungsbereich.** Nach seinem Wortlaut findet § 302 Abs. 1 unmittelbar nur auf Beherrschungs- und Gewinnabführungsverträge (§ 291 Abs. 1 S. 1) Anwendung. Bei der abhängigen Gesellschaft muss es sich um eine **deutsche AG oder KGaA** handeln. Herrschendes Unternehmen kann jeder rechtlich denkbare Partner eines Unternehmensvertrages sein, zB auch ein Einzelunternehmer, ein ausländischer Unternehmer oder die öffentliche Hand.[4]

5 Zwar gilt der **Geschäftsführungsvertrag** gemäß § 291 Abs. 1 S. 2 als Gewinnabführungsvertrag, doch nimmt die herrschende Meinung an, dass sich das gleiche Ergebnis bereits aus der Tatsache ableiten lässt, dass in diesem Fall bereits aufgrund des Vertrages selbst das herrschende Unternehmen zum Ausgleich aller Aufwendungen der abhängigen Gesellschaft verpflichtet ist, so dass sich daraus die Verlustübernahmeverpflichtung ergibt (vgl § 670 BGB). Soweit ersichtlich, ist es für die praktische Auswirkung gleichgültig auf welchem Wege die Verlustübernahme begründet wird.

6 Auf Teilgewinnabführungsverträge ist nach hM weder Abs. 1 noch Abs. 2 des § 302 anwendbar.[5] Wird jedoch nahezu der gesamte Gewinn aufgrund eines solchen Vertrages abgeführt, dann liegt eine Umgehung vor, die dann doch wieder zur Anwendung des § 302 führt.[6] Bestehen zB bei einem Gemeinschaftsunternehmen Gewinnabführungs- oder Beherrschungsverträge mit mehreren Müttern so ist Abs. 1 mit der Folge anwendbar, dass jede der Mütter für die volle Verlustübernahme haftet. Es besteht Gesamtschuldnerschaft (hM).[7]

7 Weitere Voraussetzung ist das Vorliegen eines **Jahresfehlbetrages**. Dies ist derjenige Betrag, der als Position 20 bzw 19 der GuV (§ 275 Abs. 2, 3 HGB) auszuweisen wäre, wenn kein Anspruch auf Verlustübernahme gegeben wäre.[8] Wie der Verlust entstanden ist, ist unerheblich. Insbesondere ist es nicht erforderlich, dass er auf Weisungen des herrschenden Unternehmens zurückzuführen ist. Maßgeblich ist der fiktive Jahresfehlbetrag der sich bei objektiv ordnungsgemäßer Bilanzierung zum Bilanzstichtag ergibt, unabhängig von der Wirksamkeit oder Unwirksamkeit einer eventuell abweichenden **Bilanzfeststellung**.[9] Der Ausgleichsanspruch ist auf eine Geldzahlung gerichtet und mit Ablauf des Geschäftsjahres fällig. Strittig ist, ob die Obergesellschaft den Anspruch durch Aufrechnung mit Forderungen gegen die Gesellschaft erfüllen kann.[10] Im Ergebnis bedeutet dies, dass während der Vertragsdauer eine Insolvenz des abhängigen Unternehmens nicht eintreten kann, solange die Obergesellschaft solvent ist und ihre Verpflichtung zum Ausgleich des Verlustes erfüllt.

8 Die Verlustvorträge, die aus der Zeit vor Inkrafttreten des Vertrages herrühren, müssen nicht übernommen werden, da das Gesetz ausdrücklich nur die während der Vertragsdauer entstehenden Jahresfehlbeträge anspricht. Ein solcher Verlustvortrag kann weiter vorgetragen werden, solange keine Gewinne erzielt werden oder kann zulasten der Rücklagen ausgeglichen werden.[11]

9 **II. Ausgleich des Jahresfehlbetrages durch Entnahmen aus anderen Rücklagen.** Der fiktive Jahresfehlbetrag muss dann nicht übernommen werden vom herrschenden Unternehmen, wenn ein Ausgleich durch Entnahmen aus anderen Gewinnrücklagen, die während der Vertragsdauer gebildet wurden, möglich ist. Die Gewinnrücklagen sind Rücklagen gemäß § 272 Abs. 3 S. 2 HGB entsprechend § 301 S. 2.[12] Vorvertragliche Gewinnrücklagen dürfen für den Ausgleich des Jahresfehlbetrages nicht herangezogen werden. Sonst würde das Ziel der Erhaltung des bilanziellen Eigenkapitals nicht erreicht.

10 Nur andere Gewinnrücklagen im Sinne des § 158 Abs. 1 Nr. 4 lit. d können zum Ausgleich des Jahresfehlbetrages nicht herangezogen werden, da § 302 Abs. 1 vorrangig ist gegenüber § 150 Abs. 3 und 4. Auch ein

---

4 *Emmerich*, in: Emmerich/Habersack, Rn 18 mwN.
5 *Emmerich*, in: Emmerich/Habersack, Rn 24; aA *Sprengel*, Vereinskonzernrecht 1998, S. 165 ff.
6 So *Emmerich*, in: Emmerich/Habersack, Rn 24; aA MüKo-AktG/*Altmeppen*, Rn 15.
7 *Emmerich*, in: Emmerich/Habersack, Rn 19; MüKo-AktG/*Altmeppen*, Rn 80.
8 KölnKomm-AktG/*Koppensteiner*, Rn 18; *Hüffer*, Rn 11.
9 BGH NZG 2005, 481; *Spindler/Klöhn* NZG 2005, 584.
10 Verneinend: OLG Jena ZIP 2005, 531; *Petersen*, GmbHR 2005, 1031, aA *Verse*, ZIP 2005, 1627.
11 *Hüffer*, Rn 7; KölnKomm-AktG/*Koppensteiner*, Rn 29, 16; *Emmerich*, in: Emmerich/Habersack, Rn 31.
12 Vgl oben § 301 Rn 7.

Ausgleich des Jahresfehlbetrages durch eine vereinfachte **Kapitalherabsetzung** nach den §§ 229 und 234 ist unzulässig. Dies ergibt sich aus § 240 und dem Zweck des § 302.[13]

Die Verlustübernahmepflicht besteht nur während der **Dauer des Vertrages**. Ist im Vertrag kein Datum für dessen **Inkrafttreten** enthalten, so beginnt die Verlustübernahme mit dessen Wirksamwerden durch Eintragung im Handelsregister (§ 294 Abs. 2). Sonst gilt der Tag des im Vertrag festgesetzten Datums für das Inkrafttreten. Wird der Vertrag während des Laufs eines Geschäftsjahrs wirksam, so muss das herrschende Unternehmen den gesamten Verlust übernehmen, der sich am Ende dieses Geschäftsjahrs ergibt.[14] Es empfiehlt sich daher im Vertrag das Inkrafttreten des Vertrages zum Beginn eines Geschäftsjahres zu regeln. Die Bildung eines **Rumpfgeschäftsjahres** kann in diesem Zusammenhang hilfreich sein. [11]

Die Verpflichtung zur Verlustübernahme **endet** mit der Übernahme desjenigen Verlustes, der bis zu dem Stichtag entstanden ist, an dem der Vertrag endet. Dass dieser Verlust erst später durch die Bilanzaufstellung festgestellt wird, ändert daran nichts. Zweckmäßigerweise sieht der Vertrag sowieso nur eine Kündigungsmöglichkeit oder – bei Zeitverträgen – ein Enddatum vor, das mit dem Ende eines Geschäftsjahres identisch ist. Zu diesem Stichtag ist eine Bilanz und Gewinn- und Verlustrechnung aufzustellen. Daraus ergibt sich dann der zu übernehmende Verlust.[15] [12]

Nach Vertragsende anfallende Verluste treffen nach hM das herrschende Unternehmen nicht mehr. Eine Mindermeinung will das herrschende Unternehmen auch für die **Abwicklungsverluste** haften lassen, wenn das abhängige Unternehmen durch existenzbedrohende Weisungen insolvent geworden ist.[16] Zu Recht weist die hM darauf hin, dass eine Haftung für Abwicklungsverluste zu großer Unsicherheit führen würde. Durch die Verpflichtung zur Verlustübernahme ist sichergestellt, dass die abhängige Gesellschaft bis zum Ende des Unternehmensvertrages nicht insolvent werden kann, da ihre Verluste bis zu diesem Tage ausgeglichen werden, vorausgesetzt die Obergesellschaft ist selbst solvent. [13]

Dass die abhängige Gesellschaft dann später insolvent wird, mag durchaus mit dem Unternehmensvertrag zusammen hängen, aber eine eindeutige Zuordnung der Insolvenz wird nicht möglich sein, da dafür in der Regel eine Vielzahl von Gründen maßgebend ist. Auch die Ansicht, man könne diesem Problem beikommen, indem gefordert wird, dass der Vorstand der abhängigen Gesellschaft bereits beim Abschluss des Unternehmensvertrages existenzbedrohende Weisungen im Vertrag ausschließt, hilft nicht weiter. Eine solche Klausel ist ausgesprochen unüblich. Darüber hinaus lässt sich im Zeitpunkt der Weisung in aller Regel nicht übersehen, ob eine Weisung nun existenzbedrohend sein wird oder nicht, da der weitere wirtschaftliche Verlauf nicht vorausgesehen werden kann. Wie der Regierungsbegründung zu entnehmen ist, hat der Gesetzgeber die Möglichkeit der Existenzgefährdung der abhängigen Gesellschaft durch den Unternehmensvertrag in Kauf genommen. Daher wird man damit leben müssen, soweit nicht eine Verletzung des Art 14 ff GG gegeben ist.[17] Überlegenswert ist die Ansicht, dass der Verlustübernahmeanspruch auf der Basis von **Liquidationswerten zu berechnen** ist,[18] wenn im Zeitpunkt der Beendigung des Unternehmensvertrages feststeht, dass die Gesellschaft nicht überlebensfähig ist und liquidiert werden muss.[19] [14]

Obwohl der Gesetzestext vom Ausgleich des Jahresfehlbetrages spricht, muss der Verlustausgleich gegebenenfalls **während des Geschäftsjahres** bereits erfolgen, wenn sonst die Zahlungsunfähigkeit der Gesellschaft droht.[20] [15]

C. Analoge Anwendung

§ 302 kodifiziert für den aktienrechtlichen Vertragskonzern einen Rechtsgedanken, der auch sonst Anwendung findet. Dies gilt insbesondere für Beherrschungs- und Gewinnabführungsverträge, in denen die abhängige Gesellschaft eine andere Rechtsform hat, namentlich vor allem also für Verträge mit einer **GmbH, Personengesellschaft, Verein, Genossenschaft** etc.[21] [16]

---

[13] *Emmerich*, in: Emmerich/Habersack, Anm. 32- 34; MüKo-AktG/*Altmeppen*, Rn 50; *Hüffer*, Rn 12; KölnKomm-AktG/ *Koppensteiner*, Rn 26.

[14] KölnKomm-AktG/*Koppensteiner*, Rn 15; MüHb-AG/*Krieger*, § 70 Rn 56; MüKo-AktG/*Altmeppen*, Rn 20.

[15] Vgl MüKo-AktG/*Altmeppen*, Rn 24; BGHZ 103, 1, 9 f = NJW 1988, 1326; BGHZ 105, 168, 180 = NJW 1988, 3143; *Altmeppen*, DB 1999, 2453, 2454 f; *Emmerich*, in: Emmerich/ Habersack, Rn 38; *Hüffer*, Rn 13; KölnKomm-AktG/*Koppensteiner*, Rn 32; *H. Wilhelm*, Beendigung des Beherrschungs- und Gewinnabführungsvertrages, S. 55; aA v. Godin/Wilhelmi, Rn 6; *Heldt*, AG 1975, 309, 311; *Meister*, WM 1976, 1182, 1184.

[16] Vgl KölnKomm-AktG/*Koppensteiner*, Rn 36; MüKo-AktG/*Altmeppen*, Rn 27 ff mwN.

[17] RegBegr. zu §§ 303 u. 305, S. 393 und 397; KölnKomm-AktG/ *Koppensteiner*, Rn 37 mwN.

[18] § 252 Abs. 1 Nr. 2 HGB.

[19] MüKo-AktG/*Altmeppen*, Rn 39.

[20] Vgl *Altmeppen*, DB 1999, 2453, 2455 f; BGH DB 1999, 2457; *Emmerich*, in: Emmerich/Habersack, Rn 41; *Priester*, ZIP 1989, 1301, 1307 f.

[21] So *A. Reul*, Das Konzernrecht der Genossenschaften, 1997, 192 ff; *A. Sprengel*, Vereinskonzernrecht, 1998, S. 165 ff; aA *Kübler*, in: FS Heinsius, 1991, S. 397.

17 Die eigentlich große Bedeutung erlangt der Grundgedanke des § 302 jedoch durch die Anwendung dieses Gedankens auf den **qualifiziert faktischen Konzern**. Ein faktischer Konzern liegt vor, wenn unter einheitlicher Leitung mindestens zwei Unternehmen (Ober- und Untergesellschaft) geführt werden, ohne dass ein Beherrschungsvertrag oder eine Eingliederung vorliegt. Ein solcher faktischer Konzern wird als qualifiziert bezeichnet, wenn der Einfluss, der von der einheitlichen Leitung ausgeht, so intensiv ist, dass sich ausgleichspflichtige Nachteilszufügungen nicht mehr getrennt erfassen lassen. Die Anwendung dieser Grundsätze gilt auch im AktG nach hM[22] Da nach Beendigung des Beherrschungs- oder Gewinnabführungsvertrages in den meisten Fällen die Voraussetzungen für den qualifiziert faktischen Konzern gegeben sein werden, ist stets zu prüfen, ob nicht die Verlustübernahmeverpflichtung nach diesen Regeln weiterhin besteht. Zu den Einzelheiten der Voraussetzungen wird verwiesen auf die Kommentierung zu § 311. Bisher nicht abschließend diskutiert ist die Frage, ob eine Haftung für die Verlustübernahme dann gegeben ist, wenn während der Dauer des Beherrschungsvertrages durch langfristige Verträge ein solcher Einfluss auf die Gesellschaft ausgeübt wurde, dass die Voraussetzungen für den qualifiziert faktischen Konzern auch nach Beendigung des Unternehmensvertrages durch die Fortdauer der langfristigen Bindungen fortbesteht, aber ein "neuer" Missbrauchstatbestand, der nach Beendigung des Unternehmensvertrages gesetzt worden wäre, nicht vorliegt. Denn, was der Gesetzgeber übersehen hat und was auch sonst meist nicht genügend berücksichtigt wird, ist die Tatsache, dass vor allem durch langfristige Verträge nachteilige Weisungen perpetuiert werden können, über die Dauer des Beherrschungsvertrages hinaus. Denn solche Verträge enden keineswegs automatisch mit Beendigung des Beherrschungsvertrages, noch schafft das Ende des Unternehmensvertrages ein Kündigungsrecht.

D. Verlustübernahme bei Betriebspacht und Betriebsüberlassungsverträgen (Abs. 2)

18 Zu Betriebspacht- und Betriebsüberlassungsverträgen im Sinne des § 292 Abs. 1 Nr. 3 sieht § 302 Abs. 2 unter engen Voraussetzungen eine teilweise Verpflichtung zum Verlustausgleich vor. Liegt neben dem Betriebspacht- oder Betriebsüberlassungsvertrag noch ein Beherrschungs- oder Gewinnabführungsvertrag vor, so gilt ausschließlich Abs. 1. Für **Betriebsführungsverträge** gilt Abs. 2 nicht, weil dort die Gesellschaft Managementleistungen einkauft, nicht jedoch den Betrieb verpachtet.[23] Die praktische Bedeutung der Vorschrift ist gering, da selten die im Gesetz vorgesehenen Voraussetzungen vorliegen und darüber hinaus das Gesetz mit § 311 umfassendere Ausgleichsmöglichkeiten bietet.

19 Abs. 2 findet nur dann Anwendung, wenn **bereits bei Abschluss** des Betriebspacht- und Betriebsüberlassungsvertrages ein Abhängigkeitsverhältnis der verpachtenden Gesellschaft gegenüber dem pachtenden Unternehmen besteht. Wird dieses Abhängigkeitsverhältnis erst durch den Vertrag begründet, so ist Abs. 2 nicht anwendbar. Dem liegt die Vorstellung des Gesetzgebers zugrunde, dass der zwischen zwei nicht voneinander abhängigen Gesellschaften abgeschlossene Pachtvertrag nicht die Gefahr einer unangemessenen Vergütung beinhaltet. Strittig ist, ob die Vorschrift anwendbar ist, wenn der Pachtvertrag abgeschlossen wird zwischen zwei Unternehmen, die beide abhängig sind von einem dritten, herrschenden Unternehmen.[24] Hier wird man unterscheiden müssen, ob das herrschende Unternehmen Einfluss auf die Vertragsverhandlungen zwischen den beiden Tochtergesellschaften nimmt oder nicht.

20 Weitere Voraussetzung ist, dass für die Verpachtung oder die Überlassung **kein angemessenes Entgelt** vereinbart wurde. Was ein angemessenes Entgelt für die Verpachtung eines Unternehmens darstellt, sagt der Gesetzgeber nicht. Man wird sich orientieren müssen an den zu erwartenden künftigen Erträgen des verpachteten Unternehmens.[25] Im Hinblick auf die Schwierigkeiten der Prognose der zukünftigen Gewinne wird es nicht leicht sein, die Unangemessenheit des Entgeltes festzustellen. Die theoretisch angemessene Verzinsung des in den Betrieb investierten Kapitals ist kein aussagefähiger Maßstab, weil die Höhe der angemessenen Gegenleistung ausschließlich davon abhängig ist, in welcher Höhe sich tatsächlich mit diesem so investierten Kapital Erträge erarbeiten lassen. Eine Untergrenze stellt aber eine angemessene Verzinsung des Liquidationswertes des verpachteten Unternehmens dar.[26]

21 Bei der Prüfung, ob das Entgelt angemessen ist, zählen nur die **Leistungen** mit, die **an die verpachtende Gesellschaft** erbracht werden. Zahlungen an die Aktionäre der verpachtenden Gesellschaft, insbesondere eine garantierte Dividende oder dergleichen, sind kein Entgelt, dass der verpachtenden Gesellschaft zufließt. Die

---

22 *Eschenbruch*, Konzernhaftung, 1996, Rn 3405 f; *Lutter*, ZGR 1982, 244, 262 ff; *Stimpel*, AG 1986, 117, 121 f; aA Köln-Komm-AktG/*Koppensteiner*, vor § 311 Rn 16.

23 KölnKomm-AktG/*Koppensteiner*, Rn 59; *Hüffer*, Rn 22; *Emmerich*, in: Emmerich/Habersack, Rn 23; aA *Veelken*, Betriebsführungsvertrag, S. 247 f.

24 MüKo-AktG/*Altmeppen*, Rn 57; aA KölnKomm-AktG/*Koppensteiner*, Rn 60; Großkomm-AktienR/*Würdinger*, Anm. 8; *Emmerich*, in: Emmerich/Habersack, Rn 23.

25 Vgl MüKo-AktG/*Altmeppen*, Rn 60; *Hüffer*, Rn 24; Köln-Komm-AktG/*Koppensteiner*, § 292 Rn 101 ff.

26 MüKo-AktG/*Altmeppen*, Rn 61.

dafür aufzuwendenden Summen rechnen daher bei der Feststellung der Angemessenheit des Entgeltes nicht mit.

Beim Betriebspacht- und Betriebsüberlassungsvertrag ist die Ausgleichspflicht in doppelter Weise **begrenzt**. Einmal besteht die Ausgleichspflicht nur in Höhe des Unterschiedsbetrages zwischen dem angemessenen Entgelt und der tatsächlich vereinbarten Gegenleistung. Weiterhin ist die Ausgleichspflicht begrenzt durch den Jahresfehlbetrag. Besteht gar kein **Jahresfehlbetrag**, trotz unangemessener Gegenleistung, so ergibt sich auch keine Ausgleichspflicht nach § 302. Umgekehrt wird der Jahresfehlbetrag nur teilweise ausgeglichen, wenn der Unterschiedsbetrag zwischen der vereinbarten Gegenleistung und dem angemessenen Entgelt niedriger liegt als der Gesamtjahresfehlbetrag.[27]

Die Ausgleichspflicht kann nicht durch Entnahmen aus anderen Gewinnrücklagen reduziert werden.[28]

E. Rechtsfolge

Abs. 1 gibt der abhängigen Gesellschaft einen Zahlungsanspruch in Höhe des fiktiven Jahresfehlbetrages.[29] Das herrschende Unternehmen kann mit einem entstandenen werthaltigen Anpruch seinerseits aufrechnen. Auch eine Vereinbarung über die Gewährung von Geld- oder Sachmitteln unter Anrechnung auf einen bestehenden Anpruch auf Verlustausgleich ist zulässig und wirksam.[30] Strittig sind Entstehung und Fälligkeit des Anspruches. Dies kommt daher, dass am Bilanzstichtag die Höhe noch nicht bekannt ist, weil zunächst der Jahresabschluss erstellt und festgestellt werden muss. Demgemäß wird sowohl die Meinung vertreten, dass Entstehung und Fälligkeit bereits am Bilanzstichtag eintreten, oder dass beides erst im Zeitpunkt der Feststellung des Jahresabschlusses eintritt und auch, dass der Anspruch am Bilanzstichtag entsteht, jedoch erst mit Feststellung des Jahresabschlusses fällig wird. Die wohl hM nimmt an, dass der Anspruch bereits am Bilanzstichtag entsteht und fällig wird.[31]

F. Verjährung

Bis zum Inkrafttreten des Schuldrechtsmodernisierungsgesetzes von 2001 galt gemäß § 195 BGB aF die 30-jährige Verjährungsfrist.[32] Durch das Schuldrechtsmodernisierungsgesetz (2001) wurde die regelmäßige Verjährungsfrist des § 195 BGB auf 3 Jahre herabgesetzt. Zu diesem Zeitpunkt wurde die Verjährungsfrist für Ansprüche gemäß § 302 BGB auf drei Jahre verkürzt. Wegen der Kollision der kurzen Verjährungsfrist mit der Sperrfrist des § 302 Abs. 3 S. 1 wurde durch das Gesetz zur Anpassung von Verjährungsvorschriften an das Gesetz zur Modernisierung des Schuldrechts vom 9.12.2004 die Verjährungsfrist durch die Schaffung des § 302 Abs. 4 auf 10 Jahre verlängert. Diese Regelung trat am 15.12.2004 in Kraft.[33] Die Vorschrift gilt daher auch für bereits laufende Verjährungsfristen soweit sich nicht aus Art. 29 §§ 6, 11 EGBGB etwas anderes ergibt.

G. Geltendmachung

Der Anspruch aus § 302 steht der abhängigen Gesellschaft zu und ist daher von ihrem Vorstand spätestens am Ende des Geschäftsjahres unverzüglich geltend zu machen. Da die Bezifferung erst nach Bilanzerstellung möglich ist, wird sich in aller Regel auch stets ein **Zinsanspruch** ergeben. Strittig ist, ob die Aktionäre der abhängigen Gesellschaft die herrschende Gesellschaft auf Zahlungen an die abhängige Gesellschaft verklagen können. Rechtsprechung zu dieser Frage ist nicht bekannt. In der Literatur sind die Meinungen geteilt.[34] Ein Anspruch der Gläubiger auf Leistung an die Gesellschaft oder an sich selbst besteht nicht. Gläubiger können nur den Anspruch der Untergesellschaft auf Verlustausgleich gegen die Obergesellschaft pfänden und sich überweisen lassen.[35]

---

27 *Emmerich*, in: Emmerich/Habersack, Rn 47; *Hüffer*, Rn 26; MüKo-AktG/*Altmeppen*, Rn 63.
28 Vgl *Emmerich*, in: Emmerich/Habersack, Rn 47; *Hüffer*, Rn 26; KölnKomm-AktG/*Koppensteiner*, Rn 61; RegBegr. *Kropff*, S. 391; *Hüffer*, Rn 26.
29 Zur rechnerischen Ermittlung siehe W. *Müller*, in: FS Kropff, 1997, S. 517, 523 ff.
30 BGH, DB 2006, 1778.
31 BGHZ 142, 382, 385 ff = NJW 2000, 210 =AG 2000, 129; zur Frage von Abschlagszahlungen vgl *Priester*, ZIP 1989, 1301,

1307 f; Fälligkeit der Zinsen ergeben sich aus §§ 352, 353 HGB.
32 *Hüffer*, Rn 16; *Emmerich* in: Emmerich/Habersack Rn 42.
33 Vgl BGBl. I S. 3216.
34 KölnKomm-AktG/*Koppensteiner*, Rn 55; *Stützle*, in: U. Schneider, Beherrschungs- und Gewinnabführungsverträge, S. 81, 91; MüKo-AktG/*Altmeppen*, Rn 76–78; *Hüffer*, Rn 20; MüHb-AktG/*Krieger*, § 70 Rn 59.
35 *Hüffer*, Rn 8; KölnKomm-AktG/*Koppensteiner*, Rn 39, 63, 64; *Emmerich*, in: Emmerich/Habersack, Rn 44.

27 Ebenso kann der Verlustausgleichsanspruch von der abhängigen Gesellschaft abgetreten werden, wenn sie dafür eine vollwertige Gegenleistung erhält. Sonst wäre der Zweck des § 302 gefährdet, so dass § 134 BGB eingreifen würde.

H. Verzicht und Vergleich (Abs. 3)

28 Die Vorschrift dient der **Kapitalerhaltung**. Es soll vermieden werden, dass die abhängige Gesellschaft voreilig auf einen während der Dauer des Vertrages entstandenen Verlustausgleichsanspruch verzichtet. Auch ein Vergleich ist vor Ablauf der 3-Jahres-Frist unzulässig. Ähnliche Regelungen befinden sich in den §§ 50, 93 Abs. 4. Der Verzicht ist zu interpretieren als Erlassvertrag gemäß § 397 BGB. Vergleich ist zu verstehen im Sinne des § 779 BGB oder auch als Prozessvergleich. Verzicht oder Vergleich vor Fristablauf sind gemäß § 134 BGB nichtig.

29 **Die 3-Jahres-Frist** beginnt für alle während der Dauer des Vertrages entstandenen Ansprüche auf Verlustausgleich mit dem Tag, der auf die Bekanntmachung der Handelsregistereintragung der Vertragsbeendigung folgt.

30 Eine Ausnahme vom Verbot des Verzichts bzw Vergleichs besteht im Rahmen der drohenden oder eingetretenen **Insolvenz** des herrschenden Unternehmens. Dadurch soll die Möglichkeit geschaffen werden, dass das abhängige Unternehmen einen Beitrag leisten kann zur Insolvenzabwendung oder -beseitigung der Muttergesellschaft. Das Tochterunternehmen kann sich aufgrund dieser Vorschrift einem Vergleich der Gläubiger des herrschenden Unternehmens anschließen.

31 Die Gesellschaft wird beim Abschluss des Erlassvertrages oder des Vergleiches durch den Vorstand vertreten (§ 78). Der Vorstand kann jedoch nur wirksam die nötigen Erklärungen abgeben, wenn die Zustimmung der außenstehenden Aktionäre durch **Sonderbeschluss nach § 138** vorliegt. Da die herrschende Gesellschaft in aller Regel die Stimmenmehrheit in der Hauptversammlung der abhängigen Gesellschaft inne hat, soll durch das Erfordernis des Sonderbeschlusses verhindert werden, dass die herrschende Gesellschaft mit ihrer Stimmenmehrheit in der Hauptversammlung sich die Zustimmung selbst erteilt.

32 Bezüglich der Frage, wer außenstehender Aktionär ist, gilt hier dasselbe wie in den §§ 295 Abs. 2, 296 Abs. 2 und 297 Abs. 2. Der Sonderbeschluss bedarf der Zustimmung der einfachen Mehrheit der bei der Beschlussfassung vertretenen außenstehenden Aktionäre. Der Sonderbeschluss ist jedoch trotz Erreichen der nötigen Mehrheit dann wirkungslos, wenn eine Minderheit, deren Anteile zusammen den 10. Teil des bei der Beschlussfassung vertretenen Grundkapitals erreichen, Widerspruch zur Niederschrift erhebt.

§ 303 Gläubigerschutz

(1) ¹Endet ein Beherrschungs- oder ein Gewinnabführungsvertrag, so hat der andere Vertragsteil den Gläubigern der Gesellschaft, deren Forderungen begründet worden sind, bevor die Eintragung der Beendigung des Vertrags in das Handelsregister nach § 10 des Handelsgesetzbuchs bekannt gemacht worden ist, Sicherheit zu leisten, wenn sie sich binnen sechs Monaten nach der Bekanntmachung der Eintragung zu diesem Zweck bei ihm melden. ²Die Gläubiger sind in der Bekanntmachung der Eintragung auf dieses Recht hinzuweisen.

(2) Das Recht, Sicherheitsleistung zu verlangen, steht Gläubigern nicht zu, die im Fall des Insolvenzverfahrens ein Recht auf vorzugsweise Befriedigung aus einer Deckungsmasse haben, die nach gesetzlicher Vorschrift zu ihrem Schutz errichtet und staatlich überwacht ist.

(3) ¹Statt Sicherheit zu leisten, kann der andere Vertragsteil sich für die Forderung verbürgen. ²§ 349 des Handelsgesetzbuchs über den Ausschluß der Einrede der Vorausklage ist nicht anzuwenden.

A. Normzweck

1 Mit der Beendigung des Unternehmensvertrages endet auch die Pflicht zur Verlustübernahme nach § 302 Abs. 1. Damit steigt die Gefahr, dass die abhängige Gesellschaft insolvent wird, da die §§ 300 bis 302 die Lebensfähigkeit der abhängigen Gesellschaft für die Zeit nach der Beendigung des Unternehmensvertrages nicht sicherstellen können. Deshalb gibt die Vorschrift den Gläubigern der Gesellschaft in diesem Zeitpunkt einen Anspruch auf **Sicherheitsleistung** durch die herrschende Gesellschaft. Ein ähnliches Regelungskonzept sieht das AktG auch in anderen Fällen der Gläubigergefährdung vor (vgl § 225 u. § 233 (Kapitalherabsetzung), § 321 (Eingliederung) sowie §§ 22, 125, 204 UmwG (Umwandlungsfälle)). Im zweiten Absatz der Vorschrift werden solche Gläubiger von dem Anspruch auf Sicherheitsleistung ausgenommen, die

schon anderweitig ausreichend abgesichert sind. Schließlich wird im dritten Absatz klargestellt, dass die Gesellschaft, statt eine Sicherheitsleistung zu erbringen, sich selbst **verbürgen** kann. Dadurch soll eine übermäßige Belastung der herrschenden Gesellschaft durch die Verpflichtung zur Sicherheitsleistung für Gläubiger der abhängigen Gesellschaft vermieden werden. In der Praxis ist allein schon aus Kostengründen die Bürgschaft der herrschenden Gesellschaft die Regel geworden, so dass eine Sicherheitsleistung höchstens in Ausnahmefällen vorkommt.[1]

Die Vorschrift beinhaltet keinen Schutz für **die außenstehenden Aktionäre** der abhängigen Gesellschaft für ihre Ansprüche auf Abfindung bzw Abfindungsergänzung und Ausgleich. Infolge der langen Dauer (oft über ein Jahrzehnt) von Spruchstellenverfahren, ist eine Absicherung dieser Ansprüche ein praktisches Bedürfnis, dem ansatzweise ausschließlich für das Squeeze-out-Verfahren in § 327 b Abs. 3 teilweise Rechnung getragen wurde. Der Abfindungs- bzw Abfindungsergänzungsanspruch der außenstehenden Aktionäre richtet sich nach einhelliger Meinung ausschließlich an die herrschende Gesellschaft. § 303 sichert aber die Ansprüche, die sich gegen die abhängige Gesellschaft richten. Zudem brächte § 303 den außenstehenden Aktionären keinen Vorteil, da sie in der Praxis dann nur einen zusätzlichen Anspruch aus Bürgschaft gegen die herrschende Gesellschaft haben würden, gegen die sich ihr Anspruch sowieso schon richtet. Dies würde aber ihre Lage nicht verbessern. Nach heutiger hM richtet sich der Ausgleichsanspruch ebenfalls ausschließlich gegen die herrschende Gesellschaft.[2] Damit gilt das oben Gesagte insoweit entsprechend. Lediglich im mehrstufigen Konzern mit Beherrschungs- und Gewinnabführungsverträgen auf jeder Stufe profitieren die außenstehenden Aktionäre von § 303. Im Verhältnis Mutter-, Tochter-, Enkelgesellschaft richtet sich der Anspruch auf Abfindung und Ausgleich der außenstehenden Aktionäre der Enkelgesellschaft gegen die Tochtergesellschaft. Diese ist jedoch gleichzeitig abhängige Gesellschaft bezüglich des Unternehmensvertrages zwischen Mutter- und Tochtergesellschaft. Die außenstehenden Aktionäre der Enkelgesellschaft haben als Gläubiger der Tochtergesellschaft einen Sicherstellungsanspruch, wenn der Beherrschungs- bzw Gewinn- und Verlustübernahmevertrag zwischen Mutter- und Tochtergesellschaft endet.

B. Anwendungsvoraussetzungen

Der Anwendungsbereich umfasst die Beendigung eines Beherrschungs- und/oder Gewinnabführungsvertrages im Sinne des § 291 Abs. 1 S. 1. Gleiches gilt für den Geschäftsführungsvertrag gemäß § 291 Abs. 1 S. 2.

Auch **im mehrstufigen Konzern** ist § 303 jeweils nur auf derjenigen Stufe anzuwenden, auf der ein Unternehmensvertrag geendet ist. Die Gläubiger der Gesellschaft, die abhängige Gesellschaft des zu Ende gegangenen Unternehmensvertrages gewesen ist, können dann gegenüber der herrschenden Gesellschaft Anspruch auf Sicherheitsleistung geltend machen. Gläubiger der Tochtergesellschaft der abhängigen Gesellschaft mögen zwar wirtschaftlich auch betroffen sein, weil die Muttergesellschaft ihrer Schuldnerin in Zukunft nicht mehr lebensfähig sein mag, was auf deren Tochter, die Schuldnerin der hier in Frage stehenden Gläubiger, Auswirkungen haben mag. Dies rechtfertigt aber nach hM nicht, auch diesen Gläubigern einen Anspruch nach § 303 zu geben.[3]

Weiterhin ist Voraussetzung, dass der Vertrag beendet wurde. Dabei spielt es keine Rolle, weshalb es zur Beendigung des Unternehmensvertrages gekommen ist. Zur Beendigung führt auch die Auflösung einer der Vertragsparteien insbesondere bei Eröffnung des **Insolvenzverfahrens**. Soweit in der Literatur die Meinung vertreten wird, es wäre möglich, dass bei Eröffnung des Insolvenzverfahrens der Unternehmensvertrag lediglich "suspendiert" wird, nicht aber völlig endet, besteht Einigkeit, dass auch unter dieser Prämisse § 303 Anwendung findet. Die Vertragsbeendigung muss materiell wirksam sein. Allein die Eintragung der Beendigung in das Handelsregister und die Bekanntmachung in den Gesellschaftsblättern lösen den Anspruch nach § 303 nicht aus, wenn die wirksame Beendigung, aus welchen Gründen auch immer, gar nicht zustande gekommen ist (zB fehlende Vertretungsmacht des Vertreters einer der beiden Gesellschaften im Falle eines Aufhebungsvertrages). Es bleibt dann § 302 weiterhin anwendbar, bis eine **wirksame Beendigung** des Vertrages tatsächlich eingetreten ist.[4]

Weitere Voraussetzung zur Anwendung der Vorschrift ist, dass **die Forderung vor Bekanntmachung der Eintragung begründet wurde**. Das Gesetz stellt auf den Zeitpunkt ab, zu dem die Eintragung zur Beendigung des Vertrages im Handelsregister nach § 10 Abs. 2 HGB bekannt gemacht worden ist. Dies bedeutet, dass es nicht schadet, wenn die Forderung erst nach dem Ende des Unternehmensvertrages begründet wurde, solange die Bekanntmachung noch nicht erfolgt ist. Die §§ 15 Abs. 1 und 2 HGB finden hier keine An-

---

1 *Lwowski/Groeschke*, WM 1994, 613, 618 f; *van Venrooy*, DB 1981, 1003; *Werner*, in: FS Goerdeler, S. 677, 685 f; *Hüffer*, Rn 6; *Emmerich*, in: Emmerich/Habersack Rn 2; MüKo-AktG/*Altmeppen*, Rn 60.
2 § 5 SpruchG.
3 Vgl MüKo-AktG/*Altmeppen*, Rn 36; *Emmerich*, in: Emmerich/Habersack, Rn 4.
4 *Emmerich*, in: Emmerich/Habersack, Rn 7 a; MüKo-AktG/*Altmeppen*, Rn 19; *Ströhmann*, NZG 1999, 1030, 1032.

wendung, so dass es dem Gläubiger nicht schadet, wenn er im Zeitpunkt der Begründung der Forderung bereits von der Beendigung des Unternehmensvertrages Kenntnis hatte.

7 Einigkeit besteht, dass alle schuldrechtlichen Forderungen von § 303 erfasst werden. Dabei spielt es keine Rolle, ob es sich um Geldforderungen handelt oder um Ansprüche auf Lieferung oder Dienstleistung etc. Umstritten ist jedoch die Handhabung von dinglichen Ansprüchen. Soweit hier bereits ausreichende Sicherheiten bestehen, ist Abs. 2 einschlägig. Ist dies nicht der Fall, so spricht alles dafür, § 303 anzuwenden. Soweit die Erfassung von Herausgabeansprüchen durch § 303 mit der Begründung abgelehnt wird, dadurch würde das herrschende Unternehmen in den Ruin getrieben, überzeugt dies nicht. Da das herrschende Unternehmen lediglich eine Bürgschaft für die Erfüllung des Herausgabeanspruches abzugeben hat und dadurch kein zusätzlicher neuer Anspruch entsteht, sondern nur aus anderem Rechtsgrunde der selbe Anspruch noch einmal erfasst wird, sind die diesbezüglichen Befürchtungen nicht belegbar. Die wohl überwiegende Meinung bejaht die Anwendung des § 303 auch auf dingliche Ansprüche.[5] Ebenfalls erfasst werden in § 303 Nebenforderungen auf Zinsen- und Kostenersatz, soweit sie vor dem Stichtag begründet sind.[6]

8 Schließlich ist Voraussetzung, dass die fragliche **Forderung** vor dem Stichtag **begründet** wurde. Dafür ist nach hM Voraussetzung, dass die Forderung entstanden ist. Dazu ist weder erforderlich, dass die Forderung der Höhe nach bekannt ist, noch dass sie fällig ist. Die Entstehung setzt nur voraus, dass keine weiteren Handlungen des Gläubigers mehr erforderlich sind. In diesem Sinne liegt Begründetheit bereits vor mit dem Vertragsangebot des Gläubigers oder zB mit dem Eintritt der den Schadensersatz begründenden Schadensursachen.[7]

9 Auch befristete, aufschiebend und auflösend bedingte Ansprüche sind bereits begründet, so dass selbst zukünftige Ansprüche aus Rentenanwartschaften unabhängig von der Verfallbarkeit den Anspruch auf Sicherheitsleistung auslösen.

10 Bei Dauerschuldverhältnissen und Rentenansprüchen liegt die Begründung aller künftigen Teilleistungen nach hM bereits im Vertragsabschluss. Dies führt zur Problematik der sogenannten **Endloshaftung**. Bei uneingeschränkter Anwendung würde dies dazu führen, dass das herrschende Unternehmen den ehemaligen Gläubigern für sämtliche zukünftigen – eventuell erst für die Jahre nach Beendigung des Unternehmensvertrages – fällig werdenden Teilleistungen aus dem Vertrag Sicherheit gewähren müsste. Die gleiche Problematik tritt bezüglich der Haftung des ausscheidenden Gesellschafters auf. Dort hat der Gesetzgeber die Haftung durch die Neufassung der §§ 26 und 160 HGB auf fünf Jahre beschränkt. Eine weit verbreitete Meinung wendet daher auch die §§ 26 und 160 HGB im vorliegenden Fall analog an.[8]

11 Die Gegenmeinung will die Begrenzung orientieren an der **Schutzwürdigkeit des Vertrauens des Gläubigers bezüglich der Dauer des Schuldverhältnisses**. Das schutzwürdige Vertrauen soll begrenzt sein durch die erste Kündigungsmöglichkeit, die der Schuldner bezüglich des Vertragsverhältnisses hat.[9] Da **Pensionsansprüche** in der Regel unkündbar sind, ergibt sich für diese Fallgruppe so keine Lösung.[10] Insgesamt scheint die analoge Anwendung der §§ 26 und 160 HGB sachgerechter.

12 Verpflichtet zur Sicherheitsleistung ist die herrschende Gesellschaft. Wenn im Zeitpunkt der Beendigung des Unternehmensvertrages mehrere herrschende Mütter (Mehrmütterorganschaft) Vertragspartner dieses Vertrages sind, so haften sämtliche Mütter gesamtschuldnerisch gegenüber den Gläubigern der gemeinsamen Tochtergesellschaft in voller Höhe. Ebenso ist § 303 auf eine Muttergesellschaft anzuwenden, die bei Fortbestehen des Beherrschungsvertrages mit den übrigen Muttergesellschaften allein oder mit anderen vorzeitig ausscheidet. Da mit den ausscheidenden Müttern der Vertrag beendet wird, ist insoweit § 303 anwendbar.

13 Schließlich ist Voraussetzung, dass der Gläubiger der abhängigen Gesellschaft seinen Anspruch auf Sicherheitsleistung vor Ende der sechsmonatigen Ausschlussfrist gegenüber dem herrschenden Unternehmen geltend macht. Es handelt sich dabei um eine **Ausschlussfrist**, die an dem Tag beginnt, die auf den Stichtag folgt. Die Frist beginnt unmittelbar im Anschluss an das Ende der Frist, innerhalb der die Forderung entstanden sein muss (= Bekanntmachung der Beendigung des Unternehmensvertrags). Auf die Kenntnis des Gläubigers vom Lauf der Frist kommt es nicht an. Eine Anwendung des § 15 Abs. 1 und Abs. 2 HGB ist ausgeschlossen.[11] Der Anspruch erlischt selbst dann, wenn bei der Bekanntmachung der Eintragung vergessen wurde, die Gläubiger auf ihr Recht auf Sicherheitsleistung hinzuweisen. Allerdings sind dann Amtshaf-

---

5 *Emmerich*, in: Emmerich/Habersack, Rn 9 a; Lutter/*Grunewald*, UmwG, § 22 Rn 24.
6 BGHZ 115, 187, 202 = NJW 1991, 3142 = AG 1991, 429 (Video).
7 BGHZ 116, 97, 46 f = NJW 1992, 505 mwN; AG Frankfurt AG 1989, 256 = NZA 1989, 107; KölnKomm-AktG/*Koppensteiner*, Rn 14; *Krieger*, in: FS Nirk, S. 551.
8 Vgl *Emmerich*, in: Emmerich/Habersack, Rn 11 – 11 a; *Jaeger*, DB 1996, 1069, 1070 f; MüHb-AG/*Krieger*, § 60 Rn 36.
9 MüKo-AktG/*Altmeppen*, Rn 26–32; *Hüffer*, § 225 Rn 4; *Schröer*, DB 1999, 317, 321 f.
10 Die Begrenzung richtet sich für Pensionsansprüche der Vorstandsmitglieder nach den Verhältnissen des Einzelfalls, OLG Hamm AG 2008, 898; für Ansprüche aus Altersteilzeitvertrag vgl OLG Zweibrücken AG 2004, 568.
11 BGHZ 116, 97, 44 = NJW 1992, 505; MüKo-AktG/*Altmeppen*, Rn 21; *Dehmer*, UmwR, § 22 Rn 12.

tungsansprüche denkbar.¹² Die Geltendmachung des Anspruchs auf Sicherheitsleistung muss dem herrschenden Unternehmen vor Fristablauf zugehen (§ 130 Abs. 1 BGB). Dies ist formfrei möglich, Schriftform ist jedoch zweckmäßig. Inhaltlich wird nicht mehr verlangt, als dass für das herrschende Unternehmen erkennbar wird, dass der Anspruchsteller Sicherheitsleistung für eine bestimmte Forderung verlangt. Insoweit ist die Bezifferung der Forderung der Höhe nach nicht notwendig.

§ 303 Abs. 1 ist auch zugunsten des Gläubigers einer **GmbH** entsprechend anwendbar.¹³

C. Form der Sicherheitsleistung

Die Sicherheitsleistung hat gemäß den §§ 232 ff BGB zu erfolgen. **Bankbürgschaft** ist daher möglich (§ 232 Abs. 2; § 239 BGB). Der Anspruch ist durch eine Leistungsklage geltend zu machen. § 306 findet keine Anwendung.¹⁴ Die Höhe der Sicherheitsleistung bemisst sich nach dem Wert des zu sichernden Rechts. Bejaht man für Dauerschuldverhältnisse eine Endloshaftung, so ist trotzdem die Sicherheitsleistung auf die Ansprüche, die in den nächsten drei bis vier Jahren fällig werden, zu begrenzen.¹⁵

D. Kein Anspruch auf Sicherheitsleistung (Abs. 2)

Der Anspruch auf Sicherheitsleistung entfällt, wenn der Gläubiger der abhängigen Gesellschaft bereits **ausreichend abgesichert** ist. Nach dem Gesetz ist dies vor allem dann der Fall, wenn ein Recht auf vorzugsweise Befriedigung aus einer Deckungsmasse besteht, die nach den gesetzlichen Vorschriften zum Schutz des Gläubigers errichtet wurde und staatlich überwacht wird (vgl § 225 Abs. 1 S. 3 und § 233 Abs. 2 S. 3 sowie § 22 Abs. 2 UmwG). Diese Voraussetzungen liegen insbesondere vor für Inhaber der von Hypothekenbanken ausgegebenen Pfandbriefe (§ 25 HypBG) und im Falle von Schiffspfandbriefen (§ 26 SchiffsBG) sowie für Gläubiger von Lebens-, Unfall- und Krankenversicherungen (§§ 77, 79 VAG).

Die hM behandelt ebenso die Ansprüche von Betriebsrentnern auf Ruhegeld, soweit Insolvenzschutz gem. § 7 BetrAVG besteht. Dies bedeutet, dass kein Anspruch auf Sicherheitsleistung besteht, soweit die Ansprüche durch den Pensionssicherungsverein gedeckt sind. Gleiches muss gelten für Ruhegeldansprüche gegen eine Pensionskasse, da auch diese der staatlichen Aufsicht untersteht, nicht jedoch bezüglich Ansprüchen gegenüber einer Unterstützungskasse, da hier kein Rechtsanspruch gegeben ist.¹⁶ Die Meinung, dass Gläubiger, die Insolvenzvorrechte verfügen, ebenfalls keinen Anspruch auf Sicherheitsleistung nach § 303 haben, ist abzulehnen. Denn es ist nicht gesichert, ob ein ordnungsgemäßes Insolvenzverfahren durchgeführt wird. Gerade in den Fällen, in denen die Eröffnung mangels Masse unterbleibt, findet der Gläubiger trotz seiner Vorrechte oft überhaupt nichts mehr vor.¹⁷ Ebenfalls entfällt der Anspruch auf Sicherheitsleistung, wenn sich der Gläubiger ohne Weiteres durch Aufrechnung gegenüber der abhängigen Gesellschaft befriedigen kann.

E. Bürgschaft des herrschenden Unternehmens (Abs. 3)

Statt Sicherheit zu leisten gemäß § 232 ff BGB, kann sich das herrschende Unternehmen selbst für die Forderung des Gläubigers verbürgen. Verlangt der Gläubiger Sicherheitsleistung, so kann das herrschende Unternehmen ihm stattdessen eine Bürgschaft anbieten. Nimmt der Gläubiger das Angebot an, so entsteht ein Bürgschaftsvertrag gemäß § 765 Abs. 1 BGB. Lehnt jedoch der Gläubiger das Bürgschaftsangebot ab, geht er seiner Rechte aus § 303 verlustig. Denn das herrschende Unternehmen hat das alleinige Wahlrecht, ob es Sicherheit leistet oder sich verbürgen will. Nachdem diese Wahl vom herrschenden Unternehmen getroffen wurde, wird nur noch die gewählte Leistung geschuldet.¹⁸

F. Ausfallhaftung

Sobald feststeht, dass das herrschende Unternehmen an die Stelle der abhängigen Gesellschaft zu leisten hat, macht das Verlangen nach Sicherheitsleistung keinen Sinn mehr. Denn es wäre reiner Formalismus,

---

12 *Hüffer*, Rn 5; KölnKomm-AktG/*Koppensteiner*, Rn 19; MüHb-AG/*Krieger*, § 60 Rn 42; Lutter/*Grunewald*, UmwG, § 22 Rn 18 mwN.
13 OLG Köln, OLGR Köln 2008, 387.
14 OLG Düsseldorf AG 1996, 426.
15 BGH LM KapErg. Nr. 3 = NJW 1996, 1539; ebenso: *Hüffer*, § 225 Rn 4; *Schröer*, DB 1999, 317, 321 ff; *Ströhmann*, NZG 1999, 1030, 1038.
16 BAGE 1983, 356, 367 ff = NZA 1997, 436 = AG 1997, 268 ff; *Krieger*, in: FS Nirk, S. 551, 590 ff.
17 Ebenso: *Eschenbruch*, Konzernhaftung, Rn 31, 41; *Hüffer*, Rn 8, § 225 Rn 11; MüHb-AG/*Krieger*, § 60 Rn 40; *Rittner*, in: FS Oppenhoff, S. 317, 324 f; aA MüKo-AktG/*Altmeppen*, Rn 58; KölnKomm-AktG/*Koppensteiner*, Rn 25, 26.
18 MüKo-AktG/*Altmeppen*, Rn 60; KölnKomm-AktG/*Koppensteiner*, Rn 22; *Emmerich*, in: Emmerich/Habersack, Rn 21.

wenn der Gläubiger der abhängigen Gesellschaft zunächst Sicherheit verlangen müsste und diese dann sofort verwerten würde. Deshalb gewährt die hM bei Vermögenslosigkeit der bisher abhängigen Gesellschaft einen direkten Leistungsanspruch gegenüber der herrschenden Gesellschaft.[19] Einigkeit besteht, dass diese Voraussetzung spätestens dann gegeben ist, wenn die Eröffnung eines Insolvenzverfahrens über das Vermögen einer abhängigen Gesellschaft mangels Masse abgelehnt wurde oder aus anderen Gründen die Vermögenslosigkeit der Gesellschaft feststeht. Richtigerweise wird man jedoch mit der herrschenden Meinung die Ausfallhaftung bereits dann bejahen müssen, wenn die Insolvenz der abhängigen Gesellschaft feststeht. Denn gerade dafür dient die Stellung einer Sicherheit, dass im Falle der Insolvenz des ursprünglichen Schuldners die Sicherheit verwertet werden kann.[20]

G. Schutzgesetz

19 Da in der Literatur einzelne Stimmen § 22 UmwG als Schutzgesetz im Sinne von § 823 Abs. 2 BGB ansehen, wird diese Frage nun auch zu § 303 diskutiert. Zu Recht verneint die hM diese Ansicht. § 303 gewährt einen Anspruch auf Sicherheitsleistung, spricht jedoch keine Ge- oder Verbote aus zum Schutze der Anspruchsberechtigten. Damit fehlt das wesentliche Merkmal für ein Schutzgesetz.[21]

Vierter Abschnitt
Sicherung der außenstehenden Aktionäre bei Beherrschungs- und Gewinnabführungsverträgen

§ 304 Angemessener Ausgleich

(1) ¹Ein Gewinnabführungsvertrag muß einen angemessenen Ausgleich für die außenstehenden Aktionäre durch eine auf die Anteile am Grundkapital bezogene wiederkehrende Geldleistung (Ausgleichszahlung) vorsehen. ²Ein Beherrschungsvertrag muß, wenn die Gesellschaft nicht auch zur Abführung ihres ganzen Gewinns verpflichtet ist, den außenstehenden Aktionären als angemessenen Ausgleich einen bestimmten jährlichen Gewinnanteil nach der für die Ausgleichszahlung bestimmten Höhe garantieren. ³Von der Bestimmung eines angemessenen Ausgleichs kann nur abgesehen werden, wenn die Gesellschaft im Zeitpunkt der Beschlußfassung ihrer Hauptversammlung über den Vertrag keinen außenstehenden Aktionär hat.

(2) ¹Als Ausgleichszahlung ist mindestens die jährliche Zahlung des Betrags zuzusichern, der nach der bisherigen Ertragslage der Gesellschaft und ihren künftigen Ertragsaussichten unter Berücksichtigung angemessener Abschreibungen und Wertberichtigungen, jedoch ohne Bildung anderer Gewinnrücklagen, voraussichtlich als durchschnittlicher Gewinnanteil auf die einzelne Aktie verteilt werden könnte. ²Ist der andere Vertragsteil eine Aktiengesellschaft oder Kommanditgesellschaft auf Aktien, so kann als Ausgleichszahlung auch die Zahlung des Betrags zugesichert werden, der unter Herstellung eines angemessenen Umrechnungsverhältnisses auf Aktien der anderen Gesellschaft jeweils als Gewinnanteil entfällt. ³Die Angemessenheit der Umrechnung bestimmt sich nach dem Verhältnis, in dem bei einer Verschmelzung auf eine Aktie der Gesellschaft Aktien der anderen Gesellschaft zu gewähren wären.

(3) ¹Ein Vertrag, der entgegen Absatz 1 überhaupt keinen Ausgleich vorsieht, ist nichtig. ²Die Anfechtung des Beschlusses, durch den die Hauptversammlung der Gesellschaft dem Vertrag oder einer unter § 295 Abs. 2 fallenden Änderung des Vertrags zugestimmt hat, kann nicht auf § 243 Abs. 2 oder darauf gestützt werden, daß der im Vertrag bestimmte Ausgleich nicht angemessen ist. ³Ist der im Vertrag bestimmte Ausgleich nicht angemessen, so hat das in § 2 des Spruchverfahrensgesetzes bestimmte Gericht auf Antrag den vertraglich geschuldeten Ausgleich zu bestimmen, wobei es, wenn der Vertrag einen nach Absatz 2 Satz 2 berechneten Ausgleich vorsieht, den Ausgleich nach dieser Vorschrift zu bestimmen hat.

(4) Bestimmt das Gericht den Ausgleich, so kann der andere Vertragsteil den Vertrag binnen zwei Monaten nach Rechtskraft der Entscheidung ohne Einhaltung einer Kündigungsfrist kündigen.

---

19 MüKo-AktG/*Altmeppen*, Rn 38 ff; *Emmerich*, in: Emmerich/Habersack, Rn 24.
20 Ebenso: *Emmerich*, in: Emmerich/Habersack, Rn 25–25 a; MüKo-AktG/*Altmeppen*, Rn 47; *Eschenbruch*, Konzernhaftung, Rn 31, 42; MüHb-AG/*Krieger*, § 70 Rn 192; aA *Hüffer*, Rn 7.
21 Ebenso: MüKo-AktG/*Altmeppen*, Rn 63; *Emmerich*, in: Emmerich/Habersack, Rn 23.

Literatur:
Albach, Probleme der Ausgleichszahlung und der Abfindung bei Gewinnabführungsverträgen nach dem AktG 1965, AG 1966, 180; *Beckmann/Simon,* Ist ein Ausgleich gemäß § 304 AktG nach der Unternehmenssteuerreform anzupassen?, ZIP 2001, 1906; *Bödeker/Fink,* Unternehmensvertragliche Ausgleichsansprüche bei Zusammentreffen mit Squeeze-Out - Grundsatzentscheidung des BGH, NZG 2011, 816; *Brauksiepe,* Ausgleichsansprüche außenstehender Aktionäre von Verlustgesellschaften, BB 1971, 109; *Dötsch,* Ausgleichszahlungen einer Organgesellschaft an ihre außenstehenden Gesellschafter: Ausgewählte Fragen, Der Konzern 2004, 716; *Exner,* Beherrschungsvertrag und Vertragsfreiheit, 1984; *Großfeld,* Barabfindung und Ausgleich nach §§ 304, 305 AktG, NZG 2004, 74; *Henze,* Konzernrecht – Höchst- und obergerichtliche Rechtsprechung, 2001; *Hirte,* Grenzen der Vertragsfreiheit aktienrechtlicher Unternehmensverträge, ZGR 1994, 644; *ders,* Die Entwicklung des Kapitalgesellschaftsrechts in Deutschland in den Jahren 2003 und 2004, NJW 2005, 477; *Hüchting,* Abfindung und Ausgleich im aktienrechtlichen Beherrschungsvertrag, Diss., 1972; *Jonas,* Unternehmensbewertung: Methodenkonsistenz bei unvollkommenen Märkten und unvollkommenen Rechtssystemen, WPg 2007, 835; *Kamanabrou,* Die Anrechnung von Ausgleichszahlungen bei Barabfindung nach § 305 AktG, BB 2005, 449; *Kley,* Die Rechtsstellung der außenstehenden Aktionäre bei der vorzeitigen Beendigung von Unternehmensverträgen, Diss., 1986; *Lutter/Drygala,* Wie ist der feste Ausgleich von § 304 Abs 2 S. 1 AktG?, AG 1995, 49; *W. Meilicke,* Die Barabfindung, Diss., 1975; *ders,* Berechnung der Ausgleichszahlung nach § 304 II 1 AktG, DB 1974, 417; *ders,* Insolvenzsicherung für die Abfindung außenstehender Aktionäre?, DB 2001, 2387; *ders.,* Gewinnbezugsrecht nach Wirksamwerden des Squeeze-out, AG 2010, 561; *W. Meilicke/Heidel,* Berücksichtigung von Schadensersatzansprüchen gem §§ 117, 317 AktG bei der Bestimmung der angemessenen Abfindung für außenstehende Aktionäre, AG 1989, 117; *Mensching,* Bemessung der Ausgleichszahlungen am Gewinn der Organgesellschaft als Grund für die steuerliche Nichtanerkennung einer Organschaft?, BB 2004, 1421; *Möhring,* Die Ausgleichsgarantie des abhängigen Unternehmens bei Bestehen eines Beherrschungsvertrags, in: FS Hengeler, 1972, 216; *Pentz,* Die verbundene Aktiengesellschaft als außenstehender Aktionär, AG 1996, 97; *Prühs,* Gesellschaftsrechtliche Probleme internationaler Unternehmen, AG 1973, 395; *Roth,* Die Berechnung der Garantiedividende von Vorzugsaktien im Rahmen von Unternehmensverträgen, Konzern 2005, 685; *Schürnbrand,* „Verdeckte" und „atypische" Beherrschungsverträge im Aktien- und GmbH-Recht, ZHR 169 (2005), 35.

A. Entstehungsgeschichte	1
B. Verfassungsrechtliche Grundlage	2
C. Voraussetzung für die Ausgleichspflicht (Abs. 1)	3
I. Gewinnabführungs- und Beherrschungsverträge (Abs. 1 S. 1 und 2)	3
II. Entstehen des Anspruchs auf Ausgleichszahlung	6
III. Rechtsnatur der Ausgleichsverpflichtung	7
IV. Schuldner des Anspruchs auf Ausgleichszahlung	8
V. Gläubiger des Anspruchs auf Ausgleichszahlung	9
1. Zum Begriff „außenstehender Aktionär"	9
2. Zur Verkehrsfähigkeit des Anspruchs auf Ausgleichszahlung	9a
D. Art des Ausgleichs (Abs. 2)	10
I. An der voraussichtlichen Ertragslage der Gesellschaft orientierte Ausgleichszahlung (Abs. 2 S. 1)	11
II. An der Dividende des anderen Vertragsteils orientierte Ausgleichszahlung (Abs. 2 S. 2 und 3)	14
III. Weitere Ausgleichsmodalitäten	19
E. Mindesthöhe des Ausgleichs (Abs. 3)	22
I. An der voraussichtlichen Ertragslage der Gesellschaft orientierter Ausgleich	22
1. Maßgeblichkeit der voraussichtlichen Zukunftserträge	23
2. Abschreibungen und Wertberichtigungen	26
3. Vollausschüttung	28
4. Stille Reserven	29
5. Nichtbetriebsnotwendiges Vermögen	30
6. Mindestverzinsung des Liquidationswertes?	31
7. Ertragsteuerbelastung der Ausgleichszahlung	32
8. Staffelausgleich?	33
9. Squeeze-out	33a
II. An der Dividende des anderen Vertragsteils orientierter Ausgleich	34
III. Ausgleich für rückwirkende Gewinnabführung	35
F. Nichtigkeit bei fehlendem Ausgleich (Abs. 3 S. 1)	36
G. Ausschluss der Anfechtungsklage bei unzulänglichem Ausgleich (Abs. 3 S. 2)	39
H. Gerichtliche Bestimmung des Ausgleichs (Abs. 4)	41
I. Sonstige Sanktionierung der Angebotspflicht	42
II. Verzinsung einer nachträglichen Erhöhung?	42a
J. Kündigungsrecht des anderen Vertragsteils	43
K. Erlöschen des Anspruchs auf Ausgleichszahlung	45

A. Entstehungsgeschichte

Vor Inkrafttreten des AktG 1965 war die Entschädigung außenstehender Aktionäre bei Abschluss von Gewinnabführungsverträgen und Beherrschungsverträgen gesetzlich nicht geregelt. In der Praxis hatte sich aber die Gewährung einer von der HV beschlossenen Garantiedividende als Kompensation für das suspendierte Gewinnbezugsrecht durchgesetzt.[1] Daraus erklärt es sich, dass der Gesetzgeber in § 304 in erster Linie die Ausgleichszahlung als Entschädigung vorsieht.[2] Infolge der Einführung des SpruchG wurde der bisherige Abs. 4 gestrichen, und Abs. 5 aF wurde zu Abs. 4.[3]

---

[1] BGH NJW 1960, 721, 722 = WM 1960, 314.
[2] Zur Entstehungsgeschichte vgl Einl. §§ 291-310 Rn 37 ff; vgl ferner Großkomm-AktienR/*Hasselbach/Hirte,* Rn 1.
[3] Gesetz zur Neuordnung des gesellschaftsrechtlichen Spruchverfahrens vom 12.6.2003, BGBl. I, 838 ff.

B. Verfassungsrechtliche Grundlage

2 Nach der Rspr des BVerfG[4] muss nicht nur die Abfindung des § 305, sondern auch die Ausgleichszahlung des § 304 eine **vollständige Entschädigung für den Eingriff in das Eigentum** der außenstehenden Aktionäre darstellen.[5] Der andere Vertragsteil braucht aber nach §§ 301-303 nur das buchmäßige Eigenkapital zu garantieren und darf schon im ersten Vertragsjahr sämtliche stille Reserven realisieren und an sich abführen. Wollte man das vom BVerfG statuierte Gebot der vollen Entschädigung durch die Ausgleichszahlung ernst nehmen, müsste die Ausgleichszahlung also schon im ersten Jahr die volle Differenz zwischen Unternehmenswert und buchmäßigem Eigenkapital betragen. Das ist aus dem Wortlaut des § 304 aber beim besten Willen nicht abzuleiten und entspricht auch weder der Unternehmenspraxis noch der Rspr. Dennoch ist das Postulat der vollen Entschädigung durch die Ausgleichszahlung keine leere Worthülse, sondern bei der Auslegung des § 304 mit der Einschränkung zu beachten, dass wenigstens beim gewöhnlichen Lauf der Dinge die Ausgleichszahlung für die laufenden Erträge voll entschädigen muss. Das Postulat der vollen Entschädigung durch die Ausgleichszahlung ist auch für deren Berechnung[6] und die Frage bedeutsam, ob eine gerichtlich festgesetzte Nachzahlung der Ausgleichszahlung zu verzinsen ist.[7]

C. Voraussetzung für die Ausgleichspflicht (Abs. 1)

3 **I. Gewinnabführungs- und Beherrschungsverträge (Abs. 1 S. 1 und 2).** Nur Gewinnabführungs- oder Beherrschungsverträge iSv § 291, nicht dagegen andere Unternehmensverträge iSv § 292, müssen einen Ausgleich vorsehen. Der Grund dafür ist, dass im Falle von anderen Unternehmensverträgen die Gesellschaft eine angemessene Gegenleistung vom anderen Vertragsteil erhalten muss, während Gewinnabführungs- und Beherrschungsverträge die Gesellschaft einseitig verpflichten, ohne dass der andere Vertragsteil der Gesellschaft eine synallagmatisch angemessene Gegenleistung zu erbringen braucht.[8] Im Falle des Gewinnabführungsvertrages fällt der Gewinnanspruch des außenstehenden Aktionärs fort; der Ausgleich hat deshalb den Gewinnanspruch zu entschädigen (Abs. 1 S. 1). Im Falle eines Beherrschungsvertrages bleibt der Gewinnanspruch grundsätzlich bestehen, kann aber durch nachteilige Weisungen rechtmäßig geschmälert werden, so dass der Ausgleich in Form eines garantierten Mindestgewinnanteils nur die Differenz zwischen tatsächlich gezahlter Dividende und voraussichtlich entgangenem Gewinnanteil kompensiert (Abs. 1 S. 2).

4 Der **Beitritt** eines anderen Unternehmens zu einem schon bestehenden Gewinnabführungs- oder Beherrschungsvertrag soll keine neue Ausgleichspflicht auslösen,[9] wohl aber der erstmalige Abschluss eines Beherrschungsvertrages bei bereits bestehendem Gewinnabführungsvertrag.[10]

4a § 304 kann dadurch umgangen werden, dass ein Vertrag nicht zur Abführung des ganzen, sondern nur fast des ganzen Gewinns verpflichtet und infolgedessen als **Teilgewinnabführungsvertrag** deklariert wird.[11] Im Extremfall kann ein Vertrag vorsehen, dass der ganze Gewinn außer 1 EUR abgeführt wird, um damit die Ausgleichspflicht nach § 304 zu vermeiden. Die dagegen vorgebrachten Bedenken[12] sind unbegründet, weil der Teilgewinnabführungsvertrag andere, aber ebenso effektive Sanktionsmechanismen hat: Fließt der Gesellschaft für eine Teilgewinnabführungsverpflichtung nur eine offenbar unangemessene Gegenleistung zu, so ist der Vertrag nach § 138 BGB nichtig.[13] Außerdem greifen §§ 57, 58, 60, 117 und 317 AktG. Da für die steuerliche Organschaft ein Vollabführungsvertrag erforderlich ist, blieb die Fragestellung bisher theoretisch.

4b Von großer praktischer Relevanz ist dagegen die Frage, ob aus **nichtigen Unternehmensverträgen** Ansprüche aus § 304 hergeleitet werden können. Siehe hierzu Einleitung §§ 291-310 Rn 71 b.

5 Ein Ausgleich braucht nicht vorgesehen zu werden, wenn die Gesellschaft im Zeitpunkt der Beschlussfassung ihrer HV über den Vertrag **keinen außenstehenden Aktionär** hat (Abs. 1 S. 3). Zum Begriff des außenstehenden Aktionärs vgl Rn 9. Selbst wenn der außenstehende Aktionär noch vor Eintragung des Unternehmensvertrages in das Handelsregister, aber nach Beschlussfassung hinzukommt, endet der Vertrag nach § 307 erst mit Ende des laufenden Geschäftsjahres. Dem Aktienerwerber wird also zugemutet, sich über

---

4 BVerfGE 100, 289, 306, 308 = WM 1999, 1666, 1668 = DB 1999, 1693, 1695; BVerfG WM 1999, 1978, 1980.
5 AA noch W. *Meilicke*, Die Barabfindung, S. 23.
6 Vgl unten Rn 22 ff.
7 Vgl unten Rn 42 b.
8 Vgl Einl. §§ 291-310 Rn 18.
9 BGHZ 138, 136, 139 (Brown Boveri) = NJW 1998, 1866, 1867; offen lassend noch BGHZ 119, 1, 10 = NJW 1992, 2760, 2762; aA Vorlagebeschluss des OLG Karlsruhe AG 1997, 270; vgl hierzu *Röhricht*, ZHR 162 (1998), 249, 252; *Hommelhoff*, FS Claussen, 1997, S. 129, 139 f.
10 LG München DB 2000, 1217; BayObLG NZG 2002, 133 = BB 2002, 218.
11 MüKo-AktG/*Altmeppen*, § 292 Rn 50; KölnKomm-AktG/*Koppensteiner*, § 291 Rn 90; mit dem Vorschlag einer zahlenmäßigen Begrenzung ferner *Geßler* in: Geßler/Hefermehl, § 292 Rn 33.
12 Vgl *Emmerich* in: Emmerich/Habersack, Rn 79.
13 Vgl OLG Celle WiB 1996, 1052 ff zur Anwendung von § 138 BGB bei Unternehmensverträgen.

schwebende HV-Beschlüsse zu erkunden und gegebenenfalls Gewährleistungsansprüche gegen den Veräußerer geltend zu machen (vgl bei § 307).

II. Entstehen des Anspruchs auf Ausgleichszahlung. Wie man zwischen dem allgemeinen Gewinnbezugsrecht als Mitgliedschaftsrecht und dem durch den Gewinnverwendungsbeschluss entstehenden Gläubigerrecht unterscheidet,[14] so ist auch bei der Ausgleichszahlung zwischen dem Mitgliedschaftsrecht und dem Gläubigerrecht zu differenzieren. 6

Das **Mitgliedschaftsrecht** auf Ausgleichszahlung entsteht dem Grunde nach mit Wirksamwerden des Vertrages, also durch seine **Eintragung in das Handelsregister** (§ 294 Abs. 2).[15] Der bloße Vertragsabschluss greift noch nicht in die Rechte der außenstehenden Aktionäre ein, auch nicht der Zustimmungsbeschluss der Hauptversammlung. Bis zum Wirksamwerden des Vertrages können keine rechtsverbindlichen nachteiligen Weisungen erteilt werden, und der Vertrag kann auch noch aufgehoben werden, ohne dass Ansprüche der außenstehenden Aktionäre entstehen.[16] Der Schutz gegen rechtswidrige nachteilige Weisungen richtet sich weiterhin nach §§ 311 ff. Zu den Ansprüchen aus einem nichtigen, aber tatsächlich durchgeführten Beherrschungsvertrag oder Gewinnabführungsvertrag siehe Einleitung §§ 291-310 Rn 71 b. 6a

Der Höhe nach entsteht das Mitgliedschaftsrecht auf Ausgleichszahlung aufschiebend bedingt durch **Zeitablauf**, vergleichbar Zins- oder Mietansprüchen. 6b

Wann das Mitgliedschaftsrecht auf die einzelne Ausgleichszahlung zum **Gläubigerrecht** erstarkt, war lange Zeit nicht durch die Rechtsprechung geklärt.[17] Der BGH hat durch seine Entscheidungen vom 19.4.2011 in den sog. Wella-Verfahren entschieden, dass der Anspruch auf Zahlung des jährlichen Ausgleichs jedes Jahr mit dem Ende der auf ein Geschäftsjahr folgenden ordentlichen Hauptversammlung der abhängigen Gesellschaft neu entsteht.[18] In dem Beherrschungs- und Gewinnabführungsvertrag könne aber zugunsten der außenstehenden Aktionäre eine abweichende Vereinbarung getroffen werden. Weiterhin soll der Anspruch auf Zahlung des jährlichen Ausgleichs, also das Gläubigerrecht, jeweils demjenigen zustehen, der im vorgenannten Entstehungszeit außenstehender Aktionär ist. Das Gläubigerrecht würde also nicht schon als betagter Anspruch mit der Eintragung des Beherrschungs- und Gewinnabführungsvertrags entstehen, sondern jedes Jahr neu.[19] Da der Hauptgesellschafter das Entstehen des Ausgleichsanspruchs durch Nichtabhaltung der ordentlichen Hauptversammlung vereiteln kann, ist nicht klar, wie das mit der Auffassung des BVerfG kompatibel sein soll, wonach der Ausgleichsanspruch durch Art. 14 GG geschützt ist. Das Argument des BGH, der Aktionär habe ja auch keinen Insolvenzschutz für eine Dividende, verfängt nicht, weil bei der Dividende keine Gewinnabführung an Dritte erfolgt und auch keine nachteiligen Weisungen erteilt werden können. 6c

III. Rechtsnatur der Ausgleichsverpflichtung. Der Gesetzgeber hat die Ausgleichsverpflichtung als vertragliche Verpflichtung ausgestaltet. Der Sache nach handelt es sich aber eher um ein **Gestaltungsrecht des Mehrheitsgesellschafters** mit gesetzlich umrissener und verfassungsrechtlich abgesicherter Entschädigungspflicht. Die noch überwiegend vertretene Ansicht, welche in der Verpflichtung zur Ausgleichszahlung einen Vertrag zugunsten Dritter sieht,[20] erscheint unvollständig und wird zunehmend in Zweifel gezogen. Selbst der BGH beschreibt den Anspruch inzwischen einschränkend mit „nach Art eines berechtigenden Vertrags zugunsten Dritter".[21] Die Regeln über den Vertrag zugunsten Dritter passen nämlich bereits im Ausgangspunkt nicht auf einen Unternehmensvertrag, weil Beherrschungs- und Gewinnabführungsvertrag zunächst einmal **Verträge zulasten Dritter** sind und weil die Verpflichtung zur Ausgleichszahlung eine Entschädigung für diesen Eigentumseingriff darstellt.[22] Die Regeln der §§ 328 ff BGB können deshalb nur mit Vorsicht angewendet werden. § 328 BGB findet Anwendung, doch kann der andere Vertragsteil zB nicht nach § 334 BGB einwenden, er schulde keine Ausgleichszahlung, weil das unterworfene Unternehmen seine Verpflichtungen aus dem Vertrag nicht erfülle. Der außenstehende Aktionär erbringt durch den – unfreiwilligen – Verzicht auf sein Gewinnbezugsrecht und auf sein Recht auf Gleichbehandlung eine Leistung an den anderen Vertragsteil, für welche die Ausgleichszahlung die Gegenleistung ist. Beim typischen Vertrag zugunsten Dritter iSd §§ 328 ff BGB fehlt es dagegen an einer Gegenleistung des Dritten. 7

Da der außenstehende Aktionär weder den Inhalt seiner Leistung noch den Inhalt der ihm zustehenden Gegenleistung durch Vertrag gestalten kann, handelt es sich um ein gesetzliches Schuldverhältnis, und zwar 7a

---

[14] § 58 Rn 39 ff; *Hüffer*, § 58 Rn 26 und 28 mwN.
[15] BGH AG 2011, 514, 515; BGH NZG 2002, 1057.
[16] Vgl zur Aufhebung eines Kapitalerhöhungsbeschlusses *Hüffer*, § 182 Rn 16.
[17] Zu den unterschiedlichen in Betracht kommenden Zeitpunkten siehe § 304 Rn 6 c in der Vorauflage.
[18] BGH AG 2011, 514 = BB 2011, 1742 mit Anm. *Müller-Michaels*, der empfiehlt, dass im Gutachten zur Berechnung einer Squeeze-Out Abfindung ausdrücklich die Berücksichtigung der Ausgleichsansprüche erwähnt wird; vgl Rn 12.
[19] BGH AG 2011, 514, 515.
[20] *Hüffer*, Rn 5: Großkomm-AktienR/*Hasselbach/Hirte*, Rn 40; Spindler/Stilz/*Veil* Rn 7; Grigoleit/*Servatius*, Rn 6; KölnKomm-AktG/*Koppensteiner*, Rn 7.
[21] BGH AG 2008, 370, 371.
[22] So auch MüKo-AktG/*Paulsen*, Rn 11; *Luttermann*, NZG 2006, 816, 817.

um einen gegenseitigen Vertrag mit gesetzlichem Inhalt, auf welches nur Teile der §§ 328 ff BGB analoge Anwendung finden können.

7b Fraglich ist, ob der außenstehende Aktionär in der **Insolvenz des anderen Vertragsteils** auf eine Masseforderung gegen den anderen Vertragsteil verwiesen werden kann, obwohl der Insolvenzverwalter den Gewinnabführungsanspruch noch zur Insolvenzmasse einziehen darf. Da Ausgleichszahlung und Gewinnabführung im Synallagma stehen, kann und muss die Gesellschaft die Gewinnabführung verweigern, sofern die Ausgleichszahlung nicht geleistet wird. Die Gewinnabführung eines Jahres ist nicht teilbare Gegenleistung für die Ausgleichszahlung dieses Jahres, so dass der Insolvenzverwalter nicht nach § 105 InsO Erfüllung der Gewinnabführung einzelner Jahre verlangen kann, wenn er nur die Ausgleichszahlung für dieses Jahr, nicht aber die Erfüllung der Vertragspflichten aus §§ 304, 305 insgesamt anbietet. Nachdem das Ziel eines Insolvenzverfahrens die Erhaltung des insolventen Unternehmens sein kann,[23] erscheint es zweifelhaft, ob die bisherige Rechtsprechung des BGH[24] noch gilt, wonach ein Unternehmensvertrag endet, wenn über das beherrschte oder das herrschende Unternehmen ein Insolvenzverfahren eröffnet wird.[25]

8 **IV. Schuldner des Anspruchs auf Ausgleichszahlung.** Durch § 5 Nr. 1 SpruchG ist entschieden, dass der **andere Vertragsteil** Schuldner des Anspruchs auf Ausgleichszahlung ist.[26] UE ist die Gesellschaft aber Haftungsschuldner für die Ausgleichszahlung. Anderenfalls könnte der Insolvenzverwalter des anderen Vertragsteils die Gesellschaft durch Fortführung des Unternehmensvertrages aushöhlen und gleichzeitig die außenstehenden Aktionäre auf die Insolvenztabelle verweisen.

9 **V. Gläubiger des Anspruchs auf Ausgleichszahlung. 1. Zum Begriff „außenstehender Aktionär".** Gläubiger des Anspruchs auf Ausgleichszahlung sind die außenstehenden Aktionäre. Der Gesetzgeber hat bewusst darauf verzichtet festzulegen, wer außenstehender Aktionär im Sinne des Gesetzes ist. Dies ist je nach dem Gesetzeszweck für jede Vorschrift **gesondert zu beurteilen**. Infolgedessen ist umstritten, ob außenstehend iSv § 304 alle Aktionäre mit Ausnahme des anderen Vertragsteils sind[27] oder ob davon solche Aktionäre auszunehmen sind, die in bestimmter Weise mit dem anderen Vertragsteil verbunden sind.[28] Würden Aktionäre wegen ihrer Verbundenheit mit dem anderen Vertragsteil von den Rechten des § 304 ausgeschlossen, würden aber nicht nur diese, sondern auch ihre Gläubiger und etwa vorhandene Minderheitsgesellschafter des außenstehenden Aktionärs durch Entzug des Gewinnbezugsrechts entschädigungslos enteignet. Deshalb ist nF der Auffassung der Vorzug zu geben, wonach jeder Aktionär, der nicht selbst anderer Vertragsteil ist, als außenstehender Aktionär die Rechte aus § 304 geltend machen kann.[29] Dass ihm die Gewinnabführung indirekt über ein Beteiligungsverhältnis mit dem anderen Vertragsteil zugute kommt, ändert daran nichts.

9a **2. Zur Verkehrsfähigkeit des Anspruchs auf Ausgleichszahlung.** Wie das Gewinnbezugsrecht[30] oder das Gestaltungsrecht auf Annahme der Barabfindung,[31] so kann auch das Mitgliedschaftsrecht auf Ausgleichszahlung[32] **nicht ohne die Aktie übertragen** werden. Das gilt auch für den Anspruch auf eine im Spruchverfahren festgesetzte Nachzahlung auf die Ausgleichszahlung. Der **Anspruch auf die Nachzahlung** steht dem jeweiligen Eigentümer der Aktie und nicht etwa demjenigen zu, der in dem Geschäftsjahr, für welches die Ausgleichszahlung durch gerichtliche Gestaltungsentscheidung erhöht wird, Inhaber der Aktie war und die angebotene Ausgleichszahlung in Empfang genommen hat, inzwischen aber seine Aktien weiterverkauft hat.[33] Etwaige Ansprüche aus § 101 BGB betreffen nur das Innenverhältnis zwischen Erwerber und Veräußerer der Aktie.[34] Die Gegenauffassung verkennt, dass die Stellung als außenstehender Aktionär mit Veräußerung der Aktie erlischt[35] und wegen der Anrechnung der Ausgleichszahlung auf die Nachzahlungszinsen eine Bepreisung nicht mehr möglich ist, wenn die Ausgleichszahlung einem anderen zusteht als die Abfindung.

---

23 § 1 Satz 1 InsO.
24 BGHZ 103, 1 = NJW 1988, 1326 = ZIP 1988, 229 = AG 1988, 133.
25 Vgl hierzu *Fichtelmann*, GmbHR 2005, 1346.
26 So schon bisher die hM: LG Mannheim AG 1995, 89, 90; MüKo-AktG/*Paulsen*, Rn 36 f; *Exner*, Beherrschungsvertrag und Vertragsfreiheit, S. 173; *Hüffer*, Rn 4; MüHb-AG/*Krieger*, § 70 Rn 81; KölnKomm-AktG/*Koppensteiner*, Rn 22; Großkomm-AktienR/*Hasselbach*/*Hirte*, Rn 36; *Emmerich* in: Habersack/Emmerich, Rn 23; Spindler/Stilz/*Veil* Rn 32; aA noch v. *Godin*/*Wilhelmi*, Rn 2; *Möhring*, in: FS Hengeler, 1972, 216, 220; die in der Gesellschaft selbst den Schuldner sahen.
27 *Pentz*, AG 1996, 97, 104; *Kley*, Die Rechtsstellung der außenstehenden Aktionäre bei der vorzeitigen Beendigung von Unternehmensverträgen, 41.
28 OLG Nürnberg AG 1996, 228 f; *Hüffer*, Rn 2; MüHb-AG/*Krieger*, § 70 Rn 79; KölnKomm-AktG/*Koppensteiner*, § 295 Rn 47 ff; MüKo-AktG/*Paulsen*, Rn 27; Großkomm-AktienR/*Hasselbach*/*Hirte*, Rn 26 ff; Spindler/Stilz/*Veil* Rn 17; beschränkt auf Gesellschaften, die durch den Besitz aller Anteile oder durch einen Gewinnabführungs- oder Beherrschungsvertrag mit dem anderen Vertragsteil verbunden sind, *Emmerich* in: Habersack/Emmerich, Rn 16ff, vgl § 305 Rn 12.
29 AA *Baldamus*, ZGR 2007, 819, 824 mwN.
30 *Drinhausen* in diesem Buch, § 58 Rn 39; *Hüffer*, § 58 Rn 26.
31 Vgl § 305 Rn 19.
32 Siehe oben Rn 6 a.
33 AA *Rezori*, NZG 2008, 812; MüKo-AktG/*Paulsen*, Rn 191.
34 Vgl Palandt/*Heinrichs*, § 101 BGB Rn 1.
35 BGH AG 2006, 543 (DEWB).

Der – ggf durch Ausstellung eines Wertpapiers verbriefte – Anspruch auf die Ausgleichszahlung ist dagegen verkehrsfähig und kann wie ein Dividendenschein ohne die Aktie veräußert werden.[36] Das ist insbesondere für den Anspruch auf eine gerichtlich festgesetzte Nachzahlung relevant: Der Inhaber der Aktie kann entscheiden, ob er die Abfindung zusammen mit dem Coupon für die Nachzahlung verlangt oder ob er die Coupons für die Nachzahlung vorher abtrennt. Im letzteren Fall wird ihm der Wert der höheren Ausgleichszahlung von der Abfindung abgezogen.[37]

Die Rspr, wonach ein Erwerber der Aktie nach Beendigung des Unternehmensvertrages nicht mehr außenstehender Aktionär werden kann und darum auch keinen Anspruch auf eine im Spruchverfahren festgesetzte Abfindung erwirbt,[38] soll wohl auch für die Ausgleichszahlung gelten. Fraglich ist, ob der BGH die Abtretungsfähigkeit nur für vom Spruchgericht festgesetzte Nachzahlungen auf die Ausgleichszahlung verneint oder ob auch die regulär angebotene Ausgleichszahlung, welche im ersten Jahr nach Beendigung eines Gewinnabführungsvertrages für das abgelaufene Geschäftsjahr noch zu zahlen ist, nicht mit der Aktie abgetreten werden kann. Das würde bedeuten, dass der Börsenhandel nach Beendigung eines Gewinnabführungsvertrages bis zur Zahlung der letzten Ausgleichszahlung eingestellt werden müsste, wenn dem Aktienerwerber das Gewinnbezugsrecht für das letzte Geschäftsjahr, in welchem der Gewinnabführungsvertrag noch galt, nicht entschädigungslos entzogen werden soll.

D. Art des Ausgleichs (Abs. 2)

Das Gesetz sieht zwei verschiedene Arten des Ausgleichs vor.

I. An der voraussichtlichen Ertragslage der Gesellschaft orientierte Ausgleichszahlung (Abs. 2 S. 1). Grundfall ist die an der voraussichtlichen Ertragslage der Gesellschaft orientierte Ausgleichszahlung (Abs. 2 S. 1). Sie ist mindestens einmal jährlich geschuldet.

Streitig war, ob die **Fälligkeit der Ausgleichszahlung** mit Ende des Geschäftsjahres der Gesellschaft, mit Feststellung des Jahresabschlusses oder mit Beendigung der ordentlichen HV der Gesellschaft eintritt.[39] Die Praxis stellte bereits in der Vergangenheit auf die HV der Gesellschaft ab. Dafür spricht die Entstehungsgeschichte der Ausgleichszahlung als Garantiedividende und, bei reinen Beherrschungsverträgen, die Ausgestaltung nach Abs. 1 S. 2 als Mindestgewinnanteil. Der BGH hat sich dieser Ansicht zwischenzeitlich angeschlossen und entschieden, dass der Ausgleichsanspruch grundsätzlich mit dem Ende der auf ein Geschäftsjahr folgenden ordentlichen Hauptversammlung der abhängigen Gesellschaft entsteht[40] – und somit auch erst dann fällig werden kann. Die hiergegen vorgebrachten Einwendungen, zeitliches Auseinanderfallen der Gewinnabführung und des Ausgleichsanspruchs sowie die hieraus resultierende Aufbürdung des Insolvenzrisikos zulasten der außenstehenden Aktionäre, weist der BGH ausdrücklich zurück. Zunächst sei eine Gleichbehandlung der außenstehenden Aktionäre mit der herrschenden Gesellschaft weder möglich noch notwendig. Zwar würde der Gewinnabführungsanspruch mit der Feststellung des Jahresabschlusses entstehen.[41] Jedoch könne die Feststellung des Jahresabschlusses verzögert oder der Hauptversammlung vorbehalten werden. Gleichzeitig würden auch nicht in jedem Geschäftsjahr abzuführende Gewinne anfallen. Bei Verlusten würde aber der Verlustausgleichsanspruch der abhängigen Gesellschaft bereits mit dem Bilanzstichtag fällig werden. Auch würde den außenstehenden Aktionären kein besonderes Insolvenzrisiko aufgebürdet werden, da die Aktionäre dieses Insolvenzrisiko unabhängig davon tragen würden, ob und wann der Gewinn abgeführt wird. Insbesondere das letzte Argument des BGH vermag nicht zu überzeugen, da den außenstehenden Aktionären das Insolvenzrisiko bezüglich des herrschenden Unternehmens erst durch den Gewinnabführungsvertrag aufgebürdet wird. Der Verweis auf ein grundsätzlich bestehendes und hinzunehmendes Insolvenzrisiko geht also fehl. Auch ist zu beachten, dass dieses Risiko noch dadurch vergrößert wird, dass nicht die Deckung der Ausgleichszahlung durch die zeitgleiche Gewinnabführung sichergestellt wird. Deshalb ist die Rechtsprechung des BGH nicht überzeugend und belastet unnötig die außenstehenden Aktionäre.[42]

Bei einem isolierten Beherrschungsvertrag ist der tatsächlich gefasste Gewinnverwendungsbeschluss ausschlaggebend.[43]

---

36 Großkomm-AktienR/*Hasselbach/Hirte*, Rn 42; *Hüffer*, Rn 13.
37 BGHZ 152, 29 = NJW 2002, 3467 = BGH ZIP 2002, 1892.
38 BGH AG 2006, 543 (DEWB); vgl bei § 305 Rn 20a.
39 Für Tag der ordentlichen HV: *Hüffer*, Rn 13; KölnKomm-AktG/*Koppensteiner*, Rn 9; Spindler/Stilz/*Veil* Rn 34; *Emmerich* in: Emmerich/Habersack, Rn 42 a; MüKo-AktG/*Paulsen*, Rn 108; für Feststellung des Jahresabschlusses: Großkomm-AktienR/*Hasselbach/Hirte*, Rn 42.
40 BGH AG 2011, 514, 515; Nichtannahmebeschluss bezüglich der hiergegen gerichteten Verfassungsbeschwerde, BVerfG AG 2013, 255.
41 BGHZ 142, 382, 387 = ZIP 1999, 1965, 1966. Vgl auch BFH, BStBl. 1964 III 334.
42 Zur Sorgfaltspflicht des Vorstandes bei der Wahrung der Interessen der außenstehenden Aktionäre bei Durchführung von Unternehmensverträgen vgl Einl. §§ 291–310 Rn 60 ff.
43 KölnKomm-AktG/*Koppensteiner*, Rn 9; *Hüffer*, Rn 13.

13 UE tritt die Fälligkeit gemäß § 162 BGB spätestens acht Monate nach Ablauf des Geschäftsjahres ein, wenn die Frist für die Abhaltung der ordentlichen HV nach § 175 Abs. 1 S. 2 abläuft; die Fälligkeit der Ausgleichszahlung kann also nicht durch pflichtwidrige Verzögerung bei der Abhaltung der HV aufgeschoben werden.[44]

14 **II. An der Dividende des anderen Vertragsteils orientierte Ausgleichszahlung (Abs. 2 S. 2 und 3).** Ist der andere Vertragsteil eine **AG oder KGaA**, kann als Ausgleichszahlung ein Bruchteil der Dividende der Obergesellschaft zugesichert werden. Da das Spruchstellengericht nach Abs. 3 S. 3 die Ausgleichszahlung nur dann nach Abs. 2 S. 2 festsetzt, wenn schon der Vertrag diese Form der Ausgleichszahlung vorsieht, muss das Wahlrecht für die an der Dividende der anderen Vertragsteils orientierte Ausgleichszahlung bereits im Unternehmensvertrag ausgeübt werden.[45]

15 Die dividendenabhängige Ausgleichszahlung kann schon deshalb in der Regel nicht die vom BVerfG[46] geforderte volle Entschädigung darstellen, weil der außenstehende Aktionär an einbehaltenen Gewinnen des anderen Vertragsteils nicht partizipiert, obwohl bei der Untergesellschaft, an der er beteiligt ist, keine entsprechenden Gewinnrücklagen gebildet zu werden brauchen. Der außenstehende Aktionär ist nicht einmal dagegen gesichert, dass die Dividende des anderen Vertragsteils vollständig ausfällt. Die Bemühungen der Literatur, wenigstens bei „**willkürlicher**" **Dividendenpolitik** des anderen Vertragsteils zu helfen,[47] sind in der Praxis untauglich.

16 Strittig war, ob das Privileg der dividendenabhängigen Ausgleichszahlung in Analogie zu § 305 Abs. 2 aF nur für unabhängige inländische AG und KGaA oder im Umkehrschluss zu dieser Vorschrift auch für abhängige und/oder **ausländische AG und KGaA** gilt.[48] Eine dem Art. 43 EGV konforme Auslegung verbot, das Privileg auf inländische Vertragsteile zu beschränken.[49] Diese Frage dürfte seit Einführung des UMAG[50] geklärt sein, da § 305 Abs. 2 seither nicht mehr nur für inländische AG und KGaA gilt, sondern für alle AG oder KGaA mit Sitz in einem EU-Mitgliedstaat oder in einem anderen Vertragsstaat des Abkommens über den Europäischen Wirtschaftsraum gilt. Eine Beschränkung der variablen Ausgleichszahlung auf Dividenden einer Obergesellschaft mit Sitz in der EU oder im EWR sieht das Gesetz nicht vor. Die variable Ausgleichszahlung kann sich infolgedessen auch nach der Dividende einer AG mit Sitz in Zimbabwe richten (bedenklich). Noch ungeklärt ist, nach welchen Kriterien zu bestimmen ist, ob eine ausländische Gesellschaft als „AG oder KGaA" oder nur als GmbH oder andere Gesellschaftsform zu qualifizieren ist, an deren Dividende die variable Ausgleichszahlung sich nicht orientieren darf.

17 Das Recht auf Wahl einer dividendenabhängigen Ausgleichszahlung besteht nur, wenn der andere Vertragsteil „eine" AG oder KGaA ist. Daraus wird weitgehend geschlossen, dass die Ausgleichszahlung im Falle einer **Mehrmütterorganschaft** zwingend nach Abs. 2 S. 1 zu bemessen ist.[51] Die dividendenabhängige Ausgleichszahlung kann aber auch im Falle der Mehrmütterorganschaft erreicht werden, indem der Gewinnabführungsvertrag mit dividendenabhängiger Ausgleichszahlung zunächst nur mit einer Mutter abgeschlossen wird. Ein späterer Beitritt weiterer Mütter löst nach der Rspr des BGH[52] keine weitere Ausgleichszahlung aus. Ob im Fall des Beitritts weiterer Mütter eine Ausgleichspflicht nach Abs. 2 S. 1 entsteht, ist ungeklärt.[53]

---

44 Angedeutet aber im Ergebnis offen gelassen in BGH AG 2011, 514, 516; vgl aber BGH BB 2002, 1822 = DB 2002, 1928 für die Beendigung der Zugehörigkeit eines Mitglieds zum Aufsichtsrat; ablehnend: *Bödeker/Fink*, NZG 2011, 816, 817.
45 *Hüffer*, Rn 22.
46 BVerfGE 100, 289, 306, 308 = WM 1999, 1666, 1668.
47 Um grundsätzlich ein "Aushungern" der außenstehenden Aktionäre durch Bildung überhöhter Rücklagen zu vermeiden, werden verschiedene Lösungen vorgeschlagen: *Hüchting*, Abfindung und Ausgleich im aktienrechtlichen Beherrschungsvertrag, 1972, S. 191 f; *Emmerich* in: Emmerich/Habersack, Rn 49, KölnKomm-AktG/*Koppensteiner*, Rn 81 und MüKo-AktG/*Paulsen*, Rn 69, die unter Gewinnanteil nicht Dividende, sondern den entsprechenden Anteil am Jahresüberschuss ohne Berücksichtigung anderer Gewinnrücklagen verstehen. Im Falle einer wirklich treuwidrigen Dividendenpolitik bestehen ebenfalls unterschiedliche Lösungsvorschläge: *Exner*, aaO, S. 192, will Schutz durch ein Kündigungsrecht des Unternehmensvertrags aus wichtigem Grund erreichen; MüHb-AG/*Krieger*, § 70 Rn 96, will in einem solchen Falle § 162 Abs. 1 BGB zugunsten des außenstehenden Aktionärs anwenden.
48 Anwendbarkeit für ausländische Gesellschaften ablehnend: *Prühs*, AG 1973, 395, 398; KölnKomm-AktG/*Koppensteiner*, Rn 42; bejahend: *Hüffer*, Rn 14; MüHb-AG/*Krieger*, § 70 Rn 94; Großkomm-AktienR/*Hasselbach/Hirte*,, Rn 67 mwN.
49 Zum Europarecht auch Einl. zu §§ 291–310 Rn 57 ff.
50 Gesetz zur Unternehmensintegrität und Modernisierung des Anfechtungsrechts vom 22.9.2005, BGBl. I, 2802; vgl dazu allg. W. *Meilicke/Heidel*, DB 2004, 1479 ff, zu § 305 Abs. 2 auch MüKo-AktG/*Paulsen*, § 305 Rn 47.
51 MüKo-AktG/*Paulsen*, Rn 55; *Emmerich* in: Emmerich/Habersack, Rn 45 mwN; *Hüffer*, Rn 14; KölnKomm-AktG/*Koppensteiner*, Rn 34 mwN; MüHb-AG/*Krieger*, § 70 Rn 94; aA Großkomm-AktienR/*Hasselbach/Hirte*, Rn 68.
52 BGHZ 138, 136 (Brown Boveri) = ZIP 1998, 690 = NJW 1998, 1866.
53 Keine neue Ausgleichsregelung, wenn fester Ausgleich vorgesehen und Beitrittsvertrag die darauf bezogene Übernahme der Mithaftung enthält. Vgl MüKo-AktG/*Paulsen*, Rn 170.

Die an der Dividende des anderen Vertragsteils orientierte Ausgleichszahlung ist erst **bei Fälligkeit jener Dividende fällig**.[54] Fällt die Dividende des anderen Vertragsteils aus, so entfällt grundsätzlich[55] auch die Ausgleichszahlung. Erst recht wird durch eine Verzögerung der Dividendenzahlung des anderen Vertragsteils keine Ausgleichszahlung fällig (bedenklich).

III. Weitere Ausgleichsmodalitäten. Die Parteien des Unternehmensvertrages sind frei, über den in Abs. 2 definierten Mindestausgleich **hinausgehende Zahlungen** an die außenstehenden Aktionäre vorzusehen, zB feste und dividendenabhängige Ausgleichszahlung zu kombinieren. Dazu besteht Veranlassung, wenn zB der andere Vertragsteil nicht über die erforderliche Mehrheit von 75 % verfügt und den außenstehenden Aktionären ein Anreiz gegeben werden soll, dem Unternehmensvertrag zuzustimmen. Eine Verpflichtung dazu besteht aber nicht.

Ob eine **Anrechnung** solcher freiwilliger Mehrausgleichszahlung auf eine vom Spruchstellengericht festgesetzte Nachzahlung zu erfolgen hat, ist Auslegungsfrage.[56] Im Zweifel wird man davon auszugehen haben, dass eine Anrechnung erfolgt. Rechtlich zulässig wäre aber auch, im Vertrag eine Leistung zu versprechen, welche über die jeweils geschuldete gesetzliche Ausgleichszahlung hinausgeht.

Im übrigen besteht Vertragsfreiheit. Aktienrechtlich ist es zB zulässig, den Ausgleich an der Höhe des abgeführten Gewinns der Gesellschaft zu messen. Ertragsteuerlich führt das aber zur Aberkennung der Organschaft,[57] so dass in der Praxis ein solcher Ausgleich nur in Betracht kommt, wenn die steuerlichen Folgen eines Gewinnabführungsvertrages nicht beabsichtigt sind.

Der Vertrag kann auch für **unterschiedliche Aktienkategorien** unterschiedliche Ausgleichszahlungen anbieten, wenn zB die stimmberechtigten Stammaktionäre motiviert werden sollen, ihre Zustimmung zu erteilen, weil dem anderen Vertragsteil die erforderlichen 75 % für den Zustimmungsbeschluss sonst fehlen. Die Vorzugsaktionäre können nicht allein daraus, dass den Stammaktionären ein besseres Angebot gemacht worden ist, einen Anspruch auf Gleichbehandlung ableiten.[58] Anders als uU bei der Abfindung[59] haben Vorzugsaktionäre aber einen Anspruch darauf, dass ihr Dividendenvorzug auch bei der Bemessung der Ausgleichszahlung berücksichtigt wird.[60]

E. Mindesthöhe des Ausgleichs (Abs. 3)

I. An der voraussichtlichen Ertragslage der Gesellschaft orientierter Ausgleich. Im Regelfall ist als Ausgleichszahlung mindestens die jährliche Zahlung des Betrages zuzusichern, der nach der bisherigen Ertragslage der Gesellschaft und ihren zukünftigen Ertragsaussichten unter Berücksichtigung angemessener Abschreibungen und Wertberichtigungen, jedoch ohne Bildung anderer Gewinnrücklagen, voraussichtlich als durchschnittlicher Gewinnanteil auf die einzelne Aktie verteilt werden könnte.

1. Maßgeblichkeit der voraussichtlichen Zukunftserträge. Maßgeblich sind die **Zukunftserträge**, weil nur sie dem außenstehenden Aktionär entzogen werden. Die Vergangenheitserträge sind nur Anhaltspunkt für die Schätzung. Neben den Vergangenheitserträgen sind vor allem die Unternehmensplanungen für die Zukunft zu ermitteln und zugrunde zu legen.[61]

Für die Voraussichtlichkeit kommt es auf den **Tag der Beschlussfassung der HV** der Gesellschaft an.[62] Die Problematik ist insoweit identisch mit derjenigen bei der Unternehmensbewertung für die Abfindung, vgl § 305 Rn 53 ff.

Für die Dauer der Prognose ist auf die **Dauer des Unternehmensvertrages** abzustellen.[63] In der Regel wird dieser so abgeschlossen, dass er nur von den Vertragsteilen, nicht aber von den außenstehenden Aktionären gekündigt werden kann. Die Dauer ist deshalb regelmäßig unbestimmt, so dass die Ausgleichszahlung für eine unendliche Vertragsdauer berechnet werden muss. Wegen des faktisch einseitigen Kündigungsrechts des anderen Vertragsteils, und weil dieser von seinem Kündigungsrecht Gebrauch machen kann, wenn die abgeführten Gewinne nachhaltig hinter der anteiligen Ausgleichszahlung zurückbleiben, müssen uE negati-

---

54 *Hüffer*, Rn 15.
55 Vgl zur missbräuchlichen Dividendenpolitik Fn 47 mwN in MüKo-AktG/*Paulsen*, Rn 67 ff.
56 Im Fall Rheinstahl/ATH verneinend OLG Düsseldorf BB 1984, 742, 744 = DB 1984, 817, 819.
57 Vg. BFH, DB 2009, 1904; OFD Münster, Erlass v. 28.10.2009, DB 2009, 2461 mwN.
58 OLG Düsseldorf DB 1973, 1391, 1393 (Westfälische Kupfer).
59 Vgl § 305 Rn 57.
60 *Roth*, Konzern 2005, 685, 686; *Hüffer* Rn 5 a.
61 Vgl im Einzelnen Großkomm-AktienR/*Hasselbach/Hirte*, Rn 72 ff; *Hüffer* Rn 9 ff; zur eingeschränkten gerichtlichen Überprüfbarkeit der Unternehmensplanung: OLG Stuttgart, Beschl. v. 14.9.2011, 20 W 6/08, abrufbar bei juris Rn 74 ff; OLG Frankfurt AG 2011, 832, 833 f; zu Anpassungen der Planung aufgrund der Unternehmensbewertung, OLG Stuttgart NZG 2013, 1179. Bedenklich erscheint, dass die außenstehenden Aktionäre keinen Zugang zur Planung haben.
62 BGHZ 138, 136, 139 (Brown Boveri).
63 *Hüffer*, Rn 19.

ve Entwicklungen, welchen der andere Vertragsteil durch Kündigung des Beherrschungs-/Gewinnabführungsvertrages begegnen kann, bei der Berechnung der Ausgleichszahlung ausgeblendet werden.[64]

25a Eine Anpassung der Ausgleichszahlung an geänderte Verhältnisse ist verfassungsrechtlich geboten, wenn die außenstehenden Aktionäre als Ausgleich weniger erhalten, als sie als Dividende oder Wertsteigerung ihres Unternehmens erhalten hätten, wenn es den Unternehmensvertrag nicht gegeben hätte.[65] Dies gilt nicht nur beim den variablen Ausgleich und missbräuchlicher Gewinnthesaurieung oder bei Kapitalmaßnahmen der Muttergesellschaft,[66] sondern generell, zB wenn der andere Vertragsteil alle Tochtergesellschaften zum Verkehrswert an sich verkauft, die dadurch realisierten stillen Reserven an sich abführt und nur noch eine leere Hülle zurücklässt.

26 **2. Abschreibungen und Wertberichtigungen.** Während bei der Unternehmensbewertung die zukünftigen Reinvestitionen den maßgeblichen Einnahmeüberschuss mindern, sind bei der Ausgleichszahlung die angemessenen Abschreibungen und Wertberichtigungen abzuziehen. Gemeint sind die **bilanziellen Abschreibungen und Wertberichtigungen**.[67] Das folgt daraus, dass auch der abgeführte Gewinn sich nach den bilanziellen Abschreibungen und Wertberichtigungen bemisst.

27 Bei langer Vertragsdauer ist der **zusätzliche Finanzierungsaufwand** abzuziehen, welcher sich daraus ergibt, dass die bilanziellen Abschreibungen zur Substanzerhaltung nicht ausreichen. Dieser Finanzierungsaufwand führt aber erst in späteren Jahren zu steigendem zusätzlichem Aufwand und kann infolgedessen nicht von Anfang an nach einem Durchschnittssatz von der Ausgleichszahlung abgezogen werden.[68]

28 **3. Vollausschüttung.** Das Gesetz ordnet für die Berechnung der Ausgleichszahlung die **Fiktion der Vollausschüttung** (mit Ausnahme der gesetzlichen Rücklagen) an.[69] Im Hinblick auf die Höhe der Gewinnabführung ist dies konsequent. Den Bedenken der daraus resultierenden Substanzausschüttung[70] wird durch Berücksichtigung des Finanzierungsaufwandes Rechnung getragen. Fiktion der Vollausschüttung der Erträge der Gesellschaft bedeutet aber nicht Fiktion der Vollausschüttung der Erträge ihrer Tochtergesellschaften. Insoweit gilt vielmehr der Grundsatz der bestmöglichen Verwertung.[71]

28a Bei gleichmäßigen Ertragsströmen ist die Ausgleichszahlung im wesentlichen identisch mit dem Zukunftsertrag, welcher durch Kapitalisierung mit dem Kapitalisierungszins der Berechnung des Ertragswertes zugrunde gelegt wird. Bei schwankenden Ertragsströmen wird die Ausgleichszahlung durch Multiplikation des Ertragswertes mit dem Bruttokapitalisierungszins vor KSt ermittelt.

28b Streitig ist, ob der Ertragswert zur Ermittlung der Ausgleichszahlung mit einem um den Risikoabschlag verminderten Kapitalisierungszins zu multiplizieren ist.[72] Ein Risikoabschlag ist in § 304 AktG aber nicht vorgeschrieben und auch nicht angemessen, weil der andere Vertragsteil den Unternehmensvertrag jederzeit beenden kann, während die außenstehenden Aktionäre dies nicht können. Mit einer Industrieanleihe ist die Ausgleichszahlung risikomäßig darum nicht vergleichbar.

29 **4. Stille Reserven.** Bei der Projizierung der Vergangenheitserträge auf die Zukunft sind außerordentliche Aufwendungen und Erträge zu eliminieren. Auch in der Vergangenheit gebildete stille Reserven sind zu eliminieren.[73] In Zukunft sich bildende stille Reserven erhöhen die Ausgleichszahlung indessen nicht. Ist jedoch mit der Realisierung stiller Reserven während der Vertragsdauer zu rechnen, ist die Ausgleichszahlung entsprechend zu erhöhen.[74] Problematisch ist allerdings, dass die zukünftige Realisierung stiller Reserven weitgehend im Belieben des anderen Vertragsteils steht. Bei übermäßiger Realisierung stiller Reserven während der Vertragslaufzeit besteht uE ein Recht auf Anpassung der Ausgleichszahlung (s.o. Rn 25 a).

30 **5. Nichtbetriebsnotwendiges Vermögen.** Teilweise wird die Auffassung vertreten, für nicht betriebsnotwendiges Vermögen brauche keine Ausgleichszahlung geleistet zu werden.[75] Dem kann nicht gefolgt werden, weil auch nicht betriebsnotwendiges Vermögen Erträge abwirft, an denen die außenstehenden Aktionäre zu beteiligen sind. Die gegenteilige Rechnungsweise ist nicht mit dem Gesetz vereinbar, zumal das

---

64 Zur Problematik des "heads I win, tails you loose" vgl Einl. §§ 291–310 Rn 28.
65 BVerfG WM 1999, 1978, 1980.
66 Vgl im Einzelnen Großkomm-AktienR/*Hasselbach/Hirte*, Rn 106 ff; KölnKomm-AktG/*Koppensteiner*, Rn 83.
67 Großkomm-AktienR/*Hasselbach/Hirte*, Rn 77; MüKo-AktG/*Paulsen*, Rn 80.
68 Zur Frage der Durchschnittsbildung bei ungleichmäßiger Ertragslage vgl *Exner*, aaO, S. 180; *Hüffer*, Rn 11; W. *Meilicke*, DB 1974, 417, 421; *Jonas*, WPg 2007, 835.
69 OLG Stuttgart AG 1994, 564, 565; KölnKomm-AktG/*Koppensteiner*, Rn 50; *Hüffer*, Rn 11.
70 *Albach*, AG 1966, 180 f; *Hüchting*, aaO, S. 54 f; KölnKomm-AktG/*Koppensteiner*, Rn 57.
71 Vgl insoweit zu § 305 Rn 42.
72 Dagegen BGH NJW 2003, 3272, 3274; OLG Düsseldorf AG 2008, 822; OLG Karlsruhe, Der Konzern 2013, 499; *Knoll*, ZSteu 2007, 166, 168; aA OLG Stuttgart, Beschl. v. 18.12.2009, Rn 323 ff (in ZIP 2010, 274 nicht abgedr.); OLG München, AG 2007, 411 Rn 50; OLG München AG 2008, 28; OLG Düsseldorf, Beschl. v. 20.9.2006, I-26 W 8/06 AktE, abrufbar bei juris; *Maul*, DB 2002, 1423, 1425.
73 MüKo-AktG/*Paulsen*, Rn 78.
74 Großkomm-AktienR/*Hasselbach/Hirte*, Rn 78.
75 Wohl auch BGH AG 2003, 627; eine Ausnahme soll gelten, wenn die Veräußerung unmittelbar bevorsteht, OLG München AG 2008, 28; wN zum Meinungsstand OLG Düsseldorf AG 2009, 907, 910.

BVerfG entschieden hat, dass auch die Ausgleichszahlung eine volle Entschädigung darstellen muss.[76] Auch für die Berechnung der Ausgleichszahlung gilt der Grundsatz der bestmöglichen Verwertung.

6. Mindestverzinsung des Liquidationswertes? Streitig ist, ob als Ausgleichszahlung ein sogenannter Null-Ausgleich oder mindestens eine angemessene Verzinsung des Liquidationswertes festzusetzen ist.[77] Die Antwort hängt zunächst von der Vorfrage ab, ob zugunsten der außenstehenden Aktionäre die **bestmögliche Verwertung des Gesellschaftsvermögens** zu unterstellen ist (vgl hierzu bei § 305 Rn 42). Bei einem positiven Liquidationswert ist grundsätzlich nicht plausibel, dass der Mehrheitsgesellschafter auf Dauer die Ertraglosigkeit hinnimmt. Tut er dies dennoch, zB weil die öffentliche Hand als Mehrheitsgesellschafter das Gesellschaftsvermögen öffentlichen Zwecken widmet und damit dem auf Gewinnerzielung gerichteten Gesellschaftszweck entfremdet,[78] liegt eine nach § 317 ff ausgleichspflichtige[79] nachteilige Maßnahme vor. Das Steuerrecht sieht in der Hinnahme von Dauerverlusten eine verdeckte Gewinnausschüttung.[80] Es ist nicht einzusehen, warum nicht auch im Gesellschaftsrecht die Hinnahme von Dauerverlusten auf Veranlassung des Mehrheitsgesellschafters als ausgleichspflichtige Maßnahme angesehen werden sollte.[81] Anders allenfalls, wenn die Satzung im Unternehmensgegenstand die Gewinnerzielungsabsicht abbedingt.

7. Ertragsteuerbelastung der Ausgleichszahlung. Die Ausgleichszahlung ist als Bruttoausgleichszahlung vor der Ausschüttungsbelastung mit KSt festzusetzen[82] Das gilt auch nach Abschaffung des Anrechnungsverfahrens und ermöglicht die Anpassung an die mehrfach geänderte Ausschüttungsbelastung mit KSt. Da steuerlich die Ausgleichszahlung im Zeitpunkt der Zahlung bei der Gesellschaft ab- und beim außenstehenden Aktionär zufließt, ist der KSt-Satz im Zeitpunkt der Zahlung für die Berechnung des Nettoausgleichs maßgeblich. Das ist insbesondere für vom Spruchgericht festgesetzte Nachzahlungen bedeutsam: Eine mit KSt-Gutschrift geschuldete Ausgleichszahlung, die erst unter dem Verfahren der Abgeltungssteuer nachgezahlt wird, ist netto abzüglich des unter der Abgeltungssteuer gültigen KSt-Satz zu zahlen. Irrig dagegen OLG Düsseldorf, welches meint, die KSt werde überhaupt nicht von der Ausgleichszahlung abgezogen.[83] Wurde die Gesellschaft inzwischen in eine Personengesellschaft umgewandelt, so ist die nachgezahlte Ausgleichszahlung nicht mehr mit KSt belastet und daher mit dem Bruttobetrag auszuzahlen.[84] Beim außenstehenden Personengesellschafter ist die Nachzahlung uE als gewerbliche Einkünfte in die gesonderte und einheitliche Gewinnfeststellung einbezogen.

Die Ausgleichszahlung ist nicht Brutto vor Belastung mit SolZ festzusetzen.[85] Der SolZ ist zwar eine Zuschlagsteuer zur KSt, wird aber nicht auf die ESt oder den SolZ des Anteilseigners angerechnet, sondern ist ein den verteilungsfähigen Gewinn der Gesellschaft mindernder Aufwand der Gesellschaft wie jeder andere. Der SolZ kann darum nicht von der angebotenen oder festgesetzten Bruttoausgleichszahlung abgezogen werden.

Wird die Ausgleichszahlung aus der Verzinsung des Ertragswertes ermittelt, so ist der Ertragswert zugrunde zu legen, welcher steuerliche[86] Vorteile aus einer Gewinnthesaurierung beinhaltet.

8. Staffelausgleich? Aus der Bemessung der Ausgleichszahlung nach dem, was voraussichtlich „durchschnittlich" als Gewinnanteil verteilt werden könnte, schließt die bisherige Praxis, dass nur ein gleichbleibender wiederkehrender Betrag ohne Inflationsausgleich versprochen zu werden braucht. Dagegen spricht aber, dass die Bewertungsgutachten regelmäßig von einer gewissen Steigerung der Erträge im Verhältnis zur Geldentwertung ausgehen (vgl § 305 Rn 51) und dass das BVerfG[87] auch für die Ausgleichszahlung die

---

76 BVerfGE 100, 289, 306, 308 = WM 1999, 1666, 1668 = DB 1999, 1693, 1695; BVerfG WM 1999, 1978, 1980.

77 Gegen eine Verzinsung des Liquidationswerts die hRspr: BGH DB 2006, 830 = ZIP 2006, 663 = DStR 2006, 768; BayObLG AG 1995, 509, 511 ff; BayObLG AG 2002, 392, 394; OLG Düsseldorf AG 1999, 89, 90 und für Unternehmen der Daseinsvorsorge AG 2009, 667; LG Frankfurt AG 1996, 187, 189; *Hüffer*, Rn 12; MüKo-AktG/*Paulsen*, Rn 93; MüHb-AG/*Krieger*, § 70 Rn 89; *Lutter/Drygala*, AG 1995, 49, 51; dafür: OLG Hamburg NZG 2001, 47, 472 f; *Jonas*, WPg 2007, 835; *W. Meilicke*, DB 1974, 417; KölnKomm-AktG/*Koppensteiner*, Rn 60 mwN.

78 *Brauksiepe*, BB 1971, 109 f; vgl hierzu auch *Kalwarowskyj*, DB 2005, 2260 und die dort zitierte Rspr des BFH.

79 *W. Meilicke/Heidel*, AG 1989, 117, 121.; ebenso OLG Düsseldorf DB 1991, 2312 f = AG 1991, 106 f (Wicküler).

80 BFH, Urt. v. 22.8.2007, DB 2007, 2620; vgl dazu *Becker/Kretzschmann*, DStR 2007, 1421; *Hüttemann*, DB 2009, 2629; BMF-Schreiben v. 12.11.2009, DB 2009, 2520.

81 In diesem Sinne schon *W. Meilicke*, DB 1974, 417, 418 gegen *Brauksiepe*, BB 1971, 109.

82 OLG Stuttgart, Beschl. v. 17.10.2011, 20 W 7/11, abrufbar bei juris; OLG Zweibrücken WM 1995, 980, 982; aA BayObLG DB 2002, 36, aufgehoben durch BGH, 21.7.2003, AG 2003, 627.

83 Dagegen: OLG Düsseldorf DB 2000, 81 = NZG 2000, 693 in der Interpretation des BGH DB 2002, 198 mit Anm. W. *Meilicke* = AG 2002, 85; dafür *Beckmann/Simon*, ZIP 2001 1906, 1909 und die hM.

84 AA FA Düsseldorf-Mitte im Schreiben vom 11.3.2008 an StoraEnso Beteiligungen GmbH, 133/5871/1366 – IV/4 VST6.

85 BGH AG 2003, 627; OLG Düsseldorf, Beschl. v. 23.1.2008, I-26 W 6/06 (in AG 2008, 822 nicht abgedr.); OLG Karlsruhe, Beschl. v. 21.1.2011, 12 W 77/08, abrufbar bei juris; aA BayObLG AG 2006, 41, 45; OLG München AG 2007, 411,414.

86 OLG Stuttgart, Beschl. v. 18.12.2009, 20 W 2/08, Rn 317 (in ZIP 2010, 274 nicht abgedr.).

87 BVerfGE 100, 289, 306, 308 = ZIP 1999, 1436 = NZG 1999, 931.

vollständige Entschädigung verlangt. Bei durchschnittlich steigenden Erträgen ist uE auch eine durchschnittlich steigende Ausgleichszahlung geschuldet.[88] Eine Verpflichtung zur Vornahme eines Staffelausgleichs kann sich auch aus der **Pflicht zur Anpassung der Ausgleichszahlung an eine veränderte Geschäftsgrundlage** ergeben.[89]

9. Squeeze-out. Nach den Entscheidungen des BGH und der Nichtannahmeentscheidung des BVerfG[90] muss im Falle eines Squeeze-outs die Abfindung für die Übertragung nach § 327 a ff auch etwaige Ausgleichszahlungen berücksichtigen. Sind also Ansprüche auf Ausgleichszahlungen nach der Rechtsprechung des BGH noch nicht entstanden, weil die ordentliche Hauptversammlung noch nicht stattfand, dann muss im Falle einer zwischenzeitlichen Eintragung eines Squeeze-outs die Abfindung diese Ausgleichszahlungen enthalten.[91] Die praktischen Probleme hierbei, insb. wenn über die Höhe des Ausgleichs noch ein Spruchverfahren anhängig ist, lässt die Rechtsprechung unerwähnt. Hierdurch entsteht die signifikante Gefahr, dass Aktionäre in diesen Konstellationen entschädigungslos ihre Ausgleichsansprüche verlieren bzw diese erst gar nicht entstehen.[92]

II. An der Dividende des anderen Vertragsteils orientierter Ausgleich. Haben die Vertragsparteien zulässigerweise für eine an der Dividende des anderen Vertragsteils orientierte Ausgleichszahlung optiert, so bestimmt sich deren Höhe nach dem **Umtauschverhältnis bei einer fiktiven Verschmelzung** der Gesellschaft auf den anderen Vertragsteil (Abs. 2 S. 3).[93] Der Gesetzgeber hat dabei nicht hinreichend berücksichtigt, dass die Gesellschaft ihren ganzen Gewinn an den anderen Vertragsteil abführt, während der andere Vertragsteil typischerweise einen Teil seines Gewinns thesauriert. Da der außenstehende Aktionär an den thesaurierten Gewinnen des anderen Vertragsteils nicht partizipiert, wird ihm durch die Gewinnabführung systemimmanent mehr entzogen als ihm durch die dividendenabhängige Ausgleichszahlung gewährt wird. Wie dies mit dem vom BVerfG postulierten Gebot der vollständigen Entschädigung vereinbar sein soll, ist bisher völlig ungeklärt. Die verschiedenen Lösungsversuche der Literatur[94] sind bisher nicht in die Praxis umgesetzt worden.

III. Ausgleich für rückwirkende Gewinnabführung. Da ein Gewinnabführungsvertrag nach hM auch rückwirkend abgeschlossen werden kann,[95] stellt sich die Frage, wie die Ausgleichszahlung für den Rückwirkungszeitraum zu bemessen ist. UE kann insoweit nicht einfach auf die durchschnittlichen Ertragsaussichten der Zukunft abgestellt werden, da der den außenstehenden Aktionaren für die Vergangenheit entgehende Gewinnanspruch bei Beschlussfassung der HV bekannt oder zumindest bestimmbar ist. Deshalb muss insoweit als Ausgleich nach S. 1 **mindestens der anteilige Gewinn des Rückwirkungszeitraumes** gezahlt werden. Wird der Ausgleich nach S. 2 bemessen, kann uE nicht einfach die Verschmelzungswertrelation zugrunde gelegt werden, wenn bei Beschlussfassung schon bekannt ist, dass die für den Rückwirkungszeitraum ausgeschüttete Dividende der Obergesellschaft hinter dem anteiligen Gewinnanteil des Rückwirkungszeitraums zurückbleibt. Vielmehr ist zumindest für den Rückwirkungszeitraum § 304 verfassungskonform dahin auszulegen, dass mindestens der anteilige tatsächlich erwirtschaftete Gewinn der Ausgleichszahlung zugrunde zulegen ist. Für den Rückwirkungszeitraum können die außenstehenden Aktionäre nicht auf eine Ausgleichszahlung verwiesen werden, welche niedriger ist als der für den Rückwirkungszeitraum abzuführenden Gewinn, weil nichts den anderen Vertragsteil daran hindert, den Unternehmensvertrag alsbald wieder zu beenden.

F. Nichtigkeit bei fehlendem Ausgleich (Abs. 3 S. 1)

Nach Abs. 3 S. 1 ist ein Vertrag, der entgegen Abs. 1 überhaupt keinen Ausgleich vorsieht, nichtig. Die Beschränkung der Nichtigkeitsfolge allein auf das Fehlen eines Ausgleichs kann rechtspolitisch nicht überzeugen, weil kein praktischer Unterschied zwischen einem fehlenden Ausgleich, einem Nullausgleich und einem nur symbolischen Ausgleich besteht.

---

88 I.E. W. *Meilicke*, DB 1974, 417, 421; wie hier *Hüffer*, Rn 11 und MüKo-AktG/*Paulsen*, Rn 94; *Lutter/Drygala*, AG 1995, 49, 54 ff. Für die Zulässigkeit eines gestaffelten Ausgleichs wohl auch OLG Hamburg AG 2001, 479, 480; OLG München AG 1991, 358, 359.
89 Vgl BVerfG AG 2000, 40, 41 (Hartmann & Braun) = ZIP 1999, 1804 = NZG 2000, 28 zur Berücksichtigung späterer Kapitalmaßnahmen.
90 BGH AG 2011, 514, 515; BVerfG AG 2013, 255.
91 So bereits auch OLG Köln AG 2010, 802; OLG Frankfurt AG 2010, 389.
92 W. *Meilicke* AG 2010, 561; kritisch auch: *Luttermann* EWIR 2013, 165, 166.
93 Vgl OLG Düsseldorf AG 2003, 507.
94 Siehe Fn 47.
95 LG Kassel AG 1997, 239 = GmbHR 1996, 292; *Hüffer*, § 294 Rn 20; KölnKomm-AktG/*Koppensteiner*, § 294 Rn 32; OLG München AG 1991, 358, 359, sieht es nur für zulässig an, die Gewinnabführungsabrede auf den Gewinn des gesamten Geschäftsjahres zu beziehen, indem die Eintragung in das Handelsregister erfolgt und damit der Vertrag wirksam wird. Demgegenüber gestattete § 14 Abs. 1 Nr. 3 S. 1 KStG bis 2003 eine Rückwirkung auf das der Eintragung vorangehende Geschäftsjahr.

Einige Autoren[96] wollen bei fehlenden Ertragsaussichten einen **Null-Ausgleich** zulassen. Dem hat sich der BGH angeschlossen.[97] Da aber das Handelsregister ohne langwierige Bewertung nicht überprüfen kann, ob der Null-Ausgleich gerechtfertigt ist, kann dem nicht gefolgt werden. Vielmehr ist auch bei völlig negativer Ertragslage und Unternehmenswert Null ein mindestens symbolischer Ausgleich vorzusehen. Anderenfalls greift die gesetzliche Nichtigkeitsfolge. Dem kann auch nicht mit Recht mit dem spitzfindigen Argument begegnet werden, ein Nullausgleich sei nicht mit der fehlenden Festsetzung eines Ausgleichs vergleichbar.[98]

Ein die Nichtigkeit ausschließender Ausgleich liegt auch dann vor, wenn der Vertrag unzulässigerweise den dividendenabhängigen Ausgleich wählt.

G. Ausschluss der Anfechtungsklage bei unzulänglichem Ausgleich (Abs. 3 S. 2)

Nach Abs. 3 S. 2 kann die Anfechtung des Zustimmungsbeschlusses der HV der Gesellschaft nicht auf § 243 Abs. 2 (Sondervorteile) oder darauf gestützt werden, dass der im Vertrag bestimmte Ausgleich nicht angemessen ist. Grund dafür ist die Überprüfbarkeit der Angemessenheit durch das **Spruchgericht** sowie die Notwendigkeit für die Vertragsteile, insbesondere auch die steuerlichen Konsequenzen unbelastet von den Unsicherheiten einer Unternehmensbewertung herbeiführen zu können. Nach hM gilt dies auch dann, wenn die Anfechtung darauf gestützt wird, dass der Vertragsprüfungsbericht offen die Unangemessenheit der Ausgleichszahlung ausspricht oder den Bestätigungsvermerk hinsichtlich der Angemessenheit einschränkt.[99] Der Ausschluss der Anfechtungsklage gilt aber nur für Fehler, welche durch Vertragsanpassung im Spruchverfahren berichtigt werden können. ZB muss der Verstoß gegen das Gemeinschaftsrecht,[100] das Fehlen einer Insolvenzsicherung[101] oder eine Finanzausstattung des anderen Vertragsteils, welche offensichtlich nicht ausreicht, um die Verpflichtungen aus dem Unternehmensvertrag zu erfüllen, mit der Anfechtungsklage geltend gemacht werden können.[102]

Fraglich war bislang, ob die Anfechtungsklage nicht (mehr) auf eine **unzureichende Information in der HV** gestützt werden kann.[103] Ausdrücklich ausgeschlossen ist seit Einführung des UMAG[104] gemäß § 243 Abs. 4 Satz 2 die Anfechtung wegen bewertungsbezogener Informationsrechtsverletzungen. Letztlich liegt hier ein Wertungswiderspruch vor: Die §§ 293 a ff machen nur Sinn, wenn in der HV ein sanktioniertes Auskunftsrecht besteht; sie stehen dann aber im Widerspruch zu den mit dem Ausschluss der Anfechtungsklage verfolgten Zielen. Letztlich sind die §§ 293 a ff eine Fehlleistung des Gesetzgebers und könnten zugunsten einer Stärkung des Spruchverfahrens einschließlich einer Absicherung gegen die Insolvenz des anderen Vertragsteils[105] ersatzlos gestrichen werden.

H. Gerichtliche Bestimmung des Ausgleichs (Abs. 4)

Infolge der Einführung des **SpruchG** wurde der bisherige Abs. 4 gestrichen, und Abs. 5 aF wurde zu Abs. 4.[106] Zum Spruchverfahren siehe Kommentierung zum SpruchG.

I. Sonstige Sanktionierung der Angebotspflicht. Nach Abs. 1 besteht eine Verpflichtung, bereits im Vertrag die „angemessene" Ausgleichszahlung anzubieten. Der Vertrag ist zwar nicht nichtig, wenn die Ausgleichszahlung nicht angemessen ist, und der Zustimmungsbeschluss kann auch nicht wegen Unangemessenheit der Ausgleichszahlung angefochten werden. Das bedeutet aber nicht, dass die Höhe der im Vertrag angebotenen Ausgleichszahlung in das freie Belieben der Vertragsparteien gestellt ist. Das Gegenteil ergibt sich schon aus der Verpflichtung, über die Höhe der Ausgleichszahlung im **Vertragsbericht** zu berichten (§ 293 a), aber auch aus der Existenz der Vertragsprüfer und deren Haftung nach § 293 d Abs. 2. Die Sorgfaltspflicht des Vorstandes nach § 93 erstreckt sich uE auch auf die **Wahrung der Interessen der außenstehenden Aktionäre** beim Aushandeln der Ausgleichszahlung.[107] Die Haftung sowohl des Vorstandes der unterworfenen Gesellschaft, welche den Beherrschungs-/Gewinnabführungsvertrag aushandelt, als auch die Haftung der Vertragsprüfer für ein schuldhaft zu niedriges Ausgleichszahlungsangebot spielt insbesondere

---

96 Siehe Rn 31; MüKo-AktG/*Paulsen*, Rn 93; *Emmerich* in: Emmerich/Habersack, Rn 35 mwN; *Brauksiepe*, BB 1971, 109 f; vgl aus der älteren Rspr BayObLG AG 1999, 43, 46; dagegen schon W. *Meilicke*, DB 1974, 417 ff.
97 BGH DB 2006, 830 = ZIP 2006, 663 = DStR 2006, 768; unter Verweis auf den BGH auch: OLG Düsseldorf AG 2009, 667, 669.
98 So aber BGH DB 2006, 830 = ZIP 2006, 663 = DStR 2006, 768.
99 Kritisch W. *Meilicke*, AG 2007, 261.
100 Vgl Einl. §§ 291–310 Rn 57.
101 Vgl Einl. §§ 291–310 Rn 50.
102 AA LG München AG 2009, 918.
103 *Hüffer*, Rn 21; Großkomm-AktienR/*Hasselbach/Hirte*, Rn 125 f.
104 Gesetz zur Unternehmensintegrität und Modernisierung des Anfechtungsrechts vom 22.9.2005, BGBl. I, 2802; siehe § 243 Rn 37 ff; vgl dazu auch W. *Meilicke/Heidel*, DB 2004, 1479 ff; zur Übergangsproblematik *Lochner*, ZIP 2006, 135 f.
105 Vgl hierzu W. *Meilicke*, DB 2001, 2387.
106 Gesetz zur Neuordnung des gesellschaftsrechtlichen Spruchverfahrens vom 12.6.2003, BGBl. I, 838 ff.
107 Vgl Einl. §§ 291–310 Rn 63 ff.

im Fall einer Insolvenz des anderen Vertragsteils eine Rolle. § 93 Abs. 4 S. 1 schützt nicht, wenn der Vorstand für die unzutreffende Information der Vertragsprüfer verantwortlich ist.

42a **II. Verzinsung einer nachträglichen Erhöhung?** Wird die vertraglich geschuldete Ausgleichszahlung nachträglich durch gerichtliche Entscheidung im Spruchverfahren erhöht, fragt es sich, ob die Ausgleichsnachzahlungen für jedes der betroffenen Geschäftsjahre zu verzinsen sind. Dagegen könnte sprechen, dass die Nachzahlung erst mit Rechtskraft der Entscheidung im Spruchverfahren fällig wird und das herrschende Unternehmen deshalb vorher nicht in Zahlungsverzug kommen kann. Um jedoch insbesondere die Möglichkeit des „Aushungerns" der außenstehenden Aktionäre durch Festsetzung einer viel zu niedrigen vertraglichen Ausgleichszahlung zu verhindern, ist die geschuldete Nachzahlung **analog § 305 Abs. 3 S. 3** vom jeweiligen Fälligkeitstag an mit 5 Prozentpunkten[108] über dem Basiszins zu verzinsen.[109]

J. Kündigungsrecht des anderen Vertragsteils

43 Abs. 4 gewährt dem anderen Vertragsteil das Recht, den Vertrag ohne Einhaltung einer Kündigungsfrist zu kündigen, wenn das Gericht den Ausgleich abweichend vom Vertrag bestimmt hat. Die Kündigungserklärung muss der Gesellschaft binnen zwei Monaten nach Rechtskraft der Entscheidung zugehen. Die Kündigung wirkt aber nur **ex nunc**, lässt also Ausgleichsansprüche für die Zeit bis Wirksamwerden der Kündigung ebenso wie den Anspruch auf Abfindung unberührt.[110]

44 Fällt die Kündigung in ein Geschäftsjahr, ist uE nicht nur die anteilige Ausgleichszahlung, sondern auch die anteilige Gewinnabführung oder Verlustübernahme zu leisten und zu diesem Zweck ein **Rumpfabschluss** der Gesellschaft zu erstellen.

K. Erlöschen des Anspruchs auf Ausgleichszahlung

45 Der Anspruch auf Ausgleichszahlung erlischt
a) durch Erfüllung, § 362 BGB.
b) wenn der außenstehende Aktionär das Abfindungsangebot angenommen hat. Kommt der andere Vertragsteil mit der Annahme der Aktien in Annahmeverzug, braucht der außenstehende Aktionär die (steuerpflichtige) Ausgleichszahlung nicht als Erfüllung der (steuerfreien) Abfindung anzunehmen.[111]
c) Der Anspruch auf Ausgleichszahlung erlischt nicht durch anderweitige Veräußerung der Aktien.[112] Ob der Anspruch auf Ausgleichszahlung beim Veräußerer verbleibt oder auf den Erwerber übergeht, bestimmt sich nach den Vereinbarungen zwischen Veräußerer und Erwerber, mangels solcher nach § 101 Nr. 2 BGB. Nach den Usancen des Börsenhandels geht der Anspruch auf alle noch nicht ausgezahlten Ausgleichszahlungen einschließlich etwa vom Spruchstellengericht festgesetzten Nachzahlungen[113] auf den Erwerber über und wird durch einen oder mehrere Dividendencoupons verkörpert.
d) Der Anspruch auf Ausgleichszahlung endet ferner für Zeiträume, für welche der Vertrag wirksam beendet worden ist.
e) Im Fall eines Squeeze-outs kann nach Wirksamwerden des entsprechenden Übertragungsbeschlusses kein Ausgleichsanspruch mehr entstehen. Die vormals geführte Diskussion, ob im Falle eines Squeeze-out der Anspruch auf Ausgleichszahlung noch zeitanteilig bis Wirksamwerden des Squeeze-out zu zahlen ist, ist somit hinfällig.[114]

§ 305 Abfindung

(1) Außer der Verpflichtung zum Ausgleich nach § 304 muß ein Beherrschungs- oder ein Gewinnabführungsvertrag die Verpflichtung des anderen Vertragsteils enthalten, auf Verlangen eines außenstehenden Aktionärs dessen Aktien gegen eine im Vertrag bestimmte angemessene Abfindung zu erwerben.

---

108 2 Prozentpunkte bis 1.9.2009, § 20 Abs. 5 EGAktG.
109 Großkomm-AktienR/*Hasselbach/Hirte*, Rn 47; KölnKomm-AktG/*Koppensteiner*, Rn 11: Verzinsung nach § 288 BGB; aA BGH NZG 2008, 189; MüKo-AktG/*Paulsen*, Rn 112 f; offen gelassen OLG Hamm, AG 2012, 598, 599, das jedoch eine analoge Anwendung auf den vertraglich vereinbarten Ausgleich ablehnt.
110 MüKo-AktG/*Paulsen*, Rn 197; MüHb-AG/*Krieger*, § 70 Rn 144; KölnKomm-AktG/*Koppensteiner*, Rn 118; *Hüffer*, Rn 24.
111 BGH ZIP 2003, 1600 gegen OLG Hamburg, AG 2002, 413 (Philips).
112 AA MüKo-AktG/*Paulsen*, Rn 35; *Hüffer*, Rn 2; Spindler/Stilz/ *Veil*, Rn 37.
113 Die Fortführung des Spruchverfahrens mit dem veräußernden Aktionär aber bejahend: MüKo-AktG/*Paulsen*, Rn 35; *Emmerich* in: Emmerich/Habersack, Rn 21 a.
114 BGH AG 2011, 514.

(2) Als Abfindung muß der Vertrag,
1. wenn der andere Vertragsteil eine nicht abhängige und nicht in Mehrheitsbesitz stehende Aktiengesellschaft oder Kommanditgesellschaft auf Aktien mit Sitz in einem Mitgliedstaat der Europäischen Union oder in einem anderen Vertragsstaat des Abkommens über den Europäischen Wirtschaftsraum ist, die Gewährung eigener Aktien dieser Gesellschaft,
2. wenn der andere Vertragsteil eine abhängige oder in Mehrheitsbesitz stehende Aktiengesellschaft oder Kommanditgesellschaft auf Aktien und das herrschende Unternehmen eine Aktiengesellschaft oder Kommanditgesellschaft auf Aktien mit Sitz in einem Mitgliedstaat der Europäischen Union oder in einem anderen Vertragsstaat des Abkommens über den Europäischen Wirtschaftsraum ist, entweder die Gewährung von Aktien der herrschenden oder mit Mehrheit beteiligten Gesellschaft oder eine Barabfindung,
3. in allen anderen Fällen eine Barabfindung

vorsehen.

(3) ¹Werden als Abfindung Aktien einer anderen Gesellschaft gewährt, so ist die Abfindung als angemessen anzusehen, wenn die Aktien in dem Verhältnis gewährt werden, in dem bei einer Verschmelzung auf eine Aktie der Gesellschaft Aktien der anderen Gesellschaft zu gewähren wären, wobei Spitzenbeträge durch bare Zuzahlungen ausgeglichen werden können. ²Die angemessene Barabfindung muß die Verhältnisse der Gesellschaft im Zeitpunkt der Beschlußfassung ihrer Hauptversammlung über den Vertrag berücksichtigen. ³Sie ist nach Ablauf des Tages, an dem der Beherrschungs- oder Gewinnabführungsvertrag wirksam geworden ist, mit jährlich 5 Prozentpunkten über dem jeweiligen Basiszinssatz nach § 247 des Bürgerlichen Gesetzbuchs zu verzinsen; die Geltendmachung eines weiteren Schadens ist nicht ausgeschlossen.

(4) ¹Die Verpflichtung zum Erwerb der Aktien kann befristet werden. ²Die Frist endet frühestens zwei Monate nach dem Tage, an dem die Eintragung des Bestehens des Vertrags im Handelsregister nach § 10 des Handelsgesetzbuchs bekannt gemacht worden ist. ³Ist ein Antrag auf Bestimmung des Ausgleichs oder der Abfindung durch das in § 2 des Spruchverfahrensgesetzes bestimmte Gericht gestellt worden, so endet die Frist frühestens zwei Monate nach dem Tage, an dem die Entscheidung über den zuletzt beschiedenen Antrag im Bundesanzeiger bekanntgemacht worden ist.

(5) ¹Die Anfechtung des Beschlusses, durch den die Hauptversammlung der Gesellschaft dem Vertrag oder einer unter § 295 Abs. 2 fallenden Änderung des Vertrags zugestimmt hat, kann nicht darauf gestützt werden, daß der Vertrag keine angemessene Abfindung vorsieht. ²Sieht der Vertrag überhaupt keine oder eine den Absätzen 1 bis 3 nicht entsprechende Abfindung vor, so hat das in § 2 des Spruchverfahrensgesetzes bestimmte Gericht auf Antrag die vertraglich zu gewährende Abfindung zu bestimmen. ³Dabei hat es in den Fällen des Absatzes 2 Nr. 2, wenn der Vertrag die Gewährung von Aktien der herrschenden oder mit Mehrheit beteiligten Gesellschaft vorsieht, das Verhältnis, in dem diese Aktien zu gewähren sind, wenn der Vertrag nicht die Gewährung von Aktien der herrschenden oder mit Mehrheit beteiligten Gesellschaft vorsieht, die angemessene Barabfindung zu bestimmen. ⁴§ 304 Abs. 4 gilt sinngemäß.

Literatur:
Altmeppen, Zeitliche und sachliche Begrenzung von Abfindungsansprüchen gegen das herrschende Unternehmen im Spruchverfahren, FS Ulmer, 2003, S. 3; *Bayer*, Die Geltendmachung des Abfindungsanspruchs nach beendetem Beherrschungsvertrag, ZIP 2003, 1053; *Bilda*, Abfindungsansprüche bei vertragsüberlebenden Spruchverfahren, NZG 2005, 375; *Busse v. Colbe*, Der Vernunft eine Gasse: Abfindung von Minderheitsaktionären nicht unter dem Börsenkurs ihrer Aktie, in: FS Lutter, 2000, S. 1053; *Fleischer*, Grundfragen der ökonomischen Theorie im Gesellschafts- und Kapitalmarktrecht, ZGR 2001, 1; *Großfeld*, Unternehmens- und Anteilsbewertung im Gesellschaftsrecht, 1987; *ders*, Barabfindung und Ausgleich nach §§ 304, 305 AktG, NZG 2004, 74; *Hennrichs*, Unternehmensbewertung und persönliche Ertragsteuer aus aktienrechtlicher Sicht, ZHR 164 (2000), 453; *Hirte/Mock*, Beweislast abfindungsberechtigter Aktionäre beim vertragsüberlebenden Spruchverfahren, DB 2005, 1444; *Hüttemann*, Rechtliche Vorgaben für ein Bewertungskonzept, WPg 2007, 812; *Jungmann*, Die Anrechnung von erhaltenen Ausgleichszahlungen auf den Abfindungsanspruch nach § 305 AktG, BB 2002, 1549; *Kamanabrou*, Die Anrechnung Ausgleichszahlungen bei Barabfindung nach § 305 AktG, BB 2005, 449; *Lutter*, Zur Treupflicht des Großaktionärs, JZ 1976, 225; *Luttermann*, Der durchschnittliche Börsenkurs bei Barabfindung von Aktionären und Verschmelzungswertrelation, ZIP 2001, 869; *Maul*, Zur Verrechnung von Ausgleichszahlungen und Abfindungen bei Spruchstellenverfahren, DB 2002, 1423; *F. Meilicke*, Die Behandlung von Ertragsteuern im Rahmen der Unternehmensbewertung als Rechtsfrage, Diss., 2013; *W. Meilicke*, Die Barabfindung, Diss., 1975; *ders*, Rechtsgrundsätze der Unternehmensbewertung, DB 1980, 2121; *ders*, Beendigung des Spruchstellenverfahrens durch Beendigung des Unternehmensvertrags?, AG 1995, 41; *ders*, Zum Verhältnis von Ausgleichs- und Abfindungsansprüchen nach §§ 304, 305 AktG, AG 1999, 103; *ders*, Insolvenzsicherung für die Abfindung außenstehender Aktionäre, DB 2001, 2387; *H. Meilicke/W. Meilicke*, Die Rechtsstellung der nichtantragstellenden Aktionäre im Verfahren nach §§ 306, 30 UmwG, ZGR 1974, 296; *W. Meilicke/Heidel*, Berücksichtigung von Schadensersatzansprüchen gem §§ 117, 317 AktG bei der Bestimmung der angemessenen Abfindung für außenstehende Aktionäre, AG 1989, 117; *dies.*, Ausgleichs-/Abfindungsverfahren bei Beherrschungs- und Gewinnabführungsvertrag, DB 2001, 973; *Mertens*, Zur Geltung des Stand-alone Prinzips für Unternehmensbewertung bei der Zusammenführung von Unternehmen, AG 1992, 32; *Naraschewski*, Verschmelzung im Konzern: Ausgleichs- und Abfindungsansprüche

außenstehender Aktionäre bei Erlöschen eines Unternehmensvertrags, DB 1997, 1653; *Piltz*, Die Unternehmensbewertung in der Rechtsprechung, 1994; *Ruoff*, Das Schicksal des Abfindungsrechts beim vertragsüberlebenden Spruchverfahren, BB 2005, 2201; *Seetzen*, Spruchverfahren und Unternehmensbewertung im Wandel, WM 1999, 565; *Stimpel*, Zum Verhältnis von Ausgleichs- und Barabfindungsansprüchen nach §§ 304, 306 AktG, AG 1998, 259; *Westermann*, Zum Verhalten des Großaktionärs bei Umtauschangeboten gem § 305 AktG, AG 1976, 309.

A. Verfassungsrechtliche Grundlagen 1	2. Börsenkurs 36
B. Begründung des gesetzlichen Abfindungsanspruchs (Abs. 1) 4	3. Anteiliger Wert des ganzen Unternehmens . 38
I. Zeitliche Prärogative 5	4. Ertragswert 39
II. Sachliche Prärogative 6	5. Grundsatz der Vollständigkeit der Entschädigung 41
III. Inhalt und Sanktionierung der Angebotspflicht 8	6. Grundsatz der bestmöglichen Verwertung . 42
IV. Rechtsnatur der vertraglichen Verpflichtung . . . 9	7. Grundsatz der gleichmäßigen Berücksichtigung von Chancen und Risiken 45
V. Entstehen des Abfindungsrechts 10	8. Ertragsteuern 46
VI. Schuldner der Abfindung 11	9. Synergieeffekte 48
VII. Gläubiger des Abfindungsanspruchs 12	10. Kapitalisierungszins 49
VIII. Annahme des Abfindungsangebots 13	a) Basiszins 50
IX. Fälligkeit der Abfindung 15	b) Inflationsabschlag 51
X. Verjährung 16	c) Risikozuschlag zum Kapitalisierungszins 52
XI. Erlöschen des Abfindungsrechts 17	11. Bewertungsstichtag 53
1. Erlöschen durch Fristablauf (Abs. 4) 17	a) Wurzeltheorie 54
2. Erlöschen durch Verzicht 18	b) Zeitpunkt, auf den diskontiert wird 55
3. Kein Erlöschen durch Aktienübertragung . . 19	c) Berücksichtigung von Änderungen des Bewertungsobjektes 56
4. Kein Erlöschen durch Beendigung des Unternehmensvertrages 20	12. Aufteilung der Abfindung auf unterschiedliche Aktienkategorien 57
5. Zur Abtretbarkeit des Abfindungsanspruchs 20a	V. Wirkungen der Spruchstellenentscheidung 58
C. Abfindung in bar oder in Aktien (Abs. 2) 21	VI. Verzinsung und anderer Verspätungsausgleich (Abs. 3 S. 3) 60
I. Gesetzliche Regelung 21	1. Verzinsung der Barabfindung (Abs. 3 S. 3 Hs 1) 60
II. Früherer Verstoß gegen Art. 43 EGV 23	
D. Befristung des Abfindungsangebotes (Abs. 4) 26	2. Nachlieferung der Abfindung in Aktien . . . 64
E. Gerichtliche Entscheidung (Abs. 5) 28	3. Weiterer Schaden (Abs. 3 S. 3 Hs 2) 65
I. Ausschluss der Anfechtungsklage 29	VII. Kündigungsrecht (Abs. 5 S. 4) 66
II. Antragsrecht und Rechtsschutzbedürfnis 30	
III. Befugnisse des Spruchstellengerichts 31	
1. Bindung an zulässigerweise angebotene Abfindungsart 32	
2. Fehlendes Abfindungsangebot 33	
IV. Überprüfung der Höhe der angebotenen Abfindung (Abs. 3) 34	
1. Unternehmensbewertung als Rechtsfrage . . 35	

A. Verfassungsrechtliche Grundlagen

1 Der Entzug des Gewinnbezugsrechts durch den Gewinnabführungsvertrag und das Recht, aufgrund des Beherrschungsvertrages Weisungen zum Nachteil der Gesellschaft und zum Vorteil des anderen Vertragsteils zu erteilen, ist verfassungsrechtlich als Teilenteignung der außenstehenden Aktionäre zum Vorteil des anderen Vertragsteils zu werten. Nach den Grundsätzen des **Feldmühle-Urteils des BVerfG**[1] ist dafür eine volle Entschädigung zu gewähren. Da nur eine Teilenteignung vorliegt, wäre an sich eine Teilentschädigung unter Aufrechterhaltung der Aktionärsstellung verfassungsrechtlich ausreichend. Da die Ausgleichszahlung nach § 304 indes keine vollständige Entschädigung darstellen kann,[2] sieht der Gesetzgeber ein Recht auf Vollabfindung mit gerichtlicher Überprüfung gemäß den Grundsätzen der Rspr des BVerfG vor. Eine bloße Teilentschädigung wäre nicht praktikabel. An diese selbst gesetzte Sachgerechtigkeit ist der Gesetzgeber allerdings auch gebunden. Die nach § 305 anzubietende Abfindung hat darum den Grundsätzen des Feldmühle-Urteils zu entsprechen.[3]

2 Das Gesetz spricht von „angemessener" Entschädigung. Das ist missverständlich, weil der Begriff der „angemessenen" Entschädigung schon durch Art. 14 Abs. 3 S. 3 GG belegt ist, wo er eine hinter der vollen Entschädigung zurückbleibende Entschädigung meint.[4] Durch die ständige Rspr des BVerfG seit dem Feldmühle-Urteil[5] ist aber klargestellt, dass im AktG mit „angemessener" Entschädigung immer die **volle Entschädigung** gemeint ist.

---

1 BVerfGE 14, 263 ff = DB 1962, 1073 ff = NJW 1962, 1667 ff.
2 Vgl § 304 Rn 2.
3 BGHZ 135, 374 ff (Guano) = ZIP 1997, 1193 = NJW 1997, 2242.
4 BGH DB 1972, 673.
5 BVerfGE 14, 263 ff = DB 1962, 1073 ff = NJW 1962, 1667 ff.

Ausfluss des Anspruchs auf volle Entschädigung ist ferner der Anspruch auf **Verzinsung** nach Abs. 3 S. 1 Hs 1 und der Anspruch auf **Ersatz eines weiteren Schadens** nach Abs. 3 S. 3 Hs 2.

B. Begründung des gesetzlichen Abfindungsanspruchs (Abs. 1)

Der Abfindungsanspruch hat eine **Doppelnatur**. Zunächst wird er durch Vertrag festgesetzt. Daneben besteht aber ein latentes gesetzliches Schuldverhältnis in Höhe der gesetzlich mindestens vorgeschriebenen vollen Entschädigung. Dieses gesetzliche Schuldverhältnis hat der Gesetzgeber als eine gerichtliche Anpassung der im Vertrag angebotenen Abfindung ausgestaltet.

I. Zeitliche Prärogative. Dass das Abfindungsangebot zunächst im Unternehmensvertrag festgesetzt wird, ist die Konsequenz aus dem Recht des Mehrheitsaktionärs, eine solche Teilenteignung durch Mehrheitsbeschluss durchzuführen. Die Wirksamkeit des Beherrschungs-/Gewinnführungsvertrages hängt jedoch nicht davon ab, ob ein Abfindungsangebot in dem Vertrag enthalten ist.[6] Das daneben bestehende gesetzliche Schuldverhältnis kann erst später durch Intervention der Gerichte konkretisiert werden.

II. Sachliche Prärogative. Die Parteien des Beherrschungs-/Gewinnabführungsvertrages haben auch eine sachliche Prärogative, weil sie sowohl weniger als auch mehr als die gesetzlich geschuldete Abfindung anbieten können. Wird weniger angeboten, so setzt das Gericht auf Antrag die geschuldete Abfindung fest. Es kommt jedoch auch vor, dass mehr als das gesetzlich Geschuldete angeboten wird, zB wenn der andere Vertragsteil nicht über die erforderliche Mehrheit von 75 % für den Zustimmungsbeschluss verfügt und den außenstehenden Aktionären nunmehr ein Anreiz gegeben werden soll, dem Unternehmensvertrag zuzustimmen.[7] Ob eine solche freiwillige Mehrabfindung auf eine vom Spruchstellengericht festgesetzte Nachzahlung anzurechnen ist, ist Auslegungsfrage. **Im Zweifel** wird man davon auszugehen haben, dass eine **Anrechnung** erfolgt. Rechtlich zulässig wäre aber auch, im Vertrag eine Leistung zu versprechen, welche über die jeweils geschuldete gesetzliche Abfindung hinausgeht.

Der Vertrag kann auch für **unterschiedliche Aktienkategorien** unterschiedliche Abfindungen anbieten, wenn zB die stimmberechtigten Stammaktionäre motiviert werden sollen, ihre Zustimmung zu erteilen, weil dem anderen Vertragsteil sonst die erforderlichen 75 % für den Zustimmungsbeschluss fehlen. Die Vorzugsaktionäre können nicht allein daraus, dass den Stammaktionären ein besseres Angebot gemacht worden ist, einen Anspruch auf Gleichbehandlung ableiten.[8] Vgl zum Abfindungsanspruch der Vorzugsaktionäre auch unten Rn 57.

III. Inhalt und Sanktionierung der Angebotspflicht. Nach Abs. 1 besteht eine Verpflichtung, bereits im Vertrag die „angemessene" Abfindung anzubieten. Der Vertrag ist zwar nicht nichtig, wenn die Abfindung nicht angemessen ist, auch kann der Zustimmungsbeschluss nicht wegen Unangemessenheit der Abfindung angefochten werden. Das bedeutet aber nicht, dass die Höhe der im Vertrag angebotenen Abfindung in das freie Belieben der Vertragsparteien gestellt ist. Das Gegenteil ergibt sich schon aus der Verpflichtung, über die Höhe der Abfindung im Vertragsbericht zu berichten (§ 293a), aber auch aus der Existenz der **Vertragsprüfer** und deren Haftung nach § 293d Abs. 2.[9] Die **Sorgfaltspflicht des Vorstandes** nach § 93 erstreckt sich uE auch auf die Wahrung der Interessen der außenstehenden Aktionäre beim Aushandeln der Abfindung.[10] Die Haftung sowohl des Vorstandes der unterworfenen Gesellschaft, welche den Beherrschungs-/Gewinnabführungsvertrag aushandelt, als auch die Haftung der Vertragsprüfer für ein schuldhaft zu niedriges Abfindungsangebot spielt insbesondere im Fall einer Insolvenz des anderen Vertragsteils eine Rolle. § 93 Abs. 4 S. 1 schützt nicht, wenn der Vorstand für die unzutreffende Information der Vertragsprüfer verantwortlich ist.

IV. Rechtsnatur der vertraglichen Verpflichtung. Die hM, welche in dem Abfindungsangebot einen **Vertrag zugunsten Dritter** sieht,[11] ist ungenau. Die Regeln über den Vertrag zugunsten Dritter passen nicht, weil der Beherrschungs-/Gewinnabführungsvertrag zunächst einmal ein Vertrag zulasten Dritter ist und weil das Abfindungsangebot eine Entschädigung für diesen Eigentumseingriff zulasten Dritter darstellt.[12]

V. Entstehen des Abfindungsrechts. Die Abfindungspflicht und damit das Recht zur Annahme des Abfindungsangebots entstehen mit **Wirksamwerden des Vertrages**, also durch seine Eintragung in das Handelsregister (§ 294 Abs. 2). Der Auffassung von Hüffer,[13] der Abfindungsanspruch entstehe – als verhaltener oder

---

6 BGHZ 119, 1, 9.
7 So hat Thyssen bei der Übernahme von Rheinstahl förmlich eine über der von ihren Parteigutachtern als gesetzlich geschuldet berechnete Abfindung angeboten, OLG Düsseldorf DB 1984, 817.
8 BGHZ 135, 374, 380 (Guano) = ZIP 1997, 1193 = NJW 1997, 2242; OLG Düsseldorf DB 1973, 1393 (Westfälische Kupfer).
9 BGH BB 2005, 2651 = NZG 2006, 117 = ZIP 2005, 2107.
10 Vgl Einl. §§ 291–310 Rn 63 ff.
11 *Hüffer*, Rn 3; MüKo-AktG/*Paulsen*, Rn 11; KölnKomm-AktG/*Koppensteiner*, Rn 12; Großkomm-AktienR/*Hasselbach/Hirte*, Rn 7; *Emmerich* in: Emmerich/Habersack, Rn 5.
12 Vgl § 304 Rn 7.
13 *Hüffer*, Rn 4b.

unentwickelter Anspruch – bereits mit Abschluss des Unternehmensvertrages, kann nicht gefolgt werden.[14] Der bloße Abschluss greift noch nicht in die Rechte der außenstehenden Aktionäre ein, auch nicht der Zustimmungsbeschluss der Hauptversammlung. Bis Wirksamwerden des Vertrages dürfen keine nachteiligen Weisungen erteilt werden, und der Vertrag kann auch noch aufgehoben werden, ohne dass Ansprüche der außenstehenden Aktionäre entstehen.[15]

VI. Schuldner der Abfindung. Gesetzlicher Schuldner der Abfindung ist der andere Vertragsteil.[16] Den Vertragspartnern steht es jedoch frei, zusätzliche Haftungsübernahmen oder Mitschuldnerschaften zu vereinbaren.

VII. Gläubiger des Abfindungsanspruchs. Gläubiger des Abfindungsanspruchs sind die **außenstehenden Aktionäre**. Nach verbreiteter Auffassung sind außenstehende Aktionäre nur Aktionäre, die mit dem anderen Vertragsteil nicht identisch und mit ihm auch nicht aufgrund rechtlich fundierter wirtschaftlicher Verknüpfung verbunden sind.[17] Dem kann für §§ 304, 305 nicht gefolgt werden, weil Mitgesellschafter und Gläubiger von Unternehmen, welche mit dem anderen Vertragsteil iSv § 15 verbunden sind, entschädigungslos enteignet würden, könnte der andere Vertragsteil diesen die verfassungsrechtlich geschuldete Abfindung vorenthalten. Richtigerweise kann man den Begriff des außenstehenden Aktionärs innerhalb der §§ 291ff **nicht einheitlich auslegen**. Bei den Sonderbeschlüssen nach §§ 295 Abs. 2, 296 Abs. 2, 297 Abs. 2 können natürlich nur solche außenstehende Aktionäre mitstimmen, welche vom anderen Vertragsteil unabhängig sind. Für die Vermögensrechte der §§ 304, 305 gilt diese Einschränkung uE aber nicht. Die abweichende Auffassung beruft sich zu Unrecht auf die Gesetzesbegründung,[18] wo sich die Einschränkung bei der Definition der nach § 295 Abs. 2 Stimmberechtigten findet.

VIII. Annahme des Abfindungsangebots. Der Zahlungsanspruch entsteht mit Annahme durch den außenstehenden Aktionär. Die Annahme ist eine empfangsbedürftige Willenserklärung iSv § 130 BGB. Die Einhaltung einer bestimmten Form ist nicht erforderlich, auch nicht die Einlieferung der Aktien.

Durch Annahme des Abfindungsangebots kommt ein **Kaufvertrag** zustande. Der Kaufpreisanspruch entsteht mit rechtzeitigem Zugang der Annahmeerklärung. Das Abfindungsrecht erlischt mit Erfüllung des Kaufvertrages. Der andere Vertragsteil kann dem außenstehenden Aktionär, der die Annahme des Abfindungsangebotes erklärt, nach § 323 BGB eine Frist für die Einlieferung der Aktien setzen und nach deren Ablauf zurücktreten; ein Rücktritt führt indes nicht zur Verkürzung der in Abs. 4 S. 2 und 3 bestimmten Mindestannahmefristen, so dass innerhalb dieser Fristen das Abfindungsrecht trotz Rücktritt vom Kaufvertrag fortbesteht. Der andere Vertragsteil kann den außenstehenden Aktionär aber auch auf Erfüllung eines durch Annahme des Abfindungsangebotes zustande gekommenen Kaufvertrages in Anspruch nehmen.

IX. Fälligkeit der Abfindung. Die Abfindung ist nicht vor Einlieferung der Akien fällig. Nach hM ist der außenstehende Aktionär mit der Einlieferung der Aktien **vorleistungspflichtig**.[19] Dem kann aber nicht gefolgt werden. Zum einen bleibt offen, wie viel Zeit der andere Vertragsteil sich lassen darf, bevor er die Abfindung für eingelieferte Aktien auszahlt. Zum zweiten kann dem außenstehenden Aktionär nicht ohne sachlichen Grund das Risiko der Insolvenz des anderen Vertragsteils zwischen Einlieferung seiner Aktien und Zahlung der Abfindung aufgebürdet wird.[20] Es ist kein Grund dafür ersichtlich, warum der außenstehende Aktionär seine Aktien nicht mit der Treuhandauflage an die Einlieferungsstelle einliefern darf, dass die Zahlung der Abfindung sichergestellt ist. Hat der andere Vertragsteil keine Einlieferungsstelle benannt oder verweigert diese die Mitwirkung, so muss der außenstehende Aktionär den anderen Vertragsteil durch tatsächliches Anbieten der Aktien **Zug-um-Zug** gegen Zahlung der Abfindung in Verzug setzen können, ohne sich für den Fall, dass der andere Vertragsteil die Zahlung der Abfindung verweigert, des Besitzes und Eigentums seiner Aktien zu begeben. Richtigerweise gilt § 271 BGB für beide Leistungen. Auch sonst gilt § 271 BGB: Die Abfindung muss mit der Eintragung in das Handelsregister zur Verfügung gestellt werden, wenn ein Abfindungsgläubiger sie annimmt und die Zug-um-Zug-Leistung anbietet. Dass ausländische Börsenregeln[21] eine Wartefrist vorschreiben, ändert an der Fälligkeit nach deutschem Recht nichts. Die abfindungsberechtigten Aktionäre sind auch nicht gehalten abzuwarten, bis der andere Vertragsteil die Abwicklung über die Banken organisiert hat (vgl zum Verzugsschaden nachstehend Rn 65). Eine vom Spruchgericht festgesetzte Nachzahlung ist mit Rechtskraft der Spruchstellenentscheidung fällig. Von der Bekanntmachung nach § 14 SpruchG hängt die Fälligkeit nicht ab.

---

[14] Ebenso Großkomm-AktienR/*Hasselbach/Hirte*, Rn 18.
[15] Vgl zur Aufhebung eines Kapitalerhöhungsbeschlusses *Hüffer*, § 182 Rn 16.
[16] MüKo-AktG/*Paulsen*, § 304 Rn 36; KölnKomm-AktG/*Koppensteiner*, § 304 Rn 16.
[17] BGHZ 167, 299, 303; MüKo-AktG/*Paulsen*, § 304 Rn 27 ff; *Hüffer*, § 304 Rn 2; MüHb-AG/*Krieger*, § 70 Rn 79; vgl § 304 Rn 9.
[18] *Kropff*, S. 385.
[19] BGHZ 155, 110 = ZIP 2003, 1600 = NZG 2003, 1113 im Anschluss an OLG Hamburg, AG 2002, 413; *Hüffer*, Rn 8.
[20] Zu den Auswirkungen der Insolvenz des anderen Vertragsteils: *Hüffer*, Rn 8 a.
[21] Wie im Fall der Mannesmann AG.

X. Verjährung. Für den **Kaufpreisanspruch** aus der im Vertrag angebotenen Abfindung beginnt die Verjährung mit Fälligkeit, also mit der **Einlieferung der Aktien** auf das Abfindungsangebot.[22] Fraglich ist, wann die Verjährung für eine vom Spruchgericht festgesetzte höhere Abfindung bzw **Nachzahlung** beginnt, wenn der andere Vertragsteil die Spruchstellenentscheidung unzutreffend umsetzt und es darauf ankommen lässt, erst in einem Musterprozess zur Zahlung der richtigen Abfindung verurteilt zu werden.[23] Würde man die dreijährige Verjährungsfrist des § 195 BGB bereits mit Fälligkeit, im Falle einer Nachzahlung für bereits eingelieferte Aktien also mit Rechtskraft der Spruchstellenentscheidung, sonst mit Einlieferung der Aktien auf das heraufgesetzte Abfindungsangebot, beginnen lassen, so würde der andere Vertragsteil praktisch in die Lage versetzt, die inter-omnes-Wirkung der Spruchstellenentscheidung zu unterlaufen, weil die dreijährige Verjährungsfrist abgelaufen ist, bevor der Musterprozess entschieden ist, und weil nicht von allen außenstehenden Aktionären die Führung eines Musterprozesses oder die Verjährung unterbrechende Maßnahmen erwartet werden können. Würde die Verjährung bereits mit Rechtskraft der Spruchstellenentscheidung zu laufen beginnen, so könnte die inter-omnes-Wirkung ferner dadurch unterlaufen werden, dass die Gesellschaft ihrer Pflicht aus § 14 SpruchG zur Veröffentlichung der Spruchstellenentscheidung drei Jahre lang nicht nachkommt. Deshalb beginnt die Verjährung uE erst mit **zutreffender Veröffentlichung der geschuldeten Abfindung** in den Gesellschaftsblättern. Solange nicht die richtige Abfindung veröffentlicht ist, kann den außenstehenden Aktionären nicht entgegengehalten werden, iSv § 199 Abs. 1 Nr. 2 BGB grobfahrlässig in Unkenntnis ihrer Ansprüche gewesen zu sein.

XI. Erlöschen des Abfindungsrechts. 1. Erlöschen durch Fristablauf (Abs. 4). Die Pflicht zur Abfindung erlischt, wenn die Willenserklärung über die Annahme des Angebotes nicht innerhalb der Frist des Abs. 4 zugeht. Die Einlieferung der Aktien innerhalb der Frist ist nicht erforderlich.

2. Erlöschen durch Verzicht. Auf das Recht auf Annahme der Abfindung kann auch verzichtet werden. Die Annahme der Ausgleichszahlung stellt keinen Verzicht auf das Abfindungsrecht dar.[24]

3. Kein Erlöschen durch Aktienübertragung. Das Recht, die Abfindung zu verlangen, ist ein Gestaltungsrecht, welches nicht losgelöst vom Eigentum an der Aktie übertragen werden kann.[25] Es geht vielmehr von Rechts wegen zusammen mit der Aktie auf den Aktieninhaber über.[26]

4. Kein Erlöschen durch Beendigung des Unternehmensvertrages. Das Recht auf Annahme der Abfindung erlischt nicht durch Beendigung des Beherrschungs-/Gewinnabführungsvertrages, sei es durch Kündigung, durch einvernehmliche Beendigung, Eingliederung, Umwandlung oder Squeeze-out.[27]

5. Zur Abtretbarkeit des Abfindungsanspruchs. Die Praxis ging früher davon aus, dass der Abfindungsanspruch mit der Aktie untrennbar verbunden ist, so dass der jeweilige außenstehende Aktionär durch Erwerb von Aktien an der Börse auch den Abfindungsanspruch erwirbt. Dem hat der BGH eine Absage erteilt.[28] Der Anspruch auf angemessene Abfindung soll nicht abtretbar sein, insbesondere nicht nach Beendigung des Unternehmensvertrages. Die mangels gesetzlicher Grundlage überraschende Verneinung der Verkehrsfähigkeit des Abfindungsanspruchs ist bedenklich und hindert zB Zwangsvollstreckungen und Erbauseinandersetzungen. Fraglich ist, ob der BGH die Verkehrsfähigkeit des Abfindungsanspruchs auch in den Fällen verneinen würde, in welchen nach Beendigung eines Gewinnabführungsvertrages nahtlos ein neuer Gewinnabführungsvertrag, möglicherweise sogar mit demselben herrschenden Unternehmen, mit dem Ziel der Minimierung der zu zahlenden Abfindung abgeschlossen wird. Richtigerweise geht das Recht auf Abfindung durch Erwerb vom Rechtsvorgänger – auch an der Börse – auf den Rechtsnachfolger über.[29] Der andere Vertragsteil und die Gesellschaft selbst haben uE eine Obliegenheit, für die bei Beendigung des Unternehmensvertrages außenstehenden Aktien, welche noch Anspruch auf eine Mehrabfindung aus einem nicht beendeten Spruchverfahren haben, unter gesonderter Wertpapiernummer eine getrennte Börsennotie-

---

22 Großkomm-AktienR/*Hasselbach/Hirte*, Rn 33.
23 Vgl OLG Hamburg AG 2002, 413 (Philips) = DB 2002, 521.
24 BGH AG 1998, 286, 287; *Hüffer*, Rn 4; Großkomm-AktienR/*Hasselbach/Hirte*, Rn 18; *Koppensteiner*, BB 1978, 769, 771.
25 Grigoleit/*Servatius*, Rn 3.
26 BGHZ 135, 374 (Guano); Großkomm-AktienR/*Hasselbach/Hirte*, Rn 22 ff; MüKo-AktG/*Paulsen*, Rn 35.
27 BGH NZG 2008, 391; OLG Düsseldorf AG 1995, 85, 86; *W. Meilicke*, AG 1995, 181, 183 ff; *Hüffer*, Rn 4 a; *Naraschewski*, DB 1997, 1653, 1655; aA Großkomm-AktienR/*Hasselbach/Hirte*, Rn 34; differenziert MüKo-AktG/*Paulsen*, Rn 38.
28 BGHZ 167, 299, 305 (DEWB), bestätigt durch BVerfG AG 2007, 483. Die Entscheidung ist nur dadurch zu erklären, dass Jenoptik AG als anderer Vertragsteil nach Beendigung des Unternehmensvertrages, aber vor Beendigung des Spruchverfahrens neue DEWB-Aktien an der Börse ausgegeben hat, ohne für die alten und neuen Aktien unterschiedliche Börsennotierungen mit unterschiedlichen Wertpapierkennnummern zu beantragen, und in die Insolvenz getrieben worden wäre, hätte Jenoptik alle Aktien nach dem im Spruchverfahren festgesetzten Wert abfinden müssen.
29 Wie hier OLG Jena, ZIP 2005, 525 (DEWB AG) = DB 2005, 658 = NZG 2005, 400, aufgehoben durch BGHZ 167, 299, 305 (DEWB). Zum Streitstand: Grigoleit/*Servatius*, Rn 7; *Altmeppen*, in: FS Ulmer, 2003, S. 3; *Bayer*, ZIP 2005, 1053; *Bilda*, NZG 2005, 375; *Habersack*, AG 2005, 709; *Hirte*, in: FS Hadding, 2004, S. 427; *Hirte/Mock*, DB 2005, 1444; *Lehmann*, ZIP 2005, 1489; *Ruoff*, BB 2005, 2201; *Wagner*, EWiR 2005, 493; *Puszkajler/Weber/Elsland*, ZIP 2006, 692.

rung zu veranlassen, wenn nach Beendigung des Unternehmensvertrages durch den anderen Vertragsteil, durch Kapitalerhöhung oder auf andere Weise Aktien in den Verkehr gebracht werden, welche einen derartigen Anspruch auf Mehrabfindung nicht beinhalten.

C. Abfindung in bar oder in Aktien (Abs. 2)

21 **I. Gesetzliche Regelung.** Grundfall ist die Barabfindung (Abs. 2 Nr. 3). Wenn der andere Vertragsteil eine nicht abhängige und nicht in Mehrheitsbesitz stehende **AG oder KGaA mit Sitz in einem EU-Mitgliedstaat** oder in einem anderen Vertragsstaat des Abkommens über den Europäischen Wirtschaftsraum ist, werden jedoch eigene Aktien dieses anderen Vertragsteils geschuldet (Nr. 1). Wenn der andere Vertragsteil eine abhängige oder in Mehrheitsbesitz stehende AG oder KGaA und das herrschende Unternehmen eine nicht abhängige AG oder KGaA mit Sitz in einem EU-Mitgliedstaat oder in einem anderen Vertragsstaat des Abkommens über den Europäischen Wirtschaftsraum ist, ist nach Wahl der Vertragschließenden[30] die Gewährung von Aktien der herrschenden oder mit Mehrheit beteiligten Gesellschaft oder eine Barabfindung geschuldet (Nr. 2). Praktisch läuft das darauf hinaus, dass nicht abhängige europäische AG oder KGaA immer ein **Wahlrecht** zwischen Barabfindung und Abfindung in eigenen Aktien haben, da sie durch Zwischenschaltung einer zu diesem Zweck gegründeten AG als anderen Vertragsteil das Wahlrecht der Nr. 2 kreieren können.

22 Nach den veröffentlichten Vorstellungen des historischen Gesetzgebers ist die Abfindung in eigenen Aktien des anderen Vertragsteils bzw des ihn beherrschenden Unternehmens die bevorzugte Lösung. Der Aktionär sollte nicht zur Desinvestition gezwungen werden, sondern eine gleichwertige Investitionsmöglichkeit in Aktien erhalten.[31] Wie zahlreiche Spruchverfahren mit dem Ziel, statt der angebotenen Abfindung in Aktien eine Barabfindung zu erhalten, zeigen, liegt die volle Barabfindung regelmäßig über dem Börsenkurs einer in Aktien zu gewährenden Abfindung, und deshalb ziehen die außenstehenden Aktionäre regelmäßig die Barabfindung vor. Außerdem führt die Notwendigkeit der Bewertung der im Umtausch zu gewährenden Aktien zu zusätzlichen Unwägbarkeiten. Wenn ein großes börsennotiertes Unternehmen einen Beherrschungs-/Gewinnabführungsvertrag mit einer kleinen Tochtergesellschaft abschließt, ist der Aufwand für die Bewertung der Aktien des anderen Vertragsteils unverhältnismäßig groß.[32]

23 **II. Früherer Verstoß gegen Art. 43 EGV.** Bis zu den Änderungen durch das UMAG[33] sahen Abs. 2 Nr. 1 und 2 aF die dortigen Regelungen nur für **inländische AG oder KGaA** vor. Diese wurden durch das Recht, die Abfindung in eigenen Aktien statt in bar zu leisten, gegenüber ausländischen Unternehmen des europäischen Wirtschaftsraums bevorzugt, bzw letztere gegenüber sonst gleichen Umständen benachteiligt, da sie die Abfindung nicht auch in „selbst gedrucktem Papier" leisten konnten, sondern in bar leisten mussten. Dies entsprach durchaus dem Willen des historischen Gesetzgebers. Dass dieser nicht allein durch das Motiv geleitet worden ist, den außenstehenden Aktionären eine Desinvestition zu ersparen, sondern dass inländischen Unternehmen die Möglichkeit gewährt werden sollte, Finanzierungsaufwand für eine Barabfindung zu ersparen, sah man schon daran, dass den inländischen AG und KGaA praktisch ein Wahlrecht eingeräumt wurde, ob sie in bar oder in eigenen Aktien abfinden wollen. Diese Bevorzugung inländischer AG und KGaA verstieß gegen Art. 43 EGV, welcher vorschreibt, dass AG und KGaA aus anderen Mitgliedstaaten in Deutschland unter gleichen Voraussetzungen tätig werden dürfen wie inländische AG und KGaA.[34]

24 Diese Gemeinschaftsrechtswidrigkeit der bisherigen Regelung hat das **UMAG** beseitigt. Der beschrittene Weg, dass auch AG und KGaA mit Sitz in einem EU-Staat oder im europäischen Wirtschaftsraum eigene Aktien statt einer Barabfindung gewähren können, ist wenig praktikabel, weil ein deutsches Spruchstellengericht nur schwer Ermittlungshandlungen über die Bewertung ausländischer Unternehmen durchführen kann. Eine sinnvollere Umsetzung des Diskriminierungsverbots wäre es vielmehr gewesen, dass AG und KGaA mit Sitz im Inland als anderer Vertragsteil kraft Diskriminierungsverbot immer auch eine Barabfindung anbieten müssen. De lege ferenda sollte das Recht auf Abfindung in eigenen Aktien daher abgeschafft werden.

25 Fraglich ist, welche Rechtsfolgen sich daraus ergeben, dass Abs. 2 Nr. 1 bis zum Inkrafttreten des UMAG gegen das Gemeinschaftsrecht verstoßen hat. Fälle, in denen ausländische Unternehmen einen Unternehmensvertrag mit einer inländischen AG abgeschlossen und dabei versucht haben, statt einer Barabfindung

---

30 H.M. *Hüffer*, Rn 15; Großkomm-AktienR/*Hasselbach*/*Hirte*, Rn 48; MüKo-AktG/*Paulsen*, Rn 58.
31 *Kropff*, S. 397 f; so auch *Hüffer*, Rn 9.
32 Vgl allgemein zu Unternehmensverträgen im Konzern Groß/Komm-AktG/*Hasselbach*/*Hirte*, § 304 Rn 115 ff.
33 Gesetz zur Unternehmensintegrität und Modernisierung des Anfechtungsrechts vom 22.9.2005, BGBl. I, 2802; vgl dazu allg. W. *Meilicke*/*Heidel*, DB 2004, 1479 ff.
34 Das Privileg zur Abfindung in Aktien ist aufgrund eines Vertragsverletzungsverfahrens der Kommission (AktZ 2001/5242) auf herrschende Unternehmen in einem EU-Mitgliedstaat erstreckt worden. Vgl MüKo-AktG/*Paulsen*, Rn 45. Vgl zum Europarecht auch Einl. zu §§ 291–310 Rn 57 ff.

eine Abfindung in eigenen Aktien anzubieten, sind nicht bekannt geworden. Indes schützt das gemeinschaftsrechtliche Diskriminierungsverbot nicht nur den unmittelbar Diskriminierten, sondern auch den **mittelbar Diskriminierten**.[35] Inländische Aktionäre sind durch die Begünstigung inländischer Vertragsteile beim Abschluss von Unternehmensverträgen dadurch benachteiligt worden, dass ihnen der Marktzutritt zu ausländischen anderen Vertragsteilen erschwert und dadurch der Wert ihrer Aktien vermindert worden ist. UE können die außenstehenden Aktionäre sich ebenfalls auf das Diskriminierungsverbot berufen und bis zum Inkrafttreten des UMAG von inländischen Unternehmen eine Barabfindung verlangen, so wie sie von ausländischen Vertragsteilen gezahlt werden musste.[36]

D. Befristung des Abfindungsangebotes (Abs. 4)

Die Verpflichtung zum Erwerb der Aktien kann im Vertrag befristet werden (Abs. 4 S. 1). Wurde sie nicht im Vertrag befristet, so läuft sie „open end" auch nach Beendigung des Beherrschungs-/Gewinnabführungsvertrages weiter. Eine nachträgliche Befristung stellt eine Vertragsänderung iSv § 295 Abs. 2 dar. Für die fristgerechte Annahme gilt §§ 148, 193 BGB. Eine **Wiedereinsetzung** in den vorherigen Stand wegen unverschuldeter Fristversäumnis ist vom Gesetz nicht vorgesehen; wegen des verfassungsrechtlichen Charakters des Anspruchs auf Enteignungsentschädigung ist dies bedenklich.[37] 26

Die Frist endet **frühestens zwei Monate nach Bekanntmachung der Eintragung** des Vertrages nach § 10 HGB, im Falle eines **Spruchverfahrens** zwei Monate nach Bekanntmachung der rechtskräftigen Entscheidung im BAnz. Das Gesetz sagt nicht, ob und wann die Frist endet, wenn ein Spruchverfahren zwar eingeleitet, aber nicht durch rechtskräftige Entscheidung, sondern durch Antragsrücknahme oder durch Vergleich endet. Abs. 4 S. 3 gilt analog auf die Bekanntmachung einer anderen Verfahrensbeendigung im BAnz.[38] Wird die Bekanntmachung der Verfahrensbeendigung im BAnz unterlassen, so beginnt die Zweimonatsfrist uE nicht zu laufen.[39] 27

E. Gerichtliche Entscheidung (Abs. 5)

Das gesetzliche Schuldverhältnis zwischen außenstehendem Aktionär und anderem Vertragsteil, welches sich aus dem verfassungsrechtlich gesicherten Entschädigungsanspruch ergibt, findet seinen Ausdruck in der im Gesetz vorgesehenen gerichtlichen Überprüfung der Abfindung. Diese erfolgt im Spruchverfahren nach Maßgabe des **SpruchG**.[40] 28

I. Ausschluss der Anfechtungsklage. Nach Abs. 5 S. 1 kann die Anfechtung des Zustimmungsbeschlusses zu dem Vertrag nicht darauf gestützt werden, dass der Vertrag keine oder eine unangemessen niedrige **Abfindung** vorsieht. Das gilt nach der ausdrücklichen gesetzlichen Anordnung auch für Vertragsänderungen, selbst wenn die außenstehenden Aktionäre ihnen nach § 295 Abs. 2 mit qualifizierter Mehrheit zugestimmt haben. Das zeigt, dass der Gesetzgeber – zu Recht – nicht darauf vertraut, dass die in der Hauptversammlung für die außenstehenden Aktionäre abgegebenen Stimmen wirklich in deren Interesse abgegeben werden. Die Sinnhaftigkeit des § 295 Abs. 2 wird aber insbesondere dadurch in Frage gestellt, dass Vertragsänderungen auch gegen die Mehrheit der außenstehenden Aktionäre einseitig vom Mehrheitsaktionär durchgesetzt werden können, indem er den Vertrag kündigt und einen neuen abschließt. Aus der Vorschrift folgt gleichzeitig, dass das Fehlen einer angemessenen Abfindung keinen Nichtigkeitsgrund im Sinne von § 241 darstellt.[41] Andere Mängel als das Fehlen einer angemessenen Abfindung können aber im Wege der Anfechtungsklage geltend gemacht werden. 29

II. Antragsrecht und Rechtsschutzbedürfnis. Zum Antragsrecht siehe die Kommentierung zu § 3 SpruchG. Ist ein weiteres Spruchverfahren mit denselben Antragsgegnern anhängig, zB weil in der Hauptversammlung, die dem Abschluss des Unternehmensvertrags zustimmte, gleichzeitig auch ein Squeeze-out beschlossen wurde, soll das Rechtsschutzbedürfnis für einen Antrag auf Überprüfung der im Unternehmensvertrag 30

---

35 Zur passiven Dienstleistungsfreiheit statt aller *Randelzhofer/Forsthoff* in: Grabitz/Hilf, Das Recht der Europäischen Union, Art. 56/57 AEUV Rn 53 ff mwN.
36 AA OLG Düsseldorf AG 2003, 688 = Der Konzern 2003, 841 = OLGR Düsseldorf 2004, 11.
37 Vgl hierzu *H. Meilicke/W. Meilicke*, ZGR 1974, 296, 312; aA MüKo-AktG/*Paulsen*, Rn 164; KölnKomm-AktG/*Koppensteiner*, Rn 13; Großkomm-AktienR/*Hasselbach/Hirte*, Rn 249.
38 BGHZ 112, 382, 386 = ZIP 1991, 100 = DB 1991, 88; MüKo-AktG/*Paulsen*, Rn 165; Großkomm-AktienR/*Hasselbach/Hirte*, Rn 249.
39 Offen lassend BGHZ 112, 382, 386 = ZIP 1991, 100 = DB 1991, 88; zustimmend Großkomm-AktienR/*Hasselbach/Hirte*, Rn 249.
40 Eingeführt durch das Gesetz zur Neuordnung des gesellschaftsrechtlichen Spruchverfahrens vom 12.6.2003, BGBl. I, 838 ff.
41 BGHZ 119, 1, 9.

festgelegten Kompensationszahlungen fehlen, soweit auch der Kreis der Antragsteller in beiden Spruchverfahren identisch ist.[42]

31 **III. Befugnisse des Spruchstellengerichts.** Das Spruchstellengericht (§ 2 SpruchG) bestimmt die vertraglich zu gewährende Abfindung, wenn der Vertrag überhaupt keine oder eine den Abs. 1-3 nicht entsprechende Abfindung vorsieht, vgl Abs. 5 S. 3.

32 **1. Bindung an zulässigerweise angebotene Abfindungsart.** Soweit den Vertragsteilen ein Wahlrecht zusteht (Abs. 2 Nr. 2), ist das Gericht an die getroffene Wahl gebunden (vorbehaltlich der Bedenken aus dem gemeinschaftsrechtlichen Diskriminierungsverbot, oben Rn 25). Allerdings kann das **Spruchstellengericht** Spitzenbeträge durch bare Zuzahlungen ausgleichen, wenn ein glattes Umtauschverhältnis nicht möglich ist. Der **Spitzenausgleich** hat sich an der angemessenen Barabfindung zu orientieren, nicht an dem Börsenkurs der vom anderen Vertragsteil angebotenen Aktien. Die Befugnis des Spruchstellengerichts zur Festsetzung eines Spitzenausgleichs beschränkt sich aber auf die Herstellung eines glatten Umtauschverhältnisses. Nur wenn die angebotene Abfindungsart dem Gesetz nicht entspricht, kann das Spruchstellengericht eine andere Abfindungsart vorschreiben. Das kommt insbesondere dann vor, wenn außenstehende Aktionäre mit Erfolg geltend machen, dass die Aktien einer inländischen AG oder KGaA angeboten wurden, welche selbst abhängig ist und deren Aktien deshalb als Abfindung in Aktien nicht tauglich sind.

33 **2. Fehlendes Abfindungsangebot.** Das Spruchstellengericht ist auch zuständig, wenn jedes Abfindungsangebot fehlt, zB weil der andere Vertragsteil sich auf den Standpunkt gestellt hat, die Ertragslage der Gesellschaft sei so schlecht, dass die Aktien wertlos sind.[43] Sieht der Vertrag in den Fällen des Abs. 2 Nr. 2 keine Abfindung in Aktien vor, hat das Gericht nach Abs. 5 S. 3 (abweichend von § 264 Abs. 1 BGB) eine **Barabfindung zu ermitteln und festzusetzen.**

34 **IV. Überprüfung der Höhe der angebotenen Abfindung (Abs. 3).** Die Überprüfung der Höhe der angemessenen Abfindung ist die wichtigste Funktion des Spruchstellengerichts.

35 **1. Unternehmensbewertung als Rechtsfrage.** Während es üblich ist, die Ermittlung der bewertungsrelevanten Tatsachen weitgehend als Sachverhaltsfrage einem gerichtlichen Sachverständigen zu überlassen, ist die Auswertung der Tatsachen im Sinne der Wertfindung weitgehend Rechtsfrage.[44] Da die letztinstanzlich zuständigen OLG gleichzeitig Tatsachenrichter sind, wird in der Rechtsprechung zwischen Tatfragen und gegebenenfalls nach § 70 Abs. 2 FamFG vom BGH zu entscheidenden Rechtsfragen nicht immer hinreichend unterschieden.[45]

36 **2. Börsenkurs.** Während nach der früheren Rspr des BGH[46] anerkannt war, dass der Börsenkurs für die Abfindung unmaßgeblich ist, gilt nunmehr,[47] dass der Börsenkurs in Form eines nach Umsatz gewichteten Durchschnittskurses im Regelfall die **Mindestabfindung**[48] darstellt. Durch den BGH wurde unter Aufgabe seiner bisherigen Rechtsprechung[49] auch klargestellt, dass der für die Bildung des Durchschnittskurses maßgebliche dreimonatige Referenzzeitraum mit der Bekanntgabe der Strukturmaßnahme endet. Wenn zwischen der Bekanntmachung und dem Beschluss der Hauptversammlung ein längerer Zeitraum liegt, ist der Wert entsprechend allgemeiner oder der branchentypischen Börsenentwicklung ggf hochzurechnen.[50]

37 Noch nicht geklärt ist, was die Maßgeblichkeit des Börsenkurses für die Abfindung in **Aktien des herrschenden Unternehmens** bedeutet.[51] Kann der andere Vertragsteil geltend machen, die Aktien des herrschenden Unternehmens seien im Verhältnis zu den Aktien des abzufindenden Unternehmens an der Börse unterbewertet, so dass der Börsenkurs unmaßgeblich sei? UE widerspricht diese Argumentation dem Telos der Entscheidung des BVerfG: Der ausscheidende Aktionär soll mit der Abfindung mindestens so gestellt

---

[42] OLG Stuttgart AG 2011, 601; einschränkend: OLG Stuttgart AG 2012, 839; aA OLG Frankfurt, Beschl. v. 24.11.2011, 21 W 7/11, abrufbar bei juris Rn 180.
[43] Vgl OLG Düsseldorf, AG 2009, 667.
[44] OLG Frankfurt NZG 2013, 69; I.E. W. *Meilicke*, Die Barabfindung, S. 26 ff; MüKo-AktG/*Paulsen*, Rn 76; *Hüffer*, Rn 17; vgl Großkomm-AktienR/*Hasselbach/Hirte*, Rn 62 ff; Grigoleit/ *Servatius*, Rn 14.
[45] Vgl hierzu BGH DB 2002, 198 mit Anm. W. *Meilicke*.
[46] So die frühere Rspr seit BGH NJW 1967, 1464.
[47] BVerfGE 100, 289, 302 ff (DAT/Altana) = BB 1999, 1778 = NJW 1999, 3769; BGH DB 2001, 969, 973 (DAT/Altana) mit Anm. W. *Meilicke/Heidel* = ZIP 2001, 734; zuletzt OLG Frankfurt NZG 2013, 69; *Hüffer*, Rn 20 a ff, 24 a ff mwN.
[48] AA *Luttermann*, ZIP 2001, 869 f, der den Börsenkurs mit dem anteiligen Unternehmenswert gleichsetzt; Darstellung der Relevanz des Börsenkurses in der gerichtlichen Praxis: *Meinert*, Der Betrieb 2011, 2397, 2399; generell zur Frage, ob der Börsenkurs ein geeignetes Instrument zur Bestimmung einer angemessenen Abfindung ist: *Burger*, NZG 2012, 281.
[49] Aufgegeben: BGH, DB 2001, 969.
[50] BGH AG 2010, 629 („Stollwerk"); BGH AG 2011, 590; OLG Frankfurt NZG 2011, 990; OLG Stuttgart, Beschl. v. 17.10.2011, 20 W 7/11, abrufbar bei juris, Rn 463; zu den Voraussetzungen einer gegebenenfalls erforderlichen Hochrechnung: *Meinert*, Der Betrieb 2011, 2455, 2459.
[51] Für eine Differenzierung zwischen der Bewertung der Anteile an der herrschenden Gesellschaft und der Bewertung der abhängigen Gesellschaft: BVerfGE 100, 289, 310 f = AG 1999, 566, 569; OLG Düsseldorf AG 2000, 422, 425; gegen eine unterschiedliche Behandlung (Grundsatz der Methodengleichheit): *Emmerich* in: Emmerich/Habersack, Rn 48 a; *Busse v. Colbe*, in: FS Lutter, 2000, S. 1053, 1062 f; MüHb-AktG/*Krieger*, § 70 Rn 137.

werden, wie er stünde, wenn er seine Aktien an der Börse verkauft und dafür an der Börse Aktien des herrschenden Unternehmens erworben hätte. Ist das Abfindungsangebot ungünstiger als das Umtauschverhältnis nach Börsenkursen, wird der außenstehende Aktionär praktisch gezwungen, den Umtausch über die Börse vorzunehmen und dadurch auf den Rechtsschutz des Spruchverfahrens zu verzichten. Die Rspr der OLGs ist bisher nicht einheitlich,[52] so dass wohl eine Klärung durch den BGH erforderlich sein wird. Die Frage des Referenzzeitraums stellt sich ähnlich wie bei der Barabfindung (Rn 36). Allerdings wird der Börsenkurs des herrschenden Unternehmens schwerlich von Spekulationen über die Abfindung für die Aktien des abhängigen Unternehmens beeinflusst sein. Entwicklungen des Börsenkurses des herrschenden Unternehmens müssen darum bis zum Bewertungsstichtag berücksichtigt werden.

3. Anteiliger Wert des ganzen Unternehmens. Vorbehaltlich des Börsenkurses als Mindestabfindung ist der anteilige volle Unternehmenswert zu zahlen. Liegt ausnahmsweise ein **zeitnaher Gesamtverkauf** oder von Teilen *at arm's length* vor, so ist dies ein starkes Indiz für den Wert des ganzen Unternehmens. Während dies bei **Verkäufen von Teilen** des zu bewertenden Unternehmens der Praxis der OLG entspricht, wird streitig diskutiert, ob der vom Mehrheitsgesellschafter gezahlte Kaufpreis für die Aktien der Gesellschaft zu berücksichtigen ist.[53] Richtigerweise ist zu unterscheiden: Wenn der Preis dadurch bestimmt ist, dass der Mehrheitsaktionär mithilfe der erworbenen Aktien ein Stimmquorum erreicht oder lästige Gesellschafter abfindet, ist der gezahlte Kurs für den Wert des ganzen Unternehmens nicht repräsentativ, weil er einen Paketzuschlag enthalten kann und darum bezogen auf den Gesamtwert überhöht wäre.[54] Ein vom Mehrheitsaktionär für die ganze Mehrheitsbeteiligung, vielleicht sogar für 98 % der Aktien zeitnah *at arm's length*, zB nach einem Bieterverfahren gezahlte Kaufpreis ist aber sehr wohl für den Wert des ganzen Unternehmens repräsentativ, da zum einen lebensfremd ist, der Mehrheitsaktionär würde für 98 % mehr zahlen als für 100 %, und da andererseits der in einem Bieterverfahren gezahlte Kaufpreis besser als jedes Sachverständigengutachten den wahren Unternehmenswert offenbart.[55]

4. Ertragswert. Ein zwischen wirtschaftlich und rechtlich unverbundenen Parteien ausgehandelter Preis ist gemäß Rn 38 nur ein Indiz, macht eine vollständige gerichtliche Kontrolle aber nicht entbehrlich.[56] Vielmehr ist auch in diesem Fall der Wert des ganzen Unternehmens gem. § 287 Abs. 2 ZPO zu schätzen.[57] Für die Schätzung maßgeblich ist nicht, was dem ausscheidenden Aktionär bei unterstellter Fortführung des Unternehmens entgeht (Entschädigungsgedanke), sondern was in einem gedachten Bieterverfahren bei Verkauf aller Anteile des Unternehmens im Ganzen erzielt werden könnte. Der einzelne Aktionär hat keinen Anspruch darauf, dass die Gesellschaft nie beendet wird, und er hat darum auch keinen Anspruch darauf, so gestellt zu werden, als wäre dies der Fall. Er hat vielmehr lediglich Anspruch darauf, dass bei einer von der Mehrheit gewünschten Beendigung der Gesellschaft er anteilig an dem vollen Unternehmenswert, wie er sich bei einem Bieterverfahren ergeben würde, partizipiert. Hierbei handelt es sich nicht nur um semantische Unterschiede, sondern der unterschiedliche Ansatz hat massive Auswirkungen auf die Höhe der Abfindung.[58]

Ungeklärt ist, wie die Abfindung für ein Unternehmen zu berechnen ist, welches bereits einem Gewinnabführungs- oder Beherrschungsvertrag unterliegt: ist der Unternehmensvertrag hinwegzudenken und zu ermitteln, was das Unternehmen ohne den Unternehmensvertrag wert ist? Oder ist die Ausgleichszahlung zu kapitalisieren oder gar nur der nach § 300 ff AktG anteilige Buchwert des Eigenkapitals als Abfindung zu zahlen, weil der andere Vertragsteil schon das Recht erworben hat, den Unternehmensvertrag zu kündigen und vorher alle stillen Reserven an sich auszuschütten?[59] Das OLG Frankfurt[60] will grundsätzlich die Ausgleichszahlung kapitalisieren und eine Pflicht des Vorstandes, von seinem weisungsfreien Kündigungsrecht nach § 299 AktG Gebrauch zu machen, nur in Ausnahmefällen anerkennen. Gleichzeitig erhöht es den Kapitalisierungszinssatz, um dem Risiko Rechnung zu tragen, dass der andere Vertragsteil den Unternehmensvertrag wegen verschlechterter Ertragsaussichten kündigt oder sonst beenden muss. Das bedeutet: bei guter Ertragslage gewinnt der andere Vertragsteil, bei schlechter Ertragslage verliert der außenstehende Aktionär. In einer neueren Entscheidung hat das OLG Frankfurt es für naheliegend erachtet, dass bei einem bestehen-

---

52 Für das Verhältnis der Börsenkurse als Mindestabfindung: OLG Frankfurt, Beschl. v. 17.11.2009, 20 W 412/07, abrufbar bei juris; dagegen OLG Düsseldorf AG 2009, 873.
53 Berücksichtigung ablehnend: *Hüffer*, Rn 21; KölnKomm-AktG/ *Koppensteiner*, Rn 73; MüHb-AG/*Krieger*, § 70, Rn 128; Berücksichtigung bejahend: *Emmerich* in: Emmerich/Habersack, Rn 49; *Lutter*, JZ 1976, 225, 231; *Westermann*, AG 1976, 309.
54 BVerfGE 100, 289, 306 = WM 1999, 1666 = NJW 1999, 3769.
55 Zur Zulässigkeit einer nur eingeschränkten gerichtlichen Überprüfung im sog. Verhandlungsmodell vgl Rn 39.
56 BVerfG NJW 2012, 3020, 3022; noch: OLG Stuttgart AG 2011, 49, 52; OLG Frankfurt ZIP 2010, 729, 730.
57 BGH ZIP 2001, 734; OLG Stuttgart, Beschl. v. 17.10.2011, 20 W 7/11, abrufbar bei juris
58 Eingehend hierzu und insbesondere den Unterschied anhand von Berechnungen bejahend: *F. Meilicke*, Die Behandlung von Ertragsteuern im Rahmen der Unternehmensbewertung als Rechtsfrage, S. 43 ff.
59 Dazu ausführlich *Popp*, AG 2010, 1 ff.
60 OLG Frankfurt NZG 2010, 664.

den isolierten Beherrschungsvertrag der Barwert der festen Ausgleichszahlungen neben dem Börsenkurs eine weitere Untergrenze für die zu gewährende Abfindung darstellen würde.[61] Für die Barabfindung im Falle eines Squeeze-outs bei bestehendem Beherrschungs- und Gewinnabführungsvertrag hat das OLG Düsseldorf den Barwert des Ausgleichs als taugliche Berechnungsmethode für die Barabfindung verworfen.[62] UE kommt es auf die faktische Einflussmöglichkeit des anderen Vertragsteils, eine Beendigung des Unternehmensvertrages zu verhindern, genauso wenig an wie auf die Möglichkeit, unentdeckt nach §§ 317, 318 AktG ausgleichspflichtige nachteilige Weisungen zu erteilen. Ergibt die Unternehmensbewertung einen Ertragswert, der über dem Wert der kapitalisierten Ausgleichszahlung liegt, ist dieser der Abfindung zugrundezulegen.

40 Der hypothetische Kausalverlauf und damit die Höhe der vollen Entschädigung ließen sich jedoch zuverlässig allenfalls nach Vollbeendigung des Unternehmens ermitteln. Es bedarf deshalb einer Schätzung der zukünftigen Einnahmeüberschüsse, für welche sich in der Praxis die **Ertragswertmethode**[63] mit der Maßgabe etabliert hat, dass bei nicht betriebsnotwendigem Vermögen die sofortige Versilberung unterstellt wird.[64] Das ist grundsätzlich nicht zu beanstanden. Die einzelnen Schätzungsansätze müssen rechtlich allerdings darauf überprüft werden, ob sie den rechtlichen Vorgaben genüge tun.[65] Die der Unternehmensbewertung zugrunde liegenden Prognosen über die künftige Entwicklung des Unternehmens und seiner Erträge brauchen nur daraufhin gerichtlich überprüft zu werden, ob sie auf einer zutreffenden Tatsachengrundlage beruhen und vertretbar sind.[66] Die gerichtliche Überprüfung der zutreffenden Tatsachengrundlage erfolgt regelmäßig unter Verstoß gegen den Grundsatz des rechtlichen Gehörs, weil die Gerichte den außenstehenden Aktionären keinen Zugang zu den Informationen gewähren, welche der gerichtliche Sachverständige unter Mitwirkung der Gegenpartei ermittelt.

41 **5. Grundsatz der Vollständigkeit der Entschädigung.** Von Rechts wegen sind alle Vermögensgegenstände, Chancen und Risiken in die Bewertung mit einzubeziehen. ZB können derzeit nicht genutzte Grundstücke nicht unbewertet bleiben, weil sie für eine mögliche Expansion benötigt werden.[67] Auch Schadensersatzansprüche nach §§ 117, 317 f sind einzubeziehen.[68]

42 **6. Grundsatz der bestmöglichen Verwertung.** In der BWL ist anerkannt, dass sich der Wert eines Unternehmens unter der Prämisse der bestmöglichen Verwertung seines Vermögens ermittelt.[69] Läge es im Belieben des Abfindenden oder des Schätzers, eine schlechtere als die bestmögliche Verwertung zu unterstellen, so lassen sich objektive Kriterien für die Bewertung nicht mehr finden, weil es keine Verwertungsmöglichkeit gibt, die so schlecht ist, dass man nicht eine noch schlechtere finden könnte. Auch in der Rechtsprechung war bisher anerkannt, dass der **Liquidationswert der Mindestwert** ist.[70] Dieser etabliert erschienenen Auffassung ist das OLG Düsseldorf[71] für den Fall der **Verwertung des Grundbesitzes** der Kaufhof Holding AG entgegengetreten. Da das Unternehmen bereits Erträge erwirtschafte, komme es nicht darauf an, ob durch eine Liquidation noch höhere Erträge erwirtschaftet werden könnten. Der ausscheidende Aktionär habe gegenüber dem Mehrheitsaktionär keinen Anspruch darauf, dass das Unternehmen nach dem Grundsatz der bestmöglichen Verwertung geführt werde, wenn er im Unternehmen verbleibt, und er könne dies deshalb auch nicht im Abfindungsfall fordern. Auch bei Unternehmen der Daseinsvorsorge soll der Liquidationswert nicht der Mindestwert sein, wenn die öffentliche Hand als Mehrheitsaktionär die Einsetzung des Gesellschaftsvermögens für öffentliche Zwecke durchsetzen kann.[72] Dem OLG Düsseldorf kann nicht gefolgt werden, da schon die Prämisse nicht zutrifft. Der Vorstand einer AG ist im Rahmen seiner Sorgfaltspflicht

---

61 OLG Frankfurt AG 2013, 566 (juris Rn 87).
62 OLG Düsseldorf, AG 2012, 716, 718.
63 Ein Überblick über die in Betracht kommenden Methoden zur Unternehmensbewertung: Heidel/Schall/*Knoll* HGB, Anhang Unternehmensbewertung Rn 8 ff.
64 OLG Düsseldorf, Beschl. v. 6.4.2011, I-26 W 2/06 (AktE), abrufbar bei juris.
65 Zur Auswahl der Bewertungsmethode und insbesondere zur Ertragswertmethode kürzlich OLG Stuttgart, Beschl. v. 5.6.2013, 20 W 6/10, abrufbar bei juris; zur Auswahl des anzuwendenden Standards: OLG Düsseldorf, Beschl. v. 29.2.2012, I-26 W 2/10 (AktE), abrufbar bei juris; OLG Düsseldorf, Beschl. v. 21.12.2011, Az I-26 W 2/11 (AktE), abrufbar bei juris, Rn 49 mwN.
66 BVerfG NJW 2012, 3020, 3022; OLG Stuttgart, Beschl. v. 14.9.2011, Rn 316 ff (in AG 2012, 49 nicht abgedr.).
67 Zum Grundsatz der Vollständigkeit der Entschädigung W. *Meilicke*, Die Barabfindung, S. 64 ff.
68 OLG Düsseldorf DB 1990, 2312 = AG 1991, 106 (Wicküler); BGH NZG 2007, 26, 28 (Massa); OLG Stuttgart ZIP 2013, 2201; *W. Meilicke/Heidel*, AG 1989, 117, 122.
69 *Hebling*, Unternehmensbewertung, S. 25, 82 f; *Schultze*, Methoden der Unternehmensbewertung, S. 22 f; *Hüttemann*, WPg 2007, 812, 813; *Knoll*, FS Wienand Meilicke, 2010, 321 ff.
70 LG Frankfurt AG 1985, 310, 311; LG Frankfurt BB 1983, 1244; BayObLG AG 1995, 1580, 1581; LG Dortmund AG 1981, 236.
71 DB 2002, 781 (ohne Vorlage an den BGH nach § 28 Abs. 2 FGG!); ablehnend: Heidel/Schall/*Knoll* HGB, Anhang Unternehmensbewertung Rn 12; den Liquidationswert als Untergrenze für Pflichtteilsberechnung ablehnend: BGH DB 1973, 563, wobei uE die Entscheidung überholt bzw. zumindest auf das Erbrecht beschränkt ist.
72 OLG Düsseldorf, AG 2009, 667. Vgl demgegenüber BFH DB 2007, 2517, der dauerhafte Verluste eines der öffentlichen Hand gehörenden Unternehmens zum Zwecke der Daseinsvorsorge als verdeckte Gewinnausschüttung qualifiziert. Dazu *Hüttemann*, DB 2009, 2629.

(§ 93) zur bestmöglichen Verwertung des Vermögens des Unternehmens verpflichtet. Es steht nicht in seinem Belieben, ob er das Unternehmen nach Shareholder-Value-Grundsätzen oder zur Sicherung seines eigenen Arbeitsplatzes führt.[73] Richtigerweise hätte das OLG Düsseldorf deshalb prüfen müssen, ob die Versilberung des städtischen Grundbesitzes wirklich die bestmögliche Verwertung dargestellt hätte, wie hoch die realistischen Liquidationskosten wären und ob ein etwaiger, den Ertragswert wesentlich übersteigender Liquidationswert nicht ein Indiz dafür ist, dass Vorstand und Mehrheitsaktionär selbst nachhaltig von einer günstigeren als der dem Ertragswert zugrunde gelegten Ertragslage ausgehen[74] (vgl zu auf Veranlassung des Mehrheitsaktionärs produzierten Dauerverlusten auch bei § 304 Rn 31).

Die auf die IDW-Standards gestützte Bewertungspraxis ermittelt die Abfindung aus einem „objektivierten" Unternehmenswert als der Betrag, der sich für den einzelnen Aktionär bei Fortführung des Unternehmens ergibt. Dieser vom IDW und der herrschenden Praxis vertretenen Berechnungsmethode liegt der Entschädigungsgedanke zugrunde.[75] Richtigerweise ist aber auf den Wert abzustellen, der bei einer Veräußerung des Unternehmens im Ganzen auf jede Aktie entfällt.[76] **42a**

Der Grundsatz der bestmöglichen Verwertung ist auch einschlägig bei der Frage, ob **Vollausschüttung der Erträge** zu unterstellen ist, selbst wenn die Vollausschüttung zB der Auslandserträge nicht die bestmögliche Verwertung darstellt. Während die **IDW-Grundsätze S 1 2000**[77] noch die Vollausschüttung auch dann unterstellten, wenn dadurch unnötige Mehrsteuern entstehen würden, sind nach IDW S 1 2008 Ausschüttungsannahmen zu treffen.[78] UE ist die günstigste Steuerplanung zu unterstellen.[79] Wenn Bilda[80] mit dem Argument, alle Aktionäre an der Thesaurierung gleichmäßig beteiligen zu lassen, für die Vollausschüttungsfiktion plädierte, so ist das die Anwendung des Grundsatzes der Vollständigkeit der Abfindung, welcher gebietet, den ausscheidenden Aktionär auch an den Vorteilen der Gewinnthesaurierung partizipieren zu lassen, widerspricht aber nicht dem Gebot, die Thesaurierung zu unterstellen, wenn dies die bestmögliche Verwertung des Gesellschaftsvermögens ist.[81] **43**

Dem Grundsatz der bestmöglichen Verwertung widerspricht es auch, die **sofortige Veräußerung des nicht betriebsnotwendigen Vermögens** unter Inkaufnahme steuerlicher Nachteile zu unterstellen, wenn das nicht-betriebsnotwendige Vermögen eine im Verhältnis zum möglichen Veräußerungserlös günstigere Rendite abwirft und ein ordentlicher Kaufmann keine Veräußerung durchführen würde.[82] **44**

7. Grundsatz der gleichmäßigen Berücksichtigung von Chancen und Risiken. Anders als bei der Bewertung für Zwecke der Handelsbilanz, wo das kaufmännische Vorsichtsprinzip gilt, findet das **Vorsichtsprinzip** bei der Unternehmensbewertung für den Zweck der Abfindung **keine Anwendung**.[83] Das Vorsichtsprinzip würde nämlich den Abfindungsverpflichteten einseitig begünstigen. Chancen und Risiken sind vielmehr gleichmäßig nach den Grundsätzen der Wahrscheinlichkeitsrechnung zu gewichten.[84] Umgekehrt besteht aber auch kein Meistbegünstigungsgebot zugunsten der außenstehenden Aktionäre, so dass bei mehreren vertretbaren Einzelwerten oder Prognosen nicht zwingend die jeweils dem außenstehenden Aktionär günstigste zu wählen ist.[85] **45**

8. Ertragsteuern. Bei der Behandlung der Ertragsteuern wird oft nicht hinreichend zwischen den verschiedenen sich stellenden Rechtsfragen unterschieden:[86] **46**

Die gleichzeitige Kürzung der Ertragsteuern beim Zukunftsertrag[87] und beim Kapitalisierungszins[88] ist grundsätzlich insoweit nicht zu beanstanden, als damit der unterschiedliche Wert steuerpflichtiger und steuerfreier Erträge zum Ausdruck kommen soll. Bei richtiger Rechnung kürzt die Ertragsteuer sich weitgehend heraus. Häufig anzutreffen, wegen Verstoßes gegen den Grundsatz der bestmöglichen Verwertung unzutreffend ist jedoch, bei steuerfreien Erträgen eine nochmalige Besteuerung durch in Wahrheit nicht zweckmäßige Ausschüttung an die Aktionäre zu unterstellen. **47**

---

73 Grigoleit/*Tomasic*, § 93 Rn 6.
74 Wie hier *Hüttemann*, WPg 2007, 812, 816.
75 Denkt man den Entschädigungsgedanken zu Ende, so müssste dem ausscheidenden Aktionär sogar die Steuer auf einen zwangsweise realisierten Spekulationsgewinn ersetzt werden (so *Jonas*, FS Wienand Meilicke, 2010, 271). Dagegen zutreffend *F. Meilicke*, S. 83.
76 *Hüttemann*, ZHR 162 (1998), 563; ders., WPg 2007, 812 unter Hinweis auf die Rspr des RG; *F. Meilicke*, insbes. S. 43 ff, der die bisher weitgehend unbeachtet gebliebenen rechnerischen Unterschiede zwischen diesen beiden Berechnungsmethoden aufzeigt.
77 IDW S 1 2000, Ziff. 4.4.2.3.
78 IDW S 1 2008, Ziff. 4.4.2.3.
79 Vgl BGH BB 1993, 1682 zum Schadensersatzanspruch gegen Steuerberater, wenn nicht die günstigste Steuerplanung gewählt wird.
80 MüKo-AktG/*Bilda*, 2.Aufl., Rn 73; dagegen MüKo-AktG/*Paulsen*, Rn 98.
81 Dazu *F. Meilicke*, S. 202 ff.
82 Zum Grundsatz der bestmöglichen Verwertung W. *Meilicke*, Die Barabfindung, S. 74 ff.
83 *Hebling*, Unternehmensbewertung, 9. Aufl, 1998, S. 28.
84 Vgl weiterführend W. *Meilicke*, Die Barabfindung, S. 80.
85 OLG Stuttgart, Beschl. v. 17.10.2011, 20 W 7/11, abrufbar bei juris, Rn 187; OLG Frankfurt, ZIP 2012, 124; aA *Lochner*, AG 2011, 692, 693.
86 Einen guten Überblick gibt *F. Meilicke*, S. 69 ff.
87 IDW S 1 2008 4.4.1.2.
88 Nach IDW S 1 2008 6.3.; so auch LG Stuttgart, NZG 2013, 342.

48 **9. Synergieeffekte.** Nach überwiegender Rspr der OLG sind Synergieeffekte[89] außer Betracht zu lassen.[90] Dagegen jetzt wohl BGH.[91] Richtigerweise ist zu unterscheiden: **Verbundvorteile**, welche sich nur durch den Unternehmensvertrag realisieren lassen, haben als Folgen des entschädigungspflichtigen Eingriffs außer Betracht zu bleiben. **Betriebswirtschaftliche Vorteile**, welche sich auch auf andere Weise, zB durch *at arm's length* ausgehandelte Kooperationsverträge, realisieren ließen, stellen Geschäftschancen dar, welche bei Veräußerung des Unternehmens im Ganzen realisiert werden könnten und darum den ausscheidenden Aktionären nicht entschädigungslos genommen werden dürfen.[92]

49 **10. Kapitalisierungszins.** Mit Annahme der Barabfindung erhält der ausscheidende Aktionär Geldbeträge früher, als er sie erhalten hätte, wenn er in dem Unternehmen verblieben wäre. Um ihn nicht besser zu stellen, als er stünde, wenn er nicht ausgeschieden wäre, muss er sich durch **Diskontierung der Zukunftserträge** das anrechnen lassen, was er aus einer ihm möglichen Alternativinvestition mit der Barabfindung erwirtschaften kann.[93] Daraus folgt:

50 **a) Basiszins.** Da sich nicht für jeden Aktionär individuell die ihm zur Verfügung stehende Alternativinvestition ermitteln lässt, geht die BWL und ihr folgend die Rspr von dem landesüblichen **Zinsfuß für langfristige fest verzinsliche Wertpapiere** als Basiszins aus. Dies ist eine Renditemöglichkeit, welche jedermann offen steht und welche jeder außenstehende Aktionär sich anrechnen lassen muss. Dabei wird jährliche Zinszahlung und Wiederanlage der Zinsen in fest verzinsliche Wertpapiere unterstellt. Die Zukunftserträge werden also mit Zins und Zinseszins abgezinst.[94]

51 **b) Inflationsabschlag.** Fest verzinsliche Wertpapiere unterliegen dem Inflationsrisiko und damit einem Risiko, welchem Unternehmenserträge nicht in gleicher Weise unterliegen. Außerdem schwankt der Zinssatz für fest verzinsliche Wertpapiere erfahrungsgemäß mit der Höhe der Geldentwertung, während der Realzins weit weniger schwankt.[95] Soweit zukünftige Überschüsse aus dem Unternehmen ohne Preissteigerung geschätzt werden, muss deshalb auch der Kapitalisierungszins um die Geldentwertungsrate ermäßigt werden.[96]

52 **c) Risikozuschlag zum Kapitalisierungszins.** Die Rspr erhöht überwiegend den Kapitalisierungszins um einen Risikozuschlag für **Unternehmerrisiken**.[97] Die konkreten Risikozuschläge schwanken enorm.[98] Im Ergebnis kann sich ein Risikozuschlag rechtfertigen, wenn in den geschätzten Zukunftserträgen noch nicht alle Risiken berücksichtigt sind. Wegen des Verbots einer „vorsichtigen" Bewertung müssen allerdings auch die Chancen gleichgewichtig berücksichtigt werden, so dass ein Risikozuschlag vom Ergebnis her nur insoweit gerechtfertigt ist, wie die im geschätzten Zukunftsertrag nicht berücksichtigten Risiken die im geschätzten Zukunftsertrag nicht berücksichtigten Chancen übersteigen.[99] Dabei muss man sich immer klar machen, dass ein Risikozuschlag von „nur" 2 % auf einen Basiszins von zB 6 % einer Minderung der geschätzten Unternehmenserträge um 25 % entspricht. UE gehört der Risikoabschlag systematisch nicht in die Ermittlung der Erträge aus der Alternativinvestition in fest verzinsliche Wertpapiere, sondern in die Ermittlung der Erträge aus dem Bewertungsobjekt.[100] Das wird besonders deutlich, wenn man den für die

---

89 Dazu ausführlich Großkomm-AktienR/*Hasselbach/Hirte*, Rn 70 ff.

90 BayObLG AG 1996, 127, 128; AG 1996, 176, 177; OLG Celle AG 1979, 230, 233; AG 1999, 128, 130; OLG Düsseldorf ZIP 1990, 1333, 1340; AG 1998, 37, 38; AG 2000, 323 f; in der Literatur auch: *Hüffer*, Rn 22; KölnKomm-AktG/*Koppensteiner*, Rn 65; aA zu positiven Verbundeffekten: MüKo-AktG/*Paulsen*, Rn 135; MüHb-AG/*Krieger*, § 70 Rn 132; *Großfeld*, S. 123 ff; *Fleischer*, ZGR 2001, 1, 27.

91 DB 2001, 973 mit Anm. *W. Meilicke/Heidel*. Wie hier *Hüttemann*, WPg 2007, 812, 815.

92 So auch OLG Stuttgart, Beschl. v. 5.6.2013, 20 W 6/10, abrufbar bei juris, Rn 169; vgl hierzu auch *W. Meilicke*, Die Barabfindung, S. 78; *Großfeld*, S. 115 ff; *Mertens*, AG 1992, 32 ff; *Busse v. Colbe/Coenberg*, Unternehmensakquisition und Unternehmensbewertung, 1992, S. 174, 184; *Hachmeister/Ruthardt/Gebhardt*, Der Konzern 2011, 600; wie hier *Hüttemann*, WPg 2007, 812, 814.

93 Einzelheiten bei *W. Meilicke*, Die Barabfindung, S. 94 ff; MüKo-AktG/*Paulsen*, Rn 104 ff.

94 *Großfeld*, S. 64 f; *Piltz*, Die Unternehmensbewertung in der Rechtsprechung, 1989, S. 25 f.

95 Nachw. bei *W. Meilicke*, DB 1980, 2121.

96 Seit OLG Celle DB 1979, 1031, st. Rspr; OLG Düsseldorf AG 1992, 200, 203 f; OLG Düsseldorf, Beschl. v. 6.4.2011, I-26 W 2/06 (AktE), 26 W 2/06 (AktE), abrufbar bei juris.

97 Dafür BGH WM 1982, 17, 18; OLG Düsseldorf WM 1990, 1282, 1288; BayObLG NZG 2001, 1137, 1139 und AG 2002, 388, 389; OLG Hamburg NZG 2001, 471 f; OLG Stuttgart, AG 2000, 428, 432; aA OLG Celle DB 1979, 1031 und NZG 1998, 987.

98 OLG Hamburg NZG 2001, 471: 0,5 % für Grundstücksunternehmen; BayObLG, Beschl. v. 14.9.2005, 3Z BR 241/04: höchstens 2 % für Papierhersteller; OLG Düsseldorf AG 1999, 321: 0,5 % für Zuckerfabrik; OLG Stuttgart, Beschl. v. 17.10.2011, 20 W 7/11, abrufbar bei juris: 6,05 % für Spezialfahrzeughersteller („Kässbohrer"); OLG Frankfurt AG 2011, 832, 836: 4,5 % für Versicherungsunternehmen; OLG Düsseldorf, Beschl. v. 6.4.2011, I-26 W 2/06 (AktE), 26 W 2/06 (AktE), abrufbar bei juris: 1,75 % für Versicherungsunternehmen.

99 OLG Celle NZG 1998, 987.

100 Wie hier OLG Celle NZG 1998, 987, 989; dagegen OLG Düsseldorf AG 1999, 321 mit dem Argument, in die Zukunftsprognose dürften nur diejenigen Umstände eingestellt werden, die am Stichtag jedenfalls schon in der Wurzel angelegt und vorhersehbar waren. Im Anschluss an die ca. 5 Jahre dauernde erste Planungsphase können die Zukunftserträge aber nur pauschal geschätzt werden, ohne dass ein bestimmter Teil davon einer am Stichtag schon vorhandenen Wurzel zugeordnet werden könnte.

Barabfindung ermittelten Unternehmenswert als Basis für die Ausgleichszahlung benutzt (zur einseitigen Kündigung bei ausbleibenden Gewinnen § 304 Rn 25).

11. Bewertungsstichtag. Die Regel des Abs. 3 S. 2, dass die Barabfindung die Verhältnisse der Gesellschaft auf den **Tag der Beschlussfassung über den Unternehmensvertrag** berücksichtigen muss, gilt nach zutreffender hM auch für die Abfindung in Aktien.[101] Das liegt schon deshalb in der Natur der Sache, weil spätestens am Tag der HV die vertraglich zu vereinbarende Abfindung festgelegt werden muss. Hinsichtlich der verschiedenen Fragen, für die das Stichtagsprinzip relevant ist, wird aber in der bisherigen Diskussion nicht immer klar genug unterschieden.

a) **Wurzeltheorie.** Das Stichtagsprinzip gilt zunächst für die tatsächlichen Erkenntnisse über die Zukunftserträge, welche in die Bewertung einzufließen haben. Nach der vom BGH[102] begründeten Wurzeltheorie sind dies alle **Tatsachen, deren „Wurzeln" in der Zeit vor dem Stichtag lagen**. Bisher nicht geklärt ist, was unter „Wurzeln" zu verstehen ist. Die Erkennbarkeit der bereits in der Vergangenheit angelegten Entwicklungen wird in der Rechtssprechung als Mindestvoraussetzung genannt.[103] Das OLG Düsseldorf hat dagegen das Vorhandensein einer am Stichtag unerkannten Bodenkontaminierung genügen lassen.[104] Bloße Kausalität, bei der jeder zukünftige Umstand kausal auf in der Vergangenheit schon liegende Umstände zurückgeführt werden kann, ist aber wohl auch nicht gemeint, weil dann alle späteren Erkenntnisse berücksichtigt werden müssten. Das OLG Zweibrücken[105] hat einen während des Verfahrens erkennbar gewordenen Umsatzanstieg nicht mehr berücksichtigt, weil er am Tag der HV nicht geplant und nicht voraussehbar gewesen sei. Die bei *W. Meilicke*[106] vorgeschlagene Handhabung, alle während des Spruchverfahrens eintretenden Tatsachen noch zu berücksichtigen, hat sich nicht durchgesetzt. Eine rechtliche Klärung steht noch aus.

b) **Zeitpunkt, auf den diskontiert wird.** Die zukünftigen Ertrags- oder Liquidationsüberschüsse müssen auf einen Stichtag diskontiert werden, um zu einem Unternehmenswert zu kommen. Die Praxis der Gerichte diskontiert auf den **Tag der HV**. Das ist an sich nicht zu beanstanden, weil der Tag der von der Handelsregistereintragung abhängigen Fälligkeit der Abfindung vorher nicht bekannt ist. Da die Barabfindung aber nach Abs. 3 S. 3 erst mit der **Eintragung im Handelsregister** zu verzinsen ist, entsteht durch die Unverzinslichkeit der Abfindung zwischen HV-Beschluss und Eintragung eine dem Grundsatz der vollen Entschädigung widersprechende Periode, in welcher dem außenstehenden Aktionär die Erträge entschädigungslos entzogen werden. Jedoch hat der BGH in der parallel gelagerten Situation, Diskontierung der Abfindung nach § 327b auf den Zeitpunkt der beschließenden HV und Fälligkeit der Abfindung erst zum Zeitpunkt der Eintragung, eine solche „Verzinsungslücke" abgelehnt.[107]

c) **Berücksichtigung von Änderungen des Bewertungsobjektes.** Von den beiden vorgenannten Fragen wiederum zu unterscheiden ist, ob die Aktie so zu bewerten ist, wie sie sich am Tag der Hauptversammlung darstellt, oder ob Gegenstand der Bewertung die Aktie ist, welche letztlich während der Frist des Abs. 4 abzufinden ist. Schon zwischen dem Tag der HV und der Eintragung in das Handelsregister können Umstände, zB Kapitalmaßnahmen oder seitherige Ausschüttungen, eintreten, welche dazu führen, dass die zum Tag der HV bewertete Aktie in dieser Form gar nicht mehr vorhanden ist. Nach hiesiger Auffassung muss das Spruchstellengericht die Abfindung festsetzen, wie sie während der Laufzeit des Vertrages tatsächlich zu gewähren ist.[108]

12. Aufteilung der Abfindung auf unterschiedliche Aktienkategorien. Nach Auffassung des OLG Düsseldorf[109] können Vorzugsaktien gegenüber Stammaktien entsprechend der unterschiedlichen Bewertung an der Börse mit einem **Abschlag vom anteiligen Unternehmenswert** abgefunden werden. Dem kann indes nicht gefolgt werden. Soweit nicht nach BVerfG[110] der Börsenkurs als Mindestabfindung maßgeblich ist, findet vielmehr § 140 Abs. 1 Anwendung, wonach Vorzugsaktien mit Ausnahme des Stimmrechts gleiche

---

101 BGHZ 138, 136, 139 f = ZIP 1998, 690 = BB 1998, 872; BayObLG AG 1995, 509 f; OLG Celle AG 1999, 128, 129; MüKo-AktG/*Paulsen*, Rn 84; KölnKomm-AktG/*Koppensteiner*, Rn 59; MüHb-AG/*Krieger*, § 70 Rn 124; *Hüffer*, Rn 23.
102 BGH NJW 1973, 509 = BB 1973, 509, 511; BGHZ 138, 136, 139 f = ZIP 1998, 690 = BB 1998, 872.
103 OLG Frankfurt ZIP 2010, 729, 733; OLG Stuttgart, Beschl. v. 19.1.2011, 20 W 2/07, abrufbar bei juris, Rn 199.
104 Im Fall Sachtleben, DB 1977, 296 = WM 1977, 797.
105 WM 1995, 980 ff (Grünzweig und Hartmann) = DB 1995, 866 = AG 1995, 421.
106 *W. Meilicke*, Die Barabfindung, S. 84 ff.
107 BGH AG 2011, 514; *Hüffer*, Rn 26 a; vgl Einl. §§ 291–310 Rn 52.
108 AA OLG Hamburg AG 2002, 413 (Philips), welches diese Frage dem Leistungsverfahren überlassen will. Wie hier OLG Zweibrücken WM 1995, 980 ff = DB 1995, 866 hinsichtlich der Berücksichtigung von Steuersatzänderungen bei der Ausgleichszahlung. Der BGH betont in seiner Ytong AG-Entscheidung, BGHZ 156, 57 ff = AG 2003, 627 ff = NJW 2003, 627 ff, dass die Abfindung nach § 305 die „volle Entschädigung für den Wert ihrer Beteiligung an dem,arbeitenden' Unternehmen" verschaffen muss.
109 DB 2002, 781, 783 = AG 2002, 398.
110 BVerfGE 100, 289, 302 ff (DAT/Altana) = BB 1999, 1778 = NJW 1999, 3769.

Rechte wie Stammaktien haben. Stimmrechtslose Vorzugsaktien werden an der Börse ganz unterschiedlich teilweise deutlich niedriger, teilweise aber auch deutlich höher als Stammaktien gehandelt, so dass es auf den vom OLG Düsseldorf hervorgehobenen Umstand, wie eine Aktienkategorie in der Vergangenheit an der Börse bewertet worden ist, für die Frage, wie der anteilige Unternehmenswert auf verschiedene Aktienkategorien aufzuteilen ist, nicht maßgeblich ankommen kann. Auch auf den vom OLG Düsseldorf für maßgeblich gehaltenen größeren Einfluss der Stammaktien auf das Unternehmen kann es nicht ankommen, weil der größere Einfluss kein Recht auf höhere Partizipation am Unternehmenserfolg gewährt. Richtigerweise ist auf die satzungsgemäße Beteiligung am Gewinn und am Liquidationserlös abzustellen.[111] U. U. kann der Dividendenvorzug aber als Ausgleich für das fehlende Stimmrecht angesehen werden, dessen Berechtigung mit dem Ausscheiden aus dem Unternehmen entfällt.[112]

58 **V. Wirkungen der Spruchstellenentscheidung.** Die Spruchstellenentscheidung wirkt vertragsgestaltend so, als wäre von vorneherein die vollständige Barabfindung angeboten worden.

59 Aus § 13 Satz 2 SpruchG folgt, dass **alle außenstehenden Aktionäre**, auch wenn sie keinen Antrag gestellt und die angebotene Abfindung schon angenommen haben, den **Abfindungsergänzungsanspruch** haben.[113]

60 **VI. Verzinsung und anderer Verspätungsausgleich (Abs. 3 S. 3). 1. Verzinsung der Barabfindung (Abs. 3 S. 3 Hs 1).** Die Barabfindung ist nach Abs. 3 S. 3 Hs 1 mit 5 (bis 1.9.2009 mit 2)[114] Prozentpunkten über dem Basiszins zu verzinsen. Da während des jahrelangen Spruchverfahrens **keine Zinseszinsen** gezahlt werden, ist dies für den Abfindungsverpflichteten billiges Kapital und für die außenstehenden Aktionäre keine volle Entschädigung, zumal ihnen bei der Ermittlung der Abfindung die Unternehmenserträge mit Zins und Zinseszins mit einem regelmäßig deutlich über 5 Prozentpunkten über Basiszins liegenden Kapitalisierungszins in der Annahme, ihnen sei die Wiederanlage zu diesen Konditionen möglich, diskontiert werden.

61 Die zwischenzeitlich bezogene Ausgleichszahlung (ohne etwaige KöSt-Gutschrift)[115] ist nur auf die Zinsen, nicht auf das Kapital anzurechnen.[116] Die Zinsen des S. 3 stellen also einen Mindestschaden dar. Die Frage, ob die Ausgleichszahlung die Zinsen übersteigt, wird für jedes Geschäftsjahr gesondert ermittelt; geschuldet ist der jeweils höhere Betrag.[117] Wer dagegen, wie Stimpel und das OLG Hamburg, nur die um die Ausgleichszahlung verminderte Barabfindung verzinst, verweigert den außenstehenden Aktionären den Zustand, welchen sie hätten, wenn sie ohne enteignungsgleichen Eingriff im Unternehmen hätten verbleiben können, weil sie dann auch die Erträge hätten verzinslich anlegen können, sobald sie erwirtschaftet worden sind, ohne auf das Ende des Spruchverfahrens zu warten.[118]

62 Von der HV aus vororganschaftlichen Rücklagen beschlossene Dividenden sind weder auf den Zinsanspruch noch auf den Abfindungsanspruch anzurechnen.[119]

63 Die Annahme der Abfindung ist ein Ereignis mit steuerlicher Rückwirkung iSv § 175 Abs. 2 AO.[120]

64 **2. Nachlieferung der Abfindung in Aktien.** Eine Abfindung in Aktien ist mit den **Dividendencoupons und Bezugsrechten** nachzuliefern, welche der Aktie im Zeitpunkt der Beschlussfassung der HV über den Unternehmensvertrag anhafteten. Ein etwa gewährtes Bezugsrecht kann noch nachträglich ausgeübt werden. UE gilt die Verzinsungspflicht nach Abs. 3 S. 3 Hs 1 für nachzuzahlende Dividenden analog.[121]

65 **3. Weiterer Schaden (Abs. 3 S. 3 Hs 2).** Nach hM[122] gilt der nach Abs. 3 S. 3 Hs 2 nicht ausgeschlossene Anspruch auf weiteren Schaden nur im Falle des Verzuges.[123] Wäre das die Intention des Gesetzgebers gewesen, so wäre die Vorschrift überflüssig, da der Anspruch auf **Verzugsschaden** schon aus dem BGB folgt und die Ausgestaltung des Abfindungsanspruchs als vertragliche Grundlage an der Gültigkeit der Verzugs-

---

111 So jetzt zutreffend OLG Düsseldorf AG 2009, 907, 911.
112 I.E. hierzu W. Meilicke, Die Barabfindung, S. 133 ff.
113 St. Rspr auch vor Einführung des SpruchG: BGH AG 2002, 559; BayObLG AG 1996, 127, 130; BB 1996, 687; OLG Düsseldorf AG 1990, 397, 401 f; hL vgl Emmerich in: Emmerich/Habersack, Rn 86; MüKo-AktG/Paulsen, Rn 181; Großkomm-AktienR/Hasselbach/Hirte, Rn 256 ff. Die früher abweichende Auffassung von Koppensteiner (KölnKomm-AktG/Koppensteiner, 2. Aufl. Rn 56; im Sinne der hM nunmehr aber KölnKomm-AktG/Koppensteiner, Rn 151) ging auf ein Parteigutachten zurück, welches Koppensteiner im Rahmen der Abfindung der Wintershall-Aktionäre durch BASF erstattet hatte, um dem gemeinsamen Vertreter die Mitwirkung an einem Vergleich über die spätere Eingliederung ohne Nachbesserung für die Mehrzahl der Wintershall-Aktionäre, die schon anlässlich des früheren Beherrschungsvertrages ausgeschieden waren, zu ermöglichen.
114 § 20 Abs. 5 EGAktG.
115 OLG Hamburg AG 2002, 413.
116 BGH ZIP 2003, 1745, 1746; BGH ZIP 2003, 1600, 1601; MüKo-AktG/Paulsen, Rn 149; KölnKomm-AktG/Koppensteiner, Rn 121; Emmerich in: Emmerich/Habersack, Rn 33 a; Hüffer, Rn 26 b.
117 BGH, DB 2008, 345; zum Referenzzeitraum: Hüffer, Rn 26 c.
118 Zum Streitstand: OLG Hamburg AG 2002, 413; OLG Hamm NZG 2002, 51, 52; W. Meilicke, AG 1999, 103; Stimpel, AG 1998, 259; Maul, DB 2002, 1423; Jungmann, BB 2002, 1549.
119 BGH, ZIP 2003, 1600.
120 Van Lishaut, in: Rödder/Herlinghaus/van Lishaut, UmwStG, § 5 Rn 14; W. Meilicke, AG 1999, 103.
121 AA aber wohl BGH NZG 2008, 189 für die Nachzahlung der Ausgleichszahlung, vgl zu § 304 Rn 42 b.
122 MüKo-AktG/Paulsen, Rn 154.
123 OLG Düsseldorf, Urt. v. 17.3.2011, I-6 U 80/10, bestätigt durch BGH, Beschl. v. 16.10.2012, II ZR 69/11 und BVerfG, Beschl. v. 21.2.2013, 1 BvR 2501/12.

regeln des BGB keinen Zweifel aufkommen lässt. Abs. 3 S. 3 Hs 2 dient uE der Umsetzung des verfassungsrechtlichen Anspruchs auf **volle Entschädigung** nach Feldmühle-Rechtsprechung des BVerfG,[124] welcher ein Verschulden oder einen Verzug des Abfindungsverpflichteten nicht voraussetzt. Zum ersatzpflichtigen weiteren Schaden des außenstehenden Aktionärs gehören zB Abwicklungsspesen für die Annahme des Abfindungsangebotes, ferner ein 5 (früher: 2) Prozentpunkte über Basiszins übersteigender **entgangener Gewinn**, insbesondere entgangene Zinseszinsen. Für die Zusprechung eines weiteren Schadens ist das Spruchstellengericht aber nicht zuständig.[125]

VII. Kündigungsrecht (Abs. 5 S. 4). Abs. 5 S. 4 iVm § 304 Abs. 4 sieht auch hinsichtlich der Abfindung vor, dass der andere Vertragsteil den Vertrag ohne Einhaltung einer Kündigungsfrist kündigen kann, wenn das Spruchgericht eine höhere Abfindung oder Ausgleichszahlung vorsieht. Die verfassungskonforme Auslegung zwingt aber dazu, der Kündigung eine Wirkung auf das Abfindungsangebot erst beizumessen, nachdem die **Mindestfrist des Abs. 4** abgelaufen ist, da der andere Vertragsteil während der schon vergangenen Vertragslaufzeit in der Lage war, die Substanz des Unternehmens an sich zu ziehen. 66

§ 306 (aufgehoben)

§ 307 Vertragsbeendigung zur Sicherung außenstehender Aktionäre

Hat die Gesellschaft im Zeitpunkt der Beschlußfassung ihrer Hauptversammlung über einen Beherrschungs- oder Gewinnabführungsvertrag keinen außenstehenden Aktionär, so endet der Vertrag spätestens zum Ende des Geschäftsjahrs, in dem ein außenstehender Aktionär beteiligt ist.

Literatur:
Siehe die Angaben bei § 304 und § 305 AktG.

A. Regelungszweck

Da im Beherrschungs-/Gewinnabführungsvertrag weder Ausgleichszahlung nach § 304 noch Abfindungsangebot nach § 305 vereinbart zu werden brauchen, wenn keine außenstehenden Aktionäre vorhanden sind, geht der Gesetzgeber davon aus, dass der Eintritt eines außenstehenden Aktionärs zur Vertragsbeendigung führen muss.[1] Die als **Schutzvorschrift für außenstehende Aktionäre** gedachte Vorschrift ist jedoch ungenügend. 1

§ 307 greift nur ein, wenn die Gesellschaft **im Zeitpunkt der Beschlussfassung ihrer HV** über den Beherrschungs-/Gewinnabführungsvertrag keinen außenstehenden Aktionär hat. Dementsprechend ordnet § 304 Abs. 1 S. 3 an, dass von einem Ausgleich abgesehen werden kann, wenn die Gesellschaft im Zeitpunkt der Beschlussfassung keinen außenstehenden Aktionär hat. Wenn kein außenstehender Aktionär bei Abschluss des Unternehmensvertrags an der Gesellschaft beteiligt war und der Unternehmensvertrag trotzdem vorsorglich eine Regelung zu Ausgleich und Abfindung enthielt, soll trotzdem der Vertrag nach § 307 beendet werden, da die Angemessenheit der vertraglichen Regelungen ursprünglich mangels Antragsberechtigten nicht überprüft wurde.[2] 2

Wer erst **nach der Beschlussfassung** Aktien erwirbt und dadurch außenstehender Aktionär wird, muss den Beherrschungs-/Gewinnabführungsvertrag ohne Ausgleichszahlung und ohne Abfindungsangebot bis zum Ende des bei Erwerb laufenden Geschäftsjahres hinnehmen, selbst wenn er mangels Eintragung im Handelsregister und Veröffentlichung in den Gesellschaftsblättern die Existenz eines Beherrschungs-/Gewinnabführungsvertrag gar nicht erkennen konnte. Bis dahin können jedoch schon sämtliche stillen Reserven an den anderen Vertragsteil abgeführt sein. Der Schutz des § 307 versagt also gerade in der kritischen Phase, in welcher der Abschluss eines Beherrschungs-/Gewinnabführungsvertrag hinzutretenden außenstehenden Aktionären noch gar nicht erkennbar ist. Für die Auffassung von *Bilda*,[3] der Beherrschungs-/Gewinnabführungsvertrag dürfe nicht in das Handelsregister eingetragen werden, wenn nach Beschlussfassung ein außenstehender Aktionär hinzutritt, fehlt eine Rechtsgrundlage; außerdem ist nicht ersichtlich, wie das Handelsregister von dem Hinzutreten eines außenstehenden Aktionärs erfahren soll. Somit wird der außenstehende Aktionär in solchen Fällen auf Gewährleistungsansprüche gegen den Veräußerer verwiesen. Erfolgt 2a

---

124 BVerfGE 14, 263 ff = DB 1962, 1073 ff = NJW 1962, 1667 ff.
125 *W. Meilicke*, Die Barabfindung, S. 143 f; OLG Düsseldorf AG 2009, 907, 912.
1 *Kropff*, S. 401 f.
2 *Hüffer*, Rn 1 mwN; Spindler/Stilz/*Veil*, Rn 5.
3 MüKo-AktG/*Bilda*, 2. Aufl., Rn 4; *Emmerich* in: Emmerich/Habersack, Rn 5; Großkomm-AktienR/*Hasselbach/Hirte*, Rn 11; dagegen auch MüKo-AktG/*Paulsen*, Rn 5.

der Zutritt des außenstehenden Aktionärs in diesem Zeitraum durch Kapitalerhöhung gegen Einlagen, gibt es jedoch keine Gewährleistungsansprüche und ist nach § 185 Abs. 3 nicht einmal die Anfechtung wegen arglistiger Täuschung möglich.

B. Voraussetzung der Vertragsbeendigung nach § 307

3 Voraussetzung der Vertragsbeendigung ist, dass die Gesellschaft im Zeitpunkt der Beschlussfassung der HV über den Beherrschungs-/Gewinnabführungsvertrag keinen außenstehenden Aktionär hat. **Außenstehender Aktionär** ist auch hier jeder Aktionär außer dem anderen Vertragsteil (str; vgl § 304 Rn 9).

4 Voraussetzung ist ferner, dass ein neuer Aktionär hinzutritt. Maßgeblich ist das **dingliche Geschäft**; ob der Aktionär bereits vorher schuldrechtlich einen Kaufvertrag über Aktien an der Gesellschaft geschlossen hat oder ob er wirtschaftlicher Eigentümer geworden ist, ist unerheblich. Ob er von der Existenz des Beherrschungs-/Gewinnabführungsvertrag wusste, ist ebenfalls unerheblich. Unerheblich ist auch die Dauer der Beteiligung des außenstehenden Aktionärs.[4] Die Vertragsbeendigung tritt also auch ein, wenn die Beteiligung bei Ablauf des Geschäftsjahres nicht mehr besteht. Insofern schießt die Vorschrift über das Ziel hinaus.

C. Rechtsfolge des § 307

5 Der Beherrschungs-/Gewinnabführungsvertrag endet mit Ablauf des bei Eintritt des außenstehenden Aktionärs laufenden Geschäftsjahres. UE ist die Gesellschaft nicht berechtigt, nach Beitritt eines außenstehenden Aktionärs ein laufendes Rumpfgeschäftsjahr zu verlängern, um die Rechtsfolgen des § 307 hinauszuschieben.

6 Die Beendigung nach § 307 erfolgt „spätestens" mit Ablauf des laufenden Geschäftsjahres. Andere Beendigungsgründe bleiben also unberührt.[5]

7 § 307 kann als Gestaltungsmittel zur vorzeitigen Beendigung eines entsprechend § 14 Nr. 3 KStG fest auf fünf Jahre unkündbar abgeschlossenen Beherrschungsvertrag/Gewinnabführungsvertrag eingesetzt werden. Der Verkauf einer Aktie an einen außenstehenden Aktionär ist uE für die ertragsteuerliche Organschaft unschädlich.

8 Endet der Vertrag nach § 307, so ist er bis zum Ablauf des laufenden Geschäftsjahres noch vollständig durchzuführen. Ein Gewinn ist abzuführen, ein Verlust zu übernehmen. Auch nachteilige Weisungen nach § 310 sind bis Ablauf des Geschäftsjahres zulässig.[6]

Zweiter Teil Leitungsmacht und Verantwortlichkeit bei Abhängigkeit von Unternehmen

Erster Abschnitt
Leitungsmacht und Verantwortlichkeit bei Bestehen eines Beherrschungsvertrags

§ 308 Leitungsmach

(1) ¹Besteht ein Beherrschungsvertrag, so ist das herrschende Unternehmen berechtigt, dem Vorstand der Gesellschaft hinsichtlich der Leitung der Gesellschaft Weisungen zu erteilen. ²Bestimmt der Vertrag nichts anderes, so können auch Weisungen erteilt werden, die für die Gesellschaft nachteilig sind, wenn sie den Belangen des herrschenden Unternehmens oder der mit ihm und der Gesellschaft konzernverbundenen Unternehmen dienen.

(2) ¹Der Vorstand ist verpflichtet, die Weisungen des herrschenden Unternehmens zu befolgen. ²Er ist nicht berechtigt, die Befolgung einer Weisung zu verweigern, weil sie nach seiner Ansicht nicht den Belangen des herrschenden Unternehmens oder der mit ihm und der Gesellschaft konzernverbundenen Unternehmen dient, es sei denn, daß sie offensichtlich nicht diesen Belangen dient.

(3) ¹Wird der Vorstand angewiesen, ein Geschäft vorzunehmen, das nur mit Zustimmung des Aufsichtsrats der Gesellschaft vorgenommen werden darf, und wird diese Zustimmung nicht innerhalb einer angemessenen Frist erteilt, so hat der Vorstand dies dem herrschenden Unternehmen mitzuteilen. ²Wiederholt das

---

4 MüKo-AktG/*Paulsen*, Rn 8.
5 *Hüffer*, Rn 3.
6 Großkomm-AktG/*Hasselbach/Hirte*, Rn 20.

herrschende Unternehmen nach dieser Mitteilung die Weisung, so ist die Zustimmung des Aufsichtsrats nicht mehr erforderlich; die Weisung darf, wenn das herrschende Unternehmen einen Aufsichtsrat hat, nur mit dessen Zustimmung wiederholt werden.

A. Weisungsbefugnisse aufgrund Beherrschungsvertrag (Abs. 1)t 1
   I. Gegenstand und Zweck 1
   II. Rechtsnatur der Weisung und Durchsetzung ... 3
   III. Inhalt und Gegenstand des Weisungsrechts 8
   IV. Nachteilige Weisungen (Abs. 1 S. 2) 12
     1. Nachteilige Weisung 12
     2. Belange des herrschenden Unternehmens oder konzernverbundener Unternehmen (Konzerninteresse) 14
   V. Grenzen des Weisungsrechts 17
     1. Unzulässigkeit existenzgefährdender Maßnahmen 17
     2. Unternehmensvertragliche Schranken 18
     3. Gesetzes- und satzungsrechtliche Schranken 20
   VI. Beherrschendes Unternehmen als Weisungsberechtigter 24
   VII. Vorstand der beherrschten Gesellschaft als Weisungsempfänger 28
B. Folgepflicht des Vorstands (Abs. 2) 31
   I. Folge- oder Zurückweisungspflicht 31
   II. Verhalten bei unzulässigen oder fehlenden Weisungen 34
C. Zustimmungspflichtige Geschäfte (Abs. 3) 36
D. Anwendung auf die GmbH 38

A. Weisungsbefugnisse aufgrund Beherrschungsvertrag (Abs. 1)t

I. Gegenstand und Zweck. § 308 bestimmt abschließend **Inhalt und Grenzen der Leitungsmacht**, die ein Beherrschungsvertrag dem herrschenden Unternehmen einräumt[1] und ist damit gleichzeitig Befugnis- und Legitimationsnorm für das Handeln des Vorstands der abhängigen Gesellschaft, der ohne Beherrschungsvertrag verpflichtet wäre, das Unternehmen ausschließlich unter eigener Verantwortung zu leiten. § 308 setzt zwingend voraus, dass zwischen herrschendem Unternehmen und beherrschter Gesellschaft ein Beherrschungsvertrag besteht.[2] Nur der wirksame Beherrschungsvertrag rechtfertigt verbindliche Weisungen und begründet eine Pflicht des abhängigen Unternehmens zu deren Befolgung. Weisungen, die vor seiner Eintragung in das Handelsregister oder nach seiner Beendigung erteilt werden, sind unwirksam.[3] Auch Weisungen, die während seiner Laufzeit hinsichtlich vor seiner Geltung liegender Vorgänge erteilt werden, sind vom Beherrschungsvertrag nicht gedeckt.[4] Gleiches gilt für Weisungen, deren Durchführung in den Zeitraum nach Beendigung fallen würde.[5]

Sachlich deckt der Beherrschungsvertrag Weisungen zu allen Maßnahmen und Vorgängen, die unter den Leitungsbegriff des Vorstands des Unternehmens nach § 76 Abs. 1 fallen[6] und die nicht durch Vertrag oder Gesetz ausgeschlossen sind.[7] Subjektiv ist der Geltungsbereich von § 308 auf die Vertragsparteien des Beherrschungsvertrags beschränkt.

II. Rechtsnatur der Weisung und Durchsetzung. § 308 gibt keine Hinweise zur Rechtsnatur der Weisung und ihrer Durchsetzung. Im Auftragsrecht dient die Weisung als **Mittel zur Präzisierung des Auftragsgegenstands** und der Auftragspflichten. Die Weisung ist danach einseitiges, gestaltungsähnliches Rechtsgeschäft. Auch die Weisung im Sinne von § 308 ist Mittel zur Präzisierung der Leitungsmacht des herrschenden Unternehmens und zur Festlegung bestimmter Handlungs- oder Verhaltenspflichten des Vorstands des abhängigen Unternehmens. Die Ausübung erfolgt durch einseitiges Rechtsgeschäft und entspricht dann dem Verständnis der Weisung in § 665 BGB, auf die die allgemeinen Rechtsgeschäftsregeln unmittelbar Anwendung[8] finden, oder die Weisung ist geschäftsähnliche Erklärung, auf die die allgemeinen Regeln für Rechtsgeschäfte und Willenserklärungen entsprechend anwendbar sind.[9]

Weisungen werden daher mit ihrem Zugang (§ 130 Abs. 1 S. 1 BGB), bei mündlicher Abgabe mit Vernehmen wirksam.[10] Als einseitige Rechtsgeschäfte oder geschäftsähnliche Erklärungen bedürfen sie keiner Annahme auf Seiten des Angewiesenen. Weisungen sind einseitig widerruflich[11] und jederzeit durch eine nach-

---

1 Vgl RegBegr. *Kropff*, S. 403; *Spindler/Stilz/Veil*, Rn 4.
2 MüKo-AktG/*Altmeppen*, Rn 6; *Emmerich*/Habersack, Rn 4; *Hüffer*, Rn 2; K. Schmidt/Lutter/*Langenbucher*, Rn 2.
3 *Hüffer*, Rn 2; MüKo-AktG/*Altmeppen*, Rn 8; K. Schmidt/Lutter/*Langenbucher*, Rn 2; *Emmerich*/Habersack, Rn 4.
4 Keine Rückwirkung beim Beherrschungsvertrag, vgl OLG München AG 1991, 358, 359 mwN; LG Hamburg ZIP 1990, 376 ff; *Hüffer*, Rn 2, § 294 Rn 19; MüKo-AktG/*Altmeppen*, § 294 Rn 51 ff.
5 Fehlt es an einem gültigen Vertrag, gelten die §§ 311 ff, vgl MüKo-AktG/*Altmeppen*, Rn 8.
6 RegBegr. *Kropff*, S. 403; *Hüffer*, Rn 1; KölnKomm-AktG/*Koppensteiner*, Rn 27.
7 MüHb-AG/*Krieger*, § 70, Rn 133; *Hüffer*, Rn 13 f; *Emmerich*/Habersack, Rn 55 ff.
8 Vgl KölnKomm-AktG/*Koppensteiner*, Rn 20; K. Schmidt/Lutter/*Langenbucher*, Rn 3.
9 *Hüffer*, Rn 11; KölnKomm-AktG/*Koppensteiner*, Rn 20; Spindler/Stilz/*Veil*, Rn 5; Großkomm-AktienR/*Hirte*, Rn 17; K. Schmidt/Lutter/*Langenbucher*, Rn 3; mit Einschränkungen hinsichtlich Anfechtbarkeit von Weisungen (§§ 119, 123 BGB) im Hinblick auf § 309 Abs. 2 vgl *Emmerich*/Habersack, Rn 26; *Emmerich*/Habersack, § 23 Rn 14.
10 Vgl MüKo-AktG/*Altmeppen*, Rn 9; *Emmerich*/Habersack, Rn 26.
11 Widerruflichkeit bis zum Zugang, vgl § 130 Abs. 1 S. 2 BGB, vgl *Emmerich*/Habersack, Rn 26.

folgende Weisung modifizierbar. Ihr Inhalt bestimmt sich gemäß §§ 133, 157 BGB aus Sicht des Vorstands der beherrschten Gesellschaft.[12] Unklare, insbesondere in sich widersprüchliche Weisungen verpflichten damit nicht zum Handeln, sondern allenfalls zur Vergewisserung darüber, was gemeint ist. Dies ist etwa bei der Mehrmütterorganschaft von Bedeutung. Unkoordinierte Weisungen zum selben Gegenstand darf der Vorstand der Untergesellschaft nur befolgen, wenn und soweit sie sich decken; widersprüchliche Weisungen sind unwirksam.

5 Das herrschende Unternehmen kann verlangen, dass der Vorstand der abhängigen Gesellschaft die zulässige Weisung ausführt.[13] Die Erfüllung ist mit Leistungsklage durchsetzbar; die Vollstreckung des Leistungsurteils richtet sich nach § 888 ZPO.[14]

6 Ebenso wie die Unübertragbarkeit des Weisungsrechts im Auftragsrecht aus der Unübertragbarkeit des Anspruchs auf Ausführung des Auftrags folgt (vgl § 664 Abs. 2 BGB) darf auch das aufgrund Beherrschungsvertrages herrschende Unternehmen seine vertragliche Leitungsmacht und die ihm aufgrund dessen zustehenden Weisungsbefugnisse nicht weiter übertragen.[15] Die Weisungsbefugnis stellt nach hM kein selbstständig verkehrsfähiges Recht im Sinne der §§ 398 ff, 413 BGB dar.[16] Ein wesentlicher Grund für die Unübertragbarkeit der Weisungsbefugnis als unmittelbar mit der vertraglichen Beherrschungsmacht zusammenhängendem Recht ist auch in der nach dem Gesetz vorausgesetzten Identität des Inhabers der Leitungsmacht und dem Ausgleichsschuldner nach §§ 302, 303 sowie dem Haftungsschuldner nach § 309 zu sehen.

7 Daher ist die vollständige Übertragung der Weisungsbefugnis nur zusammen mit der Rechtsstellung aufgrund Beherrschungsvertrages denkbar, was eine Änderung des Beherrschungsvertrags oder dessen Neuabschluss voraussetzt.[17] Dagegen ist die Einbeziehung Dritter bei Ausübung der Leitungsmacht bzw Weisungsbefugnis im Sinne einer Delegation ohne Weiteres möglich.[18] Dabei kommt es nicht darauf an, ob der Dritte aufgrund Vollmacht oder Ermächtigung handelt.[19] Erforderlich ist aber, dass das herrschende Unternehmen der beherrschten Gesellschaft für die Ausübung des Weisungsrechts unter Einbeziehung Dritter gemäß § 309 unmittelbar verantwortlich bleibt.[20]

8 **III. Inhalt und Gegenstand des Weisungsrechts.** § 308 legt Inhalt und Gegenstand des Weisungsrechts nur andeutungsweise fest. Aus Abs. 1 S. 1 geht aber hervor, dass dem herrschenden Unternehmen gegenüber dem Vorstand der abhängigen Gesellschaft **alle zur Erfüllung der Leitungsaufgaben gemäß § 76 notwendigen Leitungsmittel** zustehen.[21] Der Vorstand der AG erfüllt seine Leitungsaufgaben meist durch Beauftragung und Anweisung nachgeordneter Führungskräfte,[22] durch Planungsvorgaben, Bereichszuständigkeitsregelungen mit Zustimmungsvorbehalten etc. Nur wenige Angelegenheiten, wie etwa die Vorbereitung und Ladung zur Hauptversammlung, Verhandlung und Abschluss von wesentlichen Verträgen erledigt er selbst. Die gleichen Leitungsinstrumente stellt das Gesetz dem herrschenden Unternehmen zur Verfügung. Das Mittel hierzu ist die Weisungsbefugnis, das Recht also, die Leitungshoheit durch konkrete Handlungsvorgaben auszuüben und auszugestalten. Dies kann durch General- und Einzelanweisungen, bindende unternehmenspolitische Leitlinien, die Aufstellung von Zustimmungsvorbehalten[23] etc. geschehen. Wann eine Weisung zu einer bestimmten Handlung oder Unterlassung mit unmittelbarer Folgepflicht vorliegt, ist durch Auslegung zu ermitteln.

---

12 Vgl *Hüffer*, Rn 10; MüKo-AktG/*Altmeppen*, Rn 9 *Hirte/Schall*, Konz 2006, 243, 245.
13 Vgl RegBegr. *Kropff*, S. 403; *Emmerich*/Habersack, Rn 66 f; *Hüffer*, Rn 8, der für eine Folgepflicht annimmt, wenn sichergestellt wird, dass der Vorstand von Weisungen iSd § 308 Abs. 2 S. 2 Alt. 2 so rechtzeitig Kenntnis erhält, dass er entsprechende Maßnahmen unterbinden kann; so auch KölnKomm-AktG/*Koppensteiner*, Rn 10; MüHb-AG/*Krieger*, § 70 Rn 138; *Emmerich*/Habersack, § 23 Rn 12; vgl zum Streitstand im Übrigen MüKo-AktG/*Altmeppen*, Rn 72 ff.
14 Vgl *Emmerich*/Habersack, Rn 67.
15 Vgl *Emmerich*/Habersack, Rn 16; *Hüffer*, Rn 6.
16 Vgl *Hüffer*, Rn 6; *Emmerich*/Habersack, Rn 16 mwN; Großkomm-AktienR/*Hirte*, Rn 17.
17 Änderungen des Unternehmensvertrags sind nur mit Zustimmung der Hauptversammlung möglich, vgl § 295, vgl hierzu BGHZ 119, 1, 6 f = NJW 1992, 2760; *Hüffer*, Rn 6; *Emmerich*/Habersack, Rn 16; *Emmerich*/Habersack, § 23 Rn 10.
18 Vgl *Hüffer*, Rn 4 f; *Emmerich*/Habersack, Rn 12 f; *Emmerich*/Habersack, § 23 Rn 9; MüKo-AktG/*Altmeppen*, Rn 41; MüHb-AG/*Krieger*, § 70 Rn 137; KölnKomm-AktG/*Koppensteiner*, Rn 10 ff; aA *Geßler/Geßler*, Rn 17 f.
19 MüHb-AG/*Krieger*, § 70 Rn 137; *Ballerstedt*, ZHR 137 (1973), 388, 399; *Rehbinder*, ZHR 1977, 581, 610; so im Erg. wohl auch KölnKomm-AktG/*Koppensteiner*, Rn 10; *Hüffer*, Rn 5; differenzierend: MüKo-AktG/*Altmeppen*, Rn 35.
20 Vgl hierzu ausführlich MüKo-AktG/*Altmeppen*, Rn 42 ff; MüHb-AG/*Krieger*, § 70 Rn 145; *Hüffer*, Rn 5; *Emmerich*/Habersack, Rn 13; aA KölnKomm-AktG/*Koppensteiner*, § 308 Rn 12, § 309 Rn 36.
21 Vgl *Hüffer*, Rn 1; aus der gesetzlichen Regelung (§ 308 Abs. 2 S. 1 AktG) folgt, dass das herrschende Unternehmen kein direktes Weisungsrecht ggü. den Mitarbeitern der abhängigen Gesellschaft besitzt, vgl RegBegr. *Kropff*, S. 403; K. Schmidt/Lutter/*Langenbucher*, Rn 21; Spindler/Stilz/*Veil*, Rn 20; *Emmerich*/Habersack, Rn 38; *Hüffer*, Rn 7; MüKo-AktG/*Altmeppen*, Rn 32 f, 72 ff; MüHb-AG/*Krieger*, § 70 Rn 138.
22 Der Vorstand der abhängigen Gesellschaft kann seine Mitarbeiter aber auch anweisen, unmittelbar an sie gerichtete Weisungen des herrschenden Unternehmens zu befolgen, vgl Rn 30.
23 *Emmerich*/Habersack, Rn 25; MüKo-AktG/*Altmeppen*, Rn 9, zur Frage, ob bereits ein Zustimmungsvorbehalt als Weisung zu verstehen ist, vgl insb. MüKo-AktG/*Altmeppen*, Rn 10 f.

Weisungen können, müssen aber nicht zur Durchsetzung der Leitungsmacht eingesetzt werden. Auch Empfehlungen und Anregungen des herrschenden Unternehmens können genügen.[24] Kommt der Vorstand der abhängigen Gesellschaft den Vorstellungen des herrschenden Unternehmens auch ohne förmliche Anweisung oder durch "vorauseilenden Gehorsam" nach, wird der Zweck des Beherrschungsvertrags auch hierdurch erreicht.[25] Daraus folgt jedoch nicht, dass vertraglich auf jegliche Weisung als Beherrschungsinstrument verzichtet werden könnte, denn § 18 Abs. 2 knüpft an das Bestehen eines Beherrschungsvertrages und die aufgrund § 308 eingeräumte Weisungsbefugnis die unwiderlegliche Konzernvermutung an, die durch den Nachweis der Nichtausübung von Weisungsrechten nicht beseitigt wird.

Über Weisungsbefugnisse hinausgehende Einflussnahmerechte dürfen dem herrschenden Unternehmen nicht eingeräumt werden.[26] Dagegen dürfen die Weisungsbefugnisse aufgrund Abs. 1 S. 2 eingeschränkt, wenn auch nicht ausgeschlossen werden.[27] Einschränkungen sind nur insoweit zulässig, als dem herrschenden Unternehmen noch ausreichende Mittel zur Durchsetzung einheitlicher Leitung im Sinne von § 18 Abs. 1 verbleiben.[28]

Gegenständlich umfasst das Weisungsrecht alle Geschäftsführungsmaßnahmen innen- und außenrechtlicher Art sowie innergesellschaftsrechtliche korporative Vorgänge wie die Vorbereitung und Einberufung von Hauptversammlungen, die Aufstellung von Jahresabschlüssen, etc.[29]

IV. Nachteilige Weisungen (Abs. 1 S. 2). 1. Nachteilige Weisung. Abs. 1 S. 2 gestattet ausdrücklich die Erteilung nachteiliger Weisungen und drückt damit aus, was bereits § 291 Abs. 3 voraussetzt. Der Gesetzgeber hat die Befugnis zu nachteiligen Weisungen mit der Entschädigungspflicht gegenüber der abhängigen Gesellschaft verbunden, um deren Fortbestand zu sichern.

Wann ein Nachteil vorliegt, ist nicht anders als in § 311 und somit aus Sicht eines ordentlichen und gewissenhaften Geschäftsleiters eines selbstständigen Unternehmens zu beantworten.[30] Danach sind alle diejenigen Maßnahmen nachteilig, die für ein wirtschaftlich selbstständiges Unternehmen nicht oder nicht mit den unerwünschten Auswirkungen getroffen würden.[31] Die während der Laufzeit des Beherrschungsvertrags bestehenden Ausgleichsansprüche sind bei der Nachteilsbetrachtung hinwegzudenken.

2. Belange des herrschenden Unternehmens oder konzernverbundener Unternehmen (Konzerninteresse). Der Gesetzgeber wollte mit der Zweckbindung nachteiliger Weisungen an die Belange des herrschenden Unternehmens oder konzernverbundener Unternehmen verdeutlichen, dass der mit diesen Maßnahmen verbundene Einbruch in die Struktur der AG für nicht unternehmerische Interessen eines Aktionärs im Beherrschungsvertrag keine Rechtsgrundlage finden dürfe.[32] Davon ausgehend ist der Vorbehalt dahin auszulegen, dass grundsätzlich jede, aber auch immer nur die Maßnahme, die im Gesellschafts- und Unternehmensinteresse des herrschenden Unternehmens zweckmäßig erscheint, zulässig ist.[33] Dies deckt auch Maßnahmen im Interesse von Unternehmen ab, die mit dem herrschenden Unternehmen nur faktisch verbunden sind, da sich auf diese das unternehmerische Interesse des herrschenden Unternehmens erstreckt.[34] Maßnahmen zugunsten anderer, im Sinne von § 18 konzernverbundener Unternehmen, sind von Abs. 1 S. 2 Alt. 2 bereits unmittelbar gedeckt.[35] Nach wohl überwiegender Auffassung ist ein weiter Begriff des Konzerninteresses zugrunde zu legen.[36]

Sachlich sind an die Vorteilhaftigkeit im Konzerninteresse keine allzu hohen Anforderungen zu stellen.[37] Allgemeine wirtschaftliche und organisatorische Rationalisierungseffekte genügen.[38] Als Beispiele dienen insbesondere Maßnahmen, an die der Gesetzgeber im Zusammenhang mit § 291 Abs. 3 gedacht hat, wie

---

24 *Emmerich*/Habersack, Rn 24; MüKo-AktG/*Altmeppen*, Rn 9; Beck AG-HB/*Liebscher*, § 14 Rn 124; Großkomm-AktienR/*Hirte*, Rn 18.
25 *Hirte*/Schall, Konz 2006, 243, 245.
26 Vgl RegBegr. *Kropff*, S. 403; MüKo-AktG/*Altmeppen*, Rn 86 ff; *Hüffer*, Rn 13; MüHb-AG/*Krieger*, § 70 Rn 135.
27 *Hüffer*, Rn 13; KölnKomm-AktG/*Koppensteiner*, § 291 Rn 22 f, Rn 57 f; MüHb-AG/*Krieger*, § 70 Rn 5 f, 135.
28 Vgl § 291 Rn 39 f mwN.
29 Zum Umfang vgl auch *Emmerich*/Habersack, Rn 36 ff; K. Schmidt/Lutter/*Langenbucher*, Rn 22; *Hüffer*, Rn 12; MüKo-AktG/*Altmeppen*, Rn 83 ff; Spindler/Stilz/Veil, Rn 21.
30 *Hüffer*, Rn 15, § 311 Rn 27; KölnKomm-AktG/*Koppensteiner*, Rn 39; *Emmerich*/Habersack, Rn 45.
31 Vgl zum Nachteilsbegriff die Kommentierung zu § 311; *Hüffer*, Rn 15; KölnKomm-AktG/*Koppensteiner*, Rn 39; *Emmerich*/Habersack, § 23 Rn 25 ff; § 25 Rn 14 ff; *Emmerich*/Habersack, Rn 45, § 311 Rn 39 f.
32 Vgl RegBegr. *Kropff*, S. 403.
33 Ein mittelbarer Vorteil genügt nach hM, vgl MüKo-AktG/*Altmeppen*, Rn 106; K. Schmidt/Lutter/*Langenbucher*, Rn 27; *Emmerich*/Habersack, § 23 Rn 26; *Hüffer*, Rn 17; Spindler/Stilz/Veil, Rn 26; KölnKomm-AktG/*Koppensteiner*, Rn 46; *Emmerich*/Habersack, Rn 46.
34 Vgl *Hüffer*, Rn 16, 18; MüHb-AG/*Krieger*, § 70 Rn 134; differenzierend: *Emmerich*/Habersack, Rn 47 a und *Emmerich*/Habersack, § 23 Rn 27; vermittelnd: KölnKomm-AktG/*Koppensteiner*, Rn 45; vgl zum Streitstand MüKo-AktG/*Altmeppen*, Rn 108 f.
35 *Hüffer*, Rn 18; MüKo-AktG/*Altmeppen*, Rn 107; KölnKomm-AktG/*Koppensteiner*, Rn 45; *Emmerich*/Habersack, Rn 46.
36 Vgl Fn 33.
37 *Emmerich*/Habersack, Rn 49, § 311 Rn 62 ff; K. Schmidt/Lutter/*Langenbucher*, Rn 27: Der Begriff ist genauso weit zu verstehen wie in § 311 Abs. 2 S. 1, vgl auch *Emmerich*/Habersack, § 25 Rn 14 ff.
38 Vgl *Emmerich*/Habersack, Rn 49, § 311 Rn 62 ff; auch ein mittelbarer Vorteil genügt, vgl Fn 32.

Leistungsverrechnungen, die außerhalb des Beherrschungsvertrags als verdeckte Gegenleistungen zu qualifizieren wären,[39] aber auch die Konzentration von Produktion, Vermarktung und/oder Entwicklung in anderen verbundenen Unternehmen oder die Zusammenfassung von zentralen Dienstleistungen (wie Personalverwaltung, Finanzmanagement etc.) im herrschenden Unternehmen. Die beherrschte Gesellschaft darf auch zur Liquiditätsunterstützung des beherrschenden oder anderer verbundener Unternehmen angewiesen werden.[40] Bei der Weisung zur Bestellung von Sicherheiten ist zu unterscheiden. Ist die Überlebensfähigkeit der abhängigen Gesellschaft bei Inanspruchnahme aus der Sicherheit gefährdet, ist die Weisung unzulässig,[41] wenn nicht sichergestellt ist, dass im Moment der Inanspruchnahme aus der Sicherheit noch ein werthaltiger Ausgleichsanspruch gegenüber dem herrschenden Unternehmen besteht.

16 Nach hM stellt die Unverhältnismäßigkeit von Eingriffen in die abhängige Gesellschaft eine ungeschriebene Zulässigkeitsschranke dar.[42] Danach dürfen die im Konzerninteresse bezweckten Vorteile nicht durch übermäßige Nachteile erkauft werden, die die einzelne Maßnahme für die abhängige Gesellschaft mit sich bringt.

17 **V. Grenzen des Weisungsrechts. 1. Unzulässigkeit existenzgefährdender Maßnahmen.** Aus dem ungeschriebenen Merkmal der Verhältnismäßigkeit folgt auch die Unzulässigkeit von Weisungen zu Maßnahmen, die bereits während des Bestehens des Beherrschungsvertrages, spätestens aber nach dessen Beendigung zur Auflösung oder Insolvenz des Unternehmens der abhängigen Gesellschaft führen.[43] Maßnahmen sind also als existenzgefährdend einzustufen, wenn selbst unter Berücksichtigung der Verlustausgleichspflicht die Lebensfähigkeit der abhängigen Gesellschaft nicht mehr gesichert ist.[44] Dies folgt für die hM aus dem Zweck der §§ 300 ff, 304 ff und § 309, den Fortbestand der Gesellschaft während und nach Beendigung des Beherrschungsvertrags zu sichern.[45]

18 **2. Unternehmensvertragliche Schranken.** Abs. 1 S. 2 setzt ausdrücklich die Möglichkeit voraus, jegliche **nachteilige Weisungen vertraglich auszuschließen.** Auch gegenständliche Einschränkungen sind möglich und können zweckmäßig sein. So kann der Vertrag zB vorsehen, dass bestimmte operative Tätigkeiten nicht in andere Konzernunternehmen verlagert werden dürfen oder dass der abhängigen Gesellschaft Liquidität nicht entzogen werden darf etc. Zweckmäßig ist es auch, durch geeignete vertragliche Regelungen bereits während des Bestehens des Beherrschungsvertrages Vorsorge dafür zu treffen, dass die abhängige Gesellschaft nach Beendigung des Beherrschungsvertrages überlebensfähig bleibt.[46] Weisungen zur Sicherung von Drittkrediten an verbundene Unternehmen sollten untersagt werden, da während der Vertragslaufzeit Verlustausgleich oder Sicherheiten hierfür solange nicht verlangt werden können, als das abhängige Unternehmen aus den Sicherheiten nicht in Anspruch genommen wird. Nach Inanspruchnahme ist das herrschende Unternehmen aber regelmäßig selbst nicht mehr kreditwürdig und kann keinen Verlustausgleich mehr leisten.[47]

19 Der Unternehmensvertrag kann auch Ausübungsregelungen für die Weisungsbefugnis treffen. So etwa, dass Weisungen schriftlich, an alle Vorstandsmitglieder und mit einer bestimmten Vorlaufzeit erfolgen müssen.[48]

20 **3. Gesetzes- und satzungsrechtliche Schranken.** Außer den aus § 308 Abs. 1 sowie dem aus den §§ 300 ff und 302 f folgenden Existenzsicherungsgrundsatz sich ergebenden Schranken besteht für das herrschende

---

39 RegBegr. *Kropff*, S. 378.
40 *Emmerich*/Habersack, § 311 Rn 48 mwN.
41 Vgl *Emmerich*/Habersack, Rn 62, § 311 Rn 47 mwN.
42 Vgl *Hüffer*, Rn 17; *Emmerich*/Habersack, Rn 51; KölnKomm-AktG/*Koppensteiner*, Rn 47, 53, 67; MüHb-AG/*Krieger*, § 70 Rn 134; *Emmerich*/Habersack, § 23 Rn 28; aA *Geßler*/Geßler, Rn 53 f mwN und im Nachfolge MüKo-AktG/*Altmeppen*, Rn 112 ff, der letztlich ein Problem des § 309 annimmt.
43 OLG Düsseldorf AG 1990, 490, 492 = ZIP 1990, 1333, 1337; MüHb-AG/*Krieger*, § 70 Rn 134; *Emmerich*/Habersack, Rn 60; *Emmerich*/Habersack, § 23 Rn 40 ff; *Zeidler*, NZG 1999, 692, 695; *Sina*, AG 1991, 1, 7 f; *Ulmer*, ZHR 148 (1984), 391, 408 ff; *Hommelhoff*, WM 1984, 1105, 1112 f; *Schulze-Osterloh*, ZHR 142 (1978), 519, 523 f; *Clemm*, ZHR 141 (1977), 197, 204 ff; *Immenga*, ZHR 140 (1976), 301, 304 ff; *Hüffer*, Rn 13; aA KölnKomm-AktG/*Koppensteiner*, Rn 52, der auch den Entzug existenznotwendiger Liquidität zulässt; *ders.*, in: FS Ostheim, 1990, S. 403, 432; *ders.*, AG 1995, 95, 96; vgl zum Meinungsstand im Übrigen MüKo-AktG/*Altmeppen*, Rn 115 ff; § 302 Rn 31 ff, der dies selbst als Problem der Verlustausgleichspflicht (§ 302) ansieht.
44 LG München I NZG 2009, 143, 148.
45 *Hüffer*, Rn 19; *Emmerich*/Habersack, Rn 60 ff mwN; *K. Schmidt*/Lutter/*Langenbucher*, Rn 31; zu § 309 vgl MüKo-AktG/*Altmeppen*, Rn 112 ff; aA Spindler/Stilz/*Veil*, Rn 31, der die Gesellschaft durch die Verlustausgleichspflicht des herrschenden Unternehmens gemäß § 302 Abs. 1 als ausreichend geschützt sieht.
46 AA *Emmerich*/Habersack, Rn 65, § 296 Rn 25: Einen gewissen Ausgleich schafft die Berücksichtigung der Abwicklungsverluste bei der Berechnung des ausgleichspflichtigen Jahresfehlbetrags im Fall der Vertragsbeendigung; ebenso: MüKo-AktG/*Altmeppen*, Rn 125 ff mit dem Argument, dass das Weisungsrecht nicht funktionieren könne, wenn man stets daran denken müsste, ob eine Ausrichtung der AG auf die Konzerninteressen irgendwann nach Beherrschungsvertragsbeendigung dazu führen könnte, dass die AG selbst nicht mehr markttauglich ist.
47 Vgl zu dieser Problematik auch *Emmerich*/Habersack, § 311 Rn 47 a.
48 MüKo-AktG/*Altmeppen*, Rn 132; *Hüffer*, Rn 13; KölnKomm-AktG/*Koppensteiner*, Rn 57; MüHb-AG/*Krieger*, § 70 Rn 135.

Unternehmen grundsätzlich derselbe gesetzliche Handlungsrahmen wie für den Vorstand der abhängigen Gesellschaft.[49] Ausdrückliche Ausnahmen sieht § 291 Abs. 3 vor.[50]

Daher gibt die Weisungsbefugnis dem herrschenden Unternehmen kein Recht, sich über die innere Ordnung der abhängigen Gesellschaft hinwegzusetzen. Eine Ausnahmebestimmung enthält § 308 Abs. 3 für zustimmungspflichtige Geschäfte nach § 111 Abs. 4 S. 2.[51] Das herrschende Unternehmen ist nicht zu Weisungen befugt, deren Durchführung eine faktische Gegenstandsänderung beinhaltet.[52] Auch die aktive Unterstützung der Konkurrenztätigkeit in verbundenen Unternehmen kann nicht gefordert werden. Zu allen unter § 119 fallenden Beschlussgegenständen, wie Satzungsänderungen, Kapitalmaßnahmen etc. bedarf der Vorstand der abhängigen Gesellschaft zwingend der Zustimmung der Hauptversammlung. Darüber darf sich das herrschende Unternehmen im Wege der Weisungserteilung nicht hinwegsetzen. 21

Besteht nur ein Beherrschungsvertrag, kann das herrschende Unternehmen keine Gewinnausschüttung ohne entsprechenden Gewinnverwendungsbeschluss der Hauptversammlung verlangen.[53] Ausdrückliche Weisungen zu verdeckten Gewinnausschüttungen gestattet das Gesetz ebenfalls nicht. § 291 Abs. 3 erlaubt lediglich Maßnahmen, die faktisch gegen die §§ 57, 58 und 60 verstoßen.[54] Alles andere wäre mit der gesetzlichen Intention unvereinbar, die in den §§ 291 und 292 genannten Unternehmensverträge abschließend zu regeln.[55] Danach kann das herrschende Unternehmen nur aufgrund eines Gewinnabführungs- oder Teilgewinnabführungsvertrages Gewinnausschüttungen vom abhängigen Unternehmen verlangen. Dies darf auch nicht offen oder bewusst umgangen werden.[56] 22

Das herrschende Unternehmen ist an die Satzung der abhängigen Gesellschaft gebunden, insbesondere an die Bestimmung des Unternehmensgegenstandes und die Wettbewerbsverbote. 23

VI. Beherrschendes Unternehmen als Weisungsberechtigter. Die Weisungsberechtigung ist an die Person (Inhaber eines einzelkaufmännischen Unternehmens) oder die Rechtsperson des Unternehmensträgers **gebunden**.[57] Das durch § 308 für den Beherrschungsvertrag inhaltlich ausgestaltete Prinzip des entschädigungspflichtigen Vorrangs des Konzerninteresses setzt einen Gleichlauf der Weisungsberechtigung mit den Verlustausgleichsverpflichtungen nach §§ 302 ff und dem nach § 309 unmittelbar verantwortlichen Organ des beherrschenden Unternehmens voraus. Dass nur der andere Vertragsteil des Beherrschungsvertrags weisungsberechtigt sein kann, folgt ferner aus § 23 Abs. 5 und den zwingenden Mitwirkungserfordernissen der Hauptversammlungen der abhängigen und herrschenden Gesellschaft sowie den mit § 294 verfolgten Publizitätszwecken. 24

Demzufolge steht auch in mehrstufigen Konzernbeziehungen das Weisungsrecht nur den Parteien der jeweiligen Vertragsbeziehung zu.[58] Auch im mehrstufigen Vertragskonzern ist die Muttergesellschaft nur gegenüber ihrer Tochtergesellschaft und nur diese gegenüber der Enkelgesellschaft weisungsbefugt. 25

Im Mehrmüttervertragskonzern sind nach hM alle Mitglieder des Konsortiums weisungsberechtigt,[59] wenn dieses in der Rechtsform einer GbR besteht, weil die GbR die Voraussetzungen des Unternehmensbegriffs nicht erfülle. Das Konsortium kann und sollte aber einzelnen Mitgliedern nach §§ 709, 714 BGB Einzelvertretungsbefugnis zur Durchsetzung der intern abgestimmten Entscheidungen gegenüber dem abhängigen Unternehmen erteilen.[60] 26

Die Delegation der Weisungsbefugnis auf einzelne Organmitglieder des herrschenden Unternehmens (Ermächtigung) oder im Wege der Vollmacht auf Mitarbeiter nachgeordneter Führungsebenen oder Dritte ist grundsätzlich möglich und üblich.[61] Eine unwiderrufliche Bevollmächtigung oder Ermächtigung Dritter ist aber mit den organisationsrechtlichen Grundlagen des Beherrschungsvertrags unvereinbar, wonach eine 27

---

49 Vgl *Hüffer*, Rn 1, 3, 14.
50 Vgl *Emmerich*/Habersack, Rn 59, § 291 Rn 74 ff; *Hüffer*, Rn 14; MüKo-AktG/*Altmeppen*, Rn 95.
51 *Emmerich*/Habersack, Rn 70 ff; *Hüffer*, Rn 23 f; KölnKomm-AktG/*Koppensteiner*, Rn 74 ff.
52 *Emmerich*/Habersack, Rn 57, wonach zunächst die Satzung geändert werden müsste; K. Schmidt/Lutter/*Langenbucher*, Rn 25.
53 MüKo-AktG/*Altmeppen*, Rn 98; *Emmerich*/Habersack, Rn 43; *Geßler*, in: FS Ballerstedt 1975, S. 219, 221 f; *Ballerstedt*, ZHR 137 (1973), 388, 389 f; KölnKomm-AktG/*Koppensteiner*, Rn 36; Großkomm-AktienR/*Hirte*, Rn 34 ff; vgl zum Streitstand im Übrigen MüKo-AktG/*Altmeppen*, Rn 98 f mwN.
54 RegBegr. *Kropff*, S. 377 f; MüKo-AktG/*Altmeppen*, Rn 95 f; *Emmerich*/Habersack, Rn 59.
55 Im Erg. ebenso mit dem Argument, dass dies aus der Trennung von Beherrschungs- und Gewinnabführungsvertrag folge, *Emmerich*/Habersack/*Emmerich*, Rn 43; KölnKomm-AktG/*Koppensteiner*, Rn 36.

56 AA MüKo-AktG/*Altmeppen*, Rn 98 f; *Emmerich*/Habersack/ *Emmerich*, Rn 43; KölnKomm-AktG/*Koppensteiner*, Rn 23.
57 Vgl *Hüffer*, Rn 3; MüKo-AktG/*Altmeppen*, Rn 29.
58 BGH AG 1990, 459, 460 = ZIP 1990, 859; *Hüffer*, Rn 3; MüHb-AG/*Krieger*, § 70 Rn 137; KölnKomm-AktG/*Koppensteiner*, Rn 5 f; Spindler/Stilz/*Veil*, Rn 10; MüKo-AktG/*Altmeppen*, Rn 29; *Emmerich*/Habersack, Rn 6; *Emmerich*/Habersack, § 23 Rn 6; Großkomm-AktienR/*Hirte*, § 291 Rn 24.
59 Vgl KölnKomm-AktG/*Koppensteiner*, Rn 7; *Hüffer*, Rn 3; *Emmerich*/Habersack, Rn 7 f; MüKo-AktG/*Altmeppen*, Rn 30; MüHb-AG/*Krieger*, § 70 Rn 137; Spindler/Stilz/*Veil*, Rn 10.
60 MüHb-AG/*Krieger*, § 70 Rn 137; MüKo-AktG/*Altmeppen*, Rn 30; *Hüffer*, Rn 5; KölnKomm-AktG/*Koppensteiner*, Rn 8; *Emmerich*/Habersack, Rn 7.
61 *Hüffer*, Rn 5; Großkomm-AktienR/*Hirte*, Rn 25; Spindler/Stilz/ *Veil*, Rn 12; K. Schmidt/Lutter/*Langenbucher*, Rn 13; *Emmerich*/Habersack, § 23 Rn 9; *Emmerich*/Habersack, Rn 13; MüKo-AktG/*Altmeppen*, Rn 41; MüHb-AG/*Krieger*, § 70 Rn 137; KölnKomm-AktG/*Koppensteiner*, Rn 10 f.

Aktiengesellschaft oder Kommanditgesellschaft auf Aktien ihre Leitung nur dem Unternehmen unterstellen darf, das Partner des Beherrschungsvertrages ist. Davon zu trennen ist die Forderung danach, dass das beherrschende Unternehmen sich durch die Art und Weise der Delegation nicht der Möglichkeit zur laufenden Überwachung der mit der Wahrnehmung von Leitungsaufgaben eingeschalteten Dritten begeben darf. Dies ist eine Frage des Organisations- und Überwachungsverschuldens, das im Rahmen von § 309 maßgeblich sein kann.[62]

28 **VII. Vorstand der beherrschten Gesellschaft als Weisungsempfänger.** § 308 spricht durchgängig nur vom Vorstand der beherrschten Gesellschaft als Weisungsadressaten. Dies ist insofern eine Selbstverständlichkeit, als § 308 nur das Instrumentarium der Beherrschung regelt und sich die Weisung nur an das Vertretungsorgan der beherrschten Gesellschaft richten kann.[63]

29 Das Gesetz drückt damit aber gleichzeitig zwingend aus, dass der Vorstand einziger Weisungsadressat ist. Mitarbeitern der nachgeordneten Führungsebenen dürfen Weisungen nicht erteilt werden.[64] Nur hierdurch ist sichergestellt, dass der Vorstand seine Pflicht zur Befolgung der Weisung gemäß Abs. 2 und die Einhaltung der satzungsrechtlich wie gesetzlich vorgegebenen Kompetenzordnung prüfen kann.[65]

30 Als zulässig ist es anzusehen, wenn der Vorstand der abhängigen Gesellschaft seinen Mitarbeitern Anweisungen erteilt, bestimmte Direktiven des herrschenden Unternehmens unmittelbar entgegenzunehmen und zu befolgen;[66] ebenfalls zulässig ist die Erteilung einer entsprechenden Handlungsvollmacht an das herrschende Unternehmen.[67] In beiden Fällen muss aber sichergestellt sein, dass der Vorstand der abhängigen Gesellschaft seine Verpflichtung zur Befolgung der Weisungen prüfen kann.[68] Daher sind nur Spezialanweisungen des Vorstands der abhängigen Gesellschaft an das Personal oder gegenständliche bzw auf den Einzelfall beschränkte Vollmachten an das herrschende Unternehmen unbedenklich. Eine Generalvollmacht oder unwiderrufliche Vollmachten sind hingegen unzulässig, da sich der Vorstand der abhängigen Gesellschaft hierdurch selbst ausschalten und seine in Form der Überprüfungsverpflichtung fortbestehende Leitungsverantwortung in gesetzwidriger Weise aufgeben würde.[69]

B. Folgepflicht des Vorstands (Abs. 2)

31 **I. Folge- oder Zurückweisungspflicht.** Der Vorstand der abhängigen Gesellschaft ist verpflichtet, alle Weisungen zu befolgen, zu deren Erteilung das herrschende Unternehmen nach Abs. 1 befugt ist.[70] Der Vorstand ist aber berechtigt und verpflichtet, unzulässige Weisungen im Rahmen des Abs. 2 S. 2 zurückzuweisen. Daher muss er die Rechtmäßigkeit jeder Weisung anhand ihrer Vereinbarkeit mit dem Beherrschungsvertrag, dem Gesetz und der Satzung überprüfen.[71]

32 Die Nachteiligkeit der Weisung als solche berechtigt nicht zu deren Zurückweisung, auch nicht begründete Zweifel an dem Nutzen der jeweiligen Maßnahme für den Konzern.[72] Insofern bindet das Gesetz in Abs. 2 S. 2 den Vorstand der abhängigen Gesellschaft ausdrücklich an die Beurteilung durch das herrschende Unternehmen.[73] Der Vorstand der abhängigen Gesellschaft ist aber verpflichtet, die Vertreter des herrschenden Unternehmens auf Art und Umfang der Nachteile für die abhängige Gesellschaft sowie auf ein etwaiges

---

62 Vgl MüKo-AktG/*Altmeppen*, Rn 47.
63 *Hüffer*, Rn 7; MüKo-AktG/*Altmeppen*, Rn 32; Spindler/Stilz/ *Veil*, Rn 15; K. Schmidt/Lutter/*Langenbucher*, Rn 18; KölnKomm-AktG/*Koppensteiner*, Rn 16; MüHb-AG/*Krieger*, § 70 Rn 138.
64 RegBegr. *Kropff*, S. 403; Spindler/Stilz/*Veil*, Rn 15; KölnKomm-AktG/*Koppensteiner*, Rn 18; *Hüffer*, Rn 7; K. Schmidt/ Lutter/*Langenbucher*, Rn 18.
65 *Emmerich*/Habersack, Rn 66; *Emmerich*/Habersack, § 23 Rn 11; *Hüffer*, Rn 20; K. Schmidt/Lutter/*Langenbucher*, Rn 18.
66 RegBegr. *Kropff*, S. 403; *Emmerich*/Habersack, Rn 19 mwN; MüHb-AG/*Krieger*, § 70 Rn 138; KölnKomm-AktG/*Koppensteiner*, Rn 18; Spindler/Stilz/*Veil*, Rn 15.
67 RegBegr. *Kropff*, S. 403; *Hüffer*, Rn 8, 9; *Emmerich*/Habersack, Rn 32; *Emmerich*/Habersack, § 23 Rn 17 f; KölnKomm-AktG/*Koppensteiner*, Rn 20; Beck AG-HB/*Liebscher*, § 14 Rn 124; zur Frage, ob eine Genehmigung möglich ist, wenn das herrschende Unternehmen ohne Vollmacht tätig wird: generell bejahend OLG München AG 1980, 272, 273; MüHb-AG/*Krieger*, § 70 Rn 138; nur soweit eine Vollmachtserteilung zulässig gewesen wäre KölnKomm-AktG/*Koppensteiner*, Rn 24; zum Streitstand vgl auch *Hüffer*, Rn 9.
68 MüHb-AG/*Krieger*, § 70 Rn 138; KölnKomm-AktG/*Koppensteiner*, Rn 18; *Emmerich*/Habersack, Rn 20; *Hüffer*, Rn 8; Beck AG-HB/*Liebscher*, § 14 Rn 124.
69 *Hüffer*, Rn 8, 9; MüHb-AG/*Krieger*, § 70 Rn 138; *Emmerich*/ Habersack, Rn 32; aA MüKo-AktG/*Altmeppen*, Rn 21 ff, 28.
70 Vgl RegBegr. *Kropff*, S. 403; *Emmerich*/Habersack, Rn 52, 66; Spindler/Stilz/*Veil*, Rn 34; *Hüffer*, Rn 20, der eine Folgepflicht annimmt, wenn sichergestellt wird, dass der Vorstand von Weisungen iSd § 308 Abs. 2 S. 2 Alt. 2 so rechtzeitig Kenntnis erhält, dass er entsprechende Maßnahmen unterbinden kann, so auch KölnKomm-AktG/*Koppensteiner*, Rn 18; MüHb-AG/ *Krieger*, § 70 Rn 138; *Emmerich*/Habersack, Rn 23 Rn 11 f; vgl zum Streitstand im Übrigen MüKo-AktG/*Altmeppen*, Rn 72 ff.
71 RegBegr. *Kropff*, S. 403; *Emmerich*/Habersack, Rn 66; Spindler/Stilz/*Veil*, Rn 28 ff, 34; *Emmerich*/Habersack, § 23 Rn 31; *Hüffer*, Rn 20; MüHb-AG/*Krieger*, § 70 Rn 140; *Sina*, AG 1991, 1, 8 f; K. Schmidt/Lutter/*Langenbucher*, Rn 38.
72 *Emmerich*/Habersack, Rn 53 ff; *Hüffer*, Rn 21; Spindler/Stilz/ *Veil*, Rn 35.
73 RegBegr. *Kropff*, S. 403; *Hüffer*, Rn 21.

Missverhältnis zwischen den Nachteilen für die abhängige Gesellschaft einerseits und dem beabsichtigten Konzernnutzen andererseits hinzuweisen.[74]

Der Vorstand darf die Befolgung einer nachteiligen Weisung, die seines Erachtens nicht den Belangen des herrschenden Unternehmens oder konzernverbundener Unternehmen dient und damit gegen Abs. 1 S. 2 verstößt, nur im Falle eines offensichtlichen Fehlgebrauchs der Leitungsmacht verweigern.[75] Offensichtlichkeit setzt voraus, dass von vornherein für jeden Sachkenner ohne nähere Überprüfung klar ist, dass die Weisung keinem Konzernnutzen dienen kann.[76] Aus der gesetzlichen Formulierung ist zu schließen, dass der Vorstand der abhängigen Gesellschaft in diesen Fällen neutrale Weisungen befolgen kann aber nicht muss, nachteilige Weisungen aber zu verweigern hat.

II. Verhalten bei unzulässigen oder fehlenden Weisungen. Fehlen Weisungen seitens des herrschenden Unternehmens oder sind diese unzulässig, hat der Vorstand der abhängigen Gesellschaft die jeweiligen Entscheidungen in **eigener Verantwortung** zu treffen, da seine Leitungsverantwortung nach § 76 grundsätzlich fortbesteht.[77]

Aufgrund des Beherrschungsvertrages trifft ihn aber die Verpflichtung, die Vertreter des herrschenden Unternehmens über die Unzulässigkeit einer Weisung und deren Nichtbefolgung sowie die an deren Stelle tretenden eigenen Maßnahmen hinzuweisen. Der Vorstand der abhängigen Gesellschaft ist darüber hinaus auch als verpflichtet anzusehen, das herrschende Unternehmen ungefragt über die laufende Geschäftsführung, insbesondere über alle konzernwesentlichen Geschäftsvorfälle zu informieren, um Gelegenheit zu rechtzeitigem und gezieltem Eingreifen im Konzerninteresse zu geben.[78]

C. Zustimmungspflichtige Geschäfte (Abs. 3)

Die Hauptversammlung und der Aufsichtsrat der abhängigen Gesellschaft sind im Verhältnis zum Partner des Beherrschungsvertrags lediglich zur Vertragstreue verpflichtet. Sie sind selbst nicht verpflichtet, Weisungen des herrschenden Unternehmens zu befolgen, sondern nur dazu, die Befolgung zulässiger Weisungen an den Vorstand der abhängigen Gesellschaft nicht zu verhindern.[79]

Hier setzt die Regelung in Abs. 3 an, die voraussetzt, dass die Zuständigkeit des Aufsichtsrats für die Zustimmung zu Geschäften, die nach § 111 Abs. 4 S. 2 für zustimmungsbedürftig erklärt wurden, durch den Beherrschungsvertrag unberührt bleibt. Doch sollte der Aufsichtsrat der abhängigen Gesellschaft die Befolgung zulässiger Weisungen durch den Vorstand nicht verhindern dürfen. Dem trägt das Gesetz dadurch Rechnung, dass der Vorstand der abhängigen Gesellschaft die Verweigerung der Zustimmung zu einem Geschäft, zu dem er angewiesen war, mitzuteilen hat.[80] Die Bedenken des Aufsichtsrats der abhängigen Gesellschaft müssen die Vertreter des herrschenden Unternehmens nur durch den eigenen Aufsichtsrat prüfen lassen, sofern ein solcher besteht. Im Übrigen ist das herrschende Unternehmen zur Wiederholung der Weisung mit Folgepflicht des Vorstands der abhängigen Gesellschaft berechtigt.[81] Mit dieser Regelung wollte der Gesetzgeber erreichen, dass die Weisung befolgt werden kann, aber der Aufsichtsrat der abhängigen Gesellschaft über das Geschäft unterrichtet ist.[82]

D. Anwendung auf die GmbH

§ 308 ist auf Beherrschungsverträge mit einer GmbH entsprechend anwendbar.[83] Das Weisungsrecht des herrschenden Unternehmens gegenüber den Geschäftsführern der abhängigen GmbH kann hier mit dem Weisungsrecht der Gesellschafter durch die Gesellschafterversammlung gemäß § 37 Abs. 1 GmbHG kollidieren. In diesem Fall wird davon ausgegangen, dass die Gesellschafter mit ihrer Zustimmung zum Beherrschungsvertrag auch dem Vorrang des Weisungsrechts des herrschenden Unternehmens zugestimmt ha-

---

74 MüHb-AG/*Krieger*, § 70 Rn 140; *Hüffer*, Rn 21; K. Schmidt/Lutter/*Langenbucher*, Rn 40; MüKo-AktG/*Altmeppen*, Rn 145; *Emmerich*/Habersack, Rn 53 a; Spindler/Stilz/*Veil*, Rn 36.
75 *Hüffer*, Rn 22; MüKo-AktG/*Altmeppen*, Rn 148; KölnKomm-AktG/*Koppensteiner*, Rn 65; K. Schmidt/Lutter/*Langenbucher*, Rn 40; Spindler/Stilz/*Veil*, Rn 36.
76 LG München BeckRS 2011, 19892; MüKo-AktG/*Altmeppen*, Rn 148; *Emmerich*/Habersack, § 23 Rn 32; *Hüffer*, Rn 22.
77 RegBegr. *Kropff*, S. 403; KölnKomm-AktG/*Koppensteiner*, Rn 71, 72; MüKo-AktG/*Altmeppen*, Rn 153 ff.
78 MüHb-AG/ *Krieger*, § 70 Rn 140; Geßler/*Geßler*, Rn 69; *Hüffer*, Rn 21.
79 Zur Stellung des Aufsichtsrats vgl MüKo-AktG/*Altmeppen*, Rn 156; KölnKomm-AktG/*Koppensteiner*, Rn 74.
80 *Emmerich*/Habersack, Rn 70; Spindler/Stilz/*Veil*, Rn 38; KölnKomm-AktG/*Koppensteiner*, Rn 76; MüKo-AktG/*Altmeppen*, Rn 158; *Hüffer*, Rn 20; K. Schmidt/Lutter/*Langenbucher*, Rn 43.
81 KölnKomm-AktG/*Koppensteiner*, Rn 76; MüKo-AktG/*Altmeppen*, Rn 159; *Hüffer*, Rn 23; dies gilt nach *Selzner/Sustmann*, Konz 2003, 93, auch für grenzüberschreitende Beherrschungsverträge.
82 RegBegr. *Kropff*, S. 404.
83 *Emmerich*/Habersack, Rn 9; Scholz/*Emmerich*, GmbHG, § 44 Anh. Rn 170 ff.

ben.⁸⁴ Nach zwingendem Recht der Gesellschafterversammlung übertragene Aufgaben, wie die Änderung des Gesellschaftsvertrages (§ 53 GmbHG) oder des Kapitals (§ 55 ff GmbHG), bleiben weisungsfrei.

§ 309 Verantwortlichkeit der gesetzlichen Vertreter des herrschenden Unternehmens

(1) Besteht ein Beherrschungsvertrag, so haben die gesetzlichen Vertreter (beim Einzelkaufmann der Inhaber) des herrschenden Unternehmens gegenüber der Gesellschaft bei der Erteilung von Weisungen an diese die Sorgfalt eines ordentlichen und gewissenhaften Geschäftsleiters anzuwenden.

(2) ¹Verletzen sie ihre Pflichten, so sind sie der Gesellschaft zum Ersatz des daraus entstehenden Schadens als Gesamtschuldner verpflichtet. ²Ist streitig, ob sie die Sorgfalt eines ordentlichen und gewissenhaften Geschäftsleiters angewandt haben, so trifft sie die Beweislast.

(3) ¹Die Gesellschaft kann erst drei Jahre nach der Entstehung des Anspruchs und nur dann auf Ersatzansprüche verzichten oder sich über sie vergleichen, wenn die außenstehenden Aktionäre durch Sonderbeschluß zustimmen und nicht eine Minderheit, deren Anteile zusammen den zehnten Teil des bei der Beschlußfassung vertretenen Grundkapitals erreichen, zur Niederschrift Widerspruch erhebt. ²Die zeitliche Beschränkung gilt nicht, wenn der Ersatzpflichtige zahlungsunfähig ist und sich zur Abwendung des Insolvenzverfahrens mit seinen Gläubigern vergleicht oder wenn die Ersatzpflicht in einem Insolvenzplan geregelt wird.

(4) ¹Der Ersatzanspruch der Gesellschaft kann auch von jedem Aktionär geltend gemacht werden. ²Der Aktionär kann jedoch nur Leistung an die Gesellschaft fordern. ³Der Ersatzanspruch kann ferner von den Gläubigern der Gesellschaft geltend gemacht werden, soweit sie von dieser keine Befriedigung erlangen können. ⁴Den Gläubigern gegenüber wird die Ersatzpflicht durch einen Verzicht oder Vergleich der Gesellschaft nicht ausgeschlossen. ⁵Ist über das Vermögen der Gesellschaft das Insolvenzverfahren eröffnet, so übt während dessen Dauer der Insolvenzverwalter oder der Sachwalter das Recht der Aktionäre und Gläubiger, den Ersatzanspruch der Gesellschaft geltend zu machen, aus.

(5) Die Ansprüche aus diesen Vorschriften verjähren in fünf Jahren.

A. Gegenstand, Zweck und Reichweite der Vorschrift 1	IV. Verhaltenspflichten bei der Erteilung von Weisungen aufgrund Beherrschungsvertrages 22
I. Zweck 1	C. Schadensersatzpflicht (Abs. 2) 25
II. Gegenstand 3	I. Haftungsbegründungstatbestand 25
III. Haftung des herrschenden Unternehmens für Fehlverhalten seiner gesetzlichen Vertreter 5	II. Schaden und Folgeschaden 27
B. Sorgfaltsanforderungen bei Weisungen (Abs. 1) 8	D. Verzicht oder Vergleich (Abs. 3) 29
I. Verhaltenspflicht und besonderer Verschuldensmaßstab 8	E. Ersatzanspruch der Aktionäre und Gesellschaftsgläubiger 31
II. Abhängige Gesellschaft als Gläubigerin der Verhaltenspflichten 13	I. Ersatzanspruch der Aktionäre 31
	II. Gläubiger 32
III. Gesetzliche Vertreter des herrschenden Unternehmens als Verpflichtete 14	III. Insolvenzverfahren 33
	F. Verjährungsfrist 34

A. Gegenstand, Zweck und Reichweite der Vorschrift

I. Zweck. Für die ordnungsgemäße Ausübung der Leitungsmacht gegenüber der beherrschten Gesellschaft haften die gesetzlichen Vertreter des herrschenden Unternehmens bereits aufgrund ihrer Geschäftsführungsverantwortung. Wegen §§ 302 Abs. 1, 93 fällt daher auf den Vorstand einer herrschenden Aktiengesellschaft jegliche Überschreitung der Leitungsbefugnis zurück. Von dieser persönlichen Haftung sind die gesetzlichen Vertreter auch nicht aufgrund Dienstvertrages freigestellt, die Grundsätze der risikogeneigten Tätigkeit gelten insofern nicht, da mit dem Normzweck von § 93 unvereinbar.¹

Die eigenständige Bedeutung von § 309 liegt im **Präventivschutz² vor nachteiligen Weisungen**, die nicht im Konzerninteresse liegen. Deren Befolgung darf der Vorstand der abhängigen Gesellschaft in der Regel nicht

---

84 Emmerich/Habersack, Rn 10; Roth/Altmeppen, GmbHG, § 13 Anh. Rn 50; allg. für Vorrang des Weisungsrechts aus dem Beherrschungsvertrag Großkomm-AktienR/Hirte, Rn 79 mwN.

1 Vgl RegBegr. Kropff, S. 404; differenzierend: MüKo-AktG/Altmeppen, Rn 5, 104 f, der intern wirkende Haftungsbeschränkungen für zulässig hält; ebenso: KölnKomm-AktG/Koppensteiner, Rn 1; Emmerich/Habersack, Rn 6.

2 Vgl Hüffer, Rn 1; K. Schmidt/Lutter/Langenbucher, Rn 2.

verweigern, weil ihn hierzu nur Evidenz berechtigen würde (vgl § 308 Abs. 2 S. 2 aE).³ Evidenz liegt aber kaum jemals vor, da das Konzerninteresse in der Regel nur von den gesetzlichen Vertretern des herrschenden Unternehmens einzuschätzen ist⁴ und somit der Vorstand der abhängigen Gesellschaft die fehlende Berechtigung zu nachteiligen Weisungen in der Regel nur nachträglich geltend machen kann.⁵ Es ist daher gerechtfertigt, die gesetzlichen Vertreter des herrschenden Unternehmens persönlich zu erhöhter Sorgfalt zu verpflichten und auf sofortigen persönlichen Einzelausgleich bei Pflichtverletzung haften zu lassen sowie diese Haftung mit einer persönlichen Darlegungs- und Beweislast für die Rechtmäßigkeit oder zumindest Entschuldbarkeit des nachteiligen Weisungseingriffs zu verbinden. Da sich der Anwendungsbereich von § 309 weitgehend mit dem von § 308 deckt, ist er wie dieser auch auf die GmbH entsprechend anwendbar.⁶

II. Gegenstand. § 309 legt den **gesetzlichen Vertretern** des herrschenden Unternehmens **eigene Verhaltenspflichten und Sorgfaltsanforderungen** bei Ausübung der Leitungsmacht für das herrschende Unternehmen aufgrund Beherrschungsvertrages auf. Da § 308 dem herrschenden Unternehmen ausdrücklich gestattet, das abhängige Unternehmen anders als im Falle der §§ 311 ff wie ein unselbstständiges Unternehmen zu führen, sind die gesetzlichen Vertreter des herrschenden Unternehmens gerade nicht verpflichtet, bei Ausübung der Leitungsmacht darauf zu achten, dass das abhängige Unternehmen wie ein selbstständiges Unternehmen geführt wird. Die gesetzlichen Vertreter haften daher nur für unerlaubte Eingriffe bei Ausübung der Leitungsmacht aufgrund Beherrschungsvertrages, nicht für erlaubte Eingriffe, daher auch nicht für solche, die zwar nachteilig, aber nach § 308 gestattet sind.⁷

§ 309 hat insofern eine Doppelfunktion, als er die selbstständige Haftung der gesetzlichen Vertretungsorgane des herrschenden Unternehmens gegenüber der abhängigen Gesellschaft anordnet und einen über § 276 BGB hinausreichenden Verschuldensmaßstab festlegt.⁸ Die Vorschrift begründet für die gesetzlichen Vertreter aber keine weitergehende Verpflichtung als für das herrschende Unternehmen selbst. Im Ergebnis entspricht dies der heute herrschenden Meinung.⁹ Die Diskussion um eine weitergehende Doppelfunktion von § 309 hat wenig rechtspraktische Bedeutung.¹⁰ Die Vorschrift ist zwingend, die Haftung der gesetzlichen Vertreter kann, wie Abs. 3 verdeutlicht, weder ausgeschlossen noch durch Beherrschungsvertrag abgemildert werden. Auch der Anstellungsvertrag der Organmitglieder des herrschenden Unternehmens darf die Haftung aus § 309 im Verhältnis zur beherrschten Gesellschaft richtiger Ansicht nach nicht einschränken.¹¹

III. Haftung des herrschenden Unternehmens für Fehlverhalten seiner gesetzlichen Vertreter. Der Gesetzgeber sah von einer ausdrücklichen aktienrechtlichen Regelung der Haftung des herrschenden Unternehmens wegen Überschreitung der Leitungsbefugnisse bei Bestehen eines Beherrschungsvertrages bewusst ab, da bereits eine **Vertragshaftung nach allgemeinen Rechtsgrundsätzen** begründet sei.¹² In der Literatur ist jedoch umstritten, ob die Anspruchsgrundlage, wie vom Gesetzgeber angenommen, in der positiven Vertragsverletzung des Beherrschungsvertrages oder in § 309 direkt zu finden ist.¹³ Durch die ausdrückliche Aufnahme der Haftung für pVV in das allgemeine Leistungsstörungsrecht (§§ 241 Abs. 2, 280 Abs. 1 BGB) dürfte dieser Streit gegenstandslos geworden sein. Für das Fehlverhalten gesetzlicher Vertreter haftet das herrschende Unternehmen nun nach §§ 280 Abs. 1, 278 BGB. Nach aA ist dem herrschenden Unternehmen zum Ersatz verpflichtendes Organhandeln gemäß § 31 BGB zurechenbar.¹⁴

Schwieriger ist die Frage für Organverflechtungsfälle zu beantworten, dh für die Fälle, in denen das herrschende Unternehmen Leitungsmacht nicht mit den Mitteln durchsetzt, die ihm ausdrücklich durch Beherrschungsvertrag oder aufgrund von § 308 zur Verfügung stehen, sondern dadurch, dass die gesetzlichen Vertreter des herrschenden Unternehmens als Mitglieder des Vorstands der abhängigen Gesellschaft unmittelbar tätig werden.¹⁵ Die Rechtsprechung lehnt es ab, dem herrschenden Unternehmen das Verhalten seiner

---

3 Vgl § 308 Rn 33.
4 RegBegr. *Kropff*, S. 403.
5 Zum Normzweck vgl auch KölnKomm-AktG/*Koppensteiner*, Rn 3; MüKo-AktG/*Altmeppen*, Rn 1 ff; Großkomm-AktienR/*Hirte*, Rn 4 f.
6 *Emmerich*/Habersack, Rn 7; vgl insofern § 308 Rn 38.
7 *Emmerich*/Habersack, Rn 28 a, 34; aA noch Geßler/*Geßler*, Rn 20.
8 *Hüffer*, Rn 2, 13; Spindler/Stilz/*Veil*, Rn 21; *Emmerich*/Habersack, Rn 28; K. Schmidt/Lutter/*Langenbucher*, Rn 5; nach aA stellt § 309 lediglich einen Verschuldensmaßstab dar, so dass die Haftung aus § 309 Abs. 2 noch eines besonderen Haftungstatbestands bedarf; vgl zum Streitstand ausführlich *Emmerich*/Habersack, Rn 28 ff; Spindler/Stilz/*Veil*, Rn 22 mwN.
9 MüKo-AktG/*Altmeppen*, Rn 65 f; Spindler/Stilz/*Veil*, Rn 21.
10 Vgl MüHb-AG/*Krieger*, § 70 Rn 144; MüKo-AktG/*Altmeppen*, Rn 69; *Emmerich*/Habersack, Rn 29 ff mwN; K. Schmidt/Lutter/*Langenbucher*, Rn 5.

11 Vgl RegBegr. *Kropff*, S. 404; differenzierend: MüKo-AktG/*Altmeppen*, Rn 5, 104 f, der eine intern wirkende Haftungsbeschränkungen für zulässig hält; ebenso: *Hüffer*, Rn 1; KölnKomm-AktG/*Koppensteiner*, Rn 1; *Emmerich*/Habersack, Rn 6.
12 RegBegr. *Kropff*, S. 405.
13 Für eine reine Vertragshaftung: RegBegr. *Kropff*, S. 404 f; *Emmerich*/Habersack, Rn 21; MüKo-AktG/*Altmeppen*, Rn 137 f; aA, die daneben § 309 heranzieht: Mertens, AcP 168 (1968), 225, 229; Ulmer, in: FS Stimpel 1985, S. 705, 712.
14 Für eine ungeschriebene Organhaftung vgl Großkomm-AktienR/*Hirte*, Anm. 13; Mertens, AcP 168/225, 228 f; Beuthien, DB 1969, 1781, 1782 f.
15 Vgl ausführlich *Hüffer*, Rn 28; KölnKomm-AktG/*Koppensteiner*, Rn 39 ff.

gesetzlichen Vertreter gemäß § 31 BGB zuzurechnen.[16] Diese Betrachtung würde aber dazu führen, dass das herrschende Unternehmen gerade bei gesetzwidriger Durchsetzung von Leitungsmacht entlastet wird. Richtig erscheint es, das herrschende Unternehmen für gesetzliche Vertreter, die im Vorstand der abhängigen Gesellschaft tätig werden und dort aktiv Leitungsmaßnahmen im Konzerninteresse veranlassen, ebenso haften zu lassen, als seien diese Maßnahmen aufgrund einer Weisung oder weisungsgleicher Einflussnahme durchgeführt worden.[17]

7 Einigkeit besteht aber darin, dass Abs. 3 bis 5 auch für die Haftung des herrschenden Unternehmens für zurechenbares Fehlverhalten seiner gesetzlichen Vertreter gelten.[18]

B. Sorgfaltsanforderungen bei Weisungen (Abs. 1)

8 **I. Verhaltenspflicht und besonderer Verschuldensmaßstab.** § 309 geht über § 308 insoweit hinaus, als er unmittelbare Verhaltenspflichten der gesetzlichen Vertreter des herrschenden Unternehmens oder des Inhabers des einzelkaufmännischen Unternehmens gegenüber der abhängigen Gesellschaft begründet.[19] Dadurch kommt es zu einer unmittelbaren gesetzlichen Sonderverbindung zwischen den gesetzlichen Vertretern des beherrschenden Unternehmens und der beherrschten Gesellschaft im Sinne von § 241 Abs. 2 BGB. Darüber hinaus definiert die Vorschrift den in diesem Schuldverhältnis geltenden und § 276 BGB konkretisierenden besonderen Verschuldensmaßstab.[20]

9 Die die gesetzlichen Vertreter des herrschenden Unternehmens treffenden Verhaltenspflichten sind nach richtiger Auffassung dieselben, die für das herrschende Unternehmen aufgrund des Beherrschungsvertrages gelten.[21] Nachteilige Weisungen dürfen die gesetzlichen Vertreter des herrschenden Unternehmens somit insoweit erteilen, als das Konzerninteresse ihre Durchführung opportun erscheinen lässt und im Verhältnis zur abhängigen Gesellschaft das Verhältnismäßigkeitsgebot gewahrt ist.[22] Ferner darf die Durchführung der betreffenden Maßnahme die Fortexistenz der abhängigen Gesellschaft nach Beendigung des Beherrschungsvertrages nicht gefährden;[23] die gesetzlichen Vertreter des herrschenden Unternehmens haben außerdem dafür Sorge zu tragen, dass ausdrückliche Ge- und Verbote des Unternehmensvertrages beachtet werden und sich die jeweilige Maßnahme innerhalb der gesetzlichen Schranken und der Satzungsbestimmungen der abhängigen Gesellschaft hält.[24]

10 Dagegen ist eine früher vertretene Auffassung, wonach die gesetzlichen Vertreter der abhängigen Gesellschaft gegenüber für jeglichen Nachteilseingriff, also auch für solche Maßnahmen haften, die gemäß § 308 erlaubt sind,[25] mit dem Gesetz nicht vereinbar.[26] Eine so weitgehende persönliche Haftung liefe darauf hinaus, dass die gesetzlichen Vertreter des herrschenden Unternehmens sich gegenüber der abhängigen Gesellschaft so verhalten müssten, als hätten sie deren Unternehmen wie ordentliche und gewissenhafte Geschäftsleiter einer unabhängigen Gesellschaft zu führen. Andererseits wären sie gleichzeitig ihrem, dem herrschenden Unternehmen gegenüber verpflichtet, die Leitungsmacht über die abhängige Gesellschaft im Konzerninteresse, also gemäß § 308 auszuüben. Ein solcher Pflichtenkonflikt wäre widersinnig und würde das herrschende Unternehmen nach §§ 280 Abs. 1, 278 BGB bzw § 309 Abs. 2 iVm § 31 BGB auf Beseitigung eines Zustands haften lassen, den es nach § 308 gerade herbeizuführen berechtigt ist.[27]

11 Die ganz hM versteht Abs. 1 und 2 daher zu Recht so, dass sich die gesetzlichen Vertreter des herrschenden Unternehmens dem beherrschenden Unternehmen gegenüber bei Erteilung und Weisung nicht anders zu verhalten haben, als das beherrschende Unternehmen selbst.[28]

12 Der Verschuldensmaßstab entspricht dem allgemeinen Sorgfaltsstandard, der auch in § 93 Abs. 1 festgelegt ist. Maßgeblich ist, wie sich ein pflichtbewusster, selbstständig tätiger Leiter eines Unternehmens der vorliegenden Art zu verhalten hat, der ähnlich einem Treuhänder fremden Vermögensinteressen verpflichtet ist

---

16 BGHZ 36, 296, 309 ff = NJW 1962, 864; BGHZ 90, 381, 396 = NJW 1984, 1893; zustimmend *Hoffmann-Becking*, HHR 150 (1986), 570, 577; kritisch *Ulmer*, in: FS Stimpel, 1985, S. 705, 715 ff; *Hüffer*, Rn 29.
17 So auch KölnKomm-AktG/*Koppensteiner*, Rn 41; *Hoffmann-Becking*, ZHR 150 (1986), 582; *Emmerich*/Habersack, Rn 23; aA MüKo-AktG/*Altmeppen*, Rn 61 ff, der lediglich eine Haftung nach § 93 annimmt, für § 309 bleibe daneben kein Raum.
18 Vgl *Hüffer*, Rn 27 mwN; *Mertens*, AcP 168 (1968), 225, 229.
19 Vgl *Emmerich*/Habersack, Rn 30; *Emmerich*, in: FS Sonnenschein, S. 656; *Hüffer*, Rn 2.
20 So ganz hM, vgl *Emmerich*/Habersack, Rn 28; *Hüffer*, Rn 2.
21 KölnKomm-AktG/*Koppensteiner*, Rn 11 mwN; RegBegr. *Kropff*, S. 405.
22 *Hüffer*, § 308 Rn 15; KölnKomm-AktG/*Koppensteiner*, § 308 Rn 37; *Emmerich*/Habersack, § 308 Rn 45.
23 Vgl hierzu *Hüffer*, § 308 Rn 19; *Emmerich*/Habersack, § 308 Rn 60 ff; MüKo-AktG/*Altmeppen*, § 308 Rn 112 ff.
24 Vgl MüKo-AktG/*Altmeppen*, Rn 68 ff; *Emmerich*/Habersack, Rn 32 ff.
25 Vgl *Geßler*/Geßler, Rn 20.
26 So im Erg. auch *Emmerich*/Habersack/*Emmerich*, Rn 33 f; MüKo-AktG/*Altmeppen*, Rn 69 ff.
27 *Emmerich*/Habersack, Rn 33 f: Es geht um die Schädigung des als Einheit gedachten Konzerns.
28 RegBegr. *Kropff*, S. 405; KölnKomm-AktG/*Koppensteiner*, Rn 11.

und nicht im eigenen Interesse und mit eigenen Mitteln wirtschaftet.[29] Maßgeblich ist ein objektiver Maßstab,[30] persönliches Unvermögen entschuldigt ebenso wenig wie ein tatsächlicher, in vergleichbaren Unternehmen anzutreffender minderer Sorgfaltsstandard.

II. Abhängige Gesellschaft als Gläubigerin der Verhaltenspflichten. Nur die abhängige Gesellschaft ist anspruchsberechtigte der aus dem Beherrschungsvertrag, dem Gesetz und der Satzung der abhängigen Gesellschaft abzuleitenden Verhaltenspflichten.[31] Die in Abs. 4 genannten Aktionäre und Gläubiger werden demgegenüber nur reflexartig geschützt. Folgerichtig können die Aktionäre nur Leistung von Schadensersatz an die Gesellschaft selbst verlangen. Den Gesellschaftsgläubigern stehen nur subsidiäre Direktansprüche zu.[32]

III. Gesetzliche Vertreter des herrschenden Unternehmens als Verpflichtete. Abs. 1 normiert nur Verhaltenspflichten für die gesetzlichen Vertreter des herrschenden Unternehmens.[33] Das herrschende Unternehmen muss sich das Fehlverhalten seiner gesetzlichen Vertreter gemäß § 278 BGB bzw § 31 BGB zurechnen lassen.[34] Die weite Formulierung von Abs. 1 erklärt sich aus dem rechtsformneutralen Begriff des herrschenden Unternehmens und bedeutet, dass nach § 309 diejenigen Personen haften, die im Träger des herrschenden Unternehmens die gesetzlichen Geschäftsführungs- und Vertretungsbefugnisse ausüben.[35]

Normadressaten sind dementsprechend nicht die Anteilseigner als solche oder die Mitglieder von Aufsichtsorganen.[36] Ebenfalls unanwendbar ist die Norm auf schlichte Angestellte des herrschenden Unternehmens, die im Auftrag und ggf mit Vollmacht der gesetzlichen Vertreter des herrschenden Unternehmens tätig werden.[37] Deren Fehlverhalten ist den gesetzlichen Vertretern aufgrund von § 278 BGB zurechenbar,[38] da § 309 Abs. 1 und 2 eine Sonderverbindung zwischen den gesetzlichen Vertretern des herrschenden Unternehmens und der abhängigen Gesellschaft begründen. Im Übrigen haften die gesetzlichen Vertreter im Falle der Delegation des Weisungsrechts für ordnungsgemäße Organisation und Überwachung der Einschaltung von Hilfspersonen auch unmittelbar aus § 309 Abs. 1 und 2.[39]

Bei der **GmbH** haften somit nur die **Geschäftsführer**, bei **Personengesellschaften** grundsätzlich **alle Gesellschafter**, soweit diese nicht ausnahmsweise von Geschäftsführung und Vertretung ausgeschlossen sind. Bei der KG haftet nur der Komplementär, handelt es sich um eine GmbH & Co. KG haften Komplementär-GmbH und deren Geschäftsführer, letztere allerdings nur in analoger Anwendung von Abs. 1.[40]

Da § 309 Verhaltenspflichten und Sorgfaltsanforderungen nur für den Fall aktiver Ausübung der Leitungsmacht normiert, ist die Norm auf Mitglieder der Aufsichtsorgane des herrschenden Unternehmens auch nicht entsprechend anwendbar.[41] Eine allgemeine Konzernleitungspflicht gegenüber der abhängigen Gesellschaft besteht weder aufgrund Beherrschungsvertrages noch aus sonstigen Gründen.[42] Dementsprechend begründet § 309 keine Schadensersatzverpflichtung für schlichte Untätigkeit des herrschenden Unternehmens oder aus sonstigen Gründen, wie mangelhafter Leitung des Gesamtkonzerns.[43] Gleiches gilt für Anteilseigner des herrschenden Unternehmens jedenfalls dann, wenn sie ihre typischen gesellschaftsrechtlichen Befugnisse nicht überschreiten. Aus den genannten Gründen ist auch für den in § 308 Abs. 3 S. 2 genannten Fall keine Ausnahme hiervon zu machen.[44]

Der **Einzelkaufmann** wird dem gesetzlichen Vertreter eines in Gesellschafts- oder Verbandsform organisierten Trägers eines herrschenden Unternehmens durch ausdrücklichen Klammervermerk gleichgestellt. Hierdurch soll nach verbreiteter Auffassung besonders zum Ausdruck kommen, dass ein für eigene Rechnung

---

29 Vgl *Hüffer*, § 93 Rn 4 mwN; *Emmerich*/Habersack, Rn 31; MüKo-AktG/*Altmeppen*, Rn 71; MüHb-AG/*Krieger*, § 70 Rn 144.
30 Vgl hierzu KölnKomm-AktG/*Koppensteiner*, Rn 12.
31 *Hüffer*, Rn 8; KölnKomm-AktG/*Koppensteiner*, Rn 43; MüKo-AktG/*Altmeppen*, Rn 139; K. Schmidt/Lutter/*Langenbucher*, Rn 15.
32 Dazu Rn 31 f.
33 KölnKomm-AktG/*Koppensteiner*, Rn 26; Spindler/Stilz/*Veil*, Rn 6; *Hüffer*, Rn 3; MüHb-AG/*Krieger*, § 70 Rn 145; *Emmerich*/Habersack, Rn 14; K. Schmidt/Lutter/*Langenbucher*, Rn 6.
34 KölnKomm-AktG/*Koppensteiner*, Rn 30 mwN.
35 *Hüffer*, Rn 3; *Emmerich*/Habersack, Rn 14.
36 *Hüffer*, Rn 4; MüKo-AktG/*Altmeppen*, Rn 18; KölnKomm-AktG/*Koppensteiner*, Rn 23; MüHb-AG/*Krieger*, § 70 Rn 145; aA Geßler/*Geßler*, Rn 15 für den Fall, dass der Aufsichtsrat des herrschenden Unternehmens der Weisung nach § 111 Abs. 4 S. 2 oder nach § 308 zugestimmt hat; vgl hierzu auch *Hüffer*, Rn 4.
37 *Hüffer*, Rn 4; KölnKomm-AktG/*Koppensteiner*, Rn 36.
38 MüHb-AG/*Krieger*, § 70 Rn 145; *Hüffer*, Rn 4; *Emmerich*/Habersack, Rn 15.
39 Spindler/Stilz/*Veil*, Rn 8.
40 Vgl *Hüffer*, Rn 3; *Emmerich*/Habersack, Rn 14; K. Schmidt/Lutter/*Langenbucher*, Rn 7; MüKo-AktG/*Altmeppen*, Rn 15 f; KölnKomm-AktG/*Koppensteiner*, Rn 28.
41 *Hüffer*, Rn 4; MüKo-AktG/*Altmeppen*, Rn 18; Spindler/Stilz/*Veil*, Rn 7; KölnKomm-AktG/*Koppensteiner*, Rn 35; K. Schmidt/Lutter/*Langenbucher*, Rn 8; MüHb-AG/*Krieger*, § 70 Rn 145; aA noch Geßler/*Geßler*, Rn 15, für den Fall, dass der Aufsichtsrat des herrschenden Unternehmens der Weisung nach § 111 Abs. 4 S. 2 oder nach § 308 zugestimmt hat.
42 HM MüHb-AG/*Krieger*, § 70 Rn 139 mwN; MüKo-AktG/*Altmeppen*, Rn 48; KölnKomm-AktG/*Koppensteiner*, Rn 6, § 308 Rn 60; *Hüffer*, Rn 10; aA *Emmerich*, in: FS Sonnenschein, S. 654 f; unentschieden *Schneider/Schneider*, AG 2005, 61.
43 Ganz hM MüHb-AG/*Krieger*, § 70 Rn 144; *Hüffer*, Rn 10; MüKo-AktG/*Altmeppen*, Rn 51 f; KölnKomm-AktG/*Koppensteiner*, Rn 6; aA Großkomm-AktienR/*Hirte*, Rn 26.
44 *Hüffer*, Rn 4; aA Geßler/*Geßler*, Rn 15.

handelnder Unternehmer denselben objektiven Verhaltenspflichten unterliegt wie ein fremdnützig tätiges Organ.[45]

19 Unklar ist die Anwendbarkeit der Norm im Zusammenhang mit **Gebietskörperschaften**. Diese haben zwar verfassungsmäßige Vertreter, doch soll auf sie § 309 wegen konkurrierender Amtshaftungsregelungen unanwendbar sein.[46]

20 Im **mehrstufigen Konzern** wird eine analoge Anwendbarkeit von § 309 auf die gesetzlichen Vertreter der Muttergesellschaft erwogen, wenn die Tochtergesellschaft nur Durchlaufstation für Weisungen an die Enkelgesellschaft ist.[47] Ob aber die gesetzlichen Vertreter der Tochtergesellschaft in diesen Fällen als persönliche Haftungsschuldner im Wege teleologischer Reduktion von § 309 ausscheiden sollen,[48] ist im Hinblick auf die Disziplinierungsfunktion der Vorschrift im Verhältnis zu den persönlich Handelnden zweifelhaft; sinnvoller erscheint eine gesamtschuldnerische Haftung der gesetzlichen Vertreter von Mutter und Tochter bei pflichtwidrigen Weisungen an Enkelgesellschaften in der Konzernkette.

21 Bei Gemeinschaftsunternehmen haften alle gesetzlichen Vertreter der Mutterunternehmen, sofern sie die Leitungsmacht nach §§ 709, 714 BGB gemeinschaftlich ausüben. Ist einem Unternehmen des Konsortiums die alleinige Geschäftsführungs- und Vertretungsmacht nach §§ 710 Abs. 1, 714 BGB übertragen, haften nur deren gesetzliche Vertreter.[49]

22 **IV. Verhaltenspflichten bei der Erteilung von Weisungen aufgrund Beherrschungsvertrages.** Tatbestandlich setzt die Norm das **Bestehen eines wirksamen Beherrschungsvertrages** voraus. Anderenfalls kommen ausschließlich die §§ 311 ff zur Anwendung. § 309 handelt außerdem nur von Pflichtwidrigkeiten bei der Erteilung von Weisungen, er bezieht sich also nur auf die aktive Ausübung der Leitungsmacht durch das herrschende Unternehmen. Schlichte Untätigkeit ist nicht tatbestandsmäßig.[50] Förmlichen Weisungen sind aber andererseits alle denkbaren Einflussnahmemittel gleichzusetzen, mit denen die Vertreter des herrschenden Unternehmens ihre Leitungsmacht in der abhängigen Gesellschaft aktiv durchsetzen.[51] Nach allgemeinen haftungsrechtlichen Grundsätzen sind dem gesetzlichen Vertreter zudem alle Vorgänge und Maßnahmen in der abhängigen Gesellschaft zurechenbar, die durch Weisungen oder weisungsgleiche Vorgänge veranlasst oder herausgefordert werden.[52] Dies gilt auch für zeitversetzt eintretende nachteilige Spätfolgen, sowie für Risiken, die durch Weisungen geschaffen wurden und den Vorstand der abhängigen Gesellschaft zu nachteiligen oder nachteilsvergrößernden Maßnahmen veranlassen.[53] Gleichzustellen sind nach richtiger Auffassung zudem eigenmächtige Handlungen eines Vorstandsmitglieds, das zugleich Mitglied eines gesetzlichen Vertretungsorgans des herrschenden Unternehmen ist und planmäßig im Konzerninteresse steuernd in der abhängigen Gesellschaft tätig wird,[54] sowie Tätigkeiten aufgrund einer Vollmacht des Vorstands der abhängigen Gesellschaft.[55]

23 Darüber hinaus wird in der Kommentarliteratur eine der aktiven Einflussnahme gleichzustellende Verantwortlichkeit bei Untätigkeit in den Fällen erwogen, in denen das herrschende Unternehmen durch vorangegangene Weisungen die Ursache für spätere Fehlentwicklungen geschaffen hat.[56] Richtiger Ansicht nach sind derartige Fehlentwicklungen und Folgebeeinträchtigungen in aller Regel den gesetzlichen Vertretern des herrschenden Unternehmens bereits deswegen zuzurechnen, weil zwischen vorausgegangener Weisung und späterer Fehlentwicklung ein Pflichtwidrigkeitszusammenhang besteht.

24 Vom Schutzzweck der Norm werden nach wohl hM außerdem solche Maßnahmen erfasst, vor deren Auswirkungen auf das abhängige Unternehmen § 309 gerade schützen soll; so etwa unzulässige, weil direkte Anweisungen an das nachgeordnete Personal der abhängigen Gesellschaft, Handeln im abhängigen Unternehmen aufgrund unzulässiger Generalvollmacht; Anweisungen des Vorstands der abhängigen Gesellschaft, durch Beschluss der Hauptversammlung, in der die gesetzlichen Vertreter des herrschenden Unternehmens die Mehrheit repräsentieren. Auch die Ausübung von Druck auf den Vorstand durch den Auf-

---

[45] Vgl *Hüffer*, Rn 5; *Emmerich*/Habersack, Rn 19, der die Regelung letztlich für überflüssig hält; MüKo-AktG/*Altmeppen*, Rn 17; KölnKomm-AktG/*Koppensteiner*, Rn 34.

[46] Vgl *Hüffer*, Rn 6; *Emmerich*/Habersack, Rn 18; KölnKomm-AktG/*Koppensteiner*, Rn 32; Kiefner/Schürnbrand, AG 2013, 789, 795 f; zweifelnd MüKo-AktG/*Altmeppen*, Rn 20 ff; BGHZ 69, 334, 343 = NJW 1978, 104 lässt diese Problematik offen.

[47] Vgl *Hüffer*, Rn 7; KölnKomm-AktG/*Koppensteiner*, Rn 30 mwN; MüKo-AktG/*Altmeppen*, Rn 22, 24; Sonnenschein, AG 1976, 147, 149; Spindler/Stilz/Veil, Rn 11 ff für verschiedene Fallkonstellationen.

[48] Vgl *Hüffer*, Rn 7; so im Erg. auch KölnKomm-AktG/*Koppensteiner*, Rn 30.

[49] Vgl *Hüffer*, Rn 7; KölnKomm-AktG/*Koppensteiner*, Rn 29.

[50] Ganz hM vgl bereits Rn 17; differenzierend: K. Schmidt/Lutter/Langenbucher, Rn 17 f; Spindler/Stilz/Veil, Rn 17 ff.

[51] MüHb-AG/*Krieger*, § 70 Rn 144; *Hüffer*, Rn 11 f; Geßler/Geßler, § 308 Rn 13; KölnKomm-AktG/*Koppensteiner*, Rn 5.

[52] Dies ist eine Frage allgemeinen Schadensersatzrechts; Palandt/Grüneberg, vor § 249 Rn 77; herausgefordertes Verhalten – Rn 74 – Schaffung einer gesteigerten Gefahrenlage etc.

[53] So im Erg. auch *Hüffer*, Rn 10 mwN; KölnKomm-AktG/*Koppensteiner*, Rn 6.

[54] MüHb-AG/*Krieger*, § 70 Rn 144; KölnKomm-AktG/*Koppensteiner*, Rn 6; aA noch Geßler/Geßler, Rn 23.

[55] *Hüffer*, Rn 12; MüHb-AG/*Krieger*, § 70 Rn 144; KölnKomm-AktG/*Koppensteiner*, Rn 8.

[56] Vgl *Hüffer*, Rn 10; MüKo-AktG/*Altmeppen*, Rn 57; K. Schmidt/Lutter/Langenbucher, Rn 17; KölnKomm-AktG/*Koppensteiner*, § 309 Rn 6; vgl zu weiteren Ausnahmen auch MüKo-AktG/*Altmeppen*, Rn 56, 58.

sichtsrat der abhängigen Gesellschaft, der mehrheitlich von gesetzlichen Vertretern des beherrschenden Unternehmens besetzt ist, ist tatbestandsmäßig.[57]

C. Schadensersatzpflicht (Abs. 2)

I. Haftungsbegründungstatbestand. Die gesetzlichen Vertreter des herrschenden Unternehmens müssen **pflichtwidrig gehandelt** haben. Es müssen daher Weisungen erteilt oder durch weisungsgleiche Mechanismen die Durchführung von nachteiligen Maßnahmen im beherrschten Unternehmen veranlasst worden sein, die nicht von Konzerninteressen gedeckt bzw unverhältnismäßig oder nach dem Beherrschungsvertrag, dem Gesetz oder der Satzung der abhängigen Gesellschaft unzulässig waren.[58] Subjektiv müssen die gesetzlichen Vertreter den Pflichtverstoß zu vertreten haben, Fahrlässigkeit genügt. Zugrunde zu legen ist die für einfache Fahrlässigkeit geltende Sorgfaltspflicht eines ordentlichen und gewissenhaften Geschäftsleiters, die bei Ausübung der Leitungsmacht über eine abhängige Gesellschaft anzuwenden ist.[59] Es gilt ein objektiver Maßstab.[60]

Die abhängige Gesellschaft hat lediglich die Tatsache nachteiliger Ausübung von Leitungsmacht durch das herrschende Unternehmen durch Weisungen oder gleichzustellende Maßnahmen darzutun und zu beweisen. Den gesetzlichen Vertretern des herrschenden Unternehmens obliegen dann Darlegung und Beweis derjenigen Tatsachen, die ihr Verhalten als objektiv und subjektiv gerechtfertigt erscheinen lassen.[61] Das heißt im Rahmen von Abs. 2, dass die gesetzlichen Vertreter des herrschenden Unternehmens im Zweifel den Nachweis dafür zu führen haben, dass die betreffende Maßnahme durch Konzerninteressen gerechtfertigt und für die abhängige Gesellschaft zumutbar war.

II. Schaden und Folgeschaden. Für die Schadenszurechnung und -berechnung gelten die §§ 249 ff BGB und die hierfür entwickelten Grundsätze.[62] Alle Schäden und Schadensfolgen sind dem Schädiger zurechenbar, für die das pflichtwidrige Verhalten äquivalent und adäquat kausal war und die in einem vom Zweck der Verhaltenspflicht her zu bestimmenden Zusammenhang stehen.[63] Die Untergesellschaft hat die Tatsachen darzulegen und zu beweisen, aus denen sich eine möglicherweise pflichtwidrige Weisung, der Eintritt eines Schadens und der Zurechnungszusammenhang zwischen pflichtwidriger Handlung und Schaden ergibt.[64]

Schwieriger ist demgegenüber die Frage zu beantworten, ob die vom herrschenden Unternehmen nach § 302 Abs. 1 geschuldete Verlustausgleichspflicht schadensmindernd zu berücksichtigen ist.[65] Tatsächlich ist das herrschende Unternehmen nach § 302 Abs. 1 zum vollständigen Verlustausgleich in Geld verpflichtet, so dass der Gesellschaft durch das pflichtwidrige Verhalten ihrer gesetzlichen Vertreter kein rechnerischer Schaden verbleibt. Bei Anrechnung der Verlustausgleichspflicht würde aber insbesondere die § 309 zugrunde liegende Disziplinierungsfunktion leer laufen, da § 309 nur noch bei Insolvenz des herrschenden Unternehmens zum Zuge käme.[66] Daneben würde auch die Einzelschadensausgleichsfunktion der Norm verfehlt, da § 302 nur periodische Ausgleichspflichten vorsieht.[67] Nach ganz hM ist daher die Berücksichtigung der Verlustausgleichspflicht nach § 302 Abs. 1 im Wege der Vorteilsanrechnung unzulässig.[68]

D. Verzicht oder Vergleich (Abs. 3)

Vor Ablauf von **drei Jahren nach Entstehung des Ersatzanspruchs** kann die abhängige Gesellschaft auf Ersatzansprüche nach Abs. 2 nicht verzichten. Diese Frist weicht konsequenterweise von derjenigen des § 302 Abs. 3 S. 1 ab, weil nach § 309 Einzelausgleich geschuldet wird, während § 302 Abs. 1 periodische Verlustausgleichspflichten vorsieht.[69]

---

57 MüHb-AG/*Krieger*, § 70 Rn 144.
58 *Emmerich*/Habersack, Rn 34, § 308 Rn 33, 55 ff; *Hüffer*, Rn 15.
59 Vgl bereits Rn 12; *Hüffer*, Rn 15, § 93 Rn 14; K. Schmidt/Lutter/*Langenbucher*, Rn 21.
60 K. Schmidt/Lutter/*Langenbucher*, Rn 21; Spindler/Stilz/*Veil*, Rn 24.
61 Vgl zur Verteilung von Darlegungs- und Beweislast im Rahmen von § 93 Abs. 2 HRR-AktienR, Rn 469; *Hüffer*, Rn 16; MüKo-AktG/*Altmeppen*, Rn 112 ff; Spindler/Stilz/*Veil*, Rn 30; K. Schmidt/Lutter/*Langenbucher*, Rn 29; *Emmerich*/Habersack, Rn 42 ff; KölnKomm-AktG/*Koppensteiner*, Rn 23; *Emmerich*, in: FS Sonnenschein, S. 658 ff.
62 *Emmerich*/Habersack, Rn 37; *Hüffer*, Rn 17.
63 Zur Kausalität vgl auch *Emmerich*/Habersack, Rn 36; Spindler/Stilz/*Veil*, Rn 26; *Hüffer*, Rn 15; K. Schmidt/Lutter/*Langenbucher*, Rn 24 ff.
64 K. Schmidt/Lutter/*Langenbucher*, Rn 28; Spindler/Stilz/*Veil*, Rn 29 jeweils mwN.
65 Vgl zum Meinungsstand ausführlich *Emmerich*/Habersack, Rn 38 ff; MüKo-AktG/*Altmeppen*, Rn 84 ff.
66 *Emmerich*/Habersack, Rn 39 f.
67 Vgl *Emmerich*, in: FS Sonnenschein, S. 658.
68 Ebenso *Emmerich*/Habersack, Rn 40; MüKo-AktG/*Altmeppen*, Rn 84 ff; *Hüffer*, Rn 18; *Mertens*, AcP 168 (1968), 225, 231 f.
69 Vgl *Hüffer*, Rn 19, mit dem Argument, dass § 309 ähnlich wie § 93 eine Haftung kraft Sorgfaltsverstoß begründet.

30 Im Zusammenhang mit § 47 Nr. 18a EGInsO[70] wurden die zuvor auf das alte Konkursrecht zugeschnittenen Ausnahmebestimmungen an das neue Insolvenzrecht angepasst.[71] Verzicht und Vergleich sind nur mit zustimmendem Sonderbeschluss außenstehender Aktionäre möglich.[72] Die Vorschrift soll verhindern, dass der Mehrheitsaktionär das Fehlverhalten seiner gesetzlichen Vertreter nicht einseitig sanktionieren kann.[73] Das Erfordernis entspricht der Regelung in § 302 Abs. 3 S. 2 und stellt eine Konkretisierung des Rechtsgedankens dar, der § 136 zugrunde liegt.[74] Weder § 302 Abs. 3 noch § 309 Abs. 3 S. 2 enthalten Ausnahmen für den Fall, dass das herrschende Unternehmen an der beherrschten Gesellschaft nicht beteiligt ist. Auch der Regierungsentwurf enthält keine Hinweise hierzu. Daher ist bei Fehlen der Beteiligung des herrschenden Unternehmens von dem Erfordernis eines zustimmenden Hauptversammlungsbeschlusses auszugehen. Dagegen besteht kein Bedürfnis nach Zustimmung seitens der Gesellschaftsgläubiger, da diese an der direkten Geltendmachung von Ersatzansprüchen auch durch vorherigen Verzicht oder Vergleich nicht gehindert werden (vgl Abs. 4 S. 4).[75]

E. Ersatzanspruch der Aktionäre und Gesellschaftsgläubiger

31 **I. Ersatzanspruch der Aktionäre.** Nach Abs. 4 S. 1 ist jeder Aktionär zur Geltendmachung des Ersatzanspruchs der Gesellschaft berechtigt. Der Aktionär kann jedoch nur Leistung an die Gesellschaft fordern, Abs. 4 S. 2. Der Sache nach handelt es sich um eine gesetzliche Prozessstandschaft,[76] die nichts weiter als die Aktionärseigenschaft und das Bestehen eines Anspruchs der Gesellschaft voraussetzt. Der Anspruch entfällt durch Verzicht oder Vergleich.[77] War die Klage des Aktionärs bis zu diesem Zeitpunkt begründet, trägt die Gesellschaft nach dem allgemeinen Verursachungsprinzip die Kosten des Rechtsstreits.[78] Über die Streitwertberechnung bei der Aktionärsklage besteht keine Klarheit. Erwogen wird eine Analogie zu § 247.[79] Die Analogiebedürftigkeit ist aber für Abs. 4 nicht nachgewiesen. Richtiger Auffassung nach ist daher eine Streitwertfestsetzung nach den allgemeinen zu § 3 ZPO entwickelten Grundsätzen vorzunehmen.[80]

32 **II. Gläubiger.** Die Gesellschaftsgläubiger können den Anspruch der Gesellschaft als eigenen erst dann geltend machen, wenn sie von der Gesellschaft selbst keine Befriedigung erlangen können.[81] Die bloße Zahlungsverweigerung genügt nicht. Die Vorschrift wurde bewusst §§ 93 Abs. 5, 116, 117 Abs. 5 nachgebildet,[82] so dass die zu diesen Vorschriften entwickelten Grundsätze entsprechende Anwendung finden. Die direkte Durchsetzung des Gesellschaftsanspruchs durch die Gesellschaftsgläubiger setzt aber anders als § 93 Abs. 5 keine grobe Pflichtverletzung der gesetzlichen Vertreter bei Anspruchsbegründung voraus.[83]

33 **III. Insolvenzverfahren.** Nach Eröffnung des Insolvenzverfahrens über das abhängige Unternehmen ruht das Klagerecht von Aktionären und Gesellschaftsgläubigern; ist eine Klage bereits erhoben, wird das Verfahren analog § 240 ZPO unterbrochen.[84] Die Ansprüche der Gläubiger ordnen sich dem Zweck des Insolvenzverfahrens zu möglichst gleichmäßiger Befriedigung aller Gesellschaftsgläubiger unter. Auf anderen Rechtsgründen, zB Prospekthaftung, beruhende Ansprüche der Gläubiger bleiben unberührt.[85]

F. Verjährungsfrist

34 Abs. 5 enthält eine gegenüber der regelmäßigen dreijährigen Verjährungsfrist gemäß § 195 BGB spezielle Verjährungsregelung. Da § 309 Abs. 5 keinen von § 200 BGB abweichenden Verjährungsbeginn vorsieht,

---

[70] Einführungsgesetz zur Insolvenzordnung v. 5.10.1994, BGBl. I S. 2911, 2931.
[71] *Hüffer*, Rn 19.
[72] *Emmerich*/Habersack, Rn 46; *Hüffer*, Rn 20; KölnKomm-AktG/*Koppensteiner*, Rn 58.
[73] RegBegr. *Kropff*, S. 405; vgl auch *Emmerich*/Habersack, Rn 46, mit dem Argument: Es wird dem herrschenden Unternehmen mit seiner regelmäßigen Hauptversammlungsmehrheit bei der abhängigen Gesellschaft die Möglichkeit genommen, sich letztlich selbst zu entlasten.
[74] RegBegr. *Kropff*, S. 392.
[75] KölnKomm-AktG/*Koppensteiner*, Rn 58; *Emmerich*/Habersack, Rn 51; *Hüffer*, Rn 23; MüKo-AktG/*Altmeppen*, Rn 131.
[76] KG NZG 2011, 1429, 1431 f; *Hüffer*, Rn 21 a; *Emmerich*/Habersack, Rn 49; K. Schmidt/Lutter/*Langenbucher*, Rn 35; MüKo-AktG/*Altmeppen*, Rn 123 f.
[77] Es tritt Erledigung der Hauptsache ein, vgl *Hüffer*, Rn 21 a; *Emmerich*/Habersack, Rn 50.
[78] Vgl *Hüffer*, Rn 21 a; MüKo-AktG/*Altmeppen*, Rn 125.
[79] MüKo-AktG/*Altmeppen*, Rn 127 f – jedenfalls wenn eine Feststellungsklage angedroht oder erhoben wurde; KölnKomm-AktG/*Koppensteiner*, Rn 47 ff; differenzierend: MüHb-AG/*Krieger*, § 70 Rn 146 mwN; *Emmerich*/Habersack, Rn 49 a; Geßler/*Geßler*, Rn 40 (für die negative Feststellungsklage).
[80] Vgl *Hüffer*, Rn 22; Happ/*Pfeifer*, ZHR 1991, 103, 123 f.
[81] Durch Antrag auf Leistung an sich selbst, vgl *Emmerich*/Habersack, Rn 51; MüKo-AktG/*Altmeppen*, Rn 131; *Hüffer*, Rn 23; K. Schmidt/Lutter/*Langenbucher*, Rn 36.
[82] Vgl RegBegr. *Kropff*, S. 405.
[83] MüKo-AktG/*Altmeppen*, Rn 133; *Hüffer*, Rn 23.
[84] *Emmerich*/Habersack, Rn 51; *Hüffer*, Rn 24; vgl zu Folgen der Insolvenz des klagenden Aktionärs bzw Gläubigers OLG Schleswig, BeckRS 2010, 29118.
[85] BGH Urteil v. 14.05.2013 – XI ZR 335/11, Rn 19.

beginnt die Verjährung mit der Entstehung des Anspruchs. Die spezielle Verjährung erfasst nicht etwaige konkurrierende Ansprüche aus § 117 oder Delikt.[86]

§ 310 Verantwortlichkeit der Verwaltungsmitglieder der Gesellschaft

(1) [1]Die Mitglieder des Vorstands und des Aufsichtsrats der Gesellschaft haften neben dem Ersatzpflichtigen nach § 309 als Gesamtschuldner, wenn sie unter Verletzung ihrer Pflichten gehandelt haben. [2]Ist streitig, ob sie die Sorgfalt eines ordentlichen und gewissenhaften Geschäftsleiters angewandt haben, so trifft sie die Beweislast.

(2) Dadurch, daß der Aufsichtsrat die Handlung gebilligt hat, wird die Ersatzpflicht nicht ausgeschlossen.

(3) Eine Ersatzpflicht der Verwaltungsmitglieder der Gesellschaft besteht nicht, wenn die schädigende Handlung auf einer Weisung beruht, die nach § 308 Abs. 2 zu befolgen war.

(4) § 309 Abs. 3 bis 5 ist anzuwenden.

A. Gegenstand und Zweck

Wie § 309 hat auch § 310 **Schadensausgleichs- und Präventivfunktion**.[1] Dabei soll die Regelung wohl in erster Linie Signalwirkung haben, da Vorstand und Aufsichtsrat der abhängigen Gesellschaft für pflichtwidriges Verhalten bereits nach §§ 93 und 116 haften würden. § 310 ordnet darüber hinaus aber die gesamtschuldnerische Haftung der Verwaltungsmitglieder der abhängigen Gesellschaft neben den gesetzlichen Vertretern des herrschenden Unternehmens an. Darin liegt seine eigenständige Bedeutung.[2] **1**

§ 310 verdrängt die §§ 93 und 116 soweit er tatbestandlich reicht.[3] Ein Weisungs- oder Zustimmungsbeschluss der Hauptversammlung der abhängigen Gesellschaft entlastet die Verwaltungsmitglieder entgegen § 93 Abs. 4 S. 1 nicht, erst recht nicht ein solcher im Sinne von § 117 Abs. 2 S. 2,[4] da die Verwaltungsmitglieder der abhängigen Gesellschaft nicht dadurch von ihrer Verantwortung befreit werden können, dass das herrschende Unternehmen Weisungen über die Hauptversammlung der abhängigen Gesellschaft erteilt oder absichert.[5] Haftungsausschließend wirkt indes die Folgepflicht des Vorstands nach § 308 Abs. 2 bei Vorliegen einer verbindlichen Weisung, § 310 Abs. 3. Auf die GmbH ist § 310 entsprechend anwendbar.[6] **2**

B. Haftung des Vorstands der abhängigen Gesellschaft

Der Vorstand der abhängigen Gesellschaft haftet für pflichtwidrige Befolgung von Weisungen der gesetzlichen Vertreter des herrschenden Unternehmens.[7] Erfasst wird wie in § 309 nur der Gehorsam bei aktiver Ausübung von Leitungsmacht durch das herrschende Unternehmen.[8] § 310 stellt sich somit als Spiegelbild zu § 309 dar, mit der in § 310 Abs. 3 geregelten Ausnahme, dass die Verwaltungsmitglieder der abhängigen Gesellschaft im Gegensatz zu den gesetzlichen Vertretern des herrschenden Unternehmens dann nicht haften, wenn sie eine Weisung zu befolgen haben, deren Durchführung sie nach § 308 Abs. 2 mangels evidenter Unzulässigkeit nicht verweigern dürfen. **3**

Die Verpflichtung zur Überprüfung der Rechtmäßigkeit der Leitungseingriffe des herrschenden Unternehmens stellt den Schwerpunkt der Verantwortung des Vorstands der abhängigen Gesellschaft dar.[9] Für Vorgänge, die am Vorstand vorbei, etwa durch unzulässige direkte Weisungen an das nachgeordnete Personal der abhängigen Gesellschaft stattfinden, haftet der Vorstand nur, sofern er davon erfährt und die schädi- **4**

---

86 *Emmerich/Habersack*, Rn 52.
1 *Hüffer*, Rn 1.
2 *Hüffer*, Rn 1; KölnKomm-AktG/*Koppensteiner*, Rn 11; *Emmerich/Habersack*, Rn 2; MüKo-AktG/*Altmeppen*, Rn 1 f; *Schneider/Schneider*, AG 2005, 63.
3 So auch KölnKomm-AktG/*Koppensteiner*, Rn 12: §§ 93, 116 sind zB anwendbar, wenn keine Weisung vorliegt oder wenn der von einer Weisung offen gelassene Ermessensspielraum zu einer Schädigung der Gesellschaft benutzt wird, vgl hierzu ferner Großkomm-AktienR/*Hirte*, Rn 3, 9 ff, 25 ff; K. Schmidt/Lutter/*Langenbucher*, Rn 2; Geßler/*Geßler*, Rn 18.
4 § 310 ist lex specialis zu § 117 Abs. 2, vgl *Emmerich/Habersack*, Rn 3; MüKo-AktG/*Altmeppen*, Rn 40; *Hüffer*, Rn 1; MüHb-AG/*Krieger*, § 70 Rn 148; KölnKomm-AktG/*Koppensteiner*, Rn 10.
5 RegBegr. *Kropff*, S. 406; ausführlich: *Canaris*, ZGR 1978, 205 f, 211 f.
6 *Emmerich/Habersack*, Rn 5.
7 *Emmerich/Habersack*, Rn 6 f.
8 So im Erg. auch *Emmerich/Habersack*, Rn 7; MüKo-AktG/*Altmeppen*, Rn 6.
9 *Hüffer*, Rn 3, § 308 Rn 20; MüKo-AktG/*Altmeppen*, Rn 20; *Emmerich/Habersack*, Rn 10 f.

gende Maßnahme verhindern kann.[10] Abs. 2 stellt klar, dass die Billigung durch den Aufsichtsrat den Vorstand nicht entlastet.[11]

C. Haftung des Aufsichtsrats der abhängigen Gesellschaft

5 Der Aufsichtsrat der abhängigen Gesellschaft haftet insbesondere bei Verletzung seiner Überwachungspflichten.[12] Die Haftung ist somit nicht auf die Fälle pflichtwidriger Zustimmungserteilung gemäß § 111 Abs. 4 beschränkt.[13] Den Aufsichtsrat treffen vielmehr aktive Kontroll- und Überwachungspflichten. Die ihm nach § 111 Abs. 2 und 3 sowie § 90 eingeräumten Kontroll- und Informationsmöglichkeiten hat er zu nutzen.

D. Haftungsmaßstab und Beweislastumkehr

6 Für Vorstands- und Aufsichtsratsmitglieder gilt der gleiche Sorgfaltsmaßstab wie für die gesetzlichen Vertreter des herrschenden Unternehmens. Sie haben daher die Sorgfalt einer ordentlichen und gewissenhaften Geschäftsleitung für eine aufgrund Beherrschungsvertrages abhängigen Gesellschaft anzuwenden.[14] Soweit die Erkennbarkeit einer unzulässigen schädigenden Maßnahme nachgewiesen ist, die auf einer Weisung oder weisungsgleichen Einflussnahme des herrschenden Unternehmens beruht, trifft die Verwaltungsmitglieder der abhängigen Gesellschaft die Obliegenheit nachzuweisen, dass die Unzulässigkeit der Maßnahme nicht offensichtlich war.[15]

E. Verweisung auf § 309 Abs. 3 bis 5 (Abs. 4)

7 Abs. 4 erklärt die Bestimmungen von § 309 über Verzicht, Vergleich sowie über die Rechte der Aktionäre und Gesellschaftsgläubiger und Verjährung für entsprechend anwendbar.

Zweiter Abschnitt
Verantwortlichkeit bei Fehlen eines Beherrschungsvertrags

§ 311 Schranken des Einflusses

(1) Besteht kein Beherrschungsvertrag, so darf ein herrschendes Unternehmen seinen Einfluß nicht dazu benutzen, eine abhängige Aktiengesellschaft oder Kommanditgesellschaft auf Aktien zu veranlassen, ein für sie nachteiliges Rechtsgeschäft vorzunehmen oder Maßnahmen zu ihrem Nachteil zu treffen oder zu unterlassen, es sei denn, daß die Nachteile ausgeglichen werden.

(2) ¹Ist der Ausgleich nicht während des Geschäftsjahrs tatsächlich erfolgt, so muß spätestens am Ende des Geschäftsjahrs, in dem der abhängigen Gesellschaft der Nachteil zugefügt worden ist, bestimmt werden, wann und durch welche Vorteile der Nachteil ausgeglichen werden soll. ²Auf die zum Ausgleich bestimmten Vorteile ist der abhängigen Gesellschaft ein Rechtsanspruch zu gewähren.

Literatur:
Fleischer, Konzernleitung und Leitungssorgfalt der Vorstandsmitglieder im Unternehmensverbund, DB 2005, 759; *Heidel*, § 311 Abs. 2 AktG – wider die vollständige Entwertung einer gut gemeinten Norm, in: FS W. Meilicke, 2010, S. 125; *Hüffer*, Qualifiziert faktisch konzernierte Aktiengesellschaften nach dem Übergang zur Existenzvernichtungshaftung bei der GmbH, FS Goette, 2011, S. 191; *Kropff*, Einlagenrückgewähr und Nachteilsausgleich im faktischen Konzern, NJW 2009, 814; *K. Schmidt*, Abhängigkeit und faktischer Konzern als Aufgaben der Rechtspolitik, JZ 1992, 856; *Wackerbarth*, Der Vorstand der abhängigen Aktiengesellschaft und die §§ 311 ff AktG in der jüngeren Rechtsprechung des II. Senats, Der Konzern 2010, 261 (Teil 1) u. 337 (Teil 2).

---

10 *Hüffer*, Rn 2; MüKo-AktG/*Altmeppen*, Rn 34; aA: Pflicht des Vorstands, sämtliche an ihre Mitarbeiter direkt erteilten Weisungen zu prüfen, vgl Emmerich/Habersack/*Emmerich*, Rn 20, § 308 Rn 14, 66.
11 Gleiches gilt für die Billigung durch die Hauptversammlung, vgl MüKo-AktG/*Altmeppen*, Rn 16; *Hüffer*, Rn 5; Emmerich/Habersack, Rn 19; KölnKomm-AktG/*Koppensteiner*, Rn 9.
12 Emmerich/Habersack, Rn 22; *Hüffer*, Rn 2; KölnKomm-AktG/*Koppensteiner*, Rn 5; aA MüKo-AktG/*Altmeppen*, Rn 36 mit dem Argument; für den Fall, dass eine Weisung zu befolgen sei ist kein Raum mehr für § 310, sondern nur noch für die allgemeinen Bestimmungen (hier § 116).
13 Vgl hierzu Emmerich/Habersack, Rn 22; MüKo-AktG/*Altmeppen*, Rn 35.
14 MüKo-AktG/*Altmeppen*, Rn 20; *Hüffer*, Rn 3; KölnKomm-AktG/*Koppensteiner*, Rn 5.
15 Vgl *Hüffer*, Rn 6; zur Beweislast auch Emmerich/Habersack, Rn 15; KölnKomm-AktG/*Koppensteiner*, Rn 7; MüKo-AktG/*Altmeppen*, Rn 22.

A. Grundlagen 1	III. Veranlassung 41
I. Überblick 1	1. Begriff der Veranlassung 41
II. Normzweck 4	2. Urheber und Adressat der Veranlassung ... 44
III. Grundfragen 5	3. Beweiserleichterungen 47
1. Zulässigkeit faktischer Konzernierung 6	4. Sonderfragen der Veranlassung 48
2. Konzernleitungsmacht und Konzernleitungspflicht 7	a) Vertretung durch das herrschende Unternehmen 48
IV. Systematische Bezüge 11	b) Vorstandsdoppelmandate 49
1. Kapitalerhaltungsvorschriften 12	c) Einflussvermittlung durch den Aufsichtsrat 50
2. Verantwortlichkeit der Leitungsorgane der abhängigen AG 14	d) Hauptversammlungsbeschlüsse 51
3. Beschlussanfechtung 18	5. Veranlassungswirkung 52
4. Treuepflicht; Gleichbehandlungsgrundsatz 21	IV. Nachteil 53
B. Tatbestand 22	1. Nachteilsbegriff 53
I. Abhängigkeitsverhältnis zwischen herrschendem Unternehmen und AG, KGaA, SE 22	2. Beeinträchtigung als Abhängigkeitsfolge ... 54
1. Anknüpfung an den Unternehmensbegriff . 23	3. Relevanter Zeitpunkt 55
a) Allgemeines 23	4. Nachteilsfeststellung 56
b) Begriffsbestimmung 24	a) Grundlagen 56
c) Rechtsformunabhängigkeit 26	b) Rechtsgeschäfte 57
d) Besonderheiten bei Beherrschung durch die öffentliche Hand 27	c) Sonstige Maßnahmen 60
2. Abhängigkeit/Beherrschung 28	5. Einzelfälle 61
a) Allgemeines 28	C. Ausgleichspflicht 64
b) Mehrstufige Abhängigkeit 30	I. Grundlagen 64
c) Mehrfache Abhängigkeit 31	II. Inhalt der Ausgleichspflicht 65
3. Erfasste abhängige Gesellschaften 32	III. Höhe des Ausgleichs; Bewertungszeitpunkt 66
II. Fehlen eines Beherrschungsvertrages; keine Eingliederung 34	IV. Nicht quantifizierbare Nachteile und sonstige Grenzen des Ausgleichsmodells 67
1. Allgemeines 34	V. Art und Weise des Nachteilsausgleichs 69
2. Beherrschungsverträge in mehrstufigen Unternehmensverbindungen 37	1. Tatsächlicher Ausgleich 70
	2. Ausgleich durch Rechtsanspruch 72

A. Grundlagen

I. Überblick. Das AktG normiert im Dritten Buch über „Verbundene Unternehmen" (§§ 291–328) drei **1** Grundformen der Unternehmensverbindung, zu denen neben der Eingliederung und dem Vertragskonzern auch die in den §§ 311 ff geregelten „faktischen" – nicht auf Rechtsgeschäft (Beherrschungsvertrag oder Eingliederungsbeschluss) – beruhenden Abhängigkeitsverhältnisse gehören. Es entspricht verbreitetem Sprachgebrauch, insoweit (nur) vom „faktischen *Konzern*recht" zu sprechen, auch wenn dies begrifflich etwas zu eng ansetzt:[1] Zwar gelten die §§ 311 ff auch für (vertragslose) Konzerne iSd § 18;[2] sie setzen das Bestehen eines Konzerns aber nicht voraus, knüpfen also nicht an die Aufnahme einheitlicher Leitung an, sondern lassen bereits die **bloße Abhängigkeit (iSd § 17)** einer AG oder KGaA von einem anderen Unternehmen genügen.[3]

Innerhalb der §§ 311 ff bildet § 311 zusammen mit den Haftungsanordnungen der §§ 317 f den materiellen **2** Regelungskern. Danach ist die **nachteilige Einflussnahme im Unternehmensverbund nur unter dem Vorbehalt des Einzelausgleichs** zulässig; andernfalls löst sie Ersatzpflichten aus, die zunächst das herrschende Unternehmen treffen, sich darüber hinaus aber auch auf die Mitglieder seines Vertretungsorgans sowie die Mitglieder der Verwaltung der abhängigen Gesellschaft erstrecken können. §§ 312–316 enthalten flankierende Regelungen, die auf Transparenz und Kontrolle der Beziehungen zwischen dem herrschenden Unternehmen und der abhängigen Gesellschaft gerichtet sind.[4]

Keine ausdrückliche Regelung ist den §§ 311 ff für den Fall zu entnehmen, dass das herrschende Unterneh- **3** men in einer Weise nachteilig Einfluss nimmt, die dem Einzelausgleich nicht mehr zugänglich ist. Rechtsprechung und Literatur haben darauf zunächst mit der Entwicklung des Rechtsinstituts des **„qualifiziert faktischen Konzerns"** reagiert,[5] dessen praktische Bedeutung sich weitgehend auf das GmbH-Konzernrecht beschränkt hat.[6] Für dieses hat der BGH das Rechtsinstitut des qualifiziert faktischen Konzerns inzwischen

---

[1] Vgl auch *K. Schmidt*, JZ 1992, 856, 857, mit weiterreichenden rechtspolitischen Überlegungen.
[2] Siehe zB Emmerich/Habersack/*Habersack*, Rn 2; *Hüffer*, Rn 2.
[3] Siehe Emmerich/Habersack/*Habersack*, Rn 13.
[4] Vgl *Hüffer*, Rn 3.
[5] Vgl BGHZ 95, 330 (Autokran); BGHZ 107, 7 (Tiefbau); BGHZ 115, 187 (Video); vgl übersichtsweise auch MüKo-GmbHG/*Liebscher*, Anh. KonzernR zu § 13 Rn 486 ff.
[6] Siehe auch *Habersack*, ZGR 2008, 533, 549 f.

jedoch zugunsten des **Haftungskonzepts des existenzvernichtenden Eingriffs** aufgegeben.[7] Damit hat sich die Rechtsfigur des qualifiziert faktischen Konzerns auch für das Aktienrecht erledigt (näher unten Rn 67).

4 **II. Normzweck.** § 311 und die funktional verbundenen Haftungsanordnungen der §§ 317 f moderieren die Konfliktlage, die sich einerseits aus dem Interesse und der faktischen Möglichkeit des herrschenden Unternehmens ergibt, die Tätigkeit der Untergesellschaft auf die eigenen Interessen auszurichten, selbst wenn das für diese nachteilig ist, andererseits aus dem daraus resultierenden Schutzbedarf der abhängigen Gesellschaft und der Außenseiter (Minderheitsgesellschafter und Gläubiger).[8] Der den §§ 311, 317 zugrunde liegende Regelungsansatz verfolgt eine vermittelnde Lösung: Zwar setzt § 311 Abs. 1 das apodiktisch formulierte Verbot nachteiliger Einflussnahme an die Spitze; dieses wird jedoch in Hs 2 unter den Vorbehalt eines Nachteilsausgleichs gestellt, der durch Abs. 2 in einer Weise näher ausgestaltet wird, die sich als Erleichterung gegenüber den allgemeinen Kapitalerhaltungs- und Haftungsregeln darstellt (Privilegierungsfunktion).[9] Ersatzpflichten des herrschenden Unternehmens und seiner gesetzlichen Vertreter ordnet das Gesetz in § 317 nicht per se für die Nachteilszufügung, sondern erst für den Fall an, dass den Anforderungen des § 311 Abs. 2 an den Nachteilsausgleich nicht entsprochen wird. Auch Ersatzpflichten der Verwaltungsmitglieder der abhängigen Gesellschaft kommen nach § 318 Abs. 1 erst unter diesen Voraussetzungen in Betracht.

5 **III. Grundfragen.** Der vermittelnde Ansatz des § 311 berührt mit der Schutzfunktion einerseits und der Privilegierungsfunktion andererseits zwei unterschiedliche Regelungsanliegen und begründet damit einen Zielkonflikt. In dem daraus resultierenden Spannungsfeld werden zT sehr ausdifferenzierte, praktisch allerdings nicht immer fruchtbare Grundlagendiskussionen geführt.[10] Für die Zwecke dieser Kommentierung ist festzuhalten:

6 **1. Zulässigkeit faktischer Konzernierung.** Die tatbestandliche Anknüpfung an das Bestehen eines Abhängigkeitsverhältnisses löst den Geltungsanspruch der §§ 311 ff bereits unterhalb der Schwelle aus, ab der die abhängigkeitsbegründende Beherrschung (§ 17 Abs. 1) in konzernstiftende einheitliche Leitung (§ 18 Abs. 1 S. 1) umschlägt. Das Gesetz votiert damit *für* ein frühzeitiges Eingreifen der Schutzmechanismen der §§ 311 ff, nicht etwa *gegen* die Zulässigkeit des Übergangs von der bloßen Beherrschung zur einheitlichen Leitung.[11] Die von §§ 311 ff angeordneten Rechtsfolgen gelangen vielmehr beim Übergang zur einheitlichen Leitung unterschiedslos zur Anwendung. Der gesetzlichen Regelung ist daher auch die Zulässigkeit der einfachen faktischen Konzernierung zu entnehmen (sog. **Faktizitätsprinzip**),[12] wobei praktisch gleichgültig ist, ob man dies im Sinne einer Billigung[13] oder als bloße Duldung[14] versteht. Das von der älteren Lehre befürwortete Vertragsprinzip, das nur den Beherrschungsvertrag als gesetzeskonform anerkennen will,[15] ist damit jedenfalls überholt.

7 **2. Konzernleitungsmacht und Konzernleitungspflicht.** Die aus §§ 311 ff abzuleitende Zulässigkeit faktischer Konzernierung verschafft dem herrschenden Unternehmen **keine besondere „Konzernleitungsmacht"** iS einer rechtlich abgesicherten Möglichkeit direkter Einflussnahme, insbesondere **kein Weisungsrecht**.[16] Auch der Vorstand der abhängigen AG leitet seine Gesellschaft eigenverantwortlich (§ 76), ist allerdings in diesem Rahmen dazu berechtigt, sich den Vorgaben des herrschenden Unternehmens zu unterwerfen, sofern für den Ausgleich etwaiger Nachteile entsprechend den Vorgaben von § 311 Sorge getragen wird.[17]

8 Bei der Diskussion um die Existenz einer **„Konzernleitungspflicht"** sind unterschiedliche Begriffsbelegungen zu beachten.[18] Primär betrifft der Begriff die Frage nach den Pflichten des Vorstands der herrschenden AG dieser gegenüber, gelegentlich findet er aber auch für das Verhältnis zwischen herrschender und abhängiger Gesellschaft Verwendung. Im erstgenannten Bedeutungsfeld reicht die von *Hommelhoff* entwickelte Vorstellung am weitesten, wonach der Vorstand einer herrschenden AG zur gleichen Leitungsintensität wie in

---

[7] Siehe BGHZ 149, 10 (Bremer Vulkan); BGHZ 151, 181 (KBV); BGHZ 173, 246 (Trihotel); vgl zur Entwicklung MüKo-GmbHG/*Liebscher* Anh. KonzernR zu § 13 Rn 504 ff; *Habersack*, ZGR 2008, 533, 538 ff.
[8] Vgl *Hüffer*, Rn 1; Spindler/Stilz/*H.-F. Müller*, Vor. § 311 Rn 2.
[9] Heute ganz hM: s. BGHZ 179, 71, 78, Rn 12 (MPS); Emmerich/Habersack/*Habersack*, Rn 2; *Hommelhoff*, Konzernleitungspflicht, S. 124 f; KölnKomm-AktG/*Koppensteiner*, Vor. § 311 Rn 12; Spindler/Stilz/*H.-F. Müller*, Vor. § 311 Rn 2; zurückhaltend MüKo-AktG/*Altmeppen*, Rn 32; bzgl der Verdrängung von §§ 57 ff aA *Wackerbarth*, Der Konzern 2010, S. 337, 346 ff.
[10] Siehe *Hüffer*, Rn 4: „Gegenstand einer kaum überschaubaren Diskussion"; näher Überblick bei MüKo-AktG/*Altmeppen*, Rn 24 ff; KölnKomm-AktG/*Koppensteiner*, Vor. § 311 Rn 8 ff.
[11] Siehe auch Emmerich/Habersack/*Habersack*, Rn 8.
[12] Heute ganz hM: *Hüffer*, Rn 6 sowie die Nachweise in den beiden nachfolgenden Fn; vgl auch schon Ausschussbericht, *Kropff*, S. 409 f.
[13] Siehe Emmerich/Habersack/*Habersack*, Rn 8; *Hommelhoff*, Konzernleitungspflicht, S. 109 ff; *Hüffer*, Rn 7; Spindler/Stilz/*H.-F. Müller*, Vor. § 311 Rn 5; K. Schmidt/Lutter/*J. Vetter*, Rn 6; s.a. *Goette*, DStR 2009, 2602, 2604 (zu BGHZ 179, 71 (MPS)): § 311 als „Erlaubnisnorm".
[14] *Geßler*, FS Westermann, 1974, S. 145, 150 ff; s.a. KölnKomm-AktG/*Koppensteiner*, Rn 9 ff.
[15] Vgl GroßKomm-AktienR/*Würdinger*, (Stand: 12/1971), Rn 5.
[16] Emmerich/Habersack/*Habersack*, Rn 10; *Hüffer*, Rn 8; Spindler/Stilz/*H.-F. Müller*, Vor. § 311 Rn 6.
[17] Siehe *Hüffer*, Rn 48; Spindler/Stilz/*H.-F. Müller*, Vor. § 311 Rn 6.
[18] Vgl überblicksweise *Fleischer*, Vorstandsrecht, § 18 Rn 8 ff.

der Einheitsgesellschaft und damit zu einer streng zentralistischen Konzernleitung verpflichtet sein soll, die das Konzerngeschehen bis in die Einzelheiten der Tochteraktivitäten hinein lenkt.[19] Weil dem im faktischen AG-Konzern die fortbestehende Eigenverantwortlichkeit des Tochtervorstands entgegensteht (vgl vorherige Rn), soll diese Konzernierungsform überhaupt nur auf Basis eines die Leitungspflichten reduzierenden Hauptversammlungsbeschlusses (analog §§ 291 Abs. 1, 293 Abs. 2, 319 Abs. 1, 2) zulässig sein.[20] Dieser Ansatz einer „intensiven" oder „zentralen" Konzernleitungspflicht hat sich mangels ausreichender Basis im Gesetz jedoch zu Recht nicht durchgesetzt.[21] Dem Vorstand der herrschenden Gesellschaft kommt bei der eigenverantwortlichen Unternehmensleitung (§ 76) ein **erheblicher Ermessensspielraum** zu, der auch die Frage der Einflussnahme auf abhängige Unternehmen umfasst (**organisationsrechtliche Facette der business judgement rule**).[22] Dies lässt auch dezentral geführte Gruppenstrukturen unter Einschluss des Verzichts auf die Aufnahme einer einheitlichen Leitung (schlichte Abhängigkeitsverhältnisse) zu.[23] Anzuerkennen ist eine Konzernleitungspflicht daher nur in dem weiten Sinn, dass der Vorstand der herrschenden Gesellschaft bei der Wahrnehmung seines Leitungsauftrags im Rahmen von § 76 selbstverständlich auch seine Einwirkungsmöglichkeiten auf die Untergesellschaften und die darin gebundenen Ressourcen berücksichtigen muss.[24] Treffender wäre es insoweit, lediglich von gruppenbezogenen Sorgfaltspflichten zu sprechen. Die o.g. Ermessensspielräume führen zusammen mit den Umständen des Einzelfalles zu einer großen Varianz zulässiger Verhaltensweisen, die sich in dem Begriff der Konzernleitungspflicht, der eine gewisse Einheitlichkeit suggeriert, nicht hinreichend niederschlägt.

Verbreitet findet sich im Zusammenhang mit der Darstellung der gruppenbezogenen Leitungsverantwortung im o.g. weiten Sinn der Hinweis, diese könne im faktischen Konzern keinesfalls mit §§ 311 ff unvereinbare Maßnahmen erfordern.[25] Daran ist richtig, dass auch im Rahmen der gruppenbezogenen Leitungsaufgaben des Vorstands natürlich keine Sorgfaltspflichten vorstellbar sind, die ihm ein rechtswidriges Verhalten abfordern. Das heißt aber nicht, dass der Vorstand auch die Geltung der §§ 311 ff als solche stets als unabänderlichen Rechtsrahmen hinzunehmen hätte. Verhindert sie im Einzelfall eine pflichtgemäße Verwaltung der in der Untergesellschaft gebundenen Ressourcen, ohne dass sich dies im Rahmen der §§ 311 ff ändern ließe, erstreckt sich die Pflichtenbindung des Vorstands auch darauf, die Geltung dieses Regelungsregimes zu überwinden bzw dafür ggf erforderliche Maßnahmen der Hauptversammlung anzuregen.[26]

Im zweiten Bedeutungsfeld wird in der Literatur über Konzernleitungspflichten als Frage danach diskutiert, ob die herrschende Gesellschaft auch gegenüber dem abhängigen Unternehmen eine Pflicht zur Übernahme von Leitungsfunktionen trifft. Dies ist mit der hM zu verneinen, weil es in diesem Verhältnis an einer hinreichenden Basis für die Annahme einer derartigen Pflichtenbindung fehlt.[27]

IV. Systematische Bezüge. §§ 311, 317 f enthalten Spezialvorschriften, die gegenüber allgemeinen Regeln des Aktienrechts verdrängende Wirkung entfalten.

1. Kapitalerhaltungsvorschriften. Wenn die Veranlassung zu einem nachteiligen Handeln zugleich den Tatbestand einer Einlagenrückgewähr (§ 57) erfüllt, verdrängt § 311 als Spezialregelung die Haftung nach §§ 57, 62, weil sonst die von § 311 gewollte Privilegierung in Form des gestreckten Nachteilsausgleichs gefährdet wäre.[28] Keiner Absicherung bedarf die Privilegierungsfunktion, wenn eine nachteilige Einflussnahme in der konkreten Form ohnehin unzulässig[29] oder der erforderliche Nachteilsausgleich nicht bis spätestens zum Ende des Geschäftsjahrs erfolgt ist. In diesen Fällen besteht für eine Einschränkung des Anwendungsbereichs der §§ 57, 62 kein Anlass (mehr).[30] Die streitig diskutierte Frage, ob zumindest eine Ausnahme von der Nichtigkeitsfolge nach § 134 BGB zu machen sei, die ein Verstoß gegen § 57 nach bislang noch

---

19 Siehe *Hommelhoff*, Konzernleitungspflicht, S. 41 ff, 165 ff; s.a. *Lutter*, FS K. Schmidt, 2009, S. 1065, 1069.
20 Siehe *Hommelhoff*, Konzernleitungspflicht, S. 377 ff.
21 Siehe MüKo-AktG/*Altmeppen*, Rn 391; *Fleischer*, Vorstandsrecht, § 18 Rn 10 ff; *Kropff*, ZGR 1984, 112 ff; Spindler/Stilz/*H.-F. Müller*, Vor. § 311 Rn 7; *Wiedemann*, Unternehmensgruppe, S. 76.
22 Vgl *Wiedemann*, Unternehmensgruppe, S. 76; *Fleischer*, Vorstandsrecht, § 18 Rn 14: „konzernorganisationsrechtliche" business judgement rule.
23 Vgl die Nachweise in Fn 21.
24 Vgl Spindler/Stilz/*H.-F. Müller*, Vor. § 311 Rn 7 mwN.
25 Siehe *Fleischer*, DB 2005, 759, 761; Emmerich/Habersack/*Habersack*, Rn 11; Spindler/Stilz/*H.-F. Müller*, Vor. § 311 Rn 7.
26 Denkbar zB: Veräußerung der Beteiligung; Erwerb des betreffenden Geschäftsfelds von der Untergesellschaft; Hinwirken auf den Abschluss eines Beherrschungsvertrages; vgl zu letzterem auch *Servatius*, Strukturmaßnahmen, S. 275 ff, 291 f, der sich auch allgemein dafür ausspricht, dass der Vorstand im Rahmen der ihm obliegenden Unternehmensplanung auch die Gestaltungsmacht der Hauptversammlung einzubeziehen hat.
27 Siehe MüKo-AktG/*Altmeppen*, Rn 391, 400; Spindler/Stilz/*Fleischer*, § 76 Rn 90; Spindler/Stilz/*H.-F. Müller*, Vor. § 311 Rn 7; aA *U.H. Schneider*, BB 1981, 249, 256 ff; *U.H. Schneider/S.H. Schneider*, AG 2005, 57, 61.
28 Ganz hM: BGHZ 190, 7, Rn 48 (Dritter Börsengang); BGHZ 179, 71, Rn 11 (MPS); Emmerich/Habersack/*Habersack*, Rn 82 ff (auch zur Vereinbarkeit mit Art. 15 f der Kapitalrichtlinie); *Hüffer*, Rn 49; K. Schmidt/Lutter/*J. Vetter*, Rn 117; gegen Verdrängung der §§ 57 ff mit beachtlichen Argumenten aber *Wackerbarth*, Der Konzern 2010, S. 337, 346 ff; s.a. *Altmeppen*, ZIP 1996, 693, 695 ff.
29 Siehe näher MüKo-AktG/*Bayer*, § 57 Rn 148 f; K. Schmidt/Lutter/*J. Vetter*, Rn 108 ff, 117.
30 Siehe BGHZ 190, 7, Rn 48 (Dritter Börsengang); OLG München NZG 2005, 181, 183; MüKo-AktG/*Bayer*, § 57 Rn 147; K. Schmidt/Lutter/*J. Vetter*, Rn 117.

hM zur Folge hatte,[31] wenn der Vorstand das Rechtsgeschäft zunächst im berechtigten Vertrauen auf den späteren, dann aber ausbleibenden Nachteilsausgleich vorgenommen hatte, [32] hat sich mit der Entscheidung BGH II ZR 179/12 praktisch erledigt.[33]

13 Modifiziert wird das geschilderte Verhältnis von §§ 311 ff zu § 57, soweit die Privilegierungsfunktion ihrerseits durch Besonderheiten des Beschlussmängelrechts partiell überlagert wird (dazu sogleich, 3).

14 **2. Verantwortlichkeit der Leitungsorgane der abhängigen AG.** Die eigenverantwortliche Leitungsmacht des Vorstands der abhängigen Gesellschaft nach § 76 wird durch § 311 nicht in Frage gestellt.[34] Er bleibt innergesellschaftlich wie gegenüber dem herrschenden Unternehmen **weisungsunabhängig**. Genauso unzulässig sind Zustimmungsvorbehalte zugunsten des Aufsichtsrats des herrschenden Unternehmens.[35] Aus dem Vorstehenden folgt, dass der Vorstand nachteiliger Einflussnahme des herrschenden Unternehmens nie folgen *muss*.

15 §§ 311 ff implizieren aber, dass der Vorstand unter bestimmten Voraussetzungen nachteiliger Einflussnahme folgen *dürfen* muss, ohne pflichtwidrig zu handeln,[36] weil sonst die angestrebte Privilegierungsfunktion auf ein unüberwindbares Hindernis aus dem Recht der Untergesellschaft träfe. Die Pflichten des Vorstands der abhängigen Gesellschaft nach § 93 lassen sich dabei wie folgt konkretisieren:[37]

16 Vorgelagert ist jede durch das herrschende Unternehmen veranlasste Maßnahme auf mögliche Nachteilhaftigkeit zu prüfen.[38] Erweist sich die Maßnahme als **vorteilhaft oder neutral**, gelten keine Besonderheiten. **Nachteilige Maßnahmen** hat der Vorstand **abzulehnen**, soweit es sich um eine **generell unzulässige Einflussnahme** handelt (insb. wenn die Maßnahme: nicht im Gruppeninteresse ist, § 308 Abs. 1 S. 2 analog; den Unternehmensgegenstand verletzt; eine Existenzgefährdung begründet; ihrer Art nach dem von Abs. 2 vorgesehenen Einzelausgleich nicht zugänglich ist).[39] Die gleiche Verpflichtung trifft den Vorstand, wenn die Maßnahme zwar nicht generell unzulässig ist, aufgrund der wirtschaftlichen Situation des herrschenden Unternehmens mit dem von Abs. 2 vorgesehenen Ausgleich bei vernünftiger kaufmännischer Beurteilung aber nicht gerechnet werden kann.[40] In den verbleibenden Fällen **darf** der Vorstand die **nachteilige Maßnahme vornehmen**, muss das herrschende Unternehmen zuvor aber auf die Nachteiligkeit und die voraussichtliche Größenordnung der daraus resultierenden Ausgleichspflicht hinweisen und sich versichern, dass das herrschende Unternehmen entsprechend den Vorgaben von Abs. 2 tatsächlich ausgleichswillig ist.[41] Nach Durchführung der Maßnahme verlagern sich die Vorstandspflichten auf die Kontrolle des Nachteilsausgleichs und ggf auf die Geltendmachung der Ansprüche aus §§ 317, 62.[42]

17 Auch für den **Aufsichtsrat** ändert die Einbeziehung der Gesellschaft in einen faktischen Unternehmensverbund nichts an seiner Weisungsfreiheit und der Bindungsrichtung der ihm obliegenden Pflichten. Seine Überwachungsaufgabe erweitert sich aber um die Kontrolle der Vorstandstätigkeit auf Einhaltung des oben geschilderten Pflichtenprogramms. Soweit eine nachteilige Maßnahme zugleich einem Zustimmungsvorbehalt unterliegt, hat der Aufsichtsrat dieses Pflichtenprogramm bei seiner Entscheidung über die Erteilung der Zustimmung auch unmittelbar selbst zu beachten.[43]

18 **3. Beschlussanfechtung.** Im Bereich des Beschlussmängelrechts erfährt die Privilegierungsfunktion der §§ 311 ff eine Einschränkung. Dies betrifft die Fälle, in denen die Veranlassung zu einer nachteiligen Maßnahme durch einen mit der Stimmenmehrheit des herrschenden Unternehmens gefassten Hauptversammlungsbeschluss erfolgt.[44] In der Regel werden hier die Voraussetzungen des Anfechtungsgrundes des § 243 Abs. 2 S. 1 (Verfolgung von Sondervorteilen) erfüllt sein, die nach § 243 Abs. 2 S. 2 nur dann entfallen, wenn der Beschluss selbst einen angemessenen Ausgleich vorsieht. Die daraus resultierende Frage, ob die Zulässigkeit des gestreckten Nachteilsausgleichs nach § 311 Abs. 2 die Vorgaben des § 243 Abs. 2 S. 2 überlagert, wird von Rspr u. hM zutreffend verneint.[45] Andernfalls drohte Bestandskraft des Beschlusses

---

31 Vgl zum Stand der Diskussion insoweit *Winter*, NZG 2012, 1371 ff.
32 Dagegen K. Schmidt/Lutter/*J. Vetter*, Rn 118; dem folgend Hölters/*Leuering/Goertz*, Rn 9; aA OLG München NZG 2005, 181, 183; *Ulmer*, FS Hüffer, 2010, S. 999, 1008.
33 Nach BGHZ 196, 312 ist bei einem Verstoß gegen § 57 weder das Verpflichtungs- noch das Erfüllungsgeschäft nach § 134 BGB nichtig.
34 Nahezu einhellige Ansicht: s. nur *Hüffer*, Rn 48 mwN.
35 Siehe *Hüffer*, Rn 48.
36 Siehe speziell zur Verdrängung von § 93 Abs. 3 Nr. 1 durch §§ 311 ff BGHZ 179, 71, 76, Rn 11 (MPS).
37 Vgl eingehend *Fleischer*, Vorstandsrecht, § 18 Rn 105 ff.
38 Siehe KG NZG 2003, 441, 446; *Fleischer*, Vorstandsrecht, § 18 Rn 105; Emmerich/Habersack/*Habersack*, Rn 78.
39 Vgl jeweils näher K. Schmidt/Lutter/*J. Vetter*, Rn 108 ff.
40 Siehe *Fleischer*, Vorstandsrecht, § 18 Rn 108; *Hüffer*, Rn 48; strenger MüKo-AktG/*Bayer*, § 57 Rn 148: mit „an Sicherheit grenzender Wahrscheinlichkeit".
41 Siehe *Fleischer*, Vorstandsrecht, § 18 Rn 110; Emmerich/Habersack/*Habersack*, Rn 78.
42 Siehe *Fleischer*, Vorstandsrecht, § 18 Rn 112; Emmerich/Habersack/*Habersack*, Rn 79.
43 Emmerich/Habersack/*Habersack*, Rn 81.
44 Siehe BGH NZG 2012, 1030, 1031 (Beschluss nach § 119 Abs. 2); Spindler/Stilz/*H.-F. Müller*, Rn 21.
45 Siehe BGH NZG 2012, 1030, 1031 ff; Bürgers/Körber/*Fett*, Rn 59; Emmerich/Habersack/*Habersack*, Rn 85; *Hüffer*, Rn 48; KölnKomm-AktG/*Koppensteiner*, Rn 166; Spindler/Stilz/*H.-F. Müller*, Rn 65; K. Schmidt/Lutter/*J. Vetter*, Rn 123; *Wachter*, Rn 34; aA *Mülbert*, Aktiengesellschaft, S. 288 ff.

bevor überhaupt feststeht, dass ein Nachteilsausgleich tatsächlich erfolgt. Die Haftung nach § 317 ist in diesem Fall kein genügendes Korrektiv, weil die Bestandskraft den sonst gegebenen Beseitigungsanspruch hindert.[46]

Der BGH hat den **Vorrang des Beschlussmängelrechts** über die Anfechtung hinaus auch auf Konstellationen erstreckt, in denen der Beschluss wegen eines Verstoßes gegen § 57 gemäß § 241 Nr. 3 sogar nichtig ist.[47] Dies lässt sich zwar nicht mit der Gefahr der Bestandskraft begründen, ergibt sich nach Auffassung des BGH aber daraus, dass es den Minderheitsaktionären nicht zuzumuten sei, mit einer Klage abzuwarten, bis geklärt ist, ob und wie das herrschende Unternehmen noch eine Vereinbarung über den Nachteilsausgleich trifft.[48]

Ist ein Beschluss nach den geschilderten Grundsätzen mit der Anfechtungs- oder Nichtigkeitsklage angreifbar, wird diese Möglichkeit von den Aktionären aber nicht genutzt, bleiben die §§ 311 ff – ggf mit den aus der Bestandskraft des Beschlusses resultierenden Einschränkungen – anwendbar.[49]

4. Treuepflicht; Gleichbehandlungsgrundsatz. Gegenüber der allgemeinen Treuepflicht – Gleiches gilt für den Gleichbehandlungsgrundsatz gemäß § 53 a[50] – haben die §§ 311 ff in ihrem Anwendungsbereich den Charakter einer abschließenden Sonderregelung.[51] Eine Haftung wegen Treupflichtverletzung kommt daher nur dann in Betracht, wenn der in Abs. 2 vorgesehene Nachteilsausgleich ausbleibt und die Privilegierungsfunktion keiner Absicherung mehr bedarf.

B. Tatbestand

I. Abhängigkeitsverhältnis zwischen herrschendem Unternehmen und AG, KGaA, SE. § 311 setzt dem Wortlaut nach voraus, dass ein Unternehmen eine Gesellschaft in der Rechtsform einer AG oder einer KGaA beherrscht.

1. Anknüpfung an den Unternehmensbegriff. a) Allgemeines. In Übereinstimmung mit einer Grundentscheidung des deutschen Konzernrechts knüpft § 311 nicht schlicht an den beherrschenden Einfluss eines Rechtssubjekts an, sondern setzt voraus, dass es sich bei diesem um ein **Unternehmen** handelt. § 311 teilt damit die konzeptionellen Stärken und Schwächen dieses Ansatzes,[52] der besonderen Regelungsbedarf erst gegeben sieht, wenn zur Möglichkeit beherrschenden Einflusses noch eine *anderweitige wirtschaftliche Interessenbindung* hinzutritt, weil erst daraus eine erhöhte Wahrscheinlichkeit für nachteilige Einflussnahmen abgeleitet wird (sog. Konzernkonflikt).[53] Zur Diskussion steht, ob dies die Gefährlichkeit herrschender Unternehmen über- und diejenige herrschender Privatgesellschafter unterschätzt.[54] Die Frage ist praktisch vor allem im Randbereich der gesetzlichen Regelung von Bedeutung, weil dort die erweiternde Anwendung des Konzernrechts und der Rückgriff auf allgemein-gesellschaftsrechtliche Institute konkurrieren. Ein Beispiel bietet der Übergang von der Lehre des „qualifiziert faktischen Konzerns" als einer konzernrechtlich geprägten Rechtsfortbildung zur Existenzvernichtungshaftung, die auf die Unterscheidung zwischen Privat- und Unternehmensgesellschafter verzichtet.[55]

b) Begriffsbestimmung. Mit einer in der Rechtsprechung gebräuchlichen Formel ist ein Aktionär als Unternehmen im konzernrechtlichen Sinn anzusehen, wenn er neben der Beteiligung an der abhängigen Gesellschaft **anderweitige wirtschaftliche Interessenbindungen** hat, die nach Art und Intensität die ernsthafte Sorge begründen, er könne wegen dieser Bindung seinen aus der Mitgliedschaft folgenden Einfluss auf die Gesellschaft zu deren Nachteil ausüben.[56] Die h.Lit. folgt diesem schutzzweckorientierten Ansatz mit vergleichbaren Formulierungen.[57]

Die vom Unternehmensbegriff vorausgesetzte anderweitige wirtschaftliche Interessenbindung kann sich daraus ergeben, dass der herrschende Gesellschafter unmittelbar selbst unternehmerisch tätig ist, darüber hi-

---

46 Emmerich/Habersack/*Habersack*, Rn 85; Spindler/Stilz/*H.-F. Müller*, Rn 65.
47 BGH NZG 2012, 1030, 1032.
48 BGH NZG 2012, 1030, 1032.
49 Siehe Bürgers/Körber/*Fett*, Rn 59; Emmerich/Habersack/*Habersack*, Rn 85; KölnKomm-AktG/*Koppensteiner*, Rn 165 f; Spindler/Stilz/*H.-F. Müller*, Rn 65; K. Schmidt/Lutter/*J. Vetter*, Rn 82.
50 Emmerich/Habersack/*Habersack*, Rn 91.
51 Emmerich/Habersack/*Habersack*, Rn 89; Spindler/Stilz/*H.-F. Müller*, Rn 66 f, je mit Nachw. auch zur Gegenansicht.
52 Kritisch etwa Spindler/Stilz/*Schall*, § 15 Rn 28 mwN; zumindest ansatzweise auch MüKo-AktG/*Bayer*, § 15 Rn 8; Emmerich/Habersack/*Habersack*, § 15 Rn 7; K. Schmidt/Lutter/*J. Vetter*, § 15 Rn 34 ff.
53 Die hM hält an Sinnhaftigkeit der Differenzierung zwischen herrschendem Privatgesellschafter und Unternehmen fest: s. etwa *Hüffer*, § 15 Rn 3, 8; KölnKomm-AktG/*Koppensteiner*, § 15 Rn 11; iE auch MüKo-AktG/*Bayer*, § 15 Rn 8, 14.
54 Siehe *Wiedemann*, ZGR 2011, S. 183, 217; Einzelnachweise in den vorhergehenden Fußnoten.
55 Dazu kritisch *Wazlawik*, NZI 2009, 291 ff.
56 BGHZ 69, 334, 346 (VEBA/Gelsenberg); BGHZ 135, 107, 113 (VW); BGHZ 148, 123, 125 (MLP).
57 Siehe etwa MüKo-AktG/*Bayer*, § 15 Rn 13; Emmerich/Habersack/*Emmerich*, § 15 Rn 10; *Hüffer*, § 15 Rn 8; KölnKomm-AktG/*Koppensteiner*, § 15 Rn 19; MüHb-AG/*Krieger*, § 68 Rn 6; vgl zu zahlreichen streitigen Einzelfragen die Kommentierungen zu § 15.

naus auch daraus, dass er eine maßgebliche Beteiligung an einer anderen Gesellschaft hält, die ihm die Möglichkeit eröffnet, sich durch Ausübung von Leitungsmacht auch in dieser anderen Gesellschaft unternehmerisch zu betätigen.[58] Für Detailfragen ist auf die Kommentierung zu § 15 zu verweisen.

26 c) **Rechtsformunabhängigkeit.** Der Unternehmensbegriff setzt keine bestimmte Rechtsform voraus, so dass **herrschendes Unternehmen iSd § 311 grundsätzlich jeder beliebige Rechtsträger** sein kann.[59] Erfasst sind neben natürlichen Personen also auch Personengesellschaften sowie privatrechtliche Körperschaften und Stiftungen,[60] genauso wie alle juristischen Personen des öffentlichen Rechts.[61] Der Unternehmensbegriff erfasst zudem auch nach dem Recht eines anderen Staates gegründete Rechtsträger, die daher gleichfalls herrschende Unternehmen iS von § 311 sein können.[62] Kollisionsrechtliche Gesichtspunkte stehen dem nicht entgegen. Für die Anwendbarkeit der §§ 311 ff ist aus Perspektive des deutschen IPR das Gesellschaftsstatut der abhängigen Gesellschaft maßgeblich.[63]

27 d) **Besonderheiten bei Beherrschung durch die öffentliche Hand.** Für juristische Personen des öffentlichen Rechts verzichten Rspr und Lit. auf das Kriterium einer anderweitigen wirtschaftlichen Interessenbindung mit der Begründung, dass sich aus den besonderen Intereressenbindungen des Hoheitsträgers typischerweise eine vergleichbare Gefährdungslage ergebe.[64]

28 2. **Abhängigkeit/Beherrschung. a) Allgemeines.** Ob eine Gesellschaft von einem anderen Unternehmen abhängig ist, bestimmt sich nach § 17 und hängt davon ab, ob dieses auf jene unmittelbar oder mittelbar einen beherrschenden Einfluss ausüben kann (§ 17 Abs. 1). Hält das andere Unternehmen eine Mehrheitsbeteiligung iS von § 16, wird nach § 17 Abs. 2 ein Abhängigkeitsverhältnis vermutet. Die Widerlegung der Vermutung obliegt demjenigen, der sich auf die Nichtanwendbarkeit der §§ 311 ff beruft.[65] Außerhalb des Anwendungsbereichs der Abhängigkeitsvermutung kommt es nach allgemeinen Grundsätzen darauf an, ob das andere Unternehmen dazu in der Lage ist, auf die Personal-, Geschäfts- und Unternehmenspolitik der Gesellschaft mittelbar oder unmittelbar (gesellschaftsrechtlich fundiert) Einfluss zu nehmen, so dass diese sich bei ihren geschäftlichen Entscheidungen nicht mehr allein an ihren eigenen Interessen orientieren kann.[66] Für Einzelfragen des Abhängigkeitsbegriffs ist auf die Kommentierung zu § 17 zu verweisen.

29 Ist der Abhängigkeitstatbestand erfüllt, liegen damit zugleich die Voraussetzungen für die Konzernvermutung nach § 18 Abs. 1 S. 3 vor. § 311 setzt jedoch nicht voraus, dass das andere Unternehmen und die Gesellschaft einen Konzern bilden, gilt also auch dann, wenn sich die Konzernvermutung trotz Abhängigkeit widerlegen lässt.[67]

30 b) **Mehrstufige Abhängigkeit.** Weil § 17 für Beherrschungs- bzw Abhängigkeitsverhältnisse keine unmittelbare Beherrschung fordert, kommt die Anwendung der §§ 311 ff nicht nur im Verhältnis von Mutter- und Tochter- sowie Tochter- und Enkelgesellschaft in Betracht, sondern auch im Verhältnis von Mutter- und Enkelgesellschaft.[68] Liegen auf allen Stufen Mehrheitsbeteiligungen vor, begründet § 17 Abs. 2 wegen der Zurechnungsvorschrift in § 16 Abs. 4 eine Vermutung auch für die Abhängigkeit der Enkelgesellschaft von der Mutter.[69]

31 c) **Mehrfache Abhängigkeit.** Bei Gemeinschaftsunternehmen kann Abhängigkeit iSd § 17 auch gegenüber mehreren gleichgeordneten Unternehmen bestehen, wenn diese nur gemeinsam zur Beherrschung der Gesellschaft in der Lage sind (mehrfache Abhängigkeit).[70] Die §§ 311 ff kommen in diesem Fall im Verhältnis zu jeder der Muttergesellschaften zur Anwendung.[71]

32 3. **Erfasste abhängige Gesellschaften.** Dem Wortlaut nach gilt § 311 für abhängige Gesellschaften in der Rechtsform der AG oder KGaA. Darüber hinaus erfasst die Vorschrift auch **abhängige SE**, sofern sich de-

---

[58] Vgl BGHZ 148, 123, 125 (MLP); näher MüKo-AktG/*Bayer*, § 15 Rn 15 f, 17 ff; Emmerich/Habersack/*Emmerich*, § 15 Rn 13 ff.
[59] Siehe *Hüffer*, Rn 12; Spindler/Stilz/*H.-F. Müller*, Rn 2; Hölters/*Leuering/Goertz*, Rn 21 f.
[60] Siehe zur Stiftung näher *Ihrig/Wandt*, FS Hüffer, 2009, S. 387 ff.
[61] Siehe grundlegend BGHZ 69, 334, 338 ff (VEBA/Gelsenberg); BGHZ 135, 117 (VW); BGHZ 175, 365 (UMTS); OLG Köln NZG 2006, 547; ebenso die h.Lit., s. *Hüffer*, § 15 Rn 13 mwN.
[62] Emmerich/Habersack/*Habersack*, Rn 21; *Hüffer*, § 15 Rn 5 u. § 311 Rn 12; Spindler/Stilz/*Schall*, Vor. §§ 15 ff Rn 32.
[63] BGH NZG 2005, 214, 215; Emmerich/Habersack/*Habersack*, Rn 21; *Hüffer*, Rn 12; Henssler/Strohn/*Servatius*, GesR, E Rn 424.
[64] BGHZ 135, 117 (VW); BGHZ 175, 365 (UMTS); noch offen gelassen in BGHZ 69, 334 (VEBA/Gelsenberg); zustimmend h.Lit., etwa MüKo-AktG/*Bayer*, Rn 41 f; tendenziell kritisch *Hüffer*, Rn 13.
[65] Emmerich/Habersack/*Habersack*, Rn 13 sowie § 17 Rn 35 ff; K. Schmidt/Lutter/*J. Vetter*, Rn 13.
[66] Emmerich/Habersack/*Emmerich*, § 17 Rn 5; *Hüffer*, § 17 Rn 4; Spindler/Stilz/*Schall*, § 17 Rn 9 ff.
[67] Emmerich/Habersack/*Habersack*, Rn 13; *Hüffer*, Rn 2, 12.
[68] Siehe MüKo-AktG/*Altmeppen*, Rn 62; K. Schmidt/Lutter/*J. Vetter*, Rn 14.
[69] Vgl auch zu Sonderfragen bei mehrstufiger Abhängigkeit, Rn 45 (Veranlassung) und Rn 37 ff (Bedeutung von Beherrschungsverträgen auf einzelnen Stufen des Verbunds).
[70] Grundlegend BGHZ 62, 193, 197 f; näher MüKo-AktG/*Bayer*, § 17 Rn 76 ff; *Hüffer*, § 17 Rn 13 f.
[71] Siehe MüKo-AktG/*Altmeppen*, Rn 67; *Hüffer*, Rn 13.

ren Sitz in Deutschland befindet.[72] Keine Anwendung finden die §§ 311 ff **auf abhängige Gesellschaften ausländischer Rechtsform**.[73] Auch für andere Gesellschaftsformen des deutschen Rechts gelten die §§ 311 nicht, insbesondere auch nicht für die **GmbH**.[74] Die Grenze der zulässigen Einflussnahme ergibt sich insoweit aus den allgemeinen Regeln, dh bei der mehrgliedrigen GmbH insbesondere aus der Treuepflicht, darüber hinaus aus der Existenzvernichtungshaftung.[75]

33 Keine Rolle spielt für die Anwendbarkeit der §§ 311 ff, ob die abhängige Gesellschaft über Minderheitsaktionäre verfügt, weil sich die Bedeutung der §§ 311 ff nicht im Minderheitsschutz erschöpft; erfasst ist also auch die **Einpersonen-AG** (-KGaA, -SE).[76]

34 **II. Fehlen eines Beherrschungsvertrages; keine Eingliederung. 1. Allgemeines.** § 311 macht seinen Geltungsanspruch ausdrücklich davon abhängig, dass **kein Beherrschungsvertrag** (§ 291 Abs. 1 S. 1 Alt. 1) besteht. Das ist wegen der systematischen Unterschiede zwischen den für die vertragliche und die faktische Beherrschung geltenden Regelsätzen im Grunde selbstverständlich: Anders als im faktischen Abhängigkeitsverhältnis führt der Beherrschungsvertrag nach § 308 durch Weisungsrecht und Folgepflicht zu einem rechtlich abgesicherten Kompetenztransfer auf das herrschende Unternehmen, dem nach § 302 auch die Verantwortung für das unternehmerische Risiko folgt und dem auch darüber hinaus ein verstärkter Außenseiterschutz entspricht.[77] Genauso ist bei der **Eingliederung** die Geltung der §§ 311 ff bereits aus systematischen Gründen ausgeschlossen; § 323 Abs. 1 S. 2 hat insoweit nur klarstellende Funktion.

35 §§ 311 ff gelten auch dann nicht, wenn zwar ein **fehlerhafter Beherrschungsvertrag** oder eine **fehlerhafte Eingliederung** vorliegt, dieser aber in entsprechender Anwendung der für die fehlerhafte Gesellschaft entwickelten Grundsätze als wirksam behandelt wird.[78]

36 Wird allein ein **Gewinnabführungsvertrag** geschlossen, hindert dies die Geltung der §§ 311, 317 f nicht.[79] Nach § 316 finden allerdings die §§ 312 – 315 keine Anwendung. **Andere Unternehmensverträge** lassen den Geltungsanspruch der §§ 311 ff gänzlich unberührt.[80]

37 **2. Beherrschungsverträge in mehrstufigen Unternehmensverbindungen.** Bestehen im mehrstufigen Unternehmensverbund auf einzelnen Stufen Beherrschungsverträge, ist zu differenzieren[81] (nachfolgend beispielhaft anhand von Mutter- (M), Tochter- (T) und Enkelgesellschaft (E)). Als – freilich durchbrochene – **Grundregel** gilt, dass die Anwendbarkeit der §§ 311 ff nur zwischen den Parteien des Beherrschungsvertrages selbst ausgeschlossen ist.[82] Besteht der Beherrschungsvertrag im Verhältnis M-T, gelten die §§ 311 ff also sowohl im Verhältnis T-E als im Verhältnis M-E.[83]

38 Besteht der Beherrschungsvertrag im Verhältnis T-E, gelten die §§ 311 ff sowohl im Verhältnis M-T (unstr.) als auch im Verhältnis M-E (str.).[84] Die hM, die letzteres mit der Begründung bestreitet, der Schutz von E werde bereits in ausreichendem Umfang durch die Geltung der §§ 300 ff im Verhältnis zu T gewährleistet, führt zu nicht hinnehmbaren Schutzlücken, wenn T nicht leistungsfähig ist und Ansprüche gegen sie nach §§ 302 f praktisch leerlaufen.[85] Zwar können im Verhältnis T-M Ansprüche nach § 317 gegeben sein, wenn T durch M dazu veranlasst wird, auf E nachteilig einzuwirken, auf die E im Wege der Pfändung zugreifen könnte. Diese Lösung scheidet allerdings aus, wenn M unmittelbar auf E Einfluss nimmt oder wenn die §§ 311 ff im Verhältnis T-M gar nicht anwendbar sind, weil es sich bei T um eine Gesellschaft ausländischer Rechtsform handelt.[86] Abgesehen davon überzeugt es wertungsmäßig generell nicht, E auf den ungewissen und mühseligeren Weg des Binnenregresses zu verweisen, wenn die Anspruchsvoraussetzungen des § 317 im Verhältnis zu M eigentlich gegeben wären.

39 Besteht der Beherrschungsvertrag im Verhältnis M-E, gelten die §§ 311 ff im Verhältnis M-T, jedoch nicht im Verhältnis T-E, weil es M freisteht, ihr Weisungsrecht nach § 308 auch über T auszuüben und zudem

---

72 HM, s. (mit zT abweichender Begründung) MüKo-AktG/*Altmeppen*, Anh. Art. 9 SE-VO, Rn 23 ff; Emmerich/Habersack/*Habersack*, Rn 13; Hölters/*Leuering/Goertz*, Rn 16; Spindler/Stilz/*H.-F. Müller*, Rn 4; K. Schmidt/Lutter/*J. Vetter*, Rn 10; aA *Hommelhoff*, AG 2003, 179, 182 ff.
73 Emmerich/Habersack/*Habersack*, Rn 13; *Hüffer*, Rn 12; K. Schmidt/Lutter/*J. Vetter*, Rn 11; differenzierend Spindler/Stilz/*Schall*, Vor. § 15 Rn 38.
74 BGHZ 95, 330, 339 f; BGHZ 149, 10, 15 f; MüKo-AktG/*Altmeppen*, Vor. § 311 Rn 78 ff; *Hüffer*, Rn 51; Emmerich/Habersack/*Habersack*, Rn 13 und Anh. § 318 Rn 6; K. Schmidt/Lutter/*J. Vetter*, Rn 11.
75 Vgl näher Emmerich/Habersack/*Habersack*, Anh. § 318 Rn 27 ff, 33 ff.
76 Emmerich/Habersack/*Habersack*, Rn 13; Hölters/*Leuering/Goertz*, Rn 16.
77 Siehe K. Schmidt/Lutter/*J. Vetter*, Rn 16.
78 Emmerich/Habersack/*Habersack*, Rn 15; K. Schmidt/Lutter/*J. Vetter*, Rn 16.
79 Siehe *Hüffer*, Rn 14.
80 Siehe *Hüffer*, Rn 14.
81 Vgl ausführlich MüKo-AktG/*Altmeppen*, Anh. § 311 Rn 1 ff.
82 Siehe *Hüffer*, Rn 15; KölnKomm-AktG/*Koppensteiner*, Vor. § 311 Rn 29 f; MüHb-AG/*Krieger*, § 69 Rn 70.
83 Siehe *Grigoleit*, Rn 14; *Hüffer*, Rn 15; MüHb-AG/*Krieger*, § 69 Rn 70.
84 Emmerich/Habersack/*Habersack*, Rn 19; Hölters/*Leuering/Goertz*, Rn 35; aA LG Frankfurt aM AG 1999, 238, 239; MüKo-AktG/*Altmeppen*, Anh. § 311 Rn 52 ff; Spindler/Stilz/*H.-F. Müller*, Rn 10; K. Schmidt/Lutter/*J. Vetter*, Rn 19; Vorauflage, Rn 12.
85 Überzeugend Emmerich/Habersack/*Habersack*, Rn 19 mwN; daneben Hölters/*Leuering/Goertz*, Rn 35.
86 Emmerich/Habersack/*Habersack*, Rn 19; insoweit für Anwendbarkeit der § 311 ff auch *Rehbinder*, ZGR 1977, 581, 633.

der Schutz von E und ihrer Außenseiter durch die Ansprüche gegen M ausreichend gewährleistet ist.[87] Tritt in der letztgenannten Konstellation noch ein Beherrschungsvertrag im Verhältnis M-T hinzu, ist die Geltung der §§ 311 ff insgesamt ausgeschlossen, während ein zusätzlicher Beherrschungsvertrag im Verhältnis T-E nichts an der Geltung der §§ 311 ff im Verhältnis M-T ändert.[88]

40 Eine durchgehende Kette von Unternehmensverträgen zwischen M-T und T-E schließt die Geltung der §§ 311 ff insgesamt aus, dh auch im Verhältnis M-E.[89]

41 **III. Veranlassung. 1. Begriff der Veranlassung.** § 311 erfasst nur nachteilige Maßnahmen, zu denen das herrschende Unternehmen die abhängige Gesellschaft durch Nutzung seines Einflusses *veranlasst* hat und erfordert damit als **Minimalkonnex Kausalität iS von Mitursächlichkeit** zwischen einem Verhalten des herrschenden Unternehmens und einer von der Tochtergesellschaft vorgenommenen nachteiligen Maßnahme.[90] An der Kausalität fehlt es, wenn die abhängige Gesellschaft die Maßnahme auch ohne die Einwirkung des herrschenden Unternehmens vorgenommen hätte.[91] Dass die Gesellschaft auch eigene Interessen verfolgt, schließt Mitursächlichkeit und folglich die Anwendung von § 311 dagegen nicht aus.[92]

42 **Gleichgültig ist, welche Form** die Einwirkung durch das herrschende Unternehmen annimmt (Wunsch, Ratschlag, Anregung, Weisung, Vereinbarung).[93] Eine Ausnahme gilt nur für rein hoheitliches Handeln (Veranlassung durch Gesetz, Verordnung, Verwaltungsakt) der öffentlichen Hand, wenn diese herrschendes Unternehmen ist.[94] Die Einwirkung muss auch nicht mit besonderem Nachdruck oder der Androhung von Sanktionen verbunden werden.[95] Ob sich die Einwirkung auf einen **Einzelfall** bezieht oder ob sie **generellen Charakter** trägt (Richtlinien, allgemeine Anweisung), spielt keine Rolle.[96]

43 **Gleichgültig ist** schließlich auch, ob dem herrschenden Unternehmen ein „Veranlassungsbewusstsein" zukommt,[97] so dass §§ 311 ff auch zur Anwendung gelangen können, wenn es aus seiner Sicht unverbindliche Anregungen oder Ratschläge gibt, aus Sicht der abhängigen Gesellschaft damit aber eine bestimmte Erwartungshaltung verbunden ist, an der sie ihr Verhalten ausrichtet.[98] Die Anknüpfung an das subjektive Verständnis der abhängigen Gesellschaft muss allerdings dort eine Grenze finden, wo dieses im Verhalten des herrschenden Unternehmens keinen nachvollziehbaren Anlass mehr findet. Kausalität iS der Äquivalenztheorie mag zwar auch dann noch nicht zu verneinen sein, sie bietet wertungsmäßig aber keine ausreichende Basis für die in §§ 311, 317 enthaltene Haftungsanordnung. Veranlassung iSd Abs. 1 ist daher **nur adäquat kausales Verhalten** des herrschenden Unternehmens, das die abhängige Gesellschaft aus ihrer Perspektive tatsächlich auch als Veranlassung zu der nachteiligen Maßnahme verstehen *durfte*.[99]

44 **2. Urheber und Adressat der Veranlassung.** Die Veranlassung muss nicht zwingend von dem Inhaber bzw den organschaftlichen Vertretern des herrschenden Unternehmens ausgehen. In Betracht kommen auch andere Organe oder nachgeordnete Stellen des herrschenden Unternehmens, unabhängig davon, ob sie über rechtsgeschäftliche Vertretungsmacht verfügen,[100] sofern sie durch das herrschende Unternehmen eingeschaltet werden oder ihr Verhalten diesem zuzurechnen ist.[101] Unter dieser Voraussetzung kann auch in einem **Verhalten eines Dritten**, etwa einer Schwestergesellschaft, eine Veranlassung durch das herrschende Unternehmen gesehen werden.[102]

45 Bei **mehrfacher Abhängigkeit** gelten die vorstehenden Grundsätze für jedes der herrschenden Unternehmen entsprechend, wobei die Veranlassung durch eines der Unternehmen auch den anderen zurechenbar ist, wenn die abhängige Gesellschaft dies aus ihrer Perspektive als Veranlassung durch alle Unternehmen ver-

---

[87] Emmerich/Habersack/*Habersack*, Rn 18; *Hüffer*, Rn 15; Spindler/Stilz/*H.-F. Müller*, Rn 10.
[88] Emmerich/Habersack/*Habersack*, Rn 18.
[89] Emmerich/Habersack/*Habersack*, Rn 18; *Hüffer*, Rn 15; KölnKomm-AktG/*Koppensteiner*, Vor. § 311 Rn 29 f; MüHb-AG/*Krieger*, § 69 Rn 70.
[90] Unstr., s. etwa LG Bonn Konzern 2005, 455, 458 f; Emmerich/Habersack/*Habersack*, Rn 22; *Hüffer*, Rn 16, 24; Spindler/Stilz/*H.-F. Müller*, Rn 12.
[91] Siehe Bürgers/Körber/*Fett*, Rn 12; Emmerich/Habersack/*Habersack*, Rn 38; *Hüffer*, Rn 16; K. Schmidt/Lutter/*J. Vetter*, Rn 23.
[92] Siehe *Hüffer*, Rn 24 aE.
[93] Emmerich/Habersack/*Habersack*, Rn 23; *Hüffer*, Rn 16.
[94] OLG Köln NZG 2006, 547, 549 f; MüKo-AktG/*Altmeppen*, Rn 137; *Hüffer*, Rn 16.
[95] Siehe MüKo-AktG/*Altmeppen*, Rn 76, 80; Emmerich/Habersack/*Habersack*, Rn 23; *Hüffer*, Rn 16.
[96] LG Köln AG 2008, 327, 331; Emmerich/Habersack/*Habersack*, Rn 16; *Hüffer*, Rn 16; MüHb-AG/*Krieger*, § 69 Rn 74.
[97] Siehe MüKo-AktG/*Altmeppen*, Rn 80; Emmerich/Habersack/*Habersack*, Rn 24; *Hüffer*, Rn 16; MüHb-AG/*Krieger*, § 69 Rn 74; Spindler/Stilz/*H.-F. Müller*, Rn 13; aA *Neuhaus*, DB 1970, 1913, 1915 f; s.a. K. Schmidt/Lutter/*J. Vetter*, Rn 27.
[98] Emmerich/Habersack/*Habersack*, Rn 24; *Hüffer*, Rn 16; MüHb-AG/*Krieger*, § 69 Rn 74.
[99] Vgl K. Schmidt/Lutter/*J. Vetter*, Rn 27; s.a. Rn 46; KölnKomm-AktG/*Koppensteiner*, Rn 5 „objektive Veranlassung" nötig; für *adäquate* Kausalität ab MüKo-AktG/*Altmeppen*, Rn 82; wohl auch *Hüffer*, Rn 16, soweit er darauf abstellt, dass sich die abhängige Gesellschaft veranlasst sehen *durfte*; zT verwendet die Lit. allerdings auch rein subjektiv ansetzende Formulierungen ohne objektives Korrektiv: s. Emmerich/Habersack, Rn 24 u. § 317 Rn 6; in Fällen mehrfacher oder gestufter Abhängigkeit ähnlich wie hier aber *ders.*, aaO, Rn 26.
[100] Siehe MüKo-AktG/*Altmeppen*, Rn 81; *Hüffer*, Rn 17; vgl zum Konzerncontrolling *Weinbrenner*, Konzern 2006, 583, 587.
[101] Siehe K. Schmidt/Lutter/*J. Vetter*, Rn 28; MüKo-AktG/*Altmeppen*, Rn 81 f; KölnKomm-AktG/*Koppensteiner*, Rn 17; auf Zurechenbarkeit allein aus Sicht der abhängigen Gesellschaft abstellend Emmerich/Habersack/*Habersack*, Rn 25; Hölters/*Leuering/Goertz*, Rn 41.
[102] Siehe K. Schmidt/Lutter/*J. Vetter*, Rn 28 mwN.

stehen durfte.¹⁰³ Bei **mehrstufiger Abhängigkeit** kommt es im Ausgangspunkt darauf an, von welchem Unternehmen die Veranlassung ausgeht.¹⁰⁴ Handelt es sich dabei um die Tochtergesellschaft, ist ihr Verhalten nicht automatisch auch der Mutter zuzurechnen;¹⁰⁵ auch hier kommt es vielmehr darauf an, ob das Verhalten der Tochter aus Sicht der Enkelgesellschaft zugleich als Veranlassung durch die Mutter verstanden werden durfte.¹⁰⁶

Die Einwirkung des herrschenden Unternehmens muss – unstr. – nicht unmittelbar auf den Vorstand der abhängigen Gesellschaft erfolgen.¹⁰⁷ Die Einflussnahme kann vielmehr auch über diesem **nachgeordnete Stellen** oder den **Aufsichtsrat** der Gesellschaft vermittelt werden.¹⁰⁸ 46

3. Beweiserleichterungen. Nach allgemeinen Grundsätzen obläge die Darlegungs- und Beweislast für das Tatbestandsmerkmal der Veranlassung demjenigen, der daraus für sich günstige Rechtsfolgen abzuleiten versucht. Angesichts der vielfältigen (auch informellen) Möglichkeiten der Einflussnahme seitens des herrschenden Unternehmens wären danach verbreitet Beweisprobleme zu befürchten, die die effektive Durchsetzung des in §§ 311 ff angelegten Schutzprogramms gefährden, insbesondere soweit zu diesem Zweck den Außenseitern eigene Schadensersatzansprüche (§ 317 Abs. 1 S. 2) oder Klagerechte (§§ 317 Abs. 4 iVm 309 Abs. 4) eingeräumt sind.¹⁰⁹ Darauf ist nach heute wohl einhelliger Auffassung mit Beweiserleichterungen zu reagieren,¹¹⁰ ohne dass aber bislang über die Einzelheiten Einigkeit erzielt worden wäre. Während die wohl noch überwiegende Ansicht mit einer Veranlassungsvermutung operiert,¹¹¹ geht eine vordringende Ansicht – mangels ausreichenden normativen Anhalts für eine Vermutung wohl vorzugswürdig – lediglich von einem Beweis des ersten Anscheins aus.¹¹² Der BGH hat sich bislang nicht festgelegt.¹¹³ Aus der Rechtsprechung sind Fälle, in denen es auf die Entscheidung der Streitfrage praktisch angekommen wäre, bislang nicht bekannt geworden, so dass man ihre Bedeutung nicht überbewerten sollte. Tatbestandlich setzt das Eingreifen der Beweiserleichterungen voraus, dass eine *nachteilige* Maßnahme¹¹⁴ vorliegt und dass das herrschende oder ein mit diesem verbundenes Unternehmen daraus Vorteile gezogen hat.¹¹⁵ Im Übrigen sollte man mit Rücksicht auf die gesetzgeberische Grundkonzeption, die den spezifischen Schutz der §§ 311 ff bereits bei der einfachen Abhängigkeit beginnen lässt, das Eingreifen der Beweiserleichterungen nicht vom Vorliegen eines Konzerntatbestandes abhängig machen.¹¹⁶ Bei mehrfacher Abhängigkeit gilt der Beweis des ersten Anscheins gegenüber allen herrschenden Unternehmen,¹¹⁷ bei mehrstufiger Abhängigkeit der Enkelgesellschaft sowohl gegenüber der Tochter- wie der Muttergesellschaft.¹¹⁸ 47

4. Sonderfragen der Veranlassung. a) Vertretung durch das herrschende Unternehmen. Handelt das herrschende Unternehmen für die abhängige Gesellschaft aufgrund einer Vollmacht, sind die abgeschlossenen Geschäfte stets als durch das herrschende Unternehmen veranlasst anzusehen, unabhängig davon, wer die Erteilung der Vollmacht veranlasst hat.¹¹⁹ Die gleichen Grundsätze gelten bei der von ihrem Komplementär bzw ihrer Komplementärgesellschaft beherrschten KGaA auch für die *organschaftliche* Vertretung.¹²⁰ 48

b) Vorstandsdoppelmandate. Bei Vorstandsdoppelmandaten¹²¹ hindert es die Anwendung von § 311 nicht, wenn das doppelt aktive Organmitglied im Vorstand der abhängigen Gesellschaft Maßnahmen zu deren Nachteil trifft, obgleich sich dann eine von außen kommende Veranlassung nicht feststellen lässt. Der 49

---

103 Siehe *Hüffer*, Rn 18.
104 Siehe *Hüffer*, Rn 18; MüHb-AG/*Krieger*, § 69 Rn 77.
105 Siehe BGHZ 190, 7, Rn 39 unter Bezugnahme auf *Hüffer*, Rn 18.
106 Siehe *Hüffer*, Rn 18.
107 Siehe *Hüffer*, Rn 19; Spindler/Stilz/*H.-F. Müller*, Rn 18; K. Schmidt/Lutter/*J. Vetter*, Rn 28.
108 Siehe Spindler/Stilz/*H.-F. Müller*, Rn 18; K. Schmidt/Lutter/*J. Vetter*, Rn 28.
109 Vgl Emmerich/Habersack/*Habersack*, Rn 32; *Hüffer*, Rn 20.
110 Siehe BGHZ 190, 7, Rn 40 (Dritter Börsengang); MüKo-AktG/*Altmeppen*, Rn 87 ff; *Grigoleit*, Rn 21; Emmerich/Habersack/*Habersack*, Rn 32; *Hüffer*, Rn 20; K. Schmidt/Lutter/*J. Vetter*, Rn 29.
111 Siehe *Hüffer*, Rn 21; MüHb-AG/*Krieger*, § 69 Rn 76; *Wachter*, Rn 11; differenzierend MüKo-AktG/*Altmeppen*, Rn 90 ff.
112 OLG Jena ZIP 2007, 1314, 1316; Emmerich/Habersack/*Habersack*, Rn 33; Spindler/Stilz/*H.-F. Müller*, Rn 25; K. Schmidt/Lutter/*J. Vetter*, Rn 30.
113 Siehe BGHZ 190, 7, Rn 40 (Dritter Börsengang); vgl zu methodischen Problemen *beider* Ansätze auch *Hüffer*, Rn 20.
114 Emmerich/Habersack/*Habersack*, Rn 33.
115 Emmerich/Habersack/*Habersack*, Rn 33; Spindler/Stilz/*H.-F. Müller*, Rn 25; K. Schmidt/Lutter/*J. Vetter*, Rn 30; aA *Hüffer*, Rn 21; MüHb-AG/*Krieger*, § 69 Rn 76.
116 Emmerich/Habersack/*Habersack*, Rn 34; Spindler/Stilz/*H.-F. Müller*, Rn 25; K. Schmidt/Lutter/*J. Vetter*, Rn 30; aA *Hüffer*, Rn 21; MüHb-AG/*Krieger*, § 69 Rn 76; differenzierend MüKo-AktG/*Altmeppen*, Rn 91 ff: (vermutete) einheitliche Leitung begründet Veranlassungsvermutung, bei einfacher Abhängigkeit bleibt aber Raum für Beweis des ersten Anscheins.
117 Emmerich/Habersack/*Habersack*, Rn 34; differenzierend K. Schmidt/Lutter/*J. Vetter*, Rn 37.
118 Emmerich/Habersack/*Habersack*, Rn 34; differenzierend K. Schmidt/Lutter/*J. Vetter*, Rn 38.
119 Emmerich/Habersack/*Habersack*, Rn 31; KölnKomm-AktG/*Koppensteiner*, Rn 23; Spindler/Stilz/*H.-F. Müller*, Rn 19.
120 Siehe MüKo-AktG/*Altmeppen*, Rn 116; Emmerich/Habersack/*Habersack*, Rn 31; Spindler/Stilz/*H.-F. Müller*, Rn 19.
121 Zur Zulässigkeit s. BGHZ 180, 105 (Vorstandsdoppelmandat); kritisch *Wackerbarth*, Der Konzern 2010, 261, 265 ff; zur Einbeziehung des Tochtervorstands in das Aktienoptionsprogramm der Mutter und andere vom Erfolg des herrschenden Unternehmens oder der Gruppe abhängige Anreize vgl *Habersack*, FS Raiser, 2005, S. 111, 123 ff; K. Schmidt/Lutter/*J. Vetter*, Rn 33 mwN zum Meinungsstand; für Unzulässigkeit am Erfolg der Mutter ausgerichteter variabler Vergütung OLG München AG 2008, 593;.

Schutz der § 311 ff ist hier aber erst recht geboten.[122] Die wohl hM geht in derartigen Fällen zudem von einer **unwiderleglichen Veranlassungsvermutung** aus.[123] Das muss für diejenigen ausscheiden, die Beweiserleichterungen nicht über eine Vermutung, sondern den Beweis des ersten Anscheins vermitteln wollen,[124] weil es einen „unerschütterbaren" Anscheinsbeweis nicht geben kann. Auch bei Annahme einer Vermutung sprechen aber die besseren Gründe dafür, den Gegenbeweis zuzulassen, weil die nachteilige Maßnahme auch in diesem Fall schlicht auf Mängeln der Geschäftsführung in der abhängigen Gesellschaft beruhen kann.[125] Nach den gleichen Grundsätzen wie Vorstandsdoppelmandate sollten auch Fälle behandelt werden, in denen der Anstellungsvertrag eines Vorstandsmitglieds oder leitenden Angestellten der abhängigen Gesellschaft unmittelbar mit dem herrschenden Unternehmen geschlossen wird.[126]

50 c) **Einflussvermittlung durch den Aufsichtsrat.** Abgesehen von Vorstandsdoppelmandaten kann (und wird in der Praxis verbreitet) der Einfluss des herrschenden Unternehmens auch dadurch vermittelt werden, dass dessen Vorstandsmitglieder Positionen im Aufsichtsrat der beherrschten Gesellschaft einnehmen.[127] Anders als bei der Besetzung von Vorstandspositionen ergibt sich daraus aber keine (rechtlich abgesicherte) Möglichkeit, die Interessen des herrschenden Unternehmens unmittelbar in Geschäftsführungsmaßnahmen des abhängigen Unternehmens umzusetzen. Die hM belässt es mit Rücksicht darauf bei den allgemeinen Beweiserleichterungen, dh einer *widerleglichen* Vermutung der Veranlassung,[128] bzw, nach hier vertretener Ansicht (Rn 47), einem Beweis des ersten Anscheins.[129]

51 d) **Hauptversammlungsbeschlüsse.** Die Veranlassung kann auch durch einen Beschluss der Hauptversammlung vermittelt werden, sofern er mit der Stimmenmehrheit des herrschenden Unternehmens gefasst worden ist.[130] Das gilt auch, wenn die Hauptversammlung nach § 119 Abs. 2 auf das Verlangen des Vorstands über Geschäftsführungsmaßnahmen beschließt,[131] und zwar mit Rücksicht auf die Legitimationswirkung und das generell mit einem derartigen Beschluss einhergehende Gewicht *unabhängig* davon, ob dem Vorstand trotz der Zustimmung der Hauptversammlung noch ein eigener Entscheidungsspielraum verbleibt sowie *unabhängig* davon, ob zur Einbeziehung der Hauptversammlung ausnahmsweise[132] verpflichtet war.[133] Anerkannt ist die Möglichkeit der Veranlassung durch das Abstimmungsverhalten des herrschenden Unternehmens auch für die Zustimmung zu Unternehmensverträgen iSd § 292[134] sowie mit Rücksicht auf §§ 27, 125 UmwG auch für Verschmelzungs- und Spaltungsbeschlüsse.[135] Da der Begriff der Veranlassung keine Ungleichbehandlung der Aktionäre oder eine konkrete Beeinträchtigung von Gläubigerinteressen voraussetzt, kommen grundsätzlich aber auch alle weiteren Beschlüsse in Betracht,[136] unter Einschluss von Gewinnverwendungsbeschlüssen sowie Beschlüssen über die Auflösung der Gesellschaft oder die Änderung ihres Unternehmensgegenstandes.[137] Eine andere Frage ist, ob für einzelne Beschlussmaterien besondere Schutzvorschriften zugunsten der Außenseiter bestehen, die §§ 311 ff verdrängen. Davon ist bei Zustimmungsbeschlüssen zu Gewinnabführungs- und Beherrschungsverträgen sowie bei der Eingliederung auszugehen.[138] Im Übrigen hat es bei der Anwendung der §§ 311 ff sein Bewenden.[139]

52 **5. Veranlassungswirkung.** Wirkung der Veranlassung durch das herrschende Unternehmen muss eine für die abhängige Gesellschaft nachteilige Maßnahme sein. Diese kann, was Abs. 1 gesondert hervorhebt, rechtsgeschäftlichen Charakter tragen, ohne dass dies aber für § 311 weitergehende Bedeutung hätte (anders demgegenüber § 312 Abs. 1 S. 2). Nachteiligen Maßnahmen steht das Unterlassen vorteilhafter Maßnahmen – erneut: unter Einschluss vorteilhafter Rechtsgeschäfte – gleich.[140] In Betracht kommt daher jede Geschäftsführungshandlung oder das Unterlassen einer solchen, sofern dies Auswirkungen auf die Ertrags-

---

122 Siehe *Hüffer*, Rn 22.
123 LG Köln, AG 2008, 327, 331 f; *Hüffer*, Rn 22; MüHb-AG/*Krieger*, § 69 Rn 75 mwN.
124 Vgl zur Frage der Beweiserleichterung oben Rn 47.
125 Emmerich/Habersack/*Habersack*, Rn 35; Spindler/Stilz/*H.-F. Müller*, Rn 26; K. Schmidt/Lutter/*J. Vetter*, Rn 32.
126 Vgl Emmerich/Habersack/*Habersack*, Rn 35.
127 Siehe MüKo-AktG/*Altmeppen*, Rn 109 ff; K. Schmidt/Lutter/*J. Vetter*, Rn 34.
128 Siehe MüKo-AktG/*Altmeppen*, Rn 110; *Hüffer*, Rn 23.
129 Siehe insoweit näher zu typischen Geschehensabläufen, auf die der Anscheinsbeweis gestützt werden könnte, K. Schmidt/Lutter/*J. Vetter*, Rn 34.
130 Siehe BGH NZG 2012, 1030, Rn 18; MüKo-AktG/*Altmeppen*, Rn 118; *Hüffer*, Rn 17; Spindler/Stilz/*H.-F. Müller*, Rn 21; K. Schmidt/Lutter/*J. Vetter*, Rn 21.
131 Emmerich/Habersack/*Habersack*, Rn 29; *Hüffer*, Rn 17; Spindler/Stilz/*H.-F. Müller*, Rn 21.
132 Vgl BGHZ 83, 122 – Holzmüller; BGHZ 159, 30 – Gelatine I.
133 BGH NZG 2012, 1030, Rn 18.
134 Siehe MüKo-AktG/*Altmeppen*, Rn 120; *Hüffer*, Rn 17; Spindler/Stilz/*H.-F. Müller*, Rn 21.
135 Siehe MüKo-AktG/*Altmeppen*, Rn 120; *Hüffer*, Rn 17; Spindler/Stilz/*H.-F. Müller*, Rn 21.
136 Emmerich/Habersack/*Habersack*, Rn 29 (iE allerdings mit starken Einschränkungen, vgl aaO, Rn 30).
137 Siehe MüKo-AktG/*Altmeppen*, Rn 123 ff; Spindler/Stilz/*H.-F. Müller*, Rn 21; aA zB MüHb-AG/*Krieger*, § 69 Rn 84.
138 Siehe MüKo-AktG/*Altmeppen*, Rn 129; Spindler/Stilz/*H.-F. Müller*, Rn 21; für §§ 311 ff bleibt aber in Ausnahmefällen Raum, zB bei Vertragsschluss mit Partner, der zur Leistung des Verlustausgleichs nicht in der Lage ist: näher MüHb-AG/*Krieger*, § 69 Rn 84.
139 Str., einschränkend etwa K. Schmidt/Lutter/*J. Vetter*, Rn 83; MüHb-AG/*Krieger*, § 69 Rn 84; s.a. Emmerich/Habersack/*Habersack*, Rn 29.
140 Siehe *Hüffer*, Rn 24; Spindler/Stilz/*H.-F. Müller*, Rn 22.

oder Vermögenslage der Gesellschaft haben kann.[141] Dies umfasst auch die Erteilung von **Informationen an das herrschende Unternehmen**.[142] Auch diese darf daher grundsätzlich nur in den von § 311 vorgesehenen Grenzen erfolgen, soweit es nicht ohnehin um Daten geht, die die abhängige Gesellschaft im Rahmen der Konzernrechnungslegung zu übermitteln hat (§ 294 Abs. 3 HGB).[143] Andererseits besteht aber auch kein Verbot der Informationserteilung, sofern diese nicht nachteilig ist oder die damit verbundenen Nachteile ausgeglichen werden. Anders wäre die von §§ 311 ff als zulässig vorausgesetzte Aufnahme einheitlicher Leitung im faktischen Konzern auch gar nicht zu realisieren.[144] Die hM geht dabei davon aus, dass die zu diesem Zweck erfolgende Informationsweitergabe kein erweitertes Auskunftsrecht der außenstehenden Aktionäre nach § 131 Abs. 4 begründet.[145]

IV. Nachteil. 1. Nachteilsbegriff. § 311 setzt voraus, dass das herrschende Unternehmen die Gesellschaft zu einer *nachteiligen* Maßnahme veranlasst. Die Begriffsbestimmung hat sich entsprechend dem Normzweck am Schutz der Gläubiger und Minderheitsaktionäre zu orientieren.[146] Erfasst ist nach Rspr u. h.Lit. **jede Minderung oder konkrete Gefährdung der Vermögens- und Ertragslage der Gesellschaft ohne Rücksicht auf die Quantifizierbarkeit, soweit sie als Abhängigkeitsfolge eintritt.**[147] Das Auslassen von Gewinnchancen genügt – bilanzielle Auswirkungen oder das Entstehen eines Verlusts sind nicht erforderlich.[148] Nachteilig können daher selbst (kurzfristig) gewinnsteigernde Maßnahmen sein, zB aufgrund ersparter Marktzutrittskosten.[149] Fehlt es an einer Beeinträchtigung der Vermögens- und Ertragslage, genügen negative Auswirkungen allein auf den Börsenkurs der Gesellschaft für die Bejahung eines Nachteils nicht.[150] Gleiches gilt für sog. passive negative Konzerneffekte, die sich aus der bloßen Einbindung in die Unternehmensgruppe ergeben.[151]

2. Beeinträchtigung als Abhängigkeitsfolge. Die ganz herrschende Meinung verneint einen Nachteil iSd § 311 Abs. 1, wenn sich die Beeinträchtigung der Vermögens- oder Ertragslage nicht als Abhängigkeitsfolge darstellt, was angenommen wird, wenn sich ein ordentlicher und gewissenhafter Geschäftsleiter einer (iSd § 17) unabhängigen Gesellschaft ebenso hätte verhalten dürfen wie der Vorstand der abhängigen Gesellschaft.[152] Folge dieses Ansatzes, dem das Bedürfnis einer am Schutzzweck orientierten Begrenzung der Rechtsfolgen der §§ 311, 317 zugrunde liegt,[153] ist es einerseits, dass ein Nachteil nur bei Vorliegen einer Pflichtverletzung iSd § 93 Abs. 1 S. 1 bejaht werden kann.[154] Andererseits kann danach ein Nachteil auch dann zu verneinen sein, wenn das herrschende Unternehmen die abhängige Gesellschaft zu einer ihre Vermögens- und Ertragslage beeinträchtigenden Maßnahme veranlasst hat.[155]

3. Relevanter Zeitpunkt. Maßgeblich für die Beurteilung des nachteiligen Charakters einer Maßnahme ist der Zeitpunkt, in dem diese vorgenommen wird. Erforderlich ist also eine ex-ante-Prognose, die sämtliche Umstände zu berücksichtigen hat, die einem ordentlichen und gewissenhaften Geschäftsleiter im damaligen Zeitpunkt erkennbar gewesen wären.[156] Fehlt es danach an einem Nachteil, bleibt es auch dann dabei, wenn die Maßnahme später wider Erwarten doch zu einer Vermögenseinbuße führt.[157]

4. Nachteilsfeststellung. a) Grundlagen. Der Maßstab für die Frage, ob eine konkrete Maßnahme nachteilig ist, wird durch den Vergleich mit dem **hypothetischen Verhalten eines ordnungsgemäß und gewissenhaft handelnden Geschäftsleiters** einer Gesellschaft gewonnen, die mit Ausnahme des Abhängigkeitsverhältnisses grundsätzlich unter den gleichen rechtlichen und wirtschaftlichen Bedingungen wie die abhängige Ge-

---

141 Siehe *Hüffer*, Rn 24 mwN.
142 *Hüffer*, Rn 24.
143 *Hüffer*, Rn 24; eingehend zum Informationsfluss im faktischen Konzern MüKo-AktG/*Altmeppen*, Rn 422 ff.
144 Siehe näher Emmerich/Habersack/*Habersack*, Rn 51 a.
145 LG München I Konzern 2007, 448, 455 f; MüKo-AktG/*Altmeppen*, Rn 429; Emmerich/Habersack/*Habersack*, § 312 Rn 5; *Hüffer*, § 131 Rn 38; aA LG Frankfurt AG 2007, 48, 50; *Heidel*, § 131 Rn 76 f.
146 Siehe *Hüffer*, Rn 25.
147 BGHZ 179, 71, Rn 8 (MPS); BGHZ 141, 79, 84 (Gewerbesteuerumlage); *Grigoleit*, Rn 27; Emmerich/Habersack/*Habersack*, Rn 39; *Hüffer*, Rn 25, jeweils mit mwN; kritisch *Wackerbarth*, Der Konzern 2010, 337, 341 f.
148 Siehe Spindler/Stilz/*H.-F. Müller*, Rn 28, 30; K. Schmidt/Lutter/*J. Vetter*, Rn 42.
149 Siehe *Kropff*, NJW 2009, 814, 815; Spindler/Stilz/*H.-F. Müller*, Rn 30.
150 Siehe Emmerich/Habersack/*Habersack*, Rn 39; K. Schmidt/Lutter/*J. Vetter*, Rn 43.
151 Siehe *Hüffer*, Rn 26.
152 Siehe BGHZ 179, 71 Rn 8 (MPS); BGHZ 175, 365, Rn 9, 11 (UMTS); Emmerich/Habersack/*Habersack*, Rn 40; *Hüffer*, Rn 27; KölnKomm-AktG/*Koppensteiner*, Rn 36; MüHb-AG/*Krieger*, § 69 Rn 78; Spindler/Stilz/*H.-F. Müller*, Rn 28; K. Schmidt/Lutter/*J. Vetter*, Rn 40; aA MüKo-AktG/*Altmeppen*, Rn 158 ff.
153 Siehe Emmerich/Habersack/*Habersack*, Rn 40.
154 Siehe Emmerich/Habersack/*Habersack*, Rn 40; *Hüffer*, Rn 27.
155 Siehe Emmerich/Habersack/*Habersack*, Rn 40.
156 Siehe BGHZ 179, 71, Rn 13 (MPS); BGHZ 175, 365, Rn 11 (UMTS); OLG Köln AG 2007, 371, 372; OLG Köln AG 2006, 586, 587; *Fleischer* NZG 2008, 371, 372; Emmerich/Habersack/*Habersack*, Rn 44; *Hüffer*, Rn 28; Spindler/Stilz/*H.-F. Müller*, Rn 29.
157 Siehe BGHZ 179, 71, Rn 13 (MPS); Emmerich/Habersack/*Habersack*, Rn 44; *Hüffer*, Rn 28; das gilt auch für die umgekehrte Konstellation.

sellschaft agiert.[158] Ist die abhängige Gesellschaft vom herrschenden Unternehmen auch wirtschaftlich abhängig, bleibt dies also ein in die Entscheidung des hypothetischen Geschäftsleiters einzubeziehender Faktor, der die Nachteilhaftigkeit entfallen lässt, wenn sich die Gesellschaft aufgrund ihrer wirtschaftlichen Situation auch bei ihrer rechtlichen Unabhängigkeit nicht anders hätte verhalten können.[159] Dieser Maßstab wird aber zweifelhaft und ist zu korrigieren, wenn die wirtschaftliche Abhängigkeit gerade auf der (im Rahmen der hypothetischen Betrachtung zu eliminierenden) rechtlichen Abhängigkeit beruht.[160] Im Übrigen ergeben sich die praktischen Probleme bei der Umsetzung der Kontrollüberlegung vor allem daraus, dass für den fiktiven Vorstand einer unabhängigen Gesellschaft idR nicht nur eine einzige Verhaltensweise als pflichtgemäß in Betracht kommen wird.[161] Dies führt zur Frage nach den Grenzen des unternehmerischen Ermessens und damit zu dem bei der Anwendung von § 93 Abs. 1 auftretenden Problemspektrum.

57 **b) Rechtsgeschäfte.** Wird die abhängige Gesellschaft zur Vornahme eines Rechtsgeschäfts veranlasst, können die Grundsätze und Fallgruppen Orientierung bieten, die im Gesellschafts- und Steuerrecht für die Feststellung von verdeckten Gewinnausschüttungen entwickelt worden sind.[162] Danach ist zu fragen, ob sich anhand eines Vergleichs mit einem **hypothetischen Drittgeschäft** ein **objektives Missverhältnis zwischen Leistung und Gegenleistung** feststellen lässt.[163] Beim Rückgriff auf die zu § 57 entwickelten Grundsätze ist allerdings die von § 311 abweichende Zielrichtung im Blick zu behalten (Vorteilsermittlung für den Aktionär einerseits, Nachteilsermittlung für die abhängige Gesellschaft andererseits).[164] Praktisch wird dies vielfach aber lediglich auf einen Perspektivwechsel hinauslaufen, weil der Nachteil der Gesellschaft dem Vorteil des herrschenden (bzw eines anderen verbundenen) Unternehmens entspricht.[165] Auch wenn dies nicht zwingend so sein muss,[166] spricht dies jedenfalls nicht gegen den methodischen Rückgriff auf das für verdeckte Gewinnausschüttungen maßgebliche Vergleichskonzept.[167]

58 Beim danach anzustellenden Drittvergleich liegt die praktische Schwierigkeit darin, den passenden Maßstab zu bestimmen. Existiert ein **Marktpreis**, ist primär auf diesen zurückzugreifen.[168] Dies darf aber nicht mechanisch erfolgen, weil im konkreten Fall auch Nebenbedingungen zu berücksichtigen sein können, die vom typischen Fall abweichen und sich daher im Marktpreis nicht widerspiegeln.[169] Davon abgesehen kann es im Einzelfall auch Anlass für ein Unterschreiten des Marktpreises geben.[170] Vergleichbare Grundsätze gelten, wenn es an einem Marktpreis fehlt, aber die **Konditionen von Drittgeschäften** verfügbar sind, zB weil die abhängige Gesellschaft die gleiche Leistung auch gegenüber Dritten erbringt oder weil aufgrund einer Ausschreibung seitens des herrschenden Unternehmens Angebote Dritter verfügbar sind.[171]

59 Bei Fehlen von Marktpreisen und Drittangeboten werden **Hilfsrechnungen** erforderlich.[172] Dabei wird auf etwa vorhandene Buchwerte allenfalls in Ausnahmefällen als Rechnungsgrundlage zurückgegriffen werden können.[173] Praktische Bedeutung haben vor allem die **Kostenaufschlagsmethode** und die **Absatz- bzw Wiederverkaufspreismethode**.[174] Die Aufschlagsmethode geht von den Selbstkosten der Gesellschaft aus und addiert dazu eine angemessene Gewinnspanne.[175] Die Absatzmethode ermittelt den Preis, zu dem die Leistung den Unternehmensverbund verlässt und versucht durch Abschläge davon den Wert des Beitrags der abhängigen Gesellschaft zu berechnen.[176] Beide Methoden führen nicht zu punktgenauen Ergebnissen, sondern allenfalls zu einer Bandbreite von Werten, innerhalb derer die Gegenleistung als angemessen anzusehen ist.[177]

60 **c) Sonstige Maßnahmen.** Für eine Vielzahl sonstiger Maßnahmen (zB Investitionsentscheidungen, Personalmaßnahmen, Aufgabe eines Marktes, Ausgliederung von Unternehmensteilen auf eine andere Gesell-

---

158 Siehe BGHZ 141, 79, 84, 88 (Gewerbesteuerumlage); Emmerich/Habersack/*Habersack*, Rn 41; Spindler/Stilz/*H.-F. Müller*, Rn 30; K. Schmidt/Lutter/*J. Vetter*, Rn 41 mwN.
159 Siehe MüKo-AktG/*Altmeppen*, Rn 190; MüHb-AG/*Krieger*, § 69 Rn 78.
160 Siehe Emmerich/Habersack/*Habersack*, Rn 41; vgl MüKo-AktG/*Altmeppen*, Rn 190 aE; wohl abweichend K. Schmidt/Lutter/*J. Vetter*, Rn 41.
161 Vgl *Hüffer*, Rn 29; Spindler/Stilz/*H.-F. Müller*, Rn 31.
162 Siehe *Hüffer*, Rn 30; MüHb-AG/*Krieger*, § 69 Rn 81; Spindler/Stilz/*H.-F. Müller*, Rn 32 f; K. Schmidt/Lutter/*J. Vetter*, Rn 49; s.a. BGHZ 179, 71, Rn 9 (MPS);.
163 Siehe *Hüffer*, Rn 30.
164 Siehe *Hüffer*, Rn 30; K. Schmidt/Lutter/*J. Vetter*, Rn 49.
165 Siehe Emmerich/Habersack/*Habersack*, Rn 54.
166 Ein Nachteil ist auch denkbar, wenn ein Rückgewähranspruch nach §§ 57, 62 nicht oder nicht in dieser Höhe besteht: s. *Hüffer*, Rn 30.
167 Siehe *Hüffer*, Rn 30; K. Schmidt/Lutter/*J. Vetter*, Rn 49.
168 Siehe Emmerich/Habersack/*Habersack*, Rn 55; *Hüffer*, Rn 31; Spindler/Stilz/*H.-F. Müller*, Rn 34.
169 Siehe Emmerich/Habersack/*Habersack*, Rn 55; *Hüffer*, Rn 31.
170 Siehe Emmerich/Habersack/*Habersack*, Rn 55; *Hüffer*, Rn 31; K. Schmidt/Lutter/*J. Vetter*, Rn 52.
171 Siehe MüKo-AktG/*Altmeppen*, Rn 212; s.a. Emmerich/Habersack/*Habersack*, Rn 55.
172 Siehe *Hüffer*, Rn 32; dazu ausführlich A/D/S, Rn 50 ff; MüKo-AktG/*Altmeppen*, Rn 213 ff.
173 Siehe *Hüffer*, Rn 32; K. Schmidt/Lutter/*J. Vetter*, Rn 54; generell ablehnend KölnKomm-AktG/*Koppensteiner*, Rn 69; K. Schmidt/Lutter/*H.-F. Müller*, Rn 37.
174 Siehe MüKo-AktG/*Altmeppen*, Rn 213 ff, 217; Emmerich/Habersack/*Habersack*, Rn 56; *Hüffer*, Rn 33.
175 Siehe A/D/S, Rn 50; MüKo-AktG/*Altmeppen*, Rn 313 ff; Emmerich/Habersack/*Habersack*, Rn 565; *Hüffer*, Rn 33.
176 Siehe A/D/S, Rn 51; MüKo-AktG/*Altmeppen*, Rn 217; *Hüffer*, Rn 33.
177 Siehe Emmerich/Habersack/*Habersack*, Rn 56; näher zu Schwächen beider Methoden MüKo-AktG/*Altmeppen*, Rn 214 ff.

schaft des Unternehmensverbundes) fehlt es an einer vergleichbar typisierten Möglichkeit zu ermitteln, ob der Vorstand der abhängigen Gesellschaft die Grenzen des ihm eingeräumten unternehmerischen Ermessens überschritten hat.[178] Hier verbleibt es bei der Aufgabe, die Frage, ob sich ein Vorstand einer iSd § 17 unabhängigen Gesellschaft unter Beachtung der ihn aus § 93 treffenden Pflichten vergleichbar entschieden hätte, anhand der Umstände des Einzelfalles zu beantworten. Allgemeine Grundsätze dafür, wann jenseits klarer Fälle (Vornahme bestandsgefährdender Maßnahmen bzw von Maßnahmen, welche die selbstständige Existenzfähigkeit bedrohen; Eingehung unkalkulierbarer oder erheblicher Risiken ohne entsprechende Chancen)[179] die Grenzen des unternehmerischen Ermessens überschritten sind, lassen sich kaum aufstellen.

5. Einzelfälle. Der Nachteilsbegriff führt in der Praxis zu einer unüberschaubaren Vielfalt von Einzelfragen,[180] die nachfolgend nur exemplarisch aufgegriffen werden können. Nachteilig können danach etwa sein: **Personalmaßnahmen**, wie die Abordnung von Vorstandsmitgliedern der Gesellschaft zum herrschenden Unternehmen;[181] **Übertragung der gesamten EDV** auf ein verbundenes Unternehmen;[182] **Verzicht auf** die Wahrnehmung von **Geschäftschancen** zugunsten eines verbundenen Unternehmens[183] und allgemein **konzernintegrative Maßnahmen**;[184] Weitergabe von **Informationen**;[185] Zustimmung zu gesellschaftsrechtlichen **Strukturmaßnahmen**;[186] Maßnahmen der **Bilanzierung**;[187] **steuerrechtliche Gestaltungen**;[188] Übernahme von **Haftungsrisiken**, etwa durch Übernahme des Prospektrisikos für die Platzierung von Aktien aus dem Bestand des herrschenden Unternehmens.[189]

61

Besondere praktische Bedeutung haben zudem **Konzernumlagen** für Dienstleistungen des herrschenden Unternehmens, die nur zulässig sind, wenn sie für eine konkrete Gegenleistung erhoben werden und marktüblich sind, während allgemeine Kosten für die Leitung des Unternehmensverbundes (allgemeine Konzernkontrolle; Öffentlichkeitsarbeit) nicht umgelegt werden können.[190] Gehen mit der zentralisierten Leistungserbringung **Synergieeffekte** einher, muss die abhängige Gesellschaft daran partizipieren, sofern der Vorstand einer unabhängigen Gesellschaft der Zentralisierung andernfalls nicht zugestimmt hätte.[191]

62

Zahlreiche Einzelfragen verbinden sich zudem mit **Maßnahmen der Konzernfinanzierung**.[192] Gewährt die abhängige Gesellschaft dem herrschenden Unternehmen ein Darlehen, soll es zur Qualifikation dieser Maßnahme als nachteilig noch nicht genügen, dass ein ordentlicher und gewissenhafter Geschäftsleiter einer unabhängigen Gesellschaft dies zu denselben Konditionen (unbesichert!) nicht getan hätte, auch wenn sich dann die Abhängigkeitsfolge nicht verneinen lässt.[193] Ein Nachteil liegt vielmehr erst dann vor, wenn die Vermögens- oder Ertragslage der Gesellschaft *konkret* gefährdet ist, weil der Rückzahlungsanspruch nicht vollwertig ist oder das Darlehen nicht angemessen verzinst wird.[194] Die Vollwertigkeit des Anspruchs ist vom Vorstand der abhängigen Gesellschaft vor Abschluss des Darlehensvertrages unter Anwendung vernünftiger kaufmännischer Sorgfalt wie bei der Bewertung von Forderungen aus Drittgeschäften im Rahmen der Bilanzierung (§ 253 HGB) zu prüfen; zu weitgehend ist demgegenüber die Forderung, die Darlehensrückzahlung müsse mit an Sicherheit grenzender Wahrscheinlichkeit zu erwarten stehen.[195] Besteht danach ein konkretes Ausfallrisiko, hat der Vorstand die Gewährung eines unbesicherten Darlehens zu verweigern. Nach Ausreichung des Darlehens trifft den Vorstand der abhängigen Gesellschaft eine laufende Kontrollpflicht, die bei einer relevanten Änderung des Kreditrisikos in die Pflicht umschlägt, mit einer Kreditkündi-

63

---

178 Siehe K. Schmidt/Lutter/*J. Vetter*, Rn 55; weitergehende Konkretisierungsversuche bei MüKo-AktG/*Altmeppen*, Rn 218 ff; s.a. *Hüffer*, Rn 35.
179 Siehe *Hüffer*, Rn 34; MüHb-AG/*Krieger*, § 69 Rn 83; K. Schmidt/Lutter/*H.-F. Müller*, Rn 38.
180 Vgl näher die ausführliche Zusammenstellung ins. bei Emmerich/Habersack/*Habersack*, Rn 46 ff; und K. Schmidt/Lutter/ *J. Vetter*, Rn 56 ff.
181 OLG Stuttgart AG 1979, 200, 202; Spindler/Stilz/*H.-F. Müller*, Rn 47.
182 Vgl LG Darmstadt, AG 1987, 218, 220 (im konkreten Fall den Nachteil aber verneinend); kritisch dazu Emmerich/Habersack/*Habersack*, Rn 51; Spindler/Stilz/*H.-F. Müller*, Rn 47 mit Fn 115.
183 Siehe LG Köln AG 2008, 327, 333; Spindler/Stilz/*H.-F. Müller*, Rn 5; K. Schmidt/Lutter/*J. Vetter*, Rn 42.
184 Siehe näher K. Schmidt/Lutter/*J. Vetter*, Rn 71.
185 Siehe Emmerich/Habersack/*Habersack*, Rn 51; *Hüffer*, Rn 24.
186 Siehe MüHb-AG/*Krieger*, § 69 Rn 84.
187 Siehe Emmerich/Habersack/*Habersack*, Rn 51 mwN.
188 Vgl BGHZ 141, 79 (Gewerbesteuerumlage); BGH AG 2013, 298; vgl zur Zulässigkeit von Steuerumlagen näher Emmerich/ Habersack/*Habersack*, Rn 50 f; MüHb-AG/*Krieger*, § 69 Rn 82; K. Schmidt/Lutter/*J. Vetter*, Rn 68 f.
189 BGHZ 190, 7, 19 f – Dritter Börsengang; Emmerich/Habersack/*Habersack*, Rn 51.
190 Siehe Emmerich/Habersack/*Habersack*, Rn 49; MüHb-AG/ *Krieger*, § 69 Rn 82; s. zu den teils streitigen Einzelheiten näher MüKo-AktG/*Altmeppen*, Rn 277 ff.
191 Str., eine „hM" zeichnet sich bislang nicht ab; wie hier zB Emmerich/Habersack/*Habersack*, Rn 49; Spindler/Stilz/*H.-F. Müller*, Rn 45; *Wiedemann/Fleischer*, JZ 2000, 159, 160 f; aA MüHb-AG/*Krieger*, § 69 Rn 82; K. Schmidt/Lutter/*J. Vetter*, Rn 70 mit umfassenden Nachweisen zum Streitstand.
192 Siehe überblicksweise Emmerich/Habersack/*Habersack*, Rn 47 ff.
193 BGHZ 179, 71, Rn 9; vgl dazu kritisch *Wackerbarth*, Der Konzern 2010, 261, 341, welcher den Drittvergleich als zentrales Element der Nachteilsbestimmung in Frage stellt; s.a. *ders.*, Der Konzern, 337, 342 ff.
194 Siehe BGHZ 179, 71, Rn 10 f, 17; Spindler/Stilz/*H.-F. Müller*, Rn 43; K. Schmidt/Lutter/*J. Vetter*, Rn 57.
195 BGHZ 179, 71, Rn 13; Spindler/Stilz/*H.-F. Müller*, Rn 42; K. Schmidt/Lutter/*J. Vetter*, Rn 114.

gung oder der Anforderung von Sicherheiten zu reagieren.[196] Für die Zulässigkeit eine **zentralen Cash-Managements** gelten vergleichbare Grundsätze.[197]

C. Ausgleichspflicht

64 **I. Grundlagen.** § 311 erlaubt dem herrschenden Unternehmen die nachteilige Einflussnahme auf die abhängige Gesellschaft, wenn die Nachteile durch gleichwertige Vorteile entsprechend den näheren Vorgaben des Abs. 2 ausgeglichen werden. Die Rechtsnatur der von § 311 vorgesehenen Ausgleichspflicht ist str. Die wohl hM deutet sie als Kompensationspflicht eigenen Inhalts.[198] Als Pflicht sui generis erweist sie sich insoweit, als sie nicht unmittelbar mit einem entsprechenden Anspruch korrespondiert,[199] weswegen auch eine Pfändung nicht in Betracht kommt.[200] Bis zum Ende des Geschäftsjahrs ist die Ausgleichspflicht ohnehin suspendiert (§ 311 II 1); im Anschluss geht sie im Schadensersatzanspruch nach §§ 317 f auf, für den ihre Nichterfüllung eine Tatbestandsvoraussetzung darstellt.

65 **II. Inhalt der Ausgleichspflicht.** Der Nachteil kann grundsätzlich durch jeden *konkreten* Vermögensvorteil ausgeglichen werden, der geeignet ist, seine bilanziellen Auswirkungen im nächsten Jahresabschluss zu neutralisieren.[201] Positive passive Konzerneffekte genügen dafür nicht.[202] Auch Vorteile aus der Kontrolle und Leitung durch das herrschende Unternehmen sind zu unspezifisch, woran sich auch dadurch nichts ändert, dass auf eine Konzernumlage, die dafür erhoben werden könnte, verzichtet wird.[203] Die Funktionsweise des Nachteilsausgleichs setzt jedenfalls voraus, dass der Vorteil *bewertbar* ist.[204] Schlägt sich der Nachteil bilanziell nieder, muss auch der Vorteil bilanzierbar sein.[205] Gleichgültig ist, wer den Vorteil gewährt, solange die Vorteilsgewährung dem herrschenden Unternehmen zurechenbar ist.[206]

66 **III. Höhe des Ausgleichs; Bewertungszeitpunkt.** Der Wert des zu gewährenden Vorteils muss mindestens so hoch sein wie der veranlasste Nachteil.[207] Ob der Vorteil den Nachteil ausgleicht, bestimmt sich nach dem Wert des Vorteils im Zeitpunkt der Vorteilsgewährung.[208] Streitig diskutiert wird, auf welchen Zeitpunkt für die Feststellung der Höhe des auszugleichenden Nachteils abzustellen ist. Grundsätzlich ist für die Nachteilsfeststellung zwar auf den Zeitpunkt abzustellen, in dem die nachteilige Maßnahme vorgenommen wird. Nach hM sind darüber hinaus in gewissem Umfang aber auch danach eingetretene Folgenachteile auszugleichen, damit die von § 311 bezweckte volle Kompensation gewährleistet wird.[209] Eine nachträglich eingetretene Verringerung des Nachteils soll dem herrschenden Unternehmen nach hM dagegen nicht zugute kommen.[210] Die besseren Gründe sprechen aber dafür, auch solchen Umständen beim Nachteilsausgleich Rechnung zu tragen.[211]

67 **IV. Nicht quantifizierbare Nachteile und sonstige Grenzen des Ausgleichsmodells.** Das auf die Möglichkeit des Einzelausgleichs angelegte Regelungsmodell der §§ 311 ff stößt bei nicht quantifizierbaren Nachteilen auf eine immanente Grenze,[212] deren Erreichen freilich nicht vorschnell bejaht werden sollte.[213] Soweit in der Literatur zT ein Ausgleich nicht bezifferbarer Nachteile durch nicht bezifferbare Vorteile für möglich gehalten wird,[214] betrifft dies idR Konstellationen, in denen bereits ein Nachteil fehlt[215] und ist ansonsten (weil mit §§ 311 ff unvereinbar) abzulehnen. Veranlasst das herrschende Unternehmen die Gesellschaft zu

---

196 Siehe BGHZ 179, 71, Rn 14 (MPS); Spindler/Stilz/*H.-F. Müller*, Rn 42.
197 Siehe Spindler/Stilz/*H.-F. Müller*, Rn 43.
198 Siehe Emmerich/Habersack/*Habersack*, Rn 61; *Hüffer*, Rn 37; Spindler/Stilz/*H.-F. Müller*, Rn 48; K. Schmidt/Lutter/*J. Vetter*, Rn 105.
199 Siehe *Hüffer*, Rn 38; KölnKomm-AktG/*Koppensteiner*, Rn 122; K. Schmidt/Lutter/*J. Vetter*, Rn 106.
200 Siehe *Hüffer*, Rn 38; Spindler/Stilz/*H.-F. Müller*, Rn 49.
201 Siehe Emmerich/Habersack/*Habersack*, Rn 63; *Hüffer*, Rn 39; MüHb-AG/*Krieger*, § 69 Rn 86; großzügiger K. Schmidt/Lutter/*J. Vetter*, Rn 88: bilanzieller Ausgleich kann auch in späteren Geschäftsjahren erfolgen und ausnahmsweise auch ganz entfallen; s.a. MüKo-AktG/*Altmeppen*, Rn 348 ff.
202 Siehe Emmerich/Habersack/*Habersack*, Rn 62; *Hüffer*, Rn 39; MüHb-AG/*Krieger*, § 69 Rn 86.
203 Siehe MüKo-AktG/*Altmeppen*, Rn 340; aA Emmerich/Habersack/*Habersack*, Rn 62.
204 Siehe *Hüffer*, Rn 39; K. Schmidt/Lutter/*J. Vetter*, Rn 86 sowie Rn 87 mit Bsp. für Ausnahmen vom Bewertbarkeitserfordernis, in denen es aber idR schon an der Nachteiligkeit fehlen dürfte.
205 Siehe BGH NZG 2012, 1030, Rn 23 (HVB/UniCredit); Emmerich/Habersack/*Habersack*, Rn 63.
206 Siehe *Hüffer*, Rn 39; Spindler/Stilz/*H.-F. Müller*, Rn 50.
207 Siehe Emmerich/Habersack/*Habersack*, Rn 67.
208 Siehe MüKo-AktG/*Altmeppen*, Rn 322; *Grigoleit*, Rn 48; Emmerich/Habersack/*Habersack*, Rn 68; *Hüffer*, Rn 40; K. Schmidt/Lutter/*J. Vetter*, Rn 92.
209 So (jedenfalls für den durch den gestreckten Ausgleich bedingten „Verzögerungsnachteil" sowie generell für adäquate bzw vorhersehbare weitere Nachteile) *Grigoleit*, Rn 48; Emmerich/Habersack/*Habersack*, Rn 68; K. Schmidt/Lutter/*J. Vetter*, Rn 92; *Hüffer*, Rn 40; aA KölnKomm-AktG/*Koppensteiner*, Rn 119.
210 Siehe Emmerich/Habersack/*Habersack*, Rn 44; *Hüffer*, Rn 28; MüHb-AG/*Krieger*, § 69 Rn 79; einschränkend K. Schmidt/Lutter/*J. Vetter*, Rn 93; aA MüKo-AktG/*Altmeppen*, Rn 335.
211 Siehe näher MüKo-AktG/*Altmeppen*, Rn 335; s.a. K. Schmidt/Lutter/*J. Vetter*, Rn 93.
212 Siehe *Hüffer*, Rn 42; Spindler/Stilz/*H.-F. Müller*, Rn 52; zum Versagen des Einzelausgleichs wegen der Art bzw Intensität der Maßnahme s. *E. Vetter*, ZHR 171 (2007), 342, 351 ff.
213 Vgl MüKo-AktG/*Altmeppen*, Rn 196.
214 Siehe MüKo-AktG/*Altmeppen*, Rn 346; MüHb-AG/*Krieger*, § 69 Rn 87; Vorauflage, Rn 35.
215 Vgl Emmerich/Habersack/*Habersack*, Rn 64; iE auch MüHb-AG/*Krieger*, § 69 Rn 87.

nicht quantifizierbaren Nachteilen, führt dies unmittelbar zur Haftung nach § 317,[216] sowie ggf zu einer Haftung nach den Grundsätzen des existenzvernichtenden Eingriffs, gemäß § 117 und ergänzend aus dem Gesichtspunkt einer Treuepflichtverletzung,[217] nicht aber nach den Grundsätzen über qualifiziert faktische Konzerne.[218] Nachdem der BGH für das GmbH-Recht das Institut des qualifiziert faktischen Konzerns aufgegeben und durch die Existenzvernichtungshaftung ersetzt hat,[219] erscheint es kaum sinnvoll, die Fortgeltung dieser Grundsätze für das Aktienrecht zu postulieren,[220] zumal sie dort ohnehin nie praktische Bedeutung erlangt haben.

Eine weitere, praktisch allerdings wohl nur selten relevante Grenze ergibt sich daraus, dass die nachteilige Maßnahme im Interesse des herrschenden oder eines mit ihm verbundenen Unternehmens liegen muss.[221] Die Nachteilszufügung im Drittinteresse soll durch § 311 nicht privilegiert werden (vgl auch § 308 Abs. 1 S. 2 für den Vertragskonzern) und führt daher unmittelbar zur Haftung aus § 317.[222] 68

V. Art und Weise des Nachteilsausgleichs. § 311 Abs. 2 lässt nach Wahl des herrschenden Unternehmens neben dem tatsächlichen Ausgleich auch den Ausgleich durch Begründung eines Rechtsanspruchs der abhängigen Gesellschaft auf Nachteilsausgleich zu. Für beide Formen gilt, dass sie bis zum Ende des Geschäftsjahres erfolgt sein müssen, in dem der abhängigen Gesellschaft der Nachteil zugefügt worden ist.[223] 69

1. Tatsächlicher Ausgleich. Der tatsächliche Ausgleich erfordert, dass der zum Ausgleich bestimmte Vorteil spätestens bis zum Bilanzstichtag so in das Vermögen der abhängigen Gesellschaft eingeht, dass die Auswirkungen des Nachteils bilanziell neutralisiert werden.[224] Dabei wird es als zulässig angesehen, wenn mehrere Nachteile und Vorteile kontokorrentartig zusammengestellt und lediglich der ggf verbleibende negative Saldo ausgeglichen wird, sofern die Einzelposten isolierbar und einzeln ausgleichsfähig sind, so dass der Grundsatz des Einzelausgleichs gewahrt bleibt.[225] 70

Die Modalitäten des Ausgleichs (Art und Höhe) kann das herrschende Unternehmen grundsätzlich einseitig bestimmen,[226] ohne sich mit der abhängigen Gesellschaft ins Vernehmen setzen zu müssen.[227] Daher kommt dieser auch kein Ablehnungsrecht zu.[228] Die Gesellschaft kann aber ihre abweichende Auffassung im Abhängigkeitsbericht darlegen und ggf Schadensersatzansprüche nach § 317 geltend machen. Ob der Vorteil vollständig ausgeglichen wurde, bestimmt sich dabei im Streitfall nach objektiven Kriterien, die aber an den individuellen Verhältnissen der konkreten Gesellschaft auszurichten sind, so dass auch der Brauchbarkeit des Ausgleichs für die abhängige Gesellschaft Rechnung getragen werden kann.[229] 71

2. Ausgleich durch Rechtsanspruch. Soll statt des tatsächlichen Ausgleichs von der Möglichkeit nach § 311 Abs. 2 S. 1 2 Gebrauch gemacht werden, ist zur Begründung des einzuräumenden Rechtsanspruches der Abschluss eines Vertrages erforderlich,[230] der spätestens bis zum Bilanzstichtag (dh vor Aufstellung und Prüfung des Abhängigkeitsberichts) geschlossen worden sein muss.[231] Ein Formerfordernis sieht das Gesetz nicht vor, die Einhaltung der Schriftform ist aber aus praktischen Gründen empfehlenswert.[232] 72

Der Vertrag muss nach den Vorgaben von Abs. 2 zunächst die **Leistungszeit** (nicht notwendig kalendarisch)[233] bestimmen, wobei dem aufgeschobenen Fälligkeitszeitpunkt zur Vermeidung neuer Nachteile durch Abzinsung des tatsächlich zufließenden Vorteils Rechnung zu tragen ist.[234] Darüber hinaus müssen **Art und Umfang der zu gewährenden Vorteile** geregelt werden.[235] Dies erfordert bei bezifferbaren Nachteilen, dass eine Ausgleichsvereinbarung, die einen Zahlungsanspruch begründet, auch den Ausgleichsan- 73 spruch beziffert.[236] Eine Vereinbarung, mit der sich das herrschende Unternehmen lediglich zum Ausgleich solcher Nachteile verpflichtet, die ihm gegenüber durch gerichtliche Entscheidung rechtskräftig festgestellt werden, genügt demgegenüber nicht.[237] Der Vertrag kann auch eine Wahlschuld vorsehen, sofern das Wahlrecht der abhängigen Gesellschaft zusteht.[238] Soweit zT auch ein Wahlrecht des herrschenden Unternehmens oder eines Dritten für möglich gehalten wird,[239] überdehnt auch dies tendenziell die von Abs. 2 vorgesehene Privilegierung, die zulasten der abhängigen Gesellschaft gehende Unsicherheit über Zeitpunkt, Art und Umfang des Ausgleichs nur bis zum Ende des Geschäftsjahres zulässt.[240] Bei Leistungsstörungen des vertraglich festgelegten Ausgleichs bestimmen sich die Rechtsfolgen nach allgemeinem Zivilrecht.[241]

§ 312 Bericht des Vorstands über Beziehungen zu verbundenen Unternehmen

(1) ¹Besteht kein Beherrschungsvertrag, so hat der Vorstand einer abhängigen Gesellschaft in den ersten drei Monaten des Geschäftsjahrs einen Bericht über die Beziehungen der Gesellschaft zu verbundenen Unternehmen aufzustellen. ²In dem Bericht sind alle Rechtsgeschäfte, welche die Gesellschaft im vergangenen Geschäftsjahr mit dem herrschenden Unternehmen oder einem mit ihm verbundenen Unternehmen oder auf Veranlassung oder im Interesse dieser Unternehmen vorgenommen hat, und alle anderen Maßnahmen, die sie auf Veranlassung oder im Interesse dieser Unternehmen im vergangenen Geschäftsjahr getroffen oder unterlassen hat, aufzuführen. ³Bei den Rechtsgeschäften sind Leistung und Gegenleistung, bei den Maßnahmen die Gründe der Maßnahme und deren Vorteile und Nachteile für die Gesellschaft anzugeben. ⁴Bei einem Ausgleich von Nachteilen ist im einzelnen anzugeben, wie der Ausgleich während des Geschäftsjahrs tatsächlich erfolgt ist, oder auf welche Vorteile der Gesellschaft ein Rechtsanspruch gewährt worden ist.

(2) Der Bericht hat den Grundsätzen einer gewissenhaften und getreuen Rechenschaft zu entsprechen.

(3) ¹Am Schluß des Berichts hat der Vorstand zu erklären, ob die Gesellschaft nach den Umständen, die ihm in dem Zeitpunkt bekannt waren, in dem das Rechtsgeschäft vorgenommen oder die Maßnahme getroffen oder unterlassen wurde, bei jedem Rechtsgeschäft eine angemessene Gegenleistung erhielt und dadurch, daß die Maßnahme getroffen oder unterlassen wurde, nicht benachteiligt wurde. ²Wurde die Gesellschaft benachteiligt, so hat er außerdem zu erklären, ob die Nachteile ausgeglichen worden sind. ³Die Erklärung ist auch in den Lagebericht aufzunehmen.

Literatur:
Bertram, Der Abhängigkeitsbericht der KGaA, WPg 2009, 411; *Bode*, Abhängigkeitsbericht und Kostenlast im einstufigen faktischen Konzern, AG 1995, 261; *Böttcher*, Der Abhängigkeitsbericht im faktischen Konzern - kostspielig, unpraktikabel und wirkungslos?, FS Maier-Reimer, 2010, S. 29; *Döllerer*, Der Abhängigkeitsbericht und seine Prüfung bei einem Vorstandswechsel, FS Semler, 1993, S. 441; *J. Götz*, Der Abhängigkeitsbericht der 100%igen Tochtergesellschaft, AG 2000, 498; *Habersack/Verse*, Zum Auskunftsrecht des Aktionärs im faktischen Konzern, AG 2003, 300; *Hommelhoff*, Praktische Erfahrungen mit dem Abhängigkeitsbericht, ZHR 156 (1992), 295; *IdW*, Zur Aufstellung und Prüfung des Berichts über die Beziehungen zu verbundenen Unternehmen (Abhängigkeitsbericht nach § 312 AktG), Stellungnahme HFA 3/1991, Sammlung IdW/HFA S. 227 = WPg 1992, 91; *Mertens*, Abhängigkeitsbericht bei „Unternehmenseinheit" in der Handelsgesellschaft KGaA, FS Clausen, 1997, S. 297; *Schiessl*, Anm. zu BGHZ 135, 107 VW/Niedersachsen, ZGR 1998, 871; *Strieder*, Der aktienrechtliche Abhängigkeitsbericht bei der kapitalistischen Kommanditgesellschaft auf Aktien, DB 2004, 799.

A. Regelungsgegenstand und Regelungszweck	1	V. Negativbericht	15
B. Voraussetzungen der Berichtspflicht (Abs. 1 S. 1)	7	C. Verfahren und Kosten	16
I. Abhängigkeitsverhältnis	8	I. Aufstellung durch den Vorstand	16
II. Kein Beherrschungs- oder Gewinnabführungsvertrag; keine Eingliederung	11	II. Frist	17
		III. Vorlage	18
III. Eintritt oder Wegfall der Voraussetzungen während des Geschäftsjahres	12	IV. Kosten	19
		D. Sanktionen bei fehlender oder fehlerhafter Berichterstattung	20
IV. Kein Entfallen der Berichtspflicht infolge Feststellung des Jahresabschlusses	14	E. Inhalt des Abhängigkeitsberichts (Abs. 1 S. 2–4)	24

---

236 Siehe BGH NZG 2012, 1030, 1032 (HVB/UniCredit).
237 Siehe BGHZ NZG 2012, 1030, 1032 (HVB/UniCredit); ausführlich *Heidel*, FS Meilicke, 2010, S. 125 ff; aA die Vorinstanzen (OLG München vom 22.12.2010, 7 U 1584/10 – juris; LG München I AG 2010, 173, 175) sowie *Hüffer*, Rn 47 und *Wirth*, GS M. Winter, 2011, S. 779, 781 ff.
238 Insoweit unstr., s. etwa Emmerich/Habersack/*Habersack*, Rn 74; *Hüffer*, Rn 47; Spindler/Stilz/*H.-F. Müller*, Rn 60; K. Schmidt/Lutter/*J. Vetter*, Rn 101.
239 Siehe Emmerich/Habersack/*Habersack*, Rn 74; MüHb-AG/*Krieger* § 69 Rn 88; K. Schmidt/Lutter/*J. Vetter*, Rn 101.
240 Siehe auch *Hüffer*, Rn 47; Spindler/Stilz/*H.-F. Müller*, Rn 60.
241 Siehe MüKo-AktG/*Altmeppen*, Rn 378 ff; Emmerich/Habersack/*Habersack*, Rn 76; K. Schmidt/Lutter/*J. Vetter*, Rn 107; aA Spindler/Stilz/*H.-F. Müller*, Rn 61: verschuldensunabhängige Garantiehaftung.

I. Überblick	24	2. Andere Maßnahmen	45
II. Berichtpflichtige Vorgänge (Abs. 1 S. 2)	26	3. Nachteilsausgleich	46
1. Verhältnis zwischen Rechtsgeschäft und anderen Maßnahmen	26	F. Allgemeine Grundsätze der Berichterstattung (Abs. 2)	47
2. Rechtsgeschäfte (Abs. 1 S. 2 Alt. 1)	28	I. Vollständigkeit und Wahrheit	48
a) Begriff	28	II. Klarheit und Übersichtlichkeit	50
b) Vornahme durch die abhängige Gesellschaft	31	G. Schlusserklärung des Vorstands (Abs. 3)	51
		I. Zweck	51
c) Bezug zum herrschenden Unternehmen oder mit ihm verbundenen Unternehmen	32	II. Inhalt	53
		III. Publizität durch Aufnahme in den Lagebericht (Abs. 3 S. 3)	56
3. Andere Maßnahmen (Abs. 1 S. 2 Alt. 2)	38	H. Eingeschränkte Publizität des Abhängigkeitsberichts; Verhältnis zu § 131	58
a) Begriff	38	I. Eingeschränkte Publizität des Abhängigkeitsberichts	58
b) Bezug zum herrschenden oder mit diesem verbundenen Unternehmen	39	II. Verhältnis zum Auskunftsrecht aus § 131 AktG	60
4. Zeitliche Abgrenzung: im vergangenem Geschäftsjahr	40		
III. Erforderliche Einzelangaben (Abs. 1 S. 3 und S. 4)	43		
1. Rechtsgeschäfte	43		

A. Regelungsgegenstand und Regelungszweck

Nach § 312 Abs. 1 S. 1 hat der Vorstand einer abhängigen Gesellschaft bei Fehlen eines Beherrschungsvertrages in den ersten drei Monaten des Geschäftsjahres einen **Bericht** über die Beziehungen der Gesellschaft zu verbundenen Unternehmen **aufzustellen**, sog. Abhängigkeitsbericht. Den erforderlichen **Inhalt** legen Abs. 1 S. 2–4 fest. Abs. 2 benennt generalklauselartig den **Sorgfaltsstandard**, den der Vorstand bei der Erstellung des Berichts zu beachten hat. Danach hat der Bericht den Grundsätzen einer gewissenhaften und getreuen Rechenschaft zu entsprechen. Nach Abs. 3 hat der Bericht eine **zusammenfassende Schlusserklärung des Vorstands** zu enthalten, die in den Lagebericht aufzunehmen ist (Abs. 3 S. 3) und infolgedessen nach § 175 Abs. 2 der Hauptversammlung vorzulegen und nach § 325 HGB bekanntzumachen ist. Der gesamte Inhalt des § 312 ist **zwingendes Recht**.[1]

Die in § 312 statuierte Berichtspflicht und die an sie anknüpfenden Folgeregelungen der §§ 313–315 stellen einen **wichtigen Baustein in der Gesamtkonzeption der §§ 311–318** dar.[2] Zur Durchsetzung des Schadensersatzanspruches aus § 317 werden zumeist allenfalls außenstehende Aktionäre oder Gläubiger der abhängigen Gesellschaft bereit sein.[3] Diese erfahren aber in aller Regel gar nicht, zu welchen nachteiligen Rechtsgeschäften oder sonstigen Maßnahmen das herrschende Unternehmen den Vorstand der abhängigen Gesellschaft veranlasst hat. Beim Versuch einer gerichtlichen Durchsetzung des Schadensersatzanspruches aus § 317 drohen sie daher a priori an Beweisschwierigkeiten zu scheitern. Dem sollen die §§ 312 ff. Rechnung tragen und so dem in §§ 311, 317 formulierten Schutzkonzept zu praktischer Wirksamkeit verhelfen.[4]

Dieses Ziel wird allerdings nicht durch eine **Publikation des Abhängigkeitsberichts** verfolgt. Stattdessen eröffnet § 315 S. 1 jedem Aktionär die Möglichkeit, bei Gericht die Durchführung einer **Sonderprüfung** zu beantragen, wenn sich aus der Schlusserklärung des Vorstands (§ 312 Abs. 3) oder als Resultat der Prüfung des Abhängigkeitsberichts durch den Abschlussprüfer (§ 313) oder den Aufsichtsrat (§ 314) Bedenken hinsichtlich der Einhaltung der in § 311 gezogenen Grenzen der Einflussnahme durch das herrschende Unternehmen ergeben. Der **Sonderprüfungsbericht** ist dann unverzüglich zum Handelsregister einzureichen (§ 145 Abs. 6 S. 3) und erlangt auf diesem Wege **Publizität** (vgl § 9 Abs. 1 HGB). Außerdem hat der Vorstand auf Verlangen jedem Aktionär eine Abschrift des Sonderprüfungsberichts zu erteilen, § 145 Abs. 6, S. 4. Auf der Grundlage der im Sonderprüfungsbericht enthaltenen Informationen können außenstehende Aktionäre und Gläubiger dann ggf zur Geltendmachung von Schadensersatzansprüchen nach §§ 317, 318 schreiten.[5]

In den Gesetzesmaterialien werden diese doch recht umständliche Regelung und das Absehen von der Anordnung einer obligatorischen Offenlegung des Abhängigkeitsberichts mit der Befürchtung begründet, dass ansonsten im Abhängigkeitsbericht nicht mit der erforderlichen Offenheit über Geschäfte berichtet würde, deren Bekanntwerden geeignet sei, der Gesellschaft einen Nachteil zuzufügen.[6]

---

[1] Emmerich/Habersack/*Habersack*, Rn 1; *Hüffer*, Rn 1; Hölters/Leuering/*Goertz*, Rn 2.
[2] Vgl Emmerich/Habersack/*Habersack*, Rn 3; *Böttcher*, FS Maier-Reimer, 2010, S. 29, 30.
[3] *Kropff*, Begr. RegE AktG 1965, S. 410.
[4] *Kropff*, Begr. RegE AktG 1965, S. 411; MüKo-AktG/*Altmeppen*, Rn 1; KölnKomm-AktG/*Koppensteiner*, Rn 2.
[5] Vgl KölnKomm-AktG/*Koppensteiner*, Rn 3.
[6] *Kropff*, Begr. RegE AktG 1965, S. 411.

5 **Rechtpolitisch** werden das Konzept der §§ 312-315 und insbesondere die fehlende Offenlegung des Abhängigkeitsberichts teils kritisch beurteilt.[7] Angesicht der diversen Offenlegungspflichten, denen sich insbesondere börsennotierte Gesellschaften aufgrund kapitalmarktrechtlicher Vorschriften schon heute ausgesetzt sehen, und vor dem Hintergrund der sich in IAS 24 und seit dem BilMoG auch in § 314 Abs. 1 Nr. 13 HGB abzeichnenden Transparenz konzerninterner Austauschbeziehungen spricht viel dafür, den auf Geheimhaltung des Abhängigkeitsberichts gerichteten Ansatz der §§ 312 ff zu überdenken.[8]

6 Ist die Tauglichkeit der §§ 312 ff zur praktischen Effektuierung des Schadensersatzanspruchs aus § 317 somit eher zurückhaltend zu bewerten, so wird doch verbreitet davon ausgegangen, dass der Berichtspflicht eine erhebliche **präventive Steuerungswirkung** im Hinblick auf die durch § 311 gezogenen Grenzen zukomme. Die Pflicht zur Aufstellung des Abhängigkeitsberichts bewirke, dass die Entscheidungsträger bereits im Vorfeld darauf achteten, dass die Vorgaben des § 311 eingehalten, nachteilige Maßnahmen also unterbleiben oder ausgeglichen würden.[9]

B. Voraussetzungen der Berichtspflicht (Abs. 1 S. 1)

7 § 312 knüpft an die Voraussetzungen der Nachteilsausgleichspflicht nach § 311 an. Zweifelsfragen sind daher entsprechend den dort geltenden Grundsätzen zu entscheiden.[10]

8 **I. Abhängigkeitsverhältnis.** Erforderlich ist zunächst ein Abhängigkeitsverhältnis iSd § 17. Die Berichtspflicht besteht auch, wenn das herrschende Unternehmen eine **Gebietskörperschaft** bzw eine **juristische Person des öffentlichen Rechts**[11] oder die abhängige Gesellschaft eine **Ein-Personen-AG**[12] ist oder **aufgelöst**[13] wurde. Auch eine durch die Satzung begründete „vollständige Interesseneinheit" zwischen herrschendem und abhängigem Unternehmen begründet keine Ausnahme von der Berichtspflicht.[14]

9 Abhängige Gesellschaft iSd § 312 kann auch eine **KGaA** sein.[15] Entsprechend § 283 ist der Abhängigkeitsbericht in diesem Falle vom persönlich haftenden Gesellschafter bzw dessen Organwaltern zu erstellen.[16] Von den Umständen des Einzelfalls hängt es ab, ob der persönlich haftende Gesellschafter selbst als herrschendes Unternehmen anzusehen ist mit der Folge, dass über die Beziehungen der KGaA zu ihm berichtet werden muss.[17]

10 Bei **mehrstufigen Abhängigkeitsverhältnissen** (siehe § 311 Rn 30) ist für jedes Abhängigkeitsverhältnis, dh im Hinblick auf jedes herrschende Unternehmen nach § 312 zu berichten.[18] Das kann allerdings formal in einem einheitlichen Bericht geschehen, sofern dieser hinsichtlich eines jeden berichtspflichtigen Vorgangs das veranlassende und das begünstigte Unternehmen erkennen lässt.[19] Gleiches gilt bei **mehrfacher Abhängigkeit** (siehe § 311 Rn 31).[20]

11 **II. Kein Beherrschungs- oder Gewinnabführungsvertrag; keine Eingliederung.** § 312 Abs. 1 stellt ausdrücklich klar, dass die Berichtspflicht bei Bestehen eines Beherrschungsvertrages entfällt. Nach §§ 316, 323 Abs. 1 S. 3 entfällt sie zudem bei Vorliegen eines Gewinnabführungsvertrages und im Falle der Eingliederung.

12 **III. Eintritt oder Wegfall der Voraussetzungen während des Geschäftsjahres.** Ein Abhängigkeitsbericht ist grundsätzlich (Ausnahme siehe nächste Rn) auch dann zu erstellen, wenn die Voraussetzungen des § 312 nur während eines Teils des Geschäftsjahres vorlagen.[21] Allerdings ist dann auch nur über diesen Zeitraum

---

[7] Emmerich/Habersack/*Habersack*, Rn 3; *Koppensteiner*, FS Steindorff, 1990, S. 79, 109; *Schneider*, FS Lutter, 2000, S. 1193, 1197; *E. Vetter*, ZHR 171 (2007), 342, 365; positiv aber beispielsweise *Böttcher*, FS Maier-Reimer, 2010, S. 29, 41 f.

[8] Emmerich/Habersack/*Habersack*, Rn 3 mwN; *E. Vetter*, ZHR 171 (2007), Rn 2, 365 ff; *Kalss*, ZHR 171 (2007), 146, 147; gegen erweiterte Transparenz des Abhängigkeitsberichts etwa *Hüffer*, Rn 38; Spindler/Stilz/*H.-F. Müller*, Rn 4.

[9] Vgl *Hommelhoff*, ZHR 156 (1992), 295 ff; *Hüffer*, Rn 1; Spindler/Stilz/*H.-F. Müller*, Rn 3; Grigoleit/*Grigoleit*, Rn 1; K. Schmidt/Lutter/*J. Vetter*, Rn 2; kritisch KölnKomm-AktG/ *Koppensteiner*, Rn 5.

[10] K. Schmidt/Lutter/*J. Vetter*, Rn 9.

[11] BGHZ 69, 334, 338 ff: BGHZ 135, 107, 113 f; BGHZ 175, 365 (betr. §§ 311, 317); Emmerich/Habersack/*Habersack*, Rn 8; Spindler/Stilz/*H.-F. Müller*, Rn 5.

[12] MüKo-AktG/*Altmeppen*, Rn 27; Emmerich/Habersack/*Habersack*, Rn 6; Spindler/Stilz/*H.-F. Müller*, Rn 6; *Bachmann*, NZG 2001, 961, 969.

[13] K. Schmidt/Lutter/*J. Vetter*, Rn 9.

[14] MüKo-AktG/*Altmeppen*, Rn 27; Emmerich/Habersack/*Habersack*, Rn 6; Spindler/Stilz/*H.-F. Müller*, Rn 6; aA *Mertens*, FS Claussen, 1997, S. 297 ff.

[15] OLG Stuttgart, ZIP 2003, 1981, 1984; *Hüffer*, Rn 5; MüKo-AktG/*Altmeppen*, Rn 23; Emmerich/Habersack/*Habersack*, Rn 10; aA *Gail*, WPg 1966, 425, 429.

[16] OLG Stuttgart, ZIP 2003, 1981, 1984; Emmerich/Habersack/ *Habersack*, Rn 10; Spindler/Stilz/*H.-F. Müller*, Rn 7.

[17] *Bertram*, WPg 2009, 411, 412 ff; *Strieder*, DB 2004, 799 ff; K. Schmidt/Lutter/*J. Vetter*, Rn 10.

[18] Emmerich/Habersack/*Habersack*, Rn 9; K. Schmidt/Lutter/ *J. Vetter*, Rn 9; Spindler/Stilz/*H.-F. Müller*, Rn 9.

[19] Emmerich/Habersack/*Habersack*, Rn 9; K. Schmidt/Lutter/ *J. Vetter*, Rn 9; Spindler/Stilz/*H.-F. Müller*, Rn 4; Hölters/*Leuering/Goertz*, Rn 11.

[20] Emmerich/Habersack/*Habersack*, Rn 9; Spindler/Stilz/*H.-F. Müller*, Rn 9; K. Schmidt/Lutter/*J. Vetter*, Rn 9.

[21] Emmerich/Habersack/*Habersack*, Rn 11; *Hüffer*, Rn 6.

zu berichten.²² Das ist für den Wegfall der **Abhängigkeit** anerkannt,²³ gilt aber nach zutreffender hM auch für den **Formwechsel**.²⁴ Ein Formwechsel einer AG in eine KGaA oder umgekehrt lässt die Berichtspflicht allerdings unberührt.²⁵ Erlischt eine abhängige Gesellschaft durch **Verschmelzung** auf einen nicht berichtspflichtigen Rechtsträger, so erlischt vom Verschmelzungsstichtag (§ 5 Abs. 1 Nr. 6 UmwG) an auch die Berichtspflicht.²⁶ Unterliegt allerdings auch die aufnehmende Gesellschaft der Berichtspflicht, so wird diese durch die Verschmelzung nicht berührt.²⁷

Wird ein **Beherrschungs- oder Gewinnabführungsvertrag** oder eine **Eingliederung** während des laufenden Geschäftsjahres **beendet**, so entsteht auch in diesem Falle die Berichtspflicht ex nunc und beschränkt sich auf Vorgänge nach dem Beendigungszeitpunkt.²⁸ Abweichendes gilt bei **Wirksamwerden** eines Beherrschungs- oder Gewinnabführungsvertrages oder einer Eingliederung während des laufenden Geschäftsjahres. Hier entfällt die Berichtspflicht für das gesamte Geschäftsjahr.²⁹ Nach § 302 bzw §§ 322 Abs. 1, 324 Abs. 3 haftet nämlich das herrschende Unternehmen in diesen Fällen ohne Rücksicht darauf, ob Verluste bzw Verbindlichkeiten vor oder nach Beginn des betreffenden Rechtsverhältnisses begründet worden sind. **13**

IV. Kein Entfallen der Berichtspflicht infolge Feststellung des Jahresabschlusses. Die Pflicht zur Aufstellung des Abhängigkeitsberichts entfällt nicht mit Feststellung des Jahresabschlusses der abhängigen Gesellschaft.³⁰ Die Aufstellung des Abhängigkeitsberichts kann daher auch für frühere Geschäftsjahre erzwungen werden.³¹ **14**

V. Negativbericht. Die Pflicht zur Aufstellung eines Abhängigkeitsberichts entfällt auch nicht, wenn im Berichtszeitraum keine berichtspflichtigen Vorgänge zu verzeichnen sind. Vielmehr haben dann der Bericht und die Schlusserklärung des Vorstands eine entsprechende Feststellung zu enthalten.³² Diese Angabe ist dann nach §§ 313, 314 zu prüfen.³³ Bestehen Einwendungen gegen sie, ist eine Sonderprüfung nach § 315 S. 1 eröffnet.³⁴ **15**

C. Verfahren und Kosten

I. Aufstellung durch den Vorstand. Nach § 312 Abs. 1 S. 1 ist der Abhängigkeitsbericht vom Vorstand der abhängigen Gesellschaft aufzustellen. Die Aufstellung fällt in die **Gesamtverantwortung des Vorstands**.³⁵ Wie aus §§ 318 Abs. 1, 407 Abs. 1 folgt, ist der Bericht von sämtlichen Mitgliedern des Vorstands einschließlich stellvertretender Mitglieder (§ 94) zu unterzeichnen.³⁶ Unterzeichnung in vertretungsberechtigter Zahl genügt nicht.³⁷ Maßgebend ist die **Zusammensetzung des Vorstands im Zeitpunkt der Berichterstellung**.³⁸ Der Vorstand kann sich bei der Erstellung des Berichts selbstverständlich der Hilfe Dritter (insbesondere Angestellter) bedienen; jedoch lässt dies nicht die Verantwortung sämtlicher Vorstandsmitglieder für seine Ordnungsgemäßheit entfallen.³⁹ **16**

II. Frist. Nach § 312 Abs. 1 S. 1 hat die **Aufstellung** des Abhängigkeitsberichts innerhalb der **ersten drei Monate des Geschäftsjahres** zu erfolgen. Stichtag ist grundsätzlich derjenige des Jahresabschlusses.⁴⁰ Der enge Zusammenhang zwischen der Aufstellung des Jahresabschlusses und des Abhängigkeitsberichts sowie die in § 312 Abs. 3 S. 3 vorgesehene Aufnahme der Schlusserklärung des Vorstands in den Lagebericht sprechen allerdings für eine Angleichung der Frist des Abs. 1 S. 1 an eine von der Dreimonatsfrist des § 264 Abs. 1 S. 3 HGB abweichende Frist für die Erstellung des Jahresabschlusses.⁴¹ § 312 Abs. 1 S. 1 iVm § 264 **17**

---

22 Emmerich/Habersack/*Habersack*, Rn 11; MüKo-AktG/*Altmeppen*, Rn 29; *Hüffer*, Rn 6, ebenso IdW – HFA 3/1991.
23 KölnKomm-AktG/*Koppensteiner*, Rn 14; Emmerich/Habersack/*Habersack*, Rn 11; MüKo-AktG/*Altmeppen*, Rn 30 f; Spindler/Stilz/*H.-F. Müller*, Rn 11.
24 Emmerich/Habersack/*Habersack*, Rn 11; KölnKomm-AktG/*Koppensteiner*, Rn 16; *Hüffer*, Rn 6; Spindler/Stilz/*H.-F. Müller*, Rn 11; aA MüKo-AktG/*Altmeppen*, Rn 43 ff; und für den Fall des Formwechsels in eine nicht berichtspflichtige Rechtsform auch K. Schmidt/Lutter/*J. Vetter*, Rn 15.
25 Emmerich/Habersack/*Habersack*, Rn 11.
26 Emmerich/Habersack/*Habersack*, Rn 11; KölnKomm-AktG/*Koppensteiner*, Rn 17; Spindler/Stilz/*H.-F. Müller*, Rn 11; aA MüKo-AktG/*Altmeppen*, Rn 46; K. Schmidt/Lutter/*J. Vetter*, Rn 15.
27 Emmerich/Habersack/*Habersack*, Rn 12.
28 Emmerich/Habersack/*Habersack*, Rn 12; Spindler/Stilz/*H.-F. Müller*, Rn 12.
29 Emmerich/Habersack/*Habersack*, Rn 12; Müller-AktG/*Altmeppen*, Rn 47 f; KölnKomm-AktG/*Koppensteiner*, Rn 18.
30 BGHZ 135, 107, 111 f; OLG Braunschweig, AG 1996, 271, 272; LG Traunstein, ZIP 1993, 1551; MüKo-AktG/*Altmeppen*, Rn 62; Emmerich/Habersack/*Habersack*, Rn 16.
31 Emmerich/Habersack/*Habersack*, Rn 16.
32 Vgl *Kropff*, Ausschussber., AktG 1965, S. 415; Spindler/Stilz/*H.-F. Müller*, Rn 13; MüKo-AktG/*Altmeppen*, Rn 28; Emmerich/Habersack/*Habersack*, Rn 13; KölnKomm-AktG/*Koppensteiner*, Rn 13.
33 Emmerich/Habersack/*Habersack*, Rn 13.
34 Vgl MüKo-AktG/*Altmeppen*, Rn 28.
35 BGHZ 135, 107, 110; *Hüffer*, Rn 2; Emmerich/Habersack/*Habersack*, Rn 14; Spindler/Stilz/*H.-F. Müller*, Rn 14.
36 Emmerich/Habersack/*Habersack*, Rn 14; *Hüffer*, Rn 2, K. Schmidt/Lutter/*J. Vetter*, Rn 18.
37 *Hüffer*, Rn 2; K. Schmidt/Lutter/*J. Vetter*, Rn 18.
38 BGHZ 135, 107, 110 f; Emmerich/Habersack/*Habersack*, Rn 14; Spindler/Stilz/*H.-F. Müller*, Rn 14.
39 MüKo-AktG/*Altmeppen*, Rn 51; Emmerich/Habersack/*Habersack*, Rn 14.
40 K. Schmidt/Lutter/*J. Vetter*, Rn 16; Spindler/Stilz/*H.-F. Müller*, Rn 16; Emmerich/Habersack/*Habersack*, Rn 15.
41 Emmerich/Habersack/*Habersack*, Rn 15; *Hüffer*, Rn 9; MüKo-AktG/*Altmeppen*, Rn 54; K. Schmidt/Lutter/*J. Vetter*, Rn 19; Spindler/Stilz/*H.-F. Müller*, Rn 16.

Abs. 1 S. 3 HGB sind daher verallgemeinernd so zu verstehen, dass Jahresabschluss und Abhängigkeitsbericht innerhalb derselben Fristen aufzustellen sind.[42] **Längere Fristen** für die Aufstellung des Jahresabschlusses gelten somit auch für die Aufstellung des Abhängigkeitsberichts, nämlich vier Monate für **Versicherungsunternehmen** (§ 341a Abs. 1 HGB), sechs Monate für **kleine Kapitalgesellschaften** iSd § 267 HGB (§ 264 Abs. 1 S. 4 HGB) und zehn Monate für **Rückversicherungsunternehmen**, sofern deren Geschäftsjahr mit dem Kalenderjahr übereinstimmt (§ 341a Abs. 5 HGB).

18 **III. Vorlage.** Der Vorstand hat den Bericht unverzüglich nach seiner Aufstellung dem **Aufsichtsrat** (§ 314 Abs. 1 S. 1) und wenn eine Pflicht zur Prüfung des Jahresabschlusses besteht, auch dem **Abschlussprüfer** (§ 313) zuzuleiten.

19 **IV. Kosten.** Aufstellung und Prüfung des Abhängigkeitsberichts haben nach §§ 312 ff durch die abhängige Gesellschaft bzw auf deren Veranlassung zu erfolgen. Ihr fallen daher auch die hiermit verbundenen Kosten zur Last.[43] Ein diesbezüglicher Aufwendungs- oder Schadensersatzanspruch der abhängigen Gesellschaft gegen das herrschende Unternehmen scheidet nach zutreffender hM aus.[44] Entgegen einzelnen Stimmen im Schrifttum[45] lässt sich ein solcher Anspruch insbesondere nicht auf eine Analogie zu §§ 311, 317 stützen, da die kostenauslösende Pflicht zur Aufstellung des Abhängigkeitsberichts nicht auf einer „Veranlassung" durch das herrschende Unternehmen beruht, sondern gesetzliche Folge der Abhängigkeit ist und es sich bei den Kosten um passive negative Konzerneffekte handelt, die nach allgemeinen Grundsätzen (vgl § 311 Rn 53) nicht ausgleichsfähig sind.[46]

D. Sanktionen bei fehlender oder fehlerhafter Berichterstattung

20 Nach § 407 Abs. 1 ist die Verpflichtung des Vorstands zur Aufstellung eines Abhängigkeitsberichts vom Registergericht durch **Festsetzung eines Zwangsgeldes** durchzusetzen. Die Möglichkeit hierzu entfällt nicht etwa mit der Aufstellung des Jahresabschlusses (siehe Rn 14); vielmehr kann das Zwangsgeldverfahren so lange betrieben werden, wie ein nachträglicher Abhängigkeitsbericht noch für die Durchsetzung der Ansprüche aus §§ 317, 318 dienlich sein kann, idR also bis zu deren Verjährung.[47] Gläubiger und außenstehende Aktionäre der abhängigen Gesellschaft können die Einleitung eines Zwangsgeldverfahrens beim Registergericht anregen. Gegen eine Ablehnung durch das Registergericht steht außenstehenden Aktionären die Beschwerde und ggf die Rechtsbeschwerde (§§ 59, 70 FamFG) zu; ein beeinträchtigtes Recht iSd § 59 Abs. 1 FamFG liegt in der Befugnis, nach § 315 Abs. 1 die Bestellung eines Sonderprüfers zu beantragen.[48] Da Gläubigern im Gegensatz zu Aktionären dieses Recht nicht zukommt, ist zweifelhaft, ob ihnen ein Beschwerderecht nach § 59 FamFG zusteht, wenn das Registergericht auf ihre Anregung hin kein Zwangsgeld festsetzt.[49]

21 Stellt der Vorstand keinen Abhängigkeitsbericht auf oder ist sein Bericht unrichtig oder unvollständig, so **haften sämtliche Vorstandsmitglieder** nach § 318 Abs. 1, 3 und 4. Der **Abschlussprüfer** hat seinen Vermerk nach § 313 Abs. 4 zu versagen oder einzuschränken.

22 Die **Schlusserklärung des Vorstands** ist Bestandteil des Lageberichts der abhängigen Gesellschaft (§ 312 Abs. 3 S. 3), auf den sich die Prüfung des Jahresabschlusses erstreckt (§ 322 Abs. 6 HGB). Deswegen können Verstöße gegen die Berichtspflicht aus § 312 auch zu einer **Versagung oder Einschränkung des Abschlusstestats** nach § 322 Abs. 4 HGB führen. Für den Fall des vollständigen Fehlens des Abhängigkeitsberichts ist dies ganz überwiegend anerkannt.[50] Nichts anderes kann gelten, wenn wesentliche Benachteiligungen im Bericht verschwiegen werden, so dass die Schlusserklärung des Vorstands objektiv nicht den Tatsachen entspricht und der Lagebericht infolgedessen kein zutreffendes Bild von den Verhältnissen der Gesellschaft vermittelt.[51] Der **Aufsichtsrat** hat in seinem nach § 171 Abs. 2 zu erstattenden Bericht an die Hauptversammlung auf das Fehlen bzw die Mangelhaftigkeit des Abhängigkeitsberichts hinzuweisen.[52]

---

42 *Hüffer*, Rn 9.
43 Emmerich/Habersack/*Habersack*, Rn 17; Spindler/Stilz/*H.-F. Müller*, Rn 18.
44 MüKo-AktG/*Altmeppen*, Rn 56 ff; Emmerich/Habersack/*Habersack*, Rn 17; Grigoleit/*Grigoleit*, Rn 7; K. Schmidt/Lutter/*J. Vetter*, Rn 21; Spindler/Stilz/*H.-F. Müller*, Rn 18.
45 *Bode*, AG 1995, 261, 269 ff; *Hüffer*, Rn 40; *Walchner* in Voraufl., Rn 36.
46 Spindler/Stilz/*H.-F. Müller*, Rn 18; K. Schmidt/Lutter/*J. Vetter*, Rn 21; Grigoleit/*Grigoleit*, Rn 7; MüKo-AktG/*Altmeppen*, Rn 56 ff; Emmerich/Habersack/*Habersack*, Rn 17; *Kropff*, FS Lutter, 2000, S. 1133, 1141 ff; *Strieder*, DB 2004, 799, 800.
47 Vgl BGHZ 135, 107, 111 f; OLG Düsseldorf, AG 2000, 365; OLG Braunschweig, AG 1996, 271, 272; LG Traunstein, ZIP 1993, 1551; Emmerich/Habersack/*Habersack*, Rn 18; *Hüffer*, Rn 10; Spindler/Stilz/*H.-F. Müller*, Rn 20.
48 Vgl BGHZ 135, 107, 109; K. Schmidt/Lutter/*J. Vetter*, Rn 22.
49 Vgl K. Schmidt/Lutter/*J. Vetter*, Rn 23.
50 MüKo-AktG/*Altmeppen*, Rn 65 f; *Hüffer*, Rn 10; K. Schmidt/Lutter/*J. Vetter*, Rn 24; Bürgers/Körber/*Fett*, Rn 12; Grigoleit/*Grigoleit*, Rn 8; aA OLG Köln, ZIP 1993, 110, 112.
51 Spindler/Stilz/*H.-F. Müller*, Rn 21.
52 K. Schmidt/Lutter/*J. Vetter*, Rn 24; Spindler/Stilz/*H.-F. Müller*, Rn 21.

Das **gänzliche Fehlen oder gravierende Mängel** des Abhängigkeitsberichts führen zur **Anfechtbarkeit** einer 23
gleichwohl von der Hauptversammlung beschlossenen **Entlastung des Vorstands**.[53] Stellt ausnahmsweise
die Hauptversammlung den Jahresabschluss fest (§ 173), so ist der betreffende Beschluss anfechtbar, wenn
ein erforderlicher Abhängigkeitsbericht fehlt.[54] Unterlassene oder unrichtige Berichterstattung führt hingegen
nicht per se zur **Nichtigkeit des Jahresabschlusses**, da der Abhängigkeitsbericht kein Bestandteil des
Jahresabschlusses ist.[55] Allerdings kann die unterlassene Aktivierung eines Schadenersatzanspruches nach
§ 317 im Jahresabschluss einen Nichtigkeitsgrund nach § 256 Abs. 1 Nr. 1 iVm Abs. 5 Nr. 2, S. 3 darstellen.[56]

E. Inhalt des Abhängigkeitsberichts (Abs. 1 S. 2–4)

I. Überblick. Nach § 312 Abs. 1 S. 1 sind Gegenstand der Berichterstattung die „Beziehungen der Gesellschaft 24
zu verbundenen Unternehmen." Über welche konkreten Vorgänge innerhalb dieser Beziehungen zu
berichten ist, regelt S. 2. Die Sätze 3 und 4 legen die Einzelangaben fest, die der Bericht hinsichtlich dieser
Vorgänge zu enthalten hat, um ihre Beurteilung im Lichte der §§ 311, 317 zu ermöglichen.

Um den Normzweck möglichst effektiv zu verwirklichen, gehen die nach § 312 Abs. 1 der Berichterstattung 25
unterliegenden Vorgänge allerdings deutlich über die nach § 311 ausgleichspflichtigen Rechtsgeschäfte und
Maßnahmen hinaus.[57] Insbesondere kommt es weder auf die Nachteiligkeit der Maßnahme noch auf deren
Veranlassung durch das herrschende Unternehmen an.[58]

II. Berichtspflichtige Vorgänge (Abs. 1 S. 2). 1. Verhältnis zwischen Rechtsgeschäft und anderen Maßnahmen. 26
Wie das Gesetz mit der Formulierung „andere Maßnahmen" zu erkennen gibt, erfasst der Begriff der
„Maßnahme" in § 312 auch Rechtsgeschäfte, dh diese sind zugleich „Maßnahmen".[59] Praktische Konsequenz
dieser Erkenntnis ist erstens, dass auch über unterlassene Rechtsgeschäfte zu berichten ist (Rn 31),
obgleich der Gesetzeswortlaut dies nicht eigens erwähnt, sondern eine Berichtspflicht nur für unterlassenen
Maßnahmen statuiert.[60] Zweitens sind auch bei Rechtsgeschäften die von Abs. 1 S. 3 für Maßnahmen verlangten
Angaben zu machen, wenn allein das Verhältnis von Leistung und Gegenleistung für die Beurteilung
der Auswirkungen des Rechtsgeschäfts auf die abhängige Gesellschaft nicht ausreicht.[61]

Die **Abgrenzung** zwischen „Rechtsgeschäft" und „Maßnahme" bleibt dennoch erforderlich, weil für einen 27
Teil der „Rechtsgeschäfte" – anders als bei „Maßnahmen" – die Berichtspflicht nicht von den Tatbestandsmerkmalen
„Veranlassung" und „im Interesse" abhängt und bei Rechtsgeschäften – wie soeben geschildert
– nur ausnahmsweise auch die in Abs. 1 S. 3 für Maßnahmen vorgeschriebenen Angaben zu machen sind.[62]

2. Rechtsgeschäfte (Abs. 1 S. 2 Alt. 1). a) Begriff. Der Begriff des „Rechtsgeschäfts" knüpft an die bürgerlich-rechtliche 28
Terminologie an[63] und ist dem Schutzzweck des § 312 entsprechend **im weitesten Sinne zu
verstehen**.[64] Erfasst sind neben gegenseitigen Verträgen und Beschlüssen[65] auch unvollkommen zweiseitige[66]
und einseitig verpflichtende Verträge[67] sowie einseitige Rechtsgeschäfte bzw Gestaltungserklärungen
(Anfechtung, Aufrechnung, Rücktritt, Kündigung, Option).[68] Die Bezugnahme des § 312 Abs. 1 S. 3 auf
Leistung und Gegenleistung rechtfertigt entgegen früher vereinzelt vertretener Auffassung[69] unter Berücksichtigung
des Telos des § 312 keine Beschränkung der Berichtspflicht auf gegenseitige Verträge.[70]

Der **Inhalt des Vertrags** ist für die Berichtspflicht irrelevant. Neben Verträgen, die Vermögensverschiebungen 29
zulasten der abhängigen Gesellschaft vorsehen, sind auch solche erfasst, die ihr Tätigkeits- oder Unter-

---

[53] BGHZ 62, 193, 194 f; OLG Karlsruhe, AG 2000, 79, 80; OLG Frankfurt, AG 2001, 53; K. Schmidt/Lutter/*J. Vetter*, Rn 25; Emmerich/Habersack/*Habersack*, Rn 20; MüKo-AktG/*Altmeppen*, Rn 74.
[54] OLG Stuttgart, ZIP 2003, 1981, 1984; MüKo-AktG/*Altmeppen*, Rn 74; Emmerich/Habersack/*Habersack*, Rn 20; Spindler/Stilz/*H.-F. Müller*, Rn 22.
[55] BGHZ 124, 111, 121 f; Emmerich/Habersack/*Habersack*, Rn 20; Spindler/Stilz/*H.-F. Müller*, Rn 22; K. Schmidt/Lutter/*J. Vetter*, Rn 26.
[56] BGHZ 124, 111, 119; Emmerich/Habersack/*Habersack*, Rn 20; Spindler/Stilz/*H.-F. Müller*, Rn 22; K. Schmidt/Lutter/*J. Vetter*, Rn 26.
[57] K. Schmidt/Lutter/*J. Vetter*, Rn 27; eingehend Emmerich/Habersack/*Habersack*, Rn 21; Grigoleit/*Grigoleit*, Rn 9.
[58] Emmerich/Habersack/*Habersack*, Rn 21; K. Schmidt/Lutter/*J. Vetter*, Rn 27.
[59] KölnKomm-AktG/*Koppensteiner*, Rn 37; Emmerich/Habersack/*Habersack*, Rn 22; MüKo-AktG/*Altmeppen*, Rn 77; Spindler/Stilz/*H.-F. Müller*, Rn 39.
[60] KölnKomm-AktG/*Koppensteiner*, Rn 38; Emmerich/Habersack/*Habersack*, Rn 22; Spindler/Stilz/*H.-F. Müller*, Rn 26.
[61] KölnKomm-AktG/*Koppensteiner*, Rn 39; Spindler/Stilz/*H.-F. Müller*, Rn 26; Emmerich/Habersack/*Habersack*, Rn 22.
[62] KölnKomm-AktG/*Koppensteiner*, Rn 40.
[63] Emmerich/Habersack/*Habersack*, Rn 23; K. Schmidt/Lutter/*J. Vetter*, Rn 30.
[64] Grigoleit/*Grigoleit*, Rn 11.
[65] Näher Emmerich/Habersack/*Habersack*, Rn 24.
[66] Emmerich/Habersack/*Habersack*, Rn 25; Spindler/Stilz/*H.-F. Müller*, Rn 27.
[67] Emmerich/Habersack/*Habersack*, Rn 25; Spindler/Stilz/*H.-F. Müller*, Rn 27; Grigoleit/*Grigoleit*, Rn 11.
[68] Emmerich/Habersack/*Habersack*, Rn 23; Grigoleit/*Grigoleit*, Rn 11; K. Schmidt/Lutter/*J. Vetter*, Rn 30.
[69] *Rasner*, BB 1966, 1043, 1044; *Meier*, WPg 1968, 64, 65.
[70] Grigoleit/*Grigoleit*, Rn 11; MüKo-AktG/*Altmeppen*, Rn 82; Emmerich/Habersack/*Habersack*, Rn 25.

30 **Erfüllungsgeschäfte** sind mit Rücksicht auf den Zweck des § 312 grundsätzlich von der Berichtspflicht auszunehmen, soweit sie lediglich das bereits im Verpflichtungsgeschäft vorgesehene Pflichtenprogramm vollziehen und keinen darüber hinausgehenden, eigenständigen Nachteil begründen können.[74] Anders ist es bei rechtsgrundlosen Verfügungen.[75] Die **Nichtgeltendmachung von Gewährleistungsansprüchen** bei Mängeln der zum Zwecke der Erfüllung erbrachten Leistung kann eine berichtspflichtige unterlassene Maßnahme sein.[76]

Vor Rn 30: lassungspflichten (Bsp.: keine Belieferung konzernfremder Abnehmer)[71] auferlegen.[72] Rahmenverträge unterliegen der Berichtspflicht ebenso wie die einzelnen zu ihrer Umsetzung geschlossenen Ausführungsverträge.[73]

31 **b) Vornahme durch die abhängige Gesellschaft.** Zu berichten ist ausweislich des Gesetzeswortlautes **nur über von der abhängigen Gesellschaft vorgenommene Rechtsgeschäfte**. Sie selbst muss also eine konstitutive Willenserklärung abgegeben haben.[77] Von § 312 nicht erfasst sind daher **einseitige Rechtsgeschäfte des herrschenden Unternehmens** gegenüber der abhängigen Gesellschaft (zB Kündigung)[78] und Rechtsgeschäfte, die von einer Tochtergesellschaft der berichtspflichtigen abhängigen Gesellschaft vorgenommen werden.[79] Letztere können jedoch eine berichtspflichtige Maßnahme iSd § 312 Abs. 1 S. 2 Alt. 2 darstellen, wenn die abhängige Gesellschaft das Rechtsgeschäft ihrer Tochter aktiv gefördert oder doch zumindest geduldet hat (etwa, indem der mit Repräsentanten der berichtspflichtigen abhängigen Gesellschaft besetzte Aufsichtsrat der Enkelgesellschaft gemäß § 111 Abs. 4 S. 2 der Vornahme des Rechtsgeschäfts zugestimmt hat).[80] Auch das **Unterlassen eines Rechtsgeschäfts** (zB der Kündigung eines nachteiligen Vertrages mit dem herrschenden Unternehmen) kann berichtspflichtig sein (siehe Rn 26).[81]

32 **c) Bezug zum herrschenden Unternehmen oder mit ihm verbundenen Unternehmen.** § 312 Abs. 1 S. 2 nennt **drei Kategorien berichtspflichtiger Rechtsgeschäfte**, nämlich solche

- mit dem herrschenden Unternehmen
- mit einem Unternehmen, das mit dem herrschenden Unternehmen verbunden ist, und
- mit Dritten, sofern sie auf Veranlassung oder im Interesse des herrschenden Unternehmens oder eines mit diesem verbundenen Unternehmens vorgenommen wurden.

33 Diese Aufzählung ist **abschließend**. Infolgedessen sind insbesondere Rechtsgeschäfte der abhängigen Gesellschaft mit einem Unternehmen, das nur mit ihr, nicht aber mit dem herrschenden Unternehmen verbunden ist, nur dann berichtspflichtig, wenn die Voraussetzung der dritten oben genannten Fallgruppe vorliegen.[82] Zumeist werden allerdings verbundene Unternehmen der abhängigen Gesellschaft zugleich solche des herrschenden Unternehmens sein, mit der Folge, dass die zweite der in Rn 32 genannten Fallgruppen einschlägig ist.

34 **Der Kreis der mit dem herrschenden Unternehmen verbundenen Unternehmen** bestimmt sich nach § 15, nicht nach der für die Bilanzierung geltenden Vorschrift des § 271 Abs. 2 HGB.[83] Bei mehrstufiger Abhängigkeit (siehe Rn 10) ist – die Anwendbarkeit der §§ 311 ff im jeweiligen Abhängigkeitsverhältnis unterstellt (siehe § 311 Rn 30 und 37) – nach hM auch über Rechtsgeschäfte der abhängigen Gesellschaft mit der von ihr und von der Muttergesellschaft abhängigen Enkelgesellschaft zu berichten.[84] Bei mehrfacher Abhängigkeit (siehe § 311 Rn 31) ist über die Beziehungen zu allen herrschenden und mit ihnen verbundenen Unternehmen zu berichten.[85]

---

71 *Hüffer*, Rn 13.
72 Emmerich/Habersack/*Habersack*, Rn 25; KölnKomm-AktG/*Koppensteiner*, Rn 44; Spindler/Stilz/*H.-F. Müller*, Rn 28.
73 Spindler/Stilz/*H.-F. Müller*, Rn 28; MüKo-AktG/*Altmeppen*, Rn 88; Emmerich/Habersack/*Habersack*, Rn 25.
74 Emmerich/Habersack/*Habersack*, Rn 26; MüKo-AktG/*Altmeppen*, Rn 86; KölnKomm-AktG/*Koppensteiner*, Rn 63; Spindler/Stilz/*H.-F. Müller*, Rn 28.
75 Emmerich/Habersack/*Habersack*, Rn 26; Spindler/Stilz/*H.-F. Müller*, Rn 28.
76 Emmerich/Habersack/*Habersack*, Rn 26; K. Schmidt/Lutter/*J. Vetter*, Rn 34.
77 Emmerich/Habersack/*Habersack*, Rn 27; Spindler/Stilz/*H.-F. Müller*, Rn 29.
78 Emmerich/Habersack/*Habersack*, Rn 27; Grigoleit/*Grigoleit*, Rn 12; *Hüffer*, Rn 15; Spindler/Stilz/*H.-F. Müller*, Rn 29.
79 *Hüffer*, Rn 15; Emmerich/Habersack/*Habersack*, Rn 27; Grigoleit/*Grigoleit*, Rn 12.
80 Emmerich/Habersack/*Habersack*, Rn 27; MüKo-AktG/*Altmeppen*, Rn 97; Spindler/Stilz/*H.-F. Müller*, Rn 29.
81 Emmerich/Habersack/*Habersack*, Rn 26; MüKo-AktG/*Altmeppen*, Rn 95; Spindler/Stilz/*H.-F. Müller*, Rn 29; Grigoleit/*Grigoleit*, Rn 11; *Hüffer*, Rn 16.
82 Emmerich/Habersack/*Habersack*, Rn 29; Spindler/Stilz/*H.-F. Müller*, Rn 34; *Hüffer*, Rn 19.
83 MüKo-AktG/*Altmeppen*, Rn 98; Emmerich/Habersack/*Habersack*, Rn 30.
84 Emmerich/Habersack/*Habersack*, Rn 30; MüKo-AktG/*Altmeppen*, Rn 99; Spindler/Stilz/*H.-F. Müller*, Rn 35; einschränkend K. Schmidt/Lutter/*J. Vetter*, Rn 34: Berichtspflicht nur, soweit die betreffenden Rechtsgeschäfte auf Veranlassung des herrschenden oder eines mit ihm verbundenen Unternehmens vorgenommen werden; aA *Klussmann*, DB 1967, 1487; *Götz*, AG 2000, 498, 501 ff.
85 Emmerich/Habersack/*Habersack*, Rn 30; Spindler/Stilz/*H.-F. Müller*, Rn 35.

Für Erläuterungen zum Begriff der bei Rechtsgeschäften mit Dritten maßgeblichen Veranlassung kann auf die Kommentierung zu § 311 verwiesen werden (dort Rn 41 ff). Nach zutreffender hM schließt es iRd § 312 ebenso wie iRd § 311 eine „Veranlassung" nicht aus, dass das Rechtsgeschäft der Umsetzung eines Hauptversammlungsbeschlusses dient.[86] 35

Das alternativ zur Veranlassung erforderliche **Interesse des herrschenden Unternehmens oder eines mit ihm verbundenen Unternehmens an der Vornahme des Rechtsgeschäfts** ist nach zutreffender hM sowohl bei entsprechender objektiver Interessenlage als auch (alternativ) bei Vorliegen einer Begünstigungsabsicht der abhängigen Gesellschaft anzunehmen.[87] Die Berichtspflicht besteht auch, wenn das Rechtsgeschäft zugleich im objektiv verstandenen Interesse der abhängigen Gesellschaft liegt.[88] 36

Für den Fall der **Abhängigkeit von einer juristischen Person des öffentlichen Rechts** geht die hM davon aus, dass die Berichtspflicht nicht schon daraus folge, dass die Vornahme des Rechtsgeschäfts zugleich im öffentlichen Interesse liege. Vielmehr soll hier erforderlich sein, dass nach den Gesamtumständen begründete Zweifel bestehen, ob der Vorstand einer unabhängigen Gesellschaft das Geschäft unter Berücksichtigung des § 93 vorgenommen hätte.[89] Auf den Fall der **Veranlassung** durch die öffentliche Hand ist diese Einschränkung allerdings nicht übertragbar.[90] 37

3. Andere Maßnahmen (Abs. 1 S. 2 Alt. 2). a) Begriff. Der Begriff der „Maßnahme" hat wie in § 311 Auffangcharakter[91] (siehe bereits Rn 26). Er ist **weit auszulegen**.[92] Erfasst ist **jedes Tun oder Unterlassen nicht-rechtsgeschäftlichen Charakters**, das sich auf die Vermögens- oder Ertragslage der abhängigen Gesellschaft auswirken kann.[93] Beispiele sind: Änderungen der Produktion, Investitionsentscheidungen, Stilllegung von Betriebsteilen, Maßnahmen im Bereich der Forschung und Entwicklung, Abstimmung im Ein- und Verkauf, Unterlassen bestimmter Rechtsgeschäfte (vgl Rn 31).[94] Wie das Rechtsgeschäft (Rn 31), so muss auch die Maßnahme von der abhängigen Gesellschaft selbst getroffen sein; passive Effekte von Maßnahmen des herrschenden Unternehmens reichen nicht.[95] 38

b) Bezug zum herrschenden oder mit diesem verbundenen Unternehmen. Über Maßnahmen der abhängigen Gesellschaft muss nur berichtet werden, soweit sie auf Veranlassung oder im Interesse des herrschenden Unternehmens oder eines mit ihm verbundenen Unternehmens getroffen oder unterlassen wurde. Insoweit kann auf die Erläuterungen in Rn 35 f verwiesen werden. 39

4. Zeitliche Abgrenzung: im vergangenem Geschäftsjahr. Zu berichten ist nur über Rechtsgeschäfte und Maßnahmen, die im vergangenen Geschäftsjahr vorgenommen oder unterlassen wurden. 40

Bei **Rechtsgeschäften** ist für die zeitliche Einordnung der Zeitpunkt ihres Zustandekommens maßgeblich, bei Verträgen also der Zeitpunkt des Eintritts der rechtsgeschäftlichen Bindungswirkung,[96] bei einseitigen Rechtsgeschäften derjenige der Abgabe der Willenserklärung durch die abhängige Gesellschaft.[97] Nicht entscheidend sind ggf ein späterer Zeitpunkt des Eintritts der Rechtsfolgen[98] oder der Bilanzierbarkeit.[99] Bei unterlassenen Rechtsgeschäften ist auf den Zeitpunkt abzustellen, in dem der gewissenhafte Geschäftsleiter einer unabhängigen Gesellschaft sie vorgenommen hätte.[100] Ergeben sich aus dem (ordnungsgemäß im Abhängigkeitsbericht aufgeführten) Rechtsgeschäft in den Folgejahren noch Auswirkungen auf die Vermögens- und Ertragslage der Gesellschaft, so muss darüber gleichwohl nicht mehr berichtet werden.[101] Hat 41

---

86 Emmerich/Habersack/*Habersack*, Rn 31; Spindler/Stilz/*H.-F. Müller*, Rn 36; *Hüffer*, Rn 20; aA MüKo-AktG/*Altmeppen*, Rn 11; siehe näher § 311 Rn 51.
87 Emmerich/Habersack/*Habersack*, Rn 31; MüKo-AktG/*Altmeppen*, Rn 106; *Hüffer*, Rn 21; Spindler/Stilz/*H.-F. Müller*, Rn 36; aA KölnKomm-AktG/*Koppensteiner*, Rn 50 (rein objektive Betrachtung).
88 Emmerich/Habersack/*Habersack*, Rn 31; Spindler/Stilz/*H.-F. Müller*, Rn 36; aA MüKo-AktG/*Altmeppen*, Rn 110: Berichtspflicht nur bei überwiegendem Interesse des herrschenden bzw eines mit diesem verbundenen Unternehmens.
89 Emmerich/Habersack/*Habersack*, Rn 32; MüKo-AktG/*Altmeppen*, Rn 126; KölnKomm-AktG/*Koppensteiner*, Rn 52; *Hüffer*, Rn 22; kritisch Bürgers/Körber/*Fett*, Rn 28.
90 Emmerich/Habersack/*Habersack*, Rn 32; K. Schmidt/Lutter/*J. Vetter*, Rn 46.
91 Grigoleit/*Grigoleit*, Rn 13.
92 MüKo-AktG/*Altmeppen*, Rn 89.
93 Emmerich/Habersack/*Habersack*, Rn 34; Hölters/*Leuering/Goertz*, Rn 38.
94 *Hüffer*, Rn 23; Spindler/Stilz/*H.-F. Müller*, Rn 39; vgl auch § 311 Rn 60.
95 Emmerich/Habersack/*Habersack*, Rn 36; Grigoleit/*Grigoleit*, Rn 13.
96 Emmerich/Habersack/*Habersack*, Rn 33; Hensler/Strohn/*Bödeker*, Rn 11; Spindler/Stilz/*H.-F. Müller*, Rn 38; Hölters/*Leuering/Goertz*, Rn 32; *Hüffer*, Rn 17; aA MüKo-AktG/*Altmeppen*, Rn 113, der auf die Abgabe der Willenserklärung der Gesellschaft abstellt.
97 Emmerich/Habersack/*Habersack*, Rn 33.
98 Grigoleit/*Grigoleit*, Rn 17.
99 Spindler/Stilz/*H.-F. Müller*, Rn 38; Grigoleit/*Grigoleit*, Rn 17; Emmerich/Habersack/*Habersack*, Rn 33.
100 Emmerich/Habersack/*Habersack*, Rn 33; MüKo-AktG/*Altmeppen*, Rn 113; Hensler/Strohn/*Bödeker*, Rn 11; MüHb-AG/*Krieger*, § 69 Rn 103.
101 Spindler/Stilz/*H.-F. Müller*, Rn 38; MüHb-AG/*Krieger*, § 69 Rn 103; MüKo-AktG/*Altmeppen*, Rn 113; Emmerich/Habersack/*Habersack*, Rn 33.

der Vorstand es versäumt, ein Geschäft im Abhängigkeitsbericht zu erwähnen, so ist er nach §§ 76 Abs. 1, 93 Abs. 1 verpflichtet, dies im Bericht des Folgejahres nachzuholen.[102]

42 **Andere Maßnahmen** sind dann im vergangenen Geschäftsjahr getroffen, wenn in diesem abschließend über sie entschieden wurde.[103] Über die Ausführung muss nur berichtet werden, wenn diese von der Ausgangsentscheidung abweicht.[104] Für Unterlassungen gilt das zum Rechtsgeschäft Gesagte.

43 **III. Erforderliche Einzelangaben (Abs. 1 S. 3 und S. 4). 1. Rechtsgeschäfte.** Bei Rechtsgeschäften sind **Leistung und Gegenleistung** anzugeben (Abs. 1 S. 3, Hs 1). Nach Sinn und Zweck des § 312 muss der Bericht die ausgetauschten Leistungen so genau angeben, dass der Abschlussprüfer und der Aufsichtsrat die Angemessenheit des Leistungsaustausches beurteilen können.[105] Die Leistungen sind näher zu bezeichnen; Art, Umfang, Menge und Kosten sind anzugeben, der Preis ist zu beziffern.[106] Die Berichtspflicht bezieht sich auch auf Nebenabreden, wie zB Nachlässe, Zahlungsziele, Gewährung oder Nichtgewährung branchenüblicher Sicherheiten, über die gesetzliche Gewährleistung hinausgehende Garantiezusagen und dergleichen.[107] In kritischen Fällen hat der Vorstand im Einzelnen darzulegen, warum er das Verhältnis von Leistung und Gegenleistung für angemessen erachtet.[108]

44 Reichen die Angaben zur Leistung und zur Gegenleistung nicht aus, um die Auswirkungen des Rechtsgeschäfts für die abhängige Gesellschaft zutreffend zu erfassen, so sind zusätzlich die **Gründe für die Vornahme des Rechtsgeschäfts** sowie dessen **Vor- und Nachteile für die Gesellschaft** zu erläutern (Rn 45). Erachtet der Vorstand ein bestimmtes Geschäft für nachteilig, so ist auch dies anzugeben und zu erläutern.[109] Bei einseitig verpflichtenden und unvollkommen zweiseitig verpflichtenden Verträgen hat der Vorstand darauf hinzuweisen, dass eine Gegenleistung fehlt und zu erläutern, warum er das Rechtsgeschäft dennoch für wirtschaftlich gerechtfertigt hält.[110] Bei einseitigen Rechtsgeschäften muss der Vorstand die Gründe für ihre Vornahme bzw ihr Unterlassen erläutern.[111]

45 **2. Andere Maßnahmen.** Bei den „anderen Maßnahmen" sind die **Gründe der Maßnahme** sowie deren **Vorteile und Nachteile für die Gesellschaft** anzugeben (Abs. 1 S. 3, Hs 2). Diese Angaben müssen eine hinreichende Grundlage für die Beurteilung der Maßnahme bieten.[112] Die Vor- und Nachteile sind, wenn möglich, zu quantifizieren und in Geld zu bewerten[113] und zwar möglichst jeweils für sich und nicht lediglich als Saldo.[114] Dabei ist die im Zeitpunkt der Entscheidung über die Maßnahme vom Vorstand erwartete Entwicklung zugrunde und offen zu legen.[115] Erweist sich diese Prognose ex post als unzutreffend, so ist auch dies darzulegen und zu erläutern.[116]

46 **3. Nachteilsausgleich.** Gemäß § 312 Abs. 1 S. 4 sind die ggf zum Nachteilsausgleich getroffenen Maßnahmen anzugeben. Der Bericht hat die Angabe zu enthalten, wie der Ausgleich während des Geschäftsjahres tatsächlich erfolgt oder auf welche Vorteile der Gesellschaft ein Rechtsanspruch gewährt worden ist (vgl § 311 Abs. 2). Die erhaltenen bzw zugesagten Kompensationsleistungen sind jeweils gesondert zu beziffern.[117]

F. Allgemeine Grundsätze der Berichterstattung (Abs. 2)

47 Nach § 312 Abs. 2 hat der Bericht den Grundsätzen einer gewissenhaften und getreuen Rechenschaft zu entsprechen. Diese auch in §§ 90 Abs. 4, 131 Abs. 2 verwendete Generalklausel lässt sich im Hinblick auf die Berichtspflicht nach § 312 unter Berücksichtigung von deren Sinn und Zweck wie folgt konkretisieren:

---

102 Spindler/Stilz/*H.-F. Müller*, Rn 38; *Hüffer*, Rn 17; MüKo-AktG/*Altmeppen*, Rn 114; Emmerich/Habersack/*Habersack*, Rn 33.
103 Spindler/Stilz/*H.-F. Müller*, Rn 40; Emmerich/Habersack/*Habersack*, Rn 36; Henssler/Strohn/*Bödecker*, Rn 11; Hölters/Leuering/*Goertz*, Rn 41; *Hüffer*, Rn 25; MüKo-AktG/*Altmeppen*, Rn 113.
104 Spindler/Stilz/*H.-F. Müller*, Rn 40; *Hüffer*, Rn 25; Emmerich/Habersack/*Habersack*, Rn 36.
105 *Kropff*, Begr. RegE, S. 411; *Hüffer*, Rn 27; Grigoleit/*Grigoleit*, Rn 21; Emmerich/Habersack/*Habersack*, Rn 37.
106 Vgl *Hüffer*, Rn 27; Emmerich/Habersack/*Habersack*, Rn 37; K. Schmidt/Lutter/*J. Vetter*, Rn 48; Spindler/Stilz/*H.-F. Müller*, Rn 41.
107 *Hüffer*, Rn 27; K. Schmidt/Lutter/*J. Vetter*, Rn 48.
108 Spindler/Stilz/*H.-F. Müller*, Rn 42; Emmerich/Habersack/*Habersack*, Rn 37.
109 Spindler/Stilz/*H.-F. Müller*, Rn 41; Emmerich/Habersack/*Habersack*, Rn 37.
110 Hölters/Leuering/*Goertz*, Rn 45; Emmerich/Habersack/*Habersack*, Rn 38; K. Schmidt/Lutter/*J. Vetter*, Rn 48; Bürgers/Körbers/*Fett*, Rn 25.
111 Spindler/Stilz/*H.-F. Müller*, Rn 42; *Hüffer*, Rn 27; Emmerich/Habersack/*Habersack*, Rn 38; K. Schmidt/Lutter/*J. Vetter*, Rn 48.
112 *Kropff*, Begr. RegE AktG 1965 S. 411; *Hüffer*, Rn 29.
113 K. Schmidt/Lutter/*J. Vetter*, Rn 49; Emmerich/Habersack/*Habersack*, Rn 39; KölnKomm-AktG/*Koppensteiner*, Rn 75; Spindler/Stilz/*H.-F. Müller*, Rn 43.
114 Spindler/Stilz/*H.-F. Müller*, Rn 43.
115 MüKo-AktG/*Altmeppen*, Rn 119; Spindler/Stilz/*H.-F. Müller*, Rn 43.
116 MüKo-AktG/*Altmeppen*, Rn 119; Spindler/Stilz/*H.-F. Müller*, Rn 43.
117 Hölters/Leuering/*Goertz*, Rn 47; K. Schmidt/Lutter/*J. Vetter*, Rn 50.

I. Vollständigkeit und Wahrheit. Die Angaben des Berichts müssen nach bestem Wissen des Vorstands und bei objektiver Betrachtung wahr sein.[118] Ergänzt wird diese Pflicht durch das Verbot der Irreführung, wonach Angaben unter Zugrundelegung des üblichen Verständnisses oder im Zusammenspiel mit anderen Angaben nicht irreführend sein dürfen.[119]

Der Bericht muss außerdem vollständig sein, dh dass sämtlich berichtspflichtige Vorgänge erfasst und zu ihnen alle für eine zutreffende Beurteilung erforderlichen Angaben gemacht werden müssen.[120] Die Informationen müssen aus dem Bericht selbst hervorgehen; ein Verweis auf dem Prüfer und dem Aufsichtsrat nicht zur Verfügung stehende Unterlagen oder Personen ist nicht zulässig.[121] Um dem Vollständigkeitsgebot Rechnung zu tragen, hat der Vorstand geeignete organisatorische Maßnahmen zu treffen.[122]

II. Klarheit und Übersichtlichkeit. Gliederung und Aufbau des Berichtes stehen grundsätzlich im Ermessen des Vorstands. Das Gebot der Klarheit und Übersichtlichkeit verlangt jedoch, dass die Darstellung in angemessener Weise einen **zeitsparenden und irrtumsfreien Zugang** ermöglicht.[123] Insbesondere bei komplizierter Konzernstruktur ist dem Bericht zur Orientierung eine Verbundübersicht voranzustellen.[124] Das herrschende Unternehmen und die mit ihm verbundenen Unternehmen sind präzise zu bezeichnen.[125] Ein Gebot der Klarheit ist es zudem, dass der Stoff nach nachvollziehbaren Kriterien (etwa: beteiligte Unternehmen, Rechtsgeschäfte/andere Maßnahmen, Chronologie) **übersichtlich gegliedert** wird.[126] Eine **zusammenfassende Darstellung gleichartiger Vorgänge** zur Erhöhung der Berichtsklarheit ist zulässig und kann sogar geboten sein, wenn der Bericht ansonsten mit zahllosen Einzelangaben überfrachtet würde.[127] Auch über Bagatellfälle darf zusammenfassend berichtet werden.[128]

G. Schlusserklärung des Vorstands (Abs. 3)

I. Zweck. Nach § 312 Abs. 3 S. 1 und S. 2 hat der Vorstand am Schluss des Berichts zu erklären, ob die Gesellschaft bei Rechtsgeschäften stets eine angemessene Gegenleistung erhielt und durch sonstige Maßnahmen nicht benachteiligt wurde bzw ob ein eventueller Nachteil ausgeglichen wurde.

Durch das Erfordernis einer solchen Schlusserklärung wird der Vorstand zu einer zusammenfassenden und **eindeutigen persönlichen Bewertung des Berichtsinhalts** gezwungen.[129] Dadurch soll ihm seine Verpflichtung zur Wahrung der Interessen der abhängigen Gesellschaft auch gegenüber dem herrschenden Unternehmen in Erinnerung gerufen und zugleich seine Stellung gegenüber dessen Vorstand gestärkt werden.[130] Die Schlusserklärung hat somit erhebliche Bedeutung für die präventive Wirkung des Abhängigkeitsberichts (zu dieser siehe Rn 6).[131] Die in Satz 3 vorgesehene Aufnahme der Schlusserklärung in den Lagebericht stellt die Publizität des Ergebnisse des Abhängigkeitsberichts sicher[132] und dient als Anknüpfungspunkt für eine Sonderprüfung nach § 315 Abs. 1 S. 1 Nr. 3.

II. Inhalt. Der erforderliche Inhalt der Schlusserklärung ergibt sich aus Abs. 3 S. 1 und S. 2. Anders als § 313 Abs. 3 für die Erklärung des Abschlussprüfers schreibt § 312 Abs. 3 **keine bestimmte Erklärungsformel** vor, so dass den Besonderheiten des jeweiligen Falles durch den Inhalt der Schlusserklärung Rechnung getragen werden kann.[133] Sind keine berichtspflichtigen Rechtsgeschäfte oder Maßnahmen vorgenommen worden, so ist auch dies zu erklären (**Negativerklärung**).[134]

Grundlage der Schlusserklärung des Vorstands sind gemäß S. 1 die Umstände, die ihm in dem Zeitpunkt bekannt waren, in dem das Rechtsgeschäft vorgenommen oder die Maßnahme getroffen oder unterlassen wurden. Das ist in der Formulierung der Schlusserklärung zum Ausdruck zu bringen.[135] Bei einem **Vorstandswechsel** während oder gar nach Schluss des Geschäftsjahres besteht das Problem, dass es bezüglich schon vorgenommener oder unterlassener Rechtsgeschäfte und Maßnahmen auf das Wissen des alten Vor-

---

118 Grigoleit/*Grigoleit*, Rn 25; MüKo-AktG/*Altmeppen*, Rn 133; Hölters/*Leuering*/*Goertz*, Rn 48.
119 Griogleit/*Grigoleit*, Rn 25; Emmerich/Habersack/*Habersack*, Rn 42; MüKo-AktG/*Altmeppen*, Rn 133.
120 MüKo-AktG/*Altmeppen*, Rn 134; Spindler/Stilz/*H.-F. Müller*, Rn 46; Bürgers/Körbers/*Fett*, Rn 32.
121 K. Schmidt/Lutter/*J. Vetter*, Rn 53; Spindler/Stilz/*H.-F. Müller*, Rn 46; Hölters/*Leuering*/*Goertz*, Rn 50.
122 Spindler/Stilz/*H.-F. Müller*, Rn 46; Hüffer, Rn 32; Emmerich/Habersack/*Habersack*, Rn 43.
123 Grigoleit/*Grigoleit*, Rn 26.
124 MüKo-AktG/*Altmeppen*, Rn 137; Emmerich/Habersack/*Habersack*, Rn 43; Spindler/Stilz/*H.-F. Müller*, Rn 47; differenzierend Hüffer, Rn 33; Hölters/*Leuering*/*Goertz*, Rn 52.
125 Spindler/Stilz/*H.-F. Müller*, Rn 47; Hüffer, Rn 33.
126 Grigoleit/*Grigoleit*, Rn 26.
127 Vgl OLG München, AG 2003, 452, 453; Spindler/Stilz/*H.-F. Müller*, Rn 47; MüKo-AktG/*Altmeppen*, Rn 139.
128 Spindler/Stilz/*H.-F. Müller*, Rn 47; Emmerich/Habersack/*Habersack*, Rn 43.
129 Emmerich/Habersack/*Habersack*, Rn 44.
130 Kropff, Begr. RegE AktG 1965, S. 412; Emmerich/Habersack/*Habersack*, Rn 44.
131 Emmerich/Habersack/*Habersack*, Rn 44; Spindler/Stilz/*H.-F. Müller*, Rn 48.
132 Emmerich/Habersack/*Habersack*, Rn 44; Hüffer, Rn 37; Hölters/*Leuering*/*Goertz*, Rn 56; MüKo-AktG/*Altmeppen*, Rn 151; Henssler/Strohn/*Bödeker*, Rn 21.
133 Emmerich/Habersack/*Habersack*, Rn 45; Hüffer, Rn 35; Hölters/*Leuering*/*Goertz*, Rn 54; MüKo-AktG/*Altmeppen*, Rn 142.
134 Spindler/Stilz/*H.-F. Müller*, Rn 49; Hölters/*Leuering*/*Goertz*, Rn 55.
135 Spindler/Stilz/*H.-F. Müller*, Rn 50; Grigoleit/*Grigoleit*, Rn 28.

stands ankommt. Der neue Vorstand kann hierüber nur nach seinem diesbezüglichen Kenntnisstand berichten.[136] Das ist in der Erklärung zum Ausdruck zu bringen.[137]

55 Nach dem Gesetzeswortlaut sind iRd Schlusserklärung solche **Umstände** irrelevant, die dem Vorstand zwar **im Zeitpunkt des Rechtsgeschäfts bzw der Maßnahme nicht bekannt** waren, aber bei Anwendung pflichtgemäßer Sorgfalt hätten bekannt sein müssen und ihm nunmehr bei Abfassung der Schlusserklärung auch tatsächlich bekannt sind.[138] Nach bislang herrschender Meinung soll dieses nicht überzeugende Ergebnis de lege lata hinzunehmen sein.[139] Im Hinblick auf den Schutzzweck des § 312 ist dem nicht zu folgen. Mit einer im Vordringen begriffenen Auffassung ist vielmehr eine teleologischen Extension des § 312 Abs. 3 S. 1 dahin gehend zu befürworten, dass der Vorstand in solchen Fällen in seiner Schlusserklärung auch aufzudecken hat, dass er die Benachteiligung bei Vornahme des Rechtsgeschäfts oder der Maßnahme (pflichtwidrig) übersehen oder das Verhältnis zwischen Benachteiligung und Ausgleich falsch eingeschätzt habe.[140]

56 **III. Publizität durch Aufnahme in den Lagebericht (Abs. 3 S. 3).** Nach Abs. 3 S. 3 ist die **Schlusserklärung auch in den Lagebericht aufzunehmen**. Sie wird dadurch den Aktionären (§ 175 Abs. 2) und der interessierten Öffentlichkeit (§ 325 Abs. 1 S. 3 HGB), insbesondere also den Gläubigern der abhängigen Gesellschaft zugänglich. Bei einer Befreiung von der Erstellung des Lageberichts (§ 264 Abs. 1 S. 4 HGB) ist die Erklärung im Anhang, bei Befreiung von der Erstellung des Anhangs (§ 264 Abs. 3 HGB) als Vermerk unter dem Jahresabschluss zu veröffentlichen.[141]

57 Unter den Voraussetzungen des § 315 Abs. 1 S. 1 Nr. 3 ist die Schlusserklärung des Vorstands **Anknüpfungspunkt für eine Sonderprüfung**. Als unmittelbare Grundlage für eine Geltendmachung der Ansprüche aus §§ 317, 318 durch außenstehende Aktionäre und Gläubiger wird sie hingegen wegen ihres summarischen Charakters im Regelfall nicht taugen.[142]

H. Eingeschränkte Publizität des Abhängigkeitsberichts; Verhältnis zu § 131

58 **I. Eingeschränkte Publizität des Abhängigkeitsberichts.** Der **Abhängigkeitsbericht** als solcher wird nur dem Abschlussprüfer (§ 313) und dem Aufsichtsrat (§ 314) zur Prüfung zugänglich gemacht. Darüber hinaus wird er **nicht in seiner Gesamtheit publiziert**. Die Aktionäre und Gläubiger werden durch die Schlusserklärung des Vorstands lediglich zusammenfassend über das wesentliche Ergebnis der Prüfung des Vorstands informiert (siehe Rn 52). Diese – rechtspolitisch zweifelhafte (Rn 5) – gesetzliche **Regelung ist zwingend** (Rn 1). Eine weitergehende Publizität des Berichts in seiner Gesamtheit kann auch nicht durch die Satzung hergestellt werden (vgl § 23 Abs. 5 S. 2, Hs 2).[143] Auch außenstehende Aktionäre und Gläubiger der abhängigen Gesellschaft, die Ansprüche aus § 317 gegen das herrschende Unternehmen verfolgen, haben nach ganz hM keinen Anspruch auf Vorlage des Abhängigkeitsberichts im Prozess.[144] Vielmehr können sie eine weitergehende Publizität nur über den Umweg einer Sonderprüfung nach § 315 erreichen. Auch mittels dieser kann zwar nicht die Veröffentlichung des Abhängigkeitsberichts erreicht werden, wohl aber ist der Sonderprüfungsbericht nach § 145 Abs. 6 S. 3 zu publizieren (siehe § 315 Rn 20). In der **Insolvenz der abhängigen Gesellschaft** kann allerdings der Insolvenzverwalter über den Abhängigkeitsbericht verfügen;[145] überdies haben die Mitglieder des Gläubigerausschusses ein Einsichtsrecht nach § 69 S. 2 InsO.[146]

59 Bislang nicht durchgesetzt hat sich der durchaus erwägenswerte Vorschlag, den außenstehenden Aktionären in der „kleinen AG" (vgl § 267 Abs. 1 HGB) als Ausgleich für die im Normalfall fehlende (vgl § 313 Rn 2) Prüfung des Abhängigkeitsberichts durch den Abschlussprüfer ein Recht zur Einsicht in den Abhängigkeitsbericht analog § 51 a GmbHG zu gewähren.[147]

---

136 Eingehend zum Problem *Döllerer*, FS Semler, 1993, S. 441 ff.
137 Spindler/Stilz/*H.-F. Müller*, Rn 50; eingehend MüKo-AktG/*Altmeppen*, Rn 147 ff mit Formulierungsvorschlägen.
138 Emmerich/Habersack/*Habersack*, Rn 46; Henssler/Strohn/*Bödeker*, Rn 20; Hölters/*Leuering/Goertz*, Rn 55; *Hüffer*, Rn 36; MüHb-AG/*Krieger*, S. 69, Rn 105; aA MüKo-AktG/*Altmeppen*, Rn 145 ff.
139 *Hüffer*, Rn 36; K. Schmidt/Lutter/*J. Vetter*, Rn 60; Spindler/Stilz/*H.-F. Müller*, Rn 50; *Walchner*, in Voraufl., Rn 33; Emmerich/Habersack/*Habersack*, Rn 46.
140 MüKo-AktG/*Altmeppen*, Rn 146; Grigoleit/*Grigoleit*, Rn 28; wohl auch KölnKomm-AktG/*Koppensteiner*, Rn 80.
141 Vgl MüKo-AktG/*Altmeppen*, 152; Grigoleit/*Grigoleit*, Rn 29; K. Schmidt/Lutter/*J. Vetter*, Rn 63; KölnKomm-AktG/*Koppensteiner*, Rn 87.

142 Vgl Grigoleit/*Grigoleit*, Rn 29.
143 Emmerich/Habersack/*Habersack*, Rn 4; MüKo-AktG/*Altmeppen*, Rn 11; Grigoleit/*Grigoleit*, Rn 31; K. Schmidt/Lutter/*J. Vetter*, Rn 7.
144 OLG Düsseldorf, AG 1988, 275, 277; *Schiessl*, ZGR 1998, 871, 873; *Hüffer*, Rn 38; Emmerich/Habersack/*Habersack*, Rn 4.
145 MüKo-AktG/*Altmeppen*, Rn 11; Emmerich/Habersack/*Habersack*, Rn 4; Grigoleit/*Grigoleit*, Rn 31; K. Schmidt/Lutter/*J. Vetter*, Rn 7.
146 Emmerich/Habersack/*Habersack*, Rn 4; Grigoleit/*Grigoleit*, Rn 31; K. Schmidt/Lutter/*J. Vetter*, Rn 7.
147 Vorgeschlagen von MüKo-AktG/*Altmeppen*, Rn 18; *Kropff*, ZGR 1988, 558, 570 ff; ablehnend etwa Grigoleit/*Grigoleit*, Rn 31; K. Schmidt/Lutter/*J.Vetter*, Rn 8.

II. Verhältnis zum Auskunftsrecht aus § 131 AktG. Nach zutreffender hM wird das **Auskunftsrecht der** 60
Aktionäre nach § 131 nicht durch die Regelungen der §§ 312 ff verdrängt.[148] Die Gegenauffassung[149] verkennt vor allem, dass die besonderen Vorkehrungen der §§ 312 ff die Stellung der außenstehenden Aktionäre stärken und nicht schwächen sollen und dass berechtigten Geheimhaltungsinteressen über § 131 Abs. 3 Nr. 1 einzelfallbezogen hinreichend Rechnung getragen werden kann.[150] Aktionäre können daher unter den Voraussetzungen des § 131 Auskunft über nach § 312 berichtspflichtige Transaktionen (zB Höhe der Konzernumlage) verlangen.[151]

Andererseits begründet der Umstand, dass der Inhalt des Abhängigkeitsberichts dem herrschenden Unter- 61
nehmen außerhalb der Hauptversammlung bekannt geworden ist, nach hM **kein erweitertes Auskunftsrecht** der übrigen Aktionäre über dessen Inhalt nach § 131 Abs. 4.[152]

§ 313 Prüfung durch den Abschlußprüfer

(1) ¹Ist der Jahresabschluß durch einen Abschlußprüfer zu prüfen, so ist gleichzeitig mit dem Jahresabschluß und dem Lagebericht auch der Bericht über die Beziehungen zu verbundenen Unternehmen dem Abschlußprüfer vorzulegen. ²Er hat zu prüfen, ob

1. die tatsächlichen Angaben des Berichts richtig sind,
2. bei den im Bericht aufgeführten Rechtsgeschäften nach den Umständen, die im Zeitpunkt ihrer Vornahme bekannt waren, die Leistung der Gesellschaft nicht unangemessen hoch war; soweit sie dies war, ob die Nachteile ausgeglichen worden sind,
3. bei den im Bericht aufgeführten Maßnahmen keine Umstände für eine wesentlich andere Beurteilung als die durch den Vorstand sprechen.

³§ 320 Abs. 1 Satz 2 und Abs. 2 Satz 1 und 2 des Handelsgesetzbuchs gilt sinngemäß. ⁴Die Rechte nach dieser Vorschrift hat der Abschlußprüfer auch gegenüber einem Konzernunternehmen sowie gegenüber einem abhängigen oder herrschenden Unternehmen.

(2) ¹Der Abschlußprüfer hat über das Ergebnis der Prüfung schriftlich zu berichten. ²Stellt er bei der Prüfung des Jahresabschlusses, des Lageberichts und des Berichts über die Beziehungen zu verbundenen Unternehmen fest, daß dieser Bericht unvollständig ist, so hat er auch hierüber zu berichten. ³Der Abschlussprüfer hat seinen Bericht zu unterzeichnen und dem Aufsichtsrat vorzulegen; dem Vorstand ist vor der Zuleitung Gelegenheit zur Stellungnahme zu geben.

(3) ¹Sind nach dem abschließenden Ergebnis der Prüfung keine Einwendungen zu erheben, so hat der Abschlußprüfer dies durch folgenden Vermerk zum Bericht über die Beziehungen zu verbundenen Unternehmen zu bestätigen:

Nach meiner/unserer pflichtmäßigen Prüfung und Beurteilung bestätige ich/ bestätigen wir, daß

1. die tatsächlichen Angaben des Berichts richtig sind,
2. bei den im Bericht aufgeführten Rechtsgeschäften die Leistung der Gesellschaft nicht unangemessen hoch war oder Nachteile ausgeglichen worden sind,
3. bei den im Bericht aufgeführten Maßnahmen keine Umstände für eine wesentlich andere Beurteilung als die durch den Vorstand sprechen.

²Führt der Bericht kein Rechtsgeschäft auf, so ist Nummer 2, führt er keine Maßnahme auf, so ist Nummer 3 des Vermerks fortzulassen. ³Hat der Abschlußprüfer bei keinem im Bericht aufgeführten Rechtsgeschäft festgestellt, daß die Leistung der Gesellschaft unangemessen hoch war, so ist Nummer 2 des Vermerks auf diese Bestätigung zu beschränken.

(4) ¹Sind Einwendungen zu erheben oder hat der Abschlußprüfer festgestellt, daß der Bericht über die Beziehungen zu verbundenen Unternehmen unvollständig ist, so hat er die Bestätigung einzuschränken oder zu versagen. ²Hat der Vorstand selbst erklärt, daß die Gesellschaft durch bestimmte Rechtsgeschäfte oder

---

[148] OLG Stuttgart, NZG 2004, 966, 968; OLG Düsseldorf, DB 1991, 2532, 2533; Emmerich/Habersack/*Habersack*, Rn 5; MüKo-AktG/*Altmeppen*, Rn 16; *Hüffer*, Rn 39; Spindler/Stilz/*H.-F. Müller*, Rn 4; Grigoleit/*Grigoleit*, Rn 32; K. Schmidt/Lutter/*J. Vetter*, Rn 8; Bürgers/Körber/*Fett*, Rn 3; eingehend Habersack/*Verse*, AG 2003, 300, 303 ff.
[149] OLG Frankfurt, AG 2003, 335; KG, NJW 1972, 2307; Wachter/*Rothley*, Rn 28.
[150] Zutreffend OLG Stuttgart, NZG 2004, 966, 968.
[151] MüKo-AktG/*Altmeppen*, Rn 16; *Hüffer*, Rn 39; OLG Stuttgart, NZG 2004, 966, 968.
[152] MüKo-AktG/*Altmeppen*, Rn 17; Emmerich/Habersack/*Habersack*, Rn 5; *Hüffer*, Rn 38.

Maßnahmen benachteiligt worden ist, ohne daß die Nachteile ausgeglichen worden sind, so ist dies in dem Vermerk anzugeben und der Vermerk auf die übrigen Rechtsgeschäfte oder Maßnahmen zu beschränken.

(5) ¹Der Abschlußprüfer hat den Bestätigungsvermerk mit Angabe von Ort und Tag zu unterzeichnen. ²Der Bestätigungsvermerk ist auch in den Prüfungsbericht aufzunehmen.

Literatur:
Velte, Die Prüfung des Abhängigkeitsberichts durch Aufsichtsrat und Abschlussprüfer sowie ihre Berichterstattung – Ergebnisse einer empirischen Befragung, Der Konzern 2010, 49.

A. Regelungsgegenstand und Regelungszweck ... 1	3. Andere Maßnahmen (Abs. 1 S. 2 Nr. 3) 13
B. Prüfungspflicht ... 2	4. Fehlen eines Abhängigkeitsberichts ... 14
I. Voraussetzungen (Abs. 1 S. 1) ... 2	IV. Umfang und Durchführung der Prüfung ... 15
II. Verfahren (Abs. 1 S. 1, Abs. 2 S. 3) ... 3	1. Methode, Intensität und Umfang der Prüfung ... 15
1. Prüfungsauftrag ... 3	2. Auskunfts- und Einsichtsrecht des Prüfers . 18
2. Vorlage des Abhängigkeitsberichts durch den Vorstand (Abs. 1 S. 1) ... 5	C. Berichtspflicht (Abs. 2) ... 21
3. Abschluss der Prüfung: Zuleitung des Prüfungsberichts an den Aufsichtsrat (Abs. 2 S. 3) ... 7	D. Bestätigungsvermerk (Abs. 3 bis 5) ... 25
	I. Bedeutung ... 25
4. Kosten ... 8	II. Uneingeschränkter Bestätigungsvermerk (Abs. 3) ... 27
III. Prüfungsgegenstand (Abs. 1 S. 2) ... 9	III. Einschränkung oder Versagung des Bestätigungsvermerks (Abs. 4 S. 1) ... 30
1. Richtigkeit der tatsächlichen Angaben des Berichts (Abs. 1 S. 2 Nr. 1) ... 10	IV. Negative Schlusserklärung des Vorstands (Abs. 4 S. 2) ... 33
2. Rechtsgeschäfte: Keine unangemessen hohe Leistung der Gesellschaft; Nachteilsausgleich (Abs. 1 S. 2 Nr. 2) ... 11	

A. Regelungsgegenstand und Regelungszweck

1 Die Prüfung des Abhängigkeitsberichts durch den Abschlussprüfer dient der **Vorbereitung und Ergänzung der nach § 311 durchzuführenden Prüfung des Abhängigkeitsberichts durch den Aufsichtsrat** der abhängigen Gesellschaft.¹ Der Aufsichtsrat soll sich auf ein unabhängiges und sachverständiges Urteil stützen können und sich damit auch auseinandersetzen müssen.² Ein Bedürfnis für eine zusätzliche **Prüfung durch einen sachkundigen außenstehenden Dritten** sah der Gesetzgeber vor allem deshalb vor, weil sich der Aufsichtsrat der abhängigen Gesellschaft typischerweise ganz oder zum Teil aus Repräsentanten des herrschenden Unternehmens zusammensetzt, von denen nicht ohne Weiteres eine unbefangene, ausschließlich am Interesse der abhängigen Gesellschaft orientierte Prüfung des Abhängigkeitsberichts erwartet werden könne.³ Da der Aufsichtsrat in seinem Bericht an die Hauptversammlung gemäß § 314 Abs. 2 S. 2, 3 auch auf das Ergebnis der Prüfung des Abhängigkeitsberichts durch den Abschlussprüfer und auf dessen Bestätigungsvermerk einzugehen hat, erlangen die Feststellungen des Abschlussprüfers eine **begrenzte Publizität**.⁴ Überdies ist die Versagung oder Einschränkung des Bestätigungsvermerks durch den Abschlussprüfer **Anknüpfungspunkt für eine Sonderprüfung**, § 315 Abs. 1 S. 1 Nr. 1. Schließlich hat die Prüfung durch den Abschlussprüfer **präventive Wirkung**. Der Vorstand wird in der Regel von vornherein auf die Einhaltung der Grenzen des § 311 achten, um späteren unangenehmen Diskussionen mit dem Abschlussprüfer aus dem Weg zu gehen.⁵

B. Prüfungspflicht

2 **I. Voraussetzungen (Abs. 1 S. 1).** Nach § 313 Abs. 1 S. 1 hat eine Prüfung des Abhängigkeitsberichts durch den Abschlussprüfer nur stattzufinden, wenn auch der Jahresabschluss durch einen Abschlussprüfer zu prüfen ist. Das ist bei der **kleinen Aktiengesellschaft iSd § 267 Abs. 1 HGB** nicht der Fall, § 316 Abs. 1 S. 1 HGB. Deren dadurch bedingtes Herausfallen aus dem Anwendungsbereich des § 313 ist rechtspolitisch äußerst bedenklich,⁶ wird jedoch *de lege lata* von der hM hingenommen.⁷ Dem ist angesichts der zentralen

---

1 Emmerich/Habersack/*Habersack*, Rn 2.
2 *Hüffer*, Rn 1; MüKo-AktG/*Altmeppen*, Rn 3.
3 *Kropff*, Begr. RegE AktG 1965, S. 413.
4 Grigoleit/*Grigoleit*, Rn 1; vgl auch Spindler/Stilz/*H.-F. Müller*, Rn 2; MüKo-AktG/*Altmeppen*, Rn 4; Hölters/*Leuering/Goertz*, Rn 3.
5 Spindler/Stilz/*H.-F. Müller*, Rn 2 aE; MüKo-AktG/*Altmeppen*, Rn 2 aE.
6 Spindler/Stilz/*H.-F. Müller*, Rn 4; MüKo-AktG/*Altmeppen*, Rn 18 f; Grigoleit/*Grigoleit*, Rn 2; Emmerich/Habersack/*Habersack*, Rn 6 f.
7 Spindler/Stilz/*H.-F. Müller*, Rn 4; MüKo-AktG/*Altmeppen*, Rn 20; Grigoleit/*Grigoleit*, Rn 2; aA Emmerich/Habersack/*Habersack*, Rn 6 f.

Bedeutung der externen Prüfung des Abhängigkeitsberichts für die (ohnehin schon begrenzte) Funktionsfähigkeit des Schutzkonzeptes der §§ 311 ff nicht zu folgen, zumal dieses Schutzdefizit vom Gesetzgeber offenbar schlicht übersehen wurde und damit nicht auf einer bewussten Entscheidung beruht.[8] Lückenfüllend bietet es sich an, den außenstehenden Aktionären ein Einsichtsrecht analog § 51 a GmbHG zuzuerkennen,[9] der AG insoweit aber eine Abwendungsbefugnis durch Prüfung des Abhängigkeitsberichts analog § 313 einzuräumen.[10] Diese vermittelnde Lösung wahrt einerseits den für die kleine AG verfolgten Ansatz, den mit der Rechtsform der AG verbundenen Verwaltungsaufwand zu reduzieren, ermöglicht es dieser aber andererseits, die Vertraulichkeit des Abhängigkeitsberichts sicherzustellen, wenn das Interesse daran den mit einer externen Prüfung des Berichts verbundenen Zusatzaufwand nach Einschätzung des Vorstands überwiegt. Auch bei der kleinen AG ist der Abhängigkeitsbericht aber jedenfalls dann durch einen Abschlussprüfer zu prüfen, wenn die **Satzung** eine Prüfung des Jahresabschlusses vorsieht.[11] **Mittlere und große AGs im Abwicklungsstadium** sind gemäß § 313 iVm 270 auch hinsichtlich des Abhängigkeitsberichts prüfungspflichtig, wenn nicht das Gericht nach § 270 Abs. 3 von der Prüfung des Jahresabschlusses befreit.[12]

II. Verfahren (Abs. 1 S. 1, Abs. 2 S. 3). 1. Prüfungsauftrag. Die Prüfung des Abhängigkeitsberichts ist **Bestandteil der Jahresabschlussprüfung** und somit Aufgabe des Abschlussprüfers.[13] Insoweit ergänzt § 313 Abs. 1 S. 1 den § 317 HGB.[14] Infolgedessen wird **kein gesonderter Prüfungsauftrag** erteilt, vielmehr ist die Prüfung des Abhängigkeitsberichts Bestandteil des dem Abschlussprüfer vom Aufsichtsrat (§ 111 Abs. 2 S. 3) erteilten Auftrags zur Prüfung des Jahresabschlusses.[15] Daher bestimmen sich auch Verantwortlichkeit und Haftung des Prüfers nach den §§ 403, 404 Abs. 1 Nr. 2, §§ 323, 333 HGB.[16]

Die Aufgabe des Abschlussprüfers erstreckt sich ausschließlich auf die Prüfung des Abhängigkeitsberichts; mit dessen Aufstellung kann er analog § 319 Abs. 3 Nr. 3 HGB nicht beauftragt werden.[17] Der Aufsichtsrat kann bei der Erteilung des Prüfauftrages an den Abschlussprüfer Prüfungsschwerpunkte für die Prüfung des Abhängigkeitsberichts bestimmen.[18] Solche Bestimmungen dürfen jedoch nur zu einer über den gesetzlichen Auftrag hinausgehenden Prüfung verpflichten. Ein „Weniger" ist nicht zulässig.[19]

2. Vorlage des Abhängigkeitsberichts durch den Vorstand (Abs. 1 S. 1). Der Abhängigkeitsbericht ist dem Abschlussprüfer gleichzeitig mit dem Jahresabschluss und dem Lagebericht durch den Vorstand vorzulegen, vgl § 313 Abs. 1 S. 1. Dies hat **unverzüglich** nach der Aufstellung dieser Unterlagen zu geschehen (§ 320 Abs. 1 S. 1 HGB), die gemäß § 264 Abs. 1 S. 3 HGB grundsätzlich in den ersten drei Monaten des Geschäftsjahres zu erfolgen hat.[20] Die Vorlagepflicht kann im Zwangsgeldverfahren nach § 407 Abs. 1 durchgesetzt werden.

Bei **Streitigkeiten über die Notwendigkeit der Erstellung eines Abhängigkeitsberichts** zwischen Vorstand und Prüfer gab es früher die Möglichkeit der Einleitung eines gerichtlichen Verfahrens nach § 324 aF HGB.[21] Dieses wurde mangels praktischer Bedeutung abgeschafft.[22] Soweit solche Meinungsverschiedenheiten nicht durch berufsständische Gremien entschieden werden, soll nach der Regierungsbegründung zum BilMoG der Zivilrechtsweg offenstehen.[23] Bei Weigerung des Vorstands zur Vorlage eines nach Ansicht des Prüfers erforderlichen Abhängigkeitsberichts ist dies im Bericht zum Jahresabschluss zu erwähnen und der Vermerk zum Jahresabschluss entsprechend einzuschränken.[24] Alternativ hierzu kann der Prüfer einen Bericht nach § 313 erstellen und den Bestätigungsvermerk für diesen versagen.[25]

3. Abschluss der Prüfung: Zuleitung des Prüfungsberichts an den Aufsichtsrat (Abs. 2 S. 3). Die Prüfung endet mit der Zuleitung des unterzeichneten Berichts an den Aufsichtsrat (bzw an dessen Vorsitzenden zur Weiterleitung), § 313 Abs. 2 S. 3 Hs 1. Dem Vorstand ist vor der Zuleitung an den Aufsichtsrat Gelegenheit zur Stellungnahme zu geben, § 313 Abs. 2 S. 3 Hs 2. Eine etwaige Stellungnahme des Vorstands wird nicht

---

8 Siehe Emmerich/Habersack/*Habersack*, Rn 6; MüKo-AktG/*Altmeppen*, Rn 12.
9 Dafür MüKo-AktG/*Altmeppen*, Rn 13 f.
10 Generell für Pflicht zur Prüfung des Jahresabschlusses auch in der kleinen AG Emmerich/Habersack/*Habersack*, Rn 7.
11 Spindler/Stilz/*H.-F. Müller*, Rn 4; Grigoleit/*Grigoleit*, Rn 2.
12 *Hüffer*, Rn 2; Spindler/Stilz/*H.-F. Müller*, Rn 5; Emmerich/Habersack/*Habersack*, Rn 8; Grigoleit/*Grigoleit*, Rn 2.
13 K. Schmidt/Lutter/*J. Vetter*, Rn 6; Emmerich/Habersack/*Habersack*, Rn 9.
14 Emmerich/Habersack/*Habersack*, Rn 9.
15 *Hüffer*, Rn 4; Emmerich/Habersack/*Habersack*, Rn 9 f; MüKo-AktG/*Altmeppen*, Rn 27.
16 Allg.M.; vgl Emmerich/Habersack/*Habersack*, Rn 9; K. Schmidt/Lutter/*J. Vetter*, Rn 6.
17 Allg.M; vgl Emmerich/Habersack/*Habersack*, Rn 10; Grigoleit/*Grigoleit*, Rn 3; K. Schmidt/Lutter/*J. Vetter*, Rn 7.
18 MüKo-AktG/*Altmeppen*, Rn 29; Emmerich/Habersack/*Habersack*, Rn 10.
19 MüKo-AktG/*Altmeppen*, Rn 29.
20 Spindler/Stilz/*H.-F. Müller*, Rn 7; Emmerich/Habersack/*Habersack*, Rn 12.
21 Vgl Bürgers/Körber/*Fett*, Rn 11; Emmerich/Habersack/*Habersack*, Rn 13.
22 Begr. RegE BilMoG, BT-Drucks. 16/10067, S. 91.
23 Begr. RegE BilMoG, BT-Drucks. 16/10067, S. 91; vgl auch Grigoleit/*Grigoleit*, Rn 3.
24 Emmerich/Habersack/*Habersack*, Rn 13; Wachter/*Rothley*, Rn 7.
25 MüKo-AktG/*Altmeppen*, Rn 86; K. Schmidt/Lutter/*J. Vetter*, Rn 24.

Bestandteil des Prüfungsberichts, sie ist vielmehr unmittelbar vom Vorstand an den Aufsichtsrat weiterzuleiten.[26]

8 **4. Kosten.** Ebenso wie die Kosten der Aufstellung des Abhängigkeitsberichts fallen auch die Kosten seiner Prüfung der abhängigen Gesellschaft zur Last. Ein Erstattungsanspruch gegen das herrschende Unternehmen besteht nicht (siehe § 312 Rn 19).[27]

9 **III. Prüfungsgegenstand (Abs. 1 S. 2).** Gegenstand der Prüfung durch den Abschlussprüfer sind ausschließlich der Abhängigkeitsbericht und die in ihm dokumentierten Verbundbeziehungen; eine davon losgelöste eigenständige Prüfung dieser Beziehungen durch den Abschlussprüfer findet nicht statt.[28] Unter welchen Gesichtspunkten der Abhängigkeitsbericht durch den Abschlussprüfer zu prüfen ist, regeln Abs. 1 S. 2 Nrn. 1-3:

10 **1. Richtigkeit der tatsächlichen Angaben des Berichts (Abs. 1 S. 2 Nr. 1).** Zu prüfen ist zunächst die Richtigkeit der tatsächlichen Angaben des Abhängigkeitsberichts, § 313 Abs. 1 S. 2 Nr. 1. Tatsachen sind Vorgänge der Vergangenheit, die einer objektiven Nachprüfung zugänglich sind.[29] Sie sind abzugrenzen von den im Abhängigkeitsbericht enthaltenen Wertungen und Prognosen, die von S. 2 Nr. 1 nicht erfasst werden.[30] Zu prüfen ist insbesondere, ob die im Bericht aufgeführten Rechtsgeschäfte tatsächlich zu den angegebenen Bedingungen vorgenommen und die dort genannten Maßnahmen unter den behaupteten Umständen ergriffen oder unterlassen wurden.[31] „Unrichtig" sind die tatsächlichen Angaben des Berichts, wenn sie unwahr oder irreführend sind.[32] Nicht gezielt zu prüfen ist dagegen die Vollständigkeit der tatsächlichen Angaben (siehe aber Rn 16).[33]

11 **2. Rechtsgeschäfte: Keine unangemessen hohe Leistung der Gesellschaft; Nachteilsausgleich (Abs. 1 S. 2 Nr. 2).** Nach § 313 Abs. 1 S. 2 Nr. 2 hat der Abschlussprüfer weiter zu prüfen, ob bei den im Abhängigkeitsbericht aufgeführten Rechtsgeschäften die Leistung der Gesellschaft unangemessen hoch war. Diese Gesetzesformulierung bringt zum Ausdruck, dass der Abschlussprüfer **keine strikte Angemessenheitsprüfung „auf Heller und Pfennig"** durchzuführen hat.[34] Entscheidend ist, ob sich die Vor- und Nachteile des jeweiligen Geschäfts soweit aufheben, dass nach vernünftiger kaufmännischer Beurteilung mangels Nachteilszufügung kein Einzelausgleich erforderlich ist.[35] Es reicht maW aus, dass das Geschäft und seine Konditionen bei vernünftiger kaufmännischer Betrachtung als **vertretbar** erscheinen.[36] Geringfügige Abweichungen von der vom ihm für angemessen erachteten Leistung brauchet der Prüfer also nicht zu beanstanden.[37] Maßgeblich für die Beurteilung sind die Umstände, die im Zeitpunkt der Vornahme des Rechtsgeschäfts dem Vorstand bekannt oder erkennbar waren.[38] Spätere nicht absehbare Entwicklungen bleiben unberücksichtigt.[39] Hat der Vorstand selbst im Abhängigkeitsbericht mitgeteilt, dass die Gesellschaft durch ein Rechtsgeschäft benachteiligt wurde, so braucht der Abschlussprüfer die Nachteiligkeit nicht mehr zu prüfen (Argument aus § 313 Abs. 4 S. 2).[40]

12 Kommt der Abschlussprüfer zu dem Ergebnis, dass ein **bestimmtes Rechtsgeschäft nachteilig** ist oder hat der Vorstand dies im Abhängigkeitsbericht erklärt, so ist weiter zu prüfen, ob der Nachteil ausgeglichen wurde, wobei sowohl ein tatsächlicher Ausgleich als auch ein Ausgleichsanspruch iSd § 311 Abs. 2 zu berücksichtigen sind.[41] Auch die Prüfung des Nachteilsausgleichs ist darauf beschränkt, ob der entstandene Nachteil im Vergleich zu dem gewährten Ausgleich oder Ausgleichsanspruch unangemessen hoch ist.[42] Maßgebend für die Bewertung ist der Zeitpunkt der Vorteilsgewährung bzw der Einräumung des Ausgleichsanspruchs.[43] Erst auf Veranlassung des Abschlussprüfers erfolgende Leistungen oder Anspruchsgewährungen an die abhängige Gesellschaft kommen zu spät und stellen keinen Nachteilsausgleich im Sinne

---

26 Grigoleit/*Grigoleit*, Rn 3; K. Schmidt/Lutter/*J. Vetter*, Rn 11.
27 MüKo-AktG/*Altmeppen*, Rn 106.
28 Grigoleit/*Grigoleit*, Rn 4; Emmerich/Habersack/*Habersack*, Rn 20.
29 Spindler/Stilz/*H.-F. Müller*, Rn 8; *Hüffer*, Rn 5.
30 Spindler/Stilz/*H.-F. Müller*, Rn 8; Emmerich/Habersack/*Habersack*, Rn 14; MüKo-AktG/*Altmeppen*, 37.
31 Spindler/Stilz/*H.-F. Müller*, Rn 8; KölnKomm-AktG/*Koppensteiner*, Rn 17; Grigoleit/*Grigoleit*, Rn 6.
32 Grigoleit/*Grigoleit*, Rn 6; *Hüffer*, Rn 5.
33 Emmerich/Habersack/*Habersack*, Rn 14; Wachter/*Rothley*, Rn 3; K. Schmidt/Lutter/*J. Vetter*, Rn 15; Spindler/Stilz/*H.-F. Müller*, Rn 8.
34 MüKo-AktG/*Altmeppen*, Rn 43; vgl auch Hölters/*Leuering/Goertz*, Rn 16.
35 *Hüffer*, Rn 6; Spindler/Stilz/*H.-F. Müller*, Rn 9; Hölters/*Leuering/Goertz*, Rn 17.
36 *Kropff*, Begr. RegE AktG 1965, S. 414; Spindler/Stilz/*H.-F. Müller*, Rn 9.
37 MüKo-AktG/*Altmeppen*, Rn 43.
38 MüKo-AktG/*Altmeppen*, Rn 42; *Hüffer*, Rn 7; Spindler/Stilz/*H.-F. Müller*, Rn 9; K. Schmidt/Lutter/*J. Vetter*, Rn 18; Emmerich/Habersack/*Habersack*, Rn 16.
39 Spindler/Stilz/*H.-F. Müller*, Rn 9; Hölters/*Leuering/Goertz*, Rn 18.
40 Spindler/Stilz/*H.-F. Müller*, Rn 9; MüKo-AktG/*Altmeppen*, Rn 40; Bürgers/Körber/*Fett*, Rn 4.
41 Grigoleit/*Grigoleit*, Rn 8; Emmerich/Habersack/*Habersack*, Rn 17.
42 Hölters/*Leuering/Goertz*, Rn 19; K. Schmidt/Lutter/*J. Vetter*, Rn 19; *Hüffer*, Rn 8; MüKo-AktG/*Altmeppen*, Rn 49 f; Emmerich/Habersack/*Habersack*, Rn 18.
43 Spindler/Stilz/*H.-F. Müller*, Rn 11; Emmerich/Habersack/*Habersack*, Rn 17; K. Schmidt/Lutter/*J. Vetter*, Rn 20.

des § 311 dar.[44] Ebensowenig reicht es aus, die Konkretisierung des Ausgleichsanspruchs von den Feststellungen des Prüfers abhängig zu machen.[45]

3. Andere Maßnahmen (Abs. 1 S. 2 Nr. 3). Bei sonstigen, also nicht rechtsgeschäftlichen Maßnahmen iSd § 311 hat der Abschlussprüfer nach § 313 Abs. 1 S. 2 Nr. 3 lediglich zu prüfen, ob keine Umstände für eine wesentlich andere Beurteilung als die durch den Vorstand sprechen. Mit diesem **eingeschränkten Prüfungsmaßstab** trägt der Gesetzgeber dem Umstand Rechnung, dass die Beurteilung nicht rechtsgeschäftlicher Maßnahmen besondere Schwierigkeiten aufwirft, weil kein objektiver Vergleich mit einer Gegenleistung möglich ist.[46] Durch die gewählte Formulierung bringt das Gesetz zum Ausdruck, dass der Abschlussprüfer das **unternehmerische Ermessen des Vorstands** bei der Einschätzung solcher Maßnahmen zu respektieren und es nicht durch eine eigene Ermessensausübung zu ersetzen hat.[47] Eigene Zweckmäßigkeitserwägungen hat der Abschlussprüfer nicht anzustellen.[48] Er hat lediglich zu prüfen, ob der Vorstand bei seiner Beurteilung der Maßnahme alle wesentlichen Gesichtspunkte berücksichtigt hat und ob diese Gesichtspunkte die Beurteilung der Maßnahme durch den Vorstand **vertretbar** erscheinen lassen.[49] Maßgeblich ist der Zeitpunkt der Vornahme oder der Unterlassung der Maßnahme.[50] Erweist sich eine Maßnahme unter Zugrundelegung dieses Maßstabes als nachteilig, so ist analog § 313 Abs. 1 S. 2 Nr. 2 Hs 2 festzustellen, ob eine hinreichende Kompensation iSd des § 311 gewährt wurde.[51]

4. Fehlen eines Abhängigkeitsberichts. Hat der Vorstand keinen Abhängigkeitsbericht vorgelegt, obwohl ein solcher nach Ansicht des Prüfers erforderlich ist, so ist dies im Bericht zur Jahresabschlussprüfung zu erwähnen und der Vermerk zum Jahresabschluss entsprechend einzuschränken.[52] Alternativ hierzu kann der Prüfer einen Bericht nach § 313 erstellen und den Vermerk für diesen versagen (siehe bereits Rn 6).[53]

IV. Umfang und Durchführung der Prüfung. 1. Methode, Intensität und Umfang der Prüfung. Als Teil der Abschlussprüfung (siehe Rn 3) muss die Prüfung des Abhängigkeitsberichts grundsätzlich mit derselben Intensität und Sorgfalt durchgeführt werden wie die Prüfung des Jahresabschlusses.[54] Sie erfolgt retrograd,[55] was aber Zwischenprüfungen während des Geschäftsjahres und vor Vorlage des Berichts nicht ausschließt.[56] Bei der Überprüfung der tatsächlichen Angaben nach § 313 Abs. 1 S. 1 Nr. 2 kann der Prüfer sich jedenfalls bei Routinevorgängen und Massengeschäften auf Stichproben beschränken.[57] Vorfälle von außergewöhnlicher Bedeutung sind dagegen stets einer Einzelprüfung zu unterziehen.[58]

Die Prüfung der **Vollständigkeit der tatsächlichen Angaben** gehört im Gegensatz zur Prüfung ihrer Richtigkeit (§ 313 Abs. 1 S. 2 Nr. 1) bewusst nicht zum Auftrag des Prüfers.[59] Dieser braucht also nicht von sich aus nach im Abhängigkeitsbericht nicht aufgeführten Rechtsgeschäften und Maßnahmen zu forschen.[60] Anhaltspunkten für Unvollständigkeiten hat er allerdings nachzugehen;[61] über festgestellte Unvollständigkeiten hat er nach § 313 Abs. 2 S. 2 zu berichten.[62] Dabei hat er nicht nur solche Kenntnisse zu berücksichtigen, die er im Rahmen der aktuellen Jahresabschlussprüfung erlangt hat, sondern auch in sonstiger Weise erlangtes Wissen.[63]

Auch wenn die Vollständigkeit der im Bericht enthaltenen tatsächlichen Angaben als solche nicht zu prüfen ist, so überschneidet sie sich doch mit deren nach Abs. 1 S. 2 Nr. 1 zu prüfender Richtigkeit.[64] Der Abschlussprüfer kann und sollte daher vom Vorstand eine **Vollständigkeitserklärung** dahin gehend verlangen,

---

44 Hölters/*Leuering/Goertz*, Rn 20; *Hüffer*, Rn 8; MüKo-AktG/*Altmeppen*, Rn 54.
45 Spindler/Stilz/*H.-F. Müller*, Rn 10; Emmerich/Habersack/*Habersack*, Rn 17; MüKo-AktG/*Altmeppen*, Rn 54; aA Adler/Düring/*Schmaltz*, Rechnungslegung und Prüfung der Unternehmen, § 311 Rn 71; kritisch auch *Hüffer*, Rn 8; Bürgers/Körber/*Fett*, Rn 7.
46 *Kropff*, Begr. RegE AktG 1965, S. 414; Spindler/Stilz/*H.-F. Müller*, Rn 12.
47 *Kropff*, Begr. RegE AktG 1965, S. 415.
48 Wachter/*Rothley*, Rn 5.
49 *Kropff*, Begr. RegE AktG 1965, S. 415; Emmerich/Habersack/*Habersack*, Rn 18.
50 Spindler/Stilz/*H.-F. Müller*, Rn 12, *Hüffer*, Rn 7.
51 Spindler/Stilz/*H.-F. Müller*, Rn 12; Emmerich/Habersack/*Habersack*, Rn 19; MüKo-AktG/*Altmepppen*, Rn 49.
52 Emmerich/Habersack/*Habersack*, Rn 13; Wachter/*Rothely*, Rn 7; K. Schmidt/Lutter/*J. Vetter*, Rn 24.
53 MüKo-AktG/*Altmeppen*, Rn 86; K. Schmidt/Lutter/*J. Vetter*, Rn 24.
54 MüKo-AktG/*Altmeppen*, Rn 64; K. Schmidt/Lutter/*J. Vetter*, Rn 25; Hölters/*Leuering/Goertz*, Rn 25.
55 K. Schmidt/Lutter/*J. Vetter*, Rn 25; Hölters/*Leuering/Goertz*, Rn 26; MüKo-AktG/*Altmeppen*, Rn 64.
56 K. Schmidt/Lutter/*J. Vetter*, Rn 25; näher MüKo-AktG/*Altmeppen*, Rn 64.
57 Vgl *Kropff*, Begr. RegE AktG 1965, S. 414; MüKo-AktG/*Altmeppen*, Rn 66; K. Schmidt/Lutter/*J. Vetter*, Rn 26.
58 Emmerich/Habersack/*Habersack*, Rn 20; KölnKomm-AktG/*Koppensteiner*, Rn 28.
59 *Kropff*, Begr. RegE AktG 1965, S. 414; K. Schmidt/Lutter/*J. Vetter*, Rn 27; Spindler/Stilz/*H.-F. Müller*, Rn 13.
60 K.Schmidt/Lutter/*J. Vetter*, Rn 27.
61 Spindler/Stilz/*H.-F. Müller*, Rn 13; Emmerich/Habersack/*Habersack*, Rn 21.
62 *Kropff*, Begr. RegE AktG 1965, S. 414; K. Schmidt/Lutter/*J. Vetter*, Rn 27; Spindler/Stilz/*H.-F. Müller*, Rn 13.
63 Emmerich/Habersack/*Habersack*, Rn 21; K. Schmidt/Lutter/*J. Vetter*, Rn 27.
64 MüKo-AktG/*Altmeppen*, Rn 62; Spindler/Stilz/*H.-F. Müller*, Rn 13.

dass die im Bericht aufgeführten Geschäfte und Maßnahmen mit allen für ihre Beurteilung wesentlichen Gesichtspunkten angegeben sind.[65]

18 **2. Auskunfts- und Einsichtsrecht des Prüfers.** Nach § 313 Abs. 1 S. 3 gelten die § 320 Abs. 1 S. 2, Abs. 2 S. 1 und S. 2 HGB für die Prüfung des Abhängigkeitsberichts durch den Abschlussprüfer entsprechend. Für die Prüfung des Abhängigkeitsberichts muss dem Abschussprüfer also seitens der gesetzlichen Vertreter der abhängigen Gesellschaft gestattet werden, die Bücher und Schriften sowie die Vermögensgegenstände und Schulden der Gesellschaft zu prüfen (§ 313 Abs. 1 S. 3 iVm § 320 Abs. 1 S. 2 HGB).[66] Darüber hinaus kann er von den gesetzlichen Vertretern der abhängigen Gesellschaft alle Aufklärungen und Nachweise verlangen, die für eine sorgfältige Prüfung notwendig sind (§ 313 Abs. 1 S. 3 iVm § 320 Abs. 2 S. 1 HGB).[67] Diese Befugnisse stehen dem Abschlussprüfer gemäß § 313 Abs. 1 S. 3 iVm § 320 Abs. 2 S. 2 HGB auch schon vor der Erstellung des Abhängigkeitsberichts zu, soweit es die Vorbereitung seiner Prüfung erfordert. Dadurch werden dem Prüfer Zwischenprüfungen ermöglicht, beispielsweise im Hinblick auf den Kreis der verbundenen Unternehmen (sofern nicht bereits der Abhängigkeitsbericht eine diesbezügliche Übersicht enthält), die organisatorische Erfassung der Verbundbeziehungen oder bereits erfolgte wichtige Einzelmaßnahmen.[68]

19 Nach § 313 Abs. 1 S. 4 stehen dem Prüfer die vorgenannten Rechte auch gegenüber einem **Konzernunternehmen** (§ 18) sowie gegenüber **abhängigen oder herrschenden Unternehmen** (§ 17) zu und zwar auch solchen mit **Sitz im Ausland**.[69] Damit erfasst § 313 Abs. 1 S. 4 allerdings nicht sämtliche nach § 312 berichtsrelevanten Unternehmensverbindungen. Nicht erfasst werden Unternehmen, die zwar vom herrschenden Unternehmen iSd § 17 abhängig sind, mit diesem aber keinen Konzern iSd § 18 bilden.[70] Gleiches gilt für Konzerngesellschaften (§ 18) des herrschenden Unternehmens, wenn die abhängige Gesellschaft selbst nicht in den Konzern eingebunden ist.[71] Diese fehlende Abstimmung des § 313 Abs. 1 S. 4 mit § 312 ist misslich, *de lege lata* aber hinzunehmen.[72]

20 Die Erfüllung der vorgenannten Einsichts- und Auskunftsrechte kann gemäß § 407 Abs. 1 durch **Zwangsgeld** durchgesetzt werden, allerdings nicht gegenüber ausländischen Unternehmen.[73] Unrichtige oder verschleiernde Angaben gegenüber dem Abschlussprüfer sind nach § 400 Abs. 1 Nr. 2 strafbar. Können prüfungsrelevante Tatsachen aufgrund verweigerter Auskünfte nicht zuverlässig festgestellt werden, so hat der Abschlussprüfer sein Testat entsprechend einzuschränken,[74] was nach § 315 Abs. 1 S. 1 Nr. 1 Anknüpfungspunkt für eine Sonderprüfung sein kann.

C. Berichtspflicht (Abs. 2)

21 Über das Ergebnis der Prüfung hat der Abschlussprüfer nach § 313 Abs. 2 schriftlich zu berichten. Der Bericht dient in erster Linie der Unterrichtung des Aufsichtsrats, dem er die Prüfung des vom Vorstand erstellten Abhängigkeitsberichts erleichtern soll (vgl Rn 1).[75]

22 Hinsichtlich der **inhaltlichen Ausgestaltung des Prüfungsberichts** zum Abhängigkeitsbericht gelten die Anforderungen entsprechend, die § 321 HGB an den Prüfungsbericht zum Jahresabschluss stellt.[76] Der Prüfungsbericht hat also insbesondere mit der gebotenen Klarheit (§ 321 Abs. 1 S. 1 HGB) zu berichten, Gegenstand, Art und Umfang der Prüfung zu erläutern (§ 321 Abs. 3 S. 1 HGB) und eine problemorientierte Darstellung zu enthalten.[77] Nach § 313 Abs. 2 S. 2 ist zudem zwingend über festgestellte Unvollständigkeiten des Abhängigkeitsberichts zu berichten. Der Abschlussprüfer hat das Ergebnis seiner Prüfung zu begründen und anzugeben, auf welche Grundlagen es sich stützt.[78]

23 Darüber hinaus sollte der Prüfungsbericht **Angaben zur Methode** der Überprüfung des Abhängigkeitsberichts (Akteneinsicht, Interviews, Stichproben etc.) und zur Beurteilung der organisatorischen Vorkehrun-

---

65 MüKo-AktG/*Altmeppen*, Rn 63; K. Schmidt/Lutter/*J. Vetter*, Rn 28.
66 *Hüffer*, Rn 12; Wachter/*Rothely*, Rn 8; Emmerich/Habersack/*Habersack*, Rn 22; Spindler/Stilz/*H.-F. Müller*, Rn 16.
67 Wachter/*Rothely*, Rn 8; Spindler/Stilz/*H.-F. Müller*, Rn 16; *Hüffer*, Rn 12.
68 K. Schmidt/Lutter/*J. Vetter*, Rn 30; Emmerich/Habersack/*Habersack*, Rn 22; MüKo-AktG/*Altmeppen*, Rn 65.
69 K. Schmidt/Lutter/*J. Vetter*, Rn 31; KölnKomm-AktG/*Koppensteiner*, Rn 16; Spindler/Stilz/*H.-F. Müller* Rn 18.
70 Emmerich/Habersack/*Habersack*, Rn 23; Spindler/Stilz/*H.-F. Müller*, Rn 17.
71 Emmerich/Habersack/*Habersack*, Rn 23; Spindler/Stilz/*H.-F. Müller*, Rn 17.
72 Allg. M.; vgl Emmerich/Habersack/*Habersack*, Rn 23; MüKo-AktG/*Altmeppen*, Rn 73; K. Schmidt/Lutter/*J. Vetter*, Rn 31; Spindler/Stilz/*H.-F. Müller*, Rn 17.
73 HM, vgl MüKO-AktG/*Altmeppen*, Rn 77; Emmerich/Habersack/*Habersack*, Rn 24; KölnKomm-AktG/*Koppensteiner*, Rn 16; aA *Maul*, NZG 1999, 741, 745.
74 Spindler/Stilz/*H.-F. Müller*, Rn 18; MüKo-AktG/*Altmeppen*, Rn 78; KölnKomm-AktG/*Koppensteiner*, Rn 16.
75 Siehe etwa MüKo-AktG/*Altmeppen*, Rn 80; Spindler/Stilz/*H.-F. Müller*, Rn 19.
76 MüKo-AktG/*Altmeppen*, Rn 80; Emmerich/Habersack/*Habersack*, Rn 29; Hölters/*Leuering/Goertz*, Rn 34.
77 Vgl Hölters/*Leuering/Goertz*, Rn 34; MüKo-AktG/*Altmeppen*, Rn 20.
78 Hölters/*Leuering/Goertz*, Rn 35; MüKo-AktG/*Altmeppen*, Rn 84 mwN.

gen der Gesellschaft zur vollständigen Erfassung berichtspflichtiger Rechtsgeschäfte und Maßnahmen enthalten, ferner zur Abgrenzung der in die Berichterstattung einbezogenen verbundenen Unternehmen, zur Kooperationsbereitschaft des Vorstands und der übrigen Unternehmen, von denen Einsicht oder Auskunft begehrt wurde, sowie zu den einzelnen Rechtsgeschäften oder Maßnahmen, bei denen der Prüfer Beanstandungen hinsichtlich der vom Vorstand angegebenen Tatsachen oder Beurteilungen hat.[79]

Wie der Abhängigkeitsbericht und der Prüfungsbericht zum Jahresabschluss, so wird auch der Prüfungsbericht zum Abhängigkeitsbericht **nicht offengelegt**.[80] Die Ausnahmeregelung des § 321a HGB ist auf den Prüfungsbericht zum Abhängigkeitsbericht nicht entsprechend anwendbar.[81] Nach § 314 Abs. 2 S. 3 ist aber in den Bericht des Aufsichtsrates an die Hauptversammlung auch ein vom Abschlussprüfer erteilter Bestätigungsvermerk aufzunehmen bzw eine Versagung des Vermerks ausdrücklich mitzuteilen. Auf diesem Wege erlangt das Ergebnis der Prüfung mittelbare Publizität.[82]

D. Bestätigungsvermerk (Abs. 3 bis 5)

I. Bedeutung. Das Ergebnis der Prüfung hat der Prüfer im Bestätigungsvermerk festzuhalten. Dessen mögliche Inhalte sind in Abs. 3 und 4 geregelt. In Betracht kommen: uneingeschränkte Erteilung (Abs. 3), eingeschränkte Erteilung (Abs. 4) und Versagung (Abs. 4). Die besondere Bedeutung des Bestätigungsvermerks resultiert daraus, dass er im Gegensatz zum Prüfungsbericht nach § 314 Abs. 2 S. 3 wörtlich in den Bericht des Aufsichtsrats an die Hauptversammlung (§ 171 Abs. 2) aufzunehmen bzw seine Versagung dort ausdrücklich mitzuteilen ist und dadurch Publizität erlangt.[83] Wird der Bestätigungsvermerk eingeschränkt oder versagt, ist jeder Aktionär gemäß § 315 Abs. 1 S. 1 Nr. 1 befugt, eine Sonderprüfung einzuleiten.

Der Abschlussprüfer hat den Vermerk nach § 313 Abs. 5 S. 1 mit Angabe von Ort und Tag **eigenhändig zu unterzeichnen**. Wurden mehrere Abschlussprüfer bestellt, müssen alle unterzeichnen.[84] Entsprechend den zur Jahresabschlussprüfung geltenden Grundsätzen ist der Abschlussprüfer zum Widerruf des Bestätigungsvermerks berechtigt und verpflichtet, wenn ihm nachträglich Tatsachen bekannt werden, die ihn zu dessen Versagung oder Einschränkung berechtigt hätten.[85]

II. Uneingeschränkter Bestätigungsvermerk (Abs. 3). Erhebt der Prüfer nach dem abschließenden Ergebnis der Prüfung keine Einwendung gegen den Abhängigkeitsbericht, so hat er einen uneingeschränkten Bestätigungsvermerk zu erteilen. Dessen Wortlaut legt Abs. 3 S. 1 in wörtlicher Übereinstimmung mit dem Prüfungsgegenstand (Abs. 1 S. 2) fest (**Formaltestat**). Dadurch sollen Missverständnisse über Art und Umfang der durchgeführten Prüfung ausgeschlossen werden.[86]

Der **Inhalt des Bestätigungsvermerks** ist nach Maßgabe des Abs. 3 S. 3 und S. 4 an den Inhalt des Abhängigkeitsberichts **anzupassen**. Führt der Abhängigkeitsbericht keine Rechtsgeschäfte auf, so ist der in Nr. 2 genannte Teil wegzulassen, führt er keine Maßnahmen auf, so entfällt Nr. 3. Werden weder Rechtsgeschäfte noch Maßnahmen aufgeführt und bestehen keine Einwendungen gegen diesen Negativbericht des Vorstands, so ist der Vermerk auf Nr. 1 zu beschränken.[87] Führt der Abhängigkeitsbericht zwar Rechtsgeschäfte auf, hat der Prüfer jedoch bei keinem dieser Geschäfte festgestellt, dass die Leistung der Gesellschaft unangemessen hoch war, so ist der mit „oder" beginnende Teil des Vermerks iSd Abs. 3 S. 2 Nr. 2 wegzulassen, Abs. 3 S. 4.

Bei dem durch § 313 Abs. 3 S. 2–4 aus Gründen der Klarheit bewusst formalisierten Inhalt des Bestätigungsvermerks sollte es der Prüfer im Regelfall bewenden lassen.[88] Im Einzelfall zulässig ist jedoch ein **erläuternder Zusatz**, mit dem auf besondere Probleme der konkreten Prüfung (etwa bei der Beurteilung einzelner Maßnahmen) hingewiesen wird.[89] Anders als eine Einschränkung oder Versagung des Vermerks begründet ein solcher erläuternder Zusatz nicht das Recht aus § 315 S. 1 Nr. 1.[90] Schon deshalb muss der erläuternde Zusatz klar als solcher erkennbar und von einer Einschränkung des Testats abgrenzbar sein.[91] Er darf auch aus Sicht eines nicht mit besonderer Sachkunde ausgestatteten Lesers weder den uneingeschränk-

---

79 Hölters/*Leuering/Goertz*, Rn 34 f; K. Schmidt/Lutter/*J. Vetter*, Rn 34.
80 Hölters/*Leuering/Goertz*, Rn 38; Emmerich/Habersack/*Habersack*, Rn 28.
81 Emmerich/Habersack/*Habersack*, Rn 28; Hölters/*Leuering/Goertz*, Rn 38.
82 Emmerich/Habersack/*Habersack*, Rn 28; Bürgers/Körber/*Fett*, Rn 14.
83 Emmerich/Habersack/*Habersack*, Rn 30; Spindler/Stilz/*H.-F. Müller*, Rn 21.
84 *Hüffer*, Rn 16; Emmerich/Habersack/*Habersack*, Rn 30.
85 Emmerich/Habersack/*Habersack*, Rn 30; MüKo-AktG/*Altmeppen*, Rn 103; K. Schmidt/Lutter/*J. Vetter*, Rn 39; Spindler/Stilz/*H.-F. Müller*, Rn 22.
86 Vgl *Kropff*, Begr. RegE AktG 1965, S. 415.
87 MüKo-AktG/*Altmeppen*, Rn 91 und 95; *Hüffer*, Rn 18; Emmerich/Habersack/*Habersack*, Rn 33.
88 *Hüffer*, Rn 17; Spindler/Stilz/*H.-F. Müller*, Rn 24; aA KölnKomm-AktG/*Koppensteiner*, Rn 32.
89 Vgl OLG Köln, AG 1999, 519; Emmerich/Habersack/*Habersack*, Rn 32; *Hüffer*, Rn 17; Spindler/Stilz/*H.-F. Müller*, Rn 24; Hölters/*Leuering/Goertz*, Rn 32.
90 Emmerich/Habersack/*Habersack*, Rn 32 mit Fn 72, der zutreffend darauf hinweist wird, dass solche Zusätze aber unter Umständen einen „Verdacht" iSd § 315 S. 2 begründen können.
91 Vgl Emmerich/Habersack/*Habersack*, Rn 32.

ten Charakter der Bestätigung infrage stellen noch an die Stelle einer gebotenen Einschränkung oder Versagung treten.[92]

30 **III. Einschränkung oder Versagung des Bestätigungsvermerks (Abs. 4 S. 1).** Hat der Prüfer Einwendungen gegen den Abhängigkeitsbericht oder ist der Bericht unvollständig, so ist nach § 313 Abs. 4 S. 1 der Bestätigungsvermerk einzuschränken oder zu versagen. Einschränkung und Versagung des Bestätigungsvermerks sind jeweils Anknüpfungspunkt für eine Sonderprüfung nach § 315 S. 1 Nr. 1.

31 Eine **Einschränkung** des Bestätigungsvermerks genügt, wenn sich die Beanstandung auf einzelne abgrenzbare Teilgebiete oder Sachverhalte beschränkt und die Berichterstattung im Übrigen ordnungsgemäß ist, dh wenn sie ein den tatsächlichen Verhältnissen im Wesentlichen entsprechendes Bild der Verbundbeziehungen vermittelt (vgl auch § 322 Abs. 4 S. 4 HGB für den Jahresabschluss). Andernfalls muss der Bestätigungsvermerk versagt werden.[93] Die Notwendigkeit einer **Versagung** kann sich in Anlehnung an § 322 Abs. 2, Abs. 4 S. 4 und Abs. 5 HGB zum einen aus der Quantität und der Qualität der Einwendungen, zum anderen aber auch daraus ergeben, dass der Prüfer nach Ausschöpfung aller angemessenen Möglichkeiten der Klärung nicht in der Lage war, ein Prüfungsurteil abzugeben.[94]

32 Einschränkungen sind deutlich **von erläuternden Zusätzen** (Rn 29) abzugrenzen und sollten mit der Formulierung „mit der Einschränkung dass" eingeleitet werden.[95] Nach heute hM ist auch die Versagung in einem gesonderten Versagungsvermerk auszusprechen;[96] es genügt entgegen verbreiteter Auffassung[97] nicht, dass sie sich dem Prüfungsbericht entnehmen lässt. Eine **Begründung der Einschränkung oder Versagung** ist gesetzlich nicht vorgeschrieben, nach richtiger Auffassung aber analog § 322 Abs. 4 S. 3 HGB zu fordern.[98]

33 **IV. Negative Schlusserklärung des Vorstands (Abs. 4 S. 2).** Hat der Vorstand selbst erklärt, dass die Gesellschaft ohne Ausgleich benachteiligt worden sei, so hat der Abschlussprüfer dies in seinen Vermerk aufzunehmen und diesen auf die übrigen Rechtsgeschäfte und Maßnahmen zu beschränken (Abs. 4 S. 2). Eine Überprüfung der von der negativen Schlusserklärung betroffenen Rechtsgeschäfte oder Maßnahmen durch den Abschlussprüfer erfolgt nicht.[99] Die Aufnahme der negativen Schlusserklärung des Vorstands in den Bestätigungsvermerk des Prüfers verschafft dem wahrscheinlich vorliegenden Verstoß gegen § 311 Publizität.[100] Da der Abschlussprüfer im Falle des § 313 Abs. 4 S. 2 keine Einwendungen gegen den Abhängigkeitsbericht des Vorstands erhebt, handelt es sich nicht um eine Einschränkung des Testats im technischen Sinne, so dass § 315 S. 1 Nr. 1 nicht eingreift.[101] Deshalb begründet § 315 S. 1 Nr. 3 für diesen Fall ein **eigenständiges Sonderprüfungsrecht**.

§ 314 Prüfung durch den Aufsichtsrat

(1) ¹Der Vorstand hat den Bericht über die Beziehungen zu verbundenen Unternehmen unverzüglich nach dessen Aufstellung dem Aufsichtsrat vorzulegen. ²Dieser Bericht und, wenn der Jahresabschluss durch einen Abschlussprüfer zu prüfen ist, der Prüfungsbericht des Abschlussprüfers sind auch jedem Aufsichtsratsmitglied oder, wenn der Aufsichtsrat dies beschlossen hat, den Mitgliedern eines Ausschusses zu übermitteln.

(2) ¹Der Aufsichtsrat hat den Bericht über die Beziehungen zu verbundenen Unternehmen zu prüfen und in seinem Bericht an die Hauptversammlung (§ 171 Abs. 2) über das Ergebnis der Prüfung zu berichten. ²Ist der Jahresabschluß durch einen Abschlußprüfer zu prüfen, so hat der Aufsichtsrat in diesem Bericht ferner zu dem Ergebnis der Prüfung des Berichts über die Beziehungen zu verbundenen Unternehmen durch den Abschlußprüfer Stellung zu nehmen. ³Ein von dem Abschlußprüfer erteilter Bestätigungsvermerk ist in den Bericht aufzunehmen, eine Versagung des Bestätigungsvermerks ausdrücklich mitzuteilen.

(3) Am Schluß des Berichts hat der Aufsichtsrat zu erklären, ob nach dem abschließenden Ergebnis seiner Prüfung Einwendungen gegen die Erklärung des Vorstands am Schluß des Berichts über die Beziehungen zu verbundenen Unternehmen zu erheben sind.

---

92 Vgl *Hüffer*, Rn 17; Emmerich/Habersack/*Habersack*, Rn 32.
93 Spindler/Stilz/*H.-F. Müller*, Rn 25; MüKo-AktG/*Altmeppen*, Rn 96; Emmerich/Habersack/*Habersack*, Rn 35; K. Schmidt/Lutter/*J. Vetter*, Rn 43.
94 K. Schmidt/Lutter/*J. Vetter*, Rn 43.
95 K. Schmidt/Lutter/*J. Vetter*, Rn 44; Spindler/Stilz/*H.-F. Müller*, § 313 Rn 26; vgl auch OLG Köln, AG 1999, 519.
96 Emmerich/Habersack/*Habersack*, Rn 34; MüKo-AktG/*Altmeppen*, Rn 99; Spindler/Stilz/*H.-F. Müller*, Rn 26; K. Schmidt/Lutter/*J. Vetter*, Rn 45.
97 Siehe etwa *Hüffer*, Rn 21; KK/*Koppensteiner*, Rn 39.
98 MüKo-AktG/*Altmeppen*, Rn 98; K. Schmidt/Lutter/*J. Vetter*, Rn 44. Eine Begründung lediglich für zweckmäßig haltend etwa *Hüffer*, Rn 19; Spindler/Stilz/*H.-F. Müller*, Rn 25.
99 Emmerich/Habersack/*Habersack*, Rn 36.
100 Emmerich/Habersack/*Habersack*, Rn 36.
101 Spindler/Stilz/*H.-F. Müller*, Rn 27.

(4) Ist der Jahresabschluss durch einen Abschlussprüfer zu prüfen, so hat dieser an den Verhandlungen des Aufsichtsrats oder eines Ausschusses über den Bericht über die Beziehungen zu verbundenen Unternehmen teilzunehmen und über die wesentlichen Ergebnisse seiner Prüfung zu berichten.

Literatur:
Siehe die Literaturangaben zu § 312 sowie *Kropff*, Die Beschlüsse des Aufsichtsrats zum Jahresabschluss und zum Abhängigkeitsbericht, ZGR 1994, 628.

A. Bedeutung der Norm	1	D. Prüfung durch den Aufsichtsrat (Abs. 2 S. 1)	7
B. Vorlage an den Aufsichtsrat (Abs. 1 S. 1)	2	E. Bericht an die Hauptversammlung (Abs. 2)	11
C. Informationsfluss im Aufsichtsrat (Abs. 1 S. 2)	5	F. Schlusserklärung (Abs. 3)	13
I. Übermittlung von Abhängigkeitsbericht und Prüfbericht	5	G. Teilnahme- und Berichtspflicht des Abschlussprüfers (Abs. 4)	14
II. Recht zur Einsichtnahme	6	H. Sanktionen	15

A. Bedeutung der Norm

§ 314 regelt die Prüfung des Abhängigkeitsberichts durch den Aufsichtsrat und orientiert sich dabei an den Vorschriften über die Prüfung von Jahresabschluss und Lagebericht (§§ 170 ff). Durch § 314 wird der Aufsichtsrat als Kontrollorgan in die **Mitverantwortung für die Richtigkeit und Vollständigkeit des Abhängigkeitsberichts** genommen.[1] Dabei ging es dem Gesetzgeber insbesondere darum, Repräsentanten des herrschenden Unternehmens im Aufsichtsrat der abhängigen Gesellschaft in die Pflicht zu nehmen, die die im Abhängigkeitsbericht darzustellenden Verhältnisse häufig aus eigener Anschauung kennen und die Richtigkeit des Abhängigkeitsberichts infolgedessen oftmals besonders gut beurteilen können.[2] Deren Bereitschaft zur pflichtgemäßen Wahrnehmung ihrer Mitverantwortung dürfte insbesondere durch die ansonsten drohende Haftung nach § 318 Abs. 2 gefördert werden, die freilich in der Praxis oftmals nur in der Insolvenz der abhängigen Gesellschaft Bedeutung erlangen wird.[3] Die in Abs. 2 vorgesehene Berichtspflicht an die Hauptversammlung sorgt überdies für eine (**beschränkte**) **Publizität** des Prüfungsergebnisses und des Bestätigungsvermerks oder seiner Versagung, was insbes. Anknüpfungspunkt für eine Sonderprüfung nach § 315 Abs. 1 Nr. 2 sein kann.[4]

B. Vorlage an den Aufsichtsrat (Abs. 1 S. 1)

Nach § 314 Abs. 1 S. 1 hat der Vorstand den Bericht über die Beziehungen zu verbundenen Unternehmen **unverzüglich**, dh ohne schuldhaftes Zögern (§ 121 Abs. 1 S. 1 BGB) nach der Aufstellung dem Aufsichtsrat vorzulegen. Auf die Beendigung der Abschlussprüfung und die Vorlage des Prüfungsberichts muss und darf nicht gewartet werden.[5] Dieser ist dem Aufsichtsrat gemäß § 313 Abs. 2 S. 3 unmittelbar durch den Prüfer zuzuleiten.

Zur Vorlage verpflichtet ist der Vorstand als Organ, der hierüber durch einfachen Mehrheitsbeschluss entscheidet.[6] Die Vorlagepflicht kann mittels eines Zwangsgeldes nach § 407 durchgesetzt werden.

Empfänger ist der Aufsichtsrat als Organ. Für ihn nimmt regelmäßig der Vorsitzende den Bericht entgegen, der ihn dann an sämtliche Mitglieder bzw im Falle des Abs. 1 S. 2 an die Ausschussmitglieder weiterleitet. Es spricht aber nichts dagegen, dass der Vorstand das Dokument den einzelnen Aufsichtsrats- oder Ausschussmitgliedern direkt zukommen lässt.[7]

C. Informationsfluss im Aufsichtsrat (Abs. 1 S. 2)

I. Übermittlung von Abhängigkeitsbericht und Prüfbericht. Nach § 314 Abs. 1 S. 2 sind der Abhängigkeitsbericht und der Prüfbericht jedem Aufsichtsratsmitglied zu übermitteln. Übermittlung in elektronischer Form, insbesondere Weiterleitung der Berichte per e-mail, reicht.[8] Der Aufsichtsrat kann aber auch beschließen, dass die Berichte nur den Mitgliedern eines Ausschusses übermittelt werden, § 314 Abs. 1, S. 2, 2. Hs Dies eröffnet die Möglichkeit, einer Weitergabe vertraulicher Dokumente entgegenzuwirken.[9]

---

1 Vgl *Kropff*, Begr. RegE AktG 1965, S. 416; *Hüffer*, Rn 1.
2 Vgl *Kropff*, Begr. RegE AktG 1965, S. 416.
3 Vgl Emmerich/Habersack/*Habersack*, Rn 2.
4 K. Schmidt/Lutter/*J. Vetter*, Rn 3; Emmerich/Habersack/*Habersack*, Rn 2.
5 Spindler/Stilz/*H.-F. Müller*, Rn 3; Emmerich/Habersack/*Habersack*, Rn 4; *Hüffer*, Rn 2.
6 Spindler/Stilz/*H.-F. Müller*, Rn 4; Emmerich/Habersack/*Habersack*, Rn 5.
7 Emmerich/Habersack/*Habersack*, Rn 5; Spindler/Stilz/*H.-F. Müller*, Rn 5.
8 Spindler/Stilz/*H.-F. Müller*, Rn 6.
9 Vgl Emmerich/Habersack/*Habersack*, Rn 6.

6 **II. Recht zur Einsichtnahme.** Von der Übermittlung des Abhängigkeitsberichts und des Prüfungsberichts zu unterscheiden ist das Recht zur Einsichtnahme in diese. Dieses Recht steht **jedem Aufsichtsratmitglied** zu, auch wenn die Übermittlung der Berichte auf die Mitglieder eines Ausschusses beschränkt wurde. Das ist trotz Fehlens einer entsprechenden Regelung allgemein anerkannt.[10] Die sachliche Notwendigkeit dieses Einsichtsrechts folgt aus der Mitverantwortlichkeit eines jeden Aufsichtsratsmitgliedes für die ordnungsgemäße Prüfung des Berichts,[11] aus seiner Mitwirkung an der Beschlussfassung über die Stellungnahme des Aufsichtsrates, was beides Kenntnis des Abhängigkeitsberichts voraussetzt, sowie aus dem Haftungsrisiko des § 318 Abs. 2. Methodisch lässt sich das Einsichtsrecht durch Analogie zu denn §§ 90 Abs. 5 S. 1, 170 Abs. 3 S. 1 begründen.[12] Das Einsichtsrecht eines jeden Aufsichtsratsmitgliedes ist **zwingend**, es kann weder durch die Satzung der Gesellschaft noch durch die Geschäftsordnung des Aufsichtsrates oder durch einen Aufsichtsratsbeschluss eingeschränkt werden.[13] Korrelat des Einsichtsrechts ist die Verschwiegenheitspflicht der Aufsichtsratsmitglieder, § 116 S. 1 iVm 93 Abs. 1 S. 3.

D. Prüfung durch den Aufsichtsrat (Abs. 2 S. 1)

7 Nach § 314 Abs. 2 S. 1 hat der Aufsichtsrat den Abhängigkeitsbericht zu prüfen. Adressat der Prüfungspflicht ist der **Aufsichtsrat als Gesamtorgan**.[14] Nur vorbereitende Maßnahmen, nicht hingegen die Prüfung und Beschlussfassung selbst können einem Ausschuss überantwortet werden, § 107 Abs. 3 S. 3.[15]

8 In inhaltlicher Hinsicht hat der Aufsichtsrat den Abhängigkeitsbericht vollumfänglich auf seine **Richtigkeit und Vollständigkeit** zu prüfen; die für den Abschlussprüfer in § 313 Abs. 1 S. 2 vorgesehenen Beschränkungen gelten für ihn nicht.[16]

9 Hinsichtlich der **Intensität der Prüfung** gelten ähnliche Leitlinien wie beim Jahresabschluss (§ 171):[17] Die Aufsichtsratsmitglieder haben den Abhängigkeitsbericht unter Berücksichtigung des Berichts des Abschlussprüfers, ihres eigenen Wissens und ihrer Erfahrung sorgfältig durchzuarbeiten und sich kritisch damit auseinanderzusetzen.[18] Dabei haben sie auch außerhalb ihrer Tätigkeit als Aufsichtsratsmitglied der abhängigen Gesellschaft erworbenes Sonderwissen einzusetzen.[19] Das gilt auch und insbesondere für Repräsentanten des herrschenden Unternehmens die aus ihrer Tätigkeit für dieses über Sonderwissen hinsichtlich der Verbundbeziehungen verfügen.[20] Eigene Recherchen brauchen die Aufsichtsratsmitglieder ohne besondere Anhaltspunkte hingegen nicht durchzuführen.[21] Allerdings hat der Aufsichtsrat als Ausfluss seiner Überwachungspflicht schon während des laufenden Geschäftsjahres darauf zu achten und ggf darauf hinzuwirken, dass der Vorstand seiner Pflicht zur Erfassung und Dokumentation sämtlicher berichtspflichtiger Vorgänge ordnungsgemäß nachkommt.[22] Ergeben sich bei der Prüfung Bedenken und Anhaltspunkte für Beanstandungen, so haben die Aufsichtsratsmitglieder diesen nachzugehen.[23]

10 Eine **höhere Prüfungsintensität** ist tendenziell angezeigt, wenn keine Prüfung nach § 313 stattgefunden hat, so dass die Prüfung des Abhängigkeitsberichts alleine dem Aufsichtsrat obliegt.[24] Hier kann es geboten sein, dass der Aufsichtsrat einzelne seiner Mitglieder oder besondere Sachverständige mit Prüfungshandlungen nach § 111 Abs. 2 S. 2 betraut.[25] Besondere Wachsamkeit ist zudem geboten, wenn sich aus dem Bericht ergibt oder anderweitig bekannt ist, dass die Auswirkungen von Einflussnahmen des herrschenden Unternehmens schwer zu überschauen sind.[26]

E. Bericht an die Hauptversammlung (Abs. 2)

11 Nach § 314 Abs. 2 hat der Aufsichtsrat im Rahmen seines nach § 171 Abs. 2 ohnehin zu erstattenden Berichts auch über das Ergebnis seiner Prüfung des Abhängigkeitsberichts des Vorstands zu berichten. Es gelten die §§ 171 Abs. 3, 175 Abs. 2 und 176 Abs. 1 S. 2. Der Bericht ist also innerhalb eines Monats nach Zugang der Vorlagen dem Vorstand zuzuleiten und von der Einberufung der Hauptversammlung an auszu-

---

10 Vgl Emmerich/Habersack/*Habersack*, Rn 7.
11 Vgl Spindler/Stilz/*H.-F. Müller*, Rn 6; MüKo-AktG/*Altmeppen*, Rn 16.
12 Vgl K.Schmidt/Lutter/*J. Vetter*, Rn 7; Spindler/Stilz/*H.-F. Müller*, Rn 6; KK-AktG/*Koppensteiner*, Rn 4.
13 Emmerich/Habersack/*Habersack*, Rn 8.
14 K. Schmidt/Lutter/*J. Vetter*, Rn 10; Grigoleit/*Grigoleit*, Rn 5.
15 Vgl auch K. Schmidt/Lutter/*J. Vetter*, Rn 10.
16 Unstreitig, vgl MüKo-AktG/*Altmeppen*, Rn 18; K. Schmidt/Lutter/*J. Vetter*, Rn 11; *Kropff*, Begr. RegE AktG 1965, S. 416.
17 K. Schmidt/Lutter/*J. Vetter*, Rn 12; MüKo-AktG/*Altmeppen*, Rn 20.
18 Spindler/Stilz/*H.-F. Müller*, Rn 7; K. Schmidt/Lutter/*J. Vetter*, Rn 12.
19 K. Schmidt/Lutter/*J. Vetter*, Rn 13; MüKo-AktG/*Altmeppen*, Rn 24.
20 MüKo-AktG/*Altmeppen*, Rn 24; Grigoleit/*Grigoleit*, Rn 5.
21 K.Schmidt/Lutter/*J. Vetter*, Rn 12; Hölters/*Leuering/Goertz*, Rn 22.
22 Emmerich/Habersack/*Habersack*, Rn 13 aE.
23 Grigoleit/*Grigoleit*, Rn 5; näher dazu MüKo-AktG/*Altmeppen*, Rn 22; Hölters/*Leuering/Goertz*, Rn 24.
24 Richtig MüKo-AktG/*Altmeppen*, Rn 23.
25 MüKo-AktG/*Altmeppen*, Rn 23.
26 MüKo-AktG/*Altmeppen*, Rn 21.

legen und den Aktionären auf Verlangen zu übermitteln. Der Vorsitzende des Aufsichtsrates hat den Bericht in der Hauptversammlung zu erläutern.

Inhaltlich hat der Bericht des Aufsichtsrates zunächst das Ergebnis der Prüfung des Abhängigkeitsberichts durch den Aufsichtsrat zu enthalten.[27] Hat der Vorstand keinen Abhängigkeitsbericht erstellt, obwohl er dies nach Auffassung des Aufsichtsrates hätte tun müssen, so ist hierüber zu berichten.[28] Darüber hinaus hat der Aufsichtsrat zum Ergebnis der Prüfung des Abhängigkeitsberichts durch den Abschlussprüfer Stellung zu nehmen, § 314 Abs. 2 S. 2. Zudem ist ein vom Abschlussprüfer erteilter Bestätigungsvermerk wörtlich[29] wiederzugeben bzw seine Versagung ausdrücklich mitzuteilen, § 314 Abs. 2 S. 3. So erfahren die Aktionäre, ob die Voraussetzungen für eine Sonderprüfung nach § 315 S. 1 Nr. 1 vorliegen.

F. Schlusserklärung (Abs. 3)

Nach § 314 Abs. 3 hat der Aufsichtsrat am Schluss des Berichts zu erklären, ob Einwendungen gegen die Schlusserklärung des Vorstands im Abhängigkeitsbericht bestehen. Ist dies nach der Erklärung des Aufsichtsrats der Fall, so eröffnet dies den Aktionären ein Sonderprüfungsrecht nach § 315 S. 1 Nr. 2. Unwesentliche Mängel sind zwar in den Bericht des Aufsichtsrats aufzunehmen, müssen aber nicht zu einer das Sonderprüfungsrecht begründenden Einwendung nach § 314 Abs. 3 führen.[30]

G. Teilnahme- und Berichtspflicht des Abschlussprüfers (Abs. 4)

Bei prüfungspflichtigen Gesellschaften hat nach § 314 Abs. 4 der Abschlussprüfer an den Verhandlungen des Aufsichtsrates oder des zuständigen Ausschusses über den Abhängigkeitsbericht teilzunehmen und über das Ergebnis seiner Prüfung zu berichten. Die Regelung entspricht § 171 Abs. 1 S. 2 und ist zwingend.[31] Der Abschlussprüfer ist auch zu ergänzender mündlicher Berichterstattung verpflichtet.[32]

H. Sanktionen

Aufsichtsratsmitglieder, die ihre Pflichten aus § 314 verletzen, machen sich nach Maßgabe des § 318 Abs. 2 **schadensersatzpflichtig**. Darüber hinaus können Mängel des Berichts zur **Anfechtbarkeit der Entlastung** der Aufsichtsratsmitglieder führen.[33] Ein Verstoß gegen die Vorstandspflicht zur unverzüglichen Vorlage des Abhängigkeitsberichts an den Aufsichtsrat (Rn 2) kann zudem gemäß § 407 Abs. 1 durch Festsetzung eines Zwangsgeldes sanktioniert werden.

§ 315 Sonderprüfung

¹Auf Antrag eines Aktionärs hat das Gericht Sonderprüfer zur Prüfung der geschäftlichen Beziehungen der Gesellschaft zu dem herrschenden Unternehmen oder einem mit ihm verbundenen Unternehmen zu bestellen, wenn
1. der Abschlußprüfer den Bestätigungsvermerk zum Bericht über die Beziehungen zu verbundenen Unternehmen eingeschränkt oder versagt hat,
2. der Aufsichtsrat erklärt hat, daß Einwendungen gegen die Erklärung des Vorstands am Schluß des Berichts über die Beziehungen zu verbundenen Unternehmen zu erheben sind,
3. der Vorstand selbst erklärt hat, daß die Gesellschaft durch bestimmte Rechtsgeschäfte oder Maßnahmen benachteiligt worden ist, ohne daß die Nachteile ausgeglichen worden sind.

²Liegen sonstige Tatsachen vor, die den Verdacht einer pflichtwidrigen Nachteilszufügung rechtfertigen, kann der Antrag auch von Aktionären gestellt werden, deren Anteile zusammen den Schwellenwert des § 142 Abs. 2 erreichen, wenn sie glaubhaft machen, dass sie seit mindestens drei Monaten vor dem Tage der Antragstellung Inhaber der Aktien sind. ³Über den Antrag entscheidet das Landgericht, in dessen Bezirk die Gesellschaft ihren Sitz hat. ⁴§ 142 Abs. 8 gilt entsprechend. ⁵Gegen die Entscheidung ist die Be-

---

27 LG Berlin DB 2005, 1320.
28 K. Schmidt/Lutter/*J. Vetter*, Rn 16 aE; Emmerich/Habersack/*Habersack*, Rn 15; Spindler/Stilz/*H. F. Müller*, Rn 11 aE.
29 BGH, ZIP 2003, 387, 389; LG München ZIP 2001, 1415,1417; MüKo-AktG/*Altmeppen*, Rn 26; K. Schmidt/Lutter/*J. Vetter*, Rn 16.
30 Emmerich/Habersack/*Habersack*, Rn 16.
31 *Hüffer*, Rn 7.
32 *Hüffer*, Rn 7.
33 BGHZ 153, 47, 50 ff; BGHZ 62, 193, 194 f; OLG Dresden, AG 2003, 433, 435 f; Spindler/Stilz/*H. F. Müller*, Rn 13.

schwerde zulässig. ⁶Hat die Hauptversammlung zur Prüfung derselben Vorgänge Sonderprüfer bestellt, so kann jeder Aktionär den Antrag nach § 142 Abs. 4 stellen.

Literatur:
Krag, Konzepte für die Durchführung von Sonderprüfungen gemäß § 315 AktG, BB 1988, 1850; *Noack*, Die konzernrechtliche Sonderprüfung nach § 315 AktG, WPg 1994, 225; *U.H. Schneider*, Die aktienrechtliche Sonderprüfung im Konzern, AG 2008, 305.

A. Überblick 1	2. Materielle Voraussetzung 9
I. Regelungsgegenstand und Regeldungszweck ... 1	C. Gerichtliches Verfahren (S. 3 bis 5) 10
II. Verhältnis zu §§ 142 ff 3	D. Gerichtliche Bestellung eines anderen Sonderprüfers (S. 6) 12
B. Voraussetzungen 4	E. Gegenstand und Durchführung der Sonderprüfung 16
I. Sonderprüfung nach S. 1 4	I. Gegenstand der Prüfung 16
1. Antrag 4	II. Durchführung der Prüfung 19
2. Materielle Voraussetzung 6	F. Prüfbericht, Publizität 20
II. Sonderprüfung nach S. 2 7	
1. Antrag 8	

A. Überblick

1 **I. Regelungsgegenstand und Regeldungszweck.** § 315 S. 1 gewährt jedem Aktionär der abhängigen Gesellschaft das Recht, bei Vorliegen bestimmter formalisierter Voraussetzungen eine Sonderprüfung der geschäftlichen Beziehungen zum herrschenden Unternehmen oder einem mit ihm verbundenen Unternehmen zu initiieren. § 315 S. 2 gewährt einer qualifizierten Minderheit von Aktionären das gleiche Recht, soweit unabhängig von den formalisierten Tatbeständen des Satzes 1 der Verdacht einer pflichtwidrigen Nachteilszufügung besteht. Schließlich räumt Satz 6 jedem Aktionär das Recht ein, einen Antrag nach § 142 Abs. 4 auf gerichtliche Ersetzung eines durch die – regelmäßig vom herrschenden Unternehmen dominierte – Hauptversammlung bestellten Sonderprüfers zu stellen.

2 Die Regelung des § 315 soll die Aufdeckung von Verstößen gegen § 311 und die Durchsetzung von Schadensersatzansprüchen aus §§ 317, 318 erleichtern.[1] Für die Geltendmachung dieser Ansprüche kommen in der Praxis allenfalls außenstehende Aktionäre und Gläubiger der abhängigen Gesellschaft in Betracht. Von ihnen kann ein Tätigwerden aber nur erwartet werden, wenn ihnen die für einen schlüssigen und substantiierten Sachvortrag erforderlichen Informationen zugänglich sind.[2] Indessen sind der Abhängigkeitsbericht und der Prüfungsbericht des Abschlussprüfers nicht offenlegungspflichtig (siehe Rn 58 zu § 312 und Rn 24 zu § 313), so dass außenstehende Aktionäre und Gläubiger keine Kenntnis von darin eventuell dokumentierten Beanstandungen erhalten. Nach außen verlautbart werden lediglich die abschließende Erklärung des Vorstands zum Abhängigkeitsbericht (§ 312 Abs. 3) sowie die Erklärungen des Abschlussprüfers (§ 313 Abs. 3 und 4) und des Aufsichtsrats (§ 314 Abs. 3) über die Prüfung des Abhängigkeitsberichts. Aus diesen Erklärungen ergeben sich aber regelmäßig nicht schon alle für die Begründung eines Anspruchs nach § 317 erforderlichen Tatsachen.[3] Diesem **Informationsdefizit** (vgl auch § 317 Rn 2) soll § 315 **entgegenwirken**, indem er es den Aktionären ermöglicht, eine Überprüfung der Verbundbeziehungen durch einen Sonderprüfer durchzusetzen.[4] Dessen Sonderprüfungsbericht ist nach § 145 Abs. 6 S. 3 zum Handelsregister einzureichen, wo er gemäß § 9 HGB für jedermann und mithin auch für die zur Geltendmachung der Ansprüche aus §§ 317, 318 befugten Gläubiger (vgl §§ 317 Abs. 4, 318 Abs. 4, 309 Abs. 4 S. 3) einsehbar ist. Den Aktionären muss zudem, soweit sie dies verlangen, nach § 145 Abs. 6 S. 4 eine Abschrift des Prüfungsberichts überlassen werden. Mittelbar mag die durch § 315 eröffnete Möglichkeit der Informationsbeschaffung zudem dazu beitragen, dass die Vorgaben des § 311 von vornherein eingehalten werden.[5] Insoweit mag der Vorschrift eine gewisse **präventive Wirkung** zukommen,[6] die allerdings nicht überschätzt werden sollte.

3 **II. Verhältnis zu §§ 142 ff.** Bei den Sonderprüfungstatbeständen des § 315 handelt es sich um **spezielle Ausformungen der allgemeinen Sonderprüfung** nach den §§ 142 ff.[7] Die Vorschriften der §§ 142 ff bleiben daher insoweit anwendbar, als § 315 keine Spezialregelung enthält.[8] § 315 sieht aber im Vergleich zu § 142 ff **diverse Erleichterungen** für den Antragsteller vor: So ist gemäß § 315 S. 1 jeder Aktionär unabhängig von der Höhe seines Anteilsbesitzes antragsberechtigt. Zudem bedarf es hier nicht der Darlegung eines „Ver-

---

1 BGHZ 135, 107, 109 f; OLG Hamm, ZIP 2000, 1299; Emmerich/Habersack/*Habersack*, Rn 2; *Hüffer*, Rn 1; Hölters/*Leuering/Goertz*, Rn 3.
2 Richtig KölnKomm-AktG/*Koppensteiner*, Rn 1.
3 Vgl MüKo-AktG/*Altmeppen*, Rn 2.
4 Hölters/*Leuering/Goertz*, Rn 3.
5 Vgl MüKo-AktG/*Altmeppen*, Rn 4.
6 *Hüffer*, Rn 1; Emmerich/Habersack/*Habersack*, Rn 2.
7 Vgl OLG München ZIP 2011, 1364, 1365; OLG Stuttgart, AG 2010, 717, 718; Emmerich/Habersack/*Habersack*, Rn 3.
8 Emmerich/Habersack/*Habersack*, Rn 3; MüKo-AktG/*Altmeppen*, Rn 8; Spindler/Stilz/*H. F. Müller*, Rn 3.

dachts" einer pflichtwidrigen Nachteilszufügung. Vielmehr enthalten S. 1 Nr. 1-3 gewissermaßen typisierte Verdachtstatbestände.[9] Darüber hinaus ist nach § 315 abweichend von § 142 Abs. 2 kein dem gerichtlichen Antrag vorausgehender ablehnender Hauptversammlungsbeschluss erforderlich. Schließlich unterscheiden sich die §§ 315, 142 auch hinsichtlich des Prüfungsgegenstandes.[10] Die §§ 142 ff finden allerdings nicht nur subsidiär, sondern auch neben § 315 Anwendung.[11]

B. Voraussetzungen

I. Sonderprüfung nach S. 1. 1. Antrag. Einen Antrag nach § 315 S. 1 kann **jeder Aktionär** unabhängig von der Höhe seines Anteilsbesitzes stellen. Eine Aktie reicht also.[12] Anders als § 142 Abs. 2, 315 S. 2 sieht § 315 S. 1 auch **keine Mindestbesitzzeit** vor.[13] Ebensowenig bedarf es einer Hinterlegung der Aktien oder eines Nachweises des Fortdauerns des Aktienbesitzes bis zur Entscheidung über den Antrag, wie § 142 Abs. 2 S. 2 ihn fordert.[14] Da der Antragsteller aber seine Antragsbefugnis verliert, wenn er nach Antragstellung sämtliche Aktien an der abhängigen Gesellschaft veräußert,[15] bietet es sich für die Praxis an, dem Antrag von vornherein eine Bestätigung der Depotbank mit Sperrvermerk für die Dauer des Verfahrens bezüglich einer Aktie beizufügen.[16] **Gesellschaftsgläubiger** haben kein Antragsrecht,[17] weshalb § 315 bei der Einmann-Gesellschaft leer läuft.[18]

Die **Begründung des Antrags** kann sich in der Darlegung eines der Tatbestände des S. 1 Nr. 1-3 erschöpfen.[19] Eine **Frist** für die Antragstellung sieht § 315 S. 1 nicht vor. Sind mögliche Ansprüche nach §§ 317, 318 evident verjährt, ist der Antrag nach Sinn und Zweck des § 315 allerdings unzulässig;[20] es fehlt am Rechtsschutzbedürfnis. Eine vorherige Verwirkung des Antragsrechts nach S. 1 kommt in aller Regel nicht in Betracht.[21]

2. Materielle Voraussetzung. Ein Antrag nach § 315 S. 1 ist begründet, wenn einer der in Nr. 1-3 genannten typisierten Verdachtstatbestände vorliegt. Diese Voraussetzung ist formal zu verstehen.[22] Es kommt allein auf das **Vorliegen einer der im Gesetz genannten Erklärungen** an. Ob sie zu Recht abgegeben wurde, hat das Gericht nicht zu prüfen.[23] Bei Vorliegen einer der in S. 1 Nr. 1–3 genannten Erklärungen hat das Gericht die Sonderprüfung anzuordnen, ein Ermessen besteht nicht.[24]

II. Sonderprüfung nach S. 2. Die Vorschrift des § 315 S. 2 gewährt einer qualifizierten Minderheit von Aktionären das Recht, auch unabhängig vom Vorliegen der Voraussetzungen des S. 1 die gerichtliche Bestellung von Sonderprüfern zu beantragen, wenn sonstige Tatsachen vorliegen, die den Verdacht einer pflichtwidrigen Nachteilszufügung rechtfertigen. Damit werden die in der Praxis bislang kaum relevanten formalisierten Tatbestände des S. 1 zum Zwecke der Effektuierung des Sonderprüfungsrechts durch eine Generalklausel ergänzt.[25] Entgegen dem missverständlichen Wortlaut des Satzes 2 begründet das Vorliegen entsprechender Verdachtstatsachen nicht erst die Antragsbefugnis, sondern zusammen mit dem von einer qualifizierten Minderheit gestellten Antrag das Recht auf gerichtliche Bestellung eines Sonderprüfers.[26]

1. Antrag. Anders als der Antrag nach S. 1 kann derjenige nach S. 2 nicht von jedem Aktionär, sondern nur von Aktionären gestellt werden, deren Anteile den **Schwellenwert des § 142 Abs. 2** und damit 1 % des Grundkapitals oder einen anteiligen Betrag von 100.000 EUR erreichen. Unerheblich ist, ob dieses Quorum von einem Aktionär allein oder von mehreren gemeinsam erreicht wird.[27] Auch Vorzugsaktien oder aus sonstigen Gründen, etwa nach §§ 71 b, 134 vom Stimmrecht ausgeschlossene Aktien sind zu berücksichtigen und zwar sowohl bei der Berechung des Quorums als auch im Rahmen des Grundkapitals.[28] Wie § 142 Abs. 2, so fordert auch § 315 S. 2 eine **Vorbesitzzeit von mindestens drei Monaten**. Diese ist vom Tag der Antragstellung zurückzurechnen; die Berechnung erfolgt nach §§ 187 Abs. 1, 188 Abs. 2 BGB.[29] Der Vorbesitz ist glaubhaft zu machen. Hierfür genügt analog § 258 Abs. 2 S. 5 eine eidesstattliche Versiche-

---

9   Vgl Schmidt/Lutter/*J. Vetter*, Rn 5.
10 Vgl Emmerich/Habersack/*Habersack*, Rn 3.
11 Näher hierzu Emmerich/Habersack/*Habersack*, Rn 3.
12 Emmerich/Habersack/*Habersack*, Rn 7.
13 MüKo-AktG/*Altmeppen*, Rn 16.
14 Emmerich/Habersack/*Habersack*, Rn 7.
15 Emmerich/Habersack/*Habersack*, Rn 7.
16 Emmerich/Habersack/*Habersack*, Rn 7.
17 K. Schmidt/Lutter/*J. Vetter*, Rn 8; Emmerich/Habersack/*Habersack*, Rn 7.
18 K. Schmidt/Lutter/*J. Vetter*, Rn 8; Emmerich/Habersack/*Habersack*, Rn 7.
19 Emmerich/Habersack/*Habersack*, Rn 8.
20 Siehe Emmerich/Habersack/*Habersack*, Rn 8; Spindler/Stilz/*H.-F. Müller*, Rn 8.
21 Richtig Emmerich/Habersack/*Habersack*, Rn 8; KölnKomm-AktG/*Koppensteiner*, Rn 8, aA Noack Wpg 1994, 225, 234 f.
22 MüKo-AktG/*Altmeppen*, Rn 11.
23 MüKo-AktG/*Altmeppen*, Rn 11; Emmerich/Habersack/*Habersack*, Rn 5; Spindler/Stilz/*H.-F. Müller*, Rn 5.
24 Vgl MüKO-AktG/*Altmeppen*, Rn 22; K. Schmidt/Lutter/*J. Vetter*, Rn 9.
25 Emmerich/Habersack/*Habersack*, Rn 9.
26 *Hüffer*, Rn 3 a; Emmerich/Habersack/*Habersack*, Rn 9.
27 Emmerich/Habersack/*Habersack*, Rn 11.
28 Vgl Emmerich/Habersack/*Habersack*, Rn 11; *Hüffer*, Rn 3 b.
29 Emmerich/Habersack/*Habersack*. Rn 12; *Hüffer*, Rn 3 b.

rung vor einem Notar.[30] Analog § 142 Abs. 2 S. 2 soll nach hM zudem nachzuweisen sein, dass der geforderte Mindestanteilsbesitz bis zur Entscheidung über den Antrag fortbesteht.[31] Folgt man dem, so kann der Nachweis analog § 258 Abs. 2 S. 4, Hs 1 durch Hinterlegung der Aktien, durch eine Depotbestätigung mit Sperrvermerk oder durch eine am Ende des Verfahrens ausgestellte und auf den zurückliegenden Zeitraum bezogene Depotbestätigung erfolgen.[32] Auch der Antrag nach S. 2 unterliegt keiner **Frist**, so dass er bis zum Ablauf der Verjährung etwaiger Ansprüche aus §§ 317, 318 gestellt werden kann[33] und zwar auch, wenn die Beherrschung schon zuvor geendet hat.

9 **2. Materielle Voraussetzung.** Materiell erfordert § 315 S. 2 das Vorliegen von Tatsachen, die den **Verdacht einer pflichtwidrigen Nachteilszufügung** rechtfertigen. Der Antragsteller muss substantiiert behaupten, dass das herrschende Unternehmen die abhängige Gesellschaft zu einer ihr nachteiligen Maßnahme veranlasst hat.[34] Begründet die für die abhängige Gesellschaft nachteilige Maßnahme zugleich einen Vorteil für das herrschende Unternehmen, so streitet eine Vermutung für die Veranlassung durch dieses.[35] Es reicht also für die Darlegung der Veranlassung aus, wenn der Antragsteller zum Nachteil der abhängigen Gesellschaft und zum korrespondierenden Vorteil des herrschenden Unternehmens vorträgt. Streitig ist, ob der Antragsteller auch substantiiert zum Ausbleiben eines Nachteilsausgleichs vortragen muss. Richtigerweise ist dies zu verneinen,[36] zumal ein (außenstehender) Aktionär zu einem solchen Vortrag in aller Regel mangels Kenntnis des Abhängigkeitsberichts und der Gesellschaftsinterna schlicht nicht in der Lage ist,[37] wenn nicht ohnehin einer der in S. 1 genannten Tatbestände, insbesondere Nr. 3, vorliegt. Auch hinsichtlich des Vorliegens eines nachteiligen Rechtsgeschäfts oder einer nachteiligen Maßnahme können (außenstehende) Aktionäre mangels Einblicks in die Gesellschaftsinterna zumeist nur öffentlich bekannte Anhaltspunkte vortragen. Deshalb dürfen auch insoweit keine überhöhten Anforderungen an die Substantiierungslast gestellt werden,[38] wenn die Regelung des § 315 S. 2 in der Praxis nicht völlig leerlaufen soll. Insoweit ist zu bedenken, dass § 315 gerade die Informationsdefizite außenstehender Aktionäre im Hinblick auf die Tatbestandsvoraussetzungen eines Anspruchs nach § 317 beheben soll (siehe Rn 2) und dass S. 2 durch das KonTraG[39] gerade deshalb eingefügt wurde, um dem Sonderprüfungsrecht des § 315 trotz der bisherigen Bedeutungslosigkeit des Satzes 1 zur praktischen Wirksamkeit zu verhelfen.[40] Diese gesetzgeberische Zielsetzung darf nicht durch überzogene Substantiierungsanforderungen hinsichtlich der Verdachtstatsachen zunichte gemacht werden. Deshalb reicht es aus, wenn der Antragsteller **greifbare Anhaltspunkte** vorträgt, aufgrund derer nach Auffassung des Gerichts eine gewisse Wahrscheinlichkeit[41] für das Vorliegen einer pflichtwidrigen Nachteilszufügung spricht oder die das Gericht zur Amtsermittlung nach § 26 FamFG veranlassen.[42] Als Maßnahme der Amtsermittlung kommt insbesondere eine Aufforderung zur Vorlage des Abhängigkeitsberichts des Vorstands sowie der Berichte des Abschlussprüfers und des Aufsichtsrates in Betracht.[43] Hingegen braucht der Antragsteller seine Tatsachenbehauptungen nicht glaubhaft zu machen oder gar zu beweisen.[44] „Sonstige Tatsachen" iSd Satzes 2 sind alle außer den in S. 1 genannten.[45] Jedoch schließt der Antrag nach S. 2 bei entsprechendem Vorbringen denjenigen nach S. 1 ein.[46]

C. Gerichtliches Verfahren (S. 3 bis 5)

10 Das gerichtliche Verfahren wird durch einen entsprechenden **Antrag** in Gang gesetzt. Zuständig ist das Landgericht (ggf Kammer für Handelssachen, § 95 Abs. 2 Nr. 2 GVG) am Sitz (§ 5) der Gesellschaft, § 315 S. 3.[47] Nach § 71 Abs. 4 GVG sind die Landesregierungen ermächtigt, durch Rechtsverordnung die Entscheidung in Verfahren nach § 315 einem Landgericht für die Bezirke mehrerer Landgerichte zu übertragen (Zuständigkeitskonzentration).

---

30 Emmerich/Habersack/*Habersack*, Rn 12; *Hüffer*, Rn 3 b; Spindler/Stilz/*H.-F. Müller*, Rn 6.
31 LG Münster AG 2001, 54; *Hüffer*, Rn 3 b, aA mit beachtlichen Argumenten K. Schmidt/Lutter/*J. Vetter*, Rn 14.
32 *Hüffer*, Rn 3 b; Emmerich/Habersack/*Habersack*, Rn 12.
33 Emmerich/Habersack/*Habersack*, Rn 13; Spindler/Stilz/*H.-F. Müller*, Rn 8; *Hüffer*, Rn 3 c.
34 Vgl MüKo-AktG/*Altmeppen*, Rn 18.
35 MüKo-AktG/*Altmeppen*, Rn 18.
36 Eingehend KölnKomm-AktG/*Koppensteiner*, Rn 6.
37 Zutreffend KölnKomm-AktG/*Koppensteiner*, Rn 6.
38 AA K. Schmidt/Lutter/*J. Vetter*, Rn 11.
39 Gesetz zur Kontrolle und Transparenz im Unternehmensbereich, BGBl. 1998 1, S. 768 ff.
40 Vgl MüKo-AktG/*Altmeppen*, Rn 6 f.
41 Zu den Anforderungen an den Tatsachenvortrag iRd § 315 S. 2 siehe OLG München, ZIP 2011, 1364, 1365 und OLG Stuttgart, NZG 2010, 864, 865.
42 Zu Letzterem: Emmerich/Habersack/*Habersack*, Rn 10; *Hüffer*, Rn 3 c.
43 *Walchner*, Voraufl., Rn 9.
44 Allgem. Meinung, siehe etwa Emmerich/Habersack/*Habersack*, Rn 10; KölnKomm-AktG/*Koppensteiner*, Rn 6; *Hüffer*, Rn 3 c; K. Schmidt/Lutter/*J. Vetter*, Rn 11.
45 Emmerich/Habersack/*Habersack*, Rn 10.
46 Emmerich/Habersack/*Habersack*, Rn 10; *Hüffer*, Rn 3 c; Spindler/Stilz/*H.-F. Müller*, Rn 7.
47 *Hüffer*, Rn 4; MüKo-AktG/*Altmeppen*, Rn 21; Emmerich/Habersack/*Habersack*, Rn 15; MüHb-AG/*Krieger*, § 69 Rn 100.

Auf das gerichtliche Verfahren sind gemäß § 315 S. 4 iVm § 142 Abs. 8 vorbehaltlich besonderer Regelungen die **Vorschriften des FamFG anwendbar**. Das Gericht entscheidet durch Beschluss, der mit Gründen zu versehen ist (§ 38 Abs. 3 S. 1 FamFG).[48] Entsprechend § 142 Abs. 5 S. 1 sind vor der Entscheidung der Antragsteller und die Gesellschaft als Beteiligte und zudem der Aufsichtsrat der Gesellschaft anzuhören.[49] § 142 Abs. 7 gilt entsprechend.[50] Die Entscheidung des Gerichts ist gemäß § 315 S. 5 mit der Beschwerde nach § 58 FamFG innerhalb einer Frist von einem Monat (§ 63 FamFG) anfechtbar. Rechtsbeschwerde ist nur statthaft, wenn sie zugelassen wurde, § 70 Abs. 1 FamFG. Wird dem Antrag auf Bestellung eines Sonderprüfers stattgegeben, so hat das Gericht den Sonderprüfer namentlich zu bezeichnen. Es bietet sich aus Sicht des Antragsteller an, bereits in dem Antrag einen Sonderprüfer zu benennen. Das Gericht kann allerdings von dem Antrag abweichen und überdies – falls erforderlich – auch mehrere Sonderprüfer bestellen. Die für die Auswahl des Sonderprüfers erforderlichen Qualifikationen ergeben sich aus § 143.[51] Die Einschränkungen des § 143 Abs. 2 (Bestellungshindernisse nach § 319 ff HGB) sind zu beachten. Nicht bestellt werden darf auch der mit der Prüfung des Abhängigkeitsberichts Beauftragte.[52] Die Kostentragung richtet sich nach § 146.

D. Gerichtliche Bestellung eines anderen Sonderprüfers (S. 6)

Auch im Anwendungsbereich des § 315 bleibt es möglich, dass die **Hauptversammlung** nach § 142 Abs. 1 einen Sonderprüfer zu einem völlig oder teilweise identischen Prüfungsgegenstand wie dem von § 315 erfassten bestellt. Ist dies geschehen, so kann gemäß § 315 S. 6 jeder Aktionär einen Antrag nach § 142 Abs. 4 auf gerichtliche Bestellung eines anderen Sonderprüfers stellen. Dadurch soll ohne den Aufwand einer doppelten Prüferbestellung verhindert werden, dass das herrschende Unternehmen mit seiner Stimmenmacht in der Hauptversammlung der abhängigen Gesellschaft den außenstehenden Aktionären einen ihm genehmen Sonderprüfer aufdrängen kann.[53]

Voraussetzung eines Antrags nach S. 6 ist zunächst, dass die Hauptversammlung der abhängigen Gesellschaft einen Sonderprüfer zur Prüfung derselben Vorgänge bestellt hat. Das ist zu bejahen, wenn der Gegenstand der von der Hauptversammlung beschlossenen Sonderprüfung vom Gegenstand einer Sonderprüfung nach § 315 mit umfasst wäre.[54] Des Weiteren müssen die Voraussetzungen des § 142 Abs. 4 vorliegen. Eine „Besorgnis der Befangenheit" im Sinne dieser Vorschrift wird schon dann zu bejahen sein, wenn der Sonderprüfer in der Hauptversammlung mit den Stimmen des herrschenden Unternehmens gewählt worden ist und die Voraussetzungen des § 315 S. 1 oder S. 2 vorliegen, so dass ein Antrag nach § 315 Aussicht auf Erfolg gehabt hätte.[55]

Antragsberechtigt ist jeder Aktionär und zwar auch im Falle des S. 2.[56] Die Begründung des Antrags hat die Voraussetzungen des S. 1 oder S. 2 und zusätzlich diejenigen des § 142 Abs. 4 zu enthalten.[57] Die **Antragsfrist** beträgt zwei Wochen seit dem Tag der Hauptversammlung, die den auszuwechselnden Sonderprüfer bestellt hat, § 315 S. 6 iVm § 142 Abs. 4 S. 2.

Eine Bestellung durch die Hauptversammlung des abhängigen Unternehmens kann nicht nur durch die Person des Prüfers, sondern auch durch einen engen Zuschnitt des Prüfungsgegenstandes auf die Interessen des herrschenden Unternehmens zugeschnitten sein.[58] Sinn und Zweck des Satzes 6 entspricht es daher, dass mit einem Antrag nach dieser Vorschrift nicht nur die Auswechslung eines von der Hauptversammlung bestellten Prüfers, sondern auch eine **Ausdehnung des Prüfungsgegenstandes** auf geschäftliche Beziehungen im Sinne des S. 1 begehrt werden kann.[59] Auch im Falle des S. 2 steht dieses Recht nach zutreffender Ansicht jedem Aktionär und nicht nur einer qualifizierten Minderheit zu.[60]

---

48 *Hüffer*, Rn 4; MüKo-AktG/*Altmeppen*, Rn 24.
49 Emmerich/Habersack/*Habersack*, Rn 14; K. Schmidt/Lutter/ *J. Vetter*, Rn 17.
50 K. Schmidt/Lutter/*J. Vetter*, Rn 19.
51 *Hüffer*, Rn 4; MüKo-AktG/*Altmeppen*, Rn 25; Emmerich/ Habersack/*Habersack*, Rn 14; MüHb-AG/*Krieger*, § 69 Rn 100; KölnKomm-AktG/*Koppensteiner*, Rn 5.
52 Emmerich/Habersack/*Habersack*, Rn 14; K. Schmidt/Lutter/ *J. Vetter*, Rn 18.
53 Vgl Grigoleit/*Grigoleit*, Rn 8; Spindler/Stilz/*H.-F. Müller*, Rn 10; Emmerich/Habersack/*Habersack*, Rn 20.
54 Vgl Emmerich/Habersack/*Habersack*, Rn 22; Hölters/*Leuering/ Goertz*, Rn 25.
55 Ähnlich Emmerich/Habersack/*Habersack*, Rn 20; Hölters/ *Leuering/Goertz*, Rn 25.
56 Hölters/*Leuering/Goertz*, Rn 28; Emmerich/Habersack/*Habersack*, Rn 20; Spindler/Stilz/*H.-F. Müller*, Rn 10.
57 Grigoleit/*Grigoleit*, Rn 8.
58 MüKo-AktG/*Altmeppen*, Rn 38.
59 MüKo-AktG/*Altmeppen*, Rn 38; Spindler/Stilz/*H.-F. Müller*, Rn 11.
60 MüKo-AktG/*Altmeppen*, Rn 38; Grigoleit/*Grigoleit*, Rn 8; aA Spinderl/Stiz/*H.-F. Müller*, Rn 11; K. Schmidt/Lutter/*J. Vetter*, Rn 12.

E. Gegenstand und Durchführung der Sonderprüfung

16 **I. Gegenstand der Prüfung.** Gegenstand der Sonderprüfung sind ausweislich des Satzes 1 die „geschäftlichen Beziehungen der Gesellschaft zu dem herrschenden Unternehmen oder einem mit ihm verbundenen Unternehmen". Diese Formulierung zeigt, dass die Sonderprüfung nicht stets die gesamten Verbundbeziehungen erfassen muss. Vielmehr kann das Gericht in seinem Beschluss den Prüfungsumfang auf die Beziehungen zwischen der abhängigen Gesellschaft und einem oder mehreren bestimmten Unternehmen beschränken,[61] wenn nur insoweit eine Nachteilszufügung iSd § 311 in Rede steht.[62] Innerhalb des vom Gericht abgesteckten Rahmens ist die Prüfung jedoch umfassend,[63] dh es sind sämtliche Sachverhalte zu überprüfen, aus denen sich ein Nachteil iSd § 311 ergeben kann.[64]

17 **In zeitlicher Hinsicht** erfasst die Sonderprüfung im Falle des Satzes 1 die geschäftlichen Beziehungen in dem Geschäftsjahr, auf das sich die dem Antrag zugrunde liegende Erklärung nach Nr. 1, 2 oder 3 bezieht.[65] Vorgänge aus früheren Geschäftsjahren sind dann zu berücksichtigen, wenn und soweit sie im zu prüfenden Geschäftsjahr fortwirken oder für die Beurteilung späterer Maßnahmen von Bedeutung sind.[66] Im Falle des Satzes 2 ist der Zeitraum zu prüfen, für den die verdachtsbegründenden Tatsachen vorliegen.

18 **Erkenntnnisziel der Prüfung** ist die Feststellung, ob ein Verstoß gegen § 311 und bejahendenfalls, ob auch der für einen Anspruch aus § 317 erforderliche Schaden vorliegt.[67] Durch die Prüfung sollen alle Informationen beschafft werden, die außenstehende Aktionäre zur Geltendmachung eines Anspruchs gemäß §§ 317, 318 benötigen.[68] Die Prüfung darf sich deshalb nicht auf die Ermittlung von Tatsachen beschränken, sondern hat diese auch im Hinblick auf die Tatbestandsvoraussetzungen der §§ 311, 317 zu bewerten.[69]

19 **II. Durchführung der Prüfung.** Die Durchführung der Sonderprüfung richtet sich nach den allgemeinen Vorschriften der §§ 142-146.[70] Aufklärungen und Nachweise können die Sonderprüfer nach § 145 Abs. 2 und Abs. 3 verlangen, also von Vorstand und Aufsichtsrat der Gesellschaft, eines Konzernunternehmens oder eines abhängigen oder herrschenden Unternehmens.

F. Prüfbericht, Publizität

20 Über das Ergebnis seiner Prüfung hat der Sonderprüfer nach § 145 Abs. 6 S. 1 schriftlich zu berichten. Dieser Bericht erlangt nach Maßgabe der §§ 145 Abs. 6 S. 3-5, 142 Abs. 7 Publizität. Insbesondere ist er zum Handelsregister einzureichen (§ 145 Abs. 6 S. 3), wo er nach § 9 HGB von jedermann, insbesondere von den Gläubigern der abhängigen Gesellschaft eingesehen werden kann (siehe bereits Rn 2).

21 Nach § 145 Abs. 6 S. 2 müssen auch solche Tatsachen in den Bericht mit aufgenommen werden, deren Bekanntwerden geeignet ist, der Gesellschaft oder einem verbundenen Unternehmen einen nicht unerheblichen Nachteil zuzufügen, wenn ihre Kenntnis zur Beurteilung des zu prüfenden Vorganges durch die Hauptversammlung erforderlich ist. Auf Antrag des Vorstands kann das Gericht aber entsprechend § 145 Abs. 4 gestatten, dass bestimmte Tatsachen nicht in den Bericht aufgenommen werden, wenn überwiegende Belange der Gesellschaft dies gebieten und die betreffenden Tatsachen nicht zur Darlegung eines Schadensersatzanspruchs nach § 317 unerlässlich sind.[71]

§ 316 Kein Bericht über Beziehungen zu verbundenen Unternehmen bei Gewinnabführungsvertrag

§§ 312 bis 315 gelten nicht, wenn zwischen der abhängigen Gesellschaft und dem herrschenden Unternehmen ein Gewinnabführungsvertrag besteht.

---

61 Hölters/*Leuering/Goertz*, Rn 36; Spindler/Stilz/*H.-F. Müller*, Rn 10; Emmerich/Habersack/*Habersack*, Rn 16.
62 Spindler/Stilz/*H.-F. Müller*, § 315 Rn 12.
63 *Hüffer*, Rn 6; Spindler/Stilz/*H.-F. Müller*, Rn 12; Emmerich/Habersack/*Habersack*, Rn 17.
64 *Hüffer*, Rn 6; Emmerich/Habersack/*Habersack*, Rn 17; Spindler/Stilz/*H.-F. Müller*, Rn 12; MüKo-AktG/*Altmeppen*, Rn 31.
65 MüKo-AktG/*Altmeppen*, Rn 32; Emmerich/Habersack/*Habersack*, Rn 17.
66 Emmerich/Habersack/*Habersack*, Rn 17; MüKo-AktG/*Altmeppen*, Rn 32; Spindler/Stilz/*H.-F. Müller*, Rn 12; K. Schmidt/Lutter/*J. Vetter*, Rn 23.
67 Hölters/*Leuering/Goertz*, Rn 38.
68 Vgl MüKo-AktG/*Altmeppen*, Rn 27.
69 MüKo-AktG/*Altmeppen*, Rn 28.
70 Hölters/*Leuering/Goertz*, Rn 40.
71 Vgl Grigoleit/*Grigoleit*, Rn 10.

Literatur:
Bachmayr, Der reine Verlustübernahmevertrag, ein Unternehmensvertrag iSd Aktiengesetzes 1965, BB 1967, 135; *Cahn/Simon*, Isolierte Gewinnabführungsverträge, Der Konzern 2003, 1; *Priester*, Abhängigkeitsbericht bei isoliertem Verlustdeckungsvertrag?, FS Schaumburg, 2009, S. 1327.

A. Überblick

Die Norm erklärt die §§ 312-315 betreffend die Aufstellung und Prüfung eines Abhängigkeitsberichts für **unanwendbar**, wenn zwischen der abhängigen Gesellschaft und dem herrschenden Unternehmen ein Gewinnabführungsvertrag besteht. Da die §§ 311 bis 318 bei Bestehen eines Beherrschungsvertrages *in toto* keine Anwendung finden (vgl § 311 Abs. 1), kommt § 316 nur für den praktisch seltenen Fall eines **isolierten Gewinnabführungsvertrages** eigenständige Bedeutung zu.[1]

Der Gesetzgeber ging davon aus, dass die abhängige Gesellschaft, die außenstehenden Aktionäre und die Gläubiger in diesem Falle durch die §§ 300 bis 307 hinreichend geschützt seien, so dass es eines Abhängigkeitsberichts und seiner Prüfung nicht zusätzlich bedürfe.[2] Die §§ 311, 317 bleiben hingegen neben den §§ 300 bis 307 anwendbar, was im Schrifttum verbreitet als inkonsequent kritisiert wird.[3]

B. Tatbestandliche Voraussetzung

I. Isolierter Gewinnabführungsvertrag.

§ 316 setzt den Bestand eines isolierten **Gewinnabführungsvertrages** iSd § 291 Abs. 1 S. 1 Alt. 2 voraus,[4] der zur Anwendung der §§ 300 bis 307 führt. Der Vertrag muss wirksam (§ 294 Abs. 2) sein. Nach den Grundsätzen über die **fehlerhafte Gesellschaft** reicht allerdings auch ein fehlerhafter, aber im Handelsregister eingetragener und durchgeführter Gewinnabführungsvertrag für die Anwendbarkeit des § 316 aus.[5]

Für **andere Unternehmensverträge** iSd § 292, insbesondere für die Gewinngemeinschaft (§ 292 Abs. 1 Nr. 1) und den Teilgewinnabführungsvertrag (§ 292 Abs. 1 Nr. 2) gilt § 316 wegen der Unanwendbarkeit der §§ 300 ff nicht.[6] Auch auf den **Verlustübernahmevertrag** ist die Vorschrift nach ganz hM weder direkt noch analog anwendbar.[7]

II. Sonderfälle. 1. Vertragsbeginn oder -ende während des laufenden Geschäftsjahres.

Fällt der Beginn oder das Ende des Gewinnabführungsvertrages in das laufende Geschäftsjahr, so richtet sich die Anwendbarkeit des § 316 danach, ob und inwieweit die Gläubiger und die außenstehenden Aktionäre der abhängigen Gesellschaft durch die §§ 300 ff geschützt sind und sich deshalb die Aufstellung eines Abhängigkeitsberichts erübrigt.[8]

Fällt der **Beginn des Gewinnabführungsvertrages** in den Lauf eines Geschäftsjahres, so greift die Befreiungswirkung des § 316 für das gesamte Geschäftsjahr ein,[9] weil das herrschende Unternehmen nach hM auch insoweit zur Verlustübernahme und Sicherheitsleistung verpflichtet ist, als der Jahresfehlbetrag auf die vor Vertragsbeginn begründeten Verluste zurückzuführen ist, und außenstehende Aktionäre durch die §§ 304 ff geschützt werden.[10] Gleiches gilt, wenn ein Gewinnabführungsvertrag mit Rückwirkung für ein bereits abgelaufenes Geschäftsjahr abgeschlossen wird.[11]

Wird die **Beendigung eines Gewinnabführungsvertrages** ausnahmsweise **während des laufenden Geschäftsjahres** wirksam,[12] so erfasst die Verlustausgleichspflicht nach § 302 nur den Zeitraum bis zur Vertragsbeendigung.[13] Nach zutreffender hM ist im Interesse der Rechtsklarheit die Einlegung eines Rumpfgeschäftsjahres auf den Stichtag zu fordern.[14] Erfolgt dies, ist nur für das nach der Vertragsbeendigung liegende Rumpfgeschäftsjahr nach den §§ 312 ff. Bericht zu erstatten, nicht auch für das dieser vorangehende.[15]

---

1 Vgl Emmerich/Habersack/*Habersack*, Rn 1; Spindler/Stilz/H.-F. *Müller*, Rn 1.
2 Vgl *Kropff*, Begr. RegE AktG 1965, S. 417.
3 Siehe etwa Emmerich/Habersack/*Habersack*, Rn 10; Spindler/Stilz/H.-F. *Müller*, Rn 1; KölnKomm-AktG/*Koppensteiner*, Rn 1.
4 *Hüffer*, Rn 2; Emmerich/Habersack/*Habersack*, Rn 1.
5 Emmerich/Habersack/*Habersack*, Rn 2; Hölters/*Leuering/Goertz*, Rn 4; K. Schmidt/Lutter/*J. Vetter*, Rn 3.
6 Emmerich/Habersack/*Habersack*, Rn 2; K. Schmidt/Lutter/*J. Vetter*, Rn 3; Spindler/Stilz/H.-F. *Müller*, Rn 3.
7 Emmerich/Habersack/*Habersack*, Rn 3; K. Schmidt/Lutter/*J. Vetter*, Rn 3; Spindler/Stilz/H.-F. *Müller*, Rn 3; MüKo-AktG/*Altmeppen*, Rn 8; aA *Bachmayr*, BB 1967, 135 ff.
8 Emmerich/Habersack/*Habersack*, Rn 5.
9 K. Schmidt/Lutter/*J. Vetter*, Rn 5; Spindler/Stilz/H.-F. *Müller*, Rn 5.
10 Vgl Emmerich/Habersack/*Habersack*, Rn 5; *Hüffer*, Rn 4.
11 Emmerich/Habersack/*Habersack*, Rn 5; Spindler/Stilz/H.-F. *Müller*, Rn 7; K. Schmidt/Lutter/*J. Vetter*, Rn 5; Hölters/*Leuering/Goertz*, Rn 7.
12 Etwa infolge einer Kündigung aus wichtigem Grund gemäß § 297 Abs. 1 AktG.
13 Emmerich/Habersack/*Habersack*, Rn 6; *Hüffer*, Rn 5.
14 MüKo-AktG/*Altmeppen*, Rn 14; Spindler/Stilz/H.-F. *Müller*, Rn 5; Emmerich/Habersack/*Habersack*, Rn 6; *Hüffer*, Rn 5; aA K. Schmidt/Lutter/*J. Vetter*, Rn 6.
15 MüKo-AktG/*Altmeppen*, Rn 14; Spindler/Stilz/H.-F. *Müller*, Rn 5; Emmerich/Habersack/*Habersack*, Rn 6; *Hüffer*, Rn 5; aA K. Schmidt/Lutter/*J. Vetter*, Rn 6.

Wird kein Rumpfgeschäftsjahr eingelegt, so ist im Interesse eines effektiven Schutzes der abhängigen Gesellschaft über das gesamte Geschäftsjahr zu berichten.[16]

2. Mehrstufige Abhängigkeit. Bei mehrstufiger Abhängigkeit **gilt § 316 grundsätzlich nur innerhalb des jeweiligen Vertragsverhältnisses**, hat also die Unanwendbarkeit der §§ 312 bis 315 jeweils nur zwischen der abhängigen Gesellschaft und dem am Gewinnabführungsvertrag beteiligten herrschenden Unternehmen zur Folge.[17]

Anderes gilt nur bei einer **durchgehenden Kette isolierter Gewinnabführungsverträge**. Hier finden die §§ 312 ff – ebenso wie die §§ 311, 317 – auch im vertragslosen Verhältnis zwischen Mutter- und Enkelgesellschaft keine Anwendung.[18] Besteht hingegen nur im Verhältnis zwischen Tochter- und Enkelgesellschaft ein isolierter Gewinnabführungsvertrag, bleiben §§ 312 bis 315, 318 im Verhältnis zwischen Mutter- und Enkelgesellschaft nach zutreffender vordringender Ansicht anwendbar.[19]

C. Rechtsfolgen

Die §§ 312 bis 315 sind **unanwendbar**. Eine **Ausnahme** gilt nach zutreffender hM allerdings für die Rechte aus § 315 S. 2 und S. 6, da diese nicht an das Vorliegen eines Abhängigkeitsberichts anknüpfen und kein sachlicher Grund dafür ersichtlich ist, warum außenstehenden Aktionären bei Vorliegen der Voraussetzungen des § 315 S. 2 kein Sonderprüfungsrecht zustehen sollte.[20] **Unanwendbar** ist auch **§ 318**,[21] da Haftungsgrund eine Verletzung der durch § 316 gerade ausgeschlossenen Berichtspflicht gemäß § 312 bzw im Falle des § 318 Abs. 2 der Prüfungspflicht aus § 314 ist. Die **§§ 311 und 317 bleiben** hingegen **anwendbar**.[22] Die praktische Bedeutung des § 317 wird allerdings durch das Fehlen eines Abhängigkeitsberichts weiter verringert.[23]

§ 317 Verantwortlichkeit des herrschenden Unternehmens und seiner gesetzlichen Vertreter

(1) ¹Veranlaßt ein herrschendes Unternehmen eine abhängige Gesellschaft, mit der kein Beherrschungsvertrag besteht, ein für sie nachteiliges Rechtsgeschäft vorzunehmen oder zu ihrem Nachteil eine Maßnahme zu treffen oder zu unterlassen, ohne daß es den Nachteil bis zum Ende des Geschäftsjahrs tatsächlich ausgleicht oder der abhängigen Gesellschaft einen Rechtsanspruch auf einen zum Ausgleich bestimmten Vorteil gewährt, so ist es der Gesellschaft zum Ersatz des ihr daraus entstehenden Schadens verpflichtet. ²Es ist auch den Aktionären zum Ersatz des ihnen daraus entstehenden Schadens verpflichtet, soweit sie, abgesehen von einem Schaden, der ihnen durch Schädigung der Gesellschaft zugefügt worden ist, geschädigt worden sind.

(2) Die Ersatzpflicht tritt nicht ein, wenn auch ein ordentlicher und gewissenhafter Geschäftsleiter einer unabhängigen Gesellschaft das Rechtsgeschäft vorgenommen oder die Maßnahme getroffen oder unterlassen hätte.

(3) Neben dem herrschenden Unternehmen haften als Gesamtschuldner die gesetzlichen Vertreter des Unternehmens, die die Gesellschaft zu dem Rechtsgeschäft oder der Maßnahme veranlaßt haben.

(4) § 309 Abs. 3 bis 5 gilt sinngemäß.

Literatur:
Hüffer, Qualifiziert faktisch konzernierte Aktiengesellschaften nach dem Übergang zur Existenzvernichtungshaftung bei der GmbH, FS Goette, 2011, S. 191; *Kropff*, Der konzernrechtliche Ersatzanspruch – ein zahnloser Tiger?, FS Bezzenberger, 2000, S. 233; *H.-F. Müller*, Die Durchsetzung konzernrechtlicher Ersatzansprüche nach dem UMAG, Der Konzern 2006, 725.

---

16 Grigoleit/*Grigoleit*, Rn 3; MüKo-AktG/*Altmeppen*, Rn 14.
17 Emmerich/Habersack/*Habersack*, Rn 7; Hölters/*Leuering/Goertz*, Rn 9.
18 Emmerich/Habersack/*Habersack*, Rn 7; Hölters/*Leuering/Goertz*, Rn 9.
19 Emmerich/Habersack/*Habersack*, Rn 7; Hölters/*Leuering/Goertz*, Rn 9; Bürgers/Körber/*Fett*, Rn 5; *Kronstein*, BB 1967, 637, 641; anders die noch hM; MüKo-AktG/*Altmeppen*, Rn 15; KölnKomm-AktG, *Koppensteiner*, Rn 3; K. Schmidt/Lutter/*J. Vetter*, Rn 4; Spindler/Stilz/*H.-F. Müller*, Rn 4; *Hüffer*, Rn 3.
20 Vgl Emmerich/Habersack/*Habersack*, Rn 9; *ders*, FS Peltzer, 2001, S. 139, 147 ff; MüKo-AktG/*Altmeppen*, Rn 17; Spindler/Stilz/*H.-F. Müller*, Rn 6; Hölters/*Leuering/Goertz*, Rn 11; aA Grigoleit/*Grigoleit*, Rn 1; K. Schmidt/Lutter/*J. Vetter*, Rn 2.
21 *Hüffer*, Rn 6, MüKo-AktG/*Altmeppen*, Rn 16; Emmerich/Habersack/*Habersack*, Rn 8.
22 *Hüffer*, Rn 6; Emmerich/Habersack/*Habersack*, Rn 10; MüKo-AktG/*Altmeppen*, Rn 16.
23 *Hüffer*, Rn 6; Emmerich/Habersack/*Habersack*, Rn 10.

A. Überblick	1	III. Anspruchsschuldner	8
I. Regelungsinhalt; Schutzzweck	1	IV. Rechtsfolgen	9
II. Praktische Bedeutung	2	1. Schadensersatz	9
III. Verhältnis zu anderen Vorschriften	3	2. Qualifizierte Nachteilszufügung	11
B. Haftung des herrschenden Unternehmens	4	3. Unterlassungs- und Beseitigungsansprüche	12
I. Tatbestandsvoraussetzungen	4	V. Beweislast	13
1. Tatbestand des § 311 Abs. 1	4	C. Haftungserstreckung auf die gesetzlichen Vertreter	14
2. Keine zusätzlichen subjektiven Erfordernisse; Haftungsausschluss nach Abs. 2	5	D. Anspruchsdurchsetzung	16
II. Anspruchsgläubiger	6	I. Ansprüche der Gesellschaft	16
1. Gesellschaft (Abs. 1 S. 1)	6	II. Ansprüche der Aktionäre	18
2. Aktionäre (Abs. 1 S. 2)	7	E. Verzicht, Vergleich, Verjährung	19

A. Überblick

I. Regelungsinhalt; Schutzzweck. § 317 knüpft tatbestandlich an § 311 an und regelt im Interesse des Schutzes der abhängigen Gesellschaft und ihrer Außenseiter die Sanktionen bei einer Verletzung der aus § 311 für das herrschende Unternehmen resultieren Verhaltenspflichten.[1] Nach Abs. 1 trifft das herrschende Unternehmen vorbehaltlich des in Abs. 2 geregelten Haftungsausschlusses eine Schadensersatzhaftung gegenüber der abhängigen Gesellschaft und – bei einem weitergehenden Schaden – auch gegenüber deren Aktionären. Daneben tritt nach Abs. 3 die Haftung der gesetzlichen Vertreter der herrschenden Gesellschaft. Abs. 4 erklärt die für die Haftung im Vertragskonzern geltenden Bestimmungen der § 309 Abs. 3 bis 5 über Verzicht, Verjährung und Einzelklagebefugnisse der Aktionäre und Gläubiger für entsprechend anwendbar.

II. Praktische Bedeutung. Die Klagerechte nach § 317 haben bislang keine große praktische Bedeutung erlangt,[2] was strukturelle Gründe hat:[3] Vom Vorstand der abhängigen Gesellschaft wird – das ist gerade Ausdruck der Abhängigkeit – vielfach keine besondere Initiative zu erwarten sein, weil er den Konflikt mit dem Großaktionär bzw einem mit dessen Repräsentanten besetzten Aufsichtsrat fürchtet.[4] Den Aktionären andererseits fehlt der uneingeschränkte Zugang zu den erforderlichen Informationen.[5] Wenn sie Ersatzansprüche der Gesellschaft für diese geltend machen, bedarf dies zudem einer altruistischen Motivation, weil sie ein Prozesskostenrisiko übernehmen müssen, das zum Schaden der Gesellschaft proportional ist, nicht aber zu ihrem mit der Anspruchsverfolgung zugunsten der Gesellschaft mittelbar mitverfolgten Eigeninteresse (dh ihrem anteiligen Reflexschaden).[6] Auch wenn man (zutreffend) eine Streitwertspaltung analog § 247 Abs. 2 für möglich hält,[7] begrenzt dies das Prozesskostenrisiko nicht nachhaltig.[8] Davon abgesehen reduziert die Befürwortung einer Analogie zu § 247 Abs. 2 die prohibitive Wirkung des Prozesskostenrisikos praktisch ohnehin solange nicht, wie diese Frage nicht auch durch die Rechtsprechung verlässlich geklärt ist.[9] Dass § 317 ungeachtet der geringen Fallzahlen zumindest präventive Steuerungswirkungen entfaltet, ist natürlich nicht auszuschließen;[10] man wird aber davon auszugehen haben, dass strukturell bedingte Durchsetzungsdefizite einer Haftungsanordnung auch ihr präventives Steuerungspotential begrenzen, zumal, wenn sie derart deutlich zutage liegen wie im Falle des § 317.

III. Verhältnis zu anderen Vorschriften. Voraussetzung für die Anwendung des § 317 ist, dass ein den Anforderungen des § 311 genügender Nachteilsausgleich gerade *nicht* erfolgt ist, dh der von dieser Norm privilegierte Bereich nachteiliger Einflussnahme auf die abhängige Gesellschaft verlassen ist. Deswegen spielt die § 311 prägende Privilegierungsfunktion und die damit einhergehende Verdrängungswirkung[11] im Anwendungsbereich des § 317 keine Rolle mehr.[12] Dies bedeutet:[13] Neben den nach § 317 Verantwortlichen kommt eine Haftung der Verwaltung der abhängigen Gesellschaft nach §§ 76, 93, 116 in Betracht. Anwendung finden auch §§ 57, 60, 62. Zudem ist eine Haftung des herrschenden Unternehmens auch nach § 117

---

1 Siehe Emmerich/Habersack/*Habersack*, Rn 2; Spindler/Stilz/*H.-F. Müller*, Rn 2.
2 Siehe *Hüffer*, Rn 1; Emmerich/Habersack/*Habersack*, Rn 2; *H.-F. Müller*, Der Konzern 2006, 725; *Kropff*, FS Bezzenberger, 2000, S. 233: „zahnloser Tiger".
3 Zu Reformvorschlägen s. MüKo-AktG/*Altmeppen*, Rn 11 f; Emmerich/Habersack/*Habersack*, Rn 3.
4 *Kropff*, FS Bezzenberger, 2000, S. 233, 234.
5 Siehe insoweit auch § 312 Rn 5 f.
6 Vgl zur prohibitiven Wirkung des Prozesskostenrisikos eingehend MüKo-AktG/*Altmeppen*, Rn 57 ff; *Kropff*, FS Bezzenberger, 2000, S. 233, 240 f.
7 Siehe MüKo-AktG/*Altmeppen*, Rn 59; Emmerich/Habersack/*Habersack*, Rn 27; *Kropff*, FS Bezzenberger, 2000, S. 233, 241 ff; Spindler/Stilz/*H.-F. Müller*, Rn 19; aA Bürgers/Körber/*Fett*, Rn 16; *Hüffer*, Rn 16.
8 Siehe MüKo-AktG/*Altmeppen*, Rn 61; Emmerich/Habersack/*Habersack*, Rn 27; *Kropff*, FS Bezzenberger, 2000, S. 232, 243; Spindler/Stilz/*H.-F. Müller*, Rn 19.
9 Zutreffend *Kropff*, FS Bezzenberger, 2000, S. 233, 242 f.
10 Die präventive Wirkung betonend etwa K. Schmidt/Lutter/*J. Vetter*, Rn 2.
11 Vgl näher § 311 Rn 11 ff.
12 Siehe nur *Hüffer*, Rn 17.
13 Vgl näher MüKo-AktG/*Altmeppen*, Rn 117 ff; Emmerich/Habersack/*Habersack*, Rn 34; *Hüffer*, Rn 17; Spindler/Stilz/*H.-F. Müller*, Rn 24.

und ergänzend unter dem Gesichtspunkt der Treuepflichtverletzung möglich. Auch gegenüber den Haftungsvorschriften des allgemeinen Zivilrechts entfaltet § 317 keine verdrängende Wirkung.

B. Haftung des herrschenden Unternehmens

4 **I. Tatbestandsvoraussetzungen. 1. Tatbestand des § 311 Abs. 1.** Die Schadensersatzpflicht nach Abs. 1 setzt voraus, (1.) dass das herrschende Unternehmen den Tatbestand des § 311 Abs. 1 verwirklicht, also die abhängige Gesellschaft zu einer nachteiligen Maßnahme (unter Einschluss nachteiliger Rechtsgeschäfte) veranlasst, (2.) dass der nach § 311 Abs. 2 gebotene Nachteilsausgleich unterbleibt,[14] ohne dass es auf den Grund dafür ankommt und (3.) dass der Gesellschaft daraus ein Schaden erwächst.[15] Hinsichtlich der Einzelheiten des Tatbestands des § 311 Abs. 1 sowie der Ausgleichpflicht nach Abs. 2 ist auf die Kommentierung zu § 311 zu verweisen.

5 **2. Keine zusätzlichen subjektiven Erfordernisse; Haftungsausschluss nach Abs. 2.** Die Haftung aus § 317 setzt kein Verschulden des Veranlassenden voraus,[16] sondern beruht allein auf der (adäquat kausalen) Veranlassung einer nachteiligen Maßnahme bei unterbliebenem Nachteilsausgleich. Aus Abs. 2, wonach die Ersatzpflicht nicht eintritt, wenn auch ein ordentlicher und gewissenhafter Geschäftsleiter die für den Schaden kausale Maßnahme vorgenommen hätte, ergibt sich nichts anderes. Für eine Deutung des Abs. 2 als Exkulpationsmöglichkeit[17] und damit als Anhalt für eine Qualifikation des § 317 als Verschuldenshaftung ist dabei schon deswegen kein Raum, weil es unter den in Abs. 2 genannten Voraussetzungen auf Basis der ganz hM, die die Nachteilsfeststellung anhand eines hypothetischen Drittvergleichs vornimmt, bereits an einem Nachteil fehlt,[18] so dass schon der objektive Haftungstatbestand des Abs. 1 nicht verwirklicht ist.[19] Abs. 2 wird daher praktische Bedeutung lediglich als Beweislastregel zuerkannt (näher unten, Rn 13).[20]

6 **II. Anspruchsgläubiger. 1. Gesellschaft (Abs. 1 S. 1).** Inhaberin des Anspruchs ist nach Abs. 1 S. 1 die abhängige Gesellschaft. Zur Geltendmachung dieses Anspruchs durch Aktionäre oder Gläubiger der abhängigen Gesellschaft sowie durch einen besonderen Vertreter nach § 147 AktG siehe noch näher Rn 17.

7 **2. Aktionäre (Abs. 1 S. 2).** Vom Anspruch der Gesellschaft zu unterscheiden ist der *eigene* Schadensersatzanspruch, der den Aktionären nach Abs. 1 S. 2 (nach dem Vorbild des § 117 Abs. 1 S. 2) gegen das herrschende Unternehmen zusteht, sofern sie im Schutzbereich ihrer Mitgliedschaft einen **eigenen Schaden** erlitten haben.[21] Dieser Anspruch erfasst nur solche Schadenspositionen, die über den **Reflexschaden** als Folge des durch die Gesellschaft erlittenen Schadens hinausgehen und die deswegen auch durch die Schadenskompensation bei der Gesellschaft nicht entfallen.[22] Der Anspruch aus Abs. 1 S. 2 setzt nach der Regelungssystematik des Abs. 1 voraus, dass die Voraussetzungen des Grundtatbestands des Abs. 1 S. 1 (Nachteilszufügung, unterlassener Ausgleich) erfüllt sind.[23]

8 **III. Anspruchsschuldner.** Anspruchsschuldner ist das herrschende Unternehmen. Bei mehrfacher und mehrstufiger Abhängigkeit kommt es darauf an, welches Unternehmen die Maßnahme veranlasst hat; insoweit

---

14 Die Frage, ob schon die nachteilige Veranlassung (so vor allem die ältere Lit.) oder erst die kompensationslose Nachteilszufügung innerer Haftungsgrund ist, wird streitig diskutiert, dürfte aber iS der zweiten Alternative zu beantworten sein, weil das Rechtswidrigkeitsverdikt angesichts der mit § 311 verfolgten Privilegierungsfunktion nicht unabhängig vom unterbliebenen Nachteilsausgleich ausgesprochen werden kann: s. näher zB Bürgers/Körber/*Fett*, Rn 5; *Hüffer*, Rn 6; Emmerich/Habersack/*Habersack*, Rn 9 f.
15 Siehe Spindler/Stilz/*H.-F. Müller*, Rn 4.
16 HM s. Bürgers/Körber/*Fett*, Rn 7; Emmerich/Habersack/*Habersack*, Rn 5, 7; *Hüffer*, Rn 5; MüHb-AG/*Krieger*, § 69 Rn 123; Hölters/*Leuering*/*Goertz*, Rn 9. Spindler/Stilz/*H.-F. Müller*, Rn 4; K. Schmidt/Lutter/*J. Vetter*, Rn 7; dezidiert aA – § 317 als gewöhnliche Verschuldenshaftung für pflichtwidrige Geschäftsleitung bei der abhängigen AG – MüKo-AktG/*Altmeppen*, § 311 Rn 163 ff, 316 f, § 317 Rn 29 ff, jeweils mwN.
17 AA namentlich MüKo-AktG/*Altmeppen*, § 311 Rn 163; *ders.*, NJW 2008, 1553, 1554; *ders.*, FS Priester, 2007, S. 1 ff, 5 ff; vgl demgegenüber zum Standpunkt der hM Emmerich/Habersack/*Habersack*, Rn 11.
18 Siehe ausführlich § 311 Rn 56 ff.
19 Die neuere Rspr tendiert allerdings dazu, die Nachteilsprüfung *ohne* Rückgriff auf den hypothetischen Drittvergleich vorzunehmen, mit der Folge, dass auf diesen nach bereits bejahter Nachteilhaftigkeit erst bei Prüfung der Frage der Abhängigkeitsfolge im Rahmen von § 317 Abs. 2 zurückgegriffen wird: vgl BGHZ 190, Rn 37 f (Dritter Börsengang); s.a. BGHZ 179, 71, Rn 9 (MPS) – Abhängigkeitsfolge aufgrund Drittvergleichs bejaht, Nachteil aber abgelehnt; dies erscheint mit der Konzeption der ganz hM nur schwer vereinbar, wird bislang aber kaum reflektiert; s. aber *Wackerbarth*, Der Konzern 2010, 261, 264, 341 f; s. noch im Zshg. mit der Beweislast unten, Rn 13 mit Fn 55.
20 Siehe Emmerich/Habersack/*Habersack*, Rn 8; Spindler/Stilz/*H.-F. Müller*, Rn 4; K. Schmidt/Lutter/*J. Vetter*, Rn 7.
21 Siehe *Hüffer*, Rn 8.
22 Siehe *Hüffer*, Rn 8; daneben Emmerich/Habersack/*Habersack*, Rn 13 a, mit praktischen Beispielen.
23 Siehe Emmerich/Habersack/*Habersack*, Rn 13; nach einem obiter dictum des OLG Köln, Urt. v. 8. Dezember 2011 – I-18 U 217/11, Rn 20 (zit. nach juris) soll es dagegen nur darauf ankommen, dass das abhängige Unternehmen zu einer Maßnahme veranlasst wurde, die jedenfalls beim Aktionär zu einem Schaden geführt hat, unabhängig davon, ob die Maßnahme für die abhängige Gesellschaft nachteilig ist; BGH NZG 2013, 233, 236 als Folgeinstanz verhält sich dazu nicht unmittelbar, sondern verneint sowohl einen Nachteil der Gesellschaft als auch einen Eigenschaden der klagenden Aktionäre.

ist auf das zu § 311 Ausgeführte zu verweisen.[24] Bei mehrfacher Veranlassung haften die betreffenden Unternehmen als Gesamtschuldner im Sinne der §§ 421 ff BGB.[25]

IV. Rechtsfolgen. 1. Schadensersatz. Abs. 1 gewährt einen Schadensersatzanspruch, dessen Inhalt sich grundsätzlich nach den §§ 249 ff BGB richtet. Dementsprechend ist nach § 249 Abs. 1 BGB vorrangig Naturalrestitution zu leisten (zB Rückabwicklung nachteiliger Verträge),[26] an deren Stelle unter den Voraussetzungen des § 251 Abs. 1 BGB die Verpflichtung zur Leistung von Geldersatz tritt. Der Ersatzanspruch ist aktivierungspflichtig, so dass der unterlassene Ansatz in der Bilanz zur Nichtigkeit des Jahresabschlusses führen kann.[27]

Bei der **Ermittlung der Schadenshöhe** kann auf die Möglichkeit der **Schätzung nach** § 287 ZPO zurückgegriffen werden.[28] Im Übrigen gilt: Weil § 317 anknüpfend an die kompensationslose Nachteilszufügung ausdrücklich Anspruch auf Ersatz des „daraus entstehenden Schadens" gewährt, ist unzweifelhaft auch ein den **Nachteil übersteigender Schaden** zu ersetzen.[29] In die umgekehrte Richtung soll der Nachteil nach hM dagegen Begrenzungswirkung entfalten und auch dann als **Mindestschaden** zu ersetzen sein, wenn der tatsächliche Schaden wegen einer unerwartet günstigen Entwicklung geringer ausfällt.[30] Der zur Begründung angeführte Hinweis auf den „normativen Schadensbegriff" ist jedoch nicht weiterführend, weil damit letztlich nur ein Schlagwort bezeichnet ist, das vielfach unter Verzicht auf eine nähere Begründung (nicht selten widersprüchliche) Einzelergebnisse rechtfertigen soll, nicht jedoch ein schlüssiges Gesamtkonzept zur Ordnung der Fallgruppen, in denen ein Schaden abweichend von der Differenzhypothese zu bestimmen ist.[31] Auch die (implizite) Behauptung, der Normzweck von § 317 erfordere die Annahme eines fiktiven Mindestschadens, lässt sich aus dem Gesetz nicht überzeugend ableiten. Denn mit der Anordnung eines Schadensersatzanspruchs stellt § 317 den Bezug auf ein Sanktionssystem her, dem pönale – von einem tatsächlich entstandenen Schaden unabhängige – Elemente jedenfalls grundsätzlich fremd sind. Auch in anderen Normkontexten ist es hinzunehmen, dass die Sanktion einer Pflichtverletzung wegen einer günstigen Schadensentwicklung weniger einschneidend ausfällt, als dies zunächst zu erwarten gewesen wäre. Ein besonderer Anlass dafür, derartige Effekte im Rahmen des § 317 zu korrigieren, ist nicht ersichtlich.[32] Man sollte es daher bei den allgemeinen Grundsätzen der Schadensermittlung nach der Differenzhypothese belassen.[33]

Nach dem Schutzzweck der §§ 311, 317 scheidet die Berücksichtigung eines **Mitverschuldens** der Organe der abhängigen Gesellschaft gemäß § 254 BGB hinsichtlich der Nachteilszufügung als solcher aus.[34] Zu berücksichtigen sein mag aber ein Mitverschulden hinsichtlich der weiteren Schadensentwicklung.[35] Der Schutzzweck der §§ 311, 317 verbietet auch die Berücksichtigung des Einwandes **rechtmäßigen Alternativverhaltens** im Sinne einer hypothetischen Nachteilszufügung, etwa dahingehend, dass das herrschende Unternehmen sich den Vorteil rechtmäßig, etwa durch eine Kapitalherabsetzung, den Abschluss eines Gewinnabführungsvertrages oder eine Gewinnausschüttung hätte verschaffen können.[36]

2. Qualifizierte Nachteilszufügung. Obgleich die – wenn auch unter Rückgriff auf Vorschriften des Aktienkonzernrechts – für die *GmbH* entwickelte Rechtsfigur des qualifiziert faktischen Konzerns durch den BGH zugunsten der inzwischen auf § 826 BGB gestützten Existenzvernichtungshaftung aufgegeben worden ist,[37] wird nach wie vor intensiv darüber diskutiert, ob diese von der Rechtsprechung ausdrücklich so bezeichneten „überholten Rechtsprechungsgrundsätze"[38] im Aktienrecht – wo sie ohnehin nie praktische Be-

---

24 Siehe dort Rn 45.
25 Siehe KölnKomm-AktG/*Koppensteiner*, Rn 41; Spindler/Stilz/*H.-F. Müller*, Rn 7; K. Schmidt/Lutter/*J. Vetter*, Rn 20.
26 Siehe MüKo-AktG/*Altmeppen*, Rn 33; *Hüffer*, Rn 9; K. Schmidt/Lutter/*J. Vetter*, Rn 18.
27 Vgl BGHZ 124, 111, 119 f; Emmerich/Habersack/*Habersack*, Rn 18; *Hüffer*, Rn 9.
28 Siehe MüKo-AktG/*Altmeppen*, Rn 33; *Hüffer*, Rn 9; K. Schmidt/Lutter/*J. Vetter*, Rn 18.
29 In der neueren Lit. unstr.: s. MüKo-AktG/*Altmeppen*, Rn 35 ff; *Hüffer*, Rn 7; Spindler/Stilz/*H.-F. Müller*, Rn 8; K. Schmidt/Lutter/*J. Vetter*, Rn 8.
30 Siehe Bürgers/Körber/*Fett*, Rn 4; Emmerich/Habersack/*Habersack*, Rn 17; *Hüffer*, Rn 7; Spindler/Stilz/*H.-F. Müller*, Rn 10; aA MüKo-AktG/*Altmeppen*, Rn 37 ff; KölnKomm-AktG/*Koppensteiner*, Rn 17; K. Schmidt/Lutter/*J. Vetter*, Rn 8.
31 Siehe MüKo-BGB/*Oetker*, § 249 Rn 23.
32 Für den Regelfall dürfte die Position der hM keinerlei spürbare Steuerungswirkung auf die Bereitschaft entfalten, gegen § 311 zu verstoßen; wer die Sanktion des § 317 in Kauf nimmt, wird dies auch dann tun, wenn eine „im Zeitpunkt der nachteiligen Einflussnahme nicht vorhersehbare Entwicklung" des Schadens nicht zu seinen Gunsten berücksichtigt wird; umgekehrt wird wohl auch niemand allein durch die Erwartung zu einem Verstoß gegen § 311 verleitet werden, seine Pflicht zur Schadensersatzleistung könnte durch glückliche Zufälle minimieren.
33 Im Ergebnis ebenso MüKo-AktG/*Altmeppen*, Rn 37 ff; KölnKomm-AktG/*Koppensteiner*, Rn 17; K. Schmidt/Lutter/*J. Vetter*, Rn 8.
34 Siehe Grigoleit/*Grigoleit*, Rn. 8; K. Schmidt/Lutter/*J. Vetter*, Rn 18; *Leuschner*, NJW 2011, 3275, 3276; vgl. auch Arnold/Aubel, ZGR 2012, 113, 134 f.
35 In diese Richtung auch Arnold/Aubel, ZGR 2012, 113, 134 f; *Leuschner*, NJW 2011, 3275, 3276.
36 Siehe Grigoleit/*Grigoleit*, Rn 6; Emmerich/Habersack/*Habersack*, Rn 17; Spindler/Stilz/*H.-F. Müller*, Rn 11; K. Schmidt/Lutter/*J. Vetter*, Rn 9; a.A. MüKo-AktG/*Altmeppen*, Rn 42 ff.
37 Siehe § 311 Rn 3, 67.
38 Siehe BGH NZG 2005, 214; BGH NZG 2008, 831, 832.

deutung erlangt hatten³⁹ – nach wie vor Geltung beanspruchen.⁴⁰ Schon angesichts der bis zuletzt nicht befriedigend gelösten Probleme bei der tatbestandlichen Ausgestaltung des Rechtsinstituts des qualifiziert faktischen Konzerns sollte daran aber auch für das Aktienrecht nicht festgehalten werden.⁴¹ Praktische Probleme sind schon deswegen kaum zu erwarten, weil sich in aller Regel jedenfalls unter Rückgriff auf § 287 ZPO ein Einzelausgleich bewerkstelligen lassen wird.⁴² Im Übrigen gelangt die auf § 826 BGB gestützte Existenzvernichtungshaftung auch im Aktienrecht zur Anwendung,⁴³ soweit dafür neben § 117 überhaupt praktischer Bedarf besteht;⁴⁴ ergänzend kommen Ansprüche wegen einer Verletzung der gesellschaftsrechtlichen Treuepflicht in Betracht.

12 **3. Unterlassungs- und Beseitigungsansprüche.** Die abhängige Gesellschaft kann bei Überschreitung der Grenzen, in denen die nachteilige Einflussnahme nach § 311 zulässig ist (zB bei nicht ausgleichsfähigen Maßnahmen oder wenn nicht damit zu rechnen ist, dass Ausgleich geleistet wird), zudem Unterlassungs- und Beseitigungsansprüche⁴⁵ geltend machen,⁴⁶ die unmittelbar aus § 317 herzuleiten sind.⁴⁷ Weil der Vorstand der abhängigen Gesellschaft einer Einflussnahme ohnehin nicht folgen muss, ist der Unterlassungsanspruch praktisch nur für die Aktionäre relevant, denen entsprechend Abs. 4 iVm § 309 Abs. 4 S. 1 das Recht zur Geltendmachung auch dieses Anspruchs zukommt.⁴⁸

13 **V. Beweislast.** Als Klägerin trägt die abhängige Gesellschaft nach allgemeinen Grundsätzen die Darlegungs- und Beweislast für das Vorliegen der Tatbestandsvoraussetzungen des § 317 Abs. 1.⁴⁹ Mit Rücksicht auf die konzernrechtlichen Besonderheiten gelten folgende Einzelheiten:⁵⁰ Darlegungs- und beweisbelastet ist der Kläger bei Geltendmachung des Anspruchs nach Abs. 1 für das Bestehen eines Abhängigkeitsverhältnisses, das aber nach § 17 Abs. 2 zu vermuten sein kann, die Veranlassung durch das herrschende Unternehmen, für deren Nachweis allerdings die im Rahmen von § 311 dargelegten Beweiserleichterungen gelten,⁵¹ sowie für den Schaden,⁵² für dessen Nachweis die Möglichkeit der Schadensschätzung nach § 287 ZPO zu berücksichtigen ist. Liegt ein Schaden vor, ist es Sache des herrschenden Unternehmens, den nachteiligen Charakter der Veranlassung zu widerlegen⁵³ oder – was nach hM das Gleiche ist⁵⁴ – die Voraussetzungen des Haftungsausschlusses nach § 317 Abs. 2 darzulegen;⁵⁵ alternativ kann es unter Beweis stellen, dass es einen § 311 genügenden Ausgleich geleistet hat.⁵⁶ Bei Klagen außenstehender Aktionäre greifen nach hM ergänzend die vom BGH im Zuge seiner Rechtsprechung zum qualifiziert faktischen Konzern im TBB-Urteil⁵⁷ entwickelten Erleichterungen der Substantiierungslast.⁵⁸ Dies trifft ungeachtet der zwischenzeitlichen Aufgabe der Rechtsprechungsgrundsätze zum qualifiziert faktischen Konzern zu, weil die allgemeinen Grundsätze zur sekundären Darlegungslast, an die der BGH im TBB-Urteil angeknüpft hat, generell Geltung beanspruchen, wenn der Kläger außerhalb des für den Anspruch erheblichen Geschehensablaufs steht, dem Gegner aber die Darlegung des relevanten Sachverhalts ohne Weiteres möglich und zumutbar ist.⁵⁹ Prozessual kann – und sollte – dem außenstehenden Kläger durch Vorlageanordnungen nach § 142 Abs. 1 und 2 ZPO geholfen werden.

---

39 Zu möglichen Gründen s. *Habersack*, ZGR 2008, 533, 549 f.
40 Befürwortend zB Emmerich/Habersack/*Habersack*, Anh. § 317 Rn 5, 24 ff; Spindler/Stilz/*H.-F. Müller*, Vor. § 311 Rn 25 ff mwN; ablehnend zB MüKo-AktG/*Altmeppen*, Anh. § 317 Rn 14 ff; *Henze*, AG 2004, 405, 415; *Hüffer*, § 1 Rn 26 u. § 311 Rn 11; ausführlich *ders.*, FS Goette, 2011, S. 191 ff; KölnKomm-AktG/*Koppensteiner*, Anh. § 318 Rn 72 ff.
41 Siehe überzeugend *Hüffer*, FS Goette, 2011, S. 191, 201 f.
42 Siehe MüKo-AktG/*Altmeppen*, Anh. § 317 Rn 14; Spindler/Stilz/*H.-F. Müller*, Vor. § 311 Rn 28; *Hüffer*, FS Goette, 2011, S. 191, 201.
43 Siehe Emmerich/Habersack/*Habersack*, Anh. § 317 Rn 5; *Hüffer*, § 1 Rn 26 f; MüKo-AktG/*Heider*, § 1 Rn 85.
44 Zweifelnd *Hüffer*, § 1 Rn 26 a.
45 Der Beseitigungsanspruch ist allerdings neben dem verschuldensunabhängigen Schadensersatzanspruch praktisch redundant: zutreffend Emmerich/Habersack/*Habersack*, Rn 19.
46 I.E. unstr., s. LG Düsseldorf AG 2006, 892, 893; MüKo-AktG/*Altmeppen*, Rn 48 ff; Emmerich/Habersack/*Habersack*, Rn 19; *Hüffer*, Rn 10; Spindler/Stilz/*H.-F. Müller*, Rn 13; K. Schmidt/Lutter/*J. Vetter*, Rn 22.
47 Str., wie hier Emmerich/Habersack/*Habersack*, Rn 19; Spindler/Stilz/*H.-F. Müller*, Rn 13; zT wird auch mit einem Rückgriff auf die Treuepflicht operiert (*Hüffer*, Rn 10; ähnlich K. Schmidt/Lutter/*J. Vetter*, Rn 22) oder auf §§ 1004, 823 Abs. 2 BGB iVm § 311 zurückgegriffen (KölnKomm-AktG/*Koppensteiner*, Rn 27).

48 Siehe LG Düsseldorf, AG 2006, 892, 893 f; MüKo-AktG/*Altmeppen*, Rn 50; Emmerich/Habersack/*Habersack*, Rn 20.
49 Siehe BGH NZG 2008, 831, 832; Emmerich/Habersack/*Habersack*, Rn 21.
50 Siehe übersichtsweise K. Schmidt/Lutter/*J. Vetter*, Rn 10 ff.
51 Siehe BGHZ 190, 7, Rn 40 (Dritter Börsengang).
52 Siehe BGH NZG 2008, 831, 832; OLG Köln AG 2009, 416, 419 f; *Hüffer*, Rn 12; K. Schmidt/Lutter/*J. Vetter*, Rn 13.
53 Siehe Emmerich/Habersack/*Habersack*, Rn 21; *Hüffer*, Rn 12; Spindler/Stilz/*H.-F. Müller*, Rn 14; K. Schmidt/Lutter/*J. Vetter*, Rn 14.
54 Siehe dazu bereits oben, Rn 5; diese Gleichstellung (und damit auch die Deutung von Abs. 2 als Beweislastregel auch für die Nachteilhaftigkeit (s. nur Emmerich/Habersack/*Habersack*, Rn 8; K. Schmidt/Lutter/*J. Vetter*, Rn 14) wird allerdings durch die neuere BGH-Rspr in Frage gestellt, s. bereits oben, Fn 19.
55 Siehe *Hüffer*, Rn 12.
56 Unstr., s. MüKo-AktG/*Altmeppen*, Rn 79; Emmerich/Habersack/*Habersack*, Rn 21; *Hüffer*, Rn 12; K. Schmidt/Lutter/*J. Vetter*, Rn 15.
57 BGHZ 122, 123, 132 f.
58 Siehe Emmerich/Habersack/*Habersack*, Rn 21; Spindler/Stilz/*H.-F. Müller*, Rn 14; K. Schmidt/Lutter/*J. Vetter*, Rn 16; offen gelassen in BGH NZG 2008, 831, 832.
59 Vgl auch (ohne Erwähnung von TBB) MüKo-AktG/*Altmeppen*, Rn 80 f.

C. Haftungserstreckung auf die gesetzlichen Vertreter

Nach Abs. 3 haften neben dem herrschenden Unternehmen auch diejenigen seiner gesetzlichen Vertreter als Gesamtschuldner (§§ 421 ff BGB), die die Gesellschaft zu der nachteiligen Maßnahme veranlasst haben.[60] Gesetzliche Vertreter in diesem Sinne sind die Mitglieder des regulären Geschäftsführungsorgans (Vorstand, Geschäftsführung) bzw die organschaftlichen Vertreter einer Personengesellschaft, nicht aber Prokuristen oder Handlungsbevollmächtigte und nach ganz hM auch nicht die Mitglieder des Aufsichtsrats.[61] Letzteres ist zumindest rechtspolitisch nicht bedenkenfrei, weil kein Grund für die Privilegierung von AR-Mitgliedern ersichtlich ist, die kraft ihrer Autorität als Organwalter des herrschenden Unternehmens die abhängige Gesellschaft zu nachteiligen Maßnahmen veranlassen. Wird das herrschende Unternehmen wie zB bei einer GmbH & Co. KG durch eine Gesellschaft vertreten, erstreckt sich die Haftung nach Abs. 3 nach hM unmittelbar auch auf deren Geschäftsführer.[62]

Die Haftungsanordnung des Abs. 3 differenziert nach gesetzlichen Vertretern, die die abhängige Gesellschaft zu der nachteiligen Maßnahme veranlasst haben, und sonstigen gesetzlichen Vertretern, die haftungsfrei bleiben. Für die Frage, unter welchen Voraussetzungen von einer **Veranlassung** auszugehen ist, gelten die zu § 311 getroffenen Ausführungen entsprechend. Eine unmittelbare Veranlassung ist auch im Rahmen des § 317 Abs. 3 nicht erforderlich.[63] Daher haftet zB auch ein Vorstandsmitglied, das einen Angestellten des herrschenden Unternehmens oder das Leitungsorgan einer zwischengeschalteten Gesellschaft zu einer nachteiligen Einflussnahme auf die abhängige Gesellschaft veranlasst.[64] Nach hM soll es für die Veranlassung auch genügen, wenn ein gesetzlicher Vertreter einen Angestellten des herrschenden Unternehmens „sehenden Auges" gewähren lässt,[65] während eine nur unzureichende Organisation oder Überwachung allein noch nicht für haftungsbegründend gehalten wird.[66] Obliegt dem betreffenden gesetzlichen Vertreter aber gerade die Organisation des Umgangs mit der abhängigen Gesellschaft, stellt das pflichtwidrige Unterlassen geeigneter Vorkehrungen, die eine nachteilige Einflussnahme durch nachgeordnete Personen verhindert hätten, einen für die Bejahung der Veranlassung ausreichenden Verursachungsbeitrag dar.[67] Vorsätzliches bzw überhaupt schuldhaftes Handeln ist nicht erforderlich, weil auch die Haftung nach Abs. 3 verschuldensunabhängig ausgestaltet ist.[68]

D. Anspruchsdurchsetzung

I. Ansprüche der Gesellschaft. Die Geltendmachung der Schadensersatzansprüche gegen das herrschende Unternehmen obliegt primär dem **Vorstand der abhängigen Gesellschaft**, in Fällen des § 112 deren **Aufsichtsrat**, was etwa bei der Geltendmachung von Ansprüchen nach Abs. 3 bei Personenidentität der Vorstandsmitglieder des herrschenden Unternehmens und der abhängigen Gesellschaft sowie in den Fällen des § 318 zum Tragen kommen kann.[69] Für das Bestehen einer Pflicht von Vorstand und Aufsichtsrat zur Geltendmachung der Ansprüche gelten die allgemeinen Regeln.[70]

Nach Abs. 4 iVm § 309 Abs. 4 S. 1 und 2 können die Ansprüche aus Abs. 1 und Abs. 3 auch von den außenstehenden **Aktionären** der Gesellschaft geltend gemacht werden. Diese können allerdings insoweit nur auf Leistung an die Gesellschaft klagen.[71] Maßgeblich ist die **Aktionärseigenschaft zum Zeitpunkt der Geltendmachung des Anspruchs**.[72] Sie muss bis zur mündlichen Verhandlung fortbestehen. Andererseits ist nicht erforderlich, dass der Kläger schon zum Zeitpunkt der Nachteilszufügung bzw der Anspruchsentstehung Aktionär war.[73] Im Falle eines von der Gesellschaft geschlossenen Vergleichs oder Verzichts nach Abs. 4 iVm § 309 Abs. 3 muss der klagende Aktionär zur Vermeidung einer Klageabweisung die Hauptsache für erledigt erklären. Die **Beendigung der Abhängigkeit** lässt das Verfolgungsrecht der Aktionäre eben-

---

60 Die Haftung erstreckt sich nach hM nicht auf die gesetzlichen Vertreter des *veranlassenden* Unternehmens, wenn dieses nicht mit dem *herrschenden* Unternehmen identisch ist: s. Emmerich/Habersack/*Habersack*, Rn 22; *Hüffer*, Rn 13.
61 Siehe MüKo-AktG/*Altmeppen*, Rn 103; Emmerich/Habersack/*Habersack*, Rn 23; *Hüffer*, Rn 13; Spindler/Stilz/*H.-F. Müller*, Rn 15.
62 Siehe Emmerich/Habersack/*Habersack*, Rn 23; Spindler/Stilz/*H.-F. Müller*, Rn 15.
63 Siehe Emmerich/Habersack/*Habersack*, Rn 24; Spindler/Stilz/*H.-F. Müller*, Rn 16.
64 Siehe Emmerich/Habersack/*Habersack*, Rn 24.
65 Siehe Emmerich/Habersack/*Habersack*, Rn 24; Spindler/Stilz/*H.-F. Müller*, Rn 16.
66 Siehe Emmerich/Habersack/*Habersack*, Rn 24; *Hüffer*, Rn 14; Spindler/Stilz/*H.-F. Müller*, Rn 16; K. Schmidt/Lutter/*J. Vetter*, Rn 37.
67 Siehe MüKo-AktG/*Altmeppen*, Rn 97.
68 Siehe Emmerich/Habersack/*Habersack*, Rn 24; aA – bedingt vorsätzliches Handeln erforderlich – K. Schmidt/Lutter/*J. Vetter*, Rn 37.
69 Vgl. K. Schmidt/Lutter/*J. Vetter*, Rn 24.
70 Grundlegend BGHZ 135, 244, 251 (ARAG/Garmenbeck); K. Schmidt/Lutter/*J. Vetter*, Rn 24.
71 Zum Streit um die Rechtsnatur dieses Klagerechts - actio pro socio, gesetzliche Prozessstandschaft oder beides - siehe BGH ZIP 2006, 1218, 1219 (actio pro socio); KG ZIP 2012, 1029, 1033; Emmerich/Habersack/*Habersack*, Rn 27; MüKo-AktG/*Altmeppen*, Rn 53, § 309 Rn. 122 ff.
72 Vgl. K. Schmidt/Lutter/*J. Vetter*, Rn 25 mwN.
73 Siehe MüKo-AktG/*Altmeppen*, Rn 54; K. Schmidt/Lutter/*J. Vetter*, Rn 25.

so wenig entfallen wie bereits entstandene materielle Ansprüche aus Abs. 1 und Abs. 3.[74] Dafür spricht bereits der Gesetzeswortlaut, der eine entsprechende zeitliche Beschränkung des Verfolgungsrechts nicht vorsieht, darüber hinaus aber auch der Normzweck. Denn auch nach Beendigung der Abhängigkeit verbleiben vielfach zunächst noch Repräsentanten des herrschenden Unternehmens in der Verwaltung der Gesellschaft, die dort auf eine Nichtgeltendmachung von Ansprüchen aus Abs. 1 und Abs. 3 hinwirken können, so dass es zur Durchsetzung dieser Ansprüche weiterhin eines Verfolgungsrechts der Aktionäre bedarf. Neben das Verfolgungsrecht nach Abs. 4 iVm § 309 Abs. 4 tritt nach zutreffender hM die Möglichkeit, die Ansprüche aus § 317 nach §§ 147, 148 AktG geltend zu machen.[75] Auch den **Gläubigern** der abhängigen Gesellschaft steht nach Abs. 4 iVm § 309 Abs. 4 S. 3 ein Verfolgungsrecht hinsichtlich der Ansprüche aus Abs. 1 und Abs. 3 zu, soweit sie von der Gesellschaft keine Befriedigung erlangen können. Im Gegensatz zu Aktionären können sie dann auf Leistung an sich selbst klagen. Wird über das Vermögen der abhängigen Gesellschaft das **Insolvenzverfahren** eröffnet, so übt während dessen Dauer gemäß Abs. 4 iVm § 309 Abs. 4 S. 5 der Insolvenzverwalter oder der Sachwalter das Verfolgungsrecht der Aktionäre und Gläubiger aus. Ein von diesen bereits anhängig gemachter Rechtsstreit wird analog § 240 ZPO kraft Gesetzes unterbrochen.[76] Der Verwalter bzw. Sachwalter kann den Prozess aufnehmen oder freigeben.[77]

II. Ansprüche der Aktionäre. Für die *eigenen* Ansprüche der außenstehenden Aktionäre gegen das herrschende Unternehmen (Abs. 1 S. 2) und dessen gesetzliche Vertreter (Abs. 1 S. 2 iVm Abs. 3) gelten die allgemeinen Regeln. Sie klagen hier aus eigenem Recht auf Leistung an sich selbst. Das Ausscheiden aus der Gesellschaft sowie die Beendigung des Abhängigkeitsverhältnisses lassen den Anspruch unberührt.[78] Eine Befugnis anderer außenstehender Aktionäre zur Nebenintervention besteht nicht.[79]

E. Verzicht, Vergleich, Verjährung

Nach Abs. 4 iVm § 309 Abs. 3 S. 1 kann die Gesellschaft grundsätzlich erst drei Jahre nach der Entstehung auf ihre Ansprüche aus Abs. 1 und Abs. 3 **verzichten** oder sich darüber **vergleichen**, wenn zusätzlich ein zustimmender Sonderbeschluss der außenstehenden Aktionäre gefasst worden ist, sofern diesem nicht eine Minderheit von wenigstens 10% des bei der Sonderbeschlussfassung vertretenen Grundkapitals widersprochen hat. Ausnahmen in Insolvenz und Insolvenzvorfeld des Anspruchsschuldners ergeben sich aus § 309 Abs. 3 S. 2. Zu beachten ist, dass Verzicht und Vergleich die Ersatzpflicht gegenüber den Gläubigern der Gesellschaft *nicht* ausschließen (§ 309 Abs. 4 S. 4). Ansprüche aus § 317 **verjähren** nach Abs. 4 iVm § 309 Abs. 5 kenntnisunabhängig in fünf Jahren ab ihrer Entstehung, also bei ausgleichsfähigen, aber nicht ordnungsgemäß ausgeglichenen Nachteilen mit Ablauf des betreffenden Geschäftsjahres, bei nicht ausgleichsfähigen Nachteilen mit Nachteilszufügung.[80]

§ 318 Verantwortlichkeit der Verwaltungsmitglieder der Gesellschaft

(1) ¹Die Mitglieder des Vorstands der Gesellschaft haften neben den nach § 317 Ersatzpflichtigen als Gesamtschuldner, wenn sie es unter Verletzung ihrer Pflichten unterlassen haben, das nachteilige Rechtsgeschäft oder die nachteilige Maßnahme in dem Bericht über die Beziehungen der Gesellschaft zu verbundenen Unternehmen aufzuführen oder anzugeben, daß die Gesellschaft durch das Rechtsgeschäft oder die Maßnahme benachteiligt wurde und der Nachteil nicht ausgeglichen worden war. ²Ist streitig, ob sie die Sorgfalt eines ordentlichen und gewissenhaften Geschäftsleiters angewandt haben, so trifft sie die Beweislast.

(2) Die Mitglieder des Aufsichtsrats der Gesellschaft haften neben den nach § 317 Ersatzpflichtigen als Gesamtschuldner, wenn sie hinsichtlich des nachteiligen Rechtsgeschäfts oder der nachteiligen Maßnahme ihre Pflicht, den Bericht über die Beziehungen zu verbundenen Unternehmen zu prüfen und über das Ergebnis der Prüfung an die Hauptversammlung zu berichten (§ 314), verletzt haben; Absatz 1 Satz 2 gilt sinngemäß.

---

[74] AA offenbar Emmerich/Habersack/*Habersack*, Rn 27.
[75] HM, s. OLG München AG 2008, 864, 866 f; OLG München AG 2008, 172, 173 f; MüKo-AktG/*Altmeppen*, Rn 64 ff; Emmerich/Habersack/*Habersack*, Rn 27; *H.-F. Müller*, Der Konzern 2006, 725, 728 ff; Spindler/Stilz/*ders.*, Rn 19; K. Schmidt/Lutter/*J. Vetter*, Rn 26; ebenso bereits zu § 147 aF *Kropff*, FS Bezzenberger, 2000, S. 233, 244 ff; aA Bürgers/Körber/*Fett*, Rn 16; *Hüffer*, Rn 17.
[76] Siehe Emmerich/Habersack/*Habersack*, § 309 Rn 51; Spindler/Stilz/*Veil*, § 309 Rn 37.
[77] Vgl. BGHZ 163, 32, 34 f; Zöller/*Greger*, § 240 Rn. 10 f.
[78] Siehe Emmerich/Habersack/*Habersack*, Rn 30.
[79] Siehe BGH DStR 2006, 1380, 1381; *Hüffer*, Rn 8.
[80] Vgl. Emmerich/Habersack/*Habersack*, Rn. 32; K. Schmidt/Lutter/*J. Vetter*, Rn. 41; Grigoleit/*Grigoleit*, Rn. 9; abweichend MüKo-AktG/*Altmeppen*, Rn. 109.

(3) Der Gesellschaft und auch den Aktionären gegenüber tritt die Ersatzpflicht nicht ein, wenn die Handlung auf einem gesetzmäßigen Beschluß der Hauptversammlung beruht.

(4) § 309 Abs. 3 bis 5 gilt sinngemäß.

A. Überblick	1	2. Subjektiver Tatbestand	4
I. Regelungsinhalt; Kritik	1	3. Rechtsfolgen	5
B. Haftung der Vorstandsmitglieder (Abs. 1)	2	C. Haftung der Aufsichtsratsmitglieder (Abs. 2)	7
I. Anspruchsgläubiger und -schuldner	2	D. Haftungsausschluss (Abs. 3)	8
II. Anspruchsvoraussetzungen	3	E. Verweise (Abs. 4)	9
1. Objektiver Tatbestand	3	F. Verhältnis zu §§ 93, 116	10

A. Überblick

I. Regelungsinhalt; Kritik. § 318 regelt im Interesse des Schutzes der abhängigen Gesellschaft und ihrer Außenseiter Schadensersatzansprüche gegen die Mitglieder der Verwaltung der abhängigen Gesellschaft bei Verstößen gegen §§ 312, 314, die ihrerseits (jedenfalls mittelbar) die Einhaltung der Grenzen des § 311 sichern sollen. Die Vorschrift gilt als wenig geglückt, weil Verstöße gegen die in §§ 312, 314 niedergelegten Pflichten bereits nach allgemeinen Grundsätzen zur Haftung der Verwaltung führen (§§ 93, 116), das Verhältnis von § 318 zu den allgemeinen Haftungstatbeständen aber unklar gelassen wird. Hinzu treten Schwierigkeiten bei der Bestimmung des Anspruchsinhalts sowie ein funktionsloser Haftungsausschluss in Abs. 3.[1]

B. Haftung der Vorstandsmitglieder (Abs. 1)

I. Anspruchsgläubiger und -schuldner. Anspruchsgläubigerin ist zunächst die abhängige Gesellschaft, wobei ihr Anspruch wie im Rahmen des § 317 von jedem Aktionär sowie den Gläubigern geltend gemacht werden kann (Abs. 4 iVm § 309 Abs. 4). Darüber hinaus haften die Vorstandsmitglieder aber auch gegenüber den Aktionären unmittelbar, sofern diese einen den Reflexschaden übersteigenden Eigenschaden iSd § 317 Abs. 1 S. 2 erlitten haben (s. dazu § 317 Rn 7). Dies wird in Abs. 1 anders als in § 317 Abs. 1 S. 2 nicht mehr ausdrücklich angesprochen, ergibt sich aber aus der Anordnung gesamtschuldnerischer Haftung neben den nach § 317 Ersatzpflichtigen.[2] Anspruchsschuldner sind die Mitglieder des Vorstands der abhängigen Gesellschaft. Wegen des Grundsatzes der Gesamtverantwortung für den Abhängigkeitsberichts erstreckt sich die Haftung dabei auf sämtliche Mitglieder, die dem Vorstand im relevanten Zeitpunkt angehören.[3]

II. Anspruchsvoraussetzungen. 1. Objektiver Tatbestand. Erforderlich ist zunächst eine Verletzung der Berichtspflichten nach § 312, dh die Unvollständigkeit oder Unrichtigkeit des Abhängigkeitsberichts oder dessen gänzliches Fehlen.[4] Die Verletzung der Berichtspflicht des § 312 ist allerdings eine notwendige, nicht jedoch hinreichende Bedingung für den Eintritt der Haftung nach Abs. 1. Hinzutreten muss die Verwirklichung des Haftungstatbestands nach § 317 Abs. 1 durch das herrschende Unternehmen, weil die Mitglieder des Vorstands der abhängigen Gesellschaft nur in diesem Fall „neben den nach § 317 Ersatzpflichtigen als Gesamtschuldner" haften, wie dies Abs. 1 S. 1 voraussetzt. Auch die Haftung nach § 318 greift daher nur dann, wenn das herrschende Unternehmen die abhängige Gesellschaft zu einer nachteiligen Maßnahme veranlasst, ohne die durch § 311 gesetzten Grenzen einzuhalten (Unterlassen des Nachteilsausgleichs). Es genügt, wenn der Anspruch aus § 317 besteht; nicht vorausgesetzt ist, dass er auch geltend gemacht wird.[5]

2. Subjektiver Tatbestand. Aus Abs. 1 S. 2 ergibt sich, dass die Haftung der Verwaltungsmitglieder der abhängigen Gesellschaft nach § 318 – anders als diejenige der nach § 317 Ersatzpflichtigen – verschuldensabhängig ausgestaltet ist. Es gilt der Sorgfaltsmaßstab des § 93.[6] Für das Fehlen des Verschuldens trifft das in Anspruch genommene Vorstandsmitglied nach der ausdrücklichen Regelung des Abs. 1 S. 2 die Beweislast.

3. Rechtsfolgen. Die Vorstandsmitglieder haften neben den nach § 317 Ersatzpflichtigen als Gesamtschuldner auf Schadensersatz gemäß §§ 249 ff. Der Ausgleich der Gesamtschuldner untereinander richtet sich nach § 426 BGB; bei unterschiedlichen Verschuldens- bzw Verursachungsbeiträgen gilt § 254 BGB analog.[7]

---

1 Siehe zur Kritik näher Emmerich/Habersack/*Habersack*, Rn 2; K. Schmidt/Lutter/*J. Vetter*, Rn 1.
2 Siehe Regierungsbegründung bei *Kropff*, AktG 1965, S. 420; *Hüffer*, Rn 2.
3 Siehe Emmerich/Habersack/*Habersack*, Rn 3.
4 Siehe Emmerich/Habersack/*Habersack*, Rn 5.
5 Siehe Emmerich/Habersack/*Habersack*, Rn 4; *Hüffer*, Rn 3.
6 Vgl nur Spindler/Stilz/*H.-F. Müller*, Rn 8.
7 Siehe Spindler/Stilz/*H.-F. Müller*, Rn 11.

6 Wegen der Anknüpfung an die Verletzung der Berichtspflicht soll sich die Ersatzpflicht nach Abs. 1 nach hM allerdings nur auf den gerade aus dieser Pflichtverletzung resultierenden Schaden beschränken („Berichtsschaden")[8], dagegen nicht auf den Schaden, der durch die nachteilige Einflussnahme als solche verursacht wurde.[9] Dies reduziert die praktische Bedeutung von § 318 erheblich. Im Ergebnis wirkt sich diese Beschränkung allerdings nicht aus, weil die Verwaltungsmitglieder der abhängigen Gesellschaft für den durch die nachteilige Einflussnahme als solchen verursachten Schaden nach den allgemeinen Grundsätzen der §§ 93, 116 haften, und zwar modifiziert durch die für § 318 geltenden Sonderregeln (s. sogleich, Rn 11).

C. Haftung der Aufsichtsratsmitglieder (Abs. 2)

7 Liegen die Voraussetzungen einer Haftung nach § 317 Abs. 1 vor, haften auch die Mitglieder des Aufsichtsrats der abhängigen Gesellschaft, wenn ihnen ein Verstoß gegen § 314 zur Last fällt, dh wenn sie ihre Pflichten zur Prüfung des Abhängigkeitsberichts oder zur Berichterstattung gegenüber der Hauptversammlung nicht oder nicht ordnungsgemäß erfüllen. Erfasst ist auch der Fall, dass der Vorstand keinen Abhängigkeitsbericht aufstellt und der Aufsichtsrat, der dies für unrichtig hält, darüber nicht an die Hauptversammlung berichtet.[10] Die Berichtspflicht ist auch dann verletzt, wenn Einwendungen lediglich im Berichtsteil, nicht aber in der Schlusserklärung nach § 314 Abs. 3 angebracht werden, die nach § 315 S. 1 Nr. 2 erst den Zugang zu einer Sonderprüfung eröffnet.[11] Auch die Haftung der Mitglieder des Aufsichtsrats setzt aber Verschulden voraus (vgl Abs. Hs 2 mit Verweis auf Abs. 1 S. 2). Insoweit gilt das zum Vorstand Ausgeführte entsprechend.

D. Haftungsausschluss (Abs. 3)

8 Über die gesetzlichen Pflichten nach §§ 312, 314 kann die Hauptversammlung nicht disponieren, weswegen ein gleichwohl gefasster Beschluss, der den Vorstand von der Pflicht zur ordnungsgemäßen Berichterstattung befreien soll, nach § 241 Nr. 3 nichtig ist.[12] Die Vorschrift ist daher funktionslos.[13] Ihre Existenz erklärt sich aus versehentlicher Beibehaltung nach Änderung der Grundkonzeption des 318 im Laufe des Gesetzgebungsverfahrens.[14]

E. Verweise (Abs. 4)

9 Für Verzicht und Vergleich über Ansprüche nach § 318 gilt die in Abs. 4 angeordnete Verweisung auf § 309 Abs. 3, für die Verjährung verweist Abs. 4 auf § 309 Abs. 5.[15] Darüber hinaus ermöglicht der Verweis des Abs. 4 auf § 309 Abs. 4 die Geltendmachung des Schadens der Gesellschaft durch die Aktionäre und begründet zudem unmittelbare Klagerechte der Gläubiger der abhängigen Gesellschaft.[16]

F. Verhältnis zu §§ 93, 116

10 Die allgemeinen Haftungsanordnungen nach §§ 93, 116 werden durch § 318 nicht verdrängt, sondern bleiben daneben (modifiziert, s. folgende Rn) anwendbar.[17] Dass § 318 lediglich die Verletzung von Berichts- und Prüfungspflichten nach §§ 312, 314 sanktioniert, darf also nicht in dem Sinne verstanden werden, dass damit das auf die Abhängigkeitssituation bezogene Pflichtenprogramm der Verwaltung der abhängigen Gesellschaft abschließend beschrieben wäre. Insbesondere ändert der beschränkte Fokus von § 318 nichts an der Pflicht des Vorstands der abhängigen Gesellschaft, stets zu überprüfen, ob die Voraussetzungen erfüllt sind, unter denen auf Veranlassung des herrschenden Unternehmens eine nachteilige Maßnahme vorgenommen werden darf.[18] Gleiches gilt für die Pflicht des Aufsichtsrats, den Vorstand bei der Einhaltung dieser Pflichten zu überwachen.

---

8 Siehe K. Schmidt/Lutter/*J. Vetter*, Rn 8.
9 Siehe Emmerich/Habersack/*Habersack*, Rn 7; Spindler/Stilz/*H.-F. Müller*, Rn 10; K. Schmidt/Lutter/*J. Vetter*, Rn 8.
10 Siehe MüKo-AktG/*Altmeppen*, Rn 10; Emmerich/Habersack/*Habersack*, Rn 14; *Hüffer*, Rn 6.
11 Siehe MüKo-AktG/*Altmeppen*, Rn 10; Emmerich/Habersack/*Habersack*, Rn 14.
12 Siehe Emmerich/Habersack/*Habersack*, Rn 8.
13 Siehe MüKo-AktG/*Altmeppen*, Rn 8; Emmerich/Habersack/*Habersack*, Rn 8; *Hüffer*, Rn 7; Spindler/Stilz/*H.-F. Müller*, Rn 9; K. Schmidt/Lutter/*J. Vetter*, Rn 18.
14 Siehe Emmerich/Habersack/*Habersack*, Rn 8.
15 Vgl insoweit bereits § 317 Rn 19 sowie § 309 Rn 29 f, 34.
16 Vgl auch insoweit bereits § 317 Rn 17 sowie § 309 Rn 31 f.
17 Ganz hM, s. etwa MüKo-AktG/*Altmeppen*, Rn 23; Emmerich/Habersack/*Habersack*, Rn 11; *Hüffer*, Rn 9; K. Schmidt/Lutter/*J. Vetter*, Rn 15.
18 Siehe dazu näher bereits § 311 Rn 14 ff.

Die auf das Abhängigkeitsverhältnis bezogene Haftung der Organwalter der abhängigen Gesellschaft nach §§ 93, 116 wird jedoch durch eine entsprechende Anwendung der Sonderregeln des § 318 modifiziert.[19] Damit wird dem Umstand Rechnung getragen, dass die §§ 93, 116 nicht unmittelbar auf das Bestehen einer Abhängigkeitslage zugeschnitten sind und die spezifischen Probleme, die aus einer solchen resultieren, nicht ausreichend berücksichtigen.[20] Das hat zur Folge, dass die Verwaltungsmitglieder auf der Grundlage der §§ 93, 116 analog § 318 als Gesamtschuldner neben den nach § 317 Ersatzpflichtigen haften;[21] entsprechend §§ 318 Abs. 1 S. 1, 317 Abs. 1 S. 2 können die Aktionäre der abhängigen Gesellschaft auch gegen deren Verwaltungsmitglieder einen über den Reflexschaden hinausgehenden Eigenschaden geltend machen;[22] auch § 309 Abs. 3 bis 5 gilt analog § 318 Abs. 4 entsprechend für auf das Abhängigkeitsverhältnis bezogene Ansprüche aus §§ 93, 116.[23]

Dritter Teil Eingegliederte Gesellschaften

Literatur:
Büchel, Neuordnung des Spruchverfahrens, NZG 2003, 793; *Dehmer*, Umwandlungsgesetz, 2. Auflage 1996; *Heermann*, Auswirkungen einer Behebbarkeit oder nachträglichen Korrektur von gerügten Verfahrensmängeln auf das Unbedenklichkeitsverfahren nach § 16 Abs 3 UmwG, ZIP 1999, 1861; *Henze*, Aspekte und Entwicklungstendenzen der aktienrechtlichen Anfechtungsklage in der Rechtsprechung des BGH, ZIP 2002, 97; *Kallmeyer*, Kommentar zum Umwandlungsgesetz, 2. Auflage 2002; *Kiem*, Die Stellung der Vorzugsaktionäre bei Umwandlungsmaßnahmen; *Kösters*, Das Unbedenklichkeitsverfahren nach § 16 Abs 3 UmwG, WM 2000, 1921; *Krieger*, Squeeze-Out nach neuem Recht: Überblick und Zweifelsfragen, BB 2002, 53; *Meilicke*, Kein Rechtsschutz gegen rechtswidrige Handelsregistereintragungen?, DB 2001, 1235; *Meilicke/Heidel*, Das neue Spruchverfahren in der gerichtlichen Praxis, DB 2003, 2267; *Pfeiffer*, Eingegliederte Gesellschaften, DZWiR 2005, 452; *Pfeiffer*, Die KGaA im Eingliederungskonzern, Der Konzern 2006, 122; *Prael*, Eingliederung und Beherrschungsvertrag als körperschaftliche Rechtsgeschäfte, 1978; *Riegger/Schockenhoff*, Das Unbedenklichkeitsverfahren zur Eintragung der Umwandlung ins Handelsregister; *Sonnenschein*, Die Eingliederung im mehrstufigen Konzern, BB 1975, 1088.

§ 319 Eingliederung

(1) ¹Die Hauptversammlung einer Aktiengesellschaft kann die Eingliederung der Gesellschaft in eine andere Aktiengesellschaft mit Sitz im Inland (Hauptgesellschaft) beschließen, wenn sich alle Aktien der Gesellschaft in der Hand der zukünftigen Hauptgesellschaft befinden. ²Auf den Beschluß sind die Bestimmungen des Gesetzes und der Satzung über Satzungsänderungen nicht anzuwenden.

(2) ¹Der Beschluß über die Eingliederung wird nur wirksam, wenn die Hauptversammlung der zukünftigen Hauptgesellschaft zustimmt. ²Der Beschluß über die Zustimmung bedarf einer Mehrheit, die mindestens drei Viertel des bei der Beschlußfassung vertretenen Grundkapitals umfaßt. ³Die Satzung kann eine größere Kapitalmehrheit und weitere Erfordernisse bestimmen. ⁴Absatz 1 Satz 2 ist anzuwenden.

(3) ¹Von der Einberufung der Hauptversammlung der zukünftigen Hauptgesellschaft an, die über die Zustimmung zur Eingliederung beschließen soll, sind in dem Geschäftsraum dieser Gesellschaft zur Einsicht der Aktionäre auszulegen

1. der Entwurf des Eingliederungsbeschlusses;
2. die Jahresabschlüsse und die Lageberichte der beteiligten Gesellschaften für die letzten drei Geschäftsjahre;
3. ein ausführlicher schriftlicher Bericht des Vorstands der zukünftigen Hauptgesellschaft, in dem die Eingliederung rechtlich und wirtschaftlich erläutert und begründet wird (Eingliederungsbericht).

²Auf Verlangen ist jedem Aktionär der zukünftigen Hauptgesellschaft unverzüglich und kostenlos eine Abschrift der in Satz 1 bezeichneten Unterlagen zu erteilen. ³Die Verpflichtungen nach den Sätzen 1 und 2 entfallen, wenn die in Satz 1 bezeichneten Unterlagen für denselben Zeitraum über die Internetseite der zukünftigen Hauptgesellschaft zugänglich sind. ⁴In der Hauptversammlung sind diese Unterlagen zugänglich zu machen. ⁵Jedem Aktionär ist in der Hauptversammlung auf Verlangen Auskunft auch über alle im Zusammenhang mit der Eingliederung wesentlichen Angelegenheiten der einzugliedernden Gesellschaft zu geben.

---

19 Ganz hM, s. etwa MüKo-AktG/*Altmeppen*, Rn 24 f; Emmerich/Habersack/*Habersack*, Rn 11; *Hüffer*, Rn 10 Spindler/Stilz/H.-F. *Müller*, Rn 14.
20 Siehe Spindler/Stilz/H.-F. *Müller*, Rn 14.
21 Siehe Emmerich/Habersack/*Habersack*, Rn 12.
22 Siehe Emmerich/Habersack/*Habersack*, Rn 12; K. Schmidt/Lutter/*J. Vetter*, Rn 16.
23 Siehe *Hüffer*, Rn 10; Emmerich/Habersack/*Habersack*, Rn 12 kritisch hinsichtlich des Verfolgungsrechts der Aktionäre K. Schmidt/Lutter/*J. Vetter*, Rn 17.

(4) ¹Der Vorstand der einzugliedernden Gesellschaft hat die Eingliederung und die Firma der Hauptgesellschaft zur Eintragung in das Handelsregister anzumelden. ²Der Anmeldung sind die Niederschriften der Hauptversammlungsbeschlüsse und ihre Anlagen in Ausfertigung oder öffentlich beglaubigter Abschrift beizufügen.

(5) ¹Bei der Anmeldung nach Absatz 4 hat der Vorstand zu erklären, daß eine Klage gegen die Wirksamkeit eines Hauptversammlungsbeschlusses nicht oder nicht fristgemäß erhoben oder eine solche Klage rechtskräftig abgewiesen oder zurückgenommen worden ist; hierüber hat der Vorstand dem Registergericht auch nach der Anmeldung Mitteilung zu machen. ²Liegt die Erklärung nicht vor, so darf die Eingliederung nicht eingetragen werden, es sei denn, daß die klageberechtigten Aktionäre durch notariell beurkundete Verzichtserklärung auf die Klage gegen die Wirksamkeit des Hauptversammlungsbeschlusses verzichten.

(6) ¹Der Erklärung nach Absatz 5 Satz 1 steht es gleich, wenn nach Erhebung einer Klage gegen die Wirksamkeit eines Hauptversammlungsbeschlusses das Gericht auf Antrag der Gesellschaft, gegen deren Hauptversammlungsbeschluß sich die Klage richtet, durch Beschluß festgestellt hat, daß die Erhebung der Klage der Eintragung nicht entgegensteht. ²Auf das Verfahren sind § 247, die §§ 82, 83 Abs. 1 und § 84 der Zivilprozessordnung sowie die im ersten Rechtszug für das Verfahren vor den Landgerichten geltenden Vorschriften der Zivilprozessordnung entsprechend anzuwenden, soweit nichts Abweichendes bestimmt ist. ³Ein Beschluss nach Satz 1 ergeht, wenn

1. die Klage unzulässig oder offensichtlich unbegründet ist,
2. der Kläger nicht binnen einer Woche nach Zustellung des Antrags durch Urkunden nachgewiesen hat, dass er seit Bekanntmachung der Einberufung einen anteiligen Betrag von mindestens 1 000 Euro hält oder
3. das alsbaldige Wirksamwerden des Hauptversammlungsbeschlusses vorrangig erscheint, weil die vom Antragsteller dargelegten wesentlichen Nachteile für die Gesellschaft und ihre Aktionäre nach freier Überzeugung des Gerichts die Nachteile für den Antragsgegner überwiegen, es sei denn, es liegt eine besondere Schwere des Rechtsverstoßes vor.

⁴Der Beschluß kann in dringenden Fällen ohne mündliche Verhandlung ergehen. ⁵Der Beschluss soll spätestens drei Monate nach Antragstellung ergehen; Verzögerungen der Entscheidung sind durch unanfechtbaren Beschluss zu begründen. ⁶Die vorgebrachten Tatsachen, aufgrund derer der Beschluß nach Satz 3 ergehen kann, sind glaubhaft zu machen. ⁷Über den Antrag entscheidet ein Senat des Oberlandesgerichts, in dessen Bezirk die Gesellschaft ihren Sitz hat. ⁸Eine Übertragung auf den Einzelrichter ist ausgeschlossen; einer Güteverhandlung bedarf es nicht. ⁹Der Beschluss ist unanfechtbar. ¹⁰Erweist sich die Klage als begründet, so ist die Gesellschaft, die den Beschluß erwirkt hat, verpflichtet, dem Antragsgegner den Schaden zu ersetzen, der ihm aus einer auf dem Beschluß beruhenden Eintragung der Eingliederung entstanden ist. ¹¹Nach der Eintragung lassen Mängel des Beschlusses seine Durchführung unberührt; die Beseitigung dieser Wirkung der Eintragung kann auch nicht als Schadenersatz verlangt werden.

(7) Mit der Eintragung der Eingliederung in das Handelsregister des Sitzes der Gesellschaft wird die Gesellschaft in die Hauptgesellschaft eingegliedert.

A. Gesetzeszweck und Gesetzesgeschichte	1
B. Status zwischen Unternehmensvertrag und Verschmelzung	2
C. Eingliederung einer 100-prozentigen Tochtergesellschaft	3
I. Beschluss der einzugliedernden Gesellschaft	4
II. Zustimmungsbeschluss der Hauptgesellschaft (Abs. 1 und Abs. 2)	5
1. Sinn des Beschlusses	6
2. Mehrstufige Eingliederung	7
3. Erfordernisse für den Beschluss	8
III. Informationspflichten (Abs. 3)	9
1. Auslagepflicht vor der Hauptversammlung	9
a) Entwurf des Eingliederungsbeschlusses	10
b) Jahresabschlüsse und Lageberichte	11
c) Eingliederungsbericht	12
2. Weitere Obliegenheiten	13
3. Auskunft in der Hauptversammlung	14
IV. Fehlerhafte Beschlüsse	15
V. Anmeldung der Eingliederung zur Eintragung in das Handelsregister (Abs. 4)	16
VI. Registerverfahren und Registersperre (Abs. 5)	17
1. Registerverfahren und Negativerklärung	17
2. Registersperre	18
VII. Beschlussverfahren des Prozessgerichts (Abs. 6)	19
1. Unzulässigkeit der Klage	21
2. Offensichtliche Unbegründetheit der Klage	22
3. Mindestbeteiligung	22a
4. Vorrangiges Vollzugsinteresse	23
a) Abwendung wesentlicher Nachteile	24
b) Schwere der Gesetzesverletzungen	25
c) Interessenabwägung	26
5. Verfahren	27
6. Schadensersatz	32
VIII. Eintragung	33

A. Gesetzeszweck und Gesetzesgeschichte

Die Eingliederung ist in den §§ 319 bis 327 geregelt. Sie war im früheren Aktienrecht nicht geregelt und ist erst durch das **Aktiengesetz 1965** eingeführt worden. Wenn sie auch unter § 15 nicht ausdrücklich aufgeführt ist, stellt sie die **engste** Form der Unternehmensverbindung dar.[1] In § 18 ist ausdrücklich bestimmt, dass Unternehmen, von denen das eine in das andere eingegliedert ist (§ 319), als unter einer einheitlichen Leitung zusammengefasst anzusehen sind. Sie bilden deswegen einen Konzern. Es sollte wirtschaftlich mit der eingegliederten Gesellschaft eine **Betriebsabteilung** der **Hauptgesellschaft** gebildet werden.[2] Durch das Bilanzrichtlinien-Gesetz v. 19.12.1985 (BGBl. I S. 2355) wurde § 325 aufgehoben. Nach dieser Vorschrift brauchten eingegliederte Gesellschaften den Jahresabschluss nicht zu veröffentlichen, wenn sie in den von der Hauptgesellschaft aufgestellten Konzernabschluss oder Teilkonzernabschluss einbezogen waren. Diese Erleichterungen wurden jedoch ordnungspolitisch nicht als wünschenswert angesehen, weil sie Konzerne im Verhältnis zu mittelständischen Unternehmen begünstigten.[3] Erhebliche **Änderungen** ergaben sich aus dem **UmwBerG** vom 28.10.1994 (BGBl. I S. 3210). Art. 6 Nr. 10 bis 12 ergaben Anpassungen des AktG an die neuen Vorschriften. Eine weitere entscheidende Änderung ergibt sich auch aus dem **Wertpapiererwerbs- und Übernahmegesetz (WpÜG)** v. 15.11.2001 für die Eingliederung. Gemäß Art. 7 wurde nach dem Dritten Teil des Dritten Buches ein neuer Vierter Teil „Ausschluss von Minderheitsaktionären §§ 327 a bis 327 f" eingeführt (**Squeeze-out**), der zu einer erheblichen Beeinträchtigung der Rechte der Minderheitsaktionäre führen kann.[4] Erhebliche Änderungen ergeben sich ferner aus dem Gesetz zur Neuordnung des gesellschaftsrechtlichen **Spruchverfahrens** v. 12.6.2003,[5] das am 1.9.2003 in Kraft getreten ist. Es wurde ein neues **Verfahrensgesetz** geschaffen, während u.a. § 306 aufgehoben und § 320 b geändert wurde.[6] Einige Änderungen erfolgten durch das am 29.12.2004 in Kraft getretene Gesetz zur Einführung der Europäischen Gesellschaft (**SEEG**).[7] Ferner trat am 1.11.2005 das Gesetz zur Unternehmenintegrität und Modernisierung des Anfechtungsrechts (**UMAG**)[8] in Kraft, das u.a. Neuregelungen zur Vorbereitung und Durchführung der Hauptversammlung und des Anfechtungsrechts vor sieht.
Durch das Gesetz zur Umsetzung der Aktionärsrechterichtlinie vom 30. Juli 2009 (**ARUG**) – BGBl. I S. 2479 – sind § 319 Abs. 3 und 6 sowie § 320 Abs. 4 S. 3 und § 320 b Abs. 1 S. 6 geändert worden.

B. Status zwischen Unternehmensvertrag und Verschmelzung

Die Eingliederung ist eine **körperschaftsrechtliche** Verbindung der eingegliederten Gesellschaft mit der Hauptgesellschaft. Es wird ein faktischer Zustand geschaffen, auf den meist durch den Erwerb von Aktien gezielt hingewirkt wird. Die Eingliederung geht in ihren wirtschaftlichen Wirkungen über den **Beherrschungsvertrag** (§§ 291 ff) hinaus und kommt der **Verschmelzung** (§§ 2 ff. UmwG, §§ 339 ff AktG aF) sehr nahe. Der Unterschied besteht darin, dass die **Rechtspersönlichkeit** der Tochtergesellschaft erhalten bleibt.[9] Es steht aber deren vermögensmäßige **Substanz** in der Verfügungsgewalt der Hauptgesellschaft,[10] insgesamt wird es ihr ermöglicht, die Tochter-AG vollständig zu **leiten**, ohne auf die Vorteile ihrer rechtlichen **Selbstständigkeit** verzichten zu müssen.[11] Die Vorteile liegen in dem Erhalt des „good will" des Firmennamens sowie in dem Erhalt von Vorstands- und Aufsichtsratsposten, wenn es personalpolitisch günstig ist.[12] Schließlich kann die Eingliederung verhältnismäßig problemlos beendet werden.[13]

C. Eingliederung einer 100-prozentigen Tochtergesellschaft

Die Eingliederung gemäß § 319 setzt voraus, dass die herrschende Gesellschaft bereits **sämtliche Anteile** der abhängigen AG in ihrer Hand vereinigt. § 320 lässt auch die Eingliederung durch **Mehrheitsbeschluss** zu, wenn sich mindestens 95 Prozent der Mitgliedsrechte der abhängigen Gesellschaft in der Hand der Hauptgesellschaft befinden. Beide Gesellschaften müssen **Aktiengesellschaften** sein. Eine Kommanditgesellschaft

---

1 Geßler, Rn 1.
2 Kropff, S. 429; KölnKomm-AktG/Koppensteiner, vor § 319 Rn 6; Hüffer, Rn 2; einschränkend: MüKo-AktG/Grunewald, vor § 319 Rn 3; Geßler, Rn 2.
3 RegBegr. BT-Drucks. 10/4268, 120.
4 S §§ 327 a ff.
5 BGBl. I 2003 S. 838; vgl auch RegBegr. BT-Drucks. 15/371.
6 Vgl die Kommentierung zum SpruchG in diesem Kommentar (Kapitel 10).
7 BGBl. I 2004 S. 3675; vgl die Kommentierung zum SpruchG in diesem Kommentar.
8 S ZIP 2004, 2455.
9 Geßler, Rn 2; Hüffer, Rn 2; KölnKomm-AktG/Koppensteiner, vor § 319 Rn 6; MüKo-AktG/Grunewald, vor § 319 Rn 3.
10 KölnKomm-AktG/Koppensteiner, vor § 319 Rn 6.
11 Hüffer, Rn 2.
12 KölnKomm-AktG/Koppensteiner, vor § 319 Rn 6; MüKo-AktG/Grunewald, vor § 319 Rn 4.
13 Siehe Fn 8.

auf Aktien reicht nicht aus.[14] Die Hauptgesellschaft muss schon nach dem Gesetzeswortlaut ihren **Sitz im Inland** haben, weil nicht sicher ist, ob die ausländischen Gesetze den gleichen **Gläubigerschutz** wie das deutsche Recht bieten.[15] Auch die einzugliedernde Gesellschaft muss ihren Sitz im Inland haben, sonst fände das deutsche Aktienrecht keine Anwendung.[16] Für die Eingliederung gem. § 319 ist es erforderlich, dass sich alle Aktien der einzugliedernden Gesellschaft im Eigentum der zukünftigen Hauptgesellschaft befinden. Eine **Zurechnung** gem. § 16 Abs. 4 erfolgt nicht. Ebenfalls genügen nicht eigene Aktien der einzugliedernden Gesellschaft oder deren Aktien in der Hand einer 100-prozentigen Tochter der Hauptgesellschaft.[17] Schuldrechtliche Pflichten der späteren Hauptgesellschaft, Aktien der einzugliedernden Gesellschaft zu verkaufen oder lediglich Sicherungseigentum an deren Aktien sowie **Wandelschuldverschreibungen** oder **Optionen** hindern die Eingliederung nach hM wohl nicht.[18] Das notwendige Aktieneigentum muss im Zeitpunkt der Beschlussfassung vorhanden sein.[19] Ein Beschluss ohne dieses Erfordernis ist **nichtig** gem. § 241 Nr. 3.[20]

4 I. Beschluss der einzugliedernden Gesellschaft. Da sich bei der Eingliederung gem. § 319 sämtliche Aktien in der Hand der zukünftigen Hauptgesellschaft befinden, hängt das **Zustandekommen** der Eingliederung **allein** von ihr ab. Der Beschluss wird durch die sogenannte **Vollversammlung** (§ 212 Abs. 6) gefasst. Auf den Beschluss sind gemäß Abs. 1 S. 2 die Bestimmungen des Gesetzes und der Satzung über Satzungsänderungen nicht anzuwenden. Es kann auf eine Reihe von Vorschriften für den Hauptversammlungsbeschluss **verzichtet** werden, die bei der Eingliederung nach § 320 notwendig sind. Solche sind ohnehin kaum von Bedeutung, weil auf sie jederzeit verzichtet werden kann.[21] Es genügt, wenn der Vorstand der zukünftigen Hauptgesellschaft eine Erklärung zur **Niederschrift** als Beschluss der einzugliedernden Gesellschaft abgibt und der Aufsichtsratsvorsitzende die Erklärung unterschreibt. **Notarielle** Beurkundung und Teilnehmerverzeichnis sind grundsätzlich **nicht** erforderlich,[22] jedoch **zweckmäßig**, weil bei der Anmeldung der Eingliederung in das Handelsregister der Hauptversammlungsbeschluss in Ausfertigung oder öffentlich beglaubigter Urkunde und als Anlage gemäß § 130 Abs. 3 das Teilnehmerverzeichnis vorliegen muss.[23]

5 II. Zustimmungsbeschluss der Hauptgesellschaft (Abs. 1 und Abs. 2). Gemäß Abs. 1 S. 1 wird der Hauptversammlungsbeschluss der einzugliedernden Gesellschaft nur **wirksam**, wenn die Hauptversammlung der zukünftigen Hauptgesellschaft zustimmt.

6 1. Sinn des Beschlusses. Die Zustimmung ist erforderlich wegen der mit der Eingliederung verbundenen **gesamtschuldnerischen Mithaftung** der Hauptgesellschaft für Verbindlichkeiten der Tochter (§ 322) und der Pflicht zur **Verlustübernahme** (§ 324 Abs. 3).[24] Die Aktionäre sollen geschützt werden und ein Stimmrecht haben, damit nicht ihre **Eigentumsinteressen** durch eine mit großen Verlustrisiken verbundene Eingliederung, die allein der Vorstand durch den Eingliederungsbeschluss der einzugliedernden Gesellschaft vornimmt, ohne ihre Zustimmung **beeinträchtigt** werden können.[25]

7 2. Mehrstufige Eingliederung. Neben der einstufigen Eingliederung sind auch **mehrstufige** Eingliederungen möglich. Es kann zB in die eingegliederte Gesellschaft (Tochter) eine weitere Gesellschaft (Enkelin) eingegliedert werden. Dabei ist neben dem Beschluss der Enkel-Gesellschaft auf jeden Fall der **Zustimmungsbeschluss** der Tochter-Gesellschaft (in diesem Fall ja: Hauptgesellschaft) erforderlich, weil deren Vermögen für die Schulden der Enkelin **haftet** (§ 322) und einen möglichen **Bilanzverlust** ausgleichen muss (§ 324 Abs. 3). Da aber ebenfalls eine Haftung der Mutter-Gesellschaft in Folge der Eingliederung besteht, wird die Meinung vertreten,[26] dass auch deren Zustimmung erforderlich ist, zumindest die Vorstandspflicht, das Stimmrecht bei der Tochter im Einklang mit einem **Hauptversammlungsbeschluss** der Anteilseigner auszuüben.[27] Das Gesetz sieht eine solche Zustimmung nicht ausdrücklich vor. Sie erscheint auch nicht notwendig, wenn die Eingliederung der Enkelin wegen ihrer Größe für die Mutter-Gesellschaft keine wesentliche

---

14 *Geßler*, Rn 8; *v. Godin/Wilhelmi*, vor §§ 319 ff; zT abweichend Großkomm-AktienR/*Schmolke*, vor § 319 Rn 3 u. 9-11; *Hüffer*, Rn 4; KölnKomm-AktG/*Koppensteiner*, vor § 319 Rn 10; MüKo-AktG/*Grunewald*, Rn 5; aA *Habersack*, in: Emmerich/Habersack, Rn 6.

15 KölnKomm-AktG/*Koppensteiner*, vor § 319 Rn 10.

16 *Hüffer*, Rn 4.

17 *Geßler*, Rn 10–12; *v. Godin/Wilhelmi*, Anm. 2; Großkomm-AktienR/*Schmolke*, Rn 4; KölnKomm-AktG/*Koppensteiner*, vor § 319 Rn 12–14; MüKo-AktG/*Grunewald*, Rn 12; *Kropff*, S. 422.

18 *Hüffer*, Rn 4; MüKo-AktG/*Grunewald*, Rn 13; aA *Geßler*, Rn 12; KölnKomm-AktG/*Koppensteiner*, vor § 319 Rn 15.

19 MüKo-AktG/*Grunewald*, Rn 14.

20 *Hüffer*, Rn 4; MüKo-AktG/*Grunewald*, Rn 6; *Habersack*, in: Emmerich/Habersack, Rn 9; aA OLG Hamm AG 1994, 376, 378, das von einer Anfechtbarkeit ausgeht.

21 *v. Godin/Wilhelmi*, Anm. 3; Großkomm-AktienR/*Schmolke*, Rn 10; KölnKomm-AktG/*Koppensteiner*, Rn 3; MüKo-AktG/*Grunewald*, Rn 6.

22 *Hüffer*, Rn 5; *Habersack*, in: Emmerich/Habersack, Rn 11; KölnKomm-AktG/*Koppensteiner*, Rn 3; Großkomm-AktienR/*Schmolke*, Rn 10.

23 MüKo-AktG/*Grunewald*, Rn 16; KölnKomm-AktG/*Koppensteiner*, Rn 3.

24 *v. Godin/Wilhelmi*, Anm. 4; Großkomm-AktienR/*Würdinger*, Anm. 12; KölnKomm-AktG/*Koppensteiner*, Rn 5; *Hüffer*, Rn 6; MüKo-AktG/*Grunewald*, Rn 19.

25 *Hüffer*, Rn 6; KölnKomm-AktG/*Koppensteiner*, Rn 5; *Geßler*, Rn 17.

26 *Sonnenschein*, BB 1975, 1088, 1091.

27 KölnKomm-AktG/*Koppensteiner*, Rn 6.

Bedeutung hat.²⁸ Anders ist es zu sehen, wenn die Eingliederung der Enkelin für die Mutter **grundlegende Bedeutung** hat. Dann liegt zwar noch eine Entscheidung vor, die durch die Außenvertretungsmacht des Vorstandes gedeckt ist, die aber gleichwohl so tief in die **Mitgliedschaftsrechte** der Aktionäre eingreift, dass der Vorstand **vernünftigerweise** nicht annehmen kann, er dürfe sie ausschließlich in eigener Verantwortung treffen, ohne die Hauptversammlung zu beteiligen. In diesem Fall verletzt der Vorstand seine **Sorgfaltspflichten**, sein Ermessen gemäß § 119 Abs. 2 schrumpft auf null.²⁹

3. Erfordernisse für den Beschluss. Der Beschluss über die Zustimmung bedarf gem. Abs. 2 S. 2 einer Mehrheit, die mindestens **drei Viertel** des bei der Beschlussfassung vertretenen Grundkapitals umfasst. Die Satzung kann für diesen Beschluss eine größere, nicht aber eine geringere Kapitalmehrheit sowie weitere Erfordernisse bestimmen (Abs. 2 S. 3), zB ein Quorum.³⁰ Gemäß Abs. 2 S. 4 sind auf den Beschluss die Bestimmungen des Gesetzes und der Satzung über Satzungsänderungen nicht anzuwenden (Abs. 1 S. 2). Der Zustimmungsbeschluss kann **vor** oder **nach** dem Eingliederungsbeschluss gefasst werden.³¹ Wie an den Eingliederungsbeschluss sind an den Zustimmungsbeschluss keine **besonderen** inhaltlichen Erfordernisse zu stellen. Es handelt sich um das Einverständnis mit einem von anderen vorgenommenen Rechtsgeschäft wie in § 182 BGB.³²

III. Informationspflichten (Abs. 3). 1. Auslagepflicht vor der Hauptversammlung. Durch Gesetz vom 28.10.1994 sind in Abs. 3 zahlreiche Informationspflichten geregelt worden, die über die nach Abs. 2 S. 5 aF geforderten weit hinaus gehen. Dies liegt an der **Bedeutung** der Hauptversammlung für die Aktionäre der zukünftigen Hauptgesellschaft. Abs. 3 hält sich eng an die gleichzeitig neu geschaffenen Bestimmungen für **Unternehmensverträge** gemäß §§ 293 a, 293 f und 293 g, 8 UmwG. Auf die Erläuterungen zu diesen Vorschriften kann verwiesen werden. Es sind gemäß § 319 Abs. 3 S. 1 bereits von der Einberufung der Hauptversammlung an, dh der Bekanntmachung der Hauptversammlung in den Gesellschaftsblättern nach § 121 Abs. 4, die in Nr. 1 bis 3 genannten Unterlagen in dem Geschäftsraum der Hauptgesellschaft zur **Einsicht** der Aktionäre **auszulegen**. Dies gibt den interessierten Anteilseignern die Möglichkeit, sich umfassend auf die Hauptversammlung **vorzubereiten**.³³ Dasselbe Ziel verfolgt Abs. 3 S. 2, wonach die in Satz 1 bezeichneten Unterlagen jedem Aktionär auf Verlangen **unverzüglich** und **kostenlos** zur Verfügung zu stellen sind. Es sind folgende Unterlagen auszulegen:

a) Entwurf des Eingliederungsbeschlusses. An diesen sind nur geringe Anforderungen zu stellen, weil er grundsätzlich lediglich die Zustimmung zu dem Beschluss der einzugliedernden Gesellschaft enthält.

b) Jahresabschlüsse und Lageberichte. Diese betreffen sowohl die einzugliedernde Gesellschaft als auch die Hauptgesellschaft für die letzten *drei* Geschäftsjahre. Auch der Anhang zu den Jahresabschlüssen ist auszulegen.

c) Eingliederungsbericht. Nach Abs. 1 Nr. 3 hat der Vorstand der zukünftigen Hauptgesellschaft einen **ausführlichen** schriftlichen Bericht zu erstellen und auszulegen, in dem die Eingliederung rechtlich und wirtschaftlich erläutert und begründet wird. Dieser kann aber **kürzer** sein als ein **Verschmelzungsbericht**, weil es in diesem Fall nicht zu einem Aktientausch kommt.³⁴ Die Aktionäre sollen erkennen können, welche **Risiken**, insbesondere die Haftung für alte und neue Verbindlichkeiten der einzugliedernden Gesellschaft nach § 322, und **Vorteile** (zB Synergieeffekte) mit der Eingliederung verbunden sind.³⁵ Sinn und Zweck der Eingliederung (**Plausibilität**) sollen verständlich gemacht werden, nicht aber soll eine vollständige Kontrolle erfolgen,³⁶ zumal auf eine Prüfung durch Eingliederungsprüfer anders als bei der Eingliederung durch Mehrheitsbeschluss (§ 320 Abs. 3) verzichtet worden ist. Es ist nicht zu verstehen, warum bei der Eingliederung gemäß § 319 nach dem Gesetzeswortlaut nicht auf den **Bericht** des Vorstandes **verzichtet** werden kann.³⁷ Dies ist sowohl bei Unternehmensverträgen (§ 293 a Abs. 3) als auch bei Verschmelzungen (§ 8 Abs. 3 UmwG) geregelt. Da dabei sogar auf die sonst vorgesehene Prüfung durch **Außenstehende** verzichtet werden kann (§ 293 b Abs. 2, § 9 Abs. 3 UmwG) und der Regierungsentwurf dazu nichts sagt,³⁸ erscheint eine **analoge** Anwendung dieser Vorschriften angebracht,³⁹ wobei eine öffentlich beglaubigte Verzichtserklärung ausreicht.⁴⁰ Eine solche **Regelungslücke** ergibt sich auch für die **Geheimhaltungsinteressen**. Hier

---

28 *Hüffer*, Rn 7; *Habersack*, in: Emmerich/Habersack, Rn 16; MüKo-AktG/*Grunewald*, Rn 21.
29 BGHZ 83, 122, 139 f (Holzmüller); BGH ZIP 2001, 416, 418 (Altana/Milupa); BVerfG ZIP 2000, 1670, 1671 (Moto Meter) wegen der übertragenden Auflösung.
30 Großkomm-AktienR/*Schmolke*, Rn 18.
31 OLG München WM 1993, 1285, 1287; *Hüffer*, Rn 6; MüKo-AktG/*Grunewald*, Rn 19.
32 OLG München WM 1993, 1285, 1287.
33 RegBegr. BT-Drucks. 12/6699, S. 179.
34 RegBegr. BT-Drucks. 12/6699, S. 179.
35 *Hüffer*, Rn 11; MüKo-AktG/*Grunewald*, Rn 22.
36 *Hüffer*, Rn 11; MüKo-AktG/*Grunewald*, Rn 22.
37 MüKo-AktG/*Grunewald*, Rn 23.
38 RegBegr. BT-Drucks. 12/6699, S. 179.
39 *Habersack*, in: Emmerich/Habersack, Rn 20; KölnKomm-AktG/*Koppensteiner*, Rn 13; MüKo-AktG/*Grunewald*, Rn 23.
40 RegBegr. BT-Drucks. 12/6699, S. 178.

sollten § 293a, § 8 Abs. 2 UmwG entsprechend angewendet werden. Eine unbegrenzte Mitteilungspflicht ist nicht hinnehmbar.[41]

13 **2. Weitere Obliegenheiten.** Gemäß Abs. 3 sind die **Unterlagen** in der **Hauptversammlung** auszulegen, um auch den bisher nicht aktiv gewesenen Aktionären Gelegenheit zur Einsichtnahme zu geben. Diese Verpflichtung entfällt, wenn die Unterlagen für denselben Zeitraum über die Internetseite der zukünftigen Hauptgesellschaft zugänglich sind (Abs. 3 S. 3). Ferner ist die Eingliederung durch den Vorstand **umfassend** zu erläutern. Zwar fehlt auch insoweit anders als nach § 293g Abs. 2 S. 2, § 64 Abs. 1 S. 2 UmwG eine ausdrückliche gesetzliche Regelung, es ist jedoch aus dem Sinngehalt dieser Vorschriften zu entnehmen, dass die mündliche **Begründung** auch bei der Eingliederung **erforderlich** ist und zum Gang der Hauptversammlung gehört, weil die Mündlichkeit für die Teilnehmer eindrucksvoller ist und ihnen erst die ausreichende Möglichkeit gibt, ihr **Fragerecht** umfassend auszuüben.[42]

14 **3. Auskunft in der Hauptversammlung.** Gemäß Abs. 3 S. 4 ist jedem Aktionär in der Hauptversammlung auf Verlangen Auskunft auch über alle im Zusammenhang mit der Eingliederung **wesentlichen Angelegenheiten** der einzugliedernden Gesellschaft zu geben. Dies ist eine Erweiterung des in § 131 geregelten allgemeinen Auskunftsrechts der Aktionäre in der Hauptversammlung. Wegen der **Haftung** nach § 322 und der Verpflichtung zum Ausgleich eines Bilanzverlustes nach § 324 Abs. 4 kann nur dann **sachgemäß** entschieden werden, wenn dem Aktionär alle Angelegenheiten der einzugliedernden Gesellschaft **ausreichend** bekannt sind, insbesondere ihre Vermögensverhältnisse, ihre Ertragslage sowie ihre Stellung am Markt.[43] Dabei ist in entsprechender Anwendung von § 293a Abs. 2, § 8 Abs. 2 UmwG eine unbegrenzte Mitteilungspflicht nicht **hinnehmbar**, zumal die Gesetzesbegründung zu § 8 Abs. 2 UmwG das Auskunftsverweigerungsrecht nach § 131 Abs. 3 Nr. 1 anspricht.[44] Allerdings ist dieses Recht wegen der Bedeutung des Beschlusses für die Aktionäre nur sehr einschränkend anzuwenden und im Einzelfall ausreichend zu begründen,[45] eine **pauschale** Berufung auf einen möglichen Schaden ist dagegen nicht ausreichend.

15 **IV. Fehlerhafte Beschlüsse.** Soweit gegen die vorstehend beschriebenen Informationspflichten verstoßen worden ist, können die Beschlüsse **fehlerhaft** und damit **anfechtbar** oder **nichtig** sein. Dazu wird auf die allgemeinen Regeln gemäß §§ 241 ff verwiesen. Dabei ist hinsichtlich der Auskunftspflicht zu berücksichtigen, dass die Vorschrift des § 243 Abs. 4 keine **unwiderlegbare Kausalitätsvermutung** enthält, sondern nur Erklärungen ausschließt, die Verweigerung habe keinen Einfluss auf die Beschlussfassung gehabt. **Beurteilungsmaßstab** ist vielmehr, wie ein **objektiv beurteilender** Aktionär bei Kenntnis der verweigerten Auskunft geurteilt und abgestimmt hätte.[46] Wenn eine Eingliederung bereits eingetragen ist, kann noch eine Anfechtung erfolgen, zu beachten ist aber die Anfechtungsfrist, so dass eine solche Anfechtung wegen der Erklärungen des Vorstandes gemäß Abs. 5 S. 1 kaum vorkommen wird.[47]

16 **V. Anmeldung der Eingliederung zur Eintragung in das Handelsregister (Abs. 4).** Die Eingliederung und die **Firma** der Hauptgesellschaft sind von dem Vorstand der einzugliedernden Gesellschaft gemäß Abs. 4 S. 1 in öffentlich beglaubigter Form gemäß § 12 HGB zur **Eintragung** in das Handelsregister **anzumelden**. Die Anmeldung erfolgt an das für den Sitz der einzugliedernden Gesellschaft zuständige Registergericht. Der Anmeldung sind die Niederschriften der Hauptversammlungsbeschlüsse und ihre Anlagen in Ausfertigung oder öffentlich beglaubigter Abschrift beizufügen (Abs. 4 S. 2). Das für die **Hauptgesellschaft** zuständige **Registergericht** erhält nur den Zustimmungsbeschluss gemäß § 130 Abs. 5.[48] Eine Eintragung wird daher dort **nicht** vorgenommen. Die Anmeldung zum Handelsregister wird gemäß § 407 Abs. 2 S. 1 nicht durch die Festsetzung von Zwangsgeld erzwungen, weil die Eingliederung **konstitutive** Wirkung hat, ein öffentliches Interesse aber nicht besteht.[49] Nach Abs. 7 wird die Eingliederung mit der Eintragung wirksam. Die Rechtsfolgen treten auch ohne **Bekanntmachung** ein.[50] Die Bekanntmachung erfolgt gemäß § 10 HGB. Dabei sind Gläubiger der eingegliederten Gesellschaft nach § 321 Abs. 1 S. 2 auf ihre Rechte nach S. 1 (**Sicherheitsleistung**) hinzuweisen.[51]

17 **VI. Registerverfahren und Registersperre (Abs. 5). 1. Registerverfahren und Negativerklärung.** Der nach § 17 Abs. 1 Nr. 1c RPflG zuständige Registerrichter **prüft** zunächst die formellen und materiellen Eintragungsvoraussetzungen. Er hat dabei im Rahmen von § 398 FamFG schon vor der Eintragung zu prüfen, ob

---

[41] Hüffer, Rn 11; MüKo-AktG/Grunewald, Rn 24.
[42] Hüffer, Rn 11; KölnKomm-AktG/Koppensteiner, Rn 10; MüKo-AktG/Grunewald, Rn 30.
[43] Großkomm-AktienR/Schmolke, Rn 25; KölnKomm-AktG/Koppensteiner, Rn 15; MüKo-AktG/Grunewald, Rn 32; MüHb-AG/Krieger, § 73 Rn 13.
[44] RegBegr. BT-Drucks. 12/6699, S. 84; Hüffer, Rn 12; MüHb-AG/Krieger, § 73 Rn 13; Großkomm-AktienR/Schmolke, Rn 30; KölnKomm-AktG/Koppensteiner, Rn 16.
[45] MüKo-AktG/Grunewald, Rn 33; BGHZ 107, 296, 305 f; BGH ZIP 1990, 1560, 1561.
[46] BGHZ 107, 296, 306 f; BGH ZIP 1990, 1560, 1561.
[47] MüKo-AktG/Grunewald, Rn 34; aA Prael, S. 114.
[48] Geßler, Rn 22, 23; Hüffer, Rn 13; MüHb-AG/Krieger, § 73 Rn 15; MüKo-AktG/Grunewald, Rn 28, 29.
[49] KölnKomm-AktG/Koppensteiner, Rn 19.
[50] KölnKomm-AktG/Koppensteiner, Rn 19.
[51] MüHb-AG/Krieger, § 73 Rn 15.

die Beschlüsse **Gesetzesverletzungen** beinhalten, die durch Löschung sofort wieder zu beseitigen wären.[52] Die Vorschrift ist der Neufassung von § 16 Abs. 2 UmwG nachgebildet. Hält er einen Beschluss für nicht **eintragungsfähig**, hat er den Antrag eigenverantwortlich zurückzuweisen. Dies kann mit der Beschwerde nach §§ 58 ff. FamFG angefochten werden. Der Vorstand der einzugliedernden Gesellschaft hat gemäß Abs. 5 bei der Anmeldung zu erklären, dass eine **Klage** gegen die Wirksamkeit eines Hauptversammlungsbeschlusses **nicht** oder nicht **fristgemäß** erhoben oder eine solche Klage rechtskräftig **abgewiesen** oder **zurückgenommen** worden ist. Hierüber hat der Vorstand dem Registergericht auch nach der Anmeldung Mitteilung zu machen. Es werden alle **Klagearten** gegen die Wirksamkeit der Beschlüsse erfasst (§§ 243, 249 sowie Feststellungsklagen auf Unwirksamkeit eines Beschlusses nach § 256 ZPO, soweit sie von einem Aktionär erhoben werden).[53] Die **zusätzliche** Pflicht, das Registergericht auch **nach** der Anmeldung über die Erhebung einer Klage zu unterrichten, soll die Stellung etwaiger Kläger stärken. Es soll die Eintragung der Eingliederung trotz anhängiger Unwirksamkeitsklage verhindert werden.[54] Der Rücknahme stehen andere Erledigungen der Klage gleich, wie zB **Verzicht, Vergleich oder eine Erledigung nach** § 91 a ZPO, weil in diesen Fällen die Beschlüsse mangels einer Sachentscheidung nicht für unwirksam erklärt werden können.[55]

2. Registersperre. Die Eingliederung darf nicht eingetragen werden, wenn die Negativerklärung **fehlt** (Abs. 5 S. 2 Hs 1). Ein Beurteilungsspielraum für das Registergericht besteht nicht.[56] Da es sich um eine Eintragungsvoraussetzung handelt, ist aber bei Fehlen einer Negativerklärung der Antrag **nicht** als **unzulässig** zu verwerfen, vielmehr ist das Verfahren entsprechend §§ 21, 381 FamFG **auszusetzen**, bis eine Erklärung vorliegt.[57] Ausnahmsweise kann eine Eintragung nach Abs. 5 S. 2 Hs 2 auch ohne eine Negativerklärung erfolgen, wenn alle klageberechtigten Aktionäre durch notariell beurkundete Verzichtserklärung auf die Klage gegen die Wirksamkeit des Hauptversammlungsbeschlusses **verzichtet** haben. Damit ist kein Verzicht nach § 306 ZPO gemeint, sondern die materiellrechtliche Erklärung, nicht gegen Beschlussmängel vorgehen zu wollen, weil eine dennoch erhobene Klage wegen **Rechtsmissbrauchs** unbegründet wäre. Es kann damit bei einem kleinen Kreis von Aktionären die Eingliederung beschleunigt werden.[58] Verzichtserklärungen weiterer **Klageberechtigter** (zB Vorstand und Aufsichtsrat gemäß § 245 Nr. 4 u. 5) sind nicht erforderlich. Es verbleibt aber dem Registerrichter eine **Prüfungskompetenz** und die Aussetzungsmöglichkeit nach §§ 21, 381 FamFG, falls Klagen von diesen vorliegen. Entgegen einer Meinung[59] reicht an Stelle der besonderen Verzichtserklärung nicht aus, dass alle Aktionäre **für den Eingliederungsbeschluss** gestimmt haben. Eine Anfechtungsbefugnis kann auch ohne Widerspruch oder Teilnahme an der Hauptverhandlung gemäß § 245 Nr. 2 u. 3 sowie bei anderen Unwirksamkeitsklagen gegeben sein.[60]

VII. Beschlussverfahren des Prozessgerichts (Abs. 6). Wegen der **Registersperre** nach Abs. 5 kann die Eingliederung nicht eingetragen werden, falls keine Negativerklärung oder ein Verzicht vorliegen. Die starre Regelung nach dem alten Recht (§ 319 Abs. 3 AktG 1965) wurde als **unerträglich** empfunden, weil die Verzögerung der Eintragung bis zum rechtskräftigen Abschluss einer Unwirksamkeitsklage den **Erfolg** der Eingliederung **gefährden** oder sogar **vereiteln** konnte.[61] Dies nutzten „räuberische" oder „erpresserische" Aktionäre aus, um sich ihr Klagerecht (**Lästigkeitswert**) von der betroffenen Gesellschaft durch hohe Zahlungen abkaufen zu lassen, auf die sie keinen Anspruch hatten, die sogar **unzulässig** waren, weil die Gesellschaft dem Aktionär keine auf seiner Gesellschafterstellung beruhende Leistung erbringen darf, auf die ihm das Aktiengesetz **keinen Anspruch** gewährt (vgl § 57 Abs. 1 S. 1). Um derartige Verzögerungen – auch durch rechtsmissbräuchliche Klagen[62] – zu vermeiden, wurde das **Unbedenklichkeits- oder Freigabeverfahren** gemäß Abs. 6 eingeführt, das der Erklärung gem. Abs. 5 S. 1 gleichsteht.[63] Die Regelung entspricht fast wortgleich § 16 Abs. 3 UmwG.

Es handelt sich um ein Verfahren **besonderer** Art, das auf Antrag des beklagten Rechtsträgers eingeleitet wird und für das das Oberlandesgericht zuständig ist. Das Verfahren ist durch das ARUG geändert worden

---

52 Lutter/Bork, § 16 UmwG Rn 5.
53 Hüffer, Rn 14; MüHb-AG/Krieger, § 73 Rn 16; MüKo-AktG/Grunewald, Rn 37; aA hinsichtlich der Feststellungsklage Habersack, in: Emmerich/Habersack, Rn 27; Lutter/Bork, § 16 UmwG Rn 10.
54 RegBegr. BT-Drucks. 12/6699, S. 88; Kallmeyer/Marsch-Barner, § 16 UmwG Rn 26.
55 Habersack, in: Emmerich/Habersack, Rn 27; KölnKomm-AktG/Koppensteiner, Rn 23; Hüffer, Rn 14.
56 Stratz in: Schmitt/Hörtnagl/Stratz, § 16 UmwG Rn 20, 21; Hüffer, Rn 15; Kallmeyer/Marsch-Barner, § 16 UmwG Rn 27; Lutter/Bork, § 16 UmwG Rn 12; MüHb-AG/Krieger, § 73 Rn 17.
57 Habersack, in: Emmerich/Habersack, Rn 29; Lutter/Bork, § 16 UmwG Rn 12; MüKo-AktG/Grunewald, Rn 39.
58 RegBegr. BT-Drucks. 12/6699, 88; Habersack, in: Emmerich/Habersack, Rn 30; KölnKomm-AktG/Koppensteiner, Rn 30.
59 Kallmeyer/Marsch-Barner, § 16 UmwG Rn 29; Lutter/Bork, § 16 UmwG Rn 13; MüKo-AktG/Grunewald, Rn 38; MüHb-AG/Krieger, § 73 Rn 17.
60 Vgl auch KölnKomm-AktG/Koppensteiner, Rn 25; offen: Hüffer, Rn 16.
61 RegBegr. BT-Drucks. 12/6699, S. 88.
62 BGHZ 107, 296; 112, 9, 23; KölnKomm-AktG/Koppensteiner, Rn 2.
63 RegBegr. BT-Drucks. 12/6699, 88; Stratz in: Schmitt/Hörtnagl/Stratz, § 16 UmwG Rn 28 ff.; Hüffer, Rn 17; Kallmeyer/Marsch-Barner, § 16 UmwG Rn 32; Kösters, WM 2000, 1921; Lutter/Bork, § 16 UmwG Rn 14; MüHb-AG/Krieger, § 73 Rn 16; MüKo-AktG/Grunewald, Rn 39.

und entspricht der Neuregelung des § 246 a sowie des § 16 UmwG. Gemäß § 319 Abs. 6 S. 2 ergeht der Beschluss nach Satz 1, wenn die Klage gegen die Wirksamkeit des Hauptversammlungsbeschlusses **unzulässig** oder **offensichtlich unbegründet** ist, wenn ein Mindestanteil von 1.000 EUR nicht nachgewiesen oder wenn das alsbaldige **Wirksamwerden** der Eingliederung nach freier Überzeugung des Gerichts unter Berücksichtigung der Schwere der mit der Klage geltend gemachten Rechtsverletzungen zur Abwendung der vom Antragsteller dargelegten **wesentlichen Nachteile** für die Gesellschaft und ihre Aktionäre **vorrangig** erscheint.

21 **1. Unzulässigkeit der Klage.** Da bei der Unzulässigkeit im Gesetzestext der Zusatz „offensichtlich" fehlt, ist diese **abschließend** zu prüfen.[64] Unzulässig kann die Klage sein, wenn die Klageschrift nicht § 253 Abs. 2 ZPO entspricht, ein unzuständiges Gericht angerufen worden ist oder eine sonstige Prozessvoraussetzung fehlt. Allerdings kann sich dies nur auf **nicht behebbare** Mängel beziehen, auf heilbare kann ein Beschluss nicht gestützt werden, weil darauf gem. § 139 ZPO im Klageverfahren hinzuweisen ist.[65] Wird der Mangel aber trotz Hinweises nicht behoben, ist die **Freigabe** möglich.

22 **2. Offensichtliche Unbegründetheit der Klage.** Der Unbedenklichkeitsbeschluss kann auch dann ergehen, wenn die Klage offensichtlich unbegründet ist. Welche Voraussetzungen an die **Offensichtlichkeit** zu stellen sind, beschreibt das Gesetz nicht. In der Begründung wird an die bis dahin ergangene höchstrichterliche Rechtsprechung[66] zur **Rechtsmissbräuchlichkeit** angeknüpft, die Entscheidung darüber, wann eine Klage „offensichtlich" unbegründet sei, solle aber der weiteren **Rechtsprechung** überlassen bleiben.[67] Bei der Prüfung dieser Frage muss der Klage die Erfolglosigkeit nicht gleichsam „auf die Stirn geschrieben" sein, es ist aber ein so **hohes Maß** an Wahrscheinlichkeit erforderlich, dass sich ohne weitere Sachaufklärung die Überzeugung gewinnen lässt, die Klage sei **voraussichtlich** abzuweisen und biete auch in der Berufungs- oder Revisionsinstanz keine Erfolgsaussicht.[68] Eine leichte Erkennbarkeit von Rechtsfragen reicht auch im **summarischen Freigabeverfahren** nicht aus.[69] Eine kursorische Betrachtungsweise ist wegen der eingeschränkten Beweismöglichkeiten nur im **Tatsachenstoff** möglich.[70] Ist eine **umfangreiche** Beweisaufnahme erforderlich, deren Ergebnis nicht abzuschätzen ist, oder besteht ein Streit über **maßgebliche** Rechtsfragen, scheidet ein Unbedenklichkeitsbeschluss aus.[71] Der Begriff der „**Offensichtlichkeit**" ist nicht damit zu erklären, wie schnell eine Unbegründetheit der Klage gefunden wird, sondern wie **sicher** die gefundene Wertung ist.[72] Eine sonst möglicherweise erfolgreiche Klage kann auch dann offensichtlich unbegründet sein, wenn sie **rechtsmissbräuchlich** ist, also dem Ziel dient, sich einen ungerechtfertigten Vorteil zu verschaffen, auf den kein Anspruch besteht. Dies der Fall, wenn der klagende Aktionär sich die Klage abkaufen lassen will, auch wenn er nicht auf die Gesellschaft zugeht, aber erwartet, sie werde ihm schon ein Angebot machen.[73]

22a **3. Mindestbeteiligung.** Durch Art. 1 Nr. 45 b ARUG ist neu geregelt, dass die Freigabe auch dann erfolgt, wenn der Anfechtungskläger nicht binnen einer Woche seit Zustellung des Antrags durch Urkunden nachgewiesen hat, dass er seit Bekanntmachung der Einberufung einen anteiligen Betrag von mindestens 1.000 EUR hält. Diese Vorschrift ist mit dem aus dem Rechtsstaatsprinzip (Art. 20 Abs. 3 GG) resultierenden Gebot der Normenklarheit und -bestimmtheit wie auch mit der Eigentumsgarantie vereinbar.[74] Die rückwirkende Anwendung des Quorumserfordernisses auf nach dem 1. September 2009 anhängig gewordene Freigabeverfahren verstößt nicht gegen das auch im Schutzbereich des Art. 14 Abs. 1 GG zu berücksichtigende Vertrauensschutzprinzip.[75]

23 **4. Vorrangiges Vollzugsinteresse.** Falls eine Klage nicht gleich als unzulässig oder offensichtlich unbegründet bewertet werden kann oder die in Rn 22 a beschriebene Variante nicht eingreift, ist es dem Gericht doch möglich, nach einer **Interessenabwägung** die Eintragungsfähigkeit zu beschließen. Dabei soll die Festlegung, in welchen Fällen den behaupteten Rechtsverletzungen nur geringes Gewicht beizumessen ist, der **Einzelfallentscheidung** der Rechtsprechung überlassen bleiben.[76] Die Erfolgsaussichten der Klage sind dabei

---

[64] *Habersack,* in: Emmerich/Habersack, Rn 34.
[65] Lutter/*Bork,* § 16 UmwG Rn 18; MüKo-AktG/*Grunewald,* Rn 41; aA *Kösters,* WM 2000, 1921, 1925; wohl auch *Heermann,* ZIP 1999, 1861, 1866 f.
[66] BGHZ 107, 296; BGH NJW-RR 1990, 350; BGH ZIP 1990, 1560.
[67] RegBegr. BT-Drucks. 12/6699, S. 89.
[68] OLG Hamburg NZG 2005, 86; OLG Düsseldorf NZG 2004, 328; DB 2001, 2390; OLG Köln BB 2003, 2307; OLG Frankfurt aM WM 1999, 386; OLG Düsseldorf WM 1999, 1671; OLG Hamm WM 1999, 1677; *Stratz* in: Schmitt/Hörtnagl/Stratz, § 16 UmwG Rn 56, 57; *Habersack,* in: Emmerich/Habersack, Rn 35; KölnKomm-AktG/*Koppensteiner,* Rn 30; MüHb-AG/*Krieger,* § 73 Rn 21.
[69] AA OLG Stuttgart ZIP 1997, 65; Lutter/*Bork,* § 16 UmwG Rn 19 a; Kallmeyer/*Marsch-Barner,* § 16 UmwG Rn 41.
[70] *Stratz* in: Schmitt/Hörtnagl/Stratz, § 16 UmwG Rn 56.
[71] Lutter/*Bork,* § 16 UmwG Rn 19 a; Kallmeyer/*Marsch-Barner,* § 16 UmwG Rn 41.
[72] OLG Frankfurt aM WM 1999, 386, 387; *Kösters,* WM 2000, 1921, 1925 f.
[73] BGHZ 107, 296; BGHZ 112, 9, 25; BGH ZIP 1990, 168; BGH ZIP 1990 1560, 1563 f; zur Schadensersatzpflicht eines Rechtsanwalts in einem solchen Fall: BGH ZIP 1992, 1081, 1082.
[74] OLG Stuttgart v. 19.10.2009 – 20 AR (Freig.) 1/09 = ZIP 2009, 2337.
[75] OLG Stuttgart, aaO.
[76] RegBegr. BT-Drucks. 12/6699, S. 89 f.

nicht zu prüfen, vielmehr sind Beschlussmängel zu **unterstellen**,[77] dies gilt aber nicht für ganz offensichtlich nicht gegebene Beschlussmängel.[78] Auch kann **offen** bleiben, ob die Unwirksamkeitsklage bereits rechtsmissbräuchlich ist.[79]

a) Abwendung wesentlicher Nachteile. Es ist zu prüfen, welche Nachteile für den Antragsteller entstehen, falls die Eintragung bis zur Entscheidung in der Hauptsache nicht erfolgt. Diese müssen **schwerwiegend** sein. Vorwiegend wird es um **wirtschaftliche** Interessen[80] gehen. In Betracht kommen die Vermeidung einer Insolvenz, das Ausbleiben von Synergieeffekten, nachteilige Steuerfolgen zB wegen nicht möglicher Nutzung eines Verlustvortrags, der Verlust von Kunden und Mitarbeitern,[81] aber auch die Verunsicherung von Geschäftspartnern sowie der Verlust von Ansehen der Unternehmen auf dem Weltmarkt.[82] Die **Nachteile** sind im Einzelnen genau darzulegen und bei Bestreiten **glaubhaft** zu machen. Die pauschale Behauptung hoher Kosten oder hohen Arbeitsaufwandes reicht nicht aus.[83] Allerdings ist die grundsätzliche **unternehmerische** Entscheidung der Eingliederung gerichtlich nicht **nachzuprüfen**.[84] 24

b) Schwere der Gesetzesverletzungen. Demgegenüber ist zu berücksichtigen, wie schwer die mit der Klage geltend gemachten Rechtsverletzungen sind. Nicht **gerügte** Mängel scheiden aus und auch solche, die erst später, nicht innerhalb der Frist des § 246 Abs. 1 zur Begründung der Klage herangezogen werden.[85] Sind die Mängel nicht so **schwer**, sollen sie einem Aufschub der Eintragung **nicht** entgegenstehen.[86] Es ist auch zu erwägen, mit welcher **Wahrscheinlichkeit** die Mängel tatsächlich vorliegen,[87] auch wenn sie grundsätzlich zu unterstellen sind. Anfechtungsgründe haben eine geringere Bedeutung als Nichtigkeitsgründe, aber auch bei diesen scheidet eine Eintragung nicht unbedingt aus.[88] Es ist unerheblich, mit wie vielen Aktien der Kläger an dem Unternehmen beteiligt ist, es kommt vielmehr darauf an, ob er lediglich **Individualinteressen** oder auch die Interessen **anderer** nicht beteiligter Anteilseigner verfolgt.[89] 25

c) Interessenabwägung. Bei der Interessenabwägung kommt es auf die Umstände des Einzelfalles an. Eine **generalisierende** Betrachtung kommt nicht in Betracht. Es ist aber eine Gesamtschau zwischen der Abwendung wesentlicher **Nachteile** und der Schwere der **Gesetzesverletzungen** zu treffen. Dies soll der Rechtsprechung überlassen bleiben.[90] Es kommt aber auch auf die Schwere der Verletzungsfolgen an, weil die Eingliederung im Gegensatz zu der Verschmelzung nicht **endgültig** ist, sie also leichter **rückgängig** gemacht werden kann. Daher kann ein Unbedenklichkeitsbeschluss nach § 319 Abs. 6 **leichter** erlassen werden als bei der Verschmelzung nach § 16 Abs. 3 UmwG.[91] 26

5. Verfahren. Das Verfahren **setzt einen Antrag** der beklagten Gesellschaft voraus, der sich gegen den klagenden Aktionär in dem Rechtsstreit über die Wirksamkeit des Eingliederungsbeschlusses richtet und erst **nach Erhebung** der Klage (§ 253 Abs. 1, § 261 Abs. 1 ZPO) **statthaft** ist. Bis auf die besonderen Regelungen in Abs. 6 sind auf das Verfahren die Vorschriften der **ZPO** anwendbar, weil es sich um ein Verfahren der ordentlichen Gerichtsbarkeit (§ 13 GVG) handelt, das nicht **ausdrücklich** dem Verfahren der freiwilligen Gerichtsbarkeit **untergeordnet** ist.[92] Falls sowohl der **Eingliederungsbeschluss** – dies wird hauptsächlich bei der Mehrheitseingliederung nach § 320 in Betracht kommen – als auch der **Zustimmungsbeschluss** angefochten werden, ist in **beiden** Verfahren ein Antrag nach Abs. 6 S. 1 zu stellen, weil die jeweiligen Klagen einer Eintragung entgegen stehen.[93] 27

Zuständig ist das für den Sitz der beklagten Gesellschaft zuständige Oberlandesgericht, und zwar der Senat, nicht der Einzelrichter. 28

Nach Abs. 6 S. 4 sind die vorgebrachten Tatsachen nur **glaubhaft** zu machen, um das Verfahren zu beschleunigen.[94] Es sind alle Beweismittel einschließlich der Versicherung an Eides statt zulässig (§ 294 Abs. 1 ZPO), während die **Beweisaufnahme** außer mit **präsenten** Beweismitteln **unstatthaft** ist (§ 294 Abs. 2 29

---

77 Kallmeyer/Marsch-Barner, § 16 UmwG Rn 44; *Kösters*, WM 2000, 1921, 1928; Lutter/Bork, § 16 UmwG Rn 20.
78 *Habersack*, in: Emmerich/Habersack, Rn 37; KölnKomm-AktG/*Koppensteiner*, Rn 31.
79 OLG Düsseldorf DB 2001, 2390, 2392.
80 RegBegr. BT-Drucks. 12/6699, S. 89; *Habersack*, in: Emmerich/Habersack, Rn 37; Kallmeyer/Marsch-Barner, § 16 UmwG Rn 45; MüKo-AktG/*Grunewald*, § 3 19 Rn 42.
81 *Kösters*, WM 2000, 1921, 1927.
82 OLG Düsseldorf WM 1999, 1671, 1676.
83 OLG Frankfurt ZIP 1997, 1291, 1292; MüKo-AktG/*Grunewald*, Rn 42.
84 OLG Düsseldorf WM 1999, 1671, 1677; Lutter/Bork, § 16 UmwG Rn 21; aA *Kösters*, WM 2000, 1921, 1928.
85 OLG Düsseldorf DB 2001, 2390, 2391 mwN; OLG Stuttgart ZIP 1997, 75, 77; Lutter/Bork, § 16 UmwG Rn 22.
86 RegBegr. BT-Drucks. 12/6699, 89.
87 MüKo-AktG/*Grunewald*, Rn 42.
88 Kallmeyer/Marsch-Barner, § 16 UmwG Rn 44; *Kösters*, WM 2000, 1921, 1928; Lutter/Bork, § 16 UmwG Rn 22.
89 MüKo-AktG/*Grunewald*, Rn 42; vgl wegen der Nichtannahme einer Verfassungsbeschwerde aber BVerfG WM 2000, 1948.
90 RegBegr. BT-Drucks. 12/6699, S. 89.
91 KölnKomm-AktG/*Koppensteiner*, Rn 31; MüKo-AktG/*Grunewald*, Rn 42.
92 RegBegr. BT-Drucks. 12/6699, S. 89, 90 u. die Verweisung S. 179; *Habersack*, in: Emmerich/Habersack, Rn 40.
93 *Habersack*, in: Emmerich/Habersack, Rn 37; MüHb-AG/*Krieger*, § 73 Rn 19.
94 RegBegr. BT-Drucks. 12/6699, S. 90.

ZPO).[95] Es ist stets durch Beschluss zu entscheiden. Von einer mündlichen Verhandlung kann in dringenden Fällen **abgesehen** werden. Das wird kaum geschehen, weil ein **Widerspruchsverfahren** wie bei der einstweiligen Verfügung nicht stattfindet und dem Antragsgegner „**besonders**" rechtliches Gehör zu gewähren ist.[96] Wegen der Bedeutung der Sache darf die Erwiderungsfrist nicht zu kurz sein, so dass ohnehin terminiert werden kann. Auflagen erscheinen nicht möglich.[97]

30 Der Beschluss ist gemäß der Neuregelung des Abs. 6 S. 9 unanfechtbar.

31 Da es sich um ein besonderes Verfahren handelt,[98] sollte der Antrag **nicht** mit dem **Antrag** auf Abweisung der Unwirksamkeitsklage verbunden, sondern in einem **gesonderten** Schriftsatz gestellt werden. Dadurch können die Verfahren auch ohne Trennung besser **nebeneinander** betrieben werden. Um der Eigenständigkeit des Rechtsbehelfs Rechnung zu tragen, sind neue **Gebührentatbestände** durch Änderung des GKG und des RVG geschaffen worden.[99] Der Wert des Streitgegenstandes richtet sich nach § 53 Abs. 1 GKG iVm § 3 ZPO, nicht nach § 15 SpruchG Das Kostenverzeichnis Anlage 1 (zu § 3 Abs. 2 GKG) sieht unter Nr. 1642 eine **volle Gerichtsgebühr** vor. Der Rechtsanwalt erhält seine Gebühren jetzt nach dem RVG und zwar nach Nr. 3325 des Vergütungsverzeichnis der Anlage 1 zu § 2 Abs. 2 RVG 0,75 der vollen Gebühr. Die Kostenentscheidung folgt aus §§ 91 ff ZPO.[100]

32 **6. Schadensersatz.** Durch den **Unbedenklichkeitsbeschluss** wird das anhängige Klageverfahren nicht beendet, weil es lediglich um eine registerrechtliche Voraussetzung, nicht aber um die **Wirksamkeit** der Eingliederung geht. Es ist daher denkbar, dass sich die Klage trotz der Eintragung als begründet erweist. Daher soll es dem Aktionär möglich sein, sein durch die Klage verfolgtes **Individualinteresse** als Schadensersatzanspruch weiter zu verfolgen.[101] Dieser ist dem Anspruch gem. § 945 ZPO nachgebildet und **verschuldensunabhängig**.[102] Als Schaden kommen auch die **Kosten** des Unbedenklichkeitsverfahrens in Betracht.[103] Wie es schon für die **Verschmelzung** ausdrücklich geregelt war (§ 16 Abs. 3 S. 6 Hs 2 UmwG), bestimmt nunmehr auch Abs. 6 S. 11 Hs 2, dass als Ersatz des Schadens nicht die Rückgängigmachung der Eintragung verlangt werden kann. Der obsiegende Aktionär kann also als **Naturalrestitution** nicht die Rückgängigmachung der Eingliederung verlangen.[104]

33 **VIII. Eintragung.** Der rechtskräftige Unbedenklichkeitsbeschluss ersetzt die für die Eintragung erforderliche Negativerklärung nach Abs. 5 S. 1. Sobald festgestellt ist, dass eine bestimmte Klage der Eintragung nicht entgegen steht, ist der **Registerrichter** an die Feststellungen des Prozessgerichts **gebunden**. Dies gilt aber nur mit der Einschränkung, dass in der Entscheidung eine **Abwägung vorgenommen** worden ist.[105] Im Übrigen bleibt **das Prüfungsrecht** des Registerrichters erhalten (§ 398 FamFG).

§ 320 Eingliederung durch Mehrheitsbeschluß

(1) ¹Die Hauptversammlung einer Aktiengesellschaft kann die Eingliederung der Gesellschaft in eine andere Aktiengesellschaft mit Sitz im Inland auch dann beschließen, wenn sich Aktien der Gesellschaft, auf die zusammen fünfundneunzig vom Hundert des Grundkapitals entfallen, in der Hand der zukünftigen Hauptgesellschaft befinden. ²Eigene Aktien und Aktien, die einem anderen für Rechnung der Gesellschaft gehören, sind vom Grundkapital abzusetzen. ³Für die Eingliederung gelten außer § 319 Abs. 1 Satz 2, Abs. 2 bis 7 die Absätze 2 bis 4.

(2) ¹Die Bekanntmachung der Eingliederung als Gegenstand der Tagesordnung ist nur ordnungsgemäß, wenn
1. sie die Firma und den Sitz der zukünftigen Hauptgesellschaft enthält,
2. ihr eine Erklärung der zukünftigen Hauptgesellschaft beigefügt ist, in der diese den ausscheidenden Aktionären als Abfindung für ihre Aktien eigene Aktien, im Falle des § 320b Abs. 1 Satz 3 außerdem eine Barabfindung anbietet.

---

95 Lutter/*Bork*, § 16 UmwG Rn 25.
96 OLG München DB 2004, 972; vgl dagegen OLG Frankfurt/M. ZIP 2003, 1654 (insb. für das Beschwerdeverfahren); *Habersack*, in: Emmerich/Habersack, Rn 40; Lutter/*Bork*, § 16 UmwG Rn 26; MüKo-AktG/*Grunewald*, Rn 40.
97 MüKo-AktG/*Grunewald*, Rn 40; aA *Heermann*, ZIP 1999, 1861, 1870 ff.
98 RegBegr. BT-Drucks. 12/6699, S. 89, 90.
99 RegBegr. BT-Drucks. 12/6699, S. 90.
100 Lutter/*Bork*, § 16 UmwG Rn 29.
101 RegBegr. BT-Drucks. 12/6699, S. 90.
102 Kallmeyer/*Marsch-Barner*, § 16 UmwG Rn 53; Lutter/*Bork*, § 16 UmwG Rn 33; MüKo-AktG/*Grunewald*, Rn 46.
103 *Habersack*, in: Emmerich/Habersack, Rn 43; KölnKomm-AktG/*Koppensteiner*, Rn 36; Lutter/*Bork*, § 16 UmwG Rn 34; MüKo-AktG/*Grunewald*, Rn 43; aA *Kösters*, WM 2000, 1921, 1929.
104 KölnKomm-AktG/*Koppensteiner*, Rn 36; MüHb-AG/*Krieger*, § 73 Rn 25; einschränkend: *Habersack*, in: Emmerich/Habersack, Rn 43; MüKo-AktG/*Grunewald*, Rn 46.
105 Ausführlich: Lutter/*Bork*, § 16 UmwG Rn 30, 31; *Kösters*, WM 2000, 1921, 1929; Kallmeyer/*Marsch-Barner*, § 16 UmwG Rn 34, 35.

²Satz 1 Nr. 2 gilt auch für die Bekanntmachung der zukünftigen Hauptgesellschaft.

(3) ¹Die Eingliederung ist durch einen oder mehrere sachverständige Prüfer (Eingliederungsprüfer) zu prüfen. ²Diese werden auf Antrag des Vorstands der zukünftigen Hauptgesellschaft vom Gericht ausgewählt und bestellt. ³§ 293 a Abs. 3, §§ 293 c bis 293 e sind sinngemäß anzuwenden.

(4) ¹Die in § 319 Abs. 3 Satz 1 bezeichneten Unterlagen sowie der Prüfungsbericht nach Absatz 3 sind jeweils von der Einberufung der Hauptversammlung an, die über die Zustimmung zur Eingliederung beschließen soll, in dem Geschäftsraum der einzugliedernden Gesellschaft und der Hauptgesellschaft zur Einsicht der Aktionäre auszulegen. ²In dem Eingliederungsbericht sind auch Art und Höhe der Abfindung nach § 320 b rechtlich und wirtschaftlich zu erläutern und zu begründen; auf besondere Schwierigkeiten bei der Bewertung der beteiligten Gesellschaften sowie auf die Folgen für die Beteiligungen der Aktionäre ist hinzuweisen. ³§ 319 Abs. 3 Satz 2 bis 5 gilt sinngemäß für die Aktionäre beider Gesellschaften.

A.	Gesetzeszweck	1	2. Eingliederungsprüfung	8
B.	Eingliederung einer 95-prozentigen Tochtergesellschaft	2	a) Bestellung und Auswahl der Prüfer	9
			b) Gegenstand der Prüfung	10
	I. Erforderliche Kapitalbeteiligung	3	3. Informationspflichten	11
	1. Kapitalbeteiligung	3	IV. Zustimmungsbeschluss der Hauptgesellschaft	12
	2. Stimmenmehrheit	4	V. Anmeldung zur Eintragung in das Handelsregister und Eintragung	13
	II. Bezug zu § 319	5		
	III. Beschluss der einzugliedernden Gesellschaft	6		
	1. Bekanntmachung der Tagesordnung	7		

A. Gesetzeszweck

§ 320 ermöglicht eine Eingliederung auch dann, wenn sich **95 % der Aktien** der einzugliedernden Gesellschaft in der Hand der zukünftigen Hauptgesellschaft befinden. Die Eingliederung einer Aktiengesellschaft soll nicht daran scheitern, dass sich noch eine kleine Minderheit von Aktien in den Händen bekannter oder unbekannter Aktionäre befindet. Die Mehrheitseingliederung hat zur Folge, dass die Minderheitsaktionäre ihre **Beteiligung** an der eingegliederten Gesellschaft **verlieren** und ihre Aktien an die Hauptgesellschaft übergehen (§ 320 a). Dafür erhalten sie gemäß § 320 b eine **angemessene Entschädigung**. Verfassungsrechtliche Bedenken aus Art. 3, 14 GG gegen den Verlust der Mitgliedschaft bestehen nicht mehr.[1] Da die Aktionäre in der Hauptgesellschaft verbleiben können, sind sie weniger betroffen, als wenn sie gemäß §§ 327 a ff ausgeschlossen werden (Squeeze-out).

1

B. Eingliederung einer 95-prozentigen Tochtergesellschaft

Bei der Mehrheitseingliederung handelt es sich um einen **Sonderfall** des § 319. Es gelten im Grundsatz dieselben Regeln wie dort. Sowohl die Tochtergesellschaft als auch die Hauptgesellschaft müssen eine **Aktiengesellschaft** mit Sitz im **Inland** sein.

2

I. Erforderliche Kapitalbeteiligung. 1. Kapitalbeteiligung. Es müssen sich Aktien der Tochtergesellschaft, auf die zusammen **fünfundneunzig vom Hundert** des Grundkapitals entfallen, in der Hand der **zukünftigen Hauptgesellschaft** befinden. Gemäß § 8 Abs. 4 bestimmt sich bei Nennbetragsaktien (§ 8 Abs. 2) der Anteil am Grundkapital nach dem Verhältnis ihres Nennbetrages zu dem Grundkapital und bei Stückaktien (§ 8 Abs. 3) nach der Zahl der Aktien.[2] Es sind aber **eigene Aktien und Aktien, die einem anderen für Rechnung der einzugliedernden Gesellschaft gehören**, vom Grundkapital abzuziehen. Dadurch wird die Mehrheitseingliederung erleichtert, weil rechnerisch das Grundkapital, von dem die zukünftige Hauptgesellschaft 95 % haben muss, **herabgesetzt** wird. Interessen Dritter werden nicht berührt.[3] Eine Anrechnung gemäß § 16 Abs. 4 findet nicht statt. Zur Auslegung kommt die Anwendung von § 71 d nicht in Betracht, weil die Regelung des § 320 Abs. 1 dafür nichts hergibt.[4] **Optionen auf Aktien und Genussrechte** haben keinen Einfluss auf die Berechnung der Quote, soweit sie sich nicht auf mehr als 5 % des **Grundkapitals** beziehen, liegen sie

3

---

1 BVerfGE 14, 263, 273 ff (Feldmühle); 100, 289, 302 ff; OLG Celle WM 1972, 1004, 1010 f; BGH WM 1974, 713, 716; *Habersack*, in: Emmerich/Habersack, Rn 1; KölnKomm-AktG/*Koppensteiner*, vor § 319 Rn 12; *Hüffer*, Rn 1; MüHb-AG/*Krieger*, § 73 Rn 26; MüKo-AktG/*Grunewald*, Rn 2.
2 *Hüffer*, Rn 3.
3 *Hüffer*, Rn 3; MüKo-AktG/*Grunewald*, Rn 3.
4 *Habersack*, in: Emmerich/Habersack, Rn 9; *Hüffer*, Rn 4; MüHb-AG/*Krieger*, § 73 Rn 27; MüKo-AktG/*Grunewald*, Rn 3; aA KölnKomm-AktG/*Koppensteiner*, Rn 4.

aber darüber, verhindern sie wohl die Eingliederung nicht, können aber zum Ende der Eingliederung führen.[5]

4 **2. Stimmenmehrheit.** Abs. 1 S. 1 schreibt lediglich eine **Kapitalmehrheit von 95 %** vor, **nicht** aber auch eine **Stimmenmehrheit von 95 %**. Es kann daraus nicht der Schluss gezogen werden, der Gesetzgeber sei von einer derartigen Mehrheit ausgegangen. Vielmehr ist wegen des klaren Wortlautes davon auszugehen, dass zB durch stimmrechtslose Vorzugsaktien oder Mehrstimmrechtsaktien (§ 5 EGAktG) Kapitalmehrheit und Stimmenmehrheit auseinander fallen können. Es genügt die **einfache Mehrheit** der Stimmen.[6]

5 **II. Bezug zu § 319.** Da die Mehrheitseingliederung lediglich ein **Sonderfall** der Eingliederung ist, wird auf die Anmerkungen zu § 319 Rn 3 ff verwiesen. § 320 Abs. 1 S. 3 verweist ausdrücklich auf § 319 Abs. 1 S. 2, Abs. 2 bis 7. Die Bestimmungen des Gesetzes und der Satzung über Satzungsänderungen finden keine Anwendung. Die Eingliederung erfolgt auch hier durch **Hauptversammlungsbeschluss** über die Eingliederung und **Zustimmungsbeschluss** der Hauptversammlung der Hauptgesellschaft und nicht durch Vertrag.[7] Abs. 2 bis 4 dienen dem Schutz der Minderheitsaktionäre und waren deswegen besonders zu regeln. Bedeutsam sind dabei die **Abfindung** (Abs. 2 S. 1 Nr. 2) und die Begründung ihrer Art und Höhe (Abs. 4 S. 2) sowie die **Eingliederungsprüfung** (Abs. 3).

6 **III. Beschluss der einzugliedernden Gesellschaft.** Da bei der Mehrheitseingliederung nach § 320 Minderheitsaktionäre Aktien halten und somit **keine Vollversammlung** statt findet, muss die Hauptversammlung ordnungsgemäß und fristgerecht eingeladen werden. Es gelten die **allgemeinen Regeln (§§ 121 ff)**.[8]

7 **1. Bekanntmachung der Tagesordnung.** Neben den übrigen Erfordernissen muss in der Tagesordnung die **Firma** und der **Sitz** der zukünftigen **Hauptgesellschaft** enthalten sein (Abs. 2 S. 1 Nr. 1). Ferner ist eine Erklärung beizufügen, aus der sich das Abfindungsangebot für die ausscheidenden Aktionäre ergibt (Abs. 2 S. 1 Nr. 2). Darin muss das **Umtauschverhältnis der Aktien** und ggf die **Höhe einer Barabfindung**, auch einer baren Zuzahlung zum Ausgleich von Spitzen, vollständig enthalten sein.[9] Dadurch sollen die ausscheidenden Aktionäre frühzeitig erkennen können, wer Abfindungsschuldner ist und ob eine gerichtliche Überprüfung der Angemessenheit der Abfindung in Betracht kommt.[10] Eine **spätere Erhöhung** (zB wegen einer beabsichtigten Kapitalerhöhung) ist **möglich**.[11] Ist die Bekanntmachung nach Abs. 2 S. 1 **nicht vollständig**, darf über die Eingliederung **nicht beschlossen** werden (§ 124 Abs. 4 S. 1). Wird dennoch ein Beschluss gefasst, ist er **anfechtbar** (§ 243 Abs. 1).[12]

8 **2. Eingliederungsprüfung.** Im Unterschied zu der Eingliederung einer 100-prozentigen Tochter ist bei einer **Mehrheitseingliederung** nach Abs. 3 S. 1 eine **Pflichtprüfung** durch Art. 6 des UmwG 1994 eingeführt worden. Sie dient dem **Schutz** der hierbei vorhandenen **Minderheitsaktionäre**.[13] Wie bei der Verschmelzung und bei Unternehmensverträgen dient die Prüfung der **Entlastung** des **Spruchverfahrens**, führte aber bisher in den meisten durchgeführten Verfahren nicht dazu, dass das Einholen weiterer Gutachten überflüssig wurde. Die Prüfung sorgt jedoch für mehr **Transparenz**. Nach Abs. 3 S. 3 sind § 293 a Abs. 3, §§ 293 c bis 293 e sinngemäß anzuwenden. Die Prüfung ist **entbehrlich**, wenn **alle Aktionäre** der beteiligten Gesellschaften auf sie durch öffentlich beglaubigte Erklärung **verzichten** (§ 293 a Abs. 3).[14]

9 **a) Bestellung und Auswahl der Prüfer.** Die Prüfung ist durch einen oder mehrere sachverständige Prüfer durchzuführen, die **früher** vom Vorstand der **zukünftigen Hauptgesellschaft** bestellt werden konnten. Dies ist durch Art. 2 Nr. 5 des Spruchverfahrensneuordnungsgesetzes (vgl § 319 Rn 1) geändert worden. Nunmehr werden die Eingliederungsprüfer auf Antrag des Vorstands der zukünftigen Hauptgesellschaft vom Gericht ausgewählt und bestellt (Abs. 3 S. 2). Durch die gerichtliche Bestellung der Eingliederungsprüfer soll eine höhere **Akzeptanz** des Prüfungsergebnisses erreicht werden, um ein Spruchverfahren zu verhindern oder zu entlasten.[15] Ob dieses Ziel erreicht wird, erscheint **zweifelhaft**.[16] Zuständig ist das Landgericht

---

5 Vgl dazu BGH ZIP 1998, 560 (Siemens/Nixdorf); OLG München ZIP 1993, 1001, 1003; *Habersack*, in: Emmerich/Habersack, § 320 b Rn 8; *Krieger*, BB 2002, 53, 61; MüKo-AktG/*Grunewald*, § 320 b Rn 15, 16.
6 *Habersack*, in: Emmerich/Habersack, Rn 11; *Hüffer*, Rn 4; MüHb-AG/*Krieger*, § 73 Rn 27; aA *v. Godin/Wilhelmi*, Anm. 3; KölnKomm-AktG/*Koppensteiner*, Rn 7.
7 *Hüffer*, Rn 2; KölnKomm-AktG/*Koppensteiner*, Rn 9.
8 *v. Godin/Wilhelmi*, § 319 Anm. 3; *Habersack*, in: Emmerich/Habersack, Rn 5; *Hüffer*, Rn 7; KölnKomm-AktG/*Koppensteiner*, Rn 9; MüHb-AG/*Krieger*, § 73 Rn 32.
9 *Hüffer*, Rn 7; KölnKomm-AktG/*Koppensteiner*, Rn 9; MüHb-AG/*Krieger*, § 73 Rn 32; MüKo-AktG/*Grunewald*, Rn 6.
10 *Kropff*, S. 424.
11 BGH WM 1974, 713, 714; OLG Celle WM 1972, 1004, 1009; *Habersack*, in: Emmerich/Habersack, Rn 13; *Hüffer*, Rn 7; MüHb-AG/*Krieger*, § 73 Rn 32; MüKo-AktG/*Grunewald*, Rn 6.
12 BGH WM 1974, 713, 714; *Habersack*, in: Emmerich/Habersack, Rn 13; *Hüffer*, Rn 8; MüHb-AG/*Krieger*, § 73 Rn 32; MüKo-AktG/*Grunewald*, Rn 7.
13 RegBegr. BT-Drucks. 12/6699, 178, 179.
14 *Habersack*, in: Emmerich/Habersack, Rn 18; *Hüffer*, Rn 10; MüHb-AG/*Krieger*, § 73 Rn 29; MüKo-AktG/*Grunewald*, Rn 12.
15 *Habersack*, in: Emmerich/Habersack, Rn 18.
16 Ausführlich dazu: *Meilicke/Heidel*, DB 2003, 2267; s. auch *Büchel*, NZG 2003, 793.

(KfH), in dessen Bezirk die **einzugliedernde** Gesellschaft ihren **Sitz** (293 c Abs. 1 S. 3).[17] Eine Übertragung der Entscheidung auf ein Gericht für mehrere Bezirke ist möglich (§ 293 c Abs. 2). **Ein** Prüfer kann **alle** beteiligten Unternehmen prüfen.[18] Die Auswahl, Stellung und Verantwortlichkeit der Prüfer ergibt sich aus § 293 d.

b) Gegenstand der Prüfung. Inhalt der Prüfung ist die Eingliederung. Es sind alle **Voraussetzungen** der Mehrheitseingliederung gemäß §§ 319, 320 zu prüfen, **nicht** aber deren **Zweckmäßigkeit**. Der **Kernpunkt** der Prüfung ist durch den Verweis auf § 293 e die **Angemessenheit** der angebotenen **Abfindung** für die beteiligten Aktionäre.[19] Die Prüfung erstreckt sich richtigerweise auch auf den **Eingliederungsbericht**, insbesondere auf die darin angebotene Abfindung,[20] das ist aber umstritten.[21] Liegen keine Eingliederungsprüfung und kein Verzicht vor, ist die Eingliederung anfechtbar.[22] 10

3. Informationspflichten. Nach Abs. 4 S. 1 sind **Entwurf des Beschlusses, Jahresabschlüsse, Lageberichte, Eingliederungsbericht** sowie der **Prüfungsbericht** von der Einberufung der Hauptversammlung an in den Geschäftsräumen der einzugliedernden Gesellschaft auszulegen (§ 319 Abs. 3 S. 1). In dem Eingliederungsbericht sind auch **Art und Höhe der Abfindung** nach § 320 b rechtlich und wirtschaftlich zu erörtern sowie auf die Schwierigkeiten bei der Bewertung der beteiligten Gesellschaften hinzuweisen (Abs. 4 S. 2). Jeder Aktionär hat auch Anspruch auf Erteilung von **Abschriften** dieser Unterlagen und auf Auskunft über alle im Zusammenhang mit der Eingliederung stehenden wesentlichen Angelegenheiten der Gesellschaften. Es besteht auch ein Auskunftsanspruch der Aktionäre der einzugliedernden Gesellschaft hinsichtlich der wesentlichen Angelegenheiten der zukünftigen Hauptgesellschaft.[23] 11

IV. Zustimmungsbeschluss der Hauptgesellschaft. Für den Zustimmungsbeschluss gelten zunächst die gleichen Regeln wie bei der Eingliederung einer 100-prozentigen Tochter (vgl § 319 Rn 5 ff). Er hat aber besondere Bedeutung, weil meist **neue Aktionäre in die Hauptgesellschaft** aufgenommen werden oder eine **Barabfindung** geschuldet wird. Daher gilt die Erklärung über die Abfindung (Abs. 2 S. 1 Nr. 2) auch für die Bekanntmachung der zukünftigen Hauptgesellschaft (Abs. 2 S. 2). Auch die Aktionäre der Hauptgesellschaft sollen aus dem **Angebot frühzeitig** erkennen können, welche **Belastung** auf die Hauptgesellschaft zu kommt.[24] Das kann für die Entscheidung über die Zustimmung entscheidend sein,[25] zumal den Aktionären der Hauptgesellschaft bei einem **zu hohen Abfindungsangebot** kein **Spruchverfahren** zur Verfügung steht, sondern ihnen nur die **Anfechtung** des Zustimmungsbeschlusses verbleibt.[26] Neben der Anfechtung wegen einer zu hohen Abfindung gelten für die Anfechtbarkeit des Beschlusses die gleichen Erfordernisse wie bei der Eingliederung einer 100-prozentigen Tochter (vgl § 319 Rn 15). Die in **§ 319 Abs. 3 S. 1** bezeichneten **Unterlagen** sowie der **Prüfungsbericht** sind ebenfalls von der Einberufung der Hauptversammlung an in den Räumen der Hauptgesellschaft auszulegen und auch in der Hauptversammlung. Ferner besteht ein Recht auf **Erteilung von Abschriften** dieser Unterlagen und in der Hauptversammlung ein **Auskunftsanspruch** über die wesentlichen Angelegenheiten der Gesellschaft und über den **erweiterten Eingliederungsbericht** (Abs. 4 S. 3).[27] 12

V. Anmeldung zur Eintragung in das Handelsregister und Eintragung. Es gilt das Gleiche wie bei der Eintragung einer 100-prozentigen Tochtergesellschaft (§ 320 Abs. 1 S. 3, § 319 Abs. 4 bis 7; vgl § 319 Rn 16 ff). Der Vorstand der **einzugliedernden** Gesellschaft hat die Eingliederung **anzumelden** und die **Negativerklärung** abzugeben. Dieser steht das **Unbedenklichkeitsverfahren** gleich. Mit der Eintragung in das Handelsregister wird die **Eingliederung wirksam**. Wenn trotz einer Anfechtungsklage vorzeitig eingetragen wird, kann ein Amtshaftungsanspruch entstehen, falls die Klage erfolgreich ist.[28] Befindet sich aber die erforderliche **Kapitalmehrheit** für die Eingliederung nicht in der Hand der Hauptgesellschaft, ist der Eingliederungsbeschluss **nichtig** und wird **nicht** durch die Eintragung **geheilt**.[29] 13

---

17 *Habersack*, in: Emmerich/Habersack, Rn 19; MüKo-AktG/*Grunewald*, Rn 12; aA MüHb-AG/*Krieger*, § 73 Rn 30 (Sitz des Gerichts der Hauptgesellschaft).
18 *Habersack*, in: Emmerich/Habersack, Rn 18.
19 *Habersack*, in: Emmerich/Habersack, Rn 20; *Hüffer*, Rn 12; MüHb-AG/*Krieger*, § 73 Rn 31; MüKo-AktG/*Grunewald*, Rn 12.
20 *Habersack*, in: Emmerich/Habersack, Rn 20; *Hüffer*, Rn 12.
21 *Stratz* in: Schmitt/Hörtnagl/Stratz, § 9 UmwG Rn 7; Lutter/*Lutter*, § 9 UmwG Rn 12.
22 MüKo-AktG/*Grunewald*, Rn 12.
23 *Habersack*, in: Emmerich/Habersack, Rn 17; *Hüffer*, Rn 13 bis 15; KölnKomm-AktG/*Koppensteiner*, Rn 11; MüHb-AG/ *Krieger*, § 73 Rn 33, 34.
24 *Kropff*, S. 425.
25 *Habersack*, in: Emmerich/Habersack, Rn 14; *Hüffer*, Rn 9; MüKo-AktG/*Grunewald*, Rn 18.
26 *Habersack*, in: Emmerich/Habersack, Rn 6; MüKo-AktG/*Grunewald*, Rn 21; einschränkend: OLG München WM 1993, 1285, 1287.
27 *Habersack*, in: Emmerich/Habersack, Rn 17; MüHb-AG/*Krieger*, § 73 Rn 35.
28 LG Dortmund DB 2002, 783, 784; vgl dazu auch OLG Hamm DB 2001, 85 und *Meilicke*, DB 2001, 1235.
29 OLG München NZG 2004, 781; *Habersack*, in: Emmerich/ Habersack, Rn 10; KölnKomm-AktG/*Koppensteiner*, Rn 8; vgl auch OLG Hamburg DB 2005, 879; aA OLG Hamm WM 1994, 383, 384.

§ 320 a Wirkungen der Eingliederung

¹Mit der Eintragung der Eingliederung in das Handelsregister gehen alle Aktien, die sich nicht in der Hand der Hauptgesellschaft befinden, auf diese über. ²Sind über diese Aktien Aktienurkunden ausgegeben, so verbriefen sie bis zu ihrer Aushändigung an die Hauptgesellschaft nur den Anspruch auf Abfindung.

A. Gesetzeszweck

1 Als Folge der Eintragung in das Handelsregister gehen **alle Aktien**, die sich nicht in der Hand der Hauptgesellschaft befinden, **auf diese** über (§ 320 a S. 1). Damit wird sie **Alleinaktionärin** der eingegliederten Gesellschaft. Die **Aktienurkunden** verbriefen bis zur Aushändigung an die Hauptgesellschaft nur noch den Anspruch auf **Abfindung** nach § 320 b (§ 320 a S. 2).

B. Übergang der Mitgliedschaften

2 Da die Eintragung **konstitutive** Wirkung hat, gehen die in den Aktien verbrieften Mitgliedschaften von Gesetzes wegen auf die Hauptgesellschaft über. Ein Übertragungsgeschäft ist **weder erforderlich noch möglich**. Es ist unerheblich, wem die Aktien gehören, also auch eigene Aktien der eingegliederten Gesellschaft oder Aktien Dritter für Rechnung dieser.[1] Bei **Nichtigkeit** eines der Eingliederungsbeschlüsse, falls keine Heilung nach § 242 (vgl dort Rn 1 ff) vorliegt oder wenn trotz einer Anfechtungsklage rechtswidrig eingetragen wurde, sollten die **Wirkungen entfallen**.[2] **Options- und Wandlungsrechte** ergeben nicht mehr einen Anspruch auf Aktien, sondern nur noch einen Anspruch auf **Abfindung**.[3] Mögliche Belastungen der Mitgliedschaft wie Nießbrauch oder Pfändung gehen ebenfalls auf den Abfindungsanspruch über.[4]

C. Eigentum an den Aktienurkunden

3 Soweit Aktienurkunden ausgegeben sind, verbriefen diese nur den **Abfindungsanspruch** der ausgeschiedenen Aktionäre. Diese erhalten kraft Gesetzes an Stelle der Mitgliedschaft den Abfindungsanspruch. Sie sind weiterhin **Eigentümer** der Urkunde und brauchen sie nur **Zug um Zug** gegen **Erfüllung** des Abfindungsanspruchs herauszugeben.[5] Sie können aber ihrerseits, falls sie die Urkunden nicht herausgeben, auf **Herausgabe und Aushändigung** gegen Bewirkung der Abfindung verklagt werden. **Nicht möglich** erscheint eine **Kraftloserklärung** der Aktien nach § 73, weil sie nach S. 2 nunmehr den Abfindungsanspruch verbriefen.[6]

§ 320 b Abfindung der ausgeschiedenen Aktionäre

(1) ¹Die ausgeschiedenen Aktionäre der eingegliederten Gesellschaft haben Anspruch auf angemessene Abfindung. ²Als Abfindung sind ihnen eigene Aktien der Hauptgesellschaft zu gewähren. ³Ist die Hauptgesellschaft eine abhängige Gesellschaft, so sind den ausgeschiedenen Aktionären nach deren Wahl eigene Aktien der Hauptgesellschaft oder eine angemessene Barabfindung zu gewähren. ⁴Werden als Abfindung Aktien der Hauptgesellschaft gewährt, so ist die Abfindung als angemessen anzusehen, wenn die Aktien in dem Verhältnis gewährt werden, in dem bei einer Verschmelzung auf eine Aktie der Gesellschaft Aktien der Hauptgesellschaft zu gewähren wären, wobei Spitzenbeträge durch bare Zuzahlungen ausgeglichen werden können. ⁵Die Barabfindung muß die Verhältnisse der Gesellschaft im Zeitpunkt der Beschlußfassung ihrer Hauptversammlung über die Eingliederung berücksichtigen. ⁶Die Barabfindung sowie bare Zuzahlungen sind von der Bekanntmachung der Eintragung der Eingliederung an mit jährlich 5 Prozentpunkten über dem jeweiligen Basiszinssatz nach § 247 des Bürgerlichen Gesetzbuchs zu verzinsen; die Geltendmachung eines weiteren Schadens ist nicht ausgeschlossen.

(2) ¹Die Anfechtung des Beschlusses, durch den die Hauptversammlung der eingegliederten Gesellschaft die Eingliederung der Gesellschaft beschlossen hat, kann nicht auf § 243 Abs. 2 oder darauf gestützt werden, daß die von der Hauptgesellschaft nach § 320 Abs. 2 Nr. 2 angebotene Abfindung nicht angemessen ist. ²Ist

---

1 MüKo-AktG/*Grunewald*, Rn 2.
2 *Habersack*, in: Emmerich/Habersack, Rn 2; *Meilicke*, DB 2001, 1235; aA zur Umwandlung OLG Hamm DB 2001, 85; im Erg. auch LG Dortmund DB 2002, 783, 784.
3 OLG München WM 1993, 1285, 1288; KölnKomm-AktG/ *Koppensteiner*, Rn 8.
4 MüKo-AktG/*Grunewald*, Rn 2.
5 *Habersack*, in: Emmerich/Habersack, Rn 4; *Hüffer*, Rn 3; MüHb-AG/*Krieger*, § 73 Rn 37; MüKo-AktG/*Grunewald*, Rn 3.
6 *Habersack*, in: Emmerich/Habersack, Rn 6; *Hüffer*, Rn 3; MüHb-AG/*Krieger*, § 73 Rn 37; aA MüKo-AktG/*Grunewald*, Rn 5.

die angebotene Abfindung nicht angemessen, so hat das in § 2 des Spruchverfahrensgesetzes bestimmte Gericht auf Antrag die angemessene Abfindung zu bestimmen. ³Das gleiche gilt, wenn die Hauptgesellschaft eine Abfindung nicht oder nicht ordnungsgemäß angeboten hat und eine hierauf gestützte Anfechtungsklage innerhalb der Anfechtungsfrist nicht erhoben oder zurückgenommen oder rechtskräftig abgewiesen worden ist.

A. Gesetzeszweck 1	4. Wahlrecht 5
B. Abfindung der ausgeschiedenen Aktionäre 2	II. Höhe der Abfindung 6
I. Abfindungsarten 2	1. Angemessenheit 6
1. Regelabfindung 2	2. Verzinsung 7
2. Gleiche Gattung der Aktien 3	C. Anfechtung des Eingliederungsbeschlusses 8
3. Aktien der Konzernmutter bei eingegliederter Hauptgesellschaft 4	D. Gerichtliche Bestimmung der Abfindung 9

A. Gesetzeszweck

Da nach § 320 a mit der Eintragung der Eingliederung alle **Aktien** auf die Hauptgesellschaft **übergehen**, haben nach § 320 b Abs. 1 S. 1 alle ausgeschiedenen Aktionäre einen Anspruch auf **angemessene Abfindung**. Sie sollen für den mit dem Mitgliedschaftsverlust verbundenen Rechtsnachteil einen **Vermögensausgleich** erhalten. Die Vorschrift entspricht § 320 Abs. 5 bis 7 aF, allerdings ist die Verzinsung variabel gestaltet worden. Der Anspruch besteht auch dann, wenn die eingegliederte Gesellschaft eigene Aktien gehalten hat.¹ Es können sich aber Probleme mit § 71 d S. 2 ergeben. Die Lösung kann über eine erweiterte Anwendung von § 71 Abs. 1 Nr. 3 gefunden werden.² Änderungen haben sich ergeben durch die Aufhebung von Abs. 3 durch Art. 2 Nr. 6 des **Spruchverfahrenneuordnungsgesetzes** und die Verweisung in § 320 b Abs. 2 S. 2 auf nunmehr § 2 SpruchG.³

B. Abfindung der ausgeschiedenen Aktionäre

I. Abfindungsarten. 1. Regelabfindung. Die ausgeschiedenen Aktionäre erhalten regelmäßig als Abfindung **Aktien** der **Hauptgesellschaft** (§ 320 b Abs. 1 S. 2), wobei Schuldner immer die Hauptgesellschaft ist. Eine **Barabfindung** steht ihnen außer in den Fällen nach § 320 b Abs. 1 S. 3 nicht zu. Es erscheint aber **zweifelhaft**, ob dieser Grundsatz nach dem Urteil des BGH v. 25.11.2002⁴ noch zu halten ist, weil danach bei einem regulären **Delisting** (Eingliederung einer börsennotierten Gesellschaft in eine nicht börsennotierte) das **Aktieneigentum** der Minderheitsaktionäre **beeinträchtigt** wird und es deswegen eines **Pflichtangebots** zum **Kauf** der Aktien dieser bedarf.⁵ Die Hauptgesellschaft kann zur Erfüllung ihrer Verpflichtung nach § 71 Abs. 1 Nr. 3 und 8 **eigene Aktien** erwerben oder solche durch eine bedingte **Kapitalerhöhung** nach § 192 Abs. 2 Nr. 2 schaffen.⁶

2. Gleiche Gattung der Aktien. Grundsätzlich müssen die von der Hauptgesellschaft als Abfindung gewährten Aktien die **gleiche Gattung** haben wie die Aktien, die in der eingegliederten Gesellschaft gehalten wurden. Insoweit entspricht die Gesetzlage § 305 Abs. 2 Nr. 1 und 2 (vgl dort Rn 7, 57). Das bereitet dann keine besonderen Probleme, wenn die gleichen Aktien auch in der Hauptgesellschaft vorhanden sind. Gibt es in der Hauptgesellschaft dagegen keine **Vorzugsaktien**, kann die Abfindung in **Stammaktien** erfolgen.⁷ Wenn dadurch auch eine **Verschiebung** der **Stimmrechtsverhältnisse** der Hauptgesellschaft entsteht, ist dies nach dem Willen des Gesetzgebers als Folge der Eingliederung hinzunehmen,⁸ es sind aber im Einzelfall zur Wahrung der Interessen der Aktionäre der Hauptgesellschaft Folgen der Gattungsverschiedenheiten auszugleichen.⁹ **Options- und Wandlungsrechte** ergeben auch nur noch einen Anspruch auf Abfindung durch Aktien der Hauptgesellschaft.¹⁰

---

1 *Habersack*, in: Emmerich/Habersack, Rn 5 a; *Hüffer*, Rn 2; KölnKomm-AktG/*Koppensteiner*, Rn 3; MüKo-AktG/*Grunewald*, Rn 1; Großkomm-AktienR/*Schmolke*, Rn 7; MüHB-AG/*Krieger*, § 73 Rn 37.
2 *Habersack*, in: Emmerich/Habersack, Rn 5 a; *Hüffer*, Rn 3; aA MüKo-AktG/*Grunewald*, Rn 2 (nur Barabfindung).
3 Vgl die Kommentierung zum SpruchG in diesem Kommentar.
4 BGHZ 153, 47, 54 ff (Macroton) = NZG 2003, 280.
5 *Habersack*, in: Emmerich/Habersack, Rn 5.
6 OLG München ZIP 1993, 1001, 1003 (Siemens/SNI); *Habersack*, in: Emmerich/Habersack, Rn 5 a.
7 *Hüffer*, Rn 4; MüKo-AktG/*Grunewald*, Rn 4; aA *Kiem*, ZIP 1997, 1627, 1629, der einen Sonderbeschluss der Vorzugsaktionäre gemäß § 141 Abs. 2 für erforderlich hält.
8 MüKo-AktG/*Grunewald*, Rn 4; OLG München ZIP 1993, 1001, 1003.
9 *Habersack*, in: Emmerich/Habersack, Rn 7; *Hüffer*, Rn 4; MüHb-AG/*Krieger*, § 73 Rn 38; aA MüKo-AktG/*Grunewald*, Rn 5.
10 BGH ZIP 1998, 560, 561; OLG München ZIP 1993, 1001, 1003; *Hüffer*, Rn 4; MüHb-AG/*Krieger*, § 73 Rn 37; ausführlich: MüKo-AktG/*Grunewald*, Rn 15.

3. Aktien der Konzernmutter bei eingegliederter Hauptgesellschaft. Eine Besonderheit besteht, wenn eine Aktiengesellschaft in eine bereits eingegliederte Hauptgesellschaft eingegliedert wird. Es müssten in diesem Fall eigentlich als Abfindung für die Aktionäre der Enkelgesellschaft Aktien der **Tochtergesellschaft** gewährt werden, die aber wegen deren Eingliederung bei ihr nicht mehr vorhanden sind. Es könnten daher nur von der Muttergesellschaft die Aktien der Tochter gegeben werden, was zu einer Beendigung der Eingliederung dieser nach § 327 Abs. 1 Nr. 3 führen würde. Deswegen sind als Abfindung gleich Aktien der **Muttergesellschaft** anzubieten.[11]

4. Wahlrecht. Ist die Hauptgesellschaft selbst eine **abhängige** Gesellschaft iSv § 17, so sind den ausgeschiedenen Aktionären nach deren Wahl eigene Aktien der Hauptgesellschaft oder eine **angemessene Barabfindung** zu gewähren (vgl dazu auch Rn 2). Sie sollen nicht gezwungen werden, wiederum Aktionäre einer abhängigen Gesellschaft zu werden.[12] Anders als nach § 305 Abs. 2 Nr. 2 haben also die Aktionäre das **Wahlrecht**, für das keine Frist vorgesehen ist. Wird das Wahlrecht nicht ausgeübt, kann eine angemessene **Frist** gesetzt werden. Dabei können die Gedanken aus § 305 Abs. 4 (mindestens zwei Monate) heran gezogen werden, auch nach Abschluss eines Spruchverfahrens.[13]

II. Höhe der Abfindung. 1. Angemessenheit. Die Abfindung ist dann angemessen, wenn die Regeln nach Abs. 1 S. 4 und 5 eingehalten werden, bei Abfindung in Aktien die sog. **Verschmelzungsrelation**,[14] wobei Spitzenbeträge durch **bare Zuzahlungen** ausgeglichen werden können. Legt bei der Eingliederung die Hauptgesellschaft im Angebot oder das Gericht im Spruchverfahren das Umtauschverhältnis fest, dass nicht für eine natürliche Zahl von Aktien der eingegliederten Gesellschaft genau eine Aktie der Hauptgesellschaft gewährt wird (in dem vom BGH entschiedenen Fall: 13 zu 3 oder 4 1/3 zu 1), kann bereits mit der Zahl an Aktien, die mindestens für eine Aktie der Hauptgesellschaft benötigt wird, eine Aktie der Hauptgesellschaft verlangt werden (im konkreten Fall: 5).[15] Die Barabfindung muss die **Verhältnisse** der **Gesellschaft** im Zeitpunkt der Beschlussfassung über die Eingliederung berücksichtigen.[16] Auch bei der Mehrheitseingliederung ist der Börsenkurs die untere Grenze der Abfindung.[17] Die Regelung entspricht § 305 Abs. 3.

Bei der Bemessung der Abfindung ist es verfassungsrechtlich nicht zu beanstanden, wenn der Referenzzeitraum zur Ermittlung des durchschnittlichen Börsenkurses auch die Zeit nach Bekanntgabe oder Bekanntwerden der geplanten Maßnahme umfasst.[18] Allerdings hat der BGH unter teilweiser Aufgabe der Rechtsprechung vom 12. März 2001 (II ZR 15/08) entschieden, dass der einer angemessenen Abfindung zugrunde zu legende Börsenwert der Aktie grundsätzlich aufgrund eines nach Umsatz gewichteten Durchschnittskurses innerhalb einer dreimonatigen Referenzperiode vor der Bekanntmachung einer Strukturmaßnahme zu ermitteln ist.[19] Dies entspricht der in der Literatur schon zuvor weit verbreitet gewesenen Ansicht.

Wie in anderen Fällen nach Abschluss eines Unternehmensvertrages muss auch bei der Eingliederung der Aktionär für den Verlust seiner Rechtsposition und die Beeinträchtigung seiner vermögensrechtlichen Stellung wirtschaftlich voll entschädigt werden.[20]

2. Verzinsung. Die Barabfindung sowie bare Zuzahlungen sind ab Bekanntmachung der Eintragung der Eingliederung mit 5 Prozentpunkten über dem **Basiszinssatz nach § 247 BGB**[21] zu verzinsen. Die Zinspflicht besteht **ohne Verzug** und auch dann, wenn der Aktionär sein Wahlrecht zB wegen eines Spruchverfahrens noch nicht ausgeübt hat, weil er eine Entschädigung für den entstandenen Rechtsverlust erhält.[22] Soweit er zunächst **Ausgleichszahlungen** erhalten hat, bestand Streit, ob diese auf die **Zinsen**[23] oder auf die **Barabfindung**.[24] anzurechnen sind. Diese Frage hat der BGH[25] nunmehr dahin entschieden, dass die empfangenen Ausgleichsleistungen ausschließlich mit den Abfindungszinsen, nicht jedoch mit der Barabfindung selbst zu verrechnen sind. Auch wenn die Ausgleichszahlungen den Zinsbetrag übersteigen, erscheint es an-

---

11 BGHZ 138, 224, 225 ff; LG Dortmund WM 1996, 1633; *Habersack*, in: Emmerich/Habersack, Rn 10; *Hüffer*, Rn 6; MüHb-AG/*Krieger*, § 73 Rn 38; MüKo-AktG/*Grunewald*, Rn 7; nunmehr auch KölnKomm-AktG/*Koppensteiner*, Rn 7.
12 *Kropff*, S. 425.
13 *Habersack*, in: Emmerich/Habersack, Rn 9; *Hüffer*, Rn 5; MüKo-AktG/*Grunewald*, Rn 10.
14 Vgl dazu OLG Düsseldorf DB 2002, 781.
15 BGH v. 18.10.2010 – II ZR 270/08 = WM 2010, 2225 = ZIP 2010, 2289.
16 Vgl zur „übertragenden Auflösung" BVerfG WM 2000, 1948 (Moto Meter); zum Börsenkurs BVerfG ZIP 1999, 1436; ZIP 1999, 1804.
17 BVerfG ZIP 1999, 1436; BGHZ 147, 108; OLG Düsseldorf AG 2003, 686; LG Dortmund NZG 2004, 1145, 1146 f; *Habersack*, in: Emmerich/Habersack, Rn 12; KölnKomm-AktG/*Koppensteiner*, Rn 8, insb. Fn 27.
18 BVerfG v. 29.11.2006 – 1 BvR 704/03.
19 BGH v. 19.7.2010 – II ZB 18/09 (Stollwerck) = WM 2010, 1471 = AGt 2010, 629; fortgeführt in BGH v. 28.6.2011 – II ZB 2/10.
20 BVerfG v. 30.5.2007 – 1 BvR 1267/06, 1 BvR 1280/06 Rn 16; OLG München v. 26.7.2007 – 5 HKO 542/09 Rn 10.
21 Art. 5 Abs. 1 der VO zur Ersetzung von Zinssätzen v. 5.4.2002 (BGBl. I S. 1250, 1252).
22 *Habersack*, in: Emmerich/Habersack, Rn 13; *Hüffer*, Rn 7; MüKo-AktG/*Grunewald*, Rn 13; zur Verzinsung s. auch *Meilicke/Heidel*, DB 2003, 2267.
23 So OLG Hamm DB 2001, 2394 mwN.
24 So OLG Hamburg BB 2002, 747 mwN.
25 BGH DB 2002, 2261.

gemessen, die Differenz dem Aktionär zu belassen, um die Barabfindung nicht zu kürzen.[26] Daneben besteht ein Anspruch auf Ersatz weiteren **Schadens** (§ 320b Abs. 1 S. 6 Hs 2), allerdings nur bei Verzug.[27]

C. Anfechtung des Eingliederungsbeschlusses

Die Anfechtung des Eingliederungsbeschlusses erfolgt nach den allgemeinen Regeln der §§ 241 ff (vgl § 319 Rn 15). Allerdings kann eine **Anfechtung** nach § 320b Abs. 3 S. 1 nicht auf § 243 Abs. 2 oder darauf gestützt werden, dass die angebotene Abfindung **nicht angemessen** ist. Die Regelung entspricht § 304 Abs. 3 S. 2. In diesem Fall kann das in § 2 SpruchG bestimmte **Gericht** auf **Antrag** die angemessene Abfindung bestimmen. Das Gleiche gilt, wenn eine Abfindung nicht oder nicht ordnungsgemäß angeboten war und eine hierauf gestützte Anfechtungsklage nicht fristgerecht erhoben, zurückgenommen oder rechtskräftig abgewiesen worden ist (§ 320b Abs. 2 S. 3). Insoweit verbleibt nur das **Spruchverfahren**.[28] Dieses erledigt sich aber, wenn der Eingliederungsbeschluss erfolgreich angefochten wird. Dann ist für die Anwendung der Regeln über fehlerhafte Gesellschaften kein Raum.[29] Soweit die Abfindung zu hoch ist, haben die Aktionäre der **Hauptgesellschaft** nur die Möglichkeit, den Zustimmungsbeschluss **anzufechten**, weil § 320b Abs. 2 und 3 insoweit keine Regelung enthalten. Das hat aber zur Folge, dass um die Höhe der Abfindung einerseits im **Spruchverfahren** andererseits im **Anfechtungsverfahren** gestritten wird. Da dies unzweckmäßig erscheint, wäre es **sinnvoll**, auch die Aktionäre der Hauptgesellschaft bei zu hoher Abfindung auf das Spruchverfahren zu verweisen. Die angemessene Abfindung könnte in einem **gemeinsamen** Verfahren bestimmt werden.[30]

D. Gerichtliche Bestimmung der Abfindung

Das Verfahren richtet sich nunmehr nach dem Spruchverfahrensgesetz (vgl Rn 1). Wegen der Einzelheiten wird auf die Kommentierung zum SpruchG in diesem Kommentar verwiesen. Wird die Abfindung gerichtlich **höher** festgesetzt, gilt das für **alle Aktionäre** („inter omnes"), auch für diejenigen, die bereits gegen die ursprünglich angebotene Barabfindung oder sonstige Abfindung aus dem betroffenen Rechtsträger ausgeschieden sind (§ 13 S. 2 SpruchG). Sie haben einen sog. **Abfindungsergänzungsanspruch**.[31]

§ 321 Gläubigerschutz

(1) ¹Den Gläubigern der eingegliederten Gesellschaft, deren Forderungen begründet worden sind, bevor die Eintragung der Eingliederung in das Handelsregister bekanntgemacht worden ist, ist, wenn sie sich binnen sechs Monaten nach der Bekanntmachung zu diesem Zweck melden, Sicherheit zu leisten, soweit sie nicht Befriedigung verlangen können. ²Die Gläubiger sind in der Bekanntmachung der Eintragung auf dieses Recht hinzuweisen.

(2) Das Recht, Sicherheitsleistung zu verlangen, steht Gläubigern nicht zu, die im Falle des Insolvenzverfahrens ein Recht auf vorzugsweise Befriedigung aus einer Deckungsmasse haben, die nach gesetzlicher Vorschrift zu ihrem Schutz errichtet und staatlich überwacht ist.

A. Gesetzeszweck

Die Vorschrift ist auf Vorschlag des Bundesrates eingefügt worden und bezweckt den Schutz der **Altgläubiger** der eingegliederten Gesellschaft.[1] Weil diese durch die **Leitungsmacht** der **Hauptgesellschaft** nach § 323 einem hohen Risiko ausgesetzt sind, sollen sie durch den Anspruch auf **Sicherheit** einen besonderen Schutz erhalten.[2] Bedeutsam wird dies neben der Haftung der Hauptgesellschaft nach § 322, wenn diese selbst **nicht leistungsfähig** ist, aber auf das Kapital der eingegliederten Gesellschaft zurückgreifen kann. **Vergleichbare Regelungen** enthalten § 225 Abs. 1 (Kapitalherabsetzung; vgl dort Rn 5 ff), § 303 (Beendigung eines Unternehmensvertrages) sowie §§ 22, 125 und 204 UmwG (Verschmelzung, Spaltung, Formwechsel).

---

26 BGH DB 2002, 2261, 2263.
27 *Habersack*, in: Emmerich/Habersack, Rn 13; *Hüffer*, Rn 7; MüKo-AktG/*Grunewald*, Rn 14; nunmehr auch KölnKomm-AktG/*Koppensteiner*, Rn 11.
28 *Habersack*, in: Emmerich/Habersack, Rn 15 ff.
29 OLG Karlsruhe v. 15.2.2011 – 12 W 21/09 = AG 2011, 673 = ZIP 2011, 1817.
30 *Habersack*, in: Emmerich/Habersack, Rn 16; KölnKomm-AktG/*Koppensteiner*, Rn 24; zur Verschmelzung BGH ZIP 2001, 199, 202 unter Aufgabe von BGH ZIP 1995, 1256, 1258 – zu § 305 Abs. 6 AktG.
31 *Habersack*, in: Emmerich/Habersack, Rn 18; MüHb-AG/*Krieger*, § 73 Rn 44.
1 *Kropff*, S. 325 f.
2 *Hüffer*, Rn 1; MüKo-AktG/*Grunewald*, Rn 1.

B. Voraussetzungen und Inhalt des Anspruchs

I. Voraussetzungen. Der Anspruch auf Sicherheit erfordert nach Abs. 1 S. 1 die **Begründung** einer Forderung, bevor die Eintragung der Eingliederung in das Handelsregister nach § 10 Abs. 2 HGB als bekannt gemacht gilt. Der Anspruch auf Sicherheitsleistung muss ab diesem Zeitpunkt binnen einer **Ausschlussfrist** von **sechs Monaten** angemeldet werden. Um die Gläubiger aufmerksam zu machen, muss auf dieses Recht nach Abs. 1 S. 2 bei der Bekanntmachung der Eintragung hingewiesen werden. Ein **Unterlassen** des Hinweises hat keinen Einfluss auf den Lauf der Frist, es kommen aber ggf Ansprüche aus Amtshaftung in Betracht.[3] Wegen des Schutzes der Gläubiger darf die Frist nicht **verkürzt**, wohl aber **verlängert** werden.[4] Das Recht auf Sicherheit besteht **nicht**, wenn der Gläubiger bereits Befriedigung verlangen kann, weil seine Forderung **fällig** ist. In diesem Fall kann er schon seinen Anspruch direkt gegen die eingegliederte Gesellschaft oder die Hauptgesellschaft nach § 322 durchsetzen, so dass er des Schutzes nicht mehr bedarf.[5] Hat es ein Gläubiger **selbst in der Hand** zB durch Leistung einer Sicherheit oder bei einer Zug-um-Zug-Leistung die **Fälligkeit** herbeizuführen, entfällt der Anspruch ebenfalls, nicht aber wenn die Forderung nach Entstehen des Anspruchs fällig wird.[6] Falls um die Fälligkeit einer **Forderung** gestritten wird, muss **geklagt** werden. Ein Anspruch auf Sicherheitsleistung besteht daneben nicht.[7] Es sollen nicht zwei Prozesse mit dem gleichen Inhalt geführt werden.

II. Inhalt. Für den Inhalt des Anspruchs sind **§§ 232 ff BGB** maßgeblich. Falls nach § 232 Abs. 2 BGB Sicherheit durch selbstschuldnerische Bürgschaft geleistet werden kann, darf die **Hauptgesellschaft nicht Bürge** sein, weil sie nach § 322 ohnehin haftet und nicht für eine eigene Schuld bürgen kann.[8] Die **Höhe** der Sicherheitsleistung richtet sich nach dem **konkret** zu bewertenden Interesse des Gläubigers, also dem **Wert** des zu sichernden **Anspruchs**. Bei Dauerschuldverhältnissen ist die Sicherheit nicht nach den während der Restlaufzeit fällig werdenden Ansprüchen zu bemessen, um eine zu weite Belastung der Hauptgesellschaft zu vermeiden. Es kommt vielmehr auf die Umstände des **Einzelfalles** an.[9] Es kommt eine entsprechende Anwendung der §§ 26, 160 HGB in Betracht. Bei Miete kann zB der dreifache Jahresbetrag als Untergrenze angenommen werden.[10] Nach der Neufassung des **§ 160 HGB** kommt nunmehr eine **analoge** Anwendung dieser Vorschrift in Betracht.[11] Es ist auch zu bedenken, dass schließlich noch die Hauptgesellschaft nach § 322 haftet.

III. Schuldner und Gläubiger. Den Anspruch auf Sicherheitsleistung haben die Gläubiger der **eingegliederten** Gesellschaft, nicht die Gläubiger der Hauptgesellschaft, auch wenn deren Vermögensinteressen durch die Eingliederung gefährdet sein können.[12] **Schuldner** bleibt die eingegliederte Gesellschaft, obwohl dies im Gesetz nicht ausdrücklich geregelt ist. Die Hauptgesellschaft haftet für die Sicherheit nach § 322 als Gesamtschuldnerin mit.[13]

C. Recht auf vorzugsweise Befriedigung

Das Recht auf Sicherheitsleistung entfällt, wenn die Gläubiger im Falle eines **Insolvenzverfahrens** Anspruch auf **vorzugsweise Befriedigung** haben. Die Vorschrift entspricht §§ 225 Abs. 1, 303 Abs. 2 (vgl dort Rn 16). § 321 ist kein Schutzgesetz iSv § 823 Abs. 2 BGB.[14]

§ 322 Haftung der Hauptgesellschaft

(1) ¹Von der Eingliederung an haftet die Hauptgesellschaft für die vor diesem Zeitpunkt begründeten Verbindlichkeiten der eingegliederten Gesellschaft den Gläubigern dieser Gesellschaft als Gesamtschuldner. ²Die gleiche Haftung trifft sie für alle Verbindlichkeiten der eingegliederten Gesellschaft, die nach der Eingliederung begründet werden. ³Eine entgegenstehende Vereinbarung ist Dritten gegenüber unwirksam.

---

3 *Hüffer*, Rn 2; *Habersack*, in: Emmerich/Habersack, Rn 3.
4 MüKo-AktG/*Grunewald*, Rn 11.
5 *Habersack*, in: Emmerich/Habersack, Rn 4.
6 MüKo-AktG/*Grunewald*, Rn 5.
7 OLG Celle BB 1989, 868, 869.
8 *Habersack*, in: Emmerich/Habersack, Rn 9; MüKo-AktG/*Grunewald*, Rn 12.
9 *Habersack*, in: Emmerich/Habersack, Rn 9; KölnKomm-AktG/*Koppensteiner*, Rn 5.
10 Zu § 26 KapErhG BGH ZIP 1996, 705, 707.
11 Vgl BGH NJW 2000, 208; *Habersack*, in: Emmerich/Habersack, Rn 9.
12 KölnKomm-AktG/*Koppensteiner*, Rn 6.
13 *Habersack*, in: Emmerich/Habersack, Rn 6; KölnKomm-AktG/*Koppensteiner*, Rn 3; *Hüffer*, Rn 3; MüKo-AktG/*Grunewald*, Rn 9.
14 Ausführlich: MüKo-AktG/*Grunewald*, Rn 16.

(2) Wird die Hauptgesellschaft wegen einer Verbindlichkeit der eingegliederten Gesellschaft in Anspruch genommen, so kann sie Einwendungen, die nicht in ihrer Person begründet sind, nur insoweit geltend machen, als sie von der eingegliederten Gesellschaft erhoben werden können.

(3) ¹Die Hauptgesellschaft kann die Befriedigung des Gläubigers verweigern, solange der eingegliederten Gesellschaft das Recht zusteht, das ihrer Verbindlichkeit zugrunde liegende Rechtsgeschäft anzufechten. ²Die gleiche Befugnis hat die Hauptgesellschaft, solange sich der Gläubiger durch Aufrechnung gegen eine fällige Forderung der eingegliederten Gesellschaft befriedigen kann.

(4) Aus einem gegen die eingegliederte Gesellschaft gerichteten vollstreckbaren Schuldtitel findet die Zwangsvollstreckung gegen die Hauptgesellschaft nicht statt.

A. Gesetzeszweck	1	C. Einwendungen	6
B. Haftung der Hauptgesellschaft	2	I. Persönliche Einwendungen	6
I. Inhalt der Haftung	3	II. Abgeleitete Einwendungen	7
II. Reichweite der Haftung	4	III. Gestaltungsrechte	8
III. Regress	5	D. Zwangsvollstreckung	9

A. Gesetzeszweck

Die Vorschrift bezweckt den **Schutz der Gläubiger** der eingegliederten Gesellschaft. Geregelt ist die „gesamtschuldnerische" Mithaftung der Hauptgesellschaft für Verbindlichkeiten, die vor oder nach der Eingliederung begründet worden sind. Diese **Mithaftung** ermöglicht es, bei eingegliederten Gesellschaften im Unterschied zu Unternehmensverträgen (§§ 300 bis 303) sehr weit reichend auf **Sicherungen** für die Gläubiger zu **verzichten** (vgl auch §§ 323, 324).[1] Das gilt auch bei **mehrstufigen** Unternehmensverbindungen. Über die Tochter-AG haftet die Mutter-AG ebenso für Verbindlichkeiten der in dieser eingegliederten Enkelin wie bei Unternehmensverträgen zwischen Tochter- und Enkelgesellschaft oder einer qualifizierten faktischen **Abhängigkeit** zwischen diesen.[2] Nach Abs. 1 S. 3 kann die Mithaftung nicht ausgeschlossen werden, dies können aber Gläubiger und Hauptgesellschaft vereinbaren. 1

B. Haftung der Hauptgesellschaft

Die Mithaftung schließt sich nach der Begründung ausdrücklich an die gesetzliche Regelung vergleichbarer Schuldverhältnisse, namentlich an die **§§ 128, 129 HGB** an.[3] Dies ist **missverständlich**, weil nach § 128 S. 1 HGB zwar ein Gesamtschuldverhältnis zwischen den OHG-Gesellschaftern, nicht aber zwischen diesen und der Gesellschaft besteht.[4] 2

I. Inhalt der Haftung. Aus dem Wortlaut der Vorschrift ergibt sich, dass der Inhalt der **Haftung** der Hauptgesellschaft grundsätzlich dem Inhalt der **Verbindlichkeit** der eingegliederten Gesellschaft folgt. Es gibt aber auch Fallgestaltungen, bei denen Gesamtschulden vorliegen, obwohl die Schuldner für unterschiedliche Leistungen haften (zB Bauunternehmer und Architekt für Mängel), wenn nur der Gläubiger das gleiche Leistungsinteresse hat.[5] Es ist regelmäßig das **Erfüllungsinteresse** des Gläubigers zu befriedigen.[6] 3

II. Reichweite der Haftung. Die Haftung erstreckt sich nach Abs. 1 S. 1 und 2 auf alle **vor** und **nach** der Eingliederung begründeten **Verbindlichkeiten** der eingegliederten Gesellschaft. Auf die Bekanntmachung der Eingliederung selbst kommt es dabei nicht an, wohl aber auf die Bekanntmachung der Beendigung nach § 327 Abs. 1, weil die **Mithaftung** der Hauptgesellschaft nur entfällt, wenn der Gläubiger bei Erwerb von neuen Verbindlichkeiten **Kenntnis** (vgl § 15 Abs. 1 und 2 HGB) von der Beendigung hatte. Der **Rechtsgrund** der Verbindlichkeit ist unerheblich.[7] 4

III. Regress. Da die Gesellschaften als **Gesamtschuldner** haften, bestimmt sich der interne Ausgleich nach § 426 BGB. Eine Verpflichtung zu gleichen Anteilen besteht aber nicht. Vielmehr kann die Hauptgesellschaft von der eingegliederten Gesellschaft den **vollen Ausgleich** verlangen. Die Mithaftung soll nicht diese 5

---

1 *Kropff*, S. 421, 426.
2 *Habersack*, in: Emmerich/Habersack, Rn 2; KölnKomm-AktG/*Koppensteiner*, Rn 6.
3 *Kropff*, S. 426.
4 *Hüffer*, Rn 2; MüKo-AktG/*Grunewald*, Rn 5; vgl dazu auch *Habersack*, in: Emmerich/Habersack, Rn 4, 5.
5 GRSZ BGHZ 43, 227, 232.
6 *Habersack*, in: Emmerich/Habersack, Rn 6; *Henn*, Handbuch des Aktienrechts, § 13 Rn 393; MüHb-AG/*Krieger*, § 73 Rn 47; MüKo-AktG/*Grunewald*, Rn 4 ff; *Hüffer*, Rn 4; aA KölnKomm-AktG/*Koppensteiner*, Rn 7 ff (Einstandsverpflichtung).
7 *Habersack*, in: Emmerich/Habersack, Rn 5; MüKo-AktG/*Grunewald*, Rn 8.

entlasten, im Vordergrund steht der Gläubigerschutz.[8] Sofern keine Inanspruchnahme droht, ist die Mithaftung nicht in der Bilanz, sondern im **Anhang** nach § 285 Abs. 3 HGB aufzunehmen.[9]

C. Einwendungen

I. Persönliche Einwendungen. Abs. 2 entspricht § 129 Abs. 1 HGB. Danach kann die Hauptgesellschaft dem Gläubiger alle Einwendungen, auch **Einreden** entgegen halten, die auf ihrem Rechtsverhältnis zu ihm beruhen (zB Stundung, Erlass, Verjährung). Die Einrede der **Vorausklage** kann dagegen nicht erhoben werden, weil die Haftung primär ist.[10]

II. Abgeleitete Einwendungen. Ebenso kann die Hauptgesellschaft Einwendungen aus dem Recht der eingegliederten Gesellschaft erheben. Ihre Inanspruchnahme soll nur in dem selben Umfang möglich sein wie das **Zugreifen** auf die **eingegliederte** Gesellschaft. Ein Erlassvertrag zwischen dieser und dem Gläubiger unter Vorbehalt der Haftung der Hauptgesellschaft ist unwirksam.[11] Ist aber ein Anspruch gegenüber der eingegliederten Gesellschaft verjährt, die Verjährung aber gegenüber der Hauptgesellschaft **unterbrochen**, besteht die Einrede nicht.[12]

III. Gestaltungsrechte. Nach Abs. 3 S. 1 kann die Hauptgesellschaft die Befriedigung des Gläubigers verweigern, wenn die eingegliederte Gesellschaft ein Recht zur **Anfechtung** hat. Die Hauptgesellschaft soll nicht leisten müssen, solange das Haftungsgeschäft in der Schwebe ist, zumal eine Anweisung zur Anfechtung nach § 323 Abs. 1 S. 1 ergehen könnte. Das Gleiche gilt nach § 322 Abs. 3 S. 2 auch für die **Aufrechnung**. Danach kann die Hauptgesellschaft die Befriedigung des Gläubigers verweigern, solange dieser sich durch Aufrechnung gegen eine fällige Forderung der eingegliederten Gesellschaft befriedigen kann. Dieses Vorschrift ist § 129 Abs. 3 HGB nachgebildet und **missverständlich** formuliert. Entgegen dem an sich klaren Wortlaut steht der Hauptgesellschaft nach ganz hM kein **Leistungsverweigerungsrecht** zu, wenn nur der Gläubiger aufrechnen kann.[13] Dagegen kann nach einer erweiternden Auslegung die Hauptgesellschaft die Leistung verweigern, wenn der eingegliederten Gesellschaft eine **aufrechenbare** Forderung gegen den Gläubiger zusteht.[14] Dies folgt schon daraus, dass die Hauptgesellschaft jederzeit die **Weisung** zur Aufrechnung erteilen kann. Deswegen ist mE Abs. 3 auf andere **Gestaltungsrechte** entsprechend anwendbar.[15]

D. Zwangsvollstreckung

Nach Abs. 4 findet aus einem gegen die eingegliederte Gesellschaft gerichteten vollstreckbaren Schuldtitel die Zwangsvollstreckung gegen die Hauptgesellschaft nicht statt. Diese muss vielmehr als **Partei selbst** verklagt werden.[16]

§ 323 Leitungsmacht der Hauptgesellschaft und Verantwortlichkeit der Vorstandsmitglieder

(1) ¹Die Hauptgesellschaft ist berechtigt, dem Vorstand der eingegliederten Gesellschaft hinsichtlich der Leitung der Gesellschaft Weisungen zu erteilen. ²§ 308 Abs. 2 Satz 1, Abs. 3, §§ 309, 310 gelten sinngemäß. ³§§ 311 bis 318 sind nicht anzuwenden.

(2) Leistungen der eingegliederten Gesellschaft an die Hauptgesellschaft gelten nicht als Verstoß gegen die §§ 57, 58 und 60.

A. Gesetzeszweck

Die Vorschrift regelt die **Leitungsmacht** und **Verantwortlichkeit** der Hauptgesellschaft. Abs. 1 gibt der Hauptgesellschaft das Recht zu Weisungen an den Vorstand der eingegliederten Gesellschaft. Dieses Recht geht noch weiter als das Weisungsrecht aufgrund eines Beherrschungsvertrages. Dem fast **unbeschränkten**

---

8 *Hüffer*, Rn 6; KölnKomm-AktG/*Koppensteiner*, Rn 13; MüKo-AktG/*Grunewald*, Rn 18; im Erg. auch *Habersack*, in: Emmerich/Habersack, Rn 7.
9 *Hüffer*, Rn 7; MüKo-AktG/*Grunewald*, Rn 19.
10 *Habersack*, in: Emmerich/Habersack, Rn 10.
11 BGHZ 47, 376, 378; *Hüffer*, Rn 9.
12 BGHZ 104, 76, 80; *Hüffer*, Rn 9; MüKo-AktG/*Grunewald*, Rn 11; aA *Habersack*, in: Emmerich/Habersack, Rn 12.
13 BGHZ 42, 396, 397 (zu § 129 Abs. 3 HGB); *Habersack*, in: Emmerich/Habersack, Rn 14; *Hüffer*, Rn 11; MüKo-AktG/*Grunewald*, Rn 15.
14 *Hüffer*, Rn 11; MüHb-AG/*Krieger*, § 73 Rn 48.
15 *Habersack*, in: Emmerich/Habersack, Rn 15; aA MüKo-AktG/*Grunewald*, Rn 14.
16 *Hüffer*, Rn 12; MüKo-AktG/*Grunewald*, Rn 17; zur Drittwiderspruchsklage bei Pfändung *Habersack*, in: Emmerich/Habersack, Rn 17.

Weisungsrecht entspricht die **Folgepflicht** von Vorstand und Aufsichtsrat der eingegliederten Gesellschaft.[1] Die eingegliederte Gesellschaft kann als eine Art rechtlich selbstständige Betriebsabteilung der Hauptgesellschaft angesehen werden.[2] Die Verantwortlichkeit der Hauptgesellschaft und ihrer Vorstandsmitglieder wird durch die Verweisung auf §§ 309, 310 bestimmt. Nach Abs. 2 sind §§ 57, 58, 60 ausgeschlossen. Damit wird die **aktienrechtliche Kapitalbildung** aufgehoben. Der Hauptgesellschaft wird der vollständige Zugriff auf das Kapital der eingegliederten Gesellschaft **gestattet**. Die Vorschrift entspricht § 291 Abs. 3. Es kann sogar ohne einen Gewinnabführungsvertrag die **Abführung** eines Gewinns angewiesen werden. Ausgeglichen wird diese **umfassende** Leitungsbefugnis der Hauptgesellschaft durch ihre **eigene** Haftung gegenüber den Gläubigern der eingegliederten Gesellschaft gemäß § 322.[3]

B. Leitungsrecht der Hauptgesellschaft

Das Weisungsrecht des Vorstandes der Hauptgesellschaft ist so umfassend, dass der eingegliederten Gesellschaft **nachteilige**, sogar existenzgefährdende Weisungen erteilt werden können.[4] Unzulässig sind aber **sitten- oder gesetzwidrige** Anordnungen. Das Recht, der Enkel-AG Weisungen zu erteilen, kann nicht von der Tochter-AG auf die Muttergesellschaft übertragen werden, weil sonst die **Prüfungspflicht** des Vorstandes der eingegliederten Gesellschaft ausgehöhlt würde.[5] Dieser hat zwar nach § 308 Abs. 2 S. 1 eine fast vollständige **Folgepflicht**, gesetzwidrige Weisungen darf er aber nicht ausführen. Werden Weisungen nicht gegeben, handelt der Vorstand der eingegliederten Gesellschaft nach § 76 in eigener **Verantwortung**. Er hat aber bei **wichtigen** Entscheidungen die ihm bekannten Interessen der Hauptgesellschaft wahrzunehmen und sollte notfalls nachfragen.[6] Eine **Weisungspflicht** besteht grundsätzlich nicht, das Nichtausüben kann aber gegenüber der Hauptgesellschaft pflichtwidrig sein.[7] §§ 311 bis 318 sind nicht anzuwenden.

C. Verantwortlichkeit

Für die Haftung der **Vorstandsmitglieder** der Hauptgesellschaft gilt nach Abs. 1 S. 2 § 309 sinngemäß. Sie haben bei der Erteilung von Weisungen die Sorgfalt eines **ordentlichen** und gewissenhaften Geschäftsleiters anzuwenden. Bei schuldhafter Verletzung sind sie nach § 309 Abs. 2 S. 1 der eingegliederten Gesellschaft zum Schadensersatz verpflichtet. Eine Haftung besteht aber nicht schon bei nachteiligen Weisungen, sondern nur bei **sinnlos schädlichen** und **gesetzwidrigen**.[8] Daneben haftet auch die **Hauptgesellschaft**. Ein Fehlverhalten des Vorstandes wird ihr **zugerechnet**, und zwar entweder direkt nach § 31 BGB[9] oder in Verbindung mit § 309 oder einer Treupflicht.[10] Praktische Bedeutung hat das wegen der Zugriffsmöglichkeit auf das Vermögen der eingegliederten Gesellschaft aber erst bei einer **Beendigung** der Eingliederung. Gläubiger der eingegliederten Gesellschaft können direkt auf die Vorstandsmitglieder zu greifen. Ferner haften die Mitglieder des **Vorstandes** und des **Aufsichtsrates** der **eingegliederten** Gesellschaft bei der pflichtwidrigen Befolgung von Weisungen, sofern sie nicht verbindlich waren[11] oder gesetzes- oder satzungswidrig sind. Die **Ersatzansprüche** im Einzelnen sind in § 309 Abs. 3 bis 5 geregelt.

§ 324 Gesetzliche Rücklage. Gewinnabführung. Verlustübernahme

(1) Die gesetzlichen Vorschriften über die Bildung einer gesetzlichen Rücklage, über ihre Verwendung und über die Einstellung von Beträgen in die gesetzliche Rücklage sind auf eingegliederte Gesellschaften nicht anzuwenden.

(2) ¹Auf einen Gewinnabführungsvertrag, eine Gewinngemeinschaft oder einen Teilgewinnabführungsvertrag zwischen der eingegliederten Gesellschaft und der Hauptgesellschaft sind die §§ 293 bis 296, 298 bis 303 nicht anzuwenden. ²Der Vertrag, seine Änderung und seine Aufhebung bedürfen der schriftlichen

---

1 *Kropff*, S. 427.
2 *Habersack*, in: Emmerich/Habersack, Rn 1; KölnKomm-AktG/*Koppensteiner*, Rn 1.
3 *Habersack*, in: Emmerich/Habersack, Rn 1; *Hüffer*, Rn 1.
4 *Habersack*, in: Emmerich/Habersack, Rn 2; KölnKomm-AktG/*Koppensteiner*, Rn 4; MüKo-AktG/*Grunewald*, Rn 3; zweifelnd *Hüffer* Rn 3.
5 *Habersack*, in: Emmerich/Habersack, Rn 4; *Hüffer*, Rn 2; MüKo-AktG/*Grunewald*, Rn 7; aA KölnKomm-AktG/*Koppensteiner*, Rn 9; MüHb-AG/*Krieger*, § 73 Rn 49.
6 KölnKomm-AktG/*Koppensteiner*, Rn 8; MüKo-AktG/*Grunewald*, Rn 10; aA betr. die Nachfragepflicht *Habersack*, in: Emmerich/Habersack, Rn 7.
7 KölnKomm-AktG/*Koppensteiner*, Rn 12; MüKo-AktG/*Grunewald*, Rn 11.
8 *Habersack*, in: Emmerich/Habersack, Rn 8; MüKo-AktG/*Grunewald*, Rn 12; aA KölnKomm-AktG/*Koppensteiner*, Rn 14.
9 KölnKomm-AktG/*Koppensteiner*, Rn 17; MüKo-AktG/*Grunewald*, Rn 16.
10 Vgl *Hüffer* Rn 5; *Habersack*, in: Emmerich/Habersack, Rn 9.
11 *Habersack*, in: Emmerich/Habersack, Rn 10; *Hüffer*, Rn 6; MüKo-AktG/*Grunewald*, Rn 17.

Form. ³Als Gewinn kann höchstens der ohne die Gewinnabführung entstehende Bilanzgewinn abgeführt werden. ⁴Der Vertrag endet spätestens zum Ende des Geschäftsjahrs, in dem die Eingliederung endet.

(3) Die Hauptgesellschaft ist verpflichtet, jeden bei der eingegliederten Gesellschaft sonst entstehenden Bilanzverlust auszugleichen, soweit dieser den Betrag der Kapitalrücklagen und der Gewinnrücklagen übersteigt.

A. Gesetzeszweck

1 Nach dieser Vorschrift braucht bei einer eingegliederten Gesellschaft keine **gesetzliche Rücklage** gebildet zu werden. Die Regelung steht in unmittelbarem Zusammenhang mit § 323. Grundgedanke ist, dass das Vermögen der eingegliederten Gesellschaft bis zur Grenze des dem Grundkapital entsprechenden Gegenwerts zur **uneingeschränkten Disposition** der Hauptgesellschaft steht.[1] Interessen der Aktionäre und Gläubiger machen keine Rücklage erforderlich, weil es außenstehende Aktionäre nicht gibt und die Gläubiger durch §§ 321, 322 ausreichend geschützt sind.[2] § 324 Abs. 2 regelt die **Abführung** des **Gewinns** an die Hauptgesellschaft, und Abs. 3 verpflichtet die Hauptgesellschaft zum **Ausgleich** von **Verlusten** der eingegliederten Gesellschaft. Dies soll verhindern, dass die eingegliederte Gesellschaft ständig ein ihr Grundkapital nicht erreichendes Reinvermögen ausweist.[3]

B. Keine Pflicht zur Bildung oder Erhaltung einer gesetzlichen Rücklage

2 Nach Abs. 1 entfallen die Vorschriften über die **Bildung** einer gesetzlichen Rücklage (§ 150 Abs. 1), über ihre **Verwendung** (§ 150 Abs. 3 und 4) und über die **Einstellung** von **Beträgen** in die gesetzliche Rücklage (§ 150 Abs. 2). Vielmehr darf eine bereits vorhandene gesetzliche Rücklage **aufgelöst** und als **Gewinn** an die Hauptgesellschaft abgeführt werden. Dies gilt nicht, wenn die **Satzung** der eingegliederten Gesellschaft andere Regelungen enthält, die jedoch geändert oder aufgehoben werden können.[4] Auf **Kapitalrücklagen** nach § 272 Abs. 2 HGB findet Abs. 1 nach der Änderung des Begriffs durch das Bilanzrichtlinien-Gesetz keine Anwendung. Das ist aber wegen der Neufassung von Abs. 3 von geringer Bedeutung.[5] Bei Finanzmaßnahmen gelten nicht die Regeln über den **Eigenkapitalersatz**.[6]

C. Unternehmensverträge

3 Geregelt sind in Abs. 2 nur der **Gewinnabführungsvertrag**, die Gewinngemeinschaft und der Teilgewinnabführungsvertrag. Andere Unternehmensverträge werden nicht angesprochen. Ein **Beherrschungsvertrag** ist wegen des Weisungsrechts überflüssig, ein vor der Eingliederung geschlossener Vertrag **endet** mit der Eingliederung.[7] Ein deswegen eingeleitetes **Spruchverfahren** ist **fortzusetzen**.[8]

4 **I. Gewinnabführungsvertrag.** Wenn auch die Eingliederung an sich noch keine Pflicht zur Gewinnabführung begründet, so kann die Hauptgesellschaft durch **Weisung** nach § 323 Abs. S. 1 den Gewinn an sich ziehen. § 324 Abs. 2 ist also für eine **Gewinnverlagerung nicht notwendig**, die Vorschrift (S. 1) erleichtert nur den Abschluss eines Vertrages und die Handhabung.[9] Es soll nur sicher gestellt werden, dass die Eingliederung den Voraussetzungen einer **steuerlichen Organschaft** genügen kann.[10]

5 **II. Abschluss und Beendigung.** Der Abschluss, die Änderung und die Aufhebung bedürfen nach Abs. 2 S. 2 lediglich der **Schriftform**, weil nach S. 1 die Anwendung der §§ 293 bis 296, 298 und 299 ausgeschlossen ist. Ein **Hauptversammlungsbeschluss** und die **Eintragung** in das Handelsregister sind daher **nicht** erforderlich.[11] Wegen der Besonderheit der Eingliederung nach §§ 321, 322 **entfallen** auch die §§ 300 bis 303 (Sicherung der Gesellschaft und der Gläubiger). Da außenstehende Aktionäre nicht vorhanden sind, kommen auch §§ 304 bis 305 nicht zur Anwendung. Es kommt eine Kündigung aus wichtigem Grund in Betracht (§ 297). Dies erscheint aber wegen des Ausschlusses des Verbots von Weisungen **bedeutungslos**.[12] Nach S. 4 endet ein solcher Vertrag zwingend zum **Ende** des Geschäftsjahrs, in dem die Eingliederung endet. Er kann

---

1 *Hüffer*, Rn 1; KölnKomm-AktG/*Koppensteiner*, Rn 1.
2 *Kropff*, S. 428.
3 *Kropff*, S. 429; *Hüffer*, Rn 1; für entbehrlich haltend: *Habersack*, in: Emmerich/Habersack, Rn 2; KölnKomm-AktG/*Koppensteiner*, Rn 3.
4 *Kropff*, S. 428; *Habersack*, in: Emmerich/Habersack, Rn 4; *Hüffer*, Rn 2; MüHb-AG/*Krieger*, § 73 Rn 54; MüKo-AktG/*Grunewald*, § 3 24 Rn 2.
5 *Hüffer*, Rn 3; MüKo-AktG/*Grunewald*, Rn 3.
6 *Habersack*, in: Emmerich/Habersack, Rn 4; MüKo-AktG/*Grunewald*, Rn 13; zur GmbH (Finanzplankredit) BGH NJW 1999, 2809 mit Anm. *Altmeppen*.
7 OLG Celle WM 1972, 1004, 1011; BGH WM 1974, 713, 715.
8 BGHZ 135, 374, 377 ff; BayObLG ZIP 2002, 127, 129.
9 *Habersack*, in: Emmerich/Habersack, Rn 5; *Hüffer*, Rn 4.
10 *Kropff*, S. 428; *Habersack*, in: Emmerich/Habersack, Rn 5; § 323 Rn 1; *Hüffer*, Rn 4; KölnKomm-AktG/*Koppensteiner*, Rn 9.
11 KölnKomm-AktG/*Koppensteiner*, Rn 7.
12 *Hüffer*, Rn 6; MüKo-AktG/*Grunewald*, Rn 5.

aber unter den **allgemeinen** Voraussetzungen (§§ 293 ff) neu geschlossen werden. Eine abweichende Verlängerungsklausel wäre **nichtig** (Gläubiger- und Aktionärsschutz).[13]

III. **Abzuführender Gewinn.** Nach Abs. 2 S. 3 darf **höchstens** der ohne die Gewinnabführung entstehende **Bilanzgewinn** (s. § 158 Abs. 1 S. 1 Nr. 5) abgeführt werden. Die Grenze geht über den Höchstbetrag nach § 301 hinaus. Der abzuführende Gewinn **mindert sich nicht** durch Zuweisungen zur gesetzlichen Rücklage. Ferner können auch Rücklagen, die vor der Eingliederung gebildet worden sind, **aufgelöst** und als Gewinn **abgeführt** werden.[14] Unbenommen bleibt das Recht, durch **Weisung** über den Bilanzgewinn hinaus auf das Vermögen der eingegliederten Gesellschaft zu zugreifen.[15]

D. Verlustübernahme

Nach Abs. 3 ist die Hauptgesellschaft verpflichtet, jeden bei der eingegliederten Gesellschaft sonst entstehenden **Bilanzverlust** auszugleichen, soweit dieser den Betrag der Kapitalrücklagen und der Gewinnrücklagen übersteigt. Diese Ausgleichpflicht bleibt wesentlich hinter der des § 302 zurück, weil auch **Kapitalrücklagen** und vor der Eingliederung gebildete **Gewinnrücklagen** zum Ausgleich von Fehlbeträgen herangezogen werden dürfen. Ziel der **beschränkten** Ausgleichspflicht ist nur, das Grundkapital zu sichern. Dies kann aber ohne Ausgleich bereits durch eine vereinfachte Kapitalherabsetzung nach § 229 erreicht werden.[16]

§ 325 (aufgehoben)

§ 326 Auskunftsrecht der Aktionäre der Hauptgesellschaft

Jedem Aktionär der Hauptgesellschaft ist über Angelegenheiten der eingegliederten Gesellschaft ebenso Auskunft zu erteilen wie über Angelegenheiten der Hauptgesellschaft.

A. Gesetzeszweck

Die eingegliederte Gesellschaft ist für die **Aktionäre** der Hauptgesellschaft wirtschaftlich ein Teil dieser und steht damit einer **Betriebsabteilung** der Hauptgesellschaft nahe. Deswegen erweitert die Vorschrift das Auskunftsrecht (§ 131) der Aktionäre auf die **Angelegenheiten** der eingegliederten Gesellschaft.

B. Auskunftsrecht

Das Auskunftsrecht steht jedem **Aktionär** der Hauptgesellschaft zu. Auskunftspflichtig ist nach § 131 Abs. 1 S. 1 deren **Vorstand**. Er darf sich zur Erfüllung seiner Verpflichtung des Vorstands der eingegliederten Gesellschaft bedienen. Allerdings muss zum Ausdruck kommen, dass es sich um eine Auskunft der Hauptgesellschaft handelt.[1] Das **Auskunftsverweigerungsrecht** bestimmt sich nach § 131 Abs. 3. Im **mehrstufigen** Konzern können die Aktionäre der Muttergesellschaft auch Auskunft über die Angelegenheiten der **Enkel-AG** verlangen, wenn die eingegliederte Gesellschaft Hauptgesellschaft dieser ist.[2]

§ 327 Ende der Eingliederung

(1) Die Eingliederung endet
1. durch Beschluß der Hauptversammlung der eingegliederten Gesellschaft,
2. wenn die Hauptgesellschaft nicht mehr eine Aktiengesellschaft mit Sitz im Inland ist,
3. wenn sich nicht mehr alle Aktien der eingegliederten Gesellschaft in der Hand der Hauptgesellschaft befinden,
4. durch Auflösung der Hauptgesellschaft.

---

13 *Habersack*, in: Emmerich/Habersack, Rn 6; *Hüffer*, Rn 6; KölnKomm-AktG/*Koppensteiner*, § 32 4 Rn 11; MüKo-AktG/*Grunewald*, Rn 6.
14 *Kropff*, S. 428.
15 *Habersack*, in: Emmerich/Habersack, Rn 7; *Hüffer*, Rn 5; KölnKomm-AktG/*Koppensteiner*, Rn 9; MüKo-AktG/*Grunewald*, Rn 7.
16 *Kropff*, S. 428, 429; *Habersack*, in: Emmerich/Habersack, Rn 9; *Hüffer*, Rn 7; KölnKomm-AktG/*Koppensteiner*, Rn 12; MüKo-AktG/*Grunewald*, Rn 10, 11.
1 *Habersack*, in: Emmerich/Habersack, Rn 2; *Hüffer*, Rn 2; MüKo-AktG/*Grunewald*, Rn 5; aA KölnKomm-AktG/*Koppensteiner*, Rn 2 (Zustimmung aller Aktionäre).
2 *Habersack*, in: Emmerich/Habersack, Rn 3; KölnKomm-AktG/*Koppensteiner*, Rn 1; MüKo-AktG/*Grunewald*, Rn 3; aA *Hüffer*, Rn 3.

(2) Befinden sich nicht mehr alle Aktien der eingegliederten Gesellschaft in der Hand der Hauptgesellschaft, so hat die Hauptgesellschaft dies der eingegliederten Gesellschaft unverzüglich schriftlich mitzuteilen.

(3) Der Vorstand der bisher eingegliederten Gesellschaft hat das Ende der Eingliederung, seinen Grund und seinen Zeitpunkt unverzüglich zur Eintragung in das Handelsregister des Sitzes der Gesellschaft anzumelden.

(4) ¹Endet die Eingliederung, so haftet die frühere Hauptgesellschaft für die bis dahin begründeten Verbindlichkeiten der bisher eingegliederten Gesellschaft, wenn sie vor Ablauf von fünf Jahren nach dem Ende der Eingliederung fällig und daraus Ansprüche gegen die frühere Hauptgesellschaft in einer in § 197 Abs. 1 Nr. 3 bis 5 des Bürgerlichen Gesetzbuchs bezeichneten Art festgestellt sind oder eine gerichtliche oder behördliche Vollstreckungshandlung vorgenommen oder beantragt wird; bei öffentlich-rechtlichen Verbindlichkeiten genügt der Erlass eines Verwaltungsakts. ²Die Frist beginnt mit dem Tag, an dem die Eintragung des Endes der Eingliederung in das Handelsregister nach § 10 des Handelsgesetzbuchs bekannt gemacht worden ist. ³Die für die Verjährung geltenden §§ 204, 206, 210, 211 und 212 Abs. 2 und 3 des Bürgerlichen Gesetzbuchs sind entsprechend anzuwenden. ⁴Einer Feststellung in einer in § 197 Abs. 1 Nr. 3 bis 5 des Bürgerlichen Gesetzbuchs bezeichneten Art bedarf es nicht, soweit die frühere Hauptgesellschaft den Anspruch schriftlich anerkannt hat.

A. Gesetzeszweck

1 Das Gesetz regelt die **Beendigung** der Eingliederung. Abs. 1 normiert dazu vier Möglichkeiten. Diese können nicht eingeschränkt oder erweitert werden. **Abweichende** Regelungen durch **Vereinbarung** zwischen Hauptgesellschaft und eingegliederter Gesellschaft oder durch **Satzung** sind **unwirksam**.[1] Abs. 2 enthält die **Mitteilungspflicht** der Hauptgesellschaft, falls sich nicht mehr alle Aktien in ihrer Hand befinden, und Abs. 3 eine Pflicht der eingegliederten Gesellschaft, das Ende der Eingliederung zur Eintragung in das Handelsregister ihres Sitzes anzumelden. Die **Haftung** der früheren Hauptgesellschaft für Verbindlichkeiten der bisher eingegliederten Gesellschaft wird in Abs. 4 geregelt. Durch Art. 1 Nr. 7 des Gesetzes zur Anpassung der Verjährungsvorschriften an das Gesetz zur Modernisierung des Schuldrechts v. 9.12.2004[2] erfolgte eine Anpassung an § 160 HGB. Eine Sicherheitsleistung entsprechend § 303 ist nicht vorgesehen. Die **Verjährung** der Ansprüche in spätestens fünf Jahren soll einen zeitnahen Schlussstrich unter die Rechtsbeziehungen der Beteiligten ziehen.[3]

B. Beendigungsgründe

2 **I. Hauptversammlungsbeschluss.** Nach Abs. 1 Nr. 1 endet die Eingliederung durch **Beschluss** der Hauptversammlung der eingegliederten Gesellschaft. Da die Hauptgesellschaft zwingend **Alleinaktionär** der eingegliederten Gesellschaft ist, bleibt die Entscheidung über das Fortbestehen der Eingliederung dem **Vorstand** der Hauptgesellschaft überlassen. Die **Zustimmung** ihrer Hauptversammlung ist **nicht erforderlich**, zumal ihre Aktionäre nicht wesentlich betroffen sind. Im Ergebnis wird durch das Ende der Eingliederung nur die Haftung **zeitlich** begrenzt.[4] Es kann aber nach § 111 Abs. 4 geregelt werden, dass die Zustimmung des **Aufsichtsrates** erforderlich ist.

3 **II. Hauptgesellschaft ist nicht mehr Aktiengesellschaft mit Sitz im Inland.** Nach Abs. 1 Nr. 2 endet die Eingliederung, wenn die Hauptgesellschaft nicht mehr Aktiengesellschaft mit Sitz im Inland ist. Der Grund dafür ist, dass den **Gläubigern** der eingegliederten Gesellschaft nicht zugemutet werden soll, Ansprüche nach § 322 gegen eine nicht in **Deutschland** ansässige, nicht den strengen Regeln über **Kapitalsicherung** unterliegende Gesellschaft verfolgen zu müssen.[5] Es kann dahin gestellt bleiben, ob die Sitzverlegung bereits zur Auflösung führt,[6] weil die Beendigung dann aus Abs. 1 Nr. 4 folgt. Ein **Formwechsel** führt ebenfalls zur Beendigung, nicht aber eine **Verschmelzung** auf eine andere Aktiengesellschaft.[7] Hinsichtlich einer KGaA vgl § 319 Rn 3.

4 **III. Nicht alle Aktien in der Hand der Hauptgesellschaft.** Nach Abs. 1 Nr. 3 endet die Eingliederung, wenn auch nur **eine Aktie** von einem **Dritten** erworben wird. Unerheblich ist dabei, ob der Erwerb in Folge Ver-

---

1 *Habersack*, in: Emmerich/Habersack, Rn 3; KölnKomm-AktG/*Koppensteiner*, Rn 6; MüHb-AG/*Krieger*, § 73 Rn 59; MüKo-AktG/*Grunewald*, Rn 13 f.
2 BGBl. I 2004 S. 3214.
3 *Kropff*, S. 432.
4 *Habersack*, in: Emmerich/Habersack, Rn 4; MüKo-AktG/*Grunewald*, Rn 2.
5 MüKo-AktG/*Grunewald*, Rn 4.
6 *Habersack*, in: Emmerich/Habersack, Rn 5; KölnKomm-AktG/*Koppensteiner*, Rn 10; MüHb-AG/*Krieger*, § 73 Rn 61; aA *Hüffer*, Rn 3.
7 MüKo-AktG/*Grunewald*, Rn 4.

äußerung durch die Hauptgesellschaft oder durch Kapitalerhöhung der eingegliederten Gesellschaft erfolgt. Der Grund dafür liegt darin, dass die §§ 319 ff keine **Schutzvorschriften** für außenstehende Aktionäre enthalten.[8]

IV. Auflösung der Hauptgesellschaft. Nach Abs. 1 Nr. 4 endet die Eingliederung durch Auflösung der Hauptgesellschaft nach §§ 262, 396. Eine Gesellschaft, die **abgewickelt** wird, soll nicht mehr als Hauptgesellschaft die Geschicke einer anderen Gesellschaft bestimmen können.[9] Eine **Umwandlung** der Hauptgesellschaft führt schon zur Beendigung der Eingliederung nach Abs. 1 Nr. 2. Dies gilt entgegen der Regierungsbegründung nicht bei einer **Verschmelzung** der Hauptgesellschaft auf eine Aktiengesellschaft als übernehmende Gesellschaft.[10] **Rechtsnachfolgerin** der Hauptgesellschaft wird eine Aktiengesellschaft, die alle Voraussetzungen einer Hauptgesellschaft erfüllt. Die **Abspaltung** (§ 123 Abs. 2 UmwG) und die **Ausgliederung** (§ 123 Abs. 3 UmwG) führen ebenfalls nicht zu einer Beendigung der Eingliederung.[11] Es kann aber die Eingliederung nicht auf die Nachfolgegesellschaften übertragen werden.[12] Dagegen führt ein Formwechsel der **eingegliederten** Gesellschaft notwendig zur Beendigung der Eingliederung. Es können nur Aktiengesellschaften eingegliedert werden. Dies setzt ihren **Fortbestand** voraus. Eine Ausnahme liegt vor, wenn eine 100-prozentige Tochter der Hauptgesellschaft auf die eingegliederte Gesellschaft verschmolzen wird.[13] Bei **Aufspaltung** endet die Eingliederung.[14] Die Eröffnung des **Insolvenzverfahrens** über das Vermögen der eingegliederten Gesellschaft führt ebenfalls zur Beendigung der Eingliederung, weil dem Insolvenzverwalter **keine Weisungen** erteilt werden können.[15]

C. Mitteilungspflicht

Nach Abs. 2 hat die Hauptgesellschaft der eingegliederten Gesellschaft unverzüglich schriftlich **mitzuteilen**, wenn sich nicht mehr **alle Aktien** in der Hand der Hauptgesellschaft befinden. Der **Vorstand** der eingegliederten Gesellschaft muss das **Ende** der Eingliederung erfahren. Von den übrigen Beendigungsgründen erhält er ausreichend Kenntnis, so dass die Unterrichtung nicht besonders sichergestellt werden muss.[16]

D. Anmeldung zum Handelsregister

Nach Abs. 3 hat der Vorstand der bisher eingegliederten Gesellschaft das **Ende** der Eingliederung, seinen **Grund** und den **Zeitpunkt** unverzüglich zur Eintragung in das Handelsregister des Sitzes der Gesellschaft anzumelden. Die Eintragung wirkt aber anders als bei der Eingliederung selbst nicht **konstitutiv**, sondern hat nur **deklaratorische** Bedeutung. Das Ende der Eingliederung tritt unabhängig von der Eintragung ein. Die Anmeldung kann nach § 14 HGB vom Registergericht durch **Zwangsgeld** erzwungen werden. Die Eintragung der Beendigung ist nach § 10 HGB bekannt zu machen. **§ 15 HGB** findet Anwendung. Gläubiger der eingegliederten Gesellschaft können die bisherige Hauptgesellschaft nach § 322 in Anspruch nehmen, wenn die **Verbindlichkeit nach** dem Ende der Eingliederung, aber **vor** den nach § 15 HGB entscheidenden Zeitpunkten **begründet** wurde.[17] Sie kann von der eingegliederten Gesellschaft auch dann in Anspruch genommen werden, wenn die Mitteilung nach Abs. 2 nicht **unverzüglich** erfolgte. Eine Eintragung des Endes der Eingliederung in das Handelsregister der bisherigen Hauptgesellschaft ist nicht erforderlich.

E. Nachhaftung und Verjährung

Wenn die Eingliederung beendet und das Ende **ordnungsgemäß** bekannt gemacht worden ist (§§ 10, 15 HGB), haftet die bisherige Hauptgesellschaft für **neu** begründete Verbindlichkeiten nicht mehr. Dagegen haftet sie für **davor** entstandene Verpflichtungen weiter (§ 322). Nach Abs. 4 S. 1 aF verjähren allerdings Ansprüche gegen die frühere Hauptgesellschaft in **fünf** Jahren. Die Abkürzung der Verjährungsfrist war an § 159 HGB aF angelehnt.[18] Nunmehr ist **Abs. 4** fast vollständig § 160 Abs. 1 und 2 HGB nachgebildet. Im Unterschied zu § 160 Abs. 1 S. 2 HGB beginnt die Frist nicht mit der Eintragung des Endes der Eingliede-

---

8 *Hüffer*, Rn 3; KölnKomm-AktG/*Koppensteiner*, Rn 12; MüKo-AktG/*Grunewald*, Rn 6.
9 *Kropff*, S. 432.
10 *Habersack*, in: Emmerich/Habersack, Rn 8; *Hüffer*, Rn 4; MüHb-AG/*Krieger*, § 73 Rn 63; MüKo-AktG/*Grunewald*, Rn 8; aA *Kropff*, S. 432; KölnKomm-AktG/*Koppensteiner*, Rn 15.
11 *Habersack*, in: Emmerich/Habersack, Rn 11; MüKo-AktG/*Grunewald*, Rn 8.
12 *Habersack*, in: Emmerich/Habersack, Rn 11; KölnKomm-AktG/*Koppensteiner*, Rn 16.
13 *Habersack*, in: Emmerich/Habersack, Rn 10; MüKo-AktG/*Grunewald*, Rn 10.
14 *Habersack*, in: Emmerich/Habersack, Rn 11; KölnKomm-AktG/*Koppensteiner*, Rn 16.
15 MüKo-AktG/*Grunewald*, Rn 12.
16 *Kropff*, S. 432.
17 *Habersack*, in: Emmerich/Habersack, Rn 13; *Hüffer*, Rn 6; MüKo-AktG/*Grunewald*, Rn 16.
18 *Kropff*, S. 432.

rung in das Handelsregister, sondern mit dem Tag, an dem die Eintragung des Endes der Eingliederung gem. § 10 Abs. 2 HGB als bekannt gemacht gilt. Wenn aber der Anspruch gegen die bisher eingegliederte Gesellschaft einer kürzeren **Verjährungsfrist** unterliegt, wirkt das auch für die frühere Hauptgesellschaft. Nach Abs. 4 S. 2 aF begann die Verjährung erst mit dem Zeitpunkt der **Fälligkeit**, wenn der Anspruch des Gläubigers erst nach dem Ende der Eingliederung fällig wird. Dadurch entstand die Gefahr einer nicht gewünschten **Endloshaftung**. Dies ist bei der Neufassung von §§ 159f HGB hinsichtlich der Eingliederung **nicht berücksichtigt** worden. Eine Anpassung des Abs. 4 war nicht erfolgt. Daher war bei Dauerschuldverhältnissen der **Enthaftungsgedanke** aus § 160 HGB entsprechend heran zu ziehen.[19] Ähnlich wie bei § 160 HGB bleibt nach dem Ende der Eingliederung die bisher eingegliederte Gesellschaft als **Haftungssubjekt** den Gesellschaftsgläubigern erhalten. Daher ist jetzt in Abs. 4 anstelle der bisherigen Sonderverjährung eine **Ausschlussfrist** nach dem Vorbild von § 160 HGB normiert worden.[20]

In § 26 e EGAktG[21] ist eine Übergangsregelung getroffen worden, die wie folgt lautet:

§ 327 Abs. 4 des Aktiengesetzes in der ab dem 15. Dezember 2004 geltenden Fassung ist auf vor diesem Datum entstandene Verbindlichkeiten anzuwenden, wenn
1. die Eintragung des Endes der Eingliederung in das Handelsregister nach § 10 des Handelsgesetzbuchs nach diesem Datum bekannt gemacht worden ist und
2. die Verbindlichkeiten nicht später als vier Jahre nach dem Tag, an dem die Eintragung des Endes der Eingliederung in das Handelsregister nach § 10 des Handelsgesetzbuchs bekannt gemacht worden ist, fällig werden.

Auf später fällig werdende Verbindlichkeiten im Sinne des Satzes 1 ist das bisher geltende Recht mit der Maßgabe anwendbar, dass die Verjährungsfrist ein Jahr beträgt.

Vierter Teil Ausschluss von Minderheitsaktionären

Vor §§ 327 a ff

Literatur:
Aubel/Weber, Ausgewählte Probleme bei Eingliederung und Squeeze Out während eines laufenden Spruchverfahrens, WM 2004, 857; *Baums,* Ausschluss von Minderheitsaktionären, 2001; *ders.,* Der Ausschluss von Minderheitsaktionären nach §§ 327 a ff nF, WM 2001, 1843; *Beckmann,* Zur Relevanz des Börsenkurses bei der Ermittlung des Abfindungsanspruchs beim Ausschluss von Minderheitsaktionären gemäß §§ 327 a ff AktG, WPg 2004, 620; *Bolte,* Squeeze-out: Eröffnung neuer Umgehungstatbestände durch die §§ 327 a ff AktG?, DB 2001, 2587; *Bredow/Tribulowsky,* Auswirkungen von Anfechtungsklage und Squeeze-out auf ein laufendes Spruchstellenverfahren, NZG 2002, 841; *Buchta/Ott,* Problembereiche des Squeeze-out, DB 2005, 990; *Buchta/Sasse,* Freigabeverfahren bei Anfechtungsklagen gegen Squeeze-out-Beschlüsse, DStR 2004, 958; *Burger,* Keine angemessene Abfindung durch Börsenkurse bei Squeeze-out, NZG 2012, 281; *Cabras,* Squeeze-out, Wertpapier 5/2006, 12ff; *Dißars,* Anfechtungsrisiken beim Squeeze-out – zugleich Analyse der bisherigen Rechtsprechung, BKR 2004, 389; *Fleischer,* Das neue Recht des Squeeze-out, ZGR 2002, 757; *Friedl,* Die Rechte von Bezugsrechtsinhabern beim Squeeze-out im Vergleich zu den Rechten der Minderheitsaktionäre, Konzern 2004, 309; *Fuhrmann/Linnerz,* Das überwiegende Vollzugsinteresse im aktien- und umwandlungsrechtlichen Freigabeverfahren, ZIP 2004, 2306; *Fuhrmann/Simon,* Der Ausschluss von Minderheitsaktionären, Gestaltungsüberlegungen zur neuen Squeeze-out Gesetzgebung, WM 2002, 1211; *Gampenrieder,* Squeeze-out – Die Verbindung von Trennungseffekt und angemessener Abfindung, WPg 2003, 481; *Gesmann-Nuissl,* Die neuen Squeeze-out-Regeln im Aktiengesetz, WM 2002, 1205; *Gothel,* Der verschmelzungsrechtliche Squeeze-out, ZIP 2011, 1541; *Goette,* Zu den Folgen der Eintragung eines Squeeze-out-Beschlusses vor Ablauf der Eintragungsfrist, in: FS K. Schmidt, 2009, S. 469; *Grunewald,* Die neue Squeeze-out-Regelung, ZIP 2002, 18; *Habersack,* Der Finanzplatz Deutschland und die Rechte der Aktionäre, ZIP 2001, 1230; *Halasz/Kloster,* Nochmals: Squeeze-out – Eröffnung neuer Umgehungstatbestände durch die §§ 327 a ff AktG?, DB 2002, 1253; *Heidel,* Wer den Schaden hat – Gesqueezte Aktionäre müssen auf ihren Steuerschäden nicht sitzen bleiben, Financial Times Deutschland vom 7.5.2002, S. 38; *Heidel/Lochner,* Squeeze-out ohne hinreichenden Eigentumsschutz, DB 2001, 2031; *dies.,* Verfassungswidrigkeit der Squeeze-out-Regelungen der EU-Übernahmerichtlinie, DB 2005, 2564; *dies.,* Delisting und Eigentumsgarantie, AG 2012, 169; *Helmis,* Der Ausschluss von Minderheitsaktionären, ZBB 2003, 161; *Jäger,* Die Entwicklung der Judikatur zur AG in den Jahren 2000 – 2003, NZG 2003, 1033; *Kiem,* Das neue Übernahmegesetz: Squeeze-out, RWS 20, 329; *Kiefner/Brügel,* Der umwandlungsrechtliche Squeeze-out, AG 2011, 525; *Kiefner/Gillessen,* Die Zukunft von „Macroton" im Lichte der jüngsten Rechtsprechung des BVerfG, AG 2012, 645; *Kiesewetter,* Befreiung vom Pflichtangebotsverfahren bei anschließendem Squeeze Out?, ZIP 2003, 1638; *Klie/Wind/Rödter,* Praxisfragen des umwandlungsrechtlichen Squeeze-out, DStR 2011, 1668; *Kocher/Heydel,* Aktienrechtlicher Squeeze out: Zeitpunkt des Anteilsbesitzerfordernis und Möglichkeit eines Bestätigungsbeschlusses, BB 2012, 501; *Koppensteiner,* Einige Fragen zum „Squeeze-out", GeS 2006, 143; *Korth,* Das rechtliche und wirtschaftliche Aktieneigentum beim Wertpapierdarlehen, WM 2006, 2149; *Krause,* Das neue Übernahmerecht, NJW 2002, 705, 715; *Krieger,* Squeeze-Out nach neuem Recht: Überblick und Zweifelsfragen, BB 2002, 53; *Küting,* Der Ausschluss von Minderheiten nach altem und neuem Recht – unter besonderer Berück-

---

[19] *Habersack,* in: Emmerich/Habersack, Rn 15; *Hüffer,* Rn 7; MüHb-AG/*Krieger,* § 73 Rn 65; MüKo-AktG/*Grunewald,* Rn 17.
[20] RegE BT-Drucks. 15/3653, S. 23 = BR-Drucks. 436/04, S. 47.
[21] BGBl. I 2004 S. 3216.

sichtigung des Squeeze Out, DStR 2003, 838; *Land/Hasselbach,* „Going Private" und „Squeeze-out" nach deutschem Aktien-, Börsen- und Übernahmerecht, DB 2000, 557; *Lenz/Leinekugel,* Eigentumsschutz beim Squeeze-out, 2004; *Lieder/Stange,* Squeeze-out: Aktuelle Streit- und Zweifelsfragen, Konzern 2008, 617; *Markwardt,* Squeeze-out – Anfechtungsrisiken in Missbrauchsfällen, BB 2004, 277; *Maslo,* Zurechnungstatbestände und Gestaltungsmöglichkeiten zur Bildung eines Hauptaktionärs beim Ausschluss von Minderheitsaktionären (Squeeze-out), NZG 2004, 163; *Mattes/Graf von Maldeghem,* Unternehmensbewertung beim Squeeze-out, BKR 2003, 531; *D. Mayer,* Praxisfragen des verschmelzungsrechtlichen Squeeze-out-Verfahrens, NZG 2012, 561; *Meilicke,* Zur Verfassungsmäßigkeit der Squeeze-out-Regelungen – insbesondere in der Insolvenz des Hauptaktionärs, AG 2007, 261; *Mertens,* Der Ausverkauf von Minderheitsaktionären in gemeinschaftlich beherrschten Unternehmen, AG 2002, 377; *v. Morgen,* Das Squeeze-Out und seine Folgen für AG und GmbH, WM 2003, 1553; *Moser/Prüher,* Vorteilhaftigkeit von Squeeze-outs am deutschen Markt, FB 2002, 361; *Ott,* Reichweite der Angemessenheitsprüfung beim Squeeze-out, DB 2003, 1615; *Posegga,* Squeeze out – Unter besonderer Berücksichtigung möglicher Missbrauchsfälle sowie der Besonderheiten der Bemessung der Barabfindung, 2006; *Priester,* „Squeeze out" durch Herabsetzung des Stammkapitals auf Null?, DNotZ 2003, 592; *Richard/Weinheimer,* Handbuch Going Private, 2002; *Rieger,* Das Schicksal eigener Aktien beim Squeeze-out, DB 2003, 541; *Riemer,* Squeeze-out – Lösungen zu aktuellen Problemen aus Sicht der Praxis, Konzern 2009, 273; *Rödder,* Steuerliche Folgen des Going Private, BFuP 2003, 163; *Roth,* Die übertragende Auflösung nach Einführung des Squeeze-out, NZG 2003, 998; *Schäfer/Dette,* Aktienrechtlicher Squeeze-Out – Beschlussnichtigkeit bei missbräuchlicher Erlangung des Kapitalquorums?, NZG 2009, 1; *Schiffer/Roßmeier,* Auswirkungen des Squeeze-out auf rechtshängige Spruchverfahren, DB 2002, 1359; *Schlit,* Strafrechtliche Risiken beim Squeeze-out und Delisting, NZG 2006, 925; *Schmidt,* Schadensersatz nach § 327 e Abs. 2 iVm § 319 Abs. 6 Satz 6 AktG im Wege der Naturalrestitution beim fehlerhaften Squeeze-out?, AG 2004, 299; *Schockenhoff/Lumpp,* Der verschmelzungsrechtliche Squeeze out in der Praxis, ZIP 2013, 749; *Schumacher,* Private Veräußerungsgeschäfte nach Kommentierung zu § 23 EStG für Minderheitsaktionäre als steuerliche Folge beim sog. „Squeeze-out"?, DB 2002, 1626; *Schwichtenberg,* Going Private und Squeeze-outs in Deutschland, DStR 2001, 2075; *Sellmann,* Ausgleichs- und Verfahrensregelungen des Squeeze-out auf dem Prüfstand des Verfassungsrechts, WM 2003, 1545; *Sieger/Hasselbach,* Der Ausschluss von Minderheitsaktionären nach den neuen §§ 327 a ff AktG, ZGR 2002, 120; *dies.,* Ausschluss von Minderheitsaktionären (Squeeze-out) im ausländischen Recht, NZG 2001, 926; *Sikora,* Der Ausschluss von Minderheitsaktionären, NWB Fach 18, S. 4557 (Nr. 4 vom 21.1.2008); *Stephanblome,* Gestaltungsmöglichkeiten beim verschmelzungsrechtlichen Squeeze-out, AG 2012, 814; *Stumpf,* Grundrechtsschutz im Aktienrecht, NJW 2003, 9; *Veit,* Die Prüfung von Squeeze outs, DB 2005, 1697; *Vetter,* Squeeze-out – Der Ausschluss der Minderheitsaktionäre aus der Aktiengesellschaft nach den §§ 327a–327f AktG, AG 2002, 176; *Vossius,* Squeeze-out-Checklisten für Beschlussfassung und Durchführung, ZIP 2002, 511; *Waclawik,* Ausgeschlossen und dennoch veräußert? – Die einkommensteuerlichen Folgen der „Steuerfalle Squeeze-out" bei Privatanlegern, DStR 2003, 447; *Warchol,* Squeeze-out in Deutschland, Polen und dem übrigen Europa, 2008; *Wenger/Kaserer/Hecker,* Konzernbildung und Ausschluss von Minderheiten im neuen Übernahmerecht: Eine verpasste Chance für einen marktorientierten Minderheitenschutz, ZBB 2001, 317; *Wilhelm/Dreier,* Beseitigung von Minderheitsbeteiligungen auch durch übertragende Auflösung einer AG?, ZIP 2003, 1369; *Wilsing/Kruse,* Zur Behandlung bedingter Aktienbezugsrechte beim Squeeze-out, ZIP 2002, 1465; *dies.,* Anfechtbarkeit von Squeeze-out- und Eingliederungsbeschlüssen wegen abfindungswertbezogener Informationsmängel?, DB 2002, 1539; *Wittuhn/Giermann,* Herausdrängen von Minderheitsaktionären einer Aktiengesellschaft – Gestaltungsmöglichkeiten beim squeeze out, MDR 2003, 372; *Wolf,* Der Minderheitenausschluss qua „übertragender Auflösung" nach Einführung des Squeeze-out gemäß §§ 327 a–f AktG, ZIP 2002, 153; *Zimmer/Meese,* Vergleiche im Spruchverfahren und bei Anfechtungsklagen, NZG 2004, 201.

A. Einleitung	1	II. Reguläres Delisting	17
I. Systematik	3	1. Verwaltungsgerichtlicher Rechtsschutz	17
II. Terminologie	4	2. Gesellschaftsrechtliche Fragen	18
III. Gesetzeszweck	5	a) Hauptversammlungszuständigkeit	19
B. Squeeze-out – ein neues Rechtsinstitut?	6	b) Erforderliche Mehrheit	20
C. Verfassungsmäßigkeit des Squeeze-out, EMRK	7	c) Abfindung, Spruchverfahren	21
D. Nationaler und europäischer Vergleich	10	d) Missbrauchskontrolle	22
I. Ähnliche Gestaltungsmöglichkeiten nach deutschem Recht	10	e) Informations- und Prüfungspflichten	23
II. Europäischer Vergleich, EU-Übernahmerichtlinie und Umsetzung in Deutschland	13	f) Umsetzung des Ermächtigungsbeschlusses	24
E. Exkurs: Weitere Fälle des Going Private: Delisting	16	g) De lege ferenda	24a
I. Einleitung	16	III. Kaltes Delisting	25
		F. Verschmelzungsrechtlicher Squeeze-out	26

A. Einleitung

Das Gesetz zur Regelung von öffentlichen Angeboten zum Erwerb von Wertpapieren und von Unternehmensübernahmen[1] hat neben der Einführung des Wertpapiererwerbs- und Übernahmegesetzes (WpÜG) mit Wirkung zum 1.1.2002 das **Rechtsinstitut des Ausschlusses von Minderheitsaktionären** geschaffen. Dieses bietet die Möglichkeit, außenstehende Aktionäre gegen Barabfindung zwangsweise aus der Gesellschaft zu drängen, also die **Möglichkeit eines Zwangsverkaufs** an den sog. Hauptaktionär. In der Praxis wurde seit

---

[1] BGBl. I 2001 S. 3822, 3838 f; einen Überblick über das Gesetz bietet *Zinser,* WM 2002, 15 ff; Gesetzesmaterialien bei *Hirte,* WpÜG; vgl die Kommentierung zum WpÜG von *Sohbi,* u.a. in diesem Buch.

1 Inkrafttreten der §§ 327 a ff AktG vom Squeeze-out vielfach Gebrauch gemacht – darunter in so prominenten Fällen wie Dresdner Bank, Ford sowie Mannesmann/Vodafone.

2 Die §§ 327 a ff erfuhren kaum gesetzliche Änderungen. Anlässlich der Einführung des **SpruchG** wurde § 327 f an dessen Regelungen angepasst,[2] vgl § 327 f Rn 1, 9 ff. Seit dem **UMAG**[3] können Anfechtungsklagen nach § 327 f S. 1 nicht mehr auf abfindungsbezogene Informationsdefizite gestützt werden; damit entschied der Gesetzgeber eine zuvor umstrittene Frage (vgl § 327 f Rn 5). Zur Umsetzung der EU-Übernahmerichtlinie[4] wurde mit §§ 39 a f. WpÜG von §§ 327 a ff unabhängiger übernahmerechtlicher Squeeze-out eingeführt,[5] vgl Rn 14 f und § 39 a Rn 1 ff, § 39 b WpÜG Rn 1 ff. Die WpÜG-rechtlichen Vorschriften sehen ein Andienungsrecht der Minderheitsaktionäre in § 39 c WpÜG vor (vgl dazu die Kommentierung bei § 39 c Rn 1 ff); solche Regelungen werden auch zur Abrundung des aktienrechtlichen Squeeze-out gefordert.[6] Seit 2011 gibt es einen sog. **verschmelzungsrechtlichen Squeeze-out**, der eine Variante der aktienrechtlichen Normierung ist (vgl Rn 26 ff).

3 **I. Systematik.** Die §§ 327 a ff sind eng an die Vorschriften über die Eingliederung (§§ 319 ff) angelehnt, wobei die im Vergleich zur Eingliederung geringeren Grundanforderungen der Praktikabilität des Rechtsinstituts dienen sollen.[7] Trotz der Normierung des Squeeze-out im 3. Buch des AktG zu den *verbundenen Unternehmen* ist dieser konzernrechtsneutral; insb. setzt er keine Unternehmensverbindung zwischen Hauptaktionär und betroffener AG voraus;[8] der Übergang der Aktien der Minderheitsaktionäre auf den Hauptaktionär ändert nicht den konzernrechtlichen Status der betroffenen AG, insb. erhält der Alleinaktionär aufgrund des Squeeze-out kein Weisungsrecht, und er darf Einfluss nur nach Maßgabe der §§ 311, 317 ausüben.[9] Gemäß § 327 a kann sich ein Aktionär, dem mindestens 95 % des Grundkapitals gehören (Hauptaktionär), die Aktien der außenstehenden Aktionäre (Minderheitsaktionäre) aufgrund HV-Beschlusses gegen Gewährung einer Barabfindung übertragen lassen. Die Höhe der anzubietenden Barabfindung bestimmt sich nach § 327 b. Sie wird vom Hauptaktionär festgesetzt. Die §§ 327 c bis 327 d regeln die Anforderungen an Vorbereitung und Durchführung der HV, insb. den Bericht des Hauptaktionärs. Der HV-Beschluss über den Ausschluss der Minderheitsaktionäre ist gem. § 327 e in das Handelsregister einzutragen. Dadurch geht deren Aktieneigentum auf den Hauptaktionär über. Ein Minderheitsausschluss vollzieht sich somit durch **Übertragungsbeschluss und Eintragung**. Den ausgeschiedenen Minderheitsaktionären steht nach § 327 f das Recht zur Überprüfung der Angemessenheit der Barabfindung im Spruchverfahren zu. Eine Anfechtungsklage gegen den Übertragungsbeschluss gem. §§ 241 ff ist nur eingeschränkt möglich.

4 **II. Terminologie.** In der Literatur wird der Minderheitsausschluss in Anlehnung an die anglo-amerikanische Terminologie als **Squeeze-out**[10] oder Freeze-out[11] bezeichnet. Im deutschen Recht hat sich der Terminus Squeeze-out durchgesetzt.[12] Die beiden Begriffe sind im ursprünglichen Sprachgebrauch nicht deckungsgleich. Während Squeeze-out die faktische Enteignung einer Minderheit bezeichnet, steht Freeze-out für ein förmliches Verfahren zur zwangsweisen Abfindung der Minderheitsaktionäre.[13] Als Oberbegriff wird häufig von **Going Private**[14] gesprochen, dem Rückzug eines Unternehmers von der Börse, wobei Going Private und Freeze-out im US-amerikanischen Sprachgebrauch mitunter auch synonym verwendet werden. Neben dem Squeeze-out besteht als weitere Möglichkeit des Going Private das Delisting, vgl Rn 16 ff.

---

2 Art. 2 Nr. 7 des Gesetzes zur Neuordnung des gesellschaftsrechtlichen Spruchverfahrens vom 12.6.2003, BGBl. I S. 838, vgl zur Einführung des SpruchG *Meilicke/Heidel*, DB 2003, 2267 ff.

3 Gesetz zur Unternehmensintegrität und Modernisierung des Anfechtungsrechts (UMAG) vom 22.9.2005, BGBl. I S. 2802; vgl auch BR-Drucks. 454/05; vgl *Meilicke/Heidel*, DB 2004, 1479 ff; zur Übergangsproblematik *Lochner*, ZIP 2006, 135 f; *Neumann/Siebmann*, DB 2006, 435 f.

4 Richtlinie 2004/25/EG des Europäischen Parlaments und des Rates vom 21.4.2004 betreffend Übernahmeangebote, ABlEU Nr. L 142 vom 30.4.2004, S. 12 f.

5 Gesetz zur Umsetzung der Richtlinie 2004/25/EG des Europäischen Parlaments und des Rates vom 21.4.2004 betreffend Übernahmeangebote (Übernahmerichtlinie-Umsetzungsgesetz), BT-Drucks. 16/1003, S. 5 ff; 16/1541, S. 5 ff; BGBl. 2006 I S. 1426.

6 *Fleischer*, ZGR 2002, 757, 773 f; *Habersack*, ZIP 2001, 1230, 1233; *Hanau*, NZG 2002, 1040, 1047; *Emmerich/Habersack*, § 327 a Rn 5; vgl auch Spindler/Stilz/*Singhof*, § 327 a Rn 30.

7 BegrRegE, BT-Drucks. 14/7034, S. 32.

8 Anders jedoch der verschmelzungsrechtliche Squeeze-out gemäß § 62 Abs. 5 UmwG, der nur im Zuge der Konzernverschmelzung erfolgen kann, vgl Rn 26.

9 Grigoleit/*Rieder*, § 327 a Rn 13; *Emmerich/Habersack*, § 327 a Rn 6.

10 ZB *Ehricke/Roth*, DStR 2001, 1120 ff; *Habersack*, ZIP 2001, 1230 ff.

11 *Peters*, BB 1999, 801; *Kossmann*, NZG 1999, 1198 ff.

12 Vgl zB BGH ZIP 2005, 2107 = BB 2005, 2651; OLG Frankfurt aM AG 2005, 657 = DB 2005, 2807; *Hüffer*, § 327 a Rn 1; *Rühland*, NZG 2001, 448 f; BegrRegE, BT-Drucks. 14/7034, S. 31 f; *Warchol*, Squeeze-out in Deutschland, Polen und dem übrigen Europa, 2008, S. 41 ff, S. 53 ff zu den Nachteilen, ua. der Schwächung des Kapialmarkts.

13 Vgl *Wenger/Kaserer/Hecker*, ZBB 2001, 317, 318 Fn 2; *Warchol*, Squeeze-out in Deutschland, Polen und dem übrigen Europa, 2008, S. 36 f.

14 Zum Begriff des Going Private im deutschen Recht *Land/Hasselbach*, DB 2000, 557; *Schwichtenberg*, DStR 2001, 2075 mwN; eingehend: *Richard/Weinheimer*, Handbuch Going Private, 2002.

III. Gesetzeszweck. Mit den §§ 327 a ff kam der Gesetzgeber jahrelangen Forderungen der Wirtschaftspraxis und des Schrifttums nach.[15] Als Grund für die Einführung des Squeeze-out wurde die ökonomische Belastung durch den erheblichen Formaufwand angeführt, der sich bei **Verbleib einer kleinen Restminderheit in der Gesellschaft** aus den zwingenden minderheitsschützenden Vorschriften ergeben soll – wobei freilich verkannt wurde, dass eine 5%-Beteiligung zB bei DAX-Werten eine enorme wirtschaftliche Bedeutung haben kann. Der Squeeze-out wurde auch als vorbeugendes Mittel gegen „räuberische" Minderheitsaktionäre zur reibungslosen Ermöglichung von Umstrukturierungen gefordert; solche Maßnahmen hätten durch missbräuchlichen Einsatz von Minderheitsrechten, insbesondere durch die Anfechtung von HV-Beschlüssen, willkürlich verzögert oder verhindert werden können, um finanzielle Zugeständnisse zu erwirken.[16] Im Übrigen hätten Aktien mitunter gar nicht erworben werden können, weil deren Inhaber nicht ausfindig zu machen sind. Der Gesetzgeber hielt den Squeeze-out rechtspolitisch für geboten, da zahlreiche EU-Staaten über angeblich vergleichbare Regelungen verfügten.[17] Schließlich stehe die Regelung im Zusammenhang mit dem Pflichtangebot nach dem WpÜG, da eine Verpflichtung zum Angebot auf Erwerb aller Anteile mit dem Recht einher gehen müsse, Kleinstbeteiligungen abfinden zu können.[18]

B. Squeeze-out – ein neues Rechtsinstitut?

Die Begründung des Regierungsentwurfs[19] bezeichnete den Squeeze-out als ein neues Rechtsinstitut. Die Möglichkeit des Herausdrängens von Minderheitsaktionären gegen Barabfindung ist für das Gesellschaftsrecht jedoch keineswegs neu. Zwischen 1956 und 1994 sahen die §§ 9 ff, 15 UmwG aF die sog. **Mehrheitsumwandlung** vor, die dem Minderheitsausschluss nach §§ 327 a ff AktG ähnlich war: Sie ermöglichte dem Hauptgesellschafter, dem gem. § 15 Abs. 1 S. 1 UmwG aF 90 %[20] der Anteile einer AG gehören mussten, die AG aufgrund HV-Beschlusses gem. §§ 9 Abs. 1, 12 Abs. 1 S. 1 UmwG aF umzuwandeln und die außenstehenden Aktionäre gegen Barabfindung auszuschließen. Die neue Gesellschaft musste keine andere Rechtsform haben, so dass sich die Mehrheitsumwandlung einer AG auf eine andere AG als reine Vermögensverschiebung unter Ausschluss der Minderheit darstellte.[21] Das zwangsweise Herausdrängen der außenstehenden Aktionäre gegen Barabfindung bewertete eine starke, aber umstrittene Literaturmeinung als Verstoß gegen Art. 14 Abs. 1 GG.[22] Der Streit über die Verfassungsmäßigkeit der Mehrheitsumwandlung[23] fand mit der „**Feldmühle**"-**Entscheidung des BVerfG** in der Praxis seinen Abschluss. Diese erklärte die Mehrheitsumwandlung für verfassungsgemäß, da der Minderheit wirksame Rechtsbehelfe gegen einen Missbrauch wirtschaftlicher Macht zur Verfügung stünden und eine volle wirtschaftliche Entschädigung gewährleistet sei.[24] Die Mehrheitsumwandlung wurde durch die Reform des Umwandlungsrechts 1994 abgeschafft. In der **Begründung des Regierungsentwurfs** hieß es, die Zulassung eines **zwangsweisen Herausdrängens** außenstehender Aktionäre gegen eine Abfindung entspreche „nicht den Grundsätzen des Minderheiten- und des Anlegerschutzes".[25]

C. Verfassungsmäßigkeit des Squeeze-out, EMRK

Anders als im Vorfeld der „Feldmühle"-Entscheidung des BVerfG (vgl Rn 5) und bei der Abschaffung der Mehrheitsumwandlung werden grundsätzliche verfassungsrechtliche Bedenken gegen den Entzug der Mit-

---

15 Expertenkommission Unternehmensübernahmen, WM 2000, Sonderbeilage 2, S. 37 f; *Kallmeyer*, AG 1999, 59; *Kossmann*, NZG 1999, 1198, 1201; *Schiessel*, AG 1999, 442, 451; Handelsrechtsausschuss des DAV, NZG 1999, 850 ff; *Baums*, Gutachten F für den 63. DJT 2000, 116 f mwN.

16 So ausdrücklich die BegrRegE, BT-Drucks. 14/7034, S. 31; dazu kritisch *Habersack*, ZIP 2001, 1230, 1233 f; *Wenger/Kaserer/Hecker*, ZBB 2001, 317, 326.

17 BegrRegE, BT-Drucks. 14/7034, S. 32; zu den europäischen Regelungen, vgl Rn 12; kritisch zum Ganzen: *Altmeppen*, ZIP 2001, 1073, 1083 f; *Habersack*, ZIP 2001, 1230, 1239.

18 Vgl zu allem auch *Neye*, in: Hirte (Hrsg.), WpÜG, S. 25 f; *Spindler/Stilz/Singhof*, Rn 15, wonach in börsennotierten AG Squeeze-outs notwendiges Gegenstück zum Pflichtangebot nach §§ 35 ff. WpÜG sind.

19 BegrRegE, BT-Drucks. 14/7034, S. 31; ebenso: *Vetter*, AG 2002, 176; *Bolte*, DB 2001, 2587; *Wenger/Kaserer/Hecker*, ZBB 2001, 317, 318; bereits *Schiessl* AG 1999, 442, 451.

20 In der Fassung des UmwG von 1956 war sogar eine 75 %-Schwelle vorgesehen, BGBl. I 1956 S. 844. Die 90 %-Schwelle wurde durch § 39 EGAktG v. 6.9.1965, BGBl. I 1965 S. 1185 eingeführt.

21 BVerfGE 14, 263, 276 (Feldmühle) = DB 1962, 1073 f = NJW 1962, 1667.

22 *Franke*, DB 1961, 191 ff; *Körner*, BB 1960, 687, 689; *Hamann*, BB 1960, 1306, 1310; aA OLG Düsseldorf BB 1960, 534 f; *Hueck*, DB 1960, 375, 380.

23 Vgl *Schleyer*, NJW 1960, 1552; *Winter*, GmbHR 1960, 101 ff; *Hamann*, BB 1960, 1306 ff; *Körner*, BB 1960, 687 ff; *Hueck*, DB 1960, 375 ff; *Franke*, DB 1961, 191 ff.

24 BVerfGE 14, 263, 283 (Feldmühle) = DB 1962, 1073 f = NJW 1962, 1667.

25 BT-Drucks. 12/6699 = BR-Drucks. 75/94, Einleitung zum neunten Abschnitt des Umwandlungsgesetzes; abgedruckt auch bei *Ganske*, Umwandlungsrecht, 2. Auflage, S. 146; vgl zu diesem gesetzlichen Bestandsschutz der Mitgliedschaft als solchem *Lutter/Drygala*, in: FS Kropff, 1997, S. 191, 200 f.

gliedschaft in Rechtsprechung[26] und ganz herrschender Literatur[27] nicht mehr erhoben (vgl aber zu verfassungsrechtlichen Zweifeln an der hinreichenden Sicherheit für die Barabfindung § 327 b Rn 16 sowie an der unzureichenden Verzinsung § 327 b Rn 11). Die **Verfassungsmäßigkeit** des Beteiligungsentzugs ist nach ständiger Rechtsprechung des **BVerfG** an die von Art. 14 GG garantierte[28] Möglichkeit **wirksamer Rechtsbehelfe gegen den Missbrauch der Mehrheitsmacht** sowie die **volle wirtschaftliche Kompensation** des verlorenen Aktieneigentums geknüpft.[29] An dieser Bedingung müssen sich auch die §§ 327 a ff messen lassen, vgl § 327 b Rn 7 ff.

8 Manche Autoren rügen die **rechtspolitischen Ungereimtheiten des Squeeze-out**, ohne freilich zum Verdikt der Verfassungswidrigkeit zu gelangen: So kritisiert *Fleischer* eine Inkongruenz von Ausschlussrecht und Pflichtangebot nach dem WpÜG, die fehlende zeitliche Begrenzung des Ausschlussrechts sowie das fehlende Austrittsrecht der Restminderheit.[30] Verfassungsrechtlich oder -politisch wurde kritisiert, dass das Ausschlussverfahren eine aktienrechtlich bedenkliche Radikallösung des Kapitalmarktrechts sei; zumindest sei eine Beschränkung auf börsennotierte Gesellschaften geboten.[31]

9 Nach Auffassung der Europäischen Kommission für Menschenrechte bestehen auch nach der **EMRK** keine grundsätzlichen Bedenken gegen einen Minderheitenauskauf: Sie hielt 1982 eine schwedische Regelung, wonach eine Muttergesellschaft bei einer Inhaberschaft von 90 % die restlichen Aktien ihrer Tochtergesellschaft zu einem von einem Schiedsgericht festzulegenden Preis erwerben konnte, für vereinbar mit der Eigentumsgewährleistung (Art. 1 Abs. 1 des Ersten Zusatzprotokolls zur EMRK).[32] Auf **EU-Ebene** gibt nunmehr die Übernahmerichtlinie[33] den Mitgliedsstaaten ausdrücklich vor, für bestimmte Übernahmefälle eine Squeeze-out-Regelung zu schaffen (vgl Rn 14 f).

D. Nationaler und europäischer Vergleich

10 **I. Ähnliche Gestaltungsmöglichkeiten nach deutschem Recht.** Abgesehen von der 1994 abgeschafften **Mehrheitsumwandlung** (vgl Rn 6) bot das deutsche Aktienrecht dem Großaktionär auch vor der Einführung des Squeeze-out Gestaltungsmöglichkeiten, die Aktionärsstellung von Minderheiten erheblich umzugestalten oder ganz zu entziehen.[34] Dazu eignen sich Unternehmensverträge nach §§ 291 ff, Verschmelzung auf oder Eingliederung in eine andere Gesellschaft nach §§ 2 ff UmwG bzw §§ 319 ff, Formwechsel gem. §§ 190 ff. UmwG und die sog. übertragene Auflösung nach §§ 179 a, 262.[35] Mit der Einführung des Squeeze-out sind diese **anderen Gestaltungsmöglichkeiten nicht obsolet**.[36]

---

26 BVerfG, 1. Senat, 2. Kammer, ZIP 2007, 2121 = WM 2007, 2199 = AG 2008, 27 (Zulässigkeit des Squeeze-out im Abwicklungsstadium); BVerfG 1. Senat 3. Kammer ZIP 2007, 1261 = WM 2007, 1329 = AG 2007, 544 = NJW 2007, 3268; BVerfG 1. Senat 2. Kammer WM 2007, 1884 = ZIP 2007, 1987 = AG 2007, 821 (Zulässigkeit der Beschlussfassung ohne die Stimmen der Inhaber von Vorzugsaktien); BGH ZIP 2005, 2107 = BB 2005, 2651; OLG Frankfurt AG 2010, 39, 40 f = GWR 2009, 113; OLG Düsseldorf WM 2005, 650 = NZG 2005, 347; OLG Köln BB 2003, 2307 = AG 2004, 39 = ZIP 2004, 760; OLG Oldenburg NZG 2003, 691; OLG Stuttgart DB 2004, 60 = AG 2004, 105; OLG Hamburg NZG 2003, 978 = ZIP 2003, 2076; OLG Hamburg ZIP 2004, 2288 = DB 2004, 2805; KG BB 2004, 2774 = DB 2005, 41; OLG Hamm AG 2005, 773 = DB 2005, 1263 = ZIP 2005, 1457; LG Hamburg ZIP 2003, 947 = NZG 2003, 787; LG Düsseldorf ZIP 2004, 1755 = NZG 2004, 1168; LG Berlin DB 2003, 707 = ZIP 2003, 1352; LG Osnabrück AG 2002, 527; vgl aber LG Hamburg AG 2003, 279 = ZIP 2003, 951; LG Wuppertal AG 2004, 161, wonach eine u.a. auf die Verfassungswidrigkeit der §§ 327 a ff gestützte Anfechtungsklage nicht offensichtlich unbegründet sein soll.

27 *Hüffer*, Rn 4; *Heidel/Lochner*, DB 2001, 2031; *Heidel*, Financial Times Deutschland, 20.12.2001, S. 38; *Spindler/Stilz/Singhof* Rn 5; *Vetter*, AG 2002, 176, 180 f; *Gesmann-Nuissl*, WM 2002, 1205; *Grzimek*, in: Geibel/Süßmann, Rn 26 ff; K. Schmidt/Lutter/*Schnorbus*, Vor § 327 a–327 f, Rn 5; *Steinmeyer/Häger*, 1. Aufl., Rn 8 f; *Baums*, S. 171 ff; *Ehricke/Roth*, DStR 2001, 1120 f; *Krieger*, BB 2002, 53, 54; *Sieger/Hasselbach*, ZGR 2002, 120, 126 f; *Wirth/Arnold*, AG 2002, 503.

28 Neuerdings wird in der Lit. Art. 2 Abs. 1 GG als Anknüpfungspunkt genannt, *Leuschner*, NJW 2007, 3248, 3249 f; *Mülbert/Leuschner*, ZHR 170 (2006) 615 ff, wofür eine Rechtfertigung nicht ersichtlich erscheint und was jedenfalls nicht zu anderen Ergebnissen führen könnte, *Hüffer*, § 327 a Rn 4.

29 BVerfGE 14, 263, 283 (Feldmühle) = DB 1962, 1073, 1075 f = NJW 1962, 1667, 1668; BVerfGE 100, 289, 303 (DAT/Altana) = BB 1999, 1778, 1779 = NJW 1999, 3769, 3770; BVerfG ZIP 2000, 1670, 1672 (Moto-Meter) = NJW 2000, 1279, 280 = DB 2000, 1905; daher auch Verfassungswidrigkeit des ursprünglichen Plans des Gesetzgebers, das Spruchverfahren zur Überprüfung der Barabfindung nur partiell zu gewährleisten, vgl *Heidel/Lochner*, DB 2001, 2031 ff. Eine ähnliche Problematik stellt sich bei § 39 a Abs. 3 WpÜG, vgl § 39 a WpÜG Rn 39 ff, vgl auch dazu *Heidel/Lochner*, DB 2005, 2564 ff.

30 *Fleischer*, ZGR 2002, 757, 768 ff; vgl *Hanau*, NZG 2002, 1040, 1047; vgl auch den Diskussionsbericht von *Körber*, ZGR 2002, 790.

31 *Hüffer*, Rn 4 a; *Drygala*, AG 2001, 291, 297 f; Spindler/Stilz/*Singhof*, Rn 6; *Habersack*, ZIP 2001, 1230, 1232 ff; *Fleischer*, ZGR 2002, 757, 768 ff; aA zB DAV-Handelsrechtsausschuss, NZG 1999, 850, 852.

32 *Bramelid und Malström*, E 8588/79, 8589/89, DR 38, 18, EuGRZ 1983, 483; vgl dazu *Frowein/Peukert*, EMRK-Kommentar, 2. Aufl. 1994, Art. 1 Erstes Zusatzprotokoll Rn 6.

33 Richtlinie 2004/25/EG des Europäischen Parlaments und des Rates vom 21.4.2004 betreffend Übernahmeangebote, AblEU Nr. L 142 vom 30.4.2004, S. 12 ff.

34 Hierzu *Küting*, DStR 2003, 838 ff; *Wenger/Kaserer/Hecker*, ZBB 2001, 317, 324 ff; *Halm*, NZG 2000, 1162 ff; *Warchol*, Squeeze-out in Deutschland, Polen und dem übrigen Europa, 2008, S, 64 ff.

35 Vgl dazu im Einzelnen die 1. Aufl. AnwK-AktienR/*Heidel/Lochner*, Vor §§ 327 a ff Rn 8 ff.

36 Vgl auch *Emmerich/Habersack*, § 327 a Rn 8 ff; *Roth*, NZG 2003, 998, 1004 f; *Wolf*, ZIP 2002, 153.

Die einzige – rechtlich nicht unzweifelhafte – Ausschlussmöglichkeit gegen den Willen der betroffenen Minderheit bot zuvor die sog. **übertragende Auflösung** (bzw Liquidation) – häufig als „Moto-Meter-Methode" bezeichnet.[37] Die Minderheitsaktionäre der liquidierten Gesellschaft werden dabei nicht Aktionäre der Obergesellschaft, sondern nehmen lediglich an der Verteilung des Abwicklungsüberschusses gem. § 271 teil. Dieses Verfahren ermöglicht zwar einen zwangsweisen Ausschluss der Minderheiten aus der AG; seine praktischen Nachteile liegen aber in Umständlichkeit und langer Dauer;[38] zudem bringt die Moto-Meter-Methode regelmäßig erhebliche steuerliche Nachteile mit sich, da stille Reserven aufzudecken sind. UE ist die Einführung des Squeeze-out kein Argument gegen die weitere Zulässigkeit der übertragenden Auflösung;[39] denn diese sowie der Squeeze-out führen zu unterschiedlichen Rechtsfolgen; bei Liquidation verschwindet die AG als rechtliche Einheit, bei Squeeze-out existiert sie fort. Allerdings verdichten sich durch die Ermöglichung des Squeeze-out die Argumente insbesondere von *Lutter/Drygala*[40] für die entsprechende Anwendung der Vorschriften des Umwandlungsgesetzes auf die übertragende Auflösung.

Bis auf den Sonderfall der übertragenen Auflösung ist allen vorherigen Gestaltungsmöglichkeiten und dem Squeeze-out nach § 327 f gemeinsam, dass die Angemessenheit der Abfindung im **Spruchverfahren** von jedem betroffenen Aktionär[41] überprüfbar ist, § 1 SpruchG.[42] Auch bei der übertragenden Auflösung muss die Angemessenheit der Zahlung an die Minderheitsaktionäre, wenn nicht im Spruchverfahren,[43] so doch im Rahmen einer Anfechtungsklage gerichtlich nachprüfbar sein.[44]

II. Europäischer Vergleich, EU-Übernahmerichtlinie und Umsetzung in Deutschland. Viele europäische Länder verfügen über gesetzliche Möglichkeiten zum Ausschluss von Aktionärsminderheiten. **Die Vorschriften im Einzelnen sind recht unterschiedlich.**[45] So besteht das Ausschlussrecht beispielsweise in Großbritannien, Italien und der Schweiz im Gegensatz zum niederländischen Recht nur im Anschluss an ein Übernahmeangebot und in Österreich nur im Zusammenhang mit einer verschmelzenden Umwandlung.[46] In Frankreich, Belgien und Großbritannien ist ein Squeeze-out auf börsennotierte Gesellschaften beschränkt, während dies beispielsweise nach niederländischem Recht nicht der Fall ist. Auch bei der erforderlichen Höhe der Mehrheitsbeteiligung des Hauptaktionärs divergieren die europäischen Ausgestaltungen. In Österreich, Großbritannien,[47] Dänemark, Finnland und Schweden ist eine 90%-Schwelle vorgesehen. Hingegen verlangen das französische, niederländische[48] und belgische Recht ebenso wie das deutsche eine 95%ige Beteiligung, während ein Squeeze-out nach schweizerischem oder italienischem Recht eine 98%ige Beteiligung des Hauptaktionärs voraussetzt.

---

37 BVerfG ZIP 2000, 1670 = NJW 2001, 279 (Moto-Meter); BGHZ 103, 184 = NJW 1988, 1579; OLG Stuttgart ZIP 1997, 362; *Hüffer*, § 179 a Rn 5 f; *Lutter/Drygala*, in: FS Kropff, 1997, S. 191 ff; zur übertragenen Auflösung nach Einführung der §§ 327 a ff s. *Emmerich/Habersack*, § 327 a Rn 10 mwN; *Wolf*, ZIP 2002, 153 ff.

38 *Grunewald*, ZIP 2002, 18, 20; *Halm*, NZG 2000, 1162, 1164; *Kallmeyer*, AG 2000, 59.

39 So im Erg. auch *Emmerich/Habersack*, § 327 a Rn 10; *Roth*, NZG 2003, 998, 1004 f; *Wolf*, ZIP 2002, 153; aA *Wilhelm/Dreier*, ZIP 2003, 1369, 1373 ff.

40 FS Kropff, 1997, S. 191, 195 ff, 208.

41 Nach § 327 b Abs. 1 S. 3 idF des RegE sollte ein Spruchverfahren uU verwehrt sein. Zur Verfassungswidrigkeit dieser Regelung *Heidel/Lochner*, DB 2001, 2031 ff; vgl ferner § 327 b Rn 9; zur ähnlichen Problematik bei § 39 a Abs. 3 WpÜG vgl § 39 a WpÜG Rn 39 ff, vgl ferner *Heidel/Lochner*, DB 2005, 2564 ff; Spindler/Stilz/*Singhof*, § 327 f Rn 5, § 1 Rn 1 SpruchG.

42 Die Aufzählung des § 1 SpruchG über den Anwendungsbereich des SpruchG ist nicht abschließend. Analog gilt das SpruchG etwa beim Delisting, vgl BGHZ 153, 47 (Macrotron) = DB 2003, 544 mAnm. *Heidel* = NJW 2003, 1032 = ZIP 2003, 387; MüKo-AktG/*Volhard*, § 1 SpruchG Rn 4.

43 So aber das BayObLG ZIP 1998, 2002, 2004 in analoger Anwendung von § 306 aF; ebenso: *Wolf*, ZIP 2002, 153, 158 ff; *Adoff/Tieves*, BB 2003, 797, 805.

44 BVerfG ZIP 2000, 1670, 1673 (Moto-Meter) = DB 2000, 1905, 1907 = NJW 2001, 279, 281; *Roth*, NZG 2003, 998, 1002 f; *Küting*, DStR 2003, 838, 842.

45 Überblicke bei *Sieger/Hasselbach*, NZG 2001, 926 ff; *Forum Europaeum Konzernrecht*, ZGR 1998, 672, 734 ff; vgl auch *Habersack*, ZIP 2001, 1230, 1233; *Ehricke/Roth*, DStR 2001, 1120, 1121 f; *Hommelhoff/Hopt/Lutter*, Konzernrecht und Kapitalmarktrecht, S. 93 f, 122, 176, 204, 278; *Austmann/Mennicke*, NZG 2004, 846 ff; zum britischen Recht *Rühland*, NZG 2001, 448, 450 ff; *Althuber/Krüger*, AG 2007, 194 zum österreichischen Recht; *Prinz*, Der Konzern 2004, 463, zum englischen Recht; insb. zu Polen, aber auch zum übrigen Europa *Warchol*, Squeeze-out in Deutschland, Polen und dem übrigen Europa, 2008, S. 207 ff, 279 ff, 353 ff.

46 Ebenso das US-amerikanische Recht, vgl *Habersack*, ZIP 2001, 1230, 1233.

47 Wobei hier der Aktienerwerb der Restminderheit nur dann möglich ist, wenn der Streubesitz zuvor dem Großaktionär 90 % der von ihm gehaltenen Aktien angedient hat, sec 429, 430, Companies Act 1985, sec 979 Companies Act 2006.

48 Bei Umwandlung bzw Verschmelzung jedoch schon mit einer 90 %igen Beteiligung, *Forum Europaeum Konzernrecht*, ZGR 1998, 672, 735.

14 Für die **Europäische Union** bestehen teilweise einheitliche Vorgaben. Nach langem Ringen[49] hat die EU 2004 mit der **Übernahmerichtlinie** u.a. die von den Mitgliedsstaaten zu schaffenden Eckpfeiler für einen im Wesentlichen EU-homogenen übernahmerechtlichen Squeeze-out bestimmt.[50] Vgl zu den Regelungen der Übernahmerichtlinie und ihrer Umsetzung die Kommentierung zu §§ 39 a ff. WpÜG.

15 Nach Art. 15 Abs. 5 S. 4 ÜbernahmeRL gilt die im Rahmen eines freiwilligen Übernahmeangebots angebotene Abfindung dann als angemessen, wenn der Bieter durch die Annahme des Angebots Wertpapiere erworben hat, die mindestens 90 % des vom Angebot betroffenen stimmberechtigten Kapitals entsprechen. Gleiches gilt nach Art. 15 Abs. 5 S. 5 ÜbernahmeRL stets bei einem auf ein Pflichtangebot folgenden Squeeze-out. Diese Bestimmungen der Übernahmerichtlinie sehen nach verbreiteter Meinung eine **unwiderlegliche Vermutung** der Angemessenheit der im Rahmen des Übernahmeangebots angebotenen Abfindung vor.[51] Folge einer solchen unwiderleglichen gesetzlichen Fiktion wäre es, dass die tatsächliche Angemessenheit der Barabfindung der gerichtlichen Überprüfung, wie diese im geltenden deutschen Recht nach § 327 f S. 2 AktG stets vorgesehen ist, in den bezeichneten Fällen entzogen wird. Ein betroffener Minderheitsaktionär hätte somit keine rechtliche Möglichkeit, die angebotene Barabfindung gerichtlich überprüfen und ggf anheben zu lassen, wenn die angebotene Barabfindung zwar dem in Art. 15 Abs. 5 S. 4, 5 ÜbernahmeRL bezeichneten Angebotspreis, nicht aber dem wahren wirtschaftlichen Wert seiner Beteiligung entspricht. Die Regelung ähnelt inhaltlich § 327 b Abs. 1 S. 3 AktG in der Fassung des RegE bei der ursprünglichen Einführung der §§ 327 a ff,[52] von der im Laufe des Gesetzgebungsverfahrens wegen berechtigter verfassungsrechtlicher Bedenken Abstand genommen wurde, vgl § 327 b Rn 9. Art 15 und 16 ÜbernahmeRL sind durch §§ 39 a bis 39 c WpÜG umgesetzt, vgl die Kommentierung zu §§ 39 a bis 39 c WpÜG.

E. Exkurs: Weitere Fälle des Going Private: Delisting

Literatur:

Vgl vor Rn 1 sowie *Benecke*, Gesellschaftliche Voraussetzungen des Delistings, WM 2004, 1122; *Bungert*, Delisting und Hauptversammlung, BB 2000, 53; *Böswald/Figlin*, Rückzugsmöglichkeiten ausländischer Kapitalgesellschaften vom US-amerikanischen Eigenkapitalmarkt, AG 2006, 66; *Geyrhalter/Zirngibl*, Alles unklar beim formalen Delisting – eine Zwischenbilanz 18 Monate nach Macrotron, DStR 2004, 1048; *Groß*, Rechtsprobleme des Delisting, ZHR 165 (2001), 141; *Habersack*, Mitwirkungsrechte der Aktionäre nach Macroton und Gelatine, AG 2005, 137; *Habersack* in: *Habersack/Mülbert/Schlitt*, Unternehmensfinanzierung am Kapitalmarkt, 2005, § 28 Beendigung der Börsenzulassung; *Hellwig*, Möglichkeiten einer Börsenreform zur Stärkung des deutschen Kapitalmarktes, ZGR 1999, 781; *Hellwig/Bormann*, Die Abfindungsregelung beim Going Private – Der Gesetzgeber ist gefordert, ZGR 2002, 465; *Henze*, Voraussetzungen und Folgen des Delisting, in: FS Raiser, 2005, S. 145; *Holzborn/Schlößer*, § 43 Abs. 4 BörsG iVm § 54 a BörsO FWB nF vor dem Hintergrund des WpÜG, BKR 2002, 486; *Krämer/Theiß*, Delisting nach der Macrotron-Entscheidung des BGH, AG 2003, 225; *Kleindiek*, „Going Private" und Anlegerschutz, in: FS Bezzenberger, 2000, S. 653; *Kocher/Betkowski*, Berichts- und Prüfungserfordernisse beim Delisting?, NZG 2008, 135; *Krolop*, Die Umsetzung von „Macrotron" im Spruchverfahren durch das BayObLG, NZG 2005, 546; *Kruse*, Gerichtliche Kontrolle des obligatorischen Aktienkaufangebots beim börsenrechtlichen Delistingverfahren?, NZG 2000, 1112; *Land/Hasselbach*, „Going Private" und „Squeezeout" nach deutschem Aktien-, Börsen- und Übernahmerecht, DB 2000, 557; *Mülbert*, Rechtsprobleme des Delisting, ZHR 165 (2001), 104; *Paefgen/Hörtig*, WUB I G 7, Börsen- und Kapitalmarktrecht 1.08 zur Notwendigkeit eines Spruchverfahrens beim Wechsel des Börsensegments; *Pfüller/Anders*, Delisting-Motive vor dem Hintergrund neuerer Rechtsentwicklungen, NZG 2003, 459; *Pluskat*, Going Private durch reguläres Delisting, WM 2002, 833; *ders.*, Das kalte Delisting, BKR 2007, 54; *Radtke*, Delisting, Rückzug aus dem amtlichen Handel oder dem geregelten Markt auf Wunsch des Emittenten aus kapitalmarktrechtlicher Sicht, 1997; *K. Schmidt*, Macroton oder: weitere Ausdifferenzierung des Aktionärsschutzes durch den BGH, NZG 2003, 601; *Schwark/Geiser*, Delisting, ZHR 161 (1997), 739; *Schwichtenberg*, Downgrading oder Delisting?, AG 2005, 911; *Steck*, „Going Private" über das UmwG, AG 1998, 460; *Streit*, Delisting light, ZIP 2002, 1279; *Vetter*, Ausweitung des Spruchverfahrens, ZHR

---

[49] Vgl die legislative Entschließung des Europäischen Parlaments v. 13.12.2000 zum Gemeinsamen Standpunkt des Rates, ABlEG Nr. C 23 2002 S. 1 ff = WM 2000, Sonderheft 2, S. 32 ff; dazu *Sieger/Hasselbach*, ZGR 2002, 120, 128 f. Änderungen abgelehnt von der Kommission in ihrer Stellungnahme v. 12.2.2001, KOM (2001) 77 endg. 1995/0341 (COD), 3.1.3, S. 5. Später hat sich die Kommission verpflichtet, Fragen des Rechts von Mehrheitseignern zu prüfen, die Anteile von Minderheitsaktionären zu erwerben. Ein Squeeze-out wurde auch gefordert von der SLIM-Arbeitsgruppe zur Vereinfachung des europäischen Gesellschaftsrechts, DOK KOM (2000), 56 endg. v. 4.2.2000, S. 13, vgl *Drygala*, AG 2001, 291, 297; Squeeze-out wurde diskutiert im Konsultationspapier der "Hochrangigen Expertengruppe" bei der Europäischen Kommission v. April 2002 ("Winter-Kommission"), Abschnitt VI, abrufbar unter <http://eu.int_market>.

[50] Richtlinie 2004/25/EG des Europäischen Parlaments und des Rates vom 21.4.2004 betreffend Übernahmeangebote, ABl. L 142 vom 30.4.2004, S. 12 ff; dazu *Heidel/Lochner*, DB 2005, 2564 ff; *Krause*, BB 2004, 113; *Hasselbach*, ZGR 2005, 387, 404 ff; *Augustmann/Mennicke*, NZG 2004, 846; *Wiesner*, ZIP 2004, 343; *Seibt/Heiser*, ZIP 2002, 2193; *Neye*, NZG 2002, 1144; *Mülbert*, NZG 2004, 633; *Maul*, NZG 2005, 151; *Hopt/Mülbert/Kumpan*, AG 2005, 109; *Kindler/Horstmann*, DStR 2004, 866; *Maul/Muffat-Jeandet*, AG 2004, 221, 306; *Glade/Haak/Hellich*, Der Konzern 2004, 455, 515.

[51] So auch Begründung des Gesetzes zur Umsetzung der Richtlinie 2004/25/EG des Europäischen Parlaments und des Rates vom 21.4.2004 betreffend Übernahmeangebote (Übernahmerichtlinie-Umsetzungsgesetz), BT-Drucks. 16/1003, S. 22; *Hasselbach*, ZGR 2005, 387, 404 ff; *Krause*, BB 2004, 113, 117; *Hopt/Mülbert/Kumpan*, AG 2005, 109, 114; *Augustmann/Mennicke*, NZG 2004, 846, 851; *Wiesner*, ZIP 2004, 343, 349; *Seibt/Heiser*, ZIP 2002, 2193, 2201; aA (für widerlegliche Vermutung) zB *Mülbert*, NZG 2004, 633, 634; *Maul*, NZG 2005, 151, 157, vgl § 39 a WpÜG Rn 48 ff.

[52] BegrRegE, BT-Drucks. 14/7034, S. 72 = ZIP 2001, 1262, 1296.

168 (2004), 8; *Vollmer/Grupp*, Der Schutz der Aktionäre beim Börseneintritt und Börsenaustritt, ZGR 1995, 459; *Wirth/Arnold*, Anlegerschutz beim Delisting von Aktiengesellschaften, ZIP 2000, 111.

I. Einleitung. Die Methoden des Going Private (vgl Rn 4) sind Squeeze-out und Delisting.[53] Unter Delisting versteht man den Rückzug der bisher börsennotierten AG oder KGaA vom regulierten Markt[54] (vgl § 3 Abs. 2). Der Squeeze-out führt zur Beendigung der Börsennotierung (vgl § 327 e Rn 15). Die gleiche Rechtsfolge erreicht auch das Delisting, wobei der **Squeeze-out nicht die Möglichkeit zum Delisting verdrängt**.[55] Squeeze-out und Delisting verfolgen unterschiedliche Zwecke. Beim Squeeze-out endet die Gesellschafterstellung der Minderheitsaktionäre, beim Delisting hingegen grundsätzlich „nur" die Börsennotierung. Die rechtliche Technik des Delisting besteht primär im **Widerruf der Börsenzulassung** auf Antrag des Emittenten nach § 38 Abs. 4 BörsG (vgl die Kommentierung dort). Dies wird als echtes oder reguläres Delisting bezeichnet.[56] Davon zu unterscheiden ist die Möglichkeit des sogenannten unechten oder kalten Delisting,[57] womit der Wegfall der Börsennotiz oder der Verlust der Börsenfähigkeit auf anderem Wege als durch Antragstellung nach § 38 Abs. 4 BörsG bezeichnet wird. **Fälle des kalten Delisting** (vgl Rn 25) sind zB die Verschmelzungen durch Übertragung des Gesellschaftsvermögens auf eine nicht börsennotierte AG, die Eingliederung nach §§ 319 ff in eine nicht notierte Gesellschaft oder der Formwechsel in eine GmbH bzw eine andere nicht börsennotierte Gesellschaft. Ein weiterer Fall ist die Aufspaltung einer börsennotierten AG in zwei nicht börsennotierte AG.[58]

II. Reguläres Delisting. 1. Verwaltungsgerichtlicher Rechtsschutz. Der Widerruf der Börsenzulassung auf Antrag des Emittenten gem. § 38 Abs. 4 BörsG ist Verwaltungsakt.[59] Da er in die Rechte der Wertpapierinhaber eingreift, sind diese widerspruchs- und klagebefugt,[60] §§ 69, 42 Abs. 2 VwGO. Das VG Frankfurt aM hat die Antragsbefugnis von Aktionären jedoch jüngst entgegen seiner früheren eigenen Rechtsprechung verneint, da eine Vertretung eigener Rechte nicht erkennbar sei.[61] Ganz zu Recht gehen dagegen sowohl der BGH in seiner „Frosta"-Entscheidung[62] als auch das BVerwG in einer Stellungnahme gegenüber dem BVerfG[63] davon aus, dass Aktionären des Emittenten vor den Verwaltungsgerichten Rechtsschutz zu gewähren ist.[64] Inhaltlich unterliegt die Entscheidung der Zulassungsstelle über den Widerruf jedoch nur einer eingeschränkten Rechtskontrolle. Da es sich um eine Ermessensentscheidung handelt, ist nach § 114 VwGO lediglich Ermessensfehlgebrauch zu prüfen; nach den Umständen des Einzelfalls kann der Schutz der Anlegerinteressen einem vom Emittenten beantragten Widerruf der Börsennotierung zwingend entgegenstehen.[65] Zwar nimmt die Zulassungsstelle nach § 31 Abs. 5 BörsG ihre Aufgaben und **Befugnisse nur im öffentlichen Interesse** wahr (vgl die Kommentierung zu **§ 31 Abs. 5 BörsG**);[66] gem. § 38 Abs. 4 S. 2 BörsG darf der Widerruf der Börsennotierung aber nicht dem Schutz der Anleger widersprechen. Gemäß § 54a Abs. 1 S. 2 Nr. 1 der Börsenordnung für die Frankfurter Wertpapierbörse steht der Anlegerschutz nicht entgegen, wenn nach Bekanntgabe der Widerrufsentscheidung den Anlegern ausreichend Zeit verbleibt, ihre Aktien zu veräußern; zuvor bestand bei Widerruf der Börsenzulassung ohne Gewährleistung eines Handels auf einem weiteren Börsenmarkt die Pflicht zu einem öffentlichen Kaufangebot.[67] Vgl die Kommentierung zu § 38 BörsG.

---

53 Zum Delisting in den USA und einer Initiative von DAI und BDI zur Erleichterung der US-Regelungen, *Fischer*, AG-Report 2005, 202 f; Artikel "Firmen stützen Delisting-Vorstoß" in Financial Times Deutschland vom 22.10.2004, S. 21; Artikel "Rückzug von den US-Börsen" in Süddeutsche Zeitung vom 21.9.2004, S. 21; *Böswald/Figlin*, AG 2006, 66 ff.
54 BGHZ 153, 47 (Macrotron) = DB 2003, 544 mAnm. *Heidel* = NJW 2003, 1032 = ZIP 2003, 387; BayObLGZ 2004, 346 = DB 2005, 214 = ZIP 2005, 205; *Hüffer*, § 119 Rn 21; zur Terminologie auch *Groß*, ZHR 165 (2001), 141, 145.
55 So aber möglicherweise *Pluskat*, WM 2002, 833, 839.
56 BGHZ 153, 47 (Macrotron) = DB 2003, 544 mAnm. *Heidel* = NJW 2003, 1032 = ZIP 2003, 387; BayObLGZ 2004, 346 = DB 2005, 214 = ZIP 2005, 205; *Hüffer*, § 119 Rn 21.
57 OLG Düsseldorf ZIP 2005, 300 = DB 2005, 657 = NZG 2005, 317; OLG Düsseldorf AG 2005, 480; *Hüffer*, § 119 Rn 21, 26; *Pluskat*, EWiR 2005, 275; *Grunewald*, ZIP 2004, 542; *Henze* in: FS Raiser, 2005, S. 145, 146.
58 Vgl OLG Düsseldorf ZIP 2005, 300 = DB 2005, 657 = NZG 2005, 317.
59 VG Frankfurt aM ZIP 2002, 1446 = DB 2002, 1986 = WM 2002, 1658; VG Frankfurt aM NJW-RR 2002, 480 = AG 2003, 218, jeweils zu § 43 Abs. 4 BörsG aF.
60 So auch noch VG Frankfurt aM ZIP 2002, 1446 = DB 2002, 1986 = WM 2002, 165; VG Frankfurt aM NJW-RR 2002, 480 = AG 2003, 218; ebenso: *Hüffer*, § 119 Rn 22 mwN; aA *Göckeler* in: Beck'sches Handbuch der AG, 2004, § 26 Rn 20, der sein abweichendes Ergebnis jedoch selbst für verfassungsrechtlich bedenklich hält.
61 VG Frankfurt aM ZIP 2013, 1886; ebenso *Schmidt*, EWiR 2013, 673 f.
62 BGH DB 2013, 2672 = ZIP 2013, 2254.
63 Äußerung des 8. Revisionssenats des BVerwG gegenüber dem BVerfG vom 9. August 2010, BVerwG 8 St. 1.10 und 2.10, S. 2 ff, n.v.
64 Vgl *Thomale*, ZGR 2013, 686, 711 ff.
65 VG Frankfurt aM ZIP 2002, 1446 = DB 2002, 1986 = WM 2002, 165; VG Frankfurt aM NJW-RR 2002, 480 = AG 2003, 218, jeweils zu § 43 Abs. 4 BörsG aF.
66 In der RegBegr. heißt es, die Tätigkeit der Zulassungsstelle "dient damit den Belangen der Anleger in ihrer Gesamtheit und nicht dem Schutz einzelner Anleger", BR-Drucks. 936/01, zu § 30 Abs. 5.
67 Vgl *Holzborn/Schlößer*, BKR 2002, 486; *Streit*, ZIP 2002, 1279.

18 **2. Gesellschaftsrechtliche Fragen.** Neben dem verwaltungsgerichtlichen Rechtsschutz konnten die von einem regulären Delisting betroffenen Aktionäre auch zivilrechtlich gegen dieses vorgehen. Grundlegend war die Entscheidung des BGH in Sachen „Macrotron".[68] In der Praxis wird das **reguläre Delisting** abgegrenzt vom sog. **Downgrading**, bei dem die Börsennotierung wechselt vom regulierten Markt in den Freiverkehr (insb. M: Access der Börse München oder Entry Standard an der Frankfurter Wertpapierbörse). Nach der Rspr sollte die „Macrotron"-Rechtsprechung auf das Downgrading keine Anwendung finden, da in den genannten Börsensegmenten ein funktionsfähiger Markt mit Schutzmechanismen garantiert sei, die denen des regulierten Marktes ausreichend stark angenähert seien.[69] Anlässlich eines Downgrading-Falles in Sachen „Frosta" hat der BGH 2013 von seiner Rechtsprechung Abstand genommen und versagt nunmehr sowohl für das reguläre Delisting als auch für das Downgrading den Aktionären jedweden gesellschaftsrechtlichen Rechtsschutz.[70] Dessen ungeachtet sind die zum Schutz der Aktionäre weiterhin gebotenen Grundsätze der „Macrotron"-Rechtsprechung uE auch einfachgesetzlich herzuleiten (vgl Rn 19). Bis zur „Frosta"-Entscheidung war die – uE weiterhin richtige[71] – Rechtsprechungspraxis wie folgt (die bisherige Rechtspraxis könnte ohne Verstoß[72] gegen § 23 Abs. 5 in der Satzung normiert werden):

19 **a) Hauptversammlungszuständigkeit.** Über § 38 Abs. 4 BörsG hinaus erforderte ein reguläres Delisting nach Maßgabe der „Macrotron"-Rechtsprechung einen HV-Beschluss.[73] Betrifft das Delisting Vorzugsaktien, sollte es keines Sonderbeschlusses nach § 243 Abs. 3 bedürfen[74] (vgl zur Parallelfrage beim Squeeze-out § 327a Rn 23). Die HV-Zuständigkeit ergab sich nach zutreffender früherer Auffassung des BGH daraus, dass der Wegfall der Börsennotierung die innere Gesellschaftsstruktur veränderte und in Ansehung der „Holzmüller"- und „Gelatine"-Rechtsprechung des BGH eine Geschäftsführungsmaßnahme iS des § 119 Abs. 2 sei, die die Zustimmung der HV erforderte.[75] UE kann es kaum einen Zweifel unterliegen, dass Listing und Delisting keine normalen Geschäftsführungsangelegenheiten sind; denn es wird nicht das Geschäft der AG geführt, sondern für die Anteile an der AG ein Markt geschaffen oder ganz wesentlich geändert. Das ist eine Angelegenheit, die die Aktionäre unmittelbar betrifft und nur reflexartig Auswirkung auf die AG hat. Der BGH begründete seine „Macrotron"-Entscheidung im Wesentlichen verfassungsrechtlich mit dem Schutz des Aktieneigentums der Aktionäre gemäß Art. 14 GG.[76] Das BVerfG teilte diese Sicht jedoch nicht und entzog der „Macrotron"-Rechtsprechung für die Praxis die verfassungsrechtliche Grundlage, wertete sie jedoch als zulässige richterliche Rechtsfortbildung.[77] Inhaltlich greift die verfassungsrechtliche Bewertung des Delisting durch das BVerfG uE zu kurz: Art. 14 Abs. 1 GG schützt das Aktieneigentum in der konkreten Ausprägung der Beteiligung an einer börsennotierten Gesellschaft. Daher stellt nicht nur die mit dem Delisting verbundene Beeinträchtigung der **Fungibilität des Eigentums**,[78] die das Wesen des konkret vom Delisting betroffenen Aktieneigentums von Grund auf verändert, einen am Grundgesetz zu messenden Eingriff in das Eigentum dar. Allein auf den Eingriff in die bessere oder schlechtere Verkehrsfähigkeit von Aktien stellt das BVerfG in seinem Delisting-Beschluss vom Juli 2012 ab.[79] Dabei darf man aber nicht stehen bleiben: Viel entscheidender ist uE, dass die Beseitigung der Börsennotierung die Qualität des Aktieneigentums grundlegend verändert. Denn die Aktionäre verlieren durch die Aufhebung der Börsenno-

---

[68] BGHZ 153, 47 (Macrotron) = DB 2003, 544 mAnm. *Heidel* = NJW 2003, 1032 = ZIP 2003, 387; vgl aus der umfangreichen Literatur dazu zB *K. Schmidt*, NZG 2003, 601; *Krämer*, AG 2003, 225; *Weißhaupt*, AG 2004, 585; *Habersack*, AG 2005, 137; *Reichert*, AG 2005, 150; *Schwichtenberg*, AG 2005, 911; *Schüppen*, Bank 2003, 400; *Adolff*, BB 2003, 797; *Pluskat*, EWiR 2005, 275; *Lutter*, JZ 2003, 684; *Henze*, NJG 2003, 649; *Wilsing*, WM 2003, 1110.

[69] LG München BB 2007, 2253 = NZG 2007, 951 = WM 2007, 2154 = ZIP 2007, 2143, bestätigt von OLG München AG 2008, 674 = BB 2008, 1309 = NZG 2008, 755 = WM 2008, 1602 = ZIP 2008, 1137; KG AG 2009, 697 = WM 2009, 1504; *Linnerz*, EWiR 2009, 603; *Holzborn*, WUB I G 7 Börsen- und Kapitalmarktrecht 2.09; *Feldhaus*, BB 2008, 1307; dagegen kritisch *Paefgen/Hörtig*, WUB I G 7 Börsen- und Kapitalmarktrecht 1.08; vgl auch OLG Zweibrücken BB 2007, 2199 = Der Konzern 2007, 683 = NZG 2007, 908 = ZIP 2007, 2438 = AG 2007, 913. Das BVerfG hat die Rspr 2012 bestätigt, AG 2012, 557 = NJW 2012, 3081 = ZIP 2012, 1402; vgl dazu *Kiefner/Gillessen*, AG 2012, 645; *Heldt/Royé*, AG 2012, 660; *Axel Goetz*, BB 2012, 2767; *Norbert Goetz*, SdK-Extra, AnlegerPlus 08/2012, 49 ff; *Bungert/Wettlich*, DB 2012, 2265; *Schatz*, EWiR 2012, 483; *Wackerbarth*, WM 2012, 2077; *Habersack*, ZHR 176 (2012), 463; *Drygala/Staake*, ZIP 2013, 905; vgl vor der Entscheidung *Heidel/Lochner*, AG 2012, 169.

[70] BGH BB 2013, 2672 = ZIP 2013, 2254.
[71] Vgl *Bayer/Hoffmann*, AG-Report 2013, R 371.
[72] *Schockenhoff*, ZIP 2013, 2429, 2434.
[73] BGHZ 153, 47 (Macrotron) = DB 2003, 544 mAnm. *Heidel* = NJW 2003, 1032 = ZIP 2003, 387; *Land/Behnke*, DB 2003, 2531; *Pluskat*, WM 2002, 833, 834 f; *Hellwig*, ZGR 1999, 781, 799; *Kleindiek*, in: FS Bezzenberger, S. 655; *Lutter*, in: FS Zöllner, S. 380; *Steck*, AG 1998, 460, 462; *Schwark/Geiser*, ZHR 161 (1997), 739, 761; *Henze* in: FS Raiser, 2005, 145, 146; *Geyrhalter/Zirngibl*, DStR 2004, 1048, 1051; aA *Krämer/Theiß*, AG 2003, 225, 236 ff; *Martinius/Schiffer*, DB 1999, 2460, 2461; *Mülbert*, ZHR 165 (2001), 105, 139; *Bungert*, DB 2000, 53; *Wirth/Arnold*, ZIP 2000, 111, 113.
[74] OLG Celle AG 2008, 858 = ZIP 2008, 1874.
[75] BGHZ 153, 47 (Macrotron) = DB 2003, 544 mAnm. *Heidel* = NJW 2003, 1032 = ZIP 2003, 387; *Hüffer*, § 119 Rn 24; *Henze*, in: FS Ulmer, 2003, S. 211, 242; *Wirth/Arnold*, ZIP 2000, 111, 114 f; *Lutter/Leinekugel*, ZIP 1998, 805, 806.
[76] BGHZ 153, 47 (Macrotron) = DB 2003, 544 = NJW 2003, 1032.
[77] BVerfGE 132, 99 = AG 2012, 557 = NJW 2012, 3081.
[78] Vgl *Zetzsche*, NZG 2002, 1065, 1068, wonach sich das Brokerage mit börsennotierter Werte über das Internet noch im embryonalen Stadium befindet.
[79] BVerfG 132, 99 = AG 2012, 557 = NJW 2012, 3081.

tierung allen aktien- und kapitalmarktrechtlichen Schutz, den die Börsennotierung mit sich bringt.[80] Wie der BGH noch in seiner „Macrotron"-Entscheidung richtig feststellte, kann ein derartiger Eingriff nicht zur alleinigen Disposition der Verwaltung der Gesellschaft stehen, sondern bedarf einer Aktionärsentscheidung durch HV-Beschluss.[81] Daran hält der BGH uE zu Unrecht aber nicht mehr fest. Obwohl im Nachgang zu der Entscheidung des BVerfG in der Literatur mehrere Modelle entwickelt wurden, die die „Macrotron"-Rechtsprechung *de lege lata* auch einfachgesetzlich überzeugend begründen,[82] verwarf der BGH in Sachen „Frosta" all diese Modelle und vertrat die Auffassung, dass es *de lege lata* keinen Raum für die Aufrechterhaltung der „Macrotron"-Grundsätze gebe.[83] Das eröffnet die Frage, welche Folgen die Abkehr des BGH von der über 10 Jahre dauernden Rechtsprechungspraxis für die Dutzenden laufenden Spruchverfahren hat, die an ein Delisting anknüpfen: Einige Anmerkungen zur „Frosta"-Entscheidung gelangen zu dem uE vorschnellen Schluss, dass alle noch laufenden Verfahren als unzulässig zurückzuweisen seien.[84] Diese Autoren berücksichtigen jedoch nicht, dass es sich bei der „Macrotron"-Rechtsprechung nicht nur um eine bloße Gesetzesauslegungspraxis handelt, bei deren Aufgabe kein Vertrauensschutz bestünde. Nach den Feststellungen des BVerfG sind die von den Spruchgerichten angewendeten „Macrotron"-Grundsätze eine verfassungsrechtlich zulässige richterliche Rechtsfortbildung.[85] Diese haben normativen Charakter, da sie die unmittelbar verhaltensleitenden Standards in einem gesellschaftsrechtlich überhaupt nicht normierten Bereich gesetzt haben, die Rechtsprechung und Rechtspraxis über ein Jahrzehnt lang übernommen haben. Durch die „Frosta"-Entscheidung ändert sich also nicht bloß die herrschende Interpretation eines Gesetzestextes, sondern die geltenden Rechtsregeln selbst. Diese geänderten Rechtsregeln hatten bislang eine 100 %ige Breitenwirkung und haben alle an Delistings Beteiligten zu vertrauensinduzierten Dispositionen veranlasst, wozu auch der wirtschaftliche Aufwand betroffener Aktionäre in prozessual aufwendige, regelmäßig viele Jahre dauernde Spruchverfahren zählt.

Mit Rücksicht darauf muss für die Aufgabe der Rechtsregeln ein **Vertrauensschutz** gelten, wobei uE wie folgt zu differenzieren ist: Anknüpfungspunkt für eine Schutzwürdigkeit der Antragsteller muss der für das jeweilige Spruchverfahren maßgebliche Stichtag sein. Liegt dieser vor der Veröffentlichung der „Macrotron"-Entscheidung (25.11.2002), so sind die Antragsteller nicht schutzwürdig, da sie zum Stichtag nicht darauf vertrauen konnten, dass ein Spruchverfahren eröffnet sein würde. Liegt der Stichtag nach der Entscheidung des BVerfG zum Delisting (11.7.2012), so sind auch diese Antragsteller nicht schutzwürdig, da das BVerfG zwar nicht die „Macrotron"-Grundsätze für unzulässig erklärt, ihnen aber die vom BGH angeführte verfassungsrechtliche Begründung entzogen hatte, so dass eine künftige Abkehr des BGH von den „Macrotron"-Grundsätzen denkbar erschien. Für die übrigen Spruchverfahren muss nach den anerkannten Grundsätzen für die Begrenzung einer Rückwirkung mit Rücksicht auf die Schutzwürdigkeit der auf die höchstrichterliche Rechtsprechung aufbauenden Erwartungen der Normadressaten ein Vertrauensschutz gelten,[86] so dass diese Spruchverfahren fortzuführen sind. Für alle anderen Fälle bedeutet die Rechtsprechungsänderung die Erledigung des Verfahrens, da der nach der höchstrichterlichen Rechtsprechung anerkannte Anspruch und zugleich die Zulässigkeitsvoraussetzung für das Spruchverfahren nachträglich entfallen ist,[87] so wie dies bei der rückwirkenden Änderung von Gesetzen[88] oder auch dann der Fall ist, wenn durch eine Änderung einer etablierten Rechtsprechung zu Lasten des Beklagten seiner Verteidigung der Boden entzogen wird und er anerkennt[89]. Dies gilt jedenfalls in den Fällen, in denen Hauptaktionär oder AG den Aktionären ausdrücklich ein gerichtlich überprüfbares Abfindungsangebot unterbreitet und die Aktionäre von der Überprüfungsmöglichkeit Gebrauch gemacht haben. Ein vor Beendigung des Spruchverfahrens abgegebenes befristetes, aber abgelaufenes Abfindungsangebot kann nach der „Frosta"-Entscheidung nach Beendigung des Spruchverfahrens nicht mehr angenommen werden.[90]

---

80 Vgl *Heidel/Lochner*, AG 2012, 169.
81 BGHZ 153, 47 (Macrotron) = DB 2003, 544 = NJW 2003, 1032 = ZIP 2003, 387; ebenso *Hüffer*, § 119 Rn 24; *Adolff/Tieves*, BB 2003, 797, 800; *Streit*, ZIP 2003, 392, 394; *Schärf*, GesRZ 1995, 44, 49.
82 *Drygala/Staake*, ZIP 2013, 905, 912; *Wackerbarth*, WM 2012, 2077, 2079; *Klöhn*, NZG 2012, 1041, 1045; *Habersack*, ZHR 176 (2012), 463, 464 f.
83 BGH DB 2013, 2672 = ZIP 2013, 2254.
84 *Arnold/Rothenburg*, DStR 2014, 150, 155; *Wieneke* NZG 2014, 22, 25.
85 BVerfGE 132, 99 = NZG 2012, 826.
86 Vgl grundlegend *Herdegen*, WM 2009, 2202, 2205 ff mwN.
87 *Mensel/Klie*, GWR 2013, 505, 508 nehmen demgegenüber an, nach allgemeinen Regeln „müssten" die Verfahren nunmehr unzulässig sein, da mangels Abfindungspflicht das Verfahren „nicht (bzw nicht mehr) statthaft ist"; ähnlich *Götze*, in Rechtsboard Handelsblatt v. 18.11.2013.
88 *Zöller/Vollkommer*, ZPO, § 91 a Rn 58 Stichwort Gesetzesaufhebung; *Stein/Jonas/Bork*, ZPO, § 91 a Rn 63: „Erledigt sich der Rechtsstreit durch eine Gesetzesänderung, so hat die Kosten grundsätzlich derjenige zu tragen, der ohne die Gesetzesänderung unterlagen wäre." Die Parallele zur Nichtigerklärung von Gesetzen durch das BVerfG (vgl dazu BVerfGE 66, 152, 153; BGH NJW 1965, 296) ist nicht einschlägig, da die Macrotron-Rspr. nicht etwa verfassungswidrig war.
89 OLGR Celle 2002, 125 im Falle der geänderten Rspr. des BGH zur Haftung von GbR-Gesellschaftern; vgl demgegenüber BGH NJW 2004, 1665 = WM 2004, 1048.
90 LG Frankfurt 20.1.2013 - 3 -5 O 212/13, LaReDA Hessen (demnächst).

20 **b) Erforderliche Mehrheit.** Nach einem *obiter dictum* des BGH in Sachen „Macrotron" erforderte die HV-Ermächtigung zum Delisting einfache Mehrheit, § 133 Abs. 1.[91] Die Literatur verlangte demgegenüber überwiegend eine **satzungsändernde Mehrheit** entsprechend § 179 Abs. 2.[92]

21 **c) Abfindung, Spruchverfahren.** Das reguläre Delisting erforderte nach der „Macrotron"-Rechtsprechung des BGH zum Schutz der Minderheitsaktionäre, dass diesen der Wert ihrer Aktien durch Abfindung ersetzt wird und sie die Richtigkeit der Wertbemessung gerichtlich überprüfen können; dies sollte im Spruchverfahren in entsprechender Anwendung des SpruchG erfolgen.[93] Die Entscheidung im Spruchverfahren sollte den Wert der Aktien für alle Aktionäre verbindlich festlegen. Anspruchs- und Antragsberechtigung sollte nicht davon abhängen, ob die Aktionäre auf der HV einen Widerspruch gegen den Delisting-Beschluss eingelegt haben.[94] Für die **Antragstellung beim Spruchverfahren** galt die **Dreimonatsfrist** gem. § 4 SpruchG beginnend mit der Veröffentlichung des Widerrufs der Börsennotierung in den Börsenpflichtblättern.[95]

22 **d) Missbrauchskontrolle.** Nach Auffassung des BGH in Sachen „Macrotron" bedurfte der HV-Beschluss ebenso wie beim Squeeze-out (vgl § 327 a Rn 13) **keiner sachlichen Rechtfertigung**.[96] Gleichwohl unterlag der HV-Beschluss wie beim Squeeze-out (vgl § 327 a Rn 14 ff) der **Missbrauchskontrolle**.[97] Nach allgemeinen Grundsätzen waren die Kläger bezüglich missbräuchlicher Handhabung darlegungs- und beweispflichtig.

23 **e) Informations- und Prüfungspflichten.** Dem Informationsbedürfnis der Minderheitsaktionäre war nach Maßgabe der „Macrotron"-Rechtsprechung nach **§ 124 Abs. 4 S. 2 AktG analog** dadurch zu entsprechen, in der Einberufung der HV die Einzelheiten des Widerrufsantrages und das Abfindungsangebot bekannt zu geben;[98] ein Vorstandsbericht entsprechend § 186 Abs. 4 S. 2 soll beim regulären Delisting nicht erforderlich sein.[99] Obwohl schon angesichts des verwaltungsrechtlichen Rechtsschutzes, auf den der BGH die vom Delisting betroffenen Aktionäre verweist, weiterhin ein Informationsbedürfnis besteht, dürfte in der Rechtspraxis künftig eine Hauptversammlung als Anknüpfungspunkt für Informationspflichten analog § 124 Abs. 4 S. 2 AktG und für das Fragerecht nach § 131 AktG regelmäßig wegfallen. Daher sind die Aktionäre bezüglich der Voraussetzungen des Delisting, sofern im Vorfeld des Squeeze-out keine HV stattfindet, nicht mehr hinreichend durch die **Fragerechte nach § 131** geschützt, ihnen bleibt typischerweise nur die Auskunft zumal in Zusammenhang mit Entlastungsbeschlüssen (vgl § 131 Rn 85, Stichwort „Delisting").

24 **f) Umsetzung des Ermächtigungsbeschlusses.** Eine gesetzliche Frist für die Umsetzung eines etwaigen Ermächtigungsbeschlusses entsprechend § 73 Abs. 1 Nr. 8 oder § 202 Abs. 2 AktG besteht nicht; die HV kann die Ermächtigung befristen. Ohne solches obliegt die Entscheidung über das Ob und Wann des Delisting in den Grenzen von § 93 Abs. 1 (vgl dort Rn 73 ff, 126 ff) der unternehmerischen Handlungsfreiheit des Vorstandes. Wurde bis zur nächsten ordentlichen HV von der Ermächtigung noch kein Gebrauch gemacht, so kann diese beschließen, die Ermächtigung aufrechtzuerhalten oder zu widerrufen.[100]

24a **g) De lege ferenda.** Nachdem die Bundesregierung im Gesetzgebungsverfahren zum UMAG die gebotenen Bestrebungen des Bundesrates, das Delisting in den Katalog von § 1 SpruchG aufzunehmen, mit der uE für einen Gesetzgeber fragwürdigen Erwägung zurückgewiesen hatte, man wolle zunächst den Abschluss der Meinungsbildung in Rechtsprechung und Lehre abwarten,[101] hat nun der BGH mit seiner „Frosta"-Entscheidung[102] dem Gesetzgeber den Ball zurückgespielt.[103] In jüngerer Zeit ist nicht zuletzt aufgrund von

---

91 BGHZ 153, 47 (Macrotron) = DB 2003, 544 = NJW 2003, 1032 = ZIP 2003, 387.
92 Heidel, DB 2003, 548, 549; *Pluskat*, WM 2002, 833, 835; *Lutter* in: FS Zöllner, 1998, Bd. 1, S. 363, 380; *Altmeppen*, DB 1998, 49, 51; *Steck*, AG 1998, 460, 462; *Hellwig*, ZGR 1999, 781, 799; *Vollmer/Grupp*, ZGR 1995, 459, 480.
93 BGHZ 153, 47 (Macrotron) = DB 2003, 544 mAnm. *Heidel* = NJW 2003, 1032 = ZIP 2003, 387; BayObLGZ 2004, 200 = ZIP 2004, 1952 = NZG 2004, 1111; OLG Zweibrücken ZIP 2004, 1666 = NZG 2004, 872 = DB 2004, 2311; LG München I DB 2004, 395.
94 KG ZIP 2007, 2352, 2354 = WM 2008, 125 = BB 2008, 354 = AG 2008, 295, im Anschluss an *Fritzsche/Dreier/Verfürth*, SpruchG, 2004, § 3 Rn 49; *Krolop*, Der Rückzug vom organisierten Kapitalmarkt (Delisting), 2005, S. 265; *ders.*, NZG 2005, 546, 547; aA BayObLG ZIP 2005, 205, 210 (obiter) = NZG 2005, 312 = AG 2005, 288 = Der Konzern 2005, 243; vgl auch LG Köln ZIP 2004, 220, 222, jeweils zum sog kalten Delisting.
95 OLG Zweibrücken ZIP 2004, 1666 = NZG 2004, 872 = DB 2004, 2311; LG München I DB 2004, 476, 478 = NZG 2004, 193; *Klöcker/Frowein*, SpruchG, § 4 Rn 10; *Heidel*, DB 2003, 548, 551; *Land/Behnke*, DB 2003, 2531, 2534.
96 BGHZ 153, 47 (Macrotron) = DB 2003, 544 mAnm. *Heidel* = NJW 2003, 1032 = ZIP 2003, 387; *Hüffer*, § 119 Rn 24; *Hellwig*, ZGR 1999, 781, 800; *Zetzsche*, NZG 2000, 1065, 1067.
97 BGHZ 153, 47 (Macrotron) = DB 2003, 544 mAnm. *Heidel* = NJW 2003, 1032 = ZIP 2003, 387.
98 BGHZ 153, 47 (Macrotron) = DB 2003, 544 mAnm. *Heidel* = NJW 2003, 1032 = ZIP 2003, 387.
99 BGHZ 153, 47 (Macrotron) = DB 2003, 544 mAnm. *Heidel* = NJW 2003, 1032 = ZIP 2003, 387; OLG Stuttgart AG 2009, 124; *Hüffer*, § 119 Rn 24; aA *Mutter*, EWiR 2002, 459, 460; *Pluskat*, WM 2002, 833, 835.
100 BGHZ 153, 47 (Macrotron) = DB 2003, 544 mAnm. *Heidel* = NJW 2003, 1032 = ZIP 2003, 387.
101 Stellungnahme des Bundesrats vom 26.09.2006 und Gegenäußerung der Bundesregierung, BT-Drucks 16/2919, 25, 28.
102 BGH BB 2013, 2672 = ZIP 2013, 2254.
103 *Schockenhoff*, ZIP 2013, 2429, 2433; *Bayer/Hoffmann*, AG-Report 2013, R 371, 374.

Äußerungen von Senatsmitgliedern festzustellen, dass es der 2. Zivilsenat zunehmend ablehnt, als „Reparaturanstalt" des Gesetzgebers zu fungieren, und den Gesetzgeber auf seine legislatorischen Pflichten verweist. Vielleicht ist das rechtspolitisch sogar richtig so: Das Beispiel der „Macrotron"-Rechtsprechung zeigt, wie wenig der Praxis im Ergebnis damit geholfen ist, wenn Probleme nur im Wege der richterlichen Rechtsfortbildung anstatt legislatorisch gelöst werden. Während gesetzliche Änderungen zum Schutz der Beteiligten Übergangsregelungen vorsehen, kann eine plötzliche Änderung der Rechtsprechung in der Praxis katastrophale Folgen haben, wie etwa im Falle des Delisting, da durch die Aufgabe der „Macrotron"-Rechtsprechung Aktionäre, die womöglich bereits viele Jahre ein Spruchverfahren mit großem Aufwand führen, praktisch rechtlos gestellt werden, oder diese sonst in ihre erworbene Vermögensposition eingreift, da die Abfindung beim Delisting in den Kurs der Aktien an der Börse „eingepreist" war. Gerade diese Folgen zeigen auf, dass nunmehr der Gesetzgeber gefordert ist, den bislang durch Analogie begründeten Ausgleich der widerstreitenden Interessen rasch durch eine entsprechende Novelle zu realisieren. *Bayer* weist mit Recht auf das unerträgliche Risiko hin, dass nach „Frosta" die Beteiligung an einer (noch) börsennotierten AG für die Aktionäre zur Falle werden könne: Ihnen drohte nämlich, sich ungewollt plötzlich in einer geschlossenen AG wiederzufinden, aus der sie – wenn überhaupt – nur noch zu den Konditionen des Großaktionärs herauskommen.[104] Zwar sind die Grundsätze der "Macrotron"-Rechtsprechung nach Auffassung des BVerfG nicht verfassungsrechtlich geboten,[105] und der BGH hat in „Frosta" die Auffassung vertreten, dass sich „Macrotron" *de lege lata* auch nicht einfachgesetzlich begründen lasse.[106] Das ändert aber nichts an dem Umstand, dass eine Absicherung im Falle eines Delisting weiterhin zum Schutz der Anleger erforderlich bleibt. So zeigt die „Frosta"-Entscheidung durch die dortige Aufzählung von Normen eindrucksvoll, dass im regulierten Markt gelistete Aktien einem ganz anderen Normenregime unterstehen als solche, die zB nur im Freiverkehr oder gar nicht gelistet sind. Dieses für im regulierten Markt gelistete Aktien geltende Normenregime und die damit einhergehende Kontrolle durch die BaFin zumal der Preisbildung führt zugleich zu einer relativen Sicherheit von Anlegern vor Marktmanipulationen, die im Freiverkehr Gang und Gäbe sind.[107] Auch fragt sich, wie man es denn künftig rechtfertigen will, zur Wertbestimmung von Aktien den Börsenkurs im Sinne eines Marktpreises als maßgeblich zu betrachten,[108] wenn man gleichzeitig einem Delisting die Natur einer tiefgreifenden Veränderung der Aktie und damit der Börsennotierung absprechen will, eine wesentliche Eigenschaft der Aktie zu sein. Es besteht daher dringender Handlungsbedarf des Gesetzgebers, um klarzustellen, dass ein Delisting eine tiefgreifende Umgestaltung der Aktie ist, die eine Entscheidung der Aktionäre erfordert und den außenstehenden Aktionären einen im Spruchverfahren überprüfbaren und ggf erstmals festsetzbaren Abfindungsanspruch gibt.

III. Kaltes Delisting. Das unechte bzw kalte Delisting, dh Wegfall der Börsennotiz oder Verlust der Börsenfähigkeit (vgl Rn 16), erfordert auch *de lege lata* einen HV-Beschluss. Dies folgt aus den einschlägigen Gesetzesregelungen wie zB §§ 179a Abs. 1, 320 Abs. 1 AktG, §§ 13, 65 UmwG. Die übrigen Erfordernisse eines kalten Delisting ergeben sich insbesondere hinsichtlich der notwendigen Information der Minderheitsaktionäre, der (Mehrheitserfordernisse) bei der Beschlussfassung der Abfindungsansprüche ebenfalls grundsätzlich aus den gesetzlichen Regelungen, da der Wegfall der Börsennotiz bzw Verlust der Börsenfähigkeit beim kalten Delisting dem Grunde nach nur gesetzliche Nebenfolge ist. Der Grundrechtseingriff beim kalten Delisting ist aus der Sicht der betroffenen Minderheitsaktionäre mindestens ebenso tiefgreifend wie beim regulären Delisting. Für die Praxis nicht mehr aufrecht erhalten lässt sich nach der „Frosta"-Entscheidung des BGH[109] die Auffassung, dass die **Schutzlücken durch Analogien zu schließen seien,**[110] falls die gesetzlichen Regelungen der beim kalten Delisting durchgeführten Maßnahme nicht den zum regulären Delisting vom BGH in Sachen „Macrotron" aufgestellten Anforderungen, insbesondere hinsichtlich der Abfindungsansprüche und ihrer gerichtlichen Durchsetzbarkeit, entsprechen sollten (vgl Rn 18 ff). Auf dieser Grundlage sollte zB bei Verschmelzung auf eine nicht börsennotierte AG § 29 Abs. 1 S. 2 UmwG[111] sinngemäß und für die Antragstellung die **Dreimonatsfrist** gem. § 4 SpruchG gelten.[112]

---

104 *Bayer/Hoffmann*, AG-Report 2013, R 371.
105 BVerfGE 132, 99 = AG 2012, 557 = NJW 2012, 3081.
106 BGH BB 2013, 2672 = ZIP 2013, 2254.
107 *Heidel/Lochner*, AG 2012, 169.
108 Vgl BGH DB 2001, 969, 971 (DAT/Altana) mit Anm. *Meilicke/Heidel* = ZIP 2001, 734.
109 BGH BB 2013, 2672 = ZIP 2013, 2254.
110 OLG Düsseldorf ZIP 2005, 300 = DB 2005, 657 = NZG 2005, 317; *Hüffer*, § 119 AktG Rn 26.
111 OLG Düsseldorf ZIP 2005, 300 = DB 2005, 657 = NZG 2005, 317; *Hüffer*, § 119 AktG Rn 26; *Henze* in FS Raiser, 2005, 145, 162.
112 OLG Düsseldorf ZIP 2005, 300 = DB 2005, 657 = NZG 2005, 317; vgl auch OLG Zweibrücken ZIP 2004, 1666 = NZG 2004, 872 = DB 2004, 2311; LG München I DB 2004, 476, 478 = NZG 2004, 193; zum regulären Delisting.

F. Verschmelzungsrechtlicher Squeeze-out

26 Der verschmelzungsrechtliche Squeeze-out wurde 2011 eingeführt durch das Dritte Gesetz zur Änderung des Umwandlungsgesetzes.[113] Es handelt sich dabei um die **privilegierte Variante des aktienrechtlichen Squeeze-out** im Zuge einer Konzernverschmelzung, § 62 Abs. 5 UmwG. Grundsätzlich gelten nach § 62 Abs. 5 S. 8 die §§ 327a bis 327f, soweit sie nicht durch die Regelung des § 62 Abs. 5 UmwG modifiziert werden. Anders als beim aktienrechtlichen Squeeze-out muss die Hauptaktionärin selbst eine AG sein und eine Konzernverschmelzung gemäß § 62 Abs. 1 UmwG zur Aufnahme der Zielgesellschaft durchführen, § 62 Abs. 1 iVm Abs. 5 S. 1 UmwG. Nach Abschluss des Verschmelzungsvertrags kann die HV der Zielgesellschaft einen Übertragsbeschluss auf Übertragung der Aktien der übrigen Aktionäre auf die Hauptaktionärin fassen, wobei der Hauptaktionärin abweichend von § 327a Abs. 1 S. 1 AktG nur 90 % des Grundkapitals gehören muss, § 62 Abs. 5 S. 1 UmwG. Für die Fassung des Übertragungsbeschlusses gilt eine Frist von drei Monaten nach Abschluss des Verschmelzungsvertrages, § 62 Abs. 5 S. 1 UmwG. Der Verschmelzungsvertrag oder sein Entwurf müssen die Angabe enthalten, dass im Zusammenhang mit der Verschmelzung ein Ausschluss der Minderheitsaktionäre der übertragenden Gesellschaft erfolgen soll, § 62 Abs. 5 S. 2 UmwG. Aus § 62 Abs. 5 S. 3 iVm Abs. 3 UmwG folgt, dass bei einem verschmelzungsrechtlichen Squeeze-out die für die Konzernverschmelzung im Vorfeld der HV geltenden Auslagepflichten nach Abschluss des Verschmelzungsvertrags für die Dauer eines Monats zu erfüllen sind. Spätestens ab Beginn dieser Frist ist die Zuleitungspflicht des § 5 Abs. 3 UmwG an den Betriebsrat zu erfüllen. Der Verschmelzungsvertrag oder sein Entwurf sind gemäß § 327c Abs. 3 zur Einsicht der Aktionäre auszulegen, § 62 Abs. 5 S. 5 UmwG. Nach der HV soll der Übertragungsbeschluss gleichzeitig mit der Verschmelzung in das Handelsregister eingetragen werden; der Anmeldung des Übertragungsbeschlusses ist der Verschmelzungsvertrag in Ausfertigung oder öffentlich beglaubigter Abschrift oder sein Entwurf beizufügen, § 62 Abs. 5 S. 6 UmwG. Das Registergericht hat die Eintragung des Übertragungsbeschlusses gemäß § 62 Abs. 5 S. 7 UmwG mit dem Vermerk zu versehen, dass der Übertragungsbeschluss gleichzeitig mit der Eintragung der Verschmelzung im Register des Sitzes der übernehmenden AG wirksam wird.

27 Gegen die Regelungen des § 62 Abs. 5 S. 1 UmwG bestehen **verfassungsrechtliche Bedenken**. Mit Rücksicht auf den Schutz des Aktieneigentums der Minderheitsaktionäre nach Art. 14 Abs. 1 GG[114] kann es beim Squeeze-out immer nur darum gehen, eine kleine Restminderheit aus der Gesellschaft auszuschließen, die auf die Geschicke der Gesellschaft keinen Einfluss nehmen kann und ausschließlich aus dem Interesse der Vermögensanlage an der Gesellschaft interessiert ist. § 62 Abs. 5 S. 1 UmwG ermöglicht jedoch über den Kunstgriff der Konzernverschmelzung den Ausschluss von Aktionären mit einer Beteiligung von 10 % des Grundkapitals. Jedoch garantiert bereits eine 5%ige Beteiligung[115] an einer AG – erst recht eine Beteiligung von 10 %[116] – zahlreiche Aktionärsrechte mit gestalterischem, mitgliedsrechtlichem Einfluss. Zu berücksichtigen ist auch, dass ein Anteil von bis zu 10 % am Grundkapital bei Gesellschaften, deren Aktien sich entsprechend dem gesetzlichen Leitbild der Publikumsgesellschaft überwiegend im Streubesitz befinden, sogar zu einem dominanten Einfluss in der HV führen können und bei etlichen DAX-Unternehmen Beteiligungen zwischen 5–10 % die größten Einzelaktionäre darstellen. Das BVerfG argumentiert zum aktienrechtlichen Squeeze-out, dass mit Art. 14 Abs. 1 GG allein der zwangsweise Ausschluss von Kleinaktionären vereinbar sein kann, denen reale Einwirkungsmöglichkeiten auf die Unternehmensführung fehlen.[117] Die Billigung der 95 %-Quote des § 327a durch das BVerfG geschah ausdrücklich nur unter dem Vorbehalt einer möglicherweise abweichenden Beurteilung für den Fall, dass ein „Aktionär im Einzelfall ein weitergehendes, anerkennenswertes Interesse" an der Beteiligung habe.[118] Angesichts der zahlreichen durch den Gesetzgeber an eine Beteiligung von bis zu 10 % geknüpften Mitverwaltungsrechte, die den betreffenden Aktionären einen erheblichen unternehmerischen Einfluss auf die Geschicke der Gesellschaft vermitteln, ist es mit Art. 14 Abs. 1 GG nicht vereinbar, den Entzug einer bis zu 10%igen Beteiligung zuzulassen.

---

113 Art. 1 des Dritten Gesetzes zur Änderung des Umwandlungsgesetzes vom 11.7.2011, BGBl. I 2011, 1538.
114 BVerfG NJW 2001, 279, 281; im Fall „Moto-Meter" hielt der Großaktionär einen Anteil von 99 % des Grundkapitals.
115 Einberufung der HV und Ergänzung der Tagesordnung, § 122 Abs. 1, 2 AktG; ggf gerichtliche Bestellung eines Besonderen Vertreters, § 147 Abs. 2 AktG; Anfechtung des Beschlusses über die Verwendung des Bilanzgewinns, § 254 Abs. 2 AktG; Herbeiführung einer gerichtlichen Entscheidung über die abschließenden Feststellungen der Sonderprüfer, § 260 Abs. 1, 3 AktG; gerichtliche Bestellung bzw Abberufung von Abwicklern, § 265 Abs. 3 AktG.
116 Wenn ein außenstehender Aktionär mit 10 % des Grundkapitals vorhanden ist, treten folgende Rechte hinzu: Vetorecht beim Verzicht oder Vergleich über Ersatzansprüche der Gesellschaft, §§ 50 S. 1, 93 Abs. 4, 302 Abs. 3 S. 3, 309 Abs. 3 S. 1 AktG; gerichtliche Abberufung eines AR-Mitglieds, § 103 Abs. 3 S. 3 AktG; Recht, die Abstimmung über eine Einzelentlastung von Organmitgliedern zu verlangen, § 120 Abs. 1 S. 2 AktG; Recht, eine vorrangige Abstimmung über Wahlvorschläge von Aktionären bei AR-Wahlen zu verlangen, § 137 AktG; gerichtliche Bestellung eines Besonderen Vertreters, § 147 Abs. 2 S. 2 AktG.
117 BVerfG NJW 2007, 3268, 3270.
118 BVerfG NJW 2007, 3268, 3270.

Trotz dieser verfassungsrechtlichen Bedenken hat es das OLG Hamburg in Sachen „**Procon**" abgelehnt, dem BVerfG den Rechtsstreit zur Entscheidung vorzulegen.[119] Das OLG Hamburg hob darauf ab, dass das AktG auch einer Minderheit von 10 % keine wesentlichen Leitungsbefugnisse gewähre. Dies vermag jedoch nicht zu überzeugen, da „Minderheits"aktionäre schon definitionsgemäß keinen unternehmerischen Einfluss oder gar unternehmerische Herrschaft innehaben können, so dass nicht dies, sondern reale Einwirkungsmöglichkeiten das maßgebliche Kriterium für die Bestimmung der Grenze eines zulässigen Ausschlusses von Minderheiten bilden müssen – solche sind wie aufgezeigt bei einem Mindestwert von bis zu 10 % des Grundkapitals gegeben. 28

Obwohl die Einführung des verschmelzungsrechtlichen Squeeze-out in § 62 Abs. 5 UmwG seine Grundlage in der **Umsetzung der Verschmelzungsrichtlinie** findet, ist die komplette Ausgestaltung von § 62 Abs. 5 S. 1 UmwG keineswegs durch Unionsrecht determiniert. Der Erlass von § 62 Abs. 5 S. 1 beruht auf einer durch das Unionsrecht eingeräumten Option des Gesetzgebers.[120] Die Verschmelzungsrichtlinie verlangt für eine Verschmelzung durch Aufnahme einer Gesellschaft, an die die übernehmende Gesellschaft mindestens 90 % der Aktien hält, dass die Minderheitsaktionäre der übertragenden Gesellschaft das Recht haben, ihre Aktien von der übernehmenden Gesellschaft gegen ein wertgerechtes Entgelt abkaufen zu lassen (Andienungsrecht);[121] nach Art. 28 Abs. 2 der Richtlinie brauchen die Mitgliedstaaten das Andienungsrecht nicht einzuführen, wenn ihre nationalen Vorschriften die übernehmende Gesellschaft dazu berechtigen, einen Squeeze-out durchzuführen. Dies verdeutlicht, dass es keineswegs eine Pflicht gab, einen Squeeze-out auf Grundlage einer Schwelle von 90 % einzuführen. 29

Zu den **offenen Fragen** des verschmelzungsrechtlichen Squeeze-out gehört neben der Verfassungswidrigkeit bislang insb. die **Missbrauchskontrolle**. Für § 327 a AktG ist anerkannt, dass der aktienrechtliche Squeeze-out zwar keiner sachlichen Rechtfertigung bedarf, wohl aber einer Überprüfung daraufhin unterliegt, ob der Beschluss wegen besonderer Umstände einen missbräuchlichen und damit auch treuwidrigen Inhalt hat; das ist u.a. für den Fall anerkannt, dass ein Rechtsformwechsel mit dem Ziel der Ermöglichung eines Squeeze-out erfolgt (vgl § 327 a Rn 14 ff, 18). Dasselbe, was für den Fall eines Formwechsels der Zielgesellschaft in eine AG zum Zwecke der Durchführung eines Squeeze-out anerkannt ist, muss uE auch beim verschmelzungsrechtlichen Squeeze-out für den gezielten vorbereitenden **Rechtsformwechsel der Hauptaktionärin** in eine AG gelten. Der Gesetzgeber hat den privilegieren verschmelzungsrechtlichen Squeeze-out auf Fälle beschränkt, in denen nicht nur die Zielgesellschaft, sondern auch die Konzernobergesellschaft eine AG ist. Wird diese vom Gesetzgeber eingeführte Beschränkung dadurch umgangen, dass die Obergesellschaft zum Zweck der Durchführung eines verschmelzungsrechtlichen Squeeze-out in die Rechtsform der AG wandelt, begründet es den Vorwurf des Rechtsmissbrauchs. In Sachen Procon teilte die OLG Hamburg diese Auffassung jedoch nicht; der für den Fall des aktienrechtlichen Squeeze-outs anerkannten Missbrauchsfall des Formwechsels der Zielgesellschaft in die Rechtsform der AG zum Zwecke des Squeeze-outs, lasse sich nicht auf den Fall des gezielten Rechtsformwechsels der Hauptaktionärin übertragen; dem Gesetzgeber sei bei Schaffung des Rechtsinstituts die Möglichkeit es Formwechsels bekannt gewesen, und er habe keine Anforderungen an die Art und Weise der Entstehung der übernehmenden Gesellschaft gestellt, was es rechtfertige, den vorbereitenden Formwechsel als zulässige Gestaltung zur Erreichung eines verschmelzungsrechtlichen Squeeze-outs anzusehen.[122] In der Lit. wird dagegen von einigen Autoren die differenzierende Auffassung vertreten, ein Rechtsmissbrauch komme dann in Betracht, wenn eine Konzernvereinfachung oder -bereinigung im vorliegenden Fall von vornherein nicht denkbar sei[123] oder wenn die Gesamtumstände unter Einbeziehung der Vorbereitungshandlungen ausnahmsweise für die Annahme eines Rechtsmissbrauchs sprächen.[124] 30

§ 327 a Übertragung von Aktien gegen Barabfindung

(1) ¹Die Hauptversammlung einer Aktiengesellschaft oder einer Kommanditgesellschaft auf Aktien kann auf Verlangen eines Aktionärs, dem Aktien der Gesellschaft in Höhe von 95 vom Hundert des Grundkapitals gehören (Hauptaktionär), die Übertragung der Aktien der übrigen Aktionäre (Minderheitsaktionäre) auf den Hauptaktionär gegen Gewährung einer angemessenen Barabfindung beschließen. ²§ 285 Abs. 2 Satz 1 findet keine Anwendung.

---

119 ZIP 2012, 1347 = NZG 2012, 944 = AG 2012, 639; OLG Hamburg BB 2012, 2073, 2075 = AG 2012, 639.
120 Begründung des Regierungsentwurfs BT-Drucks. 17/3122, S. 12; *Bayer/J. Schmidt*, ZIP 2010, 939, 959 f; *Habersack/Verse*, Europäisches Gesellschaftsrecht, 4. Aufl., 2011, § 8 Rn 11.
121 Art. 28 Abs. 1 der Verschmelzungsrichtlinie 78/755/EWG idF der Änderungsrichtlinie 2009/109/EG.
122 OLG Hamburg AG 2012, 630 = BB 2012, 2073.
123 *Päcki*, ZGR 2011, 777, 800.
124 *Kiefner/Brügel*, AG 2011, 525, 534.

(2) Für die Feststellung, ob dem Hauptaktionär 95 vom Hundert der Aktien gehören, gilt § 16 Abs. 2 und 4.

Literatur:
Vgl die Angaben vor §§ 327 a ff AktG.

A. Regelungsgegenstand 1	4. Das Verlangen 11
B. Voraussetzungen des Squeeze-out 2	5. Materielle Rechtfertigung des Squeeze-out
I. Verlangen des Hauptaktionärs (Abs. 1 S. 1,	nicht erforderlich – Rechtsmissbrauch ... 13
Abs. 2) 3	II. Minderheitsaktionäre 19
1. Begriff „Hauptaktionär" 3	III. HV-Beschluss 21
2. Erwerb der 95 % 5	IV. Barabfindung 24
3. Berechnung der Anteilshöhe 8	V. AG oder KGaA (Abs. 1 S. 2) 25

A. Regelungsgegenstand

1 § 327 a ist die **Grundnorm für die Zulässigkeit des Squeeze-out**. Sie bestimmt mit (1) dem HV-Beschluss, (2) den Anforderungen an die Hauptaktionärseigenschaft und (3) der Barabfindung als Ausgleich für den Eigentumsverlust der Minderheitsaktionäre drei wesentliche Elemente der Zulässigkeit. § 327 a definiert darüber hinaus auch den **Anwendungsbereich der §§ 327 a ff;** nach Abs. 1 gelten diese nur für die AG oder die KGaA (vgl zur KGaA. Rn 25) sowie außerdem für die SE mit Sitz im Inland.[1] In der Vorgesellschaft kommt ein Squeeze-out nicht in Betracht.[2] Dagegen soll die Auflösung der AG (§ 262) einen Squeeze-out nicht hindern, da sie lediglich zur Änderung des Gesellschaftszwecks führe.[3] UE ist das unrichtig.[4] Denn der geänderte Gesellschaftszweck ist die Abwicklung der AG, während ein Squeeze-out deren Weiterführung ohne Minderheit bezweckt (vgl Vor §§ 327 a ff Rn 5). Eine **analoge Anwendung** der Squeeze-out-Regeln auf die GmbH und andere Gesellschaften außer AG und KGaA sowie SE (vgl Rn 25) scheidet aus; der Gesetzgeber hatte die Ausdehnung auf die GmbH ausdrücklich abgelehnt;[5] die Umwandlung einer anderen Gesellschaft in eine AG/KGaA zum alleinigen Zweck der Ermöglichung eines Squeeze-out kann rechtsmissbräuchlich sein (vgl Rn 18).

B. Voraussetzungen des Squeeze-out

2 Die Übertragung der Aktien der Minderheitsaktionäre auf den Hauptaktionär erfordert gem. Abs. 1 S. 1 einen darauf gerichteten Beschluss der HV, den der Hauptaktionär verlangt haben muss.[6]

3 **I. Verlangen des Hauptaktionärs (Abs. 1 S. 1, Abs. 2). 1. Begriff „Hauptaktionär".** Ein Squeeze-out bedingt ein Verlangen des Hauptaktionärs. Nach der **Legaldefinition** des Abs. 1 S. 1 ist dies ein Aktionär, dem mindestens 95 % des Grundkapitals gehören (vgl zur Zurechnung von Aktien Rn 9 f). Beim umwandlungsrechtlichen Squeeze-out (vgl vor § 327 a Rn 26 ff) sowie Squeeze-out auf Verlangen des Finanzmarktstabilisierungsfonds[7] beträgt das Quorum nur 90 %. Hauptaktionär kann grundsätzlich jeder sein, der die Aktien an der AG hält; Unternehmereigenschaft ist nicht erforderlich.[8] Der Gesetzgeber wählte die **95 %-Schwelle** nach dem Vorbild der Mehrheitseingliederung gem. § 320 Abs. 1 S. 1[9] und erteilte den mitunter niedrigeren Schwellenwerten vergleichbarer ausländischer Regelungen und Vorschlägen aus dem Schrifttum[10] eine Absage. Aus § 327 a Abs. 1 S. 1 folgt der **maßgebende Zeitraum,** zu dem die Hauptaktionärseigenschaft gegeben sein muss: uE vom Zeitpunkt des Verlangens bis zu dem der beschlussfassenden HV. Die Frage ist streitig: Die Auslegung schwankt zwischen der sog. einfachen Stichtagsbetrachtung, wonach es nur auf den

---

1 Art. 9 Abs. 1 lit. c.ii und Art. 10 SEVO.
2 Hüffer, Rn 6; Emmerich/Habersack, Rn 12; MüKo-AktG/Grunewald, Rn 4; K. Schmidt/Lutter/Schnorbus, Rn 2; Grigoleit/Rieder, Rn 14.
3 Hüffer, Rn 6; Emmerich/Habersack, Rn 12; MüKo-AktG/Grunewald, Rn 4; Buchta/Sasse, DStR 2004, 958, 960; BGH AG 2006, 887 = NZG 2006, 905 = ZIP 2006, 2080, gebilligt vom BVerfG 1. Senat 2. Kammer ZIP 2007, 2121 = WM 2007, 2199 = AG 2008, 27.
4 KölnKomm-AktG/Koppensteiner, Rn 2.
5 Vgl Neye, in: Hirte (Hrsg.), S. 25, 28; Spindler/Stilz/Singhof, Rn 6; im Erg. ebenso Grigoleit/Rieder, Rn 14.
6 Vgl zur Vorbereitung und Durchführung der Hauptversammlung die praxisorientierten Darstellungen bei Happ, Aktienrecht, 17.02, S. 1697 ff; Riemher in: MüAnwHb Aktienrecht, 2005, § 44; Vossius, ZIP 2002, 511 ff.
7 Vgl § 12 Abs. 4 S. 1 FMStBG, vgl zur Verfassungsmäßigkeit dieser Regelung OLG München ZIP 2011, 1955, 1956 = WM 2011, 2048.
8 Grigoleit/Rieder, Rn 16.
9 BegrRegE, BT-Drucks. 14/7034, S. 72 = ZIP 2001, 1262, 1295.
10 Eine 90 %ige Beteiligungsschwelle besteht zB nach österreichischem, britischem, dänischem und finnischem Recht und findet sich als Grundsatz für den Sonderfall nach öffentlichen Angeboten in Art. 15 Abs. 2 b ÜbernahmeRL, vgl vor §§ 327 a ff Rn 14 f; für eine 90 %-Schwelle beim deutschen Squeeze-out: Kossmann, NZG 1999, 1198, 1202; Kallmeyer, AG 2000, 59, 60; vgl Warchol, Squeeze-out in Deutschland, Polen und dem übrigen Europa, 2008, S. 132 f.

Zeitpunkt des HV-Beschlusses ankommen soll,[11] und der sog. doppelten Stichtagsbetrachtung, wonach das Quorum zum Zeitpunkt des Verlangens und der Beschlussfassung erfüllt sein müsse,[12] sowie der sog. Intervallbetrachtung, wonach das Quorum bis zur Anmeldung oder zur Eintragung des Squeeze-out vorlegen müsse.[13] UE ist die sog. doppelte Stichtagsbetrachtung zutreffend. Denn damit das Verlangen wirksam ist, setzt es die Hauptaktionärseigenschaft voraus, was sich aus der Gesetzesformulierung („Verlangen eines Aktionärs, dem ... 95 vom Hundert ... gehören") ergibt. Ein Aktionär, dem nicht eine Beteiligung in Höhe des Quorums gehört, hat kein Recht, ein solches Verlangen zu stellen, er ist kein „Hauptaktionär". UE führt das Fehlen der Hauptaktionärseigenschaft zur Nichtigkeit des Übertragungsbeschlusses, nicht lediglich zur Anfechtbarkeit.[14] UE liegt insoweit ein Wesensverstoß iSd § 241 Nr. 3 vor, da es zu den zwingenden (§ 23 Abs. 5) Besonderheiten der AG gehört, dass nur ausnahmsweise bei einer übergroßen Kapitalbeteiligung ein Squeeze-out-Verfahren möglich ist. Die Hauptaktionärseigenschaft muss bis zur Beschlussfassung andauern, denn nach § 327 a Abs. 1 S. 1 beschließt die HV „die Übertragung der Aktien der ... (Minderheitsaktionäre) auf den Hauptaktionär", so dass bis zur HV die Hauptaktionärseigenschaft fortbestehen muss; auf einen nicht mehr existenten Hauptaktionär kann die HV keine Übertragung beschließen. Fehlt die Hauptaktionärseigenschaft zum Zeitpunkt der Beantragung und/oder Eintragung des Squeeze-out, indiziert dies allerdings eine Missbräuchlichkeit der Maßnahme (vgl Rn 13 ff). Der Hauptaktionär darf zu keinem der maßgebenden Zeitpunkte einem Rechtsverlust nach den § 20 Abs. 7 AktG, § 28 WpHG, § 59 WpÜG unterliegen.

3a Mit der 95 %-Schwelle lehnt sich der Begriff Hauptaktionär an den der **Hauptgesellschaft** nach §§ 319 f an.[15] Die Anforderungen an die Hauptaktionärseigenschaft sind jedoch geringer als bei der Hauptgesellschaft, vgl zu diesen § 320 Rn 2 ff. Anders als die Hauptgesellschaft braucht der Hauptaktionär keine AG zu sein und kann seinen Sitz auch im Ausland haben.[16] An die **Rechtsform des Hauptaktionärs** bestehen keine Anforderungen,[17] auch Vorgesellschaften[18] und natürliche (Privat-)Personen können den Squeeze-out verlangen (vgl § 327 c Abs. 1 Nr. 1). Grundsätzlich kann die Hauptaktionärin auch eine Gesellschaft ausländischen Rechts sein[19] (vgl aber zum Rechtsmissbrauchs Rn 14 ff). Auch die rechtsfähige BGB-Außengesellschaft[20] kann Hauptaktionär sein.[21] Unterhalb der **Schwelle der Rechtsfähigkeit** scheidet uE Hauptaktionärseigenschaft aus – insb. bei der **BGB-Innengesellschaft** (zB aufgrund eines Poolvertrages)[22] sowie der **Gütergemeinschaft** gem. § 1419 BGB[23] (bei der allerdings ggf eine Zurechnung nach § 16 Abs. 4 in Betracht kommt, wenn sie Unternehmerin ist). Die **Erbengemeinschaft** scheidet auch deshalb aus, da sie nach § 2042 Abs. 1 BGB auf Auseinandersetzung angelegt ist und daher nicht den Gesetzeszweck[24] erfüllen kann, dass nach dem Squeeze-out nur noch ein Aktionär verbleibt (vgl vor § 327 a Rn 5).[25]

4 Aus dem gleichen Grunde kann uE auch eine ad hoc zu dem Zweck des Squeeze-out anderer Aktionäre gebildete Außen-GbR oder andere **Gesellschaft nicht Hauptaktionär** sein, **wenn sich ihr Zweck darin erschöpft, die Beteiligungen von 95 % der Aktionäre vorübergehend zu bündeln, um den Ausschluss der**

---

11 MüKo-AktG/*Grunewald*, Rn 9; *König/Römer*, NZG 2004, 944, 947; OLG Hamburg NZG 2003, 978, 979.
12 *Fuhrmann/Simon*, WM 2002, 1211, 1212; *Emmerich/Habersack*, Rn 18; LG München AG 2008, 904 = Der Konzern 2008, 582 = NZG 2009, 143 = ZIP 2009, 420; Grigoleit/*Rieder*, Rn 21; BGHZ 189, 32 = ZIP 2011, 1055 Rn 26.
13 Großkomm-AktienR/*Fleischer*, Rn 19 ff; *Schnorbusch*, Rn 15; Spindler/Stilz/*Singhof*, Rn 18; KölnKomm-WpÜG/*Hasselbach*, § 327 a Rn 38; Bürgers/Körber/*Holzborn/Müller*, Rn 12.
14 Offen gelassen bei BGHZ 189, 32 = ZIP 2011, 1055 Rn 27; wie hier KG AG 2010, 166, 168 = ZIP 2010, 180; OLG München NZG 2004, 781, 782 = DB 2004, 1356; OLG München NZG 2007, 192, 193 = AG 2007, 173; KölnKomm-AktG/*Koppensteiner*, Rn 13; *Emmerich/Habersack*, Rn 3; K. Schmidt/Lutter/*Schnorbus*, § 327 f Rn 4; Anfechtbarkeit bejaht MüKo-AktG/*Grunewald*, Rn 13; differenzierend nach Zeitpunkt des Fehlens Grigoleit/*Rieder*, Rn 22; MüHb-AG/*Austmann*, § 74 Rn 75.
15 Vgl aber auch den früheren Begriff des Hauptgesellschafters mit 90 % Beteiligungsbesitz bei der Mehrheitsumwandlung gem. § 15 Abs. 1 S. 1 UmwG aF; vgl vor §§ 327 a ff Rn 6.
16 Vgl BegrRegE, BT-Drucks. 14/7034, 32.
17 *Ehricke/Roth*, DStR 2001, 1120; *Grunewald*, ZIP 2002, 18, 19; *Vetter*, AG 2002, 176, 185; *Bolte*, DB 2001, 2587, 2589; *Vossius*, ZIP 2002, 511; dagegen: *Habersack*, ZIP 2001, 1230, 1235, der im Gesetzgebungsverfahren für eine Beschränkung auf die börsennotierte AG eintrat.
18 *Hüffer* Rn 7.
19 MüKo-AktG/*Grunewald*, Rn 5; *Hüffer*, Rn 7; *Emmerich/Habersack*, Rn 14; KölnKomm-WpÜG/*Hasselbach*, Rn 25.
20 BGHZ 146, 341, 343 ff (Sachsenmilch) = NJW 2001, 1056; vgl zur AG-Gründungsfähigkeit BGHZ 118, 83, 99 f = NJW 1992, 2222; BGHZ 126, 226, 234 f = NJW 1994, 2536.
21 MüKo-AktG/*Grunewald*, Rn 5; *Hüffer*, Rn 7; *Emmerich/Habersack*, Rn 15; *Bolte*, DB 2001, 2587; *Vetter*, AG 2002, 176, 185; *Ehricke/Roth*, DStR 2001, 1120 Fn 10; K. Schmidt/Lutter/*Schnorbus*, Rn 4.
22 So auch *Emmerich/Habersack*, Rn 15; aA *Gesmann-Nuissl*, WM 2002, 1205, 1206; möglicherweise auch MüKo-AktG/*Grunewald*, Rn 5.
23 AA die wohl hM, vgl zB Spindler/Stilz/*Singhof* („wird man anzusehen haben"); Großkomm-AktienR/*Fleischer* Rn 3; K. Schmidt/Lutter/*Schnorbus*, Rn 4; *Hüffer* Rn 7; KölnKomm-AktG/*Koppensteiner* Rn 4; MüKo-AktG/*Heider*, § 2 Rn 21 weist zutreffend entsprechend der hM darauf hin, dass Gütergemeinschaften nicht Gründer der AG sein können, ebenso: KölnKomm-AktG/*Kraft*, § 2 Rn 32; aA *Hüffer*, § 2 Rn 11.
24 Auf die Frage der Rechtsfähigkeit der Erbengemeinschaft kommt es daher nicht an, vgl zB *Grunewald*, AcP 1997, 305; aA K. Schmidt/Lutter/*Schnorbus*, Rn 4; Rechtsfähigkeit verneint der BGHZ 152, 29 = DStR 2002, 1958 = ZIP 2002, 1892 = BB 2002, 2243.
25 AA Großkomm-AktienR/*Fleischer*, Rn 10; *Hüffer*, Rn 7; *Deilmann/Lorenz*, Die börsennotierte Aktiengesellschaft, 2005, § 16 Rn 28; aA Spindler/Stilz/*Singhof* Rn 15.

Minderheit zu betreiben.[26] Daher ist der mitunter vertretenen Sicht nicht zu folgen, dass eine eigens zum Minderheitsausschluss gegründete und später wieder aufgelöste GbR oder eine Holdinggesellschaft in anderer Form dem Gesetzeszweck nicht zuwiderlaufe, da § 327a nicht voraussetze, dass der Hauptaktionär nach dem Squeeze-out dauerhaft fortbestehe.[27] Da die AG im Anfechtungsprozess die Darlegungs- und Beweislast (vgl allg. § 246 Rn 38 ff) für die Hauptaktionärs-Eigenschaft trägt, gehen Zweifel an der Dauerhaftigkeit des vermeintlichen Hauptaktionärs zulasten der AG, vgl auch Rn 14 ff. Ein prima facie-Beweis für einen derart unzulässigen Gesellschaftszweck des Hauptaktionärs ist die Auflösung des vermeintlichen Hauptaktionärs in engem (insbesondere zeitlichen oder wirtschaftlichen) Zusammenhang mit der Durchführung des Squeeze-out,[28] *Krieger* verlangt einen Karenzzeitraum von zwei Jahren.[29] Zum effektiven Rechtsschutz der Minderheitsaktionäre ist ein durch einen solchen nur scheinbaren Hauptaktionär betriebener Squeeze-out nichtig[30] (vgl auch Rn 13 ff zum Rechtsmissbrauch).
Vgl § 327c Rn 3 zu **Mitteilungspflichten**.

5 **2. Erwerb der 95 %.** Wie der Hauptaktionär die 95 %-Beteiligung erlangt, ist grundsätzlich ohne Belang.[31] Ein Weg ist ein öffentliches Kaufangebot nach WpÜG, insbesondere ein **Pflicht- oder Übernahmeangebot nach §§ 29 Abs. 1, 35 Abs. 1 WpÜG** (vgl § 35 WpÜG Rn 6 ff). Die Erlangung des Quorums über ein solches Angebot ist jedoch keine Voraussetzung für den Squeeze-out nach §§ 327a ff,[32] vgl zum übernahmerechtlichen Squeeze-out § 39a WpÜG Rn 11 ff. Umgekehrt befreit der Erwerb einer Squeeze-out Mehrheit nicht von der Abgabe eines Pflichtangebots nach §§ 35 Abs. 1, 29 Abs. 2 WpÜG;[33] die BaFin kann uU gem. § 37 Abs. 1 WpÜG von der Angebotspflicht befreien.[34] Der Hauptaktionär kann das Quorum bereits vor dem Inkrafttreten von §§ 327a ff erworben haben. **Verpfändung** der Aktien berührt nicht den Bestand der Mitgliedschaft, sie steht daher der Hauptaktionärseigenschaft nicht entgegen.[35] Der Hauptaktionär soll seine Stellung auch durch **Wertpapierleihe** erlangen können – selbst wenn der Darlehensnehmer einen dauerhaften Erwerb der ihm zu Eigentum überlassenen Aktien nicht beabsichtigt und einzelne – auch wesentliche – Vermögensrechte (Dividende, Bezugsrechte) schuldrechtlich dem Darlehensgeber gebühren (vgl Rn 8).[36]

6 Hat ein Aktionär bei einem öffentlichen Kaufangebot nach WpÜG vor, bei Erreichen des Quorums die Minderheitsaktionäre auszuschließen, muss er in der **Angebotsunterlage** (§§ 11 ff. WpÜG) darauf hinweisen, anderenfalls ist uE der HV-Beschluss zum Squeeze-out nichtig oder jedenfalls anfechtbar, da die §§ 11 ff WpÜG dem öffentlichen Interesse dienen und zudem drittschützenden Charakter haben. Vgl zu der uE verfassungswidrigen Einschränkung des Rechtsschutzes der Minderheitsaktionäre für Fälle eines Squeeze-out nach Abgabe eines Übernahmeangebots § 327b Rn 10 und vor §§ 327a ff Rn 14 ff. Neben einem Kaufangebot nach WpÜG kommt ein Erwerb des Quorums zB durch Kauf an der Börse, durch außerbörsliche Paketkäufe oder im Wege einer **Kapitalerhöhung mit Bezugsrechtsausschluss**[37] in Betracht, vgl allg. § 186 Rn 31 ff – wobei die Ermöglichung des Squeeze-out keine gem. § 186 Abs. 3 erforderliche **sachliche Rechtfertigung** für den Bezugsrechtsausschluss liefert.[38]

7 Fällt die Kapitalmehrheit nachträglich weg – zB weil aufgrund einer Anfechtungsklage eine Kapitalerhöhung mit der Rechtsfolge der Rückabwicklung für nichtig erklärt wird –, berührt dies nicht die Wirksamkeit eines durchgeführten Squeeze-out; etwas anders gilt, wenn ein Anfechtungsprozess gegen den Squeeze-out-Beschluss noch nicht rechtskräftig abgeschlossen ist: Dann ist der Wegfall der Kapitalmehrheit noch im Anfechtungsprozess gegen den Übertragungsbeschluss zu berücksichtigen, ggf auch bei einem Nachschieben von Anfechtungsgründen, vgl § 246 Rn 30f. Aus diesem Grund ist uE ein Squeeze-out-Anfechtungs-

---

26 So im Erg. auch *Gesmann-Nuissl*, WM 2002, 1205, 1206; *Grunewald*, ZIP 2002, 18, 19; *Baums*, WM 2001, 1843, 1846; Großkomm-AktienR/*Fleischer* Rn 79; *Fleischer*, ZGR 2002, 757, 778; *Grzimek*, in: Geibel/Süßmann, § 327f Rn 12; zweifelnd: *Krieger*, BB 2002, 53, 61 f.

27 So *Krieger*, BB 2002, 53, 62; aA *Baums*, WM 2001, 1843, 1846; *Bolte*, DB 2001, 2587, 2589 f; *Grunewald*, ZIP 2002, 18, 19: Squeeze-out nur zulässig, wenn Holding auf Dauer angelegt.

28 Vgl *Gesmann-Nuissl*, WM 2002, 1205, 1206; *Baums*, WM 2001, 1843, 1846; *Grunewald*, ZIP 2002, 18, 19; KölnKomm-AktG/*Koppensteiner* Rn 2.

29 *Krieger*, BB 2002, 53, 62.

30 So auch *Baums*, WM 2001, 1843, 1846; für Anfechtbarkeit dagegen MüKo-AktG/*Grunewald*, 2. Aufl., Rn 22, zurückhaltender: 3. Aufl., Rn 26.

31 *Hüffer*, Rn 7; MüKo-AktG/*Grunewald*, Rn 22; *Emmerich/Habersack*, Rn 27; *Riehmer* in: MüAnwHb Aktienrecht, 2005, § 44 Rn 8; *Krieger*, BB 2002, 53, 55; *Zinser*, WM 2002, 15, 21; Ausnahmen gelten nur für Fälle rechtsmissbräuchlichen Er-

werbs, vgl *Warchol*, Squeeze-out in Deutschland, Polen und dem übrigen Europa, 2008, S. 136 ff.

32 BegrRegE, BT-Drucks. 14/7034, S. 32; *Ehricke/Roth*, DStR 2001, 1120; *Vetter*, AG 2002, 176; dafür aber de lege ferenda *Habersack*, ZIP 2001, 1230, 1235.

33 So aber contra legem wohl *Wiesbrock*, DB 2003, 2584 ff.

34 Dazu *Bredow/Liebscher*, DB 2003, 1368 ff; *Kiesewetter*, ZIP 2003, 1638 ff.

35 OLG München AG 2009, 589 = NZG 2009, 506 = WM 2009, 553 = ZIP 2009, 416.

36 BGHZ 180, 154 = AG 2009, 441 = ZIP 2009, 908 = WM 2009, 896 Rn 9; zutreffend aA OLG München, AG 2007, 173 = NZG 2007, 192 = ZIP 2006; *Baums*, Ausschluß von Minderheitsaktionären, 2001; S. 139 ff; *Baums*, WM 2001, 1843, 1845 ff; wie BGH Großkomm-AktienR/*Fleischer*, Rn 36; Spindler/Stilz/*Singhof*, Rn 16; *Hüffer*, Rn 12.

37 Einschränkend: *Baums*, WM 2001, 1843 ff; diese müsse bereits eingetragen sein, *Sieger/Hasselbach*, ZGR 2002, 120, 137.

38 Ebenso: OLG Schleswig NZG 2004, 281, 285; *Emmerich/Habersack*, Rn 27.

prozess wegen Vorgreiflichkeit bis zum rechtskräftigen Abschluss der gegen die Kapitalerhöhung gerichteten Anfechtungsklage auszusetzen (§ 148 ZPO). **Unredlicher Erwerb der Rechtsstellung des Hauptaktionärs** kann (zB bei einer Anfechtung des Aktienerwerbs des Hauptaktionärs wegen arglistiger Täuschung) Fehlen der Hauptaktionärseigenschaft[39] oder sonst zum Rechtsmissbrauch des Squeeze-out (vgl Rn 14 ff) begründen.

3. Berechnung der Anteilshöhe. Dem Hauptaktionär müssen 95 % des Grundkapitals **dinglich gehören** (vgl zur Wertpapierleihe Rn 5). Bei Namensaktien soll es auf die Eintragung im **Aktienregister** nicht ankommen,[40] was aber unrichtig ist, da nur der Eingetragene im Verhältnis zur AG Aktionär ist (§ 67 Abs. 2 S. 1). Bei der Berechnung des Kapitalanteils ist nicht zwischen Aktiengattungen zu differenzieren; mitzurechnen sind daher sowohl **Stamm- als auch (stimmrechtslose) Vorzugsaktien**. Das folgt aus dem Wortlaut des Gesetzes, der nur auf den Anteil von 95 % des Grundkapitals (**genehmigtes** Kapital unbeachtlich)[41] abstellt, bei dessen Berechnung die Vorzugsaktien mitzählen, vgl §§ 8 Abs. 4, 139. Daher ist auch ein Auseinanderfallen von Kapital- und Stimmrechtsanteil denkbar. Vgl zum maßgebenden Zeitpunkt der Erreichung des Quorums Rn 3. Der Hauptaktionär muss **Inhaber des Vollrechts** sein; das ist beispielsweise nicht der Fall beim Treugeber einer echten Treuhand[42] oder bedingten Übertragungen vor Bedingungseintritt.[43] Ein bloßes Wertpapierdarlehen ist ein uE rechtsmissbräuchliches Umgehungsgeschäft, so dass die betroffenen Aktien aufgrund der Rückübertragungsverpflichtung dem vermeintlichen Hauptaktionär nicht iSv Abs. 1 gehören (vgl Rn 5).[44] *Grunewald* hält die entgegenstehende Rechtsprechung zu Recht für nicht einleuchtend: Es kommt nämlich sehr wohl auf die geplanten Haltezeiten der 95%-Beteiligung an. Gerade da es (wie auch vom BGH anerkannt) Sinn des Squeeze-out ist, einem Hauptaktionär die Ausschließung einer Restminderheit zwecks effizienter Unternehmensführung zu ermöglich, kann es nicht irrelevant sein, wenn der vermeintliche Hauptaktionär eine solche Unternehmensführung gerade nicht beabsichtigt; jedenfalls soweit die Rückverteilung der Aktien nach dem Squeeze-out schon geplant ist, wird die Rechtsstellung des 95%-Aktionärs nicht zu dem vom Gesetz intendierten Zielen eingesetzt, was zur Anfechtbarkeit führt.[45]

Für die Berechnung der 95%-Beteiligung gelten gem. § 327a Abs. 2 die Regelungen von **§ 16 Abs. 2, 4** (vgl allg. § 16 Rn 9 f, 16 f). Daher sind gem. § 16 Abs. 2 S. 2 und 3 die **eigenen Aktien der AG** vom Nennkapital bzw bei Stückaktien von der Gesamtzahl der Aktien abzuziehen; den Anteilen der AG stehen die Anteile eines anderen für Rechnung der AG gleich.[46] Sofern der Hauptaktionär Einzelkaufmann ist, werden ihm seine privat gehaltenen Anteile gem. § 327a Abs. 2 iVm § 16 Abs. 4 hinzugezählt. Als Anteile des Hauptaktionärs zählen gem. § 16 Abs. 4 nicht nur die von ihm unmittelbar selbst gehaltenen Aktien, sondern auch die Aktien, die ein von ihm abhängiges Unternehmen – nicht aber die abhängige AG, bei der er den Squeeze-out verlangt, denn diese Aktien werden ja bereits vom Nennkapital abgezogen[47] – hält, und zwar in vollem Umfang und nicht nur quotal in Höhe der Mehrheitsbeteiligung.[48] Ferner sind nach § 16 Abs. 4 zuzurechnen die einem Dritten für Rechnung des Hauptaktionärs oder einem von ihm abhängigen Unternehmen gehörenden Aktien. Zur Nachvollziehbarkeit der Zurechnung nach § 16 Abs. 4 muss der Hauptaktionär die genaue Höhe der Mehrheitsbeteiligung bzw die Art des Zurechnungstatbestandes detailliert und nachvollziehbar angeben und ggf belegen.[49] Nach dem auch im Rahmen des § 16 Abs. 4 anwendbaren § 17 Abs. 2 wird vermutet, dass ein Unternehmen im Mehrheitsbesitz des Hauptaktionärs von diesem abhängig ist.[50] Manche Auslegungsfragen ergeben sich beim **Squeeze-out von Minderheitsaktionären in gemeinschaftlich beherrschten Unternehmen**.[51] UE setzt bei einer Mehrzahl von Beteiligten die Hauptaktionärseigenschaft voraus, dass die Aktien in das Vermögen einer juristischen Person oder Gesamthand als Hauptaktionärin eingelegt sind. Daher gilt zB bei einem Stimmrechtspool mehrerer Aktionäre, dass das einzelne Poolmitglied Aktionär ist und daher nicht alle Poolmitglieder gemeinsam Hauptaktionär sein können.[52] Vgl auch Rn 3 f zur Hauptaktionärseigenschaft der GbR.

---

[39] OLG Stuttgart AG 2009, 204, 206 f.
[40] OLG Stuttgart AG 2009, 204, 206.
[41] AG 2008, 904 = Der Konzern 2008, 582 = NZG 2009, 143 = ZIP 2009, 420.
[42] BGHZ 104, 66, 74 = NJW 1988, 1844 zur GmbH; *Hüffer*, § 16 Rn 6 f.
[43] Grigoleit/*Rieder*, Rn 18; MüKo-AktG/*Grunewald*, Rn 6.
[44] OLG München ZIP 2005, 2259, 2260; *Baums*, WM 2001, 1843, 1850; vgl auch *Hüffer*, Rn 12.
[45] *Warchol*, Squeeze-out in Deutschland, Polen und dem übrigen Europa, 2008, S. 135; *Grunewald*, EWiR 2009, 327.
[46] AA MüKo-AktG/*Grunewald*, Rn 7.
[47] Grigoleit/*Rieder*, Rn 20.
[48] OLG Hamburg NZG 2003, 978 = ZIP 2003, 2076 = AG 2003, 698; LG Stuttgart DB 2005, 327; Spindler/Stilz/*Singhof*, Rn 17; Großkomm-AktienR/*Fleischer*, Rn 41 ff; *Warchol*, Squeeze-out in Deutschland, Polen und dem übrigen Europa, 2008, S. 133 f.
[49] AA LG Bonn Der Konzern 2004, 491.
[50] OLG München DB 2004, 1356 = DStR 2004, 1359 = AG 2004, 455; LG Stuttgart DB 2005, 327.
[51] Vgl *Mertens*, AG 2002, 377, dessen Sichtweise zT nicht mit der hier vertretenen übereinstimmt und der selbst die Richtigkeit seiner Sichtweise zu Recht insoweit mit der Äußerung in Frage stellt, "zumindest gegenwärtig wird in der Praxis die Befürchtung bestehen, dass das mit dem konkreten Ausschlussverfahren befasste Gericht würde sich der hier vertretenen Auffassung nicht anschließen".
[52] So auch *Hüffer*, Rn 13; aA *Mertens*, AG 2002, 377, 379 f; Spindler/Stilz/*Singhof*, Rn 15.

10 Die **Zurechnung von Anteilen** gem. Abs. 2 gilt auch dann, wenn der Hauptaktionär unmittelbar nur den kleineren Teil[53] oder gar keine Anteile[54] hält. Nicht ausreichend sind schuldrechtliche Ansprüche auf Aktien[55] oder Stimmrechtsabsprachen.[56] Die weitreichende Zurechnungsmöglichkeit ist eine Erleichterung im Vergleich zu den Erfordernissen bei der Mehrheitseingliederung, wo die Zurechnung nach § 16 Abs. 4 ausscheidet (vgl § 319 Rn 3, § 320 Rn 3).[57] Damit bezweckt der Gesetzgeber, die formellen Hürden für den Minderheitsausschluss gering zu halten und ein aufwendiges, aber wirtschaftlich unsinniges „Umhängen" von Beteiligungen zu vermeiden.[58] Gleichzeitig sollten sich die Schwellenwerte beim Squeeze-out und beim Pflichtangebot nach § 30 WpÜG entsprechen, bei dem ebenfalls zugerechnet wird.[59] **Noch nicht ausgeübte Bezugsrechte** auf Aktien (Stock Options, Wandelschuldverschreibungen) sind bei der Berechnung der 95 % nicht zu berücksichtigen,[60] vgl auch § 327 e Rn 13.

11 **4. Das Verlangen.** Der Hauptaktionär muss **die Übertragung der Aktien verlangen** (Abs. 1 S. 1). Das Verlangen ist an die durch den Vorstand vertretene AG zu richten.[61] Wirksam ist das Verlangen, wenn es einem Vorstandsmitglied zugeht.[62] Anders als zB im Falle des § 122 Abs. 1 S. 3, 142 Abs. 2 S. 2 ist **keine Wartefrist** vorgesehen, in der der Hauptaktionär seine Stellung innehaben muss.[63] Eine **Form**, insbesondere Schriftlichkeit gem. § 122 Abs. 1, schreibt das Gesetz nicht vor.[64] Squeeze-out-Verlangen unter Widerrufsvorbehalt sind ebenso wie sonstige **bedingte Verlangen** uE nicht wirksam,[65] da schon das Verlangen des Squeeze-out einen derartig tiefen Eingriff in die Aktionärsrechte und den Wert des Aktieneigentums begründet, dass dieser nur auf der Basis von nicht rückgängig zu machenden Erklärungen zulässig sein kann. Streitig ist, ob das Verlangen die **vom Hauptaktionär festgelegte Barabfindung enthalten** muss. Die hM bejaht dies;[66] eine Mindermeinung hält die Festlegung bis zur Einberufung der HV nebst Bekanntmachung der Tagesordnung für ausreichend.[67] UE braucht das Verlangen zunächst keine Festlegung der Höhe der Abfindung zu enthalten; denn nach § 327 b Abs. 1 S. 2 löst das Verlangen erst die Pflicht des Vorstands aus, dem Hauptaktionär die für die Festlegung notwendigen Informationen zu erteilen; der Hauptaktionär muss die Höhe aber spätestens festlegen und der AG förmlich mitteilen, bevor der Prüfer die Angemessenheit der Höhe der Abfindung prüft (vgl § 327 c Abs. 2 S. 2); diese wäre nämlich eine Prüfung im luftleeren Raum und könnte ihren Zweck nicht erfüllen, hätte der Hauptaktionär nicht zuvor die Höhe der Barabfindung festgelegt.

11a Der **Vorstand muss dem Verlangen** uF grundsätzlich **unverzüglich nachkommen** (vgl § 121 Abs. 1 BGB).[68] Demgegenüber vertritt das OLG Stuttgart,[69] wenn nicht im Interesse der AG ausnahmsweise eine sofortige Beschlussfassung erforderlich sei, könne der Vorstand bis zur nächsten turnusmäßigen HV warten, um Kosten einzusparen; eine außerordentliche Hauptversammlung müsse er nur einberufen, wenn das Interesse der Gesellschaft eine sofortige Beschlussfassung gebiete; der Vorstand habe den Zeitpunkt der HV unter Berücksichtigung sowohl der Interessen des Hauptaktionärs als auch der AG festzulegen, wobei er in erster Linie auf das Interesse der AG verpflichtet sei.[70] UE übersieht das OLG, dass der Squeeze-out generell keiner Rechtfertigung bedarf (vgl Rn 13), und daher der Vorstand entsprechend den Grundsätzen zu § 122

---

53 BegrRegE, BT-Drucks. 14/7034, S. 72 = ZIP 2001, 1262, 1295.
54 OLG Köln BB 2003, 2307 = AG 2004, 39 = ZIP 2004, 760; LG Bonn Der Konzern 2004, 491; *Fleischer*, ZGR 2002, 757, 775; Großkomm-AktienR/*Fleischer*, Rn 51 ff; LG Dortmund DB 2005, 1449 = Der Konzern 2005, 603; LG Stuttgart DB 2005, 327 = ZBB 2005, 205, bestätigt von OLG Stuttgart, Beschl. v. 18.2.2005, 20 U 19/04 (NV, Hinweisbeschl) sowie vom 8.4.2005 (Beschl. zur Zurückweisung der Berufung); KölnKomm-WpÜG/*Hasselbach*, § 327 a Rn 37; *Sieger/Hasselbach*, ZGR 2002, 121, 134; Spindler/Stilz/*Singhof*, Rn 17; aA *Emmerich/Habersack*, Rn 17; K. Schmidt/Lutter/*Schnorbus*, Rn 13; MüKo-AktG/*Grunewald*, Rn 7.
55 ZB Optionen, Bezugsrechte, Wandelanleihen, vgl Grigoleit/*Rieder*, Rn 18.
56 *Emmerich/Habersack*, Rn 17; *Grunewald*, ZIP 2002, 18; vgl auch *Krieger*, BB 2002, 53 f; aA *Baums*, WM 2001, 1843, 1846 f.
57 *Hüffer*, § 320 Rn 3; MüHb-AG/*Krieger*, § 73 Rn 7.
58 *Emmerich/Habersack*, Rn 17; *Krieger*, BB 2002, 53 f; *Grunewald*, ZIP 2002, 18; *Ehricke/Roth*, DStR 2001, 1120, 1122; *Schwichtenberg*, DStR 2001, 2075, 2081; *Vetter*, ZIP 2000, 1817, 1819; LG Dortmund Der Konzern 2005, 603 = DB 2005, 1449.
59 BegrRegE, BT-Drucks. 14/7034, 72.
60 *Krieger*, BB 2002, 53, 61; *Sieger/Hasselbach*, ZGR 2002, 120, 138; *Wilsing/Kruse*, ZIP 2002, 1465, 1467; aA betreffend Wandelschuldverschreibungen: LG Düsseldorf ZIP 2004, 1755 = NZG 2004, 1168.
61 OLG Düsseldorf AG 2010, 711, 713 = GWR 2010, 64; aA KölnKomm-AktG/*Koppensteiner*, Rn 14.
62 *Hüffer*, Rn 8.
63 Vgl Spindler/Stilz/*Singhof*, Rn 19.
64 In der Lit. wird zT vertreten, dass der Vorstand vom Hauptaktionär eine schriftliche Dokumentation verlangen kann oder dass diese ohnehin auch ohne Verlangen geschuldet ist, vgl Großkomm-AktienR/*Fleischer*, Rn 58; K. Schmidt/Lutter/*Schnorbus*, Rn 17.
65 AA LG Frankfurt aM ZIP 2008, 1183, bestätigt von OLG Frankfurt aM AG 2008, 827 = WM 2009, 175 = ZIP 2008, 1968.
66 *Hüffer*, § 327 b Rn 6; *Schüppen/Tretter*, in: Haarmann/Schüppen, WpÜG, § 327 a Rn 25, § 327 b Rn 3; *Emmerich/Habersack*, § 327 b Rn 4; KölnKomm-AktG/*Koppensteiner*, Rn 14, § 327 b Rn 2; Großkomm-AktienR/*Fleischer*, Rn 25.
67 K. Schmidt/Lutter/*Schnorbus*, § 327 b Rn 9, § 327 a Rn 16; Spindler/Stilz/*Singhof*, § 327 b Rn 3.
68 Ähnlich *Hüffer* Rn 8.
69 AG 2009, 204, 210 = GWR 2009, 63.
70 Ähnlich Großkomm-AktienR/*Fleischer*, Rn 61; *Emmerich/Habersack*, Rn 20; MüKo-AktG/*Grunewald*, Rn 12; KölnKomm-AktG/*Koppensteiner*, Rn 16; vgl auch *Sieger/Hasselbach* ZGR 2002, 120.

dem Verlangen unverzüglich nachkommen muss; auf dem Squeeze-out entgegenstehende Interessen der AG kann es daher nicht ankommen; die AG hat uE gegen den Hauptaktionär nach den Grundsätzen von § 122 Abs. 4 Hs 1 auch keinen Anspruch auf Erstattung der Kosten einer ao HV und darf diese dem Hauptaktionär daher nicht entgegenhalten.

Der Vorstand ist zur Einberufung der HV erst befugt, sobald der Hauptaktionär gegenüber der AG eine Mitteilung über die Mehrheitsbeteiligung nach § 20 AktG bzw § 21 f. WpHG abgibt;[71] denn sonst besteht Rechtsverlust (§ 20 Abs. 7, § 28 WpHG) zudem muss die ordnungsgemäße Gewährleistungserklärung nach § 327 b Abs. 3 vorliegen,[72] vgl § 327 b Rn 13 ff. Die Aktien des Hauptaktionärs dürfen auch sonst **keinem Rechtsverlust** nach §§ 28 S. 1 WpHG, 59 WpÜG unterliegen. Verpfändung der Aktien ist unschädlich (vgl Rn 5). Beruft der Vorstand die HV pflichtwidrig nicht ein, hat der Hauptaktionär die Rechte aus § 122.[73] Das Verlangen gem. § 327 a Abs. 1 ist **gegenüber § 122 Abs. 1 lex specialis**, so dass der Hauptaktionär sogleich das gerichtliche Verfahren gem. § 122 Abs. 3 betreiben kann.

11b

Beruft der Vorstand die HV ein, müssen er und der Aufsichtsrat in eigener Verantwortung gem. § 124 Abs. 3 S. 1 **Vorschläge zur Beschlussfassung** machen; es genügt nicht, auf das Verlangen des Hauptaktionärs hinzuweisen.[74] Vorstand und Aufsichtsrat müssen vielmehr das Squeeze-out-Verlangen in eigener Verantwortung (§§ 76 Abs. 1, 93, 116) prüfen[75] – uE einschließlich der Höhe der festgelegten Barabfindung, da diese für die Adressaten des Beschlussvorschlages, die Minderheitsaktionäre, von zentraler Bedeutung ist. UE bedingt die Vorschlagspflicht, dass sich Vorstand und Aufsichtsrat entsprechend § 27 Abs. 1 S. 2 Nr. 1 WpÜG zur Stellungnahmepflicht bei Übernahmeangeboten[76] vor der Beschlussempfehlung ein genaues Bild darüber machen müssen, wie hoch die angemessene Barabfindung ist. Ist diese unangemessen, handeln die Verwaltungsorgane pflichtwidrig, wenn sie dessen ungeachtet den Squeeze-out vorschlagen. Demgegenüber kann nicht eingewendet werden, dass jeder Aktionär die Angemessenheit im Spruchverfahren prüfen lassen könne; dass Aktionäre eigene Rechtsschutzmöglichkeiten haben, relativiert auch sonst nicht die Verpflichtung der Verwaltungsorgane zur ordnungsgemäßen Leitung der Gesellschaft.

12

5. Materielle Rechtfertigung des Squeeze-out nicht erforderlich – Rechtsmissbrauch. Es besteht keine Pflicht des Hauptaktionärs zur Rechtfertigung des Minderheitsausschlusses oder zur Offenlegung seiner Motive. Zwar begründete der Gesetzgeber die Einführung der §§ 327 a ff u.a. mit ökonomischen Erwägungen und der Beschleunigung notwendig erscheinender Umstrukturierungen (vgl vor §§ 327 a ff Rn 5). Daraus können jedoch keine Rechtfertigungstatbestände abgeleitet werden, ohne deren Vorliegen der Squeeze-out rechtsmissbräuchlich wäre.[77] Vielmehr hat der Gesetzgeber den **Minderheitsausschluss als Selbstzweck** ausgestaltet, der keiner Rechtfertigung bedarf – insb. nicht nach den Maßstäben der Erforderlichkeit und Verhältnismäßigkeit.[78] Dies ergibt sich aus dem Fehlen einer Kodifizierung von Rechtfertigungstatbeständen sowie aus den systematischen und gesetzespolitischen Erwägungen des Gesetzgebers. Denn im Bericht gem. § 327 c Abs. 2 S. 1 sind, anders als zB bei den Berichten gem. § 319 Abs. 3 Nr. 1 oder § 293 a Abs. 1, die Gründe für die Maßnahmen nicht zu erläutern.

13

Wie grundsätzlich jedes Rechtsinstitut steht der Squeeze-out unter dem Vorbehalt des **Rechtsmissbrauchs**.[79] Trotz einiger Judikate und zahlreicher literarischer Äußerungen gibt es bislang keine klare Linie der Auslegung dieses Instituts beim Squeeze-out; Einigkeit besteht nur insofern, dass Rechtsmissbrauch auf Ausnah-

14

---

71 OLG Köln Der Konzern 2004, 30, 32; LG Bonn Der Konzern 2004, 491; KölnKomm-AktG/*Koppensteiner*, Rn 21.
72 OLG Frankfurt aM AG 2005, 657; OLG Hamm AG 2005, 773 = DB 2005, 1263 = ZIP 2005, 1457; *Warchol*, Squeeze-out in Deutschland, Polen und dem übrigen Europa, 2008 m S, 163 f (die mit Recht darauf hinweist, dass sich Vorstand, der HV ohne Gewährleistungserklärung einberuft, nach § 93 schadensersatzpflichtig macht).
73 So auch *Hüffer*, Rn 8.
74 *Hüffer*, Rn 8; Großkomm-AktienR/*Fleischer*, Rn 60; *Vetter*, AG 2002, 176, 186; *Vossius*, ZIP 2002, 511, 515; *Emmerich/Habersack*, Rn 20; aA *Krieger*, BB 2002, 53, 59; Köln-Komm-WpÜG/*Hasselbach*, § 327 c Rn 5; K. Schmidt/Lutter/*Ziemons*, § 124 Rn 23, hält einen Beschlussvorschlag für entbehrlich, da das Verlangen des Hauptaktionärs ein Minderheitsverlangen sei, für das § 124 Abs. 3 S. 3 gelte.
75 Ebenso zB Grigoleit/*Rieder*, Rn 25; Bürgers/Körber/*Holzborn/Müller*, Rn 15.
76 Vgl dazu *Röh*, in Haarmann/Schüppen, WpÜG, § 27, Rn 20; KölnKomm-WpÜG/*Hirte*, § 27, Rn 30 ff; Steinmeyer/Häger/*Steinmeyer*, 1. Aufl., § 27, Rn 23 ff; vgl auch Entwurf IDW Standard: Grundsätze für die Erstellung von Fairness Opinions, IDW ES 8, Stand: 19.8.2009, abrufbar unter <www.idw.de/idw/download/IDW>.
77 LG Stuttgart DB 2005, 327; aA aber anscheinend *Bolte*, DB 2001, 2587, 2589; *Grunewald*, ZIP 2002, 18, 21 f.
78 BGHZ 180, 154 = AG 2009, 441 = NZG 2009, 585 = ZIP 2009, 908 Rn 14 (Squeeze-out trägt „seine Rechtfertigung ‚in sich'"); OLG Frankfurt AG 2010, 39, 41 = GWR 2009, 113 (Kurzwiedergabe); KG BB 2004, 2774, 2775; OLG Köln BB 2003, 2307 = AG 2004, 39 = ZIP 2004, 760; OLG Düsseldorf ZIP 2004, 359 = NZG 2004, 328; LG Düsseldorf ZIP 2004, 1755 = NZG 2004, 1168; LG Hamburg NZG 2003, 787, 789; MüKo-AktG/*Grunewald*, Rn 17; *Emmerich/Habersack*, § 327 f Rn 4; *Krieger*, BB 2002, 53, 55, 62; *Vetter*, AG 2002, 176, 186; *ders.*, DB 2001, 743, 744; *Sieger/Hasselbach*, ZGR 2002, 120, 143; *Buchta/Ott*, DB 2005, 990, 992.
79 So auch LG Stuttgart DB 2005, 327; LG Düsseldorf ZIP 2004, 1755 = NZG 2004, 1168; *Emmerich/Habersack*, Rn 27 ff; *Bolte*, DB 2001, 2587, 2589; K. Schmidt/Lutter/*Schnorbus*, § 327 f Rn 14.

mefälle grober Treuwidrigkeit beschränkt ist.[80] In den Gesetzesmaterialien findet sich zu der Frage nichts. Die Prüfung des Rechtsmissbrauchs wird uE von folgenden Eckpunkten ausgehen müssen:

15 Im Eingliederungsrecht ist nach allg. Ansicht Missbrauch denkbar, wenn die Eingliederung nach kurzer Zeit durch die Aufnahme anderer Gesellschafter wieder beendet werden soll, sofern ihr Ziel die Herausdrängung der Minderheit aus der einzugliedernden AG war.[81] Zwar lässt sich dieser Grundsatz nicht unmittelbar auf den Squeeze-out übertragen; denn der zielgerichtete Ausschluss der Minderheit ist gerade *ratio legis*. Diese besteht darin, „schlanke" Strukturen in der AG zur Entfaltung der unternehmerischen Initiative des Hauptaktionärs zu realisieren.[82] Wenn aber der Erwerb der Stellung als Hauptaktionär nicht der unternehmerischen Initiative dient, sondern über einen **nur vorübergehenden Erwerb des notwendigen Quorums** ausschließlich der Hinausdrängung der Mitaktionäre aus der AG dient, kann der Erwerb der Mehrheit bzw die auf die Mehrheitsmacht gestützte Beschlussfassung missbräuchlich sein.[83] Ein solches Vorgehen zum Ausschluss von Minderheitsaktionären ist uE ein Fall des **Missbrauchs von Mehrheitsmacht**, gegen den nach dem „Feldmühle"-Urteil des BVerfG der überstimmten Minderheit effektive Rechtsschutzmöglichkeiten zur Verfügung stehen müssen (vgl vor § 327 a Rn 7).[84]

16 Anzeichen für einen derartigen Rechtsmissbrauch sind zB die **Auflösung des Hauptaktionärs** (vgl Rn 4), ein **Change of Control** bei diesem oder die **Aufnahme neuer Aktionäre** im engen sachlichen und zeitlichen Zusammenhang mit dem Squeeze-out (vgl Rn 4). *Habersack* weist indes mit Recht darauf hin, dass die kurze Anfechtungsfrist des § 246 Abs. 1 regelmäßig verhindert, dass sich Minderheitsaktionäre in solchen Fällen rechtzeitig substantiiert auf einen Rechtsmissbrauch berufen können.[85] Den Minderheitsaktionären sind daher zur Gewährung effektiven Rechtsschutzes Erleichterungen der Darlegungs- und Beweislast zuzubilligen, insbesondere wenn Aktien erst unmittelbar vor dem Übertragungsverlangen zu einer 95 %igen Beteiligung gebündelt wurden; in diesem Fall hat der Hauptaktionär darzulegen, dass die Umschichtung der Anteile nicht allein zur Ermöglichung des Squeeze-out, sondern auch anderweitig motiviert ist. Fällt die Hauptaktionärseigenschaft während des Anfechtungsprozesses weg, so ist das Vorliegen eines Rechtsmissbrauchs tatsächlich zu vermuten (**Beweislastumkehr**).[86] Maßgebend für unsere Sicht ist Folgendes: Der Normierung des Squeeze-out lag der Gedanke zugrunde, dass der Hauptaktionär noch einige Zeit nach dem Squeeze-out fortbesteht[87] – allerdings ohne dass dieses Motiv ausdrücklich in den Gesetzesmaterialien, geschweige denn im Wortlaut der Norm zum Ausdruck gekommen ist. Von einem derartigen Fortbestand kann man nur sprechen, wenn der Hauptaktionär rechtlich und wirtschaftlich fortbesteht und nach dem Squeeze-out einstweilen alleiniger Aktionär bleibt. Eine Konsequenz hieraus ist zB, dass der Squeeze-out entgegen einer vereinzelt vertretenen Auffassung[88] nicht zur Verbesserung des Kaufpreises für eine AG genutzt werden kann, „an der auch der Minderheitsaktionär F beteiligt (ist), der als aktiver Anfechtungskläger bekannt ist, (was) der Käufer als eindeutig wertmindernden Faktor an(sieht)".[89]

17 Weitere Beispiele des Rechtsmissbrauchs bzw der Treuwidrigkeit: (1.) **widersprüchliches Verhalten**, dh die Durchführung eines Squeeze-out, nachdem der Hauptaktionär Minderheitsaktionäre erst kurz zuvor zum Aktienerwerb veranlasst hat,[90] zB nach einer zuvor vorgenommenen Kapitalerhöhung;[91] (2.) die **Verwirkung**, „wenn der Hauptaktionär nach Erreichen der 95 %-Schwelle ungebührlich lange Zeit verstreichen lässt, in der er mit seinem Ausschlussverlangen hervortritt".[92] (3.) Squeeze-out, durch den zielgerichtet die **Durchsetzung von Ersatzansprüchen der AG gegen Organe** zB wegen Pflichtverletzungen in Zusammen-

---

80 LG Stuttgart DB 2005, 327; LG Düsseldorf ZIP 2004, 1755 = NZG 2004, 1168; LG Frankfurt aM DB 2004, 300 = AG 2004, 218 = NZG 2004, 339; *Emmerich/Habersack*, Rn 27 ff; *Markwardt*, BB 2004, 277 ff.
81 Ähnlich MüKo-AktG/*Grunewald*, § 320 Rn 8; *Emmerich/Habersack*, § 320 b Rn 21.
82 BegrRegE, BT-Drucks. 14/7034, S. 32; *Pötsch/Möller*, WM 2002, Sonderbeilage 2, S. 1, 4, 29 f.
83 *Hüffer*, Rn 12; *Emmerich/Habersack*, 4. Aufl., Rn 29; anders 7. Aufl., Rn 28: „auch nur ein vorübergehender Erwerb vermag den Einwand des Rechtsmissbrauchs nicht zu begründen"; *Steinmeyer/Häger*, 1. Aufl., Rn 16; *Bolte*, DB 2001, 2587, 2589; ähnlich im Erg.: *Baums*, Ausschluss von Minderheitsaktionären, S. 139 ff; *ders.*, WM 2001, 1843, 1845 ff; Spindler/Stilz/*Singhof*, Rn 25 f zum Zusammenschluss von Großaktionären in Zweckgesellschaft zur Durchführung eins Squeeze-out bei vorab vereinbarter Rückübertragung der Aktien unter den Großaktionären; vgl *Sieger/Hasselbach*, ZGR 2002, 120, 134 zum Fall, dass der Hauptaktionär in einem Staat ohne funktionierendes Rechtsschutzsystem sitzt; aA KölnKomm-WpÜG/*Hasselbach*, Rn 56 f; *Krieger* BB 2002, 53, 62.
84 BVerfGE 14, 263, 283.
85 *Emmerich/Habersack*, Rn 29.
86 Vgl zur ähnlichen Rechtsprechung zur verschleierten Sacheinlage *Hüffer*, § 27 Rn 14.
87 So die Äußerung des zuständigen Beamten aus dem Bundesjustizministerium, *Neye*, bei einer Tagung unter Leitung von *Hirte* und *Bülow* am 13.9.2002 in Frankfurt aM.
88 *Mertens*, AG 2002, 377, 380.
89 Vgl zur Frage der Rechtsmissbräuchlichkeit einer Anfechtungsklage, wenn ein Kläger eine Beteiligung am Verkaufs-Mehrerlös für eine Rücknahme seiner Anfechtungsklage verlangt, allg. § 245 Rn 28 ff.
90 *Emmerich/Habersack*, Rn 30; K. Schmidt/Lutter/*Schnorbus*, § 327 f Rn 23; *Fleischer*, ZGR 2002, 757, 785 f; *Grunewald*, ZIP 2002, 18, 22; *Witthuhn/Giermann*, MDR 2004, 372, 373; Spindler/Stilz/*Singhof*, Rn 28; offen gelassen in OLG Düsseldorf WM 2004, 728, 731; aA *Markwardt*, BB 2004, 277, 286.
91 Großkomm-AktienR/*Fleischer*, Rn 84; aA OLG Hamburg ZIP 2012, 1347 = DStR 2012, 1466.
92 *Fleischer*, ZGR 2002, 757, 785 f; Großkomm-AktienR/*Fleischer*, Rn 86.

hang mit einem vorangegangenen Übernahmeangebot des Hauptaktionärs[93] oder einer vorher vorgenommenen faktischen Konzernierung mit einer massiven Nachteilszufügung[94] vereitelt wird (vgl allg. zur Durchsetzung von Ersatzansprüchen gegen Gesellschaftsorgane § 93 Rn 147 ff und § 147 Rn 3 ff); (4.) aufgrund Rückübertragungspflicht nur vorübergehende Erreichung der 95 %igen Beteiligung über ein **Wertpapierdarlehen** (vgl Rn 5). Nicht rechtsmissbräuchlich soll Squeeze-out während der **Abwicklung** der AG sein[95] (vgl aber Rn 1), beim verschmelzungsrechtlichen Squeeze-out angeblich auch nicht Squeeze-out, der gezielt durch Formwechsel ermöglicht wird[96] (vgl aber Rn 18).[97]

18 Bei Rechtsmissbrauchs ist uE der Übertragungsbeschluss gem. § 241 Nr. 3 Alt. 1 mit dem Wesen der AG unvereinbar und damit **nichtig**.[98] Zu Recht wird in der Literatur im Übrigen vertreten, dass auch die den Squeeze-out **vorbereitenden Beschlüsse wegen Rechtsmissbrauchs anfechtbar** sein können. Standardbeispiel ist Rechtsformwechsel in AG mit dem ausschließlichen Ziel des Herausdrängens von Minderheitsgesellschaftern; in diesem Fall ist bereits der Umwandlungsbeschluss anfechtbar und der darauf folgende Übertragungsbeschluss nach der hier vertretenen Ansicht nichtig, jedenfalls anfechtbar.[99] Ein anderes Beispiel ist die Fassung eines einen Squeeze-out vorbereitenden Verschmelzungsbeschlusses, deren einziger und nicht durch sachgerechte Unternehmensführung berechtigter Sinn darin liegt, den Squeeze-out vorzubereiten.[100]

19 **II. Minderheitsaktionäre.** Minderheitsaktionäre sind nach der gesetzlichen **Begriffsbestimmung** die übrigen Aktionäre, dh sämtliche Aktionäre mit Ausnahme des Hauptaktionärs und derjenigen Aktionäre, deren Anteile nach Abs. 2 dem Hauptaktionär zuzurechnen sind (abhängige Unternehmen etc., vgl Rn 9 f).[101] Da ihre Aktien als dem Hauptaktionär gehörend gelten, sind sie keine Minderheitsaktionäre iSv Abs. 1 mit der Folge, dass ihre Anteile auch nicht durch den Squeeze-out auf den Hauptaktionär übergehen. Minderheitsaktionär im Sinne des Abs. 1 ist auch die Gesellschaft, wenn sie eigene Aktien hält, so dass diese auf den Hauptaktionär wie bei der Eingliederung gegen Abfindung übergehen.[102] Aus dem gesetzlichen Begriff „übrigen Aktionäre (Minderheitsaktionäre)" im Plural muss man uE nicht schließen, dass in einer zweigliedrigen AG mit einem einzigen Minderheitsaktionär Squeeze-out nicht möglich ist.[103]

20 Die in der Gesetzesbegründung verwendete (ab-)wertende Bezeichnung der Minderheitsbeteiligungen als Splitterbesitz oder Kleinstbeteiligungen[104] ist irreführend. Den rechtlichen und sonstigen Interessen der Minderheitsaktionäre kommt keineswegs aufgrund der vergleichsweise niedrigen relativen Beteiligungshöhe eine geringere **Schutzwürdigkeit** zu. Die Minderheitsrechte im Aktienrecht, die an eine 5 %ige Beteiligung anknüpfen (zB § 122), zeigen, dass 5 % keine Kleinstbeteiligung ist. Auch wenn man mit der Bundesregierung darauf abstellt, dass die in der Regel kleinere Beteiligung zahlreicher Minderheitsaktionäre wegen ihres geringen Einflusses auf die Unternehmensführung eher einer Kapitalanlage gleichkommt,[105] können daraus keine geringere Schutzbedürftigkeit und kein geringerer Schutzanspruch des Minderheitseigentums abgeleitet werden. Mag auch die Beteiligung von 5 % am Grundkapital faktisch nur relativ geringe Herrschaftsmacht mit sich bringen, so stellen die „Kleinstbeteiligungen" bei börsennotierten Gesellschaften regelmäßig große Vermögenswerte in Millionenhöhe dar.[106] Angesichts der in Deutschland typischerweise geringen HV-Präsenz, die den Gesetzgeber des WpÜG dazu gebracht hat, gem. § 29 Abs. 2 WpÜG bereits bei 30 % der Stimmrechte eine kontrollierende Mehrheit anzunehmen, können 5 % des Grundkapitals leicht 15 bis 20 % der tatsächlichen Stimmen in einer üblichen HV ohne Mehrheits- bzw Hauptaktionär begründen. Effektiver Schutz der Minderheit ist daher dringlich.

---

93 AA LG Düsseldorf ZIP 2004, 1755 = NZG 2004, 1168.
94 Vgl – im Erg. allerdings nach den Urteilen nicht durchgreifend – die Anfechtung des Squeeze-out durch die HVB durch Uni-Credit insb. im Hinblick auf den sog. Bank Austria-Komplex, LG München, 5 HK O 23244/07 (juris); OLG München ZIP 2008, 2124; LG München NZG 2008, 637 = ZIP 2008, 1635; OLG München AG 2008, 746 = ZIP 2008, 2117.
95 OLG Köln NZG 2005, 931 = DStR 2005, 1953; *Emmerich/Habersack*, Rn 12; *Buchta/Ott*, DB 2005, 990, 992.
96 OLG Hamburg ZIP 2012, 1347 = DStR 2012, 1466.
97 *Schröder/Wirsch*, ZGR 2012, 660 differenzieren zwischen aktienrechtlichem und verschmelzungsrechtlichem Squeeze-out sowie personalistisch und kapitalistisch strukturierter umgewandelter Gesellschaft.
98 Ebenso: OLG München ZIP 2005, 2259, 2260; LG Landshut NZG 2006, 400; *Hüffer*, Rn 12; für Anfechtbarkeit dagegen *Emmerich/Habersack*, Rn 27; LG Landshut NZG 2006, 400; MüKo-AktG/*Grunewald*, Rn 18 ff.
99 So auch *Emmerich/Habersack*, Rn 29; *ders.*, ZIP 2001, 1230, 1234 f; Spindler/Stilz/*Singhof*, Rn 27; *Krieger*, DB 2002, 53, 61 ff; *Gesmann-Nuissl*, WM 2002, 1205, 1210; *Grunewald*, ZIP 2002, 18, 22; Großkomm-AktienR/*Fleischer*, Rn 78; *Fleischer*, ZGR 2002, 757, 787; *Grzimek*, in: Geibel/Süßmann, Rn 55; *Sellmann*, WM 2003, 1545, 1552; aA KölnKomm-WpÜG/*Hasselbach*, Rn 52, 56; *Angerer*, BKR 2002, 260, 267; *Markwardt*, BB 2004, 277, 283; K. Schmidt/Lutter/*Schnorbus*, § 327 f Rn 18; Grigoleit/*Rieder* und § 327 f Rn 7.
100 OLG Hamburg, BB 2008, 2199 mAnm. *Wilsing/Ogorek*.
101 BegrRegE, BT-Drucks. 14/7034, S. 72; *Emmerich/Habersack*, § 327 e Rn 9; MüKo-AktG/*Grunewald*, Rn 10; *Hüffer*, Rn 4.
102 *Hüffer*, Rn 2, § 327 e Rn 4; *Grzimek*, in: Geibel/Süßmann, § 327 e Rn 24; *Emmerich/Habersack*, § 327 e Rn 9; *Habersack*, ZIP 2001, 1230, 1236; aA MüKo-AktG/*Grunewald*, § 327 e Rn 11; KölnKomm-AktG/*Koppensteiner*, § 327 e Rn 12; *Lieder/Stange*, Der Konzern 2008, 617, 623; *Riegger*, DB 2003, 541, 543 f; *Fuhrmann/Simon*, WM 2002, 1211, 1214.
103 AA Grigoleit/*Rieder*, Rn 23.
104 Den Begriff übernimmt zB *Bolte*, DB 2001, 2587.
105 So etwa auch *Vetter*, AG 2002, 176, 181 f.
106 *Heidel/Lochner*, DB 2001, 2031, 2033; in diesem Sinne auch *Zschocke*, DB 2002, 79, 85.

21 **III. HV-Beschluss.** Zum Minderheitsausschluss bedarf es eines Beschlusses der HV. Das Erfordernis des HV-Beschlusses wurde im Schrifttum teilweise als bloßer Formalakt kritisiert,[107] da die Minderheitsaktionäre schon definitionsgemäß keine Sperrminorität aufbringen können. Als Alternative wurde ein Ausschluss auf Grundlage einer vom Hauptaktionär beantragten gerichtlichen Entscheidung vorgeschlagen (so jetzt nach § 39a WpÜG). Demgegenüber ist die Normierung des **HV-Beschlusses angesichts des angemessenen Minderheitsschutzes zu befürworten**,[108] da sie den Aktionären etwa durch das Auskunftsrecht aus § 131 Abs. 1 bessere Informationsmöglichkeiten verschafft und zudem effektiven Rechtsschutz durch Anfechtungsklage eröffnet.

22 Mit welcher **Mehrheit** der Beschluss gefasst wird, ist nach dem Gesetz ohne Bedeutung; es kommt für die Zulässigkeit des Squeeze-out nach Abs. 1 S. 1 allein auf die Höhe des Anteils des Hauptaktionärs am Grundkapital einschließlich etwaiger stimmrechtsloser Vorzugsaktien an (vgl Rn 3, 8 f), nicht aber auf das Maß der Zustimmung der HV.[109] Mangels ausdrücklicher anderer gesetzlicher Anordnung genügt die einfache HV-Mehrheit für den Beschluss (§ 133 Abs. 1).[110] Möglich sind Satzungsregelungen, die bis hin zum Einstimmigkeitserfordernis die allgemeine Regel des § 133 verschärfen.[111] Hauptaktionärseigenschaft muss kumulativ zur Mehrheit noch fortbestehen (vgl Rn 3). Der Hauptaktionär darf mitstimmen;[112] § 136 Abs. 1 greift nicht ein. UE gebietet es die aktienrechtliche Treuepflicht, dass der Hauptaktionär für den einmal von ihm ins Werk gesetzten Squeeze-out grundsätzlich stimmen muss (vgl § 327b Rn 5). Der Mehrheitsbeschluss bedarf grundsätzlich **keiner sachlichen Rechtfertigung**; denn der Gesetzgeber hat die Übertragung der Aktien auf den Hauptaktionär als Selbstzweck ausgestaltet (vgl Rn 11 ff); freilich kann der Beschluss in Folge eines Rechtsmissbrauchs nichtig oder jedenfalls anfechtbar sein (vgl Rn 13 ff; § 327f Rn 7). **Vorzugsaktionäre** sind nach hM nicht stimmberechtigt,[113] was aber uE falsch ist, denn sie verlieren den Vorzug iSd § 141 Abs. 1. Eines **Sonderbeschlusses einzelner Aktiengattungen** bedarf der Squeeze-out nach hM nicht[114] (vgl zur Parallelfrage bei Delisting vor § 327a Rn 19).

23 **Beschlussinhalt** ist gem. Abs. 1 S. 1 die (1.) Übertragung der Aktien der übrigen Aktionäre (Minderheitsaktionäre) auf den Hauptaktionär gegen (2.) Gewährung einer angemessenen Barabfindung. Mit der Beschlussfassung sind die Aktien noch nicht wirksam auf den Hauptaktionär übertragen; nach ganz hM ist die Höhe der Barabfindung im Beschluss konkret zu beziffern[115] (vgl Rn 24). Konstitutiv für die Übertragung ist die Eintragung des Beschlusses im Handelsregister (§ 327c Abs. 3 S. 1).

24 **IV. Barabfindung.** Der HV-Beschluss legt die den ausscheidenden Minderheitsaktionären zu zahlende Barabfindung nicht fest. Deren Festlegung durch den Hauptaktionär geht dem Übertragungsbeschluss vielmehr voraus. Dieser nimmt nur Bezug auf die „Gewährung einer angemessenen Barabfindung", ohne dass die Höhe der Abfindung vom Beschlussinhalt umfasst ist. Die Abfindung bezweckt den Vermögensausgleich für den zwangsweisen Entzug der Gesellschaftsbeteiligungen. Der Anspruch auf Barabfindung entsteht nicht aufgrund des Übertragungsbeschlusses, sondern aufgrund Gesetzes, vgl § 327e Rn 12 f. Schuldner des Barabfindungsanspruchs ist der Hauptaktionär, nicht die AG, vgl § 327b Abs. 3. Die Bestimmung der Höhe der Barabfindung richtet sich nach § 327b. Gemäß § 327a Abs. 1 S. 1 haben die Minderheitsaktionäre einen Anspruch auf eine **angemessene Barabfindung**, vgl § 327b Rn 7; die Angemessenheit ist nach Maßgabe des § 327f durch jeden Minderheitsaktionär im Spruchverfahren überprüfbar, vgl § 327f Rn 9 ff.

25 **V. AG oder KGaA (Abs. 1 S. 2).** Die Möglichkeit des Minderheitsausschlusses besteht nach Abs. 1 S. 1 nur bei AG und KGaA. Auch bei der SE mit Sitz im Inland ist der Squeeze-out möglich, da diese als nach inländischem Recht gegründete AG zu behandeln ist[116] (vgl Rn 1). Gemäß Abs. 1 S. 2 bedarf bei einer KGaA der HV-Beschluss abweichend von § 285 Abs. 2 S. 1 keiner Zustimmung der **Komplementäre**; ihre Rechtsstel-

---

107 *Vetter*, ZIP 2000, 1817, 1820; *ders.*, DB 2001, 743, 744; *Habersack*, ZIP 2001, 1230, 1237; *Schiessl*, AG 1999, 442, 452.

108 *Hüffer*, Rn 9; Großkomm-AktienR/*Fleischer*, Rn 65; MüKo-AktG/*Grunewald*, Rn 13; vgl Spindler/Stilz/*Singhof*, Rn 20 wonach Beschluss rechtsgeschäftliche Grundlage für den gesetzlichen Erwerbstatbestand ist; KölnKomm-AktG/*Koppensteiner*, Rn 18; KölnKomm-WpÜG/*Hasselbach*, Rn 19; *Krieger*, BB 2002, 53, 58; *Handelsrechtsausschuss des DAV*, NZG 2001, 420, 431.

109 *Schwichtenberg*, DStR 2001, 2075, 2081; *Vetter*, AG 2002, 176, 186; vgl auch *Pötzsch/Möller*, WM 2000, Sonderbeilage 2, S. 3, 30, wonach es nicht auf die Stimmrechte, sondern allein auf die Beteiligungshöhe ankommt.

110 *Hüffer*, Rn 11; *Emmerich/Habersack*, Rn 24; KölnKomm-WpÜG/*Hasselbach*, Rn 46; *Fuhrmann/Simon*, WM 2002, 1211, 1213; aA noch *Grunewald*, ZIP 2002, 18, 19 (95 %), vgl nunmehr aber MüKo-AktG/*Grunewald*, Rn 15.

111 Großkomm-AktienR/*Fleischer*, Rn 67.

112 *Hüffer*, Rn 11.

113 OLG Düsseldorf AG 2005, 293 = WM 2005, 650 = NZG 2005, 347 mAnm. *Wilsing*, EWiR 2005, 495 und *Korth*, NZG 2006, 604; Verfassungsbeschwerde nicht angenommen, BVerfG 1. Senat 2. Kammer, AG 2007, 821 = WM 2007, 884 = ZIP 2007, 1987; Großkomm-AktienR/*Fleischer*, Rn 69.

114 OLG Düsseldorf WM 2005, 650 = NZG 2005, 347 = AG 2005, 293; BVerfG 1. Senat 2. Kammer, AG 2007, 821 = WM 2007, 1884 = ZIP 2007, 1987 (Nichtannahmebeschluss gegen OLG Düsseldorf); *Emmerich/Habersack*, Rn 24; *Fuhrmann/Simon*, WM 2002, 1211, 1213; *Wilsing*, EWiR 2005, 495.

115 *Grigoleit/Rieder*, Rn 27.

116 Art. 9 Abs. 1 lit. c.ii sowie Art. 10 SEVO, vgl *Hüffer*, Rn 4; *Emmerich/Habersack*, Rn 13; KölnKomm-AktG/*Koppensteiner*, Rn 3; Spindler/Stilz/*Singhof*, Rn 14.

lung wird durch den Squeeze-out nicht berührt.[117] Die Zielgesellschaft braucht nicht börsennotiert zu sein.[118]

§ 327 b Barabfindung

(1) [1]Der Hauptaktionär legt die Höhe der Barabfindung fest; sie muss die Verhältnisse der Gesellschaft im Zeitpunkt der Beschlussfassung ihrer Hauptversammlung berücksichtigen. [2]Der Vorstand hat dem Hauptaktionär alle dafür notwendigen Unterlagen zur Verfügung zu stellen und Auskünfte zu erteilen.

(2) Die Barabfindung ist von der Bekanntmachung der Eintragung des Übertragungsbeschlusses in das Handelsregister an mit jährlich 5 Prozentpunkten über dem jeweiligen Basiszinssatz nach § 247 des Bürgerlichen Gesetzbuchs zu verzinsen; die Geltendmachung eines weiteren Schadens ist nicht ausgeschlossen.

(3) Vor Einberufung der Hauptversammlung hat der Hauptaktionär dem Vorstand die Erklärung eines im Geltungsbereich dieses Gesetzes zum Geschäftsbetrieb befugten Kreditinstituts zu übermitteln, durch die das Kreditinstitut die Gewährleistung für die Erfüllung der Verpflichtung des Hauptaktionärs übernimmt, den Minderheitsaktionären nach Eintragung des Übertragungsbeschlusses unverzüglich die festgelegte Barabfindung für die übergegangenen Aktien zu zahlen.

Literatur:
Vgl die Angaben vor §§ 327 a ff sowie *Altmeppen*, Die unzulängliche Abfindungsregelung beim Squeeze out, ZIP 2010, 1773; *Bödeker/Fink*, Unternehmensvertragliche Ausgleichsansprüche beim Zusammentreffen mit Squeeze-Out – Grundsatzentscheidung des BGH NZG 2011, 816; *Bungert/Janson*, Im Spannungsfeld von Unternehmensvertrag und Squeeze out: Gibt es einen zeitanteiligen Ausgleichsanspruch nach § 304 AktG?, in: FS U.H. Schneider, 2011, S. 159; *Fehling/Arens*, Informationsrechte und Rechtsschutz von Bezugsrechtsinhabern beim aktienrechtlichen Squeeze out, AG 2010, 735; *Meilicke*, Gewinnbezugsrecht nach Wirksamwerden des Squeeze-outs, AG 2010, 561; *Popp*, Squeeze-out-Abfindung bei Beherrschungs- und Gewinnabführungsverträgen, AG 2010, 1; *H. Schmidt*, Erhöhung und Barabfindung beim Squeeze out nach Einberufung der Hauptversammlung, in: GS M. Winter, 2011, S. 585; *Ziemons*, Options- und Wandlungsrecht bei Squeeze out und Eingliederung, in: FS K. Schmidt, 2009, S. 1777.

A. Regelungsgegenstand

Abs. 1 bestimmt die **Höhe**, Abs. 2 die **Verzinsung** sowie weiteren **Schadensersatz** und Abs. 3 die **Absicherung der Barabfindung**, die der Hauptaktionär den ausscheidenden Minderheitsaktionären gem. § 327 a Abs. 1 als Gegenleistung für die entzogenen Gesellschaftsanteile zu gewähren hat. 1

B. Bestimmung der Barabfindung

I. **Abfindungsberechtigte (§§ 327 a Abs. 1 S. 1, 327 b Abs. 3), Verjährung**. Gemäß §§ 327 a Abs. 1 S. 1, 327 b Abs. 3 ist den **übrigen Aktionären** (Minderheitsaktionären), deren Aktien auf den Hauptaktionär übergehen (§ 327 e Abs. 3 S. 1), eine Abfindung zu leisten. Zu „den übrigen Aktionären" gehört im Hinblick auf die Abfindung auch die Gesellschaft bei **eigenen Aktien** (vgl § 327 a Rn 19). Nicht ausgeübte **Umtausch- und Optionsrechte** (vgl § 221 Rn 63) verkörpern nach dem Squeeze-out analog § 327 a Abs. 1 S. 1 nur noch den Anspruch auf Barabfindung, der an die Stelle der Aktien tritt; entgegen der mitunter vertretenen Ansicht[1] können solche Rechte nach Wirksamwerden des Squeeze-out nach dessen Sinn und Zweck nicht mehr auf den Erwerb der Aktionärsstellung gerichtet sein; sonst würden deren Gläubiger besser gestellt als Aktionäre, und der Zweck des Gesetzes zur Begründung einer Einmann-Gesellschaft würde zunichte gemacht[2] (vgl § 327 e Rn 13). 2

Das Gesetz sieht keine Befristung oder **Verjährung** des Abfindungsanspruchs vor, anders als zB in § 305 Abs. 4 S. 1. Daher verjährt der Anspruch einschließlich des Zinsanspruchs nach allgemeinen Grundsätzen 3

---

[117] *Emmerich/Habersack*, Rn 13; K. Schmidt/Lutter/*Schnorbus*, Rn 24.
[118] BegrRegE, BT-Drucks. 14/7034, S. 32; LG Berlin DB 2003, 707 = ZIP 2003, 1352; *Krieger*, BB 2003, 53, 55; *Vetter*, AG 2002, 176, 184 f; *Schiessl*, AG 1999, 442, 451; dazu kritisch *Habersack*, ZIP 2001, 1230, 1235; *Bolte*, DB 2001, 2587, 2591; im Erg. auch *Drygala*, AG 2001, 291, 297 f.

[1] *Baums*, WM 2001, 1843, 1847 ff; *Friedl*, Der Konzern 2004, 309, 324 ff; *Schüppen*, WPg 2001, 958, 975 f.

[2] So auch LG Düsseldorf ZIP 2004, 1755, 1757 = NZG 2004, 1168, 1170; *Hüffer*, Rn 3; *Emmerich/Habersack*, Rn 7; MüKo-AktG/*Grunewald*, Rn 12; *Grzimek*, in: Geibel/Süßmann, § 327 e Rn 31 f; *Ehricke/Roth*, DStR 2001, 1120, 1122; *Krieger*, BB 2002, 53, 61; *Vossius*, ZIP 2002, 511, 512 f; *Kiem*, RWS 20, 329, 349 f hielt gesetzliche Regelung für erforderlich; vgl auch BGH ZIP 1998 560 = NJW 1998, 2146 = AG 1998, 283 (Siemens/Nixdorf), wonach der Inhaber eines Optionsscheins keinen Anspruch auf Verschaffung von Aktien einer eingegliederten Gesellschaft hat.

(§ 195 BGB) binnen 3 Jahren.[3] Ggf kann der Hauptaktionär die geschuldeten Beträge gem. § 372 ff BGB hinterlegen.[4] Der Beginn der Verjährung ist gem. § 199 Abs. 1 Nr. 2 BGB uE der Schluss des Jahres der Bekanntmachung der Eintragung des Squeeze-out (Abs. 2 Hs 1).[5] Der Beginn ist ggf analog § 204 Abs. 1 Nr. 1 BGB für alle Minderheitsaktionäre gehemmt bis zum rechtskräftigen Abschluss des Spruchverfahrens gem. § 327 f[6] Analog § 197 Abs. 1 Nr. 3 BGB verjährt der vom Spruchgericht rechtskräftig festgestellte Anspruch uE in 30 Jahren. Der allgemeine Grundsatz, dass diese Norm nur für Entscheidungen gilt, aus denen vollstreckt werden kann,[7] steht der analogen Anwendung nicht entgegen, denn die Minderheitsaktionäre sind zur Geltendmachung ihrer Ansprüche auf die verfassungsrechtlich gebotene angemessene Entschädigung gesetzlich auf ein FamG-Verfahren verwiesen. Daher können sie hinsichtlich der Verjährung nicht schlechter gestellt sein als bei einer ZPO-Klage.

4 **II. Festlegung durch den Hauptaktionär (Abs. 1 S. 1 Hs 1).** Der Hauptaktionär legt die Höhe der Barabfindung gem. Abs. 1 S. 1 Hs 1 fest. (vgl zum Zeitpunkt der Festlegung § 327 a Rn 11) Die Minderheitsaktionäre können die **Festlegung ausnahmslos im Spruchverfahren überprüfen** lassen, vgl Rn 9 f, § 327 f Rn 9 ff. Der Hauptaktionär ist zahlungspflichtig, vgl § 327 a Rn 24. Das einseitige Festlegungsrecht des Hauptaktionärs weicht von anderen Regelungen wie etwa §§ 304 Abs. 1, 305 Abs. 1, § 29 UmwG ab, wonach Entschädigungsansprüche unter Beteiligung des Vorstands der abhängigen Gesellschaft festgelegt werden und Weisungen ausdrücklich ausgeschlossen sind, § 299. Da **Vorstand und Aufsichtsrat** der HV Beschlussempfehlungen abgeben müssen, sind sie ihren Aktionären gegenüber zur **eigenverantwortlichen Prüfung** der Höhe der Barabfindung verpflichtet, vgl § 327 a Rn 12. Die Festlegung des Hauptaktionärs konkretisiert den Inhalt seiner Leistungspflicht gegenüber den Minderheitsaktionären aus dem durch den Squeeze-out gem. § 327 a Abs. 1 zustande kommenden besonderen gesetzlichen Schuldverhältnis.[8] Der Zahlungsanspruch der Minderheitsaktionäre entsteht erst mit der Eintragung des Squeeze-out in das Handelsregister (vgl § 327 e Rn 13). Die Festlegung muss uE nicht Inhalt des Verlangens gem. § 327 a Abs. 1 S. 1 sein (vgl § 327 a Rn 11). Die Abfindung ist zwingend als **Bargeld in Euro** anzubieten.[9] Unzulässig ist ein sog. **Leveraged Squeeze-out** (vgl Rn 7); dabei soll die Barabfindung unter der Bedingung (vgl allg. zur Bedingungsfeindlichkeit des Verlangens § 327 a Rn 11) der vorherigen Beschlussfassung über eine Gewinnverwendung stehen, mit der eine Sonderdividende aufgrund der Auflösung von Rücklagen in der Absicht gewährt wird, diese bei der Squeeze-out-Abfindung abzuziehen; das LG Frankfurt stellt zu solchen Gestaltungen zutreffend fest, damit wolle der Hauptaktionär zu seinen Gunsten einen niedrigeren Abfindungsbetrag ermitteln und den Differenzbetrag aus der Dividendenzahlung der Gesellschaft finanzieren.[10]

5 Die Festlegung kann ab Bekanntmachung der Tagesordnung nicht zulasten der Minderheitsaktionäre geändert werden, § 124 Abs. 1.[11] Sinn und Zweck des Gesetzes widersprechen Auffassungen, wonach ab dieser Bekanntmachung die Festlegung nicht mehr geändert werden könne, ohne den gefassten Beschluss der HV anfechtbar zu machen.[12] Die festgelegte Höhe der Barabfindung muss „die Verhältnisse der Gesellschaft im Zeitpunkt der Beschlussfassung ihrer HV berücksichtigen"; stellt sich zwischen der Festlegung der Höhe und der HV heraus, dass die Abfindung zu niedrig festgesetzt wurde, muss uE der Hauptaktionär die Festlegung zugunsten der Minderheitsaktionäre nachbessern und jedenfalls nachbessern dürfen;[13] denn die Festlegung konkretisiert ohnehin nur das gesetzliche Schuldverhältnis. Zur Anfechtbarkeit kann die Nach-

---

3 *Sieger/Hasselbach*, ZGR 2002, 120, 146 f; *Pulte/Weber/Kaisershot-Abdmoulah*, AG 2007, 690, 692 f.

4 Vgl *Vossius*, ZIP 2002, 511, 514 f, der eine Analogie zu § 214 (vgl die Kommentierung zu § 214) im Hinblick auf die Pflichten gem. § 372 S. 2 BGB für möglich hält; dabei beseitigt sicherlich nicht die Veröffentlichung im Gesellschaftsblatt "Bundesanzeiger" die Fahrlässigkeit. Die Veröffentlichung im Bundesanzeiger ist vielmehr eine Garantie dafür, dass die Aktionäre, die es angeht, nichts von der Barabfindung erfahren; ohnehin wird für den Hauptaktionär die weitere Übernahme der Kosten gegenüber der Bank regelmäßig günstiger sein als die Hinterlegung der Abfindung beim Amtsgericht.

5 *Pulte/Weber/Kaisershot-Abdmoulah*, AG 2007, 690, 693 f; *Schüppen/Tretter*, in: Haarmann/Schüppen, WpÜG, § 327 b Rn 24; demgegenüber wird in der Lit. teilweise auf den Zeitpunkt der Eintragung abgestellt, KölnKomm-AktG/*Koppensteiner*, § 320 b Rn 14.

6 *Pulte/Weber/Kaisershot-Abdmoulah*, AG 2007, 694 f; vgl zur Hemmung beim Abfindungsantrag nach dem UmwG BayObLG 82, 467; Palandt/*Heinrichs*, 61. Aufl., § 209 BGB aF Rn 24; Palandt/*Ellenberger*, 69. Aufl., § 204 BGB nF, Rn 54; *Widmann/Mayer*, § 12 UmwG Rn 338.

7 MüKo-BGB/*Grothe*, § 197 Rn 17.

8 Vgl *Hüffer*, Rn 6, ohne ausdrücklichen Hinweis auf den Beginn des Schuldverhältnisses; Spindler/Stilz/*Singhof*, Rn 3.

9 *Fuhrmann/Simon*, WM 2002, 1211, 1215, dort auch zur Frage des freiwilligen Tauschangebots, das den Regeln des WpÜG unterliegen dürfte; vgl ferner der Regelung zum Squeeze-out in Art. 15 der Richtlinie 2004/25/EG des Europäischen Parlaments und des Rates vom 21.4.2004 betreffend Übernahmeangebote, AblEU Nr. L 142 vom 30.4.2004, S. 12 ff, vgl vor §§ 327 a ff Rn 14 f.

10 LG Frankfurt aM AG 2005, 545 = DB 2004, 2742; zustimmend *Zschoke* DB 2004, 2745.

11 MüKo-AktG/*Grunewald*, Rn 6, 8; Emmerich/*Habersack*, Rn 4; *Hüffer*, Rn 6; Grigoleit/*Rieder*, Rn 4.

12 So aber *Hüffer*, Rn 6 bis zur 8. Aufl.; dagegen: *Vossius*, ZIP 2002, 511, 513 f.

13 Jedenfalls darf der Hauptaktionär in seinem Verlangen nach § 327 a eine höhere Barabfindung festlegen, als im seinem Bericht nach § 327 c Abs. 2 S. 1 erläutert, insb. um damit innerhalb der durch den sachverständigen Prüfer nach § 327 c Abs. 2 S. 2 als angemessen festgestellten Bandbreite der Abfindungshöhe zu bleiben, OLG München ZIP 2011, 2199, 2200 = AG 2012, 45: Spindler/Stilz/*Singhof*, Rn 3.

besserung nicht führen, § 327 f S. 1. Unzutreffend ist, dass ein „Nachsteuern der Abfindung" nach oben und unten zulässig sei.[14] Die Minderheitsaktionäre haben einen Anspruch darauf, dass ihnen mindestens die als vom Hauptaktionär festgelegt bekannt gemachte und vom Kreditinstitut gem. § 327 b Abs. 3 gewährleistete Abfindung zukommt.[15] Ein **Bericht** zur Erhöhung (vgl § 327 c Abs. 2 S. 1) ist uE nicht zu erstatten; es genügen mündliche Erläuterungen in der HV (vgl § 327 d Rn 3). In der Lit. wird zu Recht vertreten, dass das Verbot, ab Bekanntgabe der Tagesordnung die Festlegung zu widerrufen oder zum Nachteil der Minderheitsaktionäre zu ändern, deren zivilrechtliche Bindung bedeutet.[16] UE darf man aber nicht dabei stehen bleiben, hieraus die Anfechtbarkeit des HV-Beschlusses zu schlussfolgern, wenn der Hauptaktionär die Abfindungshöhe doch zum Nachteil der Minderheitsaktionäre verschlechtert. UE ist der Hauptaktionär aus Gründen der Treuepflicht gegenüber den Minderheitsaktionären verpflichtet, für seine einmal ins Werk gesetzte Squeeze-out-Maßnahme zu stimmen; daher darf der Hauptaktionär durch sein Stimmverhalten bei der Beschlussfassung den Squeeze-out mit einer ihm nunmehr ungünstig erscheinenden Abfindung nicht verhindern.[17]

III. Unterrichtungspflicht des Vorstands (Abs. 1 S. 2). Zur Festlegung der angemessenen Barabfindung muss der Vorstand gem. Abs. 1 S. 2 dem Hauptaktionär alle dafür notwendigen Unterlagen zur Verfügung stellen und Auskünfte erteilen. Der Informationsanspruch ist umfassend; er erstreckt sich auf alle bewertungsrelevanten Aspekte.[18] Die Unterrichtungspflicht ist **lex specialis gegenüber** § 93 Abs. 1 S. 2; angesichts des klaren Wortlauts der gesetzlichen Anordnung scheidet es uE entgegen vereinzelt vertretener Ansicht[19] aus, die Unterrichtungspflicht ähnlich § 131 zu beschränken.[20] Über den Inhalt der Unterrichtung sind der Hauptaktionär sowie dessen Organe und Erfüllungsgehilfen zur **Verschwiegenheit** verpflichtet; Rechtsgrundlage ist die Nebenpflicht aus dem mit dem Einberufungsverlangen zustande kommenden gesetzlichen Schuldverhältnis zwischen Hauptaktionär und AG/KGaA, zu dem gem. §§ 241 Abs. 2, 242 BGB auch Verschwiegenheitspflichten gehören.[21] Der Vorstand muss die Unterrichtung insb. verweigern, wenn ein HV-Beschluss aufgrund des Verlangens rechtsmissbräuchlich wäre (vgl § 327 a Rn 14 ff), es an der Hauptaktionärseigenschaft fehlt (vgl § 327 a Rn 3 ff) oder ein begründeter Verdacht besteht, dass der Hauptaktionär die Informationen missbraucht.[22] Beispielsweise gilt dies für den Fall, dass sich mehrere Aktionäre, die jeweils nicht die 95 % erreichen, pro forma zusammenschließen, um vom Vorstand Auskünfte und Unterrichtung zu erhalten, auf die sie sonst gem. §§ 131, 93 Abs. 1 S. 2 keinen Anspruch haben – etwa weil sie zur Vorbereitung des Verkaufs ihrer Anteile eine due diligence durchführen wollen. Kommt es zur Beschlussfassung über den Squeeze-out, haben uE die Minderheitsaktionäre gem. **§ 131 Abs. 4 S. 1** (vgl allg. § 131 Rn 75 ff) Anspruch auf Erteilung der gleichen Auskünfte, wie sie dem Hauptaktionär erteilt worden sind; für ein Vorenthalten der Auskünfte, die dem einen (Haupt-)Aktionär zur Bemessung der Angemessenheit der Abfindung des Squeeze-outs erteilt worden sind, mit dem die übrigen Aktionäre aus der Gesellschaft herausgedrängt werden, besteht keine Rechtfertigung mehr, wenn aufgrund dieser Informationen der Ausschluss festgesetzt wird.[23]

IV. Angemessenheit der Abfindung (Abs. 1 S. 1 Hs 2). Die Barabfindung hat gem. § 327 a Abs. 1 angemessen zu sein. Gemäß § 327 b Abs. 1 S. 1 Hs 2 muss sie (ebenso wie zB bei der Mehrheitseingliederung nach § 320 b Abs. 1 S. 5, bei Unternehmensverträgen und Umwandlungsmaßnahmen) den Verhältnissen der Gesellschaft im Zeitpunkt des HV-Beschlusses entsprechen. Das Recht der ausscheidenden Aktionäre auf angemessenen Ausgleich ist durch den **Eigentumsschutz von Art. 14 Abs. 1 GG** geboten, der auch das Anteilseigentum erfasst,[24] vgl vor §§ 327 a ff Rn 7. Als Maßstab für die Angemessenheit gilt seit der „Feldmühle"-

---

14 So aber *Vossius*, ZIP 2002, 511, 513 f; nur Anpassung nach oben halten dagegen wie hier für zulässig *Gesmann-Nuissl*, WM 2002, 1205, 1207 f; *Halm*, NZG 2002, 1162, 1165; *Ehricke/Roth*, DStR 2001, 1120, 1122.
15 So nun auch *Hüffer*, Rn 6; Großkomm-AktienR/*Fleischer*, Rn 5; MüKo-AktG/*Grunewald*, Rn 7; KölnKomm-AktG/*Koppensteiner*, Rn 4; *Emmerich/Habersack*, Rn 4; *H. Schmidt*, in: GS M. Winter, 2011, S. 585, 589 ff.
16 Grigoleit/*Rieder*, Rn 4.
17 AA Grigoleit/*Rieder*, Rn 4.
18 Spindler/Stilz/*Singhof*, Rn 6.
19 *Steinmeyer/Häger*, 1. Aufl., Rn 55; *Gesmann-Nuissl*, WM 2002, 1205, 1208.
20 KölnKomm-WpÜG/*Hasselbach*, Rn 8; *Emmerich/Habersack*, Rn 5; Großkomm-AktienR/*Fleischer*, Rn 8; *Hüffer*, Rn 7; MüKo-AktG/*Grunewald*, Rn 5; *Fuhrmann/Simon*, WM 2002, 1211, 1215.
21 MüKo-AktG/*Ernst*, § 280 Rn 100; vgl auch zB Palandt/*Grüneberg*, § 242 BGB Rn 27 f,; § 280 Rn 28 b BGB, § 276 Rn 117 a; andere begründen die Verschwiegenheitspflicht in Analogie zu §§ 394 f oder zur mitgliedschaftlichen Treuepflicht, Großkomm-AktienR/*Fleischer*, Rn 9; *Hüffer*, Rn 7, oder verweisen auf die Möglichkeit zum Abschluss von Geheimhaltungsvereinbarungen, KölnKomm-WpÜG/*Hasselbach*, Rn 8.
22 Großkomm-AktienR/*Fleischer*, Rn 8.
23 Vgl BayObLG ZIP 2002, 1804 = NZG 2002, 1020 = DB 2003, 439 zum Großaktionär; bestätigend: *Jäger*, NZG 2003, 1033, 1037; *Geßler/Eckardt*, § 131 Rn 148; KölnKomm-AktG/*Koppensteiner*, § 312 Rn 7; *Schneider* in: FS Lutter, 2000, S. 1193, 1201 f jeweils zum faktischen Konzern; aA die hM: OLG Düsseldorf ZIP 2004, 359, 365; LG Saarbrücken NZG 2004, 1012, 1013; KölnKomm-WpÜG/*Hasselbach*, Rn 9; *Emmerich/Habersack*, Rn 5; Großkomm-AktienR/*Fleischer*, Rn 10; *Hüffer*, Rn 7; MüKo-AktG/*Grunewald*, Rn 5; Spindler/Stilz/*Singhof*, Rn 6.
24 BVerfGE 14, 263, 276 f (Feldmühle) = DB 1962, 1073, 1074 = NJW 1962, 1667; BVerfGE 100, 289, 301 (DAT/Altana) = BB 1999, 1778 = NJW 1999, 3769, 3770; BVerfG ZIP 2000, 1670, 1671 (Moto-Meter) = NJW 2001, 279.

Entscheidung in ständiger Rechtsprechung des BVerfG die **volle wirtschaftliche Entschädigung** für den zu erduldenden Anteilsverlust.[25] Maßgebend für die Höhe der Abfindung ist der **volle Wert des Unternehmens** (vgl die Kommentierung vor §§ 291 ff, § 304 und § 305 Rn 38);[26] später zu zahlende Ausgleichs- und Dividendenzahlungen dürfen nicht abgezogen werden[27] (vgl Rn 4 und § 327e Rn 16 a, b zu noch nicht entstandenen Ansprüchen auf solche Zahlungen).

8 Die Höhe der Entschädigung lässt sich weder allein durch eine **Unternehmensbewertung** auf Grundlage des **IDW-Standards (Ertragswertmethode oder Discounted-Cash-Flow-Verfahren)**[28] noch bei Börsennotierung der Aktien durch den an der Börse gebildeten Verkehrswert der Aktie bestimmen.[29] Auch der im Rahmen eines Übernahmeangebots nach WpÜG oder der im Rahmen eines vor Einführung des WpÜG abgegebenen Übernahmeangebots gezahlte Preis ist ggf zu berücksichtigen,[30] aber allein nicht ausschlaggebend. Vielmehr hat der BGH zum Unternehmensvertragsrecht die BVerfG-Rechtsprechung konkretisiert und mit Recht festgestellt, dass die außenstehenden Aktionäre jeweils erhalten müssen, was höher ist: entweder den Verkehrswert etwa in Gestalt des Börsenkurses oder den in der Aktie verkörperten anteiligen Unternehmenswert (vgl § 305 Rn 36 f).[31] Diese Rechtsgrundsätze gelten entsprechend beim Squeeze-out.[32] Dagegen meinen manche Autoren, der **Börsenkurs** spiele keine Rolle, da vor dem Squeeze-out regelmäßig kein effektiver Börsenhandel mehr gegeben sei.[33] Nach neuerer Rspr des BGH kommt es aber für den maßgeblichen Börsenkurs auf diesen Zeitraum an.[34] Dass ausnahmsweise einmal die Minderheitsaktionäre ihre Aktien vor der Bekanntgabe des beabsichtigten Squeeze-out. nicht zum damaligen durchschnittlichen Börsenkurs hätten veräußern können, müsste der Hauptaktionär ggf substantiiert darlegen, wofür dieser im Spruchverfahren gem. § 327f die objektive Beweislast trägt; der BGH hat mit gutem Grund ein Mindesthandelsvolumen von 3 bis 5 % als Voraussetzung für eine ausreichende Liquidität abgelehnt.[35] Schematische Betrachtungen scheiden daher nach § 327b aus, insbesondere auch eine bloße Übernahme der Regelung von § 5 Abs. 4 WpÜGAngebotsVO, wonach für Zwecke des WpÜG Börsenkurse außer Betracht bleiben, wenn für die Aktien während der letzten drei Monate an weniger als einem Drittel der Börsentage Börsenkurse festgestellt wurden oder mehrere nacheinander festgestellte Börsenkurse um mehr als 5 % voneinander abweichen.[36] Bei der Bewertung sollen Kostenersparnisse aufgrund des Squeeze-out nicht unternehmenswerterhöhend berücksichtigt werden.[37] Im Rahmen der Unternehmensbewertung dürfen sich Spruchgerichte und Gutachter hinsichtlich wesentlicher Bewertungsparameter wie der Marktrisikoprämie nicht schlicht auf veröffentli-

---

25 BVerfGE 14, 263, 283 f (Feldmühle) = DB 1962, 1073, 1074, 1075 f = NJW 1962, 1667, 1668 f; BVerfGE 100, 289, 302 f (DAT/Altana) = BB 1999, 1778, 1779 f = NJW 1999, 3769, 3770; BVerfG ZIP 2000, 1670, 1672 (Moto-Meter) = NJW 2001, 279, 281; OLG Frankfurt NZG 2011, 990, 991 = Konzern 2011, 497; OLG Frankfurt AG 2011, 717, 718 = Konzern 2011, 47; OLG München AG 2007, 334, 335 = ZIP 2007, 582; OLG München AG 2008, 37 = NZG 2007, 635; OLG Stuttgart AG 2011, 420, 421.

26 Grundlegende Bedenken gegen die bisherige Praxis der Abfindung von Minderheitsgesellschaften bei *Rapp*, Konzern 2012, 8, der eine Abfindungsbemessung „auf der Basis des subjektiven Grenzpreises des größten respektive wichtigsten Minderheitsaktionärs" befürwortet.

27 OLG Hamburg NZG 2003, 539 = DB 2003, 1499 = ZIP 2003, 1344; vgl auch LG Frankfurt aM AG 2004, 2742; *Emmerich/Habersack*, Rn 9; KölnKomm-AktG/*Koppensteiner*, Rn 7; MüKo-AktG/*Paulsen*, § 304 Rn 123; *Hüffer*, Rn 5; *Buchta/Ott*, DB 2005, 990, 992; aA *Tebben*, AG 2003, 600, 608; *Beier/Bungert*, BB 2002, 2627, 2629; OLG Hamm AG 2011, 136, 139 = NZG 2011, 148 sieht es nicht als Verstoß gegen diesen Grundsatz an, dass sich der Mehrheitsaktionär die Abfindung durch eine gleichzeitig mit dem Squeeze-out beschlossene Dividendenausschüttung bezahlen lasse; in dem Falle brauche die Gewährleistung nach § 327b Abs. 3 die Dividende nicht zu umfassen.

28 Vgl zur Ertragswertmethode § 305 Rn 39f; vgl zum IDW Standard auch *Riehmer* in: MüAnwHb Aktienrecht, 2005, § 44 Rn 24 ff. Unzureichend ist hingegen eine Wertbestimmung nach IAS/IFRS-Zahlen, *Knoll*, EWiR 2005, 287; aA OLG Hamburg NZG 2005, 86 = ZIP 2004, 2288; *Siepelt*, EWiR 2006, 27, 28; vgl zu Bewertungsfragen beim Squeeze-out auch *Mattes/Graf von Maldeghem*, BKR 2003, 531 ff.

29 Vgl *Gampenrieder*, WPg 2003, 481 ff; *Beckmann*, WPg 2004, 620 ff.

30 LG Heidelberg EWiR 2004, 265 mAnm. *Großfeld*.

31 BVerfGE 100, 289, 309 (DAT/Altana) = NJW 1999, 3769 = BB 1999, 1778; BGH, DB 2001, 969, 971 (DAT/Altana) mAnm. *Meilicke/Heidel* = ZIP 2001, 734; ebenso: *Heidel/Lochner*, DB 2001, 2031, 2033; *Wilsing/Kruse*, DStR 2001, 991; vgl Vorlagebeschluss OLG Düsseldorf ZIP 2009, 2055 = AG 2010, 35 = NZG 2009, 1427 zum maßgebenden Referenzzeitraum, mwN der divergierenden Rspr und Lit.

32 Vgl BVerfGE 100, 289, 310 (DAT/Altana) = NJW 1999, 3769 = BB 1999, 1778 zur Mehrheitseingliederung als Regelungsvorbild der §§ 327a ff.

33 So zB *Emmerich/Habersack*, Rn 9; *Hüffer*, Rn 5; MüKo-AktG/*Grunewald*, Rn 10; *Vetter*, AG 2002, 176, 188; ähnlich *Gesmann-Nuissl*, WM 2002, 1205, 1207; wie dagegen LG Frankfurt aM DB 2006, 204, 205, das mit Recht feststellt, dass eine Marktenge nicht mehr als ein bloßes Indiz dafür sein könne, dass ein Börsenpreis nicht dem Verkehrswert der Aktie entspreche. Zumal dies bei allen im Spruchverfahren zugänglichen Strukturmaßnahmen regelmäßig der Fall sei, müsse auch in diesen Fällen jedenfalls dann der Börsenpreis mit dem Verkehrswert gleichgesetzt werden, wenn sich dieser über längere Zeiträume in einem in etwa gleichen Rahmen gehalten habe.

34 So auch BGHZ 186, 229 = NJW 2010, 2657 Rn 10 ff (Stollwerck); anders noch BGHZ 147, 108 = DB 2001, 969, 971 mit insoweit kritischer Anm. *Meilicke/Heidel* (DAT/Altana).

35 BGHZ 147, 108 = WM 2001, 856 = ZIP 2001, 734 = NJW 2002, 2080 = DB 2001, 969, 971 mit Anm. *Meilicke/Heidel* (DAT/Altana); vgl auch OLG Stuttgart AG 2011, 560, 561 = BB 2011, 1522, wobei allein der typischerweise geringe Streubesitz eine Nicht-Berücksichtigung des Börsenkurses nicht rechtfertige.

36 Für die Übernahme aber zu Unrecht *Emmerich/Habersack*, Rn 9; *Fleischer*, ZGR 2002, 757, 781; Großkomm-AktienR/*Fleischer*, Rn 18; *Krieger*, BB 2002, 53, 56; *Vetter*, DB 2002, 1348, 1351; aA *Angerer*, BKR 2002, 260, 264.

37 OLG Frankfurt AG 2011, 717, 718 = BB 2011, 595.

che **Studienergebnisse Dritter** stützen, deren Richtigkeit sie nicht überprüfen können; erst recht verbietet es sich, insb. hinsichtlich der Marktrisikoprämie schlicht einen Mittelwert aus einer Vielzahl nicht überprüfter Studienergebnisse zugrunde zulegen, da dies letztlich willkürlich ist.[38] Eine ordentliche Unternehmensbewertung kann im Spruchverfahren nicht schlicht durch eine sog. **konsensuale Schätzung** ersetzt werden etwa in der Form, dass die Verhandlungsergebnisse Dritter und insb. der Wert, auf den sich in einem Vergleich im Spruchverfahren einige Antragsteller mit dem Antragsgegner geeinigt haben, als angemessene Abfindung betrachtet wird; denn ein solches Verhandlungsergebnis lässt nicht den Schluss zu, dass es der angemessenen Abfindung entspricht oder auch nur, dass alle Beteiligten dies als angemessene Abfindung betrachtet haben, da auch andere Motive als die tatsächliche Angemessenheit des verhandelten Werts für die Vertragschließenden von Bedeutung sein können.[39]

Der Regierungsentwurf hatte in § 327 b Abs. 1 S. 3 AktG-RegE noch abweichend von der jetzigen Gesetzesfassung einen Sondertatbestand der Bestimmung der Barabfindung vorgesehen: Wenn der Hauptaktionär seine Position innerhalb von sechs Monaten vor dem HV-Beschluss durch ein Barangebot nach dem WpÜG erlangt hatte, das von mindestens 90 % der außenstehenden Aktionäre angenommen worden war, sollte dessen **unwiderlegliche Vermutung** der Angemessenheit gelten.[40] Aufgrund dessen sollte den Minderheitsaktionären, die das Angebot abgelehnt hatten, jegliche gerichtliche Überprüfung der verfassungsmäßig gebotenen Angemessenheit der Barabfindung vorenthalten werden. Diese verfassungswidrige Sonderregelung wurde nachhaltig kritisiert[41] und auch auf Betreiben des Bundesrats gestoppt.[42]

Zur Umsetzung von Art. 15 Abs. 5 S. 4, 5 ÜbernahmeRL[43] sieht § 39 a Abs. 3 S. 3 WpÜG[44] seit 2006 eine vergleichbare Regelung vor (vgl vor §§ 327 a ff Rn 14 ff, § 39 a WpÜG Rn 39 ff). Es soll – ebenso wie bereits in § 327 b Abs. 1 S. 3 AktG-RegE vorgesehen, vgl Rn 9 – an ein von 90 % der außenstehenden Aktionären angenommenes Übernahmeangebot die Vermutung[45] der Angemessenheit geknüpft werden. Bei verfassungskonformer und EU-konformer Auslegung handelt es sich dabei uE indes um eine widerlegliche Vermutung, vgl § 39 a WpÜG Rn 39 ff.

V. Verzinsung der Barabfindung und Schadensersatz (Abs. 2). Abs. 2 legt Beginn und Höhe der Verzinsung der Barabfindung fest und ähnelt den Regelungen von §§ 305 Abs. 3 S. 3, 320 b Abs. 1 S. 6; §§ 15 Abs. 2, 30 Abs. 1 S. 2 UmwG. Die den ausscheidenden Minderheitsaktionären geschuldete Barabfindung ist mit Eintragung des Übertragungsbeschlusses in das Handelsregister sofort fällig (vgl Abs. 3).[46] Beginnend mit

---

38 *Lochner*, AG 2011, 692, 694 ff; aA OLG Stuttgart ZIP 2010, 274 = AG 2010, 313.
39 OLG Düsseldorf AG 2013, 807 = BB 2013, 2708 mit Anm. Schatz/Schödel, EWiR 2013, 703; BVerfG ZIP 2012, 1656; aA OLG Celle, Beschl. v. 7.11.2011 – 9 W 68/11, n.v.; KölnKomm-SpruchG/*Poszkajler*; § 11 Rn 25; Spindler/Stilz/*Drescher*, § 11 SpruchG Rn 7.
40 BegrRegE, BT-Drucks. 14/7034, S. 72 = ZIP 2001, 1262, 1296; dafür auch der *Handelsrechtsausschuss* des DAV, NZG 2001, 420, 431 f; ähnlich: *Weger/Kaserer/Hecker*, ZBB 2001, 317, 330.
41 *Heidel/Lochner* DB 2001, 2031 ff; *Lutter*, Stellungnahme im Gesetzgebungsverfahren gegenüber dem Finanzausschuss des Bundestages vom 31.10.2001 (n.v.); vgl auch *Thaeter/Barth*, NZG 2001, 545, 550; *Rühland*, NZG 2001, 448, 453 f; *Habersack*, ZIP 2001, 1230, 1238; *Schwichtenberg*, DStR 2001, 2075, 2081 Fn 67; später auch *Stumpf*, NJW 2003, 9, 12, Fn 42.
42 Stellungnahme des Bundesrates, BT-Drucks. 14/7034, 86 f, ZIP 2001, 1787, 1788; Beschluss des Bundestages, Beschlussempfehlung des Finanzausschusses, BT-Drucks. 14/7477, S. 42, 54 = ZIP 2001, 2102, 2104; dagegen: *Krieger*, BB 2002, 53, 57. Für Überdenken der gesetzgeberischen Entscheidung auch *Fleischer*, ZGR 2002, 757, 782, der sein Petitum auf S. 779 f selbst widerlegt: Er weist nämlich zu Recht darauf hin, dass der Hauptaktionär regelmäßig besser über den tatsächlichen Unternehmenswert unterrichtet ist als die Minderheitsaktionäre und den Zeitpunkt des Squeeze-out nach Belieben bestimmen kann; daher "wird er davon in einer Phase Gebrauch machen, in der das Unternehmen am Markt unterbewertet ist. In der ökonomischen Modellierung führt dies zu sog genannten lemon market-Effekten: Unterbewertete Unternehmen werden vom Markt genommen, während überbewertete Unternehmen in aller Regel mit unverändertem Mitgliederbestand fortgeführt werden. Anders gewendet, bleibt die Restminderheit auf ihren überwerteten Anteilen sitzen, während sie unterbewertete Anteile unterhalb der anteiligen Unternehmenswertes abgeben muss. Weiterhin könnte der Hauptaktionär geneigt sein, den Börsenkurs im Vorfeld eines Zwangsausschlusses künstlich zu drücken oder Restminderheiten gerade vor einem anstehenden Kursanstieg hinauszudrängen". *Fleischer* verkennt, dass die von ihm prägnant herausgearbeitete ökonomische Grundüberlegung wegen des Eigentumsschutzes der Minderheitsaktionäre gerade verbietet, nur auf Börsenkurse oder auf die Übernahme von Aktienwerten bei vorangegangenen Übernahme- oder Pflichtangeboten abzustellen.
43 Richtlinie 2004/25/EG des Europäischen Parlaments und des Rates vom 21. April 2004 betreffend Übernahmeangebote, AB-lEU Nr. L 142 vom 30. April 2004, S. 12 ff; vgl vor §§ 327 a ff Rn 14 f, § 39 a WpÜG Rn 1 ff, 39 ff.
44 Gesetz zur Umsetzung der Richtlinie 2004/25/EG des Europäischen Parlaments und des Rates vom 21.4.2004 betreffend Übernahmeangebote (Übernahmerichtlinie-Umsetzungsgesetz), BT-Drucks. 16/1003, S. 5 ff; 16/1541, S. 5 ff; BGBl. 2006 I S. 1426.
45 Begründung RegE vom 21.4.2004 betreffend Übernahmeangebote (Übernahmerichtlinie-Umsetzungsgesetz) vom 24.2.2006, BR-Drucks. 154/06, S. 42. Zur Auslegung von Art. 15 Abs. 5 S. 4, 5 der Übernahmerichtlinie als unwiderlegliche Vermutung: *Hasselbach*, ZGR 2005, 387, 404 ff; *Krause*, BB 2004, 113, 117; *Hopt/Mülbert/Kumpan*, AG 2005, 109, 114; *Augustmann/Mennicke*, NZG 2004, 846, 851; *Wiesner*, ZIP 2004, 343, 349; *Seibt/Heiser*, ZIP 2002, 2193, 2201; aA (für widerlegliche Vermutung); *Mülbert*, NZG 2004, 633, 634; *Maul*, NZG 2005, 151, 157.
46 *Grigoleit/Rieder*, Rn 12; BVerfG NJW 2007, 3268, 3271 = AG 2007, 544 = WM 2007, 1329; zu Unrecht differenzierend KölnKomm-WpÜG/*Hasselbach*, Rn 13 f, wonach die Fälligkeit erst mit der Durchführung der Umschreibung der Aktien bzw bei körperlich verbrieften Aktien mit der Einreichung eintreten soll.

der Bekanntmachung der Eintragung iS von §§ 10, 11 HGB ist die Abfindung gem. § 327 b Abs. 2 Hs 1 mit jährlich 5 %[47] über dem jeweiligen Basiszinssatz zu verzinsen, ohne dass es auf einen Schuldnerverzug ankommt. Die Regelung gilt nicht rückwirkend; gem. § 20 Abs. 5 EGAktG bleibt es vielmehr für die Zeit vor dem 1.9.2009 bei dem bis dahin geltenden Zinssatz von 2% über dem Basiszinssatz. Dass die Barabfindung erst ab **Bekanntmachung**, nicht aber schon ab **der Eintragung** in das Handelsregister zu verzinsen ist, ist uE **verfassungswidrig**;[48] der Eingriff in das Aktieneigentum ist mit der Eintragung vollendet, da die Aktien der Minderheitsaktionäre ab diesem Zeitpunkt dem Hauptaktionär gehören. Daher ist ab diesem Zeitpunkt – ebenso wie im Falle des § 305 Abs. 3 – die Abfindung zu verzinsen.[49] Der Verzinsungsanspruch ist verfassungsrechtlich geschützt (vgl § 305 Rn 60 ff), daher bedeutet die Unverzinslichkeit für die Zeit zwischen Wirksamwerden des Squeeze-out und Bekanntmachung einen Verfassungsverstoß. Die Höhe des Basiszinssatzes ergibt sich aus § 247 BGB[50] und wird halbjährlich angepasst. Vgl zur streitigen Frage, ob die Verzinsungspflicht im Beschluss nach § 12 Abs. 1 SpruchG aufzunehmen ist § 11 SpruchG Rn 3.

12 Darüber hinaus können die Minderheitsaktionäre gem. Abs. 2 Hs 2 einen **höheren Schaden geltend** machen, der über die gesetzliche Mindestverzinsung hinausgeht. Das ist uE nicht an die Voraussetzungen des Schuldnerverzuges oder einer sonstigen besonderen Anspruchsgrundlage wie § 280 Abs. 1 BGB geknüpft.[51] Vielmehr begründet der **Squeeze-out ein gesetzliches Schuldverhältnis**; der Hauptaktionär ist schon von Verfassungs wegen verpflichtet, den gesqueezten Minderheitsaktionären alle Schäden zu ersetzen, die sie durch die zwangsweise Aufgabe ihres Aktieneigentums erdulden müssen, vgl vor §§ 327 a ff Rn 7. Daher kann es für die Schadensersatzpflicht nicht darauf ankommen, dass der Hauptaktionär eine spezielle Pflichtverletzung begeht. Aus diesem Grund ist beispielsweise gem. Abs. 2 Hs 2 der Anspruch der Minderheitsaktionäre gegen den Hauptaktionär begründet, ihren möglichen[52] Steuerschaden zu ersetzen, den sie dadurch erleiden, dass bei Squeeze-out innerhalb der Spekulationsfrist des § 23 EStG ihr durch den Squeeze-out verursachter steuerlicher Gewinn der **Spekulationssteuer** unterliegt[53] (vgl allg. zur steuerlichen Behandlung der Aktienübertragung Kapitel 20 Rn 80 ff).

13 **VI. Erfüllungsgewährleistung durch Kreditinstitut (Abs. 3).** Vor der Einberufung der HV (vgl § 327 a Rn 11 a f) muss der Hauptaktionär (mit Ausnahme des Finanzmarktstabilisierungsfonds)[54] dem Vorstand die Gewährleistungserklärung eines in Deutschland zum Geschäft zugelassenen Kreditinstituts für die Zahlung der Barabfindung übergeben. Geeignete Gewährleistungsgeber sind neben deutschen Kreditinstituten nach §§ 1 Abs. 1, 32, 53 b KWG auch solche mit Sitz in einem anderen Staat der EU, sofern sie von den zuständigen Stellen des Herkunftsstaates zugelassen sind.[55] Der Hauptaktionär soll Tochtergesellschaft des Kreditinstituts sein dürfen;[56] uE folgt aus dem Regelungszweck der Sicherung der Rechte der außenstehenden Aktionäre, dass das Kreditinstitut entsprechend den Grundsätzen von § 13 Abs. 1 S. 2 WpÜG vom Hauptaktionär unabhängig sein muss, was nicht im Sinne einer Abhängigkeit gem. §§ 17, 311 ff auszulegen ist, sondern entsprechend den WpÜG-Grundsätzen alle gesellschaftsrechtlichen Verbindungen zwischen Hauptaktionär und Kreditinstitut ausschließt.[57] Die konkrete rechtliche Gestaltung dieser Erklärung lässt

---

47 Zinssatz angehoben von 2 % über Basiszinssatz auf 5 % durch Art. 1 Nr. 48 ARUG vom 30.5.2009, BGBl. I 2009 S. 2479; vgl zur Begründung BT-Drucks. 16/11642, S. 42 f, wonach die Neuregelung dazu beitragen soll, „dass das Spruchverfahren unter finanziellen Gesichtspunkten nicht übermäßig verzögert wird" – und zwar durch die Abfindungsschuldner, vgl *Hüffer*, § 305 Rn 26 a.

48 Generell Verfassungswidrigkeit der §§ 327 a ff verneinend, ohne auf diesen Aspekt einzugehen, BGH ZIP 2005, 2107 = BB 2005, 2651.

49 Zweifel an der Verfassungsmäßigkeit von § 327 b Abs. 2 ebenfalls bei *Lenz/Leinekugel*, Eigentumsschutz beim Squeeze-out, 2004, S. 54 (Redaktionsversehen); wohl auch bei *Emmerich/Habersack*, Rn 10, Fn 45; aA die wohl hM, vgl Großkomm-AktienR/*Fleischer*, Rn 41; *Schüppen/Tretter*, in: Haarmann/Schüppen, WpÜG, § 327 b Rn 22; OLG Stuttgart ZIP 2006, 27, 30.

50 Vgl dazu zB NK-BGB/*Reiff*, § 247 Rn 6 ff.

51 AA die hM: OLG Stuttgart DB 2004, 60 = NZG 2004, 146 = AG 2004, 105; OLG Düsseldorf NZG 2004, 328, 331; *Hüffer*, Rn 8; *Emmerich/Habersack*, Rn 10; KölnKomm-WpÜG/*Hasselbach*, Rn 14; MüKo-AktG/*Grunewald*, Rn 14.

52 Nach Auffassung der Finanzverwaltung entsteht Spekulationssteuer nach § 23 Abs. 1 Nr. 2 EStG, vgl aber zu ähnlichen Fragen bei Eingliederung/Verschmelzung aA Herrmann/Heuer/Raupach/*Jansen*, § 23 EStG Rn 65 "Zwangsaustausch"; Schmidt/*Heinicke*, § 23 EStG Rn 33; *Blümich/Glenk*, § 23 EStG Rn 114; *Schumacher*, DB 2002, 1626 verneint Entstehung von Spekulationssteuer beim Squeeze-out. Für den Veräußerungsgewinn aus der Übertragung von Aktien soll keine Rücklage für Ersatzbeschaffung gebildet werden können, BFH AG 2011, 134 = ZIP 2011, 272; aA *Luttermann*, FR 2010, 193.

53 Vgl *Heidel*, Financial Times Deutschland v. 7.5.2002, S. 38; aA *Emmerich/Habersack*, Rn 10; *Waclawik*, DStR 2003, 447 ff; Schmidt/*Weber-Grellet*, EStG, § 23 Rn 55.

54 § 12 Abs. 4 S. 2 FMStBG.

55 LG Frankfurt aM DB 2004, 1550 = ZBB 2004, 327.

56 LG München I ZIP 2004, 167, 169; Großkomm-AktienR/*Fleischer*, Rn 46; *Emmerich/Habersack*, Rn 11; zweifelnd LG Frankfurt aM NZG 2004, 672, 674.

57 Ähnl wie hier Spindler/Stilz/*Singhof*, Rn 10; vgl zur Auslegung von § 13 Abs. 1 S. 2 WpÜG exemplarisch *Vogel*, in: Haarmann/Schüppen, WpÜG, § 13 Rn 97; Assmann/Pötzsch/Schneider/*Krause*, WpÜG, § 13 Rn 91 ff.

der Gesetzeswortlaut offen:[58] Daher sind zB Bankgarantie,[59] Bankbürgschaft[60] oder abstraktes Schuldversprechen[61] denkbar. Eine Höchstbetragsgarantie erfüllt die Voraussetzungen von Abs. 3 nicht,[62] ebensowenig eine Patronatserklärung.[63] Befristungen sind ausgeschlossen.[64] Die Garantie etc. kommt konkludent zustande spätestens durch die Geltendmachung der Barabfindung.[65] Die Gewährleistungserklärung muss unwiderruflich sein. Sie muss den Minderheitsaktionären **unmittelbare Ansprüche** im Wege eines echten Vertrages zugunsten Dritter (§ 328 BGB) gegen das Kreditinstitut gewähren, bei dem die Geltendmachung von Einwendungen aus dem Rechtsverhältnis zwischen dem Kreditinstitut und dem Hauptaktionär im Sinne von § 334 BGB (konkludent) ausgeschlossen ist.[66] Dieses muss ein **unbedingtes und unbefristetes eigenes Zahlungsversprechen** abgeben,[67] unverzüglich (vgl § 121 Abs. 1 S. 1 BGB) nach Eintragung des Übertragungsbeschlusses in das Handelsregister die vom Hauptaktionär festgelegte Barabfindung für die übergegangenen Aktien vollständig zu zahlen. Die wirksame Vertretung der Bank bei Abgabe der Gewährleistungserklärung muss aus dem vom Hauptaktionär übermittelten Schriftstück unter ergänzender Zuhilfenahme der Handelsregistereintragungen nachprüfbar sein.[68] Es genügt, dass die Erklärung des Kreditinstituts dem Wortlaut des Abs. 3 entspricht.[69] Da das Gesetz unmittelbare Ansprüche auf Zahlung durch das Kreditinstitut begründet, brauchen sie vorher den Hauptaktionär nicht in Anspruch zu nehmen.[70] Eine Zahlungsverpflichtung auf erstes Anfordern ist nicht erforderlich.[71] Die Verpflichtung des Kreditinstituts darf nicht erlöschen bzw dem Kreditinstitut dürfen keine Einreden zustehen, bevor der Hauptaktionär entsprechende Rechte hat; insbesondere darf die Verpflichtung des Kreditinstituts entgegen den sonstigen Bankgepflogenheiten nicht an die Rückgabe einer Urkunde geknüpft sein.[72]

Die **Gewährleistung umfasst uE auch die Verzinsung** gem. Abs. 2, da die festgelegte Abfindung zu verzinsen ist;[73] eine ausdrückliche Gewährleistung der Verzinsung bedarf es jedoch nicht[74] (vgl zur Frage der Sicherung der vom Spruchgericht bestimmten Abfindung Rn 16). Die Gewährleistung gilt nicht für Schadensersatzansprüche.[75] Der Vertragspartner des Kreditinstituts ist regelmäßig der Hauptaktionär, jedenfalls darf die AG nicht die Kosten des Kreditinstituts tragen.[76] Das Gesetz schreibt für die Verpflichtung des Kreditinstituts keine bestimmte Form vor (vgl § 350 HGB), in der Praxis ist schriftliche Verkörperung insbesondere im Hinblick auf die Prüfungspflicht des Registergerichts (vgl § 327 e Rn 3) unentbehrlich.[77] Dem Vorstand muss die Erklärung des Kreditinstituts im Wortlaut vorliegen („die Erklärung ... übermitteln"). Ohne die Erfüllungsgewährleistung darf der Vorstand die HV nicht einberufen (vgl § 327 a Rn 11 ff). Vorstand und AR müssen sich davon überzeugen, dass die Verpflichtung nicht nur besteht, , sondern auch zur Sicherung der Minderheitsaktionäre ausreicht. Genügt die Verpflichtung diesem Standard nicht, dürfen sie der HV gem. § 124 Abs. 3 S. 1 den Squeeze-out nicht empfehlen (vgl § 327 a Rn 12). Bei Einberufung der HV ohne Vorliegen einer Erfüllungsgewährleistung macht sich der Vorstand schadensersatzpflichtig – gegen-

---

58 Krieger, BB 2002, 53, 58; Riehmer in: MüAnwHb Aktienrecht, 2005, § 44 Rn 14.
59 So die Begründung der Bundesregierung, BT-Drucks. 14/7034, S. 72 = ZIP 2001, 1262, 1296; OLG Düsseldorf AG 2005, 654, 655 = WM 2005, 1948 = Der Konzern 2005, 747; LG Berlin DB 2003, 707 = ZIP 2003, 1352; LG Düsseldorf ZIP 2004, 1755 = NZG 2004, 1168; Möller/Pötzsch, ZIP 2001, 1256, 1262.
60 OLG Stuttgart DB 2004, 60 = NZG 2004, 146 = AG 2004, 105; OLG Düsseldorf AG 2005, 654, 655 = WM 2005, 1948 = Der Konzern 2005, 747; Schwichtenberg, DStR 2001, 2075, 2081; Meilicke, DB 2001, 2387, 2389; Vetter, AG 2002, 176, 188 f; Sieger/Hasselbach, ZGR 2002, 120, 144; offen gelassen durch Vossius, ZIP 2002, 511, 512; zur Abgrenzung Palandt/Sprau, Einf. v. § 765 BGB, Rn 16 ff; Baumbach/Hopt, HGB, BankGesch, Rn L/1 ff.
61 OLG Düsseldorf AG 2005, 654, 655 = WM 2005, 1948 = Der Konzern 2005, 747.
62 LG Frankfurt aM NZG 2004, 672; aA Dißars, NZG 2004, 856 f; Kort, EWiR 2004, 625.
63 K. Schmidt/Lutter/Schnorbus, Rn 32.
64 BGH NZG 2011, 669 Rn 18 = AG 2011, 518.
65 Warchol, Squeeze-out in Deutschland, Polen und dem übrigen Europa, 2008, S. 161.
66 Begründung der Bundesregierung, BT-Drucks. 14/7034, S. 72; vgl Grigoleit/Rieder, Rn 18; OLG Hamm AG 2005, 773 = DB 2005, 1263 = ZIP 2005, 1457.
67 OLG Hamm AG 2005, 773 = DB 2005, 1263 = ZIP 2005, 1457; Großkomm-AktienR/Fleischer, Rn 48; Hüffer, Rn 10; KölnKomm-AktG/Koppensteiner, Rn 10; MüKo-AktG/Grunewald, Rn 17; Emmerich/Habersack, Rn 12; aA Fuhrmann/Simon, WM 2002, 1211, 1216 (für Zulässigkeit einer Befristung).
68 OLG Hamm AG 2005, 773 = DB 2005, 1263 = ZIP 2005, 1457; vgl K. Schmidt/Lutter/Schnorbus, Rn 45.
69 Hüffer, Rn 10; OLG Hamm AG 2011, 136, 137 = NZG 2011, 148; OLG Stuttgart AG 2009, 204, 208; OLG Düsseldorf WM 2005, 1948, 1951 = AG 2005, 654; BGH ZIP 2005, 2107, 2108 = AG 2005, 921 = NZG 2006, 117.
70 So aber Fuhrmann/Simon, WM 2002, 1211, 1216; MüKo-AktG/Grunewald, Rn 15; wie hier Grzimek, in: Geibel/Süßmann, Rn 43; Emmerich/Habersack, Rn 12; Krieger, BB 2002, 53, 58; Singhof/Weber, WM 2002, 1158, 1168. Habersack, aaO, Fn 50, weist mit Recht darauf hin, dass dem Kreditinstitut nach § 349 S. 1 HGB keine Einrede der Vorausklage zusteht; ebenso Hüffer, Rn 10; Spindler/Stilz/Singhof, Rn 11.
71 Spindler/Stilz/Singhof, Rn 11.
72 Vossius, ZIP 2002, 511, 512.
73 Offen gelassen von OLG Hamburg NZG 2003, 978 = ZIP 2003, 2076 = AG 2003, 698; Spindler/Stilz/Singhof, Rn 13; aA OLG Hamm AG 2005, 773 = DB 2005, 1263 = ZIP 2005, 1457; KölnKomm-WpÜG/Hasselbach, Rn 31 f; MüKo-AktG/Grunewald, Rn 21; Emmerich/Habersack, Rn 15; Grigoleit/Rieder, Rn 18; Fuhrmann/Simon, WM 2002, 1211, 1216; Sellmann, WM 2003, 1545, 1548.
74 OLG Hamburg NZG 2003, 978 = ZIP 2003, 2076 = AG 2003, 698.
75 Grigoleit/Rieder, Rn 18.
76 Vgl K. Schmidt/Lutter/Schnorbus, Rn 45.
77 Emmerich/Habersack, Rn 14, empfiehlt Schriftform, hält diese jedoch auch für entbehrlich; so auch K. Schmidt/Lutter/Schnorbus, Rn 39.

über der AG gem. § 93 Abs. 2 im Hinblick auf überflüssige HV-Kosten[78] und unmittelbar gegenüber den Aktionären, deren Anspruch aus § 823 Abs. 2 BGB iVm §§ 263, 266 StGB folgt. Auch eine Beschlussempfehlung von Vorstand und Aufsichtsrat trotz unzureichender Erfüllungsgewährleistung kann ggf Schadensersatzansprüche der Aktionäre begründen. Der Wortlaut der Gewährleistung des Kreditinstituts ist wegen deren entscheidender Bedeutung für den Vermögensschutz der Minderheitsaktionäre in den **Bericht des Hauptaktionärs** gem. § 327 c Abs. 2 S. 1 aufzunehmen.[79] UE ist die Gewährleistung vom Ausschließungsprüfer gem. § 327 c Abs. 2 S. 5 zu prüfen.[80] Ein Squeeze-out-Beschluss ohne Abs. 3 entsprechende Gewährleistungserklärung ist nicht nur anfechtbar, sondern uE gem. § 241 Nr. 3 nichtig.[81]

15 Die Gewährleistungserklärung ist eine grundsätzlich positiv zu bewertende **Neuerung im Aktienrecht**, die in einem gesamteuropäischen Zusammenhang zu sehen ist. Zunehmend erkennen der deutsche und der europäische Gesetzgeber das Bedürfnis nach einer **Insolvenzsicherung** der Entschädigungsansprüche auch im Gesellschaftsrecht, die schon allein durch die überlange Dauer der Spruchverfahren begründet ist.[82] Während in den vergangenen Jahren in diversen Rechtsgebieten wie etwa dem Reiserecht gesetzliche Insolvenzsicherungen für Entschädigungsansprüche eingeführt wurden, um die Positionen von Verbrauchern sowie von Minderheiten zu stärken, erstreckt sich dieser Prozess mit Abs. 3 auch auf den Schutz außenstehender Aktionäre. Auf europäischer Ebene gibt es die gleiche Entwicklung.[83]

16 Dennoch ist die in Abs. 3 getroffene Regelung nach dem vordergründigen Wortlaut und der Regelungsabsicht des Gesetzgebers **verfassungsrechtlich unzureichend**.[84] Im Anschluss an die Rechtsprechung des BVerfG[85] wird zu Recht das verfassungsrechtliche Gebot der Sicherung der Entschädigung der Minderheitsaktionäre vertreten.[86] Abgesichert wird nach dem Wortlaut der Norm nur die „festgelegte" Barabfindung – also der Betrag, den der Hauptaktionär gem. Abs. 1 als Barabfindung angeboten hat, nicht aber die gem. § 327 f S. 2 vom Spruchgericht bestimmte angemessene Barabfindung. Dass die angebotene Abfindung in der Regel nicht der allein verfassungsmäßigen **vollen wirtschaftlichen Kompensation**[87] (vgl Rn 7) entspricht, zeigt die relativ hohe Erfolgsquote von Spruchverfahren.[88] Obwohl die Absicherung nach Abs. 3 ein Schritt in die richtige Richtung ist, kann nur die Absicherung der angemessenen, vom Spruchgericht rechtskräftig festgesetzten statt der vom Hauptaktionär festgelegten Barabfindung die von Verfassungs wegen gebotene volle wirtschaftliche Entschädigung garantieren.[89] Zutreffend hat *Lutter* darauf hingewiesen, das Spruchverfahren dauere viele Jahre, bis dahin könne der Schuldner längst insolvent sein;[90] die Pflicht

---

78 *Hüffer*, Rn 9; Spindler/Stilz/*Singhof*, Rn 16: *Warchol*, Squeeze-out in Deutschland, Polen und dem übrigen Europa, 2008, S. 163 f.

79 *Fuhrmann/Simon*, WM 2002, 1211, 1216 ("sollte vielleicht"); gängige Praxis ist, die Gewährleistungserklärung im Bericht des Hauptaktionärs in Kopie aufzunehmen.

80 *Fuhrmann/Simon*, WM 2002, 1211, 1216 ("ist ... zu prüfen").

81 Für bloße Anfechtbarkeit hingegen OLG Frankfurt aM AG 2005, 657 f = DB 2005, 2807; K. Schmidt/Lutter/*Schnorbus*, § 327 f, Rn 8; *Hüffer*, Rn 9; Spindler/Stilz/*Singhof*, Rn 16; Grigoleit/*Rieder*, Rn 15; *Schüppen*, WPg 2001, 958, 975; *Gesmann-Nuissl*, WM 2002, 1205, 1208; *Krieger*, BB 2002, 53, 58; *Warchol*, Squeeze-out in Deutschland, Polen und dem übrigen Europa, 2008, S. 164; nach MüKo-AktG/*Grunewald*, Rn 22, soll die Nachreichung der Gewährleistungserklärung die Anfechtbarkeit entfallen lassen.

82 Zu diesem Bedürfnis *Meilicke*, DB 2001, 2387; *Luttermann*, EWiR 2001, 699; *Weger/Kaserer/Hecker*, ZBB 2001, 317, 329; vgl auch *Ehricke/Roth*, DStR 2001, 1120, 1126. Nach OLG Köln DB 2001, 1354 soll es keinen Schadensersatzanspruch gegen den Staat wegen unzureichender Insolvenzsicherung nach §§ 304 ff geben.

83 Gemeinsamer Standpunkt des Rates und des Europäischen Parlaments v. 9.6.2000, Art. 3 Abs. 1 e), abgedruckt in WM 2000, Sonderbeilage 2, S. 32, 34; vgl auch *Ehricke/Roth*, DStR 2001, 1120, 1126 zum italienischen und englischen Recht.

84 AA die herrschende Rechtsprechung: BGH ZIP 2005, 2107 = BB 2005, 2651, dagegen *Meilicke*, AG 2007, 261; deutliche Kritik an BGH auch bei *Wackerbart*, Corporate BLawG v. 3.5.2007, abrufbar unter www.fernuni-hagen.de, der dem BGH „ein ganz erhebliches Maß an Naivität oder aber Unehrlichkeit" attestiert, da derjenige, der zuerst wie der Hauptaktionär sagen dürfe, um wie viel es gehen soll, selbstverständlich einen Rahmen setze, von dem letztlich nur in gewissen Grenzen abgewichen werde. Über den verfassensrechtlich zweifelhaften Verstoß gegen das Gebot der Waffengleichheit helfe auch nicht der „erstaunlich pauschale Hinweis des BGH hinweg, einzelne Missstände bei Wirtschaftsprüfern dürften nicht einen ganzen Berufsstand in Misskredit bringen". BGH unterstützend *Bungert*, BB 2005, 2652; BVerfG, Nichtannahmebeschluss 1. Senat 3. Kammer, AG 2007, 544 = NZG 2007, 587 = ZIP 2007, 1261 (Edscha); OLG Hamburg NZG 2003, 539 = DB 2003, 1499 = ZIP 2003, 1344; OLG BB 2003, 2307 = AG 2004, 39 = ZIP 2004, 760; OLG Stuttgart DB 2004, 60 = NZG 2004, 146 = AG 2004, 105; OLG Hamm AG 2005, 773 = DB 2005, 1263 = ZIP 2005, 1457; OLG Düsseldorf ZIP 2004, 359 = NZG 2004, 328; LG Berlin DB 2003, 707 = ZIP 2003, 1352; LG Bonn Der Konzern 2004, 491; zweifelnd LG Frankfurt aM NZG 2004, 672, 675.

85 WM 2000, 1948 = WuB II A. § 117 a AktG I.01; *Drygala*, ZIP 2000, 1670, 1671 ff (Moto-Meter).

86 *Gesmann-Nuissl*, WM 2002, 1205, 1208; *Meilicke*, DB 2001, 2387; vgl auch schon *Meilicke*, DB 1976, 567.

87 BVerfGE 14, 263, 283 (Feldmühle) = DB 1962, 1073, 1075 = NJW 1962, 1667, 1668; BVerfGE 100, 289, 303 (DAT/Altana) = BB 1999, 1778, 1779 = NJW 1999, 3769, 3770; BVerfG ZIP 2000, 1670, 1672 (Moto-Meter) = NJW 2001, 279, 281.

88 Vgl MüHb-AG/*Krieger*, § 70 Rn 111; *Dörfler/Gahler/Unterstraßer/Wirichs*, BB 1994, 156, 159 f.

89 *Meilicke*, DB 2001, 2387, 2389; vgl bereits *Handelsrechtsausschuss des DAV*, NZG 1999, 850, 851; *Steinmeyer/Häger*, 1. Aufl., § 327 f Rn 15, 23; *Lenz/Leinekugel*, Eigentumsschutz beim Squeeze-out, 2004, S. 49 ff; de lege ferenda *Rühland*, Der Ausschluss von Minderheitsaktionären aus der Aktiengesellschaft (Squeeze-out), 2004, 224; kritisch auch *Sieger/Hasselbach*, ZGR 2002, 120, 151; Problematik zB völlig verkannt bei *Wirth/Arnold*, AG 2002, 503, 505.

90 Stellungnahme von *Lutter* im Gesetzgebungsverfahren gegenüber dem Finanzausschuss des Bundestages v. 31.10.2001 (n.v.); so zB im Falle OLG Köln DB 2001, 1354.

zur Sicherung der angemessenen Abfindung müsse also „gerade und geradezu in erster Linie diese etwaige spätere Nachzahlungspflicht erfassen; im Zeitfaktor liegt das besondere Risiko des ‚enteigneten' Aktionärs".[91] UE führt dieser verfassungsrechtliche Mangel zwar nicht zur Verfassungswidrigkeit des Squeeze-out insgesamt.[92] Doch man muss uE die Norm verfassungskonform so auslegen, dass sie auch die vom Spruchgericht bestimmte Abfindung umfasst.[93] Dessen rechtskräftige Entscheidung modifiziert gem. § 13 S. 2 SpruchG mit Wirkung für alle Minderheitsaktionäre die vom Hauptaktionär festgelegte Barabfindung (vgl § 13 SpruchG Rn 5 ff). Ohne eine solche verfassungskonforme Auslegung der Sicherheit sind die Minderheitsaktionäre letztlich völlig schutzlos der Entziehung ihres Eigentums zugunsten des Hauptaktionärs ausgesetzt. Dieser braucht nicht einmal Inländer zu sein, es gilt für ihn keine Mindest-Kapitalausstattung oder eine sonstige Pflicht zum Bonitätsnachweis (vgl demgegenüber § 13 Abs. 1 WpÜG zur Bonitäts- und Zahlungsgewährleistung durch das Kreditinstitut); zudem bietet nach allen Erfahrungen der Praxis in vergleichbaren Verfahren die vorherige Prüfung der Abfindung durch den Ausschließungsprüfer keine Gewähr für deren Angemessenheit. Daher ist die Bankgarantie der vollständigen Barabfindung durch ein Kreditinstitut die verfassungsrechtlich unentbehrliche Kehrseite der gesetzlichen Erlaubnis zum Squeeze-out.

§ 327 c Vorbereitung der Hauptversammlung

(1) Die Bekanntmachung der Übertragung als Gegenstand der Tagesordnung hat folgende Angaben zu enthalten:
1. Firma und Sitz des Hauptaktionärs, bei natürlichen Personen Name und Adresse;
2. die vom Hauptaktionär festgelegte Barabfindung.

(2) ¹Der Hauptaktionär hat der Hauptversammlung einen schriftlichen Bericht zu erstatten, in dem die Voraussetzungen für die Übertragung dargelegt und die Angemessenheit der Barabfindung erläutert und begründet werden. ²Die Angemessenheit der Barabfindung ist durch einen oder mehrere sachverständige Prüfer zu prüfen. ³Diese werden auf Antrag des Hauptaktionärs vom Gericht ausgewählt und bestellt. ⁴§ 293 a Abs. 2 und 3, § 293 c Abs. 1 Satz 3 bis 5, Abs. 2 sowie die §§ 293 d und 293 e sind sinngemäß anzuwenden.

(3) Von der Einberufung der Hauptversammlung an sind in dem Geschäftsraum der Gesellschaft zur Einsicht der Aktionäre auszulegen
1. der Entwurf des Übertragungsbeschlusses;
2. die Jahresabschlüsse und Lageberichte für die letzten drei Geschäftsjahre;
3. der nach Absatz 2 Satz 1 erstattete Bericht des Hauptaktionärs;
4. der nach Absatz 2 Satz 2 bis 4 erstattete Prüfungsbericht.

(4) Auf Verlangen ist jedem Aktionär unverzüglich und kostenlos eine Abschrift der in Absatz 3 bezeichneten Unterlagen zu erteilen.

(5) Die Verpflichtungen nach den Absätzen 3 und 4 entfallen, wenn die in Absatz 3 bezeichneten Unterlagen für denselben Zeitraum über die Internetseite der Gesellschaft zugänglich sind.

Literatur:
Vgl die Angaben vor §§ 327 a ff.

A. Regelungsgegenstand

§ 327 c normiert neben den **Informationspflichten** der AG und des Hauptaktionärs gegenüber den Minderheitsaktionären die dem Eigentumsschutz der Minderheit dienende sachverständige Prüfung. Zweck der Informationen ist es, den Aktionären die sachgerechte Wahrnehmung ihrer Rechte in der HV und eine frühe- 1

---

91 Stellungnahme von *Lutter* im Gesetzgebungsverfahren gegenüber dem Finanzausschuss des Bundestages v. 31.10.2001 (n.v.).
92 Vgl auch *Meilicke*, DB 2001, 2387, 2389; *Heidel*, Financial Times Deutschland, 20.12.2001, S. 38.
93 AA die hM: OLG Hamburg NZG 2003, 539 = DB 2003, 1499 = ZIP 2003, 1344.; OLG Köln BB 2003, 2307 = AG 2004, 39 = ZIP 2004, 760; OLG Düsseldorf AG 2005, 654, 656 = WM 2005, 1948 = Der Konzern 2005, 747; OLG Stuttgart DB 2004, 60 = NZG 2004, 146 = AG 2004, 105; OLG Hamm AG 2005, 773 = DB 2005, 1263 = ZIP 2005, 1457; LG Berlin DB 2003, 707 = ZIP 2003, 1352; Großkomm-AktienR/*Fleischer*, Rn 50; KölnKomm-WpÜG/*Hasselbach*, § 327 c AktG Rn 29; *Grzimek*, in: Geibel/Süßmann, § 327 c AktG Rn 25; *Sellmann*, WM 2003, 1545, 1548; wie hier *Lenz/Leinekugel*, Eigentumsschutz beim Squeeze-out, 2004, S. 49 ff.

zeitige Entscheidung über die Antragstellung im Spruchverfahren zu ermöglichen.[1] Abs. 1 betrifft die Bekanntmachungspflicht der Gesellschaft als Tagesordnungspunkt der HV. Abs. 2 bestimmt die Berichtspflicht des Hauptaktionärs und die Prüfung der Angemessenheit der Abfindung durch Sachverständige. Abs. 3 und 4 regeln die Auslege- und Abschriftspflichten der Gesellschaft hinsichtlich für den Squeeze-out wesentlicher Unterlagen.

B. Einzelregelungen

2 I. Bekanntmachungspflicht der Gesellschaft (Abs. 1). Die **Einberufung der HV und Bekanntmachung der Tagesordnung** erfolgt wie üblich **durch den Vorstand**, nicht etwa durch den Hauptaktionär.[2] Die Gesellschaft hat dabei neben den Bekanntmachungspflichten gem. § 124 (vgl allg. § 124 Rn 5ff; § 327a Rn 12 zur Vorschlagspflicht gem. § 124 Abs. 3 S. 1) nach § 327c Abs. 1 **Pflichtangaben** zu machen. Gemäß **Abs. 1 Nr. 1** sind Firma (§ 17 HGB) und Sitz bzw bei natürlichen Personen Name und die (genau bezeichnete) Adresse am allgemeinen Gerichtsstand (§ 13 ZPO)[3] des **Hauptaktionärs** anzugeben. Bei einer GbR (vgl § 327a Rn 3f) genügt nicht die Angabe des Namens, wenn die GbR einen solchen führt.[4] Vielmehr ist neben Namen und Sitz der GbR auch Firma und Sitz bzw Name und Adresse sämtlicher Gesellschafter anzugeben, da es sich bei dem GbR-Namen nicht um eine Firma im rechtlichen Sinne handelt und die Minderheitsaktionäre angesichts der persönlichen Haftung der Gesellschafter[5] Ansprüche gegen jeden GbR-Gesellschafter auf die volle Abfindung haben. Gemäß **Abs. 1 Nr. 2** ist zudem die vom Hauptaktionär festgelegte **Barabfindung** (vgl § 327b Abs. 1) anzugeben. Diese zusätzlichen Angaben nach Abs. 1 ergänzen die Pflichtangaben des § 124 mit dem Ziel einer frühzeitigen Information der Minderheitsaktionäre.[6] Bekannt zu machen gem. § 124 Abs. 1 S. 1 ist in den Gesellschaftsblättern. Eine fehlerhafte Bekanntmachung führt zur Unzulässigkeit der Beschlussfassung gem. § 124 Abs. 4 S. 1 bzw zur Anfechtbarkeit des Übertragungsbeschlusses gem. § 243 Abs. 1[7] (vgl § 327f Rn 3ff). Dabei darf insbesondere die genaue Bezeichnung des Hauptaktionärs gem. Abs. 1 Nr. 1 nicht leichthändig als „Subtilitäten zur Bezeichnung" angesehen werden, die die Relevanz eines Normverstoßes ausschließt[8] (vgl allg. § 243 Rn 9f), da die genaue Kenntnis des Hauptaktionärs insbesondere wichtig für die Realisierung der Barabfindungsansprüche ist.

3 Unabhängig von der Bekanntmachungspflicht aus Abs. 1 müssen börsennotierte Gesellschaften gem. § 15 WpHG (vgl allg. § 15 WpHG Rn 3ff) jeweils eine **Ad-hoc-Mitteilung** veröffentlichen, sobald der Vorstand über den Entschluss des Hauptaktionärs zur Durchführung des Squeeze-out und die Höhe der festgelegten Barabfindung Kenntnis erlangt, soweit der Hauptaktionär nicht bereits selbst die Öffentlichkeit informiert hat[9] (vgl § 15 WpHG Rn 12). Das wurde hier seit der 1. Aufl. entgegen der damaligen Sicht des damaligen Bundesaufsichtsamts für den Wertpapierhandel vertreten (vgl 2. Aufl. Rn 3). Darüber hinaus muss der Hauptaktionär das Überschreiten der Beteiligungsschwelle von 95% auf der Rechtsgrundlage der Treuepflicht des Mehrheitsaktionärs bekannt geben; die besondere Gefährdungslage der Minderheitsaktionäre, sich auf einen jederzeitigen Squeeze-out einrichten zu müssen, ist pflichtbegründend.[10] Eine **weitere Mitteilungspflicht** trifft den Hauptaktionär im Verhältnis zur AG ggf nach § 20 oder §§ 21f. WpHG. Ist er dieser Pflicht nicht nachgekommen, ist gem. § 20 Abs. 7, § 28 WpHG bereits sein Verlangen auf Durchführung eines Squeeze-out unwirksam,[11] vgl § 327a Rn 11. Ggf können auch Ad-hoc-Mitteilungspflichten des Hauptaktionärs bestehen, wenn der Squeeze-out bei der Zielgesellschaft für ihn irrelevant ist.[12]

4 II. Berichtspflicht des Hauptaktionärs (Abs. 2 S. 1). Ebenso wie beim Abschluss von Unternehmensverträgen gem. § 293a Abs. 1, bei der Eingliederung nach § 319 Abs. 3 Nr. 3 oder bei Umwandlungsvorgängen nach dem UmwG ist zur Aufklärung der Minderheitsaktionäre schriftlich (§ 126 BGB) Bericht zu erstatten.

---

1 Vgl zur Eingliederung BGH AG 1974, 320, 322 = NJW 1974, 1557; *Hüffer*, Rn 1; *Emmerich/Habersack*, Rn 1.
2 *Krieger*, BB 2002, 53, 59; *Vossius*, ZIP 2002, 511, 513; für eine Einberufung durch den Hauptaktionär: *Kiem*, RWS 20, 329, 343f.
3 *Hüffer*, Rn 2; *Jäger*, Aktiengesellschaft, 2004, § 42 Rn 27; in der Praxis ist auch die Angabe der Handelsregisterdaten üblich, vgl Spindler/Stilz/*Singhof*, Rn 3.
4 So aber *Hüffer*, Rn 2; *Emmerich/Habersack*, Rn 5; MüKo-AktG/*Grunewald*, Rn 3.
5 BGHZ 146, 341, 358 = NJW 2001, 1056; vgl NK-BGB/*Heidel/Hanke*, § 714 Rn 19.
6 BegrRegE, BT-Drucks. 14/7034, 72 = ZIP 2001, 1262, 1296; *Habersack*, ZIP 2001, 1230, 1232; vgl auch *Hüffer*, § 320 Rn 7f.
7 Vgl *Hüffer*, Rn 2.
8 So aber *Hüffer*, Rn 2.
9 *Emmerich/Habersack*, Rn 3; *Steinmeyer/Häger*, 1. Aufl., Rn 19f; *Grigoleit/Rieder*, Rn 11; vgl nunmehr auch Emittentenleitfaden BaFin Abschn. IV 2.2.15; *Hüffer*, § 327a Rn 4a.
10 *Fleischer*, ZGR 2002, 757, 778f; Großkomm-AktienR/*Fleischer*, § 327a Rn 23.
11 OLG Köln Der Konzern 2004, 30, 32; KölnKomm-AktG/*Koppensteiner*, Fn 21; vgl auch *König/Römer*, NZG, 944ff.
12 *Grigoleit/Rieder*, Rn 11; Spindler/Stilz/*Singhof*, Rn 14.

Ist die Hauptaktionärin Kapitalgesellschaft, genügt Unterzeichnung in vertretungsberechtigter Zahl.[13] Berichtsgegenstand ist die Darlegung der Voraussetzungen für die Übertragung sowie die Erläuterung und Begründung der Angemessenheit der festgelegten Barabfindung. Anders als zB in §§ 293a Abs. 1, 319 S. 3 Nr. 1, § 320 Abs. 4 S. 2 und § 8 Abs. 1 UmwG verlangt § 327c nicht ausdrücklich einen „ausführlichen" Bericht. Dessen ungeachtet muss der Bericht im Einzelnen die Übertragungsvoraussetzungen und die Angemessenheit der Barabfindung schlüssig und plausibel darstellen.[14] Wegen des Inhalts des Berichts kann daher auf die Kommentierung der gesetzlichen Vorbilder verwiesen werden[15] (vgl § 293a Rn 9ff, § 319 Rn 12, § 320 Rn 11). Die Berichtspflicht trifft – anders als etwa bei Unternehmensverträgen oder der Eingliederung – nicht den AG-Vorstand,[16] sondern den Hauptaktionär. Dies ist richtig, da der Hauptaktionär sowohl nach § 327a Abs. 1 das Squeeze-out-Verfahren einleitet als auch gem. § 327b Abs. 1 die Höhe der im Mittelpunkt des Berichts stehenden Barabfindung festlegt. Der Bericht ist **schriftlich** zu erstatten (§ 126 BGB). Ist der Hauptaktionär eine juristische Person, genügt die Unterzeichnung des Berichts durch das Vertretungsorgan des Hauptaktionärs in vertretungsberechtigter Zahl; die Rechtslage ist anders als § 293a, da es sich um einen Bericht des Hauptaktionärs, nicht aber einen des Vorstands handelt.[17] Der Gesetzgeber stellt an den Bericht u.a. den Anspruch, dass jeder Minderheitsaktionär in der Lage sein müsse, die **Berechnung des Schwellenwertes von 95 %** Anteilsbesitz als wesentliche Voraussetzung des Squeeze-out und die **Überlegungen zur Festlegung der Barabfindung nachzuvollziehen**.[18] An die Berichtspflicht sind deshalb hinsichtlich der Beteiligungshöhe zB dann erhöhte Anforderungen zu stellen, wenn die Aktien von verschiedenen Gesellschaften eines Konzerns gehalten werden, die dem Hauptaktionär nach §§ 327a Abs. 2, 16 Abs. 4 zuzurechnen sind (vgl § 327a Rn 9).[19] Berichtsmängel führen zur Anfechtbarkeit des Übertragungsbeschlusses[20] (vgl § 327f Rn 6).

Die Berichtspflicht hat nach Maßgabe der Schutzklausel der §§ 327c Abs. 2 S. 4, 293a Abs. 2 bei der Gefahr nicht unerheblicher Nachteile **Ausnahmen** (vgl § 293a Rn 18f). Sie kann bei öffentlich beglaubigtem Verzicht aller Anteilseigner gem. §§ 327c Abs. 2 S. 4, 293a Abs. 3 ganz entfallen (vgl die Kommentierung zu § 293a Abs. 3).

III. Sachverständige Prüfung (Abs. 2 S. 2ff). Abs. 2 S. 2ff bestimmt die Überprüfung der Angemessenheit der Barabfindung durch mindestens einen sachverständigen Prüfer („Ausschließungsprüfer" oder „Squeeze-out-Prüfer"). Nach dem Wortlaut des Gesetzes ist die Angemessenheit lediglich „zu prüfen", er verlangt nicht ausdrückliche eine positive Bestätigung der Angemessenheit. Nach Sinn und Zweck der Prüfung ist jedoch erforderlich, dass die festgelegte Abfindung (mindestens) dem Betrag entspricht, den der Prüfer für angemessen hält. Das folgt nicht zuletzt aus der Rspr des BVerfG: Danach ist der Squeeze-out (nur) deshalb verfassungsgemäß, da die Aktionäre Anspruch auf angemessene Barabfindung haben und der Gesetzgeber durch Abs. 2 und 3 sichergestellt hat, dass der Minderheitsaktionär für seine Aktien vollen Wertersatz erlangt.[21] Das bedeutet, dass ein Squeeze-out ohne vom Squeeze-out-Prüfer bestätigte Abfindungshöhe rechtswidrig ist.[22] Wegen der zentralen Bedeutung der als angemessen geprüften festgelegten Barabfindung ist uE der Squeeze-out **nichtig**, wenn die festgelegte Barabfindung unter dem vom Prüfer als angemessen festgelegten Betrag liegt (vgl § 327f Rn 6, 7).

Auswahl und Stellung der Sachverständigen richten sich nach §§ 327c Abs. 2 S. 4, 293d, vgl § 293d Rn 2. Die Überprüfung durch unabhängige Sachverständige soll wie auch der Bericht des Hauptaktionärs dem Schutz der Minderheitsaktionäre dienen.[23] Die Sachverständigen werden[24] auf **Antrag des Hauptaktionärs vom Gericht ausgewählt und bestellt**. Zuständig für Bestellung ist gem. §§ 327c Abs. 2 S. 4, 293c Abs. 1

---

13 OLG Düsseldorf WM 2005, 650 = NZG 2005, 347; OLG Stuttgart DB 2004, 60 = AG 2004, 105 = ZIP 2003, 2363; OLG Hamm AG 2005, 773 = DB 2005, 1263 = ZIP 2005, 1457; *Emmerich/Habersack*, Rn 7; *Wilsing*, EWiR 2005, 495, 496; *Hasselbach*, EWiR 2004, 833; offen gelassen für Verschmelzungsbericht BGH AG 2007, 625 = NZG 2007, 714 = WM 2007, 1569, Rn 25; für Übertragungsbericht OLG Stuttgart AG 2009, 204, 208.
14 *Emmerich/Habersack*, Rn 8; KölnKomm-AktG/*Koppensteiner*, Rn 7; *Jäger*, Aktiengesellschaft, 2004, § 42 Rn 27.
15 So auch *Sieger/Hasselbach*, ZGR 2002, 120, 153.
16 Vgl *Ehricke/Roth*, DStR 2001, 1120, 1125; *Vetter*, ZIP 2000, 1817, 1823, die mit Recht eine Äußerungspflicht des Vorstands zu der festgelegten Barabfindung fordern; dagegen *Krieger*, BB 2002, 53, 59; ähnlich *Vetter*, AG 2002, 176, 187.
17 *Hüffer*, Rn 3; OLG Stuttgart AG 2004, 105, 106 = ZIP 2003, 2363; offen gelassen in OLG Stuttgart AG 2009, 204, 208 = GWR 2009, 63.
18 BegrRegE, BT-Drucks. 14/7034, S. 73 = ZIP 2001, 1262, 1296.

19 So auch *Vetter*, AG 2002, 176, 187; K. Schmidt/Lutter/*Schnorbus*, Rn 7.
20 OLG Hamburg ZIP 2004, 2288 = DB 2004, 2805 = NZG 2005, 86; *Emmerich/Habersack*, Rn 7; Spindler/Stilz/*Singhof*, Rn 5; K. Schmidt/Lutter/*Schnorbus*, Rn 10.
21 BVerfGE ZIP 2007, 1261 = NJW 2007, 3268; unausgesprochen geht auch der BGH in seiner Entscheidung zur Verfassungsmäßigkeit des Squeeze-out davon aus, dass (selbstverständlich) nur eine vom Squeeze-out-Prüfer positiv geprüfte Barabfindungshöhe rechtmäßig ist, BGH ZIP 2005, 2107 = NZG 2006, 117.
22 Wie hier OLG Bremen ZIP 2013, 460, 461f (Freigabeverfahren), wo sich das OLG mit der Feststellung begnügen konnte, dass die Klagen jedenfalls nicht offensichtlich unbegründet sind; aA OLG Hamm AG 2011, 136, 137, 139f = NZG 2011, 148; MüKo-AktG/*Grunewald*, Rn 15, die selbst in einem solchen Fall offenbar von der Vorrangigkeit des Spruchverfahrens ausgeht.
23 BegrRegE, BT-Drucks. 14/7034, S. 73 = ZIP 2001, 1262, 1296.
24 Anders als noch im RegE vorgesehen.

S. 3, 4 grundsätzlich das Landgericht, in dessen Bezirk die Gesellschaft ihren Sitz hat, ggf die Kammer für Handelssachen; durch Verordnung der Landesregierung oder der Landesjustizverwaltung ist gem. §§ 327 c Abs. 2 S. 5, 29 c Abs. 2 iVm § 10 Abs. 4, 7 UmwG Verfahrenskonzentration möglich.[25] Hauptaktionär kann einen Prüfer vorschlagen; Gericht folgt (zu) häufig diesem Vorschlag. Die gerichtliche Bestellung soll nach dem Regelungszweck des Gesetzes dem Eindruck der Nähe der Prüfer zum Hauptaktionär entgegenwirken und durch eine erhöhte Akzeptanz der Prüfungsergebnisse das Spruchverfahren beschleunigen.[26] Da die Bestellung durch das Gericht die Nähe des Prüfers zum Hauptaktionär verhindern soll, hat das Gericht vor der Bestellung insbesondere sicherzustellen, dass der Prüfer zuvor weder für den Hauptaktionär noch für die AG oder mit diesen verbunden Unternehmen oder Personen tätig war. Jedenfalls scheidet gemäß § 293 d Abs. 1 AktG iVm § 319 Abs. 3 HGB als Prüfer aus, wer am Bericht des Hauptaktionärs nach § 327 c Abs. 2 S. 1 mitgewirkt hat.[27] Die gerichtliche Entscheidung soll im Rahmen einer Anfechtungsklage nur auf Ermessensfehler überprüfbar sein.[28] Angesichts der gesetzgeberischen Zielsetzung ist es uE geboten, dass das Gericht nicht den vom Hauptaktionär vorgeschlagenen Prüfer auswählt. Freilich soll allein die Bestellung des vorgeschlagen Prüfers den Übertragungsbeschluss nach hM noch nicht anfechtbar machen.[29] Ebenso wie in anderen Fällen, in denen Prüfer ohne Beteiligung der anderen Betroffenen im Vorfeld vom Gericht bestellt werden, macht aber die Bestellung der Sachverständigen durch das Gericht **eigenständige separate Begutachtung der Gesellschaft im Spruchverfahren** nicht entbehrlich.[30] Es besteht **Beschwerderecht** nach § 327 c Abs. 2 S. 4 iVm § 293 c Abs. 2, § 10 Abs. 4 UmwG, § 59 FamFG. Dieses steht nicht nur dem Hauptaktionär und der AG zu, sondern entgegen der hM[31] **jedem einzelnen Aktionär**. Die sachverständige Prüfung wird nämlich als entscheidend für die Rechtswahrung der Minderheitsaktionäre angesehen (vgl Rn 6 b); daher sind diese durch die Bestellung auch in ihrem Individualrecht iSd § 59 FamFG betroffen. Gelangt der Prüfer zu dem Ergebnis der Unangemessenheit der festgelegten Abfindung, ist ein gleichwohl gefasster Squeeze-out-Beschluss nichtig (vgl § 327 f Rn 6).

6a Die **Anforderungen an den Prüfungsbericht** folgen aus §§ 327 c Abs. 2 S. 4, 293 e. Da § 327 c Abs. 2 S. 2 inhaltlich den §§ 293 b Abs. 1, 320 Abs. 3 S. 1, 60 Abs. 1, 2 UmwG entspricht, kann auf die dortigen Kommentierungen verwiesen werden. Eine Prüfung der Notwendigkeit oder Zweckmäßigkeit des Squeeze-out findet nicht statt; nach dem Gesetzeswortlaut ist nur die „Angemessenheit der Barabfindung" zu prüfen.[32] Die Prüfung soll zeitgleich mit der Erstellung des Berichts des Hauptaktionärs erfolgen können, solange die Unabhängigkeit der Prüfung gewahrt bleibt und der gerichtlich bestellte Prüfer nicht auch an der Aufstellung des Berichts des Hauptaktionärs mitwirkt („**Parallelprüfung**").[33] Der letzte Jahresabschluss muss im Zeitpunkt der Prüfung noch nicht wirksam festgestellt sein.[34] **Inhaltliche Mängel und andere Unzuträglichkeiten des Prüfungsberichtes** sollen nach Ansicht der OLG Hamm[35] und Stuttgart[36] den Übertragungsbeschluss nicht rechtswidrig machen;[37] ähnlich meint das OLG Karlsruhe (unter fälschlicher Berufung auf eine BGH-Entscheidung),[38] Fehler und sonstige Unzulänglichkeiten der Prüfung würden den Übertragungsbeschluss nicht rechtswidrig machen, weil diese allein durch die Haftung des Prüfers nach § 327 e Abs. 2 S. 4

---

25 Von dieser Möglichkeit haben bislang Bayern (LG München I, LG Nürnberg-Fürth), Hessen (LG Frankfurt aM), Niedersachsen (LG Hannover) und Nordrhein-Westfalen (LG Dortmund, LG Düsseldorft, LG Köln) Gebrauch gemacht, vgl *Emmerich/Habersack*, § 293 c Rn 4; *Riehmer* in: MüAnwHb Aktienrecht, 2005, § 44 Rn 29.

26 Begründung der Beschlussempfehlung des Finanzausschusses, BT-Drucks14/7477, S. 72 = ZIP 2001, 2102, 2104; gleiche Erwägungen lagen der Neufassung von § 293 c Abs. 1 zugrunde; vgl die Begründung zum RegE des Spruchverfahrensneuordnungsgesetzes, BT-Drucks15/371, S. 18.

27 Grigoleit/*Rieder*, Rn 6.

28 OLG Hamm AG 2005, 773 = DB 2005, 1263 = ZIP 2005, 1457.

29 OLG Hamburg ZIP 2004, 2288, 2289 = NZG 2004, 86, 87; OLG Karlsruhe AG 2007, 92, LG Heidelberg AG 2006, 760 bestätigend; Lutter/*Grunewald*, UmwG, § 28 Rn 4, 7; *Hüffer*, Rn 28; *Emmerich/Habersack*, Fn 24; Grigoleit/*Rieder*, Rn 6.

30 Vgl OLG Düsseldorf DB 2001, 190 f; *Lutter*, § 10 UmwG Rn 12 ff; aA OLG Düsseldorf DB 2000, 1116, 1117; LG Frankfurt aM DB 2001, 1980 f; *Ehricke/Roth*, DStR 2001, 1120, 1127; *Krieger*, BB 2002, 53, 59; *Vetter*, ZIP 2000, 1817, 1822.

31 Vgl Lutter/*Lutter/Drygala*, § 10 Rn 18; OLG Hamm OLGZ 1971, 226; OLG Zweibrücken ZIP 1990, 374 = NJW-RR 1990, 672.

32 *Emmerich/Habersack*, Rn 10; Großkomm-AktienR/*Fleischer*, Rn 26; MüKo-AktG/*Grunewald*, Rn 11; *Bolte*, DB 2001, 2587,

2588 f; Spindler/Stilz/*Singhof*, Rn 10; *Eisolt*, DStR 2002, 1145, 1147; allg. zur Prüfung nach § 327 c Abs. 2 S. 2 *Veit*, DB 2005, 1697 ff.

33 BGHZ 180, 154 = NZG 2009, 585 = AG 2009, 441 = ZIP 2009, 908, Rn 32; BGH AG 2006, 887 = ZIP 2006, 2080 = NZG 2006, 905, Rn 14; OLG Stuttgart AG 2004, 60 = NZG 2004, 146 = AG 2004, 105; OLG Stuttgart AG 2010, 510 = NJW-Spezial 2010, 305; OLG Stuttgart AG 2011, 420, 421 = GWR 2011, 61; OLG Düsseldorf WM 2005, 650 = NZG 2005, 347; OLG Düsseldorf NZG 2004, 328, 333; OLG Hamburg NZG 2005, 86, 87; LG Bonn Der Konzern 2004, 491; LG Heidelberg, Beschluss vom 28.2.2006, 11 O 143/05 (n.v.), S. 10; *Emmerich/Habersack*, Rn 11; *Leuering*, NZG 2004, 328, 333; *Buchta/Sasse*, DStR 2004, 958, 961; *Steinmeyer/Häger*, 1. Aufl., Anhang § 327 c Rn 11; "erhebliche Bedenken" hatte dagegen das OLG Hamm AG 2005, 773 = DB 2005, 1263 = ZIP 2005, 1457; aA *Lenz/Leinekugel*, Eigentumsschutz beim Squeeze-out, 2004, S. 38 f; *Puszkajler*, ZIP 2003, 518, 521.

34 OLG Stuttgart DB 2004, 60 = NZG 2004, 146 = AG 2004, 105.

35 AG 2005, 773 = ZIP 2005, 1457.

36 AG 2009, 204, 209 f.

37 Ebenso *Hüffer*, Rn 5; KölnKomm-WpÜG/*Hasselbach*, § 327 AktG Rn 54; *Hasselbach*, CF LAW, 2010, 2428.

38 AG 2005, 921 = WM 2006, 286 = ZIP 2005, 2107.

sanktioniert würden; zudem folge aus der Unabhängigkeit des Prüfers, dass AG oder Hauptaktionär für Fehler der Prüfung nicht einzustehen bräuchten, da sie sich ihrer Einflussnahme- und Korrekturmöglichkeit entzögen und sie nicht einmal die Möglichkeit hätten, den fehlerhaft arbeitenden gerichtlich bestellten Prüfer ohne Weiteres auszuwechseln.[39] Das OLG München vertritt, dass Unzulänglichkeiten des Berichts grundsätzlich ein insgesamt **nicht mehr ordnungsgemäßes Abfindungsgebot** begründen können, was zur Anfechtbarkeit führe. Nach dem OLG gelte dies oder „allenfalls dann, wenn (der Bericht) sich nicht auf das vom Hauptaktionär zuletzt abgegebene Barabfindungsgebot bezieht, grob unvollständig ist oder ansonsten gravierende inhaltliche Mängel aufweist, die den Grad der Nichterfüllung des Prüfungsauftrags erreichen". Gleiches gelte „für den Fall, dass ein inhaltlich kollusives Zusammenwirken zwischen Prüfer und Hauptaktionär oder Prüfer und Vorstand" vorliege.[40]

UE ist der einschränkenden Auslegung (Rn 6 a) nicht zu folgen. Das folgt schon aus dem Vergleich mit § 256 Abs. 1 Nr. 2, wo Prüfungsmängel sogar die Nichtigkeit des Jahresabschlusses begründen (vgl § 256 Rn 13 ff). Die Anfechtbarkeit eines Squeeze-out-Beschlusses aufgrund unzureichender Prüfungshandlungen muss daher an einer sehr viel niedrigeren Schwelle ansetzten. Maßgebend dafür ist ua, dass der BGH mit Recht gerade auf die **besondere Bedeutung der sachverständigen Prüfung für die Sicherung der Eigentumsrechte der Minderheitsaktionäre** abstellt. Nach dem BGH ist mit dieser Prüfung die Erwartung verbunden, dass „es im Spruchverfahren im Regelfall nicht zu erheblichen Mehrbeträgen kommen wird".[41] Zwar hat das vom BGH gezeichnete Bild mit der Wirklichkeit nicht viel gemein.[42] Dieser Befund ändert aber nichts daran, dass der BGH damit die Ziellinie beschrieben hat, die die sachverständige Prüfung zugunsten des Eigentumsschutzes der Minderheitsaktionäre überschreiten muss, damit sie eine ordnungsgemäße Prüfung ist. Diese bedingt eine **eingehende umfassende Prüfung**.[43] Eine Beschränkung der Anfechtbarkeit lässt sich entgegen der Sicht des OLG Karlsruhe (vgl Rn 6 a) auch nicht mit der Unabhängigkeit des Prüfers begründen, was schon der Blick auf die Parallelnorm des § 256 Abs. 1 Nr. 2 belegt: Der Jahresabschluss ist bei unzureichenden Prüfungshandlungen nichtig, obgleich Vorstand und AR auf den Prüfer nach dem Gesetz keinen Einfluss haben; anderes kann bei der Squeeze-out-Prüfung nicht gelten. Ein geringerer Standard als eine umfassende Prüfung lässt sich auch nicht unter Hinweis auf den Verweis des § 327 c Abs. 2 S. 4 auf § 293 e Abs. 1 S. 3 begründen. Denn diese Norm bezieht sich lediglich auf die Abschlusserklärung, in der bestimmte Angaben zu machen sind. Der Verweis beschränkt nicht die Anordnung von § 327 c Abs. 2 S. 2, wo (ohne jede Einschränkung) die Pflicht festgelegt ist, die Angemessenheit der Barabfindung „zu prüfen". Die Verletzung dieser Pflicht führt zur Rechtswidrigkeit der gleichwohl gefassten Beschlüsse.

Insbesondere liegt keine umfassende Prüfung (vgl Rn 6 b) vor, wenn die Prüfer entsprechend der bisher hM keine eigene Unternehmensbewertung vornehmen, sondern lediglich in einer **Plausibilitätskontrolle** die vom Hauptaktionär vorgelegte Unternehmensbewertung auf ihre methodische Konsistenz und ihre inhaltlichen Prämissen prüfen (genannt werden als Prüfungspunkte: rechnerische Richtigkeit, Übereinstimmung der angewandten Methode mit anerkannten Bewertungsmethoden, korrekte Ableitung der Bewertung zugrunde gelegten Daten, Plausibilität der Zukunftsschätzungen).[44] Meilicke hat pointiert, aber mit Recht darauf hingewiesen, ein „Prüfer, der sich mit dem Nachweis, der Hauptaktionär habe ‚plausibel' gelogen, aus der Affäre ziehen kann, gewährleistet keinen ernstzunehmenden Schutz des Abfindungsanspruchs der außenstehenden Aktionäre".[45] Daher ist mit dem LG Frankfurt aM[46] festzuhalten, dass es Aufgabe des sachverständigen Prüfers nicht nur ist, den Bericht des Hauptaktionärs auf Plausibilität hin zu überprüfen; er hat vielmehr auch eine **eigene Prüfung der Angemessenheit der Abfindung** vorzunehmen.

Eine Beschränkung der Haftung der Prüfer zulasten der Minderheitsaktionäre und der Gesellschaft über das gesetzliche zulässige Maß hinaus scheidet als Vertrag zulasten Dritter aus.[47]

IV. Auslage- und Abschriftpflicht (Abs. 3, 4). Von der Einberufung der HV muss die AG (nicht ihr Hauptaktionär)[48] gem. Abs. 3 für den Squeeze-out wesentliche Unterlagen in ihrem Geschäftsraum der AG zur Einsicht der Aktionäre auslegen. Der Hauptaktionär kann die Pflichten im Wege der Leistungsklage und ggf vorläufigen Rechtsschutzes durchsetzen.[49] Das Zwangsgeldverfahren scheidet aus, da § 407 die Verletzung der Pflicht nach § 327 c nicht ausdrücklich nennt. Die Verletzung der Auslage- und Abschriftpflich-

---

39 AG 2007, 92.
40 AG 2008, 746 = NZG 2008, 795 = ZIP 2008, 2117.
41 AG 2005, 921 = WM 2006, 286 = ZIP 2005, 2107.
42 Meilicke, AG 2007, 261, 264.
43 Meilicke, AG 2007, 261, 264 f, 266.
44 So aber OLG Düsseldorf AG 2004, 212, 214 = NZG 2004, 622 = ZIP 2004, 1503; OLG Stuttgart AG 2009, 204, 209 f; zum Spruchverfahren: LG Frankfurt aM NZG 2006, 868 = Der Konzern 2007, 56 (SAI Automotive); Großkomm-AktienR/*Fleischer*, Rn 27; MüKo-AktG/*Grunewald*, Rn 8; *Eisolt*,
DStR 2002, 1145, 1147; *Leuering*, NZG 2004, 606, 607; *Marten/Müller*, in: FS Röhricht, 2005, S. 963, 975; *Schüppen/Tretter*, in: Haarmann/Schüppen, WpÜG, Rn 16.
45 *Meilicke*, AG 2007, 261, 264 f.
46 ZIP 2007, 382 = BB 2007, 1069 (zum Unternehmensvertrag Wella).
47 Großkomm-AktienR/*Fleischer*, Rn 43 ff.
48 Grigoleit/*Rieder*, Rn 10.
49 Grigoleit/*Rieder*, Rn 10.

ten begründet die Anfechtbarkeit.[50] Die Auslagepflicht umfasst den Entwurf des **Übertragungsbeschlusses** (Nr. 1). Zudem sind die **Jahresabschlüsse** und Lageberichte für die letzten drei, dem laufenden Geschäftsjahr vorangegangen Geschäftsjahre (Nr. 2) auszulegen. Angesichts des klaren Wortlauts ist die Bedeutung des Begriffs „letzten drei" Geschäftsjahre uE klar: So müssen zB bei der Einberufung der Squeeze-out-HV am 10.1. des Jahres 5 die Jahresabschluss- und Lageberichte der Geschäftsjahre 2 bis 4 vorliegen, nicht nur die der Geschäftsjahre 1 bis 3.[51] Bei einer Holding sind nach Abs. 3 Nr. 2 nicht nur deren Jahresabschlüsse, sondern uE auch die **Konzernabschlüsse** auszulegen, da sich nur aus diesen ein umfassendes Bild der Geschäftstätigkeit der Holding ergibt.[52] Ferner sind der **Bericht** des Hauptaktionärs (Nr. 3) und der **Prüfungsbericht** der Sachverständigen (Nr. 4) auszulegen.

8 Die Unterlagen gem. Abs. 3 Nr. 2 bis 4 müssen uE jeweils **im unterschriebenen Original** vorliegen. Demgegenüber ist die Sicht verbreitet, stets genügten einfache Abschriften.[53] Das entspricht aber nicht der Systematik des Gesetzes. § 327e Abs. 4 regelt die Abschriften; demgegenüber ist gem. § 327e Abs. 3 Nr. 2–4 „der" Bericht etc. auszulegen; die Verwendung des bestimmten Artikels „der" vor Bericht zeigt uE deutlich, dass das Gesetz den schriftlichen Original-Bericht meint, nicht dessen Abschrift.[54] Der Gesetzeszweck der Befriedigung des Informationsinteresses der Aktionäre verlangt, dass zudem **Kopien in ausreichender Anzahl vorliegen**.[55] Daneben muss auch die Gewährleistungserklärung nach § 327b Abs. 3 in Kopie ausliegen,[56] auf deren Einsicht die Aktionäre einen Anspruch gem. § 810 BGB haben. Das rechtliche Interesse der Minderheitsaktionäre nach § 810 BGB richtet sich im Übrigen auch auf die Einsicht in die Urkunden, die den **Nachweis für die Beteiligung des Hauptaktionärs** von 95 % des Grundkapitals erbringen, so dass diese zur Vermeidung einer gerichtlichen Auseinandersetzung, einschließlich des einstweiligen Rechtsschutzes, mit auszulegen sind[57] (vgl § 327d Rn 3 zum Nachweis in der HV).

9 Gemäß Abs. 4 haben die Aktionäre Anspruch auf unverzügliche (vgl § 121 Abs. 1 S. 1 BGB) **Erteilung kostenloser Abschriften** der auszulegenden Unterlagen. Die Informationspflichten gem. Abs. 3, 4 finden zahlreiche Entsprechungen im Aktienrecht[58] und sind insbesondere den Regelungen der Eingliederung nach §§ 319 Abs. 3, 320 Abs. 4 und der Unternehmensverträge in § 293f nachgebildet, die ebenfalls ein Aktionärsrecht auf unverzügliche und kostenlose Abschrift vorsehen. Der Anspruch richtet sich gegen die AG; die Kosten hat jedoch der Hauptaktionär zu tragen.[59]

10 Die Verpflichtung zur Auslegung dient nach der Überschrift des § 327c der „Vorbereitung" der HV und setzt sich gem. § 327d S. 1 in der HV fort. Nicht ausdrücklich geregelt ist, ob **nach der Beschlussfassung die Unterlagen weiterhin auszulegen** sind und den Aktionären eine Abschrift zu erteilen ist. Das ist uE[60] zu bejahen. Diese Auslagepflicht umfasst zwar nach § 327d S. 1 ausdrücklich nur den Tag der HV. Daraus ist aber nicht der Umkehrschluss zu ziehen, dass sie mit dem an diesem Tag gefassten Übertragungsbeschluss endet. Denn der Sinn der Informationspflicht liegt nicht nur darin, den Minderheitsaktionären eine Informationsgrundlage für ihr Abstimmungsverhalten in der HV zu bieten. Sind die Grundvoraussetzungen des Squeeze-out erfüllt, haben die Minderheitsaktionäre auf den Ausgang der Abstimmung ohnehin keinen Einfluss. Der Sinn ist vielmehr auch, den Minderheitsaktionären die Überprüfung ihrer Minderheitenrechte und insbesondere ihres Rechts auf angemessene volle wirtschaftliche Kompensation des Anteilsverlustes zu ermöglichen. Die Information der Minderheitsaktionäre nach § 327c (und § 327d) dient somit letztlich als

---

50 Grigoleit/Rieder, Rn 10; MüKo-AktG/Grunewald, Rn 18 ff.
51 Vgl zur Bedeutung des Wortes „letzten" zB Wahrig, Deutsches Wörterbuch, Stichwort „letzte(r, -s)", definiert als "eben erst vergangen, vorig" bzw „letztjährig" als "vom vorigen Jahr stammend"; ebenso: LG Hamburg DB 2003, 2478; dazu Wendt, DB 2003, 191 ff; aA OLG Hamburg NZG 2003, 539 = DB 2003, 1499 = ZIP 2003, 1344; Emmerich/Habersack, Rn 14; Großkomm-AktienR/Fleischer, Rn 50; Vetter, NZG 1999, 925; Wartenberg AG 2004, 539, 541 f; vgl auch Lutter/Grunewald, UmwG, § 63 Rn 13; Kallmeyer, UmwG, § 63 Rn 3; Widmann/Mayer, UmwG, § 63 Rn 13, mit zutr. Hinweis auf Manipulationsgefahren; dieser aA kann nicht gefolgt werden angesichts der überragend wichtigen Bedeutung der Rechenschaftslegung in dem Beschlussfassung vorangegangenen letzten Geschäftsjahr für die Beurteilung des vollen Werts der Gesellschaft.
52 OLG Celle DB 2004, 301 = AG 2004, 206 = Der Konzern 2004, 616; wohl auch OLG München NZG 2005, 2259, 2261; aA BGHZ 180, 154 = AG 2009, 441 = NZG 2009, 585 = ZIP 2009, 908 Rn 29; OLG Hamburg ZIP 2003, 2076, 2079; OLG Düsseldorf AG 2010, 711, 714 = GWR 2010, 64 hält die Aufzählung des § 327c Abs. 3 für abschließend; Emmerich/Habersack, Rn 14; Hüffer, Rn 6; MüKo-AktG/Grunewald, Rn 17;
Dißars, BKR 2004, 389, 391; offen gelassen OLG Düsseldorf WM 2005, 650 = NZG 2005, 347.
53 Vgl Hüffer, Rn 6 iVm § 293f Rn 3; MüKo-AktG/Grunewald, § 319 Rn 27; Grzimek, in: Geibel/Süßmann, Rn 37.
54 Ehricke/Roth, DStR 2001, 1120, 1125 fordern zudem wie in § 27 WpÜG eine Stellungnahme des Vorstands zur festgelegten Barabfindungshöhe; die aber bereits Inhalt der Beschlussempfehlung gem. § 124 Abs. 3 ist, vgl § 327a Rn 10, und daher bereits bei der Einberufung bekannt gemacht wird, also nicht zusätzlich gesondert ausgelegt zu werden braucht.
55 Vgl MüKo-AktG/Grunewald, § 319 Rn 27.
56 So auch Vossius, ZIP 2002, 511, 514; offen gelassen in OLG Hamm AG 2005, 773 = DB 2005, 1263 = ZIP 2005, 1457.
57 AA zum Einsichtsrecht der Aktionäre in der HV Sieger/Hasselbach, ZGR 2002, 120, 130.
58 Vgl etwa §§ 52 Abs. 2, 175 Abs. 2, 3, 179a Abs. 2, 209 Abs. 6, 293f Abs. 3, 320 Abs. 4, 337 Abs. 3.
59 AA Habersack, ZIP 2001, 1230, 1237, dem zufolge § 327c Abs. 3 allein den Hauptaktionär verpflichtet.
60 Vgl Grzimek, in: Geibel/Süßmann, Rn 40: Ende der Hauptversammlung; Grigoleit/Rieder, Rn 7: Auslage bis Beginn der HV; K. Schmidt/Lutter/Schnorbus, Rn 26.

Entscheidungsgrundlage für die Geltendmachung ihrer Rechte zumal gem. § 327 f. Daher bestehen uE die Auslage- und Abschriftspflichten mindestens solange fort, wie die Minderheitsaktionäre die Möglichkeit zur Erhebung einer Anfechtungsklage nach § 246 Abs. 1 oder der Einleitung eines Spruchverfahrens gem. § 327 f S. 2 haben. Die Informationspflicht endet damit frühestens drei Monate nach Bekanntmachung der Eintragung des Übertragungsbeschlusses in das Handelsregister, vgl § 4 Abs. 1 SpruchG.

Die **Pflichten nach Abs. 3 und 4** entfallen unter den Voraussetzungen des Abs. 5 (vgl Rn 12). **11**

V. Entfallen der Pflichten nach Abs. 3 und 4 bei Zugänglichmachen auf Internetseite. Die Verpflichtungen nach den Abs. 3 und 4 (vgl Rn 7 ff) entfallen, wenn die in Abs. 3 genannten Unterlagen für denselben Zeitraum über die Internetseite der Gesellschaft zugänglich sind. Die Regelung wurde eingeführt durch Art. 1 Nr. 49 ARUG.[61] Sie entspricht §§ 52 Abs. 2 S. 3, 175 Abs. 2, 179 a und 293 f. Die Bundesregierung begründete ihren Gesetzentwurf damit, dass sich durch die Internetveröffentlichung der Bürokratieaufwand für die Gesellschaften verringern und zugleich der Zugang zu der Information für Aktionäre vereinfacht werde.[62] Für börsennotierte Gesellschaften gilt gem. § 124 Nr. 3 die Pflicht zur Zugänglichmachung über die Internetseite. **12**

§ 327 d Durchführung der Hauptversammlung

¹In der Hauptversammlung sind die in § 327 c Abs. 3 bezeichneten Unterlagen zugänglich zu machen. ²Der Vorstand kann dem Hauptaktionär Gelegenheit geben, den Entwurf des Übertragungsbeschlusses und die Bemessung der Höhe der Barabfindung zu Beginn der Verhandlung mündlich zu erläutern.

Literatur:
Vgl die Angaben vor §§ 327 a ff.

A. Regelungsgegenstand

§ 327 d S. 1 regelt einige Besonderheiten der HV, knüpft an die Auslagepflicht gem. § 327 c Abs. 3 an und erstreckt diese zB wie § 293 g auf die HV. Die Minderheitsaktionäre sollen sich in der HV über § 131 Abs. 1 hinaus auch durch Zugänglichmachung von Dokumenten informieren können. Seit der Änderung 2009 durch das ARUG[1] sind die Unterlagen nicht mehr „auszulegen". Gemäß § 327 d S. 2 kann der Vorstand den Hauptaktionär Beschlussentwurf und Barabfindung erläutern lassen. § 327 d dient wie § 327 c der **Information der Minderheitsaktionäre**. **1**

B. Durchführung der HV

I. Zugänglichmachung (S. 1). Die in § 327 c Abs. 3 genannten Unterlagen sind „**in der Hauptversammlung**" (also bis zu deren Schluss, vgl § 327 c Rn 10) nicht mehr entsprechend der Gesetzesfassung bis zum ARUG (Rn 1) „auszulegen", sondern „zugänglich zu machen". Zugänglichmachung bis zur Beschlussfassung genügt nicht, da die Aktionäre auch noch danach bis zum Abschluss der HV Widerspruch gem. § 245 Nr. 1 erklären können (§ 245 Rn 8 ff) und sich bis dahin anhand der Unterlagen vergewissern können müssen, ob sie den Widerspruch tatsächlich einlegen. In der Regierungsbegründung des ARUG heißt es, die AG solle sich von (nach wie vor zulässigen) Kopien in Papierform verabschieden und den Aktionären stattdessen die Informationen elektronisch geben können – zB über Monitore.[2] Das muss so organisiert sein, dass für die Aktionäre **Monitore etc. in ausreichender Zahl** im Versammlungsraum zur Verfügung stehen, um die Unterlagen einzusehen und gleichzeitig der HV weiter folgen zu können.[3] Fehlerhafte Zugänglichmachung führt zur Anfechtbarkeit des Übertragungsbeschlusses.[4] **2**

II. Erläuterungen – auch durch den Hauptaktionär (S. 2). Das Gesetz regelt ausdrücklich nur die Möglichkeit des Vorstands, dem Hauptaktionär Gelegenheit zur mündlichen Erläuterung des Übertragungsbeschlusses und der Barabfindung zu geben.[5] UE ist das **Ermessen** („kann") auf null reduziert, wenn die Erläuterungen im Bericht des Hauptaktionärs zu aktualisieren sind.[6] Das gilt insb. für den Fall einer Erhö- **3**

---

61 BGBl I 2009 S. 2479.
62 BT-Drucks. 16/11642, S. 43 iVm 24.
1 Art. I Nr. 50 BGBl. I 2009 S. 2479.
2 BT-Drucks. 16/11642, S. 43 iVm S. 25.
3 Grigoleit/*Rieder*, Rn 2.
4 Grigoleit/*Rieder*, Rn 2; *Emmerich/Habersack*, Rn 1.
5 OLG Stuttgart DB 2004, 60 = AG 2004, 105; KölnKomm-WpÜG/*Hasselbach*, Rn 6.
6 Vgl BegrRegE, BT-Drucks. 14/7034, S. 73 = ZIP 2001, 1262, 1296; nach *Emmerich/Habersack*, Rn 1, 4, "soll" dem Aktionär in diesem Fall lediglich die Möglichkeit gegeben werden, ohne dass eine Pflicht des Vorstands dazu bestehe.

hung der Barabfindung nach Einberufung der HV und Berichterstattung (vgl § 327b Rn 5), wenn die mündliche Darstellung dem berechtigten Informationsinteresse der Minderheitsaktionäre genügt.[7]

4 Das Gesetz enthält keine den §§ 52 Abs. 2 S. 6, 179a Abs. 2 S. 5, 293g Abs. 2 S. 1 vergleichbare ausdrückliche Verpflichtung des Vorstands zur Erläuterung. Im Gegensatz zu den §§ 293g Abs. 3, 319 Abs. 3 S. 5, 320 Abs. 4 S. 3 gibt es auch keine ausdrückliche Normierung des **Auskunftsrechts** der Minderheitsaktionäre gegenüber dem Vorstand oder dem Hauptaktionär. Daraus kann nicht abgeleitet werden, der Vorstand und ggf auch der Hauptaktionär bräuchten der HV nicht Rede und Antwort zu stehen. Es verstieße sowohl gegen das **allgemeine Auskunftsrecht** der Aktionäre gegenüber dem Vorstand gem. **§ 131 Abs. 1 S. 1**,[8] den Grundsatz der **allgemeinen Erläuterungspflichten des Vorstands** (vgl §§ 176 Abs. 1 S. 2, 293g Abs. 2 S. 1, 320 Abs. 4 S. 3 AktG, § 64 Abs. 1 S. 2 UmwG)[9] als auch gegen die aktienrechtliche Treuepflicht[10] von Vorstand und Hauptaktionär gegenüber den außenstehenden Aktionären, wenn in der HV der Squeeze-out nicht unaufgefordert erläutert und der Vorstand sogar gestellte Fragen übergehen würde. Der unzureichende Gesetzestext ist nach den im Aktienrecht fest verankerten allgemeinen Grundsätzen[11] auszulegen: Das bedeutet, dass der Vorstand die Vorlagen erläutern muss.[12]

5 Unstreitig muss der Vorstand jedenfalls auf Verlangen Auskunft erteilen.[13] Soweit der Vorstand dem Hauptaktionär in der HV erfragte Auskünfte erteilt hat, darf er sie der HV nach § 131 Abs. 3 Nr. 1–4 nicht verweigern (§ 131 Abs. 4 S. 1–2).[14]

6 Die Verletzung der Erläuterungs- und Auskunftspflichten eröffnet grundsätzlich die Anfechtungsklage gegen den Übertragungsbeschluss, soweit nicht aufgrund der Sonderregel des § 243 Abs. 4 S. 2 die Anfechtbarkeit beschränkt ist (vgl § 327f Rn 4f).

7 Überlässt der Vorstand dem Hauptaktionär (teilweise) Erläuterungen, müssen diese dem Standard des § 131 Abs. 2 S. 1 entsprechen. Verstößt der Hauptaktionär gegen diesen Maßstab, führt dies zur Anfechtbarkeit des gleichwohl gefassten Beschlusses, ohne dass es darauf ankommt, ob sich der Vorstand den Inhalt der Erläuterungen ausdrücklich zueigen gemacht hat; ggf muss Vorstand den Darstellungen des Hauptaktionärs widersprechen. Es besteht keine Verpflichtung, dass sowohl Vorstand als auch Hauptaktionär erläutern.[15] Das im **Ermessen des Vorstands** (nicht des Versammlungsleiters) stehende Rederecht des Hauptaktionärs beschränkt nicht die Auskunftspflicht des Vorstands, sondern gibt dem Hauptaktionär abweichend von der Versammlungsleitung des Versammlungsleiters ein in das Ermessen des Vorstands gestelltes Rederecht. Entgegen der hM muss in der HV ein Nachweis der Hauptaktionärsstellung geführt werden[16] (vgl auch § 327c Rn 8 zur Auslagepflicht vor der HV).

§ 327e Eintragung des Übertragungsbeschlusses

(1) [1]Der Vorstand hat den Übertragungsbeschluss zur Eintragung in das Handelsregister anzumelden. [2]Der Anmeldung sind die Niederschrift des Übertragungsbeschlusses und seine Anlagen in Ausfertigung oder öffentlich beglaubigter Abschrift beizufügen.

(2) § 319 Abs. 5 und 6 gilt sinngemäß.

---

7 Vgl auch *H. Schmidt*, in: GS M. Winter, 2011, S. 585, 597 ff.
8 Ebenso: *Vetter*, AG 2002, 176, 187 mwN; *Sieger/Hasselbach*, ZGR 2002, 120, 139; Spindler/Stilz/*Singhof*, Rn 5.
9 Vgl OLG Hamburg ZIP 2003, 1344, 1348; *Hüffer*, Rn 3; MüKo-AktG/*Grunewald*, Rn 6; Großkomm-AktienR/*Fleischer*, Rn 8; *Emmerich/Habersack*, Rn 3; aA KölnKomm-WpÜG/*Hasselbach*, Rn 7; *Grzimek* in: Geibel/Süßmann, Rn 4.
10 Grundlegend: BGHZ 103, 184, 194 ff (Linotype) = DB 1988, 593, 594 f; *Lutter*, ZHR 162 (1998), 164 ff; *Henze*, ZHR 162 (1998), 186, 188 ff; vgl zum Squeeze-out KölnKomm-AktG/*Hasselbach*, Rn 6; MüKo-AktG/*Grunewald*, Rn 6, die eine aus der Treuepflicht erwachsende Auskunftspflicht des Hauptaktionärs zumindest in Sonderfällen für möglich halten.
11 So auch *Hüffer*, Rn 4; ähnlich: MüKo-AktG/*Grunewald*, Rn 5; *Emmerich/Habersack*, Rn 3; *Schmidt* in: FS Ulmer 2003, 543, 544; OLG Hamburg ZIP 2003, 1344, 1348 = AG 2003, 441 = NZG 2003, 539.
12 So die hM, vgl *Hüffer*, Rn 4; MüKo-AktG/*Grunewald*, Rn 3 ff; *Emmerich/Habersack*, Rn 3; Großkomm-AktienR/*Fleischer*,
Rn 4ff; *Schmidt* in: FS Ulmer, 2003, S. 543, 544; OLG Hamburg ZIP 2003, 1344, 1348 = AG 2003, 441 = NZG 2003, 539; ähnl. KölnKomm-AktG/*Koppensteiner*, Rn 5; für Auskunftspflicht des Hauptaktionärs *Kiem*, RWS 20, 329, 341 ff; differenzierend *Krieger*, BB 2002, 53, 59 f; aA (keine Erläuterungspflicht) *Sieger/Hasselbach*, ZGR 2002, 120, 156; *Fuhrmann/Simon*, WM 2002, 1211, 1216; K. Schmidt/Lutter/ *Schnorbus*, Rn 4; Kölner Komm-WpÜG/*Hasselbach*, Rn 7.
13 *Grigoleit/Rieder*, Rn 6; *Warchol*, Squeeze-out in Deutschland, Polen und dem übrigen Europa, 2008, S. 178 ff.
14 *Warchol*, Squeeze-out in Deutschland, Polen und dem übrigen Europa, 2008, S. 144.
15 OLG Stuttgart NZG 2004, 146, 147 = ZIP 2003, 2363.
16 Wie hier in KölnKomm-WpÜG/*Hasselbach*, aaO, § 327a Rn 39; *Sieger/Hasselbach*, ZGR 2002, 120, 139 f; aA OLG Stuttgart AG 2009, 204, 210, im Anschluss an MüKo-AktG/ *Grunewald*, Rn 4; *Emmerich/Habersack*, aaO, § 327d Rn 4; Großkomm-AktienR/*Fleischer*, aaO, § 327d Rn 13; *Schüppen/ Tretter*, in: Haarmann/Schüppen, aaO, § 327d Rn 8.

(3) ¹Mit der Eintragung des Übertragungsbeschlusses in das Handelsregister gehen alle Aktien der Minderheitsaktionäre auf den Hauptaktionär über. ²Sind über diese Aktien Aktienurkunden ausgegeben, so verbriefen sie bis zu ihrer Aushändigung an den Hauptaktionär nur den Anspruch auf Barabfindung.

Literatur:
Vgl Angaben vor §§ 327 a ff sowie *Petersen/Habbe*, Squeeze-out mit Eintragung im Handelsregister bestandskräftig?, NZG 2010, 1091; *H. Schmidt*, Schadensersatz nach § 327 e Abs. 2 i.V.m. § 319 Abs. 6 Satz 6 AktG im Wege der Naturalrestitution beim fehlerhaften Squeeze-out?, AG 2004, 299; *Schockenhoff*, Rückabwicklung des Squeeze-out?, AG 2010, 436; *Weppner/Groß-Bölting*, Kraftloserklärung nicht eingereichter Aktienurkunden nach Durchführung eines Squeeze out gem. §§ 327 a ff AktG, BB 2012, 2196.

A. Regelungsgegenstand

§ 327 e regelt die Eintragung in das Handelsregister und dessen Folgen. Abs. 1 bestimmt Anmeldemodalitäten, Abs. 2 die sinngemäße Geltung der Vorschriften über die sog. Negativerklärung und das Freigabeverfahren bei der Eingliederung gem. § 319 Abs. 5, 6, Abs. 3 bestimmt die Rechtsfolgen der Eintragung. Die Norm bezweckt in erster Linie **Publizität und Rechtssicherheit**.[1]

B. Eintragung und Rechtsfolgen

I. Anmeldung zur Eintragung (Abs. 1). Nach Ablauf der Anfechtungsfrist gem. § 246 Abs. 1 muss der Vorstand den Übertragungsbeschluss gem. § 327 e Abs. 1 S. 1 unverzüglich zur Eintragung in das Handelsregister anmelden.[2] Zuständig ist das Registergericht des Gesellschaftssitzes, § 14. Das Registergericht kann weder die Anmeldung noch deren Vervollständigung erzwingen.[3] Ein Zwangsgeldverfahren findet nicht statt,[4] da die Möglichkeit von Zwangsgeld nicht ausdrücklich gesetzlich angeordnet ist. Vor Ablauf der Anfechtungsfrist kann der Vorstand nicht wirksam anmelden,[5] da er zu diesem Zeitpunkt die Negativerklärung gem. § 327 e Abs. 2 iVm § 319 Abs. 5 S. 1 (vgl Rn 4 f) noch nicht abgeben kann – wenn nicht ausnahmsweise alle zur Klage berechtigten Aktionäre[6] notariell beurkundete Verzichtserklärungen gem. § 319 Abs. 5 S. 2 Hs 2 abgegeben haben. Eine vor Ablauf der Anfechtungsfrist abgegebene Anmeldung ist daher regelmäßig gegenstandslos;[7] das Registergericht hat sie als unzulässig zurückzuweisen (vgl zur Löschung unberechtigter Eintragung Rn 5).

Notwendige Anmeldungsunterlagen sind gem. Abs. 1 S. 2 neben dem Anmeldeantrag die (ggf notarielle, vgl § 130 Abs. 1 S. 1, 3) Niederschrift des Übertragungsbeschlusses und seine Anlagen, wozu die Belege gem. § 130 Abs. 3[8] und uE die in § 327 c Abs. 3 genannten Unterlagen zählen.[9] UE sind die Niederschrift und ihre Anlagen analog § 319 Abs. 4 S. 2 in Ausfertigung oder öffentlich beglaubigter Abschrift vorzulegen.[10] Das Registergericht hat die Voraussetzungen des Minderheitsausschlusses umfassend formell und materiell zu überprüfen,[11] insbesondere das Vorliegen der Hauptaktionärseigenschaft z Zt des Verlangens und der Beschlussfassung der HV (vgl § 327 a Rn 3) und eines Verlangens gem. § 327 a Abs. 1 S. 1, die Gesetzmäßigkeit der Bekanntmachung nach § 327 c Abs. 1, die Einhaltung der Informationspflichten gem. §§ 327 c Abs. 3, 327 d, die Ordnungsmäßigkeit des Abfindungsangebots und das Vorliegen einer Negativerklärung. Zuständig für die Prüfung ist gem. § 17 Nr. 1 c RPflG analog zur Eingliederung und Umwandlung der

---

1 *Hüffer*, Rn 1; *Emmerich/Habersack*, Rn 1; KölnKomm-AktG/*Koppensteiner*, Rn 2; Großkomm-AktienR/*Fleischer*, Rn 1.
2 *Vetter*, AG 2002, 176, 189 hält die Handelsregistereintragung hingegen für systemwidrig, da der einzutragende Beschluss nicht die satzungsgemäßen Grundlagen der Gesellschaft beträfe. Dagegen betrachtet *Emmerich/Habersack*, Rn 1, die Eintragung mit Recht als rechtspolitisch geboten.
3 *Grigoleit/Rieder*, Rn 4; vgl aber *Lutter/Bork*, § 16 UmwG Rn 12, wonach das Gericht den Antrag nicht als unzulässig zurückzuweisen darf, sondern nach § 127 FamFG auszusetzen und aufzufordern hat; so wohl auch MüKo-AktG/*Grunewald*, § 319 Rn 36.
4 KölnKomm-AktG/*Koppensteiner*, Rn 3; *Emmerich/Habersack*, Rn 2; Großkomm-AktienR/*Fleischer*, Rn 4; *Hüffer*, Rn 2; K. Schmidt/Lutter/*Schnorbus*, Rn 2; aA MüKo-AktG/*Grunewald*, Rn 3.
5 BGH NJW 2007, 224 = ZIP 2006, 2312 Rn 16 f (dort auch zur Amtshaftung bei verfrühter Eintragung).
6 Einschließlich des Hauptaktionärs und ihn nach §§ 15 Abs. 4, 327 a Abs. 2 zugerechneter Aktionäre so *Grigoleit/Rieder*,

Rn 12; *Bürgers/Körber/Holzborn/Müller*, Rn 4; aA Spindler/Stilz/*Singhof*, Rn 5.
7 *Lutter/Bork*, § 16 UmwG Rn 11; vgl OLG Hamm DB 2006, 36 f.
8 Großkomm-AktienR/*Fleischer*, Rn 3.
9 Ebenso: *Grzimek* in: Geibel/Süßmann, Rn 3; ähnlich *Emmerich/Habersack*, Rn 3; K. Schmidt/Lutter/*Schnorbus*, Rn 4; MüKo-AktG/*Grunewald*, Rn 2 (die in § 327 c Abs. 3 genannten Jahresabschlüsse und Lageberichte seien nicht einzureichen). KölnKomm-WpÜG/*Hasselbach*, Rn 3 und Großkomm-AktienR/*Fleischer*, Rn 3 vertreten sogar eine Beschränkung auf die in § 130 Abs. 3 S. 1 genannten Belege – was dem Registerrichter uE eine pflichtgemäße Prüfung unmöglich machen würde.
10 Ebenso: *Hüffer*, Rn 2; *Emmerich/Habersack*, Rn 3; Großkomm-AktienR/*Fleischer*, Rn 3.
11 MüKo-AktG/*Grunewald*, Rn 4; *Emmerich/Habersack*, Rn 4; *Krieger*, BB 2002, 53, 58; *Hüffer*, Rn 2; Spindler/Stilz/*Singhof*, Rn 4; aA unzutreffend: *Sieger/Hasselbach*, ZGR 2002, 120, 138, wonach das Gericht nicht das Vorliegen einer 95 %igen Beteiligung zum Zeitpunkt der Eintragung zu überprüfen hat.

Richter, nicht der Rechtspfleger. Das Gericht prüft nicht die Angemessenheit der angebotenen Barabfindung gem. § 327 b Abs. 2, da deren Überprüfung gem. § 327 f. Abs. 1 S. 2 allein im Spruchverfahren durchzuführen ist.[12]

4 II. Negativerklärung, Registersperre Anfechtungsklage (Abs. 2). Als weitere Eintragungsvoraussetzung hat der Vorstand gem. §§ 327 e Abs. 2, 319 Abs. 5 S. 1 bei der Anmeldung eine **Negativerklärung** abzugeben, dass eine Klage gegen die Wirksamkeit des Übertragungsbeschlusses nicht oder nicht fristgemäß erhoben oder eine solche Klage rechtskräftig abgewiesen oder zurückgenommen worden ist. Zur fristgemäßen Klageerhebung vgl § 246 Rn 22 ff, zur Klageabweisung, vgl § 248 Rn 15. Das Fehlen der Negativerklärung bewirkt eine **Registersperre**, §§ 327 e Abs. 2, 319 Abs. 5 S. 2.[13] Ohne eine (wirksame, vgl Rn 2) Negativerklärung darf der Übertragungsbeschluss gem. §§ 327 e Abs. 2, 319 Abs. 5 S. 2 nur eingetragen werden, wenn die **klageberechtigten Aktionäre**[14] notariell auf die Klage gegen die Wirksamkeit des Beschlusses **verzichten**. Differenzierte Regelungen gelten bei einem Squeeze-out aufgrund eines Verlangens des Finanzmarktstabilisierungsfonds.[15]

5 Teilweise wird vertreten, dass eine zu Unrecht vorgenommene Eintragung keiner **Amtslöschung** § 395 FamFG unterliegt.[16] UE können jedoch die Minderheitsaktionäre ein **Amtslöschungsverfahren** nach § 398 FamFG einleiten, wenn der Squeeze-out-Beschluss schwere inhaltliche Mängel aufweist oder trotz Erhebung einer Anfechtungsklage unter Missachtung der Registersperre nach §§ 327 e Abs. 2, 319 Abs. 5 S. 2 eingetragen wurde.[17] Das BVerfG hält es für naheliegend, entsprechend der Judikatur des RG[18] § 142 FGG aF (jetzt: § 395 FamFG) bei einer „wegen Mangels einer wesentlichen Voraussetzung unzulässigen Eintragung" anzuwenden.[19] (vgl zum Fortbestand der Klagebefugnis § 245 Rn 6). Zuständig für Amtslöschung ist nach FGG-Novelle nur noch das registerführende Amtsgericht (§§ 398, 395 Abs. 1 FamFG). Dies ist uE geboten, wenn das Registergericht aufgrund einer Negativerklärung nur deshalb einträgt, weil das Landgericht die Zustellung der Anfechtungsklage verschleppt und das Registergericht Hinweisen auf eine fristgerechte Klageerhebung trotz Amtsermittlungspflicht nicht nachgekommen ist.[20]

5a Anfechtungsbefugnis gegen den Squeeze-out-Beschluss besteht trotz rechtswidrig verfrühter Eintragung fort (vgl § 245 Rn 6).

6 Amtslöschung nach § 398 FamFG ist möglich bei inhaltlicher Nichtigkeit des Übertragungsbeschlusses oder, wenn die Löschung im öffentlichen Interesse liegt. Gegen die Entscheidung ist die Beschwerde zum Landgericht, bzw wenn das Amtslöschungsverfahren beim Landgericht eingeleitet wurde, zum Oberlandesgericht eröffnet (§ 397 iVm § 395 Abs. 3 iVm § 393 Abs. 3 S. 2 FamFG).[21] Ein Vorstand, der zu Unrecht eine Negativerklärung abgibt, und das Bundesland, dessen Registerrichter zu Unrecht ohne Negativerklärung oder vor der Möglichkeit zu deren Abgabe, (dh vor Ablauf der Anfechtungsfrist) den Squeeze-out einträgt, machen sich **schadensersatzpflichtig.**[22]

---

12 MüKo-AktG/*Grunewald*, Rn 4; *Emmerich/Habersack*, Rn 4; K. Schmidt/Lutter/*Schnorbus*, Rn 3.

13 Vgl *Hüffer*, § 319 Rn 15; *Emmerich/Habersack*, Rn 5.

14 Entgegen der in den Vorauflagen ohne Begründung vertretenen Auffassung genügt nicht eine Erklärung der Minderheitsaktionäre, da es zB nahe liegt, dass ein Aktionär, dessen Aktien zu Unrecht dem Hauptaktionär nach § 16 Abs. 4 zugerechnet werden, klageberechtigt ist; schon aus dem Wortlaut des gesetzlichen Verweises von § 327 e Abs. 2 auf § 319 Abs. 5 S. 2 folgt, dass nur „die klageberechtigten Aktionäre" Verzichtserklärungen abgeben müssen, nicht aber die gem. § 245 Nr. 4 und 5 Anfechtungsberechtigten; im Erg. wie hier Großkomm-AktienR/*Fleischer*, Rn 13; KölnKomm-AktG/*Koppensteiner*, Rn 4; aA Geibel/Süßmann/*Grzimek*, Rn 8; *Schüppen/Tretter*, in: Haarmann/Schüppen, WpÜG, § 327 e Rn 5.

15 Statt § 327 e Abs. 2 iVm § 319 Abs. 5 und 6 gelten die Vorschriften von § 7 c S. 2 bis 4 FMStBG, vgl § 12 Abs. 4 S. 3 FMStBG; der Übertragungsbeschluss ist unverzüglich ins Handelsregister einzutragen, wenn er nicht offensichtlich nichtig ist (§ 7 c S. 2 FMStBG). Klagen und Anträge auf Erlass einstweiliger Anordnungen haben gemäß § 7 c S. 3 FMStBG keine aufschiebende Wirkung. Allerdings hat die Eintragung des Squeeze-out nach § 7 c S. 2 FMStBG keine Bestandskraft. Abweichend von § 327 e Abs. 2 iVm § 319 Abs. 6 S. 11 ist der Finanzmarktstabilisierungsfonds gemäß § 12 Abs. 4 S. 4 FMStBG verpflichtet, bei begründeter Klage gegen den Squeeze-out seine Aktien Zug um Zug gegen Erstattung einer gezahlten Barabfindung zurück zu übertragen.

16 Zu § 16 Abs. 2 UmwG OLG Hamburg NZG 2003, 981; OLG Hamm ZIP 2001, 569, 571 = DB 2001, 85; OLG Karlsruhe FGPrax 2001, 161, 162 = DB 2001, 1483; mit Recht kritisch *Meilicke*, DB 2001, 1235.

17 So jetzt auch *Hüffer*, Rn 3; aA noch OLG Düsseldorf DB 2004, 1877 = NZG 2004, 824 = AG 2004, 676; vgl auch *Goette* in: FS Schmidt, 2009, 469, 471; OLG Köln NZG 2003, 75; K. Schmidt/Lutter/*Schnorbus*, Rn 35; *Emmerich/Habersack*, Rn 8, wonach zwar bei inhaltlicher Nichtigkeit, nicht aber bereits bei Verstoß gegen die Registersperre Amtslöschung möglich sei.

18 RGZ 85, 205.

19 BVerfG 1. Senat, 3. Kammer, WM 2010, 170 = AG 2010, 160 = ZIP 2010, 571.

20 So geschehen im Fall OLG Köln ZIP 2010, 584 = AG 2010, 298 (das OLG Köln gelangte zu dem untragbaren Ergebnis einer aufgrund der zwischenzeitlichen Registereintragung fehlenden Aktivlegitimation des Anfechtungsklägers); dagegen BGHZ 189, 32 = ZIP 2011, 1055 Rn 5 u.a. unter Verweis auf die in diesem Kommentar von Anfang an vertretene Auffassung, vgl § 246 Rn 6.

21 OLG Düsseldorf DB 2004, 1877 = NZG 2004, 824 = AG 2004, 676; vgl auch OLG München DB 2005, 767 = GmbHR 2005, 476.

22 Zur Amtshaftung aufgrund eines Verstoßes gegen § 16 Abs. 2 UmwG OLG Hamm DB 2006, 36 ff; vgl allg. zur Amtshaftung wegen fehlerhafter Registereintragungen RGZ 131, 12 ff; BGHZ 84, 285 ff; vgl auch BGHZ 124, 100, 103 ff.

III. Freigabeverfahren (Abs. 2, § 319 Abs. 6). Ist eine Anfechtungs- bzw Nichtigkeitsklage gegen den Übertragungsbeschluss erhoben, darf das Registergericht nur eintragen, wenn das OLG auf Antrag rechtskräftig festgestellt hat, dass die Klageerhebung der Eintragung des Beschlusses nicht entgegensteht. Ein solcher **Freigabebeschluss** steht gem. §§ 327e Abs. 2, 319 Abs. 6 S. 1 AktG der Negativerklärung gleich. Das ARUG[23] hat das Freigabeverfahren beim Squeeze-out und der Eingliederung zwar nicht dem Wortlaut nach, aber doch inhaltlich vollständig der Regelung des § 246a angepasst. Daher kann grundsätzlich (vgl aber die folgenden Ausführungen, insb. Rn 9) auf die Kommentierung zu § 246a verwiesen werden. Trotz der Entscheidung durch Beschluss (vgl § 128 Abs. 4 ZPO) darf nach §§ 327e Abs. 2, 319 Abs. 6 S. 4 nur in dringenden Fällen ohne mündliche Verhandlung entschieden werden[24] (vgl zur Parallelvorschrift § 246a Rn 19). **Antragsteller ist die AG** (ganz hM), da es um eine Klage gegen die Wirksamkeit des HV-Beschlusses geht, obwohl das Freigabeverfahren dem Interesse des Hauptaktionärs an der Durchführung des Squeeze-out dient.[25] Daher führt die AG nach der Prüfung, ob die Voraussetzungen des Squeeze-out trotz der Klage gegeben sind, das Verfahren im Innenverhältnis auf Kosten des Hauptaktionärs durch. Die AG soll gem. § 51 Abs. 1 ZPO iVm § 78 Abs. 1 AktG allein durch den Vorstand vertreten werden (vgl § 246a Rn 14);[26] uE ist indes eine Doppelvertretung durch Vorstand und Aufsichtsrat entsprechend § 246 Abs. 2 S. 2 geboten, (vgl bis zur 3. Aufl. § 246a Rn 7 sowie § 327e Rn 7). Der Hauptaktionär darf der AG keine Weisungen für Verfahren erteilen. **Antragsgegner** sind nur die Anfechtungskläger, nicht aber auch die auf deren Seite beigetretenen **Nebenintervenienten**, da das Freigabeverfahren ein von der Anfechtungsklage verschiedener, besonderer Rechtsbehelf ist und die Nebenintervenienten des Anfechtungsprozesses daher keine notwendigen Streitgenossen im Freigabeverfahren sind.[27] (vgl zur Parallelvorschrift § 246a Rn 15). Sie können sich jedoch wie auch alle anderen Minderheitsaktionäre als Nebenintervenienten am Freigabeverfahren beteiligen, sie haben ein rechtliches Interesse am Ausgang des Rechtsstreits iSv § 72 Abs. 1 ZPO.[28] (vgl zur Parallelvorschrift § 246a Rn 15 ff). Zu den Beschlussvoraussetzungen und Verfahrensfragen vgl § 319 Rn 19 ff und § 246a Rn 22 ff, 18 ff.

Der Freigabeantrag kann gem. § 327e Abs. 2 iVm § 319 Abs. 6 S. 3 auf eine Unzulässigkeit bzw offensichtliche Unbegründetheit (§ 319 Abs. 6 S. 3 Nr. 1) der Klage oder auf ein überwiegendes Vollzugsinteresse (§ 319 Abs. 6 S. 3 Nr. 3) gestützt werden; weist der Kläger gem. § 319 Abs. 6 S. 3 Nr. 2 das **Quorum** nicht fristgemäß nach, „ergeht" der Freigabebeschluss (vgl § 246a Rn 31 ff). Vgl zur **Unzulässigkeit** § 319 Rn 21, zur **offensichtlichen Unbegründetheit** § 246a Rn 23 ff.

Bei der gem. § 327e Abs. 2 iVm § 319 Abs. 6 S. 6 zur Überprüfung eines behaupteten **überwiegenden Vollzugsinteresses** (vgl allg. § 246a Rn 52 ff) vorzunehmenden **Interessenabwägung** zwischen den durch die AG darzulegenden wesentlichen Nachteilen und den Nachteilen der Kläger ist auf das **Eintragungsinteresse des Hauptaktionärs** abzustellen.[29] *Kiem* vertrat (vor Inkrafttreten des ARUG) mit gutem Grund, dass die Nachteile des Hauptaktionärs angesichts der Schwere des Eingriffs in die Mitgliedschaftsstellung des Anfechtungsklägers in keinem Fall überwiegen können.[30] Angesichts des drohenden vollständigen Verlusts der Mitgliedschaftsrechte des Minderheitsaktionärs haben die Gerichte bei der Interessenabwägung uE die größte Zurückhaltung an den Tag zu legen, wie dies im Übrigen zB auch bei Fällen des Going Private durch Formwechsel der Fall ist.[31] Obgleich § 327e Abs. 2 auf die sinngemäße Geltung des § 319 Abs. 6 verweist, der seit der ARUG-Reform mit § 246a gleichgeschaltet ist und nach Vorstellung des ARUG-Gesetzgebers wie jene Vorschriften ausgelegt werden soll,[32] kann die Rechtsprechung zu diesen Normen[33] nicht unbese-

---

23 Art. 1 Nr. 45 b BGBl. I 2009 S. 2449.
24 OLG München ZIP 2004, 237, 238 = AG 2004, 217 = DB 2004, 972; OLG Düsseldorf AG 2005, 654, 655 = WM 2005, 1948 = Der Konzern 2005, 747; aA OLG Frankfurt aM ZIP 2003, 1654, 1655; OLG Stuttgart AG 2005, 662, 663 = DB 2005, 2235 jeweils für die Beschwerdeinstanz; differenzierend *Merkner*, EWiR 2004, 685 f.
25 So auch *Emmerich/Habersack*, Rn 6; MüKo-AktG/*Grunewald*, Rn 6; *Hüffer*, Rn 3; KölnKomm-WpÜG/*Hasselbach*, Rn 6; Spindler/Stilz/*Singhof*, Rn 6; K. Schmidt/Lutter/*Schnorbus*, Rn 8; *Vetter*, AG 2002, 171, 189 f; *Keul*, ZIP 2003, 566; kritisch: *Krieger*, BB 2002, 53, 60; *Kiem*, RWS 20, 329, 344 ff; aA *Grzimek* in: Geibel/Süßmann, Rn 12; KölnKomm-AktG/*Koppensteiner*, Rn 5.
26 OLG Hamm AG 2005, 773 = DB 2005, 1263 = ZIP 2005, 1457; OLG Düsseldorf NZG 2004, 328 f; K. Schmidt/Lutter/*Schnorbus*, Rn 9.
27 OLG Düsseldorf AG 2005, 654 = WM 2005, 1948; OLG Stuttgart AG 2005, 662, 663; vgl auch die BegrRegE, BT-Drucks. 12/6699, S. 89 f zur Unabhängigkeit des Freigabeverfahrens.
28 Vgl OLG Stuttgart AG 2005, 662, 663, das sich mit Recht für ein rechtliches Interesse aller Minderheitsaktionäre ausspricht; offen gelassen von OLG Düsseldorf AG 2005, 654, 655 = WM 2005, 1948; aA *Neumann*, EWiR 2005, 847, 848.
29 BegrRegE, BT-Drucks. 14/7034, S. 73; MüKo-AktG/*Grunewald*, Rn 7; Spindler/Stilz/*Singhof*, Rn 7; KölnKomm-WpÜG/*Hasselbach*, Rn 10; *Hüffer*, Rn 3, bezweifelt mangels gesetzgeberischer Klarstellung, dass es bei der Abwägung allein auf die dem Hauptaktionär drohenden Nachteile ankommt.
30 *Kiem*, RWS 20, 329, 345 f; ähnlich: *Steinmeyer/Häger*, 1. Aufl., Rn 21; *Gesmann-Nuissl*, WM 2002, 1205, 1211.
31 So auch *Emmerich/Habersack*, Rn 7; *Kuhn*, Der Syndikus, März/April 2002, 28, 30; zum Formwechsel *Kiem*, RWS 20, 329, 346; ders., RWS 10, 105, 1118 ff.
32 RegBegr. BT-Drucks. 16/11642, S. 41, 43; Beschlussempfehlung und Bericht des Rechtsausschusses BT-Drucks. 16/13098, S. 92.
33 Vgl grundlegend (vor Inkrafttreten der Vorschrift) BGHZ 112, 9, 23 ff = NJW 1990, 2747 (Hypothekenbank-Schwestern); vgl iE die Nachweise bei § 319 Rn 26.

hen auf den Squeeze-out übertragen werden. Denn dieser führt zum völligen Ausschluss des Mitgliedschaftsrechts, während bei der Eingliederung eine Mitgliedschaft mutatis mutandis erhalten bleibt. Es soll im Rahmen der Interessenabwägung von Bedeutung sein können, wenn der Hauptaktionär den Minderheitsausschluss als Teil einer Umwandlung oder einer sonstigen umfassenden dringenden Umstrukturierung betreibt[34] – uE nur dann, wenn dies zur Existenzsicherung der Gesellschaft notwendig ist. Eine bloße Kostenersparnis insbesondere aufgrund der künftig nicht mehr erforderlichen kostspieligere Hauptversammlungen vermag den Anteilsverlust der Minderheitsaktionäre keinesfalls aufzuwiegen.[35] Denn der Gesetzgeber war sich bei Schaffung der §§ 327 a ff einerseits der regelmäßig mit dem Squeeze-out einhergehenden Einsprungspotentiale und andererseits der verfassungsrechtlichen Sensibilität des mit jedem Squeeze-out verbundenen Grundrechtseingriffs[36] (vgl vor § 327 a Rn 7 ff) bewusst und hat sich für eine Registersperrwirkung von Anfechtungsklagen und damit für ein grundsätzlich überwiegendes Aussetzungsinteresse der Minderheitsaktionäre entschieden. Demgemäß hat das OLG Saarbrücken mit Recht entschieden, dass das typische Interesse der AG bzw ihres Hauptaktionärs am Ausschluss der Minderheitsaktionäre für sich allein genommen nicht ausreicht, vorrangiges Eintragungsinteresse zu rechtfertigen; erforderlich sei vielmehr, dass das Wirksamwerden des Beschlusses deshalb in erheblichem Maße eilbedürftig sei, weil weiterer Aufschub mit besonderen, atypischen Nachteilen für AG bzw Hauptaktionär verbunden wäre.[37] Da die Interessenabwägung uE somit kaum einmal zugunsten des Mehrheitsaktionärs ausgehen wird,[38] empfiehlt *Krieger* (vor den UMAG- und ARUG-Novellen) den Hauptaktionären, offensichtliche Unbegründetheit der Klage darzulegen zu versuchen.[39]

10 Vgl zu **Verfahrensfragen** § 319 Rn 19 ff und § 246 a Rn 18 ff.

11 Erweist sich die Klage nach Eintragung aufgrund Freigabebeschlusses als begründet, so besteht eine **Schadensersatzpflicht** gem. § 327 e Abs. 2 iVm dem sinngemäß geltenden § 319 Abs. 6 S. 10 f. Diese trifft nicht nur die Gesellschaft, sondern auch den Hauptaktionär.[40] Wie bei der Eingliederung geht der Schadensersatzanspruch seit der ARUG-Novelle nach § 319 Abs. 6 S. 11 entgegen der vorherigen Rechtslage (vgl 2. Aufl. Rn 11) nicht im Wege der Naturalrestitution auf Beseitigung der Eintragungswirkung, dh insb. nicht mehr auf Rückübereignung der Aktien;[41] die Eintragung des freigegebenen Squeeze-out genießt **Bestandsschutz**.[42] Vgl Rn 5 zum Amtslöschungsverfahren, Rn 12 zu Ersatzansprüchen bei Eintragung ohne Freigabe.

12 **IV. Rechtsfolgen (Abs. 3).** Mit der Eintragung des Übertragungsbeschlusses ist der Minderheitsausschluss vollzogen. Die Eintragung hat **konstitutive Wirkung**.[43] Alle Aktien der Minderheitsaktionäre (auch eigene Aktien der Gesellschaft, vgl § 327 a Rn 19)[44] gehen mit der Handelsregistereintragung gem. Abs. 3 S. 1 kraft Gesetzes (unbelastet, vgl Rn 14)[45] auf den Hauptaktionär über. Daher ist weder eine übertragende Verfügung der Minderheitsaktionäre zugunsten des Hauptaktionärs notwendig noch eine Verfügung zu Ungunsten des Hauptaktionärs möglich.[46] Der Squeeze-out lässt Abfindungsansprüche und Sachbefugnis in **Spruchverfahren aufgrund vorheriger Konzernierungsmaßnahmen** unberührt[47] (vgl Rn 16 f). Eine **Eintragung ohne Freigabebeschluss hat keine Bestandskraft.** Ist der **Übertragungsbeschluss nichtig**, ist streitig, ob die Aktien der nichtig gesqueezten Aktionäre auf den Hauptaktionär übergehen. Das wird zum Teil unter

---

34 BegrRegE, BT-Drucks. 14/7034, 73 = ZIP 2001, 1262, 1296 f; vgl auch LG Regensburg Der Konzern 2004, 811, 817; Spindler/Stilz/*Singhof*, Rn 7.

35 OLG München DB 2005, 2682, 2683 = ZIP 2005, 2259; wohl auch LG Frankfurt aM NZG 2003, 731, 732; LG Saarbrücken NZG 2004, 1012, 1015; ferner: *Emmerich/Habersack*, Rn 7; *Vetter*, AG 2002, 171, 190; *Grunewald*, ZIP 2002, 18, 20; *Kiem*, RWS 20, 329, 346; aA aber RAusschuss BT-Drucks. 16/13098, S. 42.

36 BegrRegE, BT-Drucks. 14/7034, S. 31 f.

37 OLG Zweibrücken AG 2005, 366 = OLGR 2005, 446; LG Saarbrücken NZG 2004, 1012, 1014 = WM 2004, 404; KölnKomm-WpÜG/*Hasselbach*, Rn 11; *Hüffer*, Rn 3 b; *Vetter*, AG 2002, 176, 190; vgl auch RegBegr. BT-Drucks. 14/7034, S. 34.

38 So auch *Emmerich/Habersack*, Rn 7; MüKo-AktG/*Grunewald*, Rn 7; *Fleischer*, ZGR 2002, 757, 787; *Krieger*, BB 2002, 52, 60; *Buchta/Sasse*, DStR 2004, 958, 959.

39 *Krieger*, BB 2002, 52, 60.

40 So auch *Krieger*, BB 2002, 53, 60; *Grzimek* in: Geibel/Süßmann, Rn 20; aA *Emmerich/Habersack*, Rn 6; *Hüffer*, Rn 3 a; KölnKomm-WpÜG/*Hasselbach*, Rn 16; *Angerer*, BKR 2004, 260, 266; *Gesmann-Nuissl*, WM 2002, 1205, 1211; *Goette* in: FS K. Schmidt, 2009, 469, 481 f.

41 *Hüffer*, Rn 3 a; K. Schmidt/Lutter/*Schnorbus*, Rn 19, Spindler/Stilz/*Singhof*, Rn 11; *Petersen/Habbe*, NZG 2010, 1091 f; *Riehmer*, Konzern 2009, 273, 276 f.

42 *Emmerich/Habersack*, Rn 8; nicht aA, sondern offenbar nur Redaktionsversehen bei der Neubearbeitung der 9. Aufl., *Hüffer*, Rn 3 a.

43 BegrRegE, BT-Drucks. 14/7034, S. 73 = ZIP 2001, 1262, 1297; *Hüffer*, Rn 4; Spindler/Stilz/*Singhof*, Rn 8; *Emmerich/Habersack*, Rn 8; aA anscheinend *Ehricke/Roth*, DStR 2001, 1120, 1124: Übertragung auf Grund HV-Beschluss, Eintragung nur deklaratorisch.

44 *Hüffer*, Rn 4; *Emmerich/Habersack*, Rn 9; *Habersack*, ZIP 2001, 1230, 1236; aA Großkomm-AktienR/*Fleischer*, Rn 44; MüKo-AktG/*Grunewald*, Rn 10, KölnKomm-AktG/*Koppensteiner*, Rn 12; K. Schmidt/Lutter/*Schnorbus*, Rn 21, KölnKomm-WpÜG/*Hasselbach*, Rn 20; *Riegger*, DB 2003, 541.

45 Spindler/Stilz/*Singhof*, Rn 8; K. Schmidt/Lutter/*Schnorbus*, Rn 21.

46 *Sieger/Hasselbach*, ZGR 2002, 120, 145.

47 LG München I DB 2004, 476, 479; *Emmerich/Habersack*, Rn 10; *Abel/Weber*, WM 2004, 857, 863 ff; *Bredow/Tribulowsky*, NZG 2002, 841, 844 ff; aA OLG Hamburg ZIP 2003, 2076, 2079.

Berufung auf Gründe der Rechtssicherheit und den Wortlaut von Abs. 3 S. 1 bejaht.[48] Demgegenüber erscheint die Gegenansicht zutreffend: Ein nichtiger Übertragungsbeschluss kann trotz Eintragung und vor einer evtl Heilung (§ 242) keine materiellrechtlichen Auswirkungen haben, die Minderheitsaktionäre bleiben also Aktionäre.[49] Der eingetragene Squeeze-out ist nach erfolgreicher Anfechtungsklage rückgängig zu machen, insbesondere sind die Mitgliedsrechte wieder herzustellen. Mangels ausdrücklicher gesetzlicher Regelung können Wirkungen wie die nach § 20 Abs. 2 UmwG nicht im Wege der Auslegung in das Gesetz hineingelesen werden oder „mit allgemeinen Grundsätzen geholfen werden".[50] Der Gesetzgeber hat durch seine UMAG- und ARUG-Novellen klargestellt, dass er Bestandkraft nur aufgrund Freigabeverfahren möchte; dann darf die Rechtsschutzwirkung einer positiv beschiedenen Klage nicht durch Beschränkungen der Nichtigkeitsfolge relativiert werden. Reicht der Schutz der gesqueezten Aktionäre durch Rückgängigmachung der Übertragung nicht, haben sie wegen Eingriffs in ihre Mitgliedsrechte uE u.a. **Schadensersatzansprüche** auch gegen den Hauptaktionär.[51]

Weitere Rechtsfolge ist der **Anspruch auf angemessene Barabfindung** der Minderheitsaktionäre (vgl zu eigenen Aktien § 327a Rn 19) gem. § 327a Abs. 1 S. 1. Dieser ist zunächst auf die vom Hauptaktionär festgelegte und gem. § 327b Abs. 3 durch ein Kreditinstitut gewährleistete Barabfindung gerichtet, kann aber in einem Spruchverfahren gem. § 327f S. 2 korrigiert werden. Der Barabfindungsanspruch ist ab Bekanntgabe der Eintragung sofort fällig[52] und gem. des § 327b Abs. 2 zu verzinsen (vgl § 327b Rn 11f). Der **Anspruch verjährt nach § 195 BGB** in drei Jahren ab Bekanntmachung der Eintragung,[53] ist aber bis zum rechtskräftigen Abschluss des Spruchverfahrens gehemmt (vgl § 327b Rn 3). Vor dem Übertragungsbeschluss gewährte nicht ausgeübte **Aktienoptionen** sind ab Wirksamwerden des Minderheitsausschlusses auf einen entsprechenden Barabfindungsanspruch gerichtet (vgl § 327a Rn 10 und § 327b Rn 2) – uE auch, wenn Bezugsrechte auf Aktien in Höhe von mehr als 5 % des Grundkapitals ausgegeben sind.[54] Nicht geklärt ist, wie die **Höhe der Abfindung der Optionen** zu berechnen ist.[55] UE ist auf den Wert der Optionen im Zeitpunkt der Beschlussfassung der HV abzustellen. Prozessual müssen die Optionsberechtigten ihre Ansprüche durch normale ZPO-Leistungsklage geltend machen. Abs. 3 gilt analog für Wandelschuldverschreibungen.[56]

Etwaige **Aktienurkunden** der Minderheitsaktionäre bleiben in ihrem Eigentum und sind Zug-um-Zug gegen Zahlung der Barabfindung an den Hauptaktionär auszuhändigen.[57] Gemäß Abs. 3 S. 2 verlieren die Urkunden nicht ihre Eigenschaft als Inhaber- oder Orderpapier, vielmehr verbriefen sie wie im Parallelfall des § 320a S. 2 vorübergehend den Anspruch auf Barabfindung gegen den Hauptaktionär.[58] Ein gutgläubiger Erwerb der Mitgliedschaft ist auch aufgrund der Vorlage von Aktien nicht mehr möglich.[59] Belastungen der gem. Abs. 3 S. 1 übergehenden Aktien wie **Nießbrauch oder Pfandrecht** erlöschen entsprechend § 1287 Abs. 1 BGB, setzen sich aber an der Barabfindung fort.[60] Entsprechend kann gem. § 285 Abs. 1 BGB ein Anspruch auf das stellvertretende commodum gerichtet sein.

Mit dem Squeeze-out soll die **Börsennotierung** nicht automatisch wegfallen; da nach dem Squeeze-out ein Börsenhandel definitionsgemäß nicht mehr stattfinden soll, muss die Zulassungsstelle die Notierung einstellen und die Zulassung zum Aktienhandel widerrufen § 38 Abs. 1, 3 BörsG).[61]

V. Verhältnis des Verlusts der Mitgliedschaft zu Abfindungs- und Ausgleichsansprüchen aus vorherigen Konzernierungsmaßnahmen und anhängigen Anfechtungsklagen. Der Verlust der Mitgliedschaft der Min-

---

48 KölnKomm-WpÜG/*Hasselbach*, Rn 58.
49 Grigoleit/*Rieder*, Rn 22; *Emmerich*/*Habersack*, Rn 8.
50 So aber ohne weitere Erläuterungen *Hüffer*, 9. Aufl., Rn 4, vgl 10. Aufl., Rn 5: Dort wird ähnlich wie bei K. Schmidt/Lutter/*Schnorbus*, Rn 32f; Spindler/Stilz/*Singhof*, Rn 11 und Petersen/Habbe, NZG 2010, 1091, 1092ff die Auffassung vertreten, dass die für fehlerhafte Gesellschaften geltenden Grundsätze entsprechend heranzuziehen seien; nur bei nach § 241 Nr. 3 bestehender Nichtigkeit soll endgültige Vernichtung des Beschlusses angenommen werden. Bei erfolgreicher Anfechtung keine rückwirkende Vernichtung, sondern nur Anspruch der ausgeschiedenen Aktionäre auf Wiederbegründung ihrer Mitgliedschaft gegen den Hauptaktionär.
51 Vgl MüKo-AktG/*Grunewald*, Rn 9; *Emmerich*/*Habersack*, Rn 8; Spindler/Stilz/*Singhof*, Rn 11; K. Schmidt/Lutter/*Schnorbus*, Rn 18ff; *Fleischer*, ZGR 2002, 757, 788; *Krieger*, BB 2002, ZIP 2002, 53, 60; OLG Düsseldorf NZG 2004, 328, 329 = AG 2004, 207 = ZIP 2004, 359 (nach Freigabe entsprechend § 327e, § 319 aF).
52 Ebenso: MüKo-AktG/*Grunewald*, Rn 13; aA *Emmerich*/*Habersack*, Rn 10, § 305 Rn 30; KölnKomm-WpÜG/*Hasselbach*, § 327b Rn 11; *Sieger*/*Hasselbach*, ZGR 2002, 120, 145, erst bei Einreichung der Aktienurkunde.
53 *Sieger*/*Hasselbach*, ZGR 2002, 120, 146f.
54 Stellungnahme des Handelsrechtsausschusses des DAV, NZG 2001, 420, 431; Grigoleit/*Rieder*, Rn 3; *Warchol*, Squeeze-out in Deutschland, Polen und dem übrigen Europa, 2008, S. 191; aA Großkomm-AktienR/*Fleischer*, § 327b, Rn 31, § 327e, Rn 47; *Vossius*, ZIP 2002, 511, 512f; *Wilsing*/*Kruse*, ZIP 2002, 1465, 1467ff; *Emmerich*/*Habersack*, § 327b Rn 7; vgl zur Mehrheitseingliederung BGH WM 1998, 654 = ZIP 1998, 560 = NJW 1998, 2146 = AG 1999, 283 (Siemens/Nixdorf); aA *Baums*, WM 2001, 1843, 1849; *Drüke*/*Schick*, FAZ v. 31.7.2002, S. 17; *Gesmann-Nuissl*, WM 2002, 1205, 1207, die offenbar in dem Fall Anspruch auf Aktien gewähren wollen.
55 Vgl *Wilsing*/*Kruse*, ZIP 2002, 1465, 1470.
56 LG Düsseldorf ZIP 2004, 1755 = NZG 2004, 1168.
57 *Vossius*, ZIP 2002, 511, 512; vgl *Hüffer*, § 320a Rn 3.
58 Spindler/Stilz/*Singhof* Rn 12; K. Schmidt/Lutter/*Schnorbus*, Rn 28; Großkomm-AktienR/*Fleischer*, Rn 49.
59 *Weißhaupt*/*Özdemir*, ZIP 2007, 2110.
60 *Hüffer*, Rn 4; *Habersack*, ZIP 2001, 1230, 1236f.
61 *Weinheimer*/*Fritzsche*, in: Handbuch Going Private, S. 269ff.

derheitsaktionäre durch den Squeeze-out wirft die Frage der Wirkung auf Anspruchsberechtigung und Sachbefugnis in **Spruchverfahren** auf, die vor dem Squeeze-out etwa aufgrund einer Eingliederung oder aufgrund eines Beherrschungs- oder Gewinnabführungsvertrages begonnen haben. Da die durch die vormaligen Konzernierungsmaßnahmen begründeten Ansprüche zum verfassungsrechtlich verbrieften Eigentum der Minderheitsaktionäre gehören, **bleiben die gesqueezten Aktionäre in den bereits anhängigen Verfahren ohne Einschränkungen antragsberechtigt,**[62] und **allen gesqueezten Aktionären stehen die in den jeweiligen** Spruchverfahren festgesetzten **Abfindungsansprüche auch nach dem Squeeze-out zu,** und zwar nach § 305 Abs. 4 S. 3 unabhängig davon, ob sie die Abfindungsoption bereits ausgeübt haben; sie haben das Wahlrecht zwischen der Abfindung aufgrund der vorherigen Konzernierungsmaßnahme und der des Squeeze-out.[63] Die Rechtslage entspricht insoweit der Lage bei Eingliederungen und bei Gewinnabführungs- und Beherrschungsverträgen.[64] Die Abfindungsoption aus einem (vorangegangenen und zwischenzeitlich beendeten) Beherrschungs- und Gewinnabführungsvertrag soll bei der Bemessung der Barabfindung aber weder unmittelbar noch mittelbar Berücksichtigung finden, da weder die Beendigung des Unternehmensvertrages noch der Verlust der Aktionärsstellung infolge des Squeeze-out zum Erlöschen des Abfindungsrechts führt; der Barwert des Ausgleichs soll nicht die Untergrenze der Abfindung sein.[65] Vgl zu weiteren Fragen der Unternehmensbewertung § 327b Rn 8.

16a **Dividendenansprüche** entfallen ab Wirksamkeit des Squeeze-out. Bis zum Ausscheiden der Minderheitsaktionäre sind ihnen die entstandenen Dividenden auszuzahlen.[66] Angeblich sollen die Minderheitsaktionäre keinen anteiligen Dividendenanspruch für nicht beschlossene Dividenden haben – insb. nicht für die Zeit zwischen Beginn des Geschäftsjahres, in dem die HV den Übertragungsbeschluss fasst, und dessen Wirksamwerden.[67]

16b Unternehmensvertragliche **Ausgleichsansprüche gemäß § 304** entstehen als Abweichen vertraglicher Regelungen erst mit dem Ende der ordentlichen HV der abhängigen Gesellschaft für das vorangegangene Geschäftsjahr; das soll dazu führen, dass den Minderheitsaktionären für das zurückliegende und das laufende Geschäftsjahr keine Ausgleichsansprüche zustehen sollen, wenn der Übertragungsbeschluss vor der ordentlichen HV in das Handelsregister eingetragen wird; denn zu diesem Zeitpunkt hätten die Aktionäre ihre Mitgliedschaft verloren; derartige Erträge seien bereits im Abfindungsanspruch berücksichtigt.[68]

17 Der Squeeze-out hat auf Zulässigkeit und Begründetheit anhängiger **Klagen nach den §§ 241 ff** nach den allgemeinen Grundsätzen[69] nur dann eine Auswirkung, wenn durch den Squeeze-out das Rechtsschutzinteresse wegfällt; ein rechtliches Interesse liegt insbesondere dann weiterhin vor, wenn die Zulässigkeit des Squeeze-out von der Wirksamkeit einer vorangegangenen Strukturmaßnahme abhängt oder ein Klageerfolg Auswirkungen auf die Barabfindungshöhe haben kann (vgl § 245 Rn 6).[70] Da Zweck der Klagen der Aktionäre die abstrakte Rechtswahrung ist und da regelmäßig nicht auszuschließen ist, dass die Nichtigkeit von HV-Beschlüssen Auswirkungen auf die Barabfindung haben kann, wird die Aktivlegitimation für Klagen

---

62 Ebenso LG München I DB 2004, 476, 479; Großkomm-AktienR/*Fleischer*, Rn 55; *Emmerich/Habersack*, Rn 10f; *Abel/Weber*, WM 2004, 857, 863 ff; *Bredow/Tribulowsky*, NZG 2002, 841, 844 ff; aA OLG Hamburg NZG 2003, 978, 980 = ZIP 2003, 2076, 2079.
63 Großkomm-AktienR/*Fleischer*, Rn 54; OLG Düsseldorf ZIP 2006, 2379 = AG 2007, 325; aA OLG Köln AG 2010, 336 = ZIP 2010, 519, dazu mit Recht ablehnend: *Wackerbath*, EWiR 2010, 377 f.
64 Vgl BGHZ 147, 108, 111 = NJW 2001, 2080; OLG Düsseldorf AG 1990, 490 = DB 1990, 1394; OLG Celle DB 1973, 1118; *Meilicke*, AG 1995, 181, 183 ff; *Ammon*, FGPrax 1998, 121, 122 f; *Hüffer*, § 305 Rn 4a, § 320a Rn 2; Spindler/Stilz/*Singhof*, Rn 10; vgl zum Squeeze-out *Schiffer/Roßmeier*, DB 2002, 1359; *Bredow/Tribulowsky*, NZG 2002, 841, 844 f; aA OLG Hamburg NZG 2003, 978, 980 = ZIP 2003, 2076, das die Minderheitsaktionäre allein auf die Barabfindung nach § 327a verweisen will.
65 *Großfeld*, Recht der Unternehmensbewertung, S. 55, Rn 170 ff; OLG München Der Konzern 2007, 365 = ZIP 2007, 375; OLG Düsseldorf Der Konzern 2010, 73; OLG Düsseldorf ZIP 2006, 3279 = AG 2007, 325; *Popp*, Wpg 2006, 436; *Vossius*, ZIP 2002, 511. AA LG Frankfurt aM Der Konzern 2006, 223 = AG 2006, 757; *Tebben*, AG 2003, 600, 606; KG NZG 2003, 645, 645.
66 *Schüppen/Tretter*, in: Haarmann/Schüppen, WpÜG, § 327b Rn 20.
67 BGHZ 189, 261 = ZIP 2011, 1097; Nichtannahme durch BVerfG ZIP 2013, 260 = AG 2013, 255; dagegen mit Recht kritisch *Luttermann*, EWiR 2013, 165.
68 BGHZ 189, 261 = BGH NJW-RR 2011, 1119, 1120 ff; OLG Frankfurt AG 2010, 368, 375 f = DB 2009, 2200; OLG Hamm NZG 2010, 1108, 1109 = AG 2010, 787; OLG Köln AG 2010, 336, 337 f = ZIP 2010, 336; dazu kritisch *Meilicke*, AG 2010, 561 ff.
69 Vgl BGHZ 43, 261, 266 f = NJW 1965, 1378 zur GmbH; OLG Schleswig EWiR 2002, 1031 zur AG; *Hüffer*, § 245 Rn 8; *Emmerich/Habersack*, Rn 10.
70 *Hüffer*, § 245 Rn 8; Großkomm-AktG/*K. Schmidt*, § 245 Rn 17; *Emmerich/Habersack*, Rn 10; *Heise/Dreier*, BB 2004, 1126, 1128 ff; BGHZ 169, 221 = AG 2006, 931 = NZG 2007, 26 = WM 2006, 2216 Rn 19; aA Vorinstanz OLG Koblenz DB 2005, 878 = ZIP 2005, 714 und erstinstanzlich LG Mainz DB 2004, 807 = BB 2004, 1132 = NZG 2004, 1118; *Bungert*, BB 2005, 1345 ff; *Buchta/Ott*, DB 2005, 990, 993, wonach die Klagebefugnis von Minderheitsaktionären für eine bereits anhängige Anfechtungsklage durch den Vollzug des Squeeze-out entfalle.

regelmäßig nicht entfallen.[71] Auch kann die Anfechtungsbefugnis für eine Anfechtungsklage gegen einen nach dem Übertragungsbeschluss gefassten HV-Beschluss trotz Handelsregistereintragung bestehen bleiben, zB wenn der Aktionär mit der Anfechtungsklage unabhängig von der in einem Spruchverfahren zu ermittelnden Barabfindung einen Anspruch auf Dividendenzahlung für den Zeitraum zwischen Ergehen und Wirksamwerden des Übertragungsbeschlusses geltend macht.[72]

Abgesehen von den Fällen der verfrühten Eintragung des Squeeze-out (vgl § 245 Rn 6) soll der gesqueezte Aktionär keine Anfechtungsbefugnis mehr für nach seinem Ausscheiden gefasste Beschlüsse haben, auch nicht analog § 265 Abs. 2 ZPO.[73]

§ 327 f Gerichtliche Nachprüfung der Abfindung

¹Die Anfechtung des Übertragungsbeschlusses kann nicht auf § 243 Abs. 2 oder darauf gestützt werden, dass die durch den Hauptaktionär festgelegte Barabfindung nicht angemessen ist. ²Ist die Barabfindung nicht angemessen, so hat das in § 2 des Spruchverfahrensgesetzes bestimmte Gericht auf Antrag die angemessene Barabfindung zu bestimmen. ³Das Gleiche gilt, wenn der Hauptaktionär eine Barabfindung nicht oder nicht ordnungsgemäß angeboten hat und eine hierauf gestützte Anfechtungsklage innerhalb der Anfechtungsfrist nicht erhoben, zurückgenommen oder rechtskräftig abgewiesen worden ist.

Literatur:
Vgl die Angaben vor §§ 327 a ff.

A. Regelungsgegenstand

Die allgemeinen Rechtsschutzmöglichkeiten der Minderheitsaktionäre (vgl §§ 241 ff) modifiziert § 327 f. Danach bestehen grundsätzlich die Möglichkeiten der Nichtigkeits- sowie **Anfechtungsklage** und des **Spruchverfahrens**. S. 1 beschränkt jedoch die Anfechtung: Nur im Spruchverfahren kann eine nicht angemessene Barabfindung angegriffen werden (S. 1 und 2). Sowohl Anfechtungsklage als auch Spruchverfahren sind möglich, wenn der Hauptaktionär die Barabfindung nicht oder nicht ordnungsgemäß angeboten hat. Zulässigkeit und Verfahren des Spruchverfahrens regelt das **SpruchG**.[1] Vor Eintragung des Squeeze-out-Beschlusses in das Handelsregister werden diese Rechtsschutzmöglichkeiten zB ergänzt durch das Antragsrecht des Minderheitsaktionärs nach § 122 Abs. 2, 3 auf Befassung der HV etwa mit der Geltendmachung von Ersatzansprüchen gegen die Organe der AG im Zusammenhang mit dem Squeeze-out, vgl §§ 147 ff; ein solcher Antrag ist auch nach Fassung eines Squeeze-out-Beschlusses nicht rechtsmissbräuchlich.[2] Durch das **UMAG**[3] wurde die Anfechtung des Übertragungsbeschlusses stark eingeschränkt im Hinblick auf abfindungsbezogene Informationsdefizite (vgl Rn 4 f und allg. § 243 Rn 37 a ff).

B. Rechtsschutz

I. Klage gegen den Übertragungsbeschluss (S. 1, 3). Nichtigkeits- und Anfechtungsklage sind nach allgemeinen Grundsätzen möglich; der Streitgegenstand beider Klagen ist identisch[4] (vgl § 246 Rn 20 f). § 327 f S. 1, 3 bestätigen dies mittelbar. Auch zulässig ist eine allgemeine **Unwirksamkeitsklage** (§§ 327 e Abs. 2, 319 Abs. 5 S. 1). Die **Anfechtungsklage** gegen den Übertragungsbeschluss ist (wie im Parallelfall des § 320 b Abs. 2 S. 1) zulässig, was aus § 327 f S. 1, 3 sowie aus §§ 327 e Abs. 2, 319 Abs. 5, 6 folgt. Die Anfechtung des Übertragungsbeschlusses aufgrund des § 243 Abs. 1 wegen Verletzung des Gesetzes oder der Satzung ist grundsätzlich uneingeschränkt möglich. Hingegen kann die Anfechtung weder auf die fehlende Angemessenheit der festgelegten Barabfindung noch auf Sondervorteile gem. § 243 Abs. 2 gestützt werden, wie S. 1 ausdrücklich anordnet. Dieser Ausschluss führt nach der Ansicht des Gesetzgebers nicht zu einer unange-

---

71 Anders kann es ausnahmsweise sein im Falle eines "überholenden Squeeze-out", wie zB die Mannesmann/Vodafone AG 2002 vorhatte: Nach einem offenbar rechtswidrigen ersten Squeeze-out-Beschluss beschließt man dann einige Monate später "vorsorglich" den Ausschluss der Minderheitsaktionäre ein zweites Mal, vgl dazu *Fuhrmann/Simon*, WM 2002, 1211, 1217.
72 OLG Stuttgart ZIP 2006, 27 f.
73 OLG München AG 2010, 673 = ZIP 2010, 725 = NZG 2010, 503 (HVB – Abberufung des Besonderen Vertreters).

1 Gesetz zur Neuordnung des gesellschaftsrechtlichen Spruchverfahrens vom 12. Juni 2003, BGBl. I S. 838, vgl zur Einführung des SpruchG *Meilicke/Heidel*, DB 2003, 2267 ff.
2 LG Frankfurt aM DB 2004, 300 = AG 2004, 218 = NZG 2004, 339.
3 Gesetz zur Unternehmensintegrität und Modernisierung des Anfechtungsrechts (UMAG) vom 22.9.2005, BGBl. I S. 2802; vgl auch BR-Drucks. 454/05; vgl dazu *Meilicke/Heidel*, DB 2004, 1479 ff; zur Übergangsproblematik *Lochner*, ZIP 2006, 135 f; *Neumann/Siebmann*, DB 2006, 435 f.
4 BGH ZIP 2002, 1684; LG Frankfurt aM NZG 2004, 672 = ZIP 2004, 1419.

messenen Beschränkung des Rechtsschutzes der Minderheitsaktionäre, da zur Überprüfung der Barabfindung der speziellere Rechtsbehelf des Spruchverfahrens offen stehe.[5]

3 **1. Anfechtungsgründe.** Auch wenn S. 1 die Unangemessenheit der angebotenen Barabfindung als Anfechtungsgrund ausschließt, kann die Barabfindung, wie S. 3 ausdrücklich bestätigt, dann zum Gegenstand einer Anfechtungsklage werden, wenn (entgegen §§ 327 a Abs. 1, 327 b Abs. 1) gar **keine Barabfindung festgelegt** worden ist **oder** wenn diese **nicht ordnungsgemäß angeboten** wurde.[6] ZB liegt in einer zum Nachteil der Minderheitsaktionäre abweichenden Angabe der Barabfindung in Einladung und Beschluss ein die Anfechtung begründender Bekanntmachungsfehler iSv § 124 Abs. 4 AktG.[7] Vgl allg. zur Bekanntmachung des Squeeze-out § 327 c Rn 2 f. Beschließt die HV, dass von der Barabfindung später zu zahlende Ausgleichs- und Dividendenzahlungen abgezogen werden, ist dieser Beschluss trotz S. 1 anfechtbar; eine solche Reduzierungsklausel kann gem. § 139 BGB zur Unwirksamkeit des gesamten Übertragungsbeschlusses führen[8] (vgl auch § 327 b Rn 4).

4 Zur Anfechtbarkeit führte bis zum UMAG[9] uE generell auch die Verletzung der sich auf die Barabfindung beziehenden **Informationspflichten** insbesondere gem. §§ 327 c Abs. 2, 327 d, 131 Abs. 1, was aber streitig war (vgl 2. Aufl. § 327 f Rn 4).

5 Den Streit hat der Gesetzgeber durch die **UMAG**-Neufassung von § 243 Abs. 4 zulasten der Aktionärsrechte entschieden. Nach § 243 Abs. 4 S. 2 kann eine Anfechtungsklage auf unrichtige, unvollständige oder unzureichende **Informationen in der HV** über die Ermittlung, Höhe oder Angemessenheit der Abfindung nicht mehr gestützt werden; bei Mängeln der Berichte sowie sonstigen Informationen vor der HV oder bei Verweigerung jeglicher bewertungs- oder abfindungsbezogenen Information in der HV bleibt es jedoch bei der Anfechtungsmöglichkeit (vgl § 243 Rn 37 d ff).[10]

6 **Weitere Anfechtungsgründe** sind zB eine mangelhafte Beschlussempfehlung des Aufsichtsrats nach § 124 Abs. 3 S. 1, Abs. 4 wegen Unwirksamkeit des zugrunde liegenden Aufsichtsratsbeschlusses,[11] die fehlende Abstimmungsmehrheit (zB wenn die Aktien des Hauptaktionärs einem Rechtsverlust gem. § 28 WpHG wegen Verstoßes gegen Meldepflichten nach WpHG unterliegen),[12] nicht ordnungsgemäße Auslegung zugänglich zu machender Unterlagen (§§ 327 c Abs. 3, 327 d)[13] oder ein mangelhafter Hauptaktionärs- oder Prüfungsbericht (§ 327 c Abs. 2) – jeweils soweit die Mängel nicht so gravierend sind, dass sie zur Nichtigkeit führen (vgl Rn 7; § 327 c Rn 6 ff; § 241 Rn 4 ff). Hält der Squeeze-out-Prüfer die festgesetzte Barabfindung für unzureichend, führt dies zur Nichtigkeit des Squeeze-out.[14] Die gerichtliche Ermessensentscheidung bei der Auswahl des Prüfers nach § 327 c Abs. 2 S. 3 unterliegt angeblich nicht der Nachprüfung durch Anfechtungsklage;[15] etwas anderes kann nur in Fällen eines offensichtlichen Ermessensfehlgebrauchs gelten, wenn zB der ausgewählte Prüfer erkennbar in langjährigen oder und intensiven Geschäftsbeziehungen zum Hauptaktionär steht (vgl § 327 c Rn 6). Eine materielle Beschlusskontrolle des Übertragungsbeschlusses ist grundsätzlich ausgeschlossen.[16] Denn der Hauptaktionär braucht keine legitimen oder sonstigen Gründe anzuführen, Sondervorteile sind nicht anfechtbar (§§ 327 f S. 1 Alt. 1, 243 Abs. 2); der Squeeze-out ist seiner Natur nach Selbstzweck[17] (vgl § 327 a Rn 13). Dieser Ausschluss der materiellen Beschlusskontrolle ändert aber nichts an der Anfechtbarkeit – bzw uE Nichtigkeit – eines rechtsmissbräuchlichen Squeeze-out (vgl § 327 a Rn 18).[18]

---

5 BegrRegE, BT-Drucks. 14/7034, S. 73 = ZIP 2001, 1262, 1297.
6 *Emmerich/Habersack*, Rn 5; *Hüffer*, Rn 3; Großkomm-AktienR/*Fleischer*, Rn 18; vgl zur Eingliederung BGH AG 1974, 320, 322 f; OLG Celle WM 1972, 1004, 1009; *Hüffer*, § 320 b Rn 8; Spindler/Stilz/*Singhof*, Rn 3; K. Schmidt/Lutter/*Schnorbus*, Rn 7, 8.
7 AA LG Berlin DB 2003, 707 = ZIP 2003, 1352.
8 OLG Hamburg NZG 2003, 539 = DB 2003, 1499 = ZIP 2003, 1344; vgl auch LG Frankfurt aM DB 2004, 2742; *Hüffer*, Rn 3; *Buchta/Ott*, DB 2005, 990, 992.
9 Gesetz zur Unternehmensintegrität und Modernisierung des Anfechtungsrechts (UMAG) vom 22.9.2005, BGBl. I S. 2802, Art. 1; vgl auch BR-Drucks. 454/05; vgl dazu *Meilicke/Heidel*, DB 2004, 1479 ff.
10 So richtig: *Emmerich/Habersack*, Rn 4; Spindler/Stilz/*Singhof*, Rn 3; K. Schmidt/Lutter/*Schnorbus*, Rn 9, 10.
11 Vgl LG Frankfurt aM NZG 2004, 672; aA *Kort*, EWiR 2004, 625 f.
12 LG Mannheim AG 2005, 780, 781; vgl § 28 WpHG Rn 3 ff; auch *Assmann/Schneider*, WpHG, § 28 Rn 28.
13 AA wohl OLG Köln BB 2003, 2307 = AG 2004, 39 = ZIP 2004, 760, wonach inhaltliche Unrichtigkeiten der auszulegenden Dokumente keine Anfechtbarkeit begründen sollen.
14 Ähnlich OLG Bremen ZIP 2003, 460 = EWiR 2013, 231; aA *Hüffer*, Rn 3, wonach es darauf ankommen soll, „ob der Sache nach unangemessene Barabfindung vorliegt, was aber ins Spruchverfahren gehört", ähnlich OLG Hamm AG 2011, 136, 137 = NZG 2011, 148, 149; OLG Karlsruhe AG 2007, 92, 93; *Ott*, DB 2003, 1615, 1616 f.
15 OLG Hamm AG 2005, 773 = DB 2005, 1263 = ZIP 2005, 1457.
16 KG BB 2004, 2774, 2775; OLG Köln BB 2003, 2307 = AG 2004, 39 = ZIP 2004, 760; OLG Düsseldorf ZIP 2004, 359 = NZG 2004, 328; LG Düsseldorf ZIP 2004, 1755 = NZG 2004, 1168; LG Hamburg NZG 2003, 787, 789; MüKo-AktG/*Grunewald*, Rn 2; K. Schmidt/Lutter/*Schnorbus*, Rn 13; *Emmerich/Habersack*, § 327 f Rn 4; *Krieger*, BB 2002, 53, 55, 62; *Vetter*, AG 2002, 176, 186; *ders.*, DB 2001, 743, 744; *Sieger/Hasselbach*, ZGR 2002, 120, 143; *Buchta/Ott*, DB 2005, 990, 992; vgl auch BGHZ 103, 184, 189 f (Linotype) = DB 1988, 593 f zur übertragenden Auflösung.
17 *Hüffer*, Rn 3; vgl auch *Krieger*, BB 2002, 53, 61.
18 Vgl *Grunewald*, ZIP 2002, 18, 21; *Bolte*, DB 2001, 2587, 2589; vgl auch *Habersack*, ZIP 2001, 1230, 1235.

2. Nichtigkeitsgründe. Nichtigkeitsgründe sind die Beschlussfassung über einen Squeeze-out zugunsten eines nur scheinbaren Hauptaktionärs,[19] die Nicht-Bekanntgabe der Absicht des beabsichtigen Squeeze-out bei Abgabe eines Pflichtangebots nach § 35 WpÜG, vgl § 327a Rn 6, oder eine rechtsmissbräuchliche Durchführung eines Squeeze-out.[20] Squeeze-out-Beschluss ohne Vorliegen einer § 327b Abs. 3 entsprechenden Gewährleistungserklärung ist nicht nur anfechtbar, sondern uE gem. § 241 Nr. 3 nichtig[21] (vgl § 327b Rn 14). Nichtig ist uE auch der Squeeze-out, bei der Hauptaktionär eine niedrigere Barabfindung anbietet als durch den Squeeze-out-Prüfer gedeckt (vgl Rn 6 und § 327c Rn 6).

3. Rechtsfolge der Klageerhebung. Anfechtungs-, Nichtigkeits- und Unwirksamkeitsklage bewirken wegen des Erfordernisses der Negativerklärung des Vorstands gem. §§ 327e Abs. 2, 319 Abs. 5 eine **Registersperre** und verhindern bis zu ihrer rechtskräftigen Entscheidung oder Zurücknahme die Vollziehung des Squeeze-out. Die Registersperre entfällt auch bei Freigabebeschluss gem. §§ 327e Abs. 2, 319 Abs. 6 (vgl § 327e Rn 7 ff).

II. Überprüfung der Barabfindungshöhe (S. 2, 3). Gemäß S. 2 kann auf Antrag die festgelegte Barabfindung auf ihre Angemessenheit im **Spruchverfahren** gerichtlich überprüft und ggf neu bestimmt werden.[22] Daneben ist das Spruchverfahren gem. S. 3 auch eröffnet, wenn der Hauptaktionär gar keine Barabfindung oder diese nicht ordnungsgemäß angeboten hat; das Spruchverfahren ist in diesen Fällen jedoch wie bei der Mehrheitseingliederung gem. § 320b Abs. 2 S. 3 **subsidiär** gegenüber der Anfechtungsklage, so dass ein Spruchverfahren erst nach Wegfall der Rechtshängigkeit eines Anfechtungsprozesses eingeleitet werden kann.[23] Ein nicht ordnungsgemäßes Angebot iSv S. 3 liegt etwa vor, wenn ein Hauptaktionär, der selbst AG ist, den Minderheitsaktionären statt einer Barabfindung eigene Aktien anbietet.[24] Im Rahmen des Spruchverfahrens darf zur Bestimmung der angemessenen Abfindung die Einholung eines Sachverständigengutachtens entgegen der Auffassung des LG Hannover[25] nicht durch ein strukturiertes Schätzverfahren nach § 287 Abs. 1 S. 1 Alt. 3 ZPO iVm § 39a Abs. 3 S. 3 und 4 WpÜG analog ersetzt werden. Einer solchen Analogie steht bereits das Fehlen einer planwidrigen Regelungslücke entgegen, da zur Bestimmung der angemessenen Abfindung als Mittelpunkt des Spruchverfahrens[26] u.a. die Einholung des Sachverständigengutachtens gesetzlich vorgesehen ist, §§ 1 Nr. 3, 7 Abs. 6 SpruchG. Eine ordentliche gerichtliche Überprüfung der Angemessenheit der angebotenen Abfindung durch ein Sachverständigengutachten, die nach der Rechtsprechung des BVerfG gerade die Verfassungsmäßigkeit der Zulassung einer „Enteignung" der Minderheit durch den Hauptaktionär rechtfertigt,[27] kann insbesondere nicht aus Kostengesichtspunkten im Interesse des Hauptaktionärs durch eine richterliche Schätzung ersetzt werden, zumal das Gericht selbst nicht über das notwendige Fachwissen verfügt. Auch kommt eine Schätzung analog § 39a Abs. 3 S. 3 und 4 WpÜG nicht in Betracht, da beim übernahmerechtlichen Squeeze-out keine gerichtliche Schätzung der angemessenen Abfindung vorgesehen ist und ohnehin hinsichtlich der Vermutungsregelung des § 39a Abs. 3 S. 3 WpÜG verfassungsmäßige Bedenken bestehen, siehe § 39a WpÜG Rn 39 ff, 55 ff. Entgegen einer jüngeren Tendenz der Rspr[28] führt uE jede **Abweichung der angemessenen von der festgesetzten Abfindung** zu einer Erhöhung zugunsten der Minderheitsaktionäre; auch auf den ersten Blick geringfügige Abweichungen können sich beispielsweise bei hohem Aktienbesitz zu sehr erheblichen Beträgen summieren, so dass der von Verfassungs wegen geschützte Vermögenswert der Aktionäre unbedingten Vorrang genießen muss.

Voraussetzungen und Durchführung des Spruchverfahrens regelt seit 2003 das **SpruchG**[29] (vgl dazu die Kommentierung in Kapitel 10 dieses Buchs).

---

19 So auch OLG München ZIP 2005, 2259, 2260; OLG München AG 2004, 455; *Hüffer*, § 327a Rn 12; KölnKomm-AktG/*Koppensteiner*, § 327a Rn 13; *Emmerich/Habersack*, Rn 3; Spindler/Stilz/*Singhof*, Rn 4 (fehlende notwendige Kapitalbeteiligung); *Mertens*, AG 2002, 377, 383; Großkomm-AktienR/*Fleischer*, Rn 6; *Fleischer*, ZGR 2002, 757, 788; *Baums*, WM 2001, 1843, 1846; aA OLG Düsseldorf NZG 2004, 328, 331; MüKo-AktG/*Grunewald*, § 327a Rn 16.

20 Im Erg. ebenso: OLG München ZIP 2005, 2259, 2260; *Hüffer*, § 327a Rn 12.

21 Für bloße Anfechtbarkeit hingegen OLG Frankfurt aM AG 2005, 657, 658; *Hüffer*, Rn 3, § 327b Rn 7; *Vetter*, AG 2002, 176, 189; *Schüppen*, WPg 2001, 958, 975; K. Schmidt/Lutter/*Schnorbus*, Rn 9; *Gesmann-Nuissl*, WM 2002, 1205, 1208; *Warchol*, Squeeze-out in Deutschland, Polen und dem übrigen Europa, 2008, S. 163 f; zurückhaltender: *Krieger*, BB 2002, 53, 58, der aber zumindest bei Beschlussfassung ohne Gewährleistung Anfechtbarkeit annimmt.

22 Zu der ursprünglich davon abweichenden Regelung, vgl § 327b Rn 8.

23 *Hüffer*, Rn 4, § 320b Rn 9; Großkomm-AktienR/*Fleischer*, Rn 26; *Emmerich/Habersack*, Rn 1, § 320b Rn 19; missverständlich: *Grunewald*, ZIP 2002, 18, 21; Spindler/Stilz/*Singhof*, Rn 3.

24 Vgl *Emmerich/Habersack*, § 320b Rn 19 zum umgekehrten Fall bei der Mehrheitseingliederung; Spindler/Stilz/*Singhof*, Rn 3.

25 AA zu Unrecht LG Hannover ZIP 2010, 585.

26 Vgl *Fritzsche/Dreier/Verfürth*, SpruchG, § 7 Rn 68.

27 BVerfG ZIP 2007, 1261 = BB 2007, 1515 = WM 2007, 1329.

28 OLG Stuttgart AG 2010, 510; OLG Stuttgart AG 2011, 205; dem folgend OLG Karlsruhe AG 2013, 353 bei einer Abweichung von weniger als 1 %.

29 Gesetz zur Neuordnung des gesellschaftsrechtlichen Spruchverfahrens vom 12. Juni 2003, BGBl. I S. 838, vgl zur Einführung des SpruchG *Meilicke/Heidel*, DB 2003, 2267 ff.

11 **Antragsberechtigt** ist gem. § 327 f S. 1 **jeder ausgeschiedene Minderheitsaktionär**.[30] Der Nachweis der Aktionärsstellung hat gem. § 3 S. 3 SpruchG ausschließlich durch Urkunden zu erfolgen, zB durch Vorlage der den Barabfindungsanspruch verbriefenden Aktienurkunden oder durch Depotbescheinigung der Bank.[31] Bei Namensaktien soll Antragsberechtigung Eintragung im Aktienregister voraussetzen.[32] Der Antrag an das nach § 2 Abs. 1 S. 1 SpruchG zuständige **Gericht** (also das Landgericht, in dessen Bezirk die AG/KGaA ihren Sitz hat)[33] richtet sich auf die Bestimmung der angemessenen Barabfindung. **Antragsgegner** ist gem. §§ 5 Nr. 3, 1 Nr. 3 SpruchG allein der Hauptaktionär.[34] (Vgl im Einzelnen die Kommentierung des SpruchG in diesem Buch)

12 Der Antrag ist innerhalb **von drei Monaten nach** dem Tage der **Bekanntmachung der Handelsregistereintragung** des Übertragungsbeschlusses zu stellen, § 4 Abs. 1 Nr. 3 SpruchG; die Frist wird auch durch fristgerechte Einreichung bei einem unzuständigen (Land-)Gericht gewahrt.[35] Vor der Eintragung in das Handelsregister ist ein Antrag auf Bestimmung der angemessenen Barabfindung unzulässig.[36] Die Zustellung des Antrags ist nicht von der Einzahlung eines Kostenvorschusses abhängig.[37] Gegen die Beschwerdeentscheidung der Oberlandesgerichte fand sowohl nach §§ 327 f, 99 Abs. 3 iVm § 306 aF als auch nach § 12 Abs. 2 SpruchG in Abweichung von § 27 FGG aF keine weitere Beschwerde zum Bundesgerichtshof statt,[38] die OLG mussten aber bei Divergenz die Sache dem BGH vorlegen (vgl § 28 Abs. 2 FGG aF). Nunmehr sieht § 70 FamFG eine (zulassungsabhängige) Rechtsbeschwerde vor. Gegen deren Nichtzulassung soll keine Beschwerde zulässig sein[39] (vgl im Einzelnen die Kommentierung des SpruchG in diesem Buch).

13 Die **Gerichtskosten** trägt gem. § 15 Abs. 2 S. 1 SpruchG der Hauptaktionär als Antragsgegner; wenn dies der Billigkeit entspricht, kann das Gericht ihm auch die **außergerichtlichen Kosten der Minderheitsaktionäre** gem. § 15 Abs. 2 S. 2 SpruchG auferlegen.[40] Neben den Gerichtskosten und ggf den außergerichtlichen Kosten hat der Antragsgegner auch die Kosten eines Sachverständigengutachtens zu tragen und ist insofern nach § 15 Abs. 3 S. 1 SpruchG vorschusspflichtig. Auch wenn der Antragsgegner wie im Falle „Edscha" während des Verfahrens masseunzulänglich insolvent wird, rechtfertigt dies nicht – auch nicht nach vor Einführung des SpruchG geltendem Recht – den Antragstellern einen Kostenvorschuss abzuverlangen, da ein effektiver Rechtsschutz im Spruchverfahren nur gewährleistet ist, wenn das Verfahren für Minderheitsaktionäre ohne wesentliches Kostenrisiko durchgeführt werden kann.[41] Vgl im Einzelnen die Kommentierung des SpruchG in Kapitel 10 dieses Buchs). Zur **Verjährung** der vom Spruchgericht bestimmten Barabfindung vgl § 327 b Rn 3.

Fünfter Teil Wechselseitig beteiligte Unternehmen

§ 328 Beschränkung der Rechte

(1) ¹Sind eine Aktiengesellschaft oder Kommanditgesellschaft auf Aktien und ein anderes Unternehmen wechselseitig beteiligte Unternehmen, so können, sobald dem einen Unternehmen das Bestehen der wechselseitigen Beteiligung bekannt geworden ist oder ihm das andere Unternehmen eine Mitteilung nach § 20 Abs. 3 oder § 21 Abs. 1 gemacht hat, Rechte aus den Anteilen, die ihm an dem anderen Unternehmen gehören, nur für höchstens den vierten Teil aller Anteile des anderen Unternehmens ausgeübt werden. ²Dies gilt nicht für das Recht auf neue Aktien bei einer Kapitalerhöhung aus Gesellschaftsmitteln. ³§ 16 Abs. 4 ist anzuwenden.

---

30 Spindler/Stilz/*Singhof*, Rn 5.
31 LG Dortmund ZIP 2005, 216 = DB 2004, 2685; Begründung RegE, BT-Drucks. 15/371, S. 13; *Emmerich/Habersack*, § 3 SpruchG Rn 13; *Hüffer*, Anh. § 305 § 3 SpruchG Rn 7.
32 OLG Hamburg AG 2003, 694 = NZG 2004, 45 = ZIP 2003, 2301; OLG Frankfurt aM AG 2006, 290; AG Frankfurt aM AG 2008, 550 = ZIP 2008, 1036; *Lieder*, NZG 2005, 1059, 1061 ff; zu Recht aA *Dißars*, BB 2004, 1293 ff.
33 Ggf gem. § 2 Abs. 2 SpruchG die Kammer für Handelssachen, ggf das Landgericht, dem für die Bezirke mehrerer Landgerichte die Entscheidung übertragen worden ist, § 2 Abs. 4 SpruchG.
34 So bereits zu § 306 aF: OLG Saarbrücken Der Konzern 2004, 34; *Krieger*, BB 2002, 53, 57; *Vetter*, AG 2002, 176, 190; Großkomm-AktienR/*Fleischer*, Rn 34; ferner *Emmerich/Habersack*, Rn 8; *Hüffer*, Rn 4; Spindler/Stilz/*Singhof*, Rn 6.
35 OLG Karlsruhe ZIP 2004, 2205; OLG Karlsruhe NZG 2005, 84 = AG 2005, 254, die Sache wurde vom BGH aufgrund Vorlage gem. § 28 Abs. 2 S. 1 FGG bestätigt, Beschl. v. 13.3.2006 – II ZB 5/04, n.v., juris; Großkomm-AktienR/*Fleischer*, Rn 36; aA die frühere hM zu § 305 UmwG aF: KG ZIP 2000, 498; Lutter/*Krieger*, UmwG, 2. Auflage, § 305 Rn 11; *Dehmer*, UmwG, 2. Auflage, § 307 Rn 6; Spindler/Stilz/*Drescher*, § 4 SpruchG, Rn 9.
36 LG Berlin BB 2003, 1299 = ZIP 2003, 1300 = DB 2003, 1669; LG Frankfurt aM ZIP 2004, 808 = NZG 2004, 425; LG Dortmund DB 2005, 380 = NZG 2005, 320 = AG 2005, 309; *Emmerich/Habersack*, Rn 7.
37 OLG Saarbrücken NZG 2003, 982 = AG 2004, 217 = NJW-RR 2003, 1684.
38 BGH AG 2004, 610.
39 BT-Drucks. 16/6308, S. 225.
40 Im Einzelnen § 15 SpruchG Rn 13 ff; *Hüffer*, Anh. § 305 § 15 SpruchG Rn 4; zur Rechtslage vor Einführung des SpruchG *Grunewald*, ZIP 2002, 18, 20; *Ehricke/Roth*, DStR 2001, 1120, 1127.
41 OLG Düsseldorf AG 2011, 459 = ZIP 2011, 1567; vgl auch OLG Düsseldorf AG 1998, 525.

(2) Die Beschränkung des Absatzes 1 gilt nicht, wenn das Unternehmen seinerseits dem anderen Unternehmen eine Mitteilung nach § 20 Abs. 3 oder § 21 Abs. 1 gemacht hatte, bevor es von dem anderen Unternehmen eine solche Mitteilung erhalten hat und bevor ihm das Bestehen der wechselseitigen Beteiligung bekannt geworden ist.

(3) In der Hauptversammlung einer börsennotierten Gesellschaft kann ein Unternehmen, dem die wechselseitige Beteiligung gemäß Absatz 1 bekannt ist, sein Stimmrecht zur Wahl von Mitgliedern in den Aufsichtsrat nicht ausüben.

(4) Sind eine Aktiengesellschaft oder Kommanditgesellschaft auf Aktien und ein anderes Unternehmen wechselseitig beteiligte Unternehmen, so haben die Unternehmen einander unverzüglich die Höhe ihrer Beteiligung und jede Änderung schriftlich mitzuteilen.

Vergleiche hierzu im Einzelnen die Kommentierung zu § 19.

Sechster Teil Rechnungslegung im Konzern

§§ 329 bis 393 (aufgehoben)

Viertes Buch Sonder-, Straf- und Schlußvorschriften

Erster Teil Sondervorschriften bei Beteiligung von Gebietskörperschaften

Vor §§ 394, 395

Literatur:
Altmeppen, Zur Rechtsstellung der Aufsichtsratsmitglieder einer kommunalen GmbH, in FS für Uwe H. Schneider, 2011, S. 1; *ders.*, Weisung an kommunale Aufsichtsratsmitglieder, NJW 2011, 3735; *ders.*, Die Einflussrechte der Gemeindeorgane in einer kommunalen GmbH, NJW 2003, 2561; *Fischer*, Das Entsendungs- und Weisungsrecht öffentlich-rechtlicher Körperschaften beim Aufsichtsrat einer Aktiengesellschaft, AG 1982, 85; *Heidel*, Zur Weisungsgebundenheit von Aufsichtsratsmitgliedern bei Beteiligung von Gebietskörperschaften und Alleinaktionären, NZG 2012, 48; *Knapp*, Die Entwicklung des Rechts des Aufsichtsrat im Jahr 2011: Aktuelles für die Praxis aus Gesetzgebung und Rechtsprechung, DStR 2012, 364; *Laier*, Weisungsgebundenheit kommunaler Mitglieder eines fakultativen Aufsichtsrats, GWR 2011, 521; *Lutter/Grunewald*, Öffentliches Haushaltsrecht und privates Gesellschaftsrecht, WM 1984, 385; *Martens*, Privilegiertes Informationsverhalten von Aufsichtsratsmitgliedern einer Gebietskörperschaft nach § 394 AktG, AG 1984, 29; *Noack*, Städte- und Gemeinderat 1995, 379; *Schiffer/Wurzel*, Weisungsrecht des Stadtrats gegenüber seinen Vertretern im Aufsichtsrat eines kommunalen Versorgungsbetriebs, KommJur 2012, 52; *Schön*, Der Einfluss öffentlich-rechtlicher Zielsetzung auf das Statut privatrechtlicher Eigengesellschaften der öffentlichen Hand, ZGR 1996, 429; *Schmidt-Aßmann/Ulmer*, Die Berichterstattung von Aufsichtsratsmitgliedern einer Gebietskörperschaft nach § 394, BB 1988 Beilage 13, 1; *Schmidt*, Der Übergang öffentlicher Aufgabenerfüllung in private Rechtsform, ZGR 1996, 345; *Schwintowski*, Gesellschaftsrechtliche Bindungen für entsandte Aufsichtsratsmitglieder in öffentlichen Unternehmen, NJW 1995, 1316; *ders.*, Verschwiegenheitspflicht für politisch legitimierte Mitglieder des Aufsichtsrats, NJW 1990, 1009; *Spannowsky*, Der Einfluss öffentlich-rechtlicher Zielsetzung auf das Statut privatrechtlicher Eigengesellschaften in öffentlicher Hand, ZGR 1996, 400; *Strobel*, Verschwiegenheitspflicht und Aufsichtspflicht kommunaler Vertreter im Aufsichtsrat öffentlicher Unternehmen, 2002; *dies.*, Weisungsfreiheit und Weisungsgebundenheit kommunaler Vertreter in Eigen- und Beteiligungsgesellschaften?, DVBl 2005, 77; *Thode*, Parlamentskontrolle und Geheimnisschutz bei öffentlichen Unternehmen, AG 1997, 547; *v. Danwitz*, Vom Verwaltungsprivat- zum Verwaltungsgesellschaftsrecht – zur Begründung und Reichweite öffentlich-rechtlicher Ingerenzen in der mittelbaren Kommunalverwaltung, AöR 120 [1995], 595; *Weckerling-Wilhelm/Mirtsching*, Weisungsrechte in kommunalen Gesellschaften mit beschränkter Haftung, NZG 2011, 327; *Will*, Informationszugriff auf AG- Aufsichtsratsmitglieder durch Gemeinden, VerwArch 2003, 248; *Zöllner*, Berichtspflicht beamteter Aufsichtsratsmitglieder auf Grund von § 55 BBG?, AG 1984, 147.

A. Normzweck

Der Bund, die Länder und Gemeinden halten vielfach Beteiligungen an Aktiengesellschaften. Teils hält die öffentliche Hand alle Anteile, teils handelt es sich um sog. gemischt-wirtschaftliche Unternehmen, an denen auch Private beteiligt sind. Insbesondere bei letzteren gilt es, einen Ausgleich zwischen den widerstreitenden Interessen der öffentlichen Hand an weitgehender Information und Prüfung sowie der Gesellschaft an der Geheimhaltung vor allem von Betriebs- oder Geschäftsgeheimnissen zu finden. Die §§ 394, 395 dienen diesem Zweck. Sie stellen Sondervorschriften für die Beteiligung der öffentlichen Hand an Aktiengesellschaften dar. Im Übrigen bleibt es aber auch im Falle der Beteiligung der öffentlichen Hand bei der uneingeschränkten Geltung der allgemeinen Regeln des Aktienrechts.[1] Eine wesentliche Ergänzung erfahren die

---

[1] *Hüffer*, § 394 Rn 2; *Geßler/Kropff*, vor §§ 394, 395 Rn 14.

Sonderrechte der öffentlichen Hand jedoch noch durch die §§ 53, 54 HGrG (Text s. Anhang §§ 394, 395 AktG),[2] die im Falle der Mehrheitsbeteiligung der öffentlichen Hand eine erweiterte Prüfung sowie Unterrichtung der Rechnungsprüfungsbehörde ermöglichen.

Aufsichtsräte sind nach §§ 116, 93 Abs. 1 S. 3 zur Verschwiegenheit über vertrauliche Angaben und Geheimnisse der Gesellschaft verpflichtet. § 394 schränkt diese allgemeine Verschwiegenheitspflicht für Aufsichtsratsmitglieder, die auf Veranlassung einer Gebietskörperschaft entsandt oder gewählt sind, im Interesse einer sachgerechten Berichterstattung an die Gebietskörperschaft ein.[3] Dem haushaltsrechtlichen Informations- und Einflussbedarf wird so Rechnung getragen.[4] Zugleich erweitert § 395 die Verschwiegenheitspflicht auf die Empfänger der betreffenden Berichte. Die Interna der Gesellschaft werden so nicht weiter bekannt als im Interesse der öffentlichen Hand erforderlich ist.[5] §§ 394, 395 bedingen und ergänzen sich also.

B. Kein Vorrang öffentlicher Interessen

Die Beteiligung der öffentlichen Hand wirft zwangsläufig die Frage auf, ob aus der Wahrnehmung öffentlicher Interessen ein Sonderstatus folgt, der zu den ausdrücklich gesetzlich geregelten Sonderrechten der §§ 394, 395 und §§ 53, 54 HGrG hinzutritt. Ein derartiger Sonderstatus im Sinne eines Verwaltungsgesellschaftsrechts[6] ist jedoch abzulehnen.[7] Eine Benachteiligung privater Aktionäre und Gläubiger ist nicht gerechtfertigt und vom Gesetzgeber nicht gewollt,[8] wie bereits aus der ausdrücklichen Bezeichnung des 1. Teils des 4. Buches des AktG als Sondervorschriften bei Beteiligung von Gebietskörperschaften hervorgeht.

In diesem Sinn ist auch die Frage zu beantworten, ob auf Veranlassung einer Gebietskörperschaft bestellte oder gewählte Aufsichtsratsmitglieder an Weisungen der Gebietskörperschaft gebunden sind. Eine **Bindung an Weisungen** ist grundsätzlich abzulehnen.[9] Etwas anderes ergibt sich auch nicht aus der aktuellen Rspr des BVerwG.[10] Das Urteil des BVerwG betrifft die Weisungsgebundenheit von Mitgliedern des fakultativen Aufsichtsrats einer kommunalen GmbH. Das BVerwG hat entschieden, dass sich selbst bei Abbedingung der aktienrechtlichen Vorschriften gem. § 52 Abs. 1 GmbHG und fehlender Regelung mittels Satzung im Rahmen einer ergänzenden Vertragsauslegung im Einzelfall[11] eine Weisungsgebundenheit ermitteln lasse. Dieses Ergebnis ist jedoch nicht auf den Aufsichtsrat einer Aktiengesellschaft übertragbar. Der aktienrechtliche Grundsatz, wonach Aufsichtsratsmitglieder einer Aktiengesellschaft nur dem Unternehmensinteresse verpflichtet sind und keinen Weisungen unterliegen, wird auf § 111 Abs. 5 gestützt und ist damit – im Gegensatz zum fakultativen Aufsichtsrat einer GmbH – normativ verankert.[12] Gegen eine Bindung an Weisungen spricht zudem ein systemischer Vergleich zwischen der AG und der GmbH, wobei festzustellen ist, dass die GmbH – grundlegend anders als die AG – keine echte „Körperschaft" ist, was es ihren Gesellschaftern erlaubt, deren Geschäfte auch gegen die Interessen der Gesellschaft zu leiten.[13] Entgegen anderslautender Literaturstimmen, wonach die Weisungsgebundenheit aus dem Zweck der Berichtspflicht der §§ 394, 395 herzuleiten sei,[14] ist eine Bindung abzulehnen. Insbesondere aufgrund des Wortlauts als äußerster Auslegungsgrenze und Sinn und Zweck der Vorschriften lässt sich hierdurch keine Bindung begründen. Hätte der Gesetzgeber eine Bindung begründen wollen, hätte er eine solche im Rahmen der §§ 394, 395 normiert.[15] Eine derart weite Auslegung ist darüber hinaus nicht geboten, da bspw bereits § 103 Abs. 1 Nr. 3 GemO BW einen „angemessenen Einfluss" in dem Organ verlangt. Gerade die entsprechenden landesrechtlichen Normen entziehen daher wohl auch dem Argument der Einheit der Rechtsordnung[16] unter Verweis auf die Vorschrift des § 65 BHO den Boden. Das Zusammenspiel der Normen stellt den angemessenen Einfluss bereits sicher. Auch ist die in den §§ 116, 93 normierte persönliche Haftung der Aufsichtsräte mit

---

2 *Hüffer*, § 394 Rn 2, 5; *Geßler/Kropff*, vor §§ 394, 395 Rn 14; *Schmidt-Aßmann/Ulmer*, BB 1988, Beilage 13, S. 1, 5 f.
3 *Hüffer*, § 394 Rn 1; *Schmidt-Aßmann/Ulmer*, BB 1988, Beilage 13, S. 1, 6.
4 *Schmidt-Aßmann/Ulmer*, BB 1988, Beilage 13, S. 1, 6; *Martens*, AG 1984, 29, 31.
5 *Hüffer*, § 394 Rn 1; *Schmidt-Aßmann/Ulmer*, BB 1988, Beilage 13, S. 1, 6.
6 *v. Danwitz*, AöR 120 (1995), 595 ff.
7 BGHZ 69, 334, 336.
8 *Hüffer* § 394 Rn 3; *Schön*, ZGR 1996, 429, 431 ff; aA *v. Danwitz*, AöR 120 (1995), 595, 625.
9 BGHZ 36, 296 ff; *Hüffer*, Sächs. OVG, Beschl. v. 3.7.2012 – 4 B 211/12; § 394 Rn 27 ff; *Schmidt-Aßmann/Ulmer*, BB 1988, Beilage 13, S. 1, 4; *Schmidt*, ZGR 1996, 345, 353 ff; *Schön*, ZGR 1996, 429, 448 ff; *Schwintowski*, NJW 1990, 1009,
1013; *ders*, NJW 1995, 1316, 1318; *Strobel*, DVBl 2005, 77 ff; *Will*, VerwArch 2003, 248, 261 f.
10 BVerwG NVwZ 2012, 115 ff. Vorinstanzliches Urteil: OVG Münster ZIP 2009, 1718 ff.
11 Als verallgemeinerungsfähige Aussagen im Hinblick auf kommunale Gesellschafter sehen dies *Schiffer/Wurzel*, Komm-Jur 2012, 52, 53 und *Cranshaw*, jurisPR-InsR 23/2011, Anm. 4.
12 BVerwG NVwZ 2012, 115, 116; vgl BGHZ 169, 98.
13 Näher hierzu *Altmeppen*, in: FS Uwe H. Schneider, 2011, S. 1, 6 ff.
14 So *Heidel*, NZG 2012, 48, 53.
15 Auf kommunalrechtlicher Ebene sieht bspw § 104 Abs. 3 GemO BW nur eine Berücksichtigung der gemeindlichen Interessen vor, eine Bindung an Weisungen ist nicht normiert.
16 *Heidel*, NZG 2012, 48, 54.

einer Weisungsgebundenheit unvereinbar, da der Aufsichtsrat sonst für rechtswidrige oder unternehmensschädigende Weisungen der kommunalen Gebietskörperschaft haften würde. Im Ergebnis ist mit dem BVerwG[17] und zahlreichen Literaturstimmen eine Weisungsgebundenheit von Aufsichtsräten einer kommunalen Aktiengesellschaft abzulehnen.[18] Diese Feststellung muss ohne Einschränkung gelten, wenn die Auswirkungen der Weisung für die Gesellschaft nachteilig wären. Aufsichtsräte haben als Angehörige eines Gesellschaftsorgans „den Belangen der Gesellschaft den Vorzug zu geben und die Interessen der Gesellschaft wahrzunehmen".[19] Das Aufsichtsratsmitglied kann seinen Bindungen im Verhältnis zur öffentlichen Hand daher nur dann entsprechen, wenn und soweit die Weisung das Gesellschaftsinteresse nicht berührt, also Raum für die Berücksichtigung der Interessen der Gebietskörperschaft besteht.[20] Ob diese Voraussetzungen vorliegen, hat das Aufsichtsratsmitglied eigenverantwortlich zu prüfen und zu entscheiden. Die kommunalrechtlichen Regelungen[21] für Vertreter der Gebietskörperschaften im Aufsichtsrat spiegeln dies weitgehend wider. § 104 Abs. 3 GemO BW schreibt etwa ausdrücklich nur eine Berücksichtigung der gemeindlichen Interessen vor, eine Bindung an Weisungen ist nicht normiert.

§ 394 Berichte der Aufsichtsratsmitglieder

[1]Aufsichtsratsmitglieder, die auf Veranlassung einer Gebietskörperschaft in den Aufsichtsrat gewählt oder entsandt worden sind, unterliegen hinsichtlich der Berichte, die sie der Gebietskörperschaft zu erstatten haben, keiner Verschwiegenheitspflicht. [2]Für vertrauliche Angaben und Geheimnisse der Gesellschaft, namentlich Betriebs- oder Geschäftsgeheimnisse, gilt dies nicht, wenn ihre Kenntnis für die Zwecke der Berichte nicht von Bedeutung ist.

A. Adressaten	1	II. Gewährleistung der Geheimhaltung	7
I. Gebietskörperschaft	1	III. Grenzen der Befreiung von der Verschwiegenheitspflicht	9
II. Veranlassung	3		
B. Verpflichtung zur Berichterstattung	5	IV. Weitergabe von Unterlagen	10
C. Umfang und Grenzen der Berichterstattung	6	D. Rechtsfolgen eines Verstoßes	11
I. Vertrauliche Angaben und Geheimnisse	6		

A. Adressaten

I. Gebietskörperschaft. Der Wortlaut verlangt nicht ausdrücklich, dass die Gebietskörperschaft an der AG beteiligt ist. Dies folgt aber bereits aus der Überschrift des ersten Teils.[1] Vor allem aber besteht ein Informationsinteresse der Gebietskörperschaft nur bei einer Beteiligung an der Aktiengesellschaft, ein bloß allgemeinpolitisches Interesse an Informationen kann nicht genügen. 1

§ 394 verlangt keine Mehrheitsbeteiligung.[2] Es genügt also grundsätzlich auch die Minderheitsbeteiligung. § 394 enthält jedoch ein Korrektiv: Nicht jede Minderheitsbeteiligung genügt, denn nur, wenn das Gewicht der Beteiligung so schwer wiegt, um die Wahl oder Entsendung in den Aufsichtsrat zu „veranlassen", ist die Verschwiegenheitspflicht des Aufsichtsratsmitgliedes aufgehoben. Allein dann kann auch aus haushaltsrechtlichen Gründen ein Bedürfnis nach Einwirkung auf die betreffenden Unternehmen und nach Kontrolle ihrer Geschäftstätigkeit bestehen.[3] Der unmittelbaren steht die mittelbare Beteiligung gleich,[4] da vergleichbare haushaltsrechtliche Kontroll- und Einwirkungsbedürfnisse bestehen. 2

II. Veranlassung. § 394 verlangt, dass das Aufsichtsratsmitglied auf Veranlassung der Gebietskörperschaft gewählt oder entsandt wurde. Veranlasst ist die Bestellung (§ 101), wenn die gezielte Einflussnahme der Gebietskörperschaft ursächlich für die erfolgreiche Berücksichtigung des Aufsichtsratsmitglieds geworden 3

---

17 BVerwG NVwZ 2012, 115, 116.
18 *Altmeppen* in: FS Uwe H. Schneider, 2011, S. 1, 6; *ders.*, NJW 2011, 3735, 3738 f; *ders.*, NJW 2003, 2561, 2564; *Laier*, GWR 2011, 521; *Weckerling-Wilhelm/Mirtsching*, NZG 2011, 327, 328; *Knapp*, DStR 2012, 364; *Hüffer*, § 394 Rn 27 ff.
19 BGHZ 36, 296, 306.
20 *Hüffer*, § 394 Rn 27, 31 ff; BGHZ 69, 334, 339; *Schmidt-Aßmann/Ulmer*, BB 1988, Beilage 13, S. 1, 4; *Schmidt*, ZGR 1996, 345, 354; *Schwintowski*, NJW 1990, 1009, 1013 f; *ders*, NJW 1995, 1316, 1318 f; mit Einschränkungen *Schön*, ZGR 1996, 429, 449.
21 BW § 104 Abs. 3 GemO; Bayern Art. 93 GemO; Berlin § 65 Abs. 5 LHO; Brandenburg § 104 GemO; Bremen § 65 Abs. 6 LHO; Hamburg § 65 Abs. 5 LHO; Hessen § 125 HGO; Meck.-Vor. § 71 KV M-V; Nds. § 111 GemO; NRW § 113 GemO; Saarland § 114 KSVG; Sachsen § 97 SächsGemO; Sachsen-Anhalt § 119 GO-LSA; Thüringen § 74 ThürKO; RhlPf. § 88 GemO.

1 *Hüffer*, Rn 33; *Geßler/Kropff*, Rn 9; *Schmidt-Aßmann/Ulmer*, BB 1988 Beilage 13, S. 1, 7.
2 *Geßler/Kropff*, § 394Rn 9; *Hüffer*, Rn 33; aA *Martens*, AG 1984, 29, 36.
3 *Schmidt-Aßmann/Ulmer*, BB 1988, Beilage 13, S. 1, 7.
4 *Hüffer*, Rn 33; *Schmidt-Aßmann/Ulmer*, BB 1988, Beilage 13, S. 1, 7; *Geßler/Kropff*, Rn 13.

ist.[5] Verfügt die Gebietskörperschaft über kein Entsendungsrecht und verfügt sie nicht über die Stimmen- oder Hauptversammlungsmehrheit, ist die Bestellung veranlasst, wenn sie aufgrund von Absprachen mit Mitaktionären erfolgt.[6] Die Veranlassung zu verneinen, falls die Bestellung nicht durch die Beteiligung vermittelt ist, sondern lediglich aus allgemeinen Gründen auf Anregung der Gebietskörperschaft erfolgt,[7] klingt zunächst bestechend. Diese Unterscheidung wird aber in der Praxis an der Unbestimmtheit dieses Merkmals scheitern.[8]

4 Schwieriger ist die Beurteilung bei nur mittelbarer Beteiligung. In diesem Fall genügt es, wenn der Vorstand der unmittelbaren Beteiligungsgesellschaft einer Bitte der Gebietskörperschaft bei der Bestellung entspricht.[9] Ist der Vorstand bei mehrstufiger Beteiligung gemäß § 32 MitbestG an den Beschluss des Aufsichtsrates gebunden, so liegt eine Veranlassung vor, wenn die Gebietskörperschaft eine Beschlussfassung durchsetzt, nach der eine von ihr benannte Person Aufsichtsratsmitglied in der Enkelgesellschaft werden soll.[10]

B. Verpflichtung zur Berichterstattung

5 § 394 verlangt weiter, dass das Aufsichtsratsmitglied zur Berichterstattung verpflichtet ist. Nach allg. Meinung folgt die Berichtpflicht jedoch nicht bereits aus § 394, sondern muss anderweitig begründet sein.[11] Ob diese Berichtpflicht nur durch Gesetz oder auch vertraglich im Rahmen eines Auftragsverhältnisses begründet werden kann, ist umstritten. Überwiegend wird eine **gesetzliche Grundlage** für erforderlich gehalten.[12] Dafür spricht, dass bei der Möglichkeit, die Berichtpflicht durch Vertrag begründen zu können, der Umfang der aktienrechtlichen Verschwiegenheitspflicht zur Disposition der Gebietskörperschaft stünde.[13] Entgegen der Mindermeinung droht beim Erfordernis einer gesetzlichen Grundlage auch kein Leerlauf des § 394, weil es derzeit keine entsprechende Norm gäbe.[14] Zum einen finden sich nunmehr in einer Vielzahl von Bundesländern kommunalwirtschaftsrechtliche[15] Regelungen, die als Rechtsgrundlage für Berichtspflichten der kommunalen Aufsichtsratsmitglieder heranzuziehen sind.[16] Zum anderen liegt mit § 55 BBG und den entsprechenden landesgesetzlichen beamtenrechtlichen Normen eine ausreichende Rechtsgrundlage für die Berichtspflicht der Beamten, die entsendet werden, vor.[17] Denn es entspricht dem Wesen des beamtenrechtlichen Dienstverhältnisses, dass der Beamte seinem Dienstvorgesetzten Bericht über seine Tätigkeit als Aufsichtsratsmitglied erstattet.[18] Einer darüber hinausgehenden gesetzlichen Regelung bedarf es bei Beamten nicht. Ebenso schaffen schließlich kommunalverfassungsrechtliche[19] Regelungen eine Berichtspflicht, die indes nur einen bestimmten Personenkreis wie den Bürgermeister betreffen.[20]

C. Umfang und Grenzen der Berichterstattung

6 **I. Vertrauliche Angaben und Geheimnisse.** Der Begriff der vertraulichen Angaben und Geheimnisse in § 394 lehnt sich an § 93 Abs. 1 S. 2 an. Entscheidend ist ein objektives Interesse der Gesellschaft an der Geheimhaltung.[21] Für die Beurteilung, ob ein derartiges objektives Interesse vorliegt, können Wünsche des Vorstands, ein Mehrheitsbeschluss oder Richtlinien[22] des Aufsichtsrats zur Geheimhaltung zwar wichtige Hinweise geben, die eigenverantwortliche Prüfung, ob ein solches Interesse vorliegt, obliegt aber dem einzelnen Aufsichtsratsmitglied.[23]

---

5 *Hüffer*, Rn 34 f; *Schmidt-Aßmann/Ulmer*, BB 1988, Beilage 13, S. 1, 7; *Strobel*, S. 163; ähnlich *Geßler/Kropff*, Rn 10 ff.
6 *Geßler/Kropff*, Rn 12; *Hüffer*, Rn 34.
7 So aber *Schmidt-Aßmann/Ulmer*, BB 1988, Beilage 13, S. 1, 7; *Martens*, AG 1984, 29, 33.
8 Vgl *Geßler/Kropff*, Rn 11 f.
9 *Hüffer*, Rn 35; *Geßler/Kropff*, Rn 13 f; *Schmidt-Aßmann/Ulmer*, BB 1988, Beilage 13, S. 1, 8; *Strobel*, S. 164.
10 *Hüffer*, Rn 35; *Geßler/Kropff*, Rn 13 f; aA *Martens*, AG 1984, 29, 36 Fn 36.
11 *Hüffer*, Rn 36 *Geßler/Kropff*, Rn 15; *Schmidt-Aßmann/Ulmer*, BB 1988, Beilage 13, S. 1, 8; *Schmidt*, ZGR 1996, 345, 352; *Thode*, AG 1997, 547, 549.
12 *Hüffer*, Rn 37 ff; *Schmidt-Aßmann/Ulmer*, BB 1988, Beilage 13, S. 1, 8; *Martens*, AG 1984, 29, 33; *Zöllner*, AG 1984, 147 ff; *Schwintowski*, NJW 1990, 1009, 1014; *Strobel*, S. 165; *Will*, VerwArch 2003, 252; aA *Geßler/Kropff*, Rn 15 ff.
13 *Martens*, AG 1984, 29, 33; *Schmidt-Aßmann/Ulmer*, BB 1988, Beilage 13, S. 1, 9; *Strobel*, S. 165; *Will*, VerwArch 2003, 253.
14 So aber andeutungsweise KölnKomm-AktG/*Zöllner*, Rn 4 und K. Schmidt/Lutter/*Oetker*, Rn 16.
15 ZB Bay Art 93 II GO, NRW § 113 V GemO, Saarl § 115 I iVm § 114 KSVG, MV § 71 IV S. 1 Kommunalverf., Brandbg § 104 IV S. 1 GemO.
16 *Hüffer*, Rn 39; *Strobel*, S. 108 ff; *Will*, VerwArch 2003, 253 ff.
17 *Martens*, AG 1984, 29, 33; *Geßler/Kropff*, Rn 16, 20 f; *Schmidt-Aßmann/Ulmer*, BB 1988, Beilage 13, S. 1, 20 für gleich lautenden § 58 S. 1 LBG NRW; *Thode*, AG 1997, 547, 549; *v. Danwitz*, AöR 120 (1995), 595, 623; aA *Hüffer*, Rn 41.
18 Vgl *Geßler/Kropff*, Rn 16, 20 f.
19 ZB BW § 24 III GO, NRW § 55 I GemO, RhPf § 33 I GO.
20 *Will*, VerwArch 2003, 253 ff, 261; weiter gehend wohl *Strobel*, S. 108 ff, 209.
21 BGHZ 64, 325, 329; *Geßler/Kropff*, Rn 24; ausführlich dazu auch *Schwintowski*, NJW 1990, 1009, 1011; *Strobel*, S. 104 ff.
22 BGHZ 64, 325, 328.
23 BGHZ 64, 325, 329; *Geßler/Kropff*, Rn 25.

II. Gewährleistung der Geheimhaltung. Der Berichtsadressat bestimmt sich zunächst nach dem Organisationsrecht der Gebietskörperschaft. §§ 394, 395 erfordern jedoch aus aktienrechtlicher Sicht, dass die Geheimhaltung der von § 394 erfassten Informationen innerhalb der Gebietskörperschaft gewährleistet ist.[24] Dies folgt aus der Systematik der §§ 394, 395, da eine Befreiung von der Verschwiegenheitspflicht nur dadurch kompensiert wird, dass die Berichtsempfänger ihrerseits durch § 395 zur Verschwiegenheit verpflichtet werden. Die Gewährleistung der Geheimhaltung bei der Gebietskörperschaft ist daher als ungeschriebenes Tatbestandsmerkmal des § 394 S. 1 anzusehen.[25]

Adressaten der Berichte können daher insbesondere nur Gremien der Gebietskörperschaft sein, deren Zusammensetzung die Geheimhaltung sicherstellt. Die Berichterstattung an das Parlament oder den Gemeinderat ist daher regelmäßig ausgeschlossen.[26]

III. Grenzen der Befreiung von der Verschwiegenheitspflicht. Die Grenzen der Befreiung von der Verschwiegenheitspflicht richten sich nach dem Zweck der Berichterstattung (§ 394 S. 2). Die Gebietskörperschaft soll die für die Beteiligungsverwaltung und die haushaltsrechtliche Prüfung erforderlichen Informationen erhalten.[27] Ob der jeweilige Zweck die Offenlegung des vertraulichen Vorganges rechtfertigt, hat das Aufsichtsratsmitglied im Einzelfall nach pflichtgemäßem Ermessen zu entscheiden.[28]

IV. Weitergabe von Unterlagen. § 394 erwähnt nicht ausdrücklich Unterlagen, die dem Bericht beigefügt sind. Unterlagen können dem Bericht jedoch als Anlage beigefügt und müssen nicht textlich in den Bericht eingearbeitet werden.[29] Eine Ausnahme besteht jedoch für Prüfungsberichte der Abschlussprüfer nach § 321 HGB, einschließlich des Berichts nach § 313 HGB, denn eine Vorlagepflicht dieser Unterlagen setzt nach § 53 Abs. 1 Nr. 3 HGrG (Text: Anhang §§ 394, 395) qualifizierte Beteiligungsverhältnisse voraus.[30] Über die Weitergabe von Unterlagen hat das Aufsichtsratsmitglied nach pflichtgemäßem Ermessen unter Berücksichtigung des Berichtszwecks zu entscheiden.[31]

D. Rechtsfolgen eines Verstoßes

Aufsichtsratsmitglieder, die unter Verstoß gegen § 394 S. 2 berichten, können nach §§ 116, 93 Abs. 2 schadensersatzpflichtig sein. Zudem ist eine Strafbarkeit nach § 404 möglich.[32]

§ 395 Verschwiegenheitspflicht

(1) Personen, die damit betraut sind, die Beteiligungen einer Gebietskörperschaft zu verwalten oder für eine Gebietskörperschaft die Gesellschaft, die Betätigung der Gebietskörperschaft als Aktionär oder die Tätigkeit der auf Veranlassung der Gebietskörperschaft gewählten oder entsandten Aufsichtsratsmitglieder zu prüfen, haben über vertrauliche Angaben und Geheimnisse der Gesellschaft, namentlich Betriebs- oder Geschäftsgeheimnisse, die ihnen aus Berichten nach § 394 bekanntgeworden sind, Stillschweigen zu bewahren; dies gilt nicht für Mitteilungen im dienstlichen Verkehr.

(2) Bei der Veröffentlichung von Prüfungsergebnissen dürfen vertrauliche Angaben und Geheimnisse der Gesellschaft, namentlich Betriebs- oder Geschäftsgeheimnisse, nicht veröffentlicht werden.

A. Adressaten

§ 395 Abs. 1 Hs 1 erstreckt die aktienrechtliche Verschwiegenheitspflicht auf Personen, die mit der Beteiligungsverwaltung, mit der Prüfung der Betätigung der Gebietskörperschaft als Aktionärin oder mit der Prüfung der Tätigkeit der sie repräsentierenden Aufsichtsratsmitglieder betraut sind.[1] Die dienstrechtliche Stellung der betreffenden Personen ist ohne Belang.[2]

---

24 *Hüffer*, Rn 43; *Schmidt-Aßmann/Ulmer*, BB 1988, Beilage 13, S. 1, 9; *Schwintowski*, NJW 1990, 1009, 1014.
25 *Schmidt-Aßmann/Ulmer*, BB 1988, Beilage 13, S. 1, 9.
26 *Hüffer*, Rn 43; *Schmidt-Aßmann/Ulmer*, BB 1988, Beilage 13, S. 1, 9; *Schwintowski*, NJW 1990, 1009, 1014; *Strobel*, S. 209; *Will*, VerwArch 2003, 248, 263.
27 *Hüffer*, Rn 44; *Geßler/Kropff*, Rn 24.
28 *Hüffer*, Rn 44; *Geßler/Kropff*, Rn 25; *Schmidt-Aßmann/Ulmer*, BB 1988, Beilage 13, S. 1, 10.
29 *Hüffer*, Rn 45; *Geßler/Kropff*, Rn 26.
30 *Hüffer*, Rn 45; *Schmidt-Aßmann/Ulmer*, BB 1988, Beilage 13, S. 1, 12; *Martens*, AG 1984, 29, 37 f.
31 *Hüffer*, Rn 45; *Geßler/Kropff*, Rn 25.
32 Vgl *Geßler/Kropff*, Rn 78.
1 *Geßler/Kropff*, Rn 2 ff; *Hüffer*, Rn 2.
2 *Hüffer*, Rn 2; *Geßler/Kropff*, Rn 2.

B. Umfang und Grenzen der Verschwiegenheitspflicht

2 **I. Vertrauliche Angaben und Geheimnisse.** Von der Verschwiegenheitspflicht werden „vertrauliche Angaben und Geheimnisse der Gesellschaft, namentlich Betriebs- und Geschäftsgeheimnisse", erfasst. Das entscheidende Bewertungskriterium ist das objektive Bedürfnis an Geheimhaltung im Interesse des Unternehmens.[3] Der mit einer Mitteilung verbundene Wunsch nach Geheimhaltung, Beschlüsse oder Richtlinien des Aufsichtsrates zur Geheimhaltung können bei der Einzelfallentscheidung über die Vertraulichkeit Hinweise geben.[4] Sie entheben den einzelnen Empfänger jedoch nicht von der eigenverantwortlichen Beurteilung.[5]

3 **II. Kenntnisse aus Unterlagen.** Dem Wortlaut nach gilt die Verschwiegenheitspflicht nur für vertrauliche Angaben und Geheimnisse, die dem Empfänger aus Berichten nach § 394 bekannt geworden sind. Aus dem Geheimhaltungsinteresse der Aktiengesellschaft folgt aber, dass die Pflicht zur Verschwiegenheit sich auch auf vertrauliche Angaben und Geheimnisse erstreckt, die in den dem Bericht beigefügten Unterlagen enthalten sind. Gleiches gilt für Prüfberichte, die außerhalb eines Berichtes nach § 394 der Gebietskörperschaft nach § 53 Abs. 1 Nr. 3 HGrG unmittelbar zugegangen oder durch eine örtliche Prüfung nach § 54 HGrG bekannt geworden sind.[6] In den beiden zuletzt genannten Fällen unterliegen die Empfänger jedoch bereits regelmäßig der dienstlichen Verschwiegenheitspflicht (§ 39 BRRG) oder sind arbeitsrechtlich im Rahmen von Tarifverträgen des öffentlichen Dienstes zur Verschwiegenheit verpflichtet.

4 **III. Mitteilungen im dienstlichen Verkehr.** Der Begriff des dienstlichen Verkehrs ist dem Beamtenrecht entnommen (§ 61 BBG). Erfasst sind behördeninterne Angaben, Auskünfte und Vorlagen an Personen, die ebenfalls unmittelbar mit der Angelegenheit befasst sind und daher der Verschwiegenheitspflicht nach § 395 unterliegen.[7]

5 Abs. 1 Hs 2 umfasst nicht die Weitergabe von Informationen an ein Parlament oder an den Gemeinderat als Plenum.[8]

C. Veröffentlichungsverbot

6 Abs. 2 gibt eine Regelung für die Berichterstattung der Rechnungsprüfbehörden gegenüber den gesetzgebenden Körperschaften vor. Nach § 97 BHO fasst der Bundesrechnungshof etwa das Ergebnis seiner Prüfung in Bemerkungen zusammen. Diese Bemerkungen sind grundsätzlich öffentlich zugänglich. Die öffentliche Zugänglichkeit ist indes mit dem Geheimhaltungsinteresse der Aktiengesellschaft nicht vereinbar. § 395 Abs. 2 trägt dem Rechnung. Die Praxis anonymisiert diese Angaben so, dass Rückschlüsse auf ein konkretes Unternehmen ausgeschlossen sind. Lassen sich Rückschlüsse trotz Anonymisierung aber nicht ausschließen, muss die Veröffentlichung unterbleiben. Es gibt keinen verfassungsrechtlichen Vorrang der Berichtspflicht vor dem Geheimnisschutz.[9]

D. Rechtsfolgen einer Pflichtverletzung

7 Der Bruch der Verschwiegenheitspflicht stellt eine Amtspflichtverletzung dar und kann daher nach § 839 BGB iVm Art. 34 GG zur Haftung der Gebietskörperschaft führen.[10] Der Handelnde setzt sich einer möglichen Bestrafung nach §§ 353b, 203 Abs. 2 StGB aus. Für Beamte sind außerdem disziplinarrechtliche Folgen möglich. Eine Schadensersatzpflicht kann aus § 839 BGB folgen.

Anhang zu §§ 394, 395: Verhältnis Aktienrecht und Haushaltsrecht (§§ 53 und 54 HGrG)

Literatur:
Alsheimer/Jacob/v. Wietzlow, Grundsätze einer Public Corporate Governance für eine erfolgreiche Aufsicht in öffentlichen Unternehmen, WPg 2006, 937; *Banspach/Nowak*, Der Aufsichtsrat der GmbH – unter besonderer Berücksichtigung kommunaler Unternehmen und Konzerne, Der Konzern 2008, 195; *Bierwirth*, Die erweiterte Prüfung und Berichterstattung nach § 53 Haushaltsgrundsätzegesetz (HGrG), in: FS Rainer Ludewig, 1996, S. 123; *Fleischer/Beyer*, Die Auswirkungen des Public Corporate Governance Kodex auf die Prüfung der Ordnungsmäßigkeit der Geschäftsführung nach § 53 HGrG, WPg 2012, 370; *Forster*, Die

---

3 BHGZ 64, 325, 327 für den gleich lautenden § 93 Abs. 1 S. 2; *Hüffer*, Rn 3; *Geßler/Kropff*, Rn 5.
4 BHGZ 64, 325, 327.
5 *Geßler/Kropff*, Rn 5.
6 *Hüffer*, Rn 4; *Geßler/Kropff*, Rn 7; vgl zu §§ 53, 54 HGrG auch Anhang §§ 394, 395.
7 *Hüffer*, Rn 7; *Geßler/Kropff*, Rn 8.
8 *Thode*, AG 1997, 547, 551 ff, der jedoch im Wege der verfassungskonformen Auslegung eine Ausnahme für Untersuchungsausschüsse machen will; vgl auch *Geßler/Kropff*, Rn 10.
9 *Hüffer*, Rn 8; *Geßler/Kropff*, Rn 13.
10 *Geßler/Kropff*, § 395 Rn 14; *Schmidt-Aßmann/Ulmer*, BB 1988, Beilage 13, S. 1, 10; *Hüffer*, Rn 9; *Will*, VerwArch 2003, 248, 264.

durch § 53 des Haushaltsgrundsätzegesetzes erweiterte Abschlussprüfung von privatrechtlichen Unternehmen, in: FS Hans Schäfer, 1975, S. 289; *Geis/Nowak*, Beteiligungsmanagement als Aufgabe der Beteiligungsverwaltung, Der Konzern 2011, 98; *Hartmann/Zwirner*, Abschlussprüfung und Corporate Governance bei Beteiligungsgesellschaften des Bundes – Zugleich: Vorschläge zur Fortentwicklung des Public Corporate Governance Kodex, WPg 2013, 475; *Hauptmann/Rust/Schröder*, Inwiefern kann die erweiterte Abschlussprüfung nach § 53 HGrG den Aufsichtsrat bei seinen Überwachungspflichten nach § 107 Abs. 3 AktG unterstützen?, WPg 2011, 408; *Lohl*, Die staatliche Betätigung bei privatrechtlichen Unternehmen nach der Haushaltsreform, AG 1970, 159; *Lutter/Grunewald*, Öffentliches Haushaltsrecht und privates Gesellschaftsrecht, WM 1984, 385; *Neumann/Scholz*, Verzicht auf die erweiterte Prüfung und Berichterstattung nach § 53 Abs 1 HGrG bei wirtschaftlichen Beteiligungen sächsischer Gemeinden, LKV 2003, 493; *Petersen*, Fragen zur Neuregelung des Prüfungsrechts für den Jahresabschluss von Unternehmen der öffentlichen Hand, WPg 1983, 37; *Rehn/Cronauge/von Lennep*, Gemeindeordnung für das Land Nordrhein-Westfalen, Loseblattsammlung, 2. Auflage; *Will*, Die besonderen Prüfungs- und Unterrichtsrechte der Gemeinden gegenüber ihren Kapitalgesellschaften aus §§ 53, 54 HGrG, DÖV 2002, 319; *Wilting*, Die Neufassung der Hinweise für die Verwaltung von Bundesbeteiligungen und der Berufungsrichtlinien, DÖV 2002, 1013; *Zavelberg*, Die Prüfung der Betätigung des Bundes bei Unternehmen durch den Bundesrechnungshof, in: FS Karl-Heinz Forster, 1992, S. 723.

§ 53 HGrG   Rechte gegenüber privatrechtlichen Unternehmen

(1) Gehört einer Gebietskörperschaft die Mehrheit der Anteile eines Unternehmens in einer Rechtsform des privaten Rechts oder gehört ihr mindestens der vierte Teil der Anteile und steht ihr zusammen mit anderen Gebietskörperschaften die Mehrheit der Anteile zu, so kann sie verlangen, dass das Unternehmen
1. im Rahmen der Abschlussprüfung auch die Ordnungsmäßigkeit der Geschäftsführung prüfen lässt;
2. die Abschlussprüfer beauftragt, in ihrem Bericht auch darzustellen
    a) die Entwicklung der Vermögens- und Ertragslage sowie die Liquidität und Rentabilität der Gesellschaft,
    b) verlustbringende Geschäfte und die Ursachen der Verluste, wenn diese Geschäfte und die Ursachen für die Vermögens- und Ertragslage von Bedeutung waren,
    c) die Ursachen eines in der Gewinn- und Verlustrechnung ausgewiesenen Jahresfehlbetrages;
3. ihr den Prüfungsbericht der Abschlussprüfer und, wenn das Unternehmen einen Konzernabschluss aufzustellen hat, auch den Prüfungsbericht der Konzernabschlussprüfer unverzüglich nach Eingang übersendet.

(2) Für die Anwendung des Absatzes 1 rechnen als Anteile der Gebietskörperschaft auch Anteile, die einem Sondervermögen der Gebietskörperschaft gehören. Als Anteile der Gebietskörperschaft gelten ferner Anteile, die Unternehmen gehören, bei denen die Rechte aus Absatz 1 der Gebietskörperschaft zustehen.

§ 54 HGrG   Unterrichtung der Rechnungsprüfungsbehörde

(1) In den Fällen des § 53 kann in der Satzung (im Gesellschaftsvertrag) mit Dreiviertelmehrheit des vertretenen Kapitals bestimmt werden, dass sich die Rechnungsprüfungsbehörde der Gebietskörperschaft zur Klärung von Fragen, die bei der Prüfung nach § 44 auftreten, unmittelbar unterrichten und zu diesem Zweck den Betrieb, die Bücher und die Schriften des Unternehmens einsehen kann.
(2) Ein vor dem In-Kraft-Treten dieses Gesetzes begründetes Recht der Rechnungsprüfungsbehörde auf unmittelbare Unterrichtung bleibt unberührt.

A. Überblick 1	C. Unmittelbare Unterrichtung der Rechnungsprüfungsbehörde (§ 54 HGrG) 10
B. Erweiterte Abschlussprüfung und Informationsrechte (§ 53 HGrG) 2	I. Überblick 10
I. Regelungsgegenstand und -zweck 2	II. Satzungsänderung 11
II. Voraussetzungen 3	III. Rechtsnatur und Träger des Unterrichtungsrechts 12a
III. Erweiterung der Prüfung im Einzelnen 7	IV. Inhalt des Unterrichtungsrechts 13
1. Ordnungsmäßigkeit der Geschäftsführung (§ 53 Abs. 1 Nr. 1 HGrG) 7	1. Allgemeines 13
2. Sonstige Berichtspunkte (§ 53 Abs. 1 Nr. 2 HGrG) 8	2. Einzelmaßnahmen 15
	3. Grenzen des Unterrichtungsrechts 16
IV. Übersendung der Prüfungsberichte (§ 53 Abs. 1 Nr. 3 HGrG) 9	V. Auswertung der Ergebnisse 17

A. Überblick

Bei der Beteiligung von Gebietskörperschaften an Aktiengesellschaften spielen neben den Sondervorschriften der §§ 394, 395 insbesondere §§ 53 und 54 HGrG sowie §§ 65 bis 69 BHO eine Rolle. §§ 53 und 54 HGrG greifen **unmittelbar** in allgemeine aktienrechtliche Regelungen ein und sind als **Ergänzungen der** 1

§§ 394 und 395 anzusehen.[1] Demgegenüber handelt es sich bei den Vorschriften der §§ 65 bis 69a BHO um **Verwaltungsinnenrecht**, das lediglich die beteiligte Gebietskörperschaft bindet, nicht aber im Außenverhältnis zur Aktiengesellschaft gilt.[2] Die folgenden Ausführungen konzentrieren sich daher auf §§ 53 und 54 HGrG.

B. Erweiterte Abschlussprüfung und Informationsrechte (§ 53 HGrG)

I. Regelungsgegenstand und -zweck. §§ 53 und 54 HGrG gelten einheitlich und unmittelbar für den Bund und die Länder (§ 49 HGrG). Verfassungsrechtliche Basis für die Einbeziehung der Länder bildet Art. 109 Abs. 3 GG. Über die Länder werden auch die kommunalen Gebietskörperschaften erfasst.[3] §§ 53 und 54 HGrG greifen **unmittelbar** in allgemeine aktienrechtliche Regelungen ein und sind als **Ergänzungen der** §§ 394 und 395 anzusehen.[4] Sie sollen durch besondere Kontrolle sicherstellen, dass die Beteiligungen der öffentlichen Hand nach kaufmännischen Gesichtspunkten und zugleich unter Berücksichtigung der besonderen Interessen der öffentlichen Hand verwaltet werden.[5]

II. Voraussetzungen. § 53 HGrG setzt Mehrheitsbesitz an einem Unternehmen, dessen Prüfungspflichtigkeit und ein entsprechendes Verlangen der Gebietskörperschaft voraus.[6] **Mehrheitsbesitz** bedeutet die Mehrheit der **Kapitalanteile**. § 16 Abs. 2 und 4 finden Anwendung. Eine Stimmenmehrheit ist weder erforderlich noch, wie zB denkbar bei Mehrstimmrechten, ausreichend.[7] Verfügt die Gebietskörperschaft zusammen mit anderen Gebietskörperschaften über eine Mehrheit, stehen ihr die Rechte aus § 53 nur dann zu, wenn sie selbst über eine Beteiligung von mindestens 25 % verfügt.

Über § 53 Abs. 2 S. 2 HGrG erfasst die Norm auch **mittelbare Beteiligungen**. Ist eine Gebietskörperschaft mit Mehrheit an einem Unternehmen beteiligt, stehen ihr die Rechte aus § 53 auch an einem Unternehmen zu, an dem das Beteiligungsunternehmen wiederum mit Mehrheit beteiligt ist. Die Gebietskörperschaft ist so zu behandeln, als ob sie direkt an dem Enkelunternehmen beteiligt wäre. Ihr Anspruch richtet sich daher nicht gegen das Tochterunternehmen, sondern direkt gegen das Enkelunternehmen.[8] Entsprechendes gilt, wenn der mittelbaren Beteiligung weitere Stufen zwischengeschaltet sind.

Der Begriff des **Unternehmens** ist rechtsformneutral im Sinne der §§ 15 ff zu verstehen.[9] Es muss sich um ein Unternehmen mit **Sitz im Inland** handeln, weil der deutsche Gesetzgeber einem Auslandsunternehmen mangels hoheitlicher Befugnisse keine erweiterten Prüfungspflichten auferlegen kann.[10] Da § 53 auf eine Erweiterung der Prüfungspflicht abzielt, setzt die Norm eine **Prüfungspflichtigkeit** voraus. Ist die AG davon ausgenommen, zB gemäß § 316 Abs. 1 S. 1 HGB als kleine Kapitalgesellschaft, kann eine für § 53 HGrG ausreichende Prüfungspflicht durch die Satzung begründet werden.[11] Dagegen begründen weder § 53 HGrG noch § 65 Abs. 1 Nr. 4 BHO eine eigenständige Prüfungspflicht.[12]

Als weitere Voraussetzung muss die Gebietskörperschaft die Erweiterung der Abschlussprüfung oder die Übersendung des Prüfungsberichts „verlangen". Das Verlangen erfolgt durch Erklärung des zuständigen Ministers gegenüber den betreffenden Unternehmen (§ 68 Abs. 1 BHO/LHO). Von den Rechten aus § 53 HGrG soll Gebrauch gemacht werden.[13] Der Aufsichtsrat ist verpflichtet, den Prüfungsauftrag entsprechend zu erweitern (§ 318 Abs. 1 S. 4 HGB). Dagegen gestattet § 53 HGrG nicht die Erstellung eines erweiterten Prüfungsberichts durch die Gebietskörperschaft selbst.[14]

---

1 Hüffer, § 394 Rn 5; Lutter/Grunewald, WM 1984, 385, 386 f; Lohl, AG 1970, 159, 162.
2 Allg. Auffassung, vgl Lutter/Grunewald, WM 1984, 385, 386; Müko-AktG/Schürnbrand, Vor §§ 394, 395 Rn 53; Hüffer, § 394 Rn 22.
3 Unstr; vgl Rehn/Cronauge/von Lennep, GO NW, § 112 Anm. I 1; K. Schmidt/Lutter/Oetker, Vor §§ 394, 395 17 Rn mwN.
4 Hüffer, § 394 Rn 5; Lutter/Grunewald, WM 1984, 385, 386 f; Lohl, AG 1970, 159, 162.
5 Lutter/Grunewald, WM 1984, 385, 386 f; Forster, in: FS Schäfer, S. 289, 291 f; vgl dazu § 68 BHO und die Hinweise für die Verwaltung von Bundesbeteiligungen vom 19.10.2001 (Hinweise), GMBl 2001, S. 950 ff einschl. Anlage 3 mit Grundsätzen für die Prüfung von Unternehmen nach § 53 HGrG (Prüfungsgrundsätze); zur Neufassung s. Wilting, DÖV 2002, 1013; die Hinweise wurden in aktualisierter Form als „Hinweise für gute Beteiligungsführung bei Bundesunternehmen" als Teil B in die „Grundsätze guter Unternehmens- und Beteiligungsführung im Bereich des Bundes" (Stand: 30.9.2009) aufgenommen; abrufbar unter <www.bundesfinanzministerium.de>. Die Prüfungsgrundsätze wurden im Zuge der Neufassung der Verwaltungsvorschriften (VV) zur BHO (Rundschreiben BMF vom 24.9.2012, Az II A 3 – H 1005/07/0002) neu veröffentlicht, ohne aber eine inhaltliche Änderung zu erfahren.
6 Vgl Hüffer, § 394 Rn 7.
7 Hüffer, aaO.
8 Lutter/Grunewald, WM 1984, 385, 388; Müko-AktG/Schürnbrand, Vor §§ 394, 395 Rn 56; Hüffer, § 394 Rn 8.
9 Hüffer, § 394 Rn 9.
10 Lutter/Grunewald, WM 1984, 385, 389; Müko-AktG/Schürnbrand, Vor §§ 394, 395 Rn 58; Hüffer, aaO.
11 Lutter/Grunewald, aaO; Müko-AktG/Schürnbrand, Vor §§ 394, 395 Rn 59; Hüffer, aaO.
12 Müko-AktG/Schürnbrand, Vor §§ 394, 395 Rn 60.
13 Vgl für Bundesbeteiligungen die Verwaltungsvorschrift (VV) Nr. 1 zu § 68 BHO, Rundschreiben BMF vom 24.9.2012, Az II A 3 – H 1005/07/0002, für die überwiegende Anzahl der Landes- und Gemeindebeteiligungen gelten entsprechende Bestimmungen, vgl zu Gemeindebeteiligungen Will, DÖV 2002, 319, 325 ff; näher zu den Voraussetzungen eines Verzichts Neumann/Scholz, LKV 2003, 493.
14 VG Magdeburg v. 15.11.2007 – 9 B 208/07.

III. Erweiterung der Prüfung im Einzelnen. 1. Ordnungsmäßigkeit der Geschäftsführung (§ 53 Abs. 1 Nr. 1 HGrG). Die wichtigste Erweiterung geht dahin, über die Prüfungsgegenstände des § 317 HGB hinaus, auch die **Ordnungsmäßigkeit der Geschäftsführung** prüfen zu lassen.[15] § 317 HGB bezweckt im Wesentlichen, die Übereinstimmung des Jahresabschlusses mit den gesetzlichen Vorschriften, den Grundsätzen ordnungsmäßiger Buchführung (GoB) und ergänzenden satzungsrechtlichen Bestimmungen zu prüfen.[16] Dagegen ist im Rahmen von § 53 Abs. 1 Nr. 1 HGrG auch zu prüfen, ob die Geschäfte **nach kaufmännischen Gesichtspunkten mit der Sorgfalt eines ordentlichen und gewissenhaften Geschäftsleiters** geführt werden.[17] Darin liegt wie bei der Überwachung des Vorstands durch den Aufsichtsrat eine vergangenheitsbezogene Kontrolle der Vorstandstätigkeit (vgl § 111 Rn 8). Schwerpunkt bildet die sinnvolle Organisation des Planungs- und Rechnungswesens.[18] In der Praxis orientiert sich die Prüfung üblicherweise an dem vom IDW veröffentlichten Prüfungsstandard IDW PS 720.[19] Bei der Prüfung von Beteiligungen des Bundes sind auch die Grundsätze für die Prüfung von Unternehmen nach § 53 HGrG (Prüfungsgrundsätze) zu beachten.[20] Danach soll insbesondere geprüft werden, "ob ungewöhnliche, risikoreiche oder nicht ordnungsgemäß abgewickelte Geschäftsvorfälle und erkennbare Fehldispositionen vorliegen". Eine Prüfung des Entscheidungsprozesses in seinen Einzelheiten ist dagegen nicht Aufgabe.[21]

2. Sonstige Berichtspunkte (§ 53 Abs. 1 Nr. 2 HGrG). Gemäß § 53 Abs. 1 Nr. 2 kann die Gebietskörperschaft verlangen, dass der Aufsichtsrat die Abschlussprüfer zusätzlich mit der Prüfung folgender Punkte beauftragt: Entwicklung der Vermögens- und Ertragslage sowie Liquidität und Rentabilität; verlustbringende Geschäfte einschließlich ihrer Ursachen, soweit wirtschaftlich von Bedeutung; Ursachen eines ausgewiesenen Jahresfehlbetrages. Die praktische Bedeutung der erweiterten Berichtspflicht hat sich durch den zeitlich nachfolgenden § 321 Abs. 1 S. 3 HGB jedenfalls deutlich verringert.[22] Die bei Unternehmen der öffentlichen Hand vielfach übliche Berichterstattung über die Bezüge von Vorstandsmitgliedern, Aufsichtsrat und leitenden Angestellten (sog. **Bezügebericht**) gehört nicht ohne Weiteres zur Berichterstattung nach § 53 HGrG. Das Bundesministerium der Finanzen hat jedoch die Unternehmen, an denen der Bund mit Mehrheit beteiligt ist, darum gebeten, den Bericht auch auf diese Frage zu erstrecken; es kann davon ausgegangen werden, dass der Aufsichtsrat bzw die Geschäftsführung einen entsprechenden Auftrag erteilt.[23]

IV. Übersendung der Prüfungsberichte (§ 53 Abs. 1 Nr. 3 HGrG). Den Prüfungsbericht hat das **Unternehmen**, nicht der Abschlussprüfer, unverzüglich (§ 121 Abs. 1 BGB) nach Eingang an die Gebietskörperschaft zu übersenden. Die Versendung hat damit gleichzeitig mit der Versendung an den Aufsichtsrat (§ 170 Abs. 1 S. 2) zu erfolgen. Diese Regelung begründet ein **Vorzugsrecht der Gebietskörperschaft** gegenüber sonstigen Aktionären.[24] Seine Erfüllung begründet ihnen gegenüber keine erweiterte Auskunftspflicht aus § 131 Abs. 4.[25]

C. Unmittelbare Unterrichtung der Rechnungsprüfungsbehörde (§ 54 HGrG)

I. Überblick. Gemäß § 44 Abs. 1 HGrG prüft der Rechnungshof die Betätigung des Bundes oder Landes bei Unternehmen in einer Rechtsform des privaten Rechts, an denen der Bund oder das Land unmittelbar oder mittelbar beteiligt ist, unter Beachtung kaufmännischer Gesichtspunkte. Soweit ihm dazu die ihm vorliegenden Unterlagen nicht ausreichen, eröffnet § 54 die Möglichkeit, ihm ein Recht auf örtliche Unterrichtung einzuräumen. Dazu bedarf es einer Satzungsbestimmung sowie eines Mehrheitsbesitzes der beteiligten

---

15 Müko-AktG/*Schürnbrand*, Vor §§ 394, 395 Rn 63.
16 *Hüffer*, § 394 Rn 10.
17 *Petersen*, WPg 1983, 37, 39; *Lutter/Grunewald*, WM 1984, 385, 391; Müko-AktG/*Schürnbrand*, Vor §§ 394, 395 Rn 64 mwN.
18 *Hüffer*, § 394 Rn 10.
19 Berichterstattung über die Erweiterung der Abschlussprüfung nach § 53 HGrG (IDW PS 720), abgedruckt in WPg 2006, 1452 ff (Stand: 6.10.2006), FN-IDW 2006, 749 ff; redaktionelle Anpassung (Stand: 9.9.2010); WPg Supplement 1/2011, 1, FN-IDW 2/2011, 113 f; Fragenkatalog mit Stand 2006 auch abgedruckt bei *Eibelshäuser/Nowak* in Heuer/Engels/Eibelshäuser, Kommentar zum Haushaltsrecht, Anhang zur Kommentierung zu § 53 HGrG; der Fragenkatalog wurde mit dem Bundesministerium der Finanzen, dem Bundesrechnungshof und den Landesrechnungshöfen abgestimmt; vgl auch die zugehörige Kommentierung bei *Eibelshäuser/Nowak*, aaO, § 53 HGrG Rn 31 ff.
20 Anlage zur VV Nr. 2 zu § 68 BHO, Rundschreiben BMF v. 24.9.2012, Az II A 3 – H 1005/07/0002; abgedruckt auch als Anlage 3 zu den Hinweisen (oben Fn 5).
21 Vgl Prüfungsgrundsätze, aaO, Rn II: "Es kommen nur wesentliche, grobfehlsame oder missbräuchliche kaufmännische Ermessensentscheidungen oder vergleichbare Unterlassungen in Betracht".
22 K. Schmidt/Lutter/*Oetker*, Vor §§ 394, 395 Rn 25; vgl zu den Anforderungen an die Berichterstattung auch die Prüfungsgrundsätze, aaO; vgl *Hauptmann/Rust/Schröder*, WPg 2011, 408, zum Verhältnis zwischen der erweiterten Abschlussprüfung nach § 53 HGrG und den Überwachungspflichten des Aufsichtsrats gemäß § 107 Abs. 3.
23 Vgl Prüfungsgrundsätze, aaO.
24 *Bierwirth*, in: FS Ludewig, S. 123, 125; Müko-AktG/*Schürnbrand*, Vor §§ 394, 395 Rn 72; *Hüffer*, § 394 Rn 12.
25 Müko-AktG/*Schürnbrand*, Vor §§ 394, 395 Rn 71; *Hüffer*, aaO.

Gebietskörperschaft im Sinne von § 53 Abs. 1 und Abs. 2 HGrG. Vor dem Inkrafttreten des HGrG begründete Rechte bleiben jedoch bestehen (§ 54 Abs. 2 HGrG).

11 **II. Satzungsänderung.** Soweit das Unterrichtungsrecht nicht bereits in der Gründungssatzung verankert wurde, muss es im Wege einer Satzungsänderung geschaffen werden. Der satzungsändernde Beschluss bedarf einer Dreiviertelmehrheit des vertretenen Kapitals sowie einer einfachen Stimmenmehrheit.[26] Die Satzung kann hiervon nicht abweichen (§ 23 Abs. 5 S. 1 analog).[27] Die Satzungsänderung wird erst mit ihrer Eintragung in das Handelsregister wirksam (§ 181 Abs. 3).[28] Sie tritt bei einer AG ohne Weiteres außer Kraft, wenn die Mehrheit nach § 53 Abs. 1 und 2 HGrG nicht mehr vorliegt.[29] Eine Anfechtung des Beschlusses gemäß § 243 Abs. 1 wegen eines Verstoßes gegen den Gleichbehandlungsgrundsatz aus § 53 a oder die Verletzung der mitgliedschaftlichen Treuepflicht ist ausgeschlossen.[30] § 54 HGrG enthält insoweit eine **gesetzliche Abwägung** gegen die Interessen der Minderheitsaktionäre.[31]

12 Bei **mittelbaren Beteiligungen** setzt das Unterrichtungsrecht eine Satzungsbestimmung in der Tochtergesellschaft des Beteiligungsunternehmens voraus.[32] Die Gebietskörperschaft kann bei einer entsprechenden Satzungsänderung nicht mitbeschließen. Der Aufsichtsrat des Beteiligungsunternehmens kann jedoch die Ausgründung oder den Beteiligungserwerb seiner Zustimmung unterwerfen (§ 111 Abs. 4 S. 2) und auf diese Weise die Begründung eines Unterrichtungsrechts sicherstellen. Eine entsprechende Auflage bei der Genehmigung nach § 65 Abs. 3 BHO wirkt zwar nur verwaltungsintern, führt aber in der Praxis regelmäßig zu dem gewünschten Ergebnis.

12a **III. Rechtsnatur und Träger des Unterrichtungsrechts.** Das Unterrichtungsrecht begründet keine hoheitliche Befugnis, sondern ein **mitgliedschaftliches Vorzugsrecht** der Gebietskörperschaft.[33] Ausgeübt wird es jedoch durch den Rechnungshof. Bei Beteiligung einer **kommunalen Gebietskörperschaft** setzt die örtliche Unterrichtung daher voraus, dass die Gemeinde ein Rechnungsprüfungsamt hat und diesem die Prüfung durch Ratsbeschluss übertragen ist.[34]

13 **IV. Inhalt des Unterrichtungsrechts. 1. Allgemeines.** Die unmittelbare Unterrichtung ist gemäß § 54 Abs. 1 HGrG zulässig zur Klärung von Fragen, die bei der Prüfung nach § 44 HGrG (§ 92 BHO/LHO) auftreten. Prüfungsgegenstand ist somit die **Betätigung der Gebietskörperschaft unter Beachtung kaufmännischer Gesichtspunkte** (vgl oben Rn 10).[35] Die Prüfungspraxis versteht darunter aber auch die Prüfung der Betätigung der auf Veranlassung der Gebietskörperschaft bestellten Aufsichtsratsmitglieder.[36] Das Unternehmen selbst oder Entscheidungen seiner Organe, die nicht durch die Betätigung der Gebietskörperschaft beeinflusst wurden, sind nicht Gegenstand der Prüfung.[37] Die Prüfung läuft damit stets Gefahr, in eine unzulässige Geschäftsführungsprüfung auszuufern.[38]

14 Unterrichtungspflichtig ist allein der **Vorstand**.[39] Er kann jedoch nachgeordnete Mitarbeiter mit der Durchführung beauftragen. Mangels hoheitlicher Befugnis kann sich die Rechnungsprüfungsbehörde gegen den Willen des Vorstands nicht direkt an Mitarbeiter des Unternehmens wenden. Im Konfliktfall ist sie daher gehalten, ihre Rechte gegen die Gesellschaft, vertreten durch den Vorstand, durchzusetzen.[40]

15 **2. Einzelmaßnahmen.** Liegen die Voraussetzungen des § 54 Abs. 1 HGrG vor, darf die Rechnungsprüfungsbehörde zum Zwecke der Unterrichtung die Geschäftsräume betreten und dort den Betrieb, die Bücher und Schriften des Unternehmens einsehen. Die Befugnisse entsprechen denjenigen, die dem Aufsichtsrat nach § 111 Abs. 2 zustehen (vgl § 111 Rn 15 ff). Allerdings hat die Rechnungsprüfungsbehörde nicht die Geschäftsführung des Vorstands, sondern die Betätigung der Gebietskörperschaft als Aktionärin und der auf ihre Veranlassung bestellten Aufsichtsratsmitglieder zu prüfen (vgl oben Rn 13).[41]

16 **3. Grenzen des Unterrichtungsrechts.** Soweit Prüfungshandlungen nicht für die Betätigungsprüfung erforderlich sind, sind sie als **willkürliche oder unverhältnismäßige Rechtsausübung** zu unterlassen.[42] Die Gesellschaft muss in diesem Fall Auskünfte nicht erteilen und Einsichtnahme nicht ermöglichen.[43] Ein daraus entstehender Rechtsstreit ist als bürgerlicher Rechtsstreit anzusehen, weil es um die Ausübung von Aktionärs-

---

26 Müko-AktG/*Schürnbrand*, Vor §§ 394, 395 Rn 78; *Hüffer*, § 394 Rn 14.
27 Müko-AktG/*Schürnbrand*, aaO.
28 *Hüffer*, § 394 Rn 14.
29 Müko-AktG/*Schürnbrand*, Vor §§ 394, 395 Rn 78; *Hüffer*, aaO.
30 Müko-AktG/*Schürnbrand*,aaO; *Hüffer*, aaO.
31 *Hüffer*, aaO.
32 Müko-AktG/*Schürnbrand*, Vor §§ 394, 395 Rn 79; *Hüffer*, § 394 Rn 15.
33 Müko-AktG/*Schürnbrand*, Vor §§ 394, 395 Rn 74 f; *Hüffer*, § 394 Rn 16 mit eingehender Begründung.
34 Str, ebenso: *Hüffer*, § 394 Rn 26 mwN.
35 *Hüffer*, § 394 Rn 17.
36 *Zavelberg*, in: FS Forster, S. 723, 726; zustimmend: *Hüffer*, aaO.
37 Müko-AktG/*Schürnbrand*, Vor §§ 394, 395 Rn 82; ebenfalls gegen ein allgemeines Unterrichtungs- und Prüfungsrecht VG Magdeburg v. 15.11.2007 – 9 B 208/07.
38 Müko-AktG/*Schürnbrand*, aaO.
39 *Hüffer*, § 394 Rn 18.
40 *Hüffer*, aaO.
41 *Hüffer*, § 394 Rn 19.
42 *Hüffer*, § 394 Rn 20.
43 Müko-AktG/*Schürnbrand*, Vor §§ 394, 395 Rn 85.

rechten geht. Zuständig sind daher die ordentlichen Gerichte (§ 13 GVG). Richtige Parteien sind die Gesellschaft und aufgrund seiner gesetzlichen Ausübungsbefugnis der jeweils zuständige Rechnungshof.[44]

Soweit es um die Betätigung der auf Veranlassung der Gebietskörperschaft bestellten Aufsichtsratsmitglieder geht, sind nur Unterlagen vorzulegen, die zuvor dem Aufsichtsrat zugeleitet worden waren.[45] Allein die Erkenntnisquellen des Aufsichtsrats sind maßgeblich. Ein darüber hinausgehendes Einsichtsrecht ließe die Beschränkung des Unterrichtungsrechts (dazu Rn 13) leer laufen. Es erscheint auch angesichts der Erkenntnismöglichkeiten aus der erweiterten Prüfung gemäß § 53 HGrG (dazu oben § 53 HGrG Rn 7) nicht erforderlich. Musste sich dem Aufsichtsrat der Verdacht auf ordnungswidrige Geschäftsführungsmaßnahmen aufdrängen, verletzt der Aufsichtsrat uU seine Sorgfaltspflicht durch das Unterlassen von Nachforschungen.[46]

V. Auswertung der Ergebnisse. Die Ergebnisse aus der örtlichen Unterrichtung werden in der Regel der Beteiligungsverwaltung zur Stellungnahme übermittelt. Danach fließen sie in den Prüfungsbericht ein, den die Prüfungsbehörde den gesetzgebenden Körperschaften gegenüber abzugeben hat (§ 46 Abs. 1 HGrG, §§ 97 BHO/LHO).[47]

Zweiter Teil Gerichtliche Auflösung

§ 396 Voraussetzungen

(1) ¹Gefährdet eine Aktiengesellschaft oder Kommanditgesellschaft auf Aktien durch gesetzwidriges Verhalten ihrer Verwaltungsträger das Gemeinwohl und sorgen der Aufsichtsrat und die Hauptversammlung nicht für eine Abberufung der Verwaltungsträger, so kann die Gesellschaft auf Antrag der zuständigen obersten Landesbehörde des Landes, in dem die Gesellschaft ihren Sitz hat, durch Urteil aufgelöst werden. ²Ausschließlich zuständig für die Klage ist das Landgericht, in dessen Bezirk die Gesellschaft ihren Sitz hat.

(2) ¹Nach der Auflösung findet die Abwicklung nach den §§ 264 bis 273 statt. ²Den Antrag auf Abberufung oder Bestellung der Abwickler aus einem wichtigen Grund kann auch die in Absatz 1 Satz 1 bestimmte Behörde stellen.

§ 397 Anordnungen bei der Auflösung

Ist die Auflösungsklage erhoben, so kann das Gericht auf Antrag der in § 396 Abs. 1 Satz 1 bestimmten Behörde durch einstweilige Verfügung die nötigen Anordnungen treffen.

§ 398 Eintragung

¹Die Entscheidungen des Gerichts sind dem Registergericht mitzuteilen. ²Dieses trägt sie, soweit sie eintragungspflichtige Rechtsverhältnisse betreffen, in das Handelsregister ein.

Literatur:
Becker, Zur Auflösung juristischer Personen wegen widerrechtlicher oder gemeinwohlgefährdender Zweckverfolgung nach schweizerischem und deutschem Recht, Zeitschrift für Schweizerisches Recht 1988, 613.

A. Inhalt und Zweck der Regelungen

Die §§ 396 bis 398 betreffen die Auflösung der AG/KGaA wegen **Gemeinwohlgefährdung**. § 396 sichert dem Staat die Möglichkeit des Eingreifens unter Beachtung eines rechtsstaatlichen Verfahrens.[1] Die §§ 396 ff haben bislang – soweit ersichtlich – **keine praktische Bedeutung** erlangt; diskutiert wird eine Anwendung des § 396 etwa zur Sanktionierung von Umweltdelikten.[2] Vergleichbare Regelungen finden sich in §§ 43, 44 BGB, § 62 GmbHG und § 81 GenG. Gegen die Regelung des § 396 und verwandte Vorschrif-

---

44 Vgl zu allem *Hüffer*, § 394 Rn 20.
45 Str, ebenso: *Hüffer*, § 394 Rn 19; aA Müko-AktG/*Schürnbrand*, Vor §§ 394, 395 Rn 84.
46 *Hüffer*, aaO.
47 Müko-AktG/*Schürnbrand*, Vor §§ 394, 395 Rn 86; *Hüffer*, § 394 Rn 21.

1 Vgl RegBegr. *Kropff*, S. 497; MüKo-AktG/*Schürnbrand*, § 396 Rn 1; *Hüffer*, § 396 Rn 1; KölnKomm-AktG/*Zöllner*, § 396 Rn 2.
2 Vgl *Schall/Schreibauer*, NuR 1996, 440, 447.

B. Voraussetzungen und Verfahren der Auflösung (§ 396 Abs. 1)

2 Für die gerichtliche Auflösung einer AG/KGaA müssen in materiellrechtlicher Hinsicht **drei Voraussetzungen** erfüllt sein: die Gesellschaft muss das Gemeinwohl gefährden; die Gemeinwohlgefährdung muss durch gesetzwidriges Verhalten der Verwaltungsträger erfolgen; der Aufsichtsrat und die Hauptversammlung dürfen nicht für deren Abberufung gesorgt haben. Das **Gemeinwohl** umfasst die Interessen der Öffentlichkeit insgesamt oder zumindest breiter Verkehrskreise; nicht ausreichend sind allein Interessen der Aktionäre oder der Gesellschaftsgläubiger.[4] Der Begriff der **Gefährdung** entspricht dem Gefahrbegriff ordnungsbehördlicher bzw polizeilicher Generalklauseln.[5] Ein **gesetzwidriges Verhalten** umfasst den Verstoß gegen jedwede Rechtsnorm (vgl Art. 2 EGBGB, Art. 2 EGHGB) ungeachtet einer Strafbewehrung oder vergleichbarer Sanktionen; der Verstoß muss schuldhaft sein, sofern dies von der Rechtsnorm gefordert wird.[6] **Verwaltungsträger** sind Mitglieder des Vorstands und des Aufsichtsrats, nicht auch die Hauptversammlung oder der Großaktionär (str).[7] Für die **Abberufung** (§ 84 Abs. 3, § 103 Abs. 1, 3–4) nur der gesetzwidrig handelnden Organmitglieder darf nicht gesorgt worden sein; die Abberufung kann bis zur letzten mündlichen Verhandlung erfolgen.[8] Darüber hinaus muss die Auflösung angesichts ihres hoheitlichen, auf Gefahrenabwehr gerichteten Charakters **verhältnismäßig** (geeignet, erforderlich, angemessen) sein; dies dürfte auch eine **Aufforderung** an die Gesellschaft erforderlich machen, das gesetzwidrige Verhalten abzustellen.[9]

3 Das Verfahren zur gerichtlichen Auflösung setzt einen "Antrag" voraus; dieser ist durch Klageerhebung gem. § 253 ZPO zu stellen.[10] Für den Antrag zuständig ist die oberste Landesbehörde (zB Wirtschaftsministerium) des Sitzlandes, im Falle des Doppelsitzes der obersten Behörden beider Sitzländer.[11] Die Auflösungsklage ist **Gestaltungsklage**.[12] Mangels abweichender Regelungen bestimmt sich das **Verfahren nach der ZPO**. Die Auflösungswirkung tritt nicht bereits mit Erlass des Urteils, sondern erst mit dessen Rechtskraft ein.[13] Das zuständige Gericht bestimmt sich nach § 396 Abs. 1 S. 2. Eine pflichtwidrig erhobene Auflösungsklage kann unter den Voraussetzungen des Art. 34 GG iVm § 839 BGB einen **Amtshaftungsanspruch** begründen.[14]

C. Auflösung und Abwicklung (§ 396 Abs. 2)

4 Durch das die Auflösung aussprechende, rechtskräftige Urteil tritt die AG/KGaA in das Abwicklungsstadium; gem. § 396 Abs. 2 S. 1 bestimmt sich die **Abwicklung nach §§ 264–273** (s. im Einzelnen dort). Ein **Fortsetzungsbeschluss** gem. § 274 kann **nicht** gefasst werden, auch nicht nach Wegfall des Auflösungsgrundes und auch nicht mit Zustimmung der obersten Landesbehörde (§ 274 Rn 6).[15] Gemäß § 265 Abs. 1 werden regelmäßig die Vorstandsmitglieder zu **Abwicklern**; wenn sie indes durch ihr Verhalten die Auflösung veranlasst haben, stellt dies einen wichtigen Grund dar, der einen Antrag der obersten Landesbehörde auf gerichtliche Abberufung gem. § 396 Abs. 2 S. 2 iVm § 265 Abs. 3 rechtfertigt.[16]

D. Einstweilige Anordnungen (§ 397)

5 Nach Erhebung der Auflösungsklage (vgl §§ 253 Abs. 1, 261 ZPO) kann das Gericht zur Sicherung des Gemeinwohls Anordnungen erlassen (§ 397). Erforderlich ist ein Antrag der zuständigen obersten Landesbehörde. Das Verfahren richtet sich nach §§ 935 ff ZPO. Die erforderlichen, vom Gericht nach freiem Ermessen (§ 938 ZPO) zu treffenden Maßnahmen müssen **aktienrechtlich zulässig** sein.[17]

---

3 Vgl dazu KölnKomm-AktG/*Zöllner*, § 396 Rn 3; MüKo-AktG/*Schürnbrand*, § 396 Rn 4; *Hüffer*, § 396 Rn 1.
4 *Hüffer*, § 396 Rn 2; MüKo-AktG/*Schürnbrand*, § 396 Rn 8.
5 *Hüffer*, § 396 Rn 2.
6 KölnKomm-AktG/*Zöllner*, § 396 Rn 15 f; *Hüffer*, § 396 Rn 3.
7 KölnKomm-AktG/*Zöllner*, § 396 Rn 17; MüKo-AktG/*Schürnbrand*, § 396 Rn 7; aA hinsichtlich Großaktionär: *Becker*, Zeitschrift für Schweizerisches Recht 1988, 613, 629.
8 KölnKomm-AktG/*Zöllner*, § 396 Rn 18; *Hüffer*, § 396 Rn 4, 8.
9 *Hüffer*, § 396 Rn 5; KölnKomm-AktG/*Zöllner*, § 396 Rn 12 aE, 19.
10 KölnKomm-AktG/*Zöllner*, § 396 Rn 19; *Hüffer*, § 396 Rn 6.
11 *Hüffer*, § 396 Rn 6.
12 KölnKomm-AktG/*Zöllner*, § 396 Rn 19; *Hüffer*, § 396 Rn 6.
13 MüKo-AktG/*Hüffer*, § 262 Rn 103; *ders.*, § 396 Rn 6; KölnKomm-AktG/*Zöllner*, § 396 Rn 24.
14 Vgl KölnKomm-AktG/*Zöllner*, § 396 Rn 25; *Hüffer*, § 396 Rn 10; MüKo-AktG/*Schürnbrand*, § 396 Rn 12.
15 KölnKomm-AktG/*Zöllner*, § 396 Rn 24; *Hüffer*, § 396 Rn 9; MüKo-AktG/*Schürnbrand*, § 396 Rn 10.
16 Vgl KölnKomm-AktG/*Zöllner*, § 396 Rn 24; *Hüffer*, § 396 Rn 9.
17 Vgl KölnKomm-AktG/*Zöllner*, § 397 Rn 4 ff; MüKo-AktG/*Schürnbrand*, § 397 Rn 3 f; *Hüffer*, § 397 Rn 3; dort auch jeweils zu einzelnen in Betracht kommenden gerichtlichen Maßnahmen.

E. Handelsregister (§ 398)

Das Prozessgericht ist gem. § 398 S. 1 von Amts wegen verpflichtet, seine im Hauptsacheverfahren nach § 396 sowie im Verfügungsverfahren nach § 397 getroffenen **Entscheidungen**, darüber hinaus auch die Tatsache der Klageerhebung dem Registergericht **mitzuteilen**.[18] Nicht mitzuteilen sind rein prozessleitende Entscheidungen.[19] Das Registergericht verfügt die **Eintragung** der Entscheidungen in das Handelsregister von Amts wegen, soweit sie eintragungspflichtige Rechtsverhältnisse betreffen (§ 398 S. 2).[20]

6

Dritter Teil Straf- und Bußgeldvorschriften; Schlußvorschriften

Vor §§ 399 ff

Die praktische Relevanz der Vorschriften der §§ 399 bis 405 AktG ist (noch) relativ gering. Soweit Aktienrecht Gegenstand von Strafverfahren ist, geht es in der Regel um Untreue nach § 266 StGB. Diese Vorschrift bedarf in Zusammenhang mit dem AktG einer – leider immer noch weitgehend ausstehenden – gesonderten Behandlung.[1] Ein solches Unternehmen würde den hier gegebenen Rahmen sprengen. Dass die aktienrechtlichen Strafvorschriften weitgehend forensisches Niemandsland darstellen, mag allerdings auch damit zusammenhängen, dass die Abstimmung von Zivil- und Strafrecht sowie die Unbestimmtheit einiger Normen der strafgerichtlichen Praxis erhebliche Schwierigkeiten bereiten und Delikte nach §§ 399 ff daher leicht Gegenstand von Einstellungen nach §§ 153 ff StPO werden können.[2]

1

§ 399 Falsche Angaben

(1) Mit Freiheitsstrafe bis zu drei Jahren oder mit Geldstrafe wird bestraft, wer
1. als Gründer oder als Mitglied des Vorstands oder des Aufsichtsrats zum Zweck der Eintragung der Gesellschaft über die Übernahme der Aktien, die Einzahlung auf Aktien, die Verwendung eingezahlter Beträge, den Ausgabebetrag der Aktien, über Sondervorteile, Gründungsaufwand, Sacheinlagen und Sachübernahmen oder in der nach § 37 a Abs. 2 abzugebenden Versicherung,
2. als Gründer oder als Mitglied des Vorstands oder des Aufsichtsrats im Gründungsbericht, im Nachgründungsbericht oder im Prüfungsbericht,
3. in der öffentlichen Ankündigung nach § 47 Nr. 3,
4. als Mitglied des Vorstands oder des Aufsichtsrats zum Zweck der Eintragung einer Erhöhung des Grundkapitals (§§ 182 bis 206) über die Einbringung des bisherigen, die Zeichnung oder Einbringung des neuen Kapitals, den Ausgabebetrag der Aktien, die Ausgabe der Bezugsaktien, über Sacheinlagen, in der Bekanntmachung nach § 183 a Abs. 2 Satz 1 in Verbindung mit § 37 a Abs. 2 oder in der nach § 184 Abs. 1 Satz 3 abzugebenden Versicherung,
5. als Abwickler zum Zweck der Eintragung der Fortsetzung der Gesellschaft in dem nach § 274 Abs. 3 zu führenden Nachweis oder
6. als Mitglied des Vorstands einer Aktiengesellschaft oder des Leitungsorgans einer ausländischen juristischen Person in der nach § 37 Abs. 2 Satz 1 oder § 81 Abs. 3 Satz 1 abzugebenden Versicherung oder als Abwickler in der nach § 266 Abs. 3 Satz 1 abzugebenden Versicherung

falsche Angaben macht oder erhebliche Umstände verschweigt.

(2) Ebenso wird bestraft, wer als Mitglied des Vorstands oder des Aufsichtsrats zum Zweck der Eintragung einer Erhöhung des Grundkapitals die in § 210 Abs. 1 Satz 2 vorgeschriebene Erklärung der Wahrheit zuwider abgibt.

A. Vorbemerkungen	1	3. Aufsichtsratsmitglieder	4
B. Die Tatbestände	2	4. Falsche Angaben	6
I. Gemeinsame Tatbestandsmerkmale	2	5. Verschweigen erheblicher Umstände	7
1. Gründer	2	6. Zum Zwecke der Eintragung	8
2. Vorstandsmitglied	3		

---

18 Vgl KölnKomm-AktG/*Zöllner*, § 398 Rn 2; *Hüffer*, § 398 Rn 2; MüKo-AktG/*Schürnbrand*, § 398 Rn 1 f.
19 KölnKomm-AktG/*Zöllner*, § 398 Rn 2; *Hüffer*, § 398 Rn 2.
20 Siehe dazu KölnKomm-AktG/*Zöllner*, § 398 Rn 4 ff; *Hüffer*, § 398 Rn 3; MüKo-AktG/*Schürnbrand*, § 398 Rn 3.

1 Vgl *Hamm*, NJW 2005, 1993, 1995; inzwischen existieren vereinzelte Beiträge etwa von *Beukelmann*, NJW-Spezial 2009, 152 ff; *Bosch/Lange*, JZ 2009, 225 ff; *Brammsen*, wistra 2009, 85 ff.
2 Vgl *Tiedemann/Otto*, ZStW 111 (1999), 673 ff.

II. Gründungsschwindel durch Anmeldung (Abs. 1 Nr. 1)	9	VIII. Unrichtige Erklärungen im Falle des § 210 Abs. 1 S. 2 (Abs. 2)	15
III. Gründungsschwindel durch Berichte (Abs. 1 Nr. 2)	10	IX. Subjektiver Tatbestand	16
IV. Begebungsschwindel (Abs. 1 Nr. 3)	11	X. Vollendung	18
V. Kapitalerhöhungsschwindel (Abs. 1 Nr. 4)	12	XI. Rechtswidrigkeit, Schuld	19
VI. Abwicklungsschwindel (Abs. 1 Nr. 5)	13	C. Strafverfolgung, Verjährung	21
VII. Unrichtige Angaben bei persönlicher Untauglichkeit (Abs. 1 Nr. 6)	14	D. Konkurrenzen	23

A. Vorbemerkungen

1 Die Vorschrift soll Dritte vor Täuschungen in Zusammenhang mit bestimmten aktienrechtlichen Angaben bzw Erklärungen schützen. Rechtsgut ist das Interesse von Personen, die im Vertrauen auf die erfassten Angaben rechtliche Beziehungen zur AG unterhalten; das sind insbesondere die Aktionäre und Gläubiger der Gesellschaft. Insoweit stellt die Vorschrift ein Schutzgesetz iSd § 823 Abs. 2 BGB dar.[1] Daneben mag auch noch das Vertrauen der Allgemeinheit in die jeweiligen Angaben und Erklärungen gestärkt werden.[2]

B. Die Tatbestände

2 I. Gemeinsame Tatbestandsmerkmale. 1. Gründer. Wer Gründer ist, bestimmt § 28. Die dortige Legaldefinition kann auch durch eine faktische bzw wirtschaftliche Betrachtungsweise nicht überwunden werden.[3] Das führt zu **Strafbarkeitslücken**, wenn Hintermänner sich gutgläubiger Strohmänner als "Gründer" bedienen. Wegen des Sonderdelikt-Charakters scheidet mittelbare Täterschaft (vgl § 25 Abs. 1 Alt. 2 StGB) auch sonst aus.[4]

3 2. Vorstandsmitglied. Mitglied des Vorstandes ist, wer dazu gem. §§ 84 f bestellt worden ist. Allerdings soll es weder auf die Wirksamkeit der Bestellung noch auf die Entwicklungsphase der AG ankommen, vielmehr soll ausreichen, dass die in Frage stehende Person ohne förmliche Bestellung oder Handelsregistereintragung zumindest mit Duldung des Aufsichtsrates die tatsächliche Stellung als Vorstandsmitglied ausübe.[5] Bei Fehlen jeglichen Bestellungsaktes dürfte diese Auslegung allerdings die von Art. 103 Abs. 2 GG gezogene Grenze überschreiten.[6]

4 3. Aufsichtsratsmitglieder. Die Bestellung der Aufsichtsratsmitglieder richtet sich nach den §§ 30, 101 ff.
5 Die Unterscheidung zwischen Vertretern der Arbeitnehmer und sonstigen Mitgliedern (§ 96) ist strafrechtlich irrelevant. Auch hier soll – wie beim Vorstandsmitglied – die faktische Betrachtungsweise gelten: Entscheidend sei allein die Duldung durch die für die Bestellung zuständigen Organe.[7] Diese Auslegung hat im Gesetz keine Basis; das zu den Vorstandsmitgliedern Gesagte gilt daher entsprechend (s. Rn 3).

6 4. Falsche Angaben. Angaben sind nachprüfbare Aussagen über Tatsachen; dh der Inhalt muss dem Beweis zugänglich sein. Tatsachen können in Form eines nachprüfbaren tatsächlichen Kernes auch in Werturteilen enthalten sein. Falsch ist eine Angabe, wenn ihr Inhalt mit den Tatsachen zum Zeitpunkt der Anmeldung nicht übereinstimmt. Eine unrichtige Bewertung, Schätzung oder Prognose ist allenfalls dann falsch, wenn etwas schlechthin Unvertretbares geäußert wird.[8]

7 5. Verschweigen erheblicher Umstände. Diese Tatbestandsvariante hat keinen eigenständigen Anwendungsbereich: Wird ein einzelner erheblicher Umstand verschwiegen, macht dies die entsprechende Angabe insgesamt falsch.[9]

8 6. Zum Zwecke der Eintragung. Dieses Merkmal bewirkt die Beschränkung auf ein Verhalten, das objektiv geeignet ist, die entsprechende Eintragung in das Handelsregister zu bewirken, und subjektiv von der Absicht getragen ist, mit den Angaben die Eintragung zu erreichen.[10]

9 II. Gründungsschwindel durch Anmeldung (Abs. 1 Nr. 1). Falsche Angaben sind bei dieser Alternative nur erfasst, soweit sie sich auf anmeldungsrelevante Gegenstände (§ 37) oder auf die nach § 37 a Abs. 2 abzuge-

---

1 BGH NJW 2005, 3721 ff; BGHZ 105, 121, 124 f; MüKo-AktG/*Schaal*, Rn 3 ff.
2 MüKo-AktG/*Schaal*, Rn 4.
3 Großkomm-AktienR/*Otto*, Rn 9; KölnKomm-AktG/*Geilen*, Rn 21.
4 AA insofern allerdings MüKo-AktG/*Schaal*, Rn 36.
5 MüKo-AktG/*Schaal*, Rn 23.
6 Baumbach/Hueck/*Schulze-Osterloh*, § 82 GmbHG Rn 77; Hoyer, NStZ 1988, 369 f.
7 Großkomm-AktienR/*Otto*, Rn 32.
8 MüKo-AktG/*Schaal*, Rn 56 f; Großkomm-AktienR/*Otto*, Rn 39.
9 MüKo-AktG/*Schaal*, Rn 59 f; aA KölnKomm-AktG/*Geilen*, Rn 54, der auch ein völliges Stillschweigen erfassen will.
10 Erbs/Kohlhaas/*Fuhrmann*, A 116, S. 115.

bende Versicherung beziehen.[11] Eine Einbeziehung der verdeckten Sacheinlage verstößt gegen das Analogieverbot (Art. 103 Abs. 2 GG).[12]

III. Gründungsschwindel durch Berichte (Abs. 1 Nr. 2). Geschützt wird – noch einmal gesondert – die Wahrhaftigkeit der im Zuge der Gründung zu erstellenden Berichte. **Täter** können in Bezug auf den Gründungsbericht **nur die Gründer** sein. Die Kontrollpflichten von Vorstand und Aufsichtsrat reichen nicht zur Begründung einer Täterschaft.[13] Den Nachgründungsbericht erstellen nur die Mitglieder des Aufsichtsrates (§ 52 Abs. 3); insoweit kommen auch nur sie als Täter in Frage.[14] Der Prüfungsbericht (§ 34 Abs. 2) ist von Vorstand und Aufsichtsrat zu erstellen; bloße Gründer sind insoweit keine tauglichen Täter.

IV. Begebungsschwindel (Abs. 1 Nr. 3). In dieser Variante wird der **Täterkreis nicht begrenzt**. Begriff und Gegenstand der öffentlichen Ankündigung entsprechen § 47 Nr. 3. Die im Zivilrecht möglichen Analogien zu § 47 Nr. 3[15] sind auf Grund des strafrechtlichen Analogieverbots (Art. 103 Abs. 2 GG) von der Verweisung nicht erfasst.[16] Auf Grund der Bezugnahme auf § 47 Nr. 3 ist auch der dort genannte Zeitrahmen Teil des objektiven Tatbestandes und muss daher vom Vorsatz umfasst sein.[17]

V. Kapitalerhöhungsschwindel (Abs. 1 Nr. 4). Die tatbestandsrelevanten Angaben richten sich nach der jeweiligen Kapitalbeschaffungsmaßnahme. Zu unterscheiden sind die Kapitalerhöhung gegen Einlagen (§§ 182–191), die bedingte Kapitalerhöhung (§§ 192–201) und die Kapitalerhöhung mit genehmigtem Kapital (§§ 202–206). Darüber hinaus erlangen neuerdings auch Angaben, die in der Bekanntmachung nach § 183a Abs. 2 S. 1 iVm 37a Abs. 2 und der nach § 184 Abs. 1 S. 3 abzugebenden Versicherung gemacht werden, tatbestandliche Bedeutung.

VI. Abwicklungsschwindel (Abs. 1 Nr. 5). Als Täter kommen nur **Abwickler** (§ 265) in Betracht. Einer ausschweifenden faktischen Betrachtung kann auch hier nicht gefolgt werden (s. Rn 3). Die falschen Angaben müssen in dem von § 274 Abs. 3 S. 2 geforderten Nachweis gemacht werden.

VII. Unrichtige Angaben bei persönlicher Untauglichkeit (Abs. 1 Nr. 6). Die genannten Versicherungen nehmen sämtlich Bezug auf § 76 Abs. 3 S. 2 Nr. 2, Nr. 3, S. 3. Dort werden Personen, die wegen einer Straftat nach den §§ 283 bis 283d StGB verurteilt sind, bzw gegen die ein Berufsverbot (§ 70 StGB) ausgesprochen worden ist, von der Fähigkeit, ein Vorstandsamt auszuüben, ausgeschlossen.

VIII. Unrichtige Erklärungen im Falle des § 210 Abs. 1 S. 2 (Abs. 2). Tatobjekt ist die in § 210 Abs. 1 S. 2 vorgeschriebene **Erklärung gegenüber dem Registergericht**. Die Tathandlung entspricht der des § 399 Abs. 1 (s. Rn 6f). Die Vorschrift soll sicherstellen, dass das durch die Kapitalerhöhung geschaffene Grundkapital der Gesellschaft auch tatsächlich zur Verfügung steht.

IX. Subjektiver Tatbestand. Bedingter Vorsatz, an den allerdings auf Grund der Fülle normativer Tatbestandsmerkmale keine allzu geringen Anforderungen gestellt werden dürfen, reicht aus. Der Vorsatz muss sich auf alle objektiven Tatbestandsmerkmale erstrecken. Soweit auf andere Vorschriften verwiesen wird, gehören deren Merkmale ebenfalls zum Tatbestand und müssen dementsprechend vom Vorsatz erfasst sein. Kennt der Täter tatsächliche Umstände nicht, die das jeweilige Tatbestandsmerkmal ausmachen, liegt ein nach § 16 Abs. 1 S. 1 StGB beachtlicher (Tatbestands-)Irrtum vor. Soweit die handelnde Person den Sachverhalt erfasst, aber auf Grund fehlerhafter Subsumtion den Gehalt eines normativen Tatbestandsmerkmals verkennt, ist der Vorsatz nur dann ausgeschlossen, wenn der Täter auf Grund einer "Parallelwertung in der Laiensphäre" den unrechtstypischen Bedeutungsgehalt des Merkmals nicht erfasst hat.[18] Abgesehen davon führt eine unrichtige Subsumtion von zutreffend erkannten Tatsachen nicht zum Tatbestandsirrtum; zu prüfen bleibt dann allerdings ein Verbots-(Erlaubnis-)Irrtum nach § 17 StGB, der nur im (in der Praxis kaum je angenommenen) Fall seiner Unvermeidbarkeit (§ 17 S. 2 StGB) zur Straflosigkeit führt, ansonsten eine (fakultative) Strafmilderung zulässt. Auch letzteres ist in der – nicht selten zu Unrecht restriktiven – Praxis die Ausnahme. Das Urteil muss erkennen lassen, dass das Gericht Erwägungen zu § 17 S. 2 StGB angestellt hat.

In Fällen des § 399 Abs. 1 Nr. 1, 4, 5, Abs. 2 muss der Täter jeweils in der Absicht, dh mit dem Ziel handeln, die entsprechende Eintragung zu erreichen.

X. Vollendung. Der Versuch ist nicht strafbar (vgl §§ 12 Abs. 1, 23 Abs. 1 StGB). Daher gewinnt der Zeitpunkt der Vollendung besondere Bedeutung. Sie tritt bei den Delikten, die ein Handeln zum Zwecke der Eintragung voraussetzen (§ 399 Abs. 1 Nr. 1, 4, 5, Abs. 2) sowie bei der Versicherung nach § 399 Abs. 1

---

11 Im Einzelnen Großkomm-AktienR/*Otto*, Rn 52 ff.
12 LG Koblenz ZIP 1991, 1284, 1287 ff.
13 MüKo-AktG/*Schaal*, Rn 115.
14 KölnKomm-AktG/*Geilen*, Rn 98; MüKo-AktG/*Schaal*, Rn 116.
15 § 47 Rn 8; vgl *Hüffer*, § 47 Rn 12.
16 KölnKomm-AktG/*Geilen*, Rn 121.
17 KölnKomm-AktG/*Geilen*, Rn 124; Großkomm-AktienR/*Otto*, Rn 144; aA MüKo-AktG/*Schaal*, Rn 143, der hierin eine objektive Bedingung der Strafbarkeit sieht.
18 Vgl dazu nur BGH NJW 2005, 3721, 3724; Schönke/Schröder/*Cramer/Sternberg-Lieben*, § 15 Rn 43 f.

Nr. 6 mit **Eingang der Angaben beim Registergericht** ein.[19] § 399 Abs. 1 Nr. 2 verlangt den **Zugang bei Dritten**;[20] § 399 Abs. 1 Nr. 3 dagegen lediglich die **Zugangsmöglichkeit** für die Öffentlichkeit.[21]

XI. Rechtswidrigkeit, Schuld. Es gelten die allgemeinen Vorschriften.

Bei irrtümlicher Wertung und daraus folgender Verkennung von Pflichten liegt ein Verbotsirrtum iSd § 17 StGB (s. Rn 16) vor; die zur Straflosigkeit führende Unvermeidbarkeit eines Irrtums über Inhalt und Umfang der Pflichten wird von der Rechtsprechung an äußerst strenge Voraussetzungen geknüpft.[22]

C. Strafverfolgung, Verjährung

Es handelt sich um ein von Amts wegen zu verfolgendes Offizialdelikt. Gemäß § 74 c Abs. 1 Nr. 1 GVG ist ggf die Wirtschaftsstrafkammer beim LG zuständig.

Die Tat verjährt in fünf Jahren (§ 78 Abs. 3 Nr. 4 StGB); zu beachten sind allerdings § 78 b StGB (Ruhen der Verjährung) und § 78 c StGB (Unterbrechung der Verjährung). Absolute Verjährung tritt gem. § 78 c Abs. 3 S. 2 StGB nach zehn Jahren ein.

D. Konkurrenzen

Soweit eine nach § 399 strafbare Handlung mit Delikten des StGB (insb. § 266 StGB) oder des Nebenstrafrechts zusammentrifft, liegt in der Regel Tateinheit (§ 52 StGB) vor.

Verwirklicht der Täter mehrere Tatbestände des § 399 zugleich, handelt es sich um gleichartige Tateinheit, sofern die Tatbestandsverwirklichungen durch dieselbe Handlung (§ 52 StGB) erfolgt sind, ansonsten liegt Tatmehrheit (§ 53 StGB) vor.

§ 400 Unrichtige Darstellung

(1) Mit Freiheitsstrafe bis zu drei Jahren oder mit Geldstrafe wird bestraft, wer als Mitglied des Vorstands oder des Aufsichtsrats oder als Abwickler

1. die Verhältnisse der Gesellschaft einschließlich ihrer Beziehungen zu verbundenen Unternehmen in Darstellungen oder Übersichten über den Vermögensstand, in Vorträgen oder Auskünften in der Hauptversammlung unrichtig wiedergibt oder verschleiert, wenn die Tat nicht in § 331 Nr. 1 oder 1 a des Handelsgesetzbuchs mit Strafe bedroht ist, oder
2. in Aufklärungen oder Nachweisen, die nach den Vorschriften dieses Gesetzes einem Prüfer der Gesellschaft oder eines verbundenen Unternehmens zu geben sind, falsche Angaben macht oder die Verhältnisse der Gesellschaft unrichtig wiedergibt oder verschleiert, wenn die Tat nicht in § 331 Nr. 4 des Handelsgesetzbuchs mit Strafe bedroht ist.

(2) Ebenso wird bestraft, wer als Gründer oder Aktionär in Aufklärungen oder Nachweisen, die nach den Vorschriften dieses Gesetzes einem Gründungsprüfer oder sonstigen Prüfer zu geben sind, falsche Angaben macht oder erhebliche Umstände verschweigt.

A. Vorbemerkungen

Die Vorschrift soll sicherstellen, dass Erklärungen und Äußerungen richtig und vollständig abgegeben werden, die eine zutreffende Beurteilung der Situation der Gesellschaft ermöglichen. Geschützt werden daher neben der Gesellschaft selbst, ihre Gläubiger und Aktionäre sowie die Arbeitnehmer. Für diesen Personenkreis stellt § 400 ein Schutzgesetz iSd § 823 Abs. 2 BGB dar.[1]

B. Die Tatbestände

I. Täter. Taugliche Täter sind die **Mitglieder des Vorstands** (s. § 399 Rn 3) und des **Aufsichtsrats** (s. § 399 Rn 4 f) sowie **Abwickler** (s. § 399 Rn 13), unter den Voraussetzungen des Abs. 2 auch **Gründer** (s. § 399 Rn 2) und **Aktionäre** (dh jeder, der eine Aktie übernommen hat).

---

19 Erbs/Kohlhaas/*Fuhrmann*, A116, S. 129; Großkomm-AktienR/*Otto*, Rn 103, 179, 200, 218, 232.
20 KölnKomm-AktG/*Geilen*, Rn 106.
21 Erbs/Kohlhaas/*Fuhrmann*, A 116, S. 129.
22 Vgl BGHSt 4, 236; 21, 18, 20; 40, 257, 264.

1 BGHZ 192, 90 Rn 18; BGH NJW 2005, 2450 f; OLG Düsseldorf BB 2011, 2446; OLG München ZIP 2006, 1247; KölnKomm-AktG/*Geilen*, Rn 3 f; Großkomm-AktienR/*Otto*, Rn 2, 4.

II. Tathandlung des Abs. 1 Nr. 1. Eine Wiedergabe ist unrichtig, wenn die Erklärung in Bezug auf die Situation der Gesellschaft nicht der wirklichen Sachlage entspricht. Eine Verschleierung soll vorliegen, wenn die Erklärungen zwar in ihrem tatsächlichen Kern richtig sind, ihrem äußeren Erscheinungsbild nach aber geeignet sind, die **Verhältnisse anders darzustellen** bzw den **Adressaten zu verwirren**.[2] Insoweit kommt dieser Alternative prozessual eine bedenkliche Beweiserleichterungsfunktion zu. In beiden Fällen soll es – anders als zB beim Betrug (§ 263 StGB) – ausreichen, dass unrichtige Bewertungen, Schätzungen und Prognosen abgegeben werden.[3] Das ist allenfalls dann vertretbar, wenn allein das schlechthin Unvertretbare als "unrichtig" betrachtet wird (vgl § 399 Rn 6); ansonsten kann es immer nur um unrichtige Tatsachendarstellung gehen.

Abgesehen davon ist § 400 verfassungskonform dahin gehend auszulegen, dass Erklärungen, die bei abstrakter Betrachtung für die Entscheidung des von der Norm geschützten Personenkreises irrelevant sind, nicht tatbestandsmäßig sind.[4]

Nicht erfasst sind Fälle, in denen erkennbar jegliche Erklärung verweigert wird. Davon zu unterscheiden, dh strafbewehrt, ist die lückenhafte Erklärung.

Übersichten sind Zusammenstellungen von Daten, die einen Gesamtüberblick über die wirtschaftliche Situation der Gesellschaft ermöglichen.[5] Darstellungen erweitern diesen Begriff. Darstellungen sind „alle Berichte, die den Vermögensstand des Unternehmens so umfassend wiedergeben, dass sie ein Gesamtbild über die wirtschaftliche Lage der Aktiengesellschaft ermöglichen und den Eindruck der Vollständigkeit erwecken".[6] Das dürfte im Rahmen einer Ad-hoc-Mitteilung kaum je der Fall sein;[7] jedenfalls bei einer solchen nicht, die nur einen einzelnen Geschäftsabschluss bekannt gibt.[8] Nach zweifelhafter Ansicht des BGH soll dies allerdings bei Ad-hoc-Mitteilungen, die Quartalsberichte über Umsätze und Erträge enthalten, doch der Fall sein können.[9]

Unter Vorträgen sind alle Stellungnahmen zu den Verhältnissen der Gesellschaft zu verstehen; Auskünfte sind die dem Fragerecht des Aktionärs in der Hauptverhandlung genügenden Antworten.

III. Tathandlung des Abs. 1 Nr. 2. Die Tathandlungen entsprechen denen von § 400 Abs. 1 Nr. 1 und § 399,[10] dh sie müssen im Rahmen von Erklärungen jeder Art, die zur Klärung von Zweifelsfragen, Unklarheiten und Widersprüchen bestimmt sind, oder in Nachweisen, also Unterlagen, die den von der Prüfung erfassten Bereich belegen, erfolgen. Adressat muss ein Prüfer iSd AktG sein. Nach überwiegender Ansicht soll es allerdings zur Tatbestandsverwirklichung ausreichen, wenn eine Person, die der Sphäre des Prüfers zuzurechnen ist, die Mitteilung erhält.[11] Damit wird der Wortlaut überdehnt,[12] zumal die Gehilfen des Prüfers in § 403 eigens genannt sind. Die Tat ist (erst) vollendet, wenn die fragliche Mitteilung dem Prüfer im technischen Sinne zugegangen ist.

IV. Tathandlung des Abs. 2. Die Tathandlung entspricht der des § 399 (s. § 399 Rn 6 f). Wie in § 400 Abs. 1 Nr. 2 ist ausschließlich ein Prüfer tauglicher Adressat (s. Rn 6). Die Auskunftsrechte ergeben sich aus §§ 35 Abs. 1, 52 Abs. 4, 183 Abs. 3.

V. Subjektiver Tatbestand. Bedingter Vorsatz reicht aus.

VI. Vollendung. Als Äußerungsdelikte verlangen alle Varianten für die Vollendung Zugang der Äußerung beim Adressaten.[13] Für § 400 Abs. 1 Nr. 2, Abs. 2 heißt das: Zugang beim Prüfer (s. Rn 6 f).[14]

C. Konkurrenzen

Handlungen nach § 400 Abs. 1 Nr. 1 und 2 treten auf Grund formeller Subsidiarität hinter § 331 Nr. 1, 1a und 4 HGB zurück.[15] § 331 Nr. 1 HGB konsumiert die Tathandlungen von § 400 Abs. 1 Nr. 1, soweit sie im Rahmen der Eröffnungsbilanz, des Jahresabschlusses, des Lageberichts oder des Zwischenabschlusses gem. § 340a Abs. 3 HGB erfolgen. Die Tathandlungen des § 331 Nr. 4 HGB entsprechen denen des § 400 Abs. 1 Nr. 2, wobei § 331 Nr. 4 HGB jedoch allein Handlungen gegenüber dem Abschlussprüfer erfasst.[16]

---

2 MüKo-AktG/*Schaal*, Rn 40.
3 MüKo-AktG/*Schaal*, Rn 35.
4 OLG Frankfurt NStZ-RR 2002, 275.
5 BGHZ 192, 90 Rn 18.
6 BGHZ 192, 90 Rn 18; vgl auch OLG Düsseldorf BB 2011, 2446, 2448.
7 Großkomm-AktienR/*Otto*, Rn 34; *Thümmel*, DB 2001, 2331, 2332; OLG München NZG 2002, 1107; aA KölnKomm-AktG/*Geilen*, Rn 45; *Groß*, WM 2002, 477, 483 f unter Berufung auf den Bericht der Regierungskommission „Corporate Governance" Rn 184.
8 BGHZ 160, 134.
9 BGHSt 49, 381; BGH NJW 2005, 2450 f; iE zustimmend: *Ransiek* JR 2005, 165; vgl jedoch BGHZ 192, 90 Rn 18; vgl auch OLG München ZIP 2006, 316; OLG Frankfurt AG 2006, 162; LG München NJW 2003, 2328, 2331.
10 Wobei sich das Machen falscher Angaben und die unrichtige Wiedergabe ohnehin entsprechen (vgl Rn 3; § 399 Rn 4 f).
11 KölnKomm-AktG/*Geilen*, Rn 104.
12 MüKo-AktG/*Schaal*, Rn 60.
13 KölnKomm-AktG/*Geilen*, Rn 70 f.
14 AA KölnKomm-AktG/*Geilen*, Rn 104.
15 Offen: OLG Düsseldorf BB 2011, 2446, 2447.
16 Vgl im Einzelnen Großkomm-AktienR/*Otto*, Rn 94; MüKo-AktG/*Schaal*, Rn 104.

11 Innerhalb des § 400 verdrängt § 400 Abs. 1 Nr. 2 als speziellere Regelung § 400 Abs. 1 Nr. 1, während zwischen § 400 Abs. 1 Nr. 2 und § 400 Abs. 2 idR Tatmehrheit vorliegen dürfte.[17]

§ 401 Pflichtverletzung bei Verlust, Überschuldung oder Zahlungsunfähigkeit

(1) Mit Freiheitsstrafe bis zu drei Jahren oder mit Geldstrafe wird bestraft, wer es als Mitglied des Vorstands entgegen § 92 Abs. 1 unterläßt, bei einem Verlust in Höhe der Hälfte des Grundkapitals die Hauptversammlung einzuberufen und ihr dies anzuzeigen.

(2) Handelt der Täter fahrlässig, so ist die Strafe Freiheitsstrafe bis zu einem Jahr oder Geldstrafe.

A. Vorbemerkungen

1 § 401 pönalisiert als **echtes Unterlassungsdelikt**[1] die Verletzung der in § 92 Abs. 1 genannten Pflichten. Die Gefahr, die sich für Dritte aus der beschränkten Haftung der Gesellschaft insbesondere in Krisensituationen ergeben kann, soll begrenzt werden.[2] Geschütztes Rechtsgut ist das Vermögen der Aktionäre bzw der Gesellschaft.[3]

B. Der Tatbestand

2 I. **Täter**. Täter kann nur ein **Vorstandsmitglied** (s. § 399 Rn 3) sein.[4]

3 II. **Tathandlung**. Der Tatbestand ist erfüllt, wenn der Täter im Falle des Verlustes der Hälfte des Grundkapitals (s. § 92 Rn 2) seiner Einberufungs- oder Anzeigepflicht nicht nachkommt.

4 III. **Vorsatz, Fahrlässigkeit**. Abs. 1 verlangt zumindest bedingt vorsätzliches Handeln; bei Fahrlässigkeit greift § 401 Abs. 2 ein.

5 IV. **Vollendung**. Die Vollendung folgt den Regeln des echten Unterlassungsdelikts. Sie tritt zu dem Zeitpunkt ein, zu dem die gebotene Handlung hätte vorgenommen werden müssen.[5]

§ 402 Falsche Ausstellung von Berechtigungsnachweisen

(1) Wer Bescheinigungen, die zum Nachweis des Stimmrechts in einer Hauptversammlung oder in einer gesonderten Versammlung dienen sollen, falsch ausstellt oder verfälscht, wird mit Freiheitsstrafe bis zu drei Jahren oder mit Geldstrafe bestraft, wenn die Tat nicht in anderen Vorschriften über Urkundenstraftaten mit schwererer Strafe bedroht ist.

(2) Ebenso wird bestraft, wer von einer falschen oder verfälschten Bescheinigung der in Absatz 1 bezeichneten Art zur Ausübung des Stimmrechts Gebrauch macht.

(3) Der Versuch ist strafbar.

A. Vorbemerkungen

1 § 402 schützt als (von jedermann begehbares) „Allgemein"delikt die Unverfälschtheit der Willensbildung im Falle einer Legitimationskontrolle durch Hinterlegungsscheine. Als Gefährdungsdelikt dient § 402 primär den Interessen der Gesellschaft und der Aktionäre und kommt insoweit als **Schutzgesetz** iSd § 823 Abs. 2 BGB in Betracht.

B. Der Tatbestand

2 I. **Tatobjekt**. Tatobjekt sind **Hinterlegungsbescheinigungen** und Bescheinigungen nach § 123 Abs. 3. Diese müssen zum Nachweis des Stimmrechts erteilt worden sein. Soweit eine entsprechende Bescheinigung schon Voraussetzung für die Teilnahme an der Hauptversammlung ist, ist sie nicht einschlägig.[1] Wegen Fehlens

---

17 Vgl auch MüKo-AktG/*Schaal*, Rn 104 f.
1 Großkomm-AktienR/*Otto*, Rn 7.
2 MüKo-AktG/*Schaal*, Rn 3; Großkomm-AktienR/*Otto*, Rn 4.
3 KölnKomm-AktG/*Geilen*, Rn 3.
4 Vgl zum faktischen Vorstand aber etwa MüKo-AktG/*Schaal*, Rn 14.

5 Vgl hier nur Schönke/Schröder/Lenckner/Perron/*Eser*, vor § 22 Rn 2.

1 MüKo-AktG/*Schaal*, Rn 3; aA KölnKomm-AktG/*Geilen*, Rn 6; Großkomm-AktienR/*Otto*, Rn 11.

einer möglichen Beeinflussung des Abstimmungsergebnisses gilt Gleiches auch für Bescheinigungen über stimmrechtslose Aktien. Die Zwecksetzung der Bescheinigung zum Nachweis des Stimmrechts ist vorsatzrelevantes Tatbestandsmerkmal.² Sie muss objektiv vorliegen. Dies setzt eine ausdrückliche Bestimmung in der Satzung (vgl § 123 Abs. 2) voraus.

II. Tathandlung. Eine Hinterlegungsbescheinigung ist falsch oder verfälscht, wenn sie inhaltlich unrichtig ist (schriftliche Lüge), über die Identität des Ausstellers getäuscht wird (entsprechend einer unechten Urkunde iSd § 267 Abs. 1 StGB) oder beide Alternativen kumulativ vorliegen. Auf Grund der formellen Subsidiarität gegenüber den Urkundsstraftaten des StGB beschränkt sich der praktische Anwendungsbereich der Vorschrift auf die sog. schriftliche Lüge. Ausstellen (§ 402 Abs. 1 Alt. 1) bezeichnet das originäre Anfertigen. Unter Verfälschen (§ 402 Abs. 1 Alt. 2) ist die nachträgliche Inhaltsänderung zu verstehen. Soweit es um eine schriftliche Lüge geht, ist – problemlos³ – auch der Aussteller möglicher Täter.

III. Subjektiver Tatbestand. Der Vorsatz muss auch die Eignung und Zielsetzung der Bescheinigung zum Nachweis des Stimmrechts erfassen (s. Rn 2).⁴

IV. Versuch. Der Versuch ist – wie bei § 267 StGB (dort Abs. 2) – strafbar. Die Versuchsgrenze ist – wie dort – zT extrem weit nach vorne verlagert.⁵

C. Konkurrenzen

Hinter die Urkundenstraftaten (insb. §§ 267, 271, 272, 348 StGB) tritt § 402 auf Grund formeller Subsidiarität zurück (s. Rn 3).

Sofern der Täter die Bescheinigung zunächst falsch ausstellt bzw verfälscht und später selbst gebraucht, bilden beide Akte eine deliktische Einheit, durch die der Tatbestand nur einmal erfüllt wird.⁶

§ 403 Verletzung der Berichtspflicht

(1) Mit Freiheitsstrafe bis zu drei Jahren oder mit Geldstrafe wird bestraft, wer als Prüfer oder als Gehilfe eines Prüfers über das Ergebnis der Prüfung falsch berichtet oder erhebliche Umstände im Bericht verschweigt.

(2) Handelt der Täter gegen Entgelt oder in der Absicht, sich oder einen anderen zu bereichern oder einen anderen zu schädigen, so ist die Strafe Freiheitsstrafe bis zu fünf Jahren oder Geldstrafe.

A. Vorbemerkungen

Schutzzweck ist die Sicherung der **Richtigkeit und Vollständigkeit des Prüfberichts**. Dies dient den Interessen der Gesellschaft, der Aktionäre und sonstiger Personen, die wirtschaftliche Beziehungen zur Gesellschaft unterhalten, dh den Arbeitnehmern und den Gläubigern der Gesellschaft. Für alle diese Personen stellt § 403 ein Schutzgesetz iSd § 823 Abs. 2 BGB dar.¹

B. Der Tatbestand

I. Täter. Prüfer ist, wer eine vom Gesetz vorgeschriebene Prüfung vornimmt. Das sind Gründungsprüfer (§§ 33, 52 Abs. 4) und Sonderprüfer (§§ 142 f, 258).² Vorgeschrieben ist eine Prüfung auch in den Fällen einer Kapitalerhöhung mit Sacheinlage (vgl §§ 183 Abs. 3, 194 Abs. 4, 205 Abs. 5). Gehilfe des Prüfers ist, wer den Prüfer in seiner Prüfungstätigkeit unterstützt. Eine Ausdehnung auf bloße Schreib- oder Hilfskräfte kommt mangels prüfungsspezifischer Tätigkeit nicht in Betracht.³ Etwaige Strafschutzlücken mag § 203 Abs. 3 S. 2 StGB füllen.

---

2 Großkomm-AktienR/*Otto*, Rn 8, 28 f; anders: MüKo-AktG/*Schaal*, Rn 3: objektive Bedingung der Strafbarkeit; Köln-Komm-AktG/*Geilen*, Rn 7: subjektives Absichtsmerkmal.
3 Zum Streit im Rahmen des § 267 StGB vgl Schönke/Schröder/*Cramer/Heine*, § 267 Rn 68 f.
4 Wie hier Großkomm-AktienR/*Otto*, Rn 28 f.
5 Zu Recht kritisch daher *Fischer*, § 267 Rn 46.
6 Schönke/Schröder/*Cramer/Heine*, § 267 Rn 79; Großkomm-AktienR/*Otto*, Rn 42: natürliche Handlungseinheit; MüKo-AktG/*Schaal*, Rn 38.

1 Vgl dazu etwa OLG Hamm GI 1999, 225.
2 Für die Abschlussprüfung vgl §§ 316 ff, 332 HGB.
3 KölnKomm-AktG/*Geilen*, Rn 18; Großkomm-AktienR/*Otto*, Rn 8; Heymann/*Otto*, § 332 HGB Rn 7; MünchKomm-HGB/*Quedenfeld*, § 332 Rn 9; aA MüKo-AktG/*Schaal*, Rn 14 unter Verweis auf die weitere Auslegung im Rahmen des § 203 StGB, vgl dazu Schönke/Schröder/*Lenckner*, § 203 Rn 64; *Fischer*, § 203 Rn 21 f.

3 Im Übrigen soll auch hier eine faktische Betrachtung zur Täteridentifizierung ausreichen (s. § 399 Rn 3). Wird eine Prüfungsgesellschaft beauftragt, richtet sich die strafrechtliche Verantwortlichkeit der Handelnden nach § 14 StGB.

4 **II. Tathandlung.** Ein falscher Bericht liegt vor, wenn der Inhalt des Berichts mit dem Ergebnis der Prüfung nicht übereinstimmt. Auf die objektive Wahrheit kommt es nicht an. Unrichtig wird der Bericht auch durch das Verschweigen erheblicher Umstände (Alt. 2). Nicht einschlägig ist die gänzliche Verweigerung eines Berichts; ebenso wenig, wenn Berichtslücken anderweitig geschlossen werden.[4]

5 **III. Subjektiver Tatbestand.** Bedingter Vorsatz reicht aus.

6 **IV. Vollendung.** Die Tat ist mit dem Zugang des falschen oder unvollständigen Berichts beim Empfänger vollendet. Der Versuch ist straffrei.

7 **V. Qualifikation (Abs. 2).** Gegen Entgelt handelt der Täter, wenn ein Vermögensvorteil (§ 11 Abs. 1 Nr. 9 StGB) als Gegenleistung für die Tat zumindest vereinbart ist.[5] Bereicherungsabsicht liegt vor, wenn der Täter mit dolus directus 1. Grades auf die Erlangung eines rechtswidrigen, dh ihm bzw dem Dritten, zu dessen Gunsten er tätig wird, nicht zustehenden Vermögensvorteils handelt.[6] Schädigungsabsicht hat, wer einem anderen einen Vermögensnachteil zufügen will. Ein bloß immaterieller Schaden reicht in Ansehung der Schutzrichtung der Vorschrift nicht aus.[7]

C. Konkurrenzen

8 Mit § 332 HGB kann ein Konkurrenzverhältnis nicht entstehen; diese Vorschrift erfasst die dort genannten Prüfberichte abschließend. Sonstige durch den Bericht verwirklichte Straftatbestände (etwa §§ 263, 266, 283 ff StGB) stehen im Verhältnis der Tateinheit.[8] Innerhalb des Tatbestandes kann ein Konkurrenzverhältnis nicht entstehen; durch Tun und/oder Unterlassen entsteht immer lediglich ein falscher Bericht.

§ 404 Verletzung der Geheimhaltungspflicht

(1) Mit Freiheitsstrafe bis zu einem Jahr, bei börsennotierten Gesellschaften bis zu zwei Jahren, oder mit Geldstrafe wird bestraft, wer ein Geheimnis der Gesellschaft, namentlich ein Betriebs- oder Geschäftsgeheimnis, das ihm in seiner Eigenschaft als

1. Mitglied des Vorstands oder des Aufsichtsrats oder Abwickler,
2. Prüfer oder Gehilfe eines Prüfers

bekanntgeworden ist, unbefugt offenbart; im Falle der Nummer 2 jedoch nur, wenn die Tat nicht in § 333 des Handelsgesetzbuchs mit Strafe bedroht ist.

(2) ¹Handelt der Täter gegen Entgelt oder in der Absicht, sich oder einen anderen zu bereichern oder einen anderen zu schädigen, so ist die Strafe Freiheitsstrafe bis zu zwei Jahren, bei börsennotierten Gesellschaften bis zu drei Jahren, oder Geldstrafe. ²Ebenso wird bestraft, wer ein Geheimnis der in Absatz 1 bezeichneten Art, namentlich ein Betriebs- oder Geschäftsgeheimnis, das ihm unter den Voraussetzungen des Absatzes 1 bekanntgeworden ist, unbefugt verwertet.

(3) ¹Die Tat wird nur auf Antrag der Gesellschaft verfolgt. ²Hat ein Mitglied des Vorstands oder ein Abwickler die Tat begangen, so ist der Aufsichtsrat, hat ein Mitglied des Aufsichtsrats die Tat begangen, so sind der Vorstand oder die Abwickler antragsberechtigt.

A. Vorbemerkungen 1	IV. Subjektiver Tatbestand 6
B. Die Tatbestände 2	V. Vollendung 7
I. Täter 2	VI. Qualifikation 9
II. Tatobjekt 3	C. Unbefugt/Rechtswidrigkeit 10
III. Tathandlung 4	D. Konkurrenzen 11
1. Offenbaren (Abs. 1) 4	E. Strafverfolgung 13
2. Verwerten (Abs. 2 S. 2) 5	

---

4 Str., aA zB KölnKomm-AktG/*Geilen*, Rn 30.
5 KölnKomm-AktG/*Geilen*, Rn 50; weiter: Großkomm-AktienR/*Otto*, Rn 31.
6 Großkomm-AktienR/*Otto*, Rn 32 ff; MüKo-AktG/*Schaal*, Rn 38; KölnKomm-AktG/*Geilen*, Rn 51, der auf die Rechtswidrigkeit der erstrebten Bereicherung verzichten will.
7 Großkomm-AktienR/*Otto*, Rn 35 mwN; aA KölnKomm-AktG/*Geilen*, Rn 52; MüKo-AktG/*Schaal*, Rn 40.
8 Großkomm-AktienR/*Otto*, Rn 43 f.

A. Vorbemerkungen

§ 404 sichert bzw begründet die Schweigepflicht bestimmter Personen. Ein Offenbaren bzw eigennütziges Verwenden der Geheimnisse der Gesellschaft durch diese Personen soll verhindert werden.[1] Geschützt werden also die Interessen der Gesellschaft und ihrer Aktionäre, für die § 404 auch als Schutzgesetz iSd § 823 Abs. 2 BGB anzusehen ist.[2]

B. Die Tatbestände

I. Täter. Täter können Mitglieder von Vorstand (s. § 399 Rn 3) und Aufsichtsrat (s. § 399 Rn 4 f), Abwickler (s. § 399 Rn 13) sowie Prüfer (s. § 403 Rn 2 f) und ihre Gehilfen (s. § 403 Rn 2 f) sein. Die herrschend postulierte faktische Betrachtungsweise ist auch hier den oben dargestellten Bedenken ausgesetzt (s. § 399 Rn 3).

II. Tatobjekt. Ein Geheimnis ist jede Tatsache, die nur einem begrenzten Personenkreis bekannt oder zugänglich ist und die derjenige, dessen Sphäre sie entstammt, nicht aus dem Kreis hinausgelangen lassen will oder wollte und an deren Geheimhaltung er ein verständliches Interesse hat.[3] Um ein Geheimnis der Gesellschaft handelt es sich, wenn das Geheimnis zum Schutz des Unternehmens im Interesse der Wettbewerbsfähigkeit und des Ansehens nicht bekannt werden soll.[4] Nicht geschützt ist das "illegale Geheimnis", andernfalls würde dem Unternehmen prinzipiell Strafschutz zur Verdeckung illegaler oder sogar strafbarer Handlungen gewährt und der Offenbarende wäre auf die von Abwägungen geprägte Anwendung der Rechtfertigungsgründe (vor allem § 34 StGB) verwiesen.[5]

III. Tathandlung. 1. Offenbaren (Abs. 1). Ein Geheimnis wird offenbart, wenn einem anderen, dem das Geheimnis noch nicht bekannt ist, die Information so zugänglich gemacht wird, dass er Kenntnis erlangt oder zumindest in einer vom Täter nicht mehr zu kontrollierenden Weise erlangen kann.[6]

2. Verwerten (Abs. 2 S. 2). Unter Verwertung ist jede Tätigkeit zu verstehen, mit der das Geheimnis als solches zum Zwecke wirtschaftlicher Gewinnerzielung genutzt werden soll.[7] Soweit das Geheimnis lediglich gegen Entgelt offenbart wird, liegt darin keine Verwertung. Das folgt aus dem dann gegebenen § 404 Abs. 2 S. 1.

IV. Subjektiver Tatbestand. Bedingter Vorsatz reicht aus.

V. Vollendung. Die Offenbarung ist vollendet, wenn das Geheimnis durch die Tathandlung mindestens einem Unbefugten zur Kenntnis gelangt ist. Wenn der Empfänger die Nachricht nicht versteht, ist der Tatbestand nicht erfüllt.[8] Bei Schriftstücken genügt die Übertragung des Gewahrsams, soweit damit eine Kenntnisnahme ohne weiteres möglich wird.[9]

Bei der Verwertung darf die Vollendung nicht schon in jeder auf Gewinnerzielung gerichteten Handlung gesehen werden. Andernfalls würde die Strafbarkeit in den Bereich der straflosen Vorbereitungshandlungen ausgedehnt. Vollendung tritt erst ein, wenn ein Zustand herbeigeführt ist, bei dem der Eintritt des Vermögensvorteils unmittelbar bevorsteht.[10]

VI. Qualifikation. Die Voraussetzungen einer nach § 404 Abs. 2 S. 1 qualifizierten Tat entsprechen den in § 403 Abs. 2 genannten (s. § 403 Rn 7).

C. Unbefugt/Rechtswidrigkeit

Das Geheimnis muss unbefugt offenbart werden. Dies ist als Hinweis auf das allgemeine Deliktsmerkmal der Rechtswidrigkeit zu verstehen, wenn es nicht um eine Einwilligung (dann: Einverständnis) des zuständigen Organs der Gesellschaft geht; in diesem Fall fehlt es schon am Tatbestand.[11] Die irrtümliche Annahme

---

1 MüKo-AktG/*Schaal*, Rn 2.
2 MüKo-AktG/*Schaal*, Rn 4; Großkomm-AktienR/*Otto*, Rn 2 f; weiter: KölnKomm-AktG/*Geilen*, Rn 11, der auch die Arbeitnehmer in den Schutzbereich einbeziehen will; enger: Baumbach/Hueck/*Schulze-Osterloh/Servatius*, GmbHG, § 85 Rn 1, der nur die Gesellschaft erfasst sieht.
3 LK/*Schünemann*, § 203 Rn 19; KölnKomm-AktG/*Geilen*, Rn 22 ff; Großkomm-AktienR/*Otto*, Rn 13 ff; anders: Schönke/Schröder/*Lenckner*, § 203 Rn 5, der auf den Geheimhaltungswillen verzichtet.
4 Großkomm-AktienR/*Otto*, Rn 12; MüKo-AktG/*Schaal*, Rn 20.
5 Str, näher dazu KölnKomm-AktG/*Geilen*, Rn 42.
6 Großkomm-AktienR/*Otto*, Rn 25; KölnKomm-AktG/*Geilen*, Rn 52 ff.
7 KölnKomm-AktG/*Geilen*, Rn 55 f; Großkomm-AktienR/*Otto*, Rn 27; Baumbach/Hueck/*Schulze-Osterloh/Servatius*, GmbHG, § 85 Rn 42.
8 AA Großkomm-AktienR/*Otto*, Rn 32; Schönke/Schröder/*Lenckner*, § 203 Rn 72.
9 Großkomm-AktienR/*Otto*, Rn 32; Schönke/Schröder/*Lenckner*, § 203 Rn 72; weiter: KölnKomm-AktG/*Geilen*, Rn 66.
10 MüKo-AktG/*Schaal*, Rn 60; KölnKomm-AktG/*Geilen*, Rn 67; auf die Tätersicht abstellend: Großkomm-AktienR/*Otto*, Rn 33 f.
11 Vgl Schönke/Schröder/*Lenckner*, § 203 Rn 21; aA KölnKomm-AktG/*Geilen*, Rn 74; Lackner/*Kühl*, vor § 201 Rn 2; MüKo-AktG/*Schaal*, Rn 33.

eines Einverständnisses schließt daher schon den Vorsatz nach § 16 Abs. 1 S. 1 StGB aus. Rechtfertigung kommt dagegen in Betracht, wenn die offenbarende Person gesetzliche Aufklärungspflichten (etwa: die Zeugnispflicht vor Gericht, soweit nicht die §§ 52–55 StPO eingreifen) erfüllt. § 404 begründet kein Zeugnisverweigerungsrecht.[12]

D. Konkurrenzen

11 Da die Verwertung ein Offenbaren nicht zwingend voraussetzt, können die Alternativen abhängig vom Tatgeschehen im Verhältnis der Tateinheit oder Tatmehrheit stehen. § 404 Abs. 1 Nr. 2 tritt hinter § 333 HGB wegen der in Bezug auf letztere Vorschrift angeordneten formellen Subsidiarität zurück. Im Verhältnis zu §§ 203, 204 StGB ist § 404 lex specialis.

12 Mit Delikten wie § 17 UWG, §§ 246, 266 StGB und § 38 WpHG ist Tateinheit (§ 52 StGB) möglich.

E. Strafverfolgung

13 Die Tat ist Antragsdelikt (§ 404 Abs. 3). Insoweit gelten die allgemeinen Regeln (§§ 77 ff StGB).

§ 405 Ordnungswidrigkeiten

(1) Ordnungswidrig handelt, wer als Mitglied des Vorstands oder des Aufsichtsrats oder als Abwickler

1. Namensaktien ausgibt, in denen der Betrag der Teilleistung nicht angegeben ist, oder Inhaberaktien ausgibt, bevor auf sie der Ausgabebetrag voll geleistet ist,
2. Aktien oder Zwischenscheine ausgibt, bevor die Gesellschaft oder im Fall einer Kapitalerhöhung die Durchführung der Erhöhung des Grundkapitals oder im Fall einer bedingten Kapitalerhöhung oder einer Kapitalerhöhung aus Gesellschaftsmitteln der Beschluß über die bedingte Kapitalerhöhung oder die Kapitalerhöhung aus Gesellschaftsmitteln eingetragen ist,
3. Aktien oder Zwischenscheine ausgibt, die auf einen geringeren als den nach § 8 Abs. 2 Satz 1 zulässigen Mindestnennbetrag lauten oder auf die bei einer Gesellschaft mit Stückaktien ein geringerer anteiliger Betrag des Grundkapitals als der nach § 8 Abs. 3 Satz 3 zulässige Mindesbetrag entfällt, oder
4. a) entgegen § 71 Abs. 1 Nr. 1 bis 4 oder Abs. 2 eigene Aktien der Gesellschaft erwirbt oder, in Verbindung mit § 71 e Abs. 1, als Pfand nimmt,
    b) zu veräußernde eigene Aktien (§ 71 c Abs. 1 und 2) nicht anbietet oder
    c) die zur Vorbereitung der Beschlußfassung über die Einziehung eigener Aktien (§ 71 c Abs. 3) erforderlichen Maßnahmen nicht trifft.

(2) Ordnungswidrig handelt auch, wer als Aktionär oder als Vertreter eines Aktionärs die nach § 129 in das Verzeichnis aufzunehmenden Angaben nicht oder nicht richtig macht.

(2 a) Ordnungswidrig handelt, wer entgegen § 67 Abs. 4 Satz 2, auch in Verbindung mit Satz 3, eine Mitteilung nicht oder nicht richtig macht.

(3) Ordnungswidrig handelt ferner, wer

1. Aktien eines anderen, zu dessen Vertretung er nicht befugt ist, ohne dessen Einwilligung zur Ausübung von Rechten in der Hauptversammlung oder in einer gesonderten Versammlung benutzt,
2. zur Ausübung von Rechten in der Hauptversammlung oder in einer gesonderten Versammlung Aktien eines anderen benutzt, die er sich zu diesem Zweck durch Gewähren oder Versprechen besonderer Vorteile verschafft hat,
3. Aktien zu dem in Nummer 2 bezeichneten Zweck gegen Gewähren oder Versprechen besonderer Vorteile einem anderen überläßt,
4. Aktien eines anderen, für die er oder der von ihm Vertretene das Stimmrecht nach § 135 nicht ausüben darf, zur Ausübung des Stimmrechts benutzt,
5. Aktien, für die er oder der von ihm Vertretene das Stimmrecht nach § 20 Abs. 7, § 21 Abs. 4, §§ 71 b, 71 d Satz 4, § 134 Abs. 1, §§ 135, 136, 142 Abs. 1 Satz 2, § 285 Abs. 1 nicht ausüben darf, einem anderen zum Zweck der Ausübung des Stimmrechts überläßt oder solche ihm überlassene Aktien zur Ausübung des Stimmrechts benutzt,

---

12 Vgl BVerfGE 76, 363.

6. besondere Vorteile als Gegenleistung dafür fordert, sich versprechen läßt oder annimmt, daß er bei einer Abstimmung in der Hauptversammlung oder in einer gesonderten Versammlung nicht oder in einem bestimmten Sinne stimme oder
7. besondere Vorteile als Gegenleistung dafür anbietet, verspricht oder gewährt, daß jemand bei einer Abstimmung in der Hauptversammlung oder in einer gesonderten Versammlung nicht oder in einem bestimmten Sinne stimme.

(3 a) Ordnungswidrig handelt, wer vorsätzlich oder leichtfertig
1. entgegen § 121 Abs. 4a Satz 1, auch in Verbindung mit § 124 Abs. 1 Satz 3, die Einberufung nicht, nicht richtig, nicht vollständig oder nicht rechtzeitig zuleitet oder
2. entgegen § 124a Angaben nicht, nicht richtig oder nicht vollständig zugänglich macht.

(4) Die Ordnungswidrigkeit kann mit einer Geldbuße bis zu fünfundzwanzigtausend Euro geahndet werden.

A. Vorbemerkungen	1	V. § 405 Abs. 3 Nr. 2	10
B. Die Tatbestände	2	VI. § 405 Abs. 3 Nr. 3	11
I. § 405 Abs. 1	2	VII. § 405 Abs. 3 Nr. 4	12
1. § 405 Abs. 1 Nr. 1	3	VIII. § 405 Abs. 3 Nr. 5	13
2. § 405 Abs. 1 Nr. 2	4	IX. § 405 Abs. 3 Nr. 6	14
3. § 405 Abs. 1 Nr. 3	5	X. § 405 Abs. 3 Nr. 7	15
4. § 405 Abs. 1 Nr. 4	6	XI. § 405 Abs. 3a	15a
II. § 405 Abs. 2	7	XII. Subjektiver Tatbestand	16
III. § 405 Abs. 2a	8	C. Konkurrenzen	17
IV. § 405 Abs. 3 Nr. 1	9		

A. Vorbemerkungen

Zu beachten sind hier die Besonderheiten des Ordnungswidrigkeitenrechts: An die Stelle des Legalitätsprinzips (§ 152 Abs. 2 StPO) tritt das Opportunitätsprinzip (§§ 47 Abs. 2, 53 Abs. 1 S. 1 OWiG). Zudem stellen die Sanktionen des OWiG keine Strafe iSd § 4 Nr. 1 BZRG dar. Materiellrechtlich ist im Gegensatz zum Strafrecht (§§ 25 ff StGB) vom Einheitstäter (§ 14 OWiG) auszugehen. Im Verhältnis zu Straftaten besteht grundsätzlich Subsidiarität (§ 21 OWiG; zu möglichen Ausnahmen vgl unten Rn 16).

B. Die Tatbestände

I. § 405 Abs. 1. Täter können nur Abwickler (s. § 399 Rn 13) sowie Mitglieder des Vorstandes (s. § 399 Rn 3) und des Aufsichtsrates (s. § 399 Rn 4 f) sein.

1. § 405 Abs. 1 Nr. 1. Geschützt wird das Emissionsverbot des § 10 Abs. 2. Andere Fälle einer Emissionssperre (vgl § 55) sind nicht erfasst.[1]

2. § 405 Abs. 1 Nr. 2. Der Verstoß gegen ein Emissionsverbot im Rahmen einer Kapitalerhöhung kann sich aus §§ 41 Abs. 4, 191, 197, 203 Abs. 1, 219 ergeben.

3. § 405 Abs. 1 Nr. 3. Erfasst werden die Ausgabe von Aktien oder Zwischenscheinen mit einem Nennbetrag oder einem Anteil am Grundkapital von weniger als einem Euro (§ 8 Abs. 2 S. 1, Abs. 3 S. 3).

4. § 405 Abs. 1 Nr. 4. Diese Variante missbilligt – in sehr lückenhafter Form – den Umgang der Gesellschaft mit eigenen Aktien (vgl §§ 71 ff); die Relevanz der Vorschrift hat seit dem KonTraG (vgl § 71 Abs. 1 Nr. 8) noch mehr abgenommen.

II. § 405 Abs. 2. Geschützt wird die Richtigkeit des Teilnehmerverzeichnisses (§ 129) vor unrichtigen Angaben (s. § 399 Rn 6)[2] durch die Aktionäre (s. § 400 Rn 2) oder ihre Vertreter.

III. § 405 Abs. 2a. Geschützt wird die Richtigkeit einer Mitteilung nach § 67 Abs. 4 S. 2, 3 durch den Eingetragenen bzw denjenigen, dessen Daten übermittelt werden.

IV. § 405 Abs. 3 Nr. 1. Tatobjekt sind Aktien, die nach bürgerlichem Recht einem anderen gehören.[3] Auf Grund der Schutzrichtung der Vorschrift ist unter Benutzen nur das Gebrauchmachen von den Mitgliedsrechten eines Aktionärs in den genannten Versammlungen zu verstehen. Die Benutzung ist unbefugt, wenn sie nicht von einer Vertretungsbefugnis oder einer Einwilligung gedeckt ist. Eine entsprechende Befugnis

---

[1] Vgl KölnKomm-AktG/*Geilen*, Rn 22 ff.
[2] Zudem erfasst § 405 Abs. 2 auch das vollständige Unterlassen von Angaben, vgl dazu MüKo-AktG/*Schaal*, Rn 68 f.
[3] Großkomm-AktienR/*Otto*, Rn 64.

schließt den Tatbestand aus; ein entsprechender Irrtum ist daher nach § 11 Abs. 1 OWiG als vorsatzausschließender Tatbestandsirrtum zu behandeln.

10 **V. § 405 Abs. 3 Nr. 2.** Voraussetzung ist das Benutzen der Aktien eines anderen in einer der genannten Versammlungen. Der Vorteilsbegriff entspricht dem der §§ 331 ff StGB. Damit wird unter Vorteil jede Leistung verstanden, auf die der Täter keinen Anspruch hat und die die wirtschaftliche, rechtliche oder persönliche Lage des Täters oder eines Dritten verbessert.[4] Der Vorteil ist ein besonderer, wenn er nicht allen Aktionären zusteht.[5]

11 **VI. § 405 Abs. 3 Nr. 3.** Die Vorschrift bildet das spiegelbildliche Gegenstück zu § 405 Abs. 3 Nr. 2. Hier wird der Vorteilsnehmer erfasst. Überlassen bedeutet die Verschaffung der Möglichkeit der Verfügungsgewalt über die Aktie und die aus ihr folgenden Rechte.[6]

12 **VII. § 405 Abs. 3 Nr. 4.** Ziel ist die Einhaltung der in § 135 geregelten Pflichten, soweit sich diese auf die Ausübung des Stimmrechts beziehen. Das Benutzen der Aktien eines anderen ist wie im Rahmen von § 405 Abs. 3 Nr. 1 zu verstehen (s. Rn 8).

13 **VIII. § 405 Abs. 3 Nr. 5.** Sanktioniert wird eine Umgehung der aufgeführten Stimmrechtsverbote.[7]

14 **IX. § 405 Abs. 3 Nr. 6.** Unterbunden werden soll der Verkauf einer Stimme in der Hauptversammlung oder einer gesonderten Versammlung. Die Tathandlungen entsprechen denen des § 331 StGB, die dort entwickelten Grundsätze gelten entsprechend.

15 **X. § 405 Abs. 3 Nr. 7.** Als Gegenstück zu § 405 Abs. 3 Nr. 6 entsprechen die Tathandlungen hier denen des § 333 StGB.[8]

15a **XI. § 405 Abs. 3 a.** Sanktioniert wird der Verstoß gegen besondere Erfordernisse bei Einberufung der Hauptversammlung, Festsetzung der Tagesordnung (Nr. 1) und Veröffentlichung auf der Internetseite (Nr. 2) bei börsennotierten Gesellschaften.

16 **XII. Subjektiver Tatbestand.** Die Tatbestandsvarianten der Absätze 1 bis 3 setzen eine vorsätzliche Begehung voraus (§ 10 OWiG), die des Absatzes 3 a können auch leichtfertig begangen werden.

C. Konkurrenzen

17 Gemäß § 19 OWiG kann zwischen einzelnen Tatbeständen innerhalb einer Vorschrift Tateinheit bestehen. Zu beachten ist allerdings, dass § 405 Abs. 3 Nr. 4 als lex specialis § 405 Abs. 3 Nr. 1 verdrängt. Im Verhältnis zu Straftaten, namentlich §§ 263, 266, 267 StGB, tritt eine Ordnungswidrigkeit nach der allgemeinen Regel des § 21 OWiG zurück. Soweit jedoch einzelne Varianten einer Ordnungswidrigkeit von einer Straftat, dies könnte insbesondere im Zusammenhang mit § 266 StGB der Fall sein, vollständig überlagert werden, bedarf dieses Ergebnis der Korrektur. Dann sollte – ausnahmsweise – § 405 als dem spezielleren Gesetz der Vorrang vor der Straftat gebühren. Vorrang von speziellen Ordnungswidrigkeiten ist auch sonst möglich.[9] Mit Blick auf § 266 StGB könnte auf diese Weise der ausufernden Anwendung dieser Vorschrift partiell entgegengewirkt werden.

§ 406 (aufgehoben)

§ 407 Zwangsgelder

(1) ¹Vorstandsmitglieder oder Abwickler, die § 52 Abs. 2 Satz 2 bis 4, § 71 c, § 73 Abs. 3 Satz 2, §§ 80, 90, 104 Abs. 1, § 111 Abs. 2, § 145, §§ 170, 171 Abs. 3 oder Abs. 4 Satz 1 in Verbindung mit Abs. 3, §§ 175, 179 a Abs. 2 Satz 1 bis 3, 214 Abs. 1, § 246 Abs. 4, §§ 248 a, 259 Abs. 5, § 268 Abs. 4, § 270 Abs. 1, § 273 Abs. 2, §§ 293 f, 293 g Abs. 1, § 312 Abs. 1, § 313 Abs. 1, § 314 Abs. 1 nicht befolgen, sind hierzu vom Registergericht durch Festsetzung von Zwangsgeld anzuhalten; § 14 des Handelsgesetzbuchs bleibt unberührt. ²Das einzelne Zwangsgeld darf den Betrag von fünftausend Euro nicht übersteigen.

(2) Die Anmeldungen zum Handelsregister nach den §§ 36, 45, 52, 181 Abs. 1, §§ 184, 188, 195, 210, 223, 237 Abs. 4, §§ 274, 294 Abs. 1, § 319 Abs. 3 werden durch Festsetzung von Zwangsgeld nicht erzwungen.

---

4 Vgl BGHSt 31, 264, 279; 35, 128, 133.
5 MüKo-AktG/*Schaal*, Rn 98.
6 Großkomm-AktienR/*Otto*, Rn 93; MüKo-AktG/*Schaal*, Rn 111.
7 Vgl im Einzelnen KölnKomm-AktG/*Geilen*, Rn 116 ff; MüKo-AktG/*Schaal*, Rn 136.
8 Vgl Schönke/Schröder/*Cramer/Heine*, § 333 Rn 2 ff.
9 Vgl etwa die ausdrückliche Anordnung in § 372 Abs. 2 AO.

Literatur:
Bassenge, Tatsachenermittlung, Rechtsprüfung und Ermessensausübung in den registergerichtlichen Verfahren nach §§ 132–144 FGG, Rpfleger 1974, 173; *Hofmann*, Zwangsgeldverfahren in der freiwilligen Gerichtsbarkeit, Rpfleger 1991, 283; *Nedden-Boeger*, Die Ungereimtheiten der FGG-Reform – eine kritische Bestandsaufnahme aus registerrechtlicher Sicht, FGPrax 2009,144; ders. Die Anwendung des Allgemeinen Teils des FamFG in Registersachen und in unternehmensrechtlichen Verfahren, FGPrax 2010, 1.

A. Allgemeines	1	2. Registerzwang nach § 14 HGB	17
B. Normzweck	3	II. Kein Zwang nach Abs. 2	20
C. Rechtsnatur des Zwangsgeldes	4	III. Ausnahmen von Abs. 2 S. 1 nach § 407 Abs. 2	
I. Zweck	4	S. 2 aF	21
II. Abgrenzung zu anderen Sanktionen	5	F. Das Zwangsgeldverfahren	22
III. Verschulden	6	I. Zuständigkeit	23
IV. Höhe und Bemessung	7	II. Einleitung	24
D. Betroffene	9	III. Verfügung des Registergerichts	25
E. Der Tatbestand	16	IV. Zwangsgeldfestsetzung	27
I. Erzwingbare Handlungen (Abs. 1)	16	V. Das Einspruchs- und Beschwerdeverfahren	28
1. Die einzelnen Vorschriften	16	G. Kosten und Vollstreckung	29

A. Allgemeines

Die früher im HGB (§ 319 HGB aF) enthaltene Norm wurde in das Aktiengesetz 1937 als § 303 übernommen und gilt seit 1994 als § 407 idF von Art. 6 Nr. 16 des UmwBerG.[1] Durch dieses Gesetz wurden die früher in § 407, § 37 KapErhG enthaltenen Bestimmungen über die Verhängung von Zwangsgeldern in **Umwandlungsfällen** unverändert in den § 316 UmwG übernommen.[2] Bereits vorher[3] waren aus § 407 die **bilanzrechtlichen Pflichten** herausgenommen und in das HGB (§ 335, der allerdings ein Einschreiten von einem Antrag abhängig macht, § 340 o) übernommen worden.[4]   1

Die **Vermögensübertragung** blieb als § 179a im Aktienrecht (siehe dazu die Erläuterungen zu § 179a). Abs. 1 S. 1 zählt **enumerativ** die Bestimmungen auf, nach denen Registerzwang geboten ist, lässt aber daneben § 14 HGB unberührt; diese Bestimmung wird ergänzt, nicht verdrängt. Die Änderungen in § 407 Abs. 1 von § 52 Abs. 2 S. 2 bis 4 und von § 179a Abs. 2 S. 1–3 durch das ARUG beinhalten lediglich, daß die Verpflichtungen der Sätze 2, 3 bzw 1, 2 entfallen, wenn der Vertrag für denselben Zeitraum über das Internet zugänglich ist. In Abs. 2 S. 1 aF wurden ausdrücklich Tatbestände aufgeführt, bei denen Registerzwang nicht zulässig ist; davon war wieder ausgenommen, also Registerzwang zulässig, die Pflicht zur Einreichung ausreichender Stückzahlen für schon bestehende Zweigniederlassungen; Abs. 2 S. 2 aF. Durch das EHUG ist diese Bestimmung ersatzlos weggefallen als Folge der Aufhebung von § 13 c HGB, der die Einreichung bestimmter Überstücke anordnete. Die derzeit gültige Fassung von § 407 Abs. 2 entspricht wortgleich der Vorschrift von § 407 Abs. 2 S. 1 aF.   2

B. Normzweck

Mit der Bestimmung des § 14 HGB und damit auch des § 407, der diesen ergänzt und modifiziert, soll **im öffentlichen Interesse** die Vollständigkeit und Zuverlässigkeit des Handelsregisters sichergestellt werden. Die Regelung ist abschließend. Deshalb wird es dem Registergericht ermöglicht, in bestimmten Fällen die Anpassung des Registerinhalts an eine materiellrechtlich abweichende Rechtslage bei der AG durch Verhängung von Zwangsgeld zu erzwingen. Diese Möglichkeit ist in der Regel auf sog. **deklaratorische** (rechtsbekundende) Eintragungen beschränkt. An der Erzwingung einer Anmeldung, deren Eintragung **konstitutiv** wirkt, besteht regelmäßig kein öffentliches Interesse, da es Sache der Beteiligten ist, ob sie eine beabsichtigte Rechtsgestaltung durch die Eintragung verwirklichen wollen.[5] Ein für alle Fälle passendes Abgrenzungskriterium ist aber allein die Unterscheidung, ob eine Eintragung deklaratorisch oder konstitutiv wirkt, nicht.[6]   3

---

[1] Gesetz v. 28.10.1994, BGBl. I S. 3210.
[2] Dazu *Hüffer*, Rn 7.
[3] Art. 2 BiRiLiG v. 19.12.1985, BGBl. I S. 2355.
[4] Näher zum Ganzen MüKo-AktG/*Schaal*, Rn 1 f; *Hüffer*, Rn 6.
[5] Allgemeines zu deklaratorischen und konstitutiven Wirkungen von Eintragungen im Handelsregister bei Röhricht/v. Westphalen/*Ammon/Ries*, HGB, § 8 Rn 52 ff.
[6] Vgl Röhricht/v. Westphalen/*Ammon/Ries*, HGB, § 14 Rn 9.

C. Rechtsnatur des Zwangsgeldes

I. Zweck. Die in § 407 wie in § 14 HGB bezeichnete Sanktion ist **weder Strafe noch Geldbuße**. Deshalb ist die Gesetzesüberschrift vor § 399 („Straf- und Bußgeldvorschriften") für § 407 irreführend.[7] Die frühere missverständliche Bezeichnung „Ordnungsstrafe" gibt es seit 1974 nicht mehr.[8] Die Bezeichnung macht nunmehr deutlich, dass es hier nicht um eine Bestrafung für begangenes Unrecht geht, sondern um die Ausübung von Zwang zur Beseitigung eines durch Unterlassen herbeigeführten rechtswidrigen Zustandes; es soll künftiges Verhalten erzwungen werden.[9] Das Zwangsgeldverfahren ist in den §§ 388 bis 392 FamFG, früher §§ 132 ff FGG geregelt; Bestimmungen des Ordnungswidrigkeitenrechts (Geldbuße) oder des Strafrechts kommen nicht zur Anwendung.

II. Abgrenzung zu anderen Sanktionen.[10] Anders als bei einem **Ordnungsgeld** (Geldbuße) und natürlich auch bei einer **Kriminalstrafe** wird im Zwangsgeldverfahren nicht begangenes Unrecht gesühnt. Das Zwangsgeld wird vielmehr zunächst angedroht, um eine erforderliche Anmeldung zum Handelsregister, oder die notwendige Einreichung von Schriftstücken zu erzwingen. Sobald der Verpflichtete die Handlung vorgenommen hat, endet das Zwangsgeldverfahren, der Zweck ist erreicht, eine Sanktion entfällt. **Zweck des Zwangsgeldverfahrens** ist die Herstellung eines ordnungsgemäßen Zustandes; Ordnungsgeld wird verhängt, um einen in der Vergangenheit liegenden, bereits abgeschlossenen rechtswidrig und schuldhaft begangenen Tatbestand zu ahnden.[11]

III. Verschulden. Während die Verhängung eines **Ordnungsgeldes** immer ein schuldhaftes, also vorsätzliches oder fahrlässiges Handeln voraussetzt,[12] ist für die Verhängung von **Zwangsgeld** zwar ein rechtswidriges Verhalten, nicht aber ein Verschulden erforderlich.[13] Solange in § 407 Ordnungsstrafe angedroht war, ging man wegen eines Teilgehaltes an Straffunktion davon aus, dass Vorsatz oder Fahrlässigkeit für die Tatbegehung erforderlich seien. Deshalb wird aber nunmehr die noch bestehende Abschnittsüberschrift vor § 399 mit der Bezeichnung „**Straf- und Bußgeldvorschriften**" dem inhaltlich geänderten § 407 nicht mehr gerecht; sie sollte abgeändert werden.

IV. Höhe und Bemessung. Das **Höchstmaß** eines Zwangsgeldes beträgt 5.000 EUR, das **Mindestmaß** 5 EUR.[14] Dieser Bemessungsrahmen kann bei jeder erneuten Festsetzung von Zwangsgeld voll ausgeschöpft werden; ein Höchstmaß für die Summe der zu erkennenden Zwangsgelder besteht nicht. Eine Addition einzelner Zwangsgelder bei wiederholter Pflichtverletzung findet nicht statt. Auch wenn das Zwangsgeld nicht beigetrieben werden kann, ist es festzusetzen. Die Verhängung einer **Ersatz-Beugehaft** scheidet aus, weil es dafür an einer gesetzlichen Grundlage (Art. 104 Abs. 1 GG) fehlt.

Bei der **Bemessung der Höhe** des Zwangsgeldes sind die Umstände des Einzelfalles zu berücksichtigen. Dies gilt bereits für die Androhung, die häufig schon genügt, um den Pflichtigen zum Handeln zu veranlassen. Die Höhe des festzusetzenden Zwangsgeldes muss ausreichend sein, um den auf Missachtung der gerichtlichen Aufforderung gerichteten Willen zu beugen. Die **wirtschaftlichen Verhältnisse** sind zu berücksichtigen, da davon die Zwangsgeldempfindlichkeit des Verpflichteten abhängt.[15] Es kann auch berücksichtigt werden, ob ein schon einmal verhängtes Zwangsgeld seine Wirkung verfehlt hat, so dass deshalb im Wiederholungsfall auf ein empfindlicheres Zwangsgeld zu erkennen sein wird.[16] Nach überwiegender Meinung soll auch die Art und das Ausmaß eines etwaigen **Verschuldens** in die Bemessung Eingang finden.[17] Richtig dürfte sein, dass bei fehlendem Verschulden ein niedrigeres Zwangsgeld zur Herbeiführung des Erfolges ausreichend sein kann.[18] Sind bereits vorher festgesetzte Zwangsgelder wirkungslos geblieben, wird sich dies bei der erneuten Festsetzung erhöhend auswirken.

---

[7] MüKo-AktG/*Schaal*, Rn 3.
[8] Art. 129 Nr. 1 EStGB v. 2.3.1974, BGBl. I S. 469, 571.
[9] Vgl Großkomm-AktienR/*Otto*, Rn 4; Spindler/Stilz/*Hefendehl*, Rn 3; MüKo-AktG/*Schaal*, Rn 3; *Hüffer*, Rn 14 mwN.
[10] Zur Unterscheidung zwischen Zwangsgeld und Ordnungsgeld eingehend BayObLG NJW 1999, 297.
[11] Vgl Scholz/*Winter*, GmbHG, § 79 Rn 12.
[12] ZB BVerfGE 20, 323, 333.
[13] Vgl Großkomm-AktienR/*Otto*, Rn 4; MüKo-AktG/*Schaal*, Rn 14; Spindler/Stilz/*Hefendehl*, Rn 3; *Hüffer*, Rn 14.
[14] Das Höchstmaß des einzelnen Zwangsgeldes ergibt sich unmittelbar aus § 407 Abs. 1 S. 2 mit 5.000 EUR; das Mindestmaß mit 5 EUR folgt aus Art. 6 Abs. 1 S. 1 EGStGB in der Fassung durch Art. 2 des Gesetzes v. 13.12.2001, BGBl. I S. 3574. Bei der Zwangsgeldandrohung sollte de lege ferenda ernsthaft überlegt werden, ob ein Zwangsgeld nur gegen Vorstandsmitglieder oder Abwickler zwingend festgesetzt werden kann und nicht auch gegen die Gesellschaft selbst; dogmatische Bedenken sind nicht zu sehen, da dem Zwangsgeld jeglicher Strafcharakter fehlt, so dass es sich nicht bereits um den Einstieg in ein Unternehmensstrafrecht handeln würde. Weiterhin sollte das Höchstmaß von 5.000 EUR überdacht werden; ein Höchstmaß von 100.000 EUR erscheine eher angemessen, um auch in krassen Fällen den gebotenen Zwang erfolgreich ausüben zu können.
[15] Vgl BayObLGZ 1974, 351, 354; *Hofmann*, Rpfleger 1991, 283; Spindler/Stilz/*Hefendehl*, Rn 13; MüKo-AktG/*Schaal*, Rn 14,15.
[16] MüKo-AktG/*Schaal*, Rn 15.
[17] So Keidel/*Zimmermann*, FGG, § 33 Rn 20 a; dagegen: MüKo-AktG/*Schaal*, Rn 14; *Hüffer*, Rn 16; Lutter/Hommelhoff, GmbHG, § 79 Rn 2 (Verschulden unerheblich).
[18] Zum Ganzen MüKo-AktG/*Schaal*, Rn 15; Spindler/Stilz/*Hefendehl*, Rn 15; vgl auch Scholz/*Winter*, GmbHG, § 79 Rn 13.

D. Betroffene

Nach hM richtet sich jeder Registerzwang grundsätzlich nur gegen **natürliche Personen**.[19] Nach der Aufzählung der in § 407 genannten Pflichten treffen diese nicht den Rechtsträger, nämlich die AG selbst, sondern deren **amtierende**[20] **Vertretungsorgane** persönlich.[21] Vorstandsmitgliedern oder Abwicklern wird durch die Vorschrift eine öffentlich-rechtliche Pflicht zum Handeln auferlegt, für die sie persönlich einzustehen haben. Zwar ist ihre Organstellung unabdingbare Grundlage dieser Pflicht, sie werden aber zu deren Erfüllung durch das Gesetz persönlich in Anspruch genommen.[22]

Vorstandsmitglieder iSv § 407 sind auch die stellvertretenden Vorstandsmitglieder (§ 94), die als **Stellvertreter** im Handelsregister nicht verlautbart werden. Gegen sie richtet sich das Zwangsgeldverfahren aber nur dann, wenn sie für die Handlung, die erzwungen werden soll, auch zuständig sind.[23]

Müssen mehrere Vorstandsmitglieder oder Abwickler bei einer Handlung mitwirken, so richtet sich das Zwangsgeldverfahren nur gegen nicht mitwirkungsbereite oder säumige Vorstandsmitglieder.[24]

Gegen **Aufsichtsratsmitglieder** findet ein Zwangsgeldverfahren nicht statt, da für sie weder eine Handlungspflicht nach § 407 noch nach § 14 HGB besteht. Soweit der Aufsichtsratsvorsitzende bei der Anmeldung von Kapitalmaßnahmen mitwirkt (§§ 184, 185, 195, 223, 237 Abs. 4), sind gerade solche Anmeldungen nach § 407 Abs. 2 vom Registerzwang ausgenommen.[25]

Sind Aufsichtsratsmitglieder nach § 105 Abs. 2 S. 1 zu Stellvertretern von Vorstandsmitgliedern bestellt, so ruht während ihrer Amtszeit ihre Tätigkeit als Aufsichtsratsmitglied (§ 105 Abs. 2 S. 3). In ihrer Eigenschaft als Vertreter eines Vorstandsmitglieds kann, wenn sie zu einer Handlung iSv § 407 für den Vertretenen verpflichtet sind und diese unterlassen, auch gegen sie ein Zwangsgeldverfahren durchgeführt werden. Das bedeutet aber nicht, dass hier ausnahmsweise ein Zwangsgeld gegen ein Aufsichtsratsmitglied verhängt werden könnte; das Zwangsgeldverfahren richtet sich gegen sie ausschließlich in ihrer Eigenschaft als Vertreter an Stelle des Vertretenen.[26]

Bei der KGaA (§ 408) sind Normadressaten die persönlich haftenden Gesellschafter. Wird eine **juristische Person** zum Abwickler für die AG bestellt, so haben die jeweiligen gesetzlichen Vertreter die Pflichten des § 407 zu erfüllen. Ob sich aber dann nicht das Zwangsgeldverfahren direkt gegen die juristische Person richtet, die durch ihre organschaftlichen Vertreter handeln kann, oder gegen diese Vertreter persönlich, ist bisher nicht abschließend geklärt. Dogmatisch erscheint ein Zwangsgeldverfahren gegen eine juristische Person möglich.[27] Endet das Amt eines Vorstandsmitglieds oder Abwicklers während des Verfahrens, so endet dieses Zwangsgeldverfahren. Es muss ein neues Verfahren eingeleitet werden. Folgt man der noch herrschenden Meinung bleibt das Zwangsgeldverfahren eine stumpfe Waffe; denn gerade die Gesellschaften, die ihren gesetzlichen Anmeldepflichten nicht nachkommen, zeichnen sich auch durch einen häufigen Wechsel der Vertretungsorgane aus. Das gilt besonders für die Geschäftsführer von GmbHs. Hingegen bliebe ein gegen eine juristische Person laufendes Verfahren von einem Wechsel in der organschaftlichen Vertretung unberührt.[28]

Gegen Bevollmächtigte (zB Prokuristen) ist Registerzwang nicht zulässig; dies gilt auch für inländische Bevollmächtigte einer ausländischen Kapitalgesellschaft.[29]

---

[19] Vgl BayObLG BB 1973, 1596; Großkomm-HGB/*Hüffer*, § 14 Rn 4; MüKo-AktG/*Schaal*, Rn 12; Röhricht/v. Westphalen/*Ammon/Ries*, HGB, § 14 Rn 13.
[20] BayObLG GmbHR 1994, 331, 332.
[21] *Hüffer*, Rn 2; BayObLGZ 2000, 11, 14 zu § 21 S. 1 Nr. 1 PublG.
[22] Vgl MüKo-AktG/*Schaal*, Rn 10; *Hüffer*, Rn 2; iE ähnlich: Scholz/*Winter*, GmbHG, § 79 Rn 18.
[23] Vgl MüKo-AktG/*Schaal*, Rn 10; *Hüffer*, Rn 3.
[24] Vgl OLG Hamm JMBl NRW 1959, 32; GroßKomm-AktienR/*Otto*, Rn 6; MüKo-AktG/*Schaal*, Rn 10; *Hüffer*, Rn 3; Röhricht/v. Westphalen/*Ammon/Ries*, HGB, § 14 Rn 12.
[25] Vgl MüKo-AktG/*Schaal*, Rn 10; *Hüffer*, Rn 2.
[26] Zutreffend: *Hüffer*, Rn 3; MüKo-AktG/*Schaal*, Rn 10; Spindler/Stilz/*Hefendehl*, Rn 11; vgl auch, stark verkürzt, Großkomm-AktienR/*Otto*, Rn 6; ferner: Keidel/*Winkler*, FGG, § 132 Rn 16; *Jansen*, FGG, § 132 Rn 48.
[27] Dazu Röhricht/v. Westphalen/*Ammon/Ries*, HGB, § 14 Rn 13; die gegenteilige Auffassung könnte damit zusammenhängen, dass zumindest unterschwellig immer noch der alte Begriff einer Ordnungsstrafe, die sich als Strafe stets gegen eine natürliche Person richten muss, eine Rolle spielt; so Spindler/Stilz/*Hefendehl*, Rn 8, 9. Im Ergebnis: Das Zwangsgeld richtet sich also gegen die natürlichen Personen, die ihre Pflichten vernachlässigt haben. Das ist wohl nicht dogmatisch korrekt, für die Praxis aber wenig hilfreich, insb. wenn man bedenkt, welche Geldbußen in anderen Zusammenhängen gegen Unternehmen direkt verhängt werden. Vgl dazu auch oben Fn 16.
[28] Vgl Röhricht/v. Westphalen/*Ammon/Ries*, HGB, § 14 Rn 13.
[29] BayObLG BB 1982, 1075, 1076; MüKo-AktG/*Hüffer*, Rn 10; Röhricht/v. Westphalen/*Ammon/Ries*, HGB, § 14 Rn 14.

E. Der Tatbestand

I. Erzwingbare Handlungen (Abs. 1)

1. Die einzelnen Vorschriften

16
- § 52 Abs. 2 S. 2: Auslegung von Nachgründungsverträgen im Geschäftsraum der Gesellschaft zur Einsicht durch die Aktionäre.
- § 52 Abs. 2 S. 3: Erteilung von Abschriften der Nachgründungsverträge auf Verlangen der Aktionäre.
- § 71 c: Befolgen der Pflichten zur Anzeige der Veräußerung eigener Aktien der Gesellschaft, die unter Verstoß gegen § 71 Abs. 1 oder 2 von der Gesellschaft erworben wurden, an das Gericht.
- § 73 Abs. 3 S. 2: Anzeige der Aushändigung oder gerichtlichen Hinterlegung neuer Aktien, die an Stelle von für kraftlos erklärten Aktien ausgegeben wurden.
- § 80: Angaben auf Geschäftsbriefen (Rechtsform und Sitz der Gesellschaft, Registergericht des Sitzes Registernummer, Namen und ein Vorname aller Vorstandsmitglieder und des Vorsitzenden des Aufsichtsrats, Bezeichnung des Vorstandsvorsitzenden als solchen und gegebenenfalls weitere Angaben nach § 80).
- § 90: Bericht des Vorstands an den Aufsichtsrat.
- § 104 Abs. 1: Antrag auf gerichtliche Ergänzung des beschlussunfähigen Aufsichtsrats.
- § 111 Abs. 2: Gewährung von Einsichtnahmen und Ermöglichung der Prüfung durch Aufsichtsrat.
- § 145 Abs. 1: Gestattung einer Sonderprüfung.
- § 145 Abs. 2 u. 3: Information der Sonderprüfer.
- § 145 Abs. 4: Pflicht zur Erteilung von Abschriften des Prüfungsberichts.
- § 170: Vorlage des Prüfungsberichts, des Jahresabschlusses, des Lageberichts und des Gewinnverwendungsvorschlags an den Aufsichtsrat.
- § 171 Abs. 3: Nachfristsetzung für die Zuleitung des Prüfungsberichts des Aufsichtsrats an den Vorstand.
- § 175: Einberufung der ordentlichen Hauptversammlung und Vorlage von Unterlagen zur Information der Aktionäre.
- § 179 a Abs. 2 S. 1 u. 2: Auslegung des Vertrags bei Übertragung des gesamten Gesellschaftsvermögens und Erteilung von Abschriften. Nach **Abs. 2 S. 3** entfällt die Verpflichtung, wenn der Vertrag über den gleichen Zeitraum auf der Internetseite der Gesellschaft zugänglich ist. Vgl dazu auch § 52 Abs. 2 S. 4.
- § 214 Abs. 1: Aufforderung an die Aktionäre, die neuen Aktien abzuholen und Bekanntmachung darüber.
- § 246 Abs. 4: Bekanntmachung einer Anfechtungs- oder Nichtigkeitsklage gegen einen Hauptversammlungsbeschluss und des ersten Gerichtstermins.
- § 248 a: Bekanntgabe der Beendigung eines Anfechtungsprozesses in den Gesellschaftsblättern.
- § 259 Abs. 5: Bekanntmachung der abschließenden Feststellungen einer Sonderprüfung wegen unzulässiger Unterbewertung.
- § 268 Abs. 4: Angaben auf Geschäftsbriefen bei Abwicklung (vgl § 80).
- § 270 Abs. 1: Rechnungslegung der Abwickler.
- § 273 Abs. 2: Hinterlegung von Büchern und Schriften der AG nach Abwicklung.
- § 293 f: Auslegung von Unternehmensverträgen der AG, Jahresabschlüssen, Lageberichten, Vorstands- und Prüfungsberichten vor Zustimmungsbeschluss der Hauptversammlung, einschließlich der Erteilung entsprechender Abschriften.
- § 293 g Abs. 1: Auslegung der Unterlagen nach § 293 f in der Hauptversammlung.
- § 312 Abs. 1: Aufstellung eines Abhängigkeitsberichts durch den Vorstand, auch nach Feststellung des Jahresabschlusses.[30]
- § 313 Abs. 1: Vorlage des Abhängigkeitsberichts an den Abschlussprüfer.
- § 314 Abs. 1: Vorlage von Abhängigkeits- und Prüfungsbericht an den Aufsichtsrat und Information der einzelnen Aufsichtsratsmitglieder.

17 **2. Registerzwang nach § 14 HGB.** Die gesetzliche Bestimmung in § 407 Abs. 1 S. 1 Hs 2, wonach § 14 HGB unberührt bleibt, wird in ihrer Bedeutung durch § 407 Abs. 2 nahezu außer Kraft gesetzt. In Betracht kommen hierfür nur noch Anmeldungen nach §§ 81, 94 (Änderung des Vorstands und der Vertretungsbefugnis seiner Mitglieder), sowie nach §§ 201, 298.[31] Für Anmeldepflichten im Rahmen von Zweignieder-

---

30 Vgl BGH NJW 1997, 1855.
31 Vgl *Hüffer*, Rn 8.

lassungen gilt § 14 HGB unmittelbar.³² Hat das Registergericht eine nicht erzwingbare Anmeldung bereits eingetragen, so kann trotzdem, falls Unterlagen (Schriftstücke) fehlen, insoweit Registerzwang nach § 14 HGB ausgeübt werden, um die Vorlegung zu erzwingen.³³

Soweit es um die Einreichung von Schriftstücken geht, gilt § 14 HGB für alle Pflichten, die unabhängig von § 407 Abs. 2, nach gesetzlichen Vorschriften zu erfüllen sind. Registerzwang zur Einreichung von Schriftstücken scheidet aber grundsätzlich aus, wenn die zugrunde liegende Anmeldung selbst nicht erzwungen werden kann.³⁴ In einem solchen Fall ist der Anmelder durch Zwischenverfügung (§ 382 Abs. 4 FamFG; früher § 26 HRV)³⁵ unter Fristsetzung zur Einreichung der Schriftstücke aufzufordern. Kommt er der Aufforderung nicht nach, ist die Anmeldung insgesamt zurückzuweisen;³⁶ ein Registerzwang scheidet aus.

Anders liegt der Fall, wenn trotz fehlender Unterlagen **eingetragen** worden ist. Dann kann Registerzwang ausgeübt werden, weil der vor der Eintragung bestehende mittelbare Zwang, nämlich das Interesse des Anmelders an der Eintragung, weggefallen ist.³⁷

II. Kein Zwang nach Abs. 2. Aufgrund ausdrücklicher gesetzlicher Bestimmung dürfen folgende Anmeldungen nicht erzwungen werden:

- § 36: Anmeldung der Gesellschaft.
- § 45: Anmeldung einer Sitzverlegung.
- § 52: Anmeldung eines Nachgründungsvertrages.
- § 181 Abs. 1: Einer Satzungsänderung.
- § 184: Eines Kapitalerhöhungsbeschlusses gegen Einlagen.
- § 188: Anmeldung der Durchführung einer solchen Maßnahme.
- § 195: Eines Beschlusses über eine bedingte Kapitalerhöhung.
- § 210: Eines Beschlusses über eine Kapitalerhöhung aus Gesellschaftsmitteln.
- § 223: Eines Beschlusses über eine Kapitalherabsetzung.
- § 237 Abs. 4: Eines Beschlusses über eine Kapitalherabsetzung durch Einziehung von Aktien.
- § 274: Eines Fortsetzungsbeschlusses nach Auflösung der AG.
- § 294 Abs. 1: Anmeldung des Bestehens und der Art eines Unternehmensvertrages.
- § 319 Abs. 4: Anmeldung einer Eingliederung (im Gesetz noch fälschlich als § 319 Abs. 3 bezeichnet).

Wegen der Folgen von Mängeln der Anmeldung in solchen Fällen und von Maßnahmen des Registergerichts, nachdem bereits eingetragen worden ist, siehe oben Rn 17 f.

III. Ausnahmen von Abs. 2 S. 1 nach § 407 Abs. 2 S. 2 aF. Die Bestimmung ist ersatzlos weggefallen; sie hat dafür Sorge getragen, dass bei Anmeldungen, die nicht dem Registerzwang unterliegen, die für **Zweigniederlassungen** erforderliche Stückzahl von Anmeldungen und Unterlagen vorgelegt werden mussten und dies gegebenenfalls erzwungen werden konnte. Nachdem durch das EHUG³⁸ die §§ 13 a bis 13 c HGB ersatzlos weggefallen sind, weil die Register nur noch bei der Hauptniederlassung geführt werden, ist der Wegfall von Abs. 2 S. 2 aF eine bloße Folgeänderung.

F. Das Zwangsgeldverfahren³⁹

Das Verfahren ist im Einzelnen in den §§ 388 bis 392 FamFG geregelt.

I. Zuständigkeit. Zuständig zur Einleitung des Verfahrens ist das Amtsgericht als Registergericht (§§ 376, 377, 388 FamFG) am Sitz der Gesellschaft (§ 14), auch wenn nur eine Zweigniederlassung betroffen ist. Etwas anderes gilt für die Zweigniederlassung eines ausländischen Unternehmens. Funktionell zuständig beim Registergericht ist der Rechtspfleger (§ 3 Nr. 2 lit. d RpflG).

II. Einleitung. Erhält das Registergericht, gleichgültig wie, Kenntnis von einem Sachverhalt, der ein Verfahren nach § 407 oder § 14 HGB rechtfertigt, muss es tätig werden. Ein Ermessen zum Einschreiten steht ihm nicht zu.⁴⁰ Glaubhafte Kenntnis vom Sachverhalt genügt, der volle Nachweis ist erst im Einspruchsverfahren zu fordern.⁴¹

---

32 Vgl dazu Röhricht/v. Westphalen/*Ammon/Ries*, HGB, § 13 Rn 12 f, § 13 e Rn 4 ff, § 13 f Rn 2 f u Rn 12 ff.
33 Näher dazu Spindler/Stilz/*Hefendehl*, AktG Rn 13.
34 Vgl *Hüffer*, Rn 9; MüKo-HGB/*Krafka*, § 14 Rn 3 f.
35 Näher dazu Aktienrecht, 2. Aufl., Kap. 8, FGG und Registerrecht Rn 74.
36 Vgl *Drischler*, Registerrecht, 5. Aufl., zu § 26 HRV aF Rn 3; MüKo-AktG/*Hüffer*, Rn 20; Röhricht/v. Westphalen/*Ammon/Ries*, HGB, § 14 Rn 8.
37 *Hüffer*, Rn 9; Röhricht/v. Westphalen/*Ammon/Ries*, HGB, § 14 Rn 8.
38 Gesetz v. 10.11.2006, BGBl. I S. 2553.
39 Näher dazu in der 2. Aufl., Kap. 8, FGG und Registerrecht, Rn 171.
40 MüKo-AktG/*Schaal* Rn 22; *Hüffer*, Rn 17; Staub/*Koch*, HGB, § 14 Rn 17; EBJSt-HGB/*Schaub*, § 14 Rn 31 f; MüKo-HGB/*Krafka*, § 14 Rn 9 Röhricht/v. Westphalen/*Ammon/Ries*, HGB, § 14 Rn 15.
41 Vgl *Ammon*, DStR 1993, 1025, 1030 f.

25 **III. Verfügung des Registergerichts.** Die **Zwangsgeldandrohung**,[42] gegen die eine Beschwerde nicht zulässig ist, muss enthalten:

- die zu erfüllende Verpflichtung mit möglichst genauer Bezeichnung,[43]
- die Bestimmung einer Frist, innerhalb derer die Verpflichtung zu erfüllen oder die Nichterfüllung durch Einspruch zu rechtfertigen ist. Die Frist muss angemessen sein, dh in der Regel mindestens zwei Wochen betragen,
- die Höhe des angedrohten Zwangsgeldes, und zwar grundsätzlich ziffernmäßig bestimmt;[44] der bloße Rahmen genügt nicht.

Die Bekanntmachung der Androhungsverfügung erfolgt durch Zustellung an den Adressaten gem. § 15 Abs. 1, 2 FamFG.

Fehlt der Verfügung einer dieser wesentlichen Bestandteile, ist die Verhängung von Zwangsgeld auch dann unzulässig, wenn die Androhungsverfügung rechtskräftig geworden ist.[45]

26 Gegen die **Ablehnung** der Einleitung eines Zwangsgeldverfahrens steht den iSv § 59 FamFG Betroffenen die befristete Beschwerde zu (Frist: 1 Monat, § 63 FamFG). Wird ein solches Verfahren nur auf Antrag eingeleitet (zB § 335 HGB), steht die Beschwerde nur dem jeweiligen Antragsteller zu (§ 59 Abs. 2 FamFG).

27 **IV. Zwangsgeldfestsetzung.** Aus dem Charakter des Zwangsgeldes, das auf Erfüllung einer Verpflichtung und **nicht auf Bestrafung** gerichtet ist, folgt, dass sich die Zwangsgeldfestsetzung selbst dann erledigt, wenn die Verpflichtung erst nach Fristablauf und sogar erst nach rechtskräftiger Zwangsgeldfestsetzung erfüllt wird, aber noch bevor das Zwangsgeld beigetrieben ist; denn auch dann hat das Zwangsgeldverfahren noch seinen Zweck erfüllt.[46] Das Einspruchsrecht steht neben den Vorstandsmitgliedern oder Abwicklern auch der AG selbst zu. Sie ist in ihren Rechten zumindest mitbetroffen, weil sie stets von zwangsgeldbewehrten Pflichten auch materiell betroffen wird.[47] Als Rechtsbehelf gegen die Androhungsverfügung ist der Einspruch statthaft (§ 388 Abs. 1, § 390 FamFG).

Wird innerhalb der bestimmten Frist **kein Einspruch** eingelegt und die Verpflichtung nicht erfüllt, ist das angedrohte Zwangsgeld festzusetzen und zugleich die frühere Verfügung unter Androhung eines weiteren Zwangsgeldes zu wiederholen (§ 389 Abs. 1 FamFG). Gegen eine solche Entscheidung, die zuzustellen ist (§§ 15, 41 Abs. 1 S. 2 FamFG – ist ein Bevollmächtigter benannt, ist ihm zuzustellen), ist die – befristete – **Beschwerde** (§ 391 Abs. 1, § 63 FamFG) statthaft. Dieses Rechtsmittel erlaubt allerdings dem Beschwerdegericht nur einen begrenzten Prüfungsumfang; der Beteiligte kann Mängel des Einleitungsverfahrens nur im Einspruchsverfahren geltend machen (vgl § 391 Abs. 2 FamFG)[48] Die Rüge kann nicht damit begründet werden, dass die in der Androhungsverfügung aufgeführte Verpflichtung nicht bestehe – das ist Gegenstand des Einspruchsverfahrens; sie kann aber auf wesentliche Verfahrensmängel oder die Verhängung eines unangemessenen Zwangsgeldes gestützt werden.[49]

28 **V. Das Einspruchs- und Beschwerdeverfahren.** Bei **rechtzeitigem Einspruch** wird nach Durchführung eines Erörterungstermins (§ 390 FamFG), gegebenenfalls nach Sachlage,[50] bei begründetem Rechtsbehelf die Verfügung aufgehoben, andernfalls der Einspruch verworfen und das angedrohte Zwangsgeld verhängt (§ 390 Abs. 4 FamFG) Gegen letztere Entscheidung kann der Betroffene – befristete – **Beschwerde** einlegen § 391 Abs. 1, § 63 FamFG. Die Beschwerde ist bei dem Gericht einzulegen, dessen Entscheidung angefochten wird (§ 64 Abs. 1 FamFG; judex a quo). Es hat dadurch die Möglichkeit, der Beschwerde abzuhelfen. Andernfalls ist das Rechtsmittel unverzüglich dem Beschwerdegericht vorzulegen (§ 68 Abs. 1 FamFG). Zuständig zur Entscheidung ist das Oberlandesgericht (**OLG**) nach § 119 Abs. 1 Nr. 1 b GVG. Gegen die Entscheidung des OLG ist die Rechtsbeschwerde nur zulässig, wenn sie das OLG zugelassen hat.(§ 70 FamFG). Über die **zugelassene Rechtsbeschwerde**, die binnen einer Frist von einem Monat beim Rechtsbeschwerdegericht einzulegen ist (§ 71 Abs. 1 FamFG), entscheidet der BGH. Es besteht **Anwaltszwang**, der die Einlegung der Rechtsbeschwerde und das ganze Verfahren beim BGH umfasst.[51] Weder die Zulassung

---

42 Vgl Spindler/Stilz/*Hefendehl*, Rn 18, 19; MüKo-AktG/*Schaal*, Rn 24; Muster bei *Ammon*, DStR 1993, 1031 und *Krafka/Willer*, Registerrecht, Rn 2366 f.
43 BayObLGZ 1967, 458, 463.
44 Die Angabe eines bloßen Höchstbetrages kann genügen; vgl Staub/*Koch*, HGB § 14 Rn 18 mwN.
45 MüKo-HGB/*Krafka*, § 14 Rn 9; MüKo-AktG/*Schaal* Rn 24.
46 BayObLG DB 1979, 1981; Spindler/Stilz/*Hefendehl*, Rn 23; MüKo-AktG/*Schaal*, Rn 26.
47 BayObLG 1987, 399; MüKo-AktG/*Schaal*, Rn 28 mwN; Spindler/Stilz/*Hefendehl*, Rn 26 zur Stellung der AG; *Hüffer*, Rn 18 mwN.
48 Dazu EBJSt-HGB/*Schaub*, § 14 Rn 39; MüKo-HGB/*Krafka*, § 14 Rn 12; Röhricht/v. Westphalen/*Ammon/Ries*, HGB, § 14 Rn 18.
49 Vgl BayObLG FGPrax 2004, 301; Spindler/Stilz/*Hefendehl*, AktG, Rn 24.
50 Das Erscheinen der Beteiligten könnte zwar grundsätzlich nach § 33 Abs. 3 FamFG erzwungen werden, dürfte aber im Zwangsgeldverfahren unverhältnismäßig sein, da das Gericht bei Ausbleiben in der Sache selbst entscheiden kann. Vgl Röhricht/v. Westphalen/*Ammon/Ries*, HGB, § 14 Rn 19, Fn 4.
51 HM: BGH v. 21.3.2002 – IX ZB 18/02; Keidel/*Meyer-Holz*, FamFG, § 71 Rn 8 und 10.

noch die Nichtzulassung der Rechtsbeschwerde ist anfechtbar; eine **Nichtzulassungsbeschwerde** ist nicht statthaft.[52]

G. Kosten und Vollstreckung

Das Androhungsverfahren ist gebührenfrei. Im Kostenverzeichnis – Anlage 1 Hauptabschnitt 3, Abschnitt 3 zu § 3 Abs. 2 GNotKG – ist nur die Festsetzung von Zwangsgeld, nicht aber dessen Androhung als gebührenpflichtiger Tatbestand aufgeführt. 29
Wird Zwangsgeld festgesetzt, sind dem Betroffenen zwingend die **Verfahrenskosten** aufzuerlegen (§ 389 Abs. 2 FamFG).
Die Vollstreckung eines rechtskräftig festgesetzten Zwangsgeldes richtet sich nach der Justizbeitreibungsordnung;[53] Kostenschuldner ist das Gesellschaftsorgan, das die zwangsgeldbewehrte Handlung vorzunehmen hatte.[54] Die Vollstreckung darf, abgesehen von der Kostenfolge, nicht mehr durchgeführt werden, sobald der Betroffene der Verfügung nachgekommen ist. Weil damit das Ziel des Zwangsgeldverfahrens erreicht ist, ist die Zwangsgeldfestsetzung wegen veränderter Umstände aufzuheben (§ 48 Abs. 1 FamFG).[55] 30
Die Höhe der Kosten richtet sich nach § 3 Abs. 2 GNotKG iVm Anlage 1, Hauptabschnitt 3, Abschnitt 3 des Kostenverzeichnisses; nach Nr. 13310 beträgt die Gebühr 100 EUR; für die Auslagen gelten die §§ 14, 17 GNotKG iVm Anlage Teil 3 – Auslagen – Hauptabschnitt 1 Nr. 31000 f des Kostenverzeichnisses. Vollstreckungsbehörde ist das Gericht, das die Festsetzung des Zwangsgeldes angeordnet hat; Einziehungsbehörde ist die Gerichtskasse.[56] Die Durchführung der Vollstreckung fällt in den Zuständigkeitsbereich des Rechtspflegers (§ 31 Abs. 3 RpflG).

§ 408 Strafbarkeit persönlich haftender Gesellschafter einer Kommanditgesellschaft auf Aktien

[1]Die §§ 399 bis 407 gelten sinngemäß für die Kommanditgesellschaft auf Aktien. [2]Soweit sie Vorstandsmitglieder betreffen, gelten sie bei der Kommanditgesellschaft auf Aktien für die persönlich haftenden Gesellschafter.

Die Vorschrift bewirkt die sinngemäße Anwendbarkeit der §§ 399 bis 407 auf die KGaA. Soweit Mitglieder des Vorstandes als Täter in Betracht kommen, treten entsprechend der zivilrechtlichen Ausgestaltung (§§ 282, 283) die persönlich haftenden Gesellschafter an deren Stelle (§ 408 S. 2). 1
Die Aktionäre werden durch die Kommanditaktionäre ersetzt (§ 278 Abs. 1).
Ob die Vorschrift auch im Übrigen für eine Anwendung der §§ 399 bis 407 auf Taten im Rahmen einer KGaA erforderlich ist, ist zumindest aus systematischer Perspektive fraglich. Näher liegt die direkte Anwendung.
Soweit eine juristische Person oder eine Personenhandelsgesellschaft als Komplementärin fungiert,[1] trifft die strafrechtliche Verantwortlichkeit die handelnden Personen, sofern sie zur Vertretung der Gesellschaft berechtigt sind (§ 14 Abs. 1 StGB). Für Ordnungswidrigkeiten (§ 405) gilt Entsprechendes (§ 9 Abs. 1 OWiG). 2

---

52 Vgl Keidel/*Meyer-Holz*, FamFG, § 70 Rn 4.
53 In der im BGBl. Teil III, Gliederungsnummer 365 – 1, veröffentlichten bereinigten Fassung, zuletzt geändert durch Art. 4 Abs. 9 des Ges. v. 29.7.2009 (BGBl. I S. 2258); vgl auch EBJSt-HGB/*Schaub*, § 14 Rn 41.
54 Vgl MüKo-AktG/*Schaal*, Rn 29 mwN.
55 Vgl MüKo-AktG/*Schaal*, Rn 29; Spindler/Stilz/*Hefendehl*, AktG, Rn 23.
56 Vgl MüKo-AktG/*Schaal*, Rn 29.
1 Vgl BGHZ 134, 392 zur Zulässigkeit der GmbH & Co.KG aA.

Einführungsgesetz zum Aktiengesetz

Vom 6. September 1965 (BGBl. I S. 1185)

(FNA 4121-2)

zuletzt geändert durch Art. 4 Kleinstkapitalgesellschaften-BilanzrechtsänderungsG vom 20. Dezember 2012 (BGBl. I S. 2751)

Vorbemerkung

Das Einführungsgesetz zum Aktiengesetz (EGAktG) ist untergliedert in 4 Abschnitte. Der 1. Abschnitt (§§ 1 bis 26 f) enthält Übergangsvorschriften, die für die Zeit nach Inkrafttreten des AktG von Bedeutung sind. Der 2. Abschnitt (§§ 27 bis 28 a) regelt die entsprechende Anwendung aktienrechtlicher Vorschriften auf Unternehmen anderer Rechtsform. Der 3. Abschnitt (§§ 29 bis 44) betrifft die Aufhebung und Änderung von Gesetzen, während der 4. Abschnitt (§§ 45 bis 46) schließlich Schlussvorschriften beinhaltet.

Erster Abschnitt
Übergangsvorschriften

§ 1 Grundkapital

(1) ¹§ 6 des Aktiengesetzes gilt nicht für Aktiengesellschaften, deren Grundkapital und Aktien beim Inkrafttreten des Aktiengesetzes nicht auf einen Nennbetrag in Deutscher Mark lauten, sowie für Aktiengesellschaften, die nach dem Inkrafttreten des Aktiengesetzes nach Maßgabe des § 2 des D-Markbilanzergänzungsgesetzes vom 28. Dezember 1950 (Bundesgesetzbl. S. 811) ihren Sitz in den Geltungsbereich des Aktiengesetzes verlegen. ²Die Währung, auf die ihr Grundkapital und ihre Aktien lauten müssen, bestimmt sich nach den für sie geltenden besonderen Vorschriften.

(2) ¹Aktiengesellschaften, die vor dem 1. Januar 1999 in das Handelsregister eingetragen worden sind, dürfen die Nennbeträge ihres Grundkapitals und ihrer Aktien weiter in Deutscher Mark bezeichnen. ²Bis zum 31. Dezember 2001 dürfen Aktiengesellschaften neu eingetragen werden, deren Grundkapital und Aktien auf Deutsche Mark lauten. ³Danach dürfen Aktiengesellschaften nur eingetragen werden, wenn die Nennbeträge von Grundkapital und Aktien in Euro bezeichnet sind; das gleiche gilt für Beschlüsse über die Änderung des Grundkapitals.

§ 2 Mindestnennbetrag des Grundkapitals

¹Für Aktiengesellschaften, die vor dem 1. Januar 1999 in das Handelsregister eingetragen oder zur Eintragung in das Handelsregister angemeldet worden sind, bleibt der bis dahin gültige Mindestbetrag des Grundkapitals maßgeblich, bis die Aktiennennbeträge an die seit diesem Zeitpunkt geltenden Beträge des § 8 des Aktiengesetzes angepaßt werden. ²Für spätere Gründungen gilt der Mindestbetrag des Grundkapitals nach § 7 des Aktiengesetzes in der ab dem 1. Januar 1999 geltenden Fassung, der bei Gründungen in Deutscher Mark zu dem vom Rat der Europäischen Union gemäß Artikel 109l Abs. 4 Satz 1 des EG-Vertrages unwiderruflich festgelegten Umrechnungskurs in Deutsche Mark umzurechnen ist.

§ 3 Mindestnennbetrag der Aktien

(1) Aktien dürfen nur noch nach § 8 des Aktiengesetzes ausgegeben werden.

(2) ¹Aktien einer Gesellschaft, die vor dem 1. Januar 1999 in das Handelsregister eingetragen oder zur Eintragung in das Handelsregister angemeldet und bis zum 31. Dezember 2001 eingetragen worden ist, dürfen weiterhin auf einen nach den bis dahin geltenden Vorschriften zulässigen Nennbetrag lauten, Aktien, die auf Grund eines Kapitalerhöhungsbeschlusses ausgegeben werden, jedoch nur, wenn dieser bis zum 31. Dezember 2001 in das Handelsregister eingetragen worden ist. ²Dies gilt nur einheitlich für sämtliche Aktien einer Gesellschaft. ³Die Nennbeträge können auch zu dem vom Rat der Europäischen Union gemäß Artikel

1091 Abs. 4 Satz 1 des EG-Vertrages unwiderruflich festgelegten Umrechnungskurs in Euro ausgedrückt werden.

(3) Für Aktiengesellschaften, die auf Grund einer nach dem 31. Dezember 1998 erfolgten Anmeldung zum Handelsregister bis zum 31. Dezember 2001 eingetragen werden und deren Grundkapital und Aktien nach § 1 Abs. 2 Satz 2 auf Deutsche Mark lauten, gelten die zu dem vom Rat der Europäischen Union gemäß Artikel 1091 Abs. 4 Satz 1 des EG-Vertrages unwiderruflich festgelegten Umrechnungskurs in Deutsche Mark umzurechnenden Beträge nach § 8 des Aktiengesetzes in der ab dem 1. Januar 1999 geltenden Fassung.

(4) ¹Das Verhältnis der mit den Aktien verbundenen Rechte zueinander und das Verhältnis ihrer Nennbeträge zum Nennkapital wird durch Umrechnung zwischen Deutscher Mark und Euro nicht berührt. ²Nach Umrechnung gebrochene Aktiennennbeträge können auf mindestens zwei Stellen hinter dem Komma gerundet dargestellt werden; diese Rundung hat keine Rechtswirkung. ³Auf sie ist in Beschlüssen und Satzung hinzuweisen; der jeweilige Anteil der Aktie am Grundkapital soll erkennbar bleiben.

(5) Beschließt eine Gesellschaft, die die Nennbeträge ihrer Aktien nicht an § 8 des Aktiengesetzes in der ab dem 1. Januar 1999 geltenden Fassung angepaßt hat, die Änderung ihres Grundkapitals, darf dieser Beschluß nach dem 31. Dezember 2001 in das Handelsregister nur eingetragen werden, wenn zugleich eine Satzungsänderung über die Anpassung der Aktiennennbeträge an § 8 des Aktiengesetzes eingetragen wird.

§ 4 Verfahren der Umstellung auf den Euro

(1) ¹Über die Umstellung des Grundkapitals und der Aktiennennbeträge sowie weiterer satzungsmäßiger Betragsangaben auf Euro zu dem gemäß Artikel 1091 Abs. 4 Satz 1 des EG-Vertrages unwiderruflich festgelegten Umrechnungskurs beschließt die Hauptversammlung abweichend von § 179 Abs. 2 des Aktiengesetzes mit der einfachen Mehrheit des bei der Beschlußfassung vertretenen Grundkapitals. ²Ab dem 1. Januar 2002 ist der Aufsichtsrat zu den entsprechenden Fassungsänderungen der Satzung ermächtigt. ³Auf die Anmeldung und Eintragung der Umstellung in das Handelsregister ist § 181 Abs. 1 Satz 2 und 3 und¹ des Aktiengesetzes nicht anzuwenden.

(2) ¹Für eine Erhöhung des Grundkapitals aus Gesellschaftsmitteln oder eine Herabsetzung des Kapitals auf den nächsthöheren oder nächstniedrigeren Betrag, mit dem die Nennbeträge der Aktien auf volle Euro gestellt werden können, genügt abweichend von § 207 Abs. 2, § 182 Abs. 1 und § 222 Abs. 1 des Aktiengesetzes die einfache Mehrheit des bei der Beschlußfassung vertretenen Grundkapitals, bei der Herabsetzung jedoch nur, wenn zumindest die Hälfte des Grundkapitals vertreten ist. ²Diese Mehrheit gilt auch für Beschlüsse über die entsprechende Anpassung eines genehmigten Kapitals oder über die Teilung der auf volle Euro gestellten Aktien sowie für Änderungen der Satzungsfassung, wenn diese Beschlüsse mit der Kapitaländerung verbunden sind. ³§ 130 Abs. 1 Satz 3 des Aktiengesetzes findet keine Anwendung.

(3) ¹Eine Kapitalerhöhung aus Gesellschaftsmitteln oder eine Kapitalherabsetzung bei Umstellung auf Euro kann durch Erhöhung oder Herabsetzung des Nennbetrags der Aktien oder durch Neueinteilung der Aktiennennbeträge ausgeführt werden. ²Die Neueinteilung der Nennbeträge bedarf der Zustimmung aller betroffenen Aktionäre, auf die nicht ihrem Anteil entsprechend volle Aktien oder eine geringere Zahl an Aktien als zuvor entfallen; bei teileingezahlten Aktien ist sie ausgeschlossen.

(4) ¹Sofern Aktien aus einem bedingten Kapital nach dem Beschluß über eine Kapitalerhöhung aus Gesellschaftsmitteln oder über eine andere Satzungsänderung zur Umstellung auf Euro, die mit der Zahl der Aktien verbunden ist, ausgegeben worden sind, gelten sie für den Beschluß erst nach dessen Eintragung in das Handelsregister als ausgegeben. ²Diese aus einem bedingten Kapital ausgegebenen und die noch auszugebenden Aktien nehmen an der Änderung der Nennbeträge teil.

(5) ¹Für eine Kapitalerhöhung aus Gesellschaftsmitteln nach Absatz 2 können abweichend von § 208 Abs. 1 Satz 2 und § 150 Abs. 3 des Aktiengesetzes die Kapitalrücklage und die gesetzliche Rücklage sowie deren Zuführungen, auch soweit sie zusammen den zehnten Teil oder den in der Satzung bestimmten höheren Teil des bisherigen Grundkapitals nicht übersteigen, in Grundkapital umgewandelt werden. ²Auf eine Kapitalherabsetzung nach Absatz 2, die in vereinfachter Form vorgenommen werden soll, findet § 229 Abs. 2 des Aktiengesetzes keine Anwendung.

---

1 Wortlaut amtlich.

(6) ¹§ 73 Abs. 1 Satz 2 des Aktiengesetzes findet keine Anwendung. ²Im übrigen bleiben die aktienrechtlichen Vorschriften unberührt.

Literatur:
Ihring/Streit, Aktiengesellschaft und Euro, NZG 1998, 201; *Kolb/Pöller*, Das Gesetz über die Zulassung von Stückaktien, DStR 1998, 855; *Kopp*, Stückaktie und Euro-Umstellung – Handlungsbedarf für die Hauptversammlungssaison 1998?, BB 1998, 701; *Kopp/Heidinger*, Notar und Euro, 2. Auflage 2001; *Kopp/Schuck*, Der Euro in der notariellen Praxis, 2. Auflage 2000; *Sandrock*, Der Euro und sein Einfluß auf nationale und internationale privatrechtliche Verträge, BB 1997, Beilage 9, S. 18; *Schröer*, Vorschläge für die Hauptversammlungsbeschlüsse zur Umstellung auf Stückaktien und Euro, ZIP 1998, 306; *Schürmann*, Die Anpassung des Gesellschaftsrechts bei Einführung des Euros, DB 1997, 1381; *ders.*, Euro und Aktienrecht, NJW 1998, 3162; *Seibert*, Die Umstellung des Gesellschaftsrechts auf den Euro, ZGR 1998, 1; *ders.*, Gesellschaftsrecht und Euro: Die Umstellung von Nennkapital und Anteilen – Stückaktien, WM 1997, 1610; *Steffan/Schmidt*, Die Auswirkungen der Euro-Einführung bei GmbH, Genossenschaft und Personengesellschaft sowie im Umwandlungsrecht, DB 1998, 559; *Terbrack*, Die Euro-Umstellung bei der eingetragenen Genossenschaft, NZG 2000, 1109; *Tiedtke*, Kostenrechtliche Probleme bei Umstellung von Kapitalgesellschaften auf Euro; *Waldner*, Umstellung einer GmbH auf den Euro, ZNotP 1998, 490.

A. Grundlagen 1	b) Kapitalerhöhung durch Nennbetragserhöhung 34
B. Gründung von Gesellschaften 4	c) Kapitalerhöhung durch Neueinteilung der Nennbeträge 38
I. Neu-Gesellschaften (Eintragung nach dem 1.1.2002) 4	2. Anpassung durch Kapitalherabsetzung 41
II. Neu-Gesellschaften (Eintragung in der Zeit vom 1.1.1999 bis zum 31.12.2001) 6	a) Verfahrenserleichterungen 42
1. Gründung in Euro 8	b) Kapitalherabsetzung durch Nennbetragsherabsetzung 45
2. Gründung in DM 9	c) Kapitalherabsetzung durch Neueinteilung der Nennbeträge 47
C. Verfahren der Euro-Umstellung bei Neu-Gesellschaften 11	3. Umstellung und Anpassung früherer Kapitalmaßnahmen 48
D. Verfahren der Euro-Umstellung bei Altgesellschaften 18	a) Genehmigtes Kapital 48
I. Rein rechnerische Umstellung 23	b) Bedingtes Kapital 52
II. Rechnerische Umstellung mit Anpassung 28	4. Kosten 55
1. Anpassung durch Kapitalerhöhung aus Gesellschaftsmitteln 30	III. Umstellung auf Stückaktien 56
a) Verfahrenserleichterungen 31	E. Muster 59

A. Grundlagen

Die §§ 1 bis 4 enthalten Regelungen zum Grundkapital (§ 1), zum Mindestnennbetrag des Grundkapitals **1** (§ 2), zum Mindestnennbetrag der Aktien (§ 3) sowie zum Verfahren der Umstellung auf den Euro (§ 4).
Ziel des Gesetzgebers bei der Regelung der Übergangsvorschriften zum Euro war es, den Gesellschaften **2** **größtmögliche Flexibilität und Wahlmöglichkeiten** während der Übergangsphase vom 1.1.1999 bis zum 31.12.2001 zu ermöglichen. Daneben sollte den Gesellschaften ein **kostengünstiges und unkompliziertes Instrumentarium zur Umstellung** auf den Euro an die Hand gegeben werden.² Bei der Lösung aller Zweifelsfragen ist zu beachten, dass die Regelungen betreffend die Euro-Umstellung unter dem Primat stehen: „Keine Behinderung, kein Zwang".³
Mit Ausnahme des § 1 Abs. 1 und § 3 Abs. 1 wurden alle anderen vorgenannten Vorschriften durch das **3** Gesetz zur Einführung des Euro vom 9.6.1998⁴ geändert.

B. Gründung von Gesellschaften

I. Neu-Gesellschaften (Eintragung nach dem 1.1.2002). Nach dem 1.1.2002 dürfen nur noch solche Ge- **4** sellschaften neu in das Handelsregister eingetragen werden, deren Grundkapital und Aktien – soweit es sich um Nennbetragsaktien handelt (§ 8 Abs. 1) – auf Euro lauten (§ 1 Abs. 2 S. 3).⁵
Maßgeblicher Zeitpunkt ist die Eintragung der Gesellschaft in das Handelsregister; auf den Zeitpunkt der **5** Antragstellung beim Handelsregister kommt es ausweislich des Wortlautes des Gesetzes nicht an (vgl. § 1 Abs. 2 S. 3).⁶ Das bedeutet, dass ein noch vor dem 31.12.2001 gestellter Antrag auf Eintragung einer AG,

---

2 BT-Drucks. 13/9573, S. 1; MüKo-AktG/*Heider*, § 6 Rn 30; *Seibert*, ZGR 1998, 1, 4; *Schürmann*, DB 1997, 1381, 1382.
3 BT-Drucks. 13/9573, S. 1, 30; LG Heidelberg DB 2001, 1875, 1876; OLG Frankfurt DB 2001, 1024 = AG 2001, 359 = BB 2001, 1424 = NZG 2001, 612 = ZIP 2001, 1497; *Seibert*, ZGR 1998, 1, 4; *Kopp/Schuck*, S. 13.
4 Gesetz zur Einführung des Euro (Euro-Einführungsgesetz – EuroEG), BGBl. I 1998 S. 1242.
5 MüKo-AktG/*Heider*, § 6 Rn 108, *Hüffer*, § 6 Rn 6; *Kopp/Heidinger*, S. 34; *Kopp/Schuck*, S. 13.
6 MüKo-AktG/*Heider*, § 6 Rn 102, *Hüffer*, § 6 Rn; zweifelnd: *Kopp/Schuck*, S. 14.

deren Grundkapital zulässigerweise auf DM lautet (vgl dazu nachfolgend Rn 6 f), vom Handelsregister zurückzuweisen ist, wenn seine Erledigung erst nach dem 1.1.2002 erfolgen kann.

6 **II. Neu-Gesellschaften (Eintragung in der Zeit vom 1.1.1999 bis zum 31.12.2001).** In dem Zeitraum vom 1.1.1999 bis zum 31.12.2001 bestand bei der Gründung von Gesellschaften bezüglich des Nennbetrages des Grundkapitals und der Aktien **Wahlfreiheit**. Diese konnten entweder auf DM oder auf Euro lauten (§ 1 Abs. 2 S. 2). Allerdings bezog sich die Wahlfreiheit nur auf die Bezeichnung der Währung. Betragsmäßig mussten auch bei DM-Gründungen die entsprechenden Angaben der Satzung den neuen Euro-Beträgen, umgerechnet in DM nach dem amtlichen Umrechnungskurs, entsprechen (§§ 1 Abs. 2 S. 2, 2 S. 2, 3 Abs. 3).[7]

7 **Maßgebliche Zeitpunkte** dafür, dass die Wahlfreiheit eröffnet wurde, war eine Anmeldung der gegründeten Gesellschaft zum Handelsregister nach dem 31.12.1998 und ihre Eintragung im Handelsregister vor dem 1.1.2002 (§§ 1 Abs. 2, 2, 3 Abs. 3).

8 **1. Gründung in Euro.** Bei Gründung einer Gesellschaft in Euro waren die in den §§ 7, 8 neu geregelten Mindestnennbeträge für das Grundkapital und die Aktiennennbeträge zu beachten (§ 2 S. 2). Die Errichtung der Gesellschaft (§ 29) konnte schon vor dem 1.1.1999 erfolgen, nicht aber die Anmeldung; diese durfte dem Handelsregister erst nach dem 1.1.1999 zugehen (vgl vorstehend Rn 6).[8]

9 **2. Gründung in DM.** Erfolgte die Gründung der Gesellschaft in DM, hatten Mindestnennbetrag des Grundkapitals (§ 7) und Mindestnennbeträge der Aktien (§ 8) den neuen Euro-Beträgen, umgerechnet in DM nach dem amtlichen Umrechnungskurs, zu entsprechen (§§ 1 Abs. 2 S. 2, 2 S. 2, 3 Abs. 3). Das Mindestgrundkapital einer Gesellschaft musste demnach 97.791,50 DM (= 50.000 EUR) lauten, die Mindestnennbeträge der Aktien 1,95583 DM (= 1 EUR).

10 Die Anmeldung der gegründeten Gesellschaft durfte dem Handelsregister erst nach dem 1.1.1999 zugehen, ihre Eintragung im Handelsregister musste vor dem 1.1.2002 erfolgen (vgl vorstehend Rn 7).

C. Verfahren der Euro-Umstellung bei Neu-Gesellschaften

11 Für Gesellschaften, die sich im Übergangszeitraum vom 1.1.1999 bis zum 31.12.2001 aufgrund der bestehenden Wahlfreiheit (vgl vorstehend Rn 6 f) in DM in das Handelsregister eintragen ließen, bestehen Erleichterungen bei der Beschlussfassung zur Umstellung des Grundkapitals und der Aktiennennbeträge auf Euro.

12 **Verfahrenserleichterungen:** Abweichend von § 179 Abs. 2 genügt zur Fassung des **Hauptversammlungsbeschlusses** betreffend die Euro-Umstellung die einfache Mehrheit des bei der Beschlussfassung vertretenen Grundkapitals (§ 4 Abs. 1 S. 1). **Rundungsprobleme** ergeben sich bei den Neugesellschaften keine (vgl vorstehend Rn 4 ff), vielmehr handelt es sich um eine rein rechnerische Umstellung.

13 Bei **nichtbörsennotierten Gesellschaften** (§ 3 Abs. 2) bedarf es **keiner notariellen Niederschrift** über den Beschluss der Hauptversammlung (§ 130 Abs. 1 S. 3), es genügt ein vom Vorsitzenden des Aufsichtsrates unterzeichnetes Protokoll.

14 Die **Anmeldung zum Handelsregister** bedarf nicht der Form des § 12 HGB (Art 45 Abs. 1 S. 1 EGHGB), entsprechende Eintragungen werden nicht bekannt gemacht (Art 45 Abs. 1 S. 2 EGHGB).

15 Zudem ist § 181 Abs. 1 S. 2 und 3, Abs. 2 S. 2 nicht anzuwenden (§ 4 Abs. 1 S. 3), so dass der Handelsregisteranmeldung **keine Notarbescheinigung** beigefügt werden muss und eine **Bekanntmachung** des geänderten Satzungsinhalts nicht notwendig ist.

16 Eine Umrechnung des Gründungsaufwandes sowie der in der Satzung ggf vorhandenen Angaben zu Sacheinlagen und Sachübernahmen hat nicht zu erfolgen; sie sollten unverändert in der Satzung in DM ausgewiesen werden, sofern sie nicht wegen Fristablaufs entbehrlich geworden sind (§§ 26 Abs. 4 und 5, 27 Abs. 5).[9]

17 Ab dem 1.1.2002 ist neben der Hauptversammlung auch der **Aufsichtsrat** zu den entsprechenden Fassungsänderungen der Satzung ermächtigt (§ 4 Abs. 1 S. 2).[10] Auch hier gelten die vorstehenden Verfahrenserleichterungen.

---

[7] *Kopp/Heidinger*, S. 34 f; *Kopp/Schuck*, S. 14; *Kopp*, BB 1998, 701, 702 f.
[8] MüKo-AktG/*Heider*, § 6 Rn 107; *Kopp/Heidinger*, S. 34 f; *Kopp/Schuck*, S. 15; *Kopp*, BB 1998, 701, 703.
[9] *Kopp/Heidinger*, S. 36; *Kopp/Schuck*, S. 17.
[10] Zur Anwendbarkeit der Vorschrift auf eingetragene Genossenschaften vgl *Terbrack*, NZG 2000, 1109, 1110 f.

D. Verfahren der Euro-Umstellung bei Altgesellschaften

Bei Gesellschaften, die vor dem 1.1.1999 bereits im Handelsregister eingetragen oder zur Eintragung angemeldet worden sind – sogenannte Altgesellschaften (§§ 2 S. 1, 3 Abs. 3)[11] –, bestand bis zum 31.12.2001 **keine Verpflichtung zur Umstellung auf Euro**. Kapitalmaßnahmen konnten noch mit DM-Nennbeträgen beschlossen werden, sofern sie bis zum vorgenannten Termin nicht nur zum Handelsregister angemeldet, sondern auch dort eingetragen waren (§ 3 Abs. 2 S. 1). 18

Auch nach dem 31.12.2001 besteht ohne besonderen Anlass keine Verpflichtung zur Umstellung auf Euro. Alle bis dahin im Handelsregister eingetragenen Gesellschaften dürfen ihr Grundkapital weiter in DM ausweisen, unabhängig davon, ob sie börsennotiert sind (§ 3 Abs. 2) oder nicht.[12] 19

Wird allerdings **nach dem 31.12.2001 eine Kapitalmaßnahme durchgeführt**, ist eine Umstellung auf Euro unerlässlich. Sind Nennbetragsaktien vorhanden, ist eine Umstellung des Grundkapitals nur mit einer gleichzeitigen Anpassung der Aktiennennbeträge an die Vorgaben aus § 8 Abs. 2 möglich. Diese Verpflichtung zur Umstellung ist mit einer **Registersperre** sanktioniert (§ 3 Abs. 5). Daher mag es sich empfehlen, die Euro-Umstellung auch ohne konkreten Anlass vorzunehmen; ansonsten könnte diese im Rahmen einer schnell zu vollziehenden Kapitalmaßnahme zu unnötigen Komplikationen und Verzögerungen führen. 20

Wollte oder will die Gesellschaft die Umstellung auf Euro vornehmen, so stehen dazu drei Wege zur Verfügung, nämlich die **rein rechnerische Umstellung** (dazu nachfolgend Rn 23 ff), die **rechnerische Umstellung mit anschließender Anpassung** (dazu Rn 28 ff) und die **Umstellung auf Stückaktien** (dazu Rn 57 ff). 21

In jedem Fall, in dem die Umstellung auf Euro mit anderen (Kapital-) Maßnahmen verbunden wird, ist zu beachten, dass die einzelnen Schritte sowohl bei der Beschlussfassung als auch in der Handelsregisteranmeldung in eine **nachvollziehbare, weil logische und transparente Reihenfolge** gebracht werden.[13] 22

I. Rein rechnerische Umstellung. Bei der rein rechnerischen Umstellung werden das Grundkapital sowie weitere satzungsmäßigen Betragsangaben anhand des amtlich festgelegten Umrechnungskurses von DM in Euro umgerechnet. Bei vorhandenen Nennbetragsaktien sind zudem die Aktiennennbeträge umzurechnen. 23

Zu den diesbezüglichen **Verfahrenserleichterungen** vgl zunächst vorstehend Rn 12 ff. 24

Zur Erleichterung der **Darstellung** nach der Umrechnung können die zwangsläufig krummen Aktiennennbeträge auf zwei Stellen hinter dem Komma gerundet werden; Rechtswirkungen entfalten diese Rundungen nicht (§ 3 Abs. 4 S. 2). Auf die vereinfachte Darstellung durch Rundung ist in Beschlüssen und der Satzung hinzuweisen (§ 3 Abs. 4 S. 3). 25

Ein **krummer Grundkapitalbetrag** kann auf den nächstliegenden Centbetrag gerundet werden (Art 5 Euro-VO I).[14],[15] 26

Bei Altgesellschaften ergeben sich nach der Umrechnung in Euro zwingend krumme Euro-Beträge; daher ist diese Form der Euro-Umstellung in der Praxis nicht häufig anzutreffen. Zudem ist auch in diesen Fällen vor jeder weiteren Kapitalmaßnahme eine Glättung der krummen Eurobeträge notwendig (§ 3 Abs. 5). 27

II. Rechnerische Umstellung mit Anpassung. Die mit einer rechnerischen Umstellung einhergehenden krummen Eurobeträge können durch eine zusätzliche Kapitalmaßnahme, auch **Anpassung oder Glättung** genannt, beseitigt werden. Im Hinblick auf die seit dem 1.1.2002 geltende Registersperre (§ 3 Abs. 5) muss es bei einer Gesellschaft mit Nennbetragsaktien Ziel der Anpassung sein, die Aktiennennbeträge auf volle Euro zu erhöhen bzw herabzusetzen. 28

Die mit der rechnerischen Umstellung verbundene Kapitalmaßnahme kann entweder eine **Kapitalerhöhung aus Gesellschaftsmitteln** oder eine **Kapitalherabsetzung** sein. Der Weg der **Kapitalerhöhung gegen Einlage**, gleichgültig ob Bar- oder Sacheinlage, ist hingegen nicht eröffnet.[16] 29

1. Anpassung durch Kapitalerhöhung aus Gesellschaftsmitteln. Eine Kapitalerhöhung aus Gesellschaftsmitteln kann grundsätzlich nur durch Ausgabe neuer Aktien erfolgen (§§ 207 Abs. 2 S. 1, 182 Abs. 1 S. 4; etwas anderes gilt nur bei Stückaktien vgl § 207 Abs. 2 S. 2, dazu auch nachfolgend Rn 57). Da deren Nenn- 30

---

11 *Kopp/Schuck*, S. 15 f; *Kopp/Heidinger*, S. 35 f; anders: MüKo-AktG/*Heider*, § 6 Rn 43, der nur auf die Eintragung, nicht aber auch auf die bloße Anmeldung zur Eintragung abstellt.
12 Im Regierungsentwurf war für börsennotierte Gesellschaften eine Verpflichtung zur Anpassung der Nennbeträge der Aktien an die in § 8 bestimmten glatten Euro-Beträge bis zum 31.12.2001 vorgesehen; diese Verpflichtung sollte auch ohne etwaige Änderungen des Grundkapitals greifen, vgl BegrRegE BT-Drucks. 13/9347 vom 4.12.1997, 8; dazu: *Ihring/Streit*, NZG 1998, 201, 202 f; *Schürmann*, DB 1997, 1381, 1383; *Kopp*, BB 1998, 701, 702. Diese Regelung ist auf Grund der Empfehlung des Rechtsausschusses nicht Gesetz geworden, vgl Ausschussbericht BT-Drucks. 13/10334, S. 10, 37 f. Zum Ganzen s. *Hüffer*, § 6 Rn 6; *Kopp/Schuck*, S. 16.
13 OLG Frankfurt DB 2001, 1024 = AG 2001, 359 = BB 2001, 1424 = NZG 2001, 612 = ZIP 2001, 1497; *Hüffer*, § 8 Rn 18.
14 Verordnung des Rates der Europäischen Union über bestimmte Vorschriften im Zusammenhang mit der Einführung des Euro, AblEG Nr. L 162/1 v. 19.6.1997, abgedruckt bei *Sandrock*, BB 1997, Beilage 9, S. 18 f.
15 MüKo-AktG/*Heider*, § 6 Rn 51; Semler/Volhard/*Schroer*, Arbeitshb HV, P II Rn 12; *Schroer*, ZIP 1998, 38; *Schroer*, ZIP 1998, 306, 310; *Schroer*, ZIP 1998, 529, 530; *Ihring/Streit*, NZG 1998, 201, 203.
16 Müko-AktG/*Heider*, § 6 Rn 57; Semler/Volhard/*Schroer*, Arbeitshb HV, P II Rn 18; *Kopp/Heidinger*, S. 39; *Kopp/Schuck*, S. 22 f; DNotI (Hrsg.), S. 218 f.

beträge auf glatte Beträge lauten müssen (§ 8 Abs. 2), wäre eine Kapitalerhöhung nach allgemeinen Grundsätzen untauglich. Aus diesem Grund hat der Gesetzgeber spezielle Vorschriften geschaffen, die Verfahrenserleichterungen mit sich bringen.[17]

31 **a) Verfahrenserleichterungen.** Wird eine Kapitalerhöhung zur Euro-Umstellung vorgenommen, so genügt ausnahmsweise (zum Grundsatz vgl §§ 207 Abs. 2, 182 Abs. 1) ein mit **einfacher Mehrheit gefasster Hauptversammlungsbeschluss**, sofern die Erhöhung auf den nächsthöheren Betrag erfolgt, mit dem die Aktiennennbeträge auf volle Euro gestellt werden können (§ 4 Abs. 2 S. 1). Bei **nichtbörsennotierten Gesellschaften** (§ 3 Abs. 2) ist trotz § 130 Abs. 1 S. 3 eine notarielle Protokollierung des Hauptversammlungsbeschlusses wegen der grundsätzlichen Bedeutung des Kapitalerhöhungsbeschlusses notwendig (§ 4 Abs. 2 S. 3).

32 Des Weiteren können bei einer Erhöhung der Aktiennennbeträge auf den nächsthöheren runden Euro-Betrag abweichend von §§ 208 Abs. 1 S. 2, 150 Abs. 3 die **Kapitalrücklage und die gesetzlichen Rücklagen sowie deren Zuführungen**, auch wenn sie zusammen den zehnten Teil oder den in der Satzung bestimmten höheren Teil des bisherigen Grundkapitals übersteigen, in Grundkapital umgewandelt werden (§§ 4 Abs. 5, 2).

33 Weitere Erleichterungen hat der Gesetzgeber nicht vorgesehen, was bedeutet, dass der Kapitalerhöhung aus Gesellschaftsmitteln eine **geprüfte und festgestellte Jahresbilanz** oder eine **Zwischenbilanz mit uneingeschränktem Bestätigungsvermerk** zugrunde zu legen ist, die nicht älter als acht Monate sein darf (§ 209).[18] Sollten **Verlustvorträge** bestehen, ist eine Kapitalerhöhung aus Gesellschaftsmitteln – auch zur Euro-Umstellung – nicht möglich (§ 208 Abs. 2).[19]

34 **b) Kapitalerhöhung durch Nennbetragserhöhung.** Bei einer Gesellschaft mit Nennbetragsaktien ist die Erhöhung der Nennbeträge durch eine Kapitalerhöhung aus Gesellschaftsmitteln zulässig (§ 4 Abs. 3 S. 1 Alt. 1).

35 Nach **zutreffender Ansicht** ist dabei die Erhöhung in **beliebigem Umfang** zulässig.[20] Die Gegenansicht,[21] die § 4 Abs. 3 S. 1 restriktiv auslegen will und nur eine Erhöhung der Aktiennennbeträge zur Erreichung des nächsten vollen Euro-Betrages für zulässig hält, übergeht dabei den Wortlaut der Vorschrift, der keine Einschränkung – anders als zB in derselben Vorschrift, nur einen Absatz zuvor (§ 4 Abs. 2 S. 1) – erkennen lässt.

36 Zu beachten ist allerdings bei einer Erhöhung über das zur Erreichung des nächsthöheren glatten Betrages notwendige Maß hinaus, dass die **Beschlusserleichterung** des § 4 Abs. 2 S. 1 (vgl dazu vorstehend Rn 31 f) nicht greift (zum Fall der Kapitalherabsetzung vgl Rn 41 ff). Dies bedeutet, dass für einen derartigen Beschluss eine Mehrheit nach den allgemeinen Regelungen (§§ 207 Abs. 2, 182 Abs. 1) notwendig ist.

37 Um die Aktien nach der Glättung auf den europaweit angestrebten Mindestnennbetrag von 1 EUR umzustellen, kann zusammen mit der rechnerischen Umstellung und der Kapitalerhöhung eine Teilung der Aktien – auch **Aktiensplitt** genannt – beschlossen werden.[22] Wie bei der Kapitalerhöhung zwecks Euro-Umstellung (vgl § 4 Abs. 2 S. 1) genügt auch für diesen Hauptversammlungsbeschluss eine einfache Mehrheit (§ 4 Abs. 2 S. 2).

38 **c) Kapitalerhöhung durch Neueinteilung der Nennbeträge.** Eine Kapitalerhöhung durch Neueinteilung der Nennbeträge der Aktien ist ebenfalls zur Euro-Umstellung möglich (§ 4 Abs. 3 S. 1 Alt. 3). Bei einer derartigen Kapitalmaßnahme wird zunächst das Grundkapital – losgelöst von den Aktiennennbeträgen – erhöht und alsdann unabhängig von der bisherigen Anzahl der Aktien in so viele Aktien zerlegt, dass jede der neuen Aktien einen vollen Euro-Betrag ausweist.[23]

39 Zulässig ist dieser Weg zur Umstellung auf Euro nur bei **voll eingezahlten Aktien** (§ 4 Abs. 3 S. 2 Hs 2).

40 Für die Neueinteilung der Aktiennennbeträge zwecks Euro-Umstellung gelten die vorstehend dargestellten Erleichterungen (vgl Rn 31 ff), insbesondere bedarf der **Hauptversammlungsbeschluss nur der einfachen Mehrheit**. Allerdings ist zu beachten, dass die **Zustimmung** aller derjenigen Aktionäre notwendig ist, auf die nicht ihrem Anteil entsprechend volle Aktien oder eine geringere Zahl an Aktien als zuvor entfallen (§ 4 Abs. 3 S. 2 Hs 1).[24]

---

17 *Kopp/Heidinger*, S. 38 f; *Kopp/Schuck*, S. 22 f; *Schürmann*, NJW 1998, 3162, 3165.
18 AG Heidelberg DB 2001, 1481, 1482 f; *Kopp/Heidinger*, S. 40.
19 *Kopp/Heidinger*, S. 40; DNotI (Hrsg.), S. 192 f.
20 MüKo-AktG/*Heider*, § 6 Rn 56; dahin tendierend: *Kopp/Heidinger*, S. 40; vgl dazu auch DNotI (Hrsg.), S. 211 ff.
21 MüHb-AG/*Krieger*, § 59 Rn 2.
22 Vgl dazu AG Heidelberg DB 2001, 1875, 1876; LG Heidelberg DB 2001, 1481, 1482 f; MüKo-AktG/*Heider*, § 6 Rn 58; *Schürmann*, NJW 1998, 3162, 3165.
23 MüKo-AktG/*Heider*, § 6 Rn 61 ff; Semler/Volhard/*Schroer*, Arbeitshb HV, P II Rn 24; *Kopp/Heidinger*, S. 41; DNotI (Hrsg.), S. 127 ff; dazu auch AG Heidelberg DB 2001, 1481, 1482; LG Heidelberg DB 2001, 1875, 1876.
24 Ein instruktives Beispiel findet sich bei MüKo-AktG/*Heider*, § 6 Rn 63; dazu auch Semler/Volhard/*Schroer*, Arbeitshb HV, P II Rn 23; *Kopp/Heidinger*, S. 41; DNotI (Hrsg.), S. 127 ff.

2. Anpassung durch Kapitalherabsetzung. Die Anpassung der Aktiennennbeträge durch Kapitalherabsetzung kann entweder durch Herabsetzung oder durch Neueinteilung der Nennbeträge der Aktien durchgeführt werden. Die Herabsetzung der Aktiennennbeträge ist dabei dem Aktienrecht – anders als die Nennbetragserhöhung (dazu vorstehend Rn 34 ff) – nicht fremd (vgl § 222 Abs. 4 S. 1); Sondervorschriften wurden insofern nicht benötigt.[25]

a) **Verfahrenserleichterungen.** Wird eine Kapitalherabsetzung zur Euro-Umstellung vorgenommen, so genügt ausnahmsweise (zum Grundsatz vgl § 222 Abs. 1) ein mit **einfacher Mehrheit gefasster Hauptversammlungsbeschluss**, bei dem mindestens die Hälfte des Grundkapitals vertreten ist, sofern die Herabsetzung auf den **nächstniedrigeren** Betrag erfolgt, mit dem die Aktiennennbeträge auf volle Euro gestellt werden können (§ 4 Abs. 2 S. 1). Bei **nichtbörsennotierten Gesellschaften** (§ 3 Abs. 2) ist trotz § 130 Abs. 1 S. 3 eine notarielle Protokollierung des Hauptversammlungsbeschlusses wegen der grundsätzlichen Bedeutung des Kapitalherabsetzungsbeschlusses notwendig (§ 4 Abs. 2 S. 3). Soll eine Kapitalherabsetzung in größerem Umfang als vorbeschrieben erfolgen, so gelten **keinerlei Erleichterungen**.[26]

Bei einer vereinfachten Kapitalherabsetzung, die eine Herabsetzung auf die nächstniedrigeren Aktiennennbeträge verfolgt, gilt eine zusätzliche Erleichterung: § 229 Abs. 2 ist nicht anzuwenden, dh es besteht **keine Pflicht zur Auflösung der Kapitalrücklage und der gesetzlichen Rücklagen** nach Maßgabe dieser Vorschrift und auch ein etwaiger **Gewinnvortrag** verhindert nicht die Durchführung der Kapitalmaßnahme (§ 4 Abs. 5 S. 2).

Im Übrigen verbleibt es bei den allgemeinen Regelungen der Kapitalherabsetzung (§§ 222 ff), dh bei einer ordentlichen Kapitalherabsetzung können die Gläubiger der Gesellschaft Sicherheit verlangen (§ 225); bei einer vereinfachten Kapitalherabsetzung dürfen Kapitalrücklage und gesetzliche Rücklagen zusammen nicht mehr als 10 % des Grundkapitals nach der Herabsetzung desselben ausmachen (§ 231 S. 1).[27] Beide Faktoren führen zusammen mit der „negativen Aura" einer Kapitalherabsetzung dazu, dass sie in der Praxis nur selten zur Euro-Umstellung genutzt wird.

b) **Kapitalherabsetzung durch Nennbetragsherabsetzung.** Die Herabsetzung der Aktiennennbeträge ist in **beliebigem Umfang** zulässig, sofern nicht allgemeine Vorschriften dem entgegenstehen (etwa § 228).

Zu beachten ist allerdings bei einer Herabsetzung über das zur Glättung auf den nächstniedrigeren Euro-Betrag notwendige Maß hinaus, dass die **Beschlusserleichterungen** des § 4 Abs. 2 S. 1 (vgl dazu vorstehend Rn 31 ff) **nicht greifen**. Dies bedeutet, dass für einen derartigen Beschluss eine Mehrheit nach den allgemeinen Regelungen (§ 222 Abs. 1) notwendig ist.

c) **Kapitalherabsetzung durch Neueinteilung der Nennbeträge.** Auch eine Neueinteilung der Aktiennennbeträge durch Kapitalherabsetzung kann zwecks Umstellung auf Euro praktiziert werden (§ 4 Abs. 3 S. 1). Hier gelten die zur Kapitalerhöhung durch Neueinteilung der Aktiennennbeträge dargelegten Grundsätze entsprechend (vgl vorstehend Rn 38 ff).

3. Umstellung und Anpassung früherer Kapitalmaßnahmen. a) Genehmigtes Kapital. Im Zusammenhang mit einer Umstellung auf Euro ist auch in früheren Hauptversammlungen beschlossenes und noch nicht ausgenutztes genehmigtes Kapital (§§ 202 ff) zu berücksichtigen. Ohne ausdrücklichen Beschluss ist dieses allein **rechnerisch umzustellen**, was zur Folge hat, dass ein krummer Euro-Betrag ausgewiesen wird, der regelmäßig aufgrund der neuen, glatten Nennbeträge der Aktien (§ 8 Abs. 2) **nicht voll ausnutzbar** ist. Eine Rundung ist – zumindest mit materieller Wirkung – nicht möglich.[28]

In derartigen Fällen kann die Gesellschaft den **Restbetrag** schlichtweg **nicht ausnutzen**; nach Ablauf der Frist, für die das genehmigte Kapital bewilligt wurde (§ 202 Abs. 1, 2 S. 1), wird er dann **gegenstandslos**. Aus Gründen der Praktikabilität und der Erleichterung der Euro-Umstellung insgesamt (dazu Rn 2) gilt dies nach **zutreffender Ansicht** selbst dann, wenn der Vorstand zu einer **Teilausnutzung** des genehmigten Kapitals nicht ermächtigt wurde;[29] Voraussetzung ist allerdings, dass in derartigen Fällen nur der **geringstmögliche Betrag** des genehmigten Kapitals nicht ausgeschöpft wird.

---

25 *Kopp/Heidinger*, S. 42.
26 So nun auch OLG Frankfurt, RNotZ 2003, 198 = Rpfleger 2003, 252.
27 Semler/Volhard/*Schroer*, Arbeitshb HV, P II Rn 23; *Heidinger*, DNotZ 2000, 661 ff; *Kopp/Heidinger*, S. 42 f.
28 Allenfalls eine gerundete Darstellung ist entsprechend § 3 Abs. 4 S. 2 zulässig, vgl *Kopp/Heidinger*, S. 44 f; Semler/Volhard/*Schroer*, Arbeitshb HV, P II Rn 28; ablehnend zur materiellen Rundungsmöglichkeit auch MüKo-AktG/*Heider*, § 6 Rn 68.
29 Semler/Volhard/*Schroer*, Arbeitshb HV, P II Rn 28; in diesem Sinne auch *Kopp/Heidinger*, S. 44 f und DNotI (Hrsg.), S. 180, 182; abweichend wohl MüKo-AktG/*Heider*, § 6 Rn 68.

50 Zur **vollständigen Ausnutzung** des auf Euro umgestellten genehmigten Kapitals ist es notwendig, dieses auf den nächsthöheren oder nächstniedrigeren Betrag zu erhöhen bzw herabzusetzen, der es ermöglicht, die Nennbeträge der auszugebenden Aktien auf volle Euro zu stellen.[30]

51 Ein solcher Beschluss kann mit **einfacher Mehrheit** des bei der Beschlussfassung vertretenen Grundkapitals gefasst werden (§ 4 Abs. 2 S. 2 iVm § 4 Abs. 2 S. 1).[31] Bei **nichtbörsennotierten Gesellschaften** (§ 3 Abs. 2) ist trotz § 130 Abs. 1 S. 3 eine notarielle Protokollierung dieses Hauptversammlungsbeschlusses notwendig (§ 4 Abs. 2 S. 3).

52 b) **Bedingtes Kapital.** In einer früheren Hauptversammlung beschlossenes, aber noch nicht gänzlich aufgebrauchtes bedingtes Kapital (§ 192) erhöht sich bei einer Kapitalerhöhung aus Gesellschaftsmitteln in demselben Verhältnis wie das Grundkapital (§§ 216 Abs. 3, 218 S. 1).[32]

53 Nach § 4 Abs. 4 S. 1 gelten **Bezugsaktien**, die nach dem Beschluss über die Kapitalerhöhung aus Gesellschaftsmitteln ausgegeben worden sind, als nach dessen Eintragung im Handelsregister ausgegeben. Damit werden die **unterschiedlichen Zeitpunkte des Wirksamwerdens der Kapitalerhöhung** aus bedingtem Kapital (§ 200) und aus Gesellschaftsmitteln zwecks Euro-Umstellung (§ 211) aufeinander abgestimmt.[33]

54 Nach dem Beschluss über die Kapitalerhöhung aus Gesellschaftsmitteln auszugebende Nennbetragsaktien aus bedingtem Kapital lauten automatisch auf den neuen Euro-Nennbetrag (§ 4 Abs. 4 S. 2).

55 **4. Kosten.** Für die Kapitalerhöhung bzw -herabsetzung gilt eine **Kostenprivilegierung**: Die Berechnung der Notarkosten für die Beglaubigung einer entsprechenden Handelsregisteranmeldung, mit der die Aktiennennbeträge auf volle Euro umgestellt werden, ist nur der halbe Geschäftswert anzusetzen; dasselbe gilt für die Eintragungsgebühren (Art 45 Abs. 3 EGHGB).

56 **III. Umstellung auf Stückaktien.** Durch das Gesetz über die Zulassung von Stückaktien vom 25.3.1998[34] ist es möglich, dass Aktien einen beliebigen Betrag oberhalb von 1 EUR am Grundkapital der Gesellschaft verkörpern, ohne den Betrag auszuweisen. Daher besteht für Gesellschaften mit Stückaktien nach dem 31.12.2001 eine Verpflichtung zur Umstellung auf Euro bei einer Kapitalmaßnahme nur bezüglich der Grundkapitalziffer und sonstiger satzungsmäßiger DM-Betragsangaben.[35] In Anbetracht der Tatsache, dass das Grundkapital (§ 6) keinen glatten Betrag ausweisen muss,[36] kann bei Gesellschaften mit Stückaktien sogar eine rein rechnerische Umstellung auf Euro sinnvoll sein.

57 Soll der rechnerische Anteil der einzelnen Stückaktien am Grundkapital gerundet werden, gelten diesbezüglich die allgemeinen Regeln; es greifen **keinerlei Erleichterungen**. Die im EGAktG vorgesehenen Vereinfachungen sind ausweislich des Gesetzeswortlaut (vgl § 4) nur auf Nennbetragsaktien anwendbar, und bei diesen auch nur dort, wo eine Glättung im Zuge der Umstellung auf Euro notwendig wird.[37] Beides trifft auf Stückaktien nicht zu.

58 Die Umstellung auf Stückaktien führt zu ähnlichen Rechtsproblemen bezüglich früher beschlossener Kapitalmaßnahmen wie die Nennbetragsglättung, allerdings sieht das Gesetz über die Zulassung von Stückaktien keinerlei Verfahrenserleichterungen vor. Umzustellen bzw anzupassen sind insbesondere Beschlüsse der Hauptversammlung über eine **Kapitalerhöhung gegen Einlage** (§§ 182 ff) oder aus **Gesellschaftsmitteln** (§§ 207 ff) sowie die **Schaffung genehmigten** (§ 202) oder **bedingten** (§§ 192 ff) **Kapitals**. Keine Umstellung ist bei einer Kapitalherabsetzung durch Herabsetzung der Aktiennennbeträge (§ 222 Abs. 4 S. 1) notwendig.

E. Muster

59 Folgende **Muster zur Euro-Umstellung** finden sich in der 3. Auflage dieses Kommentars (EGAktG, Anhang zu §§ 1–4):

I. Euro-Umstellung durch Kapitalerhöhung aus Gesellschaftsmitteln

---

30 MüKo-AktG/*Heider*, § 6 Rn 68; Semler/Volhard/*Schroer*, Arbeitshb HV, P II Rn 28; *Kopp/Heidinger*, S. 44 f; *Schroer*, ZIP 1998, 529, 532; *Schürmann*, DB 1997, 1381, 1385.

31 MüKo-AktG/*Heider*, § 6 Rn 68; Semler/Volhard/*Schroer*, Arbeitshb HV, P II Rn 28; *Kopp/Heidinger*, S. 44 f; die gem. § 4 Abs. 2 S. 1 vorgeschriebene Voraussetzung, dass bei der Beschlussfassung zumindest die Hälfte des Grundkapitals vertreten sein muss, gilt bei der Herabsetzung genehmigten Kapitals nicht; sie ist nur auf eine Herabsetzung des Grundkapitals bezogen.

32 MüKo-AktG/*Heider*, § 6 Rn 69; Semler/Volhard/*Schroer*, Arbeitshb HV, P II Rn 27; *Kopp/Heidinger*, S. 43; *Schürmann*, DB 1997, 1381, 1385; *Schürmann*, NJW 1998, 3162, 3165; zweifelnd *Schroer*, ZIP 1998, 529, 532.

33 Vgl dazu MüKo-AktG/*Heider*, § 6 Rn 69 und *Kopp/Heidinger*, S. 43 f.

34 BGBl. I S. 590; dazu *Heider*, AG 1998, 1 ff; *Kolb/Pöller*, DStR 1998, 855 ff; *Steffan/Schmidt*, DB 1998, 559, 565; *Seibert*, WM 1997, 1610, 1611.

35 MüKo-AktG/*Heider*, § 6 Rn 78; *Kopp/Heidinger*, S. 47.

36 MüKo-AktG/*Heider*, § 6 Rn 99; *Hüffer*, § 8 Rn 20 ff; *Kopp/Heidinger*, S. 47; DNotI (Hrsg.), S. 153, 155; *Schürmann*, NJW 1998, 3162, 3164.

37 *Kopp/Heidinger*, S. 48 f; DNotI (Hrsg.), S. 158, 159 f; 174 ff.

1. Auszug aus der Niederschrift über die Hauptversammlung
2. Anmeldung des Euro-Umstellungs- und Kapitalerhöhungsbeschlusses

II. Euro-Umstellung durch Kapitalerhöhung aus Gesellschaftsmitteln mit Aktiensplitt
1. Auszug aus der Niederschrift über die Hauptversammlung
2. Anmeldung des Euro-Umstellungs- und Kapitalerhöhungsbeschlusses

§ 5 Mehrstimmrechte; Höchststimmrechte

(1) [1]Mehrstimmrechte erlöschen am 1. Juni 2003, wenn nicht zuvor die Hauptversammlung mit einer Mehrheit, die mindestens drei Viertel des bei der Beschlußfassung vertretenen Grundkapitals umfaßt, ihre Fortgeltung beschlossen hat. [2]Inhaber von Mehrstimmrechtsaktien sind bei diesem Beschluß von der Ausübung des Stimmrechts insgesamt ausgeschlossen.

(2) [1]Unabhängig von Absatz 1 kann die Hauptversammlung die Beseitigung der Mehrstimmrechte beschließen. [2]Der Beschluß nach Satz 1 bedarf einer Mehrheit, die mindestens die Hälfte des bei der Beschlußfassung vertretenen Grundkapitals umfaßt, aber nicht der Mehrheit der abgegebenen Stimmen. [3]Eines Sonderbeschlusses der Aktionäre mit Mehrstimmrechten bedarf es nicht. [4]Abweichend von § 122 Abs 2 des Aktiengesetzes kann jeder Aktionär verlangen, daß die Beseitigung der Mehrstimmrechte auf die Tagesordnung der Hauptversammlung gesetzt wird.

(3) [1]Die Gesellschaft hat einem Inhaber von Mehrstimmrechtsaktien im Falle des Erlöschens nach Absatz 1 und der Beseitigung nach Absatz 2 einen Ausgleich zu gewähren, der den besonderen Wert der Mehrstimmrechte angemessen berücksichtigt. [2]Im Falle des Absatzes 1 kann der Anspruch auf den Ausgleich nur bis zum Ablauf von zwei Monaten seit dem Erlöschen der Mehrstimmrechte gerichtlich geltend gemacht werden. [3]Im Falle des Absatzes 2 hat die Hauptversammlung den Ausgleich mitzubeschließen; Absatz 2 Satz 2 und 3 ist anzuwenden.

(4) [1]Die Anfechtung des Beschlusses nach Absatz 2 kann nicht auf § 243 Abs. 2 des Aktiengesetzes oder darauf gestützt werden, daß die Beseitigung der Mehrstimmrechte oder der festgesetzte Ausgleich unangemessen sind. [2]Statt dessen kann jeder in der Hauptversammlung erschienene Aktionär, der gegen den Beschluß Widerspruch zur Niederschrift erklärt hat, einen Antrag auf gerichtliche Bestimmung des angemessenen Ausgleichs stellen. [3]Der Antrag kann nur binnen zwei Monaten seit dem Tage gestellt werden, an dem die Satzungsänderung im Handelsregister nach § 10 des Handelsgesetzbuchs bekannt gemacht worden ist.

(5) Für das Verfahren in den Fällen des Absatzes 3 Satz 2 und des Absatzes 4 Satz 2 gilt das Spruchverfahrensgesetz sinngemäß.

(6) [1]Der durch Beschluß der Hauptversammlung festgesetzte Ausgleich wird erst zur Leistung fällig, wenn ein Antrag auf gerichtliche Bestimmung nicht oder nicht fristgemäß gestellt oder das Verfahren durch rechtskräftige Entscheidung oder Antragsrücknahme abgeschlossen ist. [2]Der Ausgleich ist seit dem Tage, an dem die Satzungsänderung im Handelsregister nach § 10 des Handelsgesetzbuchs bekannt gemacht worden ist, mit fünf vom Hundert für das Jahr zu verzinsen.

(7) Für Höchststimmrechte bei börsennotierten Gesellschaften, die vor dem 1. Mai 1998 von der Satzung bestimmt sind, gelten die Sätze 2 bis 5 des § 134 Abs. 1 des Aktiengesetzes in der vor dem 1. Mai 1998 geltenden Fassung bis zum 1. Juni 2000 fort.

§ 6 Wechselseitig beteiligte Unternehmen

(1) Sind eine Aktiengesellschaft und ein anderes Unternehmen bereits beim Inkrafttreten des Aktiengesetzes wechselseitig beteiligte Unternehmen, ohne daß die Voraussetzungen des § 19 Abs. 2 oder 3 des Aktiengesetzes vorliegen, und haben beide Unternehmen fristgemäß (§ 7) die Mitteilung nach § 20 Abs. 3 oder § 21 Abs. 1 des Aktiengesetzes gemacht, so gilt § 328 Abs. 1 und 2 des Aktiengesetzes für sie nicht.

(2) Solange die Unternehmen wechselseitig beteiligt sind und nicht die Voraussetzungen des § 19 Abs. 2 oder 3 des Aktiengesetzes vorliegen, gilt für die Ausübung der Rechte aus den Anteilen an dem anderen Unternehmen statt dessen folgendes:

1. Aus den Anteilen, die den Unternehmen beim Inkrafttreten des Aktiengesetzes gehört haben oder die auf diese Anteile bei einer Kapitalerhöhung aus Gesellschaftsmitteln entfallen, können alle Rechte ausgeübt werden.
2. Aus Anteilen, die bei einer Kapitalerhöhung gegen Einlagen auf Grund eines nach Nummer 1 bestehenden Bezugsrechts übernommen werden, können alle Rechte mit Ausnahme des Stimmrechts ausgeübt werden; das gleiche gilt für Anteile, die auf diese Anteile bei einer Kapitalerhöhung aus Gesellschaftsmitteln entfallen.
3. Aus anderen Anteilen können mit Ausnahme des Rechts auf neue Aktien bei einer Kapitalerhöhung aus Gesellschaftsmitteln keine Rechte ausgeübt werden.

(3) Hat nur eines der wechselseitig beteiligten Unternehmen fristgemäß (§ 7) die Mitteilung nach § 20 Abs. 3 oder § 21 Abs. 1 des Aktiengesetzes gemacht, so gilt § 328 Abs. 1 und 2 nicht für dieses Unternehmen.

§ 7 Mitteilungspflicht von Beteiligungen

¹Die Mitteilungspflichten nach §§ 20, 21 und 328 Abs. 3 des Aktiengesetzes gelten auch für Beteiligungen, die beim Inkrafttreten des Aktiengesetzes bestehen. ²Die Beteiligungen sind binnen eines Monats nach dem Inkrafttreten des Aktiengesetzes mitzuteilen.

§ 8 Gegenstand des Unternehmens

Entspricht bei Aktiengesellschaften, die beim Inkrafttreten des Aktiengesetzes in das Handelsregister eingetragen sind, die Satzungsbestimmung über den Gegenstand des Unternehmens nicht dem § 23 Abs. 3 Nr. 2 des Aktiengesetzes, so sind Änderungen der Satzung durch die Hauptversammlung nur einzutragen, wenn zugleich die Satzungsbestimmung über den Gegenstand des Unternehmens an § 23 Abs. 3 Nr. 2 des Aktiengesetzes angepaßt wird.

§ 9 (aufgehoben)

§ 10 Nebenverpflichtungen der Aktionäre

¹§ 55 Abs. 1 Satz 2 des Aktiengesetzes gilt nicht für Aktiengesellschaften, die bereits beim Inkrafttreten des Aktiengesetzes in ihrer Satzung Nebenverpflichtungen der Aktionäre vorgesehen haben. ²Ändern jedoch solche Gesellschaften den Gegenstand des Unternehmens oder die Satzungsbestimmungen über die Nebenverpflichtungen, so sind diese Änderungen nur einzutragen, wenn zugleich bestimmt wird, ob die Leistungen entgeltlich oder unentgeltlich zu erbringen sind.

§ 11 Nachgründungsgeschäfte

Die Unwirksamkeit gemäß § 52 Aktiengesetz eines vor dem 1. Januar 2000 geschlossenen Nachgründungsgeschäfts kann nach dem 1. Januar 2002 nur noch auf Grund der zum 1. Januar 2000 geänderten Fassung der Vorschrift geltend gemacht werden.

§ 12 Aufsichtsrat

(1) ¹Bestimmungen der Satzung über die Zahl der Aufsichtsratsmitglieder und über Stellvertreter von Aufsichtsratsmitgliedern treten, soweit sie mit den Vorschriften des Aktiengesetzes nicht vereinbar sind, mit Beendigung der Hauptversammlung außer Kraft, die über die Entlastung der Mitglieder des Aufsichtsrats für das am 31. Dezember 1965 endende oder laufende Geschäftsjahr abgehalten wird, spätestens mit Ablauf der in § 120 Abs. 1 des Aktiengesetzes für die Beschlußfassung über die Entlastung bestimmten Frist. ²Eine Hauptversammlung, die innerhalb dieser Frist stattfindet, kann an Stelle der außer Kraft tretenden Satzungsbestimmungen mit einfacher Stimmmehrheit neue Satzungsbestimmungen beschließen.

(2) Treten Satzungsbestimmungen nach Absatz 1 Satz 1 außer Kraft, erlischt das Amt der Aufsichtsratsmitglieder oder der Stellvertreter von Aufsichtsratsmitgliedern mit dem in Absatz 1 genannten Zeitpunkt.

(3) Hat ein Aufsichtsratsmitglied am 1. Mai 1998 eine höhere Zahl von Aufsichtsratsmandaten, als nach § 100 Abs. 2 Satz 1 Nr. 1 in Verbindung mit Satz 3 des Aktiengesetzes in der ab dem 1. Mai 1998 geltenden Fassung zulässig ist, so gilt für diese Mandate § 100 Abs. 2 Aktiengesetz in der bis zum 30. April 1998 geltenden Fassung bis zum Ablauf der jeweils für das Mandat geltenden Amtszeit fort.

(4) § 100 Abs. 5 und § 107 Abs. 4 des Aktiengesetzes in der Fassung des Bilanzrechtsmodernisierungsgesetzes vom 25. Mai 2009 (BGBl. I S. 1102) finden keine Anwendung, solange alle Mitglieder des Aufsichtsrats und des Prüfungsausschusses vor dem 29. Mai 2009 bestellt worden sind.

§ 13 Übergangsvorschrift zu § 175 und § 337 Abs. 2 und 3 des Aktiengesetzes

¹§ 175 des Aktiengesetzes in der Fassung des Artikels 1 Nr. 21 des Transparenz- und Publizitätsgesetzes vom 19. Juli 2002 (BGBl. I S. 2681) ist erstmals auf den Konzernabschluss und den Konzernlagebericht für das nach dem 31. Dezember 2001 beginnende Geschäftsjahr anzuwenden. ²Auf den Konzernabschluss und den Konzernlagebericht für ein vorangehendes Geschäftsjahr sind die §§ 175, 337 Abs. 3 des Aktiengesetzes in der bis zum 25. Juli 2002 geltenden Fassung weiterhin anzuwenden. ³§ 337 Abs. 2 des Aktiengesetzes in der bis zum 25. Juli 2002 geltenden Fassung ist letztmals auf den Konzernabschluss und den Konzernlagebericht für das nach dem 31. Dezember 2001 beginnende Geschäftsjahr anzuwenden.

§ 14 Übergangsvorschrift zu § 171 Abs. 2, 3 und § 173 Abs. 1 des Aktiengesetzes

§ 171 Abs. 2 Satz 5, Abs. 3 Satz 3 zweiter Halbsatz und § 173 Abs. 1 Satz 2 des Aktiengesetzes in der Fassung des Artikels 1 Nr. 18, 19 des Transparenz- und Publizitätsgesetzes vom 19. Juli 2002 (BGBl. I S. 2681) ist erstmals auf den Konzernabschluss für das nach dem 31. Dezember 2001 beginnende Geschäftsjahr anzuwenden.

§ 15 Übergangsvorschrift zu § 161 des Aktiengesetzes

¹Die Erklärung nach § 161 des Aktiengesetzes ist erstmals im Jahr 2002 abzugeben. ²Sie kann in diesem Jahr aber darauf beschränkt werden, dass den Empfehlungen der „Regierungskommission Deutscher Corporate Governance Kodex" entsprochen wird oder welche Empfehlungen nicht angewendet werden.

§ 16 Übergangsvorschrift zu § 123 Abs. 2, 3 und § 125 Abs. 2 des Aktiengesetzes

¹§ 123 Abs. 2 und 3 und § 125 Abs. 2 des Aktiengesetzes in der Fassung des Gesetzes zur Unternehmensintegrität und Modernisierung des Anfechtungsrechts gelten für Hauptversammlungen, zu denen nach dem 1. November 2005 einberufen wird. ²Solange eine börsennotierte Gesellschaft ihre Satzung noch nicht an § 123 in der Fassung des Gesetzes zur Unternehmensintegrität und Modernisierung des Anfechtungsrechts angepasst hat, gilt die bisherige Satzungsregelung für die Teilnahme an der Hauptversammlung oder die Ausübung des Stimmrechts mit der Maßgabe fort, dass für den Zeitpunkt der Hinterlegung oder der Ausstellung eines sonstigen Legitimationsnachweises auf den Beginn des einundzwanzigsten Tages vor der Versammlung abzustellen ist. ³Hat eine Gesellschaft auf Grund des Entwurfs des Gesetzes zur Unternehmensintegrität und Modernisierung des Anfechtungsrechts einen Vorratsbeschluss gefasst, ist der Vorstand mit Zustimmung des Aufsichtsrats ermächtigt, den Beschluss hinsichtlich des Zeitpunkts der Ausstellung des Legitimationsnachweises zu ändern.

§ 17 Übergangsvorschrift zu § 243 Abs. 3 Nr. 2 und § 249 Abs. 1 Satz 1 des Aktiengesetzes

§ 243 Abs. 3 Nr. 2 und § 249 Abs. 1 Satz 1 des Aktiengesetzes in der Fassung des Bilanzrechtsreformgesetzes vom 4. Dezember 2004 (BGBl. I S. 3166) sind erstmals auf Anfechtungsklagen und Nichtigkeitsklagen anzuwenden, die nach dem 31. Dezember 2004 erhoben worden sind.

§ 18 Übergangsvorschrift zu den §§ 37 und 39 des Aktiengesetzes

¹Die Pflicht, die inländische Geschäftsanschrift bei dem Gericht nach § 37 des Aktiengesetzes in der ab dem Inkrafttreten des Gesetzes vom 23. Oktober 2008 (BGBl. I S. 2026) am 1. November 2008 geltenden Fassung zur Eintragung in das Handelsregister anzumelden, gilt auch für Gesellschaften, die zu diesem Zeitpunkt bereits in das Handelsregister eingetragen sind, es sei denn, die inländische Geschäftsanschrift ist dem Gericht bereits nach § 24 Abs. 2 der Handelsregisterverordnung mitgeteilt worden und hat sich anschließend nicht geändert. ²In diesen Fällen ist die inländische Geschäftsanschrift mit der ersten die eingetragene Gesellschaft betreffenden Anmeldung zum Handelsregister ab dem 1. November 2008, spätestens aber bis zum 31. Oktober 2009 anzumelden. ³Wenn bis zum 31. Oktober 2009 keine inländische Geschäftsanschrift zur Eintragung in das Handelsregister angemeldet worden ist, trägt das Gericht von Amts wegen und ohne Überprüfung kostenfrei die ihm nach § 24 Abs. 2 der Handelsregisterverordnung bekannte inländische Anschrift als Geschäftsanschrift in das Handelsregister ein; in diesem Fall gilt die mitgeteilte Anschrift zudem unabhängig von dem Zeitpunkt ihrer tatsächlichen Eintragung ab dem 31. Oktober 2009 als eingetragene inländische Geschäftsanschrift der Gesellschaft, wenn sie im elektronischen Informations- und Kommunikationssystem nach § 9 Abs. 1 des Handelsgesetzbuchs abrufbar ist. ⁴Ist dem Gericht keine Mitteilung im Sinne des § 24 Abs. 2 der Handelsregisterverordnung gemacht worden, ist ihm aber in sonstiger Weise eine inländische Geschäftsanschrift bekannt geworden, so gilt Satz 3 mit der Maßgabe, dass diese Anschrift einzutragen ist, wenn sie im elektronischen Informations- und Kommunikationssystem nach § 9 Abs. 1 des Handelsgesetzbuchs abrufbar ist. ⁵Dasselbe gilt, wenn eine in sonstiger Weise bekannt gewordene inländische Anschrift von einer früher nach § 24 Abs. 2 der Handelsregisterverordnung mitgeteilten Anschrift abweicht. ⁶Eintragungen nach den Sätzen 3 bis 5 werden abweichend von § 10 des Handelsgesetzbuchs nicht bekannt gemacht.

§ 19 Übergangsvorschrift zu § 76 Abs. 3 Satz 2 Nr. 3 und Satz 3 des Aktiengesetzes

¹§ 76 Abs. 3 Satz 2 Nr. 3 Buchstabe a, c, d und e des Aktiengesetzes in der ab dem Inkrafttreten des Gesetzes vom 23. Oktober 2008 (BGBl. I S. 2026) am 1. November 2008 geltenden Fassung ist auf Personen, die vor diesem Tag zum Vorstandsmitglied bestellt worden sind, nicht anzuwenden, wenn die Verurteilung vor dem 1. November 2008 rechtskräftig geworden ist. ²Entsprechendes gilt für § 76 Abs. 3 Satz 3 des Aktiengesetzes in der ab dem 1. November 2008 geltenden Fassung, soweit die Verurteilung wegen einer Tat erfolgte, die den Straftaten im Sinne des Satzes 1 vergleichbar ist.

§ 20 Übergangsvorschrift zum Gesetz zur Umsetzung der Aktionärsrechterichtlinie

(1) Die §§ 121, 122, 123, 124, 124a, 125, 126, 127, 130, 134, 175, 176, 241 bis 243 des Aktiengesetzes in der Fassung des Gesetzes zur Umsetzung der Aktionärsrechterichtlinie vom 30. Juli 2009 (BGBl. I S. 2479) sind erstmals auf Hauptversammlungen anzuwenden, zu denen nach dem 31. Oktober 2009 einberufen wird.

(2) Die §§ 128, 129 und 135 des Aktiengesetzes in der Fassung des Gesetzes zur Umsetzung der Aktionärsrechterichtlinie sind ab dem 1. November 2009 anzuwenden.

(3) ¹Enthält die Satzung einer Aktiengesellschaft eine Frist, die abweichend von § 123 Abs. 2 Satz 2 und 3 oder Abs. 3 Satz 3 und 4 des Aktiengesetzes in der Fassung des Gesetzes zur Umsetzung der Aktionärsrechterichtlinie nicht in Tagen ausgedrückt ist, so bleibt diese bis zur ersten ordentlichen Hauptversammlung nach Inkrafttreten des Gesetzes zur Umsetzung der Aktionärsrechterichtlinie am 1. September 2009 wirk-

sam. ²§ 123 Abs. 4 des Aktiengesetzes in der vor Inkrafttreten des Gesetzes zur Umsetzung der Aktionärsrechterichtlinie geltenden Fassung bleibt für diese Frist anwendbar.

(4) § 246a Abs. 2 Nr. 2 und § 319 Abs. 6 Satz 3 Nr. 2 des Aktiengesetzes in der Fassung des Gesetzes zur Umsetzung der Aktionärsrechterichtlinie sind nicht auf Freigabeverfahren und Beschwerdeverfahren anzuwenden, die vor dem 1. September 2009 anhängig waren.

(5) In Fällen des § 305 Abs. 3 Satz 3, des § 320b Abs. 1 Satz 6 und des § 327b Abs. 2 des Aktiengesetzes bleibt es für die Zeit vor dem 1. September 2009 bei dem bis dahin geltenden Zinssatz.

(6) § 319 Abs. 6 Satz 11 des Aktiengesetzes in der Fassung des Gesetzes zur Umsetzung der Aktionärsrechterichtlinie ist nicht anzuwenden, wenn die Klage gegen die Wirksamkeit des Hauptversammlungsbeschlusses vor dem 1. September 2009 rechtshängig war.

(7) ¹§ 27 Abs. 3 und 4 des Aktiengesetzes in der ab dem 1. September 2009 geltenden Fassung gilt auch für Einlagenleistungen, die vor diesem Zeitpunkt bewirkt worden sind, soweit sie nach der vor dem 1. September 2009 geltenden Rechtslage wegen der Vereinbarung einer Einlagenrückgewähr oder wegen einer verdeckten Sacheinlage keine Erfüllung der Einlagenverpflichtung bewirkt haben. ²Dies gilt nicht, soweit über die aus der Unwirksamkeit folgenden Ansprüche zwischen der Gesellschaft und dem Gesellschafter bereits vor dem 1. September 2009 ein rechtskräftiges Urteil ergangen oder eine wirksame Vereinbarung zwischen der Gesellschaft und dem Gesellschafter getroffen worden ist; in diesem Fall beurteilt sich die Rechtslage nach den bis zum 1. September 2009 geltenden Vorschriften.

§ 21 Heilung der Nichtigkeit von Jahresabschlüssen

¹§ 256 Abs. 6 des Aktiengesetzes über die Heilung der Nichtigkeit von Jahresabschlüssen gilt auch für Jahresabschlüsse, die vor dem Inkrafttreten des Aktiengesetzes festgestellt worden sind; jedoch bleibt es für die Heilung der Nichtigkeit nach § 256 Abs. 2 des Aktiengesetzes bei den bisherigen Vorschriften. ²Die in § 256 Abs. 6 des Aktiengesetzes bestimmten Fristen beginnen für Jahresabschlüsse, die vor dem Inkrafttreten des Aktiengesetzes festgestellt worden sind, nicht vor dem Inkrafttreten des Aktiengesetzes.

§ 22 Unternehmensverträge

(1) ¹Für Unternehmensverträge (§§ 291, 292 des Aktiengesetzes), die vor dem Inkrafttreten des Aktiengesetzes geschlossen worden sind, gelten §§ 295 bis 303, 307 bis 310, 316 des Aktiengesetzes mit Wirkung vom Inkrafttreten des Aktiengesetzes. ²Die in § 300 Nr. 1 des Aktiengesetzes bestimmte Frist für die Auffüllung der gesetzlichen Rücklage läuft vom Beginn des nach dem 31. Dezember 1965 beginnenden Geschäftsjahrs an. ³§ 300 Nr. 1 und 3 des Aktiengesetzes gilt jedoch nicht, wenn der andere Vertragsteil beim Inkrafttreten des Aktiengesetzes auf Grund der Satzung oder von Verträgen verpflichtet ist, seine Erträge für öffentliche Zwecke zu verwenden. ⁴In die gesetzliche Rücklage ist im Falle des Satzes 3 spätestens bei Beendigung des Unternehmensvertrags oder der Verpflichtung nach Satz 3 der Betrag einzustellen, der nach § 300 des Aktiengesetzes in Verbindung mit Satz 2 in die gesetzliche Rücklage einzustellen gewesen wäre, wenn diese Vorschriften für die Gesellschaft gegolten hätten. ⁵Reichen die während der Dauer des Vertrags in freie Rücklagen eingestellten Beträge hierzu nicht aus, hat der andere Vertragsteil den Fehlbetrag auszugleichen.

(2) ¹Der Vorstand der Gesellschaft hat das Bestehen und die Art des Unternehmensvertrags sowie den Namen des anderen Vertragsteils unverzüglich nach dem Inkrafttreten des Aktiengesetzes zur Eintragung in das Handelsregister anzumelden. ²Bei der Anmeldung ist das Datum des Beschlusses anzugeben, durch den die Hauptversammlung dem Vertrag zugestimmt hat. ³Bei Teilgewinnabführungsverträgen ist außerdem die Vereinbarung über die Höhe des abzuführenden Gewinns anzumelden.

§ 23 Übergangsvorschrift zum Gesetz zur Angemessenheit der Vorstandsvergütung

(1) ¹§ 93 Absatz 2 Satz 3 des Aktiengesetzes in der ab dem 5. August 2009 geltenden Fassung ist ab dem 1. Juli 2010 auch auf Versicherungsverträge anzuwenden, die vor dem 5. August 2009 geschlossen wurden. ²Ist die Gesellschaft gegenüber dem Vorstand aus einer vor dem 5. August 2009 geschlossenen Verein-

barung zur Gewährung einer Versicherung ohne Selbstbehalt im Sinne des § 93 Absatz 2 Satz 3 des Aktiengesetzes verpflichtet, so darf sie diese Verpflichtung erfüllen.

(2) § 100 Absatz 2 Satz 1 Nummer 4 des Aktiengesetzes in der ab dem 5. August 2009 geltenden Fassung ist nicht auf Aufsichtsratsmitglieder anzuwenden, die ihr Mandat am 5. August 2009 bereits innehatten.

(3) § 120 Absatz 4 und § 193 des Aktiengesetzes in der ab dem 5. August 2009 geltenden Fassung ist erstmals auf Beschlüsse anzuwenden, die in Hauptversammlungen gefasst werden, die nach dem 5. August 2009 einberufen werden.

§ 24 Übergangsvorschrift zu dem Gesetz zur Restrukturierung und geordneten Abwicklung von Kreditinstituten, zur Errichtung eines Restrukturierungsfonds für Kreditinstitute und zur Verlängerung der Verjährungsfrist der aktienrechtlichen Organhaftung

§ 93 Absatz 6 des Aktiengesetzes in der seit dem 15. Dezember 2010 geltenden Fassung ist auch auf die vor dem 15. Dezember 2010 entstandenen und noch nicht verjährten Ansprüche anzuwenden.

§ 25 (aufgehoben)

§ 26 Kommanditgesellschaften auf Aktien

Die Vorschriften dieses Abschnitts gelten sinngemäß für Kommanditgesellschaften auf Aktien.

§ 26 a Ergänzung fortgeführter Firmen

¹Führt eine Aktiengesellschaft gemäß § 22 Abs. 1 des Einführungsgesetzes zum Handelsgesetzbuch ihre Firma fort, ohne daß diese die Bezeichnung „Aktiengesellschaft" enthält, so muß die Gesellschaft bis zum 16. Juni 1980 diese Bezeichnung in ihre Firma aufnehmen. ²Findet bis zu diesem Tage eine Hauptversammlung nicht statt und soll die Firma nur um die Bezeichnung „Aktiengesellschaft" ergänzt werden, so ist der Aufsichtsrat zu dieser Änderung befugt.

§ 26 b Änderung der Satzung

Eine Änderung der Satzung, die nach § 23 des Aktiengesetzes wegen der vom 1. Juli 1979 an geltenden Fassung erforderlich wird, ist bis zum 16. Juni 1980 zur Eintragung in das Handelsregister anzumelden.

§ 26 c Übergangsfristen

¹Die Vorschriften des Aktiengesetzes über Sacheinlagen und Sachübernahmen sowie über deren Prüfung in der vom 1. Juli 1979 an geltenden Fassung gelten nur für Gründungen und Kapitalerhöhungen, die nach dem 16. Juni 1980 zur Eintragung in das Handelsregister angemeldet werden. ²Die Fristen, die in § 71 Abs. 3 Satz 2 und § 71 c des Aktiengesetzes in der vom 1. Juli 1979 an geltenden Fassung vorgesehen sind, beginnen nicht vor dem 16. Juni 1980. ³Die nach § 150 a des Aktiengesetzes vorgeschriebene Rücklage für eigene Aktien braucht nicht vor dem 16. Juni 1980 gebildet zu werden.

§ 26 d Übergangsregelung für Verschmelzungen

Die Vorschriften des Aktiengesetzes über Verschmelzungen und Vermögensübertragungen in der vom 1. Januar 1983 an geltenden Fassung sind nicht auf Vorgänge anzuwenden, zu deren Vorbereitung bereits vor diesem Tage der Verschmelzungs- oder Übertragungsvertrag beurkundet oder eine Haupt-, Gesellschafter- oder Gewerkenversammlung oder eine oberste Vertretung einberufen worden ist.

§ 26 e Übergangsregelung zum Gesetz zur Anpassung von Verjährungsvorschriften an das Gesetz zur Modernisierung des Schuldrechts

¹§ 327 Abs. 4 des Aktiengesetzes in der ab dem 15. Dezember 2004 geltenden Fassung ist auf vor diesem Datum entstandene Verbindlichkeiten anzuwenden, wenn

1. die Eintragung des Endes der Eingliederung in das Handelsregister nach § 10 des Handelsgesetzbuchs nach diesem Datum bekannt gemacht worden ist und
2. die Verbindlichkeiten nicht später als vier Jahre nach dem Tag, an dem die Eintragung des Endes der Eingliederung in das Handelsregister nach § 10 des Handelsgesetzbuchs bekannt gemacht worden ist, fällig werden.

²Auf später fällig werdende Verbindlichkeiten im Sinne des Satzes 1 ist das bisher geltende Recht mit der Maßgabe anwendbar, dass die Verjährungsfrist ein Jahr beträgt.

§ 26 f Übergangsregelungen zum Kleinstkapitalgesellschaften-Bilanzrechtsänderungsgesetz

¹Die §§ 152, 158 und 160 des Aktiengesetzes in der Fassung des Kleinstkapitalgesellschaften-Bilanzrechtsänderungsgesetzes vom 20. Dezember 2012 (BGBl. I S. 2751) sind erstmals auf Jahres- und Konzernabschlüsse anzuwenden, die sich auf einen nach dem 30. Dezember 2012 liegenden Abschlussstichtag beziehen. ²Auf Jahres- und Konzernabschlüsse, die sich auf einen vor dem 31. Dezember 2012 liegenden Abschlussstichtag beziehen, bleiben die §§ 152, 158 und 160 des Aktiengesetzes vom 6. September 1965 (BGBl. I S. 1089) in der bis zum 27. Dezember 2012 geltenden Fassung anwendbar.

Zweiter Abschnitt
Anwendung aktienrechtlicher Vorschriften auf Unternehmen mit anderer Rechtsform

§ 27 Entscheidung über die Zusammensetzung des Aufsichtsrats

§ 96 Abs. 2, §§ 97 bis 99 des Aktiengesetzes gelten sinngemäß für Gesellschaften mit beschränkter Haftung und bergrechtliche Gewerkschaften.

§ 28 (aufgehoben)

§ 28 a Treuhandanstalt

¹Die Vorschriften des Aktiengesetzes über herrschende Unternehmen sind auf die Treuhandanstalt nicht anzuwenden. ²Dies gilt nicht für die Anwendung von Vorschriften über die Vertretung der Arbeitnehmer im Aufsichtsrat eines von der Treuhandanstalt verwalteten Unternehmens.

Dritter Abschnitt
Aufhebung und Änderung von Gesetzen

§ 29 (aufgehoben)

§§ 30 bis 32 (nicht wiedergegebene Änderungsvorschriften)

§ 33 Gesetz über die Kapitalerhöhung aus Gesellschaftsmitteln und über die Gewinn- und Verlustrechnung

(hier nicht abgedruckt)

§§ 34 bis 44   (nicht wiedergegebene Änderungsvorschriften)

Vierter Abschnitt
Schlußvorschriften

§ 45   Geltung in Berlin
(gegenstandslos)

§ 46   Inkrafttreten
Dieses Gesetz tritt am 1. Januar 1966 in Kraft.

Börsengesetz
(BörsG)[1]

Vom 16. Juli 2007 (BGBl. I S. 1330)
(FNA 4110-10)
zuletzt geändert durch Art. 10 AIFM-Umsetzungsgesetz vom 4. Juli 2013 (BGBl. I S. 1981)

Abschnitt 1
Allgemeine Bestimmungen über die Börsen und ihre Organe

§ 1 Anwendungsbereich

(1) Dieses Gesetz ist anzuwenden auf den Betrieb und die Organisation von Börsen, die Zulassung von Handelsteilnehmern, Finanzinstrumenten, Rechten und Wirtschaftsgütern zum Börsenhandel und die Ermittlung von Börsenpreisen.

(2) Ist eine Börse beauftragt worden, Versteigerungen gemäß der Verordnung (EU) Nr. 1031/2010 der Kommission vom 12. November 2010 über den zeitlichen und administrativen Ablauf sowie sonstige Aspekte der Versteigerung von Treibhausgasemissionszertifikaten gemäß der Richtlinie 2003/87/EG des Europäischen Parlaments und des Rates über ein System für den Handel mit Treibhausgasemissionszertifikaten in der Gemeinschaft (ABl. L 302 vom 18.11.2010, S. 1) durchzuführen, gelten hinsichtlich dieser Versteigerungen die Vorschriften dieses Gesetzes, soweit in der Verordnung (EU) Nr. 1031/2010 in der jeweils geltenden Fassung nichts anderes bestimmt ist.

Die durch das Finanzmarktrichtlinie-Umsetzungsgesetz (BGBl. I S. 1330) neu gefasste Vorschrift des § 1 beschreibt den Anwendungsbereich des Börsengesetzes. Der Begriff des Börsenbetriebs ist dabei nach dem Willen des Gesetzgebers ebenso wie der Begriff der Organisation weit zu verstehen. Er umfasst nicht nur die Bereitstellung und den Betrieb der Börsenhandels- und Börsenabwicklungssysteme, sondern auch insbesondere den Börsenhandel in den gesetzlichen Börsensegmenten und dem Freiverkehr sowie sämtliche Vorgänge und Abläufe in der Selbstverwaltung der Börse einschließlich der Schaffung und Durchsetzung des börslichen Regelwerks.[1] Die Beschreibung des Anwendungsbereichs wird teilweise insofern kritisiert, als jegliche Definitionen zu den Anwendungsvoraussetzungen, insb. zu „Börsenbetrieb" und „Organisation", unterbleiben und § 1 nur der Versuch einer Umschreibung des Anwendungsbereiches sein könne.[2] 1

Abs. 2 wurde im Rahmen des Gesetzes zur Novellierung des Finanzanlagenvermittler- und Vermögensanlagenrechts (BGBl. I S. 2481) durch den Rechtsausschuss eingefügt. Hintergrund ist § 3 der Emissionshandels-Versteigerungsverordnung[3] wonach die Durchführung der Versteigerung als Bestandteil des Börsenhandels im Sinne des Börsengesetzes zu erfolgen hat. Zugleich soll Abs. 2 jedoch klarstellen, dass die EU-Versteigerungsverordnung als vorrangige Sonderregelung zu beachten ist, da diese in einigen Bereichen, zB im Bereich der Aufsicht durch die Schaffung der Auktionsaufsicht oder im Bereich der zum Handel zugelassenen Teilnehmer, Regelungen enthält, welche nicht mit den Regelungen des Börsengesetzes übereinstimmen. 2

§ 2 Börsen

(1) Börsen sind teilrechtsfähige Anstalten des öffentlichen Rechts, die nach Maßgabe dieses Gesetzes multilaterale Systeme regeln und überwachen, welche die Interessen einer Vielzahl von Personen am Kauf und Verkauf von dort zum Handel zugelassenen Wirtschaftsgütern und Rechten innerhalb des Systems nach festgelegten Bestimmungen in einer Weise zusammenbringen oder das Zusammenbringen fördern, die zu einem Vertrag über den Kauf dieser Handelsobjekte führt.

(2) ¹Wertpapierbörsen im Sinne dieses Gesetzes sind Börsen, an denen Wertpapiere und sich hierauf beziehende Derivate im Sinne des § 2 Abs. 2 des Wertpapierhandelsgesetzes gehandelt werden. ²An Wertpapier-

---

[1] Verkündet als Art. 2 des Finanzmarktrichtlinie-UmsetzungsG v. 16.7.2007 (BGBl. I S. 1330); Inkrafttreten gem. Art. 14 dieses G am 1.11.2007. Siehe bis zum 31.10.2007 das BörsenG 2002.

[1] RegBegr. zum Finanzmarktrichtlinie-Umsetzungsgesetz, BT-Drucks. 16/4028, S. 79.
[2] So *Beck* in: Schwark/Zimmer, Kapitalmarktrechts-Kommentar, § 1 BörsG Rn 5.
[3] BGBl. I 2011 S. 2499.

börsen können auch andere Finanzinstrumente im Sinne des § 2 Abs. 2 b des Wertpapierhandelsgesetzes und Edelmetalle gehandelt werden.

(3) ¹Warenbörsen im Sinne dieses Gesetzes sind Börsen, an denen Waren im Sinne des § 2 Abs. 2 c des Wertpapierhandelsgesetzes und Termingeschäfte in Bezug auf Waren gehandelt werden. ²An Warenbörsen können auch Termingeschäfte im Sinne des § 2 Abs. 2 Nr. 2 des Wertpapierhandelsgesetzes und die diesen zugrunde liegenden Basiswerte gehandelt werden.

(4) Auf eine Börse, an der sowohl die in Absatz 2 als auch die in Absatz 3 genannten Wirtschaftsgüter und Rechte gehandelt werden, sind sowohl die sich auf Wertpapierbörsen als auch die sich auf Warenbörsen beziehenden Vorschriften anzuwenden.

(5) In verwaltungsgerichtlichen Verfahren kann die Börse unter ihrem Namen klagen und verklagt werden.

1 Vor der Änderung des Börsengesetzes durch das Gesetz zur Umsetzung der Richtlinie über Märkte für Finanzinstrumente und der Durchführungsrichtlinie der Kommission (Finanzmarktrichtlinie-Umsetzungsgesetz) definierte das BörsG den Begriff der Börse nicht. Vielmehr nahm die gesetzliche Definition der Wertpapierbörse in § 1 Abs. 7 aF und der Warenbörse in § 1 Abs. 8 aF (vgl nun § 2 Abs. 3) Bezug auf den allgemeinen Börsenbegriff. Der Gesetzgeber wollte der Verwaltung ein großes Maß an Flexibilität belassen, um den Börsenbegriff künftigen wirtschaftlichen Entwicklungen anpassen zu können.[1]

2 Börsen wurden nach allgemeiner Auffassung[2] als zentralisierte, organisierte Handelssysteme zum Massenumsatz von Waren, Wertpapieren oder Devisen mit einem systemgebundenen[3] Abschluss des Geschäfts und Feststellung transparenter, geregelter und überwachter Preise definiert (sog. materieller Börsenbegriff).
Abs. 1 enthält nunmehr in Anlehnung an die Definition des geregelten Marktes in Art. 4 Abs. 1 Nr. 14 der Finanzmarktrichtlinie[4] erstmals die **Definition einer Börse**. Im Unterschied zum geregelten Markt iSd Finanzmarktrichtlinie erfasst der Börsenbegriff nicht nur börsliche Handelsplattformen für Finanzinstrumente, sondern auch solche für Rechte und andere Wirtschaftsgüter, zB Waren oder Rohstoffe.
Der Börsenbegriff in Abs. 1 ist geprägt durch die Kategorisierung in formeller Hinsicht als Anstalt öffentlichen Rechts einschließlich der nach dem Börsengesetz vorgeschriebenen Börsenstruktur und den Börsenorganen und die materiellen, nach der Finanzmarktrichtlinie vorgeschriebenen Eigenschaften des organisierten Marktes iSd § 2 Abs. 5 WpHG.

3 Die Definition bestimmt die Rechtsnatur der Börse zunächst **in formeller Hinsicht** als teilrechtsfähige Anstalt des öffentlichen Rechts. Die Anstalt öffentlichen Rechts entsteht erst nach der Erteilung der Erlaubnis nach § 4 Abs. 1.[5]
Materiell sind sämtliche von der Durchführungsverordnung beschriebenen Marktmodelle für geregelte Märkte, einschließlich hybrider Marktstrukturen umfasst. Dazu zählen somit sämtliche börslichen Systeme, (1) die nach den Regeln der Börse, dh durch zwingendes Recht reglementierte Systeme, (2) welche die Interessen einer Vielzahl von Personen (3) am Kauf und Verkauf von börsenzugelassenen Finanzinstrumenten oder sonstigen Rechten und Wirtschaftsgütern (4) zu Vertragsabschlüssen zusammenbringen oder das Zusammenbringen fördern:

(1) In Übereinstimmung mit Erwägungsgrund 6 der Finanzmarktrichtlinie wurde in Bezug auf die für den Markt nach Art. 4 Abs. 1 Nr. 14 der Finanzmarktrichtlinie geltenden Regeln für die Zusammenführung von Kauf- und Verkaufsinteressen zur Bedingung gemacht, dass das zugrunde liegende **Regelwerk verbindlich** sein muss und nicht individuell abbedungen werden kann. Das erforderliche, nicht abdingbare Regelwerk wird an einer Börse in der Regel durch den satzungsrechtlichen Charakter der im Wege der Selbstverwaltung der Börse erlassenen Bestimmungen erfüllt (vgl § 16).
(2) Die Börse stellt ein **multilaterales System** dar, dh dass die Kauf- und Verkaufsinteressen einer Vielzahl von Personen zusammengeführt werden. Dieses Tatbestandsmerkmal dient der Abgrenzung zu bilate-

---

1 Siehe unter anderem Stellungnahme des Bundesrates zum Entwurf eines Gesetzes zur Änderung des Börsengesetzes, BT-Drucks. 11/4177, S. 22.
2 *Beck* in: Schwark/Zimmer, Kapitalmarktrechts-Kommentar, § 2 BörsG Rn 13 („materielle oder funktionale Begriffsbestimmung"); *Hopt/Rudolph/Baum,* Börsenreform, 1997, S. 377 ff; *Hellwig*, ZGR 1999, 781, 787 ff; *Köndgen*, ZHR 164 (2000), 648, 652; *Merkt*, Gutachten G für den 64. DJT, G 77 ff, insb. G 80 f; *Mues*, ZBB 2001, 353, 355 f; *Ledermann*, in: Schäfer/Hamann, KMG, Vor § 1 BörsG Rn 5 ff; *Reuschle/Fleckner,* BKR 2002, 617, 624; *Wastl/Schlitt*, WM 2001, 1702, 1703 ff.
3 *Foelsch*, in: BuB Rn 7/430; *Franke,* in: Assmann/Schütze, § 2 Rn 10; *Kümpel*, Bank- und Kapitalmarktrecht, Rn 17.45 ff; dieser materielle Börsenbegriff erfasst (im Gegensatz zu dem früher herrschenden Börsenbegriff, der auf Ortsgebundenheit anstelle der Systemgebundenheit abstellte) auch die Eurex (früher: Deutsche Terminbörse) als überregionale und organisatorisch von den bestehenden Wertpapierbörsen unabhängige Börse.
4 Richtlinie 2004/39/EG vom 21.4.2004 über Märkte für Finanzinstrumente („Finanzmarktrichtlinie").
5 Siehe dazu *Beck* in: Schwark/Zimmer, Kapitalmarktrechts-Kommentar, § 4 BörsG Rn 5.

ralen Systemen und der Betonung der börslichen Zentralisierungsfunktion.⁶ Bei Systemen mit einer zentralen Vertragspartei, dh Clearingstelle (zB der Eurex) ist, obwohl hier rein formell jeweils stets nur bilaterale Verträge mit der Clearingstelle geschlossen werden, dennoch davon auszugehen, dass materiell eine Börse vorliegt. Denn zum einen hat die Clearingstelle lediglich eine unterstützende Funktion, um zB das Gegenparteirisiko zu reduzieren, zum anderen ist die Clearingstelle nur als Mittler tätig, so dass bei wirtschaftlicher Betrachtungsweise die Vertragspartner der Clearingstelle die Verträge schließen.⁷

(3) Der Gesetzgeber hat seinen Willen zum Ausdruck gebracht, dass nur solche **Wirtschaftsgüter und Rechte** handelbar sein sollen, welche – nach §§ 23, 32 ff. BörsG – **zugelassen** sind. Eine – nicht abschließende – Liste von zulassungsfähigen Finanzinstrumenten bietet Anhang I Abschnitt C der Finanzmarktrichtlinie. Darüber hinaus hat der Gesetzgeber auch ausdrücklich sonstige Rechte und andere Wirtschaftsgüter, wie zB Rohstoffe, in den Börsenbegriff aufgenommen. Vgl auch unten Rn 4.

(4) Der früher geltende materielle Börsenbegriff wurde im Zuge der Einführung der Legaldefinition dadurch ergänzt, dass die **Geschäfte im System selbst zustande kommen** müssen. Aus diesem Grund sind zB Computerbörsen nur Börsen, wenn die Geschäfte direkt im System abgeschlossen werden; nicht ausreichend sind dagegen reine Informations- und Kommunikationssysteme, wenn diese die Geschäfte nur vorbereiten, im System selbst aber keine Umsatzgeschäfte getätigt werden.⁸

In materieller Hinsicht unterscheidet sich das börsliche Handelssystem nach der gesetzlichen Definition grundsätzlich nicht von dem eines multilateralen Handelssystems nach §§ 31 ff WpHG.⁹

Abs. 2 definiert den Kreis der handelbaren Produkte durch einen Verweis auf den Begriff der Finanzinstrumente iSd § 2 Abs. 2 b WpHG. Durch die Änderung des § 2 Abs. 2 b WpHG mit Wirkung vom 1. Juni 2012¹⁰ hat die Definition der handelbaren Produkte eine weitere Änderung erfahren und umfasst nunmehr auch Vermögensanlagen (mit Ausnahme von Anteilen an einer Genossenschaft) als Finanzinstrumente während die von Einlagenkreditinstituten ausgegebenen einfachen Namensschuldverschreibungen (sog. „plain vanilla"-Produkte) ausdrücklich vom Anwendungsbereich ausgenommen werden.¹¹ Auch eine deutlich erweiterte Anzahl von derivativen Finanzinstrumenten, zB Warenderivate, sind an einer Wertpapierbörse handelbar, wobei die Wertpapiere und hierauf bezogene Derivate den Begriff der Wertpapierbörse bestimmende Handelsobjekte bleiben. Waren, zu denen nach Art. 2 Nr. 1 der Durchführungsverordnung auch Edelmetalle zählen, sind nicht von dem Begriff der Finanzinstrumente erfasst (vgl § 2 Abs. 2c WpHG). Die ebenfalls an Wertpapierbörsen handelbaren Edelmetalle werden deshalb gesondert genannt. Edelmetalle und Edelmetallderivate waren jedoch auch schon vor dieses Gesetzesänderung an den Wertpapierbörsen handelbar.

Abs. 3 verweist für den Begriff der Waren, die an Börsen gehandelt werden können, auf die Definition in § 2 Abs. 2c WpHG und stellt damit einen einheitlichen Warenbegriff im WpHG und im Börsengesetz in Anlehnung an die Verordnung zur Durchführung der Finanzmarktrichtlinie¹² sicher.

Abs. 4 wurde durch Gesetz zur Umsetzung der Richtlinie 2010/73/EU und zur Änderung des Börsengesetzes¹³ eingefügt. Gemäß der Regierungsbegründung soll hierdurch klargestellt werden, dass an einer Börse sowohl Wertpapiere und sonstige nach § 2 Abs. 2 WpHG handelbare Instrumente als auch Waren im Sinne des § 2 Abs. 2c WpHG gehandelt werden können. Soweit beides an einer Börse gehandelt wird, erfüllt diese Börse zugleich den Begriff der Wertpapierbörse als auch der Warenbörse. Insofern dient Abs. 4 auch der Klarstellung, dass die entsprechenden Vorschriften im Börsengesetz jeweils auf eine solche Börse Anwendung finden.¹⁴

Abs. 5 entspricht laut der Regierungsbegründung¹⁵ § 16 Abs. 4 aF (richtig: § 13 Abs. 6 aF)¹⁶ und ist im Rahmen der Neufassung aus strukturellen Gründen in § 2 aufgenommen worden. Abs. 5 stellt mit Blick auf

---

6 RegBegr. zum Finanzmarktrichtlinie-Umsetzungsgesetz, BT-Drucks. 16/4028, S. 56, welche auf Erwägungsgrund Nr. 6 der Finanzmarktrichtlinie Bezug nimmt.
7 Siehe auch *Beck* in: Schwark/Zimmer, Kapitalmarktrechts-Kommentar, § 2 BörsG Rn 30.
8 Keine Börsen sind demnach so genannte Alternative Trading Systems (ATS) wie zB Bulletin Boards oder Electronic Communication Networks (ECN). Proprietary Trading Systems (PTS) wären jedoch als Börsen anzusehen, wenn sie in dieser Form (als teilrechtsfähige Anstalt öffentlichen Rechts) betrieben würden; *Groß*, Kapitalmarktrecht, § 2 BörsG Rn 9 f; *Kümpel*, Bank- und Kapitalmarktrecht, Rn 17.115 ff und 17.130 ff. Die früher umstrittene Frage, ob der IBIS-Handel damit Teil der jeweiligen regionalen Börse geworden ist, oder eine eigene Börse darstellt, die jeweils gesonderter Genehmigung durch die Börsenaufsichtsbehörde bedurft hätte, hatte sich bereits durch die Einfügung des § 7a aF und insb. § 12 aF erledigt.
9 Siehe u.a. *Beck* in: Schwark/Zimmer, Kapitalmarktrechts-Kommentar, § 2 BörsG Rn 22.
10 Gesetz zur Novellierung des Finanzanlagenvermittler- und Vermögensanlagenrechts vom 6.12.2011 (BGBl. I 2011 S. 2481).
11 Vgl BT-Drucks. 17/6051 S. 41 bzgl Vermögenslagen sowie BT-Drucks. 17/7453, S. 72 bzgl Namensschuldverschreibungen.
12 Verordnung (EG) Nr. 1287/2006 der Kommission vom 10.8.2006 zur Durchführung der Richtlinie 2004/39/EG.
13 BGBl. I 2012 S. 1381.
14 Vgl RegBegr., BT-Drucks. 17/8684, S. 23.
15 RegBegr. zum Finanzmarktrichtlinie-Umsetzungsgesetz, BT-Drucks. 16/4028, S. 80.
16 Vgl *Groß*, Kapitalmarktrecht, § 2 BörsG Rn 1.

die fehlende Rechtsfähigkeit der Börse klar, dass in verwaltungsgerichtlichen Verfahren die Börse als solche parteifähig ist. Entsprechend ist die Börse bei allen Handlungen der Börsenorgane, gegen die nach den einschlägigen Bestimmungen (§ 40 VwGO) der Verwaltungsrechtsweg eröffnet ist, selbst Beklagte. Im Zivilprozess ist hingegen der Börsenträger, vertreten durch seinen gesetzlichen Vertreter, parteifähig.

§ 3 Aufgaben und Befugnisse der Börsenaufsichtsbehörde

(1) ¹Die zuständige oberste Landesbehörde (Börsenaufsichtsbehörde) übt die Aufsicht über die Börse nach den Vorschriften dieses Gesetzes aus. ²Ihrer Aufsicht unterliegen insbesondere der Börsenrat, die Börsengeschäftsführung, der Sanktionsausschuss und die Handelsüberwachungsstelle (Börsenorgane) sowie der Börsenträger, die Einrichtungen, die sich auf den Börsenverkehr einschließlich der nach § 5 Abs. 3 ausgelagerten Bereiche beziehen, und der Freiverkehr. ³Die Aufsicht erstreckt sich auf die Einhaltung der börsenrechtlichen Vorschriften und Anordnungen, die ordnungsmäßige Durchführung des Handels an der Börse sowie die ordnungsmäßige Erfüllung der Börsengeschäfte (Börsengeschäftsabwicklung).

(2) ¹Die Börsenaufsichtsbehörde ist berechtigt, an den Beratungen der Börsenorgane teilzunehmen. ²Die Börsenorgane sind verpflichtet, die Börsenaufsichtsbehörde bei der Erfüllung ihrer Aufgaben zu unterstützen.

(3) Die Börsenaufsichtsbehörde nimmt die ihr nach diesem Gesetz zugewiesenen Aufgaben und Befugnisse nur im öffentlichen Interesse wahr.

(4) ¹Die Börsenaufsichtsbehörde kann, soweit dies zur Erfüllung ihrer Aufgaben erforderlich ist, auch ohne besonderen Anlass von der Börse und dem Börsenträger sowie von den nach § 19 zur Teilnahme am Börsenhandel zugelassenen Unternehmen, Börsenhändlern, Skontroführern und den skontroführenden Personen (Handelsteilnehmer), von Personen, denen ein Handelsteilnehmer direkten elektronischen Zugang zur Börse gewährt (mittelbare Börsenteilnehmer) und von den Emittenten der zum regulierten Markt zugelassenen Wertpapiere Auskünfte und die Vorlage von Unterlagen verlangen sowie Prüfungen vornehmen. ²Die Börsenaufsichtsbehörde kann verlangen, dass die Übermittlung der Auskünfte und Unterlagen auf automatisiert verarbeitbaren Datenträgern erfolgt. ³Sofern Anhaltspunkte vorliegen, welche die Annahme rechtfertigen, dass börsenrechtliche Vorschriften oder Anordnungen verletzt werden oder sonstige Missstände vorliegen, welche die ordnungsmäßige Durchführung des Handels an der Börse oder die Börsengeschäftsabwicklung beeinträchtigen können, kann die Börsenaufsichtsbehörde von jedermann Auskünfte, die Vorlage von Unterlagen und die Überlassung von Kopien verlangen sowie Personen laden und vernehmen, soweit dies zur Erfüllung ihrer Aufgaben erforderlich ist. ⁴Sie kann in diesen Fällen insbesondere

1. von den Handelsteilnehmern die Angabe der Identität der Auftraggeber und der aus den getätigten Geschäften berechtigten oder verpflichteten Personen sowie der Veränderungen der Bestände von Handelsteilnehmern in an der Börse gehandelten Finanzinstrumenten verlangen,
2. von den Auftraggebern und berechtigten oder verpflichteten Personen Auskünfte über die getätigten Geschäfte einschließlich der Angabe der Identität der an diesen Geschäften beteiligten Personen verlangen,
3. von Wertpapiersammelbanken und Systemen zur Sicherung der Erfüllung von Börsengeschäften Auskünfte über Veränderungen der Bestände von Handelsteilnehmern in an der Börse gehandelten Finanzinstrumenten verlangen,
4. von der Börse, den Handelsteilnehmern und mit diesen verbundenen Unternehmen die Vorlage von bereits existierenden Aufzeichnungen von Telefongesprächen und Datenübermittlungen verlangen; das Grundrecht des Artikels 10 des Grundgesetzes wird insoweit eingeschränkt, die Betroffenen sind nach § 101 der Strafprozessordnung zu benachrichtigen und
5. von den Handelsteilnehmern, die den algorithmischen Handel im Sinne des § 33 Absatz 1a Satz 1 des Wertpapierhandelsgesetzes betreiben, jederzeit Informationen über ihren algorithmischen Handel, die für diesen Handel eingesetzten Systeme sowie eine Beschreibung der algorithmischen Handelsstrategien und der Einzelheiten zu den Handelsparametern oder Handelsobergrenzen, denen das System unterliegt, verlangen.

⁵Die Auskunftspflichtigen haben den Bediensteten der Börsenaufsichtsbehörde während der üblichen Arbeitszeit das Betreten ihrer Grundstücke und Geschäftsräume zu gestatten, soweit dies zur Wahrnehmung der Aufgaben der Börsenaufsichtsbehörde erforderlich ist. ⁶Das Betreten außerhalb dieser Zeit oder, wenn die Geschäftsräume sich in einer Wohnung befinden, ist ohne Einverständnis nur zur Verhütung von dringenden Gefahren für die öffentliche Sicherheit und Ordnung zulässig und insoweit zu dulden. ⁷Das Grund-

recht der Unverletzlichkeit der Wohnung (Artikel 13 des Grundgesetzes) wird insoweit eingeschränkt. ⁸Die Befugnisse und Verpflichtungen nach diesem Absatz gelten entsprechend, sofern von der Börsenaufsichtsbehörde beauftragte Personen und Einrichtungen nach diesem Gesetz tätig werden. ⁹Der zur Erteilung einer Auskunft Verpflichtete kann die Auskunft auf solche Fragen verweigern, deren Beantwortung ihn selbst oder einen der in § 383 Abs. 1 Nr. 1 bis 3 der Zivilprozessordnung bezeichneten Angehörigen der Gefahr strafgerichtlicher Verfolgung oder eines Verfahrens nach dem Gesetz über Ordnungswidrigkeiten aussetzen würde. ¹⁰Der Verpflichtete ist über sein Recht zur Verweigerung der Auskunft zu belehren.

(5) ¹Die Börsenaufsichtsbehörde ist befugt, zur Aufrechterhaltung der Ordnung und für den Geschäftsverkehr an der Börse Anordnungen zu erlassen. ²Sie kann gegenüber der Börse, dem Börsenträger und den Handelsteilnehmern Anordnungen treffen, die geeignet und erforderlich sind, Verstöße gegen börsenrechtliche Vorschriften und Anordnungen zu verhindern oder Missstände zu beseitigen, welche die ordnungsgemäße Durchführung des Handels an der Börse, der Börsengeschäftsabwicklung oder deren Überwachung beeinträchtigen können. ³Sie kann zu diesem Zweck insbesondere

1. die Aussetzung oder Einstellung des Börsenhandels mit einzelnen oder mehreren Finanzinstrumenten, Rechten oder Wirtschaftsgütern anordnen,
2. der Börse die Nutzung einer zentralen Gegenpartei, einer Clearingstelle oder eines börslichen Abwicklungssystems untersagen, wenn hierdurch die ordnungsgemäße Durchführung des Handels an der Börse oder der Börsengeschäftsabwicklung beeinträchtigt wird oder die Voraussetzungen des Artikels 7 Absatz 4 oder des Artikels 8 Absatz 4 der Verordnung (EU) Nr. 648/2012 des Europäischen Parlaments und des Rates vom 4. Juli 2012 über OTC-Derivate, zentrale Gegenparteien und Transaktionsregister (ABl. L 201 vom 27. 7. 2012, S. 1) vorliegen,
3. die Nutzung eines externen Abwicklungssystems untersagen oder
4. die Nutzung einer algorithmischen Handelsstrategie untersagen,

soweit dies zur Durchsetzung der Vorschriften dieses Gesetzes geboten ist. ⁴Eine Maßnahme nach Satz 1 Nr. 1 hat die Börsenaufsichtsbehörde unverzüglich auf ihrer Internetseite zu veröffentlichen.

(6) Stellt die Börsenaufsichtsbehörde Tatsachen fest, welche die Rücknahme oder den Widerruf der Erlaubnis zur Ermittlung des Börsenpreises oder der Zulassung des Unternehmens oder andere Maßnahmen der Geschäftsführung rechtfertigen können, hat sie die Geschäftsführung zu unterrichten.

(7) Die nach Landesrecht zuständige Stelle wird ermächtigt, Aufgaben und Befugnisse der Börsenaufsichtsbehörde auf eine andere Behörde zu übertragen.

(8) Die Börsenaufsichtsbehörde kann sich bei der Durchführung ihrer Aufgaben anderer Personen und Einrichtungen bedienen.

(9) Widerspruch und Anfechtungsklage gegen Maßnahmen nach den Absätzen 4 und 5 haben keine aufschiebende Wirkung.

(10) Kommt die Börse oder eines ihrer Organe wiederholt und dauerhaft den Anordnungen der Börsenaufsicht nicht nach, kann die Börsenaufsichtsbehörde, sofern ihre sonstigen Befugnisse nicht ausreichen und soweit und solange der ordnungsgemäße Börsenbetrieb es erfordert, Beauftragte bestellen, die die Aufgaben der Börse oder eines ihrer Organe auf Kosten des Börsenträgers wahrnehmen.

(11) Adressaten von Maßnahmen nach Absatz 4, die von der Börsenaufsichtsbehörde wegen eines möglichen Verstoßes gegen die Verbote des § 26 dieses Gesetzes oder des § 14 oder des § 20a des Wertpapierhandelsgesetzes vorgenommen werden, dürfen andere Personen als staatliche Stellen und solche, die auf Grund ihres Berufs einer gesetzlichen Verschwiegenheitspflicht unterliegen, von diesen Maßnahmen oder von einem daraufhin eingeleiteten Ermittlungsverfahren nicht in Kenntnis setzen.

§ 3 legt die **Aufgaben der Börsenaufsichtsbehörde** fest. Diese Börsenaufsicht wurde bereits durch das Zweite Finanzmarktförderungsgesetz[1] um die Aufsicht über die Handelsüberwachungsstelle der Börse und um eine Markt- oder Handelsaufsicht des jeweiligen Landes vor Ort erweitert. Zu dieser Handelsaufsicht gehörte die Aufsicht über den Börsenhandel, über die Handelsteilnehmer und über die elektronischen Hilfseinrichtungen der Börse.[2] Mit der dadurch ermöglichten Missstandsaufsicht[3] können, anders als bei der allgemeinen Staatsaufsicht in Form der ausschließlichen Rechtsaufsicht bei der Handelsaufsicht auch Zweck-

---

1 Gesetz über den Wertpapierhandel und zur Änderung börsenrechtlicher und wertpapierrechtlicher Vorschriften (Zweites Finanzmarktförderungsgesetz) v. 26.7.1994, BGBl. I S. 1749.
2 RegBegr. zum Zweiten Finanzmarktförderungsgesetz, BT-Drucks. 12/6679, S. 59.
3 RegBegr. zum Zweiten Finanzmarktförderungsgesetz, BT-Drucks. 12/6679, S. 59; *Groß*, Kapitalmarktrecht, § 3 BörsG Rn 10.

mäßigkeitserwägungen bei der Aufsichtstätigkeit und -entscheidung berücksichtigt werden. Bei der Handelsaufsicht ist zu beachten, dass sie in der primären Verantwortung der Börsenselbstverwaltung[4] bleibt, wie sich auch durch die Errichtung der Handelsüberwachungsstelle als Börsenorgan (vgl § 7) zeigt. Die Überwachung der Ordnungsmäßigkeit beinhaltet die Kontrolle der Einhaltung der jeweiligen Börsenordnungen, Geschäftsbedingungen und Usancen für den Börsenhandel sowie der für die Börse getroffenen Anordnungen. Die Marktaufsicht umfasst darüber hinaus auch eine Kontrolle der ordnungsgemäßen Preisbildung. Sie soll sicherstellen, dass die Bildung von marktgerechten Preisen in einem fairen Wettbewerb der Marktteilnehmer nicht verletzt oder konkret gefährdet wird.

2 Das Börsenrecht ist Gegenstand der konkurrierenden Gesetzgebung gemäß Art 74 Abs. 1 Nr. 11 GG. Ein gemäß Art. 72 Abs. 1 GG erlassenes Bundesgesetz ist gemäß Art. 83 GG von den Ländern als eigene Angelegenheit auszuführen. § 3 Abs. 1 bestimmt die jeweilige oberste Behörde eines Bundeslandes als Börsenaufsichtsbehörde.[5] Diese übt gemäß Abs. 1 die Aufsicht über die Börsen nach den Vorschriften des BörsG aus. Die Börsenaufsicht ist somit Angelegenheit der Bundesländer. Die Bundesanstalt für Finanzdienstleistungsaufsicht als Bundesbehörde übernimmt dagegen die zentralen Aufsichtspflichten, welche sich vor allem aus dem WpHG ergeben, zB Insiderüberwachung oder Überwachung der Einhaltung von Veröffentlichungspflichten kursbeeinflussender Tatsachen. Als Verbindungsglied zwischen Bundesanstalt für Finanzdienstleistungsaufsicht und den Börsenaufsichtsbehörden dient der gem. § 5 WpHG gegründete Wertpapierrat. Die Verpflichtung zur engen Zusammenarbeit und zum Informationsaustausch zur Gewährleistung einer effizienten Börsenaufsicht ergibt sich aus § 8 (siehe Kommentierung dort).

Darüber hinaus bleibt jedoch auch das Recht der Börsen zur Selbstverwaltung im Rahmen der Handelsaufsicht als primäre Verantwortung vor allem im Rahmen der sog. Handelsüberwachungsstelle gemäß § 7 bestehen.[6]

3 **Abs. 1 S. 2** enthält die Klarstellung, dass auch die Börsenorgane, also der Börsenrat, die Börsengeschäftsführung, der Sanktionsausschuss, insbesondere im Hinblick auf dessen Auslegung der Börsenvorschriften, die Handelsüberwachungsstelle und, insb. durch die Vorgaben der Finanzmarktrichtlinie, auch der Börsenträger der Aufsicht durch die Börsenaufsichtsbehörde unterliegen. Die Börsenaufsichtsbehörde überwacht auch die ordnungsgemäße Durchführung des Börsenhandels. Unter dem Begriff „Börsenhandel" ist ein fairer, effizienter und den Vorschriften der gesetzlichen Bestimmungen entsprechender Handel an der Börse zu verstehen.[7] Die Aufsicht erstreckt sich insbesondere auch auf die durch den Börsenträger nach § 5 Abs. 3 ausgelagerten und für den Börsenbetrieb wesentlichen Bereiche sowie den Freiverkehr.

4 **Abs. 1 S. 3** enthält die Legaldefinition der Börsengeschäftsabwicklung, die sowohl den Handel an der Börse als auch die Erfüllung der Börsengeschäfte umfasst. Die Vorschrift stellt in Umsetzung der Finanzmarktrichtlinie[8] insbesondere klar, dass unter den Begriff der Börsengeschäftsabwicklung ebenfalls die börslichen Systeme zur Erfüllung der Börsengeschäfte fallen. Dies umfasst sowohl Einrichtungen zur Abrechnung der Wertpapiergeschäfte, etwa Clearingeinrichtungen wie zentrale Kontrahenten als auch die börslichen Systeme zur Information der Handelsteilnehmer über die abgeschlossenen Geschäfte, soweit sie in den Anwendungsbereich des Börsengesetzes fallen. Beaufsichtigt wird dabei die Nutzung der Systeme durch die Börsen. Nicht unter den Begriff der Börsengeschäftsabwicklung fallen hingegen Systeme, die der Abwicklung der abgeschlossenen Börsengeschäfte nach Erstellung der Schlussnote dienen.[9] Zum Begriff der Börsengeschäftsabwicklung gehört damit nicht die dingliche Abwicklung des Geschäfts durch die Clearstream Inter-

---

4 Hierzu *Kümpel*, WM 1985, Sonderbeilage 5 zu Nr. 30, S. 4; *Beck* in: Schwark/Zimmer, Kapitalmarktrechts-Kommentar, § 3 BörsG Rn 2; aA wohl *Claussen*, DB 1994, 969, 971 f.

5 Zuständig ist jeweils die Börsenaufsichtsbehörde des Landes, in dem die jeweilige Börse ihren Sitz hat. In der Praxis sind die Börsenaufsichtsbehörden zumeist beim jeweiligen Wirtschaftsminister oder -senator angesiedelt.

6 Das Verhältnis von Börsenaufsicht und Handelsüberwachungsstelle ist zwar bezüglich der hierarchischen Organisation durch das Weisungsrecht und das Selbsteintrittsrecht der Börsenaufsicht wie zwischen einer über- und einer untergeordneten Behörde geregelt. Nicht explizit normiert ist dagegen die Aufgabenverteilung zwischen diesen beiden Stellen. Die „primäre Verantwortung" für die Handelsüberwachung obliegt der Börsenselbstverwaltung und damit der Handelsüberwachungsstelle; vgl RegBegr. zum Zweiten Finanzmarktförderungsgesetz, BT-Drucks. 12/6679 S. 59. Diese Primärzuständigkeit der Börsenselbstverwaltung entspricht auch dem allgemein gültigen Subsidiaritätsprinzip. Vor Einführung des Zweiten Finanzmarktförderungsgesetzes war die Aufsicht durch die obersten Landesbehörden auf eine reine Rechtsaufsicht beschränkt, während die Überwachung des Börsenhandels durch die Börsen selbst erfolgte; vgl nur *Groß*, Kapitalmarktrecht, § 3 BörsG Rn 2.

7 Vgl Art. 40 der Richtlinie 2004/39/EG („Finanzmarktrichtlinie") iVm den Artt. 35 bis 37 der Verordnung (EG) Nr. 1287/2006.

8 Vgl Art. 42 Abs. 2 lit. e der Richtlinie 2004/39/EG („Finanzmarktrichtlinie").

9 Vgl BT-Drucks. 12/6679, S. 59. Mit dem Begriff der Börsengeschäftsabwicklung wird klargestellt, dass die elektronischen Hilfseinrichtungen der Börse nur insoweit der staatlichen Überwachung unterliegen, als sie das Verfahren bis zur Schlussnote eines Börsenauftrags regeln.

national S.A., Luxemburg[10] bzw ihr Tochterunternehmen Clearstream Banking AG. Für die Überwachung der dinglichen Abwicklung ist die staatliche Depotprüfung zuständig.[11]

Abs. 2 und 3 stellt klar, dass die Börsenaufsichtsbehörde die ihr zugewiesenen Aufgaben und Befugnisse nur im öffentlichen Interesse wahrnimmt. Die Börsenaufsicht der Länder bezweckt den Schutz des Anlegerpublikums in seinem Vertrauen auf die Chancengleichheit an den Börsen und dient damit dem Schutz der Funktionsfähigkeit der Wertpapiermärkte; der Schutz des individuellen Anlegers ist dabei reiner Rechtsreflex.[12] Gleiches gilt für Maßnahmen der Geschäftsführung.[13]

Abs. 4 S. 1 und 2 regeln das Auskunfts- und Einsichtsrecht der Börsenaufsichtsbehörde gegenüber den nach zur Teilnahme am Börsenhandel zugelassenen Unternehmen und Börsenhändlern, Skontroführern und skontroführenden Personen[14] (in Abs. 4 S. 1 legal definiert als Handelsteilnehmer) der Börse sowie den mittelbaren Börsenteilnehmern. Darüber hinaus gilt seit Einführung des Vierten Finanzmarktförderungsgesetzes[15] das Auskunfts- und Einsichtsrecht auch gegenüber Emittenten. Von diesen kann die Börsenaufsichtsbehörde, soweit dies zur Erfüllung ihrer Aufgaben erforderlich ist, auch ohne besonderen Anlass Auskünfte und die Vorlage von Unterlagen verlangen und Prüfungen vornehmen.[16] Die Befugnisse der Börsenaufsichtsbehörde erstrecken sich nur bei der Börse eine Preisermittlung durch Skontroführer erfolgt. Ebenfalls durch das Vierte Finanzmarktförderungsgesetz[17] neu eingefügt wurde das Recht der Börsenaufsichtsbehörde, die Übermittlung der Auskünfte und Unterlagen auf automatisiert verarbeitbaren Datenträgern zu verlangen.[18] Mit Inkrafttreten des Gesetzes zur Vermeidung von Gefahren und Missbräuchen im Hochfrequenzhandel[19] erfolgte die Ausweitung des bestehenden Auskunftsrechts der Börsenaufsichtsbehörde auf den mittelbaren Börsenteilnehmer. Dies soll der Börsenaufsichtsbehörde ermöglichen, Unternehmen zu überwachen, die mittelbar über sogenannte Order-Routing-Systeme algorithmischen Handel betreiben.[20]

Abs. 4 S. 3 enthält das nach Art. 50 Abs. 2 lit. a und b der Finanzmarktrichtlinie erforderliche Recht der Börsenaufsichtsbehörde, von jedermann alle erforderlichen Auskünfte und Unterlagen sowie kostenlose Kopien zu verlangen und Personen zu laden und zu vernehmen, soweit Anhaltspunkte für die Verletzung börsenrechtlicher Vorschriften oder für sonstige aufsichtsrelevante Missstände gegeben sind und die Auskünfte oder die Unterlagen für die Untersuchung des Sachverhalts erforderlich sind. Diese generelle Befugnis des Abs. 4 S. 3 tritt neben die besonderen Untersuchungsbefugnisse nach S. 1, die auch ohne besonderen Anlass, jedoch nur gegenüber bestimmten Adressaten besteht.

Abs. 4 S. 4 Nr. 1 stellt klar, dass sich das Auskunftsrecht der Börsenaufsichtsbehörde auf die Angabe der Identität der Auftraggeber, der aus den getätigten Geschäften berechtigten und verpflichteten Personen sowie auf Bestandsveränderungen von Handelsteilnehmern in an der Börse gehandelten Wertpapieren oder Derivaten erstreckt. **Abs. 4 S. 4 Nr. 2** ermächtigt die Börsenaufsichtsbehörde zudem, bei Anhaltspunkten für einen börsenrechtlichen Verstoß auch von den Auftraggebern der Geschäfte und den daraus berechtigten oder verpflichteten Personen einschließlich der Identität der an diesen Geschäften beteiligten Personen zu verlangen, auch soweit es sich um unmittelbare Handelsteilnehmer handelt.[21] Sofern Anhaltspunkte vorliegen, die die Annahme rechtfertigen, dass börsenrechtliche Vorschriften oder Anordnungen verletzt werden oder sonstige Missstände vorliegen, welche die ordnungsmäßige Durchführung des Handels an der Börse oder die Börsengeschäftsabwicklung beeinträchtigen können, räumt **Abs. 4 S. 4 Nr. 3** der Börsenaufsichtsbehörde auch die Befugnis ein, Bestandsveränderungen von Handelsteilnehmern in börsengehandelten Wertpapieren und Derivaten bei Wertpapiersammelbanken und Clearingstellen abzufragen. **Abs. 4 S. 4 Nr. 4** beinhaltet die Befugnis der Aufsichtsbehörde, zur Überwachung von organisierten Märkten und multilateralen Handelssystemen bereits existierende Aufzeichnungen von Telefongesprächen und Datenüber-

---

10 Ehemals Deutsche Börse Clearing AG, davor Deutscher Kassenverein AG.
11 Siehe *Groß*, Kapitalmarktrecht, § 3 BörsG Rn 11 mwN; kritisch hierzu *Beck* in: Schwark/Zimmer, Kapitalmarktrechts-Kommentar, § 3 BörsG Rn 11.
12 *Groß*, Kapitalmarktrecht, § 3 BörsG Rn 24.
13 LG Hamburg, WM 1989, 336; *Claussen*, DB 1994, 969, 973 f.
14 Diese zuletzt genannte Ergänzung erfolgte auf Empfehlung des Finanzausschusses vom 27.3.2007, BT-Drucks. 16/4883, S. 3.
15 Gesetz zur weiteren Fortentwicklung des Finanzplatzes Deutschland vom 21.6. 2002 (BGBl. I S. 2010); BT-Drucks. 14/8017, S. 72.
16 Durch die Ersetzung des Begriffs des Kursmaklers (vgl § 1 a Abs. 1 S. 1 aF) durch den Begriff des Skontroführers in Abs. 1 S. 1 wurde seinerzeit den geänderten Vorschriften über die Preisfeststellung (§§ 24 ff) Rechnung getragen.
17 Gesetz zur weiteren Fortentwicklung des Finanzplatzes Deutschland vom 21.6. 2002 (BGBl. I S. 2010); BT-Drucks. 14/8017, S. 72.
18 Beschlussempfehlung des Finanzausschusses (7. Ausschuss) vom 20.3.2002 zu dem Gesetzentwurf der Bundesregierung, vgl BT-Drucks. 14/8600, S. 16, teilweise kritisch: *Beck* in: Schwark/Zimmer, Kapitalmarktrechts-Kommentar, § 3 BörsG Rn 41 f.
19 Gesetz zur Vermeidung von Gefahren und Missbräuchen im Hochfrequenzhandel vom 7. Mai 2013, Bundesgesetzblatt 2013, Nr. 23, S. 1162.
20 Diese Ergänzung erfolgte auf Empfehlung des Finanzausschusses vom 27. 2.2013, BT-Drucks. 17/12536, S. 21.
21 Stellungnahme des Bundesrats, BT-Drucks. 13/7143, S. 39.

mittlungen anfordern zu können.[22] Der durch Art. 1 des Hochfrequenzhandelsgesetzes[23] neu eingefügte Abs. 4 S. 4 Nr. 5 schafft ein spezielles Auskunftsrecht der Börsenaufsichtsbehörde gegenüber Handelsteilnehmern, die algorithmischen Handel betreiben. Ziel ist eine bessere Überwachung algorithmischer Handelsstrategien. Die Vorschrift gilt über den Verweis des § 7 Abs. 3 auch für die Handelsüberwachungsstelle.

9 Die Börsenaufsichtsbehörde kann bei den Handelsteilnehmern Prüfungen über diese vornehmen. Die gleiche Befugnis steht der Börsenaufsichtsbehörde auch gegenüber der Börse und ihren Organen sowie den Hilfseinrichtungen der Börse zu, soweit sie sich auf den Börsenverkehr beziehen.[24] Hilfseinrichtungen der Börse können nur von der Börse beauftragte Dritte sein.[25] Abs. 1 S. 5 ff regeln das Betretungsrecht der Bediensteten der Börsenaufsichtsbehörde und der von dieser mit der Prüfung betrauten Personen gegenüber der Börse und den Handelsteilnehmern. Durch S. 7 wird das Grundrecht des Art 13 GG aufgrund eines Gesetzes ausdrücklich eingeschränkt. S. 9 entspricht § 44 Abs. 6 KWG und gewährt dem zur Auskunft Verpflichteten ein Auskunftsverweigerungsrecht bei Gefahr der strafrechtlichen Verfolgung oder eines Verfahrens nach dem Ordnungswidrigkeitsgesetz. Für Angehörige vgl § 383 Abs. 1 Nr. 1 bis 3 ZPO.

10 **Abs. 5** setzt Art. 51 Abs. 1 S. 1 der Finanzmarktrichtlinie um. Sie enthält die besondere Befugnis der Börsenaufsichtsbehörde, zur Aufrechterhaltung der Ordnung[26] und des Geschäftsverkehrs[27] an der Börse Anordnungen zu erlassen. Die Börsenaufsichtsbehörde muss mit allen für die Wahrnehmung ihrer Aufgaben erforderlichen Befugnissen ausgestattet und berechtigt sein, jede zur Durchsetzung des Börsengesetzes gebotene Maßnahme zu erlassen und ist verpflichtet, auf Rechtsverstöße mit wirksamen, verhältnismäßigen Verwaltungsmaßnahmen zu reagieren,[28] dh vor allem Anordnungen gegenüber der Börse, den Handelsteilnehmern und – nun ebenfalls ausdrücklich erwähnten[29] – Börsenträger zu erlassen. Diese Befugnis bezieht sich auf das äußere Verhalten der Börsenteilnehmer und ist von der Rechts- und Marktaufsicht nach Abs. 1 zu unterscheiden.[30] Der Begriff des Geschäftsverkehrs erstreckt sich auf den äußeren Ablauf der Geschäfte, wie er sich aufgrund der für die Börse geltenden öffentlich-rechtlichen und privatrechtlichen Bestimmungen einschließlich der Usancen vollzieht. Bezüglich der aufgrund Abs. 5 S. 3 Nr. 2 gegebenen Befugnis der Börsenaufsichtsbehörde, der Börse die Nutzung eines zentralen Kontrahenten, einer Clearingstelle oder eines börslichen Abwicklungssystems zu untersagen, wird durch die Ergänzung[31] klargestellt, dass diese Befugnis sich auch erstreckt auf Entscheidungen hinsichtlich des gegenseitigen Zugangs zwischen zentralen Gegenparteien im Sinne der Verordnung (EU) Nr. 648/2012[32] und Handelsplätzen nach der Verordnung, die Börsen oder Freiverkehre im Sinne von § 48 BörsG sind. Die Börsenaufsichtsbehörde wird hierdurch mit den nach Art. 7 und 8 der Verordnung (EU) Nr. 648/2012 vorgesehenen Befugnissen ausgestattet.[33]

11 Nach **Abs. 5 S. 3 Nr. 1** kann die Börsenaufsichtsbehörde zur Durchsetzung der Bestimmungen über die Tätigkeit der organisierten Märkte gegenüber den Geschäftsführungen der betroffenen Börsen eine Handelsaussetzung und den Ausschluss eines Finanzinstruments vom Handel verfügen.[34] Wird nicht gegenüber der Geschäftsführung eine Aussetzung bzw eine Handelseinstellung bezüglich eines oder mehrerer Wertpapiere für den gesamten börslichen Markt angeordnet, sondern einer bestimmten Person bei einem bestimmten Unternehmen für einen begrenzten Zeitraum untersagt, erfolgt eine solche Anordnung nicht nach Nr. 1, sondern nach Abs. 5 S. 1. In diesem Fall kann eine derartige Maßnahme sowohl als präventive Verwaltungsmaßnahme

---

22 Vgl Art. 50 Abs. 2 lit. d der Richtlinie 2004/39/EG („Finanzmarktrichtlinie").
23 Gesetz zur Vermeidung von Gefahren und Missbräuchen im Hochfrequenzhandel vom 7. Mai 2013, BGBl. I 2013 S. 1162.
24 Reg.Begr. zum Zweiten Finanzmarktförderungsgesetz, BT-Drucks. 12/6679 S. 59.
25 Insb. Nachrichtenagenturen, Börsenzeitungen etc.
26 Die Ordnung ist gestört, wenn Börsenbesucher sich in einer Weise benehmen, die weder den allgemeinen Mindestvoraussetzungen bei menschlichen Zusammenwirken noch den besonderen Anforderungen des Verkehrs im Börsensaal entspricht, wobei u.a. öffentliche Beleidigungen, übermäßiger Lärm, den Anstand verletzende Reden sowie ansteckende Krankheiten, die andere Börsenbesucher nicht unerheblich gefährden, als Tatbestände in Betracht kommen, vgl *Beck* in: Schwark/Zimmer, Kapitalmarktrechts-Kommentar, § 3 BörsG Rn 54.
27 Der Geschäftsverkehr ist u.a. gestört, wenn die vorgesehene Platzverteilung, die festgesetzten Zeiten für die Abgabe von Erklärungen oder sonstige Börsenbräuche nicht eingehalten werden, ferner, wenn und solange die Funktionsfähigkeit von Börseneinrichtungen beeinträchtigt wird (vgl § 9 Abs. 2 S. 1 BörsO FWB), sowie beim Handel in nicht zum Börsenhandel zugelassenen Gegenständen, idR jedoch nicht bei Verstößen gegen für Börsengeschäfte geltende materielle Bestimmungen, vgl *Beck* in: Schwark/Zimmer, Kapitalmarktrechts-Kommentar, § 3 BörsG Rn 56.
28 Nach der RegBegr. zum Finanzmarktrichtlinie-Umsetzungsgesetz, BT-Drucks. 16/4028, S. 78, sollen diese Maßnahmen auch „abschreckend" sein.
29 „Börsenträger" als potentielle Adressaten einer Anordnung sind durch das Gesetz zur Umsetzung der Richtlinie 2010/73/EG und zur Änderung des Börsengesetzes (BGBl. I S. 1375) lediglich klarstellend ergänzt worden (vgl RegBegr. BT-Drucks. 17/8684, S. 23). Eine materielle Änderung dürfte sich hieraus nicht ergeben, s.a. *Groß*, Kapitalmarktrecht, § 3 BörsG Rn 1.
30 *Kindermann*, WM 1997, Sonderbeilage 2, 1, 12.
31 Eingefügt aufgrund des Ausführungsgesetzes zur Verordnung (EU) Nr. 648/2012 über OTC-Derivate, zentrale Gegenparteien und Transaktionsregister (EMIR-Ausführungsgesetz), BGBl. I 2013 v. 15.2.2013, S. 174.
32 Verordnung vom 4. Juli 2012 über OTC-Derivate, zentrale Gegenparteien und Transaktionsregister.
33 RegBegr. zum EMIR-Ausführungsgesetz, BR-Drucks. 606/12 S. 39.
34 Vgl Art. 50 Abs. 2 lit. j und k der Richtlinie 2004/39/EG („Finanzmarktrichtlinie").

als auch als repressive Sanktion dienen, wie sie in Art. 51 Abs. 1 der Finanzmarktrichtlinie vorgesehen ist. Die speziellen Bestimmungen zur Notierungsaussetzung und -einstellung sowie zum Widerruf der Börsenzulassung nach § 25 durch die Geschäftsführung bleiben unberührt.

Abs. 5 S. 3 Nr. 2 setzt Art. 46 Abs. 2 Hs 1 der Finanzmarktrichtlinie, **Abs. 5 S. 3 Nr. 3** setzt Art. 46 Abs. 2 Hs 2 und Art. 34 Abs. 2 Unterabs. 1 lit. b der Finanzmarktrichtlinie um. Nach Abs. 5 S. 3 Nr. 4 wird die Börsenaufsichtsbehörde ermächtigt, algorithmische Handelsstrategien zu untersagen, welche den ordnungsgemäßen Handel an der Börse, die Börsengeschäftsentwicklung oder deren Überwachung gefährden.[35] **Abs. 5 S. 4** bestimmt in Umsetzung von Art. 41 Abs. 2 S. 1 der Finanzmarktrichtlinie, dass Maßnahmen der Börsenaufsichtsbehörde nach Abs. 5 S. 3 Nr. 1 aufgrund ihrer Bedeutung für den Markt unverzüglich auf deren Internetseite zu veröffentlichen sind.

Abs. 6 enthält die Unterrichtungspflicht der Börsenaufsichtsbehörde gegenüber der jeweiligen Börsengeschäftsführung im Falle der Feststellung von Tatsachen, die die Börsenaufsichtsbehörde zu Rücknahme oder Widerruf der Erlaubnis zur Ermittlung des Börsenpreises oder der Zulassung des Unternehmens oder andere Maßnahmen der Geschäftsführung rechtfertigen können.

Durch **Abs. 7** wird den Ländern die Möglichkeit eingeräumt, andere Behörden, zB auch Börsenaufsichtsbehörden anderer Bundesländer,[36] mit den Aufgaben der jeweiligen Börsenaufsichtsbehörde zu betrauen. **Abs. 8** ermöglicht den Börsenaufsichtsbehörden, sich bei der Erfüllung ihrer Aufgaben der Hilfe Dritter (sowohl Amtsträger als auch Private, zB Wirtschaftsprüfer)[37] zu bedienen.

Abs. 9 erstreckt die sofortige Vollziehbarkeit (§ 80 Abs. 2 Nr. 3 VwGO) auf sämtliche Maßnahmen nach den Abs. 4 und 5.

Der im Rahmen der Umsetzung der Finanzmarktrichtlinie neu geschaffene **Abs. 10** ermöglicht der Börsenaufsichtsbehörde nach dem Vorbild entsprechender Vorschriften in Sparkassengesetzen einiger Länder[38] die Bestellung eines Beauftragten. Dies kann zB erforderlich sein, wenn eine Börse nicht mehr willens oder in der Lage ist, ihren gesetzlichen Verpflichtungen nachzukommen und Zwangsmittel nach den Landesverwaltungsvollstreckungsgesetzen nicht mehr greifen.

Abs. 11: Ermittelt die Börsenaufsicht aufgrund eines möglichen Verstoßes gegen § 26 oder im Rahmen der Amtshilfe wegen eines möglichen Verstoßes gegen § 14 oder § 20 a WpHG, gilt eine der Vorschrift des § 4 Abs. 8 WpHG entsprechende Verschwiegenheitsverpflichtung.

§ 4 Erlaubnis

(1) Die Errichtung einer Börse bedarf der schriftlichen Erlaubnis der Börsenaufsichtsbehörde.

(2) ¹Der Antrag auf Erteilung der Erlaubnis ist schriftlich bei der Börsenaufsichtsbehörde zu stellen. ²Er muss enthalten:

1. einen geeigneten Nachweis der nach § 5 Abs. 5 zum Börsenbetrieb erforderlichen Mittel,
2. die Namen der Geschäftsleiter des Trägers der Börse sowie Angaben, die für die Beurteilung der Zuverlässigkeit und der fachlichen Eignung dieser Personen erforderlich sind,
3. einen Geschäftsplan, aus dem die Art der geplanten Geschäfte und der organisatorische Aufbau und die geplanten internen Kontrollverfahren des Trägers der Börse hervorgehen, sowie das Regelwerk der Börse,
4. die Angabe der Eigentümerstruktur des Trägers der Börse, insbesondere die Inhaber bedeutender Beteiligungen im Sinne des § 6 Abs. 6 und deren Beteiligungshöhe, und
5. die Angaben, die für die Beurteilung der Zuverlässigkeit der Inhaber bedeutender Beteiligungen erforderlich sind; ist der Inhaber einer bedeutenden Beteiligung eine juristische Person oder Personenhandelsgesellschaft, sind die für die Beurteilung der Zuverlässigkeit seiner gesetzlichen oder satzungsmäßigen Vertreter oder persönlich haftenden Gesellschafter wesentlichen Tatsachen anzugeben.

³Die Börsenaufsichtsbehörde kann zusätzliche Angaben verlangen, soweit diese erforderlich sind, um zu prüfen, ob der Antragsteller die Einhaltung der Vorschriften dieses Gesetzes gewährleistet. ⁴Handelt es sich bei den Geschäftsleitern des Trägers der Börse um solche eines organisierten Marktes, kann der Antragsteller hinsichtlich dieser Personen von den Angaben nach Satz 2 Nr. 2 und 5 absehen.

---

35 RegBegr. zum Gesetz zur Vermeidung von Gefahren und Missbräuchen im Hochfrequenzhandel, BT-Drucks. 17/11631.
36 RegBegr. BT-Drucks. 12/6679, S. 62.
37 Siehe auch *Baumbach/Hopt*, HGB, § 3 BörsG Rn 10.
38 ZB § 20 Abs. 9 des Hessischen Sparkassengesetzes.

(3) Die Erlaubnis ist insbesondere zu versagen, wenn
1. der Nachweis der zum Börsenbetrieb erforderlichen Mittel nicht erbracht wird,
2. Tatsachen vorliegen, aus denen sich ergibt, dass eine der in Absatz 2 Satz 2 Nr. 2 genannten Personen nicht zuverlässig oder nicht fachlich geeignet ist,
3. Tatsachen die Annahme rechtfertigen, dass der Inhaber einer bedeutenden Beteiligung oder, wenn er eine juristische Person ist, auch ein gesetzlicher oder satzungsmäßiger Vertreter, oder, wenn er eine Personenhandelsgesellschaft ist, auch ein Gesellschafter, nicht zuverlässig ist oder aus anderen Gründen nicht den im Interesse einer soliden und umsichtigen Führung des Trägers einer Börse zu stellenden Ansprüchen genügt; dies gilt im Zweifel auch dann, wenn Tatsachen die Annahme rechtfertigen, dass er die von ihm aufgebrachten Mittel durch eine Handlung erbracht hat, die objektiv einen Straftatbestand erfüllt, oder
4. sich aus den vom Antragsteller vorgelegten Unterlagen ernstliche Zweifel an seiner Fähigkeit ergeben, die sich aus diesem Gesetz ergebenden Anforderungen an den Betrieb der Börse zu erfüllen.

(4) Die Erlaubnis erlischt, wenn von ihr nicht innerhalb eines Jahres seit ihrer Erteilung Gebrauch gemacht wird.

(5) ¹Die Börsenaufsichtsbehörde kann die Erlaubnis außer nach den Vorschriften der Verwaltungsverfahrensgesetze der Länder aufheben, wenn
1. der Börsenbetrieb, auf den sich die Erlaubnis bezieht, seit mehr als sechs Monaten nicht mehr ausgeübt worden ist,
2. ihr Tatsachen bekannt werden, welche die Versagung der Erlaubnis nach Absatz 3 rechtfertigen würden, oder
3. die Börse oder der Träger der Börse nachhaltig gegen Bestimmungen dieses Gesetzes oder die zur Durchführung dieser Gesetze erlassenen Verordnungen oder Anordnungen verstoßen hat.

²Die den § 48 Abs. 4 Satz 1 und § 49 Abs. 2 Satz 2 des Verwaltungsverfahrensgesetzes entsprechenden Regelungen der Landesgesetze sind nicht anzuwenden.

(5 a) ¹Die Börsenaufsichtsbehörde kann die Erlaubnis mit Auflagen versehen, soweit dies erforderlich ist, um die Erlaubnisvoraussetzungen sicherzustellen. ²Die nachträgliche Aufnahme von Auflagen oder die nachträgliche Änderung oder Ergänzung bestehender Auflagen ist unter den Voraussetzungen des Satzes 1 zulässig.

(6) ¹Die Landesregierungen werden ermächtigt, Art, Umfang, Zeitpunkt und Form der nach Absatz 2 zu machenden Angaben und vorzulegenden Unterlagen durch Rechtsverordnung näher zu bestimmen. ²Die Landesregierung kann die Ermächtigung durch Rechtsverordnung auf die Börsenaufsichtsbehörde übertragen.

(7) ¹Der Börsenträger hat der Börsenaufsichtsbehörde einen Wechsel bei den Personen der Geschäftsleitung sowie wesentliche Änderungen hinsichtlich der nach Absatz 2 Satz 2 Nr. 1 bis 5 gemachten Angaben unverzüglich anzuzeigen. ²Absatz 2 Satz 3 und 4 gilt entsprechend.

1 § 4 setzt das Zulassungserfordernis und die Zulassungsvoraussetzungen des Art. 36 Abs. 1 der Finanzmarktrichtlinie um. **Abs. 1** regelt, dass eine Börse nur errichtet (und betrieben) werden darf, wenn die zuständige Börsenaufsichtsbehörde dies vorher schriftlich erlaubt hat.

2 Nachdem die in § 2 Abs. 1 enthaltene Definition der Börse nicht nur materielle, sondern mit der Beschreibung der Rechtsnatur der Börse als teilrechtsfähige Anstalt öffentlichen Rechts als Wesenselement auch formelle Aspekte enthält (vgl § 2 Rn 3), ist die Erlaubnispflicht nach Abs. 1 nicht als Verbot mit Erlaubnisvorbehalt zu qualifizieren.[1] Die Genehmigung gestattet dem Träger der Börse, die Börse in öffentlich-rechtlicher Form zu betreiben. Aufgrund der von der Finanzmarktrichtlinie nach Art. 4 Abs. 1 Nr. 14 und 15 vorgegebenen Parallelität der materiellen Anforderungen von Börsen und multilateralen Handelssystemen nach §§ 31 ff WpHG kann ein Unternehmen, das den Betrieb einer multilateralen Handelsplattform beabsichtigt, wählen, ob dieses nach § 4 als Börse oder als multilaterales Handelssystem nach §§ 31 ff WpHG betrieben werden soll. Der Betrieb einer nicht als Börse genehmigten multilateralen Handelsplattform ist dementsprechend nicht – so die bisherige Praxis – nach börsenrechtlichen Vorschriften zu verfolgen, sondern fällt als erlaubnispflichtige Finanzdienstleistung nach § 1 Abs. 1a S. 2 Nr. 1b KWG in den ausschließlichen Aufsichtsbereich der Bundesanstalt für Finanzdienstleistungsaufsicht (BaFin). Diese kann gegen den nicht er-

---

1 RegBegr. Finanzmarktrichtlinie-Umsetzungsgesetz, BT-Drucks. 16/4028, S. 81.

laubten Betrieb nach den bankaufsichtsrechtlichen Grundsätzen einschreiten und den Betreiber gegebenenfalls nach dem Instrumentarium des KWG sanktionieren.[2]

Nach **Abs. 2 S. 1** ist der Antrag auf Erteilung der Erlaubnis schriftlich bei der Börsenaufsichtsbehörde zu stellen. Antragsteller, Rechtsinhaber und Adressat der Genehmigung ist der jeweilige Börsenträger. Der Antragsteller hat grundsätzlich keinen Anspruch auf Erteilung einer Genehmigung, da die Errichtung öffentlicher Anstalten in die Organisationsgewalt der zuständigen Genehmigungsbehörde fällt.[3] Die Erteilung der Genehmigung steht im Ermessen der Genehmigungsbehörde.[4] Der Antragsteller hat jedoch einen verwaltungsgerichtlich durchsetzbaren Anspruch auf fehlerfreie Ermessensausübung (vgl § 114 VwGO).[5] Die Genehmigung ist mitwirkungsbedürftiger, begünstigender Verwaltungsakt im Sinne von § 35 VwVfG.[6] Durch die Genehmigung erlangt der Börsenträger die Rechtsstellung eines beliehenen Unternehmens und ist damit, soweit er die der Beleihung übertragenen Aufgaben erfüllt, Träger öffentlicher Verwaltung.[7]

Abs. 2 S. 2 Nr. 1 beruht auf Art. 39 lit. f der Finanzmarktrichtlinie und stellt sicher, dass auch bei Zulassung einer Börse die finanzielle Leistungsfähigkeit des Börsenträgers nachzuweisen ist. **Abs. 2 S. 2 Nr. 2** setzt Art. 37 Abs. 1 Unterabs. 1 sowie Art. 38 Abs. 1 der Finanzmarktrichtlinie um, indem sichergestellt wird, dass die Geschäftsleiter des Trägers der Börse zuverlässig und fachlich geeignet sind. Zur Zuverlässigkeit vgl § 19 Rn 9. Bei der Beurteilung der fachlichen Eignung der Geschäftsleiter sind insbesondere die Art der Wirtschaftsgüter, die an der Börse gehandelt werden und die Komplexität der dort abgeschlossenen Geschäfte zu berücksichtigen.[8] **Abs. 2 S. 2 Nr. 3** setzt Art. 36 Abs. 1 Unterabs. 4 der Finanzmarktrichtlinie um, der die Vorlage von Unterlagen über die in Betracht kommenden Geschäfte und die Organisationsstruktur des geregelten Marktes iSd Finanzmarktrichtlinie fordert. Hierzu gehört neben einem Geschäftsplan, aus dem die Art der an der Börse geplanten Geschäfte, die Organisationsstruktur und die geplanten internen Kontrollverfahren des Börsenträgers hervorgehen sollen, auch der Entwurf des Regelwerks der geplanten Börse. Die Nummern 4 und 5 setzen Art. 38 Abs. 1 der Finanzmarktrichtlinie um, wonach gefordert wird, dass auch Personen, die direkt und indirekt tatsächlichen wesentlichen Einfluss auf die Verwaltung des geregelten Marktes nehmen können, fachlich geeignet und zuverlässig sein müssen. Dabei wurde auf die Terminologie des § 6 Abs. 1 zu den Inhabern bedeutender Beteiligungen zurückgegriffen. **Abs. 2 S. 3** gewährleistet, dass die Börsenaufsichtsbehörde auch ergänzende Unterlagen anfordern kann, soweit diese zur Prüfung erforderlich sind, ob sämtliche Vorschriften des Börsengesetzes von dem Antragsteller eingehalten werden. S. 4 setzt Art. 37 Abs. 2 der Finanzmarktrichtlinie um und vermeidet eine Doppelprüfung von Geschäftsleitern einer anderen, nach den Bestimmungen der Finanzmarktrichtlinie zugelassenen Börse.

Abs. 3 stellt durch die angeführten Versagungsgründe sicher, dass ein Antragsteller, der eine Börse betreiben will, die anfänglichen Anforderungen der Finanzmarktrichtlinie an den Betreiber von geregelten Märkten erfüllt. Die Liste der Versagungsgründe für die Börsengenehmigung des Abs. 3 ist nicht abschließend („insbesondere"),[9] um den Börsenaufsichtsbehörden eine größere Flexibilität bei der Prüfung von Erlaubnisanträgen einzuräumen. Hinsichtlich Abs. 3 Nr. 3 ist auffallend, dass der Gesetzgeber auf Handlungen verweist, die offiziell einen Straftatbestand erfüllen, während in § 6 Abs. 2 Nr. 1 objektiv rechtswidrige Taten genügen, obgleich beide Regelungen denselben Zweck verfolgen, nämlich die Ermöglichung eines Einschreiten durch Börsenaufsicht bereits im Erlaubnisverfahren.[10] Der Gesetzgeber hat sich nicht zu den Gründen dieser Unterscheidung geäußert.

Die Vorschrift des **Abs. 4** setzt Art. 36 Abs. 5 lit. a der Finanzmarktrichtlinie um und regelt dass die Erlaubnis zum Börsenbetrieb erlischt, wenn von der Erlaubnis binnen eines Jahres nach ihrer Erteilung kein Gebrauch gemacht wird. Damit wird sichergestellt, dass zwischenzeitlich keine erhebliche Veränderung der zur Zulassung führenden Umstände eintreten kann. Veränderungen bei den Zulassungsvoraussetzungen sind der Börsenaufsichtsbehörde gemäß Abs. 7 unverzüglich anzuzeigen.

Die Vorschrift des **Abs. 5** setzt Art. 36 Abs. 5 lit. c, d und e der Finanzmarktrichtlinie um und regelt die Voraussetzungen, unter denen die Erlaubnis zum Börsenbetrieb von der Börsenaufsichtsbehörde aufgehoben werden kann. Eine an den Börsenträger zu adressierende Aufhebung der Erlaubnis ist als actus contrarius nach den Vorschriften über den Widerruf oder die Rücknahme begünstigender Verwaltungsakte,

---

2 Vgl u.a. *Baumbach/Hopt*, HGB, § 4 BörsG Rn 2. Kritisch hierzu *Groß*, Kapitalmarktrecht, § 4 BörsG Rn 3.
3 *Kümpel/Hammen*, WM 2000, Sonderbeilage 3, 3, 10; *Schäfer/Ledermann*, § 1 BörsG Rn 2; *Beck* in: Schwark/Zimmer, Kapitalmarktrechts-Kommentar, § 4 BörsG Rn 4.
4 Zu den Voraussetzungen der Genehmigung vgl *Beck* in: Schwark/Zimmer, Kapitalmarktrechts-Kommentar, § 4 BörsG Rn 10 ff.
5 *Schäfer/Ledermann*, § 1 BörsG Rn 3; *Groß*, Kapitalmarktrecht, § 4 BörsG Rn 7.
6 *Schäfer/Ledermann*, § 1 BörsG Rn 5; *Groß*, Kapitalmarktrecht, § 4 BörsG Rn 7.
7 Beliehene sind Privatpersonen, die mit der selbständigen Wahrnehmung bestimmter Verwaltungsaufgaben im eigenen Namen betraut sind; vgl *Beck* in: Schwark/Zimmer, Kapitalmarktrechts-Kommentar, § 4 BörsG Rn 6.
8 Vgl *Groß*, Kapitalmarktrecht, § 4 BörsG Rn 3.
9 Eingefügt auf Empfehlung des Finanzausschusses (7. Ausschuss), vgl BT-Drucks. 16/4883, S. 3, vom 28.3.2007.
10 Vgl *Beck* in: Schwark/Zimmer, Kapitalmarktrechts-Kommentar, § 4 BörsG Rn 26.

§§ 48, 49 VwVfG (insb. § 49 Abs. 2 Nr. 3 VwVfG), möglich,[11] wobei ausdrücklich klargestellt wird, dass die Jahresfristen des § 48 Abs. 4 S. 1 und § 49 Abs. 2 S. 2 nicht anwendbar sind. Mit der Aufhebung der Genehmigung verliert die Börse ihre Eigenschaft als Anstalt öffentlichen Rechts. Die Börsenorgane verlieren ihre Funktion, ebenso wie die öffentlich-rechtlichen Organisationsvorschriften (Börsenordnung, Geschäftsbedingungen etc.). Gleiches gilt für sonstige öffentlich-rechtliche Vorschriften, die die jeweilige Börse betreffen. Gegen eine Aufhebungsverfügung ist sowohl der Börsenträger als Adressat, als auch die Börse selbst als teilrechtsfähige Anstalt des öffentlichen Rechts klagebefugt (vgl. § 2 Abs. 5). Geschäfte, die an einer nicht erlaubten Börse abgeschlossen werden, sind wirksam und nicht nach § 134 BGB nichtig.[12] Art. 36 Abs. 5 lit. b der Finanzmarktrichtlinie (Täuschung oder rechtswidriges Verhalten bei der Zulassung) erforderte keine Umsetzung im Rahmen des Börsengesetzes, da dies bereits durch die Anwendbarkeit der Verwaltungsverfahrensgesetze der Länder gewährleistet ist.

8 Neben den bestehenden Befugnissen ermöglicht der durch das Hochfrequenzhandelsgesetz[13] auf Initiative des Finanzausschusses eingefügte Abs. 5 a, die Börsenerlaubnis mit Auflagen zu versehen. Zur Sicherstellung der Erlaubnisvoraussetzungen ist es auch gestattet, eine bereits erteilte Börsenerlaubnis erst nachträglich mit Auflagen zu versehen oder bestehende Auflagen zu modifizieren. Der Gesetzgeber nennt beispielhaft für die Notwendigkeit nachträglicher Anpassung der Börsenerlaubnis die Sitzverlegung des Börsenträgers ins Ausland, die Eingliederung des Börsenträgers in einen Börsenkonzern mit einer Holding über der Trägergesellschaft oder die Veränderung des Marktumfeldes im Zuge europäischer Regulierungen.[14]

9 **Abs. 6** ist § 32 Abs. 1 S. 3 KWG nachgebildet und eröffnet den Landesregierungen die Möglichkeit, Einzelheiten des Erlaubnisantrages durch Rechtsverordnung zu regeln.

10 Durch **Abs. 7** wird eine kontinuierliche Kontrolle der Erstzulassungsvoraussetzungen durch die Börsenaufsichtsbehörde sichergestellt und damit Art. 36 Abs. 2 S. 3 der Finanzmarktrichtlinie umgesetzt. Der Börsenträger hat einen Wechsel in der Geschäftsleitung, sowie eine wesentliche Veränderung der sonstigen nach Abs. 2 gemachten Angaben, wie etwa der zur Verfügung stehenden Mittel oder des Geschäftsplans unverzüglich der Börsenaufsichtsbehörde anzuzeigen.

§ 5 Pflichten des Börsenträgers

(1) ¹Mit Erteilung der Erlaubnis wird der Antragsteller als Träger der Börse zu deren Errichtung und Betrieb berechtigt und verpflichtet. ²Er ist verpflichtet, der Börse auf Anforderung der Geschäftsführung der Börse die zur Durchführung und angemessenen Fortentwicklung des Börsenbetriebs erforderlichen finanziellen, personellen und sachlichen Mittel zur Verfügung zu stellen.

(2) Der Börsenträger ist verpflichtet, die aktuellen Angaben zu seiner Eigentümerstruktur in dem nach § 4 Abs. 2 Satz 2 Nr. 4 erforderlichen Umfang auf seiner Internetseite zu veröffentlichen.

(3) ¹Die Auslagerung von Bereichen, die für die Durchführung des Börsenbetriebs wesentlich sind, auf ein anderes Unternehmen darf weder die ordnungsmäßige Durchführung des Handels an der Börse und der Börsengeschäftsabwicklung noch die Aufsicht über die Börse beeinträchtigen. ²Der Börsenträger hat sich insbesondere die erforderlichen Weisungsbefugnisse vertraglich zu sichern und die ausgelagerten Bereiche in seine internen Kontrollverfahren einzubeziehen. ³Der Börsenträger hat die Absicht der Auslagerung sowie ihren Vollzug der Börsenaufsichtsbehörde unverzüglich anzuzeigen.

(4) Der Börsenträger ist verpflichtet,
1. Vorkehrungen zu treffen, um Konflikte zwischen Eigeninteressen des Börsenträgers oder dessen Eigentümern und dem öffentlichen Interesse am ordnungsgemäßen Betrieb der Börse zu erkennen und zu verhindern, soweit diese geeignet sind, sich nachteilig auf den Börsenbetrieb oder auf die Handelsteilnehmer auszuwirken, insbesondere soweit die der Börse gesetzlich übertragenen Überwachungsaufgaben betroffen sind,
2. angemessene Vorkehrungen und Systeme zur Ermittlung und zum Umgang mit den wesentlichen Risiken des Börsenbetriebs zu schaffen, um diese wirksam zu begrenzen, und
3. die technische Funktionsfähigkeit der Börsenhandels- und Abwicklungssysteme sicherzustellen, technische Vorkehrungen für einen reibungslosen und zeitnahen Abschluss der im Handelssystem ausgeführ-

---

11 *Beck* in: Schwark/Zimmer, Kapitalmarktrechts-Kommentar, § 4 BörsG Rn 40.
12 *Groß*, Kapitalmarktrecht, § 4 BörsG Rn 12; *Beck* in: Schwark/Zimmer, Kapitalmarktrechts-Kommentar, § 4 BörsG Rn 39.
13 Gesetz zur Vermeidung von Gefahren und Missbräuchen im Hochfrequenzhandel vom 7. Mai 2013, BGBl. I 2013 S. 1162.
14 Beschlussempfehlung und Bericht des Finanzausschusses vom 27.2.2013, BT-Drucks. 17/12536, S. 22.

ten Geschäfte zu schaffen und insbesondere wirksame Notfallmaßnahmen bei einem Systemausfall vorzusehen.

(5) Der Börsenträger muss über ausreichende finanzielle Mittel für eine ordnungsgemäße Durchführung des Börsenbetriebs verfügen, wobei Art, Umfang und Risikostruktur der an der Börse getätigten Geschäfte zu berücksichtigen sind.

(6) Der Börsenträger hat das Land, in dessen Gebiet die Börse ansässig ist, von allen Ansprüchen Dritter wegen Schäden freizustellen, die durch die für die Börse Handelnden in Ausübung der ihnen übertragenen Aufgaben verursacht werden.

Die Vorschrift des § 5 regelt die Pflichten des Börsenträgers, die nach Erteilung der Erlaubnis mit dem Betrieb der Börse verbunden sind. Träger der Börsen sind diejenigen Personen, welche die personellen und finanziellen Mittel sowie die benötigten Räumlichkeiten für die Durchführung des Börsenhandels zur Verfügung stellen. Träger der Frankfurter Wertpapierbörse (FWB) ist zB die Deutsche Börse Aktiengesellschaft.

Nach **Abs. 1** ist der Börsenträger als Adressat der Erlaubnis mit der Erteilung der Genehmigung durch die Börsenaufsichtsbehörde zur Errichtung und zum Betrieb der Börse berechtigt. Die Genehmigung ist Teil der Errichtung der Börse als teilrechtsfähige Anstalt öffentlichen Rechts (vgl auch § 4 Rn 2). Gleichzeitig wird der Träger durch die in der Form der Beleihung mit der Genehmigung (Betriebserlaubnis) zugewiesene Aufgabe verpflichtet,[1] die genehmigte Börse als Veranstaltung künftig zu betreiben und zu erhalten (Betriebspflicht). Eine völlige Aufhebung der öffentlich-rechtlichen Einrichtung der Börse ist dem Börsenträger aufgrund der Betriebspflicht demnach verwehrt. Schließlich kann der Börsenträger auch nicht auf die ihm erteilte Genehmigung verzichten, da er die geschaffene Existenz der Börse als Anstalt öffentlichen Rechts nicht in ihrem Bestand gefährden darf.[2]

Die Vorschrift dient der Umsetzung des Art. 36 Abs. 3 der Finanzmarktrichtlinie, welcher dem Betreiber des geregelten Marktes die Verantwortung für den ordnungsgemäßen Betrieb des Marktes auferlegt, und des Art. 39 lit. f der Finanzmarktrichtlinie, der vorschreibt, dass der geregelte Markt fortlaufend über ausreichende Finanzmittel für seinen Betrieb verfügen muss. Danach ist der Börsenträger verpflichtet, der Börse auf Anforderung der Geschäftsführung die zur Durchführung sowie zur angemessenen Fortentwicklung des Börsenbetriebs erforderlichen finanziellen, personellen und sachlichen Mittel zur Verfügung zu stellen. Die Regelung enthält somit einen gegenwartsbezogenen (Durchführungspflicht) und einen zukunftsbezogenen (Fortentwicklungspflicht) Tatbestand.[3]

Hinsichtlich der Durchführungspflicht ist davon auszugehen, dass zB elektronische Handels- Auftragsübermittlungs- und Abwicklungsunterstützungssysteme mittlerweile an allen Börsen Standard sind, und somit vom Träger bereitgestellt werden müssen.[4] Ebenso ist eine funktionierende Infrastruktur (einschließlich geeigneter Räumlichkeiten und technischer Ausrüstung) sowie die Beschäftigung von qualifizierten Mitarbeitern zu gewährleisten. Die Durchführungspflicht bezieht sich jedoch nicht auf den jeweiligen konkreten Bestand. Es ist dem Börsenträger daher erlaubt, bestehende Geschäftszweige umzugestalten, auszulagern oder aufzuheben, soweit die Börse als Institution nicht aufgegeben wird.[5]

Hinsichtlich der Pflicht zur Fortentwicklung hat der Börsenträger die Mittel zur Verfügung zu stellen, welche für die Fortentwicklung und technische Ausrüstung erforderlich sind, um die Wettbewerbsfähigkeit des Börsenbetriebs sicherzustellen.[6] Der Börsenträger ist aber nicht zu jeder Investition verpflichtet. Eine Leistungspflicht besteht vielmehr nur insoweit, als sie eine „angemessene"[7] Fortentwicklung des Börsenbetriebes ermöglicht, dh für jede Maßnahme muss der erforderliche Aufwand unter Berücksichtigung der finan-

---

1 Die Worte „und verpflichtet" wurden aufgrund der Beschlussempfehlung des Finanzausschusses vom 20.3.2002 (7. Ausschuss) zu dem Gesetzentwurf der Bundesregierung eingefügt, vgl BT-Drucks. 14/8600, S. 15.
2 *Beck* in: Schwark/Zimmer, Kapitalmarktrechts-Kommentar, § 4 BörsG Rn 31.
3 Vgl *Beck* in: Schwark/Zimmer, Kapitalmarktrechts-Kommentar, § BörsG 5 Rn 3; *Groß*, Kapitalmarktrecht, § 5 BörsG Rn 4.
4 Vgl *Beck* in: Schwark/Zimmer, Kapitalmarktrechts-Kommentar, § 5 BörsG Rn 4; *Groß*, Kapitalmarktrecht, § 5 BörsG Rn 4.
5 *Groß*, Kapitalmarktrecht, § 5 BörsG Rn 5.; *Schäfer/Hamann*, § 1 BörsG Rn 16.
6 Ob diese Pflicht auch umfasst, die internationale Wettbewerbsfähigkeit sicherzustellen, ist – auch vor dem Hintergrund des Gesetzeszwecks der Stärkung der internationalen Konkurrenzfähigkeit des Finanzplatzes Deutschland – wegen des innerstaatlichen Charakters der Genehmigung zweifelhaft, so aber *Groß*, Kapitalmarktrecht, § 5 BörsG Rn 6; *Beck*, WM 1996, 2313, 2316.
7 Der ursprüngliche Gesetzesentwurf sah eine allgemeine Pflicht zur "Fortentwicklung" vor. Die Deutsche Börse AG hatte angeregt, diese Formulierung durch das Wort "Aufrechterhaltung" zu streichen, da der Umfang der Fortentwicklung auf wirtschaftlichen Entscheidungen des Börsenträgers beruhe und nicht Gegenstand der Börsenaufsicht sei. Insbesondere könnten dem Börsenträger keine wirtschaftlich unvertretbaren Verpflichtungen auferlegt werden, vgl Stellungnahme der Deutsche Börse AG zum Diskussionsentwurf des Vierten Finanzmarktförderungsgesetzes v. 28.9.2001. Der Gesetzeswortlaut wurde daraufhin in "angemessene Fortentwicklung" umformuliert.

ziellen Leistungsfähigkeit des Börsenträgers in einem vernünftigen Verhältnis zum bestehenden Bedarf stehen.[8]

Der Rahmen für den vom Börsenträger zu erbringenden Leistungsumfang kann in der Erlaubnis zur Errichtung und zum Betrieb der Börse durch die Börsenaufsichtsbehörde konkretisiert werden.[9]

4 Abs. 2 beruht auf Art. 38 Abs. 2 lit. a der Finanzmarktrichtlinie und stellt sicher, dass nicht nur wesentliche Veränderungen der Eigentümerstruktur zu veröffentlichen sind, sondern auch die jeweils aktuelle, also gegenwärtige Zusammensetzung der Anteilseigner. Auch bei Betreibern bestehender Börsen, die diese Angaben nicht in einem Zulassungsverfahren machen müssen, ist dadurch dauerhaft Transparenz im Hinblick auf die Eigentumsverhältnisse sichergestellt.

5 Der aufgrund der Beschlussempfehlung des Finanzausschusses[10] im Rahmen des Vierten Finanzmarktförderungsgesetzes eingefügte **Abs. 3** stellt für die Auslagerung von Funktionen oder Tätigkeiten, die für die Durchführung des Börsenbetriebs wesentlich sind, auf ein anderes Unternehmen klar, dass diese weder die ordnungsgemäße Durchführung des Handels an der Börse und der Börsengeschäftsabwicklung, noch die Aufsicht über die Börse beeinträchtigen darf. Der jeweilige Börsenträger hat sich im Falle einer solchen Auslagerung von Funktionen insbesondere die erforderlichen Weisungsbefugnisse gegenüber dem Vertragspartner vertraglich zu sichern und die ausgelagerten Funktionen und Tätigkeiten in seine internen Kontrollverfahren einzubeziehen. Sichergestellt wird dies u.a. dadurch, dass der Börsenträger der Börsenaufsicht die Absicht der Auslagerung sowie ihren Vollzug der Börsenaufsichtsbehörde unverzüglich anzuzeigen hat (Abs. 3 S. 3). Dem Börsenrat kann im Falle einer Auslagerung vorher Gelegenheit zur Stellungnahme gegeben werden (vgl § 12 Abs. 2 S. 4).

6 **Abs. 4** setzt Art. 39 der Finanzmarktrichtlinie um und normiert damit erstmalig Organisationspflichten für die Börse und deren Betreiber, in vergleichbarer Weise wie bei Wertpapierdienstleistungsunternehmen. **Abs. 4 Nr. 1** setzt Art. 39 lit. a der Finanzmarktrichtlinie um und bestimmt, dass der Börsenträger Vorkehrungen und organisatorische Maßnahmen zu treffen hat, um Interessenkonflikte zwischen dem Börsenbetreiber oder dessen Eigentümern und dem öffentlichen Interesse an der Funktionsfähigkeit der Börse und dem ordnungsgemäßen Börsenhandel zu verhindern. Betroffen sind hiervon allerdings nicht alle denkbaren Interessenkonflikte, sondern nur solche, die eine Erfüllung der öffentlichen Aufgaben der Börse beeinträchtigen oder Handelsteilnehmer benachteiligen könnten.[11]

7 **Abs. 4 Nr. 2** setzt Art. 39 lit. b der Finanzmarktrichtlinie um und regelt das erforderliche Risikocontrolling des Börsenbetreibers. Als Maßstab hierfür sind nach Aussage des Gesetzgebers die Mindestanforderungen der Bundesanstalt an das Risikomanagement (MaRisk) heranzuziehen.[12]

8 **Abs. 4 Nr. 3** setzt Art. 39 lit. c und e der Finanzmarktrichtlinie um und schreibt vor, dass der Börsenbetreiber zur Sicherstellung der Integrität der Börsensysteme für einen reibungslosen und zeitnahen Abschluss der im System ausgeführten Geschäfte zu sorgen hat und insbesondere geeignete Notfallmaßnahmen bei einem teilweisen oder vollständigen Ausfall der Börsensysteme vorzuhalten hat.

9 **Abs. 5** setzt Art. 39 lit. f der Finanzmarktrichtlinie um und schreibt eine angemessene Kapitalausstattung des Börsenbetreibers vor. Die Börsenaufsicht hat bei der Beurteilung der Höhe der angemessenen Eigenmittel die Höhe der Börsenumsätze und die Art der dort abgeschlossenen Geschäfte sowie der speziellen Risiken des Geschäftsmodells des Börsenbetreibers zu berücksichtigen.

10 Eventuelle **Amtshaftungsansprüche** bei Fehlverhalten von für eine Börse handelnden Personen richten sich nach herrschender Auffassung[13] nicht gegen die Börse bzw deren Träger, sondern gegen das entsprechende Land, in dem die Börse ihren Sitz hat. Im Zuge des Gesetzgebungsverfahrens zur Umsetzung der Richtlinie 2010/73/EU und zur Änderung des Börsengesetzes hatte der Bundesrat vorgeschlagen, eine ausdrückliche Freistellungsverpflichtung des Börsenträgers gegenüber dem Land in einem neuen Abs. 6 aufzunehmen, mit der Begründung, dass das Land verpflichtet sei zu zahlen, obwohl es keinen Einfluss auf eventuelle Pflichtverletzungen der Börsenorgane oder ihrer Erfüllungsgehilfen habe, demgegenüber jedoch alle Erträge aus dem Börsenbetrieb dem Börsenträger zustehen. Dies sei unbillig und mache eine Ergänzung des Börsengesetzes erforderlich, vor allem, da auch in anderen vergleichbaren Bereichen entsprechende Reglungen beste-

---

8 *Beck* in: Schwark/Zimmer, Kapitalmarktrechts-Kommentar, § 5 BörsG Rn 6.
9 Vgl RegBegr. zum 4. Finanzmarktförderungsgesetz, BT-Drucks. 14/8017, S. 72.
10 Beschlussempfehlung des Finanzausschusses vom 20.3.2002 (7. Ausschuss) zu dem Gesetzentwurf der Bundesregierung eingefügt, vgl BT-Drucks. 14/8600, S. 15.
11 Vgl RegBegr. zum Finanzmarktrichtlinie-Umsetzungsgesetz, BT-Drucks. 16/4028, S. 83.
12 RegBegr. zum Finanzmarktrichtlinie-Umsetzungsgesetz, BT-Drucks. 16/4028, S. 82.
13 ZB OLG Frankfurt ZIP 2001, 730; *Beck* in: Schwark/Zimmer, Kapitalmarktrechts-Kommentar, § 7 BörsG Rn 30; vgl auch *Groß*, Kapitalmarktrecht, § 5 BörsG Rn 17.

hen.[14] Diese Regelung ist nun im Rahmen des Art. 28 Amtshilferichtlinie-Umsetzungsgesetzes in das Börsengesetz aufgenommen worden.[15]

§ 6 Inhaber bedeutender Beteiligungen

(1) [1]Wer beabsichtigt, eine bedeutende Beteiligung im Sinne des § 1 Abs. 9 des Kreditwesengesetzes an dem Träger einer Börse zu erwerben, hat dies der Börsenaufsichtsbehörde unverzüglich anzuzeigen. [2]In der Anzeige hat er die Höhe der Beteiligung und gegebenenfalls die für die Begründung des maßgeblichen Einflusses wesentlichen Tatsachen sowie die für die Beurteilung seiner Zuverlässigkeit und die Prüfung der weiteren Untersagungsgründe nach Absatz 2 Satz 1 wesentlichen Tatsachen und Unterlagen, die durch Rechtsverordnung nach Absatz 7 näher zu bestimmen sind, sowie die Personen und Unternehmen anzugeben, von denen er die entsprechenden Anteile erwerben will. [3]Die Börsenaufsichtsbehörde kann über die Vorgaben der Rechtsverordnung hinausgehende Angaben und die Vorlage von weiteren Unterlagen verlangen, falls dies für die Beurteilung der Zuverlässigkeit oder die Prüfung der weiteren Untersagungsgründe nach Absatz 2 Satz 1 zweckmäßig erscheint. [4]Ist der Anzeigepflichtige eine juristische Person oder Personenhandelsgesellschaft, hat er in der Anzeige die für die Beurteilung der Zuverlässigkeit seiner gesetzlichen oder satzungsmäßigen Vertreter oder persönlich haftenden Gesellschafter wesentlichen Tatsachen anzugeben. [5]Der Inhaber einer bedeutenden Beteiligung hat jeden neu bestellten gesetzlichen oder satzungsmäßigen Vertreter oder neuen persönlich haftenden Gesellschafter mit den für die Beurteilung von dessen Zuverlässigkeit wesentlichen Tatsachen der Börsenaufsichtsbehörde unverzüglich anzuzeigen. [6]Der Inhaber einer bedeutenden Beteiligung hat der Börsenaufsichtsbehörde ferner unverzüglich anzuzeigen, wenn er beabsichtigt, den Betrag der bedeutenden Beteiligung so zu erhöhen, dass die Schwellen von 20 Prozent, 33 Prozent oder 50 Prozent der Stimmrechte oder des Kapitals erreicht oder überschritten werden oder dass der Träger der Börse unter seine Kontrolle im Sinne des § 1 Abs. 8 des Kreditwesengesetzes kommt. [7]Die Börsenaufsichtsbehörde kann von Inhabern einer Beteiligung an dem Träger einer Börse Auskünfte und die Vorlage von Unterlagen verlangen, wenn Tatsachen die Annahme rechtfertigen, dass es sich hierbei um eine bedeutende Beteiligung handelt.

(2) [1]Die Börsenaufsichtsbehörde kann innerhalb eines Monats nach Eingang der vollständigen Anzeige nach Absatz 1 den beabsichtigten Erwerb der bedeutenden Beteiligung oder ihre Erhöhung untersagen, wenn Tatsachen die Annahme rechtfertigen, dass

1. der Anzeigepflichtige oder, wenn er eine juristische Person ist, auch ein gesetzlicher oder satzungsmäßiger Vertreter, oder, wenn er eine Personenhandelsgesellschaft ist, auch ein Gesellschafter, nicht zuverlässig ist oder aus anderen Gründen nicht den im Interesse einer soliden und umsichtigen Führung des Trägers der Börse zu stellenden Ansprüchen genügt; dies gilt im Zweifel auch dann, wenn Tatsachen die Annahme rechtfertigen, dass die von ihm aufgebrachten Mittel für den Erwerb der bedeutenden Beteiligung aus einer objektiv rechtswidrigen Tat herrühren,
2. die Durchführung und angemessene Fortentwicklung des Börsenbetriebs beeinträchtigt wird.

[2]Wird der Erwerb nicht untersagt, kann die Börsenaufsichtsbehörde eine Frist festsetzen, nach deren Ablauf die Person oder Personenhandelsgesellschaft, welche die Anzeige nach Absatz 1 Satz 1 oder Satz 6 erstattet hat, ihr den Vollzug oder den Nichtvollzug des beabsichtigten Erwerbs anzuzeigen hat. [3]Nach Ablauf der Frist hat diese Person oder Personenhandelsgesellschaft die Anzeige unverzüglich bei der Börsenaufsichtsbehörde einzureichen.

(3) Die Börsenaufsichtsbehörde hat die Auskunfts- und Vorlagerechte nach Absatz 1 auch nach Ablauf der Frist des Absatzes 2 Satz 1.

(4) [1]Die Börsenaufsichtsbehörde kann dem Inhaber einer bedeutenden Beteiligung sowie den von ihm kontrollierten Unternehmen die Ausübung seiner Stimmrechte untersagen und anordnen, dass über die Anteile nur mit seiner Zustimmung verfügt werden darf, wenn

1. die Voraussetzungen für eine Untersagungsverfügung nach Absatz 2 Satz 1 vorliegen,
2. der Inhaber der bedeutenden Beteiligung seiner Pflicht nach Absatz 1 zur vorherigen Unterrichtung der Börsenaufsichtsbehörde nicht nachgekommen ist und diese Unterrichtung innerhalb einer von der Börsenaufsichtsbehörde gesetzten Frist nicht nachgeholt hat oder

---

14 Vgl Gesetzesentwurf der Bundesregierung vom 15.2.2012, BT-Drucks. 17/8684.

15 Gesetz zur Umsetzung der Amtshilferichtlinie sowie zur Änderung steuerlicher Vorschriften (Amtshilferichtlinie-Umsetzungsgesetz - AmtshilfeRLUmsG) vom 26. Juni 2013 (BGBl. I S. 1809).

3. die Beteiligung entgegen einer vollziehbaren Untersagung nach Absatz 2 Satz 1 erworben oder erhöht worden ist.

²In den Fällen des Satzes 1 kann die Ausübung der Stimmrechte auf einen Treuhänder übertragen werden; dieser hat bei der Ausübung der Stimmrechte den Interessen einer soliden und umsichtigen Führung des Trägers einer Börse Rechnung zu tragen. ³In den Fällen des Satzes 1 kann die Börsenaufsichtsbehörde über die Maßnahmen nach Satz 1 hinaus einen Treuhänder mit der Veräußerung der Anteile, soweit sie eine bedeutende Beteiligung begründen, beauftragen, wenn der Inhaber der bedeutenden Beteiligung der Börsenaufsichtsbehörde nicht innerhalb einer von dieser bestimmten angemessenen Frist einen zuverlässigen Erwerber nachweist; die Inhaber der Anteile haben bei der Veräußerung in dem erforderlichen Umfang mitzuwirken. ⁴Der Treuhänder wird auf Antrag des Trägers der Börse, eines an ihm Beteiligten oder der Börsenaufsichtsbehörde vom Gericht des Sitzes des Trägers der Börse bestellt. ⁵Sind die Voraussetzungen des Satzes 1 entfallen, hat die Börsenaufsichtsbehörde den Widerruf der Bestellung des Treuhänders zu beantragen. ⁶Der Treuhänder hat Anspruch auf Ersatz angemessener Auslagen und auf Vergütung für seine Tätigkeit. ⁷Das Gericht setzt auf Antrag des Treuhänders die Auslagen und die Vergütung fest; die Rechtsbeschwerde gegen die Vergütungsfestsetzung ist ausgeschlossen. ⁸Das Land schießt die Auslagen und die Vergütung vor; für seine Aufwendungen haften dem Land der betroffene Inhaber der bedeutenden Beteiligung und der Träger der Börse gesamtschuldnerisch.

(5) ¹Wer beabsichtigt, eine bedeutende Beteiligung an dem Träger der Börse aufzugeben oder den Betrag seiner bedeutenden Beteiligung unter die Schwellen von 20 Prozent, 33 Prozent oder 50 Prozent der Stimmrechte oder des Kapitals abzusenken oder die Beteiligung so zu verändern, dass der Träger der Börse nicht mehr kontrolliertes Unternehmen ist, hat dies der Börsenaufsichtsbehörde unverzüglich anzuzeigen. ²Dabei ist die beabsichtigte verbleibende Höhe der Beteiligung anzugeben. ³Die Börsenaufsichtsbehörde kann eine Frist festsetzen, nach deren Ablauf die Person oder Personenhandelsgesellschaft, welche die Anzeige nach Satz 1 erstattet hat, den Vollzug oder den Nichtvollzug der beabsichtigten Absenkung oder Veränderung der Börsenaufsichtsbehörde anzuzeigen hat. ⁴Nach Ablauf der Frist hat die Person oder Personenhandelsgesellschaft, welche die Anzeige nach Satz 1 erstattet hat, die Anzeige unverzüglich bei der Börsenaufsichtsbehörde zu erstatten.

(6) ¹Der Träger der Börse hat der Börsenaufsichtsbehörde unverzüglich den Erwerb oder die Aufgabe einer bedeutenden Beteiligung an dem Träger, das Erreichen, das Über- oder das Unterschreiten der Beteiligungsschwellen von 20 Prozent, 33 Prozent und 50 Prozent der Stimmrechte oder des Kapitals sowie die Tatsache, dass der Träger Tochterunternehmen eines anderen Unternehmens wird oder nicht mehr ist, anzuzeigen, wenn der Träger von der Änderung dieser Beteiligungsverhältnisse Kenntnis erlangt. ²Der Träger der Börse hat die nach Satz 1 anzeigepflichtigen Tatsachen unverzüglich auf seiner Internetseite zu veröffentlichen.

(7) ¹Die Landesregierungen werden ermächtigt, durch Rechtsverordnung nähere Bestimmungen über Art, Umfang und Zeitpunkt der nach den Absätzen 1, 5 und 6 vorgesehenen Anzeigen zu erlassen. ²Die Landesregierung kann die Ermächtigung durch Rechtsverordnung auf die Börsenaufsichtsbehörde übertragen.

1 Die Vorschrift stellt entsprechend § 2c KWG für Institute und § 104 VAG für Versicherungsunternehmen Regeln bzgl Veränderungen bei den Inhabern bedeutender Beteiligungen auf. Zweck der Regelung ist, die Börsenaufsichtsbehörde über jede bedeutende Veränderung der Inhaberstruktur von Börsenträgern zu informieren. Damit soll die Börsenaufsichtsbehörde im Hinblick auf den allgemeinen Gesetzeszweck des Vierten Finanzmarktförderungsgesetzes[1] vor allem die Möglichkeit haben, der Übernahme von bedeutenden Beteiligungen durch Personen aus der organisierten Kriminalität entgegenzuwirken und die Funktionsfähigkeit der Börse, insbesondere im Hinblick auf die Durchführung und angemessene Fortentwicklung des Börsenbetriebs zu sichern.[2]

2 § 6 gewährt der Börsenaufsichtsbehörde die Befugnis, sowohl bei beabsichtigtem Erwerb einer bedeutenden Beteiligung[3] bzw der Erhöhung auf die in Abs. 1 S. 6 genannten Schwellenwerte, als auch bei bereits erfolgtem Erwerb Maßnahmen zu ergreifen, um die oben genannten Ziele zu erreichen. Hierzu zählen die Untersagung des beabsichtigten Erwerbs bzw der Erhöhung (Abs. 2) sowie die Möglichkeit, dem Inhaber einer bedeutenden Beteiligung sowie den von ihm kontrollierten Unternehmen, die Ausübung seiner Stimmrechte unter bestimmten Voraussetzungen zu untersagen (Abs. 4); die Ausübung der Stimmrechte kann in diesem Fall auf einen Treuhänder übertragen werden. Darüber hinaus hat die Börsenaufsichtsbehörde die Befugnis,

---

[1] Gesetz zur weiteren Fortentwicklung des Finanzplatzes Deutschland vom 21. Juni 2002 (BGBl. I S. 2010).
[2] So das erklärte Ziel der Regelung; vgl RegBegr., BT-Drucks. 14/8017, S. 72 f.
[3] 10 % des Kapitals oder der Stimmrechte des relevanten Börsenträgers (vgl § 1 Abs. 9 KWG).

Abschnitt 1 | Allgemeine Bestimmungen über die Börsen und ihre Organe § 7 BörsG

einen Treuhänder mit der Veräußerung der Anteile zu beauftragen. Da dies einen Eingriff in das Eigentumsrecht gem. Art. 14 Abs. 1 S. 1 GG darstellt, wird die Verfassungsmäßigkeit der Regelung in der Literatur teilweise angezweifelt.[4]

Die Frist zur Untersagung des beabsichtigten Erwerbs einer bedeutenden Beteiligung oder ihrer Erhöhung beträgt einen Monat nach Eingang der vollständigen Anzeige nach Abs. 1 (Abs. 2 S. 1). Abs. 6 sieht in Umsetzung des Artikels 38 Abs. 2 lit. b der Finanzmarktrichtlinie eine Anzeigepflicht des Börsenträgers zu den Inhabern bedeutender Beteiligungen und etwaiger Veränderungen der Beteiligungen vor und bildet die Grundlage zur Überwachung, ob die Gesellschafter ihren Anzeigepflichten nach Abs. 1 und 5 nachgekommen sind. Die Vorschrift enthält in Abs. 7 eine Ermächtigung für die Landesregierungen, nähere Bestimmungen über Art, Umfang und Zeitpunkt der Anzeigepflichten zu erlassen. Die Landesregierung kann die Ermächtigung durch Rechtsverordnung auf die Börsenaufsichtsbehörde übertragen.

§ 7 Handelsüberwachungsstelle

(1) ¹Die Börse hat unter Beachtung von Maßgaben der Börsenaufsichtsbehörde eine Handelsüberwachungsstelle als Börsenorgan einzurichten und zu betreiben, die den Handel an der Börse und die Börsengeschäftsabwicklung überwacht. ²Die Handelsüberwachungsstelle hat Daten über den Börsenhandel und die Börsengeschäftsabwicklung systematisch und lückenlos zu erfassen und auszuwerten sowie notwendige Ermittlungen durchzuführen. ³An Warenbörsen, an denen Energie im Sinne des § 3 Nr. 14 des Energiewirtschaftsgesetzes gehandelt wird, sind von der Handelsüberwachungsstelle auch Daten über die Abwicklung von Geschäften systematisch und lückenlos zu erfassen und auszuwerten, die nicht über die Börse geschlossen werden, aber über ein Abwicklungssystem der Börse oder ein externes Abwicklungssystem, das an die börslichen Systeme für den Börsenhandel oder die Börsengeschäftsabwicklung angeschlossen ist, abgewickelt werden und deren Gegenstand der Handel mit Energie oder Termingeschäfte in Bezug auf Energie sind; die Handelsüberwachungsstelle kann auf Basis dieser Daten notwendige Ermittlungen durchführen. ⁴Die Börsenaufsichtsbehörde kann der Handelsüberwachungsstelle Weisungen erteilen und die Ermittlungen übernehmen. ⁵Die Geschäftsführung kann die Handelsüberwachungsstelle im Rahmen der Aufgaben dieser Stelle nach den Sätzen 1 bis 3 mit der Durchführung von Untersuchungen beauftragen.

(2) ¹Der Leiter der Handelsüberwachungsstelle hat der Börsenaufsichtsbehörde regelmäßig zu berichten. ²Die bei der Handelsüberwachungsstelle mit Überwachungsaufgaben betrauten Personen können gegen ihren Willen nur im Einvernehmen mit der Börsenaufsichtsbehörde von ihrer Tätigkeit entbunden werden. ³Mit Zustimmung der Börsenaufsichtsbehörde kann die Geschäftsführung diesen Personen auch andere Aufgaben übertragen. ⁴Die Zustimmung ist zu erteilen, wenn hierdurch die Erfüllung der Überwachungsaufgaben der Handelsüberwachungsstelle nicht beeinträchtigt wird.

(3) Der Handelsüberwachungsstelle stehen die Befugnisse der Börsenaufsichtsbehörde nach § 3 Abs. 4 Satz 1 bis 5 zu; § 3 Abs. 4 Satz 9 und 10 und Abs. 9 gilt entsprechend.

(4) ¹Die Handelsüberwachungsstelle kann Daten über Geschäftsabschlüsse der Geschäftsführung und der Handelsüberwachungsstelle einer anderen Börse übermitteln, soweit sie für die Erfüllung der Aufgaben dieser Stellen erforderlich sind. ²Die Handelsüberwachungsstelle kann Daten über Geschäftsabschlüsse auch den zur Überwachung des Handels an ausländischen organisierten Märkten oder entsprechenden Märkten mit Sitz außerhalb der Europäischen Union oder eines Vertragstaates des Abkommens über den Europäischen Wirtschaftsraum zuständigen Stellen übermitteln und solche Daten von diesen Stellen empfangen, soweit sie zur ordnungsgemäßen Durchführung des Handels und der Börsengeschäftsabwicklung erforderlich sind. ³An diese Stellen dürfen solche Daten nur übermittelt werden, wenn diese Stellen und die von ihnen beauftragten Personen einer der Regelung des § 10 gleichwertigen Verschwiegenheitspflicht unterliegen. ⁴Diese Stellen sind darauf hinzuweisen, dass sie die Daten nur zu dem Zweck verwenden dürfen, zu dessen Erfüllung sie ihnen übermittelt werden. ⁵Die Handelsüberwachungsstelle hat der Börsenaufsichtsbehörde, der Geschäftsführung und der Bundesanstalt mitzuteilen, mit welchen zuständigen Stellen in anderen Staaten sie welche Art von Daten auszutauschen beabsichtigt.

(5) ¹Stellt die Handelsüberwachungsstelle Tatsachen fest, welche die Annahme rechtfertigen, dass börsenrechtliche Vorschriften oder Anordnungen verletzt werden oder sonstige Missstände vorliegen, welche die ordnungsmäßige Durchführung des Handels an der Börse oder die Börsengeschäftsabwicklung beeinträchtigen können, hat sie die Börsenaufsichtsbehörde und die Geschäftsführung unverzüglich zu unterrichten.

---

4 Siehe *Beck* in: Schwark/Zimmer, Kapitalmarktrechts-Kommentar, § 6 BörsG Rn 24 mwN.

²Die Geschäftsführung kann eilbedürftige Anordnungen treffen, die geeignet sind, die ordnungsmäßige Durchführung des Handels an der Börse und der Börsengeschäftsabwicklung sicherzustellen; § 3 Abs. 9 gilt entsprechend. ³Die Geschäftsführung hat die Börsenaufsichtsbehörde über die getroffenen Maßnahmen unverzüglich zu unterrichten. ⁴Stellt die Handelsüberwachungsstelle Tatsachen fest, deren Kenntnis für die Erfüllung der Aufgaben der Bundesanstalt erforderlich ist, unterrichtet sie unverzüglich die Bundesanstalt. ⁵Die Unterrichtung der Bundesanstalt hat insbesondere zu erfolgen, wenn die Handelsüberwachungsstelle Tatsachen feststellt, deren Kenntnis für die Bundesanstalt für die Verfolgung von Verstößen gegen das Verbot von Insidergeschäften oder das Verbot der Kurs- und Marktpreismanipulation nach § 14 oder § 20a des Wertpapierhandelsgesetzes erforderlich ist.

(6) Die Handelsüberwachungsstelle nimmt die ihr nach diesem Gesetz zugewiesenen Aufgaben und Befugnisse nur im öffentlichen Interesse wahr.

1 **Abs. 1:** Gemäß § 7 ist an jeder Börse, dh sowohl an den Wertpapierbörsen iSd § 2 Abs. 2, als auch den Warenbörsen iSd § 2 Abs. 3 eine Handelsüberwachungsstelle[1] als selbstständiges Börsenorgan einzurichten. Die Handelsüberwachungsstelle dient (ebenso wie die Börsenaufsichtsbehörde – vgl § 3 Rn 1) der Marktaufsicht und gehört damit zu den wesentlichen Bestandteilen der Börsenselbstverwaltung.[2] Sie ist als Organ der jeweiligen Selbstverwaltungseinrichtung Börse[3] Behörde im verwaltungsrechtlichen Sinn.

2 Nach Abs. 1 S. 1 kann, obwohl die Errichtung der Handelsüberwachungsstelle als Organ der Börse in die primäre Verantwortung und Zuständigkeit der Börse fällt,[4] die Börsenaufsichtsbehörde Maßgaben für die Errichtung erlassen, dh insbesondere die personelle und materielle Ausstattung der Handelsüberwachungsstelle beanstanden und ggf Einzelweisungen erteilen.[5] Dieses Weisungsrecht der Börsenaufsichtsbehörde ergibt sich bereits aus der Rechtsstellung der Börse.[6] Dies verdeutlicht, wie auch der Verweis von Abs. 3 auf § 3 Abs. 4 zeigt, dass der Börsenaufsichtsbehörde gegenüber der Handelsüberwachungsstelle keine weiter gehenden Befugnisse zustehen, als gegenüber den anderen Organen der Börse.[7] Abs. 2 S. 2 und 3 konkretisieren die Einflussmöglichkeiten auf die personelle Ausstattung der Handelsüberwachungsstelle.

3 Die Bestellung (nach § 12 Abs. 2 S. 1 Nr. 5) und die Abberufung (gemäß § 7 Abs. 2 S. 2) des Leiters kann nur im Einvernehmen mit der Börsenaufsichtsbehörde erfolgen. Der Gesetzgeber wollte mit dieser Absicherung der Unabhängigkeit der Handelsüberwachungsanstalt gegenüber der sonstigen Börsenorgane und des Trägers verhindern, dass die Neutralität der Handelsüberwachungsstelle durch deren geschäftspolitische Interessen beeinträchtigt werden könnte.[8]

Die früher in § 4 Abs. 2 S. 1 aF geregelte Bestellung des Leiters der Handelsüberwachungsstelle durch den Börsenrat auf Vorschlag der Geschäftsführung im Einvernehmen mit der Börsenaufsichtsbehörde wurde inhaltsgleich nach § 12 Abs. 2 S. 1 Nr. 5 verschoben. Auch die Börsengeschäftsführung kann gemäß § 7 Abs. 1 S. 5 die Handelsüberwachungsstelle mit der Durchführung von Untersuchungen beauftragen. Als Leitungsorgan der Börse ist die Börsengeschäftsführung gegenüber dem Börsenorgan Handelsüberwachungsstelle und seinen Mitarbeitern direktionsbefugt.[9]

4 **Abs. 2:** Die in § 3 Abs. 2 S. 2 normierte allgemeine Pflicht der Börsenorgane, die Börsenaufsichtsbehörde bei der Erfüllung ihrer Aufgaben zu unterstützen, wird u.a. dahin gehend konkretisiert, dass der Leiter der Handelsüberwachungsstelle der Börsenaufsichtsbehörde regelmäßig zu berichten hat. Der Gesetzgeber konkretisiert nicht, was als „regelmäßige" Berichterstattung anzusehen ist. Grundsätzlich wird von einer monatlichen Berichterstattung, einem zusätzlichen Jahresbericht sowie einer schriftlichen Dokumentation aller darüber hinaus mündlich abgegebenen Berichte ausgegangen.[10]

5 **Abs. 3:** Der Börsenselbstverwaltung obliegt die primäre Verantwortung für die Marktaufsicht über den Börsenhandel.[11] Entsprechend ist die Handelsüberwachungsstelle verantwortlich für die Überwachung des Handels an der Börse und der Börsengeschäftsabwicklung[12] und damit insbesondere (ähnlich wie die Börsenaufsicht nach § 3 Abs. 4,) „für die Überwachung der Preisfindung und der Handelsvolumina, die ständi-

---

1 *Groß*, Kapitalmarktrecht, § 7 BörsG Rn 1.
2 *Claussen*, DB 1994, 969, 971 f.
3 *Groß*, Kapitalmarktrecht, § 7 Rn 1; aA VG Frankfurt v. 10.9.1997 – 15 G 323/97 (1), bestätigt durch VGH Kassel WM 1998, 1870, 1874.
4 RegBegr. zum 2. Finanzmarktförderungsgesetz, BT-Drucks. 12/6679, S. 36, 59 ff.
5 RegBegr. zum 3. Finanzmarktförderungsgesetz, BT-Drucks. 13/8933, S. 161.
6 *Beck* in: Schwark/Zimmer, Kapitalmarktrechts-Kommentar, § 7 BörsG Rn 5 Fn 4.
7 Str., wie hier Ebenroth/Boujong/Joost/Strohn/*Groß*, HGB, § 7 Rn IX123; Schäfer/*Ledermann*, § 4 Rn 3; *Groß*, Kapitalmarktrecht, § 7 BörsG Rn 4; aA *Claussen*, DB 1994, 969, 971; vgl auch *Kümpel*, WM-Festgabe für Hellner 1994, Sonderheft, S. 39.
8 Vgl RegBegr. zum 2. Finanzmarktförderungsgesetz, BT-Drucks. 12/6679, S. 60; *Beck* in: Schwark/Zimmer, Kapitalmarktrechts-Kommentar, § 7 BörsG Rn 6.
9 *Groß*, Kapitalmarktrecht, §§ 7 BörsG Rn 4.
10 *Groß*, Kapitalmarktrecht, § 7 BörsG Rn 5.
11 RegBegr, BT-Drucks. 12/6679, S. 59 f; *Claussen*, DB 1994, 969, 971 f.
12 *Beck* in: Schwark/Zimmer, Kapitalmarktrechts-Kommentar, § 7 BörsG Rn 1; *Groß*, Kapitalmarktrecht, § 7 BörsG Rn 2.

ge Kontrolle der Einhaltung von Handelsusancen, die Beobachtung der Eigengeschäfte der Skontroführer, der Vergleich der Preise mit anderen Börsenplätzen und anderen Handelssystemen (insbesondere wegen der Interaktion von Aktien- und Terminbörsen) und die Aufrechterhaltung der Ordnung im Börsensaal"[13] Abs. 3 schreibt der Handelsüberwachungsstelle entsprechend die Befugnisse der Börsenaufsichtsbehörde zu. Durch den Verweis auf § 3 Abs. 9 in § 7 Abs. 3 wird klargestellt, dass Widerspruch und Anfechtungsklage gegen Maßnahmen der Handelsüberwachungsstelle keine aufschiebende Wirkung haben.

Abs. 4 gestattet den unmittelbaren, grenzüberschreitenden (S. 2) Datenaustausch unter Beachtung der datenschutzrechtlichen Anforderungen (S. 3 und 4).

Nach **Abs. 5 S. 1** hat die Handelsüberwachungsstelle die Börsenaufsichtsbehörde und die Geschäftsführung unverzüglich zu unterrichten, wenn sie Tatsachen feststellt, welche die Annahme rechtfertigen, dass börsenrechtliche Vorschriften oder Anordnungen verletzt werden oder sonstige Missstände vorliegen, welche die ordnungsgemäße Durchführung des Handels an der Börse oder die Börsengeschäftsabwicklung beeinträchtigen können. Zwar ist die Form der Berichterstattung nicht vorgeschrieben und auch vom Gesetzgeber nicht konkretisiert; es dürfte hier jedoch davon auszugehen sein, dass diese Berichterstattung im Regelfall schriftlich zu erfolgen hat, und nur in eiligen Ausnahmefällen mündlich.[14] Darüber hinaus besteht gemäß **Abs. 5 S. 4** eine vergleichbare Berichtpflicht der Handelsüberwachungsstelle gegenüber der Bundesanstalt für Finanzdienstleistungsaufsicht (BaFin), wenn sie Tatsachen feststellt, deren Kenntnis für die Erfüllung der Aufgaben der Bundesanstalt für Finanzdienstleistungsaufsicht erforderlich ist. Abs. 5 S. 5 zählt – nicht abschließend – Fälle auf, in denen eine solche Unterrichtung zu erfolgen hat, dh insbesondere bei Vorliegen von Anhaltspunkten für einen Verstoß gegen das Insiderhandelsverbot oder das Verbot der Kurs- und Marktpreismanipulation nach den Vorschriften des Wertpapierhandelsgesetzes. Damit wird sichergestellt, dass Erkenntnisse der Handelsüberwachungsstelle, die diese aufgrund ihrer unmittelbaren Nähe zum Börsenhandel hat, unverzüglich der zuständigen Bundesanstalt übermittelt werden. Darüber hinaus ist in jedem Fall die Börsenaufsichtsbehörde zu informieren.[15]

Mit der Regelung in **Abs. 6**, nach der die Handelsüberwachungsstelle die ihr nach dem BörsG obliegenden Aufgaben und Befugnisse nur im öffentlichen Interesse wahrnimmt, wird dem Umstand Rechnung getragen, dass Zielsetzung der börsenrechtlichen Vorschriften der Schutz des Anlegerpublikums in seinem Vertrauen auf Fairness und Chancengleichheit an den Börsen ist und die Tätigkeit der Handelsüberwachungsstelle, ebenso wie die Aufgabenwahrnehmung durch die Börsenaufsichtsbehörde, damit im Interesse der Aufrechterhaltung der Funktionsfähigkeit der Börse erfolgt. Der Schutz des einzelnen Anlegers ist dabei bloßer Rechtsreflex.

§ 8 Zusammenarbeit

(1) Die Börsenaufsichtsbehörden und die Bundesanstalt arbeiten eng zusammen und tauschen nach Maßgabe des § 10 untereinander alle Informationen aus, die für die Wahrnehmung ihrer Aufgaben sachdienlich sind.

(2) Die Börsenaufsichtsbehörde unterrichtet die Bundesanstalt unverzüglich von Handelsaussetzungen und -einstellungen nach § 3 Abs. 5 Satz 3 Nr. 1, vom Erlöschen einer Erlaubnis nach § 4 Absatz 4 und von der Aufhebung einer Erlaubnis nach § 4 Absatz 5 oder den Vorschriften der Verwaltungsverfahrensgesetze der Länder.

Der im Rahmen der Umsetzung der Finanzmarktrichtlinie neu gefasste § 8 enthält Bestimmungen zur nationalen Zusammenarbeit. Abs. 1 setzt hierbei Art. 49 S. 1 der Finanzmarktrichtlinie um und normiert die Pflicht zur engen Zusammenarbeit und zum Informationsaustausch zwischen der Bundesanstalt für Finanzdienstleistungsaufsicht (BaFin) und den jeweiligen Börsenaufsichtsbehörden der Länder in sämtlichen Fragen, die jeweils für die andere Behörde aufgrund der jeweiligen Zuständigkeitsbereiche sachdienlich sind. Inhaltliche Grenze ist hierbei die Verschwiegenheitspflicht nach § 10 (vgl dort Rn 1).

Abs. 2 wurde im Rahmen des Gesetzes zur Umsetzung der Richtlinie 2010/78/EU vom 24. November 2010 im Hinblick auf die Errichtung des Europäischen Finanzaufsichtssystems mit Wirkung vom 1. Januar 2012 angepasst.

Der bereits vorher bestehende Abs. 2 Hs 1 setzt Art. 41 Abs. 2 S. 1 der Finanzmarktrichtlinie um und regelt den Spezialfall der unverzüglichen Unterrichtung der Bundesanstalt für Finanzdienstleistungsaufsicht durch

---

13 RegBegr. zum 2. Finanzmarktförderungsgesetz, BT-Drucks. 12/6679, S. 60.
14 *Groß*, Kapitalmarktrecht, § 7 BörsG Rn 6.
15 *Groß*, Kapitalmarktrecht, § 7 BörsG Rn 6.

die Börsenaufsichtsbehörde in Fällen der von der Börsenaufsichtsbehörde angeordneten Handelsaussetzung und -einstellung.
Der neu eingefügte Abs. 2 Hs 2 dient der Umsetzung des Art. 6 Nr. 13 der Richtlinie 2010/78/EU, wonach jeder Entzug der Zulassung zum geregelten Markt der Europäischen Wertpapier- und Marktaufsichtsbehörde (ESMA) mitzuteilen ist. Gemäß Abs. 2 Hs 2 ist die Börsenaufsichtsbehörde nunmehr verpflichtet, die Aufhebung oder das Erlöschen einer Börsenzulassung der BaFin mitzuteilen, welche wiederum gemäß § 7a Abs. 3 WpHG die ESMA unterrichten muss.[1]

§ 9 Anwendbarkeit kartellrechtlicher Vorschriften

(1) ¹Die Börsenaufsichtsbehörde hat darauf hinzuwirken, dass die Vorschriften des Gesetzes gegen Wettbewerbsbeschränkungen eingehalten werden. ²Dies gilt insbesondere für den Zugang zu Handels-, Informations- und Abwicklungssystemen und sonstigen börsenbezogenen Dienstleistungseinrichtungen sowie deren Nutzung.

(2) ¹Die Zuständigkeit der Kartellbehörden bleibt unberührt. ²Die Börsenaufsichtsbehörde unterrichtet die zuständige Kartellbehörde bei Anhaltspunkten für Verstöße gegen das Gesetz gegen Wettbewerbsbeschränkungen. ³Diese unterrichtet die Börsenaufsichtsbehörde nach Abschluss ihrer Ermittlungen über das Ergebnis der Ermittlungen.

1 Die öffentlich-rechtliche Struktur der Börsen schließt eine Anwendung des Gesetzes gegen Wettbewerbsbeschränkungen (GWB) auf Börsen, die nach der gebotenen Gesamtbetrachtung aus wettbewerbsrechtlicher Sicht eine maßgebliche wirtschaftliche Tätigkeit ausüben, nicht aus.[1] Die den Börsenaufsichtsbehörden in § 9 besonders zugewiesene Aufgabe, auf die Einhaltung der Vorschriften des GWB, insbesondere hinsichtlich des Zugangs zu den Handels-, Informations- und Abwicklungssystemen hinzuwirken, dient dem Schutz der Marktposition der Skontroführer, der Regionalbörsen und der kleineren Unternehmen und soll helfen, „mögliche Tendenzen zur Konzentration oder gar Oligopolisierung des Wertpapierhandels und bestimmter Handelssysteme und einer Monopolisierung im Bereich der Börsen-EDV entgegenzuwirken".[2]

2 Der Gehalt des Abs. 1 S. 2 beschränkt sich auf die Nennung besonders schwerwiegender Wettbewerbsverstöße im Bereich der Börse. Der Börsenaufsichtsbehörde wird durch diese Vorschrift eine kartellrechtliche Missstandskontrolle ermöglicht, ohne ihr jedoch die speziellen kartellrechtlichen Eingriffsbefugnisse des GWB zuzuweisen.[3] Die Börsenaufsichtsbehörde hat daher, sollte sie Umstände feststellen, die nach ihrer Ansicht einen Verstoß gegen Wettbewerbsvorschriften darstellen, die zuständige Kartellbehörde zu unterrichten, welche zur Entscheidung berufen ist (Abs. 2 S. 2). Diese wiederum unterrichtet nach Abs. 2 S. 3 die Börsenaufsichtsbehörde.

§ 10 Verschwiegenheitspflicht

(1) ¹Die bei der Börsenaufsichtsbehörde oder einer Behörde, der Aufgaben und Befugnisse der Börsenaufsichtsbehörde nach § 3 Abs. 7 übertragen worden sind, Beschäftigten, die nach § 3 Abs. 8 beauftragten Personen, die Mitglieder der Börsenorgane sowie die beim Träger der Börse Beschäftigten oder unmittelbar oder mittelbar in seinem Auftrag handelnden Personen, soweit sie für die Börse tätig sind, dürfen die ihnen bei ihrer Tätigkeit bekannt gewordenen Tatsachen, deren Geheimhaltung im Interesse der Handelsteilnehmer oder eines Dritten liegt, insbesondere Geschäfts- und Betriebsgeheimnisse sowie personenbezogene Daten, nicht unbefugt erheben oder verwenden, auch wenn sie nicht mehr im Dienst sind oder ihre Tätigkeit beendet ist. ²Dies gilt auch für andere Personen, die durch dienstliche Berichterstattung Kenntnis von den in Satz 1 bezeichneten Tatsachen erhalten. ³Ein unbefugtes Erheben oder Verwenden im Sinne des Satzes 1 liegt insbesondere nicht vor, wenn Informationen weitergegeben werden an

1. Strafverfolgungsbehörden oder für Straf- und Bußgeldsachen zuständige Gerichte,
2. kraft Gesetzes oder im öffentlichen Auftrag mit der Überwachung von Börsen oder anderen Märkten, an denen Finanzinstrumente gehandelt werden, von Kreditinstituten, Finanzdienstleistungsinstituten, Kapitalverwaltungsgesellschaften, extern verwalteten Investmentgesellschaften, Finanzunternehmen,

---

1 Vgl RegBegr., BT-Drucks. 17/6255, S. 33.
1 Vgl BGH NJW 1980, 1046 (Musikschule); *Immenga/Mestmäcker*, § 130 GWB Rn 18 ff; *Schäfer/Ledermann*, § 6 BörsG Rn 6; abw. bzgl der Kursfeststellung *Schwark*, Anlegerschutz durch Wirtschaftsrecht (1979), S. 289.
2 RegBegr. BT-Drucks. 12/6679 S. 61; Ebenroth/Boujong/Joost/Strohn/*Groß*, 2. Auflage 2009, § 9 Rn IX132.
3 *Schäfer/Ledermann*, § 6 BörsG Rn 5.

Versicherungsunternehmen, Versicherungsvermittlern oder den Vermittlern von Anteilen an Investmentvermögen im Sinne des § 2 a Abs. 1 Nr. 7 des Wertpapierhandelsgesetzes oder mit der Überwachung des Handels mit Finanzinstrumenten oder Devisen betraute Stellen sowie von diesen beauftragten Personen,
3. Zentralnotenbanken, das Europäische System der Zentralbanken oder die Europäische Zentralbank in ihrer Eigenschaft als Währungsbehörden sowie an andere staatliche Behörden, die mit der Überwachung der Zahlungssysteme betraut sind, und an
4. mit der Liquidation oder dem Insolvenzverfahren über das Vermögen eines Wertpapierdienstleistungsunternehmens im Sinne des § 2 Abs. 4 des Wertpapierhandelsgesetzes, eines Börsenträgers oder eines organisierten Marktes mit Sitz im Ausland oder dessen Betreiber befasste Stellen,

soweit die Kenntnis dieser Informationen für diese Stellen zur Erfüllung ihrer Aufgaben erforderlich ist. ⁴Für die bei diesen Stellen Beschäftigten gilt die Verschwiegenheitspflicht nach Satz 1 entsprechend.

(2) Für die Mitglieder der Börsenorgane sowie die beim Träger der Börse Beschäftigten oder unmittelbar oder mittelbar in seinem Auftrag handelnden Personen gilt § 10 Absatz 1 Satz 2 des Wertpapierhandelsgesetzes entsprechend.

(3) ¹Die §§ 93, 97, 105 Abs. 1, § 111 Abs. 5 in Verbindung mit § 105 Abs. 1 sowie § 116 Abs. 1 der Abgabenordnung gelten nicht für die in Absatz 1 Satz 1 oder 2 bezeichneten Personen, soweit sie zur Durchführung dieses Gesetzes tätig werden. ²Sie finden Anwendung, soweit die Finanzbehörden die Kenntnis für die Durchführung eines Verfahrens wegen einer Steuerstraftat sowie eines damit zusammenhängenden Besteuerungsverfahrens benötigen, an deren Verfolgung ein zwingendes öffentliches Interesse besteht und nicht Tatsachen betroffen sind, die den in Absatz 1 Satz 1 oder 2 bezeichneten Personen durch eine Stelle eines anderen Staates im Sinne des Absatzes 1 Satz 3 Nr. 2 oder durch von dieser Stelle beauftragte Personen mitgeteilt worden sind.

§ 10 bestimmt eine Verschwiegenheitspflicht für die bei der Börsenaufsichtsbehörde oder einer Behörde, der Aufgaben und Befugnisse der Börsenaufsichtsbehörde nach § 3 Abs. 7 übertragen worden sind, beschäftigten Personen nach § 3 Abs. 8 sowie bestimmten weiteren in Abs. 1 genannten Personen, aber nach herrschender Auffassung auch der Börse und der Börsenaufsichtsbehörde selbst.[1] Die Regelungen entsprechen § 8 WpHG und § 9 KWG für Mitarbeiter der Bundesanstalt für Finanzdienstleistungsaufsicht. Die ehemals in § 7 aF geregelte Vorschrift wurde in Abs. 1 auf die Weitergabe von Informationen (früher Tatsachen) erweitert und damit an die Erweiterung der Vorschriften des Insiderrechts angeglichen. Diese Verschwiegenheitspflicht dient unter anderem der Erhaltung des Vertrauens von Handelsteilnehmern, aber auch Anlegern und Emittenten in die Integrität der Aufsichtspraxis sowie in die Börse als Kapitalsammelstelle.[2] Die Vorschrift schützt insb. Geschäfts- und Betriebsgeheimnisse sowie die privaten Geheimnisse und personenbezogenen Daten der Teilnehmer an einer Börse einschließlich derer Kunden, von denen die der Verschwiegenheitspflicht unterworfenen Personen dienstlich Kenntnis erlangen. Klargestellt wurde nunmehr auch, dass die Vorschrift sich auch an diejenigen Personen wendet, die nicht aufgrund eines Arbeitsvertrages mit dem Börsenträger oder als Beschäftigte einer vom Börsenträger beauftragten juristischen Person für die Börse tätig sind.[3]

Abs. 1 S. 3 regelt die Fälle, in denen das Offenbaren oder Verwerten der erlangten Informationen zulässig ist. Nr. 2 wurde an den Wortlaut von § 8 Abs. 1 S. 3 Nr. 2 WpHG angeglichen und den Vorgaben von Art. 54 Abs. 4 der Finanzmarktrichtlinie entsprechend ergänzt. Nr. 3 stellt in Umsetzung von Art. 58 Abs. 5 der Finanzmarktrichtlinie klar, dass eine Übermittlung vertraulicher Informationen auch an Zentralbanken in ihrer Funktion als Währungsbehörden bzw an mit der Überwachung der Zahlungssysteme betraute Behörden erfolgen kann, wenn dies für deren Aufgabenerfüllung erforderlich ist. Nr. 4 setzt Art. 54 Abs. 2 der Finanzmarktrichtlinie um und gestattet die Übermittlung der bei der Börsenaufsichtsbehörde vorhandenen Informationen für Zwecke zivil- oder handelsrechtlicher Verfahren, wenn ein Insolvenzverfahren über das Vermögen eines Wertpapierdienstleistungsunternehmens, eines Börsenträgers, eines organisierten Marktes mit Sitz im Ausland oder dessen Betreibers eröffnet worden ist oder die Liquidation der betreffenden Personen abgewickelt werden muss, an die hierfür zuständigen Stellen. Durch Abs. 2 wird die in § 10 Abs. 1 S. 2

---

[1] Diese werden zwar nicht namentlich genannt, aber Sinn und Zweck der Regelung – Vertrauensschutz – wäre nicht erfüllt, wenn die jeweilige juristische Person Informationen weitergeben dürfte, während dies den jeweiligen Mitarbeitern untersagt wäre. S. auch *Beck* in: Schwark/Zimmer, Kapitalmarktrechts-Kommentar, § 10 BörsG Rn 7.

[2] Vgl *Beck* in: Schwark/Zimmer, Kapitalmarktrechts-Kommentar, § 10 BörsG Rn 2 f.

[3] Der Zusatz in Abs. 1 S. 1 „oder unmittelbar oder mittelbar in seinem Auftrag handelnden Personen" wurde im Zuge der Einführung des Gesetzes zur Umsetzung der Richtlinie 2010/73/EU und zur Änderung des Börsengesetzes hinzugefügt; vgl zur RegBegr., BT-Drucks. 17/8684, S. 23.

WpHG für Wertpapierdienstleistungsunternehmen geregelte Verschwiegenheitspflicht bezüglich des Vorliegens einer Anzeige und der Einleitung von Untersuchungen auf die Mitglieder der Börsenorgane sowie die beim Träger der Börse Beschäftigten oder unmittelbar oder mittelbar in seinem Auftrag handelnden Personen ausgedehnt. Dazu bestand ein praktisches Bedürfnis, da die Börsen regelmäßig Informationen über Sachverhalte nach § 14 und 20a WpHG erlangen.[4] Abs. 3 enthält schließlich ein besonderes Verwertungsverbot der erlangten Informationen, Kenntnisse und Unterlagen im Verhältnis zu den Finanzbehörden.[5]

§ 11 Untersagung der Preisfeststellung für ausländische Währungen

Das Bundesministerium der Finanzen kann im Einvernehmen mit dem Bundesministerium für Wirtschaft und Technologie und nach Anhörung der Deutschen Bundesbank Einzelweisungen an eine Börse erteilen, die Preisermittlung für ausländische Währungen vorübergehend zu untersagen, wenn eine erhebliche Marktstörung droht, die schwerwiegende Gefahren für die Gesamtwirtschaft oder das Publikum erwarten lässt.

1 Gemäß § 11 kann das Bundesministerium der Finanzen bei Vorliegen einer erheblichen Marktstörung Einzelanweisungen an eine Börse erteilen, die Preisermittlung für ausländische Währungen vorübergehend zu untersagen. Die praktische Relevanz dieser Regelung dürfte aufgrund der Einführung des Euro eher gering sein. Der Begriff „Markt" umfasst den gesamten (nicht nur börslichen) Devisenhandel.[1]

2 Eine erhebliche Marktstörung droht, wenn über das übliche Maß weit hinausgehende Devisenzuflüsse oder -abflüsse zu erwarten sind oder sich der Heimatwährungskurs (dh Euro) in einem solchen Maße zu verändern droht, dass eine normale Marktentwicklung nicht mehr vorliegt.[2] Für das Vorliegen einer schwerwiegenden Gefahr für die Gesamtwirtschaft genügt es nicht, dass nur einzelne Wirtschaftszweige betroffen sind, es sei denn diese haben einen solchen Einfluss auf die Gesamtwirtschaft, dass gleichsam als eine Art Kettenreaktion auch alle anderen Wirtschaftszweige negativ beeinflusst würden.

§ 12 Börsenrat

(1) ¹Jede Börse hat einen Börsenrat zu bilden, der aus höchstens 24 Personen besteht. ²Im Börsenrat müssen die zur Teilnahme am Börsenhandel zugelassenen Unternehmen und die Anleger vertreten sein. ³Bei einer Wertpapierbörse gelten als Unternehmen nach Satz 2 insbesondere die zur Teilnahme am Börsenhandel zugelassenen Kreditinstitute einschließlich der Wertpapierhandelsbanken, die zugelassenen Finanzdienstleistungsinstitute und sonstigen zugelassenen Unternehmen sowie die zur Teilnahme am Börsenhandel zugelassenen Kapitalverwaltungsgesellschaften. ⁴Handelt es sich bei der Börse zumindest auch um eine Wertpapierbörse, müssen im Börsenrat über die in Satz 2 genannten Unternehmen hinaus auch die Skontroführer, die Versicherungsunternehmen, deren emittierte Wertpapiere an der Börse zum Handel zugelassen sind, und andere Emittenten solcher Wertpapiere vertreten sein. ⁵Die Zahl der Vertreter der Kreditinstitute einschließlich der Wertpapierhandelsbanken sowie der mit den Kreditinstituten verbundenen Kapitalverwaltungsgesellschaften und sonstigen Unternehmen darf insgesamt nicht mehr als die Hälfte der Mitglieder des Börsenrates betragen. ⁶Die nach § 13 Absatz 4 zu erlassende Rechtsverordnung kann für einzelne Börsen Ausnahmen von den Bestimmungen der Sätze 2 bis 5 zulassen. ⁷Sie kann insbesondere vorsehen, dass sonstige betroffene Wirtschaftsgruppen im Börsenrat vertreten sind, und die Entsendung der Vertreter der nicht zum Börsenhandel zugelassenen Unternehmen regeln.

(2) ¹Dem Börsenrat obliegt insbesondere
1. der Erlass der Börsenordnung, der Bedingungen für Geschäfte an der Börse, der Gebührenordnung, der Zulassungsordnung für Börsenhändler und der Handelsordnung für den Freiverkehr, die jeweils als Satzung erlassen werden,
2. die Bestellung, Wiederbestellung und Abberufung der Geschäftsführer im Einvernehmen mit der Börsenaufsichtsbehörde,
3. die Überwachung der Geschäftsführung,

---

4 RegBegr., BT-Drucks. 17/11631, S. 15.
5 *Groß*, Kapitalmarktrecht, § 10 BörsG; Ebenroth/Boujong/Joost/Strohn/*Groß*, HGB, § 10 BörsG Rn IX137; *Beck* in: Schwark/Zimmer, Kapitalmarktrechts-Kommentar, § 10 BörsG Rn 13.

1 *Beck* in: Schwark/Zimmer, Kapitalmarktrechts-Kommentar, § 11 BörsG Rn 3.
2 *Beck* in: Schwark/Zimmer, Kapitalmarktrechts-Kommentar, § 11 BörsG Rn 4.

4. der Erlass einer Geschäftsordnung für die Geschäftsführung und
5. die Bestellung oder Wiederbestellung und Abberufung des Leiters der Handelsüberwachungsstelle auf Vorschlag der Geschäftsführung und im Einvernehmen mit der Börsenaufsichtsbehörde.

²Die Entscheidung über die Einführung von technischen Systemen, die dem Handel oder der Abwicklung von Börsengeschäften dienen, bedarf der Zustimmung des Börsenrates. ³Die Börsenordnung kann für andere Maßnahmen der Geschäftsführung von grundsätzlicher Bedeutung die Zustimmung des Börsenrates vorsehen. ⁴Bei Kooperations- und Fusionsabkommen des Börsenträgers, die den Börsenbetrieb betreffen, sowie bei der Auslagerung von Funktionen und Tätigkeiten auf ein anderes Unternehmen nach § 5 Abs. 3 ist dem Börsenrat zuvor Gelegenheit zur Stellungnahme zu geben.

(3) ¹Der Börsenrat gibt sich eine Geschäftsordnung. ²Er wählt aus seiner Mitte einen Vorsitzenden und mindestens einen Stellvertreter, der einer anderen Gruppe im Sinne des Absatzes 1 Satz 2 angehört als der Vorsitzende. ³Wahlen nach Satz 2 sind geheim; andere Abstimmungen sind auf Antrag eines Viertels der Mitglieder geheim durchzuführen.

(4) Setzt der Börsenrat zur Vorbereitung seiner Beschlüsse Ausschüsse ein, hat er bei der Zusammensetzung der Ausschüsse dafür zu sorgen, dass Angehörige der Gruppen im Sinne des Absatzes 1 Satz 2, deren Belange durch die Beschlüsse berührt werden können, angemessen vertreten sind.

(5) Mit der Genehmigung einer neuen Börse bestellt die Börsenaufsichtsbehörde einen vorläufigen Börsenrat höchstens für die Dauer eines Jahres.

(6) Der Börsenrat nimmt die ihm nach diesem Gesetz zugewiesenen Aufgaben und Befugnisse nur im öffentlichen Interesse wahr.

Die innere Organisationsstruktur der Börse orientiert sich am Modell des Aktiengesetzes und weist dem Börsenrat ähnlich einem Aufsichtsrat Kontroll- und darüber hinaus Rechtsetzungsbefugnisse zu. Der Börsenrat ist Organ der Börse und somit Organ der Anstalt öffentlichen Rechts. Er ist damit Behörde im verwaltungsrechtlichen Sinne.

Nach **Abs. 1 S. 1** hat jede Börse[1] einen Börsenrat zu bilden, in dem nach dem Willen des Gesetzgebers neben der historisch stets überproportional vertretenen Finanzwirtschaft die Privatanleger und institutionellen Anleger ebenfalls repräsentiert sein sollen.[2] Für Börsen, welche (auch) die Definition der Wertpapierbörse gem. § 2 Abs. 2 erfüllen, sind darüber hinaus auch Skontroführer, sowie Emittenten zwingend vertreten. Die Landesregierung kann nach § 12 Abs. 1 S. 6 (iVm § 13 Abs. 4) durch Rechtsverordnung Ausnahmen von Abs. 1 S. 2 bis 5 für einzelne Börsen (sowohl Wertpapier- als auch Warenbörsen) zulassen. Durch den neu[3] eingefügten Abs. 1 S. 7 wird dies (entsprechend der aufgehobenen Regelungen des § 14 Nr. 1 und Nr. 3) dahin gehend konkretisiert, dass aufgrund der Rechtsverordnung sonstige betroffene Wirtschaftsgruppen im Börsenrat vertreten sind und die Entsendung der Vertreter der nicht zum Börsenhandel zugelassenen Unternehmen geregelt werden kann.[4]

Darüber hinaus ist festgelegt, dass Kreditinstitute (einschließlich Wertpapierhandelsbanken – § 1 Abs. 3 d S. 3 KWG), verbundene Kapitalverwaltungsgesellschaften und verbundene sonstige Unternehmen maximal die Hälfte der Mitgliederzahl des Börsenrates ausmachen dürfen (Abs. 1 S. 5).

Abs. 2 S. 1 enthält eine (nicht abschließende: „insbesondere") Konkretisierung der Aufgaben des Börsenrates: Demnach fällt in den Aufgabenbereich des Börsenrates insbesondere der Erlass der Börsenordnung und der Gebührenordnung (Abs. 2 S. 1 Nr. 1), die Bestellung, Wiederbestellung und Abberufung der Geschäftsführer im Einvernehmen[5] mit der Börsenaufsichtsbehörde (Abs. 2 S. 1 Nr. 2), die Überwachung der Geschäftsführung (Abs. 2 S. 1 Nr. 3) und der Erlass einer Geschäftsordnung für die Geschäftsführung (Abs. 2

---

1 Nachdem in den bis zum 29.6.2012 geltenden §§ 12, 14 aF zwischen Wertpapierbörse und Warenbörse unterschieden wurde, hat der Gesetzgeber die entsprechenden Regelungen durch das Gesetz zur Umsetzung der Richtlinie 2010/73/EU und zur Änderung des Börsengesetzes (BGBl. I S. 1375) vereinheitlicht. Ziel war es, zu ermöglichen, dass eine Börse nach dem neuen § 2 Abs. 4 gleichzeitig die Definition der Wertpapierbörse nach § 2 Abs. 2 und die Definition der Warenbörse nach § 2 Abs. 3 erfüllen kann; vgl RegBegr., BT-Drucks. 17/8684, S. 23.
2 BT-Drucks. 12/6679, S. 62. Diese Zusammensetzung ist auch durch das Gesetz zur Umsetzung der Richtlinie 2010/73/EU und zur Änderung des Börsengesetzes (BGBl. I S. 1375) nicht grundlegend geändert worden; lediglich die Teilnahme der Anleger auch für Warenbörsen ist nunmehr (im Vergleich zu § 14 aF) zwingend vorgesehen; vgl RegBegr., BT-Drucks. 17/8684, S. 23.
3 Ebenfalls durch Gesetz zur Umsetzung der Richtlinie 2010/73/EU und zur Änderung des Börsengesetzes (BGBl. I S. 1375).
4 Vgl RegBegr. zum Gesetz zur Umsetzung der Richtlinie 2010/73/EU und zur Änderung des Börsengesetzes, BT-Drucks. 17/8684, S. 23.
5 Die ursprüngliche Fassung und auch der Diskussionsentwurf für das Vierte Finanzmarktförderungsgesetz ließen ein Benehmen ausreichen. Das Erfordernis des (strengeren) Einvernehmens, dh der Zustimmung, wurde auf Grund der Beschlussempfehlung des Finanzausschusses eingefügt; vgl BT-Drucks. 14/8601, S. 148 f.

S. 1 Nr. 4). Nr. 5 beinhaltet schließlich das Recht des Börsenrates, den Leiter der Handelsüberwachungsstelle zu bestellen, wieder zu bestellen und abzuberufen – jedoch nur im Einvernehmen mit der Börsenaufsichtsbehörde (vgl. § 7 Rn 3).
Nach **Abs. 2 S. 1 Nr. 1** wird die Börsenordnung vom Börsenrat als Satzung[6] erlassen. Der Erlass der Börsenordnung ist ein Akt der Rechtsetzung und keine Selbstverwaltungsmaßnahme.[7] Abs. 2 S. 1 Nr. 1 verleiht als förmliches Gesetz die Befugnis zu dieser Rechtsetzung. Wesen, Zweck und Aufgabenkreis der Börse selbst legen die inhaltlichen Grenzen der Satzungsautonomie fest. Daraus folgt, dass die Satzung nur die Angelegenheiten der Börse selbst und das Verhältnis zu ihren Anstaltsnutzern regeln kann.[8]
Abs. 2 S. 2 ordnet wegen der besonderen Bedeutung der Handels- oder Abwicklungssysteme für die Börsenmitglieder die Notwendigkeit der Zustimmung des Börsenrates zur Einführung dieser Systeme an. Entsprechend der aktienrechtlichen Regelung für den Aufsichtsrat, § 111 Abs. 4 S. 2 AktG, ist der Börsenrat darüber hinaus nach § 12 Abs. 2 S. 3 befugt, für Maßnahmen der Geschäftsführung von besonderer Bedeutung ein Zustimmungserfordernis des Börsenrates festzulegen. Bei Kooperations- und Fusionsabkommen des Börsenträgers, die den Börsenbetrieb betreffen, sowie bei der Auslagerung von Funktionen und Tätigkeiten auf ein anderes Unternehmen nach § 5 Abs. 3 ist dem Börsenrat zuvor Gelegenheit zur Stellungnahme zu geben. An diese ist jedoch der Börsenträger nicht gebunden.[9]

4 Im Rahmen ihrer hoheitlichen Tätigkeit – und soweit ihre Tätigkeit Außenwirkung entfaltet – sind die Mitglieder des Börsenrates Beamte im haftungsrechtlichen Sinn des § 839 BGB iVm Art 34 GG, da sie mit der Ausübung öffentlicher Gewalt betraut sind. Deshalb haftet das jeweilige Bundesland, in dem sich die Börse befindet, bei Vorliegen der Voraussetzungen grundsätzlich für Amtspflichtverletzungen durch die Mitglieder des Börsenrates.[10] Ein Amtshaftungsanspruch dürfte dennoch weitgehend ausgeschlossen sein, da gemäß Abs. 6 der Börsenrat seine Aufgaben nur im öffentlichen Interesse wahrnimmt. Die Tätigkeit dient damit den Belangen der Anleger in ihrer Gesamtheit und nicht dem Schutz einzelner Anleger.

§ 13 Wahl des Börsenrates

(1) Die Mitglieder des Börsenrates werden für die Dauer von bis zu drei Jahren von den in § 12 Absatz 1 Satz 2 bis 4 genannten Gruppen jeweils aus ihrer Mitte gewählt; die Vertreter der Anleger werden von den übrigen Mitgliedern des Börsenrates hinzugewählt.

(2) ¹Unternehmen, die mehr als einer der in § 12 Absatz 1 Satz 2 bis 4 genannten Gruppen angehören, dürfen nur in einer Gruppe wählen. ²Verbundene Unternehmen dürfen im Börsenrat nur mit einem Mitglied vertreten sein.

(3) Die Mitglieder des Börsenrates müssen zuverlässig sein und die erforderliche fachliche Eignung haben.

(4) ¹Das Nähere über die Amtszeit des Börsenrates, die Aufteilung in Gruppen, die Ausübung des Wahlrechts und die Wählbarkeit, die Durchführung der Wahl und die vorzeitige Beendigung der Mitgliedschaft im Börsenrat wird durch Rechtsverordnung der Landesregierung nach Anhörung des Börsenrates bestimmt. ²Die Landesregierung kann diese Ermächtigung durch Rechtsverordnung auf die Börsenaufsichtsbehörde übertragen. ³Die Rechtsverordnung muss sicherstellen, dass alle in § 12 Absatz 1 Satz 2 bis 4 genannten Gruppen angemessen vertreten sind. ⁴Sie kann zudem vorsehen, dass bei vorzeitigem Ausscheiden eines Mitglieds ein Nachfolger für die restliche Amtsdauer aus der Mitte der jeweiligen Gruppe durch die übrigen Mitglieder des Börsenrates hinzugewählt wird.

1 Gemäß **Abs. 1** wird der Börsenrat auf bis zu[1] drei Jahre gewählt. Wahlberechtigt sind die Mitglieder der in § 12 Abs. 1 S. 2–4 genannten Gruppen. Die Vertreter der Anleger werden von den übrigen Mitgliedern des Börsenrates hinzugewählt.

2 Hinsichtlich der Zusammensetzung der höchstens 24 Mitglieder ist durch das Börsengesetz lediglich (i) die maximale Vertretung der Kreditinstitute (vgl. § 12 Abs. 1 S. 5), (ii) die Beschränkung von Unternehmen auf

---

6 Die Börsenordnung kann als im Range unter dem Landesgesetz stehende Rechtsvorschrift im Wege des Normenkontrollverfahrens nach § 47 VwGO überprüft werden. Antragsbefugt sind diejenigen natürlichen oder juristischen Personen, die Tatsachen vortragen, nach denen eine Verletzung ihrer subjektiv-öffentlichen Rechte denkbar erscheint. Antragsgegner ist die Börse, von der die Börsenordnung erlassen wurde.
7 *Schwark* in: Schwark/Zimmer, Kapitalmarktrechts-Kommentar, § 16 BörsG Rn 13; *Groß*, Kapitalmarktrecht, § 16 BörsG, Rn 1; *Kümpel*, WM 1988, 1621, 1623; *Kümpel/Wittig.*, Bank- und Kapitalmarktrecht, Rn 14.184.
8 *Groß*, Kapitalmarktrecht, § 16 BörsG Rn 1.
9 *Schwark* in: Schwark/Zimmer, Kapitalmarktrechts-Kommentar, § 12 BörsG Rn 18.
10 *Schwark* in: Schwark/Zimmer, Kapitalmarktrechts-Kommentar, § 12 BörsG Rn 3.
1 Vgl die Empfehlung des Finanzausschusses vom 27.3.2007, BT-Drucks. 16/4883, S. 3.

eine Gruppe (**Abs. 2**) sowie die Zuverlässigkeit[2] und fachliche Eignung[3] der Mitglieder des Börsengesetz (**Abs. 3**) zwingend vorgeschrieben. Darüber hinaus sieht **Abs. 4** vor, dass die Aufteilung in Gruppen, die Ausübung des Wahlrechts und die Wählbarkeit, die Durchführung der Wahl und die vorzeitige Beendigung der Mitgliedschaft im Börsenrat durch Rechtsverordnung der Landesregierung nach Anhörung des Börsenrates bestimmt wird. Die Grenze ist hierbei durch Abs. 4 S. 3 gesetzt, wonach jede in § 12 Abs. 1 genannte Gruppe angemessen vertreten sein muss.

§ 14 [aufgehoben]

§ 14 wurde im Zuge der Einführung des Gesetzes zur Umsetzung der Richtlinie 2010/73/EU und zur Änderung des Börsengesetzes[1]aufgehoben, da die Zusammensetzung des Börsenrates für Wertpapier- und Warenbörsen nun einheitlich in § 12 geregelt ist.[2]

§ 15 Leitung der Börse

(1) ¹Die Leitung der Börse obliegt der Geschäftsführung in eigener Verantwortung. ²Sie kann aus einer oder mehreren Personen bestehen. ³Die Geschäftsführer müssen zuverlässig sein und die für die Leitung der Börse erforderliche fachliche Eignung besitzen. ⁴Sie werden für höchstens fünf Jahre bestellt; die wiederholte Bestellung ist zulässig. ⁵Die Bestellung eines Geschäftsführers ist unverzüglich der Börsenaufsichtsbehörde anzuzeigen. ⁶Die Anzeige muss die in § 4 Abs. 2 Satz 2 Nr. 2 genannten Angaben enthalten. ⁷§ 4 Abs. 2 Satz 3 und 4 gilt entsprechend.

(2) Die Börsenaufsichtsbehörde hat ihr Einvernehmen zu der Bestellung der Geschäftsführer zu verweigern, wenn aus objektiven und nachweisbaren Gründen Zweifel an der Zuverlässigkeit oder fachlichen Eignung der Geschäftsführer bestehen oder die ordnungsgemäße Leitung der Börse gefährdet erscheint.

(3) ¹Die Geschäftsführer vertreten die Börse gerichtlich und außergerichtlich, soweit nicht der Träger der Börse zuständig ist. ²Das Nähere über die Vertretungsbefugnis der Geschäftsführer regelt die Börsenordnung.

(4) ¹Die Aufrechterhaltung der Ordnung in den Börsenräumen obliegt der Geschäftsführung. ²Sie ist befugt, Personen, welche die Ordnung oder den Geschäftsverkehr an der Börse stören, aus den Börsenräumen zu entfernen. ³Sie kann auch Personen, welche sich an der Börse zu Zwecken einfinden, welche mit der Ordnung oder dem Geschäftsverkehr an derselben unvereinbar sind, den Zutritt untersagen.

(5) ¹Die Geschäftsführung überwacht die Einhaltung der Pflichten der Handelsteilnehmer und der für sie tätigen Personen. ²Sie trifft geeignete Vorkehrungen, die eine wirksame und dauerhafte Überwachung der Pflichten nach Satz 1 gewährleisten. ³Die Aufgaben der Handelsüberwachungsstelle nach § 7 bleiben unberührt.

(5 a) ¹Die Geschäftsführung ist zuständige Behörde im Sinne des Artikels 23 Absatz 1 der Verordnung (EU) Nr. 236/2012 des Europäischen Parlaments und des Rates vom 14. März 2012 über Leerverkäufe und bestimmte Aspekte von Credit Default Swaps (ABl. L 86 vom 24.3.2012, S. 1), sofern Finanzinstrumente betroffen sind, die an einem regulierten Markt oder im Freiverkehr dieser Börse gehandelt werden. ²§ 10 Absatz 1 Satz 3 und 4 ist insoweit nicht anwendbar.

(6) Die Geschäftsführung nimmt die ihr nach diesem Gesetz zugewiesenen Aufgaben und Befugnisse nur im öffentlichen Interesse wahr.

Entsprechend dem Organisationsmodell der Aktiengesellschaft sind zur Verbesserung der Leistungsfähigkeit der Börsenleitung Managementaufgaben vom früheren ehrenamtlichen Börsenvorstand auf eine professionelle Börsengeschäftsführung übertragen worden.[1] Gemäß **Abs. 1 S. 1** ist die Börsengeschäftsführung das Leitungsorgan der Börse, vergleichbar mit dem aktienrechtlichen Vorstand, und als solches zur eigenverant-

---

2 Siehe § 19 Abs. 4 Nr. 1.
3 Während § 19 die berufliche Eignung der Handelsteilnehmer vorsieht (siehe § 19 Abs. 4 Nr. 1), ist in § 13 die fachliche Eignung vorgeschrieben, weil dem Börsenrat auch Mitglieder angehören, die nicht am Börsenhandel teilnehmen (Emittenten, Anlegervertreter); vgl (auch zu Beispielen fachlicher Eignung)

Schwark in: Schwark/Zimmer, Kapitalmarktrechts-Kommentar, § 13 BörsG Rn 4.

1 BGBl. I S. 1375.
2 Vgl RegBegr., BT-Drucks. 17/8684, S. 23.

1 RegBegr. zum Zweiten Finanzmarktförderungsgesetz, BT-Drucks. 12/6679, S. 64.

wortlichen Leitung der Börse und zur Wahrnehmung der den Börsen übertragenen öffentlichen Verwaltung befugt und verpflichtet. Ihr gegenüber steht der Börsenrat, ähnlich dem aktienrechtlichen Aufsichtsrat. Die Börsengeschäftsführung ist Organ der Börse und somit als Träger öffentlicher Gewalt Behörde im verwaltungsrechtlichen Sinne. Sie kann demnach Verwaltungsakte (§ 35 VwVfG) erlassen, soweit ihr hierzu ausdrücklich im Börsengesetz oder in der Börsenordnung die Befugnis eingeräumt worden ist.[2] Gegen Verwaltungsakte ist der Verwaltungsrechtsweg gemäß § 40 Abs. 1 VwGO eröffnet. Die Börse als solche ist nach § 2 Abs. 5 Prozesspartei, sie wird gemäß § 15 Abs. 3 durch den Börsenvorstand vertreten.

2 Die Börsengeschäftsführung leitet die Börse (Abs. 1 S. 1) dh sie ist für alle mit dem täglichen Betrieb der Börse zusammenhängenden Maßnahmen zuständig (vgl zB auch den Aufgabenkatalog in § 8 BörsenO der FWB). Aufgrund des Selbstverwaltungsrechts der Börse und der Kompetenz der Geschäftsführung, die Börse eigenverantwortlich zu leiten, steht der Geschäftsführung ein weiter Spielraum im Rahmen der von ihr zu bestimmenden Geschäftspolitik zu. Die umfassende Geschäftsführungskompetenz nach Abs. 1 S. 1 bedeutet eine Zuständigkeit der Geschäftsführung für alle Aufgaben, die nicht ausdrücklich einer anderen Stelle zugewiesen sind. Zu den gemäß Börsengesetz ausdrücklich der Geschäftsführung zugewiesenen Maßnahmen gehören insbesondere:

a) Zulassung zum Besuch der Börse, zur Teilnahme am Börsenhandel sowie für Personen, die berechtigt sein sollen, für ein zur Teilnahme am Börsenhandel zugelassenes Unternehmen an der Börse zu handeln, § 19 Abs. 1; sowie Anordnung des Ruhens der Zulassung von Unternehmen (§ 19 Abs. 8);
b) Zulassung von Wirtschaftsgütern und Rechten, die an der Börse gehandelt werden sollen und nicht zum Handel im regulierten Markt zugelassen oder in den regulierten Markt oder in den Freiverkehr einbezogen sind (§ 23 Abs. 1);
c) Aussetzung und Einstellung des Handels von Wirtschaftsgütern und Rechten (§ 25 Abs. 1);
d) Zulassung von Personen als Skontroführer, sowie Widerruf der Zulassung (§ 27);
e) Zulassung von Wertpapieren zum Handel im regulierten Markt, (§ 32); und
f) Entscheidung über die Aufnahme der Notierung zugelassener Wertpapiere im regulierten Markt (§ 38 Abs. 1) sowie Entscheidung über deren Widerruf, (§ 39).

3 Abs. 1 S. 3 setzt Art. 37 Abs. 1 der Finanzmarktrichtlinie in Bezug auf die Börsengeschäftsführung um und stellt an die Geschäftsführer die hierin genannten Anforderungen der Zuverlässigkeit[3] und der fachlichen Eignung. Ähnlich wie bei der Bestellung der Mitglieder des Börsenrates ist hier nicht die „berufliche" Eignung vorausgesetzt, dh eine Berufsausbildung bzw ein Fachstudium ist nicht erforderlich.[4] Bei der Prüfung der fachlichen Eignung ist jedoch auf die theoretischen und praktischen Kenntnisse im Hinblick auf die an der betreffenden Börse abgeschlossenen oder vermittelten Geschäfte abzustellen. Hierzu zählen insbesondere nachweisbare Kenntnisse des Börsenhandels, der Abwicklung von Börsengeschäften sowie der rechtlichen Rahmenbedingungen.[5]

4 Während die Mitglieder der Börsengeschäftsführung gemäß § 12 Abs. 2 S. 1 Nr. 2 durch den Börsenrat im Einvernehmen mit der Börsenaufsichtsbehörde bestellt, wiederbestellt und abberufen werden,[6] bestimmt **Abs. 1 S. 4** (in Anlehnung an § 84 Abs. 1 S. 1 und 2 AktG) Dauer und Wiederholbarkeit der Bestellung der Mitglieder der Börsengeschäftsführung. Im Übrigen bestehen keine ausdrücklichen Vorschriften dahin gehend, ob ein Leiter der Börsengeschäftsführung zugleich Vorstand des Börsenträgers sein darf. Diese gängige Praxis wird teilweise in der Literatur aufgrund möglicher Interessenkonflikte kritisiert.[7]

Abs. 2 stellt jedoch[8] klar, dass die Börsenaufsichtsbehörde ihr Einvernehmen hinsichtlich der für die Geschäftsführung der Börse vorgeschlagenen Personen zu verweigern hat, wenn sie durch objektive und nachweisbare Tatsachen begründete Zweifel an der Zuverlässigkeit oder der fachlichen Eignung der Geschäftsführung hat oder aufgrund dieser Tatsachen eine ordnungsgemäße Börsengeschäftsführung gefährdet zu sein scheint. Soweit demzufolge die oben genannten Interessenkonflikte überhaupt greifen,[9] und dies zur Gefährdung der ordnungsgemäßen Börsengeschäftsführung führt, hat die Börsenaufsichtsbehörde gemäß Abs. 2 die Möglichkeit, ihr Einvernehmen zu verweigern, so dass eine gewisse Kontrollfunktion ohnehin besteht.[10]

---

2 RegBegr. zum Zweiten Finanzmarktförderungsgesetz, BT-Drucks. 12/6679, S. 64.
3 Vgl zur Zuverlässigkeit § 19 Rn 2.
4 Vgl § 19 Rn 2 sowie *Schwark* in: Schwark/Zimmer, Kapitalmarktrechts-Kommentar, § 15 BörsG Rn 2.
5 *Schwark* in: Schwark/Zimmer, Kapitalmarktrechts-Kommentar, § 15 BörsG Rn 2.
6 Vgl § 12 Fn 3.
7 Vgl zB *Schwark*, WM 2000, 2517; *Hammen*, AG 2001, 549, 556; *Kümpel/Hammen*, WM 2000, Sonderbeilage 3, S. 10; aA *Schwark* in: Schwark/Zimmer, Kapitalmarktrechts-Kommentar, § 15 BörsG Rn 3; *Groß*, Kapitalmarktrecht, § 15 BörsG Rn 3.
8 Entsprechend der Vorgabe von Art. 37 Abs. 2 der Richtlinie 2004/39/EG („Finanzmarktrichtlinie").
9 Vgl *Groß*, Kapitalmarktrecht, § 15 BörsG Rn 3.
10 So auch *Schwark* in: Schwark/Zimmer, Kapitalmarktrechts-Kommentar, § 15 BörsG Rn 3.

Die Geschäftsführer vertreten die Börse gemäß **Abs. 3** gerichtlich und außergerichtlich, soweit nicht der Träger der Börse zuständig ist. Die Börsengeschäftsführung ist demzufolge gesetzlicher Vertreter der selbst nicht rechtsfähigen Börse, die jedoch gemäß § 2 Abs. 5 im verwaltungsgerichtlichen Verfahren selbst klagen oder verklagt werden kann. Die Einschränkung in § 15 Abs. 3 S. 1 dahin gehend, dass die Börsengeschäftsführung die Börse nur dann vertritt, soweit nicht der Börsenträger zuständig ist, erfasst die Fälle, in denen die Geschäftsführung außerhalb ihrer öffentlich-rechtlichen Aufgaben und Befugnisse und damit rein privatwirtschaftlich handelt.[11]

Gemäß **Abs. 4** ist die Börsengeschäftsführung befugt, Anordnungen zur Aufrechterhaltung der Ordnung[12] und des Geschäftsverkehrs[13] an der Börse zu erlassen. Abs. 4 regelt das aus der Anstaltsgewalt resultierende öffentlich-rechtliche Hausrecht,[14] aufgrund dessen die Börsengeschäftsführung gegenüber Störern des Anstaltszweck und die störungsfreie Nutzung der Börseneinrichtungen durchsetzen und damit die Aufrechterhaltung der Ordnung innerhalb der Börsenräume sicherstellen kann.[15] Dieses öffentlich-rechtliche Hausrecht überlagert das privatrechtliche Hausrecht des Eigentümers der Börse und geht diesem vor.[16]

Soweit die Unterscheidung, ob die Maßnahme auf das öffentlich-rechtliche oder das privatrechtliche Hausrecht gestützt wird, nicht bereits durch die äußere Form, die veranlassende Stelle oder den nach außen tretenden Willen erfolgen kann, stellt die Rechtsprechung[17] auf den Zweck des Besuchs des Gebäudes ab.[18]

Abs. 4 gilt (analog) auch bei nicht platzgebundenen, dh elektronischen, Börsen, so dass die Börsengeschäftsführung die Befugnis hat, Störern auch den Zugang (lt. Abs. 4 wörtlich „Zutritt") zu den elektronischen Handelssystemen zu untersagen, wenn diese zB entsprechende Systeme manipulieren.[19]

Maßnahmen der Börsengeschäftsführung nach Abs. 4 sind Verwaltungsakte, die gegebenenfalls mit Verwaltungszwang durchgesetzt werden können[20] und gegen die der Verwaltungsrechtsweg eröffnet ist. Eine gerichtliche Überprüfung der Maßnahmen, die aufgrund des privaten Hausrechts durchgeführt wurden, erfolgt durch die Zivilgerichte.

Abs. 5 normiert die grundsätzliche Überwachungsfunktion der Geschäftsführer gegenüber nach § 19 zugelassenen Handelsteilnehmern sowie den für sie tätigen Personen. Diese Überwachung bezieht sich vor allem auf die Einhaltung von Gesetzen, Verordnungen und sonstigen Regelungen, welche die Börse betreffen.[21] Abs. 5 S. 3 stellt klar, dass die Überwachung durch die Börsengeschäftsführung neben die Pflichten der Handelsüberwachungsstelle tritt.

Der aufgrund des EU-Leerverkaufs-Ausführungsgesetzes[22] neu eingeführte Abs. 5a bestimmt die Börsengeschäftsführung als zuständige Behörde zur Prüfung möglicher Leerverkaufsverboten oder Beschränkungen bei signifikanten Kursabfällen von Finanzinstrumenten, soweit diese an einem regulierten Markt oder im Freiverkehr dieser Börse gehandelt werden. Grundsätzlich ist gemäß § 30h Abs. 1 WpHG die Bundesanstalt für Finanzdienstleistungsaufsicht für entsprechende Maßnahmen zuständig. Der Gesetzgeber hat jedoch entschieden, dass die Börsengeschäftsführung aufgrund der größeren Sachnähe und der Möglichkeit zu schnellem Einschreiten besser für diese Aufgabe geeignet ist.[23] Er hat ebenfalls in seiner Regierungsbegründung klargestellt, dass die Handelsüberwachungsstelle nach § 7 Abs. 4 und 5 eingebunden werden kann.[24] Die ausdrückliche Ausnahme der Anwendbarkeit der Regelungen zur Verschwiegenheitspflicht (§ 10 Abs. 1 S. 3 und 4) beruht auf Artikel 34 der Leerverkaufs-Verordnung, welcher insoweit abschließende Vorgaben macht.

Abs. 6 stellt klar, dass auch die Börsengeschäftsführung die ihr nach diesem Gesetz zugewiesenen Aufgaben und Befugnisse nur im öffentlichen Interesse wahrnimmt. Ebenso wie die anderen Börsenorgane und die

---

11 *Groß*, Kapitalmarktrecht, § 15 BörsG Rn 6.
12 Vgl § 3 Fn 30.
13 Vgl § 3 Fn 31.
14 *Schwark* in: Schwark/Zimmer, Kapitalmarktrechts-Kommentar, § 15 BörsG Rn 10; *Groß*, Kapitalmarktrecht, § 15 BörsG Rn 8.
15 *Groß*, Kapitalmarktrecht, § 15 BörsG Rn 8.
16 *Groß*, Kapitalmarktrecht, § 15 BörsG Rn 9.
17 BGHZ 33, 230; BGH NJW 1967, 1911; BVerwGE 35, 103, 106 f; *Schwark* in: Schwark/Zimmer, Kapitalmarktrechts-Kommentar, § 15 BörsG Rn 10; Palandt/*Bassenge*, § 1004 BGB Rn 50.
18 Die Literatur unterscheidet hingegen überwiegend nach dem Zweck des Hausverbots, s. zB *Knemeyer*, DÖV 1970, 596 ff; *Maurer*, Allgemeines Verwaltungsrecht, § 3 Rn 34; aA *Ipsen/Koch*, JuS 1992, 809, 815; vgl auch *Groß*, Kapitalmarktrecht, § 15 BörsG Rn 9, der im Regelfall von einem öffentlich-rechtlichen Hausverbot ausgeht.

19 *Groß*, Kapitalmarktrecht, § 15 BörsG Rn 8; *Schwark* in: Schwark/Zimmer, Kapitalmarktrechts-Kommentar, § 15 BörsG Rn 10; zu einem „virtuellen Hausrecht" vgl LG Bonn NJW 2000, 961; OLG Köln v. 25.8.2000 – 19 U 2/00.
20 *Kümpel*, WM 1985, Sonderbeilage 5, S. 5. Hierbei kommt auch die Inanspruchnahme polizeilicher Vollzugshilfe in Betracht.
21 *Schwark* in: Schwark/Zimmer, Kapitalmarktrechts-Kommentar, § 15 BörsG Rn 6.
22 Gesetz zur Ausführung der Verordnung (EU) Nr. 236/2012 des Europäischen Parlaments und des Rates vom 14. März 2012 über Leerverkäufe und bestimmte Aspekte von Credit Default Swaps (BGBl. I 2012, S. 2286).
23 Vgl RegBegr. zum EU-Leerverkaufs-Ausführungsgesetz, BT-Drucks. 17/9665 S. 9.
24 Vgl RegBegr. zum EU-Leerverkaufs-Ausführungsgesetz, BT-Drucks. 17/9665 S. 9.

Börsenaufsichtsbehörde wird die Geschäftsführung im Interesse der Sicherung der Funktionsfähigkeit der Börse und nicht zum Schutz individueller Anlegerinteressen tätig.

§ 16 Börsenordnung

(1) ¹Die Börsenordnung soll sicherstellen, dass die Börse die ihr obliegenden Aufgaben erfüllen kann und dabei den Interessen des Publikums und des Handels gerecht wird. ²Sie muss Bestimmungen enthalten über

1. den Geschäftszweig der Börse;
2. die Organisation der Börse;
3. die Handelsarten;
4. die Veröffentlichung der Preise und Kurse sowie der ihnen zugrunde liegenden Umsätze;
5. eine Entgeltordnung für die Tätigkeit der Skontroführer.

(2) Bei Wertpapierbörsen muss die Börsenordnung zusätzlich Bestimmungen enthalten über

1. die Bedeutung der Kurszusätze und -hinweise,
2. die Sicherstellung der Börsengeschäftsabwicklung und die zur Verfügung stehenden Abwicklungssysteme nach Maßgabe des § 21 und
3. die Kennzeichnung der durch algorithmischen Handel im Sinne des § 33 Absatz 1 a Satz 1 des Wertpapierhandelsgesetzes erzeugten Aufträge durch die Handelsteilnehmer und die Kenntlichmachung der hierfür jeweils verwendeten Handelsalgorithmen.

(3) ¹Die Börsenordnung bedarf der Genehmigung durch die Börsenaufsichtsbehörde. ²Diese kann die Aufnahme bestimmter Vorschriften in die Börsenordnung verlangen, wenn und soweit sie zur Erfüllung der der Börse oder der Börsenaufsichtsbehörde obliegenden gesetzlichen Aufgaben notwendig sind.

1 **Abs. 1:** Der Inhalt der Börsenordnung soll sicherstellen, dass die Börse die ihr obliegenden Aufgaben erfüllen kann und dabei den Interessen des Publikums und des Handels gerecht wird. Die Börsenordnung muss gemäß Abs. 1 S. 2 insbesondere Bestimmungen enthalten über den Geschäftszweig, dh über die an der jeweiligen Börse gehandelten Produkte (siehe zB dazu § 2 Abs. 1 BörsenO FWB) sowie die Organisation der Börse, dh vor allem die konkreten Aufgaben und Befugnisse der Börsenorgane (siehe zB §§ 4–11 BörsenO FWB).

2 Nach **Abs. 1 S. 2 Nr. 3** muss die Börsenordnung auch Bestimmungen über die Handelsarten enthalten. Die Bestimmung der Handelsarten fällt somit in das Selbstverwaltungsrecht der Börsen. Diese haben dadurch die Möglichkeit, flexibel auf die unterschiedlichen Markterfordernisse einzugehen. Danach ist zu bestimmen, ob in einem Marktsegment beispielsweise der Handel im Auktionsverfahren mit Intermediären oder auf der Grundlage eines automatischen Systems mit fortlaufendem Orderausgleich stattfindet. Es können in einem Marktsegment auch unterschiedliche Handelsarten zum Einsatz kommen.[1]

3 Die in **Abs. 1 S. 2 Nr. 4** enthaltene Verpflichtung, dass die Börsenordnung Bestimmungen über die Veröffentlichung der Preise und Kurse sowie der ihnen zugrunde liegenden Umsätze und die Berechtigung der Geschäftsführung, diese zu veröffentlichen, vorsehen muss, dient der Erhöhung der Transparenz der Börse.[2] Demgemäß enthalten zB die in §§ 111 bis 114 BörsenO FWB geregelten Transparenzvorschriften die Verpflichtung, dass alle Handelsteilnehmer der Geschäftsführung die Erfassung und Anzeige der Umsätze durch dritte Stellen zu gestatten haben, damit die Börsenpreise sowie das Volumen und der Zeitpunkt des Abschlusses der Börsengeschäfte unverzüglich in Echtzeit, jedoch nicht später als drei Minuten veröffentlicht werden können.

4 **Abs. 1 S. 2 Nr. 5**, eingefügt durch das Vierte Finanzmarktförderungsgesetz,[3] enthält die Verpflichtung, dass die Börsenordnung eine Bestimmung über die Entgeltordnung für die Tätigkeit des Skontroführers enthalten muss. Um Spielraum für einzelvertragliche Regelungen zu lassen, wird in der Stellungnahme des Bundesrates zum Gesetzesentwurf des Vierten Finanzmarktförderungsgesetzes klargestellt, dass sich die Entgeltordnung mit einem Tarifrahmen begnügen kann.[4]

---

[1] Vgl auch *Groß*, Kapitalmarktrecht, § 16 BörsG Rn 3.
[2] RegBegr. zum Zweiten Finanzmarktförderungsgesetz, BT-Drucks. 12/6679, S. 33, S. 64; *Groß*, Kapitalmarktrecht, § 16 BörsG Rn 3.
[3] Gesetz zur weiteren Fortentwicklung des Finanzplatzes Deutschland vom 21. Juni 2002 (BGBl. I S. 2010).
[4] Stellungnahme des Bundesrates zum Regierungsentwurf eines Gesetzes zur weiteren Fortentwicklung des Finanzplatzes Deutschland (Viertes Finanzmarktförderungsgesetz), BT-Drucks. 14/8017, S. 146, 150.

Die Börsenordnung hat gemäß **Abs. 2 Nr. 1** bei Wertpapierbörsen Bestimmungen über die Bedeutung der Kurszusätze und -hinweise zu enthalten, was jedoch an der Börse Frankfurt seit der Umstellung auf Xetra und der kompletten Einstellung des Präsenzhandels nicht mehr relevant ist.[5]

Gemäß **Abs. 2 Nr. 2** muss die Börsenordnung bei Wertpapierbörsen weitere Bestimmungen über die Sicherstellung der Börsenabwicklung und die zur Verfügung stehenden Abwicklungssysteme nach Maßgabe des § 21 enthalten. Damit wurde die aus Art. 42 Abs. 2 lit. e der Finanzmarktrichtlinie entstammende Vorgabe umgesetzt, wonach ein geregelter Markt Regeln und Verfahren für die Abwicklung und Abrechnung der Geschäfte an der Börse festzulegen hat.[6]

Gemäß **Abs. 2 Nr. 3** muss die Börsenordnung Bestimmungen über die Kennzeichnung der durch algorithmischen Handel im Sinne des § 33 Abs. 1a S. 1 des WpHG erzeugten Aufträge durch die Handelsteilnehmer und die Kenntlichmachung der hierfür jeweils verwendeten Handelsalgorithmen enthalten, sodass jedes Handelsereignis (Auftrag) einem Auftraggeber zugeordnet werden kann. Dies ist aus aufsichtsrechtlicher Sicht erforderlich, um potenzielle Missstände beim algorithmischen Handel sowie Verstöße gegen aufsichtsrechtliche Normen überwachen und zeitnah unterbinden zu können.[7]

Die Börsenordnung bedarf gem. **Abs. 3 S. 1** steht unter dem Genehmigungsvorbehalt der Börsenaufsichtsbehörde. Diese Genehmigung ist zwar Wirksamkeitsvoraussetzung. Dennoch bleibt die Satzung eine autonome Rechtsvorschrift.[8] Gegen die Verweigerung der Genehmigung kann die Börse im Wege der Verpflichtungsklage vorgehen.[9]

Durch **Abs. 3 S. 2** wird der Börsenaufsichtsbehörde die Möglichkeit eingeräumt, die Aufnahme von Vorschriften in die Börsenordnung zu verlangen, wenn und soweit sie zur Erfüllung der der Börse oder der Börsenaufsichtsbehörde obliegenden gesetzlichen Aufgaben notwendig sind. Der Gesetzgeber wollte mit der Einräumung dieses Initiativrechts sicherstellen, dass die Börsenaufsicht effektiv gegen Missbräuche, etwa die gezielte Beeinflussung eines Börsenindizes, vorgehen kann..[10]

§ 17 Gebühren und Entgelte

(1) Die Gebührenordnung kann die Erhebung von Gebühren und die Erstattung von Auslagen vorsehen für

1. die Zulassung zur Teilnahme am Börsenhandel und für die Teilnahme am Börsenhandel,
2. die Zulassung zum Besuch der Börse ohne das Recht zur Teilnahme am Handel,
3. die Zulassung von Finanzinstrumenten, anderen Wirtschaftsgütern und Rechten zum Börsenhandel, die Einbeziehung von Wertpapieren zum Börsenhandel im regulierten Markt sowie den Widerruf der Zulassung und der Einbeziehung,
4. die Einführung von Wertpapieren an der Börse,
5. die Notierung von Wertpapieren, deren Laufzeit nicht bestimmt ist,
6. die Prüfung der Druckausstattung von Wertpapieren,
7. die Ablegung der Börsenhändlerprüfung.

(2) ¹Die Gebührenordnung bedarf der Genehmigung durch die Börsenaufsichtsbehörde. ²Die Genehmigung gilt als erteilt, wenn die Gebührenordnung nicht innerhalb von sechs Wochen nach Zugang bei der Börsenaufsichtsbehörde von dieser gegenüber der Börse beanstandet wird.

(3) Unbeschadet der nach Absatz 1 erhobenen Gebühren kann der Börsenträger für Dienstleistungen, welche er im Rahmen des Börsenbetriebs für Handelsteilnehmer oder Dritte erbringt, separate Entgelte verlangen.

(4) ¹Unbeschadet des § 26a hat die Börse für die übermäßige Nutzung der Börsensysteme, insbesondere durch unverhältnismäßig viele Auftragseingaben, -änderungen und -löschungen, separate Gebühren zu erheben, sofern nicht der Börsenträger hierfür bereits separate Entgelte verlangt. ²Die Höhe dieser Gebühren oder Entgelte ist so zu bemessen, dass einer übermäßigen Nutzung im Sinne des Satzes 1 und der damit verbundenen negativen Auswirkungen auf die Systemstabilität oder die Marktintegrität wirksam begegnet wird.

---

5 *Baumbach/Hopt*, HGB, § 16 BörsG Rn 3.
6 Richtlinie 2004/39/EG des Europäischen Parlaments und des Rates vom 21. April 2004, ABl. EU Nr. L 145, S. 30; *Baumbach/Hopt*, HGB, § 16 BörsG Rn 1; *Schwark* in: Schwark/Zimmer, Kapitalmarktrechts-Kommentar, § 16 BörsG Rn 16.
7 RegBegr., BT-Drucks. 17/11631, S. 16.
8 *Groß*, Kapitalmarktrecht, § 16 BörsG Rn 7.
9 *Schwark* in: Schwark/Zimmer, Kapitalmarktrechts-Kommentar, § 16 BörsG, Rn 18.
10 RegBegr. zum Zweiten Finanzmarktförderungsgesetz, BT-Drucks. 12/6679, S. 33, 64; *Groß*, Kapitalmarktrecht, § 16 BörsG Rn 6.

1 § 17 stellt die gesetzliche Ermächtigungsgrundlage für den Erlass der Gebührenordnung durch den Börsenrat (§ 12 Abs. 2 S. 1 Nr. 1) dar. Die Gebührenordnung ist ebenso wie die Börsenordnung Satzung und bedarf nach **Abs. 2 S. 1** der Genehmigung der Börsenaufsichtsbehörde.

2 Der Katalog der in Abs. 1 aufgezählten Gebührentatbestände ist in Bezug auf die öffentlich-rechtlichen Entgelte abschließend.[1] In der Gebührenordnung können Gebühren und Auslagen erhoben werden. Gebühren sind dabei die Geldleistungen, die für die Nutzung der öffentlich-rechtlichen Einrichtung der Börse erhoben werden.[2] Dagegen sind unter Auslagen die Aufwendungen zu verstehen, welche die Börse bei der Durchführung der Verwaltungsleistung gegenüber Dritten im Interesse des Gebührenpflichtigen erbracht hat.[3] Bei der Erhebung sind die allgemeinen verwaltungsrechtlichen Prinzipien zu beachten, namentlich das Äquivalenzprinzip (die Notwendigkeit eines angemessenen Verhältnisses zwischen der Gebühr und dem Wert der Leistung für den Empfänger) und das Kostendeckungsprinzip (der Verwaltungsaufwand darf nicht wesentlich geringer sein als die Gesamtheit der Gebühr für die besondere Leistung).[4]

3 Zu den einzelnen **Gebührentatbeständen**: Die Gebühren für die Zulassung zur Teilnahme sowie an der Teilnahme[5] am Börsenhandel gemäß **Abs. 1 Nr. 1** betreffen die an der Börse handelnden Unternehmen und Personen. Sofern diese Personen eine Börsenhändlerprüfung ablegen müssen, schafft **Abs. 1 Nr. 7** die Ermächtigungsgrundlage, Prüfungsgebühren festzusetzen. **Abs. 1 Nr. 2** erfasst dagegen vor allem Besucher der Börse, somit Personen, die nicht an der Börse handeln wollen und sollen.

4 **Abs. 1 Nr. 3** regelt die Gebührenerhebung für die Zulassung von Finanzinstrumenten (Legaldefinition in § 2 Abs. 2b WpHG), anderen Wirtschaftsgütern und Rechten zum Börsenhandel. Daneben können nach dieser Vorschrift auch Gebühren für die Einbeziehung von Wertpapieren in den regulierten Markt (vgl dazu § 33) erhoben werden. Umfasst von der fakultativen Gebührenpflicht ist aber nicht nur die Zulassung der genannten Handelsgegenstände und die Einbeziehung von Wertpapieren, sondern auch deren Widerruf, da auch dieser mit erheblichem Aufwand für die Börse verbunden ist. **Abs. 1 Nr. 4** stellt die Grundlage für eine Gebührenerhebung für die Einführung der Wertpapiere dar. Er gestattet der Börse sowohl für die tatsächliche Eröffnung des Handels im amtlichen Markt als auch für die Aufnahme der Notierung (vgl § 38 Abs. 1) Gebühren zu erheben.[6]

5 Nach **Abs. 1 Nr. 5** kann die Börse neben Einführungsgebühren auch Gebühren für die Notierung der Wertpapiere erheben, sofern die Laufzeit der Wertpapiere unbestimmt ist. Mit der Schaffung der Möglichkeit zur Einführung von jährlichen Notierungsgebühren wurde entsprechenden Regelungen an anderen internationalen Finanzmärkten Rechnung getragen. Der Gesetzgeber wollte damit eine wichtige Voraussetzung für die Wahrung der internationalen Wettbewerbsfähigkeit der deutschen Börsen geschaffen.[7] Aufgrund dieser Ermächtigung ist es möglich, die Emittenten entsprechend der unterschiedlichen Dauer ihrer Notierung laufend an den im Zusammenhang mit der Notierung ihrer Wertpapiere entstehenden Kosten zu beteiligen. § 52 Abs. 4 enthält im Interesse des Vertrauensschutzes und der Vermeidung einer übermäßigen Kostenbelastung der Emittenten eine Übergangsregelung für diejenigen Wertpapiere, die weniger als zehn Jahre zum Zeitpunkt des Inkrafttretens des Gesetzes an einer Börse zugelassen sind.[8] Nach **Abs. 1 Nr. 6** kann auch die Prüfung der Druckausstattung von Wertpapieren mit einer Gebühr belegt werden.

6 Gläubiger der Gebühren ist der Börsenträger, da die Gebühren u.a. Entgelt für die Nutzung der Börseneinrichtungen darstellen, welche vom Träger der Börse zur Verfügung gestellt werden. Deshalb steht der Anspruch auf öffentlich-rechtliche Gebühren ebenso wie der auf private Nutzungsentgelte oder ähnliches dem Börsenträger und nicht der Börse selbst zu.[9]

7 In **Abs. 3** wurde in Übereinstimmung mit der derzeitigen Rechtspraxis klargestellt, dass Börsenträger für Dienstleistungen innerhalb des Börsenbetriebs, wie etwa der Bereitstellung von technischen Anbindungen zu Handelssystemen oder dem Vertrieb von Handelsdaten, unabhängig von den Verwaltungsgebühren nach Abs. 1 gesonderte privatrechtliche Entgelte (zB Mietzinsen, Nutzungsentgelte) verlangen können.[10]

---

1 *Schwark* in: Schwark/Zimmer, Kapitalmarktrechts-Kommentar, § 17 BörsG Rn 3; *Groß*, Kapitalmarktrecht, § 17 BörsG Rn 1.
2 *Groß*, Kapitalmarktrecht, § 17 BörsG Rn 4.
3 *Schwark* in: Schwark/Zimmer, Kapitalmarktrechts-Kommentar, § 17 BörsG Rn 3.
4 Zum Äquivalenzprinzip: BVerfGE 42, 223, 228; BVerwG NVwZ 1989, 456 f; zum Kostendeckungsprinzip *Korintenberg/Lappe/Bengel/Reimann*, KostO, Einf. Rn 21 ff.
5 Mit der Einbeziehung der Teilnahme gewährt § 17 BörsG die Befugnis für die Börse, regelmäßige (zB Jahres-)Gebühren zu verlangen.
6 *Schwark* in: Schwark/Zimmer, Kapitalmarktrechts-Kommentar, § 17 BörsG Rn 3.
7 Bereits § 5 Abs. 1 Nr. 4 aF sollte den Börsen entsprechend internationaler Gepflogenheiten die Möglichkeit eröffnen, die laufenden Kosten des Börsenbetriebs unter Beachtung des Äquivalenzprinzips auch auf die Wertpapieremittenten umzulegen, vgl RegBegr. zum 3. Finanzmarktförderungsgesetz, BT-Drucks. 13/8933, S. 71.
8 RegBegr. zum Vierten Finanzmarktförderungsgesetz, BT-Drucks. 14/8017, S. 72, 74.
9 *Groß*, Kapitalmarktrecht, § 17 BörsG Rn 7.
10 RegBegr. zum Finanzmarktrichtlinie-Umsetzungsgesetz, BT-Drucks. 16/4028, S. 84.

Abs. 4 wurde im Zuge des Gesetzes zur Vermeidung von Gefahren und Missbräuchen im Hochfrequenzhandel (Hochfrequenzhandelsgesetz) neu ins Gesetz eingefügt.[11] Die Börse wird zur separaten Erhebung von Entgelten für die übermäßige Nutzung der Börsensysteme verpflichtet. Ziel der Regelung ist die Eindämmung des Hochfrequenzhandels, bei dem typischerweise unverhältnismäßig viele Auftragseingaben, -änderungen und -löschungen vorgenommen werden. Auch wenn der Börse bei der konkreten Ausgestaltung des Entgeltes ein Ermessensspielraum verbleibt, muss gem. S. 2 die Höhe des Entgeltes so bemessen werden, dass die beabsichtigte Lenkungswirkung tatsächlich erreicht wird. Nur so kann den negativen Folgen einer übermäßigen Nutzung effektiv begegnet werden.[12] Die Börse soll dabei grundsätzlich das Wahlrecht haben, ob sie auf privatrechtlicher Grundlage Entgelte verlangt oder öffentlich-rechtliche Gebühren durch den Börsenrat erhebt.[13]

§ 18 Sonstige Benutzung von Börseneinrichtungen

¹Die Börsenordnung kann für einen anderen als den nach § 16 Abs. 1 Satz 2 Nr. 1 zu bezeichnenden Geschäftszweig die Benutzung von Börseneinrichtungen zulassen. ²Ein Anspruch auf die Benutzung erwächst in diesem Falle für die Beteiligten nicht.

§ 18 kommt geringe praktische Bedeutung zu. Die Zulassung anderer als der nach § 16 Abs. 1 Satz 2 Nr. 1 zu bezeichnenden Geschäftszweige kann in der Börsenordnung erfolgen. Damit sind alle Geschäftszweige gemeint, die zwar nicht dem materiellen Börsenbegriff des § 2 Abs. 2 und 3 fallen, aber dennoch wegen ihrer Massenhaftigkeit oder des Bedürfnisses nach zentraler Absprache für den Börsenhandel geeignet erscheinen.[1] Zu denken ist etwa an Immobiliengeschäfte, Versicherungspolicen oder Geschäfte über Lade- und Lagerraum.[2]

§ 18 S. 2 stellt klar, dass im Falle der Zulassung weiterer Geschäftszweige nach § 18 keinem der Beteiligten ein subjektiv-öffentliches Recht auf Benutzung der Börseneinrichtungen erwächst. Damit haben die Beteiligten weder einen Anspruch auf Benutzung noch ein rechtlich geschütztes Interesse auf dauerhafte Aufrechterhaltung des entsprechenden Handels.[3]

§ 19 Zulassung zur Börse

(1) Zum Besuch der Börse, zur Teilnahme am Börsenhandel und für Personen, die berechtigt sein sollen, für ein zur Teilnahme am Börsenhandel zugelassenes Unternehmen an der Börse zu handeln (Börsenhändler), ist eine Zulassung durch die Geschäftsführung erforderlich.

(2) Zur Teilnahme am Börsenhandel darf nur zugelassen werden, wer gewerbsmäßig bei börsenmäßig handelbaren Gegenständen
1. die Anschaffung und Veräußerung für eigene Rechnung betreibt oder
2. die Anschaffung und Veräußerung im eigenen Namen für fremde Rechnung betreibt oder
3. die Vermittlung von Verträgen über die Anschaffung und Veräußerung übernimmt

und dessen Gewerbebetrieb nach Art und Umfang einen in kaufmännischer Weise eingerichteten Geschäftsbetrieb erfordert.

(3) Die Zulassung von Personen ohne das Recht zur Teilnahme am Handel regelt die Börsenordnung.

(4) ¹Die Zulassung eines Unternehmens zur Teilnahme am Börsenhandel nach Absatz 2 Satz 1 ist zu erteilen, wenn
1. bei Unternehmen, die in der Rechtsform des Einzelkaufmanns betrieben werden, der Geschäftsinhaber, bei anderen Unternehmen die Personen, die nach Gesetz, Satzung oder Gesellschaftsvertrag mit der Führung der Geschäfte des Unternehmens betraut und zu seiner Vertretung ermächtigt sind, zuverlässig sind und zumindest eine dieser Personen die für das börsenmäßige Wertpapier- oder Warengeschäft notwendige berufliche Eignung hat;

---

11 Gesetz zur Vermeidung von Gefahren und Missbräuchen im Hochfrequenzhandel vom 7. Mai 2013, BGBl. I 2013 S. 1162.
12 RegBegr., BT-Drucks. 17/11631, S. 16.
13 Vgl Beschlussempfehlung und Bericht des Finanzausschusses, BT-Drucks. 17/12536, S. 22.
1 *Schwark* in: Schwark/Zimmer, Kapitalmarktrechts-Kommentar, § 18 BörsG Rn 1.
2 *Schwark* in: Schwark/Zimmer, Kapitalmarktrechts-Kommentar, § 18 BörsG Rn 1; weitere Beispiele bei *Baumbach/Hopt*, HGB, § 18 BörsG Rn 1.
3 Zur alten (übereinstimmenden) Fassung: Schäfer/*Ledermann*, § 15 BörsG aF Rn 6.

2. die ordnungsgemäße Abwicklung der an der Börse abgeschlossenen Geschäfte sichergestellt ist;
3. das Unternehmen ein Eigenkapital von mindestens 50 000 Euro nachweist, es sei denn, es ist ein Kreditinstitut, ein Finanzdienstleistungsinstitut oder ein nach § 53 Abs. 1 Satz 1 oder § 53 b Abs. 1 Satz 1 des Kreditwesengesetzes tätiges Unternehmen, das zum Betreiben des Finanzkommissionsgeschäfts im Sinne des § 1 Abs. 1 Satz 2 Nr. 4 oder zur Erbringung einer Finanzdienstleistung im Sinne des § 1 Abs. 1 a Satz 2 Nr. 1 bis 4 des Kreditwesengesetzes befugt ist; als Eigenkapital sind das eingezahlte Kapital und die Rücklagen nach Abzug der Entnahmen des Inhabers oder der persönlich haftenden Gesellschafter und der diesen gewährten Kredite sowie eines Schuldenüberhanges beim freien Vermögen des Inhabers anzusehen;
4. bei dem Unternehmen, das nach Nummer 3 zum Nachweis von Eigenkapital verpflichtet ist, keine Tatsachen die Annahme rechtfertigen, dass es unter Berücksichtigung des nachgewiesenen Eigenkapitals nicht die für eine ordnungsmäßige Teilnahme am Börsenhandel erforderliche wirtschaftliche Leistungsfähigkeit hat.

²Die Börsenordnung kann vorsehen, dass bei Unternehmen, die an einer inländischen Börse oder an einem organisierten Markt im Sinne des § 2 Abs. 5 des Wertpapierhandelsgesetzes mit Sitz im Ausland zur Teilnahme am Handel zugelassen sind, die Zulassung ohne den Nachweis der Voraussetzungen nach Satz 1 Nr. 1, 3 und 4 erfolgt, sofern die Zulassungsbestimmungen des jeweiligen Marktes mit diesen vergleichbar sind. ³Die Börsenordnung kann vorsehen, dass Handelsteilnehmer für den Zugang zu Handelssystemen der Börse weitere Voraussetzungen erfüllen müssen.

(5) Als Börsenhändler ist zuzulassen, wer zuverlässig ist und die notwendige berufliche Eignung hat.

(6) ¹Die berufliche Eignung im Sinne des Absatzes 4 Satz 1 Nr. 1 ist regelmäßig anzunehmen, wenn eine Berufsausbildung nachgewiesen wird, die zum börsenmäßigen Wertpapier- oder Warengeschäft befähigt. ²Die berufliche Eignung im Sinne des Absatzes 5 ist anzunehmen, wenn die erforderlichen fachlichen Kenntnisse und Erfahrungen nachgewiesen werden, die zum Handel an der Börse befähigen. ³Der Nachweis über die erforderlichen fachlichen Kenntnisse kann insbesondere durch die Ablegung einer Prüfung vor der Prüfungskommission einer Börse erbracht werden. ⁴Das Nähere über die Anforderungen an die fachliche Eignung der zum Börsenhandel befähigten Personen und das Prüfungsverfahren regelt eine vom Börsenrat zu erlassende Zulassungsordnung für Börsenhändler, die der Genehmigung durch die Börsenaufsichtsbehörde bedarf.

(7) Das Nähere darüber, wie die in den Absätzen 4 bis 6 genannten Voraussetzungen nachzuweisen sind, bestimmt die Börsenordnung.

(8) ¹Besteht der begründete Verdacht, dass eine der in den Absätzen 2, 4 oder 5 bezeichneten Voraussetzungen nicht vorgelegen hat oder nachträglich weggefallen ist, so kann die Geschäftsführung das Ruhen der Zulassung längstens für die Dauer von sechs Monaten anordnen. ²Das Ruhen der Zulassung kann auch für die Dauer des Verzuges mit der Zahlung der nach § 17 Abs. 1 Nr. 1 und 2 festgesetzten Gebühren angeordnet werden. ³Ferner kann die Geschäftsführung das Ruhen der Zulassung längstens für die Dauer von sechs Monaten anordnen, wenn ein Handelsteilnehmer das Order-Transaktions-Verhältnis im Sinne des § 26 a nicht einhält; hält ein Handelsteilnehmer wiederholt das Order-Transaktions-Verhältnis im Sinne des § 26 a nicht ein, kann die Geschäftsführung die Zulassung widerrufen. ⁴Das Recht einer nach Absatz 5 zugelassenen Person zum Abschluss von Börsengeschäften ruht für die Dauer des Wegfalls der Zulassung des Unternehmens, für das sie Geschäfte an der Börse abschließt.

(9) ¹Die Geschäftsführung kann gegenüber Handelsteilnehmern mit Sitz außerhalb der Mitgliedstaaten der Europäischen Union oder der anderen Vertragsstaaten des Abkommens über den Europäischen Wirtschaftsraum das Ruhen der Zulassung längstens für die Dauer von sechs Monaten anordnen oder die Zulassung widerrufen, wenn die Erfüllung der Meldepflichten nach § 9 des Wertpapierhandelsgesetzes oder der Informationsaustausch zum Zwecke der Überwachung der Verbote von Insidergeschäften oder des Verbots der Marktmanipulation mit den in diesem Staat zuständigen Stellen nicht gewährleistet erscheint. ²Die Bundesanstalt teilt der Geschäftsführung und der Börsenaufsichtsbehörde die für eine Anordnung oder den Widerruf nach Satz 1 maßgeblichen Tatsachen mit.

(10) Beabsichtigt die Geschäftsführung der Börse, Handelsteilnehmern in anderen Staaten einen unmittelbaren Zugang zu ihrem Handelssystem zu gewähren, hat sie dies der Börsenaufsichtsbehörde und der Bundesanstalt anzuzeigen, sofern es sich um die erstmalige Zugangsgewährung an einen Handelsteilnehmer in dem betreffenden Staat handelt.

(11) Die Geschäftsführung der Börse übermittelt der Börsenaufsichtsbehörde regelmäßig ein aktuelles Verzeichnis der an der Börse zugelassenen Handelsteilnehmer.

In § 19 ist die Zulassungspflicht für Besucher der Börse, Handelsteilnehmer und Börsenhändler in einer Vorschrift zusammengefasst. Während Abs. 1 die allgemeine Zulassungspflicht enthält, regeln die Abs. 2 bis 7 die Zulassungsvoraussetzungen für die einzelnen Gruppen. Das Verfahren über die Zulassung als Skontroführer zur Teilnahme am Börsenhandel ist in der Sondervorschrift des § 27 geregelt. Die Zulassungspflicht von – natürlichen oder juristischen – Personen zum Börsenbesuch und Börsenhandel ist von der Zulassung von Wertpapieren zum Börsenhandel zu unterscheiden. § 19 beruht u.a. auf dem durch Art 12 Abs. 1 S. 2 GG festgelegten Gesetzesvorbehalt für die Regelung der Berufsfreiheit und ist mit Art 12 GG vereinbar.[1] Die in § 19 enthaltenen Einschränkungen der Berufsfreiheit stellen teilweise subjektive Zulassungsvoraussetzungen, teilweise bloße Regelungen der Berufsausübung dar.[2]

Hinsichtlich der Zulassung von Unternehmen zur Teilnahme am Börsenhandel bestimmt **Abs. 2**, dass nur die Unternehmen zugelassen werden dürfen, welche die in Abs. 2 genannten Tätigkeiten ausüben. Abs. 2 S. 2, der den Teilnehmerkreis an Warenbörsen erweiterte, wurde mangels praktischer Relevanz gestrichen.[3] Die Zulassung ist dabei zu erteilen, wenn die Voraussetzungen des **Abs. 4** erfüllt sind, dh

a) die Unternehmensleiter (Einzelkaufmann bzw vertretungs- und geschäftsführungsberechtige Personen) zuverlässig sind und zumindest einer von ihnen die für das börsenmäßige Wertpapier- oder Warengeschäft notwendige berufliche Eignung hat (Abs. 4 Nr. 1). Bei diesen Zulassungsvoraussetzungen handelt es sich um unbestimmte Rechtsbegriffe, bei denen der **Geschäftsführung** ein Beurteilungsspielraum zusteht. Zuverlässigkeit setzt voraus, dass bei der betreffenden Person damit gerechnet werden kann, dass sie auch künftig den Beruf ordnungsgemäß ausübt und das in sie gesetzte Vertrauen nicht enttäuscht.[4] Die berufliche Eignung ist dann gegeben, wenn die gesetzliche Vermutung nach **Abs. 6** S. 1 eingreift, oder wenn eine Berufsausbildung nachgewiesen wird, die zum börsenmäßigen Wertpapierhandel oder Warengeschäft befähigt;[5]
b) die ordnungsgemäße Abwicklung der Geschäfte sichergestellt ist (Abs. 4 Nr. 2), dh wenn der Antragsteller (i) eine zur Abwicklung seiner Börsengeschäfte geeignete und bedarfsmäßig besetzte Geschäftsstelle unterhält bzw an eine entsprechende, die ordnungsgemäße Abwicklung sicherstellende, technische Einrichtung der Börse angeschlossen ist, und (ii) die Regulierung seiner Börsengeschäfte über eine Landeszentralbank und die Deutsche Börse Clearing AG gewährleistet ist;[6]
c) der Antragsteller sofern er kein Kreditinstitut ist, ein nach Abs. 4 Nr. 3 definiertes Eigenkapital von mindestens 50.000 EUR nachweist; und
d) keine Tatsachen die Annahme rechtfertigen, dass der Antragsteller nicht die für eine ordnungsgemäße Teilnahme am Börsenhandel erforderliche wirtschaftliche Leistungsfähigkeit hat (Abs. 4 Nr. 4).[7] Auch dieses Erfordernis gilt nur für Antragsteller, die kein Kreditinstitut sind.

Abs. 4 S. 2 gibt der Börse die Möglichkeit, ein vereinfachtes Zulassungsverfahren für Unternehmen vorzusehen, die bereits an einer anderen inländischen Börse oder an einem anderen organisierten Markt im Sinne des § 2 Abs. 5 WpHG zur Teilnahme am Handel zugelassen sind. Durch die Möglichkeit des Verzichts auf den Nachweis der Voraussetzungen nach Nr. 1, 3 und 4 wird insbesondere ausländischen Handelsteilnehmern der Zugang zu den deutschen Börsen erleichtert. Ziel des Gesetzgebers war es, die Attraktivität des Finanzplatzes Deutschland zu steigern.[8] Das Prinzip der gegenseitigen Anerkennung gibt es auch in anderen Bereichen der Finanzmarktaufsicht. Eine Herabsetzung des Aufsichtsstandards erfolgt nach Ansicht des Gesetzgebers durch die Möglichkeit der Schaffung eines erleichterten Zugangs zu den deutschen Börsen nicht, da die Zulassungsvoraussetzungen an den ausländischen Börsen mit den Zulassungserfordernissen an den inländischen Börsen vergleichbar sein müssen.[9]

In Bezug auf die Zulassung zum Besuch der Börse ohne das Recht zur Teilnahme am Börsenhandel bestimmt **Abs. 3** lediglich, dass die jeweilige Börsenordnung die Zulassung von Personen zum bloßen Börsenbesuch regelt. § 17 BörsenO FWB erfasst hierbei beispielsweise frühere Börsenhändler, Hilfspersonal und

---

1 Baumbach/Hopt, HGB, § 19 BörsG Rn 2.
2 Nach der Dreistufentheorie des Bundesverfassungsgerichts, vgl BVerfGE 7, 377, ist jede Regelung der Berufsfreiheit entweder Eingriff in die Berufsausübung, Aufstellen subjektiver Zulassungsvoraussetzungen als Einschränkung der Berufswahl oder aber Aufstellen objektiver Zulassungsvoraussetzungen als Einschränkung der Berufswahl, und anhand der für die jeweils einschlägige Stufe geltenden Zulässigkeitsvoraussetzungen zu beurteilen; vgl zB Groß, Kapitalmarktrecht, § 19 BörsG Rn 2.
3 RegBegr. zum Gesetz zur Umsetzung der RL 2010/73/EU und zur Änderung des BörsenG, BT-Drucks. 17/8684, S. 23.
4 Groß, Kapitalmarktrecht, § 19 BörsG Rn 9.
5 Zu den Begriffen der Zuverlässigkeit und Eignung kann auf die Kriterien, die zu den vergleichbaren Regelungen in § 33 Abs. 1 und 2 KWG aufgestellt wurden, zurückgegriffen werden, vgl Beck in: Schwark/Zimmer, Kapitalmarktrechts-Kommentar, § 19 BörsG Rn 21; Groß, Kapitalmarktrecht, § 19 BörsG Rn 9.
6 Groß, Kapitalmarktrecht, § 19 BörsG Rn 7.
7 Die letztgenannten Voraussetzungen sind nur bei Unternehmen erforderlich, die keine Kreditinstitute, keine Finanzdienstleistungsinstitute oder keine nach §§ 53 Abs. 1 S. 1 oder 53 b Abs. 1 S. 1 KWG tätigen Unternehmen – Zweigstellen oder Zweigniederlassungen ausländischer Kreditinstitute – sind, vgl Groß, Kapitalmarktrecht, § 19 BörsG Rn 7.
8 RegBegr. zum Vierten Finanzmarktförderungsgesetz, BT-Drucks. 14/8017 S. 75.
9 RegBegr. zum Vierten Finanzmarktförderungsgesetz, BT-Drucks. 14/8017 S. 75.

insb. Berichterstatter und Angestellte der Wirtschaftspresse, des Rundfunks oder des Fernsehens sowie sonstige Gäste.[10]

5 Börsenhändler sind Personen, die berechtigt sein sollen, für ein zugelassenes Unternehmen an der Börse bzw im elektronischen Handelssystem zu handeln (Legaldefinition in Abs. 1). Sie sind gemäß **Abs. 5** zuzulassen, wenn sie zuverlässig sind und die hierfür notwendige berufliche Eignung haben. Die berufliche Eignung ist nach **Abs. 6 S. 2** anzunehmen, wenn die erforderlichen fachlichen Kenntnisse und Erfahrungen nachgewiesen werden, die zum Handel an der Börse befähigen. Dabei kann der Nachweis hierüber insbesondere durch die Ablegung einer Prüfung vor der Prüfungskommission einer Börse erbracht werden. Bei der Überprüfung der fachlichen Eignung ist auf die spezifischen Anforderungen des jeweiligen börslichen Marktes abzustellen, an welchem die betreffende Person tätig sein soll. So werden zB bei der Teilnahme an rein elektronischen Handelssystemen an die erforderliche fachliche Eignung andere Maßstäbe anzulegen sein, als für den Handel an Präsenzbörsen. Die für die fachliche Eignung aufgestellten Kriterien und Grundsätze sind in einer Zulassungsordnung für Börsenhändler festzulegen, welche gem. Abs. 6 S. 4 vom Börsenrat zu erlassen ist. Das Verfahren zum Erlass der Zulassungsordnung entspricht dem der früheren Prüfungsordnung für Börsenhändler.

6 Aus der gesetzlichen Definition in Abs. 1 ergibt sich weiterhin, dass die Zulassung zwingend mit der Tätigkeit des Börsenhändlers für ein einzelnes bestimmtes Unternehmen verknüpft ist. Eine isolierte Zulassung als Börsenhändler ohne Zuordnung ist unzulässig. Um Verwechslungen und Manipulationsmöglichkeiten vorzubeugen, dürfen Händler zudem nur für jeweils ein Unternehmen zugelassen werden.[11] Für den Fall, dass die Berechtigung des Börsenhändlers, im Namen des jeweiligen Unternehmens Börsengeschäfte an einer Börse zu tätigen, wegfällt, ist die Börse gehalten, die Zulassung als Börsenhändler zu widerrufen.[12]

7 Die Zulassung zur Teilnahme am Börsenhandel sowie die Zulassung als Börsenhändler ist jeweils ein gebundener Verwaltungsakt (Wortlaut der Abs. 4 und 5: „ist zuzulassen"). Bei Erfüllung der rechtlichen Voraussetzungen besteht daher ein im Verwaltungsrechtsweg durchsetzbarer Anspruch auf Zulassung. Wird die Zulassung verweigert, steht damit ebenso wie bei der Rücknahme, dem Widerruf oder der Anordnung des Ruhens der Zulassung (vgl unten) der Verwaltungsrechtsweg nach §§ 40, 42 VwGO offen. Der Widerspruch nach §§ 68 ff VwGO ist bei der Börsengeschäftsführung einzulegen. Die Börsengeschäftsführung entscheidet gemäß § 73 Abs. 1 Nr. 3 VwGO selbst über den Widerspruch. Im Falle der Nichtabhilfe ist eine Anfechtungs- oder Verpflichtungsklage sodann nach § 2 Abs. 5 gegen die Börse zu richten.

8 Während die materiellen Zulassungsvoraussetzungen im Gesetz geregelt sind (vgl Rn 1 bis 7), verweist **Abs. 7** hinsichtlich der Regelung der Einzelheiten des Zulassungsverfahrens, dh vor allem der Art und Weise, wie die Zulassung beantragt wird und die Nachweise über das Vorliegen der Anforderungen nach Abs. 4 und Abs. 6 erbracht werden, auf die Börsenordnung und stellt damit die Normierung der Einzelheiten des Zulassungsverfahrens in die Regelungskompetenz der Börsenselbstverwaltung. Diese Regelungskompetenz geht jedoch nicht über das Zulassungsverfahren hinaus. Weitere Zulassungsschranken dürfen wegen des abschließenden Charakters des § 19 dagegen nicht aufgestellt werden. Auch durch die Ausgestaltung des Zulassungsverfahrens selbst darf keine – mittelbar zusätzliche – Zulassungsschranke aufgestellt werden.[13]

9 In **Abs. 8** wurde redaktionell klargestellt, dass die Geschäftsführung das Ruhen der Zulassung anordnen kann. Die in Abs. 8 geregelte Anordnung des Ruhens der Zulassung ist gegenüber der Rücknahme oder dem Widerruf der Zulassung das mildere Mittel, so dass wegen des anwendbaren Grundsatzes der Verhältnismäßigkeit deshalb vor einer Rücknahme bzw einem Widerruf der Zulassung zunächst zu prüfen ist, ob eine Beseitigung der Missstände nicht auch während des Ruhens der Zulassung möglich ist.[14] Zweck der Regelung ist es, das Vertrauen in die Funktionsfähigkeit und Integrität des Börsenhandels zu schützen, da sichergestellt wird, dass Geschäftsabschlüsse nur mit Teilnehmern gemacht werden, welche den gesetzlichen Anforderungen genügen.[15] Die Anordnung des Ruhens der Zulassung nach Abs. 8 ist nicht kraft Gesetzes, sondern lediglich nach den allgemeinen Vorschriften (§ 80 Abs. 2 Nr. 4 VwGO) sofort vollziehbar.[16] Zuständig für die Rücknahme oder den Widerruf der Zulassung ist die Börsengeschäftsführung. Eine Rücknahme ist nur möglich, wenn die Zulassung von Anfang an rechtswidrig war. Dabei sind die Beschränkun-

---

10 Vgl *Groß*, Kapitalmarktrecht, § 19 BörsG Rn 5.
11 Dies wird zB explizit in § 12 Abs. 3 S. 2 BörsO FWB klargestellt.
12 VGH Kassel v. 20.12.2011 – 6 A 1569/11.Z, BB 2012, 782.
13 Vgl *Groß*, Kapitalmarktrecht, § 19 BörsG Rn 12; *Ebenroth/Boujong/Joost/Strohn*, HGB, § 19 BörsG Rn IX 193.
14 *Groß*, Kapitalmarktrecht, § 19 BörsG Rn 14; *Ebenroth/Boujong/Joost/Strohn*, HGB, § 19 BörsG Rn IX 195.
15 *Beck* in: Schwark/Zimmer, Kapitalmarktrechts-Kommentar, § 19 BörsG Rn 45.
16 Die Aufhebung des früheren § 7 Abs. 7 BörsG, der einen Hinweis auf die Geltung der allgemeinen Vorschriften über die Rücknahme und den Widerruf von Verwaltungsakten auch im Hinblick auf die Zulassung enthielt, durch das Begleitgesetz hat die Möglichkeit der Rücknahme und des Widerrufs der Zulassung auf der Grundlage der §§ 48, 49 VwVfG bei Nichtvorliegen oder Wegfall der Zulassungsvoraussetzungen nicht berührt, RegBegr. Begleitgesetz, BT-Drucks. 13/7143, S. 16, 23; *Groß*, Kapitalmarktrecht, § 19 BörsG Rn 14.

gen in § 48 Abs. 3 und 4 VwVfG zu beachten. Ein Widerruf der Zulassung ist nur unter den einschränkenden Voraussetzungen des § 49 Abs. 2 VwVfG zulässig; praxisrelevant erscheint insbesondere § 49 Abs. 2 Nr. 3 VwVfG, der den Widerruf der Zulassung erlaubt, wenn die ursprünglich gegebenen Zulassungsvoraussetzungen nachträglich weggefallen sind.[17]

Abs. 8 S. 3 schafft eine Ermächtigungsgrundlage für die Geschäftsführung zur Vermeidung von Gefahren und Missbräuchen im Hochfrequenzhandel. Bei Verstößen gegen die in § 26 a geschaffenen Verpflichtung der Handelsteilnehmer zur Gewährleistung eines angemessenen Order-Transaktionsverhältnis kann sie das Ruhen oder den Widerruf der Zulassung gemäß § 19 anordnen. Die Ergänzung in **Abs. 9** um die Gewährleistung des Informationsaustausches auf dem Gebiet der Überwachung des Verbots der Kurs- und Marktpreismanipulation erfolgte im Hinblick auf das besondere öffentliche Interesse an einem wirksamen Schutz des Vertrauens des Publikums in die Integrität des Marktes. Neben der in Abs. 8 und Abs. 9 vorgesehenen Möglichkeit, das Ruhen oder den Widerruf der Zulassung anzuordnen, kann die Zulassung auch durch freiwilligen Verzicht des Zugelassenen beendet werden. Der Verzicht ist schriftlich gegenüber der Börsengeschäftsführung zu erklären.[18]

Abs. 10 setzt Art. 42 Abs. 6 Unterabs. 2 S. 1 der Finanzmarktrichtlinie um und bestimmt eine Anzeigepflicht der Börse an die Börsenaufsichtsbehörde bezüglich der Staaten, in welchen sie einen unmittelbaren Zugang für Handelsteilnehmer anbieten möchte. Im Einklang mit dieser Bestimmung wird eine gleichzeitige Information der Bundesanstalt für Finanzdienstleistungsaufsicht normiert, da diese nach § 7 Abs. 5 S. 4 Nr. 2 WpHG (Art. 42 Abs. 6 Unterabs. 2 S. 2 der Finanzmarktrichtlinie) innerhalb eines Monats die zuständige Stelle des betreffenden Mitgliedstaates entsprechend informieren muss. Zudem obliegt ihr nach § 7 WpHG die Prüfung, ob und welche Zusammenarbeit mit den zuständigen Behörden des betreffenden Staates möglich ist. Aus diesem Grund ist die Information auch auf Teilnehmer aus Drittstaaten auszudehnen. Andererseits kann sie sich hierbei auf die erstmalige Zugangsgewährung in dem jeweiligen Staat beschränken, da die Handelsteilnehmer selbst aus der Übermittlung nach Abs. 11 hervorgehen.

Abs. 11 setzt Art. 42 Abs. 7 der Finanzmarktrichtlinie um und bestimmt, dass die Börsengeschäftsführung die Börsenaufsichtsbehörde regelmäßig über die derzeit zugelassenen Handelsteilnehmer durch Übermittlung eines aktuellen Verzeichnisses zu informieren haben.

§ 20 Sicherheitsleistungen

(1) ¹Die Börsenordnung kann bestimmen, dass die zur Teilnahme am Börsenhandel zugelassenen Unternehmen und die Skontroführer ausreichende Sicherheit zu leisten haben, um die Verpflichtungen aus Geschäften, die an der Börse sowie in einem an der Börse zugelassenen elektronischen Handelssystem abgeschlossen werden, jederzeit erfüllen zu können. ²Die Höhe der Sicherheitsleistung muss in angemessenem Verhältnis zu den mit den abgeschlossenen Geschäften verbundenen Risiken stehen. ³Das Nähere über die Art und Weise der Sicherheitsleistung bestimmt die Börsenordnung.

(2) ¹Wird die nach der Börsenordnung erforderliche Sicherheitsleistung nicht erbracht oder entfällt sie nachträglich, kann die Börsenordnung vorsehen, dass das Ruhen der Zulassung längstens für die Dauer von sechs Monaten angeordnet werden kann. ²Die Börsenordnung kann vorsehen, dass zur Teilnahme am Börsenhandel zugelassene Unternehmen auf die Tätigkeit als Vermittler beschränkt werden können, wenn die geleistete Sicherheit nicht mehr den in der Börsenordnung festgelegten Erfordernissen entspricht. ³Die Börsenordnung kann auch bestimmen, dass das Recht eines Börsenhändlers zum Abschluss von Börsengeschäften für die Dauer des Ruhens der Zulassung des Unternehmens ruht, für das er Geschäfte an der Börse abschließt.

(3) Die Börsenordnung kann Regelungen zur Begrenzung und Überwachung der Börsenverbindlichkeiten von zur Teilnahme am Börsenhandel zugelassenen Unternehmen und Skontroführern vorsehen.

(4) ¹Die Handelsüberwachungsstelle hat die nach Absatz 1 zu leistenden Sicherheiten und die Einhaltung der Regelungen nach Absatz 3 zu überwachen. ²Ihr stehen die Befugnisse der Börsenaufsichtsbehörde nach § 3 Abs. 4 zu. ³Sie kann insbesondere von der jeweiligen Abrechnungsstelle die Liste der offenen Aufgabegeschäfte und die Mitteilung negativer Kursdifferenzen verlangen. ⁴Stellt die Handelsüberwachungsstelle fest, dass der Sicherheitsrahmen überschritten ist, hat die Geschäftsführung Anordnungen zu treffen, die geeignet sind, die Erfüllung der Verpflichtungen aus den börslichen Geschäften nach Absatz 1 sicherzustellen. ⁵Sie kann insbesondere anordnen, dass das zur Teilnahme am Börsenhandel zugelassene Unternehmen und

---

[17] *Groß*, Kapitalmarktrecht, § 19 BörsG Rn 16.
[18] Vgl zB *Beck* in: Schwark/Zimmer, Kapitalmarktrechts-Kommentar, § 19 BörsG Rn 50.

der Skontroführer unverzüglich weitere Sicherheiten zu leisten und offene Geschäfte zu erfüllen haben oder diese mit sofortiger Wirkung ganz oder teilweise vom Börsenhandel vorläufig ausschließen. ⁶Die Geschäftsführung hat die Börsenaufsichtsbehörde über die Überschreitung des Sicherheitsrahmens und die getroffenen Anordnungen unverzüglich zu unterrichten.

(5) Widerspruch und Anfechtungsklage gegen Maßnahmen nach Absatz 4 haben keine aufschiebende Wirkung.

1 Nach § 20 kann eine Verpflichtung zur Sicherheitsleistung zur jederzeitigen Erfüllung der Verpflichtungen aus Geschäften an der Börse oder in einem an der Börse zugelassenen elektronischen Handelssystem in der jeweiligen Börsenordnung für alle zur Teilnahme am Börsenhandel zugelassenen Unternehmen und Skontroführer angeordnet werden.[1] Zu den Verpflichtungen aus Börsengeschäften zählen die Ansprüche auf Erfüllung, die Risiken aus Aufgabegeschäften, Zwangsregulierungen, Verzug, Schadenersatz sowie die auf Courtage.[2] Die Höhe der Sicherheitsleistung hat dabei gem. Abs. 1 S. 2 in einem angemessenen Verhältnis zu den mit den Geschäften verbundenen Risiken zu stehen. Darüber hinaus muss sie jederzeit verfügbar und bewertbar sein. Dies ist etwa bei Bareinlagen, Garantien oder Kautionsversicherungen der Fall.[3] Ungeeignet sind dagegen akzessorische Sicherungsrechte wie Bürgschaften[4] oder Pfandrechte.[5]

2 Die Überwachung der Einhaltung der Sicherheitsleistung erfolgt durch die Handelsüberwachungsstelle (Abs. 4 S. 1) der hierfür durch (Abs. 4 S. 2) sämtliche der in § 3 Abs. 4 genannten Befugnisse übertragen werden. In Abs. 5 ist (ebenso wie in § 3 Abs. 9) geregelt, dass Widerspruch und Anfechtungsklage gegen sämtliche Maßnahmen nach Abs. 4 keine aufschiebende Wirkung haben, diese somit kraft Gesetzes (§ 80 Abs. 2 Nr. 3 VwGO) sofort vollziehbar sind. Dem öffentlichen Interesse an einer sicheren und schnellen Erfüllung der Börsengeschäfte wird insoweit Vorrang gegenüber dem Individualinteresse eingeräumt.[6] Die Folgen bei nicht ordnungsgemäß erbrachter oder nachträglich weggefallener Sicherheit können ebenfalls in der Börsenordnung geregelt werden und reichen von der Anordnung des Ruhens der Zulassung für bis zu sechs Monate[7] über die Beschränkung auf die Vermittlertätigkeit (Abs. 2) bis hin zur Begrenzung der Börsenverbindlichkeiten (Abs. 3).

§ 21 Externe Abwicklungssysteme

(1) ¹Die Börsenordnung kann die Anbindung von externen Abwicklungssystemen an die börslichen Systeme für den Börsenhandel und die Börsengeschäftsabwicklung vorsehen. ²Eine solche Anbindung ist zulässig, sofern sichergestellt ist, dass

1. das System für die angebotene Dienstleistung zur Abwicklung der Börsengeschäfte über die erforderlichen technischen Einrichtungen verfügt, und
2. der Betreiber des Systems die notwendigen rechtlichen und technischen Voraussetzungen für eine Anbindung des Systems an die börslichen Systeme für den Handel und die Börsengeschäftsabwicklung geschaffen hat, und
3. eine ordnungsgemäße und unter wirtschaftlichen Gesichtspunkten effiziente Abrechnung und Abwicklung der Geschäfte an der Börse gewährleistet ist.

(2) Sind nach Absatz 1 mehrere alternative Abwicklungssysteme verfügbar, ist es den Handelsteilnehmern freizustellen, welches der Systeme sie zur Erfüllung der Börsengeschäfte nutzen.

(3) Der Börsenträger hat die Börsenaufsichtsbehörde über das Stellen von Anträgen auf Zugang nach Artikel 7 der Verordnung (EU) Nr. 648/2012 sowie den Eingang eines Antrags auf Zugang nach Artikel 8 der Verordnung (EU) Nr. 648/2012 unverzüglich schriftlich zu unterrichten.

---

1 Entsprechende Regelungen über Sicherheitsleistungen wurden zB in §§ 18 ff. BörsO FWB getroffen; ausführlich zum diesbezüglichen Konzept der FWB *Beck* in: Schwark/Zimmer, Kapitalmarktrechts-Kommentar, § 20 BörsG Rn 8.
2 *Beck* in: Schwark/Zimmer, Kapitalmarktrechts-Kommentar, § 20 BörsG Rn 5; *Groß*, Kapitalmarktrecht, § 20 BörsG Rn 2.
3 *Groß*, Kapitalmarktrecht, § 20 BörsG Rn 3.
4 RegBegr. zum Zweiten Finanzmarktförderungsgesetz, BT-Drucks. 12/6679, S. 66.
5 *Groß*, Kapitalmarktrecht, § 20 BörsG Rn 3; *Beck* in: Schwark/Zimmer, Kapitalmarktrechts-Kommentar, § 20 BörsG Rn 9.
6 *Beck* in: Schwark/Zimmer, Kapitalmarktrechts-Kommentar, § 20 BörsG Rn 14.
7 Durch das Ruhen der Zulassung besteht für die Börsengeschäftsführung die Möglichkeit, die notwendigen Nachforschungen anzustellen, ob ein Widerruf bzw eine Rücknahme der Zulassung gerechtfertigt ist; vgl RegBegr. zum Entwurf eines Begleitgesetzes zum Gesetz zur Umsetzung von EG-Richtlinien zur Harmonisierung bank- und wertpapieraufsichtsrechtlicher Vorschriften BT-Drucks. 13/7143, S. 23.

§ 21 setzt Art. 34 Abs. 2 S. 1 der Finanzmarktrichtlinie um und bestimmt unter welchen Voraussetzungen eine Anbindung von externen Abwicklungssystemen möglich ist. In vielen Fällen werden die durch den Börsenträger betriebenen Handels- und Abwicklungssysteme durch dritte Anbieter für Abrechnungs- oder Abwicklungsleistungen im Hinblick auf die Erfüllung der Börsengeschäfte ergänzt. Dies kann sowohl in der Gestalt einer Clearingeinrichtung, etwa einem in den Börsenhandel organisatorisch eingebetteten zentralen Kontrahenten, oder durch andere Abwicklungsdienstleistungen erfolgen, wie sie auch vielfach von Wertpapiersammelbanken angeboten und durchgeführt werden.[1]   1

Abs. 1 setzt die Vorgaben von Art. 34 Abs. 2 S. 1 lit. a und b der Finanzmarktrichtlinie um und regelt die Voraussetzungen für die Anbindung entsprechender Systeme an die vom Börsenträger betriebenen Börsensysteme sowie deren Einbindung in die börslichen Regelwerke. In der Börsenordnung ist zu regeln, ob und unter welchen Voraussetzungen externe Abwicklungssysteme an die börslichen Systeme für den Börsenhandel und die Börsengeschäftsabwicklung angebunden werden dürfen.[2]   2

Abs. 1 S. 2 Nr. 1 bestimmt, dass das System über die erforderlichen technischen Einrichtungen zur Erbringung der Dienstleistung verfügen muss, wobei nicht nur eine dem aktuellen Stand der Technik entsprechende Ausstattung des Systems, sondern dessen Kompatibilität zu den Abläufen der börslichen Systeme erforderlich ist.[3]   3

Von **Abs. 1 S. 2 Nr. 2** sind die nach Art. 34 Abs. 2 S. 1 lit. a der Finanzmarktrichtlinie ebenfalls erforderlichen rechtlichen und technischen Anbindungen zu den börslichen Handels- und Abwicklungssystemen erfasst. Hierunter sind auch solche externen Systeme zu verstehen, die bereits an die vom Börsenträger betriebenen Systeme angebunden wurden.[4] **Abs. 1 S. 2 Nr. 3** normiert schließlich die nach Art. 34 Abs. 2 der Finanzmarktrichtlinie vorgeschriebenen Anforderungen an diese Systeme, wonach eine ordnungsgemäße und unter wirtschaftlichen Gesichtspunkten effiziente Abrechnung und Abwicklung der Geschäfte an der Börse gewährleistet sein muss.[5]

Abs. 2 setzt Art. 34 Abs. 2 S. 1 der Finanzmarktrichtlinie um und bestimmt, dass es Handelsteilnehmern bei alternativ an die Börse angebundenen externen Abwicklungssystemen freigestellt sein muss, welches System sie für die Abwicklung ihrer Börsengeschäfte benutzen möchten.[6]   4

Durch den aufgrund EMIR-Ausführungsgesetz[7] eingefügten Abs. 3 werden die Befugnisse der Börsenaufsichtsbehörde nach § 3 Abs. 5[8] ergänzt, um diesen die erforderlichen Informationen bei Anträgen auf Zugang nach Art. 7 und 8 der Verordnung (EU) Nr. 648/2012[9] zu verschaffen.   5

§ 22 Sanktionsausschuss

(1) ¹Die Landesregierung wird ermächtigt, durch Rechtsverordnung Vorschriften über die Errichtung eines Sanktionsausschusses, seine Zusammensetzung, sein Verfahren einschließlich der Beweisaufnahme und der Kosten sowie die Mitwirkung der Börsenaufsichtsbehörde zu erlassen. ²Die Vorschriften können vorsehen, dass der Sanktionsausschuss Zeugen und Sachverständige, die freiwillig vor ihm erscheinen, ohne Beeidigung vernehmen und das Amtsgericht um die Durchführung einer Beweisaufnahme, die er nicht vornehmen kann, ersuchen darf. ³Die Landesregierung kann die Ermächtigung nach Satz 1 durch Rechtsverordnung auf die Börsenaufsichtsbehörde übertragen.

(2) ¹Der Sanktionsausschuss kann einen Handelsteilnehmer mit Verweis, mit Ordnungsgeld bis zu zweihundertfünfzigtausend Euro oder mit Ausschluss von der Börse bis zu 30 Handelstagen belegen, wenn der Handelsteilnehmer oder eine für ihn tätige Person vorsätzlich oder fahrlässig gegen börsenrechtliche Vorschriften verstößt, die eine ordnungsgemäße Durchführung des Handels an der Börse oder der Börsengeschäftsabwicklung sicherstellen sollen. ²Mit einem Verweis oder mit Ordnungsgeld bis zu zweihundertfünfzigtausend Euro kann der Sanktionsausschuss auch einen Emittenten belegen, wenn dieser oder eine für ihn tätige Person vorsätzlich oder fahrlässig gegen seine Pflichten aus der Zulassung verstößt. ³Der Sanktions-

---

1 Vgl RegBegr. zum Finanzmarktrichtlinie-Umsetzungsgesetz, BT-Drucks. 16/4028 S. 85.
2 *Groß*, Kapitalmarktrecht, § 21 BörsG Rn 2.
3 RegBegr. zum Finanzmarktrichtlinie-Umsetzungsgesetz, BT-Drucks. 16/4028, S. 85.
4 RegBegr. zum Finanzmarktrichtlinie-Umsetzungsgesetz, BT-Drucks. 16/4028 S. 85; *Beck* in: Schwark/Zimmer, Kapitalmarktrechts-Kommentar, § 21 BörsG Rn 15.
5 RegBegr. zum Finanzmarktrichtlinie-Umsetzungsgesetz, BT-Drucks. 16/4028 S. 85; zur Auslegung der Begriffe „Ordnungsmäßigkeit" und „wirtschaftliche Effizienz" siehe *Beck* in: Schwark/Zimmer, Kapitalmarktrechts-Kommentar, § 21 BörsG Rn 16.
6 RegBegr. zum Finanzmarktrichtlinie-Umsetzungsgesetz, BT-Drucks. 16/4028, S. 85.
7 Ausführungsgesetz zur Verordnung (EU) Nr. 648/2012 über OTC-Derivate, zentrale Gegenparteien und Transaktionsregister (EMIR-Ausführungsgesetz), BGBl. I 2013 S. 174.
8 Siehe dort Rn 8.
9 Verordnung vom 4. Juli 2012 über OTC-Derivate, zentrale Gegenparteien und Transaktionsregister.

ausschuss nimmt die ihm nach diesem Gesetz zugewiesenen Aufgaben und Befugnisse nur im öffentlichen Interesse wahr.

(3) ¹In Streitigkeiten wegen der Entscheidungen des Sanktionsausschusses nach Absatz 2 ist der Verwaltungsrechtsweg gegeben. ²Vor Erhebung einer Klage bedarf es keiner Nachprüfung in einem Vorverfahren.

(4) ¹Haben sich in einem Verfahren vor dem Sanktionsausschuss Tatsachen ergeben, welche die Rücknahme oder den Widerruf der Zulassung eines Handelsteilnehmers oder eines Skontroführers rechtfertigen, so ist das Verfahren an die Geschäftsführung abzugeben. ²Sie ist berechtigt, in jeder Lage des Verfahrens von dem Sanktionsausschuss Berichte zu verlangen und das Verfahren an sich zu ziehen. ³Hat die Geschäftsführung das Verfahren übernommen und erweist sich, dass die Zulassung nicht zurückzunehmen oder zu widerrufen ist, so verweist sie das Verfahren an den Sanktionsausschuss zurück.

1 In § 22 werden dem Sanktionsausschuss Kompetenzen gegenüber den zur Teilnahme am Börsenhandel zugelassenen Handelsteilnehmern (vgl Legaldefinition in § 3 Abs. 4 S. 1: Unternehmen, Börsenhändler, Skontroführer und skontroführende Personen) eingeräumt. Mit einem Ordnungsgeldrahmen von bis zu 250.000 EUR will der Gesetzgeber sicherstellen, dass die gesetzlichen Voraussetzungen gegeben sind, um Verstöße gegen Vorschriften zum Schutz der Funktionsfähigkeit einer Börse angemessen ahnden zu können. Der Sanktionsausschuss soll damit seiner Aufgabe nachkommen können, den Gesetzgeber und die Börsenteilnehmer zu unterstützen, an der Börse Transparenz, Fairness und Chancengleichheit zu gewährleisten und damit das Vertrauen der Anleger, Emittenten und unmittelbaren Börsennutzer in die Funktionsfähigkeit der Börse zu schützen.[1]

2 Ein Handelsteilnehmer ist nach Abs. 2 S. 1 bei einem vorsätzlichen oder fahrlässigen Verstoß gegen börsenrechtliche Vorschriften oder Anordnungen zu sanktionieren, die eine ordnungsgemäße Durchführung an der Börse oder der Börsengeschäftsabwicklung sicherstellen sollen. Neben den gesetzlichen Bestimmungen des Börsengesetzes, den Regelungen in Rechtsverordnungen, die auf Grundlage des Börsengesetzes erlassen wurden, und den Satzungsregelungen der Börsenordnung sind auch alle börsenrechtlichen Regelwerke ohne Rechtsnormqualität, wie etwa Richtlinien oder Verwaltungsvorschriften der Börsenorgane, den börsenrechtlichen Vorschriften zuzuordnen.[2] So kommt es etwa auch zu einem Verstoß gegen börsenrechtliche Regelungen bei der Verletzung norminterpretierender Verwaltungsvorschriften, die die Nutzung des EDV-Systems der Börse regeln.[3] Ferner ergibt sich aus Abs. 2, dass Emittenten bei derartigen Verstößen mit einem Verweis oder mit Ordnungsgeld (nicht jedoch mit Ausschluss von der Börse) sanktioniert werden können. In Abs. 2 wird darüber hinaus klargestellt, dass auch für das Sanktionsverfahren entsprechend § 278 BGB eine Zurechnung des Verschuldens erfolgt, da die zugelassenen Handelsteilnehmer bzw Emittenten, sofern sie juristische Personen sind, als solche nicht verschuldensfähig sind.[4] Die Regelung in Abs. 2 S. 3 berücksichtigt, dass der Sanktionsausschuss, genauso wie die anderen Börsenorgane, die ihm nach dem Börsengesetz zugewiesenen Aufgaben und Befugnisse nur im öffentlichen Interesse wahrnimmt (vgl zB § 3 Rn 5).

3 Die betroffenen Bundesländer haben von der nach Abs. 1 eingeräumten Möglichkeit für die Landesregierung, durch Rechtsverordnung Vorschriften über die Errichtung eines Sanktionsausschusses, seine Zusammensetzung, sein Verfahren einschließlich der Beweisaufnahme und der Kosten sowie die Mitwirkung der Börsenaufsichtsbehörde zu erlassen, Gebrauch gemacht.[5] Der Sanktionsausschuss ist ein Organ der Börse.[6] Seine Entscheidungen sind Verwaltungsakte und können im verwaltungsgerichtlichen Verfahren ohne Durchführung eines vorherigen Widerspruchsverfahrens überprüft werden, wie Abs. 3 klarstellt.[7]

---

1 RegBegr. zum Vierten Finanzmarktförderungsgesetz, BT-Drucks. 14/8017, S. 75.
2 Hess. VGH v. 16.4.2008 – 6 UE 142/07; zur Diskussion hinsichtlich Freiverkehrsrichtlinien *Beck* in: Schwark/Zimmer, Kapitalmarktrechts-Kommentar, § 22 BörsG Rn 17.
3 VGH Kassel v. 20.6.2012 – 6 A 2132/10, BeckRS 2012, 55211.
4 RegBegr. zum Finanzmarktrichtlinie-Umsetzungsgesetz, BT-Drucks. 16/4028, S. 85; *Groß*, Kapitalmarktrecht, § 22 BörsG Rn 1.
5 In Hessen sind die gesetzlichen Vorgaben für das Verfahren des Sanktionsausschusses in den §§ 22 bis 32 der hessischen Börsenverordnung (BörsVO) vom 16.12.2008, GVBl. I 2008, 1061 umgesetzt, abrufbar unter <www.rv.hessenrecht.de>.
6 Vgl zB *Beck* in: Schwark/Zimmer, Kapitalmarktrechts-Kommentar, § 22 BörsG Rn 2.
7 *Groß*, Kapitalmarktrecht, § 22 BörsG Rn 4.

Abschnitt 2
Börsenhandel und Börsenpreisfeststellung

§ 23 Zulassung von Wirtschaftsgütern und Rechten

(1) ¹Wirtschaftsgüter und Rechte, die an der Börse gehandelt werden sollen und nicht zum Handel im regulierten Markt zugelassen oder in den regulierten Markt oder in den Freiverkehr einbezogen sind, bedürfen der Zulassung zum Handel durch die Geschäftsführung. ²Vor der Zulassung zum Handel hat der Börsenrat Geschäftsbedingungen für den Handel an der Börse zu erlassen. ³Das Nähere regeln die Artikel 36 und 37 der Verordnung (EG) Nr. 1287/2006 der Kommission vom 10. August 2006 zur Durchführung der Richtlinie 2004/39/EG des Europäischen Parlaments und des Rates betreffend die Aufzeichnungspflichten für Wertpapierfirmen, die Meldung von Geschäften, die Markttransparenz, die Zulassung von Finanzinstrumenten zum Handel und bestimmte Begriffe im Sinne dieser Richtlinie (ABl. EU Nr. L 241 S. 1) und die Börsenordnung.

(2) ¹Unbeschadet des Absatzes 1 hat die Geschäftsführung vor der Zulassung von Derivaten zum Handel die Kontraktspezifikationen festzusetzen. ²Diese müssen so ausgestaltet sein, dass ein ordnungsgemäßer Börsenhandel und eine wirksame Börsengeschäftsabwicklung möglich sind. ³Absatz 1 Satz 3 gilt entsprechend.

§ 23 enthält allgemeine Vorgaben für die Zulassung von Wirtschaftsgütern und Rechten zum Börsenhandel. Die Begriffe „Wirtschaftsgüter" und „Rechte" werden nicht legal definiert, jedoch im Allgemeinen sehr weit verstanden. Der Definitionskatalog aus § 2 Abs. 2 WpHG gibt einen Anhaltspunkt, ist jedoch nicht abschließend. Erfasst sein sollen nicht nur Finanz- und Warentermingeschäfte, sondern zB auch Kassageschäfte in Waren wie Strom.[1] § 23 ordnet zum einen an, dass alle Wirtschaftsgüter und Rechte, die an der Börse gehandelt werden sollen, zuvor einer Zulassung bedürfen. Hierdurch wird die Organisationshoheit der Börse betont. Zugleich werden Zweifel über die Zulässigkeit des Handels bestimmter Güter an einer Börse vermieden, da dem Handel in jedem Fall ein formeller Zulassungsakt vorausgehen muss.[2] Zum anderen weist S. 1 die Entscheidung über die Zulassung – in Übereinstimmung mit den entsprechenden Regelungen für die Zulassung im regulierten Markt (§ 32) oder die Einbeziehung in den regulierten Markt oder den Freiverkehr (§ 48 sowie die jeweiligen Freiverkehrsrichtlinien der Börsen) – der Geschäftsführung der Börse zu. Praktische Relevanz hat die Vorschrift gerade bei der Zulassung von Produkten an der European Energy Exchange in Leipzig, der Eurex und der Warenterminbörse in Hannover.[3]

Wenn die Voraussetzungen vorliegen, erfolgt die Zulassung von Amts wegen durch Verwaltungsakt durch die Börsengeschäftsführung. Die Geschäftsführung verfügt über die erforderliche Sachkompetenz, um zu beurteilen, ob sich die Wirtschaftsgüter oder Rechte, deren Zulassung in Frage steht, zum Börsenhandel eignen und ob zu erwarten ist, dass ein funktionsfähiger Markt gebildet werden kann. S. 2 enthält das Erfordernis einer Festsetzung der Geschäftsbedingungen durch den Börsenrat vor Zulassung der Wirtschaftsgüter oder Rechte. Hierdurch wird sichergestellt, dass vor Aufnahme des Handels dessen Rahmenbedingungen für die Beteiligten feststehen. Die näheren Regelungen, beispielsweise über das Verfahren und die Voraussetzungen der Erteilung der Zulassung, bleiben nach S. 3 der Börsenordnung vorbehalten, um den Börsen die Möglichkeit zu geben, flexibel praxisnahe Verfahrensregelungen zu entwickeln, die den Bedürfnissen der Praxis am ehesten entsprechen. Diese Befugnis wird jedoch begrenzt durch die sich aus Artt. 36 und 37 der Durchführungsverordnung zur Finanzmarktrichtlinie ergebenden Regelungen, welche die Kriterien für die Zulassung von Organismen für gemeinsame Anlagen (Investmentanteile und geschlossene Fonds) sowie Derivate regeln. Hinsichtlich der gemeinsamen Anlagen (vgl. Art. 36 der Durchführungsverordnung) hat Geschäftsführung dabei zu prüfen, ob die erforderlichen Vertriebserlaubnisse vorliegen und Streuung, Liquidität und Bewertung des jeweiligen Produkts den Anforderungen an einen börsenmäßigen Handel entspricht.[4]

Auch wenn sich dies nicht ausdrücklich aus § 23 ergibt, kann die Zulassung nach den allgemeinen Regelungen (§§ 48, 49 VwVfG) zurückgenommen bzw widerrufen werden.[5] Rücknahme oder Widerruf der Zulassung führen zum Verlust der Erlaubnis zur Benutzung der Börseneinrichtungen, machen den Handel in den Wirtschaftsgütern oder Waren aber nicht zu einem verbotenen Handel.

---

[1] Beck in: Schwark/Zimmer, Kapitalmarktrechts-Kommentar, § 23 BörsG Rn 2.
[2] RegBegr. zum Vierten Finanzmarktförderungsgesetz, BT-Drucks. 14/8017, S. 76.
[3] Beck in: Schwark/Zimmer, Kapitalmarktrechts-Kommentar, § 23 BörsG Rn 2; Groß, Kapitalmarktrecht, § 23 BörsG Rn 2.
[4] Vgl auch Beck in: Schwark/Zimmer, Kapitalmarktrechts-Kommentar, § 23 BörsG Rn 4.
[5] So auch Groß, Kapitalmarktrecht, § 23 BörsG Rn 4.

4 Abs. 2 beinhaltet eine den Abs. 1 ergänzende Vorschrift für Derivate. Zur Schaffung von Rechtsklarheit und zur Umsetzung von Art. 40 Abs. 2 der Finanzmarktrichtlinie wird die Geschäftsführung dazu verpflichtet, für Derivate vor der Zulassung zum Handel ausreichende Kontraktspezifikationen festzulegen, die den europarechtlichen Anforderungen genügen. Durch den Verweis auf Abs. 1 S. 3 iVm Art. 37 der Durchführungsverordnung zur Finanzmarktrichtlinie ergibt sich, dass verschiedene Kriterien zu beachten sind: zB die Klarheit der Bedingungen des jeweiligen Kontrakts, die Verfügbarkeit eines verlässlichen und öffentlich verfügbaren Preises für den Basiswert, ausreichende öffentliche Informationen zum Bewertungsverfahren des Derivats, die Regelung der Hebelwirkung des Derivats im Verhältnis zur Wertentwicklung des Basiswerts sowie die Möglichkeit der Lieferung des Basiswertes an Stelle der Erfüllung durch Barausgleich.[6]

§ 24 Börsenpreis

(1) ¹Preise, die während der Börsenzeit an einer Börse festgestellt werden, sind Börsenpreise. ²Satz 1 gilt auch für Preise, die während der Börsenzeit im Freiverkehr an einer Wertpapierbörse festgestellt werden.

(2) ¹Börsenpreise müssen ordnungsmäßig zustande kommen und der wirklichen Marktlage des Börsenhandels entsprechen. ²Soweit in § 30 nichts anderes bestimmt ist, müssen den Handelsteilnehmern insbesondere Angebote zugänglich und die Annahme der Angebote möglich sein. ³Bei der Ermittlung des Börsenpreises können auch Preise einer anderen Börse, eines organisierten Marktes mit Sitz im Ausland oder eines multilateralen Handelssystems im Sinne des § 2 Abs. 3 Satz 1 Nr. 8 des Wertpapierhandelsgesetzes berücksichtigt werden.

(2 a) ¹Die Börse hat geeignete Vorkehrungen zu treffen, um auch bei erheblichen Preisschwankungen eine ordnungsgemäße Ermittlung des Börsenpreises sicherzustellen. ²Geeignete Vorkehrungen im Sinne des Satzes 1 sind insbesondere kurzfristige Änderungen des Marktmodells und kurzzeitige Volatilitätsunterbrechungen unter Berücksichtigung statischer oder dynamischer Preiskorridore oder Limitsysteme der mit der Preisfeststellung betrauten Handelsteilnehmer.

(3) ¹Soweit in § 31 nichts anderes bestimmt ist, müssen Börsenpreise und die ihnen zugrunde liegenden Umsätze den Handelsteilnehmern unverzüglich und zu angemessenen kaufmännischen Bedingungen in leicht zugänglicher Weise bekannt gemacht werden, es sei denn, es erscheint eine verzögerte Veröffentlichung im Interesse der Vermeidung einer unangemessenen Benachteiligung der am Geschäft Beteiligten notwendig. ²Das Nähere regelt die Börsenordnung. ³Die Börsenordnung kann auch festlegen, dass vor Feststellung eines Börsenpreises den Handelsteilnehmern zusätzlich der Preis des am höchsten limitierten Kaufauftrags und des am niedrigsten limitierten Verkaufsauftrags zur Kenntnis gegeben werden muss.

(4) Geschäfte, die zu Börsenpreisen geführt haben, sind bei der Eingabe in das Geschäftsabwicklungssystem der Börse besonders zu kennzeichnen.

1 Abs. 1 wurde aufgrund der durch die Finanzmarktrichtlinie eingeführten Neuregelungen zur Vor- und Nachhandelstransparenz in Aktien und Zertifikaten, die Aktien vertreten, neu gefasst. Die ordnungsmäße, durch die Börsenaufsicht überwachte Bildung von Börsenpreisen ist eines der wichtigsten Qualitätsmerkmale einer Börse. Börsenpreise sind daher (staatlicherseits) überwachte Preise, bei denen die Börsenaufsicht die Gewähr für die Einhaltung bestimmter Regeln hinsichtlich ihres Zustandekommens übernimmt.[1] § 24 soll das Vertrauen der Anleger in die Fairness des Handels und der Preisfindung an der Börse gewährleisten und damit auch die internationale Wettbewerbsfähigkeit der deutschen Börsen sichern. Die Existenz eines „Börsenpreises" wird in einer Reihe gesetzlicher Vorschriften als Voraussetzung für eine gesonderte Behandlung genannt, so bei der Pfandverwertung im Wege des freihändigen Verkaufs oder durch öffentliche Versteigerung, §§ 1221, 1235 Abs. 2, 1295 BGB, 821 ZPO, beim Fixhandelskauf, § 376 Abs. 2 und 3 HGB und in der Insolvenz, § 104 InsO, Art 105 EGInsO.

2 Börsenpreise sind alle Preise, die während der Börsenzeit an einer Börse festgestellt werden. Dies gilt gemäß Abs. 1 S. 2 auch für Preise, die während der Börsenzeit im Freiverkehr an einer Wertpapierbörse festgestellt werden; wobei das Ergebnis der Ermittlung im Freiverkehr ein ausschließlich dem Privatrecht zuzuordnender Börsenpreis ist. Anders als die Vorgängervorschrift (§ 11 aF) unterscheidet § 24 bei der Definition des Börsenhandels nicht mehr zwischen den beiden Handelsarten des elektronischen Handels und des Präsenzhandels. Damit kommt es zu einer vollständigen rechtlichen Gleichstellung der im Präsenzhandel ermittel-

---

6 Vgl auch Beck in: Schwark/Zimmer, Kapitalmarktrechts-Kommentar, § 23 BörsG Rn 5.

1 Jütten, Die Bank 1993, 606; Beck in: Schwark/Zimmer, Kapitalmarktrechts-Kommentar, § 24 BörsG Rn 1; Groß, Kapitalmarktrecht, § 24 BörsG Rn 1 a.

ten Preise mit den in einem elektronischen Handelssystem ermittelten Preise, wie sie bereits seit dem vierten Finanzmarktförderungsgesetz vorgesehen ist.[2] Die Definition der Börsenpreise in Abs. 1 dient zweierlei Zielen: Zum einen sollen Qualitätsstandards für das Zustandekommen der Börsenpreise festgelegt werden. Zum anderen wird damit das vom Gesetzgeber besonders hervorgehobene Ziel verfolgt, Anknüpfungspunkte für eine effiziente und umfassende Überwachung des Zustandekommens der Börsenpreise durch die Börsenaufsichtsbehörde und die Handelsüberwachungsstelle zu schaffen (Abs. 2).[3]

Seit Inkrafttreten des Vierten Finanzmarktförderungsgesetzes werden an einer Wertpapierbörse im regulierten Markt Preise nicht mehr zwingend durch Kursmakler oder Börsenmakler festgestellt, sondern eine Ermittlung des Börsenpreises kann nach Wahl der Börse zum einen durch die Bildung der Börsenpreise im elektronischen Handel erfolgen oder durch die Preisfeststellung durch Skontroführer. Ferner hat das vierte Finanzmarktförderungsgesetz die in § 29 aF geregelte amtliche Feststellung des Börsenpreises als Akt öffentlichen Rechts aufgehoben und die Kopplung von Zulassung und Preisfeststellung in einem speziellen Marktsegment aufgegeben.[4]

Gemäß **Abs. 2 S. 1** müssen Börsenpreise **ordnungsmäßig zustande kommen** und der **wirklichen Marktlage** des Börsenhandels entsprechen. Ein ordnungsmäßiges Zustandekommen des Börsenpreises ist dann gegeben, wenn die Preisbildung dem dafür durch Gesetz, Börsenordnung und Geschäftsbedingungen der einzelnen Wertpapierbörsen vorgegebenen förmlichen Verfahren entspricht.[5] Mangels gesetzlicher Definition ist nicht eindeutig, was unter dem Begriff der Marktlage zu verstehen ist.[6] Allerdings ähnelt die Norm nach Wortlaut und Zweck § 29 Abs. 3 aF idF vor dem Vierten Finanzmarktförderungsgesetz, nach dem als Börsenpreis derjenige Preis festzustellen war, welcher der wirklichen Geschäftslage des Verkehrs an der Börse entsprach. Das darin enthaltene sog. Meistausführungsprinzip besagt, dass als Börsenpreis derjenige Preis festzustellen ist, zu dem der größtmögliche Umsatz abgewickelt werden konnte, bei dem sich darüber hinaus sämtliche unlimitierte Aufträge sowie alle über dem festzustellenden Börsenpreis limitierten Aufträge bzw alle unter dem festzustellenden Börsenpreis limitierten Verkaufsaufträge ausführen ließen. Ein nach diesem Prinzip festgestellter Börsenpreis, zu dem die meisten Aufträge erledigt werden können, entspricht auch der wirklichen Marktlage des Börsenhandels iSd der Vorschrift.[7] Die genaue Ausgestaltung der Anforderungen an die Preisermittlung ist der jeweiligen Börsenordnung vorbehalten. Nach Einstellung des Präsenzhandels an der Frankfurter Wertpapierbörse wird in § 83 der Börsenordnung der FWB klargestellt, dass die Börsenpreise durch das Handelssystem ermittelt werden. Nach Tabelle 1 des Anhang II der Verordnung (EG) Nr. 1287/2006 kommen grundsätzlich vier verschiedene Handelssysteme in Betracht: Beim Orderbuch-Handelssystem werden Kauf- und Verkaufsorder mittels Orderbuch und Handelsalgorithmus zusammengeführt. Beim Auktionssystem werden Aufträge auf der Grundlage einer periodischen Auktion und eines Handelsalgorithmus ausgeführt. Das Market-Maker-System zeichnet sich dadurch aus, dass Geschäfte auf der Basis verbindlicher Kursofferten, die vom Market Maker[8] zur Verfügung gestellt werden, abgewickelt werden. Der „Market-Maker" ist verpflichtet, jederzeit für die von ihm betreuten Wertpapiere verbindliche Geld-(Ankauf) und Briefkurse (Verkauf) bei vorgegebenen Maximalspannen zwischen Geld und Brief zu stellen, um dadurch kontinuierliche Handelsmöglichkeiten für alle Marktteilnehmer zu schaffen. Schließlich gibt es noch hybride Handelssysteme, bei denen zwei oder drei der oben genannten Preisfindungsmechanismen miteinander kombiniert werden.

Im Interesse einer ordnungsgemäßen Preisbildung müssen bei der Ermittlung des Börsenpreises **Transparenz, Chancengleichheit und Nachvollziehbarkeit** gewährleistet sein. Insoweit ist in **Abs. 2 S. 2** geregelt, dass den Handelsteilnehmern die Angebote zugänglich gemacht werden müssen und die Annahme der Angebote möglich sein muss. Gemünzt auf den konkreten Ablauf des Börsenhandels folgt daraus, dass alle Handelsteilnehmer auf die zu einem bestimmten Zeitpunkt in einem bestimmten Wertpapier oder Derivat vorliegenden Aufträge im elektronischen Handelssystem mit Kauf- oder Verkaufsangeboten reagieren können müssen.[9] Die Vorhandelstransparenz wird für Aktien und Aktien vertretende Zertifikate in § 30 speziell geregelt, so dass § 24 Abs. 2 S. 2 insoweit seit dem Finanzmarktrichtlinie-Umsetzungsgesetz nur von ein-

---

2 RegBegr. zum Vierten Finanzmarktförderungsgesetz, BT-Drucks. 14/8017, S. 76; *Beck* in: Schwark/Zimmer, Kapitalmarktrechts-Kommentar, § 24 BörsG Rn 8.
3 Reg.Begr. zum Finanzmarktrichtlinie-Umsetzungsgesetz, BT-Drucks. 16/4028, S. 94; *Beck* in: Schwark/Zimmer, Kapitalmarktrechts-Kommentar, § 24 BörsG Rn 1; *Groß*, Kapitalmarktrecht, § 24 BörsG Rn 5.
4 Bei Wertpapierbörsen war ausdrücklich geregelt, dass es keine amtliche Preisfeststellung mehr gibt. Die spezielle Qualifikation als „amtlicher Kurs" erhielt ein Börsenpreis durch die Festsetzung durch einen Kursmakler bzw die Börsengeschäftsführung in amtlicher Funktion, vgl *Groß*, Kapitalmarktrecht, § 24 BörsG Rn 2.
5 *Groß*, Kapitalmarktrecht, § 24 BörsG Rn 2; *Beck* in: Schwark/Zimmer, Kapitalmarktrechts-Kommentar, § 24 BörsG Rn 16.
6 Durch Beschluss des Finanzausschusses wurde in § 24 Abs. 2 S. 1 BörsG die Klarstellung eingefügt, dass Börsenpreise der wirklichen Marktlage des Börsenhandels entsprechen müssen, vgl BT-Drucks. 14/8600, S. 31.
7 *Groß*, Kapitalmarktrecht, § 24 BörsG Rn 7; *Beck* in: Schwark/Zimmer, Kapitalmarktrechts-Kommentar, § 24 BörsG Rn 22.
8 Vgl dazu *Baumbach/Hopt*, HGB, § 24 BörsG Rn 7.
9 *Beck* in: Schwark/Zimmer, Kapitalmarktrechts-Kommentar, § 24 BörsG Rn 17.

geschränkter Bedeutung ist. Detailregelungen für die Vorhandelstransparenz enthalten die – auch in Deutschland unmittelbar geltenden – Artt. 17 ff der Verordnung (EG) Nr. 1287/2006.

6 Gemäß **Abs. 2 S. 3** können bei der Ermittlung des Börsenpreises auch Preise einer anderen inländischen Börse, eines ausländischen organisierten Marktes oder eines multilateralen Handelssystems nach § 2 Abs. 3 S. 1 Nr. 8 WpHG berücksichtigt werden. Mit dieser Vorschrift soll dem an kleineren Börsen und Nebenbörsen auftretenden Problem begegnet werden, dass oftmals aufgrund zu geringer Liquidität bei Berücksichtigung nur der Marktlage an der einzelnen Börse nicht marktgerechte Preise zustande kommen. Bereits vor Erlass der Vorschrift hatte sich die Praxis entwickelt, bei der Preisermittlung die Preisbildung am jeweiligen inländischen oder ausländischen Hauptmarkt als Referenz heranzuziehen.[10] Mit Erlass der Regelung wird dieser Praxis die rechtliche Legitimation erteilt. In besonderen Fällen kann aus der Vorschrift auch eine Pflicht zur Berücksichtigung erwachsen.[11] Dies ist etwa dann der Fall, wenn die wesentliche Liquidität in einem Wertpapier an einer anderen Börse vorhanden ist, was etwa bei Auslandswerten häufig der Fall sein dürfte.

7 Der durch Art. 1 des Hochfrequenzhandelsgesetzes[12] neu ins Gesetz eingefügte Abs. 2a verpflichtet die Börsen, soweit dies nicht bereits schon freiwillig geschehen ist, in ihren Börsenordnungen geeignete Vorkehrungen zu treffen, um auch im Falle von Marktturbulenzen eine ordnungsgemäße Preisfeststellung sicherzustellen. Als geeignete Maßnahmen nennt S. 2 exemplarisch kurzfristige Änderungen des Marktmodells, kurzzeitige Volatilitätsunterbrechungen und Limitsysteme von Market Makern.

8 **Abs. 3** regelt die Nachhandelstransparenz im Börsenhandel, soweit dies nicht bereits speziell im Bereich der Aktien und der Zertifikate, die Aktien vertreten, in § 31 erfolgt. Die Veröffentlichung hat dabei, in Umsetzung von Art. 40 Abs. 3 der Finanzmarktrichtlinie, in leicht zugänglicher Weise zu erfolgen. Ferner ist es Börsen möglich, die festgestellten Preise separat von den Gebührentatbeständen des § 17 zu angemessenen kaufmännischen Bedingungen zu vermarkten.[13] § 31 enthält eine Spezialregelung der Nachhandelstransparenz für Aktien und Aktien vertretende Zertifikate.

9 **Abs. 4** statuiert eine besondere Kennzeichnungspflicht bei der Eingabe von Börsenpreisen in das Geschäftsabwicklungssystem der Börse. Ziel dieser Vorschrift ist eine deutliche Abgrenzung zu Preisen, die im Direkthandel vor der Maklerschranke oder im außerbörslichen Handel zustande kommen. Bei diesen Preisen fehlt es an einer vergleichbaren Transparenz und Überwachung.[14]

§ 25 Aussetzung und Einstellung des Handels

(1) ¹Die Geschäftsführung kann den Handel von Wirtschaftsgütern oder Rechten
1. aussetzen, wenn ein ordnungsgemäßer Börsenhandel zeitweilig gefährdet oder wenn dies zum Schutz des Publikums geboten erscheint; und
2. einstellen, wenn ein ordnungsgemäßer Börsenhandel nicht mehr gewährleistet erscheint.

²Die Geschäftsführung unterrichtet die Börsenaufsichtsbehörde und die Bundesanstalt unverzüglich über Maßnahmen nach Satz 1. ³Sie ist verpflichtet, diese Maßnahmen zu veröffentlichen. ⁴Nähere Bestimmungen über die Veröffentlichung sind in der Börsenordnung zu treffen.

(2) Widerspruch und Anfechtungsklage gegen die Aussetzung des Handels haben keine aufschiebende Wirkung.

(3) Für Maßnahmen nach Artikel 23 Absatz 1 der Verordnung (EU) Nr. 236/2012 gelten Absatz 1 Satz 2 und Absatz 2 entsprechend.

1 **Abs. 1 S. 1 Nr. 1** ermöglicht der Geschäftsführung die Aussetzung als zeitlich befristete Beendigung des Börsenhandels und damit auch der Notierung eines Wirtschaftsgutes oder Rechtes. Voraussetzung für eine Aussetzung des Handels ist, dass ein ordnungsgemäßer Börsenhandel zeitweilig gefährdet oder die Aussetzung zum Schutz des Publikums geboten erscheint. Obwohl die Formulierung des Abs. 1 S. 1 Nr. 1 insoweit wortgleich mit den Zulassungsvoraussetzungen des § 32 Abs. 3 Nr. 1 ist, bedarf es einer inhaltlichen Unterscheidung. Die Zulassungsvoraussetzungen sind nach dem Gesetzeswortlaut nur auf den Emittenten und

---

10 Vgl dazu auch *Beck* in: Schwark/Zimmer, Kapitalmarktrechts-Kommentar, § 24 BörsG Rn 17.
11 *Baumbach/Hopt*, HGB, § 24 BörsG Rn 9; *Groß*, Kapitalmarktrecht, § 24 BörsG Rn 9.
12 Gesetz zur Vermeidung von Gefahren und Missbräuchen im Hochfrequenzhandel vom 7. Mai 2013, BGBl. I 2013 S. 1162.
13 *Groß*, Kapitalmarktrecht, § 24 BörsG Rn 10; RegBegr. zum Finanzmarktrichtlinie-Umsetzungsgesetz, BT-Drucks. 16/4028, S. 86.
14 *Baumbach/Hopt*, HGB, § 24 BörsG Rn 12.

die Wertpapiere bezogen. Bei der Entscheidung über die Aussetzung steht hingegen das Funktionieren des Marktes im Vordergrund.

Eine **zeitweilige Gefährdung des ordnungsgemäßen Börsenhandels** ist anzunehmen, wenn zu erwarten ist, dass die Gefährdung nach einigen Tagen nicht mehr bestehen wird.[1] So kann beispielsweise eine Gefährdung des ordnungsmäßigen Börsenhandels bei ad-hoc-publizitätspflichtigen Ereignissen iSd § 15 Abs. 1 WpHG vorliegen, wenn diese noch nicht veröffentlicht sind.[2] Darüber hinaus kann der ordnungsgemäße Handel auch durch externe Gründe, wie wirtschaftliche und politische Krisen oder Naturkatastrophen gefährdet sein.[3] Die Gefährdung setzt eine konkrete, durch tatsächliche Umstände begründete Gefahr voraus. Eine lediglich abstrakte Befürchtung genügt nicht.[4] Eine Aussetzung zum **Schutz des Publikums** kommt auch in Betracht, wenn der Kurs nicht durch einen formal ordnungsgemäßen Börsenhandel zustande kommt, dh wenn hinsichtlich konkreter Umstände Zweifel bestehen, ob der sich aus einem Umstand ergebende Kurs tatsächlich dem Marktwert entspricht und damit die formelle Kurswahrheit nicht mehr gewährleistet ist.[5] Wird der Handel ausgesetzt, so haben die Börsengeschäftsführung und die Börsenaufsicht dafür zu sorgen, dass das Wirtschaftsgut oder Recht nicht in einem Freiverkehr gehandelt wird, da ansonsten der Schutzzweck des Abs. 1 S. 1 Nr. 1 verfehlt würde.[6] Im Verhältnis zu den Kunden von Wertpapierdienstleistungsunternehmen sind die Rechtsfolgen der Aussetzung eines Wertpapiers in Nr. 8 Abs. 2 der Sonderbedingungen für Wertpapiergeschäfte[7] geregelt. Danach erlöschen sämtliche an diesem Ausführungsplatz auszuführenden Kundenaufträge für die betreffenden Wertpapiere, sofern die Bedingungen des Ausführungsplatzes dies vorsehen.

Bei der Entscheidung über das Ob und die Dauer die Aussetzung des Handels im regulierten Markt handelt es sich um eine Ermessensentscheidung der Börsengeschäftsführung. Eine Aussetzung soll grundsätzlich nur dann erfolgen, wenn sie verhältnismäßig ist und nicht durch andere Maßnahmen vermieden werden kann.[8] Bei ihrer Entscheidung hat die Börsengeschäftsführung die Interessen des betroffenen Handels und des Emittenten zu berücksichtigen.[9]

Neben der Aussetzung eröffnet **Abs. 1 S. 1 Nr. 2** die Möglichkeit einer Einstellung des Handels. Dabei ist unter Einstellung des Handels die auf längere Sicht wirkende Beendigung des Börsenhandels und der Notierung in dem betreffenden Wertpapier zu verstehen.[10] Wegen der dauerhaften Wirkung der Einstellung (Abs. 1 S. 1 Nr. 2) sind hieran hohe Anforderungen zu stellen. Der Schutz des Publikums rechtfertigt die Einstellung nicht, wie sich aus dem Wortlaut der Vorschrift im Vergleich zu Abs. 1 S. 1 Nr. 1 ergibt. Allein entscheidend ist, dass mit hoher Wahrscheinlichkeit für längere Zeit ein ordnungsgemäßer Börsenhandel nicht mehr gewährleistet erscheint. Selbst die Eröffnung des Insolvenzverfahrens rechtfertigt für sich genommen eine Einstellung des Handels nicht. Vielmehr ist vor einer entsprechenden Entscheidung bis zu seinem Abschluss oder der Mitteilung der Vermögenslosigkeit der Gesellschaft durch das Insolvenzgericht zu warten.[11]

Abs. 1 S. 2 regelt die unverzügliche Unterrichtung der Bundesanstalt für Finanzdienstleistungsaufsicht über eine Aussetzung oder Einstellung des Handels. Dadurch wird die Überwachung der Verpflichtung zur unverzüglichen Mitteilung und Veröffentlichung kursrelevanter Tatsachen (Ad-hoc-Publizität, § 15 WpHG) und des Verbots des Insiderhandels (§ 14 WpHG) sichergestellt. **Abs. 1 S. 3** verpflichtet die Börse, die Entscheidungen der Aussetzung und Einstellung des Handels an einem geregelten Markt zu veröffentlichen. Dies war bisher nur in den Börsenordnungen geregelt und erhält nun durch die richtlinienkonforme Umsetzung eine gesetzliche Grundlage.

Nach **Abs. 2** haben Widerspruch und Anfechtungsklage gegen eine Aussetzungsentscheidung der Börsengeschäftsführung keine aufschiebende Wirkung. Dies erklärt sich daraus, dass es sich bei der Entscheidung über eine Aussetzung meist um eine Reaktion auf eine plötzlich auftretende Situation handelt, die von der

---

1 So löste etwa ein zu früh veröffentlichter lückenhafter Quartalsbericht von Google einen starken Kursverlust aus, woraufhin die FBW den Handel vom 18. auf den 19.12.2012 aussetzte, siehe Bekanntmachungen der FWB, im Internet veröffentlicht unter <www.boerse-frankfurt.de/de/statistiken>.
2 *Beck* in: Schwark/Zimmer, Kapitalmarktrechts-Kommentar, § 25 BörsG Rn 6 f; *Groß*, Kapitalmarktrecht, § 25 BörsG Rn 5, der jedoch zugleich annimmt, dass in der heutigen Zeit moderner Kommunikationsmittel aufgrund der Schnelligkeit der Informationsverbreitung nicht mehr infrage kommen wird; vgl *Groß*, Kapitalmarktrecht, § 25 BörsG Rn 6.
3 So verfügte die FWB etwa nach den Terroranschlägen am 11. September eine Aussetzung des Handels in amerikanischen Aktien, ausführlich dazu *Jaskulla*, WM 2002, 1093, 1104.
4 So auch *Beck* in: Schwark/Zimmer, Kapitalmarktrechts-Kommentar, § 25 BörsG Rn 4.
5 LG Hamburg WM 1989, 336, 338, zu der umstrittenen Frage, ob der Schutz des Publikums die Aussetzung auch dann erfordern kann, wenn zwar der Kurs formal ordnungsgemäß zustande kommt und auch keine technischen Gründe vorliegen, doch die Interessen des Publikums aus anderen Gründen beeinträchtigt sind.
6 *Beck* in: Schwark/Zimmer, Kapitalmarktrechts-Kommentar, § 25 BörsG Rn 12.
7 Abgedr. in WM 2007, 1768.
8 *Groß*, Kapitalmarktrecht, § 25 Rn 7.
9 *Groß*, Kapitalmarktrecht, § 25 Rn 11.
10 *Groß*, Kapitalmarktrecht, § 25 BörsG Rn 8.
11 Ausführlich dazu *Grub/Streit*, BB 2004, 1397 ff.

Geschäftsführung ein schnelles Handeln mit sofortiger Wirkung zur Sicherung des ordnungsgemäßen Börsenhandels verlangt. Da Abs. 2 nur die Aussetzung nennt, haben Widerspruch und Anfechtungsklage gegen eine Einstellungsentscheidung der Börsengeschäftsführung aufschiebende Wirkung.

7 **Abs. 3**, eingefügt durch das EU-Leerverkaufs-Ausführungsgesetz,[12] betrifft die befristete Beschränkung des Leerverkaufs von Finanzinstrumenten bei signifikantem Kursverfall nach Art. 23 der Verordnung (EU) Nr. 236/2012. Wegen der größeren Sachnähe bestimmt § 15 Abs. 5a, als Ausnahme von der grundsätzlichen Zuständigkeit der Bundesanstalt für Finanzdienstleistungsaufsicht, dass die jeweilige Börsengeschäftsführung die zuständige Behörde iSd Art. 23 der Verordnung (EU) Nr. 236/2012 ist.[13] Die Verweisung auf Abs. 1 S. 2 verpflichtet die Börsengeschäftsführung die Börsenaufsichtsbehörde und die Bundesanstalt unverzüglich über getroffene Maßnahmen zu informieren. Der Verweis auf Abs. 2 stellt hingegen sicher, dass die Maßnahmen sofort vollziehbar sind.[14]

§ 26 Verleitung zu Börsenspekulationsgeschäften

(1) Es ist verboten, gewerbsmäßig andere unter Ausnutzung ihrer Unerfahrenheit in Börsenspekulationsgeschäften zu solchen Geschäften oder zur unmittelbaren oder mittelbaren Beteiligung an solchen Geschäften zu verleiten.

(2) Börsenspekulationsgeschäfte im Sinne des Absatzes 1 sind insbesondere
1. An- oder Verkaufsgeschäfte mit aufgeschobener Lieferzeit, auch wenn sie außerhalb einer inländischen oder ausländischen Börse abgeschlossen werden, und
2. Optionen auf solche Geschäfte,

die darauf gerichtet sind, aus dem Unterschied zwischen dem für die Lieferzeit festgelegten Preis und dem zur Lieferzeit vorhandenen Börsen- oder Marktpreis einen Gewinn zu erzielen.

1 Börsenspekulationsgeschäfte sind An- oder Verkaufsgeschäfte, die deshalb abgeschlossen werden, um aus Preisunterschieden zwischen dem Abschluss des Geschäfts und dem Zeitpunkt der Lieferung einen Gewinn zu erzielen. Ein Güteraustausch findet nicht statt.[1] Der nicht abschließende Abs. 2 umschreibt den Begriff des Börsenspekulationsgeschäfts in Anlehnung an § 764 BGB aF.[2] § 26 erfasst Spekulationsgeschäfte im Übrigen unabhängig davon, ob sie an einer Börse abgeschlossen werden oder mit einem Terminmarkt an der Börse in Verbindung stehen.[3] Nicht zu den Börsenspekulationsgeschäften gehören Preissicherungsgeschäfte (sog. Hedgegeschäfte).[4]

2 Ein Verstoß gegen die Verbotsnorm des § 26 setzt voraus, dass der Täter einen anderen gewerbsmäßig unter Ausnutzung seiner Unerfahrenheit zum Spekulationsgeschäft verleitet. Unter Verleiten ist dabei eine erfolgreiche Willensbeeinflussung iS einer kausalen Einwirkung zu verstehen, wobei es nicht auf den Einsatz unlauterer Mittel ankommt.[5] Das Verleiten hat unter Ausnutzung der Unerfahrenheit des anderen zu erfolgen. Unerfahrenheit liegt immer dann vor, wenn es dem Verleiteten an geschäftlicher Einsicht und Erfahrung fehlt, die Tragweite seines Handelns in Bezug auf das jeweilige Börsenspekulationsgeschäft richtig beurteilen zu können.[6] Schließlich muss die Verleitung gewerbsmäßig erfolgen. Gewerbsmäßig handelt, wer die Absicht hat, sich durch die wiederholte Begehung eine fortlaufende Einnahmequelle von einiger Dauer und einigem Umfang zu verschaffen, wobei gewerbsmäßiges Handeln schon beim ersten Mal vorliegen kann.[7] In subjektiver Hinsicht erfordert ein Verstoß Vorsatz. Dabei muss der Vorsatz das Wissen umfassen,

---

12 Gesetz zur Ausführung der Verordnung (EU) Nr. 236/2012 des Europäischen Parlaments und des Rates vom 14. März 2012 über Leerverkäufe und bestimmte Aspekte von Credit Default Swaps (BGBl. I 2012 S. 2286).

13 RegBegr. zum EU-Leerverkaufs-Ausführungsgesetz, BT-Drucks. 17/9665, S. 9.

14 RegBegr. zum EU-Leerverkaufs-Ausführungsgesetz, BT-Drucks. 17/9665, S. 9.

1 *Schwark* in: Schwark/Zimmer, Kapitalmarktrechts-Kommentar, § 26 BörsG Rn 3. Die Absicht des Handelnden ist stets darauf gerichtet, eine Preisdifferenz als Gewinn abzuziehen, vgl RegBegr. zum Entwurf eines Zweiten Gesetzes zur Bekämpfung der Wirtschaftskriminalität, BT-Drucks. 10/318, S. 46.

2 § 764 BGB aufgeh. mit Wirkung vom 1.7. 2002 durch das Vierte Finanzmarktförderungsgesetz.

3 RegBegr. zum Entwurf eines Zweiten Gesetzes zur Bekämpfung der Wirtschaftskriminalität, BT-Drucks. 10/318, S. 47.

4 Bei Hedgegeschäften wird zu einem risikobehafteten Geschäft gleichzeitig ein komplementär wirkendes, ebenso risikoreiches Gegengeschäft abgeschlossen. Eine Gesamtbetrachtung ergibt, dass das Termingeschäft nicht der Erzielung einer Preisdifferenz dient, sondern der Möglichkeit der Saldierung mit anderweitigen Verlusten, vgl RegBegr. zum Entwurf eines Zweiten Gesetzes zur Bekämpfung der Wirtschaftskriminalität, BT-Drucks. 10/318, S. 47; *Schwark* in: Schwark/Zimmer, Kapitalmarktrechts-Kommentar, § 26 BörsG Rn 3.

5 *Schwark* in: Schwark/Zimmer, Kapitalmarktrechts-Kommentar, § 26 BörsG Rn 4; *Groß*, Kapitalmarktrecht, § 26 Rn 3; *Baumbach/Hopt*, HGB, § 26 BörsG Rn 1.

6 BGHSt 13, 233; OLG Düsseldorf, WM 1989, 175, 179 f; *Schwark* in: Schwark/Zimmer, Kapitalmarktrechts-Kommentar, § 26 BörsG Rn 6; *Groß*, Kapitalmarktrecht, § 26 Rn 4; MüKo-StGB/*Bröker*, § 26 BörsG Rn 18.

7 MüKo-StGB/*Bröker*, § 26 BörsG Rn 16.

dass der Verleitete unter Ausnutzung seiner Unerfahrenheit wirtschaftlich benachteiligt wird.[8] Dieses Wissen muss bereits zu Beginn der Geschäftstätigkeit vorliegen.[9] Die Verleitung zu einem Börsenspekulationsgeschäft bzw zu einer Beteiligung hieran ist nach § 49 strafbewehrt (vgl dort). Ferner handelt es sich bei § 26 um ein Schutzgesetz iSv § 823 Abs. 2 BGB,[10] Insoweit ist es dem Verleiteten möglich, Schadensersatzansprüche geltend zu machen.

§ 26 a Order-Transaktions-Verhältnis

[1]Die Handelsteilnehmer sind verpflichtet, ein angemessenes Verhältnis zwischen ihren Auftragseingaben, -änderungen und -löschungen und den tatsächlich ausgeführten Geschäften (Order-Transaktions-Verhältnis) zu gewährleisten, um Risiken für den ordnungsgemäßen Börsenhandel zu vermeiden. [2]Das Order-Transaktions-Verhältnis ist dabei jeweils für ein Finanzinstrument und anhand des zahlenmäßigen Volumens der jeweiligen Aufträge und Geschäfte innerhalb eines Monats zu bestimmen. [3]Ein angemessenes Order-Transaktions-Verhältnis liegt insbesondere dann vor, wenn dieses auf Grund der Liquidität des betroffenen Finanzinstruments, der konkreten Marktlage oder der Funktion des handelnden Unternehmens wirtschaftlich nachvollziehbar ist. [4]Die Börsenordnung muss nähere Bestimmungen zum angemessenen Order-Transaktions- Verhältnis für bestimmte Gattungen von Finanzinstrumenten treffen.

§ 26 a wurde durch Art. 1 des Gesetzes zur Vermeidung von Gefahren und Missbräuchen im Hochfrequenzhandel (Hochfrequenzhandelsgesetz) neu ins Gesetz eingefügt.[1] Die Vorschrift soll verhindern, dass durch Handelsteilnehmer (§ 3 Abs. 4 S. 1) massenhafte Orders ohne echte Handelsabsicht eingestellt werden, die in kürzester Zeit wieder storniert werden.[2] Ziel dieser insbesondere von Hochfrequenzhändlern verfolgten Strategie ist es, allein durch die Ordereinstellungen die Preise in die gewünschte Richtung zu bewegen und dadurch Gewinne zu generieren.[3] Durch diese Kursmanipulationen entstehen unerwünschte Risiken für den ordnungsgemäßen Börsenhandel, die der Gesetzgeber mit der Regelung des § 26 a einzudämmen versucht.[4]

§ 26 a statuiert die Pflicht des Handelsteilnehmers, ein angemessenes Verhältnis zwischen Aufträgen und tatsächlich ausgeführten Geschäften zu gewährleisten. Dieses sogenannte Order-Transaktions-Verhältnis ist dabei gem. S. 2 jeweils für ein Finanzinstrument und anhand des zahlenmäßigen Volumens der jeweiligen Aufträge und Geschäfte innerhalb eines Referenzzeitraumes von einem Monat zu bestimmen. Die nicht abschließende Kriterien des S. 3 liefert Indizien dafür, wann von einem angemessenen Order-Transaktions-Verhältnis und damit einer echten Handelsabsicht beim Handelsteilnehmer ausgegangen werden kann. So ist bei der Beurteilung der Angemessenheit zu berücksichtigen, ob das Order-Transaktions-Verhältnis aufgrund der Liquidität des betroffenen Finanzinstruments, der konkreten Marktlage oder der Funktion des handelnden Unternehmens wirtschaftlich nachvollziehbar ist.

S. 4 verpflichtet die Börsen, in der jeweiligen Börsenordnung nähere Bestimmungen zum angemessenen Order-Transaktions- Verhältnis für bestimmte Gattungen von Finanzinstrumenten zu treffen. Durch diese Konkretisierungsmöglichkeit, von der die Frankfurter Wertpapierbörse etwa in § 72 b ihrer Börsenordnung Gebrauch gemacht hat[5], soll die Möglichkeit geschaffen werden, die unterschiedliche Liquidität von Finanzinstrumenten, die Belange von Liquiditätsspendern und die konkrete Marktlage ausreichend zu berücksichtigen.[6]

Bei § 26 a handelt es sich um eine Verbotsnorm, deren Einhaltung von den Handelsüberwachungsstellen gemäß § 7 zu überwachen sind. Ein Verstoß kann mit einem Ruhen oder einem Widerruf der Zulassung geahndet werden. Gleichzeitig besteht auch die Möglichkeit der Verhängung einer Sanktion durch den Sanktionsausschuss gemäß § 22.

---

8 *Schwark* in: Schwark/Zimmer, Kapitalmarktrechts-Kommentar, § 26 BörsG Rn 7.
9 MüKo-StGB/*Bröker*, § 26 BörsG Rn 24.
10 *Schwark* in: Schwark/Zimmer, Kapitalmarktrechts-Kommentar, § 26 BörsG Rn 8.
1 Gesetz zur Vermeidung von Gefahren und Missbräuchen im Hochfrequenzhandel vom 7. Mai 2013, Bundesgesetzblatt 2013, Nr. 23, S. 1162.
2 Siehe dazu Gesetzesentwurf der BReg, BT-Drucks. 17/11631, S. 16.
3 *Schultheiß*, WM 2013, 596, 598.
4 Gesetzesentwurf der BReg, BT-Drucks. 17/11631, S. 16.
5 Börsenordnung der Frankfurter Wertpapierbörse, Stand: 28.10.2013, abrufbar unter <www.deutsche-boerse.com>.
6 Gesetzesentwurf der BReg, BT-Drucks. 17/11631, S. 16.

§ 26 b Mindestpreisänderungsgröße

¹Die Börse ist verpflichtet, eine angemessene Größe der kleinstmöglichen Preisänderung bei den gehandelten Finanzinstrumenten festzulegen, um negative Auswirkungen auf die Marktintegrität und -liquidität zu verringern. ²Bei der Festlegung der Mindestgröße nach Satz 1 ist insbesondere zu berücksichtigen, dass diese den Preisfindungsmechanismus und das Ziel eines angemessenen Order-Transaktions-Verhältnisses im Sinne des § 26 a nicht beeinträchtigt. ³Nähere Bestimmungen kann die Börsenordnung treffen.

1 Der durch Art. 1 des Gesetzes zur Vermeidung von Gefahren und Missbräuchen im Hochfrequenzhandel[1] eingefügte § 26 b, der im Zusammenhang mit § 26 a zu verstehen ist[2], verpflichtet die Börsen zur Festlegung einer angemessenen Größe von Mindestpreisänderungen bei den gehandelten Finanzinstrumenten. Die gesetzgeberische Intention dieser Regelung ist, den in der Vergangenheit zu beobachtenden Trend zu immer kleineren Mindestpreisänderungsgrößen zu beenden, da sich gezeigt hat, dass Kleinstorders zu einer unangemessenen Erhöhung des Order-Transaktions-Verhältnisses führen und Gefahren für die Preisfindungsmechanismus bergen.[3]

2 Die Festlegung der konkreten Mindestpreisänderungsgröße obliegt dem Börsenrat in der Börsenordnung. Die von der Gruppe Deutsche Börse vorgeschlagene Verlagerung dieser Festlegungspflicht auf die Geschäftsführung mit dem Argument, dieser obläge die laufende Überwachung des Börsenbetriebes[4], wurde von Seiten des Gesetzgebers nicht berücksichtigt. Gem. S. 2 ist bei der Festlegung der Mindestgröße in der Börsenordnung zu berücksichtigen, dass diese sowohl den Preisfindungsmechanismus als auch das Ziel eines angemessenen Order-Transaktions-Verhältnisses im Sinne des § 26 a nicht beeinträchtigt. Der Gesetzgeber verweist ausdrücklich darauf, dass bei der Festlegung der Mindestpreisänderungsgröße die Selbstregulierungsinitiativen des europäischen Börsenverbandes (FESE), das Marktmodell der entsprechenden Börse als auch die Zusammensetzung der Handelsteilnehmer berücksichtigt werden sollen.[5]

Abschnitt 3
Skontroführung und Transparenzanforderungen an Wertpapierbörsen

§ 27 Zulassung zum Skontroführer

(1) ¹Die Geschäftsführung einer Wertpapierbörse kann unter Berücksichtigung des von der Börse genutzten Handelssystems zur Teilnahme am Börsenhandel zugelassene Unternehmen auf deren Antrag mit der Feststellung von Börsenpreisen an dieser Wertpapierbörse betrauen (Zulassung als Skontroführer). ²Der Antragsteller und seine Geschäftsleiter müssen die für die Skontroführung erforderliche Zuverlässigkeit haben und auf Grund ihrer fachlichen und wirtschaftlichen Leistungsfähigkeit zur Skontroführung geeignet sein. ³Die Geschäftsführung hat Personen, die berechtigt sein sollen, für einen Skontroführer bei der Skontroführung zu handeln (skontroführende Personen), zuzulassen, wenn diese Personen Börsenhändler sind und die für die Skontroführung erforderliche berufliche Eignung haben. ⁴Das Nähere regelt die Börsenordnung.

(2) ¹Die Geschäftsführung hat die Zulassung als Skontroführer nach Anhörung der Börsenaufsichtsbehörde außer nach den Vorschriften des Verwaltungsverfahrensgesetzes zu widerrufen, wenn der Skontroführer sich einer groben Verletzung seiner Pflichten schuldig gemacht hat. ²Die Geschäftsführung kann die Zulassung widerrufen, wenn die Bundesanstalt Maßnahmen zur Sicherung der Erfüllung der Verbindlichkeiten des Skontroführers gegenüber dessen Gläubigern ergriffen hat. ³In dringenden Fällen kann die Geschäftsführung einem Skontroführer auch ohne dessen Anhörung die Teilnahme am Börsenhandel mit sofortiger Wirkung vorläufig untersagen; Widerspruch und Anfechtungsklage haben keine aufschiebende Wirkung.

(3) Besteht der begründete Verdacht, dass eine der in Absatz 1 bezeichneten Voraussetzungen nicht vorgelegen hat oder nachträglich weggefallen ist, so kann die Geschäftsführung das Ruhen der Zulassung eines Skontroführers längstens für die Dauer von sechs Monaten anordnen.

(4) Die Bundesanstalt hat die Geschäftsführung unverzüglich zu unterrichten, wenn sie Maßnahmen zur Sicherung der Erfüllung der Verbindlichkeiten des Skontroführers gegenüber dessen Gläubigern ergriffen hat.

---

1 Gesetz zur Vermeidung von Gefahren und Missbräuchen im Hochfrequenzhandel vom 7. Mai 2013, BGBl. I 2013 S. 1162.
2 *Schultheiß*, WM 2013, 596, 599.
3 Gesetzesentwurf der BReg, BT-Drucks. 17/11631, S. 16.
4 Stellungnahme der Gruppe Deutsche Börse zum Diskussionsentwurf eines Gesetzes zur Vermeidung von Gefahren und Missbräuchen im Hochfrequenzhandel, S. 6.
5 Gesetzesentwurf der BReg, BT-Drucks. 17/11631, S. 16.

Die Vorschriften über den Skontroführer haben deutlich an praktischer Relevanz verloren, seit der Börsenrat der Frankfurter Wertpapierbörse (FWB) mit Wirkung zum 23. Mai 2011 die Einstellung des skontroführerbasierten Präsenzhandels und die Einführung des Xetra-Spezialistenmodells auch für Aktien und Anleihen beschlossen hat. Seitdem erfolgt der Handel ausschließlich über das Xetra-System. Durch Präsenz der Xetra-Spezialisten bleibt der Handelssaal der Frankfurter Wertpapierbörse aber weiterhin in Betrieb. Beim Xetra-Spezialisten-Modell werden die Orders zwar automatisch ausgeführt. Jedoch betreuen die Spezialisten den Handel, stellen Liquidität in Form von Geld- und Briefkursen mit Volumen und beziehen Referenzmärkte ein. [1] **Abs. 1** regelt, wer zum Skontroführer zugelassen werden kann. Die Zulassung von Skontroführern erfolgt demnach nicht aufgrund von § 19, sondern ist spezialgesetzlich in § 27 geregelt. In Abs. 1 wird der Begriff des Skontroführers legal definiert als ein „mit der Feststellung von Börsenpreisen an dieser Wertpapierbörse" betrautes Unternehmen. Bei dem Skontroführer muss es sich damit nicht um ein zugelassenes Kreditinstitut oder Finanzdienstleistungsinstitut handeln. Die Zulassung zum Handelsteilnehmer und Skontroführer ist ein Verwaltungsakt.[2] Anders als bei der gesonderten, in Abs. 1 S. 3 geregelten Zulassung zur skontroführenden Person besteht kein Anspruch auf Zulassung, sondern nur ein Anspruch auf ermessensfehlerfreie Entscheidung.

Der Antragsteller muss gem. **Abs. 1 S. 1** ein bereits nach § 19 zugelassenes Unternehmen sein. Neben Einzelfirmen kommen auch Personenhandelsgesellschaften und Kapitalgesellschaften in Betracht.[3] Daneben ist nach **Abs. 1 S. 3** wie bei § 19 Abs. 5 notwendig, dass die Personen, die von dem zugelassenen Unternehmen mit der Skontroführung betraut werden sollen, ebenfalls eine Zulassung erhalten.

Gemäß **Abs. 1 S. 2** müssen der Antragsteller und seine Geschäftsleiter die für die Durchführung der Skontroführung erforderliche Zuverlässigkeit besitzen und aufgrund ihrer fachlichen und wirtschaftlichen Leistungsfähigkeit zur Skontroführung geeignet sein. Geschäftsleiter sind die Personen, die von dem zugelassenen Unternehmen im Rahmen eines Dienst- oder Angestelltenvertrages mit einer Vollmacht betraut werden oder nach Gesetz, Satzung oder Gesellschaftsvertrag zur Vertretung berechtigt sind.[4] Die persönliche Zuverlässigkeit muss im Hinblick auf die Durchführung der Börsenpreisfeststellung nachgewiesen werden. Es ist mithin auf die Besonderheiten der angestrebten Tätigkeit als Skontroführer und die besonderen damit verbundenen Vertrauenspflichten abzustellen. Die Unzuverlässigkeit ist anzunehmen, wenn der Betreffende nach seiner gesamten Persönlichkeit nicht die Gewähr dafür bietet, dass er seine Tätigkeit als Skontroführer ordnungsgemäß betreiben wird. Die Einführung des Tatbestandsmerkmals der wirtschaftlichen Leistungsfähigkeit ist dem Umstand geschuldet, dass die Kreditinstituts- und Finanzdienstleistereigenschaft weggefallen ist und somit nicht mehr alle Skontroführer automatisch der Solvenzaufsicht der Bundesanstalt für Finanzdienstleistungsaufsicht unterstellt sind.[5] Die unmittelbar mit der Skontroführung befassten Personen müssen darüber hinaus gem. **Abs. 1 S. 3** Börsenhändler sein und über die für die Tätigkeit erforderliche berufliche Eignung verfügen. Anders als bei der Beurteilung der Zuverlässigkeit wird die berufliche Eignung nicht schon dann zu bejahen sein, wenn keine negativen Tatsachen vorliegen. Vielmehr muss sich aus dem Lebenslauf, insbesondere der Ausbildung, Vorerfahrungen und bisheriger Tätigkeit die Eignung positiv ableiten lassen.[6] Für die Skontroführung ist der Nachweis entsprechender Kenntnisse und praktischer Erfahrungen im Wertpapiergeschäft erforderlich. Die Zulassung zum Skontroführer erfolgt durch die Börsengeschäftsführung.

Abs. 2 regelt die Beendigung der Skontroführerstellung. Die Berechtigung zur Skontroführung kann von der Börsengeschäftsführung nach den allgemeinen Vorschriften der §§ 48, 49 VwVfG zurückgenommen oder widerrufen werden. Ein Widerruf der Erlaubnis hat nach Anhörung der Börsenaufsichtsbehörde zu erfolgen, wenn sich der Skontroführer einer groben Verletzung seiner Pflichten schuldig gemacht hat. Eine grobe Pflichtverletzung kann sich insbesondere aus Verstößen gegen die nach § 28 bestehenden Pflichten des Skontroführers ergeben. Bei der Entscheidung der Geschäftsführung handelt es sich um eine gebundene Entscheidung. Ein Widerruf ist gem. **Abs. 2 S. 2** weiterhin möglich, wenn die Bundesanstalt für Finanzdienstleistungsaufsicht Maßnahmen zur Sicherung der Erfüllung der Verbindlichkeiten des Skontroführers gegenüber dessen Gläubigern ergriffen hat. Hintergrund der Vorschrift ist die Befürchtung, dass bei Wegfall der wirtschaftlichen Leistungsfähigkeit des Skontroführers dessen Neutralität bei der Preisfeststellung gefährdet sein könnte.[7]

---

1 Informationen zum Xetra-Spezialistenmodell sind abrufbar unter <www.xetra.com>.
2 RegBegr. zum Vierten Finanzmarktförderungsgesetz, BT-Drucks. 14/8017, S. 77.
3 *Beck* in: Schwark/Zimmer, Kapitalmarktrechts-Kommentar, § 27 BörsG Rn 58.
4 *Beck* in: Schwark/Zimmer, Kapitalmarktrechts-Kommentar, § 27 BörsG Rn 66.
5 *Groß*, Kapitalmarktrecht, § 27 BörsG Rn 4.
6 *Groß*, Kapitalmarktrecht, § 27 BörsG Rn 5.
7 *Beck* in: Schwark/Zimmer, Kapitalmarktrechts-Kommentar, § 27 BörsG Rn 72; RegBegr. zum Vierten Finanzmarktförderungsgesetz, BT-Drucks. 14/8017, S. 77.

5   In dringenden Fällen gewährt **Abs. 2 S. 3** der Geschäftsführung das Recht, die Tätigkeit des Skontroführers mit sofortiger Wirkung vorläufig zu untersagen. Eine solche vorläufige Untersagung kommt regelmäßig nur bei groben Pflichtverletzungen in Betracht, bei denen für eine endgültige Sachentscheidung noch eine weitere Sachverhaltsaufklärung erforderlich ist.[8] Dabei kann eine vorherige Anhörung des Skontroführers unterbleiben, wenn zur Aufrechterhaltung eines ordnungsgemäßen Börsenhandels oder zum Schutz anderer Handelsteilnehmer ein unverzügliches Handeln der Geschäftsführung angezeigt ist. Rechtsmittel gegen die vorläufige Untersagung haben wegen der Eilbedürftigkeit der Vollziehung der Anordnung keine aufschiebende Wirkung.

6   Im Interesse der Aufrechterhaltung eines reibungslosen Börsenhandels kann die Geschäftsführung der Börse nach **Abs. 3** bereits im Vorfeld der Entscheidung über einen Entzug der Zulassung als Skontroführer tätig werden. Besteht der begründete Verdacht, dass eine der in Abs. 1 bezeichneten Zulassungsanforderungen nicht vorgelegen hat oder nachträglich weggefallen ist, so kann das Ruhen der Zulassung für längstens sechs Monate angeordnet werden. Durch die Möglichkeit, eine Suspendierung aussprechen zu können, erhält die Geschäftsführung die erforderliche Zeit für eine Prüfung, ob ein Widerruf oder eine Rücknahme der Zulassung angezeigt ist.[9] Zudem kann die Geschäftsführung durch das Aussprechen des Ruhens der Zulassung den berechtigten Erwartungen der anderen Handelsteilnehmer Rechnung tragen, dass Geschäfte an der Börse von den Vertragsparteien auch zu jeder Zeit erfüllt werden.[10]

7   **Abs. 4** bestimmt, dass die Bundesanstalt für Finanzdienstleistungsaufsicht die Geschäftsführung unverzüglich zu unterrichten hat, wenn sie Maßnahmen (zB ein Moratorium nach § 46 KWG) zur Sicherung der Erfüllung der Verbindlichkeiten des Skontroführers gegenüber dessen Gläubigern angeordnet hat.[11]

§ 28 Pflichten des Skontroführers

(1) [1]Der Skontroführer und die skontroführenden Personen haben im Rahmen der Aufgaben des Skontroführers auf einen geordneten Marktverlauf hinzuwirken und die Skontroführung neutral auszuüben. [2]Der Skontroführer hat durch geeignete organisatorische Maßnahmen die Einhaltung der ihm obliegenden Pflichten sicherzustellen. [3]Bei der Preisfeststellung hat er weisungsfrei zu handeln. [4]Die Wahrnehmung der Pflichten hat so zu erfolgen, dass eine wirksame Überwachung der Einhaltung der Pflichten gewährleistet ist. [5]Das Nähere regelt die Börsenordnung.

(2) [1]Der Skontroführer und die skontroführenden Personen haben alle zum Zeitpunkt der Preisfeststellung vorliegenden Aufträge bei ihrer Ausführung unter Beachtung der an der Börse bestehenden besonderen Regelungen gleich zu behandeln. [2]Das Nähere regelt die Börsenordnung.

1   **Abs. 1** statuiert die grundsätzlichen Pflichten des Skontroführers bei der Preisfeststellung. In S. 1 ist die Betriebspflicht des Skontroführers geregelt. Danach haben der Skontroführer und die skontroführenden Personen im Rahmen der Aufgaben des Skontroführers auf einen geordneten Marktverlauf hinzuwirken und die Skontroführung neutral auszuüben. Daraus ergibt sich zum einen für den Zeitraum der Ernennung zum Skontroführer eine Pflicht zum tatsächlichen Tätigwerden, dh zur Vermittlung und zum Abschluss von zugewiesenen Börsengeschäften.[1] Die Kontrahierungspflicht gilt dabei ausschließlich gegenüber den Handelsteilnehmern.[2] Zum anderen hat der Skontroführer dabei auf einen geordneten Marktverlauf hinzuwirken, so dass sich die Aufgabe des Skontroführers nicht auf das rein mechanische Zusammenführen von Aufträgen beschränkt, sondern auch auf die Aufrechterhaltung des Handels und die Sicherstellung der Preiskontinuität in den ihm zugewiesenen Wirtschaftsgütern oder Rechten erstreckt.[3] Dies schließt auch Eigenhandelsaktivitäten ein, dh Käufe und Verkäufe des Skontroführers im eigenen Namen oder durch Dritte für Rechnung des Skontroführers.[4]

2   Aus der Pflicht zur unparteiischen Preisfeststellung folgt, dass der Skontroführer seine Stellung und seine Kenntnis von der Orderlage nicht zugunsten eines Handelsteilnehmers oder zu seinem eigenen Vorteil verwerten darf.[5] Dazu gehört entsprechend der alten Rechtslage auch, dass er alle Geschäfte unterlässt, die

---

8   RegBegr. zum Vierten Finanzmarktförderungsgesetz, BT-Drucks. 14/8017, S. 77.
9   RegBegr. zum Vierten Finanzmarktförderungsgesetz, BT-Drucks. 14/8017, S. 77 f.
10 RegBegr. zum Vierten Finanzmarktförderungsgesetz, BT-Drucks. 14/8017, S. 78.
11 *Beck*, BKR 2002, 699, 704.
1   RegBegr. zum Vierten Finanzmarktförderungsgesetz, BT-Drucks. 14/8017, S. 78.
2   *Beck* in: Schwark/Zimmer, Kapitalmarktrechts-Kommentar, § 28 BörsG Rn 9.
3   RegBegr. zum Vierten Finanzmarktförderungsgesetz, BT-Drucks. 14/8017, S. 78.
4   *Groß*, Kapitalmarktrecht, § 28 Rn 5.
5   RegBegr. zum Vierten Finanzmarktförderungsgesetz, BT-Drucks. 14/8017, S. 78.

sich tendenzverstärkend auswirken. [6] Zwar hat der Gesetzgeber die in § 27 Abs. 1 S. 2 idF vor dem Finanzmarktrichtlinie-Umsetzungsgesetz enthaltene Regelung, dass Eigen- und Aufgabegeschäfte nicht tendenzverstärkend wirken dürfen, gestrichen, jedoch war darin nur eine Konkretisierung des Neutralitätspflicht zu sehen, so dass die Regelung weiterhin Bestand hat.[7] Unterstrichen wird diese Neutralitätspflicht dadurch, dass der Skontroführer seine Tätigkeit nach S. 3 weisungsfrei ausübt.[8]

Nach Einschätzung des Gesetzgebers nimmt der Skontroführer mit der Ermittlung des Börsenpreises eine „besondere Funktion"[9] ein, die für die Qualität des Marktes entscheidend ist. Aus diesem Grund müsse im Interesse der Überwachung der Einhaltung der gesetzlichen Vorgaben jederzeit eine Aufsicht über die Führung des Skontros, beispielsweise zur Überprüfung des Zugangs zum Skontro ausschließlich durch Berechtigte, und entsprechende Aufsichtsmaßnahmen möglich sein.[10]

Vom Skontroführer wird ein Hinwirken auf einen geordneten Markt verlangt. Eng verknüpft ist damit die gem. § 24 Abs. 2 bestehende Verpflichtung zur Preisermittlung entsprechend der wirklichen Marktlage des Börsenhandels (Grundsatz der Kurswahrheit).[11] Der Grundsatz der Kurswahrheit wird durch das Meistausführungsgebot konkretisiert. Der festzustellende Börsenpreis ist danach derjenige Preis, zu dem der größtmögliche Umsatz abgewickelt werden kann und sich außerdem sämtliche unlimitierten Aufträge sowie alle über dem festzustellenden Börsenpreis limitierten Kaufaufträge bzw alle unter dem festzustellenden Börsenpreis limitierten Verkaufsaufträge ausführen lassen.

Der Skontroführer kann bei Fehlen marktnah limitierter Aufträge, bei unausgeglichener Marktlage oder bei Vorliegen unlimitierter Aufträge durch Eigengeschäftstätigkeit einen Ausgleich bzw eine Marktglättung herbeiführen. Darüber hinaus wird die Feststellung eines der wirklichen Marktlage entsprechenden Preises nur möglich sein, wenn auch die Marktlage an für das jeweilige Wertpapier bedeutsamen Referenzbörsen bei der Preisfeststellung berücksichtigt wird.[12]

Gemäß **Abs. 2 S. 1** muss der Skontroführer alle zum Zeitpunkt der Preisfeststellung vorliegenden Aufträge bei ihrer Ausführung unter Beachtung der an der Börse bestehenden besonderen Regelungen gleich behandeln. Durch die Verpflichtung, alle zum Zeitpunkt der Preisfeststellung vorliegenden Aufträge bei Ausführung gleich zu behandeln, wird ein Ausführungsanspruch der Handelsteilnehmer als Nutzer der nichtrechtsfähigen Anstalt öffentlichen Rechts Börse, nicht jedoch zB der einzelnen Privatanleger statuiert. Dieser Anspruch steht naturgemäß unter der Voraussetzung der Erfüllbarkeit und hängt von der konkreten Marktsituation ab.[13] Ein Ausführungsanspruch besteht demnach nicht, wenn beispielsweise der Handel des Wertpapiers nach § 25 Abs. 1 S. 1 ausgesetzt oder eingestellt wurde, da in einem solchen Fall gerade keine Geschäfte und damit keine Notierung erfolgen soll.[14] Die Börsenordnung soll gem. **Abs. 2 S. 2** die Einzelheiten regeln, die zur Sicherstellung des Gleichbehandlungsgrundsatzes notwendig sind.

§ 29 Verteilung der Skontren

[1]Über die Verteilung der Skontren unter den für die Skontroführung geeigneten Antragstellern nach § 27 Abs. 1 Satz 2 und die Anzahl der Skontroführer entscheidet die Geschäftsführung. [2]Die Zuteilung von Skontren kann befristet erfolgen. [3]Das Nähere regelt die Börsenordnung. [4]Die Börsenordnung kann als Kriterien für die Zuteilung der Skontren insbesondere die fachliche und wirtschaftliche Leistungsfähigkeit des Antragstellers vorsehen.

Die Vorschrift regelt die Verteilung der Skontren. Die Vergabe erfolgt gem. S. 1 auf Grund der Entscheidung der Börsengeschäftsführung. Um den spezifischen Gegebenheiten der unterschiedlichen Börsen Rechnung zu tragen, wurde das Verteilungsverfahren dereguliert und den Börsen selbst übertragen. Die Geschäftsführung hat zunächst die Entscheidungskompetenz darüber, ob überhaupt ein Präsenzhandel stattfinden soll und damit überhaupt Skontren verteilt werden können. Erst wenn sie diese Frage positiv entschieden hat, muss sie bei der Verteilung der Skontren aufgrund der grundrechtlich geschützten Position der Skontroführer die Berufsfreiheit und die Gleichbehandlung beachten.[1]

---

6 RegBegr. zum Vierten Finanzmarktförderungsgesetz, BT-Drucks. 14/8017, S. 78.
7 *Groß*, Kapitalmarktrecht, § 28 BörsG Rn 5.
8 RegBegr. zum Vierten Finanzmarktförderungsgesetz, BT-Drucks. 14/8017, S. 78.
9 RegBegr. zum Vierten Finanzmarktförderungsgesetz, BT-Drucks. 14/8017, S. 78.
10 RegBegr. zum Vierten Finanzmarktförderungsgesetz, BT-Drucks. 14/8017, S. 78.

11 *Beck* in: Schwark/Zimmer, Kapitalmarktrechts-Kommentar, § 28 BörsG, Rn 10.
12 RegBegr. zum Vierten Finanzmarktförderungsgesetz, BT-Drucks. 14/8017, S. 78.
13 *Beck* in: Schwark/Zimmer, Kapitalmarktrechts-Kommentar, § 28 BörsG Rn 27; *Baumbach/Hopt*, HGB, § 28 BörsG Rn 2.
14 *Beck* in: Schwark/Zimmer, Kapitalmarktrechts-Kommentar, § 28 BörsG Rn 27.
1 *Groß*, Kapitalmarktrecht, § 29 BörsG Rn 1.

2 Da die Vergabeentscheidung einen Verwaltungsakt darstellt, gelten die allgemeinen verwaltungsrechtlichen Grundsätze.[2] Im Rahmen der zu verteilenden Skontren besteht ein Anspruch auf ermessensfehlerfreie Entscheidung.[3] Die Vergabe der Skontren hat in der Form zu erfolgen, dass geeigneten Bewerbern grundsätzlich der Zugang eröffnet ist. Nach S. 3 ist das Nähere über die Voraussetzungen und das Verfahren der Skontroverteilung in der Börsenordnung zu regeln.

§ 30 Vorhandelstransparenz bei Aktien und Aktien vertretenden Zertifikaten

(1) [1]Für Aktien und Aktien vertretende Zertifikate, die zum Handel im regulierten Markt zugelassen oder in den regulierten Markt einbezogen sind, sind der Preis des am höchsten limitierten Kaufauftrags und des am niedrigsten limitierten Verkaufauftrags und das zu diesen Preisen handelbare Volumen während der üblichen Geschäftszeiten der Börse kontinuierlich und zu angemessenen kaufmännischen Bedingungen zu veröffentlichen. [2]Die Börsenaufsichtsbehörde kann nach Maßgabe von Kapitel IV Abschnitt 1 und 4 der Verordnung (EG) Nr. 1287/2006 für Börsen Ausnahmen von der Verpflichtung nach Satz 1 vorsehen.

(2) Börsen dürfen Systematischen Internalisierern im Sinne des § 2 Abs. 10 des Wertpapierhandelsgesetzes unbeschadet des § 19 Zugang zu den Systemen geben, die sie für die Veröffentlichung der Informationen nach Absatz 1 verwenden.

(3) Die Einzelheiten der Veröffentlichungspflichten nach Absatz 1 regelt die Verordnung (EG) Nr. 1287/2006 und die Börsenordnung.

1 Die Vorschrift dient der Umsetzung der die Vorhandelstransparenz betreffenden Regelung in Art. 44 der Finanzmarktrichtlinie.[1] Ziel dieser Vorschrift ist es, die Anleger und Marktteilnehmer in die Lage zu versetzen, jederzeit die Konditionen eines möglichen Aktiengeschäfts beurteilen zu können.[2] Die näheren Bestimmungen über die Vorhandelstransparenz sind in der Verordnung (EG) Nr. 1287/2006, dort in den Artt. 17 ff enthalten und als unmittelbar geltendes europäisches Recht auch in Deutschland zu beachten. Mittels Verweisung auf die Durchführungsverordnung zur Finanzmarktrichtlinie[3] werden die Ausnahmen von der Veröffentlichungspflicht näher erläutert. Die Verweisung betrifft insbesondere die Artt. 18, 19 und 30 der Durchführungsverordnung.[4]
Die Vorschrift verpflichtet die Börse selbst (nicht unmittelbar den Börsenträger)[5] und bezieht sich nur auf die „eigenen" Aktien bzw Aktien vertretende Zertifikate der Börse.[6] Die Veröffentlichungspflicht bezieht sich gemäß **Abs. 1 S. 1** auf den Preis des (i) am höchsten limitierten Kaufauftrags und (ii) am niedrigsten limitierten Verkaufsauftrags, sowie das zu diesen Preisen handelbare Volumen. Sinn und Zweck ist es, dass der Markt erkennen kann, innerhalb welches Spreads und mit welchen Volumina zum entsprechenden Preis Geschäftsabschlüsse in der jeweiligen Aktie / dem jeweiligen Aktien vertretenden Zertifikat möglich sind.[7]

2 Abs. 2 setzt Art. 44 Abs. 1 Unterabs. 1 der Finanzmarktrichtlinie um und regelt, dass Börsen unabhängig von der Möglichkeit, Systematische Internalisierer gemäß § 19 als Handelsteilnehmer zuzulassen, diesen auch lediglich lesenden Zugang zu den Informationen aus dem Orderbuch geben können.[8] Ein systematischer Internalisierer ist ein Wertpapierdienstleistungsunternehmen, das nach Maßgabe des Art. 21 der Verordnung (EG) Nr. 1287/2006 häufig regelmäßig und auf organisierte und systematische Weise Eigenhandel außerhalb organisierter Märkte und multilateraler Handelssysteme betreibt (§ 2 Abs. 10 WpHG). **Abs. 3**

---

2 Vgl RegBegr. zum Vierten Finanzmarktförderungsgesetz, BT-Drucks. 14/8017, S. 78; *Beck* in: Schwark/Zimmer, Kapitalmarktrechts-Kommentar, § 29 BörsG, Rn 5.
3 *Baumbach/Hopt*, HGB, § 29 BörsG Rn 1.
1 Richtlinie 2004/39/EG des Europäischen Parlaments und des Rates vom 21. April 2004, ABl. EU Nr. L 145. S. 30.
2 *Beck/Röth* in: Schwark/Zimmer, apitalmarktrechts-Kommentar, § 30 BörsG Rn 1.
3 Verordnung (EG) Nr. 1287/2006 der Kommission vom 10. August 2006, ABl. EU Nr. L 241, S. 10 ff.
4 Zu Einzelheiten hinsichtlich der näheren Bestimmungen in Art. 17 der Finanzmarktrichtlinie sowie den jeweiligen Ausnahmen von der Veröffentlichungspflicht vgl *Beck/Röth* in: Schwark/Zimmer, apitalmarktrechts-Kommentar, § 30 BörsG Rn 12 ff.
5 *Beck/Röth* in: Schwark/Zimmer, Kapitalmarktrechts-Kommentar, § 30 BörsG Rn 5.
6 Der ursprüngliche Regierungsentwurf sah eine Veröffentlichungspflicht für alle Aktien, die an einem organisierten Markt zugelassen waren (ohne dies jedoch näher zu erläutern). Somit hätten die Börsen wesentlich weitergehende Veröffentlichungspflichten gehabt; vgl RegBegr. zum Finanzmarktrichtlinie-Umsetzungsgesetz, BT-Drucks. 16/4028 S. 36; *Beck/Röth* in: Schwark/Zimmer, Kapitalmarktrechts-Kommentar, § 30 BörsG Rn 8.
7 *Beck/Röth* in: Schwark/Zimmer, Kapitalmarktrechts-Kommentar, § 30 BörsG Rn 10.
8 RegBegr. zum Finanzmarktrichtlinie-Umsetzungsgesetz, BT-Drucks. 16/4028 S. 87.

verweist wegen der näheren Ausgestaltung der Veröffentlichungspflichten nach Abs. 1 auf Art. 17 der Durchführungsverordnung.[9]

§ 31 Nachhandelstransparenz bei Aktien und Aktien vertretenden Zertifikaten

(1) ¹Für Aktien und Aktien vertretende Zertifikate, die zum Handel im regulierten Markt zugelassen oder in den regulierten Markt einbezogen sind, sind Börsenpreise sowie das Volumen und der Zeitpunkt der Börsengeschäfte unverzüglich und zu angemessenen kaufmännischen Bedingungen zu veröffentlichen. ²Die Börsenaufsichtsbehörde kann nach Maßgabe von Kapitel IV Abschnitt 3 und 4 der Verordnung (EG) Nr. 1287/2006 je nach Art und Umfang der Aufträge eine verzögerte Veröffentlichung der Informationen nach Satz 1 gestatten. ³Die Verzögerung ist nach Maßgabe von Kapitel IV Abschnitt 4 der Verordnung (EG) Nr. 1287/2006 zu veröffentlichen.

(2) Die Einzelheiten der Veröffentlichungspflichten nach Absatz 1 regelt Kapitel IV Abschnitt 1, 3 und 4 der Verordnung (EG) Nr. 1287/2006 und die Börsenordnung.

Abs. 1 S. 1 setzt die Regelung zur Nachhandelstransparenz von Art. 45 Abs. 1 und 3 in Verbindung mit Art. 64 Abs. 2 der Finanzmarktrichtlinie um. Die Pflicht zur Veröffentlichung trifft den Börsenträger, da der Börse als teilrechtsfähige Anstalt die rechtlichen Möglichkeiten zum Abschluss entsprechender Verträge mit Medienanbietern fehlen. Abs. 1 S. 2 setzt Art. 45 Abs. 2 und 3 iVm Art. 64 Abs. 2 der Finanzmarktrichtlinie um und regelt die in Art. 28 der Durchführungsverordnung vorgesehene Möglichkeit zur verzögerten Veröffentlichung unter Verweis auf die dort geregelten Einzelheiten. Abs. 2 verweist wegen der näheren Ausgestaltung der Veröffentlichungspflichten nach Abs. 1 auf Kapitel IV Abschnitt 1, 3 und 4 der Durchführungsverordnung. 1

Durch die Aufhebung der Trennung von amtlichem und geregeltem Markt wurden die bisherigen Abschnitte 3 und 4 im neuen Abschnitt 4 zusammengefasst. 2

Abschnitt 4
Zulassung von Wertpapieren zum Börsenhandel

§ 32 Zulassungspflicht

(1) Wertpapiere, die im regulierten Markt an einer Börse gehandelt werden sollen, bedürfen der Zulassung oder der Einbeziehung durch die Geschäftsführung, soweit nicht in § 37 oder in anderen Gesetzen etwas anderes bestimmt ist.

(2) ¹Die Zulassung ist vom Emittenten der Wertpapiere zusammen mit einem Kreditinstitut, Finanzdienstleistungsinstitut oder einem nach § 53 Abs. 1 Satz 1 oder § 53 b Abs. 1 Satz 1 des Kreditwesengesetzes tätigen Unternehmen zu beantragen. ²Das Institut oder Unternehmen muss an einer inländischen Wertpapierbörse mit dem Recht zur Teilnahme am Handel zugelassen sein und ein haftendes Eigenkapital im Gegenwert von mindestens 730 000 Euro nachweisen. ³Ein Emittent, der ein Institut oder Unternehmen im Sinne des Satzes 1 ist und die Voraussetzungen des Satzes 2 erfüllt, kann den Antrag allein stellen.

(3) Wertpapiere sind zuzulassen, wenn
1. der Emittent und die Wertpapiere den Anforderungen nach Artikel 35 der Verordnung (EG) Nr. 1287/2006 sowie den Bestimmungen entsprechen, die zum Schutz des Publikums und für einen ordnungsgemäßen Börsenhandel nach § 34 erlassen worden sind, und
2. ein nach den Vorschriften des Wertpapierprospektgesetzes gebilligter oder bescheinigter Prospekt oder ein Verkaufsprospekt im Sinne des § 42 des Investmentgesetzes in der bis zum 21. Juli 2013 geltenden Fassung veröffentlicht worden ist, der für den in § 345 Absatz 6 Satz 1 des Kapitalanlagegesetzbuchs vorgesehenen Zeitraum noch verwendet werden darf, oder ein Verkaufsprospekt im Sinne des § 165 des Kapitalanlagegesetzbuchs oder ein Prospekt im Sinne des § 318 Absatz 3 des Kapitalanlagegesetzbuchs veröffentlicht worden ist, soweit nicht nach § 1 Absatz 2 oder § 4 Absatz 2 des Wertpapierprospektgesetzes von der Veröffentlichung eines Prospekts abgesehen werden kann.

---

[9] Verordnung (EG) Nr. 1287/2006 der Kommission vom 10. August 2006, ABl. EU Nr. L 241, S. 9 f.

(4) Der Antrag auf Zulassung der Wertpapiere kann trotz Erfüllung der Voraussetzungen des Absatzes 3 abgelehnt werden, wenn der Emittent seine Pflichten aus der Zulassung zum regulierten Markt an einem anderen organisierten Markt nicht erfüllt.

(5) [1]Die Geschäftsführung bestimmt mindestens drei inländische Zeitungen mit überregionaler Verbreitung zu Bekanntmachungsblättern für die vorgeschriebenen Veröffentlichungen (überregionale Börsenpflichtblätter). [2]Die Bestimmung kann zeitlich begrenzt werden; sie ist durch Börsenbekanntmachung zu veröffentlichen.

1 Mit der Umsetzung der Finanzmarktrichtlinie wurde die bisherige Zweiteilung der Marktsegmentierung in amtlichen und geregelten Markt abgeschafft und die Märkte zu einem einzigen gesetzlichen Marktsegment, dem regulierten Markt, zusammengeführt. Damit wurde eine nicht mehr zeitgemäße Unterscheidung der beiden Marktsegmente aufgegeben. Mit der durch die Umsetzung der Finanzmarktrichtlinie weitergeführten und von den Börsen in der Praxis positiv aufgenommenen Gestaltungsmöglichkeiten für Teilbereiche des börslichen Marktes bestand keine rechtliche Notwendigkeit, die Zweiteilung des gesetzlichen Börsenhandels aufrechtzuerhalten. Durch die bereits mit dem Vierten Finanzmarktförderungsgesetz[1] geschaffenen Möglichkeiten für Börsen, in Teilbereichen ihrer Märkte zusätzliche Zulassungs- und Zulassungsfolgepflichten einzuführen, besteht ein hinreichender Gestaltungsspielraum für die Börsen, eine den Bedürfnissen des Marktes entsprechende Marktstruktur zu schaffen. Durch die Zusammenführung der einzelnen Segmente zum regulierten Markt wurden auch die bislang bestehenden Unterschiede der beiden Marktsegmente im Bereich der Zulassungsfolgepflichten insbesondere im Hinblick auf die Transparenzpflichten der Emittenten durch die verbindlichen Vorgaben der Transparenzrichtlinie[2] weiter nivelliert.

2 § 32 begründet die Kontrollmöglichkeit der Börsengeschäftsführung durch die Zulassungspflicht von Wertpapieren (Abs. 1). Die bisher der Zulassungsstelle obliegenden Aufgaben werden nun durch die Börsengeschäftsführung wahrgenommen. Der Aufgabenbereich der Zulassungsstelle war infolge der durch die seit dem Inkrafttreten des Wertpapierprospektgesetzes nunmehr durch die Bundesanstalt durchgeführten Prüfung der Börsenzulassungsprospekte erheblich reduziert worden, so dass dem Gesetzgeber ein Fortbestand dieses Gremiums nicht mehr erforderlich schien.

3 Die Zulassung von Wertpapieren zum Börsenhandel ist die öffentlich-rechtliche Erlaubnis, für den Handel in den betreffenden Wertpapieren die Börseneinrichtungen zu benutzen.[3] Sind die in Abs. 3 genannten gesetzlichen Voraussetzungen nicht erfüllt, muss die Börsengeschäftsführung den Zulassungsantrag ablehnen. Sind die Voraussetzungen des Abs. 3 erfüllt, besteht ein verwaltungsgerichtlich einklagbarer Anspruch auf Zulassung.[4] Die Zulassung ist ein begünstigender Verwaltungsakt,[5] da sie das öffentlich-rechtliche Leistungsverhältnis zwischen der Börse und dem Emittenten – die Nutzung der Börseneinrichtungen – begründet. Sie ist jedoch kein drittbegünstigender Verwaltungsakt dergestalt, dass sie auch die Anleger begünstigen und ihnen subjektive Rechte auf Erlangung oder Fortbestand der Zulassung einräumen würde. Der einzelne Anleger kann nicht geltend machen, die Zulassung bzw ihre Ablehnung verletze Bestimmungen, die zumindest auch zu seinem individuellen Schutz geschaffen wurden. Da der Anleger nicht befugt ist, den Zulassungsantrag zu stellen und er auch nicht Adressat der Zulassung ist, scheidet eine Klagebefugnis nach der Adressatentheorie bereits aus. Aber auch nach der sog. Möglichkeitstheorie, nach der die Widerspruchs- oder Anfechtungsbefugnis dann gegeben ist, wenn die Verletzung einer Rechtsnorm, die auch dem Schutz der Interessen von Personen zu dienen bestimmt ist, die sich in der Lage des Klägers befinden, nicht

---

1 Die Änderungen durch das Vierte Finanzmarktförderungsgesetz berücksichtigten auch bereits die Aufgabe der amtlichen Preisfeststellung. Damit entfiel auch die amtliche Notierung im Sinne des bisherigen § 36 Abs. 1. Das börsliche Marktsegment mit den höchsten gesetzlichen Anforderungen erhielt die Bezeichnung "amtlicher Markt". Der amtliche Markt erfüllte ebenso wie der bisherige Börsenhandel mit amtlicher Notierung die Voraussetzungen der BöZ-RL, Richtlinie 79/279/EWG des Rates v. 5.3.1979 zur Koordinierung der Bedingungen für die Zulassung von Wertpapieren zur amtlichen Notierung an einer Wertpapierbörse, neu kodifiziert in der Richtlinie 2001/34/EG des Europäischen Parlaments und des Rates v. 28.5.2001 über die Zulassung von Wertpapieren zur amtlichen Börsennotierung und über die hinsichtlich dieser Wertpapiere zu veröffentlichenden Informationen.

2 Richtlinie 2004/109/EG des Europäischen Parlaments und des Rates vom 15. Dezember 2004 zur Harmonisierung der Transparenzanforderungen in Bezug auf Informationen über Emittenten, deren Wertpapiere zum Handel auf einem geregelten Markt zugelassen sind, und zur Änderung der Richtlinie 2001/34/EG, ABl. EU Nr. L 390 vom 31.12.2004, S. 38 ff.

3 Daneben ergibt sich die Bedeutung der Zulassung bzw des Zulassungsverfahrens im Zusammenhang mit der Platzierung von Wertpapieren aus der Verknüpfung von börsengesetzlichen Zulassungsregeln und § 1 VerkProspG. So wird, von einzelnen speziell geregelten Ausnahmen abgesehen, sichergestellt, dass vor jedem erstmaligen öffentlichen Angebot von Wertpapieren im Inland Anlegern ein Prospekt zur Verfügung gestellt wird. Dies geschieht entweder durch eine vor einem (erstmaligen) öffentlichen Angebot zu veröffentlichenden Verkaufsprospekt, § 9 Abs. 1 VerkProspG, oder – wenn das Verkaufsprospektgesetz nach dessen § 1 keine Anwendung findet, weil die Wertpapiere im Zeitpunkt des öffentlichen Angebots bereits zugelassen sind – durch die Notwendigkeit der Veröffentlichung eines Börsenzulassungsprospekts im Rahmen des Zulassungsverfahrens; vgl näher *Groß*, Kapitalmarktrecht, § 32 BörsG Rn 8.

4 *Schäfer/Hamann*, § 32 BörsG Rn 12.

5 *Groß*, Kapitalmarktrecht, § 32 BörsG Rn 5; *Schwark*, § 36 Rn 21; *Klenke*, WM 1995, 1089, 1095.

offensichtlich und eindeutig nach jeder Betrachtungsweise unmöglich erscheint, besteht keine Klagebefugnis. Die Zulassungsvorschriften dienen nämlich nicht dem Schutz des einzelnen Anlegers, sondern dem Schutz der Allgemeinheit. Der Schutz des einzelnen Anlegers ist bloßer Rechtsreflex des Schutzes der Allgemeinheit; der einzelne Anleger hat kein subjektiv-öffentliches Recht auf Zulassung.[6]

Das Fehlen eines subjektiven Rechts auf Börsenzulassung gilt auch im umgekehrten Fall des Widerrufs der Zulassung von Aktien durch den Emittenten, dem sog (freiwilligen) Delisting. Nach einer Enscheidung des BVerfG[7] berührt der Widerruf der Börsenzulassung für den regulierten Markt grundsätzlich nicht den Schutzbereich des Eigentumsgrundrechts des Aktionärs (Art. 14 Abs. 1 GG). Das BVerfG hat es der weiteren Rechtsprechung der Fachgerichte überlassen, auf der Grundlage der mittlerweile gegebenen Verhältnisse im Aktienhandel zu prüfen, ob die bisherige Spruchpraxis Bestand hat. Dabei sei auch zu beurteilen, wie der Wechsel vom regulierten Markt in den qualifizierten Freiverkehr in diesem Zusammenhang zu bewerten sei. Der BGH hat mit Beschluss vom 8.11.2013 seine „Macrotron"-Rechtsprechung[8] aufgegeben. Der Rückzug einer börsennotierten Aktiengesellschaft von der Börse (reguläres Delisting) bedarf damit keines Beschlusses der Hauptversammlung und keines Pflichtangebots der Aktiengesellschaft oder des Großaktionärs über den Kauf der Akten der Minderheitsaktionäre mehr.

Das BörsG verwendet den Begriff der „Zulassung" nur in Bezug auf den regulierten Markt (Abs. 1 ff). Im Zusammenhang mit dem privatrechtlich organisierten Freiverkehr, § 48, verwendet das BörsG dagegen den Begriff „Einbeziehung" (der Begriff „Zulassung" in § 48 Abs. 1 S. 1 bezieht sich nur auf die Einrichtung des Betriebs des Freiverkehrs als solchen). Die Zulassung – und die Einbeziehung – grenzen damit den regulierten vom ungeregelten, dem sog. grauen Kapitalmarkt ab.[9] Die Zulassung ist von der Ausgabe, Begebung, Emission von Wertpapieren und deren Einführung zu unterscheiden Die Emission erfasst sowohl die Ausgabe/Begebung der Wertpapiere als auch deren Platzierung bei den Anlegern; Bestandteil der Platzierung und der Emission kann eine Börsenzulassung der Wertpapiere sein. Die Emission setzt aber keine Zulassung voraus, da auch nicht zugelassene Wertpapiere privat oder öffentlich platziert werden können. Die Einführung der Wertpapiere dagegen umfasst nach der Legaldefinition des § 38 Abs. 1 die Aufnahme der ersten amtlichen Notierung der zugelassenen Wertpapiere an der Börse, dh sie setzt eine bereits erfolgte Zulassung voraus.[10] In Abs. 1 ist nun ebenfalls die weiterhin bestehende und auch nach Art. 40 Abs. 5 der Finanzmarktrichtlinie vorgesehene Möglichkeit zur Einbeziehung bereits an anderen organisierten Märkten zugelassener Wertpapiere geregelt.

Abs. 2 entspricht § 30 Abs. 2, § 51 Abs. 1 Nr. 2 aF. Die Zulassung setzt nach Abs. 2 einen Antrag voraus. Der Zulassungsantrag muss vom Emittenten und einem Kreditinstitut, Finanzdienstleistungsinstitut (§ 1 Abs. 1 a KWG) oder einem nach § 53 Abs. 1 S. 1 oder über einen „europäischen Pass" nach § 53 b Abs. 1 S. 1 KWG tätigen Unternehmen (sog. Emissionsbegleiter)[11] gestellt werden.[12] Da der Emissionsbegleiter nach erfolgter Zulassung weitere Pflichten übernimmt, zB die laufende Beratung des Emittenten bei der Gestaltung und Durchführung der börsenrechtlichen Publizität, die Unterrichtung der Börsengeschäftsführung über die Fälligkeit der Dividenden, oder die Gewährleistung der börsenmäßigen Lieferbarkeit der Wertpapiere, muss er nach Abs. 2 S. 2 an einer inländischen Wertpapierbörse mit dem Recht zum Handel zugelassen sein. Nur so ist sichergestellt, dass der Emissionsbegleiter über die erforderlichen Erfahrungen und Kenntnisse hinsichtlich der mit einer Notierung an einer Wertpapierbörse verbundenen Verpflichtungen verfügt. Die Voraussetzung des Abs. 2 müssen nicht von allen Mitgliedern des (Börseneinführungs-)Konsortiums erfüllt werden. Ausreichend ist, dass ein Mitglied des Konsortiums, das die Voraussetzungen erfüllt, den Zulassungsantrag stellt; die anderen Konsortialmitglieder können den Prospekt mit unterzeichnen und gemäß §§ 44 ff die Prospekthaftung mit übernehmen, ohne als Antragsteller im Sinne des § 32 zu fungieren. Eine Entscheidung der Börsengeschäftsführung darüber, ob eine Person als Emissionsbegleiter agieren kann, ist kein eigenständiger Verwaltungsakt, sondern ein verwaltungsinterner Mitwirkungsakt im Rahmen des Verwaltungsverfahrens über die Zulassung der Wertpapiere. Ein Unternehmen, dessen Kapitalanteile zu 100 % vom Emittenten gehalten werden, kann nicht Emissionsbegleiter sein, ebenso wenig ein Wirtschaftsprüfer.[13] Abs. 2 S. 3 stellt klar, dass ein Emittent, der selbst die Voraussetzungen der vorhergehenden Sätze 1 und 2 erfüllt, nicht zusätzlich noch einen Emissionsbegleiter benötigt. Die den Emittenten und die Wertpapiere betreffenden Zulassungsvoraussetzungen sind in den §§ 1–12 BörsZulV geregelt.

---

6 Zur Haftung für die (Ablehnung der) Zulassung im Übrigen vgl *Groß*, Kapitalmarktrecht, § 32 BörsG Rn 47 ff; *Eickhoff*, WM 1988, 1713, 1715; *Fluck*, WM 1995, 553, 558; *Groß*, ZHR 165 (2001), 141, 147 f. Zur fehlenden Antragsbefugnis des Anlegers vgl auch VG Frankfurt aM AG 2013, 847.

7 BVerfG NJW 2012, 3081; vgl dazu *Reger/Schilha*, NJW 2012, 3066.

8 BGHZ 153, 47 = BGH NJW 2003, 1032.

9 *Assmann* in: Assmann/Schütze, § 1 Rn 8 ff; *Groß*, Kapitalmarktrecht, § 32 BörsG Rn 7.

10 *Klenke*, WM 1995, 1089, 1094; *Groß*, Kapitalmarktrecht, § 32 BörsG Rn 7.

11 Krit. hierzu Schäfer/*Hamann*, § 36 BörsG Rn 9 ff.

12 Vgl *Groß*, Kapitalmarktrecht, § 32 BörsG Rn 32 f.

13 VGH Kassel NJW-RR 1997, 110 ff (für die Zulassung zum Neuen Markt).

6 Die Börsengeschäftsführung hat im Zusammenhang mit dem nach Abs. 2 zu stellenden Antrag weit reichende Prüfungskompetenzen. Eine Zulassung kann danach nur dann erfolgen, wenn die materiellen Zulassungsvoraussetzungen vorliegen (Abs. 3). Die Börsengeschäftsführung prüft in dem durch Abs. 3 vorgegebenen Umfang, ob die Voraussetzungen der Zulassung vorliegen. Abs. 3 Nr. 1 wird durch § 34 Nr. 1 lit. a bis d konkretisiert; die entsprechenden Bestimmungen sind im Wertpapierprospektgesetz enthalten. Die Zulassung darf gem. § 50 BörsZulV frühestens an dem auf das Datum der Einreichung des Zulassungsantrags bei der Geschäftsführung folgenden Handelstag erfolgen.[14]

7 Abs. 3 entspricht § 30 Abs. 3, § 51 Abs. 1 Nr. 1 aF und regelt den Inhalt des Antrags. Dem Antrag sind diejenigen Unterlagen beizufügen, die der Börsengeschäftsführung die Beurteilung der in Abs. 3 Nr. 1 genannten Voraussetzungen ermöglicht. Dies sind insbesondere die in § 48 Abs. 2 S. 2 BörsZulV genannten Unterlagen. Der Zulassungsantrag wird gem. § 51 BörsZulV von der Börsengeschäftsführung auf Kosten der Antragsteller im elektronischen Bundesanzeiger veröffentlicht (vgl auch Abs. 5). Für den Antrag auf die erstmalige Zulassung von Aktien war in der Literatur streitig, ob hierfür eine gesonderte Ermächtigung des Vorstands durch die Hauptversammlung erforderlich ist[15] Der Streit hatte idR keine praktische Bedeutung, da die Aktien, die bei der erstmaligen Zulassung zur Sicherstellung eines ausreichenden Streubesitzes platziert werden, regelmäßig im Wege einer Barkapitalerhöhung geschaffen werden. Die Beschlussfassung hierüber enthält zumindest konkludent eine Entscheidung über den Börsengang selbst.[16] Mit Aufgabe der „Macrotron"-Rechtsprechung durch den BGH (vgl Rn 3) dürfte der Streit hinfällig sein.

8 In der Vergangenheit war es in der Praxis kurze Zeit nach Börsengängen zu Aktienveräußerungen von Altaktionären des Emittenten gekommen, obwohl ein Veräußerungsverbot zwischen Emittenten und Aktionären für einen festgelegten Zeitraum nach der Emission vereinbart und diese Frist zum Zeitpunkt der Veräußerung noch nicht abgelaufen war. Diese Vorgänge haben das Vertrauen der Anleger in den Handel an der Börse erheblich erschüttert. Der Diskussionsentwurf zum Vierten Finanzmarktförderungsgesetz sah daher in einer letztlich nicht Gesetz gewordenen neuen Nr. 4 des Abs. 3 noch vor, dass im Zulassungsverfahren etwaige Vereinbarungen des Emittenten mit Altaktionären über ein Veräußerungsverbot von Aktien („Lock up"-Vereinbarung) beachtet werden müssen. Hierdurch sollte offen gelegt werden, ob die Gesellschaften, die an die Börse gehen, Haltefristen für Altaktionäre zum Schutz der künftigen Aktionäre vereinbart oder hierauf verzichtet haben.[17]

9 Zum Zwecke des Anlegerschutzes soll es dem Publikum möglich sein, sich selbst ein zutreffendes Urteil über den Emittenten und die Wertpapiere zu bilden. Wichtigste Voraussetzung der Zulassung ist deshalb, dass dem Antrag ein Prospekt beigefügt ist, der dem Publikum durch Veröffentlichung zugänglich gemacht wird (Abs. 3 insb. iVm den Vorschriften des Wertpapierprospektgesetzes).[18] Der Prospekt sollte bereits nach der früheren Regelungen über die tatsächlichen und rechtlichen Verhältnisse, welche für die Beurteilung der zuzulassenden Wertpapiere wesentlich sind, Auskunft geben, vgl § 30 Abs. 3 Nr. 2 aF iVm § 13 Abs. 1 S. 1 BörsZulV aF Diese Zweckbestimmung des Prospekts steht in einem engen inneren Zusammenhang mit der Prospekthaftung nach den §§ 44 ff. Der Inhalt des Prospekts ist nunmehr insbesondere im Wertpapierprospektgesetz geregelt. Daneben finden die zum 1.9.2002 von der Deutschen Börse AG erlassenen „Going-Public-Grundsätze" Anwendung, die ebenfalls die inhaltliche Gestaltung des Prospekts adressieren. Abs. 3 Nr. 2 wurde durch das AIFM-Umsetzungsgesetz[19] an die Neustrukturierung der Regelungen des Investmentgesetzes im Rahmen des Kapitalanlagegesetzbuches angepasst. Zudem wurde aufgrund der Übergangsfristen im KAGB weiterhin auf veröffentlichte Verkaufsprospekte im Sinne des § 42 Investmentgesetz in der bis zum 21. Juli 2013 geltenden Fassung verwiesen, sofern diese für den in § 345 Abs. 6 S. 1

---

14 Von diesem generellen Zulassungsverfahren gab es in einzelnen speziell geregelten Fällen Abweichungen. So entfiel nach dem durch das Dritte Finanzmarktförderungsgesetz eingefügten § 36 Abs. 6 BörsG aF in den dort genannten Fällen nur das Prospekterfordernis. In diesen Fällen bedurfte es auch keines Emissionsbegleiters, und eine erneute Prüfung der Zulassungsvoraussetzungen fand nicht statt, vgl Pötzsch, WM 1998, 949, 951.

15 Lutter/Drygala, in: FS Raisch, 1995, S. 239, 249; Lutter, in: FS Zöllner, 1998, S. 363, 376; Vollmer/Grupp, ZGR 1995, 459, 465 f. Auch die erforderliche Stimmmehrheit ist umstritten. Für einfache Mehrheit Vollmer/Grupp, ZGR 1995, 459, 466 und Lutter/Drygala, in: FS Raisch, 1995, S. 239, 241; für Dreiviertelmehrheit: Lutter, in: FS Zöllner, 1998, S. 363, 378.

16 So auch Groß, Kapitalmarktrecht, § 32 BörsG Rn 30, der ebenfalls keinen Anhaltspunkt für eine Zuständigkeit der Hauptversammlung für die Börseneinführung sieht.

17 Eine derartige Regelung existierte für den Neuen Markt in Abschnitt 2, Nr. 2.5.1 und Nr. 7.3.9 RNM. Die Börse hätte die Möglichkeit erhalten, für den Fall, dass zwischen Aktionären und Emittent Vereinbarungen über Veräußerungsverbote getroffen worden sind, Maßnahmen anzuordnen, die sicherstellen, dass diese Vereinbarungen auch eingehalten werden. Eine solche Maßnahme hätte beispielsweise die Verwahrung der betroffenen Wertpapiere auf einem Sperrdepot sein können, über das nur mit Zustimmung der Börse verfügt werden kann.

18 Gesetz über die Erstellung, Billigung und Veröffentlichung des Prospekts, der beim öffentlichen Angebot von Wertpapieren oder bei der Zulassung von Wertpapieren zum Handel an einem organisierten Markt zu veröffentlichen ist (Wertpapierprospektgesetz – WpPG) vom 22. Juni 2005 (BGBl. I S. 1698), erlassen als Art. 3 des Prospektrichtlinie-Umsetzungsgesetzes[.

19 Gesetz zur Umsetzung der Richtlinie (EU) 2011/61 über die Verwalter alternativer Investmentfonds (AIFM-Umsetzungsgesetz – AIFM-UmsG) vom 4.7.2013, BGBl. I, Nr. 35 v. 10.7.2013, S. 1981, 2151.

des KAGB vorgesehene Zeitraum noch verwendet werden dürfen.[20] Das ist spätestens mit Ablauf des 21.7.2014 der Fall (§ 345 Abs. 6 S. 2 Nr. 4), es sei denn, dass vorher ein Anzeigeverfahren nach § 316 KAGB durchlaufen wurde (§ 345 Abs. 6 S. 3).

Der Prospekt muss vor der Veröffentlichung nach den Vorschriften des Wertpapierprospektgesetzes von der BaFin gebilligt oder bescheinigt werden (§ 13 Abs. 1 WpPG – Verwaltungsakt). Die früher in Abs. 4 ausdrücklich angesprochenen Regelungsziele (Schutz des Publikums, ordnungsgemäßer Börsenhandel sowie Vermeidung einer Übervorteilung des Publikums und Schädigung erheblicher allgemeiner Interessen) sollten dadurch erreicht werden, dass die Zulassungsstelle als weitere Voraussetzungen die Beachtung der prospektrechtlichen Grundsätze bzw nach eigenem Ermessen das Vorliegen entsprechender Umstände prüft. Mit Konzentration der Prospektprüfungspflicht bei der BaFin ist klargestellt, dass keine umfassende Doppelprüfung von Wertpapierprospekten erfolgt. Unklar ist jedoch nach wie vor, in welchem Umfang die Börsengeschäftsführung zur materiellen Prüfung des Prospekts verpflichtet ist. Die Börsengeschäftsführung hat jedenfalls die formale Vollständigkeit des Prospekts und das formale Vorliegen der sonstigen Zulassungsvoraussetzungen sowie deren immanente Richtigkeit zu prüfen (sog. Prospekttheorie).[21] Die Prüfung ist keine vollständige materielle Prüfung des Prospekts und damit des Emittenten und deshalb keine Gewähr für die Güte des Papiers.[22] Die Prüfung des Prospekts dürfte daneben materiell auch umfassen, ob auf der Grundlage der Prospektinformation und der sonstigen der Börsengeschäftsführung bekannten Umstände die Zulassungsvoraussetzungen vorliegen.[23] Die dabei zu berücksichtigenden sonstigen Umstände kann die Börsengeschäftsführung dem Prospekt, ihrem allgemeinen Wissen aber auch speziellen, auf andere Weise erworbenen Informationen entnehmen. Hierfür kann die Börsengeschäftsführung analog[24] § 41 oder § 26 VwVfG uU auch Auskünfte bei den Emittenten bzw dem Emissionsbegleiter einholen.

Die Zulassung als solche ist nicht kostenfrei; vielmehr fällt eine Zulassungsgebühr von mindestens 3.000 EUR bei Aktien bzw fest verzinslichen Wertpapieren an.[25] Sonstige einmalige Kosten sind die Kosten der Veröffentlichung des Zulassungsantrags und des Prospekts, die Druckkosten des Prospekts, eventuelle Kosten des Drucks. der Wertpapiere und die Börseneinführungsprovision der Emissionsbegleiter. Daneben entstehen die laufenden Kosten, die mit der Erfüllung der vorgenannten Veröffentlichungspflichten verbunden sind und uU die Notierungsgebühren, die nach § 17 Abs. 1 Nr. 5 erhoben werden können.

Die Börsengeschäftsführung kann den Antrag auf Zulassung der Wertpapiere trotz Erfüllung der Voraussetzungen des Abs. 3 gemäß **Abs. 4** ablehnen, wenn der Emittent seine Pflichten aus der Zulassung nicht erfüllt. Eine von Anfang an rechtswidrige Zulassung kann nach § 48 VwVfG mit Wirkung ex nunc zurückgenommen werden. Eine anfänglich rechtmäßige Zulassung kann nach § 49 VwVfG mit den Einschränkungen des § 49 Abs. 2 VwVfG widerrufen werden. § 39 Abs. 1 enthält spezielle Widerrufsgründe. Zuständig für die Rücknahme und Widerruf ist die Börsengeschäftsführung. Ablehnung, Widerruf und Rücknahme der Zulassung sind Verwaltungsakte, gegen die der Verwaltungsrechtsweg nach einem entsprechenden Widerspruchsverfahren offen steht. Aktiv legitimiert für Widerspruch und Klage sind sowohl der Emissionsbegleiter als auch der Emittent selbst. Die Klage richtet sich gegen die Börse als solche.

Abs. 5 entspricht § 31 Abs. 4 aF mit der Maßgabe, dass mangels gesetzlicher Bezugsvorschriften die regionalen Börsenpflichtblätter entfallen. Insbesondere der von der Zulassungsstelle gebilligte Prospekt ist zu veröffentlichen.[26] Die Veröffentlichung ist nicht mehr Teil der Zulassung und in § 14 Abs. 2 WpPG geregelt. In der Praxis wird der Prospekt im Wege der Hinweisbekanntmachung (sog. Schalterpublizität) veröffentlicht (§ 14 Abs. 3 S. 2 WpPG). Im Rahmen des Vierten Finanzmarktförderungsgesetzes wurde in § 30 Abs. 5 S. 2 aF (nunmehr § 14 Abs. 2 WpPG) die Verpflichtung, den Börsenprospekt auch elektronisch zur Verfügung zu stellen, ergänzt. Damit wird neben den in Abs. 5 S. 1 vorgesehenen Veröffentlichungsformen dem Publikum ein jederzeitiger und rascher Zugriff auf den Zulassungsprospekt ermöglicht.[27] Erforderlich zur Erfüllung der Schalterpublizität ist, dass sämtliche bei den Hinterlegungsstellen zu hinterlegenden Un-

---

20 Vgl RegBegr zum AIFM-UmsG, BT-Drucks. 17/12294 v. 6.2.2103, S. 310.
21 *Zahn*, ZGR 1981, 101, 109; *Ehricke*, DM 1980, 2429.
22 BGHZ 123, 126, 130 = WM 1993, 1455, 1456 f.
23 BGHZ 123, 126, 130 = WM 1993, 1455, 1456 f; *Groß*, Kapitalmarktrecht, § 32 BörsG Rn 27; *Schäfer/Hamann*, § 36 BörsG Rn 28; *Schwark*, § 36 Rn 14; *ders.*, NJW 1987, 2041, 2043; *Elle*, ZHR 128 (1966), 273.
24 *Schäfer/Hamann*, § 36 BörsG Rn 30.
25 Vgl § 11 iVm Tabelle IV der Gebührenordnung der Frankfurter Wertpapierbörse.
26 Diese Erleichterung der Erfüllung der Veröffentlichungspflicht wurde durch das Zweite Finanzmarktförderungsgesetz (BGBl. I 1994 S. 1749) auf Anregung des Bundesrates (BT-Drucks. 12/6679, S. 94, 99) geschaffen zur Vermeidung der im Verhältnis zu den europäischen Nachbarn bis dahin bestehenden Wettbewerbsnachteile, die besonders in den erheblichen Druckkosten der Zeitungspublizität nach § 30 Abs. 5 S. 1 Nr. 1 (§ 36 Abs. 4 S. 1 Nr. 1 aF) bestanden; vgl dazu auch *Müller*, Die Bank 1978, 70, 71; *Schäfer/Hamann*, § 36 BörsG Rn 34.
27 Vgl dazu *Groß*, Kapitalmarktrecht, § 14 WpPG Rn 6. Mit den Regelungen des WpPG, den Prospekt elektronisch auf der Internetseite des Emittenten verfügbar zu machen, dürfte sich die früher offene Frage, ob das "Bereithalten zur kostenlosen Ausgabe" auch allein durch Benennung einer Internet-Adresse erfüllt werden kann, wenn es möglich ist, unter dieser Adresse den Prospekt herunterzuladen, erledigt haben.

terlagen und Prospekte am Vormittag des Tages, an dem die Hinweisbekanntmachung erscheint, tatsächlich dort verfügbar sind.

§ 33 Einbeziehung von Wertpapieren in den regulierten Markt

(1) Wertpapiere können auf Antrag eines Handelsteilnehmers oder von Amts wegen durch die Geschäftsführung zum Börsenhandel in den regulierten Markt einbezogen werden, wenn
1. die Wertpapiere bereits
   a) an einer anderen inländischen Börse zum Handel im regulierten Markt,
   b) in einem anderen Mitgliedstaat der Europäischen Union oder in einem anderen Vertragsstaat des Abkommens über den Europäischen Wirtschaftsraum zum Handel an einem organisierten Markt oder
   c) an einem Markt in einem Drittstaat, sofern an diesem Markt Zulassungsvoraussetzungen und Melde- und Transparenzpflichten bestehen, die mit denen im regulierten Markt für zugelassene Wertpapiere vergleichbar sind, und der Informationsaustausch zum Zwecke der Überwachung des Handels mit den zuständigen Stellen in dem jeweiligen Staat gewährleistet ist,

   zugelassen sind und
2. keine Umstände bekannt sind, die bei Einbeziehung der Wertpapiere zu einer Übervorteilung des Publikums oder einer Schädigung erheblicher allgemeiner Interessen führen.

(2) ¹Die näheren Bestimmungen über die Einbeziehung von Wertpapieren sowie über die von dem Antragsteller nach erfolgter Einbeziehung zu erfüllenden Pflichten sind in der Börsenordnung zu treffen. ²Die Börsenordnung muss insbesondere Bestimmungen enthalten über die Unterrichtung des Börsenhandels über Tatsachen, die von dem Emittenten an dem ausländischen Markt, an dem die Wertpapiere zugelassen sind, zum Schutz des Publikums und zur Sicherstellung der ordnungsgemäßen Durchführung des Handels zu veröffentlichen sind; § 38 Abs. 1, die §§ 39 und 41 finden keine Anwendung.

(3) Die Geschäftsführung unterrichtet den Emittenten, dessen Wertpapiere in den Handel nach Absatz 1 einbezogen wurden, von der Einbeziehung.

(4) ¹Für die Aussetzung und die Einstellung der Ermittlung des Börsenpreises gilt § 25 entsprechend. ²Für den Widerruf der Einbeziehung gilt § 39 Abs. 1 entsprechend.

1 § 33 setzt Art. 40 Abs. 5 der Finanzmarktrichtlinie um. Nach dieser Vorschrift muss die bisher nach § 56 aF mögliche Einbeziehung in den geregelten Markt für sämtliche gesetzlichen Marktsegmente gelten. Die Vorschrift eröffnet den Börsen die Möglichkeit, Wertpapiere, die bisher in einem anderen regulierten oder organisierten Markt (Freiverkehr) gehandelt wurden, in den Handel im regulierten Markt einzubeziehen.[1]

2 Abs. 1 entspricht § 56 Abs. 1 aF mit der Ausnahme, dass künftig auch eine Einbeziehung durch die Geschäftsführung von Amts wegen, dh ohne den bisher erforderlichen Antrag eines Handelsteilnehmers möglich ist, wenn die Geschäftsführung ein entsprechendes Marktbedürfnis erkennt. Ferner ist bei der Prüfung, ob ein Wertpapier zum Handel am regulierten Markt einer Börse einbezogen werden kann, nun auf die Zulassung an einer anderen Börse mit Sitz im Inland oder in einem anderen Mitgliedstaat in der EU oder einem Vertragsstaat des EWR abzustellen.

3 Die Möglichkeit der Einbeziehung von Wertpapieren ohne Einhaltung der Zulassungs- und Zulassungsfolgepflichten besteht nach Abs. 1 Nr. 1 lit. a zum einen, wenn die Wertpapiere an einer anderen inländischen Börse zum Handel im regulierten Markt zugelassen sind. Damit ist sichergestellt, dass die Wertpapiere den für den regulierten Markt gesetzlich vorgesehenen Zulassungsvoraussetzungen unterliegen und die entsprechenden Folgepflichten aus der Zulassung, namentlich die Melde- und Transparenzanforderungen, erfüllt sind. Die Vorgaben der Wertpapierdienstleistungsrichtlinie, einschließlich der Melde- und Transparenzanforderungen der Art. 20 und 21, erfüllen aber auch die an einem anderen organisierten Markt innerhalb des Europäischen Wirtschaftsraums zugelassenen Wertpapiere, da die Staaten zur Umsetzung der europarechtlichen Vorgaben verpflichtet sind. Dies betrifft auch die Verpflichtung zur sogenannten Ad-hoc-Publizität.

4 Aufgrund von Art. 1 iVm Art. 7 der Insiderrichtlinie unterliegen diejenigen Emittenten der Ad-hoc-Publizität, deren Wertpapiere zum Handel auf einem Markt zugelassen sind, der von staatlich anerkannten Stellen

---

[1] Bereits vorher konnten mit der Einbeziehung die europarechtlichen Handlungsspielräume auf Grund der Einordnung des früheren geregelten Marktes als "Regulated Market" im Sinne der EG-Wertpapierdienstleistungsrichtlinie genutzt werden.

reglementiert und überwacht wird, regelmäßig stattfindet und der Öffentlichkeit direkt oder indirekt zugänglich ist. Der Emittent muss das Publikum unverzüglich über neue erhebliche Tatsachen in Kenntnis setzen, die in seinem Tätigkeitsbereich eingetreten sind und die der breiten Öffentlichkeit nicht bekannt sind, aber wegen ihrer Auswirkungen auf die Vermögens- und Finanzlage oder auf den allgemeinen Geschäftsverlauf zu einer beträchtlichen Änderung der Kurse der Aktien des Emittenten führen können.[2] Die Emittenten, deren Aktien an einem organisierten Markt in einem Mitgliedstaat der Europäischen Union oder in einem anderen Vertragsstaat des Europäischen Wirtschaftsraums zugelassen sind (Abs. 1 Nr. 1 lit. b), haben diese Verpflichtung in dem jeweiligen europäischen Staat zu erfüllen. Im Interesse der Unterrichtung des inländischen Börsenpublikums hat die Börsenordnung Bestimmungen zu enthalten, die sicherstellen, dass die aufgrund der Richtlinienvorgaben veröffentlichten Informationen auch an der jeweiligen inländischen Börse bekannt gemacht werden (vgl Abs. 2 S. 2).

Wertpapiere aus Drittstaaten können im Hinblick auf die Anforderungen der Wertpapierdienstleistungsrichtlinie dann in den regulierten Markt einbezogen werden, wenn der Emittent an der Heimatbörse Zulassungsvoraussetzungen und Zulassungsfolgepflichten unterliegt, die mit den Anforderungen des regulierten Marktes vergleichbar sind. Darüber hinaus muss im Interesse des Schutzes des Publikums und der Aufrechterhaltung eines ordnungsgemäßen Börsenhandels der notwendige Informationsaustausch mit den zuständigen Aufsichtsstellen in dem jeweiligen Drittstaat gewährleistet sein. Sofern die in Abs. 1 Nr. 1 lit. c genannten Voraussetzungen nicht erfüllt sind, kommt ausschließlich eine Einbeziehung dieser Wertpapiere in den Freiverkehr (§ 48) in Betracht, sofern nicht im Einzelfall Gesichtspunkte des Anlegerschutzes dagegen sprechen.

Abs. 2 entspricht § 56 Abs. 2 aF Im Interesse der Unterrichtung des inländischen Börsenhandels über Informationen, die ein Emittent im Ausland aufgrund der Zulassung seiner Aktien in diesem Staat zu erfüllen hat, sofern diese Wertpapiere in den geregelten Markt einbezogen sind, enthält Abs. 2 eine Ermächtigung für die Börsenordnung. Danach sind in der Börsenordnung Bestimmungen aufzunehmen, die sicherstellen, dass auch der inländische Börsenhandel möglichst zeitnah über die Veröffentlichungen des Emittenten an der Heimatbörse unterrichtet wird und diese damit in die Preisbildung einbezogen werden können. Angesichts der bereits bestehenden technischen Möglichkeiten dürfte eine rasche Weiterleitung kursrelevanter Informationen an die inländische Börse regelmäßig kein Problem darstellen. Darüber hinaus wird es im Interesse einer ordnungsgemäßen Preisermittlung in Auslandswerten in aller Regel ohnehin erforderlich sein, den Handel an der Heimatbörse zu berücksichtigen, zumindest sofern dieser der liquidere ist. Für den Fall, dass eine angemessene Unterrichtung des inländischen Börsenhandels nicht gegeben, und damit ein ordnungsgemäßer Börsenhandel gefährdet oder nicht mehr gewährleistet ist, hat die Geschäftsführung die Einbeziehung auszusetzen, einzustellen oder sogar zu widerrufen (vgl **Abs. 4**).[3]

Abs. 3 enthält die Umsetzung von Art. 40 Abs. 5 S. 2 der Finanzmarktrichtlinie und verpflichtet die Geschäftsführung, den Emittenten, dessen Wertpapiere von der Einbeziehung betroffen sind, hiervon zu unterrichten. Wie Art. 40 Abs. 5 S. 3 der Finanzmarktrichtlinie ausführt, entstehen dem Emittenten hieraus keine zusätzlichen Pflichten.

§ 34 Ermächtigungen

Die Bundesregierung wird ermächtigt, durch Rechtsverordnung mit Zustimmung des Bundesrates die zum Schutz des Publikums und für einen ordnungsgemäßen Börsenhandel erforderlichen Vorschriften über

1. die Voraussetzungen der Zulassung, insbesondere
   a) die Anforderungen an den Emittenten im Hinblick auf seine Rechtsgrundlage, seine Größe und die Dauer seines Bestehens;
   b) die Anforderungen an die zuzulassenden Wertpapiere im Hinblick auf ihre Rechtsgrundlage, Handelbarkeit, Stückelung und Druckausstattung;
   c) den Mindestbetrag der Emission;

---

[2] Art 7 der Insiderrichtlinie verweist insoweit auf den Anhang, Schema C Ziffer 5 Buchst a) der Richtlinie 79/279/EWG des Rates v. 5.3.1979 zur Koordinierung der Bedingungen für die Zulassung von Wertpapieren zur amtlichen Notierung an einer Wertpapierbörse, neu kodifiziert in Art 68 Abs. 1 der Richtlinie 2001/34/EG des Europäischen Parlaments und des Rates v. 28.5.2001 über die Zulassung von Wertpapieren zur amtlichen Börsennotierung und über die hinsichtlich dieser Wertpapiere zu veröffentlichenden Informationen (Börsenzulassungsrichtlinie).

[3] Abs. 4 entspricht § 56 Abs. 3 aF.

d) das Erfordernis, den Zulassungsantrag auf alle Aktien derselben Gattung oder auf alle Schuldverschreibungen derselben Emission zu erstrecken;
2. das Zulassungsverfahren

zu erlassen.

1 § 34 entspricht § 32 aF und erhielt im Rahmen der Umsetzung der Finanzmarktrichtlinie lediglich terminologische Folgeänderungen zu der Zusammenlegung des amtlichen und des geregelten Marktes und der Abschaffung der Zulassungsstelle und der Übertragung ihrer Kompetenzen auf die BaFin. Nachdem die BaFin als Bundesbehörde für die Zulassung von Wertpapieren zum regulierten Markt zuständig ist und die Zulassungsstellen als Landesbehörden, die diese Vorschrift ausführten, abgeschafft wurden, fällt die betreffende Rechtsverordnung nicht mehr unter das Zustimmungserfordernis des Bundesrates. § 32 Nr. 2 und 3 aF waren bereits aufgehoben. Infolge der Neufassung des Gesetzes wurde Nr. 4 zur neuen Nr. 2.

§ 35 Verweigerung der Zulassung

(1) Lehnt die Geschäftsführung einen Zulassungsantrag ab, so hat sie dies den anderen Börsen, an denen die Wertpapiere des Emittenten gehandelt werden sollen, unter Angabe der Gründe für die Ablehnung mitzuteilen.

(2) [1]Wertpapiere, deren Zulassung von einer anderen Börse abgelehnt worden ist, dürfen nur mit Zustimmung dieser Börse zugelassen werden. [2]Die Zustimmung ist zu erteilen, wenn die Ablehnung aus Rücksicht auf örtliche Verhältnisse geschah oder wenn die Gründe, die einer Zulassung entgegenstanden, weggefallen sind.

(3) [1]Wird ein Zulassungsantrag an mehreren inländischen Börsen gestellt, so dürfen die Wertpapiere nur mit Zustimmung aller Börsen, die über den Antrag zu entscheiden haben, zugelassen werden. [2]Die Zustimmung darf nicht aus Rücksicht auf örtliche Verhältnisse verweigert werden.

1 Zweck des § 35 ist, eine weitgehend einheitliche Behandlung der Zulassung sicherstellen, wenn Wertpapiere an mehreren inländischen Börsen zugelassen werden sollen.[1] Abs. 1 enthält hierzu eine Informationspflicht, die unabhängig davon ist, ob und in welcher Reihenfolge für die Wertpapiere die Zulassungsanträge gestellt, und ob diese als unzulässig oder unbegründet abgewiesen wurden. Abs. 2 soll materiell ebenso wie Abs. 3 bei zeitlich aufeinander folgenden Zulassungsanträgen eine einheitliche Behandlung sicherstellen. Nach Abs. 3 ist bei einem Zulassungsantrag bei verschiedenen inländischen Börsen eine Zulassung nur mit Zustimmung aller Zulassungsstellen zulässig. Diese Zustimmung ist für den Antragsteller ein interner, nicht einklagbarer Akt. Wird eine Zulassung wegen fehlender Zustimmung abgelehnt, stehen ihm somit nur gegen die nach außen entscheidende, die Zulassung ablehnende Stelle die allgemeinen Rechtsmittel zur Verfügung. Wird die Zulassung trotz fehlender Zustimmung erteilt, ist sie dennoch wirksam. Abs. 4 wurde mit Inkrafttreten des Wertpapierprospektgesetzes gestrichen.

§ 36 Zusammenarbeit in der Europäischen Union

(1) Beantragt ein Emittent mit Sitz in einem anderen Mitgliedstaat der Europäischen Union oder in einem anderen Vertragsstaat des Abkommens über den Europäischen Wirtschaftsraum, dessen Aktien entsprechend der Richtlinie 2001/34/EG des Europäischen Parlaments und des Rates vom 28. Mai 2001 über die Zulassung von Wertpapieren zur amtlichen Börsennotierung und über die hinsichtlich dieser Wertpapiere zu veröffentlichenden Informationen (ABl. EG Nr. L 184 S. 1) in diesem Mitgliedstaat oder Vertragsstaat zugelassen sind, die Zulassung von Wertpapieren, mit denen Bezugsrechte für diese Aktien verbunden sind, so hat die Geschäftsführung vor ihrer Entscheidung eine Stellungnahme der zuständigen Stelle des anderen Mitgliedstaates oder Vertragsstaates einzuholen.

(2) Die Vorschriften über die Zusammenarbeit nach dem Wertpapierprospektgesetz bleiben unberührt.

---

1 *Gebhardt*, in: Schäfer/Hamann, KMG, § 33 BörsG Rn 1; *Groß*, Kapitalmarktrecht, § 35 BörsG Rn 2.

Die durch das Vierte Finanzmarktförderungsgesetz erfolgten Änderungen in Abs. 2 und 3 berücksichtigten bereits die Zusammenfassung der BöZ-RL,[1] der BP-RL,[2] der Halbjahresberichts-RL[3] und der Berichts-RL[4] in der Zulassungs-RL.[5] Die Änderung des Abs. 3 durch das Prospektrichtlinie-UmsetzungsG berücksichtigte die Neuregelung des Prospektrechts im WertpapierprospektG. Die Vorschriften in § 34 Abs. 1 aF über die internationale Zusammenarbeit der Zulassungsstellen wurden im Rahmen der Umsetzung der Finanzmarktrichtlinie schließlich aufgrund der Abschaffung der Zulassungsstellen und die Übertragung der Aufgaben auf die Börsengeschäftsführung abgeschafft[6]. Die internationale Zusammenarbeit im Bereich der Wertpapierzulassung fällt nun in die Zuständigkeit der BaFin nach § 7 Abs. 1 WpHG.

Nach Abs. 1 kooperieren die Zulassungsstellen im Rahmen der jeweiligen Aufgaben und Befugnisse untereinander und mit den entsprechenden Stellen und Börsen der anderen Mitgliedstaaten der Europäischen Union oder des europäischen Wirtschaftsraumes. Bei den Aufgaben und Befugnissen handelt es sich um das Zulassungsverfahren (inkl. Widerruf und Rücknahme der Zulassung), insbesondere die Prospektprüfung, und die Überwachung der allgemeinen Verpflichtungen der Emittenten nach Zulassung. Die erforderliche Stellungnahme wird regelmäßig bei der Entscheidung über die Zulassung von (i) Aktien aus einer Kapitalerhöhung mit Bezugsrecht, (ii) Wandel- und Optionsanleihen, wenn sich die Wandel- und Optionsrechte auf Aktien beziehen, die im Heimatland des Emittenten zugelassen sind, und (iii) Optionsscheinen, wenn sich das Optionsrecht auf Aktien bezieht, die im Heimatland des Emittenten zugelassen sind, einzuholen sein. Nach § 34 Abs. 3 bleiben die (weiteren) Vorschriften über die Zusammenarbeit im Wertpapierprospektgesetz unberührt.

§ 37 Staatliche Schuldverschreibungen

Schuldverschreibungen des Bundes, seiner Sondervermögen oder eines Bundeslandes, auch soweit sie in das Bundesschuldbuch oder in die Schuldbücher der Bundesländer eingetragen sind, sowie Schuldverschreibungen, die von einem anderen Mitgliedstaat der Europäischen Union oder von einem anderen Vertragsstaat des Abkommens über den Europäischen Wirtschaftsraum ausgegeben werden, sind an jeder inländischen Börse zum Handel im regulierten Markt zugelassen.

Nach § 37 sind Emissionen der dort genannten Emittenten öffentlichen Rechts, die als besonders sicher gelten, qua Gesetz an jeder inländischen Börse zum regulierten Markt zugelassen. Dies bedeutet, dass es weder eines Zulassungsantrags noch der Durchführung eines Zulassungsverfahrens, noch eines Prospekts, noch einer Zulassung bedarf. Damit entfallen auch Zulassungsgebühren, jedoch dürfen Einführungsgebühren und auch Notierungsgebühren erhoben werden. Privilegiert sind Schuldverschreibungen des Bundes, seiner Sondervermögen, eines Bundeslandes, eines Mitgliedstaates der Europäischen Union oder eines Vertragsstaats. Nicht privilegiert sind Schuldverschreibungen von hierarchisch einem Bundesland bzw Mitgliedstaat oder Vertragsstaat untergeordneten Gebietskörperschaften. Gleiches gilt für Aktien aus einer Kapitalerhöhung aus Gesellschaftsmitteln gemäß § 33 Abs. 4 EGAktG (Berichtigungsaktien).

§ 38 Einführung

(1) ¹Die Geschäftsführung entscheidet auf Antrag des Emittenten über die Aufnahme der Notierung zugelassener Wertpapiere im regulierten Markt (Einführung). ²Der Emittent hat der Geschäftsführung in dem Antrag den Zeitpunkt für die Einführung und die Merkmale der einzuführenden Wertpapiere mitzuteilen. ³Das Nähere regelt die Börsenordnung.

---

1 Richtlinie 79/279/EWG des Rates v. 5.3.1979 zur Koordinierung der Bedingungen für die Zulassung von Wertpapieren zur amtlichen Notierung an einer Wertpapierbörse.
2 Richtlinie 80/390/EWG des Rates v. 17.3.1980 zur Koordinierung der Bedingungen für die Erstellung, die Kontrolle und die Verbreitung des Prospekts, der für die Zulassung von Wertpapieren zur amtlichen Notierung an einer Wertpapierbörse zu veröffentlichen ist.
3 Richtlinie 82/121/EWG des Rates v. 15.2.1982 über regelmäßige Informationen, die von Gesellschaften zu veröffentlichen sind, deren Aktien zur amtlichen Notierung an einer Wertpapierbörse zugelassen sind.
4 Richtlinie 88/627/EWG des Rates v. 12.12.1988 über die bei Erwerb und Veräußerung einer bedeutenden Beteiligung an einer börsennotierten Gesellschaft zu veröffentlichenden Informationen.
5 Richtlinie 2001/34/EG des Europäischen Parlaments und des Rates v. 28.5.2001 über die Zulassung von Wertpapieren zur amtlichen Börsennotierung und über die hinsichtlich dieser Wertpapiere zu veröffentlichenden Informationen in der berichtigten Fassung: ABl. EG Nr. L 217/18 v. 11.8.2001.
6 Vgl insgesamt *Jäger/Maas*, BB 2009, 852, 853.

(2) Wertpapiere, die zur öffentlichen Zeichnung aufgelegt werden, dürfen erst nach beendeter Zuteilung eingeführt werden.

(3) Die Bundesregierung wird ermächtigt, durch Rechtsverordnung mit Zustimmung des Bundesrates zum Schutz des Publikums den Zeitpunkt zu bestimmen, zu dem die Wertpapiere frühestens eingeführt werden dürfen.

(4) ¹Werden die Wertpapiere nicht innerhalb von drei Monaten nach Veröffentlichung der Zulassungsentscheidung eingeführt, erlischt ihre Zulassung. ²Die Geschäftsführung kann die Frist auf Antrag angemessen verlängern, wenn ein berechtigtes Interesse des Emittenten der zugelassenen Wertpapiere an der Verlängerung dargetan wird.

1 Die Vorschriften entsprechen im Wesentlichen § 37 aF Eine der Forderungen des Börsenreformgutachtens, nämlich die Aufhebung der Verknüpfung der Zulassung der mit den geltenden Preisfeststellungsregeln, wurde im Rahmen des Vierten Finanzmarktförderungsgesetzes umgesetzt. Durch den Wegfall der amtlichen Preisfeststellung ist die Einführung in Abs. 1 S. 1 nunmehr als Aufnahme der Notierung im regulierten Markt gesetzlich definiert.[1]

2 Nach § 42 Abs. 1 aF war es notwendig, dass ein Kreditinstitut oder ein Finanzdienstleistungsinstitut mit dem Recht zur Teilnahme am Börsenhandel im Auftrag des Emittenten den Zeitpunkt für die Einführung und die Merkmale der einzuführenden Wertpapiere der Börsengeschäftsführung mitteilte. Anders als beim Zulassungsantrag gemäß § 32 musste beim Antrag auf Einführung das Unternehmen mit dem Recht zur Teilnahme am Handel nicht nur einer, sondern der entsprechenden Börse zugelassen sein. Damit soll erreicht werden, dass für die Börse vor Ort ein Ansprechpartner für den Emittenten oder das Wertpapier betreffende Rückfragen jederzeit zur Verfügung steht. Diese Regelung erschien in Zeiten, in denen die Börse noch eine Veranstaltung ihrer Mitglieder war, durchaus sachgerecht, da es sich um die Mitteilung handelte, wann die Wertpapiere nach erfolgter Zulassung erstmals mit amtlicher Notierung gehandelt werden sollten und die Geschäftsführung daraufhin die notwendigen organisatorischen Vorkehrungen treffen konnte. Die Eigentümerstruktur der Börsen hat sich jedoch gewandelt, nicht zuletzt auch aufgrund von Börsengängen der Börsen selbst. Die „Mitgliederbörse" entspricht nicht mehr dem aktuellen Bild der Börse. Daher kann zukünftig der Emittent selbst der Börsengeschäftsführung die Wertpapiermerkmale und den Zeitpunkt mitteilen, zu dem der Handel in den zugelassenen Wertpapieren aufgenommen werden soll (Abs. 1). Zusätzlich wurde die Möglichkeit geschaffen, nähere Bestimmungen in der Börsenordnung zu treffen.

3 Die Einführung darf gemäß § 38 Abs. 3 iVm §§ 43 Abs. 1, 52 Abs. 1 BörsZulV frühestens an dem auf die erste Veröffentlichung des Prospekts oder, wenn kein Prospekt zu veröffentlichen ist, an dem der Veröffentlichung der Zulassung folgenden Werktag erfolgen.

§ 39 Widerruf der Zulassung bei Wertpapieren

(1) Die Geschäftsführung kann die Zulassung von Wertpapieren zum Handel im regulierten Markt außer nach den Vorschriften des Verwaltungsverfahrensgesetzes widerrufen, wenn ein ordnungsgemäßer Börsenhandel auf Dauer nicht mehr gewährleistet ist und die Geschäftsführung die Notierung im regulierten Markt eingestellt hat oder der Emittent seine Pflichten aus der Zulassung auch nach einer angemessenen Frist nicht erfüllt.

(2) ¹Die Geschäftsführung kann die Zulassung im Sinne des Absatzes 1 auch auf Antrag des Emittenten widerrufen. ²Der Widerruf darf nicht dem Schutz der Anleger widersprechen. ³Die Geschäftsführung hat einen solchen Widerruf unverzüglich im Internet zu veröffentlichen. ⁴Der Zeitraum zwischen der Veröffentlichung und der Wirksamkeit des Widerrufs darf zwei Jahre nicht überschreiten. ⁵Nähere Bestimmungen über den Widerruf sind in der Börsenordnung zu treffen.

1 Die früheren Absätze 1 und 2 wurden im Hinblick auf die Regelung der Aussetzung oder Einstellung der Notierung in den allgemeinen Vorschriften des § 24 Abs. 1 und 2 im Rahmen der Umsetzung der Finanzmarktrichtlinie aufgehoben. Die folgenden Absätze rückten auf und wurden aufgrund der Übertragung der Zuständigkeiten der Zulassungsstelle auf die Geschäftsführung angepasst.

2 Nach **Abs. 1** ist die Geschäftsführung berechtigt, die Zulassung zum regulierten Markt zu widerrufen. Die Vorschrift enthält zusätzlich die bisher in § 43 S. 2 geregelte Befugnis zum Widerruf, entspricht jedoch im

---

[1] Vgl auch LG München I NZG 2007, 951 = WM 2007, 2154. Danach ist ein Spruchverfahren mit dem Ziel der Festsetzung eines angemessenen Abfindungsangebots im Falle eines Wechsels vom amtlichen Markt in den Freiverkehr nicht statthaft.

Übrigen § 38 Abs. 3 aF und setzt Art. 41 Abs. 1 der Finanzmarktrichtlinie um. Ein dauernder Widerruf der Zulassung kann nach Abs. 1 entweder allgemein nach den Vorschriften der Verwaltungsverfahrensgesetze, wenn ein ordnungsgemäßer Börsenhandel nicht mehr gewährleistet ist oder bei Nichterfüllung der Emittentenpflichten oder dann erfolgen, wenn sich die Umstände, die zuvor zur Einstellung geführt haben, als dauerhaft erweisen. Der Widerruf der Zulassung beendet das durch die Zulassung begründete öffentlich-rechtliche Nutzungsverhältnis zwischen der Börse und dem Emittenten, für den Handel mit den zugelassenen Wertpapieren in dem entsprechenden Marktsegment die Börseneinrichtungen zu nutzen. Abs. 1 erwähnt ausdrücklich die Möglichkeit eines Widerrufs der Zulassung nach allgemeinem Verwaltungsverfahrensrecht. Gemeint sind damit sowohl der Widerruf einer rechtmäßigen Zulassung (§ 49 VwVfG), als auch die Rücknahme einer rechtswidrigen Zulassung (§ 48 VwVfG). Da die Zulassung begünstigender Verwaltungsakt ist, sind die Voraussetzungen des § 49 Abs. 2 VwVfG bzw des § 48 Abs. 2 bis 4 VwVfG zu beachten. Der Widerruf ist als actus contrarius der Zulassung wie diese Verwaltungsakt.

Von dem Widerruf der Zulassung nach allgemeinem Verwaltungsverfahrensrecht ist der börsengesetzliche Tatbestand des Widerrufs im Falle der dauerhaften Nichtgewährleistung eines ordnungsgemäßen Börsenhandels und der Einstellung der Notierung durch die Börsengeschäftsführung zu unterscheiden. Diese spezielle Regelung hat ihre Ursache in der Ansicht des Gesetzgebers, dass die allgemeinen verwaltungsverfahrensrechtlichen Vorschriften keine ausreichende Grundlage für einen Widerruf aus börsentechnischen Gesichtspunkten bieten.[1] Hat die Börsengeschäftsführung die Notierung im regulierten Markt bereits eingestellt und erweisen sich die Gründe für die Einstellung später als dauerhaft, dh besteht keine realistische Wahrscheinlichkeit für die Wiederaufnahme eines ordnungsgemäßen Börsenhandels, so kann die Börsengeschäftsführung die Zulassung endgültig widerrufen.

Die durch das Dritte Finanzmarktförderungsgesetz eingefügte Vorschrift des **Abs. 2** (früher § 38 Abs. 4) regelt die im Ermessen der Börsengeschäftsführung stehende Möglichkeit, die Zulassung zum regulierten Markt auf Antrag des Emittenten zu widerrufen, wenn der Schutz der Anleger dem nicht widerspricht (sog. Delisting).[2] Abs. 2 regelt alleine den Widerruf der Zulassung auf Antrag des Emittenten.[3] Nicht Gegenstand der Regelung ist damit die mit Umwandlungs-, Verschmelzungs- und Eingliederungsvorgängen nach allgemeinem Verwaltungsverfahrensrecht verbundene Erledigung der Zulassung (§ 43 Abs. 2 VwVfG).[4] Bei der Entscheidung der Börsengeschäftsführung über das Delisting sind ausschließlich die Interessen des Emittenten einerseits und der Anleger andererseits zu berücksichtigen; Interessen der Regionalbörsen, Papiere weiter zu notieren, sind unbeachtlich.[5] Für das Delisting konnte sich in der Literatur noch keine einheitliche Begrifflichkeit entwickeln. Meist werden die Begriffe Delisting, Börsenaustritt, Going Private oder P2P, dh „Public to Private",[6] synonym verwendet. Teilweise wird zwischen ihnen differenziert, wobei allerdings die Differenzierung unterschiedlich erfolgt.[7] Da sämtliche Publizitäts-, Mitteilungs- und Mitwirkungspflichten des Emittenten an die Börsenzulassung und nicht an die Börsennotierung anknüpfen, und die Notierung bei Beendigung der Zulassung automatisch entfällt, umfasst der Begriff des Delisting die Beendigung der Zulassung, nicht die Kursaussetzung bzw -einstellung oder die Beendigung oder Notierung. Danach ist Delisting

---

1 RegBegr. BörsZulG, BT-Drucks. 10/4296, S. 15; Schäfer/Hamann, § 43 BörsG Rn 22.

2 § 38 Abs. 4 stellte einen börsenpolitischen Kompromiss zwischen den Bestrebungen der Bundesregierung zur Deregulierung und damit zur Erleichterung des Delisting einerseits und andererseits den Befürchtungen der Regionalbörsen, im Falle einer großzügigen Delisting-Regelung verstärkt den Rückzug großer Emittenten befürchteten, dar; Schäfer/Hamann, § 43 BörsG Rn 24 ff; Pötzsch, WM 1998, 949, 952; vgl auch Klenke, WM 1995, 1089 ff.

3 Es war früher streitig, ob ein Verzicht des Emittenten auf die Zulassung zur amtlichen Notierung von Aktien zulässig ist. Dieser Meinungsstreit dürfte sich durch § 39 Abs. 2 BörsG erledigt haben. Wenn der Gesetzgeber den Rückzug von der Börse auf Antrag des Emittenten in einem geordneten Marktentlassungsverfahren regelt, spricht dies dagegen, daneben einen ungeordneten Rückzug durch einseitigen Verzicht ohne Mitwirkungs- und Kontrollrechte der Zulassungsstelle oder des Zulassungsausschusses zuzulassen. So Groß, Kapitalmarktrecht, § 39 BörsG Rn 26; ebenso: Schäfer/Hamann, § 43 BörsG Rn 28.

4 Dazu näher Groß, Kapitalmarktrecht, § 39 BörsG Rn 12 f; Steck, AG 1998, 460.

5 Pötzsch, WM 1998, 949, 952; Eickhoff, WM 1988, 1713, 1716; Klenke, WM 1995, 1089, 1100; Schäfer/Hamann, § 43 BörsG Rn 26.

6 Die Begriffe „Going Private" oder „P2P" sind dem US-amerikanischen Recht entnommen. Beide beschreiben diese Termini allerdings die Umwandlung einer sog. "Public Corporation" in eine "Closed Corporation" mit einem beschränkten Aktionärskreis nach US-amerikanischem Gesellschaftsrecht. Das Institut der Closed Corporation ist in Deutschland so nicht bekannt und eher mit einer GmbH als mit einer nicht börsennotierten, „kleinen" AG zu vergleichen. Aus diesem Grund sind diese Begriffe in diesem Zusammenhang verfehlt.

7 Vollmer/Grupp, ZGR 1995, 459, 471; Land/Hasselbach, DB 2000, 557; Richard/Winheimer, BB 1999, 1613; Streck, AG 1998, 460; Schwark/Geiser, ZHR 161 (1997), 739, 742 ff; Wirth/Arnold, ZIP 2000, 111; Mülbert, ZHR 165 (2001), 104; Groß, ZHR 165 (2001), 141; Pluskat, WM 2002, 833; Zetzsche, NZG 2000, 1065.

allgemein die Beendigung der Zulassung von Wertpapieren zum Börsenhandel, unabhängig davon, ob sie auf Antrag des Emittenten, oder auf andere Weise herbeigeführt wird.[8]

5 Börsenrechtlich darf ein Delisting nicht dem Schutz der Anleger widersprechen.[9] Die BörsO FWB regelt das Verfahren des Delisting gemäß Abs. 2 für den regulierten Markt in ihrem § 55 näher. Diese Regelungen stellen im Zusammenhang eine umfassende spezialgesetzliche Regelung des Delisting dar, die die Aktionäre ausreichend schützt und neben der eine aktienrechtliche Kontrolle nur in beschränktem Umfang in Betracht kommt.[10] § 55 BörsO FWB trifft allerdings keine Aussage über etwa erforderliche gesellschaftsrechtliche Maßnahmen für ein Delisting,[11] obwohl der Gesetzgeber es durch die Formulierung des Regelungsauftrags an die Börsenordnungen in Abs. 2 den einzelnen Regionalbörsen überlassen wollte, Vorschriften in die Börsenordnungen darüber aufzunehmen, „inwieweit bei Vorliegen qualifizierter Hauptversammlungsbeschlüsse zum Delisting die Interessen der Anleger eines Unternehmens als ausreichend berücksichtigt angesehen sind".[12] Nach § 55 Abs. 2 S. 1 iVm § 46 Abs. 1 S. 2 Nr. 1 BörsO FWB steht der Schutz der Anleger einem Widerruf der Zulassung insbesondere dann nicht entgegen, wenn auch nach dem Wirksamwerden des Widerrufs der Handel des Wertpapiers an einem inländischen oder ausländischen organisierten Markt iSd § 2 Abs. 5 WpHG gewährleistet erscheint. Diese Regelung umfasst nach ihrem Wortlaut sowohl das sog. Teil-Delisting, dh den Rückzug mehrfach notierter Unternehmen von einzelnen Regionalbörsen und die Konzentration auf eine einzige Börse,[13] als auch den vollständigen Rückzug zB ausländischer Gesellschaften von den deutschen Börsenmärkten bei Beibehaltung einer ausländischen Notierung. Handelt es sich bei dem ausländischen Markt um einen organisierten Markt iSd § 2 Abs. 5 WpHG, so ist von der Wahrung der Belange des Anlegerschutzes auszugehen.[14] S. 3 regelt die Veröffentlichung, welche nunmehr zusätzlich im Internet zu erfolgen hat.

6 Nach § 55 Abs. 1 Nr. 2 BörsO FWB steht der Schutz der Anleger einem Widerruf nicht entgegen, wenn das betreffende Wertpapier nach dem Wirksamwerden des Widerrufs (vgl dazu § 55 Abs. 2 und 3 BörsO FWB) an keiner anderen inländischen Börse zugelassen ist und es auch nicht an einem ausländischen organisierten Markt gehandelt wird, aber nach der Bekanntgabe der Widerrufsentscheidung den Anlegern ausreichend Zeit verbleibt, die vom Widerruf betroffenen Wertpapiere über die Börse zu veräußern.

§ 40 Pflichten des Emittenten

(1) Der Emittent zugelassener Aktien ist verpflichtet, für später ausgegebene Aktien derselben Gattung die Zulassung zum regulierten Markt zu beantragen.

(2) Die Bundesregierung wird ermächtigt, durch Rechtsverordnung mit Zustimmung des Bundesrates Vorschriften darüber zu erlassen, wann und unter welchen Voraussetzungen die Verpflichtung nach Absatz 1 eintritt.

1 Die Vorschrift enthält lediglich redaktionelle Folgeänderungen gegenüber § 39 aF § 40 aF war infolge der Zusammenführung des geregelten und des amtlichen Marktes zum regulierten Markt obsolet geworden.

---

8 So zutreffend *Groß*, Kapitalmarktrecht, § 39 BörsG Rn 11. Die Gesetzesbegründung des Dritten Finanzmarktförderungsgesetzes, wonach Delisting die "Beendigung einer Zulassung (sog. De-Listing)" sei, geht von der gleichen Definition aus. Man mag weiter zwischen dem sog. "regulären" Delisting, dh auf Antrag des Emittenten, dem "heißen" Delisting, dh gegen den Willen des Emittenten und dem "kalten" Delisting, dh von Amts wegen unterscheiden. Rechtlich ist diese Unterscheidung allerdings nicht von Bedeutung.
9 Dazu *Wirth/Arnold*, ZIP 2000, 111; *Schäfer/Hamann*, § 43 BörsG Rn 28 ff.
10 LG München I AG 2000, 140 = BB 1999, 2643 = ZIP 1999, 2017 = DB 1999, 2458 mAnm. *Martinius/Schiffer*, bestätigt durch OLG München WM 2002, 662. Dazu *Wirth/Arnold*, ZIP 2000, 111; *Zetzsche*, NZG 2000, 1065; *Bungert*, BB 2000, 53.
11 Dies bedeutet auch, dass die Zulassungsstelle bzw der Zulassungsausschuss bei der Entscheidung über das Delisting nicht das Vorliegen eines entsprechenden Hauptversammlungsbeschlusses prüfen muss, vgl *Groß*, Kapitalmarktrecht, § 39 BörsG Rn 25.
12 Vgl Stellungnahme des Bundesrats, BT-Drucks. 13/8933, S. 165. Zur Diskussion vgl *Schäfer/Hamann*, § 43 BörsG Rn 29; *Bungert*, BB 2000, 53 jeweils mwN.
13 Hierzu *Klenke*, WM 1995, 1089 ff; zum Teil-Delisting näher auch *Schäfer/Hamann*, § 43 BörsG Rn 30.
14 So auch schon *Kümpel*, Börsenrecht, S. 93 ff; iE ebenso: *Groß*, Kapitalmarktrecht, § 39 BörsG Rn 16 unter dem Gesichtspunkt der "Vergleichbarkeit" der Märkte. Bei *Groß* wird zusätzlich der Aspekt der Transaktionskosten hervorgehoben. Nach der Regelung in § 55 BörsO FWB ist allerdings lediglich auf die rechtliche Vergleichbarkeit abzustellen. Die Höhe der Transaktionskosten ist unbeachtlich. Eine generelle Gleichwertigkeit ausländischer Märkte ablehnend noch *Schäfer/Hamann*, § 43 BörsG Rn 31.

§ 41 Auskunftserteilung

(1) Der Emittent der zugelassenen Wertpapiere sowie das Institut oder Unternehmen, das die Zulassung der Wertpapiere nach § 32 Abs. 2 Satz 1 zusammen mit dem Emittenten beantragt hat, sind verpflichtet, der Geschäftsführung aus ihrem Bereich alle Auskünfte zu erteilen, die zur ordnungsgemäßen Erfüllung ihrer Aufgaben im Hinblick auf die Zulassung und die Einführung der Wertpapiere erforderlich sind.

(2) ¹Die Geschäftsführung kann verlangen, dass der Emittent der zugelassenen Wertpapiere in angemessener Form und Frist bestimmte Auskünfte veröffentlicht, wenn dies zum Schutz des Publikums oder für einen ordnungsgemäßen Börsenhandel erforderlich ist. ²Kommt der Emittent dem Verlangen der Geschäftsführung nicht nach, kann die Geschäftsführung nach Anhörung des Emittenten auf dessen Kosten diese Auskünfte selbst veröffentlichen.

Unter dem Gesichtspunkt des Anlegerschutzes, aber auch zur Sicherstellung eines ordnungsgemäßen Börsenhandels kann es geboten sein, das Anlegerpublikum über bestimmte Auskünfte des Emittenten zu informieren. Für solche Fälle (zB wirtschaftliche Schwierigkeiten des Emittenten) räumt Abs. 2 S. 1 der Börsengeschäftsführung das Recht ein, vom Emittenten eine angemessene Veröffentlichung der Auskünfte zu verlangen. Kommt der Emittent dieser Veröffentlichungspflicht nicht nach, so ist die Zulassungsstelle nach Abs. 2 S. 1 zur Ersatzvornahme berechtigt. Zur Auskunft nach Abs. 1 sind sowohl der Emittent zugelassener Wertpapiere als auch das antragstellende bzw das einführende Institut oder Unternehmen jeweils in dem Umfang verpflichtet, in dem es um die ihren Bereich betreffenden Auskünfte geht. Abs. 2 richtet sich dagegen nur an den Emittenten und die Zulassungsstelle. 1

Bis zur Beendigung des Zulassungsverfahrens mit Erteilung der Zulassung (vgl § 9 VwVfG) kann die zuständige Zulassungsstelle Auskünfte jeder Art nach § 26 Abs. 1 Nr. 1 VwVfG einholen. Nach Abschluss des Zulassungsverfahrens steht für die Einholung von Auskünften lediglich § 41 zur Verfügung. Der Auskunftspflicht des Emittenten korrespondiert das Auskunftsrecht der Zulassungsstelle. Auskünfte sind nur über solche Sachverhalte zu erteilen, die im Bereich des zur Auskunft Verpflichteten liegen, dh über die er ohne Rückfrage bei ihm nicht auskunftspflichtigen Dritten berichten kann, und die zur ordnungsgemäßen Erfüllung der den zuständigen Behörden durch das Börsengesetz oder die Börsenzulassungsverordnung übertragenen Aufgaben erforderlich sind.[1] Die Zulassungsstelle und die Börsengeschäftsführung sind hinsichtlich der erlangten und nicht nach Abs. 2 veröffentlichten Auskünfte zur Amtsverschwiegenheit verpflichtet. 2

§ 42 Teilbereiche des regulierten Marktes mit besonderen Pflichten für Emittenten

(1) Die Börsenordnung kann für Teilbereiche des regulierten Marktes ergänzend zu den vom Unternehmen einzureichenden Unterlagen zusätzliche Voraussetzungen für die Zulassung von Aktien oder Aktien vertretenden Zertifikate und weitere Unterrichtungspflichten des Emittenten auf Grund der Zulassung von Aktien oder Aktien vertretenden Zertifikate zum Schutz des Publikums oder für einen ordnungsgemäßen Börsenhandel vorsehen.

(2) ¹Erfüllt der Emittent auch nach einer ihm gesetzten angemessenen Frist zusätzliche Pflichten nach § 42 nicht, kann die Geschäftsführung den Emittent aus dem entsprechenden Teilbereich des regulierten Marktes ausschließen. ²§ 25 Abs. 1 Satz 2 und 3 gilt bei Maßnahmen der Geschäftsführung nach diesem Absatz entsprechend.

Abs. 1 gibt der Börse die Möglichkeit, für Teilbereiche des regulierten Marktes über die gesetzlichen Vorgaben hinaus weitere Zulassungsfolgepflichten des Emittenten von Aktien und Aktien vertretender Zertifikate vorzusehen. § 42 fasst die für den geregelten Markt und den amtlichen Markt geltenden Möglichkeiten zur Gestaltung von zusätzlichen Pflichten für Emittenten in einer Vorschrift zusammen und bestimmt, dass die Börsen für den regulierten Markt in Teilbereichen zum Schutz des Publikums oder für einen ordnungsgemäßen Börsenhandel den Emittenten sowohl zusätzliche Voraussetzungen für die Einführung von Wertpapieren als auch zusätzliche Folgepflichten auferlegen können. 1

Inhaltlich entsprechen die Gestaltungsmöglichkeiten der Börse denjenigen für den geregelten Markt. Dabei muss es sich um Transparenzvorschriften handeln, die dem Interesse des Publikumsschutzes oder des ordnungsgemäßen Börsenhandels dienen. Im Laufe der Zeit sind an verschiedenen Börsen Handelssegmente 2

---

[1] Schäfer/Hamann, § 44c BörsG Rn 4.

mit Publizitätsanforderungen entstanden, die über die gesetzlichen Vorgaben hinausgehen. Der Handel in einem solchen Segment gilt als besonderes Qualitätsmerkmal und die Börse kann hierdurch den unterschiedlichen Erfordernissen des Marktes Rechnung tragen. Die weiteren Transparenzanforderungen können aber nur für Teilbereiche aufgestellt werden. Daneben muss es immer einen Handel in Aktien oder Aktien vertretenden Zertifikaten im amtlichen Markt geben, der sich auf die gesetzlichen Mindestvoraussetzungen beschränkt.

3 Welche zusätzlichen Publizitätsregeln sich für ein spezielles Marktsegment eignen, hat der Börsenrat als das für den Erlass der Börsenordnung zuständige Organ, anknüpfend an den Zweck der Ermächtigung und unter Beachtung des Verhältnismäßigkeitsprinzips, abzuwägen. Eine Umgestaltung oder weit reichende Erweiterung der im geltenden Recht ohnehin geregelten Publizität im Rahmen einer Satzung scheidet allerdings aus, da die wesentlichen Transparenzpflichten eines Unternehmens durch Gesetz festzulegen sind.

4 Abs. 2 regelt das Recht der Geschäftsführung, in den Fällen, in denen ein Emittent auch nach Fristsetzung zusätzliche Zulassungs- oder Zulassungsfolgepflichten nach Abs. 1 nicht erfüllt, diesen Emittenten aus dem entsprechenden Teilsegment des Marktes auszuschließen. Nach S. 2 gelten in diesen Fällen die Unterrichtungs- und Veröffentlichungspflichten der Geschäftsführung bei einer Aussetzung oder Einstellung nach § 25 Abs. 2 S. 1 und 2 entsprechend.

§ 43 Verpflichtung des Insolvenzverwalters

(1) Wird über das Vermögen eines nach diesem Gesetz zu einer Handlung Verpflichteten ein Insolvenzverfahren eröffnet, hat der Insolvenzverwalter den Schuldner bei der Erfüllung der Pflichten nach diesem Gesetz zu unterstützen, insbesondere indem er aus der Insolvenzmasse die hierfür erforderlichen Mittel bereitstellt.

(2) Wird vor Eröffnung des Insolvenzverfahrens ein vorläufiger Insolvenzverwalter bestellt, hat dieser den Schuldner bei der Erfüllung seiner Pflichten zu unterstützen, insbesondere indem er der Verwendung der Mittel durch den Verpflichteten zustimmt oder, wenn dem Verpflichteten ein allgemeines Verfügungsverbot auferlegt wurde, indem er die Mittel aus dem von ihm verwalteten Vermögen zur Verfügung stellt.

1 Die Vorschrift entspricht § 42a aF. Als Reaktion auf ein Urteil des BVerwG,[1] in dem festgestellt wurde, dass der Insolvenzverwalter einer börsennotierten Aktiengesellschaft nicht zur Erfüllung der Mitteilungspflichten nach dem Wertpapierhandelsgesetz herangezogen werden konnte, wurden im Rahmen der Umsetzung der Transparenzrichtlinie eine Rechtsgrundlage für die Inanspruchnahme des Insolvenzverwalters normiert und in § 11 WpHG sowie § 43 BörsG entsprechende Bestimmungen geschaffen. Die Bedenken in der Literatur gegen diese Regelungen dahin gehend, dass durch diese Vorschriften Masseschulden begründet würden, die lediglich im Interesse der Aktionäre, nicht aber der Gläubiger eingegangen werden müssen, fanden keinen Eingang in das Gesetz.[2] Der Gesetzgeber hat dem Interesse der Finanzmärkte an der Erfüllung der kapitalmarktrechtlichen Pflichten auch im Insolvenzfall Vorrang eingeräumt.

§ 44 (aufgehoben)
§ 45 (aufgehoben)
§ 46 (aufgehoben)
§ 47 (aufgehoben)

**Abschnitt 5
Freiverkehr**

§ 48 Freiverkehr

(1) ¹Für Wertpapiere, die weder zum Handel im regulierten Markt zugelassen noch zum Handel in den regulierten Markt einbezogen sind, kann die Börse den Betrieb eines Freiverkehrs durch den Börsenträger zu-

---

1 BVerwG ZIP 2005, 1145.
2 *Grub/Obermüller*, ZinsO 2006, 592; *Groß*, Kapitalmarktrecht, § 43 Rn 1.

lassen, wenn durch eine Handelsordnung sowie durch Geschäftsbedingungen des Börsenträgers, die von der Geschäftsführung gebilligt wurden, eine ordnungsmäßige Durchführung des Handels und der Geschäftsabwicklung gewährleistet erscheint. ²Die Handelsordnung regelt den Ablauf des Handels. ³Die Geschäftsbedingungen regeln die Teilnahme am Handel und die Einbeziehung von Wertpapieren zum Handel. ⁴Emittenten, deren Wertpapiere ohne ihre Zustimmung in den Freiverkehr einbezogen worden sind, können durch die Geschäftsbedingungen nicht dazu verpflichtet werden, Informationen in Bezug auf diese Wertpapiere zu veröffentlichen.

(2) Die Börsenaufsichtsbehörde kann den Handel im Freiverkehr untersagen, wenn ein ordnungsgemäßer Handel für die Wertpapiere nicht mehr gewährleistet erscheint.

(3) ¹Der Betrieb des Freiverkehrs bedarf der schriftlichen Erlaubnis der Börsenaufsichtsbehörde. ²Auf den Betrieb des Freiverkehrs sind die Vorschriften dieses Gesetzes mit Ausnahme der §§ 27 bis 29 und 32 bis 43 entsprechend anzuwenden.

Die nach der Vereinheitlichung der beiden gesetzlichen Marktsegmente zum regulierten Markt redundanten Regelungen zum geregelten Markt der §§ 49 bis 56 aF wurden aufgehoben. 1

§ 48 berücksichtigt, dass aufgrund der Neuregelung nunmehr auch Wertpapiere in den geregelten Markt einbezogen werden können. Auch für diese Werte gilt im Interesse der Vermeidung der Zersplitterung der Liquidität das Verbot der Doppelnotierung an einer Börse in unterschiedlichen Marktsegmenten. Die in **Abs. 1** enthaltene Möglichkeit, einen Freiverkehr unter bestimmten Voraussetzungen zuzulassen, führt zwar faktisch, nicht aber rechtlich, zur Integration des Freiverkehrs in die öffentlich-rechtliche Organisation der Börse. Der Freiverkehr ist rein privatrechtlich organisiert.¹ 2

Während die Zulassung von Wertpapieren zum regulierten Markt ein öffentlich-rechtliches Zulassungsverfahren voraussetzt und in einer öffentlich-rechtlichen Zulassungsentscheidung einmündet, erfolgte die Einbeziehung von Wertpapieren in den Freiverkehr früher allein auf privatrechtlicher Grundlage gemäß den aufgrund der Ermächtigungsnorm des § 57 Abs. 1 aF in den Börsenordnungen erlassenen Bestimmungen bzw den gesonderten Richtlinien für den Freiverkehr. Abgesehen von den redaktionellen Folgeänderungen im Rahmen der Umsetzung der Finanzmarktrichtlinie sind die Handelsrichtlinien hiernach nunmehr von der Geschäftsführung zu erlassen, und damit wird der bislang umstrittene Rechtscharakter dieses Regelwerks nunmehr dem öffentlichen Recht zugeordnet. Hintergrund dieser Zuordnung in den Kompetenzbereich der Geschäftsführung ist, dass bereits an einigen Börsen gelebte Praxis ist, dass die Geschäftsführung bezüglich des Freiverkehrs im Rahmen ihrer hoheitlichen Aufgaben eine Zulassungsentscheidung zu treffen hat, welche davon abhängt, ob das Regelwerk des Freiverkehrs eine ordnungsgemäße Durchführung des Handels und der Geschäftsabwicklung in diesem zulassungsfreien Börsensegment gewährleistet. Zudem erhöht die öffentlich-rechtliche Rechtsnatur der Handelsrichtlinien als Verwaltungsvorschriften den Gestaltungsspielraum der Börsen. Ferner müssen die Handelsrichtlinien den für multilaterale Handelssysteme geltenden Anforderungen der Finanzmarktrichtlinie entsprechen. 3

Als Antragsteller kann nur ein uneingeschränkt zum Börsenhandel zugelassenes Unternehmen fungieren, § 3 der Richtlinie. Antragsteller muss nicht der Emittent der Wertpapiere sein; er ist nur vom Antragsteller über die beabsichtigte Einbeziehung zu unterrichten. Seiner Zustimmung zur Einbeziehung bedarf es nicht. Selbst sein Widerspruch gegen die Einbeziehung führt nicht zwingend dazu, dass eine Einbeziehung unterbleibt, § 5 der Richtlinien. Voraussetzung der Einbeziehung ist, dass die einzubeziehenden Wertpapiere genau bezeichnet werden und dass der Antrag Angaben darüber enthält, an welchen in- oder ausländischen organisierten Märkten bereits Preise für diese Wertpapiere festgestellt werden, § 4 Abs. 1 der Richtlinien. Die Veröffentlichung eines Prospekts ist nicht erforderlich. Darüber hinaus muss der Antragsteller die Voraussetzungen eines ordnungsgemäßen Börsenhandels gewährleisten, § 6 der Richtlinien, der hierfür zum Ersten die unverzügliche Unterrichtung der Deutsche Börse AG über bevorstehende Hauptversammlungen, Dividendenzahlungen, Kapitalveränderungen und sonstige Umstände, die für die Bewertung des Wertpapiers oder des Emittenten von wesentlicher Bedeutung sein können, verlangt, zum Zweiten die ordnungsgemäße Abwicklung der Wertpapiergeschäfte und zum Dritten die Benennung einer inländischen Zahl- und Hinterlegungsstelle. Zuständig für die Entscheidung über die Einbeziehung ist die Deutsche Börse AG, die zur Vorbereitung und Unterstützung dieser Entscheidung einen Freiverkehrsbeirat bildet, §§ 1, 2 der Richtlinien. 4

Abs. 2 enthält korrespondierend zu Abs. 1 die Kompetenz, der Geschäftsführung den Freiverkehr zu untersagen. Bei der Aussetzung des Handels wegen einer zeitweiligen Gefährdung eines ordnungsgemäßen Bör- 5

---

1 Dies kommt auch dadurch zum Ausdruck, dass die "Richtlinien für den Freiverkehr an der Deutsche Börse AG" nicht von der Börse selbst, sondern von deren privatrechtlichem Träger, der Deutsche Börse AG, erlassen wurden.

senhandels handelt es sich um eine vorübergehende, nicht auf Dauer angelegte Entscheidung. In Folge einer solchen Aussetzung erfolgt entweder die Wiederaufnahme des Handels oder, wenn ein ordnungsgemäßer Börsenhandel nicht mehr gewährleistet erscheint, die (endgültige) Einstellung des Handels.[2] Die Aussetzung des Handels von in den Freiverkehr einbezogenen Aktien, die nicht auf Antrag des Emittenten in den Freiverkehr einbezogen sind, tangiert keine Rechte des Emittenten, so dass dieser nicht geltend machen kann, durch diese Maßnahme in eigenen Rechten verletzt zu sein (§ 42 Abs. 2 VwGO).[3] Die früher bestehende Kontrollbefugnis der Börsengeschäftsführung aufgrund der Einbindung des Freiverkehrs in die öffentlich-rechtliche Selbstverwaltung der Börse wurde bereits durch das Vierte Finanzmarktförderungsgesetz um eine Untersagungsbefugnis der Börsenaufsichtsbehörde erweitert. Sofern ein ordnungsgemäßer Börsenhandel nicht mehr gewährleistet erscheint, muss die Börsenaufsichtsbehörde wegen der Anbindung des privatrechtlich organisierten Freiverkehrs an die Börse und der Verantwortung des Staates für die Börse als Anstalt des öffentlichen Rechts eine Letztkontrollbefugnis besitzen. Wegen dieses öffentlich-rechtlichen Charakters der zugrunde liegenden Rechtsvorschriften ist damit für Rechtsstreitigkeiten trotz der privatrechtlichen Organisation des Wertpapiermarktes der Verwaltungsrechtsweg gem. § 40 Abs. 1 VwGO gegeben. Bei der Aussetzung des Handels durch die Geschäftsführung handelt es sich nicht um eine zivilrechtliche Maßnahme.[4]

6 Abs. 3 setzt Art. 5 Abs. 2 der Finanzmarktrichtlinie um und enthält einen Verweis auf die Vorschriften über den Betrieb eines multilateralen Handelssystems hinsichtlich der Organisationspflichten im Wertpapierhandelsgesetz, die auch für Börsenträger gelten müssen, die ein multilaterales Handelssystem betreiben. Es handelt sich hierbei um die Vorschriften der Art. 5 bis 10 sowie 12 bis 14 der Finanzmarktrichtlinie, die in den §§ 33, 34 und 34 a sowie den nach diesen Vorschriften erlassenen Rechtsverordnungen des Wertpapierhandelsgesetzes umgesetzt werden. Zu beachten ist, dass der Freiverkehrsträger nach den Vorgaben des Artikels 13 der Finanzmarktrichtlinie in Verbindung mit der Durchführungsrichtlinie auch über § 33 WpHG iVm § 25 a KWG die von der BaFin entwickelten Grundsätze der MaRisk[5] zu berücksichtigen hat. Dementsprechend gelten für den Börsenträger nach der Vorgabe der Finanzmarktrichtlinie in diesem Fall über die Generalklausel des § 5 Abs. 5 die Eigenkapitalanforderungen des KWG. Die Überwachung der Einhaltung der Anforderungen dieses Absatzes obliegt nach § 3 Abs. 1 ebenfalls der Börsenaufsichtsbehörde. Die Vorschriften über börsenähnliche Handelssysteme werden infolge der Umsetzung der Vorschriften der Finanzmarktrichtlinie über multilaterale Handelssysteme abschließend im Wertpapierhandelsgesetz und im Kreditwesengesetz behandelt.

Abschnitt 6
Straf- und Bußgeldvorschriften; Schlussvorschriften

Der Abschnitt enthält Regelungen über die Verleitung zu Börsenspekulationsgeschäften; das Verbot der Kurs- und Marktmanipulation im früheren § 88 aF wurde im Zuge des Vierten Finanzmarktförderungsgesetzes im Wertpapierhandelsgesetz grundlegend neu geregelt. Darüber hinaus sind in dem Abschnitt die Ordnungswidrigkeiten, die Anwendbarkeit des Börsengesetzes auf Wechsel und ausländische Zahlungsmittel sowie die Übergangsvorschriften geregelt.

§ 49 Strafvorschriften

Mit Freiheitsstrafe bis zu drei Jahren oder mit Geldstrafe wird bestraft, wer entgegen § 26 Abs. 1 andere zu Börsenspekulationsgeschäften oder zu einer Beteiligung an einem solchen Geschäft verleitet.

1 Nach der Vorschrift des § 49 kann die Verleitung zu Börsenspekulationsgeschäften oder zu einer Beteiligung an einem solchen Geschäft entgegen § 26 Abs. 1 mit Freiheitsstrafe bis zu drei Jahren oder mit Geldstrafe bestraft werden.

2 Voraussetzung einer Strafbarkeit nach §§ 26, 49 ist, dass der Täter einen anderen zum Spekulationsgeschäft verleitet hat. Verleiten bedeutet erfolgreiche Willensbeeinflussung im Sinne einer kausalen Einwir-

---

2 VG Frankfurt aM, Beschl. v. 4.2.2013, BeckRS 2013, 54689.
3 VG Frankfurt aM NZG 2013, 556.
4 LG Frankfurt aM NJW-RR 2013, 424, 425; *Groß*, Kapitalmarktrecht, § 48 BörsG Rn 2.
5 Mindestanforderungen an das Risikomanagement (MaRisk), Rundschreiben Nr. 15/2009 der Bundesanstalt für Finanzdienstleistungsaufsicht v. 14.8.2009 (BA 54-FR 2210-2008/0001).

kung.[1] Ein solches Verleiten kann im Falle des unerlaubten Erstkontakts per Telefon („cold calling") bei einem unerfahrenen Anleger vorliegen.[2] Weitere Voraussetzung einer Strafbarkeit nach § 49 ist, dass die Tathandlung unter Ausnutzung der Unerfahrenheit des Anlegers erfolgt ist. Unerfahrenheit liegt dann vor, wenn mangels geschäftlicher Einsicht die Tragweite einer Unternehmung nicht genügend erfasst werden kann.[3] Dabei ist wegen der besonderen Unübersichtlichkeit und Undurchschaubarkeit der Börsenspekulationsgeschäfte erst dann von einem erfahrenen Anleger auszugehen, wenn er verlässliche (generelle) Kenntnisse über Funktionsweise, Chancen und Risiken besitzt und außerdem die Tragweite des Geschäfts im Einzelfall ausreichend zu überblicken vermag.[4] Hinsichtlich der Tathandlung ist auf die Erfahrung in Börsengeschäften abzustellen.[5] Die Unerfahrenheit kann deshalb auch bei Kaufleuten gegeben sein.[6] Die Kausalität liegt regelmäßig vor, wenn die Unerfahrenheit ursächlich oder zumindest mitursächlich für den getätigten Geschäftsabschluss war.[7] Die Mitursächlichkeit ist anzunehmen, wenn keine ausreichende Aufklärung des Anlegers erfolgte.

Weitere Voraussetzung ist, dass der Täter gewerbsmäßig handelt. Dies ist bereits dann anzunehmen, wenn eine einzige Tat mit dem Plan begangen wird, die Begehung gleichartiger Taten zu einem wiederkehrenden Bestandteil der Beschäftigung zu machen.[8] In subjektiver Hinsicht ist dolus eventualis ausreichend, so dass Voraussetzung einer Strafbarkeit nach § 49 nur ist, dass mit der mangelnden Erfahrung des Kunden im Abschluss von Spekulationsgeschäften gerechnet und dieser Umstand billigend in Kauf genommen wird.[9]

§ 50 Bußgeldvorschriften

(1) Ordnungswidrig handelt, wer vorsätzlich oder leichtfertig

1. entgegen § 3 Abs. 11 eine Person in Kenntnis setzt,
2. entgegen § 4 Abs. 7 einen Wechsel bei einer dort genannten Person nicht, nicht richtig, nicht vollständig oder nicht rechtzeitig anzeigt,
3. entgegen
    a) § 6 Abs. 1 Satz 1, 5 oder 6 oder
    b) § 6 Abs. 5 Satz 1 oder 4 oder Abs. 6 Satz 1,
    jeweils auch in Verbindung mit einer Rechtsverordnung nach Abs. 7 Satz 1, eine Anzeige nicht, nicht richtig, nicht vollständig oder nicht rechtzeitig erstattet,
4. einer vollziehbaren Anordnung nach § 6 Abs. 1 Satz 7 zuwiderhandelt,
5. entgegen § 6 Abs. 6 Satz 2 eine Veröffentlichung nicht oder nicht rechtzeitig vornimmt oder
6. entgegen § 41 Abs. 1 eine Auskunft nicht, nicht richtig oder nicht vollständig erteilt.

(2) Ordnungswidrig handelt, wer vorsätzlich oder fahrlässig

1. einer vollziehbaren Anordnung nach
    a) § 3 Abs. 4 Satz 1 oder Satz 4 Nr. 1, jeweils auch in Verbindung mit § 7 Abs. 3, oder
    b) § 6 Abs. 2 Satz 1 oder Abs. 4 Satz 1
    zuwiderhandelt oder
2. entgegen § 3 Abs. 4 Satz 5 oder 6, jeweils auch in Verbindung mit Satz 8, ein Betreten nicht gestattet oder nicht duldet.

(2 a) Ordnungswidrig handelt, wer gegen die Verordnung (EU) Nr. 648/2012 des Europäischen Parlaments und des Rates vom 4. Juli 2012 über OTC-Derivate, zentrale Gegenparteien und Transaktionsregister (ABl. L 201 vom 27.7.2012, S. 1) verstößt, indem er vorsätzlich oder fahrlässig als Betreiber eines Freiverkehrs im Sinne des § 48 entgegen Artikel 8 Absatz 1 in Verbindung mit Absatz 4 Unterabsatz 1 Handelsdaten nicht, nicht richtig, nicht vollständig, nicht in der vorgeschriebenen Weise oder nicht rechtzeitig zur Verfügung stellt.

---

1 Kümpel, WM 1989, 1494; aA Schwark, EWiR 1995, 50; Schäfer/Ledermann, § 89 BörsG Rn 5, die zusätzlich ein "Element der Unlauterkeit" fordern. Dies ergibt sich jedoch bereits aus den Merkmalen der "Ausnutzung der Unerfahrenheit" und dem Terminus "verleiten". Vgl auch OLG Düsseldorf ZIP 1994, 1765.
2 Bröker, wistra 1993, 164.
3 OLG Düsseldorf WM 1988, 179.
4 Schäfer/Ledermann, § 89 BörsG Rn 7; Schwark, EWiR 1995, 50; BT-Drucks. 10/318, S. 48.
5 Otto, WM 1988, 736; Kümpel, WM 1989, 1494
6 Vgl Baumbach/Hopt, HGB, § 89 BörsG Rn 1.
7 OLG Düsseldorf WM 1989, 180.
8 Nicht erforderlich ist ein "aus wiederholter Begehung ausgebildeter, selbständig fortwirkender Hang zur Tatverwirklichung", vgl BT-Drucks. 10/318, S. 48; Otto, WM 1987, 736.
9 Schäfer/Ledermann, § 89 BörsG Rn 10; Kümpel, WM 1989, 1494; Schwark, § 89 BörsG Rn 6.

(3) Die Ordnungswidrigkeit kann in den Fällen des Absatzes 2 Nr. 1 Buchstabe b mit einer Geldbuße bis zu fünfhunderttausend Euro, in den Fällen des Absatzes 1 Nr. 3 Buchstabe a, Nr. 4 und 6 und des Absatzes 2 a mit einer Geldbuße bis zu hunderttausend Euro, in den übrigen Fällen mit einer Geldbuße bis zu fünfzigtausend Euro geahndet werden.

1 Durch Art. 3 des Prospektrichtlinie-Umsetzungsgesetzes[1] wurde die frühere Nr. 2, die einen Verstoß gegen die Pflicht zur Veröffentlichung eines Prospektes oder Unternehmensberichts beinhaltete, gestrichen. Die entsprechenden Bußgeldvorschriften sind nunmehr ausführlicher gestaltet und in § 30 des Wertpapierprospektgesetzes zusammengefasst. Die durch das Vierte Finanzmarktförderungsgesetz erfolgten Änderungen im Vergleich zum ehemaligen § 90 beruhen in erster Linie auf Folgeänderungen aufgrund der Neufassung des Gesetzes. Damit wurden Verstöße gegen Verpflichtungen, die sich aus § 3 ergeben, in die Bußgeldregelung aufgenommen. Die Regelungen einschließlich des in Abs. 3 vorgesehenen Bußgeldrahmens orientieren sich an der Regelung des § 56 des Gesetzes über das Kreditwesen (KWG) bei Verstößen gegen § 2 b KWG, der die Anzeige- und Vorlagepflichten der Inhaber bedeutender Beteiligungen an Instituten regelt.

2 Die in Abs. 1 aufgeführten Tatbestände lassen sich im Wesentlichen in zwei Gruppen aufteilen: Zum einen in diejenigen Tatbestände, bei denen es um die Verletzung von Veröffentlichungs- und Auskunftspflichten, deren Einhaltung im Interesse der Wertpapierinhaber liegt, geht. Zum anderen geht es um Tatbestände, wie der Verletzung von Auskunfts-, Vorlage- und Duldungspflichten, die zu Ordnungswidrigkeiten erklärt werden, um hierdurch der Aufsicht über den Börsenhandel angemessene Sanktionsmittel zur Durchsetzung der Aufsichtsmaßnahmen zur Verfügung zu stellen. Mit dem neu eingefügten Abs. 2 a werden letztgenannte Tatbestände um Verstöße gegen die Pflichten zur Veröffentlichung von Handelsdaten für OTC-Derivate, Gegenparteien und Transaktionsregister erweitert.[2] Durch die Ergänzung in Abs. 1 Nr. 2 im Rahmen der Umsetzung der Finanzmarktrichtlinie wird sichergestellt, dass die Missachtung einer Auskunftspflicht nach § 6 Abs. 1 S. 7 mit einer Geldbuße bis zu 50.000 EUR geahndet werden kann. Zur Möglichkeit der Ahndung von Verstößen gegen Vorschriften, die aufgrund von Rechtsverordnungen iSd § 50 Abs. 1 S. 1 Nr. 8 erlassen wurden, schafft Abs. 1 S. 1 Nr. 8 die Ermächtigungsgrundlage für die Benennung bestimmter Tatbestände als Ordnungswidrigkeiten in diesen Rechtsverordnungen. Voraussetzung einer Ordnungswidrigkeit nach Abs. 1 und 2 ist in subjektiver Hinsicht Vorsatz oder Leichtfertigkeit.

§ 50 a Bekanntmachung von Maßnahmen

[1]Die Börsenaufsichtsbehörde hat jede unanfechtbar gewordene Bußgeldentscheidung nach § 50 Absatz 2 a unverzüglich auf ihrer Internetseite öffentlich bekannt zu machen, es sei denn, diese Veröffentlichung würde die Finanzmärkte erheblich gefährden oder zu einem unverhältnismäßigen Schaden bei den Beteiligten führen. [2]Die Bekanntmachung darf keine personenbezogenen Daten enthalten.

1 Die Bestimmung setzt Art. 12 Abs. 2 sowie Art. 88 Abs. 2 der Verordnung über OTC-Derivate, zentrale Gegenparteien und Transaktionsregister[1] um, der die Veröffentlichung von Sanktionen unter den in § 50 a genannten Einschränkungen verlangt. Auch hier ist der Schutz personenbezogener Daten (im Sinne des Art. 2 lit.a der Richtlinie 95/46/EG[2]) schon aufgrund des Art. 12 Abs. 2 der Verordnung bei der Veröffentlichung entsprechend zu gewährleisten.

§ 51 Geltung für Wechsel und ausländische Zahlungsmittel

(1) Die §§ 24 und 27 bis 29 gelten auch für den Börsenhandel mit Wechseln und ausländischen Zahlungsmitteln.

(2) Als Zahlungsmittel im Sinne des Absatzes 1 gelten auch Auszahlungen, Anweisungen und Schecks.

1 Die Regelung erklärt die Bestimmungen des II. Abschnitts des Börsengesetzes auch auf Wechsel und ausländische Zahlungsmittel für anwendbar. Abs. 2 enthält eine Definition ausländischer Zahlungsmittel. Dabei ist der Begriff des ausländischen Zahlungsmittels in einem weiten Sinne zu verstehen. Dazu gehören nicht

---

1 BGBl. I 2005, S. 1698.
2 Art. 3 des Ausführungsgesetzes zur Verordnung (EU) Nr. 648/2012 über OTC-Derivate, zentrale Gegenparteien und Transaktionsregister (EMIR-Ausführungsgesetz) vom 13.2.2013, BGBl. I 2013, 174.

1 Verordnung (EU) Nr. 648/2012 v. 4.7.2012.
2 Richtlinie 95/46/EG v. 24.10.1995 zum Schutz natürlicher Personen bei der Verarbeitung personenbezogener Daten und zum freien Datenverkehr, ABl. Nr. L281 v. 23.11.1995, S. 31 ff.

nur Ansprüche auf Zahlung in fremder Währung an einem ausländischen Platz in Form von Sichtguthaben bei Banken, sondern auch Anweisungen, Schecks und Wechsel, die auf fremde Währung lauten, soweit sie im Ausland zahlbar sind.[1] Nach Abs. 2 sind hierzu auch Geldsorten (Banknoten, Papiergeld sowie Münzen) zu zählen. Auch synthetische Währungen, deren Wert sich zB nach einem Währungskorb errechnet,[2] werden von § 51 erfasst. Edelmetalle zählen hingegen nicht zu den Zahlungsmitteln.[3]

§ 52 Übergangsregelungen

(1) Sind Prospekte, auf Grund derer Wertpapiere zum Börsenhandel mit amtlicher Notierung zugelassen worden sind, oder Unternehmensberichte vor dem 1. April 1998 veröffentlicht worden, so sind auf diese Prospekte und Unternehmensberichte die Vorschriften der §§ 45 bis 49 und 77 des Börsengesetzes in der Fassung der Bekanntmachung vom 17. Juli 1996 (BGBl. I S. 1030) weiterhin anzuwenden.

(2) Sind Prospekte, auf Grund derer Wertpapiere zum Börsenhandel im amtlichen Markt zugelassen worden sind, oder Unternehmensberichte vor dem 1. Juli 2002 veröffentlicht worden, so ist auf diese Prospekte und Unternehmensberichte die Vorschrift des § 47 des Börsengesetzes in der Fassung der Bekanntmachung vom 9. September 1998 (BGBl. I S. 2682), das zuletzt durch Artikel 35 des Gesetzes vom 27. April 2002 (BGBl. I S. 1467) geändert worden ist, weiterhin anzuwenden.

(3) ¹Sind Prospekte, auf Grund derer Wertpapiere zum Handel im amtlichen Markt zugelassen worden sind, vor dem 1. Juli 2005 veröffentlicht worden, so ist auf diese Prospekte die Vorschrift des § 45 dieses Gesetzes in der vor dem 1. Juli 2005 geltenden Fassung weiterhin anzuwenden. ²Auf Unternehmensberichte, die vor dem 1. Juli 2005 veröffentlicht worden sind, finden die §§ 44 bis 47 und 55 des Börsengesetzes in der vor dem 1. Juli 2005 geltenden Fassung weiterhin Anwendung.

(4) ¹Für Wertpapiere, deren Laufzeit nicht bestimmt ist und die am 1. Juli 2002 weniger als zehn Jahre an einer inländischen Börse eingeführt sind, gilt § 5 Abs. 1 Satz 1 des Börsengesetzes in der Fassung der Bekanntmachung vom 9. September 1998 (BGBl. I S. 2682), das zuletzt durch Artikel 35 des Gesetzes vom 27. April 2002 (BGBl. I S. 1467) geändert worden ist. ²Auf die in Satz 1 genannten Wertpapiere ist § 17 Abs. 1 Nr. 5 erst mit Ablauf von zehn Jahren seit der Einführung anzuwenden.

(5) ¹Börsenträger, denen vor dem 1. November 2007 eine Genehmigung nach § 1 Abs. 1 des Börsengesetzes in der bis zum 31. Oktober 2007 geltenden Fassung erteilt worden ist, bedürfen insoweit keiner Erlaubnis nach § 4. ²Sie müssen jedoch der Börsenaufsichtsbehörde bis zum 30. April 2009 die nach § 4 Abs. 2 Satz 2 erforderlichen Unterlagen einreichen. ³Die Befugnisse der Börsenaufsichtsbehörde nach § 4 gelten in Ansehung der vor dem 1. November 2007 erteilten Genehmigungen entsprechend.

(6) Börsenträger, die den Betrieb eines Freiverkehrs bereits vor dem 1. November 2007 begonnen haben, sind verpflichtet, den Antrag auf Erteilung der Erlaubnis nach § 48 Abs. 3 Satz 1 bis zum 30. April 2009 nachzureichen.

(7) Wertpapiere, die vor dem 1. November 2007 zum amtlichen Markt oder zum geregelten Markt zugelassen waren, gelten ab dem 1. November 2007 als zum regulierten Markt zugelassen.

(8) Für Ansprüche wegen fehlerhafter Prospekte, die Grundlage für die Zulassung von Wertpapieren zum Handel an einer inländischen Börse sind und die vor dem 1. Juni 2012 im Inland veröffentlicht worden sind, sind die §§ 44 bis 47 in der bis zum 31. Mai 2012 geltenden Fassung weiterhin anzuwenden.

§ 52 entspricht in den Absätzen 1 und 2 § 64 aF, Abs. 2 a wird zu Abs. 3 und Abs. 3 zu Abs. 4. Der frühere § 97 Abs. 1 bis 5 ist durch Zeitablauf gegenstandslos geworden.[1] Abs. 2 enthält eine Übergangsvorschrift zur Neuregelung der Haftung für fehlerhafte Börsenzulassungsprospekte und Unternehmensberichte. Neu eingefügt durch das Prospektrichtlinie-Umsetzungsgesetz wurde Abs. 3 (früher Abs. 2 a), der die Geltung jeweils der alten Fassung des Haftungsausschlusses nach § 45 und der prospektspezifischen Vorschriften der

---

1 Schäfer/*Ledermann*, § 96 BörsG Rn 2.
2 ZB die European Currency Unit (ECU), die sich aus den Währungen der einzelnen EWS-Staaten zusammensetzte.
3 BGH NJW 1987, 3195; Schäfer/*Ledermann*, § 96 BörsG Rn 4.
1 § 97 Abs. 1 und 2 wurden durch das Begleitgesetz zum Gesetz zur Umsetzung von EG-Richtlinien zur Harmonisierung bank- und wertpapieraufsichtsrechtlicher Vorschriften v. 22.10.1997 (BGBl. I S. 2567), § 97 Abs. 3 bis 6 durch das Dritte Finanzmarktförderungsgesetz v. 27.3.1998 (BGBl. I S. 529) eingefügt und enthielten bestimmte Übergangsfristen und -regelungen. § 97 Abs. 3 ordnete im Interesse der Vermeidung aufwendiger Neuwahlen an, dass ein bestehender Börsenrat bis zur turnusmäßigen Neuwahl im Amt bleiben kann. § 97 Abs. 5 enthielt eine Übergangsvorschrift zur Regelung des Delistings. Die Börsenordnung für die Frankfurter Wertpapierbörse enthält in den §§ 55, 63 Regelungen über das Delisting.

§§ 44 bis 47 und 55 für vor dem 1.7.2005 veröffentlichte Prospekte anordnet. Die Vorschrift in Abs. 4 enthält im Hinblick auf die teilweise Neuregelung der gebührenrechtlichen Ermächtigungsnorm des § 14 eine Übergangsregelung für die Wertpapiere, die zum Zeitpunkt des Inkrafttretens des Vierten Finanzmarktförderungsgesetzes (1.7.2002) bereits zum Börsenhandel zugelassen sind.

2 Durch die Aufgabe der amtlichen Preisfeststellung, die bisher ausschließlich durch Kursmakler zu erfolgen hatte (ehemals § 29 Abs. 1 S. 1), wird die Tätigkeit der Kursmakler beendet. Hiergegen bestehen nach Auffassung der Regierungsbegründung zum Vierten Finanzmarktförderungsgesetz keine verfassungsrechtlichen Bedenken. Das Grundrecht der Berufsfreiheit gemäß Art 12 Abs. 1 GG sichert niemandem seitens des Staates schrankenlos zu, dass er in einem von ihm frei gewählten Beruf wirklich und auf Dauer einen Wirkungsbereich und Verdienst findet. Art 12 GG gewährt auch keine Sicherung des Geschäftsumfanges und weiterer Erwerbsmöglichkeiten. Im Hinblick auf Art 12 GG ist die Abschaffung der Funktion des Kursmaklers aber nur dann unbedenklich, wenn zugleich geeignete Übergangsregelungen vorgesehen werden, die die Interessen der bereits als Kursmakler zugelassenen und tätigen Personen angemessen berücksichtigen. Dieses Erfordernis trägt dem notwendigen Vertrauensschutz Rechnung und findet seine verfassungsrechtliche Verankerung nicht nur allgemein in dem in Art 20 Abs. 3 GG festgelegten Rechtsstaatsprinzip; dieser besondere Vertrauensschutz ist vielmehr auch als Bestandteil der Berufsfreiheit durch Art 12 Abs. 1 GG erfasst. Es sind daher Übergangsregelungen vorzusehen, die den Bedürfnissen der Kursmakler angemessen Rechnung tragen und ihnen den Übergang zu einer anderen beruflichen Betätigung erleichtern. Hierbei ist zum einen zu berücksichtigen, dass mit der vollständigen Umsetzung der EG-Wertpapierdienstleistungsrichtlinie[2] die gesetzlichen Voraussetzungen geschaffen wurden, damit sich die Börsenmakler zu Wertpapierhandelshäusern weiterentwickeln können, um neben der Kursfeststellung auch andere Wertpapierdienstleistungen zu erbringen. Zum anderen sieht die Neuregelung des Börsengesetzes vor, dass die Preisermittlung weiter durch Intermediäre vorgenommen werden kann. Damit sind die gesetzlichen Voraussetzungen gegeben, dass die Kursmakler weiterhin als Skontroführer tätig sein können. Hingegen entfällt künftig die öffentlich-rechtliche Bestellung, ebenso aber auch die bislang für Kursmakler geltenden Tätigkeitsbeschränkungen.

3 Entsprechendes gilt für die bislang im geregelten Markt tätigen Skontroführer. Aufgrund der bisherigen Vorschrift des § 75 Abs. 1 S. 1 war auch im geregelten Markt eine Preisfeststellung durch Börsenmakler gesetzlich vorgegeben. Durch die Neufassung der Regeln über die Zulassung von Wertpapieren und die Preisermittlung hat die Börse auch im geregelten Markt die Möglichkeit, die Ermittlung des Börsenpreises ausschließlich elektronisch vorzunehmen.

4 Die Absätze 4 bis 7 aF haben infolge Zeitablaufs ihre Rechtswirkung verloren und waren daher aufzuheben. Der neu eingeführte Abs. 5 regelt Übergangsvorschriften im Hinblick auf die bereits vor Inkrafttreten dieses Gesetzes erteilten Börsengenehmigungen nach § 1 Abs. 1 aF Die ursprünglich erteilten Börsengenehmigungen gelten als Erlaubnis iSd § 4. Ein Börsenträger muss der jeweiligen Börsenaufsicht die dem Erlaubnisantrag nach § 4 Abs. 2 beizufügenden Unterlagen und Nachweise übersenden. Für bereits vor Inkrafttreten dieses Gesetzes zum amtlichen oder geregelten Markt zugelassene Wertpapiere gilt nach Abs. 6 nun die gesetzlich angeordnete Umwidmung dieser Zulassung zum regulierten Markt, was bedeutet, dass Emittenten beider Segmente keine neuen Zulassungsanträge für die Zulassung zu dem neuen einheitlichen gesetzlichen Börsensegment stellen müssen. Der durch Gesetz vom 6.12.2011[3] neu eingefügte Abs. 8 stellt klar, dass für fehlerhafte Prospekte für vor dem 1.6.2012 zugelassene Wertpapiere weiterhin die § 3 44 bis 47 aF anzuwenden sind.

---

[2] Gesetz zur Umsetzung von EG-Richtlinien zur Harmonisierung bank- und wertpapieraufsichtsrechtlicher Vorschriften v. 22.10.1997, BGBl. I S. 2518.

[3] Gesetz zur Novellierung des Finanzanlagenvermittler- und Vermögensanlagerechts v. 6.12.2011, BGBl. I, S. 2481 (Nr. 63).

Verordnung über die Zulassung von Wertpapieren zum regulierten Markt an einer Wertpapierbörse
(Börsenzulassungs-Verordnung – BörsZulV)

In der Fassung der Bekanntmachung vom 9. September 1998 (BGBl. I S. 2832)
(FNA 4110-1-1)
zuletzt geändert durch Art. 2 Abs. 43 G zur Änd. von Vorschriften über Verkündung und Bekanntmachungen sowie der ZPO, des EGZPO und der AO vom 22. Dezember 2011 (BGBl. I S. 3044)

Einleitung

Die am 1.5.1987 in Kraft getretene Verordnung über die Zulassung von Wertpapieren zur amtlichen Notierung an einer Wertpapierbörse (Börsenzulassungs-Verordnung – BörsZulV) vom 15.4.1987[1] ersetzt die durch Art. 3 des Börsenzulassungsgesetzes vom 16.12.1986 (BörsZulG)[2] aufgehobene Börsenzulassungsbekanntmachung (BörsZulBek.) vom 5.7.1910.[3] Die Vorschriften der BörsZulV stehen in engem Zusammenhang mit den Vorschriften der §§ 30 bis 48 BörsG. Die BörsZulV beruht auf den in das BörsG eingefügten Ermächtigungen in §§ 32, 37 Abs. 2, 39 Abs. 2, 40 Abs. 2 BörsG. Wesentliches Regelungsziel des BörsZulG war die Umsetzung von drei EG-Richtlinien.[4] Die BörsZulV setzt die Börsenzulassungsrichtlinie,[5] die Börsenzulassungsprospektrichtlinie,[6] und die Richtlinie über Halbjahresberichte[7] in das innerstaatliche Recht um. Für die praktische Anwendung der BörsZulV bedeutet dies, dass sie gemeinschaftskonform und damit richtlinienkonform auszulegen ist.[8] Im Zuge der Verabschiedung des Vierten Finanzmarktförderungsgesetzes erfolgen – nach umfangreicheren Änderungen im Dritten Finanzmarktförderungsgesetz – lediglich redaktionelle Anpassungen an die Neubekanntmachung des Börsengesetzes.[9] Die letzten durchgreifenden Änderungen der BörsZulV erfolgten im Zusammenhang mit der Einführung des Wertpapierprospektgesetzes (WpPG) im Rahmen der Umsetzung der Prospektrichtlinie (2003/71/EG) in nationales Recht.

1

Erstes Kapitel
Zulassung von Wertpapieren zum regulierten Markt
Erster Abschnitt
Zulassungsvoraussetzungen

Vor §§ 1 ff

Aus § 32 Abs. 1 BörsG ergibt sich, dass die Vorschriften über die Börsenzulassung den Schutz des Publikums und die Sicherstellung eines ordnungsgemäßen Börsenhandels bezwecken. Dieser Zielsetzung des Gesetzgebers dienen die §§ 1 bis 12 BörsZulV. Sie ist bei der Auslegung der Vorschriften zu berücksichtigen.[1]

1

---

1 Verordnung über die Zulassung von Wertpapieren zur amtlichen Notierung an einer Wertpapierbörse (Börsenzulassungsverordnung – BörsZulV) v. 15.4.1987 (BGBl. I 1987 S. 1234).
2 Gesetz zur Einführung eines neuen Marktabschnitts an den Wertpapierbörsen und zur Durchführung der Richtlinien des Rates der Europäischen Gemeinschaften v. 5.3.1979, v. 17.3.1980 und v. 15.2.1982 zur Koordinierung börsenrechtlicher Vorschriften (Börsenzulassungs-Gesetz) v. 16.12.1986 (BGBl. I S. 2478).
3 Bekanntmachung betreffend die Zulassung von Wertpapieren zum Börsenhandel (Börsenzulassungsbekanntmachung – BörsZulBek.) v. 5.7.1910 (RGBl. 1910 S. 917).
4 *Baumbach/Hopt*, HGB, 30. Aufl, Einl. 4 vor § 1 BörsG.
5 Richtlinie des Rates vom 5.3.1979 zur Koordinierung der Bedingungen für die Zulassung von Wertpapieren zur amtlichen Notierung an einer Wertpapierbörse (Börsenzulassungsrichtlinie – BöZ-RL), RL 79/279/EWG, ABl. EG Nr. L 66 v. 16.3.1979, S. 21.
6 Richtlinie des Rates vom 17.3.1980 zur Koordinierung der Bedingungen für die Erstellung, die Kontrolle und die Verbreitung des Prospekts, der für die Zulassung von Wertpapieren zur amtlichen Notierung an einer Wertpapierbörse zu veröffentlichen ist (Börsenzulassungsprospektrichtlinie – BP-RL), RL 80/390/EWG, ABl. EG Nr. L 100 v. 17.4.1980, S. 1, teilw. geänd. durch Richtlinie 94/18/EG, ABl. EG Nr. L 135 v. 31.5.1994, S. 1.
7 Richtlinie des Rates vom 15.2.1982 über regelmäßige Informationen, die von Gesellschaften zu veröffentlichen sind, deren Aktien zur amtlichen Notierung an einer Wertpapierbörse zugelassen sind (Richtlinie über Halbjahresberichte), RL 82/121/EWG, ABl. EG Nr. L 48 v. 20.2.1982, S. 26.
8 *Groß*, EuZW 1994, 395, 396; zu geplanten weiteren Reformen *Groß*, Kapitalmarktrecht, vor § 1 BörsZulV Rn 7.
9 Gesetz zur weiteren Fortentwicklung des Finanzplatzes Deutschland (Drittes Finanzmarktförderungsgesetz) v. 24.3.1998 (BGBl. I S. 529) und Viertes Finanzmarktförderungsgesetz v. 21.6.2002 (BGBl. I S. 2010).

1 *Schäfer/Hamann*, § 36 BörsG Rn 14; *Groß*, Kapitalmarktrecht, vor § 1 BörsZulV Rn 1.

§ 1 Rechtsgrundlage des Emittenten

Die Gründung sowie die Satzung oder der Gesellschaftsvertrag des Emittenten müssen dem Recht des Staates entsprechen, in dem der Emittent seinen Sitz hat.

1 § 1 beruht auf Schema A Nr. I.1 und Schema B lit. A Nr. I der BöZ-RL[1] und der Ermächtigung in § 37 Abs. 3 iVm § 32 Abs. 1 Nr. 1 lit. a BörsG. Unter dem Sitz des Emittenten iSd § 1 ist der in der Satzung (§ 5 Abs. 1 AktG) ausgewiesene Sitz zu verstehen.[2] Die Feststellung der gesellschaftsrechtlich ordnungsgemäßen Errichtung des Emittenten nach dem Recht des Sitzstaates ist in der Praxis wesentlicher Bestandteil einer vor der Börsenzulassung des Unternehmens in aller Regel durchzuführenden rechtlichen Due Diligence.[3] Zur Rechtsgrundlage der Wertpapiere vgl § 4.

§ 2 Mindestbetrag der Wertpapiere

(1) ¹Der voraussichtliche Kurswert der zuzulassenden Aktien oder, falls seine Schätzung nicht möglich ist, das Eigenkapital der Gesellschaft im Sinne des § 266 Abs. 3 Buchstabe A des Handelsgesetzbuchs, deren Aktien zugelassen werden sollen, muß mindestens 1 250 000 Euro betragen. ²Dies gilt nicht, wenn Aktien derselben Gattung an dieser Börse bereits zum regulierten Markt zugelassen sind.

(2) ¹Für die Zulassung von anderen Wertpapieren als Aktien muß der Gesamtnennbetrag mindestens 250 000 Euro betragen.

(3) Für die Zulassung von Wertpapieren, die nicht auf einen Geldbetrag lauten, muß die Mindeststückzahl der Wertpapiere zehntausend betragen.

(4) Die Geschäftsführung kann geringere Beträge als in den vorstehenden Absätzen vorgeschrieben zulassen, wenn sie überzeugt ist, daß sich für die zuzulassenden Wertpapiere ein ausreichender Markt bilden wird.

1 § 2 Abs. 1 beruht auf Schema A Nr. I.2, Abs. 2 auf Schema B lit. A Nr. III.1 der BöZ-RL[1] und der Ermächtigung in § 37 Abs. 3 iVm § 32 Abs. 1 Nr. 1 lit. c BörsG. Die Vorschrift wurde im Rahmen der Euroumstellung durch Gesetz vom 21.12.2000[2] geändert. Dabei wurden die ursprünglichen DM-Beträge zugunsten gerader Eurobeträge abgerundet. Ein Element des ordnungsgemäßen Börsenhandels iSd § 37 Abs. 3 BörsG ist die ordnungsgemäße Kursfeststellung der gehandelten Aktien.[3] § 2 fordert zur Herstellung dieser zur Kursfeststellung erforderlichen Marktliquidität als Zulassungsvoraussetzung einen Mindstrahmen an handelbaren Aktien. Als Maßstab gelten für Aktien nach **§ 2 Abs. 1** der voraussichtliche Kurswert oder ersatzweise das Eigenkapital der Gesellschaft. Das Eigenkapital wird dabei nach den für die Rechnungslegung geltenden handelsrechtlichen Vorschriften (§ 266 Abs. 3 lit. A HGB) bestimmt. Vgl auch Abschnitt 2, Nr. 3.1 Abs. 2 und Nr. 3.7 Abs. 4 RNM. Für andere Wertpapiere als Aktien gilt nach **§ 2 Abs. 2** als Maßstab der Gesamtnennbetrag der Wertpapiere. Vgl auch Abschnitt 2, Nr. 3.7 Abs. 1 RNM. Für Wertpapiere, die nicht auf einen Geldbetrag lauten, ist nach **§ 2 Abs. 3** Maßstab deren Mindeststückzahl maßgeblich. Die Regelung in Abs. 3 ist nicht auf nennwertlose Stückaktien anzuwenden, da für diese Wertpapiere Abs. 1 als Spezialvorschrift vorgeht.[4] Aus dem Zweck der Sicherung einer ausreichenden Marktliquidität erklärt sich auch die Ausnahme für Aktien, wenn bereits Aktien derselben Gattung an der Börse, bei der die Zulassung beantragt wird ("*dieser Börse*"), gehandelt werden in Abs. 1 S. 2. In diesem Fall ist davon auszugehen, dass der zur Kursfeststellung nötige Markt bereits vorhanden ist. Vgl auch Abschnitt 2, Nr. 3.7 Abs. 2 RNM. Daneben wird die Geschäftsführung durch **§ 2 Abs. 4** ermächtigt, auch geringere Beträge als in Abs. 1 bis 3 beschriebene zuzulassen, wenn sie der Ansicht ist, dass sich auch bei dieser Zahl ein ausreichender Markt bilden wird. Vgl auch Abschnitt 2, Nr. 3.7 Abs. 3 RNM. § 2 regelt nur den zum Zeitpunkt der Zulassung erforderlichen Rahmen. Sollten nach der Zulassung eine Marktverknappung eintreten, so gibt § 2 Abs. 4 keine Handhabe für die Geschäftsführung, der Gesellschaft nachträglich die Zulassung auf dieser Grundlage zu entziehen (vgl aber auch § 38 Abs. 3 BörsG). Bei Wertpapieren in ausländischer Währung sind diese

---

1 RL 79/279/EWG, ABl. EG Nr. L 66 v. 16.3.1979, S. 1.
2 RegBegr. BörsZulV, BR-Drucks. 72/87, S. 70; *Groß*, Kapitalmarktrecht, §§ 1–12 BörsZulV Rn 2.
3 Vgl zB *Schulte*, DStR 2000, 1437 ff.

1 *Groß*, Kapitalmarktrecht, §§ 1–12 BörsZulV Rn 3.
2 Gesetz zur Umstellung auf den Euro (EuUG) v. 21.12.2000 (BGBl. I S. 1857).
3 Im Übrigen ist allerdings unklar, welche weiteren Anforderungen an einen ordnungsgemäßen Börsenhandel zu stellen sind, vgl *Wolf*, WM 2001, 1785, 1786 reSp aE.
4 RegBegr. BörsZulV, BR-Drucks. 72/87, S. 71; *Groß*, Kapitalmarktrecht, §§ 1–12 BörsZulV Rn 3.

nach Maßgabe der zum Zeitpunkt der Entscheidung über den Zulassungsantrag geltenden Wechselkurse in Euro umzurechnen.

§ 3 Dauer des Bestehens des Emittenten

(1) Der Emittent zuzulassender Aktien muß mindestens drei Jahre als Unternehmen bestanden und seine Jahresabschlüsse für die drei dem Antrag vorangegangenen Geschäftsjahre entsprechend den hierfür geltenden Vorschriften offengelegt haben.

(2) Die Geschäftsführung kann abweichend von Absatz 1 Aktien zulassen, wenn dies im Interesse des Emittenten und des Publikums liegt.

§ 3 beruht auf Schema A Nr. I.3 der BöZ-RL und der Ermächtigung in § 37 Abs. 3 iVm § 32 Abs. 1 Nr. 1 lit. a BörsG. § 3 Abs. 1 fordert für die Zulassung der Aktien, dass der Emittent bereits drei Jahre als Unternehmen, nicht notwendig jedoch als Aktiengesellschaft, bestanden hat. Die Jahresabschlüsse des Unternehmens müssen für die drei dem Antrag vorangegangenen Geschäftsjahre entsprechend dem für das Unternehmen geltenden Vorschriften offen gelegt worden sein. Diese Jahresabschlüsse müssen dementsprechend entweder in den Gesellschaftsblättern veröffentlich worden oder Inhalt des der Öffentlichkeit zur Verfügung gestellten Geschäftsberichts gewesen sein. § 3 Abs. 2 ermächtigt die Geschäftsführung, Aktien abweichend von Abs. 1 zuzulassen, wenn dies im Interesse des Emittenten und des Publikums liegt. Hierzu hat die Geschäftsführung die gerechtfertigten Interessen des Emittenten und die des Publikums gegeneinander abzuwägen (Ermessensentscheidung). Hat der Emittent in den letzten drei Jahren vor Antragstellung nicht in der Rechtsform einer Aktiengesellschaft bestanden und waren die Anforderungen an die Rechnungslegung in der früheren Rechtsform geringer, als in den §§ 264 ff HGB beschrieben, werden in der Praxis wegen der nach den §§ 20 ff notwendigen Angaben sog. „Als-ob-Jahresabschlüsse" erstellt, dh es ist nachträglich so zu bilanzieren, als hätten die (strengeren) Rechnungslegungsvorschriften der §§ 264 ff HGB bereits gegolten.[1] In dieser Als-ob-Darstellung wird der Ausweis der Bilanz, der Gewinn- und Verlustrechnung (GuV) und der Kapitalflussrechnung[2] für die letzten drei Geschäftsjahre in Form einer vergleichenden Darstellung gefordert, sofern wesentliche Änderungen eingetreten sind. Vergleichende Darstellung bedeutet bei der „Als-ob-AG", dass das Eigenkapital bzw andere Abschlussposten so dargestellt werden, als ob die Aktiengesellschaft schon drei Jahre bestanden hätte. Bei der Darstellung des „Als-ob-Konzerns" ist der Konsolidierungskreis für alle drei Jahre so zu wählen, als ob die einbezogenen Beteiligungen schon seit drei Jahren dem Konzern angehören bzw schon vorher veräußert wurden. Für die „Als-ob-Struktur" sind strukturelle Maßnahmen, wie zB Verschmelzungen so zu erfassen, als ob sie schon vor drei Jahren durchgeführt worden wären. Dies ist im Hinblick auf die Prospekthaftung nicht ohne Schwierigkeiten, da für die letztlich fiktiven Jahresabschlüsse auch die Annahmen in den Prospekt aufzunehmen sind, auf denen die Abschlüsse erstellt wurden (zB eventuelle Bereinigungen). Zudem müssen die Unterschiede zwischen der in den Als-ob-Jahresabschlüssen dargestellten Fiktion und den realen Verhältnissen offen gelegt werden.[3] Eine Verpflichtung zur Erstellung der Als-ob-Jahresabschlüsse sieht die BörsZulV jedoch nicht, auch nicht in § 13 Abs. 2 S. 2, vor.[4]

§ 4 Rechtsgrundlage der Wertpapiere

Die Wertpapiere müssen in Übereinstimmung mit dem für den Emittenten geltenden Recht ausgegeben werden und den für das Wertpapier geltenden Vorschriften entsprechen.

§ 4 beruht auf Schema A Nr. II.1 und Schema B lit. A Nr. II.1 der BöZ-RL und der Ermächtigung in § 37 Abs. 3 iVm § 32 Abs. 1 Nr. 1 lit. b BörsG. Die Notwendigkeit der Übereinstimmung der Ausgabe der Wertpapiere mit dem für den Emittenten geltenden Recht bezieht sich auf das auf den Emittenten anwendbare Recht des Sitzstaates. Darüber hinaus müssen die Wertpapiere den für sie geltenden Vorschriften (insb. § 8

---

1 *Groß*, Kapitalmarktrecht, §§ 1–12 BörsZulV Rn 5; *Schäfer/Hamann*, § 36 BörsG Rn 15; *Claussen*, S. 309, Rn 65.
2 Dazu *Ramin/Frey*, in: Müller/Leven (Hrsg.), Shareholder Value Reporting, S. 267, 283 ff.
3 LG Frankfurt aM WM 1998, 1181, 1183; OLG Frankfurt ZIP 1999, 1005, 1006; krit. auch *Schindler/Böttcher/Roß*, WPg 2001, 16 ff; allg. *Gruson*, WM 1995, 89 ff.
4 So auch *Groß*, Kapitalmarktrecht, §§ 1–12 BörsZulV Rn 5; missverständlich Schäfer/*Hamann*, § 36 BörsG Rn 15, auch *Claussen*, S. 309, Rn 65 („müssen").

AktG) entsprechen. Für die Druckausstattung der Wertpapiere sieht § 8 Abs. 1 S. 2 vor, dass die Beachtung der Vorschriften des Sitzstaates ausreicht.

§ 5 Handelbarkeit der Wertpapiere

(1) Die Wertpapiere müssen frei handelbar sein.

(2) Die Geschäftsführung kann

1. nicht voll eingezahlte Wertpapiere zulassen, wenn sichergestellt ist, daß der Börsenhandel nicht beeinträchtigt wird und wenn in dem Prospekt auf die fehlende Volleinzahlung sowie auf die im Hinblick hierauf getroffenen Vorkehrungen hingewiesen wird oder, wenn ein Prospekt nicht zu veröffentlichen ist, das Publikum auf andere geeignete Weise unterrichtet wird;
2. Aktien, deren Erwerb einer Zustimmung bedarf, zulassen, wenn das Zustimmungserfordernis nicht zu einer Störung des Börsenhandels führt.

1 § 5 wurde zuletzt im Rahmen der Umsetzung der Prospektrichtlinie (2003/71/EG) redaktionell geändert beruht auf Schema A Nr. II.2 sowie Schema B lit. A Nr. II.2 und lit. B Nr. 1 der Börsenzulassungsrichtlinie und auf der Ermächtigung in § 37 Abs. 3 iVm § 32 Abs. 1 Nr. 1 lit. b BörsG. Grundvoraussetzung eines ordnungsgemäßen Börsenhandels iSd § 36 Abs. 3 Nr. 1 BörsG ist die in § 5 **Abs. 1** geforderte freie Handelbarkeit der Wertpapiere. Die Übertragung der Wertpapiere darf keinen rechtlichen Schranken unterliegen, die eine unerträgliche Erschwernis des Börsenhandels bedeuten würde.[1] Soweit die freie Handelbarkeit der Wertpapiere dadurch beeinträchtigt wird, dass die Wertpapiere noch nicht voll eingezahlt sind (vgl zB §§ 10 Abs. 2 S. 1 AktG iVm §§ 67, 68 AktG)[2] können die Wertpapiere nur zugelassen werden, wenn dadurch der Börsenhandel nicht beeinträchtigt wird und eine entsprechende Information des Publikums entweder durch den Prospekt oder, falls kein Prospekt zu veröffentlichen ist, auf andere geeignete Weise, insb. durch die Veröffentlichung einer Bekanntmachung in einem Börsenpflichtblatt, erfolgt (§ 5 **Abs. 2 Nr. 1**). Dabei ist auch auf die getroffenen Vorkehrungen hinzuweisen. § 5 **Abs. 2 Nr. 1** ist entsprechend anzuwenden, wenn nach dem am Sitz des Emittenten geltenden Recht Ausländer nur einen bestimmten Anteil des Aktienpakets halten dürfen.[3] Ist die Handelbarkeit dadurch beeinträchtigt, dass der Erwerb der Wertpapiere einer Zustimmung der Gesellschaft bedarf, so kann die Geschäftsführung die Wertpapiere gemäß § 5 **Abs. 2 Nr. 2** nur zulassen, soweit keine Störung des Börsenhandels zu befürchten ist. Dies wird bei grds. zulassungsfähigen[4] vinkulierten Namensaktien (§§ 10 Abs. 2 S. 1, 68 Abs. 2 AktG) insb. durch deren mögliche Einbeziehung in die Girosammelverwahrung und die effektive Abwicklung des Handels über das System CASCADE-RS erreicht.[5]

§ 6 Stückelung der Wertpapiere

Die Stückelung der Wertpapiere, insbesondere die kleinste Stückelung und die Anzahl der in dieser Stückelung ausgegebenen Wertpapiere, müssen den Bedürfnissen des Börsenhandels und des Publikums Rechnung tragen.

1 § 6 beruht auf der Ermächtigung in § 37 Abs. 3 iVm § 32 Abs. 1 Nr. 1 lit. b BörsG. Die Vorschrift dient der Erleichterung des Börsenhandels und soll sicherstellen, dass vor allem die kleinste Stückelung den Bedürfnissen der Anleger entspricht und in ausreichender Zahl vorhanden ist. Für die Praxis ist daher wesentlich auf den Kreis der mit der Emission angesprochenen Anleger abzustellen.[1]

---

1 RegBegr. BörsZulV, BR-Drucks. 72/87, S. 72.
2 Dies ist insb. bei Versicherungsgesellschaften häufiger der Fall. Die für diese Gesellschaften früher geforderte Erklärung, dass durch das Zustimmungserfordernis zur Übertragung der Börsenhandel nicht gestört wird ("Allianz-Erklärung") muss jedoch nicht mehr abgegeben werden, vgl *Gericke*, Handbuch für die Börsenzulassung von Wertpapieren (1992), S. 71.
3 Dies ist zB bei der Deutschen Lufthansa AG der Fall, der durch das Luftverkehrsnachweissicherungsgesetz – LuftNaSiG – v. 5.6.1997 (BGBl. I S. 1322) aufgegeben wird, nur Namensstammaktien zu besitzen, um den Umfang des Anteilsbesitzes von Ausländern kontrollieren zu können. Im Prospekt ist insoweit anzugeben, ob ein diesen Anteil übersteigender Aktienerwerb durch Ausländer rechtlich unwirksam ist oder (nur) den Verlust des Stimmrechts zur Folge hat.
4 *Schäfer/Hamann*, § 36 BörsG Rn 5; *Schwark*, § 36 BörsG Rn 8; *Bruns/Rodian*, Wertpapier und Börse, § 36 BörsG Anm. 8.
5 *Schäfer/Hamann*, § 36 BörsG Rn 5; *Jütten*, Die Bank 1997, 112; *Heißel/Kienle*, WM 1993, 1909; *Schanz*, Börseneinführung, S. 364 Rn 60.
1 RegBegr. BörsZulV, BR-Drucks. 72/87, S. 72.

§ 7 Zulassung von Wertpapieren einer Gattung oder einer Emission

(1) ¹Der Antrag auf Zulassung von Aktien muß sich auf alle Aktien derselben Gattung beziehen. ²Er kann jedoch insoweit beschränkt werden, als die nicht zuzulassenden Aktien zu einer der Aufrechterhaltung eines beherrschenden Einflusses auf den Emittenten dienenden Beteiligung gehören oder für eine bestimmte Zeit nicht gehandelt werden dürfen und wenn aus der nur teilweisen Zulassung keine Nachteile für die Erwerber der zuzulassenden Aktien zu befürchten sind. ³In dem Prospekt ist darauf hinzuweisen, daß nur für einen Teil der Aktien die Zulassung beantragt wurde, und der Grund hierfür anzugeben; ist ein Prospekt nicht zu veröffentlichen, so ist das Publikum auf andere geeignete Weise zu unterrichten.

(2) Der Antrag auf Zulassung von anderen Wertpapieren als Aktien muß sich auf alle Wertpapiere derselben Emission beziehen.

§ 7 wurde zuletzt im Rahmen der Umsetzung der Prospektrichtlinie (2003/71/EG) redaktionell geändert und beruht auf Schema A Nr. II.5 sowie Schema B lit. A Nr. II.4 und lit. B Nr. 3 der BöZ-RL und auf der Ermächtigung in § 37 Abs. 3 iVm § 32 Abs. 1 Nr. 1 lit. d BörsG. Die Vorschrift soll ausschließen, dass nur ein Teil einer Emission zur Notierung zugelassen wird, während die sich aus der Notierung ergebenden Folgen tatsächlich für die gesamte Emission beansprucht werden oder sich zumindest so auswirken.[1] Daneben soll eine möglichst große Marktbreite erreicht werden. Der Zulassungsantrag muss sich daher gemäß § 7 **Abs. 1 S. 1** grundsätzlich auf alle Wertpapiere derselben Gattung beziehen (vgl auch § 39 Abs. 1 Nr. 4 BörsG, der durch § 69 konkretisiert wird). § 7 **Abs. 1 S. 2** betrifft die Beschränkung des Zulassungsantrags auf eine bestimmte Anzahl von Aktien innerhalb einer Gattung und dient insoweit der Verhinderung einer unnötigen Marktverknappung.[2] Zulässig ist die Beschränkung nur zur Aufrechterhaltung einer eines beherrschenden Einflusses auf den Emittenten dienenden Beteiligung und im Falle des Ausschlusses des Handels der Wertpapiere für eine bestimmte Zeit. Letzteres ist zB bei Belegschaftsaktien, bei denen sich der Erwerber verpflichtet, die Aktien über einen bestimmten Zeitraum zu halten, oder bei Marktschonungsvereinbarungen, der Fall.[3] Als Aufrechterhaltung eines beherrschenden Einflusses ist es auch anzusehen, wenn der Anteil der Beteiligung nur noch weniger als 50 % beträgt, der beherrschende Einfluss faktisch aber dennoch bestehen bleibt. Erforderlich ist, dass durch die teilweise Zulassung keine Nachteile für die Erwerber der zuzulassenden Aktien zu befürchten sind. Die Beschränkung der Zulassung nach S. 2 setzt gemäß § 7 **Abs. 1 Nr. 3** eine ausreichende Information des Publikums durch den Prospekt oder auf sonstige Weise voraus. Die Möglichkeit der Zulassungsbeschränkung nach § 7 Abs. 1 S. 2 und 3 besteht gemäß § 69 Abs. 1 S. 2 auch für später ausgegebene Aktien derselben Gattung. Vgl auch Abschnitt 2, Nr. 3.9 RNM. Der Zulassungsantrag muss sich gemäß § 7 **Abs. 2** auch auf alle Aktien einer Emission beziehen. Im Zusammenhang mit dem Antrag auf Zulassung der Wertpapiere zur Notierung können als eine Emission stets nur die bereits übertragenen Wertpapiere verstanden werden, da noch nicht vorhandene verbriefte Rechte nicht Gegenstand der Zulassung sein können.[4] Vgl aber § 11. Im Rahmen einer Aktienemission im Bookbuildingverfahren[5] zählen hierzu auch die Aktien, die im Rahmen einer Mehrzuteilungsoption (Greenshoe)[6] ausgegeben werden, da die Aktien des Greenshoe ebenfalls Aktien aus dem Bestand des Basisvolumens und damit der Gesamtemission sind. In der Praxis wird die Mehrzuteilungsoption meist mittels eines Wertpapierleihvertrags strukturiert, bei dem das Bankenkonsortium die Überzuteilungen aus Aktien des Greenshoe bedient, die zu diesem Zeitpunkt bereits zum Handel zugelassen sind.

---

1 RegBegr. BörsZulV, BR-Drucks. 72/87, S. 72.
2 *Schwark*, § 36 BörsG Rn 30; *Groß*, Kapitalmarktrecht, § 1–12 BörsZulV Rn 8; *Schäfer/Hamann*, § 36 BörsG Rn 15; krit. zu diesem Normzweck *Schwark*, NJW 1987, 2041, 2043.
3 *Schäfer/Hamann*, § 36 BörsG Rn 15; *Bruns/Rodrian*, Wertpapier und Börse, § 7 BörsZulV Anm. 3.
4 Näher RegBegr. BörsZulV, BR-Drucks. 72/87, S. 73. Zur Entstehung des verbrieften Rechts gehört nach hM neben der Ausstellung des Wertpapiers auch noch ein Begebungsvertrag, der im Falle von Schuldverschreibungen in der ersten Übertragung durch den Emittenten zu sehen ist.
5 *Willamowski*, Bookbuilding, AHW (124), 2000, S. 64 ff; *Hein*, WM 1996, 1 ff; *Groß*, ZHR 162 (1998), 318 ff.
6 Dazu u.a. *Trapp*, AG 1997, 115, 121; *Oltmanns*, DB 1996, 2319 ff; *Dautel*, DStR 2000, 891 ff; *Technau*, AG 1998, 445, 457 f; *Hoffmann-Becking*, in: FS Lieberknecht, 1997, S. 25, 39 f; *Groß*, ZHR 162 (1998), 318 ff; *Willamowski*, Bookbuilding, S. 94 ff und 186 ff; *Schanz*, Börseneinführung, S. 319 ff Rn 91 ff; allg. zur Kursstabilisierung *Krämer/Hess*, in: *Kübler/Scherer/Treeck*, Freundesgabe für Döser, Int. Law. (Sonderdruck 1999), S. 171 ff. Das Institut des Greenshoe war wegen seiner angeblichen Unvereinbarkeit mit § 255 Abs. 2 AktG ins Visier einer rechtswissenschaftlichen Diskussion geraten. Vgl dazu KG Frankfurt aM v. 22.8.2001, WM 2002, 653 = AG 2002, 243 ff = ZIP 2001, 2178 = BKR 2002, 464 = DB 2002, 313 mAnm. *Sinewe* (Senator Entertainment); *Groß*, ZIP 2002, 160 f; *Ekkenga*, WM 2002, 317; *Meyer*, AG 2002, 1106; *Busch*, AG 2002, 230 ff; *Schanz*, BKR 2002, 439 ff; krit. bereits *Ochner*, Börsen-Zeitung v. 7.10.2000, S. 17. Der BGH hat dem eine Absage erteilt, vgl BGH NZG 2009, 569; BGH NZG 2004, 235.

§ 8 Druckausstattung der Wertpapiere

(1) ¹Die Druckausstattung der Wertpapiere in ausgedruckten Einzelurkunden muß einen ausreichenden Schutz vor Fälschung bieten und eine sichere und leichte Abwicklung des Wertpapierverkehrs ermöglichen. ²Für Wertpapiere eines Emittenten mit Sitz in einem anderen Mitgliedstaat der Europäischen Union oder in einem anderen Vertragsstaat des Abkommens über den Europäischen Wirtschaftsraum reicht die Beachtung der Vorschriften aus, die in diesem Staat für die Druckausstattung der Wertpapiere gelten.

(2) Bietet die Druckausstattung der Wertpapiere keinen ausreichenden Schutz vor Fälschung, so ist in dem Prospekt hierauf hinzuweisen; ist ein Prospekt nicht zu veröffentlichen, so ist das Publikum auf andere geeignete Weise zu unterrichten.

1 § 8 wurde zuletzt im Rahmen der Umsetzung der Prospektrichtlinie (2003/71/EG) redaktionell geändert und beruht auf der Ermächtigung in § 37 Abs. 3 iVm § 32 Abs. 1 Nr. 1 lit. b BörsG. § 8 **Abs. 1 S. 1** fordert den Ausdruck effektiver Urkunden nicht, sondern regelt lediglich die Art und Weise der Druckausstattung für die Urkunden. Der Begriff Einzelurkunde ist nicht im Sinne der aktienrechtlichen Einzelverbriefung zu verstehen. § 8 gilt vielmehr auch für den wegen des Ausschlusses des Anspruchs auf Einzelverbriefung im Bereich des Aktienrechts (§ 10 Abs. 5 AktG)[1] zur Regel gewordenen Fall der Herstellung von Globalurkunden und deren Girosammelverwahrung nach § 9a DepotG. Auch die Globalurkunde ist ein Wertpapier[2] und eine Einzelurkunde in diesem Sinne. Für die Druckausstattung der Wertpapiere wurden von den deutschen Wertpapierbörsen "Gemeinsame Grundsätze der deutschen Wertpapierbörsen für den Druck von Wertpapieren"[3] herausgegeben, die grundsätzlich für sämtliche zum Handel an einer deutschen Wertpapierbörse zuzulassenden Wertpapiere gelten. § 8 **Abs. 1 S. 2** enthält eine sich aus Schema A Nr. II.6 sowie Schema B lit. A Nr. II.5 und lit. B Nr. 4 der BöZ-RL ergebende Einschränkung. Danach reicht es für dort genannten Emittenten aus, wenn die Druckausstattung der Wertpapiere den in ihrem Sitzstaat geltenden Vorschriften genügen. Soweit die Druckausstattung der Wertpapiere keinen ausreichenden Schutz vor Fälschungen bietet, ist das Publikum hierauf gemäß § 8 **Abs. 2** hinzuweisen. Dies gilt auch im Falle des § 8 Abs. 1 S. 2. Die Zulassung kann jedoch nicht wegen des mangelnden Schutzes vor Fälschung versagt werden.

§ 9 Streuung der Aktien

(1) ¹Die zuzulassenden Aktien müssen im Publikum eines Mitgliedstaats oder mehrerer Mitgliedstaaten der Europäischen Union oder eines Vertragsstaates oder mehrerer Vertragsstaaten des Abkommens über den Europäischen Wirtschaftsraum ausreichend gestreut sein. ²Sie gelten als ausreichend gestreut, wenn mindestens fünfundzwanzig vom Hundert des Gesamtnennbetrages, bei nennwertlosen Aktien der Stückzahl, der zuzulassenden Aktien vom Publikum erworben worden sind oder wenn wegen der großen Zahl von Aktien derselben Gattung und ihrer breiten Streuung im Publikum ein ordnungsgemäßer Börsenhandel auch mit einem niedrigeren Vomhundertsatz gewährleistet ist.

(2) Abweichend von Absatz 1 können Aktien zugelassen werden, wenn

1. eine ausreichende Streuung über die Einführung an der Börse erreicht werden soll und die Geschäftsführung davon überzeugt ist, daß diese Streuung innerhalb kurzer Frist nach der Einführung erreicht sein wird,
2. Aktien derselben Gattung innerhalb der Europäischen Gemeinschaft oder innerhalb eines Vertragsstaates des Abkommens über den Europäischen Wirtschaftsraum an einem organisierten Markt zugelassen werden und eine ausreichende Streuung im Verhältnis zur Gesamtheit aller ausgegebenen Aktien erreicht wird oder
3. die Aktien außerhalb der Europäischen Gemeinschaft oder außerhalb der anderen Vertragsstaaten des Abkommens über den Europäischen Wirtschaftsraum an einem Markt, der mit einem organisierten Markt vergleichbar ist, zugelassen sind und eine ausreichende Streuung im Publikum derjenigen Staaten erreicht ist, in denen diese Aktien zugelassen sind.

---

1 Geändert durch das Gesetz für kleine Aktiengesellschaften und zur Deregulierung des Aktienrechts (BGBl. I 1994 S. 1961) und das Gesetz zur Kontrolle und Transparenz im Unternehmensbereich (KonTraG) v. 27.4.1998, BGBl. I S. 786.

2 Schäfer/Hamann, § 36 BörsG Rn 5; Schwark, § 36 BörsG Rn 9.

3 Gemeinsame Grundsätze der deutschen Wertpapierbörsen für den Druck von Wertpapieren – Druckrichtlinien v. 13.10.1991, zuletzt geänd. am 17.4.2000, abgedr. in: FWB Regelwerk, Loseblattslg., Nr. 21.

§ 9 beruht auf Schema A Nr. II. 4 der BöZ-RL und der Ermächtigung in § 37 Abs. 3 iVm § 32 Abs. 1 Nr. 1 lit. b BörsG. Die ausreichende Streuung der Wertpapiere dient der Sicherstellung eines ordnungsgemäßen Börsenhandels iSd § 36 Abs. 3 BörsG.[1] Ob die ausreichende Streuung der Wertpapiere bei Einreichung des Zulassungsantrags grundsätzlich unterstellt wird, ist zweifelhaft,[2] da in diesem Falle die Vermutungsregelung in § 9 Abs. 1 S. 2 einer Grundlage entbehren würde. Die ausreichende Streuung der Wertpapiere ist vom Emittenten durch Nachweis des in § 9 Abs. 1 S. 2 Alt. 1 genannten Prozentsatzes[3] oder eine entsprechende Erklärung nach § 9 Abs. 1 S. 2 Alt. 2 darzulegen. Die unglückliche, selbstbezügliche Formulierung des § 9 Abs. 1 S. 2 Alt. 2[4] hat – soweit ersichtlich – in der Praxis noch nicht zu Auslegungsschwierigkeiten geführt. Es ist darauf abzustellen, dass im Markt so viele Stücke frei verfügbar sind, dass auch bei einer Streuung, die geringer ist, als der in § 9 Abs. 1 S. 2 Alt. 1 festgelegte prozentuale Anteil, ein ordnungsgemäßer Börsenhandel sichergestellt ist. Eine Abweichung von dem Erfordernis der breiten Streuung der Aktien ergibt sich nach § 9 Abs. 2 Nr. 1 dann, wenn die Streuung erst durch die Börseneinführung erreicht werden soll. § 9 Abs. 2 Nr. 2 und 3 gelten für den Fall, dass Aktien einer Gattung zu bereits notierten Aktien dieser Gattung hinzutreten und die ausreichende Streuung im Verhältnis aller Aktien dieser Gattung erreicht wird. Die Möglichkeit einer Marktverknappung an Aktien nach der Zulassung wird von § 9 nicht adressiert. Insoweit bleiben die Emittenten auch in solchen Fällen darauf verwiesen, sich auf § 24 Abs. 2 BörsG zu berufen, wonach als Börsenpreis derjenige Preis gilt, welcher der wirklichen Marktlage des Börsenhandels entspricht.[5] Mit den Änderungen durch das Finanzmarktrichtliniengesetz vom 16.7.2007, in BGBl. I 2007 S. 1330, wird bei den Regelungen über die Zulassung von ausländischen Aktien nicht auf deren Notierung, sondern einheitlich auf deren Zulassung an einem organisierten Markt oder an einem vergleichbaren Markt mit Sitz außerhalb der Europäischen Union und des Europäischen Wirtschaftsraumes abgestellt.[6]

§ 10 Emittenten aus Drittstaaten

Aktien eines Emittenten mit Sitz in einem Staat außerhalb der Europäischen Gemeinschaft oder außerhalb der anderen Vertragsstaaten des Abkommens über den Europäischen Wirtschaftsraum, die weder in diesem Staat noch in dem Staat ihrer hauptsächlichen Verbreitung an einem Markt, der mit einem organisierten Markt im Sinne des § 2 Abs. 5 des Wertpapierhandelsgesetzes vergleichbar ist, zum Handel zugelassen sind, dürfen nur zugelassen werden, wenn glaubhaft gemacht wird, daß die Zulassung in diesen Staaten nicht aus Gründen des Schutzes des Publikums unterblieben ist.

§ 10 beruht auf Schema A Nr. II.7 der BöZ-RL und der Ermächtigung in § 37 Abs. 3 iVm § 32 Abs. 1 Nr. 1 BörsG.

§ 11 Zulassung von Wertpapieren mit Umtausch- oder Bezugsrecht

(1) Wertpapiere, die den Gläubigern ein Umtausch- oder Bezugsrecht auf andere Wertpapiere einräumen, können nur zugelassen werden, wenn die Wertpapiere, auf die sich das Umtausch- oder Bezugsrecht bezieht, an einer inländischen Börse entweder zum Handel zugelassen oder in einen anderen organisierten Markt einbezogen sind oder gleichzeitig zugelassen oder einbezogen werden.

(2) Die Geschäftsführung kann abweichend von Absatz 1 Wertpapiere zulassen, wenn die Wertpapiere, auf die sich das Umtausch- oder Bezugsrecht bezieht, zum Handel an einem organisierten Markt zugelassen sind und wenn sich das Publikum im Inland regelmäßig über die Kurse unterrichten kann, die sich an dem Markt im Ausland im Handel in diesen Wertpapieren bilden.

§ 11 wurde zuletzt redaktionell geändert durch das Gesetz zur Umsetzung der Richtlinie über Märkte für Finanzinstrumente und der Durchführungsrichtlinie der Kommission[1] und beruht auf Schema B lit. A Nr. III.2 Abs. 1 der BöZ-RL und der Ermächtigung in § 37 Abs. 3 iVm § 32 Abs. 1 Nr. 1 BörsG. Die Rege-

---

1 Vgl dazu *Kümpel*, WM 1988, 1621 ff.
2 AA *Groß*, Kapitalmarktrecht, §§ 1–12 BörsZulV Rn 11 und *Gericke*, Handbuch für die Börsenzulassung von Wertpapieren, 1992, S. 75; differenzierend unter Verweis auf die Regelung in § 11 Abs,1 REIT-G *Schwark/Zimmer*, § 9 Rn 3.
3 Krit. zu diesen Prozentsätzen und zur Kontrolle der Unterbringung *Schwark*, NJW 1987, 2041, 2043 f.
4 § 9 Abs. 1 S. 2 Alt. 2 BörsZulV: "Sie [die zuzulassenden Aktien, gelten als ausreichend gestreut, wenn wegen ... ihrer breiten Streuung im Publikum ...".
5 *Gericke*, Handbuch für die Börsenzulassung von Wertpapieren, 1992, S. 75.
6 BT-Drucks. 16/4028, S. 101, Art. 9 FinanzmarktRL-UmsetzungsG, BGBl. I 2007, 1330.
1 (2004/39/EG)- Art. 9 FinanzmarktRL-UmsetzungsG, BGBl. I 2007, 1330.

lung gilt nicht nur für Wandelschuldverschreibungen iSd § 221 AktG, sondern auch für Optionsscheine.[2] § 11 soll sicherstellen, dass die Wertpapiere, die durch Ausübung eines Umtausch- oder Bezugsrechts entstehen und/ oder erworben werden, zumindest gleichzeitig mit denjenigen Wertpapieren, die den Gläubigern ein Umtausch- oder Bezugsrecht auf diese Wertpapiere einräumen, zugelassen werden.[3] Für Wandel- oder Optionsanleihen, die durch ein bedingtes Kapital (§§ 192 ff AktG) gesichert sind bedeutet dies, dass spätestens mit der Zulassung der Wandel- oder Optionsanleihe auch bereits die Aktien des entsprechenden bedingten Kapitals zuzulassen sind, obwohl diese Aktien mangels Ausübung des Wandlungs- oder Optionsrechts und Abschluss des Zeichnungsvertrags noch nicht ausgegeben sind.[4] Vgl auch § 45 Nr. 2 lit. b. Soweit sich die Wandel- bzw Optionsanleihe auf bereits existierende Aktien dritter Unternehmen beziehen (sog. Convertibles), müssen diese ebenfalls zumindest gleichzeitig mit der Wandel- oder Optionsanleihe zugelassen werden.[5] Als organisierte Märkte iSd § 11 Abs. 1 sind der geregelte und der ungeregelte Freiverkehr anzusehen.[6] Die frühere Regelung des Abs. 2 S. 2, die die erforderlichen Angaben im Prospekt beinhaltete wurde im Rahmen der Umsetzung der Prospektrichtlinie aufgehoben.

§ 12 Zulassung von Zertifikaten, die Aktien vertreten

(1) Zertifikate, die Aktien vertreten, können zugelassen werden, wenn
1. der Emittent der vertretenen Aktien den Zulassungsantrag mitunterzeichnet hat, die Voraussetzungen nach den §§ 1 bis 3 erfüllt und sich gegenüber der Geschäftsführung schriftlich verpflichtet, die in den §§ 40 und 41 des Börsengesetzes genannten Pflichten des Emittenten zugelassener Aktien zu erfüllen,
2. die Zertifikate, die in den §§ 4 bis 10 genannten Voraussetzungen erfüllen und
3. der Emittent der Zertifikate die Gewähr für die Erfüllung seiner Verpflichtungen gegenüber den Zertifikatsinhabern bietet.

(2) Vertreten die Zertifikate Aktien eines Emittenten mit Sitz in einem Staat außerhalb der Europäischen Gemeinschaft oder außerhalb eines anderen Vertragsstaates des Abkommens über den Europäischen Wirtschaftsraum und sind die Aktien weder in diesem Staat noch in dem Staat ihrer hauptsächlichen Verbreitung an einer Börse an einem Markt, der mit einem organisierten Markt vergleichbar ist, zugelassen, so ist glaubhaft zu machen, daß die Zulassung nicht aus Gründen des Schutzes des Publikums unterblieben ist.

1 § 12 wurde zuletzt redaktionell geändert durch das Gesetz zur Umsetzung der Richtlinie über Märkte für Finanzinstrumente und der Durchführungsrichtlinie der Kommission[1] und beruht auf Art. 4 Abs. 3 sowie Art. 16 der BöZ-RL und der Ermächtigung in § 37 Abs. 3 iVm § 32 Abs. 1 Nr. 1 BörsG. Die Vorschrift soll für den seltenen Fall der Zulassung von Aktien vertretenden Zertifikaten sicherstellen, dass der Inhaber dieser Zertifikate im Hinblick auf den Börsenhandel dieser Zertifikate nicht schlechter steht, als Aktionäre.[2]

---

2 *Schwark*, NJW 1987, 2041, 2044; *Schäfer/Hamann*, § 36 BörsG Rn 15.
3 *Groß*, Kapitalmarktrecht, §§ 1–12 BörsZulV Rn 12; vgl auch *Lutter*, AG 2000, 342 ff; *Trapp/Schick*, AG 2001, 381 ff. Werden die Aktien erst später zugelassen, so muss sich der Emittent gegenüber der Zulassungsstelle verpflichten, die Zulassung der Aktien auf Grund eines Prospekts so rechtzeitig vor dem ersten Wandel- oder Optionstermin zu beantragen, dass den Anlegern zugelassene Aktien zur Verfügung gestellt werden können, die nach ihrer Ausgabe für lieferbar erklärt werden, vgl *Gericke*, Handbuch für die Börsenzulassung von Wertpapieren, 1992, S. 77.
4 *Hüffer*, § 198 AktG Rn 2, § 199 AktG Rn 5; ungenau: *Groß*, Kapitalmarktrecht, §§ 1–12 BörsZulV Rn 12, der von einer "Zulassung des bedingten Kapitals" spricht; anders *ders.*, §§ 45–47 BörsZulV Rn 5.
5 *Groß*, Kapitalmarktrecht, §§ 1–12 BörsZulV Rn 12.
6 RegBegr. BörsZulV, BR-Drucks. 72/87, S. 74.
1 (2004/39/EG) – Art. 9 FinanzmarktRL-UmsetzungsG, BGBl. I 2007, 1330.
2 *Schäfer/Hamann*, § 36 BörsG Rn 15. An die Stelle der Ausgabe von Einzelzertifikaten ist in der Praxis seit 1970 (Gründung der Deutscher Auslandskassenverein AG) die Verwendung von Globalurkunden getreten.

Zweiter Abschnitt
(aufgehoben)

§§ 13 bis 47   (aufgehoben)

Dritter Abschnitt
Zulassungsverfahren

§ 48   Zulassungsantrag

(1) ¹Der Zulassungsantrag ist schriftlich zu stellen. ²Er muß Firma und Sitz der Antragsteller, Art und Betrag der zuzulassenden Wertpapiere angeben. ³Ferner ist anzugeben, ob ein gleichartiger Antrag zuvor oder gleichzeitig an einer anderen inländischen Börse oder in einem anderen Mitgliedstaat der Europäischen Union oder in einem anderen Vertragsstaat des Abkommens über den Europäischen Wirtschaftsraum gestellt worden ist oder alsbald gestellt werden wird.

(2) ¹Dem Antrag sind ein Entwurf des Prospekts oder ein gebilligter Prospekt und die zur Prüfung der Zulassungsvoraussetzungen erforderlichen Nachweise beizufügen. ²Der Geschäftsführung sind auf Verlangen insbesondere vorzulegen
1. ein beglaubigter Auszug aus dem Handelsregister nach neuestem Stand;
2. die Satzung oder der Gesellschaftsvertrag in der neuesten Fassung;
3. die Genehmigungsurkunden, wenn die Gründung des Emittenten, die Ausübung seiner Geschäftstätigkeit oder die Ausgabe der Wertpapiere einer staatlichen Genehmigung bedarf;
4. die Jahresabschlüsse und die Lageberichte für die drei Geschäftsjahre, die dem Antrag vorausgegangen sind, einschließlich der Bestätigungsvermerke der Abschlußprüfer;
5. ein Nachweis über die Rechtsgrundlage der Wertpapierausgabe;
6. im Falle ausgedruckter Einzelurkunden ein Musterstück jeden Nennwertes der zuzulassenden Wertpapiere (Mantel und Bogen);
7. im Falle einer Sammelverbriefung der zuzulassenden Wertpapiere die Erklärung des Emittenten, daß
    a) die Sammelurkunde bei einer Wertpapiersammelbank (§ 1 Abs. 3 des Depotgesetzes) hinterlegt ist und bei einer Auflösung der Sammelurkunde die Einzelurkunden gemäß Nummer 6 vorgelegt werden und
    b) er auf Anforderung der Geschäftsführung die Sammelurkunde auflösen wird, wenn er gegenüber den Inhabern der in der Sammelurkunde verbrieften Rechte verpflichtet ist, auf Verlangen einzelne Wertpapiere auszugeben;
8. im Falle des § 3 Abs. 2 die Berichte über die Gründung und deren Prüfung (§ 32 Abs. 1, § 34 Abs. 2 des Aktiengesetzes).

Im Rahmen der Umsetzung der Prospektrichtlinie (2003/71/EG) wurde der Hinweis auf die Möglichkeit der Beifügung eines gebilligten Prospektes in Abs. 2 S. 1 eingefügt. Das offizielle Zulassungsverfahren wird mit dem vom Emittenten und den die Prospektverantwortung übernehmenden Emissionsbegleitern unterschriebenen Zulassungsantrag eingeleitet; der konsortialführende Emissionsbegleiter wird im Regelfall im Konsortialvertrag oder Invitation Telex von den anderen Emissionsbegleitern bevollmächtigt, den Zulassungsantrag auch in ihrem Namen zu stellen,[1] so dass er insoweit allein mit Wirkung/in Vertretung auch für alle anderen Emissionsbegleiter den Zulassungsantrag unterzeichnen kann.

Der Inhalt des Zulassungsantrags ist in Abs. 1 S. 2 und 3 geregelt. Die Änderung in Abs. 1 S. 2 durch das Gesetz über elektronische Handelsregister und Genossenschaftsregister sowie das Unternehmensregister dient der Umstellung auf den elektronischen Bundesanzeiger. Im Gegensatz zu den Druckausgaben der Börsenpflichtblätter ist die Internetseite des elektronischen Bundesanzeigers einem weiteren Personenkreis zugänglich.

Die in § 48 betroffenen Informationen sind keine „vorgeschriebenen Informationen" im Sinne der EU-Transparenzrichtlinie, so dass keine Regelung für zusätzliche Verbreitungspflichten erforderlich ist. Eine zusätzliche und freiwillige Bekanntmachung in Papiermedien bleibt den betroffenen Gesellschaften aber unbenommen.[2] Bei den in Abs. 2 im Einzelnen aufgeführten Unterlagen handelt es sich um diejenigen, die für

---

[1] Muster bei *Groß*, in: Bosch/Groß, Emissionsgeschäft, Rn 10/333 a.
[2] BT-Drucks. 16/960, S. 64.

die Geschäftsführung bei der Beurteilung der Zulassung wesentlich sind. Die Geschäftsführung kann ggf die Vorlage weiterer Unterlagen verlangen, soweit sie dies insbesondere für die Prüfung der Prospektangaben für erforderlich hält.

§ 48 a Veröffentlichung eines Basisprospekts

[1]Schuldverschreibungen, die gleichzeitig mit ihrer öffentlichen ersten Ausgabe zugelassen werden sollen und für die ein nach dem Wertpapierprospektgesetz gültiger Basisprospekt vorliegt, kann die Geschäftsführung zulassen, wenn die endgültigen Bedingungen des Angebots erst kurz vor der Ausgabe festgesetzt werden und der Basisprospekt innerhalb von zwölf Monaten vor der Zulassung der Schuldverschreibungen veröffentlicht worden ist und darüber Auskunft gibt, wie diese Angaben in den Prospekt aufgenommen werden. [2]Die endgültigen Bedingungen müssen vor der Einführung der Schuldverschreibungen nach § 6 Abs. 3 des Wertpapierprospektgesetzes veröffentlicht werden.

1 Die Vorschrift des § 48 a wurde im Rahmen der Umsetzung der Prospektrichtlinie (2003/71/EG) in nationales Recht neu eingefügt. Die Vorschrift erlaubt für Schuldverschreibungen, für die ein Basisprospekt nach den Vorschriften des Wertpapierverkaufsprospektes (WpPG) vorliegt, eine Zulassung selbst dann, wenn die endgültigen Bedingungen des Angebots erst kurz vor der Ausgabe festgesetzt werden und der Basisprospekt innerhalb von zwölf Monaten vor der Zulassung der Schuldverschreibungen veröffentlicht worden ist und darüber Auskunft gibt, wie diese Angaben in den Prospekt aufgenommen werden. Damit wird eine – früher komplizierter umgesetzte – Marktpraxis festgeschrieben, nach der die endgültige Preisbestimmung der Anleihen erst kurz vor der Einführung der Schuldverschreibungen, jedoch nach Veröffentlichung des Prospektes erfolgte. Während früher aufgrund der zeitlich vorgelagerten Prospektveröffentlichung in der Praxis technisch eine Änderung des Prospektes zur Einfügung der sich aus dem Angebotsverfahren ergebenden Daten notwendig war, handelt es sich nunmehr technisch um eine entsprechende Prospektergänzung, wobei der erstveröffentlichte Prospekt nicht mehr als an sich vollständiger Prospekt angesehen wird, sondern als – aus der US-amerikanischen Praxis als „red herring" bekannter – Basisprospekt. Damit werden die im Wertpapiergesetz neu geregelten Prospektvorschriften von der Zulassung entkoppelt und verfahrensmäßig praxisnah integriert.

§ 49 (aufgehoben)

§ 50 Zeitpunkt der Zulassung

Die Zulassung darf frühestens an dem auf das Datum der Einreichung des Zulassungsantrags bei der Geschäftsführung folgenden Handelstag erfolgen.

1 § 50 dient der Unterrichtung des Publikums. Dem Publikum wird durch die Dreitagesfrist in § 50 eine gewisse Zeit zur Information gewährt.[1] Die mit dem Finanzmarktrichtlinieumsetzungsgesetz vom 16.7.2007 geschaffene Neufassung enthält eine kürzere Mindestfrist zur Zulassung von Wertpapieren zum regulierten Markt. Eine Zulassung ist zu dem auf die Einreichung des Zulassungsantrages folgenden Handelstag möglich.[2]

§ 51 Veröffentlichung der Zulassung

Die Zulassung wird von der Geschäftsführung auf Kosten der Antragsteller im Bundesanzeiger veröffentlicht.

1 Die Veröffentlichung der Zulassung selbst dient, wie die des Prospekts allgemein, der Unterrichtung des Publikums. Die Zulassung als solche ist auch in einem ansonsten englischsprachigen Prospekt in deutscher Sprache wiederzugeben.[1] Auch wenn der Emittent nach den Vorschriften des Wertpapierprospektgesetzes (WpPG) von der Verpflichtung zur Veröffentlichung eines Prospekts befreit ist, wird der Zulassungsbe-

---

1 RegBegr. BörsZulV, BR-Drucks. 72/87, 67, 87.
2 BT-Drucks. 16/4028, S. 101, Art. 9 FinanzmarktRL-UmsetzungsG, BGBl. I 2007 S. 1330.

1 *Schwark/Zimmer*, KMKR, § 51 Rn 1.

schluss entgegen der früheren Regelung (Veröffentlichung nach § 51 nur, soweit der Emittent von der Veröffentlichung eines Prospektes befreit war) gemäß § 51 im BAnZ, in dem der Zulassungsantrag veröffentlicht worden ist, sowie durch Börsenbekanntmachung veröffentlicht.

§ 52 Einführung

Die Einführung der Wertpapiere darf frühestens an dem auf die erste Veröffentlichung des Prospekts oder, wenn kein Prospekt zu veröffentlichen ist, an dem der Veröffentlichung der Zulassung folgenden Werktag erfolgen.

§ 52 Abs. 2 aF beruhte auf Art. 23 der BP-RL und wurde im Rahmen der Umsetzung der Prospektrichtlinie (2003/71/EG) durch die Konzentration der prospektrelevanten Vorschriften im Wertpapierprospektgesetz (WpPG) aufgehoben. Maßgeblich für die Einführung der Wertpapiere sind die Bestimmungen der jeweiligen Börsenordnungen, der Börsen, an denen die Zulassung beantragt wurde (vgl zB § 56 f BörsO FWB).[1] Die Einführung, dh nach der Legaldefinition des § 38 Abs. 1 S. 1 BörsG die Aufnahme der Notierung im regulierten Markt, setzt den Antrag eines an der jeweiligen Börse zugelassenen Kreditinstituts voraus. Der Antrag kann auch bereits vor der eigentlichen Zulassung gestellt werden; im Zeitpunkt der Einführung als solcher wird die Zulassung der Wertpapiere jedoch vorausgesetzt.

1

Zweites Kapitel
Pflichten des Emittenten zugelassener Wertpapiere
Erster Abschnitt
(aufgehoben)

§§ 53 bis 62 (aufgehoben)

Zweiter Abschnitt
Sonstige Pflichten

§§ 63 bis 68 (aufgehoben)

§ 69 Zulassung später ausgegebener Aktien

(1) ¹Der Emittent zugelassener Aktien ist verpflichtet, für später öffentlich ausgegebene Aktien derselben Gattung wie der bereits zugelassenen die Zulassung zum regulierten Markt zu beantragen, wenn ihre Zulassung einen Antrag voraussetzt. ²§ 7 Abs. 1 Satz 2 und 3 bleibt unberührt.

(2) ¹Der Antrag nach Absatz 1 ist spätestens ein Jahr nach der Ausgabe der zuzulassenden Aktien oder, falls sie zu diesem Zeitpunkt nicht frei handelbar sind, zum Zeitpunkt ihrer freien Handelbarkeit zu stellen. ²Findet vor der Einführung der Aktien ein Handel von Bezugsrechten im regulierten Markt statt und ist ein Prospekt gemäß dem Wertpapierprospektgesetz zu veröffentlichen, so ist der Antrag auf Zulassung unter Beachtung der in § 14 Abs. 1 des Wertpapierprospektgesetzes für die Prospektveröffentlichung bestimmten Fristen zu stellen.

§ 69 Abs. 1 und Abs. 2 S. 1 beruhen auf Schema C Nr. 1 der BöZ-RL und der Ermächtigung in § 39 Abs. 2 BörsG. § 69 konkretisiert die Zulassungspflicht für später ausgegebene Aktien nach § 39 Abs. 1 Nr. 4 BörsG. Die Vorschrift dient dem ordnungsgemäßen Börsenhandel, insb. einer einheitlichen Kursbildung, die durch eine möglichst große Marktbreite erreicht werden soll.[1] Aus diesem Grund ist gemäß **§ 69 Abs. 1 S. 1** in der Regel für alle später ausgegebenen Aktien derselben Gattung ebenfalls die Zulassung zu beantragen, wenn die Zulassung einen Antrag voraussetzt. Zu den nach **§ 69 Abs. 1 S. 2** möglichen Beschränkungen der Zulassung nach § 7 Abs. 1 S. 2 und 3 vgl die Kommentierung zu § 7. Nach **§ 69 Abs. 2** ist der Zulassungsantrag für die neuen Aktien spätestens ein Jahr nach ihrer Ausgabe zu stellen. § 69 Abs. 2 S. 2 wur-

1

---

1 Börsenordnung für die Frankfurter Wertpapierbörse vom 16.12.1994, amtl. Kursblatt der Frankfurter Wertpapierbörse vom 9.1.1995, Nr. 006, mit nachfolgenden Änderungen abgedr. in: FWB Regelwerk, Loseblattslg., Nr. 1.

1 *Groß*, Kapitalmarktrecht, §§ 53–70 BörsZulV Rn 15.

de zuletzt redaktionell geändert durch das Gesetz zur Umsetzung der Richtlinie über Märkte für Finanzinstrumente und der Durchführungsrichtlinie der Kommission.[2]

§ 70 (aufgehoben)

Drittes Kapitel
Schlussvorschriften

§ 71 (aufgehoben)

§ 72 Allgemeine Bestimmungen über Jahresabschlüsse

(1) [1]Jahresabschlüsse im Sinne dieser Verordnung sind:
1. der Jahresabschluss nach § 242 Abs. 3 des Handelsgesetzbuchs,
2. der Einzelabschluss nach § 325 Abs. 2 a des Handelsgesetzbuchs,
3. der Konzernabschluss nach dem Zweiten Unterabschnitt des Zweiten Abschnitts des Dritten Buchs des Handelsgesetzbuchs oder nach dem Zweiten Abschnitt des Publizitätsgesetzes,
4. Abschlüsse nach anderen Vorschriften, sofern darin auf eine der vorgenannten Bestimmungen verwiesen wird, und
5. Abschlüsse nach ausländischem Recht, sofern sie ihrer Art nach einem Abschluss nach den Nummern 1 bis 4 entsprechen.

[2]Die Bestimmungen dieser Verordnung betreffend ausländische Emittenten bleiben unberührt.

(2) [1]Soweit der Emittent nach dieser Verordnung einen Einzelabschluss in den Prospekt aufzunehmen oder anderweitig offen zu legen hat, kann nach seiner Wahl ein Abschluss nach Absatz 1 Satz 1 Nr. 2 an die Stelle eines solchen nach Absatz 1 Satz 1 Nr. 1 oder nach Absatz 1 Satz 1 Nr. 4 in Verbindung mit Nr. 1 treten. [2]Entsprechendes gilt für die Zusammenfassung eines Einzelabschlusses und für den Bestätigungsvermerk dazu.

1   § 72 wurde durch das Bilanzrechtsreformgesetz (BilReG)[1] in die Börsenzulassungsverordnung eingefügt und enthält in seinem Abs. 1 eine Aufzählung von als Jahresabschlüssen zu qualifizierenden Unternehmensabschlüssen (auch: Einzelabschluss nach internationalen Rechnungslegungsstandards, Abs. 1 S. 1 Nr. 2) nach dem Handelsgesetzbuch und dem Publizitätsgesetz. Abweichend von der handelsrechtlichen Terminologie wird dabei der Begriff des Jahresabschlusses durchweg als Oberbegriff für den Einzel- und den Konzernabschluss verwendet. Auch Abschlüsse nach ausländischem Recht zählen hierzu, soweit sie nach ihrer Art einem Abschluss nach den Nr. 1 bis 4 entsprechen (inhaltliche Gleichwertigkeit). Die Vorschrift dient insbesondere der Klarstellung des Sprachgebrauchs der Verordnung. Abs. 2 regelt ein Wahlrecht des Emittenten, der zur Erfüllung seiner Offenlegungspflichten statt auf den handelsrechtlichen Jahresabschluss auf einen Einzelabschluss nach § 325 Abs. 2 a HGB zurückgreifen kann. Das Wahlrecht ergibt sich aus der Konzeption des IAS-Einzelabschlusses, die besonders auf die Informationsbedürfnisse von Kapitalanlegern abgestellt ist. Die insoweit maßgebliche Vorschrift des § 26 Nr. 3 wurde jedoch im Rahmen der Umsetzung der Prospektrichtlinie (2003/71/EG) und die damit verbundene Einführung des Wertpapierprospektgesetzes (WpPG) aufgehoben.

§ 72 a Übergangsvorschrift

(1) Für Schuldverschreibungen, für die ein Prospekt nach § 44 dieser Verordnung vor dem 1. Juli 2005 veröffentlicht worden ist, findet diese Verordnung in der vor dem 1. Juli 2005 geltenden Fassung weiterhin Anwendung.

(2) (aufgehoben)

(3) [1]Sind Aktien eines Emittenten vor dem 1. November 2007 zum geregelten Markt zugelassen worden, so ist für vor diesem Tag ausgegebene Aktien, die noch nicht zugelassen sind, der Antrag auf Zulassung nach

---

2   (2004/39/EG) – Art. 9 FinanzmarktRL-UmsetzungsG, BGBl. I 2007, 1330.
1   BGBl. I 2004 S. 3166.

§ 69 Abs. 1 zum regulierten Markt spätestens bis zum 31. Oktober 2009 zu stellen. ²§ 69 Abs. 1 Satz 2 bleibt unberührt.

§ 72 a wurde im Rahmen der Umsetzung der Prospektrichtlinie (2003/71/EG) in nationales Recht eingefügt und enthält eine Übergangsvorschrift, die die Weitergeltung des aufgehobenen § 44 für Schuldverschreibungen anordnet, für die ein Prospekt vor dem 1.7.2005 veröffentlicht worden ist. Abs. 2 wurde durch Gesetz vom 22.12.2011 (BGBl. I S. 3044) wegen Zeitablaufs aufgehoben.

§ 73 (Inkrafttreten)

Deutscher Corporate Governance Kodex

(in der Fassung vom 13.5.2013) vom 10.6.2013 (BAnz AT 10.6.2013 B3)[1]

Kommentierung der Empfehlungen

Literatur:[1]
Abram, Ansprüche von Anlegern wegen Verstoßes gegen Publizitätspflichten oder den Deutschen Corporate Governance Kodex?, NZG 2003, 307; *Ackermann/Suchan*, Repricing von Stock Options – aktienrechtliche Zulässigkeit und bilanzielle Behandlung, BB 2002, 1497, 1500; *Altmeppen*, Der Prüfungsausschuss – Arbeitsteilung im Aufsichtsrat, ZGR 2004, 390; *Arbeitskreis Externe Unternehmensrechnung der Schmalenbach-Gesellschaft für Betriebswirtschaft*, Enforcement der Rechnungslegung, DB 2002, 2173; *ders.*, Projekte, Projektorganisation und Projektüberwachung, DB 2002, 281; *Bachmann*, Der „Deutsche Corporate Governance Kodex": Rechtswirkungen und Haftungsrisiken, WM 2002, 2137; *Bassen*, Einflussnahme institutioneller Anleger auf Corporate Governance und Unternehmensführung, ZBB 2002, 430; *ders./Böcking/Loistl/Strenger*, Die Analyse von Unternehmen mit der „Scorecard for German Corporate Governance", FB 2000, 693; *ders./Kleinschmidt/Zöllner*, Corporate Governance Quality Study 2004, FB 2004, 527; *Bauer/Arnold*, Sind Abfindungs-Caps in Vorstandsverträgen wirklich zu empfehlen? – Zur Überarbeitung des Deutschen Corporate Governance Kodex, BB 2008, 1692; *Baums (Hrsg)*, Bericht der Regierungskommission Corporate Governance, 2001; *Berg/Stöcker*, Anwendungs- und Haftungsfragen zum Deutschen Corporate Governance Kodex, WM 2002, 1569; *Bernhardt*, BB-Forum: Notenkonferenz für Aufsichtsräte, BB 2004, 457; *ders.*, Sechs Jahre Deutscher Corporate Governance Kodex – Eine Erfolgsgeschichte?, BB 2008, 1686; *ders./v. Werder*, Der German Code of Corporate Governance (GCCG): Konzeption und Kernaussagen, ZfB 2000, 1269; *Berrar*, Die zustimmungspflichtigen Geschäfte nach § 111 Abs. 4 AktG im Lichte der Corporate Governance-Diskussion, DB 2001, 2181; *Block*, Neue Regelungen zur Corporate Governance gemäß Sarbanes-Oxley Act, BKR 2003, 774; *Böckli*, Konvergenz: Annäherung des monistischen und des dualistischen Führungs- und Aufsichtssystems, in: Hommelhoff/Hopt/v. Werder (Hrsg) Handbuch Corporate Governance, 2009, 255; *Böhme/v. Werder*, Corporate Governance Report 2011, DB 2011, 1285 (Teil I), DB 2011, 1345 (Teil II); *dies./Pissarczyk*, Größere Kodexskepsis in General Standard?, AG 2011, 492; *Bosse/Malchow*, Unterstützung und Kostentragung für die Aus- und Fortbildung von Aufsichtsratsmitgliedern – Der Kodex bezieht Stellung, NZG 2010, 972; *Bredol/Schäfer*, Für die Abschaffung des Corporate Governance Berichts gem. Nr. 3.10 DCGK, NZG 2013, 568; *Breuer*, Corporate Governance – der Verantwortung verpflichtet, Die Bank 2001, 544; *Bürkle*, Corporate Compliance als Standard guter Unternehmensführung des Deutschen Corporate Governance Kodex, BB 2007, 1797; *Bundesverband deutscher Banken eV*, Anmerkungen zum Abschlussbericht der Regierungskommission „Corporate Governance: Unternehmensführung – Unternehmenskontrolle – Modernisierung des Aktienrechts", WM 2001, 1737; *Claussen/Bröcker*, Der Corporate Governance-Kodex aus der Perspektive der kleinen und mittleren Börsen-AG, DB 2002, 1199; *dies.*, Corporate Governance-Grundsätze in Deutschland, AG 2000, 481; *Cromme*, Die Bedeutung des Deutschen Corporate Governance Kodex für die Praxis, Kreditwesen 2002, 502; *Diekmann/Fleischmann*, Umgang mit Interessenkonflikten in Aufsichtsrat und Vorstand der Aktiengesellschaft; AG 2013, 141; *Donald*, Die Entwicklung der US-amerikanischen Corporate Governance nach Enron, WM 2003, 705; *Dörner*, Der Aufsichtsratsvorsitzende im Lichte verschärfter Corporate Governance-Vorschriften, in: Festschrift für Röhricht (Crezelius/Hirte/Vieweg, Hrsg), 2005, S. 809; *Dreher/Görner*, Der angemessene Selbstbehalt in der D&O-Versicherung, ZIP 2003, 2321; *Druey*, Corporate Governance – Einige allgemeine Überlegungen, GesRZ 2002, 32; *Ehrhardt/Nowak*, Die Durchsetzung von Corporate Governance-Regeln, AG 2002, 336; *Ettinger/Grützediek*, Haftungsrisiken im Zusammenhang mit der Abgabe der Corporate Governance Entsprechungserklärung gem. § 161 AktG, AG 2003, 353; *Fischer*, Informationsrechte des Verwaltungsrats und Vertraulichkeitsgebot bei Sparkassen, ZIP 2004, 2169; *Fleischer*, Vorstandsverantwortlichkeit und Fehlverhalten von Unternehmensangehörigen, AG 2003, 291; *ders.*, Aktienrechtliche Legalitätspflicht und „nützliche" Pflichtverletzung von Vorstandsmitgliedern, ZIP 2005, 141; *ders.*, Wettbewerbs- und Betätigungsverbote für Vorstandsmitglieder im Aktienrecht, AG 2005, 336; *ders.*, Das Vorstandsvergütungs-Offenlegungsgesetz, DB 2005, 1611; *Gehling*, Erfolgsorientierte Vergütung des Aufsichtsrats, ZIP 2005, 549; *Gelhausen*, Folgen der Änderung des Deutschen Corporate Governance Kodex für die Entsprechenserklärung, AG 2003, 369; *ders./Hönsch*, Deutscher Corporate Governance Kodex und Abschlussprüfung, AG 2002, 529; *Grigoleit/Nippa/Steger*, Ökonomische Konsequenzen der Mitgliedschaft ehemaliger Vorstandsmitglieder im Aufsichtsrat: eine empirische Analyse, zfbf 2011, 578; *Gruson*, Der Sarbanes-Oxley Act, Corporate Governance und das deutsche Aktienrecht (Teil I), AG 2003, 337; *Götz*, Rechte und Pflichten des Aufsichtsrats nach dem Transparenz- und Publizitätsgesetz, NZG 2002, 599; *Habersack*, Verhandlungen des 69. Deutschen Juristentages, Band I: Gutachten Teil E: Staatliche und halbstaatliche Eingriffe in die Unternehmensführung, 2012; *Hasselbach/Jakobs*, Die Unabhängigkeit von Aufsichtsratsmitgliedern, BB 2013, 643; *Hauschka*, Corporate Compliance – Unternehmensorganisatorische Ansätze zur Erfüllung der Pflichten von Vorständen und Geschäftsführern, AG 2004, 461; *Hawreliuk/Strauss-Wieczorek*, Kodex und Arbeitnehmerbank, Mitbestimmung 2002, 20; *Hecker*, Die aktuellen Änderungen des Deutschen Corporate Governance Kodex im Überblick, BB 2009, 1665; *ders./Peters*, BB-Report zu den Änderungen des DCGK im Jahr 2012, BB 2012, 2639; *v. Hein*, Der Abschluss eines Scheingeschäfts durch einen Gesamtvertreter: Zurechnungsprobleme zwischen Corporate Governance und allgemeiner Rechtsgeschäftslehre, ZIP 2005, 191; *Heintzen*, Der Deutsche Corporate Governance Kodex aus der Sicht des deutschen Verfassungsrechts, ZIP 2004, 1933; *Hirte (Hrsg)*, Das Transparenz- und Publizitätsgesetz, 2003; *Hopt*, Unternehmensführung, Unternehmenskontrolle, Modernisierung des Aktienrechts, ZHR 2002, 27; *ders.*, Europäisches Gesellschaftsrecht und deutsche Unternehmensverfassung – Aktionsplan und Interdependenzen, ZIP 2005, 461; *ders.*, Corporate Governance in Europa: Neue Regelungsaufgaben und Soft Law, GesRZ 2002, 4; *v. Hulle/Lanfermann*, Mitteilung der Europäischen Kommission zur Stärkung der Abschlussprüfung, BB 2003, 1323; *Hütten*, Unternehmenseigener Corporate Governance-Kodex, BB 2002, 1740; *ders./Stromann*, Umsetzung des Sarbanes-Oxley Act in der Unternehmenspra-

---

1 Abrufbar unter <www.bundesanzeiger.de>.
1 Enthält auch nicht zitierte Quellen insb. zu den hier nicht behandelten Gesetzesumschreibungen und Anregungen.

xis, BB 2003, 2223; *Ihrig/Meder*, Die Zuständigkeitsordnung bei Benenndung der Ziele für die Zusammensetzung des Aufsichtsrats gem. Ziff 5.4.1 DCGK n.F. in mitbestimmten Gesellschaften, ZIP 2010, 1577; *Käpplinger*, Inhaltskontrolle von Aktienoptionsplänen, 2003; *ders.*, Kommentierung des Deutschen Corporate Governance Kodex in: Geßler, Aktiengesetz-Kommentar, Anhang 8 a, 2008; *Keitel*, Zum Thema „Corporate Governance", Der German Code of Corporate Governance, Der Aktionärsreport 2000, 6; *Kersting*, Das Audit Committee nach dem Sarbanes-Oxley-Gesetz – Ausnahmeregelungen für ausländische Emittenten, ZIP 2003, 2010; *Kessler*, Die Genossenschaftsreform im Lichte der Corporate-Governance-Debatte, BB 2005, 277; *Kiethe*, Höchstgrenzen für Vorstandsbezüge im Maßnahmenkatalog der Bundesregierung zur Aktienrechtsreform 2003 – verfassungswidrig und standortgefährdend, BB 2003, 1573; *ders.*, Das Recht des Aktionärs auf Auskunft über riskante Geschäfte (Risikovorsorge), NZG 2003, 401; *ders.*, Der befangene Abschlussprüfer – Schadensersatz bei Interessenkollision?, NZG 2003, 937; *Kirschbaum*, Deutscher Corporate Governance Kodex überarbeitet, DB 2005, 1473; *ders./Wittmann*, Zur Auswirkung des Deutschen Corporate Governance Kodex auf Unternehmen und Kapitalmarkt, AG 2005, R 174; *dies.*, Zum Wechsel vom Vorstand in den Aufsichtsrat, Der Aufsichtsrat 09/2005, 3; *dies.*, Selbstregulierung im Gesellschaftsrecht: Der Deutsche Corporate Governance Kodex, JuS 2005, 1062; *Kirsten*, Deutscher Corporate Governance Kodex: Die rechtmäßige Besetzung von Aufsichtsratsausschüssen am Beispiel des Prüfungsausschusses, BB 2004, 173; *Klein*, Die Änderungen des Deutschen Corporate Governance Kodex 2012 aus Sicht der Unternehmenspraxis, AG 2012, 805; *ders.*, Die Änderungen des Deutschen Corporate Governance Kodex 2013 aus Sicht der Unternehmenspraxis, AG 2013, 733; *Kliebisch*, Neuregelungen des Deutschen Corporate Governance Kodex, DZWIR 2012, 444; *Kocher*, Die Diversity-Empfehlung des neuen Corporate-Governance-Kodex, BB 2010, 263; *ders./Lönner*, Erhöhte Diversity-Anforderungen des Corporate Governance Kodex 2010, CCZ 2010, 183; *Kollmann*, Aktuelle Corporate Governance-Diskussion in Deutschland, WM Sonderbeil. Nr. 1/2003, 3; *Kort*, Corporate Governance Fragen der Größe und Zusammensetzung des Aufsichtsrats bei der AG, GmbH und SE, AG 2008, 138; *Köstler*, Grundsätze der Unternehmensführung und -kontrolle in der Diskussion, Mitbestimmung 2000, 34; *Kramarsch/Siepmann*, Gehaltsobergrenzen und Veröffentlichungstransparenz im DCGK, Der Aufsichtsrat 2013, 54; *Kremer/v. Werder*, Unabhängigkeit von Aufsichtsratsmitgliedern: Konzept, Kriterien und Kandidateninformationen; *Lange*, D&O-Versicherung – Innenhaftung und Selbstbehalt, DB 2003, 1833; *ders.*, Der Wechsel vom Vorstand in den Aufsichtsrat, NZG 2004, 265; *Leyens*, Erklärung zum Corporate Governance Kodex, in: Hopt/Herbert/Wiedemann (Hrsg), Großkommentar zum AktG, 4. Auflage 2012; *Liebers/Hoefs*, Anerkennungs- und Abfindungszahlungen an ausscheidende Vorstandsmitglieder, ZIP 2004, 97; *Lieder*, Das unabhängige Aufsichtsratsmitglied, NZG 2005, 569; *Lutter*, Der deutsche Corporate-Governance-Kodex, GesRZ 2002, 19; *ders.*, Die Erklärung zum Corporate Governance Kodex gem. § 161 AktG – Pflichtverstöße und Binnenhaftung von Vorstands- und Aufsichtsratsmitgliedern, ZHR 2002, 523; *ders./Kirschbaum*, Zum Wettbewerber im Aufsichtsrat, ZIP 2005, 103; *Marsch-Barner/Schäfer* (Hrsg), Handbuch der börsennotierten AG, 2. Auflage 2009; *Maser/Göttle*, Rechtlicher Rahmen für die Vergütung des Aufsichtsrats, NZG 2013, 201; *Maul*, Vorschläge der Expertengruppe zur Reform des EU-Gesellschaftsrechts, DB 2003, 27; *dies./Eggenhofer*, Aktionsplan der Europäischen Kommission zur Reform des Europäischen Gesellschaftsrechts, BB 2003, 1289; *dies./Lanfermann*, Europäische Corporate Governance – Stand der Entwicklungen, BB 2004, 1861; *dies.*, Auswirkungen des Sarbanes-Oxley Acts in Deutschland, DB 2002, 1725; *dies.*, EU-Kommission nimmt Empfehlungen zu Corporate Governance an, DB 2004, 2407; *Meder*, Der Nominierungsausschuss in der AG – Zur Änderung des Deutschen Corporate Governance Kodex 2007, ZIP 2007, 1538; *Meitner*, Ein Jahr „Deutscher Corporate Governance Kodex" aus der Sicht von Finanzanalysten und institutionellen Investoren, FB 2003, 763; *Menke/Porsch*, Verfassungs- und europarechtliche Grenzen eines Gesetzes zur individualisierten Zwangsoffenlegung der Vergütung der Vorstandsmitglieder, BB 2004, 2533; *Merkt*, Zum Verhältnis von Kapitalmarktrecht und Gesellschaftsrecht in der Diskussion um die Corporate Governance, AG 2003, 126; *Mense/Rosenhäger*, Mehr Vielfalt wagen – Zu den jüngsten Änderungen des Deutschen Corporate Governance Kodex, GWR 2010, 311; *Meyer/Ludwig*, Aktienoptionen für Aufsichtsräte ade?, ZIP 2004, 940; *Mock*, Entsprechenserklärungen zum DCGK in Krise und Insolvenz, ZIP 2010, 15; *Mostböck*, Corporate Governance aus der Sicht des Kapitalmarktes, GesRZ 2002, 44; *Mutschler/Mersmann*, Verfahrensmäßige Anforderungen an ordnungsgemäße Vorstandsentscheidungen im M&A-Bereich, DB 2003, 79; *Mutter*, Zur Anpassung der Vergütung von Aufsichtsräten an den Deutschen Corporate Governance Kodex, ZIP 2002, 1230; *ders.* Überlegungen zur Justiziabilität von Entsprechenserklärungen nach § 161 AktG, ZGR 2009, 788; *ders.*, Unterstützung der weiteren Aus- und Fortbildung von Aufsichtsratsmitgliedern, AG 2010, R 411; *ders.*, Wie der DCGK Vorstände und Aufsichtsräte ins aktienrechtliche Abseits führt, AG 2012, R308; *ders.*, Ausbildung von Aufsichtsratsmitgliedern durch die Gesellschaft? AG 2013, R161; *ders.*, Nochmals: Ausbildung von Aufsichtsratsmitgliedern durch die Gesellschaft? AG 2013, R246; *Müller*, Enron – eine Lektion auch für Deutschland?, Mitbestimmung 2002, 28; *Möllers*, Gesellschaftliche Treuepflicht contra arbeitnehmerrechtliche Mitbestimmung, NZG 2003, 697; *Nirk/Ziemons/Binnewies*, Handbuch der AG, 2012; *Noack*, Neuerungen im Recht der Hauptversammlung durch das Transparenz- und Publizitätsgesetz und den Deutschen Corporate Governance Kodex, DB 2002, 620; *ders.*, Hauptversammlung der Aktiengesellschaft und moderne Kommunikationstechnik - aktuelle Bestandsaufnahme und Ausblick, NZG 2003, 241; *Oser/Orth/Wader*, Die Umsetzung des Deutschen Corporate Governance Kodex in der Praxis, DB 2003, 1337; *dies.*, Beachtung der Empfehlung des Deutschen Corporate Governance Kodex, BB 2004, 1121; *Paefgen*, Börsenpreisorientierte Vergütung und Überwachungsaufgabe des Aufsichtsrats, WM 2004, 1169; *Paschos/Goslar*, Unabhängigkeit von Aufsichtsratsmitgliedern nach den neuesten Änderungen des Deutschen Corporate Governance Kodex, NZG 2012, 1361; *Pellens/Hillebrandt*, Vorzugsaktien vor dem Hintergrund der Corporate Governance-Diskussion, AG 2001, 57; *dies./Ulmer*, Umsetzung von Corporate Governance-Richtlinien in der Praxis, BB 2001, 1243; *Peltzer*, Corporate Governance Codices als zusätzliche Pflichtenbestimmung für den Aufsichtsrat, NZG 2002, 10; *ders.*, Deutsche Corporate Governance, 2004; *ders.*, Beratungsverträge der Gesellschaft mit Aufsichtsratsmitgliedern: Ist das gute Corporate Governance?, ZIP 2007, 305; *ders./v. Werder*, Der „German Code of Corporate Governance (GCCG)" des Berliner Initiativkreises, AG 2001, 1; *ders.*, Der Bericht der Corporate Governance Kommission an die Bundesregierung, NZG 2011, 281; *ders.*, Für einen schlankeren Kodex!, NZG 2012, 368; *Peters/Hecker*, BB-Report zu den Änderungen des DCGK im Jahr 2013, BB 2013, 2887; *Pfitzer/Oser/Wader*, Die Entsprechens-Erklärung nach § 161 AktG – Checkliste für Vorstände und Aufsichtsräte zur Einhaltung der Empfehlungen des Deutschen Corporate Governance Kodex, DB 2002, 1120; *dies.*, Die Unabhängigkeitserklärung des Abschlussprüfers gegenüber dem Aufsichtsrat im Sinn des Deutschen Corporate Governance Kodex, DB 2002, 753; *dies.*, Zur Reform des Aktienrechts, der Rechnungslegung und Prüfung durch das TransPuG, DB 2002, 157; *Pohle/v. Werder*, Die Einschätzung der Kernthesen des German Code of Corporate Governance (GCCG) durch die Praxis, DB 2002, 1101; *dies.*, Leitfaden „Best Practice" von Bilanzprüfungsausschüssen (Audit Committees), DB 2005, 237; *Puck*, Corporate Governance aus dem Blickwinkel der Aufsichtsbehörde, GesRZ 2002, 36; *Preußner*, Deutscher Corporate Governance Kodex und Risikomanagement, NZG 2004, 303; *Richter*, Aktienoptionen für den Aufsichtsrat? – Eine kritische Analyse des BGH-Urteils vom 16.2.2004 –, BB 2004, 949; *Rimmelspacher/Kaspar*, Vergütungsbericht: Neue Anforderungen nach dem Deutschen Corporate Governance Kodex; DB 2013, 2785; *Ringleb/Kremer/Lutter/v. Werder (Hrsg)*, Deutscher Corporate Governance Kodex, 4. Aufl. 2010; *dies.*, Die Kodex-Änderungen vom Mai 2010, NZG 2010, 1161; *dies.*, Die Kodex-Änderungen vom Mai 2012, NZG 2012, 1081; *v. Rosen*, Corporate Governance: Eine Bilanz, Die Bank 2001, 283; *ders.* Das System von Vorstand und Aufsichtsrat hat sich bewährt, BOARD 2012, 94.; *Roth*, Möglichkeiten vorstandsunabhängiger Information des Aufsichtsrats, AG 2004, 1; *ders*, Deutscher Corporate Governance Kodex 2012, WM 2012, 1985; *Rubner/Fischer*, Unabhängigkeit des Aufsichtsrats nach Corporate Governance Kodex, NJW-Spezial 2012, 399; *Ruhnke*, Prüfung der Einhaltung des Deutschen Corporate Governance Kodex durch den Abschlussprüfer, AG 2003, 371; *Ruhwedel/Epstein*, Eine empirische Analyse der Strukturen und Prozesse in den Aufsichtsräten deutscher Aktiengesellschaften, BB 2003, 161; *Schiessl*, Deutscher Corporate Governance post Enron, AG 2002, 593; *v. Schenk*, Die laufende Information des Aufsichtsrats einer Aktiengesellschaft durch den Vorstand, NZG 2002, 64; *Schlitt/Smith/Werlen*, Die Going-Public-Grundsätze der Deutschen Börse AG, AG 2002, 478; *Schmoldt*, Corporate Governance und Mitbestimmung, Mitbestimmung 2002, 11; *Schneider*, Kapitalmarktorientierte Corporate Governance-Grundsätze, DB 2000, 2413 ff; *ders.*, Die Revision der OECD Principles of Corporate Governance 2004, AG 2004, 429; *ders.*, Die Teilnahme von Vorstandsmitgliedern an Aufsichtsratssitzungen, ZIP 2002, 873; *ders./Strenger*, Die „Corporate Governance-Grundsätze" der Grundsatzkommission Corporate Governance (German Panel on Corporate Governance), AG 2000, 106; *Schubert/Jacobsen*, Personelle Vielfalt als Element guter Unternehmensführung – die Empfehlung des Corporate Governance Kodex und die Rechtsfolgen ihrer unzureichenden Berücksichtigung, WM 2011, 726; *Schulz*, Die Zielbenennung zur Zusammensetzung des Aufsichtsrats nach dem DCGK 2010, BB 2010, 2390; *Schüppen*, Der Kodex – Chancen für den deutschen Kapitalmarkt!, DB 2002, 1117; *ders.*, To comply or not to comply – that's the question! „Existenzfragen" des Transparenz- und Publizitätsgesetzes im magischen Dreieck kapitalmarktorientierter Unternehmensführung, ZIP 2002, 1269; *Scholderer*, Unabhängigkeit und Interessenkonflikte der Aufsichtsratsmitglieder, NZG 2012, 168; *Schütte*, Humankapital: Kein Thema für externe Berichterstattung und Corporate Governance?, DB 2003, 1793; *Schwintowski*, Gesellschaftliche Anforderungen an Vorstandshaftung und Corporate Governance durch das neue System der kartellrechtlichen Legalausnahme, NZG 2005, 200; *Seibert*, Das „TransPuG", NZG 2002, 608; *ders.* Das VorstAG – Regelungen zur Angemessenheit der Vorstandsvergütung und zum Aufsichtsrat, WM 2009, 1489; *Seibt*, Deutscher Corporate Governance Kodex und Entsprechens-Erklärung (§ 161 AktG-E), AG 2002, 249; *ders.*, Grenzen des übernahmerechtlichen Zurechnungstatbestandes in § 30 Abs. 2 WpÜG (Acting in Concert), ZIP 2004, 1829; *ders.*, Deutscher Corporate Governance Kodex: Antworten auf Zweifelsfragen der Praxis, AG 2003, 465; *ders.*, Effizienzprüfung der Aufsichtsratstätigkeit – Hinweise zur Anwendung von Ziff. 5.6 Deutscher Corporate Governance Kodex, DB 2003, 2107; *Seidel*, Der Deutsche Corporate Governance Kodex – eine private oder eine staatliche Regelung?, ZIP 2004, 285; *Semler*, Deutscher Corporate Governance Kodex – Die Entsprechenserklärung und Fragen der gesellschaftsinternen Umsetzung, NZG 2003, 553; *ders./Stengel*, Interessenkonflikte bei Aufsichtsratsmitgliedern von Aktiengesellschaften am Beispiel von Konflikten bei Übernahme, NZG 2003, 1; *Stephanblome*, Der Unabhängigkeitsbegriff des Deutschen Corporate Governance Kodex, NZG 2013, 445; *Strieder*, Erläuterungen zum Deutschen Corporate Governance Kodex, FB 2004, 13; *ders.*, Anmerkungen zur individualisierten Angabe von Vorstandsbezügen im Anhang des Jahresabschlusses, DB 2005, 957; *ders.*, Erläuterungen zu den aktuellen Änderungen des Deutschen Corporate Governance Kodex, FB 2006, 621; *Sünner*, Effizienz von Unternehmensorganen als Grundsatz der Corporate Governance, AG 2000, 492; *ders.*, Diversity bei den Organen einer Aktiengesellschaft, CCZ 2009, 185; *Theisen*, Der neue Aufsichtsrat – ein Fabelwesen?, Mitbestimmung 2002, 34; *ders.*, Risikomanagement als Herausforderung für die Corporate Governance, BB 2003, 1426; *ders.*, Grundsätze einer ordnungsgemäßen Information des Aufsichtsrats 2002; *Thümmel*, Aufsichtsratshaftung vor neuen Herausforderungen, AG 2004, 83; *Thüsing*, Das Gesetz über die Offenlegung von Vorstandsvergütungen, ZIP 2005, 1389; *ders.*, Das Gesetz zur Angemessenheit der Vorstandsvergütung, AG 2009, 517; *Tielmann*, Durchsetzung ordnungsgemäßer Rechnungslegung, DB 2001, 1625; *Timm*, Corporate Governance und Finanzkrise, ZIP 2010, 2125; *Ulmer*, Eine empirische Analyse der Umsetzung von Corporate Governance-Richtlinien in deutschen Unternehmen; *ders.*, Der Deutsche Corporate Governance Kodex – ein neues Regulierungsinstrument für börsennotierte Aktiengesellschaften, ZHR 2002, 150; *Vetter*, Stock Options für Aufsichtsräte – ein Widerspruch? – Zugleich Anmerkung zu dem Urteil BGH vom 16.2.2004 – II ZR 316/02, AG 2004, 234; *ders.*, Der Deutsche Corporate Governance Kodex – nur ein Testballon für den Gesetzgeber?, ZIP 2004, 1527; *ders.*, Update des Deutschen Corporate Governance Kodex, BB 2005, 1689; *ders.*, Der Deutsche Corporate Governance Kodex nur ein zahnloser Tiger?, NZG 2008, 121; *ders.*, Corporate Governance in der Diskussion, BB Die erste Seite 2012, Nr. 24; *Waclawik*, Modulare Erfolgsvergütung von Vorstandsmitgliedern börsennotierter Aktiengesellschaften, DB 2002, 1461; *Wilsing/von der Linden*, Unabhängigkeit, Interessenkonflikte und Vergütung von Aufsichtsratsmitgliedern – Gedanken zur Kodexnovelle 2012, DStR 2012, 1391; *dies.*, Vorstandsvergütung und ihre Transparenz – Gedanken zur Kodexnovelle 2013, DStR 2013, 1291; *Wiesner*, Neue Brüsseler Impulse für Corporate Governance und Gesellschaft – Zum Endbericht der Hochrangigen Expertengruppe (Winter-Gruppe), BB 2003, 213; *v. Werder*, Der Deutsche Corporate Governance Kodex – Grundlagen und Einzelbestimmungen, DB 2002, 801; *ders./Talaulicar*, Kodex Report 2005, DB 2005, 841; *dies.*, Kodex Report 2006, DB 2006, 849; *dies.*, Kodex Report 2007, DB 2007, 869; *dies.*, Kodex Report 2008, DB 2008, 825; *dies.*, Kodex Report 2009, DB 2009, 689; *dies.*, Kodex Report 2010, DB 2010, 853; *dies./Kolat*, Kodex Report 2004, DB 2004, 1377; *dies.*, Kodex Report 2003, DB 2003, 1857; *v. Werder/Bartz*, Corporate Governance Report 2012, BOARD 2012, 87; *dies.*, Corporate Governance Report 2012 DB 2012, 869; *dies.*, Die aktuellen Änderungen des Deutschen Corporate Governance Kodex, DB 2013, 1401; *Windbichler*, Dienen staatliche Eingriffe guter Unternehmensführung? NJW 2012, 2625; *Werner*, Corporate Governance und kein Ende – Kommt der europäische Superkodex?, BKR 2002, 145; *Wiese*, Verantwortlichkeit des Aufsichtsrats – Aktuelle Entwicklungen im Bereich der Corporate Governance, DB 2000, 1901; *Winter*, Optionspläne als Instrument wertorientierter Managementvergütung, 2000; *Wolf*, Corporate Governance, ZRP 2002, 59; *Zetsche (Hrsg)*, Die Virtuelle Hauptversammlung, 2002.

A. Funktion

1 Corporate Governance-Grundsätze sind Verhaltensmaßstäbe für **Unternehmensleitung** und **Unternehmensüberwachung**.[2] Der Deutsche Corporate Governance Kodex soll einerseits das Deutsche Corporate Governance-System unter Darstellung des über mehrere Gesetze geltenden Gesetzesrechts (vor allem hinsichtlich AktG, HGB und WpHG) insbesondere auch für ausländische Investoren zusammenfassen und zum anderen den Leitungsorganen deutscher Gesellschaften als Handlungsmaxime für gute Unternehmensführung und -kontrolle nach national und international anerkannten Verhaltensstandards dienen.[3]

2 Der Kodex adressiert dabei alle wesentlichen – vor allem internationalen – bei seiner Entstehung identifizierten **Kritikpunkte an der deutschen Unternehmensverfassung**, nämlich

- mangelhafte Ausrichtung auf Aktionärsinteressen,
- die duale Unternehmensverfassung mit Vorstand und Aufsichtsrat,
- mangelnde Transparenz deutscher Unternehmensführung,
- mangelnde Unabhängigkeit deutscher Aufsichtsräte und
- eingeschränkte Unabhängigkeit der Abschlussprüfer.[4]

B. Rechtsnatur

3 Der Kodex enthält als privates[5] Regelwerk („**soft law**") keine über bereits gesetzlich geregelte Vorgaben hinausgehenden verbindlichen Pflichten für Vorstände und Aufsichtsräte börsennotierter Gesellschaften; er ist weder zwingendes, noch dispositives Recht oder Handelsbrauch.[6] Dennoch kann er zur **Auslegung bestehender Normen**[7] herangezogen werden und so mit einer **Erhöhung des Pflichtniveaus** für die Organmitglieder in Einzelfragen durchaus erhebliches rechtliches Gewicht erlangen.[8] Ist die Entsprechenserklärung fehlerhaft, kann dies zur Anfechtung des Beschlusses der Hauptversammlung, va bezüglich der Entlastung von Vorstand und Aufsichtsrat führen.[9] Bei Nichtbefolgung der abgegebenen Entsprechenserklärung kommt eine Pflichtverletzung gem. §§ 93 Abs. 1, 116 S. 1 AktG in Betracht, bei der im Falle der Geltendmachung eines Schadensersatzanspruchs jedoch die Frage der Kausalität eine Hürde darstellt.[10]

C. Grundzüge der Entstehung

4 In den USA wird Corporate Governance als Teilgebiet der Unternehmensführung bereits seit Beginn der 1990er Jahre intensiv erörtert. Über Großbritannien griff die Diskussion dann auch nach Kontinentaleuropa und Deutschland über. Sie beschäftigt sich vor allem mit dem **Führen, Leiten und Kontrollieren der Unternehmung** durch die Spitzenorgane sowie **Share- und Stakeholder**, dh also Anteilseigner einerseits, wie auch solche, die dem Unternehmen als Arbeitnehmer, Lieferanten, Kunden etc. eng verbunden sind. Dahinter steht der **Wettbewerb börsennotierter Unternehmen um Kapital**, insbesondere institutioneller Anleger, die bei der Analyse der wirtschaftlichen und rechtlichen Rahmenbedingungen für Aktienengagements großen Wert auf anhand von Kodizes überprüfbarer Corporate Governance legen.

5 Im Mai 1999 billigte der Ministerrat der OECD die „**OECD Principles of Corporate Governance**",[11] die einen **Mindeststandard** für die rechtliche, institutionelle und ordnungspolitische Unternehmensverfassung darstellten, um Börsen, Kapitalgebern, Unternehmen sowie anderen Parteien, die bei der Entwicklung guter Praktiken der Unternehmensführung eine Rolle spielen, Orientierungshilfen zu bieten und Vorschläge zu unterbreiten.

---

2 *Baums*, Rn 5.
3 Vgl *Cromme*, Ausführungen anlässlich der Pressekonferenz nach Übergabe des Deutschen Corporate Governance Kodex am 26.2.2002 in Berlin (abrufbar unter <www.dcgk.de>). Zu den Kodexfunktionen allgemein auch *Bernhardt/v. Werder*, ZfB 2000, 1269, 1271.
4 *Cromme*, Ausführungen anlässlich der Vorstellung des ersten Entwurfs am 18.12.2001, abrufbar unter <www.dcgk.de>.
5 Zu verfassungsrechtlichen Bedenken: *Wolf*, ZRP 2002, 59 f; *Seidel*, ZIP 2004, 286 ff; dagegen: *Heintzen*, ZIP 2004, 1933 ff; MüKo-AktG/*Goette*, § 161 Rn 29 f; *Habersack*, E 53 f mwN.
6 Zur Rechtsnatur: *Ulmer*, ZHR 166, 150, 159/160; *Berg/Stöcker*, WM 2002, 1569, 1571; *Seibt*, AG 2002, 249, 250; *Schüppen*, ZIP 2002, 1269, 1278; *Claussen/Bröcker*, AG 2002, 1199, 1199; allgemein dazu auch schon *dies.*, AG 2000, 481, 483.
7 Vgl zB §§ 53 a, 93 Abs. 1 S. 1, 111 Abs. 4 S. 2, 116, 131 Abs. 4, 134 Abs. 4 AktG, § 15 WpHG, § 346 HGB, § 33 Abs. 1 S. 2 WpÜG.
8 Vgl *Ulmer*, ZHR 166, 150, 159 f; *Seibt*, AG 2002, 249, 251.
9 Vgl BGHZ 180, 9 = ZIP 2009, 460; BGHZ 182, 272 = BGH ZIP 2009, 2051; *Mutter*, ZGR 2009, 788, 789 ff; *Timm*, ZIP 2010, 2125, 2126. Siehe auch die Kommentierung zu § 161 AktG.
10 MüKo-AktG/*Goette*, § 161 Rn 97 ff, der wegen des außergesetzlichen Charakters des Kodex für Zurückhaltung plädiert. So auch Großkomm-AktienR/*Leyens*, § 161 Rn 519.
11 Abrufbar unter <www.oecd.org>. Nach der Revision von 2004 wird für 2014 eine weitere erwartet.

In Deutschland nahm sich zunächst die **Frankfurter Grundsatzkommission Corporate Governance**[12] der Entwicklung entsprechender Standards an, indem sie im Januar 2000 ihren **Code of Best Practice**[13] vorlegte, der allen börsennotierten Gesellschaften zugeleitet wurde und auf überwiegend positive Resonanz bei den Unternehmen stieß.

Der **Berliner Initiativkreis German Code of Corporate Governance**[14] stellte im Juni 2000 seinen **German Code of Corporate Governance**[15] als einen 40 Seiten umfassenden Elf-Punkte-Katalog mit Handlungsempfehlungen der modernen Managementlehre vor. Dieser setzte sich vor allem mit der **Stellung des Vorstandes** auseinander, wohingegen die Rolle des Aufsichtsrats eher zurückgenommen wurde. Er verfolgte auch insoweit einen anders gelagerten Ansatz als der Code of Best Practice, als er die betriebswirtschaftliche Lehre von der Unternehmensführung und Organisation in den Mittelpunkt seiner Überlegungen stellte.

Am 29.5.2000 hatte der damalige Bundeskanzler Schröder die **Regierungskommission „Corporate Governance – Unternehmensführung – Unternehmenskontrolle – Modernisierung des Aktienrechts"**[16] unter Leitung von Prof. Theodor Baums eingesetzt und beauftragt, sich aufgrund der Erkenntnisse aus dem **Fall Holzmann** mit möglichen **Defiziten des deutschen Systems** der Unternehmensführung und -kontrolle zu befassen und darüber hinaus im Hinblick auf den durch Globalisierung und Internationalisierung der Kapitalmärkte sich vollziehenden **Wandel der Unternehmens- und Marktstrukturen** Vorschläge für eine Modernisierung des rechtlichen Regelwerkes zu unterbreiten.[17] Die Kommission drängte in ihrem 321 Seiten umfassenden Abschlussbericht[18] dazu, den Code of Best Practice der Grundsatzkommission Corporate Governance und den German Code of Corporate Governance des Berliner Initiativkreises zu einem „Combined Code" zusammenzuführen. Das erste Kapitel befasst sich dabei mit der allgemeinen Frage, ob der deutsche Regulierungsansatz des zwingenden Aktienrechts (§ 23 Abs. 5 AktG) durch einen Verhaltenskodex ergänzt werden sollte. Die weiteren Kapitel betreffen die Leitungsorgane, also Vorstand und Aufsichtsrat, die Hauptversammlung, Aktionärsrechte und den Anlegerschutz, die Unternehmensfinanzierung, die Informationstechnologie und Publizität sowie die Rechnungslegung und Abschlussprüfung.

Zudem wurde empfohlen, eine weitere Kommission einzusetzen, die den eigentlichen Kodex erarbeiten solle. Diese **Regierungskommission Deutscher Corporate Governance Kodex**[19] nahm ihre Arbeit am 6.9.2001 unter der Leitung des Aufsichtsratsvorsitzenden der Thyssen Krupp AG, *Gerhard Cromme*, auf. Durch ihre Einsetzung hatte die deutsche Wirtschaft die Möglichkeit, in einem Akt der Selbstorganisation einen Corporate Governance Kodex zu entwickeln. Dieser sollte

- wesentliche gesetzliche Vorschriften zur Unternehmensleitung und -überwachung börsennotierter Gesellschaften zusammenfassen,
- in Form von Empfehlungen international und national anerkannte Verhaltensstandards berücksichtigen und
- den einzelnen Gesellschaften auch Anregungen für eine gute und verantwortungsvolle Unternehmensführung und -überwachung geben.[20]

Die Kommission übergab am 26.2.2002 der Bundesministerin der Justiz den erarbeiteten **Deutschen Corporate Governance Kodex**[21] (DCGK), damals auch „Cromme-Kodex" genannt. Sie wurde als **„standing commission"** weiter geführt. Seitdem verfolgt sie die Entwicklung von Corporate Governance in Gesetzgebung und Praxis und prüft mindestens einmal jährlich, ob der Kodex angepasst werden soll. Seit 2012 werden von der Regierungskommission geplante Kodexänderungen veröffentlicht und eine Konsultation durchgeführt.

---

12 Mitglieder: Prof. Dr. Theodor Baums, Prof. Dr. Dieter Feddersen, Ulrich Hartmann, Robert Köhler, Ulrich Hocker, Prof. Dr. Rolf Nonnenmacher, Prof. Dr. Rüdiger von Rosen, Kim Schindelhauer, Prof. Dr. Uwe H. Schneider und Christian Strenger.

13 Code of Best Practise der Grundsatzkommission Corporate Governance, DB 2000, 238 ff; *Schneider*, DB 2000, 2414; *ders./Strenger*, AG 2000, 106.

14 Mitglieder: Heinrich Augustinus Graf Henckel von Donnersmarck, Prof. Dr. Wolfgang Bernhardt, Dr. Clemens Grosche, Norbert Nelles, Dr. Martin Peltzer, Dr. Klaus Pohle, Dr. Alfons F. Titzrath und Prof. Dr. Axel von Werder, in Abstimmung mit Heinz Dürr und Dr. Ernst F. Schröder.

15 Berliner Initiativkreis, German Code of Corporate Governance, DB 2000, 1573; sowie *Bernhardt/v. Werder*, ZfB 2000, 1269; *Peltzer/v. Werder*, AG 2001, 1; *Pohle/v. Werder*, DB 2001, 1101.

16 Mitglieder: Dr. Paul Achleitner, Prof. Dr. Dr. hc. Theodor Baums, Hans Martin, Dr. Karl Gerhard Eick, Andrea Fischer, Dr. Hansjörg Geiger, Dr. h.c. Ulrich Hartmann, Prof. Dr. Herbert Henzler, Ulrich Hocker, Caio K. Koch-Weser, Hilmar Kopper, Professor em. Dr. Dr. h.c. Marcus Lutter, Prof. Dr. Rolf Heinz Putzhammer, Kim Schindelhauer, Gerhard Schmid, Hubertus Schmoldt, Dr. Werner G. Seifert, Ludwig Stiegler, Christian Strenger, Dr. Alfred Tacke, Margareta Wolf, Klaus Zwickel.

17 *Baums*, Rn 1.

18 Bericht v. 10.7.2001, BT-Drucks. 14/7515 v. 14.8.2001.

19 Mitglieder: Dr. Gerhard Cromme, Dr. Paul Achleitner, Dr. Rolf-E. Breuer, Dr. Hans-Friedrich Gelhausen, Ulrich Hocker, Max Dietrich Kley, Prof. em. Dr. Dres. h.c. Marcus Lutter, Volker Potthoff, Heinz Putzhammer, Peer M. Schatz, Christian Strenger, Prof. Dr. Axel v. Werder, Dr. Wendelin Wiedeking.

20 *Cromme*, Ausführung anlässlich der Vorstellung des ersten Entwurfs am 18.12.2001, abrufbar unter <www.dcgk.de>.

21 Abrufbar unter <www.dcgk.de>, <www.bmj.de> und <www.bundesanzeiger.de>.

D. Flankierende gesetzliche Regelungen

11 Der Deutsche Corporate Governance Kodex besitzt über die Entsprechenserklärung gem. § 161 AktG (eingefügt durch das am 26.7.2002 in Kraft getretene Gesetz zur weiteren Reform des Aktien- und Bilanzrechts, zu Transparenz- und Publizität – **Transparenz- und Publizitätsgesetz**)[22] eine gesetzliche Grundlage. Zu Form und Veröffentlichung der Entsprechenserklärung siehe die Kommentierung zu § 161 AktG.

E. Aufbau

12 Nach der **Präambel**, die im Wesentlichen die Zwecksetzung des Kodex, die Grundordnung der deutschen Aktiengesellschaft und die Verbindlichkeitsstufen sowie den Geltungsbereich der Kodexbestimmungen darlegt, gliedert sich der DCGK in **sechs Themenbereiche**, nämlich in die Abschnitte

- Aktionäre und Hauptversammlung,
- Zusammenwirkung von Vorstand und Aufsichtsrat,
- Vorstand,
- Aufsichtsrat,
- Transparenz sowie
- Rechnungslegung und Abschlussprüfung.

13 Die darin enthaltenen Maximen lassen sich insbesondere hinsichtlich ihrer Verbindlichkeit in **drei Gruppen** unterscheiden:

- (hier nicht kommentierte) **Anlegerinformationen** in Form einer zusammenfassenden Wiedergabe der nach deutschem Recht geltenden Bestimmungen für die Leitung und Überwachung von Aktiengesellschaften insbesondere für ausländische Investoren,[23]
- (hier ausschließlich kommentierte) **Empfehlungen** für eine Verbesserung der Corporate Governance, die durch das Signalwort „soll" (im Text mit Kasten hervorgehoben) gekennzeichnet sind und bei denen eine Abweichung nach § 161 AktG offen zu legen und zu begründen ist („comply or explain"),
- (hier nicht kommentierte) **Anregungen** bzw Denkanstöße für eine Verbesserung der Corporate Governance, die durch Signalwörter wie „sollte" oder „kann" bezeichnet sind und von den ohne Offenlegung abgewichen werden kann.

14 Der DCGK stößt in der Praxis auf eine weitgehend **positive Resonanz**. Nach einer Untersuchung des Berlin Center of Corporate Governance hat nach 71% der befragten Aufsichtsratsvorsitzenden und 62% der Vorstandsvorsitzenden der Kodex seine Aufgabe zur Verbesserung der Corporate Governance erfüllt und das Ansehen deutscher Unternehmen im Ausland gestärkt.[24] Im Jahr 2013 werden von den DAX-Unternehmen etwa im Durchschnitt 95,8 % der Empfehlungen befolgt.[25]

1. Präambel

(I.) ¹Der Deutsche Corporate Governance Kodex (der „Kodex") stellt wesentliche gesetzliche Vorschriften zur Leitung und Überwachung deutscher börsennotierter Gesellschaften (Unternehmensführung) dar und enthält international und national anerkannte Standards guter und verantwortungsvoller Unternehmensführung. ²Der Kodex hat zum Ziel, das deutsche Corporate Governance System transparent und nachvollziehbar zu machen. ³Er will das Vertrauen der internationalen und nationalen Anleger, der Kunden, der Mitarbeiter und der Öffentlichkeit in die Leitung und Überwachung deutscher börsennotierter Gesellschaften[1] fördern.

(II.) Der Kodex verdeutlicht die Verpflichtung von Vorstand und Aufsichtsrat, im Einklang mit den Prinzipien der sozialen Marktwirtschaft für den Bestand des Unternehmens und seine nachhaltige Wertschöpfung zu sorgen (Unternehmensinteresse).[2]

---

[22] BGBl. I Nr. 50 v. 25.7.2002, S. 2681 ff. Abgedruckt und erläutert bei *Seibert*, NZG 2002, 608 ff.
[23] Zu Zweifeln an der korrekten Wiedergabe geltenden Rechts siehe *Ulmer*, ZHR 166, 150, 153.
[24] *v. Werder/Bartz*, BOARD 2012, 87, 88.
[25] *v. Werder/Talaulicar*, DB 2013, 885, 886; vgl zu den Vorjahren zB *dies.*, DB 2012, 869; DB 2010, 853; *Böhme/v. Werder*, DB 2011; *Bassen/Kleinschmidt/Zöllner*, FB 2004, 527 ff; *Meitner*, FB 2003, 763 ff; *Oser/Orth/Wader*, DB 2004, 1121 ff; *dies.*, DB 2003, 1337 ff; *Kirschbaum/Wittmann*, AG 2005, R 174 f.

[1] Abs. 1 S. 3 geändert am 14.6.2007. Vorher: „Aktiengesellschaften".
[2] Eingefügt am 18.6.2009. Vorher: „Der Kodex verdeutlicht die Rechte der Aktionäre, die der Gesellschaft das erforderliche Eigenkapital zur Verfügung stellen und das unternehmerische Risiko tragen".

(III.) ¹Deutschen Aktiengesellschaften ist ein duales Führungssystem gesetzlich vorgegeben:

²Der Vorstand leitet das Unternehmen in eigener Verantwortung. ³Die Mitglieder des Vorstands tragen gemeinsam die Verantwortung für die Unternehmensleitung. ⁴Der Vorstandsvorsitzende koordiniert die Arbeit der Vorstandsmitglieder.

⁵Der Aufsichtsrat bestellt, überwacht und berät den Vorstand und ist in Entscheidungen, die von grundlegender Bedeutung für das Unternehmen sind, unmittelbar eingebunden. ⁶Der Aufsichtsratsvorsitzende koordiniert die Arbeit im Aufsichtsrat.

⁷Die Mitglieder des Aufsichtsrats werden von den Aktionären in der Hauptversammlung gewählt. ⁸Bei Unternehmen mit mehr als 500 bzw. 2000 Arbeitnehmern im Inland sind auch die Arbeitnehmer im Aufsichtsrat vertreten, der sich dann zu einem Drittel bzw. zur Hälfte aus von den Arbeitnehmern gewählten Vertretern zusammensetzt. ⁹Bei Unternehmen mit mehr als 2000 Arbeitnehmern hat der Aufsichtsratsvorsitzende, der praktisch immer ein Vertreter der Anteilseigner ist, ein die Beschlussfassung entscheidendes Zweitstimmrecht. ¹⁰Die von den Aktionären gewählten Anteilseignervertreter und die Arbeitnehmervertreter sind gleichermaßen dem Unternehmensinteresse verpflichtet.

(IV.) Alternativ eröffnet die Europäische Gesellschaft (SE) die Möglichkeit, sich auch in Deutschland für das international verbreitete System der Führung durch ein einheitliches Leitungsorgan (Verwaltungsrat) zu entscheiden.[3]

(V.) ¹Die Ausgestaltung der unternehmerischen Mitbestimmung in der SE wird grundsätzlich durch eine Vereinbarung zwischen der Unternehmensleitung und der Arbeitnehmerseite festgelegt. ²Die Arbeitnehmer in den EU-Mitgliedstaaten sind einbezogen.[4]

(VI.) Die Rechnungslegung deutscher Unternehmen ist am True-and-fair-view-Prinzip orientiert und hat ein den tatsächlichen Verhältnissen entsprechendes Bild der Vermögens-, Finanz- und Ertragslage des Unternehmens zu vermitteln.[5]

(VII.) ¹Empfehlungen des Kodex sind im Text durch die Verwendung des Wortes „soll" gekennzeichnet. ²Die Gesellschaften können hiervon abweichen, sind dann aber verpflichtet, dies jährlich offen zu legen und die Abweichungen zu begründen („comply or explain").[6] ³Dies ermöglicht den Gesellschaften die Berücksichtigung branchen- oder unternehmensspezifischer Bedürfnisse. ⁴Eine gut begründete Abweichung von einer Kodexempfehlung kann im Interesse einer guten Unternehmensführung liegen.[7] ⁵So trägt der Kodex zur Flexibilisierung und Selbstregulierung der deutschen Unternehmensverfassung bei. ⁶Ferner enthält der Kodex Anregungen, von denen ohne Offenlegung abgewichen werden kann; hierfür verwendet der Kodex den Begriff „sollte".[8] ⁷Die übrigen sprachlich nicht so gekennzeichneten Teile des Kodex betreffen Beschreibungen gesetzlicher Vorschriften und Erläuterungen.[9]

(VIII.) In Regelungen des Kodex, die nicht nur die Gesellschaft selbst, sondern auch ihre Konzernunternehmen betreffen, wird der Begriff „Unternehmen" statt „Gesellschaft" verwendet.

(IX.) ¹Der Kodex richtet sich in erster Linie an börsennotierte Gesellschaften und Gesellschaften mit Kapitalmarktzugang im Sinne des § 161 Absatz 1 Satz 2 des Aktiengesetzes. ²Auch nicht kapitalmarktorientierten Gesellschaften wird die Beachtung des Kodex empfohlen.[10]

(XI.) Der Kodex wird in der Regel einmal jährlich vor dem Hintergrund nationaler und internationaler Entwicklungen überprüft und bei Bedarf angepasst.

2. Aktionäre und Hauptversammlung

2.1 Aktionäre

2.1.1 Die Aktionäre nehmen im Rahmen der satzungsgemäß vorgesehenen Möglichkeiten ihre Rechte vor und während der Hauptversammlung wahr und üben dabei ihr Stimmrecht aus.[1]

---

3 Absatz eingefügt am 14.6.2007.
4 Absatz eingefügt am 14.6.2007.
5 „hat … zu vermitteln" ersetzt seit 13.5.2013 „vermittelt" in Anpassung an den Wortlaut von § 264 Abs. 2 HGB.
6 Eingefügt am 15.5.2012, zuvor in Ziff. 3.10.
7 Eingefügt am 15.5.2012.
8 Geändert am 15.5.2012. Vorher: hierfür verwendet der Kodex Begriffe wie „sollte" oder „kann".
9 Geändert am 13.5.2013, vormals „Bestimmungen, die als geltendes Gesetzesrecht von den Unternehmen zu beachten sind".
10 Absatz geändert am 13.5.2013.
1 Geändert am 26.5.2010.

2.1.2 ¹Jede Aktie gewährt grundsätzlich eine Stimme. ²Aktien mit Mehrstimmrechten oder Vorzugsstimmrechten („golden shares") sowie Höchststimmrechte bestehen nicht.

2.2 Hauptversammlung

2.2.1 (I.) ¹Der Vorstand legt der Hauptversammlung den Jahresabschluss, den Lagebericht, den Konzernabschluss und den Konzernlagebericht² vor. ²Sie entscheidet über die Gewinnverwendung sowie die Entlastung von Vorstand und Aufsichtsrat und wählt in der Regel³ die Anteilseignervertreter im Aufsichtsrat und in der Regel den Abschlussprüfer.

(II.) ¹Darüber hinaus entscheidet die Hauptversammlung über die Satzung und den Gegenstand der Gesellschaft, über Satzungsänderungen und über wesentliche unternehmerische Maßnahmen wie insbesondere Unternehmensverträge und Umwandlungen, über die Ausgabe von neuen Aktien und von Wandel- und Optionsschuldverschreibungen sowie über die Ermächtigung zum Erwerb eigener Aktien. ²Sie kann über die Billigung des Systems der Vergütung der Vorstandsmitglieder beschließen.[4]

2.2.2 Bei der Ausgabe neuer Aktien haben die Aktionäre grundsätzlich ein ihrem Anteil am Grundkapital entsprechendes Bezugsrecht.

2.2.3 Jeder Aktionär ist berechtigt, an der Hauptversammlung teilzunehmen,[5] das Wort zu Gegenständen der Tagesordnung zu ergreifen und sachbezogene Fragen und Anträge zu stellen.

2.2.4 ¹Der Versammlungsleiter sorgt für eine zügige Abwicklung der Hauptversammlung. ²Dabei sollte er sich davon leiten lassen, dass eine ordentliche Hauptversammlung spätestens nach 4 bis 6 Stunden beendet ist.[6]

2.3 Einladung zur Hauptversammlung, Briefwahl,[7] Stimmrechtsvertreter

2.3.1 ¹Die Hauptversammlung der Aktionäre ist vom Vorstand mindestens einmal jährlich unter Angabe der Tagesordnung einzuberufen. ²Aktionärsminderheiten sind berechtigt, die Einberufung einer Hauptversammlung und die Erweiterung der Tagesordnung zu verlangen. ³Die Einberufung sowie die vom Gesetz für die Hauptversammlung verlangten Berichte und Unterlagen einschließlich des Geschäftsberichts sind für die Aktionäre leicht erreichbar auf der Internetseite der Gesellschaft zusammen mit der Tagesordnung zugänglich zu machen, sofern sie den Aktionären nicht direkt übermittelt werden. ⁴Das Gleiche gilt, wenn eine Briefwahl angeboten wird, für die Formulare, die dafür zu verwenden sind.[8]

15 Die frühere Empfehlung zur elektronischen Übermittlung der Hauptversammlungsunterlagen (Ziff. 2.3.2 a.F.) an alle in- und ausländischen Finanzdienstleister, Aktionäre und Aktionärsvereinigungen sollte es v.a. den ausländischen Investoren erleichtern, von der Einberufung und den Unterlagen Kenntnis zu nehmen.[9] Sie wurde im Zuge der sog. „Kodexpflege" durch Verschlankung, die im Änderungsjahr 2013 neben der Vorstandsvergütung im Mittelpunkt stand[10], gestrichen, da sich eine feste Einladungspraxis entwickelt habe.[11]

2.3.2 ¹Die Gesellschaft soll den Aktionären die persönliche Wahrnehmung ihrer Rechte und die Stimmrechtsvertretung[12] erleichtern. ²Der Vorstand soll für die Bestellung eines Vertreters für die weisungsgebundene Ausübung des Stimmrechts der Aktionäre sorgen; dieser sollte auch während der Hauptversammlung erreichbar sein.

16 Die Empfehlung 1 zu aktionärsfreundlichem Verhalten (Ziff. 2.3.2 S. 1) bezieht sich allgemein auf die versammlungsgebundene[13] **Wahrnehmung der Aktionärsrechte** und konkreter auf die **Stimmrechtsvertretung**, zu deren Erleichterung die Gesellschaft über die gesetzlichen Mindeststandards hinausgehen muss.[14] Denkbar sind: Abhaltung der Hauptversammlung an leicht erreichbaren Orten, Bereitstellung von Anfahrtsskizzen, Unterstützung bei An-, Abfahrt und Übernachtung, aktionärsfreundliche Zeiten, Einrichtung von Hinterlegungsstellen im Ausland, Einrichtung von Hotlines für Fragen auch auf elektronischem Wege, die je-

---

2 Eingefügt am 15.5.2012, Anpassung an § 175 Abs. 2 S. 4 AktG.
3 Eingefügt am 26.5.2010.
4 Satz eingefügt am 26.5.2010.
5 Hier wurde am 26.5.2010 das Wort „dort" getilgt.
6 Satz 2 eingefügt am 12.6.2006.
7 Eingefügt am 26.5.2010.
8 Satz 2 geändert am 26.5.2010 (vorher u.a. Soll-Bestimmung). Satz 3 geändert am 15.5.2012.
9 Goslar in: Wilsing, 2.3.2 Rn 1; Kremer in: Ringleb/Kremer/Lutter/v. Werder, Rn 306.
10 v. Werder/Bartz, DB 2013, 1401.
11 Vgl die Begründung unter <www.dcgk.de>.
12 Eingefügt am 15.5.2012.
13 Goslar in: Wilsing, 2.3.3 Rn 4.
14 Vgl Baums, Rn 123 ff; Goslar in: Wilsing, 2.3.2 Rn 5.

derzeitige Verfügbarkeit der Satzung im Internet[15] sowie das Anbieten der Briefwahl.[16] Die Empfehlung in Satz 2, die beinhaltete, dass die Gesellschaft die Aktionäre bei der Briefwahl unterstützen soll, wurde wieder gestrichen, da die Praxis diese zum Teil als indirekte Empfehlung missverstanden hatte, eine Briefwahl anzubieten, die nach § 118 Abs. 2 AktG fakultativ ist.[17] Die **Unterstützung bei der Stimmrechtsvertretung** kann durch weitestgehende Anwendung der satzungsmäßig vorgesehenen **Stimmrechtserleichterungen** sowie die Anbringung von **elektronischen Verknüpfungen ("Links")** zu während der letzten Hauptversammlung aufgetretenen Stimmrechtsvertretern, die Integration von deren Vorschlägen[18] und die Eröffnung mehrerer Kommunikationswege mit dem Stimmrechtsvertreter entsprochen werden.[19]

Die **Empfehlung 2 zur Bestellung eines Stimmrechtsvertreters (Ziff. 2.3.3 S. 2 Hs 1)** bezieht sich auf die Bereitstellung von vor der Hauptversammlung (ggf per E-Mail, Fax oder Telefon) erreichbaren weisungsgebundenen[20] Mitarbeitern der Gesellschaft oder von ihr beauftragten Dritten, zB Rechtsanwälten bzw Wirtschaftsprüfungsgesellschaften (**"Proxy-Voting"**, vgl § 134 Abs. 3 S. 5, 135 Abs. 3 S. 3 AktG).[21]

2.3.3 Die Gesellschaft sollte den Aktionären die Verfolgung der Hauptversammlung über moderne Kommunikationsmedien (zB Internet) ermöglichen.

3. Zusammenwirken von Vorstand und Aufsichtsrat

3.1 Vorstand und Aufsichtsrat arbeiten zum Wohle des Unternehmens eng zusammen.

3.2 Der Vorstand stimmt die strategische Ausrichtung des Unternehmens mit dem Aufsichtsrat ab und erörtert mit ihm in regelmäßigen Abständen den Stand der Strategieumsetzung.

3.3 ¹Für Geschäfte von grundlegender Bedeutung legen die Satzung oder der Aufsichtsrat Zustimmungsvorbehalte zugunsten des Aufsichtsrats fest. ²Hierzu gehören Entscheidungen oder Maßnahmen, die die Vermögens-, Finanz- oder Ertragslage des Unternehmens grundlegend verändern.

3.4 (I.) Die ausreichende Informationsversorgung des Aufsichtsrats ist gemeinsame Aufgabe von Vorstand und Aufsichtsrat.

(II.) ¹Der Vorstand informiert den Aufsichtsrat regelmäßig, zeitnah und umfassend über alle für das Unternehmen relevanten Fragen der Strategie,¹ der Planung, der Geschäftsentwicklung, der Risikolage und des Risikomanagements und der Compliance.² ²Er geht auf Abweichungen des Geschäftsverlaufs von den aufgestellten Plänen und Zielen unter Angabe von Gründen ein.

(III.) ¹Der Aufsichtsrat soll die Informations- und Berichtspflichten des Vorstands näher festlegen. ²Berichte des Vorstands an den Aufsichtsrat sind in der Regel in Textform zu erstatten. ³Entscheidungsnotwendige Unterlagen³ werden den Mitgliedern des Aufsichtsrats möglichst rechtzeitig vor der Sitzung zugeleitet.

Gemäß der **Empfehlung 3 zur Konkretisierung von Informationspflichten (Ziff. 3.4 Abs. 3 S. 1)** soll der Aufsichtsrat (sinnvollerweise in Zusammenarbeit mit dem Vorstand)⁴ eine **Informationsordnung** aufstellen, welche die durch das KonTraG und TransPuG erweiterten gesetzlichen regulären und ggf zusätzlichen **Berichtspflichten und Einsichtsrechte** (§§ 90, 111 Abs. 2 AktG) im Hinblick auf Form, Häufigkeit (vgl zB §§ 90 Abs. 1 S. 1 Nr. 3 und Abs. 2 Nr. 3 AktG), Mindestvorlauf und Inhalt **erweitert** oder zumindest **konkretisiert**.⁵

---

15 Geßler/*Käpplinger*, Rn 17; *Kremer* in: Ringleb/Kremer/Lutter/v. Werder, Rn 315; teilweise aA *Goslar* in: Wilsing, 2.3.3 Rn 6.
16 Vgl *Goslar* in: Wilsing, 2.3.3 Rn 8. Bedarf aber einer entsprechenden Satzungsregelung.
17 Erläuterungen der Änderungsvorschläge aus der Plenarsitzung vom 17.1.2012, abrufbar unter <www.dcgk.de>.
18 *Kremer* in: Ringleb/Kremer/Lutter/v. Werder, Rn 318.
19 *Goslar* in: Wilsing, 2.3.3 Rn 13. Stets sind die gesetzlichen Anforderungen im Zusammenhang mit Vollmachten zu beachten, vgl §§ 134 Abs. 3 S. 3, 30a Abs. 1 Nr. 5 WpHG und § 124a Nr. 5 AktG.
20 Geßler/*Käpplinger*, Rn 19; *Hüffer*, § 134 Rn 26 b mwN.
21 *Kremer* in: Ringleb/Kremer/Lutter/v. Werder, Rn 322; Geßler/*Käpplinger*, Rn 18; *Peltzer*, Rn 343.

1 Eingefügt am 15.5.2012.
2 Abs. 2 S. 1 geändert am 14.6.2007: „und der Compliance".
3 Die Konkretisierung der entscheidungsnotwendigen Unterlagen wurde am 13.5.2013 gestrichen. Zum einen, um den Kodex zu verschlanken, und zum anderen, um den Anschein einer Beschränkung auf Abschlüsse und Prüfungsberichte zu verhindern, vgl Erläuterungen der Änderungsvorschläge aus den Plenarsitzungen am 9. und 31.1.2013, unter <www.dcgk.de>.
4 Geßler/*Käpplinger*, Rn 26.
5 *Lutter* in: Ringleb/Kremer/Lutter/v. Werder, Rn 379; Geßler/*Käpplinger*, Rn 26. Unter Beachtung, dass die Informationsordnung die Anforderungen des § 90 AktG weder unterschreiten noch in der Sache ausweiten darf, *Johannsen-Roth* in: Wilsing, 3.5 Rn 26; Großkomm-AktienR/*Kort*, § 90 Rn 34.

3.5 (I.) ¹Gute Unternehmensführung setzt eine offene Diskussion zwischen Vorstand und Aufsichtsrat sowie in Vorstand und Aufsichtsrat voraus. ²Die umfassende Wahrung der Vertraulichkeit ist dafür von entscheidender Bedeutung.

(II.) Alle Organmitglieder stellen sicher, dass die von ihnen zur Unterstützung einbezogenen Mitarbeiter[6] die Verschwiegenheitspflicht in gleicher Weise einhalten.

3.6 ¹In mitbestimmten Aufsichtsräten können[7] die Vertreter der Aktionäre und der Arbeitnehmer die Sitzungen des Aufsichtsrats jeweils gesondert, gegebenenfalls mit Mitgliedern des Vorstands, vorbereiten. ²Der Aufsichtsrat soll bei Bedarf ohne den Vorstand tagen.

19   Die Empfehlung 4 zur Tagung ohne den Vorstand (Ziff. 3.6. S. 2) wurde im Zuge der Kodexänderung von 2012 von einer Anregung ausgehend heraufgestuft. Bereits die bisherige Anregung wurde jedoch kritisiert, weil das Tagen ohne Vorstand in der Praxis dann erfolgt, wenn Vorstandspersonalia heikler oder kritischer Natur erörtert werden, was dann als Selbstverständlichkeit[8] oder gar als Pflicht zur ordnungsgemäßen Amtsausübung angesehen wird. Ansonsten wird darauf hingewiesen, dass die Diskussion im Aufsichtsrat in der Sitzung von der Vorstandsinformation lebt[9] und der Kodex in Ziff. 3.5 einen offenen Dialog fördern will.[10]

3.7 (I.) Bei einem Übernahmeangebot müssen Vorstand und Aufsichtsrat der Zielgesellschaft eine begründete Stellungnahme zu dem Angebot abgeben, damit die Aktionäre in Kenntnis der Sachlage über das Angebot entscheiden können.

(II.) ¹Der Vorstand darf nach Bekanntgabe eines Übernahmeangebots bis zur Veröffentlichung eines Ergebnisses keine Handlungen vornehmen, durch die der Erfolg des Angebots verhindert werden könnte, soweit solche Handlungen nicht nach den gesetzlichen Regelungen erlaubt sind. ²Bei ihren Entscheidungen sind Vorstand und Aufsichtsrat an das beste Interesse der Aktionäre und des Unternehmens gebunden.

(III.) Der Vorstand sollte im Falle eines Übernahmeangebots[11] eine außerordentliche Hauptversammlung einberufen, in der die Aktionäre über das Übernahmeangebot beraten und gegebenenfalls über gesellschaftsrechtliche Maßnahmen beschließen.

3.8 (I.) ¹Vorstand und Aufsichtsrat beachten die Regeln ordnungsgemäßer Unternehmensführung. ²Verletzen sie die Sorgfalt eines ordentlichen und gewissenhaften Geschäftsleiters bzw. Aufsichtsratsmitglieds schuldhaft, so haften sie der Gesellschaft gegenüber auf Schadensersatz. ³Bei unternehmerischen Entscheidungen liegt keine Pflichtverletzung vor, wenn das Mitglied von Vorstand oder Aufsichtsrat vernünftigerweise annehmen durfte, auf der Grundlage angemessener Information zum Wohle der Gesellschaft zu handeln (Business Judgement Rule).[12]

(II.) Schließt die Gesellschaft für den Vorstand[13] eine D&O-Versicherung ab, ist ein Selbstbehalt von mindestens 10 % des Schadens bis mindestens zur Höhe des Eineinhalbfachen der festen jährlichen Vergütung des Vorstandsmitglieds zu vereinbaren.[14]

(III.) In einer D&O-Versicherung für den Aufsichtsrat soll ein entsprechender Selbstbehalt vereinbart werden.[15]

20   Die zur Verstärkung der Sorgfaltspflicht mittels einer verhaltenssteuernden Haftung ausgesprochene **Empfehlung 5 zur Vereinbarung eines Selbstbehalts bei D&O-Versicherungen der Aufsichtsräte (Ziff. 3.8 Abs. 3)** bezieht sich auf eine Abrede zur **bewussten Unterversicherung**, wonach der Versicherer einen prozentual oder betragsmäßig bestimmten Betrag jedes bei Haftpflichtversicherungen („Directors and Officers") versicherten Schadens nicht zu ersetzen hat.[16] Sie geht mit der Ausdehnung auf Aufsichtsräte über die auf Vorstände beschränkte gesetzlichen Bestimmung (§ 93 Abs. 2 AktG) hinaus, die in Abs. 2 wieder-

---

6   Geändert von „eingeschalteten Mitarbeiter" am 13.5.2013, um klarzustellen, dass die Verantwortung nicht delegiert werden darf, siehe Erläuterungen unter <www.dcgk.de>.
7   Geändert am 15.5.2012.
8   Peltzer, NZG 2012, 368, 369. Johannsen-Roth in: Wilsing, 3.6 Rn 20 sieht einen Fall von „Bedarf" etwa bei Übernahmesituationen.
9   Peltzer, NZG 2012, 368, 369.
10 Johannsen-Roth in: Wilsing, 3.6 Rn 12.
11 Damit sich die Anregung auf alle Fälle eines Übernahmeangebots bezieht, am 13.5.2013 statt „in angezeigten Fällen" „im Falle eines Übernahmeangebots" eingefügt. Vgl Erläuterungen

der Änderungsvorschläge aus den Plenarsitzungen am 9. und 31.1.2013, unter <www.dcgk.de>. Kritisch hierzu Klein, AG 2013, 733, 741.
12 Abs. 1 S. 3 eingefügt am 14.6.2007.
13 Am 18.6.2009 wurde die Formulierung „und Aufsichtsrat" gestrichen.
14 Geändert am 18.6.2009. Vorher: „(...) soll ein angemessener Selbstbehalt vereinbart werden".
15 Geändert am 18.6.2009.
16 Dreher/Görner, ZIP 2003, 2321, 2322 (zur alten Regelung für Vorstände).

holt wird. Sie ersetzt damit die zuvor dort statuierte Empfehlung, die insbesondere von Seiten der Gesellschaften außerhalb des DAX nur geringe Akzeptanz erfahren hatte.[17] Der Selbstbehalt bei Aufsichtsräten unterliegt nicht den Restriktionen des § 93 Abs. 2 AktG, sondern kann individuell ausgestaltet werden.[18] Eine **Privilegierung der Arbeitnehmervertreter** im Aufsichtsrat ist nicht erfolgt.[19]

3.9 Die Gewährung von Krediten des Unternehmens an Mitglieder des Vorstands und des Aufsichtsrats sowie ihre Angehörigen bedarf der Zustimmung des Aufsichtsrats.

3.10 [1]Über die Corporate Governance sollen Vorstand und Aufsichtsrat jährlich berichten (Corporate Governance Bericht) und diesen Bericht im Zusammenhang mit der Erklärung zur Unternehmensführung veröffentlichen.[20] [2]Dabei sollte auch zu den Kodexanregungen Stellung genommen werden.[21] [3]Die Gesellschaft soll nicht mehr aktuelle Entsprechenserklärungen zum Kodex fünf Jahre lang auf ihrer Internetseite zugänglich halten.[22]

Die **Empfehlung 6** zur Aufstellung und Veröffentlichung eines Corporate Governance Berichts (Ziff. 3.10 S. 1) richtet sich an beide Leitungsorgane, die üblicherweise gemeinsam berichten.[23] Aufgrund der zuvor uneinheitlichen Unternehmenspraxis ergab sich das Erfordernis eines **separaten Berichts**, in dem **alle wesentlichen** (auch über die Entsprechenserklärung hinausgehenden) **Aspekte zur Corporate Governance** eines Unternehmens (ggf auch der beherrschten Konzerngesellschaften) für das zurückliegende Geschäftsjahr und die überschaubare Zukunft zusammenhängend darzustellen sind.[24] Ziff. 5.4.1, 6.3 und 7.1.3 verlangen ausdrücklich die Veröffentlichung von Angaben im Corporate Governance Bericht.[25] Die jetzige Formulierung ermöglicht eine Veröffentlichung sowohl des Corporate Governance Berichts als auch der vom Vorstand abzugebenden Erklärung zur Unternehmensführung nach § 289a Abs. 1 S. 2 HGB[26] auf der Internetseite der Gesellschaft. Der Vergütungsbericht nach Ziff. 5.4.6, erlaubt dies nicht und muss in den Lagebericht oder Anhang des Geschäftsberichts integriert werden.[27] Die Erklärung zur Unternehmensführung kann aber auch auf der Internetseite veröffentlicht werden, der dann der Geschäftsbericht zur Seite gestellt wird, um die Empfehlung zu erfüllen.[28] Der Geschäftsbericht kann auch als zentrales Medium genutzt werden, indem der Corporate Governance Bericht, die Erklärung zur Unternehmensführung sowie der Vergütungsbericht integriert werden, letzterer unter Hinweis darauf, dass er Teil des Lageberichts ist.[29]

Die **Empfehlung 7 zur Verfügbarkeit früherer Entsprechenserklärungen** (Ziff. 3.10 S. 3) bezieht sich auch auf die vor Inkrafttreten von Ziff. 3.10 S. 4 aF veröffentlichten. Dies ermöglicht nicht nur die Überprüfung der aktuellen Kodex-Konformität, sondern auch diejenige in der jüngeren Vergangenheit.[30] Eine gesetzliche Pflicht dazu besteht nach hM nicht.[31] Die 5-Jahres-Frist läuft mit dem Beginn des Tages, der dem Tag folgt, an dem die Entsprechenserklärung für das jeweils aktuelle Geschäftsjahr durch eine neue Erklärung ersetzt worden ist.[32]

---

17 *Ringleb* in: Ringleb/Kremer/Lutter/v. Werder, Rn 526.
18 *Hecker*, BB 2009, 1654, 1656.
19 *Ringleb* in: Ringleb/Kremer/Lutter/v. Werder, Rn 525; MüKo-AktG/*Semler*, § 161, Rn 347; vgl *Baums*, Rn 75; zur Angemessenheit des Selbstbehalts siehe *Dreher/Görner*, ZIP 2003, 2321 ff mwN; *Schüppen/Sanna*, ZIP 2002, 550, 553; *Lange*, DB 2003, 1833, 1836; *ders.*, DStR 2002, 1626, 1627; *Strieder*, FB 2004, 13, 18; zu den Auswirkungen eines Kontrollwechsels auf die D&O-Versicherung vgl *Lange*, AG 2005, 459 ff.
20 Satz 1 geändert am 2.6.2005: "Corporate Governance Bericht". Erneut geändert am 26.5.2010 (jetzt wieder Soll-Bestimmung). Der alte Satz 2 wurde getilgt: "Dieser ist Bestandteil der Erklärung zur Unternehmensführung der Gesellschaft." Erneut geändert am 15.5.2012, damit die Unternehmen über die gesetzlichen und die vom Kodex empfohlenen Inhalte an derselben Stelle im Lagebericht berichten können, vgl §§ 289a, 317 Abs. 2 S. 3 HGB.
21 Satz 3 eingefügt am 21.5.2003.
22 Satz 4 eingefügt am 2.6.2005.
23 *v. Werder* in: Ringleb/Kremer/Lutter/v. Werder, Rn 537.
24 *Cromme*, Ausführungen anlässlich der 4. Konferenz zum Deutschen Corporate Governance Kodex am 23.6.2005, 11/12 (abrufbar unter < www.dcgk.de >); *v. Werder* in: Ringleb/Kremer/Lutter/v. Werder, Rn 536–540.
25 *Bredol/Schäfer*, NZG 2013, 570 sehen darüber hinaus keine eigenständige Bedeutung des Corporate Governance Berichts gegenüber der Erklärung zur Unternehmensführung, v.a. seitdem die Konzerndimension durch Streichung des Zusatzes „Corporate Governance des Unternehmens" im Jahr 2012 fehlt, und plädieren für eine Abschaffung des Berichts.
26 Ausführlich zu dieser Erklärung *Bredol/Schäfer*, NZG 2013, 568, 569 ff.
27 *Klein*, NZG 2012, 805, 813.
28 *Klein*, NZG 2012, 805, 813. Zur Entwicklung der Empfehlung *Bredol/Schäfer*, NZG 2013, 568 ff.
29 Vgl §§ 285 Nr. 9 a S. 5 ff; 289 Abs. 2 Nr. 5 S. 2, 314 Abs. 1 Nr. 6 a S. 5 ff, 315 Abs. 2 Nr. 4 S. 2 HGB. Da „Zusammenhang" nicht definiert ist, kann also neben der zeitlichen und örtlichen auch eine inhaltlich-strukturelle Verzahnung als einheitliches Dokument erfolgen, Ringleb/Kremer/Lutter/*v. Werder*, NZG 2012, 1081, 1084.
30 *Vetter*, BB 2005, 1689, 1694.
31 *Marsch-Barner*, § 2 Rn 61; *Kirschbaum* DB 2005, 1473, 1474; aA *Hirte*, 13.
32 *Geßler/Käpplinger*, Rn 37.

4. Vorstand

4.1 Aufgaben und Zuständigkeiten

4.1.1 Der Vorstand leitet[1] das Unternehmen in eigener Verantwortung im Unternehmensinteresse, also unter Berücksichtigung der Belange der Aktionäre, seiner Arbeitnehmer und der sonstigen dem Unternehmen verbundenen Gruppen (Stakeholder) mit dem Ziel nachhaltiger Wertschöpfung.[2]

4.1.2 Der Vorstand entwickelt die strategische Ausrichtung des Unternehmens, stimmt sie mit dem Aufsichtsrat ab und sorgt für ihre Umsetzung.

4.1.3 Der Vorstand hat für die Einhaltung der gesetzlichen Bestimmungen und der unternehmensinternen Richtlinien zu sorgen und wirkt auf deren Beachtung durch die Konzernunternehmen (Compliance) hin.[3]

4.1.4 Der Vorstand sorgt für ein angemessenes Risikomanagement und Risikocontrolling im Unternehmen.

4.1.5 Der Vorstand soll bei der Besetzung von Führungskräften im Unternehmen auf Vielfalt (Diversity) achten und dabei insbesondere eine angemessene Berücksichtigung von Frauen anstreben.[4]

23 Die Empfehlung 8 zur Diversity von Führungskräften (Ziff. 4.1.5) soll der Entstehung eines Pools von Kandidaten für Vorstandsfunktionen dienen und Effizienzvorteile nach sich ziehen.[5] Die Bestimmung von „Führungskräften" ist anhand von Sinn und Zweck des Kodex, Standards guter Unternehmensführung darzustellen, die sich v.a. mit dem Zusammenspiel der Organe der Gesellschaft beschäftigen, vorzunehmen. Für die Empfehlung sind Funktionen relevant, auf die wesentliche Komponenten der Unternehmensführung zutreffen, wie die erste, ggf weitere Delegationsebenen des Vorstands, was nicht unbedingt identisch mit leitenden Angestellten[6] sein muss.[7] Die Empfehlung erfordert keine konkrete Zielfestlegung[8] bzw Erfolgsverpflichtung[9] und auch keinen Bericht über die Maßnahmen,[10] Diversity muss lediglich als Auswahlkriterium einbezogen werden.[11] Eine interne Dokumentation der Verfahrensweisen im Unternehmen empfiehlt sich jedoch.[12]

4.2 Zusammensetzung und Vergütung

4.2.1 [1]Der Vorstand soll aus mehreren Personen bestehen und einen Vorsitzenden oder Sprecher haben. [2]Eine Geschäftsordnung soll die Arbeit des Vorstands, insbesondere die Ressortzuständigkeiten einzelner Vorstandsmitglieder, die dem Gesamtvorstand vorbehaltenen Angelegenheiten sowie die erforderliche Beschlussmehrheit bei Vorstandsbeschlüssen (Einstimmigkeit oder Mehrheitsbeschluss) regeln.[13]

24 Die hinsichtlich der quantitativen Anforderungen das Vieraugenprinzip (vgl § 33 Abs. 1 Nr. 5 KWG) umsetzende **Empfehlung 9 zur Vorstandszusammensetzung** (Ziff. 4.2.1 S. 1 Hs 1) betrifft faktisch lediglich Aktiengesellschaften mit einem **Grundkapital von nicht mehr als 3 Mio. EUR**, die mitbestimmungsrechtlich keinen Arbeitsdirektor zu bestellen haben, da auch bei den übrigen der Vorstand bereits kraft Gesetzes ganzjährig aus mehreren Personen bestehen muss.[14] Die Zahl der Vorstandsmitglieder kann von der Satzung festgelegt werden (§§ 23 Abs. 2 Nr. 6, 76 Abs. 2). Sie muss **ganzjährig** bei mindestens zwei liegen.[15]

25 Die aus der **Empfehlung 10 zur Vorstandsleitung** (Ziff. 4.2.1 S. 1 Hs 2) folgende (nicht zwingend vorgeschriebene) Ernennung des **Vorstandsvorsitzenden** obliegt dem Aufsichtsrat (§ 84 Abs. 2 AktG), diejenige eines **Sprechers** dem Vorstand (§ 77 Abs. 2).[16]

26 Die **Empfehlung 11 zum Erlass einer Geschäftsordnung** (Ziff. 4.2.1 S. 2) ist einstimmig durch den Vorstand umzusetzen (vgl § 77 Abs. 2 S. 3 AktG), sofern dafür nicht satzungsmäßig der Aufsichtsrat zuständig oder

---

1 Das Leitungsprinzip entspricht § 76 Abs. 1 AktG.
2 Geändert am 18.6.2009. Eingefügt am 26.5.2010: „mit dem Ziel nachhaltiger Wertschöpfung".
3 Ergänzt am 14.6.2007: „und der unternehmensinternen Richtlinien" / „(Compliance)".
4 Eingefügt am 26.5.2010.
5 *Ringleb/Kremer/Lutter/v. Werder*, NZG 2010, 1161, 1163. Damit soll ein „gravierender Nachteil im globalen Wettbewerb" abgewendet werden; Pressemitteilung der Regierungskommission v. 27.5.2010, S. 3, unter www.dcgk.de".
6 ISv § 14 Abs. 2 KSchG, § 5 Abs. 3 S. 2, 4 BetrVG, so *Kocher/Lönner*, CCZ 2010, 183, 186. *Goslar* in: Wilsing, 4.1.5 Rn 3, will alle Hierarchieebenen einbeziehen.
7 *Ringleb/Kremer/Lutter/v. Werder*, NZG 2010, 1161, 1163. Vgl auch *Mense/Rosenhäger*, GWR 2010, 311.
8 Im Gegensatz zu Ziff. 5.4.1. für den Aufsichtsrat.
9 *Kocher*, BB 2010, 264; *Goslar* in: Wilsing, 4.1.5 Rn 5.
10 Vgl im Gegensatz dazu Ziff. 5.4.1 Abs. 3 S. 2, *Goslar* in: Wilsing, 4.1.5 Rn 5.
11 *Goslar* in: Wilsing, 4.1.5 Rn 5. Zum Begriff der „Angemessenheit" siehe Ausführungen in Ziff. 5.4.1. Zum Inhalt von Diversity siehe Ziff. 5.4.1 Abs. 2 S. 1.
12 *Goslar* in: Wilsing, 4.1.5 Rn 5 unter Hinweis darauf, dass das AGG zu beachten ist.
13 Satz 2 geändert am 14.6.2007. Vorher: „... soll die Geschäftsverteilung und die Zusammenarbeit im Vorstand regeln".
14 Vgl §§ 76 Abs. 2 S. 2, 22 Abs. 3 Nr. 6 AktG; § 33 MitbestG, § 13 MontanMitbestG; MüKo-AktG/*Semler*, § 161, Rn 367; *Geßler/Käppplinger*, Rn 40; *Hüffer*, AktG, § 76 Rn 24, *Ringleb*, in: Ringleb/Kremer/Lutter/v. Werder, Rn 662.
15 *Geßler/Käppplinger*, Rn 41; MüKo-AktG/*Semler*, § 161 Rn 368.
16 Vgl *Baums*, Rn 36.

bereits tätig geworden ist (vgl § 77 Abs. 2 S. 1 AktG).[17] Inhaltlich sollte die Geschäftsordnung Ausführungen über die rechtliche Basis für das Vorstandshandeln, die Geschäftsverteilung, die Gesamtverantwortung, Vorgaben für Sitzungen und Beschlussfassung, die Zusammenarbeit mit dem Aufsichtsrat, ggf durch diesen zustimmungspflichtige Geschäfte sowie Aufgaben und Befugnisse des Vorstandsvorsitzenden enthalten.[18]

4.2.2 (I.) ¹Das Aufsichtsratsplenum setzt[19] die jeweilige Gesamtvergütung der einzelnen Vorstandsmitglieder fest.[20] ²Besteht ein Ausschuss, der die Vorstandsverträge behandelt, unterbreitet er dem Aufsichtsratsplenum seine Vorschläge.[21] ³Das Aufsichtsratsplenum beschließt das Vergütungssystem für den Vorstand und überprüft es regelmäßig.[22]

(II.)[23] ¹Die Gesamtvergütung der einzelnen Vorstandsmitglieder[24] wird vom Aufsichtsratsplenum[25] unter Einbeziehung von etwaigen Konzernbezügen[26] auf der Grundlage einer Leistungsbeurteilung festgelegt. ²Kriterien für die Angemessenheit der Vergütung bilden[27] sowohl die Aufgaben des einzelnen[28] Vorstandsmitglieds, seine persönliche Leistung,[29] die wirtschaftliche Lage, der Erfolg und die Zukunftsaussichten des Unternehmens als auch die Üblichkeit der Vergütung[30] unter Berücksichtigung des Vergleichsumfelds und der Vergütungsstruktur, die ansonsten in der Gesellschaft gilt.[31] ³Hierbei soll der Aufsichtsrat das Verhältnis der Vorstandsvergütung zur Vergütung des oberen Führungskreises und der Belegschaft insgesamt auch in der zeitlichen Entwicklung berücksichtigen, wobei der Aufsichtsrat für den Vergleich festlegt, wie der obere Führungskreis und die relevante Belegschaft abzugrenzen sind.[32]

Die frühere Empfehlung zur Unterbreitung von Vorschlägen zur Festsetzung der Gesamtvergütung des Vorstands (Ziff. 4.2.2 Abs. 1 S. 2 a.F.) durch einen (Vergütungs-, Personal-)Ausschuss wurde im Zuge der „Kodexpflege und -verschlankung" mit der Begründung gestrichen, dass diese Empfehlung durch das VorstAG und das danach geltende **Delegationsverbot** des § 107 Abs. 3 S. 3 AktG hinfällig geworden ist.[33]

Die **Empfehlung 12** zum vertikalen Vergütungsvergleich (Ziff. 4.2.2 Abs. 2 S. 3) soll durch die Ergänzung der zu berücksichtigenden Kriterien dazu beitragen, die Entscheidungsgrundlage und Nachvollziehbarkeit für den Aufsichtsrat zu verbessern. Dies soll auch der Professionalisierung und Stärkung der Aufsichtsratsarbeit durch Transparenz dienen.[34] Die Festlegung des oberen Führungskreises sowie der relevanten Belegschaft weist der Kodex in diesem Zusammenhang[35] bzw. zum Zwecke der Erfüllung der Empfehlung dem Aufsichtsrat zu[36], obwohl dies ansonsten Aufgabe des Vorstands ist. Der scheinbare Widerspruch zwischen der Verwendung der Begriffe „Belegschaft insgesamt" und „relevante Belegschaft" lässt sich auflösen, indem man ersteres als Bezeichnung der Mitarbeiter, die für die Abgrenzung zur Verfügung stehen, und letzteres als Teilgruppe ansieht, die der Aufsichtsrat als für den Vergleich relevant erachtet.[37] „Belegschaft insgesamt" schließt damit die gesamte (Konzern-)struktur ein, was für den „relevanten" Teil nicht der Fall sein muss.[38] Damit verbleibt dem Aufsichtsrat die Flexibilität, etwa starke Unterschiede in der Zusammensetzung der Mitarbeiter nach Regionen, Qualifikation oder aber auch die Datenqualität zu berücksichtigen.[39] Dies gilt auch für die Festlegung des „oberen Führungskreises".[40] Die Empfehlung fordert zudem die Berücksichtigung der gefundenen Vergleichsergebnisse. Das bedeutet nicht, dass das Ergebnis die Höhe der Vergütung beeinflussen muss, es muss lediglich in den Prozess der Vergütungsentscheidung mit einfließen.[41]

---

17 MüKo-AktG/*Semler*, § 161 Rn 370.
18 *Ringleb* in: Ringleb/Kremer/Lutter/v. Werder, Rn 686 ff mit dem Muster einer typisierten Geschäftsordnung, Anhang 406 ff; vgl auch *Goslar* in: Wilsing, 4.2.1 Rn 30 f.
19 Geändert am 14.6.2007. Vorher: „soll".
20 Vgl § 87 Abs. 1 AktG.
21 Satz 2 eingefügt am 15.5.2012. Umformuliert von einer Empfehlung in eine Gesetzesbeschreibung am 13.5.2013.
22 Absatz 1 eingefügt am 21.5.2003, geändert am 6.6.2008 und erneut am 18.6.2009. Vorher: „einschließlich der wesentlichen Vertragselemente".
23 Entspricht teilweise § 87 Abs. 1 AktG, Leistungsbeurteilung und Kriterien sind Rechtsauffassungen der Kodex-Kommission.
24 Geändert am 18.6.2009. Vorher: „Vergütung der Vorstandsmitglieder".
25 Geändert am 18.6.2009. Vorher: „Aufsichtsrat".
26 Geändert am 18.6.2009. Vorher zusätzlich: „in angemessener Höhe".
27 Geändert am 18.6.2009. Vorher zusätzlich: „insbesondere".
28 Geändert am 18.6.2009. Vorher stattdessen: „jeweiligen".
29 Geändert am 18.6.2009. Vorher: „die Leistung des Vorstands".
30 Eingefügt am 18.6.2009.
31 Eingefügt am 18.6.2009.
32 Satz eingefügt am 13.5.2013.
33 Vgl Erläuterungen der Änderungsvorschläge aus den Plenarsitzungen der Regierungskommission am 9. und 31.1.2013, unter <www.dcgk.de>. Umformuliert in Gesetzesbeschreibung am 13.5.2013.
34 Siehe Pressemitteilung der Regierungskommission vom 14.5.2013, S. 2, unter <www.dcgk.de>. Sehr kritisch hierzu v.a. wegen der Unbestimmtheit der Empfehlung, *Wilsing/von der Linden*, DStR 2013, 1291, 1293.
35 *v. Werder/Bartz*, DB 2013, 1401, 1402.
36 *Wilsing/von der Linden*, DStR 2013, 1291, 1293, lassen es ausreichen, wenn sich der Aufsichtsrat nach einer Plausibilitätsprüfung der Bestimmung der Vergleichsgruppen durch den der Sache näher stehenden Vorstand anschließt.
37 *Klein*, AG 2013, 733, 738.
38 *Klein*, AG 2013, 733, 738.
39 *Klein*, AG 2013, 733, 738: Die Einbeziehung nur der inländischen Belegschaft kann sachgerecht sein.
40 *Klein*, AG 2013, 733, 738.
41 *Wilsing/von der Linden*, DStR 2013, 1291, 1293; *Klein*, AG 2013, 733, 738.

Dem Aufsichtsrat steht dabei ein erheblicher Beurteilungsspielraum unter Beachtung der unternehmensspezifischen Besonderheiten zu, was zB auch für den Vergleichszeitraum gilt.[42] Es bedarf mangels Vorgaben in der Empfehlung für die Festlegung keines formalen Aufsichtsratsbeschlusses, sondern es ist ausreichend, wenn sich die Vergleichsgruppen aus dem Vergleich ergeben.[43] Das Vergleichsergebnis ist nicht offenzulegen, es dient grundsätzlich der internen Entscheidungsfindung. Die Sicherung einer vertraulichen Aussprache des Aufsichtsrats[44] und die Sensibilität des Vergleichs können Gründe sein, Aktionären auch auf der Hauptversammlung hierüber das Auskunftsrecht des § 131 AktG zu verweigern.[45] Diese Empfehlung steht im sachlichen und zeitlichen Zusammenhang mit der jeweiligen Vergütungsentscheidung des Aufsichtsrats, so dass es – wenn keine Entscheidung ansteht – zur Befolgung der Empfehlung ausreicht, wenn die Absicht besteht, diese Empfehlung bei künftigen Vergütungsentscheidungen zu beachten.[46]

(III.) Soweit vom Aufsichtsrat zur Beurteilung der Angemessenheit der Vergütung ein externer Vergütungsexperte hinzugezogen wird, soll auf dessen Unabhängigkeit vom Vorstand bzw. vom Unternehmen geachtet werden.[47]

28 Mit der **Empfehlung 13 zur Unabhängigkeit externer Vergütungsexperten (Ziff. 4.2.2 Abs. 3)** sollen unliebsame Einflüsse auf die Bemessung der Vergütung minimiert werden.[48]

4.2.3[49] (I.) Die Gesamtvergütung der Vorstandsmitglieder umfasst die monetären Vergütungsteile, die Versorgungszusagen, die sonstigen Zusagen, insbesondere für den Fall der Beendigung der Tätigkeit, Nebenleistungen jeder Art und Leistungen von Dritten, die im Hinblick auf die Vorstandstätigkeit zugesagt oder im Geschäftsjahr gewährt wurden.[50]

(II.) ¹Die Vergütungsstruktur ist auf eine nachhaltige Unternehmensentwicklung auszurichten.[51] ²Die monetären Vergütungsteile[52] sollen fixe und variable Bestandteile umfassen. ³Der Aufsichtsrat hat dafür zu sorgen, dass variable Vergütungsteile grundsätzlich eine mehrjährige Bemessungsgrundlage haben. ⁴Sowohl positiven als auch negativen Entwicklungen soll bei der Ausgestaltung der variablen Vergütungsteile Rechnung getragen werden. ⁵Sämtliche Vergütungsteile müssen für sich und insgesamt angemessen sein und dürfen insbesondere nicht zum Eingehen unangemessener Risiken verleiten.[53] ⁶Die Vergütung soll insgesamt und hinsichtlich ihrer variablen Vergütungsteile betragsmäßige Höchstgrenzen aufweisen.[54] ⁷Die variablen Vergütungsteile sollen auf anspruchsvolle, relevante[55] Vergleichsparameter bezogen sein. ⁸Eine nachträgliche Änderung der Erfolgsziele oder der Vergleichsparameter soll ausgeschlossen sein.[56]

29 Hinsichtlich der **Empfehlung 14 zur Zusammensetzung der monetären Vergütungsbestandteile (Ziff. 4.2.3 Abs. 2 S. 2)** stellt der Kodex das Verhältnis von fixen und variablen Anteilen grundsätzlich in das Ermessen des Aufsichtsrates.[57]

30 Durch die **Empfehlung 15 zur Berücksichtigung sowohl positiver wie auch negativer Entwicklungen (Ziff. 4.2.3 Abs. 2 S. 4)** soll erreicht werden, dass auch reale Verluste am Einkommen eintreten können, wenn sich das Unternehmen entsprechend negativ entwickelt.[58] Die **Empfehlung 16 zu betragsmäßigen Vergütungsobergrenzen (Ziff. 4.2.3 Abs. 2 S. 6)** erfordert mehrere Grenzen (**Caps**).[59] Die Vergütung „insgesamt" umfasst dabei sämtliche Leistungen des Unternehmens für die Tätigkeit des Vorstands, also Festvergütung, variable erfolgsabhängige Vergütung und Nebenleistungen.[60] Da einzelnen Höchstgrenzen neben

---

42 *Klein*, AG 2013, 733, 738.
43 *Klein*, AG 2013, 733, 738; *Wilsing/von der Linden*, DStR 2013, 1291, 1293 schlagen dagegen ein fünfstufiges Prozedere vor.
44 OLG Stuttgart AG 2012, 377.
45 *Klein*, AG 2013, 733, 739.
46 *Klein*, AG 2013, 733, 737. Die Tatsache der Kodexänderung selbst führt jedenfalls nicht zu einer unterjährigen Aktualisierungspflicht der Entsprechenserklärung, *Ringleb* in: Ringleb/Kremer/Lutter/v. Werder, Rn 1581.
47 Eingefügt am 18.6.2009.
48 *Hecker*, BB 2009, 1654, 1657.
49 Völlig neu gefasst am 18.6.2009.
50 Eingefügt am 12.6.2006.
51 Vgl § 87 Abs. 1 AktG. Es handelt sich um eine Ergänzung zu den EU-Empfehlungen 2004/913/EG und 2005/162/EG nach denen die langfristige Unternehmensentwicklung und Wertschöpfung als Leistungskriterium bei der Vergütung anzulegen sind (Ziffer 3.2.).
52 Seit 12.6.2006 statt zuvor „Gesamtvergütung".
53 Entspricht § 87 Abs. 1 S. 1 AktG; hinsichtlich der unangemessenen Risiken handelt es sich um eine Ergänzung der Kodex-Kommission.
54 Eingefügt am 13.5.2013. Dafür wurde der Satz „Als variable Vergütungsteile kommen zB auf das Unternehmen bezogene aktien- oder kennzahlenbasierte Vergütungselemente in Betracht" gestrichen.
55 Seit 21.3.2003 statt zuvor „vorher festgelegte".
56 Der Satz „Für außerordentliche Entwicklungen hat der Aufsichtsrat grundsätzlich die Begrenzungsmöglichkeit (Cap) zu vereinbaren" wurde am 13.5.2013 gestrichen.
57 *Geßler/Käpplinger*, Rn 46.
58 *Ringleb* in: Ringleb/Kremer/Lutter/v. Werder, Rn 725 c.
59 *Klein*, AG 2013, 733, 734.
60 *Klein*, AG 2013, 733, 734 f mwN, der auch Pensionsrückstellungen in den Gesamtcap einbeziehen will. Wegen der Angaben zum Altersvorsorgesystem im Vergütungsbericht soll aber eine Anfechtung etwa der Entlastungsbeschlüsse auf der Hauptversammlung wegen dieser Auslegungsfrage mangels signifikanten Informationsmehrwerts ausgeschlossen sein.

einer Gesamtbegrenzung keine zusätzliche Kostensicherheit für die Gesellschaft bieten, dürfte der Sinn der Empfehlung darin liegen, die Wirkungsmechanismen, die Spielräume und das Verhältnis der Vergütungsteile zueinander im Rahmen des Anreizsystems festzulegen.[61] Die Wirkungsmechanismen im Vergütungssystem dürften damit auch Maßstab dafür sein, ob mehrere Vergütungselemente jeweils einen eigenen Cap erfordern, oder ob sie einen einheitlichen Vergütungsbestandteil bilden.[62] Da eine „betragsmäßige" Grenze festgelegt werden soll, erfüllen zB relative Caps und bei aktienbasierter Vergütung die Angabe der Stückzahl die Empfehlung nicht.[63] Bei einer aktienbezogenen Vergütung ist nach tvA ein Cap nur für die Zuteilung von Umtausch- und Bezugsrechten, nicht aber für die spätere Ausübung der Rechte erforderlich, da es dem Sinn einer solchen Vergütung zuwiderlaufen würde, den Wertzuwachs einer aktienbezogenen Vergütung während der Sperrzeit zu deckeln.[64] Eine aA differenziert für den Beurteilungszeitpunkt zwischen auf physischen Aktien basierender Vergütung (Anrechnung Wertvorteil bei Erwerb) und auf Aktien bezogenen Wertrechten (Zeitpunkt und mit Wertvorteil bei Ausübung).[65]

Hinsichtlich der **Empfehlung 17 zu Vergleichsparametern bei variablen Vergütungskomponenten** (Ziff. 4.2.3 Abs. 2 S. 7) dürfte jeder Vergleichsparameter für die Umsetzung ausreichend sein, dem die vom Gesetzgeber gewünschte langfristige Anreizwirkung zukommt.[66] Vergleichsparameter sind dann „relevant", wenn sie einen Risikocharakter aufweisen.[67]

Die **Empfehlung 18 zur Fixierung von Erfolgszielen und Parametern** (Ziff. 4.2.3 Abs. 2 S. 8) umschreibt nicht das Verbot des „Repricing" (nachträgliche Änderung des Basispreises), sondern lediglich das der **Änderung des Erfolgsziels**,[68] welches bereits aus aktienrechtlichen Gründen zwingend geboten ist (vgl § 87 AktG).[69]

(III.) Bei Versorgungszusagen soll der Aufsichtsrat das jeweils angestrebte Versorgungsniveau – auch nach der Dauer der Vorstandszugehörigkeit – festlegen und den daraus abgeleiteten jährlichen sowie den langfristigen Aufwand für das Unternehmen berücksichtigen.[70]

Die **Empfehlung 19 zu Versorgungszusagen** (Ziff. 4.2.3 Abs. 3) soll wie Ziff. 4.2.2 Abs. 2 S. 3 dazu beitragen, die Entscheidungsgrundlage und Nachvollziehbarkeit für den Aufsichtsrat zu verbessern.[71] Der Aufsichtsrat soll aus dem von ihm festzulegenden Versorgungsniveau (**defined benefit**) den jährlichen sowie den langfristigen Aufwand für das Unternehmen ableiten und bei der Versorgungszusage berücksichtigen.[72] Für das angestrebte Versorgungsniveau ist die Mandatsdauer zu berücksichtigen, die wegen uU wiederholten Bestellungen oder Verlängerungen der Amtszeit nicht festgelegt ist. Die Empfehlung lässt sich daher nur anhand von Prognosen und Annahmen erfüllen.[73] Weit verbreitet sind mittlerweile beitragsorientierte Pensionsmodelle (**defined contribution**), bei denen der Aufsichtsrat jährlich einen Beitrag festlegt.[74] Der nach dem Konsultationsverfahren der Kodexänderung 2013 eingefügte Zusatz „auch nach der Dauer der Vorstandszugehörigkeit" soll es bei einem beitragsorientierten System ermöglichen, der Empfehlung folgen zu können.[75]

(IV.)[76] [1]Bei Abschluss von Vorstandsverträgen soll [77] darauf geachtet werden, dass Zahlungen an ein Vorstandsmitglied bei vorzeitiger Beendigung der Vorstandstätigkeit[78] einschließlich Nebenleistungen den Wert von zwei Jahresvergütungen nicht überschreiten (Abfindungs-Cap) und nicht mehr als die Restlaufzeit des Anstellungsvertrages vergüten. [2]Wird der Anstellungsvertrag aus einem von dem Vorstandsmitglied zu

---

61 Vgl *Klein*, AG 2013, 733, 735.
62 *Klein*, AG 2013, 733, 735, mit Beispielen: ein Cap für mehrere Tranchen eines Long Term Performance Programms, mehrere Caps bei einem Long Term und einem Mid Term Incentive Programm.
63 *Kramarsch/Siepmann*, Der Aufsichtsrat 2013, 54, 55; *Klein*, AG 2013, 733, 735.
64 *Wilsing/von der Linden*, DStR 2013, 1291, 1293, die auch auf den Gleichlauf des Wertzuwachs der Aktie für Vorstände und Aktionäre hinweisen. Dem folgend *Peters/Hecker*, BB 2013, 2891.
65 *Klein*, AG 2013, 733, 736.
66 *Goslar* in: Wilsing, 4.2.3 Rn 16; *Ringleb* in: Ringleb/Kremer/Lutter/v. Werder, Rn 734.
67 *Ringleb* in: Ringleb/Kremer/Lutter/v. Werder, Rn 734.
68 *Geßler/Käpplinger*, Rn 46, 49; *ders.*, Inhaltskontrolle von Aktienoptionsplänen, 108 ff mwN, 151 ff.
69 *Ziemons* in: Nirk/Ziemons/Binnewies, I 771 Rn 8.7 mwN; aA *Ackermann/Suchan*, BB 2002, 1497, 1500, Fn 35.
70 Absatz eingefügt am 13.5.2013.
71 Siehe Pressemitteilung der Regierungskommission vom 14.5.2013, S. 2, unter <www.dcgk.de>.
72 Wie bei Ziff. 4.2.2 Abs. 2 S. 3 bedeutet „berücksichtigen", dass die Erkenntnisse in den Prozess der Entscheidungsfindung einfließen, *Klein*, AG 2013, 733, 739.
73 *Wilsing/von der Linden*, DStR 2013, 1291, 1294; *Peters/Hecker*, BB 2013, 2887, 2891.
74 *Wilsing/von der Linden*, DStR 2013, 1291, 1294.
75 *Klein*, AG 2013, 733, 739; aA *Wilsing/von der Linden*, DStR 2013, 1291, 1294; *Peters/Hecker*, BB 2013, 2887, 2891.
76 Absatz eingefügt am 14.6.2007.
77 Seit 6.6.2008 anstelle des am 14.7.2007 eingefügten „sollte".
78 „Ohne wichtigen Grund" gestrichen 15.5.2012, da bei Vorliegen eines wichtigen Grundes ohnehin keine Abfindung gezahlt werden darf, vgl auch S. 2. Nach den EU-Empfehlungen 2004/913/EG und 2005/162/EG sind „Abfindungszahlungen" solche, die bei vorzeitiger Beendigung von Verträgen an geschäftsführende Direktoren oder Vorstandsmitglieder geleistet werden, einschließlich Zahlungen im Zusammenhang mit vertraglich festgelegten Kündigungsfristen oder Wettbewerbsverbotsklauseln (Ziff. 2.2).

vertretenden wichtigen Grund beendet, erfolgen keine Zahlungen an das Vorstandsmitglied.[79] ³Für die Berechnung des Abfindungs-Caps soll auf die Gesamtvergütung des abgelaufenen Geschäftsjahres und gegebenenfalls auch auf die voraussichtliche Gesamtvergütung für das laufende Geschäftsjahr abgestellt werden.

33 Die **Empfehlung 20 zum Abfindungs-Cap** (Ziff. 4.2.3 Abs. 4 S. 1) auf zwei Jahresvergütungen (einschl. Nebenleistungen) entspricht hinsichtlich der weiteren Begrenzung auf den Barwert der bis zum regulären Vertragsende zu zahlenden Vergütung dem Grundsatz der aufgabengerechten Vergütung gem. § 87 Abs. 1 AktG.[80] Sie gilt nicht nur für den im Zeitpunkt der Erstbestellung abgeschlossenen Vorstandsvertrag, sondern auch für den Neuabschluss des Dienstvertrages im Rahmen einer Wiederbestellung, nicht aber für Altverträge.[81]

(V.)[82] Eine Zusage für Leistungen aus Anlass der vorzeitigen Beendigung der Vorstandstätigkeit, infolge eines Kontrollwechsels (Change of Control) soll [83] 150 % des Abfindungs-Caps nicht übersteigen.

34 Die **Empfehlung 21 zum Kontrollwechsel** (Ziff. 4.2.3 Abs. 5) erfasst den Fall, dass ein anderer als der bisherige Gesellschafter (ggf zusammen mit weiteren) einen herrschenden Einfluss iSv § 17 AktG auf die Gesellschaft ausüben kann.[84] Die Vereinbarung ist auch kurz vor einem Kontrollwechsel zulässig, da der Zeitpunkt für die Motive – Interesse an der Ausrichtung der Vorstandstätigkeit allein an den Belangen der Gesellschaft – unerheblich ist.[85]

(VI.)[86] Der Vorsitzende des Aufsichtsrats soll die Hauptversammlung einmalig über die Grundzüge des Vergütungssystems und sodann deren Veränderung informieren.[87]

35 Hinsichtlich der **Empfehlung 22 zur Information der Hauptversammlung über das Vergütungssystem** (Ziff. 4.2.3 Abs. 5) ist eine jährliche Information nicht zwingend vorgegeben, sie hat aber jedenfalls nach einem Beschluss über Veränderungen zu erfolgen.[88]

4.2.4[89] ¹Die Gesamtvergütung eines jeden[90] Vorstandsmitglieds wird, aufgeteilt nach fixen und variablen Vergütungsteilen,[91] unter Namensnennung offen gelegt. ²Gleiches gilt für Zusagen auf Leistungen, die einem Vorstandsmitglied für den Fall der vorzeitigen oder regulären Beendigung der Tätigkeit als Vorstandsmitglied gewährt oder die während des Geschäftsjahres geändert worden sind. ³Die Offenlegung unterbleibt, wenn die Hauptversammlung dies mit Dreiviertelmehrheit anderweitig beschlossen hat.[92]

4.2.5[93] (I.) ¹Die Offenlegung erfolgt im Anhang oder im Lagebericht. ²In einem Vergütungsbericht als Teil des Lageberichts werden die Grundzüge des Vergütungssystems für die Vorstandsmitglieder dargestellt.[94] ³Die Darstellung soll in allgemein verständlicher Form erfolgen.[95]

36 Die **Empfehlung 23 zur Darstellung des Vergütungsberichts** (Ziff. 4.2.5 Abs. 1 S. 3) soll dazu dienen, dass die Aktionäre nachvollziehen können, ob das Vergütungssystem den gesetzlichen Vorgaben entspricht, also ob es insbesondere auf den nachhaltigen Unternehmenserfolg ausgerichtet ist.[96] Die Verständlichkeit steht dabei im Spannungsfeld zur Komplexität der Vergütungssysteme. Die Unternehmen können sich hierbei aber um möglichst einfache Sprache bemühen, Fachbegriffe vermeiden oder erläutern, übersichtliche Darstellungsformen wählen und Tabellen nutzen.[97]

---

79 Eingefügt am 15.5.2012.
80 Geßler/*Käpplinger*, Rn 48; *ders.*, NZG 2003, 572 f; kritisch zur Aufwertung als Empfehlung: *Bauer/Arnold*, BB 2008, 1692 ff.
81 *Bauer/Arnold*, BB 2008, 1692, 1693.
82 Absatz eingefügt am 14.6.2007.
83 Seit 6.6.2008 anstelle dem am 14.7.2007 eingefügten „sollte".
84 Geßler/*Käpplinger*, Rn 50.
85 *Goslar* in: Wilsing, 4.2.4 Rn 24; KölnKomm-AktG/*Mertens/Cahn*, § 87 Rn 85; aA Großkomm-AktienR/*Kort*, § 87 Rn 366; MüKo-AktG/*Spindler*, § 87 Rn 84.
86 Absatz eingefügt am 21.5.2003.
87 „Einmalig" und „sodann" eingefügt am 15.5.2012. Ausweislich der Begründung zu den Vorschlägen der Regierungskommission vom 17.1.2012 dient das der Klarstellung, dass nicht auf jeder Hauptversammlung zu berichten sein soll, sondern nur bei wesentlichen Veränderungen.
88 *Ringleb* in: Ringleb/Kremer/Lutter/v. Werder, Rn 765 f; *Goslar* in: Wilsing, 4.2.4 Rn 27.
89 Geändert am 21.5.2003, neu gefasst am 12.6.2006, wiederum geändert am 18.6.2009.
90 Seit 18.6.2009 statt zuvor „jedes".
91 Seit 18.6.2009.
92 Umformulierung zur Klarstellung, dass es sich um Gesetzesdarstellung handelt, am 15.5.2012.
93 Neu gefasst am 12.6.2006, Abs. 2 und 3 gestrichen am 18.6.2009.
94 Ort in Satz 1 konkretisiert am 15.5.2012: gem. § 285 Nr. 9 HGB im Anhang oder gem. § 289 Abs. 2 Nr. 5 S. 2 HGB im Lagebericht. Nach § 289 Abs. 2 Nr. 5 S. 1 HGB soll der Lagebericht auch auf die Grundzüge des Vergütungssystems eingehen, was Satz 2 – gängiger Praxis folgend – als Vergütungsbericht bezeichnet, so die Begründung zur Kodexänderung vom 17.1.2012.
95 Eingefügt am 15.5.2012.
96 *Ringleb* in: Ringleb/Kremer/Lutter/v. Werder, Rn 784.
97 *Goslar* in: Wilsing, 4.2.5 Rn 8.

(II.) Der Vergütungsbericht soll auch Angaben zur Art der von der Gesellschaft erbrachten Nebenleistungen enthalten.[98]

(III.) [1]Ferner sollen im Vergütungsbericht für die Geschäftsjahre, die nach dem 31. Dezember 2013 beginnen, für jedes Vorstandsmitglied dargestellt werden:
- die für das Berichtsjahr gewährten Zuwendungen einschließlich der Nebenleistungen, bei variablen Vergütungsteilen ergänzt um die erreichbare Maximal- und Minimalvergütung,
- der Zufluss im bzw. für das Berichtsjahr aus Fixvergütung, kurzfristiger variabler Vergütung und langfristiger variabler Vergütung mit Differenzierung nach den jeweiligen Bezugsjahren,
- bei der Altersversorgung und sonstigen Versorgungsleistungen der Versorgungsaufwand im bzw. für das Berichtsjahr.

[2]Für diese Informationen sollen die als Anlage beigefügten Mustertabellen verwandt werden.

Die **Empfehlung 24** zu erbrachten Nebenleistungen (Ziff. 4.2.5 Abs. 2) soll ebenfalls dazu dienen, die Angemessenheit der Vergütungsstruktur zu beurteilen, was aber nicht bedeutet, dass individuell offengelegt werden muss.[99] Sie geht über die gesetzlichen Anforderungen des HGB hinaus, da die Nebenleistungen danach auch anderen Vergütungsbestandteilen zugeschlagen werden können.[100]

Die **Empfehlung 25** zu den Angaben im Vergütungsbericht (Ziff. 4.2.5 Abs. 3 S. 1) dient dazu, für den Aufsichtsrat und eine breitere Öffentlichkeit die Vergleichbarkeit sowohl im Zeitvergleich als auch mit anderen Unternehmen zu erhöhen, indem wichtige zahlenmäßigen Informationen zur Vorstandsvergütung einheitlich aufbereitet werden.[101] Während die gesetzlichen Anforderungen im Wesentlichen die Angabe gewährter Vergütungen verlangen, geht die Empfehlung bzgl. der Angabe der zugeflossenen Vergütung hierüber hinaus.[102] Der Kodex selbst definiert nicht, ab welchem Zeitpunkt eine Vergütung als „gewährt" gilt. Dies dürfte zumindest dann der Fall sein, wenn eine Zusage dem Grunde nach bis zur Aufstellung des Vergütungsberichts erfolgt ist.[103] Für das Vorliegen eines „Zuflusses" dürfte nicht die tatsächliche Auszahlung Voraussetzung sein, sondern dass der endgültige Zuflussbetrag zum Zeitpunkt der Erstellung des Vergütungsberichts feststeht.[104] Die Empfehlung enthält erstmals eine Übergangsvorschrift, um auf den möglicherweise entstehenden Umstellungsaufwand für die Unternehmen Rücksicht zu nehmen.[105]

Die **Empfehlung 26** zur Verwendung von Mustertabellen (Ziff. 4.2.5 Abs. 3 S. 2) dient der Aufbereitung der umfangreichen Detailangaben zur Vorstandsvergütung.[106] Auch sie sind Bestandteile des Vergütungsberichts. In die erste Tabelle, die auf die Zielvergütung des abgelaufenen Geschäftsjahrs abstellt, ist entsprechend dem ersten Spiegelstrich der Wert der gewährten Zuwendungen, bei variablen Bestandteilen mit den erreichbaren Minimal- und maximalwerten, einzutragen; Die andere Tabelle soll entsprechend dem zweiten Spiegelstrich den Vergütungszufluss, also die tatsächliche Realisation im bzw. für das Berichtsjahr darstellen.[107] Die Werte in den Tabellen sind grundsätzlich nach IFRS auszuweisen.[108] Sonstige Informationen zur Vorstandsvergütung – zB nach IFRS, HGB, DRS oder sonstigen Vorschriften – werden wie bisher im Anhang oder im Lagebericht veröffentlicht.[109] Um die offenen Anwendungsfragen (zB welche Vergütungskomponenten in die Gesamtvergütung einzubeziehen bzw. wie diese zu trennen sind oder in welchem Berichtsjahr und mit welchen Werten Vergütungen aufzunehmen sind[110]), zu beantworten, ist nach tvA zu berücksichtigen, dass die Regierungskommission ausweislich der Presseerklärung davon ausgeht, keine zusätzlichen Informationen zu verlangen, sondern nur die anderweitig bereits offen zu legenden einheitlich aufzubereiten. Daher sei zB die erreichbare Minimal- und Maximalvergütung für Sachleistungen nicht aufzunehmen, sondern nur für die erfolgsabhängig variable Vergütung gem. Ziff 4.2.5.[111] Die Anwender könnten zudem mit Anmerkungen arbeiten.[112] Um die gewünschte inhaltliche Vergleichbarkeit herzustel-

---

98 Satz eingefügt am 12.6.2006.
99 *Ringleb* in: Ringleb/Kremer/Lutter/v. Werder, Rn 787.
100 *Goslar* in: Wilsing, 4.2.5 Rn 7.
101 Pressemitteilung der Regierungskommission vom 27.5.2010, unter <www.dcgk.de>.
102 *Rimmelspacher/Kaspar*, DB 2013, 2785, 2787; *Wilsing/von der Linden*, DStR 2013, 1291, 1294; *Kramarsch/Siepmann*, Der Aufsichtsrat 2013, 54, 55.
103 *Rimmelspacher/Kaspar*, DB 2013, 2785, 2788: auch Tantiemen, die erst zu diesem Zeitpunkt beschlossen werden, sei nach Sinn und Zweck der Empfehlung anzugeben, wenn eine hohe Wahrscheinlichkeit für eine Zusage besteht; Für die Höhe muss in beiden Fällen ein willkürfreier Schätzwert möglich sein.
104 *Rimmelspacher/Kaspar*, DB 2013, 2785, 2788 entnehmen dies den Erläuterungen zu den Mustertabellen, die zB für die mehr-

jährige variable Vergütung ausdrücklich auf „die Auszahlungen" abstellen, für andere Vergütungselemente nicht.
105 Pressemitteilung der Regierungskommission vom 27.5.2010, unter <www.dcgk.de>.
106 Diese sind dem Kodex als Anlagen beigefügt und finden sich hier nach der Kommentierung des Kodex.
107 *Kramarsch/Siepmann*, Der Aufsichtsrat 2013, 54, 55; *Wilsing/von der Linden*, DStR 2013, 1291, 1294.
108 Vgl Medienpräsentation v. 14.5.2013, Folie 7, abrufbar unter <www.dcgk.de>.
109 *Wilsing/von der Linden*, DStR 2013, 1291, 1294.
110 Viele Beispiele und Lösungsvorschläge bei *Rimmelspacher/Kaspar*, DB 2013, 2785; *Klein*, AG 2013, 733, 741.
111 *Klein*, AG 2013, 733, 741.
112 *Klein*, AG 2013, 733, 741.

len, dürfte es erforderlich sein, die Vergütungskomponenten in beiden Tabellen identisch aufzuteilen.[113] Die Erklärungen in der Mustertabelle stellen ihrerseits keine Empfehlung, sondern nur eine unverbindliche Hilfestellung dar.[114] Da Spiegelstrich 2 Angaben „im bzw. für" das Berichtsjahr verlangt, kann der Anwender nach tvA die Empfehlung auch erfüllen, wenn er sich für die eine oder andere zeitliche Zuordnung entscheidet.[115] Wer die Zusatzinformationen weder tabellarisch noch anderweitig erteilt, muss eine Abweichung von Ziff. 4.2.5 Abs. 3 Satz 1 DCGK erklären.[116]

4.3 Interessenkonflikte

4.3.1 Vorstandsmitglieder unterliegen während ihrer Tätigkeit für das Unternehmen einem umfassenden Wettbewerbsverbot.

4.3.2 Vorstandsmitglieder und Mitarbeiter dürfen im Zusammenhang mit ihrer Tätigkeit weder für sich noch für andere Personen von Dritten Zuwendungen oder sonstige Vorteile fordern oder annehmen oder Dritten ungerechtfertigte Vorteile gewähren.[117]

4.3.3 ¹Die Vorstandsmitglieder sind dem Unternehmensinteresse verpflichtet. ²Kein Mitglied des Vorstands darf bei seinen Entscheidungen persönliche Interessen verfolgen und Geschäftschancen, die dem Unternehmen zustehen, für sich nutzen.

4.3.4 ¹Jedes Vorstandsmitglied soll Interessenkonflikte dem Aufsichtsrat gegenüber unverzüglich offen legen und die anderen Vorstandsmitglieder hierüber informieren. ²Alle Geschäfte zwischen dem Unternehmen einerseits und den Vorstandsmitgliedern sowie ihnen nahe stehenden Personen oder ihnen persönlich nahe stehenden Unternehmungen andererseits haben branchenüblichen Standards zu entsprechen. ³Wesentliche Geschäfte sollen der Zustimmung des Aufsichtsrats bedürfen.

38 Die Verpflichtung zur Befolgung der **Empfehlung 27** zur Offenlegung von Interessenkonflikten (Ziff. 4.3.4 S. 1) gibt ein Vorstandsmitglied bereits **inzident** mit der Zustimmung zur Abgabe der Entsprechenserklärung nach § 161 AktG ab.[118] Sie kann aber auch in seinen Anstellungsvertrag übernommen werden.[119] Ein Interessenkonflikt kann nach tvA gegeben sein, wenn das Vorstandsmitglied oder nahe stehende Personen in ein Geschäft mit der Gesellschaft derart involviert sind, dass ihnen aufgrund eines **materiellen oder ideellen Sonderinteresses** ein **unmittelbarer** Vor- oder Nachteil erwächst.[120] Nach aA genügt es, dass das Geschäft oder die Geschäftsführungsmaßnahme ein Interesse zu berühren geeignet ist und die Berücksichtigung zu Lasten des Unternehmensinteresses gehen könnte.[121] Es muss sich um einen **konkreten** Interessenkonflikt handeln.[122] Der Annahme von **Stimmverboten** steht die hM zurückhaltend gegenüber.[123]

39 Die **Empfehlung 28** zur Befassung bei wesentlichen Geschäften (Ziff. 4.3.4 S. 3) betrifft solche zwischen (nicht mit, § 112 AktG)[124] den Vorstandsmitgliedern, ihnen nahe stehenden Personen oder Unternehmen und der Gesellschaft sowie ihren Konzernunternehmen.[125] Für die **Wesentlichkeit** des Geschäfts kommt es insbesondere auf **Umfang und Bedeutung** an, ohne dass sich ein allgemein gültiger Schwellenwert bestimmen ließe.[126]

---

[113] *Rimmelspacher/Kaspar*, DB 2013, 2785, 2787.
[114] *Klein*, AG 2013, 733, 741.
[115] *Klein*, AG 2013, 733, 741, der aber regelmäßig die Zuordnung zum jeweiligen Geschäftsjahr für sachlich vorzugswürdig erachtet.
[116] *Wilsing/von der Linden*, DStR 2013, 1291, 1294. *Rimmelspacher/Kaspar*, DB 2013, 2785, 2786 gehen davon aus, dass zumindest dann keine Abweichung beider Empfehlungen des Absatz 3 erklärt werden muss, wenn die Hauptversammlung den Verzicht auf die individualisierte Offenlegung der Vorstandsvergütung gem. §§ 286 Abs. 5, 314 Abs. 2 S. 2 HGB beschlossen hat. Dies wird damit begründet, dass Ziff. 4.2.5 nur von der gesetzlichen Regelung der individualisierten Ausweisung ausgehe, zur Möglichkeit des „Opt Out" durch die Hauptversammlung aber schweige. Die Empfehlung in Ziff. 4.2.5. Abs. 3 folge als Annex diesem Standardfall der individualisierten Offenlegung.
[117] Hat kein gesetzliches Vorbild, ergibt sich aber aus der organschaftlichen Treuebindung.
[118] *Ringleb* in: Ringleb/Kremer/Lutter/v. Werder, Rn 823; vgl *Baums*, Rn 69. Nach wohl hM leitet sich die Verpflichtung bereits aus der Treuepflicht ab, MüKo-AktG/*Spindler*, § 93 Rn 92 mwN; KölnKomm-AktG/*Mertens/Cahn*, § 93 Rn 110; *Ziemons* in: Nirk/Ziemons/Binnewies, I 772 Rn 8.7; aA *Goslar* in: Wilsing, 4.3.4 Rn 7 mwN: nur gegenüber dem Vorstand.
[119] *Marsch-Barner*, § 2, Rn 55.
[120] *Geßler/Käpplinger*, Rn 62, der einen Vergleich zum Kommunalrecht heranzieht; rechtsvergleichend: *Fleischer*, AG 2005, 336, 338 f.
[121] *Goslar* in: Wilsing, 4.3.4 Rn 3.
[122] *Goslar* in: Wilsing, 4.3.4 Rn 3.
[123] *Hüffer*, § 77 Rn 8; KölnKomm-AktG/*Mertens/Cahn*, § 77 Rn 38; *Goslar* in: Wilsing, 4.3.4 Rn 314, anerkannt für Fälle analog § 34 BGB. Nach tvA Stimmverbot, wenn Interessenkonflikt besonders gravierend, analog § 136 AktG, § 47 Abs. 4 GmbH, Geßler/*Käpplinger*.
[124] § 112 AktG verlangt Vertretung durch den Aufsichtsrat, nicht nur Zustimmung, *Ziemons* in: Nirk/Ziemons/Binnewies, I 772 Rn 8.8; vgl auch *Mutter*, AG 2012, R308.
[125] MüKo-AktG/*Semler*, § 161 Rn 391 f; Geßler/*Käpplinger*, Rn 64; *Ringleb* in: Ringleb/Kremer/Lutter/v. Werder, Rn 836 f.
[126] Geßler/*Käpplinger*, Rn 64; *Ringleb* in: Ringleb/Kremer/Lutter/v. Werder, Rn 836 f: nie wirtschaftlich für die Gesellschaft unbedeutende Geschäfte, *Goslar* in: Wilsing, 4.3.5 Rn 21; aA *Mutter*, AG 2012, R308.

4.3.5 Vorstandsmitglieder sollen Nebentätigkeiten, insbesondere Aufsichtsratsmandate außerhalb des Unternehmens, nur mit Zustimmung des Aufsichtsrats übernehmen.

Die nicht in der Satzung, sondern in den Anstellungsverträgen[127] umzusetzende **Empfehlung 29 zum Zustimmungsvorbehalt bei Nebentätigkeiten (Ziff. 4.3.5)** erfasst über das Verbot des § 88 AktG hinaus (vgl auch Ziff. 4.3.1) **sämtliche Nebentätigkeiten außerhalb des Konzernverbundes**.[128] Sie gilt außer für Aufsichtsratsmandate auch für solche als **non-executive director** in Verwaltungsräten ausländischer Gesellschaften.[129]

40

5. Aufsichtsrat

5.1 Aufgaben und Zuständigkeiten

5.1.1 ¹Aufgabe des Aufsichtsrats ist es, den Vorstand bei der Leitung des Unternehmens regelmäßig zu beraten und zu überwachen. ²Er ist in Entscheidungen von grundlegender Bedeutung für das Unternehmen einzubinden.

5.1.2 (I.) ¹Der Aufsichtsrat bestellt und entlässt die Mitglieder des Vorstands. ²Bei der Zusammensetzung des Vorstands soll der Aufsichtsrat auch auf Vielfalt (Diversity) achten und dabei insbesondere eine angemessene Berücksichtigung von Frauen anstreben¹ ³Er soll gemeinsam mit dem Vorstand für eine langfristige Nachfolgeplanung sorgen. ⁴Der Aufsichtsrat kann die Vorbereitung der Bestellung von Vorstandsmitgliedern sowie der Behandlung der Bedingungen des Anstellungsvertrages einschließlich der Vergütung Ausschüssen übertragen.²

Mittels der **Empfehlung 30 zur Zusammensetzung des Vorstands (Ziff. 5.1.2 Abs. 1 S. 2)** soll eine größere Diversität erreicht werden.³ Die Besetzung ist, wie alles Aufsichtsratshandeln, auf das Unternehmenswohl auszurichten, wobei die Vielfalt als ein Element, das zum Unternehmenswohl beitragen kann, angesehen werden kann.⁴ Wie bei Ziff. 4.1.5 handelt es sich um eine Handlungsempfehlung („anstreben").⁵ Um der Empfehlung gerecht zu werden, sollten entsprechende Überlegungen in der Beschlussfindung, im Protokoll oder in den Beschlüssen selbst dokumentiert werden.⁶ Teilweise wird für den Corporate-Governance-Bericht eine Erklärung hierüber empfohlen.⁷

41

Die **Empfehlung 31 zur langfristigen Nachfolgeplanung (Ziff. 5.1.2 Abs. 1 S. 3)** gewährt dem Vorstand keine Kompetenz zur Bestimmung seiner Nachfolger, sondern hält ihn lediglich an, den dafür bereits gem. § 84 Abs. 1 AktG zuständigen Aufsichtsrat über seine **Zeitplanung** zu unterrichten, um diesem eine **vorausschauende Planung** auf fundierter Grundlage zu ermöglichen.⁸ Für die interne Nachfolgeplanung verfügt er über ein besonderes Wissen.⁹

42

(II.) ¹Bei Erstbestellungen sollte die maximal mögliche Bestelldauer von fünf Jahren nicht die Regel sein. ²Eine Wiederbestellung vor Ablauf eines Jahres vor dem Ende der Bestelldauer bei gleichzeitiger Aufhebung der laufenden Bestellung soll nur bei Vorliegen besonderer Umstände erfolgen. ³Eine Altersgrenze für Vorstandsmitglieder soll festgelegt werden.

Die **Empfehlung 32 zur Nichtvornahme vorzeitiger Wiederbestellungen (Ziff. 5.1.2 Abs. 2 S. 2)** soll insbesondere missbräuchliche Verlängerungen verhindern, die auf die Sicherung von Abfindungszahlungen bei vorzeitigem Ausscheiden abzielen (vgl 84 Abs. 1 S. 3 AktG).¹⁰ **Besondere Umstände** liegen etwa bei einem Konkurrenzangebot vor, dass der Vorstand nur unter der Bedingung der Wiederbestellung ausschlagen will.¹¹

43

---

127 MüKo-AktG/*Semler*, § 161, Rn 397, 398.
128 *Ringleb* in: Ringleb/Kremer/Lutter/v. Werder, Rn 838; aA Geßler/*Käpplinger*, Rn 65: auch konzernintern.
129 *Kremer* in: Ringleb/Kremer/Lutter/v. Werder, Rn 839.
1 Eingefügt am 18.6.2009. Erneut geändert am 10.5.2010.
2 Seit 18.6.2009 statt zuvor „festgelegt".
3 *Hecker*, BB 2009, 1654, 1657.
4 *Weber-Rey/Handt*, NZG 2011, 1, 3; *Kocher*, BB 2010, 264, 265; *Wilsing* in: Wilsing, 5.1.2 Rn 5.
5 Keine Erfolgsverpflichtung, *Kocher*, BB 2010, 264, 265.
6 *Wilsing* in: Wilsing, 5.1.2 Rn 6; *Kocher*, BB 2010, 264, 265.
7 Ringleb/Kremer/Lutter/v. Werder, NZG 2010, 1161, 1164.

8 Geßler/*Käpplinger*, Rn 70; zur Haftung bei der Personalauswahl durch den Aufsichtsrat s. *Thümmel*, AG 2004, 83, 87. Kritisch *Ziemons* in: Nirk/Ziemons/Binnewies, I 772 Rn 8.5.
9 *Wilsing* in: Wilsing, 5.1.2 Rn 8.
10 Geßler/*Käpplinger*, Rn 72; diese sind indes bereits aktienrechtlich bedenklich: *Hüffer*, § 84, Rn 7; KölnKomm-AktG/*Mertens*, § 84, Rn 18; MüKo-AktG/*Semler*, § 161 Rn 405; aA *Götz*, AG 2002, 305 ff; *Wilsing* in: Wilsing, 5.1.2 Rn 11. Meinungsstand und Bewertung des Urteils des OLG Zweibrücken (v. 3. 2. 2011 – 4 U 76/10, DB 2011, 754), das im entschiedenen Fall eine Umgehung angenommen hat, *Fleischer*, DB 2011, 861.
11 *Kremer* in: Ringleb/Kremer/Lutter/v. Werder, Rn 950.

44 Die **Empfehlung 33 zur Festlegung einer Altersgrenze (Ziff. 5.1.2 Abs. 2 S. 3)** soll die Aufstiegschancen des Führungsnachwuchses und einen rechtzeitigen Generationswechsel garantieren.[12] Als Rechtfertigung zur Benachteiligung wegen des Alters (vgl §§ 8, 10 AGG) kommt das legitime Interesse, die Handlungsfähigkeit des Leitungsorgans zu sichern und dem Nachwuchs ein Zeichen zu setzen, in Betracht.[13]

5.1.3 Der Aufsichtsrat soll sich eine Geschäftsordnung geben.

45 Die **Empfehlung 34 zur Annahme einer Geschäftsordnung (Ziff. 5.1.3)**, welche vom Aufsichtsrat aus eigener Kompetenz ohne die Notwendigkeit einer Satzungsermächtigung mit einfacher Mehrheit (vgl § 108 Abs. 1 AktG) zu erlassen ist, soll die wichtigsten **Sitzungsformalitäten**, (Einberufung, Beschlussfassung, Leitung, Protokollführung), die **Kompetenzen des Aufsichtsratsvorsitzenden** sowie die **Ausschussbildung und -besetzung** regeln.[14] Sie ist vom Gesetz vorausgesetzt, ohne ausdrücklich vorgeschrieben zu sein (§ 82 Abs. 2 AktG).[15]

5.2 Aufgaben und Befugnisse des Aufsichtsratsvorsitzenden

(I.) Der Aufsichtsratsvorsitzende koordiniert die Arbeit im Aufsichtsrat, leitet dessen Sitzungen und nimmt die Belange des Aufsichtsrats nach außen wahr.[16]

(II.) ¹Der Aufsichtsratsvorsitzende soll nicht den Vorsitz im Prüfungsausschuss (Audit Committee) innehaben.[17]

46 Die **Empfehlung 35 zum Prüfunsausschussvorsitz (Ziff. 5.2 Abs. 2)**, die darauf abzielt, keine Personenidentität zwischen Aufsichtsratsvorsitzendem und dem Vorsitzenden der Prüfungsausschusses herzustellen, war zuvor eine Anregung. Sie wird zum Teil kritisch gesehen, weil sie dem Aufsichtsratsvorsitzenden wesentliche Kompetenzen nimmt.[18] Die Empfehlung soll die „notwendige Distanz"[19] zum Vorstand herstellen bzw die Unabhängigkeit der Mitglieder des Prüfungsausschusses stärken.[20]

(III.) ¹Der Aufsichtsratsvorsitzende soll mit dem Vorstand, insbesondere mit dem Vorsitzenden bzw. Sprecher des Vorstands, regelmäßig Kontakt halten und mit ihm Fragen der Strategie, der Planung, der Geschäftsentwicklung, der Risikolage, des Risikomanagements und der Compliance des Unternehmens beraten.[21] ²Der Aufsichtsratsvorsitzende wird über wichtige Ereignisse, die für die Beurteilung der Lage und Entwicklung sowie für die Leitung des Unternehmens von wesentlicher Bedeutung sind, unverzüglich durch den Vorsitzenden bzw Sprecher des Vorstands informiert. ³Der Aufsichtsratsvorsitzende soll sodann den Aufsichtsrat unterrichten und erforderlichenfalls eine außerordentliche Aufsichtsratssitzung einberufen.

47 Die **Empfehlung 36 zum kontinuierlichen Meinungsaustausch (Ziff. 5.2 Abs. 3 S. 1)** definiert den Aufsichtsratsvorsitzenden über das gesetzliche Leitbild (§ 90 Abs. 1 S. 3 AktG) hinaus als den von der Kommunikationsform unabhängigen **Informationsmittler zwischen den beiden Leitungsorganen** nicht nur aus wichtigem Anlass, sondern regelmäßig (zB wöchentlich).[22] Teilweise wird die Betonung der Rolle des Vorstandsvorsitzenden bzw des Sprechers kritisiert, da dies die Gefahr berge, dass sich der Aufsichtsrat in Abhängigkeit von diesem kein eigenständiges Bild von den einzelnen Vorstandsmitgliedern mache, was dem Vorstand als Kollegialorgan nicht gerecht werde.[23]

48 Die **Empfehlung 37 zur umfassenden Unterrichtung des Aufsichtsrats über wichtige Ereignisse (Ziff. 5.2 Abs. 3 S. 2)** hält den Vorsitzenden zur weiten Auslegung seines Ermessens zur Einberufung von Aufsichtsratssitzungen an.[24] Nach § 90 Abs. 5 S. 3 AktG muss die Unterrichtung spätestens in der nächsten regulären Sitzung erfolgen.

---

[12] Geßler/Käpplinger, Rn 70; Kremer in: Ringleb/Kremer/Lutter/v. Werder, Rn 951.
[13] Wilsing in: Wilsing, 5.1.2 Rn 12; Peltzer, NZG 2011, 281, 284.
[14] Hüffer, § 107 Rn 23, 25; Geßler/Käpplinger, Rn 73; Kremer in: Ringleb/Kremer/Lutter/v. Werder, Rn 955 f; Wilsing in: Wilsing, 5.2 Rn 5 f.
[15] MüKo-AktG/Semler, § 161 Rn 408.
[16] Absatz 1 geändert am 2.6.2005.
[17] Die Empfehlung bzgl des Vorsitz im Personal- und Präsidialausschuss (Ziff. 5.2. Abs. 2 S. 1 aF) wurde am 13.5.2013 gestrichen, da dies für die gute Corporate Governance nicht unbedingt erforderlich sei, vgl Erläuterungen der Änderungsvorschläge aus den Plenarsitzungen der Regierungskommission am 9. und 31.1.2013, unter <www.dcgk.de>.
[18] MüKo-AktG/Semler, § 161 Rn 413, anders nur bei ehemaligen Vorstandsvorsitzenden; Dörner, S. 814; aA Großkomm-AktienR/Hopt/Roth, 2005, § 107 Rn 457.
[19] Wilsing in: Wilsing, 5.2 Rn 16.
[20] Kremer in: Ringleb/Kremer/Lutter/v. Werder, Rn 966.
[21] „Planung", „Risikolage" und „Compliance" am 15.5.2012 ergänzt und damit an den Katalog in Ziffer 3.4 Abs. 2 angepasst.
[22] Kremer in: Ringleb/Kremer/Lutter/v. Werder, Rn 971; vgl Roth, AG 2004, 1, 2 f.
[23] Peltzer, NZG 2012, 368, 369.
[24] Kremer in: Ringleb/Kremer/Lutter/v. Werder, Rn 974.

5.3 Bildung von Ausschüssen

5.3.1 ¹Der Aufsichtsrat [soll] abhängig von den spezifischen Gegebenheiten des Unternehmens und der Anzahl seiner Mitglieder fachlich qualifizierte Ausschüsse bilden.²⁵ ²Die jeweiligen Ausschussvorsitzenden berichten regelmäßig an den Aufsichtsrat über die Arbeit der Ausschüsse.²⁶

Die **Empfehlung 38 zur Ausschussbildung (Ziff. 5.3.1 S. 1)** legt dem Aufsichtsrat in ausschließlicher Kompetenz (**Organisationsautonomie**) neben dem gesetzlich vorgegebenen Vermittlungsausschuss (§ 27 Abs. 3 MitbestG), die durch § 107 Abs. 3 AktG eingeräumte Möglichkeit zur Bildung von (zB Präsidial-, Personal-, Vergütungs-, Nominierungs-, Prüfungs-, Finanz- und Investititons-)²⁷Ausschüssen nahe, die nach sachlichen Gesichtspunkten (nicht zwingend paritätisch) zu besetzen sind und deren Anzahl und Größe in seinem Ermessen stehen.²⁸

5.3.2 ¹Der Aufsichtsrat [soll] einen Prüfungsausschuss (Audit Committee) einrichten, der sich insbesondere mit der Überwachung des Rechnungslegungsprozesses, der Wirksamkeit des internen Kontrollsystems, des Risikomanagementsystems²⁹ und des internen Revisionssystems, der Abschlussprüfung, hier insbesondere der Unabhängigkeit des Abschlussprüfers, der vom Abschlussprüfer zusätzlich erbrachten Leistungen, der Erteilung des Prüfungsauftrags an den Abschlussprüfer, der Bestimmung von Prüfungsschwerpunkten und der Honorarvereinbarung sowie – falls kein anderer Ausschuss damit betraut ist – der Compliance,³⁰ befasst.³¹ ²Der Vorsitzende des Prüfungsausschusses [soll] über besondere Kenntnisse und Erfahrungen in der Anwendung von Rechnungslegungsgrundsätzen und internen Kontrollverfahren verfügen.³² ³Er [soll] unabhängig und kein ehemaliges Vorstandsmitglied der Gesellschaft sein, dessen Bestellung vor weniger als zwei Jahren endete.³³

Von der **Empfehlung 39 zur Bildung eines Prüfungsausschusses (Ziff. 5.3.2 S. 1)** mit üblicherweise zwischen 3 bis 6 Mitgliedern kann bei kleinen Aufsichtsräten ohne Offenlegung nach § 161 AktG abgewichen werden.³⁴ **Fragen der Rechnungslegung** betreffen im wesentlichen Jahresabschluss, Konzernabschluss, Lageberichte und Bericht des Aufsichtsrats. Im Bereich **Compliance** ist es Aufgabe des Prüfungsausschusses, sich das vom Vorstand eingeführte Compliance Programm vorstellen zu lassen und zu beurteilen bzw. zu plausibilisieren, ohne dass es erforderlich wäre, sich mit Einzelheiten oder bestimmten Vorfällen außerhalb gravierender Verstöße oder Verdachtsmomente, die auch eigene Ermittlungsmaßnahmen auslösen können, befassen zu müssen.³⁵ Der dem Abschlussprüfer vom Aufsichtsrat zu erteilende Prüfungsauftrag (§ 111 Abs. 2 S. 3, beachte § 124 Abs. 3 S. 2 AktG) kann um weitere Schwerpunkte bei der Prüfung (zB das Risikofrüherkennungssystem, Einsatz von Derivaten) und der Rechnungslegung erweitert werden.³⁶ Der Ausschuss muss **nicht zwingend paritätisch** besetzt werden.³⁷

Die **Empfehlung 40 zur Kompetenz des Prüfungsausschussvorsitzenden (Ziff. 5.3.2 S. 2)** lehnt sich an die Anforderungen des **Sarbanes-Oxley Act**³⁸ (Sec. 407 (a): „Financial Expert"), aber nunmehr auch an §§ 100 Abs. 5, 107 Abs. 4 AktG, an. Letztere Vorschriften verlangen **Sachverstand auf dem Gebiet der Rechnungslegung oder Abschlussprüfung** für ein unabhängiges Mitglied des Prüfungsausschusses. Die durch den Aufsichtsrat zu beurteilende ausreichende, über die allgemeine „financial literacy" hinausgehende **fachliche Qualifikation** entspricht im Ergebnis den gesetzlichen Anforderungen³⁹ für die **Rechnungsleger iSv § 342 HGB**, Finanzvorstände, Finanzvorstandsleiter des Rechnungswesens, Wirtschaftsprüfer, vereidigte Buch-

---

25 Der alte Satz 2 „Diese dienen der Steigerung der Effizienz der Aufsichtsratsarbeit und der Behandlung komplexer Sachverhalte" wurde am 13.5.2013 gestrichen.
26 Vgl § 107 Abs. 3 S. 4 AktG.
27 Vgl *Marsch-Barner*, § 2, Rn 58; *Seibt*, AG 2002, 249, 254; *Wilsing*, 5.3.1 Rn 11.
28 *Geßler/Käpplinger*, Rn 77; *Kremer* in: Ringleb/Kremer/Lutter/v. Werder, Rn 975 ff; MüKo-AktG/*Semler*, § 161, Rn 418, 419; zur Risikoverringerung durch Ausschussbildung: *Thümmel*, AG 2004, 83, 90; vgl dazu auch die Empfehlung der EU-Kommission vom 15.2.2005 zu den Aufgaben von nicht geschäftsführenden Direktoren/Aufsichtsratsmitgliedern börsennotierter Gesellschaften sowie zu den Ausschüssen des Verwaltungs-/Aufsichtsrats (2005/162/EG), welche die Einrichtung von Vergütungs-, Nominierungs-, und Personalausschüssen vorsieht; *Maul/Lanfermann*, DB 2004, 2407 ff; *dies.*, BB 2004, 1861 ff; *Wiesner*, BB 2004, Heft 35, I ff.
29 Bei der Überarbeitung am 15.5.2012 war der Verweis auf das „Risikomanagement" gestrichen worden, was versehentlich zu einer Abweichung zwischen dem Kodex und § 107 Abs. 3 S. 2 AktG geführt hatte; „Risikomanagementsystem" eingefügt am 13.5.2013.
30 „Compliance" eingefügt am 14.6.2007.
31 Vgl § 107 Abs. 3 S. 2 AktG.
32 Satz 2 eingefügt am 2.6.2005. Vgl § 107 Abs. 4 AktG.
33 Geändert am 18.6.2009. Empfehlung seit 15.5.2012.
34 Vgl Ziff. 5.3.1 S. 1: „abhängig von den spezifischen Gegebenheiten des Unternehmens"; *Kremer* in: Ringleb/Kremer/Lutter/v. Werder, Rn 989, 997; Leitfaden bei *Pohle/v. Werder*, DB 2005, 237, 238/239; vgl *Baums*, Rn 58.
35 *Kremer* in: Ringleb/Kremer/Lutter/v. Werder, Rn 992a.
36 *Kremer* in: Ringleb/Kremer/Lutter/v. Werder, Rn 992; *Roth*, AG 2004, 1, 11 f.
37 *Kirsten*, BB 2004, 173 f; vgl BGHZ 122, 342=BB 1993, 1468; BGHZ 83, 144, 148 ff.
38 Abrufbar unter <www.sec.gov/rules/final.shtml>; vgl dazu *Gruson/Kubicek*, AG 2003, 337 ff; *Hütten/Stromann*, BB 2003, 2223 ff; *Kersting*, ZIP 2003; 2010 ff; *Lanfermann/Maul*, DB 2002, 1725 ff.
39 *Wilsing* in: Wilsing, 5.3.2 Rn 4.

prüfer, Diplom-Kaufleute, Diplom-Volkswirte, Steuerberater und Rechtsanwälte oder Personen mit vergleichbarer Qualifikation in Betracht kommen, die Handelsbücher führen oder bei der Erstellung von Unternehmensabschlüssen prüfend, beratend, überwachend, analysierend oder lehrend tätig sind.[40] Besonders plastisch ist die Interpretation, dass der Vorsitzende fachlich „auf Augenhöhe" mit dem Finanzvorstand und Abschlussprüfer agieren können muss.[41]

52 Die Empfehlung 41 zur Unabhängigkeit des Vorsitzenden des Prüfungsausschusses (Ziff. 5.3.2 S. 3) soll wie Ziff. 5.2 Abs. 2 S 2 der Stärkung der Unabhängigkeit des Ausschusses gegenüber dem Vorstand dienen.[42]

5.3.3 Der Aufsichtsrat soll einen Nominierungsausschuss bilden, der ausschließlich mit Vertretern der Anteilseigner besetzt ist und dem Aufsichtsrat für dessen Wahlvorschläge an die Hauptversammlung geeignete Kandidaten vorschlägt.[43]

53 Aufgabe des durch **Empfehlung 42 zur Bildung eines Nominierungsausschusses (Ziff. 5.3.3)** idealerweise mit drei bis vier Mitgliedern zu besetzenden Gremiums ist die Vorbereitung der Beschlussfassung des Aufsichtsrats zu Wahlvorschlägen für Anteilseignervertreter. Hierfür ist ggf mit Hilfe externer Experten ein klares Anforderungsprofil zu erarbeiten, ggf zu überprüfen und anzupassen, anhand dessen kontinuierlich geeignete Kandidaten im nationalen und internationalen Umfeld zu beobachten und zu suchen bzw im Falle der Wiederwahl zu überprüfen sind.[44] Nach hM erfordert ein Verzicht auf die Ausschussbildung wegen einer geringen Größe des Aufsichtsrats oder etwa in mitbestimmungsfreien Gesellschaften mit Blick auf Ziff. 5.3.1 keine Einschränkung der Entsprechenserklärung.[45]

5.4 Zusammensetzung und Vergütung

5.4.1[46] (I.) Der Aufsichtsrat ist so zusammenzusetzen, dass seine Mitglieder über die zur ordnungsgemäßen Wahrnehmung der Aufgaben erforderlichen Kenntnisse, Fähigkeiten und fachlichen Erfahrungen verfügen.

(II.) ¹Der Aufsichtsrat soll für seine Zusammensetzung konkrete Ziele benennen, die unter Beachtung der unternehmensspezifischen Situation die internationale Tätigkeit des Unternehmens, potentielle Interessenkonflikte, die Anzahl der unabhängigen Aufsichtsratsmitglieder im Sinn von Nummer 5.4.2,[47] eine festzulegende Altersgrenze für Aufsichtsratsmitglieder und Vielfalt (Diversity) berücksichtigen. ²Diese Ziele sollen insbesondere eine angemessene Beteiligung von Frauen vorsehen.

54 Die **Empfehlung 43 zu Zielen bei der Zusammensetzung (Ziff. 5.4.1 Abs. 2 S. 1)** ist immer im Hinblick auf das Unternehmensinteresse auszulegen, denn zB Vielfalt als Wert an sich oder aus gesellschaftspolitischen Gründen kann der Aufsichtsrat nicht zur Maxime seiner Zusammensetzung machen.[48] Ziel der Empfehlung ist, dass die Unternehmen konkret und transparent für die kommenden Aufsichtsratswahlen planen.[49] Eine Definition der Diversity liegt nicht vor, zumindest gehören aber Internationalität und das Geschlecht dazu.[50] In die Überlegungen zur dem Unternehmensinteresse dienlicher Zusammensetzung können je nach der Situation des Unternehmens die Ansprache bestimmter Kundengruppen oder die Abdeckung bestimmter Kompetenzen, beruflicher Erfahrungen und Kenntnisse eingehen.[51] Dies kann auch mit den besonderen Verhältnissen des Unternehmens vertraute Personen, Kandidaten mit **Auslandserfahrung oder aus dem Ausland** – bei wesentlicher Betätigung der Gesellschaft in dem jeweiligen Herkunftsland[52] –, Kandidaten mit geringer Wahrscheinlichkeit von **Interessenkonflikten** und Kandidaten in einem Alter umfassen, mit dem die durch Beschlussfassung des Aufsichtsrats oder seiner Geschäftsordnung bzw in der Satzung festzulegenden **Altersgrenze** (üblicherweise 70 bis 75 Jahre) in der Wahlperiode nicht überschritten wird.[53] Eine

---

40 *Lieder*, NZG 2005, 569, 574; *Vetter*, BB 2005, 1689, 1990; *Altmeppen*, ZGR 2004, 390, 410; *Kremer* in: Ringleb/Kremer/Lutter/v. Werder, Rn 1005. Nach Art. 31 des Entwurfs der EU-Abschlussprüferverordnung v. 30.11.2011 (KOM(2011) 779) sollen künftig für Unternehmen von öffentlichem Interesse zwei Finanzexperten und mehrheitliche Unabhängigkeit vorgeschrieben werden.
41 So *Vetter*, BB 2005, 1689,1690; *Kremer* in: Ringleb/Kremer/Lutter/v. Werder, Rn 1005.
42 *Kremer* in: Ringleb/Kremer/Lutter/v. Werder, Rn 995. Zur Unabhängigkeit siehe Ziffer 5.4.2.
43 Eingefügt am 14.6.2007. Ziff. 5.3.4 und 5.3.5 am 13.5.2013 gestrichen.
44 *Kremer* in: Ringleb/Kremer/Lutter/v. Werder, Rn 1005b-d; *v.Werder/Wieczorek*, DB 2007, 297, 302 f.
45 *Sünner*, AG 2012, 265, 268; vgl auch zum Prüfungsausschuss *Kremer* in: Ringleb/Kremer/Lutter/v. Werder, Rn 989, 997; Leitfaden bei *Pohle/v. Werder*, DB 2005, 237, 238/239; vgl *Baums*, Rn 58.
46 Ziffer neu gefasst am 26.5.2010.
47 Eingefügt am 15.5.2012.
48 Vgl auch *Schulz*, BB 2010, 2390.
49 Pressemitteilung der Regierungskommission vom 27.5.2010, unter <www.dcgk.de>.
50 *Mense/Rosenhäger*, GWR 2010, 311; *Goslar* in: Wilsing, 4.1.5 Rn 7 (mwN): Hier kommt dem Begriff keine eigenständige Bedeutung zu, da Internationalität und Geschlecht ausdrücklich erwähnt werden.
51 *Schulz*, BB 2010, 2390.
52 Oder auch Zuwahl von ausländischen Arbeitnehmern bei der SE mit Auslandsbetätigung, *Peltzer*, NZG 2011, 281, 283.
53 *Kremer* in: Ringleb/Kremer/Lutter/v. Werder, Rn 1023 ff; vgl MüKo-AktG/*Semler*, § 161 Rn 429. Zur Anzahl unabhängiger Mitglieder siehe Ausführungen zu Ziff. 5.4.2.

konkrete Zielvorgabe ist erforderlich, die im Ermessen des Aufsichtsrats unter Berücksichtigung der unternehmensspezifischen Situation steht. Es handelt sich aber nicht um eine Erfolgspflicht. Die Zielbenennung, die zur Berücksichtigungspflicht nach Ziff. 5.4.1 S. 4 führt, setzt die Bildung eines Organwillens voraus, was nur im Wege des Beschlusses erfolgen kann.[54] Der Beschluss ist auch in mitbestimmten Gesellschaften vom Gesamtgremium zu fassen, obwohl nur auf die Besetzung der Anteilseignerbank über Wahlvorschläge Einfluss genommen werden kann.[55]

Die **Empfehlung 44 zu weiblichen Aufsichtsräten (Ziff. 5.4.1 Abs. 2 S. 2)** konkretisiert das „Diversity"-Gebot des S. 1. Die Bestimmung der Angemessenheit liegt dabei im freien Ermessen des Aufsichtsrats. Da die Festlegung der Angemessenheit voraussetzt, dass ein bestimmter Zustand in das Verhältnis zu einem anderen Zustand gesetzt wird, muss der Aufsichtsrat die maßgebliche Bezugsgröße als Teil der Zielbenennung selbst festlegen.[56] Das erfordert eine Begründung, anhand welchen Kriteriums sodann ein Ziel, zB eine Quote, festgelegt wurde.[57] Als Orientierung wird vorgeschlagen, sich an unternehmensspezifischen Kennzahlen zu orientieren (Anzahl der weiblichen Führungskräfte im Kreise der leitenden Angestellten oder Anteil der Frauen an der Belegschaft).[58] Überlegungen können aber auch in die Richtung der Durchbrechung des „Gruppendenkens" durch heterogen und divers besetzte Aufsichtsräte und die dafür erforderliche Anzahl gehen.[59] Auch hier zählen Arbeitnehmervertreter mit, so dass diese in den Beschluss mit einzubeziehen sind.[60] Zwar sind auch hier rechtlich keine Vorgaben für die Wahl der Arbeitnehmervertreter möglich, aber wenn diese die im Aufsichtsrat gemeinsam festgelegten Ziele unterstützen, dürften die Ziele praktisch bei der nächsten Aufsichtsratswahl der Arbeitnehmervertreter Berücksichtigung finden.[61]

55

(III.) ¹Vorschläge des Aufsichtsrats an die zuständigen Wahlgremien sollen diese Ziele berücksichtigen. ²Die Zielsetzung des Aufsichtsrats und der Stand der Umsetzung sollen im Corporate Governance Bericht veröffentlicht werden.

Durch die **Empfehlung 45 zu Wahlvorschlägen (Ziff. 5.4.1 Abs. 3 S. 1)** soll erreicht werden, dass der Aufsichtsrat das „Diversity"-Gebot durch die von ihm benannten Kandidaten umsetzt. Die Empfehlung muss dahin gehend ausgelegt werden, dass diese Ziele „auch" zu berücksichtigen sind, denn der Aufsichtsrat ist verpflichtet, Vorschläge im Interesse des Unternehmenswohls zu machen, die über diejenigen in Ziff. 5.4.1 Abs. 2 hinausgehen können.[62] Der Empfehlung wird dadurch entsprochen, dass sich der Aufsichtsrat der Auswirkungen eines Wahlvorschlags auf die Zusammensetzung bewusst gemacht hat und die festgelegten Ziele in den Entscheidungsprozess hat einfließen lassen.[63] Daher ist die Entsprechenserklärung nicht automatisch anzupassen, wenn die Vorschläge die Ziele nicht eins zu eins widerspiegeln.[64] Dies gilt auch für eine Regelaltersgrenze: Sie bedeutet nicht, dass kein Kandidat ohne Änderung der Entsprechenserklärung vorgeschlagen werden kann, der diese überschreitet, denn mit einer Grenze wird nicht zum Ausdruck gebracht, dass diese zwingend und uneingeschränkt gelten soll.[65] Für Wahlvorschläge sind wegen § 124 Abs. 3 S. 5 AktG nur die Stimmen der Mehrheit der Anteilseignervertreter entscheidend. Deshalb sind Diskrepanzen bezüglich der Beschlussmehrheiten möglich.[66]

56

---

[54] Siehe § 108 Abs. 1 AktG, *Schulz*, BB 2010, 2392.
[55] *Weber-Rey/Handt*, NZG 2011, 1, 4; *Mense/Rosenhäger*, GWR 2010, 311, 312; *Schulz*, BB 2010, 2390, der ansonsten von einem Fehlgebrauch des unternehmerischen Ermessens ausgeht. Zwar stehe nur für die Anteilseignervertreter das Vorschlagsrecht für neue Mitglieder gem. § 124 Abs. 3 S. 5 AktG zu. Ziff. 5.4.1 differenziere aber zwischen Anteils- und Arbeitnehmervertretern. Eine andere Auslegung sei mit dem mitbestimmungsrechtlichen Grundsatz der Gleichheit der Aufsichtsratsmitglieder nicht zu vereinbaren und es würde vom Verfahren in unzulässiger Weise auf die inhaltlichen Vorgaben geschlossen. AA *Ihrig/Meder*, ZIP 2010, 1577, 1578. Der Presseinformation der Kodex-Kommission vom 16.5.2012 ist zu entnehmen, dass die Arbeitnehmervertreter in einem Aufsichtsrat „hiervon unberührt bleiben". Dies kann als Hinweis darauf verstanden werden, dass die Zielvorgaben des Aufsichtsrats, zB zur Unabhängigkeit, rechtlich keinen Einfluss auf die Wahl der Arbeitnehmervertreter nach den einschlägigen Wahlvorschriften des Mitbestimmungsrechts haben.
[56] *Schulz*, BB 2010, 2390, 2391.
[57] *Schulz*, BB 2010, 2390, 2391.
[58] *Ringleb/Kremer/Lutter/v. Werder*, NZG 2010, 1161, 1165.
[59] *Weber-Rey/Handt*, NZG 2011, 1, 2.
[60] *Schulz*, BB 2010, 2390.
[61] *Ringleb/Kremer/Lutter/v. Werder*, NZG 2010, 1161, 1165. So kann dies gleichzeitig die Bemühenspflicht erfüllen; aA wohl *Windbichler*, NJW 2012, 2625, 2627: Eine Empfehlung muss mit gesellschaftsrechtlichen Organisations- und Kontrollinstrumenten umsetzbar sein.
[62] Er muss aber nicht jede der aus seiner Sicht erforderlichen Qualifikationen mit einem prozentualen Anteil bezogen auf die Anzahl der Mitglieder des Aufsichtsrats versehen, *Ringleb/Kremer/Lutter/v. Werder*, NZG 2010, 1161, 1165.
[63] *Weber-Rey/Handt*, NZG 2011, 1, 4; *Kocher*, BB 2010, 264, 265.
[64] Vgl auch *Kocher*, BB 2010, 264, 266, in Ablehnung von OLG München BB 2009, 232, 233, das entschieden hat, dass ein Aufsichtsratsbeschluss nichtig ist, der von der Stellungnahme in der letzten Entsprechenserklärung abweicht, ohne dass parallel eine neue Entsprechenserklärung veröffentlicht wird. Da der Beschluss inhaltlich rechtmäßig sei, handele es sich lediglich um einen Verfahrensverstoß, der nur bei Wesentlichkeit einen Unwirksamkeitsgrund darstellen könne. Wesentlichkeit liege nicht vor, da die Aktionäre durch den Beschlussvorschlag an die Hauptversammlung auch ohne korrespondierende Entsprechenserklärung über das Vorgehen im konkreten Fall informiert seien.
[65] Vgl Ausführungen des OLG München BB 2009, 232, 234. Dies sollte aber entsprechend formuliert werden.
[66] *Mense/Rosenhäger*, GWR 2010, 311, 312.

57 Die **Empfehlung 46 zur Veröffentlichung der Ziele und des Umsetzungstandes** (Ziff. 5.4.1 Abs. 3 S. 2) im Corporate Governance-Bericht soll für eine die Umsetzung förderliche Transparenz sorgen.[67] Zuständig für den Beschluss und das Statement ist auch in mitbestimmten Unternehmen der Gesamtaufsichtsrat, da der Wortlaut nicht eingeschränkt ist, und sich das aus der Gesamtverantwortung des Aufsichtsrats ergibt, vgl Ausführungen zu Ziff. 5.4.1 Abs. 2 S. 1. Benennung der unabhängigen Aufsichtsratsmitglieder ist nicht erforderlich.[68]

(IV.) Der Aufsichtsrat soll bei seinen Wahlvorschlägen an die Hauptversammlung die persönlichen und die geschäftlichen Beziehungen eines jeden Kandidaten zum Unternehmen, den Organen der Gesellschaft und einem wesentlich an der Gesellschaft beteiligten Aktionär offen legen.

58 Die **Empfehlung 47 zur Offenlegung persönlicher und geschäftlicher Beziehungen** (Ziff. 5.4.1 Abs. 4) richtet sich an den Aufsichtsrat, der einen Offenlegungsbeschluss fasst,[69] nicht an den Kandidaten. Die Reichweite der Offenlegung ist unklar, sie findet ihre Grenzen aber in der für die Wahlentscheidung maßgeblichen Umstände (s. Abs. 6). Der Aufsichtsrat muss sich die Informationen vom Kandidaten beschaffen und sich ein Urteil über die Maßgeblichkeit der Umstände machen, die von einem objektiven Aktionär als mitentscheidend oder mitbestimmend für die Wahl angesehen werden können.[70] Dabei wird er unterstellen müssen, dass die offenzulegenden Umstände für Aktionäre überhaupt für die Wahl von mitentscheidender Bedeutung sind, denn das setzt die Empfehlung offensichtlich voraus. Hier ist zur Eingrenzung ein Gleichklang zu Ziff. 5.4.2 S. 2 herzustellen, wonach zwar nur „potenzielle", aber „wesentliche" Interessenkonflikte die Unabhängigkeit entfallen lassen[71]. Daraus, dass in die Empfehlung im Wortlaut nicht auf die Unabhängigkeit abstellt und den Begriff der Offenlegung verwendet, ist zu schließen, dass hierüber keine Erläuterungen vorzunehmen, sondern nur Tatsachen darzulegen sind. Die Aufzählung der anzugebenden Beziehungen ist abschließend. Die Offenlegung erfolgt sinnvollerweise im Einberufungsdokument oder auf der Website.[72]

(V.) Die Empfehlung zur Offenlegung beschränkt sich auf solche Umstände, die nach der Einschätzung des Aufsichtsrats ein objektiv urteilender Aktionär für seine Wahlentscheidung als maßgebend ansehen würde.

(VI.) Wesentlich beteiligt im Sinn dieser Empfehlung sind Aktionäre, die direkt oder indirekt mehr als 10 % der stimmberechtigten Aktien der Gesellschaft halten.

5.4.2 Dem Aufsichtsrat soll eine nach seiner Einschätzung angemessene Anzahl unabhängiger Mitglieder angehören. ²Ein Aufsichtsratsmitglied ist im Sinn dieser Empfehlung insbesondere dann nicht als unabhängig anzusehen, wenn es in einer persönlichen oder einer geschäftlichen Beziehung zu der Gesellschaft, deren Organen, einem kontrollierenden Aktionär oder einem mit diesem verbundenen Unternehmen steht, die einen wesentlichen und nicht nur vorübergehenden Interessenkonflikt begründen kann.[73] ³Dem Aufsichtsrat sollen nicht mehr als zwei ehemalige Mitglieder des Vorstands angehören. ⁴Aufsichtsratsmitglieder sollen keine Organfunktion oder Beratungsaufgaben bei wesentlichen Wettbewerbern des Unternehmens ausüben.

59 Die Erfüllung der **Empfehlung 48 zur Anzahl der dem Aufsichtsrat anzugehörenden unabhängigen Aufsichtsratsmitgliedern** (Ziff. 5.4.2 S. 1) lag mit der Formulierung „ausreichende **Anzahl**" nach hM im freien Ermessen des Aufsichtsrats.[74] Bei der Umformulierung in „angemessen" handelt es sich weiterhin nicht um

---

67 Vgl *Schulz*, BB 2010, 2390, 2392 zu einem Darstellungsvorschlag.
68 *Kremer/v. Werder*, AG 2013, 340, 343.
69 *Ringleb/Kremer/Lutter/v. Werder*, NZG 2012, 1081, 1086: nur durch die Anteilseignervertreter.
70 *Ringleb/Kremer/Lutter/v. Werder*, NZG 2012, 1081, 1086.
71 Dem Bezug zu Ziff. 5.4.2 steht es nicht entgegen, dass hier bereits der wesentlich beteiligte Aktionär „meldewürdig" wird, denn sicherlich soll ein Signal gesetzt werden, dass sich der Aktionär zum kontrollierenden Aktionär entwickeln könnte, vgl *Rubner/Fischer*, NJW-Spezial 2012, 399; *Hecker/Peters*, BB 2012, 2639, 2643.
72 Letzteres unter Hinweis im Einberufungsdokument *Kremer/v. Werder*, AG 2013, 340, 347.
73 Geändert am 2.6.2005. Überarbeitung am 15.5.2012.
74 *Vetter*, BB 2005, 1689, 1990; *Lieder*, NZG 2005, 569, 572. Dies scheint das OLG München zu verkennen, das im Zusammenhang mit einer Anfechtungsklage ausführt, dass es am Kläger sei, darzulegen und zu beweisen, dass mit der Wahl der durch Anfechtung betroffenen Aufsichtsratskandidaten die Zusammensetzung des Aufsichtsrats „die geforderte ausreichende Anzahl an unabhängigen Mitgliedern nicht mehr gewährleistet" (BB 2009, 232, 234). Darauf, ob letzteres objektiv der Fall ist, kommt es nicht an, allenfalls auf ein fehlerhaftes Ermessen des Aufsichtsrats, indem dieser etwa unter Berücksichtigung der unternehmensspezifischen Situation nicht mehr hätte davon ausgehen können, dass nach der Wahl von einer (nach aF) „ausreichenden" Anzahl unabhängiger Mitglieder ausgegangen werden kann.

eine objektive Anforderung,[75] sondern die Empfehlung kann unter Berücksichtigung der Besonderheiten des jeweiligen Unternehmens, der Gesellschafts- und Konzernstruktur im Rahmen eines weiten Beurteilungsspielraums vom Aufsichtsrat umgesetzt werden.[76] Bezüglich der unabhängigen Mitglieder ist die Festlegung einer konkreten „Anzahl" erforderlich.[77] Die **Unabhängigkeit** definiert der Kodex jetzt negativ selbst in Ziff. 5.4.2 S. 2, allerdings nicht abschließend („insbesondere"). Obwohl § 100 Abs. 5 AktG für kapitalmarktorientierte Unternehmen einen „unabhängigen" Finanzexperten verlangt, ist eine gesetzliche Definition nicht erfolgt.[78] Die Begründung verweist u.a. auf die EU-Empfehlung „zu den Aufgaben von nicht geschäftsführenden Direktoren oder Aufsichtsratsmitgliedern börsennotierter Gesellschaften sowie zu den Ausschüssen des Verwaltungs- und Aufsichtsrats",[79] wonach ein Aufsichtsratsmitglied unabhängig ist, wenn es in keiner geschäftlichen, familiären oder sonstigen Beziehung zu der Gesellschaft, ihrem Mehrheitsaktionär oder deren Geschäftsführung steht, die einen Interessenkonflikt begründet, der sein Urteilsvermögen beeinflussen könnte (Ziff. 13.1). Da es nach der Kodexformulierung schon an der Unabhängigkeit fehlt, wenn ein Interessenkonflikt etwa durch eine Beziehung zu einem kontrollierenden Aktionär begründet werden kann, genügt im Gegensatz zur EU-Empfehlung bereits eine abstrakt-latente Gefahr, ein **potenzieller Interessenkonflikt**.[80] Die Empfehlung ist damit sehr weitgehend, gerade im Hinblick auf die Beziehung zu Aktionären (Aufsichtsrat als „Aktionärsausschuss").[81] Eine Einschränkung erfolgt jedoch dadurch, dass der Interessenkonflikt dauerhaft sein muss, so dass einzelfallbezogene Konflikte die Unabhängigkeit unberührt lassen.[82] Er muss auch wesentlich sein, wobei die Beurteilung im Ermessen des Aufsichtsrats liegt.[83] Eine fehlende Unabhängigkeit aufgrund **geschäftlicher Beziehungen**[84] besteht, wenn diese bedeutsam oder über die Grundvergütung hinaus vergütet sind (geschäftliche Abhängigkeiten);[85] sie besteht aufgrund **persönlicher Beziehungen**, wenn ein enges familiäres oder emotionales Verhältnis besteht,[86] das jeweils geeignet ist, die **Urteilsfähigkeit** nachhaltig zu beeinträchtigen.[87] Ein **kontrollierender Aktionär** könnte entsprechend der EU-Empfehlung im bilanziellen Sinne nach dem Konsolidierungskreis, nach § 29 WpÜG (30 % der Stimmrechte) oder nach §§ 15 ff AktG gem. der Stimmenmehrheit, gemessen an der regelmäßigen Hauptversammlungspräsenz,[88] verstanden werden. Das WpÜG gibt dem Aktionär, der 30 % der Stimmen hält, die Möglichkeit nachzuweisen, dass er dennoch die Kontrolle nicht ausüben kann, geht

---

75 Mit der Umformulierung soll wohl zum Ausdruck kommen, dass das Anspruchsniveau höher sein soll, so mutmaßen *Ringleb/Kremer/Lutter/v. Werder*, NZG 2012, 1081, 1087 (es gibt „praktisch kein objektives Kriterium"). Vgl auch *Klein*, AG 2012, 806, der davon ausgeht, dass die Entscheidung einer ausreichenden Anzahl zugleich einer angemessenen Anzahl entsprechen kann, was in der Dokumentation bzgl der Einschätzung des Aufsichtsrats aber zumindest formell sprachlich angepasst werden sollte.

76 *Scholderer*, NZG 2012, 168; *Rubner/Fischer*, NJW-Spezial 2012, 399; *Hecker/Peters*, BB 2012, 2639, 2644, die genauso wie *Paschos/Goslar*, NZG 2012, 1361, 1364, betonen, dass dies nicht für die Frage der Unabhängigkeit selbst gilt.

77 *Paschos/Goslar*, NZG 2012, 1361, 1364, erteilen allerdings den Versuchen, objektive Vorgaben für die Zahl zu erarbeiten (*Roth*, WM 2012, 1985, 1988 und *Ringleb/Kremer/Lutter/v. Werder*, NZG 2012, 1081, 1086: Mehrheit des Aufsichtsrats / bei einer abhängigen Gesellschaft im Konzern eine „deutlich geringeren Anzahl"; *Scholderer*, NZG 2012, 168, 174: mindestens zwei), die das Ermessen des Aufsichtsrats einschränken, eine Absage.

78 Nach der Begründung des Regierungsentwurfs des Bilanzrechtsmodernisierungsgesetzes (BilMoG), v. 23.5.2008, BR-Drucks. 344/08, geht das Tatbestandsmerkmal der Unabhängigkeit jedenfalls über die aktuelle Zugehörigkeit zur Geschäftsführung hinaus. Danach können auch „andere Gesichtspunkte, insbesondere unmittelbare oder mittelbare geschäftliche, finanzielle oder persönliche Beziehungen zur Geschäftsführung ... eine Besorgnis der Befangenheit begründen, die der Wahrnehmung der Aufsichtsfunktion entgegensteht".

79 2005/162/EG v. 15.2.2005; dazu *Maul/Lanfermann*, DB 2004, 2407 ff; *dies.*, BB 2004, 1861 ff; *Wiesner*, BB 2004, Heft 35, I ff.

80 *Rubner/Fischer*, NJW-Spezial 2012, 399. *Stephanblome*, NZG 2013, 445, 449 betont, dass das Unternehmensinteresse aktuell abstrakt gefährdet sein muss, die theoretische Möglichkeit hierfür nicht ausreicht. Tatsächlich aufgetretene Interessenkonflikte behandeln dagegen Ziff. 5.5.2 und 5.5.3.

81 Teilweise wird angeführt, dass gerade die Überwachung des Vorstands durch maßgeblich beteiligte Investoren im Aufsichtsrat Ausdruck guter Unternehmensführung sei, vgl *Hecker/Peters*, BB 2012, 2639, 2644. Vgl auch die Kritik von *Peltzer*, NZG 2012, 368, 370; *Rubner/Fischer*, NJW-Spezial 2012, 399; *Wilsing/von der Linden*, DStR 2012, 1391, 1392; *Vetter*, BB, Die erste Seite 2012 Nr. 24.

82 *Hasselbach/Jakobs*, BB 2013, 643, 646; *Kremer/v. Werder* AG 2013, 340, 343.

83 *Kremer/Lutter/v. Werder*, NZG 2012, 1081, 1087. Auch für Konkretisierung etwa der „persönlichen Beziehungen" *Kremer/v. Werder* AG 2013, 340, 343. Festlegung der Anzahl der Unabhängigkeit rein objektiv, da der Kodex nur die Anzahl der Unabhängigkeit der Einschätzung des Aufsichtsrats überlässt: *Stephanblome*, NZG 2013, 445 mwN.

84 Wenn wichtige Geschäftsbeziehungen auf das Aufsichtsratsmitglied selbst potenzielle Auswirkungen haben, so *Klein*, NZG 2012, 805, 808.

85 *Ringleb/Kremer/Lutter/v. Werder*, NZG 2012, 1081, 1086. *Stephanblome*, NZG 2013, 445, 446 f verlangt neben dem bedeutenden Umfang eine Regelmäßigkeit bzw. ein Dauschuldverhältnis und nimmt frühere geschäftliche Beziehungen und Beziehungsketten aus.

86 *Ringleb/Kremer/Lutter/v. Werder*, NZG 2012, 1081, 1086, ziehen als Anhaltspunkte die persönlichen Näheverhältnisse der sog. Directors Dealings nach § 15 a Abs. 3 WpHG heran. *Stephanblome*, NZG 2013, 445, 447 weist darauf hin, dass in vergleichbaren Fällen der §§ 115 Abs. 2 AktG, 15 a Abs. 3 WpHG und 138 InsO wie auch IAS 24.9 auf „nahestehende Personen" abgestellt wird, wozu nur enge Familienangehörige gehören und sieht es als kritisch an, den Grad einer emotionalen oder freundschaftlichen Bindung objektiv nachvollziehbar für einen Transparenzstandard quantifizieren zu wollen. IE ebenso *Hasselbach/Jakobs*, BB 2013, 643, 646.

87 *Lieder*, NZG 2005, 569, 570, 572; *Vetter*, BB 2005, 1689, 1691; *Klein*, NZG 2012, 805, 808.

88 Dagegen angesichts der beschränkten Beschlusskompetenzen der Hauptversammlung: *Klein*, NZG 2012, 805, 807; *Ringleb/Kremer/Lutter/v. Werder*, NZG 2012, 1081, 1087.

also davon aus, dass die Schwelle höher angesetzt werden kann. Nach der aktiengesetzlichen Praxis kann die Schwelle auch niedriger als 50 % sein. Viel spricht daher dafür, dass auch bei der Bestimmung nach aktienrechtlichen Regeln[89] die Schwelle nicht unter 30 % anzusiedeln ist.[90] Für die **verbundenen Unternehmen** stellt der Kodex wohl auf § 15 AktG ab.[91] Die Empfehlung bezieht sich auf den „Aufsichtsrat", also den Gesamtaufsichtsrat.[92] **Arbeitnehmervertreter**, und zwar auch solche, die dem Betriebsrat angehören, sowie **Gewerkschaftsmitglieder** sind grundsätzlich als unabhängig anzusehen, wenn über ihr Anstellungsverhältnis hinaus keine besonderen zusätzlichen Anhaltspunkte für einen Interessenkonflikt vorliegen.[93] Der Aufsichtsrat sollte seine Überlegungen nachvollziehbar und sorgfältig dokumentieren.[94] Für die Festlegung der angemessenen Anzahl von unabhängigen Aufsichtsratsmitgliedern ist wiederum der Gesamtaufsichtsrat zuständig.[95]

60 Die **Empfehlung 49** zur Beschränkung von Mandaten ehemaliger Vorstandsmitglieder (Ziff. 5.4.2 S. 3) statuiert weder ein generelles Verbot des Übergangs vom Vorstand in den Aufsichtsrat noch eine **Karenzfrist** („cooling off", vgl dazu aber Ziff. 5.4.4).[96]

61 Die **Empfehlung 50** zur Beschränkung von Mandaten bei Wettbewerbsunternehmen (Ziff. 5.4.2 S. 4) geht über das Aktiengesetz hinaus, das insoweit nach hM keine Einschränkung kennt.[97] Betroffen sind Vorstands- und Aufsichtsratsmandate bzw vergleichbare Funktionen bei anderen Rechtsformen. Als wesentlich werden Wettbewerber, die etwa mindestens 1/4 des Konzernumsatzes betreffen, angesehen.[98]

5.4.3 [1]Wahlen zum Aufsichtsrat sollen als Einzelwahl durchgeführt werden. [2]Ein Antrag auf gerichtliche Bestellung eines Aufsichtsratsmitglieds soll bis zur nächsten Hauptversammlung befristet sein. [3]Kandidatenvorschläge für den Aufsichtsratsvorsitz sollen den Aktionären bekannt gegeben werden.[99]

62 Nach der **Empfehlung 51** zur Einzelwahl der Aufsichtsräte (Ziff. 5.4.3 S. 1) ist entgegen der nach hM zulässigen und bisher üblichen **Global- oder Listenwahl** des Aufsichtsrates[100] über jeden vorgeschlagenen Bewerber in einem gesonderten Wahlgang **einzeln und nacheinander** abzustimmen, um die Legitimation, Eignung und Unabhängigkeit des Kandidaten zu fördern.[101]

63 Die **Empfehlung 52** zur Befristung des Antrags auf gerichtliche Bestellung (Ziff. 5.4.3 S. 2) soll dazu dienen, dass bei derart bestellten Aufsichtsräten aus Gründen der **Transparenz** wie auch der **Legitimation** der Organmitglieder durch die Aktionäre möglichst bald ein Beschluss der Hauptversammlung herbeigeführt wird.[102]

64 Die **Empfehlung 53** zur Bekanntgabe der Aufsichtsratvorsitzkandidaten (Ziff. 5.4.3 S. 3) ändert nichts daran, dass sowohl die Wahl des Aufsichtsratsvorsitzenden als auch die des Vorsitzenden eines Aufsichtsratsausschusses **Angelegenheiten der inneren Ordnung** des Aufsichtsrats bleiben und allein den Aufsichtsratsmitgliedern obliegen. Da der „alte" Aufsichtsrat keine verbindlichen Erklärungen gegenüber der Hauptver-

---

89 Dafür Ringleb/Kremer/Lutter/v. Werder, NZG 2012, 1081, 1088; Paschos/Goslar, NZG 2012, 1361, 1362.

90 IE auch Klein, NZG 2012, 805, 807. Stephanblome, NZG 2013, 448 stellt zur Auslegung auf die EU Konzernbilanzrechtlinie 83/349/EWG (mit Änderungen) und v.a. auf § 290 HGB ab, der eine Definition des „beherrschenden Einflusses" enthält.

91 Kremer/v. Werder AG 2013, 340, 344.

92 In der Pressemitteilung der Regierungskommission v. 16.5.2012 (abrufbar unter <www.dcgk.de>) wird ausgeführt, dass Arbeitnehmervertreter im Aufsichtsrat von Ziff. 5.4.2 „unberührt bleiben". Einer Auslegung dahingehend, dass Arbeitnehmervertreter für die Beurteilung der Unabhängigkeit nicht zu berücksichtigen sind, steht der Wortlaut „Aufsichtsrat" entgegen.

93 Kremer/Lutter/v. Werder, NZG 2012, 1081, 1087 (aber offen und der Meinungsbildung durch den Aufsichtsrat zuweisend: Kremer/v. Werder AG 2013, 340, 343, 344); Klein, NZG 2012, 805, 807; Lieder, NZG 2005, 569, 570/572; aA Großkomm-AktienR/Hopt/Roth, 2005, § 100 Rn 194; Scholderer, NZG 2012, 168, 173; Vetter, BB 2005, 1689, 1691; Böckli, S. 273. Stephanblome, NZG 2013, 445, 450 sieht hier ohnehin nur die Gefahr, dass Arbeitnehmervertreter bei Entscheidungen Arbeitnehmerinteressen den Vorrang geben könnten, nicht aber Vorstandsinteressen. Nur letztere Interessenkonflikte resultierten aber aus der „geschäftlichen Beziehung" zur Gesellschaft.

94 Hecker/Peters, BB 2012, 2639, 2644.

95 Ringleb/Kremer/Lutter/v. Werder, NZG 2012, 1081, 1085; aA Hasselbach/Jakobs, BB 2013, 643, 650, nicht die Arbeitnehmervertreter.

96 Kirschbaum/Wittmann, Der Aufsichtsrat 09/2005, 3/4; Lange, NZG 2004, 265 ff; vgl Baums, Rn 55. Eine empirischen Untersuchung konnte weder einen positiven noch einen negativen Zusammenhang zwischen der Mitgliedschaft ehemaliger Vorstandsmitglieder im Aufsichtsrat und der Unternehmensleistung feststellen, bzw keinen statistisch signifikanten Einfluss im Aufsichtsrat, Grigoleit/Nippa/Steger, ZfbF 2011, 578, 608.

97 OLG Schleswig ZIP 2004, 1143, 1144/1145, dazu: Lutter/Kirschbaum, ZIP 2005, 103; KölnKomm-AktG/Mertens, § 100 Rn 11; Baums, Rn 54; aA Lutter/Krieger, AR, Rn 20 ff, 767; MüHb-AG/Hoffmann-Becking, § 33 Rn 49.

98 Kremer in: Ringleb/Kremer/Lutter/v. Werder, Rn 1052.

99 Eingefügt am 2.6.2005.

100 Dazu Vetter, BB 2005, 1689, 1692 mwN (Fn 30, 32).

101 MüKo-AktG/Semler, § 101 Rn 34; Lieder, NZG 2005, 569, 573.

102 Vetter, BB 2005, 1689, 1692; die Empfehlungen 42 und 43 sind nicht zuletzt Reaktionen auf Vorgänge bei der Hypovereinsbank, in deren Verlauf sich der ehemalige Vorstandsvorsitzende zunächst an Stelle eines ausscheidenden Mitglieds per Gerichtsbeschluss zum Aufsichtsratsvorsitzenden bestellen und dann in en bloc-Wahlen in dem Gremium bestätigen ließ. Diese wären indes nur zulässig gewesen, wenn keiner der anwesenden Aktionäre diesem Wahlverfahren widersprochen hätte: LG München I v. 15.4.2004 – 5 HK O 10813/03, BB 2004, 958 ff; ZIP 2004, 853 ff; dazu: Segna, DB 2005, 1135 ff; Fuhrmann, ZIP 2005, 2081 ff; Mutter, AG 2004, 305 ff.

sammlung hinsichtlich des künftigen Aufsichtsratvorsitzenden abgeben kann und der sich noch nicht im Amt befindliche „neue" noch keine Absicht bekunden kann, empfiehlt sich eine von der Anteilseignerseite beschlossene und gegenüber der Hauptversammlung offen zu legende **Empfehlung an den künftigen Aufsichtsrat**.[103]

5.4.4[104] ¹Vorstandsmitglieder dürfen vor Ablauf von zwei Jahren nach dem Ende ihrer Bestellung nicht Mitglied des Aufsichtsrats der Gesellschaft werden, es sei denn ihre Wahl erfolgt auf Vorschlag von Aktionären, die mehr als 25 % der Stimmrechte an der Gesellschaft halten. ²In letzterem Fall soll der Wechsel in den Aufsichtsratsvorsitz eine der Hauptversammlung zu begründende Ausnahme sein.

Durch die **Empfehlung 54 zur Begründungspflicht beim Vorstandswechsel in den Aufsichtsratsvorsitz** (Ziff. 5.4.4 S. 2) soll der besonderen Relevanz dieser Position im Hinblick auf Aufgaben, Meinungsbildung und Stimmverhalten im Aufsichtsrat Rechnung getragen werden, wobei offen bleibt, ob die Begründung bereits in dem Vorschlag des Mehrheitsaktionärs enthalten sein soll oder ob sich diese Empfehlung allein an den Aufsichtsrat als dem nach § 107 Abs. 2 AktG für die Wahl des Vorsitzenden zuständigen Organ richtet.[105]

5.4.5[106] (I.) ¹Jedes Aufsichtsratsmitglied achtet darauf, dass ihm für die Wahrnehmung seiner Mandate genügend Zeit zur Verfügung steht. ²Wer dem Vorstand einer börsennotierten Gesellschaft angehört, soll insgesamt nicht mehr als drei[107] Aufsichtsratsmandate in konzernexternen börsennotierten Gesellschaften oder in Aufsichtsgremien von konzernexternen Gesellschaften wahrnehmen, die vergleichbare Anforderungen stellen.[108]

Im Rahmen der **Empfehlung 55 zur Mandatsbegrenzung** (Ziff. 5.4.5 Abs. 1 S. 2) zählen bei der Berechnung der Mandatsschwelle entgegen der gesetzlichen Regelungen (§§ 100 Abs. 2 Nr. 1, Abs. 2 S. 3 AktG) **Aufsichtsratsvorsitze** nicht doppelt.[109] Persönliche Voraussetzungen für Aufsichtsratsmitglieder der Anteilseignerseite können bereits nach aktueller Gesetzeslage (§ 100 Abs. 4 AktG) in die Satzung aufgenommen werden, was indes die Flexibilität für ein Abweichen einschränken würde.[110] Bei der Empfehlung von höchstens drei Aufsichtsratsmandaten in konzernexternen börsennotierten Gesellschaften wird für Mandate in Aufsichtsgremien bei nicht börsennotierten Gesellschaften klargestellt, dass diese in die Höchstzahl nur einzurechnen sind, wenn sie ebenfalls bei konzernexternen Gesellschaften bestehen und außerdem vergleichbare Anforderungen stellen, zB große GmbHs, ausländische Gesellschaften und ggf Beiräte.[111]

(II.) ¹Die Mitglieder des Aufsichtsrats nehmen die für ihre Aufgaben erforderlichen Aus- und Fortbildungsmaßnahmen eigenverantwortlich wahr. ²Dabei sollen sie von der Gesellschaft angemessen unterstützt werden.[112]

Der **Empfehlung 56 zur Unterstützung bei Aus- und Weiterbildung** (Ziff. 5.4.5 Abs. 2 S. 2) kann durch eigene oder durch Dritte ausgerichtete Schulungsmaßnahmen entsprochen werden. Der Gesellschaft steht dabei ein weiter Beurteilungsspielraum bzgl des Kriteriums der Angemessenheit der Unterstützung zu, wobei die Größe des Aufsichtsrats und die finanziellen Möglichkeiten der Gesellschaft zu berücksichtigen sind.[113] Die finanzielle Unterstützung ist eine Geschäftsführungsmaßnahme, über die der Vorstand entscheidet.[114] Sie ist nur dann Teil der Aufsichtsratsvergütung, die durch die Hauptversammlung beschlossen werden muss, wenn darin eine verdeckte Gegenleistung für die Aufsichtsratstätigkeit liegt.[115] Aufsichtsratsmitglieder haben bei kostenpflichtigen Fortbildungen einen Auslagenerstattungsanspruch gegen die Gesellschaft, §§ 670, 675 BGB.[116] Der Aufsichtsrat kann die Übernahme der Weiterbildungskosten auch in großzügigerem Maße beschließen, wenn die Fortbildungsmaßnahme mit der Gesellschaft abgestimmt ist.[117]

---

103 *Vetter*, BB 2005, 1689, 1692 f.
104 Neu eingefügt am 2.6.2005, geändert am 18.6.2009.
105 *Hecker*, BB 2009, 1654, 1657.
106 Nummerierung geändert am 2.6.2005.
107 Geändert am 18.6.2009, vorher waren bis zu fünf Mandate möglich.
108 Letzter Hs geändert am 15.5.2012, da „Gesellschaften mit vergleichbaren Anforderungen" in der Praxis unklar war.
109 *Kremer* in: Ringleb/Kremer/Lutter/v. Werder, Rn 1072; Geßler/Käpplinger, Rn 85; vgl *Baums*, Rn 52; aA MüKo-AktG/*Semler*, § 161 Rn 437.
110 MüKo-AktG/*Semler*, § 161, Rn 438; *Marsch-Barner*, § 2, Rn 54.
111 *Mense/Rosenhänger*, GWR 2010, 311; *Ringleb/Kremer/Lutter/ v. Werder*, NZG 2010, 1161, 1166.
112 Gelöscht aus Ziff. 5.4.1 und eingefügt in Ziff. 5.4.1 am 15.5.2012.
113 *Mense/Rosenhänger*, GWR 2010, 311.
114 *Bosse/Malchow*, NZG 2010, 972, 974. Vgl ausführlich zur Übernahme der Kosten im Unternehmensinteresse *Mutter*, AG 2010, R 411; *ders.*, AG 2013, R161 und R246.
115 *Wilsing* in: Wilsing, Ziff. 5.4.2 Rn 15.
116 *Ringleb/Kremer/Lutter/v. Werder*, NZG 2010, 1161, 1166.
117 *Ringleb/Kremer/Lutter/v. Werder*, NZG 2010, 1161, 1166. *Maser/Göttle*, NZG 2013, 201, 206: nur bei umfassenden und entscheidenden Gesetzesänderungen.

5.4.6[118] (I.) [1]Die Vergütung der Aufsichtsratsmitglieder wird durch Beschluss der Hauptversammlung oder in der Satzung festgelegt.[119] [2]Dabei sollen der Vorsitz und der stellvertretende Vorsitz im Aufsichtsrat sowie der Vorsitz und die Mitgliedschaft in den Ausschüssen berücksichtigt werden.

68 Die **Empfehlung 57** zu Anknüpfungspunkten für die Vergütung (Ziff. 5.4.6 Abs. 1 S. 2) ist Ausdruck des bereits in § 113 Abs. 1 AktG enthaltenen Grundsatzes der aufgabengerechten Vergütung.[120] Der **Vorsitzende des Aufsichtsrates** erhält üblicherweise das Doppelte oder Dreifache der Vergütung des einfachen Mitglieds, der **Stellvertreter** das Doppelte oder Eineinhalbfache; der **Vorsitzende eines Ausschusses** einen Zuschlag von einem Viertel oder das Eineinhalbfache.[121]

(II.) [1]Die Mitglieder des Aufsichtsrats erhalten eine Vergütung, die in einem angemessenen Verhältnis zu ihren Aufgaben und der Lage der Gesellschaft steht. [2]Wird den Aufsichtsratsmitgliedern eine erfolgsorientierte Vergütung zugesagt, soll sie auf eine nachhaltige Unternehmensentwicklung ausgerichtet sein.[122]

69 Die überarbeitete **Empfehlung 58** zum erfolgsorientierten Vergütungselement (Ziff. 5.4.6 Abs. 2 S. 2) erhält nunmehr eine Ausrichtung auf eine nachhaltige Unternehmensentwicklung, genauso wie es § 87 Abs. 1 S. 1 AktG für die Vorstandsvergütung vorschreibt. Es fragt sich, ob etwa an die Aufsichtsratsmitglieder auszuzahlende **Dividenden** das Erfordernis der Nachhaltigkeit erfüllen können, da sie sich am Bilanzgewinn orientieren.[123] Zudem kommen an bestimmte **Unternehmenskennziffern** (zB Brutto-Cashflow, Konzerngewinn, etc.) oder, als eines von mehreren Elementen, an den **Aktienkurs** geknüpfte **erfolgsorientierte Bestandteile**, die insgesamt gegenüber dem Fixum nicht überzugewichten sind, in Betracht.[124] Die Gewährung von **Aktienoptionen** bleibt politisch und juristisch umstritten, da sie zu einem der Überwachungsaufgabe abträglichen Gleichklang der Ausrichtung der Interessen von Vorstand und Aufsichtsrat auf den Aktienkurs führen könnten.[125] Nach der Ergänzung der EU-Empfehlung zur „Managervergütung"[126] soll die Vergütung für Aufsichtsratsmitglieder keine Aktienoptionen umfassen (Ziff. 4.4). Eine Aufteilung auf eine **Festvergütung** und eine erfolgsorientierte Vergütung wird nicht mehr empfohlen. Eine reine Festvergütung, ein aktueller Trend großer Gesellschaften,[127] führt demnach nicht mehr zu einer Abweichungserklärung.[128]

(III.) [1]Die Vergütung der Aufsichtsratsmitglieder soll [129] im Anhang oder im Lagebericht[130] individualisiert, aufgegliedert nach Bestandteilen ausgewiesen werden. [2]Auch die vom Unternehmen an die Mitglieder des Aufsichtsrats gezahlten Vergütungen oder gewährten Vorteile für persönlich erbrachte Leistungen, insbesondere Beratungs- und Vermittlungsleistungen, sollen individualisiert angegeben werden.[131]

70 Die **Empfehlung 59** zur Publizität der Aufsichtsratsvergütung (Ziff. 5.4.6 Abs. 3 S. 1) bleibt durch das Gesetz über die Offenlegung der Vorstandsvergütungen (VorstOG) v. 3.8.2005[132] unberührt und behält den Status einer echten Empfehlung. §§ 285 Nr. 9 a, 314 Abs. 1 Nr. 6 a HGB sehen lediglich den **Ausweis der Gesamtbezüge** vor. Aus Gründen des Persönlichkeitsschutzes ist die Zustimmung der einzelnen Aufsichtsratsmitglieder erforderlich.[133]

---

118 Nummerierung geändert am 2.6.2005.
119 Vgl § 113 Abs. 1 S. 2 AktG, Vergütung nach dem AktG allerdings fakultativ (§ 113 Abs. 1 S. 1 AktG). Satz 2 „Sie trägt der Verantwortung und dem Tätigkeitsumfang der Aufsichtsratsmitglieder sowie der wirtschaftlichen Lage und dem Erfolg des Unternehmens Rechnung" wegen der Ähnlichkeit der Anforderungen zu Ziff. 5.4.6 Abs. 2 gestrichen am 13.5.2013.
120 *Mutter*, ZIP 2002, 1230.
121 *Kremer* in: Ringleb/Kremer/Lutter/v. Werder, Rn 1085; *Mutter*, ZIP 2002, 1230, spricht sich für ein "cap" beim 2,5-fachen der festen Vergütung aus; ablehnend zur erhöhten Vergütung für den stellvertretenden Aufsichtsratsvorsitzenden: *Peltzer*, NZG 2002, 593, 598.
122 Neu gefasst am 15.5.2012.
123 *Kliebisch*, DZWIR 2012, 444, 446, sieht die Empfehlung jedenfalls kritisch, da § 113 Abs. 3 AktG nahelege, dass eine am Bilanzgewinn orientierte Vergütung eher den Vorstellungen des Gesetzgebers entspreche als eine langfristige Erfolgsausrichtung. *Ringleb/Kremer/Lutter/v. Werder*, NZG 2012, 1081, 1088: kodexkonform, wenn auf eine Durchschnittsdividende über mehrere Jahre abgestellt wird.
124 *Kremer* in: Ringleb/Kremer/Lutter/v. Werder, Rn 1092-1094; *Mutter*, ZIP 2002, 1230, 1233; *Peltzer*, NZG 2002, 593, 594; vgl *Baums*. Rn 64; *Wilsing* in: Wilsing, Ziff. 5.4.6 Rn 8.
125 Dies wird nach tVA auch für Umgehungskonstruktionen wie sog. Phantom Stocks befürchtet. *Maser/Göttle*, NZG 2013, 201, 205 mwN; *Gehling*, ZIP 2005, 550 ff; *Mutter*, ZIP 2002, 1230 ff; *Paefgen*, WM 2004, 1169 ff; *Vetter*, AG 2004, 234 ff; *Richter*, BB 2004; 949 ff; BGH v. 16.2.2004 = II ZR 316/02 = ZIP 2004, 613 f.
126 Empfehlung 2005/162/EG v. 15.2.2005.
127 *Maser/Göttle*, NZG 2013, 201, 205.
128 *Rubner/Fischer*, NJW-Spezial 2012, 399.
129 Geändert am 21.5.2003 (aF: "sollte").
130 Geändert in Corporate-Governance-Bericht am 2.6.2005 (aF: "im Anhang des Konzernabschlusses"); „im Anhang oder im Lagebericht" eingefügt am 15.5.2012, Folgeänderung zu Ziff. 4.2.5.
131 Geändert am 2.6.2005 (aF: "im Anhang des Konzernabschlusses"). Am 15.5.2012 wurde wiederum der Corporate-Governance-Bericht gestrichen.
132 BGBl. I vom 10.8.2005, S. 2267; vgl dazu auch die Empfehlung der EU-Kommission vom 14.12.2004 zur Einführung einer angemessenen Regelung für die Vergütung von Mitgliedern der Unternehmensleitung börsennotierter Gesellschaften (2004/913/EG).
133 *Geßler/Käpplinger*, Rn 91.

Die **Empfehlung 60 zur Publizität der übrigen Leistungen an Aufsichtsräte** (Ziff. 5.4.6 Abs. 3 S. 2) gilt nicht 71
für Arbeitnehmervertreter; die Angabe im Anhang führt zu einer Prüfungspflicht (vgl §§ 316, 264 HGB).[134]

5.4.7[135] Falls ein Mitglied des Aufsichtsrats in einem Geschäftsjahr an weniger als der Hälfte der Sitzungen des Aufsichtsrats teilgenommen hat, soll dies im Bericht des Aufsichtsrats vermerkt werden.

Nach der **Empfehlung 61 zur Publizität einer geringen Sitzungsteilnahme** (Ziff. 5.4.7) ist über die Pflichtan- 72
gaben des Aufsichtsratsberichts (§ 171 AktG) hinaus das Unterschreiten einer 50%-Schwelle hinsichtlich der Teilnahme an Plenumssitzungen **namentlich** anzugeben („name and shame"), Ausschusssitzungen zählen nicht mit;[136] ggf kann die Aufsichtsratsvergütung reduziert werden.[137]

5.5 Interessenkonflikte

5.5.1 ¹Jedes Mitglied des Aufsichtsrats ist dem Unternehmensinteresse verpflichtet. ²Es darf bei seinen Entscheidungen weder persönliche Interessen verfolgen noch Geschäftschancen, die dem Unternehmen zustehen, für sich nutzen.

5.5.2 Jedes Aufsichtsratsmitglied soll Interessenkonflikte, insbesondere solche, die auf Grund einer Beratung oder Organfunktion bei Kunden, Lieferanten, Kreditgebern oder sonstigen Dritten[138] entstehen können, dem Aufsichtsrat gegenüber offen legen.

Die **Empfehlung 62 zur Offenlegung von Interessenkonflikten gegenüber dem Aufsichtsrat** (Ziff. 5.5.2) be- 73
trifft über die Pflichten der §§ 124 Abs. 3, 125 Abs. 1 S. 3 AktG, 285 Nr. 10 HGB hinaus **vorübergehende und dauerhafte** („institutionelle") konkrete unbekannte Interessenkonflikte; sie hat unverzüglich vor Beratung bzw Beschlussfassung zu erfolgen und ist schriftlich festzuhalten.[139] Sie führt nur in Einzelfällen zu **Teilnahme- oder Stimmverboten**.[140] Zur Umsetzung der Kodexempfehlung ist eine **individuelle Einverständniserklärung** jedes Aufsichtsratsmitglieds erforderlich.[141] Aus der Mitbestimmung resultierende **arbeitnehmerbezogene Interessenkonflikte** führen nach tvA nie zu einem Stimmverbot und müssen lediglich einmalig zu Beginn einer Wahlperiode formal dem Aufsichtsrat mitgeteilt werden.[142]

5.5.3 ¹Der Aufsichtsrat soll in seinem Bericht an die Hauptversammlung über aufgetretene Interessenkonflikte und deren Behandlung informieren. ²Wesentliche und nicht nur vorübergehende Interessenkonflikte in der Person eines Aufsichtsratsmitglieds sollen zur Beendigung des Mandats führen.

Die **Empfehlung 63 zur Offenlegung von Interessenkonflikten gegenüber der Hauptversammlung** 74
(Ziff. 5.5.3 S. 1) umfasst solche der Anteilseigner- und Arbeitnehmerseite sowie auch die dem Aufsichtsrat gem. Ziff. 4.3.4 S. 1 mitzuteilenden des Vorstands.[143] Der Bericht bildet die Grundlage für eine **Abberufung** durch die Hauptversammlung oder das Gericht (vgl § 103 Abs. 1, 3 AktG) und dient der Vorbereitung des Entlastungsbeschlusses (§ 119 Abs. 1 Nr. 3 AktG).[144] Er darf sich auf die wesentlichen Kernpunkte beschränken und muss schriftlich erfolgen.[145]

Hinsichtlich der **Empfehlung 64 zur Beendigung des Mandats** (Ziff. 5.5.3 S. 2) bei dauerhaften gewichtigen 75
Interessenkonflikten hängt das Erreichen der **Wesentlichkeitsschwelle** vom Einzelfall ab. Als ein solcher wesentlicher und dauerhafter Interessenkonflikt wurde bei einem Aufsichtsratsmitglied, das zugleich die Hauptaktionärin gesellschaftsrechtlich berät und deren Interessen zu wahren hat, festgestellt.[146] Dies wird auch bei der Tätigkeit als Organ oder Berater bei einem Konkurrenzunternehmen angenommen.[147] Die Empfehlung gilt nicht für aus der Mitbestimmung resultierende **arbeitnehmerbezogene Interessenkonflikte**.

---

134 Geßler/*Käpplinger*, Rn 92; MüKo-AktG/*Semler*, § 161, Rn 445.
135 Nummerierung geändert am 2.6.2005.
136 *Kremer* in: Ringleb/Kremer/Lutter/v. Werder, Rn 1109; Geßler/*Käpplinger*, Rn 94.
137 MüKo-AktG/*Semler*, § 161, Rn 448; KölnKomm-AktG/*Mertens*, § 113, Rn 14.
138 Eingefügt am 15.5.2012.
139 Geßler/*Käpplinger*, Rn 96; *Diekmann/Fleischmann*, AG 2013, 141, 145ff; Großkomm-AktienR/*Hopt/Roth*, 2005, § 109 Rn 17ff; MüKo-AktG/*Semler*, § 161 Rn 454.
140 *Semler/Stengel*, NZG 2003, 1, 2; Geßler/*Käpplinger*, Rn 97.
141 *Kremer* in: Ringleb/Kremer/Lutter/v. Werder, Rn 1132; *Marsch-Barner*, § 2, Rn 55.
142 Geßler/*Käpplinger*, Rn 97, 98.
143 Geßler/*Käpplinger*, Rn 101.
144 MüKo-AktG/*Semler*, § 161 Rn 457.
145 *Kremer* in: Ringleb/Kremer/Lutter/v. Werder, Rn 1139.
146 Folge fehlender Information an die Hauptversammlung trotz positiver Entsprechenserklärung: Anfechtbarkeit der Wahl des betreffenden Aufsichtsratsmitglieds, LG Hannover NZG 2010, 744, nicht rechtskräftig. Das Gericht setzt sich in seinem Urteil aber nicht damit auseinander, ob der Interessenkonflikt „aufgetreten" ist.
147 Geßler/*Käpplinger*, Rn 102; Vgl *Kremer* in: Ringleb/Kremer/Lutter/v. Werder, Rn 1141, 1142. Zur Definition ausführlich *Stephanblome*, NZG 2013, 445, 449.

5.5.4 Berater- und sonstige Dienstleistungs- und Werkverträge eines Aufsichtsratsmitglieds mit der Gesellschaft bedürfen der Zustimmung des Aufsichtsrats.

5.6 Effizienzprüfung

Der Aufsichtsrat soll regelmäßig die Effizienz seiner Tätigkeit überprüfen.

76 Die Empfehlung 65 zur Effizienzprüfung (Ziff. 5.6) betrifft als umfassende Evaluation der Aufsichtsratstätigkeit die Wirtschaftlichkeit im Sinne eines guten **Aufwand-Nutzen-Verhältnisses** und die Wirksamkeit und Effektivität in **formal-organisatorischer** (Sitzungsfrequenz/-dauer, Vorbereitung und Durchführung der Sitzung, Ausschussbildung und Berichterstattung, Zusammensetzung, Informationsversorgung, Engagement und Erreichbarkeit) und **materiell-inhaltlicher** Hinsicht (Personal- und Überwachungskompetenz sowie Funktion als Mit-Leitungsorgan).[148] Sie kann im Wege der **Selbst- oder Fremdevaluation** erfolgen, deren Art, Ablauf, Umfang und Häufigkeit im weiten, sachgerecht auszuübenden Ermessen des Aufsichtsrates stehen.[149]

6. Transparenz

6.1[1] [1]Die Gesellschaft wird die Aktionäre bei Informationen gleich behandeln. [2]Sie soll ihnen unverzüglich sämtliche neuen Tatsachen, die Finanzanalysten und vergleichbaren Adressaten mitgeteilt worden sind, zur Verfügung stellen.

77 Die **Empfehlung 66 zur Fair Disclosure**[2] (Ziff. 6.1 S. 2) schließt die trotz des Gleichbehandlungsgrundsatzes (§ 53 a AktG) grundsätzlich zulässige **selektive Weitergabe** von Informationen[3] aus und verlangt die Veröffentlichung der dem Finanzanalysten vorab überlassenen Informationen zumindest innerhalb weniger Stunden.[4] Zum Begriff der **neuen Tatsache** siehe die Kommentierung zu § 15 WpHG. Die Bereitstellung kann auf der **Homepage** der Gesellschaft erfolgen.[5]

78 Die Empfehlung zum Einsatz von Kommunikationsmedien (Ziff. 6.4 a.F.) wurde wegen der feststehenden Praxis der Internetnutzung zur zeitnahen und gleichmäßigen Information der Aktionäre und Anleger für überflüssig erachtet und gestrichen.[6]

6.2 Informationen, die die Gesellschaft im Ausland aufgrund der jeweiligen kapitalmarkt-rechtlichen Vorschriften veröffentlicht, sollen auch im Inland unverzüglich bekannt gegeben werden.

79 Im Rahmen der **Empfehlung 67 zur internationalen informationellen Gleichbehandlung** (Ziff. 6.2) kann die unmittelbar nach der Veröffentlichung im Ausland zu erfolgende Bereitstellung der (auch für deutsche Leser bedeutungslos erscheinenden) Informationen (nicht nur Tatsachen wie bei Ziff. 6.3 S. 2) ausschließlich auf der Homepage der Gesellschaft erfolgen.[7]

6.3[8] [1]Über die gesetzliche Pflicht zur unverzüglichen Mitteilung und Veröffentlichung von Geschäften in Aktien der Gesellschaft hinaus soll der Besitz von Aktien der Gesellschaft oder sich darauf beziehender Finanzinstrumente von Vorstands- und Aufsichtsratsmitgliedern angegeben werden, wenn er direkt oder indirekt größer als 1 % der von der Gesellschaft ausgegebenen Aktien ist. [2]Übersteigt der Gesamtbesitz aller Vorstands- und Aufsichtsratsmitglieder 1 % der von der Gesellschaft ausgegebenen Aktien, soll der Gesamtbesitz getrennt nach Vorstand und Aufsichtsrat im Corporate Governance Bericht[9] angegeben werden.[10]

---

148 *Seibt*, DB 2003, 2107, 2109/2111 mit "Checkliste"; *Theisen*, 75; Vgl dazu auch die Empfehlung der EU-Kommission 2005/162/EG; *Maul/Lanfermann*, DB 2004, 2407 ff; *dies*, BB 2004, 1861 ff; *Wiesner*, BB 2004, Heft 35, 1ff.

149 *Geßler/Käpplinger*, Rn 105; *Seibt*, DB 2003, 2107, 2112; MüKo-AktG/*Semler*, § 161 Rn 463; vgl *Baums*, Rn 63; *Mutter*, ZGR 2009, 788, 802.

1 Die Wiedergabe wertpapierhandelsrechtlicher Regelungen in Ziff. 6.1. aF und 6.2. aF wurden am 13.5.2013 im Interesse einer Kodexverschlankung gestrichen, vgl Erläuterungen aus den Plenarsitzungen vom 9. und 31.1.2013, unter <www.dcgk.de>.

2 Nach der inhaltsähnlichen Rule 100 der Regulation Fair Disclosure vom Oktober 2000.

3 MüKo-AktG/*Semler*, § 166 Rn 471.

4 *v. Werder* in: Ringleb/Kremer/Lutter/v. Werder, Rn 1231; vgl *Baums*, Rn 143.

5 *Geßler/Käpplinger*, Rn 105, *v. Werder* in: Ringleb/Kremer/Lutter/v. Werder, Rn 1232.

6 Am 13.5.2013, vgl Erläuterungen aus den Plenarsitzungen vom 9. und 31.1.2013, unter <www.dcgk.de>.

7 *Geßler/Käpplinger*, Rn 115, 116; aA MüKo-AktG/*Semler*, § 161 Rn 478.

8 Erster Absatz geändert am 7.11.2002; zweiter Absatz geändert am 21.5.2003; beide Absätze geändert und dritter Absatz eingefügt am 2.6.2005.

9 Eingefügt am 13.5.2013.

10 Abs. 1 gestrichen am 14.6.2007; Abs. 2 aF Satz 1 geändert am 14.6.2007.

Die **Empfehlung 68** zur Transparenz des Einzelbesitzes von Mitgliedern der Leitungsorgane (Ziff. 6.3 S. 1) bezieht sich auf relevante Beteiligungen des Organmitglieds, seines Ehe- bzw eingetragenen Lebenspartners oder Verwandten ersten Grades. Die Beteiligung kann unmittelbar bestehen bzw durch Mehrheitsbeteiligungen oder die Mehrheit der Stimmrechte vermittelt werden.[11]

Die **Empfehlung 69** zur Transparenz des Gesamtbesitzes von Mitgliedern der Leitungsorgane (Ziff. 6.3 S. 2) soll Transparenz hinsichtlich sämtlicher im vergangenen Geschäftsjahr getätigten wesentlichen Geschäfte und Beteiligungen schaffen, verlangt aber keine individuellen Angaben, sondern lediglich die Unterscheidung nach Vorstand und Aufsichtsrat. Mit der Streichung der Empfehlung zur Veröffentlichung der Angaben im Corporate Governance Bericht im Jahr 2012 hatte die Gesellschaft ein Wahlrecht, an welchen Stellen des Geschäftsberichts sie dies angibt.[12] Wegen der durch die Streichung der Empfehlung in Abs. 2 in 2012 entstandenen Unklarheiten über Ort und Frequenz der Veröffentlichung[13] wurde 2013 wieder der Corporate Governance Bericht festgelegt.

6.4 Im Rahmen der laufenden Öffentlichkeitsarbeit sollen die Termine der wesentlichen wiederkehrenden Veröffentlichungen (ua Geschäftsbericht, Zwischenfinanzberichte) und der Termin der Hauptversammlung[14] in einem „Finanzkalender" mit ausreichendem Zeitvorlauf publiziert werden.

Für die **Empfehlung 70** zur Veröffentlichung eines Finanzkalenders (Ziff. 6.4) ist eine bestimmte Form nicht vorgeschrieben; sie kann auf der Homepage des Unternehmens erfolgen.[15] Neben den aufgeführten Daten ist an (Bilanz-), Presse- und Analystenkonferenzen, Roadshows, Dividenden-Stichtage, Datum der Dividendenzahlungen, Aktionärsbriefe und SEC-Dokumente zu denken.[16]

Die frühere Empfehlung zur Internetpublizität von Unternehmensinformationen (Ziff. 6.8 S. 1 a.F.)[17] wurde als fest etablierte Praxis 2013 im Zuge der Kodexverschlankung gestrichen.[18]

Die ehemalige Empfehlung zur übersichtlichen Gliederung der Internetseite (Ziff. 6.8 S. 2 a.F.) wurde ebenso wegen der festen Praxis, die üblicherweise einen direkten Link auf der Homepage zur **Investor Relations**-Seite umfasst[19], gestrichen.[20]

7. Rechnungslegung und Abschlussprüfung

7.1 Rechnungslegung

7.1.1 [1]Anteilseigner und Dritte werden vor allem durch den Konzernabschluss und den Konzernlagebericht[1] informiert. [2]Während des Geschäftsjahres werden sie zusätzlich durch den Halbjahresfinanzbericht sowie im ersten und zweiten Halbjahr durch Zwischenmitteilungen oder Quartalsfinanzberichte unterrichtet. [3]Der Konzernabschluss und der verkürzte Konzernabschluss des Halbjahresfinanzberichts und des Quartalsfinanzberichts werden unter Beachtung der einschlägigen internationalen Rechnungslegungsgrundsätze aufgestellt.[2]

7.1.2 [1]Der Konzernabschluss wird vom Vorstand aufgestellt und vom Abschlussprüfer sowie vom Aufsichtsrat geprüft. [2]Halbjahres- und etwaige Quartalsfinanzberichte sollen vom Aufsichtsrat oder seinem Prüfungsausschuss vor der Veröffentlichung mit dem Vorstand erörtert werden.[3] [3]Zusätzlich sind die Prüfstelle für Rechnungslegung bzw die Bundesanstalt für Finanzdienstleistungsaufsicht befugt, die Übereinstimmung des Konzernabschlusses mit den maßgeblichen Rechnungslegungsvorschriften zu überprüfen (Enforcement).[4] [4]Der Konzernabschluss soll binnen 90 Tagen nach Geschäftsjahresende, die Zwischenberichte sollen binnen 45 Tagen nach Ende des Berichtszeitraums, öffentlich zugänglich sein.

Mit der **Empfehlung 71** zur Erörterung von Halbjahres- und etwaigen Quartalsfinanzberichten durch den Aufsichtsrat oder seinen Prüfungsausschuss (Ziff. 7.1.2 S. 2) geht der Kodex über die gesetzlich normierten Pflichten hinaus.

---

11 *Ringleb* in: Ringleb/Kremer/Lutter/v. Werder, Rn 1244.
12 Vgl *Kliebisch*, DZWIR 2012, 444, 446.
13 Siehe Erläuterungen aus den Plenarsitzungen vom 9. und 31.1.2013, unter <www.dcgk.de>.
14 Geändert am 14.6.2007.
15 *Geßler/Käpplinger*, Rn 120.
16 *v. Werder* in: Ringleb/Kremer/Lutter/v. Werder, Rn 1250.
17 Vgl zur Veröffentlichungspflicht von HV-Unterlagen nach § 124 a AktG in der Fassung des ARUG.
18 Siehe Erläuterungen aus den Plenarsitzungen vom 9. und 31.1.2013, unter <www.dcgk.de>.
19 *v. Werder* in: Ringleb/Kremer/Lutter/v. Werder, Rn 1256.
20 Das Gleiche gilt für die Anregung des Satz 3, dass Veröffentlichungen in englischer Sprache erfolgen sollten.

1 Eingefügt am 15.5.2012.
2 Satz 2 und Satz 3 geändert, Satz 4 gestrichen am 14.6.2007.
3 Satz 2 eingefügt am 6.6.2008.
4 Eingefügt am 2.6.2005.

86 Durch die **Empfehlung 72** zur öffentlichen Verfügbarkeit des Konzernabschlusses (Ziff. 7.1.2 S. 4 Hs 1) und in analoger Anwendung auch des Konzernlageberichts (§ 315 HGB) wird die gesetzliche Frist des §§ 325 Abs. 4 HGB (vier Monate) deutlich verkürzt, um die Informationseffizienz der Kapitalmärkte zu erhöhen, wobei es genügt, wenn die Berichte bei Fristablauf auf der **Website der Gesellschaft** zugänglich sind.[5]

87 Auch für die **Empfehlung 73** zur öffentlichen Verfügbarkeit der Zwischenberichte (Ziff. 7.1.2 S. 4 Hs 2) gilt, dass die Frist sich auf den folgenden Werktag verlängert, wenn der Ablauf auf ein Wochenende oder einen gesetzlichen Feiertag fällt (§ 193 BGB).

7.1.3 Der Corporate Governance Bericht[6] soll konkrete Angaben über Aktienoptionsprogramme und ähnliche wertpapierorientierte Anreizsysteme der Gesellschaft enthalten, soweit diese Angaben nicht bereits im Jahresabschluss, Konzernabschluss oder Vergütungsbericht gemacht werden.[7]

88 Hinsichtlich der **Empfehlung 74** zur Veröffentlichung der Aktienoptionsprogramme im Corporate Governance Bericht (Ziff. 7.1.3) (aF: Konzernabschluss) gilt die Kommentierung zu Ziff. 4.2.3 entsprechend, es sind aber **keine Angaben zum Wert der Optionen** abzugeben. Zudem werden nicht nur Organmitglieder, sondern **auch Mitarbeiter** erfasst.[8]

7.1.4 ¹Die Gesellschaft soll eine Liste von Drittunternehmen veröffentlichen, an denen sie eine Beteiligung von für das Unternehmen nicht untergeordneter Bedeutung hält. ²Handelsbestände von Kredit- und Finanzdienstleistungsinstituten, aus denen keine Stimmrechte ausgeübt werden, bleiben hierbei unberücksichtigt. ³Es sollen angegeben werden: Name und Sitz der Gesellschaft, Höhe des Anteils, Höhe des Eigenkapitals und Ergebnis des letzten Geschäftsjahres.

89 Die **Empfehlung 75** zur Veröffentlichung einer Liste bedeutsamer Beteiligungen (Ziff. 7.1.4 S. 1) ähnelt inhaltlich § 313 Abs. 2 Nr. 4 HGB, ohne bestimmte Beteiligungsquoten (sonst ab 20% bzw über 5 % bei börsennotierten Gesellschaften, § 285 Nr. 11 HGB) festzulegen. Eine solche besteht etwa, wenn sie **strategisch** ist oder ihr aus sonstigen Gründen eine **besondere Auswirkung** auf die Umsatz-, Vermögens- und Vertragslage zukommt oder aus ihnen **Stimmrechte** ausgeübt werden (vgl Ziff. 7.1.4 S. 2). **Konsolidierte bzw assoziierte Unternehmen** müssen nicht aufgenommen werden.[9] Eine Verweigerung der Angaben wegen wesentlicher Nachteile (§ 313 Abs. 3 HGB) ist nicht vorgesehen und mithin erklärungspflichtig.[10] Satz 2 ist eine einschränkende Erläuterung der Empfehlung in Satz 1.

90 Bei der **Empfehlung 76** zum Inhalt der Liste (Ziff. 7.1.4 S. 3) sind die Angaben wie im handelsrechtlichen Anteilsverzeichnis auf der Basis des Einzelabschlusses der Beteiligung zu machen.[11]

7.1.5 Im Konzernabschluss sollen Beziehungen zu Aktionären erläutert werden, die im Sinne der anwendbaren Rechnungslegungsvorschriften als nahe stehende Personen zu qualifizieren sind.

91 Im Rahmen der **Empfehlung 77** zu „related parties" (Ziff. 7.1.5) ist der Begriff der nahe stehende Personen den **IAS** (IAS 24) und **US-GAAP** (FAS 57) zu entnehmen, die zusätzlich Aktionäre sein müssen.[12] Es sind also im wesentlichen Personen, die einen **maßgeblichen Einfluss auf die Gesellschaft und deren Management** ausüben können, also stets die Mitglieder des Vorstands, in der Praxis auch die des Aufsichtsrats.[13] Inzident ist diese Vorschrift bereits durch die Empfehlung zur Anwendung internationaler Rechnungslegungsgrundsätze (Ziff. 7.1.1 S. 3) erfasst.[14]

7.2 Abschlussprüfung

7.2.1 (I.) ¹Vor Unterbreitung des Wahlvorschlags soll der Aufsichtsrat bzw der Prüfungsausschuss eine Erklärung des vorgesehenen Prüfers einholen, ob und ggf welche geschäftlichen,[15] finanziellen, persönlichen[16] oder sonstigen Beziehungen zwischen dem Prüfer und seinen Organen und Prüfungsleitern einerseits und dem Unternehmen und seinen Organmitgliedern andererseits bestehen, die Zweifel an seiner Unabhängigkeit begründen können. ²Die Erklärung soll sich auch darauf erstrecken, in welchem Umfang im vorausgegangenen Geschäftsjahr andere Leistungen für das Unternehmen, insbesondere auf dem Beratungssektor, erbracht wurden bzw für das folgende Jahr vertraglich vereinbart sind.

---

5 *Ringleb* in: Ringleb/Kremer/Lutter/v. Werder, Rn 1318; Geßler/*Käpplinger*, Rn 132.
6 Geändert am 2.6.2005 (aF: „Konzernabschluss").
7 Geändert am 15.5.2012; Folgeänderung zu Ziff. 2.5.
8 *Ringleb* in: Ringleb/Kremer/Lutter/v. Werder, Rn 1320.
9 *Ringleb* in: Ringleb/Kremer/Lutter/v. Werder, Rn 1323; aA Geßler/*Käpplinger*, Rn 132.
10 MüKo-AktG/*Semler*, § 161 Rn 505.
11 *Ringleb* in: Ringleb/Kremer/Lutter/v. Werder, Rn 1329.
12 Geßler/*Käpplinger*, Rn 134.
13 *Ringleb* in: Ringleb/Kremer/Lutter/v. Werder, Rn 1336.
14 MüKo-AktG/*Semler*, § 161 Rn 509.
15 Seit 2.6.2005 statt: "beruflichen".
16 Eingefügt am 2.6.2005.

Die **Empfehlung 78 zur Unabhängigkeitserklärung des Abschlussprüfers (Ziff. 7.2.1 Abs. 1 S. 1)** ergänzt die gesetzlichen Anforderungen einer unabhängigen und unparteiischen Amtsausübung (vgl §§ 42 Abs. 1 WPO, 323 Abs. 1 HGB) sowie verschiedene Ausschluss- und Befangenheitsgründe (§§ 319, 319a, 319b, 318 Abs. 3 HGB, 43, 49 WPO, 1, 20ff Berufssatzung).[17] Sie ist in Textform (§ 126b BGB) **vor der Beschlussfassung der Hauptversammlung**[18] an den Prüfungsausschuss, hilfsweise an den Aufsichtsrat zu richten.[19] Die Beurteilung, ob Beziehungen bestehen, die Zweifel an der Unabhängigkeit begründen können, sind aus Sicht eines objektiven Dritten vorzunehmen.[20] Hinsichtlich möglicher **Beziehungen** richten sich „**geschäftliche**" auf bestehende Anstellungsverhältnisse, freie Mitarbeit und Aufsichtsrats- und Beiratsmandate (vgl § 319 Abs. 3 Nr. 5 HGB), „**finanzielle**" auf Beteiligungen der Wirtschaftsprüfungsgesellschaft, ihrer Organe und Prüfungsleiter (vgl § 319 Abs. 3 Nr. 2 iVm § 319 Abs. 2 Nr. 1, 2 HGB), „**persönliche**" insbesondere auf verwandtschaftliche Beziehungen zu Organmitgliedern der zu prüfenden Gesellschaft und ihrer Konzernunternehmen und „**sonstige**" auf andere wesentliche Umstände, welche die Unabhängigkeit des Abschlussprüfers beeinträchtigen könnten.[21] Gemäß der Empfehlung der EU-Kommission (2002/590/EG) über die Unabhängigkeit des Abschlussprüfers (Ziff. 4.1.2 Nr. 1 b und c) hat dieser schriftlich zu bestätigen, dass er im Sinne der gesetzlichen Bestimmungen und der Berufspflichten unabhängig ist und seine Objektivität nicht gefährdet ist. Andernfalls hat er seine Bedenken in Bezug auf eine mögliche Gefährdung seiner Unabhängigkeit zum Ausdruck zu bringen und das Kontrollorgan der Prüfungsmandantin um eine Erörterung dieser Punkte zu ersuchen.

Die **Empfehlung 79 zur Transparenz anderer Leistungen (Ziff. 7.2.1 Abs. 1)** erfordert Angaben zu erhaltenen und vereinbarten Honoraren in absoluten Zahlen und zum Verhältnis von **Beratungs- und Prüfungsleistungen** im vorangegangenen, laufenden und nachfolgenden Geschäftsjahr.[22]

(II.) Der Aufsichtsrat soll mit dem Abschlussprüfer vereinbaren, dass der Vorsitzende des Aufsichtsrats bzw des Prüfungsausschusses über während der Prüfung auftretende mögliche Ausschluss- oder Befangenheitsgründe unverzüglich unterrichtet wird, soweit diese nicht unverzüglich[23] beseitigt werden.

Die **Empfehlung 80 zur Informationsvereinbarung (Ziff. 7.2.1 Abs. 2)** ist noch vor der Bestellung des Abschlussprüfers durch die Hauptversammlung, nach einem Beschluss des Aufsichtsrats durch ihn als Vertreter der Gesellschaft und dem Abschlussprüfer umzusetzen.[24] Zwei Wochen nach Eintritt bzw Kenntnis von Ausschluss- oder Befangenheitsgründen ist ein Abberufungsverfahren einzuleiten (§ 318 Abs. 3 S. 3 HGB) bzw ist der Abschlussprüfer verpflichtet, den Prüfungsauftrag zu kündigen.[25]

7.2.2 Der Aufsichtsrat erteilt dem Abschlussprüfer den Prüfungsauftrag und trifft mit ihm die Honorarvereinbarung.

7.2.3 (I.) Der Aufsichtsrat soll vereinbaren, dass der Abschlussprüfer über alle für die Aufgaben des Aufsichtsrats wesentlichen Feststellungen und Vorkommnisse unverzüglich berichtet, die sich bei der Durchführung der Abschlussprüfung ergeben.

Die im Rahmen der **Empfehlung 81 zur Offenlegungsvereinbarung (Ziff. 7.2.3 Abs. 1)** über § 321 Abs. 1 S. 3 HGB hinaus unverzüglich zu berichtenden Feststellungen und Vorkommnisse (zB auch drastischer Ertragseinbruch) können mündlich, schriftlich oder in sonstiger Weise gegenüber dem Aufsichtsrat, dessen Vorsitzenden oder dem Prüfungsausschuss erfolgen.[26]

(II.) Der Aufsichtsrat soll vereinbaren, dass der Abschlussprüfer ihn informiert bzw im Prüfungsbericht vermerkt, wenn er bei Durchführung der Abschlussprüfung Tatsachen feststellt, die eine Unrichtigkeit der von Vorstand und Aufsichtsrat abgegebenen Erklärung zum Kodex ergeben.

Die im Rahmen der **Empfehlung 82 zur Offenlegungsvereinbarung hinsichtlich von Verstößen gegen die Entsprechenserklärung (Ziff. 7.2.3 Abs. 2)** zu schließende Übereinkunft braucht sich nur auf solche kodexwidrigen Tatsachen zu beziehen, die **bei Gelegenheit** der Prüfung festgestellt werden. Der Abschlussprüfer

---

17 *Ruhnke*, AG 2002, 371, 372f; *Gelnhausen/Hönsch*, AG 2002, 529, 530f.
18 MüKo-AktG/*Semler*, § 161 Rn 515.
19 *Geßler/Käpplinger*, Rn 140, 141; *Kremer* in: Ringleb/Kremer/Lutter/v. Werder, Rn 1358; Zur Formulierung: *Pfitzer/Orth/Wader*, DB 2002, 753, 755 ff und IDW PS 345 Anhang 2; zum Schadenersatz bei Interessenkollisionen: *Kiethe*, NZG 2003, 938 ff.
20 IDW PS 345 Tz. 43.
21 *Pfitzer/Orth/Wader*, DB 2002, 753, 754.
22 *Kremer* in: Ringleb/Kremer/Lutter/v. Werder, Rn 1359.
23 Eingefügt 21.5.2003.
24 *Geßler/Käpplinger*, Rn 142; MüKo-AktG/*Semler*, § 161 Rn 515; *Gelnhausen/Hönsch*, AG 2002, 529, 531.
25 *Gelnhausen/Hönsch*, AG 2002, 529, 531; *Marsch-Baner* in: Wilsing, Ziff. 7.2.1 Rn 14.
26 *Geßler/Käpplinger*, Rn 144; *Gelnhausen/Hönsch*, AG 2002, 529, 530f; *Roth*, AG 2004, 1, 8; vgl *Baums*, Rn 324.

prüft **nur formal**, ob die Entsprechenserklärung fristgerecht abgegeben und den Aktionären zugänglich gemacht wurde (§§ 285 Nr. 16, 314 Abs. 1 Nr. 8 HGB, 161 AktG).[27] Eine Redepflicht (§ 321 Abs. 1 S. 3) besteht nur bei schwerwiegenden Verstößen gegen Satzung oder Gesetz.[28] Eine umfassende Prüfung ist nicht verlangt, kann aber durch Erweiterung des Auftrags vereinbart werden.[29] Der zugrunde liegende Beschluss kann vom Plenum oder bei Delegation vom Prüfungsausschuss gefasst werden.[30]

7.2.4 Der Abschlussprüfer nimmt an den Beratungen des Aufsichtsrats über den Jahres- und Konzernabschluss teil und berichtet über die wesentlichen Ergebnisse seiner Prüfung.

ANLAGE

Mustertabelle 1 zu Nummer 4.2.5 Absatz 3 (1. Spiegelstrich)
Wert der gewährten Zuwendungen für das Berichtsjahr

Diese Tabelle bildet den Wert der für das Berichtsjahr gewährten Zuwendungen ab. Sie ist des Weiteren ergänzt um die Werte, die im Minimum bzw. im Maximum erreicht werden können.

Im Rahmen der einjährigen variablen Vergütung wird im Gegensatz zur Betrachtung des Auszahlungsbetrags (Tabelle 2) der Zielwert (d. h. der Wert bei einer Zielerreichung von 100 %), der für das Berichtsjahr gewährt wird, angegeben. Sofern systemseitig kein Zielwert vorhanden ist, z. B. im Rahmen einer direkten Gewinnbeteiligung, wird ein vergleichbarer Wert eines „mittleren Wahrscheinlichkeitsszenarios" angegeben.

Außerdem werden die im Berichtsjahr gewährten mehrjährigen variablen Vergütungen nach verschiedenen Plänen und unter Nennung der jeweiligen Laufzeiten aufgeschlüsselt. Für Bezugsrechte und sonstige aktienbasierte Vergütungen wird der beizulegende Zeitwert zum Zeitpunkt der Gewährung wie bisher berechnet und berichtet. Sofern es sich bei den mehrjährigen variablen Bestandteilen um nicht-aktienbasierte Bezüge handelt, ist zum Zeitpunkt der Zusage (sofern vorhanden) der Zielwert bzw. ein vergleichbarer Wert eines „mittleren Wahrscheinlichkeitsszenarios" anzugeben. Bei Plänen, die nicht jährlich, sondern in einem regelmäßigen mehrjährigen Rhythmus gewährt werden, ist ein ratierlicher Wert auf Jahresbasis zu ermitteln und anzugeben.

Für Zusagen für Pensionen und sonstige Versorgungsleistungen wird der Versorgungsaufwand, d. h. Dienstzeitaufwand nach IAS 19 (rev. 2011) (im Folgenden: IAS 19R) dargestellt. Dieser wird als Bestandteil der Gesamtvergütung mit aufgenommen, auch wenn es sich dabei nicht um eine neu gewährte Zuwendung im engeren Sinne handelt, sondern eine Entscheidung des Aufsichtsrats in der Vergangenheit weiterwirkt.

Die Angaben der Tabelle ersetzen nicht andere verpflichtende Angaben im Vergütungsbericht und Anhang.

	Gewährte Zuwendungen	I	II	III	IV				
a		Name				Name			
a		Name				Name			
b		Funktion				Funktion			
c		Datum Ein-/Austritt				Datum Ein-/Austritt			
d		n-1	n	n (Min)	n (Max)	n-1	n	n (Min)	n (Max)
1	Festvergütung								
2	Nebenleistungen								
3	Summe								
4	Einjährige variable Vergütung								

---

[27] *Ruhnke*, AG 2002, 371, 373 f; vgl BT-Drucks. 14/8769, S. 25; IDW EPS 345.17.
[28] Geßler/*Käpplinger*, Rn 145; *Kremer* in: Ringleb/Kremer/Lutter/v. Werder, Rn 1368; MüKo-AktG/*Semler*, § 161 Rn 521; *Marsch-Barner*/*Schäfer*, § 2 Rn 69.
[29] *Marsch-Barner*/*Schäfer*, § 2 Rn 69; *Ruhnke*, AG 2002, 371, 376; *Ulmer*, ZHR 166 (2002), 150, 175 ff.
[30] *Marsch-Barner* in: Wilsing, Ziff. 7.2.3 Rn 3.

		I	II	III	IV	I	II	III	IV
a	Gewährte Zuwendungen	Name				Name			
b		Funktion				Funktion			
c		Datum Ein-/Austritt				Datum Ein-/Austritt			
d		n-1	n	n (Min)	n (Max)	n-1	n	n (Min)	n (Max)
5	Mehrjährige variable Vergütung								
5 a	Planbezeichnung (Planlaufzeit)								
...	Planbezeichnung (Planlaufzeit)								
6	Summe								
7	Versorgungsaufwand								
8	Gesamtvergütung								

Erläuterungen:

a	Name des Vorstandsmitglieds
b	Funktion des Vorstandsmitglieds, z. B. Vorstandsvorsitzender, Finanzvorstand
c	Datum des Ein-/Austritts des Vorstandsmitglieds, sofern im betrachteten Geschäftsjahr n (Berichtsjahr) bzw. n-1
d	Betrachtetes Geschäftsjahr n (Berichtsjahr) bzw. n-1
I	Gewährte Zuwendungen im Geschäftsjahr n-1
II	Gewährte Zuwendungen im Geschäftsjahr n (Berichtsjahr)
III	Erreichbarer Minimalwert des jeweiligen im Geschäftsjahr n (Berichtsjahr) gewährten Vergütungsbestandteils, z. B. Null
IV	Erreichbarer Maximalwert des jeweiligen im Geschäftsjahr n (Berichtsjahr) gewährten Vergütungsbestandteils
1	Fixe Vergütungsbestandteile, z. B. Fixgehalt, feste jährliche Einmalzahlungen (Beträge entsprechen Beträgen der Tabelle „Zufluss"); Werte in Spalten II, III und IV sind identisch
2	Fixe Vergütungsbestandteile, z. B. Sachbezüge und Nebenleistungen (Beträge entsprechen Beträgen der Tabelle „Zufluss"); Werte in Spalten II, III und IV sind identisch
3	Summe der fixen Vergütungsbestandteile (1 + 2) (Beträge entsprechen Beträgen der Tabelle „Zufluss"); Werte in Spalten II, III und IV sind identisch
4	Einjährige variable Vergütung, z. B. Bonus, Tantieme, Short-Term Incentive (STI), Gewinnbeteiligung
5	Mehrjährige variable Vergütung (Summe der Zeilen 5a-...), z. B. Mehrjahresbonus, aufzuschiebende Anteile aus einjähriger variabler Vergütung (Deferral), Long-Term Incentive (LTI), Bezugsrechte, sonstige aktienbasierte Vergütungen
5 a...	Mehrjährige variable Vergütung, Aufschlüsselung nach Plänen unter Nennung der Laufzeit
6	Summe der fixen und variablen Vergütungsbestandteile (1 + 2 + 4 + 5)
7	Dienstzeitaufwand gemäß IAS 19R aus Zusagen für Pensionen und sonstige Versorgungsleistungen (Beträge entsprechen Beträgen der Tabelle „Zufluss"); Werte in Spalten II, III und IV sind identisch
8	Summe der fixen und variablen Vergütungsbestandteile sowie Versorgungsaufwand (1 + 2 + 4 + 5 + 7)

Mustertabelle 2 zu Nummer 4.2.5 Absatz 3 (2. Spiegelstrich)

Zufluss im bzw. für das Berichtsjahr

Diese Tabelle enthält für die Festvergütung sowie die Nebenleistungen dieselben Werte wie die Tabelle 1, die den Wert der gewährten Zuwendungen für das Berichtsjahr abbildet. Wie bisher wird für die Festvergütung sowie die einjährige variable Vergütung der Zufluss für das Berichtsjahr (Auszahlungsbetrag) angegeben.

Die Tabelle gibt außerdem den tatsächlich erfolgten Zufluss im Berichtsjahr, d. h. die Auszahlungen aus mehrjährigen variablen Vergütungen wieder. Die Beträge werden nach unterschiedlichen Plänen bzw. Laufzeiten getrennt aufgeschlüsselt. Für Bezugsrechte und sonstige aktienbasierte Vergütungen, die in echten Aktien begeben worden sind, gilt als Zeitpunkt des Zuflusses und Zufluss-Betrag der nach deutschem Steuerrecht maßgebliche Zeitpunkt und Wert.

Bonus-/Malus-Regelungen sind sowohl in der einjährigen als auch der mehrjährigen variablen Vergütung im Auszahlungsbetrag zu berücksichtigen.

Vergütungsrückforderungen (Claw backs) werden unter Bezugnahme auf frühere Auszahlungen in der Zeile „Sonstiges" mit einem Negativbetrag berücksichtigt und müssen gesondert im Vergütungsbericht erläutert werden, insbesondere wenn bereits ausgeschiedene Vorstände betroffen sind.

Für Zusagen für Pensionen und sonstige Versorgungsleistungen wird wie in der Tabelle 1 der Versorgungsaufwand, d. h. Dienstzeitaufwand nach IAS 19R dargestellt. Dieser stellt keinen Zufluss im engeren Sinne dar, er wird aber zur Verdeutlichung der Gesamtvergütung mit aufgenommen.

Die Angaben der Tabelle ersetzen nicht andere verpflichtende Angaben im Vergütungsbericht und Anhang.

a		Name		Name		Name		Name	
b	Zufluss	Funktion		Funktion		Funktion		Funktion	
c		Datum Ein-/ Austritt		Datum Ein-/ Austritt		Datum Ein-/ Austritt		Datum Ein-/ Austritt	
d		n	n-1	n	n-1	n	n-1	n	n-1
1	Festvergütung								
2	Nebenleistungen								
3	Summe								
4	Einjährige variable Vergütung								
5	Mehrjährige variable Vergütung								
5a	Planbezeichnung (Planlaufzeit)								
...	Planbezeichnung (Planlaufzeit)								
6	Sonstiges								
7	Summe								
8	Versorgungsaufwand								
9	Gesamtvergütung								

Erläuterungen:

a	*Name des Vorstandsmitglieds*
b	*Funktion des Vorstandsmitglieds, z. B. Vorstandsvorsitzender, Finanzvorstand*
c	*Datum des Ein-/Austritts des Vorstandsmitglieds, sofern im betrachteten Geschäftsjahr n (Berichtsjahr) bzw. n-1*
d	*Betrachtetes Geschäftsjahr n (Berichtsjahr) bzw. n-1*
1	*Fixe Vergütungsbestandteile, z. B. Fixgehalt, feste jährliche Einmalzahlungen (Beträge entsprechen Beträgen der Tabelle „Gewährte Zuwendungen")*
2	*Fixe Vergütungsbestandteile, z. B. Sachbezüge und Nebenleistungen (Beträge entsprechen Beträgen der Tabelle „Gewährte Zuwendungen")*

3	Summe der fixen Vergütungsbestandteile (1 + 2) (Beträge entsprechen Beträgen der Tabelle „Gewährte Zuwendungen")
4	Einjährige variable Vergütung, z. B. Bonus, Tantieme, Short-Term Incentive (STI), Gewinnbeteiligung
5	Mehrjährige variable Vergütung (Summe der Zeilen 5a-...), z. B. Mehrjahresbonus, aufgeschobene Anteile aus einjähriger variabler Vergütung (Deferral), Long-Term Incentive (LTI), Bezugsrechte, sonstige aktienbasierte Vergütungen
5 a...	Mehrjährige variable Vergütung, Aufschlüsselung nach Plänen unter Nennung der Laufzeit
6	Sonstiges, z. B. Vergütungsrückforderungen (Claw backs), die unter Bezugnahme auf frühere Auszahlungen mit einem Negativbetrag berücksichtigt werden
7	Summe der fixen und variablen Vergütungsbestandteile (1 + 2 + 4 + 5 + 6)
8	Dienstzeitaufwand gemäß IAS 19R aus Zusagen für Pensionen und sonstige Versorgungsleistungen (Beträge entsprechen Beträgen der Tabelle „Gewährte Zuwendungen"), hierbei handelt es sich nicht um einen Zufluss im Geschäftsjahr
9	Summe der fixen, variablen und sonstigen Vergütungsbestandteile sowie Versorgungsaufwand (1 + 2 + 4 + 5 + 6 + 8)

Europäisches Gesellschaftsrecht

Literatur (Auswahl):
M. Adenas/F. Wooldridge, European and comparative company law, 2009; *H. Altmeppen.*, Geschäftsleiterhaftung für Weglassen des Rechtsformzusatzes aus deutsch-europäischer Sicht, ZIP 2007, 889; *J. Andersson,* Evolution of company law, corporate governance codes and the principle of company or explain: a critical review, in:The European financial market in transition. 2012, 91; *Arbeitsgruppe Europäisches Gesellschaftsrecht,* High Level Group of Company Law Experts, Zur Entwicklung des Europäischen Gesellschaftsrechts: Stellungnahme der Arbeitsgruppe Europäisches Gesellschaftsrecht (Group of German Experts on Corporate Law): zum Report of the High Level Group of Company Law Experts on a modern regulatory framework for company law, ZIP 2003, 863; *Armour/Ringe,* European Company Law 1999 – 2010: Renaissance and crisis, CMLR 48 (2011), 125, *G. Bachmann,* Der "Europäische Corporate Governance-Rahmen": zum Grünbuch 2011 der Europäischen Kommission, WM 2011, 1301; *T. Bachner,* Aktionärsrechte als neuer Gegenstand des europäischen Unionsrechts, in: P.-Ch. Müller-Graff (Hrsg.), Europäisches Gesellschaftsrecht auf neuen Wegen. 2010, 169; *Bartels/Wagner,* Die Scheingesellschaft als „Teilnehmerin" am Rechtsverkehr, ZGR 2013, 482; *Th. Baums,* Aktuelle Entwicklungen im europäischen Gesellschaftsrecht, Zentrum für europäisches Wirtschaftsrecht, Vorträge und Berichte, Nr. 157, 2007; *ders.,* European Company law beyond the 2003 Action Plan, EBOR 2007, 143; *W. Bayer/J. Schmidt,* BB-Gesetzgebungs- und Rechtsprechungsreport zum europäischen Unternehmensrecht 2010/2011, BB 2012, 3; *dies.,* BB-Rechtsprechungs- und Gesetzgebungsreport im europäischen Gesellschaftsrecht 2008/09, BB 2010, 387; *dies.,* Aktuelle Entwicklungen im Europäischen Gesellschaftsrecht (2004–2007), BB 2008, 454; *W. Bayer,* Grundsatzfragen der Regulierung der aktienrechtlichen Corporate Governance, NZG 2013, 1; *ders.,* Der EuGH und das nationale Gesellschaftsrecht: die Rechtsprechung des EuGH und seine Sichtweise der Rechtsprechung, in: Europäisches Gesellschafts- und Steuerrecht, 2007, 1; *Behme,* Die Mitbestimmung der Arbeitnehmer bei der britischen Limited mit Verwaltungssitz in Deutschland, ZIP 2008, 351; *P. Behrens,* E. III. Gesellschaftsrecht in: Dauses (Hrsg) Handbuch des EU-Wirtschaftsrechts, Loseblatt, Stand 2004; *ders.,* Die grenzüberschreitende Mobilität der Gesellschaften im neuen Aktionsplan der Kommission, EuZW 2013, 121; *ders.,* Kommt der grenzüberschreitende Formwechsel von Gesellschaften?, EuZW 2012, 121; *ders.,* EU führt Strafbarkeit juristischer Personen ein, EuZW 2011, 161; *ders.,* Europäisches Gesellschaftsrecht, in: Einführung ins europäische Wirtschaftsrecht, 2003, 119; *S. Bergmann,* Missbrauch im Anwendungsbereich der Mutter-Tochter-Richtlinie, StuW 2010, 246; *T. Biermeyer/F. Elsener/ F. Timba,* The Compatibility of Corporate Exit Taxation with European Law, ECFR 2012, 101; *Blaurock,* Die deutsche GmbH – noch eine Gesellschaftsform mit Zukunft?, Petites. Aff. 2006, 19; *K.-D. Borchardt,* Die rechtlichen Grundlagen der Europäischen Union, 5. Aufl. 2012; *G. Borges,* Der rechtliche Status der im Registerstaat erloschenen Gesellschaft, IPRax 2005, 134; *ders.,* Gläubigerschutz bei ausländischen Gesellschaften mit inländischem Sitz, ZIP 2004, 733; *Brandes,* Mitbestimmungsvermeidung mittels grenzüberschreitender Verschmelzung, ZIP 2008, 2193; *D. Braun,* Der grenzüberschreitende Rechtsformwechsel von Gesellschaften im Lichte des Konzepts und der Dogmatik der Niederlassungsfreiheit, DZWIR 2012, 411; *Brinkmann,* Zur Haftung von Geschäftsführer und sonstigen Vertretern ausländischer Kapitalgesellschaften wegen Fehlens des Rechtsformzusatzes, IPRax 2008, 30; *Brück,* Rechtsprobleme der Auslandsbeurkundung im Gesellschaftsrecht, DB 2004, 2409; *Caspari,* Anlegerschutz in Deutschland im Lichte der Brüsseler Richtlinien, NZG 2005, 98; *Cerioni,* The "abuse of rights" in EU company law and EU tax law: a rereading of the ECJ case law and the quest for a unitary notion, EBLR 21 (2010), 783; *A. Cotiga,* L'acquisition d'entreprises, par offre publique dans l'Union européenne, CDE 2011, 257; *M. Dauses* (Hrsg.), Handbuch des EU-Wirtschaftsrechts, Loseblatt; *K. Deckert,* La concurrence entre les systèmes: modèle moniste ou modèle dualiste d'organisation des pouvoirs de direction et de contrôle de la société anonyme, in: Europäisches Privatrecht in Vielfalt geeint: Einheitsbildung durch Gruppenbildung im Unternehmensrecht? = Droit privé européen, l'unité dans la diversité: convergences en droit de l'entreprise?, 2012, 269; *Demirakou,* Europäische Kapitalverkehrsfreiheit und deutsches Aktienrecht, 2011; *J. Dierksmeier,* Kapitalgesellschaften aller Länder willkommen: die deutsche GmbH im internationalen Wettbewerb der Rechtsformen 2010, in: Das deutsche Wirtschaftsrecht unter dem Einfluss des US-amerikanischen Rechts, 2011, 205; *Drinhausen/Keinath,* Regierungsentwurf eines Gesetzes zur Umsetzung der Aktionärsrechterichtlinie (ARUG), BB 2009, 64; *Drygala,* Europäische Niederlassungsfreiheit vor der Rolle rückwärts?, EuZW 2013, 569; *W. F. Ebke,* Der Einfluss des US-amerikanischen Rechts auf das internationale Gesellschaftsrecht in Deutschland und Europa, ZVglRWiss 110 (2011), 2, 27; *Ebert,* Der Ort der Geschäftsleitung in internationalen Holding-Konzernstrukturen, IStR 2005, 534; *G. Eckert,* Internationales Gesellschaftsrecht: das internationale Privatrecht grenzüberschreitend tätiger Gesellschaften, 2010; *V. Edwards,* EC Company Law, 1999; *H. Eidenmüller,* Die GmbH im Wettbewerb der Rechtsformen, ZGR 2007, 186; *ders,* Die Reichweite des Gesellschaftsstatuts, in: Vorschläge und Berichte zur Reform des europäischen und deutschen internationalen Gesellschaftsrechts, 2007, 469; *ders,* Gesellschaftsstatut und Insolvenzstatut, RabelZ 70 (2006), 474; *ders,* Europäisches und deutsches Gesellschaftsrecht im europäischen Wettbewerb der Gesellschaftsrechte, Festschrift Heldrich, 2005, 581; *ders.,* Geschäftsleiter- und Gesellschafterhaftung bei europäischen Auslandsgesellschaften mit tatsächlichem Inlandssitz, NJW 2005, 1618; *ders,* (Hrsg) Ausländische Kapitalgesellschaften im deutschen Recht, 2004; *ders,* Mobilität und Restrukturierung von Unternehmen im Binnenmarkt. Entwicklungsperspektiven des europäischen Gesellschaftsrechts im Schnittfeld von Gemeinschaftsgesetzgeber und EuGH, JZ 2004, 24; *ders,* Wettbewerb der Gesellschaftsrechte in Europa, ZIP 2002, 2233; *Engert,* § 5 Gesellschaftsrecht, in: *Langenbucher* (Hrsg.), Europäisches Privat- und Wirtschaftsrecht, 3. Aufl 2013 (vormals Europarechtliche Bezüge des Privatrechts, 2. Auflage 2008, 225); *J. Fingerhuth/J. Rumpf,* MoMiG und die grenzüberschreitende Sitzverlegung – Die Sitztheorie ein (lebendes) Fossil?, IPRax 2008, 90; *M. Fischer,* Die Verlagerung des Gläubigerschutzes vom Gesellschafts- in das Insolvenzrecht nach „Inspire Art", ZIP 2004, 1477; *H. Fleischer,* Proxy Advisors in Europe: Reform Proposals and Regulatory Strategies, ECL 2012, 12; *ders.,* Zukunftsfragen der Corporate Governance in Deutschland und Europa: Aufsichtsräte, institutionelle Investoren, Proxy Advisors und Whistleblowers, ZGR 2011, 155; *ders,* Von der Mindest- zur Vollharmonisierung?: zur Regelung kapitalmarktrechtlicher Beteiligungspublizität in einer modernisierten Transparenzrichtlinie, Riv. dir. soc., 2010, 718; *ders,* Corporate Governance in Europa als Mehrebenensystem, ZGR 2010, 160; *ders,* Supranationale Gesellschaftsformen in der Europäischen Union: Prolegomena zu einer Theorie supranationaler Verbandsformen, ZHR 2010, 385; *ders,* Kapitalmarktrechtliche Publizitätspflichten im Gemeinschaftsrecht, in: Kompatibilität der türkischen und europäischen Wirtschaftsrechts. 2009, 49; *ders,* Juristische Personen als Organmitglieder im Europäischen Gesellschaftsrecht, RIW 2004, 16; *Fleischer/Bong,* Unternehmensbewertung bei konzernfreien Verschmelzungen zwischen Geschäftsleiterermessen und Gerichtskontrolle, NZG 2013, 881; *ders./M. Maugeri,* Rechtsfragen der Unternehmensbewertung bei aktienrechtlichen Abfindungsansprüchen in Deutschland und Italien, RIW 2013,

24; ders./K. U. Schmolke, Financial Incentives for Whistleblowers in European Capital Markets Law, ECL 2012, 250; dies, The reform of the Transparency Directive: minimum or full harmonisation of ownership disclosure?, EBOR 2011, 121; dies., Die Rechtsprechung zum deutschen internationalen Gesellschaftsrecht seit 1991, JZ 2008, 233; ders./Ch. Thaten, Einlagenrückgewähr und Übernahme des Prospekthaftungsrisikos durch die Gesellschaft bei der Platzierung von Altaktien, NZG 2011, 1081; H. Fleischer/F. Wedemann, Kodifikation und Derogation von Richterrecht, Zum Wechselspiel von höchstrichterlicher Rechtsprechung und Reformgesetzgebung im Gesellschaftsrecht, AcP 209 (2009), 597; U. Forsthoff, in: Grabitz/HilfNettesheim (Hrsg.), Das Recht der Europäischen Union, Bd. 1, Art. 54 (zit. als Forsthoff, in: Grabitz/HilfNettesheim, Art. 54 AEUV); ders., Niederlassungsfreiheit für Gesellschaften. Europarechtliche Grenzen für die Erstreckung deutschen (Mitbestimmungs-)Rechts, 2006; A. Franz, Internationales Gesellschaftsrecht und deutsche Kapitalgesellschaften im In- bzw. Ausland, BB 2009, 1250; ders./L. Laeger, Die Mobilität deutscher Kapitalgesellschaften nach Umsetzung des MoMiG unter Einbeziehung des Referentenentwurfs zum internationalen Gesellschaftsrecht, BB 2008, 678; W. Frenz, Goldene Aktien nach der 3. Portugal-Entscheidung, EWS 2011, 125; R. Frenzel, Mobilität von Unternehmen im Europäischen Binnenmarkt, NotBZ 2012, 249; Frotscher, Zur Vereinbarkeit der „Betriebsstättenbedingung" bei Sitzverlegung und grenzüberschreitender Umwandlung mit den Grundfreiheiten, IStR 2006, 65; M. Gelter, Wettbewerbsbedingungen im europäischen Gesellschaftsrecht, ZfRV 2004, 170; C. F. Germelmann, Konkurrenz von Grundfreiheiten und Missbrauch von Gemeinschaftsrecht – Zum Verhältnis von Kapitalverkehrs- und Niederlassungsfreiheit in der neueren Rechtsprechung, EuZW 2008, 596; W. Goette, Zu den Folgen der Anerkennung ausländischer Gesellschaften mit tatsächlichem Sitz im Inland für die Haftung ihrer Gesellschafter und Organe, ZIP 2006, 541; ders., Sitzverlegung einer ausländischen Kapitalgesellschaft und Klagerecht, DStR 2002, 1678; Grohmann, Das Informationsmodell im Europäischen Gesellschaftsrecht, EWS 2007, 540; Großfeld, Europäische Unternehmensverfassung, europäisches Bilanzrecht, Gedächtnisschrift Bleckmann, 2007, 169; Group of German Experts on Corporate Law, Zur Entwicklung des europäischen Gesellschaftsrechts. Stellungnahme der Group of German Experts on Corporate Law zum Konsultationsdokument der High Level Group of Experts on Corporate Law, ZIP 2002, 1310; A. Grünwald/G. Schummer/J. Zollner, Unternehmensrecht in Wissenschaft und Praxis, Fs für W. Jud, 2012; S. Grundmann, The concept of private law society: after 50 years of European and European Business Law, ERPL 2008, 553; ders., Europa- und wirtschaftsrechtliche Grundlagen der Privatrechtsgesellschaft, 2007; ders., Europäisches Gesellschaftsrecht, 2. Aufl. 2011 (zitiert: Grundmann, GesR); ders., Die Struktur des Europäischen Gesellschaftsrechts von der Krise zum Boom, ZIP 2004, 2401; ders, Wettbewerb der Regelgeber im europäischen Gesellschaftsrecht – jedes Marktsegment hat seine Struktur, ZGR 2001, 783; S. Grundmann/F. Möslein, European company law – organization, finance and capital markets, 2007; dies., Die Goldene Aktie – Staatskontrollrechte in Europarecht und wirtschaftspolitische Bewertung, ZGR 2003, 317; B. Grunewald, Wettbewerb der Normsetzer im Gesellschaftsrecht, in: Dimensionen des Wettbewerbs. 2010, 409; B. Haar, Binnenmarkt und europäisches Gesellschaftsrecht in der aktuellen Rechtsprechung des EuGH, GPR 2012, 137; M. Habersack, Grundsatzfragen der Mitbestimmung in SE und SCE sowie bei grenzüberschreitender Verschmelzung, ZHR 2007, 613; ders., Aktionsplan der Europäischen Kommission und der Bericht der High Level Group zur Entwicklung des Gesellschaftsrechts in Europa, Zentrum für Europäisches Wirtschaftsrecht (Vorträge und Berichte Nr 140), 2004; ders/D. Verse, Europäisches Gesellschaftsrecht, Einführung für Studium und Praxis, 4. Aufl. 2011; ders./Mayer, Die überschießende Umsetzung von Richtlinien, in: K. Riesenhuber (Hrsg.), Europäische Methodenlehre, 2. Aufl. 2010, 425; H. Halbhuber, Neutrale Rhetorik, wertender Gehalt: Kommunikationsprobleme in der europäischen Gesellschaftsrechtsharmonisierung am Beispiel des Konzernrechts, ZEuP 2002, 236; Happ, Deregulierung der GmbH im Wettbewerb der Rechtsformen, ZHR 169 (2005), 6; S. Harbarth, Europäische Durchbrechungsregel im deutschen Übernahmerecht, ZGR 2007, 37; K. Heine, Regulierungswettbewerb im Gesellschaftsrecht: zur Funktionsfähigkeit eines Wettbewerbs der Rechtsordnungen im europäischen Gesellschaftsrecht, 2003; Ch. A. Heinze/S. Heinze, Die Löschung von Zwangsniederlassungen ausländischer Gesellschaften aus dem deutschen Handelsregister, IPrax 2012, 516; A. Hellgard/M. Illmer, Wiederauferstehung der Sitztheorie?, NZG 2009, 94; Hertig, Optional rather than mandatory EU company law, ECFLR 2006, 341; Hirsch/Britain, Artfully Inspired – Werden deutsche Gesellschaften englisch?, NZG 2003, 1100; H. Hirte, Die Limited zwischen Gesellschafts- und Kapitalmarktrecht: Gestaltungsspielräume oder Platz zwischen zwei Stühlen?, Fs Priester, 2007, 221; ders., Insolvenzantragsrecht und -pflicht bei „Schein-Auslandsgesellschaften": vom untauglichen Versuch einer Abwehr „böser Eindringlinge", Fs Lüer 2008, 387; Hirte/Bücker, Grenzüberschreitende Gesellschaften – ein Praxishandbuch, 2. Aufl. 2006 (mit Beiträgen von Bücker, Forsthoff; Hirte, Kasolowsky, de Kluiver, Leible, Mankowski, Mock, Müller-Bonanni, Putz, Rammeloo, Schiessl, Schildt, Schulz, Schuster, Westhoff); H. Hirte/A. Burmester, Die Neuregelung des Rechts der Zustellung an juristische Personen durch das MoMiG und ihre Vereinbarkeit mit europäischem Recht, Festschrift G. H. Roth, 2011, 257; H. Hirte/A. Schall, Legal capital and the EU treaties, in: Corporate finance law in the UK and EU. 2011, 519; H. Hofmeister, Der verschmelzungsrechtliche Squeeze-out: Wichtige Aspekte und Besonderheiten der Verschmelzung, NZG 2012, 688; P. Hommelhoff, Das europäische Gesellschaftsrecht am Beginn des 21. Jahrhunderts, EuR (Beiheft 1), 2002, 147; Hommelhoff/Hopt/von Werder, Handbuch Corporate Governance, 2003; K. J. Hopt, Der Aktionsplan Europäisches Gesellschaftsrecht und Corporate Governance vom Dezember 2012: Die Kunst des Möglichen, EuZW 2013, 481; ders., Europäisches Gesellschaftsrecht im Lichte des Aktionsplans der Europäischen Kommission vom Dezember 2012, ZGR 2013, 164; ders., Comparative corporate governance: the state of the art and international regulation, Am. J. Comp. L. 59 (2011), 1; ders., Ein drittes Grünbuch: Europäischer Corporate Governance-Rahmen?, EuZW 2011, 609; ders., Europäische Corporate Governance für Finanzinstitute? EuZW 2010, 561; ders., Konzernrecht: Die europäische Perspektive, ZHR 2007, 199; ders., Die europäische Stiftung: ein Plädoyer für eine neue Rechtsform, EuZW 2006, 161; ders., The European Foundation: a new legal approach, 2006; ders., Europäisches Gesellschaftsrecht und deutsche Unternehmensverfassung – Aktionsplan und Interdependenzen, ZIP 2005, 461; ders, Interessenwahrung und Interessenkonflikt im Aktien-, Bank- und Berufsrecht, ZGR 2004, 1; ders, Übernahmen, Geheimhaltung und Interessenkonflikte – Probleme für Vorstände, Aufsichtsräte und Banken, ZGR 2002, 333; Hopt/Voigt, Prospekt- und Kapitalmarktinformationshaftung – Recht und Reform in der Europäischen Union, der Schweiz und den USA, WM 2004, 1801; L. Horn, Corporate Governance in Crisis? The Politics of EU Corporate Governance Regulation, ELJ 2012, 83; N. Horn, Verträge über internationale Unternehmenszusammenschlüsse, in: Festschrift Lutter, 2000, 1113; Ioakimidis, European company law and „soft law" measures aiming at the improvement of the business environment and the development of SMEs, ERA-Forum 2006, 124; A. L. Izzo-Wagner, Kollisionsrecht und Gesellschaftsrecht nach der EuGH-Rechtsprechung und europäischen Normgebung: Konsequenzen und grenzüberschreitender Sitzverlegungen nach Inspire Art und Restrukturierungen von Kapitalgesellschaften nach Sevic, der Verschmelzungsrichtlinie und SEStEG unter Berücksichtigung steuerrechtlicher Aspekte, 2009; M. Jaensch, Der grenzüberschreitende Formwechsel vor dem Hintergrund der Rechtsprechung des EuGH, EWS 2007, 97; G. A. Jestädt, Niederlassungsfreiheit und Gesellschaftskollisionsrecht, 2005; P. Jung, in: J. Schwarze

(Hrsg.) EU-Kommentar, 3. Aufl. 2012, Art. 54 AEUV (zit. als Schwarze/Jung, Art. 54 AEUV); *ders,* Entreprise et droits européens, in: Europäisches Privatrecht in Vielfalt geeint: Einheitsbildung durch Gruppenbildung im Unternehmensrecht? = Droit privé européen, l'unité dans la diversité: convergences en droit de l'entreprise?, 2012, 1; *ders.,* Die Niederlassungsfreiheit von Schweizer Gesellschaften bei Sitzwahl und Sitzverlegung im Europäischen Wirtschaftsraum, EuZW 2012, 863; *ders.,* Hereinverschmelzung durch Aufnahme und Niederlassungsfreiheit: Anmerkung zum Vorlagebeschluss des LG Koblenz vom 16.9.2003, GPR 2004, 87; *S. Jung,* Die Europäische Stiftung als Innovationsfeld des Europäischen Gesellschaftsrechts?, BB 2012, 1743; *dies.,* Das Grünbuch der Kommission zu einem europäischen Corporate Governance-Rahmen und die Weiterentwicklung des Europäischen Gesellschaftsrechts, BB 2011, 1987; *A. Jüttner,* Gesellschaftsrecht und Niederlassungsfreiheit, 2005; *F. Kainer,* Unternehmensübernahmen im Binnenmarktrecht: zugleich ein Beitrag zur Privatrechtswirkung der Grundfreiheiten, 2004; *ders,* Binnenmarktrechtliche Grenzen des Übernahmerechts, ZHR 168 (2004), 542; *Kallmeyer,* Vor- und Nachteile der englischen Limited im Vergleich zur GmbH & Co KG, DB 2004, 636; *S. Kalss,* Ein Schritt zu einem europäischen Konzernrecht, EuZW 2013, 361; *dies.,* Der Vertrauensgrundsatz im Gesellschafts- und Kapitalmarktrecht, in: Vertrauen und Kontrolle im Privatrecht. 2011, 9 (37. Jahrbuch Junger Zivilrechtswissenschaftler, 2010); *dies.,* Alternativen zum deutschen Aktienkonzernrecht, ZHR 2007, 146; *dies.,* Grenzüberschreitendes zur Übertragung von GmbH-Geschäftsanteilen, Fs Priester, 2007, 353; *dies.,* Die 13. Richtlinie, die Rechtsprechung des EuGH zu den Goldenen Aktien und das nationale Recht, in: Hopt/Tzouganatos (Hrsg.), Europäisierung des Handels- und Wirtschaftsrechts, 2006, 75; *dies./Eckert,* Kapitalschutz in ausgewählten europäischen Rechtsordnungen und Verschmelzungen über die Grenzen, Corporate Crossing, 2007, 57; *G. Kegel/K. Schurig,* Internationales Privatrecht, 9. Aufl. 2004; *Kemperink/Stuyck,* The thirteenth company law directive and competing bids, CMLR 2008, 93; *Ch. Kersting,* Ausweitung des Fragerechts durch die Aktionärsrechterichtlinie, ZIP 2009, 2317; *ders.,* Die Reziprozitätsregel im europäischen Übernahmerecht und ihre Anwendung auf Gesellschaften aus Drittstaaten, EuZW 2007, 528; *P. Kindler,* Münchener Kommentar zum BGB, 5. Aufl., 2010, Band 11, Internationales Handels- und Gesellschaftsrecht (zit. als MüKo-BGB/*Kindler,* Bd. 11, IntGesR); *ders,* Kapitalgesellschaftsrechtliche Durchgriffshaftung und EU-Recht, FS Säcker zum 70. Geburtstag, 2011, 393; *ders.,* Internationales Gesellschaftsrecht 2009: MoMiG, Trabrennbahn, Cartesio und die Folgen, IPRax 2009, 189; *E.-M. Kieninger,* Binnenmarktintegration durch uniformes Gesellschaftskollisionsrecht?, in: P.-Ch. Müller-Graff/Ch. Teichmann (Hrsg.), Europäisches Gesellschaftsrecht auf neuen Wegen. 2010, 57; *dies.,* Sitztheorie bei Sitzverlegung schweizerischer AG, NJW 2009, 289; *dies.,* The Law Applicable to Corporations in the EC, RabelsZ 73 (2009), 607; *dies.,* Wettbewerb der Privatrechtsordnungen im Europäischen Binnenmarkt, 2002; *K. Kiethe,* Haftung von Organen und Arbeitnehmern bei ausländischen Gesellschaften: Haftungsverschärfung durch Tätigkeit im Ausland, RiW 2007, 361; *ders.,* Abwehrfunktion des nationalen Deliktsrechts im Internationalen Gesellschaftsrecht?, RIW 2005, 649; *ders.,* Grenzüberschreitende Tätigkeit von Kapitalgesellschaften – Erhöhtes Risiko der persönlichen Haftung von Organmitgliedern, RIW 2004, 21; *W. Kilian,* Vom sinkenden Wert der „Goldenen Aktien", NJW 2003, 2653; *P. Kindler/Seidenschwann,* Anlegerfreundliche Auslegung des Insiderrechts durch den EuGH: das Ende der Daimler/Schrempp-Odyssee in Luxemburg , NJW 2012, 2762; *Kleinert/Probst,* Endgültiges Aus für Sonderanknüpfungen bei (Schein-)Auslandsgesellschaften, DB 2003, 2217; *Klinke,* Europäisches Unternehmensrecht und Gerichtshof (Rechtsprechungsübersicht), ZGR 2002, 163; ZGR 1998, 212; ZGR 1996, 567; ZGR 1995, 373; ZGR 1994, 153; ZGR 1993, 1; *L. Klöhn,* Supranationale Rechtsformen und vertikaler Wettbewerb der Gesetzgeber im Gesellschaftsrecht, RabelsZ 76 (2012), 276; *ders.,* Marktmanipulation auch bei kurzfristiger Kursbeeinflussung – das „IMC Securities"-Urteil des EuGH, NZG 2011, 934; *Koll-Möllenhoff,* Das Prinzip des festen Grundkapitals im europäischen Gesellschaftsrecht, 2005; *H.-G. Koppensteiner,* Grundfreiheiten und grenzüberschreitende Verschmelzung im Lichte aktueller EuGH-Rechtsprechung (Sevic), IStR 2006, 26; *R. Kovar,* Transfert de siège social intracommunautaire: plus-values latentes, Rec. D. 2012, 784; *Krafka,* Registerrechtliche Neuerungen durch das FamFG, NZG 2009, 650; *R. Krause,* Unternehmensmobilität in Europa: Anmerkungen zur grenzüberschreitenden Verschmelzung und Sitzverlegung, in: P.-Ch. Müller-Graff/ Ch. Teichmann (Hrsg.), Europäisches Gesellschaftsrecht auf neuen Wegen, 2010, 103; *ders.,* Von „goldenen Aktien", dem VW-Gesetz und der Übernahmerichtlinie, NJW 2002, 2747; *Krawitz/Hick,* Wahl zwischen ausländischer Betriebsstätte oder Kapitalgesellschaft, RIW 2001, 743; *Krejci,* Gegen Billig-Gesellschaften m.b.H., ÖZW 2008, 39; *Kruschke,* Das Verhältnis des europäischen Steuerrechts zum europäischen Gesellschaftsrecht, 2008; *C. Kruse/C. Kruse,* Grenzüberschreitende Konzernverschmelzungen – Vorgaben und Vereinfachungen der §§ 122a ff. UmwG, BB 2010, 3035; *F. Kübler,* Gesellschaftsrecht und Kodifikation, in: Festschrift Karsten Schmidt, 2009, 1041; *ders.,* Die Transformation des Europäischen Gesellschaftsrechts, Festschrift Zuleeg, 2005, 559; *Ch. Kuhner,* Zur Zukunft der Kapitalerhaltung durch bilanzielle Ausschüttungssperren im Gesellschaftsrecht der Staaten Europas, ZGR 2005, 753; *H. Kussmaul/L. Richter/Ch. Ruiner,* Grenzenlose Mobilität?! – Zum Zuzug und Wegzug von Gesellschaften in Europa, EWS 2009, 1; *C. Lammers,* Der Prüfungsausschuss des Aufsichtsrats nach dem Sarbanes-Oxley Act und dem BilMoG: zum Spannungsverhältnis zwischen US-amerikanischem Kapitalmarktrecht, europäischen Vorgaben und deutschem Aktienrecht, 2011; *M. Lamsa,* Die Firma der Auslandsgesellschaft: Bildung, Führung und Schutz der Firma von Auslandsgesellschaften in Deutschland unter besonderer Berücksichtigung des europäischen Gemeinschaftsrechts, 2011; *G. Lanfermann,* Vorschlag für eine neue EU-Rechnungslegungsrichtlinie: Fokussierung auf kleine Unternehmen, BB 2011, 3051; *ders.,* EU-Erleichterungen für die Rechnungslegung von Kleinstunternehmen: Handlungsspielraum des deutschen Gesetzgebers, BB 2012, 1209; *Lawlor,* Reform der englischen Limited und ihre praktischen Auswirkungen, ZIP 2007, 2202; *Lehmann,* Registerrechtliche Anmeldepflicht für EU-Auslandsgesellschaften – ein zahnloser Tiger?, NZG 2005, 580; *S. Leible,* Kollisionsrecht und vertikaler Regulierungswettbewerb, RabelsZ 76 (2012), 374; *ders.,* Warten auf die Sitzverlegungsrichtlinie, Festschrift für G. H. Roth, 2011, 447; *ders.,* Niederlassungsfreiheit und Sitzverlegungsrichtlinie, ZGR 2004, 531; *ders./J. Reichert,* Münchener Handbuch des Gesellschaftsrechts, Bd. 6: Internationales Gesellschaftsrecht, Grenzüberschreitende Umwandlungen, 4. Aufl. 2013 (zit. als Münch.Hdb.GesR VI/*Bearbeiter*); *ders./Hoffmann,* Grenzüberschreitende Verschmelzungen im Binnenmarkt nach Sevic, RIW 2006, 161; *dies.,* Cartesio – fortgeltende Sitztheorie, grenzüberschreitender Formwechsel und Verbot materiellrechtlicher Wegzugsbeschränkungen, BB 2009, 58; *J. Lieber/R. Kliebisch,* Nichts Neues im Internationalen Gesellschaftsrecht: Anwendbarkeit der Sitztheorie auf Gesellschaften aus Drittstaaten, BB 2009, 338; *Lohn,* Grenzüberschreitende Unternehmensverträge in Europa: gesellschaftsrechtliche und steuerrechtliche grenzüberschreitender Beherrschungs- Ergebnisabführungsverträge in Europa am Beispiel Deutschland-England, 2010; *M. Lutter/ W. Bayer/J. Schmidt,* Europäisches Unternehmensrecht, 5. Aufl., ZGR 2012, Sonderheft 1; *M. Lutter* Die Empfehlungen der Kommission vom 14. 12. 2004 und vom 15.2. 2005 und ihre Umsetzung in Deutschland, EuZW 2009, 799; *ders.,* Zur überschiessenden Umsetzung von Richtlinien der EU, Fs Heinze, 2005, 571; *ders.,* Perspektiven des Gesellschaftsrechts in Deutschland und Europa, BB 2004, 3; *ders.,* Minderheiten und Gläubigerschutz im Konzern. Regelungsansätze in der Europäischen Union, in: Unternehmensgruppen in mittel- und osteuropäischen Ländern, 2003, 79; *C. Luttermann,* Europäische Gesellschaften zwischen Weltmonopol (IFRS/XBRL) und Freiheitsverfassung, JZ 2011, 965; *J. Malherbe,* Droit des sociétés: droit européen et droit belge, 4. Aufl. 2011; *Manz/Mayer/Schröder,* Vorschläge der Expertengruppe zur Reform des EU-Gesellschaftsrechts, DB 2003, 27; *C. Maschke,* Die Societas Privata Europaea im Rahmen von Unternehmenstransaktionen, BB 2011, 1027; *Mastrullo,* Le droit international européen des sociétés dans l'espace régional européen, 2009; *S. Maul/G. Lanfermann,* Europäische Entwicklungen im Bereich Corporate Governance, in: Europäisches Gesellschafts- und Steuerrecht, 2007, 89; *dies.,* Europäische Entwicklungen im Bereich Corporate Governance, in: Europäisches Gesellschafts- und Steuerrecht, 2007, 89; *Maul/Lanfermann/Eggenhofer,* Aktionsplan der Europäischen Kommission zur Reform des europäischen Gesellschaftsrechts, BB 2003, 1289; *Maul/Muffat-Jeandet/ Simon,* Takeover bids in Europe, 2008, *Maul/Röhricht,* Die europäische Privatgesellschaft – Überblick über eine neue supranationale Rechtsform, BB 2008, 1574; *Mellert,* Ausländische Kapitalgesellschaften als Alternative zu AG und GmbH – eine Synopse, BB 2006, 8; *Mellert/Verfürth,* Wettbewerb der Gesellschaftsformen, 2005; *M. Menjucq,* Droit international et européen des sociétés, 3. Aufl. 2011; *ders,* Interaction entre le droit français des sociétés supranationales communautaires, in: Supranationale Gesellschaftsformen im Typenwettbewerb. 2011, 1; *Merkner/Sustmann,* BGH schließt zivilrechtliche Ansprüche von Aktionären bei unterlassenem Pflichtangebot aus, NZG 2013, 1087; *H. Merkt,* Schutz der Gesellschaftsgläubiger im Binnenmarkt durch gesetzliches Mindestkapital und andere Maßnahmen, in: *P.-Ch. Müller-Graff/Ch. Teichmann* (Hrsg.), Europäisches Gesellschaftsrecht auf neuen Wegen. 2010, 81; *ders.,* Konkretisierung und Umsetzung des Rechts der europäischen Aktiengesellschaft in Deutschland, Petites Aff. 2006, 35; *ders.,* Die Pluralisierung des europäischen Gesellschaftsrechts, RIW 2004, 1; *ders,* Der Kapitalschutz in Europa – ein rocher de bronze?, ZGR 2004, 305; *Meussen,* Cross-border loss compensation and permanent establishments, European Taxation, 2008, 233; *B. Meyer,* Die Umsetzung der Transparenzrichtlinie 2004/109/EG im englischen und deutschen Recht, 2011; *J. Meyer,* Aufwandsorientierte Notargebühren für gesellschaftsrechtliche Beurkundungen in Baden-Württemberg, ZIP 2008, 1661; *D. Möller-Gosoge/F. Kaiser,* Die deutsche EXIT-Besteuerung bei Wegzug von Unternehmen ins Ausland, BB 2012, 803; *T. M. J. Möllers/S. Hailer,* Möglichkeiten und Grenzen staatlicher und halbstaatlicher Eingriffe in die Unternehmensführung, JZ 2012, 841; *T. M. J. Möllers/Seidenschwann,* Anlegerfreundliche Auslegung des Insiderrechts durch den EuGH: das Ende der Daimler/Schrempp-Odyssee in Luxemburg, NJW 2012, 2762; *O. Mörsdorf,* The legal mobility of companies within the European Union through cross-border conversion, CMLR 2012, 629; *ders.,* Beschränkung der Mobilität von EU-Gesellschaften im Binnenmarkt – eine Zwischenbilanz, EuZW 2009, 97; *F. Mösslein,* Europäische Zertifizierung mitgliedstaatlichen GmbH-Rechts: eine "dritte Spur" zwischen Harmonisierung und supranationalen Rechtsformen? ZHR 2012, 470; *ders.,* Europäisierung der Haftungsbeschränkung, NZG 2011, 174; *ders.,* Kapitalverkehrsfreiheit und Gesellschaftsrecht, ZIP 2007, 208; *Mossdorf,* Spezielles Gesellschaftsrecht für börsennotierte Aktiengesellschaften in den EG-Mitgliedstaaten, 2010; *Mucciarelli,* Equal treatment of shareholders and European Union law, ECFR 2010, 158; *Mülbert,* Zukunft der Kapitalaufbringung/Kapitalerhaltung, Der Konzern 2004, 151; *ders.,* Insolvenz ausländischer Kapitalgesellschaften mit inländischen Verwaltungssitz, NZG 2003, 414; *ders./Nienhaus,* Europäisches Gesellschaftsrecht und die Neubildung nationaler Gesellschaftsformen – oder: unterliegt die Vorgesellschaft der Publizitätsrichtlinie?, RabelsZ 65 (2001), 513; *H.-F. Müller,* Wettbewerb der Normsetzer im Gesellschaftsrecht, in: H.-J. Blanke (Hrsg.), Dimensionen des Wettbewerbs, 2010, 419; *ders.,* Internationalisierung des deutschen Umwandlungsrechts: Die Regelung der grenzüberschreitenden Verschmelzung, ZIP 2007, 1081; *P.-Ch. Müller-Graff,* Art. 54 AEUV, in: R. Streinz (Hrsg.), EUV/ AEUV, 2. Aufl. 2012 (zit. als Streinz/Müller-Graff; EUV/AEUV, Art. 54 AEUV); *ders,* Transnationale Sitzverlegung von Kapitalgesellschaften im primären Binnenmarkt nach der Lissabonner Reform, Festschrift Hellwig zum 70. Geburtstag. 2010, 251; *ders.,* Gesellschaftsrecht im Kontext und in der Dynamik des europäischen Wirtschaftsordnungsrechts, in: *P.-Ch. Müller-Graff/ Ch. Teichmann* (Hrsg.), Europäisches Gesellschaftsrecht auf neuen Wegen, 2010, 9; *ders.,* Gesellschaftsrecht im Kontext des europäischen Wirtschaftsordnungsrechts, EWS 2009, 489; *ders.,* Gemeinschaftsrecht und europäisches Handelsregister, in: Perspektiven eines einheitlichen Handelsregisters, 2003, 25; *Mülsch/Nohlen,* Die ausländische Kapitalgesellschaft und Co. KG mit Verwaltungssitz im EG-Ausland, ZIP 2008, 1358; *H.-W. Neye,* Die Regelung der grenzüberschreitenden Sitzverlegung: eine ungelöste Aufgabe des europäischen Gesetzgebers, Festschrift Schwark, 2009, 231; *ders.,* Gesellschaftsrechtliche Grundlagen für grenzüberschreitende Umwandlungsvorgänge, in: Besteuerung von Unternehmen im Wandel, 2007,1; *ders.,* Die neue Richtlinie zur grenzüberschreitenden Verschmelzung von Kapitalgesellschaften, ZIP 2005, 1893; *ders./J. Kraft,* Neuigkeiten beim Umwandlungsrecht, NZG 2011, 681; *W. Niemeier,* Die „Mini-GmbH" (UG) trotz Marktwende bei der Limited?, ZIP 2007, 1794; *ders.,* GmbH und Limited im Markt der Unternehmensrechtsträger, ZIP 2006, 2237; *U. Noack,* Die Aktionärs-Richtlinie, Festschrift Westermann. 2008, 1203; *ders.,* Reform des deutschen Kapitalgesellschaftsrechts : das Gesetz zur Modernisierung des GmbH-Rechts und zur Bekämpfung von Missbräuchen, DB 2006, 1475; *P. Nobel,* Internationales und transnationales Aktienrecht, Bd. 1: Teil IPR und Grundlagen, Bd. 2: Teil Europarecht, 2. Aufl. 2012; *ders./Kaempf,* Aktuelle Entwicklungen im europäischen Gesellschaftsrecht, SchwJEuR 2011, 149; 2010, 167; 2009, 127; 2008, 165; *ders.,* Globalisierung des Gesellschaftsrechts, Fs Baudenbacher, 2007, 735; *ders.,* Europäisches Gesellschaftsrecht, SchwJEuR 2007, 191; 2006, 201; 2005, 165; 2004, 239; *ders./D. Balleyguier,* Internationales Gesellschaftsrecht, einschliesslich internationales Kapitalmarktrecht, 2002; *Notari,* The Appraisal Regime of Contributions in kind in the light of amendments to the Second EEC Directive, ECFR 2010, 63; *J. Oechsler,* Die Geschichte der Lehre von der fehlerhaften Gesellschaft und ihre Stellung im europäischen Gesellschaftsrecht, NJW 2008, 2471; *ders.,* Die Änderung der Kapitalrichtlinie und der Rückerwerb eigener Aktien, ZHR 170 (2006), 72; *Paefgen,* Handelsregisterpublizität und Verkehrsschutz im Lichte des EHUG, ZIP 2008, 1653; *ders.,* Wider die gesellschaftsrechtliche Ausländerphobie, ZIP 2004, 2253; *ders.,* „Deutsche" Corporations im System des Gesellschaftskollisionsrecht, DZWiR 2003, 441; *T. Papadopoulos,* The Magnitude of EU Fundamental Freedoms: Application of the Freedom of Establishment to the Cross-Border Mergers Directive, EBLR 2012, 517; *ders.,* Infringements of Fundamental Freedoms within the EU Market for Corporate Control, ECFR 2012, 221; *A. Patzner/ L. J. Kempf,* Die OGAW IV-Richtlinie, EWS 2010, 366; *M. Peltzer,* Das Grünbuch der EU-Kommission vom 5. 4. 2011 und die Deutsche Corporate Governance, NZG 2011, 961; *Pirsl,* Trends, developments, and mutual influences between United States corporate law(s) and European community company law, ColJEuL, 2008, 277; *Radtke/Hoffmann,* Die Anwendbarkeit von nationalem Insolvenzstrafrecht auf EU-Auslandsgesellschaften, EuZW 2009, 404; *M. Rehberg,* Der Zuzug und Wegzug von Kapitalgesellschaften in gesellschafts- und steuerrechtlicher Hinsicht, 2011; *H.-K. Ress,* Ausländische und internationale Gesellschaftsformen, internationales Gesellschaftsrecht, 2010; *Ries,* Auswirkungen der Reform des Rechts der freiwilligen Gerichtsbarkeit auf das Gesellschaftsrecht unter Berücksichtigung der Neuerungen durch das MoMiG und das ARUG, NZG 2009, 654; *A. Roesner,* Das Warten auf Aktion: Der Aktionsplan zum Europäischen Gesellschaftsrecht und die Societas Privata Europaea, NZG 2013, 241; *G. H. Roth,* Best Practice: Grundstrukturen des kontinentaleuropäischen Gesellschaftsrechts, DNotZ 2013, 88; *ders.,* Kapitalerhaltung versus Prospekthaftung: die europäischen Richtlinien, JBl. 2012, 73; *ders.,* Sitz und Sitzverlegung im europäischen Gesellschaftsrecht, in: Unternehmensmobilität im Binnenmarkt. 2011, 7; *ders.,* Vorgaben der Niederlassungsfreiheit für das Kapitalgesellschaftsrecht, 2010; *ders.,* Europäische Niederlassungsfreiheit und nationaler Risikoschutz: Bankrecht und Gesellschaftsrecht, Festschrift Koziol, 2010, 1095; *ders.,* Gläubigerschutz durch Existenzschutz, NZG 2003, 1081; *ders./Demetz/Donath,* Gesellschaftsrecht: Briefkastengründungen und Golden Shares, in: Der EuGH und die Souveränität der Mitgliedstaaten, 2008, 427; *ders./P. Kindler,* The spirit of corporate law: core principles of corporate law in continental Europe, 2013; *W.-H. Roth,* Unternehmensmitbestimmung und internationales Gesellschaftsrecht, Gedächtnisschrift Heinze, 2005, 709; *Rotstegge,* Zuständigkeitsfragen bei der Insolvenz in- und ausländischer Konzerngesellschaften, ZIP 2008, 955; *O. Sandrock,* Gesellschafter- und Geschäftsführerlisten von englischen Limiteds im deutschen Rechtsverkehr: die deutschen registerrechtlichen Vorschriften erfüllen ihre Aufgabe nicht optimal, RiW 2011, 1; *ders.,* Ausländische Zweckgesellschaften und der Schutz inländischer Interessen. Fehlen oder Falschanwendung inländischer Schutznormen, die extraterritorial zu gelten bestimmt sind, FS Graf von Westphalen, 2010, 581; *ders.,* Niederlassungsfreiheit und internationales Gesellschaftsrecht: insbesondere die Bedeutung des deutschen Deliktsrechts für das internationale Gesellschaftsrecht, EWS 2005, 529; *G. Sassenrath,* Entwicklung und Reform des europäischen Übernahmerechts, in: Europäisches Gesellschafts- und Steuerrecht, 2007, 114; *Sauter,* Offene Fragen zum Referentenentwurf eines Gesetzes zur Umsetzung der Aktionärsrechterichtlinie (ARUG), ZIP 2008, 1706; *A. Schall,* Die Pfändung von Anteilen an einer englischen Kapitalgesellschaft (private/public company limited by shares), WM 2011, 2249; *ders.,* Kapitalsystem und Europarecht: allgemeiner Verhältnismäßigkeitsvorbehalt im Zeichen der Niederlassungsfreiheit?, Festschrift für Wienand Meilicke, 2010, 651; *ders.,* European framework for the mobility of companies, European corporate law, 2006, 3; *ders.,* Englischer Gläubigerschutz in Deutschland, ZIP 2005, 965; *E. Schanze,* Modernisierung des Gesellschaftsrechts im Integrationsprozess?, in: Europäisches Verfassungsdenken ohne Privatrecht, europäisches Privatrecht ohne Demokratie?, 2011, 71; *F. Schattka,* Die Europäisierung der Abschlussprüferhaftung, 2012; *Schaub,* Corporate Governance in Europa, ELRep. 2004, 230; *J. Schmidt,* Verfahren und Gefahren bei der Liquidation einer „Rest-Limited", ZIP 2008, 2400; *dies.,* The New Unternehmergesellschaft (Entrepreneurial Company) and the Limited – A Comparison, GLJ 2008, 1093; *Schnorbus,* Autonome Harmonisierung in den Mitgliedstaaten durch die Inkorporation von Gemeinschaftsrecht, RabelsZ 65 (2002), 645; *A. K. Schnyder,* Keine Erstreckung der europarechtlichen Niederlassungsfreiheit auf Gesellschaften schweizerischen Rechts, GPR 2009, 227; *Scholz,* Die Einführung elektronischer Handelsregister im Europarecht, EuZW 2004, 172; *W. Schön,* Die Europäische Kapitalrichtlinie: eine Sanierungsbremse?, ZHR 2010, 155; *ders.,* Niederlassungsfreiheit als Gründungsfreiheit, Festschrift H.-J. Priester, 2007, 737; *ders.,* EU-Auslandsgesellschaften im deutschen Handelsbilanzrecht, Festschrift Heldrich, 2005, 391, *ders.,* Die Zukunft der Kapitalaufbringung/-erhaltung, Der Konzern 2004, 162; *ders.,* Der „Rechtsmissbrauch" im europäischen Gesellschaftsrecht, in: Wank/Hirte/Frey (Hrsg), Festschrift. Wiedemann, 2002, 1271; *ders.,* Freie Wahl zwischen Zweigniederlassung und Tochtergesellschaft – ein Grundsatz des Europäischen Unternehmensrechts, EWS 2000, 281; *T. Schöne,* Die Erosion des umwandlungsrechtlichen Versammlungszwangs durch das europäische Gesellschaftsrecht, WM 2012, 381; *Schräder,* Perspektiven der Europäisierung des GmbH-Rechts und der Europäischen Privatgesellschaft vor dem Hintergrund der Europäischen Aktiengesellschaft, 2007; *Schüppen,* WpÜG-Reform: Alles Europa, oder was?, BB 2006, 165; *J. Schürnbrand,* Vollharmonisierung im Gesellschaftsrecht, in: Vollharmonisierung im Privatrecht, 2009, 273; *Schulz,* (Schein) Auslandsgesellschaften in Europa – ein Schein-Problem? NJW 2003, 2705; *Schulze,* Die Europäische Genossenschaft (SCE), NZG 2004, 792; *Schumann,* Die englische Limited mit Verwaltungssitz in Deutschland: Buchführung, Rechnungslegung und Strafbarkeit wegen Bankrotts, ZIP 2007, 1189; *ders.,* Die englische Limited mit Verwaltungssitz in Deutschland: Kapitalaufbringung, Kapitalerhaltung und Haftung bei Insolvenz, DB 2004, 743; *C. Schwarz,* Europäisches Gesellschaftsrecht. Ein Handbuch für Wissenschaft und Praxis, 2000; *J. Schwarze* (Hrsg. zusammen mit *U. Becker/A. Hatje/J. Schoo),* EU-Kommentar, 3. Auflage 2012 (zit. Schwarze/*Bearbeiter*); *J. Seibert,* Der Referentenentwurf eines Gesetzes zur Umsetzung der Aktionärsrechterichtlinie (ARUG), ZIP 2008, 906; *ders./Florstedt,* Der Regierungsentwurf des ARUG – Inhalt und wesentliche Änderungen gegenüber dem Referentenentwurf, ZIP 2008, 2145; *ders.,* Die Konvergenz der Rechtssysteme im Recht der Aktionäre, 2005; *M. M. Siems/L. Herzog/E. Rosenhäger,* The Protection of Creditors of a European Private Company (SPE), EBOR 2011, 147; *Sonnenberger,* Etat de droit, construction européenne et droit des sociétés, Rev. crit. d. i. p 2013, 101; *Sotiropoulos,* Europäisches Aktien- und Kapitalmarktrecht: die 13. Richtlinie, die Rechtsprechung des EuGH zu den „Goldenen Aktien" und das nationale Recht, Fs Georgiades, 2006, 711; *ders.,* Die 13. Richtlinie, die Rechtsprechung des EuGH zu den „Goldenen Aktien" und das nationale Recht, in: Hopt/Tzouganatos (Hrsg.), Europäisierung des Handels- und Wirtschaftsrechts, 2006, 109; *Spahlinger/Wegen,* Internationales Gesellschaftsrecht in der Praxis, 2005; *Spindler,* Reform des Gesellschaftsrechts in Europa und Amerikanisierung des Wirtschaftsrechts, in: Die Europäisierung des Rechts, 2008, 79; *Steinmeyer,* Der übernahmerechtliche Sitzgriff, FS Immenga, 2004, 743; *M. Stöber,* Grenzüberschreitende Umwandlungen und ihre Besteuerung im Lichte der Niederlassungsfreiheit, ZIP 2012, 1273; *R. Streinz* (Hrsg.), EUV/AEUV, 2. Auflage 2012; *Ch. Teichmann,* EU-Aktionsplan zum Gesellschaftsrecht: Transparenz, Aktionäre und Konzernrecht; BB 2013, 3, S. I.; *ders.,* The Downside of being a Letterbox Company, ECL 2012, 180; *ders.,* Gesellschaftsrecht im System der europäischen Niederlassungsfreiheit, ZGR 2011, 639; *ders.,* European company law: common principles or competition between legislators? European private law, 2011, 145; *ders,* Sitzverlegung, Handbuch des internationalen GmbH-Rechts. 2011, 215; *ders,* Wettbewerb im Gesellschaftsrecht als neues Element der Binnenmarktintegration, in: P-Ch. Müller-Graff/Ch. Teichmann (Hrsg.), Europäisches Gesellschaftsrecht auf neuen Wegen. 2010, 43; *ders.,* Modernizing the GmbH: Germany's move in regulatory competition, ECL 2010, 10; *ders.,* Die GmbH in Europa: Europäische Privatgesellschaft, internationales Gesellschaftsrecht, Aktuelle Entwicklungen im Gesellschaftsrecht, 2009, 52; *ders.,* Binnenmarktkonformes Gesellschaftsrecht, 2006; *ders.* Binnenmarktmobilität von Gesellschaften nach „Sevic", ZIP 2006, 355 *Ch. Thiermann,* Möglichkeiten und Grenzen von Auslandsgesellschaften & Co., ZIP 2011, 988; *C. W. A. Timmermans,* Impact of Eu law on international company law, ZEuP 2010, 549 = Impact of EU Law on International Company Law, ERPL 2010, 549; *Thüsing,* Deutsche Unternehmensmitbestimmung und europäische Niederlassungsfreiheit. Eine Skizze nach Centros, Überseering und Inspire Art, ZIP 2004, 381; *Tountopoulos,* Private Durchsetzung des Insiderrechts?, RIW 2013, 33; *R. Torrent,* Pourquoi un revirement de la jurisprudence "golden share" de la Cour de justice de l'Union européenne est-il indispensable?, in: A man for all treaties : liber amicorum en l'honneur de Jean-Claude Piris, 2012, 539; *Triebel/Otte/Kimpel,* Die englische Limited Liability Partnership in Deutschland: Eine attraktive Rechtsform für deutsche Beratungsgesellschaften?, BB 2005, 1233; *G. Tsagas,* Reflecting on the Value of Socially Responsible Practices Post the Takeover of Cadbury PLC by Kraft Foods Inc: Implications for the Revision of the EU Takeover Directive, ECL 2012, 70; *P. Ulmer,* Gläubigerschutz bei Scheinauslandsgesellschaften- Zum Verhältnis zwischen gläubigerschützendem nationalen Gesellschafts-, Delikts- und Insolvenzrecht und der EG-Niederlassungsfreiheit, NJW 2004, 1201; *ders.,* Insolvenzrechtlicher Gläubigerschutz gegenüber Scheinauslandsgesellschaften ohne hinreichende Kapitalausstattung, KTS 2004, 291; *van Bekkum*, Golden shares: a new approach, ECL 2010, 13; *van der Elst/Van den Steen*, Balancing the Interests of Minority and Majority Shareholders: A Comparative Analysis of Squeeze-out and Sell-out Rights, ECFR 2009, 391; *K van Hulle/Gesell* (Hrsg.), European coporate law, 2006; *Veelken*, Europäische Aktiengesellschaft und Europäische Fusionskontrolle, Fs Immenga, 2004, 433; *Verdure*, La réglementation des fusions transfrontalières – une nouvelle étape dans la modernisation du droit européen des sociétés, Rev dr. int dr. comp. 2008, 95; *D. Verse*, Der Gleichbehandlungsgrundsatz im Recht der Kapitalgesellschaften, 2006; *ders.*, Aktienrechtliche Entsendungsrechte am Maßstab des Gleichbehandlungsgrundsatzes und der Kapitalverkehrsfreiheit, ZIP 2008, 1754; *Vesper-Gräske*, "Say On Pay" in Germany: the regulatory framework and empirical evidence, GLJ 2013, 749; *Von Bonin/Böhmer*, Der Begriff der Insiderinformation bei gestreckten Sachverhalten, EuZW 2012, 694; *von Busekist*, „Umwandlung" einer GmbH in eine im Inland ansässige EU-Kapitalgesellschaft am Beispiel der englischen Limited, GmbHR 2004, 650; *G. van Eck/E. R. Roelofs*, Ranking the Rules Applicable to Cross-Border Mergers, ECL 2011, 17; *J. von Hein*, Zur Kodifikation des deutschen Übernahmekollisionsrechts, ZGR 2005, 528; *ders.*, Grundfragen des europäischen Übernahmekollisionsrechts, AG 2001, 213; *von Hippel*, European Foundation Statute: zivilrechtliche Rahmenbedingungen einer neuen Rechtsform, Handbuch des internationalen Stiftungsrechts, 2007, 343; *von Lackum/Meyer/Witt*, The offering of shares in a cross-border takover, ECFR 2008, 101; *Vossestein*, Volkswagen: the State of affairs of golden shares, general company law and European free movement of capital, ECFR 2008, 115; *Vossius*, Die Europäische Privatgesellschaft, EWS 2007, 438; *Wackerbarth*, Investorvertrauen und Corporate Governance, ZGR 2005, 686; *D. Weber-Rey*, Corporate Governance in Europa: die Initiativen der EU-Kommission, Zentrum für Europäisches Wirtschaftsrecht, 2012, Vorträge und Berichte Heft 198; *dies.*, Effects of the better regulation approach on European company law and corporate governance, ECFR 2007, 370; *Weiss*, Staatlicher Schutz vor Investitionen nach dem Urteil zum VW-Gesetz, EWS 2008, 13; *Weiss/Seifert*, Der europarechtliche Rahmen für ein "Mitbestimmungserstreckungsgesetz", ZGR 2009, 542; *B. Weitemeyer*, Der Kommissionsvorschlag zum Statut einer Europäischen Stiftung, NZG 2012, 1001; *M.-Ph. Weller*, Die Wechselbalgtheorie, Festschrift Goette, 2011, 583; *ders.*, Münchener Komm. z. GmbHG, 2010, Einl. Int. GesR. (zit. als MüKo-GmbHG/Weller, Einl.); *ders.*, Internationales Unternehmensrecht 2010, – IPR-Methodik für grenzüberschreitende gesellschaftsrechtliche Sachverhalte -, ZGR 2010, 679; *ders.*, Die Rechtsquellendogmatik des Gesellschaftskollisionsrechts, IPRax 2009, 202; *ders.*, Niederlassungsfreiheit via völkerrechtlicher EG-Assoziierungsabkommen, ZGR 2006, 748; *ders.*, Die Verlegung des Center of Main Interest von Deutschland nach England, ZGR 2008, 835; *ders.*, § 18, Handels- und Gesellschaftsrecht, in: M. Gebauer/T. Wiedmann (Hrsg.), Zivilrecht unter europäischem Einfluss, 2. Aufl. 2010, 993; *ders.*, Inländische Gläubigerinteressen bei internationalen Konzerninsolvenzen, ZHR 169 (2005), 570; *ders.*, Europäische Rechtsformwahlfreiheit und Gesellschafterhaftung, 2004; *ders./Leuering*, Sitzverlegungen von Gesellschaften in Europa: rechtliche und praktische Probleme: Referate im Rahmen der Vortragsreihe "Rechtsfragen der europäischen Integration", 2012; *E. Werlauff*, Does a Loan to a Bank Qualify as a 'Deposit'? On the Definition of 'Deposit' in Directive 94/19/EC, as Amended by Directive 2009/14/EC, EBLR 2011, 709; *ders.*, Pro forma registration of companies: why a brass in the host country is enough in some respects, not in others, ECL 2010, 25; *T. Wernicke*, Die Niederlassung der ausländischen Gesellschaft als Hauptniederlassung, BB 2006, 843; *H P Westermann*, l'européanisation du droit des sociétés, in: Europe et mondialisation, 2006, 101; *H. Wiehe/A. Thies*, Sitzverlegung nach Luxemburg in der Praxis, BB 2012, 1891; *H.-U. Wilsing*, Corporate Governance in Deutschland und Europa. Die Rolle der institutionellen Investoren, der Proxy Advisors und die der Aktionäre, GPR 2010, 291; *Windbichler/Krolop*, Europäisches Gesellschaftsrecht, in: *K. Riesenhuber* (Hrsg.), Europäische Methodenlehre: Grundfragen der Methoden des europäischen Privatrechts, 2. Aufl. 2010, 554; *C. Winkler*, Vom Mythos eines Regulierungswettbewerbs im Europäischen Gesellschaftsrecht, WiBl 2012, 421; *dies.*, The Societas Privata Europaea (SPE) : the myth of regulatory competition in European corporate law, 2012; *Witt*, Modernisierung der Gesellschaftsrechte in Europa: einige Sonderwege und manche gemeinsame Pfade, ZGR 2009, 872; *P. Wollmert/P. Oser/Ch. Orth*, Reformüberlegungen zum Corporate Governance Framework in Europa, BB 2011, 1432; *E. Wymeersch*, A new look at the debate about the Takeover Directive, FS Hommelhoff, 2012, 1375; *ders.*, Comparative study of the company types in selected EU States, ECFR 2009, 71; *ders.*, The corporate governance "codes of conduct" between state and private law, in: Globalisierung und Entstaatlichung des Rechts, Teilbd. 2 (2008), 61; *ders.*, Is a directive on corporate mobility needed?, EBOR 2007, 161; *ders.*, Corporate governance codes and their implementation, FS N. Horn, 2006, 619; *ders.*, European company law and corporate governance: quo vadis?: closing remarks, RabelsZ 69 (2005), 787; *D. Zimmer*, Zwischen Theorie und Empirie: zur Konkurrenz der Gesetzgeber im Gesellschaftsrecht, FS Karsten Schmidt, 2009, 1789; *H. Zülch*, Der Entwurf einer neuen Bilanzrichtlinie: Implikationen für die künftige Ausgestaltung des europäischen Bilanzrechts, DB 2012, 413; *Zumbasen*, „New governance" in European corporate law regulation, ELJ 2009, 246.

A. Einführung 1	II. Rechtsnatur und Funktionsweise der Niederlassungsfreiheit 55
I. Begriffe 1	1. Diskriminierungsverbot 57
II. Europarechtliche Grundlagen 8	2. Beschränkungsverbot 59
1. Primärrecht: Grundfreiheiten, allgemeine Rechtsgrundsätze und Grundrechte, Ermächtigungsnormen 9	3. Rechtfertigungsgründe 60
a) Grundfreiheiten 10	4. Herkunftsland- und Anerkennungsprinzip . 63
aa) Ziel 11	5. Bereichsausnahmen von der Niederlassungsfreiheit? 66
bb) (Vertikale und horizontale) Wirkung 12	III. Persönlicher, räumlicher und sachlicher Geltungsbereich 69
b) Ermächtigungsgrundlagen 17	1. Persönlicher und räumlicher Geltungsbereich 69
2. Sekundärrecht: Rechtsangleichung 20	2. Sachlicher Geltungsbereich 75
3. Autonome europäische Rechtsformen 28	D. Niederlassungsfreiheit v. Internationales Gesellschaftsrecht 81
B. Stand und Entwicklung des europäischen Gesellschafts- und Unternehmensrechts 32	I. Niederlassungsfreiheit und Mobilität von Gesellschaften im Binnenmarkt 81
I. Stand der Angleichung 32	II. Niederlassungsfreiheit als eigene Kollisionsnorm des EU-Rechts? 90
II. Entwicklung 40	
C. Niederlassungsfreiheit für Gesellschaften 51	
I. Niederlassungs- oder Kapitalverkehrsfreiheit .. 51	

III. Allgemeines Gesellschaftskollisionsrecht	93
IV. Überblick über die EuGH-Rechtsprechung	96
V. Wegzugsbeschränkungen	98
1. Daily Mail	99
2. Cartesio	101
3. National Grid Indus	109
VI. Zuzugbeschränkungen	113
1. Centros	118
2. Inspire Art	120
3. Cadbury Schweppes	126
4. Überseering	128
5. Vale	130
VII. Scheinauslands- und Briefkastengesellschaften	143
VIII. Grenzüberschreitende Verschmelzung (Fusion), Spaltung und Übernahme	149
IX. Zusammenfassung der EuGH-Rechtsprechung	155
1. Internationales Gesellschaftsrecht	155
2. Niederlassungsfreiheit und internationales Gesellschaftsrecht	158
3. Rechte und Pflichten des Wegzugsstaates	162
4. Rechte und Pflichten des Zuzugsstaates	165
5. Ziel	172
E. EuGH und deutsches Recht	173
I. Zuzug	174
II. Wegzug	184
F. Gesellschaftsrechtsharmonisierung	189
I. Grundlagen	190
1. Horizontale und vertikale Angleichung	190
2. Vollharmonisierung, Mindestharmonisierung, Teilharmonisierung	191
3. Stand still und Versteinerung	195
4. Überschießende Umsetzung	199
II. Rechtsfolgen für die Mitgliedstaaten	206
III. Rechtsgrundlage und Gegenstand der Harmonisierung im europäischen Gesellschaftsrecht	210
IV. Rechtsangleichung und/oder Niederlassungsfreiheit?	213
G. Die Richtlinien (in Auswahl)	221
I. Die (Publizitäts-)Richtlinie 2009/101 vom 16. September 2009	221
1. Text der Richtlinie	221
2. Allgemeines	222
3. Umsetzung	227
4. Geltungsbereich	230
5. Offenlegung (Handelsrechtliche Publizität)	231
a) Publizitätsmitteln (oder -instrumente)	232
b) Publizitätsgegenstände	240
c) Publizitätswirkungen	244
d) Sanktionen	251
6. Vertretungsmacht	254
a) Handelndenhaftung	255
b) Gutglaubensschutz ordnungsgemäßer Vertreterbestellung	258
c) Grundsatz der unbeschränkten und unbeschränkbaren Vertretungsmacht	260
7. Nichtigkeit	270
II. Die 11. (Zweigniederlassungs-)Richtlinie 89/666 vom 21.12.1989	282
1. Text der Richtlinie	282
2. Allgemeines	283
3. Umsetzung	286
4. Geltungsbereich	289
5. Inhalt	293
III. Die (Kapital-)Richtlinie 2012/30 vom 25.10.2012	297
1. Text der Richtlinie	297
2. Allgemeines	298
3. Umsetzung	302
4. Geltungsbereich	303
5. Inhalt	305
6. Publizitätspflichten beim Gründungsvorgang	306
7. Grundsatz des festen Grundkapitals und Kritik	315
a) Kapitalaufbringung	317
aa) Einlagepflicht der Aktionäre	318
bb) Sacheinlagen	322
cc) Die Lehre von der verdeckten Sacheinlage	342
b) Kapitalerhaltung	344
aa) Ausschüttungen	345
bb) Schwere Verluste	350
cc) Eigene Aktien	351
c) Kapitalerhöhung, Kapitalherabsetzung	369
aa) Kapitalerhöhung	370
bb) Kapitalherabsetzung	387
d) Gleichbehandlungsgrundsatz	389
IV. Die (Übernahme-)Richtlinie 2004/25 vom 21. April 2004	391
1. Text der Richtlinie	391
2. Entstehungsgeschichte, Struktur, Ziel und Zweck	392
3. Umsetzung	395
4. Sachlicher und räumlicher Anwendungsbereich	396
5. Verfahren und allgemeine Grundsätze nach Art. 3	402
6. Pflichtangebot zum Schutz der Minderheitsaktionäre	409
7. Verfahren und Transparenz des Angebots	423
8. Abwehrmaßnahmen der Zielgesellschaft (Artt. 9 bis 12)	430
9. Ausschluss- und Andienungsrecht (Artt. 15, 16)	442

A. Einführung

I. Begriffe. Europäisches Gesellschaftsrecht bezeichnet die Rechtssätze des Gemeinschaftsrechts, die die Verfasstheit juristischer Personen regeln.[1] Betroffen sind gem. Art. 54 Abs. 2 AEUV (Art 48 Abs. 2 EGV) „die Gesellschaften des bürgerlichen Rechts und des Handelsrechts einschließlich der Genossenschaften und die sonstigen juristischen Personen des öffentlichen und privaten Rechts mit Ausnahme derjenigen, die

---

[1] Vgl *Ch. Windbichler/K. Krolop*, in *K. Riesenhuber* (Hrsg.), Europäische Methodenlehre, 2. Aufl. 2010, § 19, Rn 2 ff.

keinen Erwerbszweck verfolgen."[2] Ohne auf die im einzelnen erfassten Gesellschaftsformen einzugehen,[3] fallen unstreitig alle Kapitalgesellschaftsformen darunter.

2 Die Regelung ist nicht abschließend. Nicht die Rechtsform der juristischen Person oder ihre Verankerung im Privatrecht, sondern allein ihr Erwerbszweck entscheidet.[4] Bis auf die Rechtsformen des autonomen europäischen Gesellschaftsrechts[5] (die **Europäische wirtschaftliche Interessengemeinschaft**[6] [EWIV], die **Europäische Aktiengesellschaft**[7] (SE), die **Europäische Genossenschaft**[8] [SCE], die ursprünglich für 2010 vorgesehene **Europäische Privatgesellschaft**[9] [SPE] und die ebenfalls nur im Planungsstadium vorhandene **Europäische Stiftung**)[10] betrifft das europäische Gesellschaftsrecht ausschließlich „mitgliedstaatliche" Gesellschaften, also solche, deren Gesellschaftsstatut sich nach einem der mitgliedstaatlichen Gesellschaftsrechte richtet. Was bei natürlichen Personen die Staatsangehörigkeit ist, ist bei Gesellschaften (juristischen Personen) durch einen der in Art. 54 Abs. 1 AEUV genannten Sitz vermittelten Verbindung zu einem bestimmten Mitgliedstaat und seiner Rechtsordnung.

3 **Europäisches Unternehmensrecht** erfasst über das Gesellschaftsrecht ieS hinaus die Regelungen für bestimmte gesellschaftsrechtliche Sonderformen wie das Recht der Banken und Versicherungen sowie das rechtliche Umfeld von Gesellschaften, vor allem Kapitalmarkt-(Börsen-), Steuer- und Registerrecht, aber auch Teilbereiche des Arbeitsrechts (Mitbestimmung, Betriebsübergang, Betriebsrat), soweit sie sich auf die Struktur der Gesellschaft auswirken.

4 Unionsrecht setzt sich aus **Primär- und Sekundärrecht** zusammen.

5 Die Normen des AEUV (und die des hier nicht maßgeblichen EUV) bilden das **Primärrecht**. Dieses enthält neben **Ermächtigungsnormen** zum Erlass von Rechtsakten des Sekundärrechts auf dem Gebiet des Gesellschaftsrechts die für grenzüberschreitend tätige Gesellschaften wichtigen **Grundfreiheiten**.

6 Das **Sekundärrecht** besteht aus den Rechtsnormen, die der Unionsgesetzgeber auf der Grundlage der Ermächtigungsnormen des AEUV erlässt. Im Wesentlichen stehen ihm für das europäische Gesellschaftsrecht zwei Rechtsinstrumente offen. Entweder bedient er sich der Richtlinie gem. Art. 288 Abs. 3 AEUV (Art 249 Abs. 3 EGV) oder, seltener, der Verordnung gem. Art. 288 Abs. 2 AEUV (Art 249 Abs. 2 EGV). Die jeweilige Rechtsform wird ihm in der Regel von der entsprechenden Ermächtigungsnorm des AEUV vorgegeben; nur in seltenen Fällen hat er ein Wahlrecht.

7 **Richtlinien** sind das Instrument der Rechtsangleichung[11] (Rechtsharmonisierung), **Verordnungen** das Instrument, um Einheitsrecht zu schaffen. Beide Instrumente markieren die Eckpunkte der Europäisierung der einzelstaatlichen Rechte: Rechtsangleichung lässt im Kern einzelstaatliches (Gesellschafts-)Recht bestehen, verlangt jedoch dessen inhaltliche Anpassung; wo eine nach Richtlinienrecht notwendige Regelung noch fehlt, ist diese zu schaffen. Einheitsrecht ersetzt hingegen einzelstaatliches (Gesellschafts-)Recht durch (bereits dem Wortlaut nach) einheitliche Rechtsvorschriften. Aber die Übergänge sind fließend. Maßgeblich ist der Freiraum, der dem einzelstaatlichen Gesetzgeber bleibt. Die Möglichkeit, auf der Grundlage des (alten) EGV gesellschaftsrechtliche Probleme durch ein **Übereinkommen** (iSv des früheren Art 293 EGV; jetzt gestrichen) zu regeln, spielte nur eine marginale Rolle.

8 **II. Europarechtliche Grundlagen.** Diese strukturellen Vorgaben des Unionsrechts (Rn 4–7) bestimmen, was das europäische Gesellschafts- und Unternehmensrechtrecht ausmacht: einerseits den Schutz **grenzüberschreitender wirtschaftlicher Betätigung** „mitgliedstaatlicher" Gesellschaften und die Beteiligung einzelner an Gesellschaften anderer Mitgliedstaaten durch die (unternehmens- und gesellschaftsrechtlich relevanten) **Grundfreiheiten des Primärrechts** (dazu Rn 9 ff), anderseits die **Angleichung der einzelstaatlichen Gesellschaftsrechte** durch die Rechtsakte des sekundären Unionsrechts (Richtlinien), ohne dass es dabei auf ein

---

2 Einen tabellarischen Überblick über die Gesellschaftsformen in den Mitgliedstaaten gibt *Grundmann*, § 1 Rn 13; zum Begriff der Gesellschaft iSd Art. 54 Abs. 2 AEUV *Ch. Teichmann*, ZGR 2011, 639, 659, 660.
3 Zum Begriff der Gesellschaft iSd Art. 54 Abs. 2 AEUV ausf. *Ch. Teichmann*, ZGR 2011, 639, 659, 660.
4 *W. H. Roth*, in: Dauses (Hrsg.), E. I, Rn 70, 71; *Ch. Teichmann*, ZGR 2011, 639, 659, 660.
5 Überblick bei *M. Lutter/W. Bayer/J. Schmidt*, § 14, 168 ff; näher unten Rn 28 ff.
6 Verordnung (EWG) Nr. 2137/85 des Rates vom 25. Juli 1985 über die Schaffung einer Europäischen wirtschaftlichen Interessenvereinigung (EWIV), ABl. Nr. L 199/1.
7 Verordnung (EG) Nr. 2157/2001 des Rates vom 8. Oktober 2001 über das Statut der Europäischen Gesellschaft (SE), ABl. L 294, 1; Richtlinie 2001/86 des Rates vom 8. Oktober 2001 zur Ergänzung des Statuts der Europäischen Gesellschaft hinsichtlich der Beteiligung der Arbeitnehmer, ABl. L 294/22.
8 Verordnung (EG) Nr. 1435/2003 des Rates vom 22. Juli 2003 über das Statut der Europäischen Genossenschaft (SCE), ABl. Nr. L 207/1.
9 KOM(2008) 396 endg.
10 Die Kommission hat am 8.2.212 einen entsprechenden Verordnungsvorschlag vorgelegt, Com. (2012) 35 endg. (ABl. 2012, C 102/25).
11 Rechtsangleichung und Harmonisierung werden synonym verwendet. *Koordinierung* kann Rechtsangleichung bedeuten, wie zB in Art. 53 Abs. 2 AEUV, muss es aber nicht: der Begriff wird im Sozialversicherungsrecht für *gemeinschaftsautonome* Zusammenrechnungsvorschriften benutzt, die gerade jede Angleichung mitgliedstaatlicher Vorschriften ausschließen sollen, C-73/99, *Movrin*, Slg 2000, I-5625, Rn 51 („... Regelung, die in Ermangelung eines gemeinsamen Sozialversicherungssystems auf einer bloßen Koordinierung noch nicht vereinheitlichter nationaler Rechtsvorschriften beruht").

grenzüberschreitendes Element ankommt (dazu Rn 20 ff), und **drittens** die eigenständigen (autonomen) Gesellschaftsformen, die der Unionsgesetzgeber geschaffen hat (Rn 2, 30).

1. Primärrecht: Grundfreiheiten, allgemeine Rechtsgrundsätze und Grundrechte, Ermächtigungsnormen. Primäres Unionsrecht nimmt mit Blick auf die europaweite Betätigung „einzelstaatlicher" Gesellschaften und Gesellschafter aus anderen Mitgliedstaaten zwei Aufgaben wahr: die **Grundfreiheitsnormen** des AEUV gewährleisten den Zugang zu den Märkten anderer Mitgliedstaaten und dort eine wirtschaftliche Betätigung; die **Ermächtigungsnormen** des AEUV erlauben es dem EU-Gesetzgeber, die mitgliedstaatlichen Gesellschaftsrechte anzupassen.

a) Grundfreiheiten. Der AEUV selbst, also das Primärrecht, enthält keine spezifisch gesellschaftsrechtlichen Regelungen der Grundfreiheiten. Ausdrücklich Gesellschaften gewidmet ist nur Art. 54 AEUV (Art 48 EGV). Er stellt für alle Grundfreiheiten[12] (und nicht nur für die Niederlassungsfreiheit) unter den dort genannten Voraussetzungen die juristischen Personen den natürlichen gleich.[13] Von den **Grundfreiheitsnormen** des AEUV kommen für Gesellschaften neben der Niederlassungsfreiheit (Art. 49 iVm Art. 54 Abs. 1 AEUV) noch die **Kapitalverkehrsfreiheit** (Art. 63 AEUV)[14] zur Anwendung.

aa) Ziel. Aus dem Kreis der **Grundfreiheitsnormen** des AEUV soll es in erster Linie die **Niederlassungsfreiheit** den Staatsangehörigen der Union ermöglichen, in stabiler und kontinuierlicher Weise am Wirtschaftsleben eines anderen Mitgliedstaates als desjenigen ihrer Herkunft teilzunehmen und daraus Nutzen zu ziehen.[15] Ziel ist die Eingliederung in die Wirtschaft des Aufnahmemitgliedstaates. Das impliziert allgemein die tatsächliche Ausübung einer selbstständigen wirtschaftlichen Tätigkeit mittels einer festen Einrichtung in diesem Staat auf unbestimmte Zeit.[16] Natürlichen Personen wie Gesellschaften soll in anderen Mitgliedstaaten (Aufnahmemitgliedstaaten) eine dauerhafte selbstständige unternehmerische Tätigkeit entweder in Form der **primären Niederlassung**, also der eigenen Ansässigkeit, oder der **sekundären Niederlassung**[17] in Form von Agenturen, Zweigniederlassungen oder Tochtergesellschaften gewährleistet werden. Bekommen natürliche Personen auch Zugang zu Gesellschaften, so sollen ausländische Gesellschaften im Inland,[18] inländische Gesellschaften im Ausland (unselbstständige) Zweigniederlassungen und (selbstständige) Tochtergesellschaften[19] gründen (sekundäre Niederlassungsfreiheit) bzw aus ihrem Herkunftsstaat wegziehen und in einem Aufnahmestaat[20] (primäre Niederlassungsfreiheit) zuziehen können.[21]

bb) (Vertikale und horizontale) Wirkung. Auf die Grundfreiheiten können sich natürliche Personen und Gesellschaften vor Gericht (und) gegenüber mitgliedstaatlichen Verwaltungen unmittelbar berufen,[22] um sich gegen die Anwendung diskriminierender bzw grundfreiheitshindernder oder -beschränkender[23] Rechtssätze nationalen Rechts zur Wehr zu setzen. Dabei misst das Unionsrecht der Unterscheidung zwischen öffentlichem Recht und Privatrecht keine Bedeutung bei.[24] Dementsprechend hat der EuGH grundsätzlich auch privatrechtliche Normen am Maßstab der Grundfreiheiten gemessen,[25] Grundfreiheiten kommt inso-

---

12 Dazu *Klinke*, FS G. Hirsch, 2008, 101, 103.
13 *Brödermann*, Das Europäische Gemeinschaftsrecht als Quelle und Schranke des Internationalen Privatrechts, in: *Brödermann/Iversen*, Europäisches Gemeinschaftsrecht und Internationales Privatrecht, 1994, Rn 129 ff, S 79.
14 Zur Abgrenzung unten Rn 51 ff.
15 C-196/04, *Cadbury Schweppes*, Slg 2006, I-7995, Rn 53.
16 C-196/04, *Cadbury Schweppes*, Slg 2006, I-7995, Rn 54; C-378/10, *Vale*, 12. Juli 2012, Rn 37; Einzelheiten unter Rn 71 ff.
17 *M. Habersack/D. Verse*, GesR, § 3, Rn 2; *Ch. Teichmann*, ZGR 2011, 639, 664.
18 C-208/00, *Überseering*, Slg 2002, I-9919; C-167/01, *Inspire Art*, Slg 2003, I-10155.
19 *J. Bröhmer*, in: Callies/Ruffert (Hrsg.), EUV/AEUV, 4. Aufl. 2011, Art. 49 AEUV, Rn 17; C-212/97, *Centros*, Slg 1999, I-1459.
20 81/87, *Daily Mail*, Slg 1988, 5483.
21 Der Binnenmarkt strebt als Ziele u.a. die Verwirklichung der *Marktfreiheit* (Marktzugang) und der *Marktgleichheit* (gleiche Wettbewerbsbedingungen) an, ausf. *P.-Ch. Müller-Graff*, Gesellschaftsrecht im Kontext und in der Dynamik des europäischen Wirtschaftsordnungsrechts, in: Europäisches Gesellschaftsrecht auf neuen Wegen, 2010, 9. Für Marktfreiheit zu sorgen, ist Aufgabe der Grundfreiheiten, zusammenfassend *Ch. Teichmann*, Gesellschaftsrecht im System der europäischen Niederlassungsfreiheit, ZGR 2011, 639, 646 aE; vgl *U. Klinke*,

Festschrift G. Hirsch, 2008, 101, 103, Art. 49 Abs. 2 AEUV: "Vorbehaltlich des Kapitels über den Kapitalverkehr umfasst die Niederlassungsfreiheit *die Aufnahme und Ausübung selbständiger Erwerbstätigkeiten sowie die Gründung und Leitung von Unternehmen, insbesondere von Gesellschaften* im Sinne des Artikels 54 Abs. 2, nach den Bestimmungen des Aufnahmestaats für seine eigenen Angehörigen.".
22 *Randelzhofer/Forsthoff*, in: Grabitz/Hilf (Hrsg.), vor Art 39–55 EGV, Rn 48; 103/88. *Fratelli Costanzo*, Slg 1989, 1839, Rn 30, 31 (im Hinblick auf die unmittelbare Wirkung von nicht oder nicht fristgerecht umgesetzten Richtlinien).
23 Dazu unten Rn 57 ff.
24 Von der Rechtsprechungsentwicklung her galten die Grundfreiheiten ursprünglich unmittelbar nur im vertikalen Verhältnis, also im Verhältnis Bürger-Staat bzw staatlichen Stellen (Behörden), vgl Rs. 26/62, *van Gend & Loos*, Slg 1963, 3; Rs. 311/85, *Vlaamse Reisbureaus*, Slg 1987, 3801, Rn 30; vgl; SchlA von GA *Ruiz-Jarabo Colomer* in C-152/07 u.a., *Arcor*, Slg 2008, I-5959, Rn 86. Zum Teil wird in Rspr und Lehre die Anwendung der Grundfreiheiten auf Privatrechtsnormen mit der funktionalen Austauschbarkeit zivil- und öffentlichrechtlicher Instrumente begründet, *G. Bachmann*, AcP 210 (2010), 424, 435 (mit w. Nachw.); vgl zur EuGH-Rspr unten bei Rn 14.
25 So ausdrücklich *G. Bachmann*, Nationales Privatrecht im Spannungsfeld der Grundfreiheiten, AcP 210 (2010), 424, 434 sub. 3.a.

weit **Drittwirkung (horizontale Wirkung)**[26] zu. Allerdings ist die bisherigen Rechtsprechung des EuGH wenig eindeutig, es fehlt ein Allgemeinbekenntnis zur Horizontalwirkung der Grundfreiheiten:[27] Einerseits geht es in der Rechtsprechung vielfach trotz der Nähe zum Privatrecht oder trotz Einbettung ins Privatrecht[28] entweder um öffentlich-rechtliche Streitigkeiten[29] oder um dementsprechende Vorfragen;[30] andererseits übt die EuGH-Rechtsprechung, auch wenn sie ebenso wie die Lehre eine Bereichsausnahme für bestimmte Materien des Zivilrechts ablehnt, insofern Zurückhaltung, als sie mit unterschiedlicher Begründung die Relevanz von Behinderungen der Grundfreiheiten in Privatrechtsverhältnissen verneint.[31]

13 Für Normen des **zwingenden Privatrechts** ist die Drittwirkung folgerichtig, ist doch deren (grundfreiheitshindernder) Inhalt dem jeweiligen Mitgliedstaat und nicht den Vertragsparteien zuzurechnen.[32] Belassen es die Parteien bei **dispositivem Gesetzesrecht**, müssen dessen Regeln in gleicher Weise wie zwingendes Privatrecht grundrechtskonform sein, denn trotz deren Abdingbarkeit geht die Behinderung der Grundfreiheiten ebenfalls von diesem mitgliedstaatlichen Recht aus.[33]

14 Eine Frage der **Drittwirkung (der horizontalen Wirkung)** der Grundfreiheiten in engerem Sinne ist es, ob sich der einzelne, also eine natürliche oder juristische Person, gegenüber Diskriminierungen und Beschränkungen durch eine (staatliches Recht ersetzende) **parteiautonome Regelung**,[34] unmittelbar auf die Grundfreiheiten berufen kann. Der EuGH hat dies allerdings ausdrücklich nur in Bezug auf Kollektivvertragsregelungen festgestellt.[35] Begründet hat er dies mit der funktionalen Austauschbarkeit zivil- und öffentlichrechtlicher Instrumente.[36] Soweit der EuGH vereinzelt, wie in der „Angonese"-Entscheidung, ein reines Privatrechtsverhältnis der Arbeitnehmerfreizügigkeit (Art. 45 AEUV) unterworfen hat, hat er es nur auf das darin enthaltene **Verbot unmittelbarer Diskriminierung aufgrund der Staatsangehörigkeit**[37][38] geprüft. Die deutsche Lehre ist skeptisch bis ablehnend.[39] Sie befürwortet eine mittelbare Drittwirkung.[40] Gemeint ist eine Schutzpflicht des Mitgliedstaates gegen eine Beeinträchtigung von Grundfreiheiten durch Private. M.E. ist schon der Begriff wenig zutreffend, geht es doch bei der sog. Drittwirkung um unmittelbar in Privatrechtsverhältnissen wirkende Grundfreiheiten. Zudem ist die herangezogene Rechtsprechung unergiebig: Der EuGH hat über eine Beeinträchtigung der Grundfreiheiten durch unterlassenes Handeln zweier Mitglied-

---

26 Statt vieler *G. Bachmann*, AcP 210 (2010), 424; *M. Wagner*, Die unmittelbare Drittwirkung der EG-Grundfreiheiten im Privatrecht: das Ende der Privatautonomie?, öJZ 2007, 634; *S. Löwisch*, Die horizontale Direktwirkung der europäischen Grundfreiheiten: zur Frage der unmittelbaren Verpflichtung Privater durch die Grundfreiheiten des EG-Vertrages, 2009; *A.-M. Lengauer*, Drittwirkung von Grundfreiheiten – ein Beitrag zu dem Konzept des Normadressaten im Gemeinschaftsrecht, 2011.

27 Ausdrücklich *G. Bachmann*, AcP 210 (2010), 424, 428.

28 So im Personenstand- und Staatsangehörigkeitsrecht, C-369/90, *Micheletti*, Slg 1992, I-4239; im Namensrecht C-148/02, *Garcia Avello*, Slg 2003, I-11613; ferner C-353/06, *Grunkin*, Slg 2008, I-7639; C-391/09, *Runević-Vardyn*, Slg 2011, I-3787; C-208/09, *Sayn-Wittgenstein*, Slg 2010, I-13693.

29 Im Prozessrecht C-369/90, *Micheletti*, Slg 1992, I-4239; C-135/08, *Rottmann*, Slg 2010, I-1449; C-208/09, *Sayn-Wittgenstein*, 22. 12. 2010; C-289/02, *Amok Verlags GmbH*, Slg 2003, I-5059; C-122/96, *Saldanha*, Slg 1997, I-5325; C-43/95, *Data Delecta*, Slg 1996, I-4661, Rn 15; C-323/95, *Hayes*, Slg 1997, I-1711, Rn 17; C-412/97, *Italo Fenocchio*, Slg 1999, I-3845; C-20/92, *Hubbard*, Slg 1993, I-3777; C-398/92, *Mund & Fester*, 1994, I-467.

30 C-213/04, *Burtscher*, Slg 2005, I-10309; C-3/95, *Reisebüro Broede*, Slg 1996, I-6511; C-194/94, *CIA Security International*, Slg 1996, I-2201, Rn 58; C-300/01, *Salzmann*, Slg 2003, I-4899, Rn 39.

31 C-339/89, *Alsthom Atlantique*, Slg 1991, I-107, 124, Rn 15; C-93/92, *CMC-Motorradcenter*, Slg 1993, I-5009; C-190/98, *Graf*, Slg 2000, I-493.

32 Insofern bedarf es nicht des Rückgriffs auf die funktionale Austauschbarkeit (bei Fn 36), vgl Rs. 311/85, *Vlaamse Reisbureaus*, Slg 1987, 3801, Rn 30. Scheidet zwar eine Bereichsausnahme (für bestimmte Rechtsgebiete) aus, so wird dennoch versucht, die Kontrolldichte der Grundfreiheiten bei Privatrechtsnormen einzuschränken, vgl das Abschichtungsmodell von *G. Bachmann*, AcP 210 (2010), 424, 438 ff.

33 Ausf. *G. Bachmann*, AcP 210 (2010), 424, 438 ff, 444, der indes die Abdingbarkeit des dispositiven Rechts nutzbar machen will. In diesem Zusammenhang sei dahingestellt, ob das Verbot des *venire contra factum proprium* allerdings einen Vertragspartner daran hindert, sich auf eine Grundfreiheit zu berufen, weil er nicht zuvor darauf bestanden hat, dispositives Recht abzubedingen.

34 In diesem Sinne das Postulat in bezug auf den freien Warenverkehr in Rs. 58-80, *Dansk Supermarked*, Slg, 1981, 181, Rn 17; *G. Bachmann*, AcP 210 (2010), 424, 465.

35 C-341/05, *Laval*, Slg 2007, I-11767, Rn 98; C-438/05, *International Transport Workers' Federation (Viking)*, Slg 2007, I-10779, Rn 33 mwN, C-309/99, *Wouters e.a.*, Rec. p. I-1577, Rn 120; vor allem in den sog. Sportrechtsfällen Rs. 36/74, *Walrave u. Koch*, Slg 1974, 1405, Rn 17, Rs. 13/76, *Donà*, Slg 1976, 1333; 18; C-415/93, *Bosman*, Slg 1995, I-4921, Rn 83, 84; C-51/96 u. C-191/97, *Deliège* u.a., Slg 2000, I-2549; C-325/08, *Olympique Lyonnais*, Slg 2010, I-2177 Rn 30, 31.

36 *G. Bachmann*, AcP 210 (2010), 424, 435 (mit w. Nachw.); C-94/07, *Raccanelli*, Slg 2008, I-5939, Rn 41; ferner C-309/99, *Wouters*, Slg 2002, I-1577, Rn 120; C-438/05, *International Transport Workers' Federation (Viking)*, Slg 2007, I-10779, Rn 33 (für die Art. 39, 43 und 49 EGV), Rn 57-59.

37 C-281/99, *Angonese*, Slg 2000, I-4139 Rn 36; Rs. 58-80, *Dansk Supermarked*, Slg, 1981, 181, Rn 17 (*obiter dictum*); SchlA von *Gen. Bot*, in: C-555/07, *Kücükdeveci*, Slg 2009, I-365,. Rn 85, Fn 48; gegen eine horizontale Wirkung SchlA von *GenA Sharpston*, in: C-427/06, *Bartsch*, Slg 2008, I-7245, Rn 85.

38 Zur Rechtsnatur der Grundfreiheiten als Ausdruck des Verbots der Diskriminierung aufgrund der Staatsangehörigkeit, vgl SchlA von *GenA Sharpston*, in: C-427/06, *Bartsch*, Slg 2008, I-7245, Rn 84.

39 Statt vieler *M. Habersack/D. Verse*, GesR, § 3, Rn 9.

40 *M. Habersack/D. Verse*, GesR, § 3, Rn 10; *D. Verse*, ZIP 2008, 1754, 1760, unter Berufung auf C-112/00, *Schmidberger*, Slg 2003, I-5659, Rn 58 ff; C-265/95, *Kommission/Frankreich*, Slg 1997, I-6959.

staaten zu entscheiden, auch wenn die Unterlassung beider Mitgliedstaaten darin bestand, nicht gegen private Demonstranten vorgegangen zu sein.[41]

Aus allem ergibt sich, dass sich die Drittwirkungsproblematik von Grundfreiheiten mithin im **Gesellschafts- und Kapitalmarktrecht** nur stellen kann, soweit die Akteure privatautonom handeln. Hingegen stellt sie sich nicht im internationalen Gesellschaftsrecht der Mitgliedstaaten, da dieses bzw ihre Gerichte zwingend regeln, was vor allem für den im Unionsrecht wichtigen Zuzug und Wegzug einer Gesellschaft[42] gilt.

Auf Niederlassungsfreiheit, Kapital- und Zahlungsverkehrsfreiheit sowie Dienstleistungsfreiheit kann sich eine Gesellschaft indes nur berufen, wenn ein hinreichender Auslandsbezug vorhanden ist.[43] Es müssen mithin immer zwei Mitgliedstaaten betroffen sein, der Herkunftsmitgliedstaat und das Empfangsland. Welcher Art der Auslandsbezug ist, hängt dann von der jeweiligen Grundfreiheit bzw von der Art der von ihr geschützten Wirtschaftstätigkeit ab.[44]

b) Ermächtigungsgrundlagen. Neben den Grundfreiheiten stellt der AEUV dem Unionsgesetzgeber zum Erlass gesellschaftsrechtlicher Bestimmungen an **Ermächtigungsgrundlagen** einerseits die (als *leges speciales* vorgehenden) Rechtsgrundlagen der **Art. 50 Abs. 2 lit. g AEUV** (Art. 44 Abs. 2 lit. g EGV),[45] andererseits als allgemeine Rechtsgrundlagen die **Art. 114 AEUV** (Art. 94 ff EGV) sowie die Kompetenzergänzungsvorschrift des **Art. 352 AEUV** (Art. 308 EGV) zur Verfügung.[46] Auf der Grundlage dieser Ermächtigungsnormen erlässt der Unionsgesetzgeber Richtlinien zur Angleichung der mitgliedstaatlichen Gesellschaftsrechte bzw Verordnungen, in denen er autonomes Gesellschaftsrecht setzt.[47] Daneben erlässt der Unionsgesetzgeber auf der Grundlage des **Art. 288 Abs. 5 AEUV** unverbindliche Empfehlungen, die den Adressaten ein bestimmtes Verhalten nahe legen.[48] Auch wenn sie den Adressaten weder Rechte verleihen[49] noch Pflichten auferlegen können, kommen ihnen doch gewisse Rechtswirkungen zu, etwa bei der Auslegung.[50]

Art. 293 EGV, der die Möglichkeit staatsvertraglicher Regelung für die dort im 3. Spiegelstrich genannten Materien (gegenseitige Anerkennung von Gesellschaften, grenzüberschreitende Sitzverlegung, internationale Verschmelzungen) vorsah,[51] wurde vom Lissabonner Vertrag ersatzlos gestrichen.[52] Es existiert allerdings mit der Schiedsverfahrenskonvention[53] auch nur ein einziges Übereinkommen[54].

Kann Sekundärrecht nur erlassen werden, soweit der AEUV eine der genannten Ermächtigungsgrundlage bereitstellt (Grundsatz der begrenzten Einzelermächtigung),[55] so muss es zugleich den **Grundfreiheiten**, den **allgemeinen Rechtsgrundsätzen** des Unionsrechts, darunter dem Verhältnismäßigkeitsgrundsatz und dem Gleichbehandlungsgebot,[56] den in diesem Zusammenhang von der Rechtsprechung entwickelten **Grundrechten** sowie denen der **Grundrechtscharta**, genügen.[57] Ein Verstoß von Sekundärrecht gegen allgemeine Rechtsgrundsätze ist allerdings bisher im Gesellschaftsrecht nicht zum Tragen gekommen.[58]

---

41 C-112/00, *Schmidberger*, Slg 2003, I-5659, Rn 58 ff; C-265/95, *Kommission/Frankreich*, Slg 1997, I-6959.

42 Rs. 81/87, *Daily Mail*, Slg 1988, 5487, Rn 17; C-212/97, *Centros*, Slg 1999, I-1459; C-208/00, *Überseering*, Slg 2002, I-9919; C-167/01, *Inspire Art*, Slg 2003, I-10155; C-210/06, *Cartesio*, Slg 2008, I-09641; C-371/10, *National Grid Indus BV*, Urteil v. 29. 11. 2011; C-378/10, *Vale*, Urteil v. 12.7.2012 (dazu im Vorfeld *Thiermann*, EuZW 2012, 209); Einzelheiten unten Rn 98 ff.

43 Für die Niederlassungsfreiheit allgemein C-134/94, *Esso Espanola*, Slg 1995, I-4223, Rn 17; C-152/94, *Van Buynder*, Slg 1995, I-3981, Rn 10 C-54/88, C-91/88 et C-14/89, *Nino e.a.*, Slg 1990, I-3537. Bei Gesellschaften reicht als Auslandselement offenbar, dass sie als Tochtergesellschaft einer ausländischen Mutter Waren und Dienstleistungen vertreibt, C-108/96, *Mac Queen*, Slg 2001, I-837, Rn 16.

44 Vgl für die Niederlassungsfreiheit von Gesellschaften unten C. III., Rn 69 ff.

45 Dazu unten Rn 199.

46 Dazu ausf. *Grundmann*, GesR, § 4, Rn 98 ff; Art. 50 Abs. 2 Buchst g AEUV sieht von seinem Wortlaut her nur die Koordinierung der Schutzbestimmungen vor, „die in den Mitgliedstaaten den Gesellschaften im Interesse der Gesellschafter sowie Dritter vorgeschrieben sind, um diese Bestimmungen gleichwertig zu gestalten". Die Vorschrift wird als allgemeine Kompetenznorm zur Rechtsangleichung verstanden, C-97/96, *Daihatsu*, Slg 1997, I-6843, Rn 18; ferner *Engert*, in: Langenbucher, Europarechtliche Bezüge des Privatrechts, 2. Aufl. 2008, § 5 Gesellschaftsrecht, Rn 4 mwN.

47 Einzelheiten unten Rn 28 ff.

48 Ausf. *von Danwitz*, in: M. Dauses (Hrsg.), B. II, Rn 54 ff.

49 Rs. 322/88, *Grimaldi*, Slg 1989, 4407, Rn 16; C-207/01, *Altair Chimica*, Slg 2003, I-8875, Rn 41.

50 Rs. 322/88, *Grimaldi*, Slg 1989, 4407, Rn 18; C-207/01, *Altair Chimica*, Slg 2003, I-8875, Rn 41, *von Danwitz*, in: M. Dauses (Hrsg.), B. II, Rn 55.

51 *P. Behrens*, in: Dauses (Hrsg.), E. III., Rn 13.

52 *Ch. Teichmann*, ZGR 2011, 639, 652–653.

53 Übereinkommen 90/436/EWG vom 23.7.1990 über die Beseitigung der Doppelbesteuerung im Falle von Gewinnberechtigungen zwischen verbundenen Unternehmen (ABl. 1990 L 225/10).

54 Nie in Kraft getreten ist das Europäische Übereinkommen über die gegenseitige Anerkennung von Gesellschaften und juristischen Personen v. 29.2.1968, vgl *M. Lutter/W. Bayer/J. Schmidt*, § 5, Rn 1; *Schwarz*, Rn 1417 ff.

55 *M. Habersack/D. Verse*, GesR, § 3, Rn 40.

56 Vgl Rs. 5/88, *Wachauf*, Slg 1989, 2609, Rn 17; C-540/03, *EP/Rat*, Slg 2006, I-5769, Rn 104, 105; C-101/08, *Audiolux*, Slg 2009, I-9823, Rn 54 ff; SchlA GenA *Trstenjak* v. 30.6.2009, Rn 67.

57 Statt vieler *G. Bachmann*, AcP 210 (2010), 424, 441; *Ch. Teichmann*, ZGR 2011, 639, 655 aE; *W. Frenz*, EuR 2002, 603, 609; *U. Forsthoff*, Niederlassungsfreiheit für Gesellschaften: europarechtliche Grenzen für die Erstreckung deutschen (Mitbestimmungs-)Rechts, 2006, 88; *Kahl*, in: Callies/Ruffert, EUV/EGV, 3. Aufl. 2007, Art. 95 EGV Rn 21; *M. Ruffert*, in: Ch. Calliess/M. Ruffert (Hrsg.), Art. 249 EGV, Rn 14 = EUV/AEUV, 4. Aufl. 2011.

58 Der Rechtssache C-101/08, *Audiolux*, Slg 2009, I-9823, ist für diese Problematik nichts zu entnehmen.

20 **2. Sekundärrecht: Rechtsangleichung.** Angeglichen werden die einzelstaatlichen Gesellschaftsrechtsordnungen nach Maßgabe der Richtlinien mit dem Ziel, dass die entsprechenden Rechtsvorschriften der Mitgliedstaaten am Ende inhaltlich gleichwertig sind. Eine förmliche Vereinheitlichung ist weder notwendig noch angestrebt.[59] Dementsprechend ist die Richtlinie hinsichtlich des zu erreichenden Ziels verbindlich, überlässt jedoch den mitgliedstaatlichen Gesetzgebern die Wahl der Form und der Mittel.[60] Die einzelnen Rechtssätze der Richtlinie müssen sich nur ihrem Inhalt nach im einzelstaatlichen Recht wiederfinden.[61] Allerdings hat der EU-Gesetzgeber im Laufe der Zeit Richtlinie immer detaillierter gefasst, was den Spielraum der Mitgliedstaaten einschränkt und zu einer Annäherung an die Rechtsaktsform der Verordnung führt.

21 Die Richtlinie zwingt den einzelstaatlichen Gesetzgeber dazu,[62] spätestens zum Ablauf[63] der Umsetzungsfrist entweder bestehende einzelstaatliche Rechtsvorschriften an die Vorschriften der Richtlinie angepasst oder, sofern entsprechende Regelungen fehlen, neue einzelstaatliche Rechtssätze zu diesem Zeitpunkt eingeführt zu haben. Entspricht bestehendes einzelstaatliches Recht bereits der Richtlinie, bedarf es keines Tätigwerdens des nationalen Gesetzgebers.[64]

22 Vor Ablauf der Umsetzungsfrist äußert die Richtlinie **Vorwirkungen**.[65] Die Mitgliedstaaten dürfen zwischen Inkrafttreten der Richtlinie und dem Ablauf der Umsetzungsfrist kein richtlinienwidriges Recht erlassen, das im Zeitpunkt des Ablaufs der Umsetzungsfrist dem Richtlinienrecht entgegenstehen würde (sog. **Frustrationsverbot**). Unbenommen bleibt den nationalen Gesetzgebern jedoch, Richtlinien vor Ablauf ihrer Umsetzungsfrist umzusetzen.[66] Ebenso bleibt es den mitgliedstaatlichen Gerichten unbenommen, vor Ablauf der Umsetzungsfrist ihr nationales Recht bereits richtlinienkonform auszulegen.[67] Das Frustrationsverbot gilt im Rahmen der Auslegung nationalen Rechts insoweit, als nationale Rechtsvorschriften nicht mehr so ausgelegt werden darf, dass es nach Ablauf der Umsetzungsfrist richtlinienwidrige Rechtsfolgen äußert.[68] Der EuGH geht insoweit von einer Unterlassenspflicht aus, die inkriminierte nationale Rechtsvorschrift ist mithin unanwendbar.[69] Sicher lässt sich dieses aus der Sicht der deutschen Lehre unschöne Ergebnis der Unanwendbarkeit insoweit vermeiden, wenn die entsprechende deutsche Vorschrift schon im Vorfeld ihrer Umsetzung richtlinienkonform ausgelegt werden kann. Eine dementsprechende Pflicht besteht aus Sicht des Unionsrechts indes nicht.[70]

23 Nach Ablauf der Umsetzungsfrist verliert eine Richtlinie nicht ihre Bedeutung: Zum einen ist auch nach ordnungsgemäßer Umsetzung einzelstaatliches Recht von allen Gerichten und Behörden, auch über den Kreis der direkt zur Umsetzung erlassenen Rechtsvorschriften hinaus, **richtlinienkonform auszulegen**.[71] Auszugehen ist dabei von dem (unionsrechtlichen) Gebot, mitgliedstaatliches Recht insgesamt so weit als möglich richtlinienkonform auszulegen.[72] Allerdings schließt dies nach Ansicht des EuGH eine Auslegung

---

59 C-361/88, *Kommission/Deutschland*, Slg 1991, I-2567, Rn 15; C-59/89, *Kommission/Deutschland*, Slg 1991, I-2607, Rn 18; C-131/88, *Kommission/Deutschland*, Slg 1991, I-825.

60 *P. Behrens*, Die Gesellschaft mit beschränkter Haftung im internationalen und europäischen Recht, 2. Aufl. 1997, Rn EuR 2, EuR 5; *M. Lutter/W. Bayer/J. Schmidt*, 17, Rn 10-14; vgl zu den unterschiedlichen Arten notwendiger Umsetzung C-60/01, *Kommission/Frankreich*, Slg 2002, I-5679, Rn 25–28.

61 Rs. 361/88, *Kommission/Deutschland* (TA-Luft), Slg 1991, I-2567.

62 C-72/95, *Kraaijeveld*, Slg 1996, I-5403, Rn 55.

63 C-129/96, *Inter-Environnement Wallonie*, Slg 1997, I-7411, Rn 45; C-157/02, *Rieser Internationale Transporte*, Slg 2004, I-1477.

64 Rs. 29/84, *Kommission/Deutschland*, Slg 1985, 2661, Rn 23.

65 Dazu *M. Habersack/D. Verse*, GesR, § 3, Rn 62; *R. Streinz*, Europarecht, 9. Aufl. 2012, Rn 502, 503; *Ch. Hoffman*, in: K. Riesenhuber (Hrsg.), Europäische Methodenlehre, 2. Aufl. 2010, § 16; *M. Lutter/W. Bayer/J. Schmidt*, 28, Rn 35-39; *Langenbucher*, in Langenbucher (Hrsg.), Europarechtliche Bezüge des Privatrechts, 2. Aufl. 2008, § 1, Rn 100 ff, 107; *W. Frenz*, Die Vorwirkung von Richtlinien, EWS 2011, 33; *von Danwitz*, in in: M. Dauses (Hrsg.), B. II (Stand Juni 2010), Rn 49; *ders.*, Rechtswirkungen von Richtlinien in der neueren Rspr. des EuGH, JZ 2007, 697; C-246/06, *Velasco Navarro*, Slg 2008, I-105; C-261/07 u. C-299/07, *VTB-VAB*, Slg 2009, I-2949, Rn 38,39; C-212/04, *Adeneler*, Slg 2006, I-6057, Rn 107 ff; C-144/04, *Mangold*, Slg 2005, I-9981, Rn 120 ff; C-81/05, *Cordero Alonso*, Slg 2006, I-7569; C-129/96, *Inter-Environnement Wallonie*, Slg 1997, I-7411, Rn 43; C-14/02, *Atral*, Slg 2003, I-4431, Rn 58; C-138/05, *Stichting Zuid Hollandse Milieufederatie*, Slg 2006, I-8339, Rn 48.

66 *Ch. Hoffman*, in: K. Riesenhuber (Hrsg.), Europäische Methodenlehre, 2. Aufl. 2010, § 16, Rn 27; Langenbucher/*Langenbucher*, § 1 Rn 109.

67 BGHZ 138, 55, 59 ff; *von Danwitz*, in: M. Dauses (Hrsg.), B. II (Stand: Juni 2010), Rn 50 („richtlinienbezogene Auslegung"); *U. Ehricke*, Die richtlinienkonforme Auslegung nationalen Rechts vor Ende der Umsetzungsfrist einer Richtlinie, EuZW 1999, 553, 556 ff.

68 C-212/04, *Adeneler*, Slg 2006, I-6057, Rn 122.

69 *Ch. Hoffman*, in: K. Riesenhuber (Hrsg.), Europäische Methodenlehre, 2. Aufl. 2010, § 16 Rn 29.

70 AA *Ch. Hoffman*, in: K. Riesenhuber (Hrsg.), Europäische Methodenlehre, 2. Aufl. 2010, § 16 Rn 28, 33, 34; ihm folgend *M. Habersack/D. Verse*, GesR, § 3, Rn 63. Insoweit bleibt es nach Unionsrecht dabei, dass eine solche Pflicht erst mit Ablauf der Umsetzungsfrist entsteht, *von Danwitz*, in: M. Dauses (Hrsg.), B. II, Rn 48.

71 C-106/89, *Marleasing*, Slg 1990, I-4135, Rn 8; C-334/92, *Wagner Miret*, Slg 1993, I-6911, Rn 20; C-258/97, *Hospital Ingenieure Krankenhaustechnik Planungs-Gesellschaft*, Slg 1999, I-1405, Rn 25. Einzelheiten bei *M. Lutter/W. Bayer/J. Schmidt*, 34, Rn 48–65; *W.-H. Roth*, in: Riesenhuber (Hrsg.), Europäische Methodenlehre, 2. Aufl. 2010, § 14; *ders.*, Die richtlinienkonforme Auslegung, EWS 2005, 385.

72 C-53/10, *Mücksch OHG*, 15. 9. 2011, Rn 33, 34; C-109/09, *Deutsche Lufthansa*, 10. 3. 2011, Rn 55; C-378/07 – C-380/07, *Angelidaki*, Slg 2009, I-3071, Rn 200; C-212/04, *Adeneler*, Slg 2006, I-6057, Rn 110; Streinz/*W. Schroeder*, EUV/AEUV, Art. 288 AEUV, Rn 125, 126.

contra legem aus,[73] denn allgemein begrenzen mitgliedstaatliche Auslegungsregeln sowie allgemeine Rechtsgrundsätze (wie Rechtssicherheit und Vertrauensschutz) die Auslegung.[74] Vor der Auslegung nationalen Rechts steht allerdings die Auslegung der Richtlinie, also des sekundären Unionsrechts. Die Richtlinie wird ganz überwiegend autonom[75] anhand der vom EuGH verwendeten Auslegungsregeln,[76] ausgelegt. Anders ist es bei Begriffen, die (mittelbar oder ausdrücklich) auf einzelstaatliches Recht verweisen. Da der EuGH nicht über einzelstaatliches Recht befinden darf, kann er entweder nur die vom vorlegenden Gericht gewählte Auslegung zugrunde legen oder aber an das vorlegende Gericht zurückverweisen.

Eine richtlinienkonforme Auslegung scheitert nicht bereits daran, dass eine Richtlinie (nach Ablauf der Umsetzungsfrist) nicht oder nicht richtig umgesetzt worden ist.[77] Das einzelstaatliche Recht ist von Verwaltung und Gerichten auch in diesen Fällen richtlinienkonform auszulegen.[78] Ggf ist das mitgliedstaatliche Recht richtlinienkonform fortzubilden.[79] Eine derartige Auslegung mitgliedstaatlichen Rechts endet allerdings wiederum an den Grenzen, (wie die des Wortlautes der auszulegenden mitgliedstaatlichen Vorschift), die das mitgliedstaatliche Recht einer solchen Auslegung, aber auch ihrer **Rechtsfortbildung** setzt.[80]

24

Im Falle nicht bzw nicht richtig umgesetzter Richtlinienvorschriften kommt neben der Auslegung mitgliedstaatlichen Rechts die von der EuGH-Rechtsprechung entwickelte **Lehre von der unmittelbaren Wirkung** zum Zuge.[81] Unabhängig von der Auslegungsproblematik äußert eine **nicht fristgerecht** bzw **nicht ordnungsgemäß umgesetzte Richtlinie** nach Ablauf ihrer Umsetzungsfrist zwei Wirkungen:

25

- Der Einzelne kann Rechte, die ihm einzelne Richtlinienvorschriften gegenüber der Verwaltung verleihen (wollen), dieser gegenüber und vor Gericht unter bestimmten Umständen direkt geltend machen und durchsetzen (unmittelbare Wirkung nicht oder nicht richtig umgesetzter Richtlinien), soweit eine solche Vorschrift *hinreichend bestimmt und unbedingt ist*.[82] Allerdings gilt dies nicht im horizontalen Verhältnis zwischen Privaten.

- Kann der Einzelne unmittelbar wirkende Rechte nicht durchsetzen, stellt sich die Frage nach der „**Staatshaftung**".[83] Danach kann der Einzelne unter drei Voraussetzungen Schadensersatz verlangen: die Richtlinienvorschrift, gegen die der einzelstaatliche Gesetzgeber dadurch verstoßen hat, dass er sie nicht oder nicht richtig umgesetzt hat, bezweckt, ihm Rechte zu verleihen; der Verstoß ist hinreichend

---

73 Ausdr. C-109/09, *Deutsche Lufthansa*, 10. 3. 2011, Rn 54; C-105/03, *Pupino*, Slg 2005, I-5285, Rn 47. Weitergehender Langenbucher/*Langenbucher*, § 1 Rn 104, vor allem 106; dagegen *Schürnbrand*, JZ 2007, 910, 918 (weist im übrigen, S. 916, daraufhin, dass es nicht Sache des EuGH ist, sich zu Methodenfragen des nationalen Rechts zu äussern).

74 C-212/04, *Adeneler*, Slg 2006, I-6057, Rn 110; C-105/03, *Pupino*, Slg 2005, I-5285, Rn 44 und 47. *W.-H. Roth*, in: Riesenhuber (Hrsg.), Europäische Methodenlehre, 2. Aufl. 2010, § 14; Rn 36, 44; Streinz/*W. Schroeder*, EUV/AEUV, Art. 288 AEUV, Rn 128 aE.

75 C-260/11, *Edwards*, 11. 4. 2013, Rn 29 („Im Übrigen folgt sowohl aus den Anforderungen der einheitlichen Anwendung des Unionsrechts als auch aus dem Gleichheitsgrundsatz, dass die Begriffe einer unionsrechtlichen Bestimmung, die für die Ermittlung ihres Sinnes und ihrer Bedeutung nicht ausdrücklich auf das Recht der Mitgliedstaaten verweist, in der Regel in der gesamten Europäischen Union eine autonome und einheitliche Auslegung erhalten müssen, die unter Berücksichtigung des Kontextes der Bestimmung und des mit der fraglichen Regelung verfolgten Ziels gefunden werden muss..."); C-204/09, *Flachglas Torgau*, 14. Februar 2012, Randnr. 37; *Riesenhuber*, in: Riesenhuber (Hrsg.), Europäische Methodenlehre, 2. Aufl. 2010, § 11, Rn 4-8.

76 Ausf. *Riesenhuber*, in: Riesenhuber (Hrsg.), Europäische Methodenlehre, 2. Aufl. 2010, § 11, Rn 13 ff.

77 C-319/97, *Kortas*, Slg 1999, I-3143, Rn 21 et 22; C-246/94, C-247/94, C-248/94 und C-249/94, *Cooperativa Agricola Zootecnica S. Antonio*, Slg 1996, I-4373, Rn 17.

78 Grundlegend C-106/89, *Marleasing*, Slg 1990, I-4135, Rn 8; C-48/93, *Brasserie du pêcheur u. Factortame*, Slg 1996, I-1029, Rn 55; C-224/01, *Köbler*.Slg 2003, I-10239; ferner C-165/91, *Van Munster*, Slg 1994, I-4661, Rn 34; C-244/98, *Océano Grupo*, Slg 2000, I-4941, Rn 30; C-262/97, *Engelbrecht*, Slg 2000, I-7321, Rn 39; C-456/98, *Centrosteel Srl*, Slg 2000, I-6007, Rn 15 bis 17; zuletzt C-397/01 bis C-403/01, *Pfeiffer*, Slg 2004, I-0000, Urteil v. 5.10.2004); *M. Habersack/D. Verse*, GesR, § 3, Rn 53, 54; *Brechmann*, Die richtlinienkonforme Auslegung, 1994.

79 BGH NJW 2009, 427 = JZ 2009, 518 im Anschluss an die auf seine Vorlage ergangene EuGH-Entscheidung C-404/06, *Quelle*, Slg 2008, I-2685; Einzelheiten bei *M. Lutter/W. Bayer/J. Schmidt*, JZ 2009, 5 ff (mwN); *Ch. Sperber*, Die Grundlage richtlinienkonformer Rechtsfortbildung im Zivilrecht, EWS 2009, 358; Langenbucher/*Langenbucher*, § 1 Rn 99 ff; *C. Herresthal*, Voraussetzungen und Grenzen der gemeinschaftsformen Rechtsfortbildung, EuZW 2007, 396; *W.-H. Roth*, in: Riesenhuber (Hrsg.), Europäische Methodenlehre, 2. Aufl. 2010, § 14, Rn 46 ff; *R. Streinz*, Europarecht, 9. Aufl. 2012, Rn 501.

80 Ausf. *W.-H. Roth*, in K. Riesenhuber (Hrsg.), Europäische Methodenlehre, 2. Aufl. 2010, § 14 Rn 36, 44, 53; *J. Neuner*, in K. Riesenhuber (Hrsg.), Europäische Methodenlehre, 2. Aufl. 2010, § 13, Rn 11 ff (zu den Schranken); *R. Streinz*, Europarecht, 9. Aufl. 2012, Rn 501; aA (zur Rechtsfortbildung contra legem) Langenbucher/*Langenbucher*, § 1 Rn 106.

81 Dazu *M. Habersack/D. Verse*, GesR, § 3, Rn 51; Streinz/*W. Schroeder*, EUV/AEUV, Art. 288, Rn 101 ff.

82 Statt vieler C-118/08, *Transportes Urbanos*, 26. 10. 2010; C-152/07, *Arcor*, Slg 2008, I-5959; C-227/09, *Accardo*, 21. 10. 2010; C-144/04, *Mangold*, Slg 2005, I-9981; C-231/06, *Jonkman*, Slg 2007, I-5149; C-98/09, *Sorge*, Slg 2010, I-5835, Rn 50; C-177/10, *Rosado Santana*, 8.9. 2011; C-63/08, *Pontin*, Slg 2009, I-10467; C-243/09, *Fuss*, Slg 2010, I-9849; C-403/01, *Pfeiffer*, Slg 2004, I-8835; C-144/04, *Mangold*, Slg; C- 378/07, *Angelidaki*, Slg 2009, I-3071; C-555/07, *Kücükdevici*, Slg 2010, I-365; C-577/08, *Brouwer*, Slg 2010, I-7485.

83 Grundlegend C-48/93, *Brasserie du pêcheur u. Factortame*, Slg 1996, I-1029, Rn 55; C-224/01, *Köbler*.Slg 2003, I-10239.

qualifiziert;[84] zwischen dem Verstoß gegen die dem Staat obliegende Verpflichtung und dem entstandenen Schaden besteht ein unmittelbarer Kausalzusammenhang.[85]

26 Auch bei unmittelbar wirkenden Vorschriften *nicht rechtzeitig* bzw *nicht richtig umgesetzter* Richtlinien streitet man, ob sie zwischen Privaten gelten, also horizontale oder **Drittwirkung**[86] haben können. Während die Generalanwälte des Gerichtshofes für Drittwirkung fechten, hat der Gerichtshof eine solche bisher generell abgelehnt:[87] Rechte der einen Partei sind Pflichten der Gegenpartei; die nicht umgesetzte Richtlinie kann zwar, sozusagen als Sanktion für Ungehorsam, dem Mitgliedstaat, nicht aber dem Einzelnen, Pflichten auferlegen, die sich aus ihren Vorschriften ergeben. In diesen Fällen hilft in Privatrechtsverhältnissen – und das gilt mithin gerade auch im Gesellschaftsrecht – nur der Rückgriff auf die Staatshaftung.[88] Im Ergebnis kommt also im Gesellschaftsrecht – mit Ausnahme eines Rechtsverhältnisses gegenüber staatlichen Stellen[89] – die Lehre von unmittelbar wirkenden Richtlinienvorschriften nicht zum Tragen.

27 Lässt sich in den Fällen nicht oder nicht richtig umgesetzter Richtlinienvorschriften weder die Richtliniennorm[90] unmittelbar anwenden, noch das mitgliedstaatliche Recht iS der streitigen Richtlinienvorschrift auslegen bzw richtlinienkonform fortbilden, dann widersprechen sich nationales Recht und Richtlinienrecht inhaltlich.[91] In diesen Fällen soll die (der Richtlinienvorschrift entgegenstehende) mitgliedstaatliche Rechtsnorm allein wegen des Vorrangs des Unionsrechts[92] unanwendbar sein, die Richtlinie hat mithin nach vielfacher Ansicht „Ausschlusswirkung" (l'effet ou l'invocabilité d'«exclusion» bzw negative Direktwirkung) gegenüber entgegenstehendem nationalen Recht.[93] M.E. entspricht dies auch der EuGH-Recht-

---

84 Ein Verstoß gegen das Gemeinschaftsrecht ist hinreichend qualifiziert, wenn der betreffende Mitgliedstaat bei der Wahrnehmung seiner Rechtsetzungsbefugnis die Grenzen offenkundig und erheblich überschritten hat, die der Ausübung seiner Befugnisse gesetzt sind. (C-424/97, *Salomone Haim*, Slg 2000, I 5123, Rn 38; C 46/93 et C 48/93, *Brasserie du pêcheur u. Factortame* Slg 1996, I-1029, Rn 55; C-392/93, *British Telecommunications*, Slg 1996, I-1631, Rn 42; C-178/94, C-179/94 et C-188/94 bis C-190/94, *Dillenkofer e.a.*, Slg 1996, p. I-4845, Rn 25). Ferner kann „die bloße Verletzung des Gemeinschaftsrechts durch einen Mitgliedstaat, der zum Zeitpunkt dieser Rechtsverletzung nur über einen erheblich verringerten oder gar Null reduzierten Gestaltungsspielraum verfügte, ausreichen, um einen hinreichend qualifizierten Verstoß anzunehmen." (vgl C-127/95, *Norbrook Laboratories*, Slg 1998, I-1531, Rn 109).

85 C-424/97, *Salomone Haim*, Slg 2000, I-5123, Rn 36; C-111/97, *Evobus*, Slg 1998, I-5411, Rn 21; C-127/95, *Norbrook Laboratories*, Slg 1998, I-1531, Rn 107; C-54/96, *Dorsch Consult*, Slg 1997, I-4961, Rn 45; grundlegend C-6/90 et C-9/90, *Francovich* ua, Slg 1991, I-5357; C-46/93 et C-48/93, *Brasserie du pêcheur u. Factortame* Slg 1996, I-1029.

86 K.-D. Borchardt, Die rechtlichen Grundlagen der Europäischen Union, 5. Aufl. 2012, Rn 525; *Streinz*, Europarecht, 9. Aufl. 2012, Rn 489; ausf. *Mörsdorf*, EuR 2009, 219; statt vieler C-397/01 bis C-430/01, *Pfeiffer* Slg 2004, I-8835, Rn 103 ff; C-268/06, *Impact*, Slg 2008, I-2483.

87 Statt vieler C-321/05, *Kofoed*, Slg 2007, I-5795, Rn 42 (mwN); C-268/06, *Impact*, Slg 2008, I-2483; C-397/01 bis C-403/01, *Pfeiffer* Slg 2004, I-8835, Rn 107 ff; Rs. 152/84, *Marshall*, Slg 1986, 723, Rn 48; Rs. 80/86, *Kolpinghuis Nijmegen*, Slg 1987, 3969; C-91/92, *Faccini Dori*, Slg 1994, I-3325, Rn 20; C-168/95, *Arcaro*, Slg 1996, p. I-4705, Rn 36; C-304/94, C-330/94, C-342/94 et C-224/95, *Tombesi e.a.*, Slg1997, I-3561, Rn 42; C-355/96, *Silhouette International*, Slg 1998, I-4799, Rn 36; C-456/98, *Centrosteel*, Slg 2000, I-6007, Rn 15; C-97/96, *Daihatsu*, Slg 1997, I-6843.

88 Nur im Ausnahmefall der Richtlinie 83/189 über ein Informationsverfahren auf dem Gebiet der Normen und technischen Vorschriften hat die Rspr bereits in der Vergangenheit die Bereitschaft erkennen lassen, nicht umgesetzte Richtlinienvorschriften unmittelbar auch in Privatrechtsverhältnissen anzuwenden; C-194/94, *CIA Security International*, Slg 1996, I-2201; C-443/98, *Unilever Italia*, Slg 2000, I-7535;.

89 ZB C-19/90 u. C-20/90, *Karella*, Slg 1991, I-2691; vgl M. Lutter/W. Bayer/J. Schmidt,§ 3, Rn 32.

90 Was in Gesellschaftsrechtsverhältnissen schon deswegen ausgeschlossen ist, weil eine Drittwirkung in Privatrechtsverhältnissen per se ausgeschlossen ist.

91 AA *von Danwitz*, JZ 2007, 697, 702, gestützt auf *Hans Peter Ipsen*, Europäisches Gemeinschaftsrecht, 1972, S. 259 f. Nach ihnen setzt ein Widerspruch voraus, dass das Richtlinienrecht *anwendbar* ist, also *unmittelbar wirksam* sein muss. Das indes deckt sich nicht mit der Rspr, wonach ein innerstaatliche Gericht, das im Rahmen seiner Zuständigkeit die Bestimmungen des Gemeinschaftsrechts anzuwenden hat, verpflichtet ist, „für die volle Wirksamkeit dieser Normen Sorge zu tragen, indem es erforderlichenfalls jede entgegenstehende Bestimmung des nationalen Rechts aus eigener Entscheidungsbefugnis unangewendet lässt" (vgl zB C-119/05, *Lucchini*, Slg 2007, I-6199, Rn 61; Rs. 106/77, *Simmenthal*, Slg 1978, 629, Rn 21 bis 24; Rs. 130/78, *Salumificio di Cornuda*, Slg 1979, 867, Rn 23 bis 27; C-213/89, *Factortame* u.a., Slg 1990, I-2433, Rn 19 bis 21); C-387/02, C-361/02, C-403/02, *Berlusconi*, Slg 2005, I-3565, Rn 72; C-144/04, *Mangold*, Slg 2005, I-9981, Rn 7; C-555/07, *Kücükdeveci*, Slg 2010, I-365, Rn 57).

92 Vgl zum Prinzip des Vorrangs GA 1/09, *Übereinkommen zur Schaffung eines einheitlichen Patentgerichtssystems*, 8. März 2011, Rn 65; 26/62, *Van Gend & Loos*, Slg 1963, 1, 3; Rs. 6/64, *Costa/ENEL*, Slg 1964, 1251; Rs. 106/77, *Simmenthal II*, Slg 1978, 629.

93 So insb. die Generalanwälte GA *Saggio*, Schlussanträge in C-240/98 bis C-244/98, Océano, Slg 2000, I-4963, 4975 ff, Rn 30 ff; GA *Alber*, Schlussanträge in C-343/98, Collino u. Chiappero, Slg 2000, I-6659, Rn 25, 26 ff; GA *Léger*, Schlussanträge in C-287/98, Linster, Slg 2000, I-6917, 6933 f, Rn 50 ff; GA *Colomer*, Schlussanträge in C-397/01 bis C-403/01, Pfeiffer Slg 2004, I-8859, 8865 ff, Rn 25 ff; GA *Kokott*, Schlussanträge in C-387/02, C-391/02 und C-403/02, Berlusconi, Slg 2005., I-3565, 3612, Rn 138; GA *Mengozzi*, Rs. C-335/05, Řízení Letového Provozu ČR, Slg 2007, I-4307, Rn 53, Fn 22; aA *von Danwitz*, JZ 2007, 697, 703; ebenso *J. Schürnbrand*, Die Grenzen richtlinienkonformer Rechtsfortbildung im Privatrecht, JZ 2007, 910; *Langenbucher*, in: Langenbucher (Hrsg.), § 1 Rn 74; *M. Habersack/D. Verse*, GesR, § 3 Rn 52; *C. Herresthal*, EuZW 2007, 396, 398.

sprechung,[94] auch wenn diese sich in einer (singulären) Entscheidung[95] vermeintlich[96] gegen eine solche Ausschlusswirkung ausgesprochen hat. In Anerkennung der Lehre von der Ausschlusswirkung bleibt eine Regelungslücke. Die mitgliedstaatliche Regelung darf aufgrund dieser Ansicht nicht angewendet werden, kann aber auch nicht richtlinienkonform ausgelegt oder fortgebildet werden und das Richtlinienrecht gilt nicht unmittelbar. Abhelfen kann dann letztlich nur noch der Staatshaftungsanspruch, soweit dessen Voraussetzungen gegeben sind.

3. Autonome europäische Rechtsformen. Verordnungen dienen dazu, Einheitsrecht zu schaffen. Dieses ist im Gegensatz zur Richtlinie, die in einzelstaatliche Rechtssätze zu verwandeln ist, autonomes Unionsrecht, wirkt als europäisches Gesetz und ist als solches unmittelbar anwendbar. Als europäisches Einheitsrecht können die supranationalen Gesellschaftsformen EWIV, SE, SCE und die geplante SPE mithin nur in Form der Verordnung auf der Ermächtigungsgrundlage des Art. 352 AEUV (Art. 308 EGV) erlassen werden.[97] Zwar lässt auch Art. 114 AEUV das Instrument der Verordnung zu, aber nur zur Rechtsangleichung. Deshalb können und konnten die supranationalen Gesellschaftsformen EWIV, SE, SCE und die geplante SPE nicht auf dieser Rechtsgrundlage erlassen werde,[98] stellen sie doch europäisches Einheitsrecht dar. Einheitsrecht setzt Einheitlichkeit (der europäischen Regelung) an die Stelle von Vielfalt (mitgliedstaatlicher Rechtsordnungen). Im Privatrecht ist daher für Einheitsrecht nur Platz, wenn es zusätzlich zu bestehenden nationalen Rechtsinstituten europäische anbietet, die auf die Bedürfnisse der Wirtschaftsteilnehmer nach einheitlichen Regeln für unionsweites Tätigwerden zugeschnitten sind.

Das Unionsrecht hat mit der **Europäischen wirtschaftlichen Interessengemeinschaft**[99] (EWIV), der **Europäischen Aktiengesellschaft**[100] (SE), der **Europäischen Genossenschaft**[101] (SCE), der ursprünglich für 2010 vorgesehenen **Europäischen Privatgesellschaft**[102] (SPE) und der ebenfalls nur im Planungsstadium vorhan-

---

94 Sie verlangt gebetsmühlenartig, nicht mit Unionsrecht übereinstimmende nationale Vorschriften außer Acht zu lassen, C-119/05, *Lucchini*, Slg 2007, I-6199, Rn 61; Rs. 106/77, *Simmenthal*, Slg 1978, 629, Rn 21 bis 24; Rs. 130/78, *Salumificio di Cornuda*, Slg 1979, 867, Rn 23 bis 27; C-213/89, *Factortame* u. a., Slg 1990, I-2433, Rn 19 bis 211; C-387/02, C-361/02, C-403/02, *Berlusconi*, Slg 2005, I-3565, Rn 72; C-144/04, *Mangold*, Slg 2005, I-9981, Rn 7; C-555/07, *Kücükdevici*, Slg 2010, I-365, Rn 57.
95 C-168/95, *Arcaro*, Slg 1996, I-4705, Rn 43: Wie sich der franz. Sprachfassung entnehmen lässt, ist offenbar der Sonderfall gemeint, dass eine gegen eine Richtlinienvorschrift verstoßende mitgliedstaatliche Norm dann weitergelten kann, wenn die betreffende Richtlinienvorschrift auch im Falle unmittelbarer Wirkung nicht zur Anwendung käme.
96 In diesem Sinne aber *von Danwitz*, JZ 2007, 697, 702 aE zu C-168/95, *Arcaro*, Slg 1996, I-4705, Rn 43.
97 Allerdings hat das BVerfG in seinem **Lissabon-Urteil** die Handhabung dieser Rechtsgrundlage aus deutscher Sicht erheblich erschwert, BVerfG 123, 267, NJW 2009, 2267, Rn. 328 („...In Anbetracht der Unbestimmtheit möglicher Anwendungsfälle der Flexibilitätsklausel [dh Art. 352 AEUV] setzt ihre Inanspruchnahme verfassungsrechtlich die Ratifikation durch den Deutschen Bundestag und den Bundesrat auf der Grundlage von Art. 23 Abs. 1 Satz 2 und Satz 3 GG voraus. Der deutsche Vertreter im Rat darf die förmliche Zustimmung zu einem entsprechenden Rechtsetzungsvorschlag der Kommission für die Bundesrepublik Deutschland nicht erklären, solange diese verfassungsrechtlich gebotenen Voraussetzungen nicht erfüllt sind."); dazu Statt vieler *M. Habersack/D. Verse*, GesR, § 3 Rn. 46; *J. Basedow*, Ende des 28. Modells? – Das Bundesverfassungsgericht und das europäische Wirtschaftsprivatrecht –, EuZW 2010, 41. Vgl zu den einzelnen supranationalen Gesellschaftsrechtsformen unten Rn 30.
98 Vgl zur SCE C-436/03, *EP/Rat*, Slg 2006, I-3733, Rn. 44.
99 Verordnung (EWG) Nr. 2137/85 des Rates vom 25. Juli 1985 über die Schaffung einer Europäischen wirtschaftlichen Interessenvereinigung (EWIV), ABl. Nr. L 199/1.
100 Verordnung (EG) Nr. 2157/2001 des Rates vom 8. Oktober 2001 über das Statut der Europäischen Gesellschaft (SE), ABl. L 294/1, sowie die Richtlinie 2001/86/EG des Rates vom 8. Oktober 2001 zur Ergänzung des Statuts der Europäischen Gesellschaft hinsichtlich der Beteiligung der Arbeitnehmer, ABl. 2001, L 294/22; Einzelheiten dazu *K. Schmitz*, Abschnitt 7: Die Europäische Aktiengesellschaft – Societas Europaea, in diesem Kommentar.
101 Verordnung (EG) Nr. 1435/2003 des Rates vom 22. Juli 2003 über das Statut der Europäischen Genossenschaft (SCE), ABl. L 207/1; bestätigt in C-436/03, *EP/Rat*, Slg 2006, I-3733 (vgl *J. Basedow*, EuZW 2012, 1, 2 aE); *Schulze*, NZG 2004, 792.
102 KOM(2008) 396 endg.; *H. Hirte/Ch. Teichmann*, Societas Privata Europaea (SPE), 2013; kritisch *H. Krejci*, Neuere Entwicklungen im österreichischen Gesellschaftsrecht – speziell zur GmbH- und GesBR-Reform, FS W. Jud, 2012, 377,386; *L. G. Sund/J. Andersson/E. Humphreys*, A European private company and share transfer restriction, EBLR 2012, 483; *P. Hommelhoff*, SPE-Mitbestimmung: Strukturen, Wertungen und rechtspolitische Kompromisslinien, ZEuP 2011, 7; *ders.*, Die SPE: kein Instrument zur Umgehung der Mitbestimmung, AuR 2011, 202; *ders.*, The European private company before its pending legislative birth in: Private company law reform. 2010, 321; *ders.*, Unternehmensfinanzierung in der europäischen Privatgesellschaft (SPE), ZIP 2009, 255; *M. M. Siems/L. Herzog/E. Rosenhäger*, EBOR 2011, 147; *Teichmann*, Die Societas Privata Europaea (SPE) als ausländische Tochtergesellschaft, RIW 2010, 120; *J. Bormann/D. C. König*, Der Weg zur europäischen Privatgesellschaft, RIW 2010, 111; *P. Dejmek*, Der Projektstand der Europäischen Privatgesellschjaft (SPE), in: *P.-Ch. Müller-Graff/Ch. Teichmann* (Hrsg.), Europäisches Gesellschaftsrecht auf neuen Wegen, 2010, 199; *Kornak*, The European Private Company – Entering the Scene or Lost in Discussion? GLJ 2009, 1321; *St. Jung*, Welche SPE braucht Europa?, DStR 2009,1700; *K. Hopt*, Die Europäische Privatgesellschaft, EuZW 2008, 513; *Vossius*, Die Europäische Privatgesellschaft-Societas Europaea, EWS 2008, 438; *Dorrestijn/Uziahu-Santcross*, The Societas Privata Europaea under the magnifying glass, ECL 2008, 227, ECL 2009, 152; *Drury*, The European Private Company, EBOR 2008, 125.; *Hommelhoff/Teichmann*, Auf dem Wege zur Europäischen Privatgesellschaft (SPE), DStR 2008, 925; *S. Grundmann*, ERPL 2008, 553; *ders.*, Europa- und wirtschaftsrechtliche Grundlagen der Privatrechtsgesellschaft, 2007; *C. Maschke*, BB 2011, 1027; *P. Jung*, DStR 2009, 1700. Die Verordnung sollte ursprünglich 2010 in Kraft treten.

denen **Europäischen Stiftung**[103] autonome Gesellschaftsformen geschaffen. Allerdings wird gerade bei der SE die Autonomie durch Verweise auf einzelstaatliches Recht relativiert.

31 Eine **Europäische Gegenseitigkeitsgesellschaft** (ABl 1992 C 99, 17ff) und ein **Europäischer Verein** (ABl 1992 C 99, 40ff) sind hingegen über das Vorschlagsstadium nicht hinaus gekommen.

B. Stand und Entwicklung des europäischen Gesellschafts- und Unternehmensrechts

32 **I. Stand der Angleichung.** Im Mittelpunkt der Entwicklung im Gesellschaftsrecht stand zu Beginn die möglichst weitgehende Harmonisierung (Angleichung) des Aktienrechts sowie die Schaffung europaweiter Publizität durch Rechtsangleichung. Auf dem (engeren) Gebiet der Angleichung mitgliedstaatlicher Gesellschaftsrechte hat die Union zwölf Richtlinien erlassen:

- die 1. (Publizitäts-)Richtlinie 68/151 vom 9.3.1968,[104] aufgehoben und ersetzt durch die Richtlinie 2009/101 vom 16.9.2009,[105]
- die 2. (Kapital-)Richtlinie 77/91 vom 13.12.1976,[106] aufgehoben und ersetzt durch die Richtlinie 2012/30 vom 25.10.2012,[107]
- die 3. (Verschmelzungs-)Richtlinie 78/855,[108] aufgehoben durch die Richtlinie 2011/35 vom 5.4.2011,[109]
- die 4. (Jahresabschluss-)Richtlinie 78/660 vom 25.7.1978,[110] zuletzt geändert durch die Richtlinie 2012/6 vom 14.3.2012, nunmehr aufgehoben und ersetzt durch die Richtlinie 2013/34/EU vom 26.6.2013,[111]
- die 6. (Spaltungs-)Richtlinie 82/891 vom 17.12.1982,[112] geändert durch die Richtlinie 2009/109 vom 16.9.2009,[113]
- die 7. (Konzernabschluss-)Richtlinie 83/349 vom 16.3.1983 über den konsolidierten Jahresabschluss,[114] zuletzt geändert durch die Richtlinie 2009/49 vom 18.6.2009, aufgehoben und ersetzt durch die Richtlinie 2013/34/EU vom 26.6.2013,[115]

---

103 Die Kommission hat am 8.2.212 einen entsprechenden Verordnungsvorschlag vorgelegt, KOM. (2012) 35 endg. (ABl. 2012, C 102/25); dazu *Richter/Gollan*, Fundatio Europaea – Der Kommissionsvorschlag für eine Europäische Stiftung (FE), ZGR 2013, 551; *S. Jung*, BB 2012, 1743; *B. Weitemeyer*, Der Kommissionsvorschlag zum Statut einer Europäischen Stiftung, NZG 2012, 1001; *Lecourt*, Vers un statut européen pour les fondations, Rev. Soc. 2012, 326; *Friis Hansen*, Die Europäische Stiftung: gemeinnützige Organisationen und europäisches Recht, in: *P.-Ch. Müller-Graff/Ch. Teichmann* (Hrsg.), Europäisches Gesellschaftsrecht auf neuen Wegen, 2010, 209; ferner *Hopt*, Die Europäische Stiftung – ein Plädoyer für eine neue europäische Rechtsform, EuZW 2006, 161;.
104 ABl. 1968, L 65/8.
105 Des Europäischen Parlaments und des Rates vom 16. September 2009 zur Koordinierung der Schutzbestimmungen, die in den Mitgliedstaatenden Gesellschaften im Sinne des Artikels 48 Absatz 2 des Vertrags im Interesse der Gesellschafter sowie Dritter vorgeschrieben sind, um diese Bestimmungen gleichwertig zu gestalten (ABl. L 258/11) idF der Richtlinie 2012/17 (konsolidierte Fassung vom 6.7.2012), unten Fn 120.
106 ABl. 1976, L 26/1.
107 Richtlinie 2012/30 zur Koordinierung der Schutzbestimmungen, die in den Mitgliedstaaten den Gesellschaften im Sinne des Artikels 54 Absatz 2 des Vertrages über die Arbeitsweise der Europäischen Union im Interesse der Gesellschafter sowie Dritter für die Gründung der Aktiengesellschaft sowie für die Erhaltung und Änderung ihres Kapitals vorgeschrieben sind, um diese Bestimmungen gleichwertig zu gestalten (ABl. 2012 L 315/74. Diese Richtlinie ist aus Gründen der Klarheit eine Neufassung der ursprünglichen, mehrfach geänderten Richtlinie.
108 ABl. 1978, L 295/36.

109 Richtlinie 2011/35 des Europäischen Parlaments und des Rates vom 5. April 2011 über die Verschmelzung von Aktiengesellschaften (ABl. 2011, L 110/1).
110 ABl. 1978, L 222/11.
111 Richtlinie 2012/6/EU des Europäischen Parlaments und des Rates vom 14. März 2012 zur Änderung der Richtlinie 78/660/EWG des Rates über den Jahresabschluss von Gesellschaften bestimmter Rechtsformen hinsichtlich Kleinstbetrieben, ABl. 2012, L 81/3. Konsolidierte Fassung der Richtlinie 78/660 vom 10.4.2012. *Aufgehoben* nunmehr gem. Art. 52 der Richtlinie 2013/34/EU des Europäischen Parlaments und des Rates vom 26. Juni 2013 über den Jahresabschluss, den konsolidierten Abschluss und damit verbundene Berichte von Unternehmen bestimmter Rechtsformen und zur Änderung der Richtlinie 2006/43/EG des Europäischen Parlaments und des Rates und zur Aufhebung der Richtlinien 78/660/EWG und 83/349/EWG des Rates (ABl. 2013, L 182/19). Die Richtlinie ist gem. Art. 53 bis zum 26.7.2015 umzusetzen.
112 ABl. 1982, L 378/47.
113 Des Europäischen Parlaments und des Rates vom 16. September 2009 zur Änderung der Richtlinien 77/91/EWG, 78/855/EWG und 82/891/EWG des Rates sowie der Richtlinie 2005/56/EG hinsichtlich der Berichts- und Dokumentationspflicht bei Verschmelzungen und Spaltungen, ABl. 2009, L 259/14.
114 ABl. 1983, L 193/1.
115 Des Europäischen Parlaments und des Rates vom 18. Juni 2009 zur Änderung der Richtlinien 78/660/EWG und 83/349/EWG des Rates im Hinblick auf bestimmte Angabepflichten mittlerer Gesellschaften sowie die Pflicht zur Erstellung eines konsolidierten Abschlusses, ABl. 2009, L 164/42. Konsolidierte Fassung der Richtlinie 83/349 v. 16.7.2009.

- die 8. (Prüferbefähigungs-)Richtlinie 84/253 vom 12.5.1984,[116] aufgehoben durch die (Abschlussprüfer-)Richtlinie 2006/43 vom 17.5.2006,[117] geändert durch die Richtlinie 2008/30[118] vom 12.3.2008 sowie die Richtlinie 2013/34/EU vom 26.6.2013,
- die 10. Richtlinie 2005/56 über die grenzüberschreitenden Verschmelzung von Kapitalgesellschaften aus verschiedenen Mitgliedstaaten vom 26.10.2005,[119] zuletzt geändert durch die Richtlinie 2012/17 vom 16.6.2012,[120]
- die 11. Zweigniederlassungs-)Richtlinie 89/666 vom 21.12.1989,[121] idF der Richtlinie 2012/17, teilweise aufgehoben durch die Richtlinie 2013/34,
- die 12. (Einpersonen-Gesellschafts-)Richtlinie 89/667[122] vom 21.12.1989, aufgehoben durch die Richtlinie 2009/102 vom 16.9.2009,[123]
- die 13. (Übernahme-)Richtlinie 2004/25 vom 21.4.2004,[124] zuletzt geändert durch die Verordnung Nr. 219/2009 vom 11.3.2009,[125]
- die (Aktionärsrechte-)Richtlinie 2007/63 vom 11.7.2007.[126]

Die bisher erlassenen Richtlinien regeln:[127]

- die handelsrechtliche Publizität (1. und 11. Richtlinie)
- die Gesellschaftsgründung (1., 2. und 12. Richtlinie)
- den aktienrechtlichen Kapitalschutz (2. Richtlinie)
- die Kompetenz der Gesellschaftsorgane (1. Richtlinie)
- die Stellung der Aktionäre (2. Richtlinie und Aktionärsrechterichtlinie 2007/36))
- die Rechnungslegung, einschließlich Abschlussprüfung und Publizität (4., 7. und [ehemals 8] Richtlinie 2006/43)
- die Verschmelzung und Spaltung von Gesellschaften (3. und 6. Richtlinie)
- die Übernahme (ursprünglich als 13. Richtlinie bezeichnet)
- die grenzüberschreitende Verschmelzung (ursprünglich als 10. Richtlinie bezeichnet)

Vier weitere Richtlinien sind im Stadium des Vorentwurfs bzw des Vorschlags stecken geblieben:[128]

- der (dritte geänderte) Vorschlag einer 5. (Struktur-)Richtlinie vom 20.11.1991,[129]
- der geänderte Vorentwurf einer 9. (Konzernrechts-)Richtlinie von 1984[130]

---

116 ABl. 1984, L 126/20. Konsolidierte Fassung der Richtlinie 2006/43 v. 21.3.2008.
117 Richtlinie 2006/43/EG des Europäischen Parlaments und des Rates vom 17. Mai 2006 über Abschlussprüfungen von Jahresabschlüssen und konsolidierten Abschlüssen, zur Änderung der Richtlinien 78/660/EWG und 83/349/EWG des Rates und zur Aufhebung der Richtlinie 84/253/EWG des Rates, ABl. 2006, L157/87.
118 ABl. 2008, L 81/53. Vgl R. Bertl, Die Auswahl des Jahresabschlussprüfers durch den Aufsichtsrat, FS Jud, 2012, 15.
119 Des Europäischen Parlaments und des Rates vom 26. Oktober 2005 über die Verschmelzung von Kapitalgesellschaften aus verschiedenen Mitgliedstaaten (ABl. 2005, L 310/1), konsolidierte Fassung v. 6.7.2012; M. Habersack/D. Verse, GesR, § 4, Rn 23; T. Papadopoulos, The magnitude of EU fundamental freedoms. Application of the freedom of establishment to cross-border mergers directive, EBLR 2012, 517; C-635/11, Kommission/Niederlande, 20 Juni 2013 (Auslegung von Art. 16 Abs. 2 der Richtlinie).Die Richtlinie ist durch das 2. Gesetz zur Änderung des UmwG vom 19. 4. 2007 (BGBl. 2007 I, 542) ins deutsche Recht umgesetzt worden, M. Habersack/D. Verse, GesR, § 8 Rn 55. Es hat den 10. Abschnitt (§§ 122 a ff) UmwG eingeführt. Die Änderungsrichtlinie ist dann durch das 3. Änderungsgesetz zum UmwG (BGBl. I 2011, 1338) umgesetzt worden, dazu F. Braunfels, Umwandlungsrecht, Rn 3, 75 ff.
120 Richtlinie 2012/17/EU des Europäischen Parlaments und des Rates vom 13. Juni 2012 zur Änderung der Richtlinie 89/666/EWG des Rates sowie der Richtlinien 2005/56/EG und 2009/101/EG des Europäischen Parlaments und des Rates in Bezug auf die Verknüpfung von Zentral-, Handels- und Gesellschaftsregistern, ABl. 2012, L 156/1.
121 ABl. 1989, L 395/36.
122 ABl. 1989, L 395/40.
123 ABl. 2009, L 258/20.
124 ABl. 2004, L 142/12. Die 13. RL ist im Rahmen des WpÜG ins deutsche Recht umgesetzt worden, M. Habersack/D. Verse, GesR, § 11, Rn 10, die squeeze- und sell-out-Regelung in § 39 a ff. WpÜG, M. Habersack/D. Verse, GesR, § 11, Rn 37 ff. Einzelheiten bei T. Heidel/D. Lochner, § 39 a WpÜG, Rn 1–10, unten Kapitel 14. Zur angestrebten Reform Seibt, ZIP 2012, 1.
125 ABl. 2009, L 87/109.
126 ABl. 2007, L184/17. Umgesetzt durch das Gesetz zur Umsetzung der Aktionärsrechterichtlinie (ARUG). Das ARUG ist am 4. August 2009 im Bundesgesetzblatt (BGBl. 2009 I, 2479) verkündet worden und in weiten Teilen zum 1. 9. 2009 in Kraft getreten, Grunewald, DB 2009, Heft 34, I; Drinhausen / Keinath, BB 2009, 64; vgl dazu oben Kapitel 1, T. Heidel, § 131 AktG Rn 6 a. Zur Richtlinie Ch. Kersting, ZIP 2009, 2317; M. A. Pöschke, ZIP 2010, 1221; C-194/10, Abt u.a., 24. 3. 2011.
127 Vgl Behrens, in: Dauses (Hrsg.), E. III, Rn 18, 19.
128 M. Habersack/D. Verse, GesR, § 4, Rn 3.
129 ABl. 1991, C 321/9. Vorschlag einer 5. Richtlinie über die Struktur der Aktiengesellschaft sowie die Befugnisse und Verpflichtungen ihrer Organe vom 19.8.1983 (ABl. 1983 C 240/2); weitere Änderungen v. 20.12.1990 (ABl 1991, C 7/4) und vom 20.11.1991; dazu ausf. Schwarz, Europäisches Gesellschaftsrecht, 2000, Rn 705 ff; M. Habersack/D. Verse, GesR, § 4, Rn 10; Grundmann, GesR, § 11.
130 M. Habersack/D. Verse, GesR, § 4, Rn 15.

- der Vorentwurf einer 14. Richtlinie über die grenzüberschreitende Sitzverlegung vom 22.4.1997[131] und
- der Vorentwurf einer (Liquidationsrichtlinie-)Richtlinie von 1987[132]

35 Sehr viel ehrgeiziger erscheint die Union, wenn man die Richtlinien des **Unternehmensrechts** mit einbezieht, nämlich:[133]

die (Börsenzulassungs-)Richtlinie 2001/34 vom 28.5.2001,[134]
die Marktmissbrauchsrichtlinie 2003/6 vom 28.1.2003[135] zusammen mit der Richtlinie 2003/124/EG der Kommission vom 22.12.2003,[136]
die Prospektrichtlinie 2003/71 vom 4.11.2003,[137]
die MiFID-Richtlinie 2004/39 vom 21.4.2004,[138]
die Transparenzrichtlinie 2004/109 vom 15.12.2004[139]

---

[131] M. Habersack/D. Verse, GesR, § 4, Rn 3, 30, 31; ausf. M. Lutter/W. Bayer/J. Schmidt, § 32, 1107 ff, 1122, Text ZIP 1997, 1721.

[132] Betr. die Auflösung und Liquidation von Gesellschaften, M. Habersack/D. Verse, GesR, § 4, Rn 3.

[133] Überblick bei Wiesner, BB 2001, Beilage 8 zu Heft 44, 2; Behrens, in: Dauses (Hrsg.), E. III Rn 17.

[134] Richtlinie über die Zulassung von Wertpapieren zur amtlichen Börsennotierung und über die hinsichtlich dieser Wertpapiere zu veröffentlichenden Informationen, ABl. 2001, L 184/1 (Konsolidierte Fassung v. 20.1.2007 mit den Änderungen durch die Marktmissbrauchsrichtlinie 2003/6, die Prospektrichtlinie 2003/71, die Transparenzrichtlinie 2004/109 und die Richtlinie 2005/1). Die RL 2001/34 fasst die Richtlinien 79/279 vom 5.3.1979 zur Koordinierung der Bedingungen für die Zulassung von Wertpapieren zur amtlichen Notierung an einer Wertpapierbörse, 80/390 vom 17.3.1980 zur Koordinierung der Bedingungen für die Erstellung, die Kontrolle und die Verbreitung des Prospekts, der für die Zulassung von Wertpapieren zur amtlichen Notierung an einer Wertpapierbörse zu veröffentlichen ist, 82/121 vom 15.2.1982 über regelmäßige Informationen, die von Gesellschaften zu veröffentlichen sind, deren Aktien zur amtlichen Notierung an einer Wertpapierbörse zugelassen sind und 88/627 vom 12. Dezember 1988 über die bei Erwerb und Veräußerung einer bedeutenden Beteiligung an einer börsennotierten Gesellschaft zu veröffentlichenden Informationen zusammen. Dazu C-430/05, Ntionik Anonymi Etaireia Emporias, Slg 2007, I-5835.

[135] Richtlinie über Insider-Geschäfte und Marktmanipulation (Marktmissbrauch) – MAD (Market Abuse Directive), ABl. 2003, L 96/16 (konsolidierte Fassung v. 4.1.2011 mit den Änderungen durch die Richtlinie 2008/26 und 2010/78); M. Lutter/W. Bayer/J. Schmidt, § 35, 1134 ff; dazu die Urteile C-45/08, Spector Photo Group, Slg 2009, I-12073 (bespr. von L. Klöhn, ECFR 2010, 347); C-445/09, IMC Securities, 7. 7. 2011; C-19/11, Geltl, 28. 6. 2012.

[136] Richtlinie zur Durchführung der Richtlinie 2003/6/EG des Europäischen Parlaments und des Rates betreffend die Begriffsbestimmung und die Veröffentlichung von Insider-Informationen und die Begriffsbestimmung der Marktmanipulation, ABl. 2003, L 339/70.

[137] Richtlinie betreffend den Prospekt, der beim öffentlichen Angebot von Wertpapieren oder bei deren Zulassung zum Handel zu veröffentlichen ist, und zur Änderung der Richtlinie 2001/34/EG, ABl. 2003, L 345/64 (konsolidierte Fassung v. 4.1.2011 mit den Änderungen durch die Richtlinien 2008/11, 2010/73 und 2010/78); M. Lutter/W. Bayer/J. Schmidt, § 34, 1191 ff; dazu anhängig C-441/12, Almer Beheer BV (Anwendung der Prospektrichtlinie bei Zwangsversteigerung von Wertpapieren). Die Kommission hat dazu die **VO Nr. 809/2004** zur Umsetzung der Richtlinie 2003/71/EG des Europäischen Parlaments und des Rates betreffend die in Prospekten enthaltenen Angaben sowie die Aufmachung, die Aufnahme von Angaben in Form eines Verweises und die Veröffentlichung solcher Prospekte sowie die Verbreitung von Werbung (ABl. 2004, L 149/3) erlassen. Diese wurde in der Folge mehrfach geändert (konsolidierte F. v. 22. 9. 2012), zuletzt durch die VOen Nr. 406/2012 (ABl. 2012, L 150/1) und Nr. 862/2012 (ABl. 2012, L 256/4), vgl M. Gruber, Neuerungen im Prospektrecht, wbl 2013, 13; dazu jetzt C-359/12, Timmel, anhängig.

[138] Richtlinie über Märkte für Finanzinstrumente, zur Änderung der Richtlinien 85/611/EWG und 93/6/EWG des Rates und der Richtlinie 2000/12/EG des Europäischen Parlaments und des Rates und zur Aufhebung der Richtlinie 93/22/EWG des Rates, ABl. 2004, L 145/1 (konsolidierte Fassung v. 4.1.2011 mit den Änderungen durch die Richtlinien 2006/31, 2007/44, 2008/10 und 2010/78). Die Richtlinie wird ergänzt durch die **MiFID-DVo Nr. 1287/2006** der Kommission vom 10. August 2006 zur Durchführung der Richtlinie 2004/39/EG des Europäischen Parlaments und des Rates betreffend die Aufzeichnungspflichten für Wertpapierfirmen, die Meldung von Geschäften, die Markttransparenz, die Zulassung von Finanzinstrumenten zum Handel und bestimmte Begriffe im Sinne dieser Richtlinie (ABl. 2006, L 241/1) und die **MiFID-DRl. 2006/73** der Kommission vom 10. August 2006 zur Durchführung der Richtlinie 2004/39/EG des Europäischen Parlaments und des Rates in Bezug auf die organisatorischen Anforderungen an Wertpapierfirmen und die Bedingungen für die Ausübung ihrer Tätigkeit sowie in Bezug auf die Definition bestimmter Begriffe für die Zwecke der genannten Richtlinie (ABl. 2006, L 241/26); M. Lutter/W. Bayer/J. Schmidt, § 33, 1128 ff. Dazu C-248/11, Rareş Doralin Nilaş, 22. 3. 2012; anhängig C-381/11, Bertrán, C-604/11, Genil 48 S.L., C-664/11, Serveis en Impressio i Retolacio Vargas, S.L., C-665/11, Alfonso Carlos Amselem Almor.

[139] Richtlinie zur Harmonisierung der Transparenzanforderungen in Bezug auf Informationen über Emittenten, deren Wertpapiere zum Handel auf einem geregelten Markt zugelassen sind, und zur Änderung der Richtlinie 2001/34/EG, ABl. 2004, L 390/38 (konsolidierte Fassung v. 4.1.2011 mit den Änderungen durch die Richtlinien 2008/22, 2010/73 und 2010/78); M. Lutter/W. Bayer/J. Schmidt, § 36, 1262 ff; H. Fleischer/ K. U. Schmolke, EBOR 2011, 121; Ch. H. Seibt, ZIP 2012, 797 (zur Reform der Sanktionsregelung bei Nichterfüllung kapitalmarktrechtlicher Mitteilungspflichten).

die OGAW-Richtlinie 85/611 vom 20.12.1985,[140] aufgehoben und neu gefasst durch die Richtlinie 2009/65 vom 13.7.2009.[141] Zu der Richtlinie sind zwei Durchführungsverordnungen[142] und zwei Durchführungsrichtlinien[143] ergangen,
die (AIFM-)Richtlinie 2011/61 vom 8.6.2011.[144]

Im Mittelpunkt der Angleichungstätigkeit stand und steht die **Aktiengesellschaft**, die GmbH ist nur in Teilbereichen erfasst, Personenhandelsgesellschaften nur in Sonderfällen. 36

Für die **Aktiengesellschaft** lässt das Unionsrecht ein Mindestkonzept erkennen.[145] Die Aktiengesellschaft ist eine selbstständige Gesellschaft. Sie besitzt ein in Aktien gestückeltes Gesellschafts(mindest)kapital. Die Aktionäre sind von der Haftung für Gesellschaftsschulden freigestellt. Im Gegenzug wird die Aufbringung und Erhaltung des Gesellschaftskapitals ausführlich geregelt. Die Aktionäre sind gleichgestellt, sie genießen gleiche Rechte, vor allem hinsichtlich Stimmrecht und Dividende, und unterliegen gleichen (Einlage-)Pflichten. Die Aktien sind frei übertragbar und börsenfähig. 37

Die Organisationsstruktur ist gekennzeichnet durch die Trennung von Leitungsebene und Eigentümerebene (Hauptversammlung). Die Leitungsebene besteht aus der operativen Geschäftsführung sowie der Aufsicht. Unabhängig davon lässt das Unionsrecht sowohl das dualistische System wie das monistische zu. 38

Bilanzrecht und Rechnungslegung sind ausführlich geregelt. Die Notwendigkeit dazu ergab sich bereits aus Art. 2 Abs. 1 Buchst. f der Ursprungsfassung der (Publizitäts-)Richtlinie 68/151. Dieser sah die Pflicht zur Offenlegung für die Bilanz und die Gewinn- und Verlustrechnung für jedes Geschäftsjahr sowie für die Personalien derjenigen vor, „die aufgrund gesetzlicher Vorschriften einen Bestätigungsvermerk zu der Bilanz zu erteilen haben", und anerkannte zugleich die Notwendigkeit richtlinienrechtlicher Regelung.[146] Diese Vorschrift lässt zugleich die Wesensmerkmale des europäischen Bilanzrechts erkennen. Das Bilanzrecht ist anders als in der Systematik des deutschen Rechts Teil des europäischen Gesellschaftsrechts und beruht auf derselben Rechtsgrundlage (jetzt Art. 50 Abs. 2 Buchst. g AEUV). Der Rechnungsabschluss ist zunächst Sache der Gesellschaft selbst, unterliegt indes der Abschlussprüfung und vor allem der Publizität. Maßgeblich sind bis zur Umsetzung der Richtlinie 2013/34/EU zum 20.7.2015 die Vierte (Jahresabschluss-)Richtlinie 78/660 und die Siebte (Konzernabschluss-)Richtlinie 83/349 sowie die Achte (Abschlussprüfer-)Richtlinie 2006/43 vom 17.5.2006 in ihren aktuellen Fassungen.[147] 39

Das materielle Bilanzrecht ist jedoch zum Teil zu dem am 1.1.2005 beginnenden Geschäftsjahr auf die IFRS (International Financial Reporting Standard) durch die (IAS-)Verordnung Nr. 1606/2002 vom 19. Juli 2002 umgestellt worden,[148] deren Regelung für kapitalmarktorientierte Unternehmen an die Stelle der Richtlinien 78/660 und 83/349 getreten ist.[149] Die (IAS-)Verordnung wurde durch die Verordnung Nr. 297/2008 vom 11.3.2008[150] dahin gehend ergänzt, dass die Kommission über die Anwendbarkeit von internationalen Rechnungslegungsstandards in der Union nach dem Regelungsverfahren mit Kontrolle des

---

140 ABl. 1985, L 375/3.
141 Richtlinie zur Koordinierung der Rechts- und Verwaltungsvorschriften betreffend bestimmte Organismen für gemeinsame Anlagen in Wertpapieren (OGAW), ABl. 2009, L 302/32 (konsolidierte Fassung v. 21.7.2011 mit den Änderungen durch die Richtlinie 2010/78 und 2011/61; danach geändert durch die Richtlinie 2013/14); dazu jetzt C-140/13, *Altmann*, anhängig (Vorlagefragen des VG Frankfurt zur Durchbrechung der Verschwiegenheitspflicht nationaler Behörden.).
142 *Verordnung Nr. 583/2010* vom 1.7.2010 zur Durchführung der Richtlinie 2009/65/EG des Europäischen Parlaments und des Rates im Hinblick auf die wesentlichen Informationen für den Anleger und die Bedingungen, die einzuhalten sind, wenn die wesentlichen Informationen für den Anleger oder der Prospekt auf einem anderen dauerhaften Datenträger als Papier oder auf einer Website zur Verfügung gestellt werden, ABl. 2010, L 176/1, und *Verordnung Nr. 584/2010* vom 1.7.2010 zur Durchführung der Richtlinie 2009/65/EG des Europäischen Parlaments und des Rates im Hinblick auf Form und Inhalt des Standardmodells für das Anzeigeschreiben und die OGAW-Bescheinigung, die Nutzung elektronischer Kommunikationsmittel durch die zuständigen Behörden für die Anzeige und die Verfahren für Überprüfungen vor Ort und Ermittlungen sowie für den Informationsaustausch zwischen zuständigen Behörden, ABl. 2010, L 176/16.
143 *Richtlinie 2010/42* vom 1.7.2010 zur Durchführung der Richtlinie 2009/65/EG des Europäischen Parlaments und des Rates in Bezug auf Bestimmungen über Fondsverschmelzungen, Master-Feeder-Strukturen und das Anzeigeverfahren, ABl. 2010, L 176/28, und *Richtlinie 2010/43* vom 1.7.2010 zur Durchführung der Richtlinie 2009/65/EG des Europäischen Parlaments und des Rates im Hinblick auf organisatorische Anforderungen, Interessenkonflikte, Wohlverhalten, Risikomanagement und den Inhalt der Vereinbarung zwischen Verwahrstelle und Verwaltungsgesellschaft, ABl. 2010, L 176/42.
144 Richtlinie über die Verwalter alternativer Investmentfonds und zur Änderung der Richtlinien 2003/41/EG und 2009/65/EG und der Verordnungen (EG) Nr. 1060/2009 und (EU) Nr. 1095/2010, ABl. 2011, L 174/1; *G. Spindler*, Die Richtlinie über Alternative Investmentfonds (AIFM-Richtlinie), WM 2011, 1393.
145 *Behrens*, in: Dauses (Hrsg.), E. III, Rn 16.
146 *M. Habersack/D. Verse*, GesR, § 5, Rn 1.
147 Nachw. oben Rn 32.
148 Verordnung Nr. 1606/2002 betreffend die Anwendung internationaler Rechnungslegungsstandards, ABl. L 243/1 (Konsolidierte Fassung v. 10.4.2008).
149 Vgl den 3. Erwägungsgrund der Verordnung Nr. 1606/2002. Zur Entwicklung *Grundmann*, GesR, § 17, Rn 587 ff; *M. Habersack/D. Verse*, GesR, § 9, Rn 62 ff.
150 Verordnung Nr. 297/2008 zur Änderung der Verordnung (EG) Nr. 1606/2002 betreffend die Anwendung internationaler Rechnungslegungsstandards im Hinblick auf die der Kommission übertragenen Durchführungsbefugnisse, ABl. 2008, L 97/62.

Artikels 5 a des Beschlusses 1999/468/EG entscheidet.[151] Mit der Verordnung Nr. 1126/2008 vom 3. November 2008,[152] die die Verordnung Nr. 1725/2003 ablöst, wurden bestimmte internationale Rechnungslegungsstandards (IAS und IFRS) sowie **alle vom „International Financial Reporting Interpretations Committee" (IFRIC) vorgelegten Interpretationen** gemäß Art. 3 Abs. 1 der Verordnung Nr. 1606/2002 übernommen. In der Folge wurde diese Verordnung vielfach geändert, um die jeweils überarbeitete Fassung des entsprechenden IAS bzw IFRS und deren Interpretation zu übernehmen.[153]

40 **II. Entwicklung.** Die umfangreichen Angleichungsaktivitäten der Union im Kernbereich des Gesellschaftsrechts stockten spätestens seit Mitte der 1980er Jahre.[154] Die bis dahin erzielte Angleichung beruht im Wesentlichen auf Art. 50 Abs. 2 Buchst. g AEUV[155] (Art. 44 Abs. 2 Buchst g EGV), zielt im weitesten Sinne auf den Schutz von *Dritten*, also auf den Schutz von Gläubigern, Anlegern (Aktionären) und Arbeitnehmern und strebte eine vollständige Harmonisierung an. Gegen letztere gab es indes von Anfang an Widerstand.[156]

41 Abgesehen von dem Streit um einzelne Regelungsmaterien (wie die Mitbestimmung, die Notwendigkeit eines Konzernrechts, die innere Struktur der Aktiengesellschaft, Zweifel am Kapitalschutzprinzip), steht nicht zuletzt hinter der Krise der Rechtsangleichung die grundsätzliche Debatte um die Weichenstellung, ob und inwieweit der Rechtsangleichung nicht der Wettbewerb der Rechtsordnungen vorzuziehen ist (Einzelheiten unten Rn 213 ff).

42 Neue Anstöße kamen in den 1990er Jahren von privater Seite: Zum einen ist das unter Federführung der Pariser Handelskammer entwickelte Projekt einer Europa-GmbH (auch „Europäische Privatgesellschaft" – EPG) vorgelegt worden.[157] Zum anderen hat das Forum Europaeum Konzernrecht, ein Zusammenschluss namhafter Gesellschaftsrechtler unter Führung der Professoren *Hommelhoff, Lutter*, und *Hopt*, Vorschläge für ein Europäisches Konzernrecht gemacht.[158]

43 Auf der Ebene der Union legte die Kommission 1999 einerseits einen Aktionsplan für Finanzdienstleistungen[159] vor und dehnte andererseits die SLIM-Initiative[160] auf das Gesellschaftsrecht aus.[161] Die dazu eingesetzte Arbeitsgruppe legte ihren Abschlussbericht am Ende desselben Jahres vor.[162] Ihre Vorschläge zielten im Wesentlichen auf die Verschlankung der 1. und 2. Richtlinie ab.[163]

44 Am 4.7.2001 scheiterte jedoch die Verabschiedung der 13. (Übernahme-)Richtlinie am Europäischen Parlament.[164] Die Kommission setzte daraufhin im September 2001 eine hochrangige Expertengruppe ein,[165]

---

151 Vgl den 4. Erwägungsgrund; dazu M. *Habersack/D. Verse*, GesR, § 9 Rn 67.
152 Verordnung Nr. 1126/2008 zur Übernahme bestimmter internationaler Rechnungslegungsstandards gemäß der Verordnung (EG) Nr. 1606/2002 des Europäischen Parlaments und des Rates, ABl. 2008, L 97/62.
153 Letzte konsolidierte Fassung mit allen Änderungen vom 9. 6. 2012.
154 Ausf. *P. Behrens*, in: M. Dauses (Hrsg.), E. III., Rn 19; *W. Bayer*, Aktuelle Entwicklungen im Europäischen Gesellschaftsrecht, BB 2004, 1; *Drygala*, Stand und Entwicklung des europäischen Gesellschaftsrecht, ZEuP 2004, 337; *Grundmann*, The structure of European Company Law, EBOR 2004, 601; *ders*, Die Struktur des Europäischen Gesellschaftsrechts von der Krise zum Boom, ZIP 2004, 2401; *Ebke*, Ein Gesellschaftsrecht für Europa, in: Aufbruch nach Europa, 75 Jahre Max-Planck-Institut für Privatrecht, 2001, 197, bei Fn 3; *M. Lutter*, Das europäische Unternehmensrecht im 21. Jahrhundert, ZGR 2000, 1; *P. Wiesner*, ZIP 2000, 1792; *K. van Hulle*, Aktuelle Entwicklungen im europäischen Gesellschaftsrecht, EWS 2000, 521; *Hopt*, Europäisches Gesellschaftsrecht: Krise und neue Anläufe, ZIP 1998, 96;.*P. Behrens*, Krisensymptome in der Gesellschaftsrechtsangleichung, in: Festschrift Mestmäcker 1996, 831.
155 *P. Behrens*, in: M. Dauses (Hrsg.), E. III., Rn 5.
156 *P. Behrens*, in: M. Dauses (Hrsg.), E. III Rn 18.
157 *Hommelhoff/Boucourechliev*, Vorschläge für eine Europäische Privatgesellschaft: Strukturelemente einer kapitalmarktfernen europäischen Gesellschaftsform nebst Entwurf für eine EPG-Verordnung der Europäischen Gemeinschaft, 1999; *Boucourechliev/Drury/Hommelhoff*, Gaz. eur. 1998, 34 ff; *Helms*, Die europäische Privatgesellschaft: rechtliche Strukturen und Regelungsprobleme einer supranationalen Gesellschaft des Gemeinschaftsrechts, 1998; *Hommelhoff*, Die Europäische Privatgesellschaft ante portas, EWS 2002, Heft 5, S 1; vgl auch Rn 2 Fn 9.

158 Abgedruckt in ZGR 1998, 672; dazu *Hopt*, Europäisches Konzernrecht: Zu den Vorschlägen und Thesen des Forum Europaeum Konzernrecht, Festschrift R. Buxbaum, 2000, 299; *ders*, Konzernrecht für Europa – Zur Diskussion um die Vorschläge des Forum Europaeum Konzernrecht, in: Aufbruch nach Europa, 75 Jahre Max-Planck-Gesellschaft für Privatrecht, 2001, 17.
159 Zu dessen Bedeutung *K. Hopt*, ZIP 2005, 461, 461 aE.
160 *Simplification of the Legislation for the Internal Market*.
161 Überblick über die Entwicklung bei *P. Behrens*, in: M. Dauses (Hrsg.), E. III., Rn 20; *M. Habersack/D. Verse*, GesR, § 4 Rn 24.
162 Text in ZIP 1999, 1944; dazu *M. Habersack/D. Verse*, § 4, Rn 24; *Grundmann*, GesR, § 10, Rn 324; *K. Hopt*, Europäisches Gesellschaftsrecht und deutsche Unternehmensverfassung, – Aktionsplan und Interdependenzen, ZIP 2005, 461, 463 aE; *Drygala*, Die Vorschläge der SLIM-Arbeitsgruppe zur Vereinfachung des Europäischen Gesellschaftsrechts, AG 2001, 291; *E. Wymeersch*, Company Law in Europe and European Company Law, in: 1. Europäischer Juristentag, 2001, Bd. 1: Referate, 2002, 85, 123 ff; *K. van Hulle*, Aktuelle Entwicklungen im europäischen Gesellschaftsrecht, EWS 2000, 521; *Kallmeyer*, SLIM – Schlankheitskur für das EU-Gesellschaftsrecht, AG 2001, 406.
163 Überblick bei *M. Habersack/D. Verse*, § 4 Rn 24.
164 Ausf. Darstellung bei *P. Wiesner*, ZIP 2004, 343, 345. Erst nach einem portugiesischen Vermittlungsvorschlag während der italienischen Ratspräsidentschaft wurde die Richtlinie 2004/25 des Europäischen Parlaments und des Rates vom 21.4.2004 betr. Übernahmeangebote (ABl. L 142/12) verabschiedet.
165 Sog. High Level Group of Company Law Experts, Einzelheiten bei *P. M. Wiesner*, ZIP 2002, 208; ferner *M. Lutter/W. Bayer/J. Schmidt*, § 18, Rn 6.

deren Mandat vom Rat im April 2002 noch erweitert wurde..[166] Diese sog **Winter-Gruppe** erarbeitete neue Vorschläge und legte diese in ihrem Abschlussbericht am 4.11.2002[167] vor.

Der Abschlussbericht der Winter-Gruppe lag dann dem **Aktionsplan zur Modernisierung des Gesellschaftsrechts und zur Stärkung der Corporate Governance vom 21. Mai 2003** zugrunde.[168] Die Kommission geht in diesem Plan von dem ursprünglichen Ziel der Vollharmonisierung ab und verfolgt nunmehr die Idee der Kernbereichsharmonisierung, die im Wesentlichen auf börsennotierte Aktiengesellschaften abzielt.[169] Der Aktionsplan gliedert sich in „Kurzfristige Maßnahmen (2003–2005)", „Mittelfristige Maßnahmen (2006–2008)" und „Langfristige Maßnahmen (ab 2009)".[170] Zu den ersteren zählen die Vorschläge, die im Rahmen der SLIM-Initiative[171] zur Vereinfachung der 1. (Publizitäts-)Richtlinie und der 2. (Kapital-)Richtlinie gemacht wurden, sowie die Vorschläge für eine Zehnte Richtlinie über grenzübergreifende Unternehmenszusammenschlüsse und für eine Vierzehnte Richtlinie über die grenzüberschreitende Sitzverlegung.[172] Auch sehen wir im Rahmen der Corporate Governance die kurzfristigen Maßnahmen eine Erleichterung der Kommunikation mit den Aktionären und der Beschlussfassung vor. Als *mittelfristige Maßnahmen* aufgeführt werden u.a. die Vereinfachung der 3. und 6. Richtlinie, ggf ein Vorschlag für ein Statut der Europäischen Privatgesellschaft, Prüfung des Bedarfs für eine Europäische Stiftung, Rahmenregelungen für Konzerne, die Einführung grundlegender Offenlegungsvorschriften für alle juristischen Personen mit beschränkter Haftung. *Langfristig* sollte ggf ein alternatives System in die 2. (Kapital-)Richtlinie aufgenommen werden. Von diesem Ziel ist man aber zwischenzeitlich abgerückt.[173]

Mit Beschluss 2005/380 vom 28.4.2005 hat die Kommission eine Gruppe von Nichtregierungsexperten eingesetzt, um „als ein Organ der Reflexion, der Diskussion und zur Beratung der Kommission im Bereich von Corporate Governance und Gesellschaftsrecht (bei der Verwirklichung des Aktionsplans) zu dienen".[174] Zuvor hatte sie mit Beschluss 2004/706 vom 15. Oktober 2004[175] die Einsetzung eines Europäischen Corporate-Governance-Forums verfügt. Durch Beschluss 2008/598[176] hat die Kommission das Forum teilweise personell neu besetzt.

Im Rahmen der **Umsetzung** der kurzfristigen Maßnahmen **des Aktionsplans** wurde die 1. (Publizitäts-)Richtlinie durch die **Richtlinie 2003/58**,[177] die 2. (Kapital-)Richtlinie jedoch erst (wegen grundsätzlicher deutscher Bedenken)[178] durch die **Richtlinie 2006/68**[179] geändert und ersetzt. Sind beide Richtlinien im Jahre 2006 erneut im Zusammenhang mit dem Beitritt Bulgariens und Rumäniens durch die Richtlinie 2006/99[180] modifiziert worden, so ist die Richtlinie 2003/58 nunmehr durch **die Richtlinie 2009/101** ersetzt worden. Ebenfalls im Rahmen der kurzfristigen Maßnahmen haben Rat und Parlament 2005 die **grenzüberschreitenden** Unternehmenszusammenschlüsse mit der (internationalen Fusion-)**Richtlinie 2005/56**[181] geregelt. Hingegen liegt die geplante Sitzverlegungsrichtlinie weiterhin auf Eis.[182]

Im Rahmen der mittelfristigen Maßnahmen wurden die 3. (Verschmelzungs-) und die 6. (Spaltungs-)Richtlinie mit der **Richtlinie 2007/63**[183] insoweit vereinfacht, als die Regelung über die Prüfung des Verschmelzungsplans durch unabhängige Sachverständige flexibler gestaltet wurde. Die **Richtlinie 2009/109** änderte dann die Kapital-, Verschmelzungs- und Spaltungsrichtlinie[184] und die **Richtlinie 2009/49**[185] die Jahresabschlussrichtlinie[186] und die Richtlinie über den konsolidierten Abschluss im Hinblick auf eine Erleichterung

---

166 Einzelheiten bei *K. van Hulle/S. Maul,* ZGR 2004,484; *W. Bayer,* BB 2004, 1.
167 *M. Lutter/W. Bayer/J. Schmidt,* 359, Rn 6; *S. Maul,* DB 2003, 27, 28; *K.van Hulle/S.Maul,* ZGR 2004, 484, 485.
168 Einzelheiten bei *K. Hopt,* ZIP 2005, 461, 463; *K. van Hulle/ S. Maul,* ZGR 2004, 484, 486 ff; *S. Maul/G. Lanfermann/ E. Eggenhofer,* BB 2003, 1289; *M. Habersack/D. Verse,* GeS, § 4 Rn 17 ff; *M. Habersack,* NZG 2004, 1.
169 Ausf. dazu *M. Habersack/D. Verse,* GesR, § 4, Rn 17, 18 (mwN).
170 Überblick bei *K. van Hulle/S. Maul,* ZGR 2004, 484, 486–487.
171 Der Aktionsplan integriert einen Teil der SLIM-Initiativen, vgl *M. Habersack/D. Verse,* GesR, § 4 Rn 24.
172 *K. Hopt,* ZIP 2005, 461, 464.
173 *M. Habersack/M. A. Verse,* GesR, § 4 Rn 24, § 6 Rn 20.
174 ABl. L 12/40. Die Gültigkeit des Beschlusses wurde mit Beschluss 2008/358 (ABl. L 120/14) zwar einmal verlängert, endete aber am 30. 6. 2009.
175 ABl. L 321/53.
176 ABl. L 193/12.
177 Des Europäischen Parlaments und des Rates vom 15. Juli 2003 zur Änderung der Richtlinie 68/151/EWG des Rates in Bezug auf die Offenlegungspflichten von Gesellschaften bestimmter Rechtsformen (ABl. L 221/13); *M. Habersack/D. Verse,* GesR, § 4 Rn 24.
178 *K. Hopt,* ZIP 2005, 461, 462–463.
179 Des Europäischen Parlaments und des Rates vom 6. September 2006 zur Änderung der Richtlinie 77/91/EWG des Rates in Bezug auf die Gründung von Aktiengesellschaften und die Erhaltung und Änderung ihres Kapitals (ABL. L 264/32).
180 Des Rates vom 20. November 2006 zur Anpassung bestimmter Richtlinien im Bereich Gesellschaftsrecht anlässlich des Beitritts Bulgariens und Rumäniens (Abl. L 363/37).
181 Oben Rn 32.
182 *M. Habersack/D. Verse,* GesR, § 4 Rn 30; vgl aber Rn 50 aE.
183 Des Europäischen Parlaments und des Rates vom 13. November 2007 zur Änderung der Richtlinien 78/855/EWG und 82/891/EWG des Rates hinsichtlich des Erfordernisses der Erstellung eines Berichts durch einen unabhängigen Sachverständigen anlässlich der Verschmelzung oder der Spaltung von Aktiengesellschaften (ABl. L 300/47).
184 Diese Richtlinie ist mittlerweile hinsichtlich der 2. (Kapital)Richtlinie und der 3. (Verschmelzungs-)Richtlinie ersetzt worden, oben Rn 32.
185 Oben Rn 32. Letztere ab 20.7.2015 ersetzt durch die Richtlinie 2013/34/EU.
186 Diese wurde anschliessend erneut durch die Richtlinie 2012/6 geändert, vgl oben Rn 32.

bestimmter Berichts-, Offenlegungs- und Prüfungspflichten. Ebenfalls legte die Kommission den Verordnungsentwurf über die Europäische Privatrechtsgesellschaft und über die Europäische Stiftung vor.[187]

48 Im Rahmen der im Aktionsplan vorgesehenen **Corporate Governance-Regelungen**[188] hat die Kommission zum einen als verbindliches Recht die **Richtlinie 2006/46**[189] erlassen, um die kollektive Verantwortung von Organmitgliedern zu bestätigen, die Transparenz von Transaktionen mit nahe stehenden Unternehmen und Personen und außerbilanziellen Geschäften zu erhöhen und die Offenlegung der von den Unternehmen angewandten Unternehmensführungspraktiken zu verbessern. Auch hat sie die Rechte der Aktionäre in der (Aktionärsrechte-)**Richtlinie 2007/36** gestärkt.[190] Zum anderen hat sie im Dezember 2004 die **Empfehlung 2004/913** zur Vergütung von Mitgliedern der Unternehmensleitung[191] und im Februar 2005 die **Empfehlung 2005/162** für die Aufgaben von Aufsichtsratsmitgliedern[192] ausgesprochen.[193] Beide wurden im Kontext der Finanzkrise durch die **Empfehlung 2009/385**[194] ergänzt. Zugleich sprach die Kommission für Vergütungen im Finanzsektor die **Empfehlung 2009/384**[195] aus.

49 Die Kommission hat 2010 zwei Grünbücher[196] (zur „Corporate Governance in Finanzinstituten und Vergütungspolitik" und im Hinblick auf ein „Weiteres Vorgehen im Bereich der Abschlussprüfung: Lehren aus der Krise") veröffentlicht und diesen beiden im Jahre 2011 ein drittes – „Europäischer Corporate Governance-Rahmen" – folgen lassen.[197] Zentrale Fragen wurden dann auf einer Konferenz zur Zukunft des Europäischen Gesellschaftsrecht im Mai 2011 in Brüssel auf der Grundlage eines Berichts der im Jahre 2010 eingesetzten Reflexionsgruppe zur Zukunft des europäischen Gesellschaftsrechts erörtert.

50 Die Kommission hat am 12.12.2012 die Mitteilung „Aktionsplan: Europäisches Gesellschaftsrecht und Corporate Governance – ein moderner Rechtsrahmen für engagiertere Aktionäre und besser überlebensfähige Unternehmen"[198] veröffentlicht. Angestrebt wird nach diesem Plan eine verbesserte Transparenz, die Einbeziehung der Aktionäre und eine Förderung des Wachstums von Unternehmen und ihre Wettbewerbsfähigkeit. Im Rahmen der verbesserten Transparenz soll das Verhältnis zwischen Unternehmen und Aktionären in beiden Richtungen verbessert werden: Unternehmen sollen ihren Anlegern und der Gesellschaft insgesamt mehr Informationen über ihre Corporate Governance zur Verfügung stellen, aber auch in Erfahrung bringen können, wer ihre Aktionäre sind, und von mehr Transparenz hinsichtlich der Abstimmungsstrategien institutioneller Anleger profitieren. Die Aktionäre sollen im Rahmen der Corporate Governance vor allem bessere Möglichkeiten erhalten, die Vergütungspolitik und Transaktionen mit nahe stehenden Unternehmen und Personen zu überwachen und institutionellen Anlegern, Vermögensverwaltern und Beratern für die Stimmrechtsvertretung bestimmte Verpflichtungen auferlegt werden. Und zur Stärkung der

---

187 Oben bei Rn 2.
188 Überblick bei M. Lutter/W. Bayer/J. Schmidt, 362 Rn 12 ff.
189 Des Europäischen Parlaments und des Rates vom 14. Juni 2006 zur Änderung der Richtlinien des Rates 78/660/EWG über den Jahresabschluss von Gesellschaften bestimmter Rechtsformen, 83/349/EWG über den konsolidierten Abschluss, 86/635/EWG über den Jahresabschluss und den konsolidierten Abschluss von Banken und anderen Finanzinstituten und 91/674/EWG über den Jahresabschluss und den konsolidierten Abschluss von Versicherungsunternehmen (ABl L 224/1); dazu M. Lutter/W. Bayer/J. Schmidt, 363, Rn 13.
190 des Europäischen Parlaments und des Rates vom 11. Juli 2007 über die Ausübung bestimmter Rechte von Aktionären in börsennotierten Gesellschaften (ABl. L 184/17), M. Habersack/D. Verse, GeS, § 4 Rn 20.
191 Empfehlung 2004/913 der Kommission vom 14.12.2004 zur Einführung einer angemessenen Regelung für die Vergütung von Mitgliedern der Unternehmensleitung börsennotierter Gesellschaften (ABl. L 385/55); dazu (statt vieler) M. Lutter/W. Bayer/J. Schmidt, 380, Rn 47 ff; M. Habersack, Das Aktiengesetz und das Europäische Recht, ZIP 2006, 445, 448; M. Habersack/D. Verse, GeS, § 4 Rn 21; Ch. Teichmann, Pay without Performance?: Vorstandsvergütung in Deutschland und Europa, GPR 2009, 235, 236; S. Maul/G. Landfermann, Kommission nimmt Empfehlungen zur Corporate Governance an, DB 2004, 2407.
192 Empfehlung 2005/162 der Kommission vom 15.2.2005 zu den Aufgaben von nicht geschäftsführenden Direktoren/Aufsichtsratsmitgliedern börsennotierter Gesellschaften sowie zu den Ausschüssen des Verwaltungs/Aufsichtsrats (ABl. L 52/51); M. Habersack/D. Verse, GeS, § 4 Rn 22.
193 Zu beiden Empfehlungen M. Lutter, Die Empfehlungen der Kommission vom 14.12.2004 und vom 15.2.2005 und ihre Umsetzung in Deutschland, EuZW 2009, 799; K. Hopt, ZIP 2005, 461, 466; S. Maul/G. Landfermann, DB 2004, 2407.
194 Empfehlung der Kommission vom 30. April 2009 zur Ergänzung der Empfehlungen 2004/913/EG und 2005/162/EG zur Regelung der Vergütung von Mitgliedern der Unternehmensleitung börsennotierter Gesellschaften (ABl. L 120/28), dazu M. Lutter/W. Bayer/J. Schmidt, 381, Rn 49.
195 Empfehlung der Kommission vom 30. April 2009 zur Vergütungspolitik im Finanzdienstleistungssektor (ABl L 120/22).
196 M. Habersack/D. Verse, GesR, § 4 Rn 27, 28.
197 D. Weber-Rey, Corporate Governance in Europa: die Initiative der Kommission, Zentrum für Europäisches Wirtschaftsrecht, Vorträge und Berichte, Nr. 193, 2012; P. Wollmert/P. Oser/Ch. Orth, DB, 2011, 1432;G. Bachmann, WM 2011, 1301; K. J. Hopt, EuZW 2011, 609; ders., Am. J. Comp. L 59 (2011), 1; ders., EuZW 2010, 561; S. Jung, B 2011, 1987; Fleischer, ZGR 2011, 155; ders., ZGR 2010, 160; Peltzer, NZG 2011, 961; Wilsing, GPR 2010, 291.
198 COM(2012) 740 final. Die Kommission liefert in diesem Dokument eine Definition von Coporate governance: „Unter Corporate Governance versteht man das Verhältnis zwischen der Führung eines Unternehmens, seinem Verwaltungsrat, Aktionären und anderen Interessengruppen eines Unternehmens." Ausweislich der dazugehörigen Fn umfasst der EU-Corporate Governance-Rahmen Rechtsvorschriften auf dem Gebiet der Corporate Governance-Erklärungen, der Transparenz börsennotierter Gesellschaften, Aktionärsrechte und Übernahmeangebote sowie unverbindliche Vorschriften wie vor allem die Empfehlungen zur Rolle und Vergütung der Führungskräfte von Unternehmen. Dazu Hopt, ZGR 2013, 165; ders., EuZW 2013, 481; Ch. Teichmann, BB 2013, 3, S. I; P. Behrens, EuZW 2013, 121.

Wettbewerbsfähigkeit sollen grenzübergreifende Geschäfte europäischer Unternehmen, insbesondere aber von kleinen und mittleren Unternehmen, vereinfacht werden. Zum letzten Punkt kündigte die Kommission für 2013 öffentliche und gezielte Konsultationen an, um ihre Folgenabschätzung zu einer eventuellen Initiative auf dem Gebiet der grenzübergreifenden Verlegung des eingetragenen Sitzes zu aktualisieren. Danach wird die Kommission die Zweckmäßigkeit einer Legislativinitiative prüfen.

C. Niederlassungsfreiheit für Gesellschaften

I. Niederlassungs- oder Kapitalverkehrsfreiheit. Die Niederlassungsfreiheit ist die Freiheit, die für **Gesellschafter** wie für **Gesellschaften**[199] gleichermaßen maßgibt, aber sie steht gem. dem Wortlaut des Art. 49 Abs. 2 AEUV (Art. 43 Abs. 2 EG; „Vorbehaltlich des Kapitels über den Kapitalverkehr...") unter dem Vorbehalt der Kapitalverkehrsfreiheit. Dem Wortlaut nach geht diese der Niederlassungsfreiheit vor. Niederlassungsfreiheit und Kapitalverkehrsfreiheit unterscheiden sich in ihrem Anwendungsbereich und in ihrer Rechtfertigungsdogmatik. Im Gegensatz zur Niederlassungsfreiheit gilt die Kapitalverkehrsfreiheit im Verhältnis zu Drittstaaten, ihre Rechtfertigungsdogmatik weicht aufgrund des Art. 65 AEUV (Art. 58 EGV) etwas von der der Niederlassungsfreiheit ab.[200]

51

Soweit es um die Beteiligung von Inländern (natürlichen oder juristischen Personen) an ausländischen Kapitalgesellschaften bzw von ausländischen (natürlichen oder juristischen Personen) an inländischen Kapitalgesellschaften, also um **Gesellschafter** und ihre Rechte, geht, ist das Verhältnis beider Vorschriften zueinander jedoch trotz des Wortlauts des Art. 49 Abs. 2 AEUV (Art. 43 Abs. 2 EGV) in der Rechtsprechung keineswegs eindeutig..[201] Traditionell war die Kapitalverkehrsfreiheit die Magd der Niederlassungsfreiheit.[202] Die Kapitalverkehrsfreiheit galt und gilt weiterhin zunächst, wenn es um Fragen des reinen Vermögenstransfers geht.[203] Aber dabei ist die Rechtsprechung nicht stehen geblieben. „Unter Art. 63 AEUV über den freien Kapitalverkehr fallen insbesondere Direktinvestitionen in Form der Beteiligung an einem Unternehmen durch Besitz von Aktien, die die Möglichkeit verschafft, sich tatsächlich an der Verwaltung dieser Gesellschaft und deren Kontrolle zu beteiligen, sowie Portfolioinvestitionen, dh der Erwerb von Wertpapieren auf dem Kapitalmarkt allein in der Absicht einer Geldanlage, ohne auf die Verwaltung und Kontrolle des Unternehmens Einfluss nehmen zu wollen".[204] Geht es hingegen ausschließlich um grenzüberschreitende unternehmerische Betätigungen, so greift allein die Niederlassungsfreiheit.[205] Die wirtschaftliche und **unternehmerische Betätigung** von **Gesellschaften**, die sich nicht in einer bloßen Beteiligung an anderen Gesellschaften erschöpft, ist mithin *nur* an der Niederlassungsfreiheit zu messen sein.[206]

52

---

199 Zur Abgrenzung der Niederlassungsfreiheit der Gesellschaft von der der Gesellschafter *Behrens*, RabelsZ 52 (1988), 498, 507 f; *ders*, ZGR 1994, 1, 15–17; *Mülbert/Schmolke*, ZVglRWiss 100 (2001) 233, 240ff; *Schön*, FS Lutter, 2000, 685, 689 f; *ders*, RabelZ 64 (2000), 1, 9 ff.
200 *R. Streinz*, Europarecht, 9. Aufl. 2012, Rn 925 ff.
201 C-208/00, *Überseering*, Slg 2002, I-9919, Rn 77 („... der Erwerb von Geschäftsanteilen an einer in einem Mitgliedstaat gegründeten und ansässigen Gesellschaft durch eine oder mehrere natürliche Personen mit Wohnort in einem anderen Mitgliedstaat [unterliegt] grundsätzlich den Bestimmungen des EG-Vertrags über den freien Kapitalverkehr..., wenn eine solche Beteiligung ihnen nicht einen gewissen Einfluss auf die Entscheidungen der Gesellschaft verleiht und sie deren Tätigkeiten nicht bestimmen können. Wenn dagegen der Erwerb sämtliche Geschäftsanteile einer Gesellschaft mit satzungsmäßigem Sitz in einem anderen Mitgliedstaat umfasst und eine solche Beteiligung einen gewissen Einfluss auf die Entscheidungen der Gesellschaft verleiht und es diesen Personen ermöglicht, deren Tätigkeiten zu bestimmen, sind die Bestimmungen des EG-Vertrags über die Niederlassungsfreiheit anwendbar."), ebenso C-112/05, *Kommission/Deutschland* (VW-Gesetz), Slg 2007, I-8995, Rn 13 (mwN); andererseits die Rspr zu den "golden-share"-Entscheidungen, ferner *M. Habersack/D. Verse*, GesR, § 3, Rn 32; *Randelzhofer/Forsthoff*, in: *Grabitz/Hilf*, Art 43 EGV, Rn 114, 115, *Grundmann*, GesR, Rn 633 ff; *C. F. Germelmann*, EuZW 2008, 596.

202 Deutlich die *Überseering*-Entscheidung; C-196/04, *Cadbury-Schweppes*, Slg 2006, I-7995, Rn 33.
203 C-358/93 und C-416/93. *Bordessa ua*, Slg 1995, I-361; C-81/09, *Idryma Typou*, Slg 2010, I-10161, Rn 52; vgl *Schön*, FS *Lutter*, 2000, 685, 686; *Grundmann*, GesR, § 6, Rn 176, 177; *Teichmann*, ZGR 2011, 639, 663 weist zu Recht darauf hin, dass der Inhalt dessen, was den Begriff der Niederlassungsfreiheit ausmacht, zugleich der Abgrenzung gegenüber den anderen Freiheiten dient.
204 ZB C-81/09, *Idryma Typou*, Slg 2010, I-10161, Rn 48; C-171/08, *Kommission/Portugal*, Slg 2010, I-, Rn 50 (mwN); C-182/08, *Glaxo Wellcome*, Slg 2009, I-8591, Rn 40; C-174/04, *Kommission/Italien*, Slg 2005, I-4933, Rn 30 und 31.
205 C-251/98, *Baars*, Slg 2000, I-2787, Rn 22; C-208/00, *Überseering*, Slg 2002, I-9919, Rn 77; C-81/09, *Idryma Typou*, Slg 2010, I-10161, Rn 47; C-326/07, *Kommission/Italien*, Slg 2010, I-2291, Rn 34, 36; C-112/05, *Kommission/Deutschland* (VW-Gesetz), Slg 2007, I-8995, Rn 13; C-196/04, *Cadbury Schweppes und Cadbury Schweppes Overseas*, Slg 2006, I-7995, Rn 32; C-524/04, *Test Claimants in the Thin Cap Group Litigation*, Slg 2007, I-2107, Rn 28-33; *Grundmann*, GesR, § 6, Rn 633 aE. Die Kapitalverkehrsfreiheit ist zwar in diesem Fall auch einschlägig, zu Recht *M. Habersack/D. Verse*, GesR, § 3, Rn 32 bei Fn 146, tritt aber zurück.
206 Ebenso *Grundmann*, GesR, § 6, Rn 633 aE.; C-524/04, *Test Claimants in the Thin Cap Group Litigation*, Slg 2007, I-2107, Rn 36, 37.

Kommen beide Arten von Kapitalbeteiligungen in Frage, sind beide Freiheiten parallel nebeneinander einschlägig.[207] Maßgeblich für die Bestimmung der einschlägigen Grundfreiheit ist der Gegenstand der betreffenden nationalen Regelung.[208]

53 Diese Rechtsprechung erlaubte es dem EuGH in den „golden-share"-Entscheidungen,[209] sich auf die Prüfung der Kapitalverkehrsfreiheit zu beschränken, ohne jedes Mal die nationalen Vorschriften auf die Frage der Direktinvestition oder Portfolioinvestition prüfen zu müssen.[210]

54 Diese Rechtsprechung ist auch bei steuerrechtlichen Benachteiligungen maßgeblich.[211]

55 **II. Rechtsnatur und Funktionsweise der Niederlassungsfreiheit.** Die Niederlassungsfreiheit (aber auch die genannten anderen Freiheiten) stehen allen Gesellschaften im Sinne des Art. 54 Abs. 2 AEUV offen, die die Voraussetzungen des Art. 54 Abs. 1 AEUV (Art. 48 Abs. 1 EGV) erfüllen: Gründung und fortbestehende Existenz nach dem Recht eines Mitgliedstaates und einen der dort genannten Sitze in der Union (dazu Rn 70 ff).

56 Alle Grundfreiheiten sind strukturgleich.[212] An dieser Strukturgleichheit ändert auch der Umstand nichts, dass die Niederlassungsfreiheit (ebenso wie zB die Kapitalverkehrsfreiheit) als Beschränkungsverbote formuliert und ausgelegt ist. Grundfreiheiten enthalten sowohl das Verbot direkter wie versteckter Diskriminierungen als auch das Verbot von Beschränkungen und Behinderungen der von der jeweiligen Freiheit geschützten wirtschaftlichen Betätigungen.[213]

57 **1. Diskriminierungsverbot.** Die Niederlassungsfreiheit ist (wie alle Marktfreiheiten) im Kern ein Diskriminierungsverbot: Gesellschaften mit Sitz in einem anderen Mitgliedstaat dürfen bei der Ausübung der von der jeweiligen Freiheit geschützten Betätigung grundsätzlich nicht offen anders (unterschiedlich) behandelt werden als Gesellschaften mit Sitz im Inland (**unmittelbare Diskriminierung**). Untersagt ist ferner, bei ausländischen Gesellschaften versteckt, dh an andere Kriterien anzuknüpfen, um sie anders als inländische Gesellschaften in gleicher Lage zu behandeln, wenn diese sonstigen Kriterien vergleichbare Wirkung wie das Sitzmerkmal zeigen (**versteckte Diskriminierung**).[214]

58 Unterschiedlich behandeln heißt jedoch nur anders behandeln als Inländer bzw inländische Gesellschaften: Die Niederlassungsfreiheit soll **Inländerbehandlung** gewährleisten, verlangt also nur, Inländer wie Ausländer, inländische Gesellschaften wie ausländische, unterschiedslos zu behandeln.[215] Inländerbehandlung kann mithin nicht alle **Behinderungen** und **Beschränkungen** bei der Aufnahme und Ausübung der Geschäftstätigkeit einer Gesellschaft in einem anderen Mitgliedstaat verhindern oder beseitigen. Anders als beim **allgemeinen Diskriminierungsverbot**, wonach Gleiches gleich und Ungleiches ungleich zu behandeln

---

207 C-326/07, *Kommission/Italien*, Slg 2010, I-2291, Rn 36; C-207/07, *Kommission/Spanien*, Slg 2008, I-111, Rn 36; C-157/05, *Holböck*, Slg 2007, I-4051, Rn 23, 24; C-81/09, *Idryma Typou*, Slg 2010, I-10161, Rn 49.
208 C-157/05, *Holböck*, Slg 2007, I-4051, Rn 22 (mit Nachw. der Rspr).
209 C-483/99, *Kommission/Frankreich*, Slg 2002, I-4781; C-503/99, *Kommission/Belgien*, Slg 2002, I-4809; C-367/98, *Kommission/Portugal*, Slg 2002, I-4731; C-463/00, *Kommission/Spanien*, Slg 2002, I-4581; C-98/01, *Kommission/Vereinigtes Königreich*, Slg 2003, I-4641; C-174/04, *Kommission/Italien*, Slg 2005, I-4933; C-282/04 u. C-283/04, *Kommission/Niederlande*, Slg 2006, I-9141; C-207/07, *Kommission/Spanien*, Slg 2008, I-111, Rn 36; C-326/07, *Kommission/Italien*, Slg 2010, I-2291; C-171/08, *Kommission/Portugal*, Slg 2010, I-6817; C-543/08, *Kommission/Portugal*, Slg 2010, I-11241; vgl C-112/05, *Kommission/Deutschland (VW-Gesetz)*, Slg 2007, I-8995, Rn 18; *Klinke*, ECFR 2005, 270, 305 ff; *Grundmann/Möslein*, ZGR 2003, 317; *dies*, ZVglRWiss 2003, 289; *Kilian*, NJW 2003, 2653; *Krause*, NJW 2002, 2747.
210 *M. Habersack/D. Verse*, GesR, § 3 Rn 34. *F. Schuhmacher*, Gesellschaftsrecht und Kapitalverkehrsfreiheit – Staatliche Sonderrechte und allgemeines Gesellschaftsrecht, Fs W. Jud, 2012, 631. Man kann im Hinblick auf die Abgrenzung zwischen der Kapitalverkehrsfreiheit und der Niederlassungsfreiheit nach der Schwelle fragen, ab der ein Investment unternehmerisch ist, vgl *Grundmann*, GesR, § 6, Rn 177.
211 C-9/02, *de Lasteyrie du Saillant*, Slg 2004, I-2409, Rn 45; C-315/02, *Lenz*, Slg 2004, I-7063, Rn 22; C-242/03, *Weidert & Paulus*, Slg 2004, I-7379, Rn 15; C-168/01, *Bosal Holding BV*, Slg 2003, I-9409, Rn 27; C-463/00, *X and Y*, Slg 2002, I-4581, Rn 39, 48; C-324/00, *Lankhorst-Hohorst*, Slg 2002, I-11779, Rn 32; *K. Lenaerts*, Die gemeinschaftsrechtliche Umrahmung der direkten Besteuerung, Vortrag auf dem 66. Dt. Juristentag 2006, Rn 40 ff, 48 = *K. Lenaerts/L. Bernadeau*, CDE 2007, 19, 52, Rn 62.
212 *Streinz/Schroeder*, EUV/AEUV, Art. 34 AEUV, Rn 11, 12.
213 Für die Niederlassungsfreiheit *Streinz/Müller-Graff*, EUV/AEUV, Art. 49 AEUV, Rn 39 ff.
214 C-382/08, *Neunkirchinger*, Slg 2011, I-139, Rn 34; C-115/08, *Land Oberösterreich*, Slg 2009, I-10265, Rn 92; C-103/08, *Gottwald*, Slg 2009, I- 9117, Rn 28; vgl C-224/97, *Erich Ciola*, Slg 1999, I-2517 (Anknüpfung an den Wohnsitz oder den ständigen Aufenthalt, der Staatsangehörige aus anderen Mitgliedstaaten benachteiligt); ferner C-330/91, *Commerzbank AG*, Slg 1993, I-4017, Rn 14 ff (Anknüpfung an den steuerlichen Sitz); versteckte (verdeckte) Diskriminierungen werden auch als mittelbare bezeichnet, dagegen *Müller-Graff*, Art. 49 AEUV, Rn 52.
215 C-108/96, *Mac Queen*, Slg 2001, I-837, Rn 25: „Nach Artikel 52 Abs. 2 des Vertrages wird die Niederlassungsfreiheit nach den Bestimmungen des Aufnahmestaats für seine eigenen Angehörigen ausgeübt. Ist... die Aufnahme oder Ausübung einer bestimmten Tätigkeit im Aufnahmemitgliedstaat geregelt, so muss der Angehörige aus einem anderen Mitgliedstaat, der diese Tätigkeit ausüben will, die Bedingungen dieser Regelung grundsätzlich erfüllen". Vgl statt vieler ferner C-55/94, *Gebhard*, Slg 1995, I-4165, Rn 36; dazu allgemein *K.-D. Borchardt*, Rn 996; ferner *Klinke*, in: Krüger/Mansel, Liber amicorum G. Kegel, 2002, S 1, 16.

ist,[216] wird bei der Inländerbehandlung der Ausländer trotz seiner andersartigen Lage nur wie der Inländer behandelt.[217]

2. Beschränkungsverbot. Um dem zu begegnen, versteht die Rechtsprechung heute alle Grundfreiheiten, einschließlich der Niederlassungsfreiheit, auch als **Beschränkungsverbote**.[218] Beschränkungen sind mitgliedstaatliche Maßnahmen „die die Ausübung der durch den Vertrag garantierten grundlegenden Freiheiten behindern oder weniger attraktiv machen können".[219] Der Begriff wird weit verstanden.[220] Eine Beschränkung liegt jedenfalls dann vor, wenn die mitgliedstaatliche Regelung den Niederlassungsfreiheitsberechtigten im klassischen Sinne diskriminiert, dh ungleich behandelt, und dadurch benachteiligt. Das ist der Fall, wenn entsprechend dem allgemeinen Diskriminierungsverbot unterschiedliche Situationen gleich, gleiche Situationen unterschiedlich behandelt werden.[221] Dazu sind Inlandsfall und grenzüberschreitende Fallgestaltung zu vergleichen.[222] Mithin ist auch das Rechtsinstitut der Beschränkung nicht frei von Diskriminierungserwägungen. 59

3. Rechtfertigungsgründe. Diskriminierende und beschränkende einzelstaatliche Rechtsvorschriften, die tatbestandlich gegen die Niederlassungsfreiheit verstoßen, sind indes nur verboten, wenn sie nicht gerechtfertigt werden können. Die **Rechtfertigungsgründe** sind je nach Art des Verstoßes gegen die Grundfreiheit abgestuft: einzelstaatliche Vorschriften, die Gesellschaften aus anderen Mitgliedstaaten direkt diskriminieren, können ausschließlich aus den in Art. 52 AEUV abschließend genannten **ordre public**-Gründen gerechtfertigt werden.[223] 60

Versteckt diskriminierende sowie behindernde und beschränkende nationale Vorschriften des Aufnahmestaates können daneben aus **zwingenden Gründen des Allgemeininteresses** gerechtfertigt sein.[224] Allerdings dürfen sie auch dann nicht gegen den **Verhältnismäßigkeitsgrundsatz** verstoßen, müssen mithin zur Erreichung des verfolgten (im Allgemeininteresse liegenden) Zieles geeignet sein und dürfen nicht über das hinausgehen, was zur Erreichung dieses Zieles erforderlich ist.[225] Die Schranken der Niederlassungsfreiheit unterliegen also ihrerseits Schranken. 61

Im Ergebnis ergibt sich die in ständiger Rspr verwendete einprägsame, aber nicht ganz zutreffenden **Gebhard-Formel**: „nationale Maßnahmen, die die Ausübung der durch den EG-Vertrag garantierten Grundfreiheiten behindern oder weniger attraktiv machen können, (sind) zulässig, wenn vier Voraussetzungen erfüllt sind: sie müssen **in nicht diskriminierender Weise** angewandt werden, sie müssen **zwingenden Gründen des Allgemeininteresses** entsprechen, sie müssen **zur Erreichung des verfolgten Zieles geeignet** sein, und sie dürfen nicht über das hinausgehen, **was zur Erreichung dieses Zieles erforderlich ist**".[226] 62

---

216 Statt vieler C-148/02, *Garcia Avello*, Slg 2003, I-11613, Rn 31; C-354/95, *National Farmers' Union u.a.*, Slg 1997, I-4559, Rn 61.

217 Die Diskriminierung im Rahmen der Inländerbehandlung wird deutlich beim Erfordernis inländischer Diplome: verlangt der Staat von In- wie Ausländern zur Aufnahme und Ausübung bestimmter Berufstätigkeiten ein inländisches Diplom, wendet er seine entsprechenden Rechtsvorschriften zwar unterschiedslos an, benachteiligt aber damit Ausländer, C-340/89, *Vlassopoulou*, Slg 1991, I-2357; 222/86, *Heylens*, Slg 1987, 4047; vgl auch C-58/95, *Corsten*, Slg 2000, I-7919.

218 Vgl insoweit den Wortlaut des Art. 49 Abs. 1 S. 2 AEUV ("Das Gleiche gilt für *Beschränkungen* der Gründung von Agenturen, Zweigniederlassungen oder Tochtergesellschaften durch Angehörige eines Mitgliedstaats, die im Hoheitsgebiet eines Mitgliedstaats ansässig sind."); ausf. *U. Forsthoff*, in: Grabitz/Hilf/Nettesheim, Das Recht der EU, Art. 45 AEUV Rn 187 ff; *Ch. Teichmann*, ZGR 2011, 639, 650 f.

219 Statt vieler C-55/94, *Gebhard*, Slg 1995, I-4165, Nr. 6 des Tenors; C-371/10, *National Grid Indus*, 29. 11. 2011, Rn 36; C-442/02, *CaixaBank France*, Slg 2004, I-8961, Rn 11; C-298/05, *Columbus Container Services*, Slg 2007, I-10451, Rn 34„ C-157/07, *Krankenheim Ruhesitz am Wannsee-Seniorenheimstatt* Slg 2008, I-8061, Rn 30;, C-96/08, *CIBA* Slg 2010, I-2911, Rn 19.

220 *U. Forsthoff*, in: *Grabitz/Hilf/Nettesheim*, Das Recht der EU, Art. 45 AEUV, Rn 196. Über die Versuche, die Niederlassungsfreiheit tatbestandlich einzuschränken, soweit sie als Beschränkungsverbot wirkt, unten bei C. II. 5., Rn 66.

221 So die steuerliche Sonderregelung bei Verwaltungssitzverlegung innerhalb des Mitgliedstaates und in einen anderen Mitgliedstaat, C-371/10, *National Grid Indus*, 29.11.2011, Rn 37, 38.

222 C-371/10, *National Grid Indus*, 29.11.2011, Rn 37.

223 Zur vergleichbaren Regelung im Bereich der Dienstleistungsfreiheit C-114/97, *Kommission/Spanien*, Slg 1998, I-6717 C-355/98, *Kommission/Belgien*, Slg 2000, I-1221; C-358/98, *Kommission/Italien*, Slg 2000, I-1255.

224 Statt vieler C-371/10, *National Grid Indus*, 29. 11. 2011, Rn 42; C-446/03, *Marks & Spencer*, Slg 2005, I-10837, Rn 35, C-196/04, *Cadbury Schweppes* Slg 2006, I-7995, Rn 47; C-524/04, *Test Claimants in the Thin Cap Group Litigation*, Slg 2007, I-2107, Rn 64; C-303/07, *Aberdeen Property Fininvest Alpha*, Slg 2009, I-5145, Rn 57. Eine etwas abweichende Dogmatik kennzeichnet die Unionsbürgerschaft (Artt. 20, 21 AEUV). Soweit hier gem. Art. 18 AEUV eine *versteckte Diskriminierung* aufgrund der Staatsangehörigkeit bei der Wahrnehmung der Freizügigkeit verboten ist, kann sie aus „objektiven, von der Staatsangehörigkeit der Betroffenen unabhängigen Erwägungen gerechtfertigt sein, sofern die diskriminierende Maßnahme in einem angemessenen Verhältnis zu einem legitimen Zweck steht, der mit den nationalen Rechtsvorschriften verfolgt wird", statt vieler C-148/02, *Garcia Avello*, Slg 2003, I-11613, Rn 31; *A. von Bogdandy*, in: Grabitz/Hilf/Nettesheim, Das Recht der EU, Art. 18 AEUV, Rn 20 ff.

225 Bereits C-108/96, *Mac Queen*, Slg 2001, I-837, Rn 26; C-212/97, *Centros*, Slg 1999, I-1459, Rn 34; C-19/92, *Kraus*, Slg 1993, I-1663, Rn 32; C-424/97, *Haim*, Slg 2000, I-5123, Rn 57; C-55/94, *Gebhard*, Slg 1995, I-4165, Rn 37.

226 Vgl *R. Streinz*, Europarecht, 9 Aufl. 2012, Rn 811.

63 **4. Herkunftsland- und Anerkennungsprinzip.** Dieser Mechanismus der Grundfreiheiten wirkt sich auf das maßgebliche Recht aus: Grundsätzlich gelten die Rechtssätze des **Empfangslandes**,[227] soweit diese nicht zu grundfreiheitswidriger Diskriminierung oder Beschränkung der Wirtschaftstätigkeit führt oder eine solche zu rechtfertigen ist. Die Mitgliedstaaten bleiben also grundsätzlich regelungsbefugt,[228] müssen aber bei der Wahrnehmung ihrer Regelungsbefugnisse die Grundfreiheiten respektieren.[229]

64 Bei wesentlichen, Person oder Ware kennzeichnenden (konstitutiven) Eigenschaften führt die Anwendung des Empfangslandes Recht allerdings regelmäßig zu Behinderungen. Vermeiden lässt sich diese Rechtsfolge in derartigen Fällen dadurch, dass insoweit das Recht des Herkunftslandes maßgibt (**Herkunftslandprinzip**).[230] Das Empfangsland hat in der Folge die Rechtsvorschriften des Herkunftslandes als den eigenen gleichwertig anzuerkennen (**Anerkennungsprinzip**). Nur im Ausnahmefall, wenn eine Rechtsvorschrift des Empfangslandes aus zwingenden Gründen des Allgemeinwohls zu rechtfertigen ist, bleibt dem Empfangsland der Rückgriff auf bestimmte, als unverzichtbar angesehene Rechtssätze des eigenen Rechts erlaubt. Vor allem bei der Wahrnehmung der Niederlassungsfreiheit durch Gesellschaften kommt das Recht des Herkunftslandes in Form des Gründungsrechts zum Tragen, ist doch nach der EuGH-Rechtsprechung im Kern die Existenz einer ausländischen Gesellschaft als solche zu gewährleisten.

65 Dogmatisch hat die Erweiterung der Grundfreiheiten zu **Beschränkungsverboten** mithin weitreichende Folgen. Zum einen greift sie in manchen Rechtsbereichen, wie die Niederlassungsfreiheit im Gesellschaftsrecht, tief in das im Rahmen der Grundfreiheiten vom AEUV vorgesehene Verhältnis der Geltung des Rechts des Empfangslandes und das des Herkunftslandes ein; zum anderen erlaubt jede Grundfreiheit die Kontrolle jeder mitgliedstaatlichen Rechtsvorschrift daraufhin, ob sie im Einzelfall die Ausübung einer grundfreiheitsgeschützten Tätigkeit behindert.

66 **5. Bereichsausnahmen von der Niederlassungsfreiheit?** Daher wird (vor allem in der Lehre) versucht, den (sachlichen) **Geltungsbereich** der Niederlassungsfreiheit[231] einzugrenzen, insoweit sie als Beschränkungsverbot wirkt.[232] Im Gegensatz zur Rechtfertigungsebene[233] wird eine Eingrenzung des Geltungsbereichs der Niederlassungsfreiheit auf tatbestandlicher Ebene versucht: Man stößt sich daran, dass anderenfalls, in Ermangelung einer tatbestandlichen Eingrenzung, **jede mitgliedstaatliche Rechtsnorm** potenziell eine niederlassungsfreiheitswidrige Wirkung haben kann.[234] Das überfordere den EuGH,[235] soll letztlich die Rollenverteilung zwischen Judikative und Legislative verschieben[236] und dem auch im Binnenmarkt garantierten Fortbestehen der mitgliedstaatlichen Rechtsordnungen zuwiderlaufen.[237] Zur Eingrenzung zieht man die **Marktzugangsfinalität der Grundfreiheiten**, hier der Niederlassungsfreiheit, heran[238] und stützt sich in diesem Zusammenhang auf die für die Warenverkehrsfreiheit entwickelte „Keck und Mithouard"-Rechtspre-

---

[227] Das ergibt sich bereits aus dem Wortlaut des Art. 49 Abs. 2 AEUV („Vorbehaltlich des Kapitels über den Kapitalverkehr umfasst die Niederlassungsfreiheit die Aufnahme und Ausübung selbstständiger Erwerbstätigkeiten sowie die Gründung und Leitung von Unternehmen, insbesondere von Gesellschaften im Sinne des Artikels 54 Absatz 2, *nach den Bestimmungen des Aufnahmestaats für seine eigenen Angehörigen*.") Für den freien Warenverkehr Rs. 120/78, *Rewe*, Slg 1979, 649, Rn 8 („In Ermangelung einer gemeinschaftlichen Regelung der Herstellung und Vermarktung... ist es Sache der Mitgliedstaaten, alle die Herstellung und Vermarktung... betreffenden Vorschriften für ihr Hoheitsgebiet zu erlassen..."); allgemein C-108/96, *Mac Queen*, Slg 2001, I-24 („Zwar bleiben die Mitgliedstaaten in Ermangelung einer Harmonisierung der im Ausgangsverfahren betroffenen Tätigkeiten *grundsätzlich befugt, die Ausübung dieser Tätigkeiten zu regeln*, jedoch müssen sie ihre Befugnisse in diesem Bereich unter Beachtung der durch den Vertrag garantierten Grundfreiheiten ausüben"); ebenso C-193/97 und C-194/97, *De Castro Freitas und Escallier*, Slg 1998, I-6747, Rn 23; C-58/98, *Corsten*, Slg 2000, I-7919, Rn 31.

[228] Oben bei Rn 63.

[229] C-193/97 und C-194/97, *De Castro Freitas und Escallier*, Slg 1998, I-6747, Rn 23; C-58/98, *Corsten*, Slg 2000, I-7919, Rn 31; C-210/06, *Cartesio*, Slg 2008, I-9641, Rn 112.

[230] *Ch. Teichmann*, ZGR 2011, 639, 649; *Klinke*, Kollisionsnormen und Gemeinschaftsrecht. Zur Architektur des europä-ischen Vaterhauses, in *Krüger/Mansel* (Hrsg.), Liber amicorum G. Kegel, 2002, 1, 21; *ders.*, FS G. Hirsch, 2008, 101, 109. Aber man darf das Prinzip nicht überstrapazieren, dazu *Wilderspin/Lewis*, Les relations entre le droit communautaire et les règles de conflits de lois des Etats membres, Rev. crit. d.i.p. 2002, 1, 20.

[231] Im übrigen dazu Rn 75 ff.

[232] *U. Forsthoff*, in: Grabitz/Hilf/Nettesheim, Das Recht der EU, Art. 45 AEUV, Rn 188 ff; *Ch. Teichmann*, ZGR 2011, 639, 653; *G. Bachmann*, AcP 210 (2010), 424, 428 ff.

[233] Oben Rn 60 ff.

[234] *U. Haltern*, Europarecht, 2. Aufl. 2007, Rn 1575, 1666; *G. Bachmann*, AcP 210 (2010), 424, 428.

[235] *G. Bachmann*, AcP 210 (2010), 424, 431 (der EuGH muss nicht nur in jedem Verdachtsfall einer grundfreiheitswidrigen mitgliedstaatlichen Beschränkung den vorgebrachten Rechtfertigungsgrund prüfen, sondern vor allem, im Rahmen der Verhältnismäßigkeitsprüfung, dessen Erforderlichkeit).

[236] *U. Forsthoff*, in: Grabitz/Hilf/Nettesheim, Das Recht der EU, Art. 45 AEUV, Rn 194.

[237] *Ch. Teichmann*, ZGR 2011, 639, 653; *G. Bachmann*, AcP 210 (2010), 424, 432.

[238] Ausf. *U. Forsthoff*, in: Grabitz/Hilf/Nettesheim, Das Recht der EU, Art. 45 AEUV, Rn 198 ff, 220 ff; ähnlich *Ch. Teichmann*, ZGR 2011, 639, 654; *M. Habersack/D. Verse*, GesR, § 3, Rn 5 ff.

chung.²³⁹ Erfassen soll die Niederlassungsfreiheit, soweit sie als Beschränkungsverbot wirkt, nur die mitgliedstaatlichen Rechtsvorschriften, die spezifisch den **Marktzugang** behindern,²⁴⁰ für alle anderen soll eine Art Bereichsausnahme im Sinne der „Keck und Mithouard"-Rechtsprechung gelten.²⁴¹
Der Gedanke, analog zur „Keck und Mithouard"-Rechtsprechung die Kategorie von Rechtsvorschriften, die nicht spezifisch den Marktzugang hindern, auf der Tatbestandsebene auszusortieren, besticht. Aber die Methode funktioniert nicht.²⁴² Zum einen erfasst die Niederlassungsfreiheit nicht nur reine Marktzugangsregelungen, sondern auch Ausübungsregeln, wobei beide Regelungskategorien im Hinblick auf ihre zugangsbeschränkende Wirkung nur schwer zu trennen sind. Die für den freien Warenverkehr entwickelte Rechtsprechung zur Bereichsausnahme für Verkaufsmodalitäten ist selbst im Bereich der Warenverkehrsfreiheit nicht weiterentwickelt worden.²⁴³ Zum anderen hat die EuGH-Rechtsprechung im Gegensatz zur Warenverkehrsfreiheit im Bereich der Niederlassungsfreiheit (wie auch bei allen anderen Freiheiten) keine Kriterien entwickelt, um marktzugangsneutrale und marktzugangshindernde Normen zu kategorisieren.²⁴⁴ 67
Die Niederlassungsfreiheit wirkt mithin auf die mitgliedstaatlichen Rechte ein. Sie untersagt den Mitgliedstaaten die Anwendung der eigenen Rechtsvorschriften, soweit diese im Einzelfall die grenzüberschreitende Mobilität einer Gesellschaft als auch die sich anschließende Ausübung der von ihr geschützten Tätigkeiten behindern. Insoweit wirkt sie sowohl auf das Sachrecht, dh das materielle Gesellschaftsrecht, wie das internationale Gesellschaftsrecht eines Mitgliedstaates ein. 68

III. Persönlicher, räumlicher und sachlicher Geltungsbereich. 1. Persönlicher und räumlicher Geltungsbereich. Art. 49 AEUV garantiert natürlichen Personen, die Staatsangehörige eines Mitgliedstaates sind, die Freiheit, sich (in der Form primärer oder sekundärer Niederlassung) in einem anderen Mitgliedstaat niederzulassen. Art. 54 Abs. 1 AEUV stellt ihnen die in Art. 54 Abs. 2 AEUV genannten Gesellschaften unter drei Voraussetzungen gleich: Sie müssen in einem Mitgliedstaat und nach dem Recht eines Mitgliedstaates gegründet worden sein, als Gesellschaft nach dem Recht eines Mitgliedstaates fortbestehen²⁴⁵ und ihren satzungsmäßigen Sitz, ihre Hauptverwaltung oder ihre Hauptniederlassung in der Union haben.²⁴⁶ Nur unter diesen Voraussetzungen ist für eine Gesellschaft im Sinne von Art. 54 Abs. 1 AEUV der Geltungsbereich der Niederlassungsfreiheit eröffnet und kann eine Gesellschaft die (primäre wie sekundäre) Niederlassungsfreiheit in Anspruch nehmen.²⁴⁷ 69

Allerdings wird man dies in Fällen relativieren müssen, in denen sich eine Gesellschaft gegen Wegzugshindernisse ihres Gründungsstaates wehrt. Zwar soll nach der „Cartesio"-Entscheidung²⁴⁸ eine Gesellschaft ihr Gründungsstatut verlieren (können), wenn die maßgebliche Anknüpfung (an den Verwaltungssitz bei der Sitztheorie, an den Satzungssitz bei der Gründungstheorie) verloren geht. Aber damit geht noch nicht zwangsläufig ihre Eigenschaft als Gesellschaft iSv Art. 54 Abs. 1 AEUV verloren.²⁴⁹ Denn die Rechtsprechung propagiert zugleich den identitätswahrenden Wegzug: kein Verlust des alten Gesellschaftsstatuts ohne Erwerb eines neuen. So unterliegt die **statutenwechselnde** grenzüberschreitende **Verwaltungssitzverlegung** (im Rahmen der Sitztheorie) insoweit der Niederlassungsfreiheit, als der Gründungsmitgliedstaat einen derartigen Wegzug nicht durch das Verlangen (vorzeitiger) Auflösung und Liquidation behindern darf.²⁵⁰ Problematischer ist die isolierte **statutenwechselnde Satzungssitzverlegung** (im Rahmen der Grün- 70

---

239 *Ch. Teichmann*, ZGR 2011, 639, 653, 654. Nach der „Keck und Mithouard"-Rspr (C-267/91 u. C-268/91, *Keck und Mithouard*, Slg 1993, I-6097) wird zwischen produkt- und vertriebsbezogenen („Verkaufsmodalitäten") mitgliedstaatlichen Rechtssätzen unterschieden, *U. Haltern*, Europarecht, 2. Aufl. 2007, Rn 1658. Verkaufsmodalitäten sind dazu „nicht geeignet ..., den Marktzugang für diese Erzeugnisse im Einfuhrmitgliedstaat zu versperren oder stärker zu behindern, als sie dies für inländische Erzeugnisse tun (C-384/93, *Alpine Investments*, Slg 1995, I-1141, Rn 37; C-171/08, *Kommission/Portugal*, Slg 2010, I-6817, Rn 66). Für sie gilt daher eine Bereichsausnahme, vgl *M. Dauses/A. Brigola*, in: M. Dauses (Hrsg.), C. I., Rn 158 ff.
240 Für die Warenverkehrsfreiheit *R. Streinz*, Europarecht, 9. Aufl. 2012, Rn 815, 816, 836, 838. Über die Verkaufsmodalitäten hinaus sind keine sonstigen Kategorien entwickelt worden.
241 Vgl *R. Streinz*, Europarecht, 9. Aufl. 2012, Rn 816 bei Fn. 60.
242 Vgl *Forsthoff*, in: Grabitz/Hilf/Nettesheim (Hrsg.), Art. 45 AEUV, Rn 222 ff.
243 Wie etwa auf Verwendungsmodalitäten, C-110/05, *Kommission/Italien*, Slg 2009, I-519 sowie C-142/05, *Mickelsson u. Roos*, Slg 2009, I-4273; *Forsthoff*, in: Grabitz/Hilf/Nettesheim (Hrsg.), Art. 45 AEUV, Rn 218; *W. Frenz*, Stand der Keck-Judikatur, WRP 2011, 1034; 1040; *A. Brigola*, Die Metamorphose der Keck-Formel in der Rspr des EuGH – Ein Eckpfeiler im System des freien Warenverkehrs in neuem Körper, EuZW 2012, 248; einschränkender *M. Dauses/A. Brigola*, in: M. Dauses (Hrsg.), Handbuch des EU-Wirtschaftsrechts, C. I., Rn 158 ff.
244 Die „Keck u. Mithouard"-Rspr ist nicht auf andere Freiheiten ausgedehnt worden, so bereits kritisch *P. von Wilmowsky*, Ausnahmebereiche gegenüber EG-Grundfreiheiten?, EuR 1996, 362, 370.
245 Zu den Voraussetzung der Gleichstellung von Gesellschaften und natürlichen Personen, *K. Schurig*, in: Krüger/Mansel (Hrsg.), Liber amicorum Gerhard Kegel, 2002, S 199, 205 ff.
246 Niederlassungsfreiheitsbegünstigt ist die Gesellschaft als solche, unabhängig von den Rechten der Gesellschafter, Anteilseigner oder der Geschäftsführung, *W.-H. Roth*, in: *Dauses* (Hrsg.), E. I, Rn 58; zu den Tatbestandselementen im einzelnen *Ch. Teichmann*, ZGR 2011, 639, 658 ff.
247 C-371/10, *National Grid Indus*, 29.11.2011, Rn 30.
248 C-210/06, *Cartesio*, Slg 2008, I-9641, Rn 110; Einzelheiten unten Rn 101.
249 In diesem Sinne aber *M. Habersack/D. Verse*, GesR, § 3, Rn 20 aE unter Bezug auf Müko-GmbHG/*Weller*, Einl. Rn 364.
250 C-210/06, *Cartesio*, Slg 2008, I-9641, Rn 112.

dungstheorie). Behält die Gesellschaft ihren Verwaltungssitz im Gründungsstaat und verlegt nur ihren Satzungssitz, fehlt es an der tatsächlichen Ausübung einer wirtschaftlichen Tätigkeit mittels einer festen Einrichtung im Aufnahmemitgliedstaat und damit an einem wesentlichen Element des Niederlassungsbegriffs[251]

71 Alle drei (alternativ zu verstehenden) Anknüpfungselemente des Sitzes (satzungsmäßiger Sitz, [Sitz der] Hauptverwaltung oder [Sitz der] Hauptniederlassung) dienen dazu, wie die Staatsangehörigkeit bei natürlichen Personen,[252] die Zugehörigkeit zu der Rechtsordnung eines Mitgliedstaates herzustellen.[253] Nur eine mitgliedstaatliche Rechtsordnung kann nämlich (als Gründungsstatut) einer Gesellschaft Rechtspersönlichkeit und Rechtsfähigkeit verleihen und den Fortbestand ihrer Existenz garantieren.[254] Gründung und Fortbestand (Existenz) einer Gesellschaft sind Sache des (internationalen wie materiellen) Gesellschaftsrechts des Gründungsstaates, da eine Gesellschaft nur durch das Recht eines Mitgliedstaates, dh des Gründungsstaates, existiert. Nur eine nach den Rechtsvorschriften eines Mitgliedstaates gegründete und bestehende Gesellschaft iSv Art. 54 Abs. 1 AEUV kann die Niederlassungsfreiheit für sich in Anspruch nehmen. Über diese **Vorfragen** entscheidet das internationale und materielle nationale Gesellschaftsrecht.[255]

72 Dem Sitzerfordernis in Art. 54 Abs. 1 AEUV kommt sodann im Rahmen der sekundären Niederlassungsfreiheit Bedeutung für die **Ansässigkeit** von Gesellschaften zu. Das Erfordernis des Verwaltungssitzes in (einem Mitgliedstaat) der Union garantiert für Gesellschaften die (in Art. 49 Abs. 1 AEUV für natürliche Personen ausdrücklich aufgeführte) Ansässigkeit in der EU- und schließt damit nach dem Recht eines Mitgliedstaates gegründete, aber in einem Drittstaat ansässige Gesellschaften aus dem Kreis der Niederlassungsfreiheitsbegünstigten aus.[256] Darüber hinaus verlangt die Rechtsprechung nicht, dass eine Gesellschaft einen Verwaltungssitz im Herkunftsmitgliedstaat haben muss.[257]

73 Daneben ist für beide, natürliche Personen wie Gesellschaften, ungeschriebenes Tatbestandselement der (sekundären) Niederlassungsfreiheit ihre tatsächliche **Ansässigkeit im Aufnahmestaat**, bezweckt doch die Niederlassungsfreiheit die Eingliederung in die Wirtschaft des Aufnahmemitgliedstaates.[258] Daher beinhaltet der Begriff der Niederlassung die tatsächliche Ausübung einer wirtschaftlichen Tätigkeit mittels einer festen Einrichtung im Aufnahmemitgliedstaat auf unbestimmte Zeit.[259] Für Gesellschaften setzt dies im Kern die tatsächliche Ansiedlung der betreffenden Gesellschaft und die Ausübung einer wirklichen wirtschaftlichen Tätigkeit im Aufnahmemitgliedstaat voraus.

74 Alle drei Anknüpfungspunkte sind nach dem AEUV gleichrangig.[260] Diese Gleichrangigkeit der Anknüpfungselemente im internationalen Gesellschaftsrecht hat allerdings unter der EuGH-Rechtsprechung zur Niederlassungsfreiheit gelitten.

75 **2. Sachlicher Geltungsbereich.** Dem Wortlaut des Art. 49 AEUV nach gewährleistet die Niederlassungsfreiheit für natürliche wie bestimmte juristische Personen (Staatsangehörige eines Mitgliedstaates wie nach

---

251 C-378/10, *Vale*, 12. Juli 2012, Rn 34; C-196/04, *Cadbury Schweppes*, Slg 2006, I-7995, Rn 54; S. Leible/J. Hoffmann, BB 2009, 58, 61; M. Habersack/D. Verse, GesR, § 3, Rn 20 aE unter Verweis auf MüKo-GmbHG/*Weller*, Einl., Rn 364; zu allem ausf. M. Lutter/W. Bayer/J. Schmidt, § 6, V. 1. b), Rn 59.

252 Was bei natürlichen Personen die Staatsangehörigkeit ist, ist bei Gesellschaften (juristischen Personen) der Sitz: die Verbindung zu einem bestimmten Mitgliedstaat und seiner Rechtsordnung (vgl C-208/00, *Überseering*, Slg 2002, I-9919, Rn 57; C-212/97, *Centros*, Slg 1999, I-1459, Rn 20: „... wobei ihr satzungsmäßiger Sitz, ihre Hauptverwaltung oder ihre Hauptniederlassung, ebenso wie die Staatsangehörigkeit bei natürlichen Personen, dazu dient, ihre Zugehörigkeit zur Rechtsordnung eines Mitgliedstaats zu bestimmen"; C-210/06, *Cartesio*, Slg 2008, I-9641, Rn 109 (kritisch zu diesem Vergleich M. Lutter/W. Bayer/J. Schmidt, § 6, Rn 42 mwN in Fn 156); in diesem Sinne auch die Urteile in den Rechtssachen C-311/08, *SGI*, Slg 2010, I-487, Rn 40; 79/85, *Segers*, Slg 1986, 2375, Rn 13, 270/83, *Kommission/Frankreich*, Slg 1986, 273, Rn 18; C-330/91, *Commerzbank*, Slg 1993, I-4017, Rn 13; C-264/96, *ICI*, Slg 1998, I-4695, Rn 20"); ferner C-311/97, *Royal Bank of Scotland*, Slg 1999, I-2651, Rn 23.

253 C-167/01, *Inspire Art*, Slg 2003, I-10155, Rn 97; Rs. 81/87, *Daily Mail*, Slg 1988, 5483, Rn 19, 20; C-212/97, *Centros*, Slg 1999, I-1459, Rn 20; 79/85, *Segers*, Slg 1986, 2375, Rn 13; 270/83, *Kommission/Frankreich*, Slg 1986, 273, Rn 18; C-330/91, *Commerzbank*, Slg 1993, I-4017, Rn 13; C-264/96, *ICI*, Slg 1998, I-4695, Rn 20 vgl J. Bröhmer, in: Callies/Ruffert (Hrsg.), EUV/AEUV, Art. 54 AEUV, Rn 5.

254 Rs. 81/87, *Daily Mail*, Slg 1988, 5483, Rn 19 („Jenseits der jeweiligen nationalen Rechtsordnung, die ihre Gründung und ihre Existenz regelt, haben sie keine Realität"); C-210/06, *Cartesio*, Slg 2008, I-9641, Rn 104, 109; C-371/10, *National Grid Indus*, 29. 11. 2011, Rn 26; C-387/10, *VALE Építési kft*, 12.7.2012, Rn 27; C-208/00, *Überseering*, Slg 2002, I-9919, Rn 67 bis 70; *Ch. Teichmann*, ZGR 2011, 639, 661.

255 C-371/10, *National Grid Indus*, 29. 11. 2011, Rn 27; ihm folgend C-378/10, *Vale*, 12. Juli 2012, Rn 29; ferner bereits C-210/06, *Cartesio*, Slg 2008, I-9641, Rn 109, C-208/00, *Überseering*, Slg 2002, I-9919, Rn 70. Einzelheiten unter Rn 158 ff.

256 *Ch. Teichmann*, ZGR 2011, 639, 665. Während für die Frage der Verknüpfung der Gesellschaft mit einer mitgliedstaatlichen Rechtsordnung alle drei Sitze gleichberechtigt in Frage kommen, vgl *Ch. Teichmann*, ZIP 2009, 393, 394, betrifft die Frage der Ansässigkeit (wegen des Zieles der Niederlassungsfreiheit, die Integration in die Wirtschaft des Aufnahmestaates zu gewährleisten) insoweit allerdings nur ihren (tatsächlichen) Verwaltungssitz.

257 C-212/97, *Centros* Slg 1999, I-1459, Rn 17; Rs. 79/85, *Segers*, Slg 1986, 2375, Rn 16; vgl aber dazu Rn 103 ff.

258 C-196/04, *Cadbury Schweppes*, Slg 2006, I-7995, Rn 54; C-378/10, *Vale*, 12. Juli 2012, Rn 34.

259 C-378/10, *Vale*, 12. Juli 2012, Rn 34, gestützt auf C-196/04, *Cadbury Schweppes*, Slg 2006, I-7995, Rn 54.

260 Rs. 81/87, *Daily Mail*, Slg 1988, 5483, Rn 20; vgl *Behrens*, IPRax 2004, 24, im Anschluss an die EuGH-Rspr.

Art. 54 Abs. 1 AEUV gleichgestellte Gesellschaften) „die Aufnahme und Ausübung selbstständiger Erwerbstätigkeiten" im Hoheitsgebiet eines anderen Mitgliedstaates. Damit ergeben sich bereits aus dem Wortlaut der Vorschrift die zwei Wirkungsbereiche der Niederlassungsfreiheit, Sicherung des Marktzugangs und Sicherung der Wirtschaftsbetätigung auf dem Markt des Aufnahmemitgliedstaates.

Die **Aufnahme** einer selbstständigen Erwerbstätigkeit erfolgt in Form der primären oder sekundären Niederlassungsfreiheit. Soweit es um spezifisch gesellschaftsrechtliche Tätigkeiten geht, garantiert Art. 49 AEUV **natürlichen Personen** im Rahmen der **sekundären Niederlassungsfreiheit** das Recht, in einem anderen Mitgliedstaat eine Gesellschaft nach dort geltendem Recht zu gründen, sich an einer bestehenden zu beteiligen oder im Wege der Agentur bzw Zweigniederlassung tätig zu werden.[261] Einer Gesellschaft iSv Art. 54 AEUV steht Gleiches offen, sie kann eine (unselbstständige) Agentur oder Zweigniederlassung eröffnen bzw eine (selbstständige) Tochtergesellschaft gründen (Art. 49 Abs. 1 AEUV). 76

Gesellschaften nehmen ihr Recht auf die **primäre Niederlassungsfreiheit** wahr, indem sie durch Sitzverlegung aus dem Herkunftsmitgliedstaat wegziehen und im Aufnahmestaat zuziehen. Sitzverlegung heißt im Hinblick darauf, dass die Niederlassungsfreiheit die Integration in die Wirtschaft des Aufnahmestaates bezweckt, Verlegung des Verwaltungssitzes als dem Sitz der tatsächlichen Verwaltung, um im Aufnahmemitgliedstaat ansässig zu werde. Sitzverlegung heißt im Hinblick auf das Gesellschaftsstatut des Gründungsstaates Verlegung des für die Anknüpfung an das Recht des Gründungsstaates massgeblichen Sitzes. 77

Die Niederlassungsfreiheit hilft **potenziell** nicht nur, wie Wortlaut und Zweck des Art. 49 AEUV nahe legen, gegenüber Zuzugsbeschränkungen des Aufnahmestaates, sondern auch gegen Wegzugsbeschränkungen des Gründungsstaates.[262] Voraussetzung ist allerdings, dass der persönliche und räumliche Geltungsbereich der Niederlassungsfreiheit eröffnet ist (dazu oben Rn 69 ff). Das ist grundsätzlich der Fall, solange die Gesellschaft nach dem Recht eines Mitgliedstaates fortbesteht. 78

Die Niederlassungsfreiheit erstreckt sie im Hinblick auf die **Ausübung** selbstständiger Erwerbstätigkeiten im Aufnahmemitgliedstaat grundsätzlich potenziell auf alle rechtmäßigen Erwerbstätigkeiten. Der sachliche Geltungsbereich der Niederlassungsfreiheit ist mithin weit gefasst. Daher erstreckt sich die Niederlassungsfreiheit selbst auf Regelungen auf vom Unionsrecht ursprünglich nicht erfassten Gebieten wie dem der direkten Steuern:[263] Gesellschaften[264] wie Gesellschafter[265] können sich daher gegenüber Steuern, die ihre geschützte Tätigkeiten weniger attraktiv gestalten, auf die Niederlassungsfreiheit bzw die Kapitalverkehrsfreiheit[266] berufen. 79

Man definiert mithin im Gegensatz zu den Verfechtern einer Bereichsausnahme nicht, welche Tätigkeiten einer bestimmten Gruppe von Wirtschaftsteilnehmern den Schutz der Niederlassungsfreiheit genießen, sondern fragt, ob eine bestimmte einzelstaatliche Rechtsvorschrift eine bestimmte Tätigkeit – ob sie nun traditionell von dieser Gruppe ausgeübt wird oder nicht – für diese untersagen[267] oder in irgendeiner Weise beschränken darf. Damit fallen nicht nur Rechtsvorschriften, die den Zugang zu einer selbstständigen Erwerbstätigkeit regeln, sondern auch solche zur Regelung ihrer Ausübung unter die Niederlassungsfreiheit.[268] 80

D. Niederlassungsfreiheit v. Internationales Gesellschaftsrecht

Literatur:
Ahrens, Quo vadis, societate? Das internationale Gesellschaftsrecht auf dem Prüfstand der EG-Niederlassungsfreiheit, RhNotZ 2003, 32; *A. Autenne*, Arrêt «National Grid Indus»: les taxes de sortie à l'épreuve de la liberté d'établissement, JDE 2012, 109; *dies./E.-J. Navez*, Cartesio: les contours incertains de la mobilité transfrontalière des sociétés révisités, CDE 2009, 91; *dies./M. De*

---

261 C-208/00, *Überseering*, Slg 2002, I-9919, Rn 56, 77.
262 C-371/10, *National Grid Indus*, 29. 11. 2011, Rn 31; C-210/06, *Cartesio*, Slg 2008, I-9641, Rn 112; anders noch die „Daily Mail"-Entscheidung, Rs. 81/87, *Daily Mail*, Slg 1988, 5483, Rn 24.
263 Leading case Rs. 270/83, *Kommission/Frankreich* («avoir fiscal»), Slg 1986, 273; dazu *Klinke*, ZGR 1994, 153, 160.
264 C-311/97, *Royal Bank of Scotland*, Slg 1999, I-2651; C-264/96, *ICI*, Slg 1999, I-4399; C-254/97, *Baxter*, Slg 1999, I-4809; C-307/97, *St. Gobain*, Slg 1999, I-6161; C-200/98, *X AB*, Slg 1999, I-826; C-251/98, *Baars*, Slg 2000, I-2787; C-141/99, *AMID*, Slg 2000, I-11619; C-35/98, *Verkooijen*, Slg 2000, I-4071; C-397/98 und C-410/98, *Metallgesellschaft Ltd sowie Hoechst AG, Hoechst (UK) Ltd/ Commissioners of Inland Revenue*, Slg 2001, I-1727; C-324/00, *Lankhorst-Hohorst*, Slg 2002, I-11779; C-168/01, *Bosal*, Slg 2003, I-9409; C-2537/03, *CLT-UFA*, Slg 2006, I-1831; C-446/03, *Marks & Spencer*, Slg 2005, I-10837.

265 C-436/00, *X and Y*, Slg 2002, I-10829; C-9/02, *De Lasteyrie du Saillant*, Slg 2004, I-2409, C-265/04, *Bouanich*, Slg 2006, I-923; C-268/03, *De Baeck*, Slg 2004, I-5961; C-292/04, *Meilicke e.a*, Slg 2007, I-1835.
266 Zur Rspr umfassend *Wathelet*, Les incidences de la libre circulation des personnes, des services et des capitaux sur la fiscalité directe nationale, JdT 2000, 761; *Lenaerts*, Die gemeinschaftsrechtliche Umrahmung der direkten Besteuerung, 66. Dt. Juristentag 2006, 1 = *Lenaerts/Bernardeau*, L'encadrement communautaire de la fiscalité directe, CDE 2007, 19.
267 Deutlich C-108/96, *Mac Quen*, Slg 2001, I-837 (nationale Rechtsvorschriften, nach denen Augenoptikern und den in Form von Handwerksunternehmen sowie kleinen und mittleren Handelsunternehmen ihren Beruf ausübenden Augenoptikern bestimmte Augenuntersuchungen untersagt sind).
268 *Streinz/Müller-Graff*, EUV/AEUV, Art. 49 AEUV, Rn 12; AA *Ch. Teichmann*, ZGR 2011, 639, 672.

Wolf, La mobilité transfrontalière des sociétés en droit européen: le cas particulier du transfert de siège social, CDE 2007, 647; *S. Balthasar,* Gesellschaftsstatut und Gläubigerschutz: ein Plädoyer für die Gründungstheorie, RIW 2009, 211; *D. Barthel,* Das Recht zum rechtsformwechselnden Umzug – zum Vorlagebeschluss des Obersten Gerichts Ungarn vom 17.6.2010 (EuGH Rs. C-378/10), EuZW 2011, 131; *ders.,* Die Niederlassungsfreiheit der Gesellschaften nach EuGH: „Cartesio", EuZW 2010, 316; *W. Bayer,* Die EuGH-Entscheidung „Inspire Art" und die deutsche GmbH im Wettbewerb der europäischen Rechtsordnungen, BB 2003, 2357; *W. Bayer/J. Schmidt,* Das Vale-Urteil des EuGH: Die endgültige Bestätigung der Niederlassungsfreiheit als „Formwechselfreiheit", ZIP 2012, 1481; *C. Behme,* Der grenzüberschreitende Formwechsel von Gesellschaften nach Cartesio und Vale, NZG 2012, 936; *P. Behrens,* Kommt der grenzüberschreitende Formwechsel von Gesellschaften? EuZW 2012, 121; *ders.,* Cartesio bestätigt, aber korrigiert Daily Mail, EuZW 2009, Heft 3, S. V; *ders,* From "real seat" to "legal seat": Germany's private company law revolution, Resolving international conflicts: liber amicorum Tibor Várady 2009, 45; *ders.,* Gemeinschaftsrechtliche Grenzen der Anwendung inländischen Gesellschaftsrechts auf Auslandsgesellschaften nach Inspire Art, IPRax 2004, 20; *ders.,* Die internationale Sitzverlegung von Gesellschaften vor dem EuGH; EuZW 2002, 129; *ders.,* Das internationale Gesellschaftsrecht nach dem Überseering-Urteil des EuGH und den Schlussanträgen zu Inspire Art, IPRax 2003, 193, 204 f; *N. Bergmann,* Niederlassungsfreiheit: Wegzug und Zuzug von Gesellschaften in der EU, ZEuS 2012, 233; *D. Beutel/M. Rehberg,* National Grid Indus – Schlusspunkt der Diskussion oder Quell neuer Kontroverse zur Entstrickungsbesteuerung?, IStR 2012, 94; *Biebl,* Sitzverlegung von juristischen Personen aus nationaler und europarechtlicher Sicht, in: Die Auswirkungen der Diskriminierungsverbote in der Praxis, 2003, 231; *Th. Biermeyer/F. Elsener/T. Fabio/F. Timba,* The compatibility of corporate exit taxation with European law: case C-371/10 National Grid Indus BV v. Inspecteur van de BelastingdienstRijnmond/kantoor Rotterdam, judgment of the Court (Grand Chamber) of 29 November 2011, ECFR 2012, 101; *Binge/Thölke,* Everything goes! Das deutsche internationale Gesellschaftsrecht nach „Inspire Art", DNotZ 2004, 21; *Bitter,* Die Rechtsfolgen der EuGH-Rechtsprechung in Sachen „Centros & CO": Zukunft der Gesellschafter- und Geschäftsführerhaftung, in: Europäisches Gesellschafts- und Steuerrecht, 2007, 25; *Ph. Bollacher,* Keine Verletzung der Niederlassungsfreiheit durch nationale Beschränkungen des Wegzugs von Gesellschaften, RIW 2009, 150; *L. Böttcher/J. Kraft,* Grenzüberschreitender Formwechsel und tatsächliche Sitzverlegung – Die Entscheidung VALE des EuGH, NJW 2012, 2701; *Brand,* Das Kollisionsrecht und die Niederlassungsfreiheit von Gesellschaften, JR 2004, 89; *W. Däubler/J. Heuschmid,* Cartesio und MoMiG – Sitzverlagerung ins Ausland und Unternehmensmitbestimmung, NZG 2009, 493; *Ebke,* Conflicts of corporate laws and the treaty of friendship, commerce and navigation between the United States of America and the Federal Republic of Germany, Liber amicorum Peter Hay, 2005, 119; *ders.,* Überseering und Inspire Art: die Revolution im Internationalen Gesellschaftsrecht, FS Thode, 2005, 593; *U. Ehricke,* „Inspire Art" – ein schmerzhafter Schritt auf dem Weg zur Niederlassungsfreiheit in der EU, EWS 2003, Heft 11, 1. S.; *H. Eidenmüller,* Wettbewerb der Gesellschaftsrechte in Europa, ZIP 2002, 2233, 2241; *ders.,* Gesellschaftsstatut und Insolvenzstatut, RabelsZ 70 (2006), 474; *ders.,* Geschäftsleiter- und Gesellschafterhaftung bei europäischen Auslandsgesellschaften mit tatsächlichem Inlandssitz, NJW 2005, 1618; *H. Eidenmüller/O. Rehm,* Niederlassungsfreiheit versus Schutz des inländischen Rechtsverkehrs: Konturen des Europäischen Internationalen Gesellschaftsrechts, ZGR 2004, 1559; *Fingerhuth-Rumpf,* MoMiG und die grenzüberschreitende Sitzverlegung – Die Sitztheorie ein (lebendes) Fossil?, IPRax 2008, 90; *Fischer,* Die Verlagerung des Gläubigerschutzes vom Gesellschafts- in das Insolvenzrecht nach „Inspire Art", ZIP 2004, 1477; *U. Forsthoff,* § 2 Mobilität von Gesellschaften im Binnenmarkt, in *Hirte/Bücker,* Grenzüberschreitende Gesellschaften, 2. Aufl. 2006; *ders.,* EuGH fördert Vielfalt im Gesellschaftsrecht – traditionelle deutsche Sitztheorie verstößt gegen Niederlassungsfreiheit, DB 2002, 2471; *ders.,* Die Tragweite des Rechtfertigungsgrundes aus Art 46 Abs 1 EG für Niederlassungsfreiheit, die Dienstleistungsfreiheit und für Gesellschaften, EWS, 2001, 59; *Franz,* Internationales Gesellschaftsrecht und deutsche Kapitalgesellschaften im In- bzw. Ausland, BB 2009, 1250; *R. Frenzel,* Immer noch keine Wegzugsfreiheit für Gesellschaften im Europäischen Binnenmarkt – die Cartesio-Entscheidung des EuGH, EWS 2009, 159; *H. Gesell/M. Krömker,* Grenzüberschreitende Verschmelzungen nach SEVIC: Praxisbericht über die Verschmelzung einer niederländischen auf eine deutsche Kapitalgesellschaft, DB 2006, 2558, *W. Goette,* Wo steht der BGH nach „Centros" und „Inspire Art"?, DStR 2005, 197; *U. Grohmann/N. Gruschinske,* Beschränkungen des Wegzugs von Gesellschaften innerhalb der EU – die Rechtssache Cartesio, EuZW 2008, 463; *S. Grundmann,* Die Struktur des Europäischen Gesellschaftsrechts von der Krise zum Boom, ZIP 2004, 2401; *B. Haar,* Binnenmarkt und europäisches Gesellschaftsrecht in der aktuellen Rechtsprechung des EuGH, GPR 2012, 137; *H. Hahn,* Überlegungen zum Urteil des EuGH in der Rechtssache National Grid Indus, 2012, 681; *H. Halbhuber,* Das Ende der Sitztheorie als Kompetenztheorie. Das Urteil des Europäischen Gerichtshofs in der Rechtssache C-208/00 (Überseering), ZEuP 2003, 418; *Handig,* Das Herkunftslandprinzip im Gesellschaftsrecht. Das EuGH-Erkenntnis „Inspire Art", WiBl. 2003, 561; *Hellgardt/Illmer,* Wiederauferstehung der Sitztheorie?, NZG 2009, 94; *Heiss,* Überseering: Klarschiff im internationalen gesellschaftsrecht?, ZVR 2003, 90; *S. Herrler/S. Schneider,* Grenzüberschreitende Verschmelzungen, in: *R. Süss* (Hrsg.), Handbuch des internationalen GmbH-Rechts, 2011; 237; *H. Hirte,* § 1, Die „Limited" mit Sitz in Deutschland - Abkehr von der Sitztheorie nach Centros, Überseering und Inspire Art, in: *Hirte/Bücker,* Grenzüberschreitende Gesellschaften, 2. Aufl. 2006; *ders.,* „Inspire Art" und die Folgen für das europäische und das nationale Recht, in: *Hopt/Tzouganatos* (Hrsg.), Europäisierung des Handels- und Wirtschaftsrechts, 2006, 3; *ders.,* EWS-Kommentar zu „Inspire Art", EWS 2003, 521; *K. J. Hopt,* Europäisches Gesellschaftsrecht: Quo vadis?, EuZW 2012, 481; *N. Horn,* Deutsches und europäisches Gesellschaftsrecht und die EuGH-Rechtsprechung zur Niederlassungsfreiheit - Inspire Art, NJW 2004, 893; *Izzo-Wagner,* Kollisionsrecht und Gesellschaftsrecht nach der EuGH-Rechtsprechung und europäischen Normgebung: Konsequenzen und grenzüberschreitende Sitzverlegungen nach Inspire Art und Restrukturierungen von Kapitalgesellschaften nach Sevic, der Verschmelzungsrichtlinie und SEStEG unter Berücksichtigung steuerrechtlicher Aspekte, 2009; *M. Jaensch,* Der grenzüberschreitende Formwechsel: Das EuGH-Urteil VALE, EWS 2012, 353; *ders.,* Der grenzüberschreitende Formwechsel vor dem Hintergrund der Rechtsprechung des EuGH, EWS 2007, 97; *ders,* Der grenzüberschreitende Formwechsel: das EuGH-Urteil Vale, EWS 2012, 353; *Kanzleiter,* Inspire Art. Die Konsequenzen, DNotZ 2003, 885; *Kern,* Überseering – Rechtsangleichung und Anerkennung, 2004; *Kersting/Schindler,* Die EuGH-Entscheidung „Inspire Art" und ihre Auswirkungen auf die Praxis, RdW 2003, 621; *E. M. Kieninger,* Sitztheorie bei Sitzverlegung schweizerischer AG – Trabrennbahn, NJW 2009, 289; *dies.,* Grenzüberschreitende Verschmelzungen in der EU – das Sevic-Urteil des EuGH, EWS 2006, 49; *dies.,* Internationales Gesellschaftsrecht nach „Centros", „Überseering" und „Inspire Art": Antworten, Zweifel und offene Fragen, ZEuP 2004, 685; *Kiethe,* Grenzüberschreitende Tätigkeit von Kapitalgesellschaften – Erhöhtes Risiko der persönlichen Haftung von Organmitgliedern, RIW 2004, 21; *P. Kindler,* Der reale Niederlassungsbegriff nach dem VALE-Urteil des EuGH, EuZW, 2012, 888; *ders.,* Cadbury-Schweppes: eine Nachlese zum internationalen Gesellschaftsrecht, IPRax 2010, 272; *ders.,* Internationales Gesellschaftsrecht 2009: MoMiG, Trabrennbahn, Cartesio und die Folgen, IPRax 2009, 189; *ders.,* Ende der Diskussion über die so genannte Wegzugsfreiheit, NZG 2009, 130; *ders.*, Welche Anknüpfungspunkte sollte ein künftiges internationales Gesellschaftsrecht verwenden?, in: Vorschläge und Berichte zur Reform des europäischen und deutschen internationalen Gesellschaftsrechts, 2007, 389; *ders.*, "Inspire Art" - Aus Luxemburg nichts Neues zum internationalen Gesellschaftsrecht, NZG 2003, 1086; *ders.*, "Anerkennung" der Scheinauslandsgesellschaft und Niederlassungsfreiheit, IPRax 2003, 41; *ders.*, Auf dem Weg zur Europäischen Briefkastengesellschaft? Die ÜberseeringEntscheidung des EuGH und das internationale Privatrecht, NJW 2003, 1073; *H.-G. Koppensteiner*, Grundfreiheiten und grenzüberschreitende Verschmelzung im Lichte aktueller EuGH-Rechtsprechung (Sevic), IStR 2006, 26; *ders.* Die Sitzverlegungsrichtlinie nach Centros, Festschrift Lutter, 2000, 141; *B. Knof/S. Mok*, Identitätswahrender Umzug deutscher Kapitalgesellschaften in Europa, GPR 2008, 134; *dies.*, Vereinbarkeit von Wegzugsbeschränkungen mit der Niederlassungsfreiheit ("Cartesio"), ZIP 2009, 30; *A. Körner*, Europarechtliches Verbot der Sofortbesteuerung stiller Reserven beim Transfer ins EU-Ausland, IstR 2012, 1; *Korom/Metzinger*, Freedom of Establishment for Companies: the European Court of justice confirms and refines its Daily Mail decision in the Cartesio Case C-210/06, ECFR 2009, 125; *R. Kovar*, Liberté d'établissement, fiscalité et transfert de siège social: la CJUE persiste, Rec. D. 2012, 784; *K. Kreuzer*, Die grenzüberschreitende Mobilität von Gesellschaften im Gemeinsamen Markt, 1994; *Kruse*, Sitzverlegung von Kapitalgesellschaften innerhalb der EG, 1997; *Kussmaul/Richter/Ruiner*, Grenzenlose Mobilität?! - Zum Zuzug und Wegzug von Gesellschaften in Europa, EWS 2009, 1; *Lehmann*, Fällt die Sitztheorie jetzt auch international?, RIW 2004, 816; *S. Leible*, Niederlassungsfreiheit und Sitzverlegungsrichtlinie, ZGR 2004, 531; *S. Leible/J.-Hoffmann*, Cartesio – fortgeltende Sitztheorie, grenzüberschreitender Formwechsel und Verbot materieller Wegzugsbeschränkungen, BB 2009, 58; *dies.*, Grenzüberschreitende Verschmelzungen im Binnenmarkt nach „Sevic", RIW 2006, 161; *dies.*, „Überseering" und das deutsche Gesellschaftskollisionsrecht, ZIP 2003, 925; *dies*, Wie inspiriert ist „Inspire Art"?, EuZW 2003, 677; *dies.*, Vom „Nullum" zur Personengesellschaft: die Metamorphose der Scheinauslandsgesellschaft im deutschen Recht, DB 2002, 2203; *dies.*, „Überseering" und das (vermeintliche) Ende der Sitztheorie, RIW 2002, 925; *Lüer*, Sitzverlegung einer inländischen Aktiengesellschaft ins Ausland, in: *Krüger/Mansel*, Liber amicorum Gerhard Kegel, 2002, 83; *Lutter*, Perspektiven des Gesellschaftsrechts in Deutschland und Europa, BB 2004, 3; *ders.*, „Überseering" und die Folgen, BB 2003, 7; *Luttermann*, Rechts- und Parteifähigkeit: Zur Vereinbarkeit der sog. „Sitztheorie" mit der europäischen Niederlassungsfreiheit, EWS 2000, 374; *Maul/Schmidt*, Inspire Art. Quo vadis Sitztheorie?, BB 2003, 2297; *W. Meilicke*, Zur Wegzugsfreiheit von Gesellschaften, GmbHR 2009, 92; *ders*, Die Niederlassungsfreiheit nach „Überseering", GmbHR 2003, 793; *H. Merkt*, Die Pluralisierung des europäischen Gesellschaftsrechts, RIW 2004, 1; *ders.*, Die Gründungstheorie gewinnt an Einfluss, RIW 2003, 458; *O. Mörsdorf*, The legal mobility of companies within the European Union through cross-border conversion, CMLR 2012, 629; *ders./Ch. Jopen*, Grenzüberschreitender Formwechsel einer Gesellschaft („Vale"), ZIP 2012, 1394; *ders.*, Was von Daily Mail übrig blieb: die Wegzugsbesteuerung von EU-Gesellschaften nach dem EuGH-Urteil National Grid Indus, EuZW 2012, 296; *L. Momen*, Auswirkungen des EuGH-Urteils in der Rs. National Grid Indus auf die deutsche Entstrickungsbesteuerung, RIW 2012, 302; *Mülsch/Nohlen*, Die ausländische Kapitalgesellschaft mit Verwaltungssitz im EG-Ausland, ZIP 2008, 1358; *E.-J. Navez*, Le traitement fiscal du transfert de résidence face à la liberté d'établissement des sociétés en droit de l' UE – De Daily Mail à National Grid Indus: évolution, révolution et au-delà? CDE 2011, 611; *C. Otte*, Folgen der Trennung von Verwaltungs- und Satzungssitz für die gesellschaftsrechtliche Praxis, BB 2009, 344; *W. G. Paefgen*, "Cartesio": Niederlassungsfreiheit minderer Güte : zum Urteil des EuGH vom 16.12.2008, WM 2009, 529; *ders.*, Umwandlung, europäische Grundfreiheiten und Kollisionsrecht, GmbHR 2004, 463; *ders.*, Auslandsgesellschaften und Durchsetzung deutscher Schutzinteressen nach „Überseering", DB 2003, 487; *ders.*, Gezeitenwechsel im Gesellschaftskollisionsrecht, WM 2003, 561; *K. Pantazatou*, National Grid Indus: The First Case on Companies' Exit Taxation, EBLR 2012, 945; *M. Piesskalla*, Verhinderbare Gesellschaftssitzverlegung in einen anderen Mitgliedstaat als den Gründungsmitgliedstaat, EuZW 2009, 75, 82; *G. Parleani*, Après l'arrêt Cartesio, l'arrêt Vale apporte de nouvelles précisions sur la mobilité intra-européenne par « transformation », Rev. Soc. 2012, 645; *Probst/Kleinert*, Schein-Auslandsgesellschaften. Erneute Betonung der Niederlassungsfreiheit durch den EuGH, MDR 2003, 1265; *Ratka/Wolfbauer*, Daily Mail: I am not dead yet, ZfRV 2009, 57; *Riegger*, Centros – Übersee – Inspire Art: Folgen für die Praxis, ZGR 2004, 510; *Röhricht*, Insolvenzrechtliche Aspekte im Gesellschaftsrecht, ZIP 2005, 505; *G. H. Roth*, Das Ende der Briefkastengründung? – Vale contra Centros, ZIP 2012, 1744; *ders.*, Die deutsche Initiative zur Kodifizierung der Gründungstheorie, Fs H. P. Westermann, 2008, 1345; *ders.*, Eine europäische Initiative zur Kodifizierung der Gründungstheorie, öRdW 2007, 206; *W.-H. Roth*, Grenzüberschreitender Rechtsformwechsel nach VALE , FS Hoffmann-Becking, 2013, 965; *ders.*, „Das Wandern ist des Müllers Lust..." – Zur Auswanderungsfreiheit für Gesellschaften in Europa, Festschrift Allkrich, 2005, 973, *ders.*, Internationales Gesellschaftsrecht nach Überseering, IPRax. 2003, 117; *ders.* „Centros": Viel Lärm um Nichts?, ZGR 2000, 311; *O. Sandrock*, Sitzrecht contra Savigny?, BB 2004, 897; *ders.*, Die Schrumpfung der Überlagerungstheorie. Zu den zwingenden Vorschriften des deutschen Sitzrechts, die ein fremdes Gründungsstatut überlagern können, ZvglRWiss 2003, 447; *ders.*, BB-Forum. Nach Inspire Art, was bleibt vom deutschen Sitzrecht übrig? BB 2003, 2588; *A. Schall/A. Barth*, Stirbt Daily Mail langsam? Zu den Folgen von EuGH C-371/10 (National Grid Indus) für Kollisionsrecht und Wegzugsbesteuerung, NZG 2012, 414; *Schanze/Jüttner*, Die Entscheidung für Pluralität: Kollisionsrecht und Gesellschaftsrecht nach der EuGH-Entscheidung „Inspire Art", AG 2003, 661; *C. Schmidt/Maul*, BB-Kommentar (zu Sevic), BB 2006, 12; *J. Schmidt*, Grenzüberschreitender Formwechsel im "Bermuda-Dreieck" von Sevic, Cartesio und Vale- steuert Generalanwalt Jääskinen mit den Schlussanträgen in der Rs. VALE den richtigen Kurs?, GPR 2012, 144; *K. Schmidt*, Verlust der Mitte durch „Inspire Art"? – Verwerfungen im Unternehmensrecht durch Schreckreaktionen der Literatur -, ZHR 168 (2004), 493; *Schneider*, Internationales Gesellschaftsrecht vor der Kodifizierung, BB 2008, 566; *Schnelle*, Die Regeln des deutschen Internationalen Gesellschaftsrechts in der Zusammenschau der Inspire-Art-Rechtsprechung des EuGH und der europäischen und deutschen Gesetzgebung, in: Balancing of Interests, Liber amicorum Peter Hay, 2005, 343; *W. Schön*, Das System der gesellschaftsrechtlichen Niederlassungsfreiheit nach VALE, ZGR 2013, 333; *M. Schulz*, (Schein-)Auslandsgesellschaften in Europa – ein Schein-Problem? NJW 2003, 2705; *Schulz/Sester*, Höchstrichterliche Harmonisierung der Kollisionsregeln im europäischen Gesellschaftsrecht. Durchbruch der Gründungstheorie nach „Überseering", EWS 2002, 545; *K. Schurig*, Unilateralistische Tendenzen im europäischen Gesellschaftskollisionsrecht, oder: Umgehung als Regelungsprinzip, in: *Krüger/Mansel* (Hrsg), Liber amicorum Gerhard Kegel, 2002, 199 (zit. Schurig in; Liber amicorum Kegel, 199); *M. M. Siems*, Sevic: Der letzte Mosaikstein im Internationalen Gesellschaftsrecht der EU?, EuZW 2006, 135; *ders.*, SEVIC: beyond cross-border mergers, EBOR, 2007, 307; *H. J. Sonnenberger/F. Bauer* (Hrsg.), Vorschläge und Berichte zur Reform des europäischen und deutschen internationalen Gesellschaftsrechts, vorgelegt im Auftrag der zweiten Kommission des deutschen Rats für internationales Privatrecht, Spezialkommission für die Neugestaltung des internationalen Gesellschaftsrechts auf europäischer/deutscher Ebene, 2007 = Vorschlag des Deutschen Rates für Internationales Privatrecht für eine Regelung des Internationalen Gesellschaftsrechts auf europäischer/nationaler Ebene, Beiheft 1 zu Heft 4, RIW 2006; *H. J.*

Sonnenberger, Europäische Herausforderungen des internationalen Gesellschaftsrechts, Festschrift Lagarde, 2005, 749; *Spindler/ Berner,* Der Gläubigerschutz im Gesellschaftsrecht nach Inspire Art, RIW 2004, 7; *dies.,* Inspire Art – der europäische Wettbewerb um das Gesellschaftsrecht ist endgültig eröffnet, RIW 2003, 949; *B. Steinrötter,* Einheitliche Anknüpfung an den Gründungsort im Internationalen Gesellschaftsrecht – wider die "Geschöpf-" und "Wechselbalgtheorie", GPR 2012, 119; *Straube/ Ratka,* Das „Herkunftslandprinzip" im EU-Gesellschaftsrecht nach der „Überseering"Entscheidung, ÖZIP 2003, 34; *R. Süss* (Hrsg.), Handbuch des internationalen GmbH-Rechts, 2. Aufl. 2011; *R. Süss,* Grundlagen des internationalen Gesellschaftsrechts, in R. Süss (Hrsg.), Handbuch des internationalen GmbH-Rechts, 2011; *Ch. Teichmann,* Der grenzüberschreitende Formwechsel ist spruchreif: das Urteil des EuGH in der Rs. Vale, DB 2012, 2085; *ders.,* Sitzverlegung, in: R. Süss (Hrsg.), Handbuch des internationalen GmbH-Rechts, 2011; *ders.,* Binnenmarktmobilität von Gesellschaften nach "Sevic", ZIP 2006, 355; *ders.,* Cartesio: Die Freiheit zum formwechselnden Wegzug, ZIP 2009, 393; *ders./P. Ptak,* Die grenzüberschreitende Sizverlegung aus deutschpolnischer Perspekive, ZIP 2010, 817; *Ch. Thiermann,* „Grenzüberschreitende Neugründung einer Gesellschaft" – ein neues Rechtsinstitut innerhalb der Europäischen Union?, EuZW 2012, 209; *ders.,* Möglichkeiten und Grenzen von Auslandsgesellschaften & Co., ZIP 2009, 988; *ders.,* Grenzüberschreitende Verschmelzungen deutscher Gesellschaften: das Spannungsfeld zwischen Gesellschaftsrecht und Niederlassungsfreiheit des AEUV nach "Cartesio", 2010; *Thüsing,* Deutsche Unternehmensmitbestimmung und europäische Niederlassungsfreiheit. Eine Skizze nach Centros, Überseering und Inspire Art, ZIP 2004, 381; *Trost,* Faktische Sitzverlegung unter Sitz- und Gründungstheorie im Vergleich, unter besonderer Berücksichtigung ihrer gesellschafts und zivilrechtlichen Folgewirkungen, 2002; *Trüten,* "Cartesio", oder die unvollendete Revolution im europäischen internationalen Gesellschaftsrecht, EuR 2009, 68; *G. Van Eck/E. R. Roelofs,* Vale: Increasing Corporate Mobility from Outbound to Inbound Cross-Border Conversion?, 2012, 319; *J. Vermeylen,* Arrêt «VALE Építési»: la mobilité transfrontalière du siège statutaire est-elle un droit?, JDE 2012, 276; *T. Wachter,* Zweigniederlassungen von EU-Auslandsgesellschaften im deutschen Handelsregister, in: R. Süss (Hrsg.), Handbuch des internationalen GmbH-Rechts, 2011, 61; *ders.,* Notwendigkeit eines Zweigniederlassungszusatzes bei inländischer Zweigniederlassung einer englischen plc, BB 2005, 1289; *ders.,* Auswirkungen des EuGH-Urteils in Sachen Inspire Art Ltd. auf Beratungspraxis und Gesetzgebung, GmbHR 2004, 88; *ders.,* Errichtung, Publizität, Haftung und Insolvenz von Zweigniederlassungen ausländischer Kapitalgesellschaften nach „Inspire Art", GmbHR 2003, 1254; *Wagner/Timm,* Der Referentenentwurf eines Gesetzesentwurfs zum Internationalen Privatrecht der Gesellschaften, Vereine und juristischen Personen, IPRax 2008, 81; *M.-P. Weller,* Internationales Unternehmensrecht 2010 – IPR-Methodik für grenzüberschreitende gesellschaftsrechtliche Sachverhalte –, ZGR 2010, 679, 697; *ders.,* Die Rechtsquellendogmatik des Gesellschaftskollisionsrechts, IPRax 2009, 202; *ders.,* Ausländische Staatsfonds zwischen Fusionskontrolle, Außenwirtschaftsrecht und Grundfreiheiten, ZIP 2008, 857; *ders.,* Kap. 21, Handels- und Gesellschaftsrecht, in: Zivilrecht unter europäischem Einfluss, 2. Aufl. 2010, 993; *ders.,* Europäische Rechtsformwahlfreiheit und Gesellschafterhaftung: zur Anwendung der Existenzvernichtungshaftung auf Scheinauslandsgesellschaften nach „Überseering" und „Inspire Art", 2004; *ders.,* Zum identitätswahrenden Wegzug deutscher Gesellschaften, IStR 2004, 1218; *ders.,* Scheinauslandsgesellschaften nach Centros, Überseering und Inspire Art. Ein neues Anwendungsfeld für die Existenzvernichtungshaftung, IPRax 2003, 207; *ders.,* „Inspire Art". Weitgehende Freiheiten beim Einsatz ausländischer Briefkastengesellschaften, DStR 2003, 1800; *ders.,* Das internationale Gesellschaftsrecht in der neuesten BGH-Rechtsprechung, IPRax 2003, 324; *ders.,* Einschränkung der Gründungstheorie bei missbräuchlicher Auslandsgründung?, IPRax 2003, 520; *Weng,* Die Rechtssache Cartesio – das Ende Daily Mails, EWS 2008, 264; *Wymeersch,* The transfer of the company's seat in European company law, CMLR 40 (2003), 661; *H. Wiehe/A. Thies,* Sitzverlegung nach Luxemburg in der Praxis, BB 2012 1891; *Wilhelmi,* Anm. zu Cartesio, JZ 2009, 411; *ders.,* Der Wegzug von Gesellschaften im Lichte der Rechtsprechung des EuGH zur Niederlassungsfreiheit, DB 2008, 1611; *D. Zimmer,* Fragen zum internationalen Gesellschaftsrecht, in: Vorschläge und Berichte zur Reform des europäischen und deutschen internationalen Gesellschaftsrechts, 2007, 371; *ders.,* Unternehmerische Mitbestimmung bei Auslandsgesellschaften mit Inlandssitz?, Gedächtnisschrift Heinze, 2005, 1123; *ders.,* Grenzüberschreitende Rechtspersönlichkeit, ZHR 2004, 355; *ders.,* Ein internationales Gesellschaftsrecht für Europa, RabelsZ 67 (2003), 298; *ders.* Wie es Euch gefällt? Offene Fragen nach dem Überseering-Urteil des EuGH, BB 2003, 1; *ders.* Nach „Inspire Art". Grenzenlose Gestaltungsfreiheit für deutsche Unternehmen? NJW 2003, 3585; *ders.,* Aufsicht bei grenzüberschreitenden Übernahmen, ZGR 2002, 731; *ders./Naendrup,* Das Cartesio-Urteil des EuGH: Rück- oder Fortschritt für das internationale Gesellschaftsrecht, NJW 2009, 545; *Ziemons,* Freie Bahn für den Umzug von Gesellschaften nach Inspire Art?, ZIP 2003, 1913.

81 **I. Niederlassungsfreiheit und Mobilität von Gesellschaften im Binnenmarkt.** Soweit eine **in einem Mitgliedstaat** ansässige Gesellschaft **ohne Sitzverlegung** in anderen Mitgliedstaaten (Aufnahmestaaten) tätig werden will, steht ihr die **sekundäre Niederlassungsfreiheit** offen. Sie kann dort durch unselbstständige Agenturen oder Zweigniederlassungen als auch durch selbstständige Tochtergesellschaften wirtschaftlich tätig werden. Letztere sind insofern gesellschaftsrechtlich unproblematisch, als sie dem Recht des Mitgliedstaates ihrer Ansässigkeit unterliegen. Die Ausübung ihrer wirtschaftlichen Betätigung unterliegt zwar dem Aufnahmestaat, gegen beschränkende Maßnahmen kann sie sich indes auf die Niederlassungsfreiheit berufen.[269] Ihr Recht, ihre Niederlassungsfreiheit gem. Art. 49 Abs. 1 S. 2 AEUV durch eine sekundäre Niederlassung auszuüben, indem sie zB (unselbstständige) Zweigniederlassungen bzw (selbstständige) Tochtergesellschaften in einem anderen Mitgliedstaat gründet, bleibt jedoch in jedem Fall von der Möglichkeit oder Unmöglichkeit, ihren Sitz in einen anderen Mitgliedstaat zu verlegen, unberührt.

82 Eine Gesellschaft übt ihre grenzüberschreitende Mobilität in Form primärer Niederlassungsfreiheit durch (grenzüberschreitende) **Sitzverlegung** oder **Verschmelzung**[270] aus.

---

[269] C-167/01, *Inspire Art*, Slg 2003, I-10155.
[270] Vgl *P.-Ch. Müller-Graff*, Gesellschaftsrecht als Teil des sich entwickelnden europäischen Wirtschaftsordnungsrechts, in: P.-Ch. Müller-Graff/Ch. Teichmann (Hrsg.), Europäisches Gesellschaftsrecht auf neuen Wegen, 2010, 9, 18; zur Verschmelzung C-411/03, *SEVIC*, Slg 2005, I-10805 auf Vorlage LG Koblenz, GmbHR 2003, 1213; dazu in diesem Kommentar *Braunfels*, Kapitel Nr. 11: Umwandlungsrecht, Rn 3.

Soweit eine Gesellschaft ihren Sitz von einem Mitgliedstaat in einen anderen verlegen will, kommt die **primäre Niederlassungsfreiheit** ins Spiel, wenn ihr Wegzug aus einem Mitgliedstaat bzw ihr Zuzug in einen (anderen) Mitgliedstaat von mitgliedstaatlichen Rechtsvorschriften behindert oder verhindert wird. Kann die Mobilität potenziell von jeder materiellrechtlichen wie internationalrechtlichen mitgliedstaatlichen Rechtsvorschrift[271] behindert werden, so erweist sich in der Praxis das internationale Gesellschaftsrecht sowohl des Mitgliedstaates, aus dem die Gesellschaft wegzieht, als auch das des Mitgliedstaates, in den die Gesellschaft zieht, als entscheidende Mobilitätsschranke: sowohl Wegzugs- als auch Zuzugsmitgliedstaat entscheiden nach ihrem internationalen und materiellen Gesellschaftsrecht in Anwendung der im jeweiligen Staat geltenden Anknüpfung (**Gründungstheorie, Sitztheorie**), ob und unter welchen Bedingungen eine Gesellschaft ihren Sitz verlegen darf.[272] Nur wenn beide betroffene Rechte eine Sitzverlegung zulassen,[273] kann eine Gesellschaft in einem anderen Mitgliedstaat ansässig werden. Naturgemäß ist die EuGH-Rechtsprechung bei Sitzverlegung allerdings immer nur im Hinblick auf das Recht eines der beiden Staaten befasst, also mit Zuzugsproblemen oder Wegzugsproblemen. 83

Erweist sich in diesen Fällen grenzüberschreitender Mobilität durch Sitzverlegung und Verschmelzung die Ausgestaltung des **internationalen Gesellschaftsrechts**, insbesondere in Form der Anwendung der Sitztheorie, als Behinderung bzw Verhinderung der Niederlassungsfreiheit, so nimmt die EuGH-Rechtsprechung die Anknüpfung des jeweiligen mitgliedstaatlichen Gesellschaftskollisionsrechts nach der Gründungs- oder Sitztheorie als Datum hin. Welche Anknüpfung in Anwendung von Gründungs- oder Sitztheorie dazu führt, dass eine Gesellschaft ihre Rechtsform bei grenzüberschreitender Sitzverlegung beibehält oder verliert, ist dem EuGH bewusst, findet allerdings ihren Niederschlag nur im Tatbestand des Urteil. Für die Beurteilung der Vereinbarkeit mit der Niederlassungsfreiheit knüpft er hingegen allein an die **Rechtsfolgen** der jeweiligen Anknüpfungstheorie an und unterscheidet im Rahmen der Niederlassungsfreiheit zwischen **statuten- (oder form-)wahrendem** und **statuten- (oder form-)wechselndem** Wegzug und Zuzug (Einzelheiten unter Rn 93 ff). 84

Gegen eine derartige Beschränkung der Niederlassungsfreiheit durch die jeweilige internationalgesellschaftsrechtliche Anknüpfung kann sich eine Gesellschaft auf diese Grundfreiheit nur berufen, soweit es sich um eine nach den Rechtsvorschriften eines Mitgliedstaates gegründete und fortbestehende Gesellschaft iSv Art. 54 Abs. 1 AEUV handelt. Die Beantwortung dieser **Vorfrage**[274] zum Geltungsbereich der Niederlassungsfreiheit überlässt das Unionsrecht dem jeweiligen mitgliedstaatlichem internationalen wie materiellen Gesellschaftsrecht. 85

Mithin wird das internationale Gesellschaftsrecht zweifach relevant. Einerseits wird die **Vorfrage**, ob für die in Rede stehende Gesellschaft der Geltungsbereich der Niederlassungsfreiheit eröffnet ist, mithilfe des internationalen Gesellschaftsrechts der Mitgliedstaaten beantwortet. Andererseits wird eine mögliche Beschränkung der Niederlassungsfreiheit durch mitgliedstaatliches Gesellschaftskollisionsrecht nur nach dessen (niederlassungsfreiheitsbeschränkender) **Wirkung** beurteilt. Die Rechtsprechung des EuGH verschränkt beide Aspekte, die Eröffnung des Anwendungsbereichs der Niederlassungsfreiheit und der der die Niederlassungsfreiheit beschränkenden Wirkung des mitgliedstaatlichen Kollisionsrechts, miteinander, was nicht der Klarheit dient. 86

Insoweit internationales Gesellschaftsrecht und Niederlassungsfreiheit aufeinanderstoßen, als sich mitgliedstaatliches Gesellschafts(kollisions)recht niederlassungsbeschränkend auswirkt, prallen zwei unterschiedliche Konzepte aufeinander.[275] Das internationale Gesellschaftsrecht sucht nach dem räumlich besten Gesellschaftsrecht[276] anhand der jeweiligen kollisionsrechtlichen Interessen. Gründungstheorie und Sitztheorie stehen sich entgegen. Erstere kommt den Parteiinteressen entgegen, letztere den Verkehrsinteressen.[277] Das traditionelle deutsche Recht hat sich für die Anknüpfung an den Verwaltungssitz entschieden (Sitztheorie), weil er den Verkehrsinteressen dient.[278] Im Hinblick auf die Niederlassungsfreiheit geht es indes nicht um kollisionsrechtliche Interessen, sondern um die Überwindung der Territorialität mitgliedstaatlicher Rechte: Die nach einem mitgliedstaatlichen Recht gegründete Gesellschaft soll als solche unter ihrer Ursprungsidentität im gesamten EU-Binnenmarkt wirtschaftlich tätig werden können. Dem steht die Sitztheorie als Ausfluss des Territorialitätsprinzips generell entgegen. 87

---

271 So in der *Daily Mail*- und *National Grid Indus*- Entscheidung, wo der Wegzug am Steuerrecht scheiterte.
272 *Behrens*, in: *Dauses*, E. III., Rn 2. Unten Rn 93 ff.
273 Zu Recht OLG Nürnberg, 12 W 2361/11, ZIP 2012, 572, sub II 2. a).
274 C-371/10, *National Grid Indus*, 29.11.2011, Rn 26; ihm folgend C-378/10, *Vale*, 12. Juli 2012, Rn 28; ferner bereits C-210/06, *Cartesio*, Slg 2008, I-9641, Rn 109. Vgl oben Rn 71.
275 Vgl die Auseinandersetzung zwischen *P. Kindler*, NZG 2011, 1180 und *S. Grundmann*, NZG 2012 419 (anlässlich der Bespr. von *S. Grundmann*, Europäisches Gesellschaftsrecht, 2. Aufl. 2011 durch den Erstgenannten).
276 *Kegel/Schurig*, § 2 I, 131.
277 *Kegel/Schurig*, § 2 II, 134 (Parteiinteressen), 137 ff (Verkehrsinteressen).
278 *Kegel/Schurig*, § 7 II, 573.

88 Soweit eine Rechtsnorm des internationalen wie materiellen Gesellschaftsrechts niederlassungsfreiheitswidrig wirkt, stellt der EuGH deren Unvereinbarkeit mit Artt. 49, 54 AEUV fest. Wie der niederlassungsfreiheitskonforme Zustand dann kollisionsrechtlich herzustellen ist, bleibt ausschließlich dem betroffenen nationalen Recht überlassen.[279] Rücksicht auf die der Beschränkung zugrunde liegenden rechtstheoretischen Vorstellungen wie die systematische Einordnung der nationalen Rechtsvorschrift beschränkender Wirkung nimmt das Unionsrecht nicht, könnte es auch erst auf der Rechtfertigungsebene. Aber dort gehören Systemüberlegungen nicht zu den (eine Beschränkung rechtfertigenden) Allgemeininteressen.

89 Die Einwirkung der Niederlassungsfreiheit auf das der mitgliedstaatlichen Regelungshoheit (des Gesetzgebers wie der Rechtsprechung) unterliegende internationale Gesellschaftsrecht wird vornehmlich unter drei Gesichtspunkten diskutiert:[280] Es geht um seine Umgestaltung unter dem Druck der Niederlassungsfreiheit, soweit es die Sitztheorie anwendet; es geht um die Zulässigkeit von Briefkastengesellschaften, die im Mitgliedstaat ihrer Gründung keine Wirtschaftstätigkeit ausüben, obwohl sie weiterhin deren Statut unterliegen; und es geht um das Sonderproblem der Zulässigkeit grenzüberschreitender Verschmelzung und Umwandlung im Zuzugsstaat.

90 **II. Niederlassungsfreiheit als eigene Kollisionsnorm des EU-Rechts?** Das Verständnis des Zusammenspiels von Niederlassungsfreiheit und internationalem Gesellschaftsrecht bei Wegzug und Zuzug einer Gesellschaft eines Mitgliedstaates wird dadurch erschwert, dass die Niederlassungsfreiheit vielfach als **versteckte Kollisionsnorm**[281] begriffen wird, die auf das Recht des Gründungs- (bzw Herkunfts-)Landes verweist. Als solche soll sie eine Sachnormverweisung[282] enthalten.

91 Indes fehlt der Niederlassungsfreiheit ebenso wie den übrigen Grundfreiheiten der Charakter als Kollisionsnorm.[283] Soweit allein „nach den Rechtsvorschriften eines Mitgliedstaates gegründeten Gesellschaften" (Art. 54 Abs. 1 AEUV) in den Genuss der Niederlassungsfreiheit kommen, ist dieses Erfordernis ebenso wie das Erfordernis eines der in dieser Vorschrift genannten Sitzes von Gesellschaften in der EU (Satzungssitz, Sitz der Hauptverwaltung bzw der Hauptniederlassung) Verweis auf die existenzielle Verankerung der für die Inanspruchnahme der Dienstleistungsfreiheit in Frage kommenden Gesellschaften im nationalen Recht eines Mitgliedstaates und definiert zugleich den Geltungsbereich der Niederlassungsfreiheit für die juristischen Personen, die in den Genuss dieser Freiheit kommen können.[284] Art. 54 AEUV enthält aber keine Aussage darüber, wie das auf eine Gesellschaft anwendbare Recht als ihr maßgebliches Gründungs- und damit Gesellschaftsstatuts bestimmt wird, dh wie eine Gesellschaft mit dem Recht eines Mitgliedstaates verknüpft ist. Diese Fragen sind nach der EuGH-Rechtsprechung Vorfragen und als solche vom internationalen Gesellschaftsrecht des betroffenen Mitgliedstaates zu entscheiden.[285]

92 Entscheidet das materielle Recht eines Mitgliedstaates als Gründungsstatut über das wirksame Entstehen und Fortbestehen einer Gesellschaft, so ist es Sache des internationalen Gesellschaftsrechts eines jeden Mitgliedstaates, über die (kollisionsrechtliche) Vorfrage des maßgeblichen Gesellschaftsrechts als maßgeblichem Gründungsrecht (Gründungsstatut) und Gesellschaftsstatut zu entscheiden.[286] Auf beide, das internationale Gesellschaftsrecht wie das von ihm berufene Sachrecht, wirkt die Niederlassungsfreiheit ein.

93 **III. Allgemeines Gesellschaftskollisionsrecht.** Soweit Gesellschaftskollisionsrecht (als Vorfrage zur Geltung der Niederlassungsfreiheit sowie als ihre Beschränkung bei der grenzüberschreitenden Sitzverlegung) zu prüfen ist, gelten die allgemeinen Lehren des internationalen Gesellschaftsrechts: Eine Gesellschaft verdankt als juristische Person Rechtsfähigkeit und damit ihre Existenz und deren Fortbestand einem bestimmten nationalen Recht, nämlich dem, zu dem eine Anknüpfung besteht (Gesellschaftsstatut).[287] Anknüpfungselement für das für eine Gesellschaft maßgebliche einzelstaatliche Recht kann einer der in Art. 54 Abs. 1 AEUV aufgezählten Sitze sein. Das internationale Gesellschaftsrecht jedes Mitgliedstaates entscheidet autonom über den für das Gesellschaftsstatut maßgeblichen Sitz als Anknüpfungselement sowohl hinsichtlich

---

279 Zu Recht *Forsthoff* in: Hirte/Bücker, § 2, Rn 36 mit umf. Nachw.
280 Vgl *Ch. Teichmann*, ZGR 2011, 639, 642.
281 *M.-Ph. Weller*, ZGR 2010, 679, 697; *P. Behrens*, IPRax 2003, 193, 204 f; *H. Eidenmüller*, ZIP 2002, 2233, 2241; *S. Leible/J. Hoffmann*, RIW 2002, 925, 930 ff, 936; *dies.*, ZIP 2003, 925, 926; *Forsthoff*, in: *Grabitz/Hilf/Nettesheim* (Hrsg.), Art. 54 AEUV, Rn 13; aA *Ch. Teichmann*, ZGR 2011, 639, 677; *G. Bachmann*, AcP 210 (2010), 424, 440; *H. P. Mansel*, RabelZ 70 (2006), 651, 671 ff; vgl *U. Klinke*, Kollisionsnormen und Gemeinschaftsrecht.Zur Architektur des europäischen Vaterhauses, Liber Amicorum K. Kegel, 2002, 1, 21 f (Kollisionsnormen des öffentlichen Rechts); *ders.*, Über Grundfreiheiten, Kollisions- und Privatrecht in der EG, Festschrift für G. Hirsch, 2008, 101, 105 ff, 108 (einschränkender); *ders.*, Europa und Zivilrecht heute – eine Skizze, Liber Amicorum K. Schurig, 2012, 105 (Kollisionsnormcharakter ablehnend).
282 So *Forsthoff*, in: Grabitz/Hilf/Nettesheim (Hrsg.), Art. 54 AEUV, Rn 12.
283 MüKo-BGB/*Kindler*, Bd. 11, 5. Aufl. 2010, A. VI., Rn 136 ff; *Ch. Teichmann*, ZGR 2011, 639, 677.
284 C-371/10, *National Grid Indus*, 29.11.2011, Rn 26; vgl unten Rn 109 ff.
285 C-371/10, *National Grid Indus*, 29. 11. 2011, Rn 26; Rs. 81/87, *Daily Mail*, Slg 1988, 5483, Rn 19-23; C-208/00, *Überseering*, Slg 2002, I-9919, Rn 67-70; C-210/06, *Cartesio*, Slg 2008, I-9641, Rn 109; C-378/10, *Vale*, 12. Juli 2012, Rn 28. Einzelheiten unter Rn 71.
286 C-210/06, *Cartesio*, Slg 2008, I-9641, Rn 109; *Ch. Teichmann*, ZGR 2011, 639, 661.
287 Rs. 81/87, *Daily Mail*, Slg 1988, 5483, Rn 19; C-208/00, *Überseering*, Slg 2002, I-9919, Rn 67.

der Gründung der Gesellschaft als auch hinsichtlich der Fortgeltung ihres Gesellschaftsstatuts und damit der Existenz der Gesellschaft.[288] Eine Sitzverlegung ist internationalprivatrechtlich immer dann von Bedeutung, wenn sie sich auf das jeweilig existierende Gesellschaftsstatut der Gesellschaft auswirkt.[289]
In Anwendung der (u.a. in Deutschland geltenden) **Sitztheorie**[290] ist Gesellschaftsstatut[291] das am tatsächlichen Verwaltungssitz[292] geltende Gesellschaftsrecht; nach der (u.a. im Vereinigten Königreich, den Niederlanden und Dänemark) geltenden **Gründungstheorie** ist Gesellschaftsstatut das Gründungsrecht,[293] dh bei Kapitalgesellschaften das des Registerortes[294] bzw des Satzungssitzes.[295]

94

Verlegt eine Gesellschaft ihren **tatsächlichen Verwaltungssitz** in einen anderen Staat, geht sie unter, wenn der Wegzugsstaat[296] der **Sitztheorie**[297] folgt; denn die Sitzverlegung führt hier unabhängig vom Gellschaftskollisionsrecht des Aufnahmestaates zum Verlust des Gründungsstatuts und damit zum Statutenwechsel. Statutenwechsel bedeutet, dass die Gesellschaft ihre Rechtspersönlichkeit verliert, mit der Folge ihrer Auflösung und Liquidation. Eine solche Gesellschaft bleibt aber bestehen, wenn Zuzugs- und Wegzugsstaat der **Gründungstheorie** huldigen[298] bzw wenn nach Wegzug aus einem Staat der Sitztheorie die Gründungstheorie des Zuzugsstaates auf das Gründungsrecht des Sitztheoriestaates zurückverweist[299] und dieser die Rückverweisung annimmt.[300] Unter der Gründungstheorie führt die Verlegung des Sitzes der tatsächlichen Verwaltung nicht zum Statutenwechsel, die Gesellschaft existiert daher unverändert fort, die Sitzverlegung ist statutswahrend. Zum Statutenwechsel führt in Anwendung der Gründungstheorie allerdings die grenzüberschreitende Verlegung des Satzungssitzes.

95

IV. Überblick über die EuGH-Rechtsprechung. Die Lehre unterscheidet zwischen Entscheidungen, die den Wegzug von Gesellschaften regeln (**Daily Mail**,[301] **Cartesio**,[302] und **National Grid Indus**),[303] und solchen

96

---

288 Ausdr. bestätigt in C-210/06, *Cartesio*, Slg 2008, I-9641, Rn 109, 110; C-371/10, *National Grid Indus*, 29. 11. 2011, Rn 26.
289 Dazu *Grundmann*, GesR, § 22, Rn 775; vgl auch *Behrens*, ZGR 1994, 1, 7.
290 Statt vieler *Kegel/Schurig*, § 17 II, 501 ff; *Eidenmüller/Eidenmüller*, Ausländische Kapitalgesellschaften, § 1, Rn 4 ff; Die Sitztheorie kennt Spielarten, die hier außer Acht bleiben müssen, Einzelheiten zB bei *Behrens*, GmbH, Rn IPR 5, 7. Zum Theorienstreit im deutschen internationalen Gesellschaftsrecht allgemein (statt vieler) *Kegel/Schurig*, Internationales Privatrecht, 8. Aufl. 2000, § 17 II, 501 ff; MüKo-BGB/*Kindler*, BGB, Bd. 11: Internationales Handels- und Gesellschaftsrecht, 3. Aufl. 1999, Rn 258 ff; *Soergel/Lüderitz*, BGB, Bd. 10: EGBGB, 12. Aufl. 1996, Rn 2–15; vgl *Lüer*, Sitzverlegung einer inländischen Aktiengesellschaft ins Ausland, Liber amicorum Gerhard Kegel, 2002, 83; *Ch. Trautriems*, Geschichte und Bedeutung von Sitz- und Gründungstheorie im deutschen Recht, ZHR 176 (2012), 4.
291 Welche Länder der Sitztheorie und welche der Gründungstheorie folgen, dazu zB *Eidenmüller/Eidenmüller*, Ausländische Kapitalgesellschaften, § 1, Rn 3, 4.
292 Dazu *Lüer*, Liber amicorum Kegel, 2001, 83, 86.
293 *Eidenmüller/Eidenmüller*, Ausländische Kapitalgesellschaften, § 1 Rn 3, weist auf die im Rahmen der Gründungstheorie möglichen unterschiedlichen Anknüpfungspunkte zur Bestimmung des Gesellschaftsstatuts hin, sodass als Gesellschaftsstatut das: Recht, nach dem die Gesellschaft errichtet worden ist (Inkorporationsrecht); das Recht, nach dem die Gesellschaft organisiert ist (Organisationsrecht), das Recht am Ort der Eintragung (Registrierung- oder Registerrecht) sowie das des Satzungssitzes in Frage kommt.
294 *Grundmann*, GesR, Rn 171 bei Fn 12 (weist daraufhin, dass die von der Gründungstheorie eingeräumte Rechtswahlmöglichkeit in der Weise ausgeübt wird, dass die Gründer den Registerort wählen); *Behrens*, ZGR 1994, 1, 5; *Menjucq*, Sociétés, 91.
295 *Behrens*, ZGR 1994, 1, 5; 7; aA *Eidenmüller/Eidenmüller*, Ausländische Kapitalgesellschaften, § 1 Rn 3 aE.
296 *BayObLG*, JZ 1993, 372, 373. Aber schon das deutsche *materielle* Kapitalgesellschaftsrecht lässt eine Abwandlung nicht zu, *Lüer*, Liber amicorum, 2001, 83 bei Fn 5 (mit Nachw.), *Grundmann*, GesR, Rn 776 aE.
297 Die Sitztheorie kennt Spielarten, die hier außer Acht bleiben müssen, Einzelheiten zB bei *Behrens*, GmbH, Rn IPR 5, 7. Zum Theorienstreit im deutschen internationalen Gesellschaftsrecht allgemein (statt vieler) *Kegel/Schurig*, Internationales Privatrecht, 9. Aufl. 2004, § 17 II, 72 ff; MüKo-BGB/*Kindler*, BGB, Bd. 11: Internationales Handels- und Gesellschaftsrecht, 3. Aufl. 1999, Rn 258 ff; *Soergel/Lüderitz*, BGB, Bd. 10: EGBGB, 12. Aufl. 1996, Rn 2–15; vgl *Lüer*, Sitzverlegung einer inländischen Aktiengesellschaft ins Ausland, Liber amicorum Gerhard Kegel, 2002, 83.
298 *Behrens*, ZGR 1994, 1, 7 ff; zur Verlegung des Satzungssitzes ders., in: Dauses (Hrsg.), E. III., Rn 141.
299 So das Beispiel von *Eidenmüller/Eidenmüller*, Ausländische Kapitalgesellschaften, § 1 Rn 4.
300 Das dürfte im deutschen Recht nicht der Fall sein, da die wegziehende Gesellschaft bereits nach materiellem Recht untergeht, vgl *Kegel/Schurig*, § 17 II, 582; *Behrens*, ZGR 1994, 1, 5; aA *Grundmann*, GesR, § 22, Rn 776; *Eidenmüller/Eidenmüll*er, Ausländische Kapitalgesellschaften, § 1 Rn 4.
301 Rs. 81/87, *Daily Mail*, Slg 1988, 5483; dazu (statt vieler) *M. Habersack/D. Verse*, GesR, § 3, Rn 11-14; *M. Lutter/W. Bayer*/J. Schmidt, § 6, Rn 14; der EuGH hat sich in der Überseeringentscheidung (C-208/00, *Überseering*, Slg 2002, I-9919, Rn 61–73) ausführlich mit der „Daily Mail"-Entscheidung auseinander gesetzt.
302 C-210/06, *Cartesio*, Slg 2008, I-9641, Rn 110; statt der äußerst umfangreichen Sekundärliteratur nur *M. Lutter/W. Bayer/J. Schmidt*, § 6, Rn 37; *M. Habersack/D. Verse*, GesR, § 3, Rn 20, 21.
303 C-371/10, *National Grid Indus*, 29. 11. 2011; *R. Heurung/B. Engel/B. Thiedemann*, EWS 2011, 518; *v. Kronenberger*, RAE 2011, 833; *A.Schall/A. Barth*, NZG 2012, 414; *H. Hahn*, BB 2012, 681; *O. Mörsdorf*, EuZW 2012, 296; *Th. Biermeyer/F. Elsener/F. Timba*, ECFR 2012, 101; *A. Musil*, FR Ertragsteuerrecht 2012, 32; *M. Petritz*, RdW 2012, 61; *J. Brinkmann/P. Reiter*, DB 2012, 16; *J. F. Bron*, EWS 2012, 32, *R. Heurung/B. Engel/B. Thiedemann*, EWS 2012, 46; *H. Hahn*, BB 2012, 681; *D. Möller-Gosoge/F. Kaiser*, BB 2012, 803; *T. Biermeyer/F. Elsener/F. Timba*, ECFR 2012, 101; *R. Kovar*, D. 2012, 784; *K. Pantazatou*, EBLR 2012, 945.

des Zuzugs bzw der Tätigkeit im Aufnahmestaat[304] (**Segers**,[305] **Centros**,[306] **Überseering**[307] **Inspire Art**",[308] **Sevic**[309] und **Vale**[310]). Allerdings liefert diese Einteilung nur eine grobe Orientierung, auch Zuzugsentscheidungen können Aussagen zum Wegzug enthalten. Die „**golden share**"-Entscheidungen[311] haben Vorzugsaktien für Mitgliedstaaten zum Gegenstand und sind ausnahmslos anhand der Kapitalverkehrsfreiheit entschieden worden.

97 Dem Musterfall „Daily Mail" entsprechend stellen sich Fragen der Einwirkung der Niederlassungsfreiheit auf das internationale Gesellschaftsrecht auch bei Rechtsstreitigkeiten über die internationale Besteuerung von Gesellschaften (ferner zB die Entscheidungen **National Grid Indus, Cadbury Schweppes**,[312] **Marks & Spencer**,[313] **Test Claimants in the Thin Cap Group Litigation**).[314] Sonstige gesellschaftsrechtlich relevante Entscheidungen (wie zB **Karella**,[315] **Meilicke**[316] **Daihatsu**,[317] **Diamantis**,[318] **Audiolux**,[319] **Abt**,[320] **Geltl**)[321] betreffen Einzelfragen.

98 V. Wegzugsbeschränkungen. Auch wenn die Entscheidungen **Daily Mail, Cartesio** und **National Grid Indus** im Hinblick auf die Anwendung der Niederlassungsfreiheit auf den Wegzug einer Gesellschaft aus dem Gründungsstaat in einem Atemzug genannt werden, so liegen ihnen doch unterschiedliche Ausgangssachverhalte zugrunde. Diese werden in den Entscheidungen kurz im Sachverhalt dargelegt, sind aber für das Verständnis der Entscheidungen wesentlich: Der EuGH will dem vorlegenden Gericht Hilfestellung geben, keine allgemeinen Rechtsfragen lösen. In der **Daily Mail**- und der **National Grid Indus-Entscheidung** war über die Verlegung des Verwaltungssitzes von Gesellschaften aus Gründungsstaaten (Vereinigtes Königreich und die Niederlande) zu entscheiden, die der **Gründungstheorie** huldigen; in beiden Fällen wurde der Wegzug an steuerliche Bedingungen geknüpft. Die **Cartesio-Entscheidung** betrifft hingegen eine nach ungarischem Gesellschaftsrecht gegründete Gesellschaft, die ihren Verwaltungssitz unter Beibehaltung ihres ungarischen Gesellschaftsstatut in einen anderen Mitgliedstaat verlegen wollte, was an der **Sitztheorie** des ungarischen internationalen Gesellschaftsrechts scheiterte. Allen Rechtssachen gemeinsam ist, dass es um Behinderungen bei der grenzüberschreitenden Verlegung des **Verwaltungssitzes**[322] geht.

99 1. Daily Mail. Ausgangspunkt der Rechtsprechung zur Einwirkung der Niederlassungsfreiheit auf den grenzüberschreitenden Wegzug von Gesellschaften ist die **Daily Mail-Entscheidung**. Als ihr Herzstück hat der EuGH die „**Geschöpftheorie**" anerkannt.[323] Danach existiert eine juristische Person (Gesellschaft), anders als eine natürliche, nur durch das Gesellschaftsrecht eines Mitgliedstaates und in dessen Grenzen,[324] Gesellschaften haben „jenseits der jeweiligen nationalen Rechtsordnung, die ihre Gründung und ihre Existenz regelt,... keine Realität". Mithin kann eine Gesellschaft grundsätzlich nur nach Maßgabe und in den

---

304 Statt vieler *Ch. Teichmann*, ZIP 2006, 355, 357 (mit zahlr. Nachw.).
305 Rs. 79/85, *Segers*, Slg 1986, 2375.
306 C-212/97, *Centros*, Slg 1999, I-1459; *M. Lutter/W. Bayer/J. Schmidt*, § 6, Rn 19; Nachw. *Randelszhofer//Forsthoff*, in: *Grabitz/Hilf*, Kommentar zum EGV/EUV Art 48 EGV, Literaturverzeichnis; sub 6.
307 C-208/00, *Überseering*, Slg 2002, I-9919 (Vorlage des VII. Senats des BGH [VII ZR 370/98], Endurteil BGH NJW 2003, 1461); *M. Lutter/W. Bayer/J. Schmidt*, § 6, Rn 23.
308 C-167/01, *Inspire Art*, Slg 2003, I-10155, *M. Lutter/W. Bayer/J. Schmidt*, § 6, Rn 27.
309 C-411/03, *SEVIC*, Slg 2005, I-10805 auf Vorlage LG Koblenz, GmbHR 2003, 1213; dazu in diesem Kommentar *Braunfels*, Kapitel Nr. 11: Umwandlungsrecht, Rn 3.
310 C-378/10, *Vale*, 12. Juli 2012; *M. Jaensch*, EWS 2012, 353; *P. Behrens*, EuZW 2012, 121; *Ch. Thiermann*, EuZW 2012, 209; *G. H. Roth*, ZIP 2012, 1744; *L. Böttcher/J. Kraft*, NJW 2012, 2770; *W. Bayer/J. Schmidt*, ZIP 2012, 1481; *G. Parleani*, Rev. Soc. 2012, 645; *P. Kindler*, EuZW 2012, 888; *C. Behme*, NZG 2012, 936; *Th. Biermeyer*, CMLR 2013, 571; *D. Braun*, DZWIR 2012, 411; *R. Frenzel*, NotBZ 2012, 249; *M. Ho-Dac*, RAE 2012/2013, 653; *J. Schmidt*, GPR 2012, 144 (zu den SchlA); *E. Messenzehl/B. Schwarzfischer*, BB 2012, 2072; *O. Mörsdorf/Ch. Jopen*, ZIP 2012, 1398; *Ph. Bollacher*, RIW 2012, 717; *G. Parleani*, Rev. soc. 2012, 645; *S. Rammeloo*, Maastricht Journal of European and comparative law 2012, 563; *Ch. Teichmann*, DB 2012, 2085; *van Eck/Roelofs*, ECL 2012, 319; *J. Vermeylen*, JDE 2012, 276; *J. Borg Barthet*, Int' Com. Q. 2013, 503; *J. Lau Hansen*, ECFR 2013, 1, *S. Wohlrab*, GPR 2012, 316; *W. Schön*, ZGR 2013, 333; *G. Wilhelm*, ecolex 2012, 941.
311 C-58/99, *Kommission/Italien*, Slg 2000, I-3811; C-503/99, *Kommission/Belgien*, Slg 2002, I-4809; C-367/98, *Kommission/Portugal*, Slg 2002, I-4731; C-483/99, *Kommission/Frankreich*, Slg 2002, I-4781; C-463/00, *Kommission/Spanien*, Slg 2003, 4581; C-98/01, *Kommission/UK*, Slg 2003, I-4641; C-174/04, *Kommission/Italien*, Slg 2005, I-4933; C-282/04 u. C-283/04, *Kommission/Niederlande*, Slg 2006, I-9141; C-463/04 u. C-464/04, *Federconsumatori*, Slg2007, I-10419; C-112/05, *Kommission/Deutschland* (VW), Slg 2007, I-8995; C-207/07, *Kommission/Spanien*, Slg 2008, I-111; C-326/07, *Kommission/Italien*, Slg 2009, I-2291; C-81/09, *Idryma Typou*, Slg 2010, I-10161; C-171/08, *Kommission/Portugal*, Slg 2010, I-6817; C-543/08, *Kommission/Portugal*, Slg 2010, I-11241; ausf. *M. Lutter/W. Bayer/J. Schmidt*, § 15, 171 ff; *M. Habersack/D. Verse*, GesR, § 3, Rn 33 f.
312 C-196/04, *Cadbury Schweppes*, Slg 2006, I-7995; *P. Kindler*, EuZW, 2012, 888.
313 C-446/03, *Marks & Spencer*, Slg 2005, I-10837.
314 C-524/04, *Test Claimants in the Thin Cap Group Litigation*, Slg 2007, I-2107.
315 C-19/90 u. C-20/90, *Karella*, 1991, I-2691.
316 C-82/91, *Meilicke*, Slg 1992, I-4871.
317 C-97/96, *Daihatsu*, Slg 1997, I-6843.
318 C-373/97, *Diamantis*, Slg 2000, I-1705.
319 C-101/08, *Audiolux*, Slg 2009, I-9823.
320 C-194/10, *Abt* u.a., 24.3.2011.
321 C-19/11, *Geltl*, 28.6.2012 = ZIP 2012, 1282.
322 Zur Satzungssitzverlegung *M. Lutter/W. Bayer/J. Schmidt*, § 6, V. 1. b), Rn 58, 59.
323 *M. Lutter/W. Bayer/J. Schmidt*, § 6, Rn 16; *A. Schall/A. Barth*, NZG 2012, 414, 415.
324 Rs. 81/87, *Daily Mail*, Slg 1988, 5483, Rn 19; C-210/06, *Cartesio*, Slg 2008, I-9641, Rn 104.

Grenzen „seines" Gründungslandes Recht in einen anderen Mitgliedstaat **wegziehen**.³²⁵ Da das nationale Gesellschaftsrecht über die Existenz einer Gesellschaft entscheidet, genießt es Vorrang vor der Niederlassungsfreiheit. Wegen dieses Vorrangs des mitgliedstaatlichen internationalen Gesellschaftsrechts hat der EuGH die Probleme der Verlegung des Satzungs- oder Verwaltungssitzes einer Gesellschaft nationalen Rechts von einem Mitgliedstaat in einen anderen aufweisen, als Probleme angesehen, die durch die Bestimmungen über die Niederlassungsfreiheit nicht gelöst sind, vielmehr die Lösung der dadurch von der Niederlassungsfreiheit offengelassenen Probleme der Rechtssetzung und dem Abschluss eines Vertrages nach Art. 220 EWGV (Art. 293 EGV)³²⁶ zugewiesen. Unklar bleibt dabei, ob damit für eine grenzüberschreitende Sitzverlegung der Schutzbereich letzterer für nicht eröffnet erachtet wird.³²⁷

Im Ergebnis räumt nach dieser Entscheidung die Niederlassungsfreiheit einer Gesellschaft nicht das Recht ein, den Verwaltungssitz (Sitz ihrer Geschäftsleitung) unter Beibehaltung ihrer Rechtspersönlichkeit als Gesellschaft des Mitgliedstaates ihrer Gründung, der der Gründungstheorie folgt, in einen anderen Mitgliedstaat zu verlegen. Der EuGH formulierte dieses Ergebnis in der **Überseering-Entscheidung** von 2002 dann aus der Perspektive des Wegzugsstaates: Ein Mitgliedstaat hat die Möglichkeit, einer nach seiner Rechtsordnung gegründeten Gesellschaft Beschränkungen hinsichtlich der Verlegung ihres tatsächlichen Verwaltungssitzes aus seinem Hoheitsgebiet aufzuerlegen, damit sie die ihr nach dem Recht dieses Staates zuerkannte Rechtspersönlichkeit beibehalten kann.³²⁸ Nach dieser Formulierung sind auch administrative Beschränkungen der Verwaltungssitzverlegung vom Schutzbereich ausgenommen. Korrigiert wurde diese Rechtsprechung allerdings in der **National Grid Indus-Entscheidung**. 100

2. Cartesio. Die „Cartesio"-Entscheidung von 2008 bringt Struktur in die Rechtsprechung. Sie bestätigt zunächst die „Geschöpftheorie"³²⁹ und präzisiert hinsichtlich des internationalen Gesellschaftsrechts, dass der Mitgliedstaat sowohl die für die Gründung einer Gesellschaft nach seinem Gesellschaftsrecht erforderliche Anknüpfung als auch die für die Erhaltung des Gründungsstatuts bei Wegzug notwendige Anknüpfung ausschließlich zuständig ist.³³⁰ Gründung und fortbestehende Existenz der Gesellschaft nach dem internationalen wie materiellen Gesellschaftsrecht des Gründungsstaates entscheiden sowohl die **Vorfrage**,³³¹ ob es sich um eine Gesellschaft iSd Art. 54 Abs. 1 AEUV und damit um eine niederlassungsfreiheitsbegünstigte handelt, als auch vor allem die Frage nach einer möglichen **Behinderung** durch das mitgliedstaatliche Gesellschaftsrecht im Wegzugsfall.³³² Es bleibt daher ausschließlich Sache des Rechts des Herkunftslandes, dh des Gründungsstaates, die Vorfrage der Existenz als Gesellschaft des eigenen Rechts, mithin die Verleihung der „Staatsangehörigkeit" an eine Gesellschaft, und die Beibehaltung ihrer Rechtspersönlichkeit zu entscheiden. Im Hinblick auf diese ausschließliche Zuständigkeit der Mitgliedstaaten, über Verleihung und Verlust der Rechtspersönlichkeit einer Gesellschaft zu entscheiden, unterscheidet der EuGH anhand der **Rechtsfolgen** der vom Wegzugsstaat gewählten Anknüpfung (entsprechend der Gründungs- oder Sitztheorie), dh ob eine Gesellschaft unter Beibehaltung (**statutenwahrend**) oder unter Verlust (**statutenwechselnd**) ihres Gründungsstatuts wegzieht³³³ oder wegziehen kann, mithin die „Staatsangehörigkeit" des Wegzugsstaates behält oder verliert. 101

Die „Cartesio"-Entscheidung stellt allgemein die Bedeutung der **Verknüpfung einer Gesellschaft mit dem Recht eines Mitgliedstaates** heraus.³³⁴ Das internationale Gesellschaftsrecht jeden Mitgliedsstaates bestimmt die für die Geltung seines Gesellschaftsrechts maßgebliche Anknüpfung an sein Territorium. Der EuGH nimmt insoweit die für den Erhalt der Rechtspersönlichkeit maßgebliche Anknüpfung als Ausgangspunkt seiner Ausführungen. Das ist nach internationalem Gesellschaftsrecht in Anwendung der Gründungstheorie der **Satzungssitz**, in Anwendung der Sitztheorie der **Verwaltungssitz**.³³⁵ Umgekehrt verliert 102

---

325 Vgl C-371/10, *National Grid Indus*, 29.11.2011, Rn 27; C-208/00, *Überseering*, Slg 2002, I-9919, Rn 70.
326 Rs. 81/87, *Daily Mail*, Slg 1988, 5483, Rn 21; C-208/00, *Überseering*, Slg 2002, I-9919, Rn 69; C-210/06, *Cartesio*, Slg 2008, I-9641, Rn 108; abgeschafft durch den Lissaboner Vertrag, vgl oben Rn 18.
327 In diesem Sinne *M. Habersack/D. Verse*, GesR, § 3, Rn 20; *M. Lutter/W. Bayer/J. Schmidt*, § 6 IV. 6., Rn 40; *A. Schall/A. Barth*, NZG 2012, 414, 415. ME legt die Rn 16 in „Daily Mail" das Gegenteil nahe.
328 C-208/00, *Überseering*, Slg 2002, I-9919, Rn 70.
329 So *A. Schall/A. Barth*, NZG 2012, 414, 415; ferner C-378/10, *Vale*, 12. Juli 2012, Rn 27.
330 C-210/06, *Cartesio*, Slg 2008, I-9641, Rn 110. Diese Kopplung wird von *A. Schall/A. Barth*, NZG 2012, 414, 418 als Grundfehler bezeichnet. ME bedeutet das aber nicht zwangsläufig, dass für die Gründung die gleiche Anknüpfung gelten muss wie für die Frage des Verlusts der Rechtspersönlichkeit bei Wegzug.
331 Deutlich C-210/06, *Cartesio*, Slg 2008, I-9641, Rn 109; bestätigt in C-371/10, *National Grid Indus*, 29.11.2011, Rn 26; C-378/10, *Vale*, 12. Juli 2012, Rn 28.
332 Deutlich C-371/10, *National Grid Indus*, 29.11.2011, Rn 26.
333 C-210/06, *Cartesio*, Slg 2008, I-9641, Rn 110, 111.
334 C-210/06, *Cartesio*, Slg 2008, I-9641, Rn 110; C-371/10, *National Grid Indus*, 29.11.2011, Rn 27; C-378/10, *Vale*, 12. Juli 2012, Rn 29.
335 Weshalb die Rn 110 in C-210/06, *Cartesio*, Slg 2008, I-9641 auch – *obiter dictum* – die Satzungssitzverlegung betrifft, vgl *M. Lutter/W. Bayer/J. Schmidt*, § 6 IV. 6., Rn 43, § 6 V 1. b), Rn 58, 59; *M. Habersack/D. Verse*, GesR, § 3 Rn 20 (stellen daher zu Recht fest, dass es nicht darauf ankommt, ob das Recht des Gründungsstaates die Anwendbarkeit seines Gesellschaftsrechts an den Verwaltungs- oder den Satzungssitz knüpft.).

eine Gesellschaft mithin zwangsläufig ihre „Staatsangehörigkeit", wenn sie den jeweils maßgeblichen Sitz, sei es der Verwaltungssitz, sei es der Satzungssitz, grenzüberschreitend verlegt und damit die für den Erhalt des Gesellschaftsstatuts maßgebliche Anknüpfung löst. Die Entscheidungsgründe sprechen daher verständlicherweise auch nur von Sitzverlegung.[336] Nationales Gesellschaftskollisionsrecht regelt mithin sowohl die für die Beibehaltung der Rechtspersönlichkeit als auch die für ihren Verlust notwendige kollisionsrechtliche Anknüpfung einer Gesellschaft.

103 Das mitgliedstaatliche Recht kann jedoch den Verlust der Rechtspersönlichkeit vorsehen, löst die Gesellschaft die für den Erhalt der Rechtspersönlichkeit notwendige Anknüpfung, „wenn sie sich durch die Verlegung ihres Sitzes in einen anderen Mitgliedstaat dort neu organisieren möchte".[337] Damit nimmt die Entscheidung zunächst auf die dem Ausgangsfall zugrunde liegende Verwaltungssitzverlegung unter der Herrschaft der Sitztheorie Bezug und begründet, warum die vom ungarischen internationalen Gesellschaftsrecht befolgte Sitztheorie unbeschadet der Niederlassungsfreiheit zum Statutenwechsel durch Verlegung des Verwaltungssitzes der Cartesio Oktató és Szolgáltató bt nach Italien und damit zum Verlust der Staatsangehörigkeit berechtigt ist – und die klagende Gesellschaft sich nicht auf die Niederlassungsfreiheit stützen kann, um einen Anspruch auf Bewahrung des ungarischen Gesellschaftsstatut geltend zu machen. Dass es sich um Ausführungen *obiter dictum* handelt,[338] muss insoweit bezweifelt werden.

104 Diese Möglichkeit, eine statutenwahrende Sitzverlegung auszuschließen bzw zu verhindern, grenzt er anschließend[339] von der statutenwechselnden ab. Er präzisiert insoweit, dass ein Mitgliedstaat andererseits jedoch die statutenwechselnde Sitzverlegung – dh die Satzungssitzverlegung in Anwendung der Gründungstheorie, die Verwaltungssitzverlegung in Anwendung der Sitztheorie – nicht durch das Verlangen vorheriger Auflösung und Liquidation behindern kann, was sich (angesichts der Niederlassungsfreiheit) nicht rechtfertigen lässt. Wird die statutenwechselnde Sitzverlegung dennoch behindert, obwohl sie ohne vorherige Auflösung und Liquidation stattfindet, steht dem die Niederlassungsfreiheit entgegen,[340] es sei denn, eine solche Behinderung ließe sich rechtfertigen.[341] Diese Aussage erfasst vor allem die statutenwechselnde Verwaltungssitzverlegung gemäß der im deutschen internationalen Gesellschaftsrecht traditionell praktizierten Sitztheorie.

105 Mithin verlangt die Niederlassungsfreiheit **identitätswahrenden** Statutenwechsel, der Wegzugsstaat darf nicht Auflösung und Liquidation der Gesellschaft verlangen und dadurch die identitätswahrende Umwandlung verhindern,[342] wenn die Gesellschaft Statutenwechsel beabsichtigt und der Zuzugsstaat dazu bereit ist.[343]

106 Zugleich lässt die „Cartesio"-Entscheidung keinen Zweifel daran, dass die statutenwechselnde Sitzverlegung in den **Schutzbereich der Niederlassungsfreiheit** fällt.[344] Die Befugnis eines Mitgliedstaates „es einer Gesellschaft seines nationalen Rechts nicht zu gestatten, diese Eigenschaft zu behalten, wenn sie sich durch die Verlegung ihres Sitzes in einen anderen Mitgliedstaat dort neu organisieren möchte und damit die Anknüpfung löst, die das nationale Recht des Gründungsmitgliedstaats vorsieht" impliziert nämlich „keinesfalls irgendeine Immunität des nationalen Rechts über die Gründung und Auflösung von Gesellschaften im Hinblick auf die Vorschriften des EG-Vertrags über die Niederlassungsfreiheit".[345] Auch wenn mithin der statutenwechselnde Wegzug in den Schutzbereich der Niederlassungsfreiheit fällt, so steht diese nicht entgegen, verlangt aber, dass der Statutenwechsel identitätswahrend stattfindet.

107 Ob der **statutenwahrende** Wegzug durch Sitzverlegung auch in den Schutzbereich der Niederlassungsfreiheit fällt, wurde bezweifelt.[346] Diese Zweifel waren indes nicht berechtigt, wie die „National Grid Indus"-Entscheidung verdeutlicht.

108 Unklar ist in der Folge auch, inwieweit die Möglichkeit, „es einer Gesellschaft seines nationalen Rechts nicht zu gestatten, diese Eigenschaft zu behalten, wenn sie sich durch die Verlegung ihres Sitzes in einen anderen Mitgliedstaat dort neu organisieren möchte und damit die Anknüpfung löst, die das nationale Recht des Gründungsmitgliedstaats vorsieht", auch den Fall erfasst, dass ein Mitgliedstaat trotz Anwendung der Gründungstheorie die grenzüberschreitende (statutenwahrende) Verlegung des Verwaltungssitzes mit dem Verlust der Rechtspersönlichkeit „bestrafen" kann, ohne dass sich die Gesellschaft dagegen auf die

---

336 Die Satzungssitzverlegung ist mithin nicht ausgenommen; aA *Forsthoff*, in: Grabitz/Hilf/Nettesheim (Hrsg.), Art. 54 AEUV, Rn 37; MüKo-BGB/*Kindler*, Bd. 11, IntGesR, Rn 519 ff, 535.
337 C-210/06, *Cartesio*, Slg 2008, I-9641, Rn 110.
338 *M. Lutter/W. Bayer/J. Schmidt*, § 6 IV. 6., Rn 40.
339 C-210/06, *Cartesio*, Slg 2008, I-9641, Rn 111.
340 C-210/06, *Cartesio*, Slg 2008, I-9641, Rn 111–113.
341 *M. Lutter/W. Bayer/J. Schmidt*, § 6 IV. 6, Rn 43.
342 C-210/06, *Cartesio*, Slg 2008, I-9641, Rn 112.
343 C-210/06, *Cartesio*, Slg 2008, I-9641, Rn 112, 113.
344 C-210/06, *Cartesio*, Slg 2008, I-9641, Rn 112.
345 Vgl Rn 112 der „Cartesio"-Entscheidung. ME bestätigt dieser Passus die Feststellung des EuGH in Rs. 81/87, *Daily Mail*, Slg 1988, 5483, Rn 16 („. … Wie die Kommission zu Recht ausgeführt hat, wären die in Artikel 52 ff gewährten Rechte sinnentleert, könnte der Herkunftsstaat Unternehmen verbieten, auszuwandern, um sich in einem anderen Mitgliedstaat niederzulassen.…"); die hM sieht die statutenwahrende als niederlassungsfreiheitsresistent an, vgl *Streinz/Müller-Graff*, EUV/AEUV, Art. 54 AEUV Rn 19.
346 *M. Lutter/W. Bayer/J. Schmidt*, § 6 IV. 6, Rn 40, 54.

Niederlassungsfreiheit berufen kann. Wird dies bejaht, handelt es sich in der Tat um eine *obiter dictum*-Aussage des EuGH, die die „Daily Mail"-Entscheidung bestätigt.[347] Indes sind Urteile des EuGH mit Vorsicht auszulegen. Liest man „Daily Mail" in der Formulierung der Überseering-Entscheidung, scheidet eine Anwendung schon vom Wortlaut her aus. Denn es geht bei dieser Art von Wegzug um Beschränkungen der (im Rahmen der Gründungstheorie grundsätzlich statutenwahrenden) Verwaltungssitzverlegung, nicht um den Verlust der Rechtspersönlichkeit. ME wird die „Cartesio"-Entscheidung mithin nicht so verstanden werden können, dass ein Gründungsmitgliedstaat entgegen den Regeln seines internationalen Gesellschaftsrechts das Gründungsstatut entziehen kann. Folgt mithin der Gründungsstaat der Gründungstheorie, kann er zwar die Verwaltungssitzverlegung nicht mit dem Verlust der Rechtspersönlichkeit „bestrafen", wohl aber die Verwaltungssitzverlegung an Bedingungen knüpfen. Für Klarheit hat diesbezüglich die **National Grid Indus-Entscheidung** gesorgt.

3. National Grid Indus. Nach ihr ist der statutenwahrende Wegzug (ebenso wie der statutenwechselnde) grundsätzlich nicht dem Geltungsbereich der Niederlassungsfreiheit entzogen.[348]

Aufbauend auf der „Cartesio"-Entscheidung zur Vorfrage über die Anwendbarkeit der Niederlassungsfreiheit und zum Vorliegen einer Behinderung[349] stellt sie im Übrigen vom Sachverhalt her eine Parallelentscheidung[350] zur „Daily Mail"-Entscheidung dar, korrigiert diese jedoch. Nach der „Daily Mail"-Entscheidung[351] kann der Wegzugsstaat zwar die Verwaltungssitzverlegung ohne Rücksicht auf die Niederlassungsfreiheit, also niederlassungsfreiheitsresistent, Beschränkungen mit dem Ziel unterwerfen, einen Verlust des Gründungsstatuts zu vermeiden. Hingegen erkennt der EuGH in der „National Grid Indus"-Entscheidung an,[352] dass die statutenwahrende Sitzverlegung zwar grundsätzlich nicht vom Anwendungsbereich der Niederlassungsfreiheit ausgenommen ist, jedoch nicht gegen die Niederlassungsfreiheit verstößt. Insofern lässt sich die These vertreten, dass die statutenwahrende Verwaltungssitzverlegung nicht durch die Niederlassungsfreiheit geschützt ist.[353] Der EuGH differenziert jedoch in der Folge zwischen Beschränkungen der Verwaltungssitzverlegung, die den Zweck verfolgen,[354] das ursprüngliche Statut der Gesellschaft zu erhalten, und allen sonstigen.[355] Sind nur die ersten niederlassungsfreiheitsresistent – weil sie die „Staatsangehörigkeit" einer Gesellschaft berühren, für die ausschließlich das Gesellschaftsrecht des Wegzugsstaates zuständig ist –, so sind letztere daraufhin zu überprüfen, ob sie die Verwaltungssitzverlegung niederlassungsfreiheitsbeschränkend erschweren und, wenn ja, ob sie gerechtfertigt werden können.

Die Verwaltungssitzverlegung und damit auch deren Beschränkung berühren jedoch die vom Recht des Wegzugsstaates vermittelte „Staatsangehörigkeit" einer Gesellschaft nicht, wenn dieses in Bezug auf Gesellschaften die Gründungstheorie anwendet. Da diese Erkenntnis in gleicher Weise auf die Beschränkung der Verwaltungssitzverlegung in der „Daily Mail"-Entscheidung zutrifft, wird letztere korrigiert: In Anwendung der „National Grid Indus"-Doktrin hätte auch die Beschränkung der Verwaltungssitzverlegung in „Daily Mail" daraufhin überprüft werden müssen, ob es sich um eine niederlassungsfreiheitswidrige, möglicherweise zu rechtfertigende Beschränkung aus steuerrechtlichen Gründen handelt.

Da schwer zu erkennen ist, in welcher Fallgestaltung überhaupt die Verwaltungssitzverlegung von Beschränkungen abhängig gemacht werden kann, damit eine Gesellschaft ihre „Staatsangehörigkeit" behalten kann, dürfte die von der „Daily Mail"- und „Überseering"-Entscheidung initiierte Rechtsprechung, nach der Beschränkungen der Verwaltungssitzverlegung niederlassungsfreiheitsresistent sind, überholt sein.

VI. Zuzugbeschränkungen. Die Entscheidungen „Centros", „Überseering" und „Inspire Art" und „VALE" haben vermeindliche Beschränkungen der Niederlassungsfreiheit durch Rechtsvorschriften des Aufnahmestaates zum Gegenstand. Vordergründig waren handelregisterrechtliche Probleme bzw zivilprozessuale Probleme Streitgegenstand der Ausgangsverfahren vor den vorlegenden Gerichten. Der EuGH wurde im Kern mit Fragen des Zuzugsstaates konfrontiert, die einerseits die rechtliche Stellung und Behandlung von Zweigniederlassungen von Auslandsgesellschaften („Centros", „Inspire Art") im Aufnahmestaat, anderer-

---

347 M. Habersack/D. Verse, GesR, § 3, Rn 20; M. Lutter/W. Bayer/J. Schmidt, § 6 IV. 6., Rn 40; A. Schall/A. Barth, NZG 2012, 414, 415.
348 C-371/10, *National Grid Indus*, 29. 11. 2011, Rn 27, 30 unter Verweis auf C-210/06, *Cartesio*, Slg 2008, I-9641, Rn 112; C-208/00, *Überseering*, Slg 2002, I-9919, Rn 70; weitergehend A.Schall/A. Barth, NZG 2012, 414, 418.
349 Oben Rn 103; C-371/10, *National Grid Indus*, 29. 11. 2011, Rn 26; C-378/10, *Vale*, 12. Juli 2012, Rn 26.
350 In beiden Fällen beabsichtigen die klagenden Gesellschaften die Verlegung ihres Verwaltungssitzes aus Wegzugsstaaten, die der Gründungstheorie folgen und die Verwaltungssitzverlegungen von steuerrechtlichen Erfordernissen abhängig machen.

351 In der Formulierung durch Rn 70 der „Überseering"-Entscheidung.
352 C-371/10, *National Grid Indus*, 29.11.2011, Rn 27 aE.
353 M. Lutter/W. Bayer/J. Schmidt, § 6, V. 1. a) bb), Rn 40, 54.
354 C-371/10, *National Grid Indus*, 29. 11. 2011, Rn 31 („Beschränkungen, die die Voraussetzungen betreffen, „deren Erfüllung ein Mitgliedstaat von einer nach seinem Recht gegründeten Gesellschaft verlangt, damit diese ihre Eigenschaft als Gesellschaft dieses Mitgliedstaats nach der Verlegung ihres tatsächlichen Verwaltungssitzes in einen anderen Mitgliedstaat behalten kann").
355 C-371/10, *National Grid Indus*, 29.11.2011, Rn 32.

seits statutenwahrende („Überseering") als auch statutenwechselnde („Vale") Verwaltungssitzverlegungen bzw deren Rechtsfolgen („Überseering") zum Gegenstand hatten.

114 In den Entscheidungen „Segers", „Centros" und „Inspire Art"[356] präzisiert der EuGH den Mechanismus der **sekundären Niederlassungsfreiheit** für Gesellschaften. In deren Rahmen können sie in einem anderen Mitgliedstaat durch Zweigniederlassungen tätig werden.[357] Verhinderung oder Behinderungen der Eintragung einer solchen Zweigniederlassung ins Handelsregister, die letztlich die Gründung einer derartigen Zweigniederlassung betreffen, sind Beschränkungen der Niederlassungsfreiheit.[358]

115 **Vorfrage** für die Eintragung einer Zweigniederlassung einer Auslandsgesellschaft ins Handelsregister eines anderen Mitgliedstaates bzw für die Art und Weise ihrer Eintragung ist die ordnungsgemäße Gründung und die fortbestehende Existenz der nach einem anderen Mitgliedstaates Recht gegründeten ausländischen (Mutter-)Gesellschaft. Entsprechend der in der „Daily Mail"-Entscheidung herausgearbeiteten Zuständigkeitsverteilung ist es auch in Zuzugsfällen Sache des mitgliedstaatlichen Gesellschaftsrechts, über Gründung und Gründungsvoraussetzungen der Gesellschaft zu entscheiden. Mitgliedstaatliches Gesellschaftsrecht entscheidet daher, ob eine Gesellschaft nach seinem Recht ordnungsgemäß gegründet werden kann, obwohl sie im Staat ihrer Gründung keine Wirtschaftstätigkeit entfalten soll und auch nicht entfaltet.[359] Der EuGH hatte mithin keinen Grund, sich in der „Centros"-Entscheidung näher mit der Frage ordnungsgemäßer Gründung der Centros zu beschäftigen.

116 Allerdings leitet der EuGH das Recht auf Gründung einer Auslandsgesellschaft aus der Niederlassungsfreiheit ab.[360] Die deutsche Literatur wendet sich heftig gegen die Anwendung der Niederlassungsfreiheit auf die Gründung einer solchen Auslandsgesellschaft (Briefkastengesellschaft), da die Voraussetzung der Niederlassung iSv Art. 49 AEUV nicht erfüllt sei, setze diese doch eine wirtschaftliche Tätigkeit im Gründungsstaat voraus.[361] Indes ist für die Gründung einer Auslandsgesellschaft eine Berufung auf die Niederlassungsfreiheit nicht notwendig gewesen, nach englischem Recht steht einer Gründung einer Gesellschaft nach englischem Gesellschaftsrecht durch Ausländer und ohne inländische Geschäftstätigkeit nichts entgegen.

117 Unerheblich ist in diesem Zusammenhang aus Sicht der Niederlassungsfreiheit, ob die Gesellschaft nach dem Recht des Staates der Zweigniederlassung, also in casu nach dänischem internationalen Gesellschaftsrecht, ordnungsgemäß gegründet worden ist.[362]

118 **1. Centros.** Vor diesem nationalrechtlichen Hintergrund erlaubt die sekundäre Niederlassungsfreiheit natürlichen Personen, eine Gesellschaft nach dem Gesellschaftsrecht ihrer Wahl zu gründen, und nach diesem Recht ordnungsgemäß gegründeten Gesellschaften, in anderen Mitgliedstaaten Zweigniederlassungen zu errichten. Diese doppelte Berufung auf die Niederlassungsfreiheit charakterisiert den Ausgangssachverhalt in der **Centros-Entscheidung**.[363] Entscheidend aber dürfte der zweite Schritt sein, die Berufung der Auslandsgesellschaft auf die Niederlassungsfreiheit. Die darf nicht daran scheitern, dass es sich um eine Briefkastengesellschaft handelt. Die Niederlassungsfreiheit verlangt insoweit im Gründungsstaat nur Ansässigkeit in der EU und fortbestehende Existenz nach dem Gründungsrecht. Vor diesem Hintergrund wendet sie sich gegen die Weigerung, die Zweigniederlassung einzutragen.

119 In der deutschen Diskussion wehrt man sich vehement gegen eine derartige (Schein-)Auslandgesellschaft unter Hinweis auf die Entscheidungen „Cadbury Schweppes", „Eurofood" und neuerdings „Vale".[364]

120 **2. Inspire Art.** In der **Inspire Art-Entscheidung** rücken hingegen die für die Eintragung von Zweigstellen von Auslandsgesellschaften ins Handelsregister vom niederländischen Recht geforderten Zusätze in den Mittelpunkt. Der Umstand, dass auch in diesem Fall Gründung der Auslandsgesellschaft und Tätigkeitsschwerpunkt mit dem in der Rechtssache „Centros" vergleichbar sind, wird nicht mehr thematisiert.

121 Die Gründe für die Wahl eines bestimmten Mitgliedstaates Gesellschaftsrechts bleiben auch im Rahmen der Niederlassungsfreiheit außen vor, es sei denn, durch diese Wahl würden die Gründer sich missbräuchlich auf die Niederlassungsfreiheit berufen.[365] Schließt nach der **Centros-Entscheidung** Missbrauch tatbestand-

---

[356] Baut indes auf der Rs. 79/85, *Segers*, Slg 1986, 2375, auf und führt diese fort.
[357] C-212/97, *Centros*, Slg 1999, I-1459, Rn 20; C-167/01, *Inspire Art*, Slg 2003, I-10155, Rn 97.
[358] C-212/97, *Centros*, Slg 1999, I-1459, Rn 17; C-167/01, *Inspire Art*, Slg 2003, I-10155, Rn 98.
[359] Rs. 79/85, *Segers*, Slg 1986, 2375, Rn 16; C-212/97, *Centros*, Slg 1999, I-1459, Rn 17; C-167/01, *Inspire Art*, Slg 2003, I-10155, Rn 95.
[360] C-212/97, *Centros* Slg 1999, I-1459, Rn 27.
[361] *Ch. Teichmann*, ZGR 2011, 639, 669.
[362] So aber wohl *M. Habersack/D. Verse*, GesR, § 3, Rn 16 (die aber darauf hinweisen, dass dies der Fall ist, da das dänische internationale Gesellschaftsrecht der Gründungstheorie folgt).
[363] C-212/97, *Centros*, Slg 1999, I-1459, Rn 27; *Ch. Teichmann*, ZGR 2011, 639, 669 f.
[364] C-196/04, *Cadbury Schweppes*, Slg 2006, I-7995, Rn 54, 68; C-378/10, *Vale*, 12. Juli 2012, Rn 34.
[365] C-212/97, *Centros*, Slg 1999, I-1459, Rn 24 unter Verweis auf Rs. 115/78, *Knoors*, Slg 1979, 399, Rn 25 und C-61/89, *Bouchoucha*, Slg 1990, I-3551, Rn 14; C-196/04, *Cadbury Schweppes*, Slg 2006, I-7995, Rn 35.

lich das Recht auf eine Berufung auf die Niederlassungsfreiheit aus, so wird die Prüfung auf Missbrauch in der **Inspire Art-Entscheidung** Gegenstand der Rechtfertigung.[366]

In beiden Entscheidungen war der EuGH mit Rechtfertigungsargumenten befasst. Im Rahmen der Niederlassungsfreiheit für Gesellschaften können Sonderregeln für Auslandsgesellschaften nach Art. 52 Abs. 1 AEUV aus Gründen der öffentlichen Ordnung, Sicherheit oder Gesundheit gerechtfertigt sein.[367] Diese Gründe spielten jedoch weder in der Centros- noch in der Inspire Art-Entscheidung eine Rolle, auch wenn die dänische Verwaltung sich in Centros auf den damaligen Art. 56 EGV (und jetzigen Art. 52 Abs. 1 AEUV) berief[368] und der EuGH in der Inspire Art-Entscheidung Art. 46 EGV (und jetzigen Art. 52 Abs. 1 AEUV) erwähnt.[369]

Da der EUGH in der Verweigerung der Eintragung der Zweigniederlassung bzw ihre Abhängigkeit von der für inländische Gesellschaften geltenden Regelung über das Mindestkapital und die inländische Geschäftsführungshaftung Beschränkungen sieht,[370] prüft er in der **Centros- und Inspire Art-Entscheidung** anhand der **Gebhard-Formel** (s.o. Rn 62) als mögliche **Rechtfertigungsgründe** zwingende Gründe des Allgemeininteresses, nämlich des Gläubigerschutzes, der Bekämpfung von Betrügereien, die Erhaltung der Wirksamkeit der Steuerkontrollen die Lauterkeit des Handelsverkehrs, und die Bekämpfung einer missbräuchlichen Ausnutzung der Niederlassungsfreiheit.[371]

Welche Fallkonstellationen einen **Missbrauch** der Niederlassungsfreiheit darstellen, ist offen und umstritten. Allgemein, und das betrifft auch die Grundfreiheiten, kann sich ein nationales Gericht auf den Missbrauch einer unionsrechtlichen Rechtsvorschrift berufen, sofern objektive Anhaltspunkte vorliegen und soweit die Ziele der missbräuchlich geltend gemachten Vorschrift nicht entgegenstehen.[372]

Grundsätzlich ist aber ein Mitgliedstaat berechtigt, niederlassungsfreiheitsbeschränkende Maßnahmen zur Bekämpfung missbräuchlicher Inanspruchnahme der Niederlassungsfreiheit zu erlassen.[373] Die Rechtsprechung beschränkte sich in den Entscheidungen Centros und Inspire Art darauf, die Fallgruppen aufzulisten, die keinen Missbrauch darstellen.[374] Kein Missbrauch der Niederlassungsfreiheit liegt vor, wenn eines bestimmten Mitgliedstaates Gesellschaftsrecht als das günstigere, weil weniger strenge Recht gewählt wird.[375] Ebenfalls wird die Niederlassungsfreiheit nicht durch die doppelte Berufung auf sie, nämlich durch natürliche in einem Mitgliedstaat ansässige Personen, die eine im Gründungsstaat untätige Auslandsgesellschaft gründen, um durch eine derartige Gesellschaft eine Niederlassung im Staat der Ansässigkeit ihrer Gründer zu errichten,[376] missbraucht.

3. Cadbury Schweppes. Deutlicher wurde die „Cadbury Schweppes"-Entscheidung. Zwar ist auch nach ihr die Gründung von Zweigniederlassungen aus steuerlichen Gründen als solche noch kein Missbrauch.[377] Der EuGH prüft aber im Rahmen der Rechtfertigung, ob die die Niederlassungsfreiheit beschränkenden nationalen Rechtsvorschriften eine missbräuchliche Berufung auf die Niederlassungsfreiheit bekämpfen sollen. In Anbetracht des Zieles der Gründung einer Niederlassung, die Eingliederung in den Aufnahmemitgliedstaat zu ermöglichen, impliziert der Niederlassungsbegriff nämlich die tatsächliche Ausübung einer wirtschaftlichen Tätigkeit mittels einer festen Einrichtung in diesem Staat auf unbestimmte Zeit. Daher setzt sie eine tatsächliche Ansiedlung der betreffenden Gesellschaft[378] im Aufnahmemitgliedstaat (im Wege der Zweigniederlassung) und die Ausübung einer wirklichen wirtschaftlichen Tätigkeit in diesem voraus.[379] Die Bekämpfung rein künstlicher (fiktiver), jeder wirtschaftlichen Realität barer Gestaltungen, die nur zu dem Zweck errichtet sind, die Steuer zu entgehen, die normalerweise für durch Tätigkeiten im Inland erzielte Gewinne geschuldet wird, rechtfertigen eine Beschränkung der Niederlassungsfreiheit, wenn das spezifische Ziel der Beschränkung die Bekämpfung derartiger missbräuchlicher Praktiken ist.[380]

Die **primäre Niederlassungsfreiheit** ist Gegenstand der Entscheidungen „Überseering", „Sevinc" und „Vale".

---

366 Vgl C-212/97, *Centros* Slg 1999, I-1459, Rn 24; C-167/01, *Inspire Art*, Slg 2003, I-10155, Rn 136.
367 Deutlich *Schwarze/Jung*, Art. 54 AEUV, Rn 24.
368 C-212/97, *Centros* Slg 1999, I-1459, Rn 32, 34.
369 C-167/01, *Inspire Art*, Slg 2003, I-10155, Rn 107.
370 C-212/97, *Centros* Slg 1999, I-1459, Rn 30; C-167/01, *Inspire Art*, Slg 2003, I-10155, Rn 104.
371 C-167/01, *Inspire Art*, Slg 2003, I-10155, Rn 132.
372 Vgl als Beispiel aus dem Sozialrecht C-206/94, *Paletta*, Slg 1996, I-2357, Rn 25 ff.
373 C-167/01, *Inspire Art*, Slg 2003, I-10155, Rn 136; C-212/97, *Centros* Slg 1999, I-1459, Rn 24.
374 Vgl *Forsthoff*, in: Grabitz/Hilf/Nettesheim (Hrsg.), Art. 54 AEUV, Rn 49.
375 C-212/97, *Centros*, Slg 1999, I-1459, Rn 27; C-167/01, *Inspire Art*, Slg 2003, I-10155, Rn 96, 137; C-196/04, *Cadbury Schweppes*, Slg 2006, I-7995, Rn 37.
376 C-212/97, *Centros*, Slg 1999, I-1459, Rn 29; C-167/01, *Inspire Art*, Slg 2003, I-10155, Rn 139.
377 C-196/04, *Cadbury Schweppes*, Slg 2006, I-7995, Rn 38.
378 C-196/04, *Cadbury Schweppes*, Slg 2006, I-7995, Rn 68 verweist zwar für Tochtergesellschaften auf die Entscheidung C-341/04, *Eurofood IFSC*, Slg 2006, I-3813, Rn 34, 35, bei der es aber wohl nicht um eine Tochtergesellschaft ging.
379 C-196/04, *Cadbury Schweppes*, Slg 2006, I-7995, Rn 54, 68; C-378/10, *Vale*, 12. Juli 2012, Rn 34.
380 C-196/04, *Cadbury Schweppes*, Slg 2006, I-7995, Rn 55.

128 **4. Überseering.** In der **Überseering-Entscheidung** wurde die Rechts- und Parteifähigkeit der niederländischen Überseering B.V., einer GmbH niederländischen Rechts, in Deutschland nicht anerkannt. Aus der Sicht des deutschen Rechts hatte sie nämlich ihren tatsächlichen Verwaltungssitz nach Deutschland verlegt, da ihre Anteile von zwei deutschen Staatsangehörigen mit Wohnsitz in Deutschland erworben worden waren. Nach der Sitztheorie hätte sie als deutsche GmbH neu gegründet werden müssen. Der EuGH geht von einer niederländischen B.V. mit Satzungssitz in den Niederlanden an,[381] konzidiert aber, dass sie aus deutscher Sicht ihren Verwaltungssitz nach Deutschland verlegt hat[382] und sich dementsprechend aufgrund der Sitztheorie hätte neu gründen müssen,[383] um in Deutschland zu klagen. Der Umstand, dass der tatsächliche Verwaltungssitz aus der Sicht des deutschen internationalen Gesellschaftsrechts nach Deutschland verlegt worden war, war für den EuGH unbeachtlich: die Niederlande folgen der Gründungstheorie.[384]

129 Entscheidend ist daher, dass sie nach niederländischem Recht (als ihrem Gründungsstatut) als Gesellschaft niederländischen Rechts fortbesteht,[385] ihre Rechtspersönlichkeit also entgegen der Regelung des deutschen internationalen Gesellschaftsrechts nicht verloren hat. Daher fällt sie in den Anwendungsbereich der Niederlassungsfreiheit und kann sich gegenüber den deutschen Rechtsvorschriften auf diese berufen und gegenüber deutschem Recht geltend machen.[386] Das Erfordernis der Neugründung aufgrund der Sitzverlegung wird als Negation der Niederlassungsfreiheit verstanden.[387]

130 **5. Vale.** Die **Vale-Entscheidung** beschäftigt sich mit der Sitzverlegung der Vale, ursprünglich einer GmbH italienischen Rechts, von Italien nach Ungarn unter Umwandlung der Gesellschaft in eine GmbH ungarischen Rechts. Eine derartige Sitzverlegung mit Umwandlung lehnten die ungarischen Gerichte ab, da dies nach ungarischem Recht nur für innerstaatliche Sachverhalte zulässig sei.[388]

131 Aber es hakt zunächst beim Sachverhalt: der EuGH hat den Sachverhalt des vorlegenden Gericht zugrunde gelegt. Das entspricht ständiger Rechtssprechung[389] und der Arbeitsteilung zwischen EuGH und nationalem Gericht. Aber der tatsächliche Sachverhalt ist offenbar ein etwas anderer:[390] Die italienische Vale war nach italienischem Recht erloschen. In Fällen erheblicher Zweifel an der Richtigkeit des Sachverhalts und damit der Entscheidungserheblichkeit der Fragen erklärt sich der EuGH für unzuständig. Aber offenbar wollte die Kammer hier entscheiden[391] – und hat sich um die Sachverhaltsunklarheiten nicht geschert.[392]

132 Der EuGH begründet unter Berufung auf das „Sevinc"-Urteil, dass der Anwendungsbereich für eine derartige Umwandlung eröffnet ist.[393] Auch wenn in „Sevinc" der EuGH die Niederlassungsfreiheit auf die Hereinverschmelzung und damit einen Sonderfall der Sitzverlegung mit Umwandlung anwendete, so hat er diese als *pars proto* aller Umwandlungen verstanden.[394]

133 Aufbauend auf der bisherigen Rechtsprechung zur Geschöpftheorie, zur ausschließlichen Zuständigkeit mitgliedstaatlichen Rechts für die Vorfrage, ob die Vale eine Gesellschaft iSv Art. 54 Abs. 1 AEUV ist, und zu der für Gründung und Fortgeltung des Gesellschaftsstatuts notwendigen Anknüpfung, kommt die Entscheidung wenig überraschend zu Feststellung, dass eine nationale Regelung, die zwar für inländische Gesellschaften die Möglichkeit einer Umwandlung vorsieht, aber die Umwandlung einer dem Recht eines anderen Mitgliedstaates unterliegenden Gesellschaft nicht erlaubt, in den Anwendungsbereich der Art. 49 AEUV und 54 AEUV fällt.

134 Wenig überraschend ist auch, dass es sich bei der ungarischen Regelung um eine Beschränkung der Niederlassungsfreiheit handelt, die nicht gerechtfertigt ist. Mögliche Rechtfertigungsgründe werden pauschal wegen fehlender Verhältnismäßigkeit verneint, eine grundsätzliche Weigerung grenzüberschreitender Umwandlungen gehe in jedem Fall als übermäßig über den Schutz der in Frage kommenden Interessen (Gläubigerschutz, Schutz der Interessen von Minderheitsgesellschaftern und Arbeitnehmern, Wirksamkeit steuerlicher Kontrollen und der Lauterkeit des Handelsverkehrs) hinaus.[395]

135 Überraschend in diesem Zusammenhang ist nur die Einleitung der Prüfung der Beschränkung der Niederlassungsfreiheit. Die Kammer erinnert daran,[396] dass Niederlassungsbegriff die tatsächliche Ausübung einer wirtschaftlichen Tätigkeit mittels einer festen Einrichtung im Aufnahmemitgliedstaat auf unbestimmte Zeit

---

381 C-208/00, *Überseering*, Slg 2002, I-9919, Rn 79, 80.
382 C-208/00, *Überseering*, Slg 2002, I-9919, Rn 52.
383 C-208/00, *Überseering*, Slg 2002, I-9919, Rn 89.
384 So ausdrücklich die Feststellung in C-371/10, *National Grid Indus*, 29. 11. 2011, Rn 28.
385 C-208/00, *Überseering*, Slg 2002, I-9919, Rn 80 (letzter S.).
386 C-208/00, *Überseering*, Slg 2002, I-9919, Rn 52, 80.
387 C-208/00, *Überseering*, Slg 2002, I-9919, Rn 81, 82.
388 C-378/10, *Vale*, 12. Juli 2012, Rn 15.
389 Statt vieler C-395/08 und C-396/08, *INPS*, Slg 2010, I-5119, Rn 18.
390 *Kindler*, EuZW 2012, 888; *GenA Jääskinen*, SchlA in C-378/10, *Vale*, Rn 28-52.
391 C-378/10, *Vale*, 12. Juli 2012, Rn 19 („die vom vorlegenden Gericht vorgenommene Einstufung des im Ausgangsverfahren in Rede stehenden Vorgangs als grenzüberschreitende Umwandlung einer Gesellschaft" erscheint nicht völlig fernliegend").
392 *GenA Jääskinen*, SchlA in C-378/10, *Vale*, Rn 50 hält das Erlöschen der italienischen Vale für unerheblich.
393 C-378/10, *Vale*, 12. Juli 2012, Rn 24.
394 C-411/03, *Sevic*, Slg 2005, I-10805, Rn 19.
395 C-378/10, *Vale*, 12. Juli 2012, Rn 40.
396 C-378/10, *Vale*, 12. Juli 2012, Rn 34.

impliziert und daher eine tatsächliche Ansiedlung der betreffenden Gesellschaft und die Ausübung einer wirklichen wirtschaftlichen Tätigkeit in diesem Staat voraussetzt. Anlass für diese Bemerkung bietet der Sachverhalt nicht, wie die Kammer selbst feststellt.[397]

Deutsche Kollisionsrechtler sehen darin eine Abkehr des EuGH von den ungeliebten Entscheidungen „Centros", „Überseering" und „Inspire Art", vor allem aber von der ungeliebten Rechtsfigur der „Briefkastengesellschaft".[398] Aber hier ist Vorsicht geboten. Die Entscheidungen „Centros", „Überseering" und „Inspire Art" sind vom Plenum bzw dem sog. kleinen Plenum gefällt worden. Eine Kammer zu fünf Richtern wird kaum eine kurskorrigierende oder -wechselnde Entscheidung treffen. Dazu biete sich auch der Sachverhalt nicht an. Aber diese Aussage des EuGH in „Vale" lässt sich als eine rechtspolitische Beruhigungspille verstehen. **136**

Bedeutung gewinnt die Entscheidung im letzten Teil, wo es um die vom Aufnahmestaat anzuwendenden Regeln für die Aufnahme der italienischen Vale geht. Die Entscheidung bietet hier gegenüber der bisherigen Rechtsprechung Neues. Die Niederlassungsfreiheit verlangt generell nur **Inländerbehandlung**.[399] Da jedoch entsprechende sachrechtliche Regeln sowohl national wie auf Unionsebene fehlen, sind sie vom vorlegenden Gericht zu schaffen, indem es sein materielles Recht im Wege der Substitution anpasst.[400] Die „Vale"-Entscheidung greift hier jedoch auf den **Äquivalenz-** und **Effektivitätsgrundsatz**[401] zurück. Ob die von der Inländerbehandlung geforderte Anpassung nun dem Äquivalenz- und Effektivitätsgrundsatz[402] unterliegt, diesen also spezifiziert, oder aber das Prinzip der Inländerbehandlung ablöst, ist nicht ganz klar. Ob diese Grundsätze wirklich geeignet und vor allem notwendig sind, ist fraglich. Beide Grundsätze stammen ursprünglich aus dem Verwaltungs-bzw Prozessrecht, werden mithin zum ersten Mal zur Präzisierung oder Ablösung der Inländerbehandlung bzw des Rechtsinstituts der Anpassung herangezogen. Nun ist es nicht ungewöhnlich, wenn im EU-Recht einmal entwickelte Rechtsinstitute für andere Rechtsgebiete nutzbar gemacht werden. Die Aufgabe von Äquivalenz- und Effektivitätsprinzip ist jedenfalls bisher eine andere. In Bezug auf die Autonomie der Vorschriften des nationalen Verwaltungs- und vor allem des nationalen Verwaltungs- wie Zivilprozessrecht[403] für Auslandssachverhalte dienen sie dem Schutz des EU-Staatsangehörigen vor nachteiligeren Regeln als die für Inländer geltende. Diesen Schutz leistet indes im Rahmen der Niederlassungsfreiheit bereits das Prinzip der Inländerbehandlung. Wo die Rechtsprechung beide Prinzipien bisher angewendet hat, fehlt es gerade an der Möglichkeit, sich auf Grundfreiheiten zu berufen. **137**

In diesem Zusammenhang steht die Erläuterung in den Rn 49 bis 52 der Entscheidung, dass bei grenzüberschreitenden Umwandlungen die Anwendung der nationalen Bestimmungen über innerstaatliche Umwandlungen, die – wie zB die Anforderungen an die Erstellung einer Bilanz und eines Vermögensverzeichnisses – die Gründung und die Funktionsweise einer Gesellschaft regeln,[404] mit der Niederlassungsfreiheit vereinbar ist. Diese Ausführungen sind angesichts der Inländerbehandlung als Folge der Niederlassungsfreiheit überflüssig. Äquivalenz- und Effektivitätsprinzip können zudem am Prinzip der Anwendung mitgliedstaatlichen Rechts nicht rütteln, im Gegenteil: Die Anwendung mitgliedstaatlichen Rechts ist deren Voraussetzung. Die „Vale"-Entscheidung differenziert anschließend zwischen den Rechten und Pflichten aufgrund des Äquivalenzprinzips und denen, die sich aus dem Effektivitätsgrundsatz ergeben. **138**

Das **Äquivalenzprinzip** verlangt im Positiven (zugunsten des Einzelnen) wie im Negativen (zulasten des Einzelnen) Gleichwertigkeit:[405] Die Modalitäten des nationalen Rechts, die den Schutz der den Rechtssuchenden aus dem Unionsrecht erwachsenden Rechte gewährleisten sollen, dürfen nicht ungünstiger sein als diejenigen, die gleichartige Sachverhalte innerstaatlicher Art regeln. Ein Mitgliedstaat ist nicht verpflichtet, wohl aber nach Unionsrecht berechtigt, grenzüberschreitende Vorgänge günstiger zu behandeln als innerstaatliche Vorgänge. **139**

Die Entscheidung zieht daraus für den konkreten Fall zwei Schlussfolgerungen: Nach dem Äquivalenzprinzip kann der Aufnahmestaat die Rechtsvorschriften, die im Rahmen einer innerstaatlichen Umwandlung eine strikte rechtliche und wirtschaftliche Kontinuität zwischen der Vorgängergesellschaft, die die Umwandlung begehrt, und der umgewandelten Nachfolgergesellschaft vorsehen, auch auf eine grenzüberschreitende Umwandlung anwenden.[406] Nicht vereinbar mit dem Äquivalenzgrundsatz ist jedoch die Wei- **140**

---

397 C-378/10, *Vale*, 12. Juli 2012, Rn 35.
398 *Kindler*, EuZW 2012, 888, 891.
399 C-378/10, *Vale*, 12. Juli 2012, Rn 46.
400 Vgl M.-Ph. *Weller*, ZGR 2010, 679, 695, 706; *G. Kegel/K.Schurig*, Internationales Privatrecht, 9. Aufl. 2004, § 1 VIII, 67.
401 C-378/10, *Vale*, 12. Juli 2012, Rn 48; zu beiden Grundsätzen C-392/04 et C-422/04, *i-21 Germany GmbH e. a.*, Slg 2006, I-8559, Rn 57; C-222/05 – C-225/05, *van der Weerd*, Slg 2007, I-4233, Rn 28; C-201/02, *Wells*, Slg 2004, I-723, Rn 67.
402 C-378/10, *Vale*, 12. Juli 2012, Rn 48; zu beiden Grundsätzen C-392/04 et C-422/04, *i-21 Germany GmbH e. a.*, Slg 2006, I-8559, Rn 57; C-222/05 – C-225/05, *van der Weerd*, Slg 2007, I-4233, Rn 28; C-201/02, *Wells*, Slg 2004, I-723, Rn 67; ferner *J. König*, Der Äquivalenz- und Effektivitätsgrundsatz in der Rechtsprechung des Europäischen Gerichtshofes, 2011.
403 Vgl C-234/04, *Kapferer*, Slg 2006, I-2585, Rn 22.
404 C-378/10, *Vale*, 12. Juli 2012, Rn 5, 51.
405 C-378/10, *Vale*, 12. Juli 2012, Rn 54.
406 C-378/10, *Vale*, 12. Juli 2012, Rn 55.

gerung der Behörden des Aufnahmestaates, anders als in einem reinen Inlandsfall bei einer grenzüberschreitenden Umwandlung im Handelsregister die Gesellschaft des Herkunftsmitgliedstaats als „Rechtsvorgängerin" der umgewandelten Gesellschaft einzutragen.[407] Die VALE Costruzioni ist mithin als „Rechtsvorgängerin" im ungarischen Handelsregister einzutragen.

141 Nicht vereinbar mit dem **Effektivitätsgrundsatz** soll die Weigerung sein, den von den Behörden des Herkunftsmitgliedstaates ausgestellten Dokumenten im Verfahren zur Eintragung der Gesellschaft nicht gebührend Rechnung zu tragen. Allerdings betont die Kammer zunächst die Zuständigkeit des nationalen Rechts, festzulegen, welche Belege die Gesellschaft, die ihre Umwandlung beantragt, für die Erfüllung der insoweit im Einklang mit dem Unionsrecht vom Herkunftsmitgliedstaat aufgestellten Voraussetzungen beizubringen hat. Im Übrigen bedarf es auch hier nicht des Effektivitätsgrundsatzes, maßgeblich ist eher das Gebot gebührender Zusammenarbeit gem. Art. 4 Abs. 3 EUV.

142 Alle Rechtsfolgen ergeben sich indes bereits aus dem Grundsatz der Inländerbehandlung, ohne dass es des Äquivalenzgrundsatzes oder des Effektivitätsprinzips bedürfte. Auch ohne des letzteren hat nach der Rechtsprechung der Aufnahmemitgliedstaat traditionell die Beachtung der administrativen Maßnahmen des Herkunftsstaates zu beachten. Der Äquivalenzgrundsatz dürfte zudem ein Rückschritt gegenüber der Inländerbehandlung sein, lässt er doch dem Mitgliedstaat mehr Spielraum als die Inländerbehandlung.

143 **VII. Scheinauslands- und Briefkastengesellschaften.** Unter den Stichworten **Briefkastengesellschaft**[408] und **Scheinauslandsgesellschaft**[409] wird diese Rechtsprechung kritisiert: bei der im Ausland gegründeten (Mutter-)Gesellschaft handele es sich um eine Briefkastengesellschaft, da sie im Gründungsstaat keine Wirtschaftstätigkeit ausübe und auch nicht ausüben soll. Mangels beabsichtigter Wirtschaftstätigkeit im Gründungsstaat, bzw mangels ihrer dortigen Ansässigkeit und damit fehlender Gleichstellung mit natürlichen Personen[410] falle ihre Gründung nicht in den Schutzbereich der Niederlassungsfreiheit.[411]

144 Die Zweigniederlassung einer solchen Auslandsgesellschaft fungiere im Fall der Briefkastengesellschaft als ihr tatsächlicher Verwaltungssitz. Diese Rechtsfolge stehe im Widerspruch zur Sitztheorie, wonach sich das Gesellschaftsstatut nach dem Recht am Ort des tatsächlichen Verwaltungssitzes richtet. Aus Mitgliedstaaten, deren internationales Gesellschaftsrecht der Sitztheorie folgt, kommt daher scharfe Kritik.[412]

145 Diese Kritik kann sich zwar darauf berufen, dass nach der Rechtsprechung eine tatsächliche Ansiedlung der betreffenden Gesellschaft und die Ausübung einer wirklichen wirtschaftlichen Tätigkeit im Aufnahmestaat vorausgesetzt wird, um den Zweck der Niederlassungsfreiheit, nämlich die Integration in die Wirtschaft eines anderen Mitgliedstaats, zu gewährleisten. Aber es geht bei der Gründung einer Auslandsgesellschaft (dh ausländischen Muttergesellschaft) nicht um Integration in die Wirtschaft eines Aufnahmestaates, sondern um die Gründung einer Gesellschaft in einem anderen Staat als dem der Ansässigkeit der Gründer.[413] Betroffen, aber unproblematisch, ist deren auf die Niederlassungsfreiheit gestütztes Recht, im Ausland eine Gesellschaft nach dortigem Recht zu gründen. Die Gründung unterliegt allein dem Recht des Gründungsstaates. Dieses bestimmt autonom, ob die Gesellschaft dort tätig sein muss. Um die Niederlassungsfreiheit der ausländischen Muttergesellschaft geht es bei deren Gründung zunächst nicht.

146 Der Wortlaut des Art. 49 Abs. 2 AEUV sagt nichts anderes. Danach umfasst die Niederlassungsfreiheit vor allem die Gründung und Leitung von Unternehmen, insbesondere von Gesellschaften im Sinne des Art. 54 Abs. 2 AEUV, in einem anderen Mitgliedstaat, dem Aufnahmestaat, nach dessen für seine eigenen Angehörigen geltenden Bestimmungen also nach dessen Gründungsrecht. Diese Möglichkeit steht nicht nur natürlichen Personen, sondern auch (ausländischen Mutter-)Gesellschaften offen. Der EuGH betont denn auch, dass es für eine (Mutter-)Gesellschaft um die Vermeidung der inländischen Gründungsvorschriften geht, auch wenn die neu zu gründende Auslandsgesellschaft (ausländische Muttergesellschaft) am Wirtschaftsleben im Inland teilnehmen solle.

147 Die **Niederlassungsfreiheit der Gesellschaft** kommt mithin erst im Hinblick auf die Errichtung der Zweigstelle ins Spiel. Dazu muss die (Mutter-)Gesellschaft die Voraussetzungen des Art. 54 Abs. 1 AEUV erfüllen, um im Wege der Gleichstellung mit natürlichen Personen in den Genuss der Niederlassungsfreiheit zu kommen (s.o. Rn 69). Nach der Rechtsprechung reichen dazu die Voraussetzungen des Art. 54 Abs. 1 AEUV, darunter der satzungsmäßige Sitz innerhalb der Union. Andererseits verlangt Art. 49 Abs. 1 letzter Satz AEUV von natürlichen Personen, die eine Zweigniederlassung gründen wollen, Ansässigkeit im Hoheitsgebiet eines Mitgliedstaates. Verlangt man in Analogie dergleichen auch von (mit natürlichen Personen gleichgestellten) Gesellschaften, müssten diese im Gründungsstaat einen Verwaltungssitz haben und eine

---

407 C-378/10, *Vale*, 12. Juli 2012, Rn 56, 57.
408 C-196/04, *Cadbury Schweppes*, Slg 2006, I-7995, Rn 68; C-341/04, *Eurofood IFSC*, Slg 2006, I-3813, Rn 35.
409 *M. Lutter/W. Bayer/J. Schmidt*, § 4, Rn 14; *Ch. Teichmann*, ZGR 2011, 639, 669; *P. Kindler*, EuZW 2012, 888, 892.
410 *Schurig* in; Liber amicorum Kegel, 199, 203.
411 *Ch. Teichmann*, ZGR 2011, 639, 669.
412 Vgl nur *Schurig* in; Liber amicorum Kegel, 199 u. *Ch. Teichmann*, ZGR 2011, 639.
413 C-212/97, *Centros* Slg 1999, I-1459, Rn 26.

Geschäftstätigkeit ausüben, wenn man in Anlehnung an die (allerdings für den Aufnahmestaat geltende) Rechtsprechung unter Ansässigkeit die tatsächliche Ausübung einer wirklichen wirtschaftlichen Tätigkeit mittels einer festen Einrichtung versteht.[414] Dies wäre das Ende von Briefkasten- und Scheinauslandsgesellschaft.

Außer in der „Centros"-Entscheidung fand die ausländische Muttergesellschaft („Briefkastengesellschaft") in der übrigen Rechtsprechung jedoch keine Beachtung. Es galt vielmehr, die Gefahr (im Rahmen von Steueroptimierungsbemühungen von Gesellschaften) fiktiver Zweigstellen und Tochtergesellschaften zu bannen. Deswegen erlauben diese Entscheidungen, entgegen mancher Deutungsversuche im Schrifttum, keine Rückschlüsse. 148

VIII. Grenzüberschreitende Verschmelzung (Fusion), Spaltung und Übernahme
Literatur:
Austmann/Mennicke, Übernahmerechtlicher Squeeze-out und Sell-out, NZG 2004, 846; *H. Bascopé,* Die grenzüberschreitende Verschmelzung unter Beteiligung deutscher und spanischer Kapitalgesellschaften: gesellschafts- und steuerrechtliche Fragen, 2013; *W. Bayer/J. Schmidt,* Die neue Richtlinie über die grenzüberschreitende Verschmelzung von Kapitalgesellschaften, NJW 2006, 401; *dies.,* Grenzüberschreitende Sitzverlegung und grenzüberschreitende Restrukturierungen nach MoMiG, Cartesio und Trabrennbahn, ZHR 173 (2009), 735; *P. Behrens,* Anerkennung, internationale Sitzverlegung, und grenzüberschreitende Umstrukturierung von Gesellschaften nach dem Centros-Urteil des EuGH, JBl. 2001, 341; *ders.,* Die neue Lektion aus Luxemburg zur internationalen Mobilität von Gesellschaften: Grenzüberschreitende Verschmelzungen sind möglich!, EuZW 2006, 65; *Boehmer,* Der Schutz der Minderheitsaktionäre bei Übernahme börsennotierter Gesellschaften in Europa: eine Untersuchung des Pflichtangebots in Deutschland, England, Frankreich, Italien, Österreich und der Schweiz, 2003; *Brandes,* Mitbestimmungsvermeidung mittels grenzüberschreitender Verschmelzung, ZIP 2008, 2193; *M. Brocker,* Die grenzüberschreitende Verschmelzung von Kapitalgesellschaften, BB 2010, 971; *Bungert,* Grenzüberschreitende Verschmelzungsmobilität – Anmerkung zur Sevic-Entscheidung des EuGH, BB 2006, 53; *ders.,* Grenzüberschreitendes Umwandlungsrecht: Gesamtrechtsnachfolge für im Ausland belegene Immobilie bei Verschmelzung deutscher Gesellschaften, Festschrift Heldrich, 2005, 529; *Clarke,* The Takeover Directive: Is a Little Regulation Better Than No Regulation?, ELJ 2009, 174; *Decher,* Crossborder mergers: traditional structures and SE-merger structures, ECFR 2007, 5; *F. Drinhausen/A. Keinath,* Die grenzüberschreitende Verschmelzung von Kapitalgesellschaften in Europa, RIW 2006, 81; *dies.,* Mitbestimmung bei grenzüberschreitender Verschmelzung mitbestimmungsfreier Gesellschaften, AG 2010, 398; *Dorr/Stukenborg,* Going to the chapel. Grenzüberschreitende Ehen im Gesellschaftsrecht. Die ersten transnationalen Verschmelzungen nach dem UmwG (1994), DB 2003, 647; *K. Eckstein,* Grenzüberschreitende Verschmelzung von kleinen und mittleren Unternehmen : eine Untersuchung auf der Grundlage der aktuellen Gesetzesentwicklung in Deutschland, 2009; *H. Eidenmüller,* Mobilität und Restrukturierung von Unternehmen im Binnenmarkt. Entwicklungsperspektiven des europäischen Gesellschaftsrechts im Schnittfeld von Gemeinschaftsgesetzgeber und EuGH, JZ 2004, 24; *Eilers/Dandorf,* Steuerrechtliche Probleme bei der Auslegung der neuen gesellschaftsrechtlichen Möglichkeiten: Wegzug, grenzüberschreitende verschmelzung, EU-Umstrukturierung, in: europäisches Gesellschafts- und Steuerrecht, 2007, 193; *L. Enriques,* European Takeover Law: The Case for a Neutral Approach, EBLR, 2011, 625; *Frischhut,* Grenzüberschreitende Verschmelzung von Kapitalgesellschaften – ein Überblick über die Zehnte gesellschaftsrechtliche Richtlinie, EWS 2006, 55, *C. Gerner-Beuerle/D. Kershaw/M. Solinas,* Is the Board Neutrality Rule Trivial? Amnesia about Corporate Law in European Takeover Regulation, EBLR 2011, 560; *M. Günes,* Grenzüberschreitende Verschmelzung unter Beteiligung von EU/EWR- und Drittstaaten-Kapitalgesellschaften : Entwicklung und Ausblick für das deutsche Gesellschafts- und Ertragsteuerrech, 2012; *Van Gerven,* Common Legal Framework for Takeover Bids in Europe, ELRev. 2009, 660; *M. Habersack,* SE-Recht mit grenzüberschreitender Verschmelzung, 2013; *ders.,* Grundsatzfragen der Mitbestimmung in SE und SCE sowie bei grenzüberschreitender Verschmelzung, ZHR 171 (2007), 613; *Jung,* Hereinverschmelzung durch Aufnahme und Niederlassungsfreiheit: Anmerkung zum Vorlagebeschluss des LG Koblenz vom 16.9.2003, GPR 2004, 87; *Kallmeyer/Kappes,* Grenzüberschreitende Verschmelzungen und Spaltungen nach SEVIC Systems und der EU-Verschmelzungsrichtlinie, AG 2006, 224; *S. Kalss,* Kommentar zur Verschmelzung, Spaltung, Umwandlung : die gesellschaftsrechtlichen Bestimmungen (AktG, GmbHG, SpaltG und UmwG) einschließlich internationale Verschmelzung und Gesellschafterausschluss, 2. Auflage 2010; *Kappes,* Zulässigkeit grenzüberschreitender Verschmelzungen, NZG 2006, 101; *Kiem,* Die Regelung der grenzüberschreitenden Verschmelzung im deutschen Umwandlungsgesetz, WM 2006, 1091; *Kieninger,* Grenzüberschreitende Verschmelzungen in der EU – das SEVIC-Urteil des EuGH, EWS 2006, 49; *Kraft/Bron,* Defizite bei der grenzüberschreitenden Verschmelzung: eine sekundärrechtliche Bestandsaufnahme, RIW 2005, 641; *R. Krause,* Unternehmensmobilität in Europa: Anmerkungen zur grenzüberschreitenden Verschmelzung und Sitzverlegung, in: *P.-Ch. Müller-Graff* (Hrsg.), Europäisches Gesellschaftsrecht auf neuen Wegen, 2010, 103; *N. Krause/N. N. Kulpa,* Grenzüberschreitende Verschmelzung, ZHR 2007, 38; *N. Krause/M. Janko,* Grenzüberschreitende Verschmelzungen und Arbeitnehmermitbestimmun, BB 2007, 2194; *Kruse/Kruse,* Grenzüberschreitende Konzernverschmelzungen Vorgaben und Vereinfachungen der §§ 122 a UmwG, BB 2010, 3035; *Kuntz,* Zur Möglichkeit grenzüberschreitender Fusionen, EuZW 2005, 524; *Leible-Hoffmann,* Grenzüberschreitende Verschmelzungen im Binnenmarkt nach „Sevic", RIW 2006, 161; *Lennerz,* Die internationale Verschmelzung und Spaltung unter Beteiligung deutscher Gesellschaften, 2001; *Lutter/Drygala,* Internationale Verschmelzungen in Europa, JZ 2006,770; *Maul/Teichmann/Wenz,* Der Richtlinienvorschlag zur grenzüberschreitenden Verschmelzung von Kapitalgesellschaften, BB 2003, 2633; *J. A. McCahery/E. PM. Vermeulen,* The Case Against Reform of the Takeover Bids Directive, EBLR 2011, 541; *Meilicke/Rabback,* Die EuGH-Entscheidung in der Rechtssache Sevic und die Folgen für das deutsche Umwandlungsrecht nach Handels- und Steuerrecht, GmbHR 2006, 123; *H. Merkt,* Verhaltenspflichten des Vorstands der Zielgesellschaft bei feindlichen Übernahmen, ZHR 165 (2001), 224; *O. Mörsdorf/Ch. Jopen,* Anm. zu Vale, ZIP 2012, 1398; *Müller,* Internationalisierung des deutschen Umwandlungsrechts: Die Regelung der grenzüberschreitenden Verschmelzung, ZIP 2007, 1081; *ders.,* Die grenzüberschreitende Verschmelzung nach dem neuen Richtlinienentwurf der EU-

---
414 C-378/10, Vale, 12. Juli 2012, Rn 34.

Kommission, ZIP 2004, 1790; *Nagel*, Die Richtlinie zur grenzüberschreitenden Verschmelzung, NZG 2006, 97; *H.-W. Neye*, Die neue Richtlinie zur grenzüberschreitenden Verschmelzung von Kapitalgesellschaften, ZIP 2005, 1893; *H.-W. Neye/J. Kraft*, Neuigkeiten beim Umwandlungsrecht, NZG 2011, 681; *N. Nohlen*, Binnenmarktkonformer Minderheitenschutz bei der grenzüberschreitenden Verschmelzung von Aktiengesellschaften, 2012; *Oechsler*, Die Richtlinie 2005/56/EG über die Verschmelzung von Kapitalgesellschaften aus verschiedenen Mitgliedstaaten, NZG 2006, 161; *H. A. Pohle*, Grenzenlos verschmelzen: die Richtlinie zur grenzüberschreitenden Verschmelzung von Kapitalgesellschaften, 2011; *Reichert*, Die neue Vielfalt – Grenzüberschreitende Unternehmenszusammenführungen in der Praxis: Motive und Modelle 1998-2008, Fs Hüffer, 2010, 805; *Sandhaus*, Richtlinienvorschlag der Kommission zur Vereinfachung der Berichts- und Dokumentationspflichten bei Verschmelzungen und Spaltungen, NZG 2009, 41; *M. Schaden*, Verschmelzung und Auf-/Abspaltung von Kapital- [sic] auf Kapitalgesellschaften, BB 2011, BB-Special 1, 11; *M. Speth*, Die grenzüberschreitende Verschmelzung von Kapitalgesellschaften im deutsch-österreichischen Rechtsverkehr, 2012; *Stöcker*, Rechtsfragen grenzüberschreitender Unternehmenszusammenschlüsse, 2003; *Teichmann*, Grenzüberschreitende Verschmelzungen in Europa, in: Europäisches Gesellschafts- und Steuerrecht, 2007, 59; *T. Teicke*, Herausforderungen bei Planung und Umsetzung einer grenzüberschreitenden Verschmelzung, DB 2012, 2675.

149 Verschmelzung und Spaltung werfen internationalprivatrechtlich ähnliche Probleme auf wie die Sitzverlegung. Auch bei der **Verschmelzung** „verlegt" die untergehende Gesellschaft ihren Sitz und muss die Verschmelzung zweier Gesellschaften aus unterschiedlichen Mitgliedstaaten nach beider Gesellschaftsstatut möglich sein.[415] Zwar kommt es bei einer grenzüberschreitenden Verschmelzung für die Aktionäre bzw Gesellschafter der übernommenen Gesellschaft zu einem Statutenwechsel im Gegensatz zur Sitzverlegung, nicht jedoch zu einem Wechsel des Gesellschaftsstatuts der übernehmenden Gesellschaft.[416] Die übernommene Gesellschaft geht als solche unter.[417]

150 Das deutsche Recht ließ gem. § 1 Abs. 1 UmwG nur Verschmelzungen von Gesellschaften mit Sitz im Inland zu.[418] Eine Verschmelzung mit einer ausländischen Gesellschaft konnte daher nicht ins Handelsregister gem. § 19 UmwG eingetragen werden.[419] Das stößt sich gem. der „Sevic"-Entscheidung des EuGH an der Niederlassungsfreiheit.[420] Der europäische Gesetzgeber hat die Materie in der Richtlinie 2005/56 über die Verschmelzung von Kapitalgesellschaften aus verschiedenen Mitgliedstaaten[421] geregelt, der deutsche die Richtlinie durch das 2. Gesetz zur Änderung des Umwandlungsrecht in den Art. 122 a ff UmwG übernommen.[422]

151 Die Durchführung der grenzüberschreitenden Umwandlung unterliegt dem Sachrecht der beteiligten Gesellschaftsstatuten, bei einer Verschmelzung unter Beteiligung einer deutschen Gesellschaft also dem UmwG.[423]

152 **Spaltung** (in Form der Aufspaltung, Abspaltung und Ausgliederung) ist immer zugleich mit anschließender Verschmelzung verbunden.[424] Da für die Spaltung selbst das Recht der zu spaltenden Gesellschaft gilt[425] und das entsprechende Sachrecht zudem durch die 6. Richtlinie 82/891 harmonisiert worden ist, betrifft die Niederlassungsproblematik nur die anschließende grenzüberschreitende Verschmelzung.

153 **Übernahmen** werden ebenfalls von den Grundfreiheiten vor ungerechtfertigten Hemmnissen des Sachrechts geschützt.[426] Im Übrigen haben die Übernahmeangebote für grenzüberschreitende Übernahmen nunmehr in der Richtlinie 2004/25[427] eine Regelung erfahren (dazu unten Rn 391).

---

415 Einzelheiten bei *Grundmann*, GesR, § 22, Rn 782; *Behrens*, in: Dauses (Hrsg.), E. III., Rn 143 ff; *Kegel/Schurig*, § 17, 582 aE f; *Langenbucher/Engert*, § 5, GesR, Rn 102 (Vereinigungstheorie); MüKo-BGB/*Kindler*, 5. Aufl. 2010, Int. Handels- und Gesellschaftsrecht, Rn 874 ff.
416 *Grundmann*, GesR, § 22, Rn 782.
417 GenA *Tizzano*, SchlA in C-411/03, *SEVIC*, Rn 35 ff: Die übernommene Gesellschaft kann möglicherweise als unselbständige Zweigniederlassung „fortbestehen".
418 Ausf. *Eidenmüller/Engert*, Ausländische Kapitalgesellschaften, § 4 Rn 72–79; *Grundmann*, GesR, § 22, Rn 784; MüKo-BGB/*Kindler*, Rn 681; aA *Kallmeyer*, ZIP 1996, 535; *Kronke*, ZGR 1994, 26, 28 ff; ausf. *Lennerz*, 39–129.
419 BGHZ 97, 269; OLG Zweibrücken NJW 1990, 3092; ferner *Gottschalk*, EuZW 2006, 65.
420 Jetzt C-411/03, *SEVIC*, Urteil v. 13.12.2005; dazu in diesem Kommentar *F. Braunfels*, Kapitel Nr. 11: Umwandlungsrecht, Rn 3; fernrer *Behrens*, EuZW 2006, 65; *Bangart*, BB 2006, 53; *ders*, Festschrift Heldrich, 2005, 529; *Drinhausen/ Keinath*, RIW 2006, 81; *Frischhut*, EWS 2006, 55; *Frotscher*, IStR 2006, 65; *Kappes*, NZG 2006, 101; *Kieninger*, EWS 2006, 49; *Kraft/Bron*, IStR 2006, 26; *Leible/Holtmann*, RIW 2006, 161; *Sims*, EuZW 2006, 135; Vorlage LG Koblenz, GmbHR 2003, 1213; ferner *Eidenmüller/Engert*, Ausländische Kapitalgesellschaften, § 4, Rn 81, 94; wohl auch *Grundmann*, GesR, § 22 Rn 785; *Eidenmüller*, JZ 2004, 24, 30 f; *Jung*, GPR 2004, 87, 88, *Kallmeyer*, DB 2004, 636, 638; *Mankowski*, EwiR 2004, 139; *Wachter*, GmbHR 2004, 88, 102. Über eine erfolgreiche grenzüberschreitende Umwandlung berichten *Dorr/Stukenborg*, DB 2003, 647; *Ch. Teichmann*, ZIP 2006, 355; *Oechsler*, NJW 2006, 812; *J. Sedemund*, BB 2006, 519; *Schmidt/Maul*, BB 2006, 13; *Siems*, ZIP 2006, 135; *Doralt*, IPRax 2006, 572; *P. Behrens*, CMLR 2006, 1669; *Krause/Kulpa*, ZHR 2007, 38; *Weiss/Wöhlert*, WM 2007, 580; *Jaensch*, EWS 2007, 97.
421 ABl. 2005, L 310/1.
422 *M. Habersack/D. Verse*, GesR, § 8, Rn 55; dazu in diesem Kommentar *F. Braunfels*, Kapitel Nr. 11, Umwandlungsrecht, Rn 3.
423 Einzelheiten bei *Eidenmüller/Engert*, Ausländische Kapitalgesellschaften, § 4 Rn 100 ff.
424 Statt vieler *Hirte*, Kapitalgesellschaftsrecht,, 7. Aufl. 2012, Rn 6.167.
425 *Grundmann*, GesR, § 22 Rn 783.
426 Das ist das Fazit aus den „golden share"-Entscheidungen (C-483/99, *Kommission/Frankreich*, Slg 2002, I-4781; C-503/99, *Kommission/Belgien*, Slg 2002, I-4809; C-367/98, *Kommission/Portugal*, Slg 2002, I-4731), in denen der Gerichtshof allerdings die Kapitalverkehrsfreiheit herangezogen hat, vgl dazu *Klinke*, ECFR 2005, 270, 305; *Spindler*, RIW 2003, 850; *Grundmann*, GesR, § 22, Rn 770, 791.
427 ABl. 2004, L 142/12, geändert durch die Verordnung Nr. 219/2009 vom 11. 3. 2009, oben Rn 32.

Sitzverlegung, Verschmelzung und Spaltung sind, zumindest für die Mitgliedstaaten, die aus international- 154
gesellschaftsrechtlichen wie aus materiellrechtlichen Gründen derartige Maßnahmen auf innerstaatliche Gesellschaften beschränkten und noch beschränken, wegen ihrer Unvereinbarkeit mit der Niederlassungsfreiheit bzw mit der Kapitalverkehrsfreiheit in Bewegung geraten. Die **Rechtsprechung** (der einzelstaatlichen Gerichte wie des EuGH) kann aber immer nur die **Rechtsfolgen einzelner Regelungen** für grundfreiheitskonform oder nicht erklären. Sie kann auf diese Weise eine Doktrin zu Fall bringen, ohne Neues an die Stelle setzen zu können und zu dürfen.[428] Die anschließende Beseitigung der Rechtsunsicherheit und die Feinsteuerung einer grundfreiheitskonformen Regelung ist Sache des betroffenen Mitgliedstaates, bzw bedarf, wenn es mehrere betrifft, der harmonisierten Regelung.[429]

IX. Zusammenfassung der EuGH-Rechtsprechung. 1. Internationales Gesellschaftsrecht. Eine Gesellschaft 155
verdankt ihre Existenz und Rechtspersönlichkeit dem Recht eines Mitgliedstaats,[430] nämlich dem seiner Gründung.[431] Dieses entscheidet ebenso über die notwendige Verknüpfung mit seinem Recht, also über die kollisionsrechtliche Anknüpfung, wie über die materiellen Gründungsvoraussetzungen. Sein internationales und materielles Gesellschaftsrecht regelt auch Erhalt oder Verlust ihrer Rechtspersönlichkeit (Liquidation) bei grenzüberschreitender Sitzverlegung.

Das Gründungsrecht bestimmt ua, ob **bei** Gründung oder **nach** Gründung überhaupt eine wirtschaftliche 156
Betätigung im Gründungsmitgliedstaat notwendig ist.[432]

Das Gründungsrecht bestimmt die Voraussetzungen eines (grenzüberschreitenden) Wegzugs der Gesell- 157
schaft in einen anderen Mitgliedstaat durch **Verlegung des Verwaltungssitzes**.[433] Es regelt, ob er statutenwahrend stattfinden kann (wie in Anwendung der Gründungstheorie) oder sich die Gesellschaft (nach dem Wegzugsrecht) auflösen und (im Zuzugsrecht) neu konstituieren muss (wie bei Geltung der Sitztheorie). Eine Gesellschaft kann auch ihren **Satzungssitz** in einen anderen Mitgliedstaat verlegen. Das Gründungsrecht entscheidet anhand der nach seinem internationalen Gesellschaftsrecht geltenden (Gründungs- oder Sitz-)Theorie, ob der Satzungssitz statutenwahrend oder -wechselnd stattfindet. Bei statutenwechselnder Satzungssitzverlegung ist es Sache des Aufnahmestaates, die Voraussetzungen des Erwerbs seines Gesellschaftsstatuts festzulegen. Es legt auch fest, ob zusätzlich zum Satzungssitzwechsel die Verlegung des Verwaltungssitzes notwendig wird.[434]

2. Niederlassungsfreiheit und internationales Gesellschaftsrecht. Natürliche Personen, die Staatsangehörige 158
eines Mitgliedstaates sind, nehmen ihre **Niederlassungsfreiheit** durch Gründung von Agenturen, (unselbstständigen) Zweigniederlassungen und (selbstständigen) Gesellschaften wahr (sekundäre Niederlassungsfreiheit), oder dadurch, dass sie sich in einem anderen Mitgliedstaat niederlassen (primäre Niederlassungsfreiheit). De facto gewährt das Unionsrecht ihnen mit der Möglichkeit der Gründung einer Auslandsgesellschaft eine **Wahl des Gesellschaftsstatuts** durch Wahl des Gründungsmitgliedstats.[435] Grundsätzlich liegt in der Wahl eines (aus Sicht der Gründer) günstigen Gesellschaftsstatuts allein kein Rechtsmissbrauch.[436]

Gesellschaften sind im Rahmen der Niederlassungsfreiheit natürlichen Personen gleichgestellt, wenn sie die 159
Voraussetzungen des Art. 54 Abs. 1 AEUV erfüllen, also nach eines Mitgliedstaates Gesellschaftsrecht gegründet worden sind, ihre Rechtspersönlichkeit nicht verloren haben und ihren Verwaltungssitz in der EU haben (oben Rn 70 ff).

Die Regelungen des mitgliedstaatlichen (internationalen wie materiellen) Gesellschaftsrechts über die Grün- 160
dung der Gesellschaft und den Verlust des Gesellschaftsstatuts bei Weg- und Zuzug fallen grundsätzlich in den **Schutzbereich der Niederlassungsfreiheit**. Daher ist die grenzüberschreitende Sitzverlegung, unabhängig davon, ob die Sitzverlegung statutenwahrend oder statutenwechselnd, dh unter Verlust ihrer Rechtspersönlichkeit, stattfindet, nicht „niederlassungsfreiheitsresistent". Dies gilt sowohl für die **Verwaltungssitz-** als auch die **Satzungssitzverlegung**.

Eine **nach dem Recht eines Mitgliedstaates ordnungsgemäß gegründete Gesellschaft** muss **identitätswah-** 161
rend aus dem Gründungsmitgliedstaat weg und im Aufnahmemitgliedstaat zuziehen und als solche entsprechend dem Konzept eines einheitlichen Marktes im gesamten Unionsrechtsraum tätig werden können.

---

428 Vgl *Grundmann*, GesR, § 22, Rn 779; *K. Schmidt*, ZHR 168 (2004), 502.

429 Zum Zusammenspiel von Grundfreiheit und Rechtsangleichung unten Rn 213 ff.

430 C-208/00, *Überseering*, Slg 2002, I-9919, Rn 57; C-212/97, *Centros*, Slg 1999, I-1459, Rn 19, 20.

431 Das internationale Gesellschaftsrecht des Gründungsmitgliedstaates entscheidet, ob die Gründung nach einem anderen Sachrecht zulässt, *Streinz/Müller-Graff*, EUV/AEUV, Art. 54 AEUV, Rn 8, 9. Gründen lässt sich eine Gesellschaft überwiegend nur nach dem am Registerort geltenden Recht, also in Deutschland nur eine Gesellschaft deutschen Rechts, im Vereinigten Königreich nur eine englischen Rechts.

432 Wird die in einem Mitgliedstaat gegründete Gesellschaft ausschließlich in einem anderen Mitgliedstaat tätig, wie die Centros Ltd., spricht die deutsche Literatur von *Scheinauslandsgesellschaften* oder *Briefkastengesellschaft*.

433 C-210/06, *Cartesio*, Slg 2008, I-9641, Rn 99 ff.

434 *M. Lutter/W. Bayer/J. Schmidt*, § 6 V. 1. b), Rn 59.

435 *Eidenmüller*, JZ 2004, 24.

436 C-212/97, *Centros*, Slg 1999, I-1459, Rn 27.

162 **3. Rechte und Pflichten des Wegzugsstaates.** Als Gesellschaft fremden Rechts kann sie, so das Gründungsrecht statutenwahrende Verwaltungssitzverlegung zulässt, ihren Verwaltungssitz grenzüberschreitend mit der Folge verlegen, dass die Gesellschaft ihre Rechtspersönlichkeit auch im Aufnahmestaat behält.

163 Wird der Verwaltungssitz statutenwahrend in einen anderen Mitgliedstaat verlegt – wie dies in Anwendung der Gründungstheorie der Fall ist –, kann der **Wegzugstaat** theoretisch unbeschadet der Niederlassungsfreiheit die Beibehaltung des von seinem Recht verliehenen Gesellschaftsstatuts von (administrativen) Beschränkungen bei der (Verwaltungs-)Sitzverlegung mit dem Ziel abhängig machen, es der Gesellschaft zu ermöglichen, ihre Rechtspersönlichkeit nach dem Gründungsstatut zu behalten. In dieser Fallkonstellation sind Beschränkungen der Verwaltungssitzverlegung jedoch dann an der Niederlassungsfreiheit zu messen, wenn die Beschränkungen nicht dem Ziel dienen, der wegziehenden Gesellschaft das ursprüngliche Personalstatut zu erhalten. Letzteres dürfte in aller Regel der Fall sein (s.o. Rn 109, 110 ff).

164 Lässt der Gründungsstaat nur eine statutenwechselnde Sitzverlegung zu, muss die Gesellschaft **identitätswahrend** ihr Statut wechseln können, ohne dass der Wegzugstaat ihre vorherige Liquidation verlangen kann. Behindert er auch in diesem Fall die statutenwechselnde Sitzverlegung, verstößt dies gegen die Niederlassungsfreiheit, kann aber aus zwingenden Gründen des Allgemeininteresses gerechtfertigt sein.[437]

165 **4. Rechte und Pflichten des Zuzugsstaates.** Der Zuzugstaat hat die Gesellschaft als Rechtsperson fremden Rechts „anzuerkennen"[438] und sie als solche zu behandeln. Insofern gilt das **Herkunftslandprinzip**.[439] Die Gesellschaft kann als Rechtspersönlichkeit fremden Rechts in dieser Eigenschaft im Aufnahmestaat tätig werden.

166 Dem Unterschied zwischen primärem und sekundärem Niederlassungsrecht kommt nach der EuGH-Rechtsprechung keine Bedeutung mehr zu. Zwischen Hauptsitz (tatsächlichem Geschäfts- und Verwaltungssitz) und Zweigniederlassung kann noch,[440] muss aber nicht mehr[441] unterschieden werden. Soweit das Gründungsrecht es zulässt, kann die Gesellschaft von einer Zweigniederlassung, die in einem anderen Mitgliedstaat als dem der Gründung ansässig ist, verwaltet werden, ohne dass es aus Sicht des Unionsrechts eines Verwaltungssitzes (im Sinne des deutschen internationalen Gesellschaftsrechts) im Gründungsstaat bedarf.[442] Ob darin die Verlegung eines fiktiven (niemals existierenden) Verwaltungssitzes vom Gründungsstaat in den der Zweigniederlassung liegt[443] oder aber eine verwaltungssitzlose Gesellschaftsgründung unter nachfolgender Begründung einer Zweigniederlassung und eines Verwaltungssitzes, mag dahinstehen, ist jedenfalls eine vom Gründungsrecht zu beantwortende Frage.

167 Aus dieser Sicht stellt es keinen **Missbrauch** dar,[444] wenn eine Gesellschaft in einem Mitgliedstaat gegründet wird, um über ihre Zweigniederlassung ausschließlich in einem anderen Mitgliedstaat werbend tätig zu sein.

168 Für die Reichweite des ausländischen Gesellschaftsstatuts liefert die EuGH-Rechtsprechung selbst erste Hinweise. Allgemein wird man alle die **Identität** und die **Funktionsweise** der Gesellschaft betreffenden Fragen dem Gründungsstatut unterstellen müssen.[445] Das Gründungsstatut gilt für die Rechts- und Parteifähigkeit,[446] die Haftung des Geschäftsführers und die Mindestkapitalregeln,[447] für die Komplementärfähigkeit,[448] die Insolvenz-[449] und Grundbuchfähigkeit[450] sowie für die Vertretungsbefugnis[451] und Kaufmannseigenschaft.[452] Der Firmenname unterfällt ebenfalls dem Gründungsstatut und darf auch nicht mit einem Zusatz versehen werden, der die Gesellschaft als Auslandsgesellschaft kenntlich macht.[453]

---

437 M. Lutter/W. Bayer/J. Schmidt, § 6 V. 1 b), Rn 60 (weist zu Recht darauf hin, dass eine Präzisierung dieser Gründe fehlt. Die von ihm zitierte Rspr bezieht sich indes auf Zuzugsfälle und ist mE nur bedingt aussagekräftig).
438 C-208/00, Überseering, Slg 2002, I-9919 Rn 59; Grundmann, GesR, § 6, Rn 188; zum Begriff der Anerkennung bereits Behrens, ZGR 1978, 499.
439 M. Lutter/W. Bayer/J. Schmidt, § 6 V. 1. a), Rn 49.
440 So in C-167/01, Inspire Art, Slg 2003, I-10155.
441 So in C-212/97, Centros, Slg 1999, I-1459.
442 Das ergibt sich aus dem Sachverhalt in C-212/97, Centros, Slg 1999, I-1459.
443 So wohl M. Habersack/D. Verse, GesR, § 3, Rn 22, 26.
444 H. Eidenmüller, in: H. Eidenmüller (Hrsg.), Ausländische Kapitalgesellschaften, § 3 Rn 78, 79, Hirte, in: Hirte/Bücker (Hrsg.), Grenzüberschreitende Gesellschaften, § 1, Rn 30; bereits ders, EWS 2003, 522; Forsthoff, in: Hirte/Bücker (Hrsg.), Grenzüberschreitende Gesellschaften, § 2 Rn 46 ff.

445 Ebenso H. Eidenmüller, JZ 2004, 24, 25; U. Forsthoff, in: Hirte/Bücker (Hrsg.), § 2, Rn 41. Vgl die Formulierung in BGHZ 25, 134, 144.
446 H. Hirte, in: Hirte/Bücker (Hrsg.), § 1, Rn 20, 25.
447 U. Forsthoff in: Hirte/Bücker (Hrsg.), § 2 Rn 35; vgl EuGH, Rs. C-167/01, Inspire Art, Rn 95 ff.
448 H. Hirte, in: Hirte/Bücker (Hrsg.), § 1, Rn 25.
449 H. Hirte, in: Hirte/Bücker (Hrsg.), § 1, Rn 25; S. Leible, in: Hirte/Bücker (Hrsg.), § 10, Rn 46 ff; AG Hamburg, ZIP 2003, 1008, 1009; Mock/Schildt, ZInsO 2003, 396, 398; Müller, NZG 2003, 414, 415 f; vgl zu den Grenzen AG Duisburg NZG 2003, 1167.
450 BayObLG ZIP 2003, 398; Bayer, BB 2003, 2357, 2363; P. Behrens, IPRax 2003, 193, 204; Leible/Hoffmann, NZG 2003, 259 f; ausf. S. Leible, in: Hirte/Bücker (Hrsg.), § 10, Rn 42 ff.
451 H. Hirte, in: Hirte/Bücker (Hrsg.), § 1, Rn 25 bei Fn 60; S. Leible, in: Hirte/Bücker (Hrsg.), § 10, Rn 48 ff.
452 S. Leible, in: Hirte/Bücker (Hrsg.), § 10, Rn 52 f.
453 C-167/01, Inspire Art, Slg 2003, I-10155, Rn 65 ff.

Schwierigkeiten bereitet indes die Abgrenzung zum Insolvenz- und Deliktsstatut.⁴⁵⁴

Offen ist, inwieweit der Aufnahmestaat im Wege der Sonderanknüpfung **Schutzvorschriften** des eigenen materiellen Rechts anwenden darf.⁴⁵⁵ Der bisherigen EuGH-Rechtsprechung⁴⁵⁶ ist nur zu entnehmen, welche Schutzvorschriften des eigenen Rechts der Aufnahmestaat nicht mehr geltend machen darf. Allgemein setzt der EuGH auf ein sog. **Informationsmodell**.⁴⁵⁷ Kann der Rechtsverkehr erkennen, dass es sich um eine Auslandsgesellschaft bzw um eine Zweigstelle einer solchen handelt, bedarf er keines Schutzes durch Rechtsvorschriften des Aufnahmestaates. Für Zweigniederlassungen ergibt sich die Kenntnis vor allem aus den mitgliedstaatlichen Rechtsvorschriften in Umsetzung der 11. (Zweigniederlassungs-)Richtlinie 89/666. 169

Einzelstaatliche Schutzvorschriften, die als gerechtfertigt einer die Niederlassungsfreiheit wahrnehmenden Gesellschaft eines anderen Mitgliedstaates entgegengehalten werden können, sowie die Beschaffung von Informationen über mitgliedstaatliche gesellschaftsrechtliche Besonderheiten erschweren mithin eine grenzüberschreitende Betätigung. Abhilfe leisten soll die Angleichung der Gesellschaftsrechte, wie die 11. (Zweigniederlassungs-)Richtlinie 89/666 es beispielhaft zeigt.⁴⁵⁸ 170

Alle sonstigen nationalen Rechtsvorschriften, die sich nur auf Gesellschaften anderer Mitgliedstaaten beziehen, sind an der Gebhardt-Formel zu messen.⁴⁵⁹ Mitgliedstaatliche Sonderregeln sind demnach nur noch erlaubt, soweit zwingende Gründe des Allgemeinwohls sie rechtfertigen. Einzelheiten sind umstritten. So soll die unterbliebene Eintragung der Zweigniederlassung einer Auslandsgesellschaft nach den §§ 13 d ff HGB die Handelndenhaftung analog § 11 Abs. 2 GmbHG auslösen.⁴⁶⁰ Dafür spricht, dass durch die fehlende Eintragung ins Handelsregister die Grundlage für das Informationsmodell entfällt. 171

5. Ziel. In der Gesamtschau strebt die EuGH-Rechtsprechung danach, dass eine nach einem mitgliedstaatlichen Gesellschaftsrecht bestehende Gesellschaft als solche identitätswahrend im gesamten EU-Binnenmarkt mobil ist und als solche überall wirtschaftlich tätig sein kann. Die Gesellschaft wahrt ihre Identität im Rahmen der primären Niederlassungsfreiheit, wenn sie ihren Verwaltungssitz ohne Wechsel ihrer Rechtspersönlichkeit grenzüberschreitend verlegen kann bzw wenn sie unter Wechsel ihrer Rechtspersönlichkeit, aber Wahrung ihrer Identität unter ein neues Gesellschaftsstatut schlüpft. 172

E. EuGH und deutsches Recht

Aus der Rechtsprechung des EuGH zur Niederlassungsfreiheit von Gesellschaften die Konsequenzen für das deutsche internationale Gesellschaftsrecht zu ziehen, ist ausschließlich Sache der deutschen Gerichte (im Einzelfall) und des deutschen Gesetzgebers (generell). Der EuGH ist in Vorabentscheidungsverfahren nach Art. 267 AEUV, dh in Verfahren auf Vorlage nationaler Gerichte nur befugt, die Folgen der angewandten nationalen Regelung an der Niederlassungsfreiheit zu messen. Aussagen des EuGH zur Niederlassungsfreiheit von Gesellschaften waren bisher nur Gegenstand solcher Verfahren. Hinsichtlich der Folgen dieser Rechtsprechung ist zwischen dem Zuzug ausländischer Gesellschaften und dem Wegzug deutscher Gesellschaften zu unterscheiden. 173

I. Zuzug. Im Rahmen ihrer **wirtschaftlichen Betätigung im Inland** ist im Anschluss an die „Centros"-, „Überseering"- und „Inspire Art"-Rechtsprechung eine ordnungsgemäß nach dem Recht eines anderen Mitgliedstaates gegründete und fortbestehende **Gesellschaft** aus einem anderen EU-Staat als Gesellschaft ausländischen Rechts **identitätswahrend** „anzuerkennen".⁴⁶¹ Die Niederlassungsfreiheit verbietet es dem **Zuzugsstaat** mithin, in dem Fall einer Gesellschaft, die identitätswahrend wegziehen darf, Statutenwechsel und damit Auflösung nach dem Recht des Herkunftslandes und Neugründung nach eigenem Recht zu verlangen. Das Gebot, die Identität der Gesellschaft als die eines anderen Mitgliedstaates zu achten, steht insoweit entgegen. 174

Anzuerkennen ist die ausländische Gesellschaft als solche zum einen, soweit sie ihren Verwaltungssitz unter Wahrung ihrer Rechtspersönlichkeit ins Inland verlegt; und zum anderen, soweit sie im Inland eine (un- 175

---

454 Einzelheiten *M. Habersack/D. Verse*, GesR, § 3, Rn 28, 29; zur Abgrenzung zum Insolvenzstatut allgemein *H. Eidenmüller*, RabelsZ 70 (2006), 475; MüKo-GmbHG/*Weller*, Einl., Rn 403, 409; *H. Hirte*, FS Lüer, 2008, 387.

455 Allgemein dazu *M. Habersack/D. Verse*, GesR, § 3, Rn 25 ff; *M. Lutter/W. Bayer/J. Schmidt*, § 6 V 1. a), Rn 51; Langenbucher/*Engert*, § 5 GesR Rn 10.

456 C-212/97, *Centros*, Slg 1999, I-1459, C-167/01, *Inspire Art*, Slg 2003, I-10155; vgl BGH NJW 2005, 1648; OLG Dresden, ZIP 2006, 1097; OLG Düsseldorf, NZG 2006, 317; OLG Frankfurt, ZIP 2006, 333, 334; OLG Jena, ZIP 2006, 708, 709; OLG München, ZIP 2006, 1019; *M. Habersack/D. Verse*, GesR, § 3, Rn 23 Fn 89.

457 *M. Lutter/W. Bayer/J. Schmidt*, § 6, IV. 4., Rn 29; *M. Habersack/D. Verse*, GesR, § 3, Rn 23.

458 Unten Rn 282 ff.

459 *M. Habersack/D. Verse*, GesR, § 3, Rn 26; vgl C-167/01, *Inspire Art*, Slg 2003, I-10155;.

460 *M. Habersack/D. Verse*, GesR, § 3, Rn 23 aE; MüKo-BGB/ *Kindler*, Bd. 11, IntGesR, Rn 551 ff; *S. Leible/J. Hoffmann*, RIW 2005, 544; aA BGH ZIP 2005, 805; *W. Goette*, ZIP 2006, 541, 544.

461 C-208/00, *Überseering*, Slg 2002, I-9919, Rn 59; *Grundmann*, GesR, Rn 188; *P. Behrens*, in: *Dauses* (Hrsg.), E. III., Rn 133 ff.

selbstständige) Zweigniederlassung gründet. Die §§ 13 d ff HGB, die die 11. (Zweigniederlassungs-)Richtlinie umsetzen,[462] tragen dem hinsichtlich der Eintragung ins Handels- und Unternehmensregister, § 80 Abs. 4 AktG hinsichtlich der Angaben in Geschäftsbriefen und Bestellscheinen[463] Rechnung.

176 Eine solche EU-Auslandsgesellschaft bzw ihre Zweigniederlassung ist auch dann anzuerkennen, wenn die EU-Auslandsgesellschaft von deutschen Staatsangehörigen in einem anderen Mitgliedstaat gegründet wird, um ausschließlich im Inland wirtschaftlich tätig zu werden. Dass sie im Gründungsmitgliedstaat keinen Verwaltungssitz hat, sofern das Gründungsrecht dies gestattet, und ihre inländische Zweigniederlassung als Verwaltungssitz dient, steht ebenfalls einer Anerkennung nicht entgegen.

177 Soweit ausländische Gesellschaften daher auch im Inland ihrem Gründungsstatut unterliegen, konzentriert sich in Deutschland der „run" auf ausländische Gesellschaftsformen wohl im Wesentlichen auf die **„private company limited by shares"** (**Ltd.**) des englischen Rechts.[464] Auf den mit dieser Rechtsprechung eingeleiteten Wettbewerb der Gesellschaftsrechte hat der deutsche Gesetzgeber mit dem Gesetz zur Modernisierung des GmbH-Rechts und zur Bekämpfung von Missbräuchen (MoMiG) vom 23. Oktober 2008 reagiert und in § 5 a GmbHG die Unternehmergesellschaft als vereinfachte GmbH geschaffen.[465] Neben dieser materiell-rechtlichen Antwort des Gesetzgebers auf die EuGH-Rechtsprechung haben Lehre und Rechtsprechung mit Änderungen beim internationalen Gesellschaftsrecht reagiert.

178 Die deutsche Lehre ist nach den Entscheidungen „Centros", „Überseering" und „Inspire Art" von dem Umstand ausgegangen, dass die **Sitztheorie** des (deutschen) internationalen Gesellschaftsrechts für im Inland tätige Auslandsgesellschaften als mit der Niederlassungsfreiheit weitgehend unvereinbar ist: Die Sitztheorie verlangt nämlich im Ergebnis, dass das am tatsächlichen (Verwaltungs-)Sitz geltende Recht zugleich das Gründungsrecht der Gesellschaft ist. Ist das nicht der Fall (etwa englische Ltd. oder niederländische B.V. mit Verwaltungssitz in Deutschland), verlor sie ihre Existenz.[466]

179 Die Rechtsprechung versuchte zunächst im Vorfeld der „Überseering"-Entscheidung dieser mit der sog. **Wechselbalgtheorie** zu begegnen.[467] Sie erkannte einer ausländischen Gesellschaft residuell die Rechte einer OHG bzw einer GbR zu.[468] Diese Rechtsprechung gilt weiterhin für Gesellschaften aus Drittstaaten.[469] Soweit es die Beurteilung und Behandlung einer im Inland tätigen **ausländischen** (ordnungsgemäß nach dem Recht eines anderen Mitgliedstaates gegründeten und fortbestehenden) **Gesellschaft** bzw ihre **Zweigniederlassung** betrifft, haben Rechtsprechung[470] und Lehre[471] indes mehrheitlich[472] die Sitztheorie zugunsten einer Grundungstheorie aufgegeben.[473]

180 Mithin ist das Gesellschaftsstatut im gegenwärtigen deutschen internationalen Gesellschaftsrecht in Zuzugsfällen gespalten. Für EU-Gesellschaften gilt die Gründungstheorie, für sonstige Auslandsgesellschaften (aus Drittländern) eine modifizierte Sitztheorie.

---

462 M. Lutter/W. Bayer/J. Schmidt, § 28, I., Rn 4; M. Habersack/D. Verse, GesR, § 5, Rn 49, 50.
463 Einzelheiten bei L. Ammon, oben Kapitel Nr. 1, § 80 AktG, Rn 21 ff.
464 Wegen des niedrigen Gründungskapitals. Zur Ltd. statt vieler Heinz, AnwBl. 2004, 612; Schall, ZIP 2005, 965; Eidenmüller/Rehm, Ausländische Kapitalgesellschaften, § 10; ausf. Kasolowsky/Schall, in Hirte/Bücker (Hrsg.), § 4, Zweiter Abschnitt (Ausgewählte ausländische Gesellschaftsformen) § 4, S. 140, Ebert/Levedag, GmbHR 2003, 1337; Kallmeyer, DB 2004, 636; P. Behrens, Die Gesellschaft mit beschränkter Haftung im internationalen und europäischen Recht, 2. Aufl. 1997.
465 Statt vieler M. Habersack/D. Verse, GesR, § 3, Rn 24 aE.
466 Deutlich P. Behrens, GmBH, Rn IPR 5.
467 BGH, II ZR 380/00, NZG 2002, 1009 („Jersey"-Entscheidung); M. Lutter/W. Bayer/J. Schmidt, § 6 IV. 3., Rn 24, 26; U. Forsthoff, DB 2002, 1109; M.-Ph. Weller, FS Goette, 2011, 583, 584.
468 Schurig, Liber Amicorum Gerhard Kegel, 2002, 199, 211 Fn 57; P. Behrens, IPRax 2004, 21.
469 BGH, II ZR 158/06, BB 2009, 14 („Trabrennbahn") = ZIP 2008, 2411; BGH NZG 2009, 1106 („British Columbia"); BGH, IX ZR 227/06, ZIP 2009, 2385 („Singapur"); BGH NZG 2010, 712 („Schweiz"); M. Lutter/W. Bayer/J. Schmidt, § 6 V. 1. a), Rn 52; ferner W. F. Ebke, ZvglRWiss. 110 (2011), 2, 27; H. Fleischer/F. Wedemann, AcP 209 (2009), 597, 610; E.-M. Kieninger, NJW 2009, 289, 292; A. Hellgard/M. Illmer, NZG 2009, 94; J. Lieder/R. Kliebisch, BB 2009, 338; A. K. Schnyder, GPR 2009, 227.
470 ZB BGHZ 154, 185, 190 = NJW 2003, 1461 = BGH ZIP 2003, 718, 720 („Überseering II"); BGH, NJW 2004, 3706,

3707; BGH, NJW 2005, 1648 = ZIP 2005, 848; W. Goette, DStR 2005, 197; ders. ZIP 2006, 541; OGH IPRax 2000, 418, 421 f = NZG 2000, 36, 38; OLG Celle IPRax 2003, 245 = GmbHR 2003, 532, 533; OLG Zweibrücken BB 2003, 864.
471 Statt vieler M. Habersack/D. Verse, GesR, § 3, Rn 24; M. Lutter/W. Bayer/J. Schmidt, § 6, V. 1. a), Rn 51-53; Grundmann, GesR, § 22, Rn 785; Randelzhofer/Forsthoff, in: Grabitz/Hilf, Art 48 EGV, Rn 76 (bereits nach der Centros-Entscheidung); H. Eidenmüller, in: H. Eidenmüller (Hrsg.), Ausländische Kapitalgesellschaften, § 4 Rn 1; 6; Behrens, IPRax 2004, 25; ders, in: M. Dauses (Hrsg.), E. III., Rn 132 ff; W. Bayer, BB 2003, 2357; ders, BB 2004, 1, 4; H. Eidenmüller, JZ 2004, 24; H. Eidenmüller/G. M. Rehm, ZGR 2004, 159; Leible, FS G. H. Roth, 2011, 447, 450; S. Leible/J. Hoffmann, ZIP 2003, 925, 926; M. Ph. Weller, FS Goette, 2011, 583, 587; ders, DStR 2003, 1802; ders, IPRax 2003, 520; Ziemons, ZIP 2003, 1913, 1916; Zimmer, NJW 2003, 3585; aA Altmeppen, NJW 2004, 97 (für ein gespaltenes Statut); Horn, NJW 2004, 893, 897 (für Wegzugsfälle weiterhin die Sitztheorie); Altmeppen/Wilhelm, DB 2004, 1083; vorsichtig K. Schmidt, ZHR 168 (2004), 493, 496 (weist zu Recht daraufhin, dass es keine in sich geschlossene Doktrin gibt.).
472 Die Sitztheorie verteidigt haben Ebke, JZ 1999, 656,658; Kindler, NJW 1999, 1993; ders, NZG 2003, 1089; W.-H. Roth, ZGR 2003, 301; Sonnenberger/Großerichter, RIW 1999, 721, 726.
473 Vgl statt vieler Kegel/Schurig, Internationales Privatrecht, 9. Aufl. 2004, § 17 II, 577; U. Forsthoff, in: Hirte/Bücker (Hrsg.), § 2 Rn 4, 37.

Die damit verbundenen Nachteile[474] will man dadurch vermeiden, dass das deutsche internationale Gesellschaftsrecht allgemein zur Gründungstheorie übergeht.[475] Das schlägt auch der Referentenentwurf für ein Gesetz zum Internationalen Privatrecht der Gesellschaften, Vereine und juristischen Personen aus dem Jahre 2008 vor,[476] der diesbezüglich das EGBGB um die neuen Artt. 10, 10a und 10b ergänzen will.

Von der Primär- und Sekundärniederlassung einer EU-Auslandsgesellschaft im Inland zu unterscheiden ist die **identitätswahrende Umwandlung** einer solchen Gesellschaft im Zuge ihrer Satzungs- und Verwaltungssitzverlegung ins Inland in eine Gesellschaft deutschen Rechts. Lehnt das deutsche Recht eine solche ab,[477] so zwingt die Niederlassungsfreiheit[478] im Anschluss an die „Vale"-Entscheidung das deutsche Recht dazu, diese Möglichkeit der identitätswahrenden Umwandlung in eine Gesellschaft deutschen Rechts zu schaffen.

Nach der „Inspire Art"-Entscheidung können **Schutzvorschriften**[479] des Aufnahmemitgliedstaates, mithin des deutschen Rechts, wenn überhaupt, dann nur sehr eingeschränkt im Wege der Sonderanknüpfung zum Zuge kommen. Im Hinblick auf eine Anwendung deutschen Rechts auf ausländische, im Inland tätige Gesellschaften wird vor allem über die Qualifikation der Insolvenzantragspflicht und der Insolvenzverschleppungshaftung[480] vor allem im Zusammenhang mit der englischen Ltd. diskutiert.[481]

II. Wegzug. In Anwendung der Sitztheorie kann eine Gesellschaft deutschen Rechts ihren Verwaltungssitz grenzüberschreitend nur unter Umwandlung in eine Gesellschaft des Aufnahmestaates verlegen.[482] Das deutsche internationale Gesellschaftsrecht lässt nur statutenwechselnde Verwaltungssitzverlegung zu. Liest man vor diesem Hintergrund „Daily Mail, „Cartesio" und „National Grid Indus", ergibt die EuGH-Rechtsprechung im Ergebnis: Die Niederlassungsfreiheit erlaubt es grundsätzlich dem deutschen internationalen Gesellschaftsrecht, der wegziehenden Gesellschaft ihren Status als Gesellschaft deutschen Recht zu entziehen, da diese mit grenzüberschreitender Verwaltungssitzverlegung die Verknüpfung mit dem deutschen Gesellschaftsrecht löst. Aber deutsches Recht muss es der verwaltungssitzverlegenden Gesellschaft ermöglichen, **identitätswahrend** wegzuziehen, darf also nicht vorherige Auflösung verlangen.[483]

Darf Deutschland als Wegzugsstaat mithin nicht grundsätzlich eine Gesellschaft eigenen Rechts durch vorherige Auflösung und Liquidation an einer (statutenwechselnden) Verwaltungssitzverlegung hindern, so könnte das deutsche Recht in einem solchen Fall der Verwaltungssitzverlegung ohne vorherige Liquidation der Gesellschaft die statutenwechselnde Verwaltungssitzverlegung nur verhindern oder beschränken, wenn es dies aus Gründen des Allgemeininteresses rechtfertigen könnte. Denn eine Behinderung dieser Art von Wegzug verstieße gegen die Niederlassungsfreiheit, es sei denn, diese Behinderung ließe sich aus zwingenden Gründen des Allgemeininteresses rechtfertigen. Welche Gründe dazu zählen, ist vom EuGH noch nicht abschließend geklärt.[484] Sie müssen aber der sog. Gebhard-Formel entsprechen (s.o. Rn 62).

Im Ergebnis zwingt die Niederlassungsfreiheit das deutsche internationale Gesellschaftsrecht einerseits zur Einführung der Gründungstheorie bei Zuzug für nach dem Recht eines anderen Mitgliedstaates fortbestehende Gesellschaften, würde es aber andererseits erlauben, für den Wegzug deutscher Gesellschaften unter der Bedingung an der Sitztheorie festzuhalten, dass die wegziehende Gesellschaft sich nicht vorher auflösen muss.

Trotz dieser Modifikation kommt die Gründungstheorie der Mobilität von Gesellschaften in einem aus einer Vielzahl von Teilrechtsräumen gebildeten einheitlichen Rechtsraum entgegen, während die Sitztheorie als Ausfluss der Territorialität nationalen Rechts die Gesellschaft im Gebiet des jeweiligen Mitgliedstaates

---

474 *M. Lutter/W. Bayer/J. Schmidt*, § 6 V. 1. a), Rn 53; BGH, II ZR 158/06, BB 2009, 14 („Trabrennbahn") = ZIP 2008, 2411, Rn 23 („…Als Kehrseite davon haften die Gesellschafter zwar persönlich und unbeschränkt für die Gesellschaftsverbindlichkeiten…").

475 *W. F. Ebke*, FS Thode, 2005, 593, 610; *H. Eidenmüller*, ZIP 2002, 2233, 2244; *A. Hellgardt/M. Illmer*, NZG 2009, 91, 96; *S. Leible/J. Hoffmann*, BB 2009, 58, 62; *J. Lieber/R. Kliebich*, BB 2009,338, 343; *Ch. Teichmann*, ECL 2008, 189; *S. Balthasar*, RiW 2009, 221.

476 *D. Leuering*, ZRP 2008, 73; *C. Schneider*, BB 2008, 568; *Ph. D. Bollacher*, RIW 2008, 200.

477 OLG Nürnberg, 12 W 2361/11, BB 2012, 988 mit Anm. *C. Schneider* = ZIP 2012, 572 (Das OLG Nürnberg lehnte trotz Kenntnis von der seinerzeit beim EuGH anhängigen Vorlagesache „Vale" eine Vorlage an den EuGH ab, da in jedem Fall die Voraussetzungen des deutschen UmwG nicht erfüllt seien. Das war zu kurz gesprungen, lässt es doch die in „Vale" ausführlich erörterte Anpassung des Sachrechts außer Betracht).

478 C-378/10, *Vale*, 12. Juli 2012, Rn 32.

479 *Eidenmüller/Eidenmüller*, Ausländische Kapitalgesellschaften, § 4 Rn 2; § 3 Rn 99 ff, 117 ff; *Forsthoff/Schulz*, in: Hirte/Bücker (Hrsg.), § 16 (Gläubigerschutz bei EU-Auslandsgesellschaften), vor allem Rn 4-7; *M. Lutter/W. Bayer/J. Schmidt*, § 6, V. 1. a), Rn 51; *M. Habersack/D. Verse*, GesR, § 3, Rn 25, 26.

480 Überblick bei *Hirte/Mock*, ZIP 2005, 474 (mit umf Nachw.); *Mock/Schildt*, in. Hirte/Bücker (Hrsg.), Grenzüberschreitende Gesellschaften, § 16 Rn 35 ff; Eidenmüller/*Eidenmüller*, Ausländische Kapitalgesellschaften, § 9, Rn 25 ff; *ders.*, RabelsZ 70 (2006), 474.

481 Gegen eine Heranziehung deutschen Rechts *Schall*, ZIP 2005, 965. Er lehnt Versuche ab, deutschrechtliche Insolvenzinstrumente nutzbar zu machen.

482 *M. Lutter/W. Bayer/J. Schmidt*, § 6 V. 1. a) bb), Rn 55 (mwN).

483 C-210/06, *Cartesio*, Slg 2008, I-9641, Rn 112, 113. Diese Möglichkeit sieht das traditionelle deutsche Gesellschaftsrecht gerade nicht vor, statt vieler *M. Lutter/W. Bayer/J. Schmidt*, § 6, V. 1. a) bb), Rn 55.

484 *M. Lutter/W. Bayer/J. Schmidt*, § 6 V. 1 b), Rn 60 (weist zu Recht daraufhin, dass eine Präzisierung dieser Gründe fehlt. Die von ihm zitierte Rspr bezieht sich indes auf Zuzugsfälle und ist m. E. nur bedingt aussagekräftig).

einmauert. Zwar hat das deutsche internationale Gesellschaftsrecht den Übergang zur allgemeinen Geltung der Gründungstheorie (noch) nicht vollzogen, aber es hat die Chancen der deutschen AG und der deutschen GmbH im Wettbewerb der mitgliedstaatlichen Gesellschaftsrechte durch das MoMiG verbessert. Nach den durch dieses Gesetz neugefassten § 4a GmbHG und § 5 AktG können GmbH und AG ihren Verwaltungssitz nunmehr statutenwahrend in einen anderen Mitgliedstaat verlegen.[485]

188 Eine derartige statutenwahrende Verwaltungssitzverlegung nach § 4a GmbHG, § 5 AktG könnte administrativen Beschränkungen, etwa aus steuerlichen Gründen, unterworfen werden,[486] diese müssten sich allerdings an der Niederlassungsfreiheit messen lassen, müssten also durch zwingende Gründe des Allgemeininteresses entsprechen der Gebhard-Formel gerechtfertigt sein.

F. Gesellschaftsrechtsharmonisierung

189 Errichtung und Funktionieren des Binnenmarktes beruhen auf zwei Säulen: den vom AEUV bereitgestellten Grundfreiheiten und der Rechtsangleichung aufgrund der diesbezüglichen Ermächtigungen im AEUV. Das führt zum einen zu der rechtspolitischen Frage, welcher Ansatz im europäischen Gesellschaftsrecht vorziehungswürdig ist. Zum anderen geht es rechtssystematisch um das Verhältnis beider zueinander. Eine Auseinandersetzung mit beiden Problemkreisen setzt jedoch Kenntnis der Eigenarten der Rechtsangleichung voraus.

190 **I. Grundlagen. 1. Horizontale und vertikale Angleichung.**[487] In der dogmatischen Entwicklung des Instruments der Rechtsangleichung sind zwei Phasen zu unterscheiden. In einer ersten Phase strebte der EU-Gesetzgeber eine vollständige Harmonisierung der von den unterschiedlichen Rechtsgrundlagen (Art. 100 EWGV, Art. 94 EGV) erfassten mitgliedstaatlichen Rechtsmaterien an (sog. vertikale Harmonisierung). Das erwies sich als zeitraubend und wegen der erforderlichen Einstimmigkeit in der Praxis als schwierig. Im Anschluss an die „Cassis de Dijon"-Entscheidung[488] leitete die Kommission einen Paradigmawechsel hin zur horizontalen Harmonisierung ein.[489] Vor dem Hintergrund des Prinzips gegenseitiger Anerkennung nationaler Standards[490] und Regelungen beschränkt sich der EU-Gesetzgeber darauf, im Kern im Hinblick auf das Funktionieren des Binnenmarktes binnenmarkthemmende mitgliedstaatliche Rechtsvorschriften zu harmonisieren. Das betrifft bei grenzüberschreitenden Sachverhalten iwS vor allem grundfreiheitsresistente, dh solche, deren grundfreiheitseinschränkende Wirkung sich durch zwingende Erfordernisse des Gemeinwohls rechtfertigen lassen, aber auch solche, die lediglich binnenmarktweite Betätigung erschweren. Andererseits existiert für bestimmte Rechtsmaterien wie dem Verbraucherschutz weiterhin der Versuch der vertikalen (Voll-)Harmonisierung.[491]

191 **2. Vollharmonisierung, Mindestharmonisierung, Teilharmonisierung.** Über die Klassifizierung von Harmonisierungsmaßnahmen herrscht weitgehend Einigkeit.[492] Der EuGH redet (meist) von **abschließender Harmonisierung**,[493] wenn er den Rückgriff auf einzelstaatliches Recht ausschließen will. Dazu präzisiert er, welche Regelung er inhaltlich als abschließend erachtet. Mithin richtet sich die abschließende Harmonisierung wohl in erster Linie an dem Umfang aus, in dem eine Rechtsmaterie angeglichen ist.

---

485 M. Lutter/W. Bayer/J. Schmidt, § 6 V. 1. a) bb), Rn 56; Einzelheiten bei L. Ammon, in diesem Kommentar, Kapitel Nr. 1, § 5 AktG Rn 21 ff.
486 Siehe insoweit die Entscheidung C-371/10, National Grid Indus, 29.11.2011, oben Rn 109 ff.
487 Allgemein dazu Schwarze/Herrnfeld, Art. 114 AEUV, Rn 39.
488 Rs. 120/78, Slg 1979, 649.
489 R. Streinz, in: U. Everling/W.-H. Roth, Mindestharmonisierung im Binnenmarkt, 1996, 9, 10.
490 T. von Danwitz, in: M. Dauses (Hrsg.), B. II., Rn 93.
491 T. von Danwitz, in: M. Dauses (Hrsg.), B. II., Rn 99 aE.
492 Tietje in: Grabitz /Hilf/Nettesheim (Hrsg.), Art. 114 AEUV, Rn 38 ff;; R. Streinz/S. Leible/W. Schröder, EUV/AEUV, Art. 114 AEUV, Rn 25-37, 25; ausf. W. Kahl, in: Callies/Ruffert(Hrsg.), EUV/AEUV, 4. Aufl. 2011, Art. 114 AEUV, Rn 15 (mit zahlr. Nachw.); Scwarze/Herrnfeld, Art. 114 AEUV, Rn 57 ff; T. von Danwitz, in: M. Dauses (Hrsg.), B. II., Rn 99 ff; Eidenmüller/Rehm, Ausländische Kapitalgesellschaften, § 2, Rn 80; Überblick (im Rahmen von Produktnormen) bei J. Gundel, EuR 2008, 248,.

493 Vgl C-324/99, DaimlerChrysler, Slg 2001, I-9897, Rn 42, 43 („42. Somit ergibt sich aus dem Kontext, in dem die Verordnung... erlassen wurde, aus ihrer Rechtsnatur, aus den mit ihr verfolgten Zielen und aus ihrem Inhalt, dass mit ihr auf Gemeinschaftsebene eine harmonisierte Regelung für... geschaffen worden ist,... 43. Folglich sind alle Maßnahmen... anhand dieser Verordnung und nicht anhand der Artikel 30, 34 und 36 EGV zu beurteilen."); C-44/01, Pippig Augenoptik, Slg 2003, I-3095, Rn 44; C-221/00, Kommission/Österreich. Slg 2003, I-1007, Rn 42; C-421/00, C-426/00 und C-16/01, Sterbenz, Slg 2003, I-1065, Rn 24; C-121/00, Walter Hahn, Slg 2002, I-9193, Rn 32; Rn C-99/01, Linhart und Biffl, Slg 2002, I-, Rn 18; C-112/97, Kommission/Italien, Slg 1999, I-1821, Rn 54, 55; ebenso Tietje in: Grabitz /Hilf/Nettesheim (Hrsg.), Art. 114, Rn 39; Totalharmonisierung: R. Streinz/S. Leible/W. Schröder, EUV/AEUV, Art. 114 AEUV, Rn 26; W. Kahl, in: Callies/Ruffert(Hrsg.), EUV/AEUV, 4. Aufl. 2011, Art. 114 AEUV, Rn 15 (mit zahlr. Nachw.); J. Schürnbrand, Vollharmonisierung im Gesellschaftsrecht, in: Vollharmonisierung im Privatrecht, 2009, 273.

Diese Art von Rechtsangleichung wird auch als **Totalharmonisation**[494] bezeichnet. Alle anderen Arten sollen dann demgegenüber Spielarten der **Teilharmonisierung**[495] sein. Aber der Sprachgebrauch ist wenig einheitlich. Besser erscheint es, die Arten der Rechtsangleichung nach dem Spielraum, der den mitgliedstaatlichen Gesetzgebern innerhalb und außerhalb einer harmonisierten Rechtsmaterie verbleibt, zu unterscheiden. Dem mitgliedstaatlichen Gesetzgeber verbleibt eine Regelungszuständigkeit innerhalb einer harmonisierten Rechtsmaterie, wenn es sich der Intensität der Angleichung nach um eine **Mindestharmonisierung**[496] handelt, er also bei Schutzmaßnahmen ein höheres Schutzniveau vorschreiben kann. Bezieht sich mithin die Mindestharmonisierung auf die Intensität der Angleichung, bei Schutzvorschriften auf deren Schutzniveau, so geht es mE bei der **Teilharmonisierung** darum, wie umfangreich der sachliche und räumliche Geltungsbereich einer Rechtsmaterie angeglichen ist; außerhalb des harmonisierten Teils einer Rechtsmaterie übt der mitgliedstaatliche Gesetzgeber seine Gesetzgebungskompetenz weiterhin aus. Teilharmonisierung und Mindestharmonisierung überschneiden sich vor allem dort bei Schutzvorschriften,[497] wo eine Richtlinie nicht nur ein höheres Schutzniveau zulässt, sondern andere (autonome mitgliedstaatliche) Schutzmaßnahmen zulässt.[498] **Vollharmonisierung** bezieht sich demgegenüber sowohl auf den Umfang der Angleichung einer bestimmten Materie und ist insoweit Synonym für Totalharmonisierung bzw abschließende Harmonisierung; zum anderen ist die Intensität und damit der für die mitgliedstaatlichen Gesetzgeber ausgeschlossene Spielraum innerhalb einer harmonisierten Regelung gemeint

Daneben soll nach dem Schrifttum die **optionale Harmonisierung** es den Mitgliedstaaten erlauben, die Harmonisierung ihrer Rechtsvorschriften auf grenzüberschreitende Sachverhalte zu beschränken, für interne Sachverhalte aber höhere Standards zu verlangen.[499] Soweit von **fakultativer Harmonisierung**[500] die Rede ist, geht es um Harmonisierungmaßnahme in denen das Unionsrecht es in das Belieben der Mitgliedstaaten stellt, ob sie die harmonisierte Regelung übernehmen wollen, wie zB das Optionsrecht („opt-out") des Art. 12 der Übernahmerichtlinie 2004/25.[501]

Ob eine bestimmte Regelung einer Gesellschaftsrechtsrichtlinie die Materie abschließend harmonisiert oder eine Mindestharmonisierung darstellt, ergibt sich zum einen durch Auslegung des Wortlautes der Vorschriften selbst: so enthalten Art. 3 Abs. 7 Unterabs. 1, 2 der 1. (Publizitäts-)Richtlinie 2009/101 (Art 3 Abs. 6 der 1. *[Publizitäts-]*Richtlinie 68/151) als auch Art 6 der 2. *(Kapital-)*Richtlinie 77/91 eine Mindestharmonisierung, Art 12 der 1. *(Publizitäts-)*Richtlinie 2009/101 hingegen eine abschließende Regelung. Zum anderen ist die Regelung anhand ihres Zweckes auszulegen.[502] Allgemein wird man bei Schutzvorschriften in Gesellschaftsrechtsrichtlinien im Zweifel von Mindestvorschriften auszugehen haben.[503] Auf ein Mehr, nämlich eine vollständige Regelung durch die Union, dürften sich die Mitgliedstaaten angesichts der oft langwidrigen und mühsamen Zustandekommen kaum haben einlassen wollen. Ungeklärt ist, ob die Richtlinie, nicht zuletzt aus Gründen der Rechtssicherheit, im Falle einer Mindestharmonisierung Vorschriften enthalten muss, die den Mitgliedstaaten aufgrund der Mindestharmonisierung eingeräumten Spielraum präzisieren. Das ist zumindest bei zusätzlichen mitgliedstaatlichen Schutzmaßnahmen der Fall (vgl Art. 3 Abs. 2 lit. b), Art. 4 Abs. 5 Unterabs. 2 der Übernahmerichtlinie 2004/25), findet sich aber auch in Bezug auf ein über die Mindestharmonisierung hinausgehendes Schutzniveau.

3. Stand still und Versteinerung. Ist eine bestimmte Rechtsmaterie durch Richtlinien angeglichen, muss dieser Zustand für die Zukunft sichergestellt werden. In den Bereichen harmonisierten Rechts darf der Mitgliedstaat grundsätzlich in Zukunft nur richtlinienkonformes einzelstaatliches Recht anwenden.

Dem dient in der Praxis der Rechtsanwender (Gerichte und Behörden) das Gebot richtlinienkonformer Auslegung.[504] Der mitgliedstaatliche Gesetzgeber selbst sieht sich an ein **Stand-still-Gebot** gebunden: angeglichenes mitgliedstaatliches Recht darf nicht nachträglich in nicht richtlinienkonformes nationales Recht abgeändert werden. Geschieht dies doch, ist jedenfalls im Ergebnis nach der Lehre von der nicht oder nicht richtig umgesetzten Richtlinie das neue entgegenstehende nationale Recht nicht anzuwenden.[505] Ob aller-

---

494 R. Streinz/S. Leible/W. *Schröder*, EUV/AEUV, Art. 114 AEUV, Rn 26.
495 R. Streinz/S. Leible/W. *Schröder*, EUV/AEUV, Art. 114 AEUV, Rn 2; *T. von Danwitz*, in: M. Dauses (Hrsg.), B. II., Rn 100.
496 R. Streinz/S. Leible/W. *Schröder*, EUV/AEUVArt. 114 AEUV, Rn 29 – 33, 31 („unabdingbarer Basisschutz"); so wohl auch Schwarze/Herrnfeld, Art. 114, Rn 59; *T. von Danwitz*, in: M. Dauses (Hrsg.), B. II., Rn 101.
497 Vgl insoweit C-315/92, *Clinique*, Slg 1994, I- 317, Rn 10; C-238/89, *Pall*, Slg 1990, I-4827.
498 Z.B. Art. 3 Abs. 2 lit. b), Art. 4 Abs. 5, Unterabs. 2 der Übernahmerichtlinie 2004/25.
499 *T. von Danwitz*, in: M. Dauses (Hrsg.), B. II., Rn 100; J. Schwarze/H.-H.*Herrnfeld*, Art. 114 AEUV, Rn 60;
R. Streinz/S. *Leible/W. Schröder*, EUV/AEUV, Art. 114 AEUV, Rn 34.
500 R. Streinz/S. *Leible/W. Schröder*, EUV/AEUV, Art. 114 AEUV, Rn 35.
501 Oben bei Rn 442.
502 C-42/95, *Siemens/Nold*, Slg 1996, I-6017.
503 *M. Lutter*, Festschrift Everling, Bd. 1, 1995, 765.
504 Oben Rn 24.
505 Oben Rn 28. Eine mögliche unmittelbare Wirkung einzelner Richtlinienvorschriften scheidet allerdings zumindest im Bereich des Gesellschaftsrechts meist aus, da im horizontalen Verhältnis eine solche Wirkung abzulehnen ist (Ausnahme aber zB C-19/90 u. C-20/90, *Karella*, Slg 1991, I-2691.).

dings eine mögliche Regelungslücke durch Anwendung des alten (außer Kraft gesetzten) mitgliedstaatlichen Rechts gefüllt werden darf,[506] ist zu bezweifeln, letztlich aber eine Angelegenheit, die das jeweilige mitgliedstaatliche Recht entscheiden muss.

197 Inwieweit das Stand-still-Gebot strengeren (früheren wie späteren) Regelungen des nationalen Rechts entgegensteht, hängt einerseits von ausdrücklichen Verbotsvorschriften in einzelnen Richtlinien ab, wie zB. Art. 12 der 1. (Publizitäts-)Richtlinie 2009/101, Art. 5 Abs. 2 der 2. (Kapital-)Richtlinie[507] ab. Fehlt es an einer ausdrücklichen Vorschrift, dann gibt die Art der Harmonisierung maß, ob eine bestehende mitgliedstaatliche Vorschrift höheren Schutzniveaus weiterhin angewendet werden darf[508] und ob der nationale Gesetzgeber strengere Vorschriften nach Ablauf der Umsetzungsfrist neu erlassen darf. Insoweit ist die Richtlinie daraufhin auszulegen,[509] welche Art von Harmonisierung beabsichtigt ist.

198 Da die Mitgliedstaaten nicht mehr ermächtigt sind, angeglichenes Recht veränderten Umständen anzupassen, wenn eine solche Anpassung den Rahmen der Richtlinie sprengt, führt der Weg nur über die Anpassung der entsprechenden Richtlinien. Die erweist sich oftmals als mühsam und zeitaufwendig. Es gelingt den am Gesetzgebungsverfahren Beteiligten oft nicht, sich auf einen Unionsrechtsakt oder seine Änderung zu einigen. Insoweit birgt die Rechtsangleichung im Einzelfall die Gefahr einer **Versteinerung.**[510] in sich. Der Unionsgesetzgeber sucht dem mit Revisionsklauseln zu begegnen, zB Art 20 der Übernahmerichtlinie 2004/25, Art. 53 Abs. 2 der 4. (Bilanz-)Richtlinie, Art. 50 der 7. (Konzernbilanz-)Richtlinie. Das zwingt zwar dazu, die Richtlinie nach einiger Zeit zu überprüfen, garantiert aber keine als notwendig empfundene Anpassung.[511]

199 **4. Überschießende Umsetzung.** Vor allem im Bereich des Gesellschafts- und Unternehmensrechts findet sich das Phänomen der überschießenden Umsetzung von Richtlinien.[512] Diese werden über ihren Anwendungsbereich hinaus umgesetzt und erfassen weitere Sachverhalte. So setzt § 15 Abs. 3 HGB zum einen überschießend den sachlichen Gehalt von Art. 3 Abs. 7 Unterabs. 2 der 1. Publizitätsrichtlinie um[513] und erstreckt zudem die Richtlinie auf sämtliche Kaufleute, während die zugrunde liegende Richtlinie nur AG, KG aA und GmbH erfasst. **Verschmelzungs- und Spaltungsrichtlinien** wurden im UmwG über den Bereich der AG hinaus umgesetzt.[514] Soweit die **4. (Jahresabschluss-)Richtlinie** in das Dritte Buch (§§ 238 bis 342) des HGB für alle Kaufleute übernommen wurde, liegt sie den GoB gem. § 243 Abs. 1 HGB zugrunde. Für Kapitalgesellschaften ist sie speziell – und vor allem das *true and fair view*-Prinzip – in § 264 Abs. 2 HGB umgesetzt worden.[515] Die Umsetzung der 4. Richtlinie in § 243 Abs. 1 HGB mit Geltung für alle Kaufleute, einschließlich der Personenhandelsgesellschaften, schießt insoweit über das (von den Richtlinien vorgegebene) Ziel hinaus,[516] als der erfasste Personenkreis weiter reicht als es das Unionsrecht verlangt.[517]

200 Auch im Hinblick auf die **Steuerbilanz** wirkt sich die Umsetzung der Richtlinie aus:[518] Handelsbilanzrecht gilt – da die Körperschaftsteuer nach dem Gewinn berechnet wird, der auf der Grundlage der nach den Vorschriften des HGB erstellten Abschlüsse zu ermitteln ist – im Steuerrecht insoweit, als der **Maßgeblichkeitsgrundsatz** des § 5 Abs. 1 EStG (in V. mit § 8 Abs. 1 KStG, § 7 GewStG), die Grundsätze ordnungsgemäßer Buchführung (GoB) für entsprechend anwendbar erklärt. Das dem Handelsbilanzrecht zugrunde liegende Richtlinienrecht kann mithin nur kraft Verweisung durch den Maßgeblichkeitsgrundsatz des § 5 Abs. 1 EStG, also nur kraft Rechtsanwendungsbefehls des autonomen deutschen Rechts gelten: das Handelsbilanzrecht ist, soweit es im Steuerrecht Anwendung findet, nur dann richtlinienkonform auszulegen, wenn der Maßgeblichkeitsgrundsatz auf die GoB in unions-(gemeinschafts-)konformer Auslegung verweist, diese also nicht autonom zu verstehen sind. Man könnte insoweit von **mittelbar überschießender Umsetzung** reden.[519]

---

506 Dazu M. *Habersack/D. Verse*, GesR, § 3, Rn 31, 32.
507 Einzelheiten bei M. *Lutter/W. Bayer/J. Schmidt*, § 2, Rn 44.
508 Ob man wirklich aus dem Vorhandensein einer strengeren nationalen Vorschrift vor Inkrafttreten der Harmonisierung darauf schliessen kann, dass sie in jedem Fall fortbestehen kann, ist m. E. zweifelhaft, so aber M. *Lutter/W. Bayer/J. Schmidt*, § 2, Rn 45.
509 M. *Lutter/W. Bayer/J. Schmidt*, § 2, Rn 46; M. *Habersack/ D. Verse*, GesR, § 3, Rn 66.
510 W. *Schön*, in: U. *Everling/W.-H. Roth* (Hrsg.), Mindestharmonisierung, 55, 65.
511 Einzelheiten bei M. *Lutter/W. Bayer/J. Schmidt*, § 2 Rn 33, 34.
512 M. *Habersack/Ch.Mayer*, in: K. Riesenhuber, Europäische Methodenlehre, 2. Aufl. 2010, § 15, Rn 5-22;; Langenbucher/Langenbucher, § 1, Rn 111 ff (spricht von Ausstrahlungswirkung bei überschießender Umsetzung).

513 M. *Habersack/D. Verse*, GesR, § 5, Rn 23.
514 M. *Habersack/Ch. Mayer*, in: K. *Riesenhuber*, Europäische Methodenlehre, 2. Aufl. 2010, § 15, Rn 8.
515 M. *Habersack/D. Verse*, GesR, § 9, Rn 12;.
516 F. *Wassermeyer*, Fs Lutter, 2000, 1633, 1636.; M. *Habersack/ D. Verse*, GesR, § 9, Rn 11.
517 Vgl zum Anwendungsbereich *Schwarz*, Rn 400.
518 Zur Problematik insges. M. *Habersack/D. Verse*, GesR, § 9, Rn 16; F. *Wassermeyer*, Fs Lutter, 1642; U. *Klinke*, ZGR 1998, 212, 233; F. D. *Broer*, RIW 2001, 757.
519 Nach F. *Wassermeyer*, Fs Lutter, 1637, ist dies die zweite Fallgruppe "überschießender Umsetzung". Die Frage nach seiner Zuständigkeit stellt sich aber für den Gerichtshof in gleicher Weise wie bei der überschiessenden Umsetzung gem. § 243 Abs. 1 HGB, *Klinke*, ZGR 1998, 212, 234.

Umstritten ist daher, ob die Vorschriften des HGB auch hinsichtlich der überschießenden Umsetzung, also zB auch in Bezug auf Einzelkaufleute und Personenhandelsgesellschaften, **richtlinienkonform** ausgelegt werden müssen. 201

Bei jeder überschießender Umsetzung sind die Fragen, die das einzelstaatliche Recht zu beantworten hat, von denen des Unionsrecht zu trennen.[520] Inwieweit einzelstaatliche Rechtsvorschriften, die aufgrund autonomer Entscheidung des einzelstaatlichen Gesetzgeber inhaltlich die Regelung der Richtlinie übernommen haben, richtlinienkonform auszulegen sind, entscheidet allein das einzelstaatliche Recht bzw die einzelstaatlichen Gerichte. Daher ist die Frage, ob die deutschen Rechtsnormen, die überschießend von der Richtlinie erfasst werden, richtlinienkonform oder autonom auszulegen sind, ausschließlich eine Frage des deutschen Rechts.[521] Ob mithin der Maßgeblichkeitsgrundsatz des deutschen Steuerrechts auf die GoB in unions-(gemeinschafts-)konformer Auslegung oder in autonomer Auslegung verweist, ist ausschließlich eine Frage des deutschen Steuerrechts.[522] Gleiches gilt für die Frage der Auslegung der §§ 238 ff HGB, soweit sie für Einzelkaufleute und für Personenhandelsgesellschaften gelten.[523] 202

Ausschließlich vom Unionsrecht zu beantworten ist die Frage, ob der Gerichtshof zuständig ist, eine entsprechende Vorlagefrage zu beantworten, wenn das einzelstaatliche Gericht sich für unionsrechtskonforme Auslegung entschlossen hat. 203

Hat der Gesetzgeber überschießend umgesetzt, hätte er aus Sicht des Unionsrechts klarstellen müssen, ob er entweder eine gespaltene Auslegung bejaht.[524] oder das nationale, von der überschießenden Umsetzung betroffene Recht in irgendeiner Weise auf die entsprechende Unionsvorschrift verweist.[525] Beruht die Geltung des Richtlinienrechts lediglich auf dem Anwendungsbefehl des nationalen Gesetzgebers,[526] erklärt sich der EuGH jedoch für zuständig und nimmt nach bisheriger Rechtsprechung,[527] eine derartige Vorlage eines deutschen Gerichts im Interesse einheitlicher Rechtsauslegung[528] an, solange er dem nationalen Recht einen Verweis auf das Richtlinienrecht entnehmen kann.[529] 204

Hat der Gerichtshof entschieden, ist zumindest das vorlegende Gericht an diese Entscheidung gebunden, auch wenn es den Gerichtshof aus der Sicht des deutschen Rechts zu Unrecht angerufen haben sollte. Problematisch ist in diesem Zusammenhang die Vorlagepflicht letztinstanzlicher Gerichte. Sie müssten nach Unionsrecht vorlegen, aber ihre Vorlagepflicht hinge am seidenen Faden der eigenen Auslegung des innerstaatlichen Rechts: die Vorlagepflicht kann bei „adoptiertem" Richtlinienrecht leicht durch nachträgliche Änderung richterrechtlicher Auslegung ins Leere laufen.[530] 205

II. Rechtsfolgen für die Mitgliedstaaten. Fehlt speziell in Bezug auf **Schutzvorschriften** eine Harmonisierung, sind einzelstaatliche **autonome** Schutzmaßnahmen gegenüber niedergelassenen Gesellschaften aus anderen Mitgliedstaaten im Ausnahmefall zulässig, soweit sie aus zwingenden Gründen des Allgemeininteres- 206

---

520 Deutlich *Habersack*, GesR, § 3 Rn 39.
521 M. *Habersack/D. Verse*, GesR, § 3, Rn 60.
522 M. *Habersack/D. Verse*, GesR, § 9, Rn 17. Da man sich indes im deutschen Steuerrecht nicht einig ist, ob der Maßgeblichkeitsgrundsatz nur auf das Handelsbilanzrecht des 3. Buches des HGB verweist, oder zugleich auch auf die dahinter stehende Richtlinie, hat der I. Senat des BFH diese Frage dem Großen Senat des BFH vorgelegt: ursprünglicher Vorlagebeschluss vom 9.9.1998, BFHE 187, 215 = BStBl. II 1999, 129, geänderte Fassung vom 17.11.1999, DB 2000, 25, vgl *Wassermeyer*, Fs Lutter, 1641. Der I. Senat hat seine Vorlage am 8.11.2000 zurückgenommen, gleichzeitig sich aber für eine grundsätzliche Vorlagepflicht an den EuGH ausgesprochen, zustimmend *Broer*, RIW 2001, 757, 759; vgl *Wassermeyer*, DB 2001, 1053; *Hoffmann*, DB 2001, 452. In C-275/97, *DE+ ES Bauunternehmung GmbH*, Slg 1999, I5331 stellte sich diese Problematik für das deutsche Steuerrecht, vgl *Klinke*, ZGR 2002, 187, 188, wurde aber im Urteil nicht problematisiert. Hingegen hat der EuGH in C-306/99, *BIAO*, Slg 2003, I-1, Rn 91, 92 seine Auslegungszuständigkeit sehr weit verstanden.
523 M. *Habersack/D. Verse*, GesR, § 9 Rn 16.
524 *Grundmann*, GesR, § 14, Rn 557 bei Fn 136; vgl insoweit die Ausführungen des EuGH, C-267/99, *Urbing*, Slg 2001, I-7467, Rn 27, 28.
525 . Die Lehre versucht, mit Hlfe der Auslegung eine Antwort zu finden, vgl M. *Habersack/D. Verse*, GesR, § 9 § 16 aE (Der Umstand, dass der Grundsatz des true and fair view des Art. 2 Abs. 3 der 4. Richtlinie nur in dem für Kapitalgesellschaften geltenden § 264 Abs. 2 HGB umgesetzt ist, wird zur Begründung einer gespaltenen Auslegung herangezogen.).
526 In C-275/97, *DE+ES Bauunternehmung GmbH*, Slg 1999, I-5331 stellte sich diese Problematik für das deutsche Steuerrecht, vgl *Klinke*, ZGR 2002, 187, 188, wurde aber im Urteil nicht problematisiert. Hingegen hat der EuGH in C-306/99, *BIAO*, Slg 2003, I-1, Rn 91, 92 seine Auslegungszuständigkeit sehr weit verstanden – und bejaht.; ebenso C-48/07, *Les Vergers du Vieux Tauves*, Slg 2008, I-10627, Slg, Rn 27.
527 Verb. Rs. C-297/88 et C-197/89, *Dzodzi*, Slg 1990, I-3763, Rn 36; *Fournier*, C-73/89, Slg 1992, I-5621, Rn 23; C-28/95, *Leur-Bloem*, Slg 1997, I-4161; C-130/95, *Giloy*, Slg 1997, I-4291, Rn 28; C-1/99, *Kofisa Italia*, Slg 2001, I207, Rn 32; C-267/99, *Urbing*, Slg 2001, I-7467, Rn 27, ferner C-170/03, *Feron*, Slg 2005, I-2299, Rn 12, C-222/01 *BAT*, Slg 2004, I-4683, Rn 40; dazu *Klinke*, ZGR 1998, 212, 247 mit weit. Nachw., Slg 2008, I-60; C-48/07, *Club Náutico de Gran Canaria*, Slg 2008, I-60; C-48/07, *Les Vergers du Vieux Tauves*, Slg 2008, I-10627, Rn 27.
528 C-482/10, *Cicala*, 21. 12. 2011, Rn 19; C-310/10, *Agafiței*, Slg 2011, I- 5989, Rn 38.
529 Deutlich C-186/07, *Club Náutico de Gran Canaria*, Slg 2008, I-60, Rn 19; vgl C-48/07, *Les Vergers du Vieux Tauves*, Slg 2008, I-10627, Rn 27; C-310/10, *Agafiței*, Slg 2011, I-5989, Rn 38; C-28/95, *Leur-Bloem*, Slg 1997, I-4161, Rn 25 u. 32; C-247/97, *Schoonbroodt*, Slg 1998, I-8095, Rn 14 u. 15.
530 , Wie es der BGH (BGH JZ 1998, 47 mit krit. Anm. *Lutter*, 50) in "Siemens/Nold" vorgeführt hat; zur Diskussion M. *Habersack/D. Verse*, GesR, § 3, Rn 61 bei Fn 234 (weit. Nachw. daselbst);.

ses⁵³¹ gerechtfertigt sind und damit der Berufung auf die Grundfreiheiten, in casu der Niederlassungsfreiheit, entgegengehalten werden können.⁵³² Verweist eine Richtlinie auf mitgliedstaatliche Verfahrens- oder Sanktionsvorschriften, ohne selbst eine Regelung zu enthalten, dann muss die mitgliedstaatliche Regelung bei ihrer Anwendung auf Auslandssachverhalte nach hM zumindest dem Effektivitäts- und Äquivalenzprinzip genügen.⁵³³

207 Sind Schutzvorschriften hingegen abschließend harmonisiert, ist der Mitgliedstaat berechtigt, eine **richtlinienkonforme nationale Schutzmaßnahme** der ausländischen Gesellschaft, die eine der Grundfreiheiten wie die Niederlassungsfreiheit in Anspruch nimmt, entgegenzuhalten. Eine derartige einzelstaatliche Maßnahme darf dann nur noch an der Richtlinie, nicht mehr an der entsprechenden Grundfreiheit gemessen werden.⁵³⁴ Es genügt mithin, dass sie richtlinienkonform ist. Hingegen können mitgliedstaatliche Rechtsvorschriften, die nicht konform mit vollharmonisiertem Richtlinienrecht sind, nicht gerechtfertigt werden.⁵³⁵

208 Bei einer Mindestharmonisierung im Gesellschaftsrecht bleibt der Mitgliedstaat berechtigt, Rechtssätze mit höherem Schutzniveau für Inländer auch Gesellschaften aus anderen Mitgliedstaaten entgegenzuhalten. Allerdings müssen diese Rechtssätze höheren Schutzniveaus grundfreiheitskonform sein.⁵³⁶ Da sie ihrem Rechtscharakter nach als Beschränkungen der Grundfreiheiten wirken, müssen sie sich mithin aus zwingenden Gründen des Allgemeininteresses rechtfertigen lassen.⁵³⁷ Allerdings geht auf diese Weise der Vorteil harmonisierten Rechts, eine vom Einzelfall unabhängige generelle Regelung in grenzüberschreitenden Sachverhalten zu schaffen, verloren.⁵³⁸

209 Nutzt ein Mitgliedstaat die von einer Harmonisierungsrichtlinie eröffnete Möglichkeit, von der Harmonisierung einer bestimmten Regelung abzusehen, dann ist seine fortbestehende nichtharmonisierte nationale Regelung auf ihre Grundfreiheitskonformität zu überprüfen.⁵³⁹

210 **III. Rechtsgrundlage und Gegenstand der Harmonisierung im europäischen Gesellschaftsrecht.** Der Gegenstand der Rechtsangleichung im europäischen Gesellschaftsrecht ist, bis auf wenige Ausnahmen, beschränkt auf Kapitalgesellschaften, genauer das Recht der **Aktiengesellschaft**.⁵⁴⁰ Bis auf einige Richtlinien wie zB die 12. [Einpersonen-GmbH-]*Richtlinie* 2009/102⁵⁴¹ und die GmbH & CO KG-Richtlinie 90/605⁵⁴² gelten mithin alle gesellschaftsrechtliche Richtlinien für Aktiengesellschaften. Inwieweit sonstige Kapitalgesellschaften in den jeweiligen Geltungsbereich einer Richtlinie fallen, regelt ansonsten jede Richtlinie selbst. So gelten für die **GmbH** neben der 12. Richtlinie, noch die 1., 4., 7. und 8. Richtlinie.

211 Auch wenn neben Art. 50 Abs. 2 lit. g AEUV noch die Art. 114 AEUV und Art. 352 AEUV als Rechtsgrundlage infrage kommen, so sind alle Gesellschaftsrechtsrichtlinien auf der Ermächtigungsgrundlage des Art. 50 Abs. 2 lit. g AEUV (in der bei Erlass der Richtlinie geltenden Fassung, also Art 54 Abs. 3 lit. g EGV in der Fassung bis einschließlich des Maastrichter Vertrags, Art 44 Abs. 2 lit. g EGV in der Fassung des Amsterdamer Vertrages und des Vertrages von Nizza) ergangen. Art. 114 AEUV tritt hinter Art. 50 Abs. 2 lit. g AEUV zurück.

212 **Art. 50 Abs. 2 lit. g AEUV (Art 44 Abs. 2 lit. g EGV)** ist als Ermächtigungsgrundlage in ihrer Bedeutung umstritten,⁵⁴³ erlaubt sie doch ihrem Wortlaut nach nur Angleichung einzelstaatlicher Rechtssätze zum

---

531 C-167/01, *Inspire Art*, Slg 2003, I-10155, Rn 132.
532 Rs. 72/83, *Campus Oil*, Slg 1984, 2727, Rn 27; C-168/01, *Bosal*, Slg 2003, I-9409.
533 , C-167/01, *Inspire Art*, Slg 2003, I-10155, Rn 62 (Verweis auf Sanktionsnormen des nationalen Rechts); C-250/07, *Gysbrechts*, Slg 2008, I-9947, Rn 33.
534 C-37/92, *Vanacker und Lesage*, Slg 1993, I-4947, Rn 9; C-324/99, *DaimlerChrysler*, Slg 2001, I-9897, Rn 32, 43; C-167/01, *Inspire Art*, Slg 2003, I-10155, Rn 71, 72, 106.
535 , C-167/01, *Inspire Art*, Slg 2003, I-10155, Rn 106.
536 Vgl C-322/01, *Deutscher Apotheker Verband*, Slg 2003, I-14887, Rn 64; C-205/07, *Gysbrechts u. Santurel*, 16. 12. 2008, Rn 34, 35; siehe auch (allerdings für eine VO), C-324/99, *DaimlerChrysler*, Slg 2001, I-9897, Rn 42, 43; *Grundmann*, § 5, Rn 150; *Schwarze/Herrnfeld*, Art. 114 AEUV, Rn 59.
537 *U. Klinke*, in: R. Michaels/D. Solomon (Hrsg.), Liber Amicorum Klaus Schurig, 2012, 105, 112; *S.Grundmann*, § 5, Rn 150; Anderseits führt das höhere Schutzniveau für Inländer zu einer umgekehrten Diskriminierung, vgl C-233/94, *Deutschland/EP u. Rat*, Slg 1997, I-2405.
538 *T. von Danwitz*, in: M. Dauses (Hrsg.), B. II., Rn 101.
539 Vgl C-168/01, *Bosal*, Slg 2003, I, 9409 (zu der Möglichkeit gem. Art. 4 Abs. 2 der Mutter-Tochter Richtlinie 90/435 [ABl. 1990, L 225/6] Beteiligungskosten, die bei der ausländischen Tochter anfallen, nicht im Rahmen der Gewinnbesteuerung bei der Mutter als Gewinnabzugskosten geltend zu machen).
540 Liste der auf dem Gebiet der Angleichung mitgliedstaatlicher Gesellschaftsrechte erlassenen Richtlinien oben Rn. 32;Vgl zur Rechtsangleichung im Kapitalmarktrecht Langenbucher/Klöhn, § 6 Kapitalmarktrecht, Rn 26.
541 Oben Rn 32.
542 Richtlinie 90/605 vom 8. November 1990 zur Änderung der Richtlinien 78/660/EWG und 83/349/EWG über den Jahresabschluß bzw den konsolidierten Abschluß hinsichtlich ihres Anwendungsbereichs, ABl. 1990, L 317/60; dazu *M. Habersack/D. Verse*, GesR., § 9, Rn 5.
543 Für enge Auslegung zB *Randelzhofer/Forsthoff*, in: Grabitz/Hilf, Art 44 EGV, Rn 12, 13; anders wohl *Forsthoff*, in: Grabitz /Hilf/Nettesheim (Hrsg.), Art. 50 AEUV, Rn 13, 16; aA *M. Habersack/D. Verse*, GesR., § 4, Rn 42 (mit Nachw. des älteren Schrifttums); *Grundmann*, GesR., § 4, Rn 98; vgl *W. Schön*, Mindestharmonisierung im europäischen Gesellschaftsrecht, in: *U. Everling/W.-H. Roth* (Hrsg.), Mindestharmonisierung im Europäischen Binnenmarkt, 1998, 55, 59.

Schutz von Gesellschaftern und Dritten. Der EuGH hat jedoch in der Daihatsu- Entscheidung[544] zu erkennen gegeben, dass er diese Vorschrift ihrem sachlichen Ermächtigungsbereich nach als **allgemeine Ermächtigungsnorm** zu verstehen gewillt ist. Die Bedeutung von Art. 50 Abs. 2 lit. g AEUV (Art 44 Abs. 2 lit. g EGV) reicht mithin über die Angleichung lediglich von Schutznormen zugunsten von Gesellschaftern und Dritten hinaus: diese Vorschrift ist die zentrale Ermächtigungsgrundlage für die Angleichung der mitgliedstaatlichen Gesellschaftsrechte. Allerdings verfolgt der EU-Gesetzgeber seit langem nicht mehr das Ziel, bestimmte Rechtsmaterien vollständig zu harmonisieren. Es geht nur um Angleichung derjenigen Regelung, die den Binnenmarkt hemmen.

IV. Rechtsangleichung und/oder Niederlassungsfreiheit? Im Kern stellt sich damit die Grundfrage des europäischen Gesellschaftsrechts nach dezentraler (durch die einzelstaatlichen Gesetzgeber) oder zentraler (durch den Unionsgesetzgeber)[545] Regelsetzung auf..[546] Der AEUV sieht insofern neben der ausdrücklichen Erstreckung der Niederlassungsfreiheit auf Gesellschaften (Art. 54 AEUV) andererseits in Art. 50 Abs. 2 lit. g) AEUV eine spezifische Ermächtigungsnormen **im Bereich der Niederlassungsfreiheit** zum Erlass sekundären Gesellschaftsrechts mit dem Ziel der Angleichung einzelstaatlicher Gesellschaftsrechte vor. Mithin ergeben bereits die gesetzlichen und richterrechtlichen Vorgaben des AEUV, dass der Vertrag auf Wettbewerb und Rechtsangleichung angelegt ist.

Hinter Wettbewerb der Gesellschaftsformen und/oder Rechtsangleichung steht die rechtspolitische Grundsatzfrage, ob sich für Gesellschaften der Binnenmarkt besser durch einen Wettbewerb der nationalen Gesellschaftsrechtsformen oder durch Angleichung der mitgliedstaatlichen Gesellschaftsrechte verwirklichen lässt, der Angleichung der mitgliedstaatlichen Gesellschaftsrechte nicht deren Wettbewerb vorzuziehen ist. Grundfreiheiten oder Gesellschaftsrechtsangleichung, Rechtseinheit oder Rechtsvielfalt[547] – letzteres ist die Frage, die sich nicht nur im Gesellschaftsrecht stellt, sondern allgemein im Unionsrecht.[548]

Indem sie ordnungsgemäß gegründeten Kapitalgesellschaften eines Mitgliedstaates identitätswahrend Zugang zu allen anderen Mitgliedstaaten verschafft, überwindet die Niederlassungsfreiheit im Kapitalgesellschaftsrecht die Territorialität mitgliedstaatlicher Gesellschaftsrechte und der damit verbundenen Beschränkungen. Die Niederlassungsfreiheit beruht, wie alle Grundfreiheiten, auf dem Anerkennungsprinzip.[549] Das zieht in Verbindung mit der durch die Niederlassungsfreiheit eröffneten Rechtswahlmöglichkeit[550] potenziell[551] eine Vervielfachung der Gesellschaftsrechtsformen nach sich und setzt dadurch den nationalen Gesetzgeber unter Anpassungsdruck – wie die Unternehmergesellschaft des § 5 a GmbHG zeigt. Damit ist der **Wettbewerb der Gesetzgeber** bzw der Rechtsordnungen (genauer der Gesellschaftsformen) eröffnet.[552]

---

544 C-97/96, *Daihatsu*, Slg 1997, I-6843, Rn 18 ("Artikel 54 Absatz 3 Buchstabe g ist in Verbindung mit den Artikeln 52 und 54 EGV, wonach die Koordinierung der gesellschaftsrechtlichen Vorschriften Bestandteil des allgemeinen Programms zur Aufhebung der Beschränkungen der Niederlassungsfreiheit ist, und mit Artikel 3 Buchstabe h EGV zu sehen, wonach die Tätigkeit der Gemeinschaft die Angleichung der nationalen Rechtsvorschriften umfasst, soweit dies für das Funktionieren des Gemeinsamen Marktes erforderlich ist.");C-435/02 u. C-103/03, *Springer*, Slg 2004, I-8667, Rn. 29 (Bestätigung der Daihatsu-Entscheidung und Präzisierung, dass der Begriff der Dritten im Sinne dieses Artikels nicht auf die Gläubiger der Gesellschaft beschränkt werden kann; ferner *M. Habersack/D. Verse*, GesR, § 3, Rn. 42, 43.

545 Im Wege der Harmonisierung bzw der Schöpfung von Einheitsrecht.

546 *Grundmann*, § 5 Rn 161; *M. Habersack/D. Verse*,, GesR., § 3, Rn 39; *Ch. Teichmann*, Die Finanzkrise und der Wettbewerb der Rechtsordnungen, in: Corporate Governance nach der Finanz- und Wirtschaftskrise, 2011, 41; *ders.*, Wettbewerb im Gesellschaftsrecht als neues Element der Binnenmarktintegration, Europäisches Gesellschaftsrecht auf neuen Wegen, 2010, 43; *Eidenmüller/Eidenmüller*, Ausländische Kapitalgesellschaften, § 1, Rn 10 ff; *ders.*, Wettbewerb der Gesellschaftsrechte in Europa, ZIP 2002, 2233; *W. Schön*, in: *Everling/Roth* (Hrsg.), Mindestharmonisierung, 1998, 55.

547 Ebenso *Grundmann*, GesR, § 5, Rn 159 aE, 162.

548 *Tietje* in: Grabitz/Hilf/Nettesheim (Hrsg.), Art. 114 AEUV Rn 25; *S. Leible*, RabelsZ 76 (2012), 374; *W. Mitschke*, Plädoyer für eine Renaissance des EU-Sekundärrechts, IStR 2013, 15.

549 Oben Rn 64.

550 *M. Habersack/D. Verse*, GesR, § 3, Rn 38 (mit weit. Nachw.); *Eidenmüller/ Eidenmüller*, Ausländische Kapitalgesellschaften, § 1, Rn 13 weisen daraufhin, dass die Sitztheorie rechtswahlfeindlich ist.

551 Zur Zeit scheint indes in der Praxis nur die englische Ltd. hinzugekommen zu sein, vgl *C. Winkler*, Vom Mythos eines Regulierungswettbewerbs im Europäischen Gesellschaftsrecht, wbl 2012, 421, 424.

552 Dazu *M. Habersack/D. Verse*, GesR, § 3, Rn 37-39; *Grundmann*, GesR., § 5, Rn 157 ff, 161; *H. Kötz*, Deutsches Recht und Common Law im Wettbewerb, AnwBl. 2010, 1; *C. Winkler*, WiBl 2012, 421; *J. Dierksmeier*, Kapitalgesellschaften aller Länder willkommen: die deutsche GmbH im internationalen Wettbewerb der Rechtsformen 2010, in: Das deutsche Wirtschaftsrecht unter dem Einfluss des US-amerikanischen Rechts. 2011, 205; *H. Eidenmüller*, in: *Eidenmüller* (Hrsg.), Ausländische Kapitalgesellschaften, § 1, Rn 10 ff; *ders.*, ZGR 2007, 186; *ders.*, Festschrift Heldrich, 2005, 581; *ders.*, ZIP 2002, 2233; *B. Grunewald*, Wettbewerb der Normsetzer im Gesellschaftsrecht, in: H.-J. Blanke (Hrsg.), Dimensionen des Wettbewerbs, 2010, 409; *H.-F. Müller*, Wettbewerb der Normsetzer im Gesellschaftsrecht, daselbst, 2013; *D. Zimmer*, FS Karsten Schmidt, 2009, 1789; *Mellert/Verfürth*, Wettbewerb der Gesellschaftsformen, 2005; *M. Gelter*, ZfRV 2004, 170; *Heine*, Regulierungswettbewerb im Gesellschaftsrecht, 2003; *Wymeersch*, in: 1. Europäischer Juristentag, Bd. 1, 2002, 85; *Grundmann*, ZGR 2001, 783 ff; *Kübler*, KritV 1994, 79, 87; *Klinke*, ZGR 2002, 163, 165; *van Hulle*, EWS 2000, 521, 522; 114; *Ebke*, Fs Lutter, 2000, 17, 21; *ders*, Fs Großfeld, 1999, 189, 196; *Hopt*, ZIP 1998, 96, 98; *ders*, ZHR 161(1997), 368, 381; *Dreher*, JZ 1999, 105; *Behrens*, Fs Mestmäcker, 1996, 831, 832; *Blaurock*, ZEuP 1998, 460; *Merkt*, RabelsZ 59 (1995), 545; *Schwarz*, GesR, Rn 27; *Freitag*, EuZW 1999, 267; *W. Schön* ZHR 160 (1996), 221; vglauch C-212/97, *Centros*, Slg 1999, I-1459, Rn 27.

Über dessen Vor- oder Nachteile gingen und gehen die Meinungen im Gesellschaftsrecht stark auseinander. Man befürchtete Wettbewerbsverzerrungen und einen **Delaware-Effekt** durch Hinwendung zu der Gesellschaftsrechtsform aus dem Mitgliedstaat mit dem laschesten Gläubigerschutz.[553]

216 Man entnimmt mithin den Grundfreiheiten und dem Subsidiaritätsprinzip (Art. 5 Abs. 3 EUV) ein „EG-verfassungsrechtliches Gebot" auf Wettbewerb der einzelstaatlichen Gesellschaftsformen.[554] Ob die sonstigen, psychologischen, gruppendynamischen und ökonomischen einem Wettbewerb der Regelgeber zugeschriebenen Vorteile tatsächlich im europäischen Gesellschaftsrecht wirken, lässt sich angesichts der Komplexität jeder Kapitalgesellschaftsform und jeden Gesetzgebungsverfahrens wohl nur schwer nachweisen.[555] Das Nebeneinander von Gesellschaftsformen mit unterschiedlichem Gesellschaftsstatut wirkt sich andererseits nachteilig auf die Rechtssicherheit aus[556] und ist wenig massenverkehrstauglich. Solange sich allerdings der „run" auf ausländische Gesellschaftsformen auf eine Form, nämlich die englische Ltd. beschränkt, sind derartige Nachteile hinnehmbar

217 Ein **Vergleich** der zur Verfügung stehenden Instrumente **von Grundfreiheiten und Harmonisierungsrichtlinien** zeigt die jeweiligen Schwächen beider Methoden. Die Niederlassungsfreiheit ist einzelfallorientiert. Sie verschafft nur punktuell Zugang zu anderen Mitgliedstaaten Jeder Mitgliedstaat kann den Zugang erschweren bzw beschränken – und damit die Berufung auf die Niederlassungsfreiheit ins Leere laufen lassen –, sofern er sich auf eigene, aus (den im AEUV vorgesehenen) *zwingenden Gründe des Gemeinwohls* bzw, aus den richterrechtlichen *zwingenden Gründen (oder Erfordernisse) des Allgemeininteresses* gerechtfertigten Schutznormen[557] berufen kann.

218 Die Grundfreiheiten sind mithin nur eingeschränkt für eine generelle Regelung in einer Vielzahl von Fällen tauglich. Die Rechtsangleichung gem. Art. 50 AEUV (Art. 44 EGV) ist hingegen schwerfällig und stößt in der Praxis an ihre Grenzen,[558] wenn (von Mitgliedstaat zu Mitgliedstaat verschiedene) Grundvorstellungen bei der Harmonisierung bestimmter Fragen berührt werden. Deshalb ist nicht zuletzt weder die Regelung der grenzüberschreitenden Sitzverlegung mit der vorgesehenen 14. Richtlinie, noch die der Struktur einzelner Gesellschaftsformen, durch die als 5. vorgesehene Richtlinie über das Vorschlagsstadium hinaus gelangt. Auch dort, wo trotz unterschiedlicher Grundvorstellungen eine Harmonisierung gelingt, wie im Bereich des Bilanzrechts,[559] lassen sich die Unterschiede nicht ganz einebnen. Zudem stellt die Harmonisierung in Form der Mindestharmonisierung nationaler Marktzugangsbeschränkungen einen Schwachpunkt dar:[560] Kann ein Mitgliedstaat strengere Standards setzen, kann er diese auch grenzüberschreitend geltend machen, soweit sie sich als Beschränkung der Grundfreiheiten im Allgemeininteresse rechtfertigen und damit die Grundfreiheiten leer laufen lassen. Höhere Standards sind allgemein nur dann kein den Grundfreiheiten entgegenstehendes Hindernis, wenn es sich um eine optionale Harmonisierung handelt, die über das Mindestmaß hinausgehende Standards also nur für Inländer gelten.[561]

219 Rechtsangleichung stellt indes keinen rechtlichen wie rechtspolitischen Gegenentwurf zum Grundfreiheitskonzept des AEUV dar. Das wäre nur der Fall, wenn die Rechtsangleichung soweit getrieben werden könnte, dass das Recht einer bestimmten Gesellschaftsform wie der AG in allen Mitgliedstaaten weitgehend im S. einer Totalharmonisierung vereinheitlicht wäre.[562] Indes ist das Instrument der Rechtsangleichung vor allem im Gesellschaftsrecht Beschränkungen ausgesetzt

220 Auch wenn sich die Konzepte der Rechtsangleichung und der Grundfreiheiten, hier der Niederlassungsfreiheit, rechtstheoretisch gegenüberstehen, so ergänzen sie sich andererseits und greifen ineinander.[563] Erleich-

---

553 Statt vieler M. *Habersack/D. Verse*,, GesR, § 3, Rn 37; *H. Eidenmüller*, ZIP 2002, 2233; *ders.*, FS Heldrich, 2005, 581; *C. Winkler*, WBl 2012, 421.
554 So *Grundmann*, GesR, § 5, Rn 158.
555 Überzeugter *Grundmann*, GesR, § 5, Rn 159.
556 Jede Gesellschaftsform ist in ihr rechtliches Umfeld integriert. Emigriert sie in ein anderes, sind *Normwidersprüche* unausweislich, vgl einerseits die Bemerkungen von *Hirte*, EWS 2003, 521, 522 zur engl. Ltd., der die Kombination des „mangels Kapitalaufbringung "attraktiven" englischen Gründungsrechts mit dem wegen Fehlens einer Regelung zum "wronful trading"... attraktiven deutschen Insolvenzrecht" geißelt, andererseits *Röhricht*, ZIP 2005, 505, 516, der auf die "für das geltende deutsche Recht charakteristische enge Verzahnung der gesellschaftsrechtlichen Kapital- und Gläubigerschutzmechanismen mit dem zielgleichen insolvenzrechtlichen Instrumentarium" hinweist. Normwidersprüche lassen sich im Wege der "kollisionsrechtlichen" **Angleichung** beheben. Das aber ist ein schwierig zu handhabendes Rechtsinstrument, vgl im einzelnen *Kegel/Schurig*, Internationales Privatrecht, § 8, 357 ff.
557 U. *Klinke*, in: R. Michaels/D. Solomon (Hrsg.), Liber amicorum Klaus Schurig, 2012, 105, 112.
558 Entschieden wird im ordentlichen Gesetzgebungsverfahren, Art. 289 Abs. 1, Art. 294 AEUV. Gemeinschaftsgesetzgeber sind Rat und Parlament.
559 Wo Vorsichts- und true and fair view- Prinzip aufeinanderstossen, M. *Habersack/D. Verse*, GesR, § 9, Rn 2.
560 Oben Rn 209.
561 R. *Streinz/S. Leible/W. Schröder*, EUV/AEUV, Art. 114 AEUV, Rn 34; zur optionale Harmonisierung Rn 194.
562 *Kahl*, in: Callies/Ruffert, EGV/EUV, 3. Aufl. 2007, Art. 94 EGV, Rn 5;.
563 Deutlich bei der Einlagensicherungsrichtlinie 94/19 (Abl. L 135, 5) C-233/94, *Deutschland/EP u Rat*, Slg 1997, I-2405; *Kahl*, in: Callies/Ruffert, EUV/AEUV, 4. Aufl. 2011, Art. 114 AEUV, Rn 21.

tert und ermöglicht die Rechtsangleichung die Ausübung der Niederlassungsfreiheit, so gleicht die Niederlassungsfreiheit zumindest teilweise fehlende Rechtsvereinheitlichung aus:[564]

1. Schützen die Grundfreiheiten grenzüberschreitende Tätigkeiten dadurch, dass sie verlangen, dass jeder Mitgliedstaat die rechtlichen Regelungen anderer Mitgliedstaaten als den eigenen gleichwertig anerkennt (Anerkennungsprinzip),[565] so soll die Rechtsangleichung noch verbleibende innerstaatliche Rechts-(Schutz-)Vorschriften, die zurecht einer Anerkennung – und damit letztlich der grenzüberschreitenden Betätigung – entgegenstehen, abbauen.[566] Außerhalb angeglichenen Rechts wirken **Schutzvorschriften des eigenen innerstaatlichen Rechts** des Aufnahmestats nämlich wie Behinderungen der jeweiligen Grundfreiheit und dürfen daher nur unter den (jedenfalls im Gesellschaftsrecht) engen Rechtfertigungsvoraussetzungen der sog. Gebhardt-Formel[567] einer ausländischen Gesellschaft entgegengehalten werden. Harmonisierte (**richtlinienkonforme**) Schutzvorschriften des eigenen Rechts sind hingegen keine Behinderung.[568]

2. Umgekehrt können die Grundfreiheiten das Fehlen harmonisierter Regelungen ausgleichen. So hat die „Centros"-Rechtsprechung (*„Centros", „Überseering" und „Inspire Art"*) für Gesellschaften bestimmter Rechtsordnungen den Weg zur unionsweiten Tätigkeit erleichtert und deren Sitzverlegung über die Grenze ermöglicht. Dort, wo die Grundfreiheit nicht weiterhelfen kann, wie bei Mitgliedstaaten mit Rechtsordnungen, die sich im internationalen Gesellschaftsrecht der Sitztheorie verschrieben haben,[569] ist der Unionsgesetzgeber gefordert, die Harmonisierung, im konkreten Fall[570] die 14. Richtlinie über die grenzüberschreitende Sitzverlegung, in Angriff zu nehmen.

G. Die Richtlinien (in Auswahl)

I. Die (Publizitäts-)Richtlinie 2009/101 vom 16. September 2009

Literatur:

Ankele, Die Anpassung des deutschen Rechts an die Erste gesellschaftsrechtliche Richtlinie des Rates der Europäischen Gemeinschaften und ihre Auswirkungen für die GmbH, GmbHR 1969, 52; *Auer,* Missbrauch der Vertretungsmacht im Handels- und Gesellschaftsrecht, GesRZ 2000, 138; *Baetge/Apelt,* Konsequenzen des Verstoßes gegen die Offenlegungspflicht des HGB, DB 1988, 1709; *Baumbach/Hopt,* HGB, 35. Aufl. 2012; *Beuthien,* Sinn und Grenzen der Rechtsscheinhaftung nach § 15 Abs. 3 HGB, FS für Reinhardt, 1972, 199; *ders.,* Fragwürdige Rechtsscheinsgrenzen im neuen § 15 III HGB, NJW 1970, 2283; *Beyerle,* Fragwürdige Rechtsscheinhaftung in § 15 III HGB nF, BB 1971, 1482; *Boden,* Die Vertretungsmacht der Verwaltungsorgane in den Kapitalgesellschaften der EWG-Staaten und Art. 9 der ersten Richtlinie des Rates vom 9. März 1968, 1970; *Bokelmann,* Anmeldung und Eintragung der Vertretungsbefugnis von Geschäftsführern und Vorstandsmitgliedern in das Handelsregister nach neuem EWG-Recht, NJW 1969, 2120; *Bürck,* § 15 III HGB und die Grundsätze der Haftung von fehlerhaften und entstehenden Personengesellschaften gegenüber Dritten, AcP 171 (1971), 328; *Dabin,* Les difficultés d'application de la première directive communautaire de coordination du droit des sociétés en matière de validité des engagements des sociétés anonymes, FS Bärmann, 1975, 235; *Einmahl,* Die erste gesellschaftsrechtliche Richtlinie des Rates der Europäischen Gemeinschaften und ihre Bedeutung für das deutsche Aktienrecht, AG 1969, 131, 167, 210; *Fankhauser,* Gemeinschaftsrechtliche Publizitäts- und Kapitalrichtlinie, – Anpassungsbedarf des Schweizer Rechts, 2000; *Fezer,* Liberalisierung und Europäisierung des Firmenrechts, ZHR 161 (1997), 52; *Ficker,* The EEC Directives on Company Law Harmonisation, in: *Schmitthoff* (Hrsg), The Harmonisation of European Company Law, 1977, 66; *Fischer-Zernin* Der Rechtsangleichungserfolg der Ersten gesellschaftsrechtlichen Richtlinie der EWG, 1986; *Fleischer,* Reichweite und Grenzen der unbeschränkten Organvertretungsmacht im Kapitalgesellschaftsrecht, NZG 2005, 529; *Friauf,* Registerpublizität für GmbH und Verfassungsrecht, GmbHR 1991, 397; *Goldmann,* La nullité des sociétés à responsabilité limitée et des sociétés par actions en droit français, après la directive du 9 mars 1968, FS Sanders, 1972, 59; *Gustavus,* Die registerrechtlichen Bestimmungen des Gesetzes zur Durchführung der ersten EWG-Richtlinie zur Koordinierung des Gesellschaftsrechts, BB 1969, 1335; *ders,* Empfiehlt sich ein zentrales und EDV-unterstütztes Handelsregister in der Bundesrepublik?, BB 1979, 1175; *ders,* Die Sanktionen bei unterlassener Offenlegung des Jahresabschlusses, ZIP 1988, 1429; *Hirte,* Daihatsu – Durchbruch für die Publizität, NJW 1999, 36; *ders,* Kommerzielle Nutzung des Handelsregisters, Computer u. Recht 1990, 631; *Hofmann,* Das Handelsregister und seine Publizität, JA 1980, 264; *Houin,* Le régime juridique des sociétés dans la Communauté Economique Européenne, RTDE 1965, 11, *ders,* Les pouvoirs des dirigeants des sociétés anonymes et des sociétés à responsabilité limitée et la

---

[564] Vgl zB das Verhältnis der Sevic- Entscheidung (C-411/03, *Sevic,* Slg 2005, I-10805) zur Richtlinie 2005/56, Langenbucher/*Engert,* § 5, GesR., Rn 100.
[565] Dazu oben Rn 64.
[566] Instruktiv *J. Gundel,* EuR 2008, 248ff; vgl oben Rn 190.
[567] Die nationalen Maßnahmen müssen in nichtdiskriminierender Weise angewandt werden, sie müssen aus zwingenden Gründen des Allgemeininteresses gerechtfertigt sein, sie müssen zur Erreichung des verfolgten Zieles geeignet sein, und sie dürfen nicht über das hinausgehen, was zur Erreichung dieses Zieles erforderlich ist, vgl C-19/92, *Kraus,* Slg 1993, I-1663, Randnr. 32; C-55/94, *Gebhard,* Slg 1995, I-4165, Randnr. 37; C-167/01, *Inspire Art,* Slg 2003, I-10155, Rn 133; C-212/97, *Centros,* Slg 1999, I-1459, Rn 34; vgl Langenbucher/*Engert,* § 5, GesR, Rn 20 ff;.
[568] Deutlich C-167/01, *Inspire Art,* Slg 2003, I-10155, Rn 58, ferner (im Arzeneimittelrecht) C-322/01, *Deutscher Apothekerverband,* Slg 2003, I-14887, Rn 53..Verweist eine Richtlinie auf mitgliedstaatliche Verfahrens- oder Sanktionsvorschriften, ohne selbst eine Regelung zu enthalten, dann muss die mitgliedstaatliche Regelung bei ihrer Anwendung auf Auslandssachverhalte dem Effektivitäts- und Äquivalenzprinzip genügen, C-167/01, *Inspire Art,* Slg 2003, I-10155, Rn 62.
[569] Vgl C-210/06, *Cartesio,* Slg 2008, I-9641. Ausser Acht bleibt der Fall, in dem der nationale Gesetzgeber seine Rechtsprechung autonom anpasst.
[570] *P. Behrens,* EuZW 2009, Heft 3, S. V.

coordination des législations nationales dans la communauté économique européenne, RTDE 1966, 307; *Jansen*, Die Sanktionen der Publizitätsverweigerung nach dem Kapitalgesellschaften- und Co- Richtlinien-Gesetz, DStR 2000, 596; *Kalss*, Die Bedeutung der Publizitäts-, Kapital-, Zweigniederlassungs- und Einpersonengesellschaftsrichtlinie der Europäischen Union für das Österreichische Gesellschaftsrecht (AG und GmbH), in: *Koppensteiner* (Hrsg), Österreichisches und europäisches Wirtschaftsprivatrecht, Teil 1: Gesellschaftsrecht, 1994/1998, 119; *Kersting*, Die Vorgesellschaft im europäischen Gesellschaftsrecht, 2000; *ders*, Europäische Vorgaben zur Handelnden-Haftung und zur Vorgesellschaft, – zur Europarechtswidrigkeit des Konzepts der Innenhaftung, GmbHR 2003, 1461; *Kort*, Paradigmenwechsel im deutschen Registerrecht: Das elektronische Handels- und Unternehemenregister – eine Zwischenbilanz, AG 2007, 801; *Kreplin*, Erweiterte Angabenpflicht auf Geschäftsbriefen für Aktiengesellschaften, Kommanditgesellschaften auf Aktien und Gesellschaften mit beschränkter Haftung, BB 1969, 1122; *Leible*, Bilanzpublizität und Effektivität des Gemeinschaftsrechts, ZHR 162 (1998), 594; *Liebscher/Scharff*, Das Gesetz über elektronische Handelsregister und Genossenschaftsregister sowie das Unternehmensregister, NJW 2006, 3745; *M. Lutter*, Die erste Angleichungs-Richtlinie zu Art. 54 Abs. 3 lit. g EWGV und ihre Bedeutung für das geltende deutsche Unternehmensrecht, EuR 1969, 1109; *Meilicke*, Vertrauensschutz in Vertretungsmacht nach europäischem Gemeinschaftsrecht, DB 1999, 785; *ders*, Selbstkontrahieren nach europäischem Gemeinschaftsrecht, RIW 1996, 713; *Meyding/Bödeker*, Gesetzentwurf über elektronische Handelsregister und Genossenschaftsregister sowie das Unternehmensregister (EHUG-E) – Willkommen im Online-Zeitalter!, BB 2006, 1009; *Mülbert/Nienhaus*, Europäisches Gesellschaftsrecht und die Neubildung nationaler Gesellschaftsformen – oder: unterliegt die Vorgesellschaft der Publizitätsrichtlinie, RabelsZ 65 (2001), 513; *Nassal*, Gemeinschaftsrechtliche Staatshaftung für Insolvenzschäden – Konsequenzen aus den Urteilen des EuGH v. 4.12.1997 und 29.9.1998, WM 1999, 657; *Noack*, Neue Publizitätspflichten für Unternehmen – eine Bestandsaufnahme nach EHUG und TUG, WM 2007, 377; *J. Oechsler*, Die Geschichte von der Lehre der fehlerhaften Gesellschaft und ihre Stellung im europäischen Gemeinschaftsrecht, NJW 2008, 2471; *Paefgen*, Handelsregisterpublizität und Verkehrsschutz im Lichte des EHUG, ZIP 2008, 1653; *von Gumpert*, Rechtsfolgen einer Überschreitung des Unternehmensgegenstandes im Gemeinschaftsprivatrecht – eine rechtsvergleichende Untersuchung zum Gesellschafter und Verkehrsschutz anhand des deutschen und englischen Kapitalgesellschaftsrecht, 2002; *von Olshausen*, Neuerungen im System der handelsrechtlichen Rechtsscheingrundsätze, BB 1970, 137; *ders*., Fragwürdige Rechtsscheingrenzen im neuen § 15 Abs. 3 HGB, NJW 1971, 966; *van Ommeslaghe*, La première directive du Conseil du 9 mars 1968 en matière de sociétés, CDE 1969, 495, 619; *Chr. Schmid*, Die gemeinschaftsrechtliche Überlagerung der Tatbestände des Missbrauchs der Vertretungsmacht und des Insichgeschäfts, AG 1998, 127; *Schmidt-Kessel*, Das Gemeinschaftsrecht des Handelsregisters, GPR 2006, 6; *Seibert/Decker*, Das Gesetz über elektronische Handelsregister und Genossenschaftsregister sowie das Unternehmensregister (EHUG), DB 2007, 2446; *G. Spindler*, Abschied vom Papier?: das Gesetz über elektronische Handelsregister und Genossenschaftsregister sowie das Unternehmensregister, WM 2006, 109.

EuGH-Rechtsprechung: *Haaga*, Rs. 32/74, Slg. 1974, 1201 (dazu *Klauser*, Die Europäisierung des Privatrechts, 1998, 184 ff); *Ubbink Isolatie BV*, Rs. 136/87, Slg. 1988, 4665; *Marleasing*, C-106/89, Slg. 1990, 4135 (Vorlage des Juzgado de Primera Instancia de Oviedo; dazu *Stuyck/Wytinck*, CMLR 1991, 205–223; *Coipel*, Rev.dr.com.belge 1991, 878 f; *Chaput*, Rev. soc. 1991, 535–538; *Meud*, ELR 1991, 490–501; *Samara-Krispis/Steindorff*, CMLR 1992, 613, 616; *Brechmann*, Die richtlinienkonforme Auslegung, 1994, 66; *Klinke*, ZGR 1993, 1, 19; *Daihatsu*, C-97/96, Slg. 1997, I-6843 (Vorlage des OLG Düssseldorf; dazu: *Schulze-Osterloh*, ZIP 1997, 2157 f; *Weilbach*, BB 1998, 210 f; *De Weerth*, BB 1998, 366 ff; *Beeser*, ELRep. 1998, 36 f; *Schön*, JZ 1998, 194 f; *Pott/Schäfer*, Bundesrechtsanwaltskammer-Mitteilungen 1998, 21 ff; *Luttermann*, EuZW 1998, 264 ff; *Guyon*, Rev. soc. 1998, 68 f; *Gruber*, RdW 1998, 525 f; *Crezelius*, ZGR 1999, 252 f; *Nassall*, WM 1999, 657 f; *Schwarz*, Europäisches Gesellschaftsrecht, 2000, Rn 328 f, 427, 428; *Wilken*, DStR 1998, 214; *Hirte*, NJW 1999, 36; *ders*, NJW 2000, 3322); *Kommission/Deutschland*, C-191/95, Slg.1998, I-5449 (dazu *de Weerth*, BB 1998, 2200; *Bohl*, EuZW 1998, 758; *Schulze-Osterloh*, ZIP 1998, 1716; *Schwarz*, Rn 329, 330); *Rabobank*, C-304/96, Slg. 1997, I-7211 (Vorlage des Hoge Raad der Nederlanden, dazu *Dorresteijn*, WPNR 1998, 81 f; *Geens*, TRV 1998, 44 f; *Beeser*, ELRep. 1998, 82 f; *Schutte-Veenstra*, S.E.W. 1998, 218 ff; *Parléani*, Rev. soc. 1998, 791 ff; *van Olffen*, WPNR 1998, 270 f; *Steindorff*, CMLR 1999, 191 ff; *Meilicke*, DB 1999, 785 ff; *Schwab*, ZGR 2000, 446 ff); *Texdata Software GmbH*, C-418/11, Schlussanträge GenA Mengozzi, 31.1.2013 (Sanktionen im Falle der Nichtoffenlegung von Rechnungslegungsunterlagen von Kapitalgesellschaften); *Hirmann*, C-174/12, anhängig.

1. Text der Richtlinie

221 DAS EUROPÄISCHE PARLAMENT UND DER RAT DER EUROPÄISCHEN UNION –
gestützt auf den Vertrag zur Gründung der Europäischen Gemeinschaft, insbesondere auf Artikel 44 Absatz 2 Buchstabe g,
gestützt auf das Allgemeine Programm zur Aufhebung der Beschränkungen der Niederlassungsfreiheit,[572] insbesondere auf Titel VI,
auf Vorschlag der Kommission,
nach Stellungnahme des Europäischen Wirtschafts- und Sozialausschusses,[573]
gemäß dem Verfahren des Artikels 251 des Vertrags,[574]
in Erwägung nachstehender Gründe:
(1) Die Erste Richtlinie 68/151/EWG des Rates vom 9. März 1968 zur Koordinierung der Schutzbestimmungen, die in den Mitgliedstaaten den Gesellschaften im Sinne des Artikels 58 Absatz 2 des Vertrags im Interesse der Gesellschafter sowie Dritter vorgeschrieben sind, um diese Bestimmungen gleichwertig

---

[572] ABl. 2 vom 15.1.1962, S. 36/62.
[573] ABl. 2008, C 204/25.
[574] Stellungnahme des Europäischen Parlaments vom 17. Juni 2008 (noch nicht im Amtsblatt veröffentlicht) und Beschluss des Rates vom 13. Juli 2009.

zu gestalten,[575] wurde mehrfach und erheblich geändert.[576] Aus Gründen der Klarheit und der Übersichtlichkeit empfiehlt es sich, die genannte Richtlinie zu kodifizieren.

(2) Der Koordinierung der einzelstaatlichen Vorschriften über die Offenlegung, die Wirksamkeit eingegangener Verpflichtungen von Aktiengesellschaften, Kommanditgesellschaften auf Aktien oder Gesellschaften mit beschränkter Haftung sowie die Nichtigkeit dieser Gesellschaften kommt insbesondere zum Schutz der Interessen Dritter eine besondere Bedeutung zu.

(3) Die Offenlegung sollte es Dritten erlauben, sich über die wesentlichen Urkunden der Gesellschaft sowie einige sie betreffende Angaben, insbesondere die Personalien derjenigen, welche die Gesellschaft verpflichten können, zu unterrichten.

(4) Gesellschaften sollten unbeschadet der grundlegenden Anforderungen und vorgeschriebenen Formalitäten des einzelstaatlichen Rechts der Mitgliedstaaten die Möglichkeit haben, die erforderlichen Urkunden und Angaben auf Papier oder in elektronischer Form einzureichen.

(5) Die betroffenen Parteien sollten in der Lage sein, von dem Register Kopien dieser Urkunden und Angaben sowohl in Papierform als auch in elektronischer Form zu erhalten.

(6) Die Mitgliedstaaten sollten das Amtsblatt, in dem die offen zu legenden Urkunden und Angaben bekannt zu machen sind, in Papierform oder in elektronischer Form führen oder Bekanntmachungen durch andere ebenso wirksame Formen vorschreiben können.

(7) Der grenzüberschreitende Zugang zu Unternehmensinformationen sollte erleichtert werden, indem zusätzlich zur obligatorischen Offenlegung in einer der im Mitgliedstaat des Unternehmens zugelassenen Sprachen die freiwillige Eintragung der erforderlichen Urkunden und Angaben in weiteren Sprachen gestattet wird. Gutgläubig handelnde Dritte sollten sich auf diese Übersetzungen berufen können.

(8) Es sollte klargestellt werden, dass die in der vorliegenden Richtlinie vorgeschriebenen Angaben in allen Briefen und Bestellscheinen der Gesellschaft unabhängig davon zu machen sind, ob sie Papierform oder eine andere Form aufweisen. Im Zuge der technischen Entwicklungen sollte auch vorgesehen werden, dass diese Angaben auf den Webseiten der Gesellschaft zu machen sind.

(9) Der Schutz Dritter sollte durch Bestimmungen gewährleistet werden, welche die Gründe, aus denen im Namen der Gesellschaft eingegangene Verpflichtungen unwirksam sein können, so weit wie möglich beschränken.

(10) Um die Rechtssicherheit in den Beziehungen zwischen der Gesellschaft und Dritten sowie im Verhältnis der Gesellschafter untereinander zu gewährleisten, ist es erforderlich, die Fälle der Nichtigkeit sowie die Rückwirkung der Nichtigerklärung zu beschränken und für den Einspruch Dritter gegen diese Erklärung eine kurze Frist vorzuschreiben.

(11) Diese Richtlinie sollte die Verpflichtungen der Mitgliedstaaten hinsichtlich der in Anhang I Teil B genannten Fristen für die Umsetzung der dort genannten Richtlinien in innerstaatliches Recht unberührt lassen –

HABEN FOLGENDE RICHTLINIE ERLASSEN:

Kapitel 1
Anwendungsbereich

Artikel 1 [Anwendungsbereich]

Die durch diese Richtlinie vorgeschriebenen Koordinierungsmaßnahmen gelten für die Rechts- und Verwaltungsvorschriften der Mitgliedstaaten für Gesellschaften folgender Rechtsformen:
– in Belgien:

  naamloze vennootschap, société anonyme,
  commanditaire vennootschap op aandelen, société en commandite par actions,
  personenvennootschap met beperkte aansprakelijkheid; société de personnes à responsabilité limitée;
– in Bulgarien:
  акционерно дружество, дружество с ограничена отговорност, командитно дружество с акции;
– in der Tschechischen Republik:
  společnost s. ručením omezeným, akciová společnost;
– in Dänemark:
  aktieselskab, kommanditaktieselskab, anpartsselskab;
– in Deutschland:

---

[575] ABl. 1968, L 65/8.
[576] Siehe Anhang I Teil A.

die Aktiengesellschaft, die Kommanditgesellschaft auf Aktien, die Gesellschaft mit beschränkter Haftung;
- in Estland:
aktsiaselts, osaühing;
- in Irland:
Companies incorporated with limited liability;
- in Griechenland:
ανώνυμη εταιρία, εταιρία περιωρισμένης ευθύνης, ετερόρρυθμη κατά μετοχές εταιρία;
- in Spanien:
la sociedad anónima, la sociedad comanditaria por acciones, la sociedad de responsabilidad limitada;
- in Frankreich:
société anonyme, société en commandite par actions, société à responsabilité limitée, société par actions simplifiée;
- in Kroatien:
dioničko društvo, društvo s. ograničenom odgovornošću;
- in Italien:
società per azioni, società in accomandita per azioni, società a responsabilità limitata;
- in Zypern:
Δημόσιες εταιρείες περιορισμένης ευθύνης με μετοχές η με εγγύηση, ιδιωτικές εταιρείες περιορισμένης ευθύνης με μετοχές ή με εγγύηση;
- in Lettland:
akciju sabiedrība, sabiedrība ar ierobežotu atbildību, komanditsabiedrība;
- in Litauen:
akcinė bendrovė, uždaroji akcinė bendrovė;
- in Luxemburg:
société anonyme, société en commandite par actions, société à responsabilité limitée;
- in Ungarn:
részvénytársaság, korlátolt felelősségű társaság;
- in Malta:
kumpannija pubblika/public limited liability company, kumpannija privata/private limited liability company;
- in den Niederlanden:
naamloze vennootschap, besloten vennootschap met beperkte aansprakelijkheid;
- in Österreich:
die Aktiengesellschaft, die Gesellschaft mit beschränkter Haftung;
- in Polen:
spółka z ograniczoną odpowiedzialnością, spółka komandytowo-akcyjna, spółka akcyjna;
- in Portugal:
a sociedade anónima de responsabilidade limitada, a sociedade em comandita por acções, a sociedade por quotas de responsabilidade limitada;
- in Rumänien:
societate pe acțiuni, societate cu răspundere limitată, societate în comandită pe acțiuni;
- in Slowenien:
delniška družba, družba z omejeno odgovornostjo, komaditna delniška družba;
- in der Slowakei:
akciová spoločnost', spoločnost' s. ručením obmedzeným;
- in Finnland:
yksityinen osakeyhtiö/privat aktiebolag, julkinen osakeyhtiö/publikt aktiebolag;
- in Schweden:
aktiebolag;
- im Vereinigten Königreich:
companies incorporated with limited liability.

Kapitel 2
Offenlegung

Artikel 2 [Pflicht zur Offenlegung]

Die Mitgliedstaaten treffen die erforderlichen Maßnahmen, damit sich die Pflicht zur Offenlegung hinsichtlich der in Artikel 1 genannten Gesellschaften mindestens auf folgende Urkunden und Angaben erstreckt:
a) den Errichtungsakt und, falls sie Gegenstand eines gesonderten Aktes ist, die Satzung;
b) Änderungen der unter Buchstabe a genannten Akte, einschließlich der Verlängerung der Dauer der Gesellschaft;
c) nach jeder Änderung des Errichtungsaktes oder der Satzung den vollständigen Wortlaut des geänderten Aktes in der geltenden Fassung;
d) die Bestellung, das Ausscheiden sowie die Personalien derjenigen, die als gesetzlich vorgesehenes Gesellschaftsorgan oder als Mitglieder eines solchen Organs
   i) befugt sind, die Gesellschaft gerichtlich und außergerichtlich zu vertreten; bei der Offenlegung muss angegeben werden, ob die zur Vertretung der Gesellschaft befugten Personen die Gesellschaft allein oder nur gemeinschaftlich vertreten können;
   ii) an der Verwaltung, Beaufsichtigung oder Kontrolle der Gesellschaft teilnehmen;
e) zumindest jährlich den Betrag des gezeichneten Kapitals, falls der Errichtungsakt oder die Satzung ein genehmigtes Kapital erwähnt und falls die Erhöhung des gezeichneten Kapitals keiner Satzungsänderung bedarf;
f) die nach Maßgabe der Richtlinien des Rates 78/660/EWG,[577] 83/349/EWG,[578] 86/635/EWG[579] und 91/674/EWG[580] für jedes Geschäftsjahr offen zu legenden Unterlagen der Rechnungslegung;
g) jede Verlegung des Sitzes der Gesellschaft;
h) die Auflösung der Gesellschaft;
i) die gerichtliche Entscheidung, in der die Nichtigkeit der Gesellschaft ausgesprochen wird;
j) die Bestellung und die Personalien der Liquidatoren sowie ihre Befugnisse, sofern diese nicht ausdrücklich und ausschließlich aus dem Gesetz oder der Satzung hervorgehen;
k) den Abschluss der Liquidation sowie in solchen Mitgliedstaaten, in denen die Löschung Rechtswirkungen auslöst, die Löschung der Gesellschaft im Register.

Artikel 2 a [Eintragungsfrist]

(1) Die Mitgliedstaaten treffen die erforderlichen Maßnahmen, um sicherzustellen, dass jede Änderung an den in Artikel 2 genannten Urkunden und Angaben im Einklang mit Artikel 3 Absätze 3 und 5 in das zuständige Register gemäß Artikel 3 Absatz 1 Unterabsatz 1 eingetragen und offengelegt wird, in der Regel innerhalb von 21 Tagen, nachdem die vollständigen Unterlagen über diese Änderung, gegebenenfalls einschließlich der nach einzelstaatlichem Recht für die Eintragung in die Akte erforderlichen Prüfung der Rechtmäßigkeit, eingegangen sind.
(2) Absatz 1 gilt nicht für die Unterlagen der Rechnungslegung gemäß Artikel 2 Buchstabe f.

Artikel 3 [Nationale Registrierung]

(1) In jedem Mitgliedstaat wird entweder bei einem zentralen Register oder bei einem Handels- oder Gesellschaftsregister für jede der dort eingetragenen Gesellschaften eine Akte angelegt. ¹Die Mitgliedstaaten sorgen dafür, dass Gesellschaften eine einheitliche Kennung haben, durch die sie eindeutig bei der Kommunikation zwischen Registern über das System der Vernetzung von Zentral-, Handels- und Gesellschaftsregistern, das gemäß Artikel 4 a Absatz 2 eingerichtet wurde (im Folgenden „System der Registervernetzung"), ermittelt werden können. ²Diese einheitliche Kennung besteht zumindest aus Elementen, die es ermöglichen, den Mitgliedstaat des Registers, das inländische Herkunftsregister und die Nummer der Gesellschaft in diesem Register zu ermitteln sowie gegebenenfalls aus Kennzeichen, um Fehler bei der Identifizierung zu vermeiden.
(2) Im Sinne dieses Artikels bedeutet der Ausdruck „in elektronischer Form", dass die Information mittels Geräten für die elektronische Verarbeitung (einschließlich digitaler Kompression) und Speicherung von Da-

---

[577] Vierte Richtlinie 78/660/EWG des Rates vom 25. Juli 1978 aufgrund von Artikel 54 Absatz 3 Buchstabe g des Vertrags über den Jahresabschluss von Gesellschaften bestimmter Rechtsformen (ABl. 1978, L 222/11).

[578] Siebente Richtlinie 83/349/EWG des Rates vom 13. Juni 1983 aufgrund von Artikel 54 Absatz 3 Buchstabe g des Vertrags über den konsolidierten Abschluss (ABl. 1983, L 193/1).

[579] Richtlinie 86/635/EWG des Rates vom 8. Dezember 1986 über den Jahresabschluss und den konsolidierten Abschluss von Banken und anderen Finanzinstituten (ABl. 1986, L 372/1).

[580] Richtlinie 91/674/EWG des Rates vom 19. Dezember 1991 über den Jahresabschluss und den konsolidierten Abschluss von Versicherungsunternehmen (ABl. 1991, L 374/7).

ten am Ausgangspunkt gesendet und am Endpunkt empfangen wird und sie vollständig über Draht, über Funk, auf optischem oder anderem elektromagnetischen Wege in der von den Mitgliedstaaten bestimmten Art und Weise gesendet, weitergeleitet und empfangen wird.
(3) Alle Urkunden und Angaben, die nach Artikel 2 der Offenlegung unterliegen, sind in dieser Akte zu hinterlegen oder in das Register einzutragen; der Gegenstand der Eintragungen in das Register muss in jedem Fall aus der Akte ersichtlich sein.
¹Die Mitgliedstaaten sorgen dafür, dass die Gesellschaften und sonstige anmelde- oder mitwirkungspflichtige Personen und Stellen alle Urkunden und Angaben, die nach Artikel 2 der Offenlegung unterliegen, in elektronischer Form einreichen können. ²Die Mitgliedstaaten können außerdem den Gesellschaften aller oder bestimmter Rechtsformen die Einreichung aller oder eines Teils der betreffenden Urkunden und Angaben in elektronischer Form vorschreiben.
¹Alle in Artikel 2 bezeichneten Urkunden und Angaben, die auf Papier oder in elektronischer Form eingereicht werden, werden in elektronischer Form in der Akte hinterlegt oder in das Register eingetragen. ²Zu diesem Zweck sorgen die Mitgliedstaaten dafür, dass alle betreffenden Urkunden und Angaben, die auf Papier eingereicht werden, durch das Register in elektronische Form gebracht werden.
¹Die in Artikel 2 bezeichneten Urkunden und Angaben, die bis spätestens zum 31. Dezember 2006 auf Papier eingereicht wurden, müssen nicht automatisch durch das Register in elektronische Form gebracht werden. ²Die Mitgliedstaaten sorgen jedoch dafür, dass sie nach Eingang eines Antrags auf Offenlegung in elektronischer Form nach den zur Umsetzung von Absatz 4 verabschiedeten Maßnahmen durch das Register in elektronische Form gebracht werden.
(4) ¹Eine vollständige oder auszugsweise Kopie der in Artikel 2 bezeichneten Urkunden oder Angaben muss auf Antrag erhältlich sein. ²Die Anträge bei dem Register können wahlweise auf Papier oder in elektronischer Form gestellt werden.
¹Die Kopien gemäß Unterabsatz 1 müssen von dem Register wahlweise auf Papier oder in elektronischer Form erhältlich sein. ²Dies gilt für alle schon eingereichten Urkunden und Angaben. ³Die Mitgliedstaaten können jedoch beschließen, dass alle oder bestimmte Kategorien der spätestens bis zum 31. Dezember 2006 auf Papier eingereichten Urkunden und Angaben von dem Register nicht in elektronischer Form erhältlich sind, wenn sie vor einem bestimmten, dem Datum der Antragstellung vorausgehenden Zeitraum bei dem Register eingereicht wurden. ⁴Dieser Zeitraum darf zehn Jahre nicht unterschreiten.
Die Gebühren für die Ausstellung einer vollständigen oder auszugsweisen Kopie der in Artikel 2 bezeichneten Urkunden oder Angaben auf Papier oder in elektronischer Form dürfen die Verwaltungskosten nicht übersteigen.
¹Die Richtigkeit der auf Papier ausgestellten Kopien wird beglaubigt, sofern der Antragsteller auf diese Beglaubigung nicht verzichtet. ²Die Richtigkeit der Kopien in elektronischer Form wird nicht beglaubigt, es sei denn, die Beglaubigung wird vom Antragsteller ausdrücklich verlangt.
Die Mitgliedstaaten treffen die erforderlichen Maßnahmen, damit bei der Beglaubigung von Kopien in elektronischer Form sowohl die Echtheit ihrer Herkunft als auch die Unversehrtheit ihres Inhalts durch die Heranziehung mindestens einer fortgeschrittenen elektronischen Signatur im Sinne des Artikels 2 Nummer 2 der Richtlinie 1999/93/EG[581] sichergestellt wird.
(5) ¹Die in Absatz 3 bezeichneten Urkunden und Angaben sind in einem von dem Mitgliedstaat zu bestimmenden Amtsblatt entweder in Form einer vollständigen oder auszugsweisen Wiedergabe oder in Form eines Hinweises auf die Hinterlegung des Dokuments in der Akte oder auf seine Eintragung in das Register bekannt zu machen. ²Das von dem Mitgliedstaat zu diesem Zweck bestimmte Amtsblatt kann in elektronischer Form geführt werden.
Die Mitgliedstaaten können beschließen, die Bekanntmachung im Amtsblatt durch eine andere ebenso wirksame Form der Veröffentlichung zu ersetzen, die zumindest die Verwendung eines Systems voraussetzt, mit dem die offen gelegten Informationen chronologisch geordnet über eine zentrale elektronische Plattform zugänglich gemacht werden.
(6) Die Urkunden und Angaben können Dritten von der Gesellschaft erst nach der Offenlegung gemäß Absatz 5 entgegengehalten werden, es sei denn, die Gesellschaft weist nach, dass die Urkunden oder Angaben den Dritten bekannt waren.
Bei Vorgängen, die sich vor dem sechzehnten Tag nach der Offenlegung ereignen, können die Urkunden und Angaben Dritten jedoch nicht entgegengehalten werden, die nachweisen, dass es ihnen unmöglich war, die Urkunden oder Angaben zu kennen.

---

581 Richtlinie 1999/93/EG des Europäischen Parlaments und des Rates vom 13. Dezember 1999 über gemeinschaftliche Rahmenbedingungen für elektronische Signaturen (ABl. 2000, L 13/12).

(7) Die Mitgliedstaaten treffen die erforderlichen Maßnahmen, um zu verhindern, dass der Inhalt der nach Absatz 5 offen gelegten Informationen und der Inhalt des Registers oder der Akte voneinander abweichen. Im Fall einer Abweichung kann der nach Absatz 5 offen gelegte Text Dritten jedoch nicht entgegengehalten werden; diese können sich jedoch auf den offen gelegten Text berufen, es sei denn, die Gesellschaft weist nach, dass der in der Akte hinterlegte oder im Register eingetragene Text den Dritten bekannt war. Dritte können sich darüber hinaus stets auf Urkunden und Angaben berufen, für die die Formalitäten der Offenlegung noch nicht erfüllt worden sind, es sei denn, die Urkunden oder Angaben sind mangels Offenlegung nicht wirksam.

Artikel 3 a [Veröffentlichung im Portal]

(1) Die Mitgliedstaaten sorgen dafür, dass mittels aktueller Informationen dargelegt wird, aufgrund welcher einzelstaatlichen rechtlichen Bestimmungen Dritte sich gemäß Artikel 3 Absätze 5, 6 und 7 auf die in Artikel 2 genannten Angaben und alle dort genannten Arten von Urkunden berufen können.
(2) Die Mitgliedstaaten übermitteln die Informationen, die für die Veröffentlichung im europäischen E-Justiz-Portal (im Folgenden ‚das Portal') erforderlich sind, gemäß den Regelungen und technischen Anforderungen des Portals.
(3) Die Kommission veröffentlicht diese Informationen im Portal in allen Amtssprachen der Union.

Artikel 3 b [Sicherheit der Datenübermittlung]

(1) Es werden auch elektronische Kopien der in Artikel 2 genannten Urkunden und Angaben über das System der Registervernetzung öffentlich zugänglich gemacht.
(2) ¹Die Mitgliedstaaten sorgen dafür, dass die in Artikel 2 genannten Urkunden und Angaben über das System der Registervernetzung in einem standardisierten Nachrichtenformat verfügbar und auf elektronischem Wege zugänglich sind. ²Die Mitgliedstaaten stellen ferner sicher, dass Mindeststandards für die Sicherheit der Datenübermittlung eingehalten werden.
(3) Die Kommission bietet einen Suchdienst in allen Amtssprachen der Union zu in den Mitgliedstaaten eingetragenen Gesellschaften an und sorgt so über das Portal für den Zugang zu
a) den in Artikel 2 bezeichneten Urkunden und Angaben;
b) den erläuternden Hinweisen, die in sämtlichen Amtssprachen der Union verfügbar sind und die diese Angaben und die Arten dieser Urkunden auflisten.

Artikel 3 c [Kosten und Gebühren]

(1) Die für den Zugang zu den in Artikel 2 genannten Urkunden und Angaben über das System der Registervernetzung erhobenen Gebühren dürfen nicht über die dadurch verursachten Verwaltungskosten hinausgehen.
(2) ¹Die Mitgliedstaaten sorgen dafür, dass folgende Angaben über das System der Registervernetzung kostenlos zugänglich sind:
a) Name und Rechtsform der Gesellschaft,
b) Sitz der Gesellschaft und der Mitgliedstaat, in dem sie eingetragen ist, sowie
c) Eintragungsnummer der Gesellschaft.
²Zusätzlich zu diesen Angaben können die Mitgliedstaaten entscheiden, weitere Urkunden und Angaben kostenlos zugänglich zu machen.

Artikel 3 d [Registervernetzung]

(1) Das Register der Gesellschaft stellt über das System der Registervernetzung unverzüglich Informationen über die Eröffnung und Beendigung von Verfahren zur Abwicklung oder Insolvenz der Gesellschaft und über die Löschung der Gesellschaft aus dem Register, falls dies Rechtsfolgen im Mitgliedstaat des Registers der Gesellschaft auslöst, zur Verfügung.
(2) Das Register der Zweigniederlassung gewährleistet über das System der Registervernetzung unverzüglich den Eingang der in Absatz 1 genannten Informationen.
(3) Der Austausch der in den Absätzen 1 und 2 genannten Informationen ist für die Register kostenlos.

Artikel 4 [Sprachregelung]

(1) Urkunden und Angaben, die nach Artikel 2 der Offenlegung unterliegen, sind in einer der Sprachen zu erstellen und zu hinterlegen, die nach der Sprachregelung, die in dem Mitgliedstaat gilt, in dem die Akte gemäß Artikel 3 Absatz 1 angelegt wird, zulässig sind.

(2) Zusätzlich zu der obligatorischen Offenlegung nach Artikel 3 lassen die Mitgliedstaaten die freiwillige Offenlegung der in Artikel 2 bezeichneten Urkunden und Angaben in Übereinstimmung mit Artikel 3 in jeder anderen Amtssprache der Gemeinschaft zu.
Die Mitgliedstaaten können vorschreiben, dass die Übersetzung dieser Urkunden und Angaben zu beglaubigen ist.
Die Mitgliedstaaten treffen die erforderlichen Maßnahmen, um den Zugang Dritter zu den freiwillig offen gelegten Übersetzungen zu erleichtern.
(3) Zusätzlich zu der obligatorischen Offenlegung nach Artikel 3 und der freiwilligen Offenlegung nach Absatz 2 des vorliegenden Artikels können die Mitgliedstaaten die Offenlegung der betreffenden Urkunden und Angaben in Übereinstimmung mit Artikel 3 in jeder anderen Sprache zulassen.
Die Mitgliedstaaten können vorschreiben, dass die Übersetzung dieser Urkunden und Angaben zu beglaubigen ist.
(4) Im Fall einer Abweichung zwischen den in den Amtssprachen des Registers offen gelegten Urkunden und Angaben und deren freiwillig offen gelegten Übersetzungen können letztere Dritten nicht entgegengehalten werden; diese können sich jedoch auf die freiwillig offen gelegten Übersetzungen berufen, es sei denn, die Gesellschaft weist nach, dass ihnen die Fassung, für die die Offenlegungspflicht gilt, bekannt war.

Artikel 4 a [Errichtung einer zentralen Europäischen Plattform]

(1) Es wird eine zentrale Europäische Plattform (im Folgenden ‚die Plattform') errichtet.
(2) Das System der Registervernetzung besteht aus
– den Registern der Mitgliedstaaten,
– der Plattform,
– dem Portal, das als europäischer Zugangspunkt für den elektronischen Zugang dient.
(3) Die Mitgliedstaaten sorgen für die Interoperabilität ihrer Register innerhalb des Systems der Registervernetzung über die Plattform.
(4) ¹Die Mitgliedstaaten können optionale Zugangspunkte zum System der Registervernetzung einrichten. ²Sie unterrichten die Kommission ohne unangemessene Verzögerung über die Einrichtung solcher Zugangspunkte und über alle wesentlichen Änderungen ihres Betriebs.
(5) Der Zugang zu den Informationen aus dem System der Registervernetzung wird über das Portal und über die von den Mitgliedstaaten eingerichteten optionalen Zugangspunkte gewährt.
(6) Die Errichtung des Systems der Registervernetzung lässt bestehende bilaterale Vereinbarungen zwischen den Mitgliedstaaten über den Austausch von Informationen über Gesellschaften unberührt.

Artikel 4 b [Entwicklung und Betreibung der Plattform]

(1) Die Kommission entscheidet, ob sie die Plattform selbst entwickelt und/oder betreibt oder durch einen Dritten entwickeln und/oder betreiben lässt.
Sollte die Kommission entscheiden, die Plattform durch einen Dritten entwickeln und/oder betreiben zu lassen, so erfolgt die Auswahl des Dritten und die Durchsetzung der durch die Kommission mit diesem Dritten geschlossenen Vereinbarung im Einklang mit der Verordnung (EG, Euratom) Nr. 1605/2002 des Rates vom 25. Juni 2002 über die Haushaltsordnung für den Gesamthaushaltsplan der Europäischen Gemeinschaften.[582]
(2) Entscheidet die Kommission, die Plattform durch einen Dritten entwickeln zu lassen, so legt sie im Wege von Durchführungsrechtsakten die technischen Anforderungen für die Zwecke des Verfahrens zur Vergabe öffentlicher Aufträge und die Dauer der mit diesem Dritten zu schließenden Vereinbarung fest.
(3) Entscheidet die Kommission, die Plattform durch einen Dritten betreiben zu lassen, so erlässt sie im Wege von Durchführungsrechtsakten genaue Vorschriften für das Betriebsmanagement der Plattform.
Das Betriebsmanagement der Plattform umfasst insbesondere Folgendes:
– die Überwachung des Betriebs der Plattform;
– die Sicherheit und den Schutz der Daten, die über die Plattform übermittelt und ausgetauscht werden;
– die Koordinierung der Beziehungen zwischen den Registern der Mitgliedstaaten und dem Dritten.
Der Betrieb der Plattform wird von der Kommission überwacht.
(4) Die Durchführungsrechtsakte nach den Absätzen 2 und 3 werden im Einklang mit dem Prüfverfahren gemäß Artikel 4 e Absatz 2 erlassen.

---

[582] ABl. 2002, L 248/1.

Artikel 4 c [Durchführungsrechtsakte]

Die Kommission erlässt im Wege von Durchführungsrechtsakten Folgendes:
a) die technischen Anforderungen zur Festlegung der Methoden zur Kommunikation auf elektronischem Wege für die Zwecke des Systems der Registervernetzung;
b) die technische Spezifikation für die Übertragungsprotokolle;
c) die technischen Maßnahmen, durch die die IT-Mindestsicherheitsstandards für die Bereitstellung und Verbreitung von Informationen innerhalb des Systems der Registervernetzung gewährleistet werden;
d) die technischen Anforderungen zur Festlegung der Methoden zum Austausch von Informationen zwischen dem Register der Gesellschaft und dem Register der Zweigniederlassung gemäß Artikel 3 d dieser Richtlinie und Artikel 5 a der Elften Richtlinie 89/666/EWG des Rates vom 21. Dezember 1989 über die Offenlegung von Zweigniederlassungen, die in einem Mitgliedstaat von Gesellschaften bestimmter Rechtsformen errichtet wurden, die dem Recht eines anderen Staates unterliegen;[583]
e) die genaue Liste der zum Zwecke des Informationsaustauschs zwischen Registern zu übertragenden Daten gemäß Artikel 3 d dieser Richtlinie, Artikel 5 a der Richtlinie 89/666/EWG und Artikel 13 der Richtlinie 2005/56/EG des Europäischen Parlaments und des Rates vom 26. Oktober 2005 über die Verschmelzung von Kapitalgesellschaften aus verschiedenen Mitgliedstaaten[584]
f) die technischen Anforderungen für die Festlegung der Strukturen des standardisierten Nachrichtenformats für den Austausch von Informationen zwischen den Registern, der Plattform und dem Portal;
g) die technischen Anforderungen zur Festlegung des Datenbestandes, den die Plattform benötigt, um ihre Aufgaben zu erfüllen, und der Methode zu Speicherung, Verwendung und Schutz dieser Daten;
h) die technischen Anforderungen zur Festlegung der Struktur und Verwendung der einheitlichen Kennung für die Kommunikation zwischen Registern;
i) die Anforderungen zur Festlegung der technischen Betriebsmethoden des Systems der Registervernetzung für die Verbreitung und den Austausch von Informationen und die Anforderungen zur Festlegung der IT-Dienstleistungen, die durch die Plattform zur Verfügung gestellt werden, wobei die Nachrichtenübermittlung in der betreffenden Sprachfassung zu gewährleisten ist;
j) die harmonisierten Kriterien für den vom Portal angebotenen Suchdienst;
k) die Zahlungsmodalitäten unter Berücksichtigung zugänglicher Zahlungsmöglichkeiten, wie etwa Online-Zahlungen;
l) die Einzelheiten der erläuternden Hinweise mit Auflistung der Angaben und der Arten von Urkunden gemäß Artikel 2;
m) die technischen Bedingungen für die Verfügbarkeit der durch das System der Registervernetzung angebotenen Dienste;
n) das Verfahren und die technischen Erfordernisse für die Verbindung der optionalen Zugangspunkte mit der Plattform.

Diese Durchführungsrechtsakte werden gemäß dem in Artikel 4 e Absatz 2 genannten Prüfverfahren erlassen.

Die Kommission erlässt diese Durchführungsrechtsakte bis spätestens 7. Juli 2015.

Artikel 4 d [Finanzierung der Plattform]

(1) Die Einrichtung und künftige Weiterentwicklung der Plattform und die Anpassungen an das Portal, die sich aus dieser Richtlinie ergeben, werden aus dem Gesamthaushalt der Union finanziert.
(2) ¹Wartung und Betrieb der Plattform werden aus dem Gesamthaushalt der Union finanziert; eine Kofinanzierung aus Gebühren für Zugang zu dem System der Registervernetzung, die den einzelnen Nutzern in Rechnung gestellt werden, ist möglich. ²Dieser Absatz berührt nicht Gebühren auf einzelstaatlicher Ebene.
(3) Mittels delegierter Rechtsakte und gemäß Artikel 13 a kann die Kommission Regeln darüber erlassen, ob die Plattform durch die Erhebung von Gebühren zu kofinanzieren ist, und in diesem Fall über den Betrag der Gebühren, die gemäß Absatz 2 den einzelnen Nutzern in Rechnung gestellt werden.
(4) Die Erhebung von Gebühren gemäß Absatz 2 erfolgt unbeschadet der Erhebung der in Artikel 3 c Absatz 1 genannten Gebühren, die von den Mitgliedstaaten gegebenenfalls für die Bereitstellung von Urkunden und Angaben berechnet werden.
(5) Gebühren gemäß Absatz 2 werden nicht für die Bereitstellung der in Artikel 3 c Absatz 2 Buchstaben a, b und c genannten Angaben erhoben.
(6) Jeder Mitgliedstaat trägt die sich aus dieser Richtlinie ergebenden Kosten für die Anpassung seiner inländischen Register sowie für ihre Wartung und ihren Betrieb.

---

583 ABl. 1989, L 395/36.
584 ABl. 2005, L 310/1.

Artikel 4 e [Durchführungsbefugnisse]

(1) ¹Die Kommission wird von einem Ausschuss unterstützt. ²Dieser Ausschuss ist ein Ausschuss im Sinne der Verordnung (EU) Nr. 182/2011 des Europäischen Parlaments und des Rates vom 16. Februar 2011 zur Festlegung der allgemeinen Regeln und Grundsätze, nach denen die Mitgliedstaaten die Wahrnehmung der Durchführungsbefugnisse durch die Kommission kontrollieren.[585]
(2) Wird auf diesen Absatz Bezug genommen, so gilt Artikel 5 der Verordnung (EU) Nr. 182/2011.

Artikel 5 [Korrespondenzregeln]

Die Mitgliedstaaten schreiben vor, dass auf Briefen und Bestellscheinen, die auf Papier oder in sonstiger Weise erstellt werden, Folgendes anzugeben ist:
a) die notwendigen Angaben zur Identifizierung des Registers, bei dem die in Artikel 3 bezeichnete Akte angelegt worden ist, sowie die Nummer der Eintragung der Gesellschaft in dieses Register;
b) die Rechtsform und der satzungsmäßige Sitz der Gesellschaft sowie gegebenenfalls, dass sich die Gesellschaft in Liquidation befindet.

Wird auf diesen Dokumenten das Gesellschaftskapital angegeben, so ist das gezeichnete und eingezahlte Kapital anzugeben

Die Mitgliedstaaten schreiben vor, dass die Webseiten der Gesellschaft zumindest die in Absatz 1 genannten Angaben enthalten sowie gegebenenfalls die Angabe des gezeichneten und eingezahlten Kapitals.

Artikel 6 [Personen mit Offenlegungspflicht]

Jeder Mitgliedstaat bestimmt, welche Personen verpflichtet sind, die Formalitäten der Offenlegung zu erfüllen.

Artikel 7 [Ordnungsmaßnahmen]

Die Mitgliedstaaten drohen geeignete Maßregeln zumindest für den Fall an,
a) dass die in Artikel 2 Buchstabe f vorgeschriebene Offenlegung der Rechnungslegungsunterlagen unterbleibt;
b) dass die in Artikel 5 vorgesehenen obligatorischen Angaben auf den Geschäftspapieren oder auf der Webseite der Gesellschaft fehlen.

Artikel 7 a [Verarbeitung personenbezogener Daten]

Für die Verarbeitung personenbezogener Daten im Zusammenhang mit dieser Richtlinie gilt die Richtlinie 95/46/EG des Europäischen Parlaments und des Rates vom 24. Oktober 1995 zum Schutz natürlicher Personen bei der Verarbeitung personenbezogener Daten und zum freien Datenverkehr.[586]

Kapitel 3
Gültigkeit der von der Gesellschaft eingegangenen Verpflichtungen

Artikel 8 [Haftung als Gesamtschuldner]

Ist im Namen einer in Gründung befindlichen Gesellschaft gehandelt worden, ehe diese die Rechtsfähigkeit erlangt hat, und übernimmt die Gesellschaft die sich aus diesen Handlungen ergebenden Verpflichtungen nicht, so haften die Personen, die gehandelt haben, aus diesen Handlungen unbeschränkt als Gesamtschuldner, sofern nichts anderes vereinbart worden ist.

Artikel 9 [Mangel der Bestellung von Personen]

Sind die Formalitäten der Offenlegung hinsichtlich der Personen, die als Organ zur Vertretung der Gesellschaft befugt sind, erfüllt worden, so kann ein Mangel ihrer Bestellung Dritten nur entgegengesetzt werden, wenn die Gesellschaft beweist, dass die Dritten den Mangel kannten.

Artikel 10 [Verhältnis zu Dritten]

(1) Die Gesellschaft wird Dritten gegenüber durch Handlungen ihrer Organe verpflichtet, selbst wenn die Handlungen nicht zum Gegenstand des Unternehmens gehören, es sei denn, dass diese Handlungen die Befugnisse überschreiten, die nach dem Gesetz diesen Organen zugewiesen sind oder zugewiesen werden können.

---

[585] ABl. 2011, L 55/13.
[586] ABl. 1995, L 281/31.

Für Handlungen, die den Rahmen des Gegenstands des Unternehmens überschreiten, können die Mitgliedstaaten jedoch vorsehen, dass die Gesellschaft nicht verpflichtet wird, wenn sie beweist, dass dem Dritten bekannt war, dass die Handlung den Unternehmensgegenstand überschritt, oder dass er darüber nach den Umständen nicht in Unkenntnis sein konnte, allein die Bekanntmachung der Satzung reicht zu diesem Beweis nicht aus.

(2) Satzungsmäßige oder auf einem Beschluss der zuständigen Organe beruhende Beschränkungen der Befugnisse der Organe der Gesellschaft können Dritten nicht entgegengesetzt werden, auch dann nicht, wenn sie bekannt gemacht worden sind.

(3) Kann nach einzelstaatlichen Rechtsvorschriften die Befugnis zur Vertretung der Gesellschaft abweichend von der gesetzlichen Regel auf diesem Gebiet durch die Satzung einer Person allein oder mehreren Personen gemeinschaftlich übertragen werden, so können diese Rechtsvorschriften vorsehen, dass die Satzungsbestimmung, sofern sie die Vertretungsbefugnis generell betrifft, Dritten entgegengesetzt werden kann; nach Artikel 3 bestimmt sich, ob eine solche Satzungsbestimmung Dritten entgegengesetzt werden kann.

Kapitel 4
Nichtigkeit der Gesellschaft

Artikel 11 [Öffentliche Beurkundung]

In allen Mitgliedstaaten, nach deren Rechtsvorschriften die Gesellschaftsgründung keiner vorbeugenden Verwaltungs- oder gerichtlichen Kontrolle unterworfen ist, müssen der Errichtungsakt und die Satzung der Gesellschaft sowie Änderungen dieser Akte öffentlich beurkundet werden.

Artikel 12 [Nichtigkeit der Gesellschaft]

¹Die Rechtsvorschriften der Mitgliedstaaten können die Nichtigkeit der Gesellschaften nur nach Maßgabe folgender Bedingungen regeln:
a) Die Nichtigkeit muss durch gerichtliche Entscheidung ausgesprochen werden;
b) die Nichtigkeit kann nur in den unter den Ziffern i bis vi vorgesehenen Fällen ausgesprochen werden:
   i) wenn der Errichtungsakt fehlt oder wenn entweder die Formalitäten der vorbeugenden Kontrolle oder die Form der öffentlichen Beurkundung nicht beachtet wurden;
   ii) wenn der tatsächliche Gegenstand des Unternehmens rechtswidrig ist oder gegen die öffentliche Ordnung verstößt;
   iii) wenn der Errichtungsakt oder die Satzung die Firma der Gesellschaft, die Einlagen, den Betrag des gezeichneten Kapitals oder den Gegenstand des Unternehmens nicht aufführt;
   iv) wenn die einzelstaatlichen Rechtsvorschriften über die Mindesteinzahlung auf das Gesellschaftskapital nicht beachtet wurden;
   v) wenn alle an der Gründung beteiligten Gesellschafter geschäftsunfähig waren;
   vi) wenn entgegen den für die Gesellschaft geltenden einzelstaatlichen Rechtsvorschriften die Zahl der an der Gründung beteiligten Gesellschafter weniger als zwei betrug.

²Abgesehen von diesen Nichtigkeitsfällen können die Gesellschaften aus keinem Grund inexistent, absolut oder relativ nichtig sein oder für nichtig erklärt werden.

Artikel 13 [Drittwirksamkeit von gerichtlichen Entscheidungen]

(1) ¹Nach Artikel 3 bestimmt sich, ob eine gerichtliche Entscheidung, in der die Nichtigkeit ausgesprochen wird, Dritten entgegengesetzt werden kann. ²Sehen die einzelstaatlichen Rechtsvorschriften einen Einspruch Dritter vor, so ist dieser nur innerhalb einer Frist von sechs Monaten nach der Bekanntmachung der gerichtlichen Entscheidung zulässig.

(2) Die Nichtigkeit bewirkt, dass die Gesellschaft in Liquidation tritt, wie dies bei der Auflösung der Fall sein kann.

(3) Unbeschadet der Wirkungen, die sich daraus ergeben, dass sich die Gesellschaft in Liquidation befindet, beeinträchtigt die Nichtigkeit als solche die Gültigkeit von Verpflichtungen nicht, die die Gesellschaft eingegangen ist oder die ihr gegenüber eingegangen wurden.

(4) Die Regelung der Wirkungen der Nichtigkeit im Verhältnis der Gesellschafter untereinander bleibt den Rechtsvorschriften jedes Mitgliedstaats überlassen.

(5) Die Inhaber von Anteilen oder Aktien bleiben zur Einzahlung des gezeichneten, aber noch nicht eingezahlten Kapitals insoweit verpflichtet, als die den Gläubigern gegenüber eingegangenen Verpflichtungen dies erfordern.

Kapitel 4 a
Delegierte Rechtsakte

Artikel 13 a   [Öffentliche Beurkundung]

(1) Die Befugnis zum Erlass delegierter Rechtsakte wird der Kommission unter den in diesem Artikel festgelegten Bedingungen übertragen.

(2) Die Befugnis zum Erlass der in Artikel 4 d Absatz 3 genannten gelegierten Rechtsakte wird der Kommission auf unbestimmte Zeit übertragen.

(3) [1]Die Befugnisübertragung gemäß Artikel 4 d Absatz 3 kann vom Europäischen Parlament oder vom Rat jederzeit widerrufen werden. [2]Der Beschluss über den Widerruf beendet die Übertragung der darin genannten Befugnis. [3]Er wird am Tag nach seiner Veröffentlichung im *Amtsblatt der Europäischen Union* oder zu einem darin angegebenen späteren Zeitpunkt wirksam. [4]Die Gültigkeit von delegierten Rechtsakten, die bereits in Kraft sind, wird von dem Beschluss über den Widerruf nicht berührt.

(4) Sobald die Kommission einen delegierten Rechtsakt erlässt, übermittelt sie ihn gleichzeitig dem Europäischen Parlament und dem Rat.

(5) [1]Ein delegierter Rechtsakt, der gemäß Artikel 4 d Absatz 3 erlassen wurde, tritt nur in Kraft, wenn weder das Europäische Parlament noch der Rat innerhalb einer Frist von drei Monaten nach Übermittlung dieses Rechtsakts an das Europäische Parlament und den Rat Einwände erhoben haben oder wenn vor Ablauf dieser Frist das Europäische Parlament und der Rat beide der Kommission mitgeteilt haben, dass sie keine Einwände erheben werden. [2]Auf Initiative des Europäischen Parlaments oder des Rates wird diese Frist um drei Monate verlängert.

Kapitel 5
Allgemeine Bestimmungen

Artikel 14   [Meldung von nationalem Recht]

Die Mitgliedstaaten teilen der Kommission den Wortlaut der wichtigsten innerstaatlichen Rechtsvorschriften mit, die sie auf dem unter diese Richtlinie fallenden Gebiet erlassen.

Artikel 15   [Kommissionsbericht]

Die Kommission unterbreitet dem Europäischen Parlament und dem Rat spätestens bis zum 1. Januar 2012 einen Bericht und legt gegebenenfalls angesichts der Erfahrungen bei der Umsetzung der in Artikel 2 Buchstabe f und in den Artikeln 3, 4, 5 und 7 vorgesehenen Bestimmungen, ihrer Ziele und der dann anzutreffenden technischen Neuerungen einen Vorschlag zur Änderung der genannten Bestimmungen vor.

Artikel 16   [Aushebung]

Die Richtlinie 68/151/EWG, in der Fassung der in Anhang I Teil A aufgeführten Rechtsakte, wird unbeschadet der Verpflichtungen der Mitgliedstaaten hinsichtlich der in Anhang I Teil B genannten Fristen für die Umsetzung der dort genannten Richtlinien in innerstaatliches Recht aufgehoben.
Verweisungen auf die aufgehobene Richtlinie gelten als Verweisungen auf die vorliegende Richtlinie und sind nach Maßgabe der Entsprechungstabelle in Anhang II zu lesen.

Artikel 17   [Inkrafttreten]

Diese Richtlinie tritt am zwanzigsten Tag nach ihrer Veröffentlichung im *Amtsblatt der Europäischen Union* in Kraft.

Artikel 18   [Adressaten]

Diese Richtlinie ist an die Mitgliedstaaten gerichtet.

Anhang I   Aufhebungen; Fristen

Teil A   Aufgehobene Richtlinie mit ihren nachfolgenden Änderungen(gemäß Artikel 16)

(nicht in Tabellenform wiedergegeben: Richtlinie 68/151/EWG des Rates (ABl. L 65 vom 14. 3. 1968, S. 8); Beitrittsakte von 1972 Anhang I Nummer III H (ABl. L 73 vom 27. 3. 1972, S. 89); Beitrittsakte von 1979 Anhang I Nummer III C (ABl. L 291 vom 19. 11. 1979, S. 89); Beitrittsakte von 1985 Anhang I Nummer II D (ABl. L 302 vom 15. 11. 1985, S. 157); Beitrittsakte von 1994 Anhang I Nummer XI A (ABl. C 241 vom 29. 8. 1994, S. 194); Richtlinie 2003/58/EG des Europäischen Parlaments und des Rates

(ABl. L 221 vom 4. 9. 2003, S. 13); Beitrittsakte von 2003 Anhang II Nummer I.4.A (ABl. L 236 vom 23. 9. 2003, S. 338); Richtlinie 2006/99/EG des Rates , Nummer A.1 des Anhangs (ABl. L 363 vom 20. 12. 2006, S. 137)

Teil B Fristen für die Umsetzung in innerstaatliches Recht
(gemäß Artikel 16)

(nicht wiedergegeben)

Anhang II Entsprechungstabelle

Richtlinie 68/151/EWG	Vorliegende Richtlinie
Artikel 1	Artikel 1
Artikel 2	Artikel 2
Artikel 3 Absatz 1	Artikel 3 Absatz 1
Artikel 3 Absatz 2	Artikel 3 Absatz 3
Artikel 3 Absatz 3	Artikel 3 Absatz 4
Artikel 3 Absatz 4	Artikel 3 Absatz 5
Artikel 3 Absatz 5	Artikel 3 Absatz 6
Artikel 3 Absatz 6 Unterabsätze 1 und 2	Artikel 3 Absatz 7 Unterabsätze 1 und 2
Artikel 3 Absatz 7	Artikel 3 Absatz 7 Unterabsatz 3
Artikel 3 Absatz 8	Artikel 3 Absatz 2
Artikel 3 a	Artikel 4
Artikel 4	Artikel 5
Artikel 5	Artikel 6
Artikel 6	Artikel 7
Artikel 7	Artikel 8
Artikel 8	Artikel 9
Artikel 9	Artikel 10
Artikel 10	Artikel 11
Artikel 11 Eingangssatz	Artikel 12 Eingangssatz
Artikel 11 Nummer 1	Artikel 12 Buchstabe a
Artikel 11 Nummer 2 Eingangssatz	Artikel 12 Buchstabe b Eingangssatz
Artikel 11 Nummer 2 Buchstaben a bis f	Artikel 12 Buchstabe b Ziffern i bis vi
Artikel 12	Artikel 13
Artikel 13 Absätze 1, 2 und 3	–
Artikel 13 Absatz 4	Artikel 14
Artikel 14	Artikel 18
–	Artikel 15
–	Artikel 16
–	Artikel 17
–	Anhang I
–	Anhang II

2. Allgemeines. Die Richtlinie 2009/101 vom 16.9.2009 **ersetzt die 1. (Publizitäts-)Richtlinie 68/151.**[587] Ausweislich ihres 1. Erwägungsgrundes kodifiziert die Richtlinie 2009/101 aus Gründen der Klarheit und der Übersichtlichkeit die ursprüngliche, wurde diese doch im Laufe der Zeit mehrfach und erheblich geändert. Die Richtlinie enthält dementsprechend keine wesentlichen inhaltliche Änderungen, wohl aber eine geänderte Artikelnumerierung. 222

Die vom Rat am 9.3.1968 erlassene 1. Richtlinie 68/151 war die erste Harmonisierungsmaßnahme sowohl auf dem Gebiet des Gesellschaftsrechts wie überhaupt auf dem des Zivilrechts. Die ursprüngliche Richtlinie ist bis zum Erlass der Richtlinie 2003/58[588] inhaltlich weitgehend unverändert geblieben. Nur die Liste der in Art. 1 genannten Gesellschaften ist mit jeder Aufnahme neuer Mitgliedstaaten erweitert worden. Ent- 223

---

587 Vgl oben Rn 33.
588 Des Europäischen Parlaments und des Rates vom 15. Juli 2003 zur Änderung der Richtlinie 68/151/EWG des Rates in Bezug auf die Offenlegungspflichten von Gesellschaften bestimmter Rechtsformen, ABl 2003, L 221/13.

sprechend den Empfehlungen der im Rahmen der SLIM-Initiative eingesetzten Arbeitsgruppe[589] ist die Richtlinie dann durch die Richtlinie 2003/58 modernisiert und vereinfacht worden. Die Änderungen betraffen drei Komplexe: es sollte der Zugang der betroffenen Parteien zu Unternehmensinformationen erleichtert und beschleunigt und die Offenlegungspflichten der Gesellschaften erheblich vereinfacht werden; die Liste der Gesellschaften, die von der Richtlinie 68/151 erfasst werden, wurde aktualisiert und in einzelnen Mitgliedstaaten eingeführte neue Kapitalgesellschaftsformen erfasst; elektronische Medien sollen verwendet werden können. Die Richtlinie 2003/58 ist durch das EHUG (Gesetz über elektronische Handelsregister und Genossenschaftsregister sowie das Unternehmensregister) ins deutsche Recht umgesetzt worden.[590]

224 Die 1. Richtlinie verfolgt **drei zentrale Anliegen:** die Offenlegung und den mit ihr verbundenen Gutgläubenschutz (Kapitel 2: Artt. 2 bis 7), die Vertretungsmacht des Vertretungsorgans juristischer Personen (Kapitel 3: Artt. 8 bis 10) sowie die Einschränkung der Nichtigkeitsgründe (Kapitel 4: Artt. 11 bis 13).

225 Die Änderungsrichtlinie 2012/17 beabsichtigt die Vernetzung der nationalen Handels- und Unternehmensregister mittels einer „zentralen Europäischen Plattform" (9. Erwägungsgrund). Diese Vernetzung soll weder die mitgliedstaatlichen Registerrechte harmonisieren (11. Erwägungsgrund), noch sollen die an die Plattform übermittelten Daten unmittelbar öffentlich zugänglich sein (10. Erwägungsgrund). Erst das zu entwickelnde europäische E-Justiz-Portal (8. Erwägungsgrund) soll gem. dem 12. Erwägungsgrund, Art. 3a Abs. 2, Art. 3b Abs. 3, Art. 4a Abs. 5 der Richtlinie 2009/101 durch die Nutzung der Plattform mit Abfragen einzelner Benutzer von in den inländischen Registern gespeicherten Informationen zu Gesellschaften und ihren Zweigniederlassungen in anderen Mitgliedstaaten befasst werden.[591]

226 Die Änderungsrichtlinie hat Art. 2a, Art. 3 Abs. 1 Unterabs. 2, Art. 3a bis Art. 3d, Art. 4a bis Art. 4e, Art. 7a sowie das Kapitel 4a der 1. Richtlinie 2009/101 hinzugefügt. Ist die Änderungsrichtlinie generell bis zum 7. Juli 2014 umzusetzen, so sind Art. 3 Abs. 1 Unterabs. 2, Art. 3b, Art. 3c, Art. 3d und Art. 4a Abs. 3 bis 5 der Richtlinie 2009/101/EG aber erst zwei Jahre nach dem Erlass der Durchführungsrechtsakte gemäß Art. 4c der Richtlinie 2009/101/EG zu erlassen und anzuwenden (Art. 5 Abs. 2 dritter Spiegelstrich der Richtlinie 2012/17).

227 **3. Umsetzung.** Deutschland hat die Richtlinie in ihrer ursprünglichen Fassung durch das Gesetz zur Durchführung der Ersten Richtlinie des Rates der Europäischen Gemeinschaften zur Koordinierung des Gesellschaftsrechts vom 15.8.1969[592] umgesetzt. Da die Richtlinie stark von deutschrechtlichen Vorstellungen geprägt ist, erforderte ihre Umsetzung keine größeren Anpassungen seitens des deutschen Rechts. Betroffen waren im Wesentlichen die §§ 9 Abs. 2 und 15 Abs. 2 S. 2 und Abs. 3 HGB, wobei letzterer aufgrund der Richtlinie geschaffen wurde.[593] Beide Vorschriften aber haben die Richtlinie über ihren Geltungsbereich hinaus inhaltlich überschießend umgesetzt.[594]

228 Im Übrigen wurden die Nichtigkeitsgründe des Aktien- und GmbH-Gesetzes an die in Art. 12 der Richtlinie abschließend aufgeführten Nichtigkeitsgründe angepasst. In diesem Zusammenhang haben die §§ 262 Abs. 1 Nr. 5 AktG, 60 Abs. 1 Nr. 5 GmbHG ein Verfahren mit dem Ziel eingeführt, Satzungsmängel zu beheben.[595] Stellt das Registergericht gem. § 399 des Gesetzes über das Verfahren in Familiensachen und in den Angelegenheiten der freiwilligen Gerichtsbarkeit (FamFG) vom 17. 12. 2008[596] (zuvor §§ 144a, 144b FGG) einen Satzungsmangel fest, dann wird mit der Rechtskraft der Verfügung des Registergerichts die AG bzw GmbH aufgelöst. § 274 Abs. 2 Nr. 2 AktG ermöglicht demgegenüber Heilung des Mangels und Fortsetzung der Gesellschaft.

229 Die Änderungsrichtlinie 2003/58 ist in Deutschland im Wesentlichen durch das Gesetz über elektronische Handelsregister und Genossenschaftsregister sowie das Unternehmensregister (EHUG)[597] vom 10 November 2006, genauer durch die Artt. 1, 2, 5 Abs. 2, 9, 10 und 12 Abs. 15 des Gesetzes,[598] umgesetzt worden. Ab dem 1.1.2007 werden alle Register elektronisch geführt.[599] Neu ist das Unternehmensregister (§ 8b

---

589 Oben Rn 44. Vgl den 2. Erwägungsgrund: „Im Rahmen der im Oktober 1998 von der Kommission eingeleiteten vierten Phase der Initiative zur Vereinfachung der Rechtsvorschriften im Binnenmarkt (SLIM) legte eine für das Gesellschaftsrecht eingesetzte Arbeitsgruppe im September 1999 einen Bericht über die Vereinfachung der Ersten und Zweiten Gesellschaftsrechtsrichtlinie vor, der verschiedene Empfehlungen enthielt."
590 BGBl. 2006 I, 2553; *M. Habersack/D. Verse*, GesR, § 5 Rn 8.
591 Zu allem *U. H. Schneider*, EuZW 2011, 649; *B. Lecourt*, Rev. soc. 2011, 317.
592 BGBl. I 1969, 1146.
593 *M. Habersack/D. Verse*, GesR, § 5 Rn 7.
594 *Baumbach/Hopt*, 33. Aufl. 2008, § 15 HGB Rn 1, 18. Zur überschießenden Umsetzung in § 15 Abs. 3 HGB oben Rn 199.
595 *Wermekes*, § 262 AktG Rn 21 ff (oben Kapitel 1).
596 Das Gesetz ist gem. Art. 112 FGG-Reformgesetz zum 1.9.2009 in Kraft getreten; allg. dazu *Krafka*, NZG 2009, 650; *Ries*, NZG 2009, 654.
597 BGBl. I, 2553; *M. Habersack/D. Verse*, GesR, § 5 Rn 8; *Spindler*, WM 2006, 109; *Meyding/Bödeker*, BB 2006, 1009; *Noack*, NZG 2006, 801; *Seibert/Decker*, DB 2006, 2446; *Paefgen*, ZIP 2006, 1653.
598 Art. 1 – Änderung des HGB, Art. 2 – Änderung des EGHGB, Art. 5 Abs. 2 – Änderung der Handelsregisterverordnung vom 12. August 1937, Art. 9 – Änderung des AktG, Art. 10 – Änderung des GmbHG, Art. 12 Nr. 15 – Änderung des Teledienstegesetz vom 22. Juli 1997.
599 *M. Lutter/W. Bayer/J. Schmidt*, § 19 Rn 17.

HGB), über das auf Eintragungen in anderen Registern zugegriffen werden kann. Es fungiert als zentrales handels- und gesellschaftsrechtliches Informationsportal.[600]

4. Geltungsbereich. Art. 1 der Richtlinie definiert ihren Geltungsbereich: in Deutschland sind die Aktiengesellschaft (AG), die Kommanditgesellschaft auf Aktien (KGaA) und die Gesellschaft mit beschränkter Haftung (GmbH) betroffen. Da sie allgemein Kapitalgesellschaften erfassen soll,[601] wird diskutiert, ob neue Kapitalgesellschaftsformen automatisch im Wege teleologischer Auslegung in diese Liste hineingelesen werden dürfen.[602] 230

5. Offenlegung (Handelsrechtliche Publizität). Kapitel 2 (Artt. 2 bis 7) regelt die handelsrechtliche Publizität. Die Richtlinie unterscheidet zwischen Publizitätsgegenständen, Publizitätsmitteln (oder -instrumente) und Publizitätswirkungen. 231

a) Publizitätsmitteln (oder -instrumente). Unterschieden wird zwischen primären und sekundären Publizitätsmitteln. Zu ersteren gehören Register und Bekanntmachung, zu letzteren das Recht auf Abschriften und Angaben im Geschäftsverkehr. 232

Grundlage der **primären Publizität** ist das Register, entweder ein Zentralregister oder ein Handels- oder Gesellschaftsregister. Für jede dort eingetragene Gesellschaft ist nach Art. 3 Abs. 1 eine Akte anzulegen. **Publizitätsmittel** sind Hinterlegung der nach Art. 2 offenlegungspflichtigen Urkunden und Angaben in dieser Akte *oder* ihre Eintragung ins jeweilige Register(Art. 3 Abs. 3)[603] sowie ihre Bekanntgabe (Art. 3 Abs. 5). Nach Art. 3 Abs. 3 Unterabs. 1 haben die Mitgliedstaaten die Wahl zwischen einem Registereintrag in voller Länge und einem eingeschränkten mit Verweis auf die hinterlegte Registerakte. Alle der Offenlegungspflicht unterliegenden Urkunden und Angaben müssen problemlos zugänglich sein. 233

Sei dem 1.1.2007 müssen die nach Art. 2 vorgeschriebenen Urkunden und Angaben entsprechend der Änderung durch die Richtlinie 2003/58 elektronisch eingereicht werden können (Art. 3 Abs. 3 Unterabs. 2 S. 1). Von der nach Art. 3 Abs. 3 Unterabs. 2 S. 2 vorgesehenen Möglichkeit, die elektronische Einreichung verbindlich vorzuschreiben, hat Deutschland in § 12 HGB Gebrauch gemacht, ohne dabei nach Gesellschaftsform und Art der Dokumente zu unterscheiden, wie dies die Richtlinie zulässt. 234

Die Eintragung ins Register und die Hinterlegung in der Akte erfolgt gem. Art. 3 Abs. 3 Unterabs. 3 S. 1 in elektronischer Form. Soweit Einreichung von Urkunden und Angaben in Papierform zugelassen ist, sorgen die Register für die Digitalisierung. Urkunden und Angaben. In Papierform vor dem 31. 12. 2006 eingereichte Urkunden und Angaben sind allerdings nur bei Antrag auf Offenlegung zu digitalisieren. 235

Die Bekanntgabe hat nach Art. 3 Abs. 5 Unterabs. 1 der 1. Richtlinie in einem von dem Mitgliedstaat zu bestimmenden Amtsblatt, auch in elektronischer Form, zu erfolgen. Allerdings kann nach Art. 3 Abs. 5 Unterabs. 2 jeder Mitgliedstaat auch eine andere ebenso wirksame Form der Veröffentlichung vorsehen, sofern die Informationen chronologisch geordnet über eine zentrale elektronische Plattform zugänglich gemacht werden. In Deutschland ist dies durch die Plattformen <www.handelsregister.de> und <www.unternehmensregister.de> geschehen, die vom Betreiber des elektronischen Bundesanzeigers zur Verfügung gestellt werden.[604] 236

Neben diesen primären Publizitätsmitteln sehen Art. 3 Abs. 4 und Art. 5 **sekundäre Publizitätsmittel** vor: (das Recht auf) Zusendung vollständiger oder auszugsweiser Kopien der offenlegungspflichtigen Urkunden und Angaben sowie die (Pflicht der betroffenen Gesellschaften zur) Angabe von Register, Registernummer, Sitz und Rechtsform auf Briefen und Bestellscheinen. Ein berechtigtes Interesse an einer Kopie ist, wie aus der „Daihatsu"-Entscheidung des EuGH[605] geschlossen wird, dabei nicht erforderlich.[606] Ein **Recht auf Einsicht in das Register** selbst schreibt die Richtlinie hingegen nicht vor. Im deutschen Recht gestattet allerdings § 9 Abs. 1 jedermann die Einsichtnahme. 237

Nach Art. 3 Abs. 4, der die **Art der Beantragung und die der Bereitstellung der Kopien durch das Register** regelt, muss spätestens ab dem 1. Januar 2007 der Antrag auch elektronisch gestellt werden können. Ab diesem Zeitpunkt ist das Register verpflichtet, Dokumente und Unterlagen auf Wunsch elektronisch zu übermitteln. Aber die Mitgliedstaaten können diese Pflicht für vor dem 31.12.2006 eingereichte Dokumente und Unterlagen, die mehr als 10 Jahre vor dem Antrag eingereicht wurden, ausschließen. Das dient dazu, die Registerbehörden zu entlasten und trotz der Umstellung arbeitsfähig zu halten. 238

Die Richtlinie 2003/58 hat eine **fakultative Sprachregelung** eingeführt, die sich jetzt in Art. 4 der Richtlinie 2009/101 findet. Sie erlaubt es Gesellschaften, neben der Benutzung der Amtssprache die obligatorischen 239

---

600 *Paefgen*, ZIP 2008, 1653, 1654; *M. Habersack/D. Verse*, GesR, § 5 Rn 8.
601 *M. Habersack/D. Verse*, GesR, § 5 Rn 9; *Grundmann*, GesR, § 7 Rn 195.
602 *Grundmann*, GesR, § 7 Rn 195.
603 *M. Habersack/D. Verse*, GesR, § 5 Rn 11.
604 Weitere Einzelheiten *M. Lutter/W. Bayer/J. Schmidt*, § 19 Rn 21.
605 C-97/96, *Daihatsu*, Slg 1997, I-6843.
606 So zu Recht *Grundmann*, GesR, § 8 Rn 265; aA *Schwarz* GesR Rn 317.

Angaben zusätzlich freiwillig in einer anderen Amtssprache der Union offen zu legen. Abweichungen zwischen der offiziellen Registersprache und anderen Sprachfassungen gehen nach Art. 3 a Abs. 4 allerdings zulasten der Gesellschaft.

240 **b) Publizitätsgegenstände.** Art. 2 listet die Publizitätsgegenstände auf, also die Urkunden und Angaben, die offen zu legen sind, enthält aber keine abschließende Regelung. Die Publizitätsgegenstände werden namentlich durch solche anderer Richtlinien ergänzt (zB Artt. 2, 3 der Richtlinie 2012/30,[607] die die 2. (Kapital-)Richtlinie 77/91 ersetzt hat).[608]

241 In der Praxis von Bedeutung ist die Offenlegung der **Vertretungsbefugnis** nach Art. 2 Abs. 1 Buchst. d, lit. i.[609] (§§ 37 Abs. 3,[610] 39 Abs. 1 S. 2,[611] 81 Abs. 1 AktG,[612] §§ 8 Abs. 3, 10 Abs. 1 S. 2, 39 GmbHG): die Vorschrift verlangt die Angabe, ob die zur Vertretung der Gesellschaft befugten Personen die Gesellschaft allein oder nur gemeinschaftlich vertreten können. Diese Angabe dient vor allem der Rechtssicherheit und dem Schutz ausländischer Geschäftspartner. Daher ist diese Angabe auch dann notwendig, wenn sich Allein- oder Gesamtvertretung aus dem Gesetz ergibt, ja sogar, wenn nur ein einzelner vertretungsberechtigter Organverwalter bestellt ist.[613]

242 Aus dem Gedanken des Schutzes ausländischer Geschäftspartner vor Irreführung heraus haben deutsche Obergerichte entschieden, dass der **stellvertretende Geschäftsführer einer GmbH** ohne Stellvertreterzusatz einzutragen ist.[614]

243 Wurde nach Art. 2 Abs. 1 Buchst. f) der die Offenlegung der Bilanz und der Gewinn und Verlustrechnung für jedes Geschäftsjahr vorschrieb, durch Art. 47 der 4. (Jahresabschluss- oder Bilanz-)Richtlinie 78/660 konkretisiert, so enthält die Neufassung dieser Vorschrift eine Ausweitung und eine Präzisierung.[615]

244 **c) Publizitätswirkungen.** Art. 3 Abs. 6 und 7 regeln die Publizitätswirkungen.[616] Es gilt der **Grundsatz der negativen Publizität** (Vertrauen auf das Schweigen des Handelsregisters)[617] gem. Art. 3 Abs. 6 Unterabs. 1: „Die Urkunden und Angaben können Dritten von der Gesellschaft erst nach der Bekanntmachung gemäß Abs. 4 entgegengesetzt werden, es sei denn, dass die Gesellschaft beweist, dass die Dritten die Urkunden oder Angaben kannten." Umgesetzt worden ist diese Vorschrift durch § 15 Abs. 1 HGB.[618] Nach Art. 3 Abs. 6 Unterabs. 2 (§ 15 Abs. 2 HGB) gilt dieser Grundsatz bis zum Ablauf von 15 Tagen nach erfolgter Bekanntmachung, sofern die Betroffenen beweisen, dass es für sie unmöglich war, die Urkunden oder Angaben zu kennen.[619]

245 Auch wenn Art. 3 Abs. 7 Unterabs.1 der 1. Richtlinie die Mitgliedstaaten in die Pflicht nimmt, um Abweichungen von Bekanntmachung und Inhalt des Registers bzw der Akte auszuschließen, bleiben bei einer Mehrzahl von Publizitätsmitteln Fehler nicht aus. Drei Fallgruppen sind zu unterscheiden:[620] die Eintragung ist richtig, weil sachlich mit der wahren Rechtslage übereinstimmend, aber die Bekanntmachung ist unrichtig (Bekanntmachungsfehler). Die Eintragung ist unrichtig, aber die Bekanntmachung richtig, da sie der wahren Rechtslage entspricht. Eintragung und Bekanntmachung sind falsch, wobei Letztere der (unrichtigen) Eintragung entspricht.

246 Die Richtlinie soll nach überwiegender deutscher Auffassung in Art. 3 Abs. 7 Unterabs. 2 u. 3 ihrem Wortlaut nach nur den (ersten) Fall der Divergenz zwischen **richtiger Registereintragung** – der Registereintrag ist richtig, weil er sachlich der wahren Rechtslage entspricht – und **unrichtiger Bekanntmachung** (Bekanntmachungsfehler) regeln.[621] Die Bekanntmachung ist unrichtig, weil sie nicht der (sachlich richtigen) Eintragung entspricht und folglich nicht die wahre Rechtslage widerspiegelt. Art. 3 Abs. 7 Unterabs. 2 schützt ebenso wie § 15 Abs. 3 HGB in diesem Fall den Dritten: soweit er gutgläubig ist, kann er sich auf die Bekanntmachung verlassen (**positive Publizität**).[622] Bösgläubigkeit wegen Kenntnis des in der Akte hinterlegten oder im Register eingetragenen Textes hat die Gesellschaft zu beweisen. Die Gesellschaft ihrerseits kann sich nicht auf eine unrichtige Bekanntmachung berufen.[623]

---

607 Überblick bei *Kalss*, 139 ff; *Grundmann*, § 8 Rn 246 ff; oben Rn 32.
608 Vgl unten Rn 307 ff.
609 *Schwarz*, Rn 347, 348.
610 *Terbrack*, § 37 AktG Rn 18 ff (oben Kapitel 1).
611 *Terbrack*, § 39 AktG Rn 6 a (oben Kapitel 1).
612 *Oltmanns*, § 81 AktG Rn 4.
613 *Haaga*, Rs. 32/74, Slg 1974, 1201 auf Vorlage des BGH (WM 1974, 510); abschließend BGHZ 63, 261, 264; *M. Habersack/D. Verse*, GesR, § 5 Rn 15.
614 BGH NJW 1998, 1071, 1072; BayObLGZ 1997, 107, 112; *M. Habersack/D. Verse*, GesR, § 5 Rn 16.
615 Einzelheiten bei *Grundmann*, GesR, § 8 Rn 253 ff.
616 Ausf. jetzt *Grundmann*, GesR, § 8 Rn 271–278.
617 *Baumbach/Hopt*, 33. Aufl. 2008, § 15 HGB Rn 2; *M. Habersack/D. Verse*, GesR, § 5 Rn 18; *Grundmann*, GesR, § 8 Rn 273; *M. Lutter/W. Bayer/J. Schmidt*, § 19 Rn 44–46.
618 *M. Lutter/W. Bayer/J. Schmidt*, § 19 Rn 45.
619 *Behrens*, in: Dauses (Hrsg.), E. III, Rn 23, und *Kalss*, 159, sprechen von "positiver Publizität", dagegen *M. Habersack/D. Verse*, GesR, § 5 Rn 18 Fn 48; *M. Lutter/W. Bayer/J. Schmidt*, § 19 Rn 46 weisen darauf hin, dass dieser Beweis nur in den seltensten Fällen geführt werden kann.
620 Dazu *Grundmann*, GesR, § 8 Rn 278; *M. Habersack/D. Verse*, GesR, § 5 Rn 19.
621 *M. Lutter/W. Bayer/J. Schmidt*, § 19 Rn 49.
622 *Grundmann*, GesR, § 8 Rn 277, 278.; *M. Habersack/D. Verse*, GesR, § 5 Rn 19; siehe *Baumbach/Hopt*, 33. Aufl. 2008, § 15 Rn 16, 18 ff.
623 *Schwarz*, Rn 321 unter Berufung auf *Fischer-Zernin*, 86 Fn 41.

Während also nach hM die Richtlinie nicht den Fall des Eintragungsfehlers regelt, gilt nach einer Minder- 247
meinung[624] Art. 3 Abs. 7 Unterabs. 2 der Richtlinie auch für die umgekehrten Fälle der zweiten Fallgruppe,
in denen die **Eintragung unrichtig ist, die Bekanntmachung aber der tatsächlichen Rechtslage entspricht**.
Folglich soll auch § 15 Abs. 3 HGB analog auf diesen Fall anwendbar sein.[625] Streitig ist allerdings, inwieweit sich der gutgläubige Dritte ggf **auf die (unrichtige) Eintragung** berufen kann.[626] Unabhängig davon, ob
die Bekanntmachung richtig ist (also mit der wahren Rechtslage übereinstimmt) oder unrichtig ist (und der
sachlich falschen Eintragung entspricht), geht ein Teil der Lehre davon aus, dass die Richtlinie für diesen
Fall schweigt und die allgemeinen Rechtsscheingrundsätze des jeweiligen einzelstaatlichen Rechts mithin
Anwendung finden.[627] Aber man wird den Schutz eines Dritten durch den Rechtsschein des Register auch
nicht im Rahmen der Richtlinie hinter den des von der Bekanntmachung ausgehenden Rechtsscheins stellen
können. Der Dritte kann sich mithin auch auf den Rechtsschein der (unrichtigen) Eintragung ins Register
berufen.[628]

Da § 15 Abs. 3 HGB unstreitig die unrichtige Bekanntmachung erfasst, die nicht mit der wahren Rechtslage 248
übereinstimmt, kommt es im deutschen Recht nicht darauf an, ob die Eintragung richtig oder unrichtig ist,
also der wahren Rechtslage entspricht. Erfasst wird mithin auch der Fall der sachlich unrichtigen Bekanntmachung, die der ebenfalls unrichtigen (weil nicht mit der wahren Rechtslage übereinstimmenden) Eintragung entspricht. § 15 Abs. 3 HGB erfasst mithin (neben der ersten) auch die dritte Fallgruppe, setzt aber
insoweit die Richtlinie **in überschießender Weise**[629] um, als der Wortlaut des Art. 3 Abs. 7 Unterabs. 2 den
Fall doppelter Unrichtigkeit nicht erfasst. Art. 3 Abs. 7 Unterabs. 2 soll aber analog gelten und es den Mitgliedstaaten erlauben, dem Dritten die gutgläubige Berufung auf die Bekanntmachung zu gestatten.[630] Eine
gewisse „Korrektur" findet allerdings durch das Veranlassungsprinzip statt:[631] der Rechtsschein wirkt danach nur zulasten dessen, der die Eintragung beantragt hat oder sie sich zurechnen lassen muss. Die hM
hält diese Einschränkung für mit der Richtlinie vereinbar.[632]

Nach Art. 3 Abs. 7 Unterabs. 3 der Richtlinie kann sich ein Dritter immer auf Urkunden und Angaben be- 249
rufen, für die, wie es die Vorschrift ausdrückt, die Förmlichkeiten der Offenlegung noch nicht erfüllt sind.
Darunter sind nur solche deklaratorischer Natur zu verstehen, deren Wirksamkeit nicht von der Offenlegung abhängt.[633] Insoweit leitet die hM aus dieser Vorschrift den Grundsatz ab, dass sich Dritte immer auf
die wahre Rechtslage berufen können.[634]

Eine Gesellschaft kann sich ihrerseits, wie aus Art. 3 Abs. 6 Unterabs. 1 der 1. Richtlinie folgt, gegenüber 250
gutgläubigen Dritten nicht auf die wahre Rechtslage berufen,[635] da ihm diese nicht bekannt gemacht ist.
Eine Berufung der Gesellschaft auf die wahre Rechtslage bzw auf die Bekanntmachung soll aber zulässig
sein, wenn nur die Eintragung ins Register falsch ist, aber die Bekanntmachung der wahren Rechtslage entspricht.[636]

d) Sanktionen. Art. 7 der 1. Richtlinie (Art. 6 der Richtlinie 68/151) sieht geeignete **Sanktionen** für den Fall 251
vor, dass die in Art. 2 Abs. 1 Buchst. f) der Richtlinie vorgeschriebene Rechnungslegung unterbleibt.

Nach der vom deutschen Recht in § 335 S. 1 aF HGB insoweit vorgesehenen Regelung hatte zwar das Regis- 252
tergericht die eingereichten Unterlagen zur Rechnungslegung zu prüfen, andererseits aber keine Möglichkeit, (etwa von Amts wegen) gegen die Mitglieder des vertretungsberechtigten Organs einer Kapitalgesellschaft im Fall deren Säumnis ein Zwangsgeld zu verhängen. Dazu bedurfte es eines Antrags eines Gesellschafters, eines Gläubigers, des Gesamtbetriebsrates oder, wenn ein solcher fehlt, des Betriebsrates der Kapitalgesellschaft. Der Gerichtshof sah in der **Daihatsu-Entscheidung**[637] das eingeschränkte Antragsrecht als
nicht geeignet iSv Art. 6 der Richtlinie aF an. Diese beabsichtigt gerade die Unterrichtung Dritter, die die

---

624 So *Lutter*, EuR 1969, 13; *M. Habersack/D. Verse*, GesR, § 5 Rn 19 bei Fn 52 (mwN), Rn 23; *Paefgen*, ZIP 2008, 1653, 1657;.
625 *M. Habersack/D. Verse*, GesR, § 5 Rn 19 aE bei Fn 52, Rn 23 bei Fn 61.
626 *Lutter/W. Bayer/J. Schmidt*, § 19 Rn 51.
627 *Wilhelm*, ZIP 2010, 713, 714.
628 In diesem Sinne: *M. Lutter*, EuR 1969, 1, 13; *Paefgen*, ZIP 2008, 1653, 1658; *Schmidt-Kessel*, GPR 2006, 6, 15; *M. Lutter/W. Bayer/J. Schmidt*, § 19 Rn 51.
629 *M. Habersack/D. Verse*, GesR, § 5 Rn 19.
630 *M. Habersack/D. Verse*, GesR, § 5 Rn 19; *M. Lutter/W. Bayer/J. Schmidt*, § 19 Rn 50.
631 *Schwarz*, Rn 321; *M. Habersack/D. Verse*, GesR, § 5 Rn 23; *v. Olshausen*, BB 1970, 137, 139 ff; *Beuthien*, in: FS Reinhardt, 1972, 99, 200; *Baumbach/Hopt*, 33. Aufl. 2008, § 15
Rn 19; Großkomm-HGB/*Hüffer*, § 15 Rn 53 ff; *K. Schmidt*, Handelsrecht, § 14 III 2 d), 408 ff; differenzierender *Steckhan*, NJW 1971, 1594; *ders*, DNotZ 1971, 211, 224 (Wirkung nur gegenüber registerpflichtigen Personen); aA *Brox*, Handelsrecht und Wertpapierrecht, 13. Aufl. 1998, Rn 132; *Hofmann*, JA 1980, 264, 270.
632 *M. Habersack/D. Verse*, GesR, § 5 Rn 24.
633 *M. Habersack/D. Verse*, GesR, § 5 Rn 20; *Grundmann*, GesR, § 8 Rn 272; *M. Lutter/W. Bayer/J. Schmidt*, § 19 Rn 44.
634 Vorherige Fn.
635 *Schwarz*, Rn 322.
636 *Schwarz*, Rn 322.
637 C-97/96, *Verband deutscher Daihatsu-Händler eV/Daihatsu Deutschland GmbH*, Slg 1997, I-6843 (Vorlage des OLG Düsseldorf); nachfolgend C-191/95, *Kommission/Deutschland*, Slg 1998, I-5449; *M. Habersack/D. Verse*, GesR, § 5 Rn 17.

buchhalterische und finanzielle Situation der Gesellschaft nicht hinreichend kennen oder kennen können, zielt also darauf ab, diese Informationen **jeder interessierten Person** zugänglich zu machen.[638]

253 Der deutsche Gesetzgeber hatte die Sanktionen im Anschluss an diese EuGH-Entscheidung in § 335 a HGB durch Einführung eines Ordnungsgeldes bis max. 25.000 EUR geregelt, aber das Antragsrecht grundsätzlich beibehalten.[639] Das EHUG hat § 335 nun grundsätzlich verschärft und § 335 a HGB abgeschafft,[640] nachdem nicht mehr die Registergerichte, sondern der Betreiber des elekronischen Bundesanzeigers zuständig ist. Der Bussgeldkatalog des § 335 HGB regelt jetzt auch die Verletzung der Offenlegungspflichten nach §§ 325, 325 a HGB.[641]

254 **6. Vertretungsmacht.** Kapitel 3 (Artt. 8 bis 10) regelt die Haftung im Gründungsstadium und die Vertretung der betroffenen Kapitalgesellschaften. Im Einzelnen wird das Handeln im Namen der in Gründung befindlichen Gesellschaft (Art. 8), die fehlerhafte Vertretungsmacht (Art. 9) sowie die unbeschränkte und unbeschränkbare Vertretungsmacht (Art. 10) geregelt.

255 a) **Handelndenhaftung.** Nach **Art. 8** der 1. Richtlinie haften diejenigen gesamtschuldnerisch, die im Namen der in Gründung befindlichen Gesellschaft, also vor ihrer Eintragung ins Handelsregister, handeln (Handelndenhaftung),[642] wenn die Gesellschaft die Verpflichtung nicht übernimmt. Zweck der Vorschrift ist es, Dritten „ein haftendes Rechtssubjekt zur Verfügung zu stellen",[643] soweit die rechtsfähig entstandene Gesellschaft die Verpflichtung nicht übernimmt. Die Haftung entsteht mithin unter der auflösenden Bedingung späterer Haftungsübernahme[644] durch die rechtsfähige Gesellschaft nach ihrer Gründung. Eine Übernahme der Haftung schliesst die Handelndenhaftung nach Art. 8 der 1. Richtlinie aus.

256 Betroffen sind alle Gesellschaftsformen, die unter die Richtlinie fallen, also AG, KGaA und die GmbH. Streitig ist im deutschen Rechtskreis, wieweit der Begriff der „in Gründung befindlichen Gesellschaft" reicht: nach dem Zweck der Vorschrift, den Gläubigern von im Vorfeld der Gründung einer Kapitalgesellschaft eingegangenen Verpflichtungen haftungsmäßig einen **Mindestschutz**[645] zu gewährleisten, sollen einerseits die für die Vorgesellschaft Handelnden, andererseits aber auch die für die zukünftige rechtsfähige Kapitalgesellschaft Handelnden haften.[646] Vorfrage dazu allerdings ist, ob der Begriff anhand des jeweiligen mitgliedstaatlichen Rechts oder autonom auszulegen ist. Es dürfte im Interesse des Schutzes Dritter liegen, wenn zumindest der Zeitpunkt, ab dem die Gründung beginnt, und damit der Anfangszeitpunkt für diese Haftung autonom und damit für alle Mitgliedstaaten einheitlich festgelegt wird. Dem steht mE auch nicht entgegen, dass die Haftung der Gesellschafter sich anschließend nach dem jeweiligen mitgliedstaatlichen Recht richtet.[647]

257 Die Handelndenhaftung des Art. 8 der 1. Richtlinie hat das deutsche Recht in § 41 Abs. 1 S. 2, § 278 Abs. 3 AktG, § 11 Abs. 2 GmbHG geregelt. Aufgrund des Rechtsinstituts der Vorgesellschaft kommt es zur Haftungsübernahme durch die Vorgesellschaft, soweit die für sie Handelnden im Rahmen ihrer Vertretungsmacht handeln. Diese ist allerdings auf die für die Gründung notwendigen Maßnahmen beschränkt.[648]

258 b) **Gutglaubensschutz ordnungsgemäßer Vertreterbestellung.** Art. 9 der 1. Richtlinie sieht über die Publizitätswirkungen der Art. 3 Abs. 6 bis 8 hinaus für die Mitglieder des zur Vertretung der Gesellschaft berufenen Organs eine Sonderregelung (lex specialis)[649] bei Bestellungsmängel vor: Sind aufgrund von Bestellungsmängel Eintragung ins Register und Bekanntmachung sachlich unrichtig, so schützt Art. 9 den guten Glauben eines Dritten an die ordnungsgemäße Bestellung.[650]

259 Das deutsche Recht hat diese Vorschrift nicht gesondert umgesetzt, da § 15 Abs. 3 HGB dank seiner überschießenden Umsetzung die Fälle sachlich unrichtiger Bekanntmachung und Eintragung ohnehin erfasst.[651]

---

638 C-97/96, Rn 22. Das LG Berlin hat im Nachgang zur Daihatsu-Entscheidung eine Haftung eines nach altem Recht nicht Antragsberechtigten wegen fehlerhafter Umsetzung der Richtlinie abgelehnt, LG Berlin EWS 2001, 561 mit Anm. *Leible*, 563.
639 Eingefügt durch das KapCoRiLiG, *M. Habersack/D. Verse*, GesR, § 5 Rn 17 aE; Überblick bei *Hirte*, NJW 2000, 3321, 3322 (mwN der Lit. in Fn 6), vgl *Luttermann*, ZIP 2000, 517; *Zimmer/Eckhold*, NJW 2000, 1361, 1368.
640 *M. Habersack/D. Verse*, GesR, § 5 Rn 17 aE; *Baumbach/Hopt/Merkt*, § 335 HGB Rn 1; § 335 a HGB Rn 1.
641 *Baumbach/Hopt/Merkt*, § 335 HGB Rn 2.
642 *Grundmann*, GesR, § 7 Rn 208, 209.
643 So *M. Lutter/W. Bayer/J. Schmidt*, § 19 Rn 57; ferner *M. Habersack/D. Verse*, GesR, § 5 Rn 26.
644 *M. Lutter/W. Bayer/J. Schmidt*, § 19 Rn 60 (gegen die Annahme einer aufschiebenden Begründung aus Gründen des Gläubigerschutzes).

645 *M. Lutter/W. Bayer/J. Schmidt*, § 19 Rn 57.
646 *M. Habersack/D. Verse*, GesR, § 5 Rn 27; *Grundmann*, GesR, § 7 Rn 208.
647 *M. Habersack/D. Verse*, GesR, § 5,Rn 27 bei Fn 80 unter Hinweis auf BGHZ 134, 333, 334 ff = NJW 1997, 1507; *Goette*, DStR 1998, 179; *Kleindiek*, ZGR 1997, 427 (alle für die Vor-GmbH); LG Heidelberg ZIP 1997, 2045; *Wiedemann*, ZIP 1997, 2029.
648 Zu allem *M. Lutter/W. Bayer/J. Schmidt*, § 19 Rn 62 aE.
649 *M. Lutter/W. Bayer/J. Schmidt*, § 19 Rn 63.
650 Einzelheiten bei *M. Habersack/D. Verse*, GesR, § 5 Rn 28 aE (zum Verhältnis von Art. 3 Abs. 7 Unterabs. 2 zu Art. 9).
651 Einzelheiten bei *Schwarz*, Rn 324; *Baumbach/Hopt*, § 15 HGB Rn 19.

c) Grundsatz der unbeschränkten und unbeschränkbaren Vertretungsmacht. Art. 10 der 1. Richtlinie regelt die **organschaftliche Vertretungsmacht** und schreibt insoweit in den Abs. 1 und 2 dieser Vorschrift den **Grundsatz der unbeschränkten und unbeschränkbaren Vertretungsmacht**[652] fest. Übernommen wurde damit das deutsche Modell der grundsätzlich unbeschränkten organschaftlichen Vertretungsmacht.[653] Damit wird zum einen die Bindung der Mitglieder des Leitungsorgans an Weisungen der Gesellschafter, wie sie die Mandatstheorie vor allem des französischen und italienischen Rechts vorsieht,[654] zum anderen eine Bindung der Vertretungsmacht an den Unternehmensgegenstand entsprechend der ultra-vires-Lehre[655] dem Grundsatz nach ausgeschlossen. 260

Art. 10 Abs. 1 behandelt die Verpflichtung der Gesellschaft, wenn die Organe jenseits des Gesellschaftsgegenstandes bzw jenseits ihrer gesetzlichen Befugnis handeln. Art. 10 Abs. 2 stellt klar, dass eine Vertretungsbeschränkung durch Satzung oder Beschluss gegenüber Dritten unerheblich ist. 261

Nach **Art. 10 Abs. 1 Unterabs. 1 Hs 1** der 1. Richtlinie ist die Vertretungsbefugnis insoweit unbeschränkt, als sie nicht vom **Gesellschaftsgegenstand** begrenzt wird.[656] Aber der unbeschränkten Vertretungsbefugnis sind dennoch in Art. 10 Abs. 1 Unterabs. 1 Hs 2 und Art. 10 Abs. 1 Unterabs. 2 durch die gesetzliche Organstruktur und dem Gesellschaftsgegenstand **Grenzen** gezogen. 262

Nach **Art. 10 Abs. 1 Unterabs. 1 Hs 2** der 1. Richtlinie wirkt die Vertretungsmacht nur im Rahmen der **gesetzlichen Zuständigkeitsordnung**.[657] Die Gesellschaft wird nicht durch Handlungen der Organe verpflichtet, die diese unter Überschreitung ihrer vom Gesetz zugewiesenen Befugnisse tätigen. Diese fallen nach wie vor in die Kompetenz der jeweiligen mitgliedstaatlichen Rechte; entsprechende Bemühungen zur Harmonisierung der Organverfassung von Kapitalgesellschaften im Rahmen der 5. (Struktur-)Richtlinie[658] sind gescheitert. Indes geben nicht die tatsächlich zugewiesenen, sondern die potenziellen Befugnisse maß („…oder zugewiesen werden können").[659] Maßt sich mithin ein Organ die Zuständigkeit eines anderen, kompetenten Organs an, kann der Dritte sich nicht auf eine Vertretungsbefugnis berufen, eine eventuelle Gutgläubigkeit wird nicht geschützt.[660] Ebenso fallen nach der EuGH-Rechtsprechung Rechtsvorschriften, die einen Interessenkonflikt zwischen Vertreter und Gesellschaft regeln, nicht in den Anwendungsbereich des Art. 10 Abs. 1 Unterabs. 1.[661] Im Ergebnis ist damit auch das Selbstkontrahierungsverbot § 181 BGB[662] richtlinienkonform.[663] 263

Art. 10 Abs. 1 Unterabs. 2 wird das mitgliedstaatliche Recht allerdings ermächtigt, die Organwalter an den **satzungsmäßigen Gesellschaftsgegenstand** nur insoweit zu binden, als Handlungen jenseits des Gesellschaftsgegenstandes die Gesellschaft gegenüber Dritten, die die Überschreitung des Gesellschaftsgegenstandes kennen oder grob fahrlässig nicht kennen[664] bzw wenn die Überschreitung evident ist,[665] die Gesellschaft nicht verpflichten. Was die subjektiven Voraussetzungen in der Person des Dritten angeht, so ist jedoch nicht eindeutig, wo diese Vorschrift die Grenzen zieht. Sicher ist wohl nur, dass fehlende Vertretungsmacht dem bösgläubigen oder grob fahrlässigen und damit nicht schutzbedürftigen Dritten entgegengehalten werden kann. Diese Ermächtigung kommt den Mitgliedstaaten entgegen, die der Mandatstheorie (Organwalter als Beauftragte der Gesellschaft)[666] anhängen. Folgerichtig hat Deutschland von dieser Ermächtigung keinen Gebrauch gemacht. 264

Art. 10 Abs. 1 Unterabs. 2 regelt ebenso wie Art. 10 Abs. 2 und Abs. 3 drei Fälle **privatautonomer Beschränkung** der Vertretungsmacht.[667] 265

Art. 10 Abs. 2 der 1. Richtlinie ist Ausdruck der Unbeschränkbarkeit der Vertretungsmacht.[668] Dritten kann eine auf Satzung oder Beschluss beruhende Beschränkung der Vertretungsbefugnis nie, auch nicht 266

---

652 *Grundmann*, GesR, § 7 Rn 213; *M. Lutter/W. Bayer/ J. Schmidt*, § 19 Rn 70.
653 *Grundmann*, GesR, § 7 Rn 213. Indes ist die Richtlinie ist ein Kompromiss zwischen dem Konzept der Organtheorie und der Mandatstheorie, vgl *M. Lutter/W. Bayer/J. Schmidt*, § 19 Rn 69.
654 Näher dazu *M. Habersack/D. Verse*, GesR, § 5 Rn 30, 31 mwN.
655 *V. Edwards*, 36 ff: *M. Habersack/D. Verse*, GesR, § 5 Rn 31; *Langenbucher/Engert*, § 5, GesR, Rn 42.
656 *M. Habersack/D. Verse*, GesR, § 5 Rn 31.
657 *M. Habersack/D. Verse*, GesR, § 5 Rn 34; *Grundmann*, GesR, § 7 Rn 216.
658 *M. Habersack/D. Verse*, GesR, § 4 Rn 10; vgl oben Rn 35.
659 *M. Lutter/W. Bayer/J. Schmidt*, § 19 Rn 72 aE.
660 *Grundmann*, GesR, § 7 Rn 216, 217; anders wohl *M. Habersack/D. Verse*, GesR, § 5 Rn 34 (wollen die Frage, ob der gutgläubige Dritte geschützt ist, dem jeweiligen mitgliedstaatlichen Recht überlassen).
661 C-104/96, Rabobank, Slg 1997, I-7211 (Vorlage des Hoge Raad der Nederlanden); zustimmend *Schwarz*, Rn 352, 353; *Langenbucher/Engert*, § 5, GesR, Rn 44; ablehnend *W. Meilicke*, RIW 1996, 713; *ders*, DB 1999, 785 ff.
662 BGHZ 56, 97 (zu dieser Entscheidung *M. Habersack/D. Verse*, GesR, § 5 Rn 35), 101; *Oltmanns*, Art. 78 AktG, Rn 5 (oben Kapitel 1).
663 *M. Habersack/D. Verse*, GesR, § 5 Rn 35.
664 *M. Lutter/W. Bayer/J. Schmidt*, § 19 Rn 73.
665 *M. Habersack/D. Verse*, GesR, § 5 Rn 32; *Grundmann*, GesR, § 7 Rn 219.
666 *M. Lutter/W. Bayer/J. Schmidt*, § 19 Rn 69.
667 Insgesamt *Grundmann*, GesR, § 7 Rn 218 ff.
668 *M. Lutter/W. Bayer/J. Schmidt*, § 19 Rn 75; *M. Habersack/ D. Verse*, GesR, § 5 Rn 31.

trotz Bekanntmachung entgegen gehalten werden. Dies gilt nur im Aussenverhältnis, lässt aber eine Beschränkung der Geschäftsführungsbefugnisse der Gesellschaftsorgane im Binnenverhältnis unberührt.[669]

267 Art. 10 Abs. 3 der 1. Richtlinie betrifft die geregelte **Einzel- oder Gesamtvertretungmacht**, mithin die Frage, ob die Mitglieder des zur Vertretung befugten Organs einzeln oder nur gemeinschaftlich vertretungsberechtigt sind.[670] Allerdings harmonisiert diese Vorschrift nicht die diesbezüglichen mitgliedstaatlichen Rechtsvorschriften. Unbeschadet dieser Vorschrift bleiben diese frei, entweder selbst gesetzlich Einzel- oder Gesamtvertretungsbefugnis zu regeln oder aber eine solche Regelung den Satzungen der Gesellschaften zu überlassen, wie dies die § 76 Abs. 2 AktG, § 35 Abs. 2 S. 1 GmbHG getan haben.[671]

268 Art. 10 Abs. 3 regelt (als Ausnahme von Art. 10 Abs. 2)[672] nur den Sonderfall der vom mitgliedstaatlichen Gesetzesrecht eingeräumten Berechtigung zur satzungsmäßigen Bestimmung der Einzel- oder Gesamtvertretungsbefugnis. Das Gesetzesrecht kann vorsehen, dass eine satzungsmäßige Regelung der Einzel- und/oder Gesamtvertretungsbefugnis nach Maßgabe des Art. 3 Dritten entgegengehalten werden kann. Dieser trägt insoweit das Risiko.[673] Damit wird parallel zu der gesetzlichen Vertretungsregelung nach Art. 2 Buchst. d), lit. i der 1. Richtlinie[674] auch die satzungsmäßige einer publizitätsrechtlichen Lösung[675] zugeführt.

269 Art. 10 Abs. 1 Unterabs. 2 der 1. Richtlinie lässt sich so verstehen, dass eine Einschränkung der unbeschränkten Vertretungsmacht ausschließlich bei ausdrücklicher Regelung der Ueberschreitung des Gesellschaftsgegenstandes zulässig ist. Dies würde bedeuten, dass sich in Fälle des **Missbrauchs der Vertretungsmacht** (Ueberschreitung des rechtlichen Dürfens im Rahmen der rechtlichen Könnens)[676] und der **Interessenkollision** der bösgläubige Dritte auf Art. 10 Abs. 2 der 1. Richtlinie berufen könnte.[677] Da die Mitgliedstaaten bei Erlass der 1. Richtlinie einerseits die Problematik kannten, andererseits aber nicht davon ausgegangen werden kann, dass die Richtlinie den bösgläubigen Dritten schützen will, ist diese Problematik nicht Gegenstand der Richtlinie. Es bleibt mithin Sache der Mitgliedstaaten, diese beide Fallgruppen nach ihrem Recht zu behandeln. Vor diesem Hintergrund wird die Lehre vom Missbrauch der Vertretungsmacht und des kollusiven Zusammenwirkens als richtlinienkonform angesehen.[678] In Deutschland kann sich nach ganz h. Rspr der Dritte bei Missbrauch und Kollusion nicht auf § 82 Abs. 1 AktG berufen.[679]

270 **7. Nichtigkeit.** Kapitel 4 (Artt. 11 bis 13) harmonisiert die mitgliedstaatlichen Vorschriften über die Nichtigkeit von Gesellschaften. Der Schutz des grenzüberschreitenden Geschäftsverkehrs erfordert eine Einschränkung der (nach mitgliedstaatlichen Rechten vielfältigen) Nichtigkeitsgründe sowie der Rückwirkung der Nichtigerklärung und verlangt kurze Einspruchsfristen.[680] Umgesetzt worden sind diese Vorschriften in §§ 275 bis 277 AktG.

271 Art. 11 sieht eine (allerdings bescheidene) **Gründungskontrolle** vor: Unterwirft das jeweilige Gesellschaftsrecht[681] die Gesellschaftsgründung keiner Verwaltungs- oder gerichtlichen Kontrolle, muss der Errichtungsakt oder die Satzung der Gesellschaft sowie eine Änderung dieser Akte öffentlich beurkundet werden.

272 Das deutsche Recht geht mit der notariellen Beurkundung von Satzung oder Gesellschaftsvertrag (§ 23 Abs. 1 AktG, § 2 GmbHG) und gerichtlicher Kontrolle (§ 38 Abs. 1 AktG, § 9c GmbHG) über diese Anforderungen hinaus.

273 Die Art. 12 und 13 der 1. Richtlinie setzen eine tatsächlich bestehende Kapitalgesellschaft voraus bzw eine solche, für die der Rechtschein des Bestehens gilt.[682]

274 Nach **Art. 12 Abs. 1 Buchst. a** darf eine Gesellschaft nur durch Gerichtsbeschluss für nichtig erklärt werden und nur aus den in Abs. 1 Buchst. b **abschließend** aufgeführten Gründen.[683] Die mitgliedstaatlichen Gesellschaftsrechte können, wie **Art. 12 Abs. 2** ausdrücklich feststellt, mithin keine anderen als die dort genannten zulassen. Auch verschließt diese Bestimmung denkbare Schlupflöcher (durch Rückgriff einer mitgliedstaatlichen Rechtsordnung auf eine spezifische Art der Unwirksamkeit) dadurch, dass sie die unterschiedlichen Unwirksamkeitskategorien (Inexistenz, absolute und relative Nichtigkeit, Nichtigerklärung) ausdrücklich gleichsetzt.[684] Die Anzahl der Nichtigkeitsgründe dürfen jedoch innerstaatlich weiter reduziert werden.[685]

---

669 Langenbucher/Engert, § 5, GesR, Rn 46.
670 M. Habersack/D. Verse, GesR, § 5 Rn 36.
671 Ausdr. M. Habersack/D. Verse, GesR, § 5 Rn 36.
672 M. Lutter/W. Bayer/J. Schmidt, § 19 Rn 79.
673 Grundmann, § 7 Rn 220.
674 Oben Rn 240.
675 So M. Lutter/W. Bayer/J. Schmidt, § 19 Rn 79.
676 M. Habersack/D. Verse, GesR, § 5 Rn 33 M. Lutter/W. Bayer/J. Schmidt, § 19 Rn 76–78.
677 M. Habersack/D. Verse, GesR, § 5 Rn 33; M. Lutter/W. Bayer/J. Schmidt, § 19 Rn 76.
678 M. Habersack/D. Verse, GesR, § 5 Rn 33; M. Lutter/W. Bayer/J. Schmidt, § 19 Rn 76–78; einschränkender wohl Schmid, AG 1998, 127 ff; W. Meilicke, DB 1999, 785.
679 Statt vieler Hüffer, § 82 Rn 6, 7.
680 M. Habersack/D. Verse, GesR, § 5 Rn 38.
681 Überblick über die mitgliedstaatlichen Regelungen bei Grundmann, GesR, § 7 Rn 198 ff.
682 Rs. 136/87, Ubbink Isolatie BV, Slg 1988, 4665; M. Habersack/D. Verse, GesR, § 5 Rn 43; ferner Schwarz, Rn 327 t.
683 Grundmann, GesR, § 7 Rn 203 f; C-106/89, Marleasing, Slg 1990, I-4135, Rn 9.
684 M. Habersack/D. Verse, GesR, § 5 Rn 42.
685 M. Habersack/D. Verse, GesR, § 5 Rn 40; Grundmann, GesR, § 7 Rn 203; van Ommeslaghe, CDE 1969, 619, 656.

Die Richtlinie erkennt vier materielle und zwei formelle Nichtigkeitsgründe an. **Materielle Nichtigkeitsgründe** sind: 275

- Rechts- und Ordre-public-Widrigkeit des Unternehmensgegenstandes (Art. 12 Abs. 1 Buchst. b lit. ii)[686]
- Missachtung der Rechtsvorschriften über die Mindesteinzahlung des aufzubringenden Mindestkapitals (Art. 12 Abs. 1 Buchst. b lit. iv);
- Geschäftsunfähigkeit aller Gründungsgesellschafter (Art. 12 Abs. 1 Buchst. b lit. v.);
- Einmann-Gesellschaftsgründung entgegen den Vorschriften des mitgliedstaatlichen Rechts (Art. 12 Abs. 1 Buchst. b lit. vi).

An **formellen Nichtigkeitsgründen** lässt die Richtlinie zu: 276

- Fehlen des Errichtungsaktes und Verstoß gegen Art. 11 der 1. Richtlinie (Art. 12 Abs. 1 Buchst. b lit. i);
- Fehlen wesentlicher Angaben im Errichtungsakt oder in der Satzung (Art. 12 Abs. 1 Buchst. b lit. iii: Firma der Gesellschaft, Einlagen, Betrag des gezeichneten Kapitals, Unternehmensgegenstand).

Aus dem im 10. Erwägungsgrund genannten Ziel der Richtlinie, die Fälle der Nichtigkeit sowie die Rückwirkung der Nichtigerklärung zu beschränken, um die Rechtssicherheit in den Beziehungen zwischen der Gesellschaft und Dritten sowie im Verhältnis der Gesellschafter untereinander zu gewährleisten, schliesst der EuGH auf eine enge Auslegung der Nichtigkeitsgründe.[687] Dementsprechend ist gem. Art. 12 Abs. 1 Buchst. b lit. ii der Richtlinie Unternehmensgegenstand nur, was Errichtungsakt oder Satzung als solchen ausweist.[688] 277

Zudem dürfen die Anzahl der Nichtigkeitsgründe innerstaatlich weiter reduziert werden.[689] Der EU-Gesetzgeber selbst hat den Nichtigkeitsgrund der Einpersonengründung entsprechend Art. 12 Abs. 1, Buchst b, lit. vi der 1. Richtlinie für die **GmbH** eingeschränkt, indem er in Art. 2 Abs. 1 der 12. Richtlinie 2009/102[690] diese Form der Gründung ausdrücklich vorsieht. Gem. Art. 6 der 12. Richtlinie 2009/102 kann ein Mitgliedstaat auch die Gründung einer Einpersonen-AG zulassen. Gilt der Nichtigkeitsgrund mithin nach dem Unionsrecht nur noch für Aktiengesellschaften, so hat das deutsche Recht diesen Nichtigkeitsgrund in § 2 AktG beseitigt,[691] indem es von der Option des Art. 6 Gebrauch gemacht hat. 278

Bestimmt Art. 12 Abs. 1 Buchst. a der 1. Richtlinie, dass die Nichtigkeit durch Gerichtsentscheidung festgestellt werden muss, so regelt Art. 13 dessen Folgen. Deren Rechtskraft wirkt nur inter partes. Wenn Art. 13 Abs. 1 vorsieht, dass die Nichtigkeit Dritten nur entsprechend der in Art. 3 vorgesehenen Art und Weise entgegengehalten werden kann, so geht diese Vorschrift iVm Art. 2 lit. i) davon aus, dass die Entscheidung ins entsprechende Register eingetragen wird.[692] Dementsprechend verlangt § 275 Abs. 4 S. 3 AktG, die Nichtigkeit nach entsprechender gerichtlicher Nichtigerklärung ins Handelsregister einzutragen. 279

Im Übrigen geht die nichtige Gesellschaft **in Liquidation**, die Nichtigkeit wirkt ex nunc,[693] allerdings, wie sich aus Art. 13 Abs. 4 ergibt, nur im Aussenverhältnis. In der Vergangenheit eingegangene Verpflichtungen der Gesellschaft und gegenüber der Gesellschaft bleiben daher bestehen. 280

Im Innenverhältnis bleiben gem. Art. 13 Abs. 5 die Inhaber von Anteilen oder Aktien zur Einzahlung des gezeichneten, aber noch nicht eingezahlten Kapitals insoweit verpflichtet, als die den Gläubigern gegenüber eingegangenen Verpflichtungen dies erfordern. Im übrigen überlässt es Art. 13 Abs. 4 dem mitgliedstaatlichen Recht, das Innenverhältnis zu regeln.[694] 281

II. Die 11. (Zweigniederlassungs-)Richtlinie 89/666 vom 21.12.1989

Literatur:
Edwards, EC Company Law, 1999, 212; *Fey,* Die Angabe bestehender Zweigniederlassungen im Lagebericht nach § 289 Abs. 2 Nr. 4 HGB, DB 1994, 485; *Garcia,* Rechnungslegungspflichten der Zweigniederlassungen von ausländischen Gesellschaften, RIW 2000, 590; *Hahnefeld,* Neue Regelungen zur Offenlegung bei Zweigniederlassungen, DStR 1993, 1596; *Kalss,* Die Bedeutung der Publizitäts-, Kapital-, Zweigniederlassungs- und Einpersonengesellschaftsrichtlinie der Europäischen Union für das Österreichische Gesellschaftsrecht (AG und GmbH), in: *Koppensteiner* (Hrsg), Österreichisches und europäisches Wirtschaftsprivatrecht, Teil 1: Gesellschaftsrecht, 1994/1998, 119; *Kettler,* Die Offenlegungspflichten für Zweigniederlassungen ausländischer Unternehmen, 2002; *Kindler,* Neue Offenlegungspflichten für Zweigniederlassungen deutscher Kapitalgesellschaften, NJW 1993, 3301; *W. Schön* Freie Wahl zwischen Zweigniederlassung und Tochtergesellschaft – ein Grundsatz des Europäischen Unternehmensrechts, EWS 2000, 281; *Plesse,* Neuregelung des Rechts der Offenlegung von Zweiggesellschaften, DStR 1993, 133; *Seibert,* Die

---

686 Dazu C-106/89, *Marleasing,* Slg 1990, I-4135; *Grundmann,* GesR, § 7 Rn 204; *V. Edwards,* 49.
687 C-106/89, *Marleasing,* Slg 1990, I-4135, Rn 12; *M. Habersack/D. Verse,* GesR, § 5 Rn 41.
688 Oben bei Fn 110.
689 *M. Habersack/D. Verse,* GesR, § 5 Rn 40; *Grundmann,* § 7 Rn 203; *van Ommeslaghe,* CDE 1969, 619, 656.
690 Oben Rn 33.
691 *Grundmann,* GesR, § 7 Rn 204; *van Ommeslaghe,* CDE 1969, 619, 656; *Lutter,* EuR 1969, 18.
692 Statt vieler *M. Habersack/D. Verse,* GesR, § 5 Rn 44.
693 *Grundmann,* GesR, § 7 Rn 206; *M. Habersack/D. Verse,* GesR, § 5 Rn 45.
694 Vgl vorherige Fn.

Umsetzung der Zweigniederlassungs-Richtlinie der EG in das deutsche Recht, GmbHR. 1992, 738; *ders*, Die Neuordnung des Rechts der Zweigniederlassung im HGB, DB 1993, 1705; *Wiesner*, Neue EG-Richtlinie über die Offenlegung von Zweigniederlassungen, GmbHR 1987, 103.

1. Text der Richtlinie

282 DER RAT DER EUROPÄISCHEN GEMEINSCHAFTEN –
gestützt auf den Vertrag zur Arbeitsweise der Europäischen Union, insbesondere auf Artikel 54,
auf Vorschlag der Kommission,[696]
in Zusammenarbeit mit dem Europäischen Parlament,[697]
nach Stellungnahme des Wirtschafts- und Sozialausschusses,[698]
in Erwägung nachstehender Gründe:
Um die Ausübung der Niederlassungsfreiheit durch Gesellschaften im Sinne des Artikels 58 des Vertrages zu erleichtern, sehen Artikel 54 Absatz 3 Buchstabe g) des Vertrages, und das allgemeine Programm zu Aufhebung der Beschränkungen der Niederlassungsfreiheit die Koordinierung der Schutzbestimmungen vor, die in den Mitgliedstaaten den Gesellschaften im Interesse der Gesellschafter sowie Dritter vorgeschrieben sind.
Die Koordinierung wurde hinsichtlich der Offenlegung bislang durch die Erste Richtlinie 68/151/EWG,[699] zuletzt geändert durch die Beitrittsakte von 1985, für die Kapitalgesellschaften verwirklicht; sie wurde für den Bereich der Rechnungslegung durch die Vierte Richtlinie 78/660/EWG über den Jahresabschluß von Gesellschaften bestimmter Rechtsformen,[700] zuletzt geändert durch die Beitrittsakte von 1985, die Siebte Richtlinie 83/349/EWG über den konsolidierten Abschluß,[701] geändert durch die Beitrittsakte von 1985, und die Achte Richtlinie 84/253/EWG über die Zulassung der mit der Pflichtprüfung der Rechnungsunterlagen beauftragten Personen[702] fortgesetzt.
Diese Richtlinien sind anwendbar auf die Gesellschaften als solche, jedoch nicht auf ihre Zweigniederlassungen. Die Errichtung einer Zweigniederlassung ist jedoch neben der Gründung einer Tochtergesellschaft eine der Möglichkeiten, die derzeit einer Gesellschaft zur Ausübung des Niederlassungsrechts in einem anderen Mitgliedstaat zur Verfügung stehen.
Das Fehlen einer Koordinierung für die Zweigniederlassungen, insbesondere im Bereich der Offenlegung, hat im Hinblick auf den Schutz von Gesellschaftern und Dritten zu Unterschieden geführt zwischen den Gesellschaften, welche sich in anderen Mitgliedstaaten durch die Errichtung von Zweigniederlassungen betätigen, und den Gesellschaften, die dies durch die Gründung von Tochtergesellschaften tun.
Solche Unterschiede in den Rechtsvorschriften der Mitgliedstaaten können die Ausübung des Niederlassungsrechts stören und sind deshalb unter anderem zur Sicherung der Ausübung dieses Rechts zu beseitigen.
Zum Schutz der Personen, die über eine Zweigniederlassung mit einer Gesellschaft in Beziehung treten, müssen in dem Mitgliedstaat, in dem sich die Zweigniederlassung befindet, Maßnahmen der Offenlegung getroffen werden. Der wirtschaftliche und soziale Einfluß einer Zweigniederlassung kann in gewisser Hinsicht demjenigen einer Tochtergesellschaft vergleichbar sein, so daß ein öffentliches Interesse an einer Offenlegung der Gesellschaft bei der Zweigniederlassung besteht. Zu deren Regelung bietet es sich an, von dem Verfahren Gebrauch zu machen, das bereits für Kapitalgesellschaften in der Gemeinschaft eingeführt worden ist.
Die Offenlegung erstreckt sich auf eine Reihe von Urkunden und wichtigen Angaben sowie diesbezügliche Änderungen.
Die Offenlegung kann – von der Vertretungsmacht, der Firma und der Rechtsform sowie der Auflösung der Gesellschaft und dem Verfahren bei Insolvenz abgesehen – auf Angaben beschränkt werden, welche die Zweigniederlassung selbst betreffen, sowie auf Hinweise auf das Register der Gesellschaft, zu der die Zweigniederlassung gehört, da aufgrund der bestehenden Gemeinschaftsvorschriften bei diesem Register die Angaben über die Gesellschaft insgesamt zur Verfügung stehen.
Einzelstaatliche Vorschriften, welche die Offenlegung von Unterlagen der Rechnungslegung verlangen, die sich auf die Zweigniederlassung beziehen, haben ihre Berechtigung verloren, nachdem die einzelstaatlichen Vorschriften über die Erstellung, Prüfung und Offenlegung von Unterlagen der Rechnungslegung der Gesellschaft angeglichen worden sind. Deshalb genügt es, die von der Gesellschaft geprüften und offengelegten Rechnungslegungsunterlagen beim Register der Zweigniederlassung offenzulegen.

---

[696] ABl. 1988, C 105/6.
[697] ABl. 1987, C 345/76 und ABl. 1989, C 256/72.
[698] ABl. 1987, C 319/61.
[699] ABl. 1968, L 65/8.
[700] ABl. 1978, L 222/11.
[701] ABl. 1983, L 193/1.
[702] ABl. 1984, L 126/20.

Geschäftsbriefe und Bestellscheine, die von der Zweigniederlassung benutzt werden, müssen mindestens die gleichen Angaben wie die Geschäftsbriefe und Bestellscheine der Gesellschaft sowie die Angabe des Registers, in das die Zweigniederlassung eingetragen ist, enthalten.

Damit die Ziele dieser Richtlinie erreicht werden können und damit jede diskrimminierende Behandlung nach dem Herkunftsland der Gesellschaft vermieden wird, muß diese Richtlinie auch die Zweigniederlassungen von Gesellschaften erfassen, die dem Recht eines Drittlands unterliegen und eine Rechtsform haben, die derjenigen der unter die Richtlinie 68/151/EWG fallenden Gesellschaften vergleichbar ist. Allerdings sind für solche Zweigniederlassungen aufgrund der Tatsache, daß Gesellschaften aus Drittländern nicht in den Anwendungsbereich der oben erwähnten Richtlinien fallen, in gewissem Umfang unterschiedliche Vorschriften gegenüber denen erforderlich, die für Gesellschaften gelten, die dem Recht eines anderen Mitgliedstaats unterliegen.

Die vorliegende Richtlinie berührt nicht die Informationspflichten, denen die Zweigniederlassungen aufgrund anderer Vorschriften unterliegen, wie z.B. im Sozialrecht in bezug auf das Informationsrecht der Arbeitnehmer, im Steuerrecht oder im Hinblick auf statistische Angaben –
HAT FOLGENDE RICHTLINIE ERLASSEN:

Abschnitt I
Zweigniederlassungen von Gesellschaften aus anderen Mitgliedstaaten

Artikel 1 [Offenlegungspflicht]

(1) Die Urkunden und Angaben über eine Zweigniederlassung, die in einem Mitgliedstaat von einer Gesellschaft errichtet worden ist, welche dem Recht eines anderen Mitgliedstaats unterliegt und auf welche die Richtlinie 68/151/EWG Anwendung findet, sind nach dem Recht des Mitgliedstaats der Zweigniederlassung im Einklang [mit Art.] 3[703] der genannten Richtlinie offenzulegen.

(2) Weicht die Offenlegung bei der Zweigniederlassung von der Offenlegung bei der Gesellschaft ab, so ist für den Geschäftsverkehr mit der Zweigniederlassung die Offenlegung bei der Zweigniederlassung maßgebend.

(3) ¹Die Urkunden und Angaben gemäß Artikel 2 Absatz 1 müssen über das System der Vernetzung von Zentral-, Handels- und Gesellschaftsregistern öffentlich zugänglich gemacht werden, das gemäß Artikel 4 a Absatz 2 der Richtlinie 2009/101/EG des Europäischen Parlaments und des Rates vom 16. September 2009 zur Koordinierung der Schutzbestimmungen, die in den Mitgliedstaaten den Gesellschaften im Sinne des Artikels 54 Absatz 2 des Vertrags im Interesse der Gesellschafter sowie Dritter vorgeschrieben sind, um diese Bestimmungen gleichwertig zu gestalten[704] eingerichtet wurde (im Folgenden „System der Registervernetzung"). ²Artikel 3 b und Artikel 3 c Absatz 1 der genannten Richtlinie gelten sinngemäß.

(4) ¹Die Mitgliedstaaten sorgen dafür, dass Zweigniederlassungen eine einheitliche Kennung haben, durch die sie eindeutig bei der Kommunikation zwischen Registern über das System der Registervernetzung ermittelt werden können. ²Diese einheitliche Kennung besteht zumindest aus Elementen, die es ermöglichen, den Mitgliedstaat des Registers, das inländischen Herkunftsregister und die Nummer der Zweigniederlassung in diesem Register zu ermitteln, sowie gegebenenfalls aus Kennzeichen, um Fehler bei der Identifizierung zu vermeiden.

Artikel 2 [Offenzulegende Urkunden und Angaben]

(1) Die Pflicht zur Offenlegung nach Artikel 1 erstreckt sich lediglich auf folgende Urkunden und Angaben:
a) die Anschrift der Zweigniederlassung;
b) die Tätigkeit der Zweigniederlassung;
c) das Register, bei dem die in Artikel 3 der Richtlinie 68/151/EWG bezeichnete Akte für die Gesellschaft angelegt worden ist, und die Nummer der Eintragung in dieses Register;
d) die Firma und die Rechtsform der Gesellschaft sowie die Firma der Zweigniederlassung, sofern diese nicht mit der Firma der Gesellschaft übereinstimmt;
e) die Bestellung, das Ausscheiden und die Personalien derjenigen, die befugt sind, die Gesellschaft gerichtlich und außergerichtlich zu vertreten, und zwar

---

703 Der deutsche Text „... im Einklang 3 der genannten Richtlinie ..." enthält offenkundig ein redaktionelles Versehen.
704 ABl. 2009, L 258/11. *Anmerkung*: Der Titel der Richtlinie 2009/101/EG wurde angepasst, um der nach Artikel 5 des Vertrags von Lissabon vorgenommenen Umnummerierung des Vertrags zur Gründung der Europäischen Gemeinschaft Rechnung zu tragen; die ursprüngliche Bezugnahme betraf Artikel 48 Absatz 2 des Vertrags.

- als gesetzlich vorgeschriebenes Organ der Gesellschaft oder als Mitglied eines solchen Organs gemäß der Offenlegung, die nach Artikel 2 Absatz 1 Buchstabe d) der Richtlinie 68/151/EWG bei der Gesellschaft erfolgt,
- als ständige Vertreter der Gesellschaft für die Tätigkeit der Zweigniederlassung, unter Angabe ihrer Befugnisse;

f) - die Auflösung der Gesellschaft, die Bestellung, die Personalien und die Befugnisse der Liquidatoren sowie den Abschluß der Liquidation gemäß der Offenlegung, die nach Artikel 2 Absatz 1 Buchstaben h), j) und k) der Richtlinie 68/151/EWG bei der Gesellschaft erfolgt,
- ein die Gesellschaft betreffendes Konkursverfahren, Vergleichsverfahren oder ähnliches Verfahren;

g) die Unterlagen der Rechnungslegung gemäß Artikel 3;
h) die Aufhebung der Zweigniederlassung.

(2) Der Mitgliedstaat der Zweigniederlassung kann vorschreiben, daß folgendes gemäß Artikel 1 offenzulegen ist:
a) eine Unterschrift der in Absatz 1 Buchstaben e) und f) des vorliegenden Artikels bezeichneten Personen;
b) der Errichtungsakt und, sofern diese Gegenstand eines gesonderten Aktes gemäß Artikel 2 Absatz 1 Buchstaben a), b) und c) der Richtlinie 68/151/EWG ist, die Satzung sowie Änderungen dieser Unterlagen;
c) eine Bescheinigung aus dem in Absatz 1 Buchstabe c) des vorliegenden Artikels genannten Register in bezug auf das Bestehen der Gesellschaft;
d) Angaben über die Sicherheiten, bei denen Vermögenswerte der Gesellschaft belastet werden, die sich in diesem Mitgliedstaat befinden, sofern diese Offenlegung sich auf die Gültigkeit solcher Sicherheiten bezieht.

Artikel 3 [Offenzulegende Rechnungslegungsunterlagen]

Die Pflicht zur Offenlegung nach Artikel 2 Absatz 1 Buchstabe g) erstreckt sich lediglich auf die Unterlagen der Rechnungslegung der Gesellschaft, die nach dem Recht des Mitgliedstaats, dem die Gesellschaft unterliegt, im Einklang mit den Richtlinien 78/660/EWG, 83/349/EWG und 84/253/EWG erstellt, geprüft und offengelegt worden sind.

Artikel 4 [Abweichende Amtssprache]

Der Mitgliedstaat der Zweigniederlassung kann vorschreiben, daß die in Artikel 2 Absatz 2 Buchstabe b) und Artikel 3 bezeichneten Unterlagen in einer anderen Amtssprache der Gemeinschaft offengelegt werden und die Übersetzung dieser Unterlagen beglaubigt wird.

Artikel 5 [Mehrere Zweigniederlassungen]

Wenn in einem Mitgliedstaat mehrere Zweigniederlassungen ein und derselben Gesellschaft bestehen, kann die in Artikel 2 Absatz 2 Buchstabe b) und Artikel 3 genannte Offenlegung von dieser Gesellschaft nach ihrer Wahl bei dem Register einer dieser Zweigniederlassungen vorgenommen werden.
In diesem Fall erstreckt sich die Offenlegungspflicht der übrigen Zweigniederlassungen auf die Angabe des Registers der Zweigniederlassung, bei dem die Offenlegung erfolgt ist, sowie auf die Nummer der Eintragung dieser Zweigniederlassung in dieses Register.

Artikel 5 a [System der Registervernetzung]

(1) Das Register der Gesellschaft stellt über das System der Registervernetzung unverzüglich Informationen über die Eröffnung und Beendigung von Verfahren zur Abwicklung oder Insolvenz der Gesellschaft sowie über die Löschung der Gesellschaft aus dem Register, falls dies Rechtsfolgen im Mitgliedstaat des Registers der Gesellschaft auslöst, zur Verfügung.
(2) Das Register der Zweigniederlassung gewährleistet über das System der Registervernetzung unverzüglich den Eingang der in Absatz 1 genannten Informationen.
(3) Der Austausch der in den Absätzen 1 und 2 genannten Informationen ist für die Register kostenlos.
(4) ¹Die Mitgliedstaaten legen das Verfahren fest, das bei Eingang der in den Absätzen 1 und 2 genannten Informationen einzuhalten ist. ²Dieses Verfahren stellt sicher, dass sofern eine Gesellschaft aufgelöst oder aus anderen Gründen aus dem Register gelöscht worden ist, ihre Zweigniederlassungen ebenfalls ohne unangemessene Verzögerung aus dem Register gelöscht werden.
(5) Absatz 4 Satz 2 gilt nicht für Zweigniederlassungen von Gesellschaften, die infolge einer Änderung ihrer Rechtsform, einer Verschmelzung oder Spaltung oder einer grenzüberschreitenden Verlegung ihres Sitzes aus dem Register gelöscht worden sind.

Artikel 6 [Angabe des Registers]

Die Mitgliedstaaten schreiben vor, daß auf Geschäftsbriefen und Bestellscheinen, die von der Zweigniederlassung benutzt werden, außer den in Artikel 4 der Richtlinie 68/151/EWG verlangten Angaben das Register, bei dem die Akte für die Zweigniederlassung angelegt worden ist, und die Nummer der Eintragung in dieses Register anzugeben sind.

Abschnitt II
Zweigniederlassungen von Gesellschaften aus Drittländern

Artikel 7 [Offenlegungspflicht]

(1) Die Urkunden und Angaben über eine Zweigniederlassung, die in einem Mitgliedstaat von einer Gesellschaft errichtet worden ist, welche nicht dem Recht eines Mitgliedstaats unterliegt, jedoch eine Rechtsform hat, die mit den Rechtsformen vergleichbar ist, auf welche die Richtlinie 68/151/EWG Anwendung findet, sind nach dem Recht des Mitgliedstaats der Zweigniederlassung im Einklang mit Artikel 3 der genannten Richtlinie offenzulegen.
(2) Artikel 1 Absatz 2 findet Anwendung.

Artikel 8 [Offenzulegende Urkunden und Angaben]

Die Pflicht zur Offenlegung nach Artikel 7 erstreckt sich mindestens auf folgende Urkunden und Angaben:
a) die Anschrift der Zweigniederlassung;
b) die Tätigkeit der Zweigniederlassung;
c) das Recht des Staates, dem die Gesellschaft unterliegt;
d) sofern dieses Recht es vorsieht, das Register, in das die Gesellschaft eingetragen ist, und die Nummer der Eintragung in dieses Register;
e) den Errichtungsakt und, falls sie Gegenstand eines gesonderten Aktes ist, die Satzung sowie jede Änderung dieser Unterlagen;
f) die Rechtsform, den Sitz und den Gegenstand der Gesellschaft sowie mindestens jährlich den Betrag des gezeichneten Kapitals, sofern diese Angaben nicht in den unter Buchstabe e) genannten Urkunden gemacht werden;
g) die Firma der Gesellschaft sowie die Firma der Zweigniederlassung, sofern diese nicht mit der Firma der Gesellschaft übereinstimmt;
h) die Bestellung, das Ausscheiden und die Personalien derjenigen, die befugt sind, die Gesellschaft gerichtlich und außergerichtlich zu vertreten, und zwar
   – als gesetzlich vorgeschriebenes Organ der Gesellschaft oder als Mitglied eines solchen Organs,
   – als ständige Vertreter der Gesellschaft für die Tätigkeit der Zweigniederlassung.
   Dabei ist anzugeben, welchen Umfang die Vertretungsmacht hat und ob die betreffenden Personen diese allein oder nur gemeinschaftlich ausüben können;
i) – die Auflösung der Gesellschaft, die Bestellung, die Personalien und die Befugnisse der Liquidatoren sowie den Abschluß der Liquidation;
   – ein die Gesellschaft betreffendes Konkursverfahren, Vergleichsverfahren oder ähnliches Verfahren;
j) die Unterlagen der Rechnungslegung gemäß Artikel 9;
k) die Aufhebung der Zweigniederlassung.

Artikel 9 [Offenzulegende Rechnungslegungsunterlagen]

(1) ¹Die Pflicht zur Offenlegung nach Artikel 8 Buchstabe j) erstreckt sich auf die Unterlagen der Rechnungslegung der Gesellschaft, die nach dem Recht des Staates, dem die Gesellschaft unterliegt, erstellt, geprüft und offengelegt worden sind. ²Werden diese Unterlagen nicht gemäß den Richtlinien 78/660/EWG bzw. 83/349/EWG oder in gleichwertiger Form erstellt, so können die Mitgliedstaaten die Erstellung und Offenlegung der Unterlagen der Rechnungslegung, die sich auf die Tätigkeiten der Zweigniederlassung beziehen, verlangen.
(2) Die Artikel 4 und 5 finden Anwendung.

Artikel 10 [Angabe des Registers]

¹Die Mitgliedstaaten schreiben vor, daß auf Geschäftsbriefen und Bestellscheinen, die von der Zweigniederlassung benutzt werden, das Register, bei dem die Akte für die Zweigniederlassung angelegt worden ist, und die Nummer der Eintragung in dieses Register anzugeben sind. ²Sofern das Recht des Staates, dem die

Gesellschaft unterliegt, eine Eintragung in ein Register vorsieht, sind das Register, in das die Gesellschaft eingetragen ist, und die Nummer der Eintragung in dieses Register ebenfalls anzugeben.

Abschnitt III
Angabe der Zweigniederlassungen im Geschäftsbericht der Gesellschaft

Artikel 11 [Änderung der RL 78/660/EWG]

(hier nicht wiedergegeben)

Abschnitt IIIA
Datenschutz

Artikel 11 a [Verarbeitung personenbezogener Daten]

Für die Verarbeitung personenbezogener Daten im Zusammenhang mit dieser Richtlinie gilt die Richtlinie 95/46/EG des Europäischen Parlaments und des Rates vom 24. Oktober 1995 zum Schutz natürlicher Personen bei der Verarbeitung personenbezogener Daten und zum freien Datenverkehr.[705]

Abschnitt IV
Übergangs- und Schlußbestimmungen

Artikel 12 [Maßregeln]

Die Mitgliedstaaten drohen geeignete Maßregeln für den Fall an, daß die in den Artikeln 1, 2, 3, 7, 8, und 9 vorgeschriebene Offenlegung unterbleibt oder die nach den Artikeln 6 und 10 vorgeschriebenen Angaben auf den Geschäftsbriefen und Bestellscheinen fehlen.

Artikel 13 [Verpflichtete Personen]

Jeder Mitgliedstaat bestimmt, welche Personen verpflichtet sind, die durch diese Richtlinie vorgeschriebenen Formalitäten der Offenlegung zu erfüllen.

Artikel 14 [Keine Anwendung auf Kredit- und Finanzinstitute]

(1) Die Artikel 3 und 9 finden keine Anwendung auf die Zweigniederlassungen von Kredit- und Finanzinstituten, die unter die Richtlinie 89/117/EWG[706] fallen.
(2) Bis zu einer späteren Koordinierung können die Mitgliedstaaten von der Anwendung der Artikel 3 und 9 auf Zweigniederlassungen absehen, die von Versicherungsgesellschaften errichtet werden.

Artikel 15 [Änderung der RL 78/660/EWG und 83/349/EWG]

(hier nicht wiedergegeben)

Artikel 16 [Einzelstaatliche Rechts- und Verwaltungsvorschriften]

(1) ¹Die Mitgliedstaaten erlassen die erforderlichen Rechts- und Verwaltungsvorschriften, um dieser Richtlinie vor dem 1. Januar 1992 nachzukommen. ²Sie setzen die Kommission unverzüglich davon in Kenntnis.
(2) Die Mitgliedstaaten schreiben vor, daß die in Absatz 1 bezeichnete Vorschriften ab 1. Januar 1993 und, was die Unterlagen für die Rechnungslegung betrifft, erstmals auf den Jahresabschluß für das am 1. Januar 1993 oder im Laufe des Jahres 1993 beginnende Haushaltsjahr Anwendung finden.
(3) Die Mitgliedstaaten teilen der Kommission den Wortlaut der innerstaatlichen Vorschriften mit, die sie auf dem unter diese Richtlinie fallenden Gebiet erlassen.

Artikel 17 [Aufgabe des Kontaktausschusses]

Der mit Artikel 52 der Richtlinie 78/660/EWG geschaffene Kontaktausschuss hat außerdem die Aufgabe,
  a) unbeschadet der Artikel 169 und 170[707] des Vertrages eine gleichmäßige Anwendung der vorliegenden Richtlinie durch eine regelmäßige Abstimmung, insbesondere in konkreten Anwendungsfragen, zu erleichtern;

---

705 ABl. 1995, L 281/31.
706 ABl. 1989, L 44/40.
707 Anm. d. Red.: jetzt Artikel 258 und 259 AEUV.

b) die Kommission erforderlichenfalls bezüglich Ergänzungen und Änderungen der vorliegenden Richtlinie zu beraten.

Artikel 18 [Adressaten]
Diese Richtlinie ist an die Mitgliedstaaten gerichtet.

2. Allgemeines. Die Zweigniederlassungsrichtlinie dehnt die 1. (Publizitäts-)Richtlinie 68/151 und die 4. (Jahresabschluss- oder Bilanz-)Richtlinie 78/660 auf Zweigniederlassungen aus, wobei die Rechnungslegungsvorschriften der 11. Richtlinie nunmehr durch die entsprechenden der Richtlinie 2013/34 aufgehoben und ersetzt werden. Die 11. Richtlinie verfolgt ausweislich ihres 4. bis 6. Erwägungsgrundes eine doppelte Zielsetzung:[708] Ausländischen Gesellschaften wird publizitätsmäßig die (sekundäre) Niederlassungsfreiheit im Wege der Zweigniederlassung dadurch erleichtert, dass die Anforderungen der nationalen Register vereinheitlicht werden und auf die Anforderungen an das eigene (Heimat-)Register verweisen, auch wenn die Publizität grundsätzlich dem Recht des Ortes unterliegt, an dem sich die Zweigniederlassung befindet.
Zweigniederlassungen und Tochtergesellschaften nehmen zudem vergleichbare Funktionen war, unterschieden sich aber vor Erlass der 11. Richtlinie beim Schutz von Gläubigern und Gesellschaftern; die Offenlegungspflichten galten für Tochtergesellschaften, nicht für Zweigniederlassungen. Zum Schutz des Geschäftsverkehrs beseitigt die 11. Richtlinie diese Unterschiede zwischen rechtlich unselbstständiger (meist nicht rechtsfähiger) Zweigniederlassung und rechtlich selbstständiger Tochtergesellschaft und stellt beide publizitätsmäßig gleich.
Unterschieden wird zwischen Zweigniederlassungen von Gesellschaften aus anderen Mitgliedstaaten (Artt. 1 bis 6) und solchen aus Drittländern (Artt. 7 bis 9).

3. Umsetzung. Die Richtlinie war nach ihrem Art. 16 Abs. 1 u. 2 bis zum 31.12.1991 umzusetzen, ist aber in der und für die Bundesrepublik erst durch das Gesetz zur Durchführung der Elften gesellschaftsrechtlichen Richtlinie des Rates der Europäischen Gemeinschaften und über Gebäudeversicherungsverhältnisse v. 22.7.1993 umgesetzt worden und erst am 1.11.1993 in Kraft getreten.[709]
Das Gesetz hat die bis dahin verstreuten Publizitätsvorschriften für Zweigniederlassungen von AG und GmbH aufgehoben und in § 13 ff HGB zusammengefasst: §§ 13, 13 h HGB regeln Zweigniederlassungen von Gesellschaften mit Sitz im Inland, §§ 13 d bis 13 g HGB die von Gesellschaften mit Sitz im Ausland.[710]
§ 325a Abs. 1 HGB regelt die Offenlegung der Rechnungsunterlagen von Zweigstellen ausländischer Gesellschaften, § 335 Abs. 1 Nr. 2 HGB sieht bei Verstoß gegen diese Pflicht ein Ordnungsgeld vor, das von Amts wegen verhängt werden kann.[711]

4. Geltungsbereich. Die 11. Richtlinie gilt ausweislich ihres Art. 1 Abs. 1 für alle Zweigstellen, die eine Gesellschaft, „welche dem Recht eines anderen Mitgliedsstaats unterliegt und auf welche die Richtlinie 68/151/EWG Anwendung findet", also zB in Deutschland, unterhält. Nach Art. 7 Abs. 1 der 11. Richtlinie werden Kapitalgesellschaften aus Drittstaaten ebenso behandelt, sofern sie eine vergleichbare Rechtsform aufweisen wie die in Art. 1 der Richtlinie 2009/101 aufgelisteten Kapitalgesellschaften Nicht erfasst werden Zweigniederlassungen innerstaatlicher Kapitalgesellschaften..[712]
Erfasst werden somit in Deutschland Aktiengesellschaft (AG), Kommanditgesellschaft auf Aktien (KGaA) und die Gesellschaft mit beschränkter Haftung (GmbH), sowie die in Art. 1 der Richtlinie 2009/101 aufgelisteten Kapitalgesellschaften anderer Mitgliedstaaten und die damit vergleichbaren Kapitalgesellschaften aus Drittstaaten.
Zweigniederlassungen von Kredit- und Finanzinstituten, die unter die Richtlinie 89/117[713] fallen, sind von der Offenlegung von Rechnungsunterlagen gem. Artt. 3 und 9 der Richtlinie nicht betroffen (Art. 14 Abs. 1). Bei **Zweigniederlassungen von Versicherungsgesellschaften** steht es im Ermessen jeden Mitgliedsstaates, ob er sie von diesen Pflichten befreit (Art. 14 Abs. 2).
Den **Begriff der Zweigniederlassung** definiert die Richtlinie nicht. Dennoch ist der Begriff **autonom**, als solcher des Unionsrechts auszulegen, der nicht unter Rückgriff auf mitgliedstaatliche Gesellschaftsrechte ausgefüllt werden kann. Der Wirtschafts- und Sozialausschuss plädierte für eine Begriffsbestimmung unter Be-

---

708 M. Habersack/D. Verse, GesR, § 5 Rn 48.
709 BGBl. I 1993, 1282; Einzelheiten bei M. Habersack/D. Verse, GesR, § 5 Rn 49, 50.
710 Baumbach/Hopt, 35 Aufl. 20012, § 13 HGB Rn 2. Die Vorschriften sind dann durch das (zur Umsetzung der RL 2003/58 erlassene) EHUG modifiziert worden.
711 Baumbach/Hopt/Merkt, 35 Aufl. 2012, § 335 HGB Rn 3. Zu § 335 HGB vgl oben Rn 252.

712 M. Habersack/D. Verse, GesR, § 5 Rn 54.
713 Des Rates vom 13.2.1989 über die Pflichten der in einem Mitgliedstaat eingerichteten Zweigniederlassungen von Kreditinstituten und Finanzinstituten mit Sitz außerhalb dieses Mitgliedstaats zur Offenlegung von Jahresabschlussunterlagen, ABl 1989, L 44/40.

zugnahme auf Art. 1 der ersten (Bankrechtskoordinierungs-)Richtlinie 77/780[714] und der (Bankenzweigniederlassungs-)Richtlinie 89/117. Die Kommission geht offensichtlich von der Definition aus, die der Gerichtshof im Rahmen des Brüsseler Übereinkommens vom 27.9.1968 (über die gerichtliche Zuständigkeit und die Vollstreckung gerichtlicher Entscheidungen in zivil- und Handelssachen) aufgestellt hat: „... so ist mit dem Begriff der Zweigniederlassung, der Agentur oder der sonstigen Niederlassung ein Mittelpunkt geschäftlicher Tätigkeit gemeint, der auf Dauer als Außenstelle eines Stammhauses hervortritt, eine Geschäftsführung hat und sachlich so ausgestattet ist, dass er in der Weise Geschäfte mit Dritten betreiben kann, dass diese, obgleich sie wissen, dass möglicherweise ein Rechtsverhältnis mit dem im Ausland ansässigen Stammhaus begründet wird, sich nicht unmittelbar an dieses zu wenden brauchen, sondern Geschäfte an dem Mittelpunkt geschäftlicher Tätigkeit abschließen können, der dessen Außenstelle ist."[715]

293 **5. Inhalt.** Art. 1 (für Zweigniederlassungen von Gesellschaften aus anderen Mitgliedstaaten) und Art. 7 (für solche aus Drittstaaten) verweist für die **Publizitätsmittel** auf Art. 3 der 1. (Publizitäts-)Richtlinie 68/151(jetzt Art. 3 der Richtlinie 2009/101). Publizitätsanforderungen an Geschäftsbriefe und Bestellscheine regelt Art. 6 bzw 10 in enger Anlehnung an Art. 4 der 1. Publizitätsrichtlinie (jetzt Art. 5 der Richtlinie 2009/101).

294 Die **Publizitätsgegenstände** sind für Zweigniederlassungen von Kapitalgesellschaften aus anderen Mitgliedstaaten in Art. 2, für solche von Gesellschaften aus Drittstaaten in Art. 8 geregelt. In beiden Fällen ist die Parallelität zur 1. (Publizitäts-)Richtlinie 68/151 nicht zu verkennen. Art. 2 Abs. 1 listet die zwingend von den mitgliedstaatlichen Registerrechten zu verlangenden Publizitätsgegenstände auf, Abs. 2 der Vorschrift ermächtigt die Mitgliedstaaten, darüber hinaus einige weitere aufzustellen. Andere Angaben zu verlangen, ist unzulässig. Die Regelung ist abschließend.[716] Hingegen enthält Art. 8 der 11. Richtlinie für Zweigniederlassungen von Gesellschaften aus Drittländern nur eine Mindestregelung.[717]

295 Nach Art. 2 Abs. 1 Buchst. e sind diejenigen Personen offenzulegen, „die befugt sind, die Gesellschaft gerichtlich und außergerichtlich zu vertreten", und zwar als „ständige Vertreter der Gesellschaft für die Tätigkeit der Zweigniederlassung, unter Angabe ihrer Befugnisse". Gemeint sind in der und für die Zweigniederlassung tätige Bevollmächtigte. Streitig ist, ob und inwieweit ihre Vertretungsmacht eingeschränkt werden kann. Ein Teil des Schrifttums geht im Rahmen von § 13 e Abs. 2 S. 5 Nr. 3 HGB davon aus, dass für eine Eintragung nur der Bevollmächtigte mit unbeschränkter Vertretungsmacht in Frage kommt.[718]

296 Art. 2 Abs. 1 Buchst. g ordnet Offenlegung der Rechnungslegungsunterlagen an, soweit die Rechnungslegung nach der 4., 7. und 8. Richtlinie stattgefunden hat (Art. 3 der 11. Richtlinie). Indes beinhaltet dies nur die Offenlegung der Rechnungsunterlagen der Gesellschaft. Bezogen allein auf die Zweigniederlassung hat weder diese noch die Gesellschaft gesonderte Zahlen vorzulegen.[719]

III. Die (Kapital-)Richtlinie 2012/30 vom 25.10.2012

Literatur:
Andrianesis, Die Neuregelung der verdeckten Sacheinlage bei der AG durch das ARUG, WM 2011, 968; *W. Bayer*, Emittentenhaftung versus Kapitalerhaltung, in: S. Kalss/U. Torggler (Hrsg.) Kapitalmarkthaftung und Gesellschaftsrecht, 2013, 31; *Bezzenberger*, Das Kapital der Aktiengesellschaft, 2005; *Davies*, Legal Capital in Private Companies in Great Britain, AG 1998, 346; *Drinkuth*, Die Kapitalrichtlinie – Mindest- oder Höchstnorm?, 1998; *ders*, Die Vereinbarkeit der deutschen Rechtsprechung zum Bezugsrecht und Bezugsrechtsausschluss bei Kapitalerhöhungen von Aktiengesellschaften mit der Zweiten Richtlinie im Europäischen Gesellschaftsrecht, IStR 1997, 312; *Ebenroth/Kräutter*, Der Einfluss der 2. Gesellschaftsrechtlichen EG-Richtlinie auf die Lehre von der verdeckten Sacheinlage bei der Aktiengesellschaft, DB 1990, 2153; *Ebenroth/Neiß*, Zur Vereinbarkeit der Lehre von der verdeckten Sacheinlage mit EG-Recht, BB 1992, 2085; *Eckert*, Emittentenhaftung für fehlerhafte Kapitalmarktinformation und aktienrechtlicheKapitalerhaltung, GesRZ 12010, 88; *Einsele*, Verdeckte Sacheinlage, Grundsatz der Kapitalaufbringung und Kapitalerhaltung, NJW 1996, 2681; *Escher-Weingart/Kübler*, Erwerb eigener Aktien, Deutsche Reformbedürfnisse und europäische Fesseln?, ZHR 162 (1998), 537; *H. Fleischer*, Konturen der kapitalmarktrechtlichen Informationsdeliktshaftung, ZIP 2005, 1805; *Frey*, Das IBH-Urteil zur Umwandlung von Altforderungen in Beteiligungen, ZIP 1990, 288; *K. Fuchs Mtwebana*, The regulation of companies' capital in the European Union. What is the current state of affairs?, EBLR 2011, 237; *Gansen*, Harmonisierung der Kapitalaufbringung im englischen und deutschen Kapitalgesellschaftsrecht. Vergleichende Studie zur zweiten gesellschaftsrechtlichen Richtlinie, 1992; *Ganske*, Das Zweite gesellschaftsrechtliche Koordinierungsgesetz vom 13.12.1978, DB 1978, 2461; *Geiger*, Der Erwerb eigener Aktien im schwedischen Recht, AG 1997, 163; *Groß*, Die Lehre von der verdeckten

---

[714] Des Rates vom 12.12.1977 zur Koordinierung der Rechts- und Verwaltungsvorschriften über die Aufnahme und Ausübung der Tätigkeit der Kreditinstitute, ABl 1977, L 322/30; nunmehr ersetzt durch die Richtlinie 2006/48 des Europäischen Parlaments und des Rates vom 14. Juni 2006 über die Aufnahme und Ausübung der Tätigkeit der Kreditinstitute, ABl. 2006, L 177/1 (konsolidierte Fassung v. 9.12.2011).

[715] Rs. 33/78, *Somafer/Saar-Ferngas*, Slg 1978, 2183, Rn 12; vgl *V. Edwards*, EC Company Law, 213 f; in der Sache ebenso *M. Habersack/D. Verse*, GesR, § 5 Rn 56.

[716] *M. Habersack/D. Verse*, GesR, § 5 Rn 51 (spricht von Maximalregelung).

[717] *M. Habersack/D. Verse*, GesR, § 5 Rn 51.

[718] *Schwarz*, Rn 377 Fn 175 (mit Nachw. der Lit.); *Baumbach/Hopt*, 35 Aufl. 20012, § 13 e HGB Rn 3; aA *M. Habersack/D. Verse*, GesR, § 5 Rn 59 (der mE zu Recht auf den Wortlaut von Art. 2 Abs. 1 Buchst. e der Richtlinie verweist).

[719] *M. Habersack/D. Verse*, GesR, § 5 Rn 60.

Sacheinlage, AG 1991, 217; *Gruber,* Prospekthaftung der AG versus Kapitalerhaltung, GesRZ 2010, 73; *M. Habersack,* Die finanzielle Unterstützung des Aktienerwerbs-Überlegungen zu Zweck und Anwendungsbereich des § 71a Abs. 1 Satz 1 AktG, FS Röhricht, 2005, 155; *Hansen,* Die verdeckten Sacheinlagen in Frankreich, Belgien und Deutschland und ihre Behandlung durch die zweite EU-Gesellschaftsrechtsrichtlinie, 1996; *T. Hartung,* Financial assistance: § 71a AktG unter Berücksichtigung der reformierten Kapitalrichtlinie, 2010; *H. Henze,* Vermögensbindungsprinzip und Anlegerschutz, NZG 2005, 115; *H. Hirte,* Legal capital and the EU treaties, in: Corporate finance law inthe UK and the EU, 2011, 519; *ders.,* Vereinbarkeit der Inhaltskontrolle des Bezugsrechtsausschlusses bei Sacheinlagen mit europäischem Recht?, DB 1995, 1113; *ders,* Genussscheine und Kapitalherabsetzung, ZIP 1991, 1461; *K. J. Hopt,* Die Haftung für Kapitalmarktinformationen – rechtsvergleichende, rechtsdogmatische und rechtspolitische Überlegungen, in: Kalss/Toggler (Hrsg.), Kapitalmarkthaftung und Gesellschaftsrecht, 2013, 55 = WM 2013, 101; *Hüffer,* Harmonisierung des aktienrechtlichen Kapitalschutzes, NJW 1979, 1065; *Kalss,* Die Bedeutung der publizitäts-, Kapital, Zweigniederlassungs- und Einpersonengesellschaftsrichtlinie der europäischen Union für das österreichische Gesellschaftsrecht (AG und GmbH), in: Koppensteiner (Hrsg), Österreichisches und europäisches Wirtschaftsprivatrecht, Teil 1 Gesellschaftsrecht, 1994, S. 119; *C. Jungmann,* Solvenztest versus Kapitalschutzregeln – Zwei Zwei Systeme im Spannungsfeld von Gläubigerschutz und Finanzierungsfreiheit der Kapitalgesellschaft, ZGR 2006, 638; *Kindl,* Der Erwerb eigener Aktien nach Europäischem Gemeinschaftsrecht, ZEuP 1994, 77; *P. Kindler,* Gesellschaftsrechtliche Grenzen der Emittentenhaftung am Kapitalmarkt: eine Nachlese zum Fall „EM.TV" vor dem Hintergrund zwischenzeitlicher Entwicklungen, FS Hüffer, 2010, 417; *ders,* Bezugsrechtsausschluss und unternehmerisches Ermessen nach deutschem und europäischem Recht, ZGR 1998, 35; *ders,* Verdeckte Sacheinlage und Kapitalschutzrichtlinie. Zur Umwandlung von Geldkrediten in Nennkapital, FS für Boujong, 1996, 299; *ders,* Die sachliche Rechtfertigung des aktienrechtlichen Bezugsrechtsausschlusses im Lichte der Zweiten Gesellschaftsrechtlichen Richtlinie der Europäischen Gemeinschaft, ZHR 158 (1994), 339; *M. Kort,* Die Haftung der AG nach §§ 826, 31 BGBbei fehlerhaften AD-Hoc-Mitteilungen, NZG 2005, 496; *Ch. Koutsogianni-Hanke,* Die Lehre von der verdeckten Sacheinlage im Gemeinschaftsgesellschaftsrecht, 2012; *Krebs/Wagner,* Der Leistungszeitpunkt von Sacheinlagen nach § 36 a Abs. 2 AktG – zugleich ein Beispiel für die Auslegung angeglichenen Rechts, AG 1998, 467; *H. Krejci,* Anlegerschutz des Aktionärs, Kapitalerhaltung und fehlerhafte Aktiengesellschaft, GesRZ 2011, 193; *K. Langenbucher,* Kapitalerhaltung und Kapitalmarkthaftung, ZIP 2005, 239; *Loos,* Verschleierte Sacheinlage bei Aktiengesellschaften?, Die Lehre von der verschleierten Sacheinlage bei Aktiengesellschaften ist unzutreffend, BB 1989, 2147; *Lutter* (Hrsg.) Kapital in Europa, 2006; *Lutter,* Zur Europäisierung des deutschen Aktienrechts, FS für Ferid, 1978, 599; *Lutter/Gehling,* Verdeckte Sacheinlagen, WM 1989, 1445; *S. Maul,* Die Zukunft des gesellschaftsrechtlichen Kapitalschutzes in Europa, FS Hellwig, 2010, 221; *Meilicke,* Die Vereinbarkeit der Inhaltskontrolle des Bezugsrechtsausschlusses mit dem europäischen Recht, DB 1996, 513; *ders,* „Verschleierte" Sacheinlage und EWG-Vertrag, DB 1990, 1173; *ders,* Die „verschleierte" Sacheinlage – eine deutsche Fehlentwicklung, 1989; *ders,* Die Kapitalaufbringungsvorschriften als Sanierungsbremse – Ist die deutsche Interpretation des § 27 Abs. 2 AktG richtlinienkonform?, DB 1989, 1067; *W. Meilicke/F. Meilicke,* Die Postbank-Übernahme durch die Deutsche Bank – eine Gestaltung zur Vermeidung von Pflichtangeboten nach § 35 WpÜG?, ZIP 2010, 558; *H. Merkt,* Schutz der Gesellschaftsgläubiger im Binnenmarkt durch gesetzliches Mindestkapital und andere Maßnahmen, in: Europäisches Gesellschaftsrecht auf neuen Wegen, 2010, 81; *T. M. J. Möllers,* Das Verhältnis der Haftung wegen sittenwidriger Schädigung zum gesellschaftsrechtlichen Kapitalhaltungsgrundsatz, BB 2005, 1637; *Mülbert/Steup,* Emittentenhaftung für fehlerhafte Kapitalmarktinformation am Beispiel der fehlerhaften Regelpublizität, WM 2005, 1633; *Natterer,* Bezugsrechtsausschluss und zweite gesellschaftsrechtliche Richtlinie, ZIP 1995, 1481; *S. Richter,* Die Verpflichtung des Interferenten zur Übertragung eines Vermögensgegenstandes als Gegenstand der Sacheinlage, ZGR 2009, 721; *G. H. Roth,* Kapitalerhaltung versus Prospekthaftung: Die europäischen Richtlinien, JBl. 2012, 73; *R. von Rosen/Helm,* Der Erwerb eigener Aktien durch die Gesellschaft, Plädoyer für ein neues Instrument der Unternehmensfinanzierung in Deutschland und einen wichtigen Impuls für den deutschen Kapitalmarkt, AG 1996, 434; *C Schäfer,* Effektivere Vorstandshaftung für Fehlinformationen des Kapitalmarktes?, NZG 2005, 985; *W. Schön,* Die Europäische Kapitalrichtlinie: eine Sanierungsbremse?, ZHR 2010, 155; *ders.,* Die Zukunft der Kapitalaufbringung/-erhaltung, DK 2004, 162; *ders.,* Deutsches Konzernprivileg und europäischer Kapitalschutz – ein Widerspruch?, FS Kropff, 1997, 285; *W. Sindelar,* Vorrang der kapitalmarktrechtlichen Prospekthaftung gegenüber dem Grundsatz der Kapitalerhaltung, RdW 2011, 450; *G. Schummer,* Umwandlung einer Forderung in Nennkapital zum Nennwert, FS W. Jud, 2012, 657; *G. Strampelli,* rendering (once more) the financial assistance regime mor flexible, ECFR 2012, 530; *Tellis,* Unternehmenssanierung durch Zwangskapitalerhöhungen – das Beispiel Griechenlands aus europarechtlicher Sicht, EuZW 1992, 657; *J. Told,* Prospekthaftung versus Kapitalerhaltung bei Kapital- und Personengesellschaften, GesRZ 2011, 346; *G. Tsagas,* Reflecting on the Value of Socially Responsible Practices Post the Takeover of Cadbury PLC by Kraft Foods Inc: Implications for the Revision of the EU Takeover Directive, ECL 2012, 70; *Verse,* Der Gleichbehandlungsgrundsatz im Recht der Kapitalgesellschaften, 2006; *Ch. Weber,* Kapitalmarktinformationshaftung und gesellschaftsrechtliche Kapitalbindung, ZHR 176 (2012), 184; *Westermann,* Auf dem Weg zum Wettbewerb der Gesellschaftsrechtsordnungen: die Kapitalbindung im Recht der GmbH, ZIP 2005, 1849; *Wiedemann,* Die Erfüllung der Geldeinlagepflicht bei Kapitalerhöhungen im Aktienrecht, ZIP 1991, 1257; *Wilhelmi,* Das Mindestkapital als Mindestschutz – eine Apologie im Hinblick auf die Diskussion um eine Reform der GmbH angesichts der englischen Limited, GmbH-Rdsch. 2006, 13 *Wymeersch,* Das Bezugsrecht der alten Aktionäre in der Europäischen Gemeinschaft: eine rechtsvergleichende Untersuchung, AG 1998, 382; *ders,* Art. 23 of the second company law directive: the prohibition on financial assistance to acquire shares of the company, FS Drobnig, 1996, 725.

EuGH-Rechtsprechung: *Kommission/Italien,* 136/81, Slg. 1982, 3547; *Kommission/Belgien,* 141/81, Slg. 1982, 3555; *Kommission/Luxemburg,* 149/81, Slg. 1982, 3565; 151/81, *Kommission/Irland,* Slg. 1982, 3573; *Karella,* C-19/90 u. C-20/90, Slg. 1991, I-2691 (dazu *Tridimas,* ELR 1992, 158; *Samara-Krispis/Steindorff,* CMLR 1992, 615; *Lasserre,* Rev. soc. 1992, 533; *Tellis,* EuZW 1992, 657; *Schutte-Veenstra,* S.E.W. 1993, 478; *Tridimas,* Int. Comp. L. Qu. 1993, 726); *EPAS,* 149/81, C-381/89, Slg. 1992, I-2111 (dazu *Maselis,* Rev. dr. com. belge 1992, 937; *Dana-Démaret,* Rev. soc. 1993, 117; *Tridimas,* Int. Comp. L. Q. 1993, 726; *Georgakopoulos,* ZEuP 1995, 639); *Kerafina,* C-134/91 u. C-135/91; Slg. 1992, I-5713 (*D. Simon,* Clunet 1993, 402; *Tridimas,* Int. Comp. L. Q. 1993, 726); *Meilicke,* C-83/91, Slg. 1992, I-4673 (*Recq,* Rev. trim. dr. eur. 1991, 587; *Joost,* ZIP 1992, 1033; *Frey,* ZIP 1992, 1078; *Ebenroth/Neiß,* BB 1992, 2085; *Kennedy,* ELR 1993, 121; *Arnull,* CMLR 1993, 613; *Simon,* Clunet 1993, 402; *Fourgoux,* Rec. D. Sirey 1993, Jur., 466; *Wooldridge,* Legal Issues of European Integration 1993, 69; *Fumagalli,* Dir. com. scambi intern. 1993, 311); *Siemens/Nold,* C-42/95, Slg. 1996, I-6017 (= EuZW 1997, 52 = NJW 1997, 721; Vorlage des BGH, abgedruckt in ZIP 1995, 372; DB 1995, 465, dazu *Lutter,* ZIP 1995, 648 f; zur EuGH-Entscheidung selbst *Drinkuth,*

IStR 1997, 312 ff; *Hagback/Urlesberger*, WiBl 1997, 97 ff); *Pafitis*, C-441/93, Slg. 1996, I-1347; *Kefalas*, C-367/96, Slg. 1998, I-2843 (= DB 1998, 1222 = ZIP 1998, 671 = NZG 1998, 462 = EuZW 1999, 56 = RIW 1999, 130 = ZEuP 2001, 165 mit Anm *Ranieri*, 169; dazu *Boutard-Labarde*, Sem. jur., éd. gén., 1998, I 189; *Beeser*, ELRep. 1998, 290 f; *G. H. Roth*, EWiR 1998, 907 f; *Luby*, Rev. trim. dr. com. 1998, 1000 f; *Dana-Démaret*, Rev. soc. 1998, 798 ff; *Triantafyllou*, CMLR 1999, 157 ff); *Diamantis*, C-373/97, Slg. 2000, I-1705 (= ZIP 2000, 663 = NZG 2000, 534; dazu *Luby*, Rev. trim. dr. com. 2000, 777–779; *Schmidt-Kessel*, Prinzipien des Privatrechts und Rechtsvereinheitlichung, 2000, 61–83; *Anagnostopoulou*, CMLR 2001, 767; *Klinke*, ZGR 2002, 163, 184) C-101/08, *Audiolux*, Slg. 2009, I-9823 (Basedow, FS Hopt 2010, Bd 1, 27; *Parleani*, Rev. Soc. 2010, 48; *Corbisier*, JdT, dr. eur., 2010, 9; *Bengoetxea*, CMLR 2010, 1173; *Mucciarelli*, ECFR 2010, 158; *Wilsing/Paul*, EWiR 2009, 755).

1. Text der Richtlinie

297 DAS EUROPÄISCHE PARLAMENT UND DER RAT DER EUROPÄISCHEN UNION –
gestützt auf den Vertrag über die Arbeitsweise der Europäischen Union, insbesondere auf Artikel 50 Absatz 1 und Absatz 2 Buchstabe g,
auf Vorschlag der Europäischen Kommission,
nach Zuleitung des Entwurfs des Gesetzgebungsakts an die nationalen Parlamente,
nach Stellungnahme des Europäischen Wirtschafts- und Sozialausschusses,[721]
gemäß dem ordentlichen Gesetzgebungsverfahren,[722]
in Erwägung nachstehender Gründe:

(1) Die Zweite Richtlinie 77/91/EWG des Rates vom 13. Dezember 1976 zur Koordinierung der Schutzbestimmungen, die in den Mitgliedstaaten den Gesellschaften im Sinne des Artikels 54 Absatz 2 des Vertrages im Interesse der Gesellschafter sowie Dritter für die Gründung der Aktiengesellschaft sowie für die Erhaltung und Änderung ihres Kapitals vorgeschrieben sind, um diese Bestimmungen gleichwertig zu gestalten[723] ist mehrfach und in wesentlichen Punkten geändert worden.[724] Aus Gründen der Klarheit empfiehlt es sich, im Rahmen der jetzt anstehenden Änderungen eine Neufassung vorzunehmen.

(2) Die Fortführung der Koordinierung, die Artikel 50 Absatz 2 Buchstabe g des Vertrags sowie das Allgemeine Programm zur Aufhebung der Beschränkungen der Niederlassungsfreiheit vorsehen und die mit der Ersten Richtlinie 68/151/EWG des Rates vom 9. März 1968 zur Koordinierung der Schutzbestimmungen, die in den Mitgliedstaaten den Gesellschaften im Sinne des Artikels 58 Absatz 2 des Vertrages im Interesse der Gesellschafter sowie Dritter vorgeschrieben sind, um diese Bestimmungen gleichwertig zu gestalten,[725] begonnen wurde, ist bei den Aktiengesellschaften besonders wichtig, weil in der Wirtschaft der Mitgliedstaaten die Tätigkeit dieser Gesellschaften vorherrscht und häufig die Grenzen des nationalen Hoheitsgebiets überschreitet.

(3) Die Koordinierung der einzelstaatlichen Vorschriften über die Gründung der Aktiengesellschaft sowie die Aufrechterhaltung, die Erhöhung und die Herabsetzung ihres Kapitals ist vor allem bedeutsam, um beim Schutz der Aktionäre einerseits und der Gläubiger der Gesellschaft andererseits ein Mindestmaß an Gleichwertigkeit sicherzustellen.

(4) Die Satzung oder der Errichtungsakt einer Aktiengesellschaft muss in der Union jedem Interessierten die Möglichkeit bieten, die wesentlichen Merkmale der Gesellschaft und insbesondere die genaue Zusammensetzung des Gesellschaftskapitals zu kennen.

(5) Es ist daher notwendig Unionsvorschriften zu erlassen, um das Kapital als Sicherheit für die Gläubiger zu erhalten, indem insbesondere untersagt wird, dass das Kapital durch nicht geschuldete Ausschüttungen an die Aktionäre verringert wird, und indem die Möglichkeit einer Gesellschaft, eigene Aktien zu erwerben, begrenzt wird.

(6) Die Beschränkungen für den Erwerb eigener Aktien sollten nicht nur für den Erwerb durch die Gesellschaft selbst gelten, sondern auch für den Erwerb, der von einer Person getätigt wird, die im eigenen Namen, aber für Rechnung dieser Gesellschaft handelt.

(7) Um zu verhindern, dass sich eine Aktiengesellschaft einer anderen Gesellschaft, in der sie über die Mehrheit der Stimmrechte verfügt oder auf die sie einen beherrschenden Einfluss ausüben kann, bedient, um eigene Aktien zu erwerben, ohne die hierfür vorgesehenen Beschränkungen zu beachten, sind die Vorschriften für den Erwerb eigener Aktien durch eine Gesellschaft auf die wichtigsten und am häufigsten vorkommenden Fälle des Erwerbs von Aktien durch diese andere Gesellschaft auszu-

---

721 ABl. 2011, C 132/113.
722 Standpunkt des Europäischen Parlaments vom 15. November 2011 (noch nicht im Amtsblatt veröffentlicht) und Beschluss des Rates vom 10. Oktober 2012.
723 ABl. 1977, L 26/1. Im Einklang mit Artikel 12 des Vertrags von Amsterdam und Artikel 5 des Vertrags von Lissabon wurde Artikel 58 des Vertrags zur Gründung der Europäischen Wirtschaftsgemeinschaft in Artikel 54 des Vertrags über die Arbeitsweise der Europäischen Union umnummeriert. Der Titel dieser Richtlinie enthält daher die neue Bezugnahme.
724 Siehe Anhang II Teil A.
725 ABl. 1968, L 65/8.

dehnen. Diese Regelung sollte auch auf die Zeichnung von Aktien der Aktiengesellschaft erstreckt werden.
(8) Um Umgehungen der vorliegenden Richtlinie zu vermeiden, müssen Gesellschaften im Sinne der Richtlinie 2009/101/EG des Europäischen Parlaments und des Rates vom 16. September 2009 zur Koordinierung der Schutzbestimmungen, die in den Mitgliedstaaten den Gesellschaften im Sinne des Artikels 54 Absatz 2 des Vertrags im Interesse der Gesellschafter sowie Dritter vorgeschrieben sind, um diese Bestimmungen gleichwertig zu gestalten[726] sowie Gesellschaften, die dem Recht eines Drittlands unterliegen und eine vergleichbare Rechtsform haben, in die in Erwägungsgrund 7 genannten Regelungen einbezogen werden.
(9) Besteht zwischen der Aktiengesellschaft und der anderen Gesellschaft im Sinne des Erwägungsgrundes 7 nur ein mittelbares Verhältnis, so erscheint es gerechtfertigt, die anwendbaren Bestimmungen flexibler als bei einem unmittelbaren Verhältnis zu gestalten, indem vorgesehen wird, dass die Aussetzung der Stimmrechte als Mindestmaßnahme zur Verwirklichung der Ziele der vorliegenden Richtlinie vorgesehen wird.
(10) Im Übrigen ist es gerechtfertigt, die Fälle auszunehmen, in denen es aufgrund der Besonderheiten einer beruflichen Tätigkeit ausgeschlossen ist, dass die Erreichung der Ziele der vorliegenden Richtlinie in Frage gestellt werden.
(11) Im Hinblick auf die in Artikel 50 Absatz 2 Buchstabe g des Vertrags verfolgten Ziele ist es erforderlich, dass die Rechtsvorschriften der Mitgliedstaaten bei Kapitalerhöhungen und Kapitalherabsetzungen die Beachtung der Grundsätze über die Gleichbehandlung der Aktionäre, die sich in denselben Verhältnissen befinden, und den Schutz der Gläubiger von Forderungen, die bereits vor der Entscheidung über die Herabsetzung bestanden, sicherstellen und für die harmonisierte Durchführung dieser Grundsätze Sorge tragen.
(12) Um in allen Mitgliedstaaten die Vereinheitlichung des Gläubigerschutzes zu verbessern, sollten Gläubiger, deren Forderungen aufgrund einer Herabsetzung des Kapitals einer Aktiengesellschaft gefährdet sind, unter bestimmten Voraussetzungen auf Gerichts- oder Verwaltungsverfahren zurückgreifen können.
(13) Um Marktmissbrauch zuverlässig zu verhindern, sollten die Mitgliedstaaten bei der Umsetzung dieser Richtlinie den Bestimmungen der Richtlinie 2003/6/EG des Europäischen Parlaments und des Rates vom 28. Januar 2003 über Insider-Geschäfte und Marktmanipulation (Marktmissbrauch),[727] der Verordnung (EG) Nr. 2273/2003 der Kommission vom 22. Dezember 2003 zur Durchführung der Richtlinie 2003/6/EG des Europäischen Parlaments und des Rates – Ausnahmeregelungen für Rückkaufprogramme und Kursstabilisierungsmaßnahmen[728] sowie der Richtlinie 2004/72/EG der Kommission vom 29. April 2004 zur Durchführung der Richtlinie 2003/6/EG des Europäischen Parlaments und des Rates – Zulässige Marktpraktiken, Definition von Insider-Informationen in Bezug auf Warenderivate, Erstellung von Insider-Verzeichnissen, Meldung von Eigengeschäften und Meldung verdächtiger Transaktionen[729] Rechnung tragen.
(14) In Anbetracht des Urteils des Gerichtshofs vom 6. Mai 2008 in der Rechtssache C-133/06 Parlament/Rat,[730] erscheint eine Umformulierung des Wortlauts von Artikel 6 Absatz 3 der Richtlinie 77/91/EWG erforderlich, so dass eine bestehende zweite Rechtsgrundlage entfernt werden kann und dass sowohl das Europäische Parlament als auch der Rat den in Absatz 1 des Artikels genannten Betrag prüfen und gegebenenfalls ändern können.
(15) Diese Richtlinie sollte die Verpflichtung der Mitgliedstaaten hinsichtlich der Fristen für die Umsetzung in innerstaatliches Recht und für die Anwendung der in Anhang II Teil B aufgeführten Richtlinien unberührt lassen –
HABEN FOLGENDE RICHTLINIE ERLASSEN:

Artikel 1 [Anwendungsbereich]
(1) Die durch diese Richtlinie vorgeschriebenen Maßnahmen der Koordinierung gelten für die Rechts- und Verwaltungsvorschriften der Mitgliedstaaten für die in Anhang I genannten Rechtsformen von Gesellschaften.

---

[726] ABl. 2009, L 258/11. Der Titel der Richtlinie 2009/101/EG wurde angepasst, um der Umnummerierung der Artikel des Vertrags zur Gründung der Europäischen Gemeinschaft gemäß Artikel 5 des Vertrags von Lissabon Rechnung zu tragen; die ursprüngliche Bezugnahme betraf Artikel 48 Absatz 2 des Vertrags.
[727] ABl. 2003, L 96/16.
[728] ABl. 2003, L 336/33.
[729] ABl. 2004, L 162/70.
[730] Slg 2008, S. I-3189.

Die Firma jeder Gesellschaft der in Anhang I genannten Rechtsformen muss eine Bezeichnung enthalten, die sich von den für andere Gesellschaftsformen vorgeschriebenen Bezeichnungen unterscheidet, oder muss mit einer solchen Bezeichnung verbunden sein.

(2) ¹Die Mitgliedstaaten brauchen diese Richtlinie auf Investmentgesellschaften mit veränderlichem Kapital und auf Genossenschaften, die in einer der in Anhang 1 genannten Rechtsformen gegründet worden sind, nicht anzuwenden. ²Soweit die Rechtsvorschriften der Mitgliedstaaten von dieser Möglichkeit Gebrauch machen, verpflichten sie diese Gesellschaften die Bezeichnung „Investmentgesellschaft mit veränderlichem Kapital" oder „Genossenschaft" auf allen in Artikel 5 der Richtlinie 2009/101/EG genannten Schriftstücken anzugeben.

Unter „Investmentgesellschaften mit veränderlichem Kapital" im Sinne dieser Richtlinie sind nur Gesellschaften zu verstehen,
– deren Gegenstand es ausschließlich ist, ihre Mittel in verschiedenen Wertpapieren, in verschiedenen Grundstücken oder in anderen Werten anzulegen mit dem einzigen Ziel, das Risiko der Investitionen zu verteilen und ihre Aktionäre an dem Gewinn aus der Verwaltung ihres Vermögens zu beteiligen,
– die sich an die Öffentlichkeit wenden, um ihre eigenen Aktien unterzubringen, und
– deren Satzung bestimmt, dass ihre Aktien in den Grenzen eines Mindest- und eines Höchstkapitals jederzeit von der Gesellschaft ausgegeben, zurückgekauft oder weiterveräußert werden können.

Artikel 2 [Mindestinhalt der Gesellschaftssatzung]

Die Satzung oder der Errichtungsakt der Gesellschaft enthält mindestens folgende Angaben:
a) die Rechtsform der Gesellschaft und ihre Firma;
b) den Gegenstand des Unternehmens;
c) sofern die Gesellschaft kein genehmigtes Kapital hat, die Höhe des gezeichneten Kapitals;
d) sofern die Gesellschaft ein genehmigtes Kapital hat, die Höhe des genehmigten Kapitals und die Höhe des gekennzeichneten Kapitals im Zeitpunkt der Gründung der Gesellschaft oder der Erteilung der Genehmigung zur Aufnahme ihrer Geschäftstätigkeit sowie bei jeder Änderung des genehmigten Kapitals; Artikel 2 Buchstabe e der Richtlinie 2009/101/EG bleibt unberührt;
e) die Bestimmungen, welche die Zahl und die Art und Weise der Bestellung der Mitglieder derjenigen Organe, die mit der Vertretung gegenüber Dritten, mit der Verwaltung, der Leitung, der Aufsicht oder der Kontrolle der Gesellschaft betraut sind, sowie die Verteilung der Zuständigkeiten zwischen diesen Organen festlegen, soweit sich dies nicht aus dem Gesetz ergibt;
f) die Dauer der Gesellschaft, sofern sie nicht unbestimmt ist.

Artikel 3 [Zwingende Angaben der Gesellschaftssatzung]

Die Satzung, der Errichtungsakt oder ein gesondertes Schriftstück, das nach den in den Rechtsvorschriften der einzelnen Mitgliedstaaten gemäß Artikel 3 der Richtlinie 2009/101/EG vorgesehenen Verfahren offenzulegen ist, müssen mindestens folgende Angaben enthalten:
a) den Sitz der Gesellschaft;
b) den Nennbetrag der gezeichneten Aktien und zumindest jährlich deren Zahl;
c) die Zahl der gezeichneten Aktien ohne Angabe des Nennbetrags, soweit die einzelstaatlichen Rechtsvorschriften die Ausgabe solcher Aktien erlauben;
d) gegebenenfalls die besonderen Bedingungen, welche die Übertragung der Aktien beschränken;
e) sofern es mehrere Gattungen von Aktien gibt; die in Buchstaben b, c und d genannten Angaben für jede von ihnen und die Angabe der Rechte, die mit den Aktien jeder der Gattungen verbunden sind;
f) die Form der Aktien, Namens- oder Inhaberaktien, sofern die einzelstaatlichen Rechtsvorschriften diese beiden Formen vorsehen, sowie alle Vorschriften über deren Umwandlung, es sei denn, dass das Gesetz die Einzelheiten festlegt;
g) den eingezahlten Betrag des gezeichneten Kapitals im Zeitpunkt der Gründung der Gesellschaft oder der Erteilung der Genehmigung zur Aufnahme ihrer Geschäftstätigkeit;
h) den Nennbetrag der Aktien oder, wenn ein Nennbetrag nicht vorhanden ist, die Zahl der Aktien, die als Gegenleistung für eine Einlage ausgegeben werden, die nicht in bar bewirkt wird, sowie den Gegenstand dieser Einlage und den Namen des Einlegers;
i) die Personalien der natürlichen Personen oder die Bezeichnung der juristischen Personen oder Gesellschaften, durch die oder in deren Namen die Satzung oder der Errichtungsakt oder, sofern die Gründung der Gesellschaft nicht in einem Vorgang einheitlich erfolgt, die Entwürfe der Satzung oder des Errichtungsaktes unterzeichnet worden sind;
j) mindestens annähernd den Gesamtbetrag aller Kosten, die aus Anlass der Gründung der Gesellschaft von dieser zu tragen sind oder ihr in Rechnung gestellt werden, und zwar gegebenenfalls auch, wenn sie

vor dem Zeitpunkt entstehen, in dem die Gesellschaft die Genehmigung zur Aufnahme ihrer Geschäftstätigkeit erhält und

k) jeder besondere Vorteil, der bei der Gründung der Gesellschaft oder bis zu dem Zeitpunkt, zu dem diese die Genehmigung zur Aufnahme ihrer Geschäftstätigkeit erhält, jemandem gewährt wird, der an der Gründung der Gesellschaft oder an Vorgängen beteiligt ist, welche die Genehmigung herbeiführen.

Artikel 4 [Haftung für Verbindlichkeiten]

(1) Schreiben die Rechtsvorschriften eines Mitgliedstaats vor, dass eine Gesellschaft ihre Geschäftstätigkeit nicht ohne eine entsprechende Genehmigung aufnehmen darf, so müssen sie auch Vorschriften über die Haftung für die Verbindlichkeiten enthalten, die von der Gesellschaft oder für ihre Rechnung vor der Erteilung oder der Ablehnung einer solchen Genehmigung eingegangen werden.
(2) Absatz 1 gilt nicht für Verbindlichkeiten aus Verträgen, welche die Gesellschaft unter der Bedingung geschlossen hat, dass ihr die Genehmigung zur Aufnahme der Geschäftstätigkeit erteilt wird.

Artikel 5 [Auflösung der Gesellschaft]

(1) Verlangen die Rechtsvorschriften eines Mitgliedstaats für die Gründung einer Gesellschaft das Zusammenwirken mehrerer Gesellschafter, so hat die Vereinigung aller Aktien in einer Hand oder das Absinken der Zahl der Gesellschafter unter die gesetzliche Mindestzahl nach der Gründung der Gesellschaft nicht ohne weiteres deren Auflösung zur Folge.
(2) Kann in den Fällen des Absatzes 1 die gerichtliche Auflösung der Gesellschaft nach den Rechtsvorschriften eines Mitgliedstaats ausgesprochen werden, so muss das zuständige Gericht dieser Gesellschaft eine ausreichende Frist einräumen können, um den Mangel zu beheben.
(3) Wenn die in Absatz 2 genannte gerichtliche Auflösung der Gesellschaft ausgesprochen worden ist, tritt die Gesellschaft in Liquidation.

Artikel 6 [Mindestkapital]

(1) Die Rechtsvorschriften der Mitgliedstaaten fordern für die Gründung der Gesellschaft oder für die Erteilung der Genehmigung zur Aufnahme ihrer Geschäftstätigkeit die Zeichnung eines Mindestkapitals, dessen Betrag nicht auf weniger als 25 000 EUR festgesetzt werden darf.
(2) Auf Vorschlag der Kommission prüfen das Europäische Parlament und der Rat gemäß Artikel 50 Absatz 1 und Absatz 2 Buchstabe g des Vertrags alle fünf Jahre die in Euro ausgedrückten Beträge in Absatz 1 unter Berücksichtigung der wirtschaftlichen und monetären Entwicklung in der Union sowie der Tendenzen, die Wahl der in Anhang I genannten Gesellschaftsformen großen und mittleren Unternehmen vorzubehalten, und ändern diese Beträge gegebenenfalls.

Artikel 7 [Kapital aus Vermögensgegenständen]

¹Das gezeichnete Kapital darf nur aus Vermögensgegenständen bestehen, deren wirtschaftlicher Wert feststellbar ist. ²Jedoch können diese Vermögensgegenstände nicht aus Verpflichtungen zu Arbeits- oder Dienstleistungen bestehen.

Artikel 8 [Ausgabe von Aktien]

Die Aktien dürfen nicht unter dem Nennbetrag oder, wenn ein Nennbetrag nicht vorhanden ist, nicht unter dem rechnerischen Wert ausgegeben werden.
Die Mitgliedstaaten können jedoch zulassen, dass diejenigen, die sich berufsmäßig mit der Unterbringung von Aktien befassen, weniger als den Gesamtbetrag der Aktien zahlen, die sie bei diesem Vorgang zeichnen.

Artikel 9 [Einlagen]

Die Einlagen auf ausgegebene Aktien müssen im Zeitpunkt der Gründung der Gesellschaft oder der Erteilung der Genehmigung zur Aufnahme ihrer Geschäftstätigkeit in Höhe von mindestens 25 v. H. des Nennbetrags der Aktien oder, wenn ein Nennbetrag nicht vorhanden ist, ihres rechnerischen Wertes geleistet werden.
Jedoch müssen Einlagen, die nicht Bareinlagen sind, für Aktien, die im Zeitpunkt der Gründung der Gesellschaft oder im Zeitpunkt der Erteilung der Genehmigung zur Aufnahme ihrer Geschäftstätigkeit ausgegeben werden, innerhalb von fünf Jahren nach diesem Zeitpunkt vollständig geleistet werden.

Artikel 10 [Sachverständigenbericht]

(1) ¹Die Einlagen, die nicht Bareinlagen sind, sind Gegenstand eines besonderen Berichts, der vor der Gründung der Gesellschaft oder vor dem Zeitpunkt, zu dem sie die Genehmigung zur Aufnahme ihrer Geschäftstätigkeit erhält, durch einen oder mehrere von ihr unabhängige Sachverständige, die durch eine Verwaltungsbehörde oder ein Gericht bestellt oder zugelassen sind, erstellt wird. ²Sachverständige können nach den Rechtsvorschriften jedes Mitgliedstaats natürliche Personen, juristische Personen oder Gesellschaften sein.

(2) Der in Absatz 1 genannte Sachverständigenbericht muss mindestens jede Einlage beschreiben, die angewandten Bewertungsverfahren nennen und angeben, ob die Werte, zu denen diese Verfahren führen, wenigstens der Zahl und dem Nennbetrag oder, wenn ein Nennbetrag nicht vorhanden ist, dem rechnerischen Wert und gegebenenfalls dem Mehrbetrag der dafür auszugeben den Aktien entsprechen.

(3) Der Sachverständigenbericht ist nach den in den Rechtsvorschriften der einzelnen Mitgliedstaaten gemäß Artikel 3 der Richtlinie 2009/101/EG vorgesehenen Verfahren offenzulegen.

(4) Die Mitgliedstaaten brauchen diesen Artikel nicht anzuwenden, wenn 90 v. H. des Nennbetrags oder, wenn ein Nennbetrag nicht vorhanden ist, des rechnerischen Wertes aller Aktien an eine oder mehrere Gesellschaften gegen Sacheinlagen, die nicht Bareinlagen sind, ausgegeben werden und wenn folgende Voraussetzungen erfüllt sind:

a) bei der Gesellschaft, an welche die Einlagen geleistet werden, haben die in Artikel 3 Buchstabe i genannten Personen oder Gesellschaften auf die Erstellung des Sachverständigenberichts verzichtet;
b) dieser Verzicht ist nach Absatz 3 offengelegt worden;
c) die Gesellschaften, welche die Einlagen leisten, verfügen über Rücklagen, die nach Gesetz oder Satzung nicht ausgeschüttet werden dürfen und deren Höhe mindestens dem Nennbetrag oder, wenn ein Nennbetrag nicht vorhanden ist, dem rechnerischen Wert der gegen solche Einlagen ausgegebenen Aktien entspricht, die nicht Bareinlagen sind;
d) die Gesellschaften, welche die Einlagen leisten, verpflichten sich bis zu dem unter Buchstabe c genannten Betrag, für diejenigen Schulden der empfangenden Gesellschaft einzustehen, die zwischen dem Zeitpunkt der Ausgabe der Aktien gegen Einlagen, die nicht Bareinlagen sind, und einem Jahr nach der Bekanntmachung des Jahresabschlusses dieser Gesellschaft entstehen, der sich auf das Geschäftsjahr bezieht, in dem die Einlagen geleistet worden sind. Jede Übertragung dieser Aktien innerhalb dieser Frist ist unzulässig;
e) die unter Buchstabe d genannte Verpflichtung ist nach Absatz 3 offengelegt worden und
f) die Gesellschaften, welche die Einlagen leisten, stellen einen Betrag in Höhe des unter Buchstabe c genannten Betrags in eine Rücklage ein, die erst ausgeschüttet werden darf nach Ablauf einer Frist von drei Jahren nach Bekanntmachung des Jahresabschlusses der empfangenden Gesellschaft, der sich auf das Geschäftsjahr bezieht, in dem die Einlagen geleistet worden sind, oder gegebenenfalls nach einem späteren Zeitpunkt, zu dem alle innerhalb der Frist geltend gemachten Ansprüche aus der unter Buchstabe d genannten Verpflichtung erfüllt sind.

(5) Mitgliedstaaten können beschließen, diesen Artikel bei der Bildung einer neuen Gesellschaft im Wege der Verschmelzung oder Spaltung nicht anzuwenden, wenn ein Bericht eines oder mehrerer unabhängiger Sachverständiger über die Verschmelzungs- oder Spaltungspläne erstellt wird. Beschließen Mitgliedstaaten, diesen Artikel in den in Unterabsatz 1 beschriebenen Fällen anzuwenden, so können sie gestatten, dass der gemäß diesem Artikel erstellte Bericht und der Bericht des bzw. der unabhängigen Sachverständigen über die Verschmelzungs- oder Spaltungspläne von demselben bzw. denselben Sachverständigen erstellt werden.

Artikel 11 [Übertragbare Wertpapiere; Geldmarktinstrumente und andere Vermögensgegenstände als Sacheinlagen]

(1) Die Mitgliedstaaten können beschließen, Artikel 10 Absätze 1, 2 und 3 dieser Richtlinie nicht anzuwenden, wenn auf Beschluss des Verwaltungs- oder Leitungsorgans übertragbare Wertpapiere im Sinne von Artikel 4 Absatz 1 Nummer 18 der Richtlinie 2004/39/EG des Europäischen Parlaments und des Rates vom 21. April 2004 über Märkte für Finanzinstrumente,[731] oder Geldmarktinstrumente im Sinne des Artikels 4 Absatz 1 Nummer 19 derselben Richtlinie als Sacheinlage eingebracht werden und diese Wertpapiere oder Geldmarktinstrumente zu dem gewichteten Durchschnittspreis bewertet werden, zu dem sie während einer durch die nationalen Rechtsvorschriften zu bestimmenden ausreichenden Zeitspanne vor dem Tag ihrer

---

[731] ABl. .2004, L 145/1.

tatsächlichen Einbringung als Sacheinlage auf einem oder mehreren geregelten Märkten im Sinne von Artikel 4 Absatz 1 Nummer 14 der genannten Richtlinie gehandelt wurden.
Wurde dieser Preis jedoch durch außergewöhnliche Umstände beeinflusst, die eine erhebliche Änderung des Wertes des Vermögensgegenstandes zum Zeitpunkt seiner tatsächlichen Einbringung bewirken würden, und zwar auch in Fällen, in denen der Markt für diese Wertpapiere oder Geldmarktinstrumente illiquide geworden ist, so veranlasst das Verwaltungs- oder Leitungsorgan eine Neubewertung.
Für eine derartige Neubewertung gilt Artikel 10 Absätze 1, 2 und 3.
(2) Die Mitgliedstaaten können beschließen, Artikel 10 Absätze 1, 2 und 3 nicht anzuwenden, wenn auf Beschluss des Verwaltungs- oder Leitungsorgans andere Vermögensgegenstände als die in Absatz 1 dieses Artikels genannten Wertpapiere und Geldmarktinstrumente als Sacheinlagen eingebracht werden, die bereits von einem anerkannten unabhängigen Sachverständigen zum beizulegenden Zeitwert („fair value") bewertet wurden, und die folgenden Bedingungen erfüllt sind:
a) der beizulegende Zeitwert wird für einen Stichtag ermittelt, der nicht mehr als sechs Monate vor dem Tag der tatsächlichen Einbringung des Vermögensgegenstands liegt und
b) die Bewertung wurde nach den in dem Mitgliedstaat für die Art der einzubringenden Vermögensgegenstände allgemein anerkannten Bewertungsnormen und -grundsätzen vorgenommen.
Sind neue erhebliche Umstände eingetreten, die eine wesentliche Änderung des beizulegenden Zeitwerts des Vermögensgegenstands zum Zeitpunkt seiner tatsächlichen Einbringung bewirken würden, so veranlasst das Verwaltungs- oder Leitungsorgan eine Neubewertung.
Für eine derartige Neubewertung gilt Artikel 10 Absätze 1, 2 und 3.
Wurde eine solche Neubewertung nicht vorgenommen, können ein oder mehrere Aktionäre, die am Tag des Beschlusses über eine Kapitalerhöhung zusammengenommen mindestens 5 % des gezeichneten Kapitals der Gesellschaft halten, eine Bewertung durch einen unabhängigen Sachverständigen verlangen; in diesem Fall gilt Artikel 10 Absätze 1, 2 und 3.
Dieser oder diese Aktionäre können einen entsprechenden Antrag bis zum Tag der tatsächlichen Einbringung der Vermögensgegenstände stellen, sofern er oder sie am Antragstag immer noch, wie zuvor am Tag des Kapitalerhöhungsbeschlusses, zusammengenommen mindestens 5 % des gezeichneten Kapitals der Gesellschaft hält bzw. halten.
(3) Die Mitgliedstaaten können beschließen, Artikel 10 Absätze 1, 2 und 3 nicht anzuwenden, wenn auf Beschluss des Verwaltungs- oder Leitungsorgans andere Vermögensgegenstände als die in Absatz 1 dieses Artikels genannten Wertpapiere und Geldmarktinstrumente als Sacheinlagen eingebracht werden, deren beizulegender Zeitwert aus der Vermögensaufstellung des gesetzlichen Abschlusses des vorausgegangenen Geschäftsjahrs hervorgeht, sofern dieser Abschluss nach Maßgabe der Richtlinie 2006/43/EG des Europäischen Parlaments und des Rates vom 17. Mai 2006 über Abschlussprüfungen von Jahresabschlüssen und konsolidierten Abschlüssen[732] geprüft wurde.
Absatz 2 Unterabsätze 2 bis 5 dieses Artikels gelten entsprechend.

Artikel 12 [Offenlegung der Sacheinlage]
(1) Werden Sacheinlagen nach Artikel 11 ohne einen Sachverständigenbericht im Sinne von Artikel 10 Absätze 1, 2 und 3 eingebracht, so wird zusätzlich zu den nach Artikel 3 Buchstabe h geforderten Angaben und innerhalb eines Monats nach dem Tag der tatsächlichen Einbringung der Vermögensgegenstände in einer Erklärung Folgendes offen gelegt:
a) eine Beschreibung der betreffenden Sacheinlage;
b) ihr Wert, die Quelle dieser Bewertung sowie gegebenenfalls die Bewertungsmethode;
c) Angaben darüber, ob der ermittelte Wert wenigstens der Zahl und dem Nennbetrag oder – falls ein Nennbetrag nicht vorhanden ist – dem rechnerischen Wert und gegebenenfalls dem Mehrbetrag der für eine solche Sacheinlage auszugebenden Aktien entspricht und
d) eine Erklärung, dass in Bezug auf die ursprüngliche Bewertung keine neuen erheblichen Umstände eingetreten sind.
Diese Offenlegung erfolgt nach Artikel 3 der Richtlinie 2009/101/EG nach Maßgabe der Vorschriften jedes Mitgliedstaats.
(2) ¹Wird die Einbringung von Sacheinlagen im Zusammenhang mit einer vorgeschlagenen Kapitalerhöhung gemäß Artikel 29 Absatz 2 ohne einen Sachverständigenbericht im Sinne von Artikel 10 Absätze 1, 2 und 3 vorgeschlagen, so werden das Datum des Beschlusses über die Kapitalerhöhung und die Angaben nach Absatz 1 dieses Artikels in einer Bekanntmachung gemäß Artikel 3 der Richtlinie 2009/101/EG nach Maßgabe der Vorschriften jedes Mitgliedstaats offen gelegt, bevor die Einbringung des Vermögensgegen-

---

732 ABl. 2006, L 157/87.

stands als Sacheinlage wirksam wird. ²In diesem Falle beschränkt sich die in Absatz 1 dieses Artikels genannte Erklärung darauf, dass seit der Offenlegung in der genannten Bekanntmachung keine neuen Umstände eingetreten sind.

(3) Jeder Mitgliedstaat stellt durch geeignete Maßnahmen sicher, dass das in Artikel 11 und in dem vorliegenden Artikel beschriebene Verfahren eingehalten wird, wenn Sacheinlagen ohne einen Sachverständigenbericht nach Artikel 10 Absätze 1, 2 und 3 eingebracht werden.

Artikel 13 [Erwerb von Vermögensgegenständen von Gründungsmitgliedern]

(1) Der Erwerb jedes Vermögensgegenstands, der einer unter Artikel 3 Buchstabe i fallenden Person oder Gesellschaft gehört, durch die Gesellschaft für einen Gegenwert von mindestens $1/10$ des gezeichneten Kapitals muss Gegenstand einer Prüfung und Offenlegung entsprechend der in Artikel 10 Absätze 1, 2 und 3 vorgesehenen sein; er unterliegt der Zustimmung der Hauptversammlung, falls er vor Ablauf einer Frist erfolgt, die in den einzelstaatlichen Rechtsvorschriften auf mindestens zwei Jahre nach der Gründung der Gesellschaft oder nach dem Zeitpunkt festzusetzen ist, in dem die Gesellschaft die Genehmigung zur Aufnahme ihrer Geschäftstätigkeit erhält.
Die Artikel 11 und 12 gelten entsprechend.
Die Mitgliedstaaten können die Anwendung dieser Vorschriften auch vorsehen, wenn der Vermögensgegenstand einem Aktionär oder einer anderen Person gehört.
(2) Absatz 1 ist weder auf den Erwerb im Rahmen der laufenden Geschäfte der Gesellschaft noch auf den Erwerb, der auf Anordnung oder unter Aufsicht einer Verwaltungsbehörde oder eines Gerichts erfolgt, noch auf den Erwerb an der Börse anzuwenden.

Artikel 14 [Befreiung von der Einlagepflicht]

Unbeschadet der Vorschriften über die Herabsetzung des gezeichneten Kapitals dürfen die Aktionäre nicht von der Verpflichtung befreit werden, ihre Einlage zu leisten.

Artikel 15 [Vorübergehende Schaffung von Garantien]

Bis zur späteren Koordinierung der einzelstaatlichen Rechtsvorschriften treffen die Mitgliedstaaten die notwendigen Maßnahmen, damit zumindest gleiche Garantien, wie sie in den Artikeln 2 bis 14 vorgesehen sind, bei der Umwandlung einer Gesellschaft einer anderen Rechtsform in eine Aktiengesellschaft gegeben sind.

Artikel 16 [Nationale Verfahren bei Änderung der Satzung]

Die Artikel 2 bis 15 lassen die Vorschriften der Mitgliedstaaten über die Zuständigkeit und das Verfahren bei Änderungen der Satzung oder des Errichtungsaktes unberührt.

Artikel 17 [Ausschüttung; Abschlagszahlung; Investmentgesellschaft mit festem Kapital]

(1) Ausgenommen in den Fällen einer Kapitalherabsetzung darf keine Ausschüttung an die Aktionäre erfolgen, wenn bei Abschluss des letzten Geschäftsjahres das Nettoaktivvermögen, wie es der Jahresabschluss ausweist, den Betrag des gezeichneten Kapitals zuzüglich der Rücklagen, deren Ausschüttung das Gesetz oder die Satzung nicht gestattet, durch eine solche Ausschüttung unterschreitet oder unterschreiten würde.
(2) Der Betrag des in Absatz 1 genannten gezeichneten Kapitals wird um den Betrag des gezeichneten Kapitals, der noch nicht eingefordert ist, vermindert, sofern der letztere nicht auf der Aktivseite der Bilanz ausgewiesen wird.
(3) Der Betrag einer Ausschüttung an die Aktionäre darf den Betrag des Ergebnisses des letzten abgeschlossenen Geschäftsjahres, zuzüglich des Gewinnvortrags und der Entnahmen aus hierfür verfügbaren Rücklagen, jedoch vermindert um die Verluste aus früheren Geschäftsjahren sowie um die Beträge, die nach Gesetz oder Satzung in Rücklagen eingestellt worden sind, nicht überschreiten.
(4) Der Begriff „Ausschüttung" unter den Absätzen 1 und 3 umfasst insbesondere die Zahlung von Dividenden und von Zinsen für Aktien.
(5) Gestatten die Rechtsvorschriften eines Mitgliedstaats Abschlagszahlungen auf Dividenden, so unterwerfen sie diese mindestens folgenden Bedingungen:
a) Eine Zwischenbilanz wird erstellt, aus der hervorgeht, dass für die Ausschüttungen genügend Mittel zur Verfügung stehen;
b) der auszuschüttende Betrag darf den Betrag des Ergebnisses, das seit dem Ende des letzten Geschäftsjahres, für das der Jahresabschluss aufgestellt worden ist, erzielt worden ist, zuzüglich des Gewinnvortrags und der Entnahmen aus hierfür verfügbaren Rücklagen, jedoch vermindert um die Verluste aus früheren

Geschäftsjahren sowie um die nach Gesetz oder Satzung in eine Rücklage einzustellenden Beträge, nicht überschreiten.

(6) Die Absätze 1 bis 5 berühren nicht die Vorschriften der Mitgliedstaaten über die Erhöhung des gezeichneten Kapitals aus Gesellschaftsmitteln.

(7) Die Rechtsvorschriften eines Mitgliedstaats können von Absatz 1 für Investmentgesellschaften mit festem Kapital abweichen.

Unter Investmentgesellschaften mit festem Kapital im Sinne dieses Absatzes sind nur Gesellschaften zu verstehen,

a) deren Gegenstand es ausschließlich ist, ihre Mittel in verschiedenen Wertpapieren, in verschiedenen Grundstücken oder in anderen Werten anzulegen mit dem einzigen Ziel, das Risiko der Investitionen zu verteilen und ihre Aktionäre an dem Gewinn aus der Verwaltung ihres Vermögens zu beteiligen, und
b) die sich an die Öffentlichkeit wenden, um ihre eigenen Aktien unterzubringen.

Soweit die Rechtsvorschriften der Mitgliedstaaten von dieser Möglichkeit Gebrauch machen:

a) verpflichten sie diese Gesellschaften, die Bezeichnung „Investmentgesellschaft" auf allen in Artikel 5 der Richtlinie 2009/101/EG genannten Schriftstücken anzugeben;
b) gestatten sie es einer solchen Gesellschaft, deren Nettoaktivvermögen den in Absatz 1 beschriebenen Betrag unterschreitet, nicht, eine Ausschüttung an die Aktionäre vorzunehmen, wenn bei Abschluss des letzten Geschäftsjahres das gesamte Aktivvermögen, wie es der Jahresabschluss ausweist, den eineinhalbfachen Betrag der gesamten Verbindlichkeiten der Gesellschaft, wie sie der Jahresabschluss ausweist, durch eine solche Ausschüttung unterschreitet oder unterschreiten würde und
c) verpflichten sie diese Gesellschaften, die eine Ausschüttung vornehmen, wenn ihr Nettoaktivvermögen den in Absatz 1 beschriebenen Betrag unterschreitet, einen entsprechenden Vermerk in den Jahresabschluss aufzunehmen.

Artikel 18 [Rückgewährung der Ausschüttung bei Kenntnis der Unzulässigkeit]

Jede Ausschüttung, die entgegen Artikel 17 erfolgt, ist von den Aktionären, die sie empfangen haben, zurückzugewähren, wenn die Gesellschaft beweist, dass diesen Aktionären die Unzulässigkeit der an sie erfolgten Ausschüttung bekannt war oder sie darüber nach den Umständen nicht in Unkenntnis sein konnten.

Artikel 19 [Schwerer Verlust des gezeichneten Kapitals]

(1) Bei schweren Verlusten des gezeichneten Kapitals muss die Hauptversammlung innerhalb einer durch die Rechtsvorschriften der Mitgliedstaaten zu bestimmenden Frist einberufen werden, um zu prüfen, ob die Gesellschaft aufzulösen ist oder andere Maßnahmen zu ergreifen sind.

(2) Die Rechtsvorschriften eines Mitgliedstaats können die Höhe des als schwer zu erachtenden Verlustes im Sinne des Absatzes 1 nicht auf mehr als die Hälfte des gezeichneten Kapitals festsetzen.

Artikel 20 [Zeichnungsverbot]

(1) Die Gesellschaft darf keine eigenen Aktien zeichnen.

(2) Sind die Aktien der Gesellschaft durch eine Person gezeichnet worden, die im eigenen Namen, aber für Rechnung der Gesellschaft handelt, so gilt die Zeichnung als für eigene Rechnung des Zeichners vorgenommen.

(3) Die in Artikel 3 Buchstabe i genannten Personen oder Gesellschaften oder, im Falle der Erhöhung des gezeichneten Kapitals, die Mitglieder des Verwaltungs- oder Leitungsorgans sind verpflichtet, die Einlagen auf Aktien zu leisten, die unter Verstoß gegen den vorliegenden Artikel gezeichnet worden sind.

Die Rechtsvorschriften der Mitgliedstaaten können jedoch vorsehen, dass jeder Betroffene sich von dieser Verpflichtung befreien kann, indem er beweist, dass ihn persönlich kein Verschulden trifft.

Artikel 21 [Ausnahme vom Zeichnungsverbot]

(1) [1]Unbeschadet des Grundsatzes der Gleichbehandlung aller Aktionäre, die sich in denselben Verhältnissen befinden und unbeschadet der Richtlinie 2003/6/EG kann ein Mitgliedstaat einer Gesellschaft gestatten, ihre eigenen Aktien entweder selbst oder durch eine im eigenen Namen, aber für Rechnung der Gesellschaft handelnde Person zu erwerben. [2]Insoweit ein solcher Erwerb gestattet ist, knüpfen die Mitgliedstaaten diesen Erwerb an folgende Bedingungen:

a) Die Genehmigung für den Erwerb wird von der Hauptversammlung erteilt, welche die Einzelheiten des vorgesehenen Erwerbs und insbesondere die Höchstzahl der zu erwerbenden Aktien, die Geltungsdauer der Genehmigung, die sich nach den nationalen Rechtsvorschriften richtet, dabei aber fünf Jahre nicht

überschreiten darf, und bei entgeltlichem Erwerb den niedrigsten und höchsten Gegenwert festlegt. Die Mitglieder des Verwaltungs- oder Leitungsorgans müssen sich davon überzeugen, dass im Zeitpunkt jedes genehmigten Erwerbs die unter den Buchstaben b und c genannten Bedingungen beachtet werden;
b) der Erwerb von Aktien einschließlich der Aktien, welche die Gesellschaft früher erworben hat und noch hält, sowie der Aktien, die eine Person im eigenen Namen, jedoch für Rechnung der Gesellschaft erworben hat, darf nicht dazu führen, dass das Nettoaktivvermögen den in Artikel 17 Absätze 1 und 2 genannten Betrag unterschreitet und
c) der Vorgang darf nur voll eingezahlte Aktien betreffen.

Die Mitgliedstaaten können ferner den Erwerb von Aktien im Sinne von Unterabsatz 1 jeder beliebigen der folgenden Bedingungen unterwerfen:
a) Der Nennbetrag oder, wenn ein Nennbetrag nicht vorhanden ist, der rechnerische Wert der erworbenen Aktien einschließlich der Aktien, welche die Gesellschaft früher erworben hat und noch hält, sowie der Aktien, die eine Person im eigenen Namen, jedoch für Rechnung der Gesellschaft erworben hat, darf nicht einen von den Mitgliedstaaten zu bestimmenden Höchstwert überschreiten. Dieser Höchstwert darf nicht niedriger als 10 % des gezeichneten Kapitals sein;
b) die Befugnis der Gesellschaft zum Erwerb eigener Aktien im Sinne des Unterabsatzes 1, die Höchstzahl der zu erwerbenden Aktien, die Geltungsdauer der Befugnis und der höchste bzw der niedrigste Gegenwert werden in der Satzung oder in der Gründungsurkunde festgelegt;
c) die Gesellschaft erfüllt bestimmte Berichts- und Notifizierungsanforderungen;
d) von bestimmten von den Mitgliedstaaten bezeichneten Gesellschaften kann verlangt werden, dass sie erworbene Aktien für nichtig erklären, vorausgesetzt, ein Betrag in Höhe des Nennbetrags der für nichtig erklärten Aktien wird in eine Rücklage eingestellt, die außer im Falle der Herabsetzung des gezeichneten Kapitals nicht an die Aktionäre ausgeschüttet werden darf. Diese Rücklage darf nur zum Zwecke einer Erhöhung des gezeichneten Kapitals durch Umwandlung von Rücklagen verwendet werden und
e) die Befriedigung von Gläubigerforderungen wird durch den Erwerb nicht beeinträchtigt.
(2) ¹Die Rechtsvorschriften eines Mitgliedstaats können von Absatz 1 Buchstabe a Satz 1 abweichen, sofern der Erwerb eigener Aktien notwendig ist, um einen schweren unmittelbar bevorstehenden Schaden von der Gesellschaft abzuwenden. ²In diesem Fall muss die nächste Hauptversammlung durch das Verwaltungs- oder Leitungsorgan über die Gründe und den Zweck der getätigten Ankäufe, über die Zahl und den Nennbetrag oder, wenn ein Nennbetrag nicht vorhanden ist, den rechnerischen Wert der erworbenen Aktien, über deren Anteil am gezeichneten Kapital sowie über den Gegenwert der Aktien unterrichtet werden.
(3) ¹Die Mitgliedstaaten brauchen Absatz 1 Buchstabe a Satz 1 nicht auf Aktien anzuwenden, die von der Gesellschaft selbst oder von einer Person, die im eigenen Namen, aber für Rechnung der Gesellschaft handelt, im Hinblick auf eine Ausgabe an die Arbeitnehmer der Gesellschaft oder an die Arbeitnehmer einer mit dieser verbundenen Gesellschaft erworben werden. ²Die Ausgabe derartiger Aktien muss innerhalb von zwölf Monaten, vom Erwerb dieser Aktien an gerechnet, erfolgen.

Artikel 22 [Ausnahmen von den Bedingungen beim Erwerb eigener Aktien]

(1) Die Mitgliedstaaten brauchen Artikel 21 nicht anzuwenden
a) auf Aktien, die in Durchführung einer Entscheidung über eine Kapitalherabsetzung oder im Falle des Artikels 43 erworben werden;
b) auf Aktien, die durch eine Vermögensübertragung im Wege der Gesamtrechtsnachfolge erworben werden;
c) auf voll eingezahlte Aktien, die unentgeltlich oder die von Banken und anderen Finanzinstituten auf Grund einer Einkaufskommission erworben werden;
d) auf Aktien, die auf Grund einer gesetzlichen Verpflichtung oder einer gerichtlichen Entscheidung zum Schutz der Minderheitsaktionäre, insbesondere im Falle der Verschmelzung, der Änderung des Gegenstands oder der Rechtsform der Gesellschaft, der Verlegung des Sitzes der Gesellschaft ins Ausland oder der Einführung von Beschränkungen der Übertragbarkeit von Aktien erworben werden;
e) auf Aktien, die aus der Hand eines Aktionärs erworben werden, weil er seine Einlage nicht leistet;
f) auf Aktien, die erworben werden, um Minderheitsaktionäre verbundener Gesellschaften zu entschädigen;
g) auf voll eingezahlte Aktien, die bei einer gerichtlichen Versteigerung zum Zwecke der Erfüllung einer Forderung der Gesellschaft gegen den Eigentümer dieser Aktien erworben werden und
h) auf voll eingezahlte Aktien, die von einer Investmentgesellschaft mit festem Kapital im Sinne von Artikel 17 Absatz 7 Unterabsatz 2 ausgegeben worden sind und von dieser oder einer mit ihr verbundenen Gesellschaft auf Wunsch der Anleger erworben werden. Artikel 17 Absatz 7 Unterabsatz 3 Buchstabe a ist anzuwenden. Dieser Erwerb darf nicht dazu führen, dass das Nettoaktivvermögen den Betrag des ge-

zeichneten Kapitals zuzüglich der Rücklagen, deren Ausschüttung das Gesetz nicht gestattet, unterschreitet.
(2) Die in den Fällen des Absatzes 1 Buchstaben b bis g erworbenen Aktien müssen jedoch innerhalb einer Frist von höchstens drei Jahren nach ihrem Erwerb veräußert werden, es sei denn, dass der Nennbetrag oder, wenn ein Nennbetrag nicht vorhanden ist, der rechnerische Wert der erworbenen Aktien einschließlich der Aktien, die von einer Person im eigenen Namen, aber für Rechnung der Gesellschaft erworben worden sind, 10 v. H. des gezeichneten Kapitals nicht übersteigt.
(3) ¹Werden die Aktien innerhalb der in Absatz 2 festgesetzten Frist nicht veräußert, so müssen sie für nichtig erklärt werden. ²Die Rechtsvorschriften eines Mitgliedstaats können diese Nichtigerklärung von einer Herabsetzung des gezeichneten Kapitals um einen entsprechenden Betrag abhängig machen. ³Eine derartige Herabsetzung muss vorgeschrieben werden, soweit der Erwerb von für nichtig zu erklärenden Aktien dazu geführt hat, dass das Nettoaktivvermögen den in Artikel 17 Absätze 1 und 2 genannten Betrag unterschreitet.

Artikel 23 [Weiterveräußerungspflicht; Frist]
¹Die unter Verletzung der Artikel 21 und 22 erworbenen Aktien müssen innerhalb einer Frist von einem Jahr, vom Zeitpunkt ihres Erwerbs an gerechnet, veräußert werden. ²Geschieht dies nicht, ist Artikel 22 Absatz 3 anzuwenden.

Artikel 24 [Mindestbedingungen für das Halten eigener Aktien]
(1) Gestatten die Rechtsvorschriften eines Mitgliedstaats einer Gesellschaft den Erwerb eigener Aktien, sei es selbst, sei es durch eine im eigenen Namen, aber für Rechnung der Gesellschaft handelnde Person, so unterwerfen sie das Halten dieser Aktien jederzeit mindestens folgenden Bedingungen:
a) Von den mit Aktien verbundenen Rechten ist in jedem Fall das an eigene Aktien gebundene Stimmrecht aufgehoben;
b) werden diese Aktien auf der Aktivseite der Bilanz ausgewiesen, so muss auf der Passivseite ein gleich hoher Betrag in eine nicht verfügbare Rücklage eingestellt werden.
(2) Gestatten die Rechtsvorschriften eines Mitgliedstaats einer Gesellschaft den Erwerb eigener Aktien, sei es selbst, sei es durch eine im eigenen Namen, aber für Rechnung der Gesellschaft handelnde Person, so verlangen sie, dass der Lagebericht der Gesellschaft mindestens folgende Angaben enthält:
a) die Gründe für die während des Geschäftsjahres getätigten Ankäufe;
b) die Zahl und den Nennbetrag oder, wenn ein Nennbetrag nicht vorhanden ist, den rechnerischen Wert der während des Geschäftsjahres erworbenen und veräußerten Aktien sowie deren Anteil am gezeichneten Kapital;
c) bei entgeltlichem Erwerb oder entgeltlicher Veräußerung den Gegenwert der Aktien;
d) die Zahl und den Nennbetrag oder, wenn ein Nennbetrag nicht vorhanden ist, den rechnerischen Wert aller erworbenen und gehaltenen Aktien sowie deren Anteil am gezeichneten Kapital.

Artikel 25 [Vorschüsse, Darlehen, Sicherheiten]
(1) Wenn ein Mitgliedstaat es einer Gesellschaft gestattet, im Hinblick auf einen Erwerb eigener Aktien durch einen Dritten unmittelbar oder mittelbar Vorschüsse zu zahlen, Darlehen zu gewähren oder Sicherheiten zu leisten, so macht er solche Geschäfte von der Erfüllung der in den Unterabsätzen 2 bis 5 genannten Bedingungen abhängig.
(2) Die Geschäfte sind unter der Verantwortung des Verwaltungs- oder Leitungsorgans vorzunehmen und müssen zu fairen, marktüblichen Konditionen abgewickelt werden, insbesondere in Bezug auf die der Gesellschaft gezahlten Zinsen und die Sicherheiten, die ihr für die in Absatz 1 genannten Darlehen oder Vorschüsse geleistet werden.
Die Kreditwürdigkeit des Dritten oder – im Falle von Geschäften mit einer Vielzahl von Parteien – jeder dieser Parteien muss in angemessener Weise überprüft worden sein.
(3) Das Verwaltungs- oder Leitungsorgan legt das Geschäftsvorhaben der Hauptversammlung vorab zur Genehmigung vor; diese wird nach den Vorschriften des Artikels 44 über die Beschlussfähigkeit und die Mehrheit tätig.
Das Verwaltungs- oder Leitungsorgan legt der Hauptversammlung einen schriftlichen Bericht vor, aus dem Folgendes hervorgeht:
a) die Gründe für das Geschäft,
b) das Interesse der Gesellschaft an dem Geschäft,
c) die Konditionen des Geschäfts,

d) die mit dem Geschäft verbundenen Risiken für Liquidität und Solvenz der Gesellschaft und
e) der Preis, zu dem der Dritte die Aktien erwerben soll.

Dieser Bericht wird gemäß Artikel 3 der Richtlinie 2009/101/EG beim Register zur Offenlegung eingereicht.

(4) Die Dritten insgesamt gewährte finanzielle Unterstützung darf zu keinem Zeitpunkt dazu führen, dass das Nettoaktivvermögen unter den in Artikel 17 Absätze 1 und 2 genannten Betrag absinkt; dabei wird auch jede Verringerung des Nettoaktivvermögens berücksichtigt, die infolge des Erwerbs ihrer eigenen Aktien durch die Gesellschaft oder auf Rechnung der Gesellschaft nach Artikel 21 Absatz 1 möglicherweise eingetreten ist.

Die Gesellschaft stellt auf der Passivseite der Bilanz eine nicht ausschüttbare Rücklage in Höhe des Betrags der insgesamt gewährten finanziellen Unterstützung ein.

(5) Erwirbt ein Dritter mit finanzieller Unterstützung der Gesellschaft eigene Aktien der Gesellschaft im Sinne von Artikel 21 Absatz 1 oder zeichnet er Aktien, die anlässlich einer Erhöhung des gezeichneten Kapitals emittiert wurden, so muss dieser Erwerb zu einem angemessenen Preis stattfinden.

(6) Absätze 1 bis 5 gelten nicht für Rechtsgeschäfte, die im Rahmen der laufenden Geschäfte der Banken und anderer Finanzinstitute getätigt werden, und auch nicht für Geschäfte, die im Hinblick auf den Erwerb von Aktien durch oder für Arbeitnehmer der Gesellschaft oder einer mit ihr verbundenen Gesellschaft getätigt werden.

Diese Geschäfte dürfen jedoch nicht dazu führen, dass das Nettoaktivvermögen der Gesellschaft den in Artikel 17 Absatz 1 genannten Betrag unterschreitet.

(7) Absätze 1 bis 5 gelten nicht für Geschäfte, die im Hinblick auf den Erwerb von Aktien nach Artikel 22 Absatz 1 Buchstabe h getätigt werden.

Artikel 26 [Schutzvorkehrungen]

Für die Fälle, in denen einzelne Mitglieder des Verwaltungs- oder Leitungsorgans der Gesellschaft, die Vertragspartner eines Geschäfts im Sinne des Artikels 25 Absatz 1 ist, oder Mitglieder des Verwaltungs- oder Leitungsorgans eines Mutterunternehmens im Sinne von Artikel 1 der Siebenten Richtlinie 83/349/EWG des Rates vom 13. Juni 1983 aufgrund von Artikel 50 Absatz 2 Buchstabe g des Vertrags über den konsolidierten Abschluss[733] oder ein solches Mutterunternehmen selbst oder eine Person, die im eigenen Namen, aber für Rechnung dieser Mitglieder oder dieses Unternehmens handelt, zugleich Gegenpartei eines solchen Geschäfts sind, stellen die Mitgliedstaaten durch geeignete Schutzvorkehrungen sicher, dass ein solches Geschäft dem Wohl der Gesellschaft nicht zuwiderläuft.

Artikel 27 [Inpfandnahme eigener Aktien]

(1) Die Inpfandnahme eigener Aktien durch die Gesellschaft selbst oder durch eine im eigenen Namen, aber für Rechnung der Gesellschaft handelnde Person ist den in Artikel 21, Artikel 22 Absatz 1 und den Artikeln 24 und 25 genannten Arten des Erwerbs gleichgestellt.

(2) Die Mitgliedstaaten brauchen Absatz 1 nicht auf die laufenden Geschäfte von Banken und anderen Finanzinstituten anzuwenden.

Artikel 28 [Aktien einer Aktiengesellschaft]

(1) Zeichnet, erwirbt oder besitzt eine andere Gesellschaft im Sinne von Artikel 1 der Richtlinie 2009/101/EG Aktien einer Aktiengesellschaft und verfügt die Aktiengesellschaft unmittelbar oder mittelbar über die Mehrheit der Stimmrechte der erstgenannten Gesellschaft oder kann sie auf diese unmittelbar oder mittelbar einen beherrschenden Einfluss ausüben, so wird dieser Sachverhalt so behandelt, als wenn die Aktiengesellschaft selbst die betreffenden Aktien zeichnet, erwirbt oder besitzt.

Unterabsatz 1 findet auch Anwendung, wenn die andere Gesellschaft dem Recht eines Drittlands unterliegt und eine Rechtsform besitzt, die den in Artikel 1 der Richtlinie 2009/101/EG genannten Rechtsformen vergleichbar ist.

Verfügt die Aktiengesellschaft mittelbar über die Mehrheit der Stimmrechte oder kann sie den beherrschenden Einfluss mittelbar ausüben, so können die Mitgliedstaaten von der Anwendung der Unterabsätze 1 und 2 jedoch absehen, sofern sie vorsehen, dass die mit den Aktien der Aktiengesellschaft, über die die andere Gesellschaft verfügt, verbundenen Stimmrechte ausgesetzt werden.

---

733 ABl. 1983, L 193/1. Vermerk: Der Titel der Richtlinie 83/349/EWG wurde angepasst, um der gemäß Artikel 5 des Vertrags von Lissabon vorgenommenen Umnummerierung des Vertrags zur Gründung der Europäischen Gemeinschaft Rechnung zu tragen; die ursprüngliche Bezugnahme galt Artikel 54 Absatz 3 Buchstabe g des Vertrags.

(2) In Ermangelung einer Koordinierung der einzelstaatlichen Vorschriften über das Konzernrecht können die Mitgliedstaaten
a) die Fälle definieren, in denen davon ausgegangen wird, dass eine Aktiengesellschaft einen beherrschenden Einfluss auf eine andere Gesellschaft ausüben kann; macht ein Mitgliedstaat von dieser Möglichkeit Gebrauch, so muss sein Recht auf jeden Fall vorsehen, dass die Möglichkeit, beherrschenden Einfluss auszuüben, dann besteht, wenn die Aktiengesellschaft
– das Recht hat, die Mehrheit der Mitglieder des Verwaltungs-, Leitungs- oder Aufsichtsorgans zu bestellen oder abzuberufen und wenn sie gleichzeitig Aktionär oder Gesellschafter der anderen Gesellschaft ist, oder
– Aktionär oder Gesellschafter der anderen Gesellschaft ist und aufgrund einer mit anderen Aktionären oder Gesellschaftern dieser Gesellschaft getroffenen Vereinbarung allein die Mehrheit der Stimmrechte der Aktionäre oder Gesellschafter dieser Gesellschaft kontrolliert.
Die Mitgliedstaaten sind nicht dazu verpflichtet, andere als die in den vorstehenden Gedankenstrichen genannten Fälle vorzusehen;
b) die Fälle definieren, in denen davon ausgegangen wird, dass eine Aktiengesellschaft mittelbar über die Stimmrechte verfügt oder einen beherrschenden Einfluss mittelbar ausüben kann;
c) die Umstände präzisieren, bei denen davon ausgegangen wird, dass eine Aktiengesellschaft über die Stimmrechte verfügt.
(3) Die Mitgliedstaaten können von der Anwendung des ersten und zweiten Unterabsatzes von Absatz 1 absehen, wenn die Zeichnung, der Erwerb oder der Besitz auf Rechnung einer anderen Person als des Zeichners, Erwerbers oder Besitzers gehen und die betreffende Person weder die Aktiengesellschaft gemäß Absatz 1 noch eine andere Gesellschaft ist, an der die Aktiengesellschaft unmittelbar oder mittelbar über die Mehrheit der Stimmrechte verfügt oder auf die sie unmittelbar oder mittelbar einen beherrschenden Einfluss ausüben kann.
(4) Ferner können die Mitgliedstaaten von der Anwendung des ersten und zweiten Unterabsatzes von Absatz 1 absehen, wenn die andere Gesellschaft in ihrer Eigenschaft oder im Rahmen ihrer Tätigkeit als berufsmäßiger Wertpapierhändler Aktien zeichnet, erwirbt oder besitzt, sofern sie Mitglied einer in einem Mitgliedstaat ansässigen oder tätigen Wertpapierbörse ist oder von einer für die Beaufsichtigung von berufsmäßigen Wertpapierhändlern – zu denen im Sinne dieser Richtlinie auch Kreditinstitute gehören können – zuständigen Stelle eines Mitgliedstaats zugelassen ist oder beaufsichtigt wird.
(5) Die Mitgliedstaaten sind zur Anwendung des ersten und zweiten Unterabsatzes von Absatz 1 nicht verpflichtet, wenn die andere Gesellschaft Aktien der Aktiengesellschaft aufgrund eines Erwerbs besitzt, der erfolgte, bevor das Verhältnis zwischen den beiden Gesellschaften den Kriterien des Absatzes 1 entsprach.
Die mit den betreffenden Aktien verbundenen Stimmrechte werden jedoch ausgesetzt und die Aktien werden bei der Entscheidung, ob die Bedingung gemäß Artikel 21 Absatz 1 Buchstabe b erfüllt ist, in Betracht gezogen.
(6) Erwirbt die andere Gesellschaft Aktien einer Aktiengesellschaft, so können die Mitgliedstaaten von der Anwendung des Artikels 22 Absätze 2 und 3 sowie des Artikels 23 absehen, sofern sie Folgendes vorsehen:
a) die Aussetzung der Stimmrechte, die mit den im Besitz der anderen Gesellschaft befindlichen Aktien der Aktiengesellschaft verbunden sind, sowie
b) die Verpflichtung für die Mitglieder des Verwaltungsrats der Aktiengesellschaft, von der anderen Gesellschaft die in Artikel 22 Absätze 2 und 3 sowie Artikel 23 genannten Aktien zu dem Preis zurückzuerwerben, zu dem diese andere Gesellschaft sie erworben hatte; diese Sanktion ist lediglich in dem Falle nicht anwendbar, in dem die Verwaltungsratsmitglieder nachweisen, dass die Aktiengesellschaft an der Zeichnung oder dem Erwerb der betreffenden Aktien gänzlich unbeteiligt ist.

Artikel 29 [Kapitalerhöhung]

(1) ¹Jede Kapitalerhöhung muss von der Hauptversammlung beschlossen werden. ²Dieser Beschluss sowie die Durchführung der Erhöhung des gezeichneten Kapitals sind nach den in den Rechtsvorschriften der Mitgliedstaaten gemäß Artikel 3 der Richtlinie 2009/101/EG vorgesehenen Verfahren offenzulegen.
(2) ¹Die Satzung, der Errichtungsakt oder die Hauptversammlung, deren Entscheidung gemäß Absatz 1 offenzulegen ist, kann jedoch zu einer Erhöhung des gezeichneten Kapitals bis zu einem Höchstbetrag ermächtigen, den sie unter Beachtung des gegebenenfalls gesetzlich vorgeschriebenen Höchstbetrags festlegt. ²In den Grenzen des festgelegten Betrags beschließt das hierzu berufene Organ der Gesellschaft gegebenenfalls eine Erhöhung des gezeichneten Kapitals. ³Diese Ermächtigung des Organs gilt für eine Höchstdauer von fünf Jahren; sie kann von der Hauptversammlung ein oder mehrmals für einen Zeitraum, der jeweils fünf Jahre nicht überschreiten darf, verlängert werden.

(3) Sind mehrere Gattungen von Aktien vorhanden, so ist der Beschluss der Hauptversammlung über die Kapitalerhöhung nach Absatz 1 oder die Ermächtigung zu einer Kapitalerhöhung nach Absatz 2 von einer gesonderten Abstimmung zumindest jeder Gattung derjenigen Aktionäre abhängig, deren Rechte durch die Maßnahme berührt werden.
(4) Dieser Artikel gilt für die Ausgabe aller Wertpapiere, die in Aktien umgewandelt werden können oder mit einem Bezugsrecht auf Aktien verbunden sind, nicht aber für die Umwandlung dieser Wertpapiere und die Ausübung des Bezugsrechts.

Artikel 30 [Einlagen auf Aktien bei Kapitalerhöhung]

¹Die Einlagen auf Aktien, die bei einer Erhöhung des gezeichneten Kapitals ausgegeben werden, müssen in Höhe von mindestens 25 v. H. des Nennbetrags der Aktien, oder, wenn ein Nennbetrag nicht vorhanden ist, ihres rechnerischen Wertes geleistet werden. ²Ist ein Mehrbetrag vorgesehen, muss dieser in voller Höhe gezahlt werden.

Artikel 31 [Frist zur Leistung der Einlagen; Sachverständigenbericht]

(1) Einlagen, die nicht Bareinlagen sind, auf Aktien, die bei einer Erhöhung des gezeichneten Kapitals ausgegeben werden, müssen innerhalb einer Frist von fünf Jahren nach dem Beschluss über die Erhöhung des gezeichneten Kapitals vollständig geleistet werden.
(2) ¹Die Einlagen nach Absatz 1 sind Gegenstand eines besonderen Berichts, der durch einen oder mehrere von der Gesellschaft unabhängige Sachverständige, die durch eine Verwaltungsbehörde oder ein Gericht bestellt oder zugelassen sind, vor der Durchführung der Erhöhung des gezeichneten Kapitals erstellt wird. ²Sachverständige können nach den Vorschriften jedes Mitgliedstaats natürliche Personen, juristische Personen oder Gesellschaften sein.
Es gelten Artikel 10 Absätze 2 und 3 und die Artikel 11 und 12.
(3) Die Mitgliedstaaten können beschließen, Absatz 2 nicht anzuwenden, wenn die Erhöhung des gezeichneten Kapitals zur Durchführung einer Verschmelzung, einer Spaltung oder eines öffentlichen Übernahme- oder Umtauschangebots zu dem Zweck erfolgt, das Entgelt an die Aktionäre der übertragenden Gesellschaft, der gespaltenen Gesellschaft oder der Gesellschaft zu leisten, die Gegenstand des öffentlichen Übernahme- oder Umtauschangebots ist.
Im Falle einer Verschmelzung oder Spaltung wenden die Mitgliedstaaten Unterabsatz 1 jedoch nur an, wenn ein Bericht eines oder mehrerer unabhängiger Sachverständiger über die Verschmelzungs- oder Spaltungspläne erstellt wird.
Beschließen Mitgliedstaaten, Absatz 2 im Falle einer Verschmelzung oder Spaltung anzuwenden, so können sie gestatten, dass der gemäß diesem Artikel erstellte Bericht und der Bericht des bzw. der unabhängigen Sachverständigen über die Verschmelzungs- oder Spaltungspläne von demselben bzw. denselben Sachverständigen erstellt werden.
(4) Die Mitgliedstaaten brauchen Absatz 2 nicht anzuwenden, wenn bei einer Erhöhung des gezeichneten Kapitals alle Aktien gegen Sacheinlage durch eine oder mehrere Gesellschaften ausgegeben werden, sofern alle Aktionäre der empfangenden Gesellschaft auf die Erstellung des Sachverständigenberichts verzichtet haben und die Bedingungen in Artikel 10 Absatz 4 Buchstaben b bis f erfüllt sind.

Artikel 32 [Keine volle Zeichnung]

Wird eine Kapitalerhöhung nicht voll gezeichnet, so wird das Kapital nur dann um den Betrag der eingegangenen Zeichnungen erhöht, wenn die Ausgabebedingungen diese Möglichkeit ausdrücklich vorgesehen haben.

Artikel 33 [Angebot zur vorzugsweisen Zeichnung]

(1) Bei jeder Erhöhung des gezeichneten Kapitals durch Bareinlagen müssen die Aktien vorzugsweise den Aktionären im Verhältnis zu dem durch ihre Aktien vertretenen Teil des Kapitals angeboten werden.
(2) Die Rechtsvorschriften eines Mitgliedstaats
a) brauchen Absatz 1 nicht auf Aktien anzuwenden, bei denen das Recht eingeschränkt ist, an den Ausschüttungen im Sinne des Artikels 17 und/oder an der Verteilung des Gesellschaftsvermögens im Falle der Liquidation teilzunehmen oder
b) können gestatten, dass, wenn das gezeichnete Kapital einer Gesellschaft, die mehrere Aktiengattungen hat, bei denen das Stimmrecht oder die Rechte hinsichtlich der Ausschüttung im Sinne des Artikels 17 oder der Verteilung des Gesellschaftsvermögens im Falle der Liquidation unterschiedlich sind, durch Ausgabe neuer Aktien nur in einer dieser Gattungen erhöht wird, die Ausübung des Bezugsrechts durch

die Aktionäre der anderen Gattungen erst nach Ausübung dieses Rechts durch die Aktionäre der Gattung erfolgt, in der die neuen Aktien ausgegeben werden.

(3) ¹Das Angebot zur vorzugsweisen Zeichnung sowie die Frist, innerhalb deren dieses Recht ausgeübt werden muss, sind Gegenstand einer Bekanntmachung in dem gemäß der Richtlinie 2009/101/EG bestimmten einzelstaatlichen Amtsblatt. ²Die Rechtsvorschriften eines Mitgliedstaats brauchen jedoch diese Bekanntmachung nicht vorzuschreiben, wenn sämtliche Aktien der Gesellschaft Namensaktien sind. ³In diesem Fall sind alle Aktionäre schriftlich zu unterrichten. ⁴Das Bezugsrecht muss innerhalb einer Frist ausgeübt werden, die nicht kürzer sein darf als vierzehn Tage nach Bekanntmachung des Angebots oder nach Absendung der Schreiben an die Aktionäre.

(4) ¹Dieses Bezugsrecht darf durch die Satzung oder den Errichtungsakt weder beschränkt noch ausgeschlossen werden. ²Dies kann jedoch durch Beschluss der Hauptversammlung geschehen. ³Das Verwaltungs- oder Leitungsorgan hat der Hauptversammlung einen schriftlichen Bericht über die Gründe für eine Beschränkung oder einen Ausschluss des Bezugsrechts zu erstatten und den vorgeschlagenen Ausgabekurs zu begründen. ⁴Die Hauptversammlung entscheidet nach den Vorschriften, die in Artikel 44 über Beschlussfähigkeit und Mehrheitserfordernisse festgelegt sind. ⁵Der Beschluss ist nach den in den Rechtsvorschriften der einzelnen Mitgliedstaaten gemäß Artikel 3 der Richtlinie 2009/101/EG vorgesehenen Verfahren offenzulegen.

(5) ¹Die Rechtsvorschriften eines Mitgliedstaats können vorsehen, dass die Satzung, der Errichtungsakt oder die Hauptversammlung, die nach den in Absatz 4 genannten, die Beschlussfähigkeit, Mehrheitserfordernisse und Offenlegung betreffenden Vorschriften entscheidet, dem Organ der Gesellschaft, das zur Entscheidung über die Erhöhung des gezeichneten Kapitals innerhalb der Grenzen des genehmigten Kapitals berufen ist, die Befugnis einräumen kann, das Bezugsrecht zu beschränken oder auszuschließen. ²Diese Befugnis darf für keinen längeren Zeitraum gelten als die Befugnis nach Artikel 29 Absatz 2.

(6) Die Absätze 1 bis 5 gelten für die Ausgabe aller Wertpapiere, die in Aktien umgewandelt werden können oder mit einem Bezugsrecht auf Aktien verbunden sind, nicht aber für die Umwandlung dieser Wertpapiere und die Ausübung des Bezugsrechts.

(7) Ein Ausschluss des Bezugsrechts im Sinne der Absätze 4 und 5 liegt nicht vor, wenn die Aktien nach dem Beschluss über die Erhöhung des gezeichneten Kapitals an Banken oder andere Finanzinstitute ausgegeben werden, damit diese sie den Aktionären der Gesellschaft nach Maßgabe der Absätze 1 und 3 anbieten.

Artikel 34 [Herabsetzung des gezeichneten Kapitals]

¹Jede Herabsetzung des gezeichneten Kapitals mit Ausnahme der durch eine gerichtliche Entscheidung angeordneten muss zumindest von der Hauptversammlung beschlossen werden, die vorbehaltlich der Artikel 40 und 41 nach den Vorschriften entscheidet, die in Artikel 44 über die Beschlussfähigkeit und die Mehrheitserfordernisse festgelegt sind. ²Dieser Beschluss ist nach den in den Rechtsvorschriften der einzelnen Mitgliedstaaten gemäß Artikel 3 der Richtlinie 2009/101/EG vorgesehenen Verfahren offenzulegen.

In der Mitteilung über die Einberufung der Hauptversammlung müssen zumindest der Zweck der Herabsetzung und das Verfahren für ihre Durchführung angegeben werden.

Artikel 35 [Mehrere Gattungen von Aktien]

Sind mehrere Gattungen von Aktien vorhanden, so ist der Beschluss der Hauptversammlung über die Herabsetzung des gezeichneten Kapitals von einer gesonderten Abstimmung zumindest jeder Gattung derjenigen Aktionäre abhängig, deren Rechte durch die Maßnahme berührt werden.

Artikel 36 [Recht auf Sicherheit]

(1) ¹Im Falle einer Herabsetzung des gezeichneten Kapitals haben zumindest die Gläubiger, deren Forderungen vor der Bekanntmachung der Entscheidung über die Herabsetzung entstanden sind, mindestens das Recht, eine Sicherheit für die im Zeitpunkt dieser Bekanntmachung noch nicht fälligen Forderungen zu erhalten. ²Die Mitgliedstaaten können dieses Recht nur dann ausschließen, wenn der Gläubiger bereits angemessene Sicherheiten hat oder wenn diese Sicherheiten in Anbetracht des Gesellschaftsvermögens nicht notwendig sind.

¹Die Mitgliedstaaten legen fest, unter welchen Bedingungen das in Unterabsatz 1 genannte Recht ausgeübt werden kann. ²Die Mitgliedstaaten sorgen in jedem Fall dafür, dass die Gläubiger das Recht haben, bei der zuständigen Verwaltungsbehörde oder dem zuständigen Gericht angemessene Sicherheiten zu beantragen, wenn sie glaubhaft machen können, dass die Befriedigung ihrer Forderungen durch die Herabsetzung des gezeichneten Kapitals gefährdet ist und sie von der Gesellschaft keine angemessenen Sicherheiten erhalten haben.

(2) Die Rechtsvorschriften der Mitgliedstaaten schreiben mindestens weiter vor, dass die Herabsetzung unwirksam ist, oder dass keine Zahlungen zugunsten der Aktionäre geleistet werden dürfen, solange den Gläubigern nicht Genüge getan worden ist oder solange ein Gericht nicht entschieden hat, dass ihrem Antrag nicht entsprochen zu werden braucht.

(3) Dieser Artikel gilt auch, wenn die Herabsetzung des gezeichneten Kapitals durch einen vollständigen oder teilweisen Verzicht auf die Leistung von Einlagen der Aktionäre vorgenommen wird.

Artikel 37 [Ausgleich von Verlusten; Rücklagen]

(1) ¹Die Mitgliedstaaten brauchen Artikel 36 nicht bei einer Herabsetzung des gezeichneten Kapitals anzuwenden, die zum Zweck hat, Verluste auszugleichen oder Beträge einer Rücklage zuzuführen, unter der Voraussetzung, dass infolge dieses Vorgangs der Betrag dieser Rücklage nicht 10 v. H. des herabgesetzten gezeichneten Kapitals übersteigt. ²Diese Rücklage darf außer im Falle der Herabsetzung des gezeichneten Kapitals nicht an die Aktionäre ausgeschüttet werden; sie darf ferner nur dazu verwendet werden, Verluste auszugleichen oder durch Umwandlung von Rücklagen das gezeichnete Kapital zu erhöhen, soweit die Mitgliedstaaten einen solchen Vorgang zulassen.

(2) Die Rechtsvorschriften der Mitgliedstaaten müssen in den Fällen des Absatzes 1 mindestens geeignete Maßnahmen vorschreiben, damit die aus der Herabsetzung des gezeichneten Kapitals gewonnenen Beträge nicht zu Zahlungen oder Ausschüttungen an die Aktionäre oder zur Befreiung der Aktionäre von der Verpflichtung zur Leistung ihrer Einlagen verwendet werden.

Artikel 38 [Grenze der Herabsetzung]

Das gezeichnete Kapital darf nicht unter das nach Artikel 6 festgelegte Mindestkapital herabgesetzt werden.

Jedoch können die Mitgliedstaaten eine derartige Herabsetzung zulassen, wenn sie zugleich vorschreiben, dass der Beschluss über die Herabsetzung nur dann wirksam wird, wenn das gezeichnete Kapital auf einen Betrag erhöht wird, der zumindest dem vorgeschriebenen Mindestbetrag entspricht.

Artikel 39 [Voraussetzung zur vollständigen oder teilweisen Tilgung des gezeichneten Kapitals]

Lassen die Rechtsvorschriften eines Mitgliedstaats die vollständige oder teilweise Tilgung des gezeichneten Kapitals ohne dessen Herabsetzung zu, so verlangen sie mindestens die Beachtung folgender Voraussetzungen:

a) Sofern die Satzung oder der Errichtungsakt die Tilgung vorsieht, wird diese durch die Hauptversammlung beschlossen, die mindestens die allgemeinen Voraussetzungen über Anwesenheit und Mehrheit zu beachten hat. Sofern die Satzung oder der Errichtungsakt die Tilgung nicht vorsieht, wird diese durch die Hauptversammlung beschlossen, die mindestens die in Artikel 44 festgelegten Voraussetzungen über Anwesenheit und Mehrheit zu beachten hat. Der Beschluss ist nach den in den Rechtsvorschriften der einzelnen Mitgliedstaaten gemäß Artikel 3 der Richtlinie 2009/101/EG vorgesehenen Verfahren offenzulegen;

b) die Tilgung kann nur mit Mitteln erfolgen, die nach Artikel 17 Absätze 1 bis 4 ausgeschüttet werden dürfen;

c) die Aktionäre, deren Aktien getilgt wurden, behalten ihre Rechte gegenüber der Gesellschaft mit Ausnahme der Rechte auf Rückgewähr der Einlagen und auf Teilnahme an der Ausschüttung einer ersten Dividende für nicht getilgte Aktien.

Artikel 40 [Zwangseinziehung von Aktien]

(1) Gestatten die Rechtsvorschriften eines Mitgliedstaats, dass Gesellschaften ihr gezeichnetes Kapital durch Zwangseinziehung von Aktien herabsetzen, so verlangen sie mindestens die Beachtung der folgenden Voraussetzungen:

a) Die Zwangseinziehung ist vor der Zeichnung der einzuziehenden Aktien durch die Satzung oder den Errichtungsakt vorgeschrieben oder zugelassen;

b) sofern die Zwangseinziehung durch die Satzung oder den Errichtungsakt lediglich zugelassen ist, wird sie von der Hauptversammlung beschlossen, es sei denn, dass die betroffenen Aktionäre sie einstimmig genehmigt haben;

c) das Gesellschaftsorgan, das über die Zwangseinziehung beschließt, legt Bedingungen und Durchführung dieser Maßnahme fest, soweit dies nicht bereits in der Satzung oder im Errichtungsakt geschehen ist;

d) Artikel 36 ist anzuwenden, es sei denn, es handelt sich um voll eingezahlte Aktien, die der Gesellschaft unentgeltlich zur Verfügung gestellt oder die mit Hilfe von Mitteln, die nach Artikel 17 Absätze 1 bis 4 ausgeschüttet werden dürfen, eingezogen werden; in diesen Fällen ist ein Betrag in Höhe des Nennbetrags oder, wenn ein Nennbetrag nicht vorhanden ist, des rechnerischen Wertes aller eingezogenen Aktien in eine Rücklage einzustellen. Diese Rücklage darf, außer im Falle der Herabsetzung des gezeichneten Kapitals, nicht an die Aktionäre ausgeschüttet werden. Sie darf nur dazu verwendet werden, Verluste auszugleichen oder durch Umwandlung von Rücklagen das gezeichnete Kapital zu erhöhen, soweit die Mitgliedstaaten einen solchen Vorgang zulassen und

e) der Beschluss über die Zwangseinziehung wird nach den in den Rechtsvorschriften der einzelnen Mitgliedstaaten gemäß Artikel 3 der Richtlinie 2009/101/EG vorgesehenen Verfahren offengelegt.

(2) Artikel 34 Absatz 1 sowie die Artikel 35, 37 und 44 sind in den Fällen des Absatzes 1 dieses Artikels nicht anzuwenden.

Artikel 41 [Beschluss der Hauptversammlung bei Aktieneinziehung]

(1) Im Fall der Herabsetzung des gezeichneten Kapitals durch Einziehung von Aktien, die von einer Gesellschaft oder einer im eigenen Namen, aber für Rechnung der Gesellschaft handelnden Person erworben worden sind, muss die Einziehung stets durch die Hauptversammlung beschlossen werden.

(2) ¹Artikel 36 ist anzuwenden, es sei denn, es handelt sich um voll eingezahlte Aktien, die unentgeltlich oder mit Mitteln erworben werden, die nach Artikel 17 Absätze 1 bis 4 ausgeschüttet werden dürfen; in diesen Fällen ist ein Betrag in Höhe des Nennbetrags oder, wenn ein Nennbetrag nicht vorhanden ist, des rechnerischen Wertes aller eingezogenen Aktien in eine Rücklage einzustellen. ²Diese Rücklage darf, außer im Falle der Herabsetzung des gezeichneten Kapitals, nicht an die Aktionäre ausgeschüttet werden Sie darf nur dazu verwendet werden, Verluste auszugleichen oder durch Umwandlung von Rücklagen das gezeichnete Kapital zu erhöhen, soweit die Rechtsvorschriften der Mitgliedstaaten einen solchen Vorgang zulassen.

(3) Die Artikel 35, 37 und 44 sind in den Fällen des Absatzes 1 dieses Artikels nicht anzuwenden.

Artikel 42 [Getrennte Abstimmung bei mehreren Aktiengattungen]

In den Fällen des Artikels 39, des Artikels 40 Absatz 1 Buchstabe b und des Artikels 41 Absatz 1 ist, sofern mehrere Gattungen von Aktien vorhanden sind, der Beschluss der Hauptversammlung über die Bedingungen des gezeichneten Kapitals oder über dessen Herabsetzung durch Einziehung von Aktien von einer gesonderten Abstimmung zumindest jeder Gattung derjenigen Aktionäre abhängig, deren Rechte durch die Maßnahmen berührt werden.

Artikel 43 [Ausgabe von rückerwerbbaren Aktien]

Gestatten die Rechtsvorschriften eines Mitgliedstaats, dass Gesellschaften rückerwerbbare Aktien ausgeben, so verlangen sie für den Rückerwerb dieser Aktien mindestens die Beachtung folgender Voraussetzungen:

a) Der Rückerwerb muss vor der Zeichnung der rückerwerbbaren Aktien in der Satzung oder dem Errichtungsakt zugelassen sein;
b) diese Aktien müssen vollständig eingezahlt worden sein;
c) die Bedingungen und die Durchführung des Rückerwerbs sind in der Satzung oder dem Errichtungsakt festgelegt;
d) der Rückerwerb darf nur mit Hilfe von Mitteln erfolgen, die nach Artikel 17 Absätze 1 bis 4 ausgeschüttet werden dürfen, oder mit Erträgen aus einer Ausgabe neuer Aktien, die zum Zwecke dieses Rückerwerbs ausgegeben worden sind;
e) ein Betrag in Höhe des Nennbetrags oder, wenn ein Nennbetrag nicht vorhanden ist, des rechnerischen Wertes aller zurückerworbenen Aktien ist in eine Rücklage einzustellen, die, außer im Falle der Herabsetzung des gezeichneten Kapitals, nicht an die Aktionäre ausgeschüttet werden darf; sie darf nur dazu verwendet werden, durch Umwandlung von Rücklagen das gezeichnete Kapital zu erhöhen;
f) Buchstabe e ist nicht anzuwenden, sofern die Aktien mit Hilfe von Erträgen aus einer Ausgabe neuer Aktien zurückerworben werden, die zum Zweck dieses Rückerwerbs ausgegeben werden;
g) sofern als Folge des Rückerwerbs die Zahlung eines Mehrbetrags zugunsten der Aktionäre vorgesehen ist, darf dieser nur aus Mitteln entnommen werden, die entweder nach Artikel 17 Absätze 1 bis 4 ausgeschüttet werden dürfen oder einer anderen als der unter Buchstabe e dieses Artikels genannten Rücklage entnommen werden, die, außer im Falle der Herabsetzung des gezeichneten Kapitals, nicht an die Aktionäre ausgeschüttet werden darf; diese Rücklage darf nur zum Zwecke einer Erhöhung des gezeichneten Kapitals durch Umwandlung von Rücklagen oder zur Deckung der in Artikel 3 Buchstabe j genannten Kosten oder der Kosten für die Ausgabe von Aktien oder von Schuldverschreibungen oder für die Zahlung eines Mehrbetrags zugunsten der Inhaber von zurückzuerwerbenden Aktien oder Schuldverschreibungen verwendet werden;

h) der Rückerwerb ist nach den in den Rechtsvorschriften der einzelnen Mitgliedstaaten gemäß Artikel 3 der Richtlinie 2009/101/EG vorgesehenen Verfahren offenzulegen.

Artikel 44 [Beschlussfassung]

Die Rechtsvorschriften der Mitgliedstaaten schreiben vor, dass die in Artikel 33 Absätze 4 und 5 sowie den Artikeln 34, 35, 39 und 42 vorgesehenen Beschlüsse zumindest eine Mehrheit von nicht weniger als zwei Dritteln der Stimmen der vertretenen Wertpapiere oder des vertretenen gezeichneten Kapitals erfordern.
Die Rechtsvorschriften der Mitgliedstaaten können jedoch vorschreiben, dass die einfache Mehrheit der in Absatz 1 bezeichneten Stimmen ausreicht, sofern mindestens die Hälfte des gezeichneten Kapitals vertreten ist.

Artikel 45 [Abweichung von Vorschriften dieser Richtlinie]

(1) Die Mitgliedstaaten können vom ersten Absatz von Artikel 9, Artikel 21 Absatz 1 Buchstabe a Satz 1 sowie von den Artikeln 29, 30 und 33 abweichen, soweit dies für den Erlass oder die Anwendung von Vorschriften erforderlich ist, welche die Beteiligung der Arbeitnehmer oder anderer durch einzelstaatliches Recht festgelegter Gruppen von Personen am Kapital der Unternehmen fördern sollen.
(2) Die Mitgliedstaaten brauchen Artikel 21 Absatz 1 Buchstabe a Satz 1 sowie die Artikel 34, 35, 40, 41, 42 und 43 nicht auf Gesellschaften anzuwenden, die auf Grund einer besonderen Regelung neben Kapitalaktien Arbeitsaktien ausgeben, und zwar die letzteren zugunsten der Gesamtheit der Arbeitnehmer, die auf der Hauptversammlung der Aktionäre durch Bevollmächtigte mit Stimmrecht vertreten wird.

Artikel 46 [Gleichbehandlung der Aktionäre]

Für die Anwendung dieser Richtlinie müssen die Rechtsvorschriften der Mitgliedstaaten die Gleichbehandlung der Aktionäre sicherstellen, die sich in denselben Verhältnissen befinden.

Artikel 47 [Rechts- und Verwaltungsvorschriften]

(1) Die Mitgliedstaaten brauchen Artikel 3 Buchstaben g, i, j und k nicht auf Gesellschaften anzuwenden, die bei Inkrafttreten der Rechts- und Verwaltungsvorschriften, die sie erlassen, um der Richtlinie 77/91/EWG nachzukommen, bereits bestehen.
(2) Die Mitgliedstaaten teilen der Kommission den Wortlaut der wichtigsten Vorschriften des innerstaatlichen Rechts mit, die sie auf dem von dieser Richtlinie erfassten Gebiet erlassen.

Artikel 48 [Aufhebung]

Die Richtlinie 77/91/EWG, in der Fassung der in Anhang II Teil A aufgeführten Rechtsakte, wird unbeschadet der Verpflichtung der Mitgliedstaaten hinsichtlich der in Anhang II Teil B genannten Fristen für die Umsetzung in innerstaatliches Recht und für die Anwendung aufgehoben.
Bezugnahmen auf die aufgehobene Richtlinie gelten als Bezugnahmen auf die vorliegende Richtlinie und sind nach Maßgabe der Entsprechungstabelle in Anhang III zu lesen.

Artikel 49 [Inkrafttreten]

Diese Richtlinie tritt am zwanzigsten Tag nach ihrer Veröffentlichung im *Amtsblatt der Europäischen Union* in Kraft.

Artikel 50 [Adressaten]

Diese Richtlinie ist an die Mitgliedstaaten gerichtet.
Geschehen zu Straßburg am 25. Oktober 2012.

Anhang I Kategorien von Gesellschaften gemäß Artikel 1 Absatz 1 Unterabsatz 1

- in Belgien:
  naamloze vennootschap/société anonyme;
- in Bulgarien:
  акционерно дружество;
- in der Tschechischen Republik:
  akciová společnost;
- in Dänemark:
  aktieselskab;
- in Deutschland:

Aktiengesellschaft;
- in Estland:
aktsiaselts;
- in Irland:
public company limited by shares und
public company limited by guarantee and having a share capital;
- in Griechenland:
ανώνυμη εταιρία;
- in Spanien:
sociedad anónima;
- in Frankreich:
société anonyme;
- in Kroatien:
dioničko društvo;
- in Italien:
società per azioni;
- in Zypern:
δημόσιες εταιρείες περιορισμένης ευθύνης με μετοχές, δημόσιες εταιρείες περιορισμένης ευθύνης με εγγύηση που διαθέτουν μετοχικό κεφάλαιο;
- in Lettland:
akciju sabiedrība;
- in Litauen:
akcinė bendrovė;
- in Luxemburg:
société anonyme;
- in Ungarn:
nyilvánosan működő részvénytársaság;
- in Malta:
kumpanija pubblika/public limited liability company;
- in den Niederlanden:
naamloze vennootschap;
- in Österreich:
Aktiengesellschaft;
- in Polen:
spółka akcyjna;
- in Portugal:
sociedade anónima;
- in Rumänien:
societate pe acţiuni;
- in Slowenien:
delniška družba;
- in der Slowakei:
akciová spoločnosť;
- in Finnland:
julkinen osakeyhtiö/publikt aktiebolag;
- in Schweden:
aktiebolag;
- im Vereinigten Königreich:
public company limited by shares und
public company limited by guarantee and having a share capital.

Annex II[734]

Teil A Aufgehobene Richtlinie mit ihren nachfolgenden Änderungen (gemäß Artikel 48)

(nicht in Tabellenform wiedergegeben: Richtlinie 77/91/EWG des Rates (ABl. L 26 vom 31. 1. 1977, S. 1); Beitrittsakte von 1979, Anhang I Kapitel III Buchstabe C (ABl. L 291 vom 19. 11. 1979, S. 89); Beitrittsak-

---

[734] Richtig wohl: „Anhang II".

te von 1985, Anhang I (ABl. L 302 vom 15. 11. 1985, S. 157); Richtlinie 92/101/EWG des Rates (ABl. L 347 vom 28. 11. 1992, S. 64); Beitrittsakte von 1994, Anhang I Kapitel XI Abschnitt A (ABl. C 241 vom 29. 8. 1994, S. 194); Beitrittsakte von 2003, Anhang II Kapitel 4 Abschnitt A (ABl. L 236 vom 23. 9. 2003, S. 338); Richtlinie 2006/68/EG des Europäischen Parlaments und des Rates (ABl. L 264 vom 25. 9. 2006, S. 32); Anhang, Buchstabe A Nummer 2 der Richtlinie 2006/99/EG des Rates (ABl. L 363 vom 20. 12. 2006, S. 137), Artikel 1 Richtlinie 2009/109/EG des Europäischen Parlaments und des Rates (ABl. L 259 vom 2. 10. 2009, S. 14).

Teil B Fristen für die Umsetzung in innerstaatliches Recht und für die Anwendung (gemäß Artikel 48) (nicht wiedergegeben)

Anhang III Entsprechungstabelle

Richtlinie 77/91/EWG	Vorliegende Richtlinie
Artikel 1 Absatz 1 Unterabsatz 1 einleitender Satzteil	Artikel 1 Absatz 1 Unterabsatz 1
Artikel 1 Absatz 1 Unterabsatz 1 erster bis siebenundzwanzigster Gedankenstrich	Anhang I
Artikel 1 Absatz 1 Unterabsatz 2	Artikel 1 Absatz 1 Unterabsatz 2
Artikel 1 Absatz 2	Artikel 1 Absatz 2
Artikel 2 einleitender Satzteil	Artikel 2 einleitender Satzteil
Artikel 2 Buchstabe a	Artikel 2 Buchstabe a
Artikel 2 Buchstabe b	Artikel 2 Buchstabe b
Artikel 2 Buchstabe c erster Gedankenstrich	Artikel 2 Buchstabe c
Artikel 2 Buchstabe c zweiter Gedankenstrich	Artikel 2 Buchstabe d
Artikel 2 Buchstabe d	Artikel 2 Buchstabe e
Artikel 2 Buchstabe e	Artikel 2 Buchstabe f
Artikel 3 bis 5	Artikel 3 bis 5
Artikel 6 Absatz 1 Unterabsatz 1	Artikel 6 Absatz 1
Artikel 6 Absatz 1 Unterabsatz 2	–
Artikel 6 Absatz 2	–
Artikel 6 Absatz 3	Artikel 6 Absatz 2
Artikel 7	Artikel 7
Artikel 8 Absatz 1	Artikel 8 Absatz 1
Artikel 8 Absatz 2	Artikel 8 Absatz 2
Artikel 9 Absatz 1	Artikel 9 Absatz 1
Artikel 9 Absatz 2	Artikel 9 Absatz 2
Artikel 10	Artikel 10
Artikel 10a Absatz 1 Unterabsatz 1	Artikel 11 Absatz 1 Unterabsatz 1
Artikel 10a Absatz 1 Unterabsatz 2 Satz 1	Artikel 11 Absatz 1 Unterabsatz 2
Artikel 10a Absatz 1 Unterabsatz 2 Satz 2	Artikel 11 Absatz 1 Unterabsatz 3
Artikel 10a Absatz 2 Unterabsatz 1	Artikel 11 Absatz 2 Unterabsatz 1
Artikel 10a Absatz 2 Unterabsatz 2 Satz 1	Artikel 11 Absatz 2 Unterabsatz 2
Artikel 10a Absatz 2 Unterabsatz 2 Satz 2	Artikel 11 Absatz 2 Unterabsatz 3
Artikel 10a Absatz 2 Unterabsatz 3 Satz 1	Artikel 11 Absatz 2 Unterabsatz 4
Artikel 10a Absatz 2 Unterabsatz 3 Satz 2	Artikel 11 Absatz 2 Unterabsatz 5
Artikel 10a Absatz 3	Artikel 11 Absatz 3
Artikel 10b	Artikel 12

Richtlinie 77/91/EWG	Vorliegende Richtlinie
Artikel 11 Absatz 1 Unterabsatz 1 Satz 1	Artikel 13 Absatz 1 Unterabsatz 1
Artikel 11 Absatz 1 Unterabsatz 1 Satz 2	Artikel 13 Absatz 1 Unterabsatz 2
Artikel 11 Absatz 1 Unterabsatz 2	Artikel 13 Absatz 1 Unterabsatz 3
Artikel 11 Absatz 2	Artikel 13 Absatz 2
Artikel 12	Artikel 14
Artikel 13	Artikel 15
Artikel 14	Artikel 16
Artikel 15 Absatz 1 Buchstabe a	Artikel 17 Absatz 1
Artikel 15 Absatz 1 Buchstabe b	Artikel 17 Absatz 2
Artikel 15 Absatz 1 Buchstabe c	Artikel 17 Absatz 3
Artikel 15 Absatz 1 Buchstabe d	Artikel 17 Absatz 4
Artikel 15 Absatz 2	Artikel 17 Absatz 5
Artikel 15 Absatz 3	Artikel 17 Absatz 6
Artikel 15 Absatz 4 Unterabsatz 1	Artikel 17 Absatz 7 Unterabsatz 1
Artikel 15 Absatz 4 Unterabsatz 2 erster Gedankenstrich	Artikel 17 Absatz 7 Unterabsatz 2 Buchstabe a
Artikel 15 Absatz 4 Unterabsatz 2 zweiter Gedankenstrich	Artikel 17 Absatz 7 Unterabsatz 2 Buchstabe b
Artikel 15 Absatz 4 Unterabsatz 3	Artikel 17 Absatz 7 Unterabsatz 3
Artikel 16	Artikel 18
Artikel 17	Artikel 19
Artikel 18	Artikel 20
Artikel 19 Absatz 1 Unterabsatz 1	Artikel 21 Absatz 1 Unterabsatz 1
Artikel 19 Absatz 1 Unterabsatz 2 Buchstaben i bis v	Artikel 21 Absatz 1 Unterabsatz 2 Buchstaben a bis e
Artikel 19 Absätze 2 und 3	Artikel 21 Absätze 2 und 3
Artikel 20	Artikel 22
Artikel 21	Artikel 23
Artikel 22	Artikel 24
Artikel 23 Absatz 1 Unterabsatz 1	Artikel 25 Absatz 1
Artikel 23 Absatz 1 Unterabsatz 2 Satz 1	Artikel 25 Absatz 2 Unterabsatz 1
Artikel 23 Absatz 1 Unterabsatz 2 Satz 2	Artikel 25 Absatz 2 Unterabsatz 2
Artikel 23 Absatz 1 Unterabsatz 3 Satz 1	Artikel 25 Absatz 3 Unterabsatz 1
Artikel 23 Absatz 1 Unterabsatz 3 Satz 2 erster Teil	Artikel 25 Absatz 3 Unterabsatz 2 einleitender Satzteil
Artikel 23 Absatz 1 Unterabsatz 3 Satz 2 zweiter Teil	Artikel 25 Absatz 3 Unterabsatz 2 Buchstaben a bis e
Artikel 23 Absatz 1 Unterabsatz 3 Satz 3	Artikel 25 Absatz 3 Unterabsatz 3
Artikel 23 Absatz 1 Unterabsatz 4 Satz 1	Artikel 25 Absatz 4 Unterabsatz 1
Artikel 23 Absatz 1 Unterabsatz 4 Satz 2	Artikel 25 Absatz 4 Unterabsatz 2
Artikel 23 Absatz 1 Unterabsatz 5	Artikel 25 Absatz 5
Artikel 23 Absatz 2 Satz 1	Artikel 25 Absatz 6 Unterabsatz 1
Artikel 23 Absatz 2 Satz 1	Artikel 25 Absatz 6 Unterabsatz 2

Richtlinie 77/91/EWG	Vorliegende Richtlinie
Artikel 23 Absatz 3	Artikel 25 Absatz 7
Artikel 23 a	Artikel 26
Artikel 24	Artikel 27
Artikel 24 a Absatz 1 Buchstabe a	Artikel 28 Absatz 1 Unterabsatz 1
Artikel 24 a Absatz 1 Buchstabe b	Artikel 28 Absatz 1 Unterabsatz 2
Artikel 24 a Absatz 2	Artikel 28 Absatz 1 Unterabsatz 3
Artikel 24 a Absatz 3	Artikel 28 Absatz 2
Artikel 24 a Absatz 4 Buchstabe a	Artikel 28 Absatz 3
Artikel 24 a Absatz 4 Buchstabe b	Artikel 28 Absatz 4
Artikel 24 a Absatz 5	Artikel 28 Absatz 5
Artikel 24 a Absatz 6	Artikel 28 Absatz 6
Artikel 25	Artikel 29
Artikel 26	Artikel 30
Artikel 27	Artikel 31
Artikel 28	Artikel 32
Artikel 29	Artikel 33
Artikel 30	Artikel 34
Artikel 31	Artikel 35
Artikel 32	Artikel 36
Artikel 33	Artikel 37
Artikel 34 Satz 1	Artikel 38 Absatz 1
Artikel 34 Satz 2	Artikel 38 Absatz 2
Artikel 35	Artikel 39
Artikel 36	Artikel 40
Artikel 37	Artikel 41
Artikel 38	Artikel 42
Artikel 39	Artikel 43
Artikel 40 Absatz 1	Artikel 44 Absatz 1
Artikel 40 Absatz 2	Artikel 44 Absatz 2
Artikel 41	Artikel 45
Artikel 42	Artikel 46
Artikel 43 Absatz 1	–
Artikel 43 Absatz 2 Unterabsatz 1	Artikel 47 Absatz 1
Artikel 43 Absatz 2 Unterabsätze 2 und 3	–
Artikel 43 Absatz 3	Artikel 47 Absatz 2
–	Artikel 48
–	Artikel 49
Artikel 44	Artikel 50
–	Anhang II
–	Anhang III

2. Allgemeines. Nach einem ersten Vorentwurf aus dem Jahre 1965 legte die Kommission den Vorschlag für die 2. Richtlinie 77/91[735] im Jahre 1970 vor.[736] Die weiteren Beratungen wurden durch den Beitritt vor allem des Vereinigten Königreichs und Irlands erschwert, für die die Richtlinie einen erheblichen Eingriff in ihr traditionelles Gesellschaftsrecht bedeutete.[737]   298

Die 2. (Kapital-)Richtlinie 77/91 bezweckte zum einen die Angleichung einzelstaatlicher Vorschriften über die Gründung der Aktiengesellschaft (Artt. 2 bis 12): insoweit ergänzte sie inhaltlich die Publizitätsvorschriften der 1. (Publizitäts-)Richtlinie 68/151, vor allem deren Art. 3. Ferner regelte sie die Aufbringung des Mindestkapitals. Und sodann enthielt sie Regeln über die Erhaltung und Änderung des Mindestkapitals im Interesse von Gläubigern wie Aktionären (Artt. 15 ff) sowie Vorschriften über die eigenen Aktien. Sie statuiert den Grundsatz des **festen (Mindest- oder Grund-)Kapitals**. Damit lehnt sie sich an kontinentale Rechtstraditionen an, bedeutet aber für das Vereinigte Königreich und Irland ein Novum.   299

Die Richtlinie 77/91 ist durch die Richtlinien 92/101,[738] 2006/68,[739] 2006/99[740] und 2009/109[741] geändert worden.[742] Richtlinie 92/101 des Rates vom 23.11.1992 hat einen Art. 24 a eingeführt, wonach die Regeln über den Erwerb eigener Aktien auch gelten, wenn die Tochtergesellschaft Aktien der Mutter erwirbt. Nach der Richtlinie 2006/68 können die Mitgliedstaaten die Sachkapitalerhöhung vereinfachen (3. Erwägungsgrund)[743] sowie den Erwerb eigener Aktien (4. Erwägungsgrund) und eine finanzielle Unterstützung Dritter beim Erwerb von Aktien durch die AG selbst (5. Erwägungsgrund) gestatten. Ausweislich ihres 11. Erwägungsgrundes zielt die Richtlinie 2009/109 auf die Verringerung des Verwaltungsaufwandes aufgrund der Veröffentlichungs- und Dokumentationspflicht von Aktiengesellschaften ab.   300

Die Richtlinie 2012/30 hat die mehrfach geänderte 2. (Kapital-)Richtlinie anlässlich einer weiteren Änderung aus Gründen der Klarheit neu gefasst (1. Erwägungsgrund).[744] Einzelne Vorschriften, wie zB Artt. 10, 10 a der Richtlinie 77/91 wurden gestrafft.   301

3. Umsetzung. Deutschland hat die 2. (Kapital-)Richtlinie 77/91 durch das Gesetz zur Durchführung der Zweiten Richtlinie des Rates der Europäischen Gemeinschaften zur Koordinierung des Gesellschaftsrechts (KapRiLiG) umgesetzt.[745] Das Gesetz ist am 1.7.1979 in Kraft getreten. Die Richtlinie 2006/68 wurde durch das ARUG (Gesetz zur Umsetzung der Aktionärsrechterichtlinie vom 30. Juli 2009),[746] die Richtlinie 2009/109 durch das 3. Gesetz zur Umwandlung vom 11.7.2011[747] umgesetzt; letzteres vereinfacht die Prüfung von Sacheinlagen im Rahmen von Verschmelzungen und Spaltungen.[748] Die Neufassung in der Richtlinie 2012/30 unterliegt keiner Umsetzungsfrist. Allerdings gelten gem. Art. 48 iVm Anhang II B die Umsetzungsfristen für die Änderungsrichtlinien weiter.   302

4. Geltungsbereich. Die Kapitalrichtlinie gilt ausschließlich für die **Aktiengesellschaft**[749] und ihre Entsprechungen in den anderen Mitgliedstaaten (Art. 1 Abs. 1 iVm Anhang I).[750] Ausgenommen ist damit vor allem die GmbH und die ihr in anderen Mitgliedstaaten entsprechenden Gesellschaftsformen.   303

Investmentgesellschaften und **Genossenschaften** in der Rechtsform der Aktiengesellschaft können von den Mitgliedstaaten vom Anwendungsbereich der 2. (Kapital-)Richtlinie 77/91 ausgenommen werden,[751] müssen allerdings die firmenrechtlichen Angaben berücksichtigen, die Art. 1 Abs. 2 vorschreibt. Das Recht der   304

---

735 Zweite Richtlinie 77/91/EWG des Rates vom 13.12.1976 zur Koordinierung der Schutzbestimmungen, die in den Mitgliedstaaten den Gesellschaften im Sinne des Artikels 58 Abs. 2 des Vertrages im Interesse der Gesellschafter sowie Dritter für die Gründung der Aktiengesellschaft sowie für die Erhaltung und Änderung ihres Kapitals vorgeschrieben sind, um diese Bestimmungen gleichwertig zu gestalten, ABl 1977, L 26/1.

736 Einzelheiten zur Entstehungsgeschichte, *Edwards*, 51; *M. Habersack/D. Verse*, GesR, § 6 Rn 1.

737 Vgl *Morse*, The Second Directive: Raising and Maintenance of Capital, (1977) ELR 126; *Schmitthoff*, The Second EEC Directive on Company Law, (1978) 15 CMLR 43; *Temple Lang*, The Second EEC Company Law Directive, on Maintenance and Alteration of Capital, and its Implementation in Irish Law, (1976), 9 Irish Jurist 37; ebenfalls *Keutgen*, La deuxième directive en matière de sociétés, Rev. prat. soc. 1977, 1.

738 ABl. 1992, L 347/64;.

739 Richtlinie 2006/68/EG des Europäischen Parlaments und des Rates vom 6. September 2006 zur Änderung der Richtlinie 77/91/EWG des Rates in Bezug auf die Gründung von Aktiengesellschaften und die Erhaltung und Änderung ihres Kapitals,

ABl. 2006, L 264/32; *M. Lutter/W. Bayer/J. Schmidt*, § 20 Rn 6; *Strampelli*, ECFR 2012, 530.

740 ABl. 2006, L 363/137 (betr. den Beitritt Bulgariens u. Rumäniens).

741 ABl. 2009, L 259/14; *M. Lutter/W. Bayer/J. Schmidt*, § 20 Rn 8; vgl oben Rn 33, Fn 128.

742 *M. Habersack/D. Verse*, GesR, § 6 Rn 1.

743 Dazu unten Rn 333.

744 Einzelheiten bei *M. Lutter/W. Bayer/J. Schmidt*, § 20 Rn 9.

745 BGBl. I 1978, 1959; zum Gesetz *Ganske*, DB 1978, 2461 ff; *Hüffer*, NJW 1979, 1065; *M. Habersack/D. Verse*, GesR, § 6 Rn 7.

746 BGBl. I 2009, 2479; Einzelheiten unten Rn 333.

747 BGBl. I 2011, 1138.

748 *Habersack/D. Verse*, GesR, § 6 Rn 8 aE.

749 *M. Habersack/D. Verse*, GesR, § 6 Rn 2; *M. Lutter/W. Bayer/J. Schmidt*, § 20 Rn 12.

750 Die Neufassungen der 1. und 2. Richtlinie bedienen sich gegenüber den ursprünglichen Fassungen einer neuen Technik: Die in ihren Geltungsbereich fallenden Gesellschaften werden nicht mehr im jeweiligen Art. 1 aufgelistet, sondern im Anhang.

751 *M. Lutter/W. Bayer/J. Schmidt*, § 20 Rn 13.

Investmentgesellschaften wurde durch die inzwischen vielfach geänderte Richtlinie 85/611[752] angeglichen. Letztere wurde durch die Richtlinie 2009/65 aufgehoben und ersetzt.[753]

305 **5. Inhalt.** Die Richtlinie definiert zum einen in den Artt. 2 bis 5 die Publizitätspflichten beim Gründungsvorgang und sichert zum anderen den Grundsatz des festen Grundkapitals bei Kapitalaufbringung und Kapitalerhaltung.[754]

306 **6. Publizitätspflichten beim Gründungsvorgang.** Die Vorschriften über die Publizitätspflichten ergänzen inhaltlich die Vorschriften der Publizitätsrichtlinie.[755] Die Artt. 2, 3 schreiben die veröffentlichungspflichtigen Mindestangaben in **Satzung** oder **Errichtungsakt** bei Gründung einer AG vor:
- die Rechtsform der Gesellschaft und ihre Firma (Art. 2 Buchst. a);
- der Gegenstand des Unternehmens (Art. 2 Buchst. b);
- die Höhe des gezeichneten Kapitals, sofern die Gesellschaft kein genehmigtes Kapital hat (Art. 2 c), bzw. die Höhe des genehmigten Kapitals und die Höhe des gekennzeichneten Kapitals im Zeitpunkt der Gründung der Gesellschaft oder der Erteilung der Genehmigung zur Aufnahme ihrer Geschäftstätigkeit sowie bei jeder Änderung des genehmigten Kapitals, sofern die Gesellschaft ein genehmigtes Kapital hat (Art. 2 Buchst. d)
- die Bestimmungen, welche die Zahl und die Art und Weise der Bestellung der Mitglieder derjenigen Organe, die mit der Vertretung gegenüber Dritten, mit der Verwaltung, der Leitung, der Aufsicht oder der Kontrolle der Gesellschaft betraut sind sowie die Verteilung der Zuständigkeiten zwischen diesen Organen festlegen, soweit sich dies nicht aus dem Gesetz ergibt (Art. 2 Buchst. e);
- die Dauer der Gesellschaft, sofern sie nicht unbestimmt ist (Art. 2 Buchst. f);
- der Sitz der Gesellschaft (Art. 3 Buchst. a);
- der Nennbetrag der gezeichneten Aktien und zumindest jährlich deren Zahl (Art. 3 Buchst. b);
- die Zahl der gezeichneten Aktien ohne Angabe des Nennbetrags, soweit die einzelstaatlichen Rechtsvorschriften, die die Ausgabe solcher Aktien erlauben (Art. 3 Buchst. c);
- gegebenenfalls die besonderen Bedingungen, welche die Übertragung der Aktien beschränken (Art. 3 Buchst. d);
- sofern es mehrere Gattungen von Aktien gibt, die Angaben unter Art. 3 Buchstaben b), c) und d) für jede von ihnen und die Angabe der Rechte, die mit den Aktien jeder der Gattungen verbunden sind (Art. 3 Buchst. e)
- die Form der Aktien, Namens- oder Inhaberaktien, sofern die einzelstaatlichen Rechtsvorschriften diese beiden Formen vorsehen, sowie alle Vorschriften über deren Umwandlung, es sei denn, dass das Gesetz die Einzelheiten festlegt (Art. 3 Buchst. f);
- der eingezahlte Betrag des gezeichneten Kapitals im Zeitpunkt der Gründung der Gesellschaft oder der Erteilung der Genehmigung zur Aufnahme ihrer Geschäftstätigkeit (Art. 3 Buchst. g);
- den Nennbetrag der Aktien oder, wenn ein Nennbetrag nicht vorhanden ist, die Zahl der Aktien, die als Gegenleistung für eine Einlage ausgegeben werden, die nicht in bar bewirkt wird, sowie den Gegenstand dieser Einlage und den Namen des Einlegers (Art. 3 Buchst. h);
- die Personalien der natürlichen Personen oder die Bezeichnung der juristischen Personen oder Gesellschaften, durch die oder in deren Namen die Satzung oder der Errichtungsakt oder, sofern die Gründung der Gesellschaft nicht in einem Vorgang einheitlich erfolgt, die Entwürfe der Satzung oder des Errichtungsaktes unterzeichnet worden sind (Art. 3 Buchst. i);
- mindestens annähernd den Gesamtbetrag aller Kosten, die aus Anlass der Gründung der Gesellschaft von dieser zu tragen sind oder ihr in Rechnung gestellt werden, und zwar gegebenenfalls auch, wenn sie vor dem Zeitpunkt entstehen, in dem die Gesellschaft die Genehmigung zur Aufnahme ihrer Geschäftstätigkeit erhält (Art. 3 Buchst. j);
- jeder besondere Vorteil, der bei der Gründung der Gesellschaft oder bis zu dem Zeitpunkt, zu dem diese die Genehmigung zur Aufnahme ihrer Geschäftstätigkeit erhält, jemandem gewährt wird, der an der Gründung der Gesellschaft oder an Vorgängen beteiligt ist, welche die Genehmigung herbeiführen (Art. 3 Buchst. k).

307 Das nach **Art. 2 c)** zu veröffentlichende **gezeichnete Kapital** ist das Garantiekapital der Gesellschaft. Als Eigenkapital sagt es etwas über die Kreditwürdigkeit der Gesellschaft aus. Dementsprechend ist seine Zeichnung, dh die mit der Übernahme der Aktie verbundene Verpflichtung, die von ihr verkörperten Einlage zu

---

[752] Des Rates vom 20.12.1985 zur Koordinierung der Rechts- und Verwaltungsvorschriften betreffend bestimmte Organismen für gemeinsame Anlagen in Wertpapieren (OGAW), ABl 1985 L 375, 3; letzte konsolidierte Fassung v. 21.3.2008.
[753] Oben Rn 36.
[754] M. Habersack/D. Verse, GesR, § 6 Rn 3.
[755] Vgl oben Rn 241.

erbringen, notwendige Voraussetzung der Gründung. Die Richtlinie weist das Garantiekapital in Art. 6 Abs. 1 als Mindestkapital aus. Das in Art. 25 Abs. 2 geregelte **genehmigte Kapital** dient nur einer späteren Erhöhung des Eigenkapitals durch Ausgabe neuer Aktien, ist aber im Zeitpunkt der Genehmigung noch nicht gezeichnet.[756]

Art. 2 e) verlangt die Veröffentlichung der Satzungsbestimmungen über die Zahl und die Art und Weise der Bestellung der Mitglieder der Gesellschaftsorgane sowie über die Verteilung der Zuständigkeiten unter den Organen, soweit sie von der gesetzlichen Regelung abweichen. Den zu veröffentlichen Satzungsbestimmungen über **Zahl sowie Art und Weise der Bestellung der Mitglieder** kommt im deutschen Recht keine besondere Bedeutung zu.[757] Im deutschen Recht regelt § 84 AktG die Bestellung des Vorstandes, schweigt aber über die **Zahl der Vorstandsmitglieder**. Insoweit überlässt es § 23 Abs. 3 Nr. 6 AktG der Satzung („… die Zahl der Mitglieder des Vorstands oder die Regeln, nach denen diese Zahl festgelegt wird"), in Umsetzung von Art. 2 Buchst. e) der Richtlinie entweder konkret die Zahl der Vorstandsmitglieder anzugeben, eine Mindest- oder Höchstzahl festzulegen[758] oder abstrakt die Regel zu formulieren, anhand derer diese Zahl zu bestimmen ist.[759] Nach deutschem Verständnis genügt es, dem Aufsichtsrat zu erlauben, die konkrete Zahl der Vorstandsmitglieder festzulegen..[760] Für den **Aufsichtsrat** selbst regelt § 95 S. 1. 2 u. 4 AktG die Zahl seiner Mitglieder präziser, im wesentlichen aber nach demselben Muster (Mindestzahl von drei und Höchstzahl gestaffelt nach Grundkapital bzw eine von der Satzung festgelegte, durch drei teilbar Zahl zwischen diesen Eckpunkte).

Die Angaben über die Verteilung der Zuständigkeiten spielt wegen der Satzungsstrenge[761] gem. § 23 Abs. 5 AktG, wonach Abweichungen vom Gesetz ausdrücklich von diesem zugelassen sein müssen, für das deutsche Recht keine Rolle.[762] Insbesonders die Regeln über die Zuständigkeiten der Organe sind nichtdispositives Gesetzesrecht.[763]

Die in **Art. 3** genannten Bestandteile gelten auch für eine von der Vorschrift selbst als „**gesondertes Schriftstück**" bezeichnete Urkunde, die nach Art. 3 ebenfalls publizitätspflichtig ist. Damit wird dem Umstand Rechnung getragen, dass in einigen mitgliedstaatlichen Rechten noch weitere Urkunden notwendig sind. Im deutschen Recht gilt dies für die notarielle Beurkundung nach § 23 AktG. Sie ist nach Art. 37 Abs. 4 Nr. 1 AktG der Anmeldung beizufügen.

Für Schutz durch Transparenz bei den Aktien sorgen die Vorschriften über die Angaben in Art. 3 Buchst. b) ff. Diese Bestimmungen wurden durch § 23 Abs. 2 u. 3 AktG sowie die §§ 25 bis 27 AktG umgesetzt. Muss die Satzung gem. § 23 Abs. 3 Nr. 5 AktG angeben, ob die Aktien auf den Inhaber oder auf den Namen laute, so ist nicht erforderlich, die Zahl jeder Aktienart in der Satzung anzugeben. So stellt Art. 3 Buchst. h) bzw. der Richtlinie 2012/30 iVm Art. 3 Abs. 1 der Richtlinie 2009/101 erhöhte **Publizitätsanforderungen** an **Sacheinlagen**: der Gegenstand der Sacheinlage, ihr Einbringungswert und der Name des Einlegers sind offen zu legen. In diesem Zusammenhang sorgt Art. 10 Abs. 3 der Richtlinie 2012/30 insoweit für die Richtigkeit des Veröffentlichten, als er eine unabhängige Wertprüfung vor Gründung bzw Aufnahme der Geschäftstätigkeit und deren Offenlegung gem. Art. 3 der Richtlinie 2009/101 vorschreibt. Art. 3 Buchst. k der Richtlinie und § 26 Abs. 1 AktG zwingt die Gesellschaft dazu, **Sondervorteile** in der Satzung offen zu legen, unabhängig davon, wem sie gewährt werden. Dadurch sollen Umgehungsgeschäfte verhindert werden.

Art. 5 der Richtlinie behandelt die **Einpersonen-AG**, die erst **nach Gründung** zu einer solchen wird: sie soll aus Gründen der Rechtssicherheit nicht lautlos untergehen, sondern entweder durch Gerichtsbeschluss aufgelöst werden oder Gelegenheit bekommen, sich den gesetzlichen Erfordernissen anzupassen. Art. 5 verhindert die Auflösung von Gesetzes wegen in zwei Fällen: die Zahl der Gesellschafter sinkt unter die gesetzliche Mindestzahl oder alle Aktien werden in einer Hand vereinigt.

Die Vorschrift berührt also nicht die Frage der Zulässigkeit der **Gründung** einer Einpersonen-AG. Diese ist Gegenstand von Art. 6 der 12. (Einpersonen-GmbH-)Richtlinie 89/667 (jetzt Richtlinie 2009/102 vom 16.9.2009),[764]. Deren Art. 6 überlässt es den mitgliedstaatlichen Gesellschaftsrechten, ob sie die Gründung einer Einpersonen-AG zulassen oder nicht. Lässt das mitgliedstaatliche Gesellschaftsrecht die Gründung einer EinpersonenAG nicht zu, dann ist eine solche Gründung nach Art. 12 Abs. 1 Buchst. b, Ziff. vi der Richtlinie 2009/101 für nichtig zu erklären.[765]

---

756 Insgesamt M. Habersack/D. Verse, GesR, § 6 Rn 11.
757 M. Habersack/D. Verse, GesR, § 6 Rn 12, 13.
758 Man beruft sich zur Rechtfertigung auf den Wortlaut der englischen, französischen oder niederländischen Fassung, M. Habersack/D. Verse, GesR, § 6 Rn 13.
759 M. Habersack/D. Verse, GesR, § 6 Rn 13 (zu den möglichen Bedenken einer ordnungsgemässen Umsetzung).
760 M. Habersack/D. Verse, GesR, § 6 Rn 13 (anders noch Habersack, Vorauflage, § 6 Rn 12 mwN); Schwarz, DStR 2002, 1306 ff.
761 Hüffer, § 23 AktG, Rn 34–36; Braunfels, § 23 AktG, Rn 40 (oben Kapitel 1).
762 M. Habersack/D. Verse, GesR, § 6 Rn 12.
763 Hüffer, § 23 AktG, Rn 36.
764 ABl. 2009, L 258/20; oben Rn 33.
765 Vgl oben Rn 279.

314 Art. 5 der Richtlinie bekommt hingegen eine besondere Bedeutung, wenn mitgliedstaatliches Gesellschaftsrecht gem. Art. 6 der Richtlinie 2009/102 die Gründung einer Einpersonen-AG zulässt; wie Deutschland, wo das Gesetz für kleine Aktiengesellschaften und zur Deregulierung des Aktienrechts vom 2.8.1994[766] die Einpersonengründung ins Aktienrecht (§ 2 AktG) einführte. In diesem Fall kann Art. 5 der Richtlinie nur die „Keinmann-AG" oder „Keinpersonen-AG" erfassen, bei der die AG ihre Aktien selbst hält.[767]

315 **7. Grundsatz des festen Grundkapitals und Kritik.**[768] Art. 6 Abs. 1 verlangt, dass die Aktionäre ein Grundkapital von 25.000 ECU zeichnen.[769] Dieses (als Mindestkapital) ausgewiesene Grundkapital ist das Eigenkapital der Gesellschaft. Es dient als Sicherheit für die Gläubiger der AG, nimmt also Garantiefunktion wahr. Daher muss es tatsächlich geleistet werden und darf als gebundenes Kapital nicht abgezogen werden; die Mindestkapitalpflicht gilt als Gegenstück zum Haftungsausschluss der Aktionäre und soll im grenzüberschreitenden Verkehr das Vertrauen des Rechtsverkehrs schützen.[770] Die Mitgliedstaaten können ein höheres Mindestgrundkapital vorschreiben, die Vorschrift enthält insoweit nur eine **Mindestharmonisierungs**maßnahme.[771] Inwieweit im Rahmen des über das Mindestkapital hinausgehenden Grundkapitals andere Finanzierungsinstrumente (Genussrechte, Nachrangdarlehen, Aufnahme von Finanzplankrediten usw) richtlinienkonform sind, ist in der Richtlinie nicht geregelt.[772]

316 Vor allem im Anschluss an den Abschlussbericht der Winter-Gruppe von 2002[773] werden Alternativen zum herkömmlichen, in der 2. Kapitalrichtlinie verkörperten System des festen Grundkapitals erörtert.[774] Eine vorgeschlagene Totalrevision wurde nach dem Ergebnis einer Durchführbarkeitstudie seitens der Kommission nicht weiter verfolgt, so dass die Neufassung der 2. Kapitalrichtlinie durch die Richtlinie 2012/30 lediglich eine Kodifizierung der bisherigen Änderungen darstellt.[775]

317 **a) Kapitalaufbringung.** Eines der wesentlichen Anliegen der Richtlinie ist es, das Prinzip des Mindestkapitals in der Praxis zu verwirklichen. Dem dienen der Grundsatz der realen Kapitalaufbringung und das Verbot der Unterpariemission:[776] Nach Art. 8 Abs. 1 dürfen Nennbetragsaktien nicht unter dem Nennbetrag, Stückaktien[777] nicht unter dem rechnerischen Wert ausgegeben werden.

318 **aa) Einlagepflicht der Aktionäre.** Mit der Zeichnung der Aktien übernehmen die Aktionäre die Verpflichtung, die Einlage in Höhe des jeweils gezeichneten Wertes bzw Anteils am Gesamtkapital zu erbringen.[778] Von dieser Verpflichtung zur Kapitalaufbringung können sie gem. Art. 14, außer im Fall der Kapitalherabsetzung, nicht befreit werden. Auch soll der in Art. 46 (§ 53 a AktG) niedergelegte **Grundsatz der Gleichbehandlung**[779] der Aktionäre bei Erfüllung der Einlageverpflichtung dahin gehend gelten, dass die Einlageverpflichtung sich (je nach Aktienart) nach dem Nennwert oder dem rechnerischen Wert richten muss.[780]

319 Die Richtlinie regelt eingehend die Art und Weise, wie der Einlageverpflichtung nachzukommen ist, sowie den Zeitpunkt der Erfüllung der Verpflichtung. Zu unterscheiden sind **Bar- und Sacheinlagen.**[781] Die Richtlinie unterscheidet nur zwischen Bareinlagen und Einlagen, die nicht Bareinlagen sind bzw nicht in bar bewirkt werden. Sacheinlagen sind mithin alle Einlagen, die nicht Bareinlagen sind.[782] Definiert wird von der Richtlinie aber weder der eine noch der andere Begriff. Das deutsche Aktienrecht definiert in § 27 Abs. 1 AktG **Sacheinlagen** negativ als „Einlagen..., die nicht durch Einzahlung des Ausgabebetrags der Aktien zu leisten sind" und **Sachübernahmen** als Übernahme „vorhandener oder herzustellender Anlagen oder anderer Vermögensgegenstände" durch die Gesellschaft.[783]

320 Nach Art. 9 Abs. 1 müssen bei **Bareinlagen** mindestens 25 % des Nennbetrages oder des rechnerischen Wertes bei Gründung der Gesellschaft geleistet worden sein, während der Leistungszeitpunkt für die restlichen 75 % von den Mitgliedstaaten frei bestimmt werden kann. Die §§ 36 Abs. 2, 36 a Abs. 1 AktG haben diese Vorschrift ins deutsche Recht umgesetzt. Allerdings geht § 36 a Abs. 1 AktG insofern weiter, als er die

---

766 BGBl. I 1994, 1961.
767 Einzelheiten und weit. Nachw. bei *Schwarz*, Rn 580; *M. Habersack/D. Verse*, GesR, § 6 Rn 16.
768 *M. Habersack/D. Verse*, GesR, § 6 Rn 17 ff.
769 Vgl bereits Rn 308.
770 *Schwarz*, Rn 582; ausf. *M. Habersack/D. Verse*, GesR, § 6 Rn 17, 18.
771 *M. Habersack/D. Verse*, GesR, § 6 Rn 5.
772 Vgl *M. Habersack/D. Verse*, GesR, § 6 Rn 18 (zweifelnd noch Vorauflage *Habersack*, GesR, § 6 Rn 17 (weit. Fn 31, 32); insg. *Habersack*, ZGR 2000, 384 ff; *Steinbeck*, ZGR 2000, 503 (zum Finanzplankredit).
773 Dazu oben Rn 45.
774 *M. Lutter/W. Bayer/J. Schmidt*, § 20 Rn 236–239 (Rn 238 zu den unterschiedlichen Reformansätzen); *M. Habersack/D. Verse*, GesR, § 6 Rn 19, 20.
775 *M. Lutter/W. Bayer/J. Schmidt*, § 20 Rn 239.
776 *M. Habersack/D. Verse*, GesR, § 6 Rn 23.
777 In Form der sog. unechten Stückaktien, Einzelheiten bei *M. Habersack/D. Verse*, GesR, § 6 Rn 23. Bei dieser Aktienart bestimmt sich der Anteil, den eine Aktie am Kapital verkörpert, nach der ausgegebenen Stückzahl.
778 *M. Habersack/D. Verse*, GesR, § 6 Rn 24.
779 Dazu *M. Habersack/D. Verse*, GesR, § 6 Rn 25, 88 unter Bezug auf *Lutter*, FS Ferid, S. 605.
780 *M. Habersack/D. Verse*, GesR, § 6 Rn 23.
781 *M. Habersack/D. Verse*, GesR, § 6 Rn 29.
782 Vorherige Fn.
783 Siehe *Richter*, ZGR 2009, 721, 723; *Polley*, Art. 27 AktG, Rn 6 (oben Kapitel 1, Einzelheiten zur Abgrenzung im Rahmen der Sacheinlage).

vollständige Zahlung des agio verlangt. Da Art. 9 Abs. 1 AktG indes nur eine Mindestregelung enthält,[784] ist die agio-Regelung mit der Richtlinie vereinbar.

Europarechtlich problematisch ist die durch das ARUG (Gesetz zur Umsetzung der Aktionärsrechterichtlinie vom 30. Juli 2009)[785] eingeführte Rückgewährregelung des § 27 Abs. 4 AktG (**Hin-/Herzahlen**), zum einen im Hinblick auf Art. 9 Abs. 1 der Richtlinie 2012/30, zum anderen im Hinblick auf ihren Art. 25[786] Danach kann unter bestimmten Voraussetzungen[787] die geleistete Einlage, sofern sie nicht als versteckte Sacheinlage anzusehen ist, zB als Darlehen dem Interferenten zurückgewährt werden, so dass der Gesellschaft als Einlage nur der Rückgewähranspruch bleibt.[788] Einlage ist mithin nur ein Leistungsanspruch. Das verträgt sich nach wohl überwiegender Ansicht nicht mit Art. 9 Abs. 1 der Richtlinie, wonach (im Zeitpunkt der Gründung bzw der Erteilung der Genehmigung zur Aufnahme der Geschäftstätigkeit) mindestens 25 % des Nennbetrages bzw des rechnerischen Wertes geleistet worden sein muss.[789] Einig ist man sich, dass die Frage der Richtlinienkonformität des § 27 Abs. 4 noch offen ist. Daher wird vorgeschlagen, bis zur Klärung der Frage durch den EuGH im Wege richtlinienkonformer Auslegung 25 % des Nennbetrages bzw des rechnerischen Wertes zur freien Verfügung des Vorstandes zu lassen.[790]

321

bb) **Sacheinlagen**. Sacheinlagen sind gefährlich, für Gläubiger wie für Mitaktionäre.[791] Die Richtlinie enthält daher **Sondervorschriften** für Sacheinlagen. Sie enthalten in aller Regel höhere Anforderungen als diejenigen, denen Bareinlagen unterliegen. Zunächst verlangt Art. 7, dass das gezeichnete Kapital nur aus werthaltigen Vermögensgegenständen („deren wirtschaftlicher Wert feststellbar ist") besteht. Auch wenn Art. 7 S. 2 (§ 27 Abs. 2 AktG) die Verpflichtung zur Erbringung von Dienstleistungen, die der Einleger selbst erbringen will, wie für solche, auf die der Einleger Anspruch gegenüber einem Dritten hat,[792] aus dem Kreis zulässiger Sacheinlagen ausschließt, so ergibt sich aus dieser Vorschrift zumindest, dass Forderungen der Gesellschaft gegen einen Inferenten grundsätzlich als Sacheinlage zu behandeln sein können. Streitig ist in diesem Zusammenhang, ob der Verzicht eines Inferenten auf eine fällige und liquide Forderung gegen die Gesellschaft als Bar- oder Sacheinlage eingebracht werden kann.[793]

322

Sacheinlagen unterliegen daher einer schärferen Regelung als Bareinlagen: Dies betrifft gem. Art. 9 Abs. 2 der Richtlinie die Erbringung der Sacheinlage, die Pflicht zu ihrer Angabe in der Satzung bzw in sonstigen Urkunden (gem. Art. 3 Buchst. h der Richtlinie 2012/30) und zu ihrer Veröffentlichung (gem. Art. 3 der Richtlinie 2012/30, Art. 2 a) iVm Art. 3 Abs. 3 der Richtlinie 2009/101), die Pflicht zur unabhängigen und sachverständigen Wertprüfung sowie die Nachgründung gem. Art. 13 der Richtlinie.

323

Art. 9 Abs. 2 der Richtlinie regelt den Zeitpunkt der Erbringung der Sacheinlage. sie müssen nach dieser Vorschrift nach 5 Jahren vollständig erbracht sein.[794] Soweit § 36a Abs. 2 AktG die Vorschrift des Art. 9 Abs. 2 umsetzt, enthält S. 1 mit dem Grundsatz sofortiger Erbringung der Sacheinlage vor Anmeldung eine zulässige Verschärfung gegenüber der Richtlinie. Für Sacheinlagen, die aus der Verpflichtung bestehen, einen Vermögensgegenstand auf die Gesellschaft zu übertragen, lässt S. 2 dann allerdings die Einhaltung der Fünfjahresfrist genügen. Das Verhältnis beider Sätze zueinander bereitet indes Verständnisschwierigkeiten.[795] Diese beruhen einerseits auf dem Auseinanderfallen von schuldrechtlicher Verpflichtung zur Übertragung eines Vermögensgegenstandes und der Übertragung des Gegenstandes selbst und andererseits auf der Unklarheit hinsichtlich des Rechtscharakters der Sacheinlagevereinbarung.[796] Die Unklarheiten übertragen sich auch auf die Meinungen in der deutschen Literatur.

324

Geht man davon aus, dass die bloße schuldrechtliche Verpflichtung zur Übertragung eines Vermögensgegenstandes als Sacheinlage zu werten ist, maW also sacheinlagefähig ist,[797] dann ist diese Verpflichtung gem. § 36a Abs. 2 S. 1 AktG vor der Anmeldung abzugeben.[798] In Erfüllung dieser Verpflichtung hat dann gem. § 36a Abs. 2 S. 2 AktG der dingliche Vollzug innerhalb der Fünfjahresfrist zu erfolgen.[799]

325

---

784 M. Habersack/D. Verse, GesR, § 6 Rn 5.
785 BGBl. 2009 I, 2479.
786 Zu letzterem Rn 365.
787 Hüffer, § 27 AktG, Rn 41 ff.
788 Einzelheiten M. Habersack/D. Verse, GesR, § 6 Rn 27; ausf. Polley, § 27 AktG, Rn 75, 76 (oben Kapitel 1).
789 M. Habersack/D. Verse, GesR, § 6 Rn 27; M. Lutter/W. Bayer/J. Schmidt, § 20 Rn 44; aA Polley, § 27 AktG, Rn 75 (oben Kapitel 1); ebenso Spindler/Stilz/Heidinger/Herrler, § 27 Rn 262.
790 Vorherige Fn.
791 M. Habersack/D. Verse, GesR, § 6 Rn 30.
792 M. Habersack/D. Verse, GesR, § 6 Rn 29.
793 M. Habersack/D. Verse, GesR, § 6 Rn 29, Fn 71.

794 M. Habersack/D. Verse, GesR, § 6 Rn 26.
795 Überblick bei Krebs/Wagner, AG 1998, 467 ff; ausf. auch Schwarz, Rn 588; M. Habersack/D. Verse, GesR, § 6 Rn 28; Hüffer, § 36a AktG, Rn 4 („§ 36a II ist unverständlich"); Terbrack, § 36a AktG, Rn 6 (oben Kapitel 1); s. Richter, ZGR 2009, 721, 724, 725 (Überblick über den Meinungsstand).
796 Polley, § 27 AktG Rn 8 (oben Kapitel 1).
797 So Terbrack, § 36a AktG Rn 7 (oben Kapitel 1); vgl M. Habersack/D. Verse, GesR, § 6 Rn 28.
798 Spindler/Stilz/Döbereiner, § 36a AktG (2. Aufl. 2010), Rn 10.
799 In diesem Sinne Terbrack, § 36a AktG Rn 7 (oben Kapitel 1); S. Richter, ZGR 2009, 721, 725 sub c); aA Hüffer, § 36a AktG, Rn 4.

326 Nach wohl hM ist jedoch die schuldrechtliche Verpflichtung nicht einlagefähig.[800] Sacheinlage kann nur die Übertragung des Vermögensgegenstandes sein.[801] Die Sacheinlage muss nach dieser Auffassung gem. § 36a Abs. 2 S. 2 AktG innerhalb von fünf Jahren nach Eintragung der Gesellschaft erbracht werde. § 36a Abs. 2 S. 1 läuft mithin weitgehend leer,[802] obwohl er von der Gesetzestechnik her den Grundsatz enthält. Er soll sich nach dieser Auffassung auf Fälle der Gebrauchs- und Nutzungsüberlassung beschränken.[803]

327 Nach dritter Ansicht verlangt § 36a Abs. 2 S. 1 AktG die Leistung der Sacheinlage vor Anmeldung. § 36a Abs. 2 S. 2 AktG erfasst demnach nur Ansprüche des Sacheinlegers gegen Dritte auf Übertragung eines Vermögensgegenstandes.[804]

328 Da Art. 9 Abs. 2 nur eine Fünfjahresfrist zur Erbringung der Sacheinlage vorsieht, die Vorschrift nach hM jedoch nur eine **Mindestharmonisierung** vorschreibt, werden alle Auffassungen als richtlinienkonform angesehen.

329 Sacheinlagen, ihr Erbringungswert und der Name des Einbringenden sind gem. Art. 3 Buchst. h der Richtlinie 2012/30 in der Satzung bzw in sonstigen Urkunden anzugeben und werden mithin in der Folge gem. Art. 3 der Richtlinie 2012/30, Art. 2 a), Art. 3 Abs. 3 der Richtlinie 2009/101 veröffentlicht.

330 **Art. 10 Abs. 1 bis 3** der Richtlinie regelt die unabhängige und sachverständige Wertprüfung der Sacheinlage. Nach Art. 10 Abs. 2 (Art. 31 Abs. 2 Unterabs. 2 iVm Art. 10 Abs. 2 im Falle der Kapitalerhöhung) erfasst diese Prüfung auch ein eventuelles **agio**.[805] § 34 Abs. 1 Nr. 2 AktG schließt allerdings ein agio nicht ein, die Prüfung erstreckt sich nur auf den geringsten Ausgabebetrag, wie er in § 9 Abs. 1 AktG definiert ist. Die deutsche Rechtsvorschrift entspricht mithin nicht der europarechtlichen Vorlage, soll aber nach einem Teil der Lehre richtlinienkonform ausgelegt werden können.[806] Eine derartige Auslegung ist möglich, versteht man das „namentlich" in § 34 Abs. 1 AktG im Sinne von „vor allem".

331 **Art. 11** der Richtlinie ermächtigt die Mitgliedstaaten, in den Fällen von einer Wertprüfung der Sacheinlage nach Art. 10 abzusehen, in denen der Wert anderweitig festgesetzt wurde. Diese Vorschrift wurde durch die Richtlinie 2006/68 in die 2. (Kapital-)Richtlinie 77/91 eingefügt.[807] **Art. 11 Abs. 1** erlaubt dies für Wertpapiere und Geldmarktinstrumente, sofern sie zu einem gewichteten Preis bewertet werden, wobei das jeweilige nationale Recht über die Zeitspanne der Gewichtung befindet. Andere Vermögensgegenstände als die in Absatz 1 dieses Artikels genannten Wertpapiere und Geldmarktinstrumente können nach **Art. 11 Abs. 2** unter bestimmten Umständen von der Wertprüfung nach Art. 10 ausgenommen werden, sofern sie bereits von einem anerkannten unabhängigen Sachverständigen zum beizulegenden Zeitwert („fair value") bewertet wurden. Für derartige andere Vermögensgegenstände erlaubt **Art. 11 Abs. 3** ebenfalls ein Absehen von der Wertprüfung nach Art. 10, sofern der ihr beizulegende Zeitwert aus der Vermögensaufstellung der gesetzlichen Abschlusses des vorausgegangenen Geschäftsjahrs hervorgeht, wenn dieser Abschluss nach Maßgabe der (Abschlussprüfer-)Richtlinie 2006/43[808] erfolgt ist. Absehen von der Wertprüfung nach Art. 11 zieht allerdings gem. **Art. 12 der Richtlinie 2012/30** eine erhöhte Offenlegungspflicht nach Art. 3 der Richtlinie 2009/101/EG nach sich.

332 Die Unterabsätze 2 zu Art. 11 Abs. 1, Abs. 2 und Abs. 3 sehen indes die **Möglichkeit der Korrektur** bei außergewöhnlichen Umständen der Preisbindung (Art. 11 Abs. 1 Unterabs. 2) bzw bei neuen erheblichen Umständen im Hinblick auf die Bewertung (Art. 11 Abs. 2 u. Abs. 3 Unterabs. 2) vor: Das Leitungs- oder Verwaltungsorgan kann in diesen Fällen Neubewertung nach Art. 10 verlangen.

333 Art. 11 Abs. 2 Unterabs. 4 und 5 enthaltene **Minderheitenrecht auf Neubewertung**: werden die Organe in dem Fall, in dem die Sacheinlage bereits von einem anerkannten unabhängigen Sachverständigen zum beizulegenden Zeitwert („fair value") bewertet wurden, bei neuen erheblichen Umständen nicht tätig, können die Aktionäre, die am Tag des Beschlusses über eine Kapitalerhöhung zusammengenommen mindestens 5 % des gezeichneten Kapitals der Gesellschaft halten, Neubewertung gem. Art. 10 verlangen.

334 Deutschland hat von den Möglichkeiten der Art. 11 Abs. 1 u. 2 der Richtlinie durch das ARUG[809] Gebrauch gemacht. Das ARUG hat die Regeln zur vereinfachten Sachgründung (und -kapitalerhöhung) in den §§ 33a, § 37a, § 183a und § 184 AktG übernommen, nicht aber die von Art. 11 Abs. 3 der Richtlinie eröffnete Option.[810] Das in Art. 11 Abs. 2 Unterabs. 4 u. 5 enthaltene Minderheitenrecht auf Neubewertung ha-

---

800 M. *Habersack/D. Verse*, GesR, § 6 Rn 28.
801 Vgl MüKo-AktG/*Pentz*, § 36a AktG (3. Aufl. 2008), Rn 11; M. *Habersack/D. Verse*, GesR, § 6 Rn 28; S. *Richter*, ZGR 2009, 721, 725 sub. a).
802 M. *Habersack/D. Verse*, GesR, § 6 Rn 28 bei Fn 70; *Hüffer*, § 36a AktG, Rn 4; ebenso *Schwarz*, Rn 588.
803 *Hüffer*, § 36a AktG, Rn 4; MüKo-AktG/*Pentz*, § 36a AktG (3. Aufl. 2008), Rn 12, 13 ff.
804 Siehe *Richter*, ZGR 2009, 721, 725 sub. b); MüKo-AktG/*Pentz*, § 36a AktG (3. Aufl. 2008), Rn 11; *Henssler/Strohn*, § 36a AktG, Rn 5; in diesem Sinne Spindler/Stilz/*Döbereiner*, § 36a AktG (2. Aufl. 2010), Rn 10 aE.
805 M. *Habersack/D. Verse*, GesR, § 6 Rn 30.
806 M. *Habersack/D. Verse*, GesR, § 6 Rn 31 Fn 80 mwN.
807 Oben Rn 301.
808 Oben Rn 33.
809 BGBl. I 2009, 2479; oben Rn 301.
810 M. *Habersack/D. Verse*, GesR, § 6 Rn 32.

ben die § 183a Abs. 3 iVm § 33a Abs. 2 AktG darüber hinaus auch auf den in Art. 11 Abs. 1 Unterabs. 2 der Richtline geregelten Fall der Börsenkursneubewertung ausgedehnt.[811]

Die Vorschriften der Sacheinlagen sind, weil kostspielig und lästig, der Gefahr der Umgehung ausgesetzt. Der Unionsgesetzgeber hat deshalb in Anlehnung an § 52 AktG in Art. 13 der Richtlinie 2012/30 durch die sog. **Nachgründung**[812] für einen gewissen **Umgehungsschutz** gesorgt. Art. 13 soll den Grundsatz der tatsächlichen Kapitalaufbringung im Falle von Sacheinlagen sichern. Allerdings bringt diese Vorschrift diesen Zweck (Schutz vor Umgehungsgeschäften bei Sacheinlagen) nicht zum Ausdruck. 335

Art. 13 Abs. 1 unterwirft den Erwerb von Vermögensgegenständen von einem Gründer der Wertprüfungspflicht, der Offenlegungspflicht und dem Erfordernis der Genehmigung durch die Hauptverhandlung, wenn der Gegenwert mindestens 10% des gezeichneten Kapitals ausmacht und der Erwerb innerhalb einer Frist von mindestens zwei Jahren erfolgt: Für die Wertprüfungspflicht und die Offenlegung verweist die Vorschrift auf Art. 10 Abs. 1 bis 3 der Richtlinie 2012/30. 336

Art. 13 Abs. 1 räumt den Mitgliedstaaten zwei Optionen ein: Sie können eine längere Frist als die Mindestfrist von zwei Jahren festlegen. Sie können diese erhöhten Anforderungen auf den Erwerb von Gegenständen ausdehnen, die Aktionären oder Dritten gehören. § 52 Abs. 1 AktG hat von dieser Option Gebrauch gemacht.[813] 337

Andererseits nimmt Abs. 2 des Art. 13 den Erwerb von Vermögensgegenständen aus dem Anwendungsbereich der Nachgründung heraus, wenn der Erwerb entweder im Rahmen der laufenden Geschäfte stattfindet, auf Anordnung oder unter Aufsicht einer Verwaltungsbehörde oder eines Gerichts erfolgt oder es sich um Erwerb an der Börse handelt. § 52 Abs. 9 AktG galt in seiner alten Fassung als fehlerhafte Umsetzung dieser Ausnahme, da er nicht nur auf den Erwerb im Rahmen der laufenden Geschäfte, sondern auch darauf abhob, ob der Erwerb den Gegenstand des Unternehmens (iSv § 23 Abs. 3 Nr. 2 AktG) bildete. Das Gesetz zur Namensaktie und zur Erleichterung der Stimmrechtsausübung vom 18.1.2001[814] hat den Wortlaut des § 52 Abs. 9 AktG an den von Art. 11 Abs. 2 der 2. (Kapital-)Richtlinie 77/91 angepasst.[815] 338

Art. 13 der Richtlinie 2012/30 und § 52 AktG sind nicht deckungsgleich. Einerseits bleibt § 52 AktG hinter Art. 13 der Richtlinie 2012/30 zurück:[816] Vom Geltungsbereich der Nachgründungsregeln sind nach § 52 Abs. 9 AktG Vermögensgegenstände ausgeschlossen, deren Erwerb in der Zwangsvollstreckung erfolgt. Art. 13 schließt hingegen Vermögensgegenstände aus, die auf Anordnung oder unter Aufsicht einer Verwaltungsbehörde oder eines Gerichts erworben werden. Beide Vorschriften decken sich aber im übrigen, als im Rahmen der laufenden Geschäfte der Gesellschaft oder an der Börse erworbene Vermögensgegenstände ausgeschlossen werden. Ferner setzt nach Art. 13 Abs. 1 die Nachgründungspflicht ein, wenn der Vermögensgegenstand den Gegenwert von mindestens 1/10 des gezeichneten Kapitals ausmacht, nach § 52 Abs. 1 AktG aber erst, wenn der Vermögensgegenstand mehr als 10 vom Hundert des Grundkapitals an der Gesellschaft beträgt. 339

Abhelfen will die Lehre durch richtlinienkonforme Auslegung.[817] Eine solche aber endet am Wortlaut der auszulegenden mitgliedstaatlichen Rechtsvorschrift.[818] Kann man die 1/10 Regel des § 52 Abs. 1 AktG noch im Sinne des Art. 13 Abs. 1 der Richtlinie 2012/30 auslegen, so ist dies im Hinblick auf Anordnung oder unter Aufsicht einer Verwaltungsbehörde oder eines Gerichts erworbene Gegenstände bei § 52 Abs. 9 AktG mE nur im Wege der Rechtsfortbildung möglich. Ansonsten hilft nur, Art. 13 Abs. 2 der Richtlinie 2012/30 als unmittelbar geltend anzusehen. 340

Andererseits bleibt der Schutz vor einer Umgehung der Sacheinlagenvorschrften durch Art. 13 hinter dem deutschen Aktienrecht zurück, denn die Richtlinie kennt weder die Unterscheidung von Sachübernahme[819] und Sacheinlage[820] (§ 27 Abs. 1 S. 1 AktG) noch die Gleichstellung von Sachübernahme und Sacheinlage gem. § 27 Abs. 1 S. 2 AktG[821] oder das Rechtsinstitut der verdeckten Sacheinlage[822] gem. § 27 Abs. 3 AktG..[823] Das deutsche Recht geht mithin mit der Gleichstellung der Sachübernahme (als eine im Rahmen der Gründung erfolgten Erwerbsabrede) und der Lehre von der verdeckten Sacheinlage inhaltlich über die Nachgründungsregelung der Richtlinie hinaus. Auch regelt es im Gegensatz zur Richtlinie in § 27 Abs. 3 AktG die Rechtsfolgen bei Verstößen gegen die Vorschriften über die Sacheinlage. 341

---

811 *M. Habersack/D. Verse*, GesR, § 6 Rn 8, 32; *Polley*, § 33a AktG Rn 11 (oben Kapitel 1).
812 Zum Begriff *Lohr*, Art. 52 AktG Rn 1 (oben Kapitel 1).
813 *Schwarz*, Rn 590 bei Fn 606; *Hüffer*, AktG, 8. Aufl. 2008, § 52 Rn 3.
814 Namensaktiengesetz – NaStraG, BGBl. I, 123.
815 Dazu *M. Habersack/D. Verse*, GesR, § 6 Rn 34.
816 Zu allem *M. Habersack/D. Verse*, GesR, § 6 Rn 35.

817 Oben Rn 25, 26.
818 Allgemein oben Rn 25 ff.
819 Zum Begriff *Hüffer*, § 27 AktG, Rn 5, 5a.
820 *Hüffer*, § 27 AktG, Rn 3.
821 *Hüffer*, § 27 AktG, Rn 7.
822 *Hüffer*, § 27 AktG, Rn 23f.
823 Ausf. zu Sachübernahme und verdeckter Sacheinlage *M. Habersack/D. Verse*, GesR, § 6 Rn 36–39.

342 **cc) Die Lehre von der verdeckten Sacheinlage.** Die Lehre von der verdeckten Sacheinlage[824] verdankt das deutsche Recht im Kern dem RG. Lange Zeit Richterrecht, wurde sie jedoch von Teilen des Schrifttums bekämpft.[825] Das ARUG hat dann die richterrechtliche Lehre in § 27 Abs. 3 AktG in Gesetzesform gegossen.[826] Unionsrechtlich stellt sich die Frage der Vereinbarkeit der weitergehenden deutschen Regelung mit der Richtlinie.[827] Vereinbar ist die Lehre von der verdeckten Sacheinlage, wenn Art. 13 eine Mindestregelung darstellt.[828] Der EuGH hat diese Frage bisher noch nicht entschieden, der BGH unter Hinweis auf den Rechtscharakter als Mindestregelung und in Anwendung der acte-clair-Theorie von einer Vorlage abgesehen;[829] eine entsprechende Vorlage des LG Hannover hat der EuGH aus prozessualen Gründen als unzulässig abgewiesen.[830] Der in dieser Sache mit den Schlussanträgen befasste Generalanwalt Tesauro hielt die Nachgründungsregel des Art. 11 der Richtlinie 77/91 für abschließend – und mithin die Lehre von der verdeckten Sacheinlage für nicht richtlinienkonform[831]

343 Das Schrifttum bietet verschieden Versuche an,[832] die Vereinbarkeit der Lehre von der verdeckten Sacheinlage mit Art. 13 der Richtlinie 2012/30 zu rechtfertigen, ohne dass diese sehr überzeugend wirken. Indes wird man zum einen prüfen müssen, inwieweit Art. 13 Abs. 1 der Richtlinie ihrem Wortlaut nach auch bestimmte Fallkonstellationen der verdeckten Sacheinlage erfasst. Zum anderen lässt sich diese Lehre nur mit Art. 13 vereinbaren, versteht man ihn als Mindestschutzvorschrift, die es einem Mitgliedstaat erlaubt, ein höheres Schutzniveau zu gewährleisten.

344 **b) Kapitalerhaltung.** Das Mindestgrundkapital muss nicht nur nicht aufgebracht werden, es muss vor allem im Interesse der Gläubiger erhalten bleiben. Das Kapitalerhaltungskonzept der Richtlinie 2012/30 beruht auf drei Säulen:[833] der Begrenzung von Ausschüttungen an die Aktionäre, der Informationspflicht bei schweren Verlusten und der detaillierten, im Kern restriktiven Handhabung von Zeichnung und Erwerb eigener Aktien durch die Gesellschaft.

345 **aa) Ausschüttungen.** Aktionäre sind an hohen Ausschüttungen interessiert. Die Artt. 17 bis 18 der Richtlinie 2012/30 (Artt. 15 bis 17 der 2. [Kapital-]Richtlinie 77/91) regeln daher zunächst im Interesse der Kapitalerhaltung die Ausschüttungen an die Aktionäre.[834] Beide Vorschriften enthalten Mindestregelungen, erlauben also strengere mitgliedstaatliche Regelungen.[835] Zwar wird der Begriff der Ausschüttung von der Richtlinie nicht näher definiert wird, umfasst aber gem. Art. 17 Abs. 4 vor allem „Zahlungen von Dividenden und von Zinsen für Aktien". Folgt daraus, daß der Begriff zunächst offene Auszahlungen erfasst, so sollen nach einer allerdings umstrittenen Ansicht auch verdeckte Vermögenszuwendungen darunterfallen.[836]

346 Art. 17 Abs. 1 sichert zunächst einen Kapitalschutz wie § 30 GmbHG: eine Ausschüttung an die Aktionäre ist (außerhalb einer Kapitalherabsetzung) ausgeschlossen, wenn das im Jahresabschluss des abgeschlossenen Geschäftsjahres ausgewiesene Nettoaktivvermögen den Betrag des gezeichneten Kapitals zuzüglich der gesetzlichen oder satzungsmäßigen Rücklagen unterschreitet oder unterschreiten würde. Mithin sind nach dieser Vorschrift Ausschüttungen untersagt, bei denen Grundkapital und nicht angreifbare Rücklagen unterschritten werden bzw würden.[837] Aber die Richtlinie geht weiter und begrenzt in Art. 17 Abs. 3 im Kern

---

824 Dazu RGZ 121, 99, 102; RGZ 157, 213, 224; BGHZ 28, 314; BGH NJW 1982, 2444, 2446; BGHZ 184, 158 Rn 14; *Hüffer*, § 27 Rn 25; Großkomm-AktienR/*Röhricht*, § 27 Rn 188 ff; *Ch. Windbichler/K. Krolop*, in: K. Riesenhuber, Europäische Methodenlehre, 2. Aufl. 2010, § 19 Rn 28–59 Nach der Legaldefinition des § 27 Abs. 3 AktG ist die verdeckte oder verschleierte Sacheinlage tatbestandsmäßig im Wesentlichen dadurch charakterisiert, dass der wirtschaftlich einheitliche Vorgang der Sacheinlage in rechtlich getrennte Geschäfte aufgespalten wird: eine Bareinlage wird nach entsprechender Vorabrede zum Erwerb anderer Vermögensgegenstände durch die Gesellschaft verwendet.

825 Statt vieler *Meilicke*, Die "verschleierte" Sacheinlage – eine deutsche Fehlentwicklung, 1989.

826 Dazu *Andrianesis*, WM 2011, 968.

827 BGHZ 110, 47, 68 ff (IBH/Lemmerz); BGHZ 118, 83, 93 ff (BuM); BGHZ 132, 133 = NJW 1996, 1286; ausf. zur Problematik *Schwarz*, Rn 593; *M. Habersack/D. Verse*, GesR, § 6 Rn 38.

828 *M. Habersack/D. Verse*, GesR, § 6 Rn 38; in diesem Sinne *Lutter/Gehling*, WM 1989, 1445, 1456 ff; *Ebenroth/Neiß*, BB 1992, 2085; *Frey*, ZIP 1990, 288, 294; *Kindler*, in: FS Boujong, S. 299, 309 ff; *Wiedemann*, ZIP 1991, 1257, 1268 f;

M. Habersack/D. Verse, GesR, § 6 Rn 39; *Hüffer*, § 27 Rn 24; aA (Höchstregelung) GenA *Tesauro*, Schlussanträge zu C-83/91, *Meilicke*, Slg 1992, I-4897, 4912 ff, Rn 17 = ZIP 1992, 1033 mit Anm. *Jost*; *Meilicke*, DB 1989, 1067; *ders*, DB 1990, 1173; *Einsele*, NJW 1996, 2681, 2683; *Ebenroth/Neiß*, BB 1992, 2085; *Loos*, BB 1989, 2147, 2151.

829 Der BGH hat in dem IBH-Verfahren die Vereinbarkeit bejaht, ist aber dafür, dass er unter Berufung auf die acte-clair-Theorie von einer Vorlage abgesehen hat, kritisiert worden, *Knobbe-Keuk*, DB 1990, 2573, 2582.

830 C-83/91, *Meilicke*, Slg 1992, I-4871; ausf. Langenbucher/*Engert*, § 5, GesR, Rn 74–76.

831 GenA *Tesauro*, Schlussanträge in C-83/91, *Meilicke*, Slg 1992, I-4897, 4912 ff, 4913 ff, Rn 17 = ZIP 1992, 1033 mit Anm. *Jost*; *Meilicke*, DB 1989, 1067; *ders*, DB 1990, 1173; *Einsele*, NJW 1996, 2681, 2683; *Ebenroth/Neiß*, BB 1992, 2085; *Loos*, BB 1989, 2147, 2151.

832 ZB *M. Habersack/D. Verse*, GesR, § 6 Rn 39.

833 *M. Lutter/W. Bayer/J. Schmidt*, § 20 Rn 78.

834 Allg. *Drinhausen*, § 57 AktG, Rn 1 (oben Kapitel 1).

835 *M. Habersack/D. Verse*, GesR, § 6 Rn 44.

836 Ausf. mit Nachw. *M. Habersack/D. Verse*, GesR, § 6 Rn 42.

837 Einzelheiten bei *M. Habersack/D. Verse*, GesR, § 6 Rn 41, 42.

die Ausschüttungen an die Aktionäre auf den (um Rücklagen gewichteten) **Gewinn**,[838] auch wenn diese nicht zu einer Unterschreitung führen würde. Zwar wird der Begriff von der Richtlinie nicht näher definiert wird, umfasst aber gem. Art. 17 Abs. 4 vor allem „Zahlungen von Dividenden und von Zinsen für Aktien". Folgt daraus, daß der Begriff zunächst offene Auszahlungen erfasst, so sollen nach einer allerdings umstrittenen Ansicht auch verdeckte Vermögenszuwendungen darunterfallen.[839]

Von der Gewinnausschüttungsregel kann ein Mitgliedstaat zugunsten von **Investmentgesellschaften mit festem Kapital** gem. Art. 17 Abs. 7 (Art. 15 Abs. 4 der 2. Richtlinie 77/91) unter den dort genannten Voraussetzungen abweichen. Eine weitere – richterrechtliche – Ausnahme wird im deutschen Recht zugunsten der **Prospekthaftung** gemacht:[840] die Haftung der Aktiengesellschaft, die für die von ihrem Vorstand durch falsche Ad-hoc-Mitteilungen begangenen sittenwidrigen vorsätzlichen Schädigungen analog § 31 BGB einzustehen hat, scheitert nicht am Verbot der Einlagenrückgewähr gem. Art. 57 AktG.[841] Dies ist hM,[842] wobei nicht, wie seinerzeit vom RG, zwischen originärem und derivativem Aktienerwerb unterschieden wird.[843] Auf der Ebene des Unionsrechts kollidiert Art. 17 der Richtlinie 2012/30 mit Art. 6 Abs. 1 der Prospektrichtlinie 2003/71 und Art. 7 Abs. 1 der Transparenzrichtlinie 2004/109.[844] Aber auch hier geht das Schrifttum davon aus, dass ein Haftungsausschluss aufgrund des Kapitalerhaltungsgrundsatzes ausgeschlossen ist,[845] man verneint schon, dass es sich bei der Schadensersatzzahlung um eine Ausschüttung iSd Art. 17 der Richtlinie 2012/30 handelt.[846] In seinem Urteil v. 19.12.2013 in der Rechtssache **Hirmann**[847] hat jetzt der EuGH über die Konkurrenz von Prospekthaftung und Kapitalerhaltungsgrundsatz zu entscheiden und einen Haftungsausschluss aufgrund des Kapitalerhaltungsgrundsatzes ausgeschlossen.[848]

Das deutsche Recht hat mit dem Prinzip der Vermögensbindung und dem Verbot der Einlagenrückgewährung in § 57 AktG Abs. 1 die Vorgaben der Richtlinie verwirklicht.[849]

Nach Art. 18 (Art. 16 der 2. Kapitalrichtlinie) sind unzulässige, entgegen Art. 17 erfolgte Ausschüttungen von dem begünstigten Aktionär zurückzuzahlen. Rückzahlungsverpflichtet ist aber nur der bösgläubige oder fahrlässige Aktionär, wobei die Beweislast für die Bösgläubigkeit bzw Fahrlässigkeit bei der Gesellschaft liegt. Da Art. 18, ebenso wie Art. 17, nur eine Mindestharmonisierung bezweckt, können die mitgliedstaatlichen Gesellschaftsrechte die Haftung der Aktionäre verschärfen. Das hat das deutsche Recht in § 62 Abs. 1 S. 1 AktG mit der verschuldensunabhängigen Haftung getan. Nur wenn die Ausschüttungen auf einem Gewinnverwendungsbeschluss beruhen, bleibt es gem. § 62 Abs. 1 S. 2 bei der verschuldensabhängigen Regelung der Richtlinie. In deren Folge ist der gutgläubige Aktionär geschützt.[850]

bb) Schwere Verluste. Art. 19 (Art. 17 der 2. Kapitalrichtlinie 77/91) statuiert die Pflicht zur Einberufung der Hauptversammlung bei schweren Verlusten. Innerhalb welcher Frist dies zu geschehen hat, ist Sache der Mitgliedstaaten. Nach Art. 19 Abs. 2 dürfen die Mitgliedstaaten die Höhe eines schweren Verlustes nicht auf mehr als die Hälfte des gezeichneten Kapitals festsetzen. Da § 92 Abs. 1 AktG diesen Vorgaben bereits entsprach, war eine Anpassung des deutschen Gesellschaftsrecht nicht notwendig. Allerdings ist § 92 Abs. 1 AktG im Lichte von Art. 19 auszulegen: die hM nimmt einen Verlust in Höhe der Hälfte des Grundkapitals (Art. 19 Abs. 2) an, wenn das Verhältnis von Verlust und dem gesamten offen ausgewiese-

---

838 Gewinn verstanden als „Betrag des Ergebnisses des letzten abgeschlossenen Geschäftsjahres, zuzüglich des Gewinnvortrags und der Entnahmen aus hierfür verfügbaren Rücklagen, jedoch vermindert um die Verluste aus früheren Geschäftsjahren sowie um die Beträge, die nach Gesetz oder Satzung in Rücklagen eingestellt worden sind"; zu dieser Vorschrift *Behrens*, in: Dauses (Hrsg.), E. III., Rn 32; *W. Schön*, FS Kropff, S. 285, 293; *Schwarz*, Rn 596 bei Fn 647; kritisch *M. Habersack/D. Verse*, GesR, § 6 Rn 41, 42 (weist darauf hin, dass Regeln über Rücklagen fehlen); zur Frage der Sachdividende vgl *Lutter/Leinekugel/Rödder*, ZGR 2002, 204, 225 ff.

839 Ausf. mit Nachw. *M. Habersack/D. Verse*, GesR, § 6 Rn 42; *M. Lutter/W. Bayer/J. Schmidt*, § 20 Rn 82; *W. Bayer*, in: S. Kalss/U. Torggler (Hrsg.) Kapitalmarkthaftung und Gesellschaftsrecht, 2013, 31, 46.

840 BGH, II ZR 287/02 (E.M. T.V.), Urt. v. 9.5.2005, ZIP 2005, 1270, 1273 = NJW 2005, 2450; bestätigt in den ComROAD-Entscheidungen (BGH, II ZR 80/04, ComROAD I, ZIP 2007, 681; BGH, II ZR 153/05, ComROAD III, ZIP 2007, 326, 327; BGH, II ZR 147/05, ComROAD IV, NJW 2008,76; BGH, II ZR 229/05, ComROAD VI, NZG 2008, 382,383; BGH, II ZR 68/06, ComROAD, NZG 2008, 385).

841 Ausf. *W. Bayer* in: S. Kalss/U. Torggler (Hrsg.), Kapitalmarkthaftung und Gesellschaftsrecht, 2013, 31; *K. J. Hopt*, daselbst, 55, 62; *Eckert*, GesRZ 2010, 88; *Gruber*, GesRZ 2010, 73; *C. Jungmann*, ZGR 2006,638; *H. Krejci*, GesRZ 2011, 193; *K. Langenbucher*, ZIP 2005, 239; *T. M. J. Möllers*, BB 2005, 1637; *G. H. Roth*, JBl. 2012, 73; *H. Fleischer*, ZIP 2005, 1805; *M. Lutter/W. Bayer/J. Schmidt*, § 20 Rn 86.

842 *W. Bayer*, in: S. Kalss/U. Torggler (Hrsg.), Kapitalmarkthaftung und Gesellschaftsrecht, 2013, 31, 42 f, sowie Lit. in voriger Fn; aA nur *P. Kindler*, FS Hüffer, 2010, 417.

843 Einzelheiten bei *W. Bayer*, in: S. Kalss/U. Torggler (Hrsg.), Kapitalmarkthaftung und Gesellschaftsrecht, 2013, 31, 37 ff, 46 f (ausf. Stellungnahme).

844 Zu beiden Richtlinien oben Rn 36.

845 *M. Lutter/W. Bayer/J. Schmidt*, § 20 Rn 86; *W. Bayer*, in: S. Kalss/U. Torggler (Hrsg.), Kapitalmarkthaftung und Gesellschaftsrecht, 2013, 31, 46 ff.

846 Nachw. vorherige Fn.

847 C-174/12, (Text der Vorlagefragen des Handelsgerichts Wien ABl. 2012, C 209/2). Das Urteil ist auf der Homepage des Gerichtshofes veröffentlicht, eine Veröffentlichung in der amtlichen Sammlung in Papierform wird es nicht mehr geben.

848 Dazu *H. Fleischer/ S. Schneider/ M. Thaten*, NZG 2012 801.

849 HM, Einzelheiten und Ausnahmen für verbundene Unternehmen und Vertragskonzerne bei *M. Habersack/D. Verse*, GesR, § 6 Rn 45–49; *Schwarz*, Rn 596 aE.

850 *M. Habersack/D. Verse*, GesR, § 6 Rn 44 aE.

nen Eigenkapital ergibt, dass das Vermögen nur noch die Hälfte des Eigenkapitals erreicht.[851] Dagegen wendet sich *Habersack*.[852] Er will um des Schutzzweckes des Art. 19 und seiner Wirksamkeit willen eine möglichst frühzeitige Einberufung der Hauptversammlung. Da das Vorliegen einer Unterbilanz dem nicht gerecht werde, sieht er den Verlust im Jahresfehlbetrag, den er dem Eigenkapital gegenüberstellt. Auch verlangt er wirksame Sanktionen bei Verstößen gegen die Einberufungspflicht und kritisiert in diesem Zusammenhang, dass nur der Gesellschaft ein Schadensersatzanspruch zustehen soll,[853] nicht aber dem einzelnen Aktionär.[854]

351 cc) **Eigene Aktien**[855] Unkontrollierter Erwerb eigener Aktien durch die Gesellschaft wäre für das Eigenkapital wie für das Kompetenzgefüge der Gesellschaft gefährlich: die Gesellschaft ist als ihr eigener Aktionär zugleich Gläubiger und Schuldner der Einlageverpflichtung, das Kapital wird nicht wirklich aufgebracht; der Vorstand nimmt Aktionärsrechte wahr und kontrolliert sich selbst.[856] Die Richtlinie geht daher im Grundsatz von einem strikten Zeichnungsverbot[857] und einem eingeschränkten Erwerbsverbot:[858] für eigene Aktien aus. Kontinentaleuropäische und angelsächsische Traditionen, wirtschaftlich notwendige Ausnahmen vom Verbot des Erwerbs eigener Aktien und Schutz vor Umgehungen führen zu einer komplexen Regelung.[859]

352 Um die tatsächliche Aufbringung des Kapitals sicherzustellen, verbietet Art. 20 Abs. 1 (Art. 18 Abs. 1 der 2. Kapitalrichtlinie 77/91) die Zeichnung eigener Aktien.[860] Art. 20 Abs. 2 soll die Umgehung dieses Verbots durch den Erwerb eigener Aktien durch Dritte in eigenem Namen, aber auf Rechnung der Gesellschaft,[861] Art. 28 Abs. 1 durch abhängige Gesellschaften verhindern.[862]

353 Das **Zeichnungsverbot** ist absolut (Art. 20 Abs. 1, § 56 Abs. 1, 2 AktG). Es verbietet den originären Erwerb eigener Aktien.[863] Als Sanktion bei Verstoss gegen die Umgehungsverbote (Art. 20 Abs. 2, Art. 28 Abs. 1, vorherige Rn) sieht Art. 20 Abs. 3 vor, dass die Gründungsmitglieder (im Falle der Kapitalerhöhung die Mitglieder des Verwaltungs- oder Leitungsorgans) verpflichtet sind, die Einlage zu leisten. Diese Pflicht kann von den Mitgliedstaaten gem. Art. 20 Abs. 3 Unterabs. 2 verschuldensabhängig ausgestaltet werden. § 56 Abs. 3 S. 2 AktG hat sich bei der Haftung der Gründungsmitglieder für verschuldensunabhängige Haftung entschieden, bei der Haftung der Vorstandsmitglieder der Gesellschaft bei der Kapitalerhöhung hingegen in § 56 Abs. 4 AktG für eine verschuldensabhängige mit Exkulpationsmöglichkeit.[864]

354 Andererseits gibt es kapitalmarktrechtliche Gründe für **Ausnahmen** vom grundsätzlichen **Erwerbsverbot**[865] und vom **Halten eigener Aktien**. Die **Artt. 21 bis 28** (Artt. 19 bis 24a der 2. [Kapital-]Richtlinie 77/91) lassen daher den kontrollierten Erwerb eigener Aktien zu. Im Überblick ergibt sich:

355 Nach der Kernbestimmung des Art. 21 Abs. 1 können die Mitgliedstaaten unter Beachtung des Gleichbehandlungsgrundsatzes des Art. 46 (Art. 42 der 2. Richtlinie 77/91) und unbeschadet der Marktmissbrauchrichtlinie 2003/6 den Erwerb eigener Aktien gem. Art. 21 Abs. 1, Unterabs. 1 unter drei Mindestbedingungen.[866] zulassen. Optional gestattet ihnen Art. 21 Abs. 1 Unterabs. 2, lit. a) bis e) zudem, den Erwerb eigener Aktien jeder der dort aufgeführten weiteren Bedingungen zu unterwerfen.

356 Von der Anwendung des Art. 21 Abs. 1 Unterabs. 1 und damit den dort aufgeführten zwingenden Bedingungen und ggf den optionalen Bedingungen gem. Art. 21 Abs. 1 Unterabs. 2, lit. a) bis e) können die Mitgliedstaaten beim Erwerb eigener Aktien in den Fällen des Art. 22 Abs. 1 lit. b) bis g) für die Dauer von drei Jahren (Art. 22 Abs. 2) absehen.[867]

357 Unabhängig von der Frage der Geltung des Art. 21 oder 22 müssen zum Schutz der Aktionäre bzw der Gläubiger bei jedem Halten eigener Aktien die in Art. 24 (Art. 22 der Richtlinie 77/91) geforderten Mindestbedingungen eingehalten werden.

358 Nach **Art. 21 Abs. 1 Unterabs. 1** (Art. 19 Abs. 1 Buchst. a der Richtlinie 77/91) kann nur die **Hauptversammlung**[868] den Erwerb eigener Aktien unter den in **Unterabs. 1 lit. a)–c)** aufgeführten Bedingungen ge-

---

851 BGH WM 1958, 1416; OLG Köln AG 1978, 12, 22; *Hüffer*, § 92 AktG, Rn 2; MüKo-AktG/*Spindler*, § 92 Rn 9; *M. Habersack/D. Verse*, GesR, § 6 Rn 52.
852 *M. Habersack/D. Verse*, GesR, § 6 Rn 53; Großkomm-AktienR/*Habersack*, § 92 Rn 13 f.
853 In diesem Sinne zB *Hüffer*, § 92 AktG, Rn 15.
854 *M. Habersack/D. Verse*, GesR, § 6 Rn 54.
855 Artt. 20–28 (Artt. 18–24 a der 2. Kapitalrichtlinie 77/91); ausf. *M. Habersack/D. Verse*, GesR, § 6 Rn 55 ff.
856 Zu allem *M. Habersack/D. Verse*, GesR, § 6 Rn 55; *M. Lutter/W. Bayer/J. Schmidt*, § 20 Rn 100.
857 *M. Lutter/W. Bayer/J. Schmidt*, § 20 Rn 104.
858 *M. Lutter/W. Bayer/J. Schmidt*, § 20 Rn 107.
859 Einzelheiten bei *M. Lutter/W. Bayer/J. Schmidt*, § 20 Rn 100, 101; *M. Habersack/D. Verse*, GesR, § 6 Rn 56.
860 *M. Habersack/D. Verse*, GesR, § 6 Rn 58.
861 § 56 Abs. 3 AktG.
862 *M. Habersack/D. Verse*, GesR, § 6 Rn 59.
863 *M. Lutter/W. Bayer/J. Schmidt*, § 20 Rn 103; *Janssen*, § 56 AktG, Rn 2 (zu den Tatbeständen im Einzelnen); *M. Habersack/D. Verse*, GesR, § 6 Rn 59.
864 *M. Lutter/W. Bayer/J. Schmidt*, § 20 Rn 106.
865 *M. Lutter/W. Bayer/J. Schmidt*, § 20 Rn 108.
866 Einzelheiten bei *M. Habersack/D. Verse*, GesR, § 6 Rn 56.
867 Vgl unten Rn 363.
868 Zur Begründung *M. Habersack/D. Verse*, GesR, § 6 Rn 62: Entscheidungsbefugnis der Hauptversammlung zwecks Kontrolle des Erwerbspreises und Sicherung des Gleichbehandlungsgebotes gem. Art. 46; *M. Lutter/W. Bayer/J. Schmidt*, § 20 Rn 111.

nehmigen. Vom Erfordernis der Ermächtigung durch die Hauptversammlung lassen **Art. 21 Abs. 2 und 3** Ausnahmen zu:[869] nach Art. 21 Abs. 2 kann das Verwaltungs- oder Leitungsorgan ohne vorherige Ermächtigung, aber mit der Pflicht nachträglicher Unterrichtung den Erwerb eigener Aktien beschliessen, wenn es gilt, „einen schweren unmittelbar bevorstehenden Schaden von der Gesellschaft abzuwenden". Art. 21 Abs. 3 erlaubt den Mitgliedstaaten, aus sozialpolitischen Gründen vom Hauptversammlungsbeschluss abzusehen, wenn eigene Aktien als Belegschaftsaktien ausgeben werden sollen, was innerhalb von einem Jahr geschehen muss.

Nach **lit. a)** muss die Hauptversammlung die Einzelheiten des Erwerbs regeln, nämlich die Höchstzahl der zu erwerbenden Aktien und bei entgeltlichem Erwerb deren niedrigsten und höchsten Gegenwert sowie vor allem die Geltungsdauer der Genehmigung für den Erwerb eigener Aktien festlegen; auch wenn es Sache jeden Mitgliedstaats ist, die Dauer festzusetzen, so darf diese fünf Jahre nicht überschreiten.[870] Nach Art. 21 Abs. 1 Unterabs. 1 **lit. b)** muss die sog. **Kapitalgrenze** eingehalten werden, im Interesse der Gläubiger darf das nach Art. 17 Abs. 1 u. 2 zu berechnende Nettoaktivvermögen nicht durch den Erwerb eigener Aktien unterschritten werden.[871] Mithin darf der Erwerb nur mit Mitteln finanziert werden, die an die Aktionäre als Gewinne hätten ausgeschüttet werden können.[872] Art. 21 Abs. 1 Unterabs. 1 **lit. c)** gestattet nur den Erwerb voll eingezahlter Aktien. 359

Im Rahmen der **optionalen Bedingungen**[873] des **Art. 21 Abs. 1 Unterabs. 2** darf gem. lit. a) dieser Vorschrift der Nennbetrag, oder in Ermangelung eines solchen, der rechnerische Wert der von der Gesellschaft erworbenen Aktien einen ins Belieben der Mitgliedstaaten gestellten Höchstwert des gezeichneten Kapitals nicht überschreiten. Dieser Höchstwert lag vor der Änderung der 2. (Kapital-)Richtlinie 77/91 durch die Richtlinie 2006/68 bei 10% des gezeichneten Kapitals. Durch die Änderung markiert diese 10% Grenze jetzt den Mindesthöchstwert, der nicht unterschritten werden darf. Im Ergebnis haben die Mitgliedstaaten die Option, auf die Anwendung des Art. 21 Abs. 1 Unterabs. 2 lit. a) ganz zu verzichten und auf einen Höchstwert des gezeichneten Kapitals beim Erwerb eigener Aktien zu verzichten oder aber Höchstwert vorzuschreiben, der 10% des gezeichneten Kapitals überschreitet.[874] 360

Die in allen Fällen des Haltens eigener Aktien einzuhaltenden Bedingungen gem. **Art. 24 Abs. 1 lit. a) u. b)** sowie – hinsichtlich des Inhalts des Lageberichts – die des **Art. 24 Abs. 2 lit. a) bis d)**[875] sollen einen gewissen Schutz vor den mit dem Erwerb eigener Aktien verbundenen Gefahren[876] für Aktionäre und Gläubiger bieten. So verhindert **Art. 24 Abs. 1 lit. a)** die mit dem Erwerb eigener Aktien verbundenen Kompetenzprobleme, indem diese Vorschrift die mit eigenen Aktien verbundenen Stimmrechte aufhebt.[877] **Art. 24 Abs. 1 lit. b)** ergänzt das in Art. 21 Abs. 1 Unterabs. 1 lit. b) enthaltene Erfordernis der Kapitalgrenze bilanzrechtlich: erlaubt das mitgliedstaatliche Recht gem. Art. 9, lit. D, Ziff. III 2 der 4. (Jahresabschluss-)Richtlinie 78/660 eine Bilanzierung eigener Aktien auf der Aktivseite der Bilanz, muss auf der Passivseite ein gleich hoher Betrag in eine nicht verfügbare Rücklage eingestellt werden. Diese Vorschrift soll sicherstellen, dass der Erwerb eigener Aktien nur mit Mitteln geschieht, die nicht aus dem gezeichneten Kapital und den gebundenen Rücklagen stammen..[878] 361

Die Richtlinie enthält einen mit der Pflicht zur Veräusserung bzw (bei Verletzung dieser Pflicht) der Nichtigerklärung erworbener eigener Aktien einen komplizierten **Sanktionsmechanismus**,[879] bei dem die nach Art. 22 Abs. 1 lit. b)–g) rechtmäßig erworbenen eigenen Aktien von den unter Verstoss gegen die Artt. 21 und 22 erworbenen zu unterscheiden sind. Soweit die Gesellschaft **rechtmäßig** eigene Aktien nach einem der in Art. 22 Abs. 1 lit. b)–g) aufgeführten Erwerbstatbestände erworben hat, sind diese, wenn sie 10 % des Grundkapitals übersteigen, innerhalb von drei Jahren nach ihrem Erwerb zu veräußern (Art. 22 Abs. 2) nach dieser Frist wird ihr Halten unrechtmäßig. Bei einem Verstoß gegen die Veräußerungspflicht sind die Aktien nach Art. 22 Abs. 3 für nichtig zu erklären, was mit einer Kapitalherabsetzung verbunden werden kann bzw werden muss.[880] 362

Unter Verstoß gegen Artt. 21 oder 22 **unrechtmäßig** erworbene eigene Aktien sind nach Art. 23 S. 1 innerhalb eines Jahres nach ihrem Erwerb zu veräußern. Bei einem Verstoß gegen die Veräußerungspflicht gilt die Rechtsfolge des Art. 22 Abs. 3, sie sind unter den dort aufgeführten Voraussetzungen für nichtig zu er- 363

---

[869] M. Lutter/W. Bayer/J. Schmidt, § 20 Rn 112.
[870] Die Maximaldauer der Genehmigung von zuvor 18 Monaten wurde von der Änderungsrichtlinie 2006/68 auf fünf Jahre angehoben, M. Habersack/D. Verse, GesR, § 6 Rn 62; M. Lutter/ W. Bayer/J. Schmidt, § 20 Rn 111.
[871] Oben Rn 345 ff; Einzelheiten bei M. Habersack/D. Verse, GesR, § 6 Rn 61.
[872] Der Text des Art 21 Abs. 1 Unterabs. 1 lit. b) ist verklausuliert: "der Erwerb darf nicht dazu führen, dass das Nettoaktivvermögen den in Art. 15 Abs. 1 Buchst. a) genannten Betrag unterschreitet".
[873] Insgesamt M. Lutter/W. Bayer/J. Schmidt, § 20 Rn 116–120.
[874] M. Habersack/D. Verse, GesR, § 6 Rn 62.
[875] Ausf. Schwarz, Rn 606.
[876] Oben Rn 352.
[877] M. Habersack/D. Verse, GesR, § 6 Rn 63, 55.
[878] Einzelheiten bei M. Habersack/D. Verse, GesR, § 6 Rn 61; M. Lutter/W. Bayer/J. Schmidt, § 20 Rn 114.
[879] Vgl Schwarz, Rn 608, 609; M. Habersack/D. Verse, GesR, § 6 Rn 63.
[880] M. Lutter/W. Bayer/J. Schmidt, § 20 Rn 135.

klären.⁸⁸¹ Auch soll zu prüfen sein, inwieweit es sich beim Erwerb der eigenen Aktien um eine unzulässige Ausschüttung iSd Art. 18 der Richtlinie 2012/30 handelt.⁸⁸²

364 In Umsetzung der Sanktionsmöglichkeiten hat § 71 Abs. 4 S. 2 AktG den dinglichen Erwerb im Gegensatz zu früherem Recht für wirksam erklärt, es aber bei der Nichtigkeit des schuldrechtlichen Geschäfts belassen. Veräusserungs- und Einziehungspflicht sind in § 71 c Abs. 1 u. 3 AktG umgesetzt worden.⁸⁸³

365 Nach **Art. 25** kann ein Mitgliedstaat Gesellschaften unter den Voraussetzungen der Abs. 2 bis 5 dieser Vorschrift erlauben, im Hinblick auf einen Erwerb eigener Aktien durch einen Dritten unmittelbar oder mittelbar Vorschüsse zu zahlen, Darlehen zu gewähren oder Sicherheiten zu leisten.⁸⁸⁴ Mit der Neufassung dieser Vorschrift durch die Richtlinie 2006/68 wurde das ursprüngliche grundsätzliche Verbot der sog. financial assistance gelockert.⁸⁸⁵ Das deutsche Recht hat indes in Art. 71a AktG von der Möglichkeit, das ursprüngliche Verbot einzuschränken, keinen Gebrauch gemacht.⁸⁸⁶

366 Im übrigen ist die Reichweite des Verbots umstritten. Erfasst Art. 25 nicht nur den derivativen Erwerb eigener Aktien, sondern auch deren originären Erwerb,⁸⁸⁷ dann ist umstritten, ob das Hin- und Herzahlen gem. § 27 Abs. 4 AktG nicht vom Verbot erfasst werden kann, wenn es sich in Ermangelung der Voraussetzungen der Abs. 2 bis 5 um eine unzulässige Unterstützung handelt.⁸⁸⁸

367 Die **Umsetzung** der Richtlinienvorschriften über Erwerb und Besitz eigener Aktien, vor allem die der Artt. 21 und 22 der Richtlinie 2012/30 (Artt. 19 und 20 der 2. [Kapital-]Richtlinie 77/91), erforderten eine Reihe von Änderungen der §§ 71 ff AktG (§§ 71 bis 71 e AktG).⁸⁸⁹ U. a. wurde die Berichtpflicht nach dem Erwerb eigener Aktien zur Schadensabwehr (Art. 21 Abs. 2) in § 71 Abs. 3 S. 1 AktG eingeführt, allerdings überschiessend, da die Berichtpflicht auch die für die „Normal"fälle des Erwerbs eigener Aktien augrund eines Hauptversammlungsbeschlusses (§ 71 Abs. 1 Nr. 8) erfasst. § 71 Abs. 3 S. 2 enthält jetzt die in Art. 21 Abs. 3 vorgeschriebene Jahresfrist, in der eigene Aktien als Belegschaftsaktien auszugeben sind. Bei der erst 1998⁸⁹⁰ allgemein in Art. 71 Abs. 1 Nr. 8 AktG eingeführten Möglichkeit,⁸⁹¹ nach Art. 21 Abs. 1 Unterabs. 1 lit.a, eigene Aktien aufgrund einer Ermächtigung durch Hauptversammlungsbeschluss zu erwerben, wurde die Geltungsdauer des Ermächtigungsbeschlusses von ursprünglich 18 Monaten auf fünf Jahre angepasst (Art. 21 Abs. 1 Unterabs. 1 lit. a).⁸⁹² Auch hat der Gesetzgeber in § 71 Abs. 2 S. 2 AktG für eigene Aktien die **Kapitalgrenze** des Art. 21 Abs. 1 Unterabs. 1 lit. b) übernommen. Soweit die damit verbundene bilanzrechtliche Absicherung gem. Art. 24 Abs. 1 lit. b) der Richtlinie 2012/30 dazu zwang, bei Ausweisung der eigenen Aktien in der Bilanz auf der Aktivseite einen gleich hohen Betrag als nicht verfügbare Rücklage einzustellen,⁸⁹³ hat das BilMoG (Gesetz zur Modernisierung des Bilanzrechts vom 25.5.2009⁸⁹⁴) diese Konstellation geändert. Nach § 272 Abs. 1a HGB, der durch Art. 1 Nr. 23 des BilMoG eingefügt wurde, sind eigene Aktien nur noch auf der Passivseite der Bilanz auszuweisen, dass Art. 24 Abs. 1 lit. b) nicht mehr zur Bildung einer Rücklage auf der Passivseite zwingt. § 71 Abs. 2 S. 2 AktG⁸⁹⁵ begnügt sich daher mit einer hypothetischen Rücklage. Die **Bestandsgrenze** des Art. 21 Abs. 1 Unterabs. 2 lit. a) hat § 71 Abs. 2 S. 1 AktG auf 10% des Grundkapitals beschränkt,⁸⁹⁶ nicht aber von der richtlinienrechtlichen Option eines höheren Satzes Gebrauch gemacht. Insoweit § 71 Abs. 1 Nr. 7 AktG die Erwerbsgrenze auf 5% pro Tag und in § 71 Abs. 1 Nr. 8 auf 10% pro Ermächtigungsbeschluss⁸⁹⁷ beschränkt, geht das deutsche Recht über Art. 21 Abs. 1 Unterabs. 2 der Richtlinie 2012/30 hinaus, da letztere eine abschliessende Regel darstellt.⁸⁹⁸

368 Die Artt. 26 bis 28 der Richtlinie 2012/30 (Artt. 23 a bis 24 a der 2. [Kapital-]Richtlinie 77/91) stellen weitere Sonderregeln auf, um Umgehungsgeschäfte zum Erwerb eigener Aktien zu verhindern.⁸⁹⁹

369 c) **Kapitalerhöhung, Kapitalherabsetzung.** Die Artt. 29 bis 42 der Richtlinie 2012/30 (Artt. 25 bis 38 der 2. [Kapital-]Richtlinie 77/91) sind der Kapitalveränderung gewidmet, Artt. 29 bis 33 der Richtlinie 2012/30 (Art. 25 bis 29 der 2. [Kapital-]Richtlinie 77/91) der Kapitalerhöhung, Artt. 34 bis 42 der Richtli-

---

881 M. Lutter/W. Bayer/J. Schmidt, § 20 Rn 139.
882 M. Habersack/D. Verse, GesR, § 6 Rn 63 aE.
883 M. Lutter/W. Bayer/J. Schmidt, § 20 Rn 130.
884 M. Habersack/D. Verse, GesR, § 6 Rn 64 ff.
885 Einzelheiten bei M. Habersack/D. Verse, GesR, § 6 Rn 64; M. Lutter/W. Bayer/J. Schmidt, § 20 Rn 135 ff.
886 Einzelheiten bei M. Habersack/D. Verse, GesR, § 6 Rn 66; M. Lutter/W. Bayer/J. Schmidt, § 20 Rn 145; Block, § 71 a AktG, Rn 1, 2 (oben Kapitel).
887 Dazu M. Lutter/W. Bayer/J. Schmidt, § 20 Rn 138.
888 M. Lutter/W. Bayer/J. Schmidt, § 20 Rn 146; M. Habersack/D. Verse, GesR, § 6 Rn 67.
889 Einzelheiten bei M. Lutter/W. Bayer/J. Schmidt, § 20 Rn 126, 127.
890 Durch das Gesetz zur Kontrolle und Transparenz im Unternehmensbereich (KonTraG) v. 27.4.1998, BGBl. I 1998, 768; vgl M. Habersack/D. Verse, GesR, § 6 Rn 7, 8.
891 Zuvor bereits in §. 71 Abs. 1 Nr. 7 AktG, dazu M. Lutter/W. Bayer/J. Schmidt, § 20 Rn 126 Fn 458.
892 Oben Rn 360.
893 Oben Rn 361; M. Lutter/W. Bayer/J. Schmidt, § 20 Rn 114, 127.
894 BGBl. I 2009, 1102.
895 Eingefügt durch Art. 5 Nr. 1 BilMoG.
896 Bock, Art. 71 AktG, Rn 76 ff (oben Kapitel 1); M. Lutter/W. Bayer/J. Schmidt, § 20 Rn 128.
897 Bock, Art. 71 AktG, Rn 61 (oben Kapitel 1).
898 M. Habersack/D. Verse, GesR, § 6 Rn 62.
899 Einzelheiten bei Schwarz, Rn 610 bis 614.

nie 2012/30 (Artt. 30 bis 39 der 2. [Kapital-]Richtlinie 77/91) der Kapitalherabsetzung. **Kapitalerhöhung** durch Ausgabe neuer Aktien führt zwar der Gesellschaft neues Eigenkapital zu, verändert aber das Verhältnis der Aktionäre als Anteilseigner untereinander und wirkt sich damit auf den Einfluss des einzelnen Aktionärs aus. Deshalb steht bei den Regeln über die Kapitalerhöhung der Schutz der (Alt-)Aktionäre im Mittelpunkt.[900] **Kapitalherabsetzung** vermindert die Masse des haftenden Kapitals und berührt damit die Interessen der Gläubiger. Sie bedürfen in diesem Fall des Schutzes.[901]

aa) **Kapitalerhöhung.** Dem Schutz der (Alt-)Aktionäre dient die Zuständigkeit der Hauptversammlung für eine Kapitalerhöhung (Art. 29 der Kapitalrichtlinie 2012/30), die ordnungsgemässe Aufbringung des Kapitals (Artt. 30 bis 32 der Richtlinie 2012/30) und das Bezugsrecht (Art. 33 der Richtlinie 2012/30).[902] 370

Art. 29 Abs. 1 (Art. 25 Abs. 1 der 2. [Kapital-]Richtlinie 77/91) schreibt zum Schutz der Altaktionäre das Prinzip fest, dass Kapitalerhöhungen zwingend von der **Hauptversammlung** (und damit von den Aktionären) beschlossen werden müssen. Die Rechtsprechung hat dieses Prinzip in mehreren Entscheidungen auf Vorlage griechischer Gerichte[903] insoweit „ausnahmefest" gemacht, als auch im Rahmen staatlicher Sanierungsmaßnahmen so lange nicht davon abgewichen werden darf, als diese Maßnahmen die Sanierung der Gesellschaft, nicht ihre Abwicklung bezwecken.[904] Die Rechtsfolgen eines Verstoßes gegen Art. 25 Abs. 1 überlässt die Richtlinie dem einzelstaatlichen Recht, sie selbst schweigt insoweit.[905] 371

Über die für eine Kapitalerhöhung notwendige **Mehrheit** sagt Art. 29 Abs. 1 nichts. Aus der Sonderregelung des Art. 44 Abs. 1 wird jedoch im Umkehrschluss abgeleitet, dass eine einfache Mehrheit reicht. Da aber auch Art. 29 Abs. 1 nur eine Mindestregelung enthält, können die mitgliedstaatlichen Gesellschaftsrechte (wie das deutsche in § 182 Abs. 1 S. 1 AktG)[906] andere Mehrheiten vorschreiben.[907] 372

Im Übrigen schreibt Art. 29 Abs. 1 S. 2 die **Publizität** für Kapitalerhöhungsbeschluss und Durchführung der Erhöhung nach Art. 3 der 1. (Publizitäts-)Richtlinie 68/151 (jetzt Art. 3 der Richtlinie 2009/101) vor.[908] 373

Art. 29 Abs. 1 wirkt nach dieser Rechtsprechung[909] unmittelbar, gewährt also dem einzelnen Aktionär das Recht, einen entsprechenden Beschl. der HV zu verlangen, wenn diese Vorschrift nicht (fehlende Umsetzung) oder nicht richtig (fehlerhafte Umsetzung) ins nationale Recht umgesetzt worden ist. 374

Im Übrigen stand in den neueren (griechischen) Vorlagen,[910] mE vom Gerichtshof selbst in der Pafitis-Entscheidung[911] angestoßen, die Frage nach einer rechtsmissbräuchlichen Berufung auf diese Vorschrift im Mittelpunkt..[912] Soweit es um den Vorwurf des Missbrauchs ging, wurde dieser in Ermangelung einer richtlinienrechtlichen Vorschrift auf nationales Recht gestützt, nämlich Art. 281 des griech. ZGB. Problematisch war und ist deshalb allgemein, ob und inwieweit die Berufung auf ein entsprechendes **Missbrauchsverbot des einzelstaatlichen Rechts** zulässig ist. Der Gerichtshof hält obiter dictum eine solche Berufung wohl für unzulässig, soweit gegen den sog. „effet utile" des Art. 29 Abs. 1 verstoßen würde.[913] Einen Verstoss gegen den „effet utile" hat er im Einzelfall der missbräuchliche Berufung auf Art. 29 Abs. 1 abgelehnt (und damit die Berufung auf ein nationales Misbrauchsverbot allgemein für zulässig gehalten, soweit sich ein Aktionär unter den verschiedenen Rechtsbehelfen, die für die Behebung einer durch einen Verstoß gegen diese Bestimmung entstandenen Lage zur Verfügung stehen, denjenigen ausgewählt hat, der den berechtigten Interessen Dritter einen derart schweren Schaden zufügt, dass er offensichtlich unverhältnismäßig ist[914]). 375

Ein **Missbrauch** des Art. 29 Abs. 1 liegt indes nicht darin, dass diese Vorschrift von einem Minderheitsaktionär geltend gemacht wird,[915] dass sie von einem Aktionär geltend gemacht wird, dem die Sanierung zu- 376

---

900 M. Lutter/W. Bayer/J. Schmidt, § 20 Rn 156.
901 Überblick bei M. Habersack/D. Verse, GesR, § 6 Rn 68.
902 M. Lutter/W. Bayer/J. Schmidt, § 20 Rn 156.
903 C-19/90 u. C-20/90, Karella, Slg 1991, I-2691; C-381/89, EPAS, Slg 1992, I-2111; C-134/91 u. C-135/91, Kerafina, Slg 1992, I-5713; C-441/93, Pafitis, Slg 1996,I-1347, Rn 38; C-367/96, Kefalas, Slg 1998, I-2843, Rn 28; C-381/89, Syndesmos Melon, Slg 1992, I-2111; C-373/97, Diamantis, Slg 2000, I-1705, Rn 32; Darstellung der Rspr bei M. Habersack/D. Verse, GesR, § 6 Rn 70.
904 M. Lutter/W. Bayer/J. Schmidt, § 20 Rn 159; Klinke, ZGR 1993, 1, 23.
905 Hirte, Kapitalschutz (Gläubiger- und Eignerschutz) im Europäischen Recht, in: Grundmann (Hrsg.), Systembildung und Systemlücken in Kerngebieten des europäischen Privatrechts, 2000, 211–234, 211 ff, 221, 224; M. Habersack/D. Verse, GesR, § 6 Rn 69 aE; vgl zu den Rechtsfolgen nach griechischem Recht Klinke, ZGR 2002, 163, 185.

906 „mindestens drei Viertel des bei der Beschlußfassung vertretenen Grundkapitals"; Einzelheiten bei Elser, § 182 AktG, Rn 30 (oben Kapitel 1).
907 M. Lutter/W. Bayer/J. Schmidt, § 20 Rn 164.
908 M. Lutter/W. Bayer/J. Schmidt, § 20 Rn 163.
909 C-19/90 u. C-20/90, Karella, Slg 1991, I-2691, Rn 32.
910 C-441/93, Pafitis, Slg 1996, I-1347, Rn 67 ff; C-367/96, Kefalas, Slg 1998, I-2843; C-373/97, Diamantis, Slg 2000, I-1705.
911 Vorherige Fn.
912 Einzelheiten bei M. Lutter/W. Bayer/J. Schmidt, § 20 Rn 165; Langenbucher/Engert, § 5, GesR, Rn 60 ff, 63; ferner Klinke, ZGR 2002, 163, 181. Zusammenfassend C-373/97, Diamantis, Slg 2000, I-1705, Rn 44.
913 C-441/93, Pafitis, Slg 1996,I-1347, Rn 68 („... die Anwendung einer solchen Vorschrift darf „die volle Wirksamkeit und die einheitliche Anwendung des Gemeinschaftsrechts in den Mitgliedstaaten nicht beeinträchtigen...").
914 C-373/97, Diamantis, Slg 2000, I-1705, Rn 43.
915 C-373/97, Diamantis, Slg 2000, I-1705, Rn 36.

gute kommt,[916] dass sie von einem Aktionär geltend gemacht wird, der sein Bezugsrecht nicht ausgeübt hat,[917] dass sie von einem Aktionär geltend gemacht wird, der zum Kreis der Aktionäre gehört, die die Unterstellung unter eine Sanierungsregelung beantragt haben[918] oder dass sie von einem Aktionär geltend gemacht wird, der die Klage erst nach dem Verstreichen einiger Zeit erhoben hat.[919]

377 Art. 29 Abs. 2 ermächtigt die Hauptversammlung, für die Dauer von 5 Jahren (mit Verlängerungsmöglichkeit) im Voraus ein **genehmigtes Kapital** zu beschließen. Das versetzt den Vorstand in die Lage, flexibel zu reagieren.[920]

378 Die Artt. 30 bis 32 (Artt. 26 bis 28 der 2. [Kapital-] Richtlinie 77/91) sind der Aufbringung des Kapitals, ebenfalls in Form von Bar- und Sacheinlagen,[921] gewidmet und entsprechen weitgehend den Artt. 9 und 10 der Richtlinie. Abweichend von Art. 9 Abs. 1[922] verlangt Art. 30 S. 2 bei Barkapitalerhöhung die Leistung eines agios im Zeitpunkt der Aktienausgabe.

379 Art. 31 Abs. 2 Unterabs. 2 iVm Art. 10 Abs. 2 schreibt bei Sachkapitalerhöhung eine Wertprüfung vor. Diese sieht ausdrücklich die Einbeziehung eines agio in die Prüfung vor. Das deutsche Recht hat in § 183 Abs. 3, § 194 Abs. 4, § 205 Abs. 5 AktG die Wertprüfungsvorschriften bei Sacheinlagen (Art. 31 Abs. 2 Unterabs. 2 iVm Art. 10 Abs. 2)[923] nicht richtig umgesetzt:[924] Die Prüfung soll sich darauf beschränken können, dass der Nennwert oder der rechnerische Wert der jungen Aktien gedeckt ist.[925] Dabei bleibt ungeprüft, ob ein etwaiges Agio vom Wert der Sacheinlage gedeckt ist. Zwar verweist § 183 Abs. 3 S. 2 AktG auf § 34 Abs. 1 Nr. 2 AktG, der Art. 10 Abs. für die Gründung umgesetzt hat, allerdings im Hinblick auf ein eventuelles Agio fehlerhaft.[926] Nach der wohl mittlerweile überwiegenden Meinung muss sich die Wertprüfung daher im Wege richtlinienkonformen Auslegung im Interesse der Altaktionäre auch darauf erstrecken, ob die Sacheinlage den Ausgabebetrag der jungen Aktien deckt.[927]

380 Das **Bezugsrecht** der (Alt-)Aktionäre nach Art. 33 Abs. 1 der Richtlinie 2012/30 (Art. 29 der 2. [Kapital-]Richtlinie 77/91) ist das Herzstück des Aktionärsschutzes.[928] Es räumt den Altaktionären bei Erhöhung des gezeichneten Kapitals durch **Bareinlagen** ein Bezugsrecht im Verhältnis ihrer Beteiligung auf die neu auszugebenden Aktien ein. Für Sachkapitalanlagen sieht die Richtlinie kein Bezugsrecht vor.[929] Art. 33 Abs. 6 erstreckt die Regelung über Bezugsrechte und Bezugsrechtsausschluss auf alle Wertpapiere, die in Aktien umgewandelt werden können oder mit einem Bezugsrecht auf Aktien verbunden sind.[930]

381 Es schützt den (Alt)-Aktionär vor Stimmrechts- und Vermögensverwässerung.[931] Dieses Bezugsrecht soll einerseits sicherstellen, dass der einzelne Aktionär seine Beteiligungsquote am gezeichneten Kapital und damit seinen Einfluss unverändert wahren kann. Es soll andererseits vor einer Minderung des Anteilswertes schützen.[932] Es kann nämlich bei Ausschluss des Bezugsrechts zu einer sog. „Quersubventionierung" kommen, wenn der Emissionskurs der neuen Aktien unter dem Wert der Altaktien liegt.[933]

382 Art. 33 Abs. 3 verlangt die Bekanntgabe des Angebots an die bezugsberechtigten Aktionäre sowie die Frist zur vorzugsweisen Zeichnung im Amtsblatt des jeweiligen Mitgliedstaats. Dazu verweist die Vorschrift auf die Richtlinie 2009/101.

383 Das Bezugsrecht kann gem. **Art. 33 Abs. 4 S. 1** zwar nicht durch die Satzung oder im Errichtungsakt ausgeschlossen oder beschränkt werden, wohl aber durch Beschluss der **Hauptversammlung** (Art. 33 Abs. 4 S. 2)[934]. Welche Mehrheiten für einen **Ausschluss oder eine Einschränkung des Bezugsrechts** notwendig sind, legen gem. Art. 44 der Richtlinie 2012/30 (Art. 40 der 2. [Kapital-]Richtlinie 77/91) die Mitgliedstaaten fest. Sie haben die Wahl zwischen einer Mehrheit von nicht weniger als zwei Dritteln der Stimmen der vertretenen Wertpapiere oder des vertretenen gezeichneten Kapitals (Art. 44 Abs. 2) und der einfachen

---

916 C-441/93, *Pafitis*, Slg 1996,I-1347, Rn 70; C-367/96, *Kefala*, Slg 1998, I-2843, Rn 23; C-373/97, *Diamantis*, Slg 2000, I-1705, Rn 36.
917 C-367/96, *Kefala*, Slg 1998, I-2843, Rn 26 ff; C-373/97, *Diamantis*, Slg 2000, I-1705, Rn 36.
918 C-373/97, *Diamantis*, Slg 2000, I-1705, Rn 37.
919 C-373/97, *Diamantis*, Slg 2000, I-1705, Rn 39.
920 *M. Lutter/W. Bayer/J. Schmidt*, § 20 Rn 166, 167.
921 Art. 30: Bareinlagen; Art. 31: Sacheinlagen; Einzelheiten bei *M. Lutter/W. Bayer/J. Schmidt*, § 20 Rn 170 ff; *M. Habersack/D. Verse*, GesR, § 6 Rn 77.
922 Oben Rn 321.
923 So *M. Lutter/W. Bayer/J. Schmidt*, § 20 Rn 173 ff.
924 Dazu *M. Habersack/D. Verse*, GesR, § 6 Rn 77.
925 KölnKomm-AktG/*Lutter*, § 183 Rn 52; *Hüffer*, § 183 Rn 16; *Habersack*, GesR (Voraufl.), § 6 Rn 65.
926 Rn 331 (zur fehlerhaften Umsetzung des Art. 10 Abs. 2 durch § 34 Abs. 1 Nr. 2 AktG, im Rahmen der Gründung); *M. Lutter/W. Bayer/J. Schmidt*, § 20 Rn 180 bedauern, dass das ARUG dies nicht korrigiert hat.
927 *M. Habersack/D. Verse*, GesR, § 6 Rn 77 aE; *M. Lutter/W. Bayer/J. Schmidt*, § 20 Rn 180 aE (mit zahlr. Nachw. in Fn 639); Großkomm-AktienR/*Wiedemann*, § 183 Rn 82; *Hüffer*, vorh. Fn; *Hirte*, DB 1995, 1113, 1114; *Meilicke*, DB 1996, 513.
928 *M. Lutter/W. Bayer/J. Schmidt*, § 20 Rn 183.
929 *M. Habersack/D. Verse*, GesR, § 6 Rn 80; Einzelheiten Rn 386.
930 Einzelheiten bei *M. Habersack/D. Verse*, GesR, § 6 Rn 80; C-338/06, *Kommission/Spanien*, Slg 2008, I-10139 (kein Bezugsrecht für Inhabern von Inhabern von Wandelschuldverschreibungen).
931 C-338/06, *Kommission/Spanien*, Slg 2008, I-10139, Rn 43; *M. Habersack/D. Verse*, GesR, § 6 Rn 79 (zur Vermögensverwässerung).
932 C-338/06, *Kommission/Spanien*, Slg 2008, I-10139, Rn 38.
933 KölnKomm-AktG/*Lutter*, § 186 Rn 7 (Nachw. der Lit. vor Rn 1); *ders*, FS Zöllner, 363, 374; Großkomm-AktienR/*Wiedemann*, § 186 Rn 56; *M. Habersack/D. Verse*, GesR, § 6 Rn 79.
934 *M. Habersack/D. Verse*, GesR, § 6 Rn 82.

Mehrheit der in Abs. 1 bezeichneten Stimmen, sofern mindestens die Hälfte des gezeichneten Kapitals vertreten ist (Art. 44 Abs. 2).

Für den **Vorstand** besteht in diesen Fällen eine Berichtspflicht über die Gründe für die Beschränkung oder den Ausschluss des Bezugsrechts und eine Begründungspflicht hinsichtlich des Ausgabekurses (Art. 33 Abs. 4 Abs. 4). Aus der Existenz von Berichts- und Begründungspflicht wird geschlossen, dass der Ausschluss des Bezugsrechts nicht nur formellen, sondern auch materiellen Anforderungen unterliegt.[935] Geteilter Meinung ist man, ob diese sich der Richtlinie entnehmen lassen oder nicht. Einig ist man sich indes wohl, dass jedenfalls der Gleichbehandlungsgrundsatz des Art. 46 eine inhaltliche Anforderung stellt. Im Übrigen soll es nach Art. 44 Abs. 4 Sache der Mitgliedstaaten sein, die inhaltlichen Voraussetzungen eines Bezugsrechtsausschlusses zu konkretisieren.[936] Die wohl hM geht davon aus, dass das Erfordernis einer Inhaltskontrolle und die Notwendigkeit einer sachlichen Rechtfertigung des Bezugsrechtsausschlusses, wie sie die deutsche Rechtsprechung praktiziert,[937] richtlinienkonform sind. Dafür spricht schon der vom EuGH in der Rechtssache Siemens/Nold[938] betonte Grundgedanke, dass das Bezugsrecht dem Aktionärsschutz dient und über die Mindestregelung des Art. 33 hinausgehen darf.[939] Dementsprechend soll auch der vereinfachte Bezugsrechtsausschluss nach § 186 Abs. 3 S. 4 AktG nur bei restriktiver Auslegung richtlinienkonform sein, wenn also die übergangenen Aktionäre die Aktien am Markt tatsächlich zukaufen können.[940]

Im Rahmen des **genehmigten Kapitals** kann die Befugnis, das Bezugsrecht auszuschließen, dem Vorstand übertragen werden (Art. 33 Abs. 5). Man diskutiert, ob sich die nach Art. 33 Abs. 4 erforderlichen materiellen Anforderungen bei der Entscheidung des Vorstandes, das Bezugsrecht auszuschließen oder zu beschränken, oder bereits beim Ermächtigungsbeschluss der Hauptversammlung vorliegen müssen, sofern dieser bereits den Bezugsrechtsausschluss vorsieht.[941]

Für die **Sachkapitalerhöhung** sieht die Richtlinie kein Bezugsrecht vor. Das mag daran liegen, dass den meisten Mitgliedstaaten ein Bezugsrecht bei Kapitalerhöhungen durch Sacheinlagen unbekannt ist.[942] § 186 AktG gewährt indes ein Bezugsrecht auch bei einer Sachkapitalerhöhung. Für einen Ausschluss des Bezugsrechts gelten dieselben Grundsätze wie bei der Barkapitalerhöhung Der EuGH hat indes in seiner Siemens/Nold-Entscheidung[943] die Richtlinie dahin gehend ausgelegt, dass das Fehlen entsprechender Vorschriften einer Regelung eines Bezugsrechts samt Bezugsrechtsausschluss nicht entgegensteht: eine derartige Regelung entspreche der Intention der Richtlinie, die Aktionäre zu schützen.

bb) Kapitalherabsetzung. Bei der Kapitalherabsetzung (Artt. 34 ff) geht haftendes Kapital verloren. Betroffen sind daher in erster Linie die Interessen der Gläubiger: eine derartige Kapitalherabsetzung kann dazu dienen, gebundenes Kapital an die Aktionäre auszuschütten (Art. 17 Abs. 1 = Art. 15 Abs. 1 lit. a der. 2. [Kapital-]Richtlinie 77/91), die Aktionäre von noch ausstehenden Einlagepflichten zu befreien bzw eine Unterbilanz zu beseitigen.[944] Letzteres ist oft verbunden mit einer anschließenden Kapitalerhöhung.[945] Zum Schutz der Interessen der Altgläubiger muss daher jede Kapitalherabsetzung die in Artt. 36, 37 (Artt. 32, 33 der. 2. [Kapital-]Richtlinie 77/91) aufgeführten Maßnahmen (Sicherheitsleistungen) vorsehen.[946] Auch darf nach Art. 38 Abs. 1 das Kapital nicht unter den Mindestkapitalbetrag des Art. 6 Abs. 1 herabgesetzt werden, es sei denn, es wird im Wege der Kapitalerhöhung sogleich auf mindesten diesen Betrag erhöht.[947]

Da bei einer Kapitalherabsetzung allerdings auch die Aktionäre Einbußen an ihren mitgliedschaftlichen Rechten bis hin zu deren möglichen Verlust erleiden, muss die Kapitalherabsetzung gem. Art. 34 der Richtlinie 2012/30 (Art. 30 der Richtlinie 77/91) von der Hauptversammlung beschlossen werden und der Beschluss nach Art. 3 der Richtlinie 2009/101 (Art. 3 der 1. [Publizitäts-]Richtlinie 68/151) veröffentlicht werden.[948]

---

935 Kritisch M. Habersack/D. Verse, GesR, § 6 Rn 83; Lutter, ZGR 1979, 401, 408; Groß, EuZW 1994, 395, 399; Kindler, ZHR 158 (1994), 339, 357 ff; Natterer, ZIP 1995, 1481, 1487.
936 M. Habersack/D. Verse, GesR, § 6 Rn 83.
937 BGHZ 71, 40; BGHZ 83, 319; BGHZ 125, 239, 241: sachliche Rechtfertigung des Bezugsrechtsausschlusses durch das Gesellschaftsinteresse und Inhaltskontrolle anhand des Verhältnismässigkeitsgrundsatzes; vgl Rebmann, § 186 AktG Rn 40 (oben Kapitel 1); Langenbucher/Engert, § 5, GesR, Rn 67.
938 C-42/95, Siemens/Nold, Slg 1996, I-6017 (die Entscheidung erging allerdings zur Sachkapitalerhöhung); ferner C-338/06, Kommission/Spanien, Slg 2008, I-10139, Rn 26.
939 M. Habersack/D. Verse, GesR, § 6 Rn 83 ab Fn 229; aA Kindler, ZHR 158 (1994), 339, 363 f.
940 Großkomm-AktienR/Wiedemann, § 186 Rn 150; vgl Lutter, AG 1994, 429, 443; Zöllner, AG 1994, 336, 440; M. Habersack/D. Verse, GesR, § 6 Rn 83 aE.
941 So die traditionelle Lösung des deutschen Rechts, BGHZ 83, 319 ("Holzmann"); BGHZ 136, 133; BGHZ 146, 249.
942 C-42/95, Siemens/Nold, Slg 1996, I-6017, Rn 18.
943 C-42/95, Siemens/Nold, Slg 1996, I-6017 = EuZW 1997, 52 = NJW 1997, 721 (Vorlage durch BGH, abgedruckt in ZIP 1995, 372; DB 1995, 465, dazu Lutter, ZIP 1995, 648 f; Hirte, DB 1995, 1113); M. Habersack/D. Verse, GesR, § 6 Rn 84 aE; Langenbucher/Engert, § 5, GesR, Rn 71.
944 M. Habersack/D. Verse, GesR, § 6 Rn 85.
945 Vgl insoweit den Sachverhalt in C-373/97, Diamantis, Slg 2000, I-1705 = ZIP 2000, 663 = NZG 2000, 534.
946 Einzelheiten bei M. Habersack/D. Verse, GesR, § 6 Rn 86.
947 M. Habersack/D. Verse, GesR, § 6 Rn 87.
948 Vorherige Fn.

389 **d) Gleichbehandlungsgrundsatz.** Art. 46 der Richtlinie 2012/30 (Art. 42) enthält das im Rahmen der Kapitalrichtlinie geltende Gleichbehandlungsgebot.[949] Zwar lässt die Richtlinie offen, an wen sich dieses Gebot richtet und sagt lediglich, dass es „für die Anwendung dieser Richtlinie ..." gilt.[950] Unter Hinweis auf diesen eingeschränkten Geltungsbereich hat der EuGH Art. 42 der 2. [Kapital-]Richtlinie 77/91 eng ausgelegt und das Gleichbehandlungsgebot nur für die Gesellschaft gegenüber den Aktionären bei Kapitalerhöhung und -herabsetzung gelten lassen, nicht aber zwischen den Aktionären.[951] Er hat sich dabei auf den fünften Erwägungsgrund der 2. [Kapital-]Richtlinie 77/91[952] sowie auf den von der Rechtsprechung betonten Zweck der Richtlinie[953] gestützt. Dieser fünfte Erwägungsgrund findet sich in veränderter Fassung im dritten Erwägungsgrund der Richtlinie 2012/30 wieder. Der neue Wortlaut orientiert sich am Zweck der Richtlinie, wie ihn der EuGH definiert hat. Demnach steht ein Mindestmaß an Gleichwertigkeit beim Schutz der Aktionäre und beim Schutz der Gläubiger im Focus.[954] Der EuGH weist umgekehrt daraufhin, dass eine Beschränkung des Bezugsrechts bei einer weiten Auslegung des Gleichbehandlungsgebots gefährdet würde.

390 § 53 a AktG setzt Art. 46 um.[955]

IV. Die (Übernahme-)Richtlinie 2004/25 vom 21. April 2004

Literatur (Auswahl) ab 2000:

Altmeppen, Neutralitätspflicht und Pflichtangebot nach dem neuen Übernahmerecht, ZIP 2001, 1073; *Arnold*, Entschädigung von Mehrstimmrechten bei Übernahmen –Überlegungen zur geplanten Übernahmerichtlinie, BB 2003, 267; *Austmann*, Integration der Zielgesellschaft nach Übernahme, ZGR 2009, 277; *Austmann/Mennicke*, Übernahmerechtlicher Squeeze-out und Sell-out, NZG 2004, 846; *Baums*, Low balling, Creeping in und deutsches Übernahmerecht, ZIP 2010, 2374; *H. Braun*, Das einflusslose Mitglied im Stimmrechtspool - Bieter i.S. des § 35 II WpÜG? –, EuZW 2007, 528; *Clarke*, The Takeover Directive: Is a Little Regulation Better Than No Regulation?, ELJ 2009, 174; *Dauner-Lieb*, Das Tauziehen um die Übernahmerichtlinie – eine Momentaufnahme, DStR 2003, 555; *Dauner-Lieb/Lamandini*, Der neue Kommissionsvorschlag einer EU-Übernahmerichtlinie – Stellungnahme der Gutachter des EU-Parlaments, BB 2003, 265; *P. L. Davies*, The Takeover Dirctive as a protectionist tool?, in: Company law and economic protectionism, 2010, 105; *Deilmann*, Aktienrechtlicher versus übernahmerechtlicher sueeze-out, NZG 2007, 721; *H. Diekmann*, Änderung von Wertpapiererwerbs- und Übernahmegesetz anlässlich der Umsetzung der EU-Übernahmerichtlinie in das deutsche Recht, NJW 2007, 17; *Dimke/Heiser*, Neutralitätspflicht, Übernahmegesetz und Richtlinienvorschlag 2000, NZG 2001, 241; *V. Edwards*, The directive on Takeover Bids – not worth the paper it`s written on?, ECFR 2004, 416; *L. Enriques*, European takeover law: the case for a neutral approach, EBLR 2011, 623 = The European financial market in transition, 2012, 11; *ders.*, European Takeover Law: Designing a Neutral Approach, FS Hopt, 2010, 1789; *ders.*, The Mandatory Bid Rule in the Takeover Directive: Harmonization without Foundation?, ECFR 2004, 440; *Escher/Frey*, Diskussion um die Übernahmerichtlinie – Wegfall der Mehrfachstimmrechte als Übernahmehindernisse? BKR 2003, 225; *Ferrarini/Hopt/Wymeersch/Winter* (Hrsg), Reforming Company and Takeover Law in Europe, 2004; *H. Fleischer*, Finanzinvestoren im ordnungspolitischen Gesamtgefüge von Aktien-, Bankaussichts- und Kapitalmarktrecht, ZGR 2008, 185; *Fuchs*, Die Implementierung der 13. (Übernahme-)Richtlinie: Umsetzungspflichten und Umsetzungsoptionen aus der Sicht des deutschen Rechts, in: Die Umsetzung der Übernahmerichtlinie in Europa, 2006, 110; *C. Gerner-Beuerle*, Is the board neutrality rule trivial?: amnesia about corporate law in European takeover regulation, EBLR 2011, 559; *Grundmann*, Die rechtliche Verfassung des Marktes für Unternehmenskontrolle nach Verabschiedung der Übernahme-Richtlinie, NZG 2005, 122; *B. Grunewald*, Europäisierung des Übernahmerechts, AG 2001, 288; *dies*, Die Vereinbarkeit der Angemessenheitsvermutung von § 39 a Abs. 3 S. 3 WpÜG mit höherrangigem Recht, NZG 2009,332; *dies*, Der geänderte Vorschlag einer 13. Richtlinie betr. Übernahmeangebote, WM 1991, 1361; *Habersack/Mayer*, Der neue Vorschlag 1997 einer Takeover-Richtlinie – Überlegungen zur Umsetzung in das nationale Recht, ZIP 1997,2141; *Habersack/Tröger*, „Ihr naht Euch wieder, schwankende Gestalten" – Zur Frage eines europarechtlichen Gleichbehandlungsgebots beim Anteilshandel, NZG 2010, 1; *Harbarth*, Europäische Durchbrechungsregel im deutschen Übernahmerecht, ZGR 2007, 37; *ders.*, Kontrollerlangung und Pflichtangebot, ZIP 2002, 321; *Hasselbach*, Das Andienungsrecht von Minderheitsaktionären nach der EU-Übernahmerichtlinie, ZGR 2005, 387; *T. Heidel/D. Lochner*, Verfassungswidrigkeit der Squeeze-out-Regelungen der umzusetzenden EU-Übernahmerichtlinie, DB 2005,2564; *dies.*, Squeeze-out ohne hinreichenden Eigentumsschutz, DB 2001, 2031; *H. Hirte*, The Takeover Directive – a Mini-Directive on the structure of the Corporation: is it a Trojan Horse?, ECFR 2005, 1; *K. J.*

---

949 Zu darüber hinaus geltenden Gleichbehandlungsgeboten M. *Habersack/D. Verse*, GesR, § 6 Rn 88.
950 C-101/08, *Audiolux*, Slg 2009, I-9823.
951 C-101/08, *Audiolux*, Slg 2009, I-9823; M. *Habersack/D. Verse*, GesR, § 6 Rn 89; vgl zum übernahmerechtlichen Gleichbehandlungsgebot, MüKo-AktG/*Wackerbarth*, Bd. 6, § 3 WpÜG, Rn 5, 6; *Hüffer*, § 53 a AktG, Rn 4.
952 Vorherige Fn Der fünfte Erwägungsgrund lautet: „Im Hinblick auf die in Artikel 54 Absatz 3 Buchstabe g) verfolgten Ziele ist es erforderlich, daß die Rechtsvorschriften der Mitgliedstaaten bei Kapitalerhöhungen und Kapitalherabsetzungen die Beachtung der Grundsätze über die Gleichbehandlung der Aktionäre, die sich in denselben Verhältnissen befinden, und den Schutz der Gläubiger von Forderungen, die bereits vor der Entscheidung über die Herabsetzung bestanden, sicherstellen und für die harmonisierte Durchführung dieser Grundsätze Sorge tragen".
953 C-441/93, *Pafitis* u.a. Slg 1996, I-1347, Rn 38; C-42/95, *Siemens/Nold*, Slg 1996, I-6017, Rn 13; C-338/06, *Kommission/Spanien*, Slg 2008, I-10139, Rn 23; C-101/08, *Audiolux*, Slg 2009, I-9823, Rn 39 („Diese Richtlinie soll nämlich nur ein Mindestmaß des Schutzes für Aktionäre in allen Mitgliedstaaten sicherstellen").
954 Vorherige Fn Der dritte Erwägungsgrund lautet„ Die Koordinierung der einzelstaatlichen Vorschriften über die Gründung der Aktiengesellschaft sowie die Aufrechterhaltung, die Erhöhung und die Herabsetzung ihres Kapitals ist vor allem bedeutsam, um *beim Schutz der Aktionäre einerseits und der Gläubiger der Gesellschaft andererseits ein Mindestmaß an Gleichwertigkeit sicherzustellen*.".
955 M. *Habersack/D. Verse*, GesR, § 6 Rn 90, 91; zur Entstehung der Vorschrift *Janssen*, § 53 a AktG, Rn 2 aE (oben Kapitel 1).

Hopt, Europäisches Übernahmerecht: eine rechtsvergleichende, rechtsdogmatische und rechtspolitische Untersuchung, 2013; *ders.* Stand der Harmonisierung der europäischen Übernahmerechte: Bestandsaufnahme, praktische Erfahrungen und Ausblicke, 10 Jahre Wertpapiererwerbs- und Übernahmegesetz (WpÜG). 2011, 42; *ders.*,Verhaltenspflichten des Vorstands der Zielgesellschaft bei feindlichen Übernahmen – Zur aktien- und übernahmerechtlichen Rechtslage in Deutschland und Europa, FS Lutter, 2000, 1361; *ders*, Grundsatz- und Praxisprobleme nach dem Werpapiererwerbs- und Übernahmegesetz, ZHR 166 (2002), 383; *ders*, Übernahmen, Geheimhaltung und Interessenkonflikte – Probleme für Vorstände, Aufsichtsräte,und Banken, ZGR 2002, 333; *Kainer*, Binnenmarktrechtliche Grenzen des Übernahmerechts, ZHR 168 (2004), 542; *Kersting*, Die Reziprozitätsregel im europäischen Übernahemerecht und ihre Anwendung auf Gesellschaften aus Drittstaaten, EuZW 2007, 528; *Kindler/Horstmann*, Die EU-Übernahmerichtlinie – ein „europäischer" Kompromiss, DStR 2004, 866; *Koch*, Unzulänglichkeiten im Übernahmerecht? Das Verhinderungsverbot aus institutionenökonomischer Perspektive, WM 2010, 1155; *Knott*, Freiheit, die ich meine: Abwehr von Übernahmeangeboten nach Umsetzung der EU-Richtlinie; NZG 2006, 849; *Körner*, Die Neuregelung der Übernahmekontrolle nach deutschem und europäischen Recht, insbesondere zur Neutralitätspflicht des Vorstandes, DB 2001, 367; *H. Krause*, Periscopus and clear criteria in European Public Takeover Legislation, ECFR 2011, 70; *ders.*, Die EU-Übernahmerichtlinie – Anpassungsbedarf im Wertpapiererwerbs- und Übernahmegesetz, BB 2004, 113; *ders*, Die EU-Übernahmerichtlinie – Anpassungsbedarf im Wertpapiererwerbs- und Übernahmegesetz, BB 2004, 113; *ders*, Das neue Übernahmerecht, NJW 2002, 705; *Lanfermann/Maul*, EU-Übernahmerichtlinie: Aufstellung und Prüfung des Lageberichts, BB 2004, 1517; *Maier-Reimer*, Verhaltenspflichten des Vorstands der Zielgesellschaft bei feindlichen Übernehmen, ZHR 165 (2001), 258; *Maul*, Die EU-Übernahmerichtlinie – ausgewählte Fragen, NZG 2005, 151; *Maul/Kouloridas*, The Takeover Bids Directive, German Law Journal 2004, 355; *Maul/Muffat-Jeandet*, Die EU – Übernahmerichtlinie – Inhalt und Umsetzung in nationales Recht, AG 2004, 221; *J. A. McCaherty*, The case against the reform of the Takeover Bids Directive, EBLR 2011, 541; *ders./Vermeulen*, Does the Takeover Bids Directive need revision?, FS Hopt, 2010, 2189; *W. Meilicke/F. Meilicke*, Die Postbank-Übernahme durch die Deutsche Bank – eine Gestaltung zur Vermeidung von Pflichtangeboten nach § 35 WpÜG, ZIP 2010, 558; *A. Merkner/M. Sustmann*, BGH beendet Streit über die Berücksichtigung von Nacherwerben bei der Ermittlung des erforderlichen Aktienbesitzes für übernahmerechtlichen Squeeze-out, NZG 2013, 374; *H. Merkt*, „Creeping in" aus internationaler Sicht; NZG 2011, 561; *ders.*, Verhaltenspflichten des Vorstands der Zielgesellschaft bei feindlichen Übernahmen, ZHR 165 (2001), 224; *Merkt/Binder*, Änderungen im Übernahmerecht nach Umsetzung der EU-Übernahmerichtlinie: das deutsche Umsetzungsgesetz und verbleibende Problemfelder, BB 2006, 1285; *Ch. Mosca*, The Takeover Bids Directive: an opportunity for Europe or simply a compromise?, YEL 28 (2009), 2010, 308; *Mülbert*, Umsetzungsfragen der Übernahmerichtlinie – erheblicher Änderungsbedarf bei den heutigen Vorschriften des WpÜG, NZG 2004, 633; *A. Nelle*, Stimmrechtszurechnung und Pflichtangebot nach Umsetzung der Übernahmerichtlinie.Korrekturbedarf bei § 30 WpÜG n.F., ZIP 2008, 2057; *Neye*, Der Vorschlag 2002 einer Takeover-Richtlinie, NZG 2002, 1144; *ders*, Der gemeinsame Standpunkt des Rates zur 13. Richtlinie – ein entscheidender Schritt auf dem Weg zu einem europäischen Übernahmerecht, AG 2000, 289; *ders*, Die EU-Übernahmerichtlinie auf der Zielgraden, ZIP 2001, 1120; *Nobel*, Die EU-Richtline betreffend Übernahmeangebote und ihre Umsetzung in den Mitgliedstaaten, Mergers & Acquisitions, 2008, 1; *ders.*, Die 13. Richtlinie der EU betreffend Übernahmeangebote im Vergleich zur schweizerischen Rechtsordnung, Mergers & Acquisitions, 2006, 29; *J. Oechsler*, Acting in concert beim Aktienerwerb, ZIP 2011, 449; *Pluskat*, Das Scheitern der europäischen Übernahmerichtlinie, WM 2001, 1937; *Pohlmann*, Rechtsschutz der Aktionäre der Zielgesellschaft im Werpapiererwerbs- und Übernahmeverfahren, ZGR 2007, 1; *Posdzich*, Zur Rechtsnatur der Angemessenheitsvermutung beim übernahmerechtlichen squeeze-out, WM 2010,787; *Psaroudakis*, The Mandatory bid and Company Law in Europe, ECFR 2010, 550; *Rühland*, Der übernahmerechtliche Squeeze-out im Regierungsentwurf des Übernahmerichtlinien-Umsetzungsgesetz, NZG 2006, 401; *Saenger*, Tendenzen im europäischen Übernahmerecht. Die Vereinbarkeit des deutschen WpÜG mit dem Richtlinienvorschlag vom 2.10.2002, in: Rechtsvergleichung als zukunftsträchtige Aufgabe, 2004, 103; *G. Sassenrath*, Entwicklung und Reform des europäischen Übernahmerechts, in: Europäisches Gesellschafts- und Steuerrecht, 2007, 114; *Schlitt/Ries/Becker*, Zum Ausschluss der übrigen Aktionäre gem. §§ 39 a, 39 b WpÜG, NZG 2008, 700; *M. Schockenhoff/A. Schumann*, Acting in Concert – geklärte und ungeklärte Rechtsfragen, ZGR 2005, 568; *Schüppen*, WpÜG-Reform: Alles Europa oder was?, BB 2006, 165; *Ch. H. Seibt*, Reform der EU-Übernahmerichtlinie und des deutschen Übernahmerechts. Ergebnisse einer Experten-Umfrage, ZIP 2012, 1; *ders.*, Der (Stimm-)Rechtsverlust als Sanktion für die Nichterfüllung kapitalmarktrechtlicher Mitteilungspflichten im Lichte des Vorschlags der Europäischen Kommission zur Reform der Transparenzrichtlinie, ZIP 2012, 797; *Seibt/Heiser*, Analyse der EU-Übernahmerichtlinie und Hinweise für eine Reform des deutschen Übernahmerechts, ZGR 2005, 200; *dies*, Der neue Vorschlag einer EU-Übernahmerichtlinie und das deutsche Übernahmerecht – Analyse und Umsetzungserfordernisse für den deutschen Gesetzgeber, ZIP 2002, 2193; *Senn*, Verabschiedung der Übernahmerichtlinie nach 30 Jahren, ELRep., 2004, 342; *Seulen*, Der Entwurf der EG-Übernahmerichtlinie 1999 und deren mögliche Umsetzung in das deutsche Recht, 2002; *B. Sjafjell*, The core of corporate governance: implications of the Takeover Directive for corporate governance in Europe, EBLR 2011, 641; *Steinmeyer*, Der übernahmerechtliche Sitzbegriff, FS Immenga, 2004, 743; *G. Tsagas*, Reflecting on the Value of Socially Responsible Practices Post the Takeover of Cadbury PLC by Kraft Foods Inc: Implications for the Revision of the EU Takeover Directive, ECL 2012, 70; *van der Elst/van der Steen*, Balancing the Interestof Minority and Majority shareholders: a Comparative Analysis of Squeeze-out and Sell-out Rights, ECFR 2009, 391; *Ch. von Bülow/M. Stephanblome*, Acting in Concert und neue Offenlegungspflichten nach dem Risikobegrenzungsgesetz, ZIP 2008, 1797; *von Falkenhausen*, Flexibilität hat ihren Preis die Pflichtangebots.Ein Lehrstück aus Österreich, NZG 2013, 409; *ders.*, Reformbedarf beim Pflichtangebot, gem. § 35 WpÜG, ZHR 2010,293; *von Hein*, Zur Kodifikation des deutschen Übernahmekollisionsrechts, ZGR 2005, 528; *Vaupel/Uhl*, Insiderrechtliche Aspekte bei der Übernahme börsennotierter Unternehmen, WM 2003, 2126; *D. Verse*, Übergang von gemeinsamer zu alleiniger Kontrolle – ein Fall für das Pflichtangebot?, NZG 2009, 1331; *Weber-Rey/Schütz*, Zum Verhältnis von Übernahmerecht und Umwandlungsrecht, AG 2001, 325; *A. White*, Reassessing thr Rationales for the Takeover bids Directive's Board Neutrality rule, EBLR 2012, 789; *Wilsing/Ogorek*, Die Angemessenheitsvermutung beim übernahmerechtlichen Sueeze Out, GWR 2009, 211; *Wiesner*, Die neue Übernahmerichtlinie und die Folgen, ZIP 2004, 343; *ders*, Binnenmarkt und Wettbewerb bleiben auf der Strecke – zum Kommissionsvorschlag für eine neue Übernahmerichtlinie, ZIP 2002, 1967; *M. Winner*, Gemeinsames Vorgehen im Übernahmerecht, FS W. Jud, 2012, 801; *Wolf*, Der Mythos „Neutralitätspflicht" nach dem Übernahmerichtlinien-Umsetzungsgesetz, ZIP 2008, 300; *F. Wooldridge*, The Implementation of the Takeovers Directive in Germany, EBLR 2008, 811; *E. Wymeersch*, A new look at the debate about the Takeover Directive, FS Hommelhoff, 2012, 1375; *ders.*, Übernahmeangebote und Pflichtangebote, ZGR 2002, 520; *S. Zeyer*, The European ban on the frustration of takeover bids and the European break-through rule: takeover obstacles at the level of th management and supervisory board and at the shareholder level, in: Aktuelle Entwicklungen des europäischen und internationalen Wirtschaftsrechts, 2012, 411; *D. Zimmer*, Aufsicht bei grenzüberschreitenden Übernahmen, ZGR 2002, 731; *Zinser*, Ein neuer Anlauf: der jüngste Vorschlag einer Übernahmerichtlinie v. 2.10.2002, EuZW 2003, 10; *ders*, Entwicklungen zu einem europäischen Übernahmerecht, ZRP 2003, 78.

1. Text der Richtlinie

391 DAS EUROPÄISCHE PARLAMENT UND DER RAT DER EUROPÄISCHEN UNION –
gestützt auf den Vertrag zur Gründung der Europäischen Gemeinschaft, insbesondere auf Artikel 44 Absatz 1,
auf Vorschlag der Kommission,[958]
nach Stellungnahme des Europäischen Wirtschafts- und Sozialausschusses,[959]
gemäß dem Verfahren des Artikels 251 des Vertrags,[960]
in Erwägung nachstehender Gründe:

(1) Gewisse Schutzbestimmungen, die in den Mitgliedstaaten den Gesellschaften, die dem Recht eines Mitgliedstaats unterliegen und deren Wertpapiere zum Handel auf einem geregelten Markt eines Mitgliedstaats zugelassen sind, im Interesse der Gesellschafter und Dritter vorgeschrieben sind, bedürfen gemäß Artikel 44 Absatz 2 Buchstabe g) des Vertrags der Koordinierung, um sie gemeinschaftsweit gleichwertig zu gestalten.

(2) Wenn Gesellschaften, die dem Recht eines Mitgliedstaats unterliegen, Gegenstand eines Übernahmeangebots oder eines Kontrollwechsels sind und zumindest ein Teil der Wertpapiere dieser Gesellschaften zum Handel auf einem geregelten Markt eines Mitgliedstaats zugelassen sind, ist es notwendig, die Interessen der Inhaber dieser Wertpapiere zu schützen.

(3) Es ist erforderlich, gemeinschaftsweit Klarheit und Transparenz in Bezug auf die Rechtsfragen zu schaffen, die bei Übernahmeangeboten zu regeln sind, und zu vermeiden, dass die Formen der Umstrukturierung von Unternehmen in der Gemeinschaft durch willkürliche Unterschiede in der Führungs- und Managementkultur verzerrt werden.

(4) Angesichts der Zwecke des öffentlichen Interesses, die die Zentralbanken der Mitgliedstaaten erfüllen, erscheint es nicht vorstellbar, dass sie Ziel von Übernahmeangeboten sein können. Da die Wertpapiere einiger dieser Zentralbanken aus historischen Gründen an geregelten Märkten der Mitgliedstaaten notiert werden, ist es erforderlich, diese ausdrücklich vom Anwendungsbereich dieser Richtlinie auszuschließen.

(5) Jeder Mitgliedstaat sollte eine oder mehrere Stellen bestimmen, die die in dieser Richtlinie geregelten Aspekte von Übernahmeangeboten überwachen und sicherstellen, dass die Parteien des Angebots den gemäß dieser Richtlinie erlassenen Vorschriften nachkommen. Alle diese Stellen sollten zusammenarbeiten.

(6) Um effektiv zu sein, sollte die Übernahmeregelung flexibel sein und neu auftretende Umstände erfassen können und damit Ausnahmen und abweichende Regelungen erlauben. Bei der Anwendung von Regeln oder Ausnahmen bzw. beim Erlass von abweichenden Regelungen sollten die Aufsichtsstellen jedoch bestimmte allgemeine Grundsätze beachten.

(7) Stellen der freiwilligen Selbstkontrolle sollten die Aufsicht führen können.

(8) Im Einklang mit den allgemeinen Grundsätzen des Gemeinschaftsrechts und insbesondere dem Anspruch auf rechtliches Gehör sollten die Entscheidungen einer Aufsichtsstelle gegebenenfalls von einem unabhängigen Gericht überprüft werden können. Die Entscheidung darüber, ob Rechte vorzusehen sind, die in Verwaltungs- oder Gerichtsverfahren gegen eine Aufsichtsstelle oder zwischen Parteien des Angebots geltend gemacht werden können, sollte jedoch den Mitgliedstaaten überlassen werden.

(9) Die Mitgliedstaaten sollten die notwendigen Schritte unternehmen, um Wertpapierinhaber, insbesondere Wertpapierinhaber mit Minderheitsbeteiligungen, nach einem Kontrollwechsel in ihren Gesellschaften zu schützen. Diesen Schutz sollten die Mitgliedstaaten dadurch gewährleisten, dass die Person, die die Kontrolle über die Gesellschaft erlangt hat, verpflichtet wird, allen Wertpapierinhabern dieser Gesellschaft zu einem angemessenen Preis, der einheitlich definiert ist, ein Angebot zur Übernahme aller ihrer Wertpapiere zu machen. Die Mitgliedstaaten müssen weitere Vorkehrungen zum Schutz der Interessen der Wertpapierinhaber vorsehen können, wie etwa die Verpflichtung, ein Teilangebot zu unterbreiten, wenn der Bieter nicht die Kontrolle über die Gesellschaft erwirbt, oder die Verpflichtung, zugleich mit dem Erwerb der Kontrolle über die Gesellschaft ein Angebot zu unterbreiten.

---

[958] ABl. 2003, C 45 E/1.
[959] ABl. 2003, C 208/55.
[960] Stellungnahme des Europäischen Parlaments vom 16. Dezember 2003 (noch nicht im Amtsblatt veröffentlicht) und Beschluss des Rates vom 30. März 2004.

(10) Die Verpflichtung, allen Wertpapierinhabern ein Angebot zu unterbreiten, sollte nicht für diejenigen Kontrollbeteiligungen gelten, die zum Zeitpunkt des Inkrafttretens der nationalen Vorschriften zur Umsetzung dieser Richtlinie bereits bestehen.

(11) Die Verpflichtung zur Abgabe eines Angebots sollte nicht für den Erwerb von Wertpapieren gelten, die kein Stimmrecht in der ordentlichen Hauptversammlung verleihen. Die Mitgliedstaaten sollten allerdings vorsehen können, dass die Verpflichtung, allen Wertpapierinhabern ein Angebot zu machen, nicht nur für Wertpapiere gilt, die Stimmrechte verleihen, sondern auch für Wertpapiere, die nur unter bestimmten Umständen Stimmrechte verleihen oder überhaupt nicht mit Stimmrechten ausgestattet sind.

(12) Um die Möglichkeiten für Insidergeschäfte zu verringern, sollte der Bieter verpflichtet werden, seinen Beschluss, ein Angebot zu unterbreiten, so früh wie möglich bekannt zu geben und die Aufsichtsstelle von dem Angebot zu unterrichten.

(13) Die Wertpapierinhaber sollten durch eine Angebotsunterlage angemessen über die Angebotskonditionen unterrichtet werden. Auch sollten die Arbeitnehmervertreter der Gesellschaft oder – in Ermangelung solcher Vertreter – die Arbeitnehmer selbst ebenfalls in angemessener Weise unterrichtet werden.

(14) Die Frist für die Annahme des Übernahmeangebots sollte geregelt werden.

(15) Zur ordnungsgemäßen Wahrnehmung ihrer Aufgaben sollten die Aufsichtsstellen die Parteien des Angebots jederzeit zur Erteilung von Auskünften, die diese selbst betreffen, auffordern können und mit anderen Aufsichtsstellen, die die Kapitalmärkte beaufsichtigen, effizient zusammenarbeiten und ihnen unverzüglich Auskünfte erteilen.

(16) Um Handlungen vorzubeugen, durch die das Angebot vereitelt werden könnte, sollten die Befugnisse des Leitungs- bzw des Verwaltungsorgans einer Zielgesellschaft zur Vornahme außergewöhnlicher Handlungen beschränkt werden, ohne dabei die Zielgesellschaft in ihrer normalen Geschäftstätigkeit unangemessen zu behindern.

(17) Das Leitungs- bzw Verwaltungsorgan einer Zielgesellschaft sollte verpflichtet sein, zu dem Angebot eine schriftliche, mit Gründen versehene Stellungnahme zu veröffentlichen, in der unter anderem auf die Auswirkungen auf sämtliche Interessen der Gesellschaft, insbesondere auf die Beschäftigung, eingegangen wird.

(18) Um die geltenden Vorschriften über den freien Handel mit Wertpapieren der von dieser Richtlinie erfassten Gesellschaften und die freie Stimmrechtsausübung in ihrer Wirkung zu stärken, müssen die Abwehrstrukturen und -mechanismen dieser Gesellschaften offen gelegt und regelmäßig der Hauptversammlung in einem Bericht mitgeteilt werden.

(19) Die Mitgliedstaaten sollten die notwendigen Vorkehrungen treffen, damit jeder Bieter die Möglichkeit hat, Mehrheitsbeteiligungen an anderen Gesellschaften zu erwerben und die vollständige Kontrolle über diese auszuüben. Zu diesem Zweck sollten Beschränkungen der Übertragbarkeit von Wertpapieren, Stimmrechtsbeschränkungen, besondere Ernennungs- und Mehrfachstimmrechte während der Angebotsfrist, oder wenn die Hauptversammlung der Aktionäre eine Abwehrmaßnahme oder eine Änderung der Satzung oder die Abberufung oder Ernennung von Mitgliedern des Leitungs- bzw Verwaltungsorgans in der ersten Hauptversammlung der Aktionäre nach Angebotsschluss beschließt, aufgehoben oder ausgesetzt werden. Für Verluste, die Wertpapierinhabern als Folge der Entziehung von Rechten entstehen, sollte eine angemessene Entschädigung gemäß den von den Mitgliedstaaten festgelegten technischen Modalitäten vorgesehen werden.

(20) Alle von den Mitgliedstaaten an Gesellschaften gehaltenen Sonderrechte sollten im Rahmen des freien Kapitalverkehrs und der einschlägigen Bestimmungen des Vertrags betrachtet werden. Von den Mitgliedstaaten an Gesellschaften gehaltene Sonderrechte, die im einzelstaatlichen Privatrecht oder öffentlichen Recht vorgesehen sind, sollten von der Durchgriffsklausel ausgenommen werden, wenn sie mit dem Vertrag vereinbar sind.

(21) Angesichts der unterschiedlichen Mechanismen und Strukturen des Gesellschaftsrechts der Mitgliedstaaten sollten diese den Gesellschaften mit Sitz in ihrem Staatsgebiet nicht vorschreiben müssen, diejenigen Bestimmungen dieser Richtlinie, die die Befugnisse des Leitungs- bzw Verwaltungsorgans einer Zielgesellschaft während der Angebotsfrist beschränken und diejenigen, die die in der Satzung oder in besonderen Vereinbarungen vorgesehenen Schranken unanwendbar machen, anzuwenden. In diesem Fall sollten die Mitgliedstaaten den Gesellschaften mit Sitz in ihrem Staatsgebiet zumindest die widerrufliche Wahlmöglichkeit einräumen, diese Bestimmungen anzuwenden. Unbeschadet internationaler Übereinkünfte, bei denen die Europäische Gemeinschaft Vertragspartei ist, sollten die Mitgliedstaaten den Gesellschaften, die diese Bestimmungen entsprechend den freiwilligen Regelungen anwenden, nicht vorschreiben müssen, diese auch anzuwenden, wenn sie Ziel eines Angebots von Gesellschaften

werden, die ihrerseits die gleichen Bestimmungen als Folge des Einsatzes dieser freiwilligen Regelungen nicht anwenden.

(22) Die Mitgliedstaaten sollten regeln, wann ein Angebot hinfällig wird, unter welchen Voraussetzungen der Bieter sein Angebot ändern kann, wie mit konkurrierenden Angeboten zu verfahren ist und wie das Ergebnis des Angebots bekannt zu machen ist, und die Unwiderruflichkeit des Angebots sowie die zulässigen Bedingungen festschreiben.

(23) Information und Konsultation der Arbeitnehmervertreter der Bieter- sowie der Zielgesellschaft sollten durch einschlägige einzelstaatliche Bestimmungen geregelt werden, insbesondere durch die Vorschriften zur Umsetzung der Richtlinie 94/45/EG des Rates vom 22. September 1994 über die Einsetzung eines Europäischen Betriebsrats oder die Schaffung eines Verfahrens zur Unterrichtung und Anhörung der Arbeitnehmer in gemeinschaftsweit operierenden Unternehmen und Unternehmensgruppen,[961] der Richtlinie 98/59/EG des Rates vom 20. Juli 1998 zur Angleichung der Rechtsvorschriften der Mitgliedstaaten über Massenentlassungen[962] der Richtlinie 2001/86/EG des Rates vom 8. Oktober 2001 zur Ergänzung des Statuts der Europäischen Gesellschaft hinsichtlich der Beteiligung der Arbeitnehmer[963] und der Richtlinie 2002/14/EG des Europäischen Parlaments und des Rates vom 11. März 2002 zur Festlegung eines allgemeinen Rahmens für die Unterrichtung und Anhörung der Arbeitnehmer in der Europäischen Gemeinschaft – Gemeinsame Erklärung des Europäischen Parlaments, des Rates und der Kommission zur Vertretung der Arbeitnehmer.[964] Die Arbeitnehmer der betroffenen Gesellschaften oder ihre Vertreter sollten überdies die Möglichkeit erhalten, sich zu den voraussichtlichen Auswirkungen des Angebots auf die Beschäftigung zu äußern. Unbeschadet der Vorschriften der Richtlinie 2003/6/EG des Europäischen Parlaments und des Rates vom 28. Januar 2003 über Insider-Geschäfte und Marktmanipulation (Marktmissbrauch)[965] können die Mitgliedstaaten jederzeit nationale Bestimmungen über die Unterrichtung und Anhörung der Arbeitnehmervertreter des Bieters vor Abgabe eines Übernahmeangebots anwenden oder einführen.

(24) Die Mitgliedstaaten sollten die erforderlichen Vorkehrungen treffen, um einem Bieter, der im Zuge eines Übernahmeangebots einen bestimmten Prozentsatz des stimmberechtigten Kapitals einer Gesellschaft erworben hat, die Möglichkeit zu geben, die Inhaber der übrigen Wertpapiere zum Verkauf ihrer Wertpapiere zu verpflichten. Dementsprechend sollten die Inhaber der übrigen Wertpapiere die Möglichkeit haben, den Bieter, der im Zuge eines Übernahmeangebots einen bestimmten Prozentsatz des stimmberechtigten Kapitals einer Gesellschaft erworben hat, zum Erwerb ihrer Wertpapiere zu verpflichten. Diese Ausschluss- und Andienungsverfahren sollten nur unter bestimmten Bedingungen im Zusammenhang mit Übernahmeangeboten gelten. Die Mitgliedstaaten können unter anderen Umständen auf Ausschluss- und Andienungsverfahren weiterhin ihre nationalen Vorschriften anwenden.

(25) Da die Ziele der beabsichtigten Maßnahmen, nämlich die Festlegung von Mindestvorgaben für die Abwicklung von Übernahmeangeboten und die Gewährleistung eines ausreichenden Schutzes für Wertpapierinhaber in der gesamten Gemeinschaft wegen der Notwendigkeit der Transparenz und Rechtssicherheit bei grenzüberschreitenden Übernahmen oder bei dem grenzüberschreitenden Erwerb einer die Kontrolle begründenden Beteiligung auf Ebene der Mitgliedstaaten nicht ausreichend erreicht werden können und sich daher wegen des Umfangs und der Wirkungen der Maßnahme besser auf Gemeinschaftsebene erreichen lassen, kann die Gemeinschaft im Einklang mit dem in Artikel 5 des Vertrags niedergelegten Subsidiaritätsprinzip tätig werden. Entsprechend dem in demselben Artikel genannten Verhältnismäßigkeitsprinzip geht diese Richtlinie nicht über das zur Erreichung dieser Ziele erforderliche Maß hinaus.

(26) Eine Richtlinie ist hier das geeignete Instrument, um eine Rahmenregelung zu schaffen, die bestimmte allgemeine Grundsätze und eine begrenzte Zahl allgemeiner Vorschriften enthält, die von den Mitgliedstaaten in Form detaillierter Bestimmungen im Einklang mit ihrer jeweiligen Rechtsordnung und ihrem kulturellen Umfeld umzusetzen sind.

(27) Die Mitgliedstaaten sollten jedoch Sanktionen vorsehen, die bei einem Verstoß gegen die einzelstaatlichen Vorschriften zur Umsetzung dieser Richtlinie zu verhängen sind.

(28) Um neuen Entwicklungen auf den Finanzmärkten Rechnung zu tragen, kann es von Zeit zu Zeit erforderlich sein, technische Anleitung zu geben und Durchführungsmaßnahmen für die in dieser Richtlinie enthaltenen Vorschriften zu erlassen. Für einige Bestimmungen sollte die Kommission entsprechend ermächtigt werden, nach Konsultation des durch den Beschluss 2001/528/EG der Kommission[966] einge-

---

961 ABl 1994, L 254/64. Geändert durch die Richtlinie 97/74/EG (ABl. 1998, L 10/22.
962 ABl. 1998, L 225/16.
963 ABl 2001, L 294/22.
964 ABl. 2002, L 80/29.
965 ABl. 2003, L 96/16 S. 16.
966 ABl. .2002, L 191/45. Geändert durch den Beschluss 2004/8/EG (ABl. 2004, L 3/33).

setzten Europäischen Wertpapierausschusses Durchführungsmaßnahmen zu erlassen, soweit diese Maßnahmen nicht die wesentlichen Elemente dieser Richtlinie verändern und die Kommission gemäß den in dieser Richtlinie festgelegten Grundsätzen handelt. Die zur Durchführung dieser Richtlinie erforderlichen Maßnahmen sollten gemäß dem Beschluss 1999/468/EG des Rates vom 28. Juni 1999 zur Festlegung der Modalitäten für die Ausübung der der Kommission übertragenen Durchführungsbefugnisse[967] unter gebührender Berücksichtigung der Erklärung der Kommission vom 5. Februar 2002 vor dem Europäischen Parlament zur Durchführung der Rechtsvorschriften über Finanzdienstleistungen erlassen werden. Für die übrigen Bestimmungen sollte ein Kontaktausschuss mit der Aufgabe betraut werden, die Mitgliedstaaten und die Aufsichtsstellen bei der Anwendung dieser Richtlinie zu unterstützen und die Kommission, falls erforderlich, bei Ergänzungen oder Änderungen dieser Richtlinie zu beraten. Dabei kann der Kontaktausschuss die Informationen heranziehen, die die Mitgliedstaaten auf der Grundlage dieser Richtlinie zu den Übernahmeangeboten zur Verfügung stellen, die in ihren geregelten Märkten stattgefunden haben.

(29) Die Kommission sollte den Prozess hin zu einer fairen und ausgewogenen Harmonisierung der Bestimmungen für Übernahmeangebote in der Europäischen Union erleichtern. Zu diesem Zweck sollte der Kommission die Möglichkeit eingeräumt werden, zu gegebener Zeit Vorschläge für eine Überarbeitung der vorliegenden Richtlinie vorzulegen –

HAT FOLGENDE RICHTLINIE ERLASSEN:

Artikel 1 Anwendungsbereich

(1) Diese Richtlinie enthält Maßnahmen zur Koordinierung der Rechts- und Verwaltungsvorschriften, Verhaltenskodizes und sonstigen Regelungen der Mitgliedstaaten einschließlich der von den amtlich befugten Marktregulierungsstellen erlassenen Regelungen (nachstehend „Vorschriften" genannt) für Übernahmeangebote für die Wertpapiere einer dem Recht eines Mitgliedstaats unterliegenden Gesellschaft, sofern alle oder ein Teil dieser Wertpapiere zum Handel auf einem geregelten Markt im Sinne der Richtlinie 93/22/EWG[968] (nachstehend „geregelter Markt" genannt) in einem oder mehreren Mitgliedstaaten zugelassen sind.

(2) ¹Die Richtlinie findet keine Anwendung auf Übernahmeangebote für Wertpapiere, die von Gesellschaften ausgegeben werden, deren Zweck es ist, die vom Publikum bei ihnen eingelegten Gelder nach dem Grundsatz der Risikostreuung gemeinsam anzulegen, und deren Anteilscheine auf Verlangen der Anteilsinhaber unmittelbar oder mittelbar zulasten des Vermögens dieser Gesellschaften zurückgenommen oder ausgezahlt werden. ²Diesen Rücknahmen oder Auszahlungen gleichgestellt sind Handlungen, mit denen eine Gesellschaft sicherstellen will, dass der Kurs ihrer Anteilscheine nicht erheblich von deren Nettoinventarwert abweicht.

(3) Diese Richtlinie findet keine Anwendung auf Übernahmeangebote für Wertpapiere, die von den Zentralbanken der Mitgliedstaaten ausgegeben werden.

Artikel 2 Begriffsbestimmungen

(1) Im Sinne dieser Richtlinie gelten folgende Begriffsbestimmungen:

a) „Übernahmeangebot" oder „Angebot" ist ein an die Inhaber der Wertpapiere einer Gesellschaft gerichtetes (und nicht von der Zielgesellschaft selbst abgegebenes) öffentliches Pflicht- oder freiwilliges Angebot zum Erwerb eines Teils oder aller dieser Wertpapiere, das sich an den Erwerb der Kontrolle der Zielgesellschaft im Sinne des einzelstaatlichen Rechts anschließt oder diesen Erwerb zum Ziel hat.

b) „Zielgesellschaft" ist eine Gesellschaft, deren Wertpapiere Gegenstand eines Angebots sind.

c) „Bieter" ist jede natürliche oder juristische Person des öffentlichen Rechts oder des Privatrechts, die ein Angebot abgibt.

d) „Gemeinsam handelnde Personen" sind natürliche oder juristische Personen, die mit dem Bieter oder der Zielgesellschaft auf der Grundlage einer ausdrücklichen oder stillschweigenden, mündlich oder schriftlich getroffenen Vereinbarung zusammenarbeiten, um die Kontrolle über die Zielgesellschaft zu erhalten bzw den Erfolg des Übernahmeangebots zu vereiteln.

e) „Wertpapiere" sind übertragbare Wertpapiere, die Stimmrechte in einer Gesellschaft verleihen.

f) „Parteien des Angebots" sind der Bieter, die Mitglieder des Leitungs- bzw des Verwaltungsorgans des Bieters, wenn es sich bei dem Bieter um eine Gesellschaft handelt, die Zielgesellschaft, die Inhaber von

---

[967] ABl. 1999, L 184/23.
[968] Richtlinie 93/22/EWG des Rates vom 10. Mai 1993 über Wertpapierdienstleistungen (ABl. 1993, L 141/27). Zuletzt geändert durch die Richtlinie 2002/87/EG des Europäischen Parlaments und des Rates (ABl. 2003, L 35/1).

Wertpapieren der Zielgesellschaft und die Mitglieder des Leitungs- bzw Verwaltungsorgans der Zielgesellschaft und gemeinsam mit einer dieser Parteien handelnde Personen.

g) „Wertpapiere mit Mehrfachstimmrecht" sind Wertpapiere, die einer gesonderten und eigenen Gattung angehören und das Recht auf mehr als eine Stimme verleihen.

(2) Für die Zwecke des Absatzes 1 Buchstabe d) gelten die von einer anderen Person kontrollierten Personen im Sinne von Artikel 87 der Richtlinie 2001/34/EG[969] als Personen, die gemeinsam miteinander und mit der sie kontrollierenden Person handeln.

Artikel 3 Allgemeine Grundsätze

(1) Die Mitgliedstaaten stellen zur Umsetzung dieser Richtlinie sicher, dass die folgenden Grundsätze beachtet werden:

a) Alle Inhaber von Wertpapieren einer Zielgesellschaft, die der gleichen Gattung angehören, sind gleich zu behandeln; darüber hinaus müssen die anderen Inhaber von Wertpapieren geschützt werden, wenn eine Person die Kontrolle über die Gesellschaft erwirbt.

b) Die Inhaber von Wertpapieren einer Zielgesellschaft müssen über genügend Zeit und ausreichende Informationen verfügen, um in ausreichender Kenntnis der Sachlage über das Angebot entscheiden zu können; das Leitungs- bzw Verwaltungsorgan einer Zielgesellschaft muss bei der Beratung der Inhaber von Wertpapieren auf die Auswirkungen der Durchführung des Angebots auf die Beschäftigung, die Beschäftigungsbedingungen und die Standorte der Gesellschaft eingehen.

c) Das Leitungs- bzw Verwaltungsorgan einer Zielgesellschaft muss im Interesse der gesamten Gesellschaft handeln und darf den Inhabern von Wertpapieren nicht die Möglichkeit vorenthalten, das Angebot selbst zu beurteilen.

d) Beim Handel mit den Wertpapieren der Zielgesellschaft, der Bietergesellschaft oder anderer durch das Angebot betroffener Gesellschaften dürfen keine Marktverzerrungen durch künstliche Beeinflussung der Wertpapierkurse und durch Verfälschung des normalen Funktionierens der Märkte herbeigeführt werden.

e) Ein Bieter hat vor der Ankündigung eines Angebots sicherzustellen, dass er die gegebenenfalls als Gegenleistung gebotenen Geldleistungen in vollem Umfang leisten kann, und alle gebotenen Maßnahmen zu treffen, um die Erbringung aller sonstigen Arten von Gegenleistungen zu garantieren.

f) Eine Zielgesellschaft darf in ihrer Geschäftstätigkeit nicht über einen angemessenen Zeitraum hinaus durch ein Angebot für ihre Wertpapiere behindert werden.

(2) Um die Beachtung der in Absatz 1 aufgeführten Grundsätze sicherzustellen,

a) sorgen die Mitgliedstaaten dafür, dass die in dieser Richtlinie vorgeschriebenen Mindestanforderungen eingehalten werden,

b) können die Mitgliedstaaten für Angebote zusätzliche Bedingungen und strengere Bestimmungen als in dieser Richtlinie festlegen.

Artikel 4 Aufsichtsstelle und anwendbares Recht

(1) [1]Die Mitgliedstaaten benennen eine Stelle oder mehrere Stellen, die für die Beaufsichtigung des Angebotsvorgangs zuständig sind, soweit er durch gemäß dieser Richtlinie erlassene oder eingeführte Vorschriften geregelt wird. [2]Als Aufsichtsstelle muss entweder eine Behörde benannt werden oder aber eine Vereinigung oder eine private Einrichtung, die nach den nationalen Rechtsvorschriften oder von den Behörden, die dazu nach den nationalen Rechtsvorschriften ausdrücklich befugt sind, anerkannt ist. [3]Die Mitgliedstaaten teilen der Kommission die von ihnen benannten Aufsichtsstellen und gegebenenfalls jede besondere Aufgabenverteilung mit. [4]Die Mitgliedstaaten stellen sicher, dass die Aufsichtsstellen ihre Aufgaben unparteiisch und unabhängig von allen Parteien des Angebots erfüllen.

(2)

a) Für die Beaufsichtigung des Angebotsvorgangs ist die Aufsichtsstelle des Mitgliedstaats zuständig, in dem die Zielgesellschaft ihren Sitz hat, wenn die Wertpapiere dieser Gesellschaft auf einem geregelten Markt dieses Mitgliedstaats zum Handel zugelassen sind.

b) Sind die Wertpapiere der Zielgesellschaft nicht auf einem geregelten Markt ihres Sitzmitgliedstaats zum Handel zugelassen, so ist für die Beaufsichtigung des Angebotsvorgangs die Aufsichtsstelle des Mitgliedstaats zuständig, auf dessen geregeltem Markt die Wertpapiere der Gesellschaft zum Handel zugelassen sind.

---

[969] Richtlinie 2001/34/EG des Europäischen Parlaments und des Rates vom 28. Mai 2001 über die Zulassung von Wertpapieren zur amtlichen Börsennotierung und über die hinsichtlich dieser Wertpapiere zu veröffentlichenden Informationen (ABl. 2001, L 184/1). Zuletzt geändert durch die Richtlinie 2003/71/EG (ABl. 2003, L 345/64).

Sind die Wertpapiere der Zielgesellschaft auf geregelten Märkten in mehr als einem Mitgliedstaat zum Handel zugelassen, so ist für die Beaufsichtigung des Angebotsvorgangs die Aufsichtsstelle des Mitgliedstaats zuständig, auf dessen geregeltem Markt die Wertpapiere zuerst zum Handel zugelassen wurden.

c) Werden die Wertpapiere der Zielgesellschaft auf geregelten Märkten in mehr als einem Mitgliedstaat gleichzeitig erstmals zum Handel zugelassen, so entscheidet die Zielgesellschaft, welche der Aufsichtsstellen der Mitgliedstaaten für die Beaufsichtigung des Angebotsvorgangs zuständig sein soll, und teilt diese Entscheidung den geregelten Märkten und deren Aufsichtsstellen am ersten Handelstag mit.

Sind die Wertpapiere der Zielgesellschaft zu dem in Artikel 21 Absatz 1 genannten Zeitpunkt bereits an geregelten Märkten in mehr als einem Mitgliedstaat zum Handel zugelassen und erfolgte diese Zulassung gleichzeitig, so legen die Aufsichtsstellen der betroffenen Mitgliedstaaten innerhalb von vier Wochen nach dem in Artikel 21 Absatz 1 genannten Zeitpunkt gemeinsam fest, welche von ihnen für die Beaufsichtigung des Angebotsvorgangs zuständig ist. Wurde keine Aufsichtsstelle benannt, bestimmt die Zielgesellschaft am ersten Handelstag nach Ablauf dieses Zeitraums von vier Wochen, welche der Aufsichtsstellen für die Beaufsichtigung zuständig sein soll.

d) Die Mitgliedstaaten stellen sicher, dass die Entscheidungen gemäß Buchstabe c) veröffentlicht werden.

e) In den unter den Buchstaben b) und c) genannten Fällen werden Fragen, die die im Fall eines Angebots angebotene Gegenleistung, insbesondere den Preis, betreffen, und Fragen des Angebotsverfahrens, insbesondere die Unterrichtung über die Entscheidung des Bieters zur Unterbreitung eines Angebots, der Inhalt der Angebotsunterlage und die Bekanntmachung des Angebots, gemäß den Vorschriften des Mitgliedstaats der zuständigen Aufsichtsstelle geregelt. Für Fragen, die die Unterrichtung der Arbeitnehmer der Zielgesellschaft betreffen, und für gesellschaftsrechtliche Fragen, insbesondere betreffend den Anteil an Stimmrechten, der die Kontrolle begründet, und von der Verpflichtung zur Abgabe eines Angebots abweichende Regelungen sowie für die Bedingungen, unter denen das Leitungs- bzw Verwaltungsorgan der Zielgesellschaft Maßnahmen ergreifen kann, die das Angebot vereiteln könnten, ist das Recht des Sitzmitgliedstaats der Zielgesellschaft maßgebend; zuständig ist dessen Aufsichtsstelle.

(3) ¹Die Mitgliedstaaten stellen sicher, dass alle Personen, die bei ihren Aufsichtsstellen tätig sind oder waren, zur Wahrung des Berufsgeheimnisses verpflichtet sind. ²Unter das Berufsgeheimnis fallende Informationen dürfen nicht an andere Personen oder Behörden weitergegeben werden, es sei denn, dies geschieht aufgrund einer gesetzlichen Bestimmung.

(4) ¹Die gemäß dieser Richtlinie benannten Aufsichtsstellen der Mitgliedstaaten und andere Stellen zur Beaufsichtigung der Kapitalmärkte, insbesondere die zuständigen Stellen gemäß der Richtlinie 93/22/EWG, der Richtlinie 2001/34/EG, der Richtlinie 2003/6/EG und der Richtlinie 2003/71/EG des Europäischen Parlaments und des Rates vom 4. November 2003 betreffend den Prospekt, der beim öffentlichen Angebot von Wertpapieren oder bei deren Zulassung zum Handel zu veröffentlichen ist, arbeiten zusammen und erteilen einander Auskünfte, wann immer dies zur Anwendung der gemäß dieser Richtlinie erlassenen Vorschriften, insbesondere in den unter Absatz 2 Buchstaben b), c) und e) genannten Fällen, erforderlich ist. ²Die erteilten Auskünfte fallen unter das Berufsgeheimnis, zu dessen Wahrung die Personen verpflichtet sind, die bei den die Informationen empfangenden Aufsichtsstellen tätig sind oder waren. ³Zur Zusammenarbeit gehört, dass die erforderlichen Schriftstücke zur Durchsetzung der von den zuständigen Stellen im Zusammenhang mit den Angeboten getroffenen Maßnahmen zugestellt werden können, wie auch Unterstützung in anderer Form, die von den für die Untersuchung tatsächlicher oder angeblicher Verstöße gegen die Vorschriften, die zur Umsetzung dieser Richtlinie erlassen oder eingeführt wurden, zuständigen Aufsichtsstellen angemessenerweise angefordert werden kann.

(5) ¹Die Aufsichtsstellen verfügen über alle zur Erfuellung ihrer Aufgaben notwendigen Befugnisse; im Rahmen ihrer Aufgaben haben sie auch dafür Sorge zu tragen, dass die Parteien des Angebots die gemäß dieser Richtlinie erlassenen oder eingeführten Vorschriften einhalten. ²Sofern die in Artikel 3 Absatz 1 festgelegten allgemeinen Grundsätze eingehalten werden, können die Mitgliedstaaten in den gemäß dieser Richtlinie erlassenen oder eingeführten Vorschriften abweichende Regelungen von diesen Vorschriften erlassen:

i) durch Aufnahme solcher Ausnahmen in ihre nationalen Regelungen, um den auf nationaler Ebene festgelegten Fällen Rechnung zu tragen; und/oder

ii) durch die Ermächtigung ihrer Aufsichtsstellen, in ihrem Zuständigkeitsbereich Ausnahmen von solchen nationalen Regelungen zuzulassen, um die in Ziffer i) genannten Fälle oder andere besondere Fälle zu berücksichtigen; im letztgenannten Fall ist eine mit Gründen versehene Entscheidung erforderlich.

(6) ¹Diese Richtlinie berührt weder die Befugnis der Mitgliedstaaten, die Gerichte oder Behörden zu benennen, die für die Streitbeilegung und für Entscheidungen im Fall von Unregelmäßigkeiten im Verlauf des Angebotsverfahrens zuständig sind, noch die Befugnis der Mitgliedstaaten festzulegen, ob und unter welchen Voraussetzungen die Parteien des Angebots Rechte im Verwaltungs- oder Gerichtsverfahren geltend ma-

chen können. ²Die Richtlinie berührt insbesondere nicht die etwaige Befugnis der Gerichte eines Mitgliedstaats, die Eröffnung eines Gerichtsverfahrens abzulehnen sowie darüber zu entscheiden, ob durch ein solches Verfahren der Ausgang des Angebots beeinflusst wird. ³Diese Richtlinie berührt nicht die Befugnis der Mitgliedstaaten, die Rechtslage in Bezug auf die Haftung von Aufsichtsstellen oder im Hinblick auf Rechtsstreitigkeiten zwischen den Parteien des Angebots zu bestimmen.

Artikel 5 Schutz der Minderheitsaktionäre, Pflichtangebot und angemessener Preis

(1) ¹Hält eine natürliche oder juristische Person infolge ihres alleinigen Erwerbs oder des Erwerbs durch gemeinsam mit ihr handelnde Personen Wertpapiere einer Gesellschaft im Sinne des Artikels 1 Absatz 1, die ihr bei Hinzuzählung zu etwaigen von ihr bereits mittels solcher Wertpapiere gehaltenen Beteiligungen und den Beteiligungen der gemeinsam mit ihr handelnden Personen unmittelbar oder mittelbar einen bestimmten, die Kontrolle begründenden Anteil an den Stimmrechten dieser Gesellschaft verschaffen, so stellen die Mitgliedstaaten sicher, dass diese Person zum Schutz der Minderheitsaktionäre dieser Gesellschaft zur Abgabe eines Angebots verpflichtet ist. ²Dieses Angebot wird unverzüglich allen Wertpapierinhabern für alle ihre Wertpapiere zu einem im Sinne des Absatzes 4 angemessenen Preis unterbreitet.
(2) Die Verpflichtung zur Abgabe eines Angebots gemäß Absatz 1 besteht nicht mehr, wenn die Kontrolle aufgrund eines freiwilligen Angebots erlangt worden ist, das im Einklang mit dieser Richtlinie allen Wertpapierinhabern für alle ihre Wertpapiere unterbreitet worden ist.
(3) Der prozentuale Anteil der Stimmrechte, der eine Kontrolle im Sinne des Absatzes 1 begründet, und die Art der Berechnung dieses Anteils bestimmen sich nach den Vorschriften des Mitgliedstaats, in dem die Gesellschaft ihren Sitz hat.
(4) ¹Als angemessener Preis gilt der höchste Preis, der vom Bieter oder einer mit ihm gemeinsam handelnden Person in einem von den Mitgliedstaaten festzulegenden Zeitraum von mindestens sechs und höchstens zwölf Monaten vor dem Angebot gemäß Absatz 1 für die gleichen Wertpapiere gezahlt worden ist. ²Erwirbt der Bieter oder eine mit ihm gemeinsam handelnde Person nach Bekanntmachung des Angebots und vor Ablauf der Annahmefrist Wertpapiere zu einem höheren als dem Angebotspreis, so muss der Bieter sein Angebot mindestens auf den höchsten Preis erhöhen, der für die dergestalt erworbenen Wertpapiere gezahlt wurde.
¹Sofern die allgemeinen Grundsätze nach Artikel 3 Absatz 1 eingehalten werden, können die Mitgliedstaaten ihre Aufsichtsstellen ermächtigen, den in Unterabsatz 1 genannten Preis unter ganz bestimmten Voraussetzungen und nach eindeutig festgelegten Kriterien abzuändern. ²Hierzu können sie in einer Liste festlegen, unter welchen Voraussetzungen der Hoechstpreis nach oben oder nach unten korrigiert werden darf: wenn beispielsweise der Hoechstpreis in einer Vereinbarung zwischen Käufer und Verkäufer gemeinsam festgelegt worden ist, wenn die Marktpreise der betreffenden Wertpapiere manipuliert worden sind, wenn die Marktpreise allgemein oder im Besonderen durch außergewöhnliche Umstände beeinflusst worden sind, oder um die Rettung eines Unternehmens in Schwierigkeiten zu ermöglichen. ³Sie können auch die in diesen Fällen heranzuziehenden Kriterien bestimmen: beispielsweise den durchschnittlichen Marktwert während eines bestimmten Zeitraums, den Liquidationswert der Gesellschaft oder andere objektive Bewertungskriterien, die allgemein in der Finanzanalyse verwendet werden.
Jede Entscheidung der Aufsichtsstellen zur Änderung des angemessenen Preises muss begründet und bekannt gemacht werden.
(5) Der Bieter kann als Gegenleistung Wertpapiere, eine Geldleistung oder eine Kombination aus Beiden anbieten.
Besteht die vom Bieter angebotene Gegenleistung jedoch nicht aus liquiden Wertpapieren, die zum Handel auf einem geregelten Markt zugelassen sind, so muss sie wahlweise eine Geldleistung umfassen.
In jedem Fall muss der Bieter eine Geldleistung zumindest wahlweise anbieten, wenn er oder eine mit ihm gemeinsam handelnde Person innerhalb eines Zeitraums, der zu demselben Zeitpunkt beginnt wie der nach Absatz 4 von den Mitgliedstaaten festgelegte Zeitraum und mit dem Ablauf der Annahmefrist endet, Wertpapiere gegen Geldleistung erworben hat, die mindestens 5 % der Stimmrechte an der Zielgesellschaft verleihen.
Die Mitgliedstaaten können vorsehen, dass in allen Fällen zumindest wahlweise eine Geldleistung angeboten werden muss.
(6) Zusätzlich zu dem Schutz gemäß Absatz 1 können die Mitgliedstaaten weitere Instrumente zum Schutz der Interessen der Wertpapierinhaber vorsehen, sofern diese Instrumente den normalen Gang eines Angebots nicht behindern.

Artikel 6 Information über Angebote

(1) ¹Die Mitgliedstaaten stellen sicher, dass die Entscheidung zur Abgabe eines Angebots unverzüglich bekannt gemacht und die Aufsichtsstelle über das Angebot unterrichtet wird. ²Die Mitgliedstaaten können vorschreiben, dass die Aufsichtsstelle vor der Bekanntmachung zu unterrichten ist. ³Sobald das Angebot bekannt gemacht ist, unterrichten die jeweiligen Leitungs- bzw. Verwaltungsorgane der Zielgesellschaft und der Bietergesellschaft ihre Arbeitnehmervertreter oder – in Ermangelung solcher Vertreter – die Arbeitnehmer selbst.

(2) ¹Die Mitgliedstaaten sorgen dafür, dass ein Bieter eine Angebotsunterlage mit den notwendigen Informationen zu erstellen und rechtzeitig bekannt zu machen hat, damit die Inhaber von Wertpapieren der Zielgesellschaft in ausreichender Kenntnis der Sachlage entscheiden können. ²Der Bieter übermittelt die Angebotsunterlage vor ihrer Bekanntmachung der Aufsichtsstelle. ³Wenn sie bekannt gemacht ist, wird sie von den jeweiligen Leitungs- oder Verwaltungsorganen der Zielgesellschaft und der Bietergesellschaft ihren Arbeitnehmervertretern oder – in Ermangelung solcher Vertreter – den Arbeitnehmern selbst übermittelt.
¹Bedarf die Angebotsunterlage gemäß Unterabsatz 1 der vorherigen Billigung durch die Aufsichtsstelle und ist diese Billigung erteilt worden, so ist die Unterlage, vorbehaltlich einer gegebenenfalls erforderlichen Übersetzung, in allen anderen Mitgliedstaaten, an deren Märkten die Wertpapiere der Zielgesellschaft zum Handel zugelassen sind, anzuerkennen, ohne dass eine Billigung durch die Aufsichtsstellen der betreffenden Mitgliedstaaten erforderlich wäre. ²Die Aufsichtsstellen können die Aufnahme zusätzlicher Angaben in die Angebotsunterlage nur verlangen, wenn diese Angaben für den Markt des Mitgliedstaats oder der Mitgliedstaaten, auf dem die Wertpapiere der Zielgesellschaft zum Handel zugelassen sind, spezifisch sind und wenn sie sich auf Förmlichkeiten beziehen, die bei der Annahme des Angebots und dem Erhalt der bei Schließung des Angebots fälligen Gegenleistung zu beachten sind, sowie auf die steuerliche Behandlung der den Wertpapierinhabern angebotenen Gegenleistung.

(3) Die Angebotsunterlage gemäß Absatz 2 muss nach diesen Vorschriften mindestens folgende Angaben enthalten:
a) die Konditionen des Angebots,
b) die Personalien des Bieters sowie, wenn es sich um eine Gesellschaft handelt, Rechtsform, Firma und Sitz der Gesellschaft,
c) die Wertpapiere oder die Gattung oder Gattungen von Wertpapieren, die Gegenstand des Angebots sind,
d) die für jedes Wertpapier oder jede Gattung von Wertpapieren angebotene Gegenleistung sowie bei obligatorischen Angeboten die zur Bestimmung der Gegenleistung angewandte Bewertungsmethode und Angaben dazu, in welcher Weise die Gegenleistung erbracht wird,
e) die Entschädigung, die geboten wird, wenn gegebenenfalls Rechte aufgrund der Durchgriffsklausel gemäß Artikel 11 Absatz 4 entzogen werden, sowie Einzelheiten über die Art, in der die Entschädigung zu zahlen ist, und die Methode, nach der sie bestimmt wird,
f) den Mindest- und Hoechstanteil oder die Mindest- und Hoechstzahl der Wertpapiere, zu deren Erwerb sich der Bieter verpflichtet,
g) Angaben zu den vom Bieter und von gemeinsam mit dem Bieter handelnden Personen gegebenenfalls bereits gehaltenen Anteilen an der Zielgesellschaft,
h) alle Bedingungen, an die das Angebot geknüpft ist,
i) die Absichten des Bieters in Bezug auf die künftige Geschäftstätigkeit der Zielgesellschaft und, soweit von dem Angebot betroffen, der Bietergesellschaft und in Bezug auf die Weiterbeschäftigung ihrer Beschäftigten und ihrer Geschäftsleitung, einschließlich etwaiger wesentlicher Änderungen der Beschäftigungsbedingungen; dies betrifft insbesondere die strategische Planung des Bieters für diese Gesellschaften und deren voraussichtliche Auswirkungen auf Arbeitsplätze und Standorte,
j) die Frist für die Annahme des Angebots,
k) für den Fall, dass die Gegenleistung Wertpapiere – welcher Art auch immer – umfasst, Angaben zu diesen Wertpapieren,
l) Angaben zur Finanzierung des Angebots,
m) die Personalien der Personen, die gemeinsam mit dem Bieter oder der Zielgesellschaft handeln; im Fall von Gesellschaften auch deren Rechtsform, Firma und Sitz sowie deren Verhältnis zu dem Bieter und, soweit möglich, zu der Zielgesellschaft,
n) Angabe des nationalen Rechts, dem die sich aus dem Angebot ergebenden Verträge zwischen dem Bieter und den Inhabern der Wertpapiere der Zielgesellschaft unterliegen, sowie des Gerichtsstands.

(4) ¹Die Kommission kann Bestimmungen zur Änderung der Liste in Absatz 3 erlassen. ²Diese Maßnahmen zur Änderung nicht wesentlicher Bestimmungen dieser Richtlinie werden nach dem in Artikel 18 Absatz 2 genannten Regelungsverfahren mit Kontrolle erlassen.

(5) Die Mitgliedstaaten stellen sicher, dass die Parteien des Angebots den Aufsichtsstellen ihres jeweiligen Mitgliedstaats auf Anfrage jederzeit alle ihnen zur Verfügung stehenden Informationen über das Angebot übermitteln, die für die Wahrnehmung der Aufgaben der Aufsichtsstelle notwendig sind.

Artikel 7 Annahmefrist

(1) ¹Die Mitgliedstaaten schreiben vor, dass die Frist für die Annahme des Angebots nicht weniger als zwei Wochen und nicht mehr als zehn Wochen ab der Bekanntmachung der Angebotsunterlage betragen darf. ²Sofern der allgemeine Grundsatz nach Artikel 3 Absatz 1 Buchstabe f) eingehalten wird, können die Mitgliedstaaten vorsehen, dass die Frist von zehn Wochen unter der Bedingung verlängert werden kann, dass der Bieter seine Absicht zur Schließung des Angebots mindestens zwei Wochen zuvor bekannt gibt.
(2) ¹Die Mitgliedstaaten können in bestimmten Fällen Vorschriften zur Änderung der in Absatz 1 genannten Frist vorsehen. ²Ein Mitgliedstaat kann eine Aufsichtsstelle ermächtigen, eine Abweichung von der in Absatz 1 genannten Frist zu gestatten, damit die Zielgesellschaft zur Prüfung des Angebots eine Hauptversammlung der Aktionäre einberufen kann.

Artikel 8 Bekanntmachung

(1) Die Mitgliedstaaten stellen sicher, dass das Angebot in der Weise bekannt gemacht wird, dass für die Wertpapiere der Zielgesellschaft, der Bietergesellschaft oder jeglicher anderen von dem Angebot betroffenen Gesellschaft die Markttransparenz und -integrität gewahrt bleibt und insbesondere die Veröffentlichung oder Verbreitung falscher oder irreführender Angaben ausgeschlossen wird.
(2) Die Mitgliedstaaten stellen sicher, dass alle erforderlichen Informationen und Unterlagen gemäß Artikel 6 in der Weise bekannt gemacht werden, dass sie den Wertpapierinhabern zumindest in den Mitgliedstaaten, in denen die Wertpapiere der Zielgesellschaft auf einem geregelten Markt zum Handel zugelassen sind, sowie den Arbeitnehmervertretern der Zielgesellschaft oder des Bieters oder – in Ermangelung solcher Vertreter – den Arbeitnehmern selbst ohne Weiteres und umgehend zur Verfügung stehen.

Artikel 9 Pflichten des Leitungs- bzw. Verwaltungsorgans der Zielgesellschaft

(1) Die Mitgliedstaaten sorgen für die Einhaltung der Bestimmungen in den Absätzen 2 bis 5.
(2) Innerhalb der in Unterabsatz 2 genannten Frist holt das Leitungs- bzw. Verwaltungsorgan der Zielgesellschaft die für diesen Zweck erteilte Ermächtigung der Hauptversammlung der Aktionäre ein, bevor es mit Ausnahme der Suche nach konkurrierenden Angeboten Maßnahmen ergreift, durch die das Angebot vereitelt werden könnte; dies gilt insbesondere für die Ausgabe von Wertpapieren, durch die der Bieter auf Dauer an der Erlangung der Kontrolle über die Zielgesellschaft gehindert werden könnte.
¹Diese Ermächtigung ist zumindest ab dem Zeitpunkt erforderlich, zu dem das Leitungs- bzw. Verwaltungsorgan der Zielgesellschaft die in Artikel 6 Absatz 1 Satz 1 genannten Informationen über das Angebot erhalten hat, und so lange, bis das Ergebnis des Angebots bekannt gemacht oder das Angebot hinfällig wird. ²Die Mitgliedstaaten können verlangen, dass diese Ermächtigung zu einem früheren Zeitpunkt erforderlich ist, beispielsweise wenn das Leitungs- bzw. Verwaltungsorgan der Zielgesellschaft feststellt, dass die Abgabe des Angebots unmittelbar bevorsteht.
(3) Vor dem in Absatz 2 Unterabsatz 2 genannten Zeitpunkt gefasste Entscheidungen, die weder teilweise noch vollständig umgesetzt worden sind, bedürfen der Zustimmung oder Bestätigung der Hauptversammlung der Aktionäre, wenn diese Entscheidungen außerhalb des normalen Geschäftsverlaufs gefasst wurden und ihre Umsetzung dazu führen könnte, dass das Angebot vereitelt wird.
(4) Damit die vorherige Ermächtigung, Zustimmung oder Bestätigung der Wertpapierinhaber im Sinne der Absätze 2 und 3 eingeholt werden kann, können die Mitgliedstaaten Vorschriften vorsehen, wonach eine Hauptversammlung der Aktionäre kurzfristig einberufen werden kann vorausgesetzt, dass sie frühestens zwei Wochen nach ihrer Einberufung abgehalten wird.
(5) ¹Das Leitungs- bzw. Verwaltungsorgan der Zielgesellschaft erstellt und veröffentlicht zu dem Angebot eine mit Gründen versehene Stellungnahme, die unter anderem auf die Auswirkungen des Angebots auf die Interessen der Gesellschaft, insbesondere der Beschäftigung, und auf die strategische Planung des Bieters für die Zielgesellschaft sowie die voraussichtlichen Auswirkungen auf Arbeitsplätze und Standorte, wie in der Angebotsunterlage nach Artikel 6 Absatz 3 Buchstabe I) dargelegt, eingeht. ²Das Leitungs- bzw. Verwaltungsorgan der Zielgesellschaft übermittelt diese Stellungnahme gleichzeitig den Arbeitnehmervertretern der Gesellschaft oder – in Ermangelung solcher Vertreter – den Arbeitnehmern selbst. ³Soweit eine eigene Stellungnahme der Arbeitnehmervertreter zu den Auswirkungen auf die Beschäftigung rechtzeitig beim Leitungs- bzw. Verwaltungsorgan der Zielgesellschaft eingeht, ist diese beizufügen.

(6) Für die Zwecke von Absatz 2 bezeichnet der Begriff Leitungs- bzw. Verwaltungsorgan sowohl den Vorstand der Gesellschaft als auch deren Aufsichtsrat, sofern die Organisation der Gesellschaft eine dualistische Leitungsstruktur aufweist.

Artikel 10 Information über die Gesellschaften im Sinne von Artikel 1 Absatz 1

(1) Die Mitgliedstaaten stellen sicher, dass die Gesellschaften im Sinne von Artikel 1 Absatz 1 im Einzelnen folgende Angaben offen legen:
a) die Zusammensetzung des Kapitals einschließlich der Wertpapiere, die nicht auf einem geregelten Markt eines Mitgliedstaats gehandelt werden, sowie gegebenenfalls Angabe der verschiedenen Aktiengattungen und zu jeder Aktiengattung Angabe der mit dieser Gattung verbundenen Rechte und Pflichten sowie Anteil dieser Gattung am Gesellschaftskapital;
b) jede Beschränkung in Bezug auf die Übertragung der Wertpapiere wie Beschränkungen des Wertpapierbesitzes oder Erfordernis einer Genehmigung der Gesellschaft oder anderer Wertpapierinhaber unbeschadet des Artikels 46 der Richtlinie 2001/34/EG;
c) bedeutende direkte oder indirekte Beteiligungen am Kapital (beispielsweise durch Pyramidenstrukturen oder wechselseitige Beteiligungen) im Sinne von Artikel 85 der Richtlinie 2001/34/EG;
d) die Inhaber von Wertpapieren mit besonderen Kontrollrechten und eine Beschreibung dieser Rechte;
e) die Art der Stimmrechtskontrolle bei einer Kapitalbeteiligung der Arbeitnehmer, wenn die Kontrollrechte von ihnen nicht unmittelbar ausgeübt werden;
f) alle Beschränkungen von Stimmrechten wie Begrenzungen der Stimmrechte auf einen bestimmten Anteil oder eine bestimmte Stimmenzahl, zeitliche Beschränkungen für die Ausübung des Stimmrechts oder Systeme, bei denen in Zusammenarbeit mit der Gesellschaft die mit den Wertpapieren verbundenen finanziellen Rechte von der Wertpapierinhaberschaft getrennt sind;
g) alle der Gesellschaft bekannten Vereinbarungen zwischen Gesellschaftern, die die Übertragung von Wertpapieren und/oder Stimmrechten im Sinne der Richtlinie 2001/34/EG einschränken können;
h) die Vorschriften über die Ernennung und Ersetzung der Mitglieder des Leitungs- bzw Verwaltungsorgans und über die Änderung der Satzung der Gesellschaft;
i) die Befugnisse der Mitglieder des Leitungs- bzw Verwaltungsorgans, insbesondere hinsichtlich der Möglichkeit, Wertpapiere auszugeben oder zurückzukaufen;
j) alle bedeutenden Vereinbarungen, an denen die Gesellschaft beteiligt ist und die bei einem Kontrollwechsel in der Gesellschaft infolge eines Übernahmeangebots wirksam werden, sich ändern oder enden, sowie die hieraus folgenden Wirkungen; ausgenommen hiervon sind Vereinbarungen, deren Bekanntmachung der Gesellschaft erheblich schaden würde; diese Ausnahme gilt nicht, wenn die Gesellschaft zur Bekanntgabe derartiger Informationen aufgrund anderer Rechtsvorschriften ausdrücklich verpflichtet ist;
k) die Vereinbarungen zwischen der Gesellschaft und den Mitgliedern des Leitungs- bzw Verwaltungsorgans oder Arbeitnehmern, die eine Entschädigung für den Fall vorsehen, dass diese wegen eines öffentlichen Übernahmeangebots kündigen oder ohne triftigen Grund entlassen werden oder ihr Arbeitsverhältnis endet.

(2) Die Angaben gemäß Absatz 1 müssen im Lagebericht der Gesellschaft im Sinne von Artikel 46 der Richtlinie 78/660/EWG[970] und Artikel 36 der Richtlinie 83/349/EWG[971] offen gelegt werden.

(3) Die Mitgliedstaaten sorgen dafür, dass in Gesellschaften, deren Wertpapiere auf einem geregelten Markt eines Mitgliedstaats zum Handel zugelassen sind, das Leitungs- bzw. Verwaltungsorgan der Jahreshauptversammlung der Aktionäre einen erläuternden Bericht zu den in Absatz 1 genannten Punkten vorlegt.

Artikel 11 Durchgriff

(1) Unbeschadet anderer gemeinschaftsrechtlicher Rechte und Pflichten für die in Artikel 1 Absatz 1 genannten Gesellschaften stellen die Mitgliedstaaten sicher, dass nach Bekanntmachung eines Angebots die Bestimmungen der Absätze 2 bis 7 beachtet werden.

(2) Beschränkungen in Bezug auf die Übertragung von Wertpapieren, die in der Satzung der Zielgesellschaft vorgesehen sind, gelten dem Bieter gegenüber während der in Artikel 7 Absatz 1 festgelegten Frist für die Annahme des Angebots nicht.

---

[970] Vierte Richtlinie 78/660/EWG des Rates vom 25. Juli 1978 über den Jahresabschluss von Gesellschaften bestimmter Rechtsformen (ABl. 1978, L 222/11). Zuletzt geändert durch die Richtlinie 2003/51/EG des Europäischen Parlaments und des Rates (ABl. 2003, L 178/16).

[971] Siebente Richtlinie 83/349/EWG des Rates vom 13. Juni 1983 über den konsolidierten Abschluss (ABl. 1983, L 193/1). Zuletzt geändert durch die Richtlinie 2003/51/EG.

Beschränkungen in Bezug auf die Übertragung von Wertpapieren, die in nach Annahme dieser Richtlinie geschlossenen vertraglichen Vereinbarungen zwischen der Zielgesellschaft und den Wertpapierinhabern dieser Gesellschaft oder in solchen vertraglichen Vereinbarungen zwischen Wertpapierinhabern der Zielgesellschaft vorgesehen sind, gelten dem Bieter gegenüber während der in Artike 7 Absatz 1 festgelegten Frist für die Annahme des Angebots nicht.

(3) Stimmrechtsbeschränkungen, die in der Satzung der Zielgesellschaft vorgesehen sind, entfalten in der Hauptversammlung der Aktionäre, die gemäß Artikel 9 über etwaige Abwehrmaßnahmen beschließt, keine Wirkung.

Stimmrechtsbeschränkungen, die in nach der Annahme dieser Richtlinie geschlossenen vertraglichen Vereinbarungen zwischen der Zielgesellschaft und den Wertpapierinhabern dieser Gesellschaft oder in solchen vertraglichen Vereinbarungen zwischen Wertpapierinhabern der Zielgesellschaft vorgesehen sind, entfalten in der Hauptversammlung der Aktionäre, die gemäß Artikel 9 über etwaige Abwehrmaßnahmen beschließt, keine Wirkung.

Wertpapiere mit Mehrfachstimmrecht berechtigen zu lediglich einer Stimme in der Hauptversammlung der Aktionäre, die gemäß Artikel 9 über etwaige Abwehrmaßnahmen beschließt.

(4) Wenn der Bieter nach einem Angebot über 75 % oder mehr des stimmberechtigten Kapitals verfügt, gelten in der ersten Hauptversammlung der Aktionäre nach Angebotsschluss, die vom Bieter einberufen wird, um die Satzung zu ändern oder Mitglieder des Leitungs- bzw. Verwaltungsorgans zu ernennen oder abzuberufen, die Beschränkungen in Bezug auf die Übertragung von Wertpapieren und die Stimmrechtsbeschränkungen gemäß den Absätzen 2 und 3 sowie die Sonderrechte der Gesellschafter zur Ernennung oder Abberufung der Mitglieder des Leitungs- bzw. Verwaltungsorgans, die in der Satzung der Zielgesellschaft vorgesehen sind, nicht, und Wertpapiere mit Mehrfachstimmrecht berechtigen zu lediglich einer Stimme. Zu diesem Zweck muss der Bieter das Recht haben, eine Hauptversammlung der Aktionäre kurzfristig einzuberufen vorausgesetzt, dass sie frühestens zwei Wochen nach ihrer Einberufung abgehalten wird.

(5) [1]Werden Rechte auf der Grundlage der Absätze 2, 3 oder 4 und/oder des Artikels 12 entzogen, so werden die Inhaber dieser Rechte, denen ein Verlust entsteht, hierfür angemessen entschädigt. [2]Die Mitgliedstaaten legen fest, nach welchen Kriterien die Entschädigung bestimmt wird und in welcher Form sie zu zahlen ist.

(6) Die Absätze 3 und 4 gelten nicht für Wertpapiere, bei denen die Stimmrechtsbeschränkungen durch besondere finanzielle Vorteile ausgeglichen werden.

(7) Dieser Artikel gilt nicht für den Fall, dass ein Mitgliedstaat Wertpapiere der Zielgesellschaft hält, die ihm mit dem Vertrag zu vereinbarende Sonderrechte einräumen; er gilt außerdem nicht für mit dem Vertrag zu vereinbarende Sonderrechte, die nach nationalem Recht gewährt werden, und nicht für Genossenschaften.

Artikel 12 Freiwillige Regelungen

(1) Die Mitgliedstaaten können sich das Recht vorbehalten, Gesellschaften im Sinne von Artikel 1 Absatz 1, die ihren Sitz in ihrem Staatsgebiet haben, nicht vorzuschreiben, Artikel 9 Absätze 2 und 3 und/oder Artikel 11 anzuwenden.

(2) Machen die Mitgliedstaaten von der in Absatz 1 genannten Möglichkeit Gebrauch, so räumen sie jedoch Gesellschaften mit Sitz in ihrem Staatsgebiet die widerrufliche Wahlmöglichkeit ein, Artikel 9 Absätze 2 und 3 und/oder Artikel 11 unbeschadet von Artikel 11 Absatz 7 anzuwenden.

[1]Die Entscheidung der Gesellschaft wird von der Hauptversammlung der Aktionäre nach Maßgabe des Rechts des Mitgliedstaats, in dem die Gesellschaft ihren Sitz hat, und im Einklang mit den Vorschriften über die Änderung der Satzung getroffen. [2]Die Entscheidung wird der Aufsichtsstelle des Mitgliedstaats, in dem die Gesellschaft ihren Sitz hat, sowie den Aufsichtsstellen derjenigen Mitgliedstaaten, in denen ihre Wertpapiere zum Handel auf einem geregelten Markt zugelassen sind, oder in denen eine solche Zulassung beantragt wurde, mitgeteilt.

(3) Die Mitgliedstaaten können unter den nach nationalem Recht festgelegten Bedingungen Gesellschaften, die Artikel 9 Absätze 2 und 3 und/oder Artikel 11 anwenden, von der Anwendung dieser Artikel befreien, wenn die betreffende Gesellschaft Ziel eines Übernahmeangebots seitens einer Gesellschaft wird, die ihrerseits dieselben Artikel nicht anwendet, oder einer Gesellschaft, die direkt oder indirekt von letzterer im Sinne des Artikels 1 der Richtlinie 83/349/EWG kontrolliert wird.

(4) Die Mitgliedstaaten stellen sicher, dass die Bestimmungen, die auf die verschiedenen Gesellschaften Anwendung finden, unverzüglich bekannt gemacht werden.

(5) Maßnahmen, die in Anwendung des Absatzes 3 durchgeführt werden sollen, bedürfen der Ermächtigung durch die Hauptversammlung der Aktionäre der Zielgesellschaft, die frühestens 18 Monate vor der Bekanntmachung des Angebots gemäß Artikel 6 Absatz 1 ergehen darf.

Artikel 13 Weitere Verfahrensregeln für die Angebote

Die Mitgliedstaaten sehen außerdem Vorschriften vor, die zumindest folgende Fragen regeln:
a) Hinfälligkeit der Angebote,
b) Änderung der Angebote,
c) konkurrierende Angebote,
d) Bekanntmachung der Ergebnisse der Angebote,
e) Unwiderruflichkeit der Angebote und zulässige Bedingungen.

Artikel 14 Unterrichtung und Anhörung der Arbeitnehmervertreter

Diese Richtlinie berührt nicht die Vorschriften über die Unterrichtung und Anhörung der Arbeitnehmervertreter und, falls von den Mitgliedstaaten vorgesehen, die Mitbestimmung der Arbeitnehmer der Bieter – sowie der Zielgesellschaft nach den einschlägigen nationalen Bestimmungen, insbesondere den Vorschriften zur Umsetzung der Richtlinien 94/45/EG, 98/59/EG, 2001/86/EG und 2002/14/EG.

Artikel 15 Ausschluss von Minderheitsaktionären

(1) Die Mitgliedstaaten stellen sicher, dass im Anschluss an ein an alle Wertpapierinhaber der Zielgesellschaft gerichtetes Angebot für sämtliche Wertpapiere die Absätze 2 bis 5 gelten.
(2) [1]Die Mitgliedstaaten stellen sicher, dass ein Bieter von allen verbleibenden Wertpapierinhabern verlangen kann, dass sie ihm ihre Wertpapiere zu einem angemessenen Preis verkaufen. [2]Die Mitgliedstaaten führen dieses Recht ein, wenn einer der folgenden Fälle vorliegt:
a) Der Bieter hält entweder Wertpapiere, die mindestens 90 % des stimmberechtigten Kapitals der Zielgesellschaft und 90 % der Stimmrechte der Zielgesellschaft entsprechen,
   oder
b) er hat durch Annahme des Angebots Wertpapiere erworben oder sich fest vertraglich verpflichtet, solche Wertpapiere zu erwerben, die mindestens 90 % des stimmberechtigten Kapitals der Zielgesellschaft und 90 % der vom Angebot betroffenen Stimmrechte entsprechen.
[3]Die Mitgliedstaaten können im Fall des Buchstabens a) einen höheren Schwellenwert festlegen, der jedoch 95 % des stimmberechtigten Kapitals und 95 % der Stimmrechte nicht überschreiten darf.
(3) Die Mitgliedstaaten stellen sicher, dass Vorschriften in Kraft sind, nach denen sich berechnen lässt, wann der Schwellenwert erreicht ist.
Hat die Zielgesellschaft mehrere Wertpapiergattungen begeben, können die Mitgliedstaaten vorsehen, dass das Ausschlussrecht nur in der Gattung ausgeübt werden kann, in der der in Absatz 2 festgelegte Schwellenwert erreicht ist.
(4) Beabsichtigt der Bieter das Ausschlussrecht auszuüben, so hat er dies innerhalb von drei Monaten nach Ablauf der in Artikel 7 genannten Frist für die Annahme des Angebots zu tun.
(5) [1]Die Mitgliedstaaten stellen sicher, dass eine angemessene Abfindung garantiert wird. [2]Diese Abfindung muss dieselbe Form aufweisen wie die Gegenleistung des Angebots oder in Form einer Geldleistung erfolgen. [3]Die Mitgliedstaaten können vorsehen, dass zumindest wahlweise eine Geldleistung angeboten werden muss.
Bei einem freiwilligen Angebot in den in Absatz 2 Buchstaben a) und b) vorgesehenen Fällen gilt die im Angebot angebotene Abfindung dann als angemessen, wenn der Bieter durch die Annahme des Angebots Wertpapiere erworben hat, die mindestens 90 % des vom Angebot betroffenen stimmberechtigten Kapitals entsprechen.
Bei einem Pflichtangebot gilt die Gegenleistung des Angebots als angemessen.

Artikel 16 Andienungsrecht

(1) Die Mitgliedstaaten stellen sicher, dass im Anschluss an ein an alle Wertpapierinhaber der Zielgesellschaft gerichtetes Angebot für sämtliche Wertpapiere die Absätze 2 und 3 Anwendung finden.
(2) Die Mitgliedstaaten stellen sicher, dass ein Inhaber verbleibender Wertpapiere von dem Bieter verlangen kann, dass er seine Wertpapiere gemäß den Bedingungen des Artikels 15 Absatz 2 zu einem angemessenen Preis erwirbt.
(3) Die Bestimmungen des Artikels 15 Absätze 3 bis 5 gelten entsprechend.

Artikel 17 Sanktionen

[1]Die Mitgliedstaaten legen die Sanktionen fest, die bei einem Verstoß gegen die einzelstaatlichen Vorschriften zur Umsetzung dieser Richtlinie zu verhängen sind, und treffen alle geeigneten Maßnahmen, um deren Durchsetzung zu gewährleisten. [2]Die Sanktionen müssen wirksam, verhältnismäßig und abschreckend sein.

³Die Mitgliedstaaten teilen der Kommission diese Vorschriften spätestens zu dem in Artikel 21 Absatz 1 vorgesehenen Zeitpunkt und eventuelle spätere Änderungen so schnell wie möglich mit.

Artikel 18 Ausschussverfahren

(1) Die Kommission wird von dem mit dem Beschluss 2001/528/EG eingesetzten Europäischen Wertpapierausschuss (nachstehend „Ausschuss" genannt) unterstützt.
(2) Wird auf diesen Absatz Bezug genommen, so gelten Artikel 5 a Absätze 1 bis 4 und Artikel 7 des Beschlusses 1999/468/EG unter Beachtung von dessen Artikel 8.
Der in Artikel 5 Absatz 6 des Beschlusses 1999/468/EG vorgesehene Zeitraum wird auf drei Monate festgesetzt.

Artikel 19 Kontaktausschuss

(1) Es wird ein Kontaktausschuss eingesetzt, der folgende Aufgaben hat:
a) Erleichterung einer einheitlichen Anwendung dieser Richtlinie durch regelmäßige Sitzungen, in denen insbesondere auf praktische Probleme eingegangen wird, die sich im Zusammenhang mit der Anwendung dieser Richtlinie ergeben; die Artikel 226 und 227 des Vertrags bleiben unberührt;
b) Beratung der Kommission, falls erforderlich, im Hinblick auf Ergänzungen oder Änderungen dieser Richtlinie.
(2) Die Beurteilung der von den Aufsichtsstellen in Einzelfällen getroffenen Entscheidungen gehört nicht zu den Aufgaben des Kontaktausschusses.

Artikel 20 Revision

¹Fünf Jahre nach dem in Artikel 21 Absatz 1 genannten Zeitpunkt überprüft die Kommission diese Richtlinie auf der Grundlage der bei ihrer Anwendung gewonnenen Erfahrung und schlägt erforderlichenfalls eine Änderung derselben vor. ²Diese Überprüfung schließt eine Untersuchung der Kontrollstrukturen und Übernahmehindernisse für Übernahmeangebote ein, die nicht in den Anwendungsbereich dieser Richtlinie fallen.
¹Zu diesem Zweck übermitteln die Mitgliedstaaten der Kommission jährlich Angaben über Übernahmeangebote, die für Gesellschaften abgegeben wurden, deren Wertpapiere zum Handel an ihren geregelten Märkten zugelassen sind. ²Diese Angaben umfassen die Nationalität der beteiligten Gesellschaften, den Ausgang des Angebots und alle sonstigen Informationen, die für das Verständnis des Funktionierens von Übernahmeangeboten in der Praxis sachdienlich sind.

Artikel 21 Umsetzung

(1) ¹Die Mitgliedstaaten erlassen die erforderlichen Rechts- und Verwaltungsvorschriften, um dieser Richtlinie spätestens am 20. Mai 2006 nachzukommen. ²Sie setzen die Kommission unverzüglich davon in Kenntnis. ³Wenn die Mitgliedstaaten diese Vorschriften erlassen, nehmen sie in den Vorschriften selbst oder durch einen Hinweis bei der amtlichen Veröffentlichung auf diese Richtlinie Bezug. ⁴Die Mitgliedstaaten regeln die Einzelheiten der Bezugnahme.
(2) Die Mitgliedstaaten teilen der Kommission den Wortlaut der wichtigsten innerstaatlichen Rechtsvorschriften mit, die sie auf dem unter diese Richtlinien fallenden Gebiet erlassen.

Artikel 22 Inkrafttreten

Diese Richtlinie tritt am zwanzigsten Tag nach ihrer Veröffentlichung im Amtsblatt der Europäischen Union in Kraft.

Artikel 23 Adressaten

Diese Richtlinie ist an die Mitgliedstaaten gerichtet.

392 **2. Entstehungsgeschichte, Struktur, Ziel und Zweck.** Noch vor der Fusion steht die Übernahme im Zentrum der Diskussion zur Umstrukturierung von Gesellschaften. Zwar ist sie in allen Mitgliedstaaten grenzüberschreitend möglich. Aber die Rechte der einzelnen Mitgliedstaaten sind nicht frei von Hindernissen. Diese auszuräumen ist Aufgabe der Richtlinie 2004/25.[972] Die Richtlinie zu erlassen, hat den Unionsgesetzgeber 14 Jahre gekostet. Nachdem ihre Annahme am 4.7.2001 spektakulär im EP scheiterte,[973] bedurfte es

---

[972] Einzelheiten bei *Grundmann*, GesR, § 27 Rn 925; Langenbucher/*Engert*, § 5, GesR, Rn 108.

[973] M. *Habersack/D. Verse*, GesR, § 11 Rn 1–3; zur Entwicklung davor V. *Edwards*, EC Company Law, 393 ff.

selbst bei dem letzten Vorschlag der Kommission vom 2.10.2002 noch in der letzten Phase eines portugiesischen Kompromissvorschlages.[974] Diskutiert wird gegenwärtig ihre Reform.[975]

Regelungszweck der Richtlinie ist zum einen die ordnungsgemässe Durchführung von (jeglicher Art von) **393** Übernahmeangeboten; insoweit enthält sie (Verfahrens-)Vorschriften zur Durchführung eines öffentlichen Übernahmeangebots;[976] Diese sollen ausweislich des 3. Erwägungsgrundes bei der Übernahmeregelung für Transparenz und Klarheit sorgen. Zum anderen will die Richtlinie einen **Mindestschutz für Minderheitsaktionäre** börsennotierter Gesellschaften bieten[977] Und letztlich soll die Richtlinie Hindernisse für grenzüberschreitende Übernahmen beseitigen oder zumindest reduzieren.[978]

Die Richtlinie regelt **vier Phasen der Übernahme**: Art. 10 betrifft (mit der Pflicht zu bestimmten Angaben **394** über die Zielgesellschaft) die Vorangebotsphase, Artt. 3, 5–8 und 13 die (Verfahrens-)Vorschriften zur Durchführung das Angebot, Artt. 9, 11 und 12 die Verteidigung der Zielgesellschaft und Artt. 15, 16 die Konsolidierung mit den Regelungen für die Minderheitsaktionäre. Was ihre **Struktur** angeht, so ist Ausgangspunkt der Richtlinienregelung[979] über Übernahmeangebote der Besitz oder Erwerb von Wertpapieren der Zielgesellschaft in Höhe zweier unterschiedlicher Schwellenwerte, nämlich zum einen in der Höhe, die dem Inhaber bzw Erwerber einen bestimmten, die Kontrolle begründenden Anteil an den Stimmrechten dieser Gesellschaft (30% nach deutschem Recht) verschafft,[980] zum anderen der Besitz oder Erwerb von Wertpapieren der Zielgesellschaft in Höhe von mindestens 90 % des stimmberechtigten Kapitals der Zielgesellschaft und 90 % der Stimmrechte der Zielgesellschaft (95 % nach deutschem Recht).[981] Erworben werden die für eine **Kontrolle** notwendigen Papiere (in Höhe von 30% nach deutschem Recht) entweder mithilfe eines freiwilligen, an alle Wertpapierinhaber gerichteten Übernahmeangebots seitens des Bieters (Art. 5 Abs. 2) oder aber durch Käufe auf dem Mark (Börse). Im letzten Fall ist der Erwerber nach Erwerb der Kontrollmehrheit zur Abgabe eines Pflichtangebots an die Minderheitsaktionäre verpflichtet (Art. 5 Abs. 1). Hält der Bieter Wertpapiere der Zielgesellschaft von mindestens 90 % des stimmberechtigten Kapitals der Zielgesellschaft und 90 % der Stimmrechte der Zielgesellschaft oder erwirbt er durch ein (freiwilliges oder Pflicht-)Angebot (nach Art. 5) Wertpapiere in dieser Höhe, dann kann er Minderheitsaktionäre ausschliessen (Squeeze-out), diese können ihrerseits Ankauf ihrer Anteile (sold-out) verlangen. Die für die Zielgesellschaft zulässigen Abwehrmaßnahmen gegenüber Übernahmeangeboten (Neutralitätspflicht des Vorstands, Durchbrechungsregel) sind in den Artt. 9 bis 12 geregelt.

3. Umsetzung. Die Richtlinie ist ins deutsche Recht durch das Übernahmerichtlinien-Umsetzungsgesetz **395** übernommen worden.[982] Dieses hat das Wertpapiererwerbs- und Übernahmegesetz vom 20.12. 2001 und die WpÜG-Angebotsverordnung (WpÜGAV) vom 27.12.2001[983] an die Richtlinie angepasst.[984]

4. Sachlicher und räumlicher Anwendungsbereich.[985] Die **Artt. 1, 2 und 4** der Richtlinie 2004/25 bestim- **396** men ihren Anwendungsbereich, auch wenn dem Wortlaut nach dies nur Aufgabe des Art. 1 ist. Indes wird der sachliche Anwendungsbereich auch durch die entprechend englischer Gesetzgebungssitten in Art. 2 („Begriffsbestimmungen") definierten wichtigsten Begriffe umrissen. Art. 4 Abs. 2 regelt, welcher Mitgliedstaat und welche mitgliedstaatliche Aufsichtsstelle für ein bestimmtes Übernahmeverfahren zuständig ist und damit das auf das jeweilige Übernahmeangebot anwendbare Recht (räumlicher Anwendugsbereich). Art. 3 schreibt die allgemeinen Grundsätze fest, denen das Übernahmeverfahren unterliegt.[986]

Betroffen ist nach Art. 1 nur eine dem Recht eines Mitgliedstaats unterliegende Gesellschaft, deren Wertpa- **397** piere insgesamt oder teilweise zum Handel auf einem geregelten Markt im Sinne der Richtlinie 93/22/EWG[987] in einem oder mehreren Mitgliedstaaten zugelassen sind. Diese Bezugnahme ist jetzt gem. Art. 69 der (Finanzmarkt-)Richtlinie 2004/39[988] als eine auf die Finanzmarktrichtlinie und ihre Begriffsbestimmun-

---

[974] Einzelheiten zur Gesetzgebungsgeschichte bei *Grundmann*, GesR, § 27 Rn 926–928; *Seibt/Heiser*, ZGR 2005, 200, 201; Langenbucher/*Engert*, § 5, GesR, Rn 107; *M. Habersack/ D. Verse*, GesR, § 11 Rn 4; MüKo-AktG/*Schlitt/Ries*, Bd. 6, § 33 WpÜG, Rn 12 ff.

[975] *Seibt*, ZIP 2012, 1, *Wymeersch*, Fs Hommelhoff, 2012, 1375

[976] *M. Habersack/D. Verse*, GesR, § 11 Rn 7, 11 bis 16; Langenbucher/*Engert*, § 5, GesR, Rn 108.

[977] Zu den Zielen *M. Habersack/D. Verse*, GesR, § 11 Rn 6, 7.

[978] Langenbucher/*Engert*, § 5, GesR, Rn 108.

[979] Artt. 1 bis 4 der Richtlinie 2004/25 enthalten Allgemeines.

[980] Dazu unten Rn 409.

[981] Dazu unten Rn 442.

[982] Gesetz zur Umsetzung der Richtlinie 2004/25/EG des Europäischen Parlaments und des Rates vom 21. April 2004 betreffen Übernahmeangebote, BGBl. I 2006, 1426; dazu *Diekmann*, NJW 2007, 17; *Harbarth*, ZGR 2007, 37; *Merkt/Binder*, BB 2006, 1285; *Schüppen*, BB 2006, 165; *Wooldridge*, EBLR 2008, 811.

[983] „Verordnung über den Inhalt der Angebotsunterlage, die Gegenleistung bei Übernahmeangeboten und Pflichtangeboten und die Befreiung von der Verpflichtung zur Veröffentlichung und zur Abgabe eines Angebots (WpÜG-Angebotsverordnung)", BGBl. I 2001, 4263.

[984] *M. Habersack/D. Verse*, GesR, § 11 Rn 10; zum Anpassungsbedarf *H. Krause*, BB 2004, 113 ff.

[985] *M. Habersack/D. Verse*, GesR, § 11 Rn 9.

[986] *M. Habersack/D. Verse*, GesR, § 11 Rn 11, 12.

[987] Richtlinie 93/22/EWG des Rates vom 10. Mai 1993 über Wertpapierdienstleistungen (ABl. 1993, L 141/27).

[988] ABl. 2004, L 145/1, kons. Fassung v. 4.1.2011.

gen zu verstehen. Den geregelten Markt definiert Art. 4 Abs. 1 Nr. 14 der Finanzmarktrichtlinie.[989] Der Anwendungsbereich der Richtlinie wird mithin unabhängig von der Form der Gesellschaft bestimmt[990] und richtet sich ausschliesslich nach der Zulassung von Wertpapieren zum geregelten Markt, soweit sie solche iSv Art. 2 Abs. 1 lit. e) sind. Damit erübrigt sich die Auflistung der jeweiligen nationalen Gesellschaftsrechtsformen, wie sie für die meisten Gesellschaftsrechtrichtlinien charakteristisch ist.

398 Entsprechend den in **Art. 2 der Richtlinie** enthaltenen Definitionen wird **Übernahmeangebot** bzw **Angebot** ausweislich von Art. 2 Abs. 1 lit. a) verstanden als „öffentliches Pflicht- oder freiwilliges Angebot zum Erwerb eines Teils oder aller dieser Wertpapiere[einer Gesellschaft], das sich an den Erwerb der Kontrolle der Zielgesellschaft im Sinne des einzelstaatlichen Rechts anschließt oder diesen Erwerb zum Ziel hat". Das deutsche Recht unterscheidet in § 2 Abs. 1 WpÜG zwischen dem freiwilligen und dem Pflichtangebot, wobei das freiwillige Angebot nicht auf den Erwerb der Kontrolle über die Zielgesellschaft abzielt, und dem **Übernahmeangebot** (§ 29 Abs. 1, § 35 Abs. 3 AktG) zum Zwecke der Kontrolle der Zielgesellschaft[991] sowie dem **Pflichtangebot** gem. § 35 Abs. 2 nach dem Erwerb der Kontrolle.[992] Im Ergebnis unterscheidet die Richtlinie nicht zwischen dem freiwilligen Angebot iSv § 2 Abs. 1 WpÜG, das nicht auf einen Kontrollerwerb zielt, und dem (freiwilligen) Übernahmeangebot. **Bieter** ist nach Art. 2 Abs. 1 lit. c) jede **natürliche** oder **juristische Person** des öffentlichen Rechts oder des Privatrechts, die ein Angebot abgibt. Die Richtlinie gilt somit für Unternehmen, die die Kontrolle über ein anderes anstreben, wie für Einzelpersonen mit gleicher Zielsetzung. Übernahmen durch letztere gestalten sich indes einfacher. Art. 2 Abs. 1 lit. d) iVm Art. 2 Abs. 2 definiert das „**acting in concert**".[993] Die letztgenannte Vorschrift verlangt die Zusammenrechnung der Anteile von Mutter-, Tochter- und Schwestergesellschaft, soweit es sich bei letzteren um kontrollierte Unternehmen iSv Art. 87 der (Börsenzulassungs-)Richtlinie 2001/34 handelt. Nach Art. 2 Abs. 1 lit. f) stehen sich im Kern als **Parteien des Angebots** der Bieter (bzw bei einer Gesellschaft als Bieter deren Mitglieder des Leitungsbzw des Verwaltungsorgans) und die Zielgesellschaft, dh die Inhaber von Wertpapieren dieser Gesellschaft gegenüber. Wertpapiere sind gem. Art. 2 Abs. 1 lit. e) nur **übertragbare Wertpapiere**, die Stimmrechte verleihen.

399 Das in **Art. 4 Abs. 2** geregelte **Kollisionsrecht** ist komplex.[994] Im Kern unterliegen Bietergesellschaft wie Zielgesellschaft ihrem jeweiligen Gesellschaftsstatut.[995] Dies gilt trotz Art. 4 Abs. 2 vor allem für die Bietergesellschaft,[996] betrifft die Kollisionsregel des Art. 4 Abs. 2 doch nur die Zielgesellschaft. Für diese kommt neben ihrem Gesellschaftsstatut noch das jeweilige Kapitalmarktstatut, also das Recht des Mitgliedstaates, in dem ihre Wertpapiere auf einem geregelten Markt gehandelt werden, zur Anwendung.

400 Nach Art. 4 Abs. 2 lit. a) gilt das Gesellschaftsstatut, wenn die Wertpapiere im geregelten Markt des Sitzlandes eingeführt sind. Unerheblich ist dabei der Umstand, dass die Papiere noch in dem geregelten Markt eines anderen Mitgliedstaates gehandelt werden: der Markt bedarf einfacher Kollisionsnormen, ein einheitliches Statut (in Form des Gesellschaftsstatuts) ist einem gespaltenen vorzuziehen. Die Regelungen in Art. 4 Abs. 2 Buchst. b) Unterabs. 2 sowie in Art. 4 Abs. 2 Buchst. c) gelten damit nur, wenn die Wertpapiere nicht im geregelten Markt des Sitzlandes gehandelt werden.

401 Die Richtlinie selbst schweigt zu der Frage, welcher Sitz maßgibt.[997] Knüpft man die Frage autonom an, dann bestimmt das internationale Gesellschaftsrecht des jeweiligen Mitgliedstaats über den maßgeblichen Sitz und anhand dieses über das jeweilige Gesellschaftsstatut. Nach der Rechtsprechung des EuGH muss zwar das Gesellschaftsstatut grundfreiheitskonform sein. Im Grundsatz, unter Ausserachtlassung der Ausgestaltung im einzelnen, erfüllt aber sowohl die Anknüpfung an den Satzungs- bzw Registersitz (Gründungsstatut) als auch an den Verwaltungssitz (Sitztheorie) diese Anforderung. Da allerdings die Anknüpfung an den Satzungssitz den Gesellschaften im Binnenmarkt grössere Mobilität gewährt, dürfte es insge-

---

[989] Als „ein von einem Marktbetreiber betriebenes und/ oder verwaltetes multilaterales System, das die Interessen einer Vielzahl Dritter am Kauf und Verkauf von Finanzinstrumenten innerhalb des Systems und nach seinen nichtdiskretionären Regeln in einer Weise zusammenführt oder das Zusammenführen fördert, die zu einem Vertrag in Bezug auf Finanzinstrumente führt, die gemäß den Regeln und/oder den Systemen des Marktes zum Handel zugelassen wurden, sowie eine Zulassung erhalten hat und ordnungsgemäß und gemäß den Bestimmungen des Titels III funktioniert."
[990] M. Habersack/D. Verse, GesR, § 11 Rn 9.
[991] Sohbi, § 2 WpÜG Rn 8 (unten Kapitel 14).
[992] Vgl zur unterschiedlichen Begrifflichkeit § 29 Abs. 1 WpÜG, dazu Sohbi, § 29 WpÜG, Rn 1 (unten Kapitel 14); Seibt/Heiser, ZGR 2005, 202; zum Pflichtangebot insgesamt M. Habersack/D. Verse, GesR, § 11 Rn 17 ff.
[993] Einzelheiten unten Rn 413.
[994] Vgl Seibt/Heiser, ZGR 2005, 200, 204; Einzelheiten bei M. Lutter/W. Bayer/J. Schmidt, § 30 Rn 23 ff.
[995] Grundmann, GesR, § 22 Rn 787, 788.
[996] Der Schutz der Aktionäre der Bietergesellschaft ist nicht Ziel der RL, vgl dazu Grundmann, GesR, § 27 Rn 955.
[997] Seibt/Heiser, ZGR 2005, 205 ff; insgesamt von Hein, Zur Kodifikation des deutschen Übernahmekollisionsrechts, ZGR 2005, 528; M. Habersack/D. Verse, GesR, § 11 Rn 16; M. Lutter/W. Bayer/J. Schmidt, § 30 Rn 24 bei Fn 98.

samt in Zukunft auf den Satzungssitz hinauslaufen.[998] Kommt es zu einem gespaltenen Statut, regelt Art. 4 Abs. Buchst. e), welche Sachregelungen unter welches Statut fallen.[999]

5. Verfahren und allgemeine Grundsätze nach Art. 3. Die Regulierung des Übernahmeverfahrens mit dem Ziel eines fairen und transparenten Verfahrens (als erstem Zweck der Richtlinie) unterliegt auch im Falle des freiwilligen Übernahmeangebots den **allgemeinen Grundsätzen des Art. 3 Abs. 1.**[1000] Herausragen das Gleichbehandlungsgebot (Art. 3 Abs. 1 lit. a), das Informationsgebot (Art. 3 Abs. 1 lit. b) und das Gebot der Interessenwahrung (Art. 3 Abs. 1 lit. c).

Das **Gleichbehandlungsgebot** des Art. 3 Abs. 1 lit. a) verlangt, daß die Inhaber der gleichen Gattung von Aktien der Zielgesellschaft das gleiche Angebot erhalten. Inhaber anderer Aktienarten dürfen mithin anders behandelt werden. Auch schliesst das Gleichbehandlungsgebot des Art. 3 Abs. 1 lit. a) nicht aus, daß sich das Übernahmeangebot nur auf einen Teil der Aktien der Zielgesellschaft bezieht. Hat § 3 Abs. 1 WpüG das Gleichbehandlungsgebot generell umgesetzt, so schliesst indes § 32 WpÜG im deutschen Recht ein derartiges (nach Richtlinienrecht zulässiges) Teilangebot aus.

Normadressat des Art. 3 Abs. 1 lit. a) ist unstreitig der Bieter. Dies gilt mE auch für Vorstand und Aufsichtsrat der Zielgesellschaft, wenn diese (im Rahmen des Erwerbs eigener Aktien) als Bieter auftritt. Auch die jeweilige Aufsichtsstelle ist insoweit an das Gleichbehandlungsgebot gebunden, als sie darüber zu wachen hat, daß dieses Gebot repektiert wird. Hingegen hat die Rspr ein allgemeines Gleichbehandlungsgebot von Aktionären über den Rahmen des Sekundärrechts hinaus, abgelehnt.[1001]

Im Anschluss an die Umsetzung des Gleichbehandlungsgebots des Art. 3 Abs. 1 lit. a) ins deutsche Recht durch § 3 Abs. 1 WpÜG diskutiert das Schrifttum, ob und inwieweit auch Vorstand und Aufsichtsrat der Zielgesellschaft an das Gleichheitbehandlungsgebot des § 3 Abs. 1 WpÜG gebunden sind, wenn diese (im Rahmen des Erwerbs eigener Aktien) als Bieter auftritt.[1002] Dann kann sich die Frage des Verhältnisses des aktienrechtlichen Gleichbehandlungsgrundsatzes des § 53 a AktG und des übernahmerechtlichen Gleichbehandlungsgebotes des § 3 Abs. 1 WpÜG stellen, etwa bei der Ungleichbehandlung unterschiedlicher Arten von Aktien.[1003]

Art. 3 Abs. 1 lit. b) enthält das Gebot, den Aktionären der Zielgesellschaft genügend Zeit zu gewähren und ausreichende Informationen zur Verfügung zu stellen. Konkretisiert wird das Gebot in den Artt. 6 bis 8. Art. 13 verlangt zusätzliche Informationen im wesentlichen zur Eigenschaft des Übernahmeangebots wie seine Hinfälligkeit, Änderungen, konkurrierende Angebote, Bekanntmachung der Ergebnisse, Unwiderruflichkeit und Bedingungen.[1004]

Art. 3 Abs. 1 lit. c) schreibt vor, dass „das Leitungs- bzw Verwaltungsorgan einer Zielgesellschaft im Interesse der gesamten Gesellschaft handeln muss und den Inhabern von Wertpapieren nicht die Möglichkeit vorenthalten darf, das Angebot selbst zu beurteilen". Konkretisiert wird das letztgenannte Prinzip des „Gesellschaftsinteresse der Zielgesellschaft als Handlungsmaxime"[1005] durch das Verhinderungsverbot des Art. 9. Allerdings können die Mitgliedstaaten gem. Art. 12 von der Anwendung dieses Verbots absehen.

Aus **Art. 3 Abs. 2 lit. b)** folgt, dass die Richtlinieregelung für Angebote nur Mindeststandards festlegt. Die Mitgliedstaaten können daher zusätzliche Bedingungen aufstellen und strengere Regeln erlassen.[1006]

6. Pflichtangebot zum Schutz der Minderheitsaktionäre. Art. 5, dessen rechtspolitische und rechtsökonomische Sinnhaftigkeit umstritten ist,[1007] ist Schutzinstrument zugunsten der Minderheitsaktionäre.[1008] Art. 5 Abs. 1 nennt die Tatbestandselemente, bei deren Vorliegen ein Aktionär (eine natürliche oder juristische Person) bzw gemeinsam handelnde Aktionäre (*acting in concert*)[1009] im Falle des **vorherigen Erwerbs** von Wertpapieren, der dem Erwerber (bzw den mit ihm handelnden Erwerbern) einen die Kontrolle begründenden Anteil an den Stimmrechten dieser Gesellschaft verschafft, ein **Plichtangebot** an die Minderheitsaktionäre abzugeben hat bzw haben. Auf die Art des Erwerbs kommt es dabei nicht an.[1010] Entscheidend ist allein, daß ein Erwerbstatbestand vorliegt, durch den die Kontrollschwelle überschritten wird.

---

998 *Seibt/Heiser*, ZGR 2005, 209, 210, *von Hein*, ZGR 2005, 528, 553, allerdings noch vor dem Hintergrund lediglich der Entscheidungen Daily Mail, Centros, Überseering und Inspire Art.

999 *Grundmann*, GesR, § 22 Rn 788; ausf. M. *Lutter/W. Bayer/ J. Schmidt*, § 30 Rn 25.

1000 M. *Habersack/D. Verse*, GesR, § 11 Rn 12; Liste der Grundsätze bei M. *Lutter/W. Bayer/J. Schmidt*, § 30 Rn 16.

1001 C-101/08, *Audiolux*, Slg 2009, I-9823.

1002 Bejahend MüKo-AktG/*Wackerbarth*, Bd. 6, § 3 WpÜG, Rn 5; dagegen die überwiegende Meinung, vgl nur Glade, § 3 WpÜG, Rn 3 (unten Kapitel 14).

1003 Einzelheiten bei MüKo-AktG/*Wackerbarth*, Bd. 6, § 3 WpÜG, Rn 6, 7.

1004 M. *Habersack/D. Verse*, GesR, § 11 Rn 13.

1005 M. *Lutter/W. Bayer/J. Schmidt*, § 30 Rn 16.

1006 M. *Lutter/W. Bayer/J. Schmidt*, § 30 Rn 17.

1007 So M. *Lutter/W. Bayer/J. Schmidt*, § 30 Rn 28 (mit ausf. Diskussion u. zahlr. Nachw.).

1008 So M. *Lutter/W. Bayer/J. Schmidt*, § 30 Rn 29.

1009 *Lutter/W. Bayer/J. Schmidt*, § 30 Rn 34; Psaroudakis, Acting in concert in börsennotierten Gesellschaften, 2009; Rn 412.

1010 M. *Habersack/D. Verse*, GesR, § 11 Rn 17.

Nicht dem vorherigen Aktienerwerb gleichgestellt ist mithin der Kontrollerwerb, wenn Aktionäre bei der Ausübung des Stimmrechts ihre Anteile bündeln.

410 Hingegen hat das **freiwillige Angebot** iSd Art. 5 Abs. 2 erst den Erwerb der Kontrolle zum Ziel.[1011] Nach Art. 5 Abs. 2[1012] entfällt ein Pflichtangebot, wenn die Kontrolle aufgrund eines freiwilligen Angebots erlangt worden ist. Allerdings muss das freiwillige Angebot, wenn es von einem Pflichtangebot befreien soll, im Einklang mit dieser Richtlinie allen Wertpapierinhabern für alle ihre Wertpapiere unterbreitet worden sein. Diese Passage verweist pauschal auf die Mindestvoraussetzungen für ein Angebot iSd Richtlinien, geht aber zumindest insoweit über den Gleichbehandlungsgrundsatz des Art. 3 Abs. 1 lit. a) hinaus, als es ein Vollangebot (alle Wertpapierinhaber für alle Wertpapiere) sein muss, soll es von einem Pflichtangebot befreien.[1013] Auch wenn der Verweis auf den Passus „im Einklang mit dieser Richtlinie" ansonsten unklar ist, so umfasst er m. E. die Ermächtigung der Mitgliedstaaten nach Art. 3 Abs. 2 lit. b) zur Ergreifung zusätzliche Bedingungen und strengere Bestimmungen. Das deutsche Recht hat daher richtlinienkonform, dh im Einklang mit Art. 5 Abs. 4 Unterabs. 1,[1014] das Erfordernis des angemessenen Preises und seine Berechnungsmethoden gem. § 31 Abs. 1 S. 1 WpÜG[1015] auch auf freiwillige Angebote (in der Terminologie der Richtlinie) bzw Übernahmeangebote (in der Terminologie des deutschen Rechts) ausgedehnt.

411 Ab welcher Schwelle eine Kontrolle anzunehmen ist, legt nach **Art. 5 Abs. 3** jeder Mitgliedstaat fest. Nach § 35 Abs. 1 iVm § 29 Abs. 2 WpÜG liegt die Schwelle bei 30%. Beteiligungen unterhalb dieser Schwelle, auch wenn sie eine Sperrminorität bezwecken, gelten daher nicht als Erwerb der Kontrolle oder als auf eine solche gerichtet.[1016]

412 Ob und unter welchen Bedingungen **gemeinsam handelnde Personen** diese Schwelle erreichen, überlässt die Richtlinie ebenfalls mitgliedstaatlichem Recht. Aus Art. 5 Abs. 1 der Richtlinie 2004/25 ergibt sich nur die Zulässigkeit von gemeinsam handelnden (natürlichen wie juristischen) Personen beim Erwerb von Aktien, die ihnen einen die Kontrolle begründenden Anteil an den Stimmrechten dieser Gesellschaft verschaffen. Auch definiert Art. 2 Abs. 1 lit. d) den Begriff der „gemeinsam handelnden Personen" in der Weise, daß sie mit dem Bieter auf der Grundlage einer ausdrücklichen oder stillschweigenden, mündlich oder schriftlich getroffenen Vereinbarung zusammenarbeiten, um die Kontrolle über die Zielgesellschaft zu erhalten. Aus letzterem wird geschlossen, daß für ein „**acting in concert**" iSv Art. 5 Abs. 1 ein abgestimmter Parallelerwerb von Aktien durch mehrere Personen ausreicht.[1017] Wie eng diese Zusammenarbeit für ein „acting in concert" andererseits sein darf, und damit die Regelung des § 30 Abs. 2 S. 2 WpÜG, wonach für ein abgestimmtes Verhalten eine Verständigung über die Ausübung von Stimmrechten notwendig ist bzw wonach die gemeinsam handelnden Personen „mit dem Ziel einer dauerhaften und erheblichen Änderung der unternehmerischen Ausrichtung der Zielgesellschaft in sonstiger Weise zusammenwirken", richtlinienkonform ist,[1018] ist umstritten.[1019] Das deutsche Recht legt ein *acting in concert* mithin eng aus.

413 Mit Erwerb der Kontrolle ist der Erwerber zur Abgabe eines öffentlichen Angebots an alle Aktionäre verpflichtet, die stimmberechtigte Wertpapiere im S. von Art. 2 Abs. 1 lit. e) halten..[1020] Er muss sein Angebot unverzüglich abgeben. Nach Art. 5 Abs. 1 S. 2 muss es sich um ein **Vollangebot** handeln, dh das Angebot muss für alle Wertpapiere aller Aktionäre gelten. Insoweit konkretisiert Art. 5 Abs. 1 das Gleichbehandlungsgebot des Art. 3 Abs. 1 lit. a).[1021] Obwohl die Richtlinie den Mitgliedstaaten die Möglichkeit eröffnet, zusätzlich **Teilangebote** zuzulassen,[1022] verlangt § 35 Abs. 2 AktG immer ein Vollangebot.[1023]

414 Der Schutz der Minderheitsaktionäre hängt entscheidend von der Angemessenheit des Preises für die von ihnen vom Bieter zu erwerbenden Wertpapiere der Zielgesellschaft ab und von der Art und Weise, wie die Gegenleistung zu zahlen ist. **Art. 5 Abs. 4 u. 5** regeln die Gegenleistung, zu der sich der Bieter verpflichten muss: Art. 5 Abs. 4 enthält die Grundsätze über die Höhe des angemessenen Preises, Art. 5 Abs. 5 über die Art der Gegenleistung, dh liquide Wertpapiere und/oder eine Geldleistung.

1011 Vgl zur unterschiedlichen Begrifflichkeit oben bei Fn 403.
1012 Umgesetzt in § 35 Abs. 3 WpÜG, Einzelheiten bei *Sobbi*, § 35 WpÜG, Rn 11 (unten Kapitel 14); *Grundmann*, GesR, § 27 Rn 941; *Lutter/W. Bayer/J. Schmidt*, § 30 Rn 38.
1013 § 32 WpÜG.
1014 *Lutter/W. Bayer/J. Schmidt*, § 30 Rn 45 aE mit abw. Meinungen in Fn 218. Zu Art. 5 Abs. 4 Unterabs. 1 unten Rn 415.
1015 Vgl *Sobbi*, § 31 WpÜG, Rn 3 (unten Kapitel 14).
1016 *Grundmann*, GesR, § 27 Rn 940.
1017 MüKo-AktG/*Wackerbarth*, Bd. 6, § 30 WpÜG, Rn 29 (weist darauf hin, dass der Begriff der Kontrolle rein formal zu verstehen sei); ferner *Engert*, ZIP 2006, 2105, 2111; *Mülbert*, NZG 2004, 633, 637; *Fleischer*, NZG 2008, 185, 198 f.
1018 In diesem Sinne *M. Habersack/D. Verse*, GesR, § 11 Rn 19; *Lutter/W. Bayer/J. Schmidt*, § 30 Rn 36; *Seibt/Heiser*, ZGR 2005, 200, 215; *Schockenhoff/Schumann*, ZGR 2005, 568, 577 f; aA MüKo-AktG/*Wackerbarth*, Bd. 6, § 30 WpÜG, Rn 29 sowie die in Fn 437 Genannten.
1019 MüKo-AktG/*Wackerbarth*, Bd. 6, § 30 WpÜG, Rn 30: ebenfalls fehlerhafte Umsetzung von Art. 5 Abs. 1 iVm Art. 2 Abs. 1 lit. d), Art. 2 Abs. 2 durch § 30 Abs. 1 Nr. 1 WpÜG; *Nelle*, ZIP 2006, 2057, 2058; dagegen *Arnold*, AG 2006, 567, 571.
1020 Einzelheiten bei *Seibt/Heiser*, ZGR 2005, 200, 213 ff.
1021 *M. Habersack/D. Verse*, GesR, § 11 Rn 20; *Lutter/W. Bayer/J. Schmidt*, § 30 Rn 39. Zum Gleichbehandlungsgebot oben Rn 403 ff.
1022 Einzelheiten bei *M. Lutter/W. Bayer/J. Schmidt*, § 30 Rn 40.
1023 *Sobbi*, § 35 WpÜG, Rn 8 (unten Kapitel 14).

Die Ermittlung des **angemessenen Preises** knüpft an den Preis an, den der Bieter beim Vorerwerb gezahlt hat und beim Parallelerwerb von Wertpapieren der Zielgesellschaft zahlt.[1024] Nach Art. 5 Abs. 4 Unterabs. 1 S. 1 ist angemessen der höchste Preis, der in einem von den Mitgliedstaaten festzulegenden Zeitraum von mindestens sechs und höchstens zwölf Monaten **vor dem Angebot** gemäß Absatz 1 für die gleichen Wertpapiere gezahlt worden ist (Angebotspreis). Erwirbt der Bieter **nach Bekanntmachung des Angebots** und vor Ablauf der Annahmefrist Wertpapiere zu einem höheren als dem Angebotspreis, so muss der Bieter sein Angebot gem. Art. 5 Abs. 4 Unterabs. 1 S. 2 mindestens auf den höchsten Preis erhöhen, der für die dergestalt erworbenen Wertpapiere gezahlt wurde. Im Interesse und zum Schutz der Minderheitsaktionäre gilt der Höchstpreis. 415

Abweichungen und Ausnahmen von diesem Mechanismus der Ermittlung des angemessenen Preises sieht die Richtlinie in zwei Richtungen vor. Zum einen gestattet sie den Mitgliedstaaten in Art. 3 Abs. 2 lit. b) einen strengeren Preisbildungsmechanismus zu schaffen; zum anderen räumt sie den Mitgliedstaaten in Art. 5 Abs. 4 Unterabs. 2 u. 3 die Möglichkeit ein, ihre Aufsichtsstellen zu einer Revision des nach den allgemeinen Regeln festgelegten Preises im Einzelfall zu ermächtigen.[1025] 416

Soweit nach Art. 3 Abs. 2 lit. b) das Angebot zusätzlichen Bedingungen und strengeren Regeln unterworfen werden darf, sind unter strengeren Regeln solche zu verstehen, die den Minderheitsaktionären ein höheres Schutzniveau gewähren.[1026] 417

Eine Revision durch die Aufsichtsstelle unterliegt strengen Regeln:[1027] eine Preisänderung muss sich an die allgemeinen Grundsätze des Art. 3 Abs. 1 halten, unterliegt nach Art. 5 Abs. 4 Unterabs. 2 S. 1 ganz bestimmten Voraussetzungen und darf bei Vorliegen einer der Voraussetzungen nur nach eindeutigen Kriterien geändert werden. Gem. Art. 5 Abs. 4 Unterabs. 2 S. 2 können die Mitgliedstaaten die Voraussetzungen in einer Liste festlegen und gem. Art. 5 Abs. 4 Unterabs. 2 S. 3 die Kriterien zur Änderung bestimmen. Art. 5 Abs. 4 Unterabs. 2 S. 2 listet als Beispiele solcher Voraussetzungen Preisvereinbarung zwischen Käufer u. Verkäufer, Marktpreismanipulationen und Beeinflussung der Marktpreise durch aussergewöhnliche Umstände auf. Kriterien zur Änderung sind nach Art. 5 Abs. 4 Unterabs. 2 S. 3 der Durchschnittsmarktwert während eines bestimmten Zeitraums, der Liquidationswert der Gesellschaft sowie andere objektive, allgemein in der Finanzanalyse verwendete Bewertungskriterien.[1028] Das deutsche Recht hat von dieser Möglichkeit der Revision des angemessenen Preises durch die BaFin als Aufsichtsstelle keinen Gebrauch gemacht.[1029] 418

Das **deutsche Recht** hat für die Bildung des Angebotspreises sowohl für das Übernahmeangebot wie für das Pflichtangebot[1030] gem. Art. 5 Abs. 4 Unterabs. 1 drei Alternativen in § 31 WpÜG, §§ 3 ff. WpÜGAV[1031] vorgesehen. Danach basiert der angemessene Preis in erster Linie auf dem Börsenkurs und dem Vorerwerbspreis, es gilt nach § 31 Abs. 1 S. 2 WpÜG, § 3 S. 2 WpÜGAV insoweit der höchste Wert. § 31 Abs. 4 WpÜG ergänzt diese Grundregel um eine Parallelerwerbsregel, § 31 Abs. 5 WpÜG um eine Nacherwerbsregel. Da auch im Rahmen von Parallelerwerbs- und Nacherwerbsregel jeweils der höchste Preis maßgibt, Art. 5 Abs. 4 Unterabs. 1 aber, wie Art. 3 Abs. 2 lit. b) ergibt, nur eine Mindestregulung enthält, werden die deutschen Preisbildungsvorschriften als richtlinienkonform angesehen.[1032] 419

Art. 5 Abs. 5 regelt die **Art der Gegenleistung**: Wertpapiere, eine Geldleistung oder eine Kombination aus Beiden. Der Bieter hat nach Art. 5 Abs. 5 Unterabs. 1 diesbezüglich ein Wahlrecht. Aber die Geldleistung geniesst einen höheren Stellenwert, als sie wahlweise in drei Fällen angeboten werden muss:[1033] wenn Wertpapiere nicht liquide und nicht zum Handel auf einem geregelten Markt zugelassen sind, also nicht geldwertäquivalent sind (Art. 5 Abs. 5 Unterabs. 2); wenn der Bieter innerhalb der Vorerwerbsfrist des Art. 5 Abs. 4 S. 1 Wertpapiere gegen Geldleistung erworben hat, die mindestens 5 % der Stimmrechte an der Zielgesellschaft verleihen (Art. 5 Abs. 5 Unterabs. 3) oder wenn die Mitgliedstaaten in allen Fällen für ein Wahlrecht zugunsten einer Geldleistung optiert haben (Art. 5 Abs. 5 Unterabs. 4). 420

1024 *Lutter/W. Bayer/J. Schmidt*, § 30 Rn 43.
1025 *Lutter/W. Bayer/J. Schmidt*, § 30 Rn 44.
1026 *M. Habersack/D. Verse*, GesR, § 11 Rn 23.
1027 Der EFTA-Gerichtshof hat in seinem Urteil v. 10.12.2010 in der Rs. *Periscopus* (E-1/10, Rn 48, 50, ZIP 2011, 332) strenge Maßstäbe angelegt, *Hirte*, EWiR 2011, 133; *Krause*, ECFR 2011, 70; *Lutter/W. Bayer/J. Schmidt*, § 30 Rn 44; *M. Habersack/D. Verse*, GesR, § 11 Rn 23.
1028 Art. 5 Abs. 4 Unterabs. 2 ist insoweit unklar formuliert, als S. 1 für eine hoheitliche Angebotspreisrevision zwingend bestimmte Voraussetzungen gegeben sein müssen und bestimmte Kriterien verlangt, andererseits aber vom Wortlaut her den Mitgliedstaaten in S. 2 und 3 lediglich die Möglichkeit einräumt („…können…"), die Voraussetzungen aufzulisten und die Kriterien zu bestimmen.
1029 *Lutter/W. Bayer/J. Schmidt*, § 30 Rn 45 aE; vgl *Hirte*, EWiR 2011, 133, 134.
1030 Oben Rn 410 aE.
1031 „Verordnung über den Inhalt der Angebotsunterlage, die Gegenleistung bei Übernahmeangeboten und Pflichtangeboten und die Befreiung von der Verpflichtung zur Veröffentlichung und zur Abgabe eines Angebots (WpÜG-Angebotsverordnung)", BGBl. I 2001, 4263.
1032 *Lutter/W. Bayer/J. Schmidt*, § 30 Rn 45 (mit abw. Ansichten in Fn 216).
1033 *Lutter/W. Bayer/J. Schmidt*, § 30 Rn 46.

421 Das **deutsche Recht** hat die erste (Art. 5 Abs. 5 Unterabs. 2) und die zweite (Art. 5 Abs. 5 Unterabs. 3) Fallgruppe in § 31 Abs. 2 u. 3 WpÜG umgesetzt, nicht aber von der Option des Art. 5 Abs. 5 Unterabs. 4 Gebrauch gemacht.[1034] Aber es hat die Vorschriften weitergehend umgesetzt, als stimmrechtslose Aktien bei der 5% Grenze des Art. 5 Abs. 5 Unterabs. 3 mitzählen und als in beiden Fällen das Wahlrecht auch für freiwillige Angebote (Übernahmeangebote iSv § 29 Abs. 1 WpÜG) gilt.[1035] Ferner enthält § 31 Abs. 2 WpÜG eine Währungsklausel, indem es Geldleistung in Euro vorschreibt. Soweit § 31 Abs. 2 u. 3 WpÜG von Art. 5 Abs. 5 der Richtlinie 2004/25 abweicht, sind diese Abweichungen richtlinienkonform, weil von Art. 3 Abs. 2 lit. b) gedeckt.[1036]

422 Art. 4 Abs. 5 Unterabs. 2 erlaubt es den Mitgliedstaaten, im Wege der gesetzlichen Regelung von der Angebotspflicht zu befreien „um den auf nationaler Ebene festgelegten Fällen Rechnung zu tragen", bzw im Wege einer entsprechenden Ermächtigung der Aufsichtsstelle eine solche Befreiung vorzusehen, „um den auf nationaler Ebene festgelegten Fällen Rechnung zu tragen oder andere besondere Fälle zu berücksichtigen". Verlangt die gesetzliche wie behördliche Befreiung in jedem Fall die Einhaltung der Grundsätze des Art. 3 Abs. 1, so verlangt die behördliche Befreiung aufgrund „anderer besonderer Fälle" eine gründete Entscheidung. Da im übrigen unklar ist, welche Fälle darunterfallen können, geht die überwiegende Meinung von einem weiten Ermessensspielraum des nationalen Gesetzgebers aus. Daher werden die Befreiungstatbestände der §§ 36 ff. WpÜG als richtlinienkonform angesehen.[1037]

423 **7. Verfahren und Transparenz des Angebots.** Sie sind Gegenstand ausführlicher Regelung in **Art. 6 bis 8 sowie Art. 13.**

424 Art. 6 legt dem Bieter Informationspflichten in bezug auf **Angebote** auf. Art. 6 Abs. 1 statuiert die Pflicht zu unverzüglicher Bekanntmachung der Entscheidung zu einem Angebot bei gleichzeitiger Unterrichtung der Aufsichtsstelle. Allerdings ermächtigt Art. 6 Abs. 1 S. 2 die Mitgliedstaaten, eine vorherige Unterrichtung einzuführen. Die **Angebotsunterlagen**, ihr Inhalt (Art. 6 Abs. 3),[1038] ihre Mitteilung an die Aufsichtsstelle, die eventuelle Billigung durch diese sowie die Anerkennung in anderen Mitgliedstaaten sind Gegenstand von Art. 6 Abs. 2. Die Angebotsunterlagen sind vor ihrer Bekanntmachung (gegenüber den Inhabern von Wertpapieren der Zielgesellschaft)[1039] der Aufsichtsstelle zu übermitteln (Art. 6 Abs. 2 Unterabs. 1 S. 2). Es steht den Mitgliedstaaten nach Art. 6 Abs. 2 Unterabs. 2 S. 1 frei,[1040] die Angebotsunterlagen einer vorherigen Billigung seitens der Aufsichtsstelle zu unterwerfen.[1041] Eine Billigung hat gem. dieser Vorschrift den Vorteil, dass die Angebotsunterlagen in allen anderen Mitgliedstaaten, an deren Märkten die Wertpapiere der Zielgesellschaft zum Handel zugelassen sind, ohne weitere Prüfung anzuerkennen sind; zusätzliche Angaben können die Aufsichtsstellen in andern Mitgliedstaaten nur unter engen Voraussetzungen verlangen (Art. 6 Abs. 2 Unterabs. 2 S. 2). Die Billigung wirkt mithin wie ein **„Europäischer Pass"**.[1042]

425 Für die Annahme des Angebots sieht Art. 7 Abs. 1 S. 1 eine Minimal- und Maximalfrist von 2 bis 10 Wochen ab Bekanntmachung der Angebotsunterlagen vor. Die Maximalfrist von 10 Wochen kann gem. S. 2 der Vorschrift um einen angemessenen Zeitraum iSv. Art. 3 Abs. 1 lit. f) verlängert werden. Art. 7 Abs. 2 räumt den Mitgliedstaaten zwei Optionen zur Verlängerung der Frist ein, zum einen de lege ferenda „in bestimmten Fällen"(Art. 7 Abs. 2 S. 1), zum anderen in Form einer Ermächtigung der Aufsichtsstelle, damit die Zielgesellschaft zur Prüfung des Angebots eine Hauptversammlung der Aktionäre einberufen kann.

426 Soweit die Richtlinie Bekanntmachung des Angebots verlangt, unterliegt dieses nach Art. 8 zwei Prinzipien:[1043] für die Wertpapiere der Zielgesellschaft, der Bietergesellschaft oder jeglicher anderen von dem Angebot betroffenen Gesellschaft muss nach Art. 8 Abs. 1 die Markttransparenz und -integrität gewahrt bleibt; vor allem ist sicherzustellen, dass die Veröffentlichung oder Verbreitung falscher oder irreführender Angaben ausgeschlossen wird. Nach Art. 8 Abs. 2 müssen alle erforderlichen Informationen und Unterlagen gemäß Art. 6 den Betroffenen ohne Weiteres und umgehend zur Verfügung stehen.

427 **Das deutsche Recht** verlangt gem. § 35 Abs. 1 S. 1 WpÜG in Umsetzung des Art. 6 Abs. 1 eine unverzügliche Bekanntmachung des Kontrollerwerbs, da eine Bekanntmachung über die Entscheidung zur Abgabe ei-

---

1034 *Lutter/W. Bayer/J. Schmidt*, § 30 Rn 47.
1035 *Lutter/W. Bayer/J. Schmidt*, § 30 Rn 47; vgl zur Geltung bei freiwilligen Angeboten *Sohbi*, § 31 WpÜG Rn 24 (unten Kapitel 14).
1036 Zu allem *Lutter/W. Bayer/J. Schmidt*, § 30 Rn 45 (mit Nachw.).
1037 *M. Habersack/D. Verse*, GesR, § 11 Rn 25 (mit weit. Nachw.).
1038 Einzelheiten bei *Lutter/W. Bayer/J. Schmidt*, § 30 Rn 52; dazu *Grundmann*, GesR, § 27 Rn 946.
1039 Übermittlung der Angebotsunterlagen nach Bekanntmachung an die Arbeitnehmervertreter bzw Arbeitnehmer gem. Art. 6 Abs. Unterabs. 2 S. 3.
1040 Für obligatorische Billigung *Seibt/Heiser*, ZGR 2005, 200, 211.
1041 Verlangt das mitgliedstaatliche Recht keine Billigung, so sieht die Richtlinie ihrerseits keine Prüfungsbefugnis der Aufsichtsstelle vor. Allerdings werden im Schrifttum nachträgliche Sanktions- und Eingriffsrechte nicht ausgeschlossen, *Lutter/W. Bayer/J. Schmidt*, § 30 Rn 55; *Grundmann*, GesR, § 27 Rn 975 (gestützt auf Art. 5 Abs. 6 sowie die Erwägungsgründe 9 u. 22).
1042 *Lutter/W. Bayer/J. Schmidt*, § 30 Rn 56.
1043 *M. Lutter/W. Bayer/J. Schmidt*, § 30 Rn 61.

nes Angebots in § 10 Abs. 1 S. 1 WpÜG nicht für das Pflichtangebot gilt.[1044] § 35 Abs. 1 S. 4 und § 10 Abs. 2 WpÜG machen von der Ermächtigung des Art. 6 Abs. 1 S. 2 zu vorheriger Unterrichtung des Aufsichtsstelle Gebrauch, indem sie Vorabmitteilung der BaFin und der betroffenen inländischen Börsen vorschreiben. § 11 WpÜG iVm § 2 WpÜG haben Art. 6 Abs. 3 hinsichtlich der Mindestangaben der Angebotsunterlagen weitergehend als von der Richtlinie gefordert umgesetzt.[1045] Die Option zur Billigung der Angebotsunterlagen gem. Art. 6 Abs. 2 Unterabs. 2 S. 1 setzt § 35 Abs. 2 S. 1, 2 iVm § 14 Abs. 2 S. 1, 2 WpÜG um. Der Europäische Pass, dh die Billigung durch die zuständigen Aufsichtsstelle eines anderen Staates setzt § 11a WpÜG für den deutschen Rechtsraum um.[1046]

In Umsetzung des Art. 7 Abs. 1 bestimmt § 16 Abs. 1 S. 1 WpÜG eine Annahmefrist vom mindestens 4 bis höchstens 10 Wochen. Von der Ermächtigung des Art. 7 Abs. 2 ist kein Gebrauch gemacht worden. **428**

Art. 8, der die Art und Weise der Bekanntmachung der Kontrollerlangung regelt, ist durch Art. 35 Abs. 1 S. 1 iVm Art. 10 Abs. 3 Nr. 1 u. 2 WpÜG in der Weise umgesetzt worden, dass die Kontrollerlangung durch Bekanntgabe im Internet und über ein elektronisch betriebenes Informationsverbreitungssystem zu erfolgen hat. Die Angebotsunterlagen sind gem. § 35 Abs. 2 S. 2 iVm § 14 Abs. 3 S. 1 WpÜG durch Bekanntgabe im Internet und im (elektronischen) Bundesanzeiger zu veröffentlichen. **429**

8. Abwehrmaßnahmen der Zielgesellschaft (Artt. 9 bis 12). Die Ausgestaltung der rechtlichen Rahmenbedingungen der Abwehrmaßnahmen, vor allem aber der Neutralitätspflicht, war der umstrittenste Teil bei den Arbeiten an der Richtlnie.[1047] Es ging um die Schaffung eines „level playing field".[1048] **Seiner Struktur nach**[1049] gebietet Art. 9 eine strikte (kapitalmarktfreundliche) **Neutralitätspflicht**, von der Art. 11 eine Durchbrechung zulässt. Art. 12 ermächtigt die Mitgliedstaaten, die ihrem Gesellschaftsrecht unterliegenden Gesellschaften von der Neutralitätspflicht bzw der Durchbrechungsregel zu befreien (opt-out), muss ihnen aber für diesen Fall die Möglichkeit einräumen, freiwillig beide Regeln anzuwenden (opt-in). Die Mitgliedstaaten können ferner die Opt-in-Regelung der Reziprozitätsklausel unterwerfen. **430**

Übernahmen werden im Interesse des Kapitalmarktes erleichtert durch **Neutralitätspflicht** und **Durchgriffsregelung**.[1050] Beide Maßnahmen sollen der Zielgesellschaft die Abwehr von Übernahmeangeboten erschweren. **431**

Art. 9 Abs. 2–4 statuiert die **Neutralitätspflicht (Vereitelungsverbot)** des Leitungsorgans[1051] der Zielgesellschaft: Das Leitungsorgan unterliegt dem **Vereitelungsverbot** des Art. 9 Abs. 2 Unterabs. 1: Es darf ab dem in Art. 6 Abs. 1 S. 1 genannten Zeitpunkt der Bekanntgabe der Entscheidung der Bietergesellschaft, ein Angebot abzugeben, keine Maßnahmen erlassen, die das Angebot auch nur erschwert; Vor diesem Zeitpunkt (des Beginns der Neutralitätspflicht) getroffene, aber nicht, auch teilweise nicht umgesetzte Entscheidungen ausserhalb des normalen Geschäftsbetriebes mit Vereitelungspotential bedürfen ebenfalls der Zustimmung bzw Bestätigung der Hauptversammlung (Art. 9 Abs. 3).[1052] Das Vereitelungsverbot ist seinem Inhalt nach eine **Kompetenzverlagerungsvorschrift**, nach der Verteidigungsmaßnahmen insoweit Sache der Hauptversammlung sind. Zur Vermeidung eines **principal-agent conflicts** sollen die Letztentscheidung über die Vereitelung des Angebots die Aktionäre treffen.[1053] Aber diese „Ermächtigung" wird man wohl eher als eine Verpflichtung der Mitgliedstaaten lesen müssen:[1054] die betroffenen Aktionären (Eigentümern) müssen die Möglichkeit haben, solche Maßnahmen zu bewilligen, abzulehnen, zumindest aber zu diskutieren. Diese Ermächtigung kann nur die Hauptversammlung erteilen und auch nur in Kenntnis der konkreten Umstände.[1055] **Art. 9 Abs. 4** ermächtigt die Mitgliedstaaten, zu diesem Zweck eine kurzfristige Einberufung der Hauptversammlung vorzusehen. Das Leitungsorgan hat jedoch zumindest mit der nach Art. 9 Abs. 5 zu erstellenden Stellungnahme die Möglichkeit, seine Auffassung gegenüber der Hauptversammlung kund zu tun.[1056] **432**

Die Neutralitätspflicht unterliegt **Ausnahmen**.[1057] Ausgenommen ist die Suche nach Konkurrenzangeboten (Art. 9 Abs. 2 Unterabs. 1, S. 1 Hs 2). Maßnahmen innerhalb des normalen Geschäftsbetriebes (e contrario Art. 9 Abs. 3), Umsetzung bereits vor Beginn der Neutralitätspflicht getroffene und teilweise umgesetzte **433**

1044 M. Lutter/W. Bayer/J. Schmidt, § 30 Rn 50.
1045 M. Lutter/W. Bayer/J. Schmidt, § 30 Rn 54.
1046 M. Lutter/W. Bayer/J. Schmidt, § 30 Rn 57.
1047 Einzelheiten zur Entstehungsgeschichte M. Lutter/W. Bayer/J. Schmidt, § 30 Rn 66.
1048 M. Lutter/W. Bayer/J. Schmidt, § 30 Rn 66, 77.
1049 M. Lutter/W. Bayer/J. Schmidt, § 30 Rn 67.
1050 M. Habersack/D. Verse, GesR, § 11 Rn 27 spricht, wie das WpÜG, von Verhinderungsverbot und Durchbrechungsregel. Kritisch zur Neutralitätspflicht A. Wolf, ZIP 2008, 300.
1051 Nach Art 9 Abs. 6 sowohl für den **Vorstand** der Gesellschaft als auch deren Aufsichtsrat, sofern die Organisation der Gesellschaft eine dualistische Leitungsstruktur aufweist, M. Lutter/W. Bayer/J. Schmidt, § 30 Rn 69.
1052 M. Lutter/W. Bayer/J. Schmidt, § 30 Rn 74.
1053 M. Lutter/W. Bayer/J. Schmidt, § 30 Rn 68 (zum pricipal-agent-conflict und zur Ratio der Neutralitätspflicht).
1054 In diesem Sinne Grundmann, GesR, § 27 Rn 964.
1055 Verbot von Vorratsbeschlüssen, Dauner-Lieb/Lamandini, BB 2003, 265; Krause, BB 2002, 2341; Neye, NZG 2002, 1144; Seibt/Heiser, ZIP 2002, 2193; Grundmann, GesR, § 27 Rn 964.
1056 M. Lutter/W. Bayer/J. Schmidt, § 30 Rn 76.
1057 Insgesamt dazu M. Lutter/W. Bayer/J. Schmidt, § 30 Rn 72–76; Grundmann, GesR, § 27 Rn 965.

Maßnahmen ausserhalb des normalen Geschäftsbetriebes (e contrario Art. 9 Abs. 3), konkrete, von der Hauptversammlung ermächtigte Abwehrmaßnahmen (Art. 9 Abs. 2 bis 4).

434 Die **Durchgriffs- oder Durchbrechungsregelung** des Art. 11[1058] soll während der Übernahmephase im Interesse des Bieters Abwehrmaßnahmen in Form bestehender struktureller Übernahmehindernisse einschränken.[1059] Insoweit hat sie zum einen die Beschränkung der Übertragung von Wertpapieren (Art. 11 Abs. 2) sowie Stimmrechtsbeschränkungen in der Abwehrhauptversammlung (Art. 11 Abs. 3)[1060] zum Gegenstand. Zum anderen setzt sie für die erste, vom Bieter einberufene Hauptversammlung nach Schluss des Angebots beide Arten von Beschränkungen sowie Sonderrechte der Gesellschafter zur Ernennung oder Abberufung von Mitgliedern des Leitungs-/Verwaltungsorgans ausser Kraft (Art. 11 Abs. 4).

435 Im Einzelnen gilt: Ab der Bekanntgabe des Angebots verlieren gegenüber dem Bieter (**1.**) in der Satzung der Zielgesellschaft enthaltene (Art. 11 Abs. 2 Unterabs. 1) oder zwischen Zielgesellschaft und Aktionären bzw unter den Aktionären vereinbarte Beschränkungen der Übertragbarkeit von Aktien (Art. 11 Abs. 2 Unterabs. 2) während der in Art. 7 Abs. 1 festgelegten Frist für die Annahme des Angebots ebenso wie (**2.**) in diesen Formen vereinbarte Beschränkungen der Stimmrechtsausübung in der Hauptversammlung, die über eventuelle Abwehrmaßnahmen beschließt (Art. 11 Abs. 3 Unterabs. 1 u. 2), ihre Wirkung; auch gewähren bei der Stimmrechtsausübung Aktien mit Mehrfachstimmrechten in besagter Hauptversammlung nur ein einfaches Stimmrecht (Art. 11 Abs. 3 Unterabs. 3).

436 (**3.**) finden nach Art. 11 Abs. 4 beide Arten von Beschränkungen (bei der Übertragbarkeit von Aktien als auch bei der Stimmrechtsausübung einschließlich der Beschränkung von Mehrfachstimmrechten)[1061] sowie Sonderrechte der Gesellschafter zur Ernennung oder Abberufung von Mitgliedern des Leitungs-/Verwaltungsorgans keine Anwendung bei der ersten vom Bieter einberufenen Hauptversammlung nach Schluss des Angebots, soweit es deren Zweck ist, im Interesse des Bieters über Satzungsänderung sowie Abberufung und Bestellung von Mitgliedern des Leitungs-/Verwaltungsorgans zu beschließen. allerdings stehen diese Durchbrechungsrechte nur dem Bieter zu, der über 75% des stimmberechtigten Kapitals verfügt.

437 Soweit der mit der Durchgriffsregelung verbundene Rechtsentzug Verluste verursacht, haben die Mitgliedstaaten eine Entschädigung vorzusehen.[1062]

438 Ausnahmen von der diese Bietergesellschaften begünstigende Durchgriffsregelung gelten gem. Art. 11 Abs. 2 Unterabs. 2 für „Altfälle", in denen Übertragungsbeschränkungen vor Inkrafttreten der Richtlinie vertraglich vereinbart wurden, sowie gem. Art. 11 Abs. 7 für auf Gesetz beruhenden „golden shares", soweit diese mit dem Unionsrecht vereinbar sind,[1063] für gesetzliche Sonderrechte[1064] und für Genossenschaften. Bei „Altfällen" wird das Vertrauen in den Bestand privatautonomer Regelungen geschützt, die Privatautonomie genießt aus Gründe der Rechtssicherheit Vorrang vor neuem Richtlinien- und Gesetzesrecht.

439 Die Neutralitätspflicht, die die Verabschiedung der Richtlinie so schwierig gestaltet hat, ebenso wie die Durchgriffsregelung sind durch die **Optionsrechte des Art. 12** entschärft worden.[1065] Nach Art. 12 Abs. 1 kann ein Mitgliedstaat von der Anwendung der Art. 9 Abs. 2 u. 3 und 11 absehen („opt-out"). Er muss dann aber gem. Art. 12 Abs. 2 auf einer zweiten Stufe den seinem Gesellschaftsrecht unterliegenden Gesellschaften die Möglichkeit einräumen, im Wege der Satzungsänderung diese Vorschriften anzuwenden („opt-in").[1066]

440 Wenden Gesellschaften gem. Art. 9 Abs. 2 bzw gem. eines opt-in nach Art. 12 Abs. 2 das Vereitelungsverbot und die Durchgriffsregelung an, können die Mitgliedstaaten die Geltung beider Regeln der **Reziprozitätsregel**[1067] des Art. 12 Abs. 3 unterwerfen und ihre Gesellschaften von der Anwendung beider Regeln befreien, wenn die bietende Gesellschaft bzw eine von ihr iSv Art. 1 der 7. (Konzernabschluss-)Richtlinie 83/349 über den konsolidierten Abschluss diese Regeln ihrerseits nicht anwendet. Allerdings ist für Maßnahmen, die unter der Reziprozitätsregel getroffen werden, die Ermächtigung durch die Hauptversammlung der Aktionäre der Zielgesellschaft erforderlich (Art. 12 Abs. 5).

1058 M. Habersack/D. Verse, GesR, § 11 Rn 27.
1059 Ausf. M. Lutter/W. Bayer/J. Schmidt, § 30 Rn 77.
1060 M. Lutter/W. Bayer/J. Schmidt, § 30 Rn 80 ff.
1061 Seibt/Heiser, ZGR 2005, 200, 226; M. Lutter/W. Bayer/ J. Schmidt, § 30 Rn 84.
1062 Seibt/Heiser, ZGR 2005, 200, 228, M. Lutter/W. Bayer/ J. Schmidt, § 30 Rn 86.
1063 Seibt/Heiser, ZGR 2005, 200, 226 aE.
1064 M. Lutter/W. Bayer/J. Schmidt, § 30 Rn 88.
1065 Wiesner, ZIP 2004, 343, 348; Einzelheiten bei Seibt/Heiser, ZGR 2005, 200, 231.
1066 Einzelheiten bei M. Habersack/D. Verse, GesR, § 11 Rn 29; M. Lutter/W. Bayer/J. Schmidt, § 30 Rn 90–96; ferner Grundmann, GesR, § 27 Rn 983 ff; Krause, BB 2004, 113, 114; Maul, NZG 2005, 151, 152; Schüppen, BB 2006, 165, 166; Seibt/Heiser, ZGR 2005, 200, 222.
1067 M. Lutter/W. Bayer/J. Schmidt, § 30 Rn 97–103.

Deutschland hat sich für die opt-out Möglichkeit entschieden[1068] mit der Folge der Geltung des Verhinderungsverbotes nach § 33 WpÜG. Die §§ 33a Abs. 1 S. 1 und 33b Abs. 1 S. 1 WpÜG sehen die obligatorische opt-in-Möglichkeit vor.[1069] Art. 33c WpÜG macht von der Reziprozitätsoption Gebrauch.[1070]

9. Ausschluss- und Andienungsrecht (Artt. 15, 16).[1071] Die Richtlinie sieht unter denselben Bedingungen zugunsten des Bieters ein Ausschlussrecht in Art. 15 („Squeeze-out") iS des Rechts, die Minderheitsaktionäre zum Verkauf ihrer Anteile zu verpflichten, und zugunsten der Minderheitsaktionäre in Art. 16 ein Andienungsrecht („sell-out")[1072] vor. Ausschluss- und Andienungsrecht müssen gem. Artt. 15 Abs. 4, 16 Abs. 3 innerhalb einer Frist von drei Monaten nach Ablauf der Annahmefrist ausgeübt werde. Ausschluss- und Andienungsrecht unterliegen drei Voraussetzungen: einem freiwilligen oder obligatorischem **Vollangebot** des Bieters (Art. 15 Abs. 1),[1073] der Erreichung eines **Schwellenwertes** sowie bestimmten Voraussetzungen hinsichtlich der **Art und Angemessenheit der Gegenleistung.**

Hinsichtlich des **Schwellenwertes** räumt Art. 15 Abs. 2 den Mitgliedstaaten ein Wahlrecht ein:[1074]

- nach der Alternative gem. Art. 15 Abs. 2 lit. a) muss der Bieter Wertpapiere halten, die mindestens 90 % des stimmberechtigten Kapitals der Zielgesellschaft und 90 % der Stimmrechte der Zielgesellschaft entsprechen. Die Mitgliedstaaten können gem. Art. 15 Abs. 2 Unterabs. 2 einen höheren Prozentsatz vorschreiben; dieser darf aber 95% nicht überschreiten („**übernahmeneutrale Kalkulation**")[1075]
- nach Art. 15 Abs. 2 lit.b) muss der Bieter durch Annahme seines Angebots Wertpapiere erworben haben, die mindestens 90 % des stimmberechtigten Kapitals der Zielgesellschaft und 90 % der vom Angebot betroffenen Stimmrechte entsprechen („**übernahmespezifische Kalkulation**").[1076] Dem Erwerb steht gleich, dass er sich fest vertraglich verpflichtet hat, solche Wertpapiere zu erwerben. Dieser Schwellenwert ist, anders als nach der Alternative unter lit. a) verbindlich.

Zur Berechnung des Schwellenwertes verlangt die Richtlinie in Art. 15 Abs. 3 Regeln seitens der Mitgliedstaaten, deren Ausgestaltung sie aber diesen überlässt. § 39a Abs. 3 S. 3 WpÜG hat von der Option des Art. 15 Abs. 2 S. 2 lit. a) iVm Art. 15 Abs. 2 Unterabs. 2 Gebrauch gemacht und den Schwellenwert auf 95% festgesetzt.[1077]

Hat der Bieter die vom jeweiligen Mitgliedstaat gewählte Schwellenwertalternative erreicht, kann er von den Minderheitsaktionären Verkauf ihrer Anteile, die Minderheitsaktionäre ihrerseits Erwerb ihrer Anteile zu einem „angemessenen Preis" (Art. 15 Abs. 2 Unterabs. 1 S. 1, Art. 15 Abs. 5). Hinsichtlich der **Art der Abfindung**[1078] verweist Art. 15 Abs. 5 Unterabs. 1 S. 2 auf Art. 5 Abs. 5. Diese muss ihrer Art nach der Gegenleistung des Angebots entsprechen oder Geldleistung sein. Der Bieter kann insoweit wählen. Allerdings können die Mitgliedstaaten nach Art. 15 Abs. 1 S. 3 vorsehen, dass zumindest wahlweise eine Geldleistung angeboten werden muss.

Die **Angemessenheit der Abfindung**, dh der Preis der Gegenleistung, unterliegt unterschiedlicher Regelung, je nachdem, ob es die Gegenleistung bei einem Squeeze-out infolge eines freiwilligen (Art. 15 Abs. 5 Unterabs. 2) oder eines Pflichtangebots (Art. 15 Abs. 5 Unterabs. 3) betrifft. Beim **freiwilligen Angebot** wird die Angemessenheit der im Angebot angebotene Abfindung vermutet, „wenn der Bieter durch die Annahme des Angebots Wertpapiere erworben hat, die mindestens 90 % des vom Angebot betroffenen stimmberechtigten Kapitals entsprechen." Die Angemessenheit ist unmittelbarer Ausfluss eines erfolgreichen Angebots. Mithin entscheidet letztlich der Markt.[1079] Bei einem **Pflichtangebot** gilt nach Art. 15 Abs. 5 Unterabs. 3 die anhand der Vorerwerbs- und Parallelerwerbsregel gem. Art. 5 Abs. 4[1080] berechnete Gegenleistung als angemessen. Auf die Annahmequote kommt es bei der gesetzlichen Bestimmung der Höhe der Abfindung bei einem Squeeze-out infolge eine Pflichtangebots nicht an.

Im Rahmen der „Angemessenheit" wird aus deutscher Sicht um die Auslegung des Art. 15 Abs. 5 Unterabs. 2 u. 3 gestritten. Im Kern geht es um zwei miteinander zusammenhängende Streitpunkte, nämlich um den Rechtscharakter der Vorschrift als **Voll- oder Mindestharmonisierungsregel** sowie um die Natur der Angemessenheitsvermutung als widerrufliche oder unwiderrufliche Vermutung. Da die Richtlinie keine klare

---

1068 M. Lutter/W. Bayer/J. Schmidt, § 30 Rn 105.
1069 M. Habersack/D. Verse, GesR, § 11 Rn 31; M. Lutter/ W. Bayer/J. Schmidt, § 30 Rn 106, 109; Langenbucher/ Engert, § 5 Rn 88 a; zum Geltungsbereich der Durchbrechungsregel für Pflichtangebote gem. § 33 b, Glade, § 33 b WpÜG, Rn 2 (unten Kapitel 14).
1070 M. Lutter/W. Bayer/J. Schmidt, § 30 Rn 108; Glade, § 33 c WpÜG, Rn 1 (unten Kapitel 14).
1071 Zur Geschichte des Squeeze-out Meilicke/Lochner, § 39 a WpüG, Rn 2 ff (unten Kapitel 14); Austmann/Mennicke, NZG 2004, 846; Seibt/Heiser, ZGR 2005, 200, 239 ff.
1072 Ausf. Hasselbach, ZGR 2005, 387; M. Lutter/W. Bayer/ J. Schmidt, § 30 Rn 121–124 zur Ratio der Regelung.
1073 M. Habersack/D. Verse, GesR, § 11 Rn 35.
1074 M. Habersack/D. Verse, GesR, § 11 Rn 33.
1075 So M. Lutter/W. Bayer/J. Schmidt, § 30 Rn 126.
1076 So; M. Lutter/W. Bayer/J. Schmidt, § 30 Rn 127.
1077 Ausf. Heidel/Lochner, § 39 a WpÜG, Rn 15; M. Lutter/ W. Bayer/J. Schmidt, § 30 Rn 129.
1078 Überblick bei M. Habersack/D. Verse, GesR, § 11 Rn 34.
1079 Vgl vorherige Fn.
1080 Oben Rn 415; M. Habersack/D. Verse, GesR, § 11 Rn 34.

Aussage macht, sucht man unter Berufung auf Art. 3 Abs. 2 lit. a) und lit. b) sowohl den Rechtscharakter als Voll- wie als Mindestharmonisierungsregel zu begründen.[1081] Ist die Richtlinie insgesamt auf Mindestharmonisierung angelegt, so ist es jedoch mE geboten, nur dort eine Maximalharmonisierung anzunehmen, wo sich dies eindeutig aus der Richtlinienvorschrift ergibt.[1082] Umstritten ist sodann die **Rechtsnatur der Angemessenheitsvermutung** als widerleglich oder unwiderleglich Vermutung.[1083] Geht man davon aus, daß Art. 15 Abs. 5 Unterabs. 2 u. 3 eine Mindestvorschrift ist, dann ist folgerichtig, die Angemessenheitsvermutung als widerleglich zu erachten.[1084] Für den Fall der Widerlegung der Vermutung ist der Mitgliedstaat frei, zum Schutz der Minderheitsaktionäre strengere Regeln zur Bestimmung der Angemessenheit der Abfindung zu erlassen.

447 Die **Umsetzung** der Squeeze-out-Richtlinienvorschriften ins **deutsche Recht** steht aus mehreren Gründen in der **Kritik**: generell wird die Umsetzung im Wege einer eigenständigen übernahmerechtlichen Squeeze-out-Regelung im WpÜG, und nicht in Anwendung des aktienrechtlichen Squeeze-out gem. § 327a ff AktG, bemängelt.[1085] Für letztere, vom deutschen Gesetzgeber verschmähte Möglichkeit wird auf den letzten Satz des 24. Erwägungsgrundes der Übernahmerichtlinie verwiesen („Die Mitgliedstaaten können unter anderen Umständen auf Ausschluss- und Andienungsverfahren weiterhin ihre nationalen Vorschriften anwenden.").[1086] Aufgrund der Existenz zweier inhaltlich unterschiedlicher Regelungen kann der Bieter unter den Voraussetzungen des § 39a Abs. 6 WpÜG zwischen beiden wählen.[1087]

448 Sodann trifft die Kritik den **Vollzug des Squeeze-out**, dh die Einzelheiten der Übertragung der Aktien und der Erbringung der Abfindung. Diesen hat die Richtlinie nicht geregelt, er bleibt deshalb den Mitgliedstaaten überlassen.[1088] Dementsprechend wird nach § 39b WpÜG (iVm dem FamFG) der übernahmerechtliche Squeeze-out, anders als der aktienrechtliche, durch die Rechtskraft einer Gerichtsentscheidung, nämlich des Landgerichts Frankfurt aM (§ 39a Abs. 5 WpÜG), vollzogen.[1089] Eines Hauptversammlungsbeschlusses wie nach § 327a AktG bedarf es nicht.

449 Vor dem Hintergrund der Diskussion um den Charakter der Squeeze-out-Regelung in der Richtlinie als Voll- oder Mindestharmonisierung und der Rechtsnatur der Angemessenheitsvermutung ist schliesslich umstritten, ob § 39a Abs. 3 S. 3 WpÜG die Regeln über die Vermutung der Angemessenheit der Abfindung[1090] richtlinienkonform umgesetzt hat. Nach der Richtlinie[1091] wird im Falle eines freiwilligen Angebots die im Angebot angebotene Abfindung ihrer Höhe nach gem. Art. 15 Abs. 5 Unterabs. 2 iVm Art. 5 Abs. 2 als angemessen vermutet, bei einem Pflichtangebot gem. Art. 15 Abs. 5 Unterabs. 3 der nach Art. 5 Abs. 4 Unterabs. 1 (unter Berücksichtigung des Vorerwerbs- und des Parallelerwerbspreises) ermittelte Höchstpreis. Die angemessene Abfindung wird mithin unterschiedlich ermittelt, im Falle eines Übernahmeangebots durch den Markt, bei einem Pflichtangebot durch richtlinienrechtliche Regel.

450 Das deutsche Recht lässt diese Unterscheidung sowohl bei der Bestimmung der Höhe der Abfindung wie bei der Vermutung ihrer Angemessenheit leerlaufen: nach §§ 39 Abs. 3 S. 3, 31 Abs. 1 S. 1 WpÜG gelten für beide Arten von Angeboten im Rahmen eines Squeeze-out dieselben Maßstäbe für die Gegenleistung, die sich zwar an der Berechnung der Abfindung beim Squeeze-out infolge eines Pflichtangebots orientieren, indes noch über die Anforderungen des angemessenen, nach Art. 5 Abs. 4 Unterabs. 1 ermittelten Höchstpreises hinausgehen (Höchstpreis aus Börsenkurs, Vorerwerbs-, Parallelerwerbs- und Nacherwerbspreis). Richtlinienkonform ist diese abweichende Methode der Ermittlung der Gegenleistung für ein Squeeze-out nur, wenn es Art. 15 Abs. 5 Unterabs. 2 u. 3 eine Mindestregelung enthält.

451 § 39a Abs. 3 S. 3 WpÜG hat sodann nicht die Angemessenheitsvermutung der Abfindung, die bei einem Pflichtangebot gilt (Art. 15 Abs. 5 Unterabs. 3), sondern die nach Art. 15 Abs. 5 Unterabs. 2 bei einem Squeeze-out infolge eines (freiwilligen) Übernahmeangebots geltende übernommen. Die gesetzlich ermittelte Angemessenheit der Gegenleistung bei einem Squeeze-out infolge eines Pflichtangebots wird mithin nur dann als angemessen vermutet, wenn die so ermittelte Gegenleistung Marktpreiseigenschaft hat (weil ihre Annahmequote von mindestens 90 Prozent des vom Angebot betroffenen Grundkapitals beträgt). Im Ergebnis wird die beim Squeeze-out infolge eines Pflichtangebots geltende Vermutungregel für die Angemessenheit der Abfindung durch die Vermutungsregel für die Angemessenheit der Abfindung bei einem Squee-

---

[1081] Einzelheiten und weitere Nachw. bei *M. Habersack/D. Verse*, GesR, § 11 Rn 35.
[1082] Im Sinne einer Mindestharmonisierung auch *M. Habersack/D. Verse*, vorh. Fn.
[1083] *M. Lutter/W. Bayer/J. Schmidt*, § 30 Rn 138–141.
[1084] In diesem Sinne, aber mit anderer Begründung, *M. Habersack/D. Verse*, GesR, § 11 Rn 35 aE; ausf. *Heidel/Lochner*, § 39a WpÜG, Rn 50 (unten Kapitel 14); unter Verweis auf *Mülbert*, NZG 2004, 633; *Maul*, NZG 2005, 151; *Schüppen*, BB 2006, 165); vorsichtiger *M. Lutter/W. Bayer/J. Schmidt*, § 30 Rn 141 aE.
[1085] *Heidel/Lochner*, § 39a WpÜG, Rn 6 (unten Kapitel 14).
[1086] Vgl vorherige Fn.
[1087] MüKo-AktG/*Grunewald*, § 39a WpÜG, Rn 44, 45.
[1088] *Heidel/Lochner*, § 39a WpÜG, Rn 23 (unten Kapitel 14).
[1089] § 39a Abs. 1 S. 1, Abs. 4, Abs. 5, § 39b iVm dem FamFG, *Heidel/Lochner*, § 39a WpÜG, Rn 22, 23 (unten Kapitel 14); *M. Habersack/D. Verse*, GesR, § 11 Rn 36; *M. Lutter/W. Bayer/J. Schmidt*, § 30 Rn 145.
[1090] *M. Habersack/D. Verse*, GesR, § 11 Rn 38.
[1091] Oben Rn 445.

ze-out infolge eines (freiwilligen) Übernahmeangebots ersetzt und damit verschärft: die nach Art. 5 Abs. 4 Unterabs. 1 ermittelte Gegenleistung bei einem Pflichtangebot geniesst bereits die Vermutung der Angemessenheit (gem. Art. 15 Abs. 5 Unterabs. 3) und bedarf nicht zusätzlicher Bedingungen wie der des Markttests.

Darüberhinaus handelt es sich nach dem erklärten Willen des Gesetzgebers bei der Angemessenheitsvermutung des § 39 Abs. 3 S. 3 um eine unwiderlegliche Vermutung.[1092] **452**

Die in § 39 a Abs. 3 S. 3 WpÜG statuierte Vermutung der Angemessenheit der Abfindung bei einem Squeeze-out in Folge eines Pflichtangebots geht mithin über die Regelung in der Richtlinie hinaus, als sie zusätzlicher Voraussetzung unterworfen und als unwiderruflich qualifiziert wird. Richtlinienkonform kann die deutsche Regel mithin nur unter der Voraussetzung sein, dass es sich bei der Regelung des Art. 15 Abs. 5 Unterabs. 2 u. 3 um eine Mindestregelung handelt[1093] und die Vermutungen nicht unwiderleglich sind. Nur dann können die Mitgliedstaaten gem. Art. 4 Abs. 5 Unterabs. 2 lit. i) oder Art. 5 Abs. 6 einerseits Regeln für die Widerlegung der Vermutung aufstellen und andererseits abweichende Vermutungsregeln (wie die im deutschen Recht) zulassen.[1094] **453**

Der Rechtscharakter der Richtlinienregelung über die angemessene Abfindung wirkt sich ferner auf die Kontroverse über die Verfassungsmäßigkeit der über den Markt definierten Abfindung bei einem Squeeze-out aus: soweit der Markt die Angemessenheit der Gegenleistung beim Squeeze-out bestimmt, stösst § 39 a Abs. 3 WpÜG im Schrifttum auf verfassungsrechtliche Bedenken, die sich aus der Eigentumsgarantie des Art. 14 Abs. 1 GG speisen.[1095] Der über den Markt ermittelte Preis muss nämlich nicht dem inneren (Unternehmens-)Wert der Zielgesellschaft entsprechen, der höher liegen kann.[1096] Angesichts des Beschlusses des BVerfG v. 16.5.2012 und des Umstandes, dass von einer blossen Mindestharmonisierung mit widerleglicher Vermutung in Art. 15 Abs. 5 Unterabs. 2 u. 3 auszugehen ist, kann das Problem einer verfassungswidrigen Umsetzung (durch die Annahme der Unwiderruflichkeit) einer nichtverfassungkonformen Richtlinienregelung (im Falle der Vollharmonisierung) dahinstehen.[1097] **454**

[1092] M. *Habersack/D. Verse*, GesR, § 11 Rn 38 bei Fn 113 (mit Nachw.); *Heidel/Lochner*, § 39 a WpÜG Rn 8 aE (unten Kapitel 14); M. *Lutter/W. Bayer/J. Schmidt*, § 30 Rn 142; aA LG Frankfurt aM BB 2008, 2035 = NZG 2008, 665.
[1093] Für Richtlinienkonformität ohne weitere Begründung M. *Habersack/D. Verse*, GesR, § 11 Rn 38 aE.
[1094] *Heidel/Lochner* oben Fn 522.
[1095] M. *Lutter/W. Bayer/J. Schmidt*, § 30 Rn 146; ausf. *Heidel/Lochner*, § 39 a WpÜG Rn 40ff, 41 (unten Kapitel 14); anders OLG Frankfurt NJW 2009, 375; OLG Stuttgart ZIP 2009, 1059. Die gegen die Entscheidung des OLG Frankfurt gerichtete Verfassungsbeschwerde wurde mangels grundsätzlicher verfassungsrechtlicher Bedeutung nicht angenommen, BVerfG, 16.5.2012, 1 BvR 96/09. Der Nichtannahmebeschluss wiederholt jedoch in Rn 17 (unter Verweis auf BVerfG NJW 2011, 2497 Rn 21), dass die Entschädigung den wirklichen oder wahren Wert des Anteilseigentums widerzuspiegeln hat, verweist jedoch die Methode zur Ermittlung des Wertes der Unternehmensbeteiligung in Rn 18 dem einfachen Recht zu und hält „nur die Auswahl *einer* im gegebenen Fall geeigneten, aussagekräftigen Methode und die gerichtliche Überprüfbarkeit ihrer Anwendung" für verfassungsrechtlich geboten. Nach Rn 19 genügt die nach den Vorgaben der §§ 39 a, 39 b WpÜG iVm § 31 WpÜG, §§ 3 bis 6 WpÜG-AngebotsVO ermittelte und überprüfbare Abfindung den verfassungsrechtlichen Anforderungen.
[1096] Ausf. *Heidel/Lochner*, § 39 a WpÜG, vorherige Fn.
[1097] Vgl aber *Heidel/Lochner*, § 39 a WpÜG Rn 48 ff (unten Kapitel 14).

Die Europäische Aktiengesellschaft – Societas Europaea

Literatur:

Blanquet, Das Statut der Europäischen Aktiengesellschaft (Societas Europaea „SE"), ZGR 2002, 20; *Brandt/Scheifele*, Die Europäische Aktiengesellschaft, DStR 2002, 547; *Brandi*, Die Europäische Aktiengesellschaft im deutschen und internationalen Konzernrecht, NZG 2003, 889; *Brandt*, Ein Überblick über die Europäische Aktiengesellschaft (SE) in Deutschland, BB-Special 3/2005, 1; *Bungert/Beier*, Die Europäische Aktiengesellschaft, EWS 2002, 1; *Drinhausen/Keinath*, Verwendung der SE zur Vermeidung von Arbeitnehmermitbestimmung – Abgrenzung zulässiger Gestaltungen von Missbrauch gemäß § 43 SEBG; *Forst*, Unterliegen die Organwalter einer Societas Europae mit Sitz in Deutschland der Sozialversicherungspflicht?, NZS 2012, 801; *Förster/Lange*, Steuerliche Aspekte der Gründung einer Europäischen Aktiengesellschaft (SE), DB 2002, 288; *Grambow/Stadler*, Grenzüberschreitende Verschmelzungen unter Beteiligung einer Europäischen Gesellschaft (Societas Europaea – SE); *Grobys*, SE-Betriebsrat und Mitbestimmung in der Europäischen Gesellschaft, NZA 2005, 84; *Gruber/Weller*, Societas Europaea: Mitbestimmung ohne Aufsichtsrat? – Ideen für die Leitungsverfassung der monistischen Europäischen Aktiengesellschaft in Deutschland, NZG 2003, 297; *Heinze*, Die Europäische Aktiengesellschaft, ZGR 2002, 66; *Heumann/Schmidt*, Die europäische Aktiengesellschaft – auf dem Weg in die Karibik?, NZG 2007, 54.; *Hirte*, Die Europäische Aktiengesellschaft, NZG 2002, 1; *ders.*, Die Europäische Aktiengesellschaft nach In-Kraft Treten der deutschen Ausführungsgesetzgebung (Teil I), DStR 2005, 653; Teil II, DStR 2005, 700; *Hommelhoff*, Einige Bemerkungen zur Organisationsverfassung der Europäischen Aktiengesellschaft, AG 2001, 279; *Horn*, Die Europa-AG im Kontext des deutschen und europäischen Gesellschaftsrecht, Der Betrieb 2005, 147; *Ihrig/Wagner*, Das Gesetz zur Einführung der Europäischen Gesellschaft (SEEG) auf der Zielgeraden, BB 2004, 1749; *Jahn/Herfs-Röttgen*, Die Europäische Aktiengesellschaft – Societas Europaea, DB 2001, 631; *Kersting*, Societas Europaea: Gründung und Vorgesellschaft, DB 2001, 2079; *Knapp*, Die Hauptversammlung der Europäischen Aktiengesellschaft (SE), DStR 2012, 2392; *Knittel/Eble*, Bilanzielle Auswirkungen der Sitzverlegung einer Europäischen Aktiengesellschaft, BB 2008, 2283; *Köstler*, Die Beteiligung der Arbeitnehmer in der Europäischen Aktiengesellschaft nach den deutschen Umsetzungsgesetzen, DStR 2005, 745; *Lächler/Oplustil*, Funktion und Umfang des Regelungsbereichs der SE-Verordnung, NZG 2005, 381; *Lutter*, Europäische Aktiengesellschaft – Rechtsfigur mit Zukunft?, BB 2002, 1; *Maul*, Societas Europaea – Europäische Aktiengesellschaft, Ein erster Überblick, PWR 2002, 5; *Neye*, Kein neuer Stolperstein für die Europäische Aktiengesellschaft, ZGR 2002, 377; *Niklas*, Beteiligung der Arbeitnehmer in der Europäischen Gesellschaft (SE) – Umsetzung in Deutschland, NZA 2004, 1200; *Oechsler*, Der praktische Weg zur Societas Europea (SE) – Gestaltungsspielraum und Typenzwang, NZG 2005, 697; *Pluskat*, Die neuen Vorschläge für die Europäische Aktiengesellschaft, EuZW 2001, 524; *Rockstroh*, Verwaltungsrat und geschäftsführende Direktoren in der monistisch strukturierten Societas Europaea, BB 2012, 1620; *Rödder*, Gründung und Sitzverlegung der Europäischen Aktiengesellschaft (SE) – Ertragsteuerlicher Status quo und erforderliche Gesetzesänderungen, DStR 2005, 893; *Schäfer*, Das Gesellschaftsrecht (weiter) auf dem Weg nach Europa – am Beispiel der SE-Gründung, NZG 2004, 785; *Schlösser*, Europäische Aktiengesellschaft und deutsches Strafrecht, NZG 2008, 126; *Schubert*, Die Arbeitnehmerbeteiligung bei der Gründunger einer SE durch Verschmelzung unter Beteiligung arbeitnehmerloser Aktiengesellschaften, RdA 2012, 146; *Schulz/Geismar*, Die Europäische Aktiengesellschaft, DStR 2001, 1078; *Schwarz*, Europäisches Gesellschaftsrecht, 2. Auflage 2003, 640; *ders.*, Zum Statut der Europäischen Aktiengesellschaft, ZIP 2001, 1847; *Schwarze* (Hrsg), EU-Kommentar, 3. Auflage 2012; *Siems*, Befangenheit bei Verwaltungsratsmitgliedern einer Europäischen Aktiengesellschaft, NZG 2007, 129; *Spitzbart*, Die Europäische Aktiengesellschaft (Societas Europaea – SE), RNotZ 2006, 369; *Teichmann*, Austrittsrecht und Pflichtangebot bei Gründung einer Europäischen Aktiengesellschaft, AG 2004, 67, 77; *ders.*, Die Einführung der Europäischen Aktiengesellschaft, ZGR 2002, 383; *ders.*, Vorschläge für das deutsche Ausführungsgesetz zur Europäischen Aktiengesellschaft, ZIP 2002, 1109; *Thoma/Leuering*, Die Europäische Aktiengesellschaft – Societas Europaea, NJW 2002, 1449; *Vossius* in: Widmann/Mayer, Die Societas Europaea (EU) im Umwandlungsrecht, 2013, § 20 UmwG F; *Waclawik*, Die Europäische Aktiengesellschaft (SE) als Rechtsformalternative für die Verwaltung und gemeinschaftsweite Mobilität privater Großvermögen?, ZEV 2006, 429; *Weiss/Wöhlert*, Societas Europaea – Der Siegeszug des deutschen Mitbestimmungsrechts in Europa?, NZG 2006, 121; *Wiesner*, Der Nizza-Kompromiss zur Europa AG – Triumph oder Fehlschlag?, ZIP 2001, 397; *ders.*, GmbHReport (Sonderteil der Zeitschrift GmbHRundschau 2001) R 461.

A. Einleitung ... 1	III. Gründung einer Holding-SE, Art. 2 Abs. 2, Art. 32–34 SE-VO ... 21
B. Rechtsgrundlage ... 4	IV. Gründung einer gemeinsamen Tochtergesellschaft, Art. 2 Abs. 3, Art. 36 SE-VO ... 23
C. Begriff und Organisation ... 8	
I. Begriff ... 8	V. Ausgliederung einer Tochter-SE aus einer Mutter-SE, Art. 3 Abs. 2 SE-VO ... 25
II. Organe ... 11	
D. Gründung ... 15	E. Verhältnis SE-VO und nationales Recht am Beispiel einer SE mit Sitz in Deutschland ... 26
I. Verschmelzung, Art. 2 Abs. 2, Art. 17–31 SE-VO ... 17	F. Sitz – Festlegung und Verlegung ... 30
II. Formwechselnde Umwandlung einer AG mit einer Tochtergesellschaft in einem anderen Mitgliedstaat in eine SE, Art. 2 Abs. 4, Art. 37 SE-VO ... 20	G. Steuern ... 34
	H. Arbeitnehmerbeteiligung ... 39
	I. Fazit ... 45

A. Einleitung

1 Nach mehr als 30 Jahren seit Vorlage des ersten Verordnungsvorschlages zu einer Europäischen Aktiengesellschaft[1] wurde auf der Gipfelkonferenz des Europäischen Rates der Staats- und Regierungschefs in Nizza am 20.12.2000 eine politische Einigung[2] insbesondere über die Frage der Mitbestimmung der Arbeitnehmer erzielt. Der europäische Gesetzgeber konnte somit den gesetzlichen Rahmen für die **Europäische Aktiengesellschaft (Societas Europaea,** im Folgenden: SE) schaffen.

2 Auf europäischer Ebene tritt die SE neben die Europäische Wirtschaftliche Interessenvereinigung (EWIV) und die bisher aufgrund der Uneinigkeit der Mitgliedstaaten betreffend Mitbestimmung und Mindestkapital nicht realisierte Europäische Privatgesellschaft mit beschränkter Haftung (Societas Privata Europeae).[3] Im nationalen Recht wird neben der nationalen Aktiengesellschaft eine europäische, supranationale Gesellschaft[4] zur Verfügung gestellt, die gemeinsame Rahmenregelungen für alle Mitgliedstaaten vorsieht und die die wirtschaftlichen Konditionen für gemeinschaftsweit tätige Unternehmen verbessert.[5]

3 Die SE-VO erlaubt europaweit aktiven Unternehmen an Stelle eines Netzes aus Holding- und Tochtergesellschaften mit nur einer einzigen Gesellschaft in gesteigerter Wettbewerbsfähigkeit gegenüber den großen Konzernen aus USA und Asien tätig zu werden[6] und ermöglicht grenzüberschreitende Verschmelzungen im Rahmen der Gründungsverfahren.[7] Weiterhin können grenzüberschreitende Sitzverlegungen ohne Auflösung und Neugründung der Gesellschaft vorgenommen und das anwendbare Recht flexibel gewählt werden. Die SE-VO sieht weiterhin auch die im deutschen Recht nicht vorhandene Wahlmöglichkeit für das Verwaltungsorgan zwischen dem dualistischen System (Aufteilung in Vorstand und Aufsichtsrat) und dem monistischen System (Verwaltungsrat als einheitliches Organ) vor.

Betrug die Zahl der Neugründungen dieser neuen Gesellschaftsform im Jahr 2005 EU-weit geschätzt 21, so waren es 2006 schon 40, 2007 bereits 85, im Jahr 2008 über 100 und bis zum 1.10.2012 insgesamt 1.426 (in Deutschland 226).

In Deutschland firmieren von den großen Gesellschaften unter anderem die Allianz (seit 13.10.2006), Fresenius (seit 13.7.2007) und BASF (seit 14.1.2008) als SE. Auch die Axel Springer Konzern AG bereitet die Umwandlung in eine SE vor. Namhafte Mittelständler wie Tesa und GfK haben sich ebenfalls in eine SE umgewandelt.

Problembehaftet bleiben das aufwendige, langwierige Gründungsverfahren, die Minderheitenrechte sowie die Transaktionsrisiken. Die Europäische Kommission strebt durch Berichte, öffentliche Konsultationen und Konferenzen eine Verbesserung der rechtlichen Rahmenbedingungen an, eine Reform von Verordnung und Richtlinie ist aber erst für 2013 geplant. Um mehr Unternehmen in der EU für die Rechtsform der SE zu gewinnen, plant die Kommission eine europaweite Informationskampagne.[8]

B. Rechtsgrundlage

4 Das **Statut der SE** besteht aus zwei Rechtsakten: in der **Verordnung** über das Statut der Europäischen Gesellschaft (im folgenden SE-VO) ist das Gesellschaftsrecht der SE geregelt.[9] Die Verordnung trat als europäische Verordnung im Sinne von Art. 249 Abs. 2 EGV in allen Mitgliedstaaten ohne einen Umsetzungsakt des nationalen Gesetzgebers am 8.10.2004 (Art. 70 SE-VO) in Kraft. Die Verordnung enthält für die SE nur die Rahmenbestimmungen, verweist in inhaltlicher Hinsicht vielfach auf nationales Recht und enthält Regelungsaufträge und Wahlmöglichkeiten für den nationalen Gesetzgeber.[10] Die nicht geregelten Fragen sind vorrangig durch bereits bestehendes allgemeines Aktienrecht und – soweit erforderlich – auf die SE bezogenes neu zu schaffendes Recht zu schließen,[11] wobei der genaue Umfang des Regelungsbereiches der SE-VO und der damit einhergehenden Auslegungszuständigkeit des EuGH in Hinblick auf die Verweisungen auf das nationale Recht nicht eindeutig ist.[12]

---

1 Siehe zur historischen Entwicklung *Blanquet*, ZGR 2002, 20; *Lutter*, BB 2002, 1.
2 *Wiesner*, ZIP 2001, 397 spricht vom Nizza-Kompromiss.
3 EU-Kommission Vorschlag vom 25.6.2008, IP/08/1003.
4 Erwägungsgrund Nr. 6 zur SE-VO; *Hirte*, NZG 2002, 1, 2; *Teichmann*, ZGR 2002, 383, 388.
5 *Schwarz*, ZIP 2001, 1847, 1859.
6 *Thoma/Leuering*, NJW 2002, 1449, 1450.
7 *Maul*, PWR 2002, 5.
8 MITTEILUNG DER KOMMISSION AN DAS EUROPÄISCHE PARLAMENT, DEN RAT, DEN EUROPÄISCHEN WIRTSCHAFTS- UND SOZIALAUSSCHUSS UND DEN AUSSCHUSS DER REGIONEN Aktionsplan: Europäisches Gesellschaftsrecht und Corporate Governance – ein moderner Rechtsrahmen für engagiertere Aktionäre und besser überlebensfähige Unternehmen vom 12.12.2012 (COM/2012/0740 final).
9 Verordnung (EG) Nr. 2157/2001 des Rates v. 8.10.2001 über das Statut der Europäischen Gesellschaft, ABlEG Nr. L 294 v. 10.11.2001.
10 *Neye*, ZGR 2002, 377, 382; vgl etwa Art 8 Abs. 5 und Abs. 14, 19, 31 Abs. 2 S. 2, 34, 37 Abs. 8 SE-VO.
11 *Neye*, ZGR 2002, 377, 381; *Teichmann*, ZGR 2002, 394.
12 Vgl *Lächler/Oplustil*, NZG 2005, 381.

Die **Richtlinie** zur Ergänzung des Statuts der Europäischen Gesellschaft hinsichtlich der Beteiligung der Arbeitnehmer[13] war gemäß Art. 14 Abs. 1 SE-Richtlinie (im Folgenden: SE-RL) bis zum 8.10.2004 durch die Mitgliedstaaten in innerstaatliches Recht umzusetzen. Nach Erwägungsgrund Nr. 19 der SE-VO stellen SE-VO und Richtlinie „eine untrennbare Ergänzung" dar.

Nach Vorarbeiten in einem Diskussionsentwurf (DiskE),[14] dem Referentenentwurf von April 2004 (RefE) und dem Regierungsentwurf von Mai 2004 (RegE)[15] ist das Gesetz zur Einführung der Europäischen Gesellschaft (SEEG)[16] am 29.12.2004 als Mantelgesetz für das SE-Ausführungsgesetz (SEAG) und das Gesetz über die Beteiligung der Arbeitnehmer in einer Europäischen Gesellschaft (SE-Beteiligungsgesetz – SEBG) in Kraft getreten.

Das Europäische Parlament hat sein Recht auf Mitentscheidung bei der Rechtsetzung von Richtlinie und Verordnung als verletzt angesehen.[17] Das Parlament hat bei dem Verfahren nach Art. 308 EGV nur ein Anhörungs- und kein Mitentscheidungsrecht nach Art. 251 EGV.[18] Nach Ansicht des Parlaments wäre Rechtsgrundlage die in den Verordnungsvorschlägen vorgesehene Art. 95 EGV (ex-Art. 100a EGV) und Art. 44 Abs. 2g EGV (ex-Art. 54 Abs. 3g EGV), für die seit der Geltung des Vertrags von Maastricht das Verfahren der Mitentscheidung vorgesehen ist. Das Parlament hat sich dem Erlass von Verordnung und Richtlinie nicht entgegengestellt,[19] aber sich vorbehalten, die Frage der einschlägigen Rechtsgrundlage nachträglich vom EuGH klären zu lassen.[20] Kurz vor Ablauf der Klagefrist hat es auf eine Klage verzichtet.

C. Begriff und Organisation

I. Begriff. Die SE ist eine Kapitalgesellschaft mit einem in Aktien zerlegten Grundkapital in Höhe von mindestens 120.000 EUR (Art. 1 Abs. 1 und Abs. 2 S. 1, 4 Abs. 1 und 2 SE-VO). Als Haftungsmasse steht den Gläubigern nur das Gesellschaftsvermögen zur Verfügung, obwohl nach dem Wortlaut der SE-VO jeder Aktionär bis zur Höhe des von ihm gezeichneten Kapitals haftet (Art. 1 Abs. 2 S. 2 SE-VO). Da eine persönliche Haftung der Aktionäre gegenüber den Gläubigern wie nach § 1 Abs. 1 S. 2 AktG gerade nicht besteht,[21] ist der Wortlaut irreführend.

Die SE erlangt Rechtsfähigkeit (Art. 1 Abs. 3 SE-VO) mit Eintragung in das Register des Sitzstaates (Art. 16 Abs. 1, 12 SE-VO); nach § 3 SEAG, der bestimmt, dass sich die Eintragung einer deutschen SE nach den für Aktiengesellschaften geltenden Vorschriften richtet, ist diese das Handelsregister. Sofern nichts anderes bestimmt ist, wird eine SE gem. Art. 10 SE-VO wie eine nach dem Recht des Sitzstaates gegründete Aktiengesellschaft behandelt.

Die Entstehung einer Vor-Gesellschaft, die – wie im nationalen deutschen Kapitalgesellschaftsrecht – ihrerseits rechtsfähig ist und durch ihre Organe verpflichtet werden kann, wird in der Literatur uneinheitlich gesehen.[22] Bei Zuweisung der Frage zum nationalen Recht wird eine Zulässigkeit der Vor-Gesellschaft anzunehmen sein; bei Heranziehung von Art. 16 Abs. 2 SE-VO ist dies aufgrund der Haftung der Handelnden eher abzulehnen.[23]

Außer der SE-VO unterliegt die SE den Bestimmungen ihrer Satzung, sofern die SE-VO es ausdrücklich zulässt (Art. 9 Abs. 1 lit. b). Die SE-VO gewährt der Satzung für die nicht durch die SE-VO selbst geregelten Aspekte aber nur die Gestaltungsfreiheit, die auch einer Aktiengesellschaft mit Sitz im selben Mitgliedstaat eingeräumt wird[24] (Art. 9 Abs. 1c iii) SE-VO), so dass für in Deutschland ansässige SE die restriktive Regelung des § 23 Abs. 5 AktG zur Anwendung kommt.[25]

II. Organe. Als Grundorgan[26] hat die SE eine Hauptversammlung der Aktionäre (Art. 38 lit. a SE-VO), für deren Ablauf die Verordnung eigene Regelungen enthält (Art. 52–60 SE-VO), im Wesentlichen aber auf das nationale Recht am Sitz der SE verweist (Art. 53 SE-VO).[27]

In ihrer Satzung muss sich jede SE für die monistische oder dualistische Verwaltungsstruktur entscheiden (Art. 38 SE-VO). Bei der **monistischen Verwaltungsstruktur** obliegt einem einheitlichen Verwaltungsorgan die Leitungs- und Überwachungsfunktion, wie im aus dem anglo-amerikanischen Rechtskreis bekannten board system. Allein das Verwaltungsorgan ist für die Geschäftsführung und Vertretung der SE verant-

---

13 Richtlinie 2001/86/EG des Rates v. 8.10.2001 zur Ergänzung des Statuts der Europäischen Gesellschaft hinsichtlich der Beteiligung der Arbeitnehmer, ABlEG Nr. L 294 v. 10.11.2001.
14 Abgedruckt als Sonderbeilage zu NZG Heft 7/2003.
15 BR-Drucks. 438/04 vom 28.5.2004 = BT-Drucks. 15/3405 vom 21.6.2004.
16 Gesetz vom 22.12.2004, BGBl. I 2004 S. 3675, zuletzt geändert durch das Gesetz zur Umsetzung der Aktionärsrichtlinie vom 30.7.2009, BGBl. I 2009, 2479.
17 *Schwarz*, SE-VO, Einl. 29.
18 *Herdegen*, Europarecht, § 8 Rn 69 ff.
19 Vgl zum Ganzen en detail *Neye*, ZGR 2002, 377, 378.
20 Europäisches Parlament, Pressebericht vom 4.9.2001, im Internet unter <http/europarl.eu.int/press/index_de.htm>.
21 MüKo-AktG/*Oechsler*, SE-VO, Art. 1 Rn 6; *Schwarz*, Rn 1092, Fn 375; *Thoma/Leuering*, NJW 2002, 1449, 1450.
22 Vgl *Kersting*, DB 2001, 2079 ff; *Schäfer*, NZG 2004, 785 ff.
23 *Hirte*, DStR 2005, 653, 656.
24 *Blanquet*, ZGR 2002, 20, 48.
25 Kritisch hierzu *Hommelhoff*, AG 2001, 279, 287.
26 So *Lutter*, BB 2002, 1, 4.
27 Vgl *Knapp*, DStR 2012, 2392.

wortlich (Art. 43 Abs. 1 SE-VO). Die Mitglieder des Verwaltungsorgans werden von der Hauptversammlung gewählt (Art. 43 Abs. 3 SE-VO). Nach § 23 SEAG hat der Verwaltungsrat mindestens drei Mitglieder, wobei jedoch bei Gesellschaften mit einem unter 3 Mio. EUR liegenden Grundkapital durch Satzung von dieser Zahl abgewichen werden kann. Mangels seperatem Aufsichtsorgan wird bei diesem System das Problem eines Machtmissbrauchs der Unternehmensleitung besonders akut mit der Folge einer möglichen Befangenheit des § 35 Abs. 3 SEAG.[28] Rechtlich ungeklärt ist auch das Verhältnis zwischen Verwaltungsrat und den ein oder mehreren geschäftsführenden Direktoren, über die die SE in Deutschland verfügen muss.[29]

13 Bei dem **dualistischen System** besteht eine Trennung von Leitungs- und Aufsichtsrat, wie durch die Organe Vorstand und Aufsichtsrat im deutschen Recht. Bei der SE gibt es neben dem geschäftsführenden Leitungsorgan[30] (Art. 39 Abs. 1 SE-VO, vgl §§ 76, 77 AktG) noch das Aufsichtsorgan als Kontrollinstanz (Art. 40 Abs. 1 SE-VO, vgl § 110 AktG), das für die Bestellung und Abberufung der Mitglieder des Leitungsorgans zuständig ist (Art. 39 Abs. 2 SE-VO, § 84 AktG). Die Mitgliederzahl von Leitungs- und Aufsichtsorgan ist durch Satzungsbestimmung festzulegen, wobei die Mitgliedstaaten eine Mindest- und/oder Höchstzahl bestimmen können (Art. 39 Abs. 4 SE-VO). In dieser Wahlmöglichkeit liegt die am weitesten reichende Besonderheit der SE-VO begründet,[31] da eine SE mit Sitz in Deutschland nun die board-Verfassung wählen kann. Nach § 16 SEAG hat das Leitungsorgan bei Gesellschaften mit einem Grundkapital von mehr als 3 Mio. EUR aus mindestens zwei Personen zu bestehen, sofern die Satzung nicht ausdrücklich bestimmt, dass es nur aus einer Person bestehen soll. Bei einer mitbestimmten deutschen SE sind hingegen immer mindestens zwei Personen zu bestellen, von denen eine für den Bereich „Arbeit und Soziales" zuständig sein muss, § 16 S. 2 SEAG in Verbindung mit § 38 Abs. 2 SEBG. Das Aufsichtsorgan besteht nach § 17 SEAG, der § 95 S. 1 AktG entspricht, aus mindestens drei Mitgliedern, wobei die Gesamtmitgliederzahl nicht durch drei teilbar sein muss.[32]

14 Die Amtszeit der Organe ist auf sechs Jahre begrenzt, wobei eine Abberufung nur aus wichtigem Grund und Wiederbestellung möglich ist (Art. 46 SE-VO). Darüber hinaus kann auch eine Gesellschaft oder eine andere juristische Person Organmitglied werden, wenn das Sitzstaatrecht nichts Abweichendes bestimmt (Art. 47 SE-VO). Ob die Organwalter wegen der Ausübung einer Beschäftigung gem. § 7 Abs. 1 SGB IV sozialversicherungspflichtig sind, ist umstritten.[33]

D. Gründung

15 Die Möglichkeiten der Gründung einer SE sind in Art. 2 und 3 SE-VO abschließend aufgeführt, sog. **Numerus clausus**,[34] und in den Art. 15–37 SE-VO geregelt. Die SE-VO sieht eine Neugründung im eigentlichen Sinne nicht vor, so dass die Neugründung einer SE durch natürliche Personen ebenso wenig möglich ist wie die Ausgründung aus einer bestehenden Gesellschaftsform des nationalen Rechts, vielmehr bedarf es bestehender Gesellschaften. Neben den vier unmittelbaren Gründungsformen gibt es eine abgeleitete (sekundäre) Form. Den vier unmittelbaren Gründungsformen ist gemeinsam, dass die Gründungsgesellschaften eine institutionelle Verbindung zu zwei oder mehr EU-Mitgliedstaaten aufweisen müssen.

16 Nicht jede Gründungsform steht für jede Art von Rechtsperson offen: bei Verschmelzung und Umwandlung ist nur die Aktiengesellschaft zugelassen, bei der Holding-SE auch die GmbH und bei der Tochter-SE jede juristische Person des öffentlichen oder privaten Rechts. Nachrangig gilt auch für die Gründung nationales Recht (Art. 18 SE-VO), in Deutschland ist insoweit das Aktien- und Umwandlungsgesetz einschlägig.

17 **I. Verschmelzung, Art. 2 Abs. 2, Art. 17–31 SE-VO.** Die Gründung einer SE kann durch Verschmelzung von zwei oder mehr Aktiengesellschaften mit Sitz in verschiedenen Mitgliedstaaten erfolgen. Nach Art. 17 SE-VO ist die Verschmelzung durch Aufnahme gem. Art. 3 Abs. 1 der Richtlinie 78/855/EWG möglich, dabei nimmt die aufnehmende Gesellschaft die Rechtsform einer SE an, oder durch Neugründung gem. Art. 4 Abs. 1 der Richtlinie 78/855/EWG, und die neue Gesellschaft wird eine SE.[35] Die Leitungs- oder Verwaltungsorgane stellen einen – gleich lautenden – Verschmelzungsplan auf, der einen bestimmten Mindestinhalt aufweisen muss (Art. 20 Abs. 1 SE-VO). Inwieweit der Verschmelzungsplan notariell zu beurkunden ist, ist umstritten.[36] Das SEAG sieht im Rahmen der Verschmelzungsgründung zwei besondere Minderheitenschutzrechte vor: die nachträgliche Verbesserung des Umtauschverhältnisses und das Austrittsrecht.[37]

---

28 Vgl *Siems*, NZG 2007, 129, 132.
29 Vgl *Rockstroh*, BB 2012, 1620 ff.
30 Zur Vertretungsbefugnis des Leitungsorgans enthält die SE-VO und auch Art 39 SE-VO keine Regelung.
31 *Lutter*, BB 2002, 1, 4; *Hommelhoff* bezeichnet dies als "revolutionär", AG 2001, 279, 282.
32 LG Nürnberg-Fürth v. 8.2.2010 – 1 HK O 8471/09, BB 2010, 1113.
33 *Forst*, NZS 2012, 801.
34 *Thoma/Leuering*, NJW 2002, 1449, 1451.
35 *Grambow/Stadler*, BB 2010, 977.
36 Dafür *Hirte*, NZG 2002, 1, 3; *Teichmann*, ZGR 2002, 383, 420; dagegen: *Schulz/Geismar*, DStR 2001, 1078, 1080.
37 Vgl *Brandt*, BB 2005, 1 ff.

Sind an der Gründung einer SE im Wege der Verschmelzung oder auch der Bildung einer Holding deutsche AGs oder GmbHs beteiligt, gewährt § 7 Abs. 1 SEAG den Gesellschaftern ein Recht zum Austritt gegen Barabfindung, wobei die Ungewissheit der Höhe der Abfindung das Vorhaben der SE-Gründung durch Verschmelzung erschwert.[38] Eine Klage von Minderheitsaktionären, die sich gegen die Verschmelzung ausgesprochen haben, gegen den Verschmelzungsbeschluss ist gemäß § 6 Abs. 1 SEAG ausgeschlossen; diese werden über Art. 24 Abs. 2 SE-VO und in Anlehnung an §§ 14 Abs. 2, 15 UmwG durch einen Anspruch auf bare Zuzahlung gegenüber der SE geschützt, § 6 Abs. 2 SEAG.[39] Ungeklärt ist, ob die Barangebotspflichten des SEAG neben den Vorgaben des WpÜG, § 37 WpÜG iVm §§ 8 ff der WpÜG-Angebotsverordnung, bestehen,[40] so dass ein Antrag auf Befreiung von der Angebotspflicht zu stellen ist.

Die Gründung durch Verschmelzung erleichtert die Gründung insoweit, als eine inländische AG sich ihren ausländischen Verschmelzungspartner selbst aussuchen und somit ohne weiteren Zeitverzug die SE gründen kann.[41]

Die Rechtmäßigkeitskontrolle erfolgt zweistufig: zunächst ist für jede Gründungsgesellschaft eine Kontrolle nach nationalem Aktienrecht durchzuführen (Art. 25 Abs. 1 SE-VO) und die zuständige nationale Stelle stellt eine Bescheinigung über die der Verschmelzung vorangehenden Rechtshandlungen und Formalitäten aus (Art. 25 Abs. 2 SE-VO). Die Durchführung der Verschmelzung und Gründung der SE wird dann von der jeweils national zuständigen Stelle im künftigen Sitzstaat der SE überprüft (Art. 26 Abs. 1 SE-VO), die insbesondere kontrolliert, ob ein gleich lautender Verschmelzungsplan vorliegt und eine Vereinbarung über die Beteiligung der Arbeitnehmer geschlossen wurde (Art. 26 Abs. 3 SE-VO).

Am Beispiel der Verschmelzung wird das Zusammenspiel von SE-VO und nationalem Recht besonders deutlich:[42] Nach Art. 15 SE-VO findet auf die Gründung grundsätzlich das Recht im künftigen Sitzstaat der SE Anwendung, nach Art. 18 SE-VO gilt in den Bereichen, die im Abschnitt der SE über die Verschmelzung nicht oder nur partiell geregelt sind, für jede Gründungsgesellschaft das Recht ihres Sitzstaates, soweit es mit der Verschmelzungsrichtlinie (78/855/EWG vom 9.10.1978) in Einklang steht.

II. Formwechselnde Umwandlung einer AG mit einer Tochtergesellschaft in einem anderen Mitgliedstaat in eine SE, Art. 2 Abs. 4, Art. 37 SE-VO. Eine SE kann auch durch Umwandlung einer bestehenden Gesellschaft in eine SE entstehen, wobei diese Variante der SE-Gründung aufgrund der Anwendung von Art. 37 Abs. 3 SE-VO zu einem erheblichen Kosten- und Zeitaufwand führt. Eine Aktiengesellschaft nationalen Rechts mit Sitz und Hauptverwaltung in der Gemeinschaft kann in eine SE formwechselnd umgewandelt werden, wenn sie seit mindestens zwei Jahren eine dem Recht eines anderen Mitgliedstaates unterliegende Tochtergesellschaft[43] hat. Diese Umwandlung entspricht einem Formwechsel nach dem deutschen Umwandlungsrecht nach den §§ 190 ff. UmwG. Anlässlich der Umwandlung darf der Sitz der Gesellschaft aber nicht in einen anderen Mitgliedstaat verlegt werden (Art. 37 Abs. 3 SE-VO).

III. Gründung einer Holding-SE, Art. 2 Abs. 2, Art. 32–34 SE-VO. Dem deutschen Recht unbekannt ist die Gründung einer Holding-SE. Gründer können zwei oder mehr Aktiengesellschaften oder Gesellschaften mit beschränkter Haftung sein, die nach dem Recht eines Mitgliedstaats gegründet sind und Sitz und Hauptverwaltung in der Gemeinschaft haben. Hierzu müssen mehr als 50 % der Anteile der die Gründung anstrebenden Gesellschaften durch deren Anteilsinhaber in eine Holding-SE gegen Gewährung von Aktien an der neu entstandenen Holding-SE eingebracht werden. Die SE wird damit zur Muttergesellschaft der Gründungsgesellschaften.

Voraussetzung ist, dass mindestens zwei von ihnen dem Recht unterschiedlicher Mitgliedstaaten unterliegen oder mindestens zwei von ihnen seit mindestens zwei Jahren eine dem Recht eines anderen Mitgliedstaats unterliegende Tochtergesellschaft oder eine Niederlassung in einem anderen Mitgliedstaat haben (Art. 2 Abs. 2 SE-VO). Das Verfahren der Holding-Gründung gleicht dem generellen Grundmuster für Umstrukturierungen im europäischen Gesellschaftsrecht:[44] Die Entscheidung, vorbereitet durch einen Gründungsplan (Art. 32 Abs. 2 SE-VO) über die Gründung der Holding wird von der Hauptversammlung getroffen (Art. 32 Abs. 6 SE-VO). Der Plan wird durch unabhängige Sachverständige geprüft, die einen schriftlichen Bericht für die Aktionäre der einzelnen Gesellschaften erstatten (Art. 32 Abs. 4 S. 1 SE-VO).

IV. Gründung einer gemeinsamen Tochtergesellschaft, Art. 2 Abs. 3, Art. 36 SE-VO. Zwei oder mehr Gesellschaften im Sinne von Art. 48 Abs. 2 EGV (jetzt: Art. 54 AEUV) können eine Tochter-SE als Gemeinschaftsunternehmen durch Zeichnung ihrer Aktien gründen,[45] sofern mindestens zwei von ihnen dem Recht verschiedener Mitgliedstaaten unterliegen oder seit mindestens zwei Jahren eine dem Recht eines anderen

---

38 *Horn*, DB 2005, 147, 149.
39 *Nagel*, NZG 2004, 834.
40 *Teichmann*, AG 2004, 67, 74.
41 *Oechsler*, NZG 2005, 702.
42 *Teichmann*, ZGR 2002, 383, 415.
43 Nicht ausreichend ist eine Zweigniederlassung, *Schwarz*, ZIP 2001, 1847, 1850.
44 *Teichmann*, ZGR 2002, 383, 432.
45 *Hommelhoff* spricht hier von der Gründung einer Gemeinschafts-SE, AG 2001, 279, 280.

Mitgliedstaates unterliegende Tochtergesellschaft oder Niederlassung haben. Diese Art der Gründung steht jeder juristischen Person und Personengesellschaften (als Gesellschaften im Sinne von Art. 48 Abs. 2 EGV [jetzt: Art. 54 AEUV], vgl Art. 2 Abs. 3 SE-VO) offen.

24 Das Verfahren der Gründung einer Tochter-SE ist in der SE-VO nicht geregelt, weder ist ein Gründungsplan vorgeschrieben, noch muss die Hauptversammlung nach der SE-VO befragt werden.[46] Art. 36 SE-VO verweist insoweit allein auf das nationale Recht.

25 **V. Ausgliederung einer Tochter-SE aus einer Mutter-SE, Art. 3 Abs. 2 SE-VO.** Als sekundäre (abgeleitete) Gründungsform kann eine Tochter-SE aus einer Mutter-SE ausgegründet werden. Für diese Art der Gründung ist eine Ausnahme von der obligatorischen Mehrstaatlichkeit vorgesehen, da hier die SE als Gründerin auftritt.

E. Verhältnis SE-VO und nationales Recht am Beispiel einer SE mit Sitz in Deutschland

26 Auf die SE findet ein Geflecht aus nationalem und europäischem Recht Anwendung: neben den Bestimmungen der SE-VO die Regelungen der Satzung, die Regelungen des SEAG, bestehendes nationales Recht des Sitzstaates und europäisches Gemeinschaftsrecht.[47]

27 Als zentrale Norm bestimmt Art. 9 SE-VO das auf die SE anwendbare Recht.[48] Die SE unterliegt zunächst den Bestimmungen der SE-VO (Art. 9 Abs. 1 a SE-VO) und sofern die SE-VO es ausdrücklich zulässt, den Regelungen der Satzung (Art. 9 Abs. 1 b SE-VO). Soweit die SE-VO Bereiche nicht oder nur teilweise geregelt hat, greifen zunächst die Rechtsvorschriften ein, die der Mitgliedstaat in Anwendung der speziell die SE betreffenden Gemeinschaftsmaßnahmen erlassen hat, dann die Rechtsvorschriften der Mitgliedstaaten, die auf eine nach dem Recht des Sitzstaates der SE gegründete, also nationale, Aktiengesellschaft Anwendung finden würden und die Bestimmungen der Satzung, wenn sie auch bei einer nach dem Recht des Sitzstaats der SE gegründeten Aktiengesellschaft eingreifen würden (Art. 9 Abs. 1 c SE-VO).

28 Die speziell für die SE geschaffenen Rechtsvorschriften müssen ihrerseits mit den gesellschaftsrechtlichen EG-Richtlinien, die auf Aktiengesellschaften im Sinne des Anhangs I zur SE-VO, in Deutschland die Aktiengesellschaft, Anwendung finden, vereinbar sein (Art. 9 Abs. 2 SE-VO). Besondere für die von der SE ausgeübte Geschäftstätigkeit geltende Vorschriften des nationalen Rechts finden auf die SE uneingeschränkt Anwendung (Art. 9 Abs. 3 SE-VO).

29 Neben das ohnehin grundsätzlich verzahnte nationale und europäische Recht tritt bei der SE noch das SE-AG, das selbst wiederum die Vorgaben des Gemeinschaftsrechts zu beachten hat. § 1 SEAG sieht vor, dass – soweit nicht die SE-VO selbst gilt – auf im Inland ansässige SE und auf die an der Gründung einer SE beteiligten Gesellschaften mit Sitz im Inland[49] die Regelungen des SEAG Anwendung finden, die ihrerseits wie § 3 auf Vorschriften des nationalen Rechts verweisen. Aus dieser Vielzahl der auf die SE anwendbaren Regelungen zeigt sich deutlich, dass um die SE und ihre Rechtsgrundlagen gerungen wurde und die Regelungen auf einem politischen Kompromiss basieren. Aus diesem Grund gibt es nicht eine einheitliche SE, sondern so viele SE wie EU-Mitgliedstaaten,[50] so dass fraglich ist, inwieweit die mit der Einführung einer einheitlichen Rechtsform erstrebte Angleichung erreicht werden kann.[51] Aufgrund der unübersichtlichen Lage besteht eine erhebliche Rechtsunsicherheit hinsichtlich der Anwendung und Auslegung der Rechtsnormen flankiert von schwierigen Kompetenzabgrenzungen zwischen den nationalen und den europäischen Gerichten.[52]

F. Sitz – Festlegung und Verlegung

30 Der satzungsmäßige Sitz der SE[53] muss in der Gemeinschaft liegen und zwar in dem Mitgliedstaat, in dem sich auch die Hauptverwaltung befindet (Art. 7 S. 1 SE-VO). Den Mitgliedstaaten bleibt vorbehalten, für ihr Hoheitsgebiet vorzuschreiben, dass Sitz der SE und Hauptverwaltung am selben Ort liegen müssen (Art. 7 S. 2 SE-VO). Die SE ist in ihrem Sitzstaat im jeweiligen nationalen Register einzutragen, Art. 12 SE-VO, ein europäisches Handelsregister existiert nicht. Die SE kann erst dann eingetragen werden, wenn das Verhandlungsverfahren mit den Arbeitnehmern auf die eine oder andere in der Richtlinie vorgesehene Wei-

---

[46] *Teichmann*, ZGR 2002, 383, 438.
[47] Vgl zum Verhältnis SE-VO und nationales Recht *Brandt/Scheifele*, Die Europäische Aktiengesellschaft und das anwendbare Recht, DStR 2002, 547 ff.
[48] *Schwarz*, ZIP 2001, 1847, 1849; *Hommelhoff*, AG 2001, 279, 285 spricht von einer "kunstvoll aufgeschichteten Rechtsquellenpyramide".
[49] Vgl dazu *Ihrig/Wagner*, BB 2004, 1749, 1750.
[50] *Hirte*, NZG 2002, 1, 2.
[51] *Hirte*, NZG 2002, 1, 2.
[52] *Hommelhoff*, AG 2001, 279, 285.
[53] *Schwarz*, ZIP 2001, 1847, 1849 führt aus, dass mit dem Sitz iSv Art 7 SE-VO der satzungsmäßige Sitz gemeint sein muss, da sich allein dieser von der Hauptverwaltung als dem Ort der tatsächlichen Geschäftsleitung unterscheiden kann.

se zum Abschluss gekommen ist (Art. 12 Abs. 2 SE-VO). Die im Sitzstaat der SE zuständige Behörde prüft, ob die nationalen Gründungsvorschriften eingehalten wurden (Art. 26 Abs. 1 SE-VO). Neben der Veröffentlichung im Bundesanzeiger ist im Hinblick auf die Eintragung der SE zusätzlich eine Veröffentlichung im Amtsblatt der Europäischen Gemeinschaften erforderlich, Art. 14 SE-VO.

Der Sitz einer SE kann grenzüberschreitend in einen anderen Mitgliedstaat verlegt werden, ohne dass die Verlegung zur Auflösung der SE oder zur Gründung einer neuen juristischen Person führt (Art. 8 Abs. 1 SE-VO), nicht jedoch in einen Drittstaat.[54] Im deutschen Recht verlangt die Verlegung des Registersitzes in einen anderen Staat nach überwiegender Ansicht die Auflösung der Gesellschaft.[55]

Die SE-VO sieht ein Sitzverlegungsverfahren vor, nach dem das Leitungs- oder Verwaltungsorgan einen Verlegungsplan (Art. 8 Abs. 2 SE-VO) und Sitzverlegungsbericht erstellt, die Hauptversammlung über die Verlegung mit der satzungsändernden Mehrheit beschließt, nachdem Aktionäre und Gläubiger Plan und Bericht einsehen konnten und die Sitzverlegung mit Eintragung im Register des neuen Sitzes wirksam wird. Der nationale Gesetzgeber kann Vorschriften zum Schutz widersprechender Minderheitsaktionäre erlassen (Art. 8 Abs. 5 SE-VO). Art. 8 SE-VO verweist für die Sitzverlegung vielfach auf das jeweilige nationale Aktienrecht, das mit der Sitzverlegung wechselt, so dass jede Sitzverlegung umfangreiche organisatorische Veränderungen erfordern wird.[56]

Eine Übereinkunft der Mitgliedstaaten nach Art. 293, 3. Spiegelstrich EGV aF zur Sitzverlegung wurde nicht getroffen, dürfte infolge der Rechtsprechung auch nicht mehr erforderlich sein.[57]

Bei der Sitzverlegung nach Deutschland stellt sich für das Geschäftsjahr der Sitzverlegung die Frage, auf welche Weise die Überleitung von den bislang angewandten Rechnungslegungsvorschriften auf die HGB-Normen erfolgt und wie die Geschäftsvorfälle einer SE bis zur Eintragung der Sitzverlegung im deutschen Handelsregister zu erfassen sind.[58]

G. Steuern

Die entscheidende Frage für die Akzeptanz der SE in der Praxis wird ihre steuerliche Behandlung darstellen.[59] Zur Frage der Besteuerung enthält die SE-VO keine eigenen Bestimmungen, sondern verweist in Art. 9 Abs. 1 lit. c ii) SE-VO auf das jeweilige nationale Recht des Sitzstaats der SE.[60]

Da die SE durch ihr Steuerregime nicht an Attraktivität verlieren soll, wäre ein Belastungsgleichlauf[61] mit den nationalen Gesellschaftsformen wünschenswert.[62] Andererseits soll die SE auch nicht günstiger als die nationalen Unternehmen besteuert werden, damit es nicht zu einer Flucht in die SE kommt.

Da die SE als Aktiengesellschaft ihres Sitzstaates gilt (Art. 3 Abs. 1 SE-VO), sind laufende Besteuerung und Besteuerung bei Auflösung parallel zur nationalen Gesellschaftsform. Eine SE, die als deutsche Aktiengesellschaft gilt, fällt wie eine nationale Aktiengesellschaft unter die Körperschaftsteuer im Sinne des § 1 Abs. 11 Nr. 1 KStG und ist Kapitalgesellschaft im Sinne des DBA und abkommensberechtigt.[63] Zur Lösung weiterer Einzelprobleme bietet sich der Erlass einer Richtlinie[64] an.

Für die Besteuerung bei der Gründung der SE durch grenzüberschreitende Fusion durch Aufnahme oder Neugründung ist die steuerliche Neutralität in der Fusions-Besteuerungs-Richtlinie von 1990[65] vorgesehen. Die SE wird von der Richtlinie ausdrücklich erfasst, wie sich aus der verabschiedeten Änderung der Fusionsrichtlinie ergibt.[66] Auch die Mutter-Tochter-Richtlinie[67] wird ausdrücklich auf die SE angewendet. Zur nationalen Umsetzung der Fusionsrichtlinie ist am 13.12.2006 das Gesetz über steuerliche Begleitmaßnahmen zur Einführung der Europäischen Gesellschaft und zur Änderung weiterer steuerrechtlicher Vorschriften (SEStEG) in Kraft getreten.[68] Durch das SEStEG wird das deutsche Umwandlungsrecht insoweit

---

54 *Heuschmid/Schmid*, NZG 2007, 54, 56.
55 So zuletzt OLG Düsseldorf ZIP 2001, 790 und OLG Hamm ZIP 2001, 791; MüHb-AG/*Hoffmann-Becking*, § 65 Rn 4 mwN; BGHZ 25, 134 (144).
56 *Thoma/Leuering*, NJW 2002, 1449, 1453.
57 Vgl dazu Richtlinienvorentwurf zur Verlegung des Gesellschaftssitzes innerhalb der EU, Erster Vorentwurf für eine "Vierzehnte Richtlinie des Europäischen Parlaments und des Rates über die Verlegung des Sitzes einer Gesellschaft in einen anderen Mitgliedstaat mit Wechsel des für die Gesellschaft maßgebenden Rechts", KOM XV/6002/97 v. 20.4.1997, abgedruckt in ZIP 1997, 1721.
58 Vgl *Knittel/Eble*, BB 2008, 2283, 2287.
59 Vgl zur Frage der Besteuerung *Förster/Lange*, DB 2002, 288; *Wiesner*, GmbHR 2001, R 461.
60 Vgl dazu auch *Brandt*, BB-Spezial 3/2005, 1, 6 f; *Horn*, DB 2005, 147, 152 f.
61 *Hommelhoff*, AG 2001, 279, 285.
62 *Jahn/Herfs-Röttgen*, DB 2001, 631, 638.
63 *Hommelhoff*, AG 2001, 279, 286.
64 *Lutter*, BB 2002, 1, 7.
65 Richtlinie 90/434 EWG des Rates v. 23.7.1990 über das gemeinsame Steuersystem für Fusionen, Spaltungen, die Einbringung von Unternehmensteilen und den Austausch von Anteilen, die Gesellschaften verschiedener Mitgliedstaaten betreffen, ABl.EG Nr. L 225 v. 20.8.1990, S. 1 ff.
66 RL v. 17.2.2005, ABl. Nr. L 58 S. 19; vgl zum Stand der Umsetzung der Fusions-Besteuerungs-Richtlinie *Jacobs*, Internationale Unternehmensbesteuerung, 1999, S. 156.
67 Richtlinie 90/435/EWG des Rates v. 23.7.1990 über das gemeinsame Steuersystem der Mutter- und Tochtergesellschaften verschiedener Mitgliedstaaten, ABl.EG Nr. L 225 v. 20.8.1990, S. 6-9.
68 BGBl. I S. 2782; ber. 2007 I S. 68.

internationalisiert, als das deutsche Steuerrecht den Unternehmen jetzt die Möglichkeit zur steuerneutralen Gründung und Sitzverlegung bietet, ohne dass die Finanzverwaltung ihr Besteuerungsrecht verliert. Was die laufende Besteuerung betrifft, wird die SE wie jede andere nationale Kapitalgesellschaft behandelt.

In der mit Datum vom 11.11.2011 veröffentlichten finalen Fassung des Umwandlungssteuererlasses stellt die Finanzverwaltung ihre Auffassung zum SEStEG dar.[69]

38 Soweit bei den anderen Gründungsformen Aktiva grenzüberschreitend transferiert werden, findet das in Umsetzung der Richtlinie erlassene Umwandlungs-Steuergesetz[70] Anwendung.[71]

H. Arbeitnehmerbeteiligung

39 Die Einzelheiten einer Regelung der Arbeitnehmerbeteiligung[72] war zwischen den Mitgliedstaaten bis zuletzt heftig umstritten. Die Art und Weise der Arbeitnehmerbeteiligung muss grundsätzlich mit Entstehung der SE geklärt werden, da eine SE erst eingetragen werden kann, wenn eine Vereinbarung nach Art. 4 SE-RL geschlossen, ein Beschluss nach Art. 3 VI SE-RL gefasst worden ist oder die Verhandlungsfrist nach Art. 5 SE-RL abgelaufen ist, ohne dass eine Vereinbarung zustande gekommen ist (Art. 12 Abs. 2 SE-VO).

40 Die Richtlinie ermöglicht die Festlegung der Arbeitnehmerbeteiligung, insbesondere der Mitbestimmung vorrangig im Wege der Verhandlung: zwischen der Unternehmensführung und dem auf Arbeitnehmerseite zu diesem Zweck eingesetzten Verhandlungsgremium (Art. 3 Abs. 1 und Abs. 2 SE-RL). Die an der Gründung der SE beteiligten Gesellschaften und das besondere Verhandlungsgremium genießen in inhaltlicher Hinsicht weitgehende Gestaltungsfreiheit, Art. 4 SE-RL gibt insoweit den Rahmen für den Inhalt der zu treffenden Vereinbarung vor.

41 Für den Fall des Scheiterns der Verhandlungen haben die Mitgliedstaaten eine Auffangregelung zur Verfügung zu stellen (Art. 7 SE-RL). Hiernach ist ein aus Arbeitnehmern der SE, ihrer Tochtergesellschaften und Betriebe zusammengesetztes Vertretungsorgan zur Wahrnehmung der Beteiligungsrechte einzusetzen, wobei seine Mitglieder nach den Rechtsvorschriften der einzelnen Mitgliedstaaten gewählt werden (Auffangregelung nach Art. 7 SE-RL). Die Zuständigkeit dieses Vertretungsorgans für die Arbeitnehmer ist nicht auf die SE beschränkt, sondern erstreckt sich auch auf Angelegenheiten der Tochtergesellschaften. In inhaltlicher Hinsicht hat die Arbeitnehmervertretung das Recht, regelmäßig über bestimmte Gegenstände unterrichtet und zu diesen gehört zu werden. Dies betrifft insbesondere die Struktur der Gesellschaft, ihre wirtschaftliche und finanzielle Situation und die voraussichtliche Entwicklung der Geschäfts-, Produktions- und Absatzlage (Anhang, Auffangregelung Teil 2 b). Dieser Informationsanspruch geht dabei deutlich über denjenigen der nach nationalem Recht errichteten Arbeitnehmervertretungen hinaus.

42 Unterliegt eine der an der Gründung der SE beteiligten Gesellschaften nach nationalem Recht Vorschriften über die Unternehmensmitbestimmung, so muss nach der Auffangregelung für die Mitbestimmung auch die SE Arbeitnehmervertreter zu ihrem Aufsichts- oder Verwaltungsorgan zulassen und zwar entsprechend dem zahlenmäßigen Verhältnis, das für die dem nationalen Mitbestimmungsrecht unterliegende Gesellschaft maßgeblich war (Vorher-Nachher-Prinzip).[73] Eine mitbestimmungsfreie SE ist hiernach durchaus möglich und zulässig.[74]

43 Unterliegen mehrere Gründergesellschaften nach nationalem Recht Mitbestimmungsregelungen, so bestimmt sich die Zahl der Arbeitnehmervertreter im Aufsichts- oder Verwaltungsorgan der SE nach dem in dieser Hinsicht weitestgehenden nationalen Recht (Anhang Teil 3 b). Diese Regelung kann sich als Hindernis für die Einbeziehung von Gesellschaften erweisen, die „starken" Mitbestimmungsregeln, wie deutsche, dem Mitbestimmungsgesetz 1976 unterfallende Gesellschaften unterliegen.

44 Maßgebliche Rechtsgrundlage zur Frage der Mitbestimmung bei der SE ist das aufgrund der SE-RL ergangene Gesetz über die Beteiligung der Arbeitnehmer in einer europäischen Gesellschaft[75] (im folgenden SEBG). Ziel ist gemäß § 1 Abs. 1 S. 1 SEBG in einer SE die erworbenen Rechte der Arbeitnehmer an Unternehmensentscheidungen zu sichern. Die Mitbestimmung der Arbeitnehmer wird in erster Linie durch Verhandlungen zwischen den Leitungsorganen der Gründungsgesellschaft und einem besonderen Verhandlungsgremium (im folgenden BVG) festgelegt. Das BVG wird zu diesem Zweck von der Arbeitnehmerseite nach schriftlicher Aufforderung durch die Leitungsorgane der Gründungsgesellschaften gebildet, § 4 Abs. 1 S. 1 SEBG und setzt sich aus Mitgliedern zusammen, welche die in jedem Mitgliedstaat beschäftigten Ar-

---

69 BStBl. I 2011, 1314.
70 Umwandlungs-Steuergesetz vom 7.12.2006, BGBl. I, 2782.
71 *Lutter*, BB 2002, 1, 6; vgl zum ertragsteuerlichen Status *Rödder*, DStR 2005, 893 ff.
72 Vgl zu Fragen der Arbeitnehmerbeteiligung *Heinze*, ZGR 2002, 66 ff.
73 *Pluskat*, EuZW 2001, 524, 528; vgl aber *Köstler*, DStR 2005, 745, 748.
74 *Schubert*, RdA 2012, 146 ff.
75 Gesetz über die Beteiligung der Arbeitnehmer in einer Europäischen Gesellschaft, Art. 2 des Gesetzes zur Einführung der europäischen Gesellschaft vom 22.12.2004, BGBl. I S. 3675, vgl dazu *Grobys*, NZA 2005, 84 ff; *Niklas*, NZA 2004, 1200.

beitnehmer der beteiligten Gesellschaften und betroffenen Tochtergesellschaften oder Betriebe vertreten, §§ 5 Abs. 1 S. 1 SEGB. Die Wahl der nationalen Arbeitnehmervertreter in das BVG hat gemäß § 7 Abs. 1 SEBG grundsätzlich jeder Mitgliedstaat für seine nationalen Vertreter zu regeln.
Die deutschen Bestimmungen zur Arbeitsweise des BVG und insbesondere die Auffanglösung nach SEBG kommen nur dann zur Anwendung, wenn die SE ihren Sitz im Inland nehmen wird.

Ziel der Verhandlungen mit den Leitungsorganen der Gründungsgesellschaften ist der Abschluss einer Vereinbarung über die Beteiligung der Arbeitnehmer in der SE gemäß § 4 Abs. 1 S. 2 SEBG, wobei das Verhandlungsverfahren bis zu sechs Monaten dauern kann und eine Verlängerung auf ein Jahr gemäß § 20 Abs. 2 SEBG möglich ist. Als Ergebnis sieht das Gesetz als Regelfall den Abschluss einer Vereinbarung vor, deren Inhalt sich nach Art. 4 SE-RL und § 21 SEBG richtet. So hat sie Bestimmungen zum Geltungsbereich, zur Unterrichtung und Anhörung, ggfs. Regelungen zur Mitbestimmung und Vorschriften zur Geltungsdauer und zum Verfahren der Neuverhandlung der Vereinbarung zu enthalten. 44a

Sofern eine Einigung nicht zustande kommt und das BVG beschließt, die Verhandlungen gemäß § 16 Abs. 2 SEBG abzubrechen, gilt die Auffanglösung gemäß § 22 Abs. 1 lit. a SEGB, die in §§ 22 ff SEGB die Arbeitsweise des SE-Betriebsrates und in §§ 34 ff SEGB die unternehmerische Mitbestimmung regelt. Die Zusammensetzung des SE-Betriebsrates richtet sich gemäß § 23 Abs. 1 S. 2 SEGB nach den Normen zur Errichtung des BVG. Die Mitbestimmung kraft Gesetzes kommt zur Anwendung, wenn keine Vereinbarung zur Mitbestimmung getroffen wurde und wenn für den Fall der Verschmelzung mindestens 25 % und im Fall der Holding-Gründung und der Gründung einer Tochtergesellschaft mindestens 50 % der Gesamtzahl der Arbeitnehmer einer Form der Mitbestimmung unterworfen sind. 44b

Neuverhandlungen der Arbeitnehmerbeteiligung sind gemäß § 18 SEGB nach Ablauf von zwei Jahren erneut aufzunehmen, wenn im Rahmen der Gründung der SE aufgrund eines Beschlusses des BVG keine Verhandlungen aufgenommen wurden oder nach Beschluss gemäß § 16 SEGB abgebrochen wurden. Gilt die Auffangregelung, so sind gemäß § 26 SEGB nach vier Jahren Neuverhandlungen vorzunehmen.[76] Für den Fall von Strukturveränderungen erklärt § 1 Abs. 4 SEGB die Grundsätze des § 1 SEBG für anwendbar, wobei nicht geklärt ist, wann ein Fall der Strukturveränderung vorliegt und welche Vorschriften in solchen Fällen zur Anwendung kommen sollen.[77] 44c

Nach § 43 SEBG darf eine SE nicht dazu missbraucht werden, den Arbeitnehmern Beteiligungsrechte vorzuenthalten. Ein Fall des Missbrauchs wird widerleglich vermutet, wenn ohne Durchführung eines Verfahrens nach § 18 Abs. 3 innerhalb eines Jahres nach Gründung der SE strukturelle Änderungen stattfinden, die bewirken, dass den Arbeitnehmern Beteiligungsrechte vorenthalten oder entzogen werden, § 43 S. 2 SEBG. Die Grenzziehung zwischen unzulässigem Missbrauch und zulässigem Gebrauch von Gestaltungsrechten ist schwierig.[78] 44d

Zur Vereinfachung des komplexen und zeitaufwändigen Verfahrens der Arbeitnehmerbeteiligung ist eine Prüfung der SE-RL geplant; die Sicherung von Mitbestimmungsrechten spielt allenfalls eine untergeordnete Rolle.

I. Fazit

Die in der SE-VO enthaltenen zahlreichen Rückgriffe auf das nationale Recht[79] zeigen, dass die SE-VO nur eine Einigung der Mitgliedstaaten auf dem kleinsten gemeinsamen Nenner widerspiegelt.[80] Im Vergleich zum ursprünglichen Kommissionsvorschlag aus dem Jahr 1970 enthält die SE-VO auch nur ein Drittel der geplanten Vorschriften. 45

Durch den häufigen Verweis auf das nationale Recht der Mitgliedstaaten erhält die SE kein eigenständiges charakteristisches Aussehen, sondern es gibt vielmehr so viele verschiedene nationale SE wie Mitgliedstaaten.[81] Aufgrund des weiten strukturellen Gestaltungsspielraumes der SE (Wahl zwischen dualistischem und monistischem System, Verhandelbarkeit der Arbeitnehmerbeteiligung) werden die unterschiedlichen nationalen SE wenig gemeinsam haben. Das ursprünglich avisierte Ziel einer europaweiten uniformen Kapitalgesellschaftsform[82] ist damit nicht erreicht worden. 46

Problembehaftet ist insbesondere die **unübersichtliche Normenhierarchie**, für deren Auflösung klare Regelungen fehlen.[83] Die hierdurch bedingte Rechtsunsicherheit steht der Akzeptanz der SE seitens der Unternehmen entgegen. Für kleine und mittlere Unternehmen sind die Regelungen der SE ohnehin zu kompliziert 47

---

76 Brandt, BB-Spezial 3/2005, 1, 6.
77 Brandt, aaO, 6.
78 Drinhausen/Keinath, BB, 2011, 2699 ff.
79 Jung in: Schwarze, EU-Kommentar, Art. 54 Rn 65.
80 Pluskat, EuZW 2001, 524, 528.
81 Hirte, NZG 2002, 1, 2.
82 Monti, WM 1997, 607.
83 Spitzbart, RNotZ 2006, 369, 373.

geblieben,[84] wobei für diese zusätzlich erschwerend die Höhe des nach Art. 4 Abs. 2 SE-VO aufzubringenden Mindestkapitals wirkt.[85]

48 Neben dem Bereich des Steuerrechts enthält die SE-VO ebenfalls keine Regeln für den Bereich des Wettbewerbsrechts, des gewerblichen Rechtsschutzes, des Insolvenzrechtes und des Strafrechts,[86] so dass hier ebenfalls auf bereits bestehende Rechtsnormen zurückgegriffen werden muss oder weitere harmonisierende gemeinschaftsrechtliche Bestimmungen erlassen werden müssen.

49 Mit dem Inkrafttreten der deutschen Ausführungsgesetzgebung im Dezember 2004 sind in Deutschland nun die gesetzlichen Regelungen zur SE zwar vollständig. Jedoch ergeben sich aus diesen Regelungen weitere Problembereiche: das SEAG schränkt die Ausgestaltung bei der Wahl einer monistischen Organisationsverfassung durch gesetzliche Vorgaben stark ein; im Fall der Sitzverlegung ins Ausland sehen §§ 6 f, 9 und 11 SEAG erschwerende Abfindungsrechte vor und ungeklärt ist, ob einer SE nach der Gründung dieselben umwandlungsrechtlichen Möglichkeiten wie nationalen Aktiengesellschaften zustehen.[87] Auch die Frage der steuerlichen Behandlung der SE und der konzernrechtlichen Folgen der Stellung der SE als herrschende oder abhängige Gesellschaft in einem zumeist grenzüberschreitenden Konzernverbund[88] ist nicht abschließend geklärt. Vorteilhaft ist hingegen, dass mittels der Vereinbarung eine von der gesetzlichen Regelung des Mitbestimmungsrechts abweichende Regelung getroffen werden kann sowie die Flexibilität der Binnenorganisation, da die SE nicht nur wie bislang deutsche AGs dualistisch sondern auch monistisch ausgestaltet werden kann. Aus der Sicht des deutschen Gesellschaftsrechts ist die SE zudem die einzige Rechtsform, mit der für deutsche Gesellschaften eine grenzüberschreitende Transaktion ermöglicht wird. Auch wird die Nutzung der SE als Rechtsträger auf dem Gebiet der Verwaltung privater Großvermögen diskutiert.[89]

Trotz der bestehenden Regelungslücken wird von der Rechtsform der SE rege Gebrauch gemacht, so dass ein faktischer Angleichungsprozess in den Mitgliedstaaten stattfindet.

Anhang: Satzung einer Europäischen Aktiengesellschaft

▶ Satzung der
EBD Erste Verwaltungsgesellschaft SE
mit Sitz zu Aachen

A. Allgemeine Bestimmungen

§ 1 Firma, Sitz

(1) Die Gesellschaft führt die Firma:

EBD Erste Verwaltungsgesellschaft SE

(2) Die Gesellschaft hat ihren Sitz in Aachen.

§ 2 Gegenstand des Unternehmens

(1) Gegenstand des Unternehmens der Gesellschaft ist die Verwaltung eigenen Vermögens.

(2) Die Gesellschaft ist zu allen Maßnahmen und Geschäften berechtigt, die zur Erreichung und Verwirklichung des Gegenstands gemäß Abs. (1) notwendig und nützlich erscheinen. Sie kann hierzu insbesondere ihren Sitz in andere Mitgliedstaaten der Europäischen Union verlegen, Niederlassungen im In- und Ausland errichten sowie Unternehmen gleiche welcher Art gründen, erwerben oder sich an ihnen beteiligen, Teile ihres Geschäftsbetriebs auf Beteiligungsunternehmen einschließlich Gemeinschaftsunternehmen mit Dritten ausgliedern, Beteiligungen an Unternehmen veräußern, Unternehmensverträge abschließen oder sich auf die Verwaltung von Beteiligungen beschränken.

§ 3 Bekanntmachungen

Die Bekanntmachungen der Gesellschaft erfolgen ausschließlich im elektronischen Bundesanzeiger.

---

84 *Jung*, in: Schwarze, EU-Kommentar, Art 54 Rn 64.
85 MüKo-AktG/*Oechsler*, Vor Art. 1 SE-VO Rn 13.
86 Vgl hierzu *Schlösser*, NZG 2008, 126.
87 § 1 Abs. 2 UmwG verbietet eine Umwandlung in anderen als den im UmwG oder in Bundes- oder Landesgesetzen ausdrücklich vorgesehenen Fällen.
88 Vgl dazu *Brandi*, NZG 2003, 889 ff.
89 *Waclawik*, ZEV 2006, 429 ff.

B. Grundkapital und Aktien

§ 4 Grundkapital

(1) Das Grundkapital der Gesellschaft beträgt 120.000,00 EUR (in Worten: einhundertzwanzigtausend Euro).

(2) Das Grundkapital ist eingeteilt in 120.000 (in Worten: einhundertzwanzigtausend) Aktien ohne Nennbetrag (Stückaktien).

§ 5 Aktien

(1) Die Stückaktien lauten auf den Namen. Die Aktionäre haben der Gesellschaft zur Eintragung in das Aktienregister, soweit es sich um natürliche Personen handelt, ihren Namen, ihre Anschrift und ihr Geburtsdatum, soweit es sich um juristische Personen oder Personengesellschaften handelt, ihre Firma bzw ihren Namen, ihre Geschäftsanschrift und ihren Sitz, sowie in jedem Fall die Zahl und die Aktiennummern der von ihnen gehaltenen Aktien anzugeben. Jeder der Aktionäre kann von der Gesellschaft Auskunft über seine in das Aktienregister eingetragenen Daten verlangen.

(2) Die Aktien können nur mit Zustimmung der Gesellschaft übertragen werden.

(3) Zum Zwecke der Löschung des Veräußerers und der Eintragung des Erwerbers im Aktienregister kann den Vorstand der Gesellschaft die Vorlage des schriftlichen Abtretungsvertrages zwischen Erwerber und Veräußerer und, falls Aktienurkunden ausgegeben worden sind, die Vorlage der indossierten Aktienurkunde bzw im Falle eines nicht rechtsgeschäftlichen Erwerbsvorgangs andere geeignete Nachweise verlangen.

(4) Umschreibung im Aktienregister werden in den letzten drei Bankarbeitstagen am Sitz der Gesellschaft vor dem Tag der Hauptversammlung nicht vorgenommen. Ebenso werden in der Zeit zwischen dem Zugang der Anmeldung zur Hauptversammlung und dem Ende der Hauptversammlung keine Umschreibungen im Aktienregister vorgenommen.

(5) Trifft im Falle einer Kapitalerhöhung der Erhöhungsbeschluss keine Bestimmung darüber, ob die neuen Aktien auf den Inhaber oder auf Namen lauten sollen, so lauten sie auf Namen.

(6) Bei einer Erhöhung des Grundkapitals kann die Gewinnbeteiligung neuer Aktien abweichend von § 60 Abs. 2 AktG bestimmt werden.

§ 6 Form der Aktienurkunden, Ausschluss der Verbriefung

(1) Die Form und der Inhalt der Aktienurkunden sowie der Gewinnanteile- und Erneuerungsscheine setzen die Geschäftsführenden Direktoren mit Zustimmung des Verwaltungsrats fest. Das Gleiche gilt für andere von der Gesellschaft ausgegebene Wertpapiere. Die Aktienurkunden sind von den Geschäftsführenden Direktoren in vertretungsberechtigter Zahl und vom Vorsitzenden des Verwaltungsrats zu unterzeichnen.

(2) Ein Anspruch der Aktionäre auf Verbriefung ihrer Anteile sowie etwaiger Gewinnanteil- und Erneuerungsscheine ist ausgeschlossen, soweit seine Gewährung nicht nach den Regeln erforderlich ist, die an einer Börse gelten, an der die Aktien zugelassen sind.

C. Verfassung und Verwaltung der Gesellschaft

§ 7 Organe

Die Organe der Gesellschaft sind:
a) der Verwaltungsrat,
b) die geschäftsführenden Direktoren und
c) die Hauptversammlung.

I. Der Verwaltungsrat

§ 8 Zusammensetzung und Amtszeit des Verwaltungsrats

(1) Der Verwaltungsrat besteht aus 3 Mitgliedern. Diese werden von der Hauptversammlung bestellt, soweit sich nicht aus der Vereinbarung nach dem SE-Beteiligungsgesetz über die Arbeitnehmerbeteiligung etwas anderes ergibt.

(2) Die Amtszeit der Mitglieder des Verwaltungsrats beträgt 6 Jahre. Die Wiederwahl der Mitglieder ist statthaft. Wenn ein Mitglied des Verwaltungsrats vor Ablauf seiner Amtszeit ausscheidet, erfolgt die Wahl eines Nachfolgers für den Rest der Amtszeit des ausgeschiedenen Mitglieds sofern die Hauptversammlung keine längere Amtszeit für dieses Mitglied beschließt.

(3) Für von der Hauptversammlung bestellte Mitglieder des Verwaltungsrats können Ersatzmitglieder bestellt werden. Diese werden nach einer der Wahl festzulegenden Reihenfolge Mitglieder des Verwaltungsrats, wenn von der Hauptversammlung bestellte Mitglieder vor Ablauf ihrer Amtszeit aus dem Verwaltungsrat ausscheiden und die Hauptversammlung nicht vor dem Ausscheiden einen Nachfolger gewählt hat, soweit sich nicht aus der Vereinbarung nach den SE-Beteiligungsgesetz über die Arbeitnehmerbeteiligung etwas anderes ergibt.

(4) Jedes Mitglied des Verwaltungsrats kann sein Amt ohne wichtigen Grund durch eine an die geschäftsführenden Direktoren zu richtenden schriftliche Erklärung mit einer Frist von mindestens zwei Monaten niederlegen. Mit Zustimmung der geschäftsführenden Direktoren kann von der Einhaltung einer Frist abgesehen werden. Bei Vorliegen eines wichtigen Grundes ist die Niederlegung jederzeit möglich.

§ 9 Vorsitz im Verwaltungsrat

(1) Im Anschluss an eine Hauptversammlung, in der alle von der Hauptversammlung zu wählenden Mitglieder des Verwaltungsrats neu bestellt worden sind, findet eine Verwaltungsratssitzung statt, zu der einer besonderen Einladung nicht bedarf. In dieses Sitzung wählt der Verwaltungsrat für die Dauer seiner Amtszeit unter dem Vorsitz des an Lebensjahren ältesten Mitglieds aus seiner Mitte den Vorsitzenden und den stellvertretenden Vorsitzenden des Verwaltungsrats, soweit sich nicht aus der Vereinbarung nach dem SE-Beteiligungsgesetz über die Arbeitnehmerbeteiligung etwas anderes ergibt.

(2) Scheidet der Vorsitzende vor Ablauf der Amtszeit aus dem Amt, hat der Verwaltungsrat unverzüglich eine Neuwahl für die restliche Amtszeit des ausgeschiedenen vorzunehmen.

§ 10 Geschäftsordnung des Verwaltungsrats

Der Verwaltungsrat setzt im Rahmen von Gesetz und Satzung seine Geschäftsordnung selbst fest.

§ 11 Sitzungen des Verwaltungsrats

(1) Der Verwaltungsrat ist mindestens alle drei Monate einzuberufen.

(2) Die Einberufung des Verwaltungsrats erfolgt durch den Vorsitzenden. Die Einberufung kann schriftlich, fernschriftlich, fernkopiert, telegraphisch oder per E-Mail erfolgen. Die Einberufung hat mit einer Frist von vierzehn Tagen zu erfolgen. Bei der Berechnung der Frist werden der Tag der Absendung der Einladung und der Tag der Sitzung nicht mitgerechnet. In dringenden Fällen kann der Vorsitzende die Frist abkürzen. Der Vorsitzende kann eine einberufene Sitzung aufheben oder verlegen.

(3) Mit der Einberufung sind die Gegenstände der Tagesordnung mitzuteilen.

(4) Nach Ablauf der Einberufungsfrist vorgenommene Ergänzungen oder Änderungen des Tagesordnung sind zulässig, wenn kein Mitglied des Verwaltungsrats widerspricht.

§ 12 Beschlussfassung des Verwaltungsrats

(1) Beschlüsse des Verwaltungsrats werden in der Regel in Sitzungen gefasst. Der Vorsitzende bestimmt die Reihenfolge, in der Tagesordnungspunkte verhandelt werden, sowie die Art der Abstimmung. Zu Gegenstände der Tagesordnung, die nicht mit der Einberufung mitgeteilt worden sind, können Beschlüsse nur dann gefasst werden, wenn kein Mitglied widerspricht. Abwesenden Mitgliedern ist in einem solchen Fall Gelegenheit zu geben der Beschlussfassung innerhalb einer vom Vorsitzenden bestimmten, angemessenen Frist nachträglich zu widersprechen; der Beschluss wird erst wirksam, wenn kein anwesendes Mitglied innerhalb der Frist widersprechen hat.

(2) Außerhalb von Sitzungen sind schriftliche, telegraphische, fernschriftliche, fernkopierte oder fernmündliche Beschlussfassungen oder Beschlussfassungen per E-Mail zulässig, wenn die vom Vorsitzenden im Einzelfall bestimmt wird und wenn dar kein Mitglied unverzüglich widerspricht. Fernmündliche Stimmabgaben sind unverzüglich durch das abstimmende Mitglied schriftlich, fernschriftlich, fernkopiert oder telegraphisch zu bestätigen. Außerhalb von Sitzungen gefasste Beschlüsse werden vom Vorsitzenden schriftlich festgestellt und allen Mitgliedern zugeleitet.

(3) Der Verwaltungsrat ist beschlussfähig, wenn die Hälfte seiner Mitglieder, aus denen er insgesamt zu bestehen hat, an der Beschlussfassung teilnimmt. Ein Mitglied nimmt auch dann an der Beschlussfähigkeit teil, wenn es sich in der Abstimmung der Stimme enthält. Abwesende Mitglieder können an Abstimmungen des Verwaltungsrats dadurch teilnehmen, dass die durch andere Mitglieder des Verwaltungsrats schriftliche Stimmabgaben überreichen lassen. Das gilt auch für die Abgabe der Ergänzungsstimme gemäß § 35 Abs. 3 SEAG.

(4) Beschlüsse des Verwaltungsrats bedürfen der einfachen Mehrheit der abgebenden Stimmen, soweit nicht gesetzlich eine andere Mehrheit vorgeschrieben ist. Stimmenthaltungen werden nicht mitgezählt.

(5) Ergibt eine Abstimmung Stimmgleichheit, ist auf Antrag von mindestens zwei anwesenden Mitgliedern des Verwaltungsrats der Beschlussgegenstand erneut zu beraten. Bei einer erneuten Abstimmung über denselben Beschlussgegenstand steht dem Vorsitzenden des Verwaltungsrats und bei seiner Abwesenheit seinem Stellvertreter bei nochmaliger Stimmgleichheit eine zweite Stimme zu.

(6) Sofern der Vorsitzende des Verwaltungsrats seine eigene Stimme und etwaige Ergänzungsstimmen gemäß § 35 Abs. 3 SEAG nicht ausüben kann, weil er selbst einem Stimmverbot unterliegt, stehen die Ergänzungsstimmen seinem Stellvertreter zu. Unterliegt auch dieser einem Stimmverbot, stehen die Ergänzungsstimmen dem an Lebensjahren älteren Verwaltungsmitglied der Anteilseigner zu.

§ 13 Niederschrift über Sitzungen und Beschlüsse des Verwaltungsrats

(1) Über Sitzungen des Verwaltungsrats ist eine Niederschrift anzufertigen, die der Vorsitzende zu unterzeichnen hat. In der Niederschrift sind der Ort und Tag der Sitzung, die Teilnehmer, die Gegenstände der Tagesordnung, der wesentliche Inhalt der Verhandlungen und die Beschlüsse des Verwaltungsrats anzugeben. Jedem Mitglied ist eine vom Vorsitzenden unterzeichnete Abschrift der Sitzungsniederschrift zuzuleiten. Die Niederschrift ist in der nächsten Sitzung zu genehmigen.

(2) Für Beschlüsse des Verwaltungsrats, die außerhalb von Sitzungen gefasst werden, gilt Abs. 1 entsprechend mit der Maßgabe, dass in der Niederschrift auch die Art des Zustandskommens der gefassten Beschlüsse anzugeben ist.

(3) Der Vorsitzende ist ermächtigt, die zur Durchführung der Beschlüsse des Verwaltungsrats und seiner Ausschüsse erforderlichen Erklärungen abzugeben und entgegenzunehmen, sofern die Durchführung dem Verwaltungsrat obliegt.

§ 14 Aufgaben des Verwaltungsrats

(1) Der Verwaltungsrat hat alle Aufgaben und Rechte, die ihm durch das Gesetz, die Satzung oder in sonstiger Weise zugewiesen werden, insbesondere leitet er die Gesellschaft, bestimmt die Grundlinien ihrer Tätigkeit und überwacht deren Umsetzung. Daneben ist er für alle Geschäftsführungsmaßnahmen zuständig, die nicht ausdrücklich den geschäftsführenden Direktoren nach dem Gesetz oder der Satzung zugewiesen werden. Die Mitglieder des Verwaltungsrats sind nicht an Aufträge und Weisungen gebunden.

(2) Der Verwaltungsrat kann den geschäftsführenden Direktoren eine Geschäftsordnung geben.

(3) Der Verwaltungsrat ist zur Vornahme von Satzungsänderungen berechtigt, die nur die Fassung betreffen.

(4) Folgende Geschäfte bedürfen unabhängig von den Kompetenzen der geschäftsführenden Direktoren der Beschlussfassung durch den Verwaltungsrat:
a) Verkauf des Unternehmens im Ganzen;
b) Pläne und Verträge nach dem UmwG sowie Unternehmensverträge.

§ 15 Vertraulichkeit

(1) Die Mitglieder des Verwaltungsrats haben auch nach den Ausscheiden aus dem Amt über vertrauliche Angaben und Geheimnisse, die ihnen durch ihre Tätigkeit im Verwaltungsrat bekannt werden, Stillschweigen zu bewahren. Will ein Mitglied des Verwaltungsrats Informationen an Dritte weitergeben, von denen nicht mit Sicherheit auszuschließen ist, dass sie vertraulich sind oder Geheimnisse der Gesellschaft betreffen, so ist es verpflichtet, den Vorsitzenden vorher zu unterrichten und ihm Gelegenheit zur Stellungnahme zu geben.

(2) Ausscheidende Mitglieder haben alle in ihrem Besitz befindlichen vertraulichen Unterlagen der Gesellschaft an den Verwaltungsrat zurückzugeben.

§ 16 Vergütung des Verwaltungsrats

(1) Jedes Mitglied des Verwaltungsrats erhält eine Vergütung, deren Höhe von der Hauptversammlung festgelegt wird. Gehört ein Mitglied dem Verwaltungsrat nur einen Teil des Geschäftsjahrs an, bestimmt sich die Vergütung pro rata temporis.

(2) Der Vorsitzende des Verwaltungsrats erhält das Doppelte der vorgenannten Vergütung.

(3) Darüber hinaus erhalten die Mitglieder des Verwaltungsrats Ersatz ihrer Auslagen sowie des eventuell auf die Verwaltungsvergütung entfallenden Mehrwertsteuerbetrags, soweit sie berechtigt sind, der Gesellschaft die Umsatzsteuer gesondert in Rechnung zu stellen und diese Recht ausüben.

II. Geschäftsführende Direktoren

§ 17 Bestellung des geschäftsführenden Direktoren

Der Verwaltungsrat kann ein oder mehrere Mitglieder des Verwaltungsrats und andere Personen zu geschäftsführenden Direktoren bestellen, soweit die Mehrheit des Verwaltungsrats weiterhin aus nicht geschäftsführenden Mitgliedern besteht.

§ 18 Geschäftsführung

(1) Die geschäftsführenden Direktoren führen die Geschäfte der Gesellschaft nach Maßgabe der Gesetze und der Satzung.

(2) Die geschäftsführenden Direktoren können sich eine Geschäftsordnung geben, sofern der Verwaltungsrat keine Geschäftsordnung erlässt.

§ 19 Vertretung

(1) Wenn nur ein geschäftsführender Direktor bestellt ist, wird die Gesellschaft nur durch diesen vertreten. Wenn mehrere geschäftsführende Direktoren bestellt sind, wird die Gesellschaft durch die geschäftsführenden Direktoren gemeinschaftlich oder durch einen geschäftsführenden Direktor in Gemeinschaft mit einem Prokuristen vertreten.

(2) Der Verwaltungsrat kann einzelnen oder allen geschäftsführenden Direktoren Einzelvertretungsbefugnis erteilen und einzelne oder sämtliche geschäftsführenden Direktoren von dem Verbot der Mehrvertretung (§ 181 Alt 2 BGB) befreien.

III. Hauptversammlung

§ 20 Ort der Hauptversammlung

Die Hauptversammlung der Gesellschaft findet statt am Sitz der Gesellschaft oder an einem deutschen Börsenplatz.

§ 21 Einberufung der Hauptversammlung

(1) Die Hauptversammlung wird vom Verwaltungsrat einberufen.

(2) Die Einberufung muss mindestens einen Monat vor Ablauf der in § 22 Abs. 2 bestimmten Anmeldefrist unter Mitteilung der Tagesordnung bekannt gemacht werden; dabei sind der Tag der Bekanntmachung und der Tag des Ablaufs der Anmeldefrist nicht mitzurechnen.

(3) Sind die Aktionäre der Gesellschaft namentlich bekannt, kann die Hauptversammlung mit eingeschriebenem Brief an die der Gesellschaft zuletzt bekannte Adresse der Aktionäre einberufen werden. In dem Fall gilt für die Berechnung der Einberufungsfrist der Tag der Absendung als Tag der Bekanntmachung.

(4) Die Hauptversammlung, die über die Entlassung von Verwaltungsrat und geschäftsführenden Direktoren, die Gewinnverwendung und – soweit erforderlich – über die Feststellung des Jahresabschlusses beschließt (ordentliche Hauptversammlung), findet innerhalb der ersten acht Monate eines jeden Geschäftsjahres statt.

§ 22 Teilnahme an der Hauptversammlung

(1) Zur Teilnahme an der Hauptversammlung und zur Ausübung des Stimmrechts sind diejenigen Aktionäre berechtigt, die am Tag der Hauptversammlung im Aktienregister eingetragen und rechtzeitig angemeldet sind.

(2) Die Anmeldung hat beim Verwaltungsrat am Sitz der Gesellschaft oder bei einer sonstigen in der Einberufung bezeichneten Stelle schriftlich, fernschriftlich, fernkopiert oder auf einem von der Gesellschaft näher zu bestimmenden elektronischen Weg spätestens am dritten Bankarbeitstag vor der Versammlung zu erfolgen; der Verwaltungsrat kann die Anmeldefrist verlängern.

(3) Die Einzelheiten über die Anmeldung und die Ausstellung der Eintrittskarten sind in der Einberufung bekannt zu machen.

(4) Das Stimmrecht kann durch Bevollmächtigte ausgeübt werden. Die Vollmacht ist schriftlich (§ 126 BGB) per Telefax oder auf einem von der Gesellschaft näher zu bestimmenden elektronischen Weg zu erteilen. Die Einzelheiten für die Erteilung dieses Vollmachten werden zusammen mit der Einberufung bekannt gemacht.

(5) Mitglieder des Verwaltungsrats können an der Hauptversammlung im Wege der Bild- und Tonübertragung in den Fällen teilnehmen, in denen sie sich aus einem wichtigen Grund im Ausland aufhalten oder aufgrund ihres Wohnsitzes im Ausland erhebliche Reisen zu dem Ort der Hauptversammlung in Kauf nehmen müssten.

§ 23 Stimmrecht

In der Hauptversammlung gewährt jede Stückaktie eine Stimme.

§ 24 Leitung der Hauptversammlung

(1) Den Vorsitz in der Hauptversammlung führt der Vorsitzende des Verwaltungsrats, bei seiner Abwesenheit sein Stellvertreter und bei dessen gleichzeitiger Abwesenheit das an Lebensjahren älteste Verwaltungsratsmitglied der Anteilseigner. Ist weder der Vorsitzende noch ein von ihm hierfür bestimmtes anderes Mitglied des Verwaltungsrats anwesend, so ist der Versammlungsleiter von den Aktionären unter Leitung des ältesten Aktionärs bzw ältesten Vertreters eines Aktionärs zu wählen.

(2) Der Vorsitzende leitet die Versammlung und bestimmt die Reihenfolge der Beratungen sowie Art und Form der Abstimmung.

§ 25 Beschlussfassung

(1) Beschlüsse der Hauptversammlung werden mit einfacher Mehrheit der abgebenden Stimmen und, soweit eine Kapitalmehrheit erforderlich ist, mit einfacher Mehrheit des bei der Beschlussfassung vertretenen Grundkapitals gefasst, falls nicht das Gesetz oder diese Satzung zwingend etwas anderes Satzungsänderungen und Kapitalmaßnahmen.

(2) Wird bei einer Wahl im ersten Wahlgang keine Mehrheit im Sinne von Abs. 1 erzielt, so findet in einem zweiten Wahlgang eine Stichwahl zwischen den Vorgeschlagenen statt, denen im ersten Wahlgang die beiden größten Stimmenzahlen zugefallen sind. Ergibt sich im zweiten Wahlgang Stimmengleichheit zwischen beiden Bewerben, so entscheidet das durch den Vorsitzenden zu ziehende Los.

D. Rechnungslegung und Gewinnverwendung

§ 26 Geschäftsjahr

Das Geschäftsjahr ist das Kalenderjahr.

§ 27 Rechnungslegung und Gewinnverwendung

(1) Die geschäftsführenden Direktoren haben alljährlich innerhalb der gesetzlichen Frist den Jahresabschluss, den Konzernabschluss und den Lagebericht für das vergangene Geschäftsjahr aufzustellen und dem Abschlussprüfer vorzulegen. Die Gesellschaft bilanziert nach US-GAAP. Außerdem haben sie diese Unterlagen zusammen mit dem Vorschlag, den sie der Hauptversammlung für die Verwendung des Bilanzgewinns machen wollen, dem Verwaltungsrat vorzulegen.

(2) Der Jahresabschluss, der Konzernabschluss, die Lageberichte, der Bericht des Verwaltungsrats und der Vorschlag des Verwaltungsrats für die Verwendung des Bilanzgewinns sind vor der Einberufung der Hauptversammlung an in den Geschäftsräumen der Gesellschaft zur Einsicht der Aktionäre auszulegen.

(3) Die geschäftsführenden Direktoren und der Verwaltungsrat werden nach Maßgabe des § 58 Abs. 2 AktG ermächtigt, mehr als 5 %, höchstens aber 40 % des Jahresüberschusses in andere Rücklagen einzustellen.

(4) Billigt der Verwaltungsrat den Jahresabschluss, so ist dieser festgestellt.

(5) Die Hauptversammlung kann eine Verwendung des Bilanzgewinns im Wege einer Sachausschüttung beschließen.

E. Sonstiges

§ 28 Abwicklung

Nach Auflösung der Gesellschaft besorgen die geschäftsführenden Direktoren die Abwicklung. Die Hauptversammlung kann durch Beschluss andere Personen als Abwickler bestellen.

§ 29 Gründungsaufwand

Die Gründungskosten werden bis zu einer Höhe von 3.000 EUR von der Gesellschaft getragen. ◀

Gesetz über Musterverfahren in kapitalmarktrechtlichen Streitigkeiten (Kapitalanleger-Musterverfahrensgesetz – KapMuG)[1]

Vom 19. Oktober 2012 (BGBl. I S. 2182)
(FNA 310-24)
zuletzt geändert durch Art. 3 AIFM-Umsetzungsgesetz vom 4. Juli 2013 (BGBl. I S. 1981)

Vorbemerkungen

A. Vorgeschichte des Kapitalanleger-Musterverfahrensgesetz (KapMuG nF) 3
B. Das Experiment 7
C. Die Evaluierung des Gesetzes 10
D. Die Expertenanhörung im Bundestag 14
E. Der neue Gesetzentwurf der Bundesregierung 15
F. Das wesentlich Neue am KapMuG nF 18
I. Anwendungsbereich 19
II. Erleichterung der gütlichen Streitbeilegung 21
III. Beschleunigung des Musterverfahrens 23
IV. Leichterer Zugang zum Musterverfahren 25
V. Verjährungshemmung 26
VI. Erneute Befristung 27
G. Das Wesen der KapMuG-Verfahren 28

Das Gesetz zur Reform des Kapitalanleger-Musterverfahrensgesetzes und zur Änderung anderer Vorschriften wurde als Art. 1 des Gesetzes am 19.10.2012 vom Deutschen Bundestag beschlossen und ist am 25.10.2012 im Bundesgesetzblatt verkündet worden (BGBl. I 2012 S. 2182).

Das Gesetz ist gem. Art. 10 Abs. 1 S. 1 am 1.11.2012 in Kraft getreten. Lediglich Art. 9 tritt am 1.7.2013 in Kraft. Gemäß § 28 tritt das Gesetz am 1.11.2020 außer Kraft.

Literatur:
Allmendinger, Zum Anwendungsbereich des Musterfeststellungsverfahrens, EWiR 2009, 157-158; *Assmann*, Das Kapitalanleger-Musterverfahrensgesetz, in: Greger/Gleussner/Heinemann (Hrsg.), Neue Wege zum Recht, Festgabe für Max Vollkommer zum 75. Geburtstag, 2006; *Bergmeister*, Kapitalanleger-Musterverfahrensgesetz (KapMuG): Bestandsaufnahme und Reformempfehlung aus der Perspektive von Recht und Praxis der US-amerikanischen Securities Class Action, Tübingen 2009; *v. Bernuth/Kremer*, Das neue KapMuG: Wesentliche Änderungen aus Sicht der Praxis, NZG 2012, 890-895; *Braun/Rotter*, Der Diskussionsentwurf zum KapMuG – Verbesserter Anlegerschutz?, BKR 2004, 296-301; *Bussian/Schmidt*, Zur Reform von Kapitalmusterverfahren, PHi 2012, 42-50; *Curdt*, Kollektiver Rechtsschutz unter dem Regime des KapMuG, 2010; *Duve/Pfitzner*, Braucht der Kapitalmarkt ein neues Gesetz für Massenverfahren?, BB 2005, 673-679; *Erttmann/Keul*, Die Vorlageverfahren nach dem KapMuG – zugleich eine Bestandsaufnahme zur Effektivität des Kapitalanlegermusterverfahrens, WM 2007, 482-485; *Franklin/Heydn/Truiken*, KAPMUG – Class Actions vor deutschen Gerichten?, ZVglRWiss 105 (2006), 313-324; *Frisch*, Zur Auswahl eines Musterklägers nach § 8 Abs. 2 KapMuG, EWiR 2008, 413-414; *Gansel/Gängel*, Das Kapitalanleger-Musterverfahrensgesetz, NJ 2006, 13-16; *Gundermann/Härle*, Das Kapitalanleger-Musterverfahrensgesetz: eine Momentaufnahme zum Jahresende 2006, VuR 2006, 457-461; *Hall*, Alter Hut oder neues Gewand? Darlegungslast, Schlüssigkeit und Substantiierung im KapMuG-Verfahren, Festschrift für Achim Krämer, Berlin 2009, 265-275; *Halfmeier/Rott/Feess*, Kollektiver Rechtsschutz im Kapitalmarktrecht. Evaluation des Kapitalanleger-Musterverfahrensgesetzes, 2009; *Halfmeier*, Zur Neufassung des KapMuG und zur Verjährungshemmung bei Prospekthaftungsansprüchen, DB 2012, 2145-2151; *Hanisch*, Das Kapitalanleger-Musterverfahrensgesetz (KapMuG). Anwendungsfragen und Rechtsdogmatik, 2011; *Hartmann*, Neue Kostenregeln im neuen KapMuG-Verfahren, JurBüro 2012, 563-565; *Haufe*, Das Kapitalanleger-Musterverfahrensgesetz ("KapMuG"). Streitgegenstand des Musterverfahrens und Bindungswirkung des Musterentscheids, 2012; *Hecker*, Der Regierungsentwurf zum Kapitalanleger-Musterverfahrensgesetz (KapMuG) aus übernahmerechtlicher Sicht, ZBB 2004, 503-508; *Heitzig*, Das Kapitalanleger-Musterverfahrensgesetz als Lösung zur Bewältigung von Massenverfahren, 2010; *Hess*, Der Regierungsentwurf für ein Kapitalanlegermusterverfahrensgesetz – eine kritische Bestandsaufnahme, WM 2004, 2329-2334; *Hess/Michailidou*, Das Gesetz über Musterverfahren zu Schadensersatzklagen von Kapitalanlegern, ZIP 2004, 1381-1387; *Hess*, Musterverfahren im Kapitalmarktrecht, ZIP 2005, 1713-1719; *Hess/Reuschle/Rimmelspacher*, Kölner Kommentar zum Kapitalanleger-Musterverfahrensgesetz (KapMuG), 2008; *Jahn*, Der Telekom-Prozess: Stresstest für das Kapitalanleger-Musterverfahrensgesetz, ZIP 2008, 1314-1317; *Keller/Kolling*, Das Gesetz zur Einführung von Kapitalanleger-Musterverfahren – Ein Überblick, BKR 2005, 399-401; *Keller/Wigand*, Der Referentenentwurf zur Reform des Kapitalanleger-Musterverfahrensgesetzes (KapMuG) – Überblick und Stellungnahme, ZBB 2011, 373-394; *Kilian*, Ausgewählte Probleme des Musterverfahrens nach dem KapMuG, 2007; *Knauer*, Pilotverfahren im Strafprozess, ZStW 120, 826-853; *Kranz*, Kapitalanleger-Musterverfahrensgesetz – Die Einführung eines Musterverfahrens im Zivilprozess, MDR 2005, 1021-1022; *Kruppa*, Kapitalanleger-Musterverfahrensgesetz (KapMuG) – Bestandsaufnahme und Perspektiven, 2011; *Lange*, Das begrenzte Gruppenverfahren, 2011; *Loritz/Wagner*, Sammelklagen geschädigter Kapitalanleger mittels BGB-Gesellschaften – Kollision mit dem Rechtsberatungsgesetz?, WM 2007, 477-481; *Lüke*, Der Musterentscheid nach dem neuen Kapitalanleger-Musterverfahrensgesetz – Entscheidungsmuster bei gleichgerichteten Interessen, ZZP 2006, 131-158; *Meier*, Das neue Kapitalanleger-Musterverfahrensgesetz, DStR 2005, 1860; *Maier-Reimer/Wilsing*, Das Gesetz über Musterverfahren in kapitalmarktrechtlichen Streitigkeiten, ZGR 2006, 79-120; *Möllers/Weichert*, Das Kapitalanleger-Musterverfahrensgesetz, NJW 2005, 2737-2741; *Möllers/Puhle*, Effektive Rechtsdurchsetzung nach § 4 KapMuG, NZG 2008, 579-582; *Möllers/Seidenschwamm*, Der erweiterte Anwendungsbereich des KapMuG. Neues und altes Recht unter Berücksichtigung von BGH, NZG 2012, 1268, 1401-1406; *Montag*, Rechtsschutz in Eu-

---

[1] Verkündet als Art. 1 G v. 19.10.2012 (BGBl. I S. 2182); Inkrafttreten gem. Art. 10 Abs. 1 dieses G am 1.11.2012, Außerkrafttreten am 1.11.2020, vgl § 28.

ropa und der Gesetzentwurf zur Einführung von Gruppenklagen, ZRP 2013, 172-175; *Plaßmeier*, Brauchen wir ein Kapitalanleger-Musterverfahren? – Eine Inventur des KapMuG, NZG 2005, 609–616; *Rau*, Das Kapitalanleger-Musterverfahrensgesetz vor dem Hintergrund von Dispositions- und Verhandlungsgrundsatz, 2008; *Reuschle*, Das Kapitalanleger-Musterverfahrensgesetz, NZG 2004, 590-593; *ders*, Ein neuer Weg zur Bündelung und Durchsetzung gleichgerichteter Ansprüche – Zum Entwurf eines Kapitalanleger-Musterverfahrensgesetzes (KapMuG), WM 2004, 2334-2343; *ders*, Möglichkeiten und Grenzen kollektiver Rechtsverfolgung, WM 2004, 966-976; *ders,* Das Kapitalanleger-Musterverfahrensgesetz – KapMuG. Mit Hinweisen zum Kapitalmarktinformationsgesetz – KapInHaG, 2006; *Röhm*, Kölner Kommentar zum KapMuG – eine kompetente Orientierungshilfe, BB 2008, 1310; *Rössler*, Das Kapitalanleger-Musterverfahrensgesetz (KapMuG), unter besonderer Berücksichtigung der rechtlichen Stellung der Beigeladenen, 2008; *Rotter*, Der Referentenentwurf des BMJ zum KapMuG – Ein Schritt in die richtige Richtung!, VuR 2011, 443-449; *Ruland*, Anm. zu BGH: Zum ausschließlichen Gerichtsstand bei falschen, irreführenden oder unterlassenen öffentlichen Kapitalmarktinformationen Beschluss vom 30.7.2013 – X ARZ 320/13 | ZPO § 32 b Abs. 1, BB 2013, 2195; *Schilling*, Das Kapitalanleger-Musterverfahrensgesetz und die class action im Rechtsvergleich. Untersuchung zur Übernahme von Elementen der securities class action für das deutsche KapMuG, 2010; *Schmitz/Rudolf*, Entwicklungen der Rechtsprechung zum KapMuG, NZG 2011, 1201-1206; *Schneider*, Auf dem Weg zu Securities Class Actions in Deutschland? – Auswirkungen des KAPMUG auf die Praxis kapitalmarktrechtlicher Streitigkeiten, BB 2005, 2249-2258; *Schneider/Heppner*, Reform des Kapitalanleger-Musterverfahrensgesetzes, BB 2011, 2947-2713; *Schneider/Heppner*, KapMuG Reloaded – das neue Kapitalanleger-Musterverfahrensgesetz, BB 2012, 2703-2713; *Schürnbrand*: Wider den Verzicht auf die gespaltene Auslegung im Kapitalmarktrecht, NZG 2011, 1213-1217; *Sessler*, Das Kapitalanleger-Musterverfahrensgesetz, WM 2004, 2344-2348; *Stackmann*, Grundsatzprobleme im Anlegerschutzprozess, NJW 2008, 1345-1348; *ders*, Kein Kindergeburtstag – Fünf Jahre Kapitalanleger-Musterverfahrensgesetz, NJW 2010, 3185-3189; *ders.*, (Rück-)Abwicklung von Finanzanlagen, NJW 2013, 337-416; *Söhner*, Das neue Kapitalanleger-Musterverfahrensgesetz, ZIP 2012, 7-14; *Stumpf/Müller*, Referentenentwurf zur Reform des KapMuG: Neuerungen und Kritik, GWR 2011, 464-469; *Sustmann/Schmidt-Bendun*, Der Referentenentwurf zur Reform des Kapitalanleger-Musterverfahrensgesetzes (KapMuG), NZG 2011, 1207-1212; *Thole*, Der Kampf um den Gerichtsstand bei internationalen Anlegerklagen am Beispiel der Porsche S, AG 2013, 73-81; *ders*., Die Zuständigkeit für Kapitalanlegerklagen in der aktuellen Rechtsprechung, AG 2013, 913-921; *Tilp/Schiefer*, Aktuelle Entwicklungen im US-Recht der Wertpapier(sammel)klagen – eine exemplarische Momentaufnahme Ende 2007, DAJV Newsletter 2007, 199-207; *Varadinek/Asmus*, Kapitalanleger-Musterverfahrensgesetz – Verfahrensbeschleunigung und Verbesserung des Rechtsschutzes?, ZIP 2008, 1309-1314; *Vollkommer*, Neue Wege zum Recht bei kapitalmarktrechtlichen Streitigkeiten – Erste Erfahrungen mit dem Gesetz zur Einführung von Kapitalanleger-Musterverfahren, NJW 2007, 3094-3099; *Vorwerk/Wolf* (Hrsg.), Kapitalanleger-Musterverfahrensgesetz, Kommentar, 2007; *ders*, KapMuG – Erfahrungen, Fazit, Ausblick, WM 2011, 817-824; *Wanner*, Das KapMuG als allgemeine Regelung für Massenverfahren, 2010; *Wardenbach*, KapMuG 2012 versus KapMuG 2005: Die wichtigsten Änderungen aus der Sicht der Praxis, GWR 2013, 35-38; *Weber*, Die Entwicklung des Kapitalmarktrechts im Jahre 2006, NJW 2006, 3685-3693; *ders*, Die Entwicklung des Kapitalmarktrechts im Jahre 2008, NJW 2009, 33-39; *Wigand*, Zur Reform des Kapitalanleger-Musterverfahrensgesetz (KapMuG), AG 2012, 845-856; *ders*, Anmerkung zum Beschluss des OLG München vom 21.11.2011 – Zur Auslegung eines Klagverfahrens in Hinblick auf ein Kapitalanleger-Musterverfahren, EWiR 2012, 643-644; *Witt*, Beschluss mit Anmerkung: BGH: Kapitalanleger-Musterverfahrensgesetz auf grauen Kapitalmarkt anwendbar, BB 2008, 1643-1646; *Wolf/Lange*, Wie neu ist das neue Kapitalanleger-Musterverfahrensgesetz, NJW 2012, 3751-3757; *Wundenberg*, Class actions: Möglichkeit der Etablierung und ihre Grenzen im deutschen Kapitalmarktrecht, ZEuP 2007, 1097-1121; *Zeising*, Der Prozessvergleich und sein Bestand vor der Rechtsordnung, WM 2011, 774-781; *Zimmer*, Finanzrecht – Quo Vadis?, BKR 2004, 421-423; *Zypries*, Ein neuer Weg zur Bewältigung von Massenprozessen, ZRP 2004, 177-179.

A. Vorgeschichte des Kapitalanleger-Musterverfahrensgesetz (KapMuG nF)

3 Das Gesetz löst nach einer Evaluierung[1] das am 16.8.2005 vom Deutschen Bundestag beschlossene Gesetz zur Einführung von Kapitalanleger-Musterverfahren (KapMuG aF)[2] ab. Das KapMuG aF kam aufgrund der Zunahme von Rechtsstreitigkeiten im Bereich der Kapitalanlagen zustande. Es sollte der effektiven **Bewältigung von Massenprozessen** dienen und dabei den Anlegerschutz stärken, indem es geschädigten Anlegern die Durchsetzung ihrer Schadensersatzansprüche in Musterverfahren wegen falscher, irreführender oder unterlassener öffentlicher Kapitalmarktinformationen, etwa in Jahresabschlüssen oder Börsenprospekten, ermöglichte.

4 Anlass für die Einführung des KapMuG aF waren die ca. 17.000 Klagen gegen die Deutsche Telekom mit denen Aktionäre Schadenersatz wegen falscher Angaben in einem Verkaufsprospekt verlangten. Deshalb wurde das Gesetz auch als „**Lex Telekom**" bezeichnet. Nach gut zehn Jahren Telekom-Prozess hat dieses Verfahren ein (vorläufiges) Ende zu Ungunsten der Kläger gefunden.[3] Das OLG Frankfurt aM hat einen Musterentscheid erlassen, mit dem weder ein Fehler im Prospekt anlässlich des dritten Börsengangs noch bei der Immobilienbewertung und entsprechenden Prospektdarstellung festgestellt wurde. Die Frage, ob es

---

1 Evaluation des Kapitalanleger-Musterverfahrensgesetzes. Forschungsvorhaben im Auftrag des Bundesministeriums der Justiz. Der Abschlussbericht von *A. Halfmeier* und *E. Feess* (Frankfurt School of Finance & Management) sowie *P. Rott* (Universität Bremen) wurde im Oktober 2009 vorgelegt (nachfolgend „*Halfmeier*, Abschlussbericht 2009").
2 BGBl. I 2005 S. 2437.
3 In diesem Verfahren wurde allerdings nicht der Nachweis der Verfahrensbeschleunigung durch das KapMuG erbracht. Die ersten Klagen waren hier im Jahre 2001 bei Gericht anhängig und erst am 16.5.2012 erließ das OLG Frankfurt aM den ersten Musterentscheid (23 Kap. 1/06) zugunsten der Telekom und des Bundes. Dieser wurde mit einer Rechtsbeschwerde beim BGH angegriffen. Inzwischen hat der BGH darauf mit einem Beschl. v. 2.10.2012 – XI ZB 12/12 – zur Mitteilung an die Beigeladenen über den Eingang einer Rechtsbeschwerde gegen Musterentscheid reagiert.

einer besonderen Erwähnung im Prospekt bedurft hätte, dass die Telekom die Haftung für Prospektfehler übernommen hatte, verneinte das OLG.
Am 3.7.2013 hat das OLG Frankfurt aM in einem weiteren Verfahren gegen die Deutsche Telekom und andere einen Musterentscheid erlassen.[4] Der Vorlagebeschluss des LG Frankfurt vom 22.11.2006 war während des seit dem Jahre 2013 vor dem OLG verhandelten Verfahrens durch mehrere Ergänzungsbeschlüsse nach § 13 KapMuG erweitert worden. Einen Fehler im Prospekt der Telekom anlässlich des 2. Börsengangs (DT 2) hat das OLG dabei nicht festgestellt.
Zwei weitere Musterentscheide des OLG München vom 30.12.2011[5] und vom 8.5.2012[6] betreffen die Medienfonds VIP 4 und VIP 3. Bei diesen Steuersparmodellen wurde zugunsten der Anleger festgestellt, dass die Prospekte teilweise unrichtig, unvollständig und irreführend sind. Das OLG Karlsruhe stellte mit Musterentscheid vom 16.11.2012[7] in Sachen MLP eine fehlerhafte Bilanzierungspraxis zweier Tochtergesellschaften fest, die zur Verbreitung falscher Kennzahlen beim Konzernergebnis und -umsatz in Kapitalmarktinformationen der Jahre 1998 bis 2002 geführt habe.
Am 13.12.2011 hat schließlich auch der BGH im Rahmen einer Rechtsbeschwerde zu einem Musterentscheid, hier betreffend den LBB Fonds 13, Stellung genommen.[8]

B. Das Experiment

Die Einführung des KapMuG aF war ein Experiment. Aufgrund der verschiedenen zivilprozessualen Neuerungen wurde die Geltungsdauer dieses Gesetzes deshalb zunächst auf **fünf Jahre befristet**, um dessen Praxistauglichkeit zu evaluieren. Obwohl die Evaluierung bereits im Jahre 2009 abgeschlossen war, verlängerte der Gesetzgeber die Sunset-Klausel um weitere zwei Jahre. So trat das KapMuG aF schließlich erst am 31.10.2012 außer Kraft.
Das Aufwand-Nutzen-Verhältnis bei Massenverfahren geschädigter Anleger zur Geltendmachung von Schadenersatzansprüchen im Kapitalmarktbereich erwies sich vor Einführung des KapMuG als inakzeptabel. Aufwändige Beweisaufnahmen mit der Befragung einer Vielzahl von Zeugen und mit teuren Sachverständigengutachten waren für jeden einzelnen Rechtsstreit erforderlich, um komplexe kapitalmarktrechtliche Fragen zu klären. Zudem drohten den klagewilligen Anlegern hohe Prozessrisiken und -kosten, die viele von der gerichtlichen Durchsetzung ihrer Ansprüche abhielten. Kam es zur massenhaften Klageerhebung, wurden die Gerichte geradezu „gestraft", da sie mit den herkömmlichen Bündelungsformen – wie Verfahrensverbindung über die Streitgenossenschaft oder Musterprozessabrede – prozessual nicht weiter kamen und stark belastet über einen langen Zeitraum arbeiten mussten.
Misst man den Erfolg des KapMuG aF an der Zahl der Musterverfahren, so fällt dieser eher bescheiden aus. In den ersten vier Jahren seit der Einführung des KapMuG wurde lediglich zwölf Musterverfahren eröffnet, bis heute ist die Zahl unter dreißig geblieben.[9] Und das angesichts der Vielzahl von Kapitalanlageprozessen mit Massenschäden für die Anleger infolge der Finanzkrise.

C. Die Evaluierung des Gesetzes

Das Bundesministerium der Justiz (BMJ) veranstaltete am 25.11.2008 eine **Konferenz** über kollektive Rechtsschutzmöglichkeiten und die Erfahrungen mit dem KapMuG. Diese Veranstaltung erbrachte Zustimmung für dieses Gesetz als wichtiges Instrument zur Bewältigung von Massenverfahren. Im Auftrag des BMJ wurde danach das Gesetz evaluiert.[10] Die rechtstatsächliche Untersuchung ergab, „dass das Kapitalanleger-Musterverfahren ein taugliches Instrument zur Bewältigung von Massenklagen im Bereich des Kapitalmarktrechts ist, jedoch in einigen Punkten der Überarbeitung bedarf."[11]
Der **Abschlussbericht** kritisierte vor allem Folgendes:
„Die rechtstatsächliche und ökonomische Analyse der Anreizstrukturen zeigt aber auch, dass die defizitäre Rechtsdurchsetzung im Kapitalmarktrecht nicht allein mit verfahrensrechtlichen Mitteln behoben werden kann, sondern dass diesbezüglich vor allem die Beweislastverteilung bei den im Anwendungsbereich des KapMuG stehenden Anspruchsgrundlagen problematisch ist. Eine verfahrensrechtliche Anomalie des KapMuG im internationalen Vergleich besteht in seinem derzeit bestehenden faktischen Zwangscharakter

---

4   23 KAP 2/06.
5   KAP 1/07.
6   KAP 2/07.
7   Beschl. v. 16.11.2012 – 17 Kap. 1/09.
8   Beschl. v. 13.12.2011 – II ZB 6/09.
9   Vgl dazu auch *Bussian/Schmidt*, PHi 2012, 42.
10 Der Abschlussbericht ist einsehbar unter <http://www.bmj.de/SharedDocs/Downloads/DE/pdfs/Abschlussbericht_KapMuG_Frankfurt%20School_2009.pdf?__blob=publicationFile>.
11 Vgl Pressemitteilung des BMJ v. 29.6.2012 zum Gesetz zur Reform des Kapitalanleger-Musterverfahrensgesetzes unter der Überschrift „Rechtsschutz für Kapitalanleger wird gestärkt".

und den damit verbundenen weitreichenden Beteiligungsrechten. Hier sollte ein Austrittsrecht eingeführt werden, auch um den Klägern andere verfahrensrechtliche Optionen nicht zu versperren. Als weiteres Defizit des KapMuG wird festgestellt, dass derzeit eine gütliche Streitbeilegung im Rahmen des Musterverfahrens kaum möglich ist. Daher wird ... die Möglichkeit eines gerichtlich genehmigten Vergleichsschlusses vorgeschlagen."[12]

12 Kritisiert wurde auch die uneinheitliche Terminologie des KapMuG, die zu Unklarheiten geführt habe. Begriffen wie „Feststellungsziel", „Streitpunkte" und „Gleichgerichtetheit von Musterverfahrensanträgen" fehlte eine klare Bedeutung.[13]

13 Ein ersatzloses Auslaufen des KapMuG aF sollte es aufgrund der grundsätzlich **positiven Erfahrungen** nicht geben. Eine Öffnung seines Anwendungsbereichs für sämtliche Anspruchsarten und seine Aufnahme in die ZPO wurde angesichts nicht ausreichender Erprobung abgelehnt.[14]

D. Die Expertenanhörung im Bundestag

14 Der Gesetzentwurf der Bundesregierung wurde zum Gegenstand einer öffentlichen Expertenanhörung im Rechtsausschuss des Deutschen Bundestages gemacht.[15] Die Experten waren hinsichtlich der Praxistauglichkeit des Gesetzentwurfs **gespaltener Meinung**; sahen überwiegend zumindest einen Nachbesserungsbedarf. Es wurde eingewandt, dass „eine zuverlässige abschließende Bewertung derzeit noch nicht möglich" sei, weil es dafür des rechtskräftigen Abschlusses wenigstens einiger Musterverfahren bedürfe. Auch solle das Gesetz nicht nur für Kleinanleger gelten, sondern ebenso für institutionelle Anleger. Wünschenswert sei, dass der BGH immer „als Kontrollinstanz" zur Verfügung stehe, da es „immer um das Vertrauen des gesamten Kapitalmarkts" gehe.

E. Der neue Gesetzentwurf der Bundesregierung

15 Die Rechtspolitik entnahm dem Abschlussbericht der Evaluierung eine Bestätigung für die Einführung des KapMuG. Damit war der Weg frei für eine Novellierung des Gesetzes. Im Ergebnis der Evaluierung sowie der Sachverständigenanhörungen im Rechtsausschuss des Deutschen Bundestages[16] entschloss sich der Gesetzgeber, das Konzept des KapMuG aF und dessen **Grundstruktur beizubehalten** und es in bestimmten Punkten sowohl **inhaltlich zu erweitern** sowie auch **klarer und verständlicher** zu fassen. So wurde das KapMuG nF letztlich in einem Stammgesetz novelliert, da ein Änderungsgesetz aufgrund der Vielzahl der Änderungen sehr unübersichtlich ausgefallen wäre.

16 Die Grundstruktur des KapMuG aF blieb erhalten. Es gliedert sich weiterhin in drei Hauptverfahrensabschnitte. Abschnitt 1: Musterverfahrensantrag und das Vorlageverfahren (§§ 1–8), Abschnitt 2: Durchführung des Musterverfahrens (§§ 9–21) und Abschnitt 3: Wirkung des Musterentscheids und des Vergleichs sowie Kosten (§§ 22–28).

17 Im Gesetzentwurf der Bundesregierung heißt es zu eingangs zu den inhaltlichen Veränderungen: „Der Anwendungsbereich wird gegenüber dem bisherigen Recht moderat erweitert und auf Rechtsstreitigkeiten mit mittelbarem Bezug zu einer öffentlichen Kapitalmarktinformation und somit insbesondere auf Anlagevermittler und -berater ausgedehnt. Der Vergleichsabschluss im Musterverfahren wird vereinfacht. Schließlich werden die Eröffnung des Musterverfahrens und seine Erledigung durch eine Reihe von Einzelmaßnahmen beschleunigt."[17]

F. Das wesentlich Neue am KapMuG nF

18 Das neue KapMuG weist gegenüber seinem Vorläufer insbesondere folgende Änderungen auf:

19 **I. Anwendungsbereich.** Der Anwendungsbereich des KapMuG wurde im Rahmen seiner Beschränkung auf kapitalmarktrechtliche Ansprüche **moderat ausgeweitet**. So können sich KapMuG-Verfahren künftig auch mit der Richtigkeit und Vollständigkeit des für die Kapitalanlage herausgegebenen Prospektes wegen fehlerhafter Anlagevermittlung oder -beratung befassen. Auch Fälle, in denen Prospekthaftungsansprüche im

---

12 Vgl *Halfmeier*, Abschlussbericht 2009, S. 3.
13 Ebenda, S. 90.
14 Vgl Gesetzentwurf der Bundesregierung v. 29.2.2012 „Entwurf eines Gesetzes zur Reform des Kapitalanleger- Musterverfahrensgesetzes", BT-Drucks. 17/8799, S. 1.
15 82. Sitzung des Rechtsausschusses v. 25.4.2012, Öffentliche Anhörung zum Gesetzentwurf der Bundesregierung zur Reform des Kapitalanleger-Musterverfahrensgesetzes BT-Drucks. 17/8799. Vgl dazu die Zusammenfassung unter der Überschrift „Experten uneinig über Zukunft von KapMuG und Musterfahren", in: „heute im bundestag (hib)" v. 25.4.2012.
16 82. Sitzung des Rechtsausschusses v. 25.4.2012, Öffentliche Anhörung zum Gesetzentwurf der Bundesregierung zur Reform des Kapitalanleger-Musterverfahrensgesetzes BT-Drucks. 17/8799.
17 BT-Drucks. 17/8799, S. 1.

engeren Sinne bereits verjährt sind, lassen sich nun in einem Musterverfahren verhandeln, wenn der Anlageberater den fehlerhaften Emissionsprospekt im Beratungsgespräch genutzt hat. Gegenstand des Musterverfahrens ist dann das zu klärende Feststellungsziel der Richtigkeit bzw Unrichtigkeit des Prospektes.
Die Unterscheidung zwischen unmittelbarer oder bloß mittelbarer Bedeutung der öffentlichen Kapitalmarktinformation ist für den Anspruch nicht mehr erheblich. Kurzum: Auch Ansprüche aus vorvertraglicher Pflichtverletzung des Emittenten oder Vertragspflichtverletzung des Anlageberaters sind damit musterverfahrensfähig.

II. Erleichterung der gütlichen Streitbeilegung. Die Möglichkeit, einen Vergleich im Musterverfahren zu schließen, um die gütliche Beilegung der Rechtsstreitigkeiten im Musterverfahren zu fördern, wurde erleichtert. Eine Verfahrensbeendigung durch Zustimmung aller Beteiligten (Musterkläger, -beklagte und alle Beigeladenen) hatte sich als praxisuntauglich erwiesen.
Nunmehr können Musterkläger und Musterbeklagte einen **Vergleich mit Austrittsmöglichkeit** schließen, der dem OLG zur Billigung vorzulegen ist. Aber auch das Gericht kann dem Musterkläger und den Musterbeklagten einen Vergleich vorschlagen. Dabei hat es nach Anhörung der Beigeladenen zu prüfen, ob der Vergleich eine angemessene Lösung darstellt, der die Interessen der Beteiligten ausreichend wahrt. Nach Billigung durch das Gericht wird der Vergleich dann für alle Beteiligten verbindlich, soweit ein gewissen Quorum gewahrt ist. Denn die Beigeladenen können innerhalb eines Monats ihren Austritt aus dem Vergleich erklären.

III. Beschleunigung des Musterverfahrens. Das reformierte KapMuG soll die Justiz durch eine stärkere Beschleunigung der Verfahren weiter entlasten. Langen Wartezeiten bis zum Beginn eines Musterverfahrens wird durch eine **Fristsetzung für die Bekanntmachung** zulässiger Musterverfahrensanträge begegnet. Außerdem sind nunmehr Beschlüsse des Prozessgerichts, in denen Musterverfahrensanträge als unzulässig verworfen oder wegen Nichterreichens des Quorums zurückgewiesen werden, unanfechtbar. Das Erreichen des Quorums anhand des Klageregisters[18] ist sicher bestimmbar; lange Ungewissheit über den Beginn eines Musterverfahrens gibt es nicht mehr.
Neu ist auch die Zuständigkeit des OLG anstelle des LG für die Erweiterung des Gegenstands des Musterverfahrens, um eine Befassung verschiedener Gerichte damit während des Musterverfahrens zu vermeiden. An den Musterentscheid des OLG sind dann die Prozessgerichte der Ausgangsverfahren gebunden.

IV. Leichterer Zugang zum Musterverfahren. Um den Rechtsschutz für die Kapitalanleger effizienter zu machen, um die Teilnahme am Musterverfahren erleichtert. Die einfache Teilnahme am Verfahren setzt keine förmliche Klageerhebung voraus, sondern wird durch schriftliche Anzeige beim OLG nach Eröffnung des Musterverfahrens ermöglicht (Anmeldung).

V. Verjährungshemmung. Meldet der Kapitalanleger seinen Anspruch zum Musterverfahren an (sog. Anmelder), hemmt er die Verjährung seines Anspruchs. Dadurch kann er den Ausgang des Musterverfahrens abwarten und dann entscheiden, ob er klagt. Die Anspruchsanmeldung ist somit für den geschädigten Anleger eine sehr kostengünstige Möglichkeit, die Verjährung seiner Ansprüche zu hemmen.

VI. Erneute Befristung. Das reformierte KapMuG wurde erneut befristet. Nunmehr sollen innerhalb der kommenden **acht Jahre** Erfahrungen gesammelt und die neuen Musterverfahren nach dem KapMuG nF ausgewertet werden. Danach will der Gesetzgeber abschließend entscheiden, ob das Musterverfahren dauerhaft in das Zivilverfahrensrecht aufgenommen werden soll.[19]

G. Das Wesen der KapMuG-Verfahren

Dem Wesen nach sind die KapMuG-Verfahren „**begrenzte Gruppenverfahren**"[20] und keine Musterverfahren, weil sich ihre Rechtswirkung (nur) auf alle Beigeladenen (Gruppenmitglieder) erstreckt und das Verfahren auf eine gemeinsame Vorfrage begrenzt ist.
Grundlage der Entscheidung im KapMuG-Verfahren sind individuelle Schadenersatzansprüche geschädigter Kapitalanleger die auf dem Klagewege in Verfahren vor den Prozessgerichten anhängig gemacht werden. Im Musterverfahren wird über Feststellungsziele geschädigter Anleger entschieden, die den gleichen Lebenssachverhalt betreffen. Was in allen Ausgangsverfahren gleichermaßen zu prüfen wäre, wird gemeinsam im Musterverfahren verhandelt und entschieden. Und dies ungeachtet dessen, ob die jeweilige Klage im Ausgangsverfahren begründet ist. Verneint der Musterentscheid die anspruchsbegründenden Voraussetzungen, dann ist allerdings die negative Entscheidung der Prozessgerichte in den einzelnen Ausgangsverfahren – soweit diese ihre Ansprüche ausschließlich auf die im Musterentscheid geklärte Tatsachen- bzw Rechts-

---

[18] Verordnung über das Klageregister nach dem Kapitalanleger-Musterverfahrensgesetz (Klageregisterverordnung – KlagRegV) v. 14.12.2012, BGBl. I 2012 S. 2694.

[19] Vgl Pressemitteilung des BMJ v. 29.6.2012, „Rechtsschutz für Kapitalanleger wird gestärkt".

[20] Vgl dazu ausführlich *Lange*, S. 85 ff.

frage gründen – verbindlich vorjudiziert.[21] Beispiel: Das Musterverfahren ergibt, dass der Prospekt richtig ist und daraus keine Haftung hergeleitet werden kann. Doch dennoch können Klagen wegen individueller Pflichtverletzungen wie dem Verharmlosen von Risiken abweichend vom Prospekt gewonnen werden.

Abschnitt 1
Musterverfahrensantrag; Vorlageverfahren

§ 1 Anwendungsbereich

(1) Dieses Gesetz ist anwendbar in bürgerlichen Rechtsstreitigkeiten, in denen
1. ein Schadensersatzanspruch wegen falscher, irreführender oder unterlassener öffentlicher Kapitalmarktinformation,
2. ein Schadensersatzanspruch wegen Verwendung einer falschen oder irreführenden öffentlichen Kapitalmarktinformation oder wegen Unterlassung der gebotenen Aufklärung darüber, dass eine öffentliche Kapitalmarktinformation falsch oder irreführend ist, oder
3. ein Erfüllungsanspruch aus Vertrag, der auf einem Angebot nach dem Wertpapiererwerbs- und Übernahmegesetz beruht,

geltend gemacht wird.

(2) ¹Öffentliche Kapitalmarktinformationen sind Informationen über Tatsachen, Umstände, Kennzahlen und sonstige Unternehmensdaten, die für eine Vielzahl von Kapitalanlegern bestimmt sind und einen Emittenten von Wertpapieren oder einen Anbieter von sonstigen Vermögensanlagen betreffen. ²Dies sind insbesondere Angaben in
1. Prospekten nach dem Wertpapierprospektgesetz und Informationsblättern nach dem Wertpapierhandelsgesetz,
2. Verkaufsprospekten, Vermögensanlagen-Informationsblättern und wesentlichen Anlegerinformationen nach dem Verkaufsprospektgesetz, dem Vermögensanlagengesetz, dem Investmentgesetz in der bis zum 21. Juli 2013 geltenden Fassung sowie dem Kapitalanlagegesetzbuch,
3. Mitteilungen über Insiderinformationen im Sinne des § 15 des Wertpapierhandelsgesetzes,
4. Darstellungen, Übersichten, Vorträgen und Auskünften in der Hauptversammlung über die Verhältnisse der Gesellschaft einschließlich ihrer Beziehungen zu verbundenen Unternehmen im Sinne des § 400 Absatz 1 Nummer 1 des Aktiengesetzes,
5. Jahresabschlüssen, Lageberichten, Konzernabschlüssen, Konzernlageberichten sowie Halbjahresfinanzberichten des Emittenten und in
6. Angebotsunterlagen im Sinne des § 11 Absatz 1 Satz 1 des Wertpapiererwerbs- und Übernahmegesetzes.

Literatur:
Maier-Reimer/Wilsing, ZGR 2006, 79; *Vorwerk/Wolf*, Kapitalanleger-Musterverfahrensgesetz, Kommentar, 2007; *Hess/Reuschle/Rimmelspacher*, Kölner Kommentar zum Kapitalanleger-Musterverfahrensgesetz (KapMuG), 2008; *Halfmeier/Rott/Feess*, Kollektiver Rechtsschutz im Kapitalmarktrecht. Evaluation des Kapitalanleger-Musterverfahrensgesetzes, 2009; *Rotter*, VuR 2011, 443; *Bernuth/Kremer*, NZG 2012, 890; *Halfmeier*, DB 2012, 2145; *Bussian/Schmidt*, PHi 2012, 42; *Möllers/Seidenschwamm*, NZG 2012, 1401; *Schneider/Heppner*, BB 2012, 2703; *Wigand*, AG 2012, 845; *Wolf/Lange*, NJW 2012, 3751; *Söhner*, ZIP 2013, 7; *Wardenbach*, GWR 2013, 35.

A. Vorbemerkung 1	I. Prospekte und Informationsblätter (Abs. 2 Nr. 1).. 24
B. Normzweck 5	II. Verkaufsprospekte, Vermögensanlagen-Informationsblätter u.a. (Abs. 2 Nr. 2)............... 29
C. Sachlicher Anwendungsbereich des Gesetzes (Abs. 1) 6	III. Mitteilungen über Insiderinformationen WpHG (Abs. 2 Nr. 3).................................... 34
I. Schadensersatzanspruch wegen öffentlicher Kapitalmarktinformationen (Abs. 1 Nr. 1) 8	IV. Informationen über die Aktiengesellschaft (Abs. 2 Nr. 4).. 43
II. Schadensersatzanspruch wegen Verwendung öffentlicher Kapitalmarktinformationen (Abs. 1 Nr. 2).. 10	V. Emittenteninformationen (Abs. 2 Nr. 5)........ 49
III. Erfüllungsanspruch aus Vertrag (Abs. 1 Nr. 3) . 14	VI. Angebotsunterlagen iSd WpÜG (Abs. 2 Nr. 6) . 50
D. Öffentliche Kapitalmarktinformationen für eine Vielzahl von Anlegern (Abs. 2) 17	VII. Weitere Angaben 53

---

21 *Wolf/Lange*, NJW 2012, 3751.

A. Vorbemerkung

Der sachliche Anwendungsbereich des KapMuG war bislang im Wesentlichen auf Ansprüche geschädigter Anleger aus Prospekthaftung im engeren Sinne, deliktische Prospekthaftung und Haftung aus spezialgesetzlichen Anspruchsnormen, beschränkt. Die Schadenersatzklagen wegen falscher, irreführender oder unterlassener öffentlicher Kapitalmarktinformationen oder zur Durchsetzung eines Erfüllungsanspruchs aus einem Vertrag, der auf ein Angebot nach dem WpÜG[1] zurückgeht, betrafen vor allem Verfahren gegen die Prospektherausgeber, die Gründer, Initiatoren und Gestalter der Fonds, soweit sie das Management bilden oder beherrschen. Zu den potenziellen Beklagten gehörten zudem die sog. Hintermänner, dh Personen, die besonderen Einfluss auf die Gestaltung und Initiierung des Fonds ausüben.

Dem Bedürfnis der Rechtspraxis folgend, wurde nunmehr der **Anwendungsbereich** des KapMuG nF **moderat** auf vertragliche Ansprüche aus fehlerhafter Anlagevermittlung und -beratung sowie auf Prospekthaftung im weiteren Sinne **ausgedehnt**. Kapitalanleger können somit auch Musterverfahrensanträge bei Ansprüchen aus vorvertraglicher Pflichtverletzung von Verantwortlichen, wie Treuhandkommanditisten, oder bei Vertragspflichtverletzungen des Anlageberaters geltend machen.

Kurzum: Sowohl Schadenersatzansprüche, die einen unmittelbaren Bezug zu einer öffentlichen Kapitalmarktinformation aufweisen, als auch Schadenersatzansprüche, die lediglich einen mittelbaren Bezug zu einer öffentlichen Kapitalmarktinformation haben, unterfallen dem KapMuG-Verfahren.

Die Erweiterung des Anwendungsbereiches des Gesetzes kann dazu führen, dass sich die Zahl der Beteiligten erhöht, indem auch Dritte in das Musterverfahren einbezogen werden. Beispiel: Der verklagte Vertrieb versucht den Emittenten oder Initiator wegen Prospektfehler durch Streitverkündung oder Drittwiderklage am Verfahren zu beteiligen. Dafür sieht das KapMuG keine ausdrückliche Regelung vor.[2]

Bei geltend gemachten Ansprüchen, die gem. § 1 musterverfahrensfähig sind, bleibt im Vorlageverfahren außer Betracht, ob sie auch begründet sind. Im Vorlageverfahren ist auch nicht zu prüfen, ob die Kapitalmarktinformation im Einzelfall ursächlich für den eingetretenen Schaden war oder etwaige konkrete Ansprüche verjährt sind.

B. Normzweck

Der Anwendungsbereich des Gesetzes wird nunmehr eingangs in einer eigenen Norm geregelt. Durch die Aufteilung des Regelungsinhaltes des § 1 aF auf zwei Normen schafft der Gesetzgeber mehr Klarheit und Übersichtlichkeit zum Anwendungsbereich des Gesetzes. Das nicht zuletzt vor dem Hintergrund, dass bei dem KapMuG aF zunächst unklar war, ob von dem Gesetz auch Ansprüche wegen falscher irreführender oder unterlassener öffentlicher Informationen des sog. grauen Kapitalmarktes erfasst sind. Diese Frage hatte der BGH schließlich bejaht.[3]

C. Sachlicher Anwendungsbereich des Gesetzes (Abs. 1)

Eingangs des Gesetzes wird klargestellt, dass das Gesetz entsprechend § 3 Abs. 1 EGZPO[4] **nur auf bürgerliche Rechtsstreitigkeiten** Anwendung findet. Außerdem ist der Anwendungsbereich auf Streitigkeiten mit Bezug zum Kapitalmarktrecht beschränkt.

Die Ausweitung des Anwendungsbereichs auf sonstige zivilrechtliche Ansprüche fand im Gesetzgebungsverfahren mit Hinweis auf die bislang unzureichende Erprobung des Musterverfahrens keine Zustimmung.[5] Im eröffneten Anwendungsbereich ist das KapMuG aber auch als prozessrechtliche Grundlage für die Klärung von Fragen mit einem Bezug zu einer Vielzahl von Verfahren erforderlich. Denn über § 148 ZPO könnte eine Aussetzung zum Zwecke der Durchführung eines Musterverfahrens nicht ohne Weiteres gewährleistet werden.[6]

I. Schadenersatzanspruch wegen öffentlicher Kapitalmarktinformationen (Abs. 1 Nr. 1). In den Anwendungsbereich der Schadenersatzansprüche wegen falscher, irreführender oder unterlassener öffentlicher Kapitalmarktinformationen fallen **alle Haftungstatbestände** unabhängig davon, um welche Anspruchsgrundlage es sich handelt. Wesentlich ist, dass die Haftungsnorm als Rechtsfolge die Verpflichtung zum Schadener-

---

[1] Wertpapiererwerbs- und Übernahmegesetz v. 20.12.2001, BGBl. I 2001 S. 3822, zuletzt geänd. durch Art. 2c G v. 28.11.2012, BGBl. I 2012 S. 2369.
[2] So bedauernd *Schneider/Heppner*, BB 2012, 2704.
[3] BGH v. 10.6.2008 – XI ZB 26/07.
[4] Gesetz, betreffend die Einführung der ZPO in der im BGBl. III, Gliederungsnummer 310-2, veröffentlichten bereinigten Fassung, zuletzt geänd. durch Art. 4 G v. 22.12.2011, BGBl. I 2011 S. 3044.
[5] So schon im Referentenentwurf des Bundesministeriums der Justiz, S. 1.
[6] Vgl BGH v. 28.2.2012 – VIII ZB 54/11, Rn 7.

satz vorsieht. Soweit eine Vorschrift die Rechtsfolge Übernahme der Anlage gegen Erstattung des Erwerbspreises ausspricht, handelt es sich dabei um einen auf Schadensersatz gerichteten Anspruch.

9 Bei den unter Abs. 1 Nr. 1 geregelten Schadenersatzansprüchen handelt es sich insbesondere um Ansprüche nach

- § 44 BörsG – Börsenprospekthaftungsansprüche wegen eines unrichtigen Börsenprospektes;
- §§ 21 ff. WpPG – Haftung bei fehlendem bzw fehlerhaftem Prospekt nach dem WpPG
- §§ 20, 21 und 22 VermAnlG – Haftung bei fehlerhaften/fehlendem Prospekt bzw unrichtigem Vermögensanlageninformationsblatt;[7]
- §§ 37b und 37c WpHG – Schadensersatz wegen unterlassener unverzüglicher Veröffentlichung von Insiderinformationen/Schadensersatz wegen Veröffentlichung unwahrer Insiderinformationen (Emittentenhaftung);
- § 127 InvG – Prospekthaftung/Haftung für wesentliche Anlegerinformationen;
- § 823 Abs. 2 iVm § 31 Abs. 3a WpHG – unrichtiges Informationsblatt;[8]
- § 823 Abs. 2 BGB iVm § 331 HGB – Schadenersatzpflicht wegen unrichtige Darstellung der Bilanz;
- § 823 Abs. 2 BGB iVm § 400 Abs. 1 Nr. 1 AktG – Schadenersatzpflicht wegen unrichtiger Darstellung der Verhältnisse der Gesellschaft;
- § 823 Abs. 2 BGB iVm § 264 StGB – Schadenersatzpflicht wegen Kapitalanlagebetrug;[9]
- § 826 BGB – Haftung von Vorstandsmitgliedern für falsche Ad-hoc-Mitteilungen;[10]
- §§ 826 BGB, 31 BGB – Haftung der Gesellschaft für falsche Veröffentlichungen des Vereins (Vorstand und seine Mitglieder).

10 **II. Schadensersatzanspruch wegen Verwendung öffentlicher Kapitalmarktinformationen (Abs. 1 Nr. 2).** Diese Regelung wurde neu in das Gesetz aufgenommen. Im Musterverfahren können nunmehr somit auch solche Prozesse gebündelt werden, in denen der Schadensersatzanspruch auf die Verwendung einer falschen oder irreführenden öffentlichen Kapitalmarktinformation oder die Unterlassung der gebotenen Aufklärung darüber, dass eine öffentliche Kapitalmarktinformation falsch oder irreführend ist, gestützt wird. Das sind vom BGH als „**mittelbar**" bezeichnete und bislang nicht durch das KapMuG **erfasste Ansprüche**.[11]

11 Der Schadensersatzanspruch muss nun nicht mehr unmittelbar auf einer fehlerhaften, irreführenden oder unterlassenen öffentlichen Kapitalmarktinformation beruhen, so dass auch Klagen, die auf einem vertraglichen Anspruch, wie fehlerhafte Anlageberatung/-vermittlung, oder auf einen Anspruch aus §§ 241 Abs. 2, 311 Abs. 2 und 3 BGB gestützt werden, musterverfahrensfähig sind.

12 Zugleich werden insbesondere auch die Fälle der sog. **uneigentlichen Prospekthaftung** (Prospekthaftung im weiteren Sinn) erfasst, in denen die Verwendung eines fehlerhaften Prospektes zur Haftung von Treuhandkommanditisten, Gründungskommanditisten und sonstigen Gründungsgesellschaftern bzw (juristischen) Personen, mit denen der Anleger eine (vor-)vertragliche Bindung eingeht, führt. Aber auch die (Falsch-)Information von Anlageinteressenten durch organschaftliche Vertreter einer kapitalsuchenden Gesellschaft[12] kommt als musterverfahrensfähiger Schadensersatzanspruch in Betracht. Klagen aufgrund von Prospekthaftung im engeren und im weiteren Sinn – gegen Emittenten, Anbieter oder Zielgesellschaften einerseits und gegen Anlageberater und -vermittler andererseits – können so in einem Musterverfahren zusammengefasst werden, wenn ein Bezug zu einer öffentlichen Kapitalmarktinformation besteht.

Auch Ansprüche auf deliktischer Grundlage können vom Anwendungsbereich der Nr. 2 erfasst sein. Der Gesetzgeber wollte zwar eine Ausweitung des Verfahrens auf andere Anwendungsbereiche als kapitalmarktrechtliche Streitigkeiten vermeiden, doch das schließt die Anwendung des Gesetzes auf sonstige Anspruchsgrundlage nicht aus, wenn diese eine kapitalmarktrechtliche Streitigkeit betreffen.[13]

13 Die Erweiterung des Anwendungsbereiches bedeutet indes nicht, dass nunmehr sämtliche Ansprüche im Zusammenhang mit dem Erwerb einer Kapitalanlage einem Musterverfahren zugänglich wären. Insoweit bleibt es dabei, dass das Verfahren vor dem Prozessgericht nicht ohne Weiteres insgesamt ausgesetzt werden darf.[14] Für eine Vielzahl „typischer" Ansprüche gilt dies bereits deswegen, weil deren Rechtsfolge nicht auf Schadensersatz gerichtet ist (zB nach dem Widerruf eines Darlehensvertrages, aus ungerechtfertigter Bereicherung wegen der Nichtigkeit einer beim Abschluss des Darlehensvertrages verwendeten Vollmacht oder bei der Ausübung eines Rücktrittsrechts nach § 34 Abs. 2a WpHG). Bei sonstigen Ansprüchen, auch soweit sie auf §§ 280 Abs. 1, 311 Abs. 2, 241 Abs. 2 BGB beruhen, ist entscheidend, ob sich ein Bezug zu

---

7 Bisheriges Recht: §§ 13, 13a VerkProspG – Haftung bei fehlerhaftem/fehlendem Prospekt.
8 Der Gesetzgeber sieht hier ein Schutzgesetz iSd § 823 Abs. 2 BGB, BT-Drucks. 17/3628, S. 21.
9 Vgl BGH v. 13.12.2011 – II ZB 6/09, Rn 41.
10 Vgl BGH v. 26.7.2011 – II ZB 11/10, Rn 8.
11 Vgl zur alten Rechtslage zB BGH v. 13.12.2011 – II ZB 6/09, Rn 14; v. 16.6.2009 – XI ZB 33/08, Rn 9.
12 Hierzu BGH v. 2.6.2008 – II ZR 210/06.
13 So LG Frankfurt v. 27.9.2013 -2-12 OH 4/12, Rn 24.
14 BGH v. 11.9.2012 – XI ZR 32/11, LS und Rn 13; siehe dazu im Einzelnen § 8 Rn 15 ff.

einer öffentlichen Kapitalmarktinformation herstellen lässt; hier insbesondere, ob die entsprechenden Informationen für eine Vielzahl von Kapitalanlegern bestimmt sind. (Nur) in diesem Rahmen können dann allerdings auch Ansprüche im Zusammenhang mit einem Wissensvorsprung der anlagefinanzierenden Bank oder im Zusammenhang mit Fehlverhalten bei der Darlehensgewährung musterverfahrensfähig sein.[15]

III. Erfüllungsanspruch aus Vertrag (Abs. 1 Nr. 3). Erfüllungsansprüche aus Vertrag können Gegenstand eines KapMuG-Verfahrens sein, soweit sie auf einem **Angebot nach dem WpÜG**[16] beruhen. Das WpÜG regelt die Pflichten eines Erwerbers von Gesellschaftsanteilen, wenn dieser die Kontrolle über die Gesellschaft ausübt oder erlangen will und der Handel der von der Gesellschaft ausgegebenen Wertpapiere an einem organisierten Markt im Inland oder – unter bestimmten Voraussetzungen – in anderen Ländern der Europäischen Union zugelassen ist. Das Gesetz dient vorrangig dem Schutz von Klein- und Minderheitsaktionären vor wirtschaftlichen Nachteilen, die bei einem unkontrollierten und ungeordneten Bekanntwerden von Übernahmeabsichten oder nach Erlangung der Kontrolle über eine Gesellschaft infolge der dadurch entstehenden Marktveränderungen eintreten können. Das WpÜG definiert die jeweiligen Transparenzpflichten für folgende Arten eines Angebots: einfache Erwerbsangebote (§§ 10 ff. WpÜG), Übernahmeangebote (§§ 29 ff. WpÜG) und Pflichtangebote (§§ 35 ff. WpÜG).

Abs. 1 Nr. 3 bezieht sich nicht nur auf Leistungen, die im Angebot versprochen wurden, sondern auch auf die **Erhöhung dieses Angebots und Leistungen des Erhöhungsbetrages**.[17] Der Abschluss entsprechender Verträge wird hingegen von dieser Bestimmung nicht erfasst, da das WpÜG Individualansprüche von Anlegern auf den Abschluss solcher Verträge nicht vorsieht. Mit der Einbeziehung dieser Erfüllungsansprüche in den Anwendungsbereich des KapMuG soll sichergestellt werden, dass die schuldrechtlichen Ansprüche hinsichtlich des Wertes der Gegenleistung einheitlich beurteilt werden.[18] Klagen wegen Nichtzustandekommen von Verträgen scheiden aus.

Fälle gem. Abs. 1 Nr. 3 wurden in der Vergangenheit – nach KapMuG aF – kaum relevant.[19]

D. Öffentliche Kapitalmarktinformationen für eine Vielzahl von Anlegern (Abs. 2)

Der Gesetzgeber hat die Definition der öffentlichen Kapitalmarktinformation (Abs. 1 aF) in Abs. 2 nF inhaltlich unverändert beibehalten. Der Beispielskatalog in Abs. 2 S. 2 wurde an das mittlerweile geltende Kapitalmarktrecht und an das Gesetz zur Novellierung des Finanzanlagenvermittler- und Vermögensanlagenrechts[20] angepasst.

Der Begriff „öffentliche Kapitalmarktinformationen" nach Abs. 2 umfasst für eine Vielzahl von Kapitalanlegern bestimmte Informationen über **Tatsachen, Umstände, Kennzahlen und sonstige Unternehmensdaten**, die einen Emittenten von Wertpapieren oder Anbieter von sonstigen Vermögensanlagen betreffen. Die öffentlichen Kapitalmarktinformationen „betreffen" Emittent bzw Anbieter insbesondere auch dann, wenn es nicht um dessen Person, sondern um die angebotene Anlage geht.

Emittent ist bei einem Wertpapier derjenige, der es begibt; bei sonstigen Vermögensanlagen derjenige, der sie erstmals auf den Markt bringt und für seine Rechnung unmittelbar oder durch Dritte öffentlich zum Erwerb anbietet.[21] **Anbieter** ist derjenige, der für das öffentliche Angebot von Vermögensanlagen verantwortlich ist und den Anlegern gegenüber, zB in Zeitungsanzeigen, so auftritt. Eine Identität mit dem Emittenten ist nicht zwingend notwendig. Bei Vertriebsorganisationen mit Vertriebsnetzen und Untervertrieben ist derjenige Anbieter, der die Koordination der Vertriebsaktivitäten verantwortet.[22]

Der Gesetzgeber hat im schadensrechtlichen Anwendungsbereich bewusst auf eine abschließende Legaldefinition des Begriffs „öffentliche Kapitalmarktinformation" verzichtet, um die Schnelllebigkeit des Kapitalmarktes und neuen Informationsformen erfassen zu können. Die Aufzählungen in Nr. 1 bis 6 sind daher Regelbeispiele.[23]

Zu den öffentlichen Kapitalmarktinformationen gehören nicht nur **die spezialgesetzliche Pflichtangaben** (zB nach dem Aktiengesetz, Wertpapierhandelsgesetz, Handelsgesetzbuch), sondern auch **freiwillige Angaben**. Schadenersatzansprüche der Anleger können bereits dann entstehen, wenn öffentliche Kapitalmarktinformationen falsch oder irreführend sind – unabhängig davon, ob eine Verpflichtung zu deren Veröffentlichung bestand.

---

15 Hierzu auch OLG München v. 27.8.2013 – 19 U 5140/12, Rn 16 ff.
16 Wertpapiererwerbs- und Übernahmegesetz v. 20.12.2001, BGBl. I 2001 S. 3822, zuletzt geänd. durch Art. 2 c G v. 28.11.2012, BGBl. I 2012 S. 2369.
17 *Maier-Reimer/Wilsing*, ZGR 2006, 86.
18 Vgl BT-Drucks. 15/5091, S. 17.
19 So auch *Halfmeier*, DB 2012, 2145 Fn 9.
20 Gesetz zur Novellierung des Finanzanlagenvermittler- und Vermögensanlagenrechts v. 6.12.2011, BGBl. I 2011 S. 2481.
21 BGH v. 30.7.2013 – X ARZ 320/13, Rn 10 mwN.
22 BGH v. 30.7.2013 – X ARZ 320/13, Rn 12 mwN.
23 So sieht z.B. das LG Frankfurt, Beschl. v. 27.9.2013 - 2-12 OH 4/12, Rn 28, auch in den Anleihebedingungen eine Kapitalmarktinformation.

21 Der Anlegerschutz gebietet, dass öffentliche Kapitalmarktinformationen grundsätzlich zutreffend und vollständig sind. Die Rechtsprechung hat den Schutz des Anlegers vorvertraglich, vertraglich und auch deliktrechtlich definiert. Dem Anleger sollen die für seine Anlageentscheidung relevanten Informationen nicht als „unverbindliche" Werbeaussagen dargeboten werden; sie müssen Entscheidungsinformationen darstellen, auf die er sich verlassen können muss.[24]

22 Abs. 2 S. 1 geht von einer „Vielzahl an Anlegern" aus, die von den öffentlichen Kapitalmarktinformationen betroffen sind. In Anlehnung an § 6 Abs. 1 nF genügt es, wenn die Anlage an **zehn Anleger** vertrieben wurde. Denn ab dieser Schwelle sieht der Gesetzgeber eine übergreifende Betrachtung der Feststellungsziele als sinnvoll und prozessökonomisch an. Daran ändert nichts, dass eine Prospektpflicht gem. § 2 Nr. 3 a VermAnlG erst besteht, wenn von derselben Vermögensanlage mehr als 20 Anteile angeboten werden. Denn durch diese Bestimmung soll vorrangig geregelt werden, ab wann eine Befassung der BaFin mit der Vermögensanlage sinnvoll erscheint.[25] Dies zeigt sich auch an § 2 Nr. 3 b und c VermAnlG, wonach ohne Weiteres ein Angebot an (ggf deutlich) mehr als 20 Anleger möglich ist, während gleichwohl keine Prospektpflicht besteht. Im Ergebnis dürften also auch die meisten sog. Privatplatzierungen erfasst sein.

23 Das Kriterium „Vielzahl von Anlegern" kann auch nicht dadurch umgangen werden, dass eine bei wirtschaftlicher Betrachtung einheitliche Kapitalanlage künstlich auf mehrere Kapitalanlagen verteilt wird (zB durch Gründung von mehreren Fonds mit wenigen Anlegern, deren einziger Investitionsgegenstand die Beteiligung an einem übergeordneten Fonds ist oder durch Tranchenbildung).[26]

24 **I. Prospekte und Informationsblätter (Abs. 2 Nr. 1).** Zu den öffentlichen Kapitalmarktinformationen zählen zunächst Angaben in Prospekten nach dem **Wertpapierprospektgesetz** (WpPG)[27] und Informationsblättern nach dem **Wertpapierhandelsgesetz** (WpHG).[28] Das WpPG vereinheitlicht entsprechend den europäischen Vorgaben der Prospektrichtlinie[29] das Regelwerk für Prospekte, die für das öffentliche Angebot von Wertpapieren veröffentlicht werden und Prospekte im Zusammenhang mit der Zulassung zum regulierten Markt (sog. weißer Markt).

25 In Deutschland dürfen Wertpapiere grundsätzlich nicht ohne einen Prospekt öffentlich angeboten werden.[30] Der Prospekt soll dem Anleger alle wichtigen Informationen über das Wertpapier und seinen Emittenten geben, damit er auf dieser Grundlage seine Anlageentscheidung treffen kann. Das betrifft neben den Warnhinweisen (§ 5 Abs. 2 b WpPG) insbesondere alle Schlüsselinformationen (§ 5 Abs. 2 a WpPG). Diese Schlüsselinformationen sind dem Anleger als grundlegende und angemessen strukturierte Informationen zur Verfügung zu stellen. Emittenten können mehrere Emissionen in einem sog. Basisprospekt zusammenfassen.

26 Wertpapiere, die öffentlich angeboten werden oder zum Handel an einem organisierten Markt zugelassen werden sollen, müssen in einem von der BaFin[31] gebilligten **Wertpapierprospekt veröffentlicht** werden (§ 3 WpPG). Ein Prospekt ist zwölf Monate ab dem Datum der Billigung durch die BaFin (alt: Datum der Veröffentlichung) gültig. Seit dem 1.7.2012 werden Billigungen nur noch auf der Grundlage des neuen Wertpapierprospektrechts ausgesprochen. Das WpHG reguliert in Deutschland den Wertpapierhandel und dient insbesondere der Kontrolle von Unternehmen, die mit Wertpapieren handeln, sowie Finanztermingeschäften, aber auch dem Schutz des Kunden.

27 § 31 Abs. 3 a WpHG sieht ein Informationsblatt für Anleger vor, das leicht verständlich und weder irreführend noch unrichtig sein darf. Handelt es sich um den Erwerb bestimmter Investmentfondsanteile, so werden anstelle des Informationsblattes die „wesentlichen Anlegerinformationen" („Key Investor Informations") geschuldet, die nach der europäischen OGAW-IV-Richtlinie[32] und der EU-Durchführungsverordnung 583/2010[33] vorgeschrieben sind.

28 Der Anleger soll so über die Art des Finanzinstrumentes, dessen Funktionsweise, die damit verbundenen Risiken, die Aussichten für die Kapitalrückzahlung und Erträge unter verschiedenen Marktbedingungen als

---

24 So meint auch *Kruis* in: Kölner Kommentar zum KapMuG, § 1 Rn 35: „Auf eine gesetzliche Pflicht zur Offenbarung kommt es nach erfolgter Veröffentlichung nicht an."
25 Vgl OLG München v. 2.11.2011 – 20 U 2289/11, Rn 32.
26 Ebenda zur Frage, ob eine Prospektpflicht gegeben ist, weil es sich wirtschaftlich betrachtet um ein Angebot von mehr als 20 Anteilen handelte.
27 Gesetz über die Erstellung, Billigung und Veröffentlichung des Prospekts, der beim öffentlichen Angebot von Wertpapieren oder bei der Zulassung von Wertpapieren zum Handel an einem organisierten Markt zu veröffentlichen ist (Wertpapierprospektgesetz – WpPG) v. 22.6.2005, BGBl. I 2005 S. 1698, zuletzt geänd. durch Art. 1 G v. 26.6.2012, BGBl. I 2012 S. 1375.
28 Gesetz über den Wertpapierhandel (Wertpapierhandelsgesetz) idF d Bek. v. 9.9.1998, BGBl. I 1998 S. 2708, zuletzt geänd. durch G v. 5.12.2012, BGBl. I 2012 S. 2415.
29 Richtlinie 2003/71/EG (Prospektrichtlinie) der Europäischen Gemeinschaft.
30 Bei weniger als 150 „nicht qualifizierte Anleger" iSd § 2 Nr. 6 WpPG (meist Privatkunden) kann die Anlage prospektfrei angeboten werden. Der Schwellenwert für den prospektfreien Mindesterwerbsbetrag und die Mindeststückelung beträgt 100.000 €.
31 Die BaFin prüft allerdings nur die Vollständigkeit, Widerspruchsfreiheit und der Lesbarkeit der Prospekte, nicht aber deren inhaltliche Richtigkeit.
32 ABl L 302 v. 17.11.2009, S. 32-96.
33 ABl L 176 v. 10.7.2010, S. 1-15.

auch über die mit der Anlage verbundenen Kosten informiert werden. Die Anforderungen an das Informationsblatt sind in der Wertpapierdienstleistungs-Verhaltens- und Organisationsverordnung (WpDVerOV)[34] im Einzelnen ausgestaltet. Die Pflicht zur Aushändigung dieses Informationsblattes gilt seit dem 1.7.2011.

II. Verkaufsprospekte, Vermögensanlagen-Informationsblätter u.a. (Abs. 2 Nr. 2). Zu den öffentlichen Kapitalmarktinformationen gehören Angaben in Verkaufsprospekten, Vermögensanlagen-Informationsblättern sowie wesentliche Anlegerinformationen nach dem Verkaufsprospektgesetz,[35] dem Vermögensanlagengesetz[36] sowie dem Investmentgesetz.[37] 29

Seit dem 1.7.2011 müssen Anleger bei einer Wertpapierberatung ein kurzes, leicht verständliches und werbefreies **Produktinformationsblatt** (Vermögensanlagen-Informationsblatt) erhalten.[38] Damit sollen sie über die wesentlichen Eigenschaften des Finanzproduktes aufgeklärt werden, um so besser verschiedene Finanzprodukte miteinander vergleichen zu können. Das Produktinformationsblatt, das zunächst für Wertpapiere eingeführt wurde, ist nun auch für Produkte des grauen Kapitalmarkts verbindlich. 30

Es muss im Einzelnen Aussagen enthalten über 31

„1. die Art der Vermögensanlage,
2. die Anlagestrategie, Anlagepolitik und Anlageobjekte,
3. die mit der Vermögensanlage verbundenen Risiken,
4. die Aussichten für die Kapitalrückzahlung und Erträge unter verschiedenen Marktbedingungen und
5. die mit der Vermögensanlage verbundenen Kosten und Provisionen".

Der BGH hat im Zusammenhang mit der bei Einführung des KapMuG aF erlassenen Gerichtsstandsbestimmung des § 32 b ZPO klargestellt, dass zu den dort genannten öffentlichen Kapitalmarktinformationen auch die des sog. **grauen Kapitalmarktes** gehören.[39] Damit unterfällt dieser bislang unreglementierte Markt dem Anwendungsbereich des Gesetzes, so dass Ansprüche wegen falscher, irreführender oder unterlassener öffentlicher Kapitalmarktinformationen des grauen Kapitalmarktes Gegenstand eines Musterverfahrensverfahrens sein können. Beim grauen Kapitalmarkt handelt es sich um ein Vermögensanlagensegment, das anders als der sog. weiße Kapitalmarkt nicht der staatlichen Finanzaufsicht oder ähnlichen Regulierungen unterliegt, sich aber noch vom illegalen sog. schwarzen Kapitalmarkt abhebt. Dieser Kapitalmarkt betrifft die vom Regelungsbereich des Börsengesetzes (und des Verkaufsprospektgesetzes aF) nicht erfassten Produkte, die keine Wertpapiere iSd § 2 Abs. 1 WpHG sind. Dabei handelt es sich insbesondere um Anteile an Publikumspersonengesellschaften sowie Anteile an geschlossene Fonds wie Immobilien-, Solar-, Windenergie-, Schiffsfonds etc., oft in Rechtsform einer Kommanditgesellschaft. 32

Am 1.6.2012 trat das Vermögensanlagengesetz,[40] auch als „Graumarktgesetz" bezeichnet, in Kraft, das Rechte von Verbrauchern gegenüber Anbietern und Vertrieben von Produkten dieser Marktes stärkt.[41] Absehbar ist ein Kapitalanlagegesetzbuch,[42] das sämtliche Arten von Investmentfonds und deren Verwalter einer Finanzaufsicht unterstellt. 33

III. Mitteilungen über Insiderinformationen WpHG (Abs. 2 Nr. 3). Gemäß § 15 WpHG (Mitteilung, Veröffentlichung und Übermittlung von Insiderinformationen an das Unternehmensregister) muss jede Insiderinformation, die den Emittenten unmittelbar betrifft, ad hoc veröffentlicht werden. Die aus den **Ad-hoc-Publizitätspflichten** der Emittenten resultierenden Mitteilungen werden als Ad-hoc-Mitteilung, Börsenmitteilung oder auch als Pflichtmitteilung bezeichnet. 34

Der Emittenten muss unverzüglich, dh ohne schuldhaftes Zögern, vollständig und in der gesetzlich vorgeschriebenen Form alle Tatsachen veröffentlichen, die den Börsenkurs der zugelassenen Wertpapiere eines Unternehmens erheblich beeinflussen oder bei einer Schuldverschreibung die Fähigkeit des Emittenten, sei- 35

---

34 Wertpapierdienstleistungs-Verhaltens- und Organisationsverordnung v. 20.7.2007, BGBl. I 2007 S. 1432.
35 Das Gesetz wurde durch Art. 2 des G zur Novellierung des Finanzanlagenvermittler- und Vermögensanlagengesetzes mit Wirkung v. 1.6.2012 aufgehoben.
36 Gesetz über Vermögensanlagen (Vermögensanlagengesetz – VermAnlG) v. 6.12.2011, BGBl. I 2011 S. 2481, geänd. durch Art. 4 G v. 5.12.2012, BGBl. I 2012 S. 2415.
37 Investmentgesetz v. 15.12.2003, BGBl. I 2003 S. 2676, zuletzt geänd. durch Art. 8 G v. 26.6.2012, BGBl. I 2012 S. 1375. Durch das G zur Umsetzung der Richtlinie 2011/61/EU über die Verwalter alternativer Investmentfonds (AIFM-Umsetzungsgesetz – AIFM-UmsG), BT-Drucks. 17/12294, ist geplant, in § 1 Abs. 2 S. 2 Nr. 2 des KapMuG die Wörter „sowie dem Investmentgesetz" durch die Wörter „ dem Investmentgesetz in der bis zum 21. Juli 2013 geltenden Fassung sowie dem Kapitalanlagegesetzbuch" zu ersetzen.

38 § 13 Gesetz zur Novellierung des Finanzanlagenvermittler- und Vermögensanlagenrechts v. 6.12.2011, BGBl. I 2011 S. 2481.
39 BGH v. 10.6.2008 – XI ZB 26/07.
40 Gesetz über Vermögensanlagen (Vermögensanlagengesetz – VermAnlG) v. 6.12.2011, BGBl. I 2011 S. 2481, geänd. durch Art. 4 des G v. 5.12.2012, BGBl. I S. 2415.
41 Für Produkte des grauen Kapitalmarkts definiert dieses Gesetz neue Regeln. Anleger können nunmehr einen von der BaFin auf Vollständigkeit, Kohärenz und Widerspruchsfreiheit geprüften Verkaufsprospekt verlangen. Allerdings prüft die BaFin die Verkaufsprospekte nicht inhaltlich. Das VermAnlG erleichtert schließlich auch die Voraussetzungen für eine Haftung bei fehlerhaften oder fehlenden Verkaufsprospekte.
42 Die Bundesregierung hat dazu den Entwurf eines Gesetzes zur Umsetzung der Richtlinie 2011/61/EU über die Verwalter alternativer Investmentfonds (AIFM-UmsetzungsG, BT-Drucks. 17/12294) eingebracht.

36 Eine „Insider-Information" ist „eine präzise und nicht öffentlich bekannte Information, die direkt oder indirekt ein oder mehrere Finanzinstrumente oder deren Emittenten betrifft und geeignet wäre, wenn sie öffentlich bekannt würde, den Kurs dieser Finanzinstrumente oder den Kurs sich darauf beziehender derivativer Finanzinstrumente erheblich zu beeinflussen."[43]

Der Satz davor: nen Verpflichtungen nachzukommen, beeinträchtigen können. Damit soll verhindert werden, dass Informationen Insidern vorbehalten bleiben, die diese zu eigenem Vorteil ausnutzen könnten (Insiderhandel).

37 Vom Insiderhandel erfasst sind der Kauf und/oder Verkauf bzw die Empfehlung hierzu von Insiderpapieren aufgrund der Kenntnis einer Insidertatsache sowie die unbefugte Weitergabe von Insidertatsachen. Zu den Finanzinstrumenten zählen neben Aktien, Schuldverschreibungen, Genussscheinen, Optionsscheinen und vergleichbaren Wertpapieren auch Derivate.

38 Veröffentlichungspflichtige Insiderinformationen betreffen nicht nur **Tatsachen**, die Auswirkungen auf die Vermögens- und Finanzlage oder auf den Geschäftsverlauf des Emittenten haben, sondern auch überprüfbare **Werturteile, Einschätzungen, Absichten** und **Prognosen** wie auch **Gerüchte** mit einem Tatsachenkern.

39 Die Veröffentlichungspflicht setzt ein, wenn es sich um Umstände handelt, bei denen mit hinreichender Wahrscheinlichkeit davon ausgegangen werden kann, dass sie künftig eintreten. Dabei ist eine Eintrittswahrscheinlichkeit von über 50% erforderlich. Das betrifft auch Umstände die außerhalb des Tätigkeitsbereichs des Emittenten relevant sind. Allerdings muss die Insiderinformation den Emittenten unmittelbar tangieren.

40 Der Emittent kann die Veröffentlichung aufschieben, wenn dies zum Schutz seiner berechtigten Interessen erforderlich ist, keine Irreführung der Öffentlichkeit befürchtet werden muss und die Vertraulichkeit der Insiderinformation sichergestellt ist. Die Veröffentlichung muss dann allerdings unverzüglich nachgeholt werden.

41 Der **EuGH** hat sich in einem Urteil zum Begriff der Insiderinformation und damit sowohl zur Ad-hoc-Publizitätspflicht nach § 15 WpHG als auch zum Insiderhandelsverbot nach § 14 WpHG geäußert.[44] Das Gericht konkretisiert damit die Bestimmungen der Richtlinie über Insidergeschäfte und Marktmanipulation, die Emittenten verpflichtet, Insiderinformationen unverzüglich der Öffentlichkeit bekannt zu geben. Danach können bei einem zeitlich gestreckten Vorgang, bei dem ein bestimmter Umstand verwirklicht oder ein bestimmtes Ereignis herbeigeführt werden soll, nicht nur dieser Umstand oder dieses Ereignis präzise Informationen sein, sondern auch die mit der Verwirklichung des Umstands oder Ereignisses verknüpften Zwischenschritte dieses Vorgangs. Ein Zwischenschritt eines zeitlich gestreckten Vorgangs könne nämlich selbst eine Reihe von Umständen oder ein Ereignis in dem diesen Begriffen im Allgemeinen zugeschriebenen Sinn darstellen. Kurzum: Geht einer offiziellen Entscheidung eines börsennotierten Unternehmens ein Zwischenschritt voraus, so kann bereits dieser selbst eine Insiderinformation darstellen, über den das Unternehmen informieren muss.

42 Diesem Urteil kann man eine zeitliche Vorverlagerung der Veröffentlichungspflicht entnehmen. Wird einem Zwischenschritt ein Kursbeeinflussungspotential beigemessen, ergibt sich eine Vorverlagerung der Ad-hoc-Pflicht daraus, dass eine Insiderinformation auch dann bereits vorliegt, wenn der Zwischenschritt noch nicht eingetreten, aber hinreichend wahrscheinlich ist.

43 **IV. Informationen über die Aktiengesellschaft (Abs. 2 Nr. 4).** Angaben in Darstellungen, Übersichten, Vorträgen und Auskünften in der Hauptversammlung **über die Verhältnisse der Gesellschaft** einschließlich ihrer Beziehungen zu verbundenen Unternehmen iSd § 400 Abs. 1 Nr. 1 AktG **sind öffentliche Kapitalmarktinformationen** iSd des KapMuG nF.

44 Unter „Darstellungen über den Vermögensstand" versteht man alle Berichte, die den Vermögensstand des Unternehmens so umfassend wiedergeben, dass sie ein Gesamtbild über die wirtschaftliche Lage der Aktiengesellschaft ermöglichen und den Eindruck der Vollständigkeit erwecken. Übersichten hingegen sind Zusammenstellungen von Zahlenmaterialien, insbesondere alle Arten von Bilanzen, die einen Gesamtüberblick über die wirtschaftliche Situation des Unternehmens ermöglichen.[45]

45 **Bilanzierungsfehler**, die zur Veröffentlichung fehlerhafter Kapitalmarktinformationen geführt haben, müssen zumindest auf einen bedingten Vorsatz zurückzuführen sein, damit ein entsprechender Feststellungsantrag iSd Gesetzes begründet ist. Schädigungsvorsatz und Sittenwidrigkeit des Handels sind insofern Voraussetzung.[46] Da der Nachweis des Vorsatzes durch direkten Beweis nicht möglich ist, muss er aus den äußeren Umständen geschlossen werden. Dabei geht es um die Erkennbarkeit der schädlichen Wirkung des Verhaltens.

---

43 Gerichtshof der Europäischen Union, Pressemitteilung Nr. 90/12, 28.6.2012, Urt. in der Rechtssache C-19/11, Markus Geltl/Daimler AG.
44 Ebenda.
45 Vgl BGH v. 13.12.2011 – XI ZR 51/10, Rn 18.
46 Vgl OLG Karlsruhe v. 16.11.2012 – 17 Kap. 1/09.

Zunächst muss jedoch die sog. **Wesentlichkeitsschwelle** des Bilanzrechts **überschritten** werden, die die 46
Grundsätze der Vollständigkeit und Bilanzwahrheit einschränkt. Unwesentliche Abweichungen machen damit den Abschluss nicht unrichtig. Allein fehlerhafte Kennzahlen aus Konzernbilanzen sowie Gewinn- und Verlustrechnungen reichen insofern nicht aus, um einen Anspruch zu begründen.[47]

Das Aktiengesetz ist ein Schutzgesetz.[48] Es sanktioniert falsche, irreführende oder unterlassene Angaben 47
durch Mitglieder des Vorstandes oder des Aufsichtsrates.

Das Fehlverhalten setzt **bedingten Vorsatz** voraus, die „Unrichtigkeiten" müssen nur für möglich gehalten 48
werden, sie müssen nicht bekannt sein. „Unrichtig wiedergegeben werden die Gesellschaftsverhältnisse, wenn die über sie gemachten Aussagen mit der Wirklichkeit nicht übereinstimmen. Verschleiert werden die Verhältnisse der Gesellschaft, wenn die Aussagen über sie in ihrem Kern richtig sind, ihrem äußeren Anschein nach aber geeignet sind, die Verhältnisse anders darzustellen, als sie in Wahrheit sind."[49]

V. Emittenteninformationen (Abs. 2 Nr. 5). Angaben in Jahresabschlüssen, Lageberichten, Konzernabschlüssen, Konzernlageberichten sowie Halbjahresfinanzberichten des Emittenten sind öffentliche Kapitalmarktinformationen iSd Gesetzes. 49

VI. Angebotsunterlagen iSd WpÜG (Abs. 2 Nr. 6). Abs. 2 Nr. 6 nF eröffnet bzgl des WpÜG mehrere Anwendungsbereiche: die Geltendmachung von Erfüllungsansprüchen gem. Abs. 1 Nr. 3 nF sowie die Geltendmachung von Schadensersatz wegen falscher, irreführender oder unterlassener öffentlicher Kapitalmarktinformation bzw deren Verwendung. 50

Nach Veröffentlichung seiner Entscheidung zur Abgabe eines Angebots hat der Bieter eine Angebotsunterlage zu erstellen und zu veröffentlichen. Die **Veröffentlichung** dieser **Unterlage** ist das eigentliche Angebot. Das öffentliche Angebot zur Übernahme von Wertpapieren muss alle Angaben enthalten, die eine Entscheidung über das Angebot ermöglichen. Die von dem Angebot Betroffenen, die Öffentlichkeit und die Aufsichtsbehörde sollen über den genauen Inhalt des Angebots und über die mit dem Angebot verfolgten Ziele informiert werden. 51

Zudem sollen die Wertpapierinhaber der Zielgesellschaft so eine Grundlage für ihre Entscheidung über die 52
Annahme des Angebots erhalten. Die vom Bieter gemachten Angaben müssen daher richtig und vollständig sein.[50]

VII. Weitere Angaben. Da die Aufzählung einen **Regelbeispielkatalog** darstellt („insbesondere"), können 53
auch andere Angaben die Qualität einer öffentlichen Kapitalmarktinformation aufweisen. In Betracht kommen insbesondere:

- **Verkaufsprospektähnliche Veröffentlichungen und Präsentationen**, die zB dem Vertrieb von fondsgebundenen Lebensversicherungen dienen.
  Wie der BGH entschieden hat, ist ein Versicherer nach den von der Rechtsprechung entwickelten Grundsätzen zur Aufklärung bei Anlagegeschäften verpflichtet, den Anleger bereits im Rahmen der Vertragsverhandlungen über alle Umstände verständlich und vollständig zu informieren, die für seinen Anlageentschluss von besonderer Bedeutung sind, wenn sich der Abschluss der kapitalbildenden Lebensversicherung bei wirtschaftlicher Betrachtung als Anlagegeschäft darstellt.[51] Bedient sich der Versicherer oder der Berater, der die Versicherung empfiehlt, hierbei in einer Vielzahl von Fällen standardisierter Materialien, handelt es sich demnach um öffentliche Kapitalmarktinformationen.
- **Verkaufsprospekte**, die ohne entsprechende Prospektpflicht erstellt wurden, zB beim Vertrieb von Genossenschaftsanteilen als Kapitalanlage.
- **Kurzprospekte, Flyer, Exposés uä** soweit diese – wie regelmäßig der Fall – Tatsacheninformationen und nicht nur bloße Anpreisungen enthalten.
  Der BGH hat in Anschluss an seine Rechtsprechung zur Verwendung von Verkaufsprospekten[52] entschieden, dass die Falschberatung feststeht, wenn anhand einer inhaltlich unrichtigen Kurzübersicht beraten wurde und dass den Berater sodann die Beweislast für die Richtigstellung des Fehlers trifft.[53] Dann aber muss die Überprüfung der Kurzübersicht – vergleichbar der Überprüfung eines Vermögensanlageinformationsblattes – auf Fehler auch einer Musterfeststellung zugänglich sein, wenn die Kurzübersicht auf eine breite Verwendung ausgelegt war, denn sie ist als komprimierte Information noch viel besser geeignet, einen Anleger vom Erwerb zu überzeugen, als ein Verkaufsprospekt. Auf eine breite Verwendung wird sie zB bereits dann ausgelegt sein, wenn sie zB in Vermittlerpools als Beratungsunterlage zur Verfügung gestellt war.

---

47 Vgl OLG Karlsruhe v. 16.11.2012 – 17 Kap. 1/09.
48 BGH v. 19.7.2004 – II ZR 402/02.
49 *Erbs/Kohlhaas*, Strafrechtliche Nebenvorschriften, Rn 19, 22 zu § 331 HGB.
50 Vgl dazu BT-Drucks. 14/7034, S. 41.
51 BGH v. 11.7.2012 – IV ZR 164/12.
52 BGH v. 17.9.2009 – XI ZR 264/08, Rn 5 mwN.
53 BGH v. 19.7.2011 – XI ZR 191/10, Rn 14 f.

- Auch **Pressemitteilungen** oder Äußerungen und **Interviews** Verantwortlicher können Kapitalmarktinformationen enthalten. Dabei ist nicht der Verbreitungsweg der Mitteilung, sondern die darin enthaltene Aussage als Kapitalmarktinformation iSd Gesetzes anzusehen. Wird der Inhalt durch die Presse oder im Internet weiterverbreitet, ändert dies am Charakter als Kapitalmarktinformation nichts.[54] Es ist sowohl für die Zulässigkeit eines Musterverfahrens als auch für die Frage eines Schadensersatzanspruchs unerheblich, ob den Anleger eine öffentliche Falschinformation des Unternehmens unmittelbar erreicht oder er von dieser erst über Presseberichte Kenntnis erlangt."[55]

§ 2 Musterverfahrensantrag

(1) ¹Durch Musterverfahrensantrag kann im ersten Rechtszug die Feststellung des Vorliegens oder Nichtvorliegens anspruchsbegründender oder anspruchsausschließender Voraussetzungen oder die Klärung von Rechtsfragen (Feststellungsziele) begehrt werden. ²Der Musterverfahrensantrag kann vom Kläger und vom Beklagten gestellt werden.

(2) Der Musterverfahrensantrag ist bei dem Prozessgericht unter Angabe der Feststellungsziele und der öffentlichen Kapitalmarktinformationen zu stellen.

(3) ¹In dem Antrag sind die zur Begründung dienenden Tatsachen und Beweismittel anzugeben. ²Der Antragsteller muss darlegen, dass der Entscheidung über die Feststellungsziele im Musterverfahren (Musterentscheid) Bedeutung über den einzelnen Rechtsstreit hinaus für andere gleichgelagerte Rechtsstreitigkeiten zukommen kann.

(4) Dem Antragsgegner ist Gelegenheit zur Stellungnahme zu geben.

Literatur:
Reuschle, WM 2004, 2334; *Maier-Reimer/Wilsing*, ZGR 2006, 79; *Vorwerk/Wolf*, Kapitalanleger-Musterverfahrensgesetz, Kommentar, 2007; *Rau*, Das Kapitalanleger-Musterverfahrensgesetz vor dem Hintergrund von Dispositions- und Verhandlungsgrundsatz, 2008; *Hess/Reuschle/Rimmelspacher*, Kölner Kommentar zum Kapitalanleger-Musterverfahrensgesetz (KapMuG), 2008; *Halfmeier/Rott/Feess*, Kollektiver Rechtsschutz im Kapitalmarktrecht. Evaluation des Kapitalanleger-Musterverfahrensgesetzes, 2009; *Rotter*, VuR 2011, 443; *Bernuth/Kremer*, NZG 2012, 890; *Bussian/Schmidt*, PHi 2012, 42; *Halfmeier*, DB 2012, 2145; *Möllers/Seidenschwamm*, NZG 2012, 1401; *Schneider/Heppner*, BB 2012, 2703; *Wigand*, AG 2012, 845; *Wolf/Lange*, NJW 2012, 3751; *Söhner*, ZIP 2013, 7; *Wardenbach*, GWR 2013, 35.

A. Vorbemerkung 1	III. Rechtsschutzinteresse und Zulässigkeit der Feststellungsziele 23
B. Normzweck 5	IV. Klärungsbedürftige Rechtsfragen 27
C. Antragstellung (Abs. 1) 7	V. Kapitalmarktinformationen 33
I. Antragsberechtigung 7	E. Tatsachen und Beweismittel (Abs. 3) 35
II. Antragstellung 11	I. Tatsachen 35
D. Feststellungsziele und Kapitalmarktinformationen (Abs. 2) 15	II. Beweismittel 39
I. Prozessgericht 15	III. Darlegung der Breitenwirkung 46
II. Feststellungsziele 17	F. Stellungnahme des Antragsgegners (Abs. 4) 49

A. Vorbemerkung

1 Die Vorschrift entspricht dem Regelungsgehalt des § 1 Abs. 1 und 2 aF. Der Gesetzgeber hat die bisherige Bezeichnung „Musterfeststellungsantrag" in **„Musterverfahrensantrag"** geändert, um klarzustellen, dass der Antrag als Verfahrensantrag auf die Durchführung eines Musterverfahrens gerichtet ist und nicht als Sachantrag auf die Feststellung als solche. Der Begriff „erstinstanzliches Verfahren" wurde durch **„erster Rechtszug"** ersetzt und damit der Terminologie der ZPO angepasst. Dadurch soll verdeutlicht werden, dass der Musterverfahrensantrag bereits mit Anhängigkeit der Klage gestellt werden kann und nicht erst mit Rechtshängigkeit.

2 Die Formulierungen „Feststellungsziel" und „Streitpunkte" im KapMuG aF haben in der Rechtspraxis zu Auslegungsproblemen geführt. Nunmehr wird durch den pluralen Begriff **„Feststellungsziele"** klargestellt, dass Musterverfahrensanträge ein oder aber auch mehrere Feststellungsziele enthalten können. Damit wurde auch der Begriff „Streitpunkte" überflüssig.

---

54 *Kruis* in: Kölner Kommentar zum KapMuG, § 1 Rn 60 f.
55 OLG Karlsruhe v. 16.11.2012 – 17 Kap. 1/09.

Der in Abs. 3 geregelte Inhalt des Musterverfahrensantrags musste aufgrund der Abschaffung des Begriffs „Streitpunkte" neu gefasst werden. Im Interesse der Vereinheitlichung der Verfahrensvorschriften lehnt sich Abs. 3 jetzt an die Formulierung des § 23 FamFG (Verfahrenseinleitender Antrag) an.

Die Formulierung des § 1 Abs. 2 S. 3 aF, dass die Entscheidung über den Musterfeststellungsantrag Bedeutung über den einzelnen Rechtsstreit hinaus haben müsse, führte zur Rechtsunsicherheit. Die Entscheidung über den Musterverfahrensantrag ist entweder der **Vorlagebeschluss** oder die **Ablehnung des Antrags**. Die vom Gesetz geforderte Bedeutung über den einzelnen Rechtsstreit hinaus kann nur der Musterentscheid selbst entfalten.

B. Normzweck

Der Musterverfahrensantrag zielt darauf ab, in einem Musterverfahren Schadensersatzklagen von Kapitalanlegern in Prozessen wegen falscher, irreführender oder unterlassener öffentlicher Kapitalmarktinformationen bzw wegen deren Verwendung bei der Anlagevermittlung/Anlageberatung oder wegen eines vertraglichen Erfüllungsanspruchs, der auf einem Angebot nach dem Wertpapiererwerbs- und Übernahmegesetz (WpÜG) beruht, zu bündeln und verbindlich für alle anhängigen Verfahren, bei denen dieselben Fragen von Bedeutung sind, festzustellen, ob deren anspruchsbegründende oder -ausschließende Voraussetzungen vorliegen.

Ziel der Antragstellung ist die Herbeiführung eines verbindlichen **Musterentscheids**. Über den Musterverfahrensantrag wird gem. § 3 nF durch **Beschluss** entschieden, um diesen zu verwerfen oder ihn im Klageregister bekannt zu machen. Wenn das Quorum von 10 Anträgen erreicht ist, ergeht der Vorlagebeschluss nach § 6 nF, der schließlich das Musterverfahren einleitet.

C. Antragstellung (Abs. 1)

I. Antragsberechtigung. Der Musterverfahrensantrag kann gem. Abs. 1 S. 2 sowohl vom **Kläger** als auch vom **Beklagten** gestellt werden. Das Verfahren findet nur auf Antrag statt; ein Gericht kann es nicht von Amts wegen einleiten. Dem Beklagten wird aus Gründen der prozessualen Waffengleichheit[1] die Berechtigung zur Antragstellung eingeräumt. So hat auch er die Möglichkeit, Einfluss auf das Verfahren zu nehmen. In Anbetracht dessen, dass als Mittel der Aufklärung die Übergabe eines Prospektes genügen kann, der geeignet ist, die nötigen Informationen wahrheitsgemäß und verständlich zu vermitteln,[2] könnte es nach der Erweiterung des Anwendungsbereiches des KapMuG nF verstärkt zu Musterverfahrensanträgen von beklagten Vermittlern und Beratern kommen.

Sind an einem Musterverfahren, wie so oft in Kapitalanlageverfahren, mehrere Kläger und Beklagte beteiligt, so kann jeder von ihnen eigene Anträge stellen.[3]

Geschädigte Anleger können ihre KapMuG-fähigen Ansprüche im **Individualverfahren** oder in **einfacher Streitgenossenschaft** (§ 60 ZPO) einklagen. So kann es aufgrund unterschiedlich verlaufender Beweisaufnahmen zu divergierenden Entscheidungen zu denselben Anlageprodukten kommen.

Die Antragsberechtigung von **Nebenintervenienten** und **Streithelfern** iSv § 74 Abs. 1 ZPO ist nicht ausdrücklich geregelt. Dennoch können diese aufgrund ihrer durch § 67 ZPO eingeräumten Rechtsstellung ebenfalls einen Musterverfahrensantrag stellen. Dieser Antrag darf jedoch nicht im Widerspruch zum Inhalt des Antrags zu der von ihnen unterstützten Hauptpartei stehen; ansonsten ist dieser als unstatthaft zurückzuweisen. Stellt die Hauptpartei keinen Antrag, kann daraus nicht ohne weitere Anhaltspunkte auf einen entgegenstehenden Willen der Hauptpartei geschlossen werden.[4]

II. Antragstellung. Der Musterverfahrensantrag kann vom **Anwalt**[5] der Parteien nur bei dem **Prozessgericht** gestellt werden. Da hierfür keine Schriftform vorgeschrieben ist, kann der Antrag auch zu Protokoll erklärt werden.

Der Antragsteller muss das bzw die **Feststellungsziele** sowie die angegriffene öffentliche **Kapitalmarktinformation** benennen und die Beweismittel bezeichnen. Außerdem muss er darlegen, dass die Klärung der Musterfrage in tatsächlicher oder rechtlicher Hinsicht für weitere gleichgelagerte Rechtsstreite von Bedeutung ist. Dabei ist ausreichend, dass von der falschen öffentlichen Kapitalmarktinformation eine Vielzahl von anderen Anlegern[6] betroffen und möglicherweise geschädigt ist. Weitere Verfahren vor demselben Prozessgericht oder anderen Gerichten müssen zum Zeitpunkt der Antragstellung nicht rechtshängig sein.

---

1 Vgl *Reuschle*, WM 2004, 2334.
2 ZB BGH v. 5.3.2009 – III ZR 17/08.
3 Vgl *Kruis* in: Kölner Kommentar zum KapMuG, § 1 Rn 160.
4 Vgl *Kruis* in: Kölner Kommentar zum KapMuG, § 1 Rn 161.
5 Gemäß § 71 Abs. 2 Nr. 3 und 4 sind Verfahren, aus denen Musterverfahrensanträge erwachsen könnten, den LG zugewiesen, so dass gem. § 78 ZPO Anwaltszwang herrscht.
6 Siehe dazu die Kommentierung zu § 1.

13 Der Musterverfahrensantrag kann bis zur letzten mündlichen Verhandlung gestellt werden; danach ist das grundsätzlich nicht mehr möglich.[7] Es bleibt dann lediglich ein begründeter Antrag auf Wiedereröffnung der mündlichen Verhandlung gem. § 156 ZPO.

14 Eine Rücknahme des Antrages ist auch nach dessen Eintragung in das Klageregister noch zulässig.[8] Wurde das Musterverfahren bereits in Gang gesetzt, hat die Rücknahme auf den Fortgang des Verfahrens allerdings keinen Einfluss (§ 13 Abs. 4 nF). Das gilt auch dann, wenn dadurch das Quorum unterschritten wird.[9] Wird der Antrag hingegen vorher zurückgenommen, dann muss das Gericht diesen aus dem Klageregister löschen. Denn bis dahin gebietet es die Dispositionsmaxime, dass der Antragsteller frei darüber entscheiden kann, ob er zum Quorum beiträgt oder nicht. Erst anschließend hat nach dem Willen des Gesetzgebers der Fortgang des Verfahrens Vorrang.

D. Feststellungsziele und Kapitalmarktinformationen (Abs. 2)

15 **I. Prozessgericht.** Der Antrag auf Durchführung eines Musterverfahrens ist beim Prozessgericht zu stellen. Das Prozessgericht muss dessen **Zulässigkeit** prüfen, um ein Musterverfahren einleiten zu können. Vor dieser Prüfung darf der Musterverfahrensantrag nicht in das **Klageregister** eingetragen werden. Das Prozessgericht hat im Zuge der Prüfung des Antrags auf die Stellung sachdienlicher Anträge hinzuwirken.[10]

16 Handelt es sich um eine nicht öffentliche Kapitalmarktinformation, ist der Antrag als unzulässig zu verwerfen. Unter welchen weiteren Voraussetzungen der Antrag ebenfalls unzulässig ist, regelt § 3 Abs. 1 nF.

17 **II. Feststellungsziele.** Der Antragsteller muss in seinem Musterverfahrensantrag die Feststellungsziele und die öffentlichen Kapitalmarktinformationen angeben. Dies gilt auch bei einem Antrag gem. § 1 Abs. 1 Nr. 3 nF, da die Angebotsunterlagen gem. § 11 Abs. 1 S. 1 WpÜG öffentliche Kapitalmarktinformationen (§ 1 Abs. 2 Nr. 6) sind.

18 Das Ziel des Antrags ist gem. § 2 Abs. 1 S. 1 nF die Feststellung des Vorliegens oder Nichtvorliegens anspruchsbegründender oder anspruchsausschließender Voraussetzungen oder die Klärung von Rechtsfragen. Jede Feststellung des Vorliegens einer anspruchsbegründenden Voraussetzung bzw ihres Nichtvorliegens sowie jede Feststellung als Klärung einer Rechtsfrage stellt ein **eigenständiges Feststellungsziel** dar.[11] Sind die klärungsbedürftigen Feststellungsziele nicht erkennbar bzw entsprechen sie nicht den Vorgaben des Gesetzes, dann ist der Antrag als unzulässig zu verwerfen.

19 Was Feststellungsziel sein kann, hängt von der Norm ab, auf die der Schadensersatzanspruch gestützt wird.[12] Mit dem Feststellungsziel verfolgt die antragstellende Partei die Feststellung einzelner, verallgemeinerungsfähiger[13] Tatbestandselemente bzw Subsumtionsschlüsse einer materiellrechtlichen Anspruchsgrundlage, die für die Entscheidung über den prozessualen Anspruch des Ausgangsverfahrens wesentlich ist und zudem Breitenwirkung auch für andere einschlägige Verfahren entfaltet.[14] Demzufolge können Feststellungsziel solche **Tatsachen und Rechtsfragen** sein, die die Anwendung der Anspruchsnorm selbst begründen oder ausschließen oder der Konkretisierung einer anspruchsbegründenden oder anspruchsausschließenden Voraussetzung der Norm dienen.[15] Gegenstand einer Überprüfung können danach auch gesellschaftsvertragliche Regelungen sein, die durch ihre Wiedergabe im Prospekt Teil der öffentlichen Kapitalmarktinformation sind und die alle Anleger in gleicher Weise betreffen.[16] Auch die Passivlegitimation eines Beklagten als solche kann von einem Feststellungsziel umfasst sein.[17] Unzulässig ist demgegenüber ein auf die Feststellung des Anspruchs selbst gerichteter Antrag.[18]

20 Im **Klageregister** werden die einzelnen Feststellungsziele bekannt gemacht, um bei einer Prüfung gem. § 6 Abs. 1 nF die Gleichgerichtetheit der einzelnen Musterverfahrensanträge feststellen zu können.[19] In der bisherigen Gerichtspraxis ist aber nicht ersichtlich, dass Anträge abgelehnt worden wären, weil die Feststellungsziele nicht gleichgerichtet waren.[20]

21 Summa summarum sind Feststellungsziele nur Ziele, für die

- der sachliche Anwendungsbereich des KapMuG und
- der subjektive Anwendungsbereich des KapMuG eröffnet ist und

---

7 LG München I v. 31.10.2006 – 26 O 25040/05.
8 Vgl *Kruis* in: Kölner Kommentar zum KapMuG, § 1 Rn 165.
9 BT-Drucks. 17/8799, S. 15.
10 OLG München v. 1.10.2007 – W (KAPMU) 10/07.
11 BT-Drucks. 17/8799, S. 17.
12 BGH v. 10.6.2008 – XI ZB 26/07, Rn 14.
13 Ebenda, LS und Rn 15; Punkte wie der individuelle Schaden, die individuelle Kausalität, das Mitverschulden des Anlegers, der individuelle subjektive Verjährungsbeginn bzw eine Verwirkung, die individuelle Aktivlegitimation oder die Rechtzeitigkeit einer Anfechtung sind demnach einem Musterverfahren nicht zugänglich.
14 Vgl dazu auch *Rau*, 45 ff.
15 BGH v. 13.12.2011 – II ZB 6/09, Rn 41; v. 10.6.2008 – XI ZB 26/07, Rn 17.
16 BGH v. 13.12.2011 – II ZB 6/09, Rn 49.
17 OLG München v. 27.8.2013 – 19 U 5140/12, Rn 7.
18 BGH v. 10.6.2008 – XI ZB 26/07, LS und Rn 24.
19 OLG München v. 17.7.2007 – W (KAPMU) 11/07.
20 So *Halfmeier*, Abschlussbericht 2009, S. 18.

- die die Feststellung des Vorliegens oder Nichtvorliegens anspruchsbegründender oder anspruchsausschließender Voraussetzungen oder die Klärung von Rechtsfragen zum Gegenstand haben.[21]

Feststellungsfähig sind Feststellungsziele grundsätzlich nur, wenn sie sich gem. Abs. 3 S. 2 nF mit **Breitenwirkung** feststellen lassen. Die Prüfung, ob ein Feststellungsziel entscheidungserheblich ist, obliegt allein dem Prozessgericht.[22] Das Feststellungsziel ist im Feststellungsantrag und im Vorlagebeschluss des Gerichtes zu formulieren und zu begründen.

III. Rechtsschutzinteresse und Zulässigkeit der Feststellungsziele. Jedes Feststellungsziel bedarf eines Rechtsschutzinteresses. Das Rechtsschutzinteresse am Feststellungsziel gehört somit zu den Verfahrensvoraussetzungen. Fehlt dieses, ist das Feststellungsziel nicht zulässig und damit kein Musterverfahren möglich.

Wird ein und dasselbe Feststellungsziel mehrfach geltend gemacht, so fehlt es bei jedem weiteren Feststellungsziel, das mit dem bereits beantragten sachlich identisch ist, auch an einem Rechtsschutzinteresse.

Die Zulässigkeit der einzelnen Feststellungsziele unterliegt hinsichtlich des Rechtsschutzinteresses der **Prüfungskompetenz** des **OLG**. Im Rahmen der Sachentscheidung über die einzelnen Feststellungsziele hat das OLG eine zweistufige Prüfung vorzunehmen.[23] Erstens hat es zu klären, ob das jeweilige Feststellungsziel überhaupt feststellungsfähig ist und zweitens hat es zu entscheiden, ob dieses – soweit feststellungsfähig – begründet ist.

Kommt das OLG bei seiner Prüfung zu dem Ergebnis, dass der Musterbeklagte kein Adressat eines Anspruchs ist, dann sind alle weiteren Feststellungsziele im Kapitalanleger-Musterverfahren nicht feststellungsfähig.[24]

IV. Klärungsbedürftige Rechtsfragen. Rechtsfragen können gem. Abs. 1 Feststellungsziele eines Musterverfahrens sein. Zu den klärungsbedürftigen Rechtsfragen zählen solche, die der Konkretisierung einer anspruchsbegründenden oder -ausschließenden Voraussetzung dienen, wenn diese durch einen **unbestimmten Rechtsbegriff** definiert ist oder **sonstige Rechtsunklarheiten** bestehen (zB Klärung einer Verjährungsfrage oder das Bestehen eines Vertrages sui generis zwischen den Parteien[25]).[26] Dabei müssen die klärungsbedürftigen Rechtsfragen – nicht mehr[27] – von grundsätzlicher Bedeutung sein. Dadurch kann es letztlich mittelbar dazu kommen, dass der BGH über Rechtsfragen entscheidet, die im Rahmen einer Revision der Ausgangsverfahren gar nicht an ihn hätten herangetragen werden können.

Das kann zB die Klärung der Frage sein, welche Anforderungen an einen verständigen Anleger iSd § 12 Abs. 1 S. 2 WpHG hinsichtlich der Verwertung einer bestimmten Insiderinformation zu stellen sind, welche berechtigten Interessen einen Aufschub der Veröffentlichung von Insiderinformationen rechtfertigen können oder welche Kennzahlen iSd § 15 Abs. 1 S. 5 WpHG im Geschäftsverkehr üblicherweise verwendet werden.

Für die Klärung von Rechtsfragen im Kapitalanlegermusterverfahren gilt, dass es sich dabei um **entscheidungserhebliche Rechtsfragen** im Rahmen des KapMuG handeln muss. Die Entscheidungserheblichkeit ist das Kriterium für die Zulässigkeit der Klärung von Rechtsfragen im Musterverfahren.[28] Innerhalb dieses Rahmens gibt es keine Einschränkungen. Ein weiteres Korrektiv bildet allerdings die erforderliche Breitenwirkung. Ist eine Rechtsfrage in jedem Ausgangsverfahren wegen individueller Sachverhalte auch individuell zu beantworten, kann diese Rechtsfrage nicht mit Breitenwirkung geklärt werden. Die Rechtsfrage ist deshalb in gewisser Weise zu abstrahieren.[29]

Hingegen können allgemeine Rechtsfragen, die sich nicht auf die Geltendmachung von Schadenersatzansprüchen oder von Erfüllungsansprüchen nach dem KapMuG beziehen, nicht zum Gegenstand eines Musterverfahrens gemacht werden.

Da das KapMuG hinsichtlich der Rechtsfragen nicht differenziert bzw spezifiziert, können neben materiellrechtlichen Fragen auch verfahrensrechtliche Fragen vorgelegt werden, wenn sie entscheidungserheblich sind.

Ein Antrag auf Klärung einer Rechtsfrage kann im Musterverfahren auch dann gestellt werden, wenn der **Rechtsstreit** iSv § 300 ZPO **bereits entscheidungsreif** (Sachverhalt vollständig aufgeklärt, die angebotenen Beweise erschöpft sind und weiteres Parteivorbringen nicht mehr zugelassen oder zurückgewiesen wurde)

---

21 So auch das KG Berlin v. 3.3.2009 – 4 Sch 2/06 KapMuG.
22 Ebenda.
23 So das KG Berlin v. 3.3.2009 – 4 Sch 2/06 KapMuG.
24 Ebenda, Rn 261.
25 So das LG Frankfurt v. 27.9.2013 – 2-12 OH 4/12, Rn 36.
26 AA *Kruis* in: Kölner Kommentar zum KapMuG, § 1 Rn 120.
27 § 1 Abs. 3 S. 1 Nr. 5 KapMuG aF sah dies vor.
28 *Schneider/Heppner*, BB 2012, 2708, bemängeln die gesetzliche Unklarheit, welche Rechtsfragen im Musterverfahren geklärt werden können oder nicht.
29 Das betrifft zB die Frage, ob der Prospekt rechtzeitig übergeben wurde im Unterschied zu der Frage, ob bei dem Prospekt X ein Überreichen eine Woche vor Erwerb bei einem durchschnittlichen Anleger zur Aufklärung ausreicht. Auch wenn dies geklärt ist wäre damit wenig gewonnen, da sich dann das Ausgangsverfahren mit der Frage danach, ob der Kläger ein durchschnittlicher Anleger ist, fortsetzen dürfte.

ist.[30] Eine Einigung der Parteien über die im Musterverfahren zu entscheidenden Rechtsfragen ist nicht möglich.[31]

33 **V. Kapitalmarktinformationen.** Der Musterverfahrensantrag hat neben dem Feststellungsziel auch die öffentliche Kapitalmarktinformation zu enthalten, auf die er sich bezieht. Ihm muss hinreichend bestimmt zu entnehmen sein, welche Informationen als die für das Verfahren erhebliche Kapitalmarktinformationen angesehen werden. Im Zweifel ist auch zu belegen bzw zu begründen, dass es sich dabei um öffentliche Informationen handelt. Ohne diese Angaben ist der Musterverfahrensantrag unzulässig und aus formalen Gründen zurückzuweisen.

34 Handelt es sich bei dem Klagegegenstand um einen Erfüllungsanspruch nach dem WpÜG, dann muss der Musterverfahrensantrag das Wertpapiererwerbs- oder Übernahmeangebot enthalten.

E. Tatsachen und Beweismittel (Abs. 3)

35 **I. Tatsachen.** Ganz überwiegend bestehen die **Feststellungsziele** wie Richtigkeit und Rechtzeitigkeit einer Ad-hoc-Mitteilung oder Vollständigkeit eines Börsenzulassungsprospekts aus Tatsachenfragen.

36 Tatsachen sind konkrete **Vorgänge oder Zustände** der Vergangenheit oder Gegenwart, die dem Beweis zugänglich sind.[32] Im KapMuG-Verfahren sind Tatsachen sowohl hinsichtlich falscher, irreführender oder unterlassener öffentlicher Kapitalmarktinformationen iSv objektiv existierenden Sachverhalten festzustellen als auch ihre Verwendung/Unterlassen oder die (fehlende) Aufklärung darüber, dass eine öffentliche Kapitalmarktinformation falsch oder irreführend ist, zu rekonstruieren.

37 Wenn das Feststellungsziel in der Feststellung von Tatsachen besteht, dann bedarf es keiner weiteren „tatsächlichen Umstände", mit denen diese Tatsachen begründet werden, sondern ggf der Angabe von **Beweismitteln**, die in Abs. 3 S. 1 gefordert werden.[33] Der BGH vertritt die Auffassung, dass auch bloße „Tatsachen zu anspruchsbegründenden oder anspruchsausschließenden Voraussetzungen eines Anspruchs" als Feststellungsziel in Betracht kommen.[34]

38 Sind die anspruchsbegründenden oder anspruchsausschließenden Tatsachen unstreitig oder bewiesen, hat das Gericht bei Entscheidungsreife des Rechtsstreits selbst dann ein **Urteil** zu erlassen, wenn sie zulässigerweise Gegenstand eines Feststellungsziels sind. Gleiches gilt, wenn eine ausschließlich gestellte Rechtsfrage für die Entscheidung des konkreten Rechtsstreits nicht klärungsbedürftig ist.

39 **II. Beweismittel.** Gemäß Abs. 3 S. 1 muss der Antragsteller alle zur Erreichung der Feststellungsziele dienenden Beweismittel angeben, deren er sich zum Nachweis oder zur Widerlegung tatsächlicher Behauptungen bedienen will.

40 Für das KapMuG gilt der im deutschen Zivilprozess herrschende **Beibringungsgrundsatz**. Die Partei, die den Musterverfahrensantrag stellt, muss also die Tatsachen, aus denen sich die Zulässigkeit des Antrags ergibt, darlegen und dafür Beweis antreten. Der Gegner hat darauf lediglich anhand der ihm vorliegenden Unterlagen und Informationen zu erwidern. Fehlen Unterlagen, kann das Gericht deren Vorlage gem. § 142 ZPO anordnen.

41 Das Gericht kann auch von Amts wegen **Beweise erheben**. Dagegen bleibt die Beweisaufnahme durch Zeugenvernehmung den Parteien auf Antrag überlassen.

42 Tatsachen, die vom Gegner zugestanden werden, bedürfen keines Beweises und somit keiner Beweisaufnahme im Musterverfahren.[35]

43 Die **Geeignetheit** eines Beweismittels hängt von dem geltend gemachten Feststellungsziel ab. Fehlen die (geeigneten) Beweismittel, so ist der Musterverfahrensantrag als unzulässig abzuweisen. Das gilt auch wenn das Gericht die Beweismittel als ungeeignet einschätzt.

44 Fehler bei der Bezeichnung der Beweismittel können während des Musterverfahrens behoben werden und berechtigen das OLG nicht, den Vorlagebeschluss aufzuheben und an das Prozessgericht zurückzugeben.[36]

45 Wird das Musterverfahren eingeleitet, dann ist das **OLG** nur insoweit gebunden, als es die Feststellungsziele zu bescheiden hat. Es besteht insbesondere keine umfassende Beweiserhebungspflicht; das OLG muss nicht zwingend allen **Beweisangeboten** nachgehen. Insbesondere kann es auf eine Beweiserhebung verzichtet werden, wenn es den zugrundeliegenden Tatsachenvortrag für unschlüssig bzw die Einwendungen dagegen für unerheblich hält.[37]

46 **III. Darlegung der Breitenwirkung.** Im KapMuG-Verfahren sind nur Feststellungsziele feststellungsfähig, die sich mit Breitenwirkung für andere Verfahren feststellen lassen (Abs. 3 S. 2 nF). Der Antragsteller muss

---

30 BT-Drucks. 17/8799, S. 17 f.
31 Ebenda, S. 18.
32 In Anlehnung an die klassische strafrechtliche Definition des § 263 StGB.
33 Vgl *Halfmeier*, Abschlussbericht 2009, S. 19.
34 BGH v. 10.6.2008 – XI ZB 26/07, LS 3.
35 BT-Drucks. 17/8799, S. 24.
36 BGH v. 26.7.2011 – II ZB 11/10.
37 OLG Frankfurt aM v. 16.5.2012 – 23 Kap. 1/06, Rn 587.

überzeugend vortragen, dass den beantragten Feststellungszielen **Bedeutung über den einzelnen Rechtsstreit hinaus** für andere gleichgelagerte Rechtsstreitigkeiten zukommen.

Hängen die begehrten Feststellungsziele von individuellen Tatsachenverläufen ab, ist keine Breitenwirkung gegeben. Dies ist der Fall, wenn die Entscheidung über die Ziele nicht verallgemeinerungsfähigen Tatsachen oder Rechtsfragen, wie den individuellen Schaden eines Anlegers, individuelle Fragen der Kausalität oder das Mitverschulden eines Anlegers betreffen und insofern von individuellen Geschehensabläufen abhängig sind und sich somit einer Feststellung mit Breitenwirkung für alle anderen ausgesetzten Verfahren entziehen.[38]   47

Fehlen Angaben zur Breitenwirkung oder sind sie nicht überzeugend, so wird der Antrag gem. § 3 Abs. 1 Nr. 3 durch unanfechtbaren Beschluss als unzulässig abgewiesen.   48

F. Stellungnahme des Antragsgegners (Abs. 4)

Vor der Zulassung des Musterverfahrensantrages muss dem Antragsgegner Gelegenheit zur Stellungnahme zu geben. Das KapMuG nF regelt allerdings keine Frist.   49

§ 3 Zulässigkeit des Musterverfahrensantrags

(1) Das Prozessgericht verwirft den Musterverfahrensantrag durch unanfechtbaren Beschluss als unzulässig, soweit

1. die Entscheidung des zugrunde liegenden Rechtsstreits nicht von den geltend gemachten Feststellungszielen abhängt,
2. die angegebenen Beweismittel zum Beweis der geltend gemachten Feststellungsziele ungeeignet sind,
3. nicht dargelegt ist, dass eine Bedeutung für andere Rechtsstreitigkeiten gegeben ist, oder
4. der Musterverfahrensantrag zum Zwecke der Prozessverschleppung gestellt ist.

(2) ¹Einen zulässigen Musterverfahrensantrag macht das Prozessgericht im Bundesanzeiger unter der Rubrik „Klageregister nach dem Kapitalanleger-Musterverfahrensgesetz" (Klageregister) durch unanfechtbaren Beschluss öffentlich bekannt. ²Die Bekanntmachung enthält nur die folgenden Angaben:

1. die vollständige Bezeichnung der Beklagten und ihrer gesetzlichen Vertreter,
2. die Bezeichnung des von dem Musterverfahrensantrag betroffenen Emittenten von Wertpapieren oder Anbieters von sonstigen Vermögensanlagen,
3. die Bezeichnung des Prozessgerichts,
4. das Aktenzeichen des Prozessgerichts,
5. die Feststellungsziele des Musterverfahrensantrags,
6. eine knappe Darstellung des vorgetragenen Lebenssachverhalts und
7. den Zeitpunkt des Eingangs des Musterverfahrensantrags beim Prozessgericht und den Zeitpunkt der Bekanntmachung im Klageregister.

(3) ¹Das Prozessgericht soll zulässige Musterverfahrensanträge binnen sechs Monaten nach Eingang des Antrags bekannt machen. ²Verzögerungen der Bekanntmachung sind durch unanfechtbaren Beschluss zu begründen.

(4) Das Prozessgericht kann davon absehen, Musterverfahrensanträge im Klageregister öffentlich bekannt zu machen, wenn die Voraussetzungen zur Einleitung eines Musterverfahrens nach § 6 Absatz 1 Satz 1 bereits vorliegen.

Literatur:
Vorwerk/Wolf, Kapitalanleger-Musterverfahrensgesetz, Kommentar, 2007; *Hess/Reuschle/Rimmelspacher,* Kölner Kommentar zum Kapitalanleger-Musterverfahrensgesetz (KapMuG), 2008; *Halfmeier/Rott/Feess,* Kollektiver Rechtsschutz im Kapitalmarktrecht. Evaluation des Kapitalanleger-Musterverfahrensgesetzes, 2009; *Rotter,* VuR 2011, 443; *Bernuth/Kremer,* NZG 2012, 890; *Bussian/Schmidt,* PHi 2012, 42; *Halfmeier,* DB 2012, 2145; *Möllers/Seidenschwamm,* NZG 2012, 1401; *Schneider/Heppner,* BB 2012, 2703; *Wigand,* AG 2012, 845; *Wolf/Lange,* NJW 2012, 3751; *Söhner,* ZIP 2013, 7; *Wardenbach,* GWR 2013, 35.

A. Vorbemerkung	1	I. Entscheidung hängt nicht von Feststellungszielen ab (Abs. 1 Nr. 1)	10
B. Normzweck	4		
C. Unzulässiger Antrag (Abs. 1)	7	II. Eignung der Beweismittel (Abs. 1 Nr. 2)	14

---
[38] Vgl BGH v. 10.6.2008 – XI ZB 26/07, LS zu Ziff. 4 Rn 15; BGH v. 3.12.2007 – II ZR 15/07, Rn 6; OLG München v. 10.7.2007 – W (KAPMU) 7/07, Rn 18.

III. Bedeutung für andere Rechtsstreitigkeiten (Abs. 1 Nr. 3) 17	II. Antragsangaben 29
IV. Prozessverschleppung (Abs. 1 Nr. 4) 19	III. Benennung der Feststellungsziele 31
D. Bekanntmachung im Klageregister (Abs. 2) 21	IV. Darstellung des Lebenssachverhalts 36
I. Unanfechtbarer Beschluss 28	E. Bekanntmachungsfrist (Abs. 3) 42
	F. Nichtbekanntmachung (Abs. 4) 47

A. Vorbemerkung

1 § 3 nF (Zulässigkeit des Musterverfahrensantrags) entspricht dem Regelungsinhalt des § 1 Abs. 3 und § 2 aF. Die Zusammenfassung dieser Normen dient der besseren Verständlichkeit der Regelungen zur Entscheidung über die Zulässigkeit und die Bekanntmachung des Musterverfahrensantrags. Alle Entscheidungsmöglichkeiten des Gerichts über die Zulässigkeit des Musterverfahrensantrags finden sich nunmehr in § 3 nF.

2 Abs. 1 wurde gegenüber § 1 Abs. 3 aF grundlegend überarbeitet. Wichtigste Änderung: Der **Hauptverwerfungsgrund** ist nicht mehr die sog. Entscheidungsreife des Rechtsstreits iSd § 300 ZPO, sondern die Abhängigkeit der Entscheidung des zugrunde liegenden Rechtsstreits von den geltend gemachten Feststellungszielen.

3 Abs. 2 wurde redaktionell an die Terminologie der ZPO sowie den Entwurf eines Gesetzes zur Änderung von Vorschriften über Verkündung und Bekanntmachungen[1] angepasst. Neu ist die Regelung des Abs. 3 S. 1 in dem für die Bekanntmachung zulässiger Musterverfahrensanträge eine Frist von sechs Monaten nach Eingang des Antrags festgelegt wurde. Abs. 4 entspricht dem Regelungsgehalt des § 2 Abs. 1 S. 6 aF; die Vorschrift wurde nur redaktionell geändert.

B. Normzweck

4 Die Regelung über die Zulässigkeit von Musterverfahrensanträgen bestimmt den Zugang zum Musterverfahren. Die Norm soll sicherstellen, dass nur solche Anträge zu einem Musterverfahren führen, die den Implikationen und damit letztlich den Vorschriften des KapMuG entsprechen.

5 Diese Prüfung wurde dem Prozessgericht übertragen, das zunächst festzustellen hat, ob der Musterverfahrensantrag statthaft ist, die allgemeinen Prozessvoraussetzungen erfüllt sind und ob er nach Abs. 1 zulässig ist.

6 Durch die öffentliche Bekanntmachung der Musterverfahrensanträge und die unentgeltliche Einsichtnahme in das Klageregister durch jedermann sollen auch andere Anleger informiert und ggf veranlasst werden, sich dem Musterverfahren anzuschließen. Außerdem können sich Verfahrensbeteiligte im Klageregister jederzeit über den Stand des Verfahrens informieren.

C. Unzulässiger Antrag (Abs. 1)

7 Das Prozessgericht kann durch **Beschluss** den Musterverfahrensantrag als zulässig anerkennen und ihn bekannt machen oder ihn als unzulässig verwerfen.[2] Dieser Beschluss ist unanfechtbar.[3]

8 Der Musterverfahrensantrag kann auch nur in Teilen zurückgewiesen werden. Die **Teilverwerfung** ist dadurch möglich, da der Antrag mehrere Feststellungsziele enthalten kann.[4] Sowohl der Verwerfungs- wie auch der Zurückweisungsbeschluss sind zu begründen. Der zulässige Musterverfahrensantrag ist im Klageregister öffentlich bekannt zu geben.

9 Der Gesetzgeber hat folgende vier Gründe benannt, die zur Verwerfung des Antrags führen:

10 **I. Entscheidung hängt nicht von Feststellungszielen ab (Abs. 1 Nr. 1).** Nachdem vormals die „Entscheidungsreife" des zugrunde liegenden Rechtsstreits das Kriterium für die (Un)Zulässigkeit des Musterverfahrensantrags war, ist nunmehr maßgebend, ob dessen Entscheidung von den geltend gemachten Feststellungszielen abhängt. Ist dieses Kriterium erfüllt, können auch weiterhin bei entscheidungsreifen Rechtsstreiten iSd § 300 ZPO Musterverfahrensanträge gestellt werden.[5]

11 Die Abhängigkeit der Entscheidung des Rechtsstreits kann also sowohl gegeben sein, wenn das Feststellungsziel auf das Vorliegen oder Nichtvorliegen **anspruchsbegründender oder anspruchsausschließender**

---

[1] So lt. BT-Drucks. 17/8799, S. 18. Seinerzeit BT-Drucks. 17/6610. Inzwischen G zur Änderung von Vorschriften über Verkündung und Bekanntmachungen sowie der Zivilprozessordnung, des G betreffend die Einführung der Zivilprozessordnung und der Abgabenordnung (BAnzDiG) v. 22.12.2011, BGBl. I 2011 S. 3044. Geltung ab 1.4.2012.

[2] § 572 Abs. 2 S. 2 und Abs. 4 ZPO.

[3] Im Gegensatz zur Regelung in KapMuG aF.

[4] So BT-Drucks. 17/8799, S. 17. Im Gegensatz dazu ging *Kruis* in: Kölner Kommentar zum KapMuG, § 1 Rn 257f, nach der Regelung im KapMuG aF von der Unteilbarkeit der Entscheidung über den Musterfeststellungsantrag aus.

[5] Gesetzesbegründung, BT-Drucks. 17/8799, S. 18.

Voraussetzungen gerichtet ist, als auch, wenn es die Klärung einer Rechtsfrage betrifft. Bei der **Klärung einer Rechtsfrage** soll hinsichtlich ihrer Bedeutung für den Rechtsstreit kein so strenger Maßstab wie nach dem Revisionsrecht angewandt werden.[6]
„Die Abhängigkeit ist abstrakt zu beurteilen; nicht erforderlich ist daher, dass sämtliche übrigen Anspruchsvoraussetzungen und Rechtsfragen geklärt sind und es nur noch auf die Klärung der Feststellungsziele ankommt."[7]

Allerdings darf ein Musterfeststellungsantrag weder dazu dienen, lediglich eine missliebige, aber im Einklang mit höchstrichterlichen Rechtsprechung stehende Rechtsansicht des Prozessgerichtes, die dieses ggf in einem Hinweis geäußert hat, zu korrigieren, noch dazu, eine gefestigte höchstrichterliche Rechtsprechung nur pauschal anzugreifen. Um dazulegen, weswegen der Rechtsstreit trotz gefestigter höchstrichterlicher Rechtsprechung von der (nochmaligen) Klärung der Rechtsfrage abhängt, wird sich der Antragsteller deswegen vertieft mit dieser Rechtsprechung auseinanderzusetzen und darzulegen haben, weswegen dieser nicht zu folgen sein soll. 12

Wurde über ein Feststellungsziel bereits Beweis erhoben, so kann es nicht mehr Gegenstand einer erneuten Beweiserhebung im Musterverfahren sein, da die Entscheidung des Rechtsstreits nicht mehr von der Feststellung im Musterverfahren abhängt.[8] 13

II. Eignung der Beweismittel (Abs. 1 Nr. 2). Der Musterverfahrensantrag ist unzulässig, wenn die bezeichneten Beweismittel ungeeignet sind. Die Eignung des Beweismittels ist **abhängig von** den geltend gemachten Feststellungszielen. 14

Erscheinen dem Prozessgericht die angeführten Beweismittel zum Nachweis einer anspruchsbegründenden Voraussetzung als ungeeignet, so verwirft es den Musterverfahrensantrag als unzulässig. Damit soll sichergestellt werden, dass Anträge ohne Aussicht auf Erfolg mangels Beweisen nicht weitergeleitet werden. Ist aber von mehreren Beweismitteln auch nur eines geeignet, dann ist dem Antrag stattzugeben. 15

Dafür, ob das Beweismittel geeignet ist oder nicht, darf das Prozessgericht keinen zu engen Maßstab ansetzen, um das Beweisergebnis nicht unzulässig zu antizipieren. 16

III. Bedeutung für andere Rechtsstreitigkeiten (Abs. 1 Nr. 3). Der Musterverfahrensantrag muss über den individuellen Rechtsstreit hinaus von Bedeutung für andere gleichgelagerte Rechtsstreitigkeiten sein. Fehlt dem Feststellungsziel diese **Breitenwirkung**, so ist der Antrag unzulässig. Das ist bei nicht verallgemeinerungsfähigen Tatsachen oder Rechtsfragen der Fall, wie dem individuellen Schaden des Anlegers, Kausalitätsfragen in seinem Verfahren oder seinem Mitverschulden. 17

Ist ein umfassend formuliertes Feststellungsziel wegen nicht erreichbarer Breitenwirkung nicht feststellungsfähig, kommt eine einschränkende Auslegung auf einen feststellungsfähigen Kern nicht in Betracht.[9] 18

IV. Prozessverschleppung (Abs. 1 Nr. 4). Wird ein Musterverfahrensantrag zum Zwecke der Prozessverschleppung gestellt, so kann das Prozessgericht diesen Antrag bei begründetem Verdacht als unzulässig abweisen. Der Gesetzgeber will damit verhindern, dass das Verfahren von der einen oder anderen Partei durch bewusstes Verzögern unzumutbar in die Länge gezogen wird. So kann das Gericht zB einen Musterverfahrensantrag zurückweisen, wenn in einem einzigen Gesamtverfahren zehn Streitgenossen (zulässige) gleichlautende Anträge stellen, weil dies zu einer unnötigen Verfahrensausweitung statt einer Verfahrensvereinfachung führen würde.[10] 19

Die **Voraussetzungen** für die Anwendung des § 3 Abs. 1 Nr. 4 sind aber **umstritten**.[11] Als sicher kann gelten, dass eine Prozessverschleppung dann vorliegt, wenn 20

- objektiv der Prozess absehbar länger dauern würde als bei „normaler" Fortsetzung des Ausgangsverfahrens und
- subjektiv dies allein durch die Absicht begründet ist, den Prozess nicht durch zielführendes Handeln zu einem schnellstmöglichen Ergebnis zu führen.

Die Durchführung eines KapMuG-Verfahrens widerspricht nicht der Förderung der Prozessökonomie, weil Prozesshaftungsansprüche aus einem Rechtsgrund verjährt sind, weil dieser Umstand nicht grundsätzlich

---

6 Ebenda. Vgl dazu auch *Wolf/Lange*, NJW 2012, 3752.
7 Gesetzesbegründung, BT-Drucks. 17/8799, S. 18.
8 Ebenda.
9 Vgl KG Berlin v. 3.3.2009 – 4 SCH 2/06 KapMuG, LS 10.
10 BGH v. 21.4.2008 – ZB 6/07, Rn 19. Der BGH hat festgehalten, dass Musterverfahrensanträge von zehn Streitgenossen eines einzigen Gesamtverfahrens dann wegen Prozessverschleppung zurückgewiesen werden können, wenn die Durchführung des Musterverfahrens zu einer unnötigen Verfahrensausweitung statt einer Verfahrensvereinfachung führen würde. Dies wird aber nur ausnahmsweise dann der Fall sein, wenn es auch insgesamt nur (wenig mehr als) diese zehn Betroffenen gibt. Denn außerhalb dieses Ausnahmefalls stellt es gerade ein probates, kostensparendes und der Systematik des KapMuG entsprechendes Mittel dar, Ansprüche auch schon beim Prozessgericht zu bündeln. Dies kommt auch in den übrigen Teilen der Entscheidung des BGH zum Ausdruck.
11 *Kruis* in: Kölner Kommentar zum KapMuG, § 1 Rn 203.

der Durchsetzung von auf den gleichen Lebenssachverhalt gestützten Ansprüchen entgegensteht.[12] Das Ziel, diese Frage zu klären, stellt keine Prozessverschleppung dar.

D. Bekanntmachung im Klageregister (Abs. 2)

21 Der Musterverfahrensantrag wird durch einen unanfechtbaren Beschluss des Prozessgerichts in einem eigenständigen Klageregister bekannt gemacht.[13] Das Register ist im elektronischen Bundesanzeiger (www.ebundesanzeiger.de) unter der Rubrik „Klageregister" angelegt.[14] Unzulässige Anträge werden nicht veröffentlicht.

22 Eintragungen in das Klageregister dürfen nur durch die **Gerichte** vorgenommen werden. Sie stellen die zu veröffentlichenden Daten in einem automatisierten Verfahren in das Klageregister ein, berichtigen sie bei Bedarf und löschen die Daten nach Ablauf der Fristen.[15]

23 In das Klageregister ist **jeder** einzelne **Musterverfahrensantrag** einzutragen, auch wenn mehrere Streitgenossen jeweils gleichlautende Anträge gestellt haben, damit sich aus dem Klageregister ein zutreffendes Bild über die Anzahl der zum Quorum erforderlichen Musterverfahrensanträge ergibt.[16]

24 Im Klageregister sind gem. § 1 Abs. 1 KlgRegV Bekanntmachungen in den folgenden **Rubriken** vorzunehmen:
1. Musterverfahrensanträge (§ 3 Abs. 2 und § 4 Abs. 1 KapMuG),
2. Vorlagebeschlüsse (§ 6 Abs. 4 KapMuG),
3. Musterverfahren (§ 10 Abs. 1 KapMuG),
4. Terminsladungen und Zwischenentscheidungen (§ 11 Abs. 2 KapMuG),
5. Beschlüsse über die einvernehmliche Beendigung des Musterverfahrens (§ 13 Abs. 5 KapMuG),
6. Beschlüsse über die Erweiterung des Musterverfahrens (§ 15 Abs. 2 KapMuG),
7. Musterentscheide (§ 16 Abs. 1 KapMuG),
8. Mitteilungen über den Eingang einer Rechtsbeschwerde (§ 20 Abs. 2 KapMuG),
9. Entscheidungen über die Rechtsbeschwerde (§ 20 Abs. 5 KapMuG) und
10. Beschlüsse über die Wirksamkeit eines Vergleichs (§ 23 Abs. 1 KapMuG).

25 Gemäß Abs. 2 Nr. 7 nF gehören zu den Pflichtabgaben zum einen auch der Zeitpunkt des Eingangs des Musterverfahrensantrags beim Prozessgericht und zum anderen der Zeitpunkt der Bekanntmachung im Klageregister. Damit wird aus dem Klageregister das Prozessgericht, das gem. § 6 Abs. 2 nF den Vorlagebeschluss herbeigeführt hat, ersichtlich. Das handelt es sich um das Prozessgericht, bei dem der erste bekannt gemachte Musterverfahrensantrag gestellt wurde.

26 Das elektronische Klageregister ermöglicht den Kapitalanlegern die Recherche, ob in ihrer Angelegenheit bereits ein Musterverfahren beantragt wurde. Das Klageregister enthält allerdings keine Angaben über die Zahl der Kläger.

27 Das Bundesministerium der Justiz ist ermächtigt, durch **Rechtsverordnung** die Gestaltung des Klageregisters und weitere Einzelheiten der Bekanntmachung im Klageregister zu regeln. Ergänzend zu der Löschungsregelung in § 4 Abs. 4 nF sind Löschungsfristen zu bestimmen. Zur Gewährleistung der Integrität und Authentizität wird eine elektronische Signatur der Bekanntmachungen vorzusehen sein.

28 **I. Unanfechtbarer Beschluss.** Entspricht der Musterverfahrensantrag den gesetzlichen Vorgaben, dann beschließt das Prozessgericht den Antrag im Klageregister öffentlich bekannt zu machen. Der **Bekanntmachungsbeschluss** ist nicht zu begründen, unterliegt nicht der Überprüfung durch das OLG und ist nicht anfechtbar.

29 **II. Antragsangaben.** Im Klageregister dürfen nur die für den weiteren Verfahrensgang erforderlichen Angaben veröffentlicht werden. Folgende **Pflichtangaben** sind vorgeschrieben:
1. die vollständige Bezeichnung der Beklagten und ihrer gesetzlichen Vertreter,
2. die Bezeichnung des von dem Musterverfahrensantrag betroffenen Emittenten von Wertpapieren oder Anbieters von sonstigen Vermögensanlagen,

---

12 So das LG Frankfurt v. 27.9.2013 – 2-12 OH 4/12, Rn 52.
13 Verordnung über das Klageregister nach dem Kapitalmarkt-Musterverfahrensgesetz (Klageregisterverordnung – KlagRegV) v. 14.12.2012, BGBl. I 2012 S. 2694.
14 Es ist vorgesehen, die bestehende Regelungen über Bekanntmachungen und Veröffentlichungen weitgehend durch eine zentrale länderübergreifende Internetveröffentlichung auf einem Justizportal zu ersetzen. „Soweit gesetzliche Regelungen bereits verpflichtend lediglich eine Bekanntmachung im elektronischen Bundesanzeiger vorsehen (zB § 2 KapMuG) besteht grundsätzlich kein Änderungsbedarf. In Einzelfällen erscheint aber aus Gründen der Übersichtlichkeit auch dort eine Verlagerung der Veröffentlichung auf das Justizportal vorzugswürdig." Vgl Entwurf eines G zur Förderung des elektronischen Rechtsverkehrs in der Justiz, BT-Drucks. 17/11691, S. 77.
15 Vgl Begründung zur KlagRegV v. 31.10.2005, Bundesanzeiger v. 17.11.2005, S. 15973, Anl. S. 1.
16 BGH v. 21.4.2008 – II ZB 6/07, LS 2.

3. die Bezeichnung des Prozessgerichts,
4. das Aktenzeichen des Prozessgerichts,
5. die Feststellungsziele des Musterverfahrensantrags,
6. eine knappe Darstellung des vorgetragenen Lebenssachverhalts und
7. den Zeitpunkt des Eingangs des Musterverfahrensantrags beim Prozessgericht und den Zeitpunkt der Bekanntmachung im Klageregister.

Diese Aufzählung ist abschließend. Die Musterverfahrensanträge werden im Klageregister ohne Angaben zur Person des Antragstellers öffentlich bekannt gemacht.

III. Benennung der Feststellungsziele. Die Feststellungsziele sind im Musterverfahrensantrag enthalten. Das Prozessgericht veröffentlicht diese im **elektronischen Klageregister**, wenn der Antrag zulässig ist.
Ein Feststellungsziel kann auf die Klärung des Vor- oder Nichtvorliegens anspruchsbegründender oder -ausschließender Voraussetzungen als auch auf die von Rechtsfragen gerichtet sein.
Handelt es sich bei dem Klagegegenstand um einen Erfüllungsanspruch nach dem WpÜG, dann muss der Musterverfahrensantrag das Wertpapiererwerbs- oder Übernahmeangebot enthalten.
Ist das klärungsbedürftige Feststellungsziel nicht erkennbar bzw entspricht es nicht den Vorgaben des Gesetzes und ist es damit im KapMuG-Verfahren nicht feststellungsfähig, dann ist der Antrag als unzulässig zu verwerfen.
Im Klageregister sind gem. § 1 Abs. 3 KlagRegV die Feststellungsziele eines Musterverfahrensantrags nach § 3 Abs. 2 S. 2 Nr. 5 KapMuG nF bei seiner Eintragung mindestens einer der folgenden Kategorien von Kapitalmarktinformationen zuzuordnen:

1. Angaben in Prospekten nach dem Wertpapierprospektgesetz und Informationsblättern nach dem WpHG,
2. Angaben in Verkaufsprospekten, Vermögensanlagen-Informationsblättern und wesentlichen Anlegerinformationen nach dem Verkaufsprospektgesetz, dem Vermögensanlagengesetz sowie dem Investmentgesetz,
3. Angaben in Mitteilungen über Insiderinformationen iSd § 15 des WpHG,
4. Angaben in Darstellungen, Übersichten, Vorträgen und Auskünften in der Hauptversammlung einer Aktiengesellschaft über die Verhältnisse der Gesellschaft einschließlich ihrer Beziehungen zu verbundenen Unternehmen im Sinne des § 400 Abs. 1 Nr. 1 des Aktiengesetzes,
5. Angaben in Jahresabschlüssen, Lageberichten, Konzernabschlüssen, Konzernlageberichten sowie Halbjahresfinanzberichten,
6. Angaben in Angebotsunterlagen nach dem Wertpapiererwerbs- und Übernahmegesetz,
7. sonstige Kapitalmarktinformationen.

IV. Darstellung des Lebenssachverhalts. Die Bekanntmachung des Musterverfahrensantrags muss auch eine knappe Darstellung des vorgetragenen Lebenssachverhalts enthalten. Diese in Abs. 2 Nr. 6 nF geforderte Pflichtangabe ist neu. Damit soll für die Entscheidung des Prozessgerichts nach § 6 nF aus dem Klageregister ersichtlich werden, ob in weiteren Verfahren gleichgerichtete Musterverfahrensanträge gem. § 4 Abs. 1 nF gestellt wurden.[17]
Der Lebenssachverhalt ist **Teil des Streitgegenstandes**, welcher den prozessualen Anspruch bezeichnet, den eine Partei in einem gerichtlichen Verfahren geltend macht.[18] Der Begriff „Lebenssachverhalt" (Faktum) zielt auf eine „Bestandsaufnahme" der einschlägigen Tatsachen im weitesten Sinne.
Zum Streitgegenstand zählen alle **Tatsachen**, „die bei einer natürlichen, vom Standpunkt der Parteien ausgehenden Betrachtungsweise zu dem durch den Vortrag des Klägers zur Entscheidung gestellten Tatsachenkomplex gehören".[19]
Strittig ist, ob jeder einzelne Prospektfehler einen eigenen Lebenssachverhalt darstellt.[20] Das ist insofern bedeutsam, weil davon auch die Verjährungshemmung tangiert ist, die dann ggf nur den vom einzelnen Kläger vorgetragenen Lebenssachverhalt betrifft.[21] Für die Beurteilung des gemeinsamen Lebenssachverhalts kommt es darauf an, ob der Kernpunkt der Rechtsstreitigkeiten derselbe ist.[22]
Bei der Prospekthaftung sind sämtliche behaupteten Prospektfehler „mit den dahinterliegenden Tatsachen dadurch verklammert, dass der vom Kläger geltend gemachte Anspruch auf den angeblich fehlerhaften oder unzulänglichen Prospektinhalt abstellt."[23] Naheliegend ist deshalb, einen Prospekt als „Kern" eines

---

17 So die Gesetzesbegründung, BT-Drucks. 17/8799, S. 19.
18 Der Begriff „Streitgegenstand" ist weder vom Gesetzgeber definiert, noch in der Prozessrechtswissenschaft abschließend geklärt. So *Halfmeier*, Abschlussbericht 2009, S. 91.
19 BGH v. 9.10.2003 – VII ZR 335/02.
20 Diese Auffassung vertritt das OLG Frankfurt aM v. 16.5.2012 – 23 Kap. 1/06.
21 Vgl dazu *Halfmeier*, DB 2012, 2148 f.
22 *Vollkommer* in: Kölner Kommentar zum KapMuG, § 4 Rn 8.
23 *Halfmeier*, DB 2012, 2149.

Lebenssachverhalts zu betrachten,[24] da der Prospektinhalt ein in sich homogenes Dokument darstellt, das in Gänze der Information des Anlegers dient und von ihm auch so zur Kenntnis genommen wird. Einzelne Fehler im Prospekt sind daher Einzeltatsachen innerhalb eines „Lebenssachverhalts".

41 Bei einer Wertpapieremission liegt „ein" Lebenssachverhalt auch dann vor, wenn gegen verschiedene beteiligte Personen vorgegangen wird, weil Musterverfahrensanträge auch dann gleichgerichtet sein können, wenn sie verschiedene Haftungsadressaten betreffen.

E. Bekanntmachungsfrist (Abs. 3)

42 Die Regelung „binnen sechs Monaten" den Musterverfahrensantrag bekanntzumachen ist neu. So sollen lange Wartezeiten zwischen der Antragstellung und der Bekanntmachung vermieden werden.[25]

43 Die Notwendigkeit einer Fristsetzung ergibt sich zudem vor dem Hindergrund des § 6 Abs. 1 S. 1 nF (der Bekanntgabe der gleichgerichteten Musterverfahrensanträge), um ersehen zu können, ob das für die Durchführung des Musterverfahrens notwendige Quorum erreicht ist.

44 Aufgrund der Fristenregelung ist es nicht mehr zulässig, zunächst den Prozess weiterzuführen, um dann zusammen mit dem späteren Urteil den Musterverfahrensantrag als unzulässig abzulehnen.[26]

45 Die Ausgestaltung der Frist als „Soll-Frist" soll dem Prozessgericht in Ausnahmefällen einen längeren Zeitraum für die Entscheidung gewähren, wenn sechs Monate nicht ausreichen, um entscheidungsrelevante Tatsachen zu würdigen, auf deren Grundlage die Rechtsfrage zu prüfen, rechtliches Gehör zu gewähren und die Entscheidung vorzubereiten.[27] Es ist allerdings zu befürchten, dass die Ausnahme zur Regel wird, da keine Gründe für die Fristüberschreitung im Gesetz genannt werden.

46 Die Begründung der Fristüberschreitung in einem unanfechtbaren Beschluss (S. 2) soll dies offenbar verhindern.

F. Nichtbekanntmachung (Abs. 4)

47 Das Prozessgericht kann auf die **öffentlich Bekanntmachung** von Musterverfahrensanträgen im Klageregister **absehen**, wenn die Voraussetzungen zur Einleitung eines Musterverfahrens gem. § 6 Abs. 1 S. 1, die Vorlage an das OLG, bereits vorliegen. Das ist die Ausnahme von der Pflicht.

48 Das heißt, wenn bereits das **Quorum** für den Vorlagebeschluss erreicht ist, kann es sich erübrigen, weitere Verfahrensanträge bekannt zu machen. Das schließt allerdings nicht aus, dass im Einzelfall ein öffentliches Interesse an weiterer Bekanntmachung bestehen kann. Das ist vor allem dann gegeben, wenn durch sie neue Feststellungsziele oder Beklagte benannt werden. Die Entscheidung über die Bekanntmachung steht daher im Ermessen des Gerichts.[28]

§ 4 Klageregister; Verordnungsermächtigung

(1) Musterverfahrensanträge, deren Feststellungsziele den gleichen zugrunde liegenden Lebenssachverhalt betreffen (gleichgerichtete Musterverfahrensanträge), werden im Klageregister in der Reihenfolge ihrer Bekanntmachung erfasst.

(2) Das Gericht, das die Bekanntmachung veranlasst, trägt die datenschutzrechtliche Verantwortung für die von ihm im Klageregister bekannt gemachten Daten, insbesondere für die Rechtmäßigkeit ihrer Erhebung, die Zulässigkeit ihrer Veröffentlichung und die Richtigkeit der Darstellung.

(3) Die Einsicht in das Klageregister steht jedem unentgeltlich zu.

(4) Die im Klageregister gespeicherten Daten sind nach rechtskräftigem Abschluss des Musterverfahrens oder im Fall des § 6 Absatz 5 nach Zurückweisung des Musterverfahrensantrags unverzüglich zu löschen.

(5) ¹Das Bundesministerium der Justiz wird ermächtigt, durch Rechtsverordnung nähere Bestimmungen über Inhalt und Aufbau des Klageregisters, insbesondere über Eintragungen, Änderungen, Löschungen, Einsichtsrechte, Datensicherheit und Datenschutz zu treffen. ²Dabei sind Löschungsfristen vorzusehen sowie Vorschriften, die sicherstellen, dass die Bekanntmachungen

---

24 So *Halfmeier*, DB 2012, 2149.
25 Im Gesetzentwurf war ursprünglich nur eine 3-Monats-Frist vorgesehen.
26 So die Gesetzesbegründung, BT-Drucks. 17/8799, S. 18.
27 Ebenda.
28 Ebenda, S. 19.

1. unversehrt, vollständig und aktuell bleiben sowie
2. jederzeit ihrem Ursprung nach zugeordnet werden können.

Literatur:
Reuschle, WM 2004, 2334; *Plaßmeier*, NZG 2005, 609; *Vorwerk/Wolf*, Kapitalanleger-Musterverfahrensgesetz, Kommentar, 2007; *Hess/Reuschle/Rimmelspacher*, Kölner Kommentar zum Kapitalanleger-Musterverfahrensgesetz (KapMuG), 2008; *Halfmeier/Rott/Feess*, Kollektiver Rechtsschutz im Kapitalmarktrecht. Evaluation des Kapitalanleger-Musterverfahrensgesetzes, 2009; *Hartmann*, JurBüro 2012, 563; *Halfmeier*, DB 2012, 2145.

A. Vorbemerkung	1		III. Kosten der Bekanntmachung	21
B. Normzweck	4		D. Datenschutz (Abs. 2)	24
C. Elektronisches Klageregister (Abs. 1)	5		E. Einsicht in das Klageregister (Abs. 3)	27
I. Gleichgerichtete Musterverfahrensanträge	10		F. Datenlöschung (Abs. 4)	28
II. Eintrag der Musterverfahrensanträge	18		G. Verordnungsermächtigung (Abs. 5)	31

A. Vorbemerkung

Der Gesetzgeber hat im Interesse der Normklarheit die Regelungen über das Klageregister in einer gesonderten Vorschrift zusammengefasst. Die Regelungsinhalte des § 2 Abs. 1 S. 5 sowie § 2 Abs. 2, 3, 5 und 6 aF wurden neu sortiert und redaktionell bearbeitet. Durch die Konzentration der Regelungen über das Klageregister soll zudem klargestellt werden, dass die Vorschriften allgemein für das Klageregister gelten und nicht nur bei der Bekanntmachung des Musterverfahrensantrags Anwendung finden. 1

Neu ist, dass die Daten – soweit ihre Löschung vorgeschrieben ist – nunmehr unverzüglich gelöscht werden müssen. 2

Aufgrund der Reform des KapMuG wurde ab dem 1.11.2012 im Internet beim elektronischen Bundesanzeiger ein neuer Bereich „Klageregister" eingeführt. Das bisherige Klageregister bleibt weiterhin bestehen, da durch eine Übergangsregelung bestehende Verfahren nach der alten Gesetzgebung weitergeführt werden. 3

B. Normzweck

Durch die öffentliche Bekanntmachung der Musterverfahrensanträge und die unentgeltliche Einsichtnahme in das Klageregister können sich zunächst geschädigte Anleger im Internet darüber informieren, ob bereits ihrem eigenen Anliegen entsprechende, gleichgerichtete Musterverfahrensanträge bestehen als auch in welchem Stadium sich das Musterverfahren befindet. Das Klageregister dient insofern vor allem der Information. 4

C. Elektronisches Klageregister (Abs. 1)

Das KapMuG hat ein elektronisches Klageregister eingeführt, das es Kapitalanlegern ermöglicht, sich im Internet darüber zu informieren, ob ihrem Anliegen entsprechende, gleichgerichtete Verfahren anhängig sind, in denen ein Musterverfahrens beantragt oder bereits eingeleitet wurde und in welchem Stadium sich dieses Verfahren befindet. 5

Und auch für das Gericht, das den Vorlagebeschluss zu verfassen hat, ist das Klageregister die entscheidende Informationsquelle. Soll ein Musterverfahrensantrag in das Klageregister eingetragen werden, muss sich das Prozessgericht zunächst darüber informieren, ob bereits **gleichgerichtetes Verfahren** veröffentlicht wurde. 6

Auf der Publikations-Plattform wurde ein neuer Bereich „Klageregister ab 1.11.2012" aufgrund der Reform des KapMuG eingeführt. Die wichtigste Neuerung stellt hier die Einführung des „Musterverfahrensantrags" dar. Dieser kann per Eingabeformular oder per Datei-Upload zur Veröffentlichung übermittelt werden. 7

Für das „Klageregister ab 1.11.2012" gelten neue AGB für entgeltliche Veröffentlichungen im Klageregister des Bundesanzeigers. Für Verfahren, die in das bisherige Klageregister eingestellt werden, gelten weiter die bisherigen AGB. 8

Für Veröffentlichungen der Gerichte ist neben dem KapMuG auch die „Verordnung über das Klageregister nach dem Kapitalanleger – Musterverfahrensgesetz (**Klageregisterverordnung** – KlagRegV)"[1] relevant. 9

I. Gleichgerichtete Musterverfahrensanträge. Musterverfahrensanträge sind gleichgerichtet, wenn ihre Feststellungsziele den gleichen zugrundeliegenden **Lebenssachverhalt** betreffen. Dabei ist unerheblich, ob die 10

---

[1] § 1 KlagRegV.

11 Feststellungsziele inhaltlich gleich sind, so dass in einem Musterverfahren verschiedene Feststellungsziele verbunden werden können, obwohl sie nicht alle in allen Musterverfahrensanträgen genannt wurden.[2]
11 Entsprechend regelt § 22 Abs. 1 S. 2 nF, dass die Entscheidung des Musterverfahrens für und gegen alle Beigeladenen gilt, unabhängig davon, ob der Beigeladene selbst alle Feststellungsziele geltend gemacht hat.
12 Die Gleichgerichtetheit der Anträge bestimmt sich nach der inhaltlichen Übereinstimmung der Feststellungsziele und der inhaltlichen Übereinstimmung des dem Musterverfahrensantrag zugrunde liegenden Ereignisses. Sie ist nicht an der Identität der Beteiligten orientiert.[3]
13 „Ein" Lebenssachverhalt liegt demnach auch dann vor, wenn gegen verschiedene beteiligte Personen, zB einer Wertpapieremission oder einer Fondsplatzierung, vorgegangen wird, weil Musterverfahrensanträge auch dann gleichgerichtet sein können, wenn sie verschiedene Haftungsadressaten betreffen.
14 Gleichgerichtet sind auch sich **widersprechende Musterverfahrensanträge**, da sie auf demselben, dem Antrag zugrunde liegenden Lebenssachverhalt beruhen und daher auch auf die gleichen Feststellungsziele – wenngleich mit einem gegenteiligen Ergebnis – gerichtet sind.[4]
15 Was den Lebenssachverhalt iSd KapMuG ausmacht, ist nicht abschließend geklärt.[5] Da die Frage, was Feststellungsziel sein kann, zunächst maßgeblich mit der geltend gemachten Anspruchsgrundlage zusammenhängt,[6] hängt auch der Lebenssachverhalt im Ausgangspunkt von den Tatsachen und Rechtsfragen ab, die die Anwendung der Anspruchsgrundlage begründen bzw ausschließen oder der Konkretisierung von deren Voraussetzungen dienen. In einem zweiten Schritt kann auf die betroffene öffentliche Kapitalmarktinformation abgestellt werden. Strittig ist, ob jeder einzelne **Prospektfehler** einen eigenen Lebenssachverhalt darstellt.[7] Dies ist zu verneinen. Bei der Prospekthaftung sind sämtliche behauptete Prospektfehler „mit den dahinterliegenden Tatsachen dadurch verklammert, dass der vom Kläger geltend gemachte Anspruch auf den angeblich fehlerhaften oder unzulänglichen Prospektinhalt abstellt."[8] Naheliegend ist deshalb, einen Prospekt als „Kern" einen Lebenssachverhalt zu betrachten,[9] da der Prospektinhalt ein in sich homogenes Dokument darstellt, das in Gänze der Information des Anlegers dient und von ihm auch so zur Kenntnis genommen wird. **Einzelne Fehler im Prospekt** sind daher Einzeltatsachen innerhalb eines „Lebenssachverhalts". Allerdings kann es dazu kommen, dass zu einer Kapitalanlage mehrere öffentliche Kapitalmarktinformationen für die Beurteilung der Voraussetzungen der Anspruchsgrundlage zu beachten sind (zB Verkaufsprospekt, Vermögensanlageninformationsblatt und ggf weitere Werbeinformationen wie Exposé oder Kurzinformationen, die ggf für sich genommen unrichtig sind oder aber gerade im Abgleich miteinander, weil zB das VIB dem Prospekt widerspricht). Deswegen ist in einem dritten Schritt die Kapitalanlage selbst für die Beurteilung des Lebenssachverhaltes ausschlaggebend, zumal insoweit insbesondere auch die Beratung, in der mehrere Dokumente verwendet wurden, eine Klammerwirkung haben kann. Nur ein solches Verständnis wird dem Zweck des KapMuG, kapitalmarktrechtliche Streitigkeiten prozessökonomisch und kostensparend zu behandeln, gerecht. Dieses Ziel würde konterkariert, würde man für jeden Prospektfehler oder jedes in einer Beratung verwendete Dokument ein eigenes Musterverfahren einleiten. Gemessen daran kann der Begriff des „Lebensverhaltes" im Sinne des KapMuG durchaus eine unterschiedliche Reichweite haben, als derselbe Begriff im Sinne der ZPO.[10]
16 Zu berücksichtigen ist dabei allerdings auch die zeitliche Komponente. So werden verschiedene Ad-hoc-Mitteilungen regelmäßig verschiedene Lebenssachverhalte begründen, auch wenn sie dieselbe Finanzanlage betreffen. Gleiches kann zB gelten, wenn ein Fondsprodukt in verschiedenen Tranchen aufgelegt wird.
17 Über die Gleichgerichtetheit der Anträge entscheidet das die Eintragung vornehmende Gericht selbst. Ob die Verfahren jedoch tatsächlich gleichgerichtet sind, wird das Prozessgericht im Zweifel erst dann abschließend entscheiden können, wenn ihm die erforderlichen Akten (der anderen LG) zur Vorlage an das OLG vorliegen.
18 **II. Eintrag der Musterverfahrensanträge.** Gleichgerichtete Musterverfahrensanträge sind in der **Reihenfolge ihres Eingangs**, bei Eingang am gleichen Tag, in numerischer Reihenfolge der Aktenzeichen in die Tabelle einzutragen. Das Gericht kann auch mehr als die gesetzlich vorgeschriebenen zehn gleichgerichteten Musterverfahrensanträge im Klageregister aufnehmen.
19 In das Klageregister ist jeder einzelne Musterverfahrensantrag einzutragen, auch wenn mehrere Streitgenossen jeweils gleichlautende Anträge gestellt haben.[11]

---

2 Gesetzesbegründung, BT-Drucks. 17/8799, S. 19.
3 Plaßmeier, NZG 2005, 611, sowie Reuschle, WM 2004, 2337.
4 Schneider, BB 2005, 2249, 2253; Rau, 52 f.
5 Hierzu etwa Schneider/Heppner, BB 2012, 2703, 2708.
6 BGH v. 13.12.2011 – II ZB 6/09, Rn 41.
7 Diese Auffassung vertritt das OLG Frankfurt aM v. 16.5.2012 – 23 Kap. 1/06; hierzu auch Schneider/Heppner, BB 2012, 2703, 2708.
8 Halfmeier, DB 2012, 2149.
9 Ebenda.
10 Dass es zwischen KapMuG und ZPO allgemein Unterschiede geben kann, ist auch bei BGH v. 10.6.2008 – XI ZB 26/07, Rn 14 angedeutet.
11 Ebenda, Rn 12 f. So auch BGH v. 21.4.2008 – II ZB 6/07.

Das Gericht, das die Eintragung vorgenommen hat, prüft gem. § 4 Abs. 4 KlagRegV spätestens nach jeweils drei Monaten, ob seine Eintragungen noch aktuell sind und berichtigt bzw löscht erforderlichenfalls unter Beachtung der Löschungsfristen.

III. Kosten der Bekanntmachung. Gemäß § 10 Abs. 1 nF macht das OLG im Klageregister das Musterverfahren öffentlich bekannt. Die für die Veröffentlichung im Klageregister anfallenden Kosten, die von dem die Eintragung veranlassenden Gericht zu verauslagen sind, sind „**Auslagen für öffentliche Bekanntmachungen**", die nach dem Gerichtskostengesetz als Verfahrenskosten von dem unterliegenden Teil in voller Höhe zu tragen sind (Nr. 9004 des Kostenverzeichnisses, Anl. 1 zu § 3 Abs. 2 GKG). Sie werden dann gem. § 24 nF auf die einzelnen Prozessverfahren verteilt.

Gebühren und Auslagen werden fällig, wenn

„1. eine unbedingte Entscheidung über die Kosten ergangen ist,
2. das Verfahren oder der Rechtszug durch Vergleich oder Zurücknahme beendet ist,
3. das Verfahren sechs Monate ruht oder sechs Monate nicht betrieben worden ist,
4. das Verfahren sechs Monate unterbrochen oder sechs Monate ausgesetzt war oder
5. das Verfahren durch anderweitige Erledigung beendet ist."[12]

Die Dokumentenpauschale als auch die Auslagen für die Versendung und die elektronische Übermittlung von Akten sind sofort nach ihrer Entstehung fällig.[13] Von den Gerichten werden die Kosten für die Veröffentlichung im Klageregister als zu hoch kritisiert.[14]

D. Datenschutz (Abs. 2)

Die datenschutzrechtliche Verantwortung für den Inhalt des Klageregisters trägt das **Prozessgericht**. Der Herausgeber des elektronischen Bundesanzeigers ist nach den allgemeinen Grundsätzen des Bundesdatenschutzgesetzes (§ 3 Abs. 7 BDSG) für die Verarbeitung der im elektronischen Bundesanzeiger zur Nutzung bereitgehaltenen Daten verantwortlich. Weil aber der Herausgeber des elektronischen Bundesanzeigers nicht die Verantwortung für die Rechtmäßigkeit der Erhebung der von den Prozessgerichten gelieferten Daten, die Zulässigkeit ihrer Veröffentlichung und die Richtigkeit der Daten tragen kann, wird dem jeweiligen Prozessgericht die datenschutzrechtliche Verantwortung für die von ihm im Klageregister bekannt gemachten Daten übertragen.

Das hat auch zur Konsequenz, dass datenschutzrechtliche Berichtigungs-, Löschungs- und Sperrungsansprüche nicht gegenüber dem Herausgeber des elektronischen Bundesanzeigers, sondern gegenüber dem jeweiligen Prozessgericht geltend zu machen sind. Das Prozessgericht muss dann ggf die entsprechenden Änderungen im Klageregister veranlassen.

Durch die Formulierung „das Gericht, das die Bekanntmachung veranlasst" wird Abs. 2 S. 1 für alle Bekanntmachungen im Klageregister verbindlich.

E. Einsicht in das Klageregister (Abs. 3)

Jedermann kann sich gem. § 5 Abs. 1 und 2 KlagRegV über die durch die KlagRegV vorgegebenen Angaben zu den Musterverfahrensanträge unentgeltlich informieren. Die Einsichtnahme ermöglicht die Suche nach gleichgerichteten Musterverfahrensanträgen.

F. Datenlöschung (Abs. 4)

Nach Abweisung des Musterverfahrensantrages gem. § 6 Abs. 5 nF bzw nach rechtskräftigem Abschluss des Musterverfahrens gem. § 16 nF sind die Daten gem. § 4 Abs. 2 KlagRegV durch das Gericht, das die Daten eingetragen hat, „unverzüglich" zu löschen.

Kommen innerhalb von sechs Monaten nach der ersten Bekanntmachung eines Musterverfahrensantrages nicht mindestens neun weitere gleichgerichtete Anträge zustande (§ 6 Abs. 1 nF), werden die bereits eingetragenen Daten als „zu löschen" gekennzeichnet. Sie bleiben jedoch für weitere sechs Monate sichtbar, damit zu spät kommende Kapitalanleger in ihrem Rechtsstreit unter Hinweis auf frühere Verfahren die Durchführung eines Musterentscheides beantragen können.[15] Dann sind sie zu löschen.

---

12 § 9 Abs. 2 GKG.
13 § 9 Abs. 3 GKG.
14 So *Halfmeier*, Abschlussbericht 2009, S. 62.
15 Siehe Bekanntmachung der Begründung zur (alten) Verordnung über das Klageregister nach dem Kapitalanleger-Musterverfahren (Klageregisterverordnung – KlagRegV) v. 31.10.2005, veröffentl. im Bundesanzeiger, Ausg. 217 v. 17.11.2005, 15973, Anl. S. 2.

30 Unzulässigerweise veröffentlichte Daten sind nach Feststellung der Unzulässigkeit unverzüglich zu löschen (§ 4 Abs. 3 KlagRegV).

G. Verordnungsermächtigung (Abs. 5)

31 Das Bundesministerium der Justiz ist ermächtigt, durch Rechtsverordnung die Gestaltung des Klageregisters und weitere Einzelheiten der Bekanntmachung im Klageregister zu regeln. Ergänzend zu der Löschungsregelung gem. Abs. 4 nF sind Löschungsfristen zu bestimmen.

§ 5 Unterbrechung des Verfahrens

Mit der Bekanntmachung des Musterverfahrensantrags im Klageregister wird das Verfahren unterbrochen.

Literatur:
Vorwerk/Wolf, Kapitalanleger-Musterverfahrensgesetz, Kommentar, 2007; *Hess/Reuschle/Rimmelspacher*, Kölner Kommentar zum Kapitalanleger-Musterverfahrensgesetz (KapMuG), 2008; *Halfmeier/Rott/Feess*, Kollektiver Rechtsschutz im Kapitalmarktrecht. Evaluation des Kapitalanleger-Musterverfahrensgesetzes, 2009.

A. Vorbemerkung

1 § 5 nF entspricht § 3 aF unverändert.

B. Normzweck

2 Die Unterbrechung des Verfahrens vor dem Prozessgericht mit der Bekanntmachung des Musterverfahrensantrags entspricht dem Ziel des KapMuG, mit einem Musterentscheid eine Lösung für möglichst viele vergleichbare Fälle zu erreichen, indem strittige Anspruchsvoraussetzungen durch ein OLG geklärt werden. Diese Vorschrift dient der **prozessualen Bündelung** gleichgelagerter Rechtsstreitigkeiten in einem Musterverfahren. Beweisaufnahmen sollen nicht in jedem einzelnen Verfahren, sondern für alle erst im Musterverfahren durchgeführt werden.[1]

C. Beginn und Ende der Unterbrechung

3 I. **Beginn.** Das Verfahren wird dem Wortlaut entsprechend mit der Bekanntmachung des Musterverfahrensantrags im **Klageregister** unterbrochen. Ab dem 11. Verfahren – soweit sich der Umstand, dass es sich (mindestens) um das 11. Verfahren handelt, bereits aus dem Klageregister ersichtlich ist – ist dem Prozessgericht gem. § 3 Abs. 4 nF die Bekanntmachung freigestellt. Demzufolge kann es dann noch, muss es aber nicht, zu einer Unterbrechung kommen. Ob es zu einer Bekanntmachung und damit zu einer Unterbrechung gekommen ist, können die Parteien dem Klageregister entnehmen.

4 II. **Ende.** Das Ende der Unterbrechung ist im KapMuG nF nicht ausdrücklich geregelt. Für die Beendigung der Unterbrechung kommen folgende **Konstellationen** in Frage:

5 1. **Vorlagebeschluss.** Kommt die erforderliche **Zahl gleichgerichteter Anträge** zustande, so hat das Prozessgericht einen Vorlagebeschluss zu erlassen und diesen im Klageregister öffentlich bekannt zu machen, § 6 nF. Mit der Bekanntmachung des Vorlagebeschlusses endet die Unterbrechung des Verfahrens. Dies folgt systematisch daraus, dass gem. § 8 Abs. 1 S. 2 nF die Entscheidung über die Aussetzung unabhängig davon ergeht, ob in dem betreffenden Verfahren zuvor ein Musterverfahrensantrag gestellt wurde oder nicht. Ist aber auch in Verfahren mit Musterverfahrensantrag über die Aussetzung zu entscheiden, dann muss zuvor zunächst die Unterbrechung enden. Ob sodann das Verfahren gem. § 8 nF ausgesetzt wird, richtet sich danach, ob die Entscheidung (ggf noch) von den geltend gemachten Feststellungszielen abhängt.

6 2. **Zurückweisung des Musterverfahrensantrags mangels Quorum.** Gemäß § 6 Abs. 5 nF weist das Prozessgericht den Musterverfahrensantrag zurück, wenn die erforderliche Zahl von **zehn gleichgerichteten Anträgen** nicht zustande kommt. Die Zurückweisung des Musterverfahrensantrags ist mit der Anordnung ver-

---

1 Allerdings können zwischen dem Zeitpunkt der Antragstellung und der Bekanntmachung des Musterverfahrensantrags weiterhin Beweisaufnahmen durchgeführt werden. Das KapMuG verbietet dies nicht.

bunden, dass das bzw die Verfahren fortgesetzt werden. Mit der Verkündung dieser Entscheidung endet hier die Unterbrechung, da der Zurückweisungsbeschluss nicht anfechtbar ist.

3. Rücknahme des Musterverfahrensantrags. Wird der Musterverfahrensantrag zurückgenommen, endet die Unterbrechung des Verfahrens ebenfalls. Als **Zeitpunkt** ist hier die Erklärung der Rücknahme gegenüber dem Gericht maßgeblich.[2] Das Gericht muss diesen Antrag dann im Klageregister unverzüglich löschen.

D. Wirkung der Unterbrechung

Die Wirkung der Unterbrechung richtet sich nach § 249 ZPO iVm § 3 EGZPO. Das bedeutet, dass der Lauf einer jeden **Frist** aufhört und nach Beendigung der Unterbrechung die volle Frist neu zu laufen beginnt. Alle während der Unterbrechung von einer Partei in Ansehung der Hauptsache vorgenommenen Prozesshandlungen sind gegenüber der anderen Partei ohne rechtliche Wirkung. Eine Verfahrensverbindung oder Verfahrenstrennung ist nach der Bekanntgabe im Klageregister nicht mehr möglich.[3]
Die Unterbrechung kann nicht weiter reichen als der **sachliche Anwendungsbereich** des KapMuG. Parallel geltend gemachte, abgrenzbare Ansprüche, etwa infolge des Widerrufes des die Kapitalanlage finanzierenden Darlehensvertrages, die nicht in den sachlichen Anwendungsbereich des KapMuG fallen, sind deswegen von der Unterbrechungswirkung nicht betroffen.

§ 6 Vorlage an das Oberlandesgericht; Verordnungsermächtigung

(1) ¹Durch Vorlagebeschluss ist eine Entscheidung des im Rechtszug übergeordneten Oberlandesgerichts über die Feststellungsziele gleichgerichteter Musterverfahrensanträge herbeizuführen, wenn innerhalb von sechs Monaten nach der ersten Bekanntmachung eines Musterverfahrensantrags mindestens neun weitere gleichgerichtete Musterverfahrensanträge bekannt gemacht wurden. ²Der Vorlagebeschluss ist unanfechtbar und für das Oberlandesgericht bindend.

(2) Zuständig für den Vorlagebeschluss ist das Prozessgericht, bei dem der erste bekannt gemachte Musterverfahrensantrag gestellt wurde.

(3) Der Vorlagebeschluss enthält:
1. die Feststellungsziele und
2. eine knappe Darstellung des den Musterverfahrensanträgen zugrunde liegenden gleichen Lebenssachverhalts.

(4) Das Prozessgericht macht den Inhalt des Vorlagebeschlusses im Klageregister öffentlich bekannt.

(5) ¹Sind seit Bekanntmachung des jeweiligen Musterverfahrensantrags innerhalb von sechs Monaten nicht neun weitere gleichgerichtete Anträge bekannt gemacht worden, weist das Prozessgericht den Antrag durch Beschluss zurück und setzt das Verfahren fort. ²Der Beschluss ist unanfechtbar.

(6) ¹Sind in einem Land mehrere Oberlandesgerichte errichtet, so kann die Zuständigkeit für das Musterverfahren von der Landesregierung durch Rechtsverordnung einem der Oberlandesgerichte oder dem Obersten Landesgericht zugewiesen werden. ²Die Landesregierungen können die Ermächtigung durch Rechtsverordnung auf die Landesjustizverwaltungen übertragen. ³Durch Staatsverträge zwischen Ländern kann die Zuständigkeit eines Oberlandesgerichts für einzelne Bezirke oder für das gesamte Gebiet mehrerer Länder begründet werden.

Literatur:
Vorwerk/Wolf, Kapitalanleger-Musterverfahrensgesetz, Kommentar, 2007; *Hess/Reuschle/Rimmelspacher*, Kölner Kommentar zum Kapitalanleger-Musterverfahrensgesetz (KapMuG), 2008; *Halfmeier/Rott/Feess*, Kollektiver Rechtsschutz im Kapitalmarktrecht. Evaluation des Kapitalanleger-Musterverfahrensgesetzes, 2009; *Rotter*, VuR 2011, 443; *Bernuth/Kremer*, NZG 2012, 890; *Wigand*, AG 2012, 845; *Wolf/Lange*, NJW 2012, 3751; *Söhner*, ZIP 2013, 7.

A. Vorbemerkung	1	II. Bindungswirkung des Vorlagebeschlusses	9
B. Normzweck	4	D. Zuständigkeit des Prozessgerichts (Abs. 2)	13
C. Vorlage an das OLG (Abs. 1)	6	E. Inhalt des Vorlagebeschlusses (Abs. 3)	15
I. Vorlagebeschluss	6	F. Bekanntmachung des Vorlagebeschlusses (Abs. 4)	19

---

[2] *Kruis* in: Kölner Kommentar zum KapMuG, § 3 Rn 13.
[3] *Fullenkamp* in: Vorwerk/Wolf, KapMuG-Kommentar, § 3 Rn 6.

G. Zurückweisung des Antrags (Abs. 5) 22
H. Zuständigkeit des OLG, Verordnungsermächtigung (Abs. 6) 26

A. Vorbemerkung

1 Die Vorlage des Musterverfahrensantrags an das OLG gem. § 6 nF hat gegenüber der Regelung in § 4 aF leichte Veränderungen erfahren. So stellt der Abs. 1 (Erreichen des Quorums) nicht mehr auf den Zeitpunkt der Antragstellung, sondern nunmehr auf den **Zeitpunkt der Bekanntmachung** des Musterverfahrensantrags ab. Im Interesse der Übersichtlichkeit wurde die Zuständigkeit für den Vorlagebeschluss separat in Abs. 2 geregelt.

2 Der Inhalt des Vorlagebeschlusses gem. Abs. 3 wurde an die Änderungen in § 2 nF angepasst. Damit ist als wesentlicher Inhalt des Musterverfahrensantrags der zugrunde liegende Lebenssachverhalt im Vorlagebeschluss aufzunehmen.

3 In Abs. 4 wurde die Verpflichtung des Prozessgerichts, Erlass und Datum des Vorlagebeschlusses im Klageregister bekannt zu machen, dahin gehend erweitert, dass das Gericht den gesamten Inhalt des Beschlusses bekannt zu machen hat. Die Absätze 5 und 6 wurden lediglich redaktionell verändert.

B. Normzweck

4 § 6 nF regelt die Vorlage der Feststellungsziele der Musterverfahrensanträge an das OLG durch das Prozessgericht mittels Beschluss. Damit wird über die Einleitung des Musterverfahrens vor dem OLG entschieden.

5 Die Verlagerung der Entscheidung über die Fragen des Musterverfahrens von verschiedenen Prozessgerichten auf ein OLG soll aufgrund der Spezialisierung und der Erfahrungen des entsprechenden Senats des OLG eine höhere Qualität und Einheitlichkeit der Rechtsprechung bewirken. Zudem führt das Vorlageverfahren zu einer Entlastung der Prozessgerichte.

C. Vorlage an das OLG (Abs. 1)

6 **I. Vorlagebeschluss.** Das Prozessgericht, bei dem der **erste** bekannt gemachte **Musterverfahrensantrag** gestellt wurde, erlässt den Vorlagebeschluss zur Einleitung des Musterverfahrens beim OLG, wenn das gesetzlich vorgeschrieben Quorum erreicht ist.

7 Das **Quorum** ist dann erreicht, wenn innerhalb von sechs Monaten nach der ersten Bekanntmachung eines Musterverfahrensantrages im Klageregister neun weitere, also insgesamt zehn gleichgerichtete Musterverfahrensanträge bekannt gemacht worden sind. Damit muss nicht (mehr) abgewartet werden, ob ggf bereits gestellte Musterverfahrensanträge vorliegen, die im Klageregister noch nicht zu ersehen sind.

8 Diese Regelung wird durch § 3 Abs. 3 nF flankiert, nach dem die Prozessgerichte binnen sechs Monaten über die Zulässigkeit entscheiden sollen und zulässige Anträge mit unanfechtbarem Beschluss bekannt machen müssen. So kann zweifelsfrei erkannt werden, ob das Quorum erreicht wurde und ab welchem Zeitpunkt die Prozessgerichte die Musterverfahrensanträge wegen Nichterreichen des Quorums zurückweisen müssen.

9 **II. Bindungswirkung des Vorlagebeschlusses.** Der Vorlagebeschluss ist **unanfechtbar** und für das OLG bindend; dem Gericht kommt keine Prüfungskompetenz zu.

10 Das gilt nur dann nicht, wenn der geltend gemachte Anspruch nicht Gegenstand eines Musterverfahrens sein kann.[1] In diesem Fall ist das OLG mangels Anwendbarkeit des KapMuG auch nicht an den Vorlagebeschluss gebunden.

11 Eine Bindungswirkung des Vorlagebeschlusses für das OLG besteht auch dann nicht, wenn das Prozessgericht in demselben Musterverfahren bereits zuvor einen Vorlagebeschluss mit identischem Feststellungsziel erlassen hat. In diesem Fall steht die Sperrwirkung des § 7 nF dem Erlass eines weiteren bindenden Vorlagebeschlusses entgegen.[2] Diese höchstrichterliche Rechtsauffassung ist nunmehr in § 7 S. 2 nF auch gesetzlich verankert.

12 Umstritten ist, ob die Bindungswirkung entsprechend der Rechtsprechung zu § 281 ZPO entfällt, wenn der Vorlagebeschluss **willkürlich** ergangen ist.[3] Zumindest ist der Vorlagebeschluss dann nicht willkürlich, wenn er trotz einzelner „einfacher" Fehler und Auslassungen eine geeignete Grundlage für die Durchführung des Musterverfahrens sein kann. Jedenfalls dann bleibt die Bindungswirkung des Vorlagebeschlusses

---

1 BGH v. 26.7.2011 – II ZB 11/10, LS a.
2 Vgl dazu BGH v. 6.12.2011 – II ZB 5/11.
3 Bejahend OLG München v. 11.3.2010 – KAP 2/09; offen gelassen bei BGH v. 26.7.2011 – II ZB 11/10, Rn 10.

für das OLG bestehen. „Fehler und Auslassungen des Vorlagebeschlusses bei der Bezeichnung der Beweismittel sowie der Darstellung des wesentlichen Inhalts der erhobenen Ansprüche und der vorgebrachten Angriffs- und Verteidigungsmittel können während des Musterverfahrens behoben werden und berechtigen das Oberlandesgericht daher nicht, den Vorlagebeschluss aufzuheben und an das Prozessgericht zurückzugeben."[4]

Fraglich ist auch, ob und mit welcher Rechtsfolge dem OLG eine Prüfungskompetenz zukommt, wenn durch das LG gravierend **gegen die Vorgaben des KapMuG verstoßen** wurde. Das problematisiert zumindest das OLG Frankfurt, lässt dabei aber folgende Frage offen: „Ob davon in Fällen, in denen durch das LG in besonderer Weise gegen die Vorgaben des KapMuG verstoßen wurde, abzuweichen ist, bedarf hier keiner Entscheidung …"[5]

D. Zuständigkeit des Prozessgerichts (Abs. 2)

Das Prozessgericht bei dem der erste bekannt gemachte Musterverfahrensantrag gestellt wurde, ist für den Vorlagebeschluss zuständig. Zu beachten ist die vom Gesetzgeber gewollte Leseweise der Vorschrift. Danach ist das Gericht zuständig, bei dem **der erste gleichgerichtete und bekannt gemachte Antrag** gestellt wurde.[6] Abzustellen ist also auf die Antragstellung, nicht auf die Bekanntmachung. Dies wird aus dem Wortlaut der Norm nicht hinreichend deutlich; danach wäre nach wie vor denkbar, auf den ersten bekannt gemachten Antrag (gleich, wann der Antrag gestellt wurde) abzuheben.

Durch die Bindung der Zuständigkeit an den Zeitpunkt der Antragstellung – im Gegensatz zum Zeitpunkt der Bekanntmachung – wird sichergestellt, dass die Zuständigkeit nicht manipulierbar ist. Transparent wird dies durch die Bekanntmachung des Zeitpunkts des Antragseingangs im Klageregister gem. § 3 Abs. 2 Nr. 7 nF.

E. Inhalt des Vorlagebeschlusses (Abs. 3)

Der Vorlagebeschlusses muss die **Feststellungsziele** und eine kurze Darstellung des den Musterverfahrensanträgen zugrunde liegende gleichen **Lebenssachverhalte** enthalten. Damit wird der Streitgegenstand des Musterverfahrens umrissen.

Feststellungsziele können das Vorliegen oder Nichtvorliegen anspruchsbegründender oder anspruchsausschließender Voraussetzungen oder auch die Klärung von Rechtsfragen sein. Das Feststellungsziel muss für das betreffende Verfahren und darüber hinaus auch für andere Verfahren relevant sein.

Der Lebenssachverhalt stellt eine „Bestandsaufnahme" der einschlägigen Tatsachen im weitesten Sinne dar. Der Vorlagebeschluss muss aber keine Tatbestände beinhalten, die den Anforderungen eines Urteils genügen, weil es hier (nur) um die Beurteilung der Gleichgerichtetheit der Musterverfahrensanträge geht.[7]

Die Beweismittel sind im Vorlagebeschluss nicht mehr zu benennen, da das OLG nicht an Vorgaben des Prozessgerichts bzgl der Beweisaufnahme gebunden ist[8] und im Musterverfahren neue Beweismittel benannt werden können.

F. Bekanntmachung des Vorlagebeschlusses (Abs. 4)

Die Bekanntmachung des Vorlagebeschlusses dient grundsätzlich der Unterrichtung aller an diesem KapMuG-Verfahren Interessierten. Je nach ihrer Position und ihren Interessen können sie ihr diesbezügliches Handeln ausrichten.

Die **Verpflichtung des Prozessgerichts** im KapMuG aF, Erlass und Datum des Vorlagebeschluss im Klageregister bekannt zu machen, wird in Abs. 4 dadurch erweitert, indem der Beschluss nunmehr mit seinem gesamten Inhalt gem. Abs. 3 bereits vom Prozessgericht bekannt gemacht werden muss.

Nicht zuletzt die Sperrwirkung des Vorlagebeschlusses gem. § 7 nF macht es notwendig, den Erlass und Inhalt eines Vorlagebeschlusses dem Klageregister entnehmen zu können. Da die Sperrwirkung nur für Verfahren gilt, die nach § 8 nF auszusetzen sind, muss erkennbar sein, ob ein Verfahren auszusetzen ist. Und dies lässt sich nur beurteilen, wenn die Feststellungsziele und der zugrunde liegende Lebenssachverhalt (Inhalt des Vorlagebeschlusses) bekannt sind.

---

[4] BGH v. 26.7.2011 – II ZB 11/10, LS c; konkret ging es (Rn 10) um die Nichtauseinandersetzung mit dem Vortrag der Beklagten und den dazu angetretenen Beweisen und den Umstand, dass der Vorlagebeschluss andere Kläger betraf.
[5] OLG Frankfurt aM v. 3.7.2013 – 23 Kap 2/06, Rn 300.
[6] BT-Drucks. 17/8799, S. 19 f.
[7] So ausdrücklich in der Gesetzesbegründung, BT-Drucks. 17/8799, S. 20.
[8] OLG Frankfurt aM v. 16.5.2012 – 23 Kap. 1/06, Rn 587.

G. Zurückweisung des Antrags (Abs. 5)

22 Musterverfahrensanträge sind zurückzuweisen, wenn innerhalb von sechs Monaten nicht neun weitere gleichgerichtete Anträge im Klageregister bekannt gemacht werden.

23 Für die Zurückweisung des Antrags kommt es auf den Zeitpunkt der Bekanntmachung an, weil von da an die Frist zur Erreichung des **Quorums** sechs Monate läuft.

24 Über die Zurückweisung des Antrags ist durch unanfechtbaren Beschluss zu entscheiden.

25 Hat das Prozessgericht einen Musterverfahrensantrag zurückgewiesen, setzt es das jeweilige Verfahren fort.

H. Zuständigkeit des OLG, Verordnungsermächtigung (Abs. 6)

26 Das Musterverfahren wird dem OLG vorgelegt, in dessen Bezirk sich das vorlegende Prozessgericht befindet. Existieren in einem Bundesland mehrere OLG, dann kann die jeweilige Landesregierung durch Rechtsverordnung einem der OLG oder dem Obersten Landesgericht die ausschließliche Zuständigkeit zuweisen.

§ 7 Sperrwirkung des Vorlagebeschlusses

[1]Mit Erlass des Vorlagebeschlusses ist die Einleitung eines weiteren Musterverfahrens für die gemäß § 8 Absatz 1 auszusetzenden Verfahren unzulässig. [2]Ein gleichwohl ergangener Vorlagebeschluss ist nicht bindend.

Literatur:
Vorwerk/Wolf, Kapitalanleger-Musterverfahrensgesetz, Kommentar, 2007; *Hess/Reuschle/Rimmelspacher*, Kölner Kommentar zum Kapitalanleger-Musterverfahrensgesetz (KapMuG), 2008; *Halfmeier/Rott/Feess*, Kollektiver Rechtsschutz im Kapitalmarktrecht. Evaluation des Kapitalanleger-Musterverfahrensgesetzes, 2009; *Wolf/Lange*, NJW 2012, 3751.

A. Vorbemerkung

1 § 7 S. 1 nF übernimmt den Wortlaut des § 5 aF unverändert. In Satz 2 wird klargestellt, dass ein entgegen der Sperrwirkung erlassener Vorlagebeschluss das OLG als Ausnahme von der Vorschrift des § 6 Abs. 1 S. 3 nF nicht bindet; es kann daher einen solchen Vorlagebeschluss aufheben.

B. Normzweck

2 Die Sperrwirkung des **Vorlagebeschluss** soll weitere Vorlagebeschlüsse in den gem. § 8 nF auszusetzenden Rechtsstreiten ausschließen, um parallel laufende Musterverfahren aus prozessökonomischen Gründen zu vermeiden.[1]

C. Voraussetzungen

3 Mit dem ersten Vorlagebeschluss tritt die Sperrwirkung ein. Hier kommt es nicht auf den **Zeitpunkt** der öffentlichen Bekanntmachung des Vorlagebeschlusses im Klageregister, sondern auf den Zeitpunkt des Erlasses des Beschlusses an. Das ist dann, wenn der Beschluss den Parteien bekannt gegeben wird.

D. Rechtsfolgen

4 Mit Erlass des (ersten) Vorlagebeschlusses ist die Einleitung eines weiteren Musterverfahrens in den gem. § 8 nF auszusetzenden Verfahren unzulässig. Diese Einschränkung wird durch die Möglichkeit kompensiert, den Gegenstand des Musterverfahrens gem. § 15 nF zu erweitern.

§ 8 Aussetzung

(1) [1]Nach der Bekanntmachung des Vorlagebeschlusses im Klageregister setzt das Prozessgericht von Amts wegen alle bereits anhängigen oder bis zur rechtskräftigen Entscheidung über die Feststellungsziele im Mus-

---

1 Vgl Begr. des RegE des G zur Einführung von Kapitalanleger-Musterverfahren, BT-Drucks. 15/5091, S. 24.

terverfahren noch anhängig werdenden Verfahren aus, wenn die Entscheidung des Rechtsstreits von den geltend gemachten Feststellungszielen abhängt. ²Das gilt unabhängig davon, ob in dem Verfahren ein Musterverfahrensantrag gestellt wurde. ³Die Parteien sind anzuhören, es sei denn, dass sie darauf verzichtet haben.

(2) Der Kläger kann die Klage innerhalb von einem Monat ab Zustellung des Aussetzungsbeschlusses ohne Einwilligung des Beklagten zurücknehmen, auch wenn bereits zur Hauptsache mündlich verhandelt wurde.

(3) Mit dem Aussetzungsbeschluss unterrichtet das Prozessgericht die Kläger darüber,
1. dass die anteiligen Kosten des Musterverfahrens zu den Kosten des Rechtsstreits gehören und
2. dass Nummer 1 nicht gilt, wenn die Klage innerhalb von einem Monat ab Zustellung des Aussetzungsbeschlusses im Ausgangsverfahren zurückgenommen wird (§ 24 Absatz 2).

(4) Das Prozessgericht hat das Oberlandesgericht, welches das Musterverfahren führt, unverzüglich über die Aussetzung zu unterrichten, wobei die Höhe des Anspruchs, soweit er von den Feststellungszielen des Musterverfahrens betroffen ist, anzugeben ist.

Literatur:
Vorwerk/Wolf, Kapitalanleger-Musterverfahrensgesetz, Kommentar, 2007; Hess/Reuschle/Rimmelspacher, Kölner Kommentar zum Kapitalanleger-Musterverfahrensgesetz (KapMuG), 2008; Halfmeier/Rott/Feess, Kollektiver Rechtsschutz im Kapitalmarktrecht. Evaluation des Kapitalanleger-Musterverfahrensgesetzes, 2009; Rotter, VuR 2011, 443; Bernuth/Kremer, NZG 2012, 890; Halfmeier, DB 2012, 2145; Möllers/Seidenschwamm, NZG 2012, 1401; Schneider/Heppner, BB 2012, 2703; Stackmann, NJW 2013, 337; Wigand, AG 2012, 845; Wolf/Lange, NJW 2012, 3751; Söhner, ZIP 2013, 7; Wardenbach, GWR 2013, 35.

A. Vorbemerkung

Abs. 1 nF entspricht § 7 aF. Danach dürfen weiterhin nur solche Verfahren ausgesetzt werden, deren Entscheidung von den geltend gemachten Feststellungszielen abhängt. Neu regelt Abs. 2 – in Abweichung von § 269 Abs. 1 ZPO – die Zulässigkeit einer Klagerücknahme. Abs. 3 entspricht der Regelung des Abs. 3 S. 3 aF. Abs. 4 (Abs. 2 aF) wurde zur besseren Verständlichkeit redaktionell überarbeitet. 1

Der ausdrückliche Ausschluss der Anfechtbarkeit des Aussetzungsbeschlusses (§ 7 Abs. 1 S. 4 aF) ist entfallen. Die Vorschrift des § 8 nF erfasst nach wie vor nur solche Verfahren, in denen zulässigerweise ein Musterverfahrensantrag gestellt werden kann.[1] 2

B. Normzweck

Diese zentrale Norm des KapMuG dient der **Verfahrensbündelung**. Alle bei den Prozessgerichten einschlägig anhängigen, von den Feststellungszielen abhängenden Verfahren müssen nach der Bekanntmachung des Vorlagebeschlusses ausgesetzt werden. Im Ergebnis kommt es zur Kostenreduzierung und Verfahrensbeschleunigung zB dadurch, dass nicht in jedem einzelnen Verfahren ein Sachverständigengutachten angefertigt werden muss, wo ein Gutachten für alle gleichgerichteten Verfahren ein Ergebnis liefern kann. So wird eine deutliche Entlastung der erstinstanzlichen Gerichte durch Vermeidung mehrfacher Beweiserhebungen angestrebt.[2] 3

C. Verfahrensaussetzung (Abs. 1)

I. Anwendungsbereich. Wird ein Vorlagebeschluss durch das Prozessgericht bekanntgemacht, dann werden alle bereits anhängigen oder bis zur rechtskräftigen Entscheidung über die Feststellungsziele im Musterverfahren noch anhängig werdenden Verfahren ausgesetzt, wenn die Entscheidung des Rechtsstreits von den geltend gemachten Feststellungszielen mit hinreichender Wahrscheinlichkeit abhängt.[3] Die „**Vorgreiflichkeit**" ist das entscheidende Kriterium für den prozessualen Fortgang des Verfahrens.[4] 4

Für den Zeitpunkt, bis zu dem eine Aussetzung möglich ist, ist der **Zeitpunkt** der formellen Rechtskraft des Musterentscheids entscheidend,[5] da der Musterentscheid möglichst viele Ausgangsverfahren mit gleichgerichtetem Lebenssachverhalt erfassen soll und die Kläger dieser Verfahren durch § 24 Abs. 1 nF hinreichend geschützt sind. 5

Das KapMuG regelt nicht ausdrücklich, ob nur Verfahren in der ersten Instanz ausgesetzt werden müssen. Der Intention des Gesetzes entspricht grundsätzlich eine Anwendung des § 8 nF auf alle einschlägigen Ver- 6

---

1 Vgl dazu BGH v. 16.6.2009 – XI ZB 33/08.
2 OLG München v. 10.12.2008 – 5 W 2622/08.
3 BT-Drucks. 17/8799, S. 20.
4 So Möllers/Seidenschwamm, NZG 2012, 1404.
5 Vgl Söhner, ZIP 2013, 7, 11.

fahren, also auch auf Berufungs- und Revisionsverfahren.[6] Hier ist allerdings eine Differenzierung angebracht.

7 Befindet sich das Verfahren in einem **höheren Rechtszug**, so ist die Entscheidung, ob das Ausgangsverfahren von einem im Musterverfahren zu klärenden Feststellungsziel abhängt, von dem Erkenntnisstand zu beurteilen, der im jeweiligen Verfahren auf dem Weg zur Entscheidungsreife erreicht ist. Kann es danach möglicherweise noch auf die Ergebnisse des Musterverfahrens ankommen, ist eine Abhängigkeit iSd Norm gegeben. Dies ist dann nicht der Fall, wenn sich die betroffene Partei die Feststellung aus prozessualen Gründen nicht mehr zu Eigen machen könnte, etwa, weil sie mit dem zugrunde liegenden Tatsachenvortrag prozessual ausgeschlossen ist.[7] Allerdings dürfte es sich hierbei nicht selten um neue Angriffs- und Verteidigungsmittel handeln, da Tatsachen, die zB den Schluss auf einen Prospektfehler rechtfertigen, häufig (zunächst) nur wenigen Personen bekannt sind und deswegen bei Parteien, die hiervon erst vermittels des Musterverfahrens erfahren, wohl in der Regel keine Nachlässigkeit vorliegt. Eine Abhängigkeit kommt auch bzgl solcher Verfahrensteile nicht in Betracht, über die mangels Angriffs mit einem Rechtsmittel bereits rechtskräftig entschieden worden ist.

8 **II. Aussetzungszeitpunkt, „Abhängigkeit".** Das Prozessgericht hat bei der Aussetzung der Verfahren einen **Beurteilungsspielraum** hinsichtlich der Frage, ob die Entscheidung von den im Musterverfahren geltend gemachten Feststellungszielen abhängt.[8] Hierbei handelt es sich um eine bewusste gesetzgeberische Entscheidung.[9] Nach dem Referentenentwurf des Gesetzes genügte es, dass die Feststellungsziele den Streitgegenstand des auszusetzenden Verfahrens lediglich „betreffen".[10] Die Aussetzung wäre danach wohl jeweils mehr oder weniger zwingend gewesen. Dies ist nun nicht mehr so. Das Gericht muss nicht alle bereits anhängigen Verfahren sogleich aussetzen, sondern kann die Verfahrenssituation zum Zeitpunkt der Bekanntmachung des Vorlagebeschlusses berücksichtigen. So könne es durchaus sinnvoll sein, eine anstehende Beweisaufnahme zunächst durchführen und erst in Kenntnis des Beweisergebnisses die Abhängigkeit von den Feststellungszielen zu beurteilen.[11] Der Gesetzgeber hat zudem bewusst auf die Einführung einer Frist für die Aussetzungsentscheidung verzichtet; auch die Maßgabe „unverzüglich", wie in Abs. 4 bei der Unterrichtung des OLG gefordert, wurde im Abs. 1 nicht gebraucht.

9 Grundsätzlich ist angesichts des Gebotes effektiven Rechtsschutzes von einer **engen Auslegung** des Beurteilungsspielraums des Gerichts auszugehen.[12] Der BGH hat zu § 7 aF wiederholt darauf hingewiesen, dass Aussetzungsentscheidungen mit dem verfassungsrechtlichen Gebot des effektiven Rechtsschutzes vereinbar sein müssen. Ist nicht abzusehen, ob es auf das Ergebnis des Musterverfahrens tatsächlich ankommt, ist dem von der Aussetzung Betroffenen ein womöglich jahrelanges Abwarten, mit dem auch erhebliche Beweisschwierigkeiten einhergehen können, nicht zuzumuten.[13] Nichts anderes gilt mit Blick auf das fair-trial-Gebot in Art. 6 EMRK und Art. 47 Abs. 2 der EU-Grundrechtscharta.[14] Danach waren insbesondere Aussetzungsentscheidungen bedenklich, die – gar nicht dem Anwendungsbereich des KapMuG aF unterfallende – Ansprüche gegen Anlageberater bzw -vermittler erfassten. Zwar hat sich der Gesetzgeber der gefestigten Rechtsprechung des BGH durch die moderate Erweiterung des Anwendungsbereiches des KapMuG in gewisser Weise entgegen gestellt. Das heißt aber nicht, dass das Gebot effektiven Rechtsschutzes nunmehr nicht mehr zu beachten wäre.[15] Im Gegenteil. Das Gericht wird gerade wegen der Vielschichtigkeit der im Rahmen von Berater-/Vermittlerprozessen vorgebrachten Vorwürfe und Verteidigungsmittel nunmehr besonders sorgfältig abzuwägen haben, ob (schon) eine Abhängigkeit gegeben ist oder nicht.[16]

10 Grundsätzlich dürfen danach nur solche Verfahren ausgesetzt werden, deren Entscheidung von den geltend gemachten Feststellungszielen mit **hinreichender Wahrscheinlichkeit** abhängt. Es ist daher zwar einerseits nicht erforderlich, dass die Entscheidung nach Klärung sämtlicher übriger Anspruchsvoraussetzungen und

---

6 So *Kruis* in: Kölner Kommentar zum KapMuG, § 7 Rn 4; OLG München v. 27.8.2013 – 19 U 5140/12, Rn. 4.
7 *Fullenkamp* in: Vorwerk/Wolf, KapMuG-Kommentar, § 7 Rn 12.
8 Vgl BT-Drucks. 17/8799, S. 20.
9 Das zeigt die Abweichung des Gesetzeswortlauts vom Text des Referentenentwurfs des BMJ.
10 <http://www.bmj.de/SharedDocs/Downloads/DE/pdfs/RefE_KapMuG.pdf>.
11 Vgl BT-Drucks. 17/8799, S. 20.
12 So *Möllers/Seidenschwamm*, NZG 2012, 1404.
13 BGH v. 11.9.2012 – XI ZB 32/11, LS und Rn 13; v. 16.6.2009 – XI ZB 33/08, Rn 15.
14 Vgl *Halfmeier*, DB 2012, 2145.
15 Im Ausgangspunkt zu Recht weist *Halfmeier*, DB 2012, 2145, 2146 darauf hin, dass, nähme man das Gebot des effektiven Rechtsschutzes ernst, an sich überhaupt kein Beurteilungsspielraum bestehen dürfte, sondern eine Aussetzung an sich erst dann in Betracht käme, wenn eine Entscheidung ohne die im Musterverfahren zu klärende Frage nicht möglich ist. Allerdings erfordert das Gebot effektiven Rechtsschutzes, solange die Effektivität als solche gegeben ist, nicht, dass sämtliche denkbaren Optimierungsmöglichkeiten genutzt werden; zB ist es unbedenklich, wenn nicht in jedem Verfahren ein dreistufiger Instanzenzug eröffnet wird. Vorliegend muss eine Konkordanz zwischen der Effektivität der Einzelrechtsstreite und der Effektivität des Musterverfahrens (das letztlich seinerseits der Effektivität des Rechtsschutzes dient) gefunden werden. Deswegen ist es grundsätzlich unbedenklich, wenn auf beiden Seiten in gewissem Maße nachgegeben wird, wenn gleichzeitig von beiden möglichst viel erhalten bleibt.
16 Vgl hierzu auch *Stackmann*, NJW 2013, 341, 345.

Rechtsfragen nur noch von den Feststellungszielen abhängig ist.[17] Andererseits ist aber umgekehrt zumindest zu klären, ob die Ergebnisse des Musterverfahrens für den auszusetzenden Rechtsstreit überhaupt eine Rolle spielen können, und, soweit diese Frage bejaht wird, mit welcher Wahrscheinlichkeit dies der Fall ist.
Zur ersten Fragestellung gehört zB der Komplex **„Übergabe des Verkaufsprospektes"**. Nach ständiger Rechtsprechung des BGH kann ein Verkaufsprospekt (nur) dann Mittel zur Aufklärung eines Anlegers sein, wenn er (u.a.) rechtzeitig vor der Anlageentscheidung übergeben worden ist.[18] Steht fest, dass der Prospekt nicht (rechtzeitig) übergeben wurde, ist das Ergebnis des Musterverfahrens – schon mangels Bezugs zu einer öffentlichen Kapitalmarktinformation im konkreten Fall – zumindest insoweit irrelevant, als sich der Berater auf eine Aufklärung durch den Prospekt beruft.[19] 11

Zur zweiten Fragestellung kann zB der **„kein Freibrief"**-Komplex gerechnet werden.[20] Trägt ein Anleger 12 vor, dass der Haftungsgrund gerade in vom Prospekt abweichenden Angaben gesehen wird, kann auch dies dafür sprechen, dass die Frage, ob der Prospekt selbst richtig oder falsch ist, an sich unerheblich ist. Gleiches gilt für Beratungsfehler, die überhaupt nichts mit öffentlichen Kapitalmarktinformationen zu tun haben, wie bspw im Zusammenhang mit im konkreten Fall verwendeten fehlerhafte Berechnungsbeispielen (solange diesen nicht die Qualität einer öffentlichen Kapitalmarktinformation zukommt). Ist danach eine öffentliche Kapitalmarktinformation nur reflexartig oder peripher betroffen, so spricht dies gegen eine Aussetzung.

Werden Ansprüche, die von vorn herein nicht Gegenstand eines Musterverfahrens sein können, in einer 13 Klage geltend gemacht, für die ein im Klageregister bekannt gemachtes Musterverfahren von Bedeutung sein kann, so ist eine Aussetzung des gesamten Rechtsstreits nach Abs. 1 nF unzulässig, solange nicht über diese Ansprüche entschieden worden ist."[21]

Abs. 1 nF findet zB keine Anwendung, wenn auch Ansprüche aus vorvertraglicher Aufklärungspflichtverletzung bei Abschluss eines Darlehensvertrages zur Finanzierung der Kapitalanlage geltend gemacht werden (soweit die Bank nur als Finanzier und nicht als Beraterin der Prospektverantwortliche in Anspruch genommen wird). Die Aussetzung ist dann unzulässig, wenn zunächst über die geltend gemachten Ansprüche aus vertraglicher oder vorvertraglicher Pflichtverletzung zu entscheiden ist.[22] 14

III. Aussetzung, Rechtsmittel. Die Parteien werden bei Vorliegen der oben (Rn 4 ff) genannten Voraussetzungen, durch § 8 nF zwangsläufig in das Musterverfahren **einbezogen und beigeladen**; sie können, abgesehen von der Möglichkeit der Rücknahme, nicht über ihre Beteiligung an diesem Verfahren frei entscheiden. 15

Kläger, die mit der Aussetzung ihres (Einzel-)Verfahrens nicht einverstanden sind, können dagegen mit einer sofortigen **Beschwerde** vorgehen. Gemäß §§ 252, 567 ff ZPO ist die sofortige Beschwerde möglich, damit die Parteien des Ausgangsverfahrens ggf nicht durch einen fehlerhaften Aussetzungsbeschluss lange Zeit auf die Beendigung des Musterverfahrens warten müssen, bevor ihr Ausgangsverfahren fortgesetzt werden kann. Die Überprüfung der Ermessensentscheidung des Gerichts ist anhand eines uneingeschränkten Prüfungsmaßstabes vorzunehmen.[23] 16

Anders als bisher ist der **Aussetzungsbeschluss** nicht mehr unanfechtbar. Für den Kläger entsteht durch die Beschwerde allerdings die Gefahr, dass er während ihrer Anhängigkeit auf sein Klagerücknahmerecht binnen eines Monats nach Zustellung faktisch verzichten muss und so in die Kostenhaftung für das Musterverfahren gerät.[24] 17

Die Parteien können außerdem die Fortsetzung eines entgegen § 8 nF ausgesetzten Verfahrens jederzeit verlangen; auch, wenn gegen den Aussetzungsbeschluss kein Rechtsmittel eingelegt wurde.[25] Die Entscheidung hierüber kann ggf ihrerseits mit sofortiger Beschwerde und Rechtsbeschwerde angegriffen werden. 18

D. Klagerücknahmen (Abs. 2)

Die Regelung des Abs. 2 erweitert in Abweichung von § 269 Abs. 1 ZPO die Zulässigkeit einer Klagerücknahme, um dem erhöhten Schutzbedürftigkeit des Klägers aufgrund der Aussetzung des Verfahrens gem. Abs. 1 Rechnung zu tragen. Denn dem Kläger droht, anteilig für die Kosten des Musterverfahrens zu haften, dessen Prozessrisiko uU schwer einzuschätzen ist. Deshalb räumt ihm diese Regelung die Möglichkeit ein, noch einmal die Aussichten seiner Klage nach Zustellung des Aussetzungsbeschlusses zu überprüfen. 19

---

17 So Gesetzesbegründung, BT-Drucks. 17/8799, S. 32.
18 ZB BGH v. 14.4.2011 – III ZR 27/10, Rn 7.
19 Anders gelagert können Fälle sein, in denen geltend gemacht wird, ein nicht übergebener Prospekt sei gleichwohl Grundlage des Beratungsgespräches gewesen; hierzu etwa BGH v. 13.12.2012 – III ZR 70/12 mwN.
20 BGH v. 14.4.2011 – III ZR 27/10, Rn 7: Ein Prospekt ist kein Freibrief für den Berater oder Vermittler, Risiken abweichend hiervon dazustellen und ein Bild zu zeichnen, dass die Risiken entwertet.

21 BGH v. 30.11.2010 – XI ZB 23/10.
22 BGH v. 12.7.2011 – XI ZB 36/10.
23 Vgl *Möllers/Seidenschwamm*, NZG 2012, 1405.
24 So *Schneider/Heppner*, BB 2012, 2707.
25 Für § 7 KapMuG aF BGH v. 11.9.2012 – XI ZB 32/11, LS und Rn 12.

Erscheint ihm das Prozessrisiko zu groß, kann er seine Klage ohne Haftung für die Kosten des Musterverfahrens (§ 24 Abs. 1 nF) zurücknehmen, ohne auf eine Einwilligung des Beklagten angewiesen zu sein.

20 Die Frist für die Klagerücknahme beträgt **einen Monat** ab Zustellung des Aussetzungsbeschlusses. Das gilt auch, wenn bereits zur Hauptsache mündlich verhandelt wurde.

E. Aussetzungsbeschluss (Abs. 3)

21 Mit dem Aussetzungsbeschluss muss das Prozessgericht den Kläger darüber unterrichten, dass dieser anteilig die Kosten am Musterverfahren zu tragen hat. Dadurch soll es jedem Kläger letztlich ermöglicht werden, kostenfrei aus dem Musterverfahren austreten zu können, indem er die Klage innerhalb von einem Monat ab Zustellung des Aussetzungsbeschlusses zurücknimmt (vgl § 24 Abs. 3 nF).

F. Unterrichtung des OLG (Abs. 4)

22 Das Prozessgericht hat das für das Musterverfahren zuständige OLG ohne schuldhaftes Zögern (unverzüglich, vgl § 121 Abs. 1 BGB) über die Aussetzung der anhängigen Verfahren unter Angabe der Höhe des Anspruchs, soweit er von den Feststellungszielen des Musterverfahrens betroffen ist, zu unterrichten.

Abschnitt 2
Durchführung des Musterverfahrens

§ 9 Beteiligte des Musterverfahrens

(1) Beteiligte des Musterverfahrens sind:
1. der Musterkläger,
2. die Musterbeklagten,
3. die Beigeladenen.

(2) ¹Das Oberlandesgericht bestimmt nach billigem Ermessen durch Beschluss den Musterkläger aus den Klägern, deren Verfahren nach § 8 Absatz 1 ausgesetzt wurden. ²Zu berücksichtigen sind:
1. die Eignung des Klägers, das Musterverfahren unter Berücksichtigung der Interessen der Beigeladenen angemessen zu führen,
2. eine Einigung mehrerer Kläger auf einen Musterkläger und
3. die Höhe des Anspruchs, soweit er von den Feststellungszielen des Musterverfahrens betroffen ist.

³Der Beschluss ist unanfechtbar.

(3) Die Kläger, die nicht als Musterkläger ausgewählt werden, sind Beigeladene des Musterverfahrens.

(4) Das Oberlandesgericht kann den Musterkläger auf Antrag eines Beigeladenen abberufen und einen neuen Musterkläger nach Maßgabe des Absatzes 2 bestimmen, wenn der Musterkläger das Musterverfahren nicht angemessen führt.

(5) Musterbeklagte sind alle Beklagten der ausgesetzten Verfahren.

Literatur:
Frisch, EWiR 2008, 413; *Vorwerk/Wolf*, Kapitalanleger-Musterverfahrensgesetz, Kommentar, 2007; *Hess/Reuschle/Rimmelspacher*, Kölner Kommentar zum Kapitalanleger-Musterverfahrensgesetz (KapMuG), 2008; *Halfmeier/Rott/Feess*, Kollektiver Rechtsschutz im Kapitalmarktrecht. Evaluation des Kapitalanleger-Musterverfahrensgesetzes, 2009; *Rotter*, VuR 2011, 443; *Bussian/Schmidt*, PHi 2012, 42; *Halfmeier*, DB 2012, 2145; *Hartmann*, JurBüro 2012, 563; *Keller/Wigand*, ZBB 2011, 373; *Wigand*, AG 2012, 845; *Wolf/Lange*, NJW 2012, 3751; *Söhner*, ZIP 2013, 7.

A. Vorbemerkung 1	3. Die Höhe des Anspruchs (Abs. 2 Nr. 3) 16
B. Normzweck 5	II. Unanfechtbarer Beschluss 18
C. Verfahrensbeteiligte (Abs. 1) 6	III. Vergütung des Musterklägervertreters 20
D. Bestimmung des Musterklägers (Abs. 2) 11	E. Beigeladene (Abs. 3) 24
I. Kriterien der Auswahl 12	F. Abberufung des Musterklägers (Abs. 4) 28
1. Die besondere Eignung des Klägers (Abs. 2 Nr. 1) 12	G. Musterbeklagte (Abs. 5) 30
2. Die Einigung auf einen Musterkläger (Abs. 2 Nr. 2) 15	

A. Vorbemerkung

Die Änderung in Abs. 1 Nr. 2 nF gegenüber dem äquivalenten § 8 Abs. 1 Nr. 2 aF stellt klar, dass in einem Musterverfahren nicht nur ein, sondern mehrere Musterbeklagte beteiligt sein können.[1] Damit wird jeder Beklagte, dessen Verfahren nach § 8 nF ausgesetzt wurde, zum Musterbeklagten des Musterverfahrens.

In Abs. 2 S. 1 nF wird nun geregelt, dass der Musterkläger aus allen Klägern auszuwählen ist, deren Verfahren nach § 8 Abs. 1 nF ausgesetzt wurden. Neu wird in Abs. 4 geregelt, dass und unter welchen Voraussetzungen die Ernennung zum Musterkläger widerrufen werden kann.

Abs. 5 nF stellt klar, dass alle Beklagten der nach § 8 nF ausgesetzten Verfahren streitgenössische Musterbeklagte werden. Dabei kommt es nicht darauf an, ob für jeden Musterbeklagten das Quorum erfüllt ist, weil dies nur für die Zulässigkeit des Vorlagebeschlusses maßgebend ist.

Anmelder (§ 10 Abs. 2 nF) rechnet das Gesetz nicht zu den Beteiligten des Musterverfahrens.[2]

B. Normzweck

Das Musterverfahren dient dem effizienten und erschwinglichen Rechtsschutz der Anleger durch Bündelung von Schadenersatzverfahren wegen Kapitalanlageschäden. Entsprechend bietet die Regelung des § 9 nF ein weites Verständnis der Beteiligtenfähigkeit. Zudem wird dem OLG durch die Auswahl des Musterklägers (und damit auch seines Anwalts) und ggf seiner Abberufung die Möglichkeit gegeben, Einfluss auf das Niveau und den (möglichst schnellen) Ablauf des Musterverfahrens auszuüben.

C. Verfahrensbeteiligte (Abs. 1)

Beteiligte des Musterverfahrens sind der **Musterkläger**, die **Musterbeklagten** sowie die **Beigeladenen**. Alle Beklagten der nach § 8 nF ausgesetzten Verfahren werden Musterbeklagte, so dass an einem Musterverfahren mehrere Musterbeklagte beteiligt sein können.[3]

Parteien des Musterverfahrens werden der Musterkläger, den das OLG gem. Abs. 2 aus den Klägern der ausgesetzten Verfahren bestimmt, und die Musterbeklagten, zu dem jeder Beklagte wird, dessen Verfahren nach § 8 nF ausgesetzt wurde.

Die übrigen Kläger der Ausgangsverfahren, die nicht zum Musterkläger ausgewählt wurden, werden zu Beigeladenen des Verfahrens.

Mehrere Musterbeklagte stehen im Verhältnis der **einfachen Streitgenossenschaft** (§§ 59 ff ZPO) zueinander. Dadurch, dass mehrere Musterbeklagte Beteiligte des Verfahrens sein können, soll den möglicherweise unterschiedlichen Interessen der einzelnen Beklagten Rechnung getragen werden.[4] Beispiel: Fondsinitiatoren, Vertrieb, Banken. Bei geschlossenen Fonds können zudem noch Komplementäre, Treuhandkommanditisten etc. hinzukommen.

„Musterbeklagte, die dem Musterverfahren später hinzutreten, weil ihr Ausgangsverfahren erst im Laufe des Musterverfahrens gem. § 8 ausgesetzt wird, sind nach den allgemeinen Grundsätzen der Parteierweiterung zu behandeln."[5] Der neue Streitgenosse bleibt so in seiner Prozessführung grundsätzlich selbstständig. Beweisergebnisse bleiben verwertbar; das Gericht muss neu vorgebrachten, relevanten Gesichtspunkten nachgehen.

D. Bestimmung des Musterklägers (Abs. 2)

Die Auswahl des Musterklägers durch das **Gericht** ist neu im deutschen Zivilprozessrecht. Der Musterkläger ist aus allen Klägern auszuwählen, deren Verfahren nach § 8 Abs. 1 nF ausgesetzt wurden. Damit soll dem OLG der notwendige Ermessensspielraum bei der Auswahl des Musterklägers gegeben werden.

I. Kriterien der Auswahl. 1. Die besondere Eignung des Klägers (Abs. 2 Nr. 1). Dem Musterkläger kommt bei der Führung des Musterverfahrens eine herausragende Bedeutung zu. Von seiner Auswahl hängt die **Qualität des Musterverfahrens** entscheidend ab. Deshalb wurde die Eignung des Klägers, das Musterverfahren unter Berücksichtigung der Interessen der Beteiligten angemessen zu führen, als ein Kriterium zur Auswahl des Musterklägers eingeführt und an die erste Stelle gesetzt.

---

1 Im elektronischen Klageregister können pro Verfahren maximal 30 Beklagte benannt werden.
2 Sie haben keine Mitwirkungsrechte, erreichen durch die Anmeldung nur eine Verjährungshemmung und nehmen auch nicht an einem ggf zustande gekommenen Vergleich teil.
3 *Halfmeier*, Abschlussbericht 2009, S. 32: „In der Gerichtspraxis wurden dagegen bereits in einem Musterverfahren mehrere Musterbeklagte ernannt, wenn sich einzelne Feststellungsanträge auf unterschiedliche Beklagte bezogen."
4 BT-Drucks. 17/8799, S. 21.
5 Ebenda.

13 Der (Muster)Kläger selbst muss weder einen Musterverfahrensantrag gestellt haben noch bedarf es seiner Zustimmung zur Ernennung. Allerdings kann eine **mangelnde Bereitschaft**, die Position des Musterklägers zu übernehmen, ein schwerwiegendes Indiz wider die Eignung des betreffenden Klägers sein. Das OLG wird den seiner Ansicht nach in Betracht kommenden Kläger deswegen vorher anzuhören haben; schon, um einen Ermessensfehlgebrauch durch mangelnde Ermittlung der für die Entscheidung maßgeblichen Umstände zu vermeiden und letztlich auch, um einem baldigen Antrag nach Abs. 4 vorzubeugen.

14 Ein Kläger kann sich zB dadurch empfehlen, dass er als **Zessionar** durch vorprozessuale Abtretung bereits viele Anleger repräsentiert. Das können nicht zuletzt auch Verbraucherverbände gem. § 79 Abs. 2 Nr. 3 ZPO sein, die sich bereits vorprozessual Ansprüche betroffener Verbraucher haben abtreten lassen. Auch der Prozessbevollmächtigte eines Klägers kann durch seine ausgewiesene Sachkunde oder aufgrund einer Vielzahl von Klägern, die er vertritt, als Musterklägervertreter besonders geeignet sein. Geeignet kann aber auch der Kläger sein, der den **umfassendsten Musterverfahrensantrag** gestellt hat und dadurch besonders viele Feststellungsziele bzw Tatsachen und Beweisangebote auf sich vereint.[6]

15 **2. Die Einigung auf einen Musterkläger (Abs. 2 Nr. 2).** Die Verständigung mehrerer Kläger auf einen Musterkläger ist sowohl prozessökonomisch sinnvoll als auch praktikabel. Denn damit wird ermöglicht, dass Rechtsanwaltskanzleien, die eine Vielzahl von Anlegern in einem Schadenersatzprozess vertreten, auch einen Kläger mit einem niedrigeren Individualanspruch als Musterkläger auswählen. Denkbar ist auch eine kanzleiübergreifende Einigung.

16 **3. Die Höhe des Anspruchs (Abs. 2 Nr. 3).** Die Höhe des Anspruch ist dann ein (mit)entscheidendes Auswahlkriterium für die Bestimmung des Musterklägers, wenn die Höhe der Ansprüche der einzelnen Kläger erheblich voneinander abweichen. Das OLG wird dann möglichst jenen Kläger als Musterkläger bestimmen, der den **höchsten Einzelanspruch** verfolgt. Doch das Gericht kann im Rahmen seines Ermessens auch die Repräsentanz des Klägers bzw seines Prozessvertreters zum entscheidenden Kriterium werden lassen. Das OLG München hat zur Auswahl des Musterklägers folgenden Orientierungssatz aufgestellt: „Die Bestimmung eines Musterklägers entspricht auch dann einer ermessensgerechten Auswahl im Sinne einer angemessenen Interessenwahrnehmung aller Kläger, wenn es sich nicht um den Kläger mit dem höchsten Einzelanspruch handelt, sondern um einen Kläger mit einem niedrigeren Individualanspruch, der zusammen mit einer Vielzahl weiterer Kleinanleger von einer Kanzlei in einem Schadenersatzprozess vertreten wird und auf den sich alle Kläger der Kanzlei als Musterkläger geeinigt haben."[7]

17 Diese Entscheidung des Gerichts ist gut vertretbar, steht sie doch im Einklang mit der Intention des Gesetzgebers, Bündelungseffekte zu nutzen, die durch die gemeinsame Prozessführung eintreten.[8]

18 **II. Unanfechtbarer Beschluss.** Das OLG bestimmt den Musterkläger durch Beschluss. Das KapMuG verlangt **keine Begründung** der Entscheidung vom Gericht.

19 Der Beschluss ist gem. Abs. 2 S. 3 nF nicht anfechtbar. Sollte das OLG sein Ermessen im Einzelfall grob fehlerhaft ausgeübt haben, ist eine eingeschränkte Überprüfung und ggf eine Zurückverweisung denkbar, um dem Willkürverbot zu genügen.[9] Allerdings wird die – neue – Möglichkeit eines Antrags auf Abberufung des Musterklägers gem. Abs. 4 grundsätzlich Vorrang genießen, soweit nicht von vorn herein ausgeschlossen scheint, dass der vom OLG bestimmte Musterkläger das Verfahren überhaupt (angemessen) führen wird.

20 **III. Vergütung des Musterklägervertreters.** Das KapMuG-Verfahren ist hinsichtlich der anwaltlichen Vergütung integraler Bestandteil des erstinstanzlichen Verfahrens. Damit ist der Musterklägervertreter hinsichtlich seiner Vergütung zunächst allen anderen Vertretern der Beigeladenen gleichgestellt. Doch der Musterklägervertreter hat im Vergleich zu ihnen stets einen erheblich höheren Arbeitsaufwand.[10] Der neu eingeführte § 41a Abs. 1 RVG[11] trägt diesem Umstand Rechnung und sieht deshalb die Möglichkeit vor, dass er auf Antrag eine **gesonderte Gebühr** beim OLG beantragen kann, wenn sein Aufwand im Vergleich zu dem Aufwand der Vertreter der beigeladenen Kläger höher ist. Die Gebühr ist aus der Landeskasse zu zahlen.

---

6 So die einschlägige Gesetzesbegründung. BT-Drucks. 17/8799, S. 21.
7 OLG München v. 20.3.2008 – KAP 2/07. Bei dem Musterkläger handelte es sich nicht um einen Großanleger, sondern um den Inhaber eines kleinen mittelständischen Unternehmens. Seine Anlageziele waren ebenso wie bei den meisten dieser Medienfonds-Anlegern Vermögensaufbau und Sicherheit.
8 So auch *Frisch*, EWiR 2008.
9 So *Lange* in: Vorwerk/Wolf, KapMuG-Kommentar, § 8 Rn 37.
10 Mancher Anwalt scheute in der Vergangenheit wegen der Mehrarbeit mangels besonderer Vergütung die Einleitung eines KapMuG-Verfahrens. Kritisch sehen das *Bussian/Schmidt*, PHi 2012, 48, weil auch den Beklagtenvertreter ein erheblicher Mehraufwand trifft. So bewirke dieser asymmetrische Vergütungsaufschlag eine ungerechtfertigte Ungleichbehandlung der Musterparteien. Ähnlich *Keller/Wigand*, ZBB 2011, 373, 393.
11 Eingefügt durch das G zur Reform des Kapitalanleger-Musterverfahrensgesetzes und zur Änderung anderer Vorschriften vom 19.10.2012, BGBl. I 2012 S. 2182 mWv 1.11.2012.

Bei der Bemessung der Gebühr sind der Mehraufwand sowie der Vorteil und die Bedeutung für die beigeladenen Kläger zu berücksichtigen; sie darf eine Gebühr mit einem Gebührensatz von 0,3 nach § 13 Abs. 1 nicht überschreiten. Hierbei ist als Wert die Summe der in allen nach § 8 nF ausgesetzten Verfahren geltend gemachten Ansprüche zugrunde zu legen, soweit diese Ansprüche von den Feststellungszielen des Musterverfahrens betroffen sind.[12] Der Vergütungsanspruch gegen den Auftraggeber bleibt unberührt. 21

Der Antrag auf diese Gebühr ist spätestens vor dem Schluss der mündlichen Verhandlung zu stellen. Der Antrag und ergänzende Schriftsätze werden gem. § 12 Abs. 2 nF bekannt gegeben. Die Entscheidung kann mit dem Musterentscheid getroffen werden. Sie ist dem Musterkläger, den Musterbeklagten, den Beigeladenen sowie dem Rechtsanwalt mitzuteilen.[13] Die Entscheidung ist unanfechtbar. 22

Neben dem Prozessbevollmächtigten des Klägers kann auch sein Auftraggeber einen entsprechenden Antrag stellen.[14] Das Gesetz schließt den Abschluss einer **Honorarvereinbarung** zwischen dem Musterklägervertreter und seinem Mandanten (Musterkläger) nicht aus. 23

E. Beigeladene (Abs. 3)

Alle Kläger der Ausgangsverfahren, deren Verfahren ausgesetzt und die nicht als Musterkläger ausgewählt wurden, werden zu Beigeladenen des Musterverfahrens **kraft Gesetzes**. Eine besondere Beiladung ist deswegen grundsätzlich nicht erforderlich. Gleichwohl sollten die Beigeladenen über ihre Verfahrensstellung informiert werden. Ihre Rechte im Musterverfahren regeln §§ 12, 14 nF; die Wirkungen des Musterverfahrens auf die Beigeladenen bestimmen sich nach den §§ 22, 23 nF. 24

Wird nach der Eröffnung des Musterverfahrens ein Prozess ausgesetzt, weil auch für dessen Ausgang das Ergebnis des Musterverfahrens von Bedeutung ist (§ 8 Abs. 1 nF), dann wird die betreffende Klagepartei, soweit ein Musterkläger bereits und noch (Abs. 4) bestimmt ist, automatisch zum Beigeladenen. Auch hierüber sollte das Prozessgericht im Aussetzungsbeschluss deklaratorisch informieren. Die Beteiligung am Musterverfahren ist, vorbehaltlich der Rücktrittsmöglichkeit, zwingend. 25

Den Beigeladenen wird eine Beteiligung am Musterverfahren zunächst dadurch ermöglicht, dass sie **rechtliches Gehör** finden. Sie sind berechtigt, Angriffs- oder Verteidigungsmittel geltend zu machen und alle Prozesshandlungen wirksam vorzunehmen, soweit nicht ihre Erklärungen und Handlungen mit Erklärungen und Handlungen des Musterklägers in Widerspruch stehen. Ihnen kommen allerdings nur die Befugnisse zu, die der bisherige Musterkläger gehabt hätte, wenn er weiter Partei geblieben wäre.[15] 26

Der § 22 Abs. 1 S. 2 bestimmt, dass die Entscheidung des Musterverfahrens für und gegen alle Beigeladenen gilt, unabhängig davon, ob der Beigeladene selbst alle festgestellten Tatsachen geltend gemacht hat. Zur Rechtsstellung der Beigeladenen siehe § 14 nF. 27

F. Abberufung des Musterklägers (Abs. 4)

Der Musterkläger ist auswechselbar. Die Ernennung zum Musterkläger kann durch das OLG widerrufen werden, wenn dieser das Musterverfahren nicht angemessen führt. Das ist insbesondere dann der Fall, wenn er die Interessen der Beigeladenen unzureichend vertritt. Dabei muss sich der Musterkläger das Verhalten seines Prozessvertreters zurechnen lassen.[16] Voraussetzung für die Abberufung ist ein entsprechender Antrag eines Beigeladenen. 28

Eine Abberufung des Musterklägers von Amts wegen durch das OLG ist nicht möglich.[17] Das OLG darf die Beigeladenen auch nur in begrenztem Umfang auf eine seiner Ansicht nach nicht angemessene Führung des Musterverfahrens hinweisen, um sich nicht in Widerspruch zum Beibringungsgrundsatz zu setzen. 29

G. Musterbeklagte (Abs. 5)

Alle Beklagten der nach § 8 nF ausgesetzten Verfahren werden streitgenössische Musterbeklagte. Dabei ist unerheblich, ob für jeden Musterbeklagten das Quorum erfüllt ist.[18] Anders liegt es, wenn erst nach Schluss der mündlichen Verhandlung ein Erweiterungsantrag gestellt wird, der einen Musterbeklagten betrifft, gegen den allein ein Verfahren nach dem KapMuG nicht eingeleitet werden könnte.[19] 30

---

12 Dabei gilt ein Höchstbetrag von 30 Mill. Euro.
13 Die Mitteilung kann durch öffentliche Bekanntmachung ersetzt werden.
14 So *Hartmann*, JurBüro 2012, 565.
15 Ebenda, § 12 Rn 19.
16 BT-Drucks. 17/8799, S. 34 f.
17 Ebenda, S. 35.
18 OLG Frankfurt aM v. 3.7.2013 – 23 Kap 2/06, Rn. 300.
19 OLG Frankfurt aM v. 3.7.2013 – 23 Kap 2/06, Rn. 300.

31 Die Einbeziehung sämtlicher Beklagter in das Musterverfahren ist dem Umstand geschuldet, dass sich einzelne Feststellungsziele nur auf bestimmte Beklagte beziehen können. Deshalb konnten auch nach dem KapMuG aF ausnahmsweise mehrere Musterbeklagte bestimmt werden.

32 Durch diese Regelung soll schließlich die Möglichkeit eines Vergleichsabschlusses im Musterverfahren gefördert werden.

§ 10 Bekanntmachung des Musterverfahrens; Anmeldung eines Anspruchs

(1) Nach Auswahl des Musterklägers macht das Oberlandesgericht im Klageregister öffentlich bekannt:
1. die Bezeichnung des Musterklägers und seines gesetzlichen Vertreters (§ 9 Absatz 1 Nummer 1),
2. die Bezeichnung der Musterbeklagten und ihrer gesetzlichen Vertreter (§ 9 Absatz 1 Nummer 2) und
3. das Aktenzeichen des Oberlandesgerichts.

(2) ¹Innerhalb einer Frist von sechs Monaten ab der Bekanntmachung nach Absatz 1 kann ein Anspruch schriftlich gegenüber dem Oberlandesgericht zum Musterverfahren angemeldet werden. ²Die Anmeldung ist nicht zulässig, wenn wegen desselben Anspruchs bereits Klage erhoben wurde. ³Der Anmelder muss sich durch einen Rechtsanwalt vertreten lassen. ⁴Über Form und Frist der Anmeldung sowie über ihre Wirkung ist in der Bekanntmachung nach Absatz 1 zu belehren.

(3) Die Anmeldung eines Anspruchs muss enthalten:
1. die Bezeichnung des Anmelders und seiner gesetzlichen Vertreter,
2. das Aktenzeichen des Musterverfahrens und die Erklärung, einen Anspruch anmelden zu wollen,
3. die Bezeichnung der Musterbeklagten, gegen die sich der Anspruch richtet, und
4. die Bezeichnung von Grund und Höhe des Anspruchs, der angemeldet werden soll.

(4) Die Anmeldung ist den darin bezeichneten Musterbeklagten zuzustellen.

Literatur:
Vorwerk/Wolf, Kapitalanleger-Musterverfahrensgesetz, Kommentar, 2007; *Hess/Reuschle/Rimmelspacher*, Kölner Kommentar zum Kapitalanleger-Musterverfahrensgesetz (KapMuG), 2008; *Halfmeier/Rott/Feess*, Kollektiver Rechtsschutz im Kapitalmarktrecht. Evaluation des Kapitalanleger-Musterverfahrensgesetzes, 2009; *Bernuth/Kremer*, NZG 2012, 890; *Halfmeier*, DB 2012, 2145; *Hartmann*, JurBüro 2012, 563; *Schneider/Heppner*, BB 2012, 2703; *Wigand*, AG 2012, 845; *Wolf/Lange*, NJW 2012, 3751; *Söhner*, ZIP 2013, 7; *Wardenbach*, GWR 2013, 35.

A. Vorbemerkung 1	III. Rechtsstellung der Anmelder 10
B. Normzweck 2	IV. Kosten 12
C. Bekanntmachung des Musterverfahrens (Abs. 1) . 5	E. Inhalt der Anmeldung (Abs. 3) 14
D. Anmeldung des Anspruchs (Abs. 2) 7	F. Zustellung, Hemmung der Verjährung (Abs. 4) ... 16
I. Anmeldeberechtigung 7	
II. Form und Frist der Anmeldung, Anwaltszwang 9	

A. Vorbemerkung

1 Gegenüber dem § 6 aF wurde in § 10 nF der Umfang der Bekanntmachung durch das OLG reduziert, da die Feststellungsziele und der Inhalt des Vorlagebeschlusses gem. § 6 Abs. 4 nF bereits vom Prozessgericht bekannt zu machen sind. Abs. 2 bis 4 wurden während des Gesetzgebungsverfahrens erst relativ spät eingefügt, nachdem sich der Rechtsausschuss mit der Sache befasst hatte.[1] Korrespondierend wurde § 204 BGB um Abs. 1 Nr. 6a (Hemmung der Verjährung durch Zustellung der Anmeldung zu einem Musterverfahren) ergänzt.

B. Normzweck

2 Die Bekanntmachung des Musterverfahrens im Klageregister des elektronischen Bundesanzeigers durch das OLG dient der Information der Prozessgerichte und der Parteien der Ausgangsstreite und sonstiger Interessierter über dieses Verfahren. Hierzu gehören im Wesentlichen potenziell Anspruchsteller, die bislang noch nicht gerichtlich tätig geworden sind. Sie können sich entweder durch Erhebung einer Klage (mittelbar,

---

1 BT-Drucks. 17/10160, S. 25 f.

nach Aussetzung) am Musterverfahren beteiligen oder im Wege einer „einfachen Teilnahme",[2] der Anspruchsanmeldung, eine Rechtsstellung ohne Einwirkungsmöglichkeit auf das Musterverfahren einnehmen. Der Zweck der Anmeldung des Anspruchs besteht ausschließlich in der **Hemmung der Verjährung**. 3

Die Bekanntmachung gem. Abs. 1 markiert den maßgeblichen Zeitpunkt, ab welchem eine Anspruchsanmeldung möglich ist. Die Anmeldungsfrist dient auch der Information der Beklagten darüber, mit welchen Ansprüchen sie im Zusammenhang mit dem Musterverfahren konfrontiert werden.[3] 4

C. Bekanntmachung des Musterverfahrens (Abs. 1)

Das OLG macht nach der Auswahl des Musterklägers im Klageregister dessen Bezeichnung und seines gesetzlichen Vertreters, die Bezeichnung der Musterbeklagten und ihrer gesetzlichen Vertreter sowie das Aktenzeichen, unter dem das Verfahren beim OLG wird geführt, bekannt. Das Aktenzeichen wird bei Eingang des Vorlagebeschlusses in der Geschäftsstelle des OLG vergeben und beinhaltet die Bezeichnung „Kap ...". 5

Außerdem belehrt das OLG in der Bekanntmachung über Form, Frist und Wirkung einer Anmeldung nach Abs. 2 S. 4. 6

D. Anmeldung des Anspruchs (Abs. 2)

I. Anmeldeberechtigung. Zur Anmeldung sind nur Anspruchsteller berechtigt, die bislang noch **keine Klage** erhoben haben. Andernfalls ist die Anmeldung unzulässig. Dies gilt auch dann, wenn die Klage zurückgenommen wird. Hierdurch soll eine Flucht in die (kostengünstige) Anmeldung vermieden werden.[4] 7

Umgekehrt wird aber eine Anmeldung eine nachfolgende Klage nicht hindern, auch wenn das Musterverfahren noch nicht beendet ist. Die Klage ist dann wie jede andere Klage auch zu behandeln, dh das Verfahren ist ggf auszusetzen (§ 8 nF). 8

II. Form und Frist der Anmeldung, Anwaltszwang. Die Anmeldung kann innerhalb von **sechs Monaten** ab der Bekanntmachung des Musterverfahrens nach Abs. 1 schriftlich bzw in elektronischer Form (§ 130a ZPO)[5] gegenüber dem OLG erfolgen. Die Anmeldung setzt die Vertretung durch einen Rechtsanwalt voraus. Die Anmeldung von Ansprüchen zum Musterverfahren zur Verjährungshemmung verursacht Anwaltsgebühren, die etwas niedriger ausfallen als es bei einem Mahnbescheid.[6] 9

III. Rechtsstellung der Anmelder. Die sog. Anmelder gehören nicht zu den Beteiligten des Musterverfahrens und haben daher auch **keine Mitwirkungsrechte**.[7] An einem gerichtlichen genehmigten Vergleich nehmen sie nicht teil.[8] Hingegen ist neben dem Vergleich gem. §§ 17 ff nF zur Beendigung des Musterverfahrens auch ein separater außergerichtlicher Vergleich mit den Anmeldern möglich, der ggf die Rechtswirkungen eines gerichtlichen Vergleichs auf diese erstreckt.[9] 10

Da die Anmelder nicht am Musterverfahren teilnehmen, wirkt auch dessen Ergebnis weder für noch gegen sie. Gleichwohl also eine starke faktische Ausstrahlung zu erwarten ist,[10] kann es grundsätzlich nochmals zu einer neuen Verhandlung über die mit den Feststellungszielen geltend gemachten Themen kommen. 11

IV. Kosten. Mit Einreichung der **Anmeldeerklärung** wird die Gebühr für die Anmeldung eines Anspruchs fällig (§ 9 Abs. 1 S. 1 GKG). Die Auslagen des Musterverfahrens müssen hingegen erst mit dem rechtskräftigen Abschluss des Musterverfahrens beglichen werden. Erst nach Zahlung der Gebühr nach Nr. 1902 des Kostenverzeichnisses soll gem. § 12 Abs. 1 S. 3 GKG die Anmeldung zum Musterverfahren zugestellt werden. Hierbei handelt es sich um eine 0,5 Gerichtsgebühr nach dem im § 51a GKG bestimmten Streitwerts in Höhe des angemeldeten Anspruchs. Der Anmelder ist so Kostenschuldner für sein Anmeldeverfahren.[11] Diese Kostenvorschrift ist eine Sollvorschrift; daher können Richter und Rechtspfleger nach pflichtgemäßem Ermessen handeln.[12] 12

Für die anwaltliche Vertretung fällt gem. Nr. 3338 VV RVG eine 0,8 **Verfahrensgebühr** an. Die Anwälte der Musterbeklagten erhalten keine gesetzlichen Gebühren, da kein Gebührentatbestand vorgesehen ist, so dass hier über eine Honorarvereinbarung der anwaltliche Aufwand vergütet werden muss.[13] 13

---

2 Ebenda, S. 25.
3 BT-Drucks. 17/10160, S. 25 f.
4 Ebenda, S. 26.
5 Ebenda.
6 0,8 Gebühren gem. VV RVG Nr. 3305 im Vergleich zu 1,0 Gebühren gem. VV RVG Nr. 3338 im Mahnverfahren, zudem 0,5 Gerichtsgebühren vgl. KV GKG Nr. 1902; vgl hierzu auch *Halfmeier*, DB 2012, 2145, 2147; *Schneider/Heppner*, BB 2012, 2703, 2705.
7 BT-Drucks. 17/10160, S. 26.
8 Ebenda, S. 25.
9 Vgl dazu *Halfmeier*, DB 2012, 2150.
10 Hierzu *Bernuth/Kremer*, NZG 2012, 890, 891.
11 So *Hartmann*, JurBüro 2012, 564.
12 Ebenda, 563.
13 So *Wardenbach*, GWR 2013, 37.

E. Inhalt der Anmeldung (Abs. 3)

14 Die schriftliche Anmeldung des Anspruchs beim OLG verlangt zunächst die Bezeichnung des Anmelders und seiner gesetzlichen Vertreter, des Aktenzeichens des Musterverfahrens und die Erklärung, einen Anspruch anmelden zu wollen, sowie die Bezeichnung der Musterbeklagten, gegen die sich der Anspruch richtet.

15 Neben diesen **Formalien** sind der **Grund** und die **Höhe des Anspruchs**[14] anzugeben, der angemeldet werden soll. Nach der Auffassung von *Halfmeier* genügt es, in der Anmeldung den Anspruch durch Bezugnahme auf einen bestimmten (Aktien-)Erwerb und einen bestimmten Prospekt zu individualisieren, um so eine Verjährungshemmung bezüglich sämtlicher Prospektfehler zu bewirken.[15] Diese Auffassung verdient Zustimmung.[16] Sie ist dahin zu ergänzen, dass, werden Fehler in anderen (zB begleitenden, wie dem Vermögensanlageninformationsblatt) öffentlichen Kapitalmarktinformationen geltend gemacht, auch diese entsprechend anzugeben sind. Die Bezeichnung muss dabei so detailliert sein, dass zweifelsfrei zu erkennen ist, um welche öffentliche Kapitalmarktinformation es sich handelt. Dies gilt insbesondere dann, wenn es um eine nicht im Regelbeispielkatalog des § 1 Abs. 2 nF aufgeführte öffentliche Kapitalmarktinformation handelt. Ist der betreffende Musterbeklagte über diese Daten informiert und der Anspruch damit individualisiert,[17] so ist er gewarnt und kann entsprechend disponieren, um sich zB angemessen verteidigen zu können. Ein schutzwürdiges Vertrauen, dass weitere auf die öffentliche Kapitalmarktinformation bezogene Pflichtverletzungen unentdeckt bleiben, gibt es nicht.[18] Eine umfassende Verjährungshemmung davon abhängig zu machen, dass gezielt jeder einzelne Prospektfehler gerügt wird,[19] widerspräche auch der Zielsetzung und der Systematik des KapMuG. Denn ein tragendes Ziel des Gesetzes ist es, die Effektivität bei der Rechtsverfolgung bei Kapitalmarktschäden zu steigern. Dieses Ziel würde aber konterkariert, müsste jede Anmeldung ständig überwacht und im Zweifel – unbeachtet der Frage, ob derartiges überhaupt zulässig wäre -, mit einer Vielzahl an „Nachmeldungen" versehen werden, wenn im Laufe des Musterverfahrens neue Umstände zur Sprache kommen. Zudem wird man eine Anmeldung auch dahin auslegen können, dass sich diese auf sämtliche Feststellungsziele des Musterverfahrens bezieht, ohne dass diese als Förmelei jedes Mal wiederholt werden müsste. Damit wird den angemeldeten Ansprüchen, soweit sie dieselbe Anlage und dieselbe(n) öffentliche(n) Kapitalmarktinformationen betreffen, auch automatisch der gleiche Lebenssachverhalt iSd KapMuG zugrunde liegen, wie den Feststellungszielen des Musterverfahrens (§ 204 Abs. 6 a BGB). Bis zu diesen Fragen gesicherte Judikate vorliegen, besteht gleichwohl Unsicherheit. Daher sollte eine Anmeldung den geltend gemachten Anspruch möglichst umfassend beschreiben und eine Öffnungsklausel enthalten.

F. Zustellung, Hemmung der Verjährung (Abs. 4)

16 Die Zustellung der Anmeldung an den oder die Musterbeklagten (Abs. 4 nF) hemmt gem. § 204 Abs. 1 Nr. 6 a BGB die Verjährung der angemeldeten Ansprüche soweit ihnen der gleiche Lebenssachverhalt zugrunde liegt wie den Feststellungszielen des Musterverfahrens. Wegen der Rückwirkung der Zustellung gilt § 167 ZPO.

17 Nach Beendigung des Musterverfahrens haben die Anmelder **drei Monate** Zeit, **Klage** in der Sache zu **erheben**, ansonsten entfällt die Hemmungswirkung.[20]

18 Liegt den angemeldeten Ansprüchen nicht der gleiche Lebenssachverhalt zugrunde wie den Feststellungszielen des Musterverfahrens, geht die Anmeldung ins Leere und zeitigt keinerlei Rechtswirkungen. Hierauf ist insbesondere bei zeitlich gestreckten Sachverhalten zu achten, die uU mehrere Lebenssachverhalte darstellen können. Das Gleiche gilt, da Abs. 3 nF formell zwingend ist („muss enthalten"), wenn eine der sonstigen Pflichtangaben fehlt oder wenn zB eine Anmeldung gegen eine gar nicht am Musterverfahren beteiligte

---

14 Die Höhe des angemeldeten Anspruchs stellt den Streitwert dar. Vgl § 51 a GKG.
15 *Halfmeier*, DB 2012, 2145, 2149.
16 AA *Wardenbach*, GWR 2013, 35: jeder gerügte Prospektfehler muss bei der Anmeldung im Einzelnen benannt werden.
17 Zum Unterschied zwischen Individualisierung und Substantiierung *Halfmeier*, DB 2012, 2147.
18 Treffend *Halfmeier*, DB 2012, 2145, 2148 f; aA wohl *Wigand*, AG 2012, 845, 848, der darauf hinweist, dass für den Musterbeklagten offen bleibe, gegen was er sich ggf konkret verteidigen müsse und ob und welche Strategie er ergreifen bzw welche Beweismittel er sichert. Dem ist nicht zu folgen. Denn schon durch den zwingenden Bezug zu einer öffentlichen Kapitalmarktinformation ist hinreichend deutlich, zu welchem Vorgang das frühzeitige Vernichten von Beweismitteln ggf untunlich sein könnte.
19 Gem. OLG Frankfurt aM v. 16.5.2012 – 23 Kap. 1/06, Feststellung Nr. 3 und Nr. 4 zugunsten der Musterbeklagten und Rn 1409 ff – die Entscheidung erging zum KapMuG aF – handele es sich bei verschiedenen Prospektunrichtigkeiten um verschiedene Lebenssachverhalte und verschiedene Streitgegenstände, weswegen hierfür auch eigene Verjährungsfristen laufen, die – vgl Feststellung Nr. 4 – auch erst dann gehemmt werden, wenn der konkrete Fehler in das Verfahren eingeführt wird. Diese Sichtweise wird zB von *Schneider/Heppner*, BB 2012, 2703, 2708 f und von *Söhner*, ZIP 2013, 7, 10 zumindest für vertretbar angesehen.
20 *Halfmeier*, DB 2012, 2145, 2146.

Person erfolgt. Bei den Pflichtangaben wird zum Schutz der Musterbeklagten, die sich nach sechs Monaten ein Bild von der Lage machen können sollen, eine gewisse formelle Strenge anzulegen sein. So können sich zB Schreibfehler zulasten der Anmelder auswirken, soweit sie nicht offensichtlich sind.[21]

§ 11 Allgemeine Verfahrensregeln; Verordnungsermächtigung

(1) ¹Auf das Musterverfahren sind die im ersten Rechtszug für das Verfahren vor den Landgerichten geltenden Vorschriften der Zivilprozessordnung entsprechend anzuwenden, soweit nichts Abweichendes bestimmt ist. ²§ 278 Absatz 2 bis 5 sowie die §§ 306, 348 bis 350 und 379 der Zivilprozessordnung sind nicht anzuwenden. ³In Beschlüssen müssen die Beigeladenen nicht bezeichnet werden.

(2) ¹Die Zustellung von Terminsladungen und Zwischenentscheidungen an Beigeladene kann durch öffentliche Bekanntmachung ersetzt werden. ²Die öffentliche Bekanntmachung wird durch Eintragung in das Klageregister bewirkt. ³Zwischen öffentlicher Bekanntmachung und Terminstag müssen mindestens vier Wochen liegen.

(3) ¹Die Bundesregierung und die Landesregierungen können für ihren Bereich durch Rechtsverordnung Folgendes bestimmen:
1. den Zeitpunkt, von dem an im Musterverfahren elektronische Akten geführt werden, sowie
2. die organisatorisch-technischen Rahmenbedingungen für die Bildung, Führung und Aufbewahrung der elektronischen Akten.

²Die Landesregierungen können die Ermächtigung durch Rechtsverordnung auf die Landesjustizverwaltungen übertragen.

(4) ¹Die Bundesregierung und die Landesregierungen können für ihren Bereich durch Rechtsverordnung bestimmen,
1. dass im Musterverfahren Schriftsätze als elektronische Dokumente bei Gericht einzureichen sind,
2. dass Empfangsbekenntnisse als elektronische Dokumente zurückzusenden sind und
3. dass die Beteiligten dafür Sorge zu tragen haben, dass ihnen elektronische Dokumente durch das Gericht zugestellt werden können, sowie
4. welche Form für die Bearbeitung der Dokumente geeignet ist.

²Die Landesregierungen können die Ermächtigung durch Rechtsverordnung auf die Landesjustizverwaltungen übertragen.

Literatur:
Vorwerk/Wolf, Kapitalanleger-Musterverfahrensgesetz, Kommentar, 2007; *Hess/Reuschle/Rimmelspacher*, Kölner Kommentar zum Kapitalanleger-Musterverfahrensgesetz (KapMuG), 2008; *Halfmeier/Rott/Feess*, Kollektiver Rechtsschutz im Kapitalmarktrecht. Evaluation des Kapitalanleger-Musterverfahrensgesetzes, 2009; *Schneider/Heppner*, BB 2012, 2703.

A. Vorbemerkung

Die Vorschrift des § 9 aF wurde im gegenstandsgleichen § 11 nF weitgehend unverändert übernommen. Die Verordnungsermächtigung fand Eingang in die Überschrift der Vorschrift. 1

B. Normzweck

Diese Vorschrift stellt ausdrücklich klar, dass für das KapMuG-Verfahren grundsätzlich die allgemeinen Verfahrensregeln der ZPO gelten, soweit nicht Spezialregelungen des KapMuG deren Einzelvorschriften vorgehen. Abweichungen von der ZPO hat der Gesetzgeber bewusst vorgenommen, um dem speziellen, kollektiven Zweck des Musterverfahrens gerecht werden zu können, der sich vom individuellen „normalen" Zivilprozess unterscheidet. 2

---

21 Offensichtlich ggf bei fehlerhafter Benennung des Musterbeklagten, soweit nicht verwechselbar; nicht offensichtlich – aus Sicht der Musterbeklagten – aber ggf bei fehlerhafter Bezeichnung des Anmelders selbst.

C. Anwendung der ZPO (Abs. 1)

3 Nicht zuletzt angesichts der Ausweitung des Anwendungsbereichs des KapMuG nF wäre eine Integration der Regelungen in die ZPO denkbar gewesen, um zivilrechtliche Verfahren möglichst vollständig in einem Gesetzeswerk zu regeln. Trotz einer gewissen „Zersplitterung des Prozessrechts" durch ein separates KapMuG, hält aber dieses Gesetz grundsätzlich an den Vorschriften der ZPO fest und bleibt insofern für die Zukunft kompatibel.

4 Abs. 1 nF legt deshalb fest, dass auf das Musterverfahren die im ersten Rechtszug für das Verfahren vor den LG geltenden Vorschriften der ZPO entsprechend anzuwenden sind, soweit nichts Abweichendes bestimmt ist. Ausdrücklich werden hier § 278 Abs. 2 bis 5 sowie die §§ 306, 348 bis 350 und 379 ZPO als nicht anwendbar benannt.

5 Das OLG wird also auf der Grundlage der landgerichtlichen Verfahrensvorschriften tätig. In Beschlüssen müssen die Beigeladenen nicht bezeichnet werden.

D. Öffentliche Bekanntmachung (Abs. 2)

6 Der Abs. 2 stellt klar, dass die Zustellung von Zwischenentscheidungen des OLG an die Beigeladenen ebenso wie Terminsladungen und der Musterentscheid (§ 16 Abs. 1 S. 4 nF) durch öffentliche Bekanntmachung im Klageregister ersetzt werden kann.

7 Zwischen der öffentlichen Bekanntmachung und dem Terminstag müssen mindestens vier Wochen liegen.

E. Elektronische Akten (Abs. 3)

8 Der § 298a ZPO sieht die elektronische Führung von Prozessakten vor. Abs. 3 nimmt im Wesentlichen Abs. 1 dieser Regelung auf. Dazu gehört auch, dass die Landesregierungen die Ermächtigung durch Rechtsverordnung auf die Landesjustizverwaltungen übertragen können.

F. Elektronischer Rechtsverkehr (Abs. 4)

9 Mit dieser Vorschrift bereitet der Gesetzgeber das KapMuG auf die **künftige** elektronische **Kommunikation** in der Justiz vor.

10 Das Bundeskabinett hat am 19.12.2012 einen Gesetzentwurf zur Förderung des elektronischen Rechtsverkehrs beschlossen. Damit werden auch für die KapMuG-Verfahren die Voraussetzungen dafür geschaffen, dass Schriftsätze als elektronische Dokumente bei Gericht eingereicht und Empfangsbekenntnisse als elektronische Dokumente zurückgesandt werden können. In der ZPO und in den anderen Verfahrensordnungen ist eine Regelung geplant, die eine anwenderfreundliche Kommunikation per De-Mail oder aus dem **elektronischen Anwaltspostfach** über das Elektronische Gerichts- und Verwaltungspostfach (EGVP) an das Gericht ermöglichen soll. Elektronische Dokumente könnten dann auf einem sicheren Übermittlungsweg bei Gericht eingereicht werden. Die zulässigen Formate werden bundeseinheitlich durch Rechtsverordnung festgelegt.

11 Bis zum Jahre **2016** ist vorgesehen, für jeden Rechtsanwalt ein besonderes elektronisches Anwaltspostfach bei der **Bundesrechtsanwaltskammer** einzuführen. Das Zustellungsrecht wird dieser technischen Entwicklung angepasst. Gerichtliche Dokumente werden dann über De-Mail oder über das Elektronische Gerichts- und Verwaltungspostfach an das neu zu errichtende elektronische Anwaltspostfach rechtssicher, schnell und kostengünstig zugestellt. Die im Gesetzentwurf vorgesehenen Maßnahmen sukzessive in Kraft treten.[1]

§ 12 Vorbereitung des Termins; Schriftsätze

(1) Zur Vorbereitung des Termins kann der Vorsitzende oder ein von ihm bestimmtes Mitglied des Senats den Beigeladenen die Ergänzung des Schriftsatzes des Musterklägers aufgeben, insbesondere eine Frist zur Erklärung über bestimmte klärungsbedürftige Punkte setzen.

(2) ¹Die Schriftsätze der Beteiligten sowie die Zwischenentscheidungen des Oberlandesgerichts im Musterverfahren werden in einem elektronischen Informationssystem, das nur den Beteiligten zugänglich ist, bekannt gegeben. ²Die im elektronischen Informationssystem gespeicherten Daten sind nach rechtskräftigem

---

1 Vgl dazu Pressemitteilung des BMJ „Flächendeckende elektronische Kommunikation in Zukunft auch mit der Justiz" v. 19.12.2012.

Abschluss oder nach sonstiger Beendigung aller ausgesetzten Verfahren unverzüglich zu löschen. ³Die Landesjustizverwaltungen bestimmen das elektronische Informations- und Kommunikationssystem, über das die gespeicherten Daten abrufbar sind, und sind für die Abwicklung des elektronischen Abrufverfahrens zuständig. ⁴Die Länder können ein länderübergreifendes, zentrales elektronisches Informations- und Kommunikationssystem bestimmen.

Literatur:
Maier-Reimer/Wilsing, Das Gesetz über Musterverfahren in kapitalmarktrechtlichen Streitigkeiten, ZGR 2006, 79-120; *Vorwerk/Wolf*, Kapitalanleger-Musterverfahrensgesetz, Kommentar, 2007; *Hess/Reuschle/Rimmelspacher*, Kölner Kommentar zum Kapitalanleger-Musterverfahrensgesetz (KapMuG), 2008; *Halfmeier/Rott/Feess*, Kollektiver Rechtsschutz im Kapitalmarktrecht. Evaluation des Kapitalanleger-Musterverfahrensgesetzes, 2009; *Lange*, Das begrenzte Gruppenverfahren, 2011.

A. Vorbemerkung

Abs. 1 nF ist an § 273 Abs. 2 Nr. 1 ZPO (Vorbereitung des Termins) angelehnt. Dieser Paragraf wurde gegenüber dem § 10 aF redaktionell überarbeitet und begrifflich angepasst. Der Begriff „Streitpunkte" wurde in Abs. 1 nF wie in § 273 Abs. 2 Nr. 1 ZPO durch **„klärungsbedürftige Punkte"** ersetzt. 1

Schon mit Inkrafttreten des KapMuG nF war die Schaffung eines elektronischen Informationssystems (Abs. 2) angedacht. Während des Gesetzgebungsverfahrens wurde diese Neuerung allerdings auf den 1. Juli 2013 verschoben, um so den Landesjustizverwaltungen genügend Zeit zur Vorbereitung zu geben.¹ Erst dann tritt der geänderte Abs. 2 in Kraft. 2

B. Normzweck

§ 12 nF soll das Musterverfahren bei der Terminsvorbereitung beschleunigen, rationalisieren und konzentrieren. Mehrfaches Vorbringen derselben Tatsachen und rechtlichen Erwägungen durch die Beigeladenen wird verhindert oder reduziert. 3

C. Ergänzung des Schriftsatzes des Musterklägers durch Beigeladene (Abs. 1)

Der Vorsitzende oder ein von ihm bestimmtes Mitglied des Senats können den Beigeladenen Ergänzungen des Schriftsatzes des Musterklägers aufgeben, wenn es dem Gericht notwendig erscheint. Zur Erklärung über bestimmte klärungsbedürftige Punkte kann das Gericht eine **Frist** setzen. 4

Da der Zweck der Regelung in der Minimierung von Schriftsätzen besteht, um das Verfahren möglichst straff führen zu können, kommt eine **Schriftsatzergänzung** nur dann in Frage, wenn es für das weitere Verfahren unabdingbar ist. Die Aufforderung zur Schriftsatzergänzung hat in der Sache gezielt zu erfolgen. 5

Das Gesetz regelt nicht, ob alle Beigeladenen bzw welche zu kontaktieren sind und nach welchen Kriterien ggf ihre Auswahl erfolgt. Das Gericht hat Ermessen („kann"), ob es überhaupt eine Schriftsatzergänzung für verfahrensdienlich hält und aufgibt; a maiore ad minus kann es deswegen auch entscheiden, nur bestimmte Beigeladene aufzufordern, soweit dies verfahrensdienlich ist. Da davon auszugehen ist, dass sich nur ein Teil der Beigeladenen aktiv am Verfahren beteiligen möchte, sind – soweit für das Gericht ersichtlich – vorzugsweise diese zur Schriftsatzergänzung aufzufordern. Bei Beigeladenen, die die Übermittlung von Schriftsätzen des Musterklägers bzw der Musterbeklagten beim OLG gem. Abs. 2 idF bis 30. Juni 2013 beantragt haben, darf das Gericht ebenfalls davon ausgehen, dass diese Beigeladenen sich aktiv am Verfahren beteiligen wollen. Sie zählen daher zum bevorzugten Kreis der Beigeladenen, die zur Schriftsatzergänzung aufzufordern sind. Abgesehen von der grundsätzlichen Auswahl der Beigeladenen nach dem „Aktivstatus", kann es in Abhängigkeit von den klärungsbedürftigen Punkten eine Auswahl nach Kompetenzgesichtspunkten sowohl hinsichtlich der Beigeladenen als auch ihrer Prozessvertreter geben. Jedenfalls im Zusammenspiel zwischen § 14 nF und § 12 Abs. 2 nF idF ab 1. Juli 2013 kommt es dadurch auch nicht zu einer Verletzung des Grundsatzes der Gewährung rechtlichen Gehörs. Denn den (nicht aufgeforderten) Beigeladenen ist es, während sie den aktuellen Verfahrensstand aus dem elektronischen Informationssystem entnehmen können, unbenommen, von sich aus ergänzenden Vortrag zu liefern. 6

D. Mitteilung der Schriftsatzergänzung (Abs. 2)

Abs. 2 nF verlangt, dass die Schriftsatzergänzungen der Beigeladenen dem Musterkläger und den Musterbeklagten mitgeteilt wird. Eine Frist dazu ist nicht geregelt. Die Information sollte umgehend erfolgen. 7

---

1 Vgl BT-Drucks. 17/10160, S. 26.

8 Der Gesetzgeber hat darauf verzichtet, die Form der Mitteilung zu regeln.[2] Daher ist die Übersendung sowohl in **Papierform** als auch **elektronisch** möglich.

9 Kein Beigeladener hat Anspruch auf die Übersendung der Schriftsätze der übrigen Beigeladenen. Interessierten Beigeladenen steht demnach nur die Möglichkeit der **Akteneinsicht** offen, was, wenn dies konsequent umgesetzt wird, das ganze Verfahren erheblich lähmen kann. Schriftsätze des Musterklägers und der Musterbeklagten erhält ein Beigeladener nur dann, wenn er dies ausdrücklich beim OLG schriftlich beantragt hat.

10 Der Gesetzgeber hat keine Kriterien für die Bewilligung bzw Ablehnung des Antrags auf Kenntnis der Schriftsätze des Musterklägers und des Musterbeklagten festgelegt. Sie sind daher in das **Ermessen des Gerichts** gestellt.

11 Angesichts des Anspruch der Verfahrensbeteiligten auf rechtliches Gehör und ein faires Verfahren, muss so das Gericht diesen Anträgen zustimmen, um nicht nur die Beigeladenen durch Informationen am Verfahren teilhaben zu lassen, sondern ihnen auch die (indirekte) Teilnahme am Verfahren zu ermöglichen.[3]

12 Aufgrund der Bindungswirkung des § 22 nF müssen die Beigeladenen und ihre Prozessvertreter auf die Wahrnehmung ihrer Rechte achten und daher das Musterverfahren aktiv verfolgen. Gemäß § 14 nF sind sie schließlich auch berechtigt, Angriffs- oder Verteidigungsmittel geltend zu machen. Und bei einem Vergleich werden sie direkt in das Verfahren einbezogen.

§ 13 Wirkung von Rücknahmen; Verfahrensbeendigung

(1) Nimmt der Musterkläger im Laufe des Musterverfahrens seine Klage im Ausgangsverfahren zurück oder wurde über das Vermögen des Musterklägers ein Insolvenzverfahren eröffnet, so bestimmt das Oberlandesgericht nach Maßgabe des § 9 Absatz 2 einen neuen Musterkläger.

(2) Das Gleiche gilt, wenn der Prozessbevollmächtigte des Musterklägers die Aussetzung des Musterverfahrens aus einem der folgenden Gründe beantragt:
1. der Musterkläger ist gestorben,
2. der Musterkläger ist nicht mehr prozessfähig,
3. der gesetzliche Vertreter des Musterklägers ist weggefallen,
4. eine Nachlassverwaltung ist angeordnet oder
5. die Nacherbfolge ist eingetreten.

(3) Die Klagerücknahme eines Beigeladenen hat auf den Fortgang des Musterverfahrens keinen Einfluss.

(4) Die Rücknahme eines Musterverfahrensantrags hat auf die Stellung als Musterkläger oder den Fortgang des Verfahrens keinen Einfluss.

(5) [1]Ein Musterentscheid ergeht nicht, wenn der Musterkläger, die Musterbeklagten und die Beigeladenen übereinstimmend erklären, dass sie das Musterverfahren beenden wollen. [2]Das Oberlandesgericht stellt die Beendigung des Musterverfahrens durch Beschluss fest. [3]Der Beschluss ist unanfechtbar und wird öffentlich bekannt gemacht. [4]§ 11 Absatz 2 Satz 2 gilt entsprechend.

Literatur:
Vorwerk/Wolf, Kapitalanleger-Musterverfahrensgesetz, Kommentar, 2007; *Hess/Reuschle/Rimmelspacher*, Kölner Kommentar zum Kapitalanleger-Musterverfahrensgesetz (KapMuG), 2008; *Halfmeier/Rott/Feess*, Kollektiver Rechtsschutz im Kapitalmarktrecht. Evaluation des Kapitalanleger-Musterverfahrensgesetzes, 2009.

A. Vorbemerkung

1 Abs. 1 nF enthält gegenüber der Vorgängervorschrift des § 11 Abs. 1 aF einen Bezug auf § 9 Abs. 2 nF, um klarzustellen, dass auch bei der erneuten Auswahl des Musterklägers die Erstauswahlkriterien zu berücksichtigen sind.

2 § 11 Abs. 2 aF wurde in zwei Absätze aufgespalten. Der Regelungsinhalt des § 11 Abs. 1 und 2 S. 3 aF findet sich nun in § 13 Abs. 3 und 4 nF wieder.

---

[2] Im Gesetzentwurf BT-Drucks. 17/8799, S. 36, war vorgesehen, dass die Schriftsätze der Beigeladenen, des Musterklägers und der Musterbeklagten sowie die Zwischenentscheidungen des OLG allen Beteiligten durch ein elektronisches Informationssystem zur Kenntnis gebracht werden. Die Papierform sollte entfallen. Der Rechtsausschuss des Bundestages hat das vorübergehend verhindert.

[3] Vgl zur Wahrung des rechtlichen Gehörs die Kritik von *Lange*, 8, sowie *Maier-Reimer/Wilsing*, ZGR 2006, 79, 111 ff; *Pariger* in: Vorwerk/Wolf, KapMuG-Kommentar, § 10 Rn 8.

Neu eingefügt wurde ein Abs. 5, der regelt, ob das Musterverfahren fortzusetzen ist, wenn die Beteiligten kein Interesse mehr an dessen Fortgang haben.

B. Normzweck

Die Vorschrift soll das Musterverfahren und die Beigeladenen vor der Disposition des vom Gericht ausgewählten Musterklägers schützen. Die Rücknahme eines Musterverfahrensantrages hat grundsätzlich keine Auswirkung auf das weitere Musterverfahrens oder die Stellung der Beteiligten. Der Musterkläger verliert nicht per se seine Stellung.

C. Musterklägerwechsel wegen Klagerücknahme/Insolvenz des Musterklägers (Abs. 1)

Der Musterkläger des Verfahrens kann seine Klage im Ausgangsverfahren durch Erklärung gegenüber dem Prozessgericht zurücknehmen. Das hat – abgesehen von der Neubestimmung des Musterklägers – keinen Einfluss auf den weiteren Fortgang des Musterverfahrens.

Die Klagerücknahme ist allerdings nach der **mündlichen Verhandlung** nur mit Zustimmung des Beklagten möglich. Das gilt auch dann, wenn zwar vor dem Prozessgericht noch nicht mündlich verhandelt wurde, aber schon im Musterverfahren vor dem OLG.[1]

Die Klagerücknahme führt zunächst dazu, dass der Musterkläger aus dem Musterverfahren ausscheidet. In diesem Fall hat das OLG durch Beschluss einen neuen Musterkläger zu bestimmen (§ 9 Abs. 2 nF), um den Fortgang des Musterverfahrens zu ermöglichen.

Bei Eröffnung des **Insolvenzverfahrens** über das Vermögen des Musterklägers (§ 240 ZPO) muss das OLG ebenfalls einen neuen Musterkläger bestimmen. Die Unterbrechung des Ausgangsverfahrens gem. § 240 ZPO führt also nicht auch zur Unterbrechung des Musterverfahrens. Bei Aufnahme des unterbrochenen Ausgangsverfahrens (§ 85 InsO) kommt es zu einer Beteiligung des Insolvenzverwalters am Musterverfahren als Beigeladener. Um Verfahrensverzögerungen zu vermeiden, sollte die Neubestimmung des Musterklägers unverzüglich geschehen, auch wenn das nicht ausdrücklich so geregelt ist.

Wird umgekehrt über das Vermögen des (einzigen) Musterbeklagten das Insolvenzverfahren eröffnet, dann muss sich dies auch auf das Musterverfahren auswirken. Dieses wird dann ebenfalls unterbrochen. Die Kläger der Ausgangsverfahren können ihre Ansprüche zur Tabelle anmelden und ggf Feststellung zur Tabelle verlangen. Existieren hingegen mehrere Musterbeklagte, dann hat die Insolvenz eines Musterbeklagten auf den Fortgang des Musterverfahrens keinen Einfluss.

D. Musterklägerwechsel wegen Aussetzung des Musterverfahrens (Abs. 2)

Bei Tod, Verlust der Prozessfähigkeit, Wegfall des gesetzlichen Vertreters, Anordnung einer Nachlassverwaltung oder Eintritt der Nacherbfolge ist, soweit der Prozessbevollmächtigte eine Aussetzung beantragt, vom OLG ebenfalls ein neuer Musterkläger zu bestimmen.

E. Klagerücknahme eines Beigeladenen (Abs. 3)

Die Klagerücknahme eines Beigeladenen führt zwar zum Ausscheiden des betreffenden Beigeladenen aus dem Musterverfahren, hat aber auf den Fortgang des Musterverfahrens keinen Einfluss; zur Bindungswirkung für solche Beigeladenen siehe § 22 Abs. 1 S. 3 nF. Das OLG führt daher das Musterverfahren selbst dann fort, wenn das Quorum von zehn Anträgen unterschritten wird.[2]

F. Rücknahme des Musterverfahrensantrags (Abs. 4)

Das Musterverfahren lässt sich nicht durch Rücknahme des Musterverfahrensantrags beenden. Der Musterkläger kann zwar aufgrund der Dispositionsmaxime seinen Musterverfahrensantrag zurücknehmen. Die Rücknahme hat aber auf die Stellung als Musterkläger (oder -beklagter) keinen Einfluss. Der Musterkläger kann sich insofern seiner Parteirolle nicht entledigen. Das gilt selbst dann, wenn er seinen Musterverfahrensantrag mit Zustimmung des Musterbeklagten zurücknimmt. Es dürfte sich dann aber anbieten, einen neuen Musterkläger zu bestimmen. Einem Antrag nach § 9 Abs. 4 nF wird stattzugeben sein.

---

[1] Vgl *Fullenkamp* in: Vorwerk/Wolf, KapMuG-Kommentar, § 11 Rn 9.

[2] So auch in der Gesetzesbegründung, BT-Drucks. 17/8799, S. 36.

13 Nur dann, wenn der Vorlagebeschluss noch nicht bekannt gemacht wurde, kann der Musterverfahrensantrag mit der Folge des (ggf einstweiligen, vgl § 8 nF) Ausscheidens aus dem Musterverfahren zurückgenommen werden.

G. Beendigung des Musterverfahrens (Abs. 5)

14 Das Musterverfahren kann durch eine **übereinstimmende Erklärung** der Beteiligten beendet werden. Haben sämtliche Beteiligten kein Interesse mehr an dem Fortgang des Verfahrens, weil zB die Klagen nach einem außergerichtlichen Vergleich zurückgenommen wurden, so ergeht kein Musterentscheid. Das OLG stellt dann die Beendigung des Musterverfahrens durch Beschluss fest.

15 Die **Rücknahme** aller **Klagen** in den Ausgangsverfahren hat die gleiche Wirkung.[3]

16 Ausnahmsweise kann es auch zu einer Beendigung des Musterverfahrens kommen, wenn in dessen Verlaufe weniger als zehn potenzielle Musterkläger verbleiben und keiner der verbliebenen Kläger bereit ist, neuer Musterkläger zu werden.[4] In einem solchen Fall kann es sinnvoll sein, darauf zu verzichten, einen neuen Musterkläger ohne oder gegen dessen Willen zu bestimmen, weil so eine zweckdienliche Interessenvertretung nicht gewährleistet erscheint. Sollten allerdings die verbliebenen Kläger nach dem Beschluss über die Beendigung des Musterverfahrens und dem vorausgegangen Verzicht des OLG, einen neuen Musterkläger (zwangsweise) zu bestimmen, an dem Musterverfahren festhalten wollen, sollte eine entsprechende **Rechtsbeschwerde** abhelfen.

17 Der Gesetzgeber will es grundsätzlich den Beteiligten überlassen, ob das Musterverfahren weitergeführt wird. Ein Interesse an der Weiterführung des Musterverfahrens kann insbesondere dann bestehen, wenn bereits Beweisaufnahmen durchgeführt wurden, die für die Beteiligten weiterhin von Bedeutung sind.[5]

§ 14 Rechtsstellung der Beigeladenen

¹Die Beigeladenen müssen das Musterverfahren in der Lage annehmen, in der es sich im Zeitpunkt der Aussetzung des von ihnen geführten Rechtsstreits befindet. ²Sie sind berechtigt, Angriffs- oder Verteidigungsmittel geltend zu machen und alle Prozesshandlungen wirksam vorzunehmen, soweit ihre Erklärungen und Handlungen mit Erklärungen und Handlungen des Musterklägers nicht in Widerspruch stehen.

Literatur:
Vorwerk/Wolf, Kapitalanleger-Musterverfahrensgesetz, Kommentar, 2007; *Hess/Reuschle/Rimmelspacher*, Kölner Kommentar zum Kapitalanleger-Musterverfahrensgesetz (KapMuG), 2008; *Halfmeier/Rott/Feess*, Kollektiver Rechtsschutz im Kapitalmarktrecht. Evaluation des Kapitalanleger-Musterverfahrensgesetzes, 2009; *Halfmeier*, DB 2012, 2145; *Schneider/Heppner*, BB 2012, 2703.

A. Vorbemerkung

1 § 14 nF entspricht § 12 aF.

B. Normzweck

2 Den Beigeladenen soll die Möglichkeit gegeben werden, in ihrem Interesse Einfluss auf das Musterverfahren zu nehmen, weil davon letztlich auch der Ausgang ihrer Verfahren abhängt. Zugleich soll durch die Vorschrift ein einheitliches Parteivorgehen im Musterverfahren gewährleistet werden.

C. Rechtsstellung des Beigeladenen

3 Die Vorschrift regelt die Befugnisse des Beigeladenen, die nur auf Klägerseite am Verfahren teilnehmen (§ 9 Abs. 3 nF).

4 Der Gesetzgeber hat sich bei der Konzeption der Rechtsstellung des Beigeladenen an die Rechtsfigur des (einfachen) Nebenintervenienten (§ 67 ZPO) angelehnt, ohne dass die Beigeladenen stets wie Nebenintervenienten zu behandeln sind.[1] Als Beteiligter des Musterverfahrens ist der Beigeladene deshalb auch zu jedem Termin zu laden.

---

3 *Vorwerk* in: Vorwerk/Wolf, KapMuG-Kommentar, § 11 Rn 5.
4 So vom 24. Senat des KG Berlin praktiziert. Vgl Beschl. v. 16.2.2009 – 24 Kap. 15/07.
5 BT-Drucks. 17/8799, S. 36.
1 So *Reuschle* in: Kölner Kommentar zum KapMuG, § 12 Rn 1.

Grundsätzlich ist die aktive Beteiligung der Beigeladenen in der Praxis ambivalent. „Würden alle Beigeladenen von ihren Rechten Gebrauch machen und sich aktiv am Verfahren beteiligen, so wäre das Verfahren mit KapMuG ebenso undurchführbar wie ohne."[2]

Den Beigeladenen stehen im Einzelnen folgende Befugnisse zu:

I. Annahme des Verfahrens. Die Beigeladenen müssen das Musterverfahren nicht mehr zum Zeitpunkt der Beiladung, sondern im **Zeitpunkt der Aussetzung** annehmen. Die Beiladungswirkung tritt kraft Gesetzes ein.

Der Beigeladene ist dann – während des Verfahrens – an alle früheren Prozesshandlungen des Musterklägers als auch des Gerichts gebunden. Das betrifft Versäumnisse von Prozesshandlungen, den Beginn oder Ablauf von Fristen oder den Schluss der Tatsachenverhandlung und die bisherigen Zwischenergebnisse (zB durchgeführte Beweisaufnahmen) des Verfahrens. Nach Abschluss des Musterverfahrens ist allerdings § 22 Abs. 3 nF zu beachten, wonach sich Beigeladene unter bestimmten Voraussetzungen der Bindungswirkung des Musterbescheides entziehen können, wenn der Musterkläger das Verfahren mangelhaft geführt hat.

II. Handeln im Interesse des Musterklägers. Der Beigeladene übernimmt im Musterverfahren gewissermaßen die Rolle einer – auch ihren eigenen Prozess mit führenden – **Nebenpartei**, die den Musterkläger zu unterstützen hat. Deshalb hat der Beigeladene im Interesse des Musterklägers zu handeln. Der Wille des Musterklägers hat stets Vorrang, so dass sich der Beigeladene nicht in Widerspruch zu dessen Erklärungen setzen darf. Auch kann er den Prozessgegenstand nicht ändern oder auf ihn durch Klagerücknahme, -änderung, und -beschränkung einwirken.

III. Angriffs- und Verteidigungsmittel. Der Beigeladene ist berechtigt, Angriffs- und Verteidigungsmittel geltend zu machen. Dies bedeutet für den Prozessvertreter des Beigeladenen ggf die Verpflichtung, aktiv zu werden, um sich nicht vorwerfen lassen zu müssen, mögliche Angriffs- oder Verteidigungsmittel nicht geltend gemacht zu haben; ferner je nach taktischem Standpunkt auch deswegen, um ggf den Einwand des § 22 Abs. 3 nF im Interesse seiner Partei zu erzeugen. Inwieweit und bis wann (neue) Angriffs- oder Verteidigungsmittel in das Musterverfahren eingeführt werden können, regelt die Norm allerdings nicht.[3]

Der Beigeladene kann alle **Prozesshandlungen** wirksam **vornehmen**, soweit nicht seine Erklärungen und Handlungen den Erklärungen und Handlungen des Musterklägers widersprechen. Ist dies objektiv erkennbar, sind seine Erklärungen und beantragten Handlungen vom Gericht nicht zu beachten. Widerspricht der Musterkläger die Erklärung eines Beigeladenen, so verliert diese in jedem Fall ihre Wirkung (wie auch im Falle des § 67 ZPO). Ein Widerspruch durch den Musterkläger ist stets ratsam, um der Situation entgegenzuwirken, dass das Gericht in Zweifelsfällen nicht erkennt oder nicht beachtet, dass die beantragte Handlung des Beigeladenen im Widerspruch zum Vortrag des Musterklägers steht. Schädlich in dem Sinne, dass das OLG hieraus nachteilige Schlüsse für den Musterkläger ziehen dürfte, ist ein Widerspruch in keinem Fall. Allerdings kann dann ein Fall des § 22 Abs. 3 nF vorliegen.

Der Beigeladene kann insofern Tatsachen behaupten und bestreiten, Beweismittel geltend machen, durch sein Auftreten in der mündlichen Verhandlung eine Versäumnisentscheidung abwenden, Dritten den Streit verkünden[4] und für die Hauptpartei den Richter ablehnen.

Der Beigeladene ist grundsätzlich berechtigt, alle Prozesshandlungen vorzunehmen, die der Musterkläger vornehmen könnte (zB Behauptungen aufstellen und bestreiten, Beweis antreten oder Beweiseinreden erheben). Er kann weiterhin namens des Musterklägers Rechtsmittel einlegen und begründen.[5] Er kann den Musterkläger insoweit unterstützen, worüber er den Prozess führt.

Der Beigeladene wird nur durch Erklärungen und Handlungen des Musterklägers, nicht aber durch dessen **Untätigkeit oder Unterlassung** beschränkt. So wendet der Beigeladene durch sein Erscheinen einen wegen Säumnis des Musterklägers ergehenden Beschluss ab. Ebenso kann er Einspruch innerhalb der für den Musterkläger laufenden Frist einlegen, sofern nicht der Musterkläger durch ausdrückliche oder schlüssige Handlung zu erkennen gibt, dass er die Fortsetzung des Musterverfahrens durch den Beigeladenen missbilligt. Im Unterschied zur einfachen Nebenintervention kann der Beigeladene Rechtsmittel einlegen, auch wenn der Musterkläger auf das Rechtsmittel verzichtet hat (folgt aus § 21 Abs. 2 nF).

Eine Abweichung vom Grundsatz des vorrangigen Willens des Musterklägers stellt § 15 nF dar. Danach kann jeder Beteiligte, also auch ein Beigeladener, die **Erweiterung** der **Feststellungsziele** beantragen. Dies ist auch dann der Fall, wenn sich das weitere Feststellungsziel oder die diesbezüglich angebotenen Beweise möglicherweise in Widerspruch zum bisherigen Verhalten des Musterklägers setzen. Dies folgt zum einen daraus, dass beide Vorschriften zueinander im Spezialitätsverhältnis stehen und zum anderen daraus, dass jeder Beigeladene auch seinen eigenen Prozess führt und ihm deswegen die Möglichkeit, für diesen Prozess

---

2 *Halfmeier*, Abschlussbericht 2009, S. 87.
3 Bemängeln auch *Schneider/Heppner*, BB 2012, 2709.
4 So auch *Vollkommer* in: Kölner Kommentar zum KapMuG, § 9 Rn 70 ff.

5 Vgl zB BGH v. 2.10.2012 – XI ZB 12/12, Rn 8, 22; seine Beschwerdeberechtigung kann zB anhand des Aussetzungsbeschlusses überprüft werden.

wesentliche Feststellungen zu erlangen, nicht unmöglich gemacht werden darf. Ist allerdings das Musterverfahren erweitert worden, gilt wieder die Aussage des § 14 nF.

16 Will sich ein Beteiligter im Übrigen in Widerspruch zum aktuellen Musterkläger setzten, verbleibt ihm die Möglichkeit des § 9 Abs. 4 nF.

17 **IV. Informationsrechte.** Die Informationsrechte der Beigeladenen sind (noch) sehr beschränkt. Gemäß § 12 Abs. 2 nF werden ihnen die Schriftsätze des Musterklägers und des Musterbeklagten nur auf **schriftlichen Antrag** mitgeteilt. Schriftsätze der übrigen Beigeladenen erhalten sie nicht. Künftig können sich Beigeladene umfassend aus dem elektronischen Informations- und Kommunikationssystem informieren. Momentan haben sie nur die Möglichkeit der **Akteneinsicht**.

§ 15 Erweiterung des Musterverfahrens

(1) ¹Nach Bekanntmachung des Vorlagebeschlusses gemäß § 6 Absatz 4 erweitert das Oberlandesgericht auf Antrag eines Beteiligten das Musterverfahren durch Beschluss um weitere Feststellungsziele, soweit

1. die Entscheidung des zugrunde liegenden Rechtsstreits von den weiteren Feststellungszielen abhängt,
2. die Feststellungsziele den gleichen Lebenssachverhalt betreffen, der dem Vorlagebeschluss zugrunde liegt, und
3. das Oberlandesgericht die Erweiterung für sachdienlich erachtet.

²Der Antrag ist beim Oberlandesgericht unter Angabe der Feststellungsziele und der öffentlichen Kapitalmarktinformationen zu stellen.

(2) Das Oberlandesgericht macht die Erweiterung des Musterverfahrens im Klageregister öffentlich bekannt.

Literatur:
Vorwerk/Wolf, Kapitalanleger-Musterverfahrensgesetz, Kommentar, 2007; *Hess/Reuschle/Rimmelspacher*, Kölner Kommentar zum Kapitalanleger-Musterverfahrensgesetz (KapMuG), 2008; *Halfmeier/Rott/Feess*, Kollektiver Rechtsschutz im Kapitalmarktrecht. Evaluation des Kapitalanleger-Musterverfahrensgesetzes, 2009; *Rotter*, VuR 2011, 443; *Schneider/Heppner*, BB 2012, 2703; *Bussian/Schmidt*, PHi 2012, 42; *Söhner*, ZIP 2013, 7.

A. Vorbemerkung

1 Die bisherige Zuständigkeit des Prozessgerichts für die Erweiterung des Musterverfahrens auf weitere Feststellungsziele (§ 13 Abs. 1 aF) wurde in § 15 Abs. 1 nF auf das OLG verlagert, weil es aufgrund der alten Regelung zu teilweise erheblichen Verzögerungen im Bearbeitungsablauf kam. Außerdem können sich neue Aspekte ergeben, die in der Entscheidung über die Erweiterung des Musterverfahrens zu berücksichtigen sind, die aber dem mit dem Musterverfahren nicht befassten Prozessgericht unbekannt waren. Daher ist es angebracht, das sachnähere Gericht über die Erweiterung entscheiden zu lassen.

2 Der Abs. 2 stellt klar, dass es sich hierbei nicht (mehr) um eine Erweiterung des Vorlagebeschlusses, sondern des Musterverfahrens handelt. § 13 Abs. 2 aF wird so überflüssig. Auch der bisherige § 13 Abs. 3 S. 2 aF konnte entfallen, da die datenschutzrechtliche Verantwortung bereits allgemein in § 4 Abs. 2 nF geregelt wird.

B. Normzweck

3 Diese Vorschrift dient der umfassenden Erledigung der Rechtsstreite,[1] da eine gleichzeitige Einleitung eines weiteren Musterverfahrens für die auszusetzenden Rechtsstreite unzulässig ist (§ 7 nF – Sperrwirkung des Vorlagebeschlusses). Alle auf dem gleichen Lebenssachverhalt beruhenden klärungsbedürftigen Fragen, denen eine Breitenwirkung zukommt, sollen im Musterverfahren beantwortet werden. Dadurch, dass der Musterkläger, die Musterbeklagten und die Beigeladenen bis zum Abschluss des Musterverfahrens die Möglichkeit haben, weitere Feststellungsziele in das Verfahren einzuführen, kann ein nachträglicher Vorlagebeschluss nach Abschluss des Musterverfahrens vermieden werden.

---

1 Vgl BT-Drucks. 15/5091, S. 28.

C. Erweiterung des Musterverfahrens (Abs. 1)

Mit der Bekanntmachung des Vorlagebeschlusses durch das Prozessgericht gem. § 6 Abs. 4 nF geht die **Verfahrensherrschaft** auf das OLG über. Damit ist das OLG auch zuständig für die Erweiterung des Musterverfahrens um weitere Feststellungsziele.

Abgesehen davon, dass das OLG die Erweiterung für sachdienlich erachtet (Nr. 3), ist dies möglich, wenn von den weiteren Feststellungszielen die Entscheidung des zugrunde liegenden Rechtsstreits abhängt (Nr. 1) und diese den gleichen Lebenssachverhalt betreffen, der dem Vorlagebeschluss zugrunde liegt (Nr. 2).

Das OLG muss prüfen, ob diese Voraussetzungen gegeben sind. Kommt es darüber zu einem Streit zwischen den Parteien, müssen uU die Akten des Ausgangsverfahrens beigezogen werden.[2] Liegen die Voraussetzungen vor, muss das Musterverfahren erweitert werden; die Vorschrift eröffnet dem OLG kein Ermessen.

I. Weitere Feststellungsziele (Abs. 1 Nr. 1). Weitere Feststellungsziele sind nur dann gegeben, wenn die Feststellungsziele nicht bereits Gegenstand des Musterverfahrens sind. Das OLG wird deswegen zu prüfen haben, ob die weiteren Feststellungsziele nicht bereits – ggf mit anderer Formulierung oder anders eingebettet – geltend gemacht worden sind.

Die Frage, wann die Entscheidung des zugrunde liegenden Rechtsstreits von den weiteren Feststellungszielen abhängt, ist im Grundsatz ähnlich zu beantworten wie im Rahmen des § 8 nF.[3] Allerdings sind die Begriffe, bedingt durch die Erweiterung des Anwendungsbereichs des KapMuG, nicht völlig deckungsgleich. Denn es ist zu berücksichtigen, dass es im Rahmen des § 8 nF um die Frage geht, ob das Verfahren mit Blick auf effektiven Rechtsschutz (schon) auszusetzen ist, während im Rahmen des § 15 nF die **Aussetzung** bereits erfolgte. Deswegen wird man die Abhängigkeit iSd § 15 nF weiter ziehen können als bei § 8 nF. Eine Abhängigkeit ist danach bereits dann gegeben, wenn die Klärung des Feststellungszieles nur möglicherweise bzw mit geringerer Wahrscheinlichkeit Einfluss auf den Ausgang des zugrunde liegenden Verfahrens haben kann. Allerdings wird dieser Unterschied in der Reichweite der Begrifflichkeit nur dann relevant werden, wenn ein Verfahren nach § 8 nF „zu früh" ausgesetzt wurde.

II. Gleicher Lebenssachverhalt (Abs. 1 Nr. 2). Das OLG erweitert auf Antrag eines Beteiligten des Musterverfahrens das Verfahren um weitere Feststellungsziele erweitern, soweit diese den gleichen Lebenssachverhalt betreffen, der dem Vorlagebeschluss zugrunde liegt. Der Begriff „Lebenssachverhalt" steht für die Gleichgerichtetheit von Musterverfahrensanträgen (§ 4 Abs. 1 nF).[4]

III. Sachdienlichkeit (Abs. 1 Nr. 3). Die Entscheidung über die Erweiterung des Musterverfahrens trifft nunmehr allein das OLG, weil es das „sachnähere Gericht" ist.[5] Sachdienlichkeit richtet sich hier nach dem Parallelbegriff des § 263 ZPO. Danach liegt diese vor, wenn der bereits gewonnene Prozessstoff eine verwertbare Entscheidungsgrundlage bleibt und so ein zweites Verfahren vermieden werden kann.[6]

Nicht sachdienlich ist ein Erweiterungsbegehren der Beteiligten, das offensichtlich **unzulässig** (vgl auch § 3 Abs. 1 nF), **unbegründet** oder **nicht (mehr) entscheidungserheblich** ist. Typische Fälle fehlender Sachdienlichkeit sind Verfahrenserweiterungen, die inhaltlich nicht vom Anwendungsbereich des KapMuG erfasst sind, als auch die mangelnde Breitenwirkung des Feststellungsziels oder aber ungeeignete Beweismittel zum Nachweis einer notwendigen Verfahrenserweiterung.

Wenn ein Antragsteller die Erweiterung des Verfahrens ohne nachvollziehbaren Grund zu einem späten Zeitpunkt beantragt, möglicherweise aus prozesstaktischen Gründen, kann dies zur **Prozessverschleppung** führen. Handelt es sich inhaltlich hierbei zudem um einen Antrag, der als im Verfahren nicht weiterführend beurteilt werden muss, dann kann auch dieses Begehren als nicht sachdienlich zurückgewiesen werden. Sollte sich allerdings die Erweiterung des Musterverfahrens um weitere Feststellungsziele dennoch als sachdienlich erweisen, ist auch einem solchen (späten) Antrag stattzugeben. Dabei ist auch zu berücksichtigen, dass der Nachweis der Unrichtigkeit einer Kapitalmarktinformation dadurch, dass die Musterbeklagten regelmäßig kaum zur Offenlegung oder zur Mitwirkung an der Aufklärung verpflichtet sind, mit erheblichem Aufwand und erheblichen Schwierigkeiten verbunden ist. Die Annahme, dass eine Verfahrenserweiterung aus rein taktischen Gründen erst spät beantragt wird, sollte deswegen nicht vorschnell getroffen werden. Das Geltendmachen eines weiteren Fehlers der Kapitalmarktinformation in substantiierter Form wird im Übrigen schon deswegen in aller Regel sachdienlich sein, weil durch die Verfahrenserweiterung ein neues Musterverfahren vermieden werden kann. Handelt es sich bei dem neuen Feststellungsziel hingegen um eine Rechtsfrage, kommt eine fehlende Sachdienlichkeit, soweit die Rechtsfrage nicht im unmittelbaren Zusammenhang mit neuen Tatsachen steht, hingegen schon eher in Betracht.

---

[2] *Bussian/Schmidt*, PHi 2012, 42 (45).
[3] Siehe Näheres unter Kommentierung zu § 8.
[4] Siehe Näheres unter Kommentierung zu § 4.
[5] So der Gesetzgeber in seiner Begründung, BT-Drucks. 17/8799, S. 37.
[6] *Söhner*, ZIP 2012, 11.

13 **IV. Antragstellung.** Der Antrag auf Erweiterung des Musterverfahrens ist beim OLG unter Angabe der Feststellungsziele und der öffentlichen Kapitalmarktinformationen zu stellen (S. 2).

14 Ein Erweiterungsantrag kann bis zum Schluss der mündlichen Verhandlung im Musterverfahren gestellt werden. Danach ist er nur beachtlich, wenn das OLG die mündliche Verhandlung gem. § 156 ZPO wieder eröffnet.[7]

D. Bekanntgabe der Erweiterung des Musterverfahrens (Abs. 2)

15 Die Erweiterung des Musterverfahrens wird durch das OLG im Klageregister öffentlich bekannt gemacht.

16 Der vom Prozessgericht erlassene Vorlagebeschluss wird nicht vom OLG abgeändert. Das OLG hat die Kompetenz, ein durch den Vorlagebeschluss in Gang gesetztes Musterverfahren zu erweitern. Dies hat zur Folge, dass weder die Bekanntmachung der Erweiterung des Musterverfahrens noch die Ablehnung einer Erweiterung mit der sofortigen Beschwerde angefochten werden können.[8]

§ 16 Musterentscheid

(1) ¹Das Oberlandesgericht erlässt auf Grund mündlicher Verhandlung den Musterentscheid durch Beschluss. ²Die Beigeladenen müssen nicht im Rubrum des Musterentscheids bezeichnet werden. ³Der Musterentscheid wird den Beteiligten und den Anmeldern zugestellt. ⁴Die Zustellung kann durch öffentliche Bekanntmachung ersetzt werden. ⁵§ 11 Absatz 2 Satz 2 gilt entsprechend.

(2) Über die im Musterverfahren angefallenen Kosten entscheidet das Prozessgericht.

Literatur:
Vorwerk/Wolf, Kapitalanleger-Musterverfahrensgesetz, Kommentar, 2007; *Hess/Reuschle/Rimmelspacher*, Kölner Kommentar zum Kapitalanleger-Musterverfahrensgesetz (KapMuG), 2008; *Halfmeier/Rott/Feess*, Kollektiver Rechtsschutz im Kapitalmarktrecht. Evaluation des Kapitalanleger-Musterverfahrensgesetzes, 2009; *Wolf/Lange*, NJW 2012, 3751.

A. Vorbemerkung

1 Die Vorgängerregelung des § 16 nF – § 14 Abs. 1 und 2 aF – wurde redaktionell überarbeitet. Die Regelung im bisherigen § 14 Abs. 3 aF (Nichtanwendung der §§ 91 a, 306 ZPO) entfällt. Die Nichtanwendung des § 306 ZPO findet sich nunmehr in den allgemeinen Verfahrensvorschriften des § 11 Abs. 1 nF.

2 § 91a ZPO ist zum einen nicht mehr benannt, weil es sich um eine reine Kostenvorschrift handelt, die (Abs. 2 nF) im Musterverfahren selbst ohnehin irrelevant ist. Zum anderen ist durch § 13 Abs. 5 klargestellt, dass ein (nicht durch Entscheid oder Vergleich abgeschlossenes) Musterverfahren nur durch übereinstimmende Erklärung aller Beteiligten beendet werden kann.[1]

B. Normzweck

3 Ziel des Musterverfahrens ist die Herbeiführung einer bindenden gerichtlichen Entscheidung in Gestalt eines Musterentscheids über das Vorliegen von Anspruchsvoraussetzungen und die Klärung von Rechtsfragen, die einer Vielzahl von einschlägigen Ausgangsprozessen geschädigter Kapitalanleger gemein sind. Mit dem Musterentscheid des OLG endet das Musterverfahren. Gegen den Musterentscheid kann jeder der Beteiligten mit dem Rechtsmittel der Rechtsbeschwerde beim BGH vorgehen, unabhängig davon, ob der Rechtssache grundsätzliche Bedeutung zukommt.

C. Erlass des Musterentscheids (Abs. 1)

4 **I. Grundsätzliches.** Der Musterentscheid des OLG ergeht nach mündlicher Verhandlung durch **Beschluss** und ist nach §§ 329 Abs. 1 S. 2, 309 ZPO zu verkünden. Der Beschluss hat dabei urteilsvertretenden Charakter.[2] Der Musterentscheid kann auch in Gestalt eines oder mehrerer **Teil-Musterentscheid**(e) ergehen, wobei nur ausgewählte Musterfragen im Vorlagebeschluss beantwortet werden, dem sich ein Schlussmus-

---

[7] Vgl BGH v. 12.5.1992, NJW-RR 1992, 1085; *Leipold* in: Stein/Jonas, ZPO, 22. Aufl., § 296 a Rn 26.
[8] So in der Gesetzesbegründung BT-Drucks. 17/8799, S. 37.

[1] BT-Drucks. 17/8799, S. 22.
[2] BT-Drucks. 15/5091, S. 29.

terentscheid anschließt. Unter eingeschränkten Voraussetzungen sind auch **Anerkenntnis- und Verzichtsmusterentscheide** möglich.[3]

Der § 16 trifft keine Aussage zu Säumnisentscheidungen. In der Literatur sind Säumnisentscheidungen im Musterverfahren strittig. *Vollkommer* sieht Säumnisentscheidungen gegenüber dem Musterkläger und dem Musterbeklagten als unzulässig an,[4] *Wolf* hält ein Versäumnisurteil für möglich[5] und stützt sich dabei auf die Gesetzesbegründung.[6] Im Falle der Säumnis des Musterklägers kann danach ein Säumnisbeschluss entsprechend § 330 ZPO ergehen. Es könnte sich darüber hinaus anbieten, je nach Fall und Streitstand über eine Versäumnisentscheidung, die inhaltlich nicht auf der Säumnis, sondern auf der Berücksichtigung des gesamten Sach- und Streitstandes beruht,[7] nachzudenken. So könnte einer Verfahrensverzögerung durch Flucht in die Säumnis, die jeweilige andere Partei im Unklaren darüber lässt, ob das Verfahren streitig Erfolgsaussicht hätte oder nicht, begegnet werden.

II. Form und Inhalt. Der Musterentscheid enthält wie ein Urteil ein **Rubrum**. Gemäß Abs. 1 S. 2 müssen die Beigeladenen nicht im Rubrum des Musterentscheids bezeichnet werden. Des Weiteren hat der Musterentscheid das erkennende Gericht, die Namen der Richter, das Aktenzeichen, den Tag des Schlusses der mündlichen Verhandlung, die Musterparteien, deren gesetzliche Vertreter und deren Prozessbevollmächtigte zu bezeichnen.

Der Tenor der Entscheidung, die Beschlussformel, hat den Entscheidungsspruch, die **Feststellungen** des Musterverfahrens zu den **Feststellungszielen** zu beinhalten. Das heißt, der Tenor hat letztlich Aussagen über die den Verfahrensgegenstand bildenden Anspruchsvoraussetzungen im Sinne des Vor- oder Nichtvorliegens zu treffen. Es sind alle zur Entscheidung gestellten Feststellungsziele zu bescheiden.[8] Nicht getroffene Feststellungen werden durch eine „Abweisung im Übrigen" zusammengefasst.[9]

Der Musterentscheid muss den Tatbestand in Gestalt der **Sachverhaltsdarstellung** wiedergeben. Dabei ist darzustellen, was zwischen den Parteien nach deren Sachvortrag streitig bzw unstreitig ist.

Obwohl das KapMuG eine **Begründungspflicht** für die Musterentscheidung nicht regelt, ist geltende Praxis, dass der Musterentscheid begründet wird. Eine Begründungspflicht ist nicht zuletzt aus rechtsstaatlichen Gründen geboten, um bei einer Anfechtung des Musterentscheids diesen auch substantiiert angreifen zu können. Eine Prüfung der Entscheidung durch das Rechtsbeschwerdegericht wäre ansonsten nicht möglich.

Schließlich ist der Musterentscheid von allen an dieser Entscheidung beteiligten Richtern zu unterschreiben.

III. Zustellung und Bekanntmachung. Der Musterentscheid wird den Beteiligten des Verfahrens (Musterkläger, Musterbeklagte sowie Beigeladene) und den Anmeldern des Musterverfahrens zugestellt. Die Zustellung kann durch öffentliche Bekanntmachung im Klageregister ersetzt werden.[10]

Mit Datum der Zustellung bzw der öffentlichen Bekanntmachung beginnt die Frist von einem Monat für eine mögliche Rechtsbeschwerde zu laufen. Im Fall einer nicht gleichzeitigen Zustellung läuft für jeden Beteiligten die jeweilige Rechtsmittelfrist separat.

Die öffentliche Bekanntmachung bietet sich bei der Durchführung eines Massenverfahrens als kostengünstiger Weg der Mitteilung des Musterentscheids an. Außerdem können dadurch alle Verfahrensbeteiligte zeitgleich Kenntnis vom Lauf der Rechtsmittelfrist erlangen.

D. Kostenentscheidung (Abs. 2)

Das OLG trifft im Musterentscheid keine Kostenentscheidung. Der Grund dafür ist, dass die Prozessgerichte nach Abschluss des Musterverfahrens ggf individuelle Anspruchsvoraussetzungen noch prüfen müssen und erst dann der Klage stattgeben können oder sie abweisen müssen. Daher hat sich der Gesetzgeber dafür entschieden, die im Musterverfahren entstehenden Kosten als Teil der Kosten zu behandeln, die bei den jeweils in der ausgesetzten Hauptsache befassten Prozessgerichten erwachsen (vgl § 24 nF). Die Entscheidung über die Kosten bleibt insofern den **Prozessgerichten** der ausgesetzten Verfahren **vorbehalten**. Diese bestim-

---

3 Vgl dazu *Vollkommer* in: Kölner Kommentar zum KapMuG, § 14 Rn 10, 55.
4 Ebenda.
5 *Wolf* in: Vorwerk/Wolf, KapMuG-Kommentar, § 14 Rn 18.
6 BT-Drucks. 15/5091, S. 29.
7 Hierzu BGH v. 18.1.2007 und v. 10.5.2007 – III ZR 44/06, Rn 6 bzw 7; v. 4.4.1962 – V ZR 110/60.
8 AA wohl *Söhner*, ZIP 2013, 7, 10. Sollte dort gemeint sein, dass das OLG wegen § 22 Abs. 1 nF nur noch einen von mehreren zu Feststellungszielen gemachten Prospektfehlern zu bescheiden hätte, könnte dem nicht gefolgt werden. Denn der Umstand, dass ein bestimmter Prospektfehler gegeben ist, bedeutet nicht automatisch, dass dann auch alle Ausgangsverfahren gewonnen werden. Im konkreten Fall könnte es zB an der Kausalität fehlen oder es könnte Verjährung wegen eben dieses Prospektfehlers eingetreten sein. Ähnliche Überlegungen bei *Schneider/Heppner*, BB 2012, 2703, 2707.
9 Vgl die Tenorierung des OLG Frankfurt aM v. 16.5.2012 – 23 Kap. 1/06.
10 *Lange*, 3755, schreibt dazu: „Zwar konnten auch bisher schon Zustellung und Mitteilung an die Beigeladenen durch öffentliche Bekanntmachung ersetzt werden, so dass in praktischer Hinsicht der Unterschied zwischen formloser Mitteilung und Zustellung eher gering ist."

men die Kosten entsprechend dem Anteil der Beigeladenen zu der im Musterverfahren geltend gemachten Gesamtsumme.

§ 17 Vergleichsvorschlag

(1) ¹Der Musterkläger und die Musterbeklagten können einen gerichtlichen Vergleich dadurch schließen, dass sie dem Gericht einen schriftlichen Vergleichsvorschlag zur Beendigung des Musterverfahrens und der Ausgangsverfahren unterbreiten oder einen schriftlichen Vergleichsvorschlag des Gerichts durch Schriftsatz gegenüber dem Gericht annehmen. ²Den Beigeladenen ist Gelegenheit zur Stellungnahme zu geben. ³Der Vergleich bedarf der Genehmigung durch das Gericht gemäß § 18. ⁴Der genehmigte Vergleich wird wirksam, wenn weniger als 30 Prozent der Beigeladenen ihren Austritt aus dem Vergleich gemäß § 19 Absatz 2 erklären.

(2) Der Vergleichsvorschlag soll auch die folgenden Regelungen enthalten:
1. die Verteilung der vereinbarten Leistungen auf die Beteiligten,
2. den von den Beteiligten zu erbringenden Nachweis der Leistungsberechtigung,
3. die Fälligkeit der Leistungen sowie
4. die Verteilung der Kosten des Musterverfahrens auf die Beteiligten.

Literatur:
Halfmeier/Rott/Feess, Kollektiver Rechtsschutz im Kapitalmarktrecht. Evaluation des Kapitalanleger-Musterverfahrensgesetzes, 2009; *Rotter*, VuR 2011, 443; *Keller/Wigand*, ZBB 2011, 373; *Bernuth/Kremer*, NZG 2012, 890; *Bussian/Schmidt*, PHi 2012, 42; *Halfmeier*, DB 2012, 2145; *Schneider/Heppner*, BB 2012, 2703; *Wigand*, AG 2012, 845; *Wolf/Lange*, NJW 2012, 3751; *Söhner*, ZIP 2013, 7.

A. Vorbemerkung	1	I. Verteilung der vereinbarten Leistungen auf die Beteiligten (Abs. 2 Nr. 1)	20
B. Normzweck	3	II. Nachweis der Leistungsberechtigung (Abs. 2 Nr. 2)	21
C. Gerichtlicher Vergleich (Abs. 1)	4	III. Fälligkeit der Leistungen (Abs. 2 Nr. 3)	22
I. Vergleichsvorschlag	4	IV. Verteilung der Kosten des Musterverfahrens auf die Beteiligten (Abs. 2 Nr. 4)	23
II. Stellungnahme der Beigeladenen	11		
III. Quorum	13		
D. Regelungsinhalt (Abs. 2)	17		

A. Vorbemerkung

1 Die Einführung des Opt-out-Vergleichs[1] ist eine wesentliche Neuerung des KapMuG nF. Nunmehr besteht eine Vergleichsmöglichkeit zwischen den Musterbeklagten und dem Musterkläger, die vom Gericht inhaltlich kontrolliert wird. Ein genehmigter Vergleich kann mittels Quorum durch eine qualifizierte Mehrheit hinfällig werden.[2]

2 Die Regelung im § 14 Abs. 3 S. 2 aF zum vergleichsweisen Abschluss des Musterverfahrens erwies sich als unpraktikabel, weil Vergleiche der Zustimmung aller Beteiligten bedurften. Die §§ 17–19 und 23 nF ermöglichen nunmehr einen erleichterten Vergleichsschlusses im Musterverfahren.

B. Normzweck

3 Das Ziel des neuen **Kollektivvergleiches** ist es, gütliche Streitbeilegungen zu befördern und damit den Rechtsstreit möglichst schnell und einvernehmlich zu beenden. Das praktische Problem der opt-out-Regelung dürfte allerdings darin bestehen, dass die Beklagtenseite grundsätzlich bestrebt ist, mit dem Vergleich alle Streitigkeiten insgesamt und endgültig zu beenden. Insofern sinkt die Vergleichsbereitschaft der Beklag-

---

[1] Bei Gruppenverfahren wird beim kollektiven Rechtsschutz allgemein zwischen „opt-out"- und „opt-in"-Modellen unterschieden. Entweder entsteht die mit entsprechender Rechtswirkung verbundene Mitgliedschaft in der vom Verfahren betroffenen Gruppe kraft der richterlichen Entscheidung über das Verfahren und ein Mitglied kann nur durch ausdrückliche Erklärung austreten („opt-out") oder diese Mitgliedschaft kommt erst durch ausdrückliche Erklärung des Betroffenen zustande („opt-in").

[2] BT-Drucks. 17/8799, S. 12, enthielt noch nicht die Bestimmung, dass der Vergleich erst wirksam wird, wenn weniger als 30 % der Beigeladenen ihren Austritt aus dem Vergleich erklären. Der Rechtsausschuss wie auch der Bundesrat hielten die Einführung eines gesetzlichen Quorums neben der gerichtlichen Genehmigung als zusätzliche Wirksamkeitsvoraussetzung für geboten, um die vollständige Beendigung des Musterverfahrens auch mit Wirkung für die nicht vergleichsbereiten Beigeladenen zu rechtfertigen. BT-Drucks. 17/10160, S. 26.

tenseite mit steigendem Ausstiegsinteresse auf der Klägerseite.³ Problematisch, weil für die Beklagtenseite kaum überschaubar, ist es insoweit ferner, dass Anmelder von vorn herein nicht in die Wirkung des Vergleiches mit einbezogen werden.

C. Gerichtlicher Vergleich (Abs. 1)

I. Vergleichsvorschlag. Das Gericht ist im Musterverfahren gehalten, jederzeit auf eine gütliche Streitbeilegung hinzuwirken. Der § 278 Abs. 1 und 6 ZPO (Gütliche Streitbeilegung, Güteverhandlung, Vergleich) ist gem. § 11 Abs. 1 nF anwendbar. Damit kann der Vergleichsabschluss auch im schriftlichen Verfahren herbeigeführt werden.⁴

Gemäß § 17 Abs. 1 nF kann ein Vergleich zum einen dadurch zustande kommen, dass sich Musterkläger und Musterbeklagte auf einen Vergleichsvorschlag zur Beendigung des Musterverfahrens und der Ausgangsverfahren einigen, den sie dem Gericht unterbreiten, oder aber zum anderen dadurch, dass sie einen Vergleichsvorschlag des Gerichts annehmen. Der Vergleichsvorschlag muss alle ausgesetzten **Individualverfahren berücksichtigen**. Angesichts des begrenzten Umfangs der verallgemeinerungsfähigen Tatsachen- und Rechtsfragen, auf die sich das Musterverfahren konzentriert und die nur einen Ausschnitt des individuellen Streitstoffs der Beteiligten abbilden, besteht die Gefahr, dass die individuellen Ansprüche nicht hinreichend in den Vergleichsverhandlungen berücksichtigt werden.⁵

Der Vergleich bedarf zu seiner Wirksamkeit zunächst der der **Genehmigung** des Gerichts gem. § 18 nF. Wirksam wir er erst, wenn er auch von genügend Beigeladenen mitgetragen wird (Abs. 1 S. 4 nF). Der Vergleich steht also gewissermaßen sowohl unter Genehmigungsvorbehalt, als auch unter einer aufschiebenden Bedingung. Dann ist der Vergleich, mit Ausnahme für die Beigeladenen, die ihren Austritt aus dem Vergleich erklärt haben (§ 19), für alle Beteiligten verbindlich (§ 23). Wirkung entfaltet der wirksame Vergleich allerdings erst mit Bekanntmachung gem. § 23 Abs. 1 S. 3 nF.

Der Vergleich muss eine Einigung über die in den Ausgangsverfahren geltend gemachten Ansprüche enthalten.⁶ Das bedeutet, dass eine separate Beendigung des Musterverfahrens durch einen Vergleich nicht möglich ist.

Wollen sich die Parteien über die im Musterverfahren zu klärenden Tatsachen einigen, besteht gem. § 288 ZPO die Möglichkeit des **Geständnisses**, da Tatsachen, die eingestanden werden, keines Beweises und somit keiner Beweisaufnahme im Musterverfahren bedürfen.

Dagegen ist eine Einigung der Parteien über die im Musterverfahren zu entscheidenden Rechtsfragen nicht möglich. Es bleibt allein Aufgabe des Gerichts, auf einen gegebenen Sachverhalt das Recht anzuwenden. Die Rechtsanwendung steht somit nicht zur Disposition der Parteien.⁷

Der Vergleich muss sich umgekehrt nicht auf den Gegenstand des Musterverfahrens – dh auf die Feststellung bestimmter Anspruchsvoraussetzungen – beschränken, sondern kann auch andere Regelungen enthalten, nämlich insbesondere individuelle Zahlungsansprüche und deren Modalitäten.

II. Stellungnahme der Beigeladenen. Schuldrechtlich stellt der Vergleich einen Vertrag unter **Genehmigungsvorbehalt** dar. Musterkläger und Musterbeklagte erklären übereinstimmend, einen Vergleich schließen zu wollen. Da dies auch die Beigeladenen betrifft, können diese gegenüber dem Gericht Stellung zu nehmen.

Die Anmelder werden nicht in den Vergleich einbezogen; auch der Vergleichsschluss wirkt sich nicht auf sie aus.⁸

III. Quorum. Eine Vergleichsregelung, die den Vergleichsschluss von der Zustimmung aller Beteiligten abhängig macht ist unpraktikabel und damit unrealistisch.

Neben der gerichtlichen Genehmigung des Vergleichs als Wirksamkeitsvoraussetzung wurde deshalb zusätzlich ein Quorum eingeführt, um die vollständige Beendigung des Musterverfahrens auch mit Wirkung für die nicht vergleichsbereiten Beigeladenen zu rechtfertigen. Somit wird der genehmigte Vergleich nur wirksam, wenn weniger als 30 % der Beigeladenen ihren **Austritt** aus dem Vergleich gem. § 19 Abs. 2 nF erklären.

Die Wirksamkeit des Vergleichs ist gem. § 23 Abs. 1 S. 1 nF vom OLG nach Ablauf der einmonatigen Austrittsfrist nach Zustellung an die Beigeladenen durch unanfechtbaren Beschluss festzustellen, wenn gewiss ist, dass weniger als 30 % der Beigeladenen ihren Vergleichsaustritt erklärt haben. Dieser Beschluss wird

---

3 In diesem Sinne kritisch auch *Schneider/Heppner*, BB 2012, 2711: „Beklagte werden sich daher in Vergleichsverhandlungen stets überhöhten Forderungen gegenübersehen, die sie prozessual nicht ausreichend bekämpfen können."
4 BT-Drucks. 17/9799, S 24.
5 So *Schneider/Heppner*, BB 2012, 2711.
6 BT-Drucks. 17/8799, S. 24.
7 Ebenda.
8 Bedauernd *Halfmeier*, DB 2012, 2150, und *Bernuth/Kremer*, NZG 2012, 891.

gem. § 23 Abs. 1 S. 2 nF durch Eintragung in das Klageregister öffentlich bekanntgemacht. Mit der Bekanntmachung entfaltet der Vergleich seine Wirkung.

16 Bei Austritten aus dem Vergleich sind, soweit der Vergleich im Übrigen zustande kommt, die entsprechenden Ausgangsverfahren fortzusetzen.

D. Regelungsinhalt (Abs. 2)

17 Der Vergleichsinhalt steht zur freien Disposition der Parteien in den Grenzen der angemessenen Interessenwahrung der Parteien gem. § 18 Abs. 1 nF. „Der Vergleich kann den Beteiligten ein **Rücktritts- oder ein Minderungsrecht** einräumen, er kann die Kläger gleichbehandeln oder sie in verschiedene Schadensklassen unterteilen und ihnen unterschiedliche Kompensationen versprechen. Ob die Differenzierungen durchführbar und diskriminierungsfrei sind, hat das Gericht im Rahmen der Genehmigung zu entscheiden."[9]

18 Abs. 2 nF regelt den Inhalt des Vergleichsvorschlages in einer „Soll-Bestimmung". Gleichwohl dürfte dem Vergleichsvorschlag regelmäßig die Genehmigung versagt bleiben, wenn er zu einem der Punkte des Abs. 2 nF keine Regelung trifft.

19 Im Einzelnen soll der Vergleichsvorschlag danach auch folgende Regelungen enthalten:

20 I. Verteilung der vereinbarten Leistungen auf die Beteiligten (Abs. 2 Nr. 1). Der Vergleich bedarf eines schlüssigen Konzeptes zur Verteilung der zugesagten Leistungen auf die Kläger. Im Ergebnis soll eine Vereinbarung getroffen werden, die in den Ausgangsverfahren ohne weitere Probleme umsetzbar ist. Deshalb ist die Zusage einer bestimmten Entschädigungs(gesamt)summe des Musterbeklagten nicht ausreichend, wenn deren Verteilung auf die Kläger weitere Verhandlungen erforderlich macht. Letztlich soll der Vergleich keinen neuen gerichtlichen Klärungsbedarf erzeugen.[10]

21 II. Nachweis der Leistungsberechtigung (Abs. 2 Nr. 2). Der Vergleich muss des Weiteren regeln, wie die Beteiligten die Berechtigung für die im Vergleich versprochene Leistung nachweisen müssen. Auch hier ist das Ziel, mit der Umsetzung des Vergleichs die Gerichte nicht weiter zu beschäftigen. Hierbei geht es um die Entlastung der Prozessgerichte, da die Ausgangsverfahren gemeinsam mit dem Musterverfahren durch den Vergleichsabschluss beendet werden (§ 23 Abs. 3 nF). Deshalb soll der Vergleich ausweisen, wie die Beigeladenen ihre Berechtigung und die Höhe ihres Anspruchs aus dem Vergleich gegenüber den Musterbeklagten oder den von ihnen beauftragten Auszahlungsstellen nachweisen können.[11] Hierfür dürfte mindestens ein Nachweis darüber erforderlich sein, dass, wann und mit welcher nominalen Summe die betroffene Anlage überhaupt erworben wurde; ferner ein Nachweis darüber, dass es sich beim Anspruchsteller tatsächlich um einen Beigeladenen handelt; falls der Beigeladene nicht mit dem Erwerber der Anlage identisch ist, ein Nachweis darüber, wie er an den Ersatzanspruch gelangt ist und dass er ihn immer noch inne hat. Im Übrigen wird es darauf ankommen, welche Kriterien der Vergleich für die Verteilung der Summe anlegt.

22 III. Fälligkeit der Leistungen (Abs. 2 Nr. 3). Der Vergleichsvorschlag soll weiterhin den Zeitpunkt der Leistung, die im Vergleich versprochen wird, festlegen. So sollen die Kläger erfahren, ab wann sie die Wiedereröffnung der Ausgangsverfahren gem. § 23 Abs. 3 S. 2 beantragen können, wenn bis dahin die im Vergleich vereinbarten Leistungen nicht erbracht wurden.[12]

23 IV. Verteilung der Kosten des Musterverfahrens auf die Beteiligten (Abs. 2 Nr. 4). Schließlich soll der Vergleich eine Regelung über die Verteilung der Kosten des Musterverfahrens enthalten, damit die Prozessgerichte über die Kosten einheitlich im Rahmen des § 23 Abs. 3 entscheiden. Abgesehen von der gleichmäßigen Verteilung der Kosten des Musterverfahrens in allen Ausgangsverfahren, geht es auch hier wieder um eine Entlastung der Ausgangsgerichte.[13]

§ 18 Genehmigung des Vergleichs

(1) Das Gericht genehmigt den Vergleich durch unanfechtbaren Beschluss, wenn es ihn unter Berücksichtigung des bisherigen Sach- und Streitstandes des Musterverfahrens und des Ergebnisses der Anhörung der Beigeladenen als angemessene gütliche Beilegung der ausgesetzten Rechtsstreitigkeiten erachtet.

(2) Nach der Genehmigung kann der Vergleich nicht mehr widerrufen werden.

---

[9] BT-Drucks. 17/8799, S. 38.
[10] Ebenda.
[11] Ebenda, S. 39.
[12] Ebenda.
[13] Ebenda.

Literatur:
Halfmeier/Rott/Feess, Kollektiver Rechtsschutz im Kapitalmarktrecht. Evaluation des Kapitalanleger-Musterverfahrensgesetzes, 2009; *Keller/Wigand*, ZBB 2011, 373; *Bussian/Schmidt*, PHi 2012, 42; *Halfmeier*, DB 2012, 2145; *Schneider/Heppner*, BB 2012, 2703; *Wigand*, AG 2012, 845.

A. Vorbemerkung

Die sachliche Prüfung des Vergleichs durch das OLG ist eine Neuregelung für das KapMuG-Verfahren. Das Gericht genehmigt den Vergleich, wenn er ihm als angemessene Möglichkeit der gütlichen Beilegung der ausgesetzten Rechtsstreitigkeiten erscheint. Die Prüfung der Angemessenheit eines Prozessvergleichs durch ein Gericht ist für das deutsche Zivilverfahren neu.[1]

B. Normzweck

Durch die Genehmigung des Vergleichs soll zunächst ausgeschlossen werden, dass der Musterkläger zulasten der Beigeladenen einen Vergleich schließt, der deren Interessen nicht ausreichend wahrt. Außerdem sollen Musterbeklagten durch Massenforderungen nicht zu einem unangemessenen Vergleich genötigt werden.

C. Genehmigungsbeschluss (Abs. 1)

Der Vergleich zwischen dem Musterkläger und den Musterbeklagten muss vom Gericht durch Beschluss genehmigt werden, wenn er angemessen ist. Der Genehmigungsbeschluss ist nicht anfechtbar. Die Genehmigung liegt im **Ermessen des Gerichts**;[2] das Gericht kann nur prüfen, ob der Vergleich angemessen ist, hat dann aber keinen Spielraum, einem angemessenen Vergleich gleichwohl die Genehmigung zu versagen. Denn dem Gericht ist es nicht an die Hand gegeben, sich über den Willen der Beteiligten, das Verfahren durch einen angemessenen Vergleich zu beenden, hinwegzusetzen. Genehmigt das Gericht den Vergleich, dann wird der Vergleich für alle Beteiligten **verbindlich** (§ 23) außer für die Beigeladenen, die ihren Austritt aus dem Vergleich erklärt haben (§ 19). Für die Anmelder ist der Vergleich ohne Wirkung.

I. Angemessenheit. Das **OLG** muss die Angemessenheit des Vergleichsvorschlages **prüfen**.[3] Dabei sind der bisherige Sach- und Streitstand des Musterverfahrens und die gem. § 17 Abs. 1 S. 2 nF eingeholten Stellungnahmen der Beigeladenen zu berücksichtigen. Die Prüfung des Sach- und Streitstands in den einzelnen Ausgangsverfahren ist hingegen nicht erforderlich; auch dann nicht, wenn das Gericht selbst einen Vergleichsvorschlag unterbreitet hat. Die Stellungnahmen der Beigeladenen gem. § 17 Abs. 1 S. 2 nF können hierbei eine wichtige Rolle spielen.

Grundsätzlich muss der Vergleich **realisierbar** und **diskriminierungsfrei** sein.[4] Die Prüfung des Vergleichsvorschlages auf Missbräuchlichkeit kann durch das OLG nur grob am Maßstab der §§ 138, 242 BGB erfolgen. Für die Beurteilung der Angemessenheit des Vorschlages stehen dem Gericht nur die bei der Aussetzung der Verfahren durch die Prozessgerichte mitgeteilten Ansprüche der Höhe nach, die im Vorlagebeschluss dargestellten Lebenssachverhalte der Verfahren sowie die vorläufigen Ergebnisse zur Verfügung.[5]

Im Einzelnen kann man sich bei der Bestimmung der Angemessenheit an bereits etablierten Verfahren orientieren, in denen ebenso eine kollektive Regelung von Rechtsverhältnissen auf ihre Angemessenheit überprüft wird. Naheliegend ist hier die gerichtliche Bestätigung des Insolvenzplanes.[6]

Der Vergleich darf nicht einseitig von Verfahrensbeteiligten genutzt werden, um deren Interessen dominant durchzusetzen. Ist das nicht der Fall bzw gibt es dafür keine Anhaltspunkte,[7] kann das Gericht davon ausgehen, dass der Vergleich angemessen ist. Im Falle einer Fehleinschätzung kann mittels des Quorums der Vergleich am Ende noch gestoppt werden.

Am Ende darf das OLG eine Genehmigung nur versagen, wenn es konkrete Gründe für die Nicht-Angemessenheit des Vergleichs benennt.[8]

II. Zustimmung oder Ablehnung. Das Gericht kann den Vergleichsvorschlag nur **in Gänze** genehmigen oder die Genehmigung verweigern. Vor einer absehbaren Verweigerung muss das Gericht aber darauf hin-

---

1 Vgl *Halfmeier*, DB 2012, 2149.
2 Anders wohl BT-Drucks. 17/8799, S. 25; ggf noch unter dem Blickwinkel, dass das Gericht bei seiner Genehmigung zum damaligen Stand des Gesetzgebungsverfahrens auch noch zu berücksichtigen hatte, wie viele der Beigeladenen den Vergleich mittragen, da das Quorum noch keinen Eingang in den Entwurf gefunden hatte.
3 Mangels Informationen dürfte es dem OLG schwer fallen, über die Angemessenheit des Vergleichsvorschlages zu urteilen. So *Schneider/Heppner*, BB 2012, 2711.
4 So die Gesetzesbegründung, BT-Drucks. 17/8799, S. 24.
5 Dieses Informationsdefizit wird allgemein beklagt. Siehe *Wigand*, AG 2012, 850; *Schneider/Heppner*, BB 2012, 2711; *Keller/Wigand*, ZBB 2011, 383.
6 Vgl dazu *Halfmeier*, DB 2012, 2150.
7 Ebenda.
8 Ebenda.

weisen, nach welchen Veränderungen eine Genehmigung ggf möglich ist. Inhaltliche Änderungen am Vergleich darf das Gericht nicht selbst vornehmen.

10 Haben die Beigeladenen erhebliche Einwände gegen den Vergleich, kann das Gericht auch einem von ihm selbst vorgeschlagenen Vergleich die Genehmigung versagen.[9] Die Ablehnung ist zu begründen.

11 Spricht das OLG dem Vergleichsvorschlag die Angemessenheit ab und verweigert die Genehmigung durch Beschluss,[10] so bleibt den Betroffenen gem. § 574 Abs. 1 Nr. 2 ZPO dagegen nur bei ausdrücklicher Zulassung die Rechtsbeschwerde beim BGH.

D. Unwiderruflichkeit des Vergleiches (Abs. 2)

12 Nach der Genehmigung des Vergleichs ist dessen Widerruf im Musterverfahren durch Musterkläger oder Musterbeklagte nicht möglich. Der Beschluss des OLG ist nicht anfechtbar.

13 Die Beteiligten können auch **keinen Widerrufsvorbehalt** vereinbaren, der noch nach richterlicher Genehmigung des Vergleichs genutzt werden kann. Möglich ist allerdings, die Vereinbarung einer auflösenden Bedingung, die auch nach richterlicher Genehmigung eintreten kann. So zB, dass ein gewisses Quorum an Beigeladenen aus dem Vergleich gem. § 19 Abs. 2 nF austritt.[11] Außerdem kann der Beklagte – und ggf die Musterkläger – in den Mustervergleich vertraglich so gestalten, dass eine Überprüfung der Individualansprüche möglich ist, die von Gerichten nicht mehr geleistet wird.[12]

14 Denkbar erscheint auch, die Wirksamkeit des Vergleiches zusätzlich von einer **Mitwirkung der Anmelder** abhängig zu machen, mit denen dann allerdings, da sie am Musterverfahren nicht teilnehmen, direkte Vereinbarungen getroffen werden müssten. Freilich fragt sich, wie hoch die diesbezügliche Bereitschaft der Musterbeklagten, die letztlich nicht einmal sicher sagen können, ob tatsächlich jeder Anmelder die fragliche Kapitalanlage überhaupt erworben hat, hierzu sein wird.

15 Beigeladene, die den Vergleich nicht akzeptieren, können gem. § 19 Abs. 2 nF ihren **Austritt** erklären. Dann müssen die entsprechenden Einzelverfahren fortgesetzt werden.

§ 19 Bekanntmachung des Vergleichs; Austritt

(1) Der genehmigte Vergleich wird den Beigeladenen zugestellt.

(2) ¹Die Beigeladenen können innerhalb einer Frist von einem Monat nach Zustellung des Vergleichs ihren Austritt aus dem Vergleich erklären. ²Der Austritt muss schriftlich gegenüber dem Gericht erklärt werden; er kann vor der Geschäftsstelle zu Protokoll erklärt werden.

(3) Die Beigeladenen sind über ihr Recht zum Austritt aus dem Vergleich, über die einzuhaltende Form und Frist sowie über die Wirkung des Vergleichs zu belehren.

Literatur:
Halfmeier/Rott/Feess, Kollektiver Rechtsschutz im Kapitalmarktrecht. Evaluation des Kapitalanleger-Musterverfahrensgesetzes, 2009; *Bussian/Schmidt*, PHi 2012, 42; *Halfmeier*, DB 2012, 2145; *Schneider/Heppner*, BB 2012, 2703.

A. Vorbemerkung

1 Die Regelung über die Einbeziehung der Beigeladenen in den Vergleich ist eine Neuregelung im KapMuG.

B. Normzweck

2 Der § 19 nF soll sicherstellen, dass die Beigeladenen Kenntnis vom Inhalt des Vergleichs bekommen, um ihn ggf auch ablehnen zu können.

---

9 BT-Drucks. 17/8799, S. 39.
10 BT-Drucks. 17/10160, S. 27.
11 BT-Drucks. 17/8799, S. 25. Der Hinweis entstammt allerdings noch einer Gesetzesfassung, die noch kein 30-Prozent-Quorum vorsah. Gleichwohl dürfte es den Beteiligten überlassen sein, ein strengeres Quorum in den Vergleich aufzunehmen. An einem weniger strengen Quorum bestehen hingegen Bedenken, da hinter dem 30-Prozent-Erfordernis (bzw mindestens 70 % Zustimmenden) die gesetzgeberische Wertentscheidung steckt, dass bei niedrigerer Quote die Ausgewogenheit des Vergleiches in Frage steht: BT-Drucks. 17/10160, S. 26.
12 So *Schneider/Heppner*, BB 2012, 2712.

C. Zustellung an die Beigeladenen (Abs. 1)

Der Vergleich wird den Beigeladenen vom Gericht zugestellt. Diese Zustellung kann nicht durch die öffentliche Bekanntmachung ersetzt werden.[1]

D. Erklärung des Austritts (Abs. 2)

Die Beigeladenen können innerhalb eines Monats nach Zustellung des Vergleichs ihren Austritt schriftlich gegenüber dem Gericht erklären, wenn sie mit dem Vergleich nicht einverstanden sind. Dadurch entsteht mit Ablauf dieser Ausschlussfrist Klarheit, ob der Vergleich wirksam wird, welche Personen von dem Vergleich erfasst sind und welche Ausgangsverfahren weiterzuführen sind.
Der Austritt kann zu Protokoll der Geschäftsstelle erklärt werden; er bedarf keiner anwaltlichen Vertretung (§ 78 Abs. 3 ZPO).[2]

E. Belehrung der Beigeladenen (Abs. 3)

Die Beigeladenen müssen bei der Zustellung des Vergleichs über dessen Wirkung, ihr Recht zum Austritt sowie über die einzuhaltende Form und Ausschlussfrist belehrt werden. Diese Belehrung der Beigeladenen ist von besonderer Wichtigkeit, da das Schweigen der Beigeladenen zum Vergleich als deren Zustimmung zum Vergleich gilt. Daher muss die Belehrung so gestaltet sein, dass jeder Beigeladene problemlos diese Konsequenz deutlich erkennt.[3]
Welche Folge eintritt, wenn nicht korrekt belehrt wird, regelt das Gesetz nicht. Da die Gesetzesbegründung aber auf die besondere Bedeutung dieser Belehrung hinweist[4] wird auch eine **unrichtige Belehrung** entsprechende Folgen haben müssen. Da das Gesetz den Lauf der Frist an die Zustellung des Vergleiches und nicht an die Erteilung der Belehrung knüpft, erscheint eine Lösung über einen späteren Fristbeginn nicht möglich. Denkbar wäre allerdings, dass es nicht korrekt Belehrten auch später noch offen steht, aus dem Vergleich auszutreten, wenn sie mit gewisser Wahrscheinlichkeit bei korrekter Belehrung von ihrem **Austrittsrecht** Gebrauch gemacht hätten. Denn mangels Belehrung könnte ihrem Schweigen nicht ohne Weiteres eine rechtliche Erklärung zugemessen werden. Hieran wären allerdings, um den Zweck des Vergleichsschlusses nicht zu gefährden, hohe Darlegungsanforderungen zu stellen, es sei denn, es wurde überhaupt nicht belehrt.

§ 20 Rechtsbeschwerde

(1) ¹Gegen den Musterentscheid findet die Rechtsbeschwerde statt. ²Die Sache hat stets grundsätzliche Bedeutung im Sinne des § 574 Absatz 2 Nummer 1 der Zivilprozessordnung. ³Die Rechtsbeschwerde kann nicht darauf gestützt werden, dass das Prozessgericht nach § 6 Absatz 1 und 2 zu Unrecht einen Musterentscheid eingeholt hat. ⁴Beschwerdeberechtigt sind alle Beteiligten.

(2) ¹Das Rechtsbeschwerdegericht benachrichtigt die übrigen Beteiligten des Musterverfahrens und die Anmelder über den Eingang einer Rechtsbeschwerde, wenn diese an sich statthaft ist und in der gesetzlichen Form und Frist eingelegt wurde. ²Die Benachrichtigung ist zuzustellen. ³Die Zustellung kann durch öffentliche Bekanntmachung ersetzt werden; § 11 Absatz 2 Satz 2 gilt entsprechend.

(3) ¹Die übrigen Beteiligten können binnen einer Notfrist von einem Monat ab Zustellung der Benachrichtigung nach Absatz 2 dem Rechtsbeschwerdeverfahren beitreten. ²Der Beitrittschriftsatz ist innerhalb eines Monats ab Zustellung der Benachrichtigung nach Absatz 2 zu begründen; § 551 Absatz 2 Satz 5 und 6 der Zivilprozessordnung gilt entsprechend.

(4) ¹Lehnt ein Beteiligter den Beitritt ab oder erklärt er sich nicht innerhalb der in Absatz 3 genannten Frist, so wird das Musterverfahren vor dem Rechtsbeschwerdegericht ohne Rücksicht auf ihn fortgesetzt. ²Auf die Rechtsstellung der Beteiligten, die dem Rechtsbeschwerdeverfahren beigetreten sind, ist § 14 entsprechend anzuwenden.

---

1 BT-Drucks. 17/8799, S. 40.
2 Ebenda.
3 Ebenda.
4 Ebenda, S. 25.

(5) ¹Die Entscheidung über die Rechtsbeschwerde wird den Beteiligten und den Anmeldern zugestellt. ²Die Zustellung kann durch öffentliche Bekanntmachung ersetzt werden. ³§ 11 Absatz 2 Satz 2 gilt entsprechend.

Literatur:
Vorwerk/Wolf, Kapitalanleger-Musterverfahrensgesetz, Kommentar, 2007; Hess/Reuschle/Rimmelspacher, Kölner Kommentar zum Kapitalanleger-Musterverfahrensgesetz (KapMuG), 2008; Halfmeier/Rott/Feess, Kollektiver Rechtsschutz im Kapitalmarktrecht. Evaluation des Kapitalanleger-Musterverfahrensgesetzes, 2009; Schneider/Heppner, BB 2012, 2703; Söhner, ZIP 2013, 7.

A. Vorbemerkung 1	D. Benachrichtigung über den Eingang der Rechtsbeschwerde (Abs. 2) 14
B. Normzweck 2	I. Rechtsbeschwerdegericht 14
C. Rechtsbeschwerde (Abs. 1) 3	II. Benachrichtigung der Beteiligten 15
I. Grundsätzliche Bedeutung 4	E. Beitrittsrecht der übrigen Beteiligten (Abs. 3 und 4) 19
II. Beschwerdeberechtigung, Rollenverteilung ... 5	F. Zustellung der Entscheidung über die Rechtsbeschwerde (Abs. 5) 21
III. Beschwerdegegenstand 7	
IV. Beschwerdefrist 10	
V. Beschwerdegründe 11	
VI. Unzulässige Verfahrensbeschwerde 13	

A. Vorbemerkung

1 Die Regelung des Rechtsbeschwerdeverfahrens in § 20 nF entspricht wesentlich dem § 15 Abs. 1 und 2 aF. Zur besseren Verständlichkeit wurde diese Norm auf zwei Normen – § 20 und § 21 nF – aufgeteilt.

B. Normzweck

2 Die Rechtsbeschwerde gegen den Musterbescheid dient der Richtigkeitskontrolle der Entscheidung. Diese Rechtsmittelvorschrift ist deshalb von erheblicher Bedeutung, weil der Ausgang der ausgesetzten Rechtsstreite nicht nur von Rechtsfragen, sondern auch von der Feststellung streitiger Tatsachen abhängen kann.

C. Rechtsbeschwerde (Abs. 1)

3 Gegen den Musterentscheid ist die Rechtsbeschwerde zum BGH möglich.

4 **I. Grundsätzliche Bedeutung.** Die grundsätzliche Bedeutung der Sache iSd § 574 Abs. 2 Nr. 1 ZPO wird – weiterhin – unwiderleglich vermutet.[1] Das ist insofern konsequent, da mit KapMuG-Verfahren regelmäßig ein großes öffentliches Interesse verbunden ist und eine größere Zahl von Anlegern mit zumeist höheren Streitwerten betroffen ist.

5 **II. Beschwerdeberechtigung, Rollenverteilung.** Alle Beteiligten des Musterverfahrens (Musterkläger, Musterbeklagte sowie alle Beigeladenen) können Rechtsbeschwerde gegen den Musterentscheid beim BGH von einem bei diesem Gericht zugelassenen **Rechtsanwalt** einlegen lassen. Die Befugnis zur Beschwerde setzt allerdings voraus, dass der Rechtsmittelführer durch den Musterentscheid beschwert ist.[2] Die Beschwerdeberechtigung von Beigeladenen kann in der Regel nicht schon aus dem Rubrum des Musterentscheides entnommen werden, da die Beigeladenen dort nicht aufgeführt werden müssen (§ 16 Abs. 1 S. 2 nF). Die Beschwerdeberechtigung (und Beschwer) kann aber anhand des Aussetzungsbeschlusses und des Entscheidungsinhaltes des Musterentscheides überprüft werden. Die Beschwerdeberechtigung der Beigeladenen kann dementsprechend durch die Vorlage der Aussetzungsbeschlüsse nachgewiesen werden.[3] Die Beschwer kann zB darin liegen, dass ein Prospektfehler als anspruchsbegründende Voraussetzung eines Prospekthaftungsanspruchs im Musterverfahren nicht nachgewiesen werden konnte.[4]

6 Die Rollenverteilung, dh wer **Musterrechtsbeschwerdeführer** bzw -gegner wird, ist in § 21 nF geregelt.

7 **III. Beschwerdegegenstand.** Abs. 1 S. 1 nF eröffnet die Rechtsbeschwerde ausdrücklich nur „**gegen den Musterentscheid**" selbst. Gemäß Abs. 1 S. 3 nF kann die Rechtsbeschwerde nicht darauf gestützt werden, dass das Prozessgericht nach § 6 Abs. 1 und 2 zu Unrecht einen Musterentscheid eingeholt hat. Die Frage, ob die Bekanntmachungsverfahren und das Vorlageverfahren fehlerfrei durchgeführt worden sind und damit auch die Prüfung der Statthaftigkeit des Verfahrens, ist gem. Abs. 1 S. 2 nF durch den BGH nicht überprüfbar.[5]

---

1 BT-Drucks. 17/10160, S. 27. Erst der Rechtsausschuss hat die Beibehaltung der bisherigen Rechtslage herbeigeführt.
2 So Vorwerk in: Vorwerk/Wolf, KapMuG-Kommentar, § 15 Rn 2.
3 BGH v. 2.10.2012 – XI ZB 12/12, Rn 15 und 27.
4 Ebenda, Rn 28.
5 KG Berlin v. 3.3.2009 – 4 Sch 2/06, Rn 220.

Dies gilt allerdings nur insoweit, als das KapMuG überhaupt anwendbar ist. Denn nicht anwendbare Vorschriften können auch nicht die Prüfungskompetenz des BGH beschneiden. Dementsprechend kann der BGH überprüfen, ob der Anwendungsbereich des KapMuG für den betreffenden Anspruch eröffnet ist oder nicht und im Verneinensfall den Musterentscheid schon aus diesem Grund aufheben.[6]

Die Bindungs- und Rechtskraftwirkung des Musterentscheids verpflichtet den BGH zu einer einheitlichen Entscheidung über die Rechtsbeschwerde des Musterklägers und der Beigeladenen. Deswegen darf eine **unzulässige Rechtsbeschwerde** nicht verworfen werden, solange nur über eine der Rechtsbeschwerden in der Sache zu entscheiden ist.[7] Demnach sind auch alle in verschiedenen Rechtsbeschwerden vorgebrachten Rügen abzuhandeln.

IV. Beschwerdefrist. Die Beschwerdefrist richtet sich nach § 575 Abs. 1 ZPO (**Notfrist** von einen Monat ab Zustellung des Musterentscheids). Damit kann, soweit die Zustellung nicht durch öffentliche Bekanntmachung ersetzt wird, für jeden Beteiligten eine individuelle Beschwerdefrist laufen. Anders als beim KapMuG aF ist mit Blick auf die Beigeladenen nicht mehr allein die Zustellung an den Musterkläger maßgeblich.[8]

V. Beschwerdegründe. Die Zulassungsvoraussetzungen der Rechtsbeschwerde gem. § 574 Abs. 2 ZPO stimmen wörtlich und inhaltlich mit denen für die Revision überein.[9] „Es gibt keinen sachlichen Grund, weshalb die Überprüfung der Feststellungen in einem Musterentscheid weiter gehen müsste als in einem Berufungsurteil."[10]

Danach stellt die nicht erfolgte oder nicht richtig erfolgte Rechtsanwendung eine Rechtsverletzung dar. Außerdem liegt dem Musterentscheid eine Rechtsverletzung zu Grunde, wenn einer der folgenden absoluten **Revisionsgründe** des § 547 ZPO vorliegt:

„1. wenn das erkennende Gericht nicht vorschriftsmäßig besetzt war;
2. wenn bei der Entscheidung ein Richter mitgewirkt hat, der von der Ausübung des Richteramts kraft Gesetzes ausgeschlossen war, sofern nicht dieses Hindernis mittels eines Ablehnungsgesuchs ohne Erfolg geltend gemacht ist;
3. wenn bei der Entscheidung ein Richter mitgewirkt hat, obgleich er wegen Besorgnis der Befangenheit abgelehnt und das Ablehnungsgesuch für begründet erklärt war;
4. wenn eine Partei in dem Verfahren nicht nach Vorschrift der Gesetze vertreten war, sofern sie nicht die Prozessführung ausdrücklich oder stillschweigend genehmigt hat;
5. wenn die Entscheidung aufgrund einer mündlichen Verhandlung ergangen ist, bei der die Vorschriften über die Öffentlichkeit des Verfahrens verletzt sind;
6. wenn die Entscheidung entgegen den Bestimmungen dieses Gesetzes nicht mit Gründen versehen ist."

VI. Unzulässige Verfahrensbeschwerde. Die Rechtsbeschwerde kann nicht darauf gestützt werden, dass das Prozessgericht nach § 6 Abs. 1 und 2 nF zu Unrecht einen Musterentscheid eingeholt hat. Der Musterentscheid des OLG kann auch nicht mit dem Hinweis, dass die notwendige Zahl an gleichgerichteten Musterverfahrensanträgen nicht vorlag, angegriffen werden. Ebenso kann die Rechtsbeschwerde gegen den Musterentscheid nicht darauf gestützt werden, dass aufgrund eines Eintragungsfehlers im Klageregister ein nicht zur Vorlage berechtigtes Prozessgericht eine Entscheidung eines OLG eingeholt hat. Ein solcher Verfahrensfehler ist nicht angreifbar.

D. Benachrichtigung über den Eingang der Rechtsbeschwerde (Abs. 2)

I. Rechtsbeschwerdegericht. Die Rechtsbeschwerdeinstanz ist gem. § 133 GVG der BGH. Der Geschäftsverteilungsplan des BGHs enthält nach wie vor keine an das KapMuG-Verfahren unmittelbar anknüpfende Regelung. Zuständig sind regelmäßig der II. und XI. Zivilsenat.

II. Benachrichtigung der Beteiligten. Das Rechtsbeschwerdegericht hat alle Beteiligten des Musterverfahrens, unabhängig davon, wer die Rechtsbeschwerde eingelegt hat, über den Eingang einer statthaften sowie in der gesetzlichen Form und Frist eingelegten Rechtsbeschwerde (§ 575 Abs. 1 ZPO) zu benachrichtigen. Statthaft ist das Rechtsmittel, wenn es gegen die angefochtene Entscheidung nach dem einschlägigen Verfahrensrecht seiner Art nach gegeben ist und von der hierzu befugten Person eingelegt wurde.[11] Außerdem muss der Rechtsbeschwerdeführer auch beschwert sein.[12]

---

6 BGH v. 13.12.2011 – II ZB 6/09, LS. Die Erweiterung des Anwendungsbereiches des KapMuG hat daran nichts geändert, da nach wie vor Ansprüche im Zusammenhang mit dem Erwerb eines Finanzproduktes gegeben sein können, die von diesem Anwendungsbereich nicht erfasst sind.
7 BGH v. 2.10.2012 – XI ZB 12/12, Rn 22.
8 Zum KapMuG aF BGH v. 2.10.2012 – XI ZB 12/12, Rn 25, 27.
9 Heßler in: Zöller, ZPO-Kommentar, 29. Aufl. (2012), § 574 Rn 13.
10 Gesetzesbegründung, BT-Drucks. 17/8799, S. 40.
11 Heßler, in: Zöller, ZPO-Kommentar, 29. Aufl. (2012), vor § 511 Rn 6.
12 Vgl BGH v. 2.10.2012 – XI ZB 12/12 Rn 7 ff.

17 Weitere **Zulässigkeitsvoraussetzungen** sind nicht gefordert. Vor allem muss der Eingang der Rechtsbeschwerdebegründung nicht abgewartet werden, um die Mitteilung veranlassen zu können.[13]

18 Die Benachrichtigung muss zugestellt werden. Die Zustellung der Mitteilung kann durch öffentliche Bekanntmachung ersetzt werden; die öffentliche Bekanntmachung wird durch Eintragung in das Klageregister bewirkt.[14]

E. Beitrittsrecht der übrigen Beteiligten (Abs. 3 und 4)

19 Die „übrigen Beteiligten", also diejenigen, die nicht selbst eine Rechtsbeschwerde angestrengt haben, können sich dennoch (aktiv) am Rechtsbeschwerdeverfahren beteiligen, indem sie binnen einer **Notfrist** von einem Monat ab der Zustellung der Benachrichtigung über den Eingang einer Rechtsbeschwerde (Abs. 2) ihren Beitritt erklären. Hierfür ist ein bestimmender Schriftsatz erforderlich.[15] Die übrigen Beteiligten haben es damit in der Hand, ob sie an einem Rechtsbeschwerdeverfahren (noch) teilnehmen oder nicht; zB dann nicht, wenn zuvor über die sie betreffenden Musterverfahrensanträge abschlägig entschieden wurde. Auf die Wirkung des Musterentscheides hat die Entscheidung über den Beitritt allerdings keinen Einfluss; dieser wirkt gem. § 22 Abs. 5 nF auch für und gegen Beteiligte, die dem Rechtsbeschwerdeverfahren nicht beigetreten sind. Auswirkungen ergeben sich mithin nur bei den **Kosten**, § 26 Abs. 1 nF.

20 Die Rechtsstellung der beigetretenen Beteiligten richtet sich nach § 14 nF (Abs. 4 S. 2). Danach gleicht die Rechtsstellung der beigetretenen Beteiligten der eines unselbstständigen Streithelfers.[16] Erklärt ein Beteiligter sich nicht zum Beitritt oder lehnt er den Beitritt positiv ab, wird das Musterverfahren vor dem Rechtsbeschwerdegericht ohne ihn fortgesetzt.

F. Zustellung der Entscheidung über die Rechtsbeschwerde (Abs. 5)

21 Die Entscheidung über die Rechtsbeschwerde wird alle Verfahrensbeteiligten sowie den Anmeldern zugestellt. Auch sie kann durch öffentliche Bekanntmachung – im Klageregister – ersetzt werden.

§ 21 Musterrechtsbeschwerdeführer

(1) ¹Legt der Musterkläger Rechtsbeschwerde gegen den Musterentscheid ein, so führt er das Musterverfahren als Musterrechtsbeschwerdeführer in der Rechtsbeschwerdeinstanz fort. ²Das Rechtsbeschwerdegericht bestimmt nach billigem Ermessen durch Beschluss den Musterrechtsbeschwerdegegner aus den Musterbeklagten. ³§ 574 Absatz 4 Satz 1 der Zivilprozessordnung ist auf die übrigen Musterbeklagten entsprechend anzuwenden.

(2) Legt nicht der Musterkläger, sondern einer oder mehrere der Beigeladenen Rechtsbeschwerde gegen den Musterentscheid ein, wird derjenige Beigeladene, welcher als erster das Rechtsmittel eingelegt hat, vom Rechtsbeschwerdegericht zum Musterrechtsbeschwerdeführer bestimmt.

(3) ¹Legt einer oder mehrere der Musterbeklagten Rechtsbeschwerde gegen den Musterentscheid ein, wird derjenige Musterbeklagte, welcher als erster das Rechtsmittel eingelegt hat, vom Rechtsbeschwerdegericht zum Musterrechtsbeschwerdeführer bestimmt. ²Musterrechtsbeschwerdegegner ist der Musterkläger. ³§ 574 Absatz 4 Satz 1 der Zivilprozessordnung ist auf die Beigeladenen entsprechend anzuwenden.

(4) Nimmt der Musterrechtsbeschwerdeführer seine Rechtsbeschwerde zurück, bestimmt das Rechtsbeschwerdegericht entsprechend § 13 Absatz 1 einen neuen Musterrechtsbeschwerdeführer aus dem Kreis der Beteiligten, die dem Rechtsbeschwerdeverfahren auf der Seite des Musterrechtsbeschwerdeführers beigetreten sind, es sei denn, diese verzichten ebenfalls auf die Fortführung der Rechtsbeschwerde.

Literatur:
Vorwerk/Wolf, Kapitalanleger-Musterverfahrensgesetz, Kommentar, 2007; *Hess/Reuschle/Rimmelspacher*, Kölner Kommentar zum Kapitalanleger-Musterverfahrensgesetz (KapMuG), 2008; *Halfmeier/Rott/Feess*, Kollektiver Rechtsschutz im Kapitalmarktrecht. Evaluation des Kapitalanleger-Musterverfahrensgesetzes, 2009.

---

13 BGH v. 2.10.2012 – XI ZB 12/12, LS b.
14 Zum Inhalt siehe den Tenor der Entscheidung XI ZB 12/12.
15 *Vorwerk* in: Vorwerk/Wolf, KapMuG-Kommentar, § 15 Rn 26.
16 Vgl auch BGH v. 2.10.2012 – XI ZB 12/12, Rn 27.

A. Vorbemerkung

§ 21 nF entspricht der Regelung des § 15 Abs. 3 bis 5 aF. 1

B. Normzweck

§ 21 nF regelt die Rollenverteilung im Rechtsbeschwerdeverfahren und stellt indirekt nochmals fest, dass einfache Teilnehmer des Musterverfahrens (Anmelder) als passive Beteiligte nicht berechtigt sind, Rechtsbeschwerde einzulegen. 2

C. Rechtsbeschwerde durch den Musterkläger (Abs. 1)

Der vom OLG bestimmte Musterkläger ist Musterrechtsbeschwerdeführer, wenn er Rechtsbeschwerde gegen den Musterentscheid einlegt. 3

Nimmt der Musterrechtsbeschwerdeführer seine **Beschwerde zurück**, dann legt das Rechtsbeschwerdegericht einen neuen Musterrechtsbeschwerdeführer fest. Dieser wird aus dem Kreis der Beigeladenen, die dem Rechtsbeschwerdeverfahren beigetreten sind, bestimmt. Verzichtet dieser ebenfalls auf die Fortführung der Rechtsbeschwerde, dann ist ein anderer beschwerdeführender Beigeladener zum Musterrechtsbeschwerdeführer zu ernennen. 4

Der Musterrechtsbeschwerdegegner wird vom Rechtsbeschwerdegericht nach billigem Ermessen durch Beschluss aus dem Kreis der Musterbeklagten bestimmt. 5

Die Beschränkung auf einen Musterbeklagten als Musterrechtsbeschwerdegegner dient der Reduzierung des Kostenrisikos für die Kläger.[1] Die übrigen Musterbeklagten haben das Recht zur **Anschlussbeschwerde**.[2] Bei der Auswahl wird das Gericht zu beachten haben, ob und welche Musterbeklagten ggf ihrerseits Rechtsbeschwerde eingelegt haben (Abs. 3). 6

D. Rechtsbeschwerde durch Beigeladene (Abs. 2)

Jeder Beigeladene kann unabhängig vom Willen des Musterklägers Rechtsbeschwerde einlegen. Legt der Musterkläger keine Rechtsbeschwerde ein, so wird derjenige Beigeladene zum Musterrechtsbeschwerdeführer, der als erster das Rechtsmittel eingelegt hat. 7

Legen mehrere Beigeladene tagleich Rechtsbeschwerde ein und ist die Uhrzeit des Eingangs nicht dokumentiert, wird das Gericht eine Auswahl in entsprechender Anwendung des § 9 Abs. 2 nF zu treffen haben. 8

Das Rechtsbeschwerdegericht hat die übrigen Beteiligten, insbesondere auch den Musterkläger, und die Anmelder über den Eingang einer Rechtsbeschwerde, die ein Beigeladener eingelegt hat, zu unterrichten (§ 20 Abs. 2 nF), sofern der Musterkläger selbst keine Rechtsbeschwerde einlegt. 9

E. Rechtsbeschwerde durch Musterbeklagte (Abs. 3)

Legt einer oder mehrere Musterbeklagte Rechtsbeschwerde gegen den Musterentscheid ein, wird derjenige Musterrechtsbeschwerdeführer, der als erster Rechtsmittel eingelegt hat. Das Rechtsbeschwerdegericht ist hier ausschließlich an den Zeitpunkt des Eingangs der Beschwerde gebunden. Bei tagleichem Eingang und nicht dokumentierter Uhrzeit kann Abs. 1 S. 2 entsprechend herangezogen werden. 10

Musterrechtsbeschwerdegegner ist stets allein der vom OLG bestimmte Musterkläger, er ist auch im Rechtsbeschwerdeverfahren der Interessenvertreter aller Kläger. § 574 Abs. 4 ZPO ist hier für die Beigeladenen entsprechend anwendbar. Damit wird den Beigeladenen das Recht zur **Anschlussrechtsbeschwerde** eingeräumt. Die Beigeladenen können sich bis zum Ablauf einer Notfrist von einem Monat nach der Zustellung der Begründungsschrift der Rechtsbeschwerde durch Einreichen der Rechtsbeschwerdeanschlussschrift beim Rechtsbeschwerdegericht anschließen, auch wenn sie auf die Rechtsbeschwerde verzichtet haben, die Rechtsbeschwerdefrist verstrichen oder die Rechtsbeschwerde nicht zugelassen worden ist. Die Anschlussbeschwerde ist in der Anschlussschrift zu begründen. Die Anschließung verliert ihre Wirkung, wenn die Rechtsbeschwerde zurückgenommen oder als unzulässig verworfen wird. 11

---

1 BT-Drucks. 17/8799, S. 41.
2 Ebenda.

F. Neubestimmung des Musterbeschwerdeführers (Abs. 4)

12 Nimmt der Musterrechtsbeschwerdeführer seine Rechtsbeschwerde zurück, so muss das Rechtsbeschwerdegericht aus dem Kreis derjenigen, die dem Rechtsbeschwerdeverfahren auf Seiten des Musterrechtsbeschwerdeführers beigetreten sind (bzw die selbst Rechtsbeschwerde eingelegt haben), einen neuen Musterrechtsbeschwerdeführer bestimmen. Diese können allerdings auf die Fortführung der Rechtsbeschwerde verzichten.

Abschnitt 3
Wirkung des Musterentscheids und des Vergleichs; Kosten

§ 22 Wirkung des Musterentscheids

(1) ¹Der Musterentscheid bindet die Prozessgerichte in allen nach § 8 Absatz 1 ausgesetzten Verfahren. ²Unbeschadet des Absatzes 3 wirkt der Musterentscheid für und gegen alle Beteiligten des Musterverfahrens unabhängig davon, ob der Beteiligte alle im Musterverfahren festgestellten Tatsachen selbst ausdrücklich geltend gemacht hat. ³Dies gilt auch dann, wenn der Musterkläger oder der Beigeladene seine Klage im Ausgangsverfahren nach Ablauf der in § 24 Absatz 2 genannten Frist zurückgenommen hat.

(2) Der Beschluss ist der Rechtskraft insoweit fähig, als über die Feststellungsziele des Musterverfahrens entschieden ist.

(3) Nach rechtskräftigem Abschluss des Musterverfahrens werden die Beigeladenen in ihrem jeweiligen Rechtsstreit mit der Behauptung, dass der Musterkläger das Musterverfahren mangelhaft geführt habe, gegenüber den Musterbeklagten nur insoweit gehört,

1. als sie durch die Lage des Musterverfahrens zur Zeit der Aussetzung des von ihnen geführten Rechtsstreits oder durch Erklärungen und Handlungen des Musterklägers verhindert worden sind, Angriffs- oder Verteidigungsmittel geltend zu machen, oder
2. als Angriffs- oder Verteidigungsmittel, die ihnen unbekannt waren, vom Musterkläger absichtlich oder durch grobes Verschulden nicht geltend gemacht sind.

(4) Mit der Einreichung des rechtskräftigen Musterentscheids durch einen Beteiligten des Musterverfahrens wird das Ausgangsverfahren wieder aufgenommen.

(5) Der Musterentscheid wirkt auch für und gegen die Beteiligten, die dem Rechtsbeschwerdeverfahren nicht beigetreten sind.

Literatur:
Lüke, ZZP 2006, 143; *Vorwerk/Wolf*, Kapitalanleger-Musterverfahrensgesetz, Kommentar, 2007; *Rau*, Das Kapitalanleger-Musterverfahrensgesetz vor dem Hintergrund von Dispositions- und Verhandlungsgrundsatz, 2008; *Hess/Reuschle/Rimmelspacher*, Kölner Kommentar zum Kapitalanleger-Musterverfahrensgesetz (KapMuG), 2008; *Halfmeier/Rott/Feess*, Kollektiver Rechtsschutz im Kapitalmarktrecht. Evaluation des Kapitalanleger-Musterverfahrensgesetzes, 2009; *Halfmeier*, DB 2012, 2145; *Hartmann*, JurBüro 2012, 563.

A. Vorbemerkung	1	III. Auswirkungen einer Klagerücknahme	8
B. Normzweck	2	D. Rechtskraftwirkung (Abs. 2)	10
C. Bindungs- und Rechtskraftwirkung des Musterentscheids (Abs. 1)	3	E. Begrenzung der Bindungswirkung (Abs. 3)	15
I. Verfahrensaussetzung als Bindungsvoraussetzung	3	F. Wiederaufnahme des Ausgangsverfahrens (Abs. 4)	18
II. Innerprozessuale Bindungswirkung	6	G. Bindungswirkung bei Rechtsbeschwerdeverfahren (Abs. 5)	19

A. Vorbemerkung

1 § 22 nF entspricht § 16 aF; er wurde lediglich neu strukturiert.

B. Normzweck

2 § 22 nF ist die zentrale Bestimmung des KapMuG. Hier ist die Bindung der Prozessgerichte an den Musterentscheid in allen ausgesetzten Ausgangsverfahren geregelt und damit die Verbindung zwischen den Ausgangsverfahren und dem Musterverfahren hergestellt. So wird die mehrfache Verhandlung und Entschei-

dung zu ein und derselben Frage vermieden und eine Einheitlichkeit in der Rechtsprechung der Prozessgerichte bei der nachfolgenden Entscheidung der ausgesetzten Einzelverfahren gewährleistet.

C. Bindungs- und Rechtskraftwirkung des Musterentscheids (Abs. 1)

I. Verfahrensaussetzung als Bindungsvoraussetzung. Abs. 1 nF regelt ausschließlich die Bindung der Prozessgerichte in den ausgesetzten Verfahren an den Musterentscheid. Dieser ist einem **Grundurteil** ähnlich, wenngleich das OLG nicht über den Grund als solchen entscheidet, sondern über einzelne Anspruchsvoraussetzungen. Der Beschluss hat verbindliche Wirkung für alle Prozessgerichte, deren Entscheidung von der im Musterverfahren zu klärenden Rechtsfrage abhängt.[1]

Die Bindung setzt grundsätzlich die Rechtshängigkeit eines Verfahrens zum Zeitpunkt der OLG-Entscheidung voraus, das gem. § 8 Abs. 1 nF ausgesetzt wurde.

Die Aussetzung der Ausgangsverfahren ist daher die entscheidende Voraussetzung für die Bindungswirkung. Verfahren, die erst nach dem rechtskräftigen Abschluss des Musterverfahrens eingeleitet werden, sind nicht daran gebunden, dürften sich aber gleichwohl an dem Musterentscheid orientieren.

II. Innerprozessuale Bindungswirkung. Abs. 1 nF bestimmt nicht die materielle Rechtskraftwirkung des Musterentscheids für die Beteiligten; er legt nur die innerprozessuale Bindungswirkung in den **Ausgangsprozessen** fest. Danach sind die Prozessgerichte der nach § 8 nF ausgesetzten Verfahren an den Musterentscheid gebunden. Das bedeutet, dass die Prozessgerichte von den im Musterverfahren getroffenen Feststellungen nicht abweichen dürfen. Der Musterentscheid wirkt gegenüber sämtlichen Beteiligten unabhängig davon, ob der einzelne Beteiligte alle festgestellten Tatsachen selbst geltend gemacht hat.[2] Auch wenn ein Beigeladener also zB nicht selbst geltend gemacht hat, dass ein Prospekt wegen eines bestimmten Fehlers unrichtig ist, steht auch für seinen Fall die Unrichtigkeit des Prospektes wegen dieses Fehlers fest. Gefragt werden kann lediglich, ob der betreffende Beigeladene den Prospektfehler bzw dessen Tatsachengrundlagen wenigstens noch vortragen muss oder ob insoweit auch der Beibringungsgrundsatz überlagert wird. Der Wortlaut und die Gesetzeskonstruktion sprechen dafür, dass ein entsprechender Vortrag nicht erforderlich ist. Denn ein „ausdrückliches Geltendmachen" im Musterverfahren selbst wird in der Regel nur mittels der Musterverfahrensanträge erfolgen. Diese werden aber wiederum nur von verhältnismäßig wenigen Beigeladenen gestellt werden; die Mehrzahl der Verfahren wird nach dem Vorlagebeschluss schlicht ausgesetzt. Nur wenige Beigeladene beteiligen sich dann, wie das Telekom-Verfahren zeigt, aktiv am Musterverfahren – was vom Gesetz mit der Figur des Musterklägers auch ebenso intendiert ist. Dann aber kann die Formulierung nur so verstanden werden, dass ein ausdrückliches Geltendmachen im Ausgangsprozess nicht erforderlich ist, zumal ohnehin das Einreichen gem. Abs. 4 als eine inhaltliche Bezugnahme auf den Vortrag im Musterentscheid zu verstehen sein wird.

Die Bindungswirkung gilt auch bei einer **Aussetzung in höheren Instanzen**. Was das für das konkrete Verfahren bedeutet, hängt davon ab, über welche Teile des Streitstoffs ggf bereits rechtskräftig entschieden worden ist bzw welche Entscheidungsteile nicht mehr mit Rechtsmitteln angegriffen werden können. Zwar wird diese Frage bereits dann relevant, wenn es darum geht, ob das Verfahren auszusetzen ist oder nicht.[3] Gleichwohl kann es dazu kommen, dass der Musterentscheid quasi mit „überschießenden" Feststellungen, nämlich solchen, die an sich bereits feststehende Teile des Streitstoffs betreffen, ergeht und unter deren Berücksichtigung das Verfahren anders hätte entschieden werden müssen. Hier wird man zu unterscheiden haben: beruht die bereits gegebene Bindung auf der Anwendung von Präklusionsvorschriften hat die ausdrücklich und unterschiedslos angeordnete Bindungswirkung des Musterentscheides Vorrang, dh, diese Feststellungen sind im Ausgangsverfahren zu berücksichtigen.[4] Beruht die gegebene Bindung indes auf bereits (teilweise) eingetretener Rechtskraft, kann diese Wirkung auch nicht durch einen Musterentscheid beseitigt werden. Denn dieser ist kein Mittel zur Rechtskraftdurchbrechung – ansonsten könnten auch bereits vollständig abgeschlossene Prozesse wieder „aufgerollt" werden. Weder die Beigeladenen noch der Musterkläger können sich durch Klagerücknahme der Wirkung des Musterentscheids entziehen.[5]

III. Auswirkungen einer Klagerücknahme. Eine Klagerücknahme im Ausgangsverfahren hat grundsätzlich keine Auswirkung auf das Entstehen der **Bindungswirkung** (Abs. 1 S. 3). Ein Kläger kann also, wenn sein Verfahren erst einmal Teil des Musterverfahrens geworden ist, mit einer Klagerücknahme nicht erreichen, dass später in einem neuen Verfahren noch einmal neu über die den Feststellungszielen zugrunde liegenden

---

1 Vgl dazu *Lüke*, ZZP 2006, 143 ff.
2 BT-Drucks. 17/8799, S. 41.
3 Siehe dazu Kommentar zu § 8, Aussetzung in höheren Instanzen.
4 So auch *Wolf* in: Vorwerk/Wolf, KapMuG-Kommentar, § 16 Rn 14.
5 BT-Drucks. 17/8799, S. 26.

Umstände zu entscheiden ist. Voraussetzung ist, dass das (neue) Verfahren denselben Streitgegenstand betrifft.[6]

9 Dies ist nur dann anders, wenn die Klage binnen der Frist des § 24 Abs. 2 nF zurückgenommen wird. Nimmt der Kläger binnen dieser Frist die Klage zurück, ist er auch nicht an den **Kosten** des Musterverfahrens beteiligt. Es wäre dann unbillig, ihn gleichwohl von einem ggf positiven Ergebnis des Verfahrens profitieren zu lassen. Damit wird auch der free-rider-Gefahr begegnet.[7]

D. Rechtskraftwirkung (Abs. 2)

10 Abs. 2 nF bestimmt (zusammen mit § 325 a ZPO), dass der Musterentscheid hinsichtlich der Feststellungsziele des Musterverfahrens der Rechtskraft fähig ist. Die Feststellungsziele werden gem. den §§ 2 und 6 nF durch den oder die Musterverfahrensanträge und den zur Begründung vorgetragenen Sachverhalt bestimmt sowie durch den Vorlagebeschluss als auch durch die mögliche Bekanntmachungen zur Erweiterung des Musterverfahrens gem. § 15 Abs. 2 nF präzisiert.

11 Der Begriff Rechtskraft wird hier in Anlehnung an § 322 Abs. 1 ZPO iSd **materiellen Rechtskraftwirkung** des Musterentscheids für die Beteiligten gebraucht.[8] Dadurch, dass in der Gesetzesbegründung auf die materielle Rechtskraftwirkung für „die Beteiligten" hingewiesen wird, ist klargestellt, dass sich die Rechtskraftwirkung nicht nur zwischen dem – zumal mehr oder weniger zufällig ausgewählten – Musterkläger und den Musterbeklagten ergeben soll, sondern auch zwischen jedem Beigeladenen und den Musterbeklagten,[9] soweit sie sich nicht jeweils aus dem Musterverfahren zurückgezogen haben.

12 In sachlicher Hinsicht ist die Rechtskraftwirkung auf die **Feststellungsziele** „des Musterverfahrens" beschränkt. Danach kann zB die über eine Feststellung über eine Rechtsfrage auch nur im Hinblick auf das konkrete Musterverfahren, und also nur im Hinblick auf die betreffende konkrete öffentliche Kapitalmarktinformation, in Rechtskraft erwachsen.

13 „Entschieden" wurde über das Feststellungsziel auch dann, wenn die geltend gemachten Feststellungen (ggf „im Übrigen") zurückgewiesen werden.

14 Die Rechtskraft bindet die Beteiligten in eventuellen **Folgeprozessen** und entfaltet dort Präjudizwirkung. Die Rechtskraftwirkung des Musterentscheids hat zur Folge, dass über denselben Streitgegenstand kein weiteres Musterverfahren von den im Musterverfahren Beteiligten angestrengt werden kann.[10]

E. Begrenzung der Bindungswirkung (Abs. 3)

15 Nach Abschluss des Musterverfahrens werden die **Beigeladenen** in ihrem jeweiligen Rechtsstreit gegenüber den Musterbeklagten mit dem Einwand, für sie gelte die Bindungswirkung nicht, nur gehört, wenn und soweit der Musterkläger das Musterverfahren mangelhaft geführt hat. Voraussetzung dafür ist das Vorbringen, dass

1. sie durch die Lage des Musterverfahrens zur Zeit der Aussetzung des von ihnen geführten Rechtsstreits oder durch Erklärungen und Handlungen des Musterklägers verhindert worden sind, Angriffs- oder Verteidigungsmittel geltend zu machen, oder
2. Angriffs- oder Verteidigungsmittel, die ihnen unbekannt waren, vom Musterkläger absichtlich oder durch grobes Verschulden nicht geltend gemacht sind.

16 Die erste Variante ist eine Konsequenz aus der Regelung des § 14 nF, nach der der Beigeladene das Verfahren in der Lage annehmen muss, in der es sich zum Zeitpunkt seines Beitritts befindet. Nach dem Aussetzungsbeschluss (§ 8 nF), mit dem die Parteien in den Parallelverfahren zu Beigeladenen werden, wird der Zeitpunkt der Beiladung für diesen Fall maßgebend.

17 Die zweite Variante dient dem Schutz der Beigeladenen vor der absichtlichen oder grob fahrlässigen Nichtgeltendmachung von Angriffs- oder Verteidigungsmitteln. Allerdings ist unklar, wann ein absichtliches oder grob fahrlässiges Verhalten des Musterklägers vorliegen soll (ferner, wie sich die Voraussetzungen der Norm im konkreten Fall beweisen lassen). Denn der Musterkläger mag zwar durchaus bewusst, gleichwohl aber mit „guten Gründen" und taktischen Erwägungen ein bestimmtes Angriffs- oder Verteidigungsmittel nicht vorbringen. Es fällt schwer, ein solches letztlich möglicherweise (zumindest ggf mit Blick auf den Individualprozess des Musterklägers) sinnvolles Verhalten gleichwohl als absichtlich(es Fehlverhalten) gegenüber dem Beigeladenen zu interpretieren. Der Begriff des „Verschuldens" sollte deswegen dahin verstan-

---

6 *Wolf* in: Vorwerk/Wolf, KapMuG-Kommentar, § 16 Rn 25.
7 Ebenda, Rn 29.
8 BT-Drucks. 17/8799, S. 26. Vgl hierzu auch die kritische Anmerkung von *Halfmeier*, DB 2012, 2151.
9 Anders zum KapMuG aF wohl *Wolf* in: Vorwerk/Wolf, KapMuG-Kommentar, § 16 Rn 3.
10 So *Rau*, 237.

werden, dass das Verhalten des Musterklägers zugleich auch unverständlich bzw aus dessen Perspektive nicht sinnvoll war. Hierdurch wird der Beigeladene auch nicht benachteiligt. Denn hätte kein Musterverfahren stattgefunden, hätte er den betreffenden – ihm immerhin „unbekannten" – Punkt in seinem Individualprozess ohnehin nicht vorgetragen.

F. Wiederaufnahme des Ausgangsverfahrens (Abs. 4)

Mit der Einreichung des rechtskräftigen Musterentscheids durch einen Beteiligten des Musterverfahrens wird das Ausgangsverfahren wieder aufgenommen. 18

G. Bindungswirkung bei Rechtsbeschwerdeverfahren (Abs. 5)

Abs. 5 nF regelt, dass die Bindungswirkung des Musterentscheids auch ohne Rücksicht auf das Verhalten der Beteiligten im Rechtsbeschwerdeverfahren gilt. Danach profitieren einerseits auch diejenigen, die sich nicht am Rechtsbeschwerdeverfahren beteiligen, von dessen Ergebnis, soweit positiv, können aber andererseits auch nicht den ggf bislang positiven Musterentscheid ohne Rücksicht auf das Rechtsbeschwerdeverfahren in Rechtskraft erstarken lassen. 19

§ 23 Wirkung des Vergleichs

(1) ¹Das Oberlandesgericht stellt durch unanfechtbaren Beschluss fest, ob der genehmigte Vergleich wirksam geworden ist. ²Der Beschluss wird öffentlich bekannt gemacht. ³§ 11 Absatz 2 Satz 2 gilt entsprechend. ⁴Mit der Bekanntmachung des Beschlusses, der die Wirksamkeit des Vergleichs feststellt, wirkt der Vergleich für und gegen alle Beteiligten, sofern diese nicht ihren Austritt erklärt haben.

(2) Der Vergleich beendet das Musterverfahren.

(3) ¹Sofern der Kläger nicht seinen Austritt erklärt hat, beendet das Prozessgericht die nach § 8 Absatz 1 ausgesetzten Verfahren durch Beschluss und entscheidet über die Kosten nach billigem Ermessen und unter Berücksichtigung der nach § 17 Absatz 2 Nummer 4 getroffenen Vereinbarung. ²Gegen den Beschluss findet die sofortige Beschwerde statt. ³Vor der Entscheidung über die Beschwerde ist der Gegner zu hören.

(4) ¹Macht der Kläger die Nichterfüllung des Vergleichs geltend, wird das Verfahren auf seinen Antrag wieder eröffnet. ²Wird die Klage nunmehr auf Erfüllung des Vergleichs gerichtet, ist die Klageänderung zulässig.

Literatur:
Halfmeier/Rott/Feess, Kollektiver Rechtsschutz im Kapitalmarktrecht. Evaluation des Kapitalanleger-Musterverfahrensgesetzes, 2009; *Halfmeier*, DB 2012, 2145; *Schneider/Heppner*, BB 2012, 2703; *Wigand*, AG 2012, 845; *Wolf/Lange*, NJW 2012, 3751; *Wardenbach*, GWR 2013, 35.

A. Vorbemerkung

Die Einführung des Opt-out-Vergleichs ist eine wesentliche Neuerung des KapMuG nF (§§ 17 ff). So ist auch § 23 nF ohne Vorregelung. 1

B. Normzweck

Die Regelung des § 23 nF dient der gütlichen Beendigung des Musterverfahrens für die Verfahrensbeteiligte durch einen Vergleich und der Bestimmung des weiteren Verfahrens nach einem Vergleich. 2

C. OLG-Wirksamkeitsbeschluss (Abs. 1)

Das OLG stellt die Wirksamkeit des Vergleiches durch Beschluss fest, wenn das **Quorum** nach Ablauf der der einmonatigen Austrittsfrist für die Beigeladenen gewahrt ist. Das ist dann der Fall, wenn weniger als 30 % der Beigeladenen ihren Austritt erklärt haben. 3

4 Alle Beteiligten, die keinen **Austritt vom Vergleich** erklärt haben, sind nach Ablauf der Austrittsfrist an den Vergleich wie an einen Musterentscheid gebunden.[1] Ansprüche zwischen den Beteiligten können nur noch nach Maßgabe des Vergleichs geltend gemacht werden.
5 Der Beschluss wird durch Eintragung in das **Klageregister** öffentlich bekanntgemacht. Der Vergleichsinhalt ist davon ausgenommen. Mit Bekanntmachung des Beschlusses wird der Vergleich wirksam.

D. Beendigung des Musterverfahrens (Abs. 2)

6 Ein Vergleich beendet **kraft Gesetzes** das Musterverfahren unabhängig von möglichen Austritten der Beigeladenen. Beigeladene, die ihren Austritt erklärt haben, können wegen des gleichen Lebenssachverhalts auch keine neuen Musterverfahrensanträge in ihren Ausgangsverfahren mehr stellen. Ihr Rechtsstreit ist vielmehr in der Lage, in der er sich im Zeitpunkt der Aussetzung befand, fortzuführen, wenn der ausgesetzte Rechtsstreit gem. § 250 ZPO durch Zustellung eines bei Gericht einzureichenden Schriftsatzes aufgenommen wird.[2]
7 Die Beendigung des Musterverfahrens hat für die Anmelder keine rechtliche Wirkung. Für sie beginnt allerdings die **Dreimonatsfrist** des § 204 Abs. 1 Nr. 6 a BGB nF (Hemmung der Verjährung durch Rechtsverfolgung) innerhalb der sie Klage erheben müssen, um die Verjährungshemmung ihrer Ansprüche (Anmeldung) zu sichern.[3]

E. Verfahrensbeendigung und Kostenentscheidung (Abs. 3)

8 Nach dem wirksamen Vergleich setzen die Prozessgerichte in den betroffenen Individualverfahren entweder die Kosten des Verfahrens durch Beschluss fest oder aber sie führen den Rechtsstreit zwischen dem ausgetretenen Beigeladenen und dem (Muster)Beklagten fort.[4]
9 Zu den Kosten des Verfahrens gehören gem. §§ 16 Abs. 2, 24, 26 nF auch die **Kosten des Musterverfahrens**. Die Kostenentscheidung ist nach billigem Ermessen unter Beiziehung der von der Rechtsprechung zu § 91a ZPO entwickelten Grundsätze zu treffen. Dabei ist insbesondere maßgeblich, in welchem Umfang der Kläger bei Anwendung des Vergleichsinhalts auf seinen Fall mit seiner Klagforderung obsiegt hätte.[5]
10 Haben die Parteien eine Vereinbarung der über die Verteilung der Kosten des Musterverfahrens getroffen, muss das Prozessgericht diese beachten.
11 Die Kostenentscheidung erfolgt von Amts wegen. So wird sichergestellt, dass die Auslagen des Staats im Musterverfahren erstattet werden.
12 Gegen die Kostenentscheidung die **sofortige Beschwerde** möglich (§ 91a Abs. 2 ZPO). Die sofortige Beschwerde des Klägers kann den Inhalt der Kostenentscheidung angreifen oder aber sich auch grundsätzlich gegen den Erlass dieser Entscheidung wenden. Letzteres kann zB der Fall sein, wenn er fristgerecht seinen Austritt aus dem Vergleich gem. § 19 Abs. 2 nF erklärt hat.[6]

F. Wiedereröffnung des Verfahrens (Abs. 4)

13 Der Kläger kann die Wiedereröffnung des Ausgangsverfahrens beantragen, wenn er die **Nichterfüllung** der im Vergleich vereinbarten Leistung geltend macht. Diese Regelung deshalb, weil im Vergleich vor dem OLG keine konkreten Leistungspflichten im Verhältnis der Parteien der Ausgangsverfahren festgestellt werden, so dass es an einem vollstreckbaren Titel fehlt.[7]
14 Das Prozessgericht soll zum einen im Einzelverfahren nicht die sich aus dem Vergleich im Musterverfahren ergebenden Leistungspflichten durch Beschluss feststellen müssen. Und zum anderen wird dem Kläger erspart, beim Ausbleiben der Leistung oder bei einem sich anschließenden Streit über die Höhe der Leistungspflichten erneut mit dem damit verbundenen neuen Prozesskostenrisiko zu klagen. Deshalb kann der Kläger bei einem teilweisen oder völligen Ausbleiben der Leistung die **Wiedereröffnung** des ursprünglichen Prozesses beantragen und durch Änderung der Klage fortführen. Seinen ggf geänderten Antrag stützt er

---

1 BT-Drucks. 17/8799, S. 42.
2 Ebenda.
3 Die Verjährung wird gehemmt durch ... „die Zustellung der Anmeldung zu einem Musterverfahren für darin bezeichnete Ansprüche, soweit diesen der gleiche Lebenssachverhalt zugrunde liegt wie den Feststellungszielen des Musterverfahrens und wenn innerhalb von drei Monaten nach dem rechtskräftigen Ende des Musterverfahrens die Klage auf Leistung oder Feststellung der in der Anmeldung bezeichneten Ansprüche erhoben wird...".
4 BT-Drucks. 17/8799, S. 42.
5 Ebenda.
6 Ebenda.
7 Ebenda.

dann notwendigerweise auf den allein maßgeblichen Vergleich. Eine darin liegende Klageänderung ist gem. Abs. 4 S. 2 zulässig; eine Sachdienlichkeitsprüfung gem. § 263 ZPO findet nicht mehr statt.[8]

§ 24 Gegenstand der Kostenentscheidung im Ausgangsverfahren

(1) Die dem Musterkläger und den Beigeladenen im erstinstanzlichen Musterverfahren entstehenden Kosten gelten als Teil der Kosten des ersten Rechtszugs des jeweiligen Ausgangsverfahrens.

(2) [1]Die den Musterbeklagten im erstinstanzlichen Musterverfahren entstehenden Kosten gelten anteilig als Kosten des ersten Rechtszugs des jeweiligen Ausgangsverfahrens, es sei denn, die Klage wird innerhalb von einem Monat ab Zustellung des Aussetzungsbeschlusses im Ausgangsverfahren zurückgenommen. [2]Die Anteile werden nach dem Verhältnis bestimmt, in dem der von dem jeweiligen Kläger geltend gemachte Anspruch, soweit er von den Feststellungszielen des Musterverfahrens betroffen ist, zu der Gesamthöhe der gegen den Musterbeklagten in den nach § 8 Absatz 1 ausgesetzten Verfahren geltend gemachten Ansprüche steht, soweit diese von den Feststellungszielen des Musterverfahrens betroffen sind.

(3) Ein Anspruch ist für die Berechnung der Gesamthöhe nach Absatz 2 nicht zu berücksichtigen, wenn die Klage innerhalb von einem Monat ab Zustellung des Aussetzungsbeschlusses im Ausgangsverfahren zurückgenommen worden ist.

(4) § 96 der Zivilprozessordnung gilt entsprechend.

Literatur:
Vorwerk/Wolf, Kapitalanleger-Musterverfahrensgesetz, Kommentar, 2007; *Hess/Reuschle/Rimmelspacher*, Kölner Kommentar zum Kapitalanleger-Musterverfahrensgesetz (KapMuG), 2008; *Halfmeier/Rott/Feess*, Kollektiver Rechtsschutz im Kapitalmarktrecht. Evaluation des Kapitalanleger-Musterverfahrensgesetzes, 2009; *Hartmann*, JurBüro 2012, 563.

A. Vorbemerkung

§ 24 nF entspricht dem Regelungsgehalt des § 17 aF. Die Verlängerung der Frist, innerhalb derer die Klage zurückgenommen werden kann, um den Kosten des Musterverfahrens zu entgehen, wurde in Abs. 1 und 3 berücksichtigt. 1

B. Normzweck

Das KapMuG soll das Prozesskostenrisiko der klagenden Kapitalanleger minimieren und dadurch die Attraktivität des Musterverfahrens erhöhen. Deswegen werden die anfallenden Kosten quotal auf die Ausgangsverfahren verteilt. § 24 nF regelt nur die Verteilung der im erstinstanzlichen Musterverfahren entstandenen Kosten der Beteiligten auf die einzelnen Ausgangsverfahren. Er enthält weder Regelungen über die Höhe dieser Kosten, noch enthält er Bestimmungen hinsichtlich der Gerichtskosten. 2

Wer die Kosten des jeweiligen Ausgangsverfahrens und damit die anteiligen Kosten erstinstanzlichen Musterverfahrens zu tragen hat, richtet sich nach §§ 91 ff ZPO.[1] In einem ersten Schritt ist deswegen zu prüfen, welche Kosten auf Seiten der jeweiligen Beteiligten überhaupt angefallen sind, diese sind sodann in einem zweiten Schritt quotal auf die Ausgangsverfahren zu verteilen, wo dann in einem dritten Schritt über die Kostenverteilung zwischen den dortigen Parteien entschieden wird. 3

Mit den Kosten des Rechtsbeschwerdeverfahrens befasst sich § 26 nF. 4

Das Ausgangsverfahren und das erstinstanzliche Musterverfahren stellen gem. § 16 Nr. 13 RVG „dieselbe Angelegenheit" dar. Die Gebühren des Anwalts des Musterklägers sowie die des Anwalts eines Beigeladenen richten sich deshalb nach dem Streitwert des originären Verfahren vor dem Prozessgericht (vgl auch § 23 a RVG). Eine gesetzliche Regelung für eine Honorarvereinbarung des Anwalts des Musterklägers, der im Vergleich zu den Beigeladenen den deutlich höheren Arbeitsaufwand betreiben muss, beinhaltet das KapMuG nF nicht. Das Gesetz schließt allerdings den Abschluss einer Honorarvereinbarung zwischen dem Musterklägervertreter und seinem Mandanten ebenso wenig aus, wie entsprechende Vereinbarungen zwischen den Beigeladenen und ihren Prozessbevollmächtigten. 5

---

8 Ebenda.
1 *Riedel* in: Vorwerk/Wolf, KapMuG-Kommentar, § 17 Rn 1.

C. Kosten des Musterklägers und Beigeladenen (Abs. 1)

6 Die Kosten des Musterklägers und der Beigeladenen im erstinstanzlichen Musterverfahren sind **Teil der Kosten** des jeweiligen Prozesses im **ersten Rechtszug** des Ausgangsverfahrens. Zu den Kosten des Musterverfahrens gehört insbesondere die Vergütung des eigenen Prozessbevollmächtigten (zB für die Wahrnehmung eines Termins, wenn nicht bereits im Hauptsacheverfahren eine Terminsgebühr entstanden ist). Außerdem zählen hierzu die Auslagen (Reisekosten usw.) für die Wahrnehmung der mündlichen Verhandlung.

7 Nicht hierhin gehört die besondere Gebühr für den Prozessbevollmächtigten des Musterklägers (§ 41 a RVG), da die Landeskasse mit dieser Position in Vorleistung tritt. Sie ist deswegen als gerichtliche Auslage zu qualifizieren.

8 Die Kosten gelten auch dann als Teil des erstinstanzlichen Verfahrens, wenn die Aussetzung und Beiladung erst in der Berufungsinstanz erfolgt.[2]

D. Kosten der Musterbeklagten (Abs. 2 und 3)

9 Auch die Kosten der Musterbeklagten im erstinstanzlichen Musterverfahren sind **Teil der Kosten** des jeweiligen Prozesses im **ersten Rechtszug**.

10 Dies ist nur dann nicht so, wenn die Klage im Ausgangsverfahren innerhalb von einem Monat ab Zustellung des Aussetzungsbeschlusses (§ 8 nF) zurückgenommen wurde. In diesem Fall wird der Kläger nie an den Kosten der Musterbeklagten beteiligt.

11 Im Übrigen werden die Kosten nach dem Verhältnis des vom jeweiligen Kläger geltend gemachten Anspruchs, soweit er von den Feststellungszielen des Musterverfahrens betroffen ist zur Gesamthöhe der gegen den Musterbeklagten in den ausgesetzten Verfahren gelten gemachten Ansprüchen, soweit diese von den Feststellungszielen des Musterverfahrens erfasst sind (insoweit Abs. 2) abzüglich der Summe der Ansprüche, wegen derer die Klage innerhalb von einem Monat ab Zustellung des Aussetzungsbeschlusses zurückgenommen wurde (Abs. 3) verteilt. Kurz:

$$\text{Quote} = \frac{\text{Anspruch des Klägers}}{(\text{Gesamthöhe ausgesetzte Vf} - \text{Summe Rücknahmen})}$$

Hier werden also sämtliche Kosten anteilig auf die jeweiligen Ausgangsverfahren verteilt.

12 Bei einer Vielzahl von Klägern kann der auf jeden einzelnen entfallende und daher von ihm im Falle des Unterliegens zu erstattende Anteil relativ niedrig ausfallen und sogar Bagatellgrenzen unterschreiten.

13 Die Kostenverteilungsregelung des § 24 nF begünstigt gewollt die Klägerseite, weil sie dazu führen kann, dass die Beklagtenseite nur einen Teil der ihr entstandenen Kosten von den Klägern einzufordern vermag.[3]

14 Die **Anwälte** erhalten für das Musterverfahren keine gesonderte Vergütung. Nur der Musterklägervertreter kann aufgrund seines besonderen Aufwandes gem. § 41 a Abs. 1 RVG ggf einen Antrag auf Gewährung einer gesonderte Gebühr stellen.[4]

15 Eine entsprechende Regelung für Musterbeklagtenvertreter existiert nicht.

E. Kosten erfolgloser Angriffs- und Verteidigungsmittel (Abs. 4)

16 Abs. 4 erklärt § 96 ZPO (Kosten erfolgloser Angriffs- oder Verteidigungsmittel) für anwendbar. Grundsätzlich geht es auch hier um die **Kosten der Verfahrensbeteiligten** und nicht um die Auslagen des Gerichts. Eine abweichende Verteilung der Kosten einer Beweisaufnahme ist damit also nicht erfasst.

17 Das bedeutet, dass die Kosten eines erfolglos gebliebenen Angriffs- oder Verteidigungsmittels, soweit diese denn abgrenzbar sind, der Partei auferlegt werden können, die es geltend gemacht hat, auch wenn sie in der Hauptsache obsiegt. Unterliegt der Musterbeklagte im Musterverfahren, obsiegt er jedoch in der ausgesetzten Hauptsache, weil der Kläger zB eine individuelle Anspruchsvoraussetzung nicht darlegen konnte, so hat er die im Musterverfahren entstandenen zusätzlichen Kosten zu tragen.

18 Gleiches gilt für den Musterkläger, der anteilig die ausscheidbaren Kosten des Musterverfahrens zu tragen hat, wenn die Angriffsmittel im Musterverfahren gegenüber dem Beklagten erfolglos blieben, der Kläger seinen Anspruch aber in der Hauptsache zB durch einen weiteren Hilfsvortrag erfolgreich durchsetzen kann.

---

[2] *Kruis* in: Kölner Kommentar zum KapMuG, § 17 Rn 7.
[3] *Kruis* in: Kölner Kommentar zum KapMuG, § 17 Rn 8.
[4] Siehe dazu unter § 9 Abs. 2 „III. Vergütung des Musterklägervertreters".

F. Gerichtskosten

Im erstinstanzlichen Musterverfahren fallen **keine Gerichtsgebühren** an, denn das erstinstanzliche Musterverfahren gilt als Teil des ersten Rechtszuges des Ausgangsverfahrens (Vorbemerkung 1.2.1 zu Nr. 1210ff KV GKG).

Für die Vornahme von gerichtlichen Handlungen, mit denen Auslagen verbunden sind, wird im KapMuG-Verfahren **kein Kostenvorschuss** erhoben (§ 17 Abs. 4 S. 1 GKG). Deswegen geht die Staatskasse mit diesen Auslagen, zB für ein einzuholendes Sachverständigengutachten, in Vorleistung.

Die Staatskasse (Landeskasse) zahlt auch eine eventuell anfallende besondere Gebühr für den Prozessbevollmächtigten des Musterklägers (§ 41 a RVG). Auch hierbei handelt es sich um eine gerichtliche Auslage, die nach Abschluss des Musterverfahrens auf die Ausgangsverfahren verteilt wird (vgl Nr. 9007 KV GKG).[5]

Die entstandenen **Auslagen** werden gem. Nr. 9018 KV GKG anteilig auf die Ausgangsverfahren verteilt. Die Berechnung des Anteils ergibt sich aus Nr. 9018 KV GKG Abs. 3, der inhaltlich § 24 Abs. 2 und 3 nF entspricht.

§ 25 Verstoß gegen die Vorlagevoraussetzungen an das Oberlandesgericht

Das Rechtsmittel gegen die verfahrensabschließende Entscheidung des Prozessgerichts im Ausgangsverfahren kann nicht darauf gestützt werden, dass das Oberlandesgericht für den Erlass eines Musterentscheids nicht zuständig gewesen ist oder die Voraussetzungen für den Erlass eines Vorlagebeschlusses nicht vorgelegen haben.

Literatur:

Vorwerk/Wolf, Kapitalanleger-Musterverfahrensgesetz, Kommentar, 2007; *Hess/Reuschle/Rimmelspacher*, Kölner Kommentar zum Kapitalanleger-Musterverfahrensgesetz (KapMuG), 2008; *Halfmeier/Rott/Feess*, Kollektiver Rechtsschutz im Kapitalmarktrecht. Evaluation des Kapitalanleger-Musterverfahrensgesetzes, 2009.

A. Vorbemerkung

§ 25 nF entspricht dem Regelungsgehalt des § 18 aF.

B. Normzweck

Die Vorschrift soll verhindern, dass bestimmte Fehler (Zuständigkeit des OLG für den Erlass des Musterentscheids, Voraussetzungen für den Erlass des Vorlagebeschlusses), die im Rahmen des Musterverfahrens nicht gerügt werden können (vgl §§ 6 Abs. 1 S. 2, 20 Abs. 1 S. 3 nF), über den Umweg des Rechtsmittels gegen die Entscheidung im Ausgangsverfahren doch dafür genutzt werden, sich der Bindung des (dann wohl negativ ausgegangenen) Musterentscheids zu entziehen.

C. Ausschluss des Rechtsmittels

I. Regelungsinhalt. § 25 nF stellt klar, dass die Bindungswirkung eines Musterentscheids nicht mit Hinweis auf einen etwaigen Verstoß gegen die Vorlagevoraussetzungen an das OLG nach § 6 Abs. 2 nF im Ausgangsverfahren angegriffen werden kann.

II. Überprüfung des gesetzlichen Richters. Die Überprüfung des gesetzlichen Richters bezieht sich hier auf das den Musterentscheid erlassende OLG. Eine **Rüge** der Verletzung des gesetzlichen Richters bei Erlass des Vorlagebeschlusses kommt in KapMuG-Verfahren nur dann in Frage, wenn die Entscheidung willkürlich oder offensichtlich fehlerhaft war. In einem solchen Fall lässt sich die Fehlentscheidung in entsprechender Anwendung des § 36 ZPO (Gerichtliche Bestimmung der Zuständigkeit) korrigieren.[1]

---

[5] BT-Drucks. 17/8799, S. 28.
[1] Vgl dazu *Riedel* in: Vorwerk/Wolf, KapMuG-Kommentar, § 18 Rn 7.

§ 26 Kostenentscheidung im Rechtsbeschwerdeverfahren

(1) Die Kosten einer ohne Erfolg eingelegten Rechtsbeschwerde haben nach dem Grad ihrer Beteiligung der Musterrechtsbeschwerdeführer und diejenigen Beteiligten zu tragen, welche dem Rechtsbeschwerdeverfahren auf seiner Seite beigetreten sind.

(2) ¹Entscheidet das Rechtsbeschwerdegericht in der Sache selbst, haben die Kosten einer von einem Musterbeklagten erfolgreich eingelegten Rechtsbeschwerde der Musterkläger und alle Beigeladenen nach dem Grad ihrer Beteiligung im erstinstanzlichen Musterverfahren zu tragen. ²Wurde die Rechtsbeschwerde erfolgreich vom Musterkläger oder einem Beigeladenen eingelegt, haben die Kosten der Rechtsbeschwerde alle Musterbeklagten nach dem Grad ihrer Beteiligung im erstinstanzlichen Musterverfahren zu tragen.

(3) Bei teilwesem Obsiegen und Unterliegen gilt § 92 der Zivilprozessordnung entsprechend.

(4) ¹Hebt das Rechtsbeschwerdegericht den Musterentscheid des Oberlandesgerichts auf und verweist die Sache zur erneuten Entscheidung zurück, so entscheidet das Oberlandesgericht gleichzeitig mit dem Erlass des Musterentscheids nach billigem Ermessen darüber, wer die Kosten des Rechtsbeschwerdeverfahrens trägt. ²Dabei ist der Ausgang des Musterverfahrens zugrunde zu legen. ³§ 99 Absatz 1 der Zivilprozessordnung gilt entsprechend.

(5) Werden dem Musterkläger und den Beigeladenen Kosten des Rechtsbeschwerdeverfahrens auferlegt, haben sie die von den Musterbeklagten entrichteten Gerichtsgebühren und die Gebühren eines Rechtsanwalts der Musterbeklagten jeweils nur nach dem Wert zu erstatten, der sich aus den von ihnen in ihren eigenen Ausgangsverfahren geltend gemachten Ansprüchen, soweit sie von den Feststellungszielen des Musterverfahrens betroffen sind, ergibt.

Literatur:
Vorwerk/Wolf, Kapitalanleger-Musterverfahrensgesetz, Kommentar, 2007; *Hess/Reuschle/Rimmelspacher*, Kölner Kommentar zum Kapitalanleger-Musterverfahrensgesetz (KapMuG), 2008; *Halfmeier/Rott/Feess*, Kollektiver Rechtsschutz im Kapitalmarktrecht. Evaluation des Kapitalanleger-Musterverfahrensgesetzes, 2009.

A. Vorbemerkung

1 § 26 nF entspricht im Wesentlichen § 19 aF. Während § 24 nF die Verteilung der Kosten des erstinstanzlichen Musterverfahrens in den Ausgangsverfahren regelt, betrifft § 26 nF die Kostenentscheidung im Rechtsbeschwerdeverfahren. Abs. 1 wurde verallgemeinert, so dass er nun auch für eine erfolglose Rechtsbeschwerde von Seiten der Musterbeklagten gilt. Auch der die erfolgreiche Rechtsbeschwerde betreffende Abs. 2 wurde verallgemeinert. Es kommt hier nicht mehr darauf an, von welcher Seite die Rechtsbeschwerde eingelegt wurde.

B. Normzweck

2 Mit § 26 nF wird das Kostenrisiko für den Anleger begrenzt und berechenbar. Da sich die Beteiligten dem Rechtsbeschwerdeverfahren und damit auch der Kostenbelastung nur begrenzt entziehen können, hat der Gesetzgeber die zu erstattenden Gerichts- und Anwaltsgebühren begrenzt (Abs. 5) und sorgt außerdem für eine Verteilung auf mehrere Schultern insbesondere für den Fall einer erfolgreichen Rechtsbeschwerde (Abs. 2).

C. Kosten bei erfolgloser Rechtsbeschwerde (Abs. 1)

3 Die Kosten einer erfolglosen Rechtsbeschwerde müssen der Musterrechtsbeschwerdeführer und diejenigen Beteiligten tragen, die dem Rechtsbeschwerdeverfahren beigetreten sind (§ 20 Abs. 4 nF). Dies gilt sowohl für die Rechtsbeschwerde auf Seiten des Musterklägers, als auch für die Rechtsbeschwerde auf Seiten der Musterbeklagten.

4 Die **Kostenhaftung** richtet sich quotal nach dem Grad der jeweiligen Beteiligung am Rechtsbeschwerdeverfahren. Dieser ergibt sich aus dem Umfang der Beschwer.

5 Diese Regelung orientiert sich an § 97 Abs. 1 ZPO (Rechtsmittelkosten). Beigeladene, die dem Rechtsbeschwerdeverfahren nicht beigetreten sind, haben keine Kosten der erfolglosen Rechtsbeschwerde zu tragen.

D. Kosten bei erfolgreicher Rechtsbeschwerde des Musterbeklagten (Abs. 2)

Abs. 2 nF regelt die Kostenfolge einer erfolgreichen Rechtsbeschwerde gleich welcher Seite, wenn das Rechtsbeschwerdegericht in der Sache selbst entscheidet.

Im Unterschied zur Kostenregelung bei erfolgloser Rechtsbeschwerde des Musterbeschwerdeführers nach Abs. 1 müssen hier alle Beteiligten der jeweils anderen Seite die Kosten anteilig nach dem **Grad der Beteiligung** im erstinstanzlichen Musterverfahren zu tragen. Diese von Abs. 1 abweichende Regelung rechtfertigt sich dadurch, dass sich der Erfolg der Rechtsbeschwerde auf alle Beteiligten der jeweiligen Gegenseite erstreckt, dh, diese belastet, unabhängig davon, ob sie am Rechtsbeschwerdeverfahren beteiligt waren oder nicht.[1] Da keiner der auf der Gegenseite Beteiligten Einfluss darauf hatte, diese nunmehr erfolgreiche Rechtsbeschwerde zu verhindern (sondern nur seine eigene), erschiene es unbillig, müssten sich nur manche an der resultierenden Kostenlast beteiligen. Nicht an den Kosten zu beteiligen sind Beigeladene, die innerhalb der Frist des § 24 Abs. 2 S. 1 nF die Klage im Ausgangsverfahren zurückgenommen haben.[2]

Soweit die Rechtsbeschwerde nur **teilweise Erfolg** hat, kommt über Abs. 3 zusätzlich § 92 ZPO zur Anwendung. Danach kann zunächst – soweit erforderlich – gem. § 92 ZPO über die grundsätzliche Kostenverteilung entschieden werden und sodann darüber, nach welchem Schlüssel die danach zu erstattenden Kosten auf die einzelnen Beteiligten der jeweiligen Seite verteilt werden.[3]

Entschieden wird sowohl über die Gerichtskosten, als auch über die außergerichtlichen Kosten.

Die **Streitwertfestsetzung** für die Gerichtskosten folgt aus § 51 a Abs. 2 und ggf § 39 Abs. 2 GKG. Danach ist die Summe der in sämtlichen nach § 8 nF ausgesetzten Verfahren geltend gemachten Ansprüche, soweit diese von den Feststellungszielen des Musterverfahrens betroffen sind, ausschlaggebend, maximal aber EUR 30 Mio. Zu berücksichtigen sind also einerseits auch alle Ansprüche von Beteiligten, die dem Rechtsbeschwerdeverfahren nicht beigetreten sind, andererseits aber nicht von Beigeladenen, die ihre Klage innerhalb der Frist des § 24 Abs. 2 S. 1 nF zurückgenommen haben.[4] Der Gegenstandswert für die außergerichtlichen Kosten bestimmt sich nach §§ 23 a und ggf 22 Abs. 2 RVG. Danach ist die – auf EUR 30 Mio. begrenzte – Höhe des vom oder gegen den jeweiligen Auftraggeber im Ausgangsverfahren geltend gemachten Anspruchs, soweit dieser Gegenstand des Musterverfahrens ist, ausschlaggebend. Im Rahmen des Rechtsbeschwerdeverfahrens ist weiter zu berücksichtigen, inwieweit eine Beschwer gegeben ist, §§ 23 Abs. 1 RVG, 47 Abs. 1 GKG. Dies wird allerdings in aller Regel darauf hinaus laufen, dass sich an der nach § 23 a RVG maßgeblichen Höhe nichts ändert.[5]

Hebt das Rechtsbeschwerdegericht den Musterentscheid auf und verweist die Sache zurück an das OLG, so gilt Abs. 4.

E. Teilweises Obsiegen und Unterliegen (Abs. 3)

Bei teilweisem Obsiegen und Unterliegen kommt § 92 ZPO ergänzend zur Anwendung (s.o. Rn 8).

F. Aufhebung und Zurückverweisung (Abs. 4)

Bei Aufhebung des Musterentscheids durch das Rechtsbeschwerdegericht und der Zurückverweisung der Sache zur erneuten Entscheidung an das OLG, entscheidet dieses mit Erlass des neuen Musterentscheids auch über die **Rechtsbeschwerdekosten**.

Auch beim Obsiegen des Musterrechtsbeschwerdeführers und der Aufhebung des Beschlusses des OLG können dem Musterrechtsbeschwerdeführer die Kosten der Rechtsbeschwerde auferlegt werden, wenn er im Anschluss im Musterverfahren vor dem OLG unterliegt. Das OLG entscheidet dies nach billigem Ermessen.[6]

Bei der Kostenentscheidung soll das Gericht nach billigem Ermessen den Ausgang des Musterverfahrens zu Grunde zu legen. Das heißt, es ist zu berücksichtigen, ob und ggf inwieweit der Inhalt des neuen Musterentscheids von dem des ursprünglich ergangenen abweicht (S 2). Gemäß dieser Vorschrift gilt § 99 Abs. 1 ZPO gilt entsprechend.

Die Kostenentscheidung kann danach nicht separat angefochten werden, sondern nur im Zusammenhang mit einer erneuten Rechtsbeschwerde gegen den neuen Musterentscheid.

---

1 Vgl BT-Drucks. 15/5091, S. 32.
2 BGH v. 13.12.2011 – II ZB 6/09, Rn 53 f.
3 Siehe dazu ebenda zB den Kostenausspruch bei BGH.
4 Ebenda, Rn 55.
5 Siehe im Einzelnen und mit konkretem Beispiel für den Fall einer teilweise erfolgreichen Musterbeklagten BGH v. 13.12.2011 – II ZB 6/09, Rn 55 f.
6 Vgl dazu *Halfmeier*, Abschlussbericht 2009, S. 38. Im Fall DaimlerChrysler entschied das OLG Stuttgart, Beschl. v. 22.4.2009 – 20 Kap. 1/08, LS 5: „Von den Kosten des vor dem Bundesgerichtshof geführten Rechtsbeschwerdeverfahrens, Az II ZB 9/07, tragen der Musterkläger 9 % und der beigetretene Beigeladene B. 91 %.".

G. Beschränkung der Kostenhaftung der Klägerseite (Abs. 5)

17 Abs. 5 enthält eine Schutzregelung zugunsten der Klägerseite. Die Vorschrift begrenzt die von jedem Kläger an die Beklagten zu erstattenden **Gerichts- und Anwaltskosten**[7] der Höhe nach. § 51a Abs. 3 und 4 GKG treffen entsprechende Regelungen wegen der im Rechtsbeschwerdeverfahren geschuldeten **Gerichtsgebühren**; hier auch zugunsten der Musterbeklagten.

18 Zu § 51a GKG hat der BGH klargestellt, dass die eingezogene Obergrenze bewirkt, dass die jeweiligen Beteiligten für Gerichtsgebühren maximal in der Höhe in Anspruch genommen werden können, wie es sich aus dem **persönlichen Streitwert** ergibt.[8] Dieser persönliche Streitwert ergibt sich aus dem im Hauptsacheverfahren geltend gemachten Anspruch, soweit er von den Feststellungszielen betroffen ist. Allerdings ist der letztendliche Betrag nicht dadurch zu errechnen, dass die so ermittelte Obergrenze ihrerseits anhand der Quote aus der Kostengrundentscheidung zu kürzen ist.[9] Der Betrag ist also aus der errechneten Gebühr anhand der ermittelten Quote zu bestimmen (im Beispiel 5,0 Gebühren aus EUR 30 Mio = EUR 457.280,00; davon 0,075 % = EUR 342,96), wobei die entsprechende Gebühr aus dem persönlichen Streitwert (hier EUR 2.780,00) die Obergrenze der Kostentragung bildet. Der Erinnerungsführer war hingegen der Auffassung, die Quote von 0,075 % sei aus dem Gebührenbetrag zu seinem persönlichen Streitwert, EUR 2.780,00 bei einem Streitwert von EUR 65.000,00, zu entnehmen, hier also 0,075 % von EUR 2.780,00 = EUR 2,09. Zutreffend stellte der BGH fest, dass § 51a Abs. 2 aF = Abs. 3 nF GKG zwar dem Schutz des Musterklägers und der auf seiner Seite Beigeladenen diene, deren wirtschaftliches Interesse im Musterverfahren nicht höher sein könne, als im Hauptsacheprozess. Die Regelung diene hingegen nicht dazu, sie in einem Maße zu entlasten, das ihrem persönlichen Interesse am Rechtsstreit nicht mehr entspricht.[10] Diese Erwägungen treffen auf § 26 Abs. 5 KapMuG nF ebenfalls zu.[11]

19 Die Begrenzung wirkt sich erst im Rahmen der Kostenfestsetzung aus und bleibt in der Kostengrundentscheidung unberücksichtigt.[12]

20 Von Abs. 5 nicht erfasst sind die entrichteten gerichtlichen **Auslagen** und die den Musterbeklagten selbst entstandenen Auslagen, soweit es sich nicht um Anwaltsgebühren handelt.[13]

§ 27 Übergangsvorschrift

Auf Musterverfahren, in denen vor dem 1. November 2012 bereits mündlich verhandelt worden ist, ist das Kapitalanleger-Musterverfahrensgesetz in seiner bis zum 1. November 2012 geltenden Fassung weiterhin anzuwenden.

A. Vorbemerkung

1 Aus der „Übergangsregelung" des KapMuG aF in § 20 wurde „§ 27 Übergangsvorschrift".

B. Normzweck

2 Musterverfahren, in denen bereits mündlich verhandelt wurde, sind nach dem alten Recht fortzuführen, um zu verhindern, dass in diesen bereits fortgeschrittenen Musterverfahren durch die Ausweitung des Anwendungsbereichs im KapMuG nF neue Beteiligte aufgenommen werden könnten und so weitere Musterbeklagte am Verfahren zu beteiligen wären. Das würde ggf die Wiederholung bestimmter Verfahrensschritte bedeuten, die zu Verzögerungen der Verfahren führen würden.[1]

---

[7] Strittig ist hier die Erfassung der Umsatzsteuer. *Kruis* in: Kölner Kommentar zum KapMuG, § 19 Rn 20, geht davon aus, dass die Umsatzsteuer mit erfasst sei. *Riedel* in: Vorwerk/Wolf, KapMuG-Kommentar, § 19 Rn 21, vertritt die gegenteilige Auffassung.
[8] BGH v. 16.10.2012 – II ZB 6/09, LS.
[9] Ebenda.
[10] Ebenda, Rn 7 f.
[11] Ebenda, Rn 7 zu der entsprechenden Vorschrift des § 19 Abs. 5 aF.
[12] BGH v. 13.12.2011 – II ZB 6/09, Rn 57.
[13] *Riedel* in: Vorwerk/Wolf, KapMuG-Kommentar, § 19 Rn 21.
[1] BT-Drucks. 17/8799, S. 43.

C. Rechtsfolge

§ 27 nF bewirkt, dass die Gerichte noch für einige Zeit mit dem KapMuG aF befasst sein werden. Auch wenn noch altes Recht angewendet werden muss, ist in Auslegungsfragen zu erwarten, dass man sich an den Neuregelungen orientieren wird.[2]

§ 28 Außerkrafttreten

Dieses Gesetz tritt am 1. November 2020 außer Kraft.

A. Vorbemerkung

Das Gesetz wurde abermals befristet. Ein Außerkrafttreten war im Gesetzentwurf der Regierung[1] nicht vorgesehen, da man von einer unbefristeten Geltung des Gesetzes ausging.

B. Normzweck

Das KapMuG nF gilt nun bis zum 31.10.2020, da nach wie vor die Funktionsfähigkeit des Musterverfahrens noch nicht hinreichend evaluiert werden konnte. „Weiterhin ist noch kein Ausgangsverfahren nach rechtskräftigem Musterentscheid wieder aufgenommen worden. Damit kann die Tauglichkeit des Musterverfahrens zur gebündelten Erledigung gleichgerichteter Rechtsstreitigkeiten noch nicht abschließend beurteilt werden. Eine weitere Geltungsdauer von acht Jahren bis zum 31. Oktober 2020 erscheint ausreichend, um das KapMuG endgültig auf seine Funktionsfähigkeit hin zu untersuchen."[2]

C. Ausblick

So oder so wird auch das KapMuG nF in Zukunft eine Änderung erfahren. Abgesehen von den Vorstellungen des jeweiligen Gesetzgebers in Deutschland, das KapMuG-Verfahren zum einen für Kapitalmarktstreitigkeiten noch besser auf die Bedürfnisse der Rechtspraxis auszurichten bzw zum anderen Musterverfahren über Kapitalmarktstreitigkeiten hinaus auch auf andere Rechtsbereiche auszudehnen, ist eine europäische Regelung nicht ausgeschlossen, die auch das KapMuG nF tangiert.

Die bestehenden Regelungen reichen nicht aus, um gleich gelagerte Interessen vieler geschädigter Verbraucher zu bündeln und Streitfragen in sinnvoller Weise in Musterverfahren zu klären.

Das Europäische Parlament hat sich mehrheitlich dafür ausgesprochen, die kollektiven Klagemöglichkeiten der Verbraucher in Europa zu stärken.[3]

Die Europäische Kommission hat am 11. Juni 2013 – nicht verbindliche – Grundsätze für kollektive Rechtsschutzverfahren festgelegt.[4] Den Mitgliedstaaten wird empfohlen, kollektive Rechtsschutzverfahren einzuführen, um allen BürgerInnen der Europäischen Union einen effektiven Zugang zum Recht zu gewährleisten. Das soll insbesondere den Verbraucherschutz, den Wettbewerb, den Umweltschutz und die Finanzdienstleistungen betreffen. Die Mitgliedstaaten werden dazu angehalten, die Rechtsschutzverfahren „fair, gerecht, zügig und nicht übermäßig teuer" zu gestalten. Um keinen Anreiz für den Missbrauch dieser Verfahren zu schaffen, sollen erfolgsabhängige Honorare nicht zugelassen werden. Spätestens zwei Jahre nach der Umsetzung der Empfehlung will die EU-Kommission anhand der Jahresberichte der Mitgliedstaaten prüfen und entscheiden, ob weitere Maßnahmen erforderlich sind, um den kollektiven Rechtsschutz zu verbessern.

Die Bundestagsfraktion von Bündnis 90/Die Grünen hat am 5.6.2013 einen Gesetzentwurf zur Einführung von Gruppenklagen eingebracht[5], der die Vorgaben der EU-Kommission aufnimmt.[6]

Eine Stärkung des kollektiven Rechtsschutzes für Verbraucher auf EU-Ebene ist deshalb über kurz oder lang zu erwarten.

---

2 So äußert z.B. das OLG Frankfurt aM in einem Beschluss v 15.7.2013 – 11 AR 38/13: „Von diesem Grundsatz ist der Senat ... im Hinblick auf die ab dem 1.11.2013 geltende Neufassung des § 32 b ZPO und die zugrunde liegenden Erwägungen des Gesetzgebers in jüngster Zeit in den Fällen abgewichen ..."
1 BT-Drucks. 17/8799.
2 BT-Drucks. 17/10160, S. 27.

3 Vgl Entschließung des Europäischen Parlaments „Kollektiver Rechtsschutz: Hin zu einem kohärenten europäischen Ansatz" v. 2.2.2012, 2011/2089(INI).
4 Vgl dazu die Pressemitteilung der Europäischen Kommission v. 11.6.2013, IP/13/524.
5 BT-Drucks. 17/13756.
6 Vgl zu den Empfehlungen der EU-Kommission *Montag*, ZRP 2013, 172 ff.

Anhang zum KapMuG: Ausschließlicher Gerichtsstand, § 32 b ZPO[7]

§ 32 b Ausschließlicher Gerichtsstand bei falschen, irreführenden oder unterlassenen öffentlichen Kapitalmarktinformationen

(1) Für Klagen, in denen

1. ein Schadensersatzanspruch wegen falscher, irreführender oder unterlassener öffentlicher Kapitalmarktinformation,
2. ein Schadensersatzanspruch wegen Verwendung einer falschen oder irreführenden öffentlichen Kapitalmarktinformation oder wegen Unterlassung der gebotenen Aufklärung darüber, dass eine öffentliche Kapitalmarktinformation falsch oder irreführend ist, oder
3. ein Erfüllungsanspruch aus Vertrag, der auf einem Angebot nach dem Wertpapiererwerbs- und Übernahmegesetz beruht,

geltend gemacht wird, ist das Gericht ausschließlich am Sitz des betroffenen Emittenten, des betroffenen Anbieters von sonstigen Vermögensanlagen oder der Zielgesellschaft zuständig, wenn sich dieser Sitz im Inland befindet und die Klage zumindest auch gegen den Emittenten, den Anbieter oder die Zielgesellschaft gerichtet wird.

(2) Die Landesregierungen werden ermächtigt, durch Rechtsverordnung die in Absatz 1 genannten Klagen einem Landgericht für die Bezirke mehrerer Landgerichte zuzuweisen, sofern dies der sachlichen Förderung oder schnelleren Erledigung der Verfahren dienlich ist. Die Landesregierungen können diese Ermächtigung auf die Landesjustizverwaltungen übertragen.

Literatur:
Thole, AG 2013, 73; ders., 2013, 913; *Ruland*, BB 2013, 2195; *Schneider/Heppner*, BB 2012, 2703.

A. Vorbemerkung

1 § 32 b ZPO wurde an den neuen Wortlaut des § 1 KapMuG angepasst. Da beide Vorschriften eine Einheit bilden, sind sie gleichlautend formuliert. So werden von § 32 b ZPO nunmehr auch Prozesse erfasst, in denen nur ein mittelbarer Bezug zu einer öffentlichen Kapitalmarktinformation besteht. Das betrifft insbesondere Ansprüche aus vorvertraglichen Pflichtverletzungen und aus Beratungsverträgen.

B. Normzweck

2 Die Bündelung von Verfahren geschädigter Kapitalanleger zur gemeinsamen Rechtsverfolgung (Gruppenverfahren) verlangt nach einem ausschließlichen örtlichen Gerichtsstand. § 32 b Abs. 1 ZPO soll verhindern, dass die Zuständigkeit für einschlägige Verfahren aufgrund verschiedener Gerichtsstände zersplittert wird.

C. Zuständigkeitskonzentration (§ 32 b Abs. 1 ZPO)

3 Die örtliche Zuständigkeit der Gerichte bei kapitalmarktrechtlichen Schadensersatzklagen zu bündeln, um die Verfahren effektiv zu verhandeln, hat im Jahre 2005 im Zusammenhang mit dem damals ersten Gesetz zur Einführung von Kapitalanleger-Musterverfahren zur Einfügung des § 32 b in die ZPO geführt.[1]

4 Der neue § 32 b ZPO bestimmt den **ausschließlichen Gerichtsstand** für die Musterverfahren kapitalmarktrechtlicher Klagen nach dem KapMuG nF. Inhaltlich abweichende Gerichtsstände in anderen Gesetzen wurden aufgehoben.[2]

5 § 32 b ZPO wurde mit der Novellierung des KapMuG aF an den Wortlaut des § 1 KapMuG nF angepasst. Deshalb sind von § 32 b ZPO nunmehr auch Prozesse umfasst, in denen lediglich ein **mittelbarer Bezug zu einer öffentlichen Kapitalmarktinformation** besteht. Das ist zB der Fall, wenn Anlageberater oder Anlagevermittler mitverklagt sind. Erforderlich für die **Anwendbarkeit** des § 32 b ZPO ist aber, dass (auch) in diesem Streitverhältnis der Bezug zu einer öffentlichen Kapitalmarktinformation als solcher. Das ist z.B. nicht

---

[7] Fassung aufgrund des Gesetzes zur Reform des Kapitalanleger-Musterverfahrensgesetzes und zur Änderung anderer Vorschriften v. 19.10.2012 (BGBl. I 2012 S. 2182) mWv 1.11.2012.

[1] Eingefügt durch Art. 2 Nr. 2 des Gesetzes zur Einführung von Kapitalanleger-Musterverfahren v. 16.8.2005, BGBl. I 2005 S. 2437 mWv 1.11.2005 (19. bzw 20.8.2005 (II). Vgl dazu *Vollkommer* in: Zöller, ZPO-Kommentar, 29. Aufl. (2012), § 32 b, S. 174 ff.

[2] So im Börsengesetz und Verkaufsprospektgesetz.

der Fall, wenn lediglich vorgetragen wird, der Berater habe nicht über Risiken aufgeklärt und eine Information anhand des Prospektes sei wegen der erst nachträglichen Übersendung nicht möglich gewesen.[3]

Erforderlich ist nach dem Wortlaut der Norm ferner, dass die Klage auch gegen den Emittenten, den Anbieter oder die Zielgesellschaft gerichtet wird. **Emittent** ist bei einem Wertpapier derjenige, der es begibt; bei sonstigen Vermögensanlagen derjenige, der sie erstmals auf den Markt bringt und für seine Rechnung unmittelbar oder durch Dritte öffentlich zum Erwerb anbietet.[4] **Anbieter** ist derjenige, der für das öffentliche Angebot von Vermögensanlagen verantwortlich ist und den Anlegern gegenüber, zB in Zeitungsanzeigen, so auftritt. Eine Identität mit dem Emittenten ist nicht notwendig. Bei Vertriebsorganisationen mit Vertriebsnetzen und Untervertrieben ist derjenige Anbieter, der die Koordination der Vertriebsaktivitäten verantwortet.[5] Die Vorschrift kann nicht erweiternd dahin ausgelegt werden, dass alle Personen als Anbieter anzusehen wären, die ggf für falsche, irreführende oder unterlassene Kapitalmarktinformationen verantwortlich sind. Denn dadurch würde, zumal dann auch Hintermänner einbezogen werden müssten, dem Sinn der Vorschrift zuwiderlaufend eine große Zahl an möglichen Gerichtsständen begründet.[6] Allerdings ist die **Vorschrift** in anderer Hinsicht **enger auszulegen**, als es der Wortlaut vermuten lässt. Ausreichend ist danach für die Anwendbarkeit der Norm letztlich, dass zumindest der Beklagten wegen falscher, irreführender oder unterlassener Kapitalmarktinformation im Sinne des § 32 b Abs. 1 Nr. 1 ZPO in Anspruch genommen wird, auch wenn es sich bei diesem Beklagten nicht um einen Emittenten usw. handelt.[7] Eine isolierte Klage nur gegen Verantwortliche nach § 32 b Abs. 1 Nr. 2 ZPO führt hingegen nicht zur Begründung des ausschließlichen Gerichtsstandes.

Ausschlaggebend für die Beurteilung der Anwendbarkeit und der Voraussetzungen der Norm ist der beabsichtigte Klagevortrag.

Sachlich zuständig ist das LG unabhängig vom Wert des Streitgegenstandes gem. § 71 Abs. 2 Nr. 3 GVG.[8] Durch die örtliche und sachliche Konzentration der Zuständigkeit nach § 32 b ZPO und § 71 Abs. 2 Nr. 3 GVG ist für kapitalmarktrechtliche Klagen das LG am Sitz des betroffenen Emittenten, des betroffenen Anbieters von sonstigen Vermögensanlagen sowie bei Erfüllungsklagen in Übernahmefällen das LG am Sitz der Zielgesellschaft zuständig.

Der Gerichtsstand am Sitz des Emittenten bleibt auch dann erhalten, wenn über dessen Vermögen das Insolvenzverfahren eröffnet wurde oder wenn er, z.B. durch Löschung, in Wegfall geraten ist.[9]

Das **Antragsverfahren** für den Musterprozess wird beim Prozessgericht durchgeführt. Die Zuständigkeit der Landgerichte hat zur Folge, dass der Musterverfahrensantrag von einem Anwalt zu stellen ist, weil vor den LG Anwaltszwang herrscht (§ 78 Abs. 1 ZPO).

Die vom erweiterten Anwendungsbereich des KapMuG erfassten Beklagten, wie Vermittler von Vermögensanlagen und Anlageberater, sind von der Konzentrationswirkung des § 32 b ZPO **ausgenommen**, wenn diese allein verklagt werden.[10]

Befindet sich der Sitz des Beklagten im **Ausland**, dann bestimmt sich die Zuständigkeit nach der Verordnung (EG) Nr. 44/2001 über die gerichtliche Zuständigkeit und die Anerkennung und Vollstreckung von Entscheidungen in Zivil- und Handelssachen[11] (EuGVVO). Hier ist der Gerichtsstand der unerlaubten Handlung nach Art. 5 Nr. 3 EuGVVO einschlägig.

Das KapMuG nF enthält zur Anwendung des § 32 b ZPO keine **Übergangsvorschriften**. Es erscheint jedoch sachgerecht, wie es das OLG Frankfurt aM entschieden hat, auf die Anhängigkeit des Rechtsstreites abzustellen und nicht auf die Rechtshängigkeit. Danach ist bei einer Anhängigkeit vor dem 1.11.2012 der § 32 b ZPO in der Fassung vor Inkrafttreten des Gesetzes zur Reform des Kapitalanleger-Musterverfahrensgesetzes und zur Änderung anderer Vorschriften vom 19.10.2012 anwendbar, selbst wenn Rechtshängigkeit erst nach Inkrafttreten dieses Gesetzes eintritt.[12]

---

3 Vgl BGH v. 30.7.2013 – X ARZ 320/13, Rn 35; wieder anders kann es sein, wenn zugleich vorgetragen wird der (fehlerhafte) Prospekt sei aber dem Vertriebskonzept entsprechend alleinige Arbeitsgrundlage für Beratungsgespräche gewesen, BGH aaO mwN.
4 Ebenda, Rn 10 mwN.
5 Ebenda, Rn 12 mwN.
6 Ebenda, Rn 14 ff.
7 Ebenda, Rn 8, 18; anders OLG Hamm v. 8.4.2013 – 32 SA 8/13; OLG München v. 28.6.2013 – 34 AR 205/13.
8 § 71 Abs. 2 Nr. 3 GVG: „Die Landgerichte sind ohne Rücksicht auf den Wert des Streitgegenstandes ausschließlich zuständig ... 3. für Ansprüche, die auf eine falsche, irreführende oder unterlassene öffentliche Kapitalmarktinformation, auf die Verwendung einer falschen oder irreführenden öffentlichen Kapitalmarktinformation oder auf die Unterlassung der gebotenen Aufklärung darüber, dass eine öffentliche Kapitalmarktinformation falsch oder irreführend ist, gestützt werden".
9 OLG Brandenburg v. 25.4.2013 – 1 (Z) Sa 10/13.
10 Vgl Gesetzentwurf, BT-Drucks. 17/8799, S. 34.
11 ABl EG 2001 L 12/1.
12 OLG Frankfurt aM v. 15.7.2013 – 11 AR 38/13, LS.

D. Verordnungsermächtigung (§ 32 b Abs. 2 ZPO)

11 § 32 b Abs. 2 ZPO ermächtigt die Landesregierungen, durch Rechtsverordnungen die einschlägigen Klagen einem oder mehreren LG zuzuweisen, wenn dies der sachlichen Förderung oder schnelleren Erledigung der Verfahren dient. Von dieser Ermächtigung, die **Zuständigkeiten zu konzentrieren**, haben bisher die Länder Bayern,[13] Hessen,[14] Nordrhein-Westfalen[15] und Thüringen[16] Gebrauch gemacht. In Mecklenburg-Vorpommern und in Niedersachsen wurden die Justizministerien ermächtigt, die Zuständigkeiten zu übertragen.[17]

12 Ungeachtet dieser Zuständigkeitskonzentration können innerhalb eines Gerichts verschiedene Kammern mit Kapitalanlagesachen befasst sein.[18]

---

13 Verordnung über gerichtliche Zuständigkeiten im Bereich des Staatsministeriums der Justiz und für Verbraucherschutz (Gerichtliche Zuständigkeitsverordnung Justiz – GZVJu) v. 11.6.2012, GVBl 2012, 295, § 37: Die Entscheidungen nach § 32 b Abs. 1 ZPO werden übertragen
1. dem Landgericht Augsburg für die Landgerichtsbezirke Augsburg, Kempten (Allgäu) und Memmingen,
2. dem Landgericht Landshut für die Landgerichtsbezirke Deggendorf, Landshut und Passau,
3. dem Landgericht München I für die Landgerichtsbezirke Ingolstadt, München I, München II und Traunstein,
4. dem Landgericht Nürnberg-Fürth für die Landgerichtsbezirke der Oberlandesgerichte Nürnberg und Bamberg.
14 § 1 der Verordnung über die Zuständigkeit in Kapitalmarktstreitigkeiten nach § 32 b Abs. 1 S. 1 ZPO vom 13.1.2006, GVBl 2006 I, 25. Zuständig ist das LG Frankfurt aM.
15 § 1 der Verordnung über die Konzentration der Verfahren nach dem Gesetz zur Einführung von Kapitalanleger-Musterverfahren (Konzentrations-VO – § 32 b ZPO, § 4 KapMuG), GV NRW 2005, 920. Zuständig sind das LG Düsseldorf für den OLG-Bezirk Düsseldorf, das LG Hamm für den OLG-Bezirk Hamm und das LG Köln für den OLG-Bezirk Köln.
16 Thüringer Verordnung über die gerichtlichen Zuständigkeiten in der ordentlichen Gerichtsbarkeit vom 12.8.1993 idF v. 15.2.2006, GVBl 2006, 51. Zuständig ist das LG Gera.
17 Vgl dazu *Hess* in: Kölner Kommentar zum KapMuG, § 32 b ZPO, Rn 13 f, und *Vollkommer*, NJW 2007, 3095.
18 Je nach Geschäftsverteilung über das Alphabet oder nach Reihenfolge des Eingangs der Klage.

Gesetz über die Mitbestimmung der Arbeitnehmer
(Mitbestimmungsgesetz – MitbestG)

Vom 4. Mai 1976 (BGBl. I S. 1153)
(FNA 801-8)
zuletzt geändert durch Art. 2 Abs. 113 G zur Änd. von Vorschriften über Verkündung und
Bekanntmachungen sowie der ZPO, des EGZPO und der AO vom 22. Dezember 2011 (BGBl. I S. 3044)

Vorbemerkung

Die **unternehmerische Mitbestimmung** der Arbeitnehmer ist abzugrenzen von der **betrieblichen Mitbestimmung**. 1

Wie der Name schon ausdrückt, bezieht sich die im **BetrVG** geregelte **betriebliche Mitbestimmung** grundsätzlich auf den **einzelnen Betrieb eines Unternehmens**. Dort werden die **Betriebsräte** gewählt, die bei bestimmten betrieblichen Entscheidungen Mitbestimmungs- und Mitwirkungsrechte haben. Dabei geht es in erster Linie um die Mitbestimmung in **sozialen und personellen Angelegenheiten** (vgl §§ 87, 99–103 BetrVG). Allerdings geht bereits das BetrVG in einzelnen Bereichen über die rein betriebliche Mitbestimmung hinaus. So ist in einem Unternehmen mit mehreren Betrieben, in denen Betriebsräte gewählt sind, ein **Gesamtbetriebsrat** einzurichten, der sich mit überbetrieblichen Fragen beschäftigt (§ 47 BetrVG). In einem Konzern kann unter bestimmten Voraussetzungen ein **Konzernbetriebsrat** etabliert werden, der sich mit konzernrechtlichen Fragen beschäftigt (§§ 54 ff BetrVG). Ferner sieht das BetrVG einen **Wirtschaftsausschuss** vor, der wirtschaftliche Angelegenheiten mit dem Unternehmer zu beraten hat (§§ 106 ff BetrVG). Schließlich ist noch an den **Europäischen Betriebsrat** zu erinnern, geregelt im Gesetz über Europäische Betriebsräte. 2

Die **unternehmerische Mitbestimmung** ist im Wesentlichen in drei Gesetzen geregelt: im Mitbestimmungsgesetz 1976, im Drittelbeteiligungsgesetz (Nachfolgegesetz des Betriebsverfassungsgesetzes 1952) und im Montan-Mitbestimmungsgesetz (einschließlich Mitbestimmungsergänzungsgesetz).[1] Der Ansatzpunkt der unternehmerischen Mitbestimmung ist das **Unternehmen**, nicht der einzelne Betrieb. Dabei wird nach **Rechtsform** und **Größe** differenziert. 3

Im Hinblick auf die persönliche Haftung der Gesellschafter-Geschäftsführer sind **Personengesellschaften** von vornherein **mitbestimmungsfrei**. Abgrenzungsfragen treten allerdings bei Personengesellschaften ohne persönlich haftende natürliche Person und der KGaA auf. Ein von einer Kapitalgesellschaft geführtes Unternehmen unterliegt der unternehmerischen Mitbestimmung, wenn es eine bestimmte Anzahl Arbeitnehmer beschäftigt: Ein **Unternehmen** mit **weniger als 500 Arbeitnehmern** ist grundsätzlich **mitbestimmungsfrei** (vgl aber § 76 Abs. 6 BetrVG). Ein Unternehmen mit mehr als 500 Arbeitnehmern bis zu 1.000 bzw 2.000 Arbeitnehmern unterliegt den Regelungen des Drittelbeteiligungsgesetzes (zu Differenzierungen bei Familiengesellschaften, die vor dem 10.8.1994 eingetragen wurden, vgl § 1 Abs. 1 Nr. 1 und 2 des Drittelbeteiligungsgesetzes). Ein Unternehmen mit mehr als 1.000 Arbeitnehmern, welches im Montanbereich tätig ist, ist nach dem MontanMitbestG (einschließlich Mitbestimmungsergänzungsgesetz) mitbestimmungspflichtig (§ 1 Abs. 2 MontanMitbestG). Für Unternehmen mit mehr als 2.000 Arbeitnehmern, welche nicht im Montanbereich tätig sind, ist das MitbestG 1976 einschlägig (§ 1 Abs. 1 und 2 MitbestG). 4

Die unternehmerische Mitbestimmung vollzieht sich im **Aufsichtsrat**. Dorthin werden von **Arbeitnehmern** und **Gewerkschaften** gewählte Vertreter entsandt, die grundsätzlich gleichberechtigt den Anteilseignervertretern im Aufsichtsrat gegenüberstehen. Über ihre Stellung im Aufsichtsrat sind die Arbeitnehmervertreter auch an Beratung und Überwachung der Geschäftsführung beteiligt. Die Anzahl der zu entsendenden Arbeitnehmervertreter im Verhältnis zu den Anteilseignervertretern und damit auch die Intensität der unternehmerischen Mitbestimmung hängt davon ab, welches Gesetz anwendbar ist. Das Drittelbeteiligungsgesetz sieht vor, dass ein Drittel der Mitglieder des Aufsichtsrats Vertreter der Arbeitnehmer sein müssen (§ 4 Abs. 1 Drittelbeteiligungsgesetz). Nach dem MontanMitbestG ist die Zahl von Anteilseigner- und Arbeitnehmervertretern gleich, zuzüglich eines neutralen Dritten (§ 4 MontanMitbestG). Das MitbestG 1976 trifft einen Kompromiss: Zwar müssen auch hier die Hälfte der Mitglieder des Aufsichtsrats Arbeitnehmervertreter sein, in Pattsituationen entscheidet aber kein Dritter, vielmehr hat der von den Anteilseignern zu stellende Vorsitzende eine Zweitstimme (§ 29 Abs. 2 MitbestG). 5

---

1 Kommentiert wird im Folgenden nur das zentrale Gesetz zur Mitbestimmung, das MitbestG.

Erster Teil Geltungsbereich

§ 1 Erfaßte Unternehmen

(1) In Unternehmen, die
1. in der Rechtsform einer Aktiengesellschaft, einer Kommanditgesellschaft auf Aktien, einer Gesellschaft mit beschränkter Haftung oder einer Genossenschaft betrieben werden und
2. in der Regel mehr als 2 000 Arbeitnehmer beschäftigen,

haben die Arbeitnehmer ein Mitbestimmungsrecht nach Maßgabe dieses Gesetzes.

(2) Dieses Gesetz ist nicht anzuwenden auf die Mitbestimmung in Organen von Unternehmen, in denen die Arbeitnehmer nach
1. dem Gesetz über die Mitbestimmung der Arbeitnehmer in den Aufsichtsräten und Vorständen der Unternehmen des Bergbaus und der Eisen und Stahl erzeugenden Industrie vom 21. Mai 1951 (Bundesgesetzbl. I S. 347) – Montan-Mitbestimmungsgesetz –, oder
2. dem Gesetz zur Ergänzung des Gesetzes über die Mitbestimmung der Arbeitnehmer in den Aufsichtsräten und Vorständen der Unternehmen des Bergbaus und der Eisen und Stahl erzeugenden Industrie vom 7. August 1956 (Bundesgesetzbl. I S. 707) – Mitbestimmungsergänzungsgesetz –

ein Mitbestimmungsrecht haben.

(3) Die Vertretung der Arbeitnehmer in den Aufsichtsräten von Unternehmen, in denen die Arbeitnehmer nicht nach Absatz 1 oder nach den in Absatz 2 bezeichneten Gesetzen ein Mitbestimmungsrecht haben, bestimmt sich nach den Vorschriften des Drittelbeteiligungsgesetzes (BGBl. 2004 I S. 974).

(4) ¹Dieses Gesetz ist nicht anzuwenden auf Unternehmen, die unmittelbar und überwiegend
1. politischen, koalitionspolitischen, konfessionellen, karitativen, erzieherischen, wissenschaftlichen oder künstlerischen Bestimmungen oder
2. Zwecken der Berichterstattung oder Meinungsäußerung, auf die Artikel 5 Abs. 1 Satz 2 des Grundgesetzes anzuwenden ist,

dienen. ²Dieses Gesetz ist nicht anzuwenden auf Religionsgemeinschaften und ihre karitativen und erzieherischen Einrichtungen unbeschadet deren Rechtsform.

Literatur:

Allg. Literatur zum MitbestG: *Fabricius/Matthes/Naendrup/Rumpff/Schneider/Westerath*, Gemeinschaftskommentar zum Mitbestimmungsgesetz, 1976 ff (zit.: GK-MitbestG/*Bearbeiter*); *Fuchs/Köstler/Pütz*, Handbuch zur Aufsichtsratswahl, 5. Auflage 2012; *Ulmer/Habersack/Henssler*, Mitbestimmungsgesetz, 3. Auflage 2013 (zitiert: UHH/*Bearbeiter*); *Heither/von Morgen*, in: Hümmerich/Boecken/Düwell (Hrsg.), Anwaltkommentar Arbeitsrecht, Mitbestimmungsgesetz, 2. Auflage 2010 (zit.: AnwK-Arbeitsrecht/*Bearbeiter*); *Hoffmann/Lehmann/Weinmann*, Mitbestimmungsgesetz, 1978; *Köstler/Kittner/Zachert*, Aufsichtsratspraxis, Handbuch für die Arbeitnehmervertreter, 9. Auflage 2009; *Meilicke/Meilicke*, Mitbestimmungsgesetz, 1976; *Oetker*, in: Großkommentar zum Aktiengesetz, Mitbestimmungsgesetz, 4. Auflage 1999 (zit.: Großkomm-AktienR/*Oetker*); *ders.*, in: Erfurter Kommentar zum Arbeitsrecht, Mitbestimmungsgesetz, 13. Auflage 2013 (zit.: ErfK/*Bearbeiter*); *Raiser/Veil*, Mitbestimmungsgesetz, 5. Auflage 2009; *Seibt*, in: Henssler/Willemsen/Kalb, Arbeitsrecht, Kommentar, Mitbestimmungsgesetz, 5. Auflage 2012 (zit.: HWK/*Seibt*); *Seibt*, Auswirkung der Unternehmensumstrukturierung auf die Unternehmensmitbestimmung, in: Willemsen/Hohenstatt/Schweibert/Seibt, Umstrukturierung und Übertragung von Unternehmen, 4. Aufl. 2011; *Wienke/Prinz/Huke*, Die Wahl der Arbeitnehmervertreter in den Aufsichtsrat, 2009; *Wißmann*, in: Münchener Handbuch zum Arbeitsrecht, Band 2, 3. Auflage 2009 (zit.: MüHb-ArbR/*Wißmann*); *Wlotzke/Wißmann/Koberski/Kleinsorge*, Mitbestimmungsgesetz, 4. Auflage 2011 (zit.: WWKK/*Bearbeiter*); *Zange*, Auswirkung von Umstrukturierungsmaßnahmen auf die unternehmerische Mitbestimmung, in: Arens/Düwell/Wichert, Handbuch Umstrukturierung und Arbeitsrecht, 2. Aufl. 2013.

Literatur zu § 1: *Arbeitskreis „Unternehmerische Mitbestimmung"*, Entwurf einer Regelung zur Mitbestimmungsvereinbarung sowie zur Größe des mitbestimmten Aufsichtsrats, ZIP 2009, 885; *Eberspächer*, Unternehmerische Mitbestimmung in zugezogenen Auslandsgesellschaften: Regelungsmöglichkeiten des deutschen Gesetzgebers?, ZIP 2008, 1951; *Götz*, Multinationale Konzernstrukturen nach Überseering und Inspire Art, Der Konzern, 2004, 449; *Habersack*, Reformbedarf im deutschen Mitbestimmungsrecht, Beilage zu ZIP 2009, 1; *Hanau*, Abschluss und Inhalt von Mitbestimmungsvereinbarungen, Beilage zu ZIP 2009, 6; *Hellgardt/Illmer*, Wiederauferstehung der Sitztheorie, NZG 2009, 94; *Hellwig/Behme*, Zur Einbeziehung ausländischer Belegschaft in die deutsche Unternehmensmitbestimmung, ZIP 2009, 1791; *Hommelhoff*, Mitbestimmungsvereinbarungen zur Modernisierung der deutschen Unternehmensmitbestimmung, ZGR 2010, 48; *Ihrig/Schlitt*, Vereinbarungen über eine freiwillige Einführung und Erweiterung der Mitbestimmung, NZG 1999, 333; *Jacobs*, Das Besondere Verhandlungsgremium: Bildung und Verfahren, Beilage zu ZIP 48/2009, 18; *Junker*, Unternehmensmitbestimmung in Deutschland, ZFA 2005, 1; *Krause*, Zur Bedeutung des Unionsrechts für die unternehmerische Mitbestimmung, AG 2012, 485; *Kraushaar*, Vom Anfang und Ende einer Verhandlung über die Unternehmensmitbestimmung aus Sicht der leitenden Angestellten, ZIP 2009, 1789; *Meilicke/Meilicke*, Zur ausländischen Kapitalgesellschaft als Unternehmen in der Rechtsform § 1 Abs. 1 Nr. 1 MitbestG, BB 1977, 1063; *Müller-Bonani*, Unternehmensmitbestimmung nach „Überseering" und „Inspire Art", GmbHR 2003, 1235, *Seibt*, Privatautonome Mitbestimmungsvereinbarungen,

AG 2005, 413; *Teichmann*, Europäisierung der deutschen Mitbestimmung, Beilage zu ZIP 48/2009, 10; Veil, Mitbestimmungsvereinbarungen im Konzern, Beilage zu ZIP 2009, 26; *Veit/Wichert*, Unternehmerische Mitbestimmung bei europäischen Kapitalgesellschaften mit Verwaltungssitz in Deutschland nach „Überseering" und „Inspire Art", AG 2004, 14; *Wahlers*, Statusbegründende Mitbestimmungserweiterung bei der AG, ZIP 2008, 1897; *Weiss/Seifert*, Der europarechtliche Rahmen für ein „Mitbestimmungserstreckungsgesetz", ZGR 2009, 542; *Wißmann*, Der Anwendungsbereich der Unternehmensmitbestimmung als Dauerpatient, in: FS Däubler, 1999, S. 385.

A. Allgemeiner Überblick 1	C. Verhältnis zu Montan-Mitbestimmungsgesetz und Drittelbeteiligungsgesetz (Abs. 2 und 3) 23
I. Geschichtliche Entwicklung des MitbestG 1	
II. Verfassungsrechtliche Bewertung 8	D. Ausnahme: Tendenzunternehmen und Religionsgemeinschaften (Abs. 4) 24
III. Gesetzeszweck 11	
IV. Aufbau von § 1 13	E. Gestaltungsfreiheit 27
B. Voraussetzungen für die Anwendung des MitbestG (Abs. 1) 14	I. Satzungsmäßige Erweiterungen 28
I. Rechtsform 14	II. Schuldrechtliche Erweiterungen 30
II. Anzahl der Arbeitnehmer 21	F. Streitigkeiten 35

A. Allgemeiner Überblick

I. Geschichtliche Entwicklung des MitbestG.[1] Die unternehmerische Mitbestimmung war in Deutschland 1 bis in die jüngste Vergangenheit Gegenstand heftiger politischer, wirtschaftlicher und rechtlicher Auseinandersetzungen. Erste Forderungen nach Mitbestimmung der Arbeiter kamen im Zuge der **Revolution von 1848** auf. Dabei ging es in erster Linie noch um **betriebliche Mitbestimmung**. Umgesetzt wurden diese Forderungen zunächst nicht. Dies geschah in gewissem Umfang durch die Novelle der **Gewerbeordnung im Jahre 1891**. Dort waren fakultative Arbeiterausschüsse vorgesehen, denen das Recht zustand, bei betrieblichen Arbeitsordnungen mitzuwirken. Durch das **Gesetz über den vaterländischen Hilfsdienst im Jahre 1916** wurden die Arbeiterausschüsse dann für bestimmte Unternehmen obligatorisch.

Während der **Novemberrevolution 1918** wurden Forderungen nach einer über den Betrieb hinausgehenden 2 **unternehmerischen Mitbestimmung** laut. Diese führten nach einem kurzen Zwischenspiel durch zwei Sondergesetze über die Kohlen- und Kaliwirtschaft, in denen Räte eingeführt wurden, zum **Betriebsrätegesetz 1920** und dem **Aufsichtsratsgesetz 1922**. Danach waren in alle Unternehmen, in denen ein Aufsichtsrat bestand, je nach Größe des Aufsichtsrats ein oder zwei Aufsichtsratsmitglieder zu entsenden, die vom Betriebsrat nach einem näher bestimmten Wahlverfahren ermittelt wurden. Im Jahre **1934** wurden beide Gesetze, die nationalsozialistischem Gedankengut, insbesondere dem „Führerprinzip", widersprachen, durch das **Gesetz zur Ordnung der nationalen Arbeit** aufgehoben.

Nach dem zweiten Weltkrieg erfuhr die unternehmerische Mitbestimmung zunächst eine weitgehende Re- 3 gelung in der **Montan-Industrie**. Verantwortlich dafür waren einerseits die Bestrebungen der Alliierten Besatzungsmächte, Eisen- und Stahlunternehmen in Deutschland zu entflechten, andererseits die in Abkehr zum Nationalsozialismus hervortretenden sozialistischen Tendenzen in Parteien und Gewerkschaften.[2] Ergebnis dessen war – nach erbitterten Auseinandersetzungen, die beinahe zu einem Streik in Bergbau und Stahlindustrie geführt hätten – das **Montan-Mitbestimmungsgesetz von 1951**. Danach sind die Aufsichtsräte der Unternehmen im Montanbereich **paritätisch** besetzt. In der Folgezeit wurde das Montan-Mitbestimmungsgesetz durch Umstrukturierungen im Montanbereich bedroht, so dass sich der Gesetzgeber veranlasst sah, eine Reihe weiterer Gesetze zur Sicherung der Mitbestimmung zu verabschieden: Montanmitbestimmungsergänzungsgesetz v. 1956 (1. „Lex Mannesmann"); Gesetz von 1967 (1. „Lex Rheinstahl"); Mitbestimmungsfortgeltungsgesetz von 1971 (2. „Lex Rheinstahl"); Montan-Mitbestimmungsänderungsgesetz v. 1981 (2. „Lex Mannesmann"); Gesetz zur Verlängerung der Auslaufzeiten der Mitbestimmung v. 1987; Gesetz zur Sicherung der Montanmitbestimmung v. 1988; Mitbestimmungsbeibehaltungsgesetz von 1994.

Außerhalb des Montanbereichs sieht das **Betriebsverfassungsgesetz von 1952**, das gegen starken Wider- 4 stand der Gewerkschaften verabschiedet wurde, nur eine abgeschwächte Form der Mitbestimmung vor: Die Arbeitnehmer stellen nur ein **Drittel** der Aufsichtsratsmitglieder. Am 1.7.2004 ist das Betriebsverfassungsgesetz von 1952 durch das Drittelbeteiligungsgesetz abgelöst worden. Größere inhaltliche Änderungen waren damit nicht verbunden.

Zwischen Montan-Mitbestimmungsgesetz und Betriebsverfassungsgesetz 1952 (jetzt: Drittelbeteiligungsge- 5 setz) steht das **MitbestG 1976**. Es ist Ergebnis lang anhaltender politischer Diskussionen und einer Reihe wissenschaftlicher Untersuchungen. Der Aufsichtsrat in Großunternehmen außerhalb des Montanbereichs

---

1 Dazu UHH/*Ulmer/Habersack*, Einl. Rn 15 ff; *Raiser/Veil*, Einl. Rn 6 ff; WWKK/*Wißmann*, Vorbem. Rn 11 ff; *Köstler/Zachert/Müller*, Rn 17 ff.

2 *Meilicke/Meilicke*, Einl. Rn 5 f.

ist nach dem MitbestG 1976 zwar paritätisch besetzt; in Pattsituationen hat aber der von den Anteilseignern gestellte Vorsitzende des Aufsichtsrats eine Zweitstimme.

6 Nach Erlass des MitbestG hielten die kontroversen Diskussionen noch an. Erst nachdem das BVerfG – angerufen von neun Unternehmen, 29 Arbeitgeberverbänden, der Deutschen Schutzvereinigung für Wertpapierbesitz und durch Vorlagebeschluss des LG Hamburg – die Verfassungsmäßigkeit des Gesetzes festgestellt hatte[3] (zu verfassungsrechtlichen Fragen vgl Rn 8 ff), war eine gewisse Ruhe eingekehrt. Zwischenzeitlich, so schien es, hatten sich die Betreffenden mit dem MitbestG arrangiert.[4] Vor dem Hintergrund der zunehmenden Globalisierung der Wirtschaft ist in jüngster Vergangenheit allerdings wieder eine Vielzahl kritischer Stimmen laut geworden.[5] Auch deshalb hat sich die damalige Bundesregierung im Jahr 2005 veranlasst gesehen, eine Regierungskommission unter Leitung von Kurt Biedenkopf zu bilden, welche die durch Globalisierung und europäische Entwicklung aufgeworfenen Fragen überprüfen sollte. Allerdings stellte die „Biedenkopf Kommission" – nicht ganz unerwartet – am 20.12.2006 ihre Arbeit ein, weil die verschiedenen Vertreter von Arbeitgeber, Arbeitnehmer und Gewerkschaften keine Einigung erzielen konnten. Dennoch steht das MitbestG seitdem wieder in einer lebhaften rechtspolitischen Diskussion.[6]

7 Mittlerweile gibt es einen Vorschlag zur Reformierung des MitbestG durch den Arbeitskreis „Unternehmerische Mitbestimmung".[7] Dieser möchte Mitbestimmungsvereinbarungen, wie es sie bereits bei der Europäischen Aktiengesellschaft gibt, auch für das MitbestG einführen. Dadurch soll die Mitbestimmung gestärkt, Auslandssachverhalte berücksichtigt und der Aufsichtsrat verkleinert werden. Dieser Vorschlag hat bereits eine Vielzahl von Stellungnahmen provoziert.[8] Ob es aber wirklich zu weitreichenden Veränderungen kommt, ist eher zu bezweifeln. Seit Jahren ist in der Politik bei kontroversen Fragen kein Veränderungswillen spürbar, vermutlich weil das Wählerstimmen kosten könnte.

8 **II. Verfassungsrechtliche Bewertung.** Das MitbestG war schon vor seinem Inkrafttreten heftigen verfassungsrechtlichen Einwänden ausgesetzt. Seine Gegner sahen insbesondere Verstöße gegen die **Eigentumsgarantie** (Art. 14 GG), die **Berufsfreiheit** (Art. 12 GG) und die **Koalitionsfreiheit** (Art. 9 Abs. 3 GG).[9] Seine Befürworter verwiesen auf den Schutz der **Menschenwürde** (Art. 1 Abs. 1 GG), das Grundrecht **der individuellen Freiheit** (Art. 2 Abs. 1 GG) und das **Sozialstaatsgebot** (Art. 20 Abs. 1 GG), welche das MitbestG rechtfertigen.[10]

9 Das BVerfG hat in seiner Entscheidung v. 1.3.1981[11] die Einwände zurückgewiesen und die **Verfassungsmäßigkeit des MitbestG** festgestellt. Dabei hat es wesentlich darauf abgestellt, dass das Gesetz keine paritätische Mitbestimmung festlege, da die **Anteilseigner** durch die **Zweitstimme des Aufsichtsratsvorsitzenden** ein **leichtes Übergewicht** hätten. Dieses Übergewicht könne **gesellschaftsrechtlich** zwar nicht verstärkt, aber **abgesichert** werden.[12]

10 Nach dieser Entscheidung des Bundesverfassungsgerichts ist die Verfassungsmäßigkeit des MitbestG grundsätzlich geklärt. Nunmehr geht es um Einzelfragen. So hat das BVerfG das frühere Unterschriftenquorum zur Delegiertenwahl (§ 12 MitbestG) für verfassungswidrig befunden.[13] Im Schrifttum werden verfassungsrechtliche Bedenken gegen einzelne Regelungen des MitbestG erhoben, Beispiel: Ausschluss des VVaG aus dem Anwendungsbereich als Verstoß gegen Art. 3 GG.[14]

11 **III. Gesetzeszweck.** Die Auffassungen über Ziele und Zwecke der unternehmerischen Mitbestimmung gehen je nach politischer Orientierung auseinander. Angesichts dessen hat der Gesetzgeber wohl gut daran getan, sich insofern nicht weiter festzulegen. Ausweislich der Gesetzesbegründung geht es um die **gleichberechtigte und gleichgewichtige Teilnahme von Anteilseignern und Arbeitnehmern an den Entscheidungs-

---

3 BVerfG v. 1.3.1979 – 1 BvR 532, 533/77, 419/78, 1 BvL 21/78, BVerfGE 50, 290, 350.
4 Zur Bewertung des MitbestG vgl Bericht der Kommission Mitbestimmung "Mitbestimmung und neue Unternehmenskulturen – Bilanz und Perspektiven", 1998.
5 Etwa *Götz*, AG 2002, 552; *Heinze*, ZGR 2002, 66, 92; *Kirchner*, AG 2004, 197; *Säcker*, AG 2004, 180; *Schwalbach*, AG 2004, 186; *Schwark*, AG 2004, 173; *Ulmer*, ZHR 166 (2002), 271; *v. Werder*, AG 2005, 330; *Windbichler*, AG 2004, 190; *Zander/Popp*, Der Aufsichtsrat 2005, Heft 07–08, S. 15; vgl ferner *Berliner Netzwerk Corporate Governance*, 12 Thesen zur Modernisierung der Mitbestimmung, AG 2004, 200. Die Gewerkschaften sind weiterhin unverdrossene Verfechter des deutschen Mitbestimmungsmodells, vgl die Studie der *Hans Böckler Stiftung*, Zur aktuellen Kritik der Mitbestimmung im Aufsichtsrat, Februar 2004.
6 Vgl *Henssler*, RdA 2005, 330; *Oetker*, RdA 2005, 337.
7 *Arbeitskreis „Unternehmerische Mitbestimmung"*, ZIP 2009, 885.
8 *Habersack*, Beilage zu ZIP 48/2009, 1; *Hanau*, Beilage zu ZIP 48/2009, 6; *Hellwig/Behme*, ZIP 2009, 1791; *Hommelhoff*, ZGR 2010, 48; *Jacobs*, Beilage zu ZIP 48/2009, 18; *Kraushaar*, ZIP 2009, 1789; *Teichmann*, Beilage zu ZIP 48/2009, 10; *Veil*, Beilage zu ZIP 48/2009, 26.
9 Vgl insb. *Badura/Rittner/Rüthers*, Mitbestimmungsgesetz 1976 und Grundgesetz, 1977.
10 Dazu insb. *Kübler/Schmidt/Simitis*, Mitbestimmung als gesetzgebungspolitische Aufgabe. Zur Verfassungsmäßigkeit des Mitbestimmungsgesetzes 1976, 1978.
11 BVerfG v. 1.3.1979 – 1 BvR 532, 533/77, 419/78, 1 BvL 21/78, BVerfGE 50, 290.
12 Vgl auch KölnKomm-AktG/*Mertens/Cahn*, Anh. § 117 B, vor § 1 MitbestG Rn 3.
13 BVerfG v. 12.10.2004 – 1 BvR 2130/98, AP MitbestG § 12 Nr. 2.
14 Dazu ErfK/*Oetker*, Einl. MitbestG Rn 5; WWKK/*Koberski*, § 1 Rn 13.

prozessen im Unternehmen auf der Grundlage des geltenden Gesellschaftsrechts.[15] Allgemeiner lässt sich dies kaum ausdrücken.

Konkreter wird das BVerfG in seiner grundlegenden Entscheidung v. 1.3.1979.[16] Zweck des MitbestG sei einmal, der **Menschenwürde der Arbeitnehmer** gegenüber großen Unternehmen dadurch Geltung zu verschaffen, dass die Fremdbestimmung durch institutionelle Beteiligung bei Unternehmerentscheidungen relativiert wird. Darüber hinaus soll das MitbestG **Integrationswirkung** in und außerhalb des Unternehmens entfalten und die **Geschäftsleitung in sozialer Hinsicht legitimieren.**[17]

IV. Aufbau von § 1. § 1 bestimmt den **Geltungsbereich** des MitbestG. Abs. 1 legt, gemeinsam mit den §§ 4 und 5, den **sachlichen Geltungsbereich** fest. Maßgeblich sind danach die **Rechtsform** und die **Größe des Unternehmens**, wobei für die Größe die Zahl der beschäftigten Arbeitnehmer und nicht Umsatz oder Gewinn maßgeblich ist. Abs. 2 und 3 grenzen den Anwendungsbereich gegenüber dem **Montan-Mitbestimmungsgesetz** und dem **Drittelbeteiligungsgesetz** ab, Abs. 4 nimmt bestimmte Unternehmen von der Anwendung aus.

B. Voraussetzungen für die Anwendung des MitbestG (Abs. 1)

I. Rechtsform. Nach § 1 Abs. 1 Nr. 1 gilt das MitbestG nicht rechtsformunabhängig, sondern erstreckt sich nur auf Unternehmen, die in der Rechtsform der **AG, KGaA, GmbH** oder **Erwerbs- und Wirtschaftsgenossenschaft** betrieben werden; die bergrechtliche Gewerkschaft wurde durch das am 27.3.2002 in Kraft getretene Vereinfachungsgesetz (BGBl. I S. 1130) gestrichen. **Nicht** erfasst sind also **Einzelunternehmen** und **Personengesellschaften**. Dem liegt der Gedanke zugrunde, dass die persönliche Haftung der Geschäftsführer einer unternehmerischen Mitbestimmung der Arbeitnehmer entgegensteht.[18] **Nicht** erfasst sind ferner **VVaG, Stiftung, rechtsfähiger Verein** und **juristische Personen des öffentlichen Rechts.** Sonderregelungen gelten für die Europäische Aktiengesellschaft (vgl Nr. 7 dieses Bandes). Die Aufzählung in § 1 Abs. 1 Nr. 1 ist abschließend, eine analoge Anwendung auf andere Rechtsformen also nicht möglich.[19]

§ 1 Abs. 1 Nr. 1 spricht von „Unternehmen". Damit ist nach heute einhelliger Auffassung kein zusätzliches Merkmal formuliert.[20] Alle in § 1 Abs. 1 Nr. 1 genannten Rechtsformen mit in der Regel mehr als 2.000 Arbeitnehmern sind Unternehmen. Es kommt also nicht auf die Zielsetzung, insbesondere nicht auf die Gewinnerzielungsabsicht, an.

Wer Anteilseigner der genannten Rechtsformen ist, ist unerheblich. Auch wenn die öffentliche Hand oder ausländische Gesellschaften an einem unter § 1 Abs. 1 Nr. 1 fallenden Unternehmen beteiligt sind, ist das MitbestG, sofern auch die anderen Voraussetzungen gegeben sind, anwendbar.[21]

§ 1 Abs. 1 Nr. 1 nennt nur inländische Rechtsformen. **Ausländische Unternehmen** sind also nicht erfasst. Haben ausländische Unternehmen ihren **Sitz im Ausland,** fallen sie nach allgemeiner Auffassung nicht unter das MitbestG; dies verstieße gegen das Territorialitätsprinzip.[22] Entsprechendes gilt, wenn eine solche ausländische Gesellschaft mit Sitz im Ausland Betriebe oder unselbstständige Niederlassungen in Deutschland unterhält.[23]

Umstritten ist dagegen, inwiefern **ausländische Unternehmen** mit tatsächlichem **Verwaltungssitz in Deutschland** dem MitbestG unterliegen. Als praktisches Beispiel wird häufig eine inländische KG mit einer Komplementärgesellschaft ausländischen Rechts genannt. Nach früher herrschender Auffassung fiel auch eine solche ausländische Gesellschaft mit tatsächlichem Verwaltungssitz im Inland nicht unter das MitbestG.[24] Zur Begründung wurde in der Regel die im internationalen Privatrecht Deutschlands geltende „Sitztheorie" herangezogen, nach der es für die Bestimmung des maßgeblichen Organisationsrechts auf den Sitz der Gesellschaft ankommt. Eine Gesellschaft mit (faktischem) Sitz in Deutschland müsste danach also

---

15 BT-Drucks. 7/2172, S. 17; UHH/*Ulmer/Habersack*, Einl. Rn 4.
16 BVerfG v. 1.3.1979 – 1 BvR 532, 533/77, 419/78, 1 BvL 21/78, BVerfGE 50, 290.
17 BVerfG v. 1.3.1979 – 1 BvR 532, 533/77, 419/78, 1 BvL 21/78, BVerfGE 50, 290, 350 f, 360; UHH/*Ulmer/Habersack*, Einl. Rn 4.
18 BVerfG v. 1.3.1979 – 1 BvR 532, 533/77, 419/78, 1 BvL 21/78, BVerfGE 50, 290, 348; UHH/*Ulmer/Habersack*, § 1 Rn 32; *Raiser/Veil*, § 1 Rn 4.
19 Inzwischen ist dies nahezu unstreitig, vgl UHH/*Ulmer/Habersack*, § 1 Rn 31; *Raiser/Veil*, § 1 Rn 10; *Junker*, ZFA 2005, 1, 7; *Thüsing*, ZIP 2004, 381, 382; *Veit/Wichert*, AG 2004, 14, 16 f; zweifelnd aber *Bayer*, AG 2004, 534, 535; aM noch *Forsthoff*, DB 2000, 2471, 2477; *Zimmer*, Internationales Gesellschaftsrecht, 1996, S. 161 ff.

20 OLG Stuttgart v. 3.5.1989 – 8 W 38/89, DB 1989, 1128; AnwK-Arbeitsrecht/*Heither/v. Morgen*, § 1 MitbestG Rn 3; *Raiser/Veil*, § 1 Rn 9.
21 Umstritten ist dies, wenn öffentliche Träger Anteilseigner sind. Wie hier die hM, vgl BGH v. 3.7.1975 – II ZR 35/73, NJW 1975, 1657; ErfK/*Oetker*, § 1 MitbestG Rn 1; HWK/*Seibt*, § 1 Rn 3; krit. etwa *Ossenbühl*, ZGR 1996, 504.
22 Vgl OLG Stuttgart v. 30.3.1995 – 8 W 355/93, ZIP 1995, 1004; LG Düsseldorf v. 5.6.1979 – 25 AktE 1/78, DB 1979, 1451; Großkomm-AktienR/*Oetker*, MitbestG, § 1 Rn 8.
23 ErfK/*Oetker*, § 1 MitbestG Rn 3; *Raiser/Veil*, § 1 Rn 13.
24 *Meilicke/Meilicke*, BB 1977, 1063; KölnKomm-AktG/*Mertens*, Anh. § 117 B § 1 MitbestG Rn 3; GK-MitbestG/*Rumpf*, § 1 Rn 26; aM *Großfeld/Erlinghagen*, JZ 1993, 217, 218 ff; UHH/*Ulmer/Habersack*, § 1 Rn 6 a.

nach deutschem Recht organisiert sein. Ist sie es nicht, so ist sie als rechtlich nicht existent zu behandeln und kann deshalb auch nicht dem MitbestG unterliegen. Diese dogmatische Konstruktion führte allerdings dazu, dass sich Gesellschaften mit faktischem Sitz in Deutschland über kurz oder lang in einer deutschen Rechtsform organisieren mussten und dann doch wieder der Anwendungsbereich des MitbestG eröffnet war.

19 Inzwischen hat sich der Streitstand aber gründlich geändert. Aufgrund der neueren Rechtsprechung des EuGH ist die Sitztheorie jedenfalls für Unternehmen innerhalb der Europäischen Gemeinschaft nicht mehr einschlägig.[25] Vielmehr gilt für die Staaten der Europäischen Gemeinschaft die „**Gründungstheorie**", wonach es auch für die Mitbestimmung auf die Rechtslage im Gründungsstaat ankommt. Anderenfalls läge ein Eingriff in Art. 43, 48 EG vor.[26] Entsprechendes gilt für US-amerikanische Gesellschaften aufgrund Art. XXV Abs. 5 S. 2 des Freundschafts-, Handels- und Schifffahrtvertrags vom 29.10.1954 (BGBl. 1956 S. 488) zwischen der Bundesrepublik Deutschland und der USA sowie für Gesellschaften, die in der EWR gegründet wurden.[27] Gesellschaften, die nach diesen Rechtsordnungen gegründet worden sind, sind also auch in Deutschland anzuerkennen; das MitbestG ist nicht anzuwenden.[28]

20 Unabhängig von der Sitztheorie sprechen die besseren Gründe dafür, **ausländische Unternehmen generell vom Anwendungsbereich des MitbestG auszunehmen**.[29] Denn sie sind dem Wortlaut nach nun einmal nicht von § 1 Abs. 1 Nr. 1 umfasst. Eine Erweiterung des Wortlauts mittels Analogie ist unzulässig (vgl Rn 14). Und schließlich wäre die Anwendung des MitbestG auf ausländische Unternehmen mit Verwaltungssitz in Deutschland aufgrund der abweichenden Gesellschaftsstruktur vor schwierige rechtliche und tatsächliche Probleme gestellt.[30] Wie etwa soll bei einer ausländischen Gesellschaft, in der das System eines einheitlichen Verwaltungsorgans herrscht, ein Aufsichtsrat nach dem deutschen MitbestG eingeführt werden? Diese Schwierigkeit bleibt auch dann bestehen, wenn der Gesetzgeber die Regelungen des MitbestG durch Gesetz auf ausländische Gesellschaften erstreckt. Insofern ist Zurückhaltung geboten.[31]

21 **II. Anzahl der Arbeitnehmer.** Gemäß § 1 Abs. 1 Nr. 2 ist ferner erforderlich, dass die bezeichneten Unternehmen **in der Regel mehr als 2.000 Arbeitnehmer** beschäftigen (zum Arbeitnehmerbegriff vgl § 3). Es zählen auch die nicht wahlberechtigten Arbeitnehmer mit.[32] Maßgeblich ist nicht die Anzahl der Arbeitnehmer zu einem bestimmten Stichtag, sondern die, die bei normalem Betriebsablauf zu erwarten ist. Zur Ermittlung dessen sind die Verhältnisse in der Vergangenheit und die zu erwartende Entwicklung in den nächsten ein bis zwei Jahren zu berücksichtigen.[33] In Zweifelsfällen ist dem Wahlvorstand ein Beurteilungsspielraum einzuräumen, der allerdings nicht als Freibrief missverstanden werden darf.[34]

22 Sind Arbeitnehmer eines inländischen Unternehmens im Ausland tätig, werden sie im Rahmen des § 1 Abs. 1 Nr. 2 nicht mitgezählt und haben auch kein aktives und passives Wahlrecht.[35] Dies verstößt nicht gegen Europarecht.[36] Anders ist es nur dann, wenn trotz der Tätigkeit im Ausland ein **hinreichend konkreter Bezug zu dem inländischen Unternehmen** besteht. Maßgeblich sind jeweils alle Umstände des Einzelfalls wie etwa Dauer des Auslandseinsatzes, Weisungszüge, Eingliederung in den in- oder ausländischen Betrieb etc.[37] Eine nur vorübergehende Tätigkeit im Ausland dürfte regelmäßig im Rahmen des § 1 Abs. 1 Nr. 2 keine Rolle spielen. Gleiches gilt auch für einen längeren Auslandseinsatz, der von dem inländischen Unternehmen gesteuert wird. Dagegen sind Arbeitnehmer, die auf Dauer in ein ausländisches Tochterunternehmen eingegliedert sind, mitbestimmungsrechtlich regelmäßig nicht zu berücksichtigen.[38] Im Einzelfall kann die Abgrenzung allerdings schwierig sein.[39] Leiharbeitnehmer sind bei der Anzahl der Arbeitnehmer nicht

---

[25] EuGH v. 30.9.2003, Rs. C-167/01, AG 2003, 680 (Inspire Art); EuGH v. 5.11.2002, Rs. C-208/00, AG 2003, 37 (Überseering); EuGH v. 9.3.1999, Rs. C-212/97, ZIP 1999, 438 (Centros); hierzu *Junker*, ZFA 2005, 1; *Müller-Bonani*, GmbHR 2003, 1235; *Veit/Wichert*, AG 2004, 14.

[26] *Junker*, ZFA 2005, 1, 4 ff; *Müller-Bonani*, in: Hirte/Bücker, Grenzüberschreitende Gesellschaften, 2005, S. 395 ff; *Veit/Wichert*, AG 2004, 14, 16 ff.

[27] HWK/*Seibt*, § 1 Rn 10.

[28] Das ist jetzt auch die ganz hM, vgl UHH/*Ulmer/Habersack*, § 1 Rn 8 a; *Raiser/Veil*, § 1 Rn 15 a, b: WWKK/*Koberski*, § 1 Rn 19 ff.

[29] Allerdings wendet der BGH für Unternehmen, die in Deutschland keine Niederlassungsfreiheit genießen, weiterhin die Sitztheorie an, vgl BGH v. 27.10.2008 – II ZR 158/06, NJW 2009, 289 mit krit. Anm. *Kieninger*, 2411; BGH v. 8.10.2009 – IX ZR 227/06, ZIP 2009, 2385; dazu auch *Hellgardt/Illmer*, NZG 2009, 94.

[30] Ähnlich: Großkomm-AktienR/*Oetker*, MitbestG, § 1 Rn 9 ff; *Kemp*, BB 2004, 1496, 1499; *Veit/Wichert*, AG 2004, 14, 17 f.

[31] Wenig zurückhaltend: *Weiss/Seifert*, ZGR 2009, 542; zurückhaltend: *Eberspächer*, ZIP 2008, 1951.

[32] *Köstler/Zachert/Müller*, Rn 152.

[33] Vgl OLG Düsseldorf v. 9.12.1994 – 19 W 2/94, DB 1995, 277, 278; *Raiser/Veil*, § 1 Rn 18; MüHb-ArbR/*Wißmann*, § 279 Rn 10; *Köstler/Zachert/Müller*, Rn 153; enger: *Ulmer*, in: FS Heinsius, 1991, S. 855, 863, der auf einen Zeitraum von 6–12 Monaten abstellt.

[34] Vgl WWKK/*Koberski*, § 1 Rn 38.

[35] WWKK/*Koberski*, § 3 Rn 27 ff; MüKo-AktG/*Gach*, § 3 Rn 19; *Krause*, AG 2012, 485; aM UHH/*Henssler*, § 3 Rn 40 ff.

[36] Dazu LG Landau, 18.9.2013 – HKO 27/13, BeckRS 2013, 18634; *Krause*, AG 2012, 485 mwN; aM etwa UHH/*Henssler*, § 3 Rn 43 ff.

[37] Vgl WWKK/*Koberski*, § 3 Rn 33.

[38] LG Düsseldorf v. 5.6.1979 – 25 AktE 1/78, DB 1979, 1451 f; *Hoffmann/Lehmann/Weinmann*, § 1 Rn 39; *Meilicke/Meilicke*, § 3 Rn 8; wohl auch *Raiser/Veil*, § 1 Rn 20; *Köstler/Zachert/Müller*, Rn 154 f; aM etwa *Däubler*, RabelZ 1975, 447; *Lutter*, ZGR 1977, 195, 207 f.

[39] So im Fall LG Frankfurt aM v. 1.4.1982 – 2/6 Akt E 1/81, DB 1982, 1312.

mitzuzählen (streitig, vgl § 3 Rn 9 ff). Bei einem Gemeinschaftsbetrieb werden jedem der beteiligten Unternehmen nur die eigenen Arbeitnehmer zugerechnet (streitig, vgl § 3 Rn 24).

C. Verhältnis zu Montan-Mitbestimmungsgesetz und Drittelbeteiligungsgesetz (Abs. 2 und 3)

Aus § 1 Abs. 2 und 3 lässt sich folgende Rangfolge der verschiedenen Mitbestimmungsgesetze ableiten: **Erstens** gelten vorrangig MontanMitbestG und Mitbestimmungsergänzungsgesetz, sofern deren Voraussetzungen gegeben sind. Ist dies nicht der Fall, so ist **zweitens** das MitbestG anwendbar, sofern dessen Voraussetzungen gegeben sind. Sind weder Montan-MitbestG noch Mitbestimmungsergänzungsgesetz noch MitbestG einschlägig, so ist **drittens** das Drittelbeteiligungsgesetz zu berücksichtigen. 23

D. Ausnahme: Tendenzunternehmen und Religionsgemeinschaften (Abs. 4)

§ 1 Abs. 4 nimmt ausdrücklich Tendenzunternehmen sowie Religionsgemeinschaften und deren karitative und erzieherische Einrichtungen vom Anwendungsbereich des MitbestG aus. Damit soll eine ungehinderte Tendenzverfolgung ermöglicht und zugleich die Grundrechte der betroffenen Unternehmen geschützt werden.[40] 24

Voraussetzung für ein Tendenzunternehmen im Sinne des § 1 Abs. 4 ist, dass die Tendenz unmittelbar und überwiegend verfolgt wird. **Unmittelbar** heißt, dass der Unternehmenszweck durch die Tendenz bestimmt wird.[41] Dient dagegen die Tendenzverfolgung einem übergeordneten nicht tendenzgeschützten Zweck, fehlt es an der Unmittelbarkeit.[42] Dies gilt auch, wenn lediglich der Tendenzzweck eines anderen Unternehmens unterstützt wird. Ob die Unmittelbarkeit auch dann verneint werden kann, wenn ein karitatives Unternehmen keinen direkten Kontakt mit den Empfänger der karitativen Leistung hat (Blutspendedienst), ist fraglich.[43] Die Tendenzverfolgung muss gegenüber anderen, insbesondere erwerbswirtschaftlichen Zwecken **überwiegen**. Dies ist in erster Linie nach **quantitativen** Merkmalen zu bestimmen; daneben können aber auch **qualitative** Merkmale eine Rolle spielen.[44] 25

Als Beispiele für Tendenzunternehmen und Religionsgemeinschaften, die von der Mitbestimmung ausgenommen sind, seien genannt:[45] Unternehmen von Parteien, Arbeitgeberverbänden, Gewerkschaften, Krankenhäuser, Kinderheime, Forschungsinstitute, Theater, Zeitungen, Zeitschriften, Verlage etc. 26

E. Gestaltungsfreiheit

§ 1 ist **zwingend**. Liegen dessen Voraussetzungen vor, muss das MitbestG angewendet werden.[46] Ob umgekehrt das MitbestG durch Satzungsgestaltung oder durch schuldrechtliche Vereinbarung eingeführt werden kann, obwohl die Voraussetzungen des § 1 nicht gegeben sind, ist bislang noch nicht überzeugend geklärt. Dies betrifft sowohl den Inhalt entsprechender Satzungsgestaltungen/Vereinbarungen als auch die Abschlusskompetenz. In der Praxis gibt es aber nicht wenige Vereinbarungen, idR geschlossen mit der jeweiligen Gewerkschaft. So wurde unlängst die Vereinbarung zwischen der Schaeffler-Gruppe und der IG Metall in der Öffentlichkeit bekannt, wonach die Arbeitnehmermitbestimmung unabhängig von der Rechtsform eingeführt worden sein soll.[47] 27

I. Satzungsmäßige Erweiterungen. Bei der AG kann die Satzung weder das MitbestG einführen noch erweitern, dies ergibt sich aus dem **zwingenden** § 96 AktG.[48] Entsprechendes gilt auch für die KGaA, da § 96 AktG über den Verweis des § 278 Abs. 3 AktG ebenfalls zwingend zur Anwendung kommt.[49] Bei AG und 28

---

40 UHH/*Ulmer/Habersack*, § 1 Rn 56; KölnKomm-AktG/*Mertens/Cahn*, Anh. § 117 B § 1 MitbestG Rn 5.
41 WWKK/*Koberski*, § 1 Rn 50.
42 UHH/*Ulmer/Habersack*, § 1 Rn 58.
43 So LG Düsseldorf, 30.4.2013 – 33 O 126/12 (AktE), ZIP 2013, 1626.
44 In Rspr und Literatur wird zumeist entweder auf quantitative oder auf qualitative Merkmale abgestellt, vgl LG Frankfurt/Oder v. 25.3.2010 – 31 O 21/10, AE 2010, 197 (quantitativ); MüHb-ArbR/*Wißmann*, § 279 Rn 21 (quantitativ), *Raiser/Veil*, § 1 Rn 43 (qualitativ), beide Kommentare mwN. Dies scheint zu strikt. Tatsächlich kommt es auf eine Wertung anhand aller Umstände des Einzelfalls und das Gesamtgepräge des Unternehmens an. Ähnlich HWK/*Seibt*, § 1 MitbestG Rn 15; *Seibt*, in: Willemsen/Hohenstatt/Schweibert/Seibt, Umstrukturierung und Übertragung von Unternehmen, 4. Aufl. 2011, F 36; in diese Richtung wohl auch LG Meiningen v. 27.6.2013 – HK O 80/12, BeckRS 2013, 17879.
45 Siehe auch *Raiser/Veil*, § 1 Rn 39 ff.
46 WWKK/*Koberski*, § 1 Rn 4; UHH/*Ulmer/Habersack*, § 1 Rn 16.
47 Vgl auch *Hanau*, Beilage zu ZIP 48/2009, 6, 7.
48 OLG Bremen v. 22.3.1977 – 2 W 102/75, NJW 1977, 1153; *Ihrig/Schlitt*, NZG 1999, 333, 334; WWKK/*Koberski*, § 1 Rn 6; *Lutter*, ZGR 1977, 197; *Raiser/Veil*, § 1 Rn 52; *Seibt*, AG 2005, 413, 415; aM etwa *Köstler/Kittner/Zachert/Müller*, Rn 321 ff; *Zachert*, AuR 1985, 201, 208.
49 So wohl auch die hM, vgl UHH/*Ulmer/Habersack*, § 1 Rn 20; MüKo-AktG/*Gach*, § 2 MitbestG Rn 40; *Raiser/Veil*, § 1 Rn 52; aM *Seibt*, AG 2005, 413, 415.

KGaA können auch keine statuarischen Entsenderechte zugunsten von Arbeitnehmern oder Gewerkschaften eingeräumt werden.[50] Auch über § 100 Abs. 4 AktG lässt sich das MitbestG nicht dadurch einführen oder erweitern, indem für die Wählbarkeit der Hälfte der Aufsichtsratsmitglieder die Arbeitnehmereigenschaft vorgeschrieben wird.[51] Solche Regelungen sind unwirksam.

29 Anders sieht es aus bei Unternehmen, die in einer anderen Rechtsform verfasst sind. Es spricht grundsätzlich nichts dagegen, dass solche Unternehmen in der Satzung das MitbestG einführen oder erweitern.[52] Davon ist auch eine GmbH, die dem Drittbeteiligungsgesetz unterliegt, nicht ausgenommen.[53] Warum soll es den Gesellschaftern nicht freistehen, sich einem schärferen Mitbestimmungsregime zu unterwerfen?

30 **II. Schuldrechtliche Erweiterungen.** Sind bei AG und KGaA satzungsmäßige Erweiterungen der Mitbestimmung nicht zulässig, bedeutet das nicht ohne Weiteres, dass auch schuldrechtlich bindende Mitbestimmungsvereinbarungen nicht geschlossen werden können. Im Einzelnen ist hier vieles streitig. Folgende Beurteilung erscheint sachgerecht: Schuldrechtliche Vereinbarungen, durch die sich die Gesellschaft im Ergebnis verpflichtet, das MitbestG einzuführen oder zu erweitern, sind unzulässig.[54] Sonst könnten die zwingenden Vorgaben des § 96 AktG leicht umgangen werden. Dagegen sind Vereinbarungen zur **Klärung einer strittigen Rechtsfrage oder zur Vereinfachung von Verfahrensregelungen** durchaus möglich.[55] Die Abgrenzung ist eine Frage der konkreten Umstände des Einzelfalls.

31 Sind demnach bei AG und KGaA in geringem Umfang Mitbestimmungsvereinbarungen zulässig, ist weiter zu fragen, wer für die Gesellschaft und für die Arbeitnehmerseite die entsprechende Abschlussbefugnis hat. Für die Gesellschaft tritt das **Geschäftsführungsorgan** auf, sofern es sich nicht um eine unzulässige statusändernde Vereinbarung (vgl Rn 28) handelt oder die Satzung entsprechende Zustimmungserfordernisse der Hauptversammlung festgelegt hat.[56] Ungeklärt ist aber die andere Frage: Wer tritt für die Arbeitnehmerseite auf? Erwartungsgemäß sehen sich die **Gewerkschaften** als natürliche Verhandlungs- und Vertragspartner der Unternehmen. Auch in der Praxis werden solche Vereinbarungen überwiegend durch eine Gewerkschaft geschlossen. Dies ist aber alles andere als selbstverständlich. Die Gewerkschaften sind nicht rechtsfähige Vereinigungen. Sie sind zwar gemäß § 2 TVG tariffähig, aber **Mitbestimmungsvereinbarungen** sind **nicht als Tarifverträge** zu werten. Insofern ist also die Rechts- und Parteifähigkeit der Gewerkschaften problematisch.[57] Auch Konzern-, Gesamt- oder einfacher Betriebsrat hat keine entsprechende Abschlusskompetenz, handelt es sich doch nicht um eine Vereinbarung im Rahmen des BetrVG. Auch insofern lassen sich Rechts- und Parteifähigkeit nicht nachvollziehbar begründen.[58] Die Gesamtbelegschaft scheidet aus praktischen Gründen idR als Vereinbarungspartner ebenfalls aus. De lege lata ist diese Problematik also kaum zu lösen.

32 Ob sich die Anteilseigner durch **Stimmbindungsverträge** verpflichten können, Arbeitnehmer oder Gewerkschaftsfunktionäre in den Aufsichtsrat zu wählen, ist umstritten.[59] Gegen die Zulässigkeit solcher Vereinbarungen kann **zum einen** vorgebracht werden, dass dadurch faktisch ein erweitertes Mitbestimmungsmodell eingeführt werden könnte. Ob dieser Gesichtspunkt aber ausreicht, Stimmbindungsvereinbarungen die Wirksamkeit zu versagen und in die **Vertragsfreiheit** der Anteilseigner einzugreifen, erscheint problematisch. Allenfalls in Ausnahmekonstellationen mag eine Stimmbindungsvereinbarung unwirksam sein, etwa wenn sich der Mehrheitsaktionär auf Dauer verpflichtet, den Aufsichtsrat so zu besetzen, wie es dem MitbestG entspricht, ohne dass dessen Voraussetzungen vorliegen.[60] **Zum anderen** ist aber auch insofern nicht geklärt, wer als **Vertragspartner** einer solchen Stimmbindungsvereinbarung in Betracht kommt. Lässt man überhaupt Stimmbindungsverträge mit Nicht-Gesellschaftern zu, kommen Gewerkschaften oder Konzern-,

---

50 *Ihrig/Schlitt*, NZG 1999, 333, 334; MüKo-AktG/*Semler*, § 96 AktG Rn 50.
51 Großkomm-AktienR/*Oetker*, MitbestG, Vorbem Rn 102; *Seibt*, AG 2005, 413, 415; UHH/*Ulmer/Habersack*, § 1 Rn 21; aM etwa *Henssler*, ZFA 2000,263 f.
52 OLG Bremen v. 22.3.1977 – 2 W 102/75, NJW 1977, 1153, 1154; *Ihrig/Schlitt*, NZG 1999, 333, 336; WWKK/*Koberski*, § 1 Rn 6; *Seibt*, AG 2005, 413, 415.
53 So auch OLG Bremen v. 22.3.1977 – 2 W 102/75, NJW 1977, 1153, 1154; MüHb-ArbR/*Wißmann*, § 278 Rn 11; *Raiser/Veil*, § 1 Rn 52; WWKK/*Koberski*, § 1 Rn 6; aM etwa UHH/*Ulmer/Habersack*, § 1 Rn 23; *Lutter*, ZGR 1977, 197; GK-MitbestG/*Schneider*, § 5 Rn 125.
54 UHH/*Ulmer/Habersack*, § 1 Rn 20; MüKo-AktG/*Semler*, § 96 AktG Rn 54.
55 Großkomm-AktienR/*Oetker*, MitbestG, Vorbem Rn 106 f; *Seibt*, AG 2005, 413, 415; vgl auch MüKo-AktG/*Semler*, § 96 AktG Rn 55 f.
56 MüKo-AktG/*Semler*, § 96 AktG Rn 60; *Seibt*, AG 2005, 413, 417.
57 In dieser Richtung MüKo-AktG/*Semler*, § 96 AktG Rn 64; zweifelnd auch Großkomm-AktienR/*Oetker*, MitbestG, Vorbem Rn 107, 113; *Seibt*, AG 2005, 413, 418; nach *Ihrig/Schlitt*, NZG 1999, 333, 335 können Gewerkschaften oder die Belegschaft Vertragspartner sein; für *Köstler/Kittner/Zachert/Müller*, Aufsichtsratspraxis, Rn 336 ff ff ist die Abschlusskompetenz der Gewerkschaften unproblematisch.
58 Großkomm-AktienR/*Oetker*, MitbestG, Vorbem Rn 110; MüKo-AktG/*Semler*, § 96 AktG Rn 64.
59 Dafür *Ihrig/Schlitt*, NZG 1999, 333, 335; *Köstler/Zachert/Müller*, Rn 33 f f; *Wahlers*, ZIP 2008, 1897, 1901 ff; eher dagegen, jedenfalls kritisch: MüKo-AktG/*Semler*, § 96 AktG Rn 68 ff; dagegen, *Henssler*, ZfA 2000, 264 f; UHH/*Ulmer/Habersack*, § 1 Rn 17.
60 KölnKomm-AktG/*Mertens*, § 96 AktG Rn 16; MüKo-AktG/*Semler*, § 96 AktG Rn 71; enger: *Hommelhoff*, ZHR 148 (1994), 118, 140 f, nach dem wohl eine Stimmbindungsvereinbarung, die über eine Amtsperiode des Aufsichtsrats hinausgeht, unwirksam ist.

Gesamt- oder Einzelbetriebsrat in Betracht. Deren Abschlusskompetenz ist indes kaum zu begründen (so Rn 31). Vor diesem Hintergrund ist die Wirksamkeit von Stimmbindungsvereinbarungen mehr als zweifelhaft, mögen sie – aus den unterschiedlichsten Gründen – in der Praxis auch funktionieren. Unabhängig davon sind Stimmbindungsverträge mangels tariflichen Charakters jedenfalls nicht durch Streik erzwingbar.[61]

Möglich ist allerdings, dass die Anteilseigner auf freiwilliger Basis Arbeitnehmer oder Gewerkschaftsfunktionäre in den Aufsichtsrat **wählen**.[62] Auch bei jahrelanger Praxis entsteht dadurch aber kein Rechtsanspruch aus betrieblicher Übung.[63] 33

Bei Unternehmen, die nicht in der Rechtsform der AG oder KGaA organisiert sind, spricht grundsätzlich nichts dagegen, dass sie durch schuldrechtliche Vereinbarung das MitbestG einführen oder erweitern. Dies gilt auch für eine GmbH, die dem Drittelbeteiligungsgesetz unterliegt.[64] Die Fragen nach der Abschlusskompetenz auf Arbeitnehmerseite stellen sich aber auch in diesen Fällen (vgl Rn 31). 34

F. Streitigkeiten

Streitigkeiten darüber, ob ein Unternehmen dem MitbestG unterfällt, sind in dem **Statusverfahren** gemäß § 6 Abs. 2, §§ 97 f AktG zu klären. Zuständig ist die Zivil- und nicht die Arbeitsgerichtsbarkeit.[65] 35

§ 2 Anteilseigner

Anteilseigner im Sinne dieses Gesetzes sind je nach der Rechtsform der in § 1 Abs. 1 Nr. 1 bezeichneten Unternehmen Aktionäre, Gesellschafter oder Mitglieder einer Genossenschaft.

§ 2 enthält eine Definition des Begriffs „Anteilseigner". Diese Definition hat ausschließlich gesetzestechnischen Charakter. Sie dient als Sammelbezeichnung für die Gesellschafter der unterschiedlichen Rechtsformen, die unter das Mitbestimmungsgesetz fallen.[1] 1

§ 3 Arbeitnehmer und Betrieb

(1) ¹Arbeitnehmer im Sinne dieses Gesetzes sind
1. *die in § 5 Abs. 1 des Betriebsverfassungsgesetzes bezeichneten Personen mit Ausnahme der in § 5 Abs. 3 des Betriebsverfassungsgesetzes bezeichneten leitenden Angestellten,*
2. *die in § 5 Abs. 3 des Betriebsverfassungsgesetzes bezeichneten leitenden Angestellten.*

²Keine Arbeitnehmer im Sinne dieses Gesetzes sind die in § 5 Abs. 2 des Betriebsverfassungsgesetzes bezeichneten Personen.

(2) ¹Betriebe im Sinne dieses Gesetzes sind solche des Betriebsverfassungsgesetzes. ²§ 4 Abs. 2 des Betriebsverfassungsgesetzes ist anzuwenden.

Literatur:
Alle gängigen Kommentare zum Betriebsverfassungsgesetz; *Hohenstatt/Schramm*, Der Gemeinschaftsbetrieb im Recht der Unternehmensmitbestimmung, NZA 2010, 846; *Lüers/Schomaker*, Aufsichtsratswahlen im Gemeinschaftsbetrieb – wer zählt mit, wer wählt mit?, BB 2013, 565; *Künzel/Schmid*, Wählen ja, zählen nein? Leiharbeitnehmer und Unternehmensmitbestimmung, NZA 2013, 300.

A. Überblick und Änderungen durch das BetrVG-Reformgesetz 1	2. Bestand des Arbeitsverhältnisses 5
B. Arbeitnehmerbegriff (Abs. 1 Nr. 1) 2	3. Ins Ausland entsendete Arbeitnehmer 6
I. Verweis auf § 5 Abs. 1–3 BetrVG 2	4. Teilzeit und Altersteilzeit 7
II. Einzelfragen 4	5. Überlassene Arbeitnehmer 9
1. Freie Mitarbeiter, Dienstverpflichtete und arbeitnehmerähnliche Personen 4	6. Arbeitsverhältnisse im Konzern 16
	C. Leitende Angestellte (Abs. 1 Nr. 2) 19
	D. Betriebsbegriff (Abs. 2) 22

---

61 Tendenziell anders: *Köstler/Zachert/Müller*, Rn 348.
62 BGH v. 3.7.1975 – II ZR 35/73, AG 1975, 242 mit zust. Anm. *Mertens*; *Ihrig/Schlitt*, NZG 1999, 333, 334 f; MüKo-AktG/*Semler*, § 96 AktG Rn 47; *Köstler/Zachert/Müller*, Rn 335.
63 *Seibt*, AG 2005, 413, 415.
64 So auch *Raiser/Veil*, § 1 Rn 52; aM etwa UHH/*Ulmer/Habersack*, § 1 Rn 23; *Lutter*, ZGR 1977, 197; GK-MitbestG/*Schneider*, § 5 Rn 125.

65 Mitunter versuchen Zivilgerichte allerdings, eine Zuständigkeit der Arbeitsgerichte über § 2 a Abs. 1 Nr. 1 ArbGG zu konstruieren, vgl die Glosse von *Groß*, AE 2005, 91 f über einen grotesk anmutenden Streit über die Gerichtszuständigkeit.

1 UHH/*Ulmer/Habersack*, § 2 Rn 1.

| E. Gestaltungsfreiheit .... 26 | F. Streitigkeiten .... 27 |

A. Überblick und Änderungen durch das BetrVG-Reformgesetz

1 Das MitbestG enthält zwar keine Definition der Begriffe „Arbeitnehmer", „leitender Angestellter" und „Betrieb". Aufgrund des in § 3 enthaltenen **Verweises** sind aber die entsprechenden Definitionen des BetrVG maßgeblich. Aufgrund dieses Verweises ist auch die bisherige Unterscheidung zwischen „Arbeiter" und „Angestellter" entfallen. Im **BetrVG-Reformgesetz vom 23.7.2001** hat der Gesetzgeber diese – nicht mehr zeitgemäße –[1] Unterscheidung aufgegeben und beide Begriffe in dem Begriff des „Arbeitnehmers" zusammengefasst. Es ist jetzt also nur noch zwischen Arbeitnehmern und leitenden Angestellten zu unterscheiden. Erst durch das **BetrVG-Reformgesetz vom 23.7.2001** ist auch der bisher in § 10 enthaltene Verweis auf den **Betriebsbegriff** des BetrVG sprachlich geklärt und in § 3 versetzt worden.

B. Arbeitnehmerbegriff (Abs. 1 Nr. 1)

2 **I. Verweis auf § 5 Abs. 1–3 BetrVG.** Entsprechend der Definition der § 3 Abs. 1 Nr. 1, § 5 BetrVG sind **Arbeitnehmer im Sinne des MitbestG: Arbeiter, Angestellte** sowie **Auszubildende**, und zwar unabhängig davon, ob sie im **Betrieb**, im **Außendienst**, mit **Telearbeit** oder in **Heimarbeit** beschäftigt sind (§ 5 Abs. 1 BetrVG).

3 **Keine Arbeitnehmer** im Sinne des Mitbestimmungsgesetzes sind die in § 5 Abs. 2 BetrVG genannten Personen, also: **gesetzliche Vertretungsorgane juristischer Personen, vertretungsberechtigte Mitglieder von Personengesamtheiten**, Beschäftigte aus **karitativen, religiösen, medizinischen** oder **erzieherischen** Gründen und **bestimmte Verwandte des Arbeitgebers** (Ehegatte, Lebenspartner, Verwandte und Verschwägerte ersten Grades, sofern diese in häuslicher Gemeinschaft mit dem Arbeitgeber leben).

4 **II. Einzelfragen. 1. Freie Mitarbeiter, Dienstverpflichtete und arbeitnehmerähnliche Personen.** Freie Mitarbeiter, selbstständige Dienstverpflichtete und arbeitnehmerähnliche Personen im Sinne § 5 Abs. 1 S. 2 ArbGG sind keine Arbeitnehmer im Sinne des Mitbestimmungsgesetzes.[2] Die Abgrenzung erfolgt nach den üblichen Kriterien. Maßgeblich für das Vorliegen eines Arbeitsverhältnisses ist in erster Linie die **persönliche Abhängigkeit** des Betreffenden hinsichtlich **Zeit, Ort, Durchführung** und **Inhalt** der Arbeitsleistung.[3]

5 **2. Bestand des Arbeitsverhältnisses.** § 3 stellt ausschließlich auf den Bestand eines Arbeitsverhältnisses ab. Es kommt nicht darauf an, ob es sich um ein **befristetes, bedingtes** oder **gekündigtes** Arbeitsverhältnis handelt, solange der Beendigungszeitpunkt noch nicht erreicht ist.[4] Auch **ruhende Arbeitsverhältnisse** fallen grundsätzlich unter § 3.[5] Etwas anderes kann allerdings dann gelten, wenn das Arbeitsverhältnis lange ruht und für diese Zeit eine Ersatzkraft (befristet) eingestellt wird.

6 **3. Ins Ausland entsendete Arbeitnehmer.** Ins Ausland entsendete Arbeitnehmer werden mitgezählt, wenn das Arbeitsverhältnis einen hinreichend konkreten Bezug zu dem inländischen Unternehmen aufweist (vgl § 1 Rn 22).

7 **4. Teilzeit und Altersteilzeit.** Teilzeitarbeitsverhältnisse sind **voll** zu berücksichtigen. Das MitbestG enthält insofern, anders als andere arbeitsrechtliche Gesetze, keinerlei Differenzierungen. Es kommt also weder auf den Umfang der Arbeit an noch darauf, ob eine geringfügige Beschäftigung vorliegt.[6]

8 Bei Arbeitnehmern in **Altersteilzeit** ist zu unterscheiden. Handelt es sich um Altersteilzeit nach dem Blockmodell und befindet sich der Arbeitnehmer in dem Freizeitblock, so ist er nicht mitzuzählen. Dies ergibt sich zwar nicht unmittelbar aus dem Gesetz. Nach überwiegender Auffassung ist aber in Rechnung zu stellen, dass er nach Ablauf des Freizeitblocks ausscheidet, ihm also die Rückkehrperspektive fehlt, und deshalb die erforderliche Bindung an das Unternehmen nicht mehr unterstellt werden kann.[7] Alle anderen Altersteilzeitverhältnisse fallen aber unter § 3.

---

1 Vgl BT-Drucks. 14/5741, 23 f, 36.
2 UHH/*Henssler*, § 3 Rn 11 ff; *Raiser/Veil*, § 3 Rn 8; zum BetrVG: GK-BetrVG/*Raab*, 10. Aufl. 2014, § 5 Rn 21, 89; Richardi/*Richardi*, BetrVG, 13. Aufl. 2012, § 5 Rn 37 f.
3 Dazu AnwK-Arbeitsrecht/*Kloppenburg*, § 5 BetrVG Rn 5 mwN.
4 MüHb-ArbR/*Wißmann*, § 279 Rn 2.
5 Großkomm-AktienR/*Oetker*, MitbestG § 3 Rn 8; GK-BetrVG/ *Raab*, 10. Aufl. 2014, § 5 Rn 88.
6 So auch die hM, vgl UHH/*Henssler*, § 3 Rn 20 ff; WWKK/*Koberski*, § 3 Rn 8.
7 LAG Nürnberg v. 16.2.2006 – 2 TaBV 9/06, NZA-RR 2006, 358 Haag/Gräter/Danglmaier, DB 2001, 702; *Rieble/Gutzeit*, BB 1998, 638; WWKK/*Koberski*, § 3 Rn 8; so auch BAG v. 25.10.2000 – 7 ABR 18/00, DB 2001, 706 zum BetrVG 1952; zum BetrVG: BAG v. 16.4.2003 – 7 ABR 53/02, DB 2003, 2128, 2129; GK-BetrVG/*Raab*, 10. Aufl. 2014, § 7 Rn 33; aM *Natzel*, NZA 1998, 1266.

5. Überlassene Arbeitnehmer. Bei Arbeitnehmerüberlassung sind § 7 S. 2 BetrVG, auf den auch § 10 Abs. 2 ausdrücklich Bezug nimmt, und § 14 AÜG zu berücksichtigen. Im Einzelnen bedeutet dies:

Bei der unter das AÜG fallenden **Arbeitnehmerüberlassung** ist der Arbeitnehmer dem Verleiher zuzuordnen, sofern dieser die erforderliche Erlaubnis besitzt (§ 14 Abs. 1 AÜG). Bei der Berechnung der Belegschaftsstärke im Unternehmen des Entleihers zählen solche Arbeitnehmer – unabhängig davon, wie lange sie dort tätig sind – nicht mit.[8] Bei einer **erlaubten Arbeitnehmerüberlassung**, die länger **als drei Monate andauern** soll, steht dem Arbeitnehmer aber das aktive Wahlrecht zu (§§ 10 Abs. 2 S. 2, 7 S. 2 BetrVG). Das passive Wahlrecht ist dagegen ausgeschlossen, dies legt § 14 Abs. 2 ausdrücklich fest.[9]

Hat der Entleiher dagegen bei einer gewerbsmäßigen **Arbeitnehmerüberlassung nicht die erforderliche Erlaubnis**, wird gemäß § 10 Abs. 1 AÜG ein Arbeitsverhältnis zwischen Arbeitnehmer und Entleiher fingiert; diesem ist der Arbeitnehmer mitbestimmungsrechtlich zuzuordnen. In diesem Fall hat er beim Entleiher das aktive wie das passive Wahlrecht zum Aufsichtsrat, sofern die übrigen Voraussetzungen vorliegen.[10]

Seit dem „Ersten Gesetz zur Änderung des AÜG – Verhinderung von Missbrauch der Arbeitnehmerüberlassung"[11] fällt auch die **nicht gewerbsmäßige Arbeitnehmerüberlassung** (früher: unechte Arbeitnehmerüberlassung) unter das AÜG. Maßgeblich für die Anwendung des AÜG ist nunmehr, dass die Arbeitnehmerüberlassung im Rahmen einer wirtschaftlichen Tätigkeit erfolgt. Dieses Merkmal ist weit zu verstehen, es ist bei jeder Tätigkeit erfüllt, die darin besteht, Güter oder Dienstleistungen auf einem konkreten Markt anzubieten.[12] Eine Gewinnerzielungsabsicht ist also nicht mehr erforderlich.

Bei der (genehmigten) Arbeitnehmerüberlassung ist der betreffende Arbeitnehmer nur dem verleihenden Unternehmen zuzuordnen. Bei der Belegschaftsstärke im entleihenden Unternehmen zählt er also nicht mit. In Ausnahmefällen mag das anders sein, etwa wenn ein Entleiherunternehmen regelmäßig einen größeren Teil seines Arbeitnehmerbedarfs durch Leiharbeitnehmer deckt, um sich der Mitbestimmung zu entziehen.[13] Es geht also in diesen Fällen um rechtsmissbräuchlichen Einsatz von Leiharbeitnehmern, die ausnahmsweise zu einer anderen Wertung führt. Allerdings gibt es zu dieser Frage der Zurechnung von Leiharbeitnehmern wegen Rechtsmissbrauchs noch keine Rechtsprechung.

Die oben genannten Grundsätze bleiben auch unter Berücksichtigung einer neuen Rechtsprechungsentwicklung zu §§ 111, 9 BetrVG und § 23 KSchG gültig. Das BAG hat unlängst entschieden, dass bei den Schwellenwerten des § 23 KSchG (Kleinbetrieb im Sinne des KSchG), des § 9 BetrVG (Anzahl der Betriebsratsmitglieder) und des § 111 BetrVG (Interessenausgleichspflicht) Leiharbeitnehmer mitzählen, wenn sie einen regelmäßigen Personalbedarf abdecken.[14] Diese Rechtsprechung ist nicht auf das MitbestG zu übertragen.[15] Sollte hier eine Änderung gewünscht sein, so muss diese durch den Gesetzgeber erfolgen, nicht durch richterliche Rechtsfortbildung oder Analogieschlüsse. Dies folgt aus dem Grundsatz der Gewaltenteilung.

Hinsichtlich des Wahlrechts von Leiharbeitnehmern gilt Folgendes: Ist eine **über drei Monate** andauernde Überlassung geplant, hat der Arbeitnehmer bei dem entleihenden Unternehmen das aktive Wahlrecht (entsprechend § 7 S. 2 BetrVG).[16] Das passive Wahlrecht ist nach § 14 Abs. 2 AÜG ausgeschlossen.[17]

6. Arbeitsverhältnisse im Konzern. Innerhalb eines Konzerns gibt es, wie die Praxis zeigt, verschiedene Möglichkeiten, ein Arbeitsverhältnis zu gestalten. Mitbestimmungsrechtlich gilt Folgendes:

Hat ein Arbeitnehmer zugleich **mehrere Arbeitsverhältnisse** mit verschiedenen Unternehmen eines Konzerns, ist er **mitbestimmungsrechtlich** in jedem der Unternehmen mitzuzählen.[18] Entsprechend zu behandeln sind die Fälle, in denen ein Arbeitnehmer bei einem Konzernunternehmen angestellt ist, dieses Arbeits-

---

8 OLG Hamburg v. 29.10.2007 – 11 W 27/07, DB 2007, 2762; OLG Düsseldorf v. 12.5.2004 – 19 W 2/04, GmbHR 2004, 1081 mit zust. Anm. *Kowanz*; MüKo-AktG/*Gach*, § 3 MitbestG Rn 20; UHH/*Henssler*, § 3 Rn 35; WWKK/*Koberski*, § 3 Rn 8; anders allerdings WWKK/*Koberski*, § 1 Rn 35; vgl auch BAG v. 16.4.2003 – 7 ABR 53/02, DB 2003, 21 28, für die Verhältnisse nach dem BetrVG.

9 *Hamann*, NZA 2003, 526, 529 hält 14 Abs. 2 AÜG für verfassungswidrig; anders mit Recht BAG v. 17.2.2010 – 7 ABR 51/08, NZA 2010, 832.

10 Großkomm-AktienR/*Oetker*, MitbestG § 3 Rn 11; Köln-Komm-AktG/*Mertens*, Anh. § 117 B § 3 MitbestG Rn 9.

11 28.4.2011, BGBl. I 642.

12 Vgl ErfK/*Wank*, § 1 AÜG Rn 31; *Thüsing/Thiecken*, DB 2012, 347.

13 In diese Richtung MüKo-AktG/*Gach*, § 3 MitbestG Rn 20, KölnKomm-AktG/*Mertens*, Anh. § 117 B § 3 MitbestG Rn 9; UHH/*Henssler*, § 3 Rn 37.

14 BAG v. 13.3.2013 – 7 ABR 69/11, NZA 2013, 789; BAG v. 24.1.2013 – 2 AZR 140/12, DB 2013, 1494; BAG v. 18.10.2011 – 1 AZR 335/10 – NZA 2012, 221; dazu *Künzl/Schmid*, NZA 2013, 300; *Haas/Hoppe*, NZA 2013, 294.

15 So auch *Künzl/Schmid*, NZA 2013, 300; ähnlich *Löw*, BB 2012, 3135; anders aber ArbG Offenbach v. 22.8.2012 – 10 BV 6/11, BeckRS 2012, 75531, bestätigt durch Hessisches LAG v. 11.4.2013 – 9 TaBV 308/12, ZIP 2013, 1740; die Entscheidungen sind nicht rechtskräftig, die Rechtsbeschwerde ist beim BAG, 7 ABR 42/13, anhängig.

16 § 7 S. 2 BetrVG ist nicht nur bei Arbeitnehmerüberlassung nach AÜG, sondern auch bei anderen Formen der Arbeitnehmerüberlassung anwendbar, vgl *Fitting/Kaiser/Heither/Engels/Schmidt*, BetrVG, 26. Aufl. 2012, § 7 Rn 41.

17 UHH/*Henssler*, § 3 Rn 35; WKK/*Wißmann*, § 7 Rn 27.

18 *Windbichler*, Arbeitsrecht im Konzern, 1989, S. 501; MüHbArbR/*Wißmann*, § 279 Rn 3; aM *Raiser/Veil*, § 3 Rn 7, nach dem eine doppelte Zuordnung die Wahlgleichheit verletzt. Dies überzeugt jedoch nicht, denn die Ungleichbehandlung ist wegen der vorliegenden beiden Arbeitsverhältnisse sachlich gerechtfertigt.

verhältnis vorübergehend ruht und während dieser Zeit ein zweites Arbeitsverhältnis bei einem anderen Konzernunternehmen begründet wird. In beiden Fällen zählt der betreffende Arbeitnehmer für die Aufsichtsratswahlen in der Konzernobergesellschaft aber nur einmal.[19]

18 Hat ein Arbeitnehmer ein Arbeitsverhältnis mit einem Konzernunternehmen und wird er im Rahmen dieses Arbeitsverhältnisses zu einem anderen Konzernunternehmen **abgeordnet**, dem auch bestimmte Arbeitgeberbefugnisse obliegen, so ist zu unterscheiden: Handelt es sich um eine erlaubte Arbeitnehmerüberlassung im Sinne von § 1 Abs. 2 Nr. 3 AÜG, so ist er ausschließlich dem abordnenden Konzernunternehmen zuzuordnen. Soll der Einsatz 3 Monate überschreiten, so hat der Arbeitnehmer ein aktives Wahlrecht bei dem entleihenden Konzernunternehmen (vgl § 7 S. 2 BetrVG). Ein passives Wahlrecht bei dem entleihenden Unternehmen hat der Arbeitnehmer nicht. Er zählt dort auch nicht für die Berechnung des Schwellenwerts mit. Handelt es sich dagegen um eine unzulässige Arbeitnehmerüberlassung, soll der Arbeitnehmer also nicht zurückkehren und hat das abordnende Unternehmen auch keine Erlaubnis zur Arbeitnehmerüberlassung, so gehört er mitbestimmungsrechtlich ausschließlich dem entleihenden Unternehmen an.[20]

C. Leitende Angestellte (Abs. 1 Nr. 2)

19 Maßgeblich ist der Begriff des leitenden Angestellten in **§ 5 Abs. 3 BetrVG**. Danach sind **drei Arten** leitender Angestellter zu unterscheiden. **Nr. 1**: Diejenigen, die zur selbstständigen **Einstellung** und **Entlassung** berechtigt sind. **Nr. 2**: Diejenigen, die **Generalvollmacht** oder **Prokura** haben **und** denen **nicht unbedeutende Aufgaben** übertragen sind. **Nr. 3**: Diejenigen, die **wichtige Aufgaben** für **Bestand** und **Entwicklung** des Unternehmens wahrnehmen, die besondere **Erfahrungen** und **Kenntnisse** voraussetzen, sofern sie die entsprechenden Entscheidungen **weisungsfrei** treffen oder sie **wesentlich beeinflussen**.

20 **§ 5 Abs. 4 BetrVG**, der trotz fehlenden ausdrücklichen Verweises im Rahmen des § 3 Abs. 1 Nr. 2 anwendbar ist,[21] enthält noch einige zusätzliche Kriterien, anhand derer die Eigenschaft als leitender Angestellter gemäß § 5 Abs. 3 Nr. 3 BetrVG festzustellen ist. Danach kann es auf die bisherige Zuordnung bei den **Betriebsratswahlen**, auf die Zuordnung in der **Leitungsebene** des Unternehmens und die Höhe der **Vergütung** ankommen. Wegen aller Einzelheiten der Definition des leitenden Angestellten wird auf die Kommentierungen zum BetrVG verwiesen.

21 Die Anzahl der leitenden Angestellten ist im Allgemeinen sehr gering. Erfahrungsgemäß wird innerhalb eines Unternehmens häufig Arbeitnehmern der Status als leitender Angestellter zugeordnet, obwohl die maßgeblichen Kriterien nicht vorhanden sind. Eine solche **Zuordnung** oder auch eine entsprechende Vereinbarung sind unwirksam, § 5 Abs. 3 BetrVG ist **zwingend**.[22]

D. Betriebsbegriff (Abs. 2)

22 § 3 Abs. 2 verweist wegen des Begriffs des Betriebes auf das BetrVG. Allerdings enthält auch dieses keine Definition: aus § 1 BetrVG kommt lediglich die Maßgeblichkeit des Betriebs für das Betriebsverfassungsrecht zum Ausdruck, § 4 BetrVG definiert lediglich Betriebsteile und Kleinbetriebe.

23 Die allgemeine Auffassung in Rechtsprechung und betriebsverfassungsrechtlichem Schrifttum definiert Betrieb im Sinne des Betriebsverfassungsrechts als „organisatorische Einheit, innerhalb derer ein Arbeitgeber alleine oder mit seinen Arbeitnehmern mithilfe von technischen und immateriellen Mitteln bestimmte arbeitstechnische Zwecke fortgesetzt verfolgt, die sich nicht in der Befriedigung von Eigenbedarf erschöpfen".[23] Dafür müssen die **vorhandenen materiellen Betriebsmittel für den verfolgten arbeitstechnischen Zweck zusammengefasst, geordnet und gezielt eingesetzt und der Einsatz der vorhandenen Arbeitnehmer von einem einheitlichen Leitungsapparat gesteuert werden**.[24] Dieser betriebsverfassungsrechtliche Betriebsbegriff wird im Wesentlichen auch vom mitbestimmungsrechtlichen Schrifttum zugrunde gelegt.[25]

24 Haben zwei oder mehrere Unternehmen einen **Gemeinschaftsbetrieb** gebildet (vgl § 1 Abs. 2 BetrVG, so vertritt die inzwischen wohl überwiegende Auffassung Folgendes: Die Arbeitnehmer des Gemeinschaftsbetriebs werden für die Ermittlung der für die Mitbestimmung relevanten Arbeitnehmeranzahl jedem der be-

---

19 MüHb-ArbR/*Wißmann*, § 279 Rn 3.
20 Dies ergibt sich aus §§ 1 Abs. 3 Nr. 2, 10 Abs. 1 AÜG, vgl Großkomm-AktienR/*Oetker*, MitbestG § 3 Rn 11.
21 § 5 Abs. 4 BetrVG hat lediglich Hilfsfunktion und erweitert den Begriff des leitenden Angestellten nicht selbständig, vgl KölnKomm-AktG/*Mertens/Cahn*, Anh. § 117 B § 3 MitbestG Rn 19; ErfK/*Oetker*, § 3 MitbestG Rn 2; *Raiser/Veil*, § 3 Rn 22.
22 Richardi/*Richardi*, BetrVG, 13. Aufl. 2012, § 5 Rn 261.
23 BAG v. 31.5.2000 – 7 ABR 78/98 – NZA 2000, 1350; *Fitting/Kaiser/Heither/Engels/Schmidt*, BetrVG, 26. Aufl. 2012, § 1 Rn 63; Düwell/*Kloppenburg*, BetrVG, 3. Aufl. 2010, § 1 Rn 9; *Wichert*, in: Arens/Düwell/Wichert, Handbuch Umstrukturierung und Arbeitsrecht, 2. Aufl. 2013, § 1 Rn 3.
24 BAG v. 31.5.2000 – 7 ABR 78/98 – NZA 2000, 1350; *Fitting/Kaiser/Heither/Engels/Schmidt*, BetrVG, 26. Aufl. 2012, § 1 Rn 64.
25 *Raiser/Veil*, § 3 Rn 42; § 10 Rn 5; HWK/*Seibt*, MitbestG § 3 Rn 2.

teiligten Unternehmen zugerechnet.[26] Zudem steht jedem Arbeitnehmer des Gemeinschaftsbetriebs das Wahlrecht für jeden der bei den beteiligten Unternehmen zu bildenden Aufsichtsrat zu.[27] Ob dies richtig ist, ist aber zweifelhaft. Den Vorzug verdient die Auffassung, nach der zur Berechnung des Schwellenwertes nur die Arbeitnehmer gezählt werden, die zu dem jeweiligen Unternehmen in einem Arbeitsverhältnis stehen.[28] Dasselbe gilt für das aktive und passive Wahlrecht. Dies ergibt sich bereits aus dem Wortlaut von § 1 Abs. 1 Nr. 2 MitbestG („beschäftigen"). Der Zweck der Unternehmensmitbestimmung oder sonstige Argumente zwingen nicht, dieses am Wortlaut orientierte Ergebnis in Frage zu stellen.[29]

Gemäß § 4 Abs. 1 BetrVG gilt auch ein **Betriebsteil** als eigenständiger Betrieb, und zwar wenn er entweder räumlich weit vom Hauptbetrieb entfernt **oder** durch Aufgabenbereich oder Organisation eigenständig ist. § 3 Abs. 2 nimmt gesondert auf § 4 Abs. 2 BetrVG Bezug, der entsprechend anzuwenden ist. 25

E. Gestaltungsfreiheit

Die Regelungen in § 3 sind zwingend, sie können also nicht durch Tarifvertrag, Betriebsvereinbarung oder Arbeitsvertrag abbedungen werden.[30] 26

F. Streitigkeiten

Streitigkeiten darüber, welchen mitbestimmungsrechtlichen Status ein Arbeitnehmer hat, sind gemäß § 2a Nr. 3 ArbGG im arbeitsgerichtlichen Beschlussverfahren auszutragen. Antragsberechtigt sind: der betroffene Arbeitnehmer, das Unternehmen, der Betriebsrat, der Wahlvorstand und Mitglieder des Wahlvorstandes.[31] Außerdem kann diese Frage im Wahlanfechtungsverfahren eine Rolle spielen. Hinsichtlich des Betriebsbegriffs fehlt eine dem § 18 Abs. 2 BetrVG vergleichbare Vorschrift, eine isolierte gerichtliche Klärung ist also nicht möglich.[32] Eine Klärung kann allerdings im Wahlanfechtungsverfahren herbeigeführt werden. 27

§ 4 Kommanditgesellschaft

(1) ¹Ist ein in § 1 Abs. 1 Nr. 1 bezeichnetes Unternehmen persönlich haftender Gesellschafter einer Kommanditgesellschaft und hat die Mehrheit der Kommanditisten dieser Kommanditgesellschaft, berechnet nach der Mehrheit der Anteile oder der Stimmen, die Mehrheit der Anteile oder der Stimmen in dem Unternehmen des persönlich haftenden Gesellschafters inne, so gelten für die Anwendung dieses Gesetzes auf den persönlich haftenden Gesellschafter die Arbeitnehmer der Kommanditgesellschaft als Arbeitnehmer des persönlich haftenden Gesellschafters, sofern nicht der persönlich haftende Gesellschafter einen eigenen Geschäftsbetrieb mit in der Regel mehr als 500 Arbeitnehmern hat. ²Ist die Kommanditgesellschaft persönlich haftender Gesellschafter einer anderen Kommanditgesellschaft, so gelten auch deren Arbeitnehmer als Arbeitnehmer des in § 1 Abs. 1 Nr. 1 bezeichneten Unternehmens. ³Dies gilt entsprechend, wenn sich die Verbindung von Kommanditgesellschaften in dieser Weise fortsetzt.

(2) Das Unternehmen kann von der Führung der Geschäfte der Kommanditgesellschaft nicht ausgeschlossen werden.

Literatur:
Bäumer, Die Anwendung des Mitbestimmungsgesetzes auf Kommanditgesellschaften, 1978; *Joost*, Mitbestimmung in der kapitalistischen Kommanditgesellschaft auf Aktien, ZGR 1998, 334; *Säcker*, Bildung eines mitbestimmten Aufsichtsrats analog § 4 MitbestG bei einer OHG mit juristischen Personen als Gesellschaftern?, DB 2003, 2535; *Stenzel*, Mehrheitsidentität in der Mitbestimmung nach § 4 Abs. 1 Satz 1 Mitbestimmungsgesetz, DB 2009, 439; *Wiesner*, Aktuelle Probleme der Mitbestimmung in der GmbH & Co. KG, GmbHR 1981, 36; *Ulrich*, Unternehmensmitbestimmung in der kapitalistischen Kommanditgesellschaft auf Aktien, 2002; *Zacharopoulou*, Kommanditgesellschaft auf Aktien und Mitbestimmungsgesetz, 2000.

---

26 LG Hamburg v. 21.10.2008 – 417 O 171/07, BeckRS 2009, 07094; WWKK/*Koberski*, § 3 Rn 42; *Raiser/Veil*, § 3 Rn 44; *Bachner*, AiB 2013, 615, 616; differenzierend: UHH/*Henssler*, § 3 Rn 120 (nur die Arbeitnehmer werden zugerechnet, die dem gemeinschaftlichen Weisungsrecht der beteiligten Unternehmen unterliegen).

27 BAG v. 13.3.2013 – 7 ABR 47/11, BeckRS 2013, 70199 (für das DrittelbG); siehe ferner die Nachw. in der vorherigen Fn.

28 LG Bremen v. 4.2.2005 – 7 AR 61/04, BeckRS 2010, 17611 LG Hannover v. 14.5.2012 – 25 O 65/11, BeckRS 2013, 12440; *Hohenstatt/Schramm*, NZA 2010, 846; ErfK/*Oetker*, § 1 MitbestG Rn 6; *Lüers/Schomaker*, BB 2013, 565; offen gelassen von BAG v. 13.3.2013 – 7 ABR 47/11, BeckRS 2013, 70199.

29 *Hohenstatt/Schramm*, NZA 2010, 846, 848.

30 *Raiser/Veil*, § 3 Rn 4.

31 *Raiser/Veil*, § 3 Rn 47.

32 MüKo-AktG/*Gach*, § 3 MitbestG Rn 5.

A. Normzweck und praktische Bedeutung

1 § 4 erweitert den Anwendungsbereich des Mitbestimmungsgesetzes auf die Kapitalgesellschaft & Co. KG, sofern die beteiligten Gesellschaften eine Unternehmenseinheit bilden. Insofern handelt es sich im Ergebnis um eine Ausnahme von dem Grundsatz, dass Personengesellschaften der Mitbestimmung nicht unterliegen, auch wenn § 4 formell bei der kapitalistischen Komplementärgesellschaft ansetzt. Grund für die Erweiterung des Anwendungsbereichs des MitbestG auf die eine Unternehmenseinheit bildende Kapitalgesellschaft & Co. KG ist deren kapitalistische Struktur, die sie mit den in § 1 genannten Gesellschaftsformen teilt. Zudem soll § 4 Umgehungsversuche durch einen Wechsel der Gesellschaftsform verhindern.[1]

2 Im Gesetzgebungsverfahren war § 4 sehr umstritten. Die praktische Bedeutung der Vorschrift ist allerdings bis heute gering geblieben. Bis 1995 fielen 13 Unternehmen, bis 2002 insgesamt 28 Unternehmen und Ende 2006 insgesamt 27 Unternehmen unter diese Vorschrift.[2]

B. Kapitalgesellschaft & Co. (Abs. 1 S. 1)

3 **I. Kapitalgesellschaft als Komplementär in einer KG.** § 4 setzt voraus, dass eines der in § 1 Abs. 1 Nr. 1 genannten Unternehmen Komplementär einer Kommanditgesellschaft ist. Aus praktischer Sicht ist dies regelmäßig eine GmbH, es kann aber auch eine AG, KGaA oder ein anderes in § 1 Abs. 1 Nr. 1 genanntes Unternehmen sein. Keine Rolle spielt es, wenn neben der Kapitalgesellschaft eine Personengesellschaft oder eine natürliche Person als Komplementärin fungiert; auch in diesen Fällen ist also § 4 einschlägig.[3] Dagegen kommt § 4 nicht zur Anwendung, wenn Komplementärin eine ausländische Kapitalgesellschaft ist (vgl § 1 Rn 17 f).

4 Die Komplementärgesellschaft darf keinen eigenen Geschäftsbetrieb mit mehr als 500 Arbeitnehmern unterhalten. In dem Fall stellt die Kapitalgesellschaft & Co. KG kein **einheitliches Unternehmen** dar, welches die Addition der Arbeitnehmer der verschiedenen Unternehmen rechtfertigt. Ein eigener Geschäftsbetrieb liegt noch nicht vor, wenn die Komplementärgesellschaft einen eigenständigen Betrieb führt. Erforderlich ist vielmehr, dass sie gegenüber der KG eigenständige Zwecke verfolgt.[4] Zur Ermittlung dessen sind alle Umstände des Einzelfalls zu berücksichtigen.

5 Ist § 4 nicht anwendbar, weil die Komplementärgesellschaft einen eigenen Geschäftsbetrieb unterhält, so kommt noch eine Zurechnung der Arbeitnehmer der Kommanditgesellschaft über § 5 in Betracht. § 4 wird durch § 5 also nicht generell ausgeschlossen (vgl § 5 Rn 9 ff).[5]

6 **II. Mehrheitliche Identität der Gesellschafter.** Weiterhin muss die Mehrheit der Kommanditisten der KG mehrheitlich an der Komplementärgesellschaft beteiligt sein, und zwar entweder nach Anteilen oder nach Stimmen. Dies ist für das Gesetz das maßgebliche Kriterium für die Unternehmenseinheit. Allerdings kann eine Unternehmenseinheit auch durch andere Gestaltungen hergestellt werden. Ob solche Gestaltungen unter § 4 zu subsumieren sind, ist für jeden Einzelfall zu überprüfen. Grundsätzlich kann man Folgendes sagen:
Der Regelfall dürfte sein, dass der Mehrheitskommanditist auch mehrheitlich an der Kapitalgesellschaft beteiligt ist. Dann liegt die erforderliche mehrheitliche Identität vor. Gibt es nur einen Kommanditisten, der die Mehrheit an der Kapitalgesellschaft hält, so ist § 4 ebenfalls einschlägig.[6] Ist der Minderheitskommanditist mehrheitlich an der GmbH beteiligt, der Mehrheitsgesellschafter der GmbH nur zu einem Minderheitsgesellschafter an der KG, ist § 4 nicht einschlägig.[7] Halten drei gleich beteiligte Kommanditisten die gleichen Anteile an der GmbH, dürfte dies einer Mehrheitsidentität entsprechen.[8]

7 Werden die Anteile der Komplementärgesellschaft vollständig oder überwiegend von der KG selbst gehalten (Einheitsgesellschaft), so ist § 4 seinem Zweck nach anzuwenden.[9] Das gilt auch für die Fälle, in denen ein fremdnützig handelnder Treuhänder, der als Anteilsinhaber fungiert, eingeschaltet wird.[10] Strohmannkonstruktionen hindern die Anwendung des § 4 ebenso wenig. Verbundene Unternehmen im Sinne des § 16 Abs. 2 bis 4 AktG werden den Kommanditisten zugerechnet.[11] Ob Stimmbindungsverträge für eine Zurech-

---

1 Zum Normzweck auch *Raiser/Veil*, § 4 Rn 1; UHH//*Ulmer/Habersack*, § 4 Rn 1.
2 Vgl KölnKomm-AktG/*Mertens/Cahn*, Anh. § 117 B § 4 MitbestG Rn 2; *Raiser/Veil*, § 4 Rn 4; MüHb-ArbR/*Wißmann*, § 279 Rn 18.
3 AllgM, vgl nur ErfK/*Oetker*, § 4 MitbestG Rn 1; AnwK-Arbeitsrecht/*Heither/v. Morgen*, § 4 MitbestG Rn 9; WWKK/*Koberski*, § 4 Rn 34.
4 UHH/*Ulmer/Habersack*, § 4 Rn 19; MüHb-ArbR/*Wißmann*, § 279 Rn 24.
5 Streitig, wie hier WWKK/*Koberski*, § 4 Rn 29; aA etwa *Hoffmann/Lehmann/Weinmann*, § 5 Rn 62.
6 *Stenzel*, DB 2009, 439 f.
7 *Stenzel*, DB 2009, 439, 440 f; aM wohl *Raiser/Veil*, § 4 Rn 9.
8 *Stenzel*, DB 2009, 439, 440 f; WWKK/*Koberski*, § 4 Rn 20.
9 HM, vgl OLG Celle v. 30.8.1979 – 9 Wx 8/78, AG 1980, 161, 162; WWKK/*Koberski*, § 4 Rn 23; GK-MitbestG/*Naendrup*, § 4 Rn 34; Großkomm-AktienR/*Oetker*, MitbestG § 4 Rn 6.
10 OLG Celle v. 30.8.1979 – 9 Wx 8/78, AG 1980, 161, 162; Großkomm-AktienR/*Oetker*, MitbestG § 4 Rn 6; WWKK/*Koberski*, § 4 Rn 25.
11 UHH/*Ulmer/Habersack*, § 4 Rn 14; *Raiser/Veil*, § 4 Rn 10; aM *Meilicke/Meilicke*, § 4 Rn 12.

nung ausreichen, ist umstritten. Die Mehrheit bejaht das zumindest dann, wenn sie langfristig angelegt sind und sich auf wesentliche Fragen der Unternehmensleitung beziehen.[12] Dagegen reicht ein bloßes verwandtschaftliches Näheverhältnis für sich gesehen für eine Zurechnung nicht aus; es kann aber ein fremdnütziges Treuhandverhältnis indizieren.[13]

III. Rechtsfolgen. Sind die Tatbestandsvoraussetzungen des § 4 Abs. 1 S. 1 gegeben, führt das nicht zur Mitbestimmung bei der Kommanditgesellschaft. Vielmehr werden deren Arbeitnehmer der **Komplementärgesellschaft** zugerechnet und dort ist – bei Erreichen der notwendigen Anzahl – ein Aufsichtsrat zu etablieren. Nehmen mehrere Kapitalgesellschaften jeweils die Position eines Komplementärs einer KG ein, so sind deren Arbeitnehmer allen Komplementärgesellschaften zuzurechnen. Ist eine Kapitalgesellschaft Komplementärin mehrerer KGen („sternförmige GmbH & Co. KG"), so sind ihr die Arbeitnehmer aller zuzurechnen.   8

IV. Analoge Anwendung auf kapitalistische OHG und KGaA? § 4 bezieht sich seinem Wortlaut nach nur auf die kapitalistische KG. Nach überwiegender Auffassung ist er aber auch auf eine **OHG** anwendbar, **sofern alle Gesellschafter Unternehmen in der Rechtsform des § 1 Abs. 1 sind**.[14] Dies ist insofern zweifelhaft, als doch einiges dafür spricht, dass die in §§ 1 und 4 enthaltene Aufzählung der Rechtsformen als abschließend zu verstehen ist. Diese Aufzählung beruht auf einem politischen Kompromiss, den die Gerichte aufgrund des Prinzips der Gewaltenteilung zu beachten haben.[15] Dies schließt zwar nicht von vornherein jede Analogie aus. Bei der Annahme einer planwidrigen Regelungslücke ist aber große Zurückhaltung geboten.   9

Vor diesem Hintergrund lässt sich die Einbeziehung einer kapitalistischen OHG im Wege einer analogen Anwendung des § 4 aber noch damit rechtfertigen, dass beide Personenhandelsgesellschaften sind, die auch im HGB weitgehend parallel geregelt sind. Insofern ist eine Gleichbehandlung auch im MitbestG zumindest vertretbar. Zwingend ist dies aber keineswegs.[16]   10

Umstritten, wenn auch wenig praxisrelevant,[17] ist die Frage, ob § 4 auf eine **Kapitalgesellschaft & Co. KGaA** zu übertragen ist. Die Zulässigkeit dieser Rechtsform ist seit der Entscheidung des Bundesgerichtshofs v. 24.2.1997[18] und der Änderung des § 279 Abs. 2 AktG durch das Handelsrechtsreformgesetz 1998 nicht mehr zu bezweifeln. Einer analogen Anwendung des § 4 ist indes eine **deutliche Absage zu erteilen**.[19] Dies ergibt sich aus folgenden Erwägungen: 11

Die Kapitalgesellschaft & Co. KGaA unterliegt bereits gemäß § 1 Abs. 1 der Mitbestimmung, insofern kann sie einer Kapitalgesellschaft & Co. KG oder auch einer Kapitalgesellschaft & Co. OHG, bei denen das nicht der Fall ist, nicht gleichgestellt werden. Auch ansonsten handelt es sich – anders als etwa KG und OHG (vgl Rn 10) – um nicht vergleichbare Rechtsformen: Die KGaA ist eine juristische Person, für die in weitem Umfang Aktienrecht gilt, die KG ist eine Personenhandelsgesellschaft nach dem HGB.   12

Gegen eine analoge Anwendung des § 4 spricht auch, dass der Gesetzgeber seit der Entscheidung des BGH über die Zulässigkeit der Kapitalgesellschaft & Co. KGaA[20] mehrfach die Möglichkeit hatte, diese Gesellschaftsform in den Anwendungsbereich des § 4 aufzunehmen. Er hat dies aber weder im Handelsrechtsreformgesetz 1998 getan, in dem die Kapitalgesellschaft & Co. KGaA in § 279 Abs. 2 AktG geregelt und damit auch vom Gesetzgeber anerkannt wurde, noch in dem Betriebsverfassungs-Reformgesetz v. 23.7.2001 oder dem Vereinfachungsgesetz v. 23.3.2002, die beide (auch) mitbestimmungsrechtliche Fragen betrafen. Diese Untätigkeit des Gesetzgebers mag kein zwingendes Argument sein, zumindest lässt sie sich aber gegen die vorschnelle Annahme einer planwidrigen Regelungslücke ins Felde führen.   13

---

12 OLG Celle v. 30.8.1979 – 9 Wx 8/78, AG 1980, 161; *Raiser/Veil*, § 4 Rn 12; UHH/*Ulmer/Habersack*, § 4 Rn 15; WWKK/*Koberski*, § 4 Rn 21; aM OLG Bremen v. 30.4.1980 – 1 W 3/80 (c), DB 1980, 1332; KölnKomm-AktG/*Mertens*, Anh. § 117 B § 4 MitbestG Rn 1.
13 Vgl *Raiser/Veil*, § 4 Rn 12; UHH/*Ulmer/Habersack*, § 4 Rn 15.
14 UHH/*Ulmer/Habersack*, § 4 Rn 7; *Raiser/Veil*, § 4 Rn 5; *Wiese*, GmbHR 1981, 37; WWKK/*Koberski*, § 4 Rn 13; aA *Meilicke/Meilicke*, § 4 Rn 5; *Säcker*, DB 2003, 2535; HWK/*Seibt*, MitbestG § 4 Rn 2.
15 Zu dieser Argumentation BGH v. 24.2.1997 – II ZB 11/96, BGHZ 134, 392, 400; *Säcker*, DB 2003, 2535, 2536 f.
16 Überzeugend die Argumentation von *Säcker*, DB 2003, 2535, der sich grds. gegen eine analoge Anwendung von § 4 auf eine kapitalistische OHG ausspricht.
17 § 4 setzte auch bei der Kapitalgesellschaft voraus, dass die Kommanditaktionäre mehrheitlich an der Komplementärgesellschaft beteiligt sind. In der Praxis kommt dies kaum vor, vgl MüKo-AktG/*Semler/Perlitt*, § 278 AktG Rn 306; von größerer praktischer Bedeutung könnte eine analoge Anwendung des § 5 sein, vgl dort unter Rn 13 ff; *Ulrich*, Unternehmensmitbestimmung in der kapitalistischen Kommanditgesellschaft auf Aktien, S. 87 ff, 165 ff, spricht sich für eine analoge Anwendung des § 4 aus und will das Merkmal der Gesellschafteridentität in diesem Fall aufgeben.
18 BGH v. 24.2.1997 – II ZB 11/96, BGHZ 134, 392.
19 So auch BGH v. 24.2.1997 – II ZB 11/96, BGHZ 134, 392, 400; *Bayreuther*, JuS 1999, 651, 656; *Jacques*, NZG 2000, 401, 404; HWK/*Seibt*, MitbestG § 4 Rn 2; *Zacharopoulou*, S. 327 ff; aM etwa *Fischer*, S. 136 ff; ErfK/*Oetker*, § 4 MitbstG Rn 1; *Raiser/Veil*, § 4 Rn 5 a; MüKo-AktG/*Semler/Perlitt*, § 278 AktG Rn 303 ff; *Ulrich*, Unternehmensmitbestimmung in der kapitalistischen Kommanditgesellschaft auf Aktien, S. 87 ff, 165 ff; WWKK/*Koberski*, § 4 Rn 13.
20 BGH v. 24.2.1997 – II ZB 11/96, BGHZ 134, 392.

14 Im Ergebnis bedeutet dies: Aufgrund allgemeiner Wertungsfragen mag eine analoge Anwendung des § 4 wünschenswert erscheinen. **Die Entscheidung darüber muss aber dem Gesetzgeber obliegen.** Dies nicht nur, weil die unternehmerische Mitbestimmung ein sehr sensibles Terrain ist und auf einem hart umkämpften Kompromiss beruht, sondern auch – und dieser Gesichtspunkt wird von den Befürwortern einer Analogie nicht genügend berücksichtigt – wegen der damit verbundenen **Einschränkung der grundrechtlich gewährleisteten Berufs- und Eigentumsfreiheit** (vgl § 1 Rn 8 ff). Eine solche Einschränkung mag auf der Grundlage der Entscheidung des BVerfG[21] zwar grundsätzlich möglich sein, sie bedarf jedoch – sofern eine planwidrige Regelungslücke wie hier nicht auf der Hand liegt – der Legitimation durch den Gesetzgeber und lässt sich nicht durch Rechtsfortbildung etablieren.

C. Doppel- und mehrstöckige Gesellschaft (Abs. 1 S. 2 und 3)

15 § 4 Abs. 1 S. 2 und 3 beziehen sich auf eine Kapitalgesellschaft & Co. KG, die ihrerseits Komplementärin einer KG ist (doppelstöckige Gesellschaft); ist diese KG wiederum Komplementärin einer KG – ggf und so fort – so handelt es sich um eine mehrstöckige Gesellschaft. Bei doppel- und mehrstöckigen Gesellschaften werden alle Arbeitnehmer zusammengezählt und der Komplementärgesellschaft der ersten KG zugerechnet. Nur dort und nicht bei den Komplementären der weiteren Stufen ist also ein Aufsichtsrat zu bilden.

16 Die in § 4 Abs. 1 S. 1 vorausgesetzte Gesellschafteridentität ist – da eine entsprechende Regelung in § 4 Abs. 1 S. 2 und 3 fehlt – nach dem Wortlaut des Gesetzes nur bei der ersten Kapitalgesellschaft & Co. KG, nicht aber bei den Gesellschaften der folgenden Stufen erforderlich. Dies entspricht aber nicht dem Normzweck. Die Addition der Arbeitnehmer setzt eine Unternehmenseinheit voraus. An dieser fehlt es, wenn die mehrheitliche Identität auf den nächsten Stufen nicht mehr vorhanden ist. Daher wird man mittels teleologischer Reduktion den Anwendungsbereich einschränken und die Arbeitnehmer der nachfolgenden Gesellschaften nur bei mehrheitlicher Identität der Komplementärgesellschaft zurechnen können.[22]

D. Geschäftsführung (Abs. 2)

17 § 4 Abs. 2 schreibt vor, dass die Geschäftsführungsbefugnis der Komplementärgesellschaft nicht ausgeschlossen werden darf. Damit soll Versuchen, die Mitbestimmung durch einen solchen Ausschluss auszuhebeln, begegnet werden.[23] Nicht von § 4 Abs. 2 erfasst werden dagegen sonstige gesellschaftsrechtliche Ausgestaltungen der Geschäftsführerstellung, solange diese nicht im Ergebnis auf einen Ausschluss von der Geschäftsführungsbefugnis hinauslaufen.[24] Ob § 4 Abs. 2 auch einem Ausschluss der Vertretungsmacht entgegensteht, ist umstritten, dürfte aber angesichts des Normzwecks zu bejahen sein.[25]

E. Streitigkeiten

18 Ob eine Kommanditgesellschaft gemäß § 4 mitbestimmungspflichtig ist, ist gemäß §§ 98 AktG, 6 Abs. 2 von den ordentlichen Gerichten zu klären. Streitigkeiten über die Geschäftsführungsbefugnis (§ 4 Abs. 2) gehören ebenfalls vor die ordentliche Gerichtsbarkeit (Kammer für Handelssachen).[26] Ist die Wahlberechtigung eines Arbeitnehmers der KG fraglich, so entscheidet das Arbeitsgericht gemäß § 2 Abs. 1 Nr. 5 ArbGG.[27]

§ 5 Konzern

(1) ¹Ist ein in § 1 Abs. 1 Nr. 1 bezeichnetes Unternehmen herrschendes Unternehmen eines Konzerns (§ 18 Abs. 1 des Aktiengesetzes), so gelten für die Anwendung dieses Gesetzes auf das herrschende Unternehmen die Arbeitnehmer der Konzernunternehmen als Arbeitnehmer des herrschenden Unternehmens. ²Dies gilt auch für die Arbeitnehmer eines in § 1 Abs. 1 Nr. 1 bezeichneten Unternehmens, das persönlich haftender Gesellschafter eines abhängigen Unternehmens (§ 18 Abs. 1 des Aktiengesetzes) in der Rechtsform einer Kommanditgesellschaft ist.

---

21 BVerfG v. 1.3.1979 – 1 BvR 532, 533/77, 419/78, 1 BvL 21/78, BVerfGE 50, 290.
22 Streitig, wie hier *Meilicke/Meilicke*, § 4 Rn 16; *Raiser/Veil*, § 4 Rn 15; aM UHH/*Ulmer/Habersack*, § 4 Rn 22; ErfK/*Oetker*, § 4 MitbestG Rn 7.
23 BT-Drucks. 7/2172, 21.
24 UHH/*Ulmer/Habersack*, § 4 Rn 28; *Raiser/Veil*, § 4 Rn 24 f.
25 Vgl MüKo-AktG/*Gach*, § 4 MitbestG Rn 15; ErfK/*Oetker*, § 4 MitbestG Rn 8 mwN.
26 *Raiser/Veil*, § 4 Rn 27.
27 MüKo-AktG/*Gach*, § 4 MitbestG Rn 18; WWKK/*Koberski*, § 4 Rn 33.

(2) ¹Ist eine Kommanditgesellschaft, bei der für die Anwendung dieses Gesetzes auf den persönlich haftenden Gesellschafter die Arbeitnehmer der Kommanditgesellschaft nach § 4 Abs. 1 als Arbeitnehmer des persönlich haftenden Gesellschafters gelten, herrschendes Unternehmen eines Konzerns (§ 18 Abs. 1 des Aktiengesetzes), so gelten für die Anwendung dieses Gesetzes auf den persönlich haftenden Gesellschafter der Kommanditgesellschaft die Arbeitnehmer der Konzernunternehmen als Arbeitnehmer des persönlich haftenden Gesellschafters. ²Absatz 1 Satz 2 sowie § 4 Abs. 2 sind entsprechend anzuwenden.

(3) Stehen in einem Konzern die Konzernunternehmen unter der einheitlichen Leitung eines anderen als eines in Absatz 1 oder 2 bezeichneten Unternehmens, beherrscht aber die Konzernleitung über ein in Absatz 1 oder 2 bezeichnetes Unternehmen oder über mehrere solcher Unternehmen andere Konzernunternehmen, so gelten die in Absatz 1 oder 2 bezeichneten und der Konzernleitung am nächsten stehenden Unternehmen, über die die Konzernleitung andere Konzernunternehmen beherrscht, für die Anwendung dieses Gesetzes als herrschende Unternehmen.

Literatur:
Bayer, Der grenzüberschreitende Beherrschungsvertrag, 1989; *Brügel/Tillkorn*, Die konzernrechtliche Abhängigkeit der Kapitalgesellschaft & Co. KG im Mitbestimmungsrecht, GmbHR 2013, 459; *Götz*, Unternehmerische Mitbestimmung in der multinationalen Holdinggesellschaft, AG 2002, 552; *Emmerich/Habersack*, Aktien- und GmbH-Konzernrecht, 7. Auflage 2013; *Joost*, Mitbestimmung in der kapitalistischen Kommanditgesellschaft auf Aktien, ZGR 1998, 334; *Kort*, Der Konzernbegriff im Sinne von § 5 MitbestG, NZG 2009, 81; *Walk/Burger*, Konzernmitbestimmung ohne Konzern? Zur Reichweite des § 5 Abs. 3 MitbestG, RdA 2009, 373; *Windbichler*, Arbeitsrecht im Konzern 1989; *Zacharopoulou*, Kommanditgesellschaft auf Aktien und Mitbestimmungsgesetz, 2000.

A. Normzweck und praktische Bedeutung 1	2. Kapitalgesellschaft & Co. KGaA 13
B. Mitbestimmung bei dem herrschenden Unternehmen 3	3. Konzern im Konzern 16
	4. Gemeinschaftsunternehmen 19
I. Begriff des herrschenden und des abhängigen Unternehmens 3	5. Tendenzschutz 20
	6. Auslandssachverhalte 23
II. Einheitliche Leitung 6	C. Kapitalgesellschaft & Co. KG als herrschendes Unternehmen (Abs. 2) 24
III. Rechtsfolge 8	D. Teilkonzern (Abs. 3) 25
IV. Sonderfälle 9	E. Streitigkeiten 28
1. Kapitalgesellschaft & Co. KG 9	

A. Normzweck und praktische Bedeutung

In Konzernverbindungen werden häufig Entscheidungen auf andere Unternehmen und deren Organe verlagert. Dies kann dazu führen, dass der Aufsichtsrat und somit die Arbeitnehmervertreter an wichtigen Entscheidungen eines Unternehmens nicht mehr beteiligt werden und das MitbestG umgangen wird. Dem soll § 5 entgegenwirken, indem die Arbeitnehmer abhängiger Unternehmen auch dem herrschenden Unternehmen zugerechnet werden und so bei Vorliegen der übrigen Voraussetzungen ein Aufsichtsrat **auch** bei der Konzernspitze zu etablieren ist.[1]

Die **praktische Bedeutung** des § 5 ist erheblich. Die Anwendung des MitbestG für die Mehrzahl der mitbestimmten Gesellschaften in Deutschland beruht auf dieser Vorschrift und nicht auf § 1 oder § 4.[2]

B. Mitbestimmung bei dem herrschenden Unternehmen

I. Begriff des herrschenden und des abhängigen Unternehmens. Das **herrschende Unternehmen** muss zunächst in einer in § 1 Abs. 1 genannten Rechtsform geführt werden, andere Rechtsformen werden nicht erfasst. Weiterhin muss es sich um ein herrschendes Unternehmen im Sinne von § 18 Abs. 1 AktG handeln. **Aktienrechtlich** setzt dies voraus, dass das betreffende Unternehmen **anderweitige wirtschaftliche Interessen** verfolgt, etwa durch eigene Unternehmenstätigkeit oder maßgebliche Beteiligungen an anderen Unternehmen (**aktienrechtlicher Konzernbegriff**).[3] Nur in einem solchen Fall besteht die Gefahr, dass die Interessen von Minderheitsgesellschaftern und Gläubigern, deren Schutz das Konzernrecht bezweckt, beeinträchtigt werden.

Aufgrund des **abweichenden Schutzzwecks** – Entgegenwirken der Aushöhlung der Mitbestimmung durch Verlagerung von Entscheidungen auf andere Unternehmen – kann dieses Kriterium für den Begriff des herrschenden Unternehmens im Sinne des § 5 nicht herangezogen werden. **Herrschendes Unternehmen** kann al-

---

1 OLG Frankfurt v. 10.11.1986 – 20 W 27/86, DB 1986, 2658; KölnKomm-AktG/*Mertens/Cahn*, Anh. § 117 B § 5 MitbestG Rn 1; ErfK/*Oetker*, § 5 MitbestG Rn 1.

2 MüHb-ArbR/*Wißmann*, § 279 Rn 11.

3 Vgl nur *Emmerich/Habersack*, § 15 Rn 8 ff mwN.

so auch ein Unternehmen sein, welches ausschließlich die Aufgabe hat, das abhängige Unternehmen zu leiten. Ein eigener Geschäftsbetrieb oder auch nur eigene Arbeitnehmer sind nicht erforderlich (mitbestimmungsrechtlicher Konzernbegriff).[4]

5 Für das abhängige **Unternehmen** gelten keine Einschränkungen. Es kann in jeder Rechtsform geführt werden. Es fallen also auch Personengesellschaften, Einzelunternehmen oder öffentlich-rechtliche Körperschaften darunter.[5] Das Kriterium der **Abhängigkeit** bestimmt sich nach § 17 AktG, auf den in § 18 Abs. 1 AktG verwiesen wird. Danach ist ein Unternehmen abhängig, wenn ein anderes Unternehmen unmittelbar oder mittelbar einen beherrschenden Einfluss ausüben kann. Abhängigkeit ist zunächst bei einer mehrheitlichen Beteiligung (widerleglich) zu vermuten (§ 17 Abs. 2 AktG). Ansonsten bedarf es einer **gesicherten rechtlichen – nicht bloß faktischen – Möglichkeit**, die Geschicke des abhängigen Unternehmens zu bestimmen.[6] Eine solche rechtliche Möglichkeit kann etwa in der Satzung des abhängigen Unternehmens begründet sein oder auf Unternehmensverträgen beruhen.[7] Die Vermutungsregelung in § 17 Abs. 2 AktG gilt allerdings nicht für Personengesellschaften. Eine Mehrheitsbeteiligung an einer Personengesellschaft führt also noch nicht zur Abhängigkeitsvermutung. Vielmehr bedarf es hierzu ergänzender Regelungen im Gesellschaftsvertrag der Personengesellschaft, welche den bestimmenden Einfluss des Mehrheitsgesellschafters festlegen.[8]

6 **II. Einheitliche Leitung.** Weiterhin müssen herrschendes und abhängiges Unternehmen unter einheitlicher Leitung stehen. Hier geht es also nicht um die Möglichkeit der Leitung, sondern um deren **tatsächliche Ausübung**. Im **Aktienkonzernrecht** ist die Auslegung dieses Merkmals umstritten. Zum Teil wird darunter die Leitung in den zentralen Bereichen der Unternehmenspolitik (**enger Konzernbegriff**), zum Teil die Leitung in einzelnen zentralen Bereichen (**weiter Konzernbegriff**) verstanden.[9]

7 Für das **MitbestG** vertritt die überwiegende Auffassung den **weiten Konzernbegriff**.[10] Dem ist zuzustimmen, denn bereits die Verlagerung eines oder einiger zentraler Bereiche auf ein anderes Unternehmen kann die Beteiligungsrechte der Arbeitnehmer schmälern. Maßgeblich für eine „einheitliche Leitung" ist also, dass in einzelnen zentralen Unternehmensbereichen (Funktionen oder Sparten) planmäßig und auf Dauer angelegt ein leitender Einfluss tatsächlich ausgeübt wird. Die einheitliche Leitung wird bei Beherrschungsvertrag und Eingliederung unwiderleglich, bei Abhängigkeit im Sinne des § 17 AktG widerleglich vermutet, vgl § 18 Abs. 1 AktG. Die Vermutung kann durch einen Entherrschungsvertrag, aber auch durch andere Umstände widerlegt werden.[11] Für eine einheitliche Leitung können auf Dauer angelegte Liefer- und Abnahmebindungen, Personenidentität in den Leitungsgremien etc. sprechen.[12] Handelt es sich dagegen bei der Konzernobergesellschaft um eine reine Vermögensholding, die sich nur auf die Verwaltung ihrer Beteiligungen beschränkt und keine wesentlichen Führungsaufgaben für die Untergesellschaften ausübt, so ist die Konzernvermutung widerlegt.[13] Die Konzernvermutung des kann auch widerlegt werden, wenn die Leitungsmacht nicht durch die inländische Holding, sondern im Rahmen einer Matrixstruktur von gesellschaftsübergreifenden Business Units wahrgenommen wird.[14] Der Umstand, dass ein abhängiges Unternehmen der Mitbestimmung nach dem MitbestG unterliegt, ist grundsätzlich nicht geeignet, die einheitliche Leitung durch das herrschende Unternehmen in Frage zu stellen.[15]

8 **III. Rechtsfolge.** Sind die Voraussetzungen des § 5 Abs. 1 gegeben, werden die Arbeitnehmer der abhängigen Gesellschaften **zugleich** dem herrschenden Unternehmen zugerechnet. Das bedeutet: Liegen alle anderen Voraussetzungen vor, so ist ein Aufsichtsrat sowohl bei dem abhängigen als auch bei dem herrschenden

---

[4] BayObLG DB 1998, 973, 975; OLG Stuttgart BB 1989, 1005, 1006; KölnKomm-AktG/*Mertens/Cahn*, Anh. § 117 B § 5 MitbestG Rn 10, 14; Großkomm-AktienR/*Oetker*, MitbestG § 5 Rn 6; *Raiser/Veil*, § 5 Rn 5; *Windbichler*, S. 519; WWKK/*Koberski*, § 5 Rn 9, 15.

[5] Vgl Großkomm-AktienR/*Oetker*, MitbestG § 5 Rn 12; WWKK/*Koberski*, § 4 Rn 17.

[6] Streitig, wie hier UHH/*Ulmer/Habersack*, § 5 Rn 14; Köln-Komm-AktG/*Mertens/Cahn*, Anh. § 117 B § 5 MitbestG Rn 11; Raiser/Veil, § 5 Rn 10; *Emmerich/Habersack*, § 17 Rn 14 ff; aM WWKK/*Koberski*, § 5 Rn 22; MüKo-AktG/*Gach*, § 5 MitbestG Rn 9.

[7] WWKK/*Koberski*, § 5 Rn 22.

[8] BAG v. 22.11.1995 – 7 ABR 9/95, NZA 1996, 706 (zu § 54 BetrVG); im Ansatz ebenso BAG v. 15.12.2011 – 7 ABR 56/10, NZA 2012, 633; OLG Frankfurt v. 8.10.1970 – 16 W 12/70, AG 1979, 370; *Emmerich/Habersack*, § 17 Rn 48; *Brügel/Tilkorn*, GmbHR 2013, 459, 461 f; aM OLG Hamm v. 2.11.2000 – 27 U 1/00, ZIP 2000, 2302.

[9] Zum aktienrechtlichen Meinungsstand vgl MüKo-AktG/*Bayer*, § 18 AktG Rn 28 ff; *Emmerich/Habersack*, § 18 Rn 10 ff, beide mwN.

[10] BayObLG v. 24.3.1998 – 3 Z BR 236/96, DB 1998, 973, 974; BayObLG v. 6.3.2002 – 3 Z 343/00, DB 2002, 1147, 1148; OLG Düsseldorf v. 30.1.1979 – 19 W 17/78, DB 1979, 699; LG Köln v. 3.4.1984 – 3 AktE 1/82, AG 1985, 252, 253; ErfK/*Oetker*, § 5 MitbestG Rn 6; WWKK/*Koberski*, § 5 Rn 25; *Raiser/Veil*, § 5 Rn 13.

[11] Vgl BayObLG v. 6.3.2002 – 3 Z BR 343/00, NZA 2002, 691, 693 f; ArbG Düsseldorf v. 8.9.2004 – 10 BVGa 23/04, AuR 2005, 338, 339 mAnm. *Hjort*; MüKo-AktG/*Gach*, § 5 MitbestG Rn 21; HWK/*Seibt*, MitbestG § 5 Rn 6; WWKK/*Koberski*, § 5 Rn 22.

[12] WWKK/*Koberski*, § 5 Rn 27.

[13] BayObLG v. 24.3.1998 – 3 Z BR 236/96, NZA 1998, 956, 957; OLG Düsseldorf, 4.7.2013 – I-26 W 13/08 (AktE), AG 2013, 720; HWK/*Seibt*, MitbestG § 5 Rn 7.

[14] ArbG Düsseldorf v. 29.9.2010 – 8 BV 71/10, BB 2011, 1280.

[15] UHH/*Ulmer/Habersack*, § 5 Rn 27; WWKK/*Koberski*, § 5 Rn 28; differenzierend: *Raiser/Veil*, § 5 Rn 14.

Unternehmen zu bilden. Die Arbeitnehmer der abhängigen Unternehmen haben gleichzeitig das aktive und passive Wahlrecht für den Aufsichtsrat des herrschenden Unternehmens.

IV. Sonderfälle. 1. Kapitalgesellschaft & Co. KG. Umstritten ist, ob und unter welchen Voraussetzungen eine Kapitalgesellschaft & Co. KG mitbestimmungsrechtlich als eigener Konzern behandelt werden kann, der unter § 5 zu subsumieren ist. Im Ergebnis geht es um das **Verhältnis von § 5 zu § 4**.

Zu dieser Frage werden drei verschiedene Ansichten vertreten. Einige wenige sehen § 4 als lex specialis und sprechen sich grundsätzlich gegen eine Anwendung des § 5 auf die Kapitalgesellschaft & Co. KG aus.[16] Die überwiegende Auffassung im Schrifttum hält die §§ 4 und 5 ohne Einschränkung für nebeneinander anwendbar.[17] Nach einer vermittelnden Auffassung, die auch von der Rechtsprechung vertreten wird, sind zwar die §§ 4 und 5 grundsätzlich nebeneinander anwendbar. Handele es sich aber um eine Komplementärgesellschaft ohne eigene wirtschaftliche Interessen, so verdränge § 4 den § 5.[18]

Zu folgen ist der dritten, der vermittelnden Auffassung. Zum einen ist § 4 nicht als lex specialis zu § 5 aufzufassen. Die Vorschriften beziehen sich auf unterschiedliche Unternehmensverbindungen und enthalten unterschiedliche Tatbestandsmerkmale. Zum anderen kann § 5 aber dann nicht einschlägig sein, wenn die Komplementärgesellschaft keine eigenen wirtschaftlichen Interessen verfolgt. Zwar wird auch diese Konstellation von dem weiten mitbestimmungsrechtlichen Konzernbegriff erfasst (vgl Rn 3 f). Es handelt sich hier aber um einen Sonderfall, der in § 4 abschließend geregelt ist. Würde daneben der weite § 5 anwendbar sein, so wäre die restriktive Sonderregelung weitgehend funktionslos.

Weitere Voraussetzungen sind allerdings ein **Abhängigkeitsverhältnis** und eine **einheitliche Leitung** durch die **Komplementärgesellschaft**. Dies ist dann nicht gegeben, wenn die Kommanditisten **ungewöhnlichen Geschäftsführungsmaßnahmen** zustimmen müssen, § 164 HGB also nicht abbedungen ist.[19] In einem solchen Fall stehen ihnen Einflussmöglichkeiten zu, die einem Abhängigkeitsverhältnis widersprechen. Im Übrigen kommt es auf die Einzelheiten der Satzungsgestaltung an.

2. Kapitalgesellschaft & Co. KGaA. Bei der **Kapitalgesellschaft & Co. KGaA** ist eine Anwendung des § 5 nicht gerechtfertigt.[20] Zwar ließe der **mitbestimmungsrechtliche Konzernbegriff** eine solche Anwendung grundsätzlich zu: Die Komplementärgesellschaft könnte als herrschendes, die KGaA als abhängiges Unternehmen aufgefasst werden, entsprechende Satzungsgestaltung vorausgesetzt (etwa Ausschluss des Zustimmungsrechts aus § 164 HGB). **Eine solche Auslegung des § 5 würde aber die u.a. in §§ 1 Abs. 1, 31 Abs. 1, 33 Abs. 1 zum Ausdruck kommende Wertung überspielen, dass in einer KGaA der mitbestimmte Aufsichtsrat eingeschränkte Befugnisse hat und bei der Gesellschaft zu bilden sei, nicht aber bei ihrer Komplementärgesellschaft.**[21] Insofern können Kapitalgesellschaft & Co. KG, die bei Vorliegen bestimmter Voraussetzungen unter § 5 fallen kann, und Kapitalgesellschaft & Co. KGaA nicht verglichen werden.

Es kann auch nicht ohne Weiteres geltend gemacht werden, der Gesetzgeber habe die KGaA mit Blick auf die persönliche Haftung der Komplementäre mitbestimmungsrechtlich privilegiert. Denn schon vor der Einführung des MitbestG wurde in Rechtsprechung und Schrifttum die (allerdings sehr streitige) Auffassung vertreten, dass eine Kapitalgesellschaft & Co. KGaA zulässig sei.[22] Vor dem Hintergrund wäre zu erwarten gewesen, **dass der Gesetzgeber, wenn er eine Sonderbehandlung dieser Rechtsform gewünscht hätte, eine solche ausdrücklich vorschreibt**, wie dies ja auch in § 4 für die Kapitalgesellschaft & Co. KG geschehen ist. Eine mitbestimmungsrechtliche Regelung der Kapitalgesellschaft & Co. KGaA ist auch nach der grundlegenden Entscheidung des BGH,[23] in der die Zulässigkeit der Kapitalgesellschaft & Co. KGaA festgestellt wurde, unterblieben, obwohl der Gesetzgeber dazu mehrfach Gelegenheit gehabt hätte (vgl § 4 Rn 11 ff).

Wenn aber der Gesetzgeber bisher keinen Anlass gesehen hat, die im Gesetz enthaltene Privilegierung der KGaA für die Kapitalgesellschaft & Co. KGaA aufzuheben, so ist dies auch bei der Rechtsanwendung zu respektieren. Dies auch deshalb, weil die Erweiterung der Mitbestimmung in die Grundrechte der betroffenen Unternehmen bzw Anteilseigner eingreift und ein solcher Eingriff einer klaren gesetzlichen Legitimation bedarf (vgl auch § 4 Rn 11 ff).[24]

---

16 *Beiner/Hennerkes/Binz*, DB 1979, 68; *Hölters*, RdA 1979, 338; *Joost*, ZGR 1998, 334, 346 ff.
17 UHH/*Ulmer/Habersack*, § 5 Rn 9; ErfK/*Oetker*, § 5 MitbestG Rn 4; *Raiser/Veil*, § 4 Rn 21.
18 OLG Celle v. 30.8.1979 – 9 Wx 8/78, BB 1979, 1577, 1578; OLG Bremen v. 30.4.1980 – 1 W 3/80 (c), DB 1980, 1332, 1335; *Zöllner*, ZGR 1977, 332 ff.
19 So auch *Raiser/Veil*, § 5 Rn 21; aM GK-MitbestG/*Schneider*, § 5 Rn 62 ff.
20 Sehr streitig, wie hier auch BGH v. 24.2.1997 – II ZB 11/96, BGHZ 134, 392, 400; Großkomm-AktienR/*Assmann/Sethe*, vor § 287 AktG Rn 11; *Zacharopoulou*, S. 326 ff; ebenso: *Joost*, ZGR 1998, 334, 346 f; MüKo-AktG/*Semler/Perlitt*,

§ 278 AktG Rn 309. AA *Ulrich*, Unternehmensmitbestimmung in der kapitalistischen Kommanditgesellschaft auf Aktien, S. 145 ff; WWKK/*Koberski*, § 31 Rn 51; UHH/*Ulmer/Habersack*, § 1 Rn 40 a; *Raiser/Veil*, § 31 Rn 45.
21 Ähnlich: Großkomm-AktienR/*Assmann/Sethe*, vor § 287 AktG Rn 11.
22 OLG Hamburg v. 5.12.1968 – 2 W 34/68, NJW 1969, 1030; zum damaligen Streitstand im Schrifttum vgl *Arnold*, Die GmbH & Co. KGaA, 2001, S. 9 ff.
23 BGH v. 24.2.1997 – II ZB 11/96, BGHZ 134, 392.
24 Auch BGH v. 24.2.1997 – II ZB 11/96, BGHZ 134, 392, 400, spricht sich dafür aus, dass dies Sache des Gesetzgebers sei.

16 **3. Konzern im Konzern.** Bei mehrstufigen Konzernverhältnissen werden gemäß § 5 der Obergesellschaft die Arbeitnehmer von Zwischen- und Untergesellschaften zugerechnet. Es stellt sich aber die weiter gehende Frage, ob § 5 nicht auch im Verhältnis von Zwischen- und Untergesellschaft anzuwenden ist (Konzern im Konzern). Für das Aktienkonzernrecht wird diese Frage überwiegend verneint.[25] Für das MitbestG geht dagegen die überwiegende Auffassung mit Recht davon aus, dass § 5 grundsätzlich auch für eine Zwischengesellschaft gelten kann.[26] Anderenfalls ist eine Verlagerung unternehmerischer Entscheidungen auf Gesellschaften denkbar, an denen dem Normzweck nach die Arbeitnehmer über den Aufsichtsrat zu beteiligen sind.

17 Ist demnach ein Unterordnungsverhältnis auf der Ebene von Zwischen- und Untergesellschaft grundsätzlich möglich, so ist zu klären, unter welchen Voraussetzungen dies der Fall ist. **Nach richtiger Auffassung ist danach zu unterscheiden, ob die Zwischengesellschaft zentrale Bereiche der Untergesellschaft tatsächlich leitet (§ 5 auf die Zwischengesellschaft anwendbar) oder ob sie dies unter der Kontrolle der Obergesellschaft tut oder gar nur die Entscheidungen der Obergesellschaft weiterleitet (§ 5 auf die Zwischengesellschaft nicht anwendbar).**[27] Zur Beurteilung dessen sind alle Umstände des Einzelfalls – etwa Personalunion der Führungskräfte, zentralisiertes Berichts- und Kontrollwesen, Einsetzung zentraler Gremien mit Steuerungsfunktion – heranzuziehen und zu würdigen.[28]

18 Stellt sich heraus, dass die Zwischengesellschaft zentrale Bereiche der Untergesellschaft tatsächlich leitet, sind ihr die Arbeitnehmer der Untergesellschaft gemäß § 5 zuzurechnen; die eigenen Arbeitnehmer der Zwischengesellschaft zuzüglich der ihr zugerechneten Arbeitnehmer der Untergesellschaft werden wiederum über § 5 der Obergesellschaft zugerechnet.[29]

19 **4. Gemeinschaftsunternehmen.** Unter dem Stichwort „Gemeinschaftsunternehmen" werden Fallgestaltungen erörtert, in denen zwei oder mehrere Unternehmen ein anderes Unternehmen beherrschen. Grundsätzlich sind die Arbeitnehmer des beherrschten Unternehmens gemäß § 5 jedem der herrschenden Unternehmen, also mehrfach, zuzurechnen. Voraussetzung ist allerdings, dass tatsächlich alle Gemeinschaftsunternehmen das abhängige Unternehmen gemeinschaftlich leiten. Die gemeinsame Leitungsbefugnis kann sich aus einer paritätischen Beteiligung an dem abhängigen Unternehmen oder aufgrund sonstiger Gestaltungen ergeben.[30]

20 **5. Tendenzschutz.** Hier sind folgende Konstellationen zu unterscheiden: Ist die **Obergesellschaft ein Tendenzunternehmen** im Sinne des § 1 Abs. 4, so ist § 5 Abs. 1 nicht anwendbar.[31] Das abhängige Unternehmen partizipiert allerdings nicht an diesem Tendenzschutz, es sei denn, es fällt selbst unter § 1 Abs. 4.[32]

21 Ist die **abhängige Gesellschaft Tendenzunternehmen**, so bleibt es selbst zwar mitbestimmungsfrei, seine Arbeitnehmer werden aber dem herrschenden Unternehmen, sofern dieses selbst keinen Tendenzschutz genießt, über § 5 Abs. 1 zugerechnet.[33]

22 Umstritten ist die Anwendung des § 5 bei einem Tendenzkonzern, bei dem also insgesamt der Tendenzcharakter überwiegt. Handelt es sich um einen solchen **Tendenzkonzern**, dessen herrschendes Unternehmen aber nicht unter § 1 Abs. 4 fällt – Standardbeispiel: herrschendes Unternehmen verwaltet ausschließlich die Tendenzunternehmen –, so genießt auch das herrschende Unternehmen Tendenzschutz.[34] Ob ein Tendenzkonzern vorliegt, also die überwiegende Anzahl der Konzernunternehmen Tendenzcharakter haben, kann sich in erster Linie an den Mitarbeiterzahlen oder am Umsatz des Unternehmens bemessen oder aber aus anderen Umständen folgen.[35] Ein absolutes Kriterium dafür ist abzulehnen. Stets sind die Umstände des Einzelfalls zu berücksichtigen (vgl § 1 Rn 24 ff). Hat das herrschende Unternehmen nicht ausschließlich die

---

25 Vgl *Emmerich/Habersack*, § 18 Rn 17 ff, mwN.
26 BAG v. 21.10.1980 – 6 ABR 41/78, DB 1981, 895; LAG Düsseldorf v. 24.1.1978 – 5 Ta BV 105/77, DB 1978, 987, 988; OLG Zweibrücken v. 9.11.1983 – 3 W 25/83, AG 1984, 80; MüKo-AktG/*Gach*, § 5 MitbestG Rn 24 ff; KölnKomm-AktG/*Mertens/Cahn*, Anh. § 117 B § 5 MitbestG Rn 32; *Raiser/Veil*, § 5 Rn 22 f; MüHb-ArbR/*Wißmann*, § 279 Rn 15.
27 OLG Zweibrücken v. 9.11.1983 – 3 W 25/83, AG 1984, 80; OLG München v. 19.11.2008 – 31 Wx 99/07, AG 2009, 339; *RaiserVeil*, § 5 Rn 24; ErfK/*Oetker*, § 5 MitbestG Rn 9; HWK/*Seibt*, MitbestG § 5 Rn 8.
28 Vgl Großkomm-AktienR/*Oetker*, MitbestG § 5 Rn 27; *Raiser/Veil*, § 5 Rn 24.
29 MüHb-ArbR/*Wißmann*, § 279 Rn 15.
30 ErfK/*Oetker*, § 5 MitbestG Rn 10 ff mwN; AnwK-Arbeitsrecht/*Heither/v. Morgen*, § 5 MitbestG Rn 20.
31 OLG Hamburg v. 22.1.1980 – 11 W 38/79, DB 1980, 635; LG Hamburg v. 24.6.1999 – 321 T 86/98, NZA-RR 2000, 209, 210; *Raiser/Veil*, § 5 Rn 18.
32 Vgl zum Tendenzschutz im Konzern auch LG Frankfurt/Oder v. 25.3.2010 – 31 O 21/10, AE 2010, 197.
33 *Raiser/Veil*, § 5 Rn 16.
34 Streitig, wie hier die überwiegende Meinung, vgl OLG Brandenburg, 5.2.2013 – 6 Wx 5/12, AG 2013, 686; OLG Dresden v. 15.4.2010 – 2 W 1174/09, NZG 2011, 462; OLG Hamburg v. 22.1.1980 – 11 W 38/79, DB 1980, 635; LG Hamburg v. 24.6.1999 – 321 T 86/98, NZA-RR 2000, 209; ErfK/*Oetker*, § 5 MitbestG Rn 15 f; WWKK/*Koberski*, § 1 Rn 55; *Raiser/Veil*, § 5 Rn 19; UHH/*Ulmer/Habersack*, § 5 Rn 60; MüHb-ArbR/*Wißmann*, § 279 Rn 24; aM noch OLG Stuttgart v. 3.5.1989 – 8 W 38/89, BB 1989, 1005; LG Hamburg v. 24.9.1979 – 71 T 31/8, DB 1979, 2279.
35 Dazu auch OLG Dresden v. 15.4.2010 – 2 W 1174/09, NZG 2011, 462; HWK/*Seibt*, § 1 MitbestG Rn 15; *Seibt*, in: Willemsen/Hohenstatt/Schweibert/Seibt, Umstrukturierung und Übertragung von Unternehmen, 4. Aufl. 2011, F 36.

Funktion, die Tendenzunternehmen zu leiten, sondern darüber hinaus noch eigene Gewinnerzielungsabsichten, so ist eine Erstreckung des Tendenzschutzes fraglich.[36]

6. Auslandssachverhalte. Die Arbeitnehmer ausländischer Untergesellschaften werden der deutschen Obergesellschaft nicht gemäß § 5 Abs. 1 zugerechnet, dies folgt aus dem Territorialitätsprinzip (vgl § 1 Rn 22). Ist eine ausländische Gesellschaft zwischengeschaltet, so werden zwar nicht deren Arbeitnehmer, wohl aber die Arbeitnehmer einer deutschen Untergesellschaft der deutschen Obergesellschaft gemäß § 5 Abs. 1 zugerechnet.[37] Bildet eine ausländische Gesellschaft die Konzernspitze, so ist nicht § 5 Abs. 1, sondern möglicherweise § 5 Abs. 3 anwendbar (vgl Rn 25 ff). Die Konzernvermutung des § 18 Abs. 1 S. 3 AktG kann widerlegt werden, wenn die Leitungsmacht nicht durch die inländische Holding, sondern im Rahmen einer Matrixstruktur von gesellschaftsübergreifenden Business Units wahrgenommen wird.[38]

C. Kapitalgesellschaft & Co. KG als herrschendes Unternehmen (Abs. 2)

Ist eine unter § 4 Abs. 1 fallende Kapitalgesellschaft & Co. KG herrschendes Unternehmen, so werden die Arbeitnehmer der abhängigen Gesellschaften gemäß § 5 Abs. 2 der Komplementärgesellschaft zugerechnet.

D. Teilkonzern (Abs. 3)

§ 5 Abs. 3 hält eine Ersatzlösung für die Fälle parat, in denen das herrschende Unternehmen eines drei- oder mehrstufigen Konzerns nicht dem MitbestG unterliegt, etwa weil es eine Personengesellschaft oder eine ausländische Gesellschaft ist oder weil es Tendenzschutz genießt. In diesen Fällen sind die Arbeitnehmer der abhängigen Gesellschaften der Zwischengesellschaft zuzurechnen, über welche die herrschende Gesellschaft den herrschenden Einfluss ausübt.

Ob der leitende Einfluss der Obergesellschaft auf die Zwischengesellschaft auf einer kapitalmäßigen Verflechtung, auf satzungsrechtlich abgesicherten Leitungsmöglichkeiten oder einer anderweitigen Delegation beruht, ist unerheblich.[39]

Die Zwischengesellschaft braucht ihrerseits **keine qualifizierten Leitungsbefugnisse** entsprechend der Grundsätze des Konzerns im Konzern auf die Untergesellschaft auszuüben. Im Wege der teleologischen Reduktion ist aber ein **Mindestmaß an Einfluss auf die abhängigen Unternehmen** zu fordern.[40] Anderenfalls hätte die Mitbestimmung der Arbeitnehmer keinen Sinn, da die unternehmerischen Entscheidungen allein in der Obergesellschaft erfolgten. In einem solchen Fall wäre der Aufsichtsrat schlicht funktionslos, was § 5 Abs. 3 sicher nicht bezweckt. Dem kann auch nicht ein „mitbestimmungsfreundliches Grundverständnis" oder die Gefahr von Umgehungen entgegen gehalten werden.[41] Denn auch ein mitbestimmungsrechtliches Grundverständnis kann einen zwar mitbestimmten, aber funktionslosen Aufsichtsrat nicht rechtfertigen. Dass es solche rechtlichen Gestaltungsmöglichkeiten gibt, ist nicht zu beanstanden. Allzu krassen Gestaltungen lässt sich mit dem Gedanken des Rechtsmissbrauchs begegnen.

E. Streitigkeiten

Streitigkeiten über das Vorliegen eines Konzerns und die Zugehörigkeit eines Unternehmens zu einem Konzern sind im Verfahren nach §§ 97 ff AktG, 6 Abs. 2 zu klären.[42]

---

36 OLG Brandenburg, 5.2.2013 – 6 Wx 5/12, AG 2013, 686.
37 UHH/*Ulmer*/*Habersack*, § 5 Rn 55; *Raiser*/*Veil*, § 5 Rn 30.
38 ArbG Düsseldorf v. 29.9.2010 – 8 BV 71/10, BB 2011, 1280.
39 UHH/*Ulmer*/*Habersack*, § 5 Rn 70; MüHb-ArbR/*Wißmann*, § 279 Rn 17; aM OLG Stuttgart v. 30.3.1995 – 8 W 355/93, ZIP 1995, 1004; KölnKomm-AktG/*Mertens*/*Cahn*, Anh. § 117 B § 5 MitbestG Rn 46 f.
40 OLG Celle v. 22.3.1993 – 9 W 130/92, BB 1993, 957; LG Stuttgart v. 11.5.1993 – 2 AktE 1/92, AG 1993, 473; UHH/ *Ulmer*/*Habersack*, § 5 Rn 70; ErfK/*Oetker*, § 5 MitbestG Rn 21; HWK/*Seibt* § 5 MitbestG Rn 12; AnwK-Arbeitsrecht/ *Heither*/*von Morgen*, § 5 MitbestG Rn 27; *Kort*, NZG 2009, 81, 84 f; *Walk*/*Burger*, RdA 2009, 373, 375 f; weiter gehend (über die Kapitalbeteiligung hinaus keine eigene Einflussmöglichkeit erforderlich): OLG Stuttgart JZ 1995, 795; OLG Düsseldorf v. 30.10.2006 – I-26 W 14/06 AktE, NZG 2007, 77; OLG Frankfurt v. 21.4.2008 – 20 W 342/07, BB 2008, 1194 mit abl. Anm. *Janko*; vgl auch BayObLG v. 6.3.2002 – 3 Z 343/00, NZA 2002, 691, 694; WWKK/*Koberski*, § 5 Rn 58; *Raiser*/*Veil*, § 5 Rn 41; MüHb-ArbR/*Wißmann*, § 377 Rn 27.
41 So aber OLG Frankfurt v. 21.4.2008 – 20 W 342/07, BB 2008, 1194 mit abl. Anm. *Janko*.
42 MüKo-AktG/*Gach*, § 6 MitbestG Rn 42.

Zweiter Teil Aufsichtsrat

Erster Abschnitt
Bildung und Zusammensetzung

§ 6 Grundsatz

(1) Bei den in § 1 Abs. 1 bezeichneten Unternehmen ist ein Aufsichtsrat zu bilden, soweit sich dies nicht schon aus anderen gesetzlichen Vorschriften ergibt.

(2) ¹Die Bildung und die Zusammensetzung des Aufsichtsrats sowie die Bestellung und die Abberufung seiner Mitglieder bestimmen sich nach den §§ 7 bis 24 dieses Gesetzes und, soweit sich dies nicht schon aus anderen gesetzlichen Vorschriften ergibt, nach § 96 Abs. 2, den §§ 97 bis 101 Abs. 1 und 3 und den §§ 102 bis 106 des Aktiengesetzes mit der Maßgabe, daß die Wählbarkeit eines Prokuristen als Aufsichtsratsmitglied der Arbeitnehmer nur ausgeschlossen ist, wenn dieser dem zur gesetzlichen Vertretung des Unternehmens befugten Organ unmittelbar unterstellt und zur Ausübung der Prokura für den gesamten Geschäftsbereich des Organs ermächtigt ist. ²Andere gesetzliche Vorschriften und Bestimmungen der Satzung (des Gesellschaftsvertrags, des Statuts) über die Zusammensetzung des Aufsichtsrats sowie über die Bestellung und die Abberufung seiner Mitglieder bleiben unberührt, soweit Vorschriften dieses Gesetzes dem nicht entgegenstehen.

(3) ¹Auf Genossenschaften sind die §§ 100, 101 Abs. 1 und 3 und die §§ 103 und 106 des Aktiengesetzes nicht anzuwenden. ²Auf die Aufsichtsratsmitglieder der Arbeitnehmer ist § 9 Abs. 2 des Genossenschaftsgesetzes nicht anzuwenden.

1 Aus § 6 Abs. 1 ergibt sich, dass die unternehmerische Mitbestimmung über den Aufsichtsrat erfolgt. Ansonsten kommt ihm eigenständige Bedeutung nur bei der GmbH zu. Bei den übrigen in § 1 Abs. 1 genannten Rechtsformen – AG, KGaA und Genossenschaft – ist ohnehin ein Aufsichtsrat zu bilden.

2 § 6 Abs. 2 betrifft die Bildung und Zusammensetzung des Aufsichtsrats sowie die Bestellung und Abberufung seiner Mitglieder. Es gelten die §§ 7–24 und §§ 96 Abs. 2, 97–101 Abs. 1 und 3, 102–106 AktG. Entgegen § 105 Abs. 1 AktG können **Prokuristen** als Arbeitnehmervertreter – nicht als Anteilseignervertreter – in den Aufsichtsrat gewählt werden, es sei denn, sie sind erstens dem Vorstand der AG (oder Komplementären der KGaA) unmittelbar unterstellt und zweitens zur Ausübung der Prokura für den gesamten Geschäftsbereich des Organs ermächtigt. In entsprechender Anwendung des § 6 Abs. 2 können auch **Generalhandlungsbevollmächtigte** als Arbeitnehmervertreter in den Aufsichtsrat gewählt werden, sofern ihre Stellung und Befugnisse entsprechend eingeschränkt sind.[1]

3 Scheidet ein Aufsichtsratsmitglied während der laufenden Amtszeit aus und ist kein Ersatzmitglied gemäß § 17 vorhanden, so gibt es zwei Möglichkeiten der Neubesetzung: Zum einen durch eine **gerichtliche Ersatzbestellung** nach § 104 AktG.[2] Diese Möglichkeit ist schnell und wenig aufwändig. Darum wird sie von der Praxis regelmäßig (erfolgreich) ergriffen. Die zuständigen Amtsgerichte sind bei einer solchen Ersatzbestellung erfahrungsgemäß nicht sehr strikt. Zum anderen gibt es aber auch die Möglichkeit einer **Nachwahl**.[3] Diese ist im MitbestG nur unzureichend geregelt (§ 13 Abs. 1 MitbestG, § 87 der 3. WO). Dennoch soll die Nachwahl nach überwiegender Auffassung wegen der größeren demokratischen Legitimation Vorrang vor einer gerichtlichen Ersatzbestellung genießen.[4] Ausnahmen von diesem Vorrang/Nachrang-Verhältnis werden allerdings zugelassen, wenn eine Nachwahl wegen der baldigen turnusmäßigen Wahlen unverhältnismäßig erscheint. Hier wird im Schrifttum häufig eine Grenze von bis zu einem Jahr zu Neuwahlen genannt, die zur Unverhältnismäßigkeit führe.[5] Tatsächlich sollte nicht auf starre zeitliche Grenzen, sondern auf den entstehenden Aufwand im Einzelfall abgestellt werden.[6] Eine solche Betrachtungsweise kann dazu führen, dass eine Nachwahl auch dann unverhältnismäßig ist, wenn es bis zu den nächsten turnusmäßigen Wahlen länger als ein Jahr dauert. Angesichts des Umstands, dass das MitbestG selbst die Nachwahl nur unvollständig regelt, sollte die Möglichkeit der gerichtlichen Ersatzbestellung jedenfalls

---

1 Großkomm-AktienR/*Oetker*, MitbestG § 6 Rn 17 mwN; *Raiser/Veil*, § 6 Rn 54.
2 Vgl *Fuchs/Köstler/Pütz*, Rn 193 ff.
3 Hierzu WWKK/*Wißmann*, Vor § 9 Rn 175 ff.
4 LAG Köln v. 30.6.2000 – 12(4) TaBV 11/00, NZA-RR2001, 317; LAG Hessen v. 21.8.2008 – 9 TaBV 37/08, NZA-RR 2009, 305; WWKK/*Wißmann*, Vor § 9 Rn 176.
5 WWKK/*Wißmann*, Vor § 9 Rn 176.
6 In diese Richtung auch; LAG Köln v. 30.6.2000 – 12(4) TaBV 11/00, NZA-RR2001, 317; UHH/*Henssler*, § 22 Rn 21; *Wulff/Buchner*, ZIP 2007, 314, 316 f.

nicht zu strikt gehandhabt werden. Wegen der gerichtlichen Bestellung eines Gewerkschaftsvertreters vgl § 16 Rn 6.

Der **erste mitbestimmte Aufsichtsrat** ist zu bilden, sobald die Voraussetzungen des § 1 – Unternehmensform, Anzahl der Mitarbeiter – erfüllt sind. Ist dies bereits bei der **Gründung** der Fall, sind bei AG und KGaA §§ 30, 31 AktG zu beachten (vgl aber auch Rn 8 zu formwechselnden Umwandlungen). Das bedeutet: Bei der Gründung ist für die Bildung des ersten Aufsichtsrat, der nur eine begrenzte Zeit – im Amt ist (§ 30 Abs. 3 AktG), das MitbestG nicht anzuwenden. Erst der nächste Aufsichtsrat ist mitbestimmt (vgl § 30 Abs. 2 und 3 AktG). Eine Ausnahme gilt allerdings bei **Sachgründungen**, bei denen die Sacheinlage in einem **Unternehmen** oder **Unternehmensteil** besteht und die AG oder KGaA sogleich unter das MitbestG fällt. Dann sieht § 31 AktG vor, dass zunächst die Anteilseigner ihre Aufsichtsratsmitglieder bestellen; nach der Einbringung des Unternehmens (teils) sind dann über das Statusverfahren der §§ 97 ff AktG die Arbeitnehmervertreter zu wählen.[7]   4

Diese Grundsätze gelten auch dann, wenn eine neugegründete AG eine dem MitbestG unterliegende AG durch Verschmelzung zur Aufnahme übernimmt.[8] Für solche oder andere Fälle des schnellen Anwachsens der Arbeitnehmerzahl sehen §§ 30, 31 AktG keine Ausnahmen vor. Eine planwidrige Regelungslücke kann nicht angenommen werden. Daran scheitert eine analoge Anwendung des § 31 AktG.[9] Das Fehlen einer planwidrigen Regelungslücke kann auch nicht durch eine mitbestimmungsfreundliche Perspektive überspielt werden.   5

Erreicht eine bestehende AG oder KGaA **erstmals** die für das MitbestG erforderliche **Mitarbeiterzahl**, so ist das MitbestG anwendbar (vgl § 37). Dies geschieht durch Einleitung des Statusverfahrens gemäß §§ 97 ff AktG.[10] Eine Aufsichtsratswahl, die ohne vorheriges Statusverfahren durchgeführt wird, ist nichtig.[11] Dies gilt allerdings nicht für die darauf folgenden Wahlen; die Nichtigkeit wegen Fehlens des Statusverfahrens setzt sich also nicht fort.[12] **Unterschreitet** eine bestehende AG oder KGaA die für das MitbestG erforderliche **Mitarbeiterzahl**, so ist nicht mehr das MitbestG, sondern das Drittelbeteiligungsgesetz einschlägig. Die Überleitung geschieht nicht automatisch wiederum durch das Statusverfahren der §§ 97 ff AktG. Dies gilt auch, wenn die Mitbestimmung ganz entfällt, auch dann bedarf es also des Statusverfahrens.[13]   6

Besonderheiten sind bei bestimmten **Umstrukturierungssachverhalten** zu berücksichtigen. Sinkt die Mitarbeiterzahl einer bestehenden AG oder KGaA auf unter 2001 und liegt dies daran, dass ein Betrieb oder Teilbetrieb in ein anderes Unternehmen eingebracht wurde, so ist das **MitbestimmungsbeibehaltungsG** einschlägig. Danach bleibt es bei AG oder KGaA vorerst bei der Anwendung des MitbestG, es sei denn, die Anzahl der Mitarbeiter sinkt auf unter 501.[14] Sinkt die Mitarbeiterzahl einer AG oder KGaA infolge Abspaltung oder Ausgliederung auf unter 2001, so greift § 325 UmwG. Auch danach bleibt es – für einen Zeitraum von 5 Jahren – bei der Anwendung des MitbestG, wenn nicht die Anzahl der Mitarbeiter auf unter 501 Mitarbeiter sinkt.[15] Nicht einschlägig ist § 325 UmwG, wenn Abspaltung oder Ausgliederung dazu führen, dass sich lediglich die Anzahl der Aufsichtsratsmitglieder infolge Unterschreitens der Schwellenwerte in § 7 Abs. 1 Nr. 2 oder Nr. 3 vermindert.[16] § 325 UmwG ist ferner nicht einschlägig, wenn zum Zeitpunkt der Umstrukturierungsmaßnahme ein mitbestimmter Aufsichtsrat bereits errichtet ist; es reicht also nicht aus, dass zu diesem Zeitpunkt die Voraussetzungen für seine Errichtung vorgelegen haben.[17] Außerdem ist § 325 UmwG nicht analog auf andere Umstrukturierungsmaßnahmen anwendbar.[18]   7

Wechseln **AG oder KGaA** aufgrund **formwechselnder Umwandlung** in eine **mitbestimmungsfreie** Rechtsform, so endet das Mandat der Aufsichtsratsmitglieder kraft Gesetzes.[19] Ein Statusverfahren ist nicht erforderlich. Wird umgekehrt eine **mitbestimmungsfreie Rechtsform in eine AG oder KGaA** umgewandelt, so ist   8

---

7 *Raiser/Veil*, § 1 Rn 21.
8 LG Berlin v. 30.10.2007 – 102 O 183/07, BeckRS 2009, 11392; ErfK/*Oetker*, § 6 MitbestG Rn 3; *Kuhlmann*, NZG 2010, 46; aM *Heither*, DB 2008, 109; AnwK-Arbeitsrecht/*Heither*/v. *Morgen*, § 6 MitbestG Rn 4; WWKK/*Wißmann*, § 7 Rn 18 a; *Fuchs/Köstler/Pütz*, Rn 182.
9 Ähnlich: LG Berlin v. 30.10.2007 – 102 O 183/07, BeckRS 2009, 11392; *Kuhlmann*, NZG 2010, 46; aM ErfK/*Oetker*, § 6 MitbestG Rn 3.
10 Hierzu *Zange*, in: Arens/Düwell/Wichert, Handbuch Umstrukturierung und Arbeitsrecht, 2. Aufl. 2013, § 14 Rn 158 ff.
11 BAG v. 16.4.2008 – 7 ABR 6/07, BB 2008, 2182 mit Anm. *Lembke/Fesenmeyer* (zur erstmaligen Anwendung des Drittelbeteiligungsgesetzes bei einer GmbH); *Jannott/Gressinger*, BB 2013, 2120, 2122.
12 Dazu *Jannott/Gressinger*, BB 2013, 2120.
13 LAG Hessen v. 29.7.2010 – 9 TaBVGa 116/10, BeckRS 2010, 75818; OLG Frankfurt v. 2.11.2010 – 20 W 362/100, NZG 2011, 353; UHH/*Ulmer/Habersack*, § 6 Rn 40.
14 Zu den Einzelheiten Großkomm-AktienR/*Oetker*, Vorbem. MitbestG Rn 53 ff; *Raiser/Veil*, § 1 Rn 26; *Zange*, in: Arens/Düwell/Wichert, Handbuch Umstrukturierung und Arbeitsrecht, 2. Aufl. 2013, § 14 Rn 144 ff.
15 Hierzu ErfK/*Oetker*, Einl. MitbestG Rn 9 ff.
16 WWKK/*Koberski*, § 1 Rn 76; UHH/*Ulmer/Habersack*, § 1 Rn 51; aM ErfK/*Oetker*, Einl. MitbestG Rn 12.
17 *Brodhun*, NZG 2012, 1050.
18 UHH/*Ulmer/Habersack*, § 1 Rn 50; ErfK/*Oetker*, Einl. MitbestG Rn 9.; *Zange*, in: Arens/Düwell/Wichert, Handbuch Umstrukturierung und Arbeitsrecht, 2. Aufl. 2013 § 14 Rn 146; aM *Trittin/Gilles*, RdA 2011, 46.
19 OLG Naumburg v. 6.2.1997 – 7 U 236/96, AG 1998, 430 f; WWKK/*Wißmann*, § 6 Rn 37; ErfK/*Oetker*, Einl. MitbestG Rn 19; aM *Horn/Wackerbarth*, in: FS Söllner, 2000, S. 447, 454.

fraglich, ob auch in dem Fall für den ersten Aufsichtsrat die Einschränkungen der §§ 30, 32 AktG gelten oder ob § 197 S. 2 UmwG dem widerspricht und eine Anwendung des Statusverfahrens gemäß §§ 97 ff AktG erfordert, mit vorgeschalteter gerichtlicher Bestellung der Aufsichtsratsmitglieder gemäß § 104 AktG.[20]

9 Streitigkeiten im Zusammenhang mit § 6 sind im aktienrechtlichen Statusverfahren (§§ 97 ff AktG) zu klären. Ausgenommen davon sind Streitigkeiten über die Wählbarkeit von Prokuristen, welche gemäß §§ 2 a Abs. 1 Nr. 2 vor die Arbeitsgerichte gehören.[21]

§ 7 Zusammensetzung des Aufsichtsrats

(1) ¹Der Aufsichtsrat eines Unternehmens
1. mit in der Regel nicht mehr als 10 000 Arbeitnehmern setzt sich zusammen aus je sechs Aufsichtsratsmitgliedern der Anteilseigner und der Arbeitnehmer;
2. mit in der Regel mehr als 10 000, jedoch nicht mehr als 20 000 Arbeitnehmern setzt sich zusammen aus je acht Aufsichtsratsmitgliedern der Anteilseigner und der Arbeitnehmer;
3. mit in der Regel mehr als 20 000 Arbeitnehmern setzt sich zusammen aus je zehn Aufsichtsratsmitgliedern der Anteilseigner und der Arbeitnehmer.

²Bei den in Satz 1 Nr. 1 bezeichneten Unternehmen kann die Satzung (der Gesellschaftsvertrag) bestimmen, daß Satz 1 Nr. 2 oder 3 anzuwenden ist. ³Bei den in Satz 1 Nr. 2 bezeichneten Unternehmen kann die Satzung (der Gesellschaftsvertrag) bestimmen, daß Satz 1 Nr. 3 anzuwenden ist.

(2) Unter den Aufsichtsratsmitgliedern der Arbeitnehmer müssen sich befinden
1. in einem Aufsichtsrat, dem sechs Aufsichtsratsmitglieder der Arbeitnehmer angehören, vier Arbeitnehmer des Unternehmens und zwei Vertreter von Gewerkschaften;
2. in einem Aufsichtsrat, dem acht Aufsichtsratsmitglieder der Arbeitnehmer angehören, sechs Arbeitnehmer des Unternehmens und zwei Vertreter von Gewerkschaften;
3. in einem Aufsichtsrat, dem zehn Aufsichtsratsmitglieder der Arbeitnehmer angehören, sieben Arbeitnehmer des Unternehmens und drei Vertreter von Gewerkschaften.

(3) ¹Die in Absatz 2 bezeichneten Arbeitnehmer des Unternehmens müssen das 18. Lebensjahr vollendet haben und ein Jahr dem Unternehmen angehören. ²Auf die einjährige Unternehmensangehörigkeit werden Zeiten der Angehörigkeit zu einem anderen Unternehmen, dessen Arbeitnehmer nach diesem Gesetz an der Wahl von Aufsichtsratsmitgliedern des Unternehmens teilnehmen, angerechnet. ³Diese Zeiten müssen unmittelbar vor dem Zeitpunkt liegen, ab dem die Arbeitnehmer zur Wahl von Aufsichtsratsmitgliedern des Unternehmens berechtigt sind. ⁴Die weiteren Wählbarkeitsvoraussetzungen des § 8 Abs. 1 des Betriebsverfassungsgesetzes müssen erfüllt sein.

(4) Die in Absatz 2 bezeichneten Gewerkschaften müssen in dem Unternehmen selbst oder in einem anderen Unternehmen vertreten sein, dessen Arbeitnehmer nach diesem Gesetz an der Wahl von Aufsichtsratsmitgliedern des Unternehmens teilnehmen.

1 Abs. 1 legt die **Anzahl der Aufsichtsratsmitglieder** und den Spielraum für Satzungsgestaltungen (S. 2) fest. Maßgeblich für die Größe des Aufsichtsrats ist die Anzahl der beschäftigten Arbeitnehmer. Dabei ist nicht auf einen besonderen Stichtag abzustellen, maßgeblich ist die Anzahl der in der Regel beschäftigten Arbeitnehmer. Streitig ist, ob regelmäßig beschäftigte Leiharbeitnehmer mitzuzählen sind. Dies ist regelmäßig nicht der Fall (vgl § 3 Rn 14). Zur Wählbarkeit von Leiharbeitnehmern s.u. Rn 7. Ändert sich später die Anzahl der regelmäßig beschäftigten Arbeitnehmer, so führt das nicht automatisch zum Wegfall oder Änderung des Mitbestimmungsmodells; vielmehr ist das Statusverfahren gemäß §§ 97 ff AktG durchzuführen (dazu § 6 Rn 6).

2 Vergrößert oder verkleinert sich die Größe des Aufsichtsrats aufgrund Satzungsgestaltung gemäß Abs. 1 S. 2, so ist streitig, ob die Änderung durch das Statusverfahren nach §§ 97 ff AktG umzusetzen ist oder ob die Änderung automatisch – also ohne Statusverfahren – gilt, allerdings erst für die nächste Wahlperiode.[1]

3 Abs. 2 betrifft die Zusammensetzung der Arbeitnehmervertreter im Aufsichtsrat. Unterschieden wird nach Arbeitnehmern des Unternehmens und Gewerkschaftsvertretern.

---

20 Vgl zum Streitstand ErfK/*Oetker*, Einl. MitbestG Rn 20; UHH/ *Ulmer/Habersack*, § 6 Rn 39; *Horn/Wackerbarth*, in: FS Söllner, 2000, S. 447, 457 f.

21 GroßKomm-AktienR/*Oetker*, MitbestG § 6 Rn 18.

1 Für Statusverfahren WWKK/*Wißmann*, § 7 Rn 10 ff; für automatische Wirksamkeit in der nächsten Wahlperiode UHH/ *Henssler*, § 7 Rn 26 ff, beide mwN.

Abs. 3 stellt Voraussetzungen für die Wählbarkeit der Arbeitnehmervertreter auf. Voraussetzung ist, dass der Betreffende zum Amtsantritt das 18. Lebensjahr vollendet und dem Unternehmen mindestens ein Jahr angehört. Die zweite Voraussetzung wurde durch das Vereinfachungsgesetz v. 27.3.2002 insofern ergänzt, als die Unternehmenszugehörigkeit in einem anderen Unternehmen, dessen Arbeitnehmer an der Aufsichtsratswahl des Unternehmens teilnehmen (wegen Verschmelzung, Spaltung, Vermögensübertragung, Eingliederung oder sonstige Aufnahme in den Konzernverbund), angerechnet wird.[2] Schließlich verweist Abs. 3 auf die Voraussetzung von § 8 Abs. 1 BetrVG.

Die Mitglieder des Wahlvorstandes sind zwar nach hM wählbar.[3] Aber solche Fälle bergen den Anschein der Wahlmanipulation und sind daher möglichst zu vermeiden. Die Wählbarkeit von Betriebsratsmitgliedern steht dagegen außer Frage.[4]

Gekündigte Arbeitnehmer sind jedenfalls bis zum Ablauf der Kündigungsfrist Arbeitnehmer des Unternehmens, also wählbar. Hat der Arbeitnehmer Kündigungsschutzklage erhoben, so ist er bis zum rechtskräftigen Ende des Kündigungsschutzprozesses wählbar; denn erst dann steht verbindlich fest, ob die Kündigung das Arbeitsverhältnis beendet hat.[5] Unerheblich ist insofern, ob der gegen die Kündigung klagende Arbeitnehmer nach Ablauf der Kündigungsfrist tatsächlich weiterbeschäftigt wird, etwa wegen 102 Abs. 4 BetrVG oder zur Vermeidung eines Annahmeverzugslohnrisikos.[6] Allerdings ist der Arbeitnehmer, der nach Ende der Kündigungsfrist nicht weiterbeschäftigt wird, bis zum rechtskräftigen Ende des Kündigungsschutzprozesses an der Amtsausübung gehindert.[7] Maßgeblich sollte die tatsächliche Weiterbeschäftigung sein, nicht aber das bloße Bestehen eines (womöglich nicht geltend gemachten) Weiterbeschäftigungsanspruchs. Ist der gekündigte Arbeitnehmer an der Amtsausübung gehindert, so kommt das Ersatzmitglied zum Zug oder es muss, wenn kein Ersatzmitglied vorhanden ist, eine gerichtliche Ersatzbestellung gemäß § 104 AktG stattfinden.[8] Stellt sich im Kündigungsschutzprozess rechtskräftig heraus, dass die Kündigung rechtswirksam war, der Arbeitnehmer also zum Zeitpunkt der Wahl nicht wählbar war, ist diese unwirksam.[9] Diese Grundsätze sollen Manipulationen der Aufsichtsratswahlen durch den Ausspruch ungerechtfertigter Kündigungen entgegenwirken.[10]

Anders liegen die Dinge, wenn ein befristet beschäftigter Arbeitnehmer **Entfristungsklage** erhebt.[11] Denn in einem solchen Fall ist eine Manipulation durch den Arbeitgeber nicht anzunehmen. Der klagende Mitarbeiter ist also nicht wählbar. Nicht wählbar sind ferner **Leiharbeitnehmer**, weil sie kein Arbeitsverhältnis mit dem Entleiher haben, vgl § 14 Abs. 2 AÜG. Das gilt auch in den Fällen der **Konzernleihe** und der **nicht gewerbsmäßigen Arbeitnehmerüberlassung**.[12] Vorherige Zeiten in einem Leiharbeitsverhältnis sind auch bei Ermittlung der einjährigen Unternehmenszugehörigkeit nicht zu berücksichtigen.[13] Nicht wählbar sind auch Arbeitnehmer, die sich in der **Freistellungsphase der Altersteilzeit** befinden.[14] Denn es fehlt die Rückkehrperspektive. Allerdings ist noch nicht vollständig geklärt, ob Arbeitnehmer wählbar sind, die sich zwar zum Zeitpunkt der Wahl noch nicht, wohl aber beim Amtsantritt in der Freistellungsphase befinden.[15] Ein vorübergehendendes Ruhen des Arbeitsverhältnisses, etwa wegen Elternzeit, läßt die Wählbarkeit nicht entfallen.[16]

Abs. 4 enthält die Voraussetzungen für die Wählbarkeit der Gewerkschaftsvertreter. Letztere brauchen weder dem Unternehmen noch der Gewerkschaft anzugehören.[17] Allerdings muss die Gewerkschaft selbst in dem Unternehmen vertreten sein. Das bedeutet: Mindestens ein Arbeitnehmer – auf dessen Wählbarkeit kommt es nicht an – muss Angehöriger der betreffenden Gewerkschaft sein.[18] Ist dies streitig, so kann die Gewerkschaft den ihr obliegenden Beweis durch notarielle Erklärung erbringen, in welcher der Name des oder der gewerkschaftsangehörigen Arbeitnehmer nicht genannt zu werden braucht.[19] Umstritten ist, ob

---

2 Dazu *Raiser/Veil*, § 7 Rn 10; *Wolf*, DB 2002, 790, 793.
3 UHH/*Henssler*, § 7 Rn 47; GroßKomm-AktienR/*Oetker*, § 7 MitbestG Rn 16; MüKo-AktG/*Gach*, § 7 MitbestG Rn 27; aM KölnKomm-AktG/*Mertens/Cahn*, Anh. § 117 B § 7 MitbestG Rn 13.
4 WWKK/*Wißmann*, § 7 Rn 37.
5 AllgM, vgl nur *Raiser/Veil*, § 7 Rn 9.
6 WWKK/*Wißmann*, § 7 Rn 25.
7 UHH/*Henssler*, § 7 Rn 36 f; *Raiser/Veil*, § 7 Rn 9; WWKK/*Wißmann*, § 24 Rn 15 f.
8 WWKK/*Wißmann*, § 24 Rn 16.
9 *Raiser/Veil*, § 7 Rn 9; AnwK-ArbR/*Heither/v. Morgen*, § 7 MitbestG Rn 15.
10 UHH/*Henssler*, § 7 Rn 36.
11 UHH/*Henssler*, § 7 Rn 36; WWKK/*Wißmann*, § 7 Rn 25.
12 So auch WWKK/*Wißmann*, § 7 Rn 28.
13 UHH/*Henssler*, § 7 Rn 44.
14 BAG v. 25.10.2000 – 7 ABR 18/00, NZA 2001, 461; UHH/*Henssler*, § 7 Rn 38.
15 Wählbarkeit verneint: LAG Nürnberg v. 16.2.2006 – 9 BVGa 1/06, NZA-RR 2006, 358; Wählbarkeit bejaht: LAG Nürnberg v. 16.12.2008 – 7 TaBV 75/07, BB 2009, 325 (Leitsatz).
16 WWKK/*Wißmann*, § 7 Rn 24.
17 KölnKomm-AktG/*Mertens/Cahn*, Anh. § 117 B § 7 MitbestG Rn 16; HWK/*Seibt*, MitbestG § 7 Rn 4.
18 ErfK/*Oetker*, § 7 MitbestG Rn 3; *Fuchs/Köstler/Pütz*, Rn 239.
19 BVerfG v. 21.3.1994 – 1 BvR 1485/93, NZA 1994, 891; BAG v. 25.3.1992 – 7 ABR 65/90, NJW 1993, 612; *Raiser/Veil*, § 7 Rn 19.

die Gewerkschaft für das betreffende Unternehmen auch tarifzuständig sein muss.[20] Jedenfalls darf die Mitgliedschaft des oder der Arbeitnehmer nicht gegen die Satzung der betreffenden Gewerkschaft verstoßen.[21]

9 Die Satzung darf keine weiteren Voraussetzungen für die Arbeitnehmervertreter aufstellen. So wäre es etwa unzulässig, wenn die deutsche Staatsangehörigkeit zur Voraussetzung gemacht würde.[22]

10 Streitigkeiten über Größe und Zusammensetzung des Aufsichtsrats sind im Statusverfahren nach §§ 98 f AktG zu klären, Streitigkeiten über das aktive und passive Wahlrecht gehören nach § 2 a ArbG vor die Arbeitsgerichte.

Zweiter Abschnitt
Bestellung der Aufsichtsratsmitglieder

Erster Unterabschnitt
Aufsichtsratsmitglieder der Anteilseigner

Vor §§ 8–24

1 Die §§ 8–25 betreffen die Bestellung der Aufsichtsratsmitglieder. Für die **Anteilseignervertreter** enthält das Gesetz nur eine klarstellende Vorschrift (§ 8).

2 Umfassend ist dagegen die Bestellung der **Arbeitnehmervertreter** geregelt. Das Gesetz stellt zwei Möglichkeiten zur Verfügung: Die Bestellung durch **gewählte Delegierte** (§§ 10–17) und die **unmittelbare Wahl** (§ 18). Neben diesen gesetzlichen Regelungen sind noch die **drei Wahlordnungen** v. 27.5.2002 zu berücksichtigen, die aufgrund des § 39 erlassen wurden: die erste Wahlordnung ist anzuwenden, wenn ein Unternehmen aus einem Betrieb besteht;[1] die zweite Wahlordnung bezieht sich auf den Fall, dass ein Unternehmen mehrere Betriebe hat;[2] die dritte Wahlordnung befasst sich mit der Wahl, an der auch Arbeitnehmer anderer Unternehmen teilnehmen.[3]

3 Das Wahlverfahren hat durch zwei Gesetzesänderungen in jüngerer Vergangenheit einige Modifikationen erfahren. Das **Betriebsverfassungsreformgesetz** v. 23.7.2001[4] hat Arbeiter und Angestellte einheitlich als **Arbeitnehmer** zusammengefasst, denen die **leitenden Angestellten** gegenüberstehen. Dies bedingte eine Reihe von Änderungen der Wahlvorschriften. Das sog. **Vereinfachungsgesetz** v. 23.3.2002[5] soll zu einer Vereinfachung der Wahl der Arbeitnehmervertreter führen, indem u.a. die Delegiertenversammlung verkleinert wird, die Kandidaten der leitenden Angestellten für den Aufsichtsrat in nur noch einer Abstimmung ermittelt werden und eine Einbeziehung der Sprecherausschüsse in das Wahlverfahren erfolgt.[6]

§ 8 [Aufsichtsratsmitglieder der Anteilseigner]

(1) Die Aufsichtsratsmitglieder der Anteilseigner werden durch das nach Gesetz, Satzung oder Gesellschaftsvertrag zur Wahl von Mitgliedern des Aufsichtsrats befugte Organ (Wahlorgan) und, soweit gesetzliche Vorschriften dem nicht entgegenstehen, nach Maßgabe der Satzung oder des Gesellschaftsvertrags bestellt.

(2) § 101 Abs. 2 des Aktiengesetzes bleibt unberührt.

1 § 8 stellt für AG und KGaA klar, dass sich die Bestellung der Anteilseignervertreter im Aufsichtsrat nach den Regelungen des AktG richtet. Auch eine Entsendung in den Aufsichtsrat gemäß § 101 Abs. 2 AktG ist zulässig.[1]

---

20 Bejahend: WWKK/*Wißmann*, § 7 Rn 47; UHH/*Henssler*, § 7 Rn 75; verneinend: MüKo-AktG/*Gach*, § 7 Rn 32.
21 LAG Baden-Württemberg v. 4.9.2008 – 21 TaBVGa 1/08 – BeckRS 2011, 65931.
22 KölnKomm-AktG/*Mertens/Cahn*, Anh. § 117 B § 7 MitbestG Rn 17; MüKo-AktG/*Gach*, § 7 MitbestG Rn 26.
1 BGBl. I S. 1682.

2 BGBl. I S. 1708.
3 BGBl. I S. 1741.
4 BGBl. I S. 1852.
5 BGBl. I S. 1130.
6 Hierzu *Wolf*, DB 2002, 790.

1 UHH/*Ulmer/Habersack*, § 8 Rn 1; AnwK-ArbR/*Heither/v. Morgen*, § 8 MitbestG Rn 1, 4.

Zweiter Unterabschnitt
Aufsichtsratsmitglieder der Arbeitnehmer, Grundsatz

§ 9 [Aufsichtsratsmitglieder der Arbeitnehmer, Grundsatz]

(1) Die Aufsichtsratsmitglieder der Arbeitnehmer (§ 7 Abs. 2) eines Unternehmens mit in der Regel mehr als 8 000 Arbeitnehmern werden durch Delegierte gewählt, sofern nicht die wahlberechtigten Arbeitnehmer die unmittelbare Wahl beschließen.

(2) Die Aufsichtsratsmitglieder der Arbeitnehmer (§ 7 Abs. 2) eines Unternehmens mit in der Regel nicht mehr als 8 000 Arbeitnehmern werden in unmittelbarer Wahl gewählt, sofern nicht die wahlberechtigten Arbeitnehmer die Wahl durch Delegierte beschließen.

(3) ¹Zur Abstimmung darüber, ob die Wahl durch Delegierte oder unmittelbar erfolgen soll, bedarf es eines Antrags, der von einem Zwanzigstel der wahlberechtigten Arbeitnehmer des Unternehmens unterzeichnet sein muß. ²Die Abstimmung ist geheim. ³Ein Beschluß nach Absatz 1 oder 2 kann nur unter Beteiligung von mindestens der Hälfte der wahlberechtigten Arbeitnehmer und nur mit der Mehrheit der abgegebenen Stimmen gefaßt werden.

§ 9 stellt für die Arbeitnehmervertreter im Aufsichtsrat zwei Wahlverfahren zur Verfügung: die **unmittelbare Wahl** und die **Wahl durch Delegierte**. Dies gilt auch für die Gewerkschaftsvertreter; die Gewerkschaften haben also nur ein Vorschlags- und nicht ein Entsenderecht.[1] 1

Maßgeblich ist zunächst die **Zahl der Arbeitnehmer**. Bei Unternehmen mit in der Regel **mehr als 8000 Arbeitnehmern** sieht Abs. 1 die Wahl durch **Delegierte** und bei Unternehmen mit in der Regel **bis zu 8000 Arbeitnehmern** Abs. 2 die unmittelbare **Wahl** vor. Streitig ist, ob die in der Regel beschäftigten Leiharbeitnehmer mitzuzählen sind (vgl § 3 Rn 14).[2] Allerdings können die wahlberechtigten Arbeitnehmer **alternativ** bei Abs. 1 auch die unmittelbare Wahl, bei Abs. 2 die Wahl durch Delegierte **beschließen**. 2

Abs. 3 betrifft eine etwaige Abstimmung der Arbeitnehmer über die Wahlart. Näheres ist in §§ 12 bis 22 der ersten Wahlordnung, §§ 13 bis 24 der zweiten Wahlordnung und 13 bis 24 der dritten Wahlordnung geregelt. 3

Streitigkeiten im Zusammenhang mit § 9 sind im arbeitsgerichtlichen Beschlussverfahren zu klären (§ 2 a Abs. 1 Nr. 3 ArbGG). Sie können auch außerhalb eines Wahlanfechtungsverfahrens anhängig gemacht werden.[3] Auch eine einstweilige Verfügung im laufenden Wahlverfahren ist möglich.[4] 4

Dritter Unterabschnitt
Wahl der Aufsichtsratsmitglieder der Arbeitnehmer durch Delegierte

§ 10 Wahl der Delegierten

(1) In jedem Betrieb des Unternehmens wählen die Arbeitnehmer in geheimer Wahl und nach den Grundsätzen der Verhältniswahl Delegierte.

(2) ¹Wahlberechtigt für die Wahl von Delegierten sind die Arbeitnehmer des Unternehmens, die das 18. Lebensjahr vollendet haben. ²§ 7 Satz 2 des Betriebsverfassungsgesetzes gilt entsprechend.

(3) Zu Delegierten wählbar sind die in Absatz 2 Satz 1 bezeichneten Arbeitnehmer, die die weiteren Wählbarkeitsvoraussetzungen des § 8 des Betriebsverfassungsgesetzes erfüllen.

(4) ¹Wird für einen Wahlgang nur ein Wahlvorschlag gemacht, so gelten die darin aufgeführten Arbeitnehmer in der angegebenen Reihenfolge als gewählt. ²§ 11 Abs. 2 ist anzuwenden.

Die §§ 10–17 betreffen die Wahl der Aufsichtsratsmitglieder der Arbeitnehmer durch **Delegierte**. Daneben gelten §§ 50 ff 1. WO, §§ 54 ff 2. WO und §§ 54 ff 3. WO. 1

---

[1] UHH/*Henssler*, § 9 Rn 1.
[2] Nein: Hessisches LAG v. 22.9.2011 – 9 TaBVGa 166/11, BeckRS 2013, 66922. Ja: Hessisches LAG v. 11.4.2013 – 9 TaBV 308/12, ZIP 2013, 1740; ArbG Offenbach v. 22.8.2012 – 10 BV 6/11, BeckRS 2012, 75531.
[3] MüKo-AktG/*Gach*, § 9 MitbestG Rn 20 f.
[4] Hessisches LAG v. 22.9.2011 – 9 TaBVGa 166/11, BeckRS 2013, 66922; ArbG Offenbach v. 22.8.2012 – 10 BV 6/11, BeckRS 2012, 75531; vgl auch AnwK-ArbR/*Heither/v. Morgen*, § 9 MitbestG Rn 6.

2 **Abs. 1** regelt die **wesentlichen Grundsätze des Wahlverfahrens**. Danach findet die Wahl in den **Betrieben** statt. Dies gilt auch bei Wahlen gemäß §§ 4, 5.[1] Maßgeblich ist nach § 3 Abs. 2 der Betriebsbegriff des Betriebsverfassungsgesetzes (vgl § 3 Rn 22 ff). **Die bisherige Differenzierung von Angestellten und Arbeitnehmern (Gruppenwahl) enthält das Gesetz nicht mehr.** Es findet also stets eine gemeinsame Wahl statt. Diese Wahl muss **geheim** sein. Es gelten die Grundsätze der **Verhältniswahl** (Listenwahl).

3 **Abs. 2** regelt das **aktive Wahlrecht**. Wahlberechtigt sind alle Arbeitnehmer des Unternehmens (vgl § 3 Abs. 1), die das 18. Lebensjahr vollendet haben. Überlassene Arbeitnehmer sind wahlberechtigt, wenn sie länger als drei Monate im Betrieb eingesetzt werden (§ 7 S. 2 BetrVG). Für das **passive Wahlrecht** gilt **Abs. 3**. Voraussetzung dafür ist, dass es sich um einen wahlberechtigten Arbeitnehmer im Sinne des Abs. 2 handelt, der am letzten Tag der Wahl[2] mindestens **6 Monate dem Betrieb** angehört (§ 8 Abs. 1 S. 1 BetrVG). Zeiten in einem anderen Betrieb des Unternehmens oder des Konzerns im Sinne des § 18 Abs. 1 AktG werden für das passive Wahlrecht angerechnet (§ 8 Abs. 1 S. 2 BetrVG). Dagegen ist die Anrechnungsvorschrift § 7 Abs. 3 S. 2 für das passive Wahlrecht nicht anwendbar. Zeiten in einem anderen Unternehmen, welches mittlerweile auf das Unternehmen, in dem gewählt wird, übergegangen ist, zählen also nicht mit.[3] Wer aufgrund einer strafgerichtlichen Verurteilung die Fähigkeit, Rechte aus öffentlichen Wahlen zu erlangen, nicht besitzt, ist nicht wählbar (§ 8 Abs. 1 S. 3 BetrVG). Nach überwiegender Auffassung sind auch Mitglieder des Wahlvorstandes wählbar.[4] Dies ist aber zumindest zweifelhaft, weil es den abstrakten Verdacht der Wahlmanipulation erzeugt.

4 Wird nur ein Wahlvorschlag gemacht, so gelten **gemäß Abs. 4** die aufgeführten Arbeitnehmer in der angegebenen Reihenfolge als gewählt („**Friedenswahl**").[5] Durch diese Wahlfiktion soll der Aufwand einer tatsächlichen Wahl vermieden werden, die zum gleichen Ergebnis führt. Die von Teilen des Schrifttums dagegen erhobenen verfassungsrechtlichen Bedenken („Verstoß gegen das Demokratieprinzip") sind nicht begründet.[6]

5 Streitigkeiten über die Delegiertenwahl gehören gemäß § 2a Abs. 1 Nr. 3 ArbGG vor die Arbeitsgerichte. Sie können auch außerhalb eines Wahlanfechtungsverfahrens im Wege der einstweiligen Verfügung geklärt werden (vgl § 21 Rn 6).[7]

§ 11 Errechnung der Zahl der Delegierten

(1) [1]In jedem Betrieb entfällt auf je 90 wahlberechtigte Arbeitnehmer ein Delegierter. [2]Ergibt die Errechnung nach Satz 1 in einem Betrieb mehr als

1. 25 Delegierte, so vermindert sich die Zahl der zu wählenden Delegierten auf die Hälfte; diese Delegierten erhalten je zwei Stimmen;
2. 50 Delegierte, so vermindert sich die Zahl der zu wählenden Delegierten auf ein Drittel; diese Delegierten erhalten je drei Stimmen;
3. 75 Delegierte, so vermindert sich die Zahl der zu wählenden Delegierten auf ein Viertel; diese Delegierten erhalten je vier Stimmen;
4. 100 Delegierte, so vermindert sich die Zahl der zu wählenden Delegierten auf ein Fünftel; diese Delegierten erhalten je fünf Stimmen;
5. 125 Delegierte, so vermindert sich die Zahl der zu wählenden Delegierten auf ein Sechstel; diese Delegierten erhalten je sechs Stimmen;
6. 150 Delegierte, so vermindert sich die Zahl der zu wählenden Delegierten auf ein Siebtel; diese Delegierten erhalten je sieben Stimmen.

[3]Bei der Errechnung der Zahl der Delegierten werden Teilzahlen voll gezählt, wenn sie mindestens die Hälfte der vollen Zahl betragen.

(2) [1]Unter den Delegierten müssen in jedem Betrieb die in § 3 Abs. 1 Nr. 1 bezeichneten Arbeitnehmer und die leitenden Angestellten entsprechend ihrem zahlenmäßigen Verhältnis vertreten sein. [2]Sind in einem Be-

---

1 *Raiser/Veil*, § 10 Rn 4; KölnKomm-AktG/*Mertens/Cahn*, Anh. § 117 B § 10 MitbestG Rn 2.
2 UHH/*Henssler*, § 10 Rn 25; KölnKomm-AktG/*Mertens/Cahn*, Anh. § 117 B § 10 MitbestG Rn 6; aM GK-MitbestG/*Matthes*: maßgeblich letzter Tag vor der Wahl.
3 Streitig, wie hier: WWKK/*Wißmann*, § 10 Rn 38; ErfK/*Oetker*, § 18 MitbestG Rn 3; HWK/*Seibt*, MitbestG § 9-18 Rn 22; aM *Raiser/Veil*, § 10 Rn 13 (analoge Anwendung des § 7 Abs. 3 S. 2).
4 WWKK/*Wißmann*, § 12 Rn 7; UHH/*Henssler*, § 12 Rn 14; *Stück*, DB 2004, 2582 f; aM KölnKomm-AktG/*Mertens/Cahn*, Anh. § 117 B § 10 MitbestG Rn 7.
5 Dazu MüKo-AktG/*Gach*, § 10 MitbestG Rn 19.
6 Vgl Großkomm-AktienR/*Oetker*, MitbestG § 10 Rn 13, WWKK/*Wißmann*, § 10 Rn 57; AnwK-ArbR/*Heither/v. Morgen*, § 10 MitbestG Rn 9; aM KölnKomm-AktG/*Mertens/Cahn*, § 117 B § 10 MitbestG Rn 7; *Philipp*, DB 1976, 2303, 2305 f; *ders.*, BB 1977, 549, 551 f.
7 *Raiser/Veil*, § 10 Rn 19; WWKK/*Wißmann*, § 10 Rn 68.

trieb mindestens neun Delegierte zu wählen, so entfällt auf die in § 3 Abs. 1 Nr. 1 bezeichneten Arbeitnehmer und die leitenden Angestellten mindestens je ein Delegierter; dies gilt nicht, soweit in dem Betrieb nicht mehr als fünf in § 3 Abs. 1 Nr. 1 bezeichnete Arbeitnehmer oder leitende Angestellte wahlberechtigt sind. ³Soweit auf die in § 3 Abs. 1 Nr. 1 bezeichneten Arbeitnehmer und die leitenden Angestellten lediglich nach Satz 2 Delegierte entfallen, vermehrt sich die nach Absatz 1 errechnete Zahl der Delegierten des Betriebs entsprechend.

(3) ¹Soweit nach Absatz 2 auf die in § 3 Abs. 1 Nr. 1 bezeichneten Arbeitnehmer und die leitenden Angestellten eines Betriebs nicht mindestens je ein Delegierter entfällt, gelten diese für die Wahl der Delegierten als Arbeitnehmer des Betriebs der Hauptniederlassung des Unternehmens. ²Soweit nach Absatz 2 und nach Satz 1 auf die in § 3 Abs. 1 Nr. 1 bezeichneten Arbeitnehmer und die leitenden Angestellten des Betriebs der Hauptniederlassung nicht mindestens je ein Delegierter entfällt, gelten diese für die Wahl der Delegierten als Arbeitnehmer des nach der Zahl der wahlberechtigten Arbeitnehmer größten Betriebs des Unternehmens.

(4) Entfällt auf einen Betrieb oder auf ein Unternehmen, dessen Arbeitnehmer nach diesem Gesetz an der Wahl von Aufsichtsratsmitgliedern des Unternehmens teilnehmen, kein Delegierter, so ist Absatz 3 entsprechend anzuwenden.

(5) Die Eigenschaft eines Delegierten als Delegierter der Arbeitnehmer nach § 3 Abs. 1 Nr. 1 oder § 3 Abs. 1 Nr. 2 bleibt bei einem Wechsel der Eigenschaft als Arbeitnehmer nach § 3 Abs. 1 Nr. 1 oder § 3 Abs. 1 Nr. 2 erhalten.

§ 11 wurde in wesentlichen Punkten durch das am **27.3.2002** in Kraft getretene Vereinfachungsgesetz geändert.[1] Es handelt sich um zwingendes Recht, das weder durch Tarifvertrag noch auf anderer Grundlage abgeändert werden darf.[2] 1

Nach **Abs. 1 S. 1** entfällt in jedem Betrieb auf je **90 wahlberechtigte Arbeitnehmer** ein Delegierter. Dabei werden nach **Abs. 1 S. 3 Teilzahlen voll gezählt**, wenn sie mindestens die Hälfte der vollen Zahl betragen, das heißt ab 45 wahlberechtigten Arbeitnehmern. Hat ein Betrieb also von 45 bis 134 wahlberechtigte Arbeitnehmer, so entfällt auf ihn ein Delegierter, hat er von 135 bis 224 wahlberechtigte Arbeitnehmer, so entfallen auf ihn 2 Delegierte etc.[3] 2

Aus Kostengründen sieht **Abs. 1 S. 2** für Großbetriebe eine Korrektur der sich nach Abs. 1 ergebenden Anzahl von Delegierten vor (Reduktionsverfahren). Das Gesetz sieht sieben Stufen vor: bis zu 25 Delegierte: es verbleibt bei Abs. 1 S. 1 (= **Stufe 1**); von 26 bis 50 Delegierte: die Delegiertenzahl reduziert sich auf die Hälfte, jeder Delegierte hat 2 Stimmen (= **Stufe 2**); von 51 bis 75 Delegierte: die Delegiertenzahl reduziert sich auf ein Drittel, jeder Delegierte hat drei Stimmen (= **Stufe 3**); von 76 bis 100 Delegierte: die Delegiertenzahl reduziert sich auf ein Viertel, jeder Delegierte hat vier Stimmen (= **Stufe 4**); von 101 bis 125 Delegierte: die Delegiertenzahl reduziert sich auf ein Fünftel, jeder Delegierte hat 5 Stimmen (= **Stufe 5**); von 126 Stimmen bis 150 Delegierte: die Delegiertenzahl reduziert sich auf ein Sechstel, jeder Delegierte hat sechs Stimmen (= **Stufe 6**); ab 151 Delegierte: die Delegiertenzahl reduziert sich auf ein Siebtel, jeder Delegierte hat sieben Stimmen (= **Stufe 7**).[4] Die Reduzierung ist vor der in Abs. 2 festgelegten Aufteilung in Arbeitnehmer und leitende Angestellte vorzunehmen.[5] 3

Abs. 2 differenziert nunmehr nur noch zwischen **Arbeitnehmern** (= Arbeiter und Angestellte) und **leitenden Angestellten**. Danach müssen in jedem Betrieb unter den Delegierten Arbeitnehmer und leitende Angestellte entsprechend ihrer Anzahl im Betrieb vertreten sein. Berechnungsgrundlage ist das d'Hondt'sche Höchstzahlverfahren.[6] Um zu verhindern, dass eine der Gruppen nach diesem Verfahren keine Delegierten stellen kann, sehen **Abs. 2 S. 2 und 3** in Verbindung mit **Abs. 3 und 4** einen umfassenden **Minderheitenschutz** vor: 4

Gemäß **Abs. 2 S. 2** muss in Betrieben, in denen **mindestens 9 Delegierte** zu wählen sind (= ab 765 wahlberechtigte Mitarbeiter), mindestens ein Delegierter Arbeitnehmer und einer leitender Angestellter sein, sofern jede Gruppe mindestens 6 wahlberechtigte Mitglieder hat. Hat eine der beiden Gruppen nur solche Delegierte gemäß S. 2, so erhöht sich gemäß **Abs. 2 S. 3** die Zahl der Delegierten gemäß Abs. 1 entsprechend. Dies betrifft hauptsächlich die leitenden Angestellten, deren Anzahl idR zu gering für ein Delegiertenmandat ist.[7] Im Fall eines solchen Zusatzmandats steht dem betreffenden Delegierten das Mehrfachstimmrecht nur zu, wenn den leitenden Angestellten ohne das Reduktionsverfahren ein oder mehrere Sitze zugestanden 5

---

1 Vgl hierzu *Wolf*, DB 2002, 790.
2 WWKK/*Wißmann*, § 11 Rn 3.
3 Vgl *Raiser/Veil*, § 11 Rn 4.
4 Vgl die beispielhaften Berechnungen von HWK/*Seibt*, MitbestG §§ 9-18 Rn 23; *Wolf*, DB 2002, 790, 791.
5 UHH/*Henssler*, § 11 Rn 14; WWKK/*Wißmann*, § 11 Rn 12.
6 *Fuchs/Köstler/Pütz*, Rn 366; WWKK/*Wißmann*, § 11 Rn 16.
7 *Fuchs/Köstler/Pütz*, Rn 367.

hätten; die Stimmenzahl bestimmt sich dann nach den ursprünglichen Sitzen.[8] Hat eine im Betrieb vorhandene Gruppe auch nach Abs. 2 keinen Delegierten, so werden die betreffenden Gruppenzugehörigen gemäß dem Betrieb der Hauptniederlassung des Unternehmens oder, falls sie auch dort keinen Delegierten haben, dem nach Anzahl der Wahlberechtigten größten Betrieb des Unternehmens zugerechnet (**Abs. 3**). Schließlich sieht **Abs. 4** die entsprechende Anwendung des Abs. 3 vor, wenn auf einen Betrieb oder ein Unternehmen **kein einziger Delegierter** fällt, weil die notwendige Anzahl von 45 wahlberechtigten Arbeitnehmern nicht erreicht wird.

6 Bei einem in der Amtszeit stattfindenden Wechsel des Status eines Delegierten vom Arbeitnehmer zum leitenden Angestellten und umgekehrt bleibt dessen ursprüngliche Gruppenzugehörigkeit mitbestimmungsrechtlich erhalten (**Abs. 5**).

7 Streitigkeiten im Zusammenhang mit § 11 gehören gemäß § 2a Abs. 1 Nr. 3 vor die Arbeitsgerichte. Sie können Gegenstand eines Wahlanfechtungsverfahrens sein oder aber unabhängig davon geklärt werden.[9]

§ 12 Wahlvorschläge für Delegierte

(1) [1]Zur Wahl der Delegierten können die wahlberechtigten Arbeitnehmer des Betriebs Wahlvorschläge machen. [2]Jeder Wahlvorschlag muss von einem Zwanzigstel oder 50 der jeweils wahlberechtigten in § 3 Abs. 1 Nr. 1 bezeichneten Arbeitnehmer oder der leitenden Angestellten des Betriebs unterzeichnet sein.

(2) Jeder Wahlvorschlag soll mindestens doppelt so viele Bewerber enthalten, wie in dem Wahlgang Delegierte zu wählen sind.

1 Wahlvorschläge für Delegierte können gemäß **Abs. 1 S. 1** nur wahlberechtigte Arbeitnehmer des Betriebes machen, also keine Gewerkschaften, Betriebsräte oder auch Arbeitnehmer eines anderen Betriebs des Unternehmens.[1] Auch Wahlbewerber selbst sind wahlberechtigt.[2] Die Mitglieder des Wahlvorstandes sind nach hM vorschlagsberechtigt.[3] Allerdings birgt dies den zumindest abstrakten Verdacht der Wahlmanipulation und sollte daher tunlichst vermieden werden.

2 Die bis zum 8.6.2005 von **Abs. 1 S. 2** festgesetzte Unterschriftenzahl (1/10 oder 100 Arbeitnehmer) war verfassungsrechtlich umstritten.[4] Dazu äußerte sich auch das BVerfG. Nach seiner Entscheidung vom 12.10.2004 verstieß das Unterschriftenquorum gegen den Gleichheitsgrundsatz des Art. 3 Abs. 1 GG und war verfassungswidrig. Dieses hohe Quorum war geeignet, Minderheitsbewerber von der Wahl auszuschließen, ohne dass sich dies durch einen sachlich Grund rechtfertigen liess. Da sich die Arbeitnehmer bei den Wahlvorschlägen regelmäßig an der Gewerkschaft orientieren, wurden durch dieses Quorum zudem kleinere und mittelgroße Gewerkschaften benachteiligt. Allerdings hat das BVerfG § 12 Abs. 1 S. 2 nicht für nichtig erklärt. Vielmehr gab es dem Gesetzgeber auf, bis 31.12.2005 eine Neuregelung zu schaffen; bis dahin konnte § 12 Abs. 1 S. 2 weiter angewandt werden.[5] Der Gesetzgeber ist dem durch Gesetz vom 8.6.2005 nachgekommen und hat das Unterschriftenquorum auf 1/20 oder 50 Arbeitnehmer gesenkt.[6] Dieses verminderte Quorum dürfte verfassungsrechtlich unproblematisch sein.[7]

3 Nach **Abs. 2** „soll" – nicht: muss – jeder Wahlvorschlag mindestens doppelt so viele Bewerber erhalten, als Delegierte zu wählen sind. Damit möchte der Gesetzgeber sicherstellen, dass genügend Ersatzdelegierte vorhanden sind.[8]

4 Streitigkeiten im Zusammenhang mit § 12 gehören gemäß § 2a Abs. 1 Nr. 3 ArbGG vor die Arbeitsgerichte.

---

8 Heute hM, vgl WWKK/*Wißmann*, § 11 Rn 25; UHH/*Henssler*, § 11 Rn 23; *Raiser/Veil*, § 11 Rn 12, jeweils mit Nachw. zur abweichenden Meinung.
9 *Raiser/Veil*, § 11 Rn 17.
1 *Raiser/Veil*, § 12 Rn 3.
2 WWKK/*Wißman*, § 12 Rn 6.
3 UHH/*Henssler*, § 12 Rn 7; WWKK/*Wißmann*, § 12 Rn 7; MüKo-AktG/*Gach*, § 12 MitbestG Rn 4; aM KölnKomm-AktG/*Mertens/Cahn*, Anh. § 117 B § 12 MitbestG Rn 2.
4 Verfassungsgemäß: BAG v. 13.5.1998 – 7 ABR 5/97, NZA 1999, 158; nicht verfassungsgemäß: *Löwisch*, in: FS Zöllner, 1998, S. 856; *Spindler*, AG 1993, 25; KölnKomm-AktG/*Mertens/Cahn*, Anh. § 117 B § 12 MitbestG Rn 4.
5 BVerfG v. 12.10.2004 – 1 BvR 2130/98, DB 2004, 2480; hierzu *Stück*, DB 2004, 2582 f; *Säcker*, RdA 2005, 113.
6 BGBl. I S. 1530.
7 UHH/*Henssler*, § 12 Rn 11; WWKK/*Wißmann*, § 12 Rn 7.
8 *Raiser/Veil*, § 12 Rn 6.

§ 13 Amtszeit der Delegierten

(1) ¹Die Delegierten werden für eine Zeit gewählt, die der Amtszeit der von ihnen zu wählenden Aufsichtsratsmitglieder entspricht. ²Sie nehmen die ihnen nach den Vorschriften dieses Gesetzes zustehenden Aufgaben und Befugnisse bis zur Einleitung der Neuwahl der Aufsichtsratsmitglieder der Arbeitnehmer wahr.

(2) In den Fällen des § 9 Abs. 1 endet die Amtszeit der Delegierten, wenn
1. die wahlberechtigten Arbeitnehmer nach § 9 Abs. 1 die unmittelbare Wahl beschließen;
2. das Unternehmen nicht mehr die Voraussetzungen für die Anwendung des § 9 Abs. 1 erfüllt, es sei denn, die wahlberechtigten Arbeitnehmer beschließen, daß die Amtszeit bis zu dem in Absatz 1 genannten Zeitpunkt fortdauern soll; § 9 Abs. 3 ist entsprechend anzuwenden.

(3) In den Fällen des § 9 Abs. 2 endet die Amtszeit der Delegierten, wenn die wahlberechtigten Arbeitnehmer die unmittelbare Wahl beschließen; § 9 Abs. 3 ist anzuwenden.

(4) Abweichend von Absatz 1 endet die Amtszeit der Delegierten eines Betriebs, wenn nach Eintreten aller Ersatzdelegierten des Wahlvorschlags, dem die zu ersetzenden Delegierten angehören, die Gesamtzahl der Delegierten des Betriebs unter die im Zeitpunkt ihrer Wahl vorgeschriebene Zahl der auf den Betrieb entfallenden Delegierten gesunken ist.

Die Amtszeit der Delegierten entspricht der Amtszeit der von ihnen zu wählenden Aufsichtsratsmitglieder (**Abs. 1**). Sie beträgt also 5 Jahre, sofern die Satzung keine kürzere Zeitdauer festlegt (§ 102 AktG). Beginn und Ende der Amtszeit werden jeweils durch die Einleitung der Aufsichtsratswahl (Einberufung der Delegiertenversammlung) markiert.[1] Durch die Angleichung der Amtszeiten wird gewährleistet, dass die Delegierten ihre Aufgaben bei etwaigen Nachwahlen oder Abberufungen erfüllen können. 1

Die **Abs. 2–4** befassen sich mit dem vorzeitigen Ende der Amtszeit **aller** Delegierten. Es lassen sich 4 Fälle unterscheiden: Bei einem Unternehmen mit mehr als 8.000 wahlberechtigten Arbeitnehmern wird während der Wahlperiode eine unmittelbare Wahl beschlossen; bei einem Unternehmen sinkt während der Wahlperiode die Anzahl der wahlberechtigten Arbeitnehmer auf unter 8.001 und es wird keine Fortdauer der Amtszeit gemäß § 13 Abs. 1 beschlossen; bei einem Unternehmen mit weniger als 8.001 wahlberechtigten Arbeitnehmern wird während der Wahlperiode die Rückkehr zur unmittelbaren Wahl beschlossen; wenn ein ausscheidender Delegierter aus der entsprechenden Wahlliste nicht mehr ersetzt werden kann. 2

Weitere, nicht in § 13 gesondert aufgeführte Beendigungsgründe der Amtszeit der Delegierten eines Betriebs können Betriebsauflösung, -stilllegung oder -veräußerung sein.[2] 3

Streitigkeiten im Zusammenhang mit § 13 gehören gemäß § 2a Abs. 1 Nr. 3 ArbGG vor die Arbeitsgerichte.[3] 4

§ 14 Vorzeitige Beendigung der Amtszeit oder Verhinderung von Delegierten

(1) Die Amtszeit eines Delegierten endet vor dem in § 13 bezeichneten Zeitpunkt
1. durch Niederlegung des Amtes,
2. durch Beendigung der Beschäftigung des Delegierten in dem Betrieb, dessen Delegierter er ist,
3. durch Verlust der Wählbarkeit.

(2) ¹Endet die Amtszeit eines Delegierten vorzeitig oder ist er verhindert, so tritt an seine Stelle ein Ersatzdelegierter. ²Die Ersatzdelegierten werden der Reihe nach aus den nicht gewählten Arbeitnehmern derjenigen Wahlvorschläge entnommen, denen die zu ersetzenden Delegierten angehören.

§ 14 Abs. 1 regelt das **vorzeitige Ausscheiden einzelner Delegierter**. Drei Fälle sind zu unterscheiden. Der Delegierte kann jederzeit sein Amt durch Erklärung gegenüber dem Wahlvorstand niederlegen und dadurch sein vorzeitiges Ausscheiden herbeiführen. Zu einem vorzeitigen Ausscheiden kommt es auch bei Beendigung des Arbeitsverhältnisses, gleich aus welchem Grund. Schließlich hat der Verlust der Wählbarkeit ein Ausscheiden des Betreffenden zur Folge. An die Stelle eines ausscheidenden Delegierten tritt gemäß **Abs. 2** ein Ersatzdelegierter. 1

---

1 ErfK/Oetker, § 18 MitbestG Rn 5; *Raiser/Veil*, § 13 Rn 4; WWKK/*Wißmann*, § 13 Rn 7; aM GK-MitbestG/*Matthes*, § 13 Rn 16 (maßgeblich sei die Wahl).

2 UHH/*Henssler*, § 13 Rn 53 ff; ErfK/*Oetker*, § 18 MitbestG Rn 5; *Raiser/Veil*, § 13 Rn 14.

3 WWKK/*Wißmann*, § 13 Rn 50; UHH/*Henssler*, § 13 Rn 60 f.

2 Das Gleiche gilt dann, wenn ein Delegierter verhindert ist, etwa bei Krankheit, Urlaub oder während eines laufenden Kündigungsschutzprozesses.[1] Im letzten Fall ist es nur dann ausnahmsweise anders, wenn die Kündigung entweder offensichtlich unbegründet ist oder der Gekündigte weiterbeschäftigt wird, etwa im Rahmen des betriebsverfassungsrechtlichen Weiterbeschäftigungsanspruchs nach § 102 Abs. 5 BetrVG oder im Rahmen eines Prozessbeschäftigungsverhältnisses.[2] Eine Verhinderung im Sinne des Abs. 2 liegt schon dann vor, wenn der Delegierte an einer Sitzung nicht teilnehmen kann.[3]

3 Streitigkeiten im Zusammenhang mit § 14 gehören gemäß § 2 a Abs. 1 Nr. 3 ArbGG vor die Arbeitsgerichte.

§ 15 Wahl der unternehmensangehörigen Aufsichtsratsmitglieder der Arbeitnehmer

(1) ¹Die Delegierten wählen die Aufsichtsratsmitglieder, die nach § 7 Abs. 2 Arbeitnehmer des Unternehmens sein müssen, geheim und nach den Grundsätzen der Verhältniswahl für die Zeit, die im Gesetz oder in der Satzung (im Gesellschaftsvertrag) für die durch das Wahlorgan der Anteilseigner zu wählenden Mitglieder des Aufsichtsrats bestimmt ist. ²Dem Aufsichtsrat muss ein leitender Angestellter angehören.

(2) ¹Die Wahl erfolgt auf Grund von Wahlvorschlägen. ²Jeder Wahlvorschlag für

1. Aufsichtsratsmitglieder der Arbeitnehmer nach § 3 Abs. 1 Nr. 1 muss von einem Fünftel oder 100 der wahlberechtigten Arbeitnehmer des Unternehmens unterzeichnet sein;
2. das Aufsichtsratsmitglied der leitenden Angestellten wird auf Grund von Abstimmungsvorschlägen durch Beschluß der wahlberechtigten leitenden Angestellten aufgestellt. Jeder Abstimmungsvorschlag muß von einem Zwanzigstel oder 50 der wahlberechtigten leitenden Angestellten unterzeichnet sein. Der Beschluß wird in geheimer Abstimmung gefaßt. Jeder leitende Angestellte hat so viele Stimmen, wie für den Wahlvorschlag nach Absatz 3 Satz 2 Bewerber zu benennen sind. In den Wahlvorschlag ist die nach Absatz 3 Satz 2 vorgeschriebene Anzahl von Bewerbern in der Reihenfolge der auf sie entfallenden Stimmenzahlen aufzunehmen.

(3) ¹Abweichend von Absatz 1 findet Mehrheitswahl statt, soweit nur ein Wahlvorschlag gemacht wird. ²In diesem Fall muss der Wahlvorschlag doppelt so viele Bewerber enthalten, wie Aufsichtsratsmitglieder auf die Arbeitnehmer nach § 3 Abs. 1 Nr. 1 und auf die leitenden Angestellten entfallen.

1 § 15 betrifft die Wahl der unternehmensangehörigen Arbeitnehmervertreter im Aufsichtsrat **durch die Delegierten**. Die Vorschrift gilt aber gemäß § 18 Abs. 1 **entsprechend für die unmittelbare Wahl**. Das Vereinfachungsgesetz hat auch § 15 modifiziert, und zwar hinsichtlich der Abstimmung über die Abstimmungsvorschläge der leitenden Angestellten.

2 **Abs. 1** legt fest, dass die Delegierten die unternehmensangehörigen Arbeitnehmervertreter **geheim** und nach den Grundsätzen der **Verhältniswahl** wählen. Wegen der Amtszeit ist auf die Ausführungen des § 102 AktG zu verweisen. Dem Aufsichtsrat muss ein leitender Angestellter angehören. Auch dieser wird durch alle Delegierte gewählt. Ob mit dem im Gesetz genannten einen leitenden Angestellten gemeint ist, dass es sich um mindestens einen oder dass es sich immer nur um einen handeln darf, ist umstritten.[1] In der Praxis hat dies aber keine Bedeutung, weil die leitenden Angestellten bei proportionaler Verteilung regelmäßig leer ausgehen.[2] Gibt es in dem Unternehmen keine leitenden Angestellte, fallen alle Sitze den Arbeitnehmern zu.[3]

3 Nach **Abs. 2** erfolgt die Wahl durch die Delegierten aufgrund von Wahlvorschlägen der Arbeitnehmer. Jeder **Wahlvorschlag für Aufsichtsratsmitglieder der Arbeitnehmer** muss von einem **Fünftel** oder **100** der wahlberechtigten Arbeitnehmer unterstützt werden (**Abs. 2 S. 1**). Dieses Quorum ist verfassungsrechtlich unbedenklich.[4] Der Vorgeschlagene muss die Wählbarkeitsvoraussetzungen erfüllen (vgl. § 7 Rn 4 ff). Es können auch Delegierte vorgeschlagen werden.[5]

---

1 Zu einzelnen Verhinderungsgründen vgl *Raiser/Veil*, § 14 Rn 6.
2 UHH/*Henssler*, § 14 Rn 15; AnwK-ArbR/*Heither/v. Morgen*, § 14 MitbestG Rn 3.
3 WWKK/*Wißmann*, § 14 Rn 30; AnwK-ArbR/*Heither/v. Morgen*, § 14 MitbestG Rn 5.

1 UHH/*Henssler*, § 15 Rn 26; AnwK-ArbR/*Heither/v. Morgen*, § 15 MitbestG Rn 2: Mindestsitz für einen leitenden Angestellten. *Fuchs/Köstler/Pütz*, Rn 258: Beschränkung auf einen leitenden Angestellten.
2 WWKK/*Wißmann*, § 15 Rn 14.
3 WWKK/*Wißmann*, § 15 Rn 12; *Fuchs/Köstler/Pütz*, Rn 259.
4 KölnKomm-AktG/*Mertens/Cahn*, Anh. § 117 B § 15 MitbestG Rn 4; *Stück*, DB 2004, 2582.
5 UHH/*Henssler*, § 15 Rn 47; HWK/*Seibt*, §§ 9-18 MitbestG Rn 32.

Das Verfahren zur Ermittlung des Wahlvorschlags der leitenden Angestellten gemäß **Abs. 2 S. 2** wurde zwar durch das Vereinfachungsgesetz v. 27.3.2002 gestrafft, nach wie vor ist es aber nicht unkompliziert. Zur Ermittlung des Wahlvorschlags ist ein gesondertes, nunmehr einstufiges Abstimmungsverfahren vorgeschaltet. Danach bedarf es zunächst eines **Abstimmungsvorschlags**, der von einem **Zwanzigstel** oder 50 der wahlberechtigten leitenden Angestellten unterstützt werden muss. Über die Abstimmungsvorschläge beschließen die leitenden Angestellten in einem Wahlgang durch geheime Abstimmung. Entscheidend ist die relative Mehrheit. In den Wahlvorschlag der leitenden Angestellten sind die Bewerber in der Reihenfolge der auf sie entfallenden Stimmenzahl aufzunehmen.[6] 4

Abs. 3 regelt das Verfahren bei Vorliegen nur **eines Wahlvorschlags**. In dem Fall ist im Wege der **Mehrheitswahl** abzustimmen. Der Wahlvorschlag muss **doppelt** so viele Bewerber enthalten, wie Aufsichtsratssitze auf Arbeitnehmer und Angestellte entfallen. 5

Streitigkeiten im Zusammenhang mit der Wahl gehören gemäß § 2 a Abs. 1 Nr. 3 ArbGG vor die Arbeitsgerichte. Geht es dagegen um die Amtszeit eines Aufsichtsratsmitglieds, sind die Zivilgerichte zuständig.[7] 6

§ 16 Wahl der Vertreter von Gewerkschaften in den Aufsichtsrat

(1) Die Delegierten wählen die Aufsichtsratsmitglieder, die nach § 7 Abs. 2 Vertreter von Gewerkschaften sind, in geheimer Wahl und nach den Grundsätzen der Verhältniswahl für die in § 15 Abs. 1 bestimmte Zeit.

(2) ¹Die Wahl erfolgt auf Grund von Wahlvorschlägen der Gewerkschaften, die in dem Unternehmen selbst oder in einem anderen Unternehmen vertreten sind, dessen Arbeitnehmer nach diesem Gesetz an der Wahl von Aufsichtsratsmitgliedern des Unternehmens teilnehmen. ²Wird nur ein Wahlvorschlag gemacht, so findet abweichend von Satz 1[1] Mehrheitswahl statt. ³In diesem Falle muß der Wahlvorschlag mindestens doppelt so viele Bewerber enthalten, wie Vertreter von Gewerkschaften in den Aufsichtsrat zu wählen sind.

§ 16 regelt das Wahlverfahren durch Delegierte für die gewerkschaftsangehörigen Arbeitnehmervertreter. Im Falle der unmittelbaren Wahl ist er gemäß § 18 Abs. 2 entsprechend anwendbar. 1

Die Gewerkschaftsvertreter werden in gemeinsamer Wahl von allen Delegierten geheim und nach den Grundsätzen der Verhältniswahl bestellt. Die Amtsdauer entspricht der der übrigen Aufsichtsratsmitglieder. 2

Der Wahl liegen Wahlvorschläge der im Unternehmen vertretenen Gewerkschaften zugrunde. Damit sind die im Unternehmen vertretenen Einzelgewerkschaften gemeint; die Spitzenorganisationen der Gewerkschaften sind nicht vorschlagsberechtigt.[2] Ob eine Gewerkschaft im Unternehmen vertreten ist, kann streitig sein. Letztlich entscheidet der Wahlvorstand, gegen dessen Entscheidung gerichtlich vorgegangen werden kann, ggf auch im Wege der einstweiligen Verfügung.[3] 3

Jede im Unternehmen vertretene Gewerkschaft kann nur einen Wahlvorschlag machen; die Aufstellung mehrerer konkurrierender Wahlvorschläge durch eine Gewerkschaft ist also nicht möglich.[4] Allerdings können sich mehrere Gewerkschaften auf einen Wahlvorschlag einigen.[5] Der Wahlvorschlag kann grundsätzlich eine beliebige Anzahl von Bewerbern beinhalten.[6] Wird aber insgesamt nur ein Wahlvorschlag gemacht, so muss dieser mindestens doppelt so viele Vertreter enthalten, wie zu besetzen sind, § 16 Abs. 2 S. 3. Abweichend von § 16 Abs. 1 findet dann eine Mehrheitswahl statt, § 16 Abs. 2 S. 2. 4

Die Gewerkschaften sind bei der Auswahl der Wahlvorschläge frei. Die betreffenden Personen müssen nicht Mitglied der Gewerkschaft sein, auch brauchen sie dem Unternehmen nicht anzugehören.[7] Die allgemeinen Wählbarkeitsvoraussetzungen müssen natürlich vorliegen. 5

Streitigkeiten im Zusammenhang mit § 16 gehören gemäß § 2 a Abs. 1 Nr. 3 ArbGG vor die Arbeitsgerichtsbarkeit. Ein Verstoß gegen § 16 kann ein Wahlanfechtungsgrund sein. Auch Rechtsschutz mittels einstweiliger Verfügung ist möglich.[8] Bei einer gerichtlichen Bestellung eines Gewerkschaftsvertreters gemäß § 104 Abs. 2 AktG (hierzu § 6 Rn 3) muss dem Antrag der Gewerkschaft in der Regel entsprochen werden; bei Anträgen konkurrierender Gewerkschaften ist das Gericht frei bei der Auswahl.[9] 6

---

6 Zu dem Verfahren vgl *Wolf*, DB 2002, 790, 791.
7 *Raiser/Veil*, § 15 Rn 33.
1 Richtig wohl: „Absatz 1".
2 WWKK/*Wißmann*, § 16 Rn 4; *Raiser/Veil*, § 16 Rn 3.
3 Vgl etwa LAG Baden-Württemberg v. 4.9.2008 – 21 TaBVGa 1/08 – BeckRS 2011, 65931.
4 UHH/*Henssler*, § 16 Rn 7; WWKK/*Wißmann*, § 16 Rn 4; MüKo-AktG/*Gach*, § 16 MitbestG Rn 6.
5 *Raiser/Veil*, § 16 Rn 4; MüKo-AktG/*Gach*, § 16 MitbestG Rn 6.

6 UHH/*Henssler*, § 16 Rn 9.
7 WWKK/*Wißmann*, § 16 Rn 8; MüKo-AktG/*Gach*, § 16 MitbestG Rn 8.
8 Vgl etwa LAG Baden-Württemberg v. 4.9.2008 – 21 TaBVGa 1/08 – BeckRS 2011, 65931; UHH/*Henssler*, § 16 Rn 13.
9 BayObLG v. 20.8.1997 – 3Z BR 193/97, NZA-RR 1998, 305; LG Wuppertal v. 22.8.1978 – 11 T 5/78, BB 1978, 1380; AnwK-ArbR/*Heither/v. Morgen*, § 16 MitbestG Rn 5.

§ 17 Ersatzmitglieder

(1) ¹In jedem Wahlvorschlag kann zusammen mit jedem Bewerber für diesen ein Ersatzmitglied des Aufsichtsrats vorgeschlagen werden. ²Für einen Bewerber, der Arbeiternehmer nach § 3 Abs. 1 Nr. 1 ist, kann nur ein Arbeitnehmer nach § 3 Abs. 1 Nr. 1 und für einen leitenden Angestellten nach § 3 Abs. 1 Nr. 2 nur ein leitender Angestellter als Ersatzmitglied vorgeschlagen werden. ³Ein Bewerber kann nicht zugleich als Ersatzmitglied vorgeschlagen werden.

(2) Wird ein Bewerber als Aufsichtsratsmitglied gewählt, so ist auch das zusammen mit ihm vorgeschlagene Ersatzmitglied gewählt.

1 § 17 regelt die Wahl von Ersatzmitgliedern. Durch eine solche Wahl wird verhindert, dass bei vorzeitigem Ausscheiden eines Aufsichtsratsmitglieds eine Nachwahl oder eine gerichtliche Bestellung gemäß § 102 Abs. 2 und 4 AktG erfolgen muss.

2 Ersatzmitglieder können in den Wahlvorschlägen benannt werden, sie müssen es aber nicht. Wird ein Ersatzmitglied benannt, so ist die Zugehörigkeit zu den Gruppen der Arbeitnehmer und der leitenden Angestellten zu beachten. Als Ersatzmitglied kann nur jemand benannt werden, der zum Zeitpunkt des Amtsantritts des Hauptmitglieds die Wählbarkeitsvoraussetzungen erfüllt.[1] Mit der Wahl des Hauptmitglieds ist zugleich auch das Ersatzmitglied gewählt.

3 Für jedes Aufsichtsratsmitglied kann nur ein Ersatzmitglied benannt werden. Allerdings kann nach überwiegender Auffassung eine Person für mehrere Wahlvorschläge als Ersatzmitglied benannt werden.[2] Dabei darf es sich nicht um konkurrierende Listen handeln. Zudem ist eine Mehrfachbenennung unzulässig, wenn nur ein Wahlvorschlag vorliegt.[3] Ein Bewerber für den Aufsichtsrat kann nicht gleichzeitig als Ersatzmitglied benannt werden, dies sieht Abs. 1 S. 3 ausdrücklich vor. Damit soll verhindert werden, dass eine nicht gewählte Person als Nachrücker in den Aufsichtsrat kommt.[4]

4 Über die **rechtliche Stellung** des Ersatzmitglieds enthält das MitbestG keine Regelung. Es gilt somit die allgemeine Regelung des § 101 Abs. 3 AktG.

5 Streitigkeiten im Zusammenhang mit der Wahl gehören gemäß § 2 a Abs. 1 Nr. 3 ArbGG vor die Arbeitsgerichte. Geht es dagegen um die Amtszeit oder die Rechtsstellung eines Ersatzmitglieds, sind die Zivilgerichte zuständig.[5]

Vierter Unterabschnitt
Unmittelbare Wahl der Aufsichtsratsmitglieder der Arbeitnehmer

§ 18 [Unmittelbare Wahl]

¹Sind nach § 9 die Aufsichtsratsmitglieder der Arbeitnehmer in unmittelbarer Wahl zu wählen, so sind die Arbeitnehmer des Unternehmens, die das 18. Lebensjahr vollendet haben, wahlberechtigt. ²§ 7 Satz 2 des Betriebsverfassungsgesetzes gilt entsprechend. ³Für die Wahl sind die §§ 15 bis 17 mit der Maßgabe anzuwenden, daß an die Stelle der Delegierten die wahlberechtigten Arbeitnehmer des Unternehmens treten.

1 § 18 befasst sich mit der unmittelbaren Wahl der Arbeitnehmervertreter im Aufsichtsrat. Wahlberechtigt sind Arbeitnehmer des Unternehmens, die das 18. Lebensjahr vollendet haben. Aufgrund des Verweises auf § 7 Abs. 2 BetrVG sind überlassene Arbeitnehmer wahlberechtigt, wenn sie länger als 3 Monate im Unternehmen beschäftigt sind oder sein sollen. Im Übrigen gelten §§ 15–17 entsprechend. Streitigkeiten im Zusammenhang mit der unmittelbaren Wahl gemäß § 18 gehören vor die Arbeitsgerichte (§ 2 a Abs. 1 Nr. 3 ArbGG).

---

1 Raiser/Veil, § 17 Rn 2; UHH/Henssler, § 17 Rn 17; WWKK/Wißmann, § 17 Rn 13; aM Hoffmann/Lehmann/Weimann, § 17 Rn 14.
2 ErfK/Oetker, §§ 10-18 MitbestG Rn 9; AnwK-ArbR/Heither/v. Morgen, § 17 Rn 4.
3 Raiser/Veil, § 17 Rn 3; WWKK/Wißmann, § 17 Rn 9 f; aA Hoffmann/Lehmann/Weinmann, § 17 Rn 8.
4 UHH/Henssler, § 17 Rn 10.
5 MüKo-AktG/Gach, § 17 Rn 10; WWKK/Wißmann, § 17 Rn 22.

Fünfter Unterabschnitt
Weitere Vorschriften über das Wahlverfahren sowie über die Bestellung und Abberufung von Aufsichtsratsmitgliedern

§ 19 Bekanntmachung der Mitglieder des Aufsichtsrats

¹Das zur gesetzlichen Vertretung des Unternehmens befugte Organ hat die Namen der Mitglieder und der Ersatzmitglieder des Aufsichtsrats unverzüglich nach ihrer Bestellung in den Betrieben des Unternehmens bekanntzumachen und im Bundesanzeiger zu veröffentlichen. ²Nehmen an der Wahl der Aufsichtsratsmitglieder des Unternehmens auch die Arbeitnehmer eines anderen Unternehmens teil, so ist daneben das zur gesetzlichen Vertretung des anderen Unternehmens befugte Organ zur Bekanntmachung in seinen Betrieben verpflichtet.

§ 19 betrifft die Bekanntmachung der bestellten Aufsichtsratsmitglieder und Ersatzmitglieder. Diese muss in den Betrieben seit dem Vereinfachungsgesetz v. 27.3.2002 nicht mehr durch Aushang erfolgen, möglich ist auch eine Bekanntmachung auf andere Art, insbesondere durch neue Kommunikationsmittel wie E-Mail.[1] Eine Veröffentlichung im elektronischen Bundesanzeiger ist nach wie vor erforderlich. Bekanntzumachen ist nur der Namen des jeweiligen Aufsichtsrats- und Ersatzmitgliedes.[2] Weitere Angaben sind nicht vonnöten. Die Bekanntmachung hat unverzüglich zu erfolgen, maßgeblich dafür ist § 121 BGB. Verantwortlich für die Bekanntmachung ist das gesetzliche Vertretungsorgan. Die Bekanntmachungspflicht betrifft jede Bestellung, auch eine gerichtliche Bestellung oder eine Nachwahl.[3]

Neben § 19 gilt auch § 6 Abs. 2, § 106 AktG.[4] Die Bestellung ist also beim Handelsregister einzureichen, hier müssen Name, Vorname, ausgeübter Beruf und Wohnort des Betreffenden angegeben werden. Bei Ausscheiden eines Aufsichtsratsmitglieds ist nicht § 19, sondern § 106 AktG anwendbar.[5] Das Handelsregister muss also von dem Ausscheiden unterrichtet werden. Streitigkeiten über § 19 beziehen sich nicht auf das Wahlverfahren, sie sind deshalb vor den Zivilgerichten zu klären.[6]

§ 20 Wahlschutz und Wahlkosten

(1) ¹Niemand darf die Wahlen nach den §§ 10, 15, 16 und 18 behindern. ²Insbesondere darf niemand in der Ausübung des aktiven und passiven Wahlrechts beschränkt werden.

(2) Niemand darf die Wahlen durch Zufügung oder Androhung von Nachteilen oder durch Gewährung oder Versprechen von Vorteilen beeinflussen.

(3) ¹Die Kosten der Wahlen trägt das Unternehmen. ²Versäumnis von Arbeitszeit, die zur Ausübung des Wahlrechts oder der Betätigung im Wahlvorstand erforderlich ist, berechtigt den Arbeitgeber nicht zur Minderung des Arbeitsentgelts.

Die **Abs. 1 und 2** sollen die Aufsichtsratswahlen vor Einflussnahme Dritter schützen. Der Schutz bezieht sich dabei nach überwiegender Auffassung nicht nur auf die genannten Wahlen, sondern auf den gesamten Vorgang der Wahlen, also auch deren Vorbereitung, und sinngemäß auch Abberufung und Wahlanfechtung.[1] Untersagt ist, die Wahlen zu behindern, das Wahlrecht zu beschränken und die Wahl durch Inaussichtstellung von Vor- oder Nachteilen zu beeinflussen. Diese Verbote richten sich an **jedermann innerhalb wie außerhalb des Unternehmens** („niemand").[2] Normadressaten sind also ua: Unternehmensorgane, Arbeitnehmer des Unternehmens, Gewerkschaften, Betriebsräte etc.

Wahlbehinderung liegt immer dann vor, wenn der Ablauf der Wahlen gestört wird. Sie kann durch Tun oder Unterlassen erfolgen. Eine Wahlbehinderung liegt etwa vor, wenn die erforderlichen Räume nicht bereitgestellt oder Unterlagen, die der Wahlvorstand benötigt, zurückgehalten werden. Auch die Nichtfreistellung von Mitgliedern des Wahlvorstands kann eine Wahlbehinderung sein.[3] Ein Unterfall der Wahlbehin-

---

1 So die Begründung des Gesetzesentwurfs der Bundesregierung v. 12.12.2001, BR-Drucks. 1069/01, 17 zum Vereinfachungsgesetz v. 27.3.2002; HWK/*Seibt*, MitbestG § 19 Rn 1.
2 *Raiser/Veil*, § 19 Rn 1; ErfK/*Oetker*, § 19 MitbestG Rn 2.
3 HWK/*Seibt*, § 19 MitbestG Rn 2; AnwK-ArbR/*Heither/v. Morgen*, § 19 Rn 4.
4 WWKK/*Wißmann*, § 19 Rn 1; UHH/*Henssler*, § 19 Rn 1.
5 *Raiser/Veil*, § 19 Rn 3; HWK/*Seibt*, MitbestG § 19 Rn 2; WWKK/*Wißmann*, § 19 Rn 5.
6 MüKo-AktG/*Gach*, § 19 MitbestG Rn 10; WWKK/*Wißmann*, § 19 Rn 12.
1 *Raiser/Veil*, § 20 Rn 2; MüHb-ArbR/*Wißmann*, § 280 Rn 32; aM *Meilicke/Meilicke*, § 20 Rn 2.
2 AllgM, vgl nur *Fuchs/Köstler/Pütz*, Rn 587; *Meilicke/Meilicke*, § 20 Rn 1.
3 Weitere Beispiele bei *Raiser/Veil*, § 20 Rn 3.

derung ist die **Beschränkung des Wahlrechts**. Eine solche unzulässige Beschränkung stellt etwa die Anordnung einer Dienstreise oder die Versetzung dar, wenn dies geschieht, um eine Teilnahme an der Wahl des Betreffenden zu verhindern.[4] Auch eine **Kündigung zur Verhinderung der Wahlteilnahme** fällt unter § 20 Abs. 1 und ist nichtig. Eine Kündigung aus Gründen, die mit der Aufsichtsratswahl in keinem Zusammenhang stehen, ist aber zulässig.[5] § 20 vermittelt also anders als § 15 KSchG nur einen relativen Kündigungsschutz. Als eine Beschränkung des Wahlrechts ist es zu betrachten, wenn ein Wahlbewerber durch Drohungen davon abgehalten wird, an der Wahl teilzunehmen.[6] Auch der Betriebsrat kann eine Aufsichtsratswahl behindern. Das ist etwa der Fall, wenn er es unterlässt, entgegen einer gesetzlichen Verpflichtung einen Wahlvorstand zu bestellen.[7] Eine gerichtliche Ersatzbestellung des Wahlvorstandes analog § 16 Abs. 2 BetrVG ist allerdings nicht möglich.[8]

3   Eine **Wahlbeeinflussung** gemäß Abs. 2 ist jede Maßnahme, die unter Verwendung bestimmter Mittel – Zufügung oder Androhung von Nachteilen, Versprechen oder Gewährung von Vorteilen – die Stimmabgabe beeinflussen kann. Nicht erfasst wird die **Wahlwerbung durch Arbeitnehmer**, und zwar auch dann nicht, wenn unwahre oder diffamierende Behauptungen aufgestellt werden.[9] Dies stellt grundsätzlich auch keine Wahlbehinderung gemäß Abs. 1 dar. Bei unwahren oder diffamierenden Äußerungen kann der Betroffene, das kann auch das Unternehmen selbst sein, Unterlassens- und Schadensersatzansprüche gemäß §§ 823, 1004 BGB haben, die er, sofern es um Unterlassung geht, ggf auch im Wege der einstweiligen Verfügung geltend machen kann.[10] Bei solchen Auseinandersetzungen ist aber auch stets die in Art. 5 GG gewährleistete Meinungsäußerungsfreiheit in Anschlag zu bringen. Der Betriebsrat als Organ darf keine Wahlwerbung betreiben, wohl aber das einzelne Betriebsratsmitglied in seiner Stellung als Arbeitnehmer.[11]

4   Das **Unternehmen** hat nach überwiegender Auffassung Wahlwerbung zu unterlassen, es muss sich danach **neutral** verhalten. Auch Weisungen oder Empfehlungen sind nach überwiegender Auffassung zu unterlassen, anderenfalls sei eine unzulässige Wahlbeeinflussung zu bejahen.[12] Diese strikte Auffassung kann jedoch nicht überzeugen. Denn Abs. 2 untersagt nun einmal nicht jede Wahlbeeinflussung, sondern nur solche unter Verwendung bestimmter Mittel. Auch sonst finden sich im MitbestG keine Anhaltspunkte für ein solch striktes Neutralitätsgebot des Unternehmens bei den Aufsichtsratswahlen. Auch der allgemeine Umstand, dass der (spätere) Aufsichtsrat den Vorstand/die Geschäftsführung kontrolliert, begründet kein über Abs. 2 hinausgehendes Neutralitätsgebot.[13] Die Entscheidung trifft der Wähler, dessen Beeinflussbarkeit nicht pauschal unterstellt werden kann. Auf der anderen Seite können sich auch ein Unternehmen und seine Organe auf die Meinungsäußerungsfreiheit stützen. Warum soll dieses Grundrecht bei Äußerungen zur Wahl suspendiert sein? Insofern muss die hM dringend überdacht werden.[14] Auch im Hinblick auf die vergleichbare Problematik bei Betriebsratswahlen mehren sich die Stimmen, die das strikte Neutralitätsgebot in Frage stellen.[15] Unabhängig davon: Jedenfalls darf das Unternehmen unwahre oder polemische Äußerungen über das Unternehmen zurückweisen, und zwar durchaus scharf und deutlich.

5   Die strengen Anforderungen der hM zum Neutralitätsgebot des Arbeitgebers stehen im Übrigen in einem gewissen Gegensatz zu der Toleranz gegenüber gewerkschaftlichen Wahlbeeinflussungen. Danach dürfen die Gewerkschaften die Kandidatur eines Mitglieds auf einer konkurrierenden Liste mit Ausschluss ahnden.[16]

---

4   *Meilicke/Meilicke*, § 20 Rn 5.
5   KölnKomm-AktG/*Mertens/Cahn*, Anh. § 117 B § 20 MitbestG Rn 3.
6   *Meilicke/Meilicke*, § 20 Rn 5; UHH/*Henssler*, § 20 Rn 12.
7   LAG Hessen v. 21.8.2008 – 9 TaBV 37/08, NZA-RR 2009, 305; LAG Hessen v. 29.7.2010 – 9 TaBV 4/10 – BeckRS 2011, 66077; UHH/*Henssler*, § 20 Rn 15.
8   LAG Hessen v. 21.8.2008 – 9 TaBV 37/08, NZA-RR 2009, 305; WWKK/*Wissmann*, Vor § 9 Rn 52.
9   Wie hier: WWKK/*Wißmann*, § 20 Rn 22; *Raiser/Veil*, § 20 Rn 5; *Fuchs/Köstler/Pütz*, Rn 587; aM etwa UHH/*Henssler*, § 20 Rn 6; MüKo-AktG/*Gach*, § 20 MitbestG Rn 12; KölnKomm-AktG/*Mertens*, Anh. § 117 B § 20 MitbestG Rn 4.
10 WWKK/*Wißmann*, § 20 Rn 54; *Raiser/Veil*, § 20 Rn 5; *Fuchs/Köstler/Pütz*, Rn 587.
11 MüKo-AktG/*Gach*, § 20 MitbestG Rn 11; Großkomm-AktienR/*Oetker*, MitbestG § 20 Rn 7, 14.
12 ArbG Essen v. 7.9.2010 – 2 BV 123/09 – BeckRS 2011, 69347; MüKo-AktG/*Gach*, § 20 MitbestG Rn 13; UHH/*Henssler*, § 20 Rn 21; MüHb-ArbR/*Wißmann*, § 378 Rn 52; weniger restriktiv dagegen KölnKomm-AktG/*Mertens/Cahn*, Anh. § 117 B § 20 MitbestG Rn 4; *Raiser/Veil*, § 20 Rn 6, nach denen jedenfalls der Aufsichtsrat zugunsten oder zuungunsten einzelner Kandidaten Stellung nehmen könne.
13 So aber ArbG Essen v. 7.9.2010 – 2 BV 123/09, BeckRS 2011, 69345.
14 Vgl zur ähnlichen Problematik, wann eine scharfe Kritik am Betriebsrat außerhalb der Wahl durch Art. 5 Abs. 1 GG gerechtfertigt ist und dann keine Betriebsratsbehinderung sein kann, Hessisches LAG v. 2.9.2013 – 16 TaBV 36/13, BeckRS 2013, 74896.
15 *Rieble*, ZfA 2003, 283; vgl auch vgl auch GK-BetrVG/*Kreutz*, § 20 Rn 30; *Nicolai*, in: Hess/Schlochauer u.a., BetrVG, 7. Aufl. 2008, § 20 Rn 22; Richardi/*Thüsing*, BetrVG, 13. Aufl. 2012, § 20 Rn 18 f, alle mwN zum Meinungsstand.
16 WWWK/*Wißmann*, § 20 Rn 40; *Fuchs/Köstler/Pütz*, Rn 596; aM UHH/*Henssler*, § 20 Rn 32; Raiser/Veil, § 20 Rn 10. Der BGH war insofern kritisch und hat einen Ausschluss nur dann zugelassen, wenn sich der Betreffende über die Kandidatur hinaus gegen die Gewerkschaft gestellt hat, vgl BGH v. 19.10.1987 – II ZR 43/87 – NJW 1988, 552 (Betriebsratswahlen). Das BVerfG hat diese Position aber kritisiert, weil es die in Art. 9 GG Abs. 3 verankerte Verbandsautonomie der Gewerkschaften nicht ausreichend berücksichtige, BVerfG v. 24.2.1999 – 1 BvR 123/93 – NZA 1999, 713.

Begründet wird dies mit Art. 9 Abs. 3 GG, in dessen Lichte § 20 Abs. 1 und 2 einschränkend auszulegen seien.

Anders als im BetrVG (vgl § 119 BetrVG) sind Wahlbehinderungen oder -beeinflussungen nicht strafbar.[17] Sie führen aber zur **Anfechtbarkeit** gemäß § 21 und in besonders gravierenden Fällen zur **Nichtigkeit** der Wahl.[18] Zudem kann der Betroffene bzw der Wahlvorstand **Unterlassungsklage** vor den Arbeitsgerichten erheben, ggf auch im Wege der **einstweiligen Verfügung**.[19] Liegt die Wahlbehinderung darin, dass der (Gesamt-)Betriebsrat keinen Wahlvorstand bestellt, so sind auch entsprechende Leistungsansprüche gerichtlich durchsetzbar.[20]

Gemäß **Abs. 3** trägt das Unternehmen die **Kosten der Wahl**. Dazu gehören auch die Kosten für die Wahlvorbereitung, die bei einer Abberufung entstehenden Kosten sowie die Kosten für die gerichtliche Klärung von Fragen zur Wahl, sofern die Klage nicht willkürlich erhoben wurde und zumindest gewisse Erfolgsaussichten bestehen.[21] Umstritten ist allerdings, ob zu den „Wahlkosten", die das Unternehmen zu erstatten hat, auch die Anwaltskosten für ein **Wahlanfechtungsverfahren durch Arbeitnehmer oder Gewerkschaften** gehören.[22] Kommt es aufgrund des Wahlkampfs zu anderweitigen Rechtsstreitigkeiten, so hat das Unternehmen aber die anfallenden Kosten nicht zu tragen.[23] Die Kosten für **erforderliche Schulungen**, in denen Mitgliedern des Wahlvorstands das Wahlverfahren vermittelt wird, sind zu ersetzen.[24] Die Kostentragungspflicht erstreckt sich nicht auf Maßnahmen zur Erstellung von Wahlvorschlägen oder zur Wahlwerbung.

Sofern die Wahl zur **Versäumung von Arbeitszeit** führt, hat das Unternehmen gemäß **Abs. 3 S. 2** auch dafür aufzukommen. Voraussetzung dafür ist allerdings, dass der Betreffende die Versäumung der Arbeitszeit für erforderlich halten durfte.[25] Die Mitglieder des Wahlvorstands sind uU eine gewisse Zeit vollkommen von ihrer Arbeitsverpflichtung freizustellen.[26] Die Mitglieder des Wahlvorstands haben ihre Aufgaben grundsätzlich während der Arbeitszeit zu erfüllen.[27] Ist das ausnahmsweise nicht möglich, so können sie bei Vorliegen des analog anzuwendenden § 37 Abs. 3 BetrVG Freizeitausgleich oder Überstundenvergütung fordern.[28] Ein Anspruch auf bezahlte Freistellung zum Wahlkampf besteht nicht.[29]

Streitigkeiten über die Wahlkosten gehören gemäß § 2a Abs. 1 Nr. 3 vor die Arbeitsgerichtsbarkeit. Gleiches gilt für Streitigkeiten über Lohnkürzungen etc., welche im arbeitsgerichtlichen Urteilsverfahren entschieden werden.[30]

§ 21 Anfechtung der Wahl von Delegierten

(1) Die Wahl der Delegierten eines Betriebs kann beim Arbeitsgericht angefochten werden, wenn gegen wesentliche Vorschriften über das Wahlrecht, die Wählbarkeit oder das Wahlverfahren verstoßen worden und eine Berichtigung nicht erfolgt ist, es sei denn, daß durch den Verstoß das Wahlergebnis nicht geändert oder beeinflußt werden konnte.

(2) ¹Zur Anfechtung berechtigt sind
1. mindestens drei wahlberechtigte Arbeitnehmer des Betriebs,
2. der Betriebsrat,
3. der Sprecherausschuss,
4. das zur gesetzlichen Vertretung des Unternehmens befugte Organ.

²Die Anfechtung ist nur binnen einer Frist von zwei Wochen, vom Tage der Bekanntgabe des Wahlergebnisses an gerechnet, zulässig.

---

17 *Fuchs/Köstler/Pütz*, Rn 600.
18 WWKK/*Wißmann*, § 20 Rn 51; KölnKomm-AktG/*Mertens/Cahn*, Anh. § 117 B § 20 MitbestG Rn 5.
19 *Fuchs/Köstler/Pütz*, Rn 599; MüHb-ArbeitsR/*Wißmann*, § 280 Rn 32.
20 LAG Hessen v. 21.8.2008 – 9 TaBV 37/08, NZA-RR 2009, 305; LAG Hessen v. 29.7.2010 – 9 TaBV 4/10 – BeckRS 2011, 66077.
21 Vgl BAG v. 25.5.2005 – 7 ABR 42/04, DB 2005, 2144; KölnKomm-AktG/*Mertens/Cahn*, Anh. § 117 B § 20 MitbestG Rn 6; MüHb-ArbR/*Wißmann*, § 280 Rn 35.
22 Dafür: UHH/*Henssler*, § 20 Rn 39; WWKK/*Wißmann*, § 20 Rn 61; dagegen: GK-MitbestG/*Matthes*, § 20 Rn 37.
23 UHH/*Henssler*, § 20 Rn 42; aM WWKK/*Wißmann*, § 20 Rn 62.
24 *Fuchs/Köstler/Pütz*, Rn 610; MüKo-AktG/*Gach*, § 20 MitbestG Rn 17; *Raiser/Veil*, § 20 Rn 12.
25 *Fuchs/Köstler/Pütz*, Rn 608; MüKo-AktG/*Gach*, § 20 MitbestG Rn 19; MüHb-ArbR/*Wißmann*, § 280 Rn 36.
26 KölnKomm-AktG/*Mertens/Cahn*, Anh. § 117 B § 20 MitbestG Rn 7; WWKK/*Wißmann*, § 20 Rn 66.
27 UHH/*Henssler*, § 20 Rn 41; WWKK/*Wißmann*, § 20 Rn 66.
28 UHH/*Henssler*, § 20 Rn 41; WWKK/*Wißmann*, § 20 Rn 68.
29 WWKK/*Wißmann*, § 20 Rn 67; *Fuchs/Köstler/Pütz*, Rn 612a; aA *Raiser/Veil*, § 20 Rn 17.
30 *Raiser/Veil*, § 20 Rn 19; *Fuchs/Köstler/Pütz*, Rn 614f.

Literatur:

Matthes, Das Verhältnis der Anfechtung der Wahl der Wahlmänner zur Anfechtung der Wahl der Aufsichtsratsmitglieder, DB 1978, 635; *Paland*, Berichtigung von Fehlern während laufender Wahlen nach dem Mitbestimmungsgesetz 1976, DB 1988, 1494; *Thau*, Mängel der Aufsichtsratswahlen nach dem Mitbestimmungsgesetz, 1983; *Veit/Wichert*, Betriebsratswahlen: Einstweilige Verfügung gegen rechtswidrige Maßnahmen des Wahlvorstands, DB 2006, 390; *Wolf*, Wahl der Arbeitnehmervertreter in den Aufsichtsrat, DB 2002, 790.

1 In § 21 geht es um die gesonderte Anfechtung der **Wahl von Delegierten**. Der Sinn und Zweck dieser Vorschrift besteht darin, zu verhindern, dass eine fehlerhafte Delegiertenwahl zu der Anfechtung und ggf Wiederholung der Wahl der Aufsichtsratsmitglieder der Arbeitnehmer führt.[1] In der Praxis hat diese Rechtsschutzmöglichkeit allerdings kaum Bedeutung erlangt.[2] Eine gerichtliche Entscheidung über die Delegiertenwahl kommt regelmäßig zu spät und kann die Wahl der Aufsichtsratsmitglieder nicht mehr verhindern. Zum Verhältnis der beiden Anfechtungsvorschriften § 21 und § 22 vgl § 22 Rn 2 f.

2 **Anfechtungsgrund** ist die Verletzung **wesentlicher Vorschriften über Wahlrecht, Wählbarkeit oder Wahlverfahren**. Dazu gehören alle **zwingenden Vorschriften** des MitbestG und der Wahlordnungen.[3] Aus der Nichteinhaltung **wesentlicher Sollvorschriften** kann sich allenfalls in Ausnahmefällen ein Anfechtungsgrund herleiten lassen.[4] Als Anfechtungsgrund kommt beispielsweise in Betracht: Falsche Abgrenzung von Betrieben; Verstöße gegen die geheime und gleiche Wahl; unzulässige Wahlbeeinflussung; Mängel der Wählerliste, sofern das außergerichtliche Einspruchsverfahren nach den Wahlordnungen durchgeführt wurde, aber ohne Erfolg blieb.[5] Wurde der Anfechtungsgrund durch den Wahlvorstand rechtzeitig berichtigt, so dass er keine Auswirkungen auf die Wahl hatte, ist er nicht mehr zu berücksichtigen.[6] Eine Klage ist dann mangels Rechtsschutzbedürfnisses unzulässig. Gleiches gilt, wenn der Verstoß das Wahlergebnis nicht ändern oder beeinflussen konnte. Die bloße **Möglichkeit der Beeinflussung** reicht allerdings aus. Bei dem Verstoß gegen wesentliche Wahlvorschriften besteht eine **widerlegliche Vermutung**, dass das Wahlergebnis beeinflusst ist.[7]

3 Bei der Delegiertenwahl bezieht sich die Anfechtung dem Wortlaut des § 21 Abs. 1 nach auf **sämtliche Delegierte**. Je nach Verstoß ist es aber auch möglich, die Wahl eines **einzelnen** oder einer **Gruppe von Delegierten** anzufechten.[8]

4 **Anfechtungsberechtigt** sind nur die in § 21 Abs. 2 genannten Personen und Organe, also mindestens drei wahlberechtigte Arbeitnehmer des Betriebs, der Betriebsrat, der Sprecherausschuss und das Organ des Unternehmens, das zur gesetzlichen Vertretung befugt ist. Der Sprecherausschuss wurde durch das Wahlvereinfachungsgesetz hinzugefügt.[9] Die Nennung der Anfechtungsberechtigung des § 21 ist abschließend, eine Erweiterung mittels Analogie kommt also nicht in Betracht. **Anfechtungsgegner** sind der oder die **Delegierten**, deren Wahl angefochten wird. Die Anfechtungsfrist beträgt **zwei Wochen**. Der Fristbeginn wird markiert durch die **Bekanntgabe der Wahl. Für die Berechnung der Frist sind §§ 187 Abs. 1, 188 Abs. 2 BGB maßgeblich**. Es handelt sich um eine Ausschlussfrist, nach deren Ablauf die Wahl nicht mehr angefochten werden kann.

5 Aufgrund einer erfolgreichen **Anfechtungsklage gemäß § 21** steht fest, dass die Wahl des oder der betreffenden Delegierten unwirksam ist. Diese gerichtliche Feststellung wirkt allerdings nur ex nunc.[10] Bis zur rechtskräftigen Anfechtung erfüllen die Delegierten noch ihre Aufgaben, wählen also auch noch die Aufsichtsratsmitglieder. Ist rechtskräftig entschieden, dass die Delegiertenwahl unwirksam war, führt das in der Regel nicht zur Nichtigkeit der Wahl der Aufsichtsratsmitglieder (vgl aber Rn 6). Diese Wahl ist aber ihrerseits **anfechtbar**, wobei allerdings die Fristen des § 22 Abs. 2 eingehalten werden müssen.[11] Eine Verbindung der Klagen nach § 21 und § 22 ist möglich.[12] In Ausnahmefällen kann neben der Anfechtung der Delegiertenwahl eine **einstweilige Verfügung** beantragt werden, um dadurch auch die (fehlerhafte) Aufsichtsratswahlen von vornherein zu verhindern (vgl auch § 22 Rn 9 ff).[13]

---

1 MüKo-AktG/*Gach*, § 21 MitbestG Rn 1; Großkomm-AktienR/*Oetker*, MitbestG § 21 Rn 1.
2 MüHb-ArbR/*Wißmann*, § 280 Rn 38; WWKK/*Wißmann*, § 21 Rn 2.
3 UHH/*Henssler*, § 21 Rn 17; vgl auch BAG v. 11.6.1997 – 7 ABR 24/96 – NZA 1998, 162 zu § 22..
4 Vgl UHH/*Henssler*, § 21 Rn 17; KölnKomm-AktG/*Mertens/Cahn*, Anh. § 117 B § 21 MitbestG Rn 2; zu den Einzelheiten vgl *Fuchs/Köstler/Pütz*, Rn 650, 637 f; *Thau*, S. 175 f, 181 ff.
5 UHH/*Henssler*, § 21 Rn 21 ff; MüKo-AktG/*Gach*, § 21 MitbestG Rn 10; KölnKomm-AktG/*Mertens/Cahn*, Anh. § 117 B § 21 MitbestG Rn 2; aA *Haake*, DB 1983, 841.
6 UHH/*Henssler*, § 21 Rn 25; *Raiser/Veil*, § 22 Rn 12; *Paland*, DB 1988, 1494.
7 *Fuchs/Köstler/Pütz*, Rn 638; UHH/*Henssler*, § 21 Rn 28.
8 UHH/*Henssler*, § 21 Rn 2; *Raiser/Veil*, § 21 Rn 6 f; aM *Meilicke/Meilicke*, § 21 Rn 2.
9 Dazu *Wolf*, DB 2002, 790, 792.
10 UHH/*Henssler*, § 21 Rn 33; *Raiser/Veil*, § 21 Rn 11; anders *Meilicke/Meilicke*, §§ 21, 22 Rn 21, nach denen bei Anfechtung der Wahl von Delegierten bis zum rechtskräftigen Abschluss des Anfechtungsverfahrens keine Wahl der Aufsichtsratsmitglieder stattfinden darf.
11 Großkomm-AktienR/*Oetker*, MitbestG § 21 Rn 14; UHH/*Henssler*, § 21 Rn 33; *Hoffmann/Lehmann/Weinmann*, § 21 Rn 39.
12 KölnKomm-AktG/*Mertens/Cahn*, Anh. § 117 B § 21 MitbestG Rn 6.
13 KölnKomm-AktG/*Mertens/Cahn*, Anh. § 117 B § 21 MitbestG Rn 6; *Raiser/Veil*, § 21 Rn 12; UHH/*Henssler*, § 21 Rn 35; WWKK/*Koberski*, § 22 Rn 79.

Bei **besonders krassen Verstößen** ist die Delegiertenwahl aber nicht nur anfechtbar, sondern **nichtig**.[14] Das ergibt sich zwar nicht aus § 21, aber aus allgemeinen Grundsätzen. Ein krasser, zur Nichtigkeit der Wahl führender Verstoß liegt etwa vor, wenn die Wählbarkeitsvoraussetzungen der § 10 Abs. 3 nicht vorliegen.[15] Die Nichtigkeit kann von jedem, der ein Rechtsschutzbedürfnis hat, in jedem Verfahren ohne zeitliche Begrenzung geltend gemacht werden. Eine nichtige Wahl ist, anders als eine angefochtene Wahl, **ex tunc** unwirksam.[16] Die Nichtigkeit der Delegiertenwahl kann auch zur Nichtigkeit der Aufsichtsratswahl führen, nämlich dann, wenn die Mehrheit der Delegierten betroffen ist.[17] Ansonsten ist die Aufsichtsratswahl nur anfechtbar.

§ 22 Anfechtung der Wahl von Aufsichtsratsmitgliedern der Arbeitnehmer

(1) Die Wahl eines Aufsichtsratsmitglieds oder eines Ersatzmitglieds der Arbeitnehmer kann beim Arbeitsgericht angefochten werden, wenn gegen wesentliche Vorschriften über das Wahlrecht, die Wählbarkeit oder das Wahlverfahren verstoßen worden und eine Berichtigung nicht erfolgt ist, es sei denn, daß durch den Verstoß das Wahlergebnis nicht geändert oder beeinflußt werden konnte.

(2) ¹Zur Anfechtung berechtigt sind
1. mindestens drei wahlberechtigte Arbeitnehmer des Unternehmens,
2. der Gesamtbetriebsrat des Unternehmens oder, wenn in dem Unternehmen nur ein Betriebsrat besteht, der Betriebsrat sowie, wenn das Unternehmen herrschendes Unternehmen eines Konzerns ist, der Konzernbetriebsrat, soweit ein solcher besteht,
3. der Gesamt- oder Unternehmenssprecherausschuss des Unternehmens oder, wenn in dem Unternehmen nur ein Sprecherausschuss besteht, der Sprecherausschuss sowie, wenn das Unternehmen herrschendes Unternehmen eines Konzerns ist, der Konzernsprecherausschuss, soweit ein solcher besteht,
4. der Gesamtbetriebsrat eines anderen Unternehmens, dessen Arbeitnehmer nach diesem Gesetz an der Wahl der Aufsichtsratsmitglieder des Unternehmens teilnehmen, oder, wenn in dem anderen Unternehmen nur ein Betriebsrat besteht, der Betriebsrat,
5. der Gesamt- oder Unternehmenssprecherausschuss eines anderen Unternehmens, dessen Arbeitnehmer nach diesem Gesetz an der Wahl der Aufsichtsratsmitglieder des Unternehmens teilnehmen, oder, wenn in dem anderen Unternehmen nur ein Sprecherausschuss besteht, der Sprecherausschuss,
6. jede nach § 16 Abs. 2 vorschlagsberechtigte Gewerkschaft,
7. das zur gesetzlichen Vertretung des Unternehmens befugte Organ.

²Die Anfechtung ist nur binnen einer Frist von zwei Wochen, vom Tage der Veröffentlichung im Bundesanzeiger an gerechnet, zulässig.

Literatur:
Jannott/Gressinger, Heilende Kraft des Kontinuitätsprinzips oder Perpetuierung nichtiger Aufsichtsratswahlen, BB 2013, 2120; *Matthes*, Das Verhältnis der Anfechtung der Wahl der Wahlmänner zur Anfechtung der Wahl der Aufsichtsratsmitglieder, DB 1978, 635; *Paland*, Berichtigung von Fehlern während laufender Wahlen nach dem Mitbestimmungsgesetz 1976, DB 1988, 1494; *Säcker*, Der Ablauf des Wahlverfahrens nach der Dritten Wahlordnung (Konzern-Wahlordnung) zum Mitbestimmungsgesetz und die Anfechtung fehlerhafter Wahlen – aktuelle Rechtsfragen, ZfA 2008, 51; *Thau*, Mängel der Aufsichtsratswahlen nach dem Mitbestimmungsgesetz, 1983; *Veit/Wichert*, Betriebsratswahlen: Einstweilige Verfügung gegen rechtswidrige Maßnahmen des Wahlvorstands, DB 2006, 390; *Wichert*, Einstweiliger Rechtsschutz bei Betriebsratswahlen, AuA 2010, 148; *Wolf*, Wahl der Arbeitnehmervertreter in den Aufsichtsrat, DB 2002, 790.

In § 22 geht es um die Anfechtung der Wahl der **Arbeitnehmervertreter im Aufsichtsrat**. Ob es – neben § 21 – weitere Rechtsmittel gegen eine Aufsichtsratswahl gibt, ist aus § 22 nicht abzulesen. Es ist aber anerkannt, dass eine Aufsichtsratswahl auch nichtig sein kann (vgl Rn 8) und dass es darüber hinaus auch die Möglichkeit gibt, gegen einzelne Maßnahmen des Wahlvorstands vorzugehen, ggf auch im Wege der einstweiligen Verfügung (vgl Rn 9 f).

Nicht einheitlich beantwortet wird die Frage nach dem **Verhältnis von § 22 zu § 21**. Richtiger Auffassung nach können Fehler bei der Delegiertenwahl ausschließlich im Verfahren nach § 21 angegriffen werden.[1]

---

14 AllgM, vgl nur WWKK/*Wißmann*, § 21 Rn 3; *Raiser/Veil*, § 21 Rn 13 f.

15 Streitig, wie hier: ErfK/*Oetker*, § 21 MitbestG Rn 5; *Raiser/Veil*, § 21 Rn 13; WWKK/*Wißmann*, § 21 Rn 4; *Fuchs/Köstler/Pütz*, Rn; aM UHH/*Henssler*, § 21 Rn 21; KölnKomm-AktG/*Mertens/Cahn*, Anh. § 117 B § 21 MitbestG Rn 7 (nur anfechtbar).

16 *Raiser/Veil*, § 21 Rn 14; HWK/*Seibt*, § 21 Rn 5.

17 *Raiser/Veil*, § 21 Rn 14, § 22 Rn 22; WWKK/*Wißmann*, § 21 Rn 7.

1 So auch die überwiegende Auffassung, vgl UHH/*Henssler*, § 22 Rn 2; *Matthes*, DB 1978, 635, 636; ErfK/*Oetker*, § 22 MitbestG Rn 2; *Raiser/Veil*, § 22 Rn 3; WWKK/*Wißmann*, § 22 Rn 34 f; aA *Fuchs/Köstler/Pütz*, Rn 637 a.

Wenn solche Fehler nämlich auch im Rahmen des § 22 selbstständig überprüft werden könnten, käme § 21 keine eigenständige Bedeutung mehr zu. Zudem liefe die dort ausdrücklich bestimmte Anfechtungsfrist ins Leere.

3 Das bedeutet: Fehler bei der **Wahl der Delegierten** können nur dann im **Verfahren gemäß § 22** geltend gemacht werden und die Anfechtung der Aufsichtsratswahl begründen, wenn sie im Rahmen einer Anfechtungsklage nach § 21 gerichtlich festgestellt sind. **Dies gilt auch dann, wenn ein Organ, dem im Rahmen des § 21 die Antragsberechtigung fehlt (Gesamtbetriebsrat, Gewerkschaft etc.), die Wahl nach § 22 anficht.**[2] Denn § 21 ist die Wertung zu entnehmen, dass Fehler bei der Wahl der Delegierten grundsätzlich nur von den in § 21 Abs. 2 bestimmten Berechtigten gerügt werden können. Dies ist bei der Wahlanfechtung gemäß § 22 zu berücksichtigen.

4 Die Anfechtung bezieht sich dem Wortlaut des § 22 nach nur auf einzelne Aufsichtsratsmitglieder. Je nach Verstoß kann sich die Anfechtung aber auch auf die Wahl mehrerer oder aller Aufsichtsratsmitglieder beziehen.[3] Betrifft der geltend gemachte Anfechtungsgrund die Wahl aller AN-Vertreter, so muss die Wahl insgesamt angefochten werden; die Anfechtung kann sich dann also nicht auf die Wahl einzelner herausgepickter Arbeitnehmervertreter beziehen.[4] **Anfechtungsgrund** ist die Verletzung **wesentlicher Vorschriften über Wahlrecht, Wählbarkeit oder Wahlverfahren**. Diese Voraussetzung entspricht der Voraussetzung in § 21. Zu den wesentlichen Vorschriften gehören also alle **zwingenden Vorschriften** des MitbestG und der Wahlordnungen. Aus der Nichteinhaltung **wesentlicher Sollvorschriften** kann sich ein Anfechtungsgrund allenfalls ausnahmsweise herleiten lassen. Neben den in § 21 genannten Beispielen kommt als Anfechtungsgrund etwa in Betracht: gesetzeswidrige Bestellung und Zusammensetzung des Wahlvorstandes, unzutreffende Fristberechnung, Ausgestaltung der Stimmzettel; Verstöße gegen das Wahlgeheimnis; unzulässige Behinderung oder Beeinflussung der Wahl (vgl § 20).[5] Auch der Umstand, dass die Mitarbeiter des Unternehmens nicht über die Öffentlichkeit der Stimmenauszählung hingewiesen wurden, stellt nach einer obergerichtlichen Entscheidung einen Anfechtungsgrund dar.[6] Bei der Anfechtung der Wahl der Aufsichtsratsmitglieder kann ein vorangegangener Verstoß gegen wesentliche Vorschriften bei der Wahl der Delegierten nur vorgebracht werden, wenn dieser rechtskräftig festgestellt ist (vgl oben Rn 2 f).

5 Wurde der Anfechtungsgrund durch den Wahlvorstand **rechtzeitig berichtigt**, ohne dass er Auswirkungen auf die Wahl gehabt hat, so kann er nicht mehr geltend gemacht werden. Eine Klage ist dann mangels Rechtsschutzbedürfnisses unzulässig. Gleiches gilt, wenn der (nicht berichtigte) Verstoß das Wahlergebnis nicht ändern oder beeinflussen konnte. Die bloße **Möglichkeit der Beeinflussung** reicht allerdings aus. Bei dem Verstoß gegen wesentliche Wahlvorschriften besteht eine **widerlegliche Vermutung**, dass das Wahlergebnis beeinflusst ist.[7]

6 **Anfechtungsberechtigt** sind nur die in § 22 Abs. 2 genannten Personen und Organe. Die Aufzählung ist abschließend, eine Erweiterung mittels Analogie kommt nicht in Betracht.[8] Im Falle der Anfechtung durch (mindestens) Arbeitnehmer müssen diese bei der betreffenden Wahl wahlberechtigt gewesen sein; die Wahlberechtigung bei dem Anfechtungsantrag genügt nicht aus.[9] **Anfechtungsgegner** sind der oder die **Aufsichtsratsmitglieder**, deren Wahl angefochten wird. Die Anfechtungsfrist beträgt **2 Wochen**. Der Fristbeginn wird markiert durch die **Veröffentlichung des Wahlergebnisses im elektronischen Bundesanzeiger**. **Für die Berechnung der Frist sind §§ 187 Abs. 1, 188 Abs. 2 BGB maßgeblich**. Es handelt sich um eine **Ausschlussfrist**, nach deren Ablauf die Wahl nicht mehr angefochten werden kann.

7 Ist die Anfechtung der Wahl eines oder mehrerer **Aufsichtsratsmitglieder** gemäß § 22 erfolgreich, so ist sie, die jeweilige Wahl, nach überwiegender Auffassung ex nunc ungültig.[10] An die Stelle des jeweils Betroffenen tritt das gemäß § 17 gewählte **Ersatzmitglied**. Ist auch das Ersatzmitglied von der Anfechtung betroffen oder ist kein Ersatzmitglied vorhanden, so muss eine **Nachwahl oder Notbestellung durch das Gericht** erfolgen.[11] Zum Verhältnis zwischen Ersatzbestellung gemäß § 104 AktG und Nachwahl vgl oben § 6 Rn 2 a. Die Aufsichtsratsbeschlüsse, an deren Zustandekommen das betroffene Aufsichtsratsmitglied bis zur rechtskräftigen Anfechtung beteiligt war, bleiben nach überwiegender Auffassung wirksam.[12] Allerdings wird mit beachtlichen Gründen auch vertreten, dass bei erfolgreicher Anfechtung die Wahl des betroffenen Auf-

---

[2] *Matthes*, DB 1978, 635, 636; ErfK/*Oetker*, § 22 MitbestG Rn 2; WWKK/*Wißmann*, § 22 Rn 34 f; aM *Raiser/Veil*, § 22 Rn 3.

[3] KölnKomm-AktG/*Mertens/Cahn*, Anh. § 117 B § 22 MitbestG Rn 8; *Raiser/Veil*, § 22 Rn 14.

[4] BAG v. 11.6.1997 – 7 ABR 24/96 – NZA 1998, 162; *Raiser/Veil*, § 22 Rn 5; HWK/*Seibt*, § 22 MitbestG Rn 3.

[5] Vgl *Fuchs/Köstler/Pütz*, Rn 637; *Raiser/Veil*, § 22 Rn 11.

[6] SächsLAG v. 14.6.2005 – 2 TaBV 11/04, AuA 2006, 305.

[7] *Fuchs/Köstler/Pütz*, Rn 638; UHH/*Henssler*, § 22 Rn 16, § 21 Rn 28.

[8] MüKo-AktG/*Gach*, § 22 MitbestG Rn 11; ErfK/*Oetker*, § 22 MitbestG Rn 3.

[9] WWKK/*Wißmann*, § 22 Rn 37; *Hoffmann/Lehmann/Weinmann*, § 22 Rn 22; aM GK-MitbestG/*Matthes*, § 22 Rn 65.

[10] AnwK-Arbeitsrecht/*Heither/v. Morgen*, § 22 MitbestG Rn 7; KölnKomm-AktG/*Mertens/Cahn*, Anh. § 117 B § 21 MitbestG Rn 11; *Raiser/Veil*, § 22 Rn 18 f.

[11] Großkomm-AktienR/*Oetker*, MitbestG § 22 Rn 13; *Raiser/Veil*, § 22 Rn 18; UHH/*Henssler*, § 22 Rn 20 f.

[12] WWKK/*Wißmann*, § 22 Rn 57; Großkomm-AktienR/*Oetker*, MitbestG § 22 Rn 12; *Raiser/Veil*, § 22 Rn 19.

sichtsratsmitglieds ex tunc unwirksam ist und Aufsichtsratsbeschlüsse, an denen das Aufsichtsratsmitglied beteiligt war, auch nichtig sein können.[13] Für diese Auffassung lässt sich insbesondere eines anführen: Die erfolgreiche Anfechtung der Wahl der Aufsichtsratsmitglieder der Anteilseigner führt gemäß §§ 251, 241 Nr. 5 AktG zur Nichtigkeit der Wahl ex tunc. Warum soll das bei erfolgreicher Anfechtung der Wahl der Arbeitnehmervertreter in den Aufsichtsrat anders sein?

Bei **besonders krassen Verstößen** ist die Aufsichtsratswahl nicht nur anfechtbar, sondern **nichtig**.[14] Wird etwa bei erstmaliger Anwendung des MitbestG nicht zuvor ein Statusverfahren nach § 98 Abs. 1 AktG, sondern direkt eine Aufsichtsratswahl durchgeführt, dann ist diese nichtig.[15] Die Nichtigkeit erstreckt sich allerdings nicht auf die künftigen Wahlen, sie setzt sich also nicht fort.[16] Weitere zur Nichtigkeit führende Wahlverstöße sind etwa: Die Wahl von Arbeitnehmer in den Aufsichtsrat, obwohl das MitbestG nicht anwendbar ist. Eine Wahl ohne Wahlvorstand. Die Wahl eines Arbeitnehmervertreters, obwohl die Wählbarkeitsvoraussetzungen nicht vorliegen (vgl § 250 Abs. 1 Nr. 4 AktG). Die Nichtigkeit kann von jedem, der ein Rechtsschutzbedürfnis hat, in jedem Verfahren ohne zeitliche Begrenzung geltend gemacht werden. Ein solches Rechtsschutzbedürfnis hat auch der einzelne Aktionär, der ja schließlich (Mit-) Eigentümer an der Gesellschaft ist.[17] Eine nichtige Wahl ist stets ex tunc unwirksam.[18] Rechtshandlungen, die das betroffene Aufsichtsratsmitglied bis dahin durchgeführt hat, sind unwirksam. Aufsichtsratsbeschlüsse in der Vergangenheit sind dann unwirksam, wenn die Stimme des betroffenen Aufsichtsratsmitglieds ausschlaggebend war.[19]

In Ausnahmefällen kann gegen **einzelne rechtswidrige Handlungen des Wahlvorstandes auch mittels einstweiliger Verfügung vorgegangen werden**.[20] Dadurch ist es möglich, entweder einen Abbruch der Wahl zu erzwingen oder rechtswidrige Handlungen des Wahlvorstandes zu korrigieren.[21] Allerdings sind die Voraussetzungen für den Erlass einer einstweiligen Verfügung umstritten. Die meisten Gerichte üben eher Zurückhaltung.[22] Offenkundig ist der Grund dafür, dass die Gerichte sich scheuen, durch korrigierende Eingriffe vollendeten Tatsachen zu schaffen oder eine laufende Wahl per Beschluss abzubrechen. Die dem entgegenstehenden Gesichtspunkte, dass ohne einstweilige Verfügung der Rechtsschutz in der Regel sehr lange hinausgezögert wird (bis zum rechtskräftigen Abschluss des Hauptsacheverfahrens), in dieser Zeit ein nicht ordnungsgemäßes gewähltes Aufsichtsratsmitglied im Amt ist und etwaige spätere Neuwahlen Zeit und Kosten verursacht, finden nicht immer die gebotene Beachtung.[23]

Vor diesem Hintergrund setzt eine einstweilige Verfügung gegen den Wahlvorstand Folgendes voraus: Es muss sich um einen Gesetzesverstoß handeln, der mit überwiegender Wahrscheinlichkeit zur Nichtigkeit oder Anfechtbarkeit der Wahl führt.[24] Weiterhin muss der Sachverhalt hinreichend klar sein, so dass auch im einstweiligen Verfügungsverfahren ein Irrtum insofern unwahrscheinlich ist. Schließlich muss der Fehler durch die einstweilige Verfügung noch behoben werden können.[25] Dies kann vorrangig durch einen korrigierenden Eingriff des Gerichts in die laufende Wahl oder, wenn ein korrigierender Eingriff nicht mehr möglich ist, auch durch Abbruch der Wahl geschehen.[26] In beiden Fällen ist eine Leistungsverfügung zu erlassen. Eine Feststellungsverfügung kommt dagegen nur ausnahmsweise in Betracht.[27] Nicht zulässig ist es, mittels einer einstweiligen Verfügung die Wahl bis zur Klärung des Hauptsacheverfahrens auszusetzen.[28]

---

13 Säcker, ZfA 2008, 51, 73 ff.
14 AllgM, vgl nur Raiser/Veil, § 22 Rn 20 ff; Säcker, ZfA 2008, 51, 69 f.
15 BAG v. 16.4.2008 – 7 ABR 6/07, BB 2008, 2182 mit Anm. Lembke/Fesenmeyer; Jannott/Gressinger, BB 2013, 2120, 2122.
16 Jannott/Gressinger, BB 2013, 2120.
17 KölnKomm-AktG/Mertens/Cahn, Anh. § 117 B § 22 MitbestG Rn 13; aM etwa Raiser/Veil, § 22 Rn 23; WWKK/Wißmann, § 22 Rn 14.
18 Raiser/Veil, § 22 Rn 23; HWK/Seibt, §§ 22 Rn 6, 21 Rn 5.
19 GK-MitbestG/Matthes, § 22 Rn 12, 88; MüKo-AktG/Gach, § 22 MitbestG Rn 17; WWKK/Wißmann, § 22 Rn 16.
20 BAG v. 25.8.1981 – 1 ABR 61/79, DB 1982, 546, 548; LAG Baden-Württemberg v. 15.2.1988 – 8 TaBV 2/88, BB 1988, 1344; ArbG Düsseldorf v. 8.9.2004 – 10 BVGa 23/04, AuR 2005, 338; Fuchs/Köstler/Pütz, Rn 632; Paland, DB 1988, 1494; Raiser/Veil, § 22 Rn 25; Thau, S. 479 f; WWKK/Wißmann, § 22 Rn 60 ff.
21 Raiser/Veil, § 22 Rn 25; WWKK/Wißmann, § 22 Rn 64.
22 Vgl etwa Hessisches LAG v. 29.3.2005 – 9 TaBVGa 52/05, AiB 2006, 116 mit zust. Anm. Dammann, ArbG Düsseldorf v. 8.9.2004 – 10 BVGa 23/04, AuR 2005, 338; mit Recht großzügiger LAG Nürnberg v. 16.2.2006 – 9 BVGa 1/06, NZA-RR 2006, 358.
23 In diese Richtung auch Paland, DB 1988, 1494, 1496 f; MüHb-Arbeitsrecht/Wißmann, § 280 Rn 41; ähnlich für einstweilige Verfügungen bei Betriebsratswahlen Veit/Wichert, DB 2006, 390; Wichert, AuA 2010, 148.
24 Nach Auffassung des ArbG Düsseldorf v. 8.9.2004 – 10 BVGa 23/04, AuR 2005, 338, ebenso Fuchs/Köstler/Pütz, Rn 632, ErfK/Oetker, § 22 MitbestG Rn 1, können nur Verstöße, die zur Nichtigkeit der Wahl führen, per einstweiliger Verfügung geltend gemacht werden. Das ist zu eng. Wie hier (Anfechtbarkeit genügt): BAG v. 25.8.1981 – 1 ABR 61/79, DB 1982, 546, 548; Hessisches LAG v. 22.9.2011 – 9 TaBVGa 166/11, BeckRS 2013, 66922; LAG Baden-Württemberg v. 15.2.1988 – 8 TaBV 2/88, BB 1988, 1344, 1346; LAG Nürnberg v. 16.2.2006 – 9 BVGa 1/06, NZA-RR 2006, 358 (jedenfalls bei korrigierenden Eingriffen, bei denen es nicht zum Abbruch der Wahl kommt); UHH/Henssler, Vor § 9 Rn 61; Raiser/Veil, § 22 Rn 25; WWKK/Wissmann, § 22 Rn 78.
25 LAG Baden-Württemberg v. 15.2.1988 – 8 TaBV 2/88, BB 1988, 1344.
26 WWKK/Wißmann, § 22 Rn 81 f mwN.
27 UHH/Henssler, vor § 9 Rn 49; gegen den Erlass einer Feststellungsverfügung WWKK/Wißmann, § 22 Rn 64, 80.
28 WWKK/Wißmann, § 22 Rn 83; ebenso zu Betriebsratswahlen Veit/Wichert, DB 2006, 390, 392.

Besondere Darlegungen zur **Dringlichkeit** bedarf es angesichts der bevorstehenden oder gar laufenden Wahl nicht.[29]

11 In einer neuen Entscheidung hat das BAG den **Abbruch von Betriebsratswahlen** mittels einstweiliger Verfügung allerdings erschwert. Erforderlich sei, dass diese nichtig seien, die sichere Anfechtbarkeit genüge nicht.[30] Als Hauptbegründung führt das BAG an, dass es anderenfalls zu betriebsratslosen Zeiten käme, was der gesetzlichen Konzeption des BetrVG widerspreche. Diese Begründung passt nicht auf die Wahlen von Arbeitnehmervertreter in den Aufsichtsrat. Daher kann die Entscheidung des BAG insofern nicht übertragen werden.

12 Umgekehrt kann auch ein Wahlvorstand eine einstweilige Verfügung beantragen, etwa gegen das Unternehmen bei unzulässiger Wahlbeeinflussung oder bei fehlender Unterstützung, wenn diese gesetzlich vorgeschrieben ist. Auch gegenüber Dritten kann der Wahlvorstand mittels einstweiliger Verfügung vorgehen, wenn durch dessen Verhalten eine ordnungsgemäße Wahl gefährdet wird.

13 Eine **vorläufige Amtsenthebung** eines Aufsichtsratsmitglieds per **einstweiliger Verfügung** ist nicht generell ausgeschlossen, kommt aber nur ausnahmsweise, in besonders krassen Fällen in Betracht.[31]

14 Zuständig für Anfechtungs- oder Nichtigkeitsklagen ist gemäß § 82 S. 2 ArbGG das Arbeitsgericht, in dessen Bezirk sich der Sitz des Unternehmens befindet; auf den Sitz des betreffenden Betriebs kommt es also nicht an. Das Arbeitsgericht entscheidet im **Beschlussverfahren** (§§ 2 a Abs. 1 Nr. 3, 80 ArbGG).

§ 23 Abberufung von Aufsichtsratsmitgliedern der Arbeitnehmer

(1) ¹Ein Aufsichtsratsmitglied der Arbeitnehmer kann vor Ablauf der Amtszeit auf Antrag abberufen werden. ²Antragsberechtigt sind für die Abberufung eines

1. Aufsichtsratsmitglieds der Arbeitnehmer nach § 3 Abs. 1 Nr. 1 drei Viertel der wahlberechtigten Arbeitnehmer nach § 3 Abs. 1 Nr. 1,
2. Aufsichtsratsmitglieds der leitenden Angestellten drei Viertel der wahlberechtigten leitenden Angestellten,
3. Aufsichtsratsmitglieds, das nach § 7 Abs. 2 Vertreter einer Gewerkschaft ist, die Gewerkschaft, die das Mitglied vorgeschlagen hat.

(2) ¹Ein durch Delegierte gewähltes Aufsichtsratsmitglied wird durch Beschluß der Delegierten abberufen. ²Dieser Beschluss wird in geheimer Abstimmung gefasst; er bedarf einer Mehrheit von drei Vierteln der abgegebenen Stimmen.

(3) ¹Ein von den Arbeitnehmern unmittelbar gewähltes Aufsichtsratsmitglied wird durch Beschluß der wahlberechtigten Arbeitnehmer abberufen. ²Dieser Beschluss wird in geheimer, unmittelbarer Abstimmung gefasst; er bedarf einer Mehrheit von drei Vierteln der abgegebenen Stimmen.

(4) Die Absätze 1 bis 3 sind für die Abberufung von Ersatzmitgliedern entsprechend anzuwenden.

1 § 23 regelt die Abberufung der Arbeitnehmervertreter im Aufsichtsrat durch deren Wähler. Die Hürden dafür sind hoch. Auch deshalb hat diese Möglichkeit in der Praxis bisher keine Rolle gespielt.[1] Die Abberufung der Anteilseignervertreter regelt sich nach § 6 Abs. 2 und 3 MitbestG, § 103 Abs. 1 und 2 AktG ab. Darüber hinaus kann auf Antrag des Aufsichtsrats jedes Aufsichtsratsmitglied gemäß § 103 Abs. 3 AktG aus wichtigem Grund gerichtlich abberufen werden.

2 Die Abberufung gemäß § 23 bedarf **keines Abberufungsgrundes**. Maßgeblich ist alleine, dass die Arbeitnehmervertreter nicht mehr das Vertrauen der Mehrheit ihrer Wähler genießen. Erforderlich ist zunächst ein Antrag gemäß Abs. 1, der das Abberufungsverfahren einleitet. Antragsberechtigt sind die Arbeitnehmer und leitenden Angestellten, die jeweils das abzurufende Aufsichtsratsmitglied gewählt haben; es bedarf jeweils einer Mehrheit von ¾ der wahlberechtigten Arbeitnehmer oder leitender Angestellter. Die zuständige Gewerkschaft kann einen Abberufungsantrag für ein von ihnen vorgeschlagenes Aufsichtsratsmitglied stellen. Nach wirksamer Antragstellung beschließen Delegierte (Abs. 2) oder Arbeitnehmer (Abs. 3) über den Antrag, wieder jeweils mit einer Mehrheit von 3/4. Die weiteren Einzelheiten des Verfahrens ergeben sich aus den Wahlordnungen. Entsprechendes gilt für die Abberufung von Ersatzmitgliedern.

---

29 LAG Düsseldorf v. 19.12.1977 – 2 TaBV 37/77, DB 1978, 255; UHH/*Henssler*, Vor § 9 Rn 62; WWKK/*Wißmann*, § 22 Rn 78.

30 BAG v. 27.7.2011 – 7 ABR 61/10, NZA 2012, 345; ebenso LAG Düsseldorf v. 13.3.2013 – 9 TaBVGa, BeckRS 2013, 68272.

31 Streitig, wie hier Hoffmann/Lehmann/Weinmann, § 22 Rn 36; aM UHH/*Henssler*, § 22 Rn 19 (vorläufige Amtsenthebung nicht möglich).

1 GK-MitbestG/*Matthes*, § 23 Rn 2; UHH/*Henssler*, § 23 Rn 1.

Mit Bekanntgabe der Abberufungsbeschlüsse gegenüber dem Betreffenden erlischt dessen Mandat.[2] Dies ist gemäß § 6 Abs. 2 in den Gesellschaftsblättern und dem Handelsregister bekanntzugeben. Das jeweilige Ersatzmitglied rückt nach. Ist kein Ersatzmitglied vorhanden, findet eine Nachwahl oder eine gerichtliche Bestellung gemäß § 104 AktG statt. Der Betroffene kann die Abwahl entsprechend § 22 nach den dort geltenden Grundsätzen arbeitsgerichtlich anfechten.[3]

Streitigkeiten im Zusammenhang mit § 23 gehören vor die Arbeitsgerichtsbarkeit (§ 2a Abs. 1 Nr. 3 ArbGG). Die Abberufung wie auch die Ablehnung einer Abberufung können entsprechend § 22 angefochten werden.[4]

§ 24 Verlust der Wählbarkeit und Änderung der Zuordnung unternehmensangehöriger Aufsichtsratsmitglieder

(1) Verliert ein Aufsichtsratsmitglied, das nach § 7 Abs. 2 Arbeitnehmer des Unternehmens sein muß, die Wählbarkeit, so erlischt sein Amt.

(2) Die Änderung der Zuordnung eines Aufsichtsratsmitglieds zu den in § 3 Abs. 1 Nr. 1 oder § 3 Abs. 1 Nr. 2 genannten Arbeitnehmern führt nicht zum Erlöschen seines Amtes.

Abs. 1 gilt nur für ein unternehmensangehöriges Aufsichtsratsmitglied. Auf Vertreter der Gewerkschaften ist § 24 nicht anzuwenden, auch nicht analog.[1] Verliert der Betreffende seine Arbeitnehmereigenschaft oder scheidet er aus dem Unternehmen aus, so erlischt automatisch sein Amt. Es bedarf also keines weiteren Aktes mehr. Entsprechendes gilt, wenn ein gewählter Arbeitnehmervertreter in die Freistellungsphase der Altersteilzeit eintritt.[2] Im Übrigen führt der Verlust der aktienrechtlichen Wählbarkeitsvoraussetzungen zur Beendigung des Aufsichtsratsmandats, die auch bei Vertretern der Gewerkschaft.[3] An Stelle des ausgeschiedenen Aufsichtsratsmitglieds tritt das Ersatzmitglied. Ist kein Ersatzmitglied vorhanden, so muss eine **Nachwahl oder Notbestellung durch das Gericht** erfolgen (zum Verhältnis zwischen Ersatzbestellung gemäß § 104 AktG und Nachwahl vgl oben § 6 Rn 2 a).

Streitigkeiten über die Beendigung des Aufsichtsratsmandats fallen nicht unter § 2a Abs. 1 Nr. 3 ArbGG und sind deshalb nicht vor den Arbeitsgerichten, sondern vor den **ordentlichen Gerichten** auszutragen.[4] Liegt der Beendigung die Kündigung des Arbeitsverhältnisses zugrunde, so sind die Zivilgerichte bei ihrer Entscheidung über die Beendigung des Aufsichtsrats an die Entscheidung der Arbeitsgerichte über die Kündigung gebunden.[5]

Der Wechsel des Status vom Arbeitnehmer zum leitenden Angestellten und umgekehrt hat nach **Abs. 2** keine Auswirkung auf das Aufsichtsratsmandat. Dies gilt auch für Ersatzmitglieder.

Dritter Abschnitt
Innere Ordnung, Rechte und Pflichten des Aufsichtsrats

§ 25 Grundsatz

(1) ¹Die innere Ordnung, die Beschlußfassung sowie die Rechte und Pflichten des Aufsichtsrats bestimmen sich nach den §§ 27 bis 29, den §§ 31 und 32 und, soweit diese Vorschriften dem nicht entgegenstehen,
1. für Aktiengesellschaften und Kommanditgesellschaften auf Aktien nach dem Aktiengesetz,
2. für Gesellschaften mit beschränkter Haftung nach § 90 Abs. 3, 4 und 5 Satz 1 und 2, den §§ 107 bis 116, 118 Abs. 3, § 125 Abs. 3 und 4 und den §§ 170, 171 und 268 Abs. 2 des Aktiengesetzes,
3. für Genossenschaften nach dem Genossenschaftsgesetz.

²§ 4 Abs. 2 des Gesetzes über die Überführung der Anteilsrechte an der Volkswagenwerk Gesellschaft mit beschränkter Haftung in private Hand vom 21. Juli 1960 (Bundesgesetzbl. I S. 585), zuletzt geändert durch das Zweite Gesetz zur Änderung des Gesetzes über die Überführung der Anteilsrechte an der Volkswagen-

---

2 MüKo-AktG/*Gach*, § 23 Rn 13; ErfK/*Oetker*, § 23 MitbestG Rn 2.
3 WWKK/*Wißmann*, § 23 Rn 29 ff; UHH/*Henssler*, § 23 Rn 26.
4 MüKo-AktG/*Gach*, § 23 MitbestG Rn 15.
1 WWKK/*Wißmann*, § 24 Rn 8; *Raiser/Veil*, § 23 Rn 2; ErfK/ *Oetker*, § 23 MitbestG Rn 1; aA UHH/*Henssler*, § 23 Rn 5; HWK/*Seibt*, § 24 Rn 1.

2 WWKK/*Wißmann*, § 7 Rn 24.
3 *Raiser/Veil*, § 24 Rn 2; WWKK/*Wißmann*, § 24 Rn 19.
4 GroßKomm-AktienR/*Oetker*, MitbestG § 24 Rn 8; *Raiser/Veil*, § 24 Rn 4.
5 *Raiser/Veil*, § 24 Rn 4.

werk Gesellschaft mit beschränkter Haftung in private Hand vom 31. Juli 1970 (Bundesgesetzbl. I S. 1149), bleibt unberührt.

(2) Andere gesetzliche Vorschriften und Bestimmungen der Satzung (des Gesellschaftsvertrags) oder der Geschäftsordnung des Aufsichtsrats über die innere Ordnung, die Beschlußfassung sowie die Rechte und Pflichten des Aufsichtsrats bleiben unberührt, soweit Absatz 1 dem nicht entgegensteht.

Literatur:
Kreilich/Brummer, Reden ist Silber, Schweigen ist Gold – Geheimhaltungspflichten auch für die Arbeitnehmervertreter im Aufsichtsrat, BB 2012, 497; *Lutter/Quack*, Mitbestimmung und Schadensabwehr, in: FS für Thomas Raiser zum 70. Geburtstag, 2005; *Möllers*, Gesellschaftsrechtliche Treuepflicht contra arbeitnehmerrechtliche Mitbestimmung, NZG 2003, 679; *Ruzik*, Zum Streit über den Streik – Aufsichtsratsmandat und Gewerkschaftsführung im Arbeitskampf, NZG 2004, 455.

A. Überblick

1 § 25 befasst sich **allgemein** mit dem **Verhältnis** zwischen **Mitbestimmungs- und Gesellschaftsrecht** im Hinblick auf die innere Ordnung des Aufsichtsrats, die Beschlussfassung und die Rechte und Pflichten der Aufsichtsratsmitglieder. Danach gelten vorrangig die entsprechenden mitbestimmungsrechtlichen Regelungen. Auf der zweiten Ebene sind die maßgeblichen Vorschriften des AktG und des Genossenschaftsgesetzes zu berücksichtigen. Auf der dritten Ebene geht es um sonstige Vorschriften, Satzungsbestimmungen und Geschäftsordnungen für den Aufsichtsrat. Zu diesen letztgenannten sonstigen Regelungen gehört auch der „**Deutsche Corporate Governance Kodex**", der wichtige Regelungen über den Aufsichtsrat enthält.

B. Allgemeines Verhältnis von MitbestG und AktG

2 Gemäß § 25 bestimmen sich die **innere Ordnung**, die **Beschlussfassung** sowie die **Rechte und Pflichten des Aufsichtsrats** nach den §§ 27–29 und §§ 31 und 32 dieses Gesetzes. Daneben gilt für AG und KGaA das **Aktiengesetz**, für GmbH und Genossenschaften die entsprechenden **gesellschaftsrechtlichen Regelungen**, soweit die genannten mitbestimmungsrechtlichen Vorschriften nicht entgegenstehen.

3 Der Wortlaut des § 25 ist auf den ersten Blick eindeutig. Er legt ohne Wenn und Aber den Vorrang der **genannten** mitbestimmungsrechtlichen Vorschriften fest. Dennoch ist das allgemeine Verhältnis zwischen Mitbestimmungs- und Gesellschaftsrecht **hoch umstritten** und war bereits **mehrfach Gegenstand höchstrichterlicher Entscheidungen**. Dies liegt in erster Linie daran, dass einerseits die genannten mitbestimmungsrechtlichen Vorschriften keine umfassende Regelung enthalten, andererseits aufgrund aktienrechtlicher Gestaltungsfreiheit Regelungen in der Satzung getroffen werden können, welche die Anteilseignervertreter bevorzugen.

4 Zu dieser Thematik lassen sich, bei allen Unterschieden in Einzelfragen, drei Grundauffassungen unterscheiden. Die eine, hauptsächlich vertreten von Teilen des arbeitsrechtlichen Schrifttums, leitet aus § 25 einen **generellen Vorrang des Mitbestimmungsrechts** ab. Dies gelte nicht nur für die in Bezug genommenen Vorschriften. Vielmehr sei auch die dem MitbestG zu entnehmende allgemeine Wertung – umfassende Verwirklichung der unternehmerischen Mitbestimmung – bei der Interpretation der gesellschaftsrechtlichen Regelungen und der Ausnutzung gesellschaftsrechtlicher Gestaltungsspielräume vorrangig zu berücksichtigen.[1] Die Gegenauffassung, hauptsächlich vertreten von Teilen des gesellschaftsrechtlichen Schrifttums, vertritt den Standpunkt, **vorrangig seien die gesellschaftsrechtlichen Regelungen**, die nur durch die eng auszulegenden, in § 25 Abs. 1 genannten mitbestimmungsrechtlichen Vorschriften eine Einschränkung erfahren würden.[2] Diese beiden Auffassungen stellen indes nicht ausreichend in Rechnung, dass das MitbestG auf einem politischen Kompromiss beruht, der sich nicht mit einseitigen Gesetzesinterpretationen verträgt. Den Vorzug verdient deshalb die dritte, inzwischen herrschende Auffassung, die eine vermittelnde Sichtweise vertritt. Danach sind unterschiedliche mitbestimmungs- und gesellschaftsrechtliche Regelungen, deren Verhältnis nicht klar geregelt ist, in ein **Gleichgewicht zu bringen, welches sowohl gesellschaftsrechtliche Wertungen und Gestaltungsspielräume berücksichtigt als auch eine Umgehung wesentlicher mitbestimmungsrechtlicher Vorschriften verhindert**.[3] Dabei ist auch zu berücksichtigen, dass das MitbestG den Anteilseignern ein leichtes Übergewicht zubilligt, das mittels gesellschaftsrechtlicher Satzungsgestaltung auch im Einzelnen konkretisiert und abgesichert werden kann.[4]

---

1 In diese Richtung: *Naendrup*, AuR 1977, 228; *Reich/Lewerenz*, AuR 1976, 261, 264.
2 In diese Richtung: *Martens*, ZHR 148 (1984), 183, 196 f; *Zöllner*, AG 1981, 13, 15.
3 BGH v. 25.2.1982 – II ZR 174/80, BGHZ 83, 141, 147 ff; 122, 342, 357 f; BGH v. 30.1.2012 – II ZB 20/11 – ZIP 2012, 472; UHH/*Ulmer/Habersack*, § 25 Rn 6; KölnKomm-AktG/*Mertens/Cahn*, Anh. § 117 B, § 25 Rn 3 ff; MitbestG Rn 11; WWKK/*Koberski*, § 25 Rn 7 ff.
4 KölnKomm-AktG/*Mertens/Cahn*, Anh. § 117 B § 25 Rn 5.

C. Innere Ordnung und Beschlussfassung des Aufsichtsrats, Rechte und Pflichten der Aufsichtsratsmitglieder (Abs. 1)

Maßgeblich für die **innere Ordnung** und **Beschlussfassung** des Aufsichtsrats bei AG und KGaA sind §§ 26–28 (vgl die Kommentierung dort) und §§ 107–110 AktG (vgl die Kommentierung dort). **5**

Die **Rechte und Pflichten des Aufsichtsrats** bei AG und KGaA ergeben sich aus §§ 31, 32 und dem Aktiengesetz. Danach hat der Aufsichtsrat in erster Linie die Geschäftsführung zu überwachen. Zu den wichtigsten Kompetenzen zählt die Personalkompetenz gemäß § 31. Bei der Ausübung dieser Personalkompetenz dürfen sich die Arbeitnehmervertreter bei ihren Entscheidungen nicht vom Verhalten des entsprechenden Vorstandsmitglieds in Tarifverhandlungen leiten lassen; der Aufsichtsrat ist kein Vehikel für Tarifpolitik.[5] Allerdings ist eine derartige Motivation schwer nachweisbar. Weitere Rechte des Aufsichtsrats ergeben sich aus § 111 AktG. **6**

Die **Rechtsstellung der Arbeitnehmervertreter im Aufsichtsrat** entspricht grundsätzlich der der Anteilseignervertreter. Das gilt vor allem im Hinblick auf die **Vergütung** sowie die **Sorgfalts- und Verschwiegenheitspflichten**.[6] Im Hinblick auf die Verschwiegenheitspflichten können die Arbeitnehmervertreter keine Sonderregelungen in Anspruch nehmen, sie gelten auch gegenüber der Belegschaft und dem Betriebsrat.[7] Streitig ist, ob eine Lockerung dieser Verschwiegenheitspflichten eintritt, wenn das Unternehmen den Betriebsrat in rechtswidriger Weise nicht unterrichtet, etwa über Produktionseinschränkungen oder Verlagerungen ins Ausland.[8] Eine solche Lockerung ist abzulehnen. Verletzt das Unternehmen Informations- und/oder Mitwirkungsrechte des Betriebsrats, sind die Sanktionen des BetrVG abschließend und ausreichend. Eine Verletzung dieser Verschwiegenheitspflichten kann in erster Linie gesellschaftsrechtliche Sanktionen auslösen, aber unter Umständen auch eine Kündigung des Arbeitsverhältnisses rechtfertigen (dazu auch § 26 Rn 8). Auch die Arbeitnehmervertreter sind dem Unternehmensinteresse verpflichtet.[9] Dabei darf allerdings nicht übersehen werden, dass das Unternehmensinteresse kein fest definierter Begriff ist, insofern also ein gewisser Interpretationsspielraum besteht. Das Wohl der Belegschaft ist ein Element des Unternehmensinteresses, kann daher von den Arbeitnehmervertretern also durchaus in den Vordergrund gehoben werden.[10] An **Weisungen** Dritter sind auch die Arbeitnehmervertreter nicht gebunden.[11] Dies gilt auch für Weisungen von Arbeitnehmern oder Gewerkschaften. **7**

Noch keine überzeugende Lösung ist für die Problematik gefunden, inwieweit sich **Arbeitnehmervertreter im Aufsichtsrat** an einem **rechtmäßigen Streik** beteiligen dürfen. Im Ergebnis geht es darum, wie das **Unternehmensinteresse**, dem alle Aufsichtsratsmitglieder verpflichtet sind, vom **Arbeitgeber-** und **Arbeitnehmerinteresse** abzugrenzen ist. Dass es sich nicht um eine theoretische Fragestellung handelt, hat im Jahre 2002 der Fall Bsirke (Vorsitzender der ver.di) gezeigt, der als stellvertretender Aufsichtsratsvorsitzender der Lufthansa zu Streiks aufrief, die der Lufthansa zumindest mittelbar schadeten und auch schaden sollten.[12] **8**

Nach einer weit verbreiteten Auffassung, vertreten in erster Linie vom gesellschaftsrechtlichen Schrifttum, dürfen die Arbeitnehmervertreter im Aufsichtsrat insofern nur eine **passive Rolle** spielen, also die Arbeit niederlegen.[13] Begründet wird dies in der Regel mit der Bindung aller Aufsichtsratsmitglieder an das **Unternehmensinteresse**. **9**

Diese einschränkende Sichtweise ist jedoch abzulehnen.[14] Zunächst überzeugt der **allgemeine Rückgriff** auf das Unternehmensinteresse nicht, welches eben nicht ohne Weiteres mit dem Arbeitgeberinteresse an der Verhinderung eines Streiks gleichgesetzt werden kann. Weiterhin verträgt sich diese einschränkende Sichtweise nicht mit der verfassungsrechtlich geschützten Tarifautonomie. Schließlich kann darauf verwiesen werden, dass das MitbestG ausdrücklich Gewerkschaftsvertreter im Aufsichtsrat vorsieht (§§ 7, 16), denen bei Arbeitskämpfen **nicht generell** vorgeschrieben werden kann, an einem Arbeitskampf nur passiv teilzunehmen. Vor diesem Hintergrund ist auch die neuerdings vorgeschlagenen Differenzierung, nach der eine aktive Teilnahme am Streik erlaubt sei, nicht aber eine führende Rolle (Initiator, Organisator oder Symbol- **10**

---

5 UHH/*Henssler*, § 26 Rn 27; KölnKomm-AktG/*Mertens/Cahn*, Anh. § 117 B § 25 Rn 15.
6 KölnKomm-AktG/*Mertens Cahn*, Anh. § 117 B § 25 Rn 10.
7 BAG v. 23.10.2008 – 2 ABR 59/07 – NZA 2009, 855, 857; UHH/*Ulmer/Habersack*, § 25 Rn 110; *Kreilich/Brummer*, BB 2012, 897, 898 f; aM etwa *Bachner*, AiB 2008, 680 f; *Köstler/Zachert/Müller*, Rn 554.
8 Dafür WWKK/*Koberski*, § 25 Rn 112; dagegen *Kreilich/Brummer*, BB 2012, 897, 899..
9 KölnKomm-AktG/*Mertens/Cahn*, Anh. § 117 B § 25 Rn 12; WWKK/*Koberski*, § 25 Rn 93 ff.
10 KölnKomm-AktG/*Mertens/Cahn*, Anh. § 117 B § 25 Rn 12; UHH/*Ulmer/Habersack*, § 25 Rn 93 a.
11 UHH/*Ulmer/Habersack*, § 25 Rn 78 f; WWKK/*Koberski*, § 25 Rn 78 f; HWK/*Seibt*, § 25 MitbestG Rn 17.
12 Dazu *Lutter/Quack*, in: FS Raiser, 2005, S. 259; *Ruzik*, NZG 2004, 455.
13 *Lutter/Krieger*, AR, § 778; KölnKomm-AktG/*Mertens/Cahn*, Anh. § 117 B, § 25 Rn 13; *Mertens*, AG 1977, 317.
14 WWKK/*Koberski*, § 25 Rn 117 f; UHH/*Henssler*, § 26 Rn 30; *Köstler/Kittner/Zachert*, Rn 634; MüKo-AktG/*Gach*, § 20 MitbestG, Rn 19 ff; GK-MitbestG/*Naendrup*, § 25 Rn 16; *Möllers*, NZG 2003, 697, 698 f; Großkomm-AktienR/*Oetker*, MitbestG § 26 Rn 17; *Raiser/Veil*, § 25 Rn 141.

figur), zurückzuweisen.[15] Zudem wäre eine solche Differenzierung auch erheblichen praktischen Einwänden ausgesetzt. Wo hört die aktive Teilnahme auf, wo fängt die führende Rolle an? Schließlich bestehen im Falle eines Streiks auch keine Einschränkungen hinsichtlich der Teilnahme an Aufsichtsratssitzungen und der Ausübung des Stimmrechts durch die Arbeitnehmervertreter im Aufsichtsrat, und zwar auch dann nicht, wenn es um Beschlüsse im Zusammenhang mit dem Streik geht.[16] Allerdings darf das im Aufsichtsrat erworbene Insiderwissen nicht für eine effektivere Streikführung missbraucht werden,[17] wobei sich solche Missbräuche sicherlich nicht immer leicht nachweisen lassen. Die Verschwiegenheitpflichten der Aufsichtsratsmitglieder gelten also auch im Arbeitskampf.[18]

11 Diese Grundsätze gelten allerdings dann nicht, wenn ein Streik dem **Unternehmensinteresse – nicht: Arbeitgeberinteresse –** widerspricht.[19] In einem solchen Fall sind die Arbeitnehmervertreter im Aufsichtsrat – **auch die Gewerkschaftsvertreter** – dem Unternehmensinteresse verpflichtet, hinter welches das (vermeintliche) **Arbeitnehmerinteresse** zurücktreten muss. Allerdings ist für die Frage, wann ein Streik dem Unternehmensinteresse widerspricht, noch keine befriedigende Lösung gefunden. Vorerst lassen sich nur die äußeren Grenzen bestimmen. **Zum einen:** Ein Streik als solcher widerspricht nicht dem Unternehmensinteresse. **Zum anderen:** Ist aufgrund des Streiks der Bestand des Unternehmens gefährdet – es ist zu befürchten, dass besonders wichtige Aufträge verloren gehen, dass sich ein dringend benötigter Investor zurückzieht, dass aus anderen Gründen ein besonders hoher Schaden entsteht oder dass Insolvenz anzumelden ist –, so liegt eine Verletzung des Unternehmensinteresses auf der Hand.[20] In einem solchen Fall hat sich jedes Aufsichtsratsmitglied – wie auch sonst – ausschließlich von dem Unternehmensinteresse leiten zu lassen und muss ggf im **Rahmen der Möglichkeiten seines Aufsichtsratsmandats** alles tun, um einen Streik zu verhindern oder zu beenden. Will das Mitglied dies nicht, muss es sein Aufsichtsratsmandat niederlegen.

11a An einem **rechtswidrigen Streik** dürfen sich auch die Arbeitnehmervertreter nicht beteiligen.[21] Tun sie es dennoch, so drohen gesellschaftsrechtliche Konsequenzen, insbesondere Abberufung als Aufsichtsratsmitglied, Schadensersatzverpflichtungen und ggf auch Kündigung des Arbeitsverhältnisses.[22]

D. Satzungsautonomie und sonstige Regelungen (Abs. 2)

12 Abs. 2 stellt klar, dass die gesellschaftsrechtliche **Satzungsautonomie** durch das MitbestG nicht eingeengt wird, sofern nur der Vorrang der in Abs. 1 genannten Vorschriften gewahrt bleibt. (vgl Rn 4). Bei der AG zieht allerdings auch der gesellschaftsrechtliche Grundsatz der Satzungsstrenge (§ 23 Abs. 5 AktG), der hinsichtlich der Organisation des Aufsichtsrats grundsätzlich auch für die KGaA gilt (§§ 278 Abs. 3, 23 Abs. 5 AktG), der Satzungsautonomie enge Grenzen. Aufgrund der Satzungsautonomie kann der Aufsichtsrat insbesondere auch Ausschüsse bilden, vgl dazu die Kommentierung zu § 27 und zu § 107 AktG.

13 Schließlich verweist § 25 Abs. 2 auf sonstige Regelungen, wozu auch der deutsche Corporate Governance Kodex zählt. Von mitbestimmungsrechtlichem Interesse ist Nr. 3.6 des Corporate Governance Kodex, nach dem in mitbestimmten Aufsichtsräten die Anteilseigner- und die Arbeitnehmervertreter die Aufsichtsratssitzungen jeweils gesondert, ggf mit Mitgliedern des Vorstands, vorbereiten sollen.[23]

E. Auseinandersetzungen

14 Auseinandersetzungen im Zusammenhang mit § 25 entscheiden die Zivilgerichte, nicht die Arbeitsgerichte.[24]

§ 26 Schutz von Aufsichtsratsmitgliedern vor Benachteiligung

¹Aufsichtsratsmitglieder der Arbeitnehmer dürfen in der Ausübung ihrer Tätigkeit nicht gestört oder behindert werden. ²Sie dürfen wegen ihrer Tätigkeit im Aufsichtsrat eines Unternehmens, dessen Arbeitnehmer

---

15 So aber *Ruzik*, NZG 2004, 455, 457; wie hier etwa WWKK/*Koberski*, § 25 Rn 119.
16 *Raiser/Veil*, § 25 Rn 145; WWKK/*Koberski*, § 25 Rn 115 f; einschränkend etwa UHH/*Henssler*, § 26 Rn 35; MüKo-AktG/*Gach*, § 20 MitbestG Rn 18; Großkomm-AktienR/*Oetker*, MitbestG § 26 Rn 19, alle mit umfassenden wN.
17 *Möllers*, NZG 2003, 697, 700; ähnlich: WWKK/*Koberski*, § 25 Rn 119; UHH/*Henssler*, § 25 Rn 31; *Kreilich/Brummer*, BB 2012, 897, 899.
18 *Kreilich/Brummer*, BB 2012, 897, 899.
19 Ähnlich: *Möllers*, NZG 2003, 697, 700; *Raiser/Veil*, § 25 Rn 142.
20 Vgl *Möllers*, NZG 2003, 697, 700.
21 KölnKomm-AktG/*Mertens/Cahn*, Anh. § 117 B § 25 Rn 14; UHH/*Henssler*, § 26 Rn 33; WWKK/*Koberski*, § 25 Rn 117; *Köstler/Zachert/Müller*, Rn 754.
22 Dazu UHH/*Henssler*, § 26 Rn 33.
23 Vgl HWK/*Seibt*, § 25 MitbestG Rn 6; kritisch *Ulmer*, ZHR 166 (2002), 271, 275 Fn 15.
24 *Raiser/Veil*, § 25 Rn 149; UHH/*Henssler*, § 25 Rn 149.

sie sind oder als dessen Arbeitnehmer sie nach § 4 oder § 5 gelten, nicht benachteiligt werden. ³Dies gilt auch für ihre berufliche Entwicklung.

§ 26 untersagt **Störungen, Behinderungen und Benachteiligungen** der Aufsichtsratsmitglieder der Arbeitnehmer, einschließlich der Ersatzmitglieder. Damit sollen die Arbeitnehmervertreter vor Diskriminierung geschützt und die Funktionsfähigkeit des Aufsichtsrats gewährleistet werden.[1] Dagegen verbietet § 26 – anders als § 78 BetrVG – keine Begünstigung von Arbeitnehmervertretern (dazu unter Rn 7) und vermittelt auch keinen Kündigungsschutz (dazu unten Rn 8). § 26 richtet sich an **jedermann** und ist ein Verbotsgesetz im Sinne von § 134 BGB.[2] 1

Nach § 26 S. 1 ist es untersagt, die Arbeitnehmervertreter bei der Ausübung ihrer Tätigkeit zu stören oder zu behindern. Eine Behinderung oder Störung liegt vor, wenn ein Tun oder Unterlassen die Tätigkeit eines Arbeitnehmervertreters objektiv beeinträchtigt.[3] Einer Beeinträchtigungsabsicht oder sonstiger subjektiver Erfordernisse bedarf es nicht.[4] Es kann um die Abwehr eines Eingriffs oder um die Gewährung unabdingbarer Leistungen gehen. 2

Eine Behinderung oder Störung kann etwa in unternehmensintern aufgestellten **falschen Tatsachenbehauptungen oder ehrverletzenden Meinungsäußerungen** über die Tätigkeit der Arbeitnehmervertreter im Aufsichtsrat liegen.[5] Allerdings sind dabei stets auch die (Grund-)Rechte des Äußernden aus Art. 5 GG zu beachten. Erst **vorsätzlich falsche Tatsachenbehauptungen oder böswillige Schmähkritik** können überhaupt eine Behinderung oder eine Störung im Sinne von § 26 S. 1 sein. Ansonsten sind kritische Äußerungen regelmäßig durch Art. 5 GG gedeckt. 3

Aus § 26 S. 1 folgt ein **Anspruch auf Freistellung zur Ausübung des Aufsichtsratsmandats**, sofern dies nur in der Arbeitszeit erfolgen kann.[6] Aber hat der Arbeitnehmervertreter auch Anspruch auf Entgeltfortzahlung für diese Zeit? Es ist wie folgt zu differenzieren:[7] Entspricht die Aufsichtsratsvergütung dem Entgeltausfall oder liegt sie darüber, so besteht kein Anspruch auf Entgeltfortzahlung. Liegt die Aufsichtsratsvergütung unter dem Entgeltausfall, hat der Arbeitnehmervertreter einen entsprechenden Anspruch auf Ausgleich. In der Praxis wird allerdings häufig Entgeltfortzahlung unabhängig von der Aufsichtsratsvergütung gewährt.[8] Da eine Aufsichtsratsbegünstigung nicht verboten ist (s.u. Rn 7), dürfte das rechtlich unproblematisch sein.[9] 4

Anders als Betriebsratsmitglieder haben Arbeitnehmervertreter keinen Anspruch auf bezahlte Freistellung zur **Teilnahme an Schulungsveranstaltungen**. Eine analoge Anwendung von § 37 Abs. 6 und 7 BetrVG scheidet aus.[10] Es wird allerdings vertreten, dass ein Aufsichtsratsmitglied in Ausnahmefällen (aufgrund besonderer Anforderungen ist eine Schulung zwingend erforderlich) einen Aufwendungsersatzanspruch gemäß §§ 675, 670 BGB haben kann.[11] 5

Nach § 26 S. 2 und 3 dürfen Arbeitnehmervertreter **nicht benachteiligt** werden. Das schließt jede Schlechterstellung ohne sachliche Begründung aus.[12] Es kommt auch insofern auf die objektive Schlechterstellung an, subjektive Voraussetzungen sind nicht erforderlich.[13] Das Schlechterstellungsverbot bezieht sich auch auf die **berufliche Entwicklung**. Insbesondere darf ein Arbeitnehmervertreter in seiner Entwicklung benachteiligt werden, weil er wegen der Aufsichtsratstätigkeit zeitlich weniger zur Verfügung steht.[14] Auch eine Benachteiligung vor oder nach einer Mitgliedschaft ist untersagt, wobei es hierfür keine festen zeitlichen Grenzen gibt.[15] 6

§ 26 verbietet nicht die **Bevorzugung von Arbeitnehmervertretern** gegenüber anderen Arbeitnehmern im Betrieb oder Unternehmen. Das ist deshalb nicht ohne Weiteres nachvollziehbar, weil die Begünstigung von Betriebsratsmitgliedern ausdrücklich und aus gutem Grund unzulässig ist, § 78 BetrVG; ein Verstoß gegen 7

---

1 KölnKomm-AktG/*Mertens/Cahn*, Anh. § 117 B, § 26 MitbestG Rn 1.
2 ErfK/*Oetker*, § 26 MitbestG Rn 1; HWK/*Seibt*, § 26 MitbestG Rn 1.
3 UHH/*Henssler*, § 26 Rn 4; WWKK/*Wißmann*, § 26 Rn 6.
4 WWKK/*Wißmann*, § 26 Rn 7.
5 Vgl zu dem vergleichbaren § 78 BetrVG (Behinderung von Betriebsratsmitgliedern).
6 WWKK/*Wißmann*, § 26 Rn 8 f; ErfK/*Oetker*, § 26 MitbestG Rn 4.
7 So auch UHH/*Henssler*, § 26 Rn 8; HWK/*Seibt*, § 26 MitbestG Rn 3; anders etwa WWKK/*Wißmann*, § 26 Rn 11; *Reich/Lewerenz*: genereller Anspruch auf Entgeltfortzahlung.
8 Das konstatieren etwa auch KölnKomm-AktG/*Mertens/Cahn*, Anh. § 117 B, § 26 MitbestG Rn 6; HWK/*Seibt*, § 26 MitbestG Rn 3.
9 *Raiser/Veil*, § 26 Rn 6; UHH/*Henssler*, § 26 Rn 8; aM HWK/*Seibt*, § 26 MitbestG Rn 3.
10 ArbG Dortmund AE 2005, 251; MüKo-AktG/*Gach*, § 26 MitbestG Rn 8; *Raiser/Veil*, § 26 Rn 7; MüHb-ArbR/*Wißmann*, § 280 Rn 19; WWKK/*Wißmann*, § 26 Rn 12; aM *Köstler/Zachert/Müller*, Rn 753, 755; *Reich/Lewerenz*, AuR 1976, 353, 365.
11 MüKo-AktG/*Gach*, § 26 MitbestG Rn 8; ErfK/*Oetker*, MitbestG § 26 Rn 5; WWKK/*Wißmann*, § 26 Rn 13; vgl auch den Ansatz von *Leyendecker-Langner/Huthmacher*, NZG 2012, 1415.
12 UHH/*Henssler*, § 26 Rn 11.
13 WWKK/*Wißmann*, § 26 Rn 15; *Raiser/Veil*, § 26 Rn 11.
14 WWKK/*Wißmann*, § 26 Rn 16; KölnKomm-AktG/*Mertens/Cahn*, Anh. § 117 B, § 26 MitbestG Rn 9.
15 ErfK/*Oetker*, § 26 Rn 6.

das betriebsverfassungsrechtliche Begünstigungsverbot ist zudem strafbewehrt, § 119 BetrVG.[16] All dies gilt für Arbeitnehmervertreter im Aufsichtsrat nicht. Ein mittelbares Begünstigungsverbot ergibt sich für diese jedoch aus dem allgemeinen Gleichheitsgrundsatz, so dass jede Besserstellung eines sachlichen Grundes bedarf.[17] Ein solcher dürfte immer dann vorliegen, wenn die Funktionsfähigkeit des Aufsichtsrats durch die Besserstellung gestärkt wird (Beispiel: vereinbarte Kündigungs- oder Versetzungsverbote).[18] Bei finanziellen Besserstellungen ist allerdings Vorsicht geboten, diese dürfte kaum einmal gerechtfertigt sein. Kritisch ist es auch, einen Arbeitnehmervertreter wegen Kenntnisse, die er im Aufsichtsrat erworben haben soll, höher zu gruppieren.[19] Gibt es für die Besserstellung keinen sachlichen Grund, so ist die zugrunde liegende Vereinbarung allerdings nicht ohne Weiteres nichtig.[20] Die übrigen Arbeitnehmer des Betriebs oder Unternehmens können aber aufgrund des arbeitsrechtlichen Gleichbehandlungsgrundsatzes ggf die gleichen Leistungen beanspruchen.[21] Die Begünstigung von Aufsichtsratsmitgliedern kann zudem als Untreue gemäß § 266 StGB strafbar sein.[22] In einem solchen Fall ist die zugrundeliegende Vereinbarung gemäß § 134 BGB nichtig.

8 § 26 gewährt den Arbeitnehmervertretern **keinen (absoluten) Kündigungsschutz**. Ein solcher Kündigungsschutz lässt sich auch nicht aus § 15 KSchG oder aus § 103 BetrVG ableiten. Diese Vorschriften beziehen sich nicht auf Arbeitnehmervertreter im Aufsichtsrat und sind mangels planwidriger Regelungslücke auch nicht analog anwendbar.[23] Allerdings verstößt eine Kündigung, die im Zusammenhang mit der (**pflichtgemäßen**) Tätigkeit des Arbeitnehmervertreters im Aufsichtsrat steht, gegen § 26 und ist gemäß § 134 BGB nichtig. Insofern vermittelt § 26 einen **relativen Kündigungsschutz**.[24] Die **pflichtwidrige** Tätigkeit im Aufsichtsrat – etwa Verstoß gegen die Verschwiegenheitspflicht – ist natürlich nicht geschützt. Ist eine solche Pflichtwidrigkeit zugleich als Verstoß gegen den Arbeitsvertrag zu werten, kommt eine Kündigung des Arbeitsverhältnisses in Betracht. Allerdings wird zugunsten der Aufsichtsratsmitglieder üblicherweise ein strenger Maßstab angelegt.[25] Vorrangig sind die aktienrechtlichen Sanktionen zu ergreifen, insbesondere die Abberufung aus dem Aufsichtsrat.[26]

9 Eine Maßnahme, die gegen § 26 verstößt, ist gemäß § 134 BGB nichtig. Das Aufsichtsratsmitglied kann Unterlassung und Beseitigung der Maßnahme verlangen. Entsteht ihm aufgrund Benachteiligung ein Schaden, kann er gemäß § 823 Abs. 2 BGB Schadensersatz fordern; dies setzt dann aber subjektiv vorwerfbares Handeln des Schädigers voraus. § 26 S. 2 und 3 sind entsprechende Schutzgesetze.[27] Ob dies auch für § 26 S. 1 gilt, ist umstritten, aber wenig praxisrelevant.[28]

10 Macht ein Aufsichtsratsmitglied Unterlassungs-, Beseitigungs- oder Schadensersatzansprüche wegen eines Verstoßes gegen § 26 geltend, so sind dafür die Zivilgerichte zuständig. Das gilt auch dann, wenn das Unternehmen von einem Dritten Unterlassung oder Beseitigung fordert; in einem solchen Fall ergibt sich die Klagebefugnis des Unternehmens daraus, dass die Funktionsfähigkeit des Aufsichtsrats in seinem Interesse liegt.[29] Geht es um Fragen des § 26 im Zusammenhang mit dem Arbeitsverhältnis, so sind diese von den Arbeitsgerichten zu entscheiden.[30]

§ 27 Vorsitz im Aufsichtsrat

(1) Der Aufsichtsrat wählt mit einer Mehrheit von zwei Dritteln der Mitglieder, aus denen er insgesamt zu bestehen hat, aus seiner Mitte einen Aufsichtsratsvorsitzenden und einen Stellvertreter.

(2) ¹Wird bei der Wahl des Aufsichtsratsvorsitzenden oder seines Stellvertreters die nach Absatz 1 erforderliche Mehrheit nicht erreicht, so findet für die Wahl des Aufsichtsratsvorsitzenden und seines Stellvertreters ein zweiter Wahlgang statt. ²In diesem Wahlgang wählen die Aufsichtsratsmitglieder der Anteilseigner den

---

16 Zum betriebsverfassungsrechtlichen Begünstigungsverbot vgl *Wichert*, AuA 2013, 281.
17 KölnKomm-AktG/*Mertens/Cahn*, Anh. § 117 B, § 26 MitbestG Rn 11; *Köstler/Kittner/Zachert*, Rn 627; WWKK/*Wißmann*, § 26 Rn 2 f.
18 UHH/*Henssler*, § 26 Rn 2.
19 Vgl KölnKomm-AktG/*Mertens/Cahn*, Anh. § 117 B, § 26 MitbestG Rn 11.
20 WWKK/*Wißmann*, § 26 Rn 3; aM wohl HWK/*Seibt*, § 26 Rn 1.
21 WWKK/*Wißmann*, § 26 Rn 3; kritisch UHH/*Henssler*, § 26 Rn 3, weil es bei Begünstigung von Aufsichtsratsmitgliedern an einem kollektiven Tatbestand mangle.
22 LG Nürnberg-Fürth, 24.11.2008, AuR 2010, 35; WWKK/*Wißmann*, § 26 Rn 24.
23 So auch die überwiegende Meinung, vgl LAG Hamm v. 7.9.2007 – 10 SaGa 33/07; MüHb-ArbR/*Wißmann*, § 282 Rn 19 mwN; aA etwa *Köstler/Kittner/Zachert*, Rn 621 ff.
24 WWKK/*Wißmann*, § 26 Rn 18.
25 Etwa UHH/*Henssler*, § 26 Rn 16.
26 BAG v. 23.10.2008 – 2 ABR 59/07, DB 2009, 1131; LAG Hamm v. 7.9.2007 – 10 SaGa 33/07, BeckRS 2007, 49037; ErfK/*Oetker*, MitbestG § 26 Rn 7; WWKK/*Wißmann*, § 26 Rn 20.
27 *Raiser/Veil*, § 26 Rn 14; *Köstler/Zachert/Müller*, Rn 769.
28 Für § 26 S. 1 als Schutzgesetz: KölnKomm-AktG/*Mertens/Cahn*, Anh. § 117 B, § 26 MitbestG Rn 10; dagegen: WWKK/*Wißmann*, § 26 Rn 27.
29 KölnKomm-AktG/*Mertens/Cahn*, Anh. § 117 B, § 26 MitbestG Rn 10; MüKo-AktG/*Gach*, § 26 MitbestG Rn 16.
30 *Raiser/Veil*, § 26 Rn 15.

Aufsichtsratsvorsitzenden und die Aufsichtsratsmitglieder der Arbeitnehmer den Stellvertreter jeweils mit der Mehrheit der abgegebenen Stimmen.

(3) Unmittelbar nach der Wahl des Aufsichtsratsvorsitzenden und seines Stellvertreters bildet der Aufsichtsrat zur Wahrnehmung der in § 31 Abs. 3 Satz 1 bezeichneten Aufgabe einen Ausschuß, dem der Aufsichtsratsvorsitzende, sein Stellvertreter sowie je ein von den Aufsichtsratsmitgliedern der Arbeitnehmer und von den Aufsichtsratsmitgliedern der Anteilseigner mit der Mehrheit der abgegebenen Stimmen gewähltes Mitglied angehören.

A. Allgemeine Übersicht

Abs. 1 und 2 regeln die Wahl des Aufsichtsratsvorsitzenden und seines Stellvertreters und modifizieren damit § 107 Abs. 1 AktG. Die Bedeutung dieser Wahlvorschrift iVm den §§ 29 Abs. 2 und 31 – doppeltes Stimmrecht des Aufsichtsratsvorsitzenden – ist offensichtlich: Im Ergebnis sichern sie das leichte Übergewicht der Anteilseignervertreter gegenüber den Arbeitnehmervertretern im Aufsichtsrat. Abs. 3 betrifft die Zusammensetzung des besonders wichtigen **Vermittlungsausschusses**. 1

§ 27 ist zwingend. Die Satzung oder der Aufsichtsrat selber können aber flankierende oder zusätzliche Regelungen treffen, sofern diese § 27 nicht widersprechen.[1] 2

B. Wahl des Vorsitzenden und seines Stellvertreters (Abs. 1 und 2)

Der Vorsitzende und sein Stellvertreter müssen Aufsichtsratsmitglieder sein. Weitere Voraussetzungen stellt 3 das Gesetz nicht auf. Auch die Satzung oder die Geschäftsordnung für den Aufsichtsrat dürfen keine solchen weiteren Voraussetzungen aufstellen.[2] In aller Regel wählt der Aufsichtsrat einen Anteilseignervertreter zum Vorsitzenden, einen Arbeitnehmervertreter zu dessen Stellvertreter; er muss dies aber nicht. Insbesondere ist der Aufsichtsrat nicht gehindert, einen Arbeitnehmervertreter als Vorsitzenden zu wählen.[3] Gegen die Anteilseignervertreter ist eine solche Wahl nicht möglich. Und wenn diese das ausnahmsweise für unproblematisch halten, kann dies auch verfassungsrechtlich nicht problematisch sein. Der Aufsichtsrat kann auch weitere Stellvertreter des Aufsichtsratsvorsitzenden wählen, sofern die Satzung dies nicht ausschließt.[4] Die Satzung darf auch im Fall weiterer Stellvertreter keine weiteren Voraussetzungen für die Person aufstellen, etwa dass nur ein Anteilseignervertreter als weiterer Stellvertreter in Betracht kommt.[5] Ein weiterer Stellvertreter kann nur dann die Funktion des Vorsitzenden einnehmen, wenn der Vorsitzende und dessen Stellvertreter verhindert sind. Er darf also nicht den eigentlichen Stellvertreter überspringen. Die Wahl etwaiger weiterer Stellvertreter erfolgt nicht nach § 27, sondern nach § 29.[6]

§ 27 Abs. 1 und 2 bestimmen die Modalitäten der Wahl für den Aufsichtsratsvorsitzenden und Stellvertreter. 4 Sie hat unmittelbar nach Wahl des Aufsichtsrats zu erfolgen. Zunächst findet ein erster **gemeinsamer Wahlgang** statt. Der Aufsichtsrat als Gremium wählt also den Vorsitzenden und dessen Stellvertreter. Die Wahl von Vorsitzendem und Stellvertreter kann gemeinsam oder getrennt erfolgen. Beide müssen aber die erforderliche Mehrheit von zwei Dritteln der gesetzlichen Anzahl der Aufsichtsratsmitglieder erreichen, auch bei getrennten Wahlen ist dies zu beachten. Wird bei der Wahl des Vorsitzenden und/oder seines Stellvertreters die erforderliche Mehrheit nicht erreicht, kann die Wahl wiederholt werden, aber nur wenn alle Aufsichtsratsmitglieder einverstanden sind.[7] Wird in dem ersten Wahlgang, ggf auch nach Wiederholung, die erforderliche Mehrheit für beide oder auch nur einen von beiden nicht erreicht, kommt es zu einem **zweiten Wahlgang**. In diesem zweiten Wahlgang wählen die Anteilseignervertreter den Vorsitzenden, die Arbeitnehmervertreter dessen Stellvertreter, und zwar jeweils mit einfacher Mehrheit der anwesenden Aufsichtsratsmitglieder. Die Beschlussfähigkeit bestimmt sich dann nach § 28, im zweiten Wahlgang kommt es darauf an, dass mindestens die Hälfte der jeweiligen Gruppe teilnimmt. Auch der zweite Wahlgang kann mit Einverständnis der teilnehmenden Aufsichtsratsmitglieder wiederholt werden, wenn er kein Ergebnis gebracht hat.[8] Umstritten, aber praktisch bedeutungslos ist die Frage, ob der Aufsichtsratsvorsitzende ent-

---

1 MüHb-ArbR/*Wißmann*, § 282 Rn 2.
2 BGH v. 25.2.1982 – II ZR 123/81, NJW 1982, 1525;.
3 UHH/*Ulmer*/*Habersack*, § 27 Rn 7; ErfK/*Oetker*, § 27 Rn 2; kritisch HWK/*Seibt*, § 27 Rn 3.
4 BGH v. 25.2.1982 – II ZR 123/81, NJW 1982, 1525; OLG Hamburg v. 23.7.1982 – 11 U 179/80, AG 1983, 21; UHH/*Ulmer*/*Habersack*, § 27 Rn 18; KölnKomm-AktG/*Mertens*/*Cahn*, Anh. § 27 MitbestG Rn 14; kritisch: *Köstler*/*Kittner*/*Zachert*, Rn 385 f.
5 BGH v. 25.2.1982 – II ZR 123/81, NJW 1982, 1525.
6 Streitig, wie hier OLG Hamburg v. 23.7.1982 – 11 U 179/80, AG 1983, 21, 22; KölnKomm-AktG/*Mertens*, Anh. § 117 B, § 25 MitbestG Rn 7, § 27 MitbestG Rn 15; UHH/*Ulmer*/*Habersack*, § 27 Rn 19; aM *Raiser*/*Veil*, § 27 Rn 15.
7 WWKK/*Koberski*, § 27 Rn 10; AnwK-ArbR/*Heither*/*v. Morgen*, § 27 MitbestG Rn 3.
8 KölnKomm-AktG/*Mertens*/*Cahn*, Anh. § 117 B, § 25 MitbestG Rn 7.

5 § 27 sagt nichts zur **Amtszeit** von Vorsitzendem und Stellvertreter. Daher kann sie in der Satzung oder durch den Aufsichtsrat per Geschäftsordnung oder Beschluss selbst geregelt werden.[10] Dabei muss die Amtszeit von Vorsitzendem und Stellvertreter einheitlich sein.[11] Fehlen Bestimmungen über die Amtszeit von Vorsitzendem und Stellvertreter, dann gilt deren Bestellung für die gesamte Amtszeit des Aufsichtsrats.

sprechend § 104 Abs. 2 AktG auch vom Registergericht bestimmt werden kann. Eine solche gerichtliche Befugnis kann in Notfällen zur Sicherung der Funktionsfähigkeit des Aufsichtsrats bejaht werden.[9]

6 Die Bestellung von Vorsitzendem und/oder Stellvertreter kann vom Aufsichtsrat jederzeit **widerrufen** werden. Eine gemeinsame Abberufung ist also nicht erforderlich. Die Abberufung erfolgt nach überwiegender Auffassung **spiegelbildlich zur Wahl**; es kommt somit darauf an, ob der Betreffende nach § 27 Abs. 1 oder 2 gewählt wurde. Im ersten Fall kann er mit 2/3-Mehrheit des gesamten Aufsichtsrats, im zweiten Fall mit einfacher Mehrheit der Vertreter, die ihn bestellt haben, abberufen werden. Allerdings kommt diese Auffassung nur noch teilweise in Reinfassung vor.[12] Folgende Modifikationen werden vertreten: Nach einem erfolglosen Abberufungsversuch nach § 27 Abs. 1 soll die Abberufung nicht endgültig gescheitert sein, sondern dann eine Abberufung nach § 27 Abs. 2 in Betracht kommen.[13] Auch bei einem nach § 27 Abs. 2 Gewählten soll eine Abberufung mit 2/3 Mehrheit möglich sein.[14] Eine Abberufung aus wichtigem Grund soll stets mit einfacher Mehrheit möglich sein, wobei der Abzuberufene entsprechend § 34 BGB wegen Interessenkollision kein Stimmrecht hat.[15]

7 Der ersten und dritten Modifikation ist zuzustimmen. Haben Vorsitzender und/oder Stellvertreter nicht mehr das Vertrauen der Gruppe, der sie angehören, muss eine Abwahl nach § 27 Abs. 2 möglich sein, auch wenn der Betreffende nach § 27 Abs. 1 gewählt worden ist. Und wenn ein wichtiger Grund für die Abberufung vorliegt, muss es möglich sein, die Bestellung des Betreffenden mit einfacher Mehrheit zu widerrufen, wobei der Betreffende kein Stimmrecht hat. Dagegen ist der Widerruf eines nach § 27 Abs. 2 Gewählten nur spiegelbildlich durch Beschluss der jeweiligen Gruppe möglich. Deren Vertrauen ist maßgeblich, nicht das Vertrauen von 2/3 des Aufsichtsrats. Die erste und dritte Modifikation können deklaratorisch durch die Satzung bestätigt werden, was angesichts des diffusen Meinungsbildes auch sinnvoll ist. Die Auffassung, die jede satzungsmäßige Abweichung von der strengen „Spiegelbildtheorie" für unzulässig hält,[16] muss sich entgegenhalten lassen, dass diese Theorie im Gesetz keinen Niederschlag gefunden hat.

8 Scheiden Vorsitzender und/oder Stellvertreter aus, so findet eine **Nachwahl** statt, die ebenfalls § 27 unterliegt. Unabhängig davon, auf welche Weise der Ausscheidende gewählt wurde, hat zunächst ein Wahlgang nach § 27 Abs. 1 und dann ggf nach § 27 Abs. 2 zu erfolgen.[17] Die früher teilweise vertretene Auffassung, dass der nicht ausscheidende Amtsinhaber in bestimmten Fällen ebenfalls automatisch sein Amt verliert („Tandem-Theorie"), ist dem Gesetz nicht zu entnehmen und daher zurückzuweisen.[18] Ob die Satzung eine solche Tandem-Lösung vorschreiben kann, ist umstritten.[19]

C. Vermittlungsausschuss (Abs. 3) und weitere Ausschüsse

9 Der in **Abs. 3** vorgesehene Vermittlungsausschuss besteht zwingend aus dem Vorsitzenden, seinem Stellvertreter und je einem Vertreter der Arbeitnehmer und Anteilseigner im Aufsichtsrat. Letztere müssen Aufsichtsratsmitglieder sein; jede Gruppe wählt ihre Ausschussmitglieder entsprechend § 27 Abs. 2.[20] Nach überwiegender Auffassung ist der Vermittlungsausschuss nur beschlussfähig, wenn alle Ausschussmitglieder teilnehmen, § 28 ist also nicht anwendbar.[21] Die Entscheidungen werden mit einfacher Mehrheit getroffen. Dem Aufsichtsratsvorsitzenden steht in diesem Ausschuss keine Zweitstimme zu.[22] Ein solches Zweitstimmrecht kann ihm auch nicht über die Satzung gewährt werden.[23]

---

9 Ähnlich: ErfK/*Oetker*, § 27 MitbestG Rn 3; HWK/*Seibt*, § 27 Rn 5; *Döring/Grau*, NZG 2010, 1328 f; gegen eine gerichtliche Notbestellung etwa WWKK/*Koberski*, § 27 Rn 7.

10 WWKK/*Koberski*, § 27 Rn 14; MüHb-ArbR/*Wißmann*, § 282 Rn 2.

11 ErfK/*Oetker*, § 27 MitbestG Rn 5; *Raiser/Veil*, § 27 Rn 16; aM HWK/*Seibt*, § 27 MitbestG Rn 6.

12 UHH/*Ulmer/Habersack*, § 27 Rn 13 f; WWKK/*Koberski*, § 27 Rn 18; AnwK-Arbeitsrecht/*Heither/v. Morgen*, § 27 MitbestG Rn 6.

13 *Säcker*, BB 2008, 2252; *Döring/Grau*, NZG 2010, 1328, 1329 f; HWK/*Seibt*, § 27 Rn 7.

14 KölnKomm-AktG/*Mertens/Cahn*, Anh. § 117 B, § 27 MitbestG Rn 9; *Raiser/Veil*, § 27 Rn 18..

15 *Säcker*, BB 2008, 2252, 2253; *Döring/Grau*, NZG 2010, 1328, 1329; aA KölnKomm-AktG/*Mertens/Cahn*, Anh. § 117 B, § 27 MitbestG Rn 10.

16 So UHH/*Ulmer/Habersack*, § 27 Rn 13 f; WWKK/*Koberski*, § 27 Rn 18.

17 UHH/*Ulmer/Habersack*, § 27 Rn 11; *Raiser/Veil*, § 27 Rn 23; KölnKomm-AktG/*Mertens/Cahn*, Anh. § 117 B, § 27 MitbestG Rn 8; aM WWKK/*Koberski*, § 27 Rn 16 f.

18 Inzwischen allgM, vgl *Raiser/Veil*, § 27 Rn 22; WWKK/*Koberski*, § 27 Rn 16; *Säcker*, BB 2008, 2252.

19 Dafür *Raiser/Veil*, § 27 Rn 25; HWK/*Seibt*, § 27 MitbestG Rn 6. Dagegen KölnKomm-AktG/*Mertens/Cahn*, Anh. § 117 B, § 27 MitbestG Rn 8.

20 *Raiser/Veil*, § 27 Rn 22.

21 UHH/*Ulmer/Habersack*, § 27 Rn 23; *Raiser/Veil*, § 27 Rn 36; WWKK/*Koberski*, § 27 Rn 28, alle mwN.

22 *Raiser/Veil*, § 27 Rn 36; WWKK/*Koberski*, § 27 Rn 28.

23 AnwK-Arbeitsrecht/*Heither/v. Morgen*, § 27 MitbestG Rn 11.

Der Ausschuss hat die in § 31 Abs. 3 S. 1 bezeichneten Aufgaben (siehe die Kommentierung dort). Die Satzung oder der Aufsichtsrat können ihm aber im Rahmen des § 25 Abs. 1 auch noch weitere Aufgaben übertragen.[24] Bei der Wahrnehmung solcher weiterer Aufgaben gelten hinsichtlich Beschlussfähigkeit und Beschlussfassung geltenden allgemeinen Regelungen für Ausschüsse.[25]

Neben dem Vermittlungsausschuss kann der Aufsichtsrat **weitere Ausschüsse** einrichten (§ 25 Abs. 1, § 107 Abs. 3 AktG). In der Praxis werden regelmäßig ein Präsidialausschuss, ein Personalausschuss, ein Finanzausschuss und ein Prüfungsausschuss errichtet, vgl die Kommentierung zu § 107 AktG. Den Ausschüssen dürfen nur Aufsichtsratsmitglieder angehören. Sehr strittig ist aber, ob sich aus dem MitbestG Vorgaben für die Zusammensetzung solcher Ausschüsse ableiten lassen.[26] Dies ist insofern zu verneinen, als andere als der ausdrücklich geregelte Vermittlungsausschuss nicht zwingend paritätisch zusammengesetzt zu sein brauchen.[27] Vielmehr bestimmt der Aufsichtsrat in eigener Organisationsautonomie über die Zusammensetzung und innere Ordnung der Ausschüsse, ggf aufgrund der Zweitstimme des Vorsitzenden.[28] Allerdings muss der Aufsichtsrat bei der Entscheidung über die Zusammensetzung eines Ausschusses das Gleichbehandlungsgebot beachten und darf nicht willkürlich entscheiden.[29] Das bedeutet: Eine unterparitätische Besetzung eines Ausschusses ist zwar zulässig, bedarf aber einer sachlichen Rechtfertigung. Das können etwa fehlende Qualifikation oder Erfahrung für den Finanz- oder Prüfungsausschuss sein, wogegen sich eine unterparitätische Besetzung des Personalausschusses schwerlich rechtfertigen lassen wird. Ein Ausschuss ganz ohne Beteiligung auch nur eines Arbeitnehmervertreters dürfte zumindest in der Regel unzulässig sein.[30]

Die **Beschlussfähigkeit** der anderen **Ausschüsse** richtet sich nicht nach § 28, sondern nach § 108 Abs. 2 S. 3 AktG (mindestens drei Mitglieder). Die Satzung kann die Anforderungen an die Beschlussfähigkeit gemäß § 108 Abs. 2 S. 1 AktG aber verschärfen. Der Vorsitzende hat keine zweite Stimme, eine solche kann ihm aber die Satzung oder die Geschäftsordnung einräumen.[31]

§ 28 Beschlußfähigkeit

¹Der Aufsichtsrat ist nur beschlußfähig, wenn mindestens die Hälfte der Mitglieder, aus denen er insgesamt zu bestehen hat, an der Beschlußfassung teilnimmt. ²§ 108 Abs. 2 Satz 4 des Aktiengesetzes ist anzuwenden.

§ 28 regelt die **Beschlussfähigkeit des Aufsichtsrats**. Die Beschlussfähigkeit von **Ausschüssen** richtet sich dagegen ausschließlich nach § 108 Abs. 2 S. 3 AktG (mindestens drei Mitglieder), die Beschlussfähigkeit des Vermittlungsausschusses unterliegt gesonderten Voraussetzungen (vgl § 27 Rn 8). § 28 verlangt, dass mindestens die Hälfte der bestehenden Aufsichtsratsmitglieder an einer Sitzung teilnimmt. Damit soll Blockaden durch eine Gruppe entgegengewirkt, Zufallsentscheidungen vermieden und so die Funktionsfähigkeit des Aufsichtsrats gesichert werden.[1] Ein Aufsichtsratsmitglied, das bloß anwesend ist, sich aber nicht an den Abstimmungen beteiligt, nimmt nicht teil im Sinne des § 28.[2] Bei Stimmenthaltung nimmt ein Aufsichtsratsmitglied an der Sitzung teil.[3]

§ 28 ist insofern zwingend, als dessen Voraussetzungen nicht gesenkt werden können. Eine **Verschärfung der Voraussetzungen** durch Satzungsbestimmung ist dagegen grundsätzlich zulässig.[4] Allerdings darf eine solche Verschärfung **nicht** zu einer **Schlechterstellung der Arbeitnehmervertreter** führen oder die **Funktionsfähigkeit des Aufsichtsrats** gefährden. Nach diesen Maßstäben ist es zulässig, die Beschlussfähigkeit von der Teilnahme einer bestimmten Anzahl der Anteilseigner- und der Arbeitnehmervertreter abhängig zu machen.

---

24 UHH/*Ulmer/Habersack*, § 27 Rn 25; WWKK/*Koberski*, § 27 Rn 29.
25 KölnKomm-AktG/*Mertens/Cahn*, Anh. § 117 B, § 27 MitbestG Rn 17; WWKK/*Koberski*, § 27 Rn 29.
26 Vgl die Nachw. bei *Raiser/Veil*, § 25 Rn 49 ff; MüHb-ArbR/*Wißmann*, § 282 Rn 12.
27 BGH v. 17.5.1993, BGHZ 122, 355 ff; ErfK/*Oetker*, § 107 AktG Rn 10; UHH/*Ulmer/Habersack*, § 25 Rn 125; WWKK/*Koberski*, § 29 Rn 38; a.M: etwa GK-MibestG/*Naendrup*, § 25 Rn 35; Köstler/Zachert/Müller, Rn 399 ff.
28 Ob mit der Zweitstimme des Vorsitzenden eine unterparitätische Besetzung eines Ausschusses durchgesetzt werden kann, ist streitig. Dafür: UHH/*Ulmer/Habersack*, § 25 Rn 123; *Raiser/Veil*, § 25 Rn 56. Dagegen: WWKK/*Koberski*, § 29 Rn 41.
29 Vgl BGH v. 17.5.1993, BGHZ 122, 355; OLG München, ZIP 1995, 1676; UHH/*Ulmer/Habersack*, § 25 Rn 127; WWKK/*Koberski*, § 29 Rn 38; ErfK/*Oetker*, § 107 AktG Rn 10; AnwK-Arbeitsrecht/*Heither/v. Morgen*, § 25 Rn 7.
30 UHH/*Ulmer/Habersack*, § 25 Rn 127 a: Diskriminierung wird (widerleglich) vermutet; vgl auch ErfK/*Oetker*, § 107 AktG Rn 10, beide mwN.
31 Dazu UHH/*Ulmer/Habersack*, § 25 Rn 135 f.
1 WWKK/*Koberski*, § 28 Rn 1.
2 HWK/*Seibt*, § 28 MitbestG Rn 1.
3 WWKK/*Koberski*, § 28 Rn 5; AnwK-ArbR/*Heither/v. Morgen*, § 28 MitbestG Rn 2.
4 OLG Hamburg v. 4.4.1984 – 2 W 25/80, BB 1984, 1763; LG Frankfurt v. 3.10.1978 – 3/11 T 32/78, NJW 1978, 2398; KölnKomm-AktG/*Mertens/Cahn*, Anh. § 117 B, § 28 MitbestG Rn 2; *Lutter/Krieger*, AR, Rn 594; in diese Richtung wohl auch BGH v. 25.1.1982 – II ZR 164/81, NJW 1982, 1585; aM OLG Karlsruhe v. 20.6.1980 – 15 U 171/79, NJW 1980, 2139; UHH/*Ulmer/Habersack*, § 28 Rn 4; WWKK/*Koberski*, § 28 Rn 6; *Hüffer*, § 108 Rn 13; *Raiser/Veil*, § 28 Rn 3.

Unzulässig sind dagegen Bestimmungen, nach denen die Beschlussfähigkeit die Teilnahme einer bestimmten Anzahl Anteilseignervertreter oder der Teilnahme des Aufsichtsratsvorsitzenden erfordert. Auch entsprechende Unterbrechungs- und Vertagungsklauseln verstoßen gegen § 28.[5]

3 Beschlüsse, die gegen § 28 verstoßen, sind nichtig.[6] Das Gleiche gilt für Bestimmungen in der Satzung, die nicht mit § 28 vereinbar sind.

§ 29 Abstimmungen

(1) Beschlüsse des Aufsichtsrats bedürfen der Mehrheit der abgegebenen Stimmen, soweit nicht in Absatz 2 und in den §§ 27, 31 und 32 etwas anderes bestimmt ist.

(2) ¹Ergibt eine Abstimmung im Aufsichtsrat Stimmengleichheit, so hat bei einer erneuten Abstimmung über denselben Gegenstand, wenn auch sie Stimmengleichheit ergibt, der Aufsichtsratsvorsitzende zwei Stimmen. ²§ 108 Abs. 3 des Aktiengesetzes ist auch auf die Abgabe der zweiten Stimme anzuwenden. ³Dem Stellvertreter steht die zweite Stimme nicht zu.

1 Die Abstimmungen im Aufsichtsrat richten sich nach § 29. Der in Abs. 2 geregelte **Stichentscheid des Vorsitzenden** sichert das **leichte Übergewicht der Anteilseigner im Aufsichtsrat**. Neben § 29 sind noch §§ 25 Abs. 1, 108 AktG anwendbar.

2 Nach **Abs. 1** entscheidet der Aufsichtsrat grundsätzlich mit **einfacher Mehrheit**. Es kommt auf die Mehrheit der abgegebenen gültigen Stimmen an. Ungültige Stimmen werden also nicht mitgezählt, ebenso wenig Stimmenthaltungen.[1] Allerdings können Satzung oder Geschäftsordnung vorsehen, Stimmenthaltungen bei der Berechnung der Mehrheit zu berücksichtigen.[2] Dann hat eine Stimmenthaltung die Wirkung eines Nein.[3] Satzung oder Geschäftsordnung können aber die Stimmenthaltung auch untersagen.[4] Das bedeutet, dass eine dennoch erfolgte Stimmenthaltung ungültig ist und nicht mitzählt. Im Übrigen ist § 29 Abs. 1 zwingend. Es dürfen also keine anderen Mehrheitserfordernisse aufgestellt werden. Dies gilt auch für Kompetenzen, die dem Aufsichtsrat nicht kraft Gesetzes, sondern kraft Satzung übertragen sind.[5]

3 **Abs. 2** regelt zwingend das Zweitstimmrecht des Aufsichtsratsvorsitzenden. Dieses kann nur ausgeübt werden, wenn bei einer Abstimmung **Stimmengleichheit** besteht und eine zweite Abstimmung mit **Stimmengleichheit** über den gleichen Beschlussgegenstand erfolgt. **Wann** die zweite Abstimmung erfolgt, liegt im Ermessen des Aufsichtsratsvorsitzenden im Rahmen seiner Sitzungskompetenz, allerdings muss er sich einer Entscheidung der Aufsichtsratsmehrheit über diese Frage beugen.[6] Das Gleiche gilt für die Frage, **ob** überhaupt eine zweite Abstimmung erfolgt.[7] § 29 Abs. 2 begründet insofern keine Verpflichtung; auch die Satzung darf eine solche nicht einführen. Erfolgt keine zweite Abstimmung, so ist der Antrag abgelehnt.[8] Sind hingegen zwei Abstimmungen mit Stimmengleichheit erfolgt, liegt es im Ermessen des Aufsichtsratsvorsitzenden, ob und wie er sein Zweitstimmrecht ausübt.[9] Bei dieser Entscheidung hat er sich wie auch sonst von Unternehmensinteresse leiten lassen.

4 Der Aufsichtsratsvorsitzende kann bei Abwesenheit seine Erst- und Zweitstimme schriftlich abgeben, § 108 Abs. 3 AktG. Dagegen kann er sein Stimmrecht nicht einem anderen Aufsichtsratsmitglied überlassen.[10] Dem Stellvertreter des Aufsichtsratsvorsitzenden steht in keinem Fall das Zweitstimmrecht zu, also auch nicht bei dessen Verhinderung.[11]

---

5 Vgl zu diesen Beispielen KölnKomm-AktG/*Mertens/Cahn*, Anh. § 117 B, § 28 MitbestG Rn 2 f.
6 BayObLG v. 28.3.2003 – 3Z BR 199/02 – NZG 2003, 691; UHH/*Ulmer/Habersack*, § 28 Rn 8.
1 BGH v. 25.1.1982 – II ZR 164/81, BGHZ 83, 35, 36; UHH/*Ulmer/Habersack*, § 29 Rn 6; ErfK/*Oetker*, § 29 MitbestG Rn 2.
2 *Raiser/Veil*, § 29 Rn 6; MüHb-ArbR/*Wißmann*, § 282 Rn 8; WWKK/*Koberski*, § 29 Rn 6; aM UHH/*Ulmer/Habersack*, § 29 Rn 6.
3 WWKK/*Koberski*, § 29 Rn 6.
4 KölnKomm-AktG/*Mertens/Cahn*, Anh. § 117 B § 29 MitbestG Rn 3.

5 *Raiser/Veil*, § 29 Rn 7 mwN auch zur Gegenauffassung.
6 UHH/*Ulmer/Habersack*, § 29 Rn 14; *Raiser/Veil*, § 29 Rn 11.
7 UHH/*Ulmer/Habersack*, § 29 Rn 13.
8 ErfK/*Oetker*, § 29 MitbestG Rn 5; HWK/*Seibt*, § 29 MitbestG Rn 6.
9 WWKK/*Koberski*, § 29 Rn 18; KölnKomm-AktG/*Mertens/Cahn*, Anh. § 117 B § 29 MitbestG Rn 12.
10 UHH/*Ulmer/Habersack*, § 29 Rn 17; HWK/*Seibt*, § 29 MitbestG Rn 8.
11 UHH/*Ulmer/Habersack*, § 29 Rn 17; AnwK-ArbeitR/*Heither/v. Morgen*, § 29 MitbestG Rn 5.

Dritter Teil Gesetzliches Vertretungsorgan

§ 30 Grundsatz

Die Zusammensetzung, die Rechte und Pflichten des zur gesetzlichen Vertretung des Unternehmens befugten Organs sowie die Bestellung seiner Mitglieder bestimmen sich nach den für die Rechtsform des Unternehmens geltenden Vorschriften, soweit sich aus den §§ 31 bis 33 nichts anderes ergibt.

Die §§ 31 bis 33 enthalten vorrangige Regelungen über das gesetzliche Vertretungsorgan eines mitbestimmten Unternehmens. § 30 stellt klar, dass neben diesen Regelungen die gesellschaftsrechtlichen Vorschriften gelten.

§ 31 Bestellung und Widerruf

(1) ¹Die Bestellung der Mitglieder des zur gesetzlichen Vertretung des Unternehmens befugten Organs und der Widerruf der Bestellung bestimmen sich nach den §§ 84 und 85 des Aktiengesetzes, soweit sich nicht aus den Absätzen 2 bis 5 etwas anderes ergibt. ²Dies gilt nicht für Kommanditgesellschaften auf Aktien.

(2) Der Aufsichtsrat bestellt die Mitglieder des zur gesetzlichen Vertretung des Unternehmens befugten Organs mit einer Mehrheit, die mindestens zwei Drittel der Stimmen seiner Mitglieder umfaßt.

(3) ¹Kommt eine Bestellung nach Absatz 2 nicht zustande, so hat der in § 27 Abs. 3 bezeichnete Ausschuß des Aufsichtsrats innerhalb eines Monats nach der Abstimmung, in der die in Absatz 2 vorgeschriebene Mehrheit nicht erreicht worden ist, dem Aufsichtsrat einen Vorschlag für die Bestellung zu machen; dieser Vorschlag schließt andere Vorschläge nicht aus. ²Der Aufsichtsrat bestellt die Mitglieder des zur gesetzlichen Vertretung des Unternehmens befugten Organs mit der Mehrheit der Stimmen seiner Mitglieder.

(4) ¹Kommt eine Bestellung nach Absatz 3 nicht zustande, so hat bei einer erneuten Abstimmung der Aufsichtsratsvorsitzende zwei Stimmen; Absatz 3 Satz 2 ist anzuwenden. ²Auf die Abgabe der zweiten Stimme ist § 108 Abs. 3 des Aktiengesetzes anzuwenden. ³Dem Stellvertreter steht die zweite Stimme nicht zu.

(5) Die Absätze 2 bis 4 sind für den Widerruf der Bestellung eines Mitglieds des zur gesetzlichen Vertretung des Unternehmens befugten Organs entsprechend anzuwenden.

A. Allgemeiner Überblick

§ 31 betrifft die **Personalkompetenz** des Aufsichtsrats. Diese soll zu **Akzeptanz** und **Legitimation** der Unternehmensleitung im Hinblick auf alle am Unternehmen Beteiligten – Anteilseigner wie Arbeitnehmer – beitragen.[1] § 31 ist zwingend, kann also weder durch Satzung noch durch Geschäftsordnung abgeändert werden.[2]

B. Anwendungsbereich

Abs. 1 enthält den allgemeinen Grundsatz, dass sich Bestellung und Abberufung des Vorstands einer AG vorrangig nach § 31 Abs. 2–5 und daneben nach §§ 84, 85 AktG richten. Weiterhin wird die **KGaA** ausdrücklich vom Anwendungsbereich des § 31 ausgenommen. Grund dafür ist, dass dort der Komplementär nicht nur Gesellschafter, sondern auch (geborenes) Geschäftsführungsorgan ist.

Diese mitbestimmungsrechtliche Ausnahmestellung ist auch bei einer **Kapitalgesellschaft & Co. KGaA** gerechtfertigt. Anderenfalls würde der Aufsichtsrat als Kontrollorgan der KGaA die Personalkompetenz für das Geschäftsführungsorgan der (selbstständigen) Komplementärgesellschaft haben. **Dies wäre ein unzulässiger Eingriff in die gesellschaftsrechtliche Organisationsstruktur der Komplementärgesellschaft.**[3] Eine andere – allerdings ebenfalls zu verneinende – Frage ist, ob eine Kapitalgesellschaft & Co. KGaA nicht den §§ 4, 5 unterfällt (vgl § 4 Rn 11 ff; § 5 Rn 13 ff).

---

1 ErfK/*Oetker*, § 31 MitbestG Rn 1.
2 UHH/*Ulmer/Habersack*, § 31 Rn 2; WWKK/*Koberski*, § 31 Rn 1.
3 *Joost*, ZGR 1998, 334, 343 f; ErfK/*Oetker*, § 30 MitbestG Rn 3; KölnKomm-AktG/*Mertens/Cahn*, Anh. § 117 B, § 31 MitbestG Rn 8, § 30 MitbestG Rn 4; MüKo-AktG/*Perlitt*, § 278 AktG Rn 303; differenzierend *Raiser/Veil*, § 31 Rn 45 f; WWKK/*Koberski*, § 31 Rn 51 f.

C. Bestellung der Mitglieder des Geschäftsführungsorgans (Abs. 2–4)

4 Die **Abs. 2–4** sehen ein **bis zu dreistufiges Verfahren** zur Bestellung des Vorstands vor. Auf der **ersten Stufe** entscheidet der Aufsichtsrat über jedes einzelne Vorstandsmitglied. Gewählt ist, wer **2/3 der Stimmen aller Aufsichtsratsmitglieder** – die abwesenden werden hier mit einbezogen – erhält.

5 Kandidiert ein Aufsichtsratsmitglied selbst, so ist er vom Stimmrecht ausgeschlossen.[4] Wenn sich die Gegenauffassung darauf bezieht, dass es sich um einen **Akt körperschaftlicher Willensbildung** handle, bei dem verbandsrechtliche Stimmverbote nicht gelten würden, so kann dies nicht überzeugen. Denn der Aufsichtsrat ist auch für den **Anstellungsvertrag** zuständig, der kein Akt körperlicher Willensbildung, sondern ein Rechtsgeschäft ist. Schon aufgrund dieses **Zusammenhangs** ist ein Stimmrechtsausschluss geboten. Im Übrigen ist bei der Eigenkandidatur eines Aufsichtsratsmitglieds nicht auszuschließen, dass dieser sein persönliches Interesse über das Unternehmensinteresse stellt. Solche **Interessenkollisionen** sollten aus grundsätzlichen Erwägungen **strikt vermieden** werden. Anderenfalls dürfte die Effizienz des Aufsichtsrats als Kontroll- und Überwachungsorgan weiter in Frage gestellt werden.

6 Im **zweiten Wahlgang** geht es um die Sitze, die nicht mit der erforderlichen Mehrheit besetzt werden konnten. Zunächst hat der **Vermittlungsausschuss** (§ 27 Abs. 3) binnen eines Monats nach dem ersten Wahlgang einen Vorschlag für die Besetzung des jeweiligen Sitzes zu suchen. Nach Ablauf der Monatsfrist hat der Aufsichtsrat über einen etwaigen Vorschlag des Vermittlungsausschusses und/oder über einen anderen Vorschlag erneut abzustimmen. Auch über einen im ersten Wahlgang abgelehnten Vorschlag kann erneut abgestimmt werden.[5] Bei diesem zweiten Wahlgang genügt **einfache Mehrheit**, wiederum bezogen auf alle Aufsichtsratsmitglieder.

7 Bleiben auch nach dem zweiten Wahlgang Sitze unbesetzt, so hat der Aufsichtsratsvorsitzende nach pflichtgemäßem Ermessen zu entscheiden, ob ein **dritter Wahlgang** stattfindet. Dabei hat er sich einem etwaigen Votum der Aufsichtsratsmehrheit zu beugen. In dem dritten Wahlgang kann der Aufsichtsratsvorsitzende seine **Zweitstimme** einsetzen. Voraussetzung dafür ist eine **Pattsituation**.[6] Dies ergibt sich zwar nicht unmittelbar aus § 31 Abs. 3, wohl aber aus dem subsidiär anwendbaren § 29 Abs. 2. Das leichte Übergewicht der Anteilseigner wird dadurch genauso wenig beeinträchtigt wie bei den übrigen Beschlussgegenständen des § 29 Abs. 2. Der Aufsichtsratsvorsitzende muss seine Zweitstimme nicht einsetzen.[7] Die Entscheidung darüber hat er unter Berücksichtigung des Unternehmensinteresses zu treffen.

8 Ist auch der dritte Wahlgang nicht erfolgreich geblieben, so muss das Verfahren **von vorne beginnen**. In Notfällen kommt eine **gerichtliche Bestellung** gemäß § 85 Abs. 1 AktG in Betracht.[8]

D. Widerruf der Bestellung (Abs. 5)

9 Gemäß **Abs. 5** hat der **Widerruf der Bestellung** eines Vorstandsmitglieds nach dem Verfahren der Abs. 2–4 zu erfolgen. Das heißt, es müssen bis zu 3 Abstimmungen erfolgen, ggf unter Einschaltung des Vermittlungsausschusses. Lehnt der Aufsichtsrat allerdings bereits im ersten Wahlgang eine Abberufung mehrheitlich ab, so bringt er damit unmissverständlich zum Ausdruck, dass das betreffende Vorstandsmitglied seine Stellung behalten soll. Das Abberufungsverfahren ist damit zu beenden, eine Fortsetzung gemäß § 31 Abs. 2 und 3 wäre eine Förmelei.[9]

10 Weitere Voraussetzung für den Widerruf der Bestellung ist das Vorliegen eines **wichtigen Grundes** (§ 31 Abs. 1 iVm § 84 Abs. 3 AktG). Auch der Vertrauensentzug der Hauptversammlung, sofern nicht auf unsachgemäßen Gründen beruhend, rechtfertigt den Widerruf. Der Vertrauensentzug allein wegen Arbeitnehmernähe eines Vorstandsmitglieds dürfte bei mitbestimmten Gesellschaften unsachgemäß und damit unbeachtlich sein.[10]

---

4 UHH/*Ulmer/Habersack*, § 31 Rn 18 a; *Ulmer*, NJW 1982, 2288; ähnlich auch *Hüffer*, § 108 AktG Rn 9; Baumbach/Hueck/*Zöllner*, GmbHG, § 52 Rn 52; aM Lutter/Krieger, AR, Rn 343; *Mertens*, ZGR 1983, 203; ErfK/*Oetker*, § 31 MitbestG Rn 4; *Raiser/Veil*, § 31 Rn 13; HWK/*Seibt*, MitbestG § 31 Rn 4.

5 Vgl UHH/*Ulmer/Habersack*, § 31 Rn 20 f.

6 Streitig, wie hier WWKK/*Koberski*, § 31 Rn 20; Lutter/Krieger, AR, Rn 354; *Raiser/Veil*, § 31 Rn 17; Köstler/Zachert/Müller, Rn 634; aM UHH/*Ulmer/Habersack*, § 31 Rn 22; Hoffmann/Lehmann/Weinmann, § 31 Rn 23; KölnKomm-AktG/*Mertens/Cahn*, Anh. § 117 B, § 31 MitbestG Rn 8.

7 UHH/*Ulmer/Habersack*, § 31 Rn 22; *Raiser/Veil*, § 31 Rn 18; HWK/*Seibt*, § 31 MitbestG Rn 6.

8 UHH/*Ulmer/Habersack*, § 31 Rn 24, 26; ErfK/*Oetker*, § 31 MitbestG Rn 6.

9 *Raiser/Veil*, § 31 Rn 34; UHH/*Ulmer/Habersack*, § 31 Rn 33; KölnKomm-AktG/*Mertens/Cahn*, Anh. § 117 B, § 31 MitbestG Rn 8.

10 UHH/*Ulmer/Habersack*, § 31 Rn 30; Großkomm-AktienR/*Oetker*, MitbestG § 31 Rn 17.

E. Bestellung und Abberufung des Vorstandsvorsitzenden

Auch der Vorstandsvorsitzende der AG wird durch den Aufsichtsrat bestellt und abberufen (§ 31 Abs. 1 iVm § 4 Abs. 2 und 3 AktG).[11] Dies kann also nicht durch die Anteilseignervertreter allein oder einen Ausschuss erfolgen. Bestellung und Abberufung des Vorstandsvorsitzenden richten sich allerdings nicht nach § 31, sondern nach § 29.[12]

F. Zuständigkeit für Anstellungsvertrag

Der Aufsichtsrat entscheidet gemäß § 31 Abs. 1 iVm § 84 Abs. 1 S. 5 AktG auch über **Abschluss und Kündigung des Anstellungsvertrags** der Vorstandsmitglieder. Es gilt also auch insofern das in § 31 niedergelegte Verfahren Die erforderlichen Mehrheiten ergeben sich allerdings nicht aus § 31, sondern aus § 29.[13] Die Übertragung dieser Kompetenzen auf einen Ausschuss begegnet keinen Bedenken.[14] Dagegen kann nicht der Aufsichtsratsvorsitzende oder ein Aufsichtsratsmitglied bevollmächtigt werden, den Anstellungsvertrag selbstständig auszuhandeln und zu unterzeichnen.[15] Bei einer fristlosen Kündigung des Anstellungsvertrags nach § 626 BGB ist die Zweiwochenfrist des § 626 Abs. 2 BGB zu beachten. Das dreistufige Verfahren nach § 31 hemmt die Frist nicht.[16] Der Aufsichtsrat hat in diesen Fällen also die Frist im Auge zu behalten und beschleunigt zu handeln.[17]

Diese Grundsätze gelten **bei der AG** auch bei Drittanstellungen, wie sie in Konzerngesellschaften nicht unüblich sind.[18] Die Gesellschaft muss also mit einem Vorstandsmitglied, das von einer anderen Gesellschaft aufgrund des dortigen Anstellungsvertrags entsandt wurde, einen gesonderten Anstellungsvertrag schließen.

§ 32 Ausübung von Beteiligungsrechten

(1) ¹Die einem Unternehmen, in dem die Arbeitnehmer nach diesem Gesetz ein Mitbestimmungsrecht haben, auf Grund von Beteiligungen an einem anderen Unternehmen, in dem die Arbeitnehmer nach diesem Gesetz ein Mitbestimmungsrecht haben, zustehenden Rechte bei der Bestellung, dem Widerruf der Bestellung oder der Entlastung von Verwaltungsträgern sowie bei der Beschlußfassung über die Auflösung oder Umwandlung des anderen Unternehmens, den Abschluß von Unternehmensverträgen (§§ 291, 292 des Aktiengesetzes) mit dem anderen Unternehmen, über dessen Fortsetzung nach seiner Auflösung oder über die Übertragung seines Vermögens können durch das zur gesetzlichen Vertretung des Unternehmens befugte Organ nur auf Grund von Beschlüssen des Aufsichtsrats ausgeübt werden. ²Diese Beschlüsse bedürfen nur der Mehrheit der Stimmen der Aufsichtsratsmitglieder der Anteilseigner; sie sind für das zur gesetzlichen Vertretung des Unternehmens befugte Organ verbindlich.

(2) Absatz 1 ist nicht anzuwenden, wenn die Beteiligung des Unternehmens an dem anderen Unternehmen weniger als ein Viertel beträgt.

§ 32 enthält eine Sonderregelung für den Fall, dass eine mitbestimmte Obergesellschaft zu 25 % oder mehr an einer gleichfalls mitbestimmten Untergesellschaft beteiligt ist. Der Intention des Gesetzgebers nach soll **zum einen** eine **Potenzierung der Mitbestimmung** verhindert werden. Eine solche sei zu befürchten, wenn der Aufsichtsrat einer mitbestimmten Obergesellschaft unmittelbar oder mittelbar auf Entscheidungen einer ebenfalls mitbestimmten Untergesellschaft Einfluss nimmt. **Zum anderen** sollen bestimmte **grundlegende Entscheidungen der Untergesellschaft**, die dort der alleinigen Kompetenz der **Hauptversammlung** unterliegen, nicht mittelbar durch die Arbeitnehmervertreter im Aufsichtsrat der Obergesellschaft gesteuert werden.[1] Dies wird dadurch erreicht, dass die in § 32 aufgezählten Maßnahmen nicht durch den Vorstand der Obergesellschaft durchgeführt werden dürfen, sondern dass es dazu der Mehrheit der Anteilseignervertreter im Aufsichtsrat der Obergesellschaft bedarf. Nach allgemeiner Auffassung sind sowohl der Gesetzeszweck

---

11 ErfK/*Oetker*, § 31 MitbestG Rn 8; HWK/*Seibt*, MitbestG § 31 Rn 9; aM *Werner*, in: FS Fischer, 1979, S. 821, 826.
12 WWKK/*Koberski*, § 31 Rn 25; UHH/*Ulmer/Habersack*, § 31 Rn 28; MüKo-AktG/*Gach*, § 31 MitbestG Rn 21.
13 UHH/*Ulmer/Habersack*, § 31 Rn 41; *Lutter/Krieger*, AR, Rn 386.
14 Großkomm-AktienR/*Oetker*, MitbestG § 31 Rn 23; HWK/*Seibt*, § 31 Rn 10; WWKK/*Koberski*, § 31 Rn 36.
15 OLG Düsseldorf v. 17.11.2003 – I-15 U 225/02, 15 U 225/02, DB 2004, 921; WWKK/*Koberski*, § 31 Rn 36.
16 UHH/*Ulmer/Habersack*, § 31 Rn 43; KölnKomm-AktG/*Mertens/Cahn*, Anh. § 117 B, § 31 MitbestG Rn 10; MüKo-AktG/*Gach*, § 31 MitbestG Rn 26.
17 UHH/*Ulmer/Habersack*, § 31 Rn 43; KölnKomm-AktG/*Mertens/Cahn*, Anh. § 117 B, § 31 MitbestG Rn 10.
18 MüHb-GesR Band IV/*Wiesner*, § 21 Rn 3; KölnKomm-AktG/*Mertens*, § 85 AktG Rn 51.
1 Vgl nur *Raiser/Veil*, § 32 Rn 1.

als auch dessen Umsetzung fragwürdig. Insbesondere wird zu Recht die Durchbrechung grundlegender gesellschaftsrechtlicher Prinzipien – keine Geschäftsführung durch den Aufsichtsrat – kritisiert.[2]

2 Voraussetzung für die Anwendung des § 32 ist, dass eine mitbestimmte Obergesellschaft zu mindestens 25 % an Kapital oder Stimmenmehrheit einer ebenfalls mitbestimmten Untergesellschaft beteiligt ist. Die Berechnungsregelungen in § 16 Abs. 2–4 AktG gelten nach überwiegender Auffassung nicht.[3] Ein Konzernverhältnis muss nicht bestehen.[4] Die vorausgesetzte Mitbestimmung in beiden Gesellschaften muss sich nach dem MitbestG richten, eine Mitbestimmung nach dem DrittelbG reicht also nicht aus.

3 § 32 ist auch bei einer **kapitalistischen KG** anwendbar, in der gemäß § 4 ein Aufsichtsrat einzurichten ist. Zwar hat nur die Komplementärin als Obergesellschaft, nicht aber die KG als Untergesellschaft einen Aufsichtsrat, der Anwendungsbereich des § 32 ist also eigentlich nicht eröffnet. Eine **analoge Anwendung** scheint aber gerechtfertigt, da ansonsten eine Einflussnahme der Arbeitnehmervertreter im Aufsichtsrat der Obergesellschaft auf die Belange der Untergesellschaft zu befürchten ist.[5] Ist eine mitbestimmte kapitalistische KG dagegen ihrerseits Untergesellschaft einer dritten Obergesellschaft, so ist § 32 nicht analog anwendbar. In der Untergesellschaft, der KG, besteht kein Aufsichtsrat. In der Komplementärgesellschaft ist zwar ein Aufsichtsrat, auf diese kann die Obergesellschaft aber nur Einfluss ausüben, wenn sie gemäß § 32 Abs. 2 an ihr beteiligt ist.[6]

4 Handelt es sich bei der Obergesellschaft um eine KGaA, so ist § 32 **nicht anwendbar**.[7] Da der Aufsichtsrat hier von vornherein deutlich geringere Befugnisse hat, insbesondere keine Personalkompetenz gegenüber den Komplementären besitzt, ist eine Potenzierung der Einflussnahme oder die Steuerung von Grundlagenentscheidungen in der Untergesellschaft nicht zu befürchten.

5 Sind die Voraussetzungen des § 32 gegeben, so sind die in Abs. 1 abschließend genannten Geschäfte weisungsgebunden. Das heißt: **Der Vorstand der Obergesellschaft darf in der Untergesellschaft nur tätig werden, wenn der Aufsichtsrat der Obergesellschaft vorher zugestimmt hat.** Die Zustimmung erfolgt durch Beschluss der Anteilseignervertreter; die Arbeitnehmervertreter haben ein Teilnahme- und Beratungsrecht.[8] Anträge zum Verfahren können sie dagegen nicht stellen.[9] Zur Beschlussfähigkeit muss entsprechend § 28 mindestens die Hälfte aller Anteilseignervertreter an der Abstimmung teilnehmen.[10] Zur Beschlussfassung bedarf es der Mehrheit aller, nicht nur der an der Sitzung teilnehmenden Anteilseignervertreter.[11] Durch Satzung oder Geschäftsordnung kann die Zustimmungskompetenz auf einen (Beteiligungs-)Ausschuss übertragen werden, der aber mehrheitlich aus Anteilseignervertretern gebildet sein muss.[12]

6 Beachtet der Vorstand eine Weisung nach § 32 nicht, weicht er von ihr ab oder liegt noch keine vor, so ist die Wahrnehmung der Beteiligungsrechte gemäß § 180 S. 1 BGB unwirksam; sie kann aber in Nachhinein von den Anteilseignervertretern gemäß § 180 S. 2 BGB genehmigt werden.[13] Entsteht durch die Nichtbeachtung des § 32 ein Schaden, so haftet der Vorstand der Obergesellschaft.[14]

§ 33 Arbeitsdirektor

(1) [1]Als gleichberechtigtes Mitglied des zur gesetzlichen Vertretung des Unternehmens befugten Organs wird ein Arbeitsdirektor bestellt. [2]Dies gilt nicht für Kommanditgesellschaften auf Aktien.

(2) [1]Der Arbeitsdirektor hat wie die übrigen Mitglieder des zur gesetzlichen Vertretung des Unternehmens befugten Organs seine Aufgaben im engsten Einvernehmen mit dem Gesamtorgan auszuüben. [2]Das Nähere bestimmt die Geschäftsordnung.

(3) Bei Genossenschaften ist auf den Arbeitsdirektor § 9 Abs. 2 des Genossenschaftsgesetzes nicht anzuwenden.

---

2 UHH/*Ulmer/Habersack*, § 32 Rn 4; KölnKomm-AktG/*Mertens/Cahn*, Anh. § 117 B § 32 MitbestG Rn 2.
3 WWKK/*Koberski*, § 32 Rn 9; ErfK/*Oetker*, § 32 MitbestG Rn 2 mwN auch zur Gegenansicht.
4 KölnKomm-AktG/*Mertens/Cahn*, Anh. § 117 B, § 32 MitbestG Rn 6.
5 *Raiser/Veil*, § 32 Rn 6; HWK/*Seibt*, MitbestG § 32 Rn 2, beide mwN.
6 *Raiser/Veil*, § 32 Rn 6; WWKK/*Koberski*, § 32 Rn 6.
7 *Raiser/Veil*, § 32 Rn 5; UHH/*Ulmer/Habersack*, § 32 Rn 5; ErfK/*Oetker*, § 32 MitbestG Rn 2; KölnKomm-AktG/*Mertens/Cahn*, Anh. § 117 B § 32 MitbestG Rn 4; MüKo-AktG/*Gach*, § 32 MitbestG Rn 9; aA WWKK/*Koberski* § 32 Rn 14; HWK/*Seibt*, § 32 MitbestG Rn 2..
8 WWKK/*Koberski*, § 32 Rn 16; KölnKomm-AktG/*Mertens/Cahn*, Anh. § 117 B, § 32 MitbestG Rn 17; MüHb-ArbR/*Wißmann*, § 282 Rn 10; *Köstler/Zachert/Müller*, Rn 733.
9 UHH/*Ulmer/Habersack*, § 32 Rn 25; HWK/*Seibt*, § 32 MitbestG Rn 5; aA WWKK/*Koberski*, § 32 Rn 16.
10 KölnKomm-AktG/*Mertens/Cahn*, Anh. § 117 B, § 32 MitbestG Rn 19; MüKo-AktG/*Gach*, § 32 MitbestG Rn 26.
11 Streitig, wie hier UHH/*Ulmer/Habersack*, § 32 Rn 27; MüHb-ArbR/*Wißmann*, § 380 Rn 13; aM etwa KölnKomm-AktG/*Mertens/Cahn*, Anh. § 117 B § 32 MitbestG Rn 18.
12 *Raiser/Veil*, § 32 Rn 21; WWKK/*Koberski*, § 32 Rn 19; MüKo-AktG/*Gach*, § 32 MitbestG Rn 27.
13 MüKo-AktG/*Gach*, § 32 MitbestG Rn 13; KölnKomm-AktG/*Mertens/Cahn*, Anh. § 117 B, § 32 MitbestG Rn 14.
14 HWK/*Seibt*, § 32 MitbestG Rn 4.

Gemäß § 33 ist im Vertretungsorgan einer mitbestimmten Gesellschaft – ausdrückliche Ausnahme: eine mitbestimmte KGaA – zwingend ein **Arbeitsdirektor** zu bestellen. Dies gilt grundsätzlich auch bei einer Konzernobergesellschaft mit wenigen oder keinen Arbeitnehmern oder einer Zwischenholding ohne personelle und soziale Aufgaben.[1] Im Konzern kann ein Arbeitsdirektor diese Position in Personalunion für verschiedene Unternehmen wahrnehmen, sofern die jeweiligen Aufsichtsräte dem zustimmen.[2] Auf der anderen Seite ist es auch zulässig, für ein Unternehmen mehr als einen Arbeitsdirektor zu bestimmen.[3]

Der Arbeitsdirektor ist der **Personalchef auf Vorstandsebene**.[4] Er soll dafür sorgen, dass im Vorstand nicht nur die wirtschaftlichen, sondern auch die sozialen Fragen thematisiert werden.[5] Seine Aufgaben sind gesetzlich nicht näher umschrieben, insofern besteht ein gewisser Gestaltungsspielraum. Diese Unbestimmtheit führt indes nicht zur Verfassungswidrigkeit.[6] Die Ausgestaltung der Position des Arbeitsdirektors war im Gesetzgebungsverfahren umstritten, die gesetzliche Regelung stellt einen politischen Kompromiss dar.[7]

Die **Bestellung und Abberufung** des Arbeitsdirektors erfolgt nach den allgemeinen Regeln, also nach § 31 Abs. 2–5. Auch wenn ein bereits vorhandenes Vorstandsmitglied nachträglich zum Arbeitsdirektor bestellt werden soll, muss dieses Verfahren eingehalten werden.[8] Eine **besondere Beziehung** zwischen **Arbeitsdirektor und Arbeitnehmervertretern im Aufsichtsrat** besteht nicht, insbesondere haben diese keine besonderen Wahl- oder Vetorechte (anders § 13 Abs. 1 MontanMitbestG). In der Praxis wird die Wahl eines Arbeitsdirektors gegen die Stimmen der Arbeitnehmervertreter im Aufsichtsrat aber selten vorkommen. Die Satzung darf keine besonderen persönlichen Voraussetzungen für die Person des Arbeitsdirektors aufstellen.[9] Auch die Etablierung von Vorschlags- oder Zustimmungsrechten, etwa von der Belegschaft oder der Gewerkschaft, ist unzulässig.[10]

Bestellt der Aufsichtsrat keinen Arbeitsdirektor oder hält er das Verfahren des § 31 nicht ein, so kommt eine **gerichtliche Notbestellung** entsprechend § 85 AktG in Betracht. Die Dringlichkeit ist zu vermuten. Eine Widerlegung der Vermutung dürfte angesichts der Bedeutung des Arbeitsdirektors für das MitbestG im Regelfall selten erfolgsversprechend sein.[11] Insbesondere das Argument, die anderen Vorstandsmitglieder würden die personellen und sozialen Belange vorläufig mitbetreuen, scheint dafür kaum geeignet.[12] Anders mag es bei einer Konzernobergesellschaft mit wenigen oder keinen Arbeitnehmern oder einer reinen Zwischenholding sein, in welcher der Arbeitsdirektor weitgehend funktionslos ist.

Für die **Abberufung** (bzw den Widerruf der Bestellung) bedarf es wie bei der Abberufung anderer Vorstandsmitglieder eines wichtigen Grundes (vgl § 31 Rn 10). Der Verlust des Vertrauens der „im Unternehmen tätigen Arbeitnehmer" ist nicht automatisch ein wichtiger Grund für eine Abberufung, kann es aber sein, wenn dadurch das Unternehmensinteresse gefährdet wird.[13] Ebenso wenig stellt es einen wichtigen Grund dar, wenn die Arbeitnehmervertreter im Aufsichtsrat das Vertrauen in den Arbeitsdirektor verloren haben.

Der **Aufgabenbereich des Arbeitsdirektors** ist im Gesetz nicht ausdrücklich festgelegt. Bei allem Streit über die Einzelheiten herrscht im Grundsatz allgemeine Einigkeit, dass seine Zuständigkeit jedenfalls die **wesentlichen Sozial- und Personalfragen** umfassen muss.[14] Diesem Kernbereich sind u.a. folgende Bereiche zuzuordnen: Arbeit und Soziales, Tarif- und Betriebsverfassungsrecht, Gesundheitsschutz, Gehälter, Altersversorgung.[15] Die Belange der **leitenden Angestellten** gehören nicht zu diesem Kernbereich, da sie Arbeitgeberfunktionen wahrnehmen.[16] Dies gilt aber nicht für die außertariflichen Mitarbeiter, für deren Belange der Arbeitsdirektor also zwingend zuständig ist.[17] In diesem Kernbereich muss der Arbeitsdirektor Entschei-

---

1 MüKo-AktG/*Gach*, § 33 Rn 41; KölnKomm-AktG/*Mertens/Cahn*, Anh. § 117 B § 33 MitbestG, Rn 24; HWK/*Seibt*, § 32 MitbestG Rn 1; *Henssler*, FS Säcker, 2011, 365, 367; *Däubler*, NZG 2005, 617, 619 ff.
2 KölnKomm-AktG/*Mertens/Cahn*, Anh. § 117 B § 33 MitbestG, Rn 7; WWKK/*Koberski*, § 32 Rn 25.
3 *Raiser/Veil*, § 32 Rn 12; UHH/*Henssler*, § 32 Rn 41.
4 UHH/*Henssler*, § 33 Rn 1; KölnKomm-AktG/*Mertens/Cahn*, Anh. § 117 B § 33 MitbestG, Rn 1.
5 WWKK/*Koberski*, § 33 Rn 12.
6 BVerfG, 1.3.1979 – 1 BvL 21/78 u.a. – NJW 1979, 699, 711.
7 MüKo-AktG/*Gach*, § 33 Rn 3.
8 UHH/*Henssler*, § 33 Rn 9; AnwK-ArbR/*Heither/v. Morgen*, § 33 MitbestG Rn 9.
9 UHH/*Henssler*, § 33 Rn 13; WWKK/*Koberski*, § 33 Rn 18.
10 UHH/*Henssler*, § 33 Rn 12; KölnKomm-AktG/*Mertens/Cahn*, Anh. § 117 B § 33 MitbestG, Rn 5.
11 Ähnlich MüKo-AktG/*Gach*, § 33 MitbestG Rn 14; KölnKomm-AktG/*Mertens/Cahn*, Anh. § 117 B § 33 MitbestG, Rn 8; aM UHH/*Henssler*, § 33 Rn 19; ErfK/*Oetker*, § 33 MitbestG Rn 4: Dringlichkeit muss besonders dargelegt werden.
12 Anders etwa UHH/*Henssler*, § 33 Rn 19; ErfK/*Oetker*, § 33 MitbestG Rn 4.
13 ErfK/*Oetker*, § 33 MitbestG Rn 5; MüKo-AktG/*Gach*, § 33 MitbestG Rn 17.
14 MüKo-AktG/*Gach*, § 33 MitbestG Rn 29 ff; KölnKomm-AktG/*Mertens/Cahn*, Anh. § 117 B § 33 MitbestG, Rn 12 ff; MüHb-ArbR/*Wißmann*, § 281 Rn 5 mwN.
15 Vgl etwa MüKo-AktG/*Gach*, § 33 MitbestG Rn 33; AnwK-ArbR/*Heither/v. Morgen*, § 33 MitbestG Rn 13.
16 UHH/*Henssler*, § 33 Rn 48; *Raiser/Veil*, § 33 Rn 20; ErfK/*Oetker*, § 33 MitbestG Rn 12; aM WWKK/*Koberski*, § 33 Rn 29; *Säcker*, DB 1977, 1994, 1995.
17 AnwK-ArbR/*Heither/v. Morgen*, § 33 MitbestG Rn 13; aM *Raiser/Veil*, § 33 Rn 20; MüKo-AktG/*Gach*, § 33 MitbestG Rn 36; KölnKomm-AktG/*Mertens/Cahn*, Anh. § 117 B § 33 MitbestG Rn 14.

7 Dem Arbeitsdirektor können grundsätzlich auch weitere Aufgaben aus anderen Ressorts zugewiesen werden, sofern nur die Erfüllung der Personal- und Sozialangelegenheiten darunter nicht leidet.[20] Maßgeblich sind die konkreten Umstände des Einzelfalls, insbesondere die Anzahl der Arbeitnehmer und der Umfang der personellen und sozialen Angelegenheiten in dem betreffenden Unternehmen.[21] Unter dieser Voraussetzung ist auch die Zuweisung eines weiteren Ressorts möglich.[22] Schließlich spricht auch nichts dagegen, dass der Arbeitsdirektor Vorstandsvorsitzender ist.[23]

dungsbefugnisse besitzen, bloße Informations- und Beratungsrechte reichen also nicht.[18] Schließlich muss der Arbeitsdirektor berechtigt sein, in seinem Kernbereich das Unternehmen zu repräsentieren, etwa in Verhandlungen mit Gewerkschaften oder Betriebsräten oder im Arbeitgeberverband.[19]

8 Der Arbeitsdirektor ist in jeder Hinsicht **gleichberechtigtes Mitglied** im Vorstandskollegium. Das gilt auch für die Bedingungen in seinem Anstellungsvertrag.[24] Dieses Gleichheitsgebot bedeutet nicht, dass Differenzierungen von vornherein unzulässig sind; solche Differenzierungen müssen aber sachlich gerechtfertigt sein.[25] Dem Gleichheitsgebot widersprechende Regelungen in Satzung oder Geschäftsordnung des Vorstands verstoßen gegen § 134 BGB und sind nichtig.

9 Nach allgemeiner Auffassung verstößt die Wahl eines Vorstandsvorsitzenden nicht gegen das Gleichheitsgebot.[26] Allerdings dürfen diesem keine Vetorechte eingeräumt werden.[27] Dagegen bestehen gegen die Einräumung eines Stichentscheidsrechts bei Stimmengleichheit keine Bedenken, es sei denn, es handelt sich um einen zweiköpfigen Vorstand.[28] Die Wahl eines Vorstandssprechers ist bei einem mehr als zweiköpfigen Vorstand ebenfalls zulässig, sie verstößt nicht gegen das Gleichheitsgebot, es sei denn, dem Arbeitsdirektor werden in diesem Zusammenhang Sonderpflichten auferlegt.[29] Der Arbeitsdirektor hat keinen Anspruch auf Einzelvertretungsbefugnis. Wird diese anderen Vorstandsmitgliedern allerdings gewährt, ohne dass dafür ein sachlicher Grund vorhanden ist, so darf der Arbeitsdirektor davon nicht ausgenommen werden.[30]

10 Nach **Abs. 2** hat der Arbeitsdirektor seine Aufgaben im **engsten Einvernehmen mit dem Gesamtorgan** auszuüben. Im Zusammenhang mit dem Gleichberechtigungsgebot ist daraus zunächst zu folgern, dass der Vorstand mitbestimmter Gesellschaften insgesamt aus **mindestens zwei Personen** bestehen muss.[31] Anders mag es bei einer Konzernobergesellschaft mit wenigen oder keinen Arbeitnehmern oder einer reinen Zwischenholding sein. Insofern kann eine teleologische Reduktion erwogen werden mit der Folge, dass auch ein einköpfiger Vorstand möglich ist.[32] Das Gebot des Einvernehmens mit dem Gesamtorgan bedeutet, dass der Arbeitsdirektor – wie auch alle anderen Vorstandsmitglieder – die allgemeine Geschäftspolitik des Unternehmens, Vorstandsbeschlüsse und die Vorstandsgeschäftsordnung zu beachten hat. Ist in seinem Bereich eine Frage von grundsätzlicher Bedeutung zu entscheiden, hat er das Vorstandskollegium einzuschalten.[33]

11 Streitigkeiten im Zusammenhang mit § 33 sind vor den Zivilgerichten zu klären. In Betracht kommen etwa Klagen auf Feststellung der Unwirksamkeit von Satzungsbestimmungen, Geschäftsordnungsbeschlüssen oder andere Maßnahmen, die gegen § 33 verstoßen.[34] Auch eine (Leistungs-) Klage des Arbeitsdirektors auf Herstellung nicht diskriminierender Bedingungen ist möglich.

---

18 LG Frankfurt, 26.4.1984 – 3/6 O 210/83 – DB 1984, 1388; OLG Frankfurt, 23.4.1985 – 5 U 149/84 – DB 1985, 1459; UHH/*Henssler*, § 33 Rn 35; HWK/*Seibt*, § 33 MitbestG Rn 4.
19 *Raiser/Veil*, § 33 Rn 21; ErfK/*Oetker*, § 33 MitbestG Rn 12, 15.
20 WWKK/*Koberski*, § 33 Rn 35; *Raiser/Veil*, § 33 Rn 22; zurückhaltend ErfK/*Oetker*, § 33 Rn 14.
21 *Henssler*, FS Säcker, 2011, 365, 373 f.
22 Vgl *Säcker*, DB 1977, 1995.
23 LG Frankfurt, 26.4.1984 – 3/6 O 210/83 – DB 1984, 1388; OLG Frankfurt, 23.4.1985 – 5 U 149/84 – DB 1985, 145; UHH/*Henssler*, § 33 Rn 42; HWK/*Seibt*, § 33 MitbestG Rn 5; aM ErfK/*Oetker*, § 33 MitbestG Rn 14.
24 WWKK/*Koberski*, § 33 Rn 48; *Raiser/Veil*, § 33 Rn 32.
25 *Raiser/Veil*, § 33 Rn 24; KölnKomm-AktG/*Mertens/Cahn*, Anh. § 117 B § 33 MitbestG Rn 4.
26 LG Frankfurt, 26.4.1984 – 3/6 O 210/83 – DB 1984, 1388; OLG Frankfurt, 23.4.1985 – 5 U 149/84 – DB 1985, 145; ErfK/*Oetker*, § 33 MitbestG Rn 8; AnwK-ArbR/*Heither/v. Morgen*, § 33 MitbestG Rn 4.
27 BGH, 14.11.1983 – II ZR 33/83 – NJW 1984, 733, 736.
28 BGH, 14.11.1983 – II ZR 33/83 – NJW 1984, 733, 736; HWK/*Seibt*, § 33 MitbestG Rn 8.
29 LG Frankfurt, 26.4.1984 – 3/6 O 210/83 – DB 1984, 1388; OLG Frankfurt, 23.4.1985 – 5 U 149/84 – DB 1985, 1459; AnwK-ArbR/*Heither/v. Morgen*, § 33 MitbestG Rn 4.
30 WWKK/*Koberski*, § 33 Rn 44; UHH/*Henssler*, § 33 Rn 35; ErfK/*Oetker*, § 33 MitbestG Rn 7.
31 WWKK/*Koberski*, § 33 Rn 14; ErfK/*Oetker*, § 33 MitbestG Rn 3; *Raiser/Veil*, § 33 Rn 6; aM *Overlack*, ZHR 141 (1977), 128; *Henssler*, FS Säcker, 2011, 365.
32 UHH/*Henssler*, § 32 Rn.
33 *Raiser/Veil*, § 33 Rn 27; KölnKomm-AktG/*Mertens/Cahn*, Anh. § 117 B § 33 MitbestG Rn 25.
34 MüKo-AktG/*Gach*, § 33 MitbestG Rn 47; AnwK-ArbR/*Heither/v. Morgen*, § 33 MitbestG Rn 18.

Vierter Teil Seeschiffahrt

§ 34 [Schiffe]

(1) Die Gesamtheit der Schiffe eines Unternehmens gilt für die Anwendung dieses Gesetzes als ein Betrieb.

(2) ¹Schiffe im Sinne dieses Gesetzes sind Kauffahrteischiffe, die nach dem Flaggenrechtsgesetz die Bundesflagge führen. ²Schiffe, die in der Regel binnen 48 Stunden nach dem Auslaufen an den Sitz eines Landbetriebs zurückkehren, gelten als Teil dieses Landbetriebs.

(3) Leitende Angestellte im Sinne des § 3 Abs. 1 Nr. 2 dieses Gesetzes sind in einem in Absatz 1 bezeichneten Betrieb nur die Kapitäne.

(4) Die Arbeitnehmer eines in Absatz 1 bezeichneten Betriebs nehmen an einer Abstimmung nach § 9 nicht teil und bleiben für die Errechnung der für die Antragstellung und für die Beschlußfassung erforderlichen Zahl von Arbeitnehmern außer Betracht.

(5) ¹Werden die Aufsichtsratsmitglieder der Arbeitnehmer durch Delegierte gewählt, so werden abweichend von § 10 in einem in Absatz 1 bezeichneten Betrieb keine Delegierten gewählt. ²Abweichend von § 15 Abs. 1 nehmen die Arbeitnehmer dieses Betriebs unmittelbar an der Wahl der Aufsichtsratsmitglieder der Arbeitnehmer teil mit der Maßgabe, daß die Stimme eines dieser Arbeitnehmer als ein Neunzigstel der Stimme eines Delegierten zu zählen ist; § 11 Abs. 1 Satz 3 ist entsprechend anzuwenden.

Fünfter Teil Übergangs- und Schlußvorschriften

§ 35 (aufgehoben)

§ 36 Verweisungen

(1) Soweit in anderen Vorschriften auf Vorschriften des Betriebsverfassungsgesetzes 1952 über die Vertretung der Arbeitnehmer in den Aufsichtsräten von Unternehmen verwiesen wird, gelten diese Verweisungen für die in § 1 Abs. 1 dieses Gesetzes bezeichneten Unternehmen als Verweisungen auf dieses Gesetz.

(2) Soweit in anderen Vorschriften für das Gesetz über die Mitbestimmung der Arbeitnehmer in den Aufsichtsräten und Vorständen der Unternehmen des Bergbaus und der Eisen und Stahl erzeugenden Industrie vom 21. Mai 1951 (Bundesgesetzbl. I S. 347) die Bezeichnung „Mitbestimmungsgesetz" verwendet wird, tritt an ihre Stelle die Bezeichnung „Montan-Mitbestimmungsgesetz".

§ 37 Erstmalige Anwendung des Gesetzes auf ein Unternehmen

(1) ¹Andere als die in § 97 Abs. 2 Satz 2 des Aktiengesetzes bezeichneten Bestimmungen der Satzung (des Gesellschaftsvertrags), die mit den Vorschriften dieses Gesetzes nicht vereinbar sind, treten mit dem in § 97 Abs. 2 Satz 2 des Aktiengesetzes bezeichneten Zeitpunkt oder, im Falle einer gerichtlichen Entscheidung, mit dem in § 98 Abs. 4 Satz 2 des Aktiengesetzes bezeichneten Zeitpunkt außer Kraft. ²Eine Hauptversammlung (Gesellschafterversammlung, Generalversammlung), die bis zu diesem Zeitpunkt stattfindet, kann an Stelle der außer Kraft tretenden Satzungsbestimmungen mit einfacher Mehrheit neue Satzungsbestimmungen beschließen.

(2) Die §§ 25 bis 29, 31 bis 33 sind erstmalig anzuwenden, wenn der Aufsichtsrat nach den Vorschriften dieses Gesetzes zusammengesetzt ist.

(3) ¹Die Bestellung eines vor dem Inkrafttreten dieses Gesetzes bestellten Mitglieds des zur gesetzlichen Vertretung befugten Organs eines Unternehmens, auf das dieses Gesetz bereits bei seinem Inkrafttreten anzuwenden ist, kann, sofern die Amtszeit dieses Mitglieds nicht aus anderen Gründen früher endet, nach Ablauf von fünf Jahren seit dem Inkrafttreten dieses Gesetzes von dem nach diesem Gesetz gebildeten Aufsichtsrat jederzeit widerrufen werden. ²Für den Widerruf bedarf es der Mehrheit der abgegebenen Stimmen der Aufsichtsratsmitglieder, aller Stimmen der Aufsichtsratsmitglieder der Anteilseigner oder aller Stimmen der Aufsichtsratsmitglieder der Arbeitnehmer. ³Für die Ansprüche aus dem Anstellungsvertrag gelten die allgemeinen Vorschriften. ⁴Bis zum Widerruf bleiben für diese Mitglieder Satzungsbestimmungen über die Amtszeit abweichend von Absatz 1 Satz 1 in Kraft. ⁵Diese Vorschriften sind entsprechend anzuwenden,

wenn dieses Gesetz auf ein Unternehmen erst nach dem Zeitpunkt des Inkrafttretens dieses Gesetzes erstmalig anzuwenden ist.

(4) Absatz 3 gilt nicht für persönlich haftende Gesellschafter einer Kommanditgesellschaft auf Aktien.

1 § 37 regelt die erstmalige Anwendung des MitbestG auf ein Unternehmen. **Abs. 1** betrifft die Außerkraftsetzung von Satzungsbestimmungen, die dem MitbestG entgegenstehen, auf die sich die §§ 6 Abs. 2 S. 1, 97 Abs. 2 S. 2 AktG nicht erstrecken. Es handelt sich dabei um Bestimmungen über das Verfahren im Aufsichtsrat (etwa über Beschlußfähigkeit und Mehrheitserfordernisse) und über den Vorstand (etwa Anzahl und Aufgabenzuweisung).[1] Der Zeitpunkt des Außer-Kraft-Tretens bestimmt sich nach §§ 97 Abs. 2 S. 2, 98 Abs. 4 S. 2 AktG. Aber auch die Hauptversammlung kann mit **einfacher Mehrheit** die betreffenden Satzungsbestimmungen ersetzen.

2 Nach **Abs. 2** sind die §§ 25–29 und 31–33 erstmals bei Zusammensetzung des Aufsichtsrats nach dem MitbestG anzuwenden. Die Regelungen in der Geschäftsordnung des Aufsichtsrats, die §§ 25–29 widersprechen, sind gemäß § 25 Abs. 2, mitbestimmungswidrige Regelungen in der Geschäftsordnung des Vorstands gemäß § 134 BGB unwirksam.[2] Hinsichtlich **der erstmaligen Bestellung des Arbeitsdirektors** (§ 33) ist wie folgt zu differenzieren: War bislang kein Mitglied des Vorstands mit der gesonderten Wahrnehmung von Personal- und Sozialaufgaben betraut, so richtet sich die Bestellung nach Abs. 2. Werden diese Aufgaben aber schon durch ein Vorstandsmitglied gesondert wahrgenommen, so richtet sich der Zeitpunkt der Neubestellung des Arbeitsdirektors nach **Abs. 3**, sie hat also erst nach Ablauf der Amtszeit des Betreffenden zu erfolgen.[3]

3 **Abs. 3** legt fest, dass die erstmalige Bildung eines mitbestimmten Aufsichtsrats keinen Einfluss auf das amtierende Geschäftsführungsorgan hat. Der Aufsichtsrat kann die Bestellung zwar widerrufen, aber erst bei Beendigung der Amtszeit der Mitglieder, spätestens nach 5 Jahren. Für die AG hat diese Vorschrift keine Bedeutung, da der Vorstand gemäß § 84 Abs. 1 AktG längstens für 5 Jahre bestellt wird.[4]

4 Gemäß **Abs. 4** gilt das Widerrufsrecht des Abs. 3 nicht für Komplementäre einer KGaA. Dies versteht sich eigentlich von selbst, da der Aufsichtsrat in der KGaA keine Personalkompetenz besitzt, also auch nicht das Geschäftsführungsorgan bestellt.

5 Steht die erstmalige Anwendung des MitbestG bevor, sind Gesellschafter und Vorstand selten erfreut. Vor allem mittelständische Unternehmen und ausländische Investoren fürchten – ob zu Recht oder zu Unrecht – den (gegenüber dem DrittelbG) größeren Einfluss von Arbeitnehmervertretern und Gewerkschaften. Allerdings gibt es durchaus **Gestaltungsmöglichkeiten**, um das die Anwendung des MitbestG zu vermeiden. Solche können etwa sein:[5] Auf **gesellschaftsrechtlicher Ebene** bietet sich die Umwandlung in eine nicht der Mitbestimmung unterliegende Personenhandelsgesellschaft an. Auch an den Einsatz von ausländischen Kapitalgesellschaften kann gedacht werden, etwa auch als Holding an der Konzernspitze. Weiterhin kann eine grenzüberschreitende Verschmelzung zur Eindämmung der Mitbestimmung genutzt werden. Im Hinblick auf die **Arbeitnehmeranzahl** kommen folgende Überlegungen in Betracht: Kommt ein Unternehmen an die kritische Grenze von 2000 Arbeitnehmer, können neue Arbeitnehmer in einer neuen Gesellschaft eingesetzt werden. Oder Teile des Unternehmens werden auf ein neues Unternehmen übertragen, wodurch sich die Arbeitnehmeranzahl gemäß § 613a BGB vermindert. Personalwachstum kann auch ins Ausland verlegt werden; Arbeitnehmer im Ausland werden mitbestimmungsrechtlich nicht gezählt. Oder das Unternehmen weicht auf Leiharbeitnehmer aus. Ob sich der Aufwand zur Vermeidung oder Verringerung der Mitbestimmung immer lohnt, ist eine andere Frage.

§ 38 (aufgehoben)

§ 39 Ermächtigung zum Erlaß von Rechtsverordnungen

Die Bundesregierung wird ermächtigt, durch Rechtsverordnung Vorschriften über das Verfahren für die Wahl und die Abberufung von Aufsichtsratsmitgliedern der Arbeitnehmer zu erlassen, insbesondere über

---

[1] WWKK/*Koberski*, § 37 Rn 7.
[2] MüKo-AktG/*Gach*, § 37 MitbestG Rn 3 f; Erfk/*Oetker*, § 37 MitbestG Rn 3; HWK/*Seibt*, § 37 MitbestG Rn 3.
[3] Streitig, wie hier UHH/*Ulmer/Habersack*, § 37 Rn 21; Hoffmann/Lehmann/Weinmann, § 33 Rn 12; *Mertens*, AG 1979, 337; *Raiser/Veil*, § 37 Rn 7; aM etwa AG Bremen v. 5.2.1978 – 38 HRB 3079, AG 1979, 207; LG Bad-Kreuznach v. 3.10.1979 – 2 T 78/79, BB 1979, 1680; WWKK/*Koberski*, § 37 Rn 12.
[4] Großkomm-AktienR/*Oetker*, MitbestG § 37 Rn 12; MüKo-AktG/*Gach*, § 37 Rn 10.
[5] Hierzu: *Brandes*, ZIP 2008, 2193; *Götze/Winzer/Arnold*, ZIP 2009, 245; *Wisskirchen/Bissels/Dannhorn*, DB 2007, 2258; *Zange*, in: Arnes/Düwell/Wichert, Handbuch Umstrukturierung und Arbeitsrecht, 2. Aufl. 2013, 775.

1. die Vorbereitung der Wahl oder Abstimmung, die Bestellung der Wahlvorstände und Abstimmungsvorstände sowie die Aufstellung der Wählerlisten,
2. die Abstimmungen darüber, ob die Wahl der Aufsichtsratsmitglieder in unmittelbarer Wahl oder durch Delegierte erfolgen soll,
3. die Frist für die Einsichtnahme in die Wählerlisten und die Erhebung von Einsprüchen,
4. die Errechnung der Zahl der Aufsichtsratsmitglieder der Arbeitnehmer sowie ihre Verteilung auf die in § 3 Abs. 1 Nr. 1 bezeichneten Arbeitnehmer, die leitenden Angestellten und die Gewerkschaftsvertreter,
5. die Errechnung der Zahl der Delegierten,
6. die Wahlvorschläge und die Frist für ihre Einreichung,
7. die Ausschreibung der Wahl oder der Abstimmung und die Fristen für die Bekanntmachung des Ausschreibens,
8. die Teilnahme von Arbeitnehmern eines in § 34 Abs. 1 bezeichneten Betriebs an Wahlen und Abstimmungen,
9. die Stimmabgabe,
10. die Feststellung des Ergebnisses der Wahl oder der Abstimmung und die Fristen für seine Bekanntmachung,
11. die Aufbewahrung der Wahlakten und der Abstimmungsakten.

Auf der Grundlage von § 39 existieren drei Wahlordnungen, jeweils v. 27.5.2002. Die erste Wahlordnung ist anzuwenden, wenn ein Unternehmen aus einem Betrieb besteht (BGBl. I S. 1682); die zweite Wahlordnung bezieht sich auf den Fall, dass ein Unternehmen mehrere Betriebe hat (BGBl. I S. 1708); die dritte Wahlordnung befasst sich mit der Wahl, an der auch Arbeitnehmer anderer Unternehmen teilnehmen (BGBl. I S. 1741).

§ 40 Übergangsregelung

(1) ¹Auf Wahlen oder Abberufungen von Aufsichtsratsmitgliedern der Arbeitnehmer, die nach dem 28. Juli 2001 bis zum 26. März 2002 eingeleitet wurden, ist das Mitbestimmungsgesetz vom 4. Mai 1976 (BGBl. I S. 1153) in der durch Artikel 12 des Betriebsverfassungs-Reformgesetzes vom 23. Juli 2001 (BGBl. I S. 1852) geänderten Fassung anzuwenden. ²Abweichend von Satz 1 findet § 11 des Mitbestimmungsgesetzes vom 4. Mai 1976 (BGBl. I S. 1153) in der durch Artikel 1 des Gesetzes zur Vereinfachung der Wahl der Arbeitnehmervertreter in den Aufsichtsrat vom 23. März 2002 (BGBl. I S. 1130) geänderten Fassung Anwendung, wenn feststeht, dass die Aufsichtsratsmitglieder der Arbeitnehmer durch Delegierte zu wählen sind und bis zum 26. März 2002 die Errechnung der Zahl der Delegierten noch nicht erfolgt ist.

(2) ¹Auf Wahlen oder Abberufungen von Aufsichtsratsmitgliedern der Arbeitnehmer, die nach dem 28. Juli 2001 eingeleitet wurden, finden die Erste Wahlordnung zum Mitbestimmungsgesetz vom 23. Juni 1977 (BGBl. I S. 861), geändert durch Artikel 1 der Verordnung vom 9. November 1990 (BGBl. I S. 2487), die Zweite Wahlordnung zum Mitbestimmungsgesetz vom 23. Juni 1977 (BGBl. I S. 893), geändert durch Artikel 2 der Verordnung vom 9. November 1990 (BGBl. I S. 2487) und die Dritte Wahlordnung zum Mitbestimmungsgesetz vom 23. Juni 1977 (BGBl. I S. 934), geändert durch Artikel 3 der Verordnung vom 9. November 1990 (BGBl. I S. 2487) bis zu deren Änderung entsprechende Anwendung. ²Für die entsprechende Anwendung ist für Wahlen oder Abberufungen von Aufsichtsratsmitgliedern der Arbeitnehmer, die in dem Zeitraum nach dem 28. Juli 2001 bis zum 26. März 2002 eingeleitet wurden, das Mitbestimmungsgesetz vom 4. Mai 1976 (BGBl. I S. 1153) in der nach Absatz 1 anzuwendenden Fassung maßgeblich; für Wahlen oder Abberufungen von Aufsichtsratsmitgliedern der Arbeitnehmer, die nach dem 26. März 2002 eingeleitet werden, ist das Mitbestimmungsgesetz vom 4. Mai 1976 (BGBl. I S. 1153) in der durch Artikel 1 des Gesetzes zur Vereinfachung der Wahl der Arbeitnehmervertreter in den Aufsichtsrat vom 23. März 2002 (BGBl. I S. 1130) geänderten Fassung maßgeblich.

§ 40 enthält eine neue Übergangsregelung, die durch das Vereinfachungsgesetz v. 27.3.2002 in das MitbestG eingeführt wurde.[1] Für Wahlen oder Abberufungen, die zwischen dem 28.7.2001 und 26.3.2002 eingeleitet wurden, ist danach das MitbestG in der bisherigen Fassung maßgeblich. Entsprechendes gilt für die

---
1 Hierzu *Wolf*, DB 2002, 790, 793.

jeweiligen Wahlordnungen, die bis zu ihrer Änderung anwendbar bleiben. Die Änderung ist inzwischen erfolgt,[2] so dass nunmehr einheitlich die neuen Wahlordnungen anwendbar sind.

§ 41 Inkrafttreten
Dieses Gesetz tritt am 1. Juli 1976 in Kraft.

---

2   Erste Wahlordnung (BGBl. I S. 1682), zweite Wahlordnung (BGBl. I S. 1708), dritte Wahlordnung (BGBl. I S. 1741), jeweils v. 27.5.2002.

Gesetz über das gesellschaftsrechtliche Spruchverfahren (Spruchverfahrensgesetz – SpruchG)[1]

Vom 12. Juni 2003 (BGBl. I S. 838)
(FNA 315-23)
zuletzt geändert durch Art. 16 2. Kostenrechtsmodernisierungsgesetz vom 23. Juli 2013 (BGBl. I S. 2586)

Einleitung

Nach Einführung des „Squeeze-out" (§§ 327 a ff AktG) gab es eine „Bugwelle von Verfahren".[1] Nach Untersuchungen, die sich auf die Jahre 2009 bis 2011 beziehen, ist die Anzahl der Verfahren rückläufig:[2] Das Squeeze-out steht im Vordergrund. 1

Das Spruchverfahrensgesetz vom 12.6.2003 (BGBl. I S. 838), zuletzt geändert am 17.12.2008 (BGBl. I S. 2586) hat als oberstes Ziel, die als zu lang empfundene **Verfahrensdauer**[3] im Durchschnitt spürbar zu **verkürzen** und damit den Rechtsschutz der betroffenen Anteilsinhabern zu verbessern.[4] Bei der Auslegung der Vorschriften ist daher dieser Aspekt immer zu berücksichtigen. 2

Ein sichtbarer Beschleunigungseffekt durch das SpruchG ist kaum festzustellen. Hauptursache für die Länge der Verfahren ist die zT weitgehend unzureichende gerichtliche Organisation. Häufiger Richterwechsel in den Kammern und die derzeitige pensenmäßige Gleichbehandlung eines Spruchverfahrens mit einem normalen Zivilverfahren sind mit eine wesentliche Ursache für die Verfahrensdauer. „Vor die Wahl gestellt, in der gleichen Zeit fünf oder mehrere Normalverfahren oder ein als Durchschnittsprozess im Pensum bewertetes Spruchverfahren zu bearbeiten, ist es eine rationale, jedenfalls nachvollziehbare Entscheidung, das Spruchverfahren zuletzt zu bearbeiten."[5] ME legt die Praxis das Gesetz auch zu restriktiv aus. Sie hat die Chance, die ihr der Gesetzgeber geboten hat, nicht wahrgenommen (siehe unten § 4 Rn 17, § 6 Rn 12 f und § 7 Rn 15).[6] 3

Soweit im Spruchgesetz nichts anderes bestimmt ist, finden die Vorschriften des FamFG Anwendung (§ 17 SpruchG). Das Spruchverfahren bleibt somit ein echtes Streitverfahren.[7] Es gilt der Amtsermittlungsgrundsatz nach § 28 FamFG (früher § 12 FGG), wenn auch eingeschränkt. Die Ermittlungspflicht des Gerichts greift nur insoweit ein, als der Vortrag der Beteiligten hierzu Anlass gibt.[8] 4

Die zum „alten" Recht ergangenen Entscheidungen sind in der Regel auch weiterhin richtungsweisend, weil das Spruchverfahrensgesetz hierauf aufbaut. 5

Literatur:

Büchel, Neuordnung des Spruchverfahrens, NZG 2003, 793; *Büchel/van Rechenberg*, Handbuch des Fachanwalts: Handels- und Gesellschaftsrecht 2009; *Bürgers/Körber*, Heidelberger Kommentar zum Aktiengesetz, Abschnitt: SpruchG, 2011; *Bungert/Mennicke*, Das Spruchverfahrensneuordnungsgesetz, BB 2003, 2021; *DAV-Handelsrechtsausschuss*, Stellungnahme des Deutschen Anwaltsverein-Handelsrechtsausschusses zum Referentenentwurf zum Spruchverfahrensneuordnungsgesetz, NZG 2002, 119; *Emmerich/Habersack*, Aktien- und GmbH-Konzernrecht, Abschnitt: Gesetz über das gesellschaftsrechtliche Spruchverfahren, 6. Auflage 2010; *Fritzsche/Dreier/Verfürth*, Spruchverfahrensgesetz, Kommentar, 2004; *Großfeld*, Recht der Unternehmensbewertung, 5. Auflage 2009; *Großfeld/Stöver/Tönnes*, Neue Unternehmensbewertung, BB-Special 7/2005, Beilage zu Heft 30, 2;; *Hüffer*, Aktiengesetz, 10. Auflage 2012, Anhang zu § 305 AktG: Spruchverfahrensgesetz; *Kallmeyer*, Umwandlungsgesetz, 4. Auflage 2009; *Keidel*, FamFG, Familienverfahren/Freiwillige Gerichtsbarkeit, 17. Auflage 2011; *Klöcker/Frowein*, Spruchverfahrensgesetz, 2004; *Kölner Kommentar* zum Spruchverfahrensgesetz, hrsg. von Riegger/Wasmann, 2005 (zitiert: KölnKomm-SpruchG/*Bearbeiter*), nunmehr Kölner Kommentar zum AktG, Band 9 SpruchG, 3. Auflage 2013, (zitiert: KölnKomm-AktG/*Bearbeiter*; *Lutter/Hommelhoff*, GmbH-Gesetz, 17. Auflage 2009; *Lutter/Winter*, Umwandlungsgesetz, Abschnitt: SpruchG, 4. Auflage 2009; *Meilicke*, Erste Probleme mit § 16 SpruchG, NZG 2004, 547; *Meilicke/Heidel*, Das neue Spruchverfahren in der gerichtlichen Praxis, DB 2003, 2267; *Münchener Anwaltshandbuch*, Aktienrecht, hrsg. von Schüppen/Schaub, § 40 Spruchverfahren, 2005 (zitiert: MüAnwHb-AktR/*Bearbeiter*); *Münchener Kommentar zum Aktiengesetz*, hrsg. von Goette/Habersack, Abschnitt: Gesetz über das gesellschaftsrechtliche Spruchverfahren, 3. Auflage 2010 (zitiert: MüKo-AktG/*Bearbeiter*); *Schmidt/Lutter*, Aktiengesetz, 2. Aufla-

---

1 Verkündet als Art. 1 SpruchverfahrensneuordnungsG v. 12.6.2003 (BGBl. I S. 838); Inkrafttreten gem. Art. 7 Satz 2 dieses G am 1.9.2003 mit Ausnahme der §§ 2 Abs. 4 und 12 Abs. 3, die gem. Art. 7 Satz 1 am 18.6.2003 in Kraft getreten sind.
1 *Puszkajler*, ZIP 2003, 519.
2 *Lorenz*, AG 2012, 284 ff.
3 Verfahren nach altem Recht hatten teilweise eine Verfahrensdauer von über 10 Jahren in erster Instanz, siehe Aufstellung bei *Wenger/Kaserer/Hecker*, ZBB 2001, 333; BVerfG AG 21012, 86 = WM 2012, 75: Verletzung des effektiven Rechtsschutz, wenn das Verfahren bereits in 1. Instanz 18 Jahre dauert; nach den neueren Untersuchungen von *Lorenz* in AG 2012, 284 ff: durchschnittliche Verfahrensdauer seit 2009 ca. 7 Jahre bei sinkender Vergleichsquote. *Heidel*, Financial Times v. 11.3.2003, S. 32 sowie *Meilicke/Heidel*, BB 2003, 1805.
4 BegrRegE, BT-Drucks. 15/371, S. 11.
5 *Puszkajler*, Diagnose und Therapie von aktienrechtlichen Spruchverfahren, ZIP 2003, 519.
6 Siehe auch *Büchel/von Rechenberg/Tewes*, Kap. 26 Rn 61 und 45.
7 *Hüffer*, § 1 Rn 3; *Fritzsche/Dreier/Verfürth*, Einl. Rn 17.
8 *Fritzsche/Dreier/Verfürth*, Einl. Rn 18.

ge 2010; *Schöpflin*, Verhandeln und Mediation, JA 2000, 157; *Schulte-Bunert/Weinreich*, FamFG, 2. Auflage 2010; *Spindler/Stilz*, Kommentar zum Aktiengesetz, Bd. 2, Abschnitt SpruchG, 2010; *Simon*, Kommentar zum Spruchverfahrensgesetz, 2007; *Widmann/Mayer*, Umwandlungsrecht, Kommentar (Losebl.), Stand: Juni 2010, Anhang 13 (zitiert: Widmann/Mayer/*Bearbeiter*).

§ 1 Anwendungsbereich

Dieses Gesetz ist anzuwenden auf das gerichtliche Verfahren für die Bestimmung

1. des Ausgleichs für außenstehende Aktionäre und der Abfindung solcher Aktionäre bei Beherrschungs- und Gewinnabführungsverträgen (§§ 304 und 305 des Aktiengesetzes);
2. der Abfindung von ausgeschiedenen Aktionären bei der Eingliederung von Aktiengesellschaften (§ 320 b des Aktiengesetzes);
3. der Barabfindung von Minderheitsaktionären, deren Aktien durch Beschluss der Hauptversammlung auf den Hauptaktionär übertragen worden sind (§§ 327 a bis 327 f des Aktiengesetzes);
4. der Zuzahlung an Anteilsinhaber oder der Barabfindung von Anteilsinhabern anlässlich der Umwandlung von Rechtsträgern (§§ 15, 34, 122 h, 122 i, 176 bis 181, 184, 186, 196 oder § 212 des Umwandlungsgesetzes);
5. der Zuzahlung an Anteilsinhaber oder der Barabfindung von Anteilsinhabern bei der Gründung oder Sitzverlegung einer SE (§§ 6, 7, 9, 11 und 12 des SE-Ausführungsgesetzes);
6. der Zuzahlung an Mitglieder bei der Gründung einer Europäischen Genossenschaft (§ 7 des SCE-Ausführungsgesetzes).

A. Allgemeines 1	C. Weitere Fälle: Anwendbarkeit de lege lata/ ferenda? 12
B. Anwendungsfälle 3	I. Abfindungswertbezogene Informationsmängel 12
I. Im SpruchG geregelte Fälle 3	II. Übernahme oder Pflichtangebot nach WpÜG .. 14
II. Im SpruchG nicht geregelte Fälle 4	III. Bezugsrechtsausschluss 16
1. Entzug von Mehrstimmrechten (§ 5 Abs. 1 EGAktG) 6	IV. Ausgliederung gem. § 123 Abs. 3 UmwG 17
2 Reguläres Delisting 7	V. Abschluss eines Gewinn- und Beherrschungsvertrages mit einer abhängigen GmbH 18
3. „Kaltes" Delisting 9	
4. Übertragende Auflösung 10	

A. Allgemeines

1 § 1 regelt den Anwendungsbereich des SpruchG. Über die in der Aufzählung Nr. 1 bis Nr. 6 aufgelisteten Fälle hinaus ist das Gesetz auf weitere Fälle unmittelbar oder entsprechend anwendbar (siehe unten Rn 4). Soweit die Vorschriften des Aktiengesetzes angesprochen sind (§§ 1 Nr. 1 bis 3 SpruchG), kann zu deren Verständnis auf die Ausführungen in diesem Kommentar von *Meilicke* zu den §§ 304 ff AktG, *Jaursch* zu den §§ 320 ff AktG, *Heidel/Lochner* zu den §§ 327 a ff AktG und *Schmitz* zur Societas Europaea (Kapitel 7) verwiesen werden.

2 Das SpruchG ist für diese Verfahren zwingend; angemessene Ausgleichszahlungen oder Abfindungen können nicht in einem anderen gerichtlichen Verfahren geltend gemacht werden, auch nicht inzidenter im Rahmen einer Leistungsklage im ordentlichen Zivilprozess.[1] Zulässig wird jedoch sein, im Voraus oder ad hoc eine Schiedsvereinbarung für den Fall zu treffen, dass kein Spruchverfahren vor den staatlichen Gerichten eingeleitet oder ein etwa eingeleitetes Verfahren durch Antragsrücknahme beendet wird.[2] Allerdings darf eine solche Bestimmung nicht durch Satzungsregelung, Gesellschafterbeschluss oder ähnliches bestimmt werden.[3]

---

1 *Klöcker/Frowein*, § 1 Rn 14; Kallmeyer/Meister/*Klöcker*, § 305 UmwG Rn 4.

2 Lutter/Winter/*Krieger/Mennicke*, § 1 Rn 19 mwN; aA *Klöcker/Frowein*, aaO.

3 Lutter/Winter/*Krieger/Mennicke*, aaO.

B. Anwendungsfälle

I. Im SpruchG geregelte Fälle. Das SpruchG ist anwendbar auf Ansprüche zur Bestimmung 3
- einer angemessenen Ausgleichzahlung und Abfindung bei Beherrschungs- und Gewinnabführungsverträgen (§ 1 Nr. 1);[4]
- der Festsetzung der Abfindung bei Eingliederung (§ 1 Nr. 2, § 320 b AktG);
- der Barabfindung von ausgeschiedenen Aktionären (§ 1 Nr. 3: „Squeeze-out");[5]
- der baren Zuzahlung oder Barabfindung bei Umwandlungen (§ 1 Nr. 4);
- der Zuzahlung oder Barabfindung bei Gründung oder Sitzverlegung einer SE (§ 1 Nr. 5);
- der Zuzahlung bei der Gründung einer Europäischen Genossenschaft (§ 1 Nr. 6, § 7 des SCE-Ausführungsgesetzes)

II. Im SpruchG nicht geregelte Fälle. Die Aufzählung in § 1 ist nicht abschließend.[6] Das Spruchgesetz ist 4
unmittelbar oder entsprechend anzuwenden bei
- dem Entzug von Mehrstimmrechten (§ 5 Abs. 1 und Abs. 2 EGAktG), siehe unten Rn 6;
- der übertragenden Auflösung (§ 179 a Abs. 3 AktG), siehe unten Rn 10;
- abfindungswertbezogenen Informationsmängeln, siehe unten Rn 12.
- Zur neueren Rechtsprechung zum Delisting siehe Rn 8.

Im Einzelnen gilt Folgendes: 5

1. Entzug von Mehrstimmrechten (§ 5 Abs. 1 EGAktG). Nach § 5 Abs. 5 EGAktG ist das Antragsverfahren 6
im SpruchG bei einem **unangemessenen Ausgleich** und **fehlendem Ausgleichsangebot** anzuwenden.[7] Sind nach § 5 Abs. 1 EGAktG Mehrstimmrechte erloschen oder hat die Hauptversammlung deren Beseitigung aufgrund § 5 Abs. 2 EGAktG beschlossen, muss die Gesellschaft gemäß § 5 Abs. 3 S. 1 EGAktG den Inhabern der Mehrstimmrechtsaktien einen Ausgleich gewähren, der diesen besonderen Wert berücksichtigt.[8] Nach § 5 Abs. 5 EGAktG gelten die Bestimmungen über das Spruchverfahren sinngemäß. § 5 Abs. 5 EGAktG wurde bewusst nicht in den Katalog des § 1 SpruchG aufgenommen;[9] denn die wenigen überhaupt noch existierenden Mehrstimmrechte bei bestimmten Gesellschaften sind gemäß § 5 Abs. 1 EGAktG grundsätzlich am 1.6.2003 erloschen.

2 Reguläres Delisting.[10] Nach der „Macrotron"-Entscheidung des BGH[11] setzte ein Delisting u.a. ein 7
Pflichtangebot an die außenstehenden Aktionäre voraus. Ob dieses Angebot angemessen war, sollte im Rahmen eines Spruchverfahrens – gestützt auf Art. 14 GG – gerichtlich überprüfbar sein.[12] Das BVerfG[13] ist dem im Ergebnis, jedoch mit anderer Begründung, gefolgt. Es begründete die Anwendung des Spruchverfahrens im Fall des „freiwilligen" Delisting auf eine Gesamtanalogie zu den §§ 305, 320 b, 327 b AktG, §§ 29, 207 UmwG. Es hat aber auch ausdrücklich gesagt, dass ein Kaufangebot an die Aktionäre für den Fall des Rückzugs von der Börse verfassungsrechtlich **nicht zwingend** sei.

Der **BGH** hat nunmehr mit Beschluss vom 8.10.2013[14] bei einem Wechsel vom regulierten Markt der 8
Wertpapierbörse in Berlin in den Entry Standard des Freiverkehrs (Open Market) der Frankfurter Wertpapierbörse entgegen der früheren BGH-Entscheidung das Erfordernis eines **Abfindungsangebots beim regulären Delisting verneint.** Bei einem Widerruf der Zulassung der Aktie zum Handel im regulierten Markt auf Veranlassung der Gesellschaft hätten die Aktionäre keinen Anspruch auf eine Barabfindung. Der Widerruf der Börsenzulassung nehme dem Aktionär keine Rechtspositionen, die ihm von der Rechtsordnung als privatnützig und nur für ihn verfügbar zugeordnet seien; er lasse die Substanz des Anteilseigentums in seinem

---

4 Nicht – auch nicht analog – bei Vorliegen eines verdeckten Beherrschungsvertrages, LG München I WM 2008, 30 ff = ZIP 2008, 242 f; OLG Schleswig AG 2009, 374 (Leitsatz): Ein Beherrschungsvertrag zwischen Aktiengesellschaften, der wegen Verstoßes gegen §§ 293 Abs. 1, 294 AktG unwirksam ist, kann im Hinblick auf einen Abfindungsanspruch aus § 305 AktG nicht nach den Grundsätzen der fehlerhaften Gesellschaft als wirksam behandelt werden. Ob unter dem Gesichtspunkt der qualifiziert faktischen Beherrschung/- existenzvernichtenden bzw existenzgefährdenden Nachteilszufügung ein Abfindungsanspruch entsprechend § 305 AktG gegeben ist, bleibt offen. Für die Geltendmachung eines Abfindungsanspruchs entsprechend § 1 SpruchG wäre zunächst die Feststellung des genannten Grundtatbestandes durch das ordentliche Gericht erforderlich.

5 Beim übernahmerechtlichen Squeeze-Out (§ 39 a WpÜG) kann die Angemessenheit der Abfindung nicht im Spruchverfahren überprüft werden, OLG Stuttgart WM 2009, 1416.

6 BegrRegE BT-Drucks. 15/371, KölnKomm-AktG/*Wasmann*, § 1 Rn 1.

7 *Hüffer*, § 1 Rn 6.

8 BayObLG AG 2003, 97.

9 Vgl BegrRegE BT-Drucks. 15/371, S. 12.

10 Rücknahme einer Zulassung vom regulären Markt. Siehe oben *Heidel/Lochner*, vor § 327 a AktG Rn 17 f. Siehe auch Fn 12.

11 AG 2003, 273 = ZIP 2003, 387 mit Anm. *Streit*.

12 BGH aaO, danach sind die prozessrechtlichen Vorschriften des Unternehmensvertrages und Umwandlungsrechts (§§ 304 Abs. 3 S. 3, 305 Abs. 5 S. 2 AktG; §§ 15 Abs. 1 S. 2, 34 S. 1, 196 S. 2, 212 S. 2 UmwG) analog anzuwenden; OLG Frankfurt AG 2012,331.

13 BVerfG, Urt. v. 11.7.2012, AG 2012, 557; besprochen von *Kiefner/Gillessen*, AG 2012 S. 645 ff; *Heldt/Royé*, AG 2012, 660 ff.

14 BGH v. 8.10.2013 – II ZB 26/12.

mitgliedschaftsrechtlichen und seinem vermögensrechtlichen Element unbeeinträchtigt. Die Binnenstruktur der Gesellschaft erfahre dadurch, dass sie sich aus dem regulierten Markt der Börse zurückzieht, keine Veränderung.

In der oben erstgenannten genannten Entscheidung des BVerfG[15] hatte dieses bereits entschieden, dass kein Spruchverfahren bei einem Wechsel vom amtlichen Markt in ein anderes funktionsfähiges Börsensegment stattfindet. Ein **„Downgrading"** ohne ein im Spruchverfahren überprüfbares Pflichtangebot der Gesellschaft oder ihres Hauptaktionärs sei verfassungsrechtlich nicht zu beanstanden. Damit hatte es die bisherige überwiegende Rechtsprechung bestätigt, da in den in den zu entscheidenden Fällen („M: Access"[16] der Börse München oder „Entry Standard" der Frankfurter Wertpapierbörse) genannten Börsensegmenten ein funktionsfähiger Markt mit entsprechenden Schutzmechanismen garantiert sei, die denen des regulierten Marktes entsprechen oder zumindest ausreichend stark angenähert seien.

9   3. **„Kaltes" Delisting.** Beim „kalten" Delisting (umwandlungsrechtliche Strukturmaßnahme) ist der spezielle Fall der Verschmelzung einer börsennotierten Aktiengesellschaft auf eine nicht börsennotierte Aktiengesellschaft in § 29 Abs. 1 S. 1 Abs. 1 Fall 2 UmwG geregelt, wonach der Rückzug von der Börse mit einem Barabfindungsangebot einhergehen muss. Dieser spezielle Fall ist jedoch nicht Ausdruck eines allgemeinen Rechtsgrundsatzes, nachdem nach Rückzug von der Börse ein Barabfindungsangebot erfolgen muss.

10   4. **Übertragende Auflösung.** Ebenso ist im Schrifttum anerkannt, dass das Spruchverfahren auch für die **übertragende Auflösung** (§ 179 a AktG) entsprechend anwendbar ist,[17] während sich die **Rechtsprechung bisher ablehnend verhält**[18] Im Hinblick auf eine einheitliche Behandlung sowie Konzentrierung und Spezialisierung im Spruchverfahren ist eine analoge Anwendung unbedingt geboten. Bei der übertragenden Auflösung werden sämtliche Einzelwirtschaftsgüter einer AG auf den Mehrheitsaktionär (oder auf eine von ihm kontrollierte Gesellschaft) unter anschließender Auflösung der AG übertragen. Die Aktionäre erhalten nur einen Anteil am Liquidationserlös der AG. Deshalb müssen die Minderheitsaktionäre die Möglichkeit haben, die Angemessenheit des (den Liquidationserlös maßgeblich bestimmenden) Kaufpreises für die Vermögensübertragung gerichtlich überprüfen zu lassen.[19]

11   Das Bundesverfassungsgericht hat in seiner „Moto-Meter"-Entscheidung das Spruchverfahren für die übertragene Auflösung zwar nicht als ausschließlich zulässigen, doch als grundsätzlich möglichen Rechtsbehelf angesehen.[20]

C. Weitere Fälle: Anwendbarkeit de lege lata/ferenda?

12   I. **Abfindungswertbezogene Informationsmängel.** Der BGH hat in den Fällen einer formwechselnden Umwandlung entschieden, dass sogenannte **abfindungswertbezogene Informationsmängel** nicht mit der Anfechtungsklage, sondern nur im Spruchverfahren geltend gemacht werden können.[21] Rechtsprechung[22] und Schrifttum[23] wollen diese Rechtsprechung auf andere Strukturmaßnahmen übertragen und demnach das SpruchG für anwendbar erklären.[24]

13   Nach dem ab 1.11.2005 geänderten § 243 Abs. 4 AktG kann eine Anfechtungsklage nicht auf mangelhafte Informationen über Bewertungsfragen gestützt werden, wenn für solche Rügen ein Spruchverfahren gesetzlich vorgesehen ist. Die Vorschrift bezieht sich allerdings nur auf Informationen „in der Hauptversammlung"; insoweit ist also das Spruchverfahren anwendbar. Die Verletzung von im Vorfeld der Hauptversammlung zu erfüllenden Berichtspflichten ist dagegen nicht erfasst, weil der Vorstand sonst diese für die Aktionäre bedeutsamen Informationen sanktionslos unterlassen könnte.[25] Insoweit dürfte das Spruchverfahren nicht gegeben sein.

---

15 BVerfG, Urt. v. 11.7.2012, AG 2012, 557; KG ZIP 2009, 1116 = BB 2009, 1496 = NZG 2009, 752; Bespr. des Urteils von *Linnerz* in EWiR 2009, 603; LG München I ZIP 2007, 2143 (M:access).

16 OLG München AG 2008, 674; LG München I ZIP 2007, 2143 (M:access).

17 Bürgers/Körber/Ederle/Theusinger, § 1 Rn 6; Fritzsche/Dreier/Verfürth, § 1 Rn 45 ff; Klöcker/Frowein, § 1 Rn 17; Land/Hennings, AG 2005, 361 mwN; aA MüKo-AktG/Kubis, § 1 Rn 28; KölnKomm-AktG/Wasmann, § 1 Rn 38; Simon/Simon, § 1 Rn 6.

18 OLG Stuttgart WiB 1997, 584; BayObLG ZIP 1998, 2002; OLG Zweibrücken ZIP 2005, 948.

19 Land/Hennigs, AG 2005, 361 mwN.

20 BVerfG DB 2000, 1905.

21 BGH AG 2001, 301 ff (MEZ); BGH 2001, 263 (Aqua Butzke).

22 OLG Köln AG 2004, 39 ff (für Squeeze-out); LG Hamburg NZG 2003, 789 = AG 2003, 279; aA LG Frankfurt NZG 2003, 1029; LG Saarbrücken NZG 2004, 1014.

23 Klöcker/Frowein, § 1 Rn 27; Vetter, AG 2002, 189 f; Fritzsche/Dreier/Verfürth, § 1 Rn 122; Land/Hennings, AG 2005, 281; Hüffer, § 1 Rn 7; Hirte, Informationsmangel und Spruchverfahren, ZHR Bd.167, 8 ff; Bürgers/Körber/Ederle/Theusinger, § 1 Rn 3.

24 Ausführlich: Hirte, Informationsmängel im Spruchverfahren, ZHR 2003, 167.

25 Land/Hennings, AG 2005, 281; vgl die Begründung des Entwurfs der Bundesregierung zu § 243 Abs. 4 AktG; Bürgers/Körber/Ederle/Theusinger, § 1 Rn 8.

II. Übernahme oder Pflichtangebot nach WpÜG. Für das Übernahme- oder Pflichtangebot nach WpÜG ist 14
de lege lata die allgemeine Leistungsklage im Falle unangemessener Übernahme- oder Pflichtangebote zulässig. Die Überprüfung des Angebots gemäß § 35 Abs. 2 WpÜG erfolgt nicht nach dem SpruchG.[26] Der Aktionär kann damit ein unangemessenes Pflichtangebot nur im Rahmen von Schadensersatzansprüchen im Verfahren der ZPO geltend machen. Nach § 66 Abs. 1 WpÜG sind erstinstanzlich ausschließlich die Landgerichte zuständig, wobei der Kläger gemäß § 66 Abs. 2 WpÜG iVm §§ 93 ff GVG die Wahl zwischen der Zivilkammer und der Kammer für Handelssachen hat.

Eine Übernahme in das Spruchverfahren zur Überprüfung der Angemessenheit des Pflichtangebots wäre 15
sinnvoll.[27]

III. Bezugsrechtsausschluss. Ebenso ist das Spruchverfahren nicht de lege lata bestimmt für die Überprüfung der Angemessenheit des Ausgabekurses bei Kapitalerhöhung unter Bezugsrechtsausschluss.[28] In § 255 16
Abs. 2 AktG ist ausdrücklich geregelt, dass ein unangemessener Ausgabe- oder Gewinnbetrag zur Anfechtung berechtigt. Nach der Systematik des AktG erfolgt eine Überprüfung der Angemessenheit einer Ausgleichszahlung im Spruchverfahren. Deshalb wäre eine Regelung im SpruchG sinnvoll.[29]

IV. Ausgliederung gem. § 123 Abs. 3 UmwG. Bei einer Ausgliederung gemäß § 123 Abs. 3 UmwG ist gemäß § 125 S. 1 UmwG eine entsprechende Anwendung der §§ 15, 29 bis 34 UmwG und damit ein Spruchverfahren zur Überprüfung der Angemessenheit der Gegenleistung ausdrücklich ausgeschlossen. Es wäre 17
sinnvoll, die Anwendung des Spruchverfahrens auf die Ausgliederung zumindest für die Fälle, bei denen die Gefahr einer Beeinträchtigung der Anteilsinhaber besteht, neu zu überdenken.[30]

V. Abschluss eines Gewinn- und Beherrschungsvertrages mit einer abhängigen GmbH. Nach überwiegender Ansicht soll die Kontrolle des Ausgleichs und der Abfindung nicht im Spruchverfahren erfolgen, sondern im Rahmen der Anfechtungsklage.[31] 18

Mit Emmerich[32] sollte das SpruchG auf Fälle des Abschlusses solcher Verträge angewandt werden, sofern 19
in dem Vertrag (ausnahmsweise) ein Ausgleich oder eine Abfindung für die Minderheitsgesellschafter der GmbH vorgesehen ist; es ist nämlich nicht einzusehen, warum in einem derartigen Fall der Rechtsschutz der Minderheit in der GmbH hinter dem in der AG zurückbleiben sollte.

§ 2[1] Zuständigkeit

(1) ¹Zuständig ist das Landgericht, in dessen Bezirk der Rechtsträger, dessen Anteilsinhaber antragsberechtigt sind, seinen Sitz hat. ²Sind nach Satz 1 mehrere Landgerichte zuständig oder sind bei verschiedenen Landgerichten Spruchverfahren nach Satz 1 anhängig, die in einem sachlichen Zusammenhang stehen, so ist § 2 Abs. 1 des Gesetzes über das Verfahren in Familiensachen und in den Angelegenheiten der freiwilligen Gerichtsbarkeit entsprechend anzuwenden. ³Besteht Streit oder Ungewissheit über das zuständige Gericht nach Satz 2, so ist § 5 des Gesetzes über das Verfahren in Familiensachen und in den Angelegenheiten der freiwilligen Gerichtsbarkeit entsprechend anzuwenden.

(2) ¹Der Vorsitzende einer Kammer für Handelssachen entscheidet
1. über die Abgabe von Verfahren;
2. im Zusammenhang mit öffentlichen Bekanntmachungen;
3. über Fragen, welche die Zulässigkeit des Antrags betreffen;
4. über alle vorbereitenden Maßnahmen für die Beweisaufnahme und in den Fällen des § 7;
5. in den Fällen des § 6;
6. über Geschäftswert, Kosten, Gebühren und Auslagen;
7. über die einstweilige Einstellung der Zwangsvollstreckung;
8. über die Verbindung von Verfahren.

---

[26] OLG Celle ZIP 2010, 830; offengelassen von OLG Frankfurt NZG 2007, 758. Bürgers/Körber/*Ederle/Theusinger*, § 1 Rn 7.
[27] LG Mannheim NZG 2007, 639; aA KölnKomm-AktG/*Wasmann*, § 1 Rn 41.
[28] Für die Anwendung des SpruchG de lege ferenda in beiden Fällen statt vieler: *Fritzsche/Dreier/Verfürth*, § 1 Rn 159 ff; *Fritzsche/Dreier*, BB 2002, 742; *Puszkajler*, ZIP 2003, 522; aA KölnKomm-AktG/*Wasmann*, § 1 Rn 47; Schmidt/Lutter/*Klöcker*, § 1 SpruchG Rn 26; wohl skeptisch: MüKo-AktG/*Kubis*, § 1 Rn 30.
[29] Siehe Fn 30.
[30] *Fritzsche/Dreier/Verfürth*, § 1 Rn 50.
[31] *Lutter/Hommelhoff*, GmbHG, Anhang 13, § 13 Rn 69; KölnKomm-AktG/*Wasmann*, § 1 Rn 37; MüKo-AktG/*Kubis*, § 1 Rn 20; Simon/*Simon*, § 1 Rn 40 f; aA *Emmerich*/Habersack, § 1 Rn 8; *dies.*, GmbHR 1998, 941; ausführlich Schmidt/Lutter/*Klöcker*, § 1 SpruchG Rn 22 ff.
[32] *Emmerich*/Habersack, § 1 Rn 8; so auch LG Dortmund GmbHR 1998, 941 u. LG Essen GmbHR 1998, 942.
1 § 2 Abs. 1 Sätze 2 und 3 geänd., Abs. 2 und 4 aufgeh., bish. Abs. 3 wird Abs. 2 mWv 1.9.2009 durch G v. 17.12.2008 (BGBl. I S. 2586).

²Im Einverständnis der Beteiligten kann der Vorsitzende auch im Übrigen an Stelle der Kammer entscheiden.

Literatur:
Siehe oben Einleitung.

A. Zuständiges Gericht in erster Instanz (§ 2 Abs. 1 S. 1)

1 **I. Sachliche und örtliche Zuständigkeit.** Erstinstanzlich ist das **Landgericht** zuständig, in dessen Bezirk der **Rechtsträger, dessen Anteilsinhaber antragsberechtigt ist, seinen Sitz** hat (§ 2 Abs. 1 S. 1). Grundsätzlich richtet sich daher die örtliche Zuständigkeit nach dem Sitz des die Strukturmaßnahme durchführenden Unternehmens. Es ist der jeweils in Satzung,[2] Gesellschaftsvertrag[3] oder Statut[4] festgelegte Sitz, nicht der der tatsächlichen Verwaltung:[5]

- bei Abschluss eines **Beherrschungs- und Gewinnabführungsvertrages** (§ 1 Nr. 1): Sitz der abhängigen Gesellschaft,
- bei **Eingliederung** (§ 1 Nr. 2): Sitz der eingegliederten Gesellschaft,
- beim **Squeeze out** (§ 1 Nr. 3): Sitz der Gesellschaft,
- bei Umwandlung von Rechtsträgern: **Verschmelzung/Spaltung/formwechselnder Rechtsträger** (§ 1 Nr. 4): Sitz des übertragenen Rechtsträgers, wobei gemäß § 5 Nr. 4 der Antrag gegen den übernehmenden oder neuen Rechtsträger zu richten ist, der seinen Sitz an einem anderen Ort haben kann),[6]
- bei Entzug von Mehrstimmrechten,[7] Delisting,[8] Verfahren wegen abfindungswertbezogenen Informationsmängeln:[9] Sitz des Unternehmens,
- zur internationalen Zuständigkeit siehe Rn 19.

2 Der Gerichtsstand ist bindend; entgegenstehende Vereinbarungen der Verfahrensbeteiligten sind unwirksam.[10]

3 Bei einem Streit der Gerichte über die sachliche Zuständigkeit entscheidet nach § 5 FamFG das zunächst höhere Gericht. Liegen die Landgerichte in verschiedenen OLG-Bezirken, entscheidet gemäß § 2 FamFG das OLG, zu dessen Bezirk das zuerst befasste Gericht gehört.[11]

Zur Einlegung des Antrags beim unzuständigen Gericht siehe unten § 4 Rn 12.

4 **II. Konzentration.** Nach § 2 Abs. 4 aF konnten die Spruchverfahren (einschließlich Auswahl und Bestellung des sachverständigen Prüfers) durch RechtsVO der Landesregierung oder -justizverwaltung für mehrere Landgerichtsbezirke auf einzelne Landgerichte konzentriert werden. Hiervon haben die Länder weitgehend Gebrauch gemacht.[12] Dies ist jetzt in § 71 Abs. 4 GVG geregelt. Ob die auf die § 2 Abs. 4 aF gestützten VOen weitergelten, ist fraglich;[13] m.E. zu bejahen.

5 Die Konzentration ist wegen der besonderen Schwierigkeit der Materie unerlässlich, um eine annähernde Sachkompetenz der beschließenden Kammer zu gewährleisten, was allerdings zusätzlich Spezialkenntnisse und Kontinuität in der Besetzung der Kammer voraussetzt.

6 **III. Vermeidung von Mehrfachzuständigkeiten** (§ 2 Abs. 1 S. 2). Sofern nach § 2 Abs. 1 S. 1 mehrere Landgerichte zuständig wären oder bei verschiedenen Landgerichten Spruchverfahren nach Satz 1 anhängig sind, die in einem sachlichen Zusammenhang stehen, ist § 2 FamFG (früher § 4 FGG) anwendbar. Zuständig ist das Landgericht, das zuerst mit der Angelegenheit „befasst" ist, Abs. 1 S. 2 iVm § 2 Abs. 1 FamFG, (früher § 4 FGG: „tätig geworden ist" [Hervorhebung vom Verf.]).

7 **1. Fallgestaltungen.** Der ersterwähnte Fall kann auftreten, wenn der Rechtsträger, dessen Anteilsinhaber antragsberechtigt ist, ausnahmsweise zwei in verschiedenen Landgerichtsbezirken gelegene Gesellschaftssitze hat.

---

2 Vgl § 5 Abs. 1 AktG, § 57 Abs. 1 BGB.
3 Vgl § 3 Abs. 1 Nr. 1, § 4 a GmbHG.
4 Vgl § 6 Nr. 1 GenG.
5 *Fritzsche/Dreier/Verfürth*, § 2 Rn 5.
6 *Klöcker/Frowein*, § 2 Rn 2; KG AG 2000 364, 5.
7 Siehe oben § 1 Rn 6.
8 Siehe oben § 1 Rn 7.
9 Siehe oben § 1 Rn 12.
10 *Klöcker/Frowein*, § 2 Rn 1; *Fritzsche/Dreier/Verfürth*, § 2 Rn 5.
11 K. Schmidt/Lutter/*Klöcker*, § 2 Rn 10.
12 **Baden-Württemberg** VO v. 16.2.2004 Gesetzesblatt für BW 2004, 129; **Bayern** für den Bereich des OLG München LG München I und für den OLG Bezirk Nürnberg und Bamberg beim LG Nürnberg-Fürth (VO v. 16.11.2004, GVBl. S. 471); **Hessen** beim LG Frankfurt (VO v. 19.2.2004, GVBl. S. 98); **Mecklenburg-Vorpommern** beim LG Rostock (VO v. 28.3.1994, GVOBl. S. 514); **Niedersachsen** VO v. 14.10.2003 beim LG Hannover, Nds GVBl S. 364; **Nordrhein-Westfalen** für den OLG Bezirk Düsseldorf beim LG Düsseldorf, den OLG Bezirk Köln beim LG Köln und für den OLG Bezirk Hamm am LG Dortmund (VO v. 16.12.2003, GVBl. 2004 S. 10); **Rheinland-Pfalz** VO v. 7.2005 (GVBl. S. 360); **Sachsen** beim LG Leipzig (VO v. 6.5.99, GVBL. S. 281). Zur Fortgeltung des alten VO-Rechts nach Einf. des SpruchG siehe *Bungert/Mennicke*, BB 2003, 2024.
13 *Hüffer*, § 2 Rn 7; *Bürgers/Körber/Ederle/Theusinger*, § 2 Rn 9.

Der zweite Fall trifft die Verfahren, bei denen ein „sachlicher Zusammenhang" bei unterschiedlichen Verfahrensgegenständen besteht, zB.

- bei der gleichzeitigen Verschmelzung mehrerer Rechtsträger aus unterschiedlichen Gerichtsbezirken auf eine dritte Gesellschaft,
- bei einer gleichzeitigen Vermögensübertragung durch Abspaltung von Rechtsträgern aus verschiedenen Gerichtsbezirken auf einen Dritten,[14]
- bei gleichzeitigem Abschluss von Beherrschungs- und Gewinnabführungsverträgen mit mehreren abhängigen Gesellschaften in verschiedenen Gerichtsbezirken,

grundsätzlich also immer dann, wenn bei verschiedenen Gerichten Spruchverfahren anhängig sind, in denen zumindest einer der zu bewertenden Rechtsträger und der maßgebliche Bewertungsstichtag (annähernd) identisch sind.[15]

2. Beginn des Befassens. Das „Befassen" (früher „Tätigwerden") beginnt nach der Neufassung des § 2 FamFG mit dem Eingang des Antrags,[16] m.E. unabhängig davon, ob der Antrag zulässig ist, nicht also wie früher erst mit der ersten verfahrensfördernden Tätigkeit.[17] Ein „Befassen" ist aber nur dann maßgebend, wenn das Gericht überhaupt örtlich zuständig ist.[18]

Ist die Zuständigkeit einmal hierdurch begründet, so sind andere Gerichte unzuständig und müssen das Verfahren an das zuerst tätig gewordene Gericht abgeben.[19]

3. Zuständigkeitsstreit. Bei Streit oder Ungewissheit über das zuständige Gericht nach S. 2 entscheidet entsprechend § 5 FamFG das gemeinschaftliche OLG. Ist das nächsthöhere gemeinsame Gericht der BGH, wird das zuständige Gericht durch das OLG bestimmt, zu dessen Bezirk das Gericht gehört, das sich zuerst mit der Sache befasst hat (§ 5 Abs. 2 FamFG). Haben sich verschiedene Landgerichte zeitgleich mit der Sache befasst, ist das OLG zuständig, das zuerst zur Bestimmung des zuständigen Landgerichts angerufen worden ist.[20] Dieses Prioritätsprinzip gilt auch dann, wenn das mit der Sache befasste Gericht am Zuständigkeitsstreit nicht mehr beteiligt ist oder es sich zunächst irrtümlich für zuständig gehalten hat.[21]

Das Verfahren nach § 5 Abs. 1 FamFG kann eingeleitet werden auf Anrufen eines der am Zuständigkeitsstreit beteiligten Landgerichte oder eines der an einem der Verfahren Beteiligten. Außerdem kann das zuständige Oberlandesgericht von Amts wegen tätig werden, wenn es von dem Zuständigkeitsstreit Kenntnis erlangt.[22]

Wenn sich unzweifelhaft ein Gericht zuerst mit der Sache „befasst" hat, ist die Zuständigkeit gemäß § 2 Abs. 1 eindeutig und richtet sich nicht nach § 2 FamFG (früher § 5 FGG)[23] Ansonsten entscheidet das Gericht nach Zweckmäßigkeitsgesichtspunkten[24] (zB wirtschaftlicher Schwerpunkt, Zahl der Antragsteller, bisherige Verfahrensförderung). Die Entscheidung ist nicht anfechtbar.[25]

Handlungen des abgebenden Gerichts bleiben gemäß § 2 Abs. 3 FamFG (früher § 7 FGG) wirksam.

B. Zuständiger Spruchkörper

Zuständig ist die Zivilkammer. Besteht eine Kammer für Handelssachen, war diese nach § 2 Abs. 2 aF zuständig.[26] Dieser Absatz ist nach dem FGG-Reformgesetz[27] aufgehoben. Das könnte bedeuten, dass die Spruchverfahren als Handelssachen gemäß § 95 GVG anzusehen sind mit der Folge, dass sie nur dann vor der Kammer für Handelssachen verhandelt werden, wenn Antragsteller dies in ihrer Antragsschrift beantragen (§ 96 Ab. 1 GVG) oder wenn bei einem bei der Zivilkammer eingehenden Antrag die Antragsgegnerin rechtzeitig einen Antrag auf Verweisung an die Kammer für Handelssachen gestellt hat (§ 98 Abs. 1 GVG). Diese Regelung wäre mehr als unglücklich. Möglicherweise würden einige Anträge bei einer Zivilkammer eingeben, zumal kein Anwaltszwang besteht. Diese dürfte die Sache – anders als nach § 2 aF – ge-

---

14 Lutter/Winter/*Krieger/Mennicke*, § 2 Rn 6.
15 Lutter/Winter/*Krieger/Mennicke*, aaO; DAV-Handelsrechtsausschuss, ZIP 2003, 553; *Hüffer*, § 2 Rn 4.
16 Keidel/*Sternal*, § 2 Rn 15; Schulte-Bunert/Weinreich/*Schöplin* § 2 Rn 5; OLG Hamm FamRZ 2006, 1460 zum Begriff des Tätigwerdens.
17 Noch zur Geltung des FGG: Lutter/Winter/*Krieger/Mennicke*, aaO Rn 7.
18 Keidel/*Sternal*, § 2 Rn 16
19 Vgl BayObLG 1964, 263; OLG Hamm OLGZ 1972, 353.
20 Keidel/*Sternal*, § 2 Rn 15; noch zum FGG: *Fritzsche/Dreier/ Verfürth*, § 2 Rn 15; *Klöcker/Frowein*, Rn 9; § 5 FGG Rn 39.
21 Schulte-Bunert/Weinreich/*Schöplin*, § 5 Rn 14.
22 Keidel/*Sternal*, § 5 FamFG Rn 36 mwN.
23 Noch zur Geltung des FGG: *Hüffer*, § 2 Rn 4; MüKo-AktG/ *Volhard*, 2.Aufl., § 2 Rn 3; MüKo-AktG/*Kubis*, 3. Aufl., § 3 Rn 8; aA BayObLG AG 2002, 460.
24 Keidel/*Sternal*, § 5 FamFG Rn 44; noch zur Geltung des FGG: *Klöcker/Frowein*, § 2 Rn 11.
25 OLG Frankfurt Der Konzern 2003, 411; Keidel/*Sternal*, § 5 FamFG Rn 51.
26 *Hüffer*, aaO Rn 5 weist zu Recht auf die Problematik hin, dass hier nur der Vorsitzende der KfH Berufsrichter ist, was dazu führen kann, dass Dauer, Umfang und Komplexität der Verfahren nicht angemessen Rechnung getragen werden kann.
27 Vom 17.12.2008 (BGBl. I S. 2586).

mäß § 98 Abs. 3 GVG nicht mehr von Amts wegen an die KfH veweisen. Stellt die Gesellschaft als Antragsgegnerin dann keinen oder keinen rechtzeitigen Verweisungsantrag, würden einzelne Verfahren vor der Zivilkammer verhandelt, die Mehrzahl bei einer Kammer für Handelssachen, ohne dass nach dem Gesetzeswortlaut die Möglichkeit der Verweisung von einer an die andere Kammer besteht; beide Kammern wären funktionell zuständig, so dass auch keine Verbindung möglich ist. Es wäre dann kaum auszuschließen, dass über dieselbe Strukturmaßnahmen derselben Gesellschaft zum selben Stichtag nicht nur zwei parallele Verfahren vor zwei jeweils zuständigen Kammern geführt werden, sondern dass diese auch noch in rechtlich nicht zu beanstandender Art und Weise zu unterschiedlichen Unternehmenswerten desselben Unternehmens gelangen können. Das wiederum führt zu dem unlösbaren Problem, das wegen der „inter omnes"-Wirkung zwischen den außenstehenden Aktionären völlige Verwirrung entsteht. Dies hat der Gesetzgeber offensichtlich nicht gewollt, ansonsten hätte er auch nicht die Regelung in § 2 Abs. 2 nF (Alleinentscheid des „Vorsitzenden" einer „Kammer für Handelssachen"), die – wenn auch nur geringfügig – von § 349 ZPO abweicht, unverändert übernommen. Darüber hinaus sind § 293c AktG und § 10 Abs. 2 S. 2 UmwG nicht verändert worden, wonach der Vorsitzende der KfH für die Bestellung des Vertragsprüfers zuständig ist, sofern eine KfH bei dem Gericht eingerichtet ist. Eine Änderung der funktionellen Zuständigkeit war daher sicherlich nicht gewollt. ME verbleibt es deshalb bei der Zuständigkeit der KfH.[28] Eine gesetzgeberische Klarstellung wäre zu begrüßen. In der Literatur[29] wird die hiesige Ansicht unterstützt.

16 In den nummerativ aufgezählten Fällen entscheidet der Vorsitzende allein. Die Aufstellung entspricht dem Vorbild des § 349 Abs. 2 ZPO und folgt im Wesentlichen dem § 306 Abs. 2 S. 2 AktG aF und § 3 UmwG aF iVm § 306 Abs. 1 S. 2 AktG aF. Hervorzuheben ist die Entscheidungsbefugnis des Vorsitzenden bei allen Fragen der Zulässigkeit (§ 3 Antragsberechtigung, § 4 Abs. 1 Fristversäumung, § 4 Abs. 2, inhaltliche Mindestanforderungen an den Antrag, § 5 richtige Antragsgegner).

17 Die Regelungen gelten allerdings nicht für den Vorsitzenden einer Zivilkammer.[30]

18 Darüber hinaus entscheidet der Vorsitzende allein, wenn alle Beteiligten ihr Einverständnis hierzu gegeben haben (§ 2 Abs. 3 S. 2). Jedoch hat er freies Ermessen, ob er allein oder die Kammer entscheiden soll.[31]

C. Internationale Zuständigkeit

19 Die Frage der internationalen Zuständigkeit ist von Amts wegen zu prüfen.[32]

Bei der Eingliederung (§§ 319 ff AktG) ist die Frage nicht akut, da derzeit eine Eingliederung nur in eine andere Aktiengesellschaft mit Sitz im Inland zulässig ist. Bei den übrigen Fällen kann sie durchaus von größter Bedeutung sein (Korrespondenzanwälte, Übersetzungskosten, ausländisches Gericht, Anwendung ausländischen Rechts).

Nach deutschem internationalen Zivilprozessrecht (IZPR) richtet sich die internationale Zuständigkeit grundsätzlich nach den örtlichen Gerichtsstandsnormen,[33] es sei denn die deutschen Regelungen des IZPR werden durch höherrangiges Recht verdrängt, zB durch bilaterale Abkommen oder durch das Recht der europäischen Gemeinschaft (Verordnung (EG) Nr. 44/2001) des Rates vom 22.12.2000 über die gerichtliche Zuständigkeit und Anerkennung und Vollstreckung von Entscheidungen in Zivil- und Handelssachen (EUGVVO). Die hM[34] bejaht die Anwendung des Art. 22 Nr. 2 EuGVVO für das Spruchverfahren. Nach hM[35] bestimmt daher der Sitz derjenigen Gesellschaft, deren außenstehende oder ausgeschiedene Aktionäre antragsberechtigt sind, den Gerichtsstand.[36]

---

[28] Im Erg. ebenso *Hüffer*, § 2 Rn 5; MüKo-AktG/*Kubis*, § 2 Rn 6; *Emmerich*/Habersack, § 2 Rn 9.

[29] *Hüffer*, § 2 Rn 5: Verweisung von Amts wegen an die KfH; Bürgers/Körber/*Ederle/Theusinger*, § 2 Rn 7; Spindler/Stilz/ *Drescher*, § 2 Rn 19.

[30] *Klöcker/Frowein*, aaO, Rn 16; *Fritzsche/Dreier/Verfürth*, aaO, Rn 31; *Hüffer*, § 2 Rn 6.

[31] Bürgers/Körber/*Ederle/Theusinger*, § 2 SpruchG Rn 8.

[32] OLG Zweibrücken, besprochen von *Luttermann* in EWiR 1/08, 70 (vgl Art. 25 EuGVVO).

[33] BGH NJW 1976, 1590; 1987, 1323.

[34] *Behnke*, Das Spruchverfahren nach § 306 AktG, §§ 305 ff UmwG 2001, S. 62 (zum EuGVÜ); *Leuering*, EWiR 2003, 1165; *Hüffer*, § 2 Rn 3; *Meilicke/Lochner*, AG 2010, 23 ff; vgl KölnKomm-SpruchG/*Wasmann*, § 2 Rn 15, der Art. 22 Nr. 2 EuGVVO auf das Spruchverfahren analog anwenden will; aA *Niessen*, NZG 2006, 441 mit ausf. Begründung.

[35] So auch im Erg. MüKo-AktG/*Kubis*, 3. Aufl., § 2 Rn 5; *Hüffer*, § 2 Rn 3.

[36] Bürgers/Körber/*Ederle/Theusinger*, § 2 Rn 4 mwN; LG München I AG 2011, 801.

§ 3[1] Antragsberechtigung

[1]Antragsberechtigt für Verfahren nach § 1 ist in den Fällen
1. der Nummer 1 jeder außenstehende Aktionär;
2. der Nummern 2 und 3 jeder ausgeschiedene Aktionär;
3. der Nummer 4 jeder in den dort angeführten Vorschriften des Umwandlungsgesetzes bezeichnete Anteilsinhaber;
4. der Nummer 5 jeder in den dort angeführten Vorschriften des SE-Ausführungsgesetzes bezeichnete Anteilsinhaber;
5. der Nummer 6 jedes in der dort angeführten Vorschrift des SCE-Ausführungsgesetzes bezeichnete Mitglied.

[2]In den Fällen der Nummern 1, 3, 4 und 5 ist die Antragsberechtigung nur gegeben, wenn der Antragsteller zum Zeitpunkt der Antragstellung Anteilsinhaber ist. [3]Die Stellung als Aktionär ist dem Gericht ausschließlich durch Urkunden nachzuweisen.

Literatur:
Siehe oben Einleitung.

A. Allgemeines

§ 3 regelt die Fragen, wer antragsberechtigt ist, wann die Antragsberechtigung vorliegen muss und wie und in welcher Frist sie nachzuweisen ist. 1

Allgemein gilt, dass es auf die Art und Ausgestaltung des Anteils (zB ob stimmberechtigte oder stimmrechtslose Aktien) nicht ankommt, ebenso nicht auf die Zahl der Aktien; auch die Inhaberschaft einer Aktie ist ausreichend.[2] Wenn der Antrag in einem solchen Fall aber nur gestellt ist, um sich dessen „Lästigkeitswert" vom Antragsgegner „abkaufen" zu lassen, fehlt ein Rechtsschutzbedürfnis und der Antrag ist bereits als unzulässig zurückzuweisen.[3] Diese Fälle werden aber heute – da schlecht nachweisbar – kaum noch relevant sein.[4] 2

Gewisse Gesichtspunkte könnten aus den Urteilen des LG Hamburg[5] und des LG Frankfurt[6] übernommen werden. Hier sind HV-Anfechtungskläger zum Schadensersatz verurteilt worden, weil sie sich nur ihren „Lästigkeitswert" haben abkaufen lassen.

Trotz Antragsberechtigung kann daher im Einzelfall ein Rechtschutzbedürfnis fehlen und zwar in erster Linie bei rechtsmissbräuchlicher Antragstellung[7]. Ein Rechtsschutzbedürfnis fehlt auch, wenn ein Unternehmensvertrag vor Ablauf der Antragsfrist im Spruchverfahren beendet und bis dahin nicht in Vollzug gesetzt wird.[8]

B. Antragsberechtigung

I. Grundsatz. Soweit das Gesetz verlangt, dass die Antragsberechtigung nur gegeben ist, wenn der Antragsteller zum Zeitpunkt der Antragstellung Anteilsinhaber ist, bedeutet dies gleichzeitig, dass er nicht Inhaber des Anteils bei der entsprechenden Beschlussfassung der Hauptversammlung oder bei der (Bekanntmachung der) Eintragung dieses Vertrages im Handelsregister sein muss.[9] Wo Widerspruch zur Niederschrift der Hauptversammlung Voraussetzung für die Antragsberechtigung ist, muss auch gefordert werden, dass der Antragsteller gegen den Beschluss gestimmt hat (allerdings streitig[10], siehe im Einzelnen in der tabellarischen Übersicht). 3

Nicht antragsberechtigt sind die Anteilsinhaber der Antragsgegnerin,[11] obgleich sie auch betroffen sein können, zB wenn der übertragende Rechtsträger möglicherweise zu teuer übernommen worden ist und sie 4

---

1 § 3 S. 1 Nr. 3 geänd. und Nr. 4 angef., S. 2 neu gef. mWv 29.12.2004 durch G v. 22.12.2004 (BGBl. I S. 3675); S. 1 Nr. 4 und S. 2 geänd., S. 1 Nr. 5 angef. mWv 18.8.2006 durch G v. 14.8.2006 (BGBl. I S. 1911).
2 Widmann/Mayer/Wälzholz, § 3 Rn 60; Fritzsche/Dreier/ Verfürth, § 9 Rn 31.
3 Fritzsche/Dreier/Verfürth, § 3 Rn 4; KölnKomm-AktG/Koppensteiner, § 306 Rn 4; Schulenburg, AG 1998, 74 ff; aA Hüffer, § 3 Rn 9 (Begründetheitsfrage); Bürgers/Körber/Ederele/Theusingerr, § 3 Rn 18.
4 Durch § 4 Abs. 2 u § 6 Abs. 3 SpruchG sollte eine Hürde aufgebaut werden. Kritisch, siehe oben Einleitung Rn 3.
5 WM 2009, 1330 = AG 2009, 553.
6 LG Frankfurt AG 2007, 824; siehe in diesem Zusammenhang auch LG Hannover AG 2009, 795.
7 Spindler/Stilz/Drescher, § 3 Rn 23; siehe auch OLG Stuttgart AG 2011, 601.
8 MüKo-AktG/Bilda, 2. Aufl., § 306 AktG Rn 67.
9 Wasmann, WM 2004, 822 mwN; eingehender siehe Übersicht Rn 6 ff.
10 HM: Widmann/Mager/Vollrath, § 3 Rn 39; differenzierter: KölnKomm-AktG/Wasmann, § 3 Rn 14.
11 MüKo-AktG/Kubis, § 1 Rn 29.

die Angemessenheit des Umtauschverhältnisses beanstanden.[12] Sie müssen bei Unternehmensverträgen/der Eingliederung mit Anfechtungsklage vorgehen, wenn ihnen die Abfindung oder der Ausgleich zu hoch erscheint. Es bleibt ihnen aber unbenommen, ein Schiedsgerichtsverfahren entsprechend den Vorschriften des Spruchgesetzes durchzuführen.[13]

5 Eine Nebenintervention (§§ 66 ff ZPO) ist im Spruchverfahren nicht zulässig.[14] Es besteht kein Bedürfnis, weil die Rechte der nicht am Verfahren beteiligten Aktionäre durch den gemeinsamen Vertreter gewahrt werden.

Die nachstehenden Tabellen geben eine Übersicht zu den ersten beiden Fragenkomplexen.

II. Übersicht über Antragsberechtigung/Zeitpunkt der Aktionärstellung und Erlöschen der Antragsberechtigung

6 Beherrschungs- und Gewinnabführungsvertrag (§§ 304, 305 AktG), § 3 Abs. 1 Nr. 1, § 1 Nr. 1

Antragsberechtigte	Zeitpunkt	Erlöschen der Antragsberechtigung
wie § 304 Abs. 4 S. 1 AktG aF, § 305 Abs. 5 S. 4 AktG aF: außenstehende Aktionäre: ■ **Ausgleichsberechtigte** (die in der Gesellschaft verbleibenden Aktionäre) ■ **Abfindungsberechtigte** (die ausscheidenden Aktionäre)	**Inhaberschaft im Zeitpunkt der Antragstellung,**[15] (nicht Zeitpunkt der Zustellung des Antrags) **nicht ausreichend:** ■ Antragstellung und nachträglicher Erwerb der Aktie[16]	Erlöschen bei: ■ Antragsrücknahme[17] ■ Annahme des Abfindungsangebots[18] (nicht bei Annahme des Ausgleichsangebots)[19] ■ Übertragung der Aktie *vor* Antragstellung[20]
Keine Antragsberechtigte:[21] ■ Aktionäre, die am anderen Vertragsteil zu 100 % beteiligt sind ■ Aktionäre, die eine Gesellschaft oder Stiftung sind, und deren sämtliche Anteile dem anderen Vertragsteil gehören ■ Aktionäre, die mit dem anderen Vertragsteil durch einen Beherrschungs- und Gewinnabführungsvertrag verbunden sind	Vor Antragstellung kann die Aktie veräußert werden. Der **Erwerber** ist antragsberechtigt, wenn er nachweist, dass er sie von einem außenstehenden Aktionär erworben hat. Keine Umkehr der Beweislast, wenn das herrschende Unternehmen im Wege der Abfindung erworbene Aktien seinerseits wieder an der Börse veräußert, ohne diese besonders zu kennzeichnen[22]	Jedoch nicht bei Übertragung *nach* Antragstellung: Entsprechend § 265 a ZPO bleibt der bisherige Inhaber antragsberechtigt; nicht der Rechtsnachfolger[23]

---

12 Vgl BGH 112, 19 (zur Anfechtungsklage).
13 „Kochs Adler"-Fall: Schiedsrichter VROLG *Seetzen*, ZIP 1994, 333 ff, mit Einführung von *Timm*. In einem Verfahren „Verschmelzung einer GmbH auf eine AG" haben sich die Beteiligten auf ein schiedsrichterliches Verfahren geeinigt, in dem die Antragsteller der übernehmenden Gesellschaft beanstandet, dass die an die Gesellschafter der übertragenden Gesellschaft gezahlte Abfindung zu hoch sei (Schiedsrichter: VRLG Weingärtner, Dortmund). – *Burwitz* meint in seiner Stellungnahme zum Gesetzgebungsvorschlag, dass es nicht sinnvoll sei, hierfür das Spruchverfahren zu öffnen, weil sonst bei einem Unternehmensvertrag die Bewertungsrüge durch Aktionäre der Obergesellschaft sowohl im Wege der Anfechtungsklage als auch im Wege des Spruchverfahrens geltend gemacht werden könnte (NZG 2007, 500).
14 Lutter/Winter/*Krieger/Mennicke*, § 3 Rn 1; *Klöcker/Frowein*, § 3 Rn 29; LG Frankfurt AG 2005, 544, differenzierter: KölnKomm-AktG/*Wasmann*, Vorb § 1 Rn 14; OLG Frankfurt ZIP 2006, 300 und 2007, 252.
15 § 3 S. 1 SpruchG; Lutter/Winter/*Krieger/Mennicke*, § 3 Rn 3; BayObLG ZIP 2002, 935 = DB 2002, 1652.
16 *Büchel*, NZG 2003, 793, 794. Auch dann nicht, wenn die Aktie vor Ablauf der Antragsfrist des § 4 SpruchG gekauft wird, bei Antragstellung jedoch noch keine Inhaberschaft bestand (*Klöcker/Frowein*, § 3 Rn 8).
17 § 6 Abs. 3 SpruchG; OLG Stuttgart DB 2003, 2693.
18 OLG Düsseldorf ZIP 2001, 159 = AG 2001, 596; LG Dortmund AG 2001, 204; Bürgers/Körber/*Ederle/Theusinger*, § 3 Rn 3; KölnKomm-AktG/*Wasmann*, Vorb § 1 Rn 7: Das Antragsrecht besteht fort, wenn das Abfindungsangebot nach Antarstellung angenommen wird.
19 Fritzsche/Dreier/*Verfürth*, § 3 Rn 15; Bürgers/Körber/*Ederle/Theusinger*, § 3 Rn 3; MüKo-AktG/*Kubis*, § 3 Rn 7.
20 BGH v. 7.5.2006 – II ZR 27/05.
21 *Hüffer*, § 304 AktG Rn 2 f; MüKo-AktG/*Bilda*, 2. Aufl., § 304 Rn 21; MüKo-AktG/*Kubis*, 3. Aufl., § 3 Rn 9; *Klöcker/Frowein*, § 3 Rn 5; *dies*, § 6 Rn 24.
22 BGH v. 7.5.2006 – II ZR 27/05.
23 Widmann/Mayer/Wälzholz, § 3 Rn 9; Fritzsche/Dreier/*Verfürth*, § 3 Rn 45; MüKo-AktG/*Kubis*, § 3 Rn 10; aA Lutter/Winter/*Krieger/Mennicke*, § 3 Rn 4.

Eingliederung (§ 30b Abs. 1 S. 1 AktG) und Squeeze-out (§ 327aff AktG), § 3 Abs. 1 Nr. 2, § 1 Nr. 2 und 3   7

Antragsberechtigte	Zeitpunkt	Erlöschen der Antragsberechtigung
Jeder infolge der Strukturmaßnahme ausgeschiedene Minderheitsaktionär und dessen Gesamtrechtsnachfolger[24] auch bei Einzelrechtsnachfolge, wenn Übertragung vor Antragstellung, allerdings streitig[25] [26]	Inhaberschaft im Zeitpunkt des Wirksamwerdens des Beschlusses durch Eintragung im Handelsregister,[27] nicht der Bekanntmachung Widerspruch gegen den Beschluss zur Niederschrift der Hauptversammlung ist nicht Voraussetzung. Bei Anfechtungsklage verhindert die Registersperre das Wirksamwerden, so dass der Aktionär nicht ausscheiden kann.[28] Antragsrecht geht auf Gesamtrechtsnachfolger über.[29] Einzelrechtsnachfolger wird nicht berechtigt[30] (str).[31]	Erlöschen bei: ■ Antragsrücknahme, § 6 Abs. 3 ■ Annahme des Abfindungsangebots s.o. Rn 6 Spalte 1 bei Beherrschungs- und Gewinnabführungsvertrag

---

[24] Lutter/Winter/*Krieger/Mennicke* § 3 Rn 5; *Fritzsche/Dreier/Verfürth,* § 3 Rn 23; *Hüffer,* § 3 Rn 6; *Klöcker/Frowein,* § 3 Rn 10; MüKo-AktG/*Kubis*, 3. Aufl., § 3 Rn 9.

[25] Bejahend: Lutter/Winter/*Krieger/Mennicke* § 3 Rn 5, *Fritzsche/Dreier/Verfürth,* § 3 Rn 23, 31; MüKo-AktG/*Kubis*, 3. Aufl., § 3 Rn 9.

[26] Verneinend: *Klöcker/Frowein,* § 3 Rn 10.

[27] *Büchel*, NZG 2003, 794; OLG Hamburg AG 2004, 622; KölnKomm-AktG/*Verfürth,* § 3 Rn 11; *Bürgers/Körber/Ederle/Theusinger,* § 3 Rn 16.

[28] *Klöcker/Frowein* § 3 Rn 11; *Hüffer*, § 3 Rn 3.

[29] Lutter/Winter/*Krieger/Mennicke*, § 3 Rn 5; *Hüffer*, § 3 Rn 6.

[30] HM: Widmann/Mayer/*Wälzholz*, § 3 Rn 17; *Klöcker/Frowein* § 3 Rn 10; aA LG Dortmund, Der Konzern 2004, 821; Lutter/Winter/*Krieger/Mennicke*, § 3 Rn 5; *Fritzsche/Dreier/Verfürth,* § 3 Rn 23; *Hüffer*, § 3 Rn 5.

[31] *Fritzsche/Dreier/Verfürth,* § 3 Rn 23; KölnKomm-AktG/*Wasmann*, § 3 Rn 12; MüKo-AktG/*Kubis*, 3. Aufl., § 3 Rn 12: Regelung entspr. § 265 Abs. 2 ZPO. *Wasmann*, WM 2003, 822: Erwerb der Aktien nach Eintragung im Handelsregister begründet keine Antragsberechtigung.

8 Voraussetzungen für die Antragsberechtigung in den Fällen § 3 Abs. 1 Nr. 3, § 1 Nr. 4, 5, 6

Beide Voraussetzungen müssen gegeben sein:

Fallgruppen	Antragsberechtigte	Zeitpunkt	Erlöschen
I. § 15 UmwG Bestimmung einer baren Zuzahlung (Verschmelzung, Auf- und Abspaltung, Formwechsel)	■ alle Inhaber des übertragenden oder formwechselnden Rechtsträgers, ■ nicht die übernehmenden Anteilsinhaber, die im Wege der Anfechtungsklage mit der Bewertungsrüge vorgehen[32] ■ Erwerber des Anteils vor Antragstellung ■ während der Antragsfrist[33] ■ Widerspruch in HV ist *nicht* notwendig, Abstimmungsverhalten in HV ist unbeachtlich[34]	Im Zeitpunkt der Antragstellung (§ 3 S. 2) Da die Inhaberschaft mit Wirksamwerden der Verschmelzung erlischt, ist er in diesem Zeitpunkt Anteilsinhaber des übernehmenden Rechtsträgers bzw des Rechtsträgers der neuen Rechtsform[35]	■ bei Annahme des Barabfindungsangebot[36] ■ *kein* Erlöschen bei Übertragung nach Ablauf der Antragsfrist: es gilt § 265 ZPO entsprechend; Aktivlegitimation bleibt also bestehen[37]
II. §§ 34, 29 UmwG Anspruch auf **Barabfindung** (Verschmelzung, Auf- und Abspaltung, Formwechsel)	Voraussetzung: Widerspruch zur Niederschrift gegen den Umwandlungsbeschluss (oder unverschuldete Verhinderung nach §§ 207 Abs. 2, 29 Abs. 2 UmwG)[38] und Stimmabgabe gegen den Beschluss, streitig[39]	**Mitgliedschaft (im übernehmenden Rechtsträger) im Zeitpunkt der Antragstellung** (siehe oben I.)	■ bei Annahme des Barabfindungsangebots ■ Veräußerung während der Antragsfrist, aber vor Antragstellung, führt zum Übergang der Antragsberechtigung ■ Kein Erlöschen bei Übertragung des Anteils nach Antragstellung (§ 265 ZPO entsprechend; keine Einzelrechtsnachfolge[40]
III. Vermögensübertragung §§ 34, 176 Abs. 2 § 23 UmwG, sowie §§ 3, 34, 181 Abs. 4 Barabfindung	wie oben bei II. zur Barabfindung	Im Zeitpunkt der Antragstellung	wie oben bei § 34 UmwG zur Barabfindung (siehe II.)

---

[32] AA *Fritzsche/Dreier*, BB 2000, 737; *Fritzsche/Dreier/Verfürth*, § 3 Rn 34.
[33] Widmann/Mayer/*Wälzholz*, § 3 Rn 28.
[34] Widmann/Mayer/*Wälzholz*, § 3 Rn 25; MüKo-AktG/*Volhard*, 2. Aufl., § 3 Rn 4; *Hüffer*, § 3 Rn 4.
[35] BT-Drucks. 15/371, S. 16; Widmann/Mayer/*Wälzholz*, § 3 Rn 26.
[36] OLG Düsseldorf EWiR 2001, 291.
[37] OLG Stuttgart ZIP 2008, 2020; MüKo-AktG/*Kubis*, 3. Aufl., § 3 Rn 18; Simon/*Leuering*, Rn 35.
[38] HM: OLG München ZIP 2010, 326; LG Dortmund AG 2004, 623; *Hüffer*, § 3 Rn 4; MüKo-AktG/*Volhard*, 2. Aufl., § 3 mwN in Fn 11, 12 und 13, Rn 127.
[39] Str, für die hM statt vieler: OLG München ZIP 2010, 326; MüKo-AktG/*Kubis*, 3. Aufl., § 3 Rn 14; *Hüffer*, § 3 Rn 4; K. Schmidt/Lutter/*Klöcker*, § 3 Rn 17.
[40] LG Dortmund DB 2004, 1355.

Fallgruppen	Antragsberechtigte	Zeitpunkt	Erlöschen
IV. Verbesserung des Beteiligungsverhältnisses nach § 196 UmwG: Anspruch auf bare Zuzahlung	Jeder, der Unwirksamkeitsklage erheben könnte, aber nach § 195 Abs. 2 UmwG gehindert ist. Widerspruch ist *nicht* erforderlich – Abstimmungsverhalten ist unbeachtlich Gesamt und Einzelrechtsnachfolger[41]	Im Zeitpunkt der Antragstellung	II. entprechend[42]
V. Ausscheiden nach §§ 207, 212 UmwG	Widerspruch in HV und Abstimmung gegen den Beschluss ist notwendig[43]	Im Zeitpunkt der Antragstellung	Veräußerung während der Antragsfrist, aber vor Antragstellung, führt zum Übergang der Antragsberechtigung. Veräußerung nach Antragstellung entspr. § 265 ZPO
VI. Zuzahlung oder Abfindung bei Gründung oder Sitzverlegung einer SE (§§ 6, 7, 9, 11 u 12 SE-AusfG)	Aktionäre, die dem deutschen Recht unterliegen; bei Abfindung müssen sie gegen den Beschluss gestimmt und Widerspruch eingelegt haben[44]	Im Zeitpunkt der Antragstellung	Bei Barabfindung Erlöschen mit Annahme
VII. Zuzahlung an Mitglieder bei der Gründung einer Europäischen Genossenschaft (§ 7 des SCEAG)	Jedes in § 7 SCEAG bezeichnete Mitglied; gemäß § 7 Abs. 2 S. 1 Hs 2 SCEAG somit jedes Mitglied einer übertragenden Genossenschaft, dessen Recht, gegen die Wirksamkeit des Verschmelzungsbeschlusses Klage zu erheben, nach § 7 Abs. 1 SCEAG ausgeschlossen ist.[45] (§ 7 Abs. 4 SCEAG) Ob Widerspruch erforderlich, ist fraglich[46]	Im Zeitpunkt der Antragstellung	
VIII. § 5 EGAktG Entzug von Mehrstimmrechten: Anspruch auf angemessenen Ausgleich	Jeder in der Hauptversammlung erschienene Aktionär, der gegen den Beschluss Widerspruch erklärt hat, § 5 Abs. 4 S. 2 EGAktG	Im Zeitpunkt der Antragstellung (entspr. § 3 S. 2 SpruchG, Zeitpunkt der HV § 5 EGAktG[47]	

[41] *Fritzsche/Dreier/Verfürth*, § 3 Rn 39.
[42] OLG Stuttgart ZIP 2008, 2020.
[43] Widmann/Mayer/*Wälzholz*, § 3 Rn 47.
[44] MüKo-AktG/*Kubis*, 3. Aufl., Rn 18.
[45] Ausführlich: Bürgers/Körber/*Ederle/Theusinger*, § 3 Rn 13.
[46] Nach § 28 Abs. 2 SCE-VO erforderlich, gemäß RegBegr (BT-Drucks. 16/1025, S. 55) kein Widerspruch erforderlich; Bürgers/Körber/*Ederle/Theusinger*, § 3 Rn 14.
[47] Bürgers/Körber/*Ederle/Theusinger*, § 3 Rn 15.

C. Der Nachweis der Antragsberechtigung

9 **I. Nachweis durch Urkunden.** Nach § 3 S. 3 ist die Aktionärstellung ausschließlich durch **Urkunden** nachzuweisen. Grundsätzlich sollen nämlich Beweisaufnahmen hier vermieden werden[48]

10 An den Nachweis sind strenge Maßstäbe anzulegen. Der Nachweis ist durch zeitnahe[49] Urkunden (ausreichend: unbeglaubigte Kopie)[50] zu führen, zB durch Depotauszug der Bank, Vorlage der effektiven Aktienstücke – unabhängig davon, ob die Aktionärstellung bestritten wird[51]. Es kann auch eine Bankbestätigung genügen, wenn sie eindeutig erkennen lässt, dass der Antragsteller im Zeitpunkt seiner Antragsberechtigung Aktieninhaber war.[52] Man wird nach Sinn und Zweck des Gesetzes aber auch jedes Schriftstück genügen lassen können, welches dem Gericht die Überzeugung vermittelt, dass der Antragsteller im maßgeblichen Zeitpunkt Aktionär war.[53] Das Gericht wird sich daher auch die in der Praxis üblichen Bankbescheinigungen oder eine von der Gesellschaft erteilte Auskunft aus dem Aktienregister als ausreichend ansehen können.[54] Im Übrigen gilt § 3 seinem Wortlaut nach nur für den Nachweis der Stellung als Aktionär, so dass im Umwandlungsrecht die Berechtigung als GmbH-Gesellschafter oder Kommanditist auch anders als durch Urkunden nachgewiesen werden kann.[55]

11 Im Ausnahmefall werden auch andere Beweismittel genügen, wenn der Antragsteller glaubhaft machen kann, dass wegen der besonderen Umstände des Einzelfalles ein Urkundenbeweis nicht geführt werden kann (zB bei Abhandenkommen oder Vernichtung der Aktienstücke).[56]

12 Zu beachten ist, dass in allen Fällen des § 3 der entsprechende Nachweis zu führen ist,[57] auch in den Fällen der Eingliederung und beim „Squeeze-out".

13 Eine Ausnahme gilt, wenn der Antragsteller nicht an einer Aktiengesellschaft, sondern an einer anderen Gesellschaftsform, etwa GmbH oder KG, beteiligt ist.[58]

14 Sind Aktienurkunden beim übertragenden oder beim formwechselnden Rechtsträger noch nicht ausgegeben, muss der Antragsberechtigte seinen Verbriefungsanspruch (zumindest in der Form des gesetzlichen Minimums als Anspruch auf Verbriefung sämtlicher Mitgliedschaftsrechte in einer einzigen Urkunde – Globalurkunde) gegen die Gesellschaft geltend machen oder aber den Nachweis in anderer Form (Herleitung vom Gründungsaktionär durch Abtretungsurkunden) führen.[59] Zusätzlich muss durch die Urkunden über die Umwandlung der Nachweis der Beteiligung am übernehmenden Rechtsträger oder beim Rechtsträger der neuen Rechtsform geführt werden, soweit das Gesetz nicht zwingend Gesellschafteridentität vorschreibt.[60]

15 Nach § 67 Abs. 2 AktG gilt bei Ausgabe von **Namensaktien** nur derjenige gegenüber der Gesellschaft als Aktionär, wer als solcher im Aktienregister eingetragen ist, und zwar unwiderlegbar, selbst wenn Eintragung und materielle Rechtslage auseinander fallen.[61] Ein Depotauszug reicht daher nicht. § 67 Abs. 2 findet auch im Spruchverfahren Anwendung, selbst wenn der Antrag nicht gegen die Gesellschaft zu richten ist, sondern gegen den Hauptaktionär.[62]

16 **II. Nachweis innerhalb/außerhalb der Antragsfrist.** Ob der Nachweis der Inhaberschaft innerhalb der Antragsfrist vorliegen muss und nicht außerhalb der Antragsfrist nachgereicht werden kann[63] oder ob zunächst die Darlegung genügt und der Nachweis später innerhalb der Begründungsfrist erbracht werden kann,[64] war streitig. Für die letztere Ansicht spricht, dass die Antragsbegründung nach § 4 Abs. 2 S. 2 nach seinem ausdrücklichen Wortlaut nur die Darlegung, nicht aber den Nachweis der Anteilsinhaberschaft im

---

[48] BegrRegE BT-Drucks. 15/ 371, S. 15; *Neye*, Anhang zum BAZ JG 55/Nr. 15 a, S. 21.
[49] Nach LG Frankfurt AG 2005, 544 genügt es, wenn dem Antrag eine Urkunde über die Aktionärsstellung durch die depotführende Bank beigefügt ist, die höchstens 3 Tage älter ist als das Datum des Antrags und dieser Antrag in den folgenden 3 Tagen bei Gericht eingeht.
[50] OLG Frankfurt DB 2006, 660; LG Frankfurt AG 2005, 544, bespr. von *Luttermann*, EWiR 2005, 194: Faxe unterliegen der freien Beweiswürdigung.
[51] AA OLG Stuttgart AG 2005, 302: Der Nachweis ist nur im Falle des Bestreitens nötig oder, wenn das Gericht ernsthafte Zweifel hegt.
[52] So auch Lutter/Winter/*Krieger/Mennicke*, § 3 Rn 9 f; LG Dortmund DB 2004, 2685.
[53] Lutter/Winter/*Krieger/Mennicke*, § 3 Rn 10; nach OLG Stuttgart NZG 2010, 388 = ZIP 2010, 274 genügt keine eidesstattliche Versicherung.
[54] Lutter/Winter/*Krieger/Mennicke*, § 3 Rn 10; OLG Frankfurt NZG 2005, 173; LG Dortmund AG 2005, 310.
[55] MüAnwHb-AktR/*Schüppen*, § 40 Rn 23, Bürgers/Körber/*Ederle/Theusinger*, § 3 Rn 3.
[56] Lutter/Winter/*Krieger/Mennicke*, § 3 Rn 11; K. Schmidt/Lutter/*Klöcker*, § 3 Rn 31.
[57] *Büchel*, NZG 2003, 794; *Klöcker/Frowein*, § 3 Rn 31.
[58] *Klöcker/Frowein*, § 3 Rn 33.
[59] Widmann/Mayer/*Wälzholz*, § 3 Rn 52.
[60] Widmann/Mayer/*Wälzholz*, aaO.
[61] OLG Frankfurt ZIP 2008, 1039 = AG 2008, 435.
[62] OLG Hamburg, ZIP 2003, 2301 = NZG 2004, 45 = BB 2004, 1295; zustimmend: *Leuering* in EWiR 2003, 1165; KG ZIP 2000, 498; LG Frankfurt ZIP 2005, 859 = AG 2005, 666; ablehnend: *Dißlars*, BB 2004, 1293.
[63] OLG Hamburg AG 2004, 622; OLG Frankfurt ZIP 2005, 2069; LG Dortmund Der Konzern 2004, 822 (aufgehoben durch OLG Düsseldorf); LG Frankfurt ZIP 2005, 215, bespr. von *Luttermann* in EWiR 2005, 193; Lutter/Winter/*Krieger/Mennicke* § 3 Rn 9; *Wasmann*, WM 2004, 822; *Hüffer*, § 3 Rn 7; *Klöcker/Frowein*, § 3 Rn 32; KölnKomm-SpruchG/*Wasmann*, § 3 Rn 23.
[64] OLG Stuttgart ZIP 2004, 1907 = AG 2005, 301 = Der Konzern 2004, 801; OLG Düsseldorf ZIP 2005, 1369; *Luttermann* in EWiR 2005, 193, so wohl auch *Büchel*, NZG 2004, 795.

Rahmen der Antragsfrist fordert.[65] Dies hat der BGH bestätigt.[66] Zweckmäßig fordert das Gericht den Antragsteller mit Fristsetzung auf, den Nachweis zu erbringen, andernfalls der Antrag als unzulässig zurückgewiesen würde.

D. Fehlende Antragsberechtigung

Die Antragsberechtigung nach § 3 betrifft die Zulässigkeit, nicht die Begründetheit des Antrags.[67] Über die Zulässigkeit kann das Gericht eine Zwischenentscheidung erlassen, indem es feststellt, dass die Anträge zulässig sind.[68] Der Beschluss ist mit der Beschwerde anfechtbar.[69]

§ 4 Antragsfrist und Antragsbegründung

(1) ¹Der Antrag auf gerichtliche Entscheidung in einem Verfahren nach § 1 kann nur binnen drei Monaten seit dem Tag gestellt werden, an dem in den Fällen
1. der Nummer 1 die Eintragung des Bestehens oder einer unter § 295 Abs. 2 des Aktiengesetzes fallenden Änderung des Unternehmensvertrags im Handelsregister nach § 10 des Handelsgesetzbuchs;
2. der Nummer 2 die Eintragung der Eingliederung im Handelsregister nach § 10 des Handelsgesetzbuchs;
3. der Nummer 3 die Eintragung des Übertragungsbeschlusses im Handelsregister nach § 10 des Handelsgesetzbuchs;
4. der in Nummer 4 genannten §§ 15, 34, 176 bis 181, 184, 186, 196 und 212 des Umwandlungsgesetzes die Eintragung der Umwandlung im Handelsregister nach den Vorschriften des Umwandlungsgesetzes;
5. der in Nummer 4 genannten §§ 122h und 122i des Umwandlungsgesetzes die Eintragung der grenzüberschreitenden Verschmelzung nach den Vorschriften des Staates, dessen Recht die übertragende oder neue Gesellschaft unterliegt;
6. der Nummer 5 die Eintragung der SE nach den Vorschriften des Sitzstaates;
7. der Nummer 6 die Eintragung der Europäischen Genossenschaft nach den Vorschriften des Sitzstaates

bekannt gemacht worden ist. ²Die Frist wird in den Fällen des § 2 Abs. 1 Satz 2 und 3 durch Einreichung bei jedem zunächst zuständigen Gericht gewahrt.

(2) ¹Der Antragsteller muss den Antrag innerhalb der Frist nach Absatz 1 begründen. ²Die Antragsbegründung hat zu enthalten:
1. die Bezeichnung des Antragsgegners;
2. die Darlegung der Antragsberechtigung nach § 3;
3. Angaben zur Art der Strukturmaßnahme und der vom Gericht zu bestimmenden Kompensation nach § 1;
4. konkrete Einwendungen gegen die Angemessenheit der Kompensation nach § 1 oder gegebenenfalls gegen den als Grundlage für die Kompensation ermittelten Unternehmenswert, soweit hierzu Angaben in den in § 7 Abs. 3 genannten Unterlagen enthalten sind. Macht der Antragsteller glaubhaft, dass er im Zeitpunkt der Antragstellung aus Gründen, die er nicht zu vertreten hat, über diese Unterlagen nicht verfügt, so kann auf Antrag die Frist zur Begründung angemessen verlängert werden, wenn er gleichzeitig Abschrifterteilung gemäß § 7 Abs. 3 verlangt.

³Aus der Antragsbegründung soll sich außerdem die Zahl der von dem Antragsteller gehaltenen Anteile ergeben.

Literatur:
Siehe oben Einleitung.

---

65 OLG Düsseldorf, aaO.
66 BGH ZIP 2008, 1471; ebenso: OLG Frankfurt ZIP 2008, 1039; nunmehr immer noch nicht als überzeugend, aber mit Blick auf die Rspr. des BGH als hinzunehmend bezeichnet von KölnKomm-AktG/*Wasmann*, § 3 Rn 26.
67 MüKo-AktG/*Kubis*, 3. Aufl., § 3 Rn 25; *Klöcker/Frowein*, § 3 Rn 2; *Fritzsche/Dreier/Verfürth*, § 3 Rn 3; Widmann/Mayer/ *Wälzholz*, § 3 Rn 62, KölnKomm-AktG/*Wasmann*, § 3 Rn 1.
68 OLG Stuttgart AG 2005, 304.
69 Analog § 280 ZPO, BayObLG ZIP 2005, 206 mwN.

A. Form, bestimmter Antrag

1 Es besteht kein Anwaltszwang. Gemäß § 23 Abs. 1 S. 5 FamFG soll der Antrag unterschrieben werden. Fehlende Unterschrift schadet jedoch nicht. Infolgedessen genügt auch ein Telefax. Der Antrag kann auch zu Protokoll der Geschäftsstelle des Amtsgerichts erklärt werden.[1]

Schon um die jeweiligen andersartigen Voraussetzungen für die unterschiedlichen Anträge prüfen zu können, ist es unerlässlich, dass der Antragsteller sein Rechtsschutzziel eindeutig definiert.[2] Eine Bezifferung in einer bestimmten Höhe ist nicht erforderlich. Sie schadet aber nicht, da es keine Teilabweisung der Anträge gibt und auch keine negativen Kostenfolgen hierdurch ausgelöst werden.

2 Im Beschwerdeverfahren ist kein besonderer Sachantrag erforderlich.[3]

3 Im Übrigen siehe unten Rn 13 ff.

B. Frist

4 **I. Beginn.** Der Antrag muss binnen drei Monaten beim zuständigen Gericht (§ 2) eingelegt werden (§ 4 Abs. 1 S. 1). Die Dreimonatsfrist beginnt wie aus nachstehenden Übersichten ersichtlich:

Beherrschungs- und Gewinnabführungsvertrag (§ 4 Abs. 1 Nr. 1)	Eingliederung (§ 4 Abs. 1 Nr. 2)	Squeeze-out (§ 4 Abs. 1 Nr. 3)	Verschmelzung (§ 4 Abs. 1 Nr. 4)
... mit dem Tag, an dem die Eintragung des Bestehens oder einer nach § 295 Abs. 1 AktG fallenden Änderung des Unternehmensvertrag im Handelsregister der Untergesellschaft nach § 10 HGB als bekannt gemacht gilt.	... mit dem Tag, an dem die Eintragung der Eingliederung im Handelsregister des Sitzes der eingegliederten Gesellschaft nach § 10 HGB als bekannt gemacht gilt.	... mit dem Tag, an dem die Eintragung des Übertragungsbeschlusses im Handelsregister nach § 10 HGB als bekannt gemacht gilt.	... mit dem Tag, an dem die Eintragung der Verschmelzung in das Register des **übernehmenden** Rechtsträgers (§ 19 Abs. 1, 3 UmwG) als bekannt gemacht gilt.

Auf- oder Abspaltung (§ 4 Abs. 1 Nr. 4)	Vermögenstragung (§ 4 Abs. 1 Nr. 4)	Formwechsel (§ 4 Abs. 1 Nr. 4)	Grenzüberschreitende Verschmelzung (§ 4 Abs. 1 Nr. 5)[4]
... mit dem Tag, an dem die Eintragung der Spaltung in das Register des *übertragenden* Rechtsträgers (§ 125 Abs. 3 UmwG) als bekannt gemacht gilt.	... mit dem Tag, an dem die Vermögensübertragung in das Handelsregister des Sitzes der *übertragenden* Gesellschaft (§ 176 UmwG) als bekannt gemacht gilt.	... mit dem Tag, an die Eintragung in das für diese maßgebende Register (§ 201 UmwG) als bekannt gemacht gilt.	... nach den Vorschriften des Staates, dessen Recht die übertragende oder neue Gesellschaft unterliegt.

---

[1] *Hüffer*, § 4 Rn 5.
[2] Ein Anteilsinhaber kann noch bis zum Ablauf der Frist des § 209 S. 2 UmwG offen lassen, ob er den Anspruch auf Barabfindung oder einen etwaigen Anspruch auf bare Zuzahlung wählt (OLG Schleswig v. 27.10.2004 – 2 W 97/04), besprochen von *Klöcker/Frowein*, EWiR 2005, 321.
[3] OLG Düsseldorf ZIP 2005, 301.
[4] Ausführlich: *Klein*, Grenzüberschreitende Verschmelzung von Kapitalgesellschaften, RNotZ 2007, 565.

Gründung oder Sitzverlegung einer SE (§ 4 Abs. 1 Nr. 6)		Übertragende Auflösung (nicht gesetzlich geregelt, s. oben § 1 Rn 10)	Zuzahlung bei der Gründung einer Europäischen Genossenschaft (§ 4 Abs. 1 Nr. 7)
... mit dem Tag, an dem die Eintragung der SE nach den Vorschriften des Sitzstaates.		... mit dem Tag, an dem die Eintragung der Liquidation der Gesellschaft gem. § 263 AktG in das Handelsregister als bekannt gemacht gilt.[5]	... mit der Eintragung nach den Vorschriften des Sitzstaates

Bei dem gesetzlich nicht geregelten Fall der **Aufhebung von Mehrstimmrechten** (s. oben § 1 Rn 6) beträgt die Frist nur 2 Monate und beginnt mit der Bekanntmachung gem. § 10 HGB der Registereintragung der Satzungsänderung zur Aufhebung der Mehrstimmrechte (§ 5 Abs. 4 S. 3 EGAktG).[6]

Ein *vor* Eintragung der Strukturmaßnahme im Handelsregister gestellter Antrag ist unstatthaft,[7] da der Antragsteller noch nicht antragsberechtigt ist. Streitig ist, ob Anträge *nach Eintragung, aber vor Bekanntmachung* zulässig sind.[8] Nach wohl richtiger Ansicht wird ein solcher Antrag jedoch wirksam, wenn die Bekanntmachung erfolgt; ein erneuter Antrag ist nicht erforderlich.[9] Die Rücknahme des Antrages ist zulässig; das ergibt sich – obwohl in § 15 Abs. 1 S. 6 nicht erwähnt – aus § 6.[10]

II. Ende der Frist. Für die Fristen gelten gemäß § 16 FamFG die §§ 222, 224 Abs. 2 u. 3 und § 225 ZPO. Die Frist endet mit dem Ablauf des Tages des übernächsten Monats, dessen Zahl dem Tag der letzten Bekanntmachung entspricht (§ 187 Abs. 1, § 188 Abs. 2 BGB). Fällt das Fristende auf einen Samstag, Sonntag oder Feiertag am **Gerichtsort**, endet die Frist mit dem Ablauf des nächsten Werktages.

III. Fristversäumung. Die Frist wird gewahrt durch Einreichung der Antragsschrift beim **zuständigen** Gericht. Anwaltszwang besteht nicht. Der Antrag kann auch zur Erklärung auf der Geschäftsstelle des Amtsgerichts abgegeben werden; der Eingang beim zuständigen Landgericht muss aber rechtzeitig erfolgen.[11] Die Dreimonatsfrist (Ausnahme: Aufhebung von Mehrstimmrechten: zwei Monate)[12] kann – anders als die Begründungsfrist[13] – nicht verlängert werden.

Bei Fristversäumnis ist der Antrag als unzulässig zurückzuweisen.[14] Eine Zwischenentscheidung, dass ein Antrag zulässig ist, ist möglich[15] und mit der Beschwerde anfechtbar.[16]

Die Einreichung des Antrags beim unzuständigen Gericht wahrt die Frist grundsätzlich nicht.[17]

Ob die Einlegung innerhalb der Frist beim **unzuständigen** Gericht die Frist wahrt, wenn sie von diesem aber so spät weiter gereicht wird, dass sie verspätet beim zuständigen Gericht eingeht, war streitig.[18] Nach dem strengen Wortlaut des Gesetzes ist allein maßgebend der Eingang innerhalb der Frist beim zuständigen Gericht, im Falle des Antrags beim unzuständigen Gericht also der rechtzeitige Eingang der Akten beim zuständigen Gericht.[19] Eine Wiedereinsetzung in den vorigen Stand ist nicht möglich.[20] Allerdings hat der BGH[21] die Fristwahrung auch bei Einreichung des Antrags beim unzuständigen Gericht als gewahrt angese-

---

5 *Fritzsche/Dreier/Verfürth*, § 4 Rn 29.
6 *Fritzsche/Dreier/Verfürth*, § 4 Rn 27.
7 HM: *Emmerich*/Habersack, § 4 Rn 5; *Hüffer*, § 17 Rn 4; *Wasmann*, DB 2003, 1559, *ders.*, WM 2004, 823; LG Berlin DB 2003, 1299; Lutter/Winter/*Krieger*/Mennicke, § 4 Rn 6; mit Fristbeginn wird der Antrag aber wirksam, falls er bis dahin nicht zurückgewiesen worden ist.
8 Unzulässig: *Wasmann*, DB 2003, 1559; *ders.*, WM 2004. 823; zulässig: LG Frankfurt AG 2004, 392; OLG Frankfurt AG 2005, 923; MüKo-AktG/*Volhard*, 2. Aufl., § 4 Rn 4; MüKo-AktG/*Kubis*, 3. Aufl., § 4 Rn 7; Widmann/Mayer/*Wälzholz*, § 4 Rn 23; Emmerich/Habersack, § 4 Rn 4; Bürgers/Körber/Ederle/Theusinger, § 4 Rn 5.
9 BayObLG ZIP 2002, 936; BayObLG DB 2002, 1652; LG München I DB 2004, 478; *Fritzsche/Dreier/Verfürth*, § 4 Rn 5; ebenso: Lutter/Winter/*Krieger*/Mennicke, § 4 Rn 7: Der Antrag wird mit Fristbeginn wirksam, wenn er bis dahin noch nicht zurückgewiesen worden ist.
10 OLG Stuttgart AG 2004, 109.
11 *Hüffer*, § 4 Rn 5, s.a. Fn 23.
12 Siehe oben Rn 5.
13 Siehe unten Rn 15.
14 *Wasmann*, WM 2004, 823.
15 BayObLG ZIP 2002, 936; BayObLG DB 2002, 1652.
16 Siehe unten § 12 Rn 1; aA BayObLG, aaO und AG 2005, 241.
17 KölnKomm-AktG/*Wasmann*, § 4 Rn 6, BayObLG AG 2005, 289; KG, DB 2000, 762; *Fritzsche/Dreier/Verfürth*, § 4 Rn 11; OLG Düsseldorf siehe Fn 23; aA OLG Karlsruhe AG 2004, 255.
18 Ausführlich: *Emmerich*/Habersack, § 4 Rn 5; bejahend: BGH ZIP 2006, 826 f.
19 OLG Frankfurt AG 2006, 295.
20 OLG Düsseldorf NZG 2005, 719; *Klöcker/Frowein*, § 4 Rn 7; *Hüffer*, § 4 Rn 2; KölnKomm-AktG/*Wasmann*, § 4 Rn 4; Lutter/Winter/*Krieger*/Mennicke, § 4 Rn 8; *Preuß*, NZG 2009, 961; differenzierter: Widmann/Mayer/*Wälzholz*, § 4 Rn 17; MüKo-AktG/*Kubis*, § 4 Rn 6; aA LG Dortmund DB 2005, 488 = AG 2005, 309: Der Antrag war beim unzuständigen Gericht eingereicht worden. Das Gericht versprach Weiterleitung an das zuständige Gericht, wo der Antrag in Folge der zögerlichen Weiterleitung verspätet einging. Die Entscheidung ist vom OLG Düsseldorf – I 19 W 2/05 AktE – aufgehoben worden.
21 BGH ZIP 2006, 828.

hen (§ 281 Abs. 2 S. 3 ZPO). Die Entscheidung ist noch zu §§ 306, 327f AktG aF ergangen. Sie wird mE wohl auf das Spruchgesetz zu übertragen sein.[22] Mit *Wälzholz*[23] ist dem zuzustimmen.

C. Inhalt des Antrags

13 Siehe zunächst oben Rn 1.

14 1. Der Antrag kann zunächst ohne Begründung gestellt werden. Sie muss aber innerhalb der Frist erfolgen.
Die Antragsschrift muss enthalten (§ 4 Abs. 2 S. 2):
Bezeichnung des Antragsgegners (§ 5), Darlegung der Antragsberechtigung nach § 3, Angaben zur Art der Strukturmaßnahme (zB Beherrschungsvertrag, Eingliederung, Squeeze-out, Umwandlung, Abschaffung der Mehrstimmrechte, Delisting, übertragende Auflösung)
sowie die vom Gericht zu bestimmende Kompensation (Ausgleich, Zuzahlung, Abfindung)[24] und insbesondere konkrete Einwendungen (s. Rn 16 f).

15 Wird die Begründungsfrist nicht eingehalten, ist der Antrag als unzulässig zurückzuweisen.[25]

16 2. Der Antragsteller muss **konkrete Einwendungen** gegen die Bewertung vorbringen. Die Regelung soll verhindern, dass Antragsteller – ins Blaue hinein – (missbräuchliche) Anträge stellen, um sich dann innerhalb des Spruchverfahrens den Lästigkeitswert abkaufen zu lassen.[26] Fehlt eine konkrete Begründung, ist der Antrag als unzulässig zurückzuweisen. Es sind hier deshalb strenge Maßstäbe anzulegen; ansonsten führt die Praxis lediglich dazu, dass „anstelle des bisherigen Faxantrages mit einer Seite nur ein längerer Schriftsatz mit formelhaften, aus jedem Gutachten und Unternehmensbericht abzuleitenden Standardrügen getreten ist".[27] Der Wille des Gesetzgebers, hier eine „Hürde" aufzubauen, muss deshalb auch konsequenterweise dazu führen, dass diese Hürde nicht durch andere Schlupflöcher im Gesetz umgangen oder übersprungen werden kann.[28]

17 Deshalb bedeutet dies – nach vordringender Meinung[29] zu Recht entgegen der wohl noch überwiegenden Meinung[30] –, dass alle Einwendungen, die der Antragsteller bereits zu diesem Zeitpunkt kannte oder aufgrund der bereits ihm als Aktionär zugänglichen Unterlagen hätte kennen können, außerhalb der Antragsfrist nicht mehr gebracht werden können, es sei denn, sie dienen der Erläuterung, Vertiefung oder rechtlicher Ergänzung der bisherigen Angriffe (vgl § 6 Rn 11 ff, § 7 Rn 15 f). Selbstverständlich kann der Antragsteller nur Einwendungen vortragen, soweit er an die erforderlichen Informationen gelangen kann, und zwar durch die in § 7 Abs. 3 genannten Unterlagen (§ 4 Abs. 2 S. 2). Nach den entsprechenden Bestimmungen im AktG bzw UmwG ist der Bericht über die geplante Strukturmaßnahme und der gemeinsame Prüfungsbericht, aus dem sich die Einzelheiten der Unternehmensbewertung ergeben, vor oder während der Hauptversammlung, die über die Maßnahme beschließen soll, zur Einsicht der Aktionäre auszulegen.[31] Die Aktionäre können sogar verlangen, unverzüglich und kostenlos eine Abschrift dieser Unterlagen zu erhalten.[32]

18 Macht der Antragsteller glaubhaft (§ 294 ZPO), dass ihm diese Unterlagen nicht zur Verfügung standen und er auch dies nicht zu vertreten hat,[33] kann das Gericht die Begründungsfrist angemessen verlängern, wenn er **gleichzeitig mit dem Antrag** Abschriftenerteilung gem. § 7 Abs. 3[34] verlangt. Hatte er zB die Möglichkeit, die Unterlagen bereits bei der Hauptversammlung zu erhalten oder einzusehen, ist im Spruchverfahren der Antragsgegner nicht mehr verpflichtet, diese noch einmal zu übersenden.[35] § 7 Abs. 3 beinhaltet eine abschließende Regelung; der Fristverlängerungsantrag kann nicht damit begründet werden, dass anderweitige als in dieser Vorschrift genannte Unterlagen fehlen.[36]

---

22 AA Bürgers/Körber/*Ederle*/Theusinger, § 4 Rn 5; OLG München ZIP 2010, 369; *Hirte*/Wittgens, EWiR 2006, 355.
23 Widmann/Mayer/*Wälzholz*, § 4 Rn 19 f; Spindler/Stilz/*Drescher*, § 4 Rn 9; aA MüKo-AktG/*Kubis*, § 4 Rn 1; OLG München ZIP 2012, 369; *Mennicke*, BB 2006, 1242, Bürgers/Körber/*Ederle*/Theusinger, § 4 Rn 5.
24 Siehe oben Rn 1 (Wahlfreiheit: Ausgleich – Abfindung).
25 *Büchel*, NZG 2003, 795; *Hüffer*, § 4 Rn 9.
26 Vgl BayObLG AG 2003, 97.
27 *Puszkajler*, ZIP 2003, 520.
28 *Fritzsche/Dreier/Verfürth*, § 7 Rn 43.
29 *Fritzsche/Dreier/Verfürth*, § 7 Rn 43; *Hüffer*, § 4 Rn 9; Lutter/Winter/*Krieger*/Mennicke, § 4 Rn 1; *Kubis*, FS Hüffer, 2010, S. 571; Bürgers/Körber/*Ederle*/Theusinger, § 4 Rn 12; MüKo-AktG/*Kubis*, § 7 Rn 1.
30 Widmann/Mayer/*Wälzholz*, § 7 Rn 16; *Emmerich*/Habersack, § 7 Rn 13; *Büchel*, NZG 2003, 796, KölnKomm-AktG/*Wasmann*, § 4 Rn 19; Spindler/Stilz/*Drescher*, § 4 Rn 23; Simon/*Winter*, § 7 Rn 30.
31 *Land*/Hennings, AG 2005, 382.
32 *Land*/Hennings, aaO.
33 OLG München AG 2009, 337: Der Antragsteller hat regelmäßig zu vertreten, wenn ihm die Unterlagen deshalb nicht vorliegen, weil er die ihm zustehenden Rechte zB aus §§ 293 f. Abs. 2, 319 Abs. 3, 320 Abs. 4, 327c Abs. 4 AktG nicht wahrgenommen hat.
34 Siehe unten § 7.
35 LG Dortmund DB 2004, 26 85 = ZIP 2005, 216, bespr. von *Luttermann*, EWiR 2005, 51.
36 *Fritzsche/Dreier/Verfürth*, § 4 Rn 23.

Der Antrag muss sich mit Details und abgrenzbaren Einzelfragen der Unternehmensbewertung auseinander setzen und deren (behauptete) fehlerhafte Würdigung im Rahmen der Unternehmensbewertung durch den Antragsgegner rügen.[37] Konkrete Einwendungen bedeutet: keine formelhaften Beanstandungen, sondern sich spezifisch mit dem Fall auseinanderzusetzen, substantiiert zu bezweifeln, nachvollziehbare und ggf beweisbare Bewertungsrügen vorzubringen (zB Abweichungen vom Börsenkurs, falsche Vergangenheits- oder Zukunftsbetrachtung der Unternehmensplanung, falsche Berücksichtigung von Sonderentwicklungen in der Vergangenheit, falsche Berechnungsmethode, Zurückbleiben des Ertragswerts hinter dem Börsenkurs, unrichtige Abgrenzung zwischen betriebsnotwendigem und nicht betriebsnotwendigem Vermögen). Dabei genügt nicht nur die Behauptung, dass insoweit die Bewertung fehlerhaft sei, sondern die konkrete Begründung, weshalb dies so sei, ist erforderlich. Es reicht also nicht zu sagen, die Zukunftsplanung sei zu pessimistisch, der Kapitalisierungszinssatz zu hoch und das betriebsnotwendige Vermögen falsch angesetzt; der Antragsteller muss nachvollziehbar angeben, welche Ansätze der Ertragsprognose oder des Kapitalzinses er beanstandet und weshalb diese falsch sind oder welche Vermögensgegenstände aus welchen Gründen nicht als betriebsnotwendiges Vermögen anzusehen sind.[38] Die bloße Kritik, der Bericht des Vorstandes sei mangels einzelner Belege nicht nachzuvollziehen, reicht nicht aus.[39] Wenn aber die Berichte als solche selbst mangelhaft sind, genügt es, die Mängel konkret zu bezeichnen oder auszuführen, warum die diagnostizierten Lücken einen nicht unwesentlichen Einfluss auf Bewertung von Abfindung/Ausgleich haben können.[40] Allerdings dürfen die Anforderungen auch nicht überspitzt werden. Es muss berücksichtigt werden, dass der Antragsgegner im Unterschied zum einzelnen Aktionär über eine Vielzahl von den Detailkenntnissen verfügt und die jeweiligen Unternehmens- und Prüfungsberichte erhebliche Unterschiede in Ausführlichkeit und Detailreichtum aufweisen können und oft nur recht allgemein gehaltene Ausführungen enthalten[41]

Die berechtigte Frage, ob ein Aktionär immer im Stande sein wird, die im hohen Maße fachspezifischen Berichte soweit nachzuvollziehen, dass er Fehler feststellen und konkrete Einwendungen formulieren kann, hat der Gesetzgeber seinem Ziel, das Verfahren zu vereinfachen, untergeordnet.[42]

Das Gericht prüft die konkreten Einwendungen. Das schließt zwar nicht zwingend aus, dass offensichtliche Fehler des Gutachtens, auch wenn sie von den Antragstellern nicht aufgegriffen werden, in der Entscheidung nach Gewährung rechtlichen Gehörs korrigiert werden können; so etwa, wenn der sachverständige Prüfer die von der Rechtsprechung herausgearbeiteten Kriterien für die Maßgeblichkeit des Börsenkurses nicht berücksichtigt hat. Von derartigen Rechtsfehlern abgesehen setzt eine Überprüfung des Unternehmens aber künftig voraus, dass die Antragsteller konkrete Einwendungen gegen die in den Berichten ermittelte Unternehmensbewertung erheben.[43] Ergeben sich im späteren Verlauf des Verfahrens neue Einwendungen, für welche in den Unterlagen bisher keine hinreichenden Anhaltspunkte erkennbar waren, ist diesen auch später nachzugehen.[44]

D. Angabe der Zahl der Anteile

Nach § 4 Abs. 2 S. 2 soll der Antragsteller die Zahl der von ihm gehaltenen Anteile in der Antragsbegründung angeben. Auf die Zulässigkeit des Antrags hat dies keinen Einfluss, kann aber möglicherweise Einfluss darauf haben, dass bei Einigung aller übrigen Aktionäre die Abfindung oder der Ausgleich auf einen bestimmten Betrag festgesetzt und sein Widerspruch übergangen werden kann, insbesondere dann, wenn er – außer einem zulässigen Antrag – sich nicht konstruktiv am Verfahren beteiligt hat (siehe unten § 11).

Abzustellen ist in den Fällen des § 1 Nr. 1, 4, 5, 6 und 7 auf den Zeitpunkt der Antragstellung und in den Fällen des § 1 Nr. 2 und 3 auf den Zeitpunkt des Ausscheidens. Gibt der Antragsteller die Zahl nicht an, löst dies die Vermutung nach § 31 Abs. 1 S. 3 RVG aus, dass er lediglich **einen** Anteil hält.

Der Gegenstandswert für die Berechnung der Anwaltsgebühren ist – wenn der Wert nicht aus anderen Gründen höher liegt – mindestens 5.000 EUR. Siehe unten § 15 Rn 26.

---

37 *Fritzsche/Dreier/Verfürth* § 4 Rn 18.
38 *Lutter/Winter/Krieger/Mennicke*, § 4 Rn 19; vgl auch *Wasmann*, WM 2004, 823.
39 OLG Düsseldorf DB 2002, 781.
40 KölnKomm-AktG/*Wasmann*, § 4 Rn 18.
41 OLG Frankfurt AG 2007, 448.
42 *Büchel*, NZG 2003, 796.
43 *Büchel*, NZG 2003, 795.
44 *Lutter/Winter/Krieger/Mennicke*, § 4 Rn 18.

§ 5 Antragsgegner

Der Antrag auf gerichtliche Entscheidung in einem Verfahren nach § 1 ist in den Fällen
1. der Nummer 1 gegen den anderen Vertragsteil des Unternehmensvertrags;
2. der Nummer 2 gegen die Hauptgesellschaft;
3. der Nummer 3 gegen den Hauptaktionär;
4. der Nummer 4 gegen die übernehmenden oder neuen Rechtsträger oder gegen den Rechtsträger neuer Rechtsform;
5. der Nummer 5 gegen die SE, aber im Fall des § 9 des SE-Ausführungsgesetzes gegen die die Gründung anstrebende Gesellschaft;
6. der Nummer 6 gegen die Europäische Genossenschaft

zu richten.

Literatur:
Siehe oben Einleitung.

A. Allgemeines

1 § 5 regelt nun eindeutig, wer Antragsgegner ist. Frühere Streitfragen sind ausgeräumt. Die Vorstandsmitglieder müssen nicht benannt werden.[1]

2 Richtet sich der Antrag gegen einen falschen Antragsgegner, ist der Antrag als unzulässig zurückzuweisen.[2]

3 Die korrekte Bezeichnung des Antragsgegners ist schon wegen der Zustellung der Antragsschrift notwendig. Sofern jedoch keine Unklarheiten über die richtige Bezeichnung des Antragsgegners bestehen, schadet eine fehlerhafte Bezeichnung nicht.[3] Das Gericht sollte jedoch auf die korrekte Bezeichnung des Antragsgegners hinweisen und dementsprechend auch nur an die korrekte Anschrift zustellen.

B. Tabellarische Übersicht: Gesetzlich geregelte Fälle

4

Strukturmaßnahme	Antragsgegner
Beherrschungs- und Gewinnabführungsvertrag § 5 Nr. 2, § 1 Nr. 1	anderer Vertragsteil[4] nicht gegen sonstige konzernmäßig verbundene Gesellschaften des anderen Teils
Eingliederung (§ 320 b AktG) § 5 Nr. 2, § 1 Nr. 2	eingliedernde Gesellschaft
Squeeze out[5] § 5 Nr. 3, § 1 Nr. 3	Hauptaktionär[6]
Umwandlungen §§ 15, 34, 176–181, 184, 196 oder § 212 UmwG § 5 Nr. 4, § 1 Nr. 4	■ übernehmender oder ■ neuer Rechtsträger oder ■ Rechtsträger neuer Rechtsform ■ Sind bei Spaltung mehrere übernehmende Rechtsträger vorhanden, ist der Antrag gegen alle zu richten.[7] ■ bei GbR[8] gegen die Gesellschaft[9] ■ bei KG: wie bei GbR

---

1 OLG Hamburg AG 2005, 927.
2 *Klöcker/Frowein*, § 5 Rn 1; *Bungert/Mennicke*, BB 2003, 2026; KölnKomm-AktG/*Wasmann*, § 5 Rn 2; LG München I v. 29.3.2010 – 38 O 22024/09.
3 OLG Stuttgart v. 13.9.2004 – 20 W 13/04, BeckRS 2004 Nr. 08843.
4 *Hüffer*, § 5 Rn 2. *Bürgers/Körber/Ederle/Theusinger*, § 5 Rn 2. Früher: beide Vertragsteile: *Klöcker/Frowein*, § 5 Rn 3.
5 §§ 327 a bis 327 f AktG.
6 Früher str: OLG Düsseldorf DB 2004, 34; *Hüffer*, § 327 f Rn 4.
7 *Hüffer*, § 5 Rn 3 und 5; MüKo-AktG/*Kubis*, § 5 Rn 3; früher str.
8 Vom BGH als rechtsfähig anerkannt, BGHZ 146, 341.
9 *Fritzsche/Dreier/Verfürth*, § 5 Rn 6; *Hüffer*, § 5 Rn 3: nicht gegen die Gesellschafter (wohl bei einer im Rahmen einer dem Spruchverfahren nachfolgenden Leistungsklage wegen deren persönlicher Haftung, *Fritzsche/Dreier/Verfürth*, § 5 Rn 6).

Strukturmaßnahme	Antragsgegner
■ Europäische AG (SE) (§ 1 Nr. 5) Gründung oder Sitzverlegung einer SE (§§ 6, 7, 9, 11 u. 12 des SE-AusfG)	■ SE ■ im Fall des § 9 SE-AusfG die die Gründung anstrebende Gesellschaft
■ Zuzahlung an Mitglieder bei der Gründung einer europäischen Genossenschaft (§ 1 Nr. 6 SpruchG, § 7 des SCEAG)	■ Europäische Genossenschaft
Aufhebung von Mehrstimmrechten § 5 Abs. 1 EG AktG, § 5 Abs. 2 EG AktG	Gesellschaft[10]

§ 6 Gemeinsamer Vertreter

(1) [1]Das Gericht hat den Antragsberechtigten, die nicht selbst Antragsteller sind, zur Wahrung ihrer Rechte frühzeitig einen gemeinsamen Vertreter zu bestellen; dieser hat die Stellung eines gesetzlichen Vertreters. [2]Werden die Festsetzung des angemessenen Ausgleichs und die Festsetzung der angemessenen Abfindung beantragt, so hat es für jeden Antrag einen gemeinsamen Vertreter zu bestellen, wenn aufgrund der konkreten Umstände davon auszugehen ist, dass die Wahrung der Rechte aller betroffenen Antragsberechtigten durch einen einzigen gemeinsamen Vertreter nicht sichergestellt ist. [3]Die Bestellung eines gemeinsamen Vertreters kann vollständig unterbleiben, wenn die Wahrung der Rechte der Antragsberechtigten auf andere Weise sichergestellt ist. [4]Das Gericht hat die Bestellung des gemeinsamen Vertreters im Bundesanzeiger bekannt zu machen. [5]Wenn in den Fällen des § 1 Nr. 1 bis 3 die Satzung der Gesellschaft, deren außenstehende oder ausgeschiedene Aktionäre antragsberechtigt sind, oder in den Fällen des § 1 Nr. 4 der Gesellschaftsvertrag, der Partnerschaftsvertrag, die Satzung oder das Statut des übertragenden oder formwechselnden Rechtsträgers noch andere Blätter oder elektronische Informationsmedien für die öffentlichen Bekanntmachungen bestimmt hatte, so hat es die Bestellung auch dort bekannt zu machen.

(2) [1]Der gemeinsame Vertreter kann von dem Antragsgegner in entsprechender Anwendung des Rechtsanwaltsvergütungsgesetzes den Ersatz seiner Auslagen und eine Vergütung für seine Tätigkeit verlangen; mehrere Antragsgegner haften als Gesamtschuldner. [2]Die Auslagen und die Vergütung setzt das Gericht fest. [3]Gegenstandswert ist der für die Gerichtsgebühren maßgebliche Geschäftswert. [4]Das Gericht kann den Zahlungsverpflichteten auf Verlangen des Vertreters die Leistung von Vorschüssen aufgeben. [5]Aus der Festsetzung findet die Zwangsvollstreckung nach der Zivilprozessordnung statt.

(3) [1]Der gemeinsame Vertreter kann das Verfahren auch nach Rücknahme eines Antrags fortführen. [2]Er steht in diesem Falle einem Antragsteller gleich.

Literatur:
Siehe oben Einleitung.

A. Bestellung des gemeinsamen Vertreters

Sie erfolgt von Amts wegen (anders bei §§ 6 a, 6 b, 6 c) durch das Gericht (Vorsitzender der KfH, § 2 Abs. 3 S. 5; Zuvor sollen die Antragsteller und Antragsgegner gehört werden, dies ist aber nicht vorgeschrieben.[1] Der gemeinsame Vertreter muss die erforderliche Sachkunde besitzen,[2] wie zB Rechtsanwälte, Wirtschaftsprüfer, Mitarbeiter von Schutzgemeinschaften[3] oder auch Richter, die Erfahrungen durch Spruchstellenverfahren gesammelt haben.

In der Regel wird auch dann, wenn die Festsetzung eines angemessenen Ausgleichs und die Festsetzung einer angemessenen Abfindung beantragt wird, die Bestellung **eines** gemeinsamen Vertreters ausreichen. Der Gesetzgeber begründet dies damit, dass alle Antragsteller letztendlich dasselbe Ziel haben, Leistungen von der betreffenden Gesellschaft zu erhalten.[4] Die Regelung führt zu einer Vereinfachung des Verfahrens und zu geringeren Kosten. Im Übrigen ist die Zahl der außenstehenden Aktionäre häufig so gering, dass die Hö-

---

10 § 5 Abs. 3 S. 1 EGAktG.
1 Lutter/Winter/*Krieger/Mennicke*, § 6 Rn 4; *Klöcker/Frowein*, § 6 Rn 2.
2 OLG Stuttgart ZIP 2003, 2200; *Hüffer*, § 6 Rn 3; *Fritzsche/Dreier/Verfürth*, § 6 Rn 5; *Klöcker/Frowein*, § 6 Rn 2.
3 Allerdings nicht die Schutzgemeinschaften selbst, da diese Interessenvertreter ihrer "eigenen" Aktien sind, OLG Düsseldorf v. 20.11.2001 – 19 W 2/00.
4 BegrRegE BT-Drucks. 15/371.

he der Abfindung auf die Bemessung des Ausgleichs keinen nennenswerten Einfluss hat. Wenn aber konkrete Anhaltspunkte vorliegen, dass die Wahrung der Rechte aller betroffenen Anteilsberechtigten durch **einen** gemeinsamen Vertreter nicht sichergestellt ist, müssen zwei bestellt werden (§ 6 S. 1 S. 2).

3 Die Bestellung soll „**frühzeitig**" (§ 6 Abs. 1 S. 1) erfolgen. Voraussetzung ist aber, dass mindestens ein zulässiger Antrag (Antragsberechtigung, Antragsfrist, Antragsbegründung) vorliegt.[5] Bungert/Mennicke[6] halten eine Bestellung dann für gerechtfertigt, wenn zumindest einer der gestellten Anträge nicht offensichtlich unzulässig ist.[7] In diesem Fall sollte die Bestellung des gemeinsamen Vertreters unter dem Vorbehalt erfolgen, dass die Zulässigkeit zumindest eines Antrags rechtskräftig festgestellt wird.[8] Nicht notwendig ist, dass der zulässig gestellte Antrag fortbesteht. Ist einmal ein zulässiger Antrag gestellt, muss ein gemeinsamer Vertreter bestellt werden; das folgt aus § 6 Abs. 3.[9]

4 Die Bestellung kann nach § 6 Abs. 1 S. 3 auch **unterbleiben**, wenn aufgrund der konkreten Umstände davon auszugehen ist, dass die Wahrung der Rechte der Antragsberechtigten auf andere Weise sichergestellt ist. Hier kann es sich nur um Ausnahmefälle handeln, weil insoweit ein strenger Maßstab anzulegen ist.[10] [11]

5 Ob gegen die Bestellung nach Inkrafttreten des FamFG eine Beschwerde zulässig ist, ist streitig, da nach § 58 Abs. 1 FamFG nur noch Endentscheidungen rechtsmittelfähig sind. Die Bestellung des gemeinsamen Vertreters erfolgt aber durch eine Zwischenentscheidung. Eine Anfechtung von Zwischenentscheidungen ist nur zulässig, wenn sie in so einschneidender Weise in die Rechte der Betroffenen eingreifen, dass ihre selbstständige Anfechtbarkeit unbedingt geboten ist.[12] ME liegt hier ein solcher Fall vor.[13] Beschwerdeberechtigt sind deshalb die nichtantragstellenden außenstehenden Aktionäre sowie der Antragsgegner; der Letztere, weil er nach § 6 Abs. 2 S. 1 für die angemessene Vergütung und die Auslagen des Vertreters unmittelbar haftet, jedoch nur mit der Begründung, die Bestellung eines gemeinsamen Vertreters könne unterbleiben, weil die Wahrung der Rechte der nicht antragstellenden Anteilsinhaber auf andere Weise sichergestellt sei, zB weil gar keine außenstehenden Anteilsinhaber mehr existieren. Die Antragsteller haben kein Beschwerderecht.

6 Das Gericht hat die Bestellung des gemeinsamen Vertreters im elektronischen Bundesanzeiger **bekannt zu machen** (§ 6 Abs. 1 S. 4: **ausschließliches** gesetzliches Publikationsorgan). Sieht die Satzung der Gesellschaft, deren außenstehende oder ausgeschiedene Aktionäre antragsberechtigt sind, oder in den Fällen des § 1 Nr. 4 (Umwandlung) der Gesellschaftsvertrag, Partnerschaftsvertrag, die Satzung oder das Statut des übertragenden oder formwechselnden Rechtsträgers noch andere Blätter oder elektronische Informationsmedien für die öffentlichen Bekanntmachungen vor, so hat auch die Bekanntmachung dort zu erfolgen (§ 6 Abs. 1 S. 5). Die Kosten hierfür trägt der Antragsgegner (§ 6 Abs. 2 iVm § 137 Nr. 5 KostO), weil es sich insoweit um Kosten handelt, die durch eine öffentliche Bekanntmachung entstanden sind.[14]

B. Abberufung

7 Die Abberufung des gemeinsamen Vertreters ist nicht geregelt, aber möglich, wenn die Voraussetzungen der Bestellung nachträglich weggefallen sind[15] oder wenn dies im Interesse der nichtantragstellenden außenstehenden Aktionäre geboten ist,[16] etwa bei der Verletzung von Pflichten oder einer nachträglichen Interessenkollision.[17] Gegen die Abberufung kann sich der gemeinsame Vertreter mit der Beschwerde (früher § 19 FGG, jetzt § 58 FamFG)[18] wehren, ebenso die Anteilsinhaber, für die er bestellt worden ist,[19] jedoch nicht die Antragsteller und Antragsgegner.[20] Hierfür gelten die oben (Rn 5) zur Beschwerde gegen die Bestellung eines gemeinsamen Vertreters gemachten Ausführungen entsprechend.

---

5 *Fritzsche/Dreier/Verfürth*, § 6 Rn 7; *Büchel*, NZG 2003, 797; *Bungert/Mennicke*, BB 2003, 2025, KölnKommAktG/*Wasmann*, § 6 Rn 25; *Hüffer*, § 6 Rn 2.
6 Siehe vorherige Fn.
7 Jedenfalls dann, wenn nicht zeitlich unmittelbar nach Ablauf der Antragsfrist über die Zulässigkeit entschieden wird.
8 OLG Stuttgart AG 2011, 600: Fehlen von vornherein die Sachentscheidungsvoraussetzungen ist kein gem. Vertreter zu bestellen. Dies gilt auch für das Beschwerdeverfahren.
9 *Bürgers/Körber/Ederle/Theusinger*, § 6 Rn 2.
10 *Wasmann/Mielke*, WM 2005, 824; *Fritzsche/Dreier/Verfürth*, § 6 Rn 10 f; *Klöcker/Frowein*, § 6 Rn 13.
11 Die Beteiligung einer Schutzgemeinschaft reicht nicht, da diese Interessenvertreter ihrer „eigenen" Aktien ist, OLG Düsseldorf, Beschl. v. 20.11.2001 – 19 W 2/00.
12 *Keidel/Meyer-Holz*, § 58 FamFG Rn 23.
13 Ebenso *Bürgers/Körber/Ederle/Theusinger*, § 6 Nr. 6; aA MüKo-AktG/*Kubis*, § 6 Rn 10; *Hüffer*, § 6 Rn 5; Spindler/Stilz/*Drescher*, § 6 Rn 12.
14 *Widmann/Mayer/Wälzholz*, § 6 Rn 18.
15 BayObLG AG 1992, 60; OLG Hamburg AG 1975, 191.
16 *Fritzsche/Dreier/Verfürth*, § 6 Rn 17.
17 MüKo-AktG/*Kubis*, § 6 Rn 10.
18 *Klöcker/Frowein*, § 6 Rn 9; Lutter/Winter/*Krieger/Mennicke*, § 6 Rn 9; Spindler/Stilz/*Drescher*, § 6 Rn 14; *Fritzsche/Dreier/Verfürth* § 6 Rn 1; MüKo-AktG/*Kubis*, § 6 Rn 10; aA KölnKomm-AktG/*Wasmann*, § 6 Rn 34 unter Hinweis auf die fehlende Eigenschaft als Endentscheidung, was nicht restlos überzeugen kann, auch angesichts des verfassungsrechtlich verbürgten Justizgewährungsanspruchs.
19 Lutter/Winter/*Krieger/Mennicke*, § 6 Rn 9; aA schon zur Rechtslage vor dem Inkrafttreten des FamFG KölnKommSpruchG/*Wasmann*, § 6 Rn 44.
20 HM: *Fritzsche/Dreier/Verfürth*, § 6 Rn 18; *Klöcker/Frowein*, § 6 Rn 21; aA schon zur Rechtslage vor dem Inkrafttreten des FamFG *Wasmann/Mielke*, WM 2005, 827; KölnKommSpruchG/*Wasmann*, § 6 Rn 45.

C. Rechtliche Stellung des gemeinsamen Vertreters

Aufgabe des gemeinsamen Vertreters ist, „die Rechte" der Antragsberechtigten, die nicht selbst Antragsteller sind, „zu wahren" (§ 6 Abs. 1 S. 1). Er soll also Interessen der nicht antragstellenden außenstehenden Aktionäre wahrnehmen und missbräuchliche Verfahrensbeendigungen, Sondervorteile für bestimmte Aktionäre oder Ausverkäufe verhindern. Er hat die Stellung eines gesetzlichen Vertreters der nicht antragstellenden außenstehenden Anteilsinhaber.[21]

Diese haben jedoch kein Weisungsrecht,[22] können aber Anregungen geben.[23] Da es sich um ein gesetzliches Geschäftsbesorgungsverhältnis handelt,[24] kann er sich gegenüber den von ihm vertretenen Antragsberechtigten auch schadensersatzpflichtig machen.[25] Dementsprechend haben die von ihm vertretenen Anteilsinhaber auch das Recht, im angemessenen und zumutbaren Umfang zumindest über den Stand des Verfahrens und über die von ihm eingeleiteten oder beabsichtigten Maßnahmen unterrichtet zu werden;[26] er ist ihnen aber nicht rechenschaftspflichtig.[27]

Zum Vergleichsabschluss siehe unten § 11 Rn 11 ff.

Der gemeinsame Vertreter ist an den Streitgegenstand gebunden, der durch die in formeller und materieller Hinsicht am Verfahren Beteiligten bestimmt worden ist; er kann folglich keine über den durch den Antragsteller eingebrachten **Streitgegenstand** hinausgehende Anträge formulieren, etwa bezüglich einer nachträglichen Änderung der Abfindung oder des Ausgleichs.[28]

Nach überwiegender Meinung[29] darf der gemeinsame Vertreter **zusätzliche Angriffe** innerhalb des Streitgegenstandes gegen die Kompensationsfeststellung vorbringen, die die Antragsteller nicht gebracht haben. Gefolgert wird das aus § 7 Abs. 4, wonach dem Antragsteller und dem gemeinsamen Vertreter Einwendungen gegen die Antragserwiderung und die in § 7 Abs. 3 genannten Unterlagen erlaubt sind. Haben beispielsweise Antragsteller lediglich (zB aus prozessökonomischen Erwägungen) den Kapitalisierungszinssatz gerügt, soll der gemeinsame Vertreter berechtigt sein, beispielsweise zusätzlich den vom Sachverständigen ermittelnden Wert des nichtbetriebsnotwendigen Vermögens anzugreifen.

Dies bedeutet, dass der gemeinsame Vertreter sich unter Umständen gegenüber den Aktionären, die er vertritt, schadensersatzpflichtig machen kann, wenn er die Gutachten nicht auf „Herz und Nieren" prüft. Damit besteht die Gefahr, dass er seine „Daseinsberechtigung" und „Kenntnis" durch zusätzliche, bisher nicht angesprochene Fragenkomplexe unter Beweis stellen und er deshalb eine Vielzahl von neuen Angriffen zu Punkten vortragen wird, die die Antragsteller (unbewusst oder absichtlich) nicht angesprochen haben. Das würde bedeuten, dass das Gericht – entgegen dem Willen des Gesetzgebers – doch wieder umfangreiche tatsächliche und rechtliche Prüfungen vornehmen muss und ggf auch „flächendeckende Gutachten" erforderlich werden. Das Ziel des Gesetzgebers, den Streitstoff zu begrenzen und die Verfahren zu beschleunigen, wird dadurch verfehlt. Büchel[30] sieht daher zu Recht – ohne hieraus jedoch die Konsequenz zu ziehen – einen übertriebenen Akt der Fürsorge zugunsten der Anteilsinhaber, die kein Verfahren wollen, und zu Ungunsten der Antragsteller, die am Verfahren teilnehmen, ihr Vorbringen aber auf das ihnen wesentlich Erscheinende bewusst begrenzen wollen, um das Kostenrisiko gering zu halten und insbesondere, um das Verfahren zu beschleunigen. Das habe der Gesetzgeber nicht bedacht oder bewusst in Kauf genommen.

Überzeugender ist daher die Gegenmeinung.[31] ME[32] widerspricht die von der überwiegenden Meinung vertretene Ansicht eindeutig dem Willen des Gesetzgebers. Oberstes Ziel der Neuregelung des Spruchverfahrens ist nach der Begründung des Gesetzgebers,[33] „die als zu lang empfundene Verfahrensdauer im Durchschnitt spürbar zu kürzen", u.a. dadurch, dass das Amtsermittlungsverfahren eingeschränkt wird und die Erstellung „flächendeckender Gutachten" möglichst vermieden wird. Nach der hier – allerdings der hM wi-

---

21 BVerfG WM 2007, 1520; MüKo-AktG/*Volhard*, 2.Aufl., § 6 Rn 14; MüKo-AktG/*Kubis*, 3. Aufl., § 6 Rn 13; Widmann/Mayer/*Wälzholz*, § 6 Rn 31; KölnKomm-AktG/*Wasmann*, § 6 Rn 21.
22 OLG München AG 2010, 1608.
23 HM, vgl Widmann/Mayer/*Wälzholz*, aaO.
24 Widmann/Mayer/*Wälzholz*, § 6 Rn 33; Lutter/Winter/*Krieger/Mennicke*, § 6 Rn 11.
25 Widmann/Mayer/*Wälzholz*, § 6 Rn 33; MüKo-AktG/*Kubis*, § 6 Rn 15; App/Kehl/Straßburg, BB 1995, 267.
26 Fritzsche/Dreier/*Verfürth*, § 6 Rn 20: Pflicht zur Berichterstattung.
27 OLG Stuttgart WM 2010, 1608 mit zahlr. Hinweisen; MüKo-AktG/*Kubis*, § 6 Rn 15; MüAnwHb-AktR/*Schüppen*, § 40 Rn 31; Fritzsche/Dreier/*Verfürth*, § 6 Rn 20; KölnKomm-AktG/*Wasmann*, § 6 Rn 21; Lutter/Winter/*Krieger/Mennicke*, § 6 Rn 11; aA Simon/*Leuering*, § 6 Rn 33.
28 Bürgers/Körber/*Ederle/Theusinger*, § 6 Rn 3.
29 OLG Celle AG 2007, 865; BayObLG AG 2003, 569; *Emmerich*/Habersack, § 7 Rn 11; *Büchel*, NZG 2003, 793; *Klöcker/Frowein*, § 7 Rn 4; Fritzsche/Dreier/*Verfürth*, § 7 Rn 43; Hüffer, § 6 Rn 6; KölnKomm-AktG/*Koppensteiner*, § 327 f Rn 36; *Puszkajler*, Der Konzern 2006, 256; Spindler/Stilz/*Drescher*, § 7 Rn 5; aA siehe Rn 13; MüKo-AktG/*Kubis*, § 6 Rn 14; *Weingärtner*, Der Konzern 2005, 694 ff; Bürgers/Körber/*Ederle/Theusinger*, § 6 Rn 3.
30 *Büchel*, NZG 2003, 797.
31 Lutter/Winter/*Krieger/Mennicke*, § 4 Rn 16, § 6 Rn 10.
32 *Weingärtner*, Der Konzern 2005, 694; Büchel/von Rechenberg/Tewes, Kap. 26 Rn 42; MüKo-AktG/*Kubis*, § 6 Rn 14; Bürgers/Körber/*Ederle/Theusinger*, § 6 Rn 3.
33 BegrRegE BT-Drucks. 15/371, S. 11.

dersprechenden[34] – vertretenen Ansicht[35] können die *Antragsteller* ihre in der Antragsfrist begründeten Anträge später nicht mehr auf andere Fragenkomplexe ausweiten. Sie können lediglich ihren bisherigen Vortrag innerhalb ihrer durch ihre Anspruchsbegründung beschränkten Punkte ergänzen, erläutern und vertiefen.[36] *Fritzsche/Dreier/Verfürth*[37] weisen mE zu Recht darauf hin, dass die Antragsbegründungspflicht ausgehöhlt würde, wenn der Antragsteller jetzt erst im Rahmen seiner Erwiderung Gründe vortragen könnte, die er bereits im Rahmen seiner Antragsbegründung hätte vorbringen müssen. Im Hinblick auf § 4 Abs. 2 Nr. 4 sei daher § 4 Abs. 4 vielmehr einschränkend so auszulegen, dass ein Vortrag des Antragstellers nur soweit zuzulassen ist, als er auf neuen Kenntnissen (insbesondere aufgrund der Stellungnahme des Antragsgegners) beruht, die er nicht bereits im Zeitpunkt der Antragstellung hatte oder haben musste. Folgt man dieser Ansicht,[38] ist es mE nur konsequent, die Rechte des gemeinsamen Vertreters entsprechend einzuschränken. Er hat im Verfahren – mit Ausnahme des Rechts nach § 6 Abs. 3 – nicht mehr Rechte als die von ihm vertretenen Antragsberechtigten, die keine eigenen Anträge gestellt haben[39]

14 Der Wille des Gesetzgebers ist aus der Gesamtschau des Gesetzes klar ersichtlich. Die Aufgabe des gemeinsamen Vertreters ist, die Rechte und Interessen der nicht am Verfahren Beteiligten (anderen) außenstehenden Aktionäre zu wahren, ihr rechtliches Gehör zu gewährleisten[40] und mögliche Absprachen zu ihren Lasten zu verhindern (sog. Verfahrenswächter). Dieser Aufgabe wird er auch dann ausreichend gerecht, wenn man ihm hinsichtlich eines Fragenkomplexes keine größeren Befugnisse einräumt als den Antragstellern. Sie können – wie oben dargelegt – nach der hier vertretenen Ansicht auch keine neuen Einwendungen vorbringen, so dass die Beschränkung des Vorbringens durch den gemeinsamen Vertreter durchaus der Gesetzessystematik entspricht, zumal nach § 6 Abs. 3 der gemeinsame Vertreter (nur) einem Antragsteller gleichsteht, wenn er das Verfahren allein weiterführt. Damit wird der Wille des Gesetzgebers noch einmal unterstrichen. Der gemeinsame Vertreter darf in Folge dessen innerhalb des von den Antragstellern angesprochenen Fragenkomplexes erläutern, vertiefen und ergänzend vortragen. Er darf aber nicht sozusagen eine Tür zu einem anderen Fragenkomplex öffnen.[41] *Winter*[42] sieht das Problem genauso; de lege lata sei aber der hM zu folgen.

15 So lange die Frage nicht eindeutig durch Rechtsprechung[43] geklärt ist, wird sich der gemeinsame Vertreter selbstverständlich der herrschenden Meinung anschließen müssen.

16 Wenn alle Antragsteller ihre Anträge zurückgenommen oder Antragsteller und Antragsgegner sich verglichen haben,[44] steht der gemeinsame Vertreter einem Antragsteller gleich (§ 6 Abs. 3 S. 2), nicht jedoch, wenn alle Anträge als unzulässig zurückgewiesen worden sind.[45] Die Rechte der nicht antragstellenden außenstehenden Aktionäre sollen nicht dadurch beeinträchtigt werden, dass sich die Antragsteller die Zurücknahme durch unangemessene Vergleichsangebote, Zuwendungen oder auf andere Weise „abkaufen" lassen. Infolgedessen kann der gemeinsame Vertreter im Fall der Rücknahme aller verfahrensleitender Anträge durch die außenstehenden Aktionäre das Verfahren fortsetzen und in einem solchen Fall als „Quasi-Antragsteller" auch selbst Beschwerde gegen die landgerichtliche Entscheidung einlegen.[46],[47]

17 Ob der gemeinsame Vertreter das Verfahren weiterführt, muss er nach pflichtgemäßem Ermessen entscheiden.[48] Sieht er eine nicht akzeptable Benachteiligung der von ihm vertretenen Anteilsinhaber, muss er das Verfahren fortführen; ansonsten wird er es durch eine entsprechende Erklärung beenden. Dies kann er selbstverständlich auch, wenn er zunächst das Verfahren fortführt und dann im weiteren Verlaufe eine Rücknahme für sinnvoll erachtet.

---

34 OlG Celle AG 2007, 865; Widmann/Mayer/Wälzholz, § 7 Rn 16.1; *Emmerich*/Habersack, § 7 Rn 4 a; *Büchel*, NZG 2003, 793, *Klöcker/Frowein*, § 7 Rn 4; *Hüffer*, § 7 Rn 6 und § 6 Rn 6; Spindler/Stilz/*Drescher*, § 7 Rn 5.
35 Vgl unten § 7.
36 *Fritzsche/Dreier/Verfürth*, § 7 Rn 43; KölnKomm-AktG/*Koppensteiner*, § 327 f Rn 36; wohl auch *Hüffer*, § 7 Rn 6.
37 *Fritzsche/Dreier/Verfürth*, § 7 Rn 43.
38 Ebenso: Lutter/Winter/*Kriege/Mennicke*, § 4 Rn 16; MüKo-AktG/*Kubis*, § 6 Rn 14; *Weingärtner*, Der Konzern 2005, 694.
39 Widmann/Mayer/Wälzholz, § 6 Rn 39.1, der aber hieraus nicht die Konsequenz zieht.
40 BVerfG NJW 1992, 20 77; BayObLG BB 1973, 959.
41 Rügen zB die Antragsteller lediglich bei der Ermittlung des Ertragswertes die Planungsphase 1 mit konkreten Rügen, darf er dies aufgreifen, erläutern, vertiefen und durch neue rechtliche und zusätzliche Argumente ergänzen, nicht aber die Planungsphase 2 angreifen; ausführlicher: *Weingärtner*, Der Konzern 2005, 694 ff; aA die hM, vgl *Puszkajler*, Der Konzern 2006, 256 ff; KölnKomm-AktG/*Wasmann*, § 6 Rn 14.
42 Simon/*Winter*, § 7 Rn 29, 35.
43 OLG Celle AG 2007, 865; BayObLG AG 2003, 569 folgen der hM.
44 MüKo-AktG/*Kubis*, § 6 Rn 21.
45 Widmann/Mayer/*Wälzholz*, § 11 Rn 10.
46 BayObLG 2003, 569.
47 Er hat allerdings kein „eigenes" Recht zu einer Verfassungsbeschwerde, soweit er die Verletzung materieller Grundrechte der Aktionäre rügt, BVerfG WM 2007, 1520 = AG 2007, 697; siehe auch unter § 12 Rn 9.
48 *Fritzsche/Dreier/Verfürth*, § 6 Rn 32.

D. Höhe der Vergütung und Ersatz der Auslagen

Den Gegenstandswert für beide Instanzen setzt das Landgericht fest (§ 117 SpruchG, § 85 FamFG, § 104 Abs. 1 S. 1 ZPO).[49] Bei der Festsetzung der Auslagen und der Vergütung waren vor Inkrafttreten des SpruchG keine festen Gebührensätze maßgebend; die Gebühren nach § 118 BRAGO aF konnten lediglich ein Anhalt für die angemessene Vergütung sein. Entscheidend für die Höhe der Vergütung waren der Umfang der Verantwortung, die vom Vertreter geleistete Arbeit und deren Schwierigkeit, die Dauer des Verfahrens sowie die Verwertung besonderer Kenntnisse und Erfahrungen. Auszugehen war von der Gesamtleistung, die der gemeinsame Vertreter erbracht hat, und ihrer wirtschaftlichen Bedeutung für die nichtantragstellenden außenstehenden Aktionäre.[50] Diese Rechtsprechung gilt auch für die Verfahren, die vor dem 1.9.2003 anhängig geworden sind.[51] Das schließt natürlich nicht aus, dass man sich bereits an der Neuregelung orientiert.[52]

Der gemeinsame Vertreter hatte in entsprechender Anwendung der BRAGO (vor Geltung des RVG) einen Anspruch auf eine Vergütung (Verfahrens- u. Terminsgebühr sowie ggf eine Einigungsgebühr) und auf Ersatz der Auslagen entsprechend RVG, Gebührenziffer 3100 RVG, Auslagen Gebührenziffer 7000 ff RVG, und zwar unabhängig davon, ob er Rechtsanwalt ist oder nicht.[53] Zu den baren Auslagen gehören zB Porto-, Schreib- und Reisekosten sowie evtl Übersetzungskosten, die Kosten eines von ihm eingeholten Privatgutachtens dagegen nur, wenn es zur zweckentsprechenden Rechtsverfolgung unerlässlich war.[54]

Das Vergütungsverzeichnis in Teil III, Abschnitt 2, Unterabschnitt 1, Vormerkung 3.2.1 gibt dem Vertreter für das Beschwerdeverfahren nur eine 0,5-Gebühr (VV Nr. 3500). Es wäre geboten,[55] die bislang nicht erwähnte sofortige Beschwerde bzw Beschwerde nach § 12 den Verfahren den bestimmten Beschwerden in Vorbemerkung 3.2.1 gleichzustellen. Das Verfahren der Beschwerde nach § 12 entspricht nämlich einem vollen Berufungsverfahren der streitigen Gerichtsbarkeit, da das Oberlandesgericht eine vollständige Nachprüfung in sachlicher und rechtlicher Hinsicht vorzunehmen hat. Insofern ist dieses Verfahren vergleichbar mit den bestimmten Beschwerden in Abschnitt 2, Unterabschnitt 1, Vorbemerkung 3.2.1 Nr. 2 bis Nr. 9. In den dortigen Nummern 2 bis 9 handelt es sich ebenfalls um Verfahren der II. Instanz mit einer vollständigen Überprüfung der abschließenden erstinstanzlichen Entscheidung.

Für Verfahren, die nach dem 31.7.2013 begonnen haben, gilt das 2. Kostenrechtsmodernisierungsgesetz.

Der Anspruch richtet sich **gegen den Antragsgegner.**[56] Mehrere Antragsgegner haften als Gesamtschuldner (§ 6 Abs. 2 S. 1). Die Staatskasse ist nie Schuldner, auch nicht, wenn die Antragsgegner nicht mehr zahlungsfähig sind, weil zB über ihr Vermögen das Insolvenzverfahren eröffnet ist.

Der gemeinsame Vertreter kann einen angemessenen Vorschuss beantragen (§ 6 Abs. 2 S. 4). Die Höhe des Vorschusses wird sich an dem Stand des Verfahrens ebenso wie an der voraussichtlichen Höhe des Gegenstandswertes und der sich daraus ergebenden Vergütungshöhe zu orientieren haben. Als Gegenstandswert ist der Mindestbetrag von 200.000 EUR zugrunde zu legen[57]

Hierüber entscheidet das Landgericht, im Beschwerdeverfahren das Oberlandesgericht (§ 6 Abs. 2 S. 3). Die Zwangsvollstreckung richtet sich nach der ZPO (§ 6 Abs. 2 S. 5). Der Beschluss ist ein Vollstreckungstitel. Sowohl der gemeinsame Vertreter als auch der Antragsgegner als Zahlungsverpflichteter kann hiergegen Beschwerde einlegen, §§ 59, 80, 85 FamFG, 104 Abs. 3 ZPO.[58]

E. Gegenstandswert

Gegenstandswert ist der für die Gerichtskosten maßgebliche Geschäftswert (siehe unten § 15 Rn 4 ff).

Wird der gemeinsame Vertreter für Abfindung *und* Ausgleich bestellt, so werden die (unterschiedlichen)[59] Gegenstandswerte addiert. Werden verschiedene Vertreter bestellt, so werden die Vergütungen getrennt berechnet.[60]

---

49 LG Frankfurt/M., Beschl. v. 6.9.2012 – 3-5 O 279/08.
50 BayObLG AG 2004, 509.
51 BayObLG, aaO.
52 BayObLG, aaO, zum Vorschuss für gem. Vertreter.
53 Widmann/Mayer/*Wälzholz*, § 6 Rn 51.
54 *Emmerich*/Habersack, § 6 Rn 22; OLG Düsseldorf AG 2011, 754; *Hüffer*, § 6 Rn 7; Spindler/Stilz/*Drescher*, § 6 Rn 17; MüKo-AktG/*Kubis*, § 6 Rn 17.
55 Das OLG München (AG 2007, 249) hat einen entsprechenden Antrag zurückgewiesen. In Teil 3 Abschnitt 2 Unterabschnitt 1 des Vergütungsverzeichnisses seien nur bestimmte Beschwerden enumerativ bezeichnet, die eine Verfahrensgebühr von 1,6 nach RVG VV 3200 und eine Terminsgebühr von 1,2 nach RVG VV 3202 auslösen könnten. Die Beschwerdeverfahren nach dem Spruchverfahrensgesetz fehlten in der enumerativen Auflistung. Für eine analoge Anwendung der genannten Gebührenziffern fehle es an der hierfür erforderlichen Voraussetzungen.
56 Die Regelung ist zwingend (anders als bei §§ 15 Abs. 2 S. 2, 4 SpruchG).
57 Lutter/Winter/*Krieger*/Mennicke, § 6 Rn 15.
58 MüKo-AktG/*Kubis*, § 6 Rn 20; Spindler/Stilz/*Drescher*, § 6 Rn 21; Bürgers/Körber/*Ederle*/Theusinger, § 6 Rn 7.
59 BayObLG DB 2002, 1766; Widmann/Mayer/*Wälzholz*, § 6 Rn 53.
60 Widmann/Mayer/*Wälzholz*, § 6 Rn 53.

25 Über die Auslagen, Vergütung und Vorschüsse entscheidet das Landgericht (Vorsitzender der KfH, § 2 Abs. 3 S. 1 Nr. 5), auch für die Beschwerdeinstanz.[61] Gegen den Beschluss ist die **Beschwerde** gegeben (§ 17 Abs. 1 SpruchG, §§ 58 f, 85 FamFG, § 104 Abs. 3 ZPO).[62]

§ 6 a Gemeinsamer Vertreter bei Gründung einer SE

[1]Wird bei der Gründung einer SE durch Verschmelzung oder bei der Gründung einer Holding-SE nach dem Verfahren der Verordnung (EG) Nr. 2157/2001 des Rates vom 8. Oktober 2001 über das Statut der Europäischen Gesellschaft (SE) (ABl. EG Nr. L 294 S. 1) gemäß den Vorschriften des SE-Ausführungsgesetzes ein Antrag auf Bestimmung einer Zuzahlung oder Barabfindung gestellt, bestellt das Gericht auf Antrag eines oder mehrerer Anteilsinhaber einer sich verschmelzenden oder die Gründung einer SE anstrebenden Gesellschaft, die selbst nicht antragsberechtigt sind, zur Wahrung ihrer Interessen einen gemeinsamen Vertreter, der am Spruchverfahren beteiligt ist. [2]§ 6 Abs. 1 Satz 4 und Abs. 2 gilt entsprechend.

Literatur:
Siehe oben Einleitung.

1 § 6 a gilt für Anträge auf Bestimmung einer Zuzahlung oder Barabfindung bei der Gründung einer SE durch Verschmelzung oder bei der Gründung einer Holding-SE nach dem Verfahren der Verordnung (EG) Nr. 2157/2001 des Rates vom 8. Oktober 2001 über das Statut der Europäischen Gesellschaft (SE) (ABl. EG Nr. L 294 S. 1).
Die Vorschrift wurde durch das SE-Ausführungsgesetz eingefügt. Es soll in den Fällen des Art. 25 Abs. 3 der Verordnung über das Statut der SE einen Schutz der nicht antragsberechtigten Inhaber ausländischer Anteilsinhaber ermöglichen.[1] Die Regelung soll die für die Zustimmung erforderliche Akzeptanz des deutschen Spruchverfahrens bei den Anteilsinhabern anderer beteiligten Gesellschaften fördern.

A. Bestellung des gemeinsamen Vertreters

2 Der gemeinsame Vertreter wird nicht von Amts wegen, sondern nur auf Antrag eines oder mehrerer Anteilsinhaber einer sich verschmelzenden oder die Gründung einer SE anstrebenden Gesellschaft bestellt, die selbst nicht gemäß § 3 zur Einleitung eines Spruchverfahrens antragsberechtigt ist. Antragsberechtigt sind also nur die Anteilsinhaber der ausländischen Gesellschaft. Voraussetzung ist, dass mindestens ein antragsberechtigter Anteilsinhaber einen zulässigen und fristgerechten Antrag auf Einleitung eines Spruchverfahrens gestellt hat.[2] Außerdem müssen die Zulässigkeitsvoraussetzungen das gesamte Verfahren über vorliegen; der Verfahrensantrag darf nicht zurückgenommen noch darf das Verfahren durch beidseitige Erledigung oder gerichtlichen Vergleich beendet worden sein.[3] Der Antrag ist weder form- noch schriftgebunden; anwaltliche Vertretung ist also nicht erforderlich.[4] Sobald ein zulässiger Antrag auf Durchführung eines Spruchverfahrens vorliegt, hat das Gericht – ihm ist kein Ermessen eingeräumt – den gemeinsamen Vertreter zur bestellen.
Wenn Anteilsinhaber mehrerer Gesellschaften gemäß § 6 a antragsberechtigt sind, ist ein gemeinsamer Vertreter für jede Gesellschaft zu bestellen.[5]
Für die Auswahl gelten dieselben Grundsätze wie bei der Bestellung des gemeinsamen Vertreters nach § 6 Rn 1. Entsprechend § 3 Abs. 2 S. 1 Nr. 5 entscheidet der Vorsitzende der Kammer über seine Bestellung.
3 Die Bestellung wird im elektronischen Bundesanzeiger bekannt gemacht (§ 6 a S. 2 iVm § 6 Abs. 1 S. 4). Da kein Verweis auf § 6 Abs. 1 S. 5 erfolgt, besteht keine anderweitige Veröffentlichungspflicht.[6]
4 Die Anteilsinhaber, für die der gemeinsame Vertreter bestellt ist, der Antragsgegner und die Antragsteller des Spruchverfahrens sowie der gemeinsame Vertreter können Beschwerde gemäß § 58 Abs. 1 FamFG einlegen.[7]

---

61 LG Frankfurt/M, Beschl. v. 6.9.2012 – 3-5 O 279/08.
62 Lutter/Winter/*Krieger/Mennicke*, § 6 Rn 15; *Klöcker/Frowein*, § 6 Rn 35; BayObLG AG 1991, 242.

1 Lutter/Winter/*Krieger/Mennicke* § 6 Rn 15; *Klöcker/Frowein*, § 6 Rn 35; BayObLG AG 1991, 242.
2 Bürgers/Körber/*Ederle/Theusinger*, § 6 a Rn 3.
3 Bürgers/Körber/ *Ederle/Theusinger*, § 6 a Rn 3.
4 Simon/*Leuering*, §§ 6 a–6 c Rn 11.
5 Lutter/Winter/*Krieger/Mennicke*, § 6 a Rn 3.
6 Bürgers/Körber/*Ederle/Theusinger*, § 6 a Rn 4.
7 Lutter/Winter/*Krieger/Mennicke*, § 6 a Rn 4; Spindler/Stilz/*Drescher*, § 6 a Rn 6.

B. Abberufung

Die Abberufung ist möglich – obwohl gesetzlich nicht vorgesehen – aus in der Person des gemeinsamen Vertreters liegenden Gründen, zB bei einem nachträglich bekannt gewordenen Interessenkonflikt, Unfähigkeit, bei Vorliegen eines sonst wichtigen Grundes oder wenn *alle* Antragsberechtigten kein Interesse mehr an der Vertretung durch einen gemeinsamen Vertreter haben. Es gelten im übrigen die Ausführungen zu § 6 entsprechend.

Wird der gemeinsame Vertreter abberufen, ist umgehend die gleichzeitige Bestellung eines anderen gemeinsamen Vertreters erforderlich

Gegen die Entscheidung sind der gemeinsame Vertreter und alle Gesellschafter beschwerdeberechtigt, die durch die Abberufung in ihren Rechten verletzt sein könnten, (§ 6 Rn 7).

C. Rechtliche Stellung des gemeinsamen Vertreters

Anders als § 6 bezweckt § 6 a nicht, eine höhere Abfindung oder eine Zuzahlung für ein besseres Umtauschverhältnis zu erreichen, sondern vielmehr das Umtauschverhältnis und die angebotene Barabfindung zu verteidigen. Der gemeinsame Vertreter hat also die Interessen der Anteilsinhaber der sich verschmelzenden oder die Gründung einer SE anstrebenden Gesellschaft, die selbst nicht antragsberechtigt sind, zu wahren.[8] Er muss eine Vermögensminderung der Gesellschaft so weit wie möglich verhindern. Ob er wie der gemeinsame Vertreter in § 6 die Stellung eines gesetzlichen Vertreters hat, ist streitig.[9] Entscheidend ist jedoch, dass er berechtigt ist, Anträge, insbesondere auch Beweisanträge, im Rahmen des Spruchverfahrens zu stellen, an der mündlichen Verhandlung teilzunehmen und Rechtsmittel gegen Verfügungen und Entscheidungen des Gerichts einzulegen.[10] Gegenüber den Anteilsinhabern, deren Interessen er zu wahren hat, ist er unabhängig und auch nicht auskunfts- oder rechenschaftspflichtig. Siehe oben § 6 Rn 9.

Er kann nur das Ziel verfolgen, Zuzahlungen und erhöhte Abfindungen zugunsten der nach dem deutschen Spruchgesetz antragsberechtigten Mitglieder der Gesellschaft zu verhindern.[11]

Wenn Antragsteller im Rahmen des Spruchverfahrens ihren Antrag auf Abfindung oder Zuzahlung zurücknehmen, hat der gemeinsame Vertreter keinerlei weiteres, gesetzlich legitimiertes Interesse daran, das Verfahren fortzuführen. Er ist hierzu nicht berechtigt.[12]

Ein gerichtlicher Vergleich bedarf auch der Zustimmung des gemeinsamen Vertreters,[13] denn nach dem Wortlaut des § 11 Abs. 2 S. 2 bedarf es für eine gütliche Einigung der Zustimmung aller Beteiligten.

Zur Person des zu bestellenden Vertreters s.o. § 6 Rn 1.

D. Höhe der Vergütung und Ersatz der Auslagen

Diese richten sich gemäß § 6 a S. 2 nach § 6 Abs. 2. Insofern kann auf die dortigen Ausführungen verwiesen werden.

Im Übrigen kann auf die Ausführungen in § 6 Abs. 1 S. 4 und Abs. 2 verwiesen werden.

§ 6 b Gemeinsamer Vertreter bei Gründung einer Europäischen Genossenschaft

[1]Wird bei der Gründung einer Europäischen Genossenschaft durch Verschmelzung nach dem Verfahren der Verordnung (EG) Nr. 1435/2003 des Rates vom 22. Juli 2003 über das Statut der Europäischen Genossenschaft (SCE) (ABl. EU Nr. L 207 S. 1) nach den Vorschriften des SCE-Ausführungsgesetzes ein Antrag auf Bestimmung einer baren Zuzahlung gestellt, bestellt das Gericht auf Antrag eines oder mehrerer Mitglieder einer sich verschmelzenden Genossenschaft, die selbst nicht antragsberechtigt sind, zur Wahrung ihrer Interessen einen gemeinsamen Vertreter, der am Spruchverfahren beteiligt ist. [2]§ 6 Abs. 1 Satz 4 und Abs. 2 gilt entsprechend.

Literatur:
Siehe oben Einleitung.

---

[8] Widmann/Mayer/*Wälzholz*, § 6 a Rn 8.
[9] Bejahend: Bürgers/Körber/*Simmler*, 1. Aufl., § 6 a Rn 4; aA Bürgers/Körber/*Ederle/Theusinger*, § 6 a Rn 4; Widmann/Mayer/*Wälzholz*, § 6 a Rn 19; *Hüffer*, § 6 a Rn 3.
[10] Widmann/Mayer/*Wälzholz,* aaO; Bürgers/Körber/*Ederle/Theusinger,* aaO.
[11] Widmann/Mayer/*Wälzholz,* aaO.
[12] Bürgers/Körber/*Ederle/Theusinger*, § 6 a Rn 3.
[13] Widmann/Mayer/*Wälzholz*, § 6 b Rn 20.

1 Die Vorschrift ist durch das SCE-Einführungsgesetz, das auf der Verordnung (EG) Nr. 1435/2003 des Rates vom 22.7.2003 über das Statut der Europäischen Genossenschaft (SCE) beruht, eingeführt worden. Danach findet nach der Gründung einer SCE ein Spruchverfahren für Mitglieder der beteiligten ausländischen Genossenschaft nur statt, wenn entweder deren Heimatrecht ein Spruchverfahren kennt oder die Mitglieder der ausländischen Genossenschaft im Verschmelzungsplan einem Spruchverfahren für die Mitglieder der deutschen Genossenschaft ausdrücklich zustimmen.
Im Übrigen kann auf die Ausführungen zu § 6 a verwiesen werden.

§ 6 c Gemeinsamer Vertreter bei grenzüberschreitender Verschmelzung

¹Wird bei einer grenzüberschreitenden Verschmelzung (§ 122 a des Umwandlungsgesetzes) gemäß § 122 h oder § 122 i des Umwandlungsgesetzes ein Antrag auf Bestimmung einer Zuzahlung oder Barabfindung gestellt, bestellt das Gericht auf Antrag eines oder mehrerer Anteilsinhaber einer beteiligten Gesellschaft, die selbst nicht antragsberechtigt sind, zur Wahrung ihrer Interessen einen gemeinsamen Vertreter, der am Spruchverfahren beteiligt ist. ²§ 6 Abs. 1 Satz 4 und Abs. 2 gilt entsprechend.

Literatur:
Siehe oben Einleitung.

1 Die Vorschrift betrifft die grenzüberschreitende Verschmelzung und ist durch Artikel 2 Nr. 4 des 2. Gesetzes zur Änderung des Umwandlungsgesetzes vom 19.4.2007 in das Spruchverfahren eingefügt worden. Hier ist das Spruchverfahren nach § 15 UmwG oder 34 UmwG nur gegeben, wenn entweder auch das Heimatrecht der beteiligten ausländischen Gesellschaften ein Spruchverfahren kennt oder die Anteilsinhaber der ausländischen Gesellschaften der Durchführung eines Spruchverfahrens im Verschmelzungsbeschluss ausdrücklich zugestimmt haben (so §§ 122 h Abs. 1 und § 122 i Abs. 2 S. 1 UmwG). Die Gesellschafter einer Gesellschaft, die dem Recht eines Mitgliedstaats unterliegt, das kein dem Spruchverfahren entsprechendes Verfahren kennt, können sich nämlich nicht unmittelbar am Spruchverfahren bei einem deutschen Gericht beteiligen, da ihre Interessen gleichwohl betroffen sein können, ist zu deren Wahrung ein gemeinsamer Vertreter zu bestellen.
Im Übrigen wird auf die Ausführung zu § 6 a Bezug genommen.

§ 7 Vorbereitung der mündlichen Verhandlung

(1) Das Gericht stellt dem Antragsgegner und dem gemeinsamen Vertreter die Anträge der Antragsteller unverzüglich zu.

(2) ¹Das Gericht fordert den Antragsgegner zugleich zu einer schriftlichen Erwiderung auf. ²Darin hat der Antragsgegner insbesondere zur Höhe des Ausgleichs, der Zuzahlung oder der Barabfindung oder sonstigen Abfindung Stellung zu nehmen. ³Für die Stellungnahme setzt das Gericht eine Frist, die mindestens einen Monat beträgt und drei Monate nicht überschreiten soll.

(3) ¹Außerdem hat der Antragsgegner den Bericht über den Unternehmensvertrag, den Eingliederungsbericht, den Bericht über die Übertragung der Aktien auf den Hauptaktionär oder den Umwandlungsbericht nach Zustellung der Anträge bei Gericht einzureichen. ²In den Fällen, in denen der Beherrschungs- oder Gewinnabführungsvertrag, die Eingliederung, die Übertragung der Aktien auf den Hauptaktionär oder die Umwandlung durch sachverständige Prüfer geprüft worden ist, ist auch der jeweilige Prüfungsbericht einzureichen. ³Auf Verlangen des Antragstellers oder des gemeinsamen Vertreters gibt das Gericht dem Antragsgegner auf, dem Antragsteller oder dem gemeinsamen Vertreter unverzüglich und kostenlos eine Abschrift der genannten Unterlagen zu erteilen.

(4) ¹Die Stellungnahme nach Absatz 2 wird dem Antragsteller und dem gemeinsamen Vertreter zugeleitet. ²Sie haben Einwendungen gegen die Erwiderung und die in Absatz 3 genannten Unterlagen binnen einer vom Gericht gesetzten Frist, die mindestens einen Monat beträgt und drei Monate nicht überschreiten soll, schriftlich vorzubringen.

(5) ¹Das Gericht kann weitere vorbereitende Maßnahmen erlassen. ²Es kann den Beteiligten die Ergänzung oder Erläuterung ihres schriftlichen Vorbringens sowie die Vorlage von Aufzeichnungen aufgeben, insbesondere eine Frist zur Erklärung über bestimmte klärungsbedürftige Punkte setzen. ³In jeder Lage des Ver-

fahrens ist darauf hinzuwirken, dass sich die Beteiligten rechtzeitig und vollständig erklären. [4]Die Beteiligten sind von jeder Anordnung zu benachrichtigen.

(6) Das Gericht kann bereits vor dem ersten Termin eine Beweisaufnahme durch Sachverständige zur Klärung von Vorfragen, insbesondere zu Art und Umfang einer folgenden Beweisaufnahme, für die Vorbereitung der mündlichen Verhandlung anordnen oder dazu eine schriftliche Stellungnahme des sachverständigen Prüfers einholen.

(7) [1]Sonstige Unterlagen, die für die Entscheidung des Gerichts erheblich sind, hat der Antragsgegner auf Verlangen des Antragstellers oder des Vorsitzenden dem Gericht und gegebenenfalls einem vom Gericht bestellten Sachverständigen unverzüglich vorzulegen. [2]Der Vorsitzende kann auf Antrag des Antragsgegners anordnen, dass solche Unterlagen den Antragstellern nicht zugänglich gemacht werden dürfen, wenn die Geheimhaltung aus wichtigen Gründen, insbesondere zur Wahrung von Fabrikations-, Betriebs- oder Geschäftsgeheimnissen, nach Abwägung mit den Interessen der Antragsteller, sich zu den Unterlagen äußern zu können, geboten ist. [3]Gegen die Entscheidung des Vorsitzenden kann das Gericht angerufen werden; dessen Entscheidung ist nicht anfechtbar.

(8) Für die Durchsetzung der Verpflichtung des Antragsgegners nach Absatz 3 und 7 ist § 35 des Gesetzes über das Verfahren in Familiensachen und in den Angelegenheiten der freiwilligen Gerichtsbarkeit entsprechend anzuwenden.

Literatur:
Siehe oben Einleitung.

A. Gegenstand der Regelung und schematische Übersicht 1	4. Verbindung 12
B. Die Vorbereitungsmaßnahmen 3	II. Erwiderungs- und Einreichungspflichten 13
I. Zustellung der Anträge 3	1. Erwiderung 13
1. Vorbemerkung 3	2. Replik 14
2. Die Herstellung des Prozessrechtsverhältnisses 4	III. Weitere Vorbereitungsmaßnahmen durch das Gericht 17
3. Unzulässige Anträge 11	IV. Durchsetzung im Zwangsverfahren 21
	C. Sonderproblem: Geheimhaltungspflichten 22

A. Gegenstand der Regelung und schematische Übersicht

§ 7 versucht, das Verfahren bis zur mündlichen Verhandlung (§ 8) so zu strukturieren, dass die intendierte nachhaltige Verfahrensbeschleunigung erreicht wird.[1] Laut Regierungsbegründung[2] handelt es sich um den „Kernpunkt der Neuregelung". Allerdings wurden im Wesentlichen lediglich die Verfahrensgrundsätze übernommen, die die spruchrichterliche Praxis zuvor schon entwickelt hatte.[3] Neu ist die Anlehnung an §§ 275, 277 ZPO in § 7 Abs. 1 und 2 (Zustellung und Erwiderungsfristen) sowie an §§ 273, 358 a ZPO in § 7 Abs. 5 und 6 (Förderung der Reifung des Verfahrensstoffes und Möglichkeit einer Beweisaufnahme schon vor der mündlichen Verhandlung). Der gem. § 26 FamFG (vormals: § 12 FGG) geltende Amtsermittlungsgrundsatz soll damit ein Stück weit[4] zurück genommen werden: Den Verfahrensbeteiligten werden einerseits Beibringungs- und Mitwirkungspflichten auferlegt. Andererseits korrespondiert damit die Pflicht des Gerichts zur kontinuierlichen materiellen Prozessleitung und -förderung.

Eine schematische Übersicht über den im SpruchG nun konzipierten Ablauf eines Spruchverfahrens, die dabei zu beachtenden Fristen und die Folgen der Fristversäumung ergibt folgendes Bild:

---

1 BegrRegE, BT-Drucks. 15/371, S. 14.
2 BegrRegE, BT-Drucks. 15/371, S. 14.
3 *Büchel*, NZG 2003, 793, 797; KölnKomm-AktG/*Puszkajler*, Vorb §§ 7–11 Rn 10.
4 KölnKomm-AktG/*Puszkajler*, Vorb §§ 7–11 Rn 19 ff.

	§ 4 Nr. 3	§ 7 Abs. 2	§ 7 Abs. 4	§ 7 Abs. 5	§§ 8 Abs. 2, 9 Abs. 1	§ 7 Abs. 3, S. 1, 2; Abs. 5 S. 2; Abs. 7
Art des Vorbringens	Antragsbegründung "Konkrete Einwendungen" gegen den als Grundlage fd Kompensation ermittelten Unternehmenswert (soweit er sich aus dem Bericht/Prüfbericht ergibt!)	Antragserwiderung 1. Schriftl. Erwiderung, Stellungnahme zu Höhe des Ausgleichs Zuzahlung, Barabfindung, sonst. Ausgleich. Berichte einreichen 2. Zulässigkeitsrügen	ASt.: Einwendungen gegen die Erwiderung u. Inhalt Bericht/Prüfbericht Gem. Vertreter: 1. Wie oben 2. Eigene Antragsgründe? (str)	Nach Auflagen des Gerichts (Ergänzung und Erläuterung schriftl. Vorbringens)	1. „Weiteres Vorbringen" Vertiefungen 2. Rechtsansichten 3. Höchstpers. Gründe 4. Auffangtatbestand falls Fristsetzung unwirksam? 5. Neue Antragsgründe?	Vorlage von Unterlagen
Frist	3 Monate § 4 Abs. 1 (ggf verlängert gem. § 4 Abs. 2 Nr. 4)	1–3 Monate, (verlängerbar, §§ 18 FGG, 224, II, III ZPO)	1–3 Monate	ggf richterl. Frist	keine	ggf richterl. Frist
Rechtsfolge der Fristversäumnis	Antrag unzulässig	Zu 1): § 10 Abs. 1 Nichtzulassung, Ausnahme: Verspätung entschuldigt oder nicht kausal für Verzögerung Zu 2): § 10 Abs. 4	§ 10 Abs. 1: Nichtzulassung, Ausnahme: Verspätung entschuldigt oder nicht kausal für Verzögerung	§ 9 Abs. 1, 2?	§ 9 Abs. 1, 2	Im SpruchG nicht ausdr. geregelt. Grundsätze der Beweisvereitelung? § 287 ZPO?
		Entscheidung des Gerichts hins. der Zurückweisung obligatorisch, dh keine Ermessensentscheidung		Zurückweisungsentscheidung im pflichtgem. Ermessen des Gerichts		

B. Die Vorbereitungsmaßnahmen

3 **I. Zustellung der Anträge. 1. Vorbemerkung.** § 7 Abs. 1 benutzt zwar den Plural („die Anträge der Antragsteller"), die Struktur der Regelungen des § 7 ist aber gleichwohl auf den einzelnen Antragsteller zugeschnitten. Dies wird der Praxis des Spruchverfahrens leider nicht gerecht, denn Verfahren, an denen nur ein einzelner Antragsteller beteiligt ist, sind absolute Ausnahmen. Tatsächlich sind an den Spruchverfahren in der Regel Antragsteller in deutlich zweistelliger Zahl beteiligt.[5] Die Möglichkeit einer Mehrheit von Antragstellern wird in der Gesetzesbegründung an praktisch keiner anderen Stelle erwähnt, noch finden sich Regelungen der sich daraus für den gerichtlichen Geschäftsgang besonders ergebenden Probleme. § 7 ist deshalb für den (Regel-)Fall der Mehrheit von Antragstellern teleologisch ergänzend auszulegen. Dabei ist zuvörderst die Intention des Gesetzgebers (Verfahrensbeschleunigung) zu beachten. Da die Gerichtsorganisation im Bereich von Geschäftsstelle und Kanzlei für eine große Anzahl von Beteiligten an einem einzigen Verfahren nicht eingerichtet ist,[6] dürfen aber auch die praktischen Bedürfnisse der Justizorganisation nicht unberücksichtigt bleiben (s.u. Rn 5, 6, 8).

4 **2. Die Herstellung des Prozessrechtsverhältnisses.** Die Anträge sind dem oder den Antragsgegnern **förmlich von Amts wegen** (§§ 166 ff ZPO, 17 Abs. 1 SpruchG, 15 Abs. 2 FamFG (vormals: 16 FGG) **zuzustellen**. Die Zustellung dieses verfahrenseinleitenden Schriftsatzes lässt das Prozessrechtsverhältnis zwischen den Antragstellern und dem Antragsgegner entstehen, das als Rechtsfolge u.a. die Rechtskraftwirkung der Entscheidung zwischen den Beteiligten erzeugt.

5 Aus diesem Grund erfolgt auch eine **förmliche Zustellung an den gemeinsamen Vertreter**: damit erstreckt sich das Prozessrechtsverhältnis auch auf alle außenstehenden[7] Aktionäre. Zuzustellen sind grundsätzlich

---

[5] Beim LG München I sind bzw waren zwei Verfahren mit 300 bzw 272 Antragstellern anhängig; In der Mehrzahl der Verfahren dürften mittlerweile deutlich mehr als 60 Antragsteller beteiligt sein.

[6] Sie wird in solchem Umfang allenfalls noch in WEG-Verfahren vorgefunden.

[7] AA *Fritzsche/Dreier/Verfürth*, § 7 Rn 5.

die (erforderlichenfalls zu beglaubigenden, § 169 Abs. 2 ZPO) Schriftstücke. Da kein Anwaltszwang besteht und Privatparteien oft nicht die nötige Anzahl an Überstücken beifügen (die richtige Anzahl kann ihnen bei Antragstellung auch noch gar nicht bekannt sein), werden diese spätestens für die Zustellung an den gemeinsamen Vertreter nachzufordern (untunlich!) oder von der Geschäftsstelle anzufertigen und zu beglaubigen sein. Zur Reduzierung der Geschäftsbelastung des Gerichts kann es empfehlenswert sein, dem gemeinsamen Vertreter nach dessen Bestellung das Aktenstück zur Einsichtnahme (ein sorgfältiger gemeinsamer Vertreter wird dies ohnehin beantragen) und Fertigung eigener Ablichtungen zu übersenden mit der Maßgabe, den Empfang der Antragsschriften zu bekennen und als ordnungsgemäße Zustellung gegen sich gelten zu lassen. Dies begegnet im Lichte von §§ 189, 295 ZPO keinen Bedenken.[8]

6 Ungeregelt (s.o. Rn 3) ist die Frage, ob auch die **übrigen Antragsteller Abschriften aller Anträge** erhalten sollen. § 7 Abs. 5 S. 4 statuiert nur eine Benachrichtigungspflicht hinsichtlich der Anordnungen des Gerichts. Art. 103 Abs. 1 GG wird jedenfalls gebieten, ihnen bei Verlangen Akteneinsicht zu gewähren (vgl §§ 17 SpruchG, 13 Abs. 1 FamFG (vormals: § 34 FGG), soweit nicht schwerwiegende Interessen eines Beteiligten oder eines Dritten entgegenstehen. Die gleichmäßige Kenntnis aller Antragsteller vom gesamten Prozessstoff dürfte daher zwar nicht obligatorisch,[9] jedenfalls aber zweckmäßig[10] sein. Bei vielzähliger Beteiligung auf Antragstellerseite und entsprechend umfangreichem Aktenstück (meist etliche hundert Seiten) verbietet sich eine Einsichtnahme auf der Geschäftsstelle von selbst. Die Herausgabe oder gar Versendung des Aktenstücks würde in Anbetracht der hohen Frequenz an Eingängen unweigerlich Bearbeitungsstaus auslösen. In der Praxis hat es sich deshalb bewährt, nach Ablauf der Antragsfrist einen Aktenauszug bzgl sämtlicher Antragsschriften zu fertigen, in der Anzahl der Antragsteller zu vervielfältigen und jedem ein Exemplar zuzusenden. Hierauf ist der einzelne Antragsteller mit der Eingangsbestätigung bereits hinzuweisen, um die Bearbeitung von Zwischenanfragen zu vermeiden. Der Mitteilung durch Übersendung von Kopien bedarf nur der „Sachvortrag" der übrigen Antragsteller, nicht hingegen zB der Nachweis seiner Antragsberechtigung oder Monierungen des Gerichts hinsichtlich der Zulässigkeit des Antrags. Später eingehende Schriftsätze der Antragsteller werden zumindest auf Anregung des Gerichts von diesen vielfach untereinander übermittelt – regelmäßig auch unter Verwendung elektronischer Kommunikationsmittel.

7 **Antragsbegründungen oder Erweiterungen** der Begründungen, die **zeitlich nach der Antragsschrift** eingereicht werden, bedürfen der förmlichen Zustellung hingegen nicht.[11] Sie sind vielmehr wie vorbereitende Schriftsätze (§§ 17 Abs. 1 SpruchG, 15 Abs. 1, Abs. 2 S. 2 FamFG (vormals: § 16 Abs. 2 FGG), 130 Nr. 3 ZPO) zu behandeln.

8 **Unverzüglich** ist die Zustellung zu bewirken. In Anlehnung an § 271 Abs. 1 ZPO mithin, soweit es im ordentlichen Geschäftsgang möglich ist.[12] Eine Vorschusspflicht (§ 13 S. 1 GNotKG) besteht nicht, § 15 Abs. 3. Nach *Büchel*[13] soll es unzulässig sein, den Ablauf der Antrags- und Begründungsfrist abzuwarten. Ein Sammeln von Anträgen für eine angemessene Zeit wird hingegen für möglich erachtet.[14] Beim LG München I beispielsweise werden die Anträge in mehreren Tranchen zugestellt. Einen zulässigen, der Besonderheit der Massenverfahren gerecht werdenden Mittelweg dürfte es aber sogar auch noch darstellen, den ersten (zulässigen) Antrag zuzustellen und den Antragsgegner darauf hinzuweisen, dass mit dem Eingang weiterer Anträge gerechnet werden muss, die gesammelt, verbunden und nach Ablauf der Antragsfrist gemeinsam zugestellt werden. Das gegnerische Unternehmen ist dann „gewarnt" und kann entsprechend disponieren. Das Prozessrechtsverhältnis ist mit der ersten Zustellung bereits hergestellt. Negative materiellrechtliche Konsequenzen dieser Handhabung sind nicht ersichtlich.

9 **Fristsetzung zur Erwiderung:** Mit der Zustellung der Anträge fordert das Gericht den Antragsgegner auf, **schriftlich** zu erwidern und dabei insbesondere **zur Höhe der angebotenen Kompensation Stellung zu nehmen**, vgl § 7 Abs. 2 S. 2. Die Anforderungen gem. § 7 Abs. 2 sind in der Fristsetzungsverfügung deutlich zu machen. Dies gilt gem. § 9 Abs. 3 auch für Rügen, die die Zulässigkeit der Anträge betreffen. Die Anordnung trifft der Vorsitzende der KfH, § 2 Abs. 2 Nr. 4, wenn das Verfahren dort anhängig ist (zur Problematik der durch Art. 42 des FGG-Reformgesetzes[15] entstandenen fakultativen funktionellen Zuständigkeit der Zivilkammer einerseits und der Kammer für Handelssachen andererseits vgl § 2 Rn 15), ansonsten gem. § 17 Abs. 1 SpruchG, 28 FamFG das Gericht, wobei auch hier der Vorsitzende der Zivilkammer und nicht der gesamte Spruchkörper zuständig sein wird.

10 Zudem sind auch gem. § 8 Abs. 3 SpruchG iVm § 139 ZPO Weisungen zur Stellungnahme zu konkreten Punkten möglich. Gemäß § 17 Abs. 1 SpruchG, 15 Abs. 2 FamFG gilt § 329 ZPO entsprechend: deshalb ist

---

8 BGH NJW 1984, 926; 1992, 2099.
9 So aber KölnKomm-AktG/*Puszkajler*, § 7 Rn 9; MüKo-AktG/*Kubis*, § 7 Rn 6.
10 *Simon/Winter*, § 7 Rn 10; Spindler/Stilz/*Drescher*, § 7 Rn 3.
11 So auch: *Klöcker/Frowein*, § 7 Rn 2; aA: *Fritzsche/Dreier/Verfürth*, § 7 Rn 3.
12 Thomas/Putzo/*Reicholt*, ZPO, § 271 Rn 1.
13 NZG 2003, 793, 797 reSp; so auch: *Fritzsche/Dreier/Verfürth*, § 7 Rn 17; KölnKomm-AktG/*Puszkajler*, § 7 Rn 1, 9; *Simon/Winter*, § 7 Rn 12.
14 *Hüffer*, § 7 Rn 3; aA Spindler/Stilz/*Drescher*, § 7 Rn 3.
15 Vom 17.12.2008 (BGBl. I S. 2586.).

u.a. zur Wirksamkeit der Fristsetzung die volle Namensunterschrift erforderlich.[16] Länge der Frist: mindestens einen und längstens drei Monate. Die noch nicht abgelaufene Frist kann nach Maßgabe von § 16 FamFG verlängert werden (§ 224 Abs. 2 und 3 ZPO).[17] Als Begründung dafür kommen u.a. Informationsprobleme des Antragsgegners in Betracht, die oft daher rühren können, dass infolge der Strukturmaßnahme personelle Konsequenzen eintreten und Wissensträger aus dem Unternehmen und damit auch als Informationsquelle ausscheiden. Hinsichtlich der Fristberechnung gelten die §§ 187 ff BGB. Untunlich erscheint es, dem Antragsgegner jeweils Erwiderungsfristen auf jeden einzelnen eingegangenen Antrag zu setzen.[18] Für den Fall massenhafter Beteiligung auf Antragstellerseite ist § 7 Abs. 2 vielmehr dahin auszulegen, dass dem Antragsgegner nur eine einzige Erwiderungsfrist auf alle Antragsbegründungen zu setzen ist (vgl oben Rn 8). In der Regel werden ohnehin bestimmte Bewertungsrügen von praktisch allen Antragstellern vorgebracht (zB hinsichtlich des Kapitalisierungszinses und seiner Herleitungskomponenten). Oft machen sich einzelne Antragsteller zudem die Bewertungsrügen der anderen hilfsweise zu eigen.[19] Es ist kein Grund ersichtlich, warum der Antragsgegner dann auf jeder einzelnen Antragsschrift eine eigene Erwiderung (unter Beobachtung der jeweils gesetzten Frist) eine eigene Erwiderung verfassen und die Akte damit füllen müssen sollte. Dies würde einmal zu einer erheblichen Belastung des Geschäftsganges und zudem zu nicht unbeachtlichem Prüfaufwand hinsichtlich der Einhaltung der einzelnen Erwiderungsfristen führen. Deshalb können zwar unterschiedliche Fristen gesetzt werden, auch zur Beachtung der jeweiligen Frist von drei Monaten; wird eine Frist nach hinten verschoben, wird beim LG München I regelmäßig darauf verwiesen, dass die zuletzt gesetzte Frist auch für alle anderen Antragsschriften gilt. Wegen § 7 Abs. 4 tritt eine nennenswerte Verfahrensbeschleunigung ohnehin nicht ein: dem gemeinsamen Vertreter und dem zeitlich letzten Antragsteller ist ohnehin eine Frist zur Replik zu setzen, die erst nach der *letzten* Erwiderung des Antragsgegners beginnen wird! Allerdings können die Fristen für den Antragsgegner auch so gesetzt werden, dass einheitlich auf alle Anträge erwidert werden kann, indem die Frist von drei Monaten ab dem letzten Antrag zu laufen beginnt.

11 **3. Unzulässige Anträge.** Gemäß §§ 8 Abs. 3 SpruchG, 139 ZPO[20] wird ein **richterlicher Hinweis** auf die Unzulässigkeit eines Antrags, verbunden mit dem **Hinweis auf den Ablauf der Antragsfrist** und **Aufforderung zur Behebung des Mangels** geboten sein. Wird der Mangel bis zum Ablauf der Antragsfrist nicht behoben, ist von einer Verbindung mit den übrigen, zulässigen Anträgen abzusehen (vgl unten Rn 12) und der unzulässige Antrag zurückzuweisen. Einer **Zustellung** unzulässiger Anträge an den Antragsgegner bedarf es nicht,[21] weil dieser nicht beschwert wird, es sei denn, das Gericht zöge in Betracht, trotz Unzulässigkeit des Antrags auf eine Kostenerstattungspflicht des Antragsgegners zu erkennen (§ 15 Abs. 4). Dies dürfte allenfalls in Ausnahmefällen in Betracht kommen. Rechtliches Gehör für den Antragsgegner ist deshalb frühestens erforderlich, wenn das erkennende Gericht der gegen die zurückweisende Entscheidung eingelegten Beschwerde abhelfen oder das Beschwerdegericht ihr stattgeben will. Auch der Antragsteller wird hierdurch nicht beschwert: Im Gegenteil würde er bei Zustellung an den Antragsgegner und insgesamt erfolglosem Spruchverfahren womöglich noch an den Gerichtskosten, zu denen auch die Kosten einer Beweisaufnahme gehören können[22] partizipieren, § 15 Abs. 2 S. 2. Im Falle einer Privatpartei, die das Verfahren zwecks Kostenersparnis ohne eigenen Anwalt betreiben will, damit aber intellektuell offensichtlich überfordert ist, dürfte solche Vorgehensweise sogar zwingend durch die richterliche Fürsorgepflicht geboten sein. Ihre Interessen werden fürderhin durch den gemeinsamen Vertreter gewahrt.

12 **4. Verbindung.** Steht nach Ablauf der Antragsfrist der Kreis der Verfahrensbeteiligten fest, sind die (zulässigen) Anträge gem. §§ 17 Abs. 1 SpruchG, 20 Abs. 1 FamFG miteinander **zu verbinden** (s.o. Rn 11). Des Rückgriffs auf eine analoge Anwendung von § 147 ZPO bedarf es seit dem Inkrafttreten des FamFG nicht mehr. Wegen der Wirkung der (ersten rechtskräftig werdenden) Entscheidung für und gegen alle anderen Anteilsinhaber dürfte insoweit gebundenes Ermessen vorliegen. Auch deshalb besteht kein Grund, differenzierte Erwiderungsfristen zu setzen.

---

16 Vgl zB Zöller/*Vollkommer*, § 329 ZPO Rn 47 mwN; Zöller/*Greger*, § 296 ZPO Rn 9.
17 BegrRegE BT-Drucks. 15/371, S. 14; *Bungert/Mennicke*, BB 2003, 2021, 2026.
18 So aber *Hüffer*, § 7 Rn 4; vermittelnd: *Fritzsche/Dreier/Verfürth*, § 7 Rn 17.
19 Die pauschale Verweisung auf die Rügen aller anderen Antragsteller wird indes unwirksam sein, weil sich die Rügen zum Teil auch widersprechen (zB zur Abgrenzung Ausschüttung oder vollständige Thesaurierung).
20 Der Gesetzgeber hat es bei diesem direkten Verweis belassen, obwohl nun gem. § 17 Abs. 1 SpruchG bereits § 28 FamFG Anwendung findet.

21 AA: *Fritzsche/Dreier/Verfürth*, § 7 Rn 9; *Simon/Winter*, § 7 Rn 5; MüKo-AktG/*Kubis*, § 7 Rn 3; differenzierend: Köln-Komm-AktG/*Puszkajler*, § 7 Rn 4.
22 KölnKomm-AktG/*Rosskopf*, § 15 SpruchG Rn 31 – allerdings ist zu bedenken, dass ohne eine entsprechende Zwischenentscheidung die Kosten der Beweisaufnahme ausschließlich der Antragsgegnerin auferlegt werden können, wie dies sogar im streitigen Zivilprozess in Anwendung von § 96 ZPO möglich ist; vgl LG München I, Beschl. v. 23.12.2010 – 5HK O21285/10.

II. Erwiderungs- und Einreichungspflichten. 1. Erwiderung. Der Antragsgegner hat binnen der gesetzten Frist auf die Antragsbegründungen zu erwidern (vgl oben Rn 9, 10). § 7 Abs. 3 legt ihm zudem auf, die für die jeweilige Strukturmaßnahme zu erstellenden Unternehmensberichte (§§ 293a, 319 Abs. 3 Nr. 3, 327c Abs. 2 S. 1 AktG, § 8 UmwG) und vom Gesetz geforderte Berichte eines sachverständigen Prüfers (vgl hierzu § 8 Rn 3) dem Gericht zu übersenden. Es empfiehlt sich für das erkennende Gericht, den Hinweis auf die Einreichungspflicht und die Fristsetzung dazu zugleich mit der Erwiderungsfrist stattfinden zu lassen.[23] Die Übersendung dieser Unterlagen an die Antragsteller und den gemeinsamen Vertreter erfolgt nur auf deren Verlangen und zwar nach Anforderung durch und nur über das Gericht (Kontrolle der Ausführung, um Fristverlängerungsanträge des gemeinsamen Vertreters zu vermeiden). Da der sorgfältige gemeinsame Vertreter, der die Berichte/Prüfberichte regelmäßig nicht kennt, dieses Verlangen immer stellen wird, sollte das Gericht bzw der Vorsitzende der KfH, § 2 Abs. 2 Nr. 4) die Anordnung der Übergabe mit der Antragszustellung und Setzung der Erwiderungsfrist unmittelbar verfügen. Die Abschriften sind den Antragstellern und dem gemeinsamen Vertreter kostenlos zu überlassen, § 7 Abs. 3 S. 3 (siehe auch § 4 Rn 17).

2. Replik. Gemäß § 7 Abs. 4 haben die Antragsteller und der gemeinsame Vertreter binnen einer zu setzenden richterlichen Frist Gelegenheit zur Replik zu erhalten. Die Erwiderungsschrift ist ihnen „zuzuleiten". Eine förmliche Zustellung ist im Spruchverfahrensgesetz nicht zwingend vorgeschrieben. Vielmehr erfolgt die Bekanntgabe gem. § 17 Abs. 1 SpruchG, 15 Abs. 2 FamFG entweder durch Zustellung nach den §§ 166 bis 195 ZPO oder durch Aufgabe des Schriftstückes zur Post. Letzteres ist der Regelung in § 270 S. 2 ZPO nachgebildet. Bei einer Bekanntgabe durch förmliche Zustellung ist eine Heilung von Zustellungsmängeln gem. § 189 ZPO möglich.

Ungeklärt ist, ob sich die von den Antragstellern gem. § 7 Abs. 4 S. 2 zu erhebenden „Einwendungen" allein auf das in der Antragserwiderung vorgebrachte und den Inhalt seiner Anlagen zu beziehen haben,[24] oder es den Antragstellern möglich ist, auch nach Ablauf der Antragsbegründungsfrist in dieser Replik **weitere, neue Antragsbegründungselemente** „nachzuschieben".[25] [26] Erstgenannter Auffassung ist auch unter Berücksichtigung von Artikel 103 Abs. 1 GG zuzustimmen. Sie entspricht dem Telos des Spruchverfahrensgesetzes (Straffung und Beschleunigung), der verfehlt würde, wenn Antragsteller die Möglichkeit hätten, neun Monate[27] nach Beginn der Antragsfrist[28] erstmals neue Antragsgründe vorzubringen, zu denen dem Antragsgegner erneut rechtliches Gehör in angemessener Frist gewährt werden müsste. Systematisch und grammatikalisch wird sie auch von § 8 Abs. 2 gestützt, der zwischen der Antragsbegründung und „weiterem schriftlichen Vorbringen" differenziert (vgl Übersicht Rn 2 und § 6 Rn 11). Zudem ist zu beachten, dass es sich bei der Antragsfrist um eine materiellrechtliche Ausschlussfrist handelt, weshalb weitere Rügen, die nicht bereits im Kern in der Antragsbegründung angelegt waren, auch aus diesem Grund nicht zu berücksichtigen sind.

Der gemeinsame Vertreter wird nach überwiegender Auffassung[29] berechtigt sein, innerhalb der ihm gesetzten Frist eigene und neue Bewertungsrügen vorzubringen, während teilweise die Ansicht[30] vertreten wird, ihm stünden, solange er nicht gem. § 6 Abs. 3 S. 2 in die Stellung eines Antragstellers aufgerückt ist, nicht mehr Rechte zu als den anderen außenstehenden Aktionären auch (vgl zur Gegenansicht auch die Kommentierung zu § 6 Rn 11 ff, auf die an dieser Stelle verwiesen werden kann).

III. Weitere Vorbereitungsmaßnahmen durch das Gericht. § 7 Abs. 5, 6 und 7 sowie § 8 Abs. 2 stellen dem Gericht einen breit sortierten Kanon weiterer Vorbereitungsmöglichkeiten zur Verfügung.

Gemäß § 7 Abs. 5 kann durch **gezielte Auflagen** eine ggf erforderliche Erhellung und Vertiefung bisher unklaren oder ungenügenden Vortrages bewirkt werden.

Flankierend dazu kann gem. § 7 Abs. 7 die **Überreichung von Unterlagen** an das **Gericht** oder den **Sachverständigen** angeordnet werden. Der Begriff der Unterlagen iSd § 7 Abs. 7 ist umfassend zu verstehen und erstreckt sich auf alle relevanten, verkörperten Informationen, die bei der Bewertung zu berücksichtigen sind,

---

[23] *Hüffer*, § 7 Rn 5; KölnKomm-AktG/*Puszkajler*, § 7 Rn 22.
[24] So *Hüffer*, § 7 Rn 6; KölnKomm-AktG/*Koppensteiner*, § 327f Rn 36; *Klöcker/Frowein*, § 7 Rn 4; *Fritzsche/Dreier/Verfürth*, § 7 Rn 43; Lutter/Winter/*Krieger/Mennicke*, § 4 Rn 16; Bürgers/Körber/*Ederle/Theusinger*, § 4 Rn 12; MüKo-AktG/*Kubis*, § 7 Rn 1 und 11; siehe auch BegrRegE BT-Drucks. 15/371, S. 14, der nur von "Erwiderung" spricht.
[25] Widmann/Mayer/*Wälzholz*, § 7 Rn 16; *Emmerich*/Habersack, § 7 Rn 4; *Büchel*, NZG 2003, 793, 796; KölnKomm-AktG/*Puszkajler*, Vorb §§ 7 bis 11 Rn 25 und § 7 Rn 28 ff.
[26] Wegen der Behandlung neuen Vorbringens in der Beschwerdeinstanz s. § 12 Rn 11.
[27] Nach Ausschöpfung der vollen Antrags-, Erwiderungs- und Replikfristen, die mglw noch verlängert wurden.
[28] Die zudem noch idR erst etliche Zeit nach der eigentlichen Strukturmaßnahme zu laufen beginnt!
[29] OLG Celle AG 2007, 865; *Klöcker/Frowein*, § 7 Rn 10; *Fritzsche/Dreier/Verfürth*, § 7 Rn 43; *Emmerich*/Habersack, § 7 Rn 4; KölnKomm-AktG/*Koppensteiner*, Anhang zu § 327f Rn 36; *Hüffer*, § 7 Rn 6; KölnKomm-AktG/*Puszkajler*, § 7 Rn 29; Simon/*Winter*, § 7 Rn 35; Mehrbrey/*Krenek*, Hb Gesellschaftsrechtliche Streitigkeiten, § 97 Rn 54; *Büchel*, NZG 2003, 793, 798.
[30] Lutter/Winter/*Krieger/Mennicke*, § 4 Rn 10 und 16.

wobei es unerheblich ist, ob der Antragsgegner diese selbst in den Händen hat oder nicht.[31] Das Verhältnis zu § 7 Abs. 5 S. 1, der ebenfalls schon die Möglichkeit der Anordnung der Vorlage von „Aufzeichnungen" gibt, ist unklar.[32] Nach den Materialien[33] sollen neben **internen Bewertungsgutachten** (zB bzgl Grundvermögen im nicht betriebsnotwendigen Vermögen) auch vorbereitende Arbeitspapiere der Wirtschaftsprüfer in Betracht kommen. Letztere werden sicher für etliche Antragsteller von großem Interesse sein.[34] Die Anordnung begegnet aber schon deshalb nicht unerheblichen Bedenken, weil der Antragsgegner darauf oft gar keinen Zugriff haben dürfte; Bedenken gegen eine grundsätzliche Vorlagepflicht der Arbeitspapiere der Wirtschaftsprüfer werden va mit Blick auf die Regelung in § 51 b Abs. 4 WPO erhoben.[35] Ob diese indes durchgreifend sind, erscheint fraglich. Die Lösung dieser Frage ist vielmehr bei der Struktur des Verfahrens zu finden, die eine Einschränkung dieser weiten Vorlagepflichten unter Berücksichtigung der Gesamtstrukturen des Verfahrens erfordern. Ein Ausforschungsbeweis kann nicht stattfinden. Gerade bei den Arbeitspapieren müsste begründet werden, warum einem Antragsteller nur mithilfe der Vorlage der Arbeitspapiere eine hinreichend substantiierte Rüge namentlich in Bezug auf die Planung möglich sein soll. Regelmäßig können mithilfe der in der Hauptversammlung ausliegenden und ggf im Spruchverfahren zu übermittelnden Berichte des Unternehmens und des gerichtlich bestellten Prüfers hinreichend substantiierte Rügen vorgebracht werden. Dann aber bedarf es nicht der Vorlage dieser Unterlagen, insbesondere der Arbeitspapiere der beteiligten Wirtschaftsprüfer. In jedem Fall aber muss dargelegt werden, warum ohne derartige Unterlagen eine hinreichende Rüge unmöglich sein soll.[36] Hiermit muss es allerdings korrespondieren, wenn die Anforderungen an eine substantiierte Rüge nicht überspannt werden dürfen.[37] Eine ablehnende Entscheidung kann dabei erst in den Gründen der die Instanz abschließenden Entscheidung erfolgen. Einer der Hauptanwendungsfälle dürfte die **Dokumentation der Unternehmensplanung** werden. § 13 Abs. 6 FamFG schafft keine Klarheit, weil sich diese Vorschrift nur auf Arbeitspapiere bezieht, die das Gericht angelegt hat; eine entsprechende Anwendung dieser Norm dürfte fraglich sein. Wegen der Sonderproblematik der Geheimhaltungsbedürftigkeit bestimmter Unterlagen s.u. Rn 22 ff.

20 Gemäß § 7 Abs. 6 kann schon vor dem Termin zur mündlichen Verhandlung eine **Beweisaufnahme** stattfinden. Das Gesetz spricht zwar ausdrücklich nur vom **Ziel der Klärung von Vorfragen**[38] oder des Umfangs der Beweisaufnahme. Hierzu kann sowohl ein gerichtlicher Sachverständiger bestellt,[39] wie auch eine schriftliche Stellungnahme des sachverständigen Prüfers eingeholt werden. Ist dies nicht notwendig, stehen weder § 7 Abs. 6 noch § 30 Abs. 1 und 2 FamFG der Einholung eines Sachverständigengutachtens zu den beweisbedürftigen Punkten in entsprechender Anwendung von § 358 a ZPO vor der mündlichen Verhandlung entgegen.[40] § 7 Abs. 6 ist insoweit teleologisch zu reduzieren, denn ein Festhalten am Wortlaut würde der Beschleunigungsintention zuwider laufen.

21 **IV. Durchsetzung im Zwangsverfahren.** Gemäß § 7 Abs. 8 kann die Vorlage der in Abs. 3 und 7 genannten Unterlagen in entsprechender Anwendung von § 35 FamFG nach Androhung durch die Festsetzung von Zwangsgeldern durchgesetzt werden, deren Höhe 25.000 EUR nicht übersteigen darf.[41] Die wiederholte Festsetzung ist möglich.[42] Mit Inkrafttreten des FamFG sind hier im Übrigen einschneidende Veränderungen eingetreten: War vordem die Verhängung von Zwangshaft nicht vorgesehen, weil auf § 33 Abs. 1 S. 2 FGG ausdrücklich nicht verwiesen wurde, so lässt § 35 Abs. 1 S. 1 FamFG sie nun infolge der unbeschränkten Verweisung in § 7 Abs. 8 zu, ggf sogar schon vor der Festsetzung von Zwangsgeldern, wenn dies keinen Erfolg verspricht. Daneben ist gem. § 35 Abs. 4 FamFG auch die Herausgabevollstreckung gem. §§ 883, 886, 887 ZPO statthaft. Die Festsetzung von Zwangsgeldern und die Herausgabevollstreckung sind sowohl gegen eine natürliche, wie auch gegen die juristische Person möglich.[43] Für die Anordnung zuständig ist

---

[31] OLG Stuttgart, Beschl. v. 14.10.2010, Az 20 W 16/06; LG Hannover, Beschl. v. 1.12.2010 – 23 AktE 24/09; aA für die von Berufsträgern selbst erstellten Unterlagen KölnKomm-AktG/*Puszkajler*, § 7 Rn 60.

[32] *Fritzsche/Dreier/Verfürth*, § 7 Rn 48; *Wasmann/Roßkopf*, ZIP 2003, 1776, 1779.

[33] Vgl BegrRegE BT-Drucks. 15/371, S. 15.

[34] So *Meilicke/Heidel*, DB 2003, 22 67, 22 71.

[35] *Klöcker/Frowein*, § 7 Rn 13; *Fritzsche/Dreier/Verfürth*, § 7 Rn 84; MüKo-AktG/*Kubis*, § 7 Rn 13; Simon/*Winter*, § 7 Rn 58; *Bungert/Mennicke*, BB 2003, 2021, 2029; *Wasmann/Roßkopf*, ZIP 2003, 1776, 1777, 1778.

[36] OLG Karlsruhe AG 2006, 463; OLG Stuttgart, Beschl. v. 14.10.2010 – 20 W 16/06; LG München I, Beschl. v. 21.11.2011 – 5HK O 14093/09; ZIP 2013, 1664, 1672; KölnKomm-AktG/*Puszkajler*, § 7 Rn 57; Spindler/Stilz/*Drescher*, § 7 Rn 9; Schmidt/Lutter/*Klöcker*, § 7 Rn 13; sehr weitgehend LG Hannover, Beschl. v. 1.12.2010 – 23 AktE 24/09.

[37] So ausdrücklich LG München I, Beschl. v. 21.11.2011 – 5HK O 14093/09.

[38] Etwa zu Beherrschungsverhältnissen, soweit sich die Art der zu gewährenden Kompensation danach richtet.

[39] AA MüKo-AktG/*Kubis*, § 7 Rn 18; KölnKomm-AktG/*Puszkajler*, § 7 Rn 50.

[40] *Hüffer*, § 7 Rn 8 und § 8 Rn 2; Büchel, NZG 2003, 793, 798; KölnKomm-AktG/*Koppensteiner*, Anhang zu § 327 f Rn 39; aA wohl: *Klöcker/Frowein*, § 7 Rn 12; *Fritzsche/Dreier/Verfürth*, § 7 Rn 66; Emmerich/Habersack/*Emmerich*, § 7 Rn 7.

[41] So auch KölnKomm-AktG/*Puszkajler*, § 7 Rn 80; aA: Emmerich/Habersack/*Emmerich*, § 7 Rn 9, noch zu § 33 FGG: Gesamthöhe darf 25.000 EUR nicht übersteigen.

[42] Zöller/*Feskorn*, § 35 FamFG Rn 3; KölnKomm-AktG/*Puszkajler*, § 7 Rn 85 unter ausdrücklichem Hinweis darauf, dass die Höchstgrenze nicht für die Summe der Einzelzwangsgelder gilt.

[43] Zöller/*Stöber*, § 890 ZPO Rn 6.

entweder der Vorsitzende der Kammer für Handelssachen gem. § 2 Abs. 2 Nr. 4 oder, wenn das Spruchverfahren bei der Zivilkammer anhängig ist, das Gericht. Rechtsmittel: Sofortige Beschwerde gem. § 35 FamFG iVm §§ 567 bis 572 ZPO analog.

C. Sonderproblem: Geheimhaltungspflichten

Gemäß § 7 Abs. 7 S. 2 kann der Vorsitzende auf Antrag des Antragsgegners anordnen, dass Unterlagen im Sinne von § 7 Abs. 7 S. 1 den Antragstellern nicht zugänglich gemacht werden dürfen, wenn aus wichtigen Gründen die Geheimhaltung geboten ist. Als wichtige Gründe werden die Wahrung von Fabrikations-, Betriebs- oder Geschäftsgeheimnissen genannt. Interessenabwägung ist erforderlich. Diese Regelung ist im Lichte von Artikel 103 Abs. 1 GG zumindest bedenklich.

Zunächst impliziert die Norm, dass der Vorsitzende zur sachgerechten Einschätzung der Geheimhaltungsbedürftigkeit, mithin insbesondere der betriebswirtschaftlichen Relevanz der diskret zu haltenden Umstände in der Lage wäre. Diese Annahme ist fragwürdig: tatsächlich wird das Gericht schon hierfür nicht selten sachverständigen Rates bedürfen. Ein weiterer, rein handwerklicher Fehler dürfte darin zu sehen sein, dass der gemeinsame Vertreter nach dem Wortlaut des § 7 Abs. 7 S. 2 von der Zugänglichmachung in keinem Falle ausgeschlossen werden kann,[44] obwohl er – anders als der Sachverständige – Dritten gegenüber nicht zur Verschwiegenheit verpflichtet ist. Dieses Problem stellt sich indes dann jedenfalls nicht in dieser Schärfe, wenn der gemeinsame Vertreter – wie zumeist – kraft seiner Berufsordnung zur Verschwiegenheit verpflichtet ist.[45]

Im Übrigen wird zwischen der Gewinnung der Erkenntnis und der Entscheidung selbst zu differenzieren sein.

Für den Gang der **Begutachtung** selbst haben sich in der Vergangenheit der Abschluss strafbewehrter Geheimhaltungsverpflichtungen (das Problem ist die Bonität des Erklärenden!) oder die **Vereinbarung** des „in camera"-Verfahrens bewährt. Freilich setzt dies die Kooperation aller Verfahrensbeteiligten voraus. Die Anlage von Sonderakten[46] begegnet dem Bedenken, dass das Recht auf Akteneinsicht durch die Beteiligten (§ 17 SpruchG, § 13 FamFG (vormals: § 34 Abs. 1 FGG) ebenfalls einen Ausfluss des Verfassungsgrundsatzes auf rechtliches Gehör darstellt. Nach der Neuregelung kann das Akteneinsichtsrecht allerdings beschränkt werden, wenn dem schwerwiegende Interessen eines Beteiligten oder eines Dritten entgegenstehen, § 13 Abs. 1 FamFG. Nachdem mit der Versagung rechtlichen Gehörs durch Verweigerung von Akteneinsicht ein Grundrechtsverstoß verbunden ist, wird diese Ausnahmevorschrift defensiv anzuwenden sein. Dem Schutzbedürfnis des Antragsgegners oder eines Dritten gegenüber den Antragstellern und der Öffentlichkeit könnte gegebenenfalls auch dadurch Genüge getan werden, dass gem. § 172 Nr. 2 GVG der Ausschluss der Öffentlichkeit bei der Erörterung von geheimhaltungsbedürftigen Umständen angeordnet werden kann. Dieser Beschluss kann nach § 174 Abs. 3 GVG durch ein Geheimhaltungsverbot für die Anwesenheitsberechtigten ergänzt werden. Eine Verletzung würde zur Strafbarkeit des Täters gem. § 353d Nr. 1, 2 StGB führen, worauf die Beteiligten hinzuweisen sind. Es bleibt abzuwarten, wie sich die Rechtsprechung zu diesem vom Gesetzgeber geschaffenen Problem einer wenig geglückten Bestimmung weiter auseinandersetzen wird.

Erscheinen die Probleme der Geheimhaltung in der Beweisaufnahme und bei der Erörterung in der mündlichen Verhandlung noch lösbar, so ist es das Problem der **Verwertbarkeit in den Gründen der Entscheidung** nicht.[47] Es erscheint undenkbar, eine Entscheidung zu verkünden, die Gründe, auf denen sie beruht, aber vor den Betroffenen geheim zu halten.[48] Diesem Problem ist der Gesetzgeber ausgewichen.[49] Die Lösung des Problems bleibt den Gerichten überlassen.[50] Teilweise wird vertreten, hinsichtlich solcher geheimhaltungsbedürftiger Unterlagen bestünde ein Verwertungsverbot.[51] Auch hier könnte ein Beschluss gem. § 172 Nr. 2, 174 Abs. 3 GVG ein tragfähiger Lösungsansatz sein. Dann wären die Gründe der Sachentscheidung in dem die Instanz abschließenden Beschluss zwar ungekürzt darzustellen. Dieser Beschluss dürfte dann

---

44 So aber MüKo-AktG/*Kubis*, § 7 Rn 20; *Simon/Winter*, Rn 69; Spindler/Stilz/*Drescher*, Rn 9.
45 Dies spielte für den Beschluss des LG Hannover (v. 1.12.2010 – 23 AktE 24/09) eine maßgebliche Rolle.
46 Emmerich/Habersack/*Emmerich*, § 7 Rn 12; *Fritzsche/Dreier/ Verfürth*, § 7 Rn 89.
47 Emmerich/Habersack/*Emmerich*, § 7 Rn 13.
48 LG Düsseldorf AG 1998, 98; *Bungert/Mennicke*, BB 2003, 2021, 2029; aA *Stadler*, NJW 1989, 1202; *Wasmann/ Roßkopf*, ZIP 2003, 1776, 1780.
49 Nachdem der RegE in § 7 Abs. 7 S. 3 (vgl BegrRegE, BT-Drucks. 15/371, S. 7 und 15) zunächst noch davon ausging, dass geheimhaltungsbedürftige Umstände nicht in die Entscheidungsgründe aufgenommen werden dürfen, ist diese Regelung nach beachtlichen Einwendungen gestrichen, aber keine akzeptable Neuregelung geschaffen worden.
50 Für Nichtberücksichtigung solcher Umstände: KölnKomm-AktG/*Koppensteiner*, Anhang zu § 327 f Rn 38; *Lamb/Schluck-Amend*, DB 2003, 1259, 1263; *Wasmann/Roßkopf*, ZIP 2003, 1776, 1780; *Fuhrmann/Linnerz*, Der Konzern 2004, 265, 271.
51 Emmerich/Habersack/*Emmerich*, § 7 Rn 13 f; Spindler/Stilz/ *Drescher*, § 7 Rn 13; Schmidt/Lutter/*Klöcker*, Rn 15; aA Lutter/Winter/*Krieger/Mennicke*, § 7 Rn 20.

aber „ein die Sache betreffendes amtliches Schriftstück" iSv § 174 Abs. 3 GVG darstellen, so dass sich das pönalisierte (§ 353 d StGB) Diskretionsgebot der Antragsteller auch auf die schriftlichen Entscheidungsgründe bezieht, dem Schutzbedürfnis des Unternehmens damit also in gewissem Maße Genüge getan wird. § 14 steht dem nicht entgegen: Nach dieser Vorschrift ist ohnehin nur der Tenor der Entscheidung öffentlich bekannt.

§ 8 Mündliche Verhandlung

(1) ¹Das Gericht soll aufgrund mündlicher Verhandlung entscheiden. ²Sie soll so früh wie möglich stattfinden.

(2) ¹In den Fällen des § 7 Abs. 3 Satz 2 soll das Gericht das persönliche Erscheinen der sachverständigen Prüfer anordnen, wenn nicht nach seiner freien Überzeugung deren Anhörung als sachverständige Zeugen zur Aufklärung des Sachverhalts entbehrlich erscheint. ²Den sachverständigen Prüfern sind mit der Ladung die Anträge der Antragsteller, die Erwiderung des Antragsgegners sowie das weitere schriftliche Vorbringen der Beteiligten mitzuteilen. ³In geeigneten Fällen kann das Gericht die mündliche oder schriftliche Beantwortung von einzelnen Fragen durch den sachverständigen Prüfer anordnen.

(3) Die §§ 138 und 139 sowie für die Durchführung der mündlichen Verhandlung § 279 Abs. 2 und 3 und § 283 der Zivilprozessordnung gelten entsprechend.

Literatur:
Siehe oben Einleitung.

A. Mündliche Verhandlung

1 Sie ist nunmehr gem. § 8 Abs. 1 S. 1 der Regelfall, aber nicht obligatorisch. Dies folgt einmal aus der Benutzung des Wortes „soll", zum zweiten aus der Genesis der Norm: Der Referentenentwurf sah sie noch zwingend vor.[1] Dies wurde aber nicht übernommen. Durch den Verzicht auf eine völlige Freistellung der mundlichen Verhandlung wollte der Gesetzgeber eine Beeinträchtigung des Rechts auf rechtliches Gehör durch Beschränkungen des Rechts der Verfahrensbeteiligten vermeiden, Sachverständigen Fragen zu stellen.[2] Mit der mündlichen Verhandlung soll das Verfahren konzentriert und beschleunigt werden und offene Fragen (jedenfalls auch) mündlich erörtert werden, um dadurch zu einer Verfahrensbeschleunigung beizutragen.[3] Wegen des Verweises in § 8 Abs. 3 auf § 279 Abs. 2 ZPO ist der anzuberaumende Termin als Haupttermin anzusehen. Gemäß § 8 Abs. 1 S. 2 soll aber auch dieser so frühzeitig wie möglich stattfinden. Für den Spruchrichter empfiehlt es sich daher, spätestens mit der Verbindung der Anträge und Setzung der Erwiderungsfrist für den Antragsgegner zu terminieren oder mindestens den Termin zu reservieren (vgl § 7 Rn 4). Eine Neuerung wurde durch § 17 Abs. 1 SpruchG, § 32 FamFG hinsichtlich der Terminsbestimmung in das Spruchverfahren eingebracht: So verweist § § 32 Abs. 1 S. 2 FamFG nur auf § 227 Abs. 1, 2 und 4 ZPO, nicht aber auf § 8 Abs. 3. Damit wird klargestellt, dass Terminsänderungen in der Zeit vom 1. Juli bis 31. August ebenfalls nur bei Vorliegen „erheblicher Gründe" möglich sind, vgl § 227 Abs. 1 und 2 ZPO. Auch hinsichtlich der Ladungsfrist gilt mangels spezieller Regelung im Spruchverfahrensgesetz nun § 32 Abs. 2 FamFG. Danach ist die Einhaltung bestimmter Fristen (§ 217 ZPO) nicht mehr vorgeschrieben. Die Ladungsfrist muss „angemessen" sein.

2 Ob der gesetzgeberische Zweck der alsbaldigen Abklärung von Streitfragen und der Hinwirkung auf eine gütliche Einigung (§ 11 Abs. 2 S. 1) in der mündlichen Verhandlung wirklich erreicht werden kann, ist zweifelhaft. Denn auch bisher wurde eine mündliche Verhandlung nur von einer kleinen Minderheit der über die gesamte Bundesrepublik und teilweise auch im Ausland verstreuten Antragsteller wahrgenommen, deren wirtschaftliches Eigeninteresse wegen der oft nur geringen Stückzahl an Aktien oder Anteilen diesen Aufwand gar nicht lohnte. Die Anordnung des persönlichen Erscheinens der Beteiligten ist gem. §§ 17 Abs. 1 SpruchG, 33 Abs. 1 S. 1 FamFG nur statthaft, wenn dies zum Zwecke der Aufklärung des Sachverhalts sachdienlich erscheint. Das wird auf einen Antragsteller praktisch nie zutreffen. Säumnisentscheidungen (§§ 330, 331 ff ZPO) sehen weder das Spruchverfahrensgesetz noch das FamFG vor.

---

1 Vgl NZG 2002, 25, 26, 30.
2 BT-Drucks. 15/371 S. 15 unter Hinweis auf BVerfG NJW 1998, 2273; OLG Stuttgart, Beschl. v. 19.1.2011 – 20 W 2/07.
3 OLG Düsseldorf AG 2012, 459, 460 = NZG 2012, 741; Spindler/Stilz/*Drescher*, § 8 Rn 1; *Hüffer*, § 8 Rn 1; zum Normzweck va auch BT-Drucks. 15/371 S. 15.

B. Die Mitwirkung des sachverständigen Prüfers

I. Tätigwerden im Vorfeld des Spruchverfahrens. Ursprünglich nur im Falle des „Squeeze-out" (§ 327c Abs. 2 AktG) vorgesehen, ist seine Mitwirkung nun gem. Art. 2 und 4 des Spruchverfahrensneuordnungsgesetzes[4] für alle Strukturmaßnahmen vorgeschrieben (vgl §§ 293c, Abs. 1 S. 1; 320 Abs. 3 S. 2 AktG, 10 UmwG). Er wird auf Antrag des beteiligten Unternehmens vom Gericht ausgewählt und bestellt.

II. Unklare rechtliche Stellung des sachverständigen Prüfers.[5] Fraglich ist schon, mit wem das Auftragsverhältnis entsteht. Denn der sachverständige Prüfer erwirbt mit seiner Bestellung keinen Entschädigungsanspruch gegen den Justizfiskus. Gemäß §§ 327c Abs. 2 S. 4; 320 Abs. 3 S. 3; 293d AktG und § 10 Abs. 1 S. 3 UmwG ist § 318 Abs. 5 HGB anwendbar. Der Vergütungsanspruch des sachverständigen Prüfers richtet sich damit gegen das Unternehmen. Die Vergütungshöhe wird **nur auf Antrag vom Gericht festgesetzt,** ist mithin verhandelbar.

Da in der Praxis solche Anträge auf Festsetzung praktisch nie gestellt werden, kann davon ausgegangen werden, dass Einigungen über die Vergütungshöhe im Vorfeld der Vertragsprüfung der Regelfall sind. Damit korrespondiert, dass die Unternehmen oft einen bestimmten Prüfer zur Bestellung vorschlagen, mit dem bereits zuvor Kontakt aufgenommen worden war.

In der mündlichen Verhandlung soll der sachverständige Prüfer „als sachverständiger Zeuge zur Aufklärung des Sachverhalts" gehört werden. Nach der Systematik der ZPO (§ 414) ist der sachverständige Zeuge allerdings ein Zeuge und nicht Sachverständiger iSd §§ 402ff ZPO. Der sachverständige Zeuge soll dem Gericht **Tatsachen** vermitteln, die gerade er aufgrund seiner besonderen Sachkunde wahrgenommen hat. In Betracht kommen deshalb allenfalls Bewertungs**grundlagen,** also zB buchhalterische Ergebnisse pp. Wird der sachverständige Prüfer hingegen zu reinen Bewertungsfragen (zB Unternehmensprognosen, Beta-Faktoren, Zusammensetzung einer „Peer Group" oÄ) angehört, so findet in Wirklichkeit eine Beweisaufnahme im Wege des Sachverständigenbeweises statt. Gegen die Annahme einer Stellung als Sachverständiger spricht indes die Tatsache, dass er nicht in einem kontradiktorischen Verfahren bestellt wurde.

Teilweise[6] wird ihm eine hybride Doppelrolle als Zeuge und Sachverständiger zuerkannt. Andere[7] gehen von formloser Amtsermittlung gem. § 30 Abs. 1 FamFG (vormals: 12 FGG) aus. Da aber keines der Beweismittel, die die ZPO kennt und die über die Verweisungskette der §§ 17 Abs. 1 SpruchG, 29, 30 FamFG zur Anwendung gelangt, auf den gerichtlich bestellten Sachverständigen Prüfer zutrifft, wird der gerichtlich bestellte Prüfer als „Auskunftsperson sui generis" angesehen werden müssen.[8]

III. Kritik. Die Akzeptanz des sachverständigen Prüfers durch die Antragstellerseite ist in aller Regel recht begrenzt.[9] Suspekt ist vielen[10] dabei die Vorgehensweise der „Parallelprüfung", mithin die zeitabschnittsweise Prüfung und Abstimmung der Berichterstattung mit einem vom Unternehmen hiermit beauftragten Wirtschaftsprüfer. Nach außen entsteht dadurch der Anschein, als habe der sachverständige Prüfer den Unternehmensbericht mit dem Vertragsprüfer abgesprochen oder ihn sogar nur „abgesegnet". Neben der oben (Rn 5) erwähnten Vorschlags- und Honorarproblematik wird zudem oft angezweifelt, ob der sachverständige Prüfer zur Revision seines bereits gefundenen Gutachtenergebnisses Willens sein wird.[11] Ferner wird die „Unternehmensnähe" vieler sachverständiger Prüfer moniert. Gleichwohl lässt die Rspr.[12] inzwischen praktisch durchgängig eine lege artis durchgeführte Parallelprüfung als gesetzesgemäß gelten. Zur Steigerung der Akzeptanz sind **konkrete Auflagen** für den sachverständigen Prüfer im Bestellungsbeschluss hinsichtlich der **Dokumentation und Offenlegung des Ablaufs und Umfangs seiner Prüfungstätigkeit** möglich.[13] Von Antragstellerseite wird allerdings oft übersehen, dass mit ihrer – oft ins Blaue hinein geäußerten – Kritik dem sachverständigen Prüfer zugleich der Vorwurf einer Straftat gem. § 403 AktG gemacht wird.

IV. Mitwirkung in der mündlichen Verhandlung. Soll der sachverständige Prüfer **in der mündlichen Verhandlung angehört** werden, so ist er vorab durch Übersendung der in § 8 Abs. 2 S. 3 genannten Unterlagen

---

4 BGBl. 2003 I S. 838 ff.
5 Statt vieler: *Klöcker/Frowein,* § 8 Rn 6; *Hüffer,* § 8 Rn 4; *Wasmann/Mielke,* WM 2005, 822; KölnKomm-AktG/*Puszkajler,* Vorb §§ 7–11 Rn 27 ff.
6 KölnKomm-AktG/*Puszkajler,* § 8 Rn 16 f, der durchaus treffend von einem zeugenschaftlichen Sachverständigen spricht.
7 *Hüffer,* § 8 Rn 4.
8 MüKo-AktG/*Kubis,* § 8 Rn 2; Simon/*Winter,* Rn 12; Lutter/Winter/*Krieger/Mennicke,* § 8 Rn 6; KölnKomm-AktG/*Puszkajler,* § 8 Rn 14 und 16; Mehrbrey/*Krenek,* Handbuch Gesellschaftsrechtliche Streitigkeiten, § 97 Rn 65.
9 Siehe auch *Büchel,* NZG 2003, 796, 801; *Meilicke/Heidel,* DB 2003, 2267.
10 Vgl zB OLG Hamm (27. ZS) ZIP 2005, 1457, 1460 mwN; OLG Köln NZG 2005, 931; *Puszkajler,* ZIP 2003, 518, 521.
11 MüKo-AktG/*Kubis,* 3. Aufl., § 8 Rn 2.
12 BGH ZIP 2006, 2080, 2082; NZG 2009, 585, 589; OLG Düsseldorf AG 2005, 293, 297; 654, 656; OLG Stuttgart AG 2004, 105, 107; OLG Hamm (8. ZS) AG 2005, 361 und Beschl. v. 19.8.2005 – 8 W 20/05; OLG Karlsruhe AG 2007, 92; OLG München AG 2008, 746; 2012, 45, 49; ebenso die hL, vgl Spindler/Stilz/*Singhof,* § 327c Rn 10; Emmerich/Habersack/*Habersack,* § 327c Rn 11; Schmidt/Lutter/*Klöcker,* § 327c Rn 17 je mwN; *Puszkajler,* ZIP 2003, 518, 521; aA LG Wuppertal AG 2004, 161.
13 Vgl LG Dortmund, zuletzt Beschl. v. 24.11.2009 – 18 O 136/09 AktE; kritisch zu derartigen Weisungen KölnKomm-AktG/*Puszkajler,* Vorb §§ 7–11 Rn 41; zur Häufigkeit derartiger Auflagen in der spruchgerichtlichen Praxis *Engel/Puszkajler,* BB 2012, 1687.

oder durch Mitteilung einzelner Fragen in die Lage zu versetzen, sich entsprechend vorzubereiten. Das Gesetz sieht zudem die Möglichkeit der schriftlichen Beantwortung einzelner Fragen vor, was bei hochkomplexen Zusammenhängen oft tunlicher sein wird.

V. Verwertung der Erkenntnisse aus der Anhörung. Die Erkenntnisse aus der Anhörung können in einer abschließenden Entscheidung des Gerichts verwertet werden, ohne dass die Einschaltung eines weiteren gerichtlichen Sachverständigen zwingend von § 17 Abs. 1 SpruchG, § 26 FamFG gefordert würde, wenn das Gericht von den Ausführungen des Prüfers überzeugt ist. Eine derartige weitergehende Maßnahme wird namentlich nicht vom Schutz der Minderheitsaktionäre erfordert. Die Einschaltung eines vom Gericht bestellten sachverständigen Prüfers im Vorfeld der Strukturmaßnahmen soll dem präventiven Schutz der Anteilseigner im Spruchverfahren dienen; deshalb kann sein Prüfungsbericht zusammen mit dem Ergebnis einer auf § 8 Abs. 2 gestützten Anhörung im gerichtlichen Verfahren berücksichtigt werden. Im Übrigen haftet der sachverständige Prüfer nach § 327c Abs. 2 S. 4 AktG iVm § 293d Abs. 2 AktG, § 323 HGB auch gegenüber den Anteilsinhabern. Gerade durch die Verweisung auf die für Abschlussprüfer geltenden Bestimmungen der §§ 319 Abs. 1 bis 3, 323 HGB ist die Unabhängigkeit des Prüfers sichergestellt. Der Umstand der Parallelprüfung vermag an der Unabhängigkeit der Prüfung nichts zu ändern und begründet für sich genommen keine Zweifel an der Unparteilichkeit und Unvoreingenommenheit des vom Gericht bestellten Prüfers.[14]

C. Verweis auf Verfahrensgrundsätze der ZPO

Durch Verweis auf §§ 138, 139 ZPO ist – in teilweiser Abkehr von der reinen Amtsermittlung gem. § 26 FamFG (vormals: § 12 FGG) – der **Beibringungsgrundsatz** in das Spruchverfahren **eingeführt** worden. Die Norm steht in der Kette mit § 4 Abs. 2 (Begründungspflicht der Antragsteller) und § 7 Abs. 2 S. 1, Abs. 4 S. 2 und Abs. 5 S. 2 (Erwiderungs- und Substantiierungspflichten). Neben der Wahrheitspflicht (§ 138 Abs. 1 ZPO) wird insbesondere das System der Interdependenz des Parteivorbringens (§ 138 Abs. 2 und 3 ZPO) eingeführt: der Umfang der Vortrags- und Bestreitenslast richtet sich nach der Reaktion der Gegenseite, was ggf zur Geständnisfiktion führen kann. Erhöht der Mehrheitsaktionär im Anfechtungsverfahren im Vergleichswege die Barabfindung, so führt dies idR zu einer Erweiterung der Darlegungslast der Antragsteller: Sie haben dann darzulegen, dass auch der erhöhte Betrag unangemessen sein soll.[15] Allerdings dürfen auch in diesem Fall die Anforderungen an die Substantiierungslast bezüglich der Rüge nicht überspannt werden.[16] § 138 Abs. 4 ZPO hilft dem schuldlos in Darlegungsnot befindlichen Verfahrensbeteiligten: er darf ohne Verstoß gegen die Wahrheitspflicht solche Umstände in Abrede stellen, die er weder kennt, noch kennen muss. Gemäß § 17 Abs. 1 SpruchG, § 29 Abs. 1 S. 1 FamFG ist das Gericht allerdings bei der Beweiserhebung nicht an das Vorbringen der Beteiligten gebunden. Wenn bestimmte Tatsachen auf der Basis dieser Grundsätze unstreitig sind, müssen sie der Entscheidung ohne Beweisaufnahme zugrunde gelegt werden.[17]

§ 139 ZPO legt dem Gericht eine Fürsorgepflicht hinsichtlich der Reifung des Prozessstoffes und – im Rahmen der Unparteilichkeit – auch den Parteien selbst gegenüber auf (vgl oben § 7 Rn 18 ff). Dieselbe Verpflichtung schafft das Gesetz bereits in § 17 Abs. 1 SpruchG, § 28 Abs. 1 FamFG. § 283 ZPO ist ebenfalls anwendbar.

Der Verweis auf § 279 Abs. 2 und Abs. 3 ZPO strukturiert die **Einbindung der Beweisaufnahme** in die **mündliche Verhandlung**. Sie erfolgt gem. § 17 Abs. 1 SpruchG, 30 Abs. 1 FamFG von Amts wegen und nach den Regeln der ZPO. Dabei sieht § 30 FamFG anders als noch § 15 FGG keine Beschränkung der Beweismittel mehr vor. Neben dem Augenscheins-, Zeugen- und Sachverständigenbeweis ist nun auch eine Parteieinvernahme (§§ 445 ff ZPO) ebenso vorgesehen wie der Urkundsbeweis (§§ 415, 416 ff ZPO). Entscheidet sich das Gericht nicht nach Ausübung pflichtgemäßen Ermessens (§ 30 Abs. 1 S. 1 FamFG) für die Durchführung einer förmlichen Beweisaufnahme, so erfolgt die Beweisaufnahme in geeigneter Form, § 29 Abs. 1 S. 1 FamFG.

---

14 OLG München ZIP 2007, 375, 377 f; AG 2008, 37, 38; OLG Stuttgart AG 2007, 128, 129 f; OLG Frankfurt AG 2011, 828, 829; LG München I, Beschl. v. 21.11.2011 – 5HK O 14093/09; ZIP 2013, 1664, 1672; Simon/*Winter*, § 8 Rn 21; Schmidt/Lutter/*Klöcker*, § 8 Rn 4 Fn 7; krit. KölnKomm-AktG/ *Puszkajler*, Vorb. §§ 7–11 Rn 29 und § 8 Rn 32 f; Bürgers/ Körber/*Ederle/Theusinger*, AktG, § 8 Rn 4; auch Emmerich/ Habersack/*Emmerich*, § 8 Rn 6.

15 KG ZIP 2009, 1714.

16 Hierzu allgemein LG München I ZIP 2013, 1664, 1665 unter Bezugnahme auf die Rspr des BGH (NZG 2012, 191, 194 = ZIP 2012, 266, 269 = WM 2012, 280, 283 = DB 2012, 281, 284).

17 Vgl nur Emmerich/Habersack/*Emmerich*, § 8 Rn 3; allerdings wurde davon bereits auch vor dem Inkrafttreten des SpruchG ausgegangen; vgl OLG Düsseldorf AG 2000, 421.

Umstritten ist, ob der sachverständige Prüfer zum Sachverständigen ernannt und vernommen werden kann und sollte.[18] Dies begegnet jedenfalls dann keinen Bedenken, wenn er sich ergänzend oder erweiternd zu Umständen äußern soll, die nicht im Unternehmensbericht und seinem Prüfgutachten abgearbeitet werden. Auch sonst wird man davon auszugehen haben, dass der sachverständige Prüfer nicht von Gesetzes wegen ausgeschlossen sein wird, weil ein Sachverständiger im Normalfall wiederholt in derselben Sache tätig werden kann.[19] Auch der Gesetzgeber hält eine Bestellung zum Sachverständigen für möglich.[20] Hiervon zu unterscheiden ist der Aspekt, dass es regelmäßig nicht tunlich sein wird, den Prüfer zum Sachverständigen zu bestellen, wenn auf der Grundlage seiner Anhörung eine hinreichende Aufklärung und Überzeugungsbildung des Gerichts nicht möglich war, weil eine Hemmschwelle nicht zu übersehen ist, eine einmal gefasste Meinung zu korrigieren.[21] Bei der Entscheidung, ob überhaupt ergänzend Beweis erhoben werden muss, wird zudem oft übersehen, dass eine Schätzung gem. § 287 Abs. 2 ZPO (siehe auch § 738 Abs. 2 BGB) nicht nur möglich,[22] sondern sogar geboten ist, um der mathematischen Scheingenauigkeit des Bewertungsverfahrens nach dem IDW S 1 Rechnung zu tragen.[23]

Eine Beweisaufnahme zu Bewertungsannahmen, die keiner der Beteiligten problematisiert und dem Gericht nicht unplausibel erscheinen, kann unterbleiben. Dies ergibt sich schon aus der anwendbaren Regelung in § 8 Abs. 3 und dem Erfordernis einer konkreten Bewertungsrüge iSd § 4 Abs. 4 S. 2 Nr. 4.

§ 9 Verfahrensförderungspflicht

(1) Jeder Beteiligte hat in der mündlichen Verhandlung und bei deren schriftlicher Vorbereitung seine Anträge sowie sein weiteres Vorbringen so zeitig vorzubringen, wie es nach der Verfahrenslage einer sorgfältigen und auf Förderung des Verfahrens bedachten Verfahrensführung entspricht.

(2) Vorbringen, auf das andere Beteiligte oder in den Fällen des § 8 Abs. 2 die in der mündlichen Verhandlung anwesenden sachverständigen Prüfer voraussichtlich ohne vorhergehende Erkundigung keine Erklärungen abgeben können, ist vor der mündlichen Verhandlung durch vorbereitenden Schriftsatz so zeitig mitzuteilen, dass die Genannten die erforderliche Erkundigung noch einziehen können.

(3) Rügen, welche die Zulässigkeit der Anträge betreffen, hat der Antragsgegner innerhalb der ihm nach § 7 Abs. 2 gesetzten Frist geltend zu machen.

Literatur:
Siehe oben Einleitung.

A. Gegenstand der Regelung

§ 9 verfolgt in Umsetzung des Telos der Neuordnung, das Spruchverfahren zu straffen und zu beschleunigen, die Intention, eine Verfahrensförderungspflicht aller Beteiligten – mithin Antragsteller, Antragsgegnerin und gemeinsamer Vertreter[1] – zu statuieren. Sie ist inhaltlich an § 282 ZPO angelehnt. Anwendungsbereich und praktische Bedeutung sind gering.

B. Allgemeine Verfahrensförderungspflicht

§ 9 Abs. 1 regelt die Verpflichtung der Beteiligten, Anträge und Vorbringen in der mündlichen Verhandlung und bei deren Vorbereitung frühzeitig, mit Sorgfalt und auf Verfahrensförderung bedacht vorzubringen.

I. Mündliche Verhandlung. In der mündlichen Verhandlung kann ein Verstoß hiergegen nur stattfinden, wenn diese aus **mehreren Terminen** besteht. Der Gesetzgeber geht mithin von dem im Zivilprozess bestehenden Grundsatz der Einheitlichkeit der mündlichen Verhandlung[2] auch im Spruchverfahren aus. Verstö-

---

18 Dafür: OLG Düsseldorf AG 2002, 398, 399; LG Frankfurt/M. NZG 2004, 432; Lutter/Winter/*Krieger/Mennicke*, § 8 Rn 10; generell ablehnend: KölnKomm-AktG/*Puszkajler*, § 8 Rn 24.
19 Hierzu Zöller/*Greger*, ZPO, § 406 Rn 9 mwN aus der umfangreichen Rspr.
20 So ausdr. die der Sache nach übernommene Begründung im RegE BT-Drucks. 15/371, S. 15.
21 Auch darauf weist die soeben zitierte Begründung im RegE hin.
22 BayObLG AG 2001, 138, 139; OLG Hamburg AG 2002, 406, 408; AG 2003, 583, 584.
23 LG Dortmund NZG 2004, 723, 724 reSp; *Großfeld/Stöver/Tönnes*, BB-Spezial 7/2005, 2, 12 liSp.

1 MüKo-AktG/*Kubis*, § 9 Rn 2; Emmerich/Habersack/*Emmerich*, § 9 Rn 3a; Hüffer, § 9 Rn 1; Schmidt/Lutter/*Klöcker*, § 9 Rn 1; Semler/Stengel/*Volhard*, § 9 Rn 2; Spindler/Stilz/*Drescher*, § 9 Rn 2; aA *Klöcker/Frowein*, § 9 Rn 1: nur Antragsteller und Antragsgegner.
2 Vgl §§ 128 Abs. 1; 136 Abs. 1 und 4; 137; 216; 279; 296 a; 370 ZPO; *Fritzsche/Dreier/Verfürth*, § 9 Rn 18.

ße scheiden denknotwendig aus, wenn auf die Durchführung einer mündlichen Verhandlung verzichtet wird (vgl oben § 8 Rn 1).

II. Schriftliche Vorbereitung der mündlichen Verhandlung. Soweit § 9 Abs. 1 auf die schriftliche Vorbereitung der mündlichen Verhandlung abstellt, besteht ein **Anwendungsbereich nur**, soweit das Spruchgesetz **nicht schon an anderer Stelle spezialiter Fristen setzt**,[3] die einzuhalten sind, aber auch ausgeschöpft werden dürfen.[4]

So haben die **Antragsteller** ihren („Sach-")Antrag, also ihr Begehren (zB Ausgleich und/oder Abfindung) und die für die Unangemessenheit der Kompensation vorgebrachten Bewertungsrügen innerhalb der Frist von § 4 Abs. 3 geltend zu machen. Spezialiter in §§ 4, 7 erfasst ist auch der gesamte Tatsachenvortrag, der zur Ausfüllung der Bewertungsrügen vorgebracht werden soll (zB regionale Wohnraumsituation bzgl der Betriebsnotwendigkeit von Werkswohnungen, Ertrag anderweitiger Kapitalanlagemöglichkeiten etc.). Folgerichtig spricht § 9 Abs. 1 auch nur von „weiterem" Vorbringen.[5] In Betracht kommen zB sog. **Methodenrügen** hinsichtlich der Vorgehensweise der Prüfer oder der angewandten Bewertungsmethode allgemein. Daneben kommen noch **Verfahrensanträge** und **Anregungen** an das Gericht sowie **Vorbringen** zur Angemessenheit der Abfindung/des Ausgleichs **außerhalb der eigentlichen Unternehmensbewertung** in Betracht, zB wegen der Aufteilung der Kompensation auf verschiedene Aktienkategorien (zB Stämme/Vorzüge).

Als Anwendungsfall von § 9 Abs. 1 verbleibt schließlich die unterbliebene oder aus formalen Gründen **unwirksame Fristsetzung** des Gerichts gem. § 7 Abs. 2 und Abs. 4. Das Vorbringen reiner **Rechtsansichten** unterliegt keiner beschränkenden Frist.

Für die Erwiderung des Antragsgegners, die Stellungnahme des gemeinsamen Vertreters und die Replik gelten bereits § 7 Abs. 2 und Abs. 4, was auch aus § 10 Abs. 1 folgt.

III. Rechtzeitigkeit. Maßstab für die Rechtzeitigkeit sind die tatsächliche Verfahrenslage und eine idealtypisch auf sorgfältige und fördernde Verfahrensführung bedachte Vorgehensweise. Demnach ist ein Vorbringen dann rechtzeitig, wenn nach Maßgabe der Verfahrenslage und sorgfältiger und förderungsbedachter Verfahrenslage ein früheres Vorbringen nicht zuzumuten war, wobei sich jeder Beteiligte nach der Verfahrenslage richten darf.[6]

C. Vorbereitende Schriftsätze

§ 9 Abs. 2 regelt speziell den Fall der Einreichung eines vorbereitenden Schriftsatzes (vgl § 130 ZPO). Der sachliche Anwendungsbereich von § 9 Abs. 2 ist nicht weiter als der von Abs. 1. Die Norm soll verhindern, dass in der mündlichen Verhandlung teilweise hochkomplizierte bewertungsmethodische Gesichtspunkte problematisiert werden, auf die den übrigen Beteiligten und dem etwa geladenen sachverständigen Prüfer (das Gericht wurde nicht ausdrücklich erwähnt, es kommt aber automatisch auch in den Genuss der Regelung) eine Einlassung nicht möglich ist, ohne sich zuvor eingehend zu informieren und einzuarbeiten. In diesem Sinne soll § 9 Abs. 2 die zielorientierte, zügige Reifung und Abarbeitung des Problemstoffes ermöglichen. Eine Mindestfrist für die Einreichung hat der Gesetzgeber nicht statuiert. §§ 132, 274, 275 Abs. 3 ZPO gelten nicht. Auch das FamFG enthält insoweit keine Regelung. Bei der Bemessung werden die Komplexität der Materie und die im Spruchverfahren mit massenhafter Beteiligung regelmäßig auftretenden Probleme der Gerichtsorganisation mit der Postabwicklung[7] zu berücksichtigen seien. 3 bis 4 Wochen[8] dürften das unterste Maß darstellen. Die Erfahrung zeigt, dass eine erhebliche Zahl der Antragsteller nach Einreichung der Anträge nicht mehr inhaltlich zur Vorbereitung der mündlichen Verhandlung Stellung nimmt.

Mangels Verweises findet § 283 ZPO keine Anwendung. Wegen des nur begrenzten Anwendungsbereichs der Norm besteht hierfür auch kein praktisches Bedürfnis.

Die Rechtsfolgen regelt § 10 Abs. 2.

D. Zulässigkeitsrügen

§ 9 Abs. 3 legt dem Antragsgegner auf, sämtliche Zulässigkeitsrügen innerhalb der Frist des § 7 Abs. 2 geltend zu machen. Da die Voraussetzungen der Zulässigkeit des Verfahrens stets und zu jedem Zeitpunkt des Verfahrens von Amts wegen zu beachten sind, ist fraglich, ob nur solche Zulässigkeitsvoraussetzungen in Betracht kommen, auf die ein Beteiligter wirksam verzichten kann (sog. **Zulässigkeitseinreden**) und die in

---

[3] Vgl die Übersicht zu § 7 Rn 2.
[4] *Hüffer*, § 9 Rn 2; KölnKomm-AktG/*Puszkajler*, § 9 Rn 8.
[5] AA *Fritzsche/Dreier/Verfürth*, § 9 Rn 5 und 17.
[6] So zB Schmidt/Lutter/*Klöcker*, § 9 Rn 3; Zöller/*Greger*, ZPO, § 282 Rn 3; Simon/*Winter*; § 9 Rn 12; MüKo-AktG/*Kubis*, § 9 Rn 2.
[7] Vgl *Puszkajler*, ZIP 2003, 518, 521.
[8] *Hüffer*, § 9 Rn 4.

§ 296 Abs. 3 ZPO genannt sind, oder ob sich diese Norm auf alle Zulässigkeitsvoraussetzungen bezieht. Die besseren Gründe sprechen dafür, diese Norm auf alle Zulässigkeitsrügen zu erstrecken. Der Umstand, dass die Zulässigkeit von Amts wegen zu prüfen ist, steht dem nicht entgegen. Daher müssen namentlich das Fehlen der Antragsberechtigung, die Einhaltung der Antragsfrist und die rechtzeitige und ausreichende Begründung innerhalb der Frist des § 9 Abs. 3 gerügt werden. Es wird aber zu beachten sein, dass die allgemeinen Verfahrensvoraussetzungen und die besonderen Zulässigkeitsvoraussetzungen des SpruchG von Amts wegen zu prüfen sind, weshalb die Bedeutung von § 9 Abs. 3 in der Praxis gering ist[9] Verzichtbare Verfahrensmängel iSv § 295 ZPO, die Zulässigkeitsrelevanz erhalten können, sind ebenfalls in der Frist des § 9 Abs. 3 geltend zu machen.[10] Eine Zuständigkeitsbegründung infolge rügeloser Einlassung (§ 39 ZPO) findet mangels Verweisung in § 2 Abs. 1, der nur auf §§ 2 Abs. 1, 5 FamFG (vgl § 2 Rn 2) Bezug nimmt, nicht statt.

Anders als im Anwendungsbereich des § 282 Abs. 3 ZPO müssen diese Rügen nicht gleichzeitig, sondern nur rechtzeitig erhoben werden, weil der Wortlaut der Vorschrift des § 9 Abs. 3 keine derartige Einschränkung auf „gleichzeitig" enthält.[11]

§ 10 Verletzung der Verfahrensförderungspflicht

(1) Stellungnahmen oder Einwendungen, die erst nach Ablauf einer hierfür gesetzten Frist (§ 7 Abs. 2 Satz 3, Abs. 4) vorgebracht werden, sind nur zuzulassen, wenn nach der freien Überzeugung des Gerichts ihre Zulassung die Erledigung des Rechtsstreits nicht verzögern würde oder wenn der Beteiligte die Verspätung entschuldigt.

(2) Vorbringen, das entgegen § 9 Abs. 1 oder 2 nicht rechtzeitig erfolgt, kann zurückgewiesen werden, wenn die Zulassung nach der freien Überzeugung des Gerichts die Erledigung des Verfahrens verzögern würde und die Verspätung nicht entschuldigt wird.

(3) § 26 des Gesetzes über das Verfahren in Familiensachen und in den Angelegenheiten der freiwilligen Gerichtsbarkeit ist insoweit nicht anzuwenden.

(4) Verspätete Rügen, die die Zulässigkeit der Anträge betreffen und nicht von Amts wegen zu berücksichtigen sind, sind nur zuzulassen, wenn der Beteiligte die Verspätung genügend entschuldigt.

Literatur:
Siehe oben Einleitung.

A. Allgemeines 1	II. Verstoß gegen allgemeine Verfahrensförderungspflichten (Abs. 2) 8
B. Verstöße gegen Förderungspflichten 2	III. Verzögerte Vorlage von Unterlagen 9
I. Nichteinhaltung richterlicher Fristen (Abs. 1) .. 2	IV. Einschränkung des Amtsermittlungsgrundsatzes (Abs. 3) 10
1. Fristen 3	V. Nichterhebung von Zulässigkeitseinreden (Abs. 4) 11
2. Verzögerung 4	
a) Absolute Verzögerung 5	
b) Auswirkungen des Vortrags anderer Verfahrensbeteiligter 6	C. Rechtsmittel 12
3. Verschulden 7	

A. Allgemeines

§ 10 sanktioniert Verstöße der Beteiligten gegen ihre Pflicht zur Verfahrensförderung.[1] Er ist § 296 Abs. 1 bis 3 ZPO nachgebildet. § 10 Abs. 1 betrifft die Versäumung richterlicher Fristen; insoweit ist die Zurückweisung unentschuldigt verspäteten Vorbringens obligatorisch. In § 10 Abs. 2 werden Verstöße gegen die allgemeine Pflicht zur Verfahrensförderung geregelt. Hier steht die Nichtberücksichtigung im pflichtgemäßen Ermessen des Gerichts. § 10 Abs. 3 enthält (nur) eine ergänzende Klarstellung. Abs. 4 betrifft das Unterlassen der Geltendmachung sog. Zulässigkeitseinreden. Der Anwendungsbereich in Spruchverfahren ist gering.

---

9 So Spindler/Stiltz/*Drescher*; § 9 Rn 4; MüKo-AktG/*Kubis*, § 9 Rn 6; Lutter/Winter/*Krieger/Mennicke*, § 9 Rn 6; Semler/Stengel/*Volhard*, § 9 Rn 7; aA Voraufl.; Simon/*Winter*; § 9 Rn 17; KölnKomm-AktG/*Puszkajler*, § 9 Rn 16.
10 OLG Karlsruhe AG 2005, 300 (unwirks. Bekanntmachung eines Verweisungsbeschlusses).

11 Einhellige Meinung; vgl nur Lutter/Winter/*Krieger/Mennicke*, § 9 Rn 6; Spindler/Stilz/*Drescher*; § 9 Rn 4; MüKo-AktG/*Kubis*, 3. Aufl., § 9 Rn 6; KölnKomm-AktG/*Puszkajler*, § 9 Rn 17; Semler/Stengel/*Volhard*, § 9 Rn 7.

1 BegrRegE, BT-Drucks. 15/371, S. 16.

B. Verstöße gegen Förderungspflichten

2 **I. Nichteinhaltung richterlicher Fristen (Abs. 1).** Vorbringen (Stellungnahmen und Einwendungen), das erst nach Ablauf einer gem. § 7 Abs. 2 S. 3 oder § 7 Abs. 4 gesetzten Frist bei Gericht eingeht, ist nur zuzulassen, wenn die Erledigung des Verfahrens nicht verzögert werden würde oder wenn der Beteiligte die Verspätung entschuldigt. Die Rechtsfolge unterliegt nicht der Disposition der Verfahrensbeteiligten (vgl Übersicht bei § 7 Rn 2).

3 **1. Fristen.** § 10 Abs. 1 behandelt enumerativ die Erwiderungsfrist für den Antragsgegner, die Frist für die erste Stellungnahme des gemeinsamen Vertreters und die Erwiderungsfrist für die Antragsteller. Über den Wortlaut hinaus wird sie auf richterlich gesetzte Fristen für eine etwa erforderliche Duplik (s.o. § 7 Rn 2) analog anwendbar sein.[2] Die Gesetzesbegründung befasst sich damit nicht,[3] so dass von einer planwidrigen Regelungslücke ausgegangen werden muss. Die Frist muss wirksam gesetzt sein (vgl § 7 Rn 10).

4 **2. Verzögerung.** Die Nichteinhaltung der richterlichen Frist muss zu einer Verzögerung der Erledigung des Verfahrens[4] führen.

5 **a) Absolute Verzögerung.** Eine relevante Verzögerung liegt (nur) vor, wenn die Fristversäumnis den Verfahrensablauf kausal in erheblichem Umfang verlängert.[5] Eine unvollkommene Verfahrensleitung durch das Gericht (§§ 7 Abs. 5; 8 SpruchG iVm §§ 139, 273, 279 ZPO) kann die Kausalität entfallen lassen.[6] Nach hM[7] gilt der im Zivilprozess entwickelte „absolute Verzögerungsbegriff". Verzögerung liegt danach vor, wenn durch die Zulassung des verspäteten Vorbringens die Erledigung des Verfahrens im Ganzen verzögert wird. Wird die Einholung eines Sachverständigengutachtens angeordnet, wird dies kaum je in Betracht kommen.[8] Andererseits darf die Anwendung der Präklusionsvorschriften nicht zu einer ohne Weiteres erkennbaren Überbeschleunigung des Verfahrens führen. Eine Präklusion ist demnach unzulässig, wenn sich ohne weitere Erwägung aufdrängt, dass das Verfahren früher beendet wird, als dies bei einem ungestörten Verlauf des Verfahrens zu erwarten war.[9]

6 **b) Auswirkungen des Vortrags anderer Verfahrensbeteiligter.** Keine Verzögerung kann eintreten, wenn dasselbe Vorbringen (Tatsachenstoff, Bewertungsrügen) bereits von einem anderen Verfahrensbeteiligten fristgerecht vorgebracht wurde. In praxi wird das sehr häufig sehr Fall sein, weil von allen Antragstellern in aller Regel weitgehend dieselben Antragsgründe eingebracht werden. Da die Festsetzung von Ausgleich, Abfindung oder Zuzahlung bei allen teilnehmenden und außenstehenden Anteilseignern (von Gründen, die nur in der Person Einzelner liegen, abgesehen, vgl oben § 7 Rn 2) nur gleichmäßig mit Wirkung für und gegen alle (§ 13 S. 2) stattfinden kann, liegt verfahrensmäßig dieselbe Situation vor, wie bei einer **notwendigen Streitgenossenschaft im Zivilprozess, § 62 ZPO**. Bei Wahrung der Frist hinsichtlich eines Antragsgrundes oder einer Einwendung (§ 4 Abs. 2 Nr. 4 und § 7 Abs. 6 S. 2) durch einen Verfahrensbeteiligten wird fingiert, dass er die Anderen bei der Einhaltung der Frist vertritt.[10] Fraglich ist, ob der gemeinsame Vertreter, solange er nicht einem Antragsteller gleich steht (§ 6 Abs. 3 S. 2), durch sein Vorbringen die Verzögerungswirkung zugunsten der am Verfahren beteiligten Antragsteller ausschließen kann oder nicht. Zwar muss davon ausgegangen werden, dass er neue Rügen in das Verfahren einbringen kann;[11] doch muss dies innerhalb einer vom Gericht gesetzten Frist erfolgen. Wird diese missachtet, so ist er mit seinem Vorbringen ebenfalls präkludiert und kann dann auch nicht die Verzögerungswirkung ausschließen.

7 **3. Verschulden.** Einfaches Verschulden ist ausreichend,[12] mithin genügt Fahrlässigkeit. Die Schuldhaftigkeit der Versäumnis wird vermutet. Ein Verschulden des Verfahrensbevollmächtigten wird dem Beteiligten zugerechnet. Keinen Entschuldigungsgrund stellt es dar, wenn die richterliche Frist deshalb zu kurz bemessen war, weil Schwierigkeiten mit der Informationsbeschaffung vorlagen.[13] Dann muss mit dieser Begrün-

---

[2] AA wohl *Hüffer*, § 10 Rn 2; KölnKomm-SpruchG/*Puszkajler*, § 10 Rn 7.
[3] BegrRegE BT-Drucks. 15/371, S. 14 reSp; 15 liSp und 16 liSp.
[4] Der Terminus „Rechtsstreit" ist durch teilweise Adaption des Wortlauts von § 296 ZPO hier offenbar versehentlich übernommen werden.
[5] Zöller/*Greger*, ZPO; § 296 Rn 11.
[6] Zöller/*Greger*, ZPO, § 296 Rn 3, 14.
[7] LG München I, Beschl. v. 21.6.2013 – 5HK O 19183/09, S. 78; *Klöcker/Frowein*, § 10 Rn 3; Simon/*Winter*, § 10 Rn 10; *Hüffer*, § 10 Rn 4; MüKo-AktG/*Kubis*, § 10 Rn 4; KölnKomm-AktG/*Puszkajler*, § 10 Rn 15; Spindler/Stilz/*Drescher*, § 10 Rn 3; *Büchel*, NZG 2003, 793, 799 liSp.
[8] *Büchel*, NZG 2003, 793, 799.
[9] LG München I, Beschl. v. 21.6.2013 – 5HK O 19183/09, S. 78 unter Hinweis auf BVerfGE 75, 302, 315 f; ebenso Simon/*Winter*, § 10 Rn 11.
[10] *Thomas/Putzo*, ZPO, § 62 Rn 19; *Büchel*, NZG 2003, 793, 799.
[11] Streitig; vgl oben § 6 Rn 11 und § 7 Rn 16; offen gelassen von LG München I, Beschl. v. 21.6.2013 – 5HK O 19183/09, S. 127.
[12] BegrRegEBT-Drucks. 15/371, S. 16 liSp; Emmerich/Habersack/*Emmerich*, § 10 Rn 1 b; KölnKomm-SpruchG/*Puszkajler*, § 10 Rn 12; MüKo-AktG/*Kubis*, § 10 Rn 5.
[13] AA *Klöcker/Frowein*, § 10 Rn 4.

dung Fristverlängerung beantragt werden. Das Gericht kann solche, außerhalb seines Kenntnisbereichs liegende außergewöhnliche Umstände bei Bemessung der Frist nicht abschätzen.

II. Verstoß gegen allgemeine Verfahrensförderungspflichten (Abs. 2). § 10 Abs. 2 sanktioniert Verstöße gegen die Verfahrensförderungspflicht gem. § 9 Abs. 1 und 2. Wegen des eingeschränkten Anwendungsbereichs s. § 9 Rn 4.[14] Der Verschuldens*maßstab* ist derselbe wie in § 10 Abs. 1 und niedriger als in § 296 Abs. 2 ZPO;[15] dies wird als verfassungsrechtlich fragwürdig angesehen,[16] ist aber vom Gesetzgeber ausdrücklich so gewollt.[17] Daher muss der vermittelnden herrschenden Ansicht[18] gefolgt werden, wonach an die Annahme von Fahrlässigkeit hohe Anforderungen zu stellen sind. Dies gilt umso mehr, als das SpruchG anders als die Regelungen der ZPO keine Belehrungspflichten enthält. Das Gericht (nicht der Vorsitzende) entscheidet nach Ermessen[19] über Verzögerung und Vorliegen hinreichender Entschuldigungsgründe.

III. Verzögerte Vorlage von Unterlagen. Weder von § 9, noch von § 10 unmittelbar erfasst ist die Versäumung einer richterlichen Frist zur Vorlage von Unterlagen gem. § 7 Abs. 3, Abs. 5 S. 2 und Abs. 7. Die Regierungsbegründung[20] hat die Aufnahme von Sanktionen nicht für notwendig erachtet, weil dem Gericht insoweit die Möglichkeit der Anwendung der Regeln über die Beweisvereitelung (vgl §§ 427, 444 ZPO) zur Verfügung stehen. In diesem Fall soll auch geschätzt (§ 287 ZPO) werden können.

IV. Einschränkung des Amtsermittlungsgrundsatzes (Abs. 3). § 10 Abs. 3 stellt klar, dass der Amtsermittlungsgrundsatz (§ 26 FamFG, vormals: 12 FGG) insoweit nicht anzuwenden ist, als Vorbringen gem. § 10 Abs. 1 oder 2 als verspätet zurückgewiesen wurde. Im Umkehrschluss bedeutet dies, dass die Amtsermittlungspflicht hinsichtlich solcher Umstände fortgilt, die einem Beteiligten aus objektiven Gründen vorzutragen nicht möglich ist.[21]

V. Nichterhebung von Zulässigkeitseinreden (Abs. 4). Wie in § 296 Abs. 3 ZPO sind nur solche **Verfahrenshindernisse** gemeint, die **nur auf ausdrückliche Rüge** berücksichtigt werden. In Betracht kommen die Rüge fehlenden Vollmachtsnachweises (§ 11 FamFG, 88 Abs. 1 ZPO), fehlende Ausländersicherheit, § 110 ZPO, das Bestehen eines Schiedsvertrages, § 1032 ZPO, mangelnde Kostenerstattung des Vorprozesses, § 269 Abs. 6 ZPO oder den Rechtsweg beschränkende oder gänzlich ausschließende Individualvereinbarungen (s. hierzu unten § 11 Rn 15). Die Vorschrift hat kaum praktische Relevanz erhalten.[22]

C. Rechtsmittel

Hinsichtlich der Zurückweisung oder Zulassung verspäteten Vorbringens ergeht keine Zwischenentscheidung. Allerdings ist gem. § 139 ZPO, § 8 Abs. 3 SpruchG ein Hinweis auf die beabsichtigte Verfahrensweise erforderlich. Eine Anfechtung der Zulassung oder Zurückweisung findet nur mit dem Rechtsmittel gegen die Endentscheidung statt.

§ 11 Gerichtliche Entscheidung; Gütliche Einigung

(1) Das Gericht entscheidet durch einen mit Gründen versehenen Beschluss.

(2) ¹Das Gericht soll in jeder Lage des Verfahrens auf eine gütliche Einigung bedacht sein. ²Kommt eine solche Einigung aller Beteiligten zustande, so ist hierüber eine Niederschrift aufzunehmen; die Vorschriften, die für die Niederschrift über einen Vergleich in bürgerlichen Rechtsstreitigkeiten gelten, sind entsprechend anzuwenden. ³Die Vollstreckung richtet sich nach den Vorschriften der Zivilprozessordnung.

(3) Das Gericht hat seine Entscheidung oder die Niederschrift über einen Vergleich den Beteiligten zuzustellen.

(4) ¹Ein gerichtlicher Vergleich kann auch dadurch geschlossen werden, dass die Beteiligten einen schriftlichen Vergleichsvorschlag des Gerichts durch Schriftsatz gegenüber dem Gericht annehmen. ²Das Gericht

---

14 AA *Hüffer*, § 10 Rn 5: "Anwendungsbereich umfassend"; MüKo-AktG/*Kubis*, § 10 Rn 9.
15 Dort ist „grobe Nachlässigkeit" erforderlich.
16 *Büchel*, NZG 2003, 793, 799; *Hüffer*, § 10 Rn 6; *Tomson/Hammerschmitt*, NJW 2003, 2572, 2575.
17 BegrRegE BT-Drucks. 15/371, S. 16, liSp u.
18 MüKo-AktG/*Kubis*, § 10 Rn 6; Spindler/Stilz/*Drescher*, § 10 Rn 4; Lutter/Winter/*Krieger/Mennicke*, § 10 Rn 7; *Hüffer*, § 10 Rn 6; *Bungert/Mennicke*, BB 2003, 2021, 2028 liSp.
19 Vgl Übersicht bei § 7 Rn 2.
20 BegrRegE, BT-Drucks. 15/371, S. 16 reSp.
21 BegrRegE, BT-Drucks. 15/371, S. 16 liSp; KölnKomm-SpruchG/*Puszkajler*, § 10 Rn 25; MüKo-AktG/*Kubis*, § 10 Rn 7.
22 So auch Spindler/Stilz/*Drescher*, Rn 5; *Hüffer*, § 10 Rn 8; Emmerich/Habersack/*Emmerich*, § 10 Rn 11; KölnKomm-SpruchG/*Puszkajler*, § 10 Rn 22; einschränkend: MüKo-AktG/*Kubis*, § 10 Rn 9.

stellt das Zustandekommen und den Inhalt eines nach Satz 1 geschlossenen Vergleichs durch Beschluss fest. ³§ 164 der Zivilprozessordnung gilt entsprechend. ⁴Der Beschluss ist den Beteiligten zuzustellen.

Literatur:
Siehe oben Einleitung.

A. Entscheidung	1	I. Anstreben einer gütlichen Einigung	10
I. Entscheidungsform	1	II. Zustandekommen	11
II. Inhalt	2	III. Inhalt des Vergleichs	15
1. Tenor	2	IV. Vollstreckung des Vergleichs	17
2. Zinsen	3	C. Zustellung (Abs. 3)	18
3. Gründe	4	D. Vergleichsabschluss außerhalb der mündlichen Verhandlung (Abs. 4)	19
4. Ne ultra petita / reformatio in peius	5		
5. Kosten	6	E. Weitere Möglichkeiten der Verfahrensbeendigung	21
6. Zwischen- und Teilentscheidungen/einstweilige Anordnungen	7	I. Rücknahme	21
7. Rechtsbehelfsbelehrung	8	II. Erledigung der Hauptsache	22
8. Bekanntmachung	9	III. Außergerichtlicher Vergleich	24
9. Berichtigung	9a	IV. Schiedsvertrag	25
B. Gerichtlicher Vergleich	10		

A. Entscheidung

1 **I. Entscheidungsform.** Die regelmäßige Entscheidungsform des Gerichts ist der Beschluss. Dies entspricht einmal der früheren Regelung im Aktienrecht (§§ 306 Abs. 2 iVm 99 Abs. 3 S. 1; 320 b Abs. 3 S. 3; 327 f. Abs. 2 S. 3 AktG aF) und § 307 Abs. 5 UmwG sowie der Systematik der ZPO[1] und § 38 Abs. 1 S. 1 FamFG. § 309 ZPO ist nicht anwendbar: Diskontinuität der Richterbesetzung schadet nicht. Denn gem. § 38 Abs. 2 Nr. 2, Abs. 3 S. 2 FamFG enthält der Beschluss lediglich die Namen und Unterschriften der Gerichtspersonen, die bei der Entscheidung mitgewirkt haben. Im Verfahren der freiwilligen Gerichtsbarkeit ergeht die Entscheidung nicht aufgrund mündlicher Verhandlung; die Vorschrift des § 309 ZPO gilt nicht. Es müssen daher nicht zwingend dieselben Richter den Beschluss unterschreiben, die an einer mündlichen Verhandlung teilgenommen haben, wenngleich dies zweifelsohne zweckmäßig erscheint, selbst wenn es rechtlich nicht geboten ist.

2 **II. Inhalt. 1. Tenor.** Im Falle des Fehlens einer Verfahrensvoraussetzung oder der Nichtbeachtung von § 4 Abs. 1 und 2 ist der Antrag ohne vorherige Zustellung, Verbindung mit anderen Anträgen und Bestellung eines gemeinsamen Vertreters **als unzulässig zurückzuweisen.**[2] Anlass, von der im Zivilverfahren allgemein gebräuchlichen Terminologie abzuweichen, wonach **nur unzulässige Rechtsmittel und Rechtsbehelfe** der **Verwerfung** unterliegen, besteht für das Spruchverfahren nicht. Hierfür geben auch die Neuregelungen des FamFG (vgl §§ 68 Abs. 2 S. 2, 74 Abs. 1 S. 2 FamFG) keinen Hinweis. Bei Begründetheit eines Antrags geht der Tenor auf Festsetzung eines bestimmten angemessenen Ausgleichs oder einer bestimmten Abfindung in bar oder in Aktien des anderen Unternehmensvertragsteils, ggf unter Festsetzung einer Barabfindung für Aktienspitzen. Der Ausspruch hat lediglich gestaltenden Charakter; eine Zwangsvollstreckung auf Zahlung von Mehrbeträgen findet aus dem Beschluss nicht statt, weil er angesichts der Feststellungs- und Gestaltungswirkung *inter omnes* keinen Vollstreckungstitel darstellen kann, was sich auch aus der Wertung des § 16 ableiten lässt.[3] Anträge, die **zulässig, aber unbegründet** sind, werden **zurückgewiesen.**

3 **2. Zinsen.** Über den **Zinsanspruch** (§§ 305 Abs. 3 S. 3; 320 b Abs. 1 S. 6; 327 b Abs. 2 AktG; 15 Abs. 2, 30 Abs. 1 S. 2 UmwG) entscheidet das Gerichts stets auch ohne Antrag von Amts wegen.[4] Für die einzelnen in Betracht kommenden Verzinsungspflichten wird auf die Kommentierungen an anderer Stelle in diesem Handbuch verwiesen.[5] Ist dem Antragsteller infolge Verzuges ein höherer Schaden entstanden, kann und muss er diesen im Wege der Leistungsklage geltend machen.[6] Obwohl es sich hier um „weiteren Schaden" handelt (vgl zB § 320 b Abs. 1 S. 6 aE AktG), die Anspruchsgrundlage mithin dem allgemeinen materiellen

---

[1] Vgl § 300 Abs. 1 ZPO: das Spruchverfahren ist kein *Rechtsstreit*, sondern ein *Verfahren*.
[2] AA *Hüffer*, § 11 Rn 2 aE; KölnKomm-AktG/*Puszkajler*, § 11 Rn 6; MüKo-AktG/*Kubis*, § 10 Rn 2 („verwerfen"); Fritzsche/Dreier/*Verfürth*, § 11 Rn 4 („abweisen"); so auch: Widmann Mayer/*Wälzholz*, § 11 Rn 10; OLG Schleswig AG 2009, 380.
[3] BVerfG ZIP 2012, 2035 = AG 2012, 830 = WM 2012, 2103; Spindler/Stilz/*Drescher*, § 11 Rn 3; KölnKomm-AktG/*Puszkaj-* *ler*, § 11 Rn 16; MüKo-AktG/*Kubis*, § 11 Rn 5; Semler/Stengel/ *Volhard*, § 11 Rn 4.
[4] HM, vgl *Emmerich*/Habersack, § 11 Rn 2; *Hüffer*, § 11 Rn 2; Klöcker/Frowein, § 11 Rn 4; aA Fritzsche/Dreier/*Verfürth*, § 11 Rn 6; MüKo-AktG/*Kubis*, § 10 Rn 4.
[5] §§ 305 Abs. 3 S. 3; 320 b Abs. 1 S. 6; 327 b Abs. 2 AktG; §§ 15, 30, 196, 208 UmwG.
[6] Vgl § 16.

bürgerlichen Recht zu entnehmen ist (§§ 280 Abs. 1, 2, 286 BGB) liegt ein Fall von § 16 vor.[7] Die Konzentrationsbestimmungen für gerichtliche Zuständigkeiten gelten entsprechend.

3. Gründe. Der Beschluss ist mit Gründen zu versehen, § 11 Abs. 1. Diese haben eine **auf das Wesentliche verknappte** (§ 313 Abs. 2 ZPO analog) Zusammenfassung und Darstellung des Vorbringens der Beteiligten zu enthalten. Ferner sind die tragenden Erwägungen, auf denen die Zurückweisung der Anträge oder die Festsetzung eines höheren Ausgleichs bzw Abfindung beruht, kurz zusammengefasst darzustellen (§ 313 Abs. 3 ZPO analog). Das Gericht hat sich bei der Entscheidungsfindung grundsätzlich **mit allen erhobenen Bewertungsrügen zu befassen**.

4. Ne ultra petita / reformatio in peius. Eine **Verschlechterung** der Antragsteller durch das Spruchverfahren ist **nicht möglich**.[8] Da das Verfahrensziel dahin geht, den „angemessenen" Ausgleich pp. zu bestimmen, tritt andererseits selbst dann **keine Bindung des Gerichts an einen Antrag** ein, wenn einer der Antragsteller einen bestimmten Ausgleichs-/Abfindungsbetrag beziffert haben sollte.[9]

5. Kosten. Die Entscheidung über die **Kosten** des Verfahrens ergeht **von Amts wegen**. Es handelt sich um eine Kostengrundentscheidung; § 2 Abs. 2 Nr. 6 meint diese nicht. Soweit hinsichtlich der **Gerichtskosten** auf keine Ausnahme vom gesetzlichen Regelfall erkannt wird (§ 15 Abs. 2 S. 1 und 2), ergeht sie rein deklaratorisch und wäre sogar entbehrlich, ist zur Klarstellung und Vermeidung von Geschäftsanfall (Anträge gem. §§ 42, 43 Abs. 1 FamFG) aber in jedem Fall empfehlenswert. Als Grundlage für einen **Kostenfestsetzungsbeschluss** bedarf es hingegen hinsichtlich der **außergerichtlichen Auslagen** der Antragsteller stets der ausdrücklichen Anordnung der Erstattungspflicht.

6. Zwischen- und Teilentscheidungen/einstweilige Anordnungen. Zwischenstreitentscheidungen, die zu einer Straffung des Verfahrens und Vermeidung unnötigen Aufwandes durch die Beteiligten und das Gericht führen können, wurden von der Rechtsprechung[10] bisher aus Gründen der Prozessökonomie und in entspr. Anwendung von § 280 ZPO **für zulässig erachtet**. Dies betrifft solche Zwischenentscheidungen, die keine verfahrensbeendigende Wirkung haben,[11] wie zB die Statthaftigkeit eines Spruchverfahrens,[12] die Einhaltung der Antragsfrist[13] oder den Nachweis der Antragsberechtigung,[14] Vorschussanforderung und Ersetzung der Zustimmung zum Stundensatz des Sachverständigen gem. § 13 JVEG,[15] nicht hingegen reine Rechtsfragen, wie zB der Regelungsinhalt einer Überleitungsvorschrift,[16] der nur mittelbare Auswirkung auf die Endentscheidung hat. Als statthaftes Rechtsmittel hiergegen wurde einfache Beschwerde gem. § 19 FGG,[17] angesehen.

Nunmehr regelt § 58 FamFG, dass die Beschwerde nur (noch) gegen die Endentscheidungen stattfindet, wenn sie nicht im Einzelfall im Gesetz gesondert für statthaft erklärt wird. Dem ist für die o.g. Zwischenentscheidungen, die im FamFG keine besondere Regelung gefunden haben, nicht so. In der Konsequenz müsste deshalb entweder angenommen werden, dass der Gesetzgeber des FamFG Zwischenstreitentscheidungen generell als unstatthaft ansieht, was den speziellen Besonderheiten der Spruchverfahren nicht gerecht würde. Oder Entscheidungen über Zwischenstreite wären unanfechtbar, wovon aber ersichtlich niemand ernsthaft ausgeht. Letztlich bliebe die Möglichkeit, Entscheidungen über Zwischenstreite erst mit der Endentscheidung der Überprüfung durch das Rechtsmittelgericht (§ 58 Abs. 2 FamFG) zu unterziehen, was prozessökonomisch ebenfalls verfehlt wäre. Deshalb sprechen gute Gründe dafür, für den speziellen Anwendungsbereich des SpruchG von einer planwidrigen Regelungslücke auszugehen und § 280 ZPO in Bezug auf die Rechtsmittelfähigkeit weiter analog anzuwenden.[18] Statthaft sein dürfte nicht die einfache, sondern die sofortige Beschwerde.[19] Denn die systematische Auslegung des FamFG ergibt, dass der Gesetzgeber auch bei einer Vielzahl weiterer Konstellationen, in denen die Anfechtbarkeit im Einzelfall zugelassen wurde, dann, wenn durch die Ungewissheit der weitere Verlauf des Verfahrens verzögert oder aufgehalten wird, aus prozessökonomischen Erwägungen die sofortige und nicht die einfache Beschwerde für statthaft erklärt hat, vgl nur §§ 6 Abs. 2, 21 Abs. 2, 33 Abs. 3 S. 5, 35 Abs. 5, 42 Abs. 3, 76 Abs. 2 FamFG. Dieser erkennbare gesetzgeberische Wille, den Verlauf des Verfahrens bis zur instanzbeendigenden Endentscheidung beschleunigt zu strukturieren, würde missachtet, ließe man im Spruchverfahren gegen Zwischenstreite die einfache Beschwerde zu. Den berechtigten Interessen der Verfahrensbeteiligten wird dadurch Rechnung

---

[7] *Meilicke*, NZG 2004, 559; *Fritzsche/Dreier/Verfürth*, § 11 Rn 6; aA: *Klöcker/Frowein*, § 11 Rn 4.
[8] *Klöcker/Frowein*, § 11 Rn 3; *Fritzsche/Dreier/Verfürth*, § 11 Rn 4; *Emmerich/Habersack*, § 11 Rn 3.
[9] *Klöcker/Frowein*, § 11 Rn 3; *Fritzsche/Dreier/Verfürth*, § 11 Rn 4; *KölnKomm-AktG/Puszkajler*, § 11 Rn 14.
[10] LG München I AG 2001, 318; BayObLG AG 2005, 288, 289; OLG Stuttgart AG 2005, 301; LG Dortmund AG 2005, S. 309.
[11] BGH NZG 2008, 658; BayObLG NZG 2004, 1111 und NZG 2006, 33; *Simon/Winter*, § 17 Rn 19.
[12] OLG Düsseldorf NZG 2005, 317.
[13] BayObLG NZG 2002, 877.
[14] BayObLG, aaO.
[15] OLG Frankfurt AG 2009, 551.
[16] OLG Düsseldorf ZIP 2006, 2172.
[17] Vgl auch § 12 Rn 1.
[18] So auch *Preuß*, NZG 2009, 961, 965.
[19] AA *Preuß*, aaO.

getragen, dass auch den Zwischenentscheidungen nunmehr gem. § 17 Abs. 1 SpruchG, 39 FamFG eine Rechtsmittelbelehrung beizufügen sein wird (vgl auch Rn 8).

Bei teilbaren Verfahrensgegenständen sind aus demselben Grund auch Teil-Endentscheidungen möglich.[20] Einstweilige Anordnungen sind theoretisch denkbar;[21] ein Anwendungsbereich ist aber kaum ersichtlich.

8 **7. Rechtsbehelfsbelehrung.** Das Gesetz ordnet sie nunmehr ausdrücklich an. Gemäß § 17 Abs. 1 SpruchG, § 39 FamFG hat jeder Beschluss eine Belehrung über das statthafte Rechtsmittel sowie das Gericht, bei dem es einzulegen ist, dessen Sitz und die einzuhaltende Form und Frist zu enthalten. Die einer erstinstanzlichen Endentscheidung beizugebende Rechtsbehelfsbelehrung könnte lauten:

▶ Gegen diese Entscheidung ist das Rechtsmittel der Beschwerde statthaft. Die Beschwerde kann nur binnen einer Frist von einem Monat, die am Tag der Zustellung dieses Beschlusses zu laufen beginnt, bei dem Landgericht (Sitz und postalische Anschrift des erkennenden Gerichts) eingelegt werden. Wenn die Bekanntgabe durch förmliche Zustellung nicht bewirkt werden konnte, beginnt die Frist spätestens mit Ablauf von fünf Monaten nach Erlass des Beschlusses. Die Frist endet mit Ablauf des Tages des Folgemonats, der durch seine Nennzahl dem Tag des Vormonats entspricht, an dem die Zustellung stattgefunden hat (Bsp.: Zustellung am 11.3., Fristende mit Ablauf des 11.4.). Handelt es sich bei dem letzten Tag der Frist um einen Sonnabend, Sonntag oder einen gesetzlichen Feiertag, so endet die Frist erst mit Ablauf des nächsten Werktages. Die Beschwerde kann nur durch eine Beschwerdeschrift eingelegt werden, die von einem Rechtsanwalt unterzeichnet wurde. Sie muss die Bezeichnung des angefochtenen Beschlusses und die Erklärung enthalten, dass Beschwerde gegen diesen Beschluss eingelegt wird. Die Beschwerde soll begründet werden. ◀

9 **8. Bekanntmachung.** Der rechtskräftige Beschluss ist gem. § 14 (s. dort) bekannt zu machen.

9a **9. Berichtigung.** Schreibfehler, Rechenfehler und ähnliche offensichtbare Unrichtigkeiten in dem Beschluss können aufgrund der Verweisung in § 17 Abs. 1 auf die maßgebliche Vorschrift des § 42 Abs. 1 FamFG jederzeit vom Gericht auch von Amts wegen berichtigt werden, des Rückgriffs auf § 319 ZPO analog bedarf es folglich auch hier nicht mehr.[22]

Eine Tatbestandsberichtigung gem. § 320 Abs. 1 ZPO analog ist dagegen mangels einer planwidrigen Regelungslücke im Spruchverfahren als (streitigem) Verfahren der freiwilligen Gerichtsbarkeit nicht möglich. Aufgrund der Verweisung in § 17 Abs. 1 SpruchG finden die Vorschriften des FamFG Anwendung, sofern in dem SpruchG nichts anderes bestimmt ist. Auch im Spruchverfahren gilt der strenge Mündlichkeitsgrundsatz der ZPO nicht; Entscheidungsgrundlage ist der gesamte Akteninhalt – wenn auch unter Beachtung der Vorgaben aus § 8 Abs. 3 SpruchG. Demgemäß kommt der Sachverhaltsdarstellung im Gegensatz zum Tatbestand des Zivilurteils nach § 314 ZPO keine Beweiskraft zu. Daher hat der Gesetzgeber als Folge dieser geringen formalen Anforderungen an den Beschluss keine Tatbestandsberichtigung vorgesehen.[23] Gerade wenn eine an § 319 ZPO angelehnte Regelung in das Gesetz aufgenommen wird, aber die nachfolgende Vorschrift aus der ZPO nicht in das FamFG übernommen wird, kann von einer planwidrigen Regelungslücke nicht ausgegangen werden. Die Situation der Rechtsbeschwerde ist vorliegend nicht gegeben, bei der die analoge Anwendung von § 320 ZPO in Betracht kommen wird, weil dort das Rechtsbeschwerdegericht an die tatsächlichen Feststellungen gebunden ist.[24]

B. Gerichtlicher Vergleich

10 **I. Anstreben einer gütlichen Einigung.** Anders als das vormals geltende Recht sieht § 11 Abs. 2 nunmehr die Beendigung des Verfahrens durch gerichtlichen Vergleich als möglich vor. Die Regelung war § 53a FGG angelehnt und praktisch wortgleich § 278 Abs. 1 ZPO entnommen. Der nunmehr in § 36 FamFG enthaltenen Regelung der vergleichsweisen Einigung geht § 11 spezialiter vor, § 17 Abs. 1. Diese Norm legt dem Gericht die Verpflichtung auf, stets auf eine – begrüßenswerte – gütliche Einigung hinzuwirken. Anders als im Zivilprozess sind die Möglichkeiten allerdings überaus begrenzt: Insbesondere bieten sich, da im Spruchverfahren regelmäßig die Situation des „Nullsummenspiels"[25] vorliegt, kaum Ansatzpunkte für eine Mediation. Mangels weiterer, verhandelbarer Verhaltenspflichten der Beteiligten außerhalb des Verfahrens und sonstiger, paralleler Rechtsbeziehungen scheidet ein Verhandeln nach dem „Harvard-Konzept"[26] meistens von vornherein aus. Hinzu tritt, dass die mündliche Verhandlung in der Regel nur von wenigen An-

---

20 *Fritzsche/Dreier/Verfürth*, § 11 Rn 8.
21 *Fritzsche/Dreier/Verfürth* § 11 Rn 32 aA: KölnKomm-AktG/ *Puszkajler*, § 11 Rn 60, der aber selbst bei drohender Insolvenz angesichts des Grundsatzes der Gläubigergleichbehandlung einen realen Anwendungsbereich nicht sieht.
22 LG München I, Beschl. v. 30.8.2013 – 5HK O 19183/09.
23 So ausdrücklich BT-Drucks. 16/6308, S. 197.
24 So LG München I, Beschl. v. 30.8.2013 – 5HK O 19183/09; auch Keidel/*Meyer-Holz*, FamFG, 17. Aufl., § 42 Rn 23.
25 *Schöpflin*, JA 2000, 157.
26 *Kracht/Rüssel*, JA 2003, 725; *Schöpflin*, JA 2000, 157, 158.

tragstellern wahrgenommen wird (s. § 8 Rn 2). Eine Güteverhandlung (§ 278 Abs. 2 ZPO) sieht das Spruchverfahrensgesetz nicht vor.

II. Zustandekommen. Das Zustandekommen eines das gesamte Verfahren beendigenden Vergleichs setzt eine **Einigung aller Verfahrensbeteiligten einschließlich des gemeinsamen Vertreters** voraus. Jeder einzelne Antragsteller ist mithin in der Lage, die Verfahrensbeendigung – mit welchen Motiven auch immer – zu verhindern. Damit hat er es in der Hand, uU immense Mehrkosten für die Durchführung einer Beweisaufnahme zu verursachen. Der Anregung,[27] einen „qualifizierten Mehrheitsvergleich" der antragstellenden Minderheitsaktionäre einzuführen, ist der Gesetzgeber nicht gefolgt. Die zum Teil erwogene Möglichkeit, offensichtlichen[28] Rechtsmissbräuchen dadurch zu begegnen, dass das Gericht den Ausgleichs-/Abfindungsbetrag, auf den sich die qualifizierte Mehrheit geeinigt hat, ohne Beweisaufnahme als „angemessen" ansieht und durch Beschluss festsetzt, wenn nur ein einziger „Opponent" mit äußerst geringer Anteilsbeteiligung (nur eine oder einige wenige Aktien) verweigert,[29] kann nicht gefolgt werden. Die Rechtsordnung kennt nämlich keine Verpflichtung zum Abschluss eines Vergleichs; mit einem derartigen Beschluss käme es zu einer Sanktionierung eines Verhaltens, das rechtlich nicht geboten ist. In der obergerichtlichen Rechtsprechung wurde dieser „mehrheitskonsensualen Schätzung" eine deutliche Absage erteilt und darauf verwiesen, dass sich diese Vorgehensweise mit dem Wesen des Spruchverfahrens und seiner Aufgabe nicht in Einklang bringen lasse, weil es im Ergebnis auf einen „Zwangsvergleich" und damit auf eine unzulässige Einschränkung der gesetzlichen Rechte außenstehender Aktionäre hinauslaufe.[30]

Keine Bedenken bestehen gegen die Möglichkeit, eine Regelung in den Vergleich aufzunehmen, wonach Aktionäre, die sich noch nicht beteiligen wollen, innerhalb einer bestimmten Frist dem vergleich beitreten und der Vergleich erst dann Wirksamkeit erlangt. Zulässig ist es auch, einen Teilvergleich abzuschließen und das Spruchverfahren dann mit den verbliebenen Antragstellern fortzusetzen; eine verfahrensbeendende Wirkung hat die letztgenannte Variante allerdings nicht.

Wie jeder gerichtliche Vergleich hat auch dieser eine Doppelnatur: Er ist sowohl Prozesshandlung, als auch ein materielles Rechtsgeschäft. Nach hM[31] sind die außenstehenden Aktionäre, da nicht am Verfahren beteiligt, auch nicht Parteien des materiellrechtlichen Vergleichsvertrages. Insbesondere hat der gemeinsame Vertreter insoweit nicht etwa die Rechtsposition eines gesetzlichen Vertreters. Die Zuweisung der Stellung eines gesetzlichen Vertreters in § 6 Abs. 1 S. 1 letzter Hs bewirkt vielmehr lediglich die Begründung seiner Kompetenz als Verfahrensvertreter,[32] die ihn in den Stand setzt, mit dem Vergleich die **verfahrensbeendigende Prozesshandlung** wirksam vorzunehmen. Konsequent geht die hM[33] davon aus, dass der gemeinsame Vertreter nicht die Rechtsmacht hat, rechtsgeschäftliche Verpflichtungen oder sogar Zahlungspflichten mit Wirkung für und gegen die von ihm repräsentierten, nicht selbst antragstellenden Anteilseigner einzugehen. Da in einem **materiellrechtlichen Vergleichsvertrag** inzident zugleich entweder ein Verzicht auf weiter gehende Forderungen im Wege der Schuldumschaffung oder die Verpflichtung erklärt wird, Kompensationsansprüche solange nicht weiter geltend zu machen, wie der Vergleichsvertrag Bestand hat (ansonsten: „venire contra factum proprium", § 242 BGB), fehlt es dem gemeinsamen Vertreter insoweit an Vertretungsmacht. Die materiellrechtliche Drittstreckung der Wirkung des Vergleichs muss deshalb dadurch erreicht werden, dass hinsichtlich der außenstehenden Aktionäre ein echter Vertrag zugunsten Dritter (§ 328 BGB) geschlossen wird. Hierfür Sorge zu tragen wird regelmäßig Aufgabe des gemeinsamen Vertreters sein.[34]

Wenn nicht das Verfahren gem. § 11 Abs. 4 gewählt wird, gelten für das Zustandekommen des Vergleichs dieselben Voraussetzungen und Förmlichkeiten die für den im Zivilprozess in der mündlichen Verhandlung geschlossenen Vergleich (§§ 159–165 ZPO). Auf die dortigen Kommentierungen kann verwiesen werden.

Soll die prozessuale (zB wegen Protokollierungsmängeln) oder materiellrechtliche (zB wegen Willensmängeln, §§ 104, 105 ff BGB) Unwirksamkeit oder Nichtigkeit des Vergleichs geltend gemacht werden, geschieht dies nicht durch ein Rechtsmittel oder im Wege der Vollstreckungsgegenklage (§§ 795 S. 1, 794 Abs. 1 Nr. 1, 767 ZPO), sondern in demselben, auf Antrag eines Verfahrensbeteiligten fortzusetzenden Spruchverfahren, in dem dann über die Wirksamkeit des Vergleichs und seine verfahrensbeendigende Wirkung zu entscheiden ist.

---

27 *Puszkajler*, ZIP 2003, 518.
28 Hieran sind strenge Anforderungen zu stellen!
29 So KölnKomm-AktG/*Puszkajler*, § 11 Rn 25; LG Hannover AG 2009, 795.
30 OLG Düsseldorf ZIP 2013, 1816, 1818 f; AG 2013, 807, 809 f; in diese Richtung auch Emmerich/Habersack/*Emmerich*, § 11 Rn 6 a.
31 Widmann/Mayer/*Wälzholz*, § 11 Rn 45 f; Emmerich/Habersack/*Emmerich*, § 11 Rn 6; *Klöcker/Frowein*, § 11 Rn 12; *Fritzsche/Dreier/Verfürth*, § 11 Rn 14 und § 6 Rn 33.
32 *Fritzsche/Dreier/Verfürth*, § 6 Rn 19; *Hüffer*, § 6 Rn 6; Lutter/Winter/*Krieger/Mennicke*, § 6 Rn 10; Emmerich/Habersack/*Emmerich*, § 6 Rn 13; Widmann/Meyer/*Wälzholz*, § 6 Rn 38, 39.
33 KölnKomm-AktG/*Puszkajler*, § 11 Rn 25; Widmann/Mayer/*Wälzholz*, § 11 Rn 45 ff; LG Hannover AG 2009, 795.
34 *Fritzsche/Dreier/Verfürth*, § 6 Rn 33; KölnKomm-AktG/*Puszkajler*, § 11 Rn 27.

15 **III. Inhalt des Vergleichs.** Gegenstand der Einigung sind regelmäßig die Höhe des Ausgleichs/der Abfindung pp. pro Anteil, der Zinsanspruch, die Anrechnung etwa schon gezahlter Ausgleichszahlungen auf die Abfindungszinsen bei Gewinnabführungs- und Beherrschungsverträgen, Abwicklungsmodalitäten, ggf Besicherungen, der Vertrag zugunsten Dritter, ein allgemeiner Verzicht auf Verfahrensfortführung und Rechtsmittel, Geheimhaltungspflichten, ggf Bekanntmachungspflichten (§ 14 gilt nicht; §§ 248a, 149 Abs. 2 und 3 AktG können nicht analog angewandt werden), Auslagen- und Kostentragung. Wenn die Umsetzung des Vergleichs die Mitwirkung Dritter bedingt (zB § 295 Abs. 2, 293 AktG), ist vorsorglich der Fall zu regeln, dass dies misslingen sollte.

16 Darüber hinaus kann der Vergleich auch Regelungen enthalten, die über den Gegenstand des Spruchverfahrens hinausgehen (zB die Verpflichtung zur Sonderausschüttung) oder sogar konkrete Zahlungsansprüche der Beteiligten festschreiben.

17 **IV. Vollstreckung des Vergleichs.** Für sie gelten gem. § 11 Abs. 2 S. 2 die Vorschriften der ZPO. Soweit sich die Parteien lediglich auf die Angemessenheit von Beträgen verständigen, findet ebenso wenig eine Zwangsvollstreckung statt, wie bei einer Entscheidung durch Beschluss (s. oben Rn 2). In beiden Fällen wird nur eine Gestaltungswirkung erreicht; einen Vollstreckungstitel bildet ein solcher Vergleich nicht, solange er keine konkreten Zahlungsansprüche beinhaltet, sondern nur die Höhe der zu leistenden Barabfindung feststellt.[35] Auch hinsichtlich der Kosten wird es in der Regel vor der Vollstreckung noch des Erlasses eines Kostenfestsetzungsbeschlusses (§§ 17 Abs. 1 SpruchG, 85 FamFG iVm §§ 103, 104, 794 Abs. 1 Nr. 2 ZPO) bedürfen. Eine unmittelbare Zwangsvollstreckung aus dem Vergleich kommt daher nur bei konkreten Zahlungsverpflichtungen (s.o. Rn 16) oder der Verpflichtung zur Vornahme bestimmter vertretbarer oder unvertretbarer Handlungen oder Unterlassungen (§§ 887 ff ZPO) in Betracht.

C. Zustellung (Abs. 3)

18 Beschlüsse gem. § 11 Abs. 1 oder Niederschriften über das Zustandekommen eines Vergleichs nach § 11 Abs. 2 sind von Amts wegen zuzustellen. Gemäß § 17 Abs. 1 SpruchG, 15 Abs. 2 FamFG sind die §§ 166 ff der ZPO entsprechend anzuwenden. Dabei geht die Anordnung der förmlichen Zustellung in § 11 Abs. 3 gem. § 17 Abs. 1 der Regelung in § 41 FamFG wegen Spezialität vor. Bei Zustellungsmängeln ist wegen des Beginns des Laufes der Beschwerdefrist (§§ 17 Abs. 1 SpruchG, 63 FamFG, vormals: 22 Abs. 1 FGG) § 189 ZPO zu beachten.

D. Vergleichsabschluss außerhalb der mündlichen Verhandlung (Abs. 4)

19 Auf Anregung des Bundesrates[36] wurde die Möglichkeit in das Spruchgesetz aufgenommen, einen gerichtlichen Vergleich dadurch zu schließen, dass alle Beteiligten einen schriftlichen Vergleichsvorschlag des Gerichts durch Schriftsatz gegenüber dem Gericht annehmen und dieses sodann das Zustandekommen des Vergleichs durch Beschluss feststellt. Die Regelung ist § 278 Abs. 6 ZPO aF entlehnt und findet sich nun auch in § 36 Abs. 3 FamFG, der aus Gründen der Spezialität aber hinter § 11 Abs. 4 zurück tritt. Die Fortentwicklung dieser in der Praxis segensreichen Verfahrensweise durch das Justizmodernisierungsgesetz,[37] die dahin geht, dass die Parteien auch eine gemeinsam gefundene vergleichsweise Einigung dem Gericht zur Feststellung des Zustandekommens des Vergleichs im Beschlusswege schiftsätzlich vorlegen hat der Gesetzgeber in Art. 5 des Gesetzes zur Einführung der Europäischen Gesellschaft, mit dem zugleich einige Unvollkommenheiten des SpruchG ausgemerzt wurden,[38] nicht übernommen. Allerdings erscheint nach den Erfahrungen der Praxis fraglich, inwieweit alle Beteiligten von sich aus ohne Aufforderung durch das Gericht entsprechende Erklärungen einreichen, nachdem davon ausgegangen werden muss, dass sich nicht alle Antragsteller an Gesprächen mit dem Antragsgegner oder der Antragsgegnerin beteiligen.
Der das Zustandekommen feststellende Beschluss macht den Vergleich nur insoweit zum Vollstreckungstitel, als dieser selbst vollstreckungsfähigen Inhalt hat (s.o. Rn 17). Er ist als solcher nicht anfechtbar.[39] Unrichtigkeiten sind im Berichtigungsverfahren gem. § 164 ZPO zu beseitigen, § 11 Abs. 4 S. 3; dieser unmittelbare Verweis in die ZPO geht der Regelung in § 42 FamFG vor, § 17 Abs. 1 SpruchG.

20 Gemäß § 11 Abs. 4 S. 4 ist auch der Beschluss über das Zustandekommen des Vergleichs allen Beteiligten förmlich zuzustellen (vgl oben Rn 18). Da er selbst keinen das Rechtsverhältnis zwischen den Beteiligten regelnden Inhalt hat, findet § 13 keine Anwendung.

---

35 Simon/*Simon*, § 11 Rn 33; *Hüffer*, § 11 Rn 6; Spindler/Stilz/*Drescher*, § 11 Rn 9.
36 Vgl RegBegr. BT-Drucks. 15/331, S. 24 und 27.
37 Vgl Art. 1 des 1. JuMoG v. 24.8.2004 (BGBl. I S. 2198).
38 BGBl. I 2004 S. 3698.
39 KölnKomm-AktG/*Puszkajler*, § 11 Rn 37; MüKo-AktG/*Kubis*, § 11 Rn 15.

E. Weitere Möglichkeiten der Verfahrensbeendigung

I. Rücknahme. Anträge können jederzeit, auch noch in der Beschwerdeinstanz zurückgenommen werden, §§ 17 Abs. 1, 22 Abs. 1 FamFG. Nach Erlass der Endentscheidung bedarf es für die Wirksamkeit der Rücknahme allerdings der Zustimmung der übrigen Beteiligten, §§ 17 Abs. 1 SpruchG, 22 Abs. 1 S. 2 FamFG. Das Verfahren endet allerdings nur dann, wenn alle Anträge zurückgenommen wurden und der gemeinsame Vertreter auf sein Fortführungsrecht (§ 6 Abs. 3) verzichtet. Setzt er das Verfahren (allein) fort, steht er einem Antragsteller gleich, § 6 Abs. 3 S. 2. Innerhalb noch laufender Antragsfrist ist eine neue Antragstellung möglich; dann steht dem Antragsgegner aber uU die Zulässigkeitsinrede (§ 10 Abs. 4) aus § 269 Abs. 6 ZPO zu (vgl. § 10 Rn 11). Der Verzicht des gemeinsamen Vertreters auf Fortführung hindert bislang außenstehende Aktionäre nicht, innerhalb noch laufender Antragsfrist nun selbst einen Antrag zu stellen. 21

II. Erledigung der Hauptsache. Sämtliche Verfahrensbeteiligte können die Hauptsache **übereinstimmend für erledigt erklären**.[40] Dann ist nur noch über die Kosten zu entscheiden, wobei im Rahmen der Abwägung gem. § 91a ZPO die gesetzgeberische Grundentscheidung in § 15 (niemals Auferlegung der außergerichtlichen Auslagen des Antragsgegners auf die Antragsteller!) berücksichtigt werden muss. Nach anderer Auffassung[41] gilt für die Kostenentscheidung allein § 15. 22

Wird **einseitig für erledigt** erklärt, ist zu prüfen, ob sich die Hauptsache tatsächlich erledigt hat. Das ist dann der Fall, wenn der Verfahrensgegenstand durch ein Ereignis, das eine Veränderung der Sach- und Rechtslage bewirkt weggefallen ist, so dass die Weiterführung des Verfahrens keinen Sinn mehr hätte, da eine Sachentscheidung nicht mehr ergehen kann.[42] Hauptanwendungsfall sind Folge-Unternehmensverträge bzw Strukturmaßnahmen (zB „Squeeze-out" nach Gewinnabführungs- und Beherrschungsvertrag). Stets ist zu beachten, dass zeitabschnittsweise schon entstandene Kompensationsansprüche durch Folgemaßnahmen in der Regel nicht rückwirkend entfallen.[43] Der Beschluss, mit dem die Erledigung festgestellt wird, unterliegt der Beschwerde gem. §§ 12 Abs. 1, 17 Abs. 1 SpruchG iVm 58 ff. FamFG. 23

Fälle von Erledigung der Hauptsache:

- Erfolgreiche Anfechtung des Hauptversammlungsbeschlusses gem. § 293 AktG im Falle der §§ 304, 305 AktG;[44]
- erneute Zulassung der Aktie zum Handel bei voraufgegangenen Delisting.[45]

III. Außergerichtlicher Vergleich. Grund für die Antragsrücknahme (oben Rn 21) oder allseitige Erledigungserklärung (oben Rn 22) ist oft das Zustandekommen eines außergerichtlichen Vergleichs, der die Verpflichtung zur Abgabe einer solchen verfahrensbeendigenden Erklärung enthält. Außergerichtliche Vergleiche sind auch nach Inkrafttreten von § 11 Abs. 2, 4 als rein materielle Rechtsgeschäfte jederzeit möglich. Sie binden allerdings nur die Vertragsparteien, § 13 S. 2 gilt nicht. Dem Antragsgegner erwächst dadurch eine Zulässigkeitsinrede gem. § 10 Abs. 4 (individualvertragliche Rechtswegbeschränkung, vgl § 10 Rn 11). 24

Da der gemeinsame Vertreter nur die Stellung eines gesetzlichen **Verfahrensvertreters** der außenstehenden Aktionäre hat, ihm aber **keine rechtsgeschäftliche Verpflichtungsmacht** zukommt, geht er die Verpflichtung wirksam nur für sich und im Hinblick auf § 6 Abs. 3 ein. Ein außenstehender Aktionär könnte hingegen (innerhalb der Antragsfrist, die aber in aller Regel verstrichen sein wird) ein neues Spruchverfahren einleiten. Dies gilt auch dann, wenn er in den außergerichtlichen Vergleich auf Betreiben des gemeinsamen Vertreters gem. § 328 BGB hinsichtlich einer Nachbesserung der Kompensation mit begünstigt sein sollte.

IV. Schiedsvertrag. Dieselbe Problematik (fehlende inter-omnes-Wirkung) besteht auch bei Abschluss eines Schiedsvertrages.[46] Der Anspruch auf Festsetzung einer angemessenen Kompensation kann zwar Gegenstand eines Schiedsverfahrens sein, vgl § 1030 Abs. 1 S. 1 ZPO. Der Schiedsspruch wirkt gem. § 1055 ZPO zwischen den Parteien des Schiedsverfahrens, also nicht unmittelbar für und gegen die außenstehenden Aktionäre, die nur mittelbar (§ 328 BGB) begünstigt werden. Ein Antragsgegner wird deshalb eine Schiedsvereinbarung erst schließen, wenn die Antragsfrist unzweifelhaft abgelaufen ist. 25

---

40 BayObLG AG 1997, 182; OLG Düsseldorf AG 1993, 40; KölnKomm-AktG/*Puszkajler*, § 11 Rn 42.
41 Emmerich/Habersack/*Emmerich*, § 11 Rn 10; Simon/*Simon*, § 11 Rn 40; Spindler/Stilz/*Drescher*, § 11 Rn 13; MüKo-AktG/*Kubis*, § 11 Rn 18.
42 BGH NJW 1982, 2505; BayObLG NJW-RR 1988, 198; OLG Düsseldorf FGPrax 1996, 155; OLG Köln, NJW-RR 2000, 844.
43 *Klöcker/Frowein*, § 11 Rn 30; KölnKomm-AktG/*Puszkajler*, § 11 Rn 44.
44 BayObLG NZG 2004, 1111; OLG Zweibrücken ZIP 2004, 559; 2005, 256; OLG Hamburg ZIP 2005, 437 = AG 2005, 299.
45 BayObLG NZG 2004, 1111; AG 2005, 241. Diese Problematik stellt sich allerdings nicht mehr durch den Beschluss des BGH vom 8.10.2013 – II ZB 26/12, wonach beim Delisting ein Spruchverfahren nicht statthaft ist; hierzu siehe auch oben § 1 Rn 8.
46 Vgl hierzu *Fritzsche/Dreier/Verfürth*, § 11 Rn 34.

§ 12 Beschwerde

(1) ¹Gegen die Entscheidung nach § 11 findet die Beschwerde statt. ²Die Beschwerde kann nur durch Einreichung einer von einem Rechtsanwalt unterzeichneten Beschwerdeschrift eingelegt werden.

(2) ¹Die Landesregierung kann die Entscheidung über die Beschwerde durch Rechtsverordnung für die Bezirke mehrerer Oberlandesgerichte einem der Oberlandesgerichte oder dem Obersten Landesgericht übertragen, wenn dies zur Sicherung einer einheitlichen Rechtsprechung dient. ²Die Landesregierung kann die Ermächtigung auf die Landesjustizverwaltung übertragen.

Literatur:
Siehe oben Einleitung.

A. Einfache Beschwerde, Beschwerdebefugnis, Einlegung ... 1	I. Beteiligte ... 10
I. Statthaftigkeit ... 1	II. Gegenstand des Beschwerdeverfahrens ... 11
II. Frist ... 3	III. Ablauf des Beschwerdeverfahrens ... 12
III. Form und Inhalt ... 5	C. Rechtsbeschwerde, Sprungrechtsbeschwerde, Anschlussrechtsbeschwerde ... 16
IV. Adressat ... 7	D. Zuständigkeitskonzentration (Abs. 2) ... 22
V. Beschwerdebefugnis, Beschwerdewert ... 8	E. Überleitung ... 23
B. Beschwerdeverfahren ... 10	

A. Einfache Beschwerde, Beschwerdebefugnis, Einlegung

I. Statthaftigkeit. Statthaft ist die Beschwerde gem. § 12 Abs. 1 S. 1 gegen die Entscheidung gem. § 11 Abs. 1. Gemeint ist damit die den Rechtszug abschließende Entscheidung, gleichgültig ob die Anträge als unzulässig oder unbegründet zurückgewiesen oder durch den Beschluss eine bessere Kompensation (Ausgleich, Abfindung, Zuzahlung) festgesetzt wird.[1] Dazu gehört auch die Feststellung der Erledigung der Hauptsache.[2] Gegen Zwischenentscheidungen findet die Beschwerde grundsätzlich nicht statt[3] (zB gegen Beweisbeschlüsse[4], Hinweis- und Auflagenbeschlüsse, Vorschussanforderungen,[5] Festsetzung des Stundensatzes des Sachverständigen).[6] Etwas anderes gilt, sofern es sich um solche Zwischenentscheidungen handelt, die bereits unmittelbar in nicht unerheblicher Weise in die Rechtssphäre der Beteiligten eingreifen,[7] zB Aussetzung, Unterbrechung oder Ruhen des Verfahrens, Bestellung des gemeinsamen Vertreters,[8] Zwischenfeststellungsbeschlüsse zur Einhaltung der Antragsfrist[9] oder zur Anwendung alten oder neuen Verfahrensrechts in Übergangsfällen (§ 17 Abs. 2). Soll der Gesetzeszweck (Straffung und Beschleunigung der Spruchverfahren) erreicht werden, so muss auch insoweit die sofortige Beschwerde stattfinden,[10] nicht die einfache gem. § 58 FamFG, vgl hierzu auch § 11 Rn 7. Alle anderen Nebenentscheidungen, zB lediglich verfahrensleitende und vorbereitende Entscheidungen, wie Terminbestimmungen, Ladungsanordnungen, Beweisbeschlüsse, Bestellung des Sachverständigen, sind unanfechtbar, es sei denn, es wäre spezialgesetzlich etwas anderes angeordnet (zB § 406 Abs. 5 ZPO; §§ 85 FamFG, 104 Abs. 3 ZPO).

Die Kostenentscheidung ist isoliert anfechtbar, wenn sie wegen der Erledigung der Hauptsache selbst zur Hauptentscheidung geworden[11] oder eine Folge der Ausübung billigen Ermessens ist,[12] § 15 Abs. 2 S. 2 und Abs. 4 SpruchG.

II. Frist. Eine der einschneidendsten Änderungen, die das FGG-Reformgesetz für das Spruchverfahren herbeigeführt hat, ist die Abkehr vom Rechtsmittel der sofortigen Beschwerde, die in § 12 Abs. 1 aF noch ausdrücklich angeordnet war. Nunmehr findet gem. §§ 17 Abs. 1 SpruchG, 58 FamFG gegen die erstinstanzliche Entscheidung die einfache Beschwerde statt. Auch sie ist aber nicht unbefristet: Die Beschwerdefrist beträgt gem. § 63 FamFG einen Monat ab (förmlicher, vgl § 11 Rn 3) Zustellung der erstinstanzlichen Ent-

---

1 *Fritzsche/Dreier/Verfürth*, § 12 Rn 4; *Gude*, AG 2005, 233.
2 OLG Düsseldorf AG 1993, 40 f.
3 *Netzer*, ZNotP 2009, 303.
4 OLG Düsseldorf NZG 2013, 304 f = AG 2013, 226, 227; KölnKomm-AktG/*Wilske*, § 12 Rn 11; Spindler/Stilz/*Drescher*, § 12 Rn 25.
5 OLG Düsseldorf AG 2004, 390; NZG 2013, 304 f = AG 2013, 226, 227.
6 OLG Düsseldorf, Beschl. v. 16.3.2004 – 10 W 128/03.
7 OLG Düsseldorf NJW-RR 1998, 109, 110; OLG Hamburg FamRZ 1980, 1133; aA MüKo-AktG/*Kubis*, § 12 Rn 10.
8 *Klöcker/Frowein*, § 12 Rn 3; *Hüffer*, § 6 Rn 5; OLG Düsseldorf OLGZ 1971, 279, 280.
9 BayObLG AG 2002, 559, 560; OLG Düsseldorf ZIP 2005, 300, 301; differenzierend: OLG Stuttgart AG 2005, 301 (einf. Beschwerde bei Bejahung der Zulässigkeit des Antrags, ansonsten sofortige Beschwerde).
10 So auch: KG OLGZ 1972, 146, 147; *Fritzsche/Dreier/Verfürth*, § 12 Rn 3 f; offen gelassen bei BayObLG ZIP 2002, 127, 128; anders die hM: *Klöcker/Frowein*, § 12 Rn 3; BayObLG AG 2005, 241; OLG Düsseldorf OLGZ 1971, 279, 280; differenzierend: Lutter/Winter/*Krieger/Mennicke*, § 12 Rn 3.
11 *Klöcker/Frowein*, § 12 Rn 4; Lutter/Winter/*Krieger/Mennicke* § 12 Rn 4; *Fritzsche/Dreier/Verfürth*, § 12 Rn 5; KölnKomm-AktG/*Wilske*, § 12 Rn 18, 19.
12 Zöller/*Feskorn* § 58 FamFG Rn 5; Zöller/*Herget*, § 81 FamFG Rn 14.

scheidung (§ 11 Abs. 3). Sie wird gem. §§ 187 Abs. 1, 188 Abs. 2 BGB berechnet (§ 16 Abs. 2 FamFG, vormals 17 Abs. 1 FGG) und läuft für jeden Beschwerdeführer gesondert. Stellt die Antragsfrist gem. § 4 Abs. 1 zugleich eine materiellrechtliche Ausschlussfrist mit der Folge dar, dass eine Wiedereinsetzung in den vorigen Stand bei Fristversäumnis gleich aus welchem Grund nicht in Betracht kommt,[13] so handelt es sich bei der Beschwerdefrist um eine rein prozessuale Frist. Bei schuldloser Fristversäumnis ist deshalb die Wiedereinsetzung in den vorigen Stand gem. § 17 ff. FamFG (vormals: § 22 Abs. 2 FGG) unter den dort aufgeführten weiteren Voraussetzungen möglich. Die Einlegung der Beschwerde beim unzuständigen Gericht wahrt die Frist nur, wenn bei Weiterleitung der rechtzeitige Eingang beim zuständigen Gericht stattfindet oder – bei pflichtwidrigen Verzögerungen im Bereich der Gerichte – bei normalem, ordnungsgemäßen Geschäftsgang stattgefunden hätte.

Die Möglichkeit, unselbstständige Anschlussbeschwerde zu erheben, die schon nach altem Recht nach allg. Auffassung[14] gegeben war, ist nun ausdrücklich in § 66 FamFG festgeschrieben worden. Sie verliert gem. § 66 S. 2 FamFG ihre Wirkung, wenn die Beschwerde zurückgenommen oder als unzulässig verworfen wird. Allerdings kann ein Antragsteller, der nicht selbst fristgerecht Beschwerde eingelegt hat, keine Anschlussbeschwerde einlegen, sofern nicht die Antragsgegnerin ihrerseits Beschwerde eingelegt hat.[15] 4

III. Form und Inhalt. Für die **Einlegung** der Beschwerde gilt ein **eingeschränkter Anwaltszwang**: Die Beschwerdeschrift muss von einem Rechtsanwalt **unterzeichnet** sein. Die Abfassung durch den Rechtsanwalt ist aber ebenso wenig notwendig, wie die Einreichung durch ihn selbst. Damit bezweckt der Gesetzgeber die Aufstellung eines (niedrigen) Hindernisses zur Vermeidung querulatorischer Rechtsmittel; der Rechtsanwalt soll als Organ der Rechtspflege (§ 1 BRAO) eine Plausibilitätskontrolle vornehmen und die Gerichte von offensichtlich fehlgeleiteten Beschwerden, zumindest von ebensolchen Beschwerdegründen freihalten. Für den weiteren Verlauf des Beschwerdeverfahrens besteht kein Anwaltszwang. Die Einlegung der Beschwerde zu Protokoll der Geschäftsstelle ist unzulässig. § 12 Abs. 1 S. 2 geht der Regelung in § 64 Abs. 2 S. 2 FamFG spezialiter vor. 5

Bestanden nach den allgemeinen Vorschriften des FGG (§ 21) keinerlei Anforderungen an den Inhalt der Beschwerdeschrift, so enthält § 65 FamFG insoweit jetzt eine „Soll-Vorschrift". Nach altem Recht war streitig, ob nicht für Spruchverfahren nach dem Gesetzeszweck und der Systematik des SpruchG (vgl § 4 Abs. 2) zu fordern war, dass bestimmte Beschwerdegründe, mithin konkrete Einwendungen gegen die erstinstanzliche Entscheidung vorgebracht werden.[16] Nach dem klaren Wortlaut des Gesetzes und dem erkennbaren Willen des Gesetzgebers des FGG-RG[17] ist eine Begründung der Beschwerde nicht Zulässigkeitsvoraussetzung. Vor allem kann nicht verlangt werden, dass die Begründung auch innerhalb der Rechtsmittelfrist erfolgt, weil dies anderenfalls eine zusätzlich vom Gesetz nicht ausdrücklich genannte Zulässigkeitsvoraussetzung statuieren würde.[18] 6

Da auch die Frist von einem Monat für eine qualifizierte Beschwerdebegründung recht knapp bemessen sein kann, ist auf rechtzeitigen Antrag hin insoweit gem. § 65 Abs. 2 FamFG analog eine Fristverlängerung zu gewähren. Die Beschwerde kann zwar auf neue Tatsachen und Beweise gestützt werden, §§ 17 Abs. 1, 65 Abs. 3 FamFG. Bewertungsrügen, die in erster Instanz nicht oder in prozessual unbeachtlicher Weise (§§ 4 Abs. 3, 9, 10) vorgebracht wurden, bleiben aber auch im Beschwerdeverfahren ausgeschlossen.

IV. Adressat. Fristwahrend kann die Beschwerde nach der Neuregelung (§ 64 Abs. 1 FamFG) nur noch bei dem Gericht erster Instanz eingelegt werden. Beschwerdegericht ist das Oberlandesgericht, § 119 GVG nF. Wegen konzentrierter Zuständigkeiten vgl unten Rn 18. 7

V. Beschwerdebefugnis, Beschwerdewert. Gemäß § 59 Abs. 1 FamFG ist jeder Verfahrensbeteiligte beschwerdebefugt, dessen Recht durch die Entscheidung gem. § 11 Abs. 1 „beeinträchtigt" ist, der mithin **materiell beschwert** ist. Dies ist bei den Antragstellern auch dann der Fall, wenn eine Nachbesserung der Kompensation stattgefunden hat, selbst dann, wenn einer der Antragsteller (überflüssigerweise) einen bestimmten Antrag formuliert und diesem entsprochen oder sogar noch darüber hinausgegangen wurde.[19] Auf die formelle Beschwer iSv § 59 Abs. 2 FamFG kommt es daher nicht an.[20] 8

Umstritten ist die **Beschwerdebefugnis des gemeinsamen Vertreters**. Sicher wird sie ihm zukommen, soweit sein eigener Status (Abberufung, Vergütung) betroffen ist oder er das Verfahren in erster Instanz nach 9

---

13 OLG Düsseldorf NZG 2005, 719 f; LG München I, Beschl. v. 4.11.2013 – 5HK O 21191/13; MüKo-AktG/*Kubis*, § 4 Rn 6; Spindler/Stilz/*Drescher*, § 4 Rn 12; *Preuß*, NZG 2009, 961, 963.
14 BayObLG AG 1996, 127; *Fritzsche/Dreier/Verfürth* § 12 Rn 13; *Hüffer*, § 12 Rn 4; Lutter/Winter/*Krieger/Mennicke*, § 12 Rn 7.
15 OLG Stuttgart AG 2007, 453; *Hüffer*, § 12 Rn 4; Spindler/Stilz/*Drescher*, § 12 Rn 9; MüKo-AktG/*Kubis*, § 12 Rn 21.
16 So auch: *Hüffer*, § 12 Rn 5; aA *Gude*, AG 2005, 233, 236.
17 BT-Drucks. 16/6308, S. 206.
18 OLG München Der Konzern 2007, 356, 357; MüKo-AktG/*Kubis*, § 12 Rn 13.
19 *Klöcker/Frowein*, § 12 Rn 6; *Fritzsche/Dreier/Verfürth*, § 12 Rn 6; Lutter/Winter/*Krieger/Mennicke*, § 12 Rn 5; Widmann/Mayer/*Wälzholz*, § 12 Rn 8; MüKo-AktG/*Volhard*, 2. Aufl., § 12 Rn 5.
20 *Preuß*, NZG 2009, 961, 964.

Rücknahme aller Anträge selbst fortgeführt hat, § 6 Abs. 3.[21] In diesem Fall steht er zweifelsohne einem Antragsteller gleich, § 6 Abs. 3 S. 2. Aber auch in den anderen Fällen muss dem gemeinsamen Vertreter ein eigenes Beschwerderecht eingeräumt werden. Die (auch in der Vorauflage vertretene) Gegenansicht, die sich auf die Vorschrift des § 59 Abs. 2 FamFG sowie die Überlegung beruft, ein Umkehrschuss aus § 6 Abs. 3 zeige, dass er ohne Fortführungsrecht nicht zur Ausübung von Antragstellerrechten befugt sei,[22] vermag nicht zu überzeugen. Sie wird der Stellung des gemeinsamen Vertreters nicht hinreichend gerecht. Dem Wortlaut des § 6 Abs. 3 ist für diese Frage ein entscheidendes Argument nicht zu entnehmen. Wenn aber die Funktion des gemeinsamen Vertreters gerade auch in der Interessenwahrung all der Aktionäre besteht, die ein Verfahren nicht eingeleitet haben, ist vom Normzweck und der Aufgabe her das Beschwerderecht des gemeinsamen Vertreters zu bejahen, zumal die Entscheidung im Spruchverfahren inter omnes wirkt.[23]

9a Neu ist die Regelung in § 61 FamFG, wonach die in vermögensrechtlichen Angelegenheiten die Beschwerde nur zulässig ist, wenn der Wert des Beschwerdegegenstandes 600 Euro übersteigt. Dieses Vermögensinteresse wird bei einer Vielzahl der antragstellenden Kleinaktionäre, die oftmals nur eine einzige Aktie halten und nur aus sekundären Vermögensinteressen an Spruchverfahren teilnehmen, nicht erreicht werden. Andererseits ist der Umfang der Beschwer gar nicht bezifferbar, weil der Antragsteller weder verpflichtet ist, einen bestimmten Antrag zu stellen (der Antrag geht regelmäßig auf Bestimmung einer „angemessenen" Kompensation), noch muss er überhaupt die Anzahl der von ihm gehaltenen Anteile mitteilen, § 4 Abs. 2 S. 3. § 61 Abs. 1 und 2 FamFG ist deshalb auf die Beschwerde in Spruchverfahren nicht anwendbar.[24]

B. Beschwerdeverfahren

10 **I. Beteiligte.** Wegen der „inter omnes"-Wirkung des § 13 S. 2 sind **alle erstinstanzlichen Verfahrensbeteiligten auch am Beschwerdeverfahren beteiligt**, selbst wenn sie nicht Beschwerde eingelegt haben, also **auch der gemeinsame Vertreter**.[25] Weil ihnen zudem stets die Möglichkeit offen steht Anschlussbeschwerde gem. § 66 FamFG zu erheben (vgl Rn 4), sind sie über den Fortgang des Beschwerdeverfahrens durch Gewährung rechtlichen Gehörs zu informieren.[26]

11 **II. Gegenstand des Beschwerdeverfahrens.** Gemäß § 65 Abs. 2 FamFG (vormals: § 23 FGG) kann die Beschwerde auf neue Tatsachen und Beweise gestützt werden. Die Beschwerdeinstanz ist daher eine vollständige, neue Tatsacheninstanz. Dies gilt jedoch nur, soweit die für die Angemessenheit der Kompensation in erster Instanz vorgebrachten Bewertungsrügen, mithin die *Antragsgründe*[27] wiederholt oder vertieft werden. Völlig neue Bewertungsrügen, die in erster Instanz nicht thematisiert worden sind, können hingegen nicht vorgebracht werden. Ist zB beim Landgericht der richtige Ansatz des Wertes des nicht betriebsnotwendigen Vermögens von niemandem angezweifelt worden, so hat es auch in der Beschwerdeinstanz dabei zu verbleiben. Die Wertung des § 4 Abs. 2 S. 2 Nr. 4 darf durch die Möglichkeit der Beschwerde nicht unterlaufen werden, auch wenn es sich dabei um eine volle Tatsacheninstanz handelt. *Innerhalb eines Antragsgrundes* können neue Tatsachen jedoch vor- und neue Beweise beigebracht werden.
Die Beschwerde kann nicht darauf gestützt werden, dass das Gericht des ersten Rechtszuges unzuständig war, § 65 Abs. 4 FamFG.
Gemäß § 62 FamFG ist es hingegen statthaft, Beschwerde mit dem Ziel der Feststellung der Erledigung der Hauptsache der angefochtenen Entscheidung einzulegen. Der Anwendungsbereich in Spruchverfahren dürfte gering sein.

12 **III. Ablauf des Beschwerdeverfahrens.** Gemäß § 68 Abs. 1 S. 1 FamFG hat das Gericht erster Instanz nunmehr die Möglichkeit, **der Beschwerde abzuhelfen**. Bevor keine Entscheidung über Abhilfe oder Nichtabhilfe getroffen wurde, ist das Beschwerdegericht nicht zu einer eigenen Entscheidung berufen. Gleichwohl ist das Beschwerdegericht nicht gehindert, von einer Zurückgabe in die Ausgangsinstanz abzusehen und in der Sache selbst zu entscheiden. Das Nichtabhilfeverfahren stellt sich somit als Fremdkörper im Spruchverfahren dar.[28]

---

21 So auch *Hüffer*, § 12 Rn 3; *Fritzsche/Dreier/Verfürth*, § 12 Rn 7; Widmann/Meyer/*Wälzholz*, § 12 Rn 9.
22 So Spindler/Stilz/*Drescher*, § 12 Rn 8; MüKo-AktG/*Kubis*, § 12 Rn 6; Simon/*Simon*, § 12 Rn 16 f; *Hüffer*, § 12 Rn 3; Bürgers/Körber/Ederle/*Theusinger*, § 12 Rn 1; OLG Hamburg NZG 2001, 471 für ein Alterstreten vor Inkrafttreten des SpruchG.
23 Ebenso OLG Celle ZIP 2007, 2025 f = AG 2007, 865; OLG Düsseldorf AG 2009, 907; KölnKomm-AktG/*Wilske*, § 12 Rn 23; Lutter/Winter/*Krieger*/Mennicke, § 12 Rn 5; Emmerich/Habersack/*Emmerich*, § 12 Rn 6; Schmidt/Lutter/*Klöcker*, § 12 Rn 6; Semler/Stengel/*Volhard*, § 12 Rn 6; Widmann/Meyer/*Wälzholz*, § 12 Rn 9; *Gude*, AG 2005, 233, 234.
24 AA Spindler/Stilz/*Drescher*, § 12 Rn 7; *Hüffer*, § 12 Rn 2; für eine Beschwerde im Verfahren nach §§ 39 a ff. WpÜG auch OLG Frankfurt AG 2012, 635.
25 OLG Hamburg NZG 2001, 471.
26 *Klöcker/Frowein*, § 12 Rn 10; aA: Lutter/Winter/*Krieger*/Mennicke, § 12 Rn 9; KölnKomm-AktG/*Wilske*, § 12 Rn 43; OLG Stuttgart NZG 2007, 237, 239.
27 Vgl § 7 Rn 15.
28 Hier sollte der Gesetzgeber ansetzen, um durch die Abschaffung dieses Verfahrens eine Beschleunigung zu erreichen.

Werden mit der Beschwerde (innerhalb bereits in das Verfahren eingebrachter Bewertungsrügen, vgl Rn 11) neue Tatsachen vorgebracht, die entscheidungserheblich sind, so hat das Ausgangsgericht uU **erneut in die Beweisaufnahme einzutreten**, bevor es die Abhilfeentscheidung trifft. Daran muss sich die Länge der zuzubilligenden Überprüfungsfrist messen lassen.[29] Wird nur teilweise abgeholfen, wird die Akte wegen des unerledigten Teils der Beschwerde dem Beschwerdegericht vorgelegt. Hilft das Erstgericht vollumfänglich ab, stellt die **Abhilfeentscheidung für die Gegenseite eine beschwerdefähige („Erst"-)Entscheidung dar**, gegen die sie nunmehr ihrerseits Beschwerde einlegen kann. Auch hinsichtlich dieser (neuen) Beschwerde ist das Ausgangsgericht zur Abhilfe berechtigt, ggf nach erneutem Eintritt in die Beweisaufnahme. Wird berücksichtigt, dass sich eine Beweisaufnahme durch Einholung von Sachverständigengutachten in Spruchverfahren nicht selten aus der Natur der Sache heraus über Jahre hinzieht, so erscheint die undifferenzierte Übernahme des neuen Rechtsmittelrechts des FamFG in das eine Spezialmaterie behandelnde Spruchverfahren wenig sachgerecht. Der Gesetzeszweck des SpruchG, nämlich die Beschleunigung des Verfahrensganges und die Verkürzung der Verfahrensdauern, wird zweifelsfrei verfehlt.

Bis zur rechtskräftigen Entscheidung des Beschwerdegerichts können die Beschwerden (§ 17 Abs. 1 SpruchG, 67 Abs. 4 FamFG und die Anträge auf Einleitung des Spruchverfahrens (§§ 17 Abs. 1 SpruchG, 22 FamFG) **zurückgenommen** werden. Im ersteren Fall erwächst die erstinstanzliche Entscheidung in Rechtskraft. Bei Rücknahme der Anträge entfällt hingegen die Anhängigkeit des Spruchverfahrens. Eine erstinstanzliche Entscheidung wird wirkungslos (§ 22 Abs. 2 S. 1 FamFG). Auch in zweiter Instanz steht dem gemeinsamen Vertreter gem. § 6 Abs. 3 dann jedoch ein Recht auf Fortführung des Verfahrens zu.[30] Fraglich ist, ob dem gemeinsamen Vertreter nach Rücknahme der Beschwerde ein Fortführungsrecht in analoger Anwendung von § 6 Abs. 3 zusteht. Dies wird indes nicht angenommen werden können, weil insoweit eine andere Situation besteht als in der ersten Instanz. Wenn der gemeinsame Vertreter der Auffassung ist, die Entscheidung der ersten Instanz könne nicht zugunsten der Aktionäre abgeändert werden, und er deshalb nicht aus eigenem Recht Beschwerde eingelegt hat, besteht kein zwingender Grund, ihn nicht an dieser Entscheidung festzuhalten; beteiligt am Beschwerdeverfahren ist er aber immerhin bis zur Rücknahme der Beschwerde ohnehin.[31]

Im Falle der Rücknahme der Beschwerden entscheidet das Oberlandesgericht nur noch über die Kosten. Ansonsten entscheidet das Oberlandesgericht durch Beschluss, der mit Gründen zu versehen ist, §§ 17 Abs. 1, 69 Abs. 2 FamFG. Es kann das Verfahren zur Entscheidung auf eines seiner Mitglieder als Einzelrichter übertragen, §§ 17 Abs. 1 SpruchG, 68 Abs. 4 FamFG, wenn die Voraussetzungen dieser Norm gegeben sind. Da Spruchverfahren indes regelmäßig von einer Kammer für Handelssachen entschieden werden, lässt sich bereits die Voraussetzung des § 526 Abs. 1 Nr. 1 ZPO nicht bejahen; denn selbst – was außer in den gesetzlich vorgesehenen Fällen in § 2 Abs. 2 SpruchG regelmäßig nicht angezeigt erscheint – der Vorsitzende allein entscheidet, handelt es sich dabei nicht um die Entscheidung eines Einzelrichters.[32] Zudem werden angesichts der Komplexität von Spruchverfahren die Voraussetzungen für eine Einzelrichterübertragung regelmäßig nicht gegeben sein. Wird die Beschwerde als unzulässig verworfen oder als unbegründet zurückgewiesen, erwächst die Entscheidung der ersten Instanz in Rechtskraft. Das OLG kann auch in der Sache neu entscheiden, insbesondere eine höhere Kompensation pp. festsetzen. Wegen des Verbotes der reformatio in peius ist es zu einer Herabsetzung der Entschädigung nur dann befugt, wenn auch durch einen Antragsgegner Beschwerde eingelegt wurde.[33]

Das Beschwerdegericht **entscheidet grundsätzlich in der Sache** selbst. Denkbar ist auch die Aufhebung der erstinstanzlichen Entscheidung und die Zurückverweisung des Verfahrens in die erste Instanz, § 69 Abs. 1 S. 2 und 3 FamFG. Voraussetzung wären Mängel in der Sachaufklärung, die so schwer wiegen, dass den Verfahrensbeteiligten ansonsten eine Tatsacheninstanz entzogen würde.[34] Davon ist gem. §§ 17 Abs. 1SpruchG, 69 Abs. 1 S. 2 und 3 FamFG immer dann auszugehen, wenn das Erstgericht entweder noch gar nicht in der Sache entscheiden hat (zB wegen Zurückweisung der Anträge als unzulässig) oder wenn das Verfahren an einem wesentlichen Mangel leidet und zur Entscheidung eine umfangreiche oder aufwändige Beweisaufnahme erforderlich wäre.[35] Voraussetzung für die Zurückverweisung ist jedoch stets[36] ein Antrag eines Verfahrensbeteiligten. Wegen der ohnehin schon recht langen Dauer von Spruchverfahren werden die Obergerichte hiervon aber nur sehr zurückhaltend Gebrauch zu machen haben.

---

29 *Preuß/Leuering*, NJW-Spezial 2009, 671, 672.
30 *Klöcker/Frowein*, § 12 Rn 12; *Fritzsche/Dreier/Verfürth*, § 12 Rn 16; KölnKomm-AktG/*Wilske*, § 12 Rn 51.
31 Ebenso Lutter/Winter/*Krieger/Mennicke*, § 12 Rn 9; Spindler/Stilz/*Drescher*, § 12 Rn 20; Simon/*Simon*, § 12 Rn 34; KölnKomm-AktG/*Wilske*, § 12 Rn 48.
32 BGHZ 156, 320 = NJW 2004, 856; Zöller/*Heßler*, ZPO, § 568 Rn 3 und § 526 Rn 4; Keidel/*Sternal*, FamFG, § 68 Rn 98.
33 *Klöcker/Frowein*, § 12 Rn 16; *Fritzsche/Dreier/Verfürth*, § 12 Rn 18; BayObLG WM 1996, 526 f.
34 BT-Drucks. 16/6308, S. 208.
35 So ausdrücklich OLG Düsseldorf ZIP 2013, 1816, 1819.
36 So auch *Netzer*, ZNotP 2009, 303, 307.

Obwohl es sich bei der Beschwerdeinstanz um eine neue Tatsacheninstanz handelt, §§ 17 Abs. 1 SpruchG, 65 Abs. 3 FamFG, kann das Beschwerdegericht gem. §§ 17 Abs. 1 SpruchG, 68 Abs. 3 S. 2 FamFG von der Durchführung einer mündlichen Verhandlung und insbesondere auch von einer erneuten, (ggf zeit- und kostenaufwändigen) Beweisaufnahme absehen, wenn sie bereits in der ersten Instanz durchgeführt wurde und eine erneute Vornahme keine zusätzlichen Erkenntnisse verspricht. Eine mündliche Verhandlung im Beschwerdeverfahren ist nur dann obligatorisch, wenn im erstinstanzlichen Verfahren eine solche nicht stattfand und ein Antragsteller auf der Durchführung besteht.[37]

C. Rechtsbeschwerde, Sprungrechtsbeschwerde, Anschlussrechtsbeschwerde

16 Anstelle der Divergenzvorlage, die vormals gem. § 12 Abs. 2 S. 2 SpruchG iVm § 28 Abs. 2 und 3 FGG an den BGH stattfand, sieht das gem. § 17 Abs. 1 nunmehr in das Spruchverfahren übernommene Rechtsmittelrecht des FamFG die Möglichkeit der Rechtsbeschwerde an den BGH vor, § 70 FamFG. Statthaftigkeitsvoraussetzung ist die Zulassung durch das Beschwerdegericht, § 70 Abs. 1 FamFG. Zulassungsgründe sind die grundsätzliche Bedeutung der Rechtssache, § 70 Abs. 2 Nr. 1 FamFG, die Fortbildung des Rechts oder die Sicherung einer einheitlichen Rechtsprechung, § 70 Abs. 2 Nr. 2 FamFG. Die Zulassungsentscheidung ist für das Rechtsbeschwerdegericht (den BGH) bindend, § 70 Abs. 2 S. 2 FamFG. Erkennt es allerdings darauf, dass die Zulassungsvoraussetzungen nicht vorlagen und die Rechtsbeschwerde keine Aussicht auf Erfolg hat, so besteht gem. § 74a FamFG die Möglichkeit der Zurückweisung durch einstimmigen Beschluss ohne mündliche Verhandlung.

17 Eine Nichtzulassungsbeschwerde gegen die Entscheidung des Oberlandesgerichts sieht das neue Rechtsmittelrecht des FamFG nicht vor. Für den vorigen Rechtszustand wurde für seltene Ausnahmefälle eine außerordentliche weitere Beschwerde für statthaft erachtet,[38] gestützt auf „greifbare Gesetzeswidrigkeit". Nach anderer Auffassung[39] soll auch die Korrektur durch das Ausgangsgericht gem. § 321a ZPO analog in Betracht kommen. Diese Grundsätze dürften fortgelten.

18 Die Rechtsbeschwerde gem. § 71 Abs. 1 S. 1 FamFG binnen einer Frist von einem Monat durch Einreichung einer Rechtsbeschwerdeschrift einzulegen. Sie muss binnen dieser Frist, die mit der Bekanntgabe des angefochtenen Beschlusses beginnt (§ 71 Abs. 2 S. 2 FamFG) begründet werden. Die Begründung muss einen bestimmten Rechtsbeschwerdeantrag enthalten, aus dem ersichtlich wird, in welchem Umfang der angefochtene Beschluss zur Überprüfung des Rechtsbeschwerdegerichts gestellt wird, § 71 Abs. 3 Nr. 1 FamFG. Sie muss ferner die Umstände, aus denen sich die Rechtsverletzung ergibt, bestimmt bezeichnen, § 71 Abs. 3 Nr. 2 FamFG oder, wenn Verfahrensverstöße geltend gemacht werden die Tatsachen enthalten, aus denen sich der Mangel ergeben soll, § 71 Abs. 3 Nr. 2b FamFG.

Für das Rechtsbeschwerdeverfahren besteht Anwaltszwang gem. § 10 Abs. 4 FamFG (Vertretung durch beim BGH zugelassene Rechtsanwälte).

19 Das Rechtsbeschwerdegericht überprüft (im Rahmen der gestellten Anträge, mithin in dem Umfang, in dem eine Anfechtung mit der Rechtsbeschwerde stattgefunden hat) allein, ob die Beschwerdeentscheidung auf einer Rechtsverletzung beruht. Die in § 547 ZPO aufgeführten absoluten Revisionsgründe gelten im Rechtsbeschwerdeverfahren entsprechend, § 72 Abs. 3 FamFG. Keinen zu berücksichtigenden Verfahrensfehler stellt es dar, wenn das Gericht des ersten Rechtszuges seine Zuständigkeit zu Unrecht angenommen hat, § 72 Abs. 2 FamFG.

20 Eine Rechtsverletzung liegt gem. § 72 Abs. 1 S. 2 FamFG dann vor, wenn eine Rechtsnorm nicht oder nicht richtig angewendet wurde. Dies eröffnet für das Spruchverfahren eine interessante Perspektive: Die Bestimmung der „angemessenen" Kompensation (vgl §§ 305, 319, 320b, 327f AktG, 15, 212 UmwG) ist nicht Tatsachenfeststellung, sondern Rechtsanwendung. Im Kern geht es darum, auf welche Weise das wertausfüllungsbedürftige, „normative" Tatbestandsmerkmal „Angemessenheit" methodisch richtig[40] mit Inhalt versehen wird. Soweit Bewertungsgrundlagen geschätzt (§ 287 ZPO) wurden, unterliegt zwar nicht die Schätzgrundlage (die Tatsachenbasis der Schätzung) der Überprüfung. Revisibel ist aber die Entscheidung, ob überhaupt geschätzt werden durfte und ob die für das Verfahren der Findung des Schätzergebnisses von der Rechtsprechung entwickelten Kautelen eingehalten wurden. Auch wird es dem Rechtsbeschwerdegericht nicht verwehrt sein, zu entscheiden, ob und inwieweit zu betriebswirtschaftlichen Zwecken entwickelte Standards der Unternehmensbewertung methodisch richtig für die Bestimmung des Rechtsbegriffs „Angemessenheit" herangezogen werden dürfen.

---

37 Vgl OLG Karlsruhe, Beschl. v. 15.11.2012 – 12 W 66/06; OLG Stuttgart, Der Konzern 2012, 275, 279; KölnKomm-AktG/*Wilske*, § 12 Rn 46; Spindler/Stilz/*Drescher*, § 12 Rn. 6

38 *Hüffer*, § 12 Rn 7; MüKo-AktG/*Kubis*, § 12 Rn 17.

39 *Emmerich*/Habersack, § 12 Rn 3 mwN.

40 Vgl hierzu *Larenz*, Methodenlehre, S. 273 ff.

Gemäß §§ 17 Abs. 1 SpruchG, 75 FamFG ist nunmehr auch bei Einwilligung aller Verfahrensbeteiligten die **Sprungrechtsbeschwerde** gegen die erstinstanzliche Entscheidung zum BGH möglich. Sie ist (durch dort zugelassene Rechtsanwälte, § 10 Abs. 4 FamFG) unmittelbar beim BGH einzulegen, der über ihre Zulassung entscheidet. Die Einwilligung der Beteiligten gilt als Verzicht auf das Rechtsmittel der Beschwerde, § 75 Abs. 1 S. 2 FamFG;[41] lässt der BGH die Sprungrechtsbeschwerde nicht zu, wird die erstinstanzliche Entscheidung somit rechtskräftig.

Gemäß § 73 FamFG können sich andere Verfahrensbeteiligte **der Rechtsbeschwerde anschließen**.

D. Zuständigkeitskonzentration (Abs. 2)

Von der Möglichkeit, die Zuständigkeit für mehrere OLG-Bezirke bei einem zu konzentrieren, haben von den Bundesländern, die mehrere Oberlandesgerichte eingerichtet haben, bislang nur die Bundesländer Bayern (vormals: BayObLG, jetzt: OLG München), Nordrhein-Westfalen (OLG Düsseldorf) und Rheinland-Pfalz (OLG Zweibrücken) Gebrauch gemacht.

E. Überleitung

Art. 111 Abs. 1 S. 1 des Gesetzes zur Reform des Verfahrens in Familiensachen und in Angelegenheiten der freiwilligen Gerichtsbarkeit vom 17.12.2008[42] bestimmt, dass auf Verfahren, die bis zum 1.9.2009 eingeleitet worden sind oder deren Einleitung bis zu diesem Zeitpunkt beantragt wurde, weiter die vor Inkrafttreten des FGG-Reformgesetzes geltenden Vorschriften anzuwenden sind. Diese Übergangsregelung erstreckt sich einheitlich auf die Durchführung des Verfahrens in allen Instanzen gleichermaßen; auf den Zeitpunkt der Entscheidung erster Instanz und der Einlegung der Beschwerde kommt es nicht an. Für das Spruchverfahren gilt insoweit nichts Besonderes. Der Gesetzgeber hat, obwohl mit dem FGG-Reformgesetz eine Änderung des § 17 Abs. 1 vorgenommen wurde Abs. 2 unverändert gelassen und damit offenbar absichtlich darauf verzichtet, in § 17 Abs. 2 eine spezielle Überleitungsvorschrift für die Anwendung des neuen FamFG-Rechtsmittelrechts zu schaffen.[43] Ist das Spruchverfahren in erster Instanz noch nach dem bisherigen Recht (§ 17 Abs. 1 aF iVm den Regelungen des FGG) geführt worden, so erfolgt auch die Durchführung des Rechtsmittelverfahrens nach altem Recht. Insoweit kann auf die Kommentierung in der 2. Aufl. dieses Werkes verwiesen werden.

§ 13 Wirkung der Entscheidung

¹Die Entscheidung wird erst mit der Rechtskraft wirksam. ²Sie wirkt für und gegen alle, einschließlich derjenigen Anteilsinhaber, die bereits gegen die ursprünglich angebotene Barabfindung oder sonstige Abfindung aus dem betroffenen Rechtsträger ausgeschieden sind.

Literatur:
Siehe oben Einleitung.

A. Zeitpunkt des Wirksamwerdens

§ 13 S. 1 bestimmt den Zeitpunkt des Eintritts der Wirksamkeit der Entscheidung. Anders als in § 40 FamFG, vormals: § 16 Abs. 1 FGG, (sofortiges Wirksamwerden mit Bekanntmachung) hat der Gesetzgeber in § 13 S. 1 die für Spruchverfahren schon im bisherigen Recht (§§ 306 Abs. 6; 99 Abs. 5 AktG aF, auf die §§ 320 b Abs. 3 S. 3, 327 f. Abs. 2 S. 3 AktG aF und § 311 UmwG aF verwiesen) geltende Regelung des Eintritts der Wirksamkeit erst bei Rechtskraft übernommen. Von der Möglichkeit der Zulassung einer vorläufigen Vollstreckbarkeitserklärung (§§ 704 ff ZPO) hat der Gesetzgeber auch hinsichtlich der Kosten keinen Gebrauch gemacht; auch die Kostenfestsetzung erfolgt daher erst nach Rechtskraft (§ 85 FamFG iVm §§ 103-107 ZPO). Diese tritt bei der erstinstanzlichen Entscheidung ein

a) nach Ablauf der letzten mit der Zustellung an die Beteiligten (vgl § 11 Rn 18) beginnenden einmonatigen Beschwerdefrist (§ 12 Abs. 1 S. 1 SpruchG iVm § 63 Abs. 1 FamFG),

---

41 KölnKomm-AktG/*Wilske*, § 12 Rn 92; Keidel/*Meyer-Holz*, FamFG, § 75 Rn 18.
42 BGBl. I S. 2586; FGG-Reformgesetz, in Kraft getreten am 1.9.2009.
43 OLG Dresden BeckRS 2009, 88195; OLG München AG 2010, 717 = Der Konzern 2010, 179.

b) bei Misslingen einer Zustellung an einen Beteiligten spätestens mit Ablauf von 6 Monaten (5 Monate Karenzfrist gem. § 63 Abs. 3 S. 2 FamFG plus 1 Monat Beschwerdefrist)
c) bei Rechtsmittelverzicht aller Beschwerdeberechtigten.

2 In der Beschwerdeinstanz tritt die Rechtskraft (außerhalb noch laufender Beschwerdefristen) bei Rücknahme aller Beschwerden oder Zurückweisung aller Rechtsmittel als unzulässig oder unbegründet ein, sofern nicht die Rechtsbeschwerde (§ 70 FamFG) zugelassen wird. Bei Nichtzulassung der Rechtsbeschwerde wird die Entscheidung des Beschwerdegerichts bereits mit ihrer **Bekanntgabe**, mithin der Verkündung oder Zustellung (§§ 15, 40, 41 FamFG) ein. Gemäß § 69 Abs. 3 FamFG gelten für die Beschwerdeentscheidungen im Übrigen die Vorschriften über die erstinstanzliche Entscheidung entsprechend, vgl Rn 1.

3 Das Rechtskraftzeugnis (§ 46 FamFG) erteilt die Geschäftsstelle des Gerichts erster Instanz. Solange das Verfahren in einem höheren Rechtszug noch anhängig ist, zB wegen der Notwendigkeit der Abwicklung der Zustellungen der Beschwerdeentscheidung und zahlreicher Anträge auf Geschäftswertfestsetzung, erteilt die Geschäftsstelle dieses Rechtszugs das Zeugnis, § 46 S. 2 FamFG.

B. Inhalt und Umfang der Rechtskraft

4 **I. Formelle Rechtskraft.** Ihre Rechtswirkung ist zunächst diejenige, dass die Entscheidung nicht mehr mit Rechtsmitteln angegriffen werden kann.[1] Die Möglichkeit außerordentlicher Rechtsbehelfe (Verfassungsbeschwerde, Anrufung des EuGH) hindert den Eintritt der formellen Rechtkraft nicht.[2]

5 **II. Materielle Rechtskraft.** Die materielle Rechtskraft der Entscheidung erstreckt sich über die am Verfahren Beteiligten hinaus auch auf alle anderen Anteilsinhaber. Dies gilt unabhängig von ihrem Stimmverhalten auf der Haupt- oder Gesellschafterversammlung oder Erklärungen zu deren Protokoll.[3] Begünstigt werden selbst solche Anteilseigner, die das Kompensationsangebot vorbehaltlos angenommen haben.[4] Dies war schon vor Inkrafttreten des SpruchG allgemeine Meinung[5] und wurde rein klarstellend[6] in das Gesetz aufgenommen. Durch die vorbehaltlose Annahme der Kompensation verlieren sie allerdings ihr eigenes Antragsrecht.[7] Materiellrechtlich entsteht bereits ausgeschiedenen Anteilsinhabern ein **Abfindungsergänzungsanspruch**.[8] Die Geltendmachung geschieht über dessen Wortlaut hinaus gem. § 16. Voraussetzung ist allerdings, dass darauf nicht bereits durch Individualvereinbarung, zB durch außergerichtlichen Vergleich ausdrücklich[9] verzichtet[10] wurde und das Ausscheiden auf eben der Strukturmaßnahme beruht, die Anlass für das Spruchverfahren war. War der Anteilsinhaber schon vorher ausgeschieden, nimmt er an erst später entstehenden Abfindungsvorgängen nicht mehr teil.[11]

Bei einer anderweitigen Verfahrensbeendigung als durch eine Entscheidung in der Sache über die Höhe der Kompensationsleistung, insbesondere durch übereinstimmende Erledigterklärung oder Vergleich, gibt es keine materiellen Rechtskraftwirkungen.[12]

6 An die materielle Rechtskraft gebunden sind fortan alle Behörden und Gerichte;[13] insbesondere gilt dies für eine etwa nachfolgende Leistungsklage gem. § 16.

7 War die vom Gericht nun als angemessen anderweitig festgesetzte Kompensation zuvor Gegenstand eines Unternehmensvertrages, so wirkt die Entscheidung rechtsgestaltend. Die festgesetzte Kompensation gilt als vereinbart.[14] Dies hindert allerdings eine neue, weitere Änderung des Unternehmensvertrages – auch während des noch anhängigen Spruchverfahrens – durch die Gesellschafter- oder Hauptversammlung nicht. Ebenso wenig sperrt die Rechtskraft der ersten Entscheidung die Durchführung von Spruchverfahren aufgrund der neuen Änderung.[15] Sieht eine Strukturmaßnahme in der Rechtsfolge wahlweise die Abfindung oder den Ausgleich vor (zB §§ 304, 305 AktG), und wurde im Spruchverfahren nur die Neufestsetzung einer der beiden Kompensationsformen begehrt, so findet eine Rechtskrafterstreckung auf die andere nicht

---

1 *Hüffer*, § 13 Rn 2.
2 *Fritzsche/Dreier/Verfürth*, § 13 Rn 4.
3 *Fritzsche/Dreier/Verfürth*, § 13 Rn 6; *Klöcker/Frowein*, § 13 Rn 4; KölnKomm-SpruchG/*Wilske*, § 13 Rn 9; aA für den Fall von §§ 29, 207 UmwG: Lutter/Winter/*Krieger/Mennicke*, § 13 Rn 3.
4 HM: *Hüffer*, § 13 Rn 4; Lutter/Winter/*Krieger/Mennicke*, § 13 Rn 4; MüKo-AktG/*Kubis*, § 13 Rn 3.
5 Vgl die Nachweise bei *Hüffer*, § 13 Rn 4.
6 Vgl BegrRegE, BT-Drucks. 15/371 S. 17 liSp.
7 LG Dortmund ZIP 2000, 1110 = DB 2000, 1164 mit abl. Anm. *Götz*; OLG Düsseldorf AG 2001, 596; KölnKomm-SpruchG/*Wilske*, § 13 Rn 9.
8 MüKo-AktG/*Kubis*, 3. Aufl., § 13 Rn 3; *Hüffer*, § 13 Rn 4; Widmann/Mayer/*Wälzholz*, § 13 Rn 24 und 26; Emmerich/Habersack/*Emmerich*, § 13 Rn 4; Spindler/Stilz/*Drescher*, § 13 Rn 11.
9 Vgl MüKo-AktG/*Volhard*, 2. Aufl., § 13 Rn 5; *Klöcker/Frowein*, § 13 Rn 4; *Fritzsche/Dreier/Verfürth*, § 13 Rn 10; KölnKomm-AktG/*Wilske*, § 13 Rn 12.
10 Entstehen und Fortbestand des Verzichts richten sich nach materiellem bürgerlichen Recht, vgl auch Widmann/Mayer/*Wälzholz*, § 13 Rn 29.
11 Lutter/Winter/*Krieger/Mennicke*, § 13 Rn 4; *Hüffer*, § 13 Rn 4.
12 Spindler/Stilz/*Drescher*, § 13 Rn 10.
13 OLG Schleswig ZIP 2004, 2433, 2434; BayObLG NZG 2003, S. 36.
14 *Klöcker/Frowein* § 13 Rn 3; *Hüffer*, § 13 Rn 3; MüKo-AktG/*Kubis*, § 13 Rn 2; Emmerich/Habersack/*Emmerich*, § 13 Rn 3.
15 BayObLG ZIP 2002, 127, 128; AG 2003, 631, 632.

statt.¹⁶ Ein weiteres Spruchverfahren wird in der Regel aber faktisch durch den Fristablauf ausgeschlossen sein.

War außergerichtlich freiwillig eine zu hohe Kompensation geleistet worden, so entsteht nach allgemeiner Meinung¹⁷ durch die gerichtliche Entscheidung keine Rückerstattungspflicht. 8

Gerichtliche Vergleiche sind der materiellen Rechtskraft nicht fähig.¹⁸ Ebenso wie bei außergerichtlichen Vergleichen kann materiellrechtlich eine bindende allseitige Wirkungserstreckung nur dadurch erzielt werden, dass nach Ablauf der Antragsfrist im Vergleich ein echter Vertrag zugunsten Dritter, § 328 BGB, geschlossen wird, mit dem die außenstehenden Anteilsinhaber entsprechend berechtigt werden. Ohne eine solche Regelung wird der pflichtgemäß handelnde gemeinsame Vertreter einen solchen Vergleich nicht beitreten und damit eine Verfahrensbeendigung (§ 6 Abs. 3 S. 1) ermöglichen.¹⁹ 9

C. Vollstreckung

Da die Entscheidung nur gestaltende Wirkung hat, stellt sie keinen zur Vollstreckung geeigneten Titel dar.²⁰ Wird nicht freiwillig geleistet, müssen die individuellen Zahlungsansprüche im Wege der Leistungsklage (§ 16) ausgeurteilt und aufgrund des dort ergehenden Titels vollstreckt werden. Kostenerstattungsansprüche müssen im Kostenfestsetzungsverfahren gem. §§ 85 FamFG, 103 ff ZPO tituliert werden, § 794 Abs. 1 Nr. 2 ZPO. Da die erstinstanzliche Entscheidung nicht für vorläufig vollstreckbar erklärt wird (siehe oben Rn 1), kann das Kostenfestsetzungsverfahren für alle Instanzen erst nach Eintritt der Rechtskraft durchgeführt werden, §§ 103, 704 Abs. 1 ZPO, 85 FamFG. 10

D. Verjährung

Kompensationsansprüche gem. § 1 Nr. 1–5 unterliegen grundsätzlich der Regelverjährung des materiellen bürgerlichen Rechts, §§ 195 ff BGB. Insbesondere gelten die Hemmungs- und Neubeginntatbestände entsprechend.²¹ Durch die rechtskräftige Festsetzung gem. § 13 Abs. 1 tritt an deren Stelle die 30-jährige Verjährung, § 197 Abs. 1 Nr. 3 BGB, auch wenn kein zur Vollstreckung geeigneter Titel geschaffen wird. Wegen wiederkehrender Leistungen (Ausgleich) verbleibt es allerdings wegen § 197 Abs. 2 BGB bei der dreijährigen Frist. 11

§ 14 Bekanntmachung der Entscheidung

Die rechtskräftige Entscheidung in einem Verfahren nach § 1 ist ohne Gründe nach Maßgabe des § 6 Abs. 1 Satz 4 und 5 in den Fällen
1. der Nummer 1 durch den Vorstand der Gesellschaft, deren außenstehende Aktionäre antragsberechtigt waren;
2. der Nummer 2 durch den Vorstand der Hauptgesellschaft;
3. der Nummer 3 durch den Hauptaktionär der Gesellschaft;
4. der Nummer 4 durch die gesetzlichen Vertreter jedes übernehmenden oder neuen Rechtsträgers oder des Rechtsträgers neuer Rechtsform;
5. der Nummer 5 durch die gesetzlichen Vertreter der SE, aber im Fall des § 9 des SE-Ausführungsgesetzes durch die gesetzlichen Vertreter der die Gründung anstrebenden Gesellschaft, und
6. der Nummer 6 durch die gesetzlichen Vertreter der Europäischen Genossenschaft

bekannt zu machen.

Literatur:
Siehe oben Einleitung.

Bekanntmachungspflichten enthielt das Recht bereits in §§ 306 Abs. 6, 320b Abs. 6, 327f. Abs. 2 S. 3 AktG aF und § 310 UmwG aF. Die durch das SpruchG herbeigeführten Änderungen betreffen lediglich die im Falle des „Squeeze-out" verpflichtete Person (vgl unten Rn 4) und den Bekanntmachungsort (siehe un- 1

---

16 Widmann/Mayer/Wälzholz, § 13 Rn 14; KölnKomm-SpruchG/Wilske, § 13 Rn 16.
17 Klöcker/Frowein, § 13 Rn 5; MüKo-AktG/Kubis, § 13 Rn 3; Widmann/Mayer/Wälzholz, § 13 Rn 15; aA de lege lata für den Sonderfall beim Wegfall von Mehrstimmrechten KölnKomm-SpruchG/Wilske, § 13 Rn 18.
18 Zöller/Vollkommer, ZPO, vor § 322 Rn 9a.
19 Siehe auch § 11 Rn 12.
20 Allg. Meinung, vgl nur Spindler/Stilz/Drescher, § 13 Rn 4; MüKo-AktG/Kubis, § 13 Rn 4; KölnKomm-SpruchG/Wilske, § 13 Rn 19.
21 MüKo-AktG/Kubis, § 13 Rn 6.

ten Rn 6). Neu hinzugekommen ist die Bekanntmachung durch die Organe der SE (Rn 4). Anders als im früheren Recht erfolgt eine Bekanntmachung der Verfahrens*einleitung* durch das Gericht nicht mehr. Bekannt gemacht wird lediglich die Bestellung eines gemeinsamen Vertreters, §§ 6 Abs. 1 S. 4 und 5, 6a S. 2. Unterbleibt die Bestellung im Einzelfall, § 6 Abs. 1 S. 3, hat dies die Konsequenz, dass nunmehr weder außenstehende Anteilsinhaber noch die Öffentlichkeit die Möglichkeit der Kenntnisnahme von der Anhängigkeit eines Verfahrens haben.

Die neben § 14 SpruchG bestehenden Bekanntmachungspflichten aus anderen Rechtsvorschriften wie va die Ad-hoc-Publizität aus § 15 WpHG oder aus § 66 BörsZulVO bleiben unberührt und bestehen daneben, weil es sich hier zumindest partiell um andere Adressatenkreise handelt und daher auch andere Regelungszwecke verfolgt werden.[1]

A. Bekanntmachungsgegenstand

2 Bekannt zu machen ist die rechtskräftige Entscheidung. Mithin kann die Bekanntmachung nicht Voraussetzung für den Eintritt der Rechtskraft sein.[2] Gemeint ist die Entscheidung, die über den Streitgegenstand selbst befindet, mithin die Endentscheidung iSv § 58 Abs. 1 FamFG. Bekannt zu machen ist deshalb die Entscheidung des Landgerichts, es sei denn, das OLG hat in der Beschwerdeinstanz abgeändert und in der Sache anderweitig selbst entschieden.[3] Die Entscheidung, mit der ein Rechtsmittel zurückgewiesen oder verworfen wird, bedarf der Bekanntmachung hingegen nicht.

3 Da nur der Tenor, nicht hingegen die Gründe bekannt gemacht werden[4] stellt sich die Frage, ob es auch einer Bekanntmachung der erstinstanzlichen Entscheidung bedarf, wenn alle Anträge zurückgewiesen wurden. Zweck der Vorschrift ist es, nicht am Verfahren beteiligte Anteilsinhaber über seinen Ausgang zu informieren, damit sie Ansprüche auf höhere Kompensationen geltend machen können. In Einzelfällen kann die Bekanntmachung auch den Lauf einer weiteren Frist in Gang setzen[5] (vgl §§ 31 S. 2, 209 S. 2 UmwG; § 305 Abs. 4 S. 3 AktG). Bei erfolglosem Spruchverfahren besteht diese Interessenlage aber so nicht. Das Informationsbedürfnis der **Öffentlichkeit** misst sich an § 15 WpHG, der dem Unternehmen uU eine **Publizitätspflicht außerhalb des SpruchG** auferlegt. Aus diesem Grunde wird zu Recht auch eine Bekanntmachungspflicht für den Fall verneint,[6] dass alle Anteilsinhaber am Verfahren beteiligt und durch Zustellung der Entscheidung informiert sind. Der Normzweck verlangt dann keine (nochmalige) Information.

3a Nicht einheitlich beurteilt wird die Frage, ob eine Bekanntmachung unterbleiben kann, wenn der Antrag zurückgewiesen wird. Dabei wird argumentiert, wenn der Gesetzgeber schon auf die Publizität des Verfahrens selbst verzichtet habe (s.o. Rn 1), könne die Bekanntmachung auch bei rechtskräftiger Zurückweisung aller Anträge unterbleiben.[7] Dieser Ansicht kann in dieser Allgemeinheit nicht gefolgt werden. Die Bestellung eines gemeinsamen Vertreters ist nämlich vom Gericht bekannt zu machen, so dass die Öffentlichkeit davon erfährt. Dann aber ist nach dem Wortlaut und dem Normzweck der rechtskräftige Abschluss des Verfahrens gleichfalls bekannt zu machen.[8] Etwas anderes gilt nur, wenn die Anträge als unzulässig verworfen wurden.[9] Dann muss auch kein gemeinsamer Vertreter bestellt werden, und es fehlt die Information der Öffentlichkeit über das Spruchverfahren.

Keiner Bekanntmachungspflicht unterliegen auch Verfahrensbeendigungen auf andere Weise, etwa durch Antragsrücknahme oder Vergleich.[10] Dies ist inkonsequent,[11] weil im Fall des Vergleichs ein Informationsbedürfnis der außenstehenden Anteilsinhaber zwecks Geltendmachung ihrer Abfindungsergänzungsansprüche gerade zu bejahen ist. Der gemeinsame Vertreter wird deshalb auf die Vereinbarung einer Bekanntmachungspflicht hinzuwirken haben. In gerichtlichen Vergleichen wird praktisch ausnahmslos die Bekanntmachung vereinbart, wobei einzelne Passagen von der Veröffentlichung ausgenommen werden können, weil §§ 248 a, 149 Abs. 2 AktG hier nicht analog angewandt werden können.

---

1 So ausdrücklich Lutter/Winter/*Krieger*/*Mennicke*, § 14 Rn 6.
2 *Fritzsche*/*Dreier*/*Verfürth*, § 14 Rn 2; siehe auch § 13 Rn 2.
3 Lutter/Winter/*Krieger*/*Mennicke*, § 14 Rn 3; *Fritzsche*/*Dreier*/ *Verfürth*, § 14 Rn 2; *Klöcker*/*Frowein*, § 14 Rn 1.
4 *Klöcker*/*Frowein*, § 14 Rn 2; Lutter/Winter/*Krieger*/*Mennicke*, § 14 Rn 2; *Fritzsche*/*Dreier*/*Verfürth*, § 14 Rn 2. Die Bekanntmachung des vollständigen Rubrums, das sich bei massenhafter Beteiligung auf Antragsteller-Seite über mehrere Seiten erstreckt, ist nicht notwendig (aA: MüKo-AktG/*Kubis*, § 14 Rn 1; KölnKomm-SpruchG/*Wilske*, § 14 Rn 6 und Widmann/ Mayer/*Wälzholz*, § 14 Rn 3); hierfür besteht kein Bedürfnis.
5 *Klöcker*/*Frowein*, § 14 Rn 5.
6 Lutter/Winter/*Krieger*/*Mennicke*, § 14 Rn 2; *Klöcker*/*Frowein*, § 14 Rn 6; MüKo-AktG/*Kubis*, § 14 Rn 6; KölnKomm-SpruchG/*Wilske*, § 14 Rn 22; Spindler/Stilz/*Drescher*, § 13 Rn 1; Bürgers/Körber/*Ederle*/*Theusinger*, § 14 Rn 3; aA *Fritzsche*/*Dreier*/*Verfürth*, § 14 Rn 7.
7 So die Vorauflage.
8 So die hM: *Hüffer*, § 14 Rn 1; *Fritzsche*/*Dreier*/*Verfürth*, § 14 Rn 3 und 7; Spindler/Stilz/*Drescher*, § 14 Rn 1; Widmann/ Meyer/*Wälzholz*, § 14 Rn 5.
9 OLG München Der Konzern 2012, 345; für die Verwerfung nur einzelner Anträge als unzulässig ebenso zutr. Simon/*Simon*, § 14 Rn 6; KölnKomm-SpruchG/*Wilske*, § 14 Rn 25.
10 Lutter/Winter/*Krieger*/*Mennicke*, § 14 Rn 3; *Klöcker*/*Frowein*, § 14 Rn 1.
11 Vgl auch die Stellungnahme des HRA des DAV, NZG 2003, 316, 319; MüKo-AktG/*Kubis*, § 14 Rn 1 und Fn 3.

B. Zur Bekanntmachung verpflichtete Personen

Bekanntmachungspflichtig sind die gesetzlichen Vertreter bzw Organe des Antragsgegners. Dies sind
- bei Spruchverfahren zur Bestimmung von Ausgleich und/oder Abfindung aufgrund eines Beherrschungs- oder Gewinnabführungsvertrages (§§ 304, 305 AktG) der Vorstand der Gesellschaft, deren außenstehende Aktionäre antragsberechtigt waren (Nr. 1);
- bei Spruchverfahren zur Bestimmung der Abfindung von ausgeschiedenen Aktionären bei der Eingliederung von Aktiengesellschaften (§ 320 b AktG) der Vorstand der Hauptgesellschaft (Nr. 2);
- bei Spruchverfahren zur Bestimmung der Barabfindung von Minderheitsaktionären, deren Aktien im Wege des „Squeeze-out" auf den Hauptaktionär übertragen worden sind (§§ 327 a-327 f AktG, § 1 Nr. 3 SpruchG) der Hauptaktionär (Nr. 3);
- bei Spruchverfahren über die Zuzahlung an Anteilsinhaber oder die Barabfindung von Anteilsinhabern anlässlich der Umwandlung von Rechtsträgern (§§ 15, 34, 176-181, 184, 186, 196 oder 212 UmwG, § 1 Nr. 4 SpruchG) die gesetzlichen Vertreter jedes übernehmenden oder neuen Rechtsträgers oder des Rechtsträgers neuer Rechtsform (Nr. 4).
- im Spruchverfahren hinsichtlich der Zuzahlung an Anteilsinhaber oder der Barabfindung von Anteilsinhabern bei Gründung oder Sitzverlegung einer SE die gesetzlichen Vertreter der SE, aber im Fall des § 9 des SE-Ausführungsgesetzes die gesetzlichen Vertreter der die Gründung anstrebenden Gesellschaft (Nr. 5);
- bei den im Spruchgesetz nicht ausdrücklich geregelten Spruchverfahren zur Bestimmung des Ausgleichs aufgrund des Erlöschens oder der Beseitigung von Mehrstimmrechten (§ 5 Abs. 3 und 4 EG AktG) der Vorstand der Gesellschaft, deren Aktionäre antragsberechtigt waren und bei der die Stimmrechte erloschen oder beseitigt wurden;[12]
- zum *Delisting* vgl. die Vorauf. und Vor §§ 327 a ff AktG Rn 16 ff.

Sind mehrere Antragsgegner zur Bekanntmachung der Entscheidung verpflichtet, kann diese gemeinsam erfolgen.[13]

C. Bekanntmachungsort

Gemäß §§ 14, 6 Abs. 1 S. 4 hat die Bekanntmachung im elektronischen Bundesanzeiger zu erfolgen. Wenn der Gesellschafts-/Partnerschaftsvertrag oder die Verfassung des Unternehmens noch andere Blätter oder Informationsmedien für die öffentliche Bekanntmachung bestimmen, hat sie auch dort zu erfolgen.

D. Sanktionen

Eine Vollstreckung der Bekanntmachungspflicht (vertretbare Handlung) durch Verhängung von Zwangsgeld ist nicht möglich.[14] Die vormals in §§ 306 Abs. 6, 407 AktG vorhanden gewesene Möglichkeit der Zwangsgeldfestsetzung ist vom Gesetzgeber bewusst aufgegeben worden,[15] weil hierfür kein praktisches Bedürfnis gesehen wurde.[16] § 35 FamFG ist nicht anwendbar, weil die Bekanntmachungspflicht auf gesetzlicher und nicht auf gerichtlicher Anordnung beruht. Im Einzelfall wird ein Rechtsschutzinteresse des gemeinsamen Vertreters zu bejahen sein, die Verpflichtung im Wege der Leistungsklage (§ 16) titulieren und gem. § 887 Abs. 1 und 2 ZPO vollstrecken zu lassen.[17]

§ 15[1] Kosten[1]

(1) Die Gerichtskosten können ganz oder zum Teil den Antragstellern auferlegt werden, wenn dies der Billigkeit entspricht.

---

12 Widmann/Mayer/Wälzholz, § 14 Rn 2.1; KölnKomm-SpruchG/Wilske, § 14 Rn 16; Simon/Leuering, § 14 Rn 19.
13 Klöcker/Frowein, § 14 Rn 4; Fritzsche/Dreier/Verfürth, § 14 Rn 6.
14 Klöcker/Frowein, § 14 Rn 4; Lutter/Winter/Krieger/Mennicke, § 14 Rn 4 aE; Hüffer, § 14 Rn 4.
15 BegrRegE, BT-Drucks. 15/371, S. 19 liSp „zu Nummer 8".
16 AA: Fritzsche/Dreier/Verfürth, § 14 Rn 10, die von einer Regelungslücke ausgehen und alle Verfahrensbeteiligten berechtigt sehen, die Bekanntmachung herbeizuführen.
17 So auch: KölnKomm-SpruchG/Wilske, § 14 Rn 34; Semler/Stengel/Volhard, § 14 Rn 4; Simon/Leuering, § 14 Rn 21; MüKo-AktG/Kubis, § 14 Rn 4; aA Hüffer, § 14 Rn 4; Spindler/Stilz/Drescher, § 14 Rn 4, der hierfür keine Anspruchsgrundlage sieht.
1 Fassung ab 1.8.2013.

(2) Das Gericht ordnet an, dass die Kosten der Antragsteller, die zur zweckentsprechenden Erledigung der Angelegenheit notwendig waren, ganz oder zum Teil vom Antragsgegner zu erstatten sind, wenn dies unter Berücksichtigung des Ausgangs des Verfahrens der Billigkeit entspricht.

A. Allgemeines	1	VI. Vorschusspflicht (Abs. 3)	18
B. Geschäftswert – Gerichtskosten erster Instanz	4	C. Kosten der Antragsteller – außergerichtliche Kosten (Abs. 4)	22
I. Geschäftswert	4	I. Auslagen	22
II. Gebühren für Verfahren, die vor dem 1.8.2013 begonnen haben	8	II. Gegenstandswert	26
III. Auslagen – Kosten des Sachverständigen	9	III. Kostenschuldner	31
IV. Festsetzung des Geschäftswerts	11	D. Kosten im Beschwerdeverfahren	35
V. Schuldner der Gerichtskosten (Abs. 2)	13		

Fassung bis 31.7.2013:

§ 15 Kosten

(1) ¹Für die Gerichtskosten sind die Vorschriften der Kostenordnung anzuwenden, soweit nachfolgend nichts anderes bestimmt ist. ²Als Geschäftswert ist der Betrag anzunehmen, der von allen in § 3 genannten Antragsberechtigten nach der Entscheidung des Gerichts zusätzlich zu dem ursprünglich angebotenen Betrag insgesamt gefordert werden kann; er beträgt mindestens 200 000 und höchstens 7,5 Millionen Euro. ³Maßgeblicher Zeitpunkt für die Bestimmung des Werts ist der Tag nach Ablauf der Antragsfrist (§ 4 Abs. 1). ⁴Der Geschäftswert ist von Amts wegen festzusetzen. ⁵Für das Verfahren des ersten Rechtszugs wird die volle Gebühr erhoben. ⁶Kommt es in der Hauptsache zu einer gerichtlichen Entscheidung, erhöht sich die Gebühr auf das Vierfache der vollen Gebühr; dies gilt nicht, wenn lediglich ein Beschluss nach § 11 Abs. 4 Satz 2 ergeht. ⁷Für das Verfahren über ein Rechtsmittel wird die gleiche Gebühr erhoben; dies gilt auch dann, wenn das Rechtsmittel Erfolg hat.

(2) ¹Schuldner der Gerichtskosten ist nur der Antragsgegner. ²Diese Kosten können ganz oder zum Teil den Antragstellern auferlegt werden, wenn dies der Billigkeit entspricht; die Haftung des Antragsgegners für die Gerichtskosten bleibt hiervon unberührt.

(3) ¹Der Antragsgegner hat einen zur Deckung der Auslagen hinreichenden Vorschuss zu zahlen. ²§ 8 der Kostenordnung ist nicht anzuwenden.

(4) Das Gericht ordnet an, dass die Kosten der Antragsteller, die zur zweckentsprechenden Erledigung der Angelegenheit notwendig waren, ganz oder zum Teil vom Antragsgegner zu erstatten sind, wenn dies unter Berücksichtigung des Ausgangs des Verfahrens der Billigkeit entspricht.

Literatur:
Siehe oben Einleitung.

A. Allgemeines

1   **Vorbemerkung:** Nach § 136 Abs. 5 Nr. 2 GNotKG[2] ist für Verfahren, die vor dem Inkrafttreten des 2. Kostenmodernisierungsgesetzes anhängig oder eingeleitet worden sind, die Kostenordnung weiter anzuwenden. Die Kommentierung bezieht sich im Wesentlichen auf die frühere Regelung.
Die Kostenentscheidung ergeht mit der Hauptsachenentscheidung (§ 82 FamFG).[3] § 15 regelt die Kostentragung. Gerichtskosten und Kosten der Antragsteller werden jetzt unterschiedlich behandelt: Abs. 1 be-

---

2   § 136 GNotKG: Übergangsvorschrift zum 2. Kostenrechtsmodernisierungsgesetz
*(1) Die Kostenordnung in der im Bundesgesetzblatt Teil III, Gliederungsnummer 361-1, veröffentlichten bereinigten Fassung, die zuletzt durch Artikel 8 des Gesetzes vom 26. Juni 2013 (BGBl. I S. 1800) geändert worden ist, und Verweisungen hierauf sind weiter anzuwenden
1. in gerichtlichen Verfahren, die vor dem Inkrafttreten des 2. kostenrechtsmodernisierungsgesetzes vom 23. Juli 2013 (BGBl. I S. 2586) anhängig geworden oder eingeleitet worden sind; die Jahresgebühr 12311 wird in diesen Verfahren nicht erhoben;
2. in gerichtlichen Verfahren über ein Rechtsmittel, das vor dem Inkrafttreten des 2. kostenrechtsmodernisierungsgesetzes vom 23. Juli 2013 (BGBl. I S. 2586) eingelegt worden ist;
3.-5. [...]
(2)–(4) [...]
(5) Absatz 1 ist auf die folgenden Vorschriften in ihrer bis zum Tag vor dem Inkrafttreten des 2. Kostenrechtsmodernisierungsgesetzes vom 23. Juli 2013 (BGBl. I S. 2586) geltenden Fassung entsprechend anzuwenden:
1. [...]
2. § 15 des Spruchverfahrensgesetzes,
3. – 13. [...]
An die Stelle der Kostenordnung treten dabei die in Satz 1 genannten Vorschriften.*

3   Bei Vergleich, Erledigung und Rücknahme gemäß § 83 FamFG.

zieht sich nur auf die Gerichtskosten, Abs. 4 auf die Kosten der Antragsteller. Soweit im Spruchgesetz nichts anderes bestimmt ist, ist die Kostenordnung maßgebend.[4]

Hinsichtlich der **Gerichtskosten** bedarf es grundsätzlich keiner ausdrücklichen Entscheidung. Nach § 15 Abs. 2 ist Schuldner der Antragsgegner.[5] Lediglich wenn aus Billigkeitsgründen eine andere Kostenverteilung in Frage kommt, ist ein Beschluss notwendig.[6] Fehlt eine Entscheidung zu den **außergerichtlichen Kosten** ist davon auszugehen, dass jede Partei ihre eigenen trägt,[7] es sei denn, es greifen Billigkeitsgesichtspunkte zugunsten der Antragsteller ein.[8] Die Kostenentscheidung als solche kann nur mit der Hauptsacheentscheidung angefochten werden.

Werden Anträge einzelner Antragsteller vorab als unzulässig abgewiesen, ergeht in diesen **Teilbeschlüssen** keine Kostenentscheidung zu den *Gerichtskosten* (anders wenn das Verfahren abgetrennt wird), jedoch mit einem etwa erforderlichen Ausspruch zu den außergerichtlichen Kosten,[9] wenn diese ausnahmsweise dem Antragsgegner nach § 15 Abs. 4[10] aufzuerlegen sind.

B. Geschäftswert – Gerichtskosten erster Instanz

I. **Geschäftswert.** § 136 GNotKG (siehe Vorbemerkung Rn 1) bestimmt, dass in gerichtlichen Verfahren, die vor dem Inkrafttreten des 2. Kostenrechtsmodernisierungsgesetzes vom 23. Juli 2013 (BGBl. I S. 2586) anhängig geworden oder eingeleitet worden sind, die Kostenordnung in der im Bundesgesetzblatt Teil III, Gliederungsnummer 361-1, veröffentlichten bereinigten Fassung anzuwenden ist. Für spätere Verfahren gilt § 74 GNotKG, der § 15 Abs. 1 SpruchG entspricht:

§ 74 GNotKG Verfahren nach dem Spruchverfahrensgesetz

¹Geschäftswert im gerichtlichen Verfahren nach dem Spruchverfahrensgesetz ist der Betrag, der von allen in § 3 des Spruchverfahrensgesetzes genannten Antragsberechtigten nach der Entscheidung des Gerichts zusätzlich zu dem ursprünglich angebotenen Betrag insgesamt gefordert werden kann; der Geschäftswert beträgt mindestens 200.000 Euro und höchstens 7,5 Millionen Euro. ²Maßgeblicher Zeitpunkt für die Bestimmung des Werts ist der Tag nach Ablauf der Antragsfrist (§ 4 Absatz 1 des Spruchverfahrensgesetzes).

Der Geschäftswert beträgt mithin **mindestens 200.000 EUR, höchstens 7,5 Mio. EUR** (§ 15 Abs. 1 S. 2 Hs 2). Der Mindestwert ist unabhängig von der Art der Erledigung des Spruchverfahrens (Vergleich, Klagerücknahme[11] oder Zurückweisung wegen Unzulässigkeit[12] oder Unbegründetheit des Antrags)[13] anzusetzen, wenn das Verfahren nicht zu einer Erhöhung der Kompensation führt.[14]

Innerhalb der Grenzen zwischen Mindest- und Höchstbetrag ist der Geschäftswert durch Beschluss nach dem Verfahrenserfolg zu bestimmen (§ 15 Abs. 1 S. 2 Hs 1)[15], nämlich nach **der Differenz zwischen der vom Unternehmen vertraglich angebotenen und des gemäß gerichtlicher Entscheidung angemessenen Kompensationsbetrages je Aktie multipliziert mit der Gesamtzahl der bei Ablauf der Antragsfrist**[16] „außenstehenden" Aktionäre. Spätere Anteilsänderungen spielen keine Rolle.[17]

Für Abfindungen und bare Zuzahlungen als Einmalbeträge ist die Höhe eindeutig zu bestimmen, für den Ausgleich nach § 304 AktG ist ergänzend § 24 KostO[18] heranzuziehen.[19] Bei Ausgleich und Abfindung oder mehreren Unternehmensbeträgen werden die Werte zusammengerechnet.

Der Geschäftswert ist für jede Instanz gesondert festzusetzen (§ 131 KostO). Das Rechtsmittelgericht kann die Kostenentscheidung abändern. Zu den Kosten im Beschwerdeverfahren siehe unten Rn 35.

II. **Gebühren für Verfahren, die vor dem 1.8.2013 begonnen haben.**[20] Für das Verfahren erster Instanz wird die **volle Gebühr** erhoben (§ 15 Abs. 1 S. 5). Kommt es in der Hauptsache zu einer gerichtlichen Entscheidung, erhöht sich die Gebühr auf das **Vierfache** (§ 15 Abs. 1 S. 6[21]). Dies gilt für jede Sachentscheidung, aber auch wenn nur eine Verfahrensentscheidung ergeht (zB Zurückweisung des Antrages als unzu-

---

4 Ausführliche Zusammenstellung bei Widmann/Mayer/Wälzholz, § 15 Rn 3.
5 Siehe unten Rn 13.
6 Siehe unten Rn 15.
7 Widmann/Mayer/Wälzholz, § 15 Rn 53.
8 Siehe unten Rn 22 ff.
9 Widmann/Mayer/Wälzholz, § 15 Rn 9 und § 11 Rn 11.
10 Siehe Vorbemerkung Rn 1.
11 OLG Stuttgart AG 2004, 109.
12 OLG Frankfurt, AG 2005, 890; *Hüffer*, § 15 Rn 3; aA LG München I v. 29.3.2010 – 38 O 22024/09: Das LG hat in dem Fall, in dem ein einziger Antrag ohne Verbindung als unzulässig zurückgewiesen wurde, den Geschäftswert auf 5.000 EUR festgesetzt.
13 OLG Düsseldorf AG 2005, 298.
14 OLG Stuttgart AG 2004, 109.
15 Siehe Vorbemerkung Rn 1 und § 74 GNotKG.
16 *Büchel*, NZG 2003, 803; *Hüffer*, § 15 Rn 3.
17 *Fritzsche/Dreier/Verfürth*, § 15 Rn 8; *Bürgers/Körber/Simmler*, § 15 Rn 2. Abfindungsergänzungsansprüche derjenigen, die schon ausgeschieden sind, werden nicht berücksichtigt.
18 Siehe Vorbemerkung Rn 1.
19 Widmann/Mayer/Wälzholz, § 15 Rn 15.
20 Siehe Vorbemerkung Rn 1.
21 Siehe Vorbemerkung Rn 1.

lässig).[22] Bei Zwischenentscheidungen oder verfahrensleitenden Entscheidungen,[23] bei Rücknahme oder Vergleich (§ 15 Abs. 1 S. 6 Hs 2, § 11 Abs. 4 S. 2) wird nur eine Gebühr fällig.[24] Für die zweite Instanz gilt dieselbe Regelung (§ 15 Abs. 1 S. 7). Dies gilt auch dann, wenn die Beschwerde Erfolg hat (§ 15 Abs. 1 S. 7 Hs 2)[25]. Im Übrigen siehe Rn 35 zu Kosten im Beschwerdeverfahren.

9 III. Auslagen – Kosten des Sachverständigen. Zu den Auslagen zählen auch die Entschädigungen für Zeugen und insbesondere für den gerichtlichen Sachverständigen. Auslagen eines Antragstellers für eingeholte Privatgutachten sind idR nicht erstattungsfähig.[26] Die Vergütung für den gemeinsamen Vertreter richtet sich nicht nach § 15 Abs. 3, sondern nach § 6 Abs. 2 S. 4 und 5.

10 Nach § 9 Abs. 1 JVEG iVm Anlage 1 erhält ein Sachverständiger auf dem Sachgebiet Unternehmensbewertung ein Stundenhonorar von 95,- EUR. Unter den Voraussetzungen des § 13 JVEG kann das Gericht mit Zustimmung eines Beteiligten einen höheren Stundensatz gewähren, der jedoch das 1 1/2-fache des Regelsatzes, also einen Stundensatz von 142,45 EUR, nicht überschreiten *soll* (§ 13 Abs. 2 JVEG). Für diesen Stundensatz wird in der Praxis jedoch kaum ein Sachverständiger im Spruchverfahren zu gewinnen sein.[27] Das OLG Düsseldorf[28] hat noch zur Regelung nach dem ZSEG ausgeführt, dass es – unter den besonderen Gegebenheiten des aktienrechtlichen Spruchverfahrens – für den Regelfall sachgerecht sei, im Rahmen des § 7 ZSEG allein auf das Einverständnis des letztlich vorschuss- und kostenpflichtigen Unternehmensträgers abzustellen. Allerdings dürfe dies nicht dazu führen, dass das Gericht letztlich ohne Beteiligung der Parteien eine von den gesetzlichen Vorgaben abweichende Sachverständigenvergütung festlegt, indem es die Einverständniserklärung der Antragsteller für entbehrlich hält und die der Antragsgegner ersetzt. Aber selbst wenn man von einem „normalen" Zivilverfahren mit gleichberechtigten und gleichverpflichteten Parteien auf beiden Seiten ausgeht,[29] kann, wenn die Antragsteller dem erhöhten Stundensatz zustimmen oder ihm nicht widersprechen, die verweigerte Zustimmung der Antragsgegnerin ersetzt werden.[30] Wenn ein Gericht die Einholung eines Gutachtens für notwendig erachtet, muss es auch gewährleisten, dass der Sachverständige angemessen entschädigt werden kann; er kann aus verfassungsrechtlicher Sicht nicht gezwungen werden, sich mit einem Stundensatz zu begnügen, der ihm ein übermäßiges Vermögensopfer abverlangt.[31] § 13 Abs. 2 S. 2 JVEG enthält nur eine Sollvorschrift. Die Höchstgrenze (1,5-Fache) kann daher überschritten werden.[32]

Eine Vorschusspflicht der Antragsteller bzgl der Sachverständigenkosten besteht nicht.[33]

11 IV. Festsetzung des Geschäftswerts. Die Festsetzung erfolgt von Amts wegen (15 Abs. 1 S. 4)[34] durch den Vorsitzenden der Kammer durch Beschluss (§ 31 Abs. 1 S. 1 KostO)[35]. Der Beschluss ist zu begründen, damit die Berechnung nachvollzogen werden kann.[36] Die Festsetzung ist gebührenfrei. Sie kann bis zu sechs Monaten nach der rechtskräftigen Entscheidung oder Beendigung des Verfahrens geändert werden (§ 31 Abs. 1 S. 3 KostO).[37]

12 Der Beschluss ist mit der Beschwerde anfechtbar (§ 31 Abs. 3 KostO, § 15 Abs. 1 S. 1 SpruchG)[38]. Beschwerdeberechtigt ist jeder, der durch die Festsetzung belastet sein kann, auch der gemeinsame Vertreter. Sie ist gebührenfrei. Kosten werden nicht erstattet (§ 31 Abs. 5 KostO)

13 V. Schuldner der Gerichtskosten (Abs. 2). Ohne dass es einer Kostenentscheidung bedarf, trägt der Antragsgegner (§ 5) die **Gerichtskosten** (§ 15 Abs. 2 S. 1)[39]. Dies führt im Rahmen von Unternehmensverträgen gemäß § 291 ff AktG dazu, dass nicht mehr beide Vertragsteile Kostenschuldner sind.[40]

14 Mehrere Antragsgegner haften als Gesamtschuldner (§ 5 Abs. 1 S. 1 KostO)[41].

---

22 Lutter/Winter/*Krieger/Mennicke*, § 15 Rn 6; *Fritzsche/Dreier/Verfürth*, § 15 Rn 15.
23 Lutter/Winter/*Krieger/Mennicke*, aaO.
24 BegrRegE SpruchG, abgedruckt bei *Neye*, Spruchverfahrensrecht, S. 98; *Fritzsche/Dreier/Verfürth*, § 15 Rn 15; Lutter/Winter/*KriegerMennicke* aaO.
25 Siehe Vorbemerkung Rn 1.
26 OLG Düsseldorf AG 2011, 755 mwN; ausführlicher Bürgers/Körber/*Ederle/Theusinger*, § 15 Rn 7.
27 *Büchel*, NZG 2003, 803; OLG Stuttgart NZG 2001, 97 ff; LG Dortmund, Der Konzern 2005, S. 321 = AG 2005, 664 und LG Dortmund, Der Sachverständige 2006, 38.
28 AG 2004, 390.
29 Wofür die Tatsache spricht, dass auch die Antragsteller mit den Kosten des Sachverständigen belastet werden können, siehe Rn 32.
30 LG Dortmund, Der Sachverständige 2006, 38 = AG 2005,664; OLG Düsseldorf NJW RR 2002, 463.
31 OLG Stuttgart NZG 2001, 97 ff; LG Dortmund, aaO.

32 LG Dortmund, aaO u. LG Dortmund v. 30.6.2005 – 18 AktE 5/03; *Hüffer*, § 15 Rn 6; aA Lutter/Winter/*Krieger/Mennicke*, § 15 Rn 10; KölnKomm-AktG/*Rosskopf*, § 15 Rn 33: nur mit Zustimmung aller Beteiligten.
33 OLG Düsseldorf AG 2012, 459: selbst dann nicht, wenn der Antragsgegner wegen Insolvenz zu einem Vorschuss nicht in der Lage ist. Um die Staatskasse in einem solchem Fall nicht zu belasten, kann eine richterliche Schätzung nach § 287 ZPO helfen.
34 Siehe Vorbemerkung Rn 1.
35 Siehe Vorbemerkung Rn 1.
36 Widmann/Mayer/*Wälzholz*, § 15 Rn 14.
37 ZB bei neuen tatsächlichen Umständen, anderer rechtlicher Beurteilung, Änderung der Rechtsprechung, Widmann/Mayer/*Vollrath*, aaO.
38 Siehe Vorbemerkung Rn 1.
39 Siehe Vorbemerkung Rn 1.
40 *Hüffer*, § 15 Rn 4: aA MüKo-AktG/*Volhard*, 2. Aufl., § 15 Rn 9.
41 Siehe Vorbemerkung Rn 1.

Im Ausnahmefall können die Kosten aber auch ganz oder zum Teil den Antragstellern auferlegt werden, wenn dies der Billigkeit entspricht; allerdings bleibt die Haftung des Antragsgegners für die Gerichtskosten hiervon unberührt (§ 15 Abs. 2 S. 2[42]). Für diese **Billigkeitsentscheidung** bedarf es allerdings einer von Amts wegen zu treffenden ausdrücklichen Kostenentscheidung. Da eine solche Kostenverteilung auch schon nach altem Recht möglich war, können die vor Inkrafttreten des Spruchgesetzes ergangenen Entscheidungen als richtungsweisend herangezogen werden.[43] Anhaltspunkte kann § 81 Abs. 2 FamFG geben. 15

Die Auferlegung der Kosten auf den Antragsteller ist denkbar, wenn aufgrund besonderer Umstände ein mutwilliges, grob schuldhaftes oder missbräuchliches Verhalten seinerseits anzunehmen ist,[44] so zB bei offensichtlich unzulässigem, insbesondere verspätetem Antrag,[45] oder bei Zurückweisung eines Antrages, nachdem der Antragsteller seiner Verfahrensförderungspflicht nicht genügt hat.[46] 16

Auch bei Antragsrücknahme können die Kosten des Verfahrens im Ausnahmefall dem Antragsgegner auferlegt werden, wenn der Antrag zwar unzulässig war, dies aber dem Antragsteller aufgrund der komplexen gesellschaftsrechtlichen Fragestellungen nicht von Anfang an erkennbar sein musste.[47] 17

VI. Vorschusspflicht (Abs. 3). Vorschusspflichtig für die Auslagen, insbesondere für die Sachverständigenkosten, ist nach § 15 Abs. 3[48] immer der Antragsgegner. Um zu vermeiden, dass die Durchführung des Verfahrens und insbesondere die Beauftragung eines Sachverständigen von der Zahlung des Auslagenvorschusses abhängig gemacht werden kann und der Antragsgegner dadurch die Möglichkeit erhält, durch schlichte Untätigkeit den Verfahrensfortgang zu blockieren, ist § 8 Abs. 2 KostO ausdrücklich für nicht anwendbar erklärt worden (§ 15 Abs. 3 S. 2).[49] 18

Der Vorschuss für den gemeinsamen Vertreter richtet sich nicht nach § 15 Abs. 3, sondern nach § 6 Abs. 2 S. 4 und 5. 19

Die Erhebung des Kostenvorschusses wird durch den Kostenbeamten angeordnet (§ 22 Abs. 2 S. 1 KostVfg). Er hat die Kostenforderung der Gerichtskasse zur Einziehung zu überweisen (§ 4 Abs. 2 KostVfg), die dann ihrerseits für die Beitreibung verantwortlich ist. 20

Die Anordnung der Vorschussleistung für die Einholung eines Sachverständigengutachtens ist – selbst wenn diese in unangemessener Höhe erfolgt sein sollte – nicht eigenständig anfechtbar.[50] 21

C. Kosten der Antragsteller – außergerichtliche Kosten (Abs. 4)

I. Auslagen. § 15 Abs. 2 und 4[51] regelt die Kostenfrage abschließend. Der **Antragsgegner** hat stets seine eigenen außergerichtlichen Kosten selbst zu tragen.[52] Beim Antragsteller können Billigkeitsgesichtspunkte beachtlich sein.[53] 22

Zu den außergerichtlichen Kosten zählen die Kosten, die „zur zweckentsprechenden Erledigung der Angelegenheit notwendig waren" (§ 15 Abs. 4)[54]: Anwaltskosten – obwohl kein Anwaltszwang –,[55] Reisekosten der Partei zum Gerichtsort,[56] Reisen zur Information des Anwalts. 23

Kosten für die Einholung eines Privatgutachtens sind in aller Regel nicht zu erstatten,[57] wohl aber, wenn sich im Nachhinein herausstellt, dass es notwendig war, um das gerichtliche Gutachten zu widerlegen.[58] 24

Grundsätzlich erstattungsfähig sind Anwaltskosten, auch für den ersten Rechtszug. Ein Rechtsanwalt, der selbst Antragsteller in einem Spruchverfahren ist, kann allerdings keine Erstattung von in eigener Sache angefallenen Gebühren nach dem Rechtsanwaltsgebührenrecht verlangen.[59] 25

II. Gegenstandswert. Der frühere Streit über die Berechnung des Gegenstandswerts (für die Berechnung der Anwaltsgebühren) ist durch das Spruchverfahrensneuordnungsgesetz in den §§ 8 Abs. 1 a S. 1 BRAGO, 26

---

42 Siehe Vorbemerkung Rn 1.
43 Ebenso: Bürgers/Körber/ *Ederle/Theusinger*, § 15 Rn 5.
44 *Fritzsche/Dreier/Verfürth*, § 15 Rn 24, vgl § 13 a Abs. 1 S. 2 FGG.
45 OLG Düsseldorf AG 1998, 236; OLG Düsseldorf AG 1996, 88; LG Dortmund AG 1995, 468; OLG Stuttgart ZIP 2003, 2199.
46 Lutter/Winter/*Krieger/Mennicke*, § 15 Rn 8.
47 BayObLG AG 2004, 99.
48 Siehe Vorbemerkung Rn 1.
49 BegrRegE SpruchG, abgedruckt bei *Neye*, Spruchverfahrensrecht, S. 99.
50 OLG Düsseldorf AG 2004, 390.
51 Siehe Vorbemerkung Rn 1.
52 BGH AG 2012, 173 mit ausf. Auseinandersetzung mit der str. Lit.; kritisch zum Urteil: *Nikoleyczik*, EWiR 2012, 397. Gegen die BGH-Entscheidung hat das OLG Frankfurt entschieden, dass die Anwendung von § 13 Abs. 1 S. 2 FGG aF nicht ausgeschlossen sei, NZG 2012, 191 ff = ZIP 2012, 266 ff.
53 Siehe unten Rn 32; *Preuß*, NZG 2009, 961 f.
54 Siehe Vorbemerkung Rn 1.
55 Porto, Ferngespräche, Vervielfältigung der Schriftsätze, auch für weitere Antragsteller, Reisekosten. Ist der Rechtsanwalt selbst Beteiligter, kann er keine Gebühren und Auslagen nach RVG verlangen, Widmann/Mayer/*Vollrath*, § 15 Rn 58.
56 Wenn angeordnet (§ 12 FGG) oder sonst erforderlich (OLG Frankfurt MDR 1984, 184).
57 MüKo-AktG/*Kubis*, § 15 Rn 22; *Fritzsche/Dreier/Verfürth*, § 15 Rn 41; Lutter/Winter/*Krieger/Mennicke*, § 15 Rn 187; Bürgers/Körber/*Ederle/Theusinger*, § 15 Rn 7.
58 Lutter/Winter/*Krieger/Mennicke*, § 15 Rn 18; MüKo-AktG/*Kubis*, § 15 Rn 22; *Fritzsche/Dreier/Verfürth*, § 15 Rn 41; OLG Düsseldorf WM 1992, 418; OLG Zweibrücken, BB 1997, 218; ausführlicher: Bürgers/Körber/*Ederle/Theusinger*, § 15 Rn 7.
59 OLG München AG 2007, 411, 415.

jetzt § 31 RVG, eindeutig geregelt: Der Gegenstandswert für die anwaltliche Tätigkeit beträgt **mindestens 5.000 EUR** (§ 31 Abs. 1 S. 4 RVG). § 31 Abs. 1 S. 1 regelt den Gegenstandswert im Übrigen: Auszugehen ist vom Geschäftswert, der für die Gerichtskosten maßgebend ist, der sodann nach dem Verhältnis der Anzahl der Anteile des Antragstellers zu der Gesamtzahl der Anteile aller Antragsteller aufzuteilen ist.

Beispiel:

6.000.000 EUR (Geschäftswert für Gerichtskosten) multipliziert mit 200 (Anteile des Antragstellers im Zeitpunkt der Antragstellung) geteilt durch 1.000 (Anteile aller Antragsteller) = 1.200.000 EUR (Gegenstandswert).

27 Ist die Zahl der Anteile des einzelnen Antragstellers nicht bekannt, ist von **einem Anteil** auszugehen (§ 31 Abs. 1 S. 3 RVG).

28 An Gebühren fallen an: 1,3 Verfahrensgebühr, 1,2 Terminsgebühr (Nr. 3100, 3104 des Vergütungsverzeichnisses), ggf zusätzlich eine 1,0 Einigungsgebühr (Nr. 1003 des Verzeichnisses).[60]

29 Die im Einzelfall zu erstattenden Kosten werden im Kostenfestsetzungsverfahren nach § 81 Abs. 3 FamFG (früher § 13a Abs. 3 FGG), §§ 103 ff ZPO festgesetzt.

30 Wird der Rechtsanwalt von mehreren Antragstellern beauftragt, sind die auf die einzelnen Antragsteller fallenden Werte zusammenzurechnen (ggf die Mindestwerte),[61] insoweit findet § 6 BRAGO (jetzt: RVG 1008 VV) keine Anwendung (§ 31 Abs. 2 RVG, § 8 Abs. 1 a S. 4 BRAGO aF).

31 **III. Kostenschuldner.** Nach der vor in Kraft Treten des SpruchG hM[62] waren bei der Kostentragungslast prinzipiell dieselben Erwägungen anzustellen wie bei den Gerichtskosten. Eine Abwälzung auf die Antragsteller kam zB bei offensichtlich unzulässigen Anträgen in Betracht.[63]

32 Die Antragsgegner tragen ihre Kosten grundsätzlich selbst (s.o. Rn 22). Nach dem Wortlaut des Gesetzes (§ 15 Abs. 4)[64] tragen die Antragsteller nun grundsätzlich auch ihre Kosten selbst.[65] Dadurch sollen sie von übereilten oder mutwilligen Anträgen abgehalten werden.[66] Die Auslagen sind aber ganz oder zum Teil vom Antragsgegner zu erstatten, wenn dies unter Berücksichtigung des Ausgangs des Verfahrens der Billigkeit entspricht (§ 15 Abs. 4). § 15 Abs. 4 verdrängt insoweit § 81 Abs. 1 FamFG.[67] Nach der Gesetzesbegründung sollen die Antragsteller ihre Kosten tragen, solange keine Erhöhung der Kompensationsleistung erfolgt. Ein unbegründeter Antrag kann bereits in der ersten Instanz zu einer Kostentragungspflicht der Antragsteller führen. Bei einer deutlichen Erhöhung der Kompensationsleistung sollen nach den Gesetzesmaterialien die Kosten dem Antragsgegner aufgebürdet werden und bei nur geringfügiger Erhöhung käme eine Kostenteilung in Betracht.[68] Wann eine erhebliche Erhöhung vorliegt, wird jedoch nicht gesagt.[69]

33 Die pauschale Kostenabwälzung auf die Antragsteller, wofür sich ein Großteil des Schrifttums einsetzt,[70] wird heftig kritisiert.[71] Der Ausgang des Verfahrens ist für den Antragsteller kaum voraussehbar. Im Falle des Squeeze out führt der Hauptaktionär praktisch eine kalte Enteignung durch, ohne dass eine für den Antragsteller durchschaubare Prüfung vorausgegangen ist. Die Informationen sind für den Minderheitsaktionär oft nur begrenzt zugänglich und werden erst im Laufe des Verfahrens durch die Gutachter erkenntlich. Es wäre auch unbillig, den Antragstellern die Auslagen aufzubürden, wenn eine „nicht erhebliche" Erhöhung der Kompensationsleistung erfolgt. Auch bei einer geringen Erhöhung hat sich in der Sache gezeigt, dass der Antrag begründet war. Wegen der erhöhten Anforderungen hinsichtlich der Begründungspflicht (§ 4) sind die Antragsteller uU auch gehalten, anwaltliche Hilfe in Anspruch zu nehmen.

34 Man wird daher in Anlehnung an die frühere Rechtsprechung[72] davon auszugehen haben: Hat der Antrag keinen Erfolg, sollen zu Recht die Antragsteller ihre Kosten tragen. Eine nicht unerhebliche Erhöhung der Abfindung/Ausgleichszahlung durch die Gerichtsentscheidung soll zu einer Erstattung der Kosten durch den Antragsgegner führen. Wann eine Erhöhung jedoch als so erheblich anzusehen ist, dass sie die ganze oder teilweise Kostenbelastung des Antragsgegners rechtfertigt, hängt vom Einzelfall ab.[73] Die in Zukunft zu erwartenden Entscheidungen werden hier richtungsweisend sein.

---

60 Eine 1,5 Einigungsgebühr (1000 VV RVG) würde voraussetzen, dass über den Vergleichsgegenstand kein gerichtliches Verfahren anhängig ist (vgl Nr. 1003 VV RVG).
61 *Fritzsche/Dreier/Verfürth*, § 15 Rn 52.
62 KölnKomm-AktG/*Koppensteiner*, § 306 AktG Rn 28; OLG Düsseldorf AG 1998, 237.
63 OLG Düsseldorf AG 1993, 41.
64 Siehe Vorbemerkung Rn 1.
65 Ebenso: *Büchel*, NZG 2003, 804; *Fritzsche/Dreier/Verfürth* § 15 Rn 34 ff; *Klöcker/Frowein*, § 15 Rn 15.
66 BegrRegE, BT-Drucks. 15/371, S. 17; *Bungert/Mennicke*, BB 2003, 2030.
67 *Preuß*, NZG 2009, 961 f.
68 BegrRegE, BT-Drucks. 15/371, S. 18.
69 Im Referentenentwurf wurde noch eine Erheblichkeitsschwelle von 15 bis 20 % genannt, DB 2003, 2274.
70 *Büchel*, NZG 2003, 804; *Fritzsche/Dreier/Verfürth* § 15 Rn 34 ff; *Klöcker/Frowein*, § 15 Rn 15.
71 *Emmerich*, in: FS Tilmann, S. 935; *Meilicke/Heidel*, DB 2003, 2274 f; *Widmann/Mayer/Wälzholz*, § 15 Rn 47); differenzierter: *Emmerich/Habersack*, § 15 Rn 21.
72 ZB OLG Stuttgart AG 2001, 315; OLG Düsseldorf AG 1996, 88; BayObLG AG 2001, 593.
73 KölnKomm-AktG/*Rosskopf*, § 15 Rn 54 gibt als Untergrenze 15–20 % als noch erhebliche Abweichung an, jedenfalls nicht mehr 5–10 %; aA *Fritzsche/Dreier/Verfürth*, § 15 Rn 37.

D. Kosten im Beschwerdeverfahren

Für Verfahren, die *nach* dem 31.7.2013 begonnen haben, gilt § 136 Abs. 1 Nr. 2. (siehe oben Vorbemerkung Rn. 1). Eine gesonderte Regelung für den Geschäftswert für Verfahren, die *vor* dem 1.8.2013 begonnen haben, fehlt[74]. Er muss sich demnach gemäß § 15 Abs. 1 S. 2 danach bemessen, welcher Betrag von allen (Beschwerde-)Berechtigten[75] nach der Entscheidung des Gerichts zusätzlich gefordert werden kann. In Anlehnung an die Regelung zur ersten Instanz muss zur Berechnung des Geschäftswerts auf den Tag nach Ablauf der Beschwerdefrist abgestellt werden.[76] 35

Sofern keine Erhöhung der Kompensationszahlung im Beschwerdeverfahren stattfindet, muss der Mindestgeschäftswert des § 15 Abs. 1 S. 2[77] gelten. Im Beschwerdeverfahren über die Kosten gilt nicht das Verbot der reformatio in peius, so dass der Geschäftswert auch zum Nachteil des Beschwerdeführers festgesetzt werden kann.[78] 36

Im Beschwerdeverfahren werden die gleichen Gebühren erhoben wie im ersten Rechtszug (§ 15 Abs. 1 S. 7)[79], dh vier volle Gebühren, wenn es zu einer Entscheidung kommt, sonst nur eine Gebühr. 37

Wird eine Beschwerde zurückgenommen, soll wie nach altem Recht nur eine volle Gebühr erhoben werden.[80] Die Rücknahme der Beschwerde kann noch bis zur Entscheidung des Gerichts gebührenreduzierend zurückgenommen werden. Die Entscheidung ist erst mit ihrer Bekanntmachung ergangen[81] (siehe § 14). 38

Hinsichtlich der Auslagen der Antragsteller gilt das oben (Rn 33) Gesagte entsprechend. 39

§ 16 Zuständigkeit bei Leistungsklage

Für Klagen auf Leistung des Ausgleichs, der Zuzahlung oder der Abfindung, die im Spruchverfahren bestimmt worden sind, ist das Gericht des ersten Rechtszuges und der gleiche Spruchkörper ausschließlich zuständig, der gemäß § 2 mit dem Verfahren zuletzt inhaltlich befasst war.

Literatur:
Siehe oben Einleitung.

A. Leistungsklage

Im Spruchverfahren wird die Höhe der Kompensation einschließlich evtl Verzinsung festgestellt. Die Entscheidung oder der Vergleich schaffen jedoch keinen Zahlungstitel. Zahlt der Antragsgegner nicht,[1] oder berechnet er die Anrechnung des Ausgleichs oder der Zinsen auf die Abfindung falsch,[2] muss der jeweilige Antragsteller Leistungsklage erheben. 1

Die „Leistungsklage" bezieht sich auch auf Nebenforderungen sowie auf Klagen wegen Nichterfüllung, Schlechterfüllung und überhaupt aller Nebenforderungen wie Zinsen und weitere Schadensersatzansprüche.[3] Der Begriff „Leistungsklage" ist daher generell „als Klage in dem Erkenntnisverfahren" zu verstehen.[4] 2

Ist die Kompensation rechtskräftig festgestellt, ist sie grundsätzlich unabänderbar und kann nicht durch nachträgliche Erkenntnisse (zB Änderung der rechtlichen Beurteilung der Anrechnung oder Nichtanrechnung von Steuern) „korrigiert" werden. 3

B. Zuständigkeit

Zuständig ist das **Gericht der ersten Instanz**. Es hat auch der **derselbe Spruchkörper**,[5] der sich bereits mit der Sache befasst hat, wegen seiner besonderen Sachkenntnis, der im Verfahren gewonnenen Erkenntnisse und der Vertrautheit mit dem Streitstoff,[6] über die Leistungsklage zu entscheiden.[7] Bei einem Kompetenz- 4

---

74 Für Verfahren, die nach dem 31.7.2013 begonnen haben, gilt § 136 Abs. 1 Nr. 2 (siehe oben Rn 1 und 4).
75 Abgestellt auf den Tag des Ablaufs der Beschwerdefrist.
76 KölnKomm-AktG/*Rosskopf*, § 15 Rn 21.
77 Siehe Vorbemerkung Rn 1.
78 BayObLG NZG 2003, 11 = AG 2003, 635 f; *Emmerich*/Habersack § 15 Rn 10, siehe auch oben § 12 Rn 14.
79 Siehe Vorbemerkung Rn 1.
80 BegrRegE, BT-Drucks. 15/371, S. 17.
81 *Klöcker*/*Frowein*, § 15 Rn 6: MüKo-AktG/*Volhard*, 2. Aufl., § 15 Rn 4.
1 Was nur selten vorkommt.
2 OLG Hamburg v. 7.1.2005 – 11 U 173/04.
3 *Meilicke*, NZG 2004, 559.
4 *Meilicke*, NZG 2004, 559; so wohl auch *Fritzsche*/*Dreier*/*Verfürth*, § 11 Rn 6; aA *Klöcker*/*Frowein*, § 11 Rn 4.
5 Auch bei Änderung der Geschäftsverteilung, OLG Frankfurt AG 2111, 388; LG Düsseldorf NZG 2009, 114.
6 OLG Frankfurt AG 2011, 337; KölnKomm-AktG/*Rosskopf*, § 16 Rn 15. (Sofern sich mittlerweile die Besetzung des Vorsitzenden der KfH nicht geändert hat, was allerdings häufiger vorkommt.).
7 *Meilicke*, NZG 2004, 548 meint allerdings, dass ein nach § 16 SpruchG unzuständiges Gericht gem. § 39 ZPO durch rügelose Einlassung zur Hauptsache zuständig wird.

konflikt zwischen einer „allgemeinen" Kammer für Handelssachen und der berufenen Kammer entscheidet nicht das Präsidium des Gerichts, sondern das im Rechtszug zunächst höhere Gericht (entsprechend § 17a GVG, 36 Abs. 1 Nr. 6 ZPO).[8] Für eine Entscheidung über eine Berufung kann allerdings nach den allgemeinen Regeln der ZPO ein anderes Gericht zuständig sein als das, welches über die Beschwerde gegen den Beschluss im Spruchverfahren entschieden hat.

5 Eine von § 16 abweichende gerichtliche Zuständigkeit kann nicht vereinbart werden.

C. Zuständigkeit bei Altverfahren

6 Bei den vor dem Stichtag des Inkrafttretens des Spruchgesetzes[9] erhobenen Leistungsklagen bleibt es bei der allgemeinen Zuständigkeit der ZPO (§ 17 Abs. 2). § 16 gilt jedoch für Leistungsklagen, die auf Ansprüchen aus „Altverfahren" beruhen, also auch für Leistungsklagen aus Spruchverfahren, die vor in Krafttreten des neuen Spruchgesetzes abgeschlossen worden sind.[10] Zwar spricht der Wortlaut des § 16[11] zunächst dafür, dass die Vorschrift nur die Verfahren erfassen will, die nach dem 31.08.03 eingeleitet worden sind. Sinn und Zweck des Gesetzes ist aber, im Sinne einer Verfahrensökonomie sicher zu stellen, dass das Gericht und der Spruchkörper, der bereits im Spruchverfahren tätig geworden ist, zuständig bleiben sollen (besondere Sachkenntnis, gewonnene Erkenntnisse und Vertrautheit des Gerichts mit den konkreten Umständen des Falles); die aufwändige Einarbeitung eines anderen Gerichts und das Risiko, trotz der präjudiziellen Wirkung der Entscheidung im Spruchverfahren eine zumindest für die Leistungsklage denkbar andere Sichtweise zu entwickeln, soll vermieden werden.[12] Meilicke[13] weist zu Recht darauf hin, dass der gesetzgeberische Wille auf Jahre nicht in die Tat umgesetzt werden könne, wolle man das Gesetz wortgetreu befolgen. § 16 würde möglicherweise noch viele Jahre lang keine Anwendung finden, weil erst etwa 2009 Entscheidungen nach dem neuen SpruchG zu erwarten sind. Dies widerspricht auch dem gesetzgeberischen Willen in der Regierungsbegründung zu § 16, dass „künftig" sichergestellt werden solle, dass dasselbe Gericht und derselbe Spruchkörper für das Leistungsverfahren tätig werden sollen, um die vorhandene Sachkenntnis für weitere Klageverfahren nutzbar zu machen.

§ 17 Allgemeine Bestimmungen; Übergangsvorschrift

(1) Sofern in diesem Gesetz nichts anderes bestimmt ist, finden auf das Verfahren die Vorschriften des Gesetzes über das Verfahren in Familiensachen und in den Angelegenheiten der freiwilligen Gerichtsbarkeit Anwendung.

(2) ¹Für Verfahren, in denen ein Antrag auf gerichtliche Entscheidung vor dem 1. September 2003 gestellt worden ist, sind weiter die entsprechenden bis zu diesem Tag geltenden Vorschriften des Aktiengesetzes und des Umwandlungsgesetzes anzuwenden. ²Auf Beschwerdeverfahren, in denen die Beschwerde nach dem 1. September 2003 eingelegt wird, sind die Vorschriften dieses Gesetzes anzuwenden.

Literatur:
Siehe oben Einleitung.

A. Geltung des SpruchG – Geltung des FamFG (Abs. 1)

1 Nach § 17 Abs. 1 gelten die Vorschriften des FamFG für das Spruchverfahren, sofern das Spruchgesetz nichts anderes bestimmt (§ 17 Abs. 1) oder die Vorschriften auf das Spruchverfahrensgesetz nicht zutreffen. Insbesondere ist der Amtsermittlungsgrundsatz (§ 26 FamFG, früher § 12 FGG) durch §§ 4 Abs. 2 S. 2 Nr. 4, Abs. 3, §§ 9, 10 eingeschränkt.[1] In § 10 Abs. 3 ist zB § 26 FamFG ausdrücklich im Rahmen der Nichtberücksichtigung bzw Zurückweisung verspäteten Vorbringens ausgeschlossen. Als „echte Streitsache"[2] der freiwilligen Gerichtsbarkeit unterliegt das Verfahren der Dispositionsmaxime der Parteien.[3] Gleichwohl ist trotz der erheblichen Einschränkung des Amtsermittlungsgrundsatzes das Gericht berech-

---

8 OLG Frankfurt AG 2011, 337 ff.
9 1.9.2003 (Art 7 des Spruchverfahrensneuordnungsgesetz v. 17.6.2003, BGBl. 2003, 838.). Verfahren dürften kaum noch möglich sein.
10 OLG Frankfurt AG 2011, 337.
11 „gemäß § 2 mit dem Verfahren zuletzt inhaltlich befasst war".
12 *Fritzsche/Dreier/Verfürth*, § 16 Rn 7; *Büchel*, NZG 2003, 800.
13 NZG 2004, 551.

1 *Lutter/Winter/Krieger/Mennicke*, § 17 Rn 1; *Fritzsche/Dreier/Verfürth*, § 17 Rn 3; *Klöcker/Frowein*, § 17 Rn 21.
2 OLG Stuttgart ZIP 2008, 2020; OLG Schleswig NZG 2008, 876; *Fritzsche/Dreier/Verfürth*, § 17 Rn 3; *Hüffer*, § 17 Rn 1; *Klöcker/Frowein*, § 17 Rn 1; *Bürgers/Körber/Ederle/Theusinger*, § 6 § 17 Rn 1.
3 *Lutter/Winter/ Krieger/Mennicke*, § 17 Rn 1.

tigt, von Amts wegen Ermittlungen durchzuführen und Beweise zu erheben.[4] Die Amtsermittlungspflicht besteht aber nur dann, wenn der nach § 4 Abs. 2 S. 4 zu führende Vortrag der Beteiligten Anlass zur Amtsermittlung gibt.[5]

Für ein in 1. Instanz vor dem 1.9.2009 eingeleitetes Spruchverfahren bleiben die Vorschriften des FGG – auch für das Rechtsmittelverfahren[6] – weiterhin anwendbar.

B. Anwendbarkeit des neuen Rechts (Abs. 2)

Das **SpruchG** gilt für Verfahren, in denen der **Antrag auf gerichtliche Entscheidung ab dem 1.9.2003 gestellt** worden ist; für frühere Verfahren ist weiter das bisherige Recht (AktG und UmwG) anzuwenden (§ 17 S. 2). Dies gilt auch für die Frage der Vergütung.[7] Die vor dem Stichtag ergangene Rechtsprechung findet im Wesentlichen auch für die Verfahren nach dem Stichtag Anwendung.

Läuft die Antragsfrist nach dem 1.9.2003 ab, ist aber ein (zulässiger) Antrag bereits vor dem 1.9.2003 eingegangen, ist der erste Antrag für die Bestimmung des Rechts entscheidend;[8] allerdings nur, wenn er **zulässig** ist, weil es ein Antragsteller nicht in der Hand haben kann, einem Antragsgegner durch einen unzulässigen Antrag bestimmte, für ihn ungünstige Verfahrensvorschriften aufzuzwingen.[9] Wird ein zunächst unzulässiger Antrag (Antrag zwischen Strukturmaßnahme und Bekanntmachung) mit Fristbeginn wirksam,[10] ist der Fristbeginn der entscheidende Stichtag für das anzuwendende Recht.[11]

Für die Frage, welches Recht im **Beschwerdeverfahren** anzuwenden ist, gilt die Abgrenzung entsprechend. Altes Recht gilt, wenn bis zum 1. September 2003 eine zulässige Beschwerde eingelegt worden ist.[12] Beschwerdeeinlegung am 1.9.2003 führt zum alten Recht.[13] Voraussetzung ist aber auch hier die Zulässigkeit der Beschwerde; es muss also bei Einlegung der Beschwerde bereits eine beschwerdefähige Entscheidung vorliegen.[14]

§ 17 Abs. 2 findet keine Anwendung auf Beschwerden, die innerhalb eines erstinstanzlichen Spruchverfahrens eingereicht werden.[15]

---

4 Fritzsche/Dreier/Verfürth, § 17 Rn 3.
5 Fritzsche/Dreier/Verfürth, § 17 Rn 5; siehe auch Einleitung Rn 4 und § 8 Rn 2.
6 OLG München AG 2010, 717: auf den Zeitpunkt der Entscheidung 1. Instanz und der Einlegung der Beschwerde kommt es nicht an.
7 BayObLG AG 2004, 509.
8 Lutter/Winter/*Krieger/Mennicke*, § 17 Rn 3.
9 LG Dortmund AG 2005, 309 = NZG 2005, 320 = DB 2005, 381 mit zust. Anm. *Wasmann*; ebenso: LG Frankfurt ZIP 2004, 809; *Hüffer*, § 17 Rn 4; *Kohl/Wasmann*, DB 2003, 1559 f; aA *Klöcker/Frowein*, § 17 Rn 23; *Fritzsche/Dreier/Verfürth*, § 17 Rn 10; LG München I AG 2005, 311; OLG Frankfurt ZIP 2005, 2064 f; BayObLG AG 2005, 922.
10 So § 4 Rn 7.
11 Lutter/Winter/*Krieger/Mennicke*, § 17 Rn 4.
12 Zustimmend: *Wasmann*, DB 2005, 381.
13 Bürgers/Körber/*Ederle/Theusinger*, § 17 Rn 2.
14 HM: MüKo-AktG/*Kubis*, § 17 Rn 5.
15 *Klöcker/Frowein*, § 17 Rn 25; *Bungert/Mennicke*, BB 2003, 2022.

Umwandlungsrecht – Einführung

Literatur:

Kallmeyer, UmwG, Kommentar, 5. Auflage 2013 (zitiert: Kallmeyer/*Bearbeiter*); *Kölner Kommentar zum UmwG*, hrsg. von Dauner-Lieb/Simon, 2009 (zitiert: KölnKomm-UmwG/*Bearbeiter*); *Limmer*, Handbuch der Unternehmesumwandlung, 4. Auflage 2012 (zitiert: *Bearbeiter* in: Hb-UntUmw); *Leitzen*, Die Änderungen des Umwandlungsgesetzes durch das Dritte Gesetz zur Änderung des Umwandlungsrechts, DNotZ 2011, 526, *Lutter/Winter*, UmwG, Kommentar, 4. Auflage 2009 (zitiert: Lutter/Winter/*Bearbeiter*); *Schmitt/Hörtnagl/Stratz*, UmwG – UmwStG, Kommentar, 5. Auflage 2009; *Sagasser/Bula/Brünger*, Umwandlungen, 4. Aufl. 2011, *Semler/Stengel*, UmwG, Kommentar, 3. Auflage 2012; *Widmann/Mayer*, Umwandlungsrecht, Kommentar (Losebl.), Stand: August 2012 (zitiert: Widmann/Mayer/*Bearbeiter*).

A. Begriff, Wesensmerkmale der Verschmelzung 1	a) Normzweck und Anwendungsbereich .. 46
B. Mögliche Verschmelzungsvorgänge bei der AG ... 3	b) Entbehrlichkeit eines zustimmenden Hauptversammlungsbeschlusses der übernehmenden AG gemäß § 62 Abs. 1 bis 3 47
I. Grenzüberschreitende Verschmelzungen 3	
II. Mischverschmelzungen 4	
1. Verschmelzung mit AG/KGaA als übertragender Rechtsträger 6	aa) Bestehen eines Konzernverhältnisses 47
2. Verschmelzung mit AG/KGaA als übernehmender/neuer Rechtsträger 7	bb) Einhaltung der Informationspflichten, § 62 Abs. 3 49
III. Mehrfachverschmelzung 8	c) Entbehrlichkeit eines Zustimmungsbeschlusses der übertragenden AG gemäß § 62 Abs. 4 S. 1 53
C. Ablauf des Verschmelzungsverfahrens bei der AG ... 9	
D. Verschmelzungsvertrag 13	
I. Voraussetzungen 13	d) Verschmelzungsrechtlicher Squeeze-out (§ 62 Abs. 5, Abs. 4 S. 2) 54
1. Form 13	
2. Abschlusskompetenz 14	II. Vorbereitung der Hauptversammlung (§ 63) ... 55
II. Notwendiger Vertragsinhalt (§ 5 Abs. 1) 16	III. Durchführung der Hauptversammlung (§ 64) .. 57
1. Anteilsgewährpflicht (§ 5 Abs. 1 Nr. 2) 17	1. Die Regelungen des § 64 57
a) Grundsatz 17	2. Beschlussgegenstand 58
b) Ausnahmen von der Anteilsgewährpflicht (§ 68) 19	3. Beschlussmehrheit, Sonderbeschlüsse (§ 65) 59
c) Durchführung der Anteilsgewährung (§ 69) 23	a) Beschlussmehrheit (§ 65 Abs. 1) 59
	b) Sonderbeschlüsse (§ 65 Abs. 2) 61
2. Angaben zum Umtauschverhältnis und zu baren Zuzahlungen (§ 5 Abs. 1 Nr. 3) 24	IV. Formfragen 62
	V. Sonstige Zustimmungserfordernisse 64
3. Angabe besonderer Rechte (§ 5 Abs. 1 Nr. 7) 26	H. Nachgründung 65
	I. AG als übernehmender Rechtsträger (§ 67) 65
4. Folgen der Verschmelzung für die Arbeitnehmer und ihre Vertretungen (§ 5 Abs. 1 Nr. 9) 28	1. Voraussetzungen 65
	2. Verfahren der Nachgründungsprüfung 67
a) Individualarbeitsrecht 29	3. Rechtsfolgen bei Verstoß 70
b) Kollektives Arbeitsrecht 30	II. AG als übertragender Rechtsträger (§ 76) 71
c) Rechtsfolgen bei Verstoß 34	I. Schlussbilanz 72
5. Satzungsfeststellung bei Verschmelzung zur Neugründung einer AG (§ 74) 35	I. Erfordernis der Bilanzbeifügung 72
	II. Formelle Anforderungen 74
E. Bekanntmachung des Verschmelzungsvertrages (§ 61) 36	III. Achtmonatsfrist 77
	1. Anwendungsbereich 77
I. Normzweck 36	2. Fristberechnung, Fristüberschreitung 78
II. Einreichung zum Register 37	3. Nachreichen der Bilanz und sonstiger Unterlagen 80
III. Rechtsfolgen bei Verstoß 38	
F. Zuleitung des Vertrags/Entwurfs an den Betriebsrat (§ 5 Abs. 3) 39	J. Besonderheiten bei grenzüberschreitenden Verschmelzungen (§§ 122 a ff) 81
I. Zuzuleitende Dokumente 40	I. Regelungstechnik 82
II. Zuständiger Betriebsrat 41	II. Vorbereitung der Verschmelzung 83
III. Berechnung der Zuleitungsfrist 42	1. Bekanntmachung des Verschmelzungsplanes bei Gericht (§ 122 d) 83
IV. Empfangszuständigkeit/Nachweis der Zuleitung 43	2. Verschmelzungsbericht, Verschmelzungsprüfung (§§ 122 e, 122 f) 84
V. Verzicht auf Zuleitung 44	III. Verschmelzungsplan (§ 122 c) 85
G. Zustimmungsbeschluss der Hauptversammlung (§§ 13, 62, 64, 65, 76) 45	IV. Verschmelzungsbeschlüsse (§ 122 g) 88
I. Kompetenz der Hauptversammlung 45	V. Verschmelzungsbescheinigung / Registerverfahren (§§ 122 k, 122 l) 89
1. Grundsatz 45	
2. Ausnahme des § 62 46	

Hinweis:
Nachstehenden Ausführungen beschränken sich auf eine einführende Erläuterung des Umwandlungsrechts für AGs, wobei dies anhand einer Erläuterung Verschmelzungsrechts erfolgt. Die Struktur des Umwandlungsrechts bringt es mit sich, dass alle anderen Umwandlungsformen auf dieser „Grundform" aufbauen. **Paragrafen ohne Gesetzesangabe sind solche des UmwG.**

A. Begriff, Wesensmerkmale der Verschmelzung

1 Die Verschmelzung zeichnet sich durch die Übertragung des Vermögens des/der übertragenden Gesellschaft/en **im Wege der Gesamtrechtsnachfolge** auf eine übernehmende oder dadurch neu gegründete Gesellschaft aus, wobei die übertragende Gesellschaft **liquidationslos** erlischt und grundsätzlich als Abfindung hierfür die **Gesellschafter der übertragenden Gesellschaft Anteile an der übernehmenden/neu gegründeten Gesellschaft** erhalten (§ 2). Erfolgt die Übertragung auf einen bereits bestehenden Rechtsträger, so spricht man von einer Verschmelzung durch Aufnahme (§ 2 Nr. 1), erfolgt sie auf einen dadurch neu gegründeten Rechtsträger, so spricht man von einer Verschmelzung durch Neugründung.

2 Aus den Wesensmerkmalen der Verschmelzung erschließen sich wesentliche Gestaltungsvorteile der Verschmelzung in zivilrechtlicher Hinsicht: Die Gesamtrechtsnachfolge ermöglicht es, ohne Einzelübertragungsakte, zB durch Auflassung gem. § 925 BGB, Übereignung gem. § 929 BGB, Abtretung gem. §§ 398 ff BGB alle Aktiva und Passiva eines Unternehmens auf ein anderes Unternehmen zu übertragen. Vor allem ist für die Abtretung von Verbindlichkeiten und den Übergang von Vertragsverhältnissen nicht die Genehmigung des Gläubigers (§ 415 BGB) bzw Vertragspartners erforderlich. Schließlich geht das liquidationslose Erlöschen im Wege der Verschmelzung wesentlich geräuschloser und weniger zeitintensiv vonstatten als die Liquidation gem. §§ 264 ff AktG. Insbesondere muss das Sperrjahr nicht eingehalten werden. Abgesehen davon führt eine Liquidation regelmäßig zur Aufdeckung der stillen Reserven, wohingegen die Verschmelzung unter Fortführung der Buchwerte erfolgen kann.

B. Mögliche Verschmelzungsvorgänge bei der AG

3 **I. Grenzüberschreitende Verschmelzungen.** Gemäß §§ 122 a ff können Aktiengesellschaften auch Ausgangs- und Zielrechtsträger bei grenzüberschreitenden Verschmelzungen sein, wenn es sich bei der ausländischen Gesellschaft ebenfalls um eine Kapitalgesellschaft handelt. Ist eine Personengesellschaft Ausgangs- oder Zielrechtsträger, so scheidet eine grenzüberschreitende Verschmelzung also aus. Auf der Basis der „SEVIC"-Entscheidung des EuGH[1] sollen nach hM auch Spaltungen zulässig sein.[2] Dass in der Praxis derartige Spaltungen durchgeführt werden, ist dem Verfasser indes nicht bekannt.

4 **II. Mischverschmelzungen.** Eine AG/KGaA kann nicht nur auf eine andere AG/KGaA verschmolzen werden. Vielmehr sind gem. § 3 Abs. 4 grundsätzlich auch sog. **Mischverschmelzungen** zulässig, also Verschmelzungen unter Beteiligung von Rechtsträgern unterschiedlicher Rechtsform. Dem vorangehen muss jedoch stets die Prüfung, ob es sich dabei um einen verschmelzungsfähigen Rechtsträger auf übertragender oder übernehmender Seite handelt. Diese Frage beantwortet grundsätzlich § 3.

5 Allgemein gilt: Schweigt das Gesetz zu einer Verschmelzung unter Beteiligung eines bestimmten Rechtsträgers, so ist diese unzulässig (**Numerus clausus der Umwandlungsarten**; § 1 Abs. 2). Dieser Grundsatz ist unbedingt zu beachten, da auch durch eine Registereintragung der Mangel nicht geheilt wird.[3] Der Grundsatz, wonach die Wirksamkeit eingetragener Umwandlungen nicht durch die Mängel des Umwandlungsvorgangs berührt wird, wird hier also durchbrochen.

6 **1. Verschmelzung mit AG/KGaA als übertragender Rechtsträger.** Als übertragender Rechtsträger kann eine AG/KGaA verschmolzen werden auf eine Partnerschaftsgesellschaft, eine GmbH, eine AG oder KGaA, eine eingetragene Genossenschaft und eine natürliche Person, sofern alleinige Aktionärin die natürliche Person ist (§ 3 Abs. 2 Nr. 2). Auf eine **Unternehmergesellschaft** (§ 5 a GmbHG) kann wegen des Verbots der Sachgründung gem. § 5 a Abs. 2 S. 2 GmbHG keine Verschmelzung zur Neugründung erfolgen. Wohl aber ist eine Verschmelzung zur Aufnahme zulässig. Anerkannt war bislang schon, dass dies jedenfalls dann gilt, wenn die Verschmelzung zur Aufnahme ohne Kapitalerhöhung erfolgt.[4] Nachdem der BGH[5] entschieden hat, dass das Sacheinlageverbot nicht für eine Kapitalerhöhung gilt, durch die das Mindeststammkapital

---

[1] NJW 2006, 425 = DB 2005, 2804 m.Anm. *Ringe*; vgl hierzu auch *Bayer/Schmidt*, ZIP 2006, 210.
[2] Widmann/Mayer/*Heckschen*, § 1 UmwG Rn 261.1 und Vor §§ 122 a ff. UmwG Rn 15.
[3] BGH NJW 1998, 229; vgl dazu auch *K. Schmidt*, ZIP 1998, 181.
[4] *Limmer* in: Hb-UntUmw, Teil 2, Rn 833.
[5] BGH NJW 2011, 1881.

von 25.000 EUR erreicht oder überstiegen wird, dürfte nun aber auch eine Kapitalerhöhung zum Zwecke der Durchführung der Verschmelzung zulässig sein, wenn hierdurch das Mindeststammkapital erreicht oder überschritten wird.[6]

Nicht zulässig ist eine Verschmelzung einer AG/KGaA auf einen eingetragenen Verein/wirtschaftlichen Verein, eine Stiftung, Genossenschaftliche Prüfungsverbände, einen VVaG oder eine BGB-Gesellschaft. **BGB-Gesellschaften** müssen sich zunächst durch konstitutive Eintragung in das Handelsregister (§§ 105 Abs. 2, 161 Abs. 2, 105 Abs. 2 HGB) in eine OHG/KG „umwandeln" und stehen sodann als aufnehmende Rechtsträger zur Verfügung.

2. Verschmelzung mit AG/KGaA als übernehmender/neuer Rechtsträger. Auf eine AG/KGaA als **übernehmender/neuer Rechtsträger** kann verschmolzen werden eine Partnerschaftsgesellschaft, eine AG oder KGaA, eine GmbH (auch in Form einer UG), eine eingetragene Genossenschaft und ein eingetragener Verein/wirtschaftlicher Verein. Ein VVaG kann auf eine AG (nicht KGaA) verschmolzen werden, wenn es sich dabei um eine AG handelt, die den Betrieb von Versicherungsgeschäften zum Gegenstand hat (§ 109 S. 2). Nicht zulässig ist eine Verschmelzung auf eine AG/KGaA von einem Genossenschaftlichen Prüfungsverband, einer Stiftung, einer natürlichen Person (ergibt sich aus der Natur der Sache) und einer BGB-Gesellschaft. Auch hier muss zunächst die Eintragung als OHG/KG im Handelsregister erfolgen.

III. Mehrfachverschmelzung. Gemäß § 2 Nr. 1 können mehrere übertragende Rechtsträger auf einen übernehmenden Rechtsträger verschmolzen werden (sog. Mehrfachverschmelzung). Im umgekehrten Fall liegt eine Spaltung vor. Bei der Verschmelzung zur Neugründung werden stets zwei oder mehrere übertragende Rechtsträger auf einen (nicht mehrere) von ihnen dadurch neu gegründeten Rechtsträger verschmolzen (§ 2 Nr. 2).

C. Ablauf des Verschmelzungsverfahrens bei der AG

Grundsätzlich gilt: Bei der Umwandlung unter Beteiligung einer AG sind einige Besonderheiten zu beachten, die teilweise gravierenden Einfluss auf ein Umwandlungsvorhaben und dessen Gestaltung haben können. Man denke zB nur an § 76, wonach innerhalb der ersten zwei Jahre seit Eintragung ins Handelsregister eine übertragende AG nicht auf eine hierdurch neu entstehende Gesellschaft verschmolzen werden darf. Es ist deshalb dringend zu empfehlen, sich schon ganz zu Beginn eines Umwandlungsvorhabens zunächst mit den Sondervorschriften im Umwandlungsrecht vertraut zu machen. Der Ablauf der Verschmelzung einer AG erfolgt grundsätzlich in folgenden Schritten und unter Beachtung der folgenden Besonderheiten:

- **Abschluss des Verschmelzungsvertrages** (§§ 4–6), wobei zunächst freilich für die nachfolgenden Verfahrensschritte auch lediglich die Aufstellung eines Entwurfs genügt und der eigentliche Vertragsabschluss später (zB nach Vorliegen aller Zustimmungsbeschlüsse kurz vor der Anmeldung) erfolgen kann. Zum Verschmelzungsvertrag näher unten Rn 16 ff.
- **Verschmelzungsbericht und Verschmelzungsprüfung** (§§ 8, 9 ff, 12, 60, 75): Hier regelt § 60 einige Besonderheiten zur normalen Verschmelzungsprüfung gem. §§ 9 ff: Während bei der GmbH eine Verschmelzungsprüfung nur stattfindet, wenn dies ein Gesellschafter verlangt (§ 48), hat bei der AG eine Prüfung auch ohne Verlangen zu erfolgen (§ 60), wobei freilich auch hier ein Verzicht auf die Prüfung gem. §§ 9 Abs. 3 iVm 8 Abs. 3 möglich ist. Im Falle einer Verschmelzung zur Neugründung bestimmt § 75, dass im Gründungsbericht gem. § 32 AktG auch der Geschäftsverlauf und die Lage der übertragenden Rechtsträger darzustellen sind. Zum Gründungsprüfer (§ 33 Abs. 2 AktG) kann hier der Verschmelzungsprüfer bestellt werden.
- **Bekanntmachung des Verschmelzungsvertrages (oder seines Entwurfs)**, § 61: Vgl hierzu näher unten Rn 36 ff.
- **Zuleitung des Verschmelzungsvertrages (oder seines Entwurfs) zum zuständigen Betriebsrat**: Vgl hierzu näher unten Rn 39 ff.
- **Zustimmungsbeschluss der Hauptversammlung zur Verschmelzung**, §§ 62 bis 65: Vgl hierzu näher unten Rn 45 ff.
- **Kapitalerhöhungsbeschluss** soweit erforderlich, §§ 66, 68, 69: Vgl hierzu Rn 77 ff.
- **Anmeldungen zum Handelsregister** der übertragenden und übernehmenden bzw neu zu gründenden AG; unter Beifügung einer Schlussbilanz, deren Stichtag höchstens acht Monate vor der Anmeldung liegen darf; §§ 16, 17. Vgl zur Schlussbilanz unten Rn 72 ff.

---

[6] So auch schon vor o.g. BGH-Entscheidung Widmann/Mayer/*Fronhöfer*, § 3 UmwG Rn 16.3.

- Ggf Eintragung der Kapitalerhöhung vorweg, § 66.
- Eintragung der Verschmelzung, §§ 19, 20.
- **Umtausch von Aktien, Treuhänder**, §§ 71, 72: Gemäß § 71 muss bei Verschmelzung auf eine AG jeder übertragender Rechtsträger einen (ggf auch gemeinsamen) Treuhänder für den Empfang der zu gewährenden Aktien und der baren Zuzahlungen bestellen und darf die Eintragung der Verschmelzung in das Register der übernehmenden AG erst erfolgen, wenn der Treuhänder dem Gericht bestätigt, dass er im Besitz der Aktien und der baren Zuzahlungen ist.

In der Praxis werden häufig keine Aktienurkunden ausgegeben und sind auch keine baren Zuzahlungen zu leisten. Fraglich ist dann, ob § 71 gleichwohl Anwendung findet: Die Vorschrift passt schon von ihrem Wortlaut her nicht auf brieflose Aktien, da dort verlangt wird, dass der Treuhänder den „Besitz" der Aktien dem Gericht anzeigt. Auch der Schutzzweck der Vorschrift, greift dann nicht. Es soll vermieden werden, dass der übertragende Rechtsträger erlischt, bevor dessen Gesellschafter in den Besitz der Aktienurkunden gekommen sind. Gleichwohl wird zT vertreten, dass § 71 auch bei unverbrieften Aktien und bei Fehlen einer baren Zuzahlung eingreifen soll.[7] Diese Ansicht ist jedoch abzulehnen: Die Einschaltung eines Treuhänders in derartigen Fällen ist lästig, mit Kostenaufwand verbunden (§§ 71 Abs. 2 iVm 26 Abs. 4) und kann zu Zeitverzögerungen führen. Hinzu kommt, dass bei unverbrieften Rechten ohne Zuzahlungen die Anzeige an das Gericht eine reine „Luftnummer" ist. Richtigerweise findet die Vorschrift deshalb in den Fällen keine Anwendung, wo weder Aktienurkunden ausgegeben werden noch bare Zuzahlungen zu leisten sind.[8] Vorsorglich könnte man noch daran denken, dass die Gesellschafter des übertragenden Rechtsträgers im Rahmen der Zustimmungsbeschlüsse auf die Bestellung eines Treuhänders verzichten.

D. Verschmelzungsvertrag

I. Voraussetzungen. 1. Form. Gemäß § 6 muss der Vertrag notariell beurkundet werden. Ob eine Beurkundung im Ausland zulässig ist, ist umstritten. Da es sich beim Verschmelzungsvertrag ebenso wie bei der Gründung einer AG um ein statusrechtliches Geschäft handelt,[9] kann insoweit auf die Kommentierung zu § 23 verwiesen werden (vgl dort § 23 Rn 4 f). An dieser Stelle soll der Hinweis genügen, dass nach hier vertretener Auffassung die Beurkundung im Ausland unzulässig ist,[10] durch die Geschäftswertobergrenze in § 107 Abs. 1 kostenrechtliche Gesichtspunkte keine entscheidende Rolle mehr spielen und auch die Praxis zwischenzeitlich ganz überwiegend dazu übergegangen ist, die Beurkundung im Inland vorzunehmen.

2. Abschlusskompetenz. Die AG wird beim Abschluss des Verschmelzungsvertrages durch den Vorstand in vertretungsberechtigter Zahl gem. § 78 AktG vertreten. Sieht die Satzung unechte Gesamtvertretung von einem Vorstandsmitglied zusammen mit einem Prokuristen vor, so kann ein Vorstandsmitglied zusammen mit einem Prokuristen handeln. Da es sich – unabhängig davon, ob die AG übertragender oder übernehmender Rechtsträger ist – um ein Grundlagengeschäft iSv § 49 Abs. 1 HGB handelt, muss die AG organschaftlich vertreten werden; zwei Prokuristen zusammen können also nicht den Vertrag abschließen.[11]

Rechtsgeschäftliche Vertretung (auch durch Prokuristen) im Wege einer Bevollmächtigung oder vollmachtloser Vertretung und nachträglicher Genehmigung ist möglich. Vollmachten und nachträgliche Genehmigung bedürfen keiner notariellen Beurkundung/Beglaubigung, § 167 Abs. 2 BGB.[12] § 181 BGB ist zu beachten. Ggf kann uU mit einer Einzelermächtigung gem. § 78 Abs. 4 AktG das Problem gelöst werden:

Beispiel:

Soll die A-AG auf die B-AG verschmolzen werden und sollen C und D jeweils als gesamtvertretungsberechtigte und nicht von den Beschränkungen des § 181 BGB befreite Vorstandsmitglieder den Vertrag abschlie-

---

7 Lutter/Winter/*Grunewald*, § 71 Rn 7.
8 Ebenso: *Bandehzadeh*, DB 2007, 1514 ff; *Limmer* in: Hb-UntUmw, Rn 1240.
9 Widmann/Mayer/*Mayer*, § 4 Rn 25.
10 So auch Widmann/Mayer/*Heckschen*, § 6 Rn 42 mit ausf. Überblick über den Meinungsstand; Kallmeyer/*Zimmermann*, § 6 Rn 11; vgl auch Lutter/Winter/*Lutter/Drygala*, § 6 Rn 8 sowie *Bayer*, ZIP 1997, 1613, 1619, wonach eine Haftungsbeschränkung des ausländischen Notars die Gleichwertigkeit beseitigt. Eine solche Haftungsbeschränkung ist jedoch bei ausländischen Notaren die ganz überwiegende Praxis.
11 Widmann/Mayer/*Mayer*, § 4 Rn 39; Kallmeyer/*Marsch-Barner*, § 4 Rn 5.
12 Bei einer Umwandlung zur Neugründung einer AG ist jedoch gem. § 23 Abs. 1 S. 2 AktG eine notarielle Beglaubigung erforderlich. Die Vorschrift findet beim Formwechsel über § 197 UmwG ebenfalls Anwendung.

ßen, so können sie dies tun, indem C und D gemeinsam C zur Einzelvertretung der A-AG und D zur Einzelvertretung der B-AG ermächtigen.[13]

II. Notwendiger Vertragsinhalt (§ 5 Abs. 1). Der Mindestinhalt des Verschmelzungsvertrages ergibt sich aus § 5 Abs. 1. Insoweit wird grundsätzlich auf die einschlägigen Kommentierungen hierzu verwiesen. An dieser Stelle sollen nur folgende Punkte besonders erwähnt werden: 16

1. Anteilsgewährpflicht (§ 5 Abs. 1 Nr. 2). a) Grundsatz. Für alle Umwandlungsvorgänge gilt der Grundsatz, dass die Anteilsinhaber des übertragenden / formwechselnden Rechtsträgers bzw bei der Ausgliederung der übertragende Rechtsträger selber grundsätzlich Anteilsinhaber des übernehmenden / neuen Rechtsträgers bzw Rechtsträgers neuer Rechtsform werden müssen (sog. Anteilsgewährpflicht oder Identitätsprinzip). Dies folgt aus dem Wortlaut des Gesetzes für die Verschmelzung in § 5 Abs. 1 Nr. 2 („... gegen Gewährung von Anteilen oder Mitgliedschaften an dem übernehmenden Rechtsträger") und § 20 Abs. 1 Nr. 3 („Die Anteilsinhaber der übertragenden Rechtsträger werden Anteilsinhaber des übernehmenden Rechtsträgers; dies gilt nicht,..."), für die Spaltung jeweils in § 123 Abs. 1, 2 und 3 a.E („... gegen Gewährung von Anteilen oder Mitgliedschaften dieses Rechtsträgers ... an die Anteilsinhaber des übertragenden Rechtsträgers") (bei der Ausgliederung „an den übertragenden Rechtsträger") und in § 131 Abs. 1 S. 3, für den Formwechsel in § 202 Abs. 1 Nr. 2 („Die Anteilsinhaber des formwechselnden Rechtsträgers sind an dem Rechtsträger nach dem für die neue Rechtsform geltenden Vorschriften beteiligt, soweit ihre Beteiligung nicht..."). 17
Die Beachtung der Anteilsgewährpflicht im Umwandlungsvertrag / -beschluss ist wesentlicher Bestandteil des Vertrages / Beschlusses. Die Nichtbeachtung führt – soweit nicht einer der nachstehend zu erörternden Ausnahmefälle vorliegt – zur Unwirksamkeit.[14] Wird gleichwohl eingetragen, wird der Mangel jedoch geheilt (§ 20 Abs. 2).
Allerdings wird diese strenge Auffassung von der Anteilsgewährpflicht in letzter Zeit vermehrt in Frage gestellt. Aus den §§ 54, 68, die nunmehr auch die Möglichkeit eines Verzichts auf die Anteilsgewährung vorsehen, wird ein allgemeines Prinzip der Vertragsfreiheit im Umwandlungsrecht abgeleitet: Mit Zustimmung der betroffenen Gesellschafter soll nach dieser Auffassung auf die Anteilsgewährung bzw die Wahrung des Identitätsprinzip beim Formwechsel immer verzichtet werden können.[15] Dabei stützt man sich auch auf eine Entscheidung des BGH vom 9.5.2005,[16] wo der BGH im Zusammenhang mit dem Formwechsel einer AG in eine GmbH & Co. KG entschieden, dass im Zuge des Formwechsel auch ein neu hinzutretender Gesellschafter Komplementär der zukünftigen KG werden kann. Daraus wird gefolgert, dass es bei der Anteilsgewährpflicht bzw dem Identitätsprinzip um Minderheitenschutz geht, der damit auch mit Zustimmung der Gesellschafter disponibel ist. Für die Praxis empfiehlt es sich vorerst jedoch weiterhin, von der strengen Geltung der Anteilsgewährpflicht auszugehen.

Werden AGs miteinander verschmolzen und bestehen bei diesen unterschiedliche Aktiengattungen, so muss nach hM die Gegenleistung nicht in derselben Gattung erfolgen. Insbesondere können **Inhaber- statt Namensaktien** und umgekehrt ausgegeben werden. Dies gilt auch, wenn die neuen Aktien vinkuliert sind.[17] Dann besteht unter den Voraussetzungen von § 29 Abs. 1 S. 2 ein Barabfindungsanspruch. Werden an die Stammaktionäre der übertragenden AG **Stamm- und stimmrechtslose Vorzugsaktien** der übernehmenden AG in demselben Verhältnis gewährt, wie es dort schon vorher bestand, so ist dies zulässig. Die mit der reinen Gewährung von stimmrechtslosen Vorzugsaktien verbundene Ausschließung vom Stimmrecht ist dagegen unzulässig.[18] Umstritten ist, ob ohne Sonderbeschluss gem. § 141 Abs. 1 AktG umgekehrt anstelle Vorzugsaktien bei der übertragenden AG Stammaktien bei der übernehmenden AG ausgegeben werden können.[19] Richtigerweise wird man wohl einen Sonderbeschluss verlangen müssen. Angesichts des Streitstands sollte in der Praxis jedenfalls vorsorglich versucht werden, einen derartigen Beschluss herbeizuführen. 18

b) Ausnahmen von der Anteilsgewährpflicht (§ 68). § 68 Abs. 1 S. 1 regelt für die AG – ebenso wie § 54 für die GmbH – in Nr. 1 bis 3 Fälle, in denen ein absolutes Kapitalerhöhungsverbot besteht und S. 2 enthält in 19

---

13 RGZ 108, 405, 407; BGHZ 64, 72, 75. Die Entscheidung wird in der Literatur zT kritisiert; vgl *Hüffer*, § 78 AktG Rn 6. Der Rspr ist jedoch zuzustimmen. Entscheidend hierfür ist, dass es sich bei der Einzelmächtigung um eine organschaftliche Vertretungsmacht handelt. Die Gesamtvertretungsmacht des Vorstandsmitglieds erstarkt durch die Ermächtigung für den Abschluss des konkreten Geschäfts zur Einzelvertretungsmacht. Anders als bei einer Bevollmächtigung unterliegt der Ermächtigte dann auch nicht mehr den Weisungen des an der Ermächtigung mitwirkenden weiteren Vorstandsmitglieds. Der Rechtsgedanke von § 181 BGB schlägt deshalb anders als bei der Vollmachtserteilung nicht auf die Erteilung der Ermächtigung durch.
14 Widmann/Mayer/*Mayer*, § 5 Rn 24.
15 *Limmer* in Hb-UntUmw, Rn 230 sowie 1575.
16 NZG 2005, 722.
17 Widmann/Mayer/*Mayer*, § 5 Rn 73.
18 Lutter/Winter/*Lutter*/Drygala, § 5 Rn 14.
19 Für einen Sonderbeschluss: Widmann/Mayer/*Mayer*, § 5 Rn 75; *Kiem*, ZIP 1997, 1627, 1629; gegen das Erfordernis eines Sonderbeschlusses: Lutter/Winter/*Lutter*/Drygala, § 5 Rn 15.

Nr. 1 und 2 Fälle, in denen ein Wahlrecht besteht. Die grundsätzlich zwingende Natur der Anteilsgewährpflicht war bis zum Zweiten Gesetz zur Änderung des Umwandlungsgesetzes 2007 und dem dabei geänderten § 54 Abs. 1 S. 3 bzw § 68 Abs. 1 S. 3 vor allem im Hinblick auf Schwesterfusionen umstritten. Maßgebliches Argument war hierbei insbesondere, dass dem Gläubigerschutz bereits durch das Instrument der Sicherheitsleistung gem. § 22 Rechnung getragen werde und die Anteilsinhaber selber keines Schutzes bedürfen, wenn sie auf die Anteilsgewährung verzichteten. Der Gesetzgeber hat 2007 diese Bedenken aufgegriffen und in § 54 Abs. 1 S. 3 (für die GmbH) sowie § 68 Abs. 1 S. 3 (für die AG) die Möglichkeit eines **Verzichts auf die Anteilsgewährung** vorgesehen. Verzichten alle Anteilsinhaber des übertragenden Rechtsträgers in notarieller Urkunde auf die Anteilsgewährung beim übernehmenden Rechtsträger, darf die übernehmende Gesellschaft von der Anteilsgewährung absehen. Zu beachten ist der eingeschränkte Anwendungsbereich dieser neu geschaffenen Verzichtsmöglichkeit: Sie gilt nur bei der Verschmelzung, Auf- oder Abspaltung (§ 125 S. 1) auf eine GmbH oder AG. Die Verzichtsmöglichkeit besteht nicht bei der Ausgliederung auf eine GmbH oder AG,[20] sie gilt nicht bei Verschmelzung oder Spaltung auf einen Personengesellschaft und sie besteht nicht beim Formwechsel.

20 Zu beachten ist ferner, dass aus steuerlichen Gründen trotz bestehender Verzichtsmöglichkeit gleichwohl häufig auf eine Anteilsgewährung nicht verzichtet werden kann. Innerhalb des Anwendungsbereichs des §§ 20, 24 UmwStG müssen, um eine Buchwertfortführung zu ermöglichen, stets neue Gesellschaftsanteile gewährt werden, dies gilt insbesondere bei der Verschmelzung einer AG auf eine KG und umgekehrt. Demgegenüber verlangt § 11 UmwStG, der bei der Verschmelzung von zwei Kapitalgesellschaften anwendbar ist, nicht eine Anteilsgewährung.

21 Es ist davon auszugehen, dass nicht nur ein Totalverzicht auf eine Anteilsgewährung an alle Gesellschafter möglich ist, sondern auch alle Gesellschafter auf eine Anteilsgewährung an einzelne Gesellschafter verzichten können. Entscheidend ist nur, dass alle Gesellschafter (also auch diejenigen, denen Anteile gewährt werden), sich mit dieser Konzeption einverstanden erklären.[21]

22 Beim Verzicht handelt es sich um eine Willenserklärung, die nach §§ 8 ff. BeurkG zu beurkunden ist; eine Beurkundung im Rahmen eines Hauptversammlungsprotokolls genügt also jedenfalls dann nicht, wenn dieses als Tatsachenprotokoll gem. §§ 36 ff. BeurkG erfolgt.
Die Neuregelung ist vor allem deshalb problematisch, da nun die Gesellschafter der übernehmenden Gesellschaft nicht davor geschützt sind, dass negatives Vermögen auf ihre Gesellschaft übergeht. Der Gesetzgeber hätte deshalb eigentlich auch Verzichtserklärungen der Gesellschafter der übernehmenden Gesellschaft verlangen müssen.

23 c) **Durchführung der Anteilsgewährung (§ 69).** Müssen oder sollen Aktien gewährt werden, so werden die neuen Aktien vielfach durch eine Kapitalerhöhung geschaffen.[22] § 69 enthält hierzu Verfahrenserleichterungen gegenüber der normalen Kapitalerhöhung nach dem AktG. So findet § 182 Abs. 4 AktG keine Anwendung, wonach das Grundkaptial nicht erhöht werden soll, solange noch ausstehende Einlagen erlangt werden können; dementsprechend entfällt auch die Regelung des § 184 Abs. 1 S. 2 AktG. Da der Verschmelzungsvertrag selber bereits Verpflichtungsgrund zur Ausgabe der neuen Aktien ist und mit Rechtswirksamkeit der Verschmelzung automatisch die Anteilsinhaber des übertragenden Rechtsträgers Aktionäre der übernehmenden AG werden, bedarf es keiner gesonderten Zeichnung und finden die dies betreffenden Vorschriften (§§ 185, 186, 187 Abs. 1, 188 Abs. 3 Nr. 1 AktG) keine Anwendung. Schließlich findet auch § 188 Abs. 2 AktG mit seiner Verweisung auf §§ 36 Abs. 2, 36a, 37 Abs. 1 AktG keine Anwendung. Es entfällt damit insbesondere die höchstpersönliche Verpflichtung der Vorstandsmitglieder zur Erklärung über die Leistung der Einlagen und deren Nachweis. Daraus folgt wiederum, dass grundsätzlich die Anmeldung der Verschmelzung bei einer aufnehmenden AG auch durch Bevollmächtigte möglich ist.
Da es sich bei der Kapitalerhöhung zum Zwecke der Durchführung einer Verschmelzung um eine Sachkapitalerhöhung handelt, findet grundsätzlich § 183 AktG Anwendung. § 69 Abs. 1 S. 1 Hs 2 verlangt eine Prüfung der Sacheinlage durch einen externen Prüfer, jedoch nur in den dort näher bestimmten Fällen. Durch den neu eingefügten S. 4 kann nun auch der Verschmelzungsprüfer, also die Person, die den Verschmelzungsvertrag prüft, auch die Sacheinlageprüfung vornehmen.

24 **2. Angaben zum Umtauschverhältnis und zu baren Zuzahlungen (§ 5 Abs. 1 Nr. 3).** Die Bestimmung des Umtauschverhältnisses ergibt sich bei der Verschmelzung einer Gesellschaft, deren Anteilsverhältnisse bekannt sind, insbesondere einer GmbH bereits aus der Angabe der den Gesellschaftern gewährten Anteile unter Angabe ihres Nennbetrags bei der übernehmenden Gesellschaft. Bei Publikumsgesellschaften, insbe-

---

20 § 125 S. 1 nimmt für die Ausgliederung gerade §§ 54, 68 vom Anwendungsbereich aus.

21 Widmann/Mayer/*Mayer*, § 54 Rn 51.2. Allerdings ist diese Ansicht noch nicht durch Rspr oder sonstige Lit. unterfüttert. Von daher empfiehlt sich eine Abklärung mit dem Registergericht.

22 Zwingend ist dies nicht. So können zB auch eigene Aktien der AG für die Anteilsgewährung verwendet werden.

sondere börsennotierten Aktiengesellschaften, ist dies jedoch nicht oder nur mit einem unverhältnismäßigen Aufwand möglich. Dann ist der abstrakte Maßstab (zB 1 : 10 oder 5 : 2) anzugeben, aus dem sich die Höhe der gewährten Aktien ermitteln lässt. Das Umtauschverhältnis bestimmt sich nach dem Verhältnis der Unternehmenswerte der beteiligten Rechtsträger.[23]

Ergibt der Wertvergleich ein Umtauschverhältnis, welches sich nicht in einer entsprechenden Aktienstückelung ausdrücken lässt, so können diese Spitzenbeträge in den Grenzen des § 68 Abs. 3 durch **bare Zuzahlungen** ausgeglichen werden. Sinn von baren Zuzahlungen kann es aber bei Unternehmenszusammenschlüssen auch sein, zwecks Herstellung gleicher Beteiligungsverhältnisse trotz ungleicher Unternehmenswerte bei der übernehmenden Gesellschaft den Gesellschaftern der übertragenden Gesellschaft weniger Aktien zu gewähren, als diesen eigentlich zusteht und die Wertdifferenz durch die bare Zuzahlungen zu schließen. 25

3. Angabe besonderer Rechte (§ 5 Abs. 1 Nr. 7). Aus den in Nr. 7 aufgeführten Beispielen ergibt sich bereits, dass die nach dieser Vorschrift zu machenden Angaben in erster Linie bei Verschmelzungen unter Beteiligung von AGs eine Rolle spielt. Die Bestimmung ist im Zusammenhang mit § 23 zu lesen. Sind zB bei einer übertragenden AG im Rahmen eines Mitarbeiterbeteiligungsprogramms **Wandelschuldverschreibungen** ausgegeben und zu diesem Zweck bedingtes Kapital geschaffen worden, so muss bei der übernehmenden Gesellschaft zweifach bedingtes Kapital geschaffen werden: Zum einen für die bis zum Wirksamwerden der Verschmelzung infolge bis dahin ausgeübter Umtauschrechte entstehenden Aktien und zum anderen zur Erfüllung der Umtauschrechte, welche erst nachher geltend gemacht werden.[24] Da § 23 die Gewährung gleichwertiger Rechte beim übernehmenden Rechtsträger verlangt und damit gerade vor einer Abfindung in Geld schützt, können erhebliche Schwierigkeiten bei **Verschmelzung einer AG mit bedingtem Kapital auf eine GmbH** entstehen. Aufgrund der Tatsache, dass bei Letzterer eine bedingte Kapitalerhöhung nicht möglich ist, muss bei der GmbH dafür gesorgt werden, dass für den Fall der Ausübung der Bezugsrechte die erforderlichen Geschäftsanteile durch einer Kapitalerhöhung geschaffen werden.[25] 26

Exkurs: Schicksal von Wandelschuldverschreibungen bei Formwechsel einer AG in eine GmbH: Nachdem der Gesetzgeber in den §§ 327a ff AktG nunmehr die Möglichkeit eines **Squeeze-out** eingeführt hat, wird im Anschluss daran häufig die **Umwandlung der AG in eine GmbH** vorgenommen. Waren in der AG Wandelschuldverschreibungen oder Optionen ausgegeben, so wandeln sich diese Bezugsrechte kraft Gesetzes mit Rechtswirksamkeit des Ausschlusses der Minderheitsaktionäre durch Eintragung ins Handelsregister im Anschluss an eine BGH-Entscheidung zur Eingliederung gem. §§ 319 ff AktG[26] jedenfalls dann in einen Anspruch auf Barabfindung um, wenn sich die Bezugsrechte auf weniger als 5 % des Grundkapitals beziehen, nach zutreffender Ansicht aber auch darüber hinaus.[27] Wenn schon die Aktionäre selber gegen Barabfindung ausgeschlossen werden, dann muss dies erst recht für die Inhaber von Bezugsrechten gelten. Bei dem Barabfindungsanspruch handelt es sich um ein Gläubigerrecht iSv § 204 iVm § 22; § 23 findet nicht Anwendung. 27

4. Folgen der Verschmelzung für die Arbeitnehmer und ihre Vertretungen (§ 5 Abs. 1 Nr. 9). Str. ist, ob nur die **unmittelbaren individual- und kollektivrechtlichen Folgen** sowie die insoweit vorgesehenen Maßnahmen oder auch die **mittelbaren** Folgen anzugeben sind.[28] Zu den unmittelbaren Folgen gehören die direkt durch den Umwandlungsvorgang ausgelösten Veränderungen, wie zB der Übergang der Arbeitsverhältnisse, Geltung von Tarifbindungen, Auswirkungen auf den Bestand und die Zusammensetzung eines Aufsichtsrates und/oder eines Betriebsrats. Mittelbare Folgen sind solche, die erst im Anschluss an die eigentliche Umwandlungsmaßnahme insbesondere durch geplante Rationalisierungsmaßnahmen eintreten. Insbesondere die systematische Stellung von § 5 Abs. 1 Nr. 9 und die daneben bestehende gesetzlich geregelte und in diesem Rahmen auch weiter gehende Informationspflicht gem. §§ 106 Abs. 3 Nr. 8, 111 S. 2 Nr. 3 BetrVG spricht gegen die zusätzliche Aufnahme auch der mittelbaren Folgen in den Verschmelzungsvertrag. Solange die Rechtslage jedoch nicht höchstrichterlich geklärt ist, empfiehlt es sich für die Praxis, Mög- 28

---

23 Einzelheiten zur Bewertung Widmann/Mayer/*Mayer*, § 5 Rn 94 ff.
24 Widmann/Mayer/*Mayer*, § 5 Rn 169.
25 Kallmeyer/*Marsch-Barner*, § 23 Rn 11; aA Lutter/Winter/*Grunewald*, § 23 Rn 17: sofortiges Umtauschrecht.
26 ZIP 1998, 560; *Grunewald*, ZIP 2002, 18.

27 Streitig, wie hier: *Vossius*, ZIP 2002, 511f; *Wilsing/Kruse*, ZIP 2002, 1465 ff mit Überblick zum abweichenden Meinungsstand.
28 Nur unmittelbare Folgen: Lutter/Winter/*Lutter/Drygala*, § 5 Rn 71 ff; *Ahrendt/Pohlmann-Weide* in: Hb-UntUmw, Rn 379; beide mit Übersicht über den Meinungsstand; für die Angabe auch der mittelbaren Folgen wohl OLG Düsseldorf DB 1998, 1399.

lichkeiten bzw Wahrscheinlichkeiten mittelbarer Folgewirkungen global aufzuzeigen, sofern solche tatsächlich konkret beabsichtigt sind.[29]

29 **a) Individualarbeitsrecht.** Die Rechte und Pflichten aus bestehenden und früheren Arbeitsverhältnissen (AV) gehen in Fällen der Verschmelzung und Spaltung auf den neuen / aufnehmenden Rechtsträger nicht als Folge der (partiellen) Gesamtrechtsnachfolge gemäß Umwandlungsrecht, sondern gemäß §§ 324 UmwG, 613a BGB über, wenn ein Betriebsübergang vorliegt. § 324 UmwG nimmt den Formwechsel aus, da dieser keinen Wechsel des Rechtsträgers darstellt. Ein Kündigungsrecht des neuen Arbeitgebers wegen des Betriebsübergangs besteht nicht (§ 613a Abs. 4 BGB), wohl aber aus anderen Gründen. Das von der Rechtsprechung entwickelte und seit 2002 in § 613a Abs. 6 gesetzlich geregelte Widerspruchsrecht besteht bei der Verschmelzung und Aufspaltung nicht; die Berufsfreiheit des Arbeitnehmers, welche die freie Wahl des Arbeitgebers umfasst, wird durch das Recht zur außerordentlichen Kündigung gem. § 626 BGB gewahrt.[30] Bei der Abspaltung und Ausgliederung führt dagegen der Widerspruch zum Fortbestand des Arbeitsverhältnisses beim übertragenden Rechtsträger.[31] In allen Fällen ist die Unterrichtungspflicht gem. Abs. 5 zu beachten, da sonst die Widerspruchsfrist nicht zu laufen beginnt und evtl Schadensersatzpflichten entstehend können. Wird von dem Widerspruchsrecht Gebrauch gemacht, so kann die übertragende Gesellschaft betriebsbedingt kündigen, sofern der Arbeitsplatz des widersprechenden Arbeitnehmers ersatzlos wegfällt.
Geplante Maßnahmen können zB Umgruppierungen oder Versetzungen sein.

30 **b) Kollektives Arbeitsrecht. Betriebsvereinbarungen** (BV): Besteht beim übertragenden Rechtsträger eine BV so gilt:
- Bei Wahrung der Betriebsidentität: BV gilt fort, wenn übernehmender Rechtsträger (ÜN) keine (entsprechende) BV hat (§ 77 Abs. 4 BetrVG). Hat er eine, geht BV des ÜN vor (§ 613a Abs. 1 S. 3 BGB).
- Besteht keine Betriebsidentität: BV gilt als Individualrecht gem. § 613a Abs. 1 S. 2 BGB fort und genießt einjährigen Bestandsschutz, wenn ÜN keine (entsprechende) BV hat. Hat er eine, geht BV des ÜN vor (§ 613a Abs. 1 S. 3 BGB).

31 **Tarifverträge**: Hier spielt die Betriebsidentität keine Rolle. Ein etwaiger Wechsel in der Tarifzuständigkeit muss dargelegt werden. Soweit für die Arbeitnehmer des ÜT ein Tarifvertrag gilt und für den ÜN nicht, werden dessen Bestimmungen über § 613a Abs. 1 S. 2 BGB zum Inhalt des Individualarbeitsverhältnisses und unterliegen dem einjährigen Bestandsschutz.

32 **Auswirkungen auf Betriebsräte und Arbeitnehmervertretungen im Aufsichtsrat** sind darzulegen. Besteht beim ÜT ein Betriebsrat, nicht jedoch beim ÜN, so besteht in Fällen der Spaltung unter den Voraussetzungen des § 321 (v.a. Wegfall der Betriebsidentität beim übertragenden Rechtsträger und Fehlen eines BR beim übernehmenden Rechtsträger) ein Überhangsmandat des alten Rechtsträgers. Streitg ist, ob dies auch für Verschmelzung gilt, wenn die Betriebsidentität durch Zusammenlegung zweier Betriebe wegfällt.[32]

33 Geplante Maßnahmen können zB erforderliche Betriebsratswahlen sein. Bestehen sowohl beim ÜT als auch beim ÜN ein Betriebsrat und bleibt deren selbstständige betriebliche Identität erhalten, so ist gem. § 47 BetrVG ein Gesamtbetriebsrat zu bilden.

34 **c) Rechtsfolgen bei Verstoß.** Fehlende, unvollständige oder falsche Angaben führen nicht zur Nichtigkeit des Vertrages und begründen auch kein Anfechtungsrecht für die Anteilsinhaber hinsichtlich der Zustimmungsbeschlüsse. Allenfalls können Schadensersatzansprüche gem. § 25 gegen die Vertretungsorgane bestehen. Fehlen die Angaben ganz oder sind sie offenbar unrichtig, so kann das Registergericht die Eintragung ablehnen. Inwieweit darüber hinaus ein Prüfungsrecht des Registergerichts besteht, ist streitig.[33]

35 **5. Satzungsfeststellung bei Verschmelzung zur Neugründung einer AG (§ 74).** Im Falle einer **Verschmelzung zur Neugründung einer AG** finden über § 36 Abs. 2 grundsätzlich die für Aktiengesellschaften geltenden Gründungsvorschriften Anwendung, somit auch § 23 AktG. Die **Satzungsfeststellung** muss somit neben den Angaben gem. § 5 zusätzlicher Inhalt des Verschmelzungsvertrages sein und ist als Anlage dem Vertrag beizufügen. Dabei ist zu beachten, dass es sich bei der Verschmelzung zur Neugründung inhaltlich um eine **Sachgründung** handelt, so dass das Stammkapital durch das eingebrachte Vermögen der verschmelzenden

---

29 Formulierungsbeispiel bei Widmann/Mayer/*Mayer*, § 5 Rn 183: "Infolge der Verschmelzung wird es zu personellen Veränderungen kommen. Um möglichst sozialverträgliche Lösungen für die Mitarbeiter zu finden, wird zu gegebener Zeit die Verhandlung mit dem Betriebsrat/Gesamtbetriebsrat gem. §§ 111 ff. BetrVG aufgenommen werden. Dabei werden die Geschäftsleitungen rechtzeitig über die mit der Verschmelzung verbundenen organisatorischen und personellen Veränderungen informieren und die Auswirkungen auf die Arbeitnehmer intensiv mit dem erklärten Willen zur Einigung unter Wahrung der Beteiligungsrechte mit den vorgenannten Gremien beraten."
30 BAG ZAP 2008, 1296.
31 Sagasser/Bula/Brünger, Umwandlungen 3. Aufl. 2002, N 129.
32 Bejahend: Lutter/Winter/*Joost*, § 321 Rn 6.
33 Einzelheiten bei Widmann/Mayer/*Mayer*, § 5 Rn 205 f.

Gesellschaft erbracht wird. Ergänzend hierzu bestimmt § 74 weitere Festsetzungen, die in der Satzung enthalten sein müssen.

E. Bekanntmachung des Verschmelzungsvertrages (§ 61)

I. Normzweck. Zusätzlich zu der allgemeinen Informationspflicht im Zusammenhang mit der Einberufung der Hauptversammlung durch Bekanntmachung der Tagesordnung gem. § 124 AktG in den Gesellschaftsblättern statuiert § 61 eine weitere Informationspflicht für den Vorstand, indem dieser gehalten ist, vor der Einberufung der Hauptversammlung den Vertrag oder seinen Entwurf dem für die AG zuständigen Handelsregister einzureichen. Das Handelsregister weist hierauf sodann gem. § 10 HGB im Bundesanzeiger hin. Dadurch sollen die von der Verschmelzung Betroffenen, also in erster Linie die Aktionäre, aber – angesichts der Normentwicklung der Vorschrift[34] – auch die Arbeitnehmer und Gläubiger der beteiligten Rechtsträger Gelegenheit erhalten, sich über den genauen Inhalt der beabsichtigen Umwandlung vorab zu informieren (§ 9 HGB).[35]

II. Einreichung zum Register. Die Einreichung zum Handelsregister muss *vor* der Einberufung der Hauptversammlung erfolgen. Erfolgt die Einberufung gem. § 121 Abs. 4 AktG in den Gesellschaftsblättern iSv § 25 AktG, so ist dies in der Regel nur der Bundesanzeiger, so dass sich hinsichtlich der Bestimmung des für § 61 maßgeblichen Zeitpunkts keine Schwierigkeiten ergeben. Sind als Gesellschaftsblätter in der Satzung gem. § 25 S. 2 AktG weitere Blätter bestimmt oder erfolgt die Einberufung gem. § 121 Abs. 4 S. 2 durch Versendung eingeschriebener Briefe, so ist maßgeblich der Zeitpunkt des Erscheinens des ersten Gesellschaftsblattes bzw der Tag der Absendung (§ 121 Abs. 4 S. 2, letzter Hs) des ersten eingeschriebenen Briefes.[36] Da § 61 keinen Zeitraum vorgibt, der zwischen Einreichung und Einberufung liegen muss und auch keine bestimmte Form für die Einreichung verlangt, genügt es, wenn **unmittelbar vor der Einberufung am gleichen Tag elektronisch über das EGVP** der Vertrag beim zuständigen Registergericht eingeht.[37] Handelt es sich um eine **Vollversammlung** und erfolgt deshalb gar keine formelle Einberufung (§ 121 Abs. 6), kann die Einreichung unmittelbar vor dem Hauptversammlungsbeschluss liegen.

III. Rechtsfolgen bei Verstoß. In der Praxis, insbesondere wenn die Beschlussfassung im Rahmen einer Vollversammlung erfolgt, unterbleibt häufig die vorherige Einreichung des Vertrages, da dies als sinnlose Formalität angesehen wird. Dann stellt sich die Frage, welche Rechtsfolgen dies nach sich zieht. Über § 14 HGB vom Vorstand die Einreichung zu erzwingen ist sinnlos, wenn die Beschlussfassung schon erfolgt ist. Grundsätzlich kann ein Verstoß eine Anfechtungsmöglichkeit eröffnen. Im Rahmen einer Vollversammlung scheidet eine Anfechtungsmöglichkeit wegen Einberufungsmängeln von vornherein aus, § 121 Abs. 6 AktG. Wird im Rahmen einer Vollversammlung auf die Einhaltung der Vorschrift verzichtet oder verzichten ohne Vollversammlung gleichwohl alle Aktionäre, ist eine Anfechtung jedenfalls nicht möglich. Handelt es sich nicht um eine Vollversammlung, verfährt die Gesellschaft jedoch gem. § 63 Abs. 1 Nr. 1, Abs. 3 ordnungsgemäß und ermöglicht auf diese Weise jedem Aktionär eine Vorabinformation, fehlt es an der Kausalität zwischen dem Mangel und dem Beschlussergebnis, so dass auch dann eine Anfechtung ausscheidet. Davon unabhängig bleibt die Frage, ob das Registergericht unter Hinweis auf den weiten Schutzzweck der Vorschrift (vgl Rn 36), gleichwohl die Eintragung ablehnen darf. Jedenfalls soweit es um Vollversammlungen geht oder um den Fall, dass alle Aktionäre notarielle Verzichtserklärungen abgegeben haben, ist dies zu verneinen.[38] Darüber hinaus wird man aber auch in den anderen Fällen ein Eintragungshindernis ablehnen müssen. Dabei ist zu bedenken, dass Dritte ohnehin nur rein faktische Einwirkungsmöglichkeiten auf die Beschlussfassung haben und auch diese faktischen Einwirkungsmöglichkeiten gleich Null sind, wenn der Vertrag erst „eine logische Sekunde" vor der Hauptversammlung beim Gericht eingereicht wird. Ferner werden die Arbeitnehmerinteressen bereits über § 5 Abs. 3 und die Gläubigerinteressen über § 22 geschützt. Der Schutz öffentlicher Interessen erfolgt deshalb durch § 61 nur in sehr abgeschwächter Form. Das Registergericht darf eine Eintragung analog § 398 FamFG jedoch nur ablehnen, wenn ein Verstoß gegen die zwingend einzuhaltende Vorschrift „im öffentlichen Interesse erforderlich erscheint". Es muss also eine Bewertung durch den Registerrichter erfolgen,[39] die angesichts des schwach ausgeprägten Schutzzweckes der Vorschrift nur dahin gehend ausfallen kann, dass kein Eintragungshindernis besteht.[40]

---

34 Die Vorschrift entspricht in ihrem S. 1 § 340 d Abs. 1 AktG aF, welche ihrerseits auf Art. 6 der Verschmelzungsrichtlinie zurückzuführen ist (abgedruckt in Widmann/Mayer, Bd. 1, VerschmRichtl). Ausweislich Abs. 12 der Präambel sollen durch die Offenlegung auch Rechte Dritter geschützt werden.

35 Kallmeyer/*Marsch-Barner*, § 61 Rn 1; Widmann/Mayer/*Rieger*, § 61 Rn 7; aA Lutter/Winter/*Grunewald*, § 61 Rn 4: nur Informationsinteresse der Aktionäre.

36 Widmann/Mayer/*Rieger*, § 61 Rn 9.

37 Widmann/Mayer/*Rieger*, § 61 Rn 7, 10.

38 Jetzt wohl hM: Vgl *Limmer* in Hb-UntUmw, Rn 1165; Lutter/Winter/*Grunewald*, Rn 6 f; aA Widmann/Mayer/*Rieger*, § 61 Rn 10.1.

39 Keidel/Kuntze/Winkler, 14. Aufl., § 144 FGG Rn 28.

40 Ebenso: *Limmer* in: Hb-UntUmw, Rn 1165.

F. Zuleitung des Vertrags/Entwurfs an den Betriebsrat (§ 5 Abs. 3)

39 Gemäß § 5 Abs. 3 ist der Vertrag oder sein Entwurf spätestens einen Monat vor dem Tag der Versammlung jedes beteiligten Rechtsträgers, welcher über die Zustimmung zur Umwandlung beschließt, dem zuständigen Betriebsrat dieses Rechtsträgers zuzuleiten.

40 **I. Zuzuleitende Dokumente.** Zuzuleiten ist der Vertrag oder sein Entwurf, wenn der Vertrag noch nicht abgeschlossen wurde. Bei Umwandlungsmaßnahmen zur Neugründung muss auch die Satzung des neuen Rechtsträgers zugeleitet werden, da diese Bestandteil des Umwandlungsvertrages ist (§ 37). Insbesondere in Fällen der Spaltung, bei denen die Aufteilung des Vermögens in umfangreichen Anlagelisten dargelegt wird, stellt sich die Frage, ob auch diese Anlagen zugeleitet werden müssen. Richtigerweise müssen nur solche Anlagen zugeleitet werden müssen, die Ausstrahlungswirkung auf Arbeitnehmerbelange" haben.[41]

Soweit man in der Praxis aus Sicherheitsgründen gleichwohl alle Anlagen zuleiten möchte, stellt sich bisweilen das Problem, dass die Anlagen nicht rechtzeitig fertiggestellt werden können. Dann sollte gleichwohl eine Zuleitung der unvollständigen Anlagen erfolgen, denn: Weitgehend unstreitig ist, dass nachträgliche Änderungen des Vertrages nur dann erneut zugeleitet werden müssen, wenn es sich um wesentliche Änderungen handelt, nicht dagegen solche, die rein rechtstechnischer oder redaktioneller Natur sind und keine Arbeitnehmerinteressen berühren können.[42] Selbst wenn man der Ansicht folgt, dass stets der ganze Vertrag einschließlich Anlagen zuzuleiten ist, so dürfte auch nach dieser strengen Auffassung eine nachträgliche Änderung / Vervollständigung dieser Anlagen zulässig sein, ohne erneut zuleiten zu müssen.

41 **II. Zuständiger Betriebsrat.** Rechtlich richtet sich die Zuständigkeit bei Vorhandensein mehrerer Betriebsräte (insbesondere auch Gesamt- oder Konzernbetriebsräte) nach der betriebsverfassungsrechtlichen Kompetenzverteilung.[43] Danach gilt: Immer zuständig ist der Betriebsrat, dessen Betrieb Gegenstand der Umwandlung ist. Bei einer Verschmelzung und bei einer Totalausgliederung oder Aufspaltung bedeutet dies: Sind nur mehrere Einzelbetriebsräte und kein Gesamtbetriebsrat vorhanden, ist der Entwurf allen Betriebsräten beim übertragenden und übernehmenden Rechtsträger zuzuleiten. Gibt es einen Gesamtbetriebsrat, so ist dieser zuständig und kann eine Zuleitung an die Einzelbetriebsräte entfallen. Der sicherste, in der Praxis bei großen Betrieben aber häufig nicht gewünschte Weg besteht natürlich darin, an alle zuzuleiten.

42 **III. Berechnung der Zuleitungsfrist.** Es wird analog §§ 187 Abs. 1, 188 Abs. 2 BGB rückwärts gerechnet. Nach hM gilt: Ereignistag ist der Tag der Versammlung. Die Frist beginnt somit einen Tag vorher und endet an dem Tag des Vormonats, der durch seine Benennung dem Tag der Versammlung entspricht. Da rückwärts gerechnet wird, ist jedoch der Beginn dieses Tages maßgeblich, nicht das Ende.[44]

Beispiel:

Die Versammlung soll am 20.3. stattfinden. Die Frist beginnt am 19.3. und endet am 20.2. morgens um 0 Uhr. Die Zuleitung muss außerhalb dieser Frist, also spätestens bis zum 19.2. 24 Uhr erfolgt sein. Ist dies ein Sonn- oder Feiertag oder Samstag, so gilt § 193 BGB.

Ist bei einer an der Verschmelzung beteiligten AG gem. § 62 Abs. 4 gar kein Verschmelzungsbeschluss erforderlich, so bestimmt S. 4, dass die Zuleitung zum Betriebsrat spätestens nach Abschluss des Verschmelzungsvertrages zu erfolgen hat, dh die Anmeldung der Verschmelzung zum Handelsregister darf frühestens einen Monat nach Zuleitung erfolgen. Wird bei der aufnehmenden AG gemäß § 62 Abs. 1 kein Zustimmungsbeschluss gefasst, wohl aber bei der übertragenden GmbH, so soll für die Zuleitungsfrist nur der Zustimmungsbeschluss des anderen Rechtsträgers maßgebend sein..[45] Die Regelung des § 62 Abs. 4 S. 4 sollte hier mE aber nun entsprechend gelten.

43 **IV. Empfangszuständigkeit/Nachweis der Zuleitung.** Gemäß § 26 Abs. 3 S. 2 BetrVG ist der Betriebsratsvorsitzende oder im Falle seiner Verhinderung sein Stellvertreter zur Entgegennahme der Unterlagen berechtigt. Sind beide nicht da und hat der Betriebsrat für diesen Fall keinen Empfangsbevollmächtigten benannt, so kann die Zuleitung gegenüber jedem Betriebsratsmitglied erfolgen.

---

41 Wohl hM: Widmann/Mayer/*Mayer*, § 5 Rn 251; Stengler/*Simon*, § 5 UmwG Rn 118; Lutter/Winter/*Priester*, § 126 Rn 16; strenger dagegen für die erstmalige Zuleitung *Heckschen*, Beck'sches Notarhandbuch, 5. Aufl., D IV Rn 33 b. Er verlangt, dass der gesamte Vertrag zuzuleiten ist; ebenso: OLG Naumburg GmbHR 2003, 1433. Im Fall des OLG Naumburg ging es aber nicht um Inventarlisten als Anlagen, sondern hier verteilte sich offensichtlich der Verschmelzungsvertrag als solcher auf verschiedene Urkunden. Einschlägiger ist hier die Entscheidung des LG Essen NZG 2002, 736: Dort ging es um einen Spaltungsvertrag, dessen Anlagen nicht dem BR zugeleitet wurden. Das LG entschied, dass dies keinen Verstoß gegen die Zuleitungspflicht begründe.

42 *Heckschen*, Beck'sches Notarhandbuch, 5. Aufl., D IV Rn 33 b; *Limmer*, in: Hb-UntUmw, Rn 387; Bericht des Rechtsausschusses zu § 5 UmwG; Lutter/Winter/*Priester*, § 126 Rn 16.

43 So Widmann/Mayer/*Mayer*, § 5 Rn 252.

44 *Heckschen*, aaO, Rn 33 b; iE ebenso: Widmann/Mayer/*Mayer*, § 5 Rn 256.

45 Widmann/Mayer/*Mayer*, § 5 Rn 257.

Der Empfang sollte durch entsprechende Empfangserklärung quittiert werden. In dem Empfangsbekenntnis sollte ggf die Tatsache der Verhinderung des Betriebsratsvorsitzenden oder seines Stellvertreters zum Ausdruck kommen. Der Empfang der rechtzeitigen Zuleitung kann auch nachträglich bestätigt werden. Der Nachweis, dass der Betriebsrat auch tatsächlich alle Unterlagen enthalten hat, etwa durch Quittierung auf Kopie der überreichten Unterlagen, ist nicht erforderlich.

V. Verzicht auf Zuleitung. Zwischenzeitlich ist es ganz hM, dass auf die Einhaltung der Monatsfrist durch den Betriebsrat verzichtet werden kann.[46] Während früher in der registerrechtlichen Praxis bisweilen nur eine Fristverkürzung auf zwei Wochen akzeptiert wurde,[47] bestehen hier insoweit heute keine zeitlichen Beschränkungen mehr. Entscheidend ist lediglich, dass bis zur Beschlussfassung zugeleitet wurde. Richtiger Weise kann die Zuleitung aber auch noch nach dem Zustimmungsbeschluss während des laufenden Eintragungsverfahrens erfolgen oder sogar auf die Zuleitung ganz verzichtet werden, da alleine der Betriebsrat Schutzadressat der Vorschrift ist.[48] Diese Frage ist jedoch noch so ungeklärt, dass ein Verzicht insoweit in der Praxis nicht empfohlen werden kann.

44

G. Zustimmungsbeschluss der Hauptversammlung (§§ 13, 62, 64, 65, 76)

I. Kompetenz der Hauptversammlung. 1. Grundsatz. Voraussetzung für die Rechtswirksamkeit eines Verschmelzungsvertrages ist unabhängig von der Rechtsform der beteiligten Rechtsträger stets, dass die Anteilseigner dieser Rechtsträger in einem Versammlungsbeschluss dem Vertrag zustimmen (§ 13). Insoweit ist die Vertretungsmacht der Organe der beteiligten Rechtsträger eingeschränkt.[49] Bis dahin ist der Vertrag schwebend unwirksam. Ist eine AG als Rechtsträger beteiligt, so ist somit ein Zustimmungsbeschluss der Hauptversammlung zwingend (mit Ausnahme des in § 62 geregelten Falles, dazu sogleich) erforderlich. Eine Kompetenzverlagerung auf ein anderes Organ (zB Beirat) ist ebenso unzulässig wie eine Beschlussfassung im schriftlichen Umlaufverfahren (§ 13 Abs. 1 S. 2). Beides ist bei der AG angesichts ihres stets zwingenden Kompetenzgefüges (§ 23 Abs. 5 AktG) und § 118 Abs. 1 AktG eine Selbstverständlichkeit, bei anderen Rechtsformen, insbesondere der GmbH, dagegen nicht.

45

Neben dem Zustimmungsbeschluss zum Abschluss des Verschmelzungsvertrages ist evtl noch die Kapitalerhöhung zum Zwecke der Durchführung der Verschmelzung zu beschließen (vgl hierzu oben D Rn 17 ff).

2. Ausnahme des § 62. a) Normzweck und Anwendungsbereich. § 62 betrifft den Fall der Konzernverschmelzung und regelt die Entbehrlichkeit eines Zustimmungsbeschlusses der Hauptversammlung in bestimmten Fällen. Der Anwendungsbereich der Vorschrift wurde durch das 3. Gesetz zur Änderung des Umwandlungsgesetzes vom 11.7.2011 erheblich erweitert. Wie schon zuvor § 352b Abs. 1 AktG aF, regelt die Vorschrift zunächst, dass ein zustimmender Hauptversammlungsbeschluss der übernehmenden AG entbehrlich ist, wenn diese mindestens 90 % des Kapitals der übertragenden Kapitalgesellschaft hält (§ 62 Abs. 1). Nunmehr regelt § 62 Abs. 4 S. 1 jedoch, dass auch ein Zustimmungsbeschluss der übertragenden Kapitalgesellschaft entbehrlich ist, wenn sich das gesamte Stamm- oder Grundkapital einer übertragenden Kapitalgesellschaft in der Hand einer übernehmenden AG befindet. Handelt es sich bei der übertragenden Kapitalgesellschaft um eine Aktiengesellschaft und hält die übernehmende AG 90 % des Grundkapitals der übertragenden AG, so ist gem. § 62 Abs. 4 S. 2 ein Zustimmungsbeschluss der übertragenden AG ebenfalls entbehrlich, wenn innerhalb von 3 Monaten nach Abschluss des Verschmelzungsvertrages ein **verschmelzungsrechtlicher Squeeze-out** gemäß § 62 Abs. 5 beschlossen wird.

46

Die Vorschrift enthält damit die einzige Ausnahme zu dem Grundsatz, dass einer Verschmelzung stets die Gesellschafter der beteiligten Rechtsträger gem. § 13 Abs. 1 zustimmen müssen. Die Vorschrift findet nur Anwendung, wenn es sich bei dem übertragenden Rechtsträger um eine Kapitalgesellschaft und bei dem übernehmenden Rechtsträger um eine AG/KGaA handelt. Sie gilt nicht in Fällen der Verschmelzung zur Neugründung. § 62 findet über § 125 auch in allen Fällen der Spaltung zur Aufnahme Anwendung.

b) Entbehrlichkeit eines zustimmenden Hauptversammlungsbeschlusses der übernehmenden AG gemäß § 62 Abs. 1 bis 3. aa) Bestehen eines Konzernverhältnisses. Ist übertragender Rechtsträger eine Kapitalgesellschaft, die auf eine AG verschmolzen wird, und hält die AG mindestens 90 % des Kapitals der Tochter, so ist ein Zustimmungsbeschluss der aufnehmenden AG nicht erforderlich (§ 62 Abs. 1). Das gilt aber wiederum nicht, wenn Aktionäre der übernehmenden AG, deren Anteil zusammen 5 % des Grundkapitals dieser AG erreichen, die Einberufung einer HV verlangen, in der über die Zustimmung beschlossen werden soll (§ 62 Abs. 2).

47

---

46 Widmann/Mayer/*Mayer*, § 5 Rn 266 mwN.
47 Vgl die Übersicht bei *Schwarz*, ZNotP 2001, 299.
48 Ebenso: Widmann/Mayer/*Mayer*, aaO; aA Lutter/Winter/*Lutter*/*Drygala*, § 5 Rn 109.
49 Kallmeyer/*Zimmermann*, § 13 Rn 2.

48 Umstritten ist die Frage des **Zeitpunkts, zu dem die Mehrheitsverhältnisse bestehen müssen**, insb. im Rahmen der sog. **zweistufigen Konzernverschmelzung**: Das OLG Karlruhe hatte über den Fall zu entscheiden, dass zunächst im Zuge einer Hauptversammlung eine Sachkapitalerhöhung bei der übernehmenden AG unter Ausschluss des Bezugsrechts des Aktionärs beschlossen werden sollte, wobei als Sacheinlage die Anteile an der übertragenden GmbH eingebracht werden und der Anteilsinhaber der übertragenden GmbH zur Zeichnung zugelassen werden sollte. Erst durch diese Sacheinlage entstand das Konzernverhältnis und eröffnete sich der Anwendungsbereich des § 62. Im unmittelbaren Anschluss an die Durchführung der Kapitalerhöhung sollte sodann die Verschmelzung vollzogen werden. Hierauf war in der Einladung, die über die Kapitalerhöhung zu entscheiden hatte, hingewiesen worden. Die Beurkundung des Verschmelzungsvertrags erfolgte am 29.8. Im unmittelbaren Anschluss an die Hauptversammlung der übernehmenden AG am 31.8. (in welcher über die Kapitalerhöhung entschieden wurde) wurde noch am gleichen Tag der Zustimmungsbeschluss der übertragenden GmbH zur Verschmelzung gefasst. Nur wenige Stunden vor diesem Beschluss erfolgte in Erfüllung der Sacheinlageverpflichtung die Einbringung der Anteile an der übertragenden GmbH. Am 31.8. wurden Kapitalerhöhung und Verschmelzung zum Handelsregister angemeldet. Während die Vorinstanz es für genügend erachtet hatte, dass **zum Zeitpunkt des Zustimmungsbeschlusses der übertragenden Gesellschaft** die erforderliche Mehrheit vorliegt,[50] wurde diese Auffassung vom OLG Karlsruhe abgelehnt.[51] Die gem. § 62 Abs. 1 erforderliche Mehrheit hätte danach **zum Zeitpunkt der Hauptversammlung der übernehmenden Gesellschaft** am 31.8., in welcher über die Kapitalerhöhung beschlossen wurde, bereits vorliegen müssen.[52] Angesichts der Tatsache, dass die Einbringung der Anteile auch schon vor dem Kapitalerhöhungsbeschluss unter der auflösenden Bedingung einer entsprechenden Beschlussfassung hätte vorgenommen werden können,[53] lässt sich durch ein Abstellen auf diesen Zeitpunkt der dahinter stehende Gedanke des Aktionärsschutzes allerdings nicht verwirklichen. Konsequenterweise ist das OLG Karlsruhe deshalb auch zum Ergebnis gekommen, dass bereits der Kapitalerhöhungsbeschluss der AG wegen Umgehung der sonst erforderlichen Verschmelzungsprüfung gem. § 340b AktG aF (jetzt § 9 UmwG), nichtig ist. Die rechtliche Begründung für diese Ansicht liegt deshalb in einer analogen Anwendung der umwandlungsrechtlichen Schutzvorschriften auf eine vorgeschaltete Sachkapitalerhöhung, wenn diese zum Zwecke der Vorbereitung einer Umwandlung erfolgt. Für eine solche Motivforschung lässt das Gesetz jedoch keinen Raum. Sie ist mit dem Prinzip der Rechtssicherheit nicht zu vereinbaren. Nach hM kommt es allein darauf an, dass zum **Zeitpunkt der Anmeldung der Verschmelzung** die Voraussetzungen des § 62 Abs. 1 vorliegen.[54] Angesichts der Tatsache, dass im Registerverfahren die tatsächlichen Verhältnisse zugrunde zu legen sind, die zur Zeit der Entscheidung über die Eintragung bestehen,[55] erscheint jedoch auch diese Zeitgrenze nicht überzeugend. Zwar ist anerkannt, dass die Essentialia einer Umwandlung bei der Anmeldung dem Registergericht vorgelegt werden können und gehören hierzu grundsätzlich auch die Zustimmungsbeschlüsse. Soweit der Zustimmungsbeschluss in Fällen des § 62 jedoch dispositiv ist, kann dies nicht gelten. Entscheidend ist nach der hier vertretenen Auffassung daher, dass die Mehrheitsverhältnisse zum **Zeitpunkt der Eintragung beim übernehmenden Rechtsträger** vorliegen.

49 bb) Einhaltung der Informationspflichten, § 62 Abs. 3. Neben dem Ausbleiben eines Minderheitsverlangens gemäß § 62 Abs. 2 ist zusätzliche Voraussetzung für die Anwendbarkeit von § 62 Abs. 1, also der Entbehrlichkeit eines Zustimmungsbeschlusses der übernehmenden AG, dass die **Informationspflichten gemäß § 62 Abs. 3** eingehalten werden, nämlich:

- **Auslegung** der in § 63 Abs. 1 bezeichneten Unterlagen einen Monat vor der Gesellschafter-/Hauptversammlung der übertragenden Gesellschaft (Monatsfrist) in dem Geschäftsraum der übernehmenden AG. Die Pflicht entfällt bei Zugangsmöglichkeit über die Internetseite, § 62 Abs. 3 S. 7. Zu § 63 und dem evtl bestehenden Erfordernis, dann eine Zwischenbilanz zu erstellen, s.u. Rn 56.
- **Bekanntmachung** eines Hinweises auf die Verschmelzung in den Gesellschaftsblättern, also idR nur dem elektronischen Bundesanzeiger unter Beachtung der Monatsfrist.
- **Einreichung des Verschmelzungsvertrages** oder seines Entwurf **zum Handelsregister** unter Beachtung der Monatsfrist (§ 62 Abs. 3 S. 2 Hs 1 Satzteil 2). Die Vorschrift enthält somit zusätzlich neben § 61 eine Vorab-Bekanntmachungspflicht.[56] Freilich muss die Pflicht nicht zweimal erfüllt werden. Anders als bei § 61 ist hier jedoch ausdrücklich geregelt, dass die Einreichung des Vertrags bzw seines Entwurfs

---

50 LG Mannheim ZIP 1990, 992, 993; ebenso:Lutter/Winter/*Grunewald*, § 62 Rn 7.
51 ZIP 1991, 1145, 1147 ff.
52 Ebd, 1148; ebenso:*Bayer*, ZIP 1997, 1613, 1615, liSp.
53 § 183 AktG schreibt keine bestimmte Reihenfolge vor. Zwar stehen idR vorab abgeschlossene Einbringungsverträge unter der aufschiebenden Bedingung einer entsprechenden Beschlussfassung (*Hüffer*, § 183 AktG Rn 6; LG Heidelberg DB 2001, 1607, 1609 reSp). Möglich ist freilich auch die Vereinbarung einer auflösenden Bedingung.
54 Widmann/Mayer/*Rieger*, § 62 Rn 24; *Henze*, AG 1993, 341, 344.
55 BayObLG 2000, 36.
56 Anders als bei § 61.

einen Monat vor der Gesellschafterversammlung der übertragenden Gesellschaft erfolgen muss. Auch wird die Frage der Zulässigkeit eines Verzichts (dazu sogleich unten Rn 51) möglicherweise in der Praxis der Registergerichte hier kritischer gesehen als bei § 61.
- **Gerichtliche Bekanntmachung** eines Hinweises auf die Einreichung des Verschmelzungsvertrages oder seines Entwurfs.
- **Hinweis in der gerichtlichen Bekanntmachung** auf das Recht der Aktionäre, die **Einberufung der HV zu verlangen**.
- **Recht zur Anforderung von Abschriften** der zur Einsicht auszulegenden Unterlagen. Die Pflicht entfällt bei Zugangsmöglichkeit über die Internetseite (§ 62 Abs. 3 S. 7).

Wird von der Möglichkeit des § 62 Abs. 1 Gebrauch gemacht, so bestehen besondere Anforderungen an die **Anmeldung zum Handelsregister**: Der Anmeldung ist beizufügen ein Nachweis über die Bekanntmachung in den Gesellschaftsblättern (§ 62 Abs. 3 S. 4). Der Nachweis wird erbracht durch Vorlage eines Belegexemplares des elektronischen Bundesanzeigers. Die Vorschrift wird so verstanden, dass der Nachweis nur der Anmeldung zum Handelsregister der übernehmenden AG beizufügen ist[57] Ferner hat der Vorstand in der Anmeldung zu erklären, ob ein Antrag nach § 62 Abs. 2 gestellt wurde (§ 62 Abs. 3 S. 5). Nach hM genügt die Unterzeichnung durch Mitglieder des Vorstands in vertretungsberechtigter Zahl. 50

Werden die nach § 62 Abs. 3 bestehenden Informationspflichten nicht erfüllt, liegt ein **Eintragungshindernis** vor.[58] Eine verspätete Einreichung der Unterlagen beim Gericht gemäß S 2 Hs 1 aE schadet jedoch nicht,[59] wohl aber eine verspätete Bekanntmachung des Hinweises in den Gesellschaftsblättern. Sofern dies innerhalb der Achtmonatsfrist des § 17 Abs. 2 noch möglich ist, muss der Verschmelzungsbeschluss nachgeholt werden oder innerhalb dieser Frist das Verfahren gemäß Abs. 3 durchlaufen werden.

Da mit Abs. 2 und 3 ausschließlich die Interessen von Minderheitsaktionären geschützt werden, können diese nach wohl hM auf ihr Recht gem. Abs. 2 **verzichten**. Dann entfällt auch die Notwendigkeit der Einhaltung der Informationspflichten gemäß Abs. 3.[60] Der Verzicht muss dem Handelsregister durch Vorlage entsprechender privatschriftlicher Verzichtserklärungen nachgewiesen werden. Diesen Weg sollte man freilich nur wählen, wenn einem die Registerpraxis vertraut ist. 51

Insgesamt muss man sagen: Wegen der zahlreichen Fallstricke, die vor allem Abs. 3 enthält, empfiehlt es sich jedenfalls bei problemlos abzuhaltenden Vollversammlungen, nicht von § 62 Abs. 1 Gebrauch zu machen, sondern bei der übernehmenden AG einen Zustimmungsbeschluss herbeiführen. Wird von der Möglichkeit des Abs. 1 kein Gebrauch gemacht, soll also trotz der erforderlichen Mehrheit gleichwohl ein Verschmelzungsbeschluss gefasst werden, so entfällt selbstverständlich die Grundlage für die Einhaltung der Informationspflichten gemäß Abs. 3. 52

c) Entbehrlichkeit eines Zustimmungsbeschlusses der übertragenden AG gemäß § 62 Abs. 4 S. 1. Neu eingeführt wurde durch das 3. UmwÄndG § 62 Abs. 4. Befindet sich das **gesamte Stamm- oder Grundkapital einer übertragenden Kapitalgesellschaft in der Hand einer übernehmenden AG**, so ist gemäß Abs. 4 S. 1 ein Zustimmungsbeschluss der übertragenden Kapitalgesellschaft nicht erforderlich. Abs. 3 gilt bzgl der Informations- und Vorabbekanntmachungspflichten mit der Maßgabe entsprechend, dass die dort genannten Verpflichtungen nach Abschluss des Verschmelzungsvertrages für die Dauer eines Monats zu erfüllen sind. Die Vorschrift ist so zu verstehen, dass die Informationspflichten irgendwann nach Abschluss des Verschmelzungsvertrages einen Monat lang erfüllt werden müssen.[61] 53

Durch das Zusammenspiel von § 62 Abs. 1 und Abs. 4 kann es nun also eine Verschmelzung ohne Zustimmungsbeschlüsse der übertragenden und der übernehmenden AG geben.

Auch hier gilt hinsichtlich der Fallstricke des Abs. 3 jedoch das oben Rn 49 ff Gesagte. Ferner ist zu bedenken, dass die Monatsfrist erst nach Abschluss des Verschmelzungsvertrags anfängt zu laufen. Die Anmeldung der Verschmelzung zum Handelsregister darf erst erfolgen, nachdem die Monatsfrist abgelaufen ist.[62] Soll eine Verschmelzung möglichst schnell eingetragen werden, so führt die Anwendung von Abs. 4 zu einer Zeitverzögerung. Kann die Achtmonatsfrist des § 17 Abs. 2 S. 4 nicht mehr eingehalten werden, sollte von der Vorschrift kein Gebrauch gemacht werden.

d) Verschmelzungsrechtlicher Squeeze-out (§ 62 Abs. 5, Abs. 4 S. 2). In den Fällen des § 62 Abs. 1, also in den Fällen, wo sich 90 % des Grundkapitals einer übertragenden AG in der Hand einer übernehmenden AG befinden, kann die Hauptversammlung einer übertragenden AG **innerhalb von drei Monaten nach Ab-** 54

---

[57] Widmann/Mayer/*Rieger*, § 62 Rn 49.
[58] Widmann/Mayer/*Rieger*, § 62 Rn 50.
[59] Str., so Widmann/Mayer/*Rieger*, § 62 Rn 50; aA Lutter/*Grunewald*, UmwG, 4. Aufl., § 62 Rn 12.
[60] So auch Goutier/Knopf/Tulloch/*Bermel*, § 62 Rn 13; Widmann/Mayer/*Heckschen*, § 13 Rn 51.2; *Limmer*, in: Hb-UntUmw, Teil 2 Rn 1021; aA wohl Widmann/Mayer/*Rieger*, § 62 Rn 50, ohne hierauf ausdrücklich einzugehen.
[61] *Leitzen*, DNotZ 2011, 526, 536.
[62] *Leitzen*, DNotZ 2011, 526, 535.

schluss des Verschmelzungsvertrages einen Squeeze-out-Beschluss nach § 327a Abs. 1 S. 1 AktG fassen. Während für den normalen aktienrechtlichen Squeeze-out dem Hauptaktionär 95 % des Grundkapitals gehören müssen, genügen beim verschmelzungsrechtlichen Squeeze-out also lediglich 90 %. Hauptaktionär muss hier (anders als bei § 327a AktG) eine AG, KGaA oder eine inländische SE sein. Die Herabsetzung des Schwellenwertes von 95 % auf 90 % setzt voraus, dass ein **sachlicher und zeitlicher Zusammenhang mit der Verschmelzung der Tochtergesellschaft auf die Muttergesellschaft** besteht. Der zeitliche Zusammenhang wird durch die Dreimonatsfrist statuiert. Für den sachlichen Zusammenhang verlangt § 62 Abs. 5 S. 2, dass der Verschmelzungsvertrag die Angabe enthält, dass im Zusammenhang mit der Verschmelzung ein Ausschluss der Minderheitsaktionärin erfolgen soll. Vor dem eigentlichen Übertragungsbeschluss, also dem Squeeze-out-Beschluss muss der Verschmelzungsvertrag abgeschlossen worden sein; ein Entwurf genügt nicht. Die Informationspflichten gemäß § 62 Abs. 3 sind für die Dauer von einem Monat nach Abschluss des Verschmelzungsvertrags zu erfüllen (S. 3). Spätestens bis zu dem Zeitpunkt, in dem den Informationspflichten erstmalig nachgekommen wird und somit die Monatsfrist zu laufen beginnt, muss die Zuleitung des Vertrags an den Betriebsrat erfolgen (S. 4). Der Anmeldung des Übertragungsbeschlusses muss der Verschmelzungsvertrag in Ausfertigung oder beglaubigter Abschrift beigefügt werden (S. 6).[63] Um Missbrauchsmöglichkeiten zu minimieren, wird der Übertragungsbeschluss nur gleichzeitig mit der Verschmelzung (Eintragung im Register der übernehmenden AG) wirksam (S. 7). Ein Rechtsmissbrauch liegt allerdings nicht vor, wenn eine **Zwischenholding** nur zu dem Zweck gegründet wird, einen verschmelzungsrechtlichen Squeeze-out durchzuführen, eigentlich also gar keine Verschmelzung der Tochtergesellschaft beabsichtigt war.[64]

Findet gemäß § 62 Abs. 5 ein verschmelzungsrechtlicher Squeeze-out statt, wird also der Übertragungsbeschluss gemäß Abs. 5 S. 7 in das Handelsregister eingetragen, so ist gemäß Abs. 4 S. 2 für die Verschmelzung ein **Zustimmungsbeschluss der übertragenden AG nicht erforderlich**, obschon der Squeeze-out selber nur gleichzeitig mit Wirksamkeit der Verschmelzung wirksam wird. Dies ist eine konsequente Fortführung des Gedankens, dass es für die Anwendbarkeit von § 62 Abs. 4 S. 1 auf die Anteilsverhältnisse zum Zeitpunkt des Registervollzuges ankommt.[65]

55 **II. Vorbereitung der Hauptversammlung (§ 63).** Für die Vorbereitung der Hauptversammlung gelten zunächst die allgemeinen Vorschriften des AktG (§§ 121 ff AktG) und der Satzung der AG. Die Einberufung erfolgt also durch den Vorstand gem. § 121 Abs. 2 AktG innerhalb der Frist gem. § 123 AktG durch Bekanntmachung in den Gesellschaftsblättern oder eingeschriebenen Brief gem. § 121 Abs. 4 AktG unter Angabe der Tagesordnung gem. § 124 Abs. 3 S. 1 AktG, in welcher der Vorstand und der Aufsichtsrat den Beschlussvorschlag „Zustimmung zum Verschmelzungsvertrag" unterbreiten müssen. Da es sich hierbei um eine Leitungsaufgabe des Vorstands handelt, kann der Beschlussvorschlag nicht von einem vorschriftswidrig besetzen Vorstand gemacht werden.[66] Gemäß § 124 Abs. 2 S. 2 AktG ist der **wesentliche Inhalt des Verschmelzungsvertrags bei der Einberufung bekannt zu machen**. Hierzu gehören die Pflichtangaben gem. § 5, nicht dagegen der Verschmelzungsbericht gem. § 8.[67]

56 Zusätzlich verlangt § 63, dass von der Einberufung der Hauptversammlung an in den Geschäftsräumen der Gesellschaft die in § 63 Abs. 1 Nr. 1 bis 5 aufgeführten Dokumente auszulegen sind. Dabei ist in der Praxis ein besonderes Augenmerk auf Nr. 3 zu legen: Wegen der Achtmonatsfrist des § 16 Abs. 2 neigt man dazu, nur diese Frist zu beachten. **Ist der letzte Jahresabschluss jedoch älter als sechs Monate, so verlangt § 63 Abs. 1 Nr. 3 zusätzlich eine Zwischenbilanz**. Durch das Dritte Gesetz zur Änderung des Umwandlungsrechts wurden 2011 nun jedoch für Aktiengesellschaften[68] durch die neu eingefügten Sätze 5 ff in § 63 Abs. 2 eine Erleichterung geschaffen. Die Erstellung einer Zwischenbilanz ist entbehrlich, wenn (i) hierauf gemäß § 8 Abs. 3 S. 1 Alt. 1 und S. 2 **alle Anteilseigner aller beteiligten Rechtsträger durch notariell beurkundete Erklärungen verzichten** oder (ii) wenn die Gesellschaft seit dem letzten Jahresabschluss einen **Halbjahresfinanzbericht** nach § 37w WpHG veröffentlicht hat. Für Publikumsaktiengesellschaften, die praktisch immer einen Halbjahresfinanzbericht erstellen, führt die Möglichkeit einer solchen „Zweitverwertung" des Halbjahresfinanzberichts zu einer merklichen Entlastung und Kostenersparnis.[69]

---

63 Sowohl in S. 6 als auch in S. 2 wird alternativ auf den Entwurf eines Verschmelzungsvertrags abgestellt. Vor dem Hintergrund, dass das Gesetz jetzt verlangt, dass der Übertragungsbeschluss erst nach Abschluss des Verschmelzungsvertrags erfolgen darf und auch nur gleichzeitig mit der Verschmelzung wirksam wird, dürfte ein Redaktionsversehen vorliegen.
64 Limmer, in: Hb-UntUmw, Teil 2, Rn 1028.
65 Leitzen, DNotZ 2011, 526, 534.
66 BGH DB 2002, 196.
67 Widmann/Mayer/Heckschen, § 13 Rn 20.
68 Durch die Änderungen in den Verweisungsvorschriften der §§ 82 Abs. 1, 101 Abs. 1 und 112 Abs. 1 wird klargestellt, dass die Erleichterung des S. 5 ff nicht für Genossenschaften, Vereine oder Versicherungsvereine auf Gegenseitigkeit gilt.
69 Leitzen, DNotZ 2011, 526, 540.

Gemäß § 63 Abs. 3 ist auf Verlangen jedem Aktionär unverzüglich und kostenlos eine Abschrift dieser Unterlagen zu erteilen. Diese Verpflichtung und die Auslegungsverpflichtung gemäß Abs. 1 entfällt jedoch, wenn die Unterlagen für denselben Zeitraum über die Internetseite der Gesellschaft zugänglich sind.

III. Durchführung der Hauptversammlung (§ 64). 1. Die Regelungen des § 64. In der Hauptversammlung müssen die Unterlagen gem. § 63 Abs. 1 zugänglich gemacht werden (§ 64 Abs. 1 S. 1). „Zugänglich machen" bedeutet, dass auch eine Publikation über Internet genügt, wenn während der Hauptversammlung die Möglichkeit besteht, über Monitore die Unterlagen einzusehen.[70] Der Vorstand hat den Verschmelzungsvertrag oder seinen Entwurf in der Hauptversammlung mündlich zu erläutern. Dabei sind der wesentliche Inhalt des Vertrags und die wirtschaftlichen und rechtlichen Auswirkungen der Verschmelzung darzulegen. Es besteht ein Ermessensspielraum des Vorstands über den Umfang der Erläuterung, eine Pflicht zur Verlesung des Vertrages besteht nicht.

Durch das Dritte Gesetz zur Änderung des Umwandlungsrechts wurde § 64 Abs. 1 ergänzt und anders als sonst bedeutet diese Ergänzung keine Erleichterung, sondern sie führt zu einer Steigerung der Informationspflichten, denn zusätzlich zu vorstehender Erläuterung hat der Vorstand nun gemäß § 64 Abs. 1 S. 2 Hs 2 und S. 3. auch **über jede wesentliche Veränderung des Vermögens der Gesellschaft zu unterrichten**, die seit dem Abschluss des Verschmelzungsvertrags oder der Aufstellung des Entwurfs eingetreten ist, und müssen hierüber auch die Vertretungsorgane der anderen beteiligten Rechtsträger unterrichtet werden, die diese Information vor ihrer Beschlussfassung an ihre Anteilseigner weitergeben müssen. Dabei genügt jedoch eine Information in der Hauptversammlung, solange sie vor der Beschlussfassung erfolgt.[71] § 64 Abs. 1 S. 4 eröffnet auch hier wiederum die Möglichkeit eines Verzichts durch notariell beurkundete Erklärung aller Anteilsinhaber.

Ein Verstoß gegen die Unterrichtungspflicht berechtigt nicht zur Anfechtung des Beschlusses gemäß § 243 Abs. 4 S. 2 AktG. Ein Verstoß gegen die Pflicht zur Information des anderen Rechtsträgers (§ 64 Abs. Abs. 4 S. 3) kann Schadensersatzansprüche dieses Rechtsträgers begründen. Eine Anfechtungsbefugnis der Anteilseigner dieses anderen Rechtsträgers besteht auch hier nicht.[72]

2. Beschlussgegenstand. Die Hauptversammlung beschließt über die Zustimmung zu dem bereits abgeschlossenen Verschmelzungsvertrag oder seinen Entwurf. Bei der Verschmelzung zur Neugründung müssen die Gesellschafter der übertragenden Rechtsträgers auch der Satzung der neuen AG und der Bestellung des ersten Aufsichtsrates zustimmen (§ 76 Abs. 2). Beschlussvorlage muss ein vollständig durchformulierten Vertrag einschließlich seiner Anlagen sein. Nachträgliche **Änderungen** bedürfen grundsätzlich einer erneuten Beschlussfassung, soweit es sich nicht um offensichtliche Unrichtigkeiten iSv § 44 a BeurkG handelt.[73] Grundsätzlich müssen bei Änderungen auch die vor Beschlussfassung bestehenden Informationspflichten erneut beachtet werden, insbesondere ist eine erneute Zuleitung an den Betriebsrat gem. § 5 Abs. 3 erforderlich. Anders als bei dem Erfordernis der Beschlussfassung selber lösen unter Berücksichtigung des Sinns und Zwecks dieser Informationspflichten unwesentliche Änderungen jedoch keine erneute Zuleitungspflicht aus.[74]

3. Beschlussmehrheit, Sonderbeschlüsse (§ 65). a) Beschlussmehrheit (§ 65 Abs. 1). Die üblicherweise in den Satzungen enthaltene Regelung, wonach Beschlüsse mit einfacher Stimmenmehrheit und, soweit eine Kapitalmehrheit erforderlich ist, mit einfacher Mehrheit des vertretenen Grundkapitals gefasst werden, soweit dem nicht zwingendes Gesetzesrecht entgegensteht, greift bei Verschmelzungsbeschlüssen wegen der zwingenden (§ 1 Abs. 3 S. 1) Bestimmung des § 65 Abs. 1 S. 1 nicht ein. Danach ist für den Verschmelzungsbeschluss stets eine Mehrheit von **mindestens** drei Viertel des **vertretenen** Grundkapitals erforderlich. Es kommt nur auf das Verhältnis der Ja- und Nein-Stimmen zueinander an. Stimmenthaltungen zählen bei der Berechnung der Mehrheit ebenso wenig mit wie die Inhaber stimmrechtsloser Vorzugsaktien.[75] Da es auf die Mehrheit des vertretenen Kapitals ankommt, wird ein bestimmte Anzahl anwesender bzw vertretener Aktionäre (Quorum) für die Beschlussfähigkeit nicht verlangt. Neben der Kapitalmehrheit gem. § 65 Abs. 1 S. 1 bewendet es bei dem Erfordernis der **einfachen Stimmenmehrheit** gem. § 133 Abs. 1 AktG. Zur Feststellung der Stimmen- und Kapitalmehrheit bedarf es nicht doppelter Abstimmung, sondern nur doppelter Zählung.[76] Gemäß § 65 Abs. 1 S. 2 kann die Satzung eine größere Mehrheit und weitere Erfordernisse (zB ein bestimmtes Quorum) vorsehen.[77] Regelt die Satzung nur allgemein für Satzungsänderungen erhöhte Mehrheitserfordernisse, so gilt dies nach zutreffender wohl hM auch für die Verschmelzung;[78] regelt

---

70 *Limmer*, in: Hb-UntUmw, Teil 2, Rn 1002.
71 *Leitzen*, DNotZ 2011, 526, 530.
72 *Leitzen*, DNotZ 2011, 526, 531.
73 Widmann/Mayer/*Hecksehen*, § 13 Rn 53, 61.
74 Widmann/Mayer/*Mayer*, § 5 Rn 260 ff.
75 *Hüffer*, § 133 Rn 12.
76 *Hüffer*, § 179 Rn 14.
77 Diesbezüglich wird auf die Kommentierung zur entsprechenden Regelung in § 179 Abs. 2 S. 2 und 3 AktG verwiesen.
78 Streitig: Widmann/Mayer/*Rieger*, § 65 Rn 10; aA Lutter/Winter/*Grunewald*, § 65 Rn 6.

sie solche für die Auflösung, gilt dies dagegen regelmäßig nicht für den Beschluss der übertragenden AG, da in der Regel bei derartigen Satzungsbestimmungen an die Liquidation der Gesellschaft gedacht wird, nicht dagegen an eine Gesamtrechtsnachfolge in einem anderen aktiv tätigen Unternehmen.[79] Letztlich ist dies aber eine Frage der Auslegung.

60 **Stimmberechtigt** sind alle Aktionäre, nicht jedoch die Inhaber stimmrechtsloser Vorzugsaktien. Ist die übernehmende AG auch Gesellschafter der übertragenden Gesellschaft, so kann sie dort mitstimmen. Dies gilt nicht nur dann, wenn es sich bei der übertragenden Gesellschaft um eine AG handelt, wo ein § 47 Abs. 4 S. 2 Alt. 1 GmbHG entsprechendes Stimmverbot in § 136 AktG nicht enthalten ist, sondern im Hinblick auf den sozialrechtlichen Charakter des Verschmelzungsvertrages auch bei Gesellschaften anderer Rechtsform.[80]

61 **b) Sonderbeschlüsse (§ 65 Abs. 2).** Sind mehrere **stimmberechtigte** Aktiengattungen iSv § 11 AktG[81] vorhanden, so bedarf der Beschluss zusätzlich eines zustimmenden Sonderbeschlusses jeder Aktiengattung (§ 65 Abs. 2). Zwar bilden Vorzugsaktien ohne Stimmrecht ebenso eine Gattung. Durch die Klarstellung in Abs. 2 S. 1 ist jedoch geregelt, dass durch stimmrechtslose Vorzugsaktionäre kein zustimmender Sonderbeschluss erforderlich ist.[82] Bestehen nur Stammaktien und stimmrechtslose Vorzugsaktien, ist auch kein Sonderbeschluss der Stammaktionäre erforderlich.[83] Ob die Zustimmung in gesonderter Abstimmung oder gesonderter Versammlung erfolgt, richtet sich nach § 138 AktG. Vorbehaltlich § 138 S. 3 genügt also auch eine gesonderte Abstimmung. Für die erforderliche Sonderbeschlussmehrheit gilt über § 65 Abs. 2 S. 3 der Abs. 1. §§ 63, 64 sind nicht erneut zu beachten (Umkehrschluss aus Abs. 2 S. 3).[84]

62 **IV. Formfragen.** Gemäß § 13 Abs. 3 muss die Beschlussfassung über die Zustimmung zum Umwandlungsvertrag stets beurkundet werden. Eine Beurkundung im Ausland ist auch hier unzulässig (so Rn 13). Als **Anlage** ist dem Beschluss der bereits beurkundete Vertrag in beglaubigter Abschrift oder Ausfertigung, sonst der Vertragsentwurf beizufügen. Wird der Beschluss nicht als Tatsachenprotokoll gem. § 36 BeurkG, sondern als verlesungspflichtige Verhandlungsniederschrift gem. §§ 6 ff. BeurkG beurkundet, so muss, da es sich nicht um eine Anlage iSv § 9 Abs. 1 S. 2 BeurkG handelt, diese nicht verlesen werden.

63 Werden im Rahmen der **Hauptversammlung einer nichtbörsennotierten AG** im übrigen Beschlüsse gefasst, für die isoliert betrachtet gem. § 130 Abs. 1 S. 3 AktG eine Beurkundung nicht vorgeschrieben ist, so stellt sich die Frage, ob dann die Beurkundung nur dieses Zustimmungsbeschlusses ausreicht. Zwar bestimmt § 13 Abs. 3 nur die notarielle Beurkundung des Zustimmungsbeschlusses, nicht der Versammlung an sich. Jedoch ergibt sich die Formpflichtigkeit hier auch aus § 130 Abs. 1 S. 3 AktG selber, da der Beschluss mindestens mit einer Mehrheit von drei Viertel des vertretenen Grundkapitals zu fassen ist. Der Wortlaut von § 130 Abs. 1 S. 3 AktG spricht dann dafür, dass die gesamte Hauptversammlung zu protokollieren ist.[85] Va aber spricht für diese Ansicht das Prinzip der Rechtssicherheit, da zum Sachbeschluss „Zustimmung zur Umwandlung" noch während der gesamten Hauptversammlung verfahrensrechtliche Beschlüsse gefasst und Erklärungen abgegeben werden können, die notariell protokolliert werden müssen, dies gilt insbesondere für Vorgänge iSv § 131 Abs. 5 AktG und für Widersprüche iSv § 245 Nr. 1 AktG oder § 29 Abs. 1.[86] Angesichts der Geschäftswertobergrenze für Beschlüsse gem. § 108 Abs. 5 GNotKG von 10 Mio € ergeben sich zudem häufig kaum kostenrechtliche Vorteile aus einer Aufspaltung in zwei Protokolle. Wenn gleichwohl unbedingt eine notarielle Beurkundung der übrigen Beschlüsse vermieden werden soll, kann nur zur Abhaltung von zwei unmittelbar aufeinander folgenden Hauptversammlungen geraten werden.

64 **V. Sonstige Zustimmungserfordernisse.** Neben einem zustimmenden Umwandlungsbeschluss können für deren Rechtwirksamkeit uU noch **Zustimmungserklärungen einzelner Anteilsinhaber** gem. § 13 Abs. 2 erforderlich sein. Für die AG kommt dieser Vorschrift jedoch keine Bedeutung zu, da die Übertragung vinkulierter Namensaktien gem. § 68 Abs. 2 S. 1 AktG nur an die Zustimmung der Gesellschaft, nicht dagegen an die einzelner Aktionäre gebunden werden kann. Freilich können außerhalb von § 13 Abs. 2 weitere Zustimmungspflichten begründet werden. Werden bei der übernehmenden AG neue Vinkulierungsbestimmun-

---

79 Streitig: Semler/Stengel/*Diekmann*, § 65 Rn 15; Widmann/Mayer/*Rieger*, § 65 Rn 9; aA Lutter/Winter/*Grunewald*, § 65 Rn 6.
80 *Braunfels*, Mitt. RhNotK 1994 233, 237.
81 Vgl zum Begriff der Aktiengattung die Kommentierung zu § 11 AktG. Vinkulierte Namensaktien bilden ebenso wenig eine eigene Gattung wie Inhaber- und Namensaktien.
82 Dies gilt auch, wenn der Vorzug durch die Verschmelzung verloren geht, da keine vergleichbaren Rechte bei der übernehmenden Gesellschaft geschaffen werden oder wenn bei der übernehmenden AG Vorzüge geschaffen werden, die Vorrang oder Gleichrang zu alten Vorzügen haben; § 141 AktG findet nicht analog Anwendung; str, wie hier Lutter/Winter/*Grunewald*, § 65 Rn 8; aA *Kiem*, ZIP 1997, 1627, 1628; Widmann/Mayer/*Rieger* § 65 Rn 21 ff.
83 *Limmer* in: Hb-UntUmw, Rn 1192; vgl iÜ die Kommentierung zu § 182 Abs. 2 S. 1 AktG.
84 Streitig: Lutter/Winter/*Grunewald*, § 65 Rn 9; aA, soweit es um die Anwendung von § 64 geht, Widmann/Mayer/*Rieger*, § 65 Rn 7.
85 Die Ausnahme gemäß § 130 Abs. 1 S. 3 Hs 2 AktG bezieht sich auf die gesamte Verhandlungsniederschrift.
86 Streitig, wie hier zB *Hüffer*, § 130 AktG Rn 14c; *Schaaf*, Die Praxis der Hauptversammlung, 2. Aufl, Rn 812 ff.

gen zulasten ihrer bisherigen Aktionäre eingeführt, so müssen diese gem. § 180 Abs. 2 AktG zustimmen. Für die Aktionäre des übertragenden Rechtsträgers gilt dagegen § 29 Abs. 1 S. 2 (Barabfindungsangebot), wenn diese nunmehr bei der übernehmenden AG vinkulierte Anteile erhalten. Werden den Aktionären der übertragenden AG bei der übernehmenden Gesellschaft **erhöhte Leistungspflichten** auferlegt, die bei der übertragenden AG bisher nicht bestanden, so bedarf dies entgegen der Gesetzesbegründung[87] jedoch nach zutreffender Ansicht der Zustimmung sämtlicher Aktionäre der übertragenden AG.[88]

H. Nachgründung

I. AG als übernehmender Rechtsträger (§ 67). 1. Voraussetzungen. Um eine Umgehung der Nachgründungsvorschriften des § 52 AktG zu verhindern, enthält § 67 eine Rechtsfolgenverweisung auf § 52 Abs. 3, 4, 7 bis 9 AktG. Danach finden die Nachgründungsvorschriften Anwendung, wenn ein Verschmelzungsvertrag mit einer AG als übernehmenden Rechtsträger erfolgt, die zum Zeitpunkt des Vertragsabschlusses noch nicht länger als zwei Jahre im Handelsregister eingetragen ist. Allerdings kann § 67 in seinem Anwendungsbereich nach seiner ratio legis nicht weiter gehen, als § 52. Die Einschränkung der Nachgründung durch den durch das NaStraG neugefassten § 52 Abs. 1 müssen deshalb auch in den § 67 hineingelesen werden:[89] Wird ein Verschmelzungsvertrag mit einer übernehmenden AG abgeschlossen, die noch nicht länger als zwei Jahre im Handelsregister eingetragen ist, so finden die Nachgründungsvorschriften Anwendung, wenn die übertragende Gesellschaft oder die Gründer der übernehmenden AG mit mehr als 10 % am Grundkapital beteiligt sind. Gemäß § 67 S. 2 Hs 1 gilt dies jedoch wiederum nicht, wenn im Zuge der Verschmelzung der gesamte Betrag der zu gewährenden Aktien nicht mehr als 10 % des Grundkapitals ausmacht. Bei der Berechnung des Grundkapitals zählen eigene Aktien der übernehmenden AG oder Aktien der übertragenden Gesellschaft an der übernehmenden AG mit. Genehmigtes oder bedingtes Kapital ist Bestandteil der Bezugsgröße, soweit bis zur Eintragung der Verschmelzung von ihm Gebrauch gemacht wird. Erfolgt keine Kapitalerhöhung im Zuge der Verschmelzung, so greift die Vorschrift nicht ein. 65

Durch den 2007 neu eingefügten § 67 S. 2 Hs 2 besteht auch dann keine Nachgründungspflichtigkeit, wenn die AG die Rechtsform durch Formwechsel einer GmbH erlangt hat, die ihrerseits bereits zwei Jahre im Register eingetragen war. Die Vorschrift ist missglückt, da danach zunächst die GmbH als solche zwei Jahre im Handelsregister eingetragen sein muss, bevor ein Formwechsel in die AG stattfand. Trotz Identität des Rechtsträgers beim Formwechsel bezieht sich die Zweijahresfrist also nicht auf die Existenz der Kapitalgesellschaft als solche. 66

2. Verfahren der Nachgründungsprüfung. Wenn kein Fall des § 52 Abs. 9 AktG vorliegt (was bei Verschmelzungen nur ganz ausnahmsweise der Fall sein dürfte), hat also eine Prüfung durch den Aufsichtsrat zu erfolgen und muss hierüber ein Bericht erstattet werden (§ 52 Abs. 3 AktG). Außerdem muss eine Nachgründungsprüfung durch einen Prüfer erfolgen, der durch das für die übernehmende AG zuständige Gericht bestellt wird (§§ 52 Abs. 4, 33 Abs. 3 AktG). Dieser kann durchaus mit dem Verschmelzungsprüfer iSv § 9 identisch sein.[90] 67

Gemäß § 52 Abs. 3 und 4 AktG muss *vor* der Beschlussfassung der Hauptversammlung der Aufsichtsrat einen Nachgründungsbericht und der gerichtlich bestellte Prüfer einen Prüfungsbericht erstellen. Nach dem Gesetzeswortlaut muss der Verschmelzungsvertrag also bereits abgeschlossen worden sein. Hält man sich hieran, so führt dies bei kleineren Gesellschaften mit überschaubarer Gesellschafterstruktur zu dem unpraktischen Ergebnis, dass zuerst der Verschmelzungsvertrag abgeschlossen werden muss, anschließend die Nachprüfung durchgeführt und schließlich die Zustimmungsbeschlüsse protokolliert werden müssen. Das überzeugt jedoch nicht, wenn alle Aktionäre auf die Vorlage zum Zeitpunkt der Hauptversammlung verzichten. § 52 Abs. 3 wird man insoweit als dispositiv ansehen müssen, als dann der Bericht des Aufsichtsrates und des Prüfers auch später erstellt werden kann.[91] Unter Gläubigerschutzgesichtspunkten genügt es, wenn die Unterlagen mit der Anmeldung dem Gericht vorgelegt werden. Die Registerpraxis scheint hier uneinheitlich zu sein. 68

Nach hM ist, obschon in § 67 nicht auf § 52 Abs. 6 AktG verwiesen wird, nicht nur die Verschmelzung, sondern auch der **Abschluss des Verschmelzungsvertrages als solcher zum Handelsregister anzumelden und einzutragen**.[92] 69

---

87 Widmann/Mayer/*Mayer*, Bd. 1, Begr. UmwG 95, § 13.
88 Ausführlich: Lutter/Winter/*Lutter*/Drygala, § 13 Rn 29 f.
89 Str, wie hier Lutter/Winter/*Grunewald*, § 67 Rn 2; aA Semler/Stengel/*Diekmann*, § 67 Rn 5.
90 Lutter/Winter/*Grunewald*, § 67 Rn 13.
91 Ebenso: KölnKomm-AktG/*Priester*, § 52 Rn 62.
92 Widmann/Mayer/*Mayer*, § 67 Rn 36 mit weiteren Hinweisen zum Eintragungsverfahren.

70 **3. Rechtsfolgen bei Verstoß.** Ein Verstoß gegen § 67 stellt zunächst ein Eintragungshindernis für die Verschmelzung dar. Wird gleichwohl eingetragen, so ist die Verschmelzung wirksam, § 20 Abs. 2. In der Regel dürfte freilich eine Eintragung unterbleiben. Dann stellt sich die Frage, ob der Zustimmungsbeschluss lediglich anfechtbar oder sogar nichtig ist. Nach hM ist der Beschluss nichtig, kann also nicht mehr durch Ablauf der Anfechtungsfrist endgültigen Bestand erhalten, wenn eine Nachgründungsprüfung gar nicht stattgefunden hat, da dann Vorschriften zum Schutz von Gläubigern verletzt worden sind (§ 241 Nr. 3 AktG).[93] Ein Verstoß gegen sonstige Nachgründungsvorschriften, insbesondere wegen Unvollständigkeit des Berichtes oder der Prüfung führt dagegen nur zur Anfechtbarkeit des Beschlusses. Wird der Verschmelzungsvertrag nicht vorab ins Handelsregister eingetragen, berührt dies nicht die Wirksamkeit des Zustimmungsbeschlusses, wenn die Nachgründungsprüfung im Übrigen ordnungsgemäß erfolgt ist. Der Verschmelzungsvertrag ist nicht nichtig, da § 67 nicht auf § 52 Abs. 1 verweist.

71 **II. AG als übertragender Rechtsträger (§ 76).** § 76 statuiert für die Fälle einer Verschmelzung zur Neugründung, bei der als übertragender Rechtsträger eine AG beteiligt ist, ein Verbot, den entsprechenden Zustimmungsbeschluss der übertragenden AG zu fassen, solange diese noch nicht zwei Jahre im Handelsregister eingetragen ist.[94] Auch durch diese Vorschrift soll eine Umgehung der Nachgründungsvorschriften vermieden werden, indem die AG auf eine hierdurch neu gegründete Gesellschaft anderer Rechtsform verschmolzen wird. Wird dagegen auf eine schon bestehende Gesellschaft verschmolzen, so scheint der Gesetzgeber die Umgehungsgefahr nicht zu sehen. Die Sperrfrist gilt nur für den Zustimmungsbeschluss, nicht dagegen für den Abschluss des Verschmelzungsvertrages.

I. Schlussbilanz

72 **I. Erfordernis der Bilanzbeifügung.** Auf § 17 Abs. 2 wird in allen Fällen der Verschmelzung und Spaltung verwiesen (§§ 36, 125, 135), so dass in diesen Fällen stets eine Schlussbilanz des übertragenden Rechtsträgers beizufügen ist. Das gilt auch im Falle eine Spaltung. Vereinzelt wird hier vertreten, dass keine Gesamtschlussbilanz des übertragenden Rechtsträgers, sondern nur eine Teilbilanz des zu spaltenden Vermögens aufzustellen ist.[95] Angesichts des klaren Gesetzeswortlautes in § 17 Abs. 2, auf den auch § 125 verweist, kann man dies jedoch keinesfalls empfehlen, sondern sollte stets eine Gesamtschlussbilanz des übertragenden Rechtsträger einreichen.[96] Daneben kann es evtl sinnvoll sein, zwei Teilschlussbilanzen des übertragenden und verbleibenden Vermögens aufzustellen und erstere dem Registergericht des übernehmenden Rechtsträgers als Werthaltigkeitsnachweis und letztere dem Registergericht des übertragenden Rechtsträgers vorzulegen, um die Voraussetzungen des § 140 belegen zu können.[97]
Für den Formwechsel ist keine Schlussbilanz einzureichen. Allerdings ist beim Formwechsel von einer AG in eine Personengesellschaft eine steuerliche Übertragungsbilanz der Kapitalgesellschaft und Eröffnungsbilanz der Personengesellschaft aufzustellen, § 9 S. 2 UmwStG. Für das Handelsregister spielt dies freilich keine Rolle.

73 § 17 Abs. 2 verlangt nur, dass die Bilanz dem Register des (jeweiligen) übertragenden Rechtsträgers vorzulegen ist, nicht auch demjenigen des übernehmenden Rechtsträgers.

74 **II. Formelle Anforderungen.** § 17 spricht nur von einer Bilanz und verweist damit auf die Definition in § 242 Abs. 1 S. 1 HGB. Ein Jahresabschluss, zu dem auch die Gewinn- und Verlustrechung und ggf Anhang und Lagebericht gehört (§ 242 Abs. 3, 264 HGB), muss nicht vorgelegt werden.[98] Die Entstehung einer Bilanz erfolgt in folgenden Schritten: Zunächst muss die Bilanz durch die Geschäftsleitung gem. §§ 242 ff HGB aufgestellt werden. Die Aufstellung bedeutet nur die inhaltliche Erstellung der Bilanz, also ein Entwurf derselben ohne Unterschrift der Vorstandsmitglieder. Soweit eine Prüfungspflicht besteht, muss die Bilanz vom Abschlussprüfer geprüft werden. Die aufgestellte und geprüfte Bilanz muss sodann durch das zuständige Gesellschaftsorgan festgestellt werden.[99] Die Feststellung ist die Genehmigung durch das zuständi-

---

[93] Lutter/Winter/*Grunewald*, § 67 Rn 18; Semler/Stengel/*Diekmann*, § 67 Rn 28; aA Widmann/Mayer/*Rieger*, § 67 Rn 34: nur anfechtbar.
[94] Vgl für die Spaltung zur Neugründung § 141. § 76 Abs. 1 ist jedoch insoweit schärfer formuliert, als diese Vorschrift ein absolutes Handlungsverbot für Verschmelzungsbeschlüsse innerhalb der Zweijahresfrist aufstellt. § 141 stellt demgegenüber auf die Wirksamkeit der Spaltung ab. Werden deshalb der Spaltungsvertrag und die Zustimmungsbeschlüsse innerhalb der Zweijahresfrist abgeschlossen/getroffen, wird jedoch ausdrücklich geregelt, dass die Spaltung erst nach Ablauf der Zweijahresfrist wirksam werden soll, so ist dies zulässig.
Widmann/Mayer/*Mayer*, § 141 UmwG Rn 12; Lutter/Winter/*Hommelhoff/Schwab*, § 141 Rn 19.
[95] Widmann/Mayer/*Widmann*, § 24 Rn 163.
[96] *Limmer*, in: Hb-UntUmw, Rn 1794.
[97] In der Praxis sind derartige Nachforschungen jedoch ganz selten. Die Registergerichte begnügen sich mit der Erklärung gem. § 140 UmwG.
[98] Lutter/Winter/*Bork*, § 17 Rn 5.
[99] Ob die Schlussbilanz nach dem UmwG immer festgestellt sein muss, ist nicht ganz unstreitig. Die hM bejaht dies: Widmann/Mayer/*Widmann*, § 24 Rn 83; Lutter/Winter/*Priester*, § 24 Rn 70 ff; aA Kallmeyer/*Müller*, § 17 Rn 18 (für die Zwischenbilanz).

ge Gesellschaftsorgan und damit die In-Geltung-Setzung der Bilanz. Bei der AG ist hierfür grundsätzlich zuständig der Aufsichtsrat (§ 172 AktG).

Die aufgestellte, ggf geprüfte Bilanz, in jedem Fall aber festgestellte Bilanz ist sodann von **allen Vorstandsmitgliedern** der AG (§ 91 AktG) unter Datumsangabe (vgl § 245 HGB) zu **unterschreiben**. Die Unterzeichnung kann erst erfolgen, nachdem die Feststellung erfolgt ist, da die Unterzeichnung zugleich die Feststellung enthält, dass es sich um eine festgestellte Bilanz handelt. Haben alle unterschrieben, so können die Registergerichte keinen Nachweis über die Feststellung der Bilanz verlangen. Da die Unterzeichnung nur eine öffentlich-rechtliche Pflicht ist, ein Verstoß hiergegen lediglich eine Ordnungswidrigkeit gem. § 334 Abs. 1 Nr. 1a HGB darstellt und nur Beweisfunktion für die Feststellung hat, macht ihr Fehlen den Jahresabschluss nicht unwirksam.[100] Deshalb können fehlende Unterschriften auch nachgereicht werden.[101] Ein fehlendes Prüftestat kann – ebenso wie die Prüfung selber – auch nach Ablauf der Achtmonatsfrist nachgereicht / durchgeführt werden.[102] 75

Schlussbilanz und Jahresbilanz sind häufig identisch. Zwingend ist dies jedoch nicht. Durchaus möglich ist auch, dass zum Zwecke der Umwandlung eine Zwischenbilanz erstellt wird.[103] 76

III. Achtmonatsfrist. 1. Anwendungsbereich. Die Achtmonatsfrist gilt nur für die Anmeldung beim übertragenden Rechtsträger, nicht dagegen beim übernehmenden Rechtsträger.[104] In der Praxis stellt sich bisweilen das Problem, dass die für die Anmeldung der Verschmelzung mit Kapitalerhöhung beim übernehmenden Rechtsträger erforderlichen Unterschriften sämtlicher Geschäftsführer der GmbH (§ 78 iVm 57 Abs. 1 GmbHG) bzw der Vorstandsmitglieder der AG (in vertretungsberechtigter Zahl) und des Aufsichtsratsvorsitzenden (§ 184 Abs. 1 AktG) nicht innerhalb der Achtmonatsfrist eingeholt werden können. Dies schadet jedoch nicht, da § 17 Abs. 2 für den übernehmenden Rechtsträger keine Anwendung findet. 77

Da beim Formwechsel keine Bilanz der Anmeldung beigefügt werden muss, besteht hier hinsichtlich der Anmeldung zivilrechtlich keine Zeitnot. Steuerrechtlich ist jedoch Eile geboten, wenn es sich um einen Formwechsel einer Kapitalgesellschaft in eine Personengesellschaft handelt und die Übertragung rückwirkend vor dem Zeitpunkt der Anmeldung steuerlich anerkannt werden soll. Dann darf der Stichtag höchstens acht Monate vor der Anmeldung liegen, § 9 S. 3 UmwStG. Erfolgt die Anmeldung verspätet, hindert dies die Anmeldung nicht. Steuerlicher Übertragungsstichtag ist dann der Tag der Eintragung des Formwechsels im Register.

2. Fristberechnung, Fristüberschreitung. Ebenso wie bei der Frist für die Vorlage des Vertrages/Entwurfes an den Betriebsrat muss wiederum zurückgerechnet werden. Ereignistag iSv § 187 Abs. 1 BGB ist der Tag der Anmeldung. Beispiel: Ist Stichtag der Schlussbilanz des übertragenden Rechtsträgers der 28.2., so kann die Anmeldung auch noch am 30.10. eingereicht werden. Die Frist beginnt am 29.10. zu laufen und würde zwar an sich mit Beginn des 30. des achten Vormonats enden. Da der Februar nur 28 Tage hat, findet jedoch § 188 Abs. 3 BGB Anwendung, mithin endet die Frist am 28.2.[105] Im Hinblick auf eine (unzutreffende) Entscheidung des OLG Köln[106] empfiehlt sich für die Praxis allerdings – will man sicher gehen – in allen Fällen, in denen der Monat, in welchem der Stichtag der Schlussbilanz fällt, weniger Tage hat als der darauf folgende achte Monat, in welchem die Anmeldung eingereicht wird, auf den früheren Tag, welcher seiner Zahl nach dem Bilanzstichtag entspricht, abzustellen. 78

Die Einhaltung der Achtmonatsfrist ist zwingend. Eine auch nur geringfügige Fristüberschreitung hindert die Eintragung. Durch eine gleichwohl erfolgte Eintragung wird allerdings der Mangel geheilt. Notfalls kann auch eine Zwischenbilanz nachgereicht werden, deren Bilanzstichtag innerhalb der Achtmonatsfrist liegt. Verschmelzungsstichtag und Bilanzstichtag können auseinander fallen.[107] 79

3. Nachreichen der Bilanz und sonstiger Unterlagen. § 17 Abs. 2 S. 1 bestimmt, dass der Anmeldung eine Bilanz beizufügen ist. Zusammen mit Abs. 1 regelt sie damit, welche Anlagen der Anmeldung beim Register des übertragenden Rechtsträgers beizufügen sind. Abs. 2 S. 4 stellt demgegenüber eine **Voraussetzung für die Eintragung** der Verschmelzung auf und bestimmt in diesem Zusammenhang, dass der Bilanzstichtag höchstens acht Monate vor der Anmeldung liegen darf. Weder der Wortlaut der Vorschrift noch der Sinn 80

---

100 OLG Frankfurt aM BB 1989, 395.
101 *Limmer*, in: Hb-UntUmw, Rn 809.
102 Widmann/Mayer/*Widmann*, § 24 UmwG Rn 147.
103 Widmann/Mayer/*Mayer*, § 24 Rn 47.
104 DNotI-Report 1999, 1.
105 IE so auch Widmann/Mayer/*Mayer*, § 24 Rn 69. Die Begründung ist aber irreführend. Einerseits soll rückwärts gerechnet werden und wird auf § 188 Abs. 3 BGB abgestellt, andererseits soll die Frist jedoch mit dem Stichtag der Schlussbilanz beginnen. Auf den Beginn einer Frist findet § 188 Abs. 3 BGB jedoch gerade keine Anwendung.
106 OLG Köln GmbHR 1998, 1085.
107 Streitig, wie hier: Widmann/Mayer/*Mayer*, § 5 Rn 152ff, insb. 159ff.

und Zweck der Bilanzbeifügung innerhalb der Achtmonatsfrist[108] rechtfertigen es demgegenüber, aus dieser Eintragungsvoraussetzung nun eine **Voraussetzung für die Rechtswirksamkeit der Anmeldung** an sich zu machen. Ebenso wenig, wie die Rechtswirksamkeit der Anmeldung beim Register des übernehmenden Rechtsträgers davon abhängt, dass zB dieser die in §§ 52 Abs. 2, 69 Abs. 1 iVm 188 Abs. 3 Nr. 2 bis 4 AktG aufgeführten Anlagen beigefügt sind, hängt die Rechtswirksamkeit der Anmeldung beim übertragenden Rechtsträger davon ab, dass dieser die Bilanz als Anlage beigefügt ist. Vielmehr gilt hier der allgemeine registerverfahrensrechtliche Grundsatz, dass durch Zwischenverfügung der Mangel einer unvollständigen Anmeldung durch Nachreichung der fehlenden Unterlagen behoben werden kann (HRV 26 S. 2). Die Bilanz ist registerverfahrensrechtlich nicht anders zu behandeln wie zB der Nachweis der rechtzeitigen Zuleitung an den Betriebsrat oder das Beibringen von Vertretungsnachweisen etc. Es handelt sich um eine Anlage, die nachgereicht werden kann.[109] Freilich darf unter dem Gesichtspunkt der Umgehung von Abs. 2 S. 4 nicht lediglich eine Pro-forma-Anmeldung eingereicht werden, ohne dass die grundlegenden Voraussetzungen für eine Verschmelzung, ein rechtswirksamer Verschmelzungsvertrag und rechtswirksame Zustimmungsbeschlüsse hierzu, dem Gericht innerhalb der Achtmonatsfrist vorgelegt werden.

J. Besonderheiten bei grenzüberschreitenden Verschmelzungen (§§ 122 a ff)

81 Nachstehend werden die aus praktischer Sicht wesentlichen Besonderheiten einer grenzüberschreitenden Verschmelzung dargestellt.

82 I. Regelungstechnik. Entsprechend der bisherigen Systematik des UmwG wurden in den §§ 122 a ff keine eigenständigen Regelungen grenzüberschreitender Verschmelzungen geschaffen, sondern diese regeln nur die Besonderheiten grenzüberschreitender Verschmelzungen, verweisen aber sonst auf die allgemeinen Vorschriften des UmwG. Es gilt die „**Vereinigungstheorie**". Die umwandlungsrechtlichen Vorschriften von beiden Ländern, in denen sich der Ausgangs- und der Zielrechtsträger jeweils befindet, finden kumulativ für die grenzüberschreitende Verschmelzung Anwendung. Aus dieser Systematik folgt, dass bei einer grenzüberschreitenden Verschmelzung stets ein enges Zusammenwirken der rechtlichen Berater in den jeweiligen Ländern erforderlich ist.

Zum begrenzten **Anwendungsbereich** der Vorschriften vgl Rn 3.

83 II. Vorbereitung der Verschmelzung. 1. Bekanntmachung des Verschmelzungsplanes bei Gericht (§ 122 d). Mindestens 1 Monat vor der Hauptversammlung, in welcher über die Zustimmung beschlossen werden soll, muss zwingend der Entwurf oder der bereits beurkundete Vertrag[110] zum Registergericht eingereicht werden. Hierauf kann nicht verzichtet werden, da die Vorschrift gläubigerschützenden Charakter hat. Dabei handelt es sich nicht lediglich um eine § 61 für die Verschmelzung unter Beteiligung einer AG vergleichbare Bekanntmachung. Vielmehr muss das Gericht die in § 122 d S. 2 Nr. 1 bis 4 aufgeführten Informationen geben. Diese Informationen müssen dem Registergericht bei der Einreichung mitgeteilt werden. Das ist insofern besonders zu beachten, als sich nach hM die von Nr. 4 verlangten Informationen auch auf die ausländische Gesellschaft bezieht.

84 2. Verschmelzungsbericht, Verschmelzungsprüfung (§§ 122 e, 122 f). Es muss zwingend ein Verschmelzungsbericht aufgestellt werden. Auf diesen Bericht kann anders als bei einer inländischen Verschmelzung nicht gemäß § 8 Abs. 3 verzichtet werden (vgl § 122 e S. 3). Ein gemeinsamer Bericht von übertragendem und übernehmenden Rechtsträger in nach hM zulässig.

Der Verzicht muss zwingend einen Monat vor Fassung des Zustimmungsbeschlusses den Gesellschaftern sowie dem zuständigen Betriebsrat oder, falls es keine Betriebsrat gibt, den Arbeitnehmern zugänglich gemacht werden. Hierfür genügt es, wenn der Bericht in den Geschäftsräumen der Gesellschaft ausliegt. Ein Nachweis hierüber verlangt das Gesetz nicht. In der Anmeldung des betreffenden Rechtsträgers genügt eine Erklärung, dass dies geschehen ist.[111]

---

108 Den Gläubigern sollen Anhaltspunkte für die Prüfung gegeben werden, ob sie eine Sicherheitsleistung gem. § 22 verlangen. Ferner soll die Bilanzkontinuität gesichert werden, da die in der Schlussbilanz angesetzten Werte nach § 24 in den Jahresbilanzen des übernehmenden Rechtsträgers als Anschaffungskosten angesetzt werden können; Widmann/Mayer/*Mayer*, § 24 Rn 38.
109 Streitig, wie hier: *Limmer* in: Hb-UntUmw, Rn 813; Lutter/Winter/*Bork*, § 17 Rn 6; *Heckschen*, Rpfleger 1999, 357, 362; LG Frankfurt GmbHR 1998, 36 = DB 1998, 410; aA LG Dresden NotBZ 1997, 138; KG NJW-RR 1999, 186; Widmann/Mayer/*Mayer*, § 24 Rn 68 (zwar können grundsätzlich Unterlagen nachgereicht werden, es muss aber zumindest eine Bilanz, wenn auch zunächst noch ungeprüft, vorgelegt werden).
110 Sollen Vertrag und Zustimmungsbeschluss in einer Urkunde beurkundet werden, folgt hieraus, dass der Entwurf bekannt gemacht wird. Für die Zeitplanung hat dies zur Konsequenz, dass einen Monat vor dem Beurkundungstermin der Vertrag in allen Einzelheiten feststehen sollte, wohingegen man bei einer inländischen Konzernverschmelzung – wenn es mangels Betriebsrat keine Zuleitungspflicht gibt oder dieser auf die Monatsfrist verzichtet – noch bis kurz vor dem Beurkundungstermin Änderungen am Vertrag vornehmen kann.
111 Widmann/Mayer/*Vossius*, § 122 k Rn 17.

Anders als bei einer rein nationalen Verschmelzung ist mit dieser Zuleitung des Verschmelzungsberichtes an den Betriebsrat der Unterrichtungspflicht Genüge getan.[112] Eine Zuleitung des Verschmelzungsplanes selber ist nicht erforderlich.

Anders als beim Verschmelzungsbericht kann auf die Verschmelzungsprüfung gem. § 122 f verzichtet werden, § 9 Abs. 2 gilt durch die Verweisung in § 122 f S. 1.

III. Verschmelzungsplan (§ 122 c). Auch wenn das Gesetz von „Verschmelzungsplan" spricht und dieser Begriff im UmwG eigentlich nur für die Fälle verwendet wird, in welchem die Umwandlungsmaßnahme durch einseitige Willenserklärung erfolgt (so im Falle der Spaltung zur Neugründung, wo das Gesetz in § 136 von „Spaltungsplan" spricht), so handelt es sich bei dem Verschmelzungsplan um einen echten zweiseitigen Vertrag. 85

Der notwendige Inhalt des Vertrages ist in § 122 c enumerativ aufgeführt. Zum inhaltlichen Verständnis der Regelungen kann hierbei weitgehend auf die Regelungen in § 5 zurück gegriffen werden. Bei den Regelungen zur Anteilsgewährung (Nr. 2, 3 und 5) ist zu beachten, dass zum Teil die Anwendbarkeit von §§ 54 Abs. 1 S. 3, § 68 Abs. 1 S. 3, also die **Möglichkeit eines Verzichts auf die Anteilsgewährung durch die Aktionäre im Rahmen einer grenzüberschreitenden Verschmelzung,** verneint wird, da dies nicht mit der internationalen Verschmelzungsrichtlinie zu vereinbaren sei[113] Diese lasse eine Ausnahme nur bei der Veschmelzung einer 100-prozentigen Tochtergesellschaft auf ihre Muttergesellschaft zu (vgl auch § 122 c Abs. 3) und für den Fall, dass bei der übertragenden Gesellschaft eigene Anteile vorhanden sind. 86

Diese Auffassung ist abzulehnen. Die Anteilsgewährpflicht ist nur insoweit ein wesentliches Strukturmerkmal auch der Verschmelzungsrichtlinie, als sie dem Schutz der Gesellschafter / Aktionäre dient. Soweit dies nicht der Fall ist, ergibt sich unter Berücksichtigung des Subsidiaritätsprinzips, dass die Mitgliedsstaaten diesbezüglich einen Handlungsspielraum haben, den der deutsche Gesetzgeber durch die neu geschaffene Möglichkeit eines Verzichts auf die Anteilsgewährung ausgenutzt hat und der über § 122 a Abs. 2 auch für die grenzüberschreitende Verschmelzung gilt.

Anders als bei der nationalen Verschmelzung muss bei einer grenzüberschreitenden Verschmelzung zur Aufnahme stets der **Gesellschaftsvertrag / die Satzung der aufnehmenden AG Bestandteil des Plans** sein. In der Praxis wird er als Anlage zur Urkunde genommen, § 122 c Abs. 2 Nr. 9. Weitere Abweichungen zum Vertragsinhalt bei innerdeutschen Verschmelzungen enthalten die Nr. 10 (Angaben zur Bewertung des Aktiv- und Passivvermögens) und Nr. 11 (Stichtag der Bilanzen). In Nr. 11 sind die Stichtage der letzten Bilanzen des übertragenden und übernehmenden Rechtsträgers vor bzw am Verschmelzungsstichtag (wenn dieser mit dem Stichtag der letzten Geschäftsjahresbilanz zusammenfällt, anzugeben. Die Bilanzen selber müssen dem Plan nicht beigefügt werden.[114] 87

IV. Verschmelzungsbeschlüsse (§ 122 g). Auch der Verschmelzungsplan bedarf der Zustimmung durch die Gesellschafterversammlung / Hauptversammlung der an der Verschmelzung beteiligten Rechtsträger. Es gelten grundsätzlich die allgemeinen Vorschriften. Ebenso wie jetzt § 62 Abs. 4 S. 1 enthält § 122 g Abs. 2 eine Ausnahme vom Erfordernis eines Beschlusses für die übertragende Gesellschaft, wenn sich diese zu 100 % im Besitz der übernehmenden Gesellschaft befindet. Da § 122 g Abs. 2 Ausfluss der Vorgaben der Verschmelzungsrichtlinie ist, finden sich entsprechende Vorschriften auch in den Gesetzen der übrigen EU-Mitgliedsländer. Ist eine deutsche AG aufnehmender Rechtsträger, kommt man so – bei gleichzeitiger Anwendung von § 62 Abs. 1 bis 3 – zu der Rarität einer Verschmelzung ohne jedweden Zustimmungsbeschluss der an der Verschmelzung beteiligten Rechtsträger. 88

V. Verschmelzungsbescheinigung / Registerverfahren (§§ 122 k, 122 l). Allein maßgeblich für die Einhaltung der ausländischen Rechtmäßigkeitsvoraussetzungen ist die Vorlage einer Verschmelzungsbescheinigung der übertragenden Gesellschaft. Die zuständige staatliche Stelle hierfür wird von dem jeweiligen Mitgliedsland bestimmt. In Deutschland ist dies das Handelsregister. Als Verschmelzungsbescheinigung gilt die Eintragung in das Handelsregister, § 122 k Abs. 2 S. 2. 89

Nur die Verschmelzungsbescheinigung ist dem Register des aufnehmenden Rechtsträgers vorzulegen. Sie darf nicht älter als sechs Monate sein, § 122 l Abs. 1 S. 2. Für die übertragende Gesellschaft werden mit dieser Bescheinigung sämtliche Formalitäten erledigt. Das mit der Verschmelzung befasste deutsche Handelsregister muss und darf keine weitere Prüfungen über die Einhaltung der ausländischen Vorschriften anstellen.[115] 90

Das hat auch Auswirkungen auf das Registerverfahren: § 122 l Abs. 1 bestimmt, dass sowohl bei einer Verschmelzung durch Aufnahme als auch bei einer Verschmelzung durch Neugründung hinsichtlich der ausländischen übertragenden Gesellschaft nur die Verschmelzungsbescheinigung beizufügen ist. Anders als bei 91

---

112 *Limmer*, in: Hb-UntUmw, Rn 3119.
113 Widmann/Mayer/*Vossius*, § 122 c Rn 71 f.
114 Widmann/Mayer/*Vossius*, § 122 c Rn 141.

115 *Limmer*, in: Hb-UntUmw, Rn 3157, Lutter/Winter/*Schaumburg/Schumacher*, § 122 l Rn 19.

innerdeutschen Verschmelzungsvorgängen (vgl § 19 Abs. 1 S. 1) kann die Eintragung der Verschmelzung bei der deutschen übernehmenden AG also bereits eingetragen werden, bevor die Eintragung der Verschmelzung bei der ausländischen übertragenden Gesellschaft erfolgt ist. Dies gilt auch bei einer verschmelzungsbedingten Kapitalerhöhung. Während bei einer innerdeutschen Verschmelzung mit Kapitalerhöhung zunächst die Kapitalerhöhung bei der übernehmenden Gesellschaft einzutragen ist, dann die Verschmelzung bei der übertragenden Gesellschaft und anschließend die Verschmelzung bei der übernehmenden Gesellschaft (§§ 53, 66, 19), gilt dies bei grenzüberschreitenden Verschmelzungen nicht. Zwar ist auch hier die Kapitalerhöhung einzutragen. Dies kann und sollte jedoch zeitgleich zur Eintragung der Verschmelzung erfolgen, denn: Soweit §§ 53, 66 die Eintragung bei der übertragenden Gesellschaft verlangt, wird diese Eintragung durch die Verschmelzungsbescheinigung gem. § 122 k ersetzt.

92 Weil mit der Verschmelzungsbescheinigung alle Formalitäten im Hinblick auf die übertragende Gesellschaft erledigt sind, gibt es bei grenzüberschreitenden Verschmelzungen auch keine gemäß § 19 Abs. 2 S. 2 vorgesehene Eintragung bei der übernehmenden Gesellschaft. Der Tag der Eintragung bei der übertragenden Gesellschaft wird gar nicht eingetragen. § 122 l Abs. 3 bestimmt hierzu lediglich, dass das inländische übernehmende Registergericht von Amts wegen dem ausländischen Register der übertragenden Gesellschaft, bei der diese ihre Unterlagen zu hinterlegen hat, den Tag der Eintragung mitzuteilen hat. Darauf hin verfährt das ausländische Register entsprechend § 122 k Abs. 4 (eine entsprechende Vorschrift findet sich auch in den anderen EU-Mitgliedsländern).

Gesetz über den Wertpapierhandel
(Wertpapierhandelsgesetz – WpHG)[1]

In der Fassung der Bekanntmachung vom 9. September 1998[2] (BGBl. I S. 2708)
(FNA 4110-4)
zuletzt geändert durch Art. 6 Abs. 3 CRD IV-Umsetzungsgesetz vom 28. August 2013 (BGBl. I S. 3395)

Abschnitt 1
Anwendungsbereich, Begriffsbestimmungen

§ 1 Anwendungsbereich

(1) Dieses Gesetz ist anzuwenden auf die Erbringung von Wertpapierdienstleistungen und Wertpapiernebendienstleistungen, den börslichen und außerbörslichen Handel mit Finanzinstrumenten, den Abschluss von Finanztermingeschäften, auf Finanzanalysen sowie auf Veränderungen der Stimmrechtsanteile von Aktionären an börsennotierten Gesellschaften.

(2) Die Vorschriften des dritten und vierten Abschnitts sowie die §§ 34b und 34c sind auch anzuwenden auf Handlungen und Unterlassungen, die im Ausland vorgenommen werden, sofern sie Finanzinstrumente betreffen, die an einer inländischen Börse gehandelt werden.

(3) Die Vorschriften des dritten und vierten Abschnitts sowie die §§ 34b und 34c sind nicht anzuwenden auf Geschäfte, die aus geld- oder währungspolitischen Gründen oder im Rahmen der öffentlichen Schuldenverwaltung von der Europäischen Zentralbank, dem Bund, einem seiner Sondervermögen, einem Land, der Deutschen Bundesbank, einem ausländischen Staat oder dessen Zentralbank oder einer anderen mit diesen Geschäften beauftragten Organisation oder mit für deren Rechnung handelnden Personen getätigt werden.

Literatur:
Bürgers, Das Anlegerschutzverbesserungsgesetz, BKR 2004, 424; *Dreyling*, Die Umsetzung der Marktmissbrauchs-Richtlinie über Insider-Geschäfte und Marktmanipulation, Der Konzern 2005, 1; *Hopt*, 50 Jahre Anlegerschutz und Kapitalmarktrecht: Rückblick und Ausblick, WM 2009, 1873; *Kuthe*, Änderungen des Kapitalmarktrechts durch das Anlegerschutzverbesserungsgesetz, ZIP 2004, 883; *Meixner*, Das Anlegerschutzverbesserungsgesetz im Überblick, ZAP 2004, 387.

Die Vorschrift beschreibt den Anwendungsbereich des WpHG, der in den folgenden Regelungen weiter konkretisiert wird.[1] Die Vorschrift wurde mehrfach erweitert; sie findet auch Anwendung auf Wertpapiernebendienstleistungen, den börslichen und außerbörslichen Handel mit Finanzinstrumenten und den Abschluss von Finanztermingeschäften. Die Zuständigkeit der Länder für die Börsenaufsicht nach dem Börsengesetz bleibt hiervon unberührt.[2]   1

Abs. 1 wurde in Umsetzung von Art. 1 Nr. 3 der Marktmissbrauchsrichtlinie erweitert. Nach dieser sind Ge- und Verbote auf dem Gebiet des Insiderhandels, der Marktpreismanipulation und der Finanzanalysen auf „Finanzinstrumente" anzuwenden. Entsprechend wurde der Anwendungsbereich des WpHG auf den börslichen und außerbörslichen Handel mit Finanzinstrumenten erweitert, die seitdem in § 2 Abs. 2b definiert sind.[3] Damit wurde die Terminologie auch der des § 1 Abs. 11 des Kreditwesengesetzes und des Gemeinsamen Standpunkts des Rates vom 8. Dezember 2003 im Hinblick auf den Erlass der Richtlinie des Europäischen Parlaments und des Rates über Märkte für Finanzinstrumente (MiFID) angepasst.[4] Zudem wurde der Anwendungsbereich auf die Analyse von Finanzinstrumenten erweitert, die in §§ 34b und 34c geregelt, aber weder Wertpapierdienstleistung oder -nebendienstleistung ist, noch unmittelbar den Handel mit Finanzinstrumenten und Finanztermingeschäften betrifft.   2

Abs. 2 wurde durch das Anlegerschutzverbesserungsgesetz eingefügt und definiert den territorialen Anwendungsbereich der Gebote und Verbote der Abschnitte über die Insiderüberwachung und die Überwachung der Marktmanipulation sowie der Vorschriften über Finanzanalysen.   3

---

1   Die Änderungen durch das G v. 15.7.2013 (BGBl. I S. 2390) treten **teilweise erst mWv 1.8.2014 in Kraft.** Diese Änderungen sind im Text der §§ 31, 33, 36a, 36c, 36d und 39 bereits berücksichtigt; siehe dort die zusätzlichen Hinweise.
2   Neubekanntmachung des WpHG v. 26.7.1994 (BGBl. I S. 1794) in der ab 1.8.1998 geltenden Fassung.

1   BT-Drucks. 12/6679, S. 39.
2   BT-Drucks. 12/6679, S. 39.
3   Diese Definition ist in der Zwischenzeit mehrfach geändert worden.
4   BT-Drucks. 15/3174, S. 28.

Abs. 2 wurde im Zuge des EU-Leerverkaufs-Ausführungsgesetzes redaktionell angepasst und der Verweis auf das gesetzliche Verbot ungedeckter Leerverkäufe in Aktien und bestimmten Schuldtiteln (§ 30 h aF) sowie die Mitteilungs- und Veröffentlichungspflichten für Inhaber von Nettoleerverkaufspositionen (§ 30 i aF) gestrichen. Beide Vorschriften sind durch das EU-Leerverkaufs-Ausführungsgesetz aufgehoben worden. Nunmehr enthält die Verordnung EU Nr. 236/2012 des Europäischen Parlaments und des Rates vom 14. März 2012 über Leerverkäufe und bestimmte Aspekte von Credit Default Swaps (sog. EU-Leerverkaufsverordnung) u.a. Leerverkaufsverbote und Meldepflichten.

Einbezogen in den Anwendungsbereich des Gesetzes sind damit Handlungen und Unterlassungen, die im Ausland vorgenommen werden, sofern sie Finanzinstrumente betreffen, die an einer inländischen Börse gehandelt werden. Hierdurch wird Art. 10 der Marktmissbrauchsrichtlinie umgesetzt. Die weitere Beschränkung des Anwendungsbereichs einzelner Vorschriften, wie etwa im Falle des § 15 auf Emittenten börsenzugelassener Finanzinstrumente, bleibt hiervon unberührt.[5]

4 Der ebenfalls durch das Anlegerschutzgesetz eingefügte Abs. 3 nimmt bestimmte Handlungen vom Anwendungsbereich des Verbots von Insidergeschäften, Marktmanipulation und Finanzanalysen aus. Die Regelung ersetzt die bisherigen §§ 20 und 20 b Abs. 7 und fasst sie zusammen. Zudem wird die Ausnahme auf die Vorschriften der §§ 34 b und 34 c ausgedehnt. Es handelt sich hierbei um Geschäfte, die aus geld- oder währungspolitischen Gründen oder im Rahmen der öffentlichen Schuldenverwaltung von der Europäischen Zentralbank, dem Bund, einem seiner Sondervermögen, einem Land, der Deutschen Bundesbank, einem ausländischen Staat oder dessen Zentralbank oder einer anderen mit diesen Geschäften beauftragten Organisation oder mit für deren Rechnung handelnden Personen getätigt werden.

§ 2 Begriffsbestimmungen

(1) Wertpapiere im Sinne dieses Gesetzes sind, auch wenn keine Urkunden über sie ausgestellt sind, alle Gattungen von übertragbaren Wertpapieren mit Ausnahme von Zahlungsinstrumenten, die ihrer Art nach auf den Finanzmärkten handelbar sind, insbesondere

1. Aktien,
2. andere Anteile an in- oder ausländischen juristischen Personen, Personengesellschaften und sonstigen Unternehmen, soweit sie Aktien vergleichbar sind, sowie Zertifikate, die Aktien vertreten,
3. Schuldtitel,
   a) insbesondere Genussscheine und Inhaberschuldverschreibungen und Orderschuldverschreibungen sowie Zertifikate, die Schuldtitel vertreten,
   b) sonstige Wertpapiere, die zum Erwerb oder zur Veräußerung von Wertpapieren nach den Nummern 1 und 2 berechtigen oder zu einer Barzahlung führen, die in Abhängigkeit von Wertpapieren, von Währungen, Zinssätzen oder anderen Erträgen, von Waren, Indices oder Messgrößen bestimmt wird.

(1 a) Geldmarktinstrumente im Sinne dieses Gesetzes sind alle Gattungen von Forderungen, die nicht unter Absatz 1 fallen und die üblicherweise auf dem Geldmarkt gehandelt werden, mit Ausnahme von Zahlungsinstrumenten.

(2) Derivate im Sinne dieses Gesetzes sind

1. als Kauf, Tausch oder anderweitig ausgestaltete Festgeschäfte oder Optionsgeschäfte, die zeitlich verzögert zu erfüllen sind und deren Wert sich unmittelbar oder mittelbar vom Preis oder Maß eines Basiswertes ableitet (Termingeschäfte) mit Bezug auf die folgenden Basiswerte:
   a) Wertpapiere oder Geldmarktinstrumente,
   b) Devisen oder Rechnungseinheiten,
   c) Zinssätze oder andere Erträge,
   d) Indices der Basiswerte der Buchstaben a, b oder c, andere Finanzindices oder Finanzmessgrößen oder
   e) Derivate;
2. Termingeschäfte mit Bezug auf Waren, Frachtsätze, Emissionsberechtigungen, Klima- oder andere physikalische Variablen, Inflationsraten oder andere volkswirtschaftliche Variablen oder sonstige Vermögenswerte, Indices oder Messwerte als Basiswerte, sofern sie

---

5 BT-Drucks. 15/3174, S. 29.

a) durch Barausgleich zu erfüllen sind oder einer Vertragspartei das Recht geben, einen Barausgleich zu verlangen, ohne dass dieses Recht durch Ausfall oder ein anderes Beendigungsereignis begründet ist,
b) auf einem organisierten Markt oder in einem multilateralen Handelssystem geschlossen werden oder
c) nach Maßgabe des Artikels 38 Abs. 1 der Verordnung (EG) Nr. 1287/2006 der Kommission vom 10. August 2006 zur Durchführung der Richtlinie 2004/39/EG des Europäischen Parlaments und des Rates betreffend die Aufzeichnungspflichten für Wertpapierfirmen, die Meldung von Geschäften, die Markttransparenz, die Zulassung von Finanzinstrumenten zum Handel und bestimmte Begriffe im Sinne dieser Richtlinie (ABl. EU Nr. L 241 S. 1) Merkmale anderer Derivate aufweisen und nichtkommerziellen Zwecken dienen und nicht die Voraussetzungen des Artikels 38 Abs. 4 dieser Verordnung gegeben sind,

und sofern sie keine Kassageschäfte im Sinne des Artikels 38 Abs. 2 der Verordnung (EG) Nr. 1287/2006 sind;
3. finanzielle Differenzgeschäfte;
4. als Kauf, Tausch oder anderweitig ausgestaltete Festgeschäfte oder Optionsgeschäfte, die zeitlich verzögert zu erfüllen sind und dem Transfer von Kreditrisiken dienen (Kreditderivate);
5. Termingeschäfte mit Bezug auf die in Artikel 39 der Verordnung (EG) Nr. 1287/2006 genannten Basiswerte, sofern sie die Bedingungen der Nummer 2 erfüllen.

(2 a) (aufgehoben)

(2 b) Finanzinstrumente im Sinne dieses Gesetzes sind Wertpapiere im Sinne des Absatzes 1, Anteile an Investmentvermögen im Sinne des § 1 Absatz 1 des Kapitalanlagegesetzbuchs, Geldmarktinstrumente im Sinne des Absatzes 1 a, Derivate im Sinne des Absatzes 2, Rechte auf Zeichnung von Wertpapieren und Vermögensanlagen im Sinne des § 1 Absatz 2 des Vermögensanlagengesetzes mit Ausnahme von Anteilen an einer Genossenschaft im Sinne des § 1 des Genossenschaftsgesetzes sowie Namensschuldverschreibungen, die mit einer vereinbarten festen Laufzeit, einem unveränderlich vereinbarten festen positiven Zinssatz ausgestattet sind, bei denen das investierte Kapital ohne Anrechnung von Zinsen ungemindert zum Zeitpunkt der Fälligkeit zum vollen Nennwert zurückgezahlt wird, und die von einem CRR-Kreditinstitut im Sinne des § 1 Absatz 3 d Satz 1 des Kreditwesengesetzes, dem eine Erlaubnis nach § 32 Absatz 1 des Kreditwesengesetzes erteilt worden ist, ausgegeben werden, wenn das darauf eingezahlte Kapital im Falle des Insolvenzverfahrens über das Vermögen des Instituts oder der Liquidation des Instituts nicht erst nach Befriedigung aller nicht nachrangigen Gläubiger zurückgezahlt wird.

(2 c) Waren im Sinne dieses Gesetzes sind fungible Wirtschaftsgüter, die geliefert werden können; dazu zählen auch Metalle, Erze und Legierungen, landwirtschaftliche Produkte und Energien wie Strom.

(3) [1]Wertpapierdienstleistungen im Sinne dieses Gesetzes sind

1. die Anschaffung oder Veräußerung von Finanzinstrumenten im eigenen Namen für fremde Rechnung (Finanzkommissionsgeschäft),
2. das
   a) kontinuierliche Anbieten des Kaufs oder Verkaufs von Finanzinstrumenten an einem organisierten Markt oder in einem multilateralen Handelssystem zu selbst gestellten Preisen,
   b) häufige organisierte und systematische Betreiben von Handel für eigene Rechnung außerhalb eines organisierten Marktes oder eines multilateralen Handelssystems, indem ein für Dritte zugängliches System angeboten wird, um mit ihnen Geschäfte durchzuführen,
   c) Anschaffen oder Veräußern von Finanzinstrumenten für eigene Rechnung als Dienstleistung für andere oder
   d) Kaufen oder Verkaufen von Finanzinstrumenten für eigene Rechnung als unmittelbarer oder mittelbarer Teilnehmer eines inländischen organisierten Marktes oder multilateralen Handelssystems mittels einer hochfrequenten algorithmischen Handelstechnik, die gekennzeichnet ist durch die Nutzung von Infrastrukturen, die darauf abzielen, Latenzzeiten zu minimieren, durch die Entscheidung des Systems über die Einleitung, das Erzeugen, das Weiterleiten oder die Ausführung eines Auftrags ohne menschliche Intervention für einzelne Geschäfte oder Aufträge und durch ein hohes untertägiges Mitteilungsaufkommen in Form von Aufträgen, Quotes oder Stornierungen, auch ohne Dienstleistung für andere (Eigenhandel),
3. die Anschaffung oder Veräußerung von Finanzinstrumenten in fremdem Namen für fremde Rechnung (Abschlussvermittlung),

4. die Vermittlung von Geschäften über die Anschaffung und die Veräußerung von Finanzinstrumenten (Anlagevermittlung),
5. die Übernahme von Finanzinstrumenten für eigenes Risiko zur Platzierung oder die Übernahme gleichwertiger Garantien (Emissionsgeschäft),
6. die Platzierung von Finanzinstrumenten ohne feste Übernahmeverpflichtung (Platzierungsgeschäft),
7. die Verwaltung einzelner oder mehrerer in Finanzinstrumenten angelegter Vermögen für andere mit Entscheidungsspielraum (Finanzportfolioverwaltung),
8. der Betrieb eines multilateralen Systems, das die Interessen einer Vielzahl von Personen am Kauf und Verkauf von Finanzinstrumenten innerhalb des Systems und nach festgelegten Bestimmungen in einer Weise zusammenbringt, die zu einem Vertrag über den Kauf dieser Finanzinstrumente führt (Betrieb eines multilateralen Handelssystems),
9. die Abgabe von persönlichen Empfehlungen an Kunden oder deren Vertreter, die sich auf Geschäfte mit bestimmten Finanzinstrumenten beziehen, sofern die Empfehlung auf eine Prüfung der persönlichen Umstände des Anlegers gestützt oder als für ihn geeignet dargestellt wird und nicht ausschließlich über Informationsverbreitungskanäle oder für die Öffentlichkeit bekannt gegeben wird (Anlageberatung).

²Als Wertpapierdienstleistung gilt auch die Anschaffung und Veräußerung von Finanzinstrumenten für eigene Rechnung, die keine Dienstleistung für andere im Sinne des Satzes 1 Nr. 2 darstellt (Eigengeschäft). ³Der Finanzportfolioverwaltung gleichgestellt ist hinsichtlich der §§ 9, 31 bis 34 und 34b bis 36b dieses Gesetzes sowie der Artikel 7 und 8 der Verordnung (EG) Nr. 1287/2006 die erlaubnispflichtige Anlageverwaltung nach § 1 Abs. 1a Satz 2 Nr. 11 des Kreditwesengesetzes.

(3a) Wertpapiernebendienstleistungen im Sinne dieses Gesetzes sind
1. die Verwahrung und die Verwaltung von Finanzinstrumenten für andere und damit verbundene Dienstleistungen (Depotgeschäft),
2. die Gewährung von Krediten oder Darlehen an andere für die Durchführung von Wertpapierdienstleistungen, sofern das Unternehmen, das den Kredit oder das Darlehen gewährt, an diesen Geschäften beteiligt ist,
3. die Beratung von Unternehmen über die Kapitalstruktur, die industrielle Strategie sowie die Beratung und das Angebot von Dienstleistungen bei Unternehmenskäufen und Unternehmenszusammenschlüssen,
4. Devisengeschäfte, die in Zusammenhang mit Wertpapierdienstleistungen stehen,
5. die Erstellung, Verbreitung oder Weitergabe von Finanzanalysen oder anderen Informationen über Finanzinstrumente oder deren Emittenten, die direkt oder indirekt eine Empfehlungen[1] für eine bestimmte Anlageentscheidung enthalten,
6. Dienstleistungen, die im Zusammenhang mit dem Emissionsgeschäft stehen,
7. Dienstleistungen, die sich auf einen Basiswert im Sinne des Absatzes 2 Nr. 2 oder Nr. 5 beziehen und im Zusammenhang mit Wertpapierdienstleistungen oder Wertpapiernebendienstleistungen stehen.

(4) Wertpapierdienstleistungsunternehmen im Sinne dieses Gesetzes sind Kreditinstitute, Finanzdienstleistungsinstitute und nach § 53 Abs. 1 Satz 1 des Kreditwesengesetzes tätige Unternehmen, die Wertpapierdienstleistungen allein oder zusammen mit Wertpapiernebendienstleistungen gewerbsmäßig oder in einem Umfang erbringen, der einen in kaufmännischer Weise eingerichteten Geschäftsbetrieb erfordert.

(5) Organisierter Markt im Sinne dieses Gesetzes ist ein im Inland, in einem anderen Mitgliedstaat der Europäischen Union oder einem anderen Vertragsstaat des Abkommens über den Europäischen Wirtschaftsraum betriebenes oder verwaltetes, durch staatliche Stellen genehmigtes, geregeltes und überwachtes multilaterales System, das die Interessen einer Vielzahl von Personen am Kauf und Verkauf von dort zum Handel zugelassenen Finanzinstrumenten innerhalb des Systems und nach festgelegten Bestimmungen in einer Weise zusammenbringt oder das Zusammenbringen fördert, die zu einem Vertrag über den Kauf dieser Finanzinstrumente führt.

(6) Emittenten, für die die Bundesrepublik Deutschland der Herkunftsstaat ist, sind
1. Emittenten von Schuldtiteln mit einer Stückelung von weniger als 1 000 Euro oder dem am Ausgabetag entsprechenden Gegenwert in einer anderen Währung oder von Aktien,

---

[1] Richtig wohl: „Empfehlung".

a) die ihren Sitz im Inland haben und deren Wertpapiere zum Handel an einem organisierten Markt im Inland oder in einem anderen Mitgliedstaat der Europäischen Union oder einem anderen Vertragsstaat des Abkommens über den Europäischen Wirtschaftsraum zugelassen sind, oder
b) die ihren Sitz in einem Staat haben, der weder Mitgliedstaat der Europäischen Union noch Vertragsstaat des Abkommens über den Europäischen Wirtschaftsraum ist (Drittstaat), und deren Wertpapiere zum Handel an einem organisierten Markt im Inland oder in einem anderen Mitgliedstaat der Europäischen Union oder einem anderen Vertragsstaat des Abkommens über den Europäischen Wirtschaftsraum zugelassen sind, wenn sie die Bundesrepublik Deutschland als Herkunftsstaat nach § 2 b Absatz 1 a gewählt haben; wurde kein Herkunftsstaat gewählt, müssen sich diejenigen Emittenten, deren Wertpapiere zum Handel an einem organisierten Markt im Inland zugelassen sind, so behandeln lassen, als hätten sie die Bundesrepublik Deutschland als Herkunftsstaat gewählt, bis sie eine Wahl getroffen haben,

2. Emittenten, die keine Finanzinstrumente im Sinne der Nummer 1 begeben, wenn sie im Inland oder in einem Drittstaat ihren Sitz haben und ihre Finanzinstrumente zum Handel an einem organisierten Markt im Inland, nicht aber in einem anderen Mitgliedstaat der Europäischen Union oder in einem Vertragsstaat des Abkommens über den Europäischen Wirtschaftsraum zugelassen sind,
3. Emittenten, die keine Finanzinstrumente im Sinne der Nummer 1 begeben und nicht unter Nummer 2 fallen,
   a) wenn sie im Inland ihren Sitz haben und ihre Finanzinstrumente zum Handel an einem organisierten Markt auch oder ausschließlich in einem oder mehreren anderen Mitgliedstaaten der Europäischen Union oder in einem oder mehreren anderen Vertragsstaaten des Abkommens über den Europäischen Wirtschaftsraum zugelassen sind oder
   b) wenn sie ihren Sitz in einem anderen Mitgliedstaat der Europäischen Union oder in einem anderen Vertragsstaat des Abkommens über den Europäischen Wirtschaftsraum haben und ihre Finanzinstrumente zum Handel an einem organisierten Markt auch oder ausschließlich im Inland zugelassen sind oder
   c) wenn sie ihren Sitz in einem Drittstaat haben und ihre Finanzinstrumente zum Handel an einem organisierten Markt im Inland und in einem oder mehreren anderen Mitgliedstaaten der Europäischen Union oder in einem oder mehreren anderen Vertragsstaaten des Abkommens über den Europäischen Wirtschaftsraum zugelassen sind,

und sie die Bundesrepublik Deutschland nach Maßgabe des § 2 b Absatz 1 als Herkunftsstaat gewählt haben. Für Emittenten, die unter Buchstabe a fallen, aber keine Wahl eines Herkunftsstaates getroffen haben, ist die Bundesrepublik Deutschland der Herkunftsstaat; Emittenten, die unter Buchstabe c fallen, aber keine Wahl getroffen haben und deren Wertpapiere zum Handel an einem organisierten Markt im Inland zugelassen sind, müssen sich bis sie eine Wahl getroffen haben, so behandeln lassen, als ob sie die Bundesrepublik Deutschland als Herkunftsstaat gewählt hätten.

(7) Inlandsemittenten sind

1. Emittenten, für die die Bundesrepublik Deutschland der Herkunftsstaat ist, mit Ausnahme solcher Emittenten, deren Wertpapiere nicht im Inland, sondern lediglich in einem anderen Mitgliedstaat der Europäischen Union oder einem anderen Vertragsstaat des Abkommens über den Europäischen Wirtschaftsraum zugelassen sind, soweit sie in diesem anderen Staat Veröffentlichungs- und Mitteilungspflichten nach Maßgabe der Richtlinie 2004/109/EG des Europäischen Parlaments und des Rates vom 15. Dezember 2004 zur Harmonisierung der Transparenzanforderungen in Bezug auf Informationen über Emittenten, deren Wertpapiere zum Handel auf einem geregelten Markt zugelassen sind, und zur Änderung der Richtlinie 2001/34/EG (ABl. EU Nr. L 390 S. 38) unterliegen, und
2. Emittenten, für die nicht die Bundesrepublik Deutschland, sondern ein anderer Mitgliedstaat der Europäischen Union oder ein anderer Vertragsstaat des Abkommens über den Europäischen Wirtschaftsraum der Herkunftsstaat ist, deren Wertpapiere aber nur im Inland zum Handel an einem organisierten Markt zugelassen sind.

(8) Herkunftsmitgliedstaat im Sinne dieses Gesetzes ist

1. für ein Wertpapierdienstleistungsunternehmen der Mitgliedstaat, in dem sich seine Hauptniederlassung befindet;
2. für einen organisierten Markt der Mitgliedstaat, in dem der organisierte Markt registriert oder zugelassen ist, oder, sofern er nach dem Recht dieses Mitgliedstaates keinen Sitz hat, der Mitgliedstaat, in dem sich die Hauptniederlassung des organisierten Marktes befindet.

(9) Aufnahmemitgliedstaat im Sinne dieses Gesetzes ist
1. für ein Wertpapierdienstleistungsunternehmen der Mitgliedstaat, in dem es eine Zweigniederlassung unterhält oder im Wege des grenzüberschreitenden Dienstleistungsverkehrs tätig wird;
2. für einen organisierten Markt der Mitgliedstaat, in dem er geeignete Vorkehrungen bietet, um in diesem Mitgliedstaat niedergelassenen Marktteilnehmern den Zugang zum Handel über sein System zu erleichtern.

(10) Systematischer Internalisierer im Sinne dieses Gesetzes ist ein Unternehmen, das nach Maßgabe des Artikels 21 der Verordnung (EG) Nr. 1287/2006 häufig regelmäßig und auf organisierte und systematische Weise Eigenhandel außerhalb organisierter Märkte und multilateraler Handelssysteme betreibt.

Literatur:
Baumbach/Hopt, HGB, 35. Aufl. 2012; *du Buisson*, Die Reichweite der Erlaubnistatbestände Emissionsgeschäft und Eigenhandel für andere in § 1 Kreditwesengesetz, WM 2003, 1401; *Fleckner*, Finanztermingeschäfte in Devisen, ZBB 2005, 96; *Fischer* in: Schimansky/Bunte/Lwowski, Bankrechtshandbuch, § 125; *Hammen*, Genussscheinfinanzierte Geschäfte mit Finanzinstrumenten und Finanzkommissionsgeschäft nach § 1 Abs. 1 KWG, WM 2005, 813; *Hannöver*, in: Schwintowski/SchäferSchimansky/Bunte/Lwowski, Bankrechts-Handbuch, 4. Aufl. 2011, § 110; *Jaskulla*, Das deutsche Hochfrequenzhandelsgesetz – eine Herausforderung für Handelsteilnehmer, Börsen und Multilaterale Handelssysteme (MTF), BKR 2013, 221; *Jung*, Die Auswirkungen der 6. KWG-Novelle auf Anlagevermittler, (Börsen-)Makler und Vermögensverwalter, BB 1998, 649; *Klanten*, in: Schimanski/Bunte/Lwowski, Bankrechtshandbuch, 4. Aufl. 2011, § 72; *Kümpel*, Die neuen Sonderbedingungen für Wertpapiergeschäfte, WM 1995, 137; *Kumpan*, in: Schwark/Zimmer, Kapitalmarktrechts-Kommentar, 4. Auflage 2010, § 2 WpHG; *Melzer*, Zum Begriff des Finanztermingeschäfts, BKR 2003, 366; *Oelkers*, Der Begriff des „Eigenhandels für andere" im KWG, WM 2001, 340; *Puderbach/Zenke*, Der Handel mit Warenderivaten in Europa und Deutschland, BKR 2003, 360; *Sahavi*, Kollektive Anlagemodelle und das Finanzkommissionsgeschäft im Sinne von § 1 Abs. 1 Satz 2 Nr. 4 KWG, ZIP 2005, 929; *Samtleben*, Das Börsentermingeschäft ist tot – es lebe das Finanztermingeschäft?, ZBB 2003, 69; *F. A. Schäfer*, Der Begriff des Finanztermingeschäfts im KWG, WM 2002, 361; *Wagner*, Die geänderten Sonderbedingungen für Wertpapiergeschäfte WM 2007, 1725; *Weber-Rey/Baltzer*, Aufsichtsrechtliche Regelungen für Vermittler von Finanzanlagen und Vermögensverwalter nach der 6. KWG-Novelle, WM 1997, 2288; *Wiebke*, Das neue Aufsichtsrecht für Finanzdienstleistungsunternehmen, DStR 1998, 491.

A.	Einleitung	1	VII. Die Finanzportfolioverwaltung (Abs. 3 S. 1 Nr 7)	33
B.	Der Wertpapierbegriff (Abs. 1)	2	VIII. Der Betrieb eines multilateralen Handelssystems (Abs. 3 S. 1 Nr. 8)	36
C.	Geldmarktinstrumente (Abs. 1 a)	8	IX. Anlageberatung (Abs. 3 S. 1 Nr. 9)	37
D.	Derivate (Abs. 2)	9	X. Eigengeschäft (Abs. 3 S. 2)	38
E.	Finanztermingeschäfte	17	XI. Anlageverwaltung (Abs. 3 S. 3)	38a
F.	Finanzinstrumente (Abs. 2 b)	18	I. Wertpapiernebendienstleistung (Abs. 3 a)	39
G.	Waren (Abs. 2 c)	19	J. Wertpapierdienstleistungsunternehmen (Abs. 4)	47
H.	Wertpapierdienstleistung (Abs. 3)	20	K. Der organisierte Markt (Abs. 5)	50
	I. Das Finanzkommissionsgeschäft (Abs. 3 S. 1 Nr. 1)	21	L. Herkunftsstaatsprinzip (Abs. 6)	51
	II. Der Eigenhandel (Abs. 3 S. 1 Nr. 2)	23	M. Inlandsemittent (Abs. 7)	52
	III. Die Abschlussvermittlung (Abs. 3 S. 1 Nr. 3)	27	N. Herkunftsmitgliedstaat (Abs. 8)	53
	IV. Die Anlagevermittlung (Abs. 3 S. 1 Nr. 4)	28	O. Aufnahmemitgliedstaat (Abs. 9)	54
	V. Das Emissionsgeschäft (Abs. 3 S. 1 Nr. 5)	30	P. Systematischer Internalisierer (Abs. 10)	55
	VI. Das Platzierungsgeschäft (Abs. 3 S. 1 Nr. 6)	32		

A. Einleitung

1 § 2 enthält Definitionen der maßgeblichen Begriffe des WpHG. Sie sind an die Definitionen nach dem KWG angelehnt. Im Rahmen der Umsetzung verschiedener EU-Richtlinien wurde die Vorschrift jeweils erweitert. In Umsetzung der Wertpapierdienstleistungsrichtlinie wurden der Wertpapierbegriff geändert, eine Definition der Geldmarktinstrumente eingefügt sowie der Begriff der Wertpapiernebendienstleistungen aufgenommen. Durch das 4. Finanzmarktförderungsgesetz wurde zusätzlich der Begriff des Finanztermingeschäfts eingefügt. Zur Umsetzung der Marktmissbrauchsrichtlinie wurde außerdem der Begriff der Finanzinstrumente in einem neuen Abs. 2 b ergänzt. Durch das Finanzmarktrichtlinien-Umsetzungsgesetz (FRUG) wurde § 2 abermals wesentlich geändert, weitere Änderungen erfolgten durch das Gesetz zur Novellierung des Finanzanlagenvermittler- und Vermögensanlagenrechts, das Gesetz zur Umsetzung der Richtlinie 2010/73/EU und zur Änderung des Börsengesetzes, durch das Hochfrequenzhandelsgesetz sowie durch das CRD IV-Umsetzungsgesetz.

B. Der Wertpapierbegriff (Abs. 1)

2 Das WpHG enthält eine eigenständige Definition des Wertpapierbegriffs. **Wertpapiere** iSd WpHG sind nach Abs. 1 alle Gattungen von übertragbaren Wertpapieren, die ihrer Art nach auf Finanzmärkten handel-

bar sind. Keine Wertpapiere in diesem Sinne sind Zahlungsinstrumente wie Bargeld, Schecks und andere liquide Mittel, die üblicherweise als Zahlungsmittel verwendet werden. Unter den Begriff des Wertpapiers fallen Aktien (Nr. 1), andere Anteile an in- und ausländischen juristischen Personen, Personengesellschaften und sonstigen Unternehmen, soweit sie Aktien vergleichbar sind, sowie Zertifikate, die Aktien vertreten (Nr. 2), Schuldtitel (Nr. 3), insbesondere Genussscheine, Inhaberschuldverschreibungen und Orderschuldverschreibungen sowie Zertifikate, die Schuldtitel vertreten (Buchst. a) und sonstige Wertpapiere, die zum Erwerb und zur Veräußerung von Wertpapieren nach Nr. 1 und Nr. 2 berechtigen oder zu einer Barzahlung führen, die in Abhängigkeit von Wertpapieren, von Währungen, Zinssätzen oder anderen Erträgen, von Waren, Indices oder Messgrößen bestimmt wird (Buchst. b).

Der Wertpapierbegriff wurde durch das FRUG neu gefasst und findet daher seine Grundlage in der Finanzmarktrichtlinie, die den Wertpapierbegriff der Wertpapierdienstleistungsrichtlinie klarer gefasst hat. Ein Wertpapier nach Abs. 1 liegt vor, wenn **drei** kumulativ bedingende **Kriterien** erfüllt sind: **Übertragbarkeit, Standardisierung** sowie **Handelbarkeit**. Diese Merkmale ergeben sich aus Art. 4 Abs. 1 Nr. 18 iVm Anhang I Abschnitt C Nr. 1 der Finanzmarktrichtlinie. Unklar ist, ob das Kriterium der Übertragbarkeit nur solche Papiere erfasst, die frei übertragbar sind, oder auch solche, die nur durch schriftliche Abtretung oder mit Zustimmung eines Dritten übertragen werden können. Aus dem Begriff „Gattungen" ergibt sich, dass nur standardisierte Produkte Wertpapiere sein können. Werden bei einem Produkt individuelle Kundenwünsche zB hinsichtlich Laufzeit, Volumen oder Basispreis berücksichtigt, handelt es sich nicht um ein Wertpapier iSd Abs. 1. Darüber hinaus müssen die Papiere handelbar sein, wobei sich dieses Kriterium nicht auf den Handel an einem organisierten Markt beschränkt.

Die in Abs. 1 S. 1 Nr. 1 genannten **Aktien** sind der Grundtyp der Wertpapiere. Dazu zählen alle Arten von Aktien wie Stammaktien oder Vorzugsaktien.

Unter Abs. 1 S. 1 Nr. 2 fallen **Anteile an Unternehmen**, die Aktien vergleichbar sind, sowie **Zertifikate**, die Aktien vertreten, soweit auch sie die drei Kriterien der Übertragbarkeit, Standardisierung und Handelbarkeit erfüllen. Die Vorgabe, dass die Anlagewerte mit Aktien vergleichbar sein müssen, ergibt sich aus den Anforderungen der Wertpapierdienstleistungsrichtlinie, die von der Finanzmarktrichtlinie übernommen wurden. Voraussetzungen für eine Vergleichbarkeit der Anlagewerte mit Aktien sind die Verbriefung und die Möglichkeit des gutgläubigen Erwerbs.[2] Damit sind solche Anlagewerte nicht mit Aktien vergleichbar, bei denen der Eigentumswechsel durch Abtretung erfolgt. Anteile an geschlossenen Fonds sind daher nicht als Anteile nach Nr. 2 zu qualifizieren, da sie weder mit Aktien vergleichbar noch standardisiert noch in der Regel geeignet sind, am Kapitalmarkt gehandelt zu werden. Durch das FRUG wurden entsprechend der Vorgabe des Art. 4 Abs. 1 Nr. 18 Buchst. a Finanzmarktrichtlinie Anteile an Personengesellschaften neu in die Kategorie der Wertpapiere aufgenommen.

In Abs. 1 S. 1 Nr. 3 Buchst. a werden als **Schuldtitel** Genussscheine, Inhaberschuldverschreibungen und Orderschuldverschreibungen genannt. Ausdrücklich geregelt ist auch, dass Zertifikate, die Schuldtitel vertreten, Wertpapiere darstellen. Die Regelung hinsichtlich Zertifikaten, die Schuldtitel vertreten, nach Nr. 3 Buchst. a entspricht der Definition in Art. 4 Abs. 1 Nr. 18 Buchst. b Finanzmarktrichtlinie. Namensschuldverschreibungen hingegen mangelt es an der freien Übertragbarkeit und in der Regel auch an einer Standardisierung.[3]

Zu den Schuldtiteln iSv Abs. 1 S. 1 Nr. 3 Buchst. b zählen vor allem **Optionsscheine**, die anhand der in Nr. 1 und 2 genannten Wertpapiere oder der genannten Referenzwerte bestimmt werden. Optionsscheine zählen nach Art. 38 Buchst. a Durchführungsrichtlinie 2006/73/EG nicht zu den nichtkomplexen Wertpapieren. Dies hat insbesondere Auswirkungen auf die allgemeinen Verhaltensregeln iSd § 31, s. § 31 Abs. 7.

Abs. 1 S. 2 aF sah vor, dass auch Anteile an Investmentvermögen, die von einer Kapitalanlagegesellschaft oder einer ausländischen Investmentgesellschaft ausgegeben werden, Wertpapiere iSd WpHG darstellen. Die Vorschrift wurde durch das AIFM-Umsetzungsgesetz aufgehoben. Die Streichung steht im Zusammenhang mit der Ergänzung in Abs. 2 b, wonach Anteile an Investmentvermögen iSd § 1 Abs. 1 KAGB nunmehr als Finanzinstrumente qualifiziert werden.[4] Durch das AIFM-Umsetzungsgesetz wurde u.a. das InvG aufgehoben und das KAGB eingeführt. Der Anwendungsbereich des KAGB und damit auch der Begriff des Investmentvermögens iSd KAGB haben sich im Vergleich zum InvG dahin gehend geändert, dass Investmentvermögen sowohl offene als auch geschlossene Investmentvermögen umfassen.[5] Investmentvermögen sind danach künftig nur noch teilweise übertragbar und handelbar und können daher nicht mehr generell als Wertpapiere eingestuft werden, sondern sollen unter den Oberbegriff der Finanzinstrumente fallen.[6] Da-

---

2   BT-Drucks. 16/4028, S. 54; Fuchs/*Fuchs*, WpHG, § 2 Rn 23; aA *Assmann*, in: Assmann/Schneider, § 2 Rn 17.
3   BT-Drucks. 16/4028, S. 54; aA *Assmann*, in: Assmann/Schneider, § 2 Rn 28, der Namensschuldverschreibungen nicht per se aus dem Kreis der Schuldtitel ausnimmt.
4   BT-Drucks. 17/12294, S. 536.
5   BT-Drucks. 17/12294, S. 536.
6   BT-Drucks. 17/12294, S. 536.

durch wird aber nicht ausgeschlossen, dass im Einzelfall Anteile an Investmentvermögen, insbesondere wenn es sich um offene Investmentvermögen handelt, auch als Wertpapiere iSd Abs. 1 zu qualifizieren sind, soweit die Voraussetzungen der Vorschrift vorliegen.

C. Geldmarktinstrumente (Abs. 1a)

8 Die Definition von **Geldmarktinstrumenten** in Abs. 1a entspricht der des § 1 Abs. 11 S. 2 KWG. Sie dient der Umsetzung von Abschnitt B Nr. 2 des Anhangs der Wertpapierdienstleistungsrichtlinie. Geldmarktinstrumente erfassen sämtliche Forderungen, die üblicherweise am Geldmarkt gehandelt werden und nicht bereits unter den Wertpapierbegriff des Abs. 1 fallen. Der durch das FRUG neu eingefügte Begriff „Gattungen" stellt klar, dass wie nach Abs. 1 nur standardisierte Produkte erfasst werden. Geldmarktinstrumente sind zB kurzfristige Schuldscheindarlehen. Unter Geldmarktinstrumente fasst die Gesetzesbegründung[7] auch Schatzanweisungen und Commercial Papers. Hierbei kann es sich aber auch um Schuldverschreibungen und damit um Wertpapiere iSd Abs. 1 handeln. Nicht unter den Begriff der Geldmarktinstrumente fallen dagegen zB Termingelder und Sparbriefe. Letztere sind nicht fungibel und damit auch nicht an einem Markt handelbar.[8] Ebenfalls keine Geldmarktinstrumente sind Zahlungsinstrumente wie Bargeld, Schecks und andere liquide Mittel, die üblicherweise als Zahlungsinstrumente verwendet werden.

D. Derivate (Abs. 2)

9 Die Definition von Derivaten in Abs. 2 deckt sich mit der Definition in § 1 Abs. 11 S. 3 KWG. Beide Vorschriften wurden durch das FRUG wesentlich geändert, wodurch die Vorgaben des Anhangs I Abschnitt C Nr. 4 bis 10 MiFID umgesetzt wurden. Zu den Finanzinstrumenten des Anhangs I Abschnitt C Nr. 4 bis 10 MiFID zählen Optionen, Terminkontrakte, Swaps und alle anderen Derivatekontrakte mit Bezug auf bestimmte Basiswerte. Die bisherige Derivatedefinition des Abs. 2 aF hat einen Großteil dieser Geschäfte bereits erfasst. Die Neuerungen haben sich aus dem weitreichenden Katalog der von der MIFID in Anhang I Abschnitt C zusätzlich erfassten Basiswerte sowie durch die Einbeziehung von Kreditderivaten und finanziellen Differenzgeschäften ohne Eingrenzung des Referenzwertes oder des Bezugsobjekts ergeben.

10 Durch die Ausweitung des Derivatebegriffs hat sich entsprechend der Begriff der Finanzinstrumente in Abs. 2b erweitert. Dies wirkt sich auch auf Regelungen des WpHG aus, die nicht Gegenstand der Finanzmarktrichtlinie waren, zB das Insiderrecht oder die Marktmanipulation. Die Änderungen des Derivatebegriffs haben auch Auswirkungen auf die §§ 37e und 37g. Nach § 37e ist bei allen nach dem Wertpapierhandelsgesetz in den Begriff der Finanzinstrumente einbezogenen Derivaten der Einwand nach § 762 BGB ausgeschlossen.

11 Das maßgebliche Merkmal von Derivaten besteht darin, dass die Bewertung (und damit der Preis) des Rechts, das in der Zukunft oder über einen zukünftigen Zeitraum geltend gemacht werden kann oder zu erfüllen ist, aufgrund seiner inhaltlichen Ausgestaltung unmittelbar oder mittelbar von einem Basiswert (sog. Underlying) abhängt, der seinerseits Preis- oder Bewertungsschwankungen unterliegt.[9] Unerheblich ist, ob die Derivate verbrieft oder ob sie an einem organisierten Markt handelbar sind.

12 Derivate iSv Abs. 2 Nr. 1 sind **Termingeschäfte** in Bezug auf die in der Vorschrift genannten Basiswerte. Der Begriff Termingeschäft wird in Nr. 1 nunmehr legaldefiniert. Danach sind Termingeschäfte Fest- oder Optionsgeschäfte, die zeitlich verzögert zu erfüllen sind und deren Wert sich unmittelbar oder mittelbar vom Preis oder Maß eines Basiswertes ableitet. Dabei ist das Festgeschäft für beide Vertragsparteien verpflichtend, während das Optionsgeschäft einer Partei Rechte einräumt. Der Begriff der Termingeschäfte wird auch in Abs. 2 Nr. 2 und 5 verwendet. Weder Rechtsprechung noch Literatur haben in den vergangenen Jahrzehnten vermocht, eine Definition zu entwickeln, die allen Erscheinungsformen der Termingeschäfte gerecht wird. In der Literatur wird zunehmend die Auffassung vertreten, den Begriff des Termingeschäfts als Typus aufzufassen, der durch eine Reihe von Merkmalen bestimmt wird, die nicht zwingend alle stets vorliegen müssen, jedoch das Erscheinungsbild des Geschäfts im Ganzen als Termingeschäft prägen.[10] Als Typenmerkmale werden dabei insbesondere genannt: die Möglichkeit, mit verhältnismäßig geringem Kapitaleinsatz überproportional an auftretenden Preisveränderungen zu partizipieren sowie ein über das generell bestehende Insolvenzrisiko des Emittenten bzw Kontrahenten hinausgehendes Risiko eines Totalverlus-

---

[7] BT-Drucks. 16/4028, S. 54.
[8] BT-Drucks. 13/7142, S. 100.
[9] *Assmann*, in: Assmann/Schneider, § 2 Rn 43; s. auch BaFin-Merkblatt: Hinweise zu Finanzinstrumenten nach § 1 Abs. 11 S. 4 KWG (Derivate) (Stand: Juli 2013).
[10] Sog. Typuslehre, *Melzer*, BKR 2003, 366, 367; *Puderbach/Zenke*, BKR 2003, 360, 363 f.

tes der eingesetzten Geldmittel und das Risiko, zusätzliche Geldmittel zur Erfüllung einer eingegangenen Verbindlichkeit entgegen der ursprünglichen Absicht aufbringen zu müssen.[11]

Abs. 2 Nr. 2 setzt Anhang I Abschnitt C Nr. 5 bis 7 und 10 MiFID um. Derivate in diesem Sinne sind Termingeschäfte in Bezug auf die genannten Basiswerte, sofern sie eine der in Buchst. a bis c aufgelisteten Voraussetzungen erfüllen und keine Kassageschäfte iSd Art. 38 Abs. 2 der Verordnung (EG) Nr. 1287/2006 sind. Diese Kassageschäfte werden im Energiehandel auch Spotgeschäfte genannt.

Die **Warentermingeschäfte** nach Abs. 2 Nr. 2 umfassen die in Anhang I Abschnitt C Nr. 5 bis 7 und 10 MiFID genannten Warentermingeschäfte. Abs. 2 c definiert den Begriff der Waren. Sowohl Strom als auch Edelmetalle sind danach als Ware zu qualifizieren, so dass Edelmetalltermingeschäfte Warentermingeschäfte iSd Nr. 2 darstellen.

Termingeschäfte in Bezug auf Emissionsberechtigungen wie Terminkontrakte auf Klimavariablen oder sonstige Naturvariablen, Frachtsätze, Inflationsraten oder sonstige volkswirtschaftliche Variablen sowie sonstige Vermögenswerte, Indices und Messwerte zählen zu den Derivaten. Emissionsberechtigungen sind zwar gemäß § 7 Abs. 5 TEHG keine Finanzinstrumente iSd § 2 Abs. 2 b. Sie können aber Basiswert iSd Abs. 2 Nr. 2 sein.

Nach Abs. 2 Nr. 3 zählen finanzielle **Differenzgeschäfte** zu den Derivaten. Jegliche finanzielle Differenzgeschäfte ohne Eingrenzung des Referenzwertes oder des Handelsplatzes sind erfasst. Durch die Vorschrift wurde Anhang I Abschnitt C Nr. 9 MiFID umgesetzt. Differenzgeschäfte bieten die Möglichkeit, an den Preisveränderungen eines Referenzwertes partizipieren zu können, ohne diesen erwerben zu müssen.[12]

Nach Abs. 2 Nr. 4 zählen auch **Kreditderivate** zu den Derivaten. Daher sind auch Kreditderivate, die sich auf ein Darlehen oder ein Kreditportfolio als Referenzwert beziehen, zB Credit Default Swaps (CDS), als Derivate zu qualifizieren. Die Vorschrift dient der Umsetzung von Anhang I Abschnitt C Nr. 8 MiFID.

Abs. 2 Nr. 5 betrifft Termingeschäfte, die sich auf die in Art. 39 VO (EG) Nr. 1287/2006 aufgelisteten Basiswerte beziehen, wenn diese Instrumente die Bedingungen der Nr. 2 erfüllen. Zu den Basiswerten des Art. 39 VO (EG) Nr. 1287/2006 zählen:

- Telekommunikations-Bandbreite;
- Lagerkapazität für Waren;
- Übertragungs- oder Transportkapazität in Bezug auf Waren, sei es über Kabel, Rohrleitung oder auf sonstigem Wege;
- eine Erlaubnis, ein Kredit, eine Zulassung, ein Recht oder ein ähnlicher Vermögenswert, der bzw die direkt mit der Lieferung, der Verteilung oder dem Verbrauch von Energie in Verbindung stehen, die aus erneuerbaren Energiequellen gewonnen wird;
- eine geologische, eine umweltbedingte oder eine sonstige physikalische Variable;
- ein sonstiger Vermögenswert oder ein sonstiges Recht fungibler Natur, bei dem es sich nicht um ein Recht auf Dienstleistung handelt, der bzw das übertragbar ist;
- ein Index oder ein Maßstab, der mit dem Preis, dem Wert oder dem Volumen von Geschäften mit einem Vermögenswert, einem Recht, einer Dienstleistung oder einer Verpflichtung in Verbindung steht.

E. Finanztermingeschäfte

Die Definition des Finanztermingeschäfts in Abs. 2 a aF wurde durch das FRUG aufgehoben. Finanztermingeschäfte werden nunmehr unter den Begriff der Derivate iSd Abs. 2 sowie den der Optionsscheine gefasst. Optionsscheine werden gesondert aufgeführt, da diese nach Abs. 1 Nr. 3 b unter den Wertpapierbegriff fallen.[13] Die Definition des Finanztermingeschäfts wurde durch das FRUG wortgleich als neuer S. 2 in § 37 e eingefügt, weil sie ausschließlich für die §§ 37 e bis 37 h maßgeblich ist.

F. Finanzinstrumente (Abs. 2 b)

Abs. 2 b definiert den Begriff des Finanzinstruments. Er wurde durch das Anlegerschutzverbesserungsgesetz eingeführt und setzte Art. 1 Nr. 3 der Marktmissbrauchsrichtlinie um. In Umsetzung von Art. 4 Abs. 17 MiFID wurde die Vorschrift inhaltlich geändert. Durch die Neufassung des Derivatebegriffs aufgrund des FRUG hat sich der Begriff der Finanzinstrumente mittelbar erweitert. Durch das Gesetz zur Novellierung des Finanzanlagenvermittler- und Vermögensanlagenrechts wurde die Definition abermals erheblich erweitert. Es handelt sich hierbei um einen umfassenden Begriff von Instrumenten, die dem Verbot des Insiderhandels und der Marktmanipulation unterliegen. Zu den Finanzinstrumenten zählen sowohl Wertpapiere,

---

11 BGH WM 2002, 803; BT-Drucks. 14/8017, S. 85.
12 *Assmann*, in: Assmann/Schneider, § 2 Rn 53.
13 BT-Drucks. 14/8017, S. 85.

Anteile an Investmentvermögen, Geldmarktinstrumente, Derivate, Rechte auf Zeichnung von Wertpapieren und Vermögensanlagen mit der benannten Ausnahme. Rechte auf Zeichnung von Wertpapieren fielen bereits nach Art. 1 Nr. 4 der Richtlinie 93/22/EWG unter den Wertpapierbegriff, waren aber früher separat in § 12 Abs. 2 Nr. 1 und § 20a Abs. 1 S. 2 enthalten. Der Begriff des Finanzinstruments gilt einheitlich für sämtliche Regelungen der Insiderüberwachung und Marktmanipulation sowie für § 34 b.[14]

G. Waren (Abs. 2 c)

19 Nach Abs. 2 c werden fungible Wirtschaftsgüter, die geliefert werden können, als Waren iSd WpHG qualifiziert. Zu den Waren im Sinne des WpHG zählen auch Metalle, Erze und Legierungen, landwirtschaftliche Produkte und Energie wie Strom.[15]

H. Wertpapierdienstleistung (Abs. 3)

20 Abs. 3 definiert den Begriff der **Wertpapierdienstleistung** anhand eines Katalogs, der sich aus neun Dienstleistungen zusammensetzt. Dieser überschneidet sich mit den Definitionen nach dem KWG hinsichtlich des Bankgeschäfts (§ 1 Abs. 1 S. 2 Nr. 4, 10 KWG) sowie der Finanzdienstleistung[16] (§ 1 Abs. 1 a S. 2 Nr. 1–4 KWG). Durch das FRUG eingeführt wurden Kurzbezeichnungen in den Nr. 1–9 für die Wertpapierdienstleistungen. Sie entsprechen den Kurzbezeichnungen nach dem KWG. Die Einführung der Kurzbezeichnungen war erforderlich, um die Übersichtlichkeit des nach Art. 5 Abs. 3 MiFID einzuführenden Registers der Wertpapierdienstleistungsunternehmen zu gewährleisten.[17] Durch das Hochfrequenzhandelsgesetz wurde Abs. 3 S. 1 Nr. 2 neu gefasst.

21 **I. Das Finanzkommissionsgeschäft (Abs. 3 S. 1 Nr. 1).** Abs. 3 S. 1 Nr. 1 definiert das Finanzkommissionsgeschäft als Anschaffung oder Veräußerung von Finanzinstrumenten im eigenen Namen für fremde Rechnung. Die Definition entspricht § 1 Abs. 1 S. 2 Nr. 4 KWG. Der Handel wird im eigenen Namen für fremde Rechnung (verdeckte Stellvertretung) durchgeführt. Allein nach seinem Wortlaut erfasst der Tatbestand alle vertragsrechtlich denkbaren Formen der Anschaffung oder Veräußerung von Finanzinstrumenten. Das BVerwG hat jedoch in einer Grundsatzentscheidung klargestellt, dass ein Finanzkommissionsgeschäft nur dann vorliegt, wenn die das Kommissionsgeschäft im Sinne der §§ 383 ff HGB prägenden Merkmale gewahrt sind.[18] Es ist also erforderlich, dass die typischen Eigenschaften des Kommissionsgeschäftes vorliegen. Zwingend alle Merkmale müssen hingegen nicht vorliegen.[19] Damit hat sich das BVerwG gegen eine wirtschaftliche Betrachtungsweise bei kollektiven Anlagemodellen ausgesprochen und eine Erlaubnispflicht für die Anschaffung oder Veräußerung von Finanzinstrumenten, auch wenn sie sich bei wirtschaftlicher Betrachtungsweise als Dienstleistung für andere darstellt, verneint.[20]

22 Zu unterscheiden ist das Finanzkommissionsgeschäft von Kaufverträgen, zB in Form von Festpreisgeschäften, die den Tatbestand des Eigenhandels für andere erfüllen können, sowie von der Abschlussvermittlung, die beispielsweise vorliegt, wenn ein rechtlich selbstständiges Unternehmen im Namen eines anderen handelt, zB seines Mutterunternehmens.

23 **II. Der Eigenhandel (Abs. 3 S. 1 Nr. 2).** Die Definition des **Eigenhandels** nach Abs. 3 S. 1 Nr. 2, die § 1 Abs. 1 a S. 2 Nr. 4 KWG entspricht, wurde durch das Hochfrequenzhandelsgesetz erweitert. Die Änderung bezweckt, dass der An- und Verkauf von Finanzinstrumenten an organisierten Märkten und multilateralen Handelssystemen als Wertpapierdienstleistung in Form des Eigenhandels eingestuft werden soll.[21] Damit sollen die an diesen Handelsplätzen aktiven Unternehmen grundsätzlich der Aufsicht der BaFin unterstellt werden.[22] Rechtstechnisch wurde die Erlaubnispflicht durch die Ausweitung des Eigenhandelsbegriffs eingeführt.[23] Die bisherigen Tatbestandsalternativen wurden in die Buchst. a bis c überführt; der neue Buchst. d definiert den Eigenhandel im Zusammenhang mit dem Hochfrequenzhandel.[24]

Bei Geschäften als Eigenhändler im Auftrag eines Kunden tritt das Institut seinem Kunden nicht als Kommissionär, sondern als Käufer oder Verkäufer gegenüber.[25] Auch wenn es sich zivilrechtlich hierbei um

---

14 BT-Drucks. 15/3174, S. 29.
15 CESR, CESR's Technical Advice on Possible Implementing Measures of the Directive 2004/39/EC on Markets in Financial Instruments (CESR 05-290 b), S. 13.
16 Vgl Merkblatt der Deutschen Bundesbank über die Erteilung einer Erlaubnis zum Erbringen von Finzdienstleistungen gemäß § 32 Abs. 1 KWG (Stand: April 2013).
17 BT-Drucks. 16/4028, S. 56.
18 BVerwG WM 2008, 1359; so auch BVerwG ZIP 2009, 1899; BGH ZIP 2010, 176.
19 BVerwG WM 2008, 1359.
20 Siehe zu den Vorgaben des BVerwG BaFin-Merkblatt: Hinweise zum Tatbestand des Finanzkommissionsgeschäfts (Stand: Juli 2013), 1. d).
21 BT-Drucks. 17/12536, S. 23.
22 BT-Drucks. 17/12536, S. 23.
23 Vgl § 1 Abs. 1 a S. 2 Nr. 4 KWG; BaFin-Merkblatt: Hinweise zu den Tatbeständen des Eigenhandels und des Eigengeschäfts (Stand: Juli 2013).
24 Vgl BaFin-Merkblatt: Hinweise zu den Tatbeständen des Eigenhandels und des Eigengeschäfts (Stand: Juli 2013).
25 BT-Drucks. 13/7142, S. 66.

einen reinen Kaufvertrag handelt, ist das Geschäft Dienstleistung im Sinne der Wertpapierdienstleistungsrichtlinie.[26]

Diese Kaufverträge werden zB von Kreditinstituten mit Kunden – soweit nicht ein Kommissionsgeschäft vereinbart wird – als sog. **Festpreisgeschäfte**[27] abgeschlossen. Eigenhändlergeschäfte, bei denen die Bank anlässlich eines Kauf- oder Verkaufsangebots ihres Kunden eigene Geschäfte am Markt (Deckungsgeschäft) tätigt, um den zukünftigen Kaufvertrag mit dem Kunden erfüllen zu können, existieren seit der Änderung der vormals geltenden Fassung der Banken-Sonderbedingungen für Wertpapiergeschäfte 1995 nur noch in Form des Festpreisgeschäfts.[28]

Der Eigenhandel kennzeichnet ein Geschäft für einen Kunden, bei dem eine Vertragspartei die von ihr anzuschaffenden oder zu veräußernden Instrumente aus eigenen Beständen beschafft oder in ihre eigenen Bestände hereinnimmt.[29]

Abs. 3 S. 1 Nr. 2 lit. a erfasst durch das Tatbestandsmerkmal des kontinuierlichen Anbietens des Kaufs oder Verkaufs von Finanzinstrumenten vor allem **Market Maker**.[30] Denn Market Makern kommt die Eigenschaft zu, an organisierten Märkten oder multilateralen Handelssystemen kontinuierlich ihre Bereitschaft anzuzeigen, durch An- und Verkauf von Finanzinstrumenten unter Einsatz des eigenen Kapitals zu selbst gestellten Kursen Geschäfte abzuschließen.[31]

Die Variante des Eigenhandels nach Abs. 3 S. 1 Nr. 2 lit. b zielt auf Unternehmen ab, die außerhalb eines organisierten Marktes bzw eines multilateralen Handelssystems stehen und ein für Dritte zugängliches System für Geschäfte mit Finanzinstrumenten anbieten.[32] Die Vorschrift betrifft insbesondere den sog. systematischen Internalisierer (Abs. 10).[33] Das Tatbestandsmerkmal "für eigene Rechnung" dient der Abgrenzung des Eigenhandels vom Finanzkommissionsgeschäft; die Transaktion erfolgt nicht für fremde Rechnung, sondern beim Eigenhandel für eigene Rechnung unter Tragung des vollen Preis- und Erfüllungsrisikos.[34] Ein für Dritte zugängliches System nach dieser Vorschrift ist zB anzunehmen, wenn über das Internet einsehbare Kurse für bestimmte Finanzinstrumente gestellt werden, zu denen der Anbieter den Kauf oder Verkauf von Finanzinstrumenten anbietet.[35]

Abs. 3 S. 1 Nr. 2 lit. c erfasst wie bereits Abs. 3 S. 1 Nr. 2 aF jede andere Anschaffung oder Veräußerung von Finanzinstrumenten für eigene Rechnung mit Dienstleistungscharakter.[36] Kein Eigenhandel für andere liegt vor, wenn keine auf Wertpapiere bezogene Dienstleistung für andere erbracht wird, zB bei reinen Eigengeschäften von Börsenteilnehmern, wenn diese ausschließlich im eigenen Interesse durchgeführt werden. Der Tatbestand erfasst auch Tauschgeschäfte oder den Bezug von Wertpapieren aus Emissionen.[37] Sowohl Verpflichtungs- als auch Verfügungsgeschäfte sind erfasst.[38] Für das Tatbestandsmerkmal "für eigene Rechnung" gilt das zu lit. b Gesagte. Das Tatbestandsmerkmal "als Dienstleistung für andere" dient allein dazu, den Tatbestand des Eigenhandels von dem Tatbestand des Eigengeschäfts iSv § 32 Abs. 1 a KWG zu unterscheiden.[39] Es besteht regelmäßig ein Ungleichgewicht zwischen dem Eigenhändler und dem Kunden, dem der Eigenhändler als Dienstleister mit besserem Zugang zum Markt gegenübertritt.[40]

Abs. 3 S. 1 Nr. 2 lit. d erfasst den Hochfrequenzhandel. Die Definition entspricht derjenigen in § 1 Abs. 1a S. 2 Nr. 4 lit. d. Die Definition wurde an den aktuellen Verhandlungsstand auf Ratsebene zur Neufassung der Richtlinie MiFID II angepasst und die Technik hochfrequenter algorithmischer Handelstechniken erläutert.[41]

III. Die Abschlussvermittlung (Abs. 3 S. 1 Nr. 3). Die Abschlussvermittlung erfasst den Handel in fremdem Namen für fremde Rechnung und ist zugleich Finanzdienstleistung nach § 1 Abs. 1a S. 2 Nr. 2 KWG. Sie erfasst die offene Stellvertretung. Der Abschlussvermittler muss eine Partei bei Abschluss des Geschäfts vertreten; andernfalls handelt es sich um Anlagevermittlung.[42] Der Unterschied zur Finanzportfolioverwaltung

---

26 BT-Drucks. 13/7142, S. 66; *Oelkers*, WM 2001, 340 ff; *du Buisson*, WM 2003, 1401, 1407.
27 Sonderbedingungen für Wertpapiergeschäfte 2007, Nr. 1 (1) und (3); *Kümpel*, WM 1995, 137; *Hannöver*, in: Schimansky/Bunte/Lwowski, Bankrechts-Handbuch, 4. Aufl. 2011, § 110 Rn 66.
28 *Kümpel*, WM 1995, 137.
29 BT-Drucks. 12/6679, S. 39.
30 BaFin-Merkblatt: Hinweise zu den Tatbeständen des Eigenhandels und des Eigengeschäfts (Stand: Juli 2013), 1. a) cc).
31 BT-Drucks. 16/4028, S. 58.
32 BaFin-Merkblatt: Hinweise zu den Tatbeständen des Eigenhandels und des Eigengeschäfts (Stand: Juli 2013), 1. b).
33 BaFin-Merkblatt: Hinweise zu den Tatbeständen des Eigenhandels und des Eigengeschäfts (Stand: Juli 2013), 1. b).
34 BaFin-Merkblatt: Hinweise zu den Tatbeständen des Eigenhandels und des Eigengeschäfts (Stand: Juli 2013), 1. c) bb).
35 BaFin-Merkblatt: Hinweise zu den Tatbeständen des Eigenhandels und des Eigengeschäfts (Stand: Juli 2013), 1. b) bb).
36 BaFin-Merkblatt: Hinweise zu den Tatbeständen des Eigenhandels und des Eigengeschäfts (Stand: Juli 2013), 1. c).
37 BaFin-Merkblatt: Hinweise zu den Tatbeständen des Eigenhandels und des Eigengeschäfts (Stand: Juli 2013), 1. c) aa).
38 BaFin-Merkblatt: Hinweise zu den Tatbeständen des Eigenhandels und des Eigengeschäfts (Stand: Juli 2013), 1. c) aa).
39 BaFin-Merkblatt: Hinweise zu den Tatbeständen des Eigenhandels und des Eigengeschäfts (Stand: Juli 2013), 1. c) cc).
40 BaFin-Merkblatt: Hinweise zu den Tatbeständen des Eigenhandels und des Eigengeschäfts (Stand: Juli 2013), 1. c) cc).
41 BT-Drucks. 17/12536, S. 32.
42 BT-Drucks. 13/7142, S. 65.

besteht darin, dass der Abschlussvermittler kein eigenes Ermessen bei der Anlageentscheidung hat.[43] Eine Abschlussvermittlung kann auch bei privaten Handelssystemen vorliegen, bei denen das System deckungsgleiche Orders durch Matching zusammenführt, oder aktiven Inseratsystemen, bei denen das System die Willenserklärung für eine der Parteien ersetzt.

28 **IV. Die Anlagevermittlung (Abs. 3 S. 1 Nr. 4).** Anlagevermittlung ist die Vermittlung von Geschäften über die Anschaffung und Veräußerung von Finanzinstrumenten. Sie ist eine Finanzdienstleistung nach § 1 Abs. 1 a S. 2 Nr. 1 KWG. Nicht ausreichend ist nach den Änderungen durch das FRUG die bloße Nachweistätigkeit.[44] Eine Anlagevermittlung liegt dann vor, wenn der Vermittler mit zwei Parteien des beabsichtigten Geschäfts Kontakt aufnimmt und dadurch den Vertragsabschluss fördert oder zwei zu einem Geschäft entschlossene Parteien zusammenbringt.[45]

29 Bei der Tätigkeit von sog. **Botenbanken** und „**introducing broker**" handelt es sich um eine Anlagevermittlung, sofern sie sich nicht auf die bloße Weiterleitung von Aufträgen beschränkt. Für die Abgrenzung zwischen Vermittler und Bote ist nicht die Bezeichnung, sondern der materielle Inhalt der Tätigkeit maßgeblich.[46] Der Tatbestand der Anlagevermittlung kann auch durch sog. Alternative Transaktions- (Handels-)systeme (ATS) erfüllt sein.[47]

30 **V. Das Emissionsgeschäft (Abs. 3 S. 1 Nr. 5).** Das Emissionsgeschäft umfasst in einer ersten Tatbestandsalternative die Übernahme von Finanzinstrumenten für eigenes Risiko zur Platzierung oder die Übernahme gleichwertiger Garantien und ist zugleich ein Bankgeschäft iSd § 1 Abs. 1 S. 2 Nr. 10 KWG. Das Emissionsgeschäft erfasst sowohl die Erstemission als auch jede weitere Übernahme sowie Privatplatzierungen.[48] Die Übernahme von Finanzinstrumenten muss auf eigenes Risiko erfolgen. Voraussetzung dafür ist, dass die Übernehmer sich gegenüber dem Emittenten zur Platzierung auf eigenes Risiko verpflichtet haben.[49] Diese Voraussetzungen sind bei einem Übernahmekonsortium erfüllt, bei dem die Konsorten die Instrumente zu einem festen Preis in den eigenen Bestand nehmen und dem Emittenten sofort den Gegenwert auszahlen, ebenso beim Bookbuilding-Verfahren und bei einem Geschäftsbesorgungskonsortium, bei dem die Konsorten die Emission im Namen und für Rechnung des Emittenten vornehmen und sich gleichzeitig zur Übernahme des nicht verkauften Teils der Emission in den eigenen Bestand verpflichten. Liegt keine derartige Verpflichtung hinsichtlich des nicht verkauften Teils vor, handelt es sich um einen Fall der Abschlussvermittlung iSd Abs. 3 S. 1 Nr. 3. Erfolgt die Emission über ein Begebungskonsortium, bei dem die Konsorten die Emission im eigenen Namen für Rechnung des Emittenten platzieren, handelt es sich um ein Finanzkommissionsgeschäft iSd Abs. 3 S. 1 Nr. 1 bzw ein Platzierungsgeschäft iSd Abs. 3 S. 1 Nr. 6, da die Konsorten kein Absatzrisiko übernehmen.[50]

31 Das Tatbestandsmerkmal des Platzierens erfasst nur solche Tätigkeiten, bei denen eine Platzierungsabrede vorliegt, dh eine Abrede, durch die der Emittent den oder die Platzierenden mit der Unterbringung der von ihm emittierten Finanzinstrumente am Kapitalmarkt oder an einen begrenzten Personenkreis beauftragt (sog. Übernahmevertrag).[51] Bei Fehlen einer Platzierungsabrede ist die Tätigkeit des Unternehmens, das Finanzinstrumente ankauft, ggf als Abschlussvermittlung iSd Abs. 3 S. 1 Nr. 3, Eigenhandel iSd Abs. 3 S. 1 Nr. 2 oder Finanzkommissionsgeschäft iSd Abs. 3 S. 1 Nr. 1 einzuordnen.[52] Die Platzierungsmethode ist unerheblich; sowohl eine öffentliche Platzierung ("public placement") als auch eine Privatplatzierung („private placement") ist vom Tatbestand umfasst.[53]

Eine gleichwertige Garantie nach dieser Vorschrift ist jede Verpflichtung zum Einstehen für den Erfolg der Emission.[54] Diese zweite Tatbestandsalternative erfasst insbesondere Fälle, in denen ein Begebungs- oder Geschäftsbesorgungskonsortium sich für den Fall, dass die Platzierung nicht oder nicht vollständig gelingt, verpflichtet, die nicht verkauften Finanzinstrumente in den eigenen Bestand zu übernehmen (sog. Garantiekonsortium).[55]

32 **VI. Das Platzierungsgeschäft (Abs. 3 S. 1 Nr. 6).** Das Platzierungsgeschäft ist als die Platzierung von Finanzinstrumenten ohne feste Übernahmeverpflichtung definiert. Das Platzierungsgeschäft ist zugleich Finanzdienstleistung nach § 1 Abs. 1 a S. 2 Nr. 1 c KWG. Der Tatbestand ist durch das FRUG neu in das

---

43 Vgl BaFin-Merkblatt: Hinweise zum Tatbestand der Abschlussvermittlung (Stand: Dezember 2009), 2. c).
44 BT-Drucks. 16/4028, S. 56.
45 *Assmann*, in: Assmann/Schneider, § 2 Rn 81; weiterführend: BaFin-Merkblatt: Hinweise zum Tatbestand der Anlagevermittlung (Stand: Juli 2013), 1. a).
46 BT-Drucks. 13/7142, S. 101; *Jung*, BB 1998, 649, 651.
47 Hierzu *Schwark*, in: Schwark/Zimmer, Kapitalmarktrechts-Kommentar, WpHG, § 31 f Rn 1 ff.
48 BT-Drucks. 13/7142, S. 101.
49 *du Buisson*, WM 2003, 1401, 1402; *Kumpan*, in: Schwark/Zimmer, Kapitalmarktrechts-Kommentar, WpHG, § 2 Rn 74.
50 *du Buisson*, WM 2003, 1401, 1404; *Kumpan*, in: Schwark/Zimmer, Kapitalmarktrechts-Kommentar, WpHG, § 2 Rn 75; BT-Drucks. 13/7142, S. 101.
51 BaFin-Merkblatt: Hinweise zum Tatbestand des Emissionsgeschäfts (Stand: Juli 2013), 1. b) aa).
52 BaFin-Merkblatt: Hinweise zum Tatbestand des Emissionsgeschäfts (Stand: Juli 2013), 1. b) aa).
53 BaFin-Merkblatt: Hinweise zum Tatbestand des Emissionsgeschäfts (Stand: Juli 2013), 1. b) aa).
54 BT-Drucks. 13/7142, S. 101.
55 BaFin-Merkblatt: Hinweise zum Tatbestand des Emissionsgeschäfts (Stand: Juli 2013), 1. c).

WpHG aufgenommen worden, wodurch die in Anhang I Abschnitt A Nr. 7 MiFID genannte Wertpapierdienstleistung in deutsches Recht umgesetzt wurde. Ein Platzierungsgeschäft liegt nach Auffassung der BaFin vor, wenn Finanzinstrumente im fremden Namen für fremde Rechnung im Rahmen einer Emission aufgrund einer Platzierungsabrede ohne feste Übernahmeverpflichtung veräußert werden.[56] Da das Platzierungsgeschäft ein Sonderfall der Abschlussvermittlung ist, müssen nach Auffassung der BaFin auch deren Tatbestandsmerkmale erfüllt sein, die Vermittlung also im fremden Namen für fremde Rechnung, dh in offener Stellvertretung für einen anderen (regelmäßig den Emittenten) erfolgen.[57] Bei Handeln im eigenen Namen aber für fremde Rechnung (verdeckte Stellvertretung) soll ein Finanzkommissionsgeschäft iSd Abs. 3 S. 1 Nr. 1 vorliegen.[58]

VII. Die Finanzportfolioverwaltung (Abs. 3 S. 1 Nr. 7). Die Finanzportfolioverwaltung umfasst die Verwaltung einzelner oder mehrerer in Finanzinstrumenten angelegter Vermögen für andere mit Entscheidungsspielraum und ist zugleich Finanzdienstleistung nach § 1 Abs. 1a S. 2 Nr. 3 KWG. Die Finanzportfolioverwaltung ist damit von der Verwaltung eigenen Vermögens abzugrenzen; Voraussetzung ist, dass Vermögen für andere verwaltet wird. Dies ist auch gegeben bei der Verwaltung des Vermögens von Mitgesellschaftern einer GbR.[59] Das Vermögen muss nicht ausschließlich in Finanzinstrumenten angelegt sein.[60]   33

Ein **Entscheidungsspielraum** ist gegeben, wenn die konkreten Anlageentscheidungen letztlich auf dem eigenen Ermessen des Verwalters ggf unter Berücksichtigung zuvor festgelegter Anlagerichtlinien oder einem von ihm unterhaltenen System beruhen.[61] Erteilt dagegen der Anleger aufgrund einer Anlageberatung eine dem Beratungsergebnis entsprechende, konkrete Weisung, ohne dass dem Verwalter dabei eigenes Ermessen zukommt, liegt keine Finanzportfolioverwaltung vor.[62] Ein solcher Entscheidungsspielraum fehlt, wenn der Verwalter eine von ihm getroffene Anlageentscheidung erst wirksam umsetzen kann, nachdem ihr der Kunde ausdrücklich zugestimmt hat (Zustimmungsvorbehalt).[63] Ein Entscheidungsspielraum besteht jedoch, wenn dem Kunden zwar ein Vetorecht zusteht, die Anlageentscheidung aber rechtsverbindlich durchgeführt wird, solange und soweit der Kunde nicht ausdrücklich widerspricht.[64] Nach dem Schutzzweck der Vorschrift ist es uU möglich, dass eine Tätigkeit nicht tatbestandsmäßig ist, wenn sie im engsten Familienkreis erbracht wird, der Verwalter seine Dienstleistung also nicht wie ein berufsmäßiger Verwalter am Markt gegenüber dem allgemeinen Anlegerpublikum anbietet.[65]   34

Investment- oder **Aktienclubs**, die in der Rechtsform der Gesellschaft bürgerlichen Rechts oder des nichtrechtsfähigen Vereins geführt werden, sind jedenfalls dann keine Wertpapierdienstleistungsunternehmen, wenn die Dienstleistung nicht gewerbsmäßig oder in einem Umfang erbracht wird, der einen in kaufmännischer Weise eingerichteten Geschäftsbetrieb erfordert.[66]   35

VIII. Der Betrieb eines multilateralen Handelssystems (Abs. 3 S. 1 Nr. 8). Abs. 3 S. 1 Nr. 8 definiert den Betrieb eines multilateralen Handelssystems. Multilateral bedeutet, dass der Betreiber des Handelssystems nur die Parteien eines potenziellen Geschäfts über Finanzinstrumente zusammenbringt.[67] Das Tatbestandsmerkmal "einer Vielzahl von Personen" beinhaltet vor allem, dass es nicht eines Auftrags zu einer einzelfallbezogenen Abschlussvermittlung bedarf.[68] Der Betrieb eines solchen multilateralen Systems ist zugleich Finanzdienstleistung nach § 1 Abs. 1a S. 2 Nr. 1b KWG. Durch die Einführung der Vorschrift durch das FRUG wurde Anhang I Abschnitt A Nr. 8 iVm Art. 4 Abs. 1 Nr. 15 MiFID umgesetzt.[69] Gemäß Erwägungsgrund 6 MiFID ist das „Interesse am Kauf und Verkauf" weit zu verstehen.[70] Weitere Anforderungen an ein multilaterales Handelssystem ergeben sich u.a. aus Erwägungsgrund 6 MiFID: Die Interessen der Käufer und Verkäufer müssen zusammengeführt werden, ohne dass den Parteien ein Entscheidungsspielraum bleibt, ob sie im Einzelfall das Geschäft mit einer konkreten Gegenpartei abschließen möchten.[71] Damit ein System im Sinne dieser Regelung vorliegt, bedarf es jedenfalls eines Regelwerks über die Mitgliedschaft, die   36

---

56 Vgl BaFin-Merkblatt: Hinweise zum Tatbestand des Platzierungsgeschäfts (Stand: Juli 2013).
57 BaFin-Merkblatt: Hinweise zum Tatbestand des Platzierungsgeschäfts (Stand: Juli 2013), 1. b); aA *Assmann* in: Assmann/Schneider, § 2 Rn 99.
58 BaFin-Merkblatt: Hinweise zum Tatbestand des Platzierungsgeschäfts (Stand: Juli 2013), 1. b).
59 Vgl BVerfG WM 2006, 959f und BVerwG ZIP 2005, 385ff.
60 BVerwG ZIP 2005, 385ff.
61 BT-Drucks. 13/7142, S. 101; BaFin-Merkblatt: Hinweise zum Tatbestand der Finanzportfolioverwaltung (Stand: August 2013), 1. d).
62 BT-Drucks. 13/7142, S. 101.
63 BT-Drucks. 13/7142, S. 101; BaFin-Merkblatt: Hinweise zum Tatbestand der Finanzportfolioverwaltung (Stand: August 2013), 1. d).
64 BT-Drucks. 13/7142, S. 101; BaFin-Merkblatt: Hinweise zum Tatbestand der Finanzportfolioverwaltung (Stand: August 2013), 1. d).
65 BT-Drucks. 13/7142, S. 101; BaFin-Merkblatt: Hinweise zum Tatbestand der Finanzportfolioverwaltung (Stand: August 2013), 1. e); s. zu weiteren Fallgruppen BaFin-Merkblatt zur Erlaubnispflicht gemäß § 32 Abs. 1 KWG für Family Offices (Stand: Februar 2009), 6.
66 Vgl BaFin-Merkblatt: Hinweise zur finanzaufsichtsrechtlichen Erlaubnispflicht von Investmentclubs und ihrer Geschäftsführer (Stand: Juli 2013), 2. b).
67 BaFin-Merkblatt: Tatbestand des Betriebs eines multilateralen Handelssystems (Stand: Juli 2013), 1. a).
68 BaFin-Merkblatt: Tatbestand des Betriebs eines multilateralen Handelssystems (Stand: Juli 2013), 1. c).
69 BT-Drucks. 16/4028, S. 56.
70 BT-Drucks. 16/4028, S. 56.
71 BT-Drucks. 16/4028, S. 56; vgl Erwägungsgrund 6 MiFID.

Petow

Handelsaufnahme von Finanzinstrumenten, den Handel zwischen Mitgliedern, Meldungen über abgeschlossene Geschäfte und Transparenzpflichten; eine Handelsplattform im technischen Sinne ist nicht erforderlich.[72]

37 **IX. Anlageberatung (Abs. 3 S. 1 Nr. 9).** Abs. 3 S. 1 Nr. 9 definiert Anlageberatung als die Abgabe von persönlichen Empfehlungen an Kunden oder deren Vertreter, die sich auf Geschäfte mit bestimmten Finanzinstrumenten beziehen, sofern die Empfehlung auf eine Prüfung der persönlichen Umstände des Anlegers gestützt oder als für ihn geeignet dargestellt wird und nicht ausschließlich über Informationsverbreitungskanäle oder für die Öffentlichkeit bekannt gegeben wird. Anlageberatung ist auch Finanzdienstleistung nach § 1 Abs. 1 a S. 2 Nr. 1 a KWG. Der Tatbestand der Anlageberatung wurde durch die Umsetzung der MiFID (Anhang I Abschnitt A Nr. 5 iVm Art. 4 Abs. 1 Nr. 4) zur Wertpapierdienstleistung hochgestuft; zuvor zählte er zu den Wertpapiernebendienstleistungen.[73] Anlageberatung kann auf Initiative des Instituts oder auf ausdrücklichen Wunsch des Kunden erfolgen.[74] Sie liegt nur dann vor, wenn die Beratung sich auf bestimmte Finanzinstrumente bezieht und die persönlichen Umstände des Kunden berücksichtigt.[75] Eine Empfehlung im Sinne der Vorschrift liegt vor, wenn dem Anleger zu einer bestimmten Handlung als in seinem Interesse liegend geraten wird, wobei es nicht darauf ankommt, ob die Empfehlung tatsächlich umgesetzt wird.[76] An einer Empfehlung fehlt es bei bloßen Informationen, ohne dass konkrete Vorschläge zur Änderung der Zusammensetzung eines Vermögens unterbreitet werden.[77] Geschäfte mit Finanzinstrumenten sind der Kauf, der Verkauf, die Zeichnung, der Tausch, der Rückkauf, das Halten oder die Übernahme eines Finanzinstruments sowie die Ausübung bzw Nichtausübung sich darauf beziehender Rechte (Art. 52 der Durchführungsrichtlinie).[78] Eine Empfehlung muss sich auf bestimmte Finanzinstrumente beziehen; Finanzinstrumente müssen dabei konkret benannt werden.[79] Es genügt, wenn der Berater dem Kunden mehrere konkrete Vorschläge unterbreitet, die Auswahl jedoch dem Kunden überlässt.[80] Wenn sich die Empfehlung nur auf eine Art von Finanzinstrumenten oder Papiere einer bestimmten Branche bezieht, ist sie nicht bestimmt genug.[81] Außerdem muss die Empfehlung eine persönliche sein, dh sie muss entweder auf eine Prüfung der persönlichen Umstände des Anlegers gestützt oder zumindest als für den Anleger geeignet dargestellt werden.[82]

38 **X. Eigengeschäft (Abs. 3 S. 2).** Eigengeschäft wird definiert als die Anschaffung und Veräußerung von Finanzinstrumenten für eigene Rechnung, die keine Dienstleistung für andere iSv Abs. 3 S. 1 Nr. 2 darstellt. Durch Abs. 3 S. 2 werden die Vorgaben von Art. 4 Abs. 1 Nr. 6 MiFID sowie deren Anhang I Abschnitt A Nr. 3 umgesetzt. § 32 Abs. 1 a KWG definiert Eigengeschäft als Anschaffen oder Veräußern von Finanzinstrumenten, ohne die Voraussetzungen für den Eigenhandel zu erfüllen. Die MiFID unterscheidet zwischen Wertpapierdienstleistungen, dh Tätigkeiten mit Dienstleistungscharakter und Anlagetätigkeiten, dh Tätigkeiten ohne Dienstleistungscharakter, und unterstellt beide Kategorien von Leistungen, freilich mit den normierten Ausnahmen, grundsätzlich lückenlos einer Erlaubnispflicht nach dem KWG.[83] Diese Unterscheidung hat in Form der Alternativen des Eigenhandels sowie des Eigengeschäfts Niederschlag im deutschen Recht gefunden. Unter den Tatbestand des Eigengeschäfts fallen Leistungen, die keinen Dienstleistungscharakter besitzen.[84] Da das Eigengeschäft u.a. mangels Kundenbezugs keinen Dienstleistungscharakter hat, wird es den Wertpapierdienstleistungen lediglich gleichgestellt.[85]

38a **XI. Anlageverwaltung (Abs. 3 S. 3).** Nachdem das BVerwG[86] den Betrieb bestimmter Anlagemodelle nicht als Finanzkommissionsgeschäft eingestuft hat, hat der Gesetzgeber den neuen Tatbestand der Anlageverwaltung in das KWG eingefügt, durch den u.a. kollektive Anlagemodelle erfasst werden sollen.[87] Parallel zur Erweiterung des KWG soll durch Abs. 3 S. 3 gewährleistet werden, dass Finanzdienstleistungsinstitute hinsichtlich der Anlageverwaltung den Wohlverhaltens- und Organisationspflichten nach Abschnitt 6 sowie

---

72 BT-Drucks. 16/4028, S. 56; vgl Erwägungsgrund 6 MiFID.
73 BT-Drucks. 16/4028, S. 56.
74 BT-Drucks. 16/4028, S. 56.
75 BT-Drucks. 16/4028, S. 56.
76 Gemeinsames Informationsblatt der BaFin und der Deutschen Bundesbank zum Tatbestand der Anlageberatung (Stand: Juli 2013), 2.
77 Gemeinsames Informationsblatt der BaFin und der Deutschen Bundesbank zum Tatbestand der Anlageberatung (Stand: Juli 2013), 2.
78 Gemeinsames Informationsblatt der BaFin und der Deutschen Bundesbank zum Tatbestand der Anlageberatung (Stand: Juli 2013); BT-Drucks. 16/4028, S. 56; vgl Art. 52 der Durchführungsrichtlinie.
79 Gemeinsames Informationsblatt der BaFin und der Deutschen Bundesbank zum Tatbestand der Anlageberatung (Stand: Juli 2013), 2.
80 Gemeinsames Informationsblatt der BaFin und der Deutschen Bundesbank zum Tatbestand der Anlageberatung (Stand: Juli 2013), 2.
81 Gemeinsames Informationsblatt der BaFin und der Deutschen Bundesbank zum Tatbestand der Anlageberatung (Stand: Juli 2013), 2.
82 Gemeinsames Informationsblatt der BaFin und der Deutschen Bundesbank zum Tatbestand der Anlageberatung (Stand: Juli 2013), 4.
83 Vgl BaFin-Merkblatt: Hinweise zu den Tatbeständen des Eigenhandels und des Eigengeschäfts (Stand: Juli 2013) 1. e).
84 Vgl BaFin-Merkblatt: Hinweise zu den Tatbeständen des Eigenhandels und des Eigengeschäfts (Stand: Juli 2013) 1. e).
85 BT-Drucks. 16/4028, S. 11 der Begründung.
86 BVerwG WM 2008, 1359.
87 Gesetz zur Fortentwicklung des Pfandbriefrechts (BT-Drucks. 16/11130); *Assmann* in: Assmann/Schneider, § 2 Rn 121 a.

den Meldepflichten des § 9 sowie nach Artt. 7 und 8 der VO EG/1287/2006 unterliegen.[88] Die Anlageverwaltung wurde nur aus dem systematischen Grund nicht in den Katalog der Wertpapierdienstleistungen aufgenommen, weil dieser Begriff den durch das Europäische Gemeinschaftsrecht harmonisierten Tätigkeiten, die in Anhang I Abschnitt A der Finanzmarktrichtlinie aufgeführt sind, vorbehalten sein soll.[89] Finanzdienstleistungsinstitute mit der Erlaubnis zur Anlageverwaltung werden somit nicht zu Wertpapierdienstleistungsunternehmen nach Abs. 4; sie werden aber von der BaFin in gleicher Weise beaufsichtigt wie Wertpapierdienstleistungsunternehmen.[90] Die Anlageverwaltung wird nach § 1 Abs. 1a S. 2 Nr. 11 KWG definiert – worauf diese Vorschrift Bezug nimmt – als die Anschaffung und die Veräußerung von Finanzinstrumenten außerhalb der Verwaltung eines Investmentvermögens im Sinne des § 1 Abs. 1 des Kapitalanlagegesetzbuchs für eine Gemeinschaft von Anlegern, die natürliche Personen sind, mit Entscheidungsspielraum bei der Auswahl der Finanzinstrumente, sofern dies ein Schwerpunkt des angebotenen Produktes ist und zu dem Zweck erfolgt, dass diese Anleger an der Wertentwicklung der erworbenen Finanzinstrumente teilnehmen.[91]

I. Wertpapiernebendienstleistung (Abs. 3 a)

Abs. 3 a enthält einen Katalog sog. Wertpapiernebendienstleistungen. Diese werden typischerweise zusammen mit Wertpapierdienstleistungen iSd Abs. 3 erbracht.[92] Ein einzelgeschäftsbezogener innerer Zusammenhang zwischen Wertpapiernebendienstleistung und Wertpapierdienstleistung ist – mit der in Abs. 3 a Nr. 4 vorgesehenen Ausnahme – nicht erforderlich.[93] Unternehmen, die ausschließlich Wertpapiernebendienstleistungen erbringen, würden nicht der Aufsicht nach dem WpHG unterliegen, da sie keine Wertpapierdienstleistungsunternehmen sind. Wird aber eine Wertpapiernebendienstleistung neben einer Wertpapierdienstleistung erbracht, sind die entsprechenden Anforderungen des WpHG, zB der §§ 31 ff, zu erfüllen, soweit sich die Vorschriften auf Wertpapiernebendienstleistungen beziehen. 39

Weitreichende Änderungen der Vorschrift haben sich durch das FRUG ergeben, das die Definitionen der Wertpapiernebendienstleistungen gemäß Anhang I Abschnitt B MiFID umgesetzt hat.

Abs. 3 a Nr. 1: Das **Depotgeschäft** wird auch in § 1 Abs. 1 S. 2 Nr. 5 KWG definiert und stellt ein Bankgeschäft im Sinne der Vorschrift dar. Vor Erlass des FRUG wurde das Depotgeschäft nur dann als Wertpapiernebendienstleistung qualifiziert, wenn nicht das Depotgesetz anzuwenden war, wodurch eine Doppelaufsicht vermieden werden sollte.[94] Diese Einschränkung wurde durch das FRUG gestrichen, weil durch die BaFin als Allfinanzaufsicht eine umfassende Beaufsichtigung erfolgt.[95] Neben der Verwahrung und Verwaltung von Finanzinstrumenten zählen auch die damit verbundenen Dienstleistungen zum Depotgeschäft.[96] Zur Verwaltung von Wertpapieren gehören die Einlösung von Zins-, Gewinnanteil- und Ertragsscheinen, die Einlösung von rückzahlbaren Wertpapieren bei deren Fälligkeit, die Ausübung von Bezugsrechten und die Ausübung von Stimmrechten.[97] 40

Abs. 3 a Nr. 2: Bei der **Kreditgewährung für Wertpapierdienstleistungen** handelt es sich um ein Bankgeschäft nach § 1 Abs. 1 S. 2 Nr. 2 KWG. Sie stellt eine Wertpapiernebendienstleistung dar, wenn das kredit- oder darlehengewährende Unternehmen an diesen Geschäften beteiligt ist. Die vor Inkrafttreten des FRUG geltende Einschränkung, dass das die Wertpapierdienstleistung erbringende Institut mit dem kredit- oder darlehensgewährenden Unternehmen identisch sein muss, wurde durch das FRUG in Umsetzung von Anhang I Abschnitt B Nr. 2 MiFID aufgegeben.[98] Die Gewährung von Sachdarlehen ist keine Wertpapiernebendienstleistung im Sinne dieser Bestimmung.[99] 41

Abs. 3 a Nr. 3: Die **Beratung von Unternehmen** über die Kapitalstruktur, die industrielle Strategie sowie die Beratung und das Angebot von Dienstleistungen bei Unternehmenskäufen und Unternehmenszusammenschlüssen ist eine Wertpapiernebendienstleistung. Diese allgemeinen Beratungsleistungen gegenüber Unternehmen stellen eine Wertpapiernebendienstleistung dar, wenn sie nicht als persönliche Empfehlung mit Bezug auf bestimmte Finanzinstrumente abgegeben werden.[100] 42

---

88 *Assmann* in: Assmann/Schneider, § 2 Rn 121 a.
89 *Assmann* in: Assmann/Schneider, § 2 Rn 121 a; BT-Drucks. 16/1113, S. 47.
90 BT-Drucks. 16/1113, S. 47.
91 Weiterführend: BaFin-Merkblatt: Hinweise zum Tatbestand der Anlageverwaltung (Stand: Juli 2013).
92 BT-Drucks. 13/7142, S. 101; *Assmann* in: Assmann/Schneider, § 2 Rn 123.
93 BT-Drucks. 13/7142, S. 101.
94 BT-Drucks. 13/7142, S. 101.
95 Vgl zur Rolle der BaFin als Allfinanzaufsicht durch die Zusammenlegung der Aufsichtsämter für das Kreditwesen, für das Versicherungswesen sowie für den Wertpapierhandel durch das Gesetz über die integrierte Finanzdienstleistungsaufsicht *Fischer* in: Schimansky/Bunte/Lwowski, Bankrechtshandbuch, § 125 Rn 63 ff.
96 *Klanten*, in: Schimansky/Bunte/Lwowski, Bankrechtshandbuch, § 72 Rn 3; s. auch BaFin-Merkblatt: Hinweise zum Tatbestand des Depotgeschäfts (Stand: September 2010).
97 *Klanten*, in: Schimansky/Bunte/Lwowski, Bankrechtshandbuch, § 72 Rn 3.
98 BT-Drucks. 13/7142, S. 102.
99 BT-Drucks. 13/7142, S. 102.
100 BT-Drucks. 16/4028, S. 57.

43 Abs. 3a Nr. 4: **Devisengeschäfte**, die im Zusammenhang mit jeglichen Wertpapierdienstleistungen stehen, sind Wertpapiernebendienstleistungen. Darunter fällt beispielsweise die Beschaffung von Devisen für den Erwerb von Finanzinstrumenten für einen Kunden.[101] Es ist ein sachlicher Zusammenhang zwischen Wertpapierdienstleistung und Devisengeschäft erforderlich, ein bloßer zeitlicher Zusammenhang führt noch nicht zu einer Einordnung als Wertpapiernebendienstleistung.[102] Die Bedeutung der Vorschrift ist im Wesentlichen beschränkt auf die Erfassung von Devisenkassageschäften (Tausch von Devisen mit einem Erfüllungszeitpunkt von zwei Tagen nach Geschäftsabschluss).[103]

44 Abs. 3a Nr. 5: Tätigkeiten im Zusammenhang mit **Finanzanalysen** iSv § 34b Abs. 1 oder sonstige allgemeine Empfehlungen in Bezug auf Geschäfte mit Finanzinstrumenten stellen ebenfalls Wertpapiernebendienstleistungen dar. Der Tatbestand wurde in Umsetzung von Anhang I Abschnitt B Nr. 5 MiFID aufgenommen. Durch diese Regelung werden Anlageempfehlungen zu Wertpapiernebendienstleistungen. Finanzanalysen richten sich an eine Vielzahl von Personen und beziehen sich in allgemeingültiger Form auf Geschäfte mit Finanzinstrumenten, ohne eine persönliche, auf den individuellen Kunden zugeschnittene Anlageempfehlung zu enthalten.[104]

45 Abs. 3a Nr. 6: Zu den Wertpapiernebendienstleistungen zählen ebenfalls **Dienstleistungen, die im Zusammenhang mit Emissionsgeschäften** stehen. Hierdurch wurde Anhang I Abschnitt B Nr. 6 MiFID umgesetzt. Die Dienstleistung muss nicht notwendigerweise gegenüber dem Emittenten erbracht werden.[105] Erforderlich ist ein sachlicher Zusammenhang mit dem Emissionsgeschäft, nicht nur ein zeitlicher.[106]

46 Abs. 3a Nr. 7: Dienstleistungen, die sich auf einen Basiswert iSd Abs. 2 Nr. 2 oder 5 beziehen und im Zusammenhang mit Wertpapierdienstleistungen oder Wertpapiernebendienstleistungen stehen, sind durch das FRUG als Wertpapiernebendienstleistung qualifiziert worden. Die Vorschrift setzt Anhang I Abschnitt B Nr. 7 MiFID um. Es muss ein sachlicher Zusammenhang zwischen der jeweiligen Dienstleistung und der Erbringung von Wertpapierdienstleistungen oder Wertpapiernebendienstleistungen bestehen.[107] Ein Unternehmen, das Wertpapierdienstleistungen in Bezug auf Warenderivate erbringt, kann nach Nr. 7 beispielsweise auch sog. Spotgeschäfte in Waren, die keine Termingeschäfte sind, als Nebendienstleistung erbringen.[108] Daraus folgt, dass ein Unternehmen, welches für bestimmte Wertpapierdienstleistungen in Bezug auf Warentermingeschäfte zugelassen ist, diese Dienstleistungen in Bezug auf **Spotgeschäfte** ebenfalls mit dem sog. Europäischen Pass grenzüberschreitend erbringen darf.[109]

J. Wertpapierdienstleistungsunternehmen (Abs. 4)

47 Abs. 4 enthält die Definition des Wertpapierdienstleistungsunternehmens. Sie greift teils auf die Begriffe das KWG zurück: Kreditinstitute werden in § 1 Abs. 1 S. 1 und Finanzdienstleistungsinstitute in Abs. 1a S. 1 KWG definiert. Nach § 53 Abs. 1 S. 1 KWG tätige Unternehmen sind inländische Zweigstellen von Unternehmen mit Sitz im Ausland, die Bankgeschäfte betreiben oder Finanzdienstleistungen erbringen.

48 Eine weitere Voraussetzung ist, dass Wertpapierdienstleistungsunternehmen Wertpapierdienstleistungen allein oder zusammen mit Wertpapiernebendienstleistungen erbringen. Unternehmen, die **ausschließlich Wertpapiernebendienstleistungen** erbringen, sind keine Wertpapierdienstleistungsunternehmen. Dies folgt aus der Formulierung „allein oder zusammen mit Wertpapiernebendienstleistungen". Solche Unternehmen können keinen Europäischen Pass beanspruchen.[110] Handelt es sich um Wertpapierdienstleistungsunternehmen, ist jedoch ein innerer Zusammenhang zwischen Wertpapierdienstleistung und Wertpapiernebendienstleistung – außer im Falle des Abs. 3a Nr. 4, 6 und 7 – nicht erforderlich.[111] Erbringt ein Wertpapierdienstleistungsunternehmen gegenüber einzelnen Kunden beispielsweise nur Wertpapiernebendienstleistungen, so finden die Verhaltensregeln dennoch Anwendung.[112]

49 Die Wertpapierdienstleistung muss in einem Umfang, der einen in kaufmännischer Weise eingerichteten Geschäftsbetrieb erfordert oder **gewerbsmäßig** erbracht werden. Entscheidend für das Vorliegen eines in kaufmännischer Weise eingerichteten Geschäftsbetriebs ist nicht, dass tatsächlich ein solcher Geschäftsbetrieb vorhanden ist, sondern allein ob die Geschäfte einen derartigen Umfang haben, dass objektiv eine

---

101 *Kumpan* in: Schwarz/Zimmer, § 2 Rn 109.
102 *Assmann* in: Assmann/Schneider, § 2 Rn 131; *Kumpan* in: Schwarz/Zimmer, § 2 Rn 109.
103 *Assmann* in: Assmann/Schneider, § 2 Rn 131; *Kumpan* in: Schwarz/Zimmer, § 2 Rn 109.
104 BT-Drucks. 16/4028, S. 67 f.
105 *Assmann* in: Assmann/Schneider, § 3 Rn 137.
106 *Assmann* in: Assmann/Schneider, § 3 Rn 137.
107 *Assmann* in: Assmann/Schneider, § 3 Rn 138.
108 BT-Drucks. 16/4028, S. 57.
109 BT-Drucks. 16/4028, S. 57.
110 BT-Drucks. 13/7142, S. 102.
111 BT-Drucks. 13/7142, S. 102.
112 BT-Drucks. 13/7142, S. 102.

kaufmännische Organisation erforderlich ist.[113] Gewerbsmäßigkeit liegt vor, wenn der Betrieb auf eine gewisse Dauer angelegt ist und der Betreiber ihn mit der Absicht der Gewinnerzielung verfolgt.[114]

K. Der organisierte Markt (Abs. 5)

Die Definition des **organisierten Marktes** entspricht der Definition des geregelten Marktes in Art. 4 Abs. 1 Nr. 14 MiFID. Ein organisierter Markt ist ein multilaterales Handelssystem iSd Abs. 3 Nr. 8, der staatlich als organisierter Markt zugelassen ist und gemäß den Anforderungen der MiFID an geregelte Märkte überwacht wird.[115] Nicht erforderlich ist, dass es sich im technischen Sinne um ein abgeschlossenes System handelt, sondern es dürfen mehrere, jeweils durch Regelwerke definierte, organisierte Märkte – auch neben multilateralen Handelssystemen – auf derselben technischen Handelsplattform betrieben werden.[116] Organisierte Märkte sind nur Märkte im Inland, in einem anderen Mitgliedstaat der Europäischen Union oder einem anderen Vertragsstaat des Abkommens über den Europäischen Wirtschaftsraum.[117] Jeder Mitgliedstaat hat ein Verzeichnis der geregelten Märkte nach Art. 16 der Wertpapierdienstleistungsrichtlinie zu erstellen, für die er Herkunftsstaat ist und die seinen Vorschriften entsprechen. Die Verzeichnisse aller Mitgliedstaaten werden mindestens einmal jährlich von der Kommission in aktualisierter Fassung im Amtsblatt der Europäischen Gemeinschaften veröffentlicht. Eine Liste der „Regulated Markets" (in der Terminologie der Finanzmarktrichtlinie) ist unter <http://mifiddatabase.esma.europa.eu> unter der gleichnamigen Rubrik abrufbar. In der Bundesrepublik Deutschland ist danach organisierter Markt iSd Abs. 5 zB die Eurex Deutschland. Der Freiverkehr ist jedoch kein organisierter Markt.[118]

50

L. Herkunftsstaatsprinzip (Abs. 6)

Das Herkunftsstaatsprinzip in Abs. 6 wurde durch das Transparenzrichtlinie-Umsetzungsgesetz – TUG eingefügt. Die Vorschrift wurde durch das Gesetzes zur Umsetzung der Richtlinie 2010/73/EU und zur Änderung des Börsengesetzes geändert.[119] Die Einführung des Herkunftsstaatsprinzips beruht auf der Transparenzrichtlinie für die Adressaten von Transparenzpflichten. Damit ist für die Anwendbarkeit der Veröffentlichungspflichten und der Beaufsichtigung ihrer Beachtung durch die BaFin grundsätzlich nicht mehr die Zulassung des Emittenten an einer inländischen Börse sondern sein Sitz in Deutschland entscheidend.[120] Dieser Grundsatz wird aber mehrfach durchbrochen; in Ausnahmefällen kann die Zulassung des Emittenten relevant werden.[121] Das Herkunftsstaatsprinzip soll verhindern, dass grenzüberschreitend tätige Emittenten den gleichen Transparenzanforderungen in verschiedenen Mitgliedstaaten nachkommen müssen.[122]

51

M. Inlandsemittent (Abs. 7)

Abs. 7 definiert den Inlandsemittenten. Die Regelung ist für die Veröffentlichungspflichten maßgeblich. Wer Adressat der Veröffentlichungspflichten ist, richtet sich zwar weitgehend nach dem Herkunftsstaatsprinzip, das jedoch durch Abs. 7 modifiziert wird.[123] Inlandsemittenten sind nach Nr. 2 auch Emittenten, für die Deutschland nicht Herkunftsstaat ist, deren Wertpapiere aber ausschließlich in Deutschland zum Handel an einem organisierten Markt zugelassen sind. Umgekehrt ist ein Emittent, dessen Herkunftsstaat Deutschland ist, nicht Inlandsemittent, wenn dessen Wertpapiere nur in einem anderen Mitgliedstaat der Europäischen Union oder Vertragsstaat des Abkommens über den Europäischen Wirtschaftsraum zum Handel am organisierten Markt zugelassen sind, soweit er im Aufnahmestaat den Veröffentlichungs- und Mitteilungspflichten unterliegt. Inlandsemittent ist aber auch der Emittent, dessen Herkunftsstaat Deutschland ist und dessen Wertpapiere zwar nicht im Inland aber in mehreren Mitgliedstaaten der Europäischen Union oder Vertragsstaaten des Abkommens über den Europäischen Wirtschaftsraum zum Handel am organisierten Markt zugelassen sind.[124]

52

---

113 Merkblatt der Deutschen Bundesbank über die Erteilung einer Erlaubnis zum Erbringen von Finanzdienstleistungen gemäß § 32 Abs. 1 KWG (Stand: April 2013), S. 2.
114 BT-Drucks. 13/7142, S. 62.
115 BT-Drucks. 16/4028, S. 57.
116 BT-Drucks. 16/4028, S. 57.
117 *Assmann* in: Assmann/Schneider, § 2 Rn 161,.
118 *Assmann* in: Assmann/Schneider, § 2 Rn 161; *Hopt* in: Baumbach/Hopt, § 42 BörsG Rn 2; *Kumpan* in: Schwark/Zimmer, § 2 Rn 120.
119 Siehe auch BT-Drucks. 17/8684, S. 21 f.
120 BT-Drucks. 16/2498, S. 27.
121 Siehe insb. Prüfschema Herkunftstaat S. 49 im Emittentenleitfaden der BaFin, 4. Aufl. 2013.
122 BT-Drucks. 16/2498, S. 27.
123 Siehe insb. Prüfschema Inlandsemittent S. 48 im Emittentenleitfaden der BaFin, 4. Aufl. 2013.
124 BT-Drucks. 16/2498, S. 31.

N. Herkunftsmitgliedstaat (Abs. 8)

53 Abs. 8 definiert, welcher Mitgliedstaat für ein Wertpapierdienstleistungsunternehmen (Nr. 1) und für einen organisierten Markt (Nr. 2) Herkunftsmitgliedstaat ist. Für ein Wertpapierdienstleistungsunternehmen ist der Staat Herkunftsmitgliedstaat, in dem sich der Sitz oder die Hauptniederlassung befindet. Nr. 1 setzt Art. 4 Abs. 1 Nr. 20 lit. a MiFID um, wobei als Anknüpfungspunkt der Sitz und, wenn nach dem Recht des dortigen Mitgliedstaates ein solcher nicht vorhanden ist, der Ort der Hauptniederlassung (vgl § 13 h HGB) bestimmt ist.[125] Herkunftsmitgliedstaat für einen organisierten Markt ist der Staat, in dem er registriert oder zugelassen ist, es sei denn, der organisierte Markt hat keinen Sitz. Dann ist Herkunftsmitgliedstaat das Land, in dem sich die Hauptniederlassung des organisierten Marktes befindet. Nr. 2 setzt Art. 4 Abs. 1 Nr. 20 lit. b MiFID um und setzt bei der Bestimmung des Herkunftsstaates eines organisierten Marktes bei dem Staat an, in welchem der organisierte Markt die Zulassung erhalten hat oder registriert wurde.[126] Falls sich hieraus nach den rechtlichen Bestimmungen dieses Staates nicht der juristische Sitz des organisierten Marktes ergibt, bestimmt sich der Herkunftsstaat nach dem Sitz bzw der Hauptniederlassung des Betreibers des organisierten Marktes.[127]

O. Aufnahmemitgliedstaat (Abs. 9)

54 Die Vorschrift setzt Art. 4 Abs. 1 Nr. 21 MiFID um. Aufnahmemitgliedstaat für Wertpapierdienstleistungsunternehmen ist das Land, in dem Wertpapierdienstleistungen durch eine Zweigniederlassung oder im Wege des grenzüberschreitenden Dienstleistungsverkehrs erbracht werden. Für den organisierten Markt ist der Staat Aufnahmemitgliedstaat, in dem eine Zugangsmöglichkeit zu dem Handelssystem des organisierten Markts angeboten wird.[128]

P. Systematischer Internalisierer (Abs. 10)

55 Abs. 10 bestimmt den Begriff des systematischen Internalisierers. Hierdurch wird Art. 4 Abs. 7 MiFID iVm Art. 21 Verordnung (EG) Nr. 1287/2006 umgesetzt.

§ 2a Ausnahmen

(1) Als Wertpapierdienstleistungsunternehmen gelten nicht

1. Unternehmen, die Wertpapierdienstleistungen im Sinne des § 2 Abs. 3 Satz 1 ausschließlich für ihr Mutterunternehmen oder ihre Tochter- oder Schwesterunternehmen im Sinne des Artikels 4 Absatz 1 Nummer 15 und 16 der Verordnung (EU) Nr. 575/2013 des Europäischen Parlaments und des Rates vom 26. Juni 2013 über Aufsichtsanforderungen an Kreditinstitute und Wertpapierfirmen und zur Änderung der Verordnung (EU) Nr. 646/2012 (ABl. L 176 vom 27. 6. 2013, S. 1) und des § 1 Absatz 7 des Kreditwesengesetzes erbringen,
2. Unternehmen, deren Wertpapierdienstleistung für andere ausschließlich in der Verwaltung eines Systems von Arbeitnehmerbeteiligungen an den eigenen oder an mit ihnen verbundenen Unternehmen besteht,
3. Unternehmen, die ausschließlich Wertpapierdienstleistungen sowohl nach Nummer 1 als auch nach Nummer 2 erbringen,
4. private und öffentlich-rechtliche Versicherungsunternehmen,
5. die öffentliche Schuldenverwaltung des Bundes, eines seiner Sondervermögen, eines Landes, eines anderen Mitgliedstaates der Europäischen Union oder eines anderen Vertragsstaates des Abkommens über den Europäischen Wirtschaftsraum, die Deutsche Bundesbank und andere Mitglieder des Europäischen Systems der Zentralbanken sowie die Zentralbanken der anderen Vertragsstaaten,
6. Angehörige freier Berufe, die Wertpapierdienstleistungen nur gelegentlich im Rahmen eines Mandatsverhältnisses als Freiberufler erbringen und einer Berufskammer in der Form der Körperschaft des öffentlichen Rechts angehören, deren Berufsrecht die Erbringung von Wertpapierdienstleistungen nicht ausschließt,
7. Unternehmen, die als Wertpapierdienstleistung für andere ausschließlich die Anlageberatung und die Anlagevermittlung zwischen Kunden und

---

125 BT-Drucks. 16/4028, S. 57.
126 BT-Drucks. 16/4028, S. 57.
127 BT-Drucks. 16/4028, S. 57.
128 BT-Drucks. 16/4028, S. 57.

a) Instituten im Sinne des Kreditwesengesetzes,
b) Instituten oder Finanzunternehmen mit Sitz in einem anderen Staat des Europäischen Wirtschaftsraums, die die Voraussetzungen nach § 53b Abs. 1 Satz 1 oder Abs. 7 des Kreditwesengesetzes erfüllen,
c) Unternehmen, die aufgrund einer Rechtsverordnung nach § 53c des Kreditwesengesetzes gleichgestellt oder freigestellt sind,
d) Kapitalverwaltungsgesellschaften, extern verwalteten Investmentgesellschaften, EU-Verwaltungsgesellschaften oder ausländischen AIF-Verwaltungsgesellschaften oder
e) Anbietern oder Emittenten von Vermögensanlagen im Sinne des § 1 Absatz 2 des Vermögensanlagengesetzes

betreiben, sofern sich diese Wertpapierdienstleistungen auf Anteile oder Aktien von inländischen Investmentvermögen, die von einer Kapitalverwaltungsgesellschaft ausgegeben werden, die eine Erlaubnis nach § 7 oder § 97 Absatz 1 des Investmentgesetzes in der bis zum 21. Juli 2013 geltenden Fassung hat, die für den in § 345 Absatz 2 Satz 1, Absatz 3 Satz 2, in Verbindung mit Absatz 2 Satz 1, oder Absatz 4 Satz 1 des Kapitalanlagegesetzbuchs vorgesehenen Zeitraum noch fortbesteht oder die eine Erlaubnis nach den §§ 20, 21 oder den §§ 20, 22 des Kapitalanlagegesetzbuchs hat, oder auf Anteile oder Aktien an EU-Investmentvermögen oder ausländischen AIF, die nach dem Kapitalanlagegesetzbuch vertrieben werden dürfen, oder auf Vermögensanlagen im Sinne des § 1 Absatz 2 des Vermögensanlagengesetzes beschränken und die Unternehmen nicht befugt sind, sich bei der Erbringung dieser Finanzdienstleistungen Eigentum oder Besitz an Geldern oder Anteilen von Kunden zu verschaffen, es sei denn, das Unternehmen beantragt und erhält eine entsprechende Erlaubnis nach § 32 Abs. 1 des Kreditwesengesetzes; Anteile oder Aktien an Hedgefonds im Sinne des § 283 des Kapitalanlagegesetzbuchs gelten nicht als Anteile an Investmentvermögen im Sinne dieser Vorschrift,

8. Unternehmen, deren Wertpapierdienstleistung ausschließlich in der Erbringung einer oder mehrerer der folgenden Dienstleistungen besteht:
   a) Eigengeschäfte an inländischen Börsen oder in multilateralen Handelssystemen im Inland, an oder in denen Derivate gehandelt werden (Derivatemärkte), und an Kassamärkten nur zur Absicherung dieser Positionen,
   b) Eigenhandel im Sinne des § 2 Absatz 3 Satz 1 Nummer 2 Buchstabe a bis c, Finanzkommissionsgeschäft oder Abschlussvermittlung an Derivatemärkten nur für andere Mitglieder dieser Märkte,
   c) Preisstellung als Market Maker im Sinne des § 23 Abs. 4 im Rahmen des Eigenhandels im Sinne des § 2 Absatz 3 Satz 1 Nummer 2 Buchstabe a für andere Mitglieder dieser Derivatemärkte,

sofern für die Erfüllung der Verträge, die diese Unternehmen an diesen Märkten oder in diesen Handelssystemen schließen, Clearingmitglieder derselben Märkte oder Handelssysteme haften,

9. Unternehmen, die Eigengeschäfte in Finanzinstrumenten betreiben oder Wertpapierdienstleistungen im Sinne des § 2 Absatz 3 Satz 1 Nummer 1, Nummer 2 Buchstabe a bis c oder Nummer 3 bis 9 in Bezug auf Derivate im Sinne des § 2 Abs. 2 Nr. 2 und 5 erbringen, sofern
   a) sie nicht Teil einer Unternehmensgruppe sind, deren Haupttätigkeit in der Erbringung von Wertpapierdienstleistungen im Sinne des § 2 Absatz 3 Satz 1 Nummer 1, Nummer 2 Buchstabe a bis c oder Nummer 3 bis 9 oder Bankgeschäften im Sinne des § 1 Abs. 1 Satz 2 Nr. 1, 2, 8 oder 11 des Kreditwesengesetzes besteht,
   b) diese Wertpapierdienstleistungen auf Ebene der Unternehmensgruppe von untergeordneter Bedeutung im Verhältnis zur Haupttätigkeit sind und
   c) die Wertpapierdienstleistungen im Sinne des § 2 Absatz 3 Satz 1 Nummer 1, Nummer 2 Buchstabe a bis c oder Nummer 3 bis 9 in Bezug auf Derivate im Sinne des § 2 Abs. 2 Nr. 2 und 5 nur für Kunden ihrer Haupttätigkeit im sachlichen Zusammenhang mit Geschäften der Haupttätigkeit erbracht werden,

10. Unternehmen, die als einzige Wertpapierdienstleistung Eigengeschäfte betreiben, sofern sie nicht
    a) an einem organisierten Markt oder in einem multilateralen Handelssystem kontinuierlich den Kauf oder Verkauf von Finanzinstrumenten im Wege des Eigenhandels zu selbst gestellten Preisen anbieten oder
    b) in organisierter und systematischer Weise häufig für eigene Rechnung außerhalb eines organisierten Marktes oder eines multilateralen Handelssystems Handel treiben, indem sie ein für Dritte zugängliches System anbieten, um mit ihnen Geschäfte durchzuführen,

11. Unternehmen, die als Wertpapierdienstleistung ausschließlich die Anlageberatung im Rahmen einer anderen beruflichen Tätigkeit erbringen, ohne sich die Anlageberatung gesondert vergüten zu lassen,

12. Unternehmen, soweit sie als Haupttätigkeit Eigengeschäfte und Eigenhandel im Sinne des § 2 Absatz 3 Satz 1 Nummer 2 Buchstabe a bis c mit Waren oder Derivaten im Sinne des § 2 Abs. 1 Nr. 2 in Bezug auf Waren betreiben, sofern sie nicht einer Unternehmensgruppe angehören, deren Haupttätigkeit in der Erbringung von Wertpapierdienstleistungen oder dem Betreiben von Bankgeschäften im Sinne des § 1 Abs. 1 Satz 2 Nr. 1, 2, 8 oder 11 des Kreditwesengesetzes besteht,
13. Börsenträger oder Betreiber organisierter Märkte, die neben dem Betrieb eines multilateralen Handelssystems keine anderen Wertpapierdienstleistungen im Sinne des § 2 Abs. 3 Satz 1 erbringen und
14. Unternehmen, die das Platzierungsgeschäft ausschließlich für Anbieter oder für Emittenten von Vermögensanlagen im Sinne des § 1 Absatz 2 des Vermögensanlagengesetzes erbringen.

(2) ¹Ein Unternehmen, das als vertraglich gebundener Vermittler im Sinne des § 2 Abs. 10 Satz 1 des Kreditwesengesetzes als Wertpapierdienstleistung nur die Abschlussvermittlung, Anlagevermittlung, das Platzieren von Finanzinstrumenten ohne feste Übernahmeverpflichtung oder Anlageberatung erbringt, gilt nicht als Wertpapierdienstleistungsunternehmen. ²Seine Tätigkeit wird dem Institut oder Unternehmen zugerechnet, für dessen Rechnung und unter dessen Haftung es seine Tätigkeit erbringt.

1 § 2 a wurde durch das Umsetzungsgesetz[1] eingeführt. Bei den Regelungen handelt es sich um **Ausnahmetatbestände**, bei deren Vorliegen die Eigenschaft des Wertpapierdienstleistungsunternehmens entfällt. Sobald neben der vom Ausnahmetatbestand erfassten Tätigkeit zusätzlich noch eine andere Wertpapierdienstleistung erbracht wird – selbst in einem nur geringen Umfang –, greift die Ausschließlichkeitsregelung nicht und alle Wertpapierdienstleistungen fallen unter die Aufsicht. Das Erbringen von Wertpapiernebendienstleistungen ist für die Anwendbarkeit der Ausnahmeregelung unschädlich, da nur das Erbringen einer Wertpapierdienstleistung, nicht aber die einer Wertpapiernebendienstleistung die Eigenschaft als Wertpapierdienstleistungsunternehmen begründet.

A. Ausnahmen des Abs. 1

2 Ausgangspunkt der Regelung des Abs. 1 ist Art. 2 Abs. 2 der Wertpapierdienstleistungsrichtlinie.[2]
3 Nach Abs. 1 Nr. 1 sind Unternehmen keine Wertpapierdienstleistungsunternehmen, die **Wertpapierdienstleistungen** ausschließlich **innerhalb des Konzerns** erbringen. Die Regelung entspricht § 2 Abs. 1 Nr. 7 und Abs. 6 S. 1 Nr. 5 KWG. Wann ein Unternehmen ein Schwesterunternehmen ist, richtet sich nach § 1 Abs. 7 KWG. Die Definition des Mutterunternehmens sowie des Tochterunternehmens ergibt sich nunmehr aus Art. 4 Abs. 15, 16 der Verordnung (EU) Nr. 575/2013 des Europäischen Parlaments und des Rates vom 26. Juni 2013.
4 Abs. 1 Nr. 2 bestimmt, dass Unternehmen, die ausschließlich Beteiligungen an dem eigenen und an mit ihnen verbundenen Unternehmen für die jeweiligen Arbeitnehmer verwalten (**Arbeitnehmerbeteiligungen**), nicht als Wertpapierdienstleistungsunternehmen gelten. Werden Beteiligungen für Arbeitnehmer an anderen Konzernunternehmen oder an konzernfremden Unternehmen gehalten, greift die Ausnahmeregelung nicht. Eine entsprechende Regelung findet sich in § 2 Abs. 6 S. 1 Nr. 6 KWG.
5 Auch Unternehmen, die ausschließlich **Dienstleistungen sowohl nach Nr. 1 als auch nach Nr. 2** erbringen, sind nicht als Wertpapierdienstleistungsunternehmen zu qualifizieren. Dies stellt Abs. 1 Nr. 3 klar. Die Regelung entspricht § 2 Abs. 6 S. 1 Nr. 7 KWG.
6 **Versicherungsunternehmen** sind ebenfalls keine Wertpapierdienstleistungsunternehmen nach Abs. 1 Nr. 4. Eine entsprechende Regelung findet sich in § 2 Abs. 6 S. 1 Nr. 4 KWG.
7 Nach Abs. 1 Nr. 5 sind bestimmte öffentliche **Schuldenverwaltungen und Zentralbanken** keine Wertpapierdienstleistungsunternehmen. Entsprechendes regelt § 2 Abs. 6 S. 1 Nr. 1 und 3 KWG.
8 Abs. 1 Nr. 6 erfasst näher bestimmte **Angehörige freier Berufe**. Zwischen deren berufstypischer Tätigkeit und den Wertpapierdienstleistungen muss ein solch enger Zusammenhang bestehen, dass die Wertpapierdienstleistung als Teil der berufstypischen Tätigkeit angesehen werden kann.[3] Die Wertpapierdienstleistung muss bei Würdigung der Umstände des Einzelfalles nach dem jeweils einschlägigen Berufsrecht dem Kernbereich der berufsständischen Aufgaben der Berufsgruppe zugeordnet werden können.[4] Zu den berufstypischen Wertpapierdienstleistungen bei Rechtsanwälten und Notaren zählen zB Tätigkeiten im Rahmen der Insolvenzverwaltung, der Nachlassverwaltung, der Nachlasspflegschaft oder der Testamentsvollstreckung.

---

1 Art. 2 des Gesetzes zur Umsetzung von EG-Richtlinien zur Harmonisierung bank- und wertpapieraufsichtsrechtlicher Vorschriften v. 22.10.1997 (BGBl. I 1997, 2518).
2 BT-Drucks. 13/7142, S. 103.
3 BaFin-Merkblatt (Hinweise zur Bereichsausnahme für Angehörige freier Berufe) vom 28. Oktober 2010, zuletzt geändert am 14. Februar 2012, Nr. 2 lit. c.
4 BaFin-Merkblatt (Hinweise zur Bereichsausnahme für Angehörige freier Berufe) vom 28. Oktober 2010, zuletzt geändert am 14. Februar 2012, Nr. 2 lit. c.

Die Wertpapierdienstleistung darf nur gelegentlich erbracht werden. Der Ausnahmetatbestand ist grundsätzlich dann nicht anwendbar, wenn die freiberufliche Tätigkeit eines von Dritten initiierten Gesamtkonzeptes bzw Vertragswerkes anzusehen ist, in dessen Rahmen erlaubnispflichtige Wertpapierdienstleistungen für andere erbracht werden.

Die Ausnahme in Abs. 1 Nr. 7 wurde sprachlich zunächst an das Investmentgesetz angepasst. Die Terminologie wurde schließlich dem Kapitalanlagegesetzbuch angepasst.[5] Mit lit. e wurden ebenfalls Anbieter oder Emittenten von Vermögensanlagen im Sinne des § 1 Abs. 2 des Vermögensanlagengesetzes in die Ausnahmevorschrift einbezogen. Ausgangspunkt der Regelung bezüglich der **Vermittlung von Anteilen in Investmentvermögen** in Abs. 1 Nr. 7 war die Überlegung, dass es sich bei diesen „um standardisierte Produkte handelt, (so dass) das bloße Weiterleiten der Kauf- oder Verkaufsaufträge keine besonderen Risiken (birgt)."[6] Weiter wurde davon ausgegangen, dass das vermittelnde Unternehmen selbst folglich keine aufsichtsrechtlich relevante Tätigkeit ausführe. Zudem unterliege das Institut oder Unternehmen, an das die Vermittlung erfolge, bereits selbst der Aufsicht.[7]

Nach der Regelung in Abs. 1 Nr. 7 bedürfen **Untervermittler**, die über einen Hauptvermittler Fondsanteile vermitteln, und Vermittler von Vermögensverwaltungsverträgen keiner eigenen Erlaubnis, wenn sichergestellt ist, dass im Rahmen der vermittelten Vermögensverwaltungsverträge nur Anteile oder Aktien von inländischen Investmentvermögen, die von einer Kapitalverwaltungsgesellschaft mit den genannten Voraussetzungen oder Anteile oder Aktien an EU-Investmentvermögen oder ausländischen AIF, die nach dem Kapitalanlagegesetzbuch vertrieben werden dürfen, oder Vermögensanlagen im Sinne des § 1 Absatz 2 des Vermögensanlagengesetzes angeschafft werden.

Die Ausnahme in Abs. 1 Nr. 8 betrifft bestimmte Dienstleistungen von sog. **Locals**, dh Unternehmen, die bestimmte Dienstleistungen für andere Mitglieder von Derivatemärkten im Inland erbringen.[8] Eine entsprechende Vorschrift findet sich in § 2 Abs. 1 Nr. 8 und Abs. 6 S. 1 Nr. 9 KWG.

Aufgrund von Abs. 1 Nr. 9 unterliegen solche Unternehmen nicht dem WpHG, die selbst oder auf Ebene der Unternehmensgruppe einer kapitalmarktfernen Haupttätigkeit nachgehen und diese **Geschäftsrisiken** durch Eigengeschäfte **absichern** wollen.[9] Gleichzeitig sollen diese Unternehmen im Rahmen einer Nebentätigkeit im Sachzusammenhang mit ihrer Hauptgeschäftstätigkeit auch Wertpapierdienstleistungen zur Absicherung der Geschäfte ihrer Kunden oder der Kunden der Unternehmensgruppe durch Derivate anbieten können. Eine vergleichbare Regelung findet sich in § 2 Abs. 6 S. 1 Nr. 11 KWG.

Abs. 1 Nr. 10 erfasst Unternehmen, die ausschließlich **Eigengeschäfte** betreiben. Eine entsprechende Ausnahme war in § 2 Abs. 6 S. 1 Nr. 14 KWG zu finden; die Vorschrift ist durch das Gesetz zur Umsetzung der geänderten Bankenrichtlinie und der geänderten Kapitaladäquanzrichtlinie aufgehoben worden. Mit diesem Gesetz ist auch der Zusatz "und Eigenhandel" gestrichen worden, um einen Gleichlauf zu den entsprechenden Änderungen in § 1 Abs. 1 a, § 2 Abs. 6 KWG herzustellen.[10]

Nach Abs. 1 Nr. 11 unterliegen Unternehmen nicht den Bestimmungen des WpHG, die ausschließlich die **Anlageberatung** im Rahmen ihrer anderweitigen beruflichen Tätigkeit erbringen und sich die Anlageberatung nicht gesondert vergüten lassen. Eine vergleichbare Regelung ist § 2 Abs. 6 S. 1 Nr. 15 KWG.

Abs. 1 Nr. 12 erfasst Unternehmen, deren Haupttätigkeit der **Handel auf eigene Rechnung mit Waren oder Warenderivaten** ist. Eine vergleichbare Regelung findet sich in § 2 Abs. 6 S. 1 Nr. 13 KWG.

Die Ausnahme in Abs. 1 Nr. 13 betrifft **Börsenträger und Betreiber von organisierten Märkten** mit Sitz im Ausland, soweit sie keine Wertpapierdienstleistungen außer dem Betrieb eines multilateralen Handelssystems erbringen. Eine entsprechende Regelung findet sich in § 2 Abs. 6 S. 1 Nr. 16 KWG.

Die Ausnahme nach Abs. 1 Nr. 14 wurde durch das Gesetz zur Novellierung des Finanzanlagenvermittler- und Vermögensanlagenrechts eingefügt. Grundlage war eine Beschlussempfehlung des Finanzausschusses.[11] Durch die Erweiterung der Ausnahmetatbestände um Abs. 1 Nr. 14 wird sichergestellt, dass einige Dienstleistungen, die im Rahmen der Emission, Platzierung und Verwaltung von Vermögensanlagen im Sinne des § 1 Abs. 2 des Vermögensanlagengesetzes typischerweise durch vom Anbieter oder Emittenten der Vermögensanlagen eingeschaltete Dritte wie etwa Treuhandgesellschaften oder Vertriebspartner erbracht werden, nicht zu einer Erlaubnispflicht als Kredit- oder Finanzdienstleistungsinstitut führen und vom Anwendungsbereich des WpHG nicht erfasst werden.[12]

---

5 BT-Drucks. 17/12294, S. 537.
6 BT-Drucks. 13/7142, S. 71 f, 103; vgl auch BT-Drucks. 16/4028, S. 91.
7 BT-Drucks. 13/7142, S. 71 f, 103; vgl auch BT-Drucks. 16/4028, S. 91.
8 BT-Drucks. 16/4028, S. 58.
9 BT-Drucks. 16/4028, S. 58.
10 BT-Drucks. 17/1720, S. 51.
11 BT-Drucks. 17/7453, S. 73.
12 BT-Drucks. 17/7453, S. 73.

B. Ausnahmen des Abs. 2

17 Abs. 2 setzt Art. 1 Nr. 2 der Wertpapierdienstleistungsrichtlinie um und wurde entsprechend den Vorgaben der MiFID erweitert und angepasst. Die Regelung entspricht § 2 Abs. 10 KWG. Unter die Ausnahme können Unternehmen fallen, die für Rechnung und unter Haftung eines zugelassenen Instituts allein nur die Anlage- oder Abschlussvermittlung, das Platzierungsgeschäft oder die Anlageberatung erbringen. Insoweit gleicht er eher einem Arbeitnehmer als einem selbstständig Tätigen. Die Tätigkeit des Unternehmens wird nach Abs. 2 S. 2 dem Wertpapierdienstleistungsunternehmen zugerechnet, für dessen Rechnung und unter dessen Haftung es die Wertpapierdienstleistung erbringt. Das haftungsübernehmende Institut ist insbesondere auch für die Einhaltung der Verhaltensregeln nach dem 6. Abschnitt durch den unter Haftung Tätigen verantwortlich und wird diesbezüglich beaufsichtigt. Daher besteht kein Bedürfnis, die Unternehmen, die die Voraussetzungen des Satzes 1 erfüllen, gesondert als Wertpapierdienstleistungsunternehmen anzusehen und zusätzlich den Verhaltensregeln zu unterwerfen.

18 **Für Rechnung** bedeutet, dass das Unternehmen rechtlich und wirtschaftlich für das haftende Institut oder Unternehmen handeln und im Rahmen dieser Vertragsbeziehung in dessen Vertriebsorganisation eingegliedert sein muss. Damit liegt zugleich ein Anwendungsfall der Auslagerung (Outsourcing) vor, da das Unternehmen nach Abs. 2 mit seiner Vermittlungstätigkeit wesentliche Hilfsfunktionen für die Wertpapierdienstleistungsgeschäfte des haftenden Instituts bzw wesentliche Teilakte seiner Wertpapierdienstleistungsgeschäfte durchführt. Daher müssen die entsprechenden Anforderungen an die Auslagerung beachtet werden (§ 25a KWG, § 33 Abs. 2 WpHG).

19 Zudem muss das Unternehmen unter Haftung eines zugelassenen Instituts tätig werden. Hierzu ist es notwendig, die Haftung der BaFin anzuzeigen. Die Möglichkeit einer **gesamtschuldnerischen Haftung** ist in der Wertpapierdienstleistungsrichtlinie (Art. 1 Nr. 2 Unterabs. 5) nicht erwähnt. Sie ist auch nur in Ausnahmefällen (zB konzernrechtlichen Verpflichtungen) vorstellbar. Betreibt das Unternehmen die Anlage- oder Abschlussvermittlung, das Platzierungsgeschäft oder die Anlageberatung hingegen für mehrere Wertpapierdienstleistungsunternehmen, die nicht gesamtschuldnerisch haften, ist es selbst erlaubnispflichtig. Gleiches gilt, sobald das Unternehmen neben der Anlage- oder Abschlussvermittlung, dem Platzierungsgeschäft oder der Anlageberatung weitere Wertpapierdienstleistungen erbringt.[13]

§ 2b Wahl des Herkunftsstaates

(1) ¹Ein Emittent im Sinne des § 2 Abs. 6 Nr. 3 Buchstabe a bis c kann die Bundesrepublik Deutschland als Herkunftsstaat wählen, wenn er nicht innerhalb der letzten drei Jahre einen anderen Staat als Herkunftsstaat gewählt hat. ²Die Wahl ist mindestens drei Jahre gültig, es sei denn, die Finanzinstrumente des Emittenten sind an keinem organisierten Markt in einem Mitgliedstaat der Europäischen Union oder in einem anderen Vertragsstaat des Abkommens über den Europäischen Wirtschaftsraum mehr zum Handel zugelassen. ³Der Emittent hat die Wahl zu veröffentlichen und unverzüglich dem Unternehmensregister gemäß § 8b des Handelsgesetzbuchs zur Speicherung zu übermitteln; er muss gleichzeitig mit der Veröffentlichung diese der Bundesanstalt mitteilen. ⁴Mit der Veröffentlichung wird die Wahl wirksam.

(1a) ¹Für einen Emittenten im Sinne des § 2 Absatz 6 Nummer 1 Buchstabe b kann die Bundesrepublik Deutschland entsprechend § 2 Nummer 13 Buchstabe c des Wertpapierprospektgesetzes als Herkunftsstaat gewählt werden, wenn nicht bereits aufgrund einer früheren Entscheidung des Emittenten ein anderer Staat als Herkunftsstaat bestimmt worden ist. ²Der Emittent hat die Wahl zu veröffentlichen und unverzüglich dem Unternehmensregister gemäß § 8b des Handelsgesetzbuchs zur Speicherung zu übermitteln; er muss gleichzeitig mit der Veröffentlichung diese der Bundesanstalt mitteilen. ³Mit der Veröffentlichung wird die Wahl wirksam.

(2) Das Bundesministerium der Finanzen kann durch Rechtsverordnung, die nicht der Zustimmung des Bundesrates bedarf, nähere Bestimmungen zur Veröffentlichung der Wahl des Herkunftsstaates nach Absatz 1 oder Absatz 1a treffen.

1 Die Regelung wurde durch das TUG eingeführt. Durch das Gesetz zur Umsetzung der Richtlinie 2010/73/EU und zur Änderung des Börsengesetzes wurde u.a. Abs. 1a eingefügt.[1]

---

13 BT-Drucks. 13/7142, S. 103.
1 Gesetz zur Umsetzung der Richtlinie 2004/109/EG der Europäischen Parlaments und des Rates v. 15. Dezember 2004 zur Harmonisierung der Transparenzanforderungen in Bezug auf Informationen über Emittenten, deren Wertpapiere zum Handel auf einem geregelten Markt zugelassen sind, und zur Änderung der Richtlinie 2001/34/EG (Transparenzrichtlinie-Umsetzungsgesetz – TUG) v. 5.1.2007, BGBl. I S. 10.

Die Wahl des Herkunftsstaates nach § 2 Abs. 6 Nr. 3 richtet sich nach Abs. 1. Die Wahl der Bundesrepublik Deutschland als Herkunftsstaat ist nur zulässig, wenn der Emittent nicht in den letzten drei Jahren einen anderen Mitgliedsstaat als Herkunftsstaat bestimmt hat, wodurch ebenfalls ausgeschlossen ist, dass der Emittent mit der Bundesrepublik Deutschland gleichzeitig einen weiteren Staat als Herkunftsstaat wählt.² Die Wahl der Bundesrepublik Deutschland als Herkunftsstaat wird veröffentlicht, wodurch sie wirksam wird. Sie gilt für mindestens drei Jahre. Durch diese Regelung wurde Art. 2 Abs. 1 Buchst. i Nr. ii) der Transparenzrichtlinie umgesetzt.³ Nunmehr ist die Wahl auch dem Unternehmensregister zu übermitteln. Außerdem ist ihre Veröffentlichung der BaFin mitzuteilen. Vorgaben zur Art der Veröffentlichung enthält § 25 iVm § 3 a WpAIV.

Abs. 1 a spiegelt das durch die Prospektrichtlinie geänderte Wahlrecht des § 2 Nr. 13 c WpPG wider.⁴ Nach § 2 Nr. 13 c WpPG kann der Herkunftsstaat nicht nur durch Wahl des Emittenten bestimmt werden, sondern auch durch Wahl des Anbieters oder des Zulassungsantragstellers. Da die Wahl nicht nur durch den Emittenten erfolgen kann, wie Abs. 1 voraussetzt, wurde Abs. 1 a eingefügt.⁵ Die Vorgaben nach § 25 iVm § 3 a WpAIV gelten unverändert fort und mussten nicht angepasst werden.⁶

Durch Abs. 2 wird das Bundesministerium der Finanzen zum Erlass einer Verordnung, die nähere Bestimmungen zur Veröffentlichung der Wahl des Herkunftsstaates trifft, ermächtigt. Von dieser Verordnungsermächtigung wurde Gebrauch gemacht und mit § 25 iVm § 3 a WpAIV eine entsprechende Regelung getroffen.

Abschnitt 2
Bundesanstalt für Finanzdienstleistungsaufsicht

§ 3 (aufgehoben)

Mit dem Finanzdienstleistungsaufsichtsgesetzes (FinDAG) wurde das frühere Bundesaufsichtsamt für den Wertpapierhandel (BAWe) am 1. Mai 2002 in die Bundesanstalt für Finanzdienstleistungsaufsicht (BaFin) integriert. §§ 1, 2, 5 und 6 FinDAG enthalten Regelungen über die Errichtung der BaFin, die Rechts- und Fachaufsicht sowie über Organe, Satzung und Leitung.

§ 4 Aufgaben und Befugnisse

(1) ¹Die Bundesanstalt für Finanzdienstleistungsaufsicht (Bundesanstalt) übt die Aufsicht nach den Vorschriften dieses Gesetzes aus. ²Sie hat im Rahmen der ihr zugewiesenen Aufgaben Missständen entgegenzuwirken, welche die ordnungsgemäße Durchführung des Handels mit Finanzinstrumenten oder von Wertpapierdienstleistungen oder Wertpapiernebendienstleistungen beeinträchtigen oder erhebliche Nachteile für den Finanzmarkt bewirken können. ³Sie kann Anordnungen treffen, die geeignet und erforderlich sind, diese Missstände zu beseitigen oder zu verhindern.

(2) ¹Die Bundesanstalt überwacht die Einhaltung der Verbote und Gebote dieses Gesetzes und kann Anordnungen treffen, die zu ihrer Durchsetzung geeignet und erforderlich sind. ²Sie kann den Handel mit einzelnen oder mehreren Finanzinstrumenten vorübergehend untersagen oder die Aussetzung des Handels in einzelnen oder mehreren Finanzinstrumenten an Märkten, an denen Finanzinstrumente gehandelt werden, anordnen, soweit dies zur Durchsetzung der Verbote und Gebote dieses Gesetzes oder zur Beseitigung oder Verhinderung von Missständen nach Absatz 1 geboten ist.

(3) ¹Die Bundesanstalt kann von jedermann Auskünfte, die Vorlage von Unterlagen und die Überlassung von Kopien verlangen sowie Personen laden und vernehmen, soweit dies auf Grund von Anhaltspunkten für die Überwachung der Einhaltung eines Verbots oder Gebots dieses Gesetzes erforderlich ist. ²Sie kann insbesondere die Angabe von Bestandsveränderungen in Finanzinstrumenten sowie Auskünfte über die Identität weiterer Personen, insbesondere der Auftraggeber und der aus Geschäften berechtigten oder verpflichteten Personen, verlangen. ³Gesetzliche Auskunfts- oder Aussageverweigerungsrechte sowie gesetzliche Verschwiegenheitspflichten bleiben unberührt.

---

2 BT-Drucks. 16/2498, S. 31.
3 BT-Drucks. 16/2498, S. 31.
4 BT-Drucks. 17/8684, S. 22.
5 Vgl BT-Drucks. 17/8684, S. 22.
6 BT-Drucks. 17/8684, S. 22.

(3 a) ¹Die Bundesanstalt kann von einem Wertpapierdienstleistungsunternehmen, das algorithmischen Handel im Sinne des § 33 Absatz 1 a Satz 1 betreibt, jederzeit Informationen über seinen algorithmischen Handel und die für diesen Handel eingesetzten Systeme anfordern, soweit dies auf Grund von Anhaltspunkten für die Überwachung der Einhaltung eines Verbots oder Gebots dieses Gesetzes erforderlich ist. ²Die Bundesanstalt kann insbesondere eine Beschreibung der algorithmischen Handelsstrategien, der Einzelheiten zu den Handelsparametern oder Handelsobergrenzen, denen das System unterliegt, der wichtigsten Verfahren zur Überprüfung der Risiken und Einhaltung der Vorgaben des § 33 sowie der Einzelheiten über seine Systemprüfung verlangen.

(4) ¹Während der üblichen Arbeitszeit ist Bediensteten der Bundesanstalt und den von ihr beauftragten Personen, soweit dies zur Wahrnehmung ihrer Aufgaben erforderlich ist, das Betreten der Grundstücke und Geschäftsräume der nach Absatz 3 auskunftspflichtigen Personen zu gestatten. ²Das Betreten außerhalb dieser Zeit oder wenn die Geschäftsräume sich in einer Wohnung befinden, ist ohne Einverständnis nur zulässig und insoweit zu dulden, wie dies zur Verhütung von dringenden Gefahren für die öffentliche Sicherheit und Ordnung erforderlich ist und bei der auskunftspflichtigen Person Anhaltspunkte für einen Verstoß gegen ein Verbot oder Gebot dieses Gesetzes vorliegen. ³Das Grundrecht des Artikels 13 des Grundgesetzes wird insoweit eingeschränkt.

(5) ¹Die Bundesanstalt hat Tatsachen, die den Verdacht einer Straftat nach § 38 begründen, der zuständigen Staatsanwaltschaft unverzüglich anzuzeigen. ²Sie kann die personenbezogenen Daten der Betroffenen, gegen die sich der Verdacht richtet oder die als Zeugen in Betracht kommen, der Staatsanwaltschaft übermitteln, soweit dies für Zwecke der Strafverfolgung erforderlich ist. ³Die Staatsanwaltschaft entscheidet über die Vornahme der erforderlichen Ermittlungsmaßnahmen, insbesondere über Durchsuchungen, nach den Vorschriften der Strafprozessordnung. ⁴Die Befugnisse der Bundesanstalt nach den Absätzen 2 bis 4 bleiben hiervon unberührt, soweit dies für die Vornahme von Verwaltungsmaßnahmen oder zur Erfüllung von Ersuchen ausländischer Stellen nach § 7 Abs. 2, Abs. 2 b Satz 1 oder Abs. 7 erforderlich ist und soweit eine Gefährdung des Untersuchungszwecks von Ermittlungen der Strafverfolgungsbehörden oder der für Strafsachen zuständigen Gerichte nicht zu besorgen ist.

(6) Die Bundesanstalt kann eine nach den Vorschriften dieses Gesetzes gebotene Veröffentlichung oder Mitteilung auf Kosten des Pflichtigen vornehmen, wenn die Veröffentlichungs- oder Mitteilungspflicht nicht, nicht richtig, nicht vollständig oder nicht in der vorgeschriebenen Weise erfüllt wird.

(7) Widerspruch und Anfechtungsklage gegen Maßnahmen nach den Absätzen 1 bis 4 und 6 haben keine aufschiebende Wirkung.

(8) Adressaten von Maßnahmen nach den Absätzen 2 bis 4, die von der Bundesanstalt wegen eines möglichen Verstoßes gegen ein Verbot nach § 14 oder nach § 20 a vorgenommen werden, dürfen andere Personen als staatliche Stellen und solche, die auf Grund ihres Berufs einer gesetzlichen Verschwiegenheitspflicht unterliegen, von diesen Maßnahmen oder von einem daraufhin eingeleiteten Ermittlungsverfahren nicht in Kenntnis setzen.

(9) ¹Der zur Erteilung einer Auskunft Verpflichtete kann die Auskunft auf solche Fragen verweigern, deren Beantwortung ihn selbst oder einen der in § 383 Abs. 1 Nr. 1 bis 3 der Zivilprozessordnung bezeichneten Angehörigen der Gefahr strafgerichtlicher Verfolgung oder eines Verfahrens nach dem Gesetz über Ordnungswidrigkeiten aussetzen würde. ²Der Verpflichtete ist über sein Recht zur Verweigerung der Auskunft zu belehren und darauf hinzuweisen, dass es ihm nach dem Gesetz freistehe, jederzeit, auch schon vor seiner Vernehmung, einen von ihm zu wählenden Verteidiger zu befragen.

(10) Die Bundesanstalt darf ihr mitgeteilte personenbezogene Daten nur zur Erfüllung ihrer aufsichtlichen Aufgaben und für Zwecke der internationalen Zusammenarbeit nach Maßgabe des § 7 speichern, verändern und nutzen.

(11) Die Bundesanstalt kann zur Erfüllung ihrer Aufgaben auch Wirtschaftsprüfer oder Sachverständige bei Ermittlungen oder Überprüfungen einsetzen.

Literatur:
Bürgers, Das Anlegerschutzverbesserungsgesetz, BKR 2004, 424; *Dreyling*, Die Umsetzung der Marktmissbrauchs-Richtlinie über Insider-Geschäfte und Marktmanipulation, Der Konzern 2005, 1; *Kobbach*, Regulierung des algorithmischen Handels durch das neue Hochfrequenzhandelsgesetz: Praktische Auswirkungen und offene Rechtsfragen, BKR 2013, 233; *Kuthe*, Änderungen des Kapitalmarktrechts durch das Anlegerschutzverbesserungsgesetz, ZIP 2004, 883; *Langenbucher*, Anlegerschutz – Ein Bericht zu theoretischen Prämissen und legislativen Instrumenten, ZHR 177 (2013), 679.

Die **Generalbefugnisnorm** wurde durch das Anlegerschutzverbesserungsgesetz eingeführt.[1] Dadurch wurden die Aufgaben und Befugnisse der Bundesanstalt in § 4 zusammengefasst, die zuvor unübersichtlich und lückenhaft als Einzelbefugnisse in den bisherigen §§ 4, 16, 18, 20 b, 29 und 35 geregelt waren.[2] Darüber hinaus wurden die Befugnisse der Bundesanstalt auf sämtliche Verbote und Gebote des Gesetzes erweitert, um die entsprechenden Vorgaben der Marktmissbrauchsrichtlinie sowie der damals bereits weit fortgeschrittenen weiteren europarechtlichen Rechtssetzungsvorhaben im Bereich der Überwachung von Wertpapierdienstleistungen und Transparenzpflichten, unter anderem der Überarbeitung der EU-Wertpapierdienstleistungsrichtlinie und der EU-Transparenzrichtlinie, zu berücksichtigen.[3]

Wie schon zuvor enthält **Abs. 1 S. 1** eine Aufgabenzuweisung an die BaFin. Die Aufsichtstätigkeit der BaFin bestimmt sich u.a. nach den Vorschriften dieses Gesetzes. Abs. 1 S. 2 enthält eine allgemeine Ermächtigung der BaFin zur **Missstandsaufsicht**, die neben die besonderen Eingriffsbefugnisse tritt. Die Norm wurde insofern angepasst, als sich die Aufsicht nunmehr auf den Handel mit allen Finanzinstrumenten iSv § 2 Abs. 2 b erstreckt. Auch bei der Missstandsaufsicht wird die BaFin im öffentlichen Interesse tätig (vgl § 4 Abs. 4 FinDAG). Vor der Gründung der BaFin war dieses ausdrücklich auch in § 4 verankert. Nunmehr sieht § 4 Abs. 4 FinDAG vor, dass die BaFin ihre Aufgaben nur im öffentlichen Interesse wahrnimmt.

Die BaFin kann im Rahmen der Missstandsaufsicht Anordnungen treffen, die geeignet und erforderlich sind, Missstände zu beseitigen oder zu verhindern. Hierbei braucht es sich nicht um bereits eingetretene Missstände zu handeln. Die BaFin kann auch drohenden Missständen entgegenwirken, wie sich bereits aus dem Wortlaut von Abs. 1 S. 3 („verhindern") ergibt.

Hinsichtlich der **Missstände** muss es sich nach Abs. 1 S. 1 um Verhaltensweisen oder Umstände handeln, die die ordnungsgemäße Durchführung des Handels mit Finanzinstrumenten oder von Wertpapierdienstleistungen oder Wertpapiernebendienstleistungen beeinträchtigen. Es kann sich aber auch um Sachverhalte handeln, in denen erhebliche Nachteile für den Finanzmarkt drohen. Der Begriff des Finanzmarktes ist dabei nicht in seiner umfassenden politischen Bedeutung zu verstehen, sondern enger, nämlich als ein Markt, auf dem Finanzinstrumente gehandelt werden.[4]

Ein Missstand iSv Abs. 1 S. 2 ist nach der höchstrichterlichen Rechtsprechung des BVerwG stets gegeben bei einem Verstoß gegen zwingende gesetzliche Vorgaben des WpHG für die betroffene Tätigkeit.[5] Offen gelassen wurde in den bisherigen Urteilen die Frage, ob ein Missstand auch bei Verstößen gegen andere Rechtsvorschriften gegeben ist. Dies ist bei Regelungen, die dem Verbraucherschutz dienen, zu bejahen. Denn die Missachtung dieser Regelungen ist zugleich ein Verstoß gegen die Allgemeinen Verhaltensregeln iSv § 31. Jedenfalls wird ein Missstand vorliegen, wenn ein Verstoß gegen die zwingenden Vorschriften einer auf Grundlage des WpHG erlassenen Verordnung vorliegt. Der Gesetzgeber ist sogar davon ausgegangen, dass die Vermutung eines Missstandes bereits dann vorliegt, wenn gegen eine von der BaFin erlassene Richtlinie verstoßen wird. Denn in diesen Fällen besteht die Vermutung, dass die betreffende Verhaltensregel verletzt wurde und damit ein Missstand im Sinne des WpHG vorliegt.[6]

Im Zuge der Finanzkrise hat die BaFin ungedeckte **Leerverkäufe** von Aktien von elf Finanzunternehmen untersagt, um der Gefährdung der Stabilität des Finanzsystems in Deutschland aufgrund der weltweiten Finanzkrise zu begegnen. Die Leerverkaufsverbote[7] hat die BaFin auf Abs. 1 gestützt. Nunmehr sind die EU-Leerverkaufsverordnung sowie das EU-Leerverkaufs-Ausführungsgesetz in Kraft getreten. Letzteres hat zu zahlreichen Änderungen der zwischenzeitlich geltenden Regelungen des WpHG betreffend Leerverkaufspositionen (bspw Mitteilungspflichten) geführt.

Abs. 2 S. 1 gibt der Bundesanstalt über die Befugnisse nach Abs. 1 hinaus die Möglichkeit, alle Anordnungen zu treffen, die zur Durchsetzung der Vorschriften des Wertpapierhandelsgesetzes erforderlich sind, ohne dass im Einzelfall etwa die ordnungsgemäße Durchführung des Handels mit Finanzinstrumenten insgesamt bedroht sein müsste.[8] Die Regelung setzt Art. 12 Abs. 1 S. 1 und Abs. 2 Buchst. e der Marktmissbrauchsrichtlinie um und berücksichtigt zugleich die nach den Entwürfen zur EU-Transparenzrichtlinie und zur Überarbeitung der EU-Wertpapierdienstleistungsrichtlinie vorgesehene Schaffung einer zentralen Befugnisnorm zur Überwachung der Wohlverhaltens- und Zulassungsfolgepflichten.[9]

Zu den Anordnungen, die die Bundesanstalt vornehmen kann, gehört nach Abs. 2 S. 2 insbesondere die Befugnis, den **Handel** mit einzelnen oder mehreren Finanzinstrumenten vorübergehend zu **untersagen** oder die

---

1 Mit Art. 1 des Anlegerschutzverbesserungsgesetzes v. 28.10.2004.
2 BT-Drucks. 15/3174, S. 29.
3 BT-Drucks. 15/3174, S. 29.
4 BT-Drucks. 15/3174, S. 29.
5 Vgl BVerwG v. 13.4.2005, WM 2005, 1655; auch BVerwG v. 24.4.2004, WM 2002, 1919.
6 BT-Drucks. 12/7918, S. 106.
7 Erstmals angeordnet mit Verfügung v. 19./21.9.2008. Die Anordnung war befristet bis zum 31.12.2008. Sie wurde mit der Verfügung v. 17.12.2008 bis zum 31.3.2009 verlängert. Aufgrund der Verfügung v. 30.3.2009 wurde sie erneut bis zum 31.5.2010 und mit Verfügung v. 29.5.2009 bis zum 31.1.2010 verlängert. Die Allgemeinverfügung ist mit Ablauf des 31.1.2010 ausgelaufen.
8 BT-Drucks. 15/3174, S. 29 f.
9 BT-Drucks. 15/3174, S. 29.

Aussetzung des Handels in einzelnen oder mehreren Finanzinstrumenten an Märkten, an denen Finanzinstrumente gehandelt werden, anzuordnen, soweit dies erforderlich ist, um die Durchsetzung von Ge- oder Verboten des WpHG zu erreichen oder um Missstände nach § 4 Abs. 1 zu beseitigen oder zu verhindern. Art. 12 Abs. 2 Buchst. f der Marktmissbrauchsrichtlinie verlangt nicht nur die zeitweilige Aussetzung des Handels an der Börse, sondern jeglicher auch außerbörslicher und privater Transaktionen mit den betroffenen Finanzinstrumenten. Da das zeitweilige Aussetzen oder Untersagen des Handels einen erheblichen Eingriff in die Rechtspositionen der betroffenen Marktteilnehmer darstellt, kann dieses Mittel aus Verhältnismäßigkeitsgründen regelmäßig nur in Ausnahmefällen und als *ultima ratio* eingesetzt werden.[10]

8 Die Regelung enthält zugleich die Befugnis, gegenüber der Börsengeschäftsführung anzuordnen, dass der Handel in einem oder mehreren Finanzinstrumenten vorübergehend auszusetzen ist.[11] Die diesbezügliche Kompetenz der Bundesanstalt lässt die weiter gehende Befugnis der Börsengeschäftsführung nach § 3 Abs. 5 Nr. 1 des BörsG, den Handel auszusetzen, unberührt. Es handelt sich hierbei um keine Verlagerung von Kompetenzen der Börsengeschäftsführung auf die Bundesanstalt, sondern um eine aus wertpapieraufsichtsrechtlichen Gründen gesondert und parallel zu den Befugnissen der Börsengeschäftsführung bestehende Aufsichtskompetenz.[12] Ebenfalls unberührt bleibt die Spezialvorschrift des § 98 Abs. 3 KAGB.[13]

9 **Abs. 3** enthält die Berechtigung der BaFin, **Auskunft und Vorlage von Unterlagen** zu verlangen und **Personen zu laden**. Vor Inkrafttreten des Anlegerschutzverbesserungsgesetzes[14] existierten mehrere einzelne Befugnisnormen in unterschiedlichen Abschnitten des WpHG, die entsprechende Auskunfts- und Vorlageersuchen ermöglichen. Die jetzige Vorschrift bündelt diese bisherigen Einzelvorschriften. Sie setzt Art. 12 Abs. 2 Buchst. a, b und d der Marktmissbrauchsrichtlinie um.[15] Während früher der Kreis der Verpflichteten vor Inkrafttreten der Regelung häufig begrenzt war, beispielsweise auf Emittenten, kann die BaFin nunmehr von jedermann ein entsprechendes Handeln verlangen. Die BaFin hat die Befugnis,

- die erforderlichen Auskünfte einzufordern,
- in eigener Verantwortung Personen vorzuladen und zu vernehmen,
- jegliche Unterlagen einzusehen und
- zu verlangen, dass ihr kostenlos Kopien zur Verfügung gestellt werden.

Begrenzt wird die Befugnis durch den Grundsatz der Verhältnismäßigkeit. Die Maßnahme muss erforderlich sein und es müssen Anhaltspunkte für einen Verstoß gegen ein Gebot oder Verbot des Gesetzes vorliegen.
Bei einem Auskunftsersuchen muss über das Auskunftsverweigerungsrecht belehrt werden (s. Abs. 9). Nicht in jedem Fall ist ein Auskunftsersuchen durch die Vorlage von Unterlagen erfüllt. Auskunftspflicht heißt, dass der Auskunftspflichtige die notwendigen Tatsachen und Umstände aus eigener Kenntnis mit eigener Versicherung der Richtigkeit zu erteilen hat.[16]

9a **Abs. 3 a** wurde durch das Hochfrequenzhandelsgesetz eingefügt. Die Vorschrift schafft ein spezielles Auskunftsrecht, um der BaFin eine bessere Überwachung der Unternehmen, die algorithmischen Handel betreiben, zu ermöglichen.[17] Die Vorschrift ist an Art. 17 Abs. 2 des Kommissionsvorschlags für die MiFID II angelehnt.[18] Sie schafft keine regelmäßigen Berichtspflichten, sondern kann bedarfsgerecht bei Vorliegen der im Gesetz genannten Voraussetzungen ausgeübt werden.[19]

10 Unterlagen können nicht nur Schriftstücke, sondern auch vorhandene elektronische Aufzeichnungen und Verbindungsdaten, etwa von Telefongesprächen und Datenübermittlungen sein.[20] Die Pflicht zur Vorlage von Unterlagen bezieht sich nicht nur auf Unterlagen, die dem Pflichtigen vorliegen; die BaFin kann im Rahmen der Verhältnismäßigkeit auch verlangen, dass sich der Pflichtige Unterlagen besorgt.[21] Unberührt von der Vorschrift bleiben gesetzliche Auskunfts- und Aussageverweigerungsrechte, wie etwa dasjenige des Beschuldigten nach § 55 StPO, und Verschwiegenheitspflichten wie diejenigen eines Rechtsanwalts nach § 43a Abs. 2 der BRAO oder des Abschlussprüfers nach § 323 Abs. 1 HGB.[22]

11 **Abs. 4** trifft eine Regelung zum **Betretungsrecht**. Dieses war früher in § 16 Abs. 3, § 20b Abs. 3 und § 35 Abs. 1 aF geregelt.[23] Der Bundesanstalt wird durch diese Befugnis die Ermittlung vor Ort ermöglicht, indem ihren Bediensteten das Betreten sowohl von Geschäfts- als auch Wohnräumen unter bestimmten Vor-

---

10 BT-Drucks. 15/3174, S. 30.
11 BT-Drucks. 15/3174, S. 30.
12 BT-Drucks. 15/3174, S. 30.
13 Vgl (noch zu § 37 Abs. 3 InvG) BT-Drucks. 15/3174, S. 30.
14 Gesetz zur Verbesserung des Anlegerschutzes (Anlegerschutzverbesserungsgesetz – AnSVG) v. 28.10.2004, BGBl. I 2004, 2630.
15 BT-Drucks. 15/3174, S. 30.
16 VG Frankfurt v. 13.12.2002 – 9 G 4698/02.
17 BT-Drucks. 17/11631, S. 18.
18 BT-Drucks. 17/11631, S. 18.
19 BT-Drucks. 17/11631, S. 18.
20 BT-Drucks. 15/3174, S. 30.
21 So VG Frankfurt v. 22.12.2008 – 1 K 862/08(V) und VG Frankfurt v. 23.5.2006 – 1 G 1042/06(3).
22 BT-Drucks. 15/3174, S. 30.
23 Abs. 4 übernimmt die bisherigen Regelungen und setzt zugleich Artikel 12 Abs. 2 Buchstabe c der Marktmissbrauchsrichtlinie um, BT-Drucks. 15/3174, S. 30.

aussetzungen gestattet wird.[24] Soweit es sich hierbei auch um Wohnräume handelt, enthält S. 3 hierbei den verfassungsrechtlich notwendigen Hinweis auf die Einschränkung des Grundrechts aus Art. 13 GG.[25]

Die Vorschrift über die **Weitergabe von personenbezogenen Daten** in **Abs. 5** ersetzt die früheren §§ 18, 20 b Abs. 6.[26] Die BaFin hat Tatsachen, die den Verdacht einer Straftat nach § 38 begründen, der zuständigen Staatsanwaltschaft unverzüglich anzuzeigen. Hierbei kann sie die personenbezogenen Daten der Betroffenen, gegen die sich der Verdacht richtet oder die als Zeugen in Betracht kommen, der Staatsanwaltschaft übermitteln, soweit dies für Zwecke der Strafverfolgung erforderlich ist. Mit der Anzeige enden die originären Ermittlungsbefugnisse der Bundesanstalt, wodurch eine Abgrenzung zur Zuständigkeit der Staatsanwaltschaft als Herrin des Verfahrens geschaffen wird.[27] Die Staatsanwaltschaft entscheidet dann über die Vornahme der erforderlichen Ermittlungsmaßnahmen. Dies können neben Durchsuchungen alle Maßnahmen nach den Vorschriften der Strafprozessordnung sein. Die Anzeigepflicht der Bundesanstalt korreliert mit der Hinweispflicht der Staatsanwaltschaft nach § 40 a im Hinblick auf die Einleitung eines Ermittlungsverfahrens.

Aufgrund der unabhängig von strafrechtlichen Ermittlungskompetenzen der Staatsanwaltschaft weiterhin bestehenden Zuständigkeit der BaFin für Verwaltungsmaßnahmen nach § 4 Abs. 1 und 2 und den ihr obliegenden Auskunftspflichten nach § 7 gegenüber ausländischen Stellen bleiben die diesbezüglichen Befugnisse der Bundesanstalt bestehen; S. 4 hat insoweit eine rein klarstellende Funktion.[28]

Abs. 6 normiert ein **Veröffentlichungsrecht** der BaFin. Die Vorschrift setzt Art. 6 Abs. 7 der Marktmissbrauchsrichtlinie um und führt den früheren § 29 Abs. 3 fort.[29] Die BaFin hat die Befugnis, auf Kosten von veröffentlichungs- oder mitteilungspflichtigen Personen selbst die für den Finanzmarkt erforderliche Transparenz herzustellen.[30] Das ist dann möglich, wenn eine gesetzliche Veröffentlichungs- oder Mitteilungspflicht nach dem WpHG von dem Pflichtigen nicht, nicht richtig, nicht vollständig oder nicht in der vorgeschriebenen Weise erfüllt wird. Voraussetzung ist zudem, dass die BaFin hinreichende Kenntnis von den hierfür erforderlichen Informationen hat. Durch das Veröffentlichungsrecht kann ggf im Vergleich zu dem Verfahren nach dem Verwaltungsvollstreckungsgesetz eine deutlich schnellere Information des Marktes erreicht werden.[31]

Gemäß **Abs. 7** haben **Widerspruch** und **Anfechtungsklage** gegen Maßnahmen der Missstandsaufsicht, einem Auskunfts- und Vorlageersuchen, die Geltendmachung des Betretungsrechts und die Veröffentlichung auf Kosten des Verpflichteten durch die BaFin keine aufschiebende Wirkung. Entsprechend muss auch bei Einlegung eines Widerspruchs gegen eine der genannten Maßnahmen der Aufforderung der BaFin Folge geleistet werden. Es besteht aber die Möglichkeit, einen Aussetzungsantrag bei der Behörde nach § 80 Abs. 4 VwGO oder einen Antrag auf Wiederherstellung der aufschiebenden Wirkung bei dem zuständigen Gericht nach § 80 Abs. 5 VwGO zu stellen. Zuständiges Gericht ist gemäß § 1 FinDAG das Verwaltungsgericht Frankfurt am Main. Die Vorschrift in Abs. 7 ersetzt die früheren §§ 16 Abs. 7, § 20 b Abs. 4.[32]

Abs. 8 normiert ein gesetzliches **Schweigegebot** des Adressaten von Ermittlungsmaßnahmen, das früher in § 16 Abs. 8, § 20 b Abs. 5 geregelt war (vgl auch § 12 Geldwäschegesetz).[33] Das Schweigegebot erfasst alle Adressaten von Ermittlungsmaßnahmen nach den Absätzen 2 bis 4, soweit wegen eines möglichen Verstoßes gegen ein Verbot des § 14 oder 20 a vorgegangen wird. Das heißt, es handelt sich zB um Maßnahmen zur Durchsetzung eines solchen Verbots, um Auskunfts- und Vorlageersuchen oder Vernehmungen von Personen. Hierdurch soll vermieden werden, dass die Sachverhaltsaufklärung durch die BaFin erschwert wird, weil die Betroffenen von bevorstehenden Ermittlungen vorzeitig erfahren und ggf Verdunkelungshandlungen vornehmen oder sich untereinander abstimmen. Der reguläre Informationsfluss innerhalb eines von einer Maßnahme betroffenen Unternehmens, wie etwa die Benachrichtigung einer „Compliance-Stelle", wird von der Vorschrift nicht umfasst, sofern das Unternehmen selbst der Adressat der Maßnahme ist.[34] Ausgenommen von der Schweigepflicht ist die Informationsweitergabe an berufliche Geheimnisträger wie Rechtsanwälte oder Wirtschaftsprüfer, um den Adressaten unter anderem die Ausübung seiner verfassungsrechtlich verankerten Rechte, wie etwa der Hinzuziehung eines Verteidigers (§ 137 StPO) zu ermöglichen.[35]

Abs. 9 verpflichtet die Bundesanstalt zur **Belehrung über das Recht zur Auskunftsverweigerung**. Die Vorschrift ersetzt den früheren § 16 Abs. 6, der über Verweisungen nicht nur im Bereich der Insiderüberwachung sondern auch bei entsprechenden Ersuchen zB im Bereich der Marktmanipulation oder Ad-hoc-Pu-

---

24 BT-Drucks. 15/3174, S. 30.
25 BT-Drucks. 15/3174, S. 30.
26 BT-Drucks. 15/3174, S. 30.
27 BT-Drucks. 15/3174, S. 30.
28 BT-Drucks. 15/3174, S. 30.
29 BT-Drucks. 15/3174, S. 30.
30 BT-Drucks. 15/3174, S. 30.
31 BT-Drucks. 15/3174, S. 30.
32 BT-Drucks. 15/3174, S. 31.
33 BT-Drucks. 15/3174, S. 31.
34 BT-Drucks. 15/3174, S. 31.
35 BT-Drucks. 15/3174, S. 31.

blizität Anwendung fand.[36] Der Auskunftsverpflichtete kann hiernach Auskunft auf solche Fragen verweigern, deren Beantwortung ihn selbst oder einen in § 383 Abs. 1 Nr. 1 bis 3 ZPO aufgezählten Angehörigen der Gefahr strafgerichtlicher Verfolgung oder eines Ordnungswidrigkeitenverfahrens aussetzen würde. Diese bisherige Belehrungspflicht im Verwaltungsverfahren wird nun ergänzt um die Belehrung im Hinblick auf die Freiheit des Beschuldigten, einen Rechtsanwalt hinzuzuziehen (vgl § 136 Abs. 1 StPO).[37] Der Anwendungsbereich der Norm bezieht sich entsprechend ihrem Wortlaut nur auf Auskunftsersuchen, nicht auch auf Vorlageersuchen.[38]

18 Abs. 10 ersetzt § 17 aF und regelt die Verwendung personenbezogener Daten.[39] Die BaFin darf die ihr mitgeteilten personenbezogenen Daten speichern, verändern und nutzen, soweit sie diese zur Erfüllung ihrer aufsichtlichen Aufgaben und für Zwecke der internationalen Zusammenarbeit nach Maßgabe des § 7 benötigt. Eine Beschränkung der Nutzung der Daten auf nur bestimmte Aufsichtsaufgaben besteht nicht. Im Umkehrschluss ergibt sich aus dieser Regelung, dass personenbezogene Daten dann nicht mehr gespeichert werden dürfen und somit zu löschen sind, wenn und soweit die Voraussetzungen nach Abs. 3 nicht mehr gegeben sind, weil die Erforderlichkeit entfallen ist.[40]

19 Abs. 11 wurde durch das FRUG eingeführt, wodurch Art. 50 Abs. 2 Buchst. m MiFID umgesetzt wurde.[41] Danach kann sich die BaFin bei Ermittlungen oder Überprüfungen auch Wirtschaftsprüfern oder Sachverständigen bedienen. Diese Regelung ist gegenüber § 4 Abs. 3 FinDAG, wonach sich die Bundesanstalt bei der Durchführung ihrer Aufgaben anderer Personen und Einrichtungen bedienen kann, spezieller und neben dieser ergänzend anzuwenden.[42]

§ 4a Befugnisse zur Sicherung des Finanzsystems

(1) ¹Die Bundesanstalt kann im Benehmen mit der Deutschen Bundesbank Anordnungen treffen, die geeignet und erforderlich sind, Missstände, die Nachteile für die Stabilität der Finanzmärkte bewirken oder das Vertrauen in die Funktionsfähigkeit der Finanzmärkte erschüttern können, zu beseitigen oder zu verhindern. ²Insbesondere kann die Bundesanstalt vorübergehend:

1. den Handel mit einzelnen oder mehreren Finanzinstrumenten untersagen, insbesondere
   a) (aufgehoben)
   b) ein Verbot des Erwerbs von Rechten aus Währungsderivaten im Sinne des § 2 Absatz 2 Nummer 1 Buchstabe b, d oder e anordnen, deren Wert sich unmittelbar oder mittelbar vom Devisenpreis des Euro ableitet, soweit zu erwarten ist, dass der Marktwert dieser Rechte bei einem Kursrückgang des Euro steigt, und der Erwerb der Rechte nicht der Absicherung eigener bestehender oder erwarteter Währungsrisiken dienen,[1] wobei das Verbot auch auf den rechtsgeschäftlichen Eintritt in solche Geschäfte erstreckt werden kann, oder
2. die Aussetzung des Handels in einzelnen oder mehreren Finanzinstrumenten an Märkten, an denen Finanzinstrumente gehandelt werden, anordnen.

(2) ¹Die Bundesanstalt kann anordnen, dass Personen, die Geschäfte in Finanzinstrumenten tätigen, ihre Positionen in diesen Finanzinstrumenten veröffentlichen und gleichzeitig der Bundesanstalt mitteilen müssen. ²Die Bundesanstalt kann Mitteilungen nach Satz 1 auf ihrer Internetseite öffentlich bekannt machen.

(3) § 4 Absatz 3, 4, 6, 9 und 10 ist entsprechend anzuwenden.

(4) ¹Maßnahmen nach den Absätzen 1 bis 3 sind auf höchstens zwölf Monate zu befristen. ²Eine Verlängerung über diesen Zeitraum hinaus um bis zu zwölf weitere Monate ist zulässig. ³In diesem Falle legt das Bundesministerium der Finanzen dem Deutschen Bundestag innerhalb eines Monats nach erfolgter Verlängerung einen Bericht vor. ⁴Widerspruch und Anfechtungsklage gegen Maßnahmen nach den Absätzen 1 bis 3 haben keine aufschiebende Wirkung.

Literatur:
Hopt, Auf dem Weg zu einer neuen europäischen und internationalen Finanzmarktarchitektur, NZG 2009, 1401; *Hopt/Wohlmannstetter*, Corporate Governance von Banken, 2011; *Walla*, Die Europäische Wertpapier- und Marktaufsichtsbehörde (ESMA)

---

36 BT-Drucks. 15/3174, S. 31.
37 BT-Drucks. 15/3174, S. 31.
38 Vgl VG Frankfurt v. 22.11.2004; VG Berlin v. 12.6.1978 zu § 44 KWG in: Beckmann/Bauer, Bankenaufsichtsrecht Entscheidungssammlung, § 44 Nr. 19 S. 32 (3.).
39 BT-Drucks. 15/3174, S. 31.
40 BT-Drucks. 15/3174, S. 31.
41 BT-Drucks. 16/4028, S. 23.
42 *Döhmel/Vogel* in: Assmann/Schneider, § 4 Rn 64.
1 Richtig wohl: „dient".

als Akteur bei der Regulierung der Kapitalmärkte Europas, BKR 2012, 265; *Wymeersch*, Das neue europäische Finanzmarktregulierungs- und Aufsichtssystem, ZGR 2011, 443.

Die Vorschrift wurde vor dem Hintergrund der Finanzkrise durch das Gesetz zur Vorbeugung gegen missbräuchliche Wertpapier- und Derivategeschäfte eingefügt. § 4a ermächtigt die BaFin, Anordnungen zu treffen, um das Finanzsystem zu sichern. Die Vorschrift ergänzt § 4, um über dessen Anwendungsbereich zugunsten der Stabilität der Finanzmärkte und des Vertrauens in die Funktionsfähigkeit der Finanzmärkte Maßnahmen ergreifen zu können.[2] Die Ergänzung der Eingriffsmöglichkeiten des § 4 durch Befugnisse nach § 4a wurde vom Gesetzgeber für notwendig erachtet.[3]

Nach **Abs. 1** ist die BaFin befugt, in Absprache mit der Deutschen Bundesbank Anordnungen zu treffen, die geeignet und erforderlich sind, Missstände zu beseitigen oder zu verhindern, die Nachteile für die Stabilität der Finanzmärkte bewirken oder das Vertrauen in die Funktionsfähigkeit der Finanzmärkte erschüttern können. Aufgrund der Eingriffsschwelle kann von den Befugnissen nur in Ausnahmefällen Gebrauch gemacht werden. S. 2 nennt exemplarisch die Möglichkeit, den Handel in Finanzinstrumenten vorübergehend zu untersagen oder den Handel an Märkten, an denen solche Finanzinstrumente gehandelt werden, vorübergehend auszusetzen. Lit. a wurde durch das EU-Leerverkaufsausführungsgesetz gestrichen, da die EU-Leerverkaufsverordnung abweichende Regelungen zu den Voraussetzungen für Verbote zuständiger Behörden trifft.[4] Die Vorschrift betraf Derivate, die wirtschaftlich einem ungedeckten Leerverkauf entsprechen.[5] Regelungen mit geringfügig abweichenden Tatbestandsvoraussetzungen sind nun in Artt. 20 sowie 24 bis 26 der EU-Leerverkaufsverordnung enthalten.[6] Die BaFin kann auch dann eingreifen, wenn die Geschäfte in Finanzinstrumenten an sich keinen Verstoß gegen Ge- oder Verbote des WpHG darstellen.[7] Es muss allerdings zu befürchten sein, dass die Geschäfte die Kernfunktion der Märkte gefährden (wie zB die geregelte Kapitalallokation der Marktteilnehmer), systemische Risiken für die gesamten Finanzmärkte darstellen oder das Vertrauen in die Funktionsfähigkeit der Kapitalmärkte erschüttern.[8] Die BaFin kann Anordnungen auch dann treffen, wenn die Nachrichtenlage nicht einheitlich ist, um erst einmal Ruhe in die Märkte zu bringen, so dass eine Marktstörung oder ein Marktversagen präventiv abgewendet werden können.[9]

Als milderes Mittel oder zusätzlich zu Abs. 1 kann die BaFin nach **Abs. 2 S. 1** eine Veröffentlichungs- und/oder Mitteilungspflicht von Positionen in Finanzinstrumenten anordnen.[10] Im Rahmen der Ermessensausübung kann die BaFin auch anordnen, dass nur solche Positionen veröffentlicht oder gemeldet werden müssen, die bestimmte Schwellenwerte überschreiten. Die Bundesanstalt wird in der Regel in der Lage sein, anhand der Informationen, die sie aufgrund der Veröffentlichungs- und/oder Meldepflicht erhält, die Gefahren für die Stabilität der Finanzmärkte einzuschätzen. Die anderen Marktteilnehmer werden durch eine Veröffentlichungspflicht in die Lage versetzt, das Marktgeschehen besser zu überblicken.[11]

Um Sachverhalte weiter aufklären zu können, stehen der BaFin gemäß **Abs. 3** für die nach § 4a zugewiesenen Aufgaben die Befugnisse des § 4 Abs. 3, 4, 6, 9 und 10 entsprechend zur Verfügung.

Da es sich nach § 4a um Maßnahmen handelt, die nur in Ausnahmesituationen ergriffen werden dürfen, sind Anordnungen nach den Abs. 1 bis 3 gemäß **Abs. 4** zu befristen. Die Anordnungen dürfen zunächst für maximal zwölf Monate erfolgen. Eine Verlängerung um weitere zwölf Monate ist zulässig. Dann muss allerdings das Bundesministerium der Finanzen dem Deutschen Bundestag innerhalb eines Monats nach erfolgter Verlängerung einen Bericht vorlegen.[12]

Abs. 4 S. 3 regelt, dass Widerspruch und Anfechtungsklage keine aufschiebende Wirkung haben, da es sich bei den Anordnungen zur Abwendung der in Abs. 1 genannten Gefahren um äußerst eilbedürftige Maßnahmen handelt.

§ 5 Wertpapierrat

(1) [1]Bei der Bundesanstalt wird ein Wertpapierrat gebildet. [2]Er besteht aus Vertretern der Länder. [3]Die Mitgliedschaft ist nicht personengebunden. [4]Jedes Land entsendet einen Vertreter. [5]An den Sitzungen können Vertreter der Bundesministerien der Finanzen, der Justiz und für Wirtschaft und Technologie sowie der Deutschen Bundesbank teilnehmen. [6]Der Wertpapierrat kann Sachverständige insbesondere aus dem Be-

---

2   BT-Drucks. 17/1952, S. 8.
3   BT-Drucks. 17/1952, S. 8.
4   BT-Drucks. 17/10854, S. 5.
5   BT-Drucks. 168/12, S. 7.
6   BT-Drucks. 168/12, S. 7.
7   BT-Drucks. 17/1952, S. 8.
8   BT-Drucks. 17/1952, S. 8.
9   BT-Drucks. 17/1952, S. 8.
10 BT-Drucks. 17/1952, S. 8.
11 BT-Drucks. 17/1952, S. 8.
12 BT-Drucks. 17/1952, S. 8.

reich der Börsen, der Marktteilnehmer, der Wirtschaft und der Wissenschaft anhören. ⁷Der Wertpapierrat gibt sich eine Geschäftsordnung.

(2) ¹Der Wertpapierrat wirkt bei der Aufsicht mit. ²Er berät die Bundesanstalt, insbesondere
1. bei dem Erlass von Rechtsverordnungen und der Aufstellung von Richtlinien für die Aufsichtstätigkeit der Bundesanstalt,
2. hinsichtlich der Auswirkungen von Aufsichtsfragen auf die Börsen- und Marktstrukturen sowie den Wettbewerb im Handel mit Finanzinstrumenten,
3. bei der Abgrenzung von Zuständigkeiten zwischen der Bundesanstalt und den Börsenaufsichtsbehörden sowie bei Fragen der Zusammenarbeit.

³Der Wertpapierrat kann bei der Bundesanstalt Vorschläge zur allgemeinen Weiterentwicklung der Aufsichtspraxis einbringen. ⁴Die Bundesanstalt berichtet dem Wertpapierrat mindestens einmal jährlich über die Aufsichtstätigkeit, die Weiterentwicklung der Aufsichtspraxis sowie über die internationale Zusammenarbeit.

(3) ¹Der Wertpapierrat wird mindestens einmal jährlich vom Präsidenten der Bundesanstalt einberufen. ²Er ist ferner auf Verlangen von einem Drittel seiner Mitglieder einzuberufen. ³Jedes Mitglied hat das Recht, Beratungsvorschläge einzubringen.

1 Die Einrichtung eines **Wertpapierrates** trägt den historisch gewachsenen Zuständigkeiten der Länder im Bereich der Börsenaufsicht Rechnung.[1] Die Erfahrung und der Sachverstand der Länder sollen institutionalisiert für die Wertpapieraufsicht auf Bundesebene nutzbar gemacht werden.[2] Insbesondere im Bereich der Insiderüberwachung besteht ein enger sachlicher Zusammenhang mit der traditionellen Aufsichtstätigkeit der Länder über ihre Wertpapierbörsen, so dass deren Erfahrungen sowie bei der Aufsichtstätigkeit gewonnene Erkenntnisse auch für die Tätigkeit der Bundesanstalt nutzbar gemacht werden sollen.[3] Weitere die BaFin beratende Gremien sind der Fachbeirat (§ 8 FinDAG), der Verbraucherbeirat (§ 8a FinDAG), der Versicherungsbeirat (§ 92 VAG) sowie der Übernahmebeirat (§ 5 WpÜG).

2 Der Wertpapierrat hat lediglich beratende Funktion. Eine weitergehende Mitwirkung bei der Aufsicht würde eine mit Art. 87 Abs. 3 GG nicht zu vereinbarende Mischverwaltung darstellen.[4] Der Beratungskatalog ist nicht abschließend.[5] Der Wertpapierrat besteht aus Vertretern aller 16 Bundesländer. Es sind auch Nicht-Börsenländer im Wertpapierrat vertreten, da die Aufsichtstätigkeit nicht nur an börsliche Wertpapiergeschäfte anknüpft und somit auch die Länder berührt, in denen nur außerbörsliche Wertpapierdienstleistungen angeboten und durchgeführt werden. So erstrecken sich insbesondere präventive Maßnahmen und Ermittlungen in Insiderangelegenheiten oder die Überwachung der Einhaltung von Melde- und Informationspflichten von bedeutenden Beteiligungen auch auf Nicht-Börsenländer.[6] Außerdem ist die Repräsentation aller Bundesländer sinnvoll, da die BaFin die Bundesrepublik Deutschland international auch auf Gebieten vertritt, für die im nationalen Bereich die Länder zuständig sind.[7] An den Sitzungen des Wertpapierrates können Vertreter des der Bundesanstalt übergeordneten Bundesministeriums der Finanzen sowie Vertreter der Bundesministerien der Justiz, für Wirtschaft und Technologie und der Deutschen Bundesbank als Gäste teilnehmen. Bei Bedarf kann der Wertpapierrat Sachverständige insbesondere aus dem Bereich der Börsen sowie Marktteilnehmer, Wirtschaft und Wissenschaft heranziehen.

3 Die BaFin muss den Wertpapierrat mindestens einmal jährlich einberufen. Auf Verlangen eines Drittels seiner Mitglieder kann der Wertpapierrat zu weiteren Sitzungen einberufen werden. Die Mitglieder können Beratungsvorschläge einbringen und auf diese Weise zur Weiterentwicklung der Aufsichtspraxis beitragen. Die BaFin muss mindestens einmal jährlich aus dem Bereich der Wertpapieraufsicht über die Aufsichtstätigkeit, die Weiterentwicklung der Aufsichtspraxis sowie über die internationale Zusammenarbeit berichten.

§ 6 Zusammenarbeit mit anderen Behörden im Inland

(1) ¹Die Börsenaufsichtsbehörden werden im Wege der Organleihe für die Bundesanstalt bei der Durchführung von eilbedürftigen Maßnahmen im Rahmen der Überwachung der Verbote von Insidergeschäften nach § 14 und des Verbots der Marktmanipulation nach § 20a an den ihrer Aufsicht unterliegenden Bör-

---

1 BT-Drucks. 12/6679, S. 40.
2 BT-Drucks. 12/6679, S. 40.
3 BT-Drucks. 12/6679, S. 40.
4 BT-Drucks. 12/6679, S. 40 f.
5 BT-Drucks. 12/6679, S. 41.
6 Kritisch: *Claussen*, DB 1994, 969; eindeutig: BT-Drucks. 12/6679, S. 40.
7 BT-Drucks. 12/6679, S. 35.

sen tätig. ²Das Nähere regelt ein Verwaltungsabkommen zwischen dem Bund und den börsenaufsichtsführenden Ländern.

(2) Die Bundesanstalt, die Deutsche Bundesbank im Rahmen ihrer Tätigkeit nach Maßgabe des Kreditwesengesetzes, das Bundeskartellamt, die Börsenaufsichtsbehörden, die Handelsüberwachungsstellen, im Rahmen ihrer Tätigkeiten nach Maßgabe des Energiewirtschaftsgesetzes die Bundesnetzagentur und die Landeskartellbehörden sowie die für die Aufsicht über Versicherungsvermittler und die Unternehmen im Sinne des § 2a Absatz 1 Nummer 7 zuständigen Stellen haben einander Beobachtungen und Feststellungen einschließlich personenbezogener Daten mitzuteilen, die für die Erfüllung ihrer Aufgaben erforderlich sind.

(3) ¹Die Bundesanstalt darf zur Erfüllung ihrer Aufgaben die nach § 2 Abs. 10, §§ 2c, 24 Abs. 1 Nr. 1, 2, 5, 7 und 10 und Abs. 3, § 25b Absatz 1 bis 3, § 32 Abs. 1 Satz 1 und 2 Nr. 2 und 6 Buchstabe a und b des Kreditwesengesetzes bei der Deutschen Bundesbank gespeicherten Daten im automatisierten Verfahren abrufen. ²Die Deutsche Bundesbank hat für Zwecke der Datenschutzkontrolle den Zeitpunkt, die Angaben, welche die Feststellung der aufgerufenen Datensätze ermöglichen, sowie die für den Abruf verantwortliche Person zu protokollieren. ³Die protokollierten Daten dürfen nur für Zwecke der Datenschutzkontrolle, der Datensicherung oder zur Sicherstellung eines ordnungsmäßigen Betriebs der Datenverarbeitungsanlage verwendet werden. ⁴Die Protokolldaten sind am Ende des auf die Speicherung folgenden Kalenderjahres zu löschen.

(4) ¹Öffentliche Stellen haben bei der Veröffentlichung von Statistiken, die zu einer erheblichen Einwirkung auf die Finanzmärkte geeignet sind, sachgerecht und transparent vorzugehen. ²Insbesondere muss dabei gewährleistet sein, dass hierbei keine Informationsvorsprünge Dritter erzeugt werden können.

Literatur:
Kümpel, Die Organleihe im Rahmen der neuen Kapitalmarktaufsicht, WM-Festgabe für Hellner, 1994, S. 35; *Kümpel/Wittig*, Bank- und Kapitalmarktrecht, 4. Auflage 2011, Rn 18.121 ff; *Park*, Kapitalmarktstrafrecht, 3. Auflage 2013; *Schwark/Zimmer*, Kapitalmarktrechts-Kommentar, 4. Aufl. 2010.

Mit dem Anlegerschutzverbesserungsgesetz vom 28.10.2004 wurde die Vorschrift überarbeitet. Die Absätze 1 aF und 4 aF wurden aufgehoben, die bisherigen Absätze 2, 3 und 5 zu den Absätzen 1 bis 3. Zudem wurde die Vorschrift um einen Abs. 4 ergänzt. Durch das FRUG wurde Abs. 2 erweitert, wodurch Art. 49 der MiFID umgesetzt wurde. Durch das Gesetz zur Neuregelung energiewirtschaftlicher Vorschriften wurden die Landeskartellbehörden in den Kreis der am wechselseitigen Informationsaustausch des Abs. 2 teilnehmenden Behörden aufgenommen. 1

Abs. 1 regelt das Tätigwerden der zuständigen Börsenaufsichtsbehörden der Länder im Wege der Organleihe bei der Durchführung von eilbedürftigen Maßnahmen für die Überwachung der Verbote von Insidergeschäften nach § 14 und der Marktmanipulation an den ihrer Aufsicht unterliegenden Börsen. Für die Einbeziehung der Börsenaufsichtsbehörden im Wege der Organleihe spricht neben sachlichen und verwaltungsökonomischen Überlegungen der besondere sachliche Grund des inhaltlich begrenzten Tätigkeitsbereichs,[1] der sich hier auf eilbedürftige Maßnahmen im Rahmen der Insider- und Marktmanipulationsüberwachung bezieht. Die Tatortnähe der Börsenaufsichtsbehörden ermöglicht in Eilfällen eine schnelle Feststellung aufsichtsrelevanter Tatbestände. Die nähere Ausgestaltung der Organleihe bleibt einem Verwaltungsabkommen zwischen dem Bund und den börsenaufsichtsführenden Ländern vorbehalten. Ein solches Verwaltungsabkommen ist bisher nicht abgeschlossen worden. Das Verfahren hat bisher keine praktische Bedeutung erlangt. 2

Einen **wechselseitigen Informationsaustausch** zwischen der BaFin und der Deutschen Bundesbank sieht Abs. 2 vor. Entsprechendes ist in § 7 Abs. 3 KWG geregelt. In diesen Informationsaustausch, der auch die Übermittlung personenbezogener Daten iSv § 3 Abs. 1 BDSG umfasst,[2] sind nach Abs. 2 die Börsenaufsichtsbehörden und das Bundeskartellamt einbezogen, das schon im Vorfeld eines geplanten Unternehmenszusammenschlusses tätig wird. Aus dem Zeitpunkt der Kontaktaufnahme eines Unternehmens mit dem Bundeskartellamt können sich Erkenntnisse für Insiderermittlungen ergeben. Der Kreis der am Informationsaustausch beteiligten Behörden ist mehrfach erweitert worden. Die Handelsüberwachungsstellen, die Bundesnetzagentur sowie die Landeskartellbehörden sind ebenfalls in den wechselseitigen Informationsaustausch einbezogen, außerdem die für die Aufsicht über Versicherungsvermittler und Unternehmen im Sinne des § 2a Abs. 1 Nr. 7, die ausschließlich Anlageberatung und -vermittlung zwischen Kunden und den genannten Entitäten betreiben, zuständigen Stellen, also insbesondere die Gewerbeämter.[3] Voraussetzung 3

---

1 BVerfGE 63, 42 zum Erfordernis eines besonderen sachlichen Grundes für ein Abweichen vom Grundsatz eigenverantwortlicher Aufgabenwahrnehmung.

2 *Schäfer* in: Park, Kap. 1 Rn 67.
3 Vgl § 34f GewO iVm § 2 Abs. 6 S. 1 Nr. 8 KWG.

des Informationsaustausches im konkreten Fall ist dessen Erforderlichkeit für die Erfüllung der jeweiligen Aufgaben.

4 Zur Erfüllung der Überwachungsaufgabe der BaFin kann diese in einem **automatisierten Abrufverfahren** bestimmte Informationen von der Deutschen Bundesbank abrufen. Dieser Informationsabruf bezieht sich auf Daten aus der Beaufsichtigung der Kreditinstitute und Finanzdienstleistungsinstitute wie Haftungs- oder Auslagerungsanzeigen oder Informationen über bedeutende Beteiligungen. Parallele Regelungen bestehen zudem für Anzeigen über sog. Millionenkredite (§ 14 Abs. 1 S. 1 KWG). Aus Gründen des Datenschutzes werden die Datenabrufe protokolliert. Die Vorschrift sieht eine Vollprotokollierung der durch die BaFin vorgenommenen Datenabrufe vor.[4]

5 Mit **Abs. 4**, der durch das AnsVG eingefügt worden ist, wird Art. 6 Abs. 8 der Marktmissbrauchsrichtlinie umgesetzt. Hiernach haben öffentliche Stellen Statistiken, welche die Finanzmärkte erheblich beeinflussen können, auf sachgerechte und transparente Weise zu verbreiten. Zur Frage, welche Einrichtungen unter den Begriff der öffentlichen Stellen zu subsumieren sind, schweigt die Regierungsbegründung zum AnsVG. Die Systematik sowie Sinn und Zweck von § 6 sprechen dafür, dass nicht nur die BaFin, sondern alle innerstaatlichen Behörden erfasst sind.[5]

§ 7 Zusammenarbeit mit zuständigen Stellen im Ausland

(1) ¹Der Bundesanstalt obliegt die Zusammenarbeit mit den für die Überwachung von Verhaltens- und Organisationspflichten von Unternehmen, die Wertpapierdienstleistungen erbringen, von Finanzinstrumenten und von Märkten, an denen Finanzinstrumente oder Waren gehandelt werden, zuständigen Stellen der Europäischen Union, der anderen Mitgliedstaaten der Europäischen Union und der anderen Vertragsstaaten des Abkommens über den Europäischen Wirtschaftsraum. ²Die Bundesanstalt kann im Rahmen ihrer Zusammenarbeit zum Zwecke der Überwachung der Einhaltung der Verbote und Gebote dieses Gesetzes sowie der Verbote und Gebote der in Satz 1 genannten Staaten, die denen dieses Gesetzes oder des Börsengesetzes entsprechen, von allen ihr nach diesem Gesetz zustehenden Befugnissen Gebrauch machen, soweit dies geeignet und erforderlich ist, den Ersuchen der in Satz 1 genannten Stellen nachzukommen. ³Sie kann auf ein Ersuchen der in Satz 1 genannten Stellen die Untersagung oder Aussetzung des Handels nach § 4 Abs. 2 Satz 2 an einem inländischen Markt nur anordnen, sofern die Interessen der Anleger oder der ordnungsgemäße Handel an dem betreffenden Markt nicht erheblich gefährdet werden. ⁴Die Vorschriften des Börsengesetzes über die Zusammenarbeit der Handelsüberwachungsstellen mit entsprechenden Stellen oder Börsengeschäftsführungen anderer Staaten bleiben hiervon unberührt.

(2) ¹Auf Ersuchen der in Absatz 1 Satz 1 genannten zuständigen Stellen führt die Bundesanstalt nach Maßgabe des Artikels 15 der Verordnung (EG) Nr. 1287/2006 Untersuchungen durch und übermittelt unverzüglich alle Informationen, soweit dies für die Überwachung von organisierten Märkten oder anderen Märkten für Finanzinstrumente, von Kreditinstituten, Finanzdienstleistungsinstituten, Kapitalverwaltungsgesellschaften, extern verwaltete Investmentgesellschaften, EU-Verwaltungsgesellschaften, ausländische AIF-Verwaltungsgesellschaften, Finanzunternehmen oder Versicherungsunternehmen oder damit zusammenhängender Verwaltungs- oder Gerichtsverfahren erforderlich ist. ²Bei der Übermittlung von Informationen hat die Bundesanstalt den Empfänger darauf hinzuweisen, dass er unbeschadet seiner Verpflichtungen im Rahmen von Strafverfahren die übermittelten Informationen einschließlich personenbezogener Daten nur zur Erfüllung von Überwachungsaufgaben nach Satz 1 und für damit zusammenhängende Verwaltungs- und Gerichtsverfahren verwenden darf.

(2 a) Die Bundesanstalt trifft angemessene Vorkehrungen für eine wirksame Zusammenarbeit insbesondere gegenüber solchen Mitgliedstaaten, in denen die Geschäfte einer inländischen Börse eine wesentliche Bedeutung für das Funktionieren der Finanzmärkte und den Anlegerschutz nach Maßgabe des Artikels 16 der Verordnung (EG) Nr. 1287/2006 haben oder deren organisierte Märkte eine solche Bedeutung im Inland haben.

(2 b) ¹Die Bundesanstalt kann Bediensteten der zuständigen Stellen anderer Staaten auf Ersuchen die Teilnahme an den von der Bundesanstalt durchgeführten Untersuchungen gestatten. ²Nach vorheriger Unterrichtung der Bundesanstalt sind die zuständigen Stellen im Sinne des Absatzes 1 Satz 1 befugt, selbst oder durch ihre Beauftragten die Informationen, die für eine Überwachung der Einhaltung der Meldepflichten nach § 9, der Verhaltens-, Organisations- und Transparenzpflichten nach den §§ 31 bis 34 oder entspre-

---

4 BT-Drucks. 15/3174, S. 31.
5 Siehe auch *Beck* in: Schwark/Zimmer, § 6 WpHG Rn 23.

chender ausländischer Vorschriften durch eine Zweigniederlassung im Sinne des § 53 b Abs. 1 Satz 1 des Kreditwesengesetzes erforderlich sind, bei dieser Zweigniederlassung zu prüfen. ³Bedienstete der Europäischen Wertpapier- und Marktaufsichtsbehörde können an Untersuchungen nach Satz 1 teilnehmen.

(3) ¹Die Bundesanstalt kann eine Untersuchung, die Übermittlung von Informationen oder die Teilnahme von Bediensteten zuständiger ausländischer Stellen im Sinne von Absatz 1 Satz 1 verweigern, wenn

1. hierdurch die Souveränität, die Sicherheit oder die öffentliche Ordnung der Bundesrepublik Deutschland beeinträchtigt werden könnte oder
2. auf Grund desselben Sachverhalts gegen die betreffenden Personen bereits ein gerichtliches Verfahren eingeleitet worden oder eine unanfechtbare Entscheidung ergangen ist.

²Kommt die Bundesanstalt einem Ersuchen nicht nach oder macht sie von ihrem Recht nach Satz 1 Gebrauch, so teilt sie dies der ersuchenden Stelle und der Europäischen Wertpapier- und Marktaufsichtsbehörde unverzüglich mit und legt die Gründe dar; im Falle einer Verweigerung nach Satz 1 Nr. 2 sind genaue Informationen über das gerichtliche Verfahren oder die unanfechtbare Entscheidung zu übermitteln.

(4) ¹Die Bundesanstalt ersucht die in Absatz 1 genannten zuständigen Stellen nach Maßgabe des Artikels 15 der Verordnung (EG) Nr. 1287/2006 um die Durchführung von Untersuchungen und die Übermittlung von Informationen, die für die Erfüllung ihrer Aufgaben nach den Vorschriften dieses Gesetzes geeignet und erforderlich sind. ²Sie kann die zuständigen Stellen ersuchen, Bediensteten der Bundesanstalt die Teilnahme an den Untersuchungen zu gestatten. ³Mit Einverständnis der zuständigen Stellen kann die Bundesanstalt Untersuchungen im Ausland durchführen und hierfür Wirtschaftsprüfer oder Sachverständige beauftragen; bei Untersuchung einer Zweigniederlassung eines inländischen Wertpapierdienstleistungsunternehmens in einem Aufnahmemitgliedstaat durch die Bundesanstalt genügt eine vorherige Unterrichtung der zuständigen Stelle im Ausland. ⁴Trifft die Bundesanstalt Anordnungen gegenüber Unternehmen mit Sitz im Ausland, die Mitglieder inländischer organisierter Märkte sind, unterrichtet sie die für die Überwachung dieser Unternehmen zuständigen Stellen. ⁵Werden der Bundesanstalt von einer Stelle eines anderen Staates Informationen mitgeteilt, so darf sie diese unbeschadet ihrer Verpflichtungen in strafrechtlichen Angelegenheiten, die Verstöße gegen Verbote nach den Vorschriften dieses Gesetzes zum Gegenstand haben, nur zur Erfüllung von Überwachungsaufgaben nach Absatz 2 Satz 1 und für damit zusammenhängende Verwaltungs- und Gerichtsverfahren verwenden. ⁶Die Bundesanstalt darf diese Informationen unter Beachtung der Zweckbestimmung der übermittelnden Stelle den in § 6 Abs. 2 genannten Stellen mitteilen, sofern dies für die Erfüllung ihrer Aufgaben erforderlich ist. ⁷Eine anderweitige Verwendung der Informationen ist nur mit Zustimmung der übermittelnden Stelle zulässig. ⁸Außer bei Informationen im Zusammenhang mit Insiderhandel oder Marktmanipulation kann in begründeten Ausnahmefällen auf diese Zustimmung verzichtet werden, sofern dieses der übermittelnden Stelle unverzüglich unter Angabe der Gründe mitgeteilt wird. ⁹Wird einem Ersuchen der Bundesanstalt nach den Sätzen 1 bis 3 nicht innerhalb angemessener Frist Folge geleistet oder wird es ohne hinreichende Gründe abgelehnt, kann die Bundesanstalt die Europäische Wertpapier- und Marktaufsichtsbehörde nach Maßgabe des Artikels 19 der Verordnung (EU) Nr. 1095/2010 des Europäischen Parlaments und des Rates vom 24. November 2010 zur Errichtung einer Europäischen Aufsichtsbehörde (Europäische Wertpapier- und Marktaufsichtsbehörde), zur Änderung des Beschlusses Nr. 716/2009/EG und zur Aufhebung des Beschlusses 2009/77/EG der Kommission (ABl. L 331 vom 15.12.2010, S. 84) um Hilfe ersuchen.

(5) ¹Hat die Bundesanstalt hinreichende Anhaltspunkte für einen Verstoß gegen Verbote oder Gebote nach den Vorschriften dieses Gesetzes oder nach entsprechenden ausländischen Vorschriften der in Absatz 1 Satz 1 genannten Staaten, teilt sie diese Anhaltspunkte der Europäischen Wertpapier- und Marktaufsichtsbehörde und den nach Absatz 1 Satz 1 zuständigen Stellen des Staates mit, auf dessen Gebiet die vorschriftswidrige Handlung stattfindet oder stattgefunden hat oder auf dessen Gebiet die betroffenen Finanzinstrumente an einem organisierten Markt gehandelt werden oder nach dem Recht der Europäischen Union für die Verfolgung des Verstoßes zuständig ist. ²Sind die daraufhin getroffenen Maßnahmen der zuständigen ausländischen Stellen unzureichend oder wird weiterhin gegen die Vorschriften dieses Gesetzes oder gegen die entsprechenden ausländischen Vorschriften verstoßen, ergreift die Bundesanstalt nach vorheriger Unterrichtung der zuständigen Stellen alle für den Schutz der Anleger erforderlichen Maßnahmen und unterrichtet davon die Europäische Kommission und die Europäische Wertpapier- und Marktaufsichtsbehörde. ³Erhält die Bundesanstalt eine entsprechende Mitteilung von zuständigen ausländischen Stellen, unterrichtet sie diese sowie die Europäische Wertpapier- und Marktaufsichtsbehörde über Ergebnisse daraufhin eingeleiteter Untersuchungen. ⁴Die Bundesanstalt unterrichtet ferner

1. die zuständigen Stellen nach Satz 1 und die Europäische Wertpapier- und Marktaufsichtsbehörde über Anordnungen zur Aussetzung, Untersagung oder Einstellung des Handels nach § 4 Absatz 2 Satz 2 dieses Gesetzes sowie § 3 Absatz 5 Satz 3 Nummer 1 und § 25 Absatz 1 des Börsengesetzes sowie
2. die zuständigen Stellen nach Satz 1 innerhalb eines Monats nach Erhalt einer Mitteilung nach § 19 Absatz 10 des Börsengesetzes von der Absicht der Geschäftsführung einer Börse, Handelsteilnehmern aus den betreffenden Staaten einen unmittelbaren Zugang zu ihrem Handelssystem zu gewähren.

(6) Die Regelungen über die internationale Rechtshilfe in Strafsachen bleiben unberührt.

(7) [1]Die Bundesanstalt kann mit den zuständigen Stellen anderer als der in Absatz 1 genannten Staaten entsprechend den Absätzen 1 bis 6 zusammenarbeiten und Vereinbarungen über den Informationsaustausch abschließen. [2]Absatz 4 Satz 5 und 6 findet mit der Maßgabe Anwendung, dass Informationen, die von diesen Stellen übermittelt werden, nur unter Beachtung einer Zweckbestimmung der übermittelnden Stelle verwendet und nur mit ausdrücklicher Zustimmung der übermittelnden Stelle der Deutschen Bundesbank oder dem Bundeskartellamt mitgeteilt werden dürfen, sofern dies für die Erfüllung ihrer Aufgaben erforderlich ist. [3]Absatz 4 Satz 8 findet keine Anwendung. [4]Für die Übermittlung personenbezogener Daten gilt § 4b des Bundesdatenschutzgesetzes. [5]Die Bundesanstalt unterrichtet die Europäische Wertpapier- und Marktaufsichtsbehörde über den Abschluss von Vereinbarungen nach Satz 1.

(8) [1]Das Bundesministerium der Finanzen kann durch Rechtsverordnung, die nicht der Zustimmung des Bundesrates bedarf, zu den in den Absätzen 2, 2a und 4 genannten Zwecken nähere Bestimmungen über die Übermittlung von Informationen an ausländische Stellen, die Durchführung von Untersuchungen auf Ersuchen ausländischer Stellen sowie Ersuchen der Bundesanstalt an ausländische Stellen erlassen. [2]Das Bundesministerium der Finanzen kann die Ermächtigung durch Rechtsverordnung auf die Bundesanstalt für Finanzdienstleistungsaufsicht übertragen.

Literatur:

Grolimund, Internationale Amtshilfe im Bereich der Börsen- und der Wertpapierhandelsaufsicht, IPRax 2000, 553; *Hopt/Wohlmannstetter*, Corporate Governance von Banken, 2011; *Kurth*, Problematik grenzüberschreitender Wertpapieraufsicht, WM 2000, 1521.

1 In § 7 wurde die Zusammenarbeit mit zuständigen ausländischen Stellen im Rahmen des Aufgabenbereiches des Gesetzes durch das Anlegerschutzverbesserungsgesetz neu geregelt und zugleich Art. 16 der Marktmissbrauchsrichtlinie umgesetzt. Teilbereiche der Regelung waren zuvor in § 19, § 20b Abs. 7, § 30 und § 36c geregelt. Damit wurde insoweit eine einzige Vorschrift – eine Generalnorm – zur internationalen Zusammenarbeit für das WpHG geschaffen.[1] Danach erfuhr § 7 zahlreiche Anpassungen und Änderungen. Während § 7 die internationale Zusammenarbeit bei der Börsen- und Wertpapieraufsicht regelt,[2] betrifft § 37s die internationale Zusammenarbeit im Bereich der Bilanzkontrolle. Die Regelung steht im Einklang mit der Zuständigkeitsregelung in Art. 32 GG.[3] Ferner bleiben die innerstaatlichen Aufgaben und Befugnisse der Länder im Rahmen der Börsenaufsicht nach dem BörsG unberührt.[4]

2 Hintergrund der Regelung ist, dass die Internationalisierung der Wertpapiermärkte infolge der Liberalisierung des Kapitalverkehrs, moderner Kommunikationsmittel und zahlreicher Finanzinnovationen eine intensive Zusammenarbeit der nationalen Aufsichtsbehörden notwendig macht, um die Integrität der Finanzmärkte und den Schutz der Anleger sicherzustellen.[5] In der International Organisation of Securities Commissions (**IOSCO**) wurden Prinzipien entwickelt, um die internationale Zusammenarbeit der Aufsichtsbehörden zu erleichtern.[6] Dies hat dazu geführt, dass zahlreiche nationale Aufsichtsbehörden untereinander sog. **Memoranda of Understanding** (MoU) abgeschlossen haben, in denen die Verfahren und Voraussetzungen für den Austausch auch vertraulicher Informationen geregelt sind.[7] Um diese Zusammenarbeit zu vereinheitlichen, wurde zwischen den in CESR zusammengeschlossenen Aufsichtsbehörden ein multilaterales

---

1 BT-Drucks. 15/3174, S. 31.
2 *Beck* in: Schwark/Zimmer, Kapitalmarktrechts-Kommentar, 4. Aufl. 2010, § 7 Rn 1.
3 BT-Drucks. 12/6679, S. 42.
4 BT-Drucks. 12/6679, S. 42.
5 BT-Drucks. 12/6679, S. 41 f.
6 BT-Drucks. 12/6679, S. 41 f.
7 BT-Drucks. 12/6679, S. 41 f; s. auch die Übersicht über abgeschlossene MoUs bei *Döhmel/Vogel* in: Assmann/Schneider, WpHG, 6. Aufl. 2012, § 7 Rn 8.

MoU abgeschlossen.⁸ Mit Wirkung zum 1. Januar 2011 ist CESR in der Europäischen Wertpapier- und Marktaufsichtsbehörde (ESMA) aufgegangen.⁹ Die Verlautbarungen von CESR bleiben jedoch gültig.¹⁰
Die Norm berechtigt und verpflichtet die BaFin zur Zusammenarbeit mit den für die Überwachung von Verhaltens- und Organisationspflichten von Unternehmen, die Wertpapierdienstleistungen erbringen, von Finanzinstrumenten und von Märkten, an denen Finanzinstrumente oder Waren gehandelt werden, zuständigen Stellen von Mitgliedstaaten der EU und Vertragsstaaten des EWR im Rahmen ihres Aufgabenbereichs nach diesem Gesetz.¹¹ Die Regelungen über internationale Rechtshilfe in Strafsachen bleiben hiervon unberührt (**Abs. 6**). 3

Die Befugnisse der BaFin zur internationalen Zusammenarbeit umfassen nach **Abs. 1** nicht nur den Bereich des WpHG, sondern auch den Bereich des BörsG.¹² Dieser Grundsatz einer ausschließlichen Zuständigkeit der BaFin gilt mit der in Abs. 1 S. 4 normierten Ausnahme.¹³ Danach bleiben die Vorschriften des BörsG über die Zusammenarbeit der Handelsüberwachungsstellen mit entsprechenden Stellen oder Börsengeschäftsführungen anderer Staaten unberührt. Diese umfassende Zuständigkeit der BaFin ist notwendig, da die Bundesanstalt nach Art. 56 Abs. 1 und 3 S. 2 MiFID eine Zusammenarbeit in allen von der MiFID erfassten Aufsichtsbereichen, die auch in die Vorschriften des BörsG hineinreichen, gewährleisten muss.¹⁴ In Umsetzung der Finanzmarktrichtlinie wird die Befugnis der BaFin dahin gehend eingeschränkt, dass eine entsprechende Aussetzung oder Untersagung nur zulässig ist, wenn die Interessen der Anleger oder der ordnungsgemäße Handel an dem betreffenden Markt nicht erheblich gefährdet werden (Abs. 1 S. 3). 4

Hierbei handelt es sich um die gegenseitige Unterstützung bei der Aufgabenerfüllung hinsichtlich der Überwachung der Einhaltung der Verbote und Gebote dieses Gesetzes und entsprechender Verbote oder Gebote der betreffenden Staaten. Das heißt, dass § 7 der BaFin Befugnisse zu einer internationalen Zusammenarbeit einräumt und sie zugleich in einem gewissen Rahmen dazu auch verpflichtet. Die BaFin kann auf Ersuchen ausländischer Stellen die Untersagung oder die Aussetzung des Handels an einem inländischen Markt unter bestimmten Voraussetzungen anordnen. Zugleich ermöglicht die Norm die Inanspruchnahme von Hilfestellung der ausländischen Aufsichtsbehörden durch die BaFin. Um Wiederholungen zu vermeiden, soll hier vor allem das Regularium der BaFin für Unterstützungsmaßnahmen dargestellt werden. Die entsprechenden Möglichkeiten der BaFin, ausländische Stellen um Unterstützung zu ersuchen, sind in **Abs. 4** geregelt. Wird einem entsprechenden Ersuchen der BaFin innerhalb einer angemessenen Frist nicht entsprochen oder dieses ohne hinreichende Gründe abgelehnt, kann die BaFin die Europäische Wertpapier- und Marktaufsichtsbehörde um Hilfe ersuchen (Abs. 4 S. 5). 5

Nach **Abs. 2** ist die Bundesanstalt verpflichtet, auf Ersuchen der ausländischen Stellen iSv Abs. 1 S. 1 **Untersuchungen** durchzuführen. Bei einem Ersuchen ist das in Art. 15 der VO (EG) 1287/2006 beschriebene Verfahren einzuhalten. So soll im Rahmen der Marktüberwachung oder damit zusammenhängender Verwaltungs- oder Gerichtsverfahren die ausländische Stelle bei deren Untersuchungen unterstützt werden. Das heißt, die BaFin ist aufgefordert, bestimmte Teile oder Aspekte eines Sachverhalts aufzuklären. Die Informationsübermittlung durch die BaFin muss für die in S. 1 genannten Zwecke bzw Verfahren erforderlich sein.¹⁵ Die BaFin nutzt hierbei ihre Befugnisse, beispielsweise nach § 4. Letztlich ermöglicht der Gesetzgeber in Einklang mit der Marktmissbrauchsrichtlinie, dass die zuständige **ausländische Aufsichtsbehörde** an den Untersuchungen der BaFin **durch eigene Bedienstete teilnehmen** kann (s. Abs. 2 b S. 1). Auch Bedienstete der Europäischen Wertpapier- und Marktaufsichtsbehörde können teilnehmen (Abs. 2 b S. 3). Der Wortlaut der Vorschrift („an den von der Bundesanstalt durchgeführten Untersuchungen") stellt klar, dass die BaFin die Maßnahmen in eigener Verantwortung durchführt und iSv Art. 16 Abs. 4 S. 3 der Marktmissbrauchsrichtlinie die Kontrolle ausübt.¹⁶ 6

Die ermittelten **Informationen** sind unverzüglich an die ersuchende Stelle zu übermitteln, soweit sie diese für die Überwachungstätigkeit benötigt. Dabei kann es sich auch um personenbezogene Daten oder um Betriebs- oder Geschäftsgeheimnisse handeln. Datenschutzbelangen wird dadurch Rechnung getragen, dass die übermittelten Tatsachen nur unter Beachtung der gesetzlichen Zweckbestimmung durch die ausländi- 7

---

8 Multilateral Memorandum of Understanding on the Exchange of Information and Surveillance of Securities Activities v. 26.1.1999, Ref.: CESR/05-335.
9 Siehe Verordnung (EU) 1095/2010 vom 24. November 2010 zur Errichtung einer Europäischen Aufsichtsbehörde (Europäische Wertpapier- und Marktaufsichtsbehörde).
10 Vgl Art. 76 Abs. 4 der Verordnung (EU) 1095/2010 vom 24. November 2010 zur Errichtung einer Europäischen Aufsichtsbehörde (Europäische Wertpapier- und Marktaufsichtsbehörde); *Weber-Rey/Baltzer* in: Hopt/Wohlmannstetter, Handbuch Corporate Governance von Banken, Verlautbarungen der EU und der BaFin zur internen Governance von Banken, II., S. 439.
11 Art. 56 MiFID sieht eine entsprechende Zusammenarbeit vor.
12 BT-Drucks. 16/4028, S. 60.
13 *Beck* in: Schwark/Zimmer, Kapitalmarktrechtskommentar, § 7 Rn 7.
14 BT-Drucks. 16/4028, S. 60.
15 Siehe auch *Beck* in: Schwark/Zimmer, Kapitalmarktrechts-Kommentar, § 7 WpHG Rn 20.
16 BT-Drucks. 15/3174, S. 32.

sche Stelle offenbart oder verwertet werden dürfen. Die BaFin hat auf diese Zweckbestimmung hinzuweisen (Abs. 2 S. 2).

8 Nach vorheriger Unterrichtung haben die ausländischen Stellen auch die Möglichkeit, bestimmte Informationen bei Zweigniederlassungen in Deutschland zu prüfen, Abs. 2 b S. 2. Hierdurch wurde Art. 32 Abs. 8 MiFID umgesetzt.[17] Eine entsprechende Regelung im bankaufsichtsrechtlichen Bereich trifft § 53 b Abs. 6 KWG.

9 Nach Abs. 2 a trifft die BaFin angemessene Vorkehrungen für die Zusammenarbeit mit den zuständigen Stellen, wenn grenzüberschreitende Tätigkeiten organisierter Märkte wesentliche Bedeutung für das Funktionieren der Wertpapiermärkte und den Anlegerschutz im Aufnahmestaat haben. Hierdurch wurde Art. 56 Abs. 2 MiFID umgesetzt.[18]

10 Die Bundesanstalt kann eine konkrete Zusammenarbeit mit ausländischen Stellen beim Vorliegen der in **Abs. 3** genannten Gründe verweigern. Kommt die BaFin einem Ersuchen nicht nach oder verweigert sie die Zusammenarbeit nach dieser Vorschrift, hat sie dies sowohl der ersuchenden Stelle als auch der Europäischen Wertpapier- und Marktaufsichtsbehörde unverzüglich mitzuteilen.

11 Die **Unterrichtungspflichten** zwischen der BaFin und einer ausländischen Behörde sowie der Europäischen Wertpapier- und Marktaufsichtsbehörde im Fall einer Ermittlung mit Auslandsbezug sind in **Abs. 5** geregelt. Die BaFin unterrichtet insbesondere die zuständige Stelle sowie die Europäische Wertpapier- und Marktaufsichtsbehörde über Anordnungen zur Aussetzung, Untersagung oder Einstellung des Handels. Entsprechend hat die BaFin Anhaltspunkte für einen Verstoß gegen die Ge- oder Verbote des WpHG oder entsprechender ausländischer Gesetze der davon berührten ausländischen Stelle sowie der Europäischen Wertpapier- und Marktaufsichtsbehörde mitzuteilen. Nach der durch das Gesetz zur Umsetzung der Richtlinie 2010/78/EU im Hinblick auf die Errichtung des Europäischen Finanzaufsichtssystems eingefügten Regelung in Abs. 5 S. 2 hat die BaFin desweiteren die Befugnis, alle für den Schutz der Anleger erforderlichen Maßnahmen zu ergreifen, wenn die daraufhin getroffenen Maßnahmen der ausländischen Stelle unzureichend sind oder weiterhin entsprechende Gesetzesverstöße vorliegen. Auch darüber hat die BaFin die Europäische Wertpapier- und Marktaufsichtsbehörde zu unterrichten. Soweit die BaFin entsprechende Mitteilungen aus dem Ausland erhält, unterrichtet sie die ausländische Stelle sowie die Europäischen Wertpapier- und Marktaufsichtsbehörde über die Untersuchungsergebnisse.

12 **Abs. 7** regelt die **Zusammenarbeit** der BaFin **mit** Aufsichtsstellen in **anderen Staaten** als den Mitgliedstaaten der EU oder der Vertragsstaaten des EWR, beispielsweise der Schweiz (Eidgenössische Finanzmarktaufsicht, FINMA) oder den USA (United States Securities and Exchange Commission, SEC). Die Ausgestaltung der Befugnisse als Ermessensnorm stellt sicher, dass die konkreten Verhältnisse des Drittstaates wie dessen rechtsstaatliche Standards bei der Frage einer Zusammenarbeit angemessen berücksichtigt werden können.[19] Der Zweckbestimmung, mit der ein Drittstaat eine Informationsübermittlung versieht, wird jedoch unbedingter Vorrang eingeräumt.[20] Für die Übermittlung an das Bundeskartellamt oder die Deutsche Bundesbank ist wohl eine ausdrückliche Zustimmung der ausländischen übermittelnden Stelle erforderlich, da eine solche Verwendung für diese schwer vorauszusehen ist und in der Zweckbestimmung möglicherweise nicht berücksichtigt wird; auf diese Weise wird auch eine für die übermittelnde Stelle überraschende Verwendung vermieden.[21]

Eine Unterrichtungspflicht der BaFin besteht nach S. 5, der durch das Gesetz zur Umsetzung der Richtlinie 2010/78/EU im Hinblick auf die Errichtung des Europäischen Finanzaufsichtssystems eingefügt worden ist. Danach hat die BaFin die Europäische Wertpapier- und Marktaufsichtsbehörde (ESMA) über den Abschluss von Vereinbarungen nach S. 1 mit Drittstaaten über den Informationsaustausch zu unterrichten.

13 **Abs. 8** enthält eine Verordnungsermächtigung für das Bundesministerium der Finanzen. In Umsetzung von Art. 16 Abs. 5 der Marktmissbrauchsrichtlinie wird die Möglichkeit geschaffen, von der Europäischen Kommission zu einem späteren Zeitpunkt erlassene Durchführungsmaßnahmen zum Informationsaustausch und zu den grenzüberschreitenden Ermittlungen im Wege einer Rechtsverordnung umzusetzen.[22] Durch die Möglichkeit zur Subdelegation auf die BaFin kann schneller auf entsprechende Entwicklungen reagiert und ein praxisnaher Informationsaustausch hergestellt werden.[23]

---

17 BT-Drucks. 16/4028, S. 61.
18 BT-Drucks. 16/4028, S. 60.
19 BT-Drucks. 15/3174, S. 32.
20 BT-Drucks. 16/4028, S. 61; s. Abs. 7 S. 2, 3.
21 BT-Drucks. 16/4028, S. 61.
22 BT-Drucks. 15/3174, S. 32.
23 BT-Drucks. 15/3174, S. 32.

§ 7 a Zusammenarbeit mit der Europäischen Wertpapier- und Marktaufsichtsbehörde

(1) Die Bundesanstalt stellt der Europäischen Wertpapier- und Marktaufsichtsbehörde gemäß Artikel 35 der Verordnung (EU) Nr. 1095/2010 auf Verlangen unverzüglich alle für die Erfüllung ihrer Aufgaben erforderlichen Informationen zur Verfügung.

(2) Die Bundesanstalt übermittelt der Europäischen Wertpapier- und Marktaufsichtsbehörde jährlich eine Zusammenfassung von Informationen zu allen im Zusammenhang mit der Überwachung nach den Abschnitten 3, 4 und 6 ergriffenen Verwaltungsmaßnahmen und verhängten Sanktionen.

(3) Die Bundesanstalt unterrichtet die Europäische Wertpapier- und Marktaufsichtsbehörde über das Erlöschen einer Erlaubnis nach § 4 Absatz 4 des Börsengesetzes und die Aufhebung einer Erlaubnis nach § 4 Absatz 5 des Börsengesetzes oder nach den Vorschriften der Verwaltungsverfahrensgesetze der Länder.

Literatur:
Walla, Die Europäische Wertpapier- und Marktaufsichtsbehörde (ESMA) als Akteur bei der Regulierung der Kapitalmärkte Europas – Grundlagen, erste Erfahrungen und Ausblick, BKR 2012, 265.

Die Vorschrift wurde durch das Gesetz zur Umsetzung der Richtlinie 2010/78/EU vom 24. November 2010 im Hinblick auf die Errichtung eines Europäischen Finanzaufsichtssystems eingefügt. **1**

Die Regelung in Abs. 1 stellt sicher, dass die Bundesanstalt der Europäischen Wertpapier- und Marktaufsichtsbehörde die für die Ausführung ihrer Aufgaben benötigten Informationen zur Verfügung stellt.[1] Der Informationsübermittlung durch die BaFin an die ESMA hat ein Verlangen der ESMA vorauszugehen. **2**

Nach Abs. 2 ist die BaFin verpflichtet, der ESMA jährlich eine Zusammenfassung von Informationen zu ergriffenen Verwaltungsmaßnahmen und verhängten Sanktionen im Zusammenhang mit der Überwachung von Vorschriften des dritten, vierten und sechsten Abschnitts des Wertpapierhandelsgesetzes zu übermitteln.[2] Im Gegensatz zu den nach § 7 b übermittelten Informationen ist hier ein gewisser Grad der Aufbereitung von Informationen zu fordern, an den angesichts des Wortlauts („Zusammenfassung") keine zu hohen Anforderungen zu stellen sind.

Nach Abs. 3 ist die BaFin verpflichtet, die Europäische Wertpapier- und Marktaufsichtsbehörde über das Erlöschen und die Aufhebung einer Erlaubnis einer Börse zu unterrichten.[3]

§ 7 b Zusammenarbeit mit der Europäischen Kommission im Rahmen des Energiewirtschaftsgesetzes

Die Bundesanstalt übermittelt der Europäischen Kommission auf Verlangen diejenigen Angaben zu Geschäften in Finanzinstrumenten einschließlich personenbezogenen Daten, die ihr nach § 9 mitgeteilt worden sind, soweit die Europäische Kommission deren Überlassung gemäß § 5 a Absatz 1 des Energiewirtschaftsgesetzes auch unmittelbar von den mitteilungspflichtigen Unternehmen verlangen könnte und die Europäische Kommission diese Informationen zur Erfüllung ihrer im Energiewirtschaftsgesetz näher beschriebenen Aufgaben benötigt.

Literatur:
Hagena, Der Stromhandel unter Finanzaufsicht, Diss. 2011.

Die Vorschrift wurde durch das Gesetz zur Neuregelung energiewirtschaftlicher Vorschriften eingefügt. Sie setzt Art. 40 Abs. 1, 7 der Richtlinie 2009/72/EG und Art. 44 Abs. 1, 7 der Richtlinie 2009/73/EG um. Die Vorschrift regelt die Übermittlung von Transaktionsdaten auch an die Europäische Kommission.[1] **1**

Die BaFin hat der Europäischen Kommission auf deren Verlangen die Daten zu übermitteln, die ihr nach § 9 übermittelt worden sind. Die Europäische Kommission muss ein diesbezügliches Ersuchen an die BaFin richten.[2] § 7 b beschränkt die zu übermittelnden Daten auf solche, deren Übermittlung die Europäische Kommission nach § 5 a Abs. 1 EnWG auch unmittelbar von den mitteilungspflichtigen Unternehmen verlangen könnte. Außerdem enthält § 7 b die Einschränkung, dass die Europäische Kommission die Informationen zur Erfüllung ihrer im EnWG näher beschriebenen Aufgaben benötigt.[3] Daten iSv § 5 Abs. 1 S. 1 **2**

---

1 BT-Drucks. 17/6255, S. 29.
2 BT-Drucks. 17/6255, S. 29.
3 BT-Drucks. 17/6255, S. 29.

1 BT-Drucks. 17/6072, S. 99; s. auch § 6 Abs. 2 zur Zusammenarbeit der BaFin mit der Bundesnetzagentur und den Landeskartellbehörden nach dem Energiewirtschaftsgesetz.
2 Siehe auch *Döhmel* in: Assmann/Schneider, § 7 b Rn 4.
3 Siehe auch *Döhmel* in: Assmann/Schneider, § 7 b Rn 3.

sind nach § 5 Abs. 1 S. 2 EnWG genaue Angaben zu den Merkmalen der Transaktionen wie Laufzeit-, Liefer- und Abrechnungsbestimmungen, Menge, Datum und Uhrzeit der Ausführung, Transaktionspreise, Angaben zur Identifizierung des betreffenden Vertragspartners sowie entsprechende Angaben zu sämtlichen offenen Positionen und nicht abgerechneten Energieversorgungsverträgen und Energiederivaten.

Die Übermittlungspflicht beschränkt sich auf Angaben, die der BaFin aufgrund von Mitteilungen der betroffenen Unternehmen nach dem WpHG vorliegen.[4] Eine weitere Datenerhebung, die Aufbereitung der vorhandenen Daten oder ein weiteres Gebrauchmachen von der BaFin zustehenden Befugnissen kann die Europäische Kommission von der BaFin nicht verlangen.[5]

Die Übermittlungspflicht schließt auch personenbezogene Daten ein. Jedoch sind diese im Rahmen von § 9 grundsätzlich auf die Kennzeichen – nicht die Namen – zur Identifikation des Depotinhabers oder des Depots oder die des Auftraggebers, wenn dieser mit dem Depotinhaber nicht identisch ist, beschränkt.[6]

§ 8 Verschwiegenheitspflicht

(1) ¹Die bei der Bundesanstalt Beschäftigten und die nach § 4 Abs. 3 des Finanzdienstleistungsaufsichtsgesetzes beauftragten Personen dürfen die ihnen bei ihrer Tätigkeit bekannt gewordenen Tatsachen, deren Geheimhaltung im Interesse eines nach diesem Gesetz Verpflichteten oder eines Dritten liegt, insbesondere Geschäfts- und Betriebsgeheimnisse sowie personenbezogene Daten, nicht unbefugt offenbaren oder verwenden, auch wenn sie nicht mehr im Dienst sind oder ihre Tätigkeit beendet ist. ²Dies gilt auch für andere Personen, die durch dienstliche Berichterstattung Kenntnis von den in Satz 1 bezeichneten Tatsachen erhalten. ³Ein unbefugtes Offenbaren oder Verwenden im Sinne des Satzes 1 liegt insbesondere nicht vor, wenn Tatsachen weitergegeben werden an

1. Strafverfolgungsbehörden oder für Straf- und Bußgeldsachen zuständige Gerichte,
2. kraft Gesetzes oder im öffentlichen Auftrag mit der Überwachung von Börsen oder anderen Märkten, an denen Finanzinstrumente gehandelt werden, des Handels mit Finanzinstrumenten oder Devisen, von Kreditinstituten, Finanzdienstleistungsinstituten, Kapitalverwaltungsgesellschaften, extern verwaltete Investmentgesellschaften, EU-Verwaltungsgesellschaften oder ausländische AIF-Verwaltungsgesellschaften, Finanzunternehmen, Versicherungsunternehmen, Versicherungsvermittlern, Unternehmen im Sinne von § 2a Abs. 1 Nr. 7 betraute Stellen sowie von diesen beauftragte Personen,
3. Zentralbanken in ihrer Eigenschaft als Währungsbehörden sowie an andere staatliche Behörden, die mit der Überwachung der Zahlungssysteme betraut sind,
4. mit der Liquidation oder dem Insolvenzverfahren über das Vermögen eines Wertpapierdienstleistungsunternehmens, eines organisierten Marktes oder des Betreibers eines organisierten Marktes befasste Stellen,
5. die Europäische Zentralbank, das Europäische System der Zentralbanken, die Europäische Wertpapier- und Marktaufsichtsbehörde, die Europäische Aufsichtsbehörde für das Versicherungswesen und die betriebliche Altersversorgung, die Europäische Bankenaufsichtsbehörde, den Gemeinsamen Ausschuss der Europäischen Finanzaufsichtsbehörden, den Europäischen Ausschuss für Systemrisiken oder die Europäische Kommission,

soweit diese Stellen die Informationen zur Erfüllung ihrer Aufgaben benötigen. ⁴Für die bei den in Satz 3 Nummer 1 bis 4 genannten Stellen beschäftigten Personen sowie von diesen Stellen beauftragten Personen gilt die Verschwiegenheitspflicht nach Satz 1 entsprechend. ⁵Befindet sich eine in Satz 3 Nummer 1 bis 4 genannte Stelle in einem anderen Staat, so dürfen die Tatsachen nur weitergegeben werden, wenn die bei dieser Stelle beschäftigten und die von dieser Stelle beauftragten Personen einer dem Satz 1 entsprechenden Verschwiegenheitspflicht unterliegen.

(2) ¹Die Vorschriften der §§ 93, 97 und 105 Abs. 1, § 111 Abs. 5 in Verbindung mit § 105 Abs. 1 sowie § 116 Abs. 1 der Abgabenordnung gelten nicht für die in Absatz 1 Satz 1 oder 2 genannten Personen, soweit sie zur Durchführung dieses Gesetzes tätig werden. ²Sie finden Anwendung, soweit die Finanzbehörden die Kenntnisse für die Durchführung eines Verfahrens wegen einer Steuerstraftat sowie eines damit zusammenhängenden Besteuerungsverfahrens benötigen, an deren Verfolgung ein zwingendes öffentliches Interesse besteht, und nicht Tatsachen betroffen sind, die den in Absatz 1 Satz 1 oder 2 bezeichneten Personen durch eine Stelle eines anderen Staates im Sinne des Absatzes 1 Satz 3 Nr. 2 oder durch von dieser Stelle beauftragte Personen mitgeteilt worden sind.

---

4 BT-Drucks. 17/6072, S. 99.
5 BT-Drucks. 17/6072, S. 99 f.
6 *Döhmel* in: Assmann/Schneider, § 7b Rn 3.

Literatur:

Gurlit, Gläserne Banken- und Kapitalmarktaufsicht? – Zur Bedeutung des Informationsfreiheitsgesetzes des Bundes für die Aufsichtspraxis, WM 2009, 773; *Laars*, Finanzdienstleistungsaufsichtsgesetz, 2. Auflage 2013; *Lindemann* in: Boos/Fischer/Schulte-Mattler, Kreditwesengesetz, 4. Auflage 2012; *Möllers/Wenninger*, Informationsansprüche gegen die BaFin im Lichte des neuen Informationsfreiheitsgesetzes (IFG), ZHR 170 (2006), 455; *Spindler*, Gesellschaftsrecht im System der Europäischen Niederlassungsfreiheit, ZGR 2011, 690.

Die Vorschrift ordnet eine Verschwiegenheitspflicht für die bei der BaFin Beschäftigten, von ihr beauftragte Personen sowie für Personen an, die bei der Stelle beschäftigt sind, die die Informationen von der BaFin erhalten hat. § 11 FinDAG ordnet eine Verschwiegenheitspflicht der Beschäftigten der BaFin an; die Verschwiegenheitspflicht nach § 8 WpHG bleibt unberührt.[1] Die Verschwiegenheitspflicht gilt auch für die BaFin selbst. Dies ergibt sich daraus, dass die BaFin nur durch die bei ihr Beschäftigten handeln kann sowie aus dem Zweck der Vorschrift, die in Bezug genommenen Informationen umfassend gegen ein unbefugtes Offenbaren oder Verwenden zu schützen.[2] Mit der Einfügung und Ergänzung von § 8 wurden Art. 9 der Insiderrichtlinie, Art. 14 der Transparenzrichtlinie sowie Art. 25 der Wertpapierdienstleistungsrichtlinie sowie Art. 54 MiFID Rechnung getragen.[3] Die Regelung ist eine Spezialvorschrift zur allgemeinen Geheimhaltungsvorschrift des § 30 VwVfG. Vergleichbare Verschwiegenheitsvorschriften finden sich auch in anderen Aufsichtsgesetzen, zB § 5b InvG, § 9 KWG, § 84 VAG, § 8k VerkprospektG, § 27 WpPG. Wegen der umfangreichen Aufsichtsbefugnisse der BaFin und der daraus resultierenden Einblicke in Vermögensverhältnisse und Geschäftsstrategien u.a. durch ihre Beschäftigten war die Einführung einer besonderen Verschwiegenheitsregelung notwendig, um das Vertrauen in die Integrität der Aufsichtspraxis sowie eine entsprechende Kooperationsbereitschaft sicherzustellen.[4] Die Verschwiegenheitspflicht muss daher bei allen Anfragen, aber auch Akteneinsichtsgesuchen geprüft werden und findet auch im Bereich des Informationsfreiheitsgesetzes (IFG) über § 3 Nr. 4 IFG Berücksichtigung[5] mit der Rechtsfolge, dass ein Anspruch auf Informationszugang nicht besteht.

Abs. 1 schützt alle Tatsachen, deren Geheimhaltung im Interesse eines nach diesem Gesetz Verpflichteten oder eines Dritten liegt. Hierzu zählen insbesondere Geschäfts- und Betriebsgeheimnisse von Wertpapierdienstleistungsunternehmen, aber auch geschäftliche oder private Geheimnisse der Kunden, mit denen die BaFin im Rahmen ihrer Aufsichtstätigkeit in Berührung kommt.[6] Die wirtschaftlichen Verhältnisse einer natürlichen Person gehören grundsätzlich zu den schutzwürdigen personenbezogenen Daten.[7] Unter Betriebs- und Geschäftsgeheimnissen sind alle auf ein Unternehmen bezogenen Tatsachen, Umstände und Vorgänge zu verstehen, die nicht offenkundig, sondern nur einem begrenzten Personenkreis zugänglich sind und an deren Nichtverbreitung der Rechtsträger ein berechtigtes Interesse hat.[8] Betriebsgeheimnisse umfassen im Wesentlichen technisches Wissen im weitesten Sinne; Geschäftsgeheimnisse betreffen vornehmlich kaufmännisches Wissen.[9] Ebenso unterliegen alle amtlichen Erkenntnisse der BaFin über einen Normadressaten des WpHG der Verschwiegenheitspflicht.[10]

Ein unbefugtes Offenbaren oder Verwerten liegt u.a. dann nicht vor, wenn es sich nicht um geheimhaltungsbedürftige Tatsachen handelt oder die Weitergabe der Information aufgrund gesetzlicher Regelungen, beispielsweise Landespressegesetzen,[11] oder Zustimmung des Betroffenen vorgenommen wird.[12] Ein Geheimhaltungsinteresse fehlt bei öffentlich zugänglichen bzw bereits öffentlich bekannten Tatsachen,[13] wie Tatsachen aus einem öffentlich zugänglichen Register (zB Handelsregister) oder Tatsachen, die in der Presse veröffentlicht oder im Bundesanzeiger bekannt gemacht wurden.[14] Davon zu unterscheiden sind Tatsachen, die zwar schon eine Mehrzahl von Personen kennen, an denen der Betroffene aber immer noch ein

---

1 *Laars* in: Laars, Finanzdienstleistungsaufsichtsgesetz, § 11 Rn 1.
2 *Beck* in: Schwark/Zimmer, Kapitalmarktrechts-Kommentar, § 8 WpHG Rn 4.
3 Siehe auch BT-Drucks. 12/6679, S. 42; s.a. BT-Drucks. 13/7142, S. 105 zur Änderung der Vorschrift durch das Gesetz zur Umsetzung von EG-Richtlinien zur Harmonisierung bank- und wertpapieraufsichtsrechtlicher Vorschriften.
4 BT-Drucks. 12/6679, S. 42; ähnlich: § 9 KWG, s. dazu *Lindemann* in: Boos/Fischer/Schulte-Mattler, Kreditwesengesetz, § 9 KWG Rn 1.
5 ZB VG Frankfurt v. 18.2.2009 – 7 K 4170/07; VG Frankfurt v. 28.1.2009 – 7 K 4037/07; daneben kann die BaFin Auskunfts- und Akteneinsichtsgesuche nach dem IFG aus anderen Gründen zurückweisen, zB bei nachteiligem Einfluss des Bekanntwerdens der Information nach § 3 Nr. 1a) (auf internationale Beziehungen), d) (auf Kontroll- oder Aufsichtsaufgaben der Finanz-, Wettbewerbs- und Regulierungsbehörden) sowie g) (u.a. auf die Durchführung eines laufenden Gerichtsverfahrens) IFG.
6 BT-Drucks. 12/6679, S. 42.
7 BVerwG v. 24.5.2011 – 7 C 6/10, Rn 16.
8 BVerwG v. 24.5.2011 – 7 C 6/10, Rn 16; BGH, ZR 112/75, NJW 1977, 1062.
9 BVerfGE 115, 205; BVerwG, 7 C 18/08, 1. Orientierungssatz; BVerwG v. 24.5.2011 – 7 C 6/10, Rn 16.
10 So die hM, s. *Döhmel* in: Assmann/Schneider, § 8 Rn 9; *Beck* in: Schwark/Zimmer, Kapitalmarktrechts-Kommentar, § 8 WpHG Rn 8.
11 *Beck* in: Schwark/Zimmer, Kapitalmarktrechts-Kommentar, § 8 WpHG Rn 18; *Döhmel* in: Assmann/Schneider, § 8 Rn 21.
12 *Beck* in: Schwark/Zimmer, Kapitalmarktrechts-Kommentar, § 8 WpHG Rn 11.
13 *Döhmel*, in: Assmann/Schneider, § 8 Rn 7; KölnKomm-WpHG/*Möllers*, § 8 Rn 18.
14 *Beck* in: Schwark/Zimmer, Kapitalmarktrechts-Kommentar, § 8 WpHG Rn 9.

Geheimhaltungsinteresse hat und daher keine „amtliche Bestätigung" wünscht, es sei denn, dass sie bereits den Charakter des Geheimnisses verloren haben.[15]

Geheimhaltungsbedürftige Tatsachen dürfen aber an die in den Nr. 1 bis Nr. 5 genannten Stellen weitergegeben werden, soweit diese die Informationen zur Erfüllung ihrer Aufgaben benötigen. Bei den genannten Stellen handelt es sich nicht um eine abschließende Aufzählung.[16] Der Schutzzweck der Verschwiegenheitspflicht wird nicht ausgehöhlt, weil die bei diesen Stellen beschäftigten Personen ebenfalls einer Verschwiegenheitspflicht unterliegen.[17] Folgerichtig darf auch die Weitergabe von Tatsachen an Stellen eines anderen Staates nur erfolgen, wenn diese Stellen oder von ihr beauftragte Personen einer Verschwiegenheitsverpflichtung unterliegen, die der des Satz 1 entspricht.

4 Die Regelung in **Abs. 2** enthält ein besonderes Verwertungsverbot für die im Rahmen der Aufsichtstätigkeit erlangten Informationen, Kenntnisse und Unterlagen gegenüber den Finanzbehörden.[18] Das öffentliche Interesse an einer gleichmäßigen Besteuerung tritt gegenüber den Zielen einer effektiven Wertpapieraufsicht zurück.[19] Da die BaFin bei ihrer Tätigkeit in hohem Maße auf die Kooperationsbereitschaft der Wertpapierdienstleistungsunternehmen, ihrer Kunden und des Publikums insgesamt angewiesen ist, ist das Verwertungsverbot notwendig, um eine wirksame Aufsicht zu ermöglichen.[20] Darüber hinaus werden die zuständigen Stellen in anderen Staaten als Ausfluss von Art. 10 Abs. 3 der Insiderrichtlinie vielfach nur unter dem Vorbehalt der steuerlichen Nichtverwertung zur Übermittlung von Informationen an die BaFin bereit sein.[21]

Ein Verstoß gegen die Verschwiegenheitspflicht kann eine Amtspflichtverletzung begründen. Ebenso möglich ist eine Strafbarkeit nach §§ 203, 204 StGB.[22]

§ 9 Meldepflichten

(1) ¹Wertpapierdienstleistungsunternehmen und Zweigniederlassungen im Sinne des § 53 b des Kreditwesengesetzes sind verpflichtet, der Bundesanstalt jedes Geschäft in Finanzinstrumenten, die zum Handel an einem organisierten Markt zugelassen oder in den regulierten Markt oder den Freiverkehr einer inländischen Börse einbezogen sind, spätestens an dem auf den Tag des Geschäftsabschlusses folgenden Werktag, der kein Samstag ist, nach Maßgabe des Absatzes 2 mitzuteilen. ²Die Verpflichtung nach Satz 1 gilt auch für den Erwerb und die Veräußerung von Rechten auf Zeichnung von Wertpapieren, sofern diese Wertpapiere an einem organisierten Markt oder im Freiverkehr gehandelt werden sollen, sowie für Geschäfte in Aktien und Optionsscheinen, bei denen ein Antrag auf Zulassung zum Handel an einem organisierten Markt oder im Freiverkehr oder auf Einbeziehung in den regulierten Markt oder den Freiverkehr gestellt oder öffentlich angekündigt ist. ³Die Verpflichtung nach den Sätzen 1 und 2 gilt auch für inländische zentrale Gegenparteien im Sinne des § 1 Abs. 31 des Kreditwesengesetzes hinsichtlich der von ihnen abgeschlossenen Geschäfte. ⁴Die Verpflichtung nach den Sätzen 1 und 2 gilt auch für Unternehmen, die ihren Sitz in einem Staat haben, der nicht Mitgliedstaat der Europäischen Union oder Vertragsstaat des Abkommens über den Europäischen Wirtschaftsraum ist, und an einer inländischen Börse zur Teilnahme am Handel zugelassen sind, hinsichtlich der von ihnen an dieser inländischen Börse geschlossenen Geschäfte in Finanzinstrumenten. ⁵Die Verpflichtung nach den Sätzen 1 und 2 gilt auch für Unternehmen, die ihren Sitz in einem anderen Mitgliedstaat der Europäischen Union oder einem anderen Vertragsstaat des Abkommens über den Europäischen Wirtschaftsraum haben und an einer inländischen Börse zur Teilnahme am Handel zugelassen sind, jedoch nur hinsichtlich der von ihnen an dieser inländischen Börse geschlossenen Geschäfte in solchen Finanzinstrumenten, die weder zum Handel an einem organisierten Markt zugelassen noch in den regulierten Markt einer inländischen Börse einbezogen sind.

(1 a) ¹Von der Verpflichtung nach Absatz 1 ausgenommen sind Bausparkassen im Sinne des § 1 Abs. 1 des Bausparkassengesetzes und Unternehmen im Sinne des § 2 Absatz 4 des Kreditwesengesetzes, sofern sie nicht an einer inländischen Börse zur Teilnahme am Handel zugelassen sind, sowie Wohnungsunternehmen mit Spareinrichtung. ²Die Verpflichtung nach Absatz 1 findet auch keine Anwendung auf Geschäfte in An-

---

15 OLG Frankfurt NVwZ 1982, 215.
16 Str., s. *Beck* in: Schwark/Zimmer, Kapitalmarktrechts-Kommentar, § 8 WpHG Rn 13.
17 Vgl BT-Drucks. 12/6679, S. 43.
18 *Beck* in: Schwark/Zimmer, Kapitalmarktrechts-Kommentar, § 8 WpHG Rn 26.
19 *Köhler* in: Park, Kapitalmarktstrafrecht, Kap. 1 Rn 120.
20 *Beck* in: Schwark/Zimmer, Kapitalmarktrechts-Kommentar, § 8 WpHG Rn 26; *Köhler* in: Park, Kapitalmarktstrafrecht, Kap. 1 Rn 120.
21 BT-Drucks. 12/6679, S. 43.
22 *Beck* in: Schwark/Zimmer, Kapitalmarktrechts-Kommentar, § 8 WpHG Rn 29 f; *Döhmel* in: Assmann/Schneider, § 8 Rn 41 ff.

teile oder Aktien an Investmentvermögen im Sinne des § 1 Absatz 1 des Kapitalanlagegesetzbuchs, bei denen eine Rücknahmeverpflichtung der Gesellschaft besteht.

(2) ¹Die Mitteilung ist der Bundesanstalt im Wege der Datenfernübertragung zu übermitteln, es sei denn, es liegen die Voraussetzungen des Artikels 12 der Verordnung (EG) Nr. 1287/2006 vor, unter denen eine Speicherung auf einem Datenträger erfolgen kann. ²Die Mitteilung muss für jedes Geschäft mindestens die Angaben nach Artikel 13 Abs. 1 Satz 1 in Verbindung mit Tabelle 1 des Anhangs I der Verordnung (EG) Nr. 1287/2006 enthalten, soweit die Bundesanstalt im Hinblick auf diese Angaben eine Erklärung nach Artikel 13 Abs. 1 Satz 2 der Verordnung (EG) Nr. 1287/2006 abgegeben hat. ³Die Mitteilung muss darüber hinaus enthalten:

1. Kennzeichen zur Identifikation des Depotinhabers oder des Depots, sofern der Depotinhaber nicht selbst nach Absatz 1 zur Meldung verpflichtet ist,
2. Kennzeichen für Auftraggeber, sofern dieser nicht mit dem Depotinhaber identisch ist.

(3) ¹Die Bundesanstalt ist zuständige Behörde für die Zwecke der Artikel 9 bis 15 der Verordnung (EG) Nr. 1287/2006. ²Sie übermittelt Mitteilungen nach Absatz 1 innerhalb der in Artikel 14 Abs. 3 der Verordnung (EG) Nr. 1287/ 2006 genannten Frist an die zuständige Behörde eines anderen Mitgliedstaates der Europäischen Union oder eines anderen Vertragsstaates des Abkommens über den Europäischen Wirtschaftsraum, wenn sich in diesem Staat der unter Liquiditätsaspekten wichtigste Markt für das gemeldete Finanzinstrument im Sinne der Artikel 9 und 10 der Verordnung (EG) Nr. 1287/2006 befindet oder eine Anforderung einer zuständigen Behörde nach Artikel 14 Abs. 1 Buchstabe c der Verordnung (EG) Nr. 1287/2006 vorliegt. ³Satz 2 gilt entsprechend für Mitteilungen einer Zweigniederlassung im Sinne des § 53b Abs. 1 Satz 1 des Kreditwesengesetzes an die Bundesanstalt, falls die zuständige Behörde des Herkunftsmitgliedstaates nicht auf eine Übermittlung verzichtet hat. ⁴Eine Übermittlung nach Satz 2, auch in Verbindung mit Satz 3, gilt auch dann als an die zuständige Behörde im Herkunftsmitgliedstaat übermittelt, wenn sie im Einvernehmen mit dieser Behörde an eine andere Einrichtung übermittelt wird. ⁵Für Inhalt, Form und Frist der Übermittlungen nach den Sätzen 2 bis 4 gilt Artikel 14 Abs. 2 und 3 der Verordnung (EG) Nr. 1287/2006. ⁶Für die nicht automatisierte Zusammenarbeit der Bundesanstalt mit der zuständigen Behörde eines anderen Mitgliedstaates der Europäischen Union oder eines anderen Vertragsstaates des Abkommens über den Europäischen Wirtschaftsraum auf dem Gebiet des Meldewesens nach dieser Vorschrift oder vergleichbaren ausländischen Vorschriften gilt Artikel 15 der Verordnung (EG) Nr. 1287/2006. ⁷Zur Erfüllung der Pflichten nach Satz 2 erstellt die Bundesanstalt eine Liste der Finanzinstrumente nach Maßgabe des Artikels 11 der Verordnung (EG) Nr. 1287/2006 und kann unter den dort geregelten Voraussetzungen Referenzdaten von inländischen Börsen anfordern. ⁸§ 7 bleibt unberührt.

(4) Das Bundesministerium der Finanzen kann durch Rechtsverordnung, die nicht der Zustimmung des Bundesrates bedarf,

1. nähere Bestimmungen über Inhalt, Art, Umfang und Form der Mitteilung und über die zulässigen Datenträger und Übertragungswege erlassen,
2. neben den Angaben nach Absatz 2 zusätzliche Angaben vorschreiben, soweit dies aufgrund der besonderen Eigenschaften des Finanzinstruments, das Gegenstand der Mitteilung ist, oder der besonderen Bedingungen an dem Handelsplatz, an dem das Geschäft ausgeführt wurde, gerechtfertigt ist und die zusätzlichen Angaben zur Erfüllung der Aufsichtsaufgaben der Bundesanstalt erforderlich sind,
3. zulassen, dass die Mitteilungen der Verpflichteten auf deren Kosten durch die Börse oder einen geeigneten Dritten erfolgen, und die Einzelheiten hierzu festlegen,
4. für Geschäfte, die Schuldverschreibungen zum Gegenstand haben, zulassen, dass Angaben nach Absatz 2 in einer zusammengefassten Form mitgeteilt werden,
5. bei Sparkassen und Kreditgenossenschaften, die sich zur Ausführung des Geschäfts einer Girozentrale oder einer genossenschaftlichen Zentralbank oder des Zentralkreditinstituts bedienen, zulassen, dass die in Absatz 1 vorgeschriebenen Mitteilungen durch die Girozentrale oder die genossenschaftliche Zentralbank oder das Zentralkreditinstitut erfolgen, wenn und soweit der mit den Mitteilungspflichten verfolgte Zweck dadurch nicht beeinträchtigt wird.

(5) Das Bundesministerium der Finanzen kann die Ermächtigung nach Absatz 4 durch Rechtsverordnung auf die Bundesanstalt für Finanzdienstleistungsaufsicht übertragen.

Literatur:

Knauth, Änderung der Wertpapierhandel-Meldeverordnung – § 9 WpHG quo vadis?, WM 2003, 1593; *Süßmann*, Meldepflichten nach § 9 Wertpapierhandelsgesetz, WM 1996, 937; *ders.*, Erläuterungen zur Wertpapierhandel-Meldeverordnung, in: Kümpel/Ott, Kapitalmarktrecht, Kz. 552 S. 7 ff; *Zeitz*, Der Begriff des „Geschäfts" im Lichte des § 9 WpHG, WM 2008, 918.

1 Seit dem 1.1.1996 besteht die Meldepflicht, die es ermöglicht, Wertpapiergeschäfte systematisch zu analysieren und damit Gesetzesverstöße aufzudecken, zB Verstöße gegen das Verbot von Insidergeschäften. Durch das FRUG wurde die Meldepflicht an die Vorgaben der MiFID angepasst. Im Jahr 2013 erfolgten Änderungen durch das EMIR-Ausführungsgesetz und das AIFM-Umsetzungsgesetz.

2 Meldepflichtig sind nach den Änderungen durch das FRUG **Wertpapierdienstleistungsunternehmen (s. § 2 Abs. 4), Zweigniederlassungen im Sinne des § 53 b KWG und inländische zentrale Gegenparteien.** Meldepflichtig sind auch Unternehmen mit Sitz in einem Drittstaat, die an einer inländischen Börse zum Handel zugelassen sind (Banken, Broker uä), hinsichtlich der Geschäfte an dieser Börse. Nicht meldepflichtig sind u.a. Bausparkassen und Wohnungsunternehmen mit Spareinrichtung. Nach Abs. 1 a S. 2 besteht ebenso keine Meldepflicht für Geschäfte in Anteilen oder Aktien an Investmentvermögen iSv § 1 Abs. 1 KAGB.

3 Zu melden sind alle börslichen und außerbörslichen Geschäfte in Finanzinstrumenten, die zum Handel an einem organisierten Markt zugelassen oder in den regulierten Markt oder den Freiverkehr einer inländischen Börse einbezogen sind.[1] Gleiches gilt für Zeichnungsrechte für Wertpapiere, sofern diese an einem organisierten Markt oder im Freiverkehr[2] gehandelt werden sollen sowie für Geschäfte in Aktien und Optionen, bei denen ein Antrag auf Zulassung zum Handel an einem organisierten Markt oder auf Einbeziehung in den regulierten Markt oder den Freiverkehr gestellt oder öffentlich angekündigt ist.[3] Der Begriff des Geschäfts ist nach wie vor nicht im WpHG legaldefiniert. Ausgehend von der Definition in Art. 5 der MiFID-Durchführungs-VO (EG) 1287/2006 nimmt die BaFin in ihrem Rundschreiben 12/2007 vom 21.12.2007 eine Definition des meldepflichtigen Geschäfts vor.[4] Die Meldung ist spätestens an dem auf den Tag des Geschäftsabschlusses folgenden Werktag, der kein Samstag ist, zu übersenden.

4 Der Mindestinhalt der Meldung eines Geschäfts ergibt sich aus Art. 13 der Durchführungsverordnung (EG) 1287/2006. Darüber hinaus bedarf es wie bisher Meldungen zur Kundenidentifikation. Der Name des auftraggebenden Kunden ist in der Meldung nicht enthalten, sondern vielmehr eine Kennzeichnung des Auftraggebers, über die es der BaFin möglich ist, die Identität des Kunden bei dem meldepflichtigen Institut zu erfragen, aber auch schon vor einer Abfrage weitere gleichlaufende oder gegenläufige Geschäfte desselben Kunden zu erkennen.

5 Die Meldepflicht wird durch eine aufgrund der Verordnungsermächtigung in Abs. 4 erlassene Verordnung konkretisiert.[5] Die Verordnung präzisiert neben den Anforderungen an die Übermittlung der Mitteilungen u.a. den zu übermittelnden Meldesatz für jedes Geschäft. Der Meldebogen enthält 61 Felder.[6] Diese beziehen sich zB auf die Bezeichnung der Wertpapiers, den Kurs, den Handelsplatz, die Uhrzeit des Geschäftsabschlusses, WKN, ISIN, den Abschlusskurs bzw -preis, den Nennbetrag der Wertpapiere oder Derivate, die Fälligkeit bzw Endfälligkeit und die beteiligten Institute und Unternehmen, abweichende Auftraggeber sowie ein Kennzeichen bei Vorliegen eines außerbörslichen Geschäfts und eines Eigen- oder Kundengeschäfts.

6 Abs. 3 regelt das Verfahren der Zusammenarbeit der zuständigen Behörden in der EU bzw dem EWR beim Datenaustausch, womit Art. 25 Abs. 3 Unterabs 2, Abs. 5 und 6 iVm Art. 58 MiFID und den Art. 1, 14 und 15 der Durchführungsverordnung Rechnung getragen wird.[7] Klargestellt ist in S. 8, dass für den Datenaustausch auch auf die Befugnisse nach § 7 zurückgegriffen werden kann.

7 Die Meldungen können durch den Meldepflichtigen entweder direkt an die BaFin (Direktmelder), durch die Börse oder mittels eines geeigneten Dritten (§ 9 Abs. 4 Nr. 3 WpHG, § 14 WpHMV) übermittelt werden.

---

1 Vgl BT-Drucks. 14/8017, S. 86.
2 Die Meldepflicht für Freiverkehrswerte war im Jahr 2007 durch das FRUG aufgehoben worden, da die MiFID in Art. 25 Abs. 3 nur eine Meldepflicht für an einem organisierten Markt zugelassene Finanzinstrumente vorsah (BT-Drucks. 16/4028, S. 62), ist aber mittlerweile durch Art. 6 des Gesetzes zur Stärkung der Finanzmarkt- und Versicherungsaufsicht (BGBl. 2009, Teil 1 Nr. 48, S. 2305) wieder eingeführt.
3 Ab dem 1.11.2009 sind der BaFin auch die Freiverkehrswerte zu melden. Die Meldepflicht für Finanzinstrumente, die im Freiverkehr gehandelt werden, ist durch das Gesetz zur Stärkung der Finanzmarkt- und der Versicherungsaufsicht zum 1.11.2009 wieder eingeführt worden.
4 BaFin Rundschreiben 12/2007 (WA) – Umsetzung der MiFID vom 21.12.2007, S. 3.
5 Verordnung über die Meldepflichten beim Handel mit Wertpapieren und Derivaten (Wertpapierhandel-Meldeverordnung – WpHMV) v. 21.12.1995 (BGBl. I S. 220, zuletzt geändert durch die Dritte Verordnung zur Änderung der Wertpapierhandel-Meldeverordnung v. 18.12.2007 (BGBl. I S. 3014), im Internet unter <www.bafin.de/Aufsichtsrecht>; s. auch Rundschreiben 12/2007 (WA) – Umsetzung der MiFID, im Internet unter <www.bafin.de/Unternehmen/Banken & Finanzdienstleister/Finanzmarktrichtlinie>.
6 Meldebogen und Feldbeschreibungen wurden als Anlageband zur Ausgabe Nr. 66 (2007) des BGBl Teil I ausgegeben (ursprünglich Anlageband zu BGBl. 2003 I Nr. 29; neu gef. mWv 1.1.2008 durch VO v. 18.12.2007 (BGBl. I S. 3014; Anlageband zu BGBl. 2008 I Nr. 66).
7 BT-Drucks. 16/4028, S. 63.

§ 10 Anzeige von Verdachtsfällen

(1) ¹Wertpapierdienstleistungsunternehmen, andere Kreditinstitute, Kapitalverwaltungsgesellschaften und Betreiber von außerbörslichen Märkten, an denen Finanzinstrumente gehandelt werden, haben bei der Feststellung von Tatsachen, die den Verdacht begründen, dass mit einem Geschäft über Finanzinstrumente gegen ein Verbot oder Gebot nach § 14, § 20a dieses Gesetzes oder die Artikel 12, 13 oder 14 der Verordnung (EU) Nr. 236/2012 des Europäischen Parlaments und des Rates vom 14. März 2012 über Leerverkäufe und bestimmte Aspekte von Credit Default Swaps (ABl. L 86 vom 24. 3. 2012, S. 1), verstoßen wird, diese unverzüglich der Bundesanstalt mitzuteilen. ²Sie dürfen andere Personen als staatliche Stellen und solche, die auf Grund ihres Berufs einer gesetzlichen Verschwiegenheitspflicht unterliegen, von der Anzeige oder von einer daraufhin eingeleiteten Untersuchung nicht in Kenntnis setzen.

(2) ¹Die Bundesanstalt hat Anzeigen nach Absatz 1 unverzüglich an die zuständigen Aufsichtsbehörden derjenigen organisierten Märkte innerhalb der Europäischen Union oder des Europäischen Wirtschaftsraums weiterzuleiten, an denen die Finanzinstrumente nach Absatz 1 gehandelt werden. ²Der Inhalt einer Anzeige nach Absatz 1 darf von der Bundesanstalt nur zur Erfüllung ihrer Aufgaben verwendet werden. ³Im Übrigen darf er nur zum Zweck der Verfolgung von Straftaten nach § 38 sowie für Strafverfahren wegen einer Straftat, die im Höchstmaß mit einer Freiheitsstrafe von mehr als drei Jahren bedroht ist, verwendet werden. ⁴Die Bundesanstalt darf die Identität einer anzeigenden Person nach Absatz 1 anderen als staatlichen Stellen nicht zugänglich machen. ⁵Das Recht der Bundesanstalt nach § 40b bleibt unberührt.

(3) Wer eine Anzeige nach Absatz 1 erstattet, darf wegen dieser Anzeige nicht verantwortlich gemacht werden, es sei denn, die Anzeige ist vorsätzlich oder grob fahrlässig unwahr erstattet worden.

(4) ¹Das Bundesministerium der Finanzen kann durch Rechtsverordnung, die nicht der Zustimmung des Bundesrates bedarf, nähere Bestimmungen erlassen über die Form und den Inhalt einer Anzeige nach Absatz 1. ²Das Bundesministerium der Finanzen kann die Ermächtigung durch Rechtsverordnung auf die Bundesanstalt für Finanzdienstleistungsaufsicht übertragen.

Literatur:
Diekmann/Sustmann, Gesetz zur Verbesserung des Anlegerschutzes, NZG 2004, 933; *Gebauer*, Verdachtsmitteilungen gem. § 10 WpHG – Auslegung und Umsetzung in der Praxis, in: Kohler/Obermüller/Wittig, Kapitalmarkt – Recht und Praxis: Gedächtnisschrift für Ulrich Bosch, 2006, 31; *Schwintek*, Die Anzeigepflicht bei Verdacht von Insidergeschäften und Marktmanipulation nach § 10 WpHG, WM 2005, 861.

Die mit dem Anlegerschutzverbesserungsgesetz eingeführte, durch das Gesetz zur Vorbeugung gegen missbräuchliche Wertpapier- und Derivategeschäfte, das EU-Leerverkaufs-Ausführungsgesetz und das AIFM-Umsetzungsgesetz ergänzte Vorschrift führt für die genannten Personen[1] eine Anzeigepflicht ein, soweit diese Personen Tatsachen feststellen, die den Verdacht des Insiderhandels nach § 14, der Marktmanipulation nach § 20a oder des Verstoßes gegen die Beschränkung ungedeckter Leerverkäufe in Aktien (Art. 12 der Verordnung (EU) 236/2012) oder von öffentlichen Schuldtiteln (Art. 13 der VO) oder gegen die Beschränkungen für ungedeckte Credit Default Swaps auf öffentliche Schuldtitel (Art. 14 der VO) begründen. Die Vorschrift enthält eine begrenzte Inpflichtnahme Privater zum Zweck der Verfolgung von Ordnungswidrigkeiten und Straftaten.[2] Die Anzeigenden unterliegen einer Verschwiegenheitspflicht,[3] die jedoch staatliche Stellen und Personen, die aufgrund ihres Berufs einer gesetzlichen Verschwiegenheitspflicht unterliegen, nicht erfasst. Durch die Regelung wird Art. 6 Abs. 9 der Marktmissbrauchsrichtlinie umgesetzt.[4] Die Anzeige ist gegenüber der BaFin abzugeben. Die BaFin hält auf ihrer Internetseite ein Formular für die Anzeige bereit. § 2 WpAIV enthält zudem ausführliche Vorgaben zum Inhalt der Anzeige. Im Jahr 2012 gingen bei der BaFin 547 Verdachtsanzeigen wegen Marktmanipulation und Insiderhandels ein (Vorjahr: 473).[5]

Die Voraussetzungen der Anzeigepflicht regelt **Abs. 1 S. 1**. Adressaten der Pflicht sind Wertpapierdienstleistungsunternehmen, andere Kreditinstitute, Kapitalverwaltungsgesellschaften sowie die Betreiber von außerbörslichen Märkten. Die Betreiber von börslichen Märkten sind nach § 7 Abs. 5 S. 4 und 5 BörsG zur Unterrichtung der BaFin durch die Handelsüberwachungsstellen verpflichtet. Nach Abs. 1 S. 1 muss ein durch Tatsachen begründeter Verdacht auf einen Verstoß gegen eines der genannten Verbote vorliegen. Reine Vermutungen für einen solchen Verstoß sind nicht ausreichend, um die Anzeigepflicht zu begründen.[6] Der

---

1 Siehe für eine Definition des Begriffs der Personen, die beruflich Geschäfte mit Finanzinstrumenten tätigen (Art. 6 Abs. 9 der Marktmissbrauchslinie) Art. 1 Nr. 3 der der Durchführungsrichtlinie 2004/72/EG (ABl. EU L 162, S. 70), der zumindest Wertpapierfirmen und Kreditinstitute als erfasst ansieht.
2 *v. Hein* in: Schwark/Zimmer, Kapitalmarktrechts-Kommentar, § 10 WpHG Rn 1.
3 Zu den Adressaten der Verschwiegenheitspflicht s. *v. Hein* in: Schwark/Zimmer, Kapitalmarktrechts-Kommentar, § 10 WpHG Rn 29.
4 BT-Drucks. 15/3174, S. 32.
5 Jahresbericht der BaFin 2012, S. 177.
6 BT-Drucks. 15/3174, S. 32.

Verdachtsbegriff entspricht – ebenso wie bei § 19 BörsG – nicht dem der StPO.[7] Die Verschwiegenheitspflicht des Anzeigenden nach S. 2 soll verhindern, dass die Beteiligten an einer anzeigepflichtigen Tat von bevorstehenden Ermittlungen vorzeitig erfahren und Verdunkelungshandlungen vornehmen können.[8]

3 **Abs. 2** regelt die Verwendung des Inhalts der Anzeige durch die Bundesanstalt und die Strafverfolgungsbehörden. Die BaFin hat Anzeigen unverzüglich an die Aufsichtsbehörden der regulierten Märkte innerhalb der EU oder des EWR weiterzuleiten, an welcher die betroffenen Finanzinstrumente gehandelt werden.[9] Die BaFin darf den Inhalt der Anzeigen zudem nur zur Erfüllung ihrer Aufgaben verwenden. Soweit die BaFin nach § 4 Abs. 5 der Staatsanwaltschaft Tatsachen, die den Verdacht einer Straftat nach § 38 begründen, der zuständigen Staatsanwaltschaft anzuzeigen hat, erfolgt in diesem Fall eine Verwendung des Inhalts der Anzeige auch durch die zuständige Staatsanwaltschaft.[10] Der Inhalt der Anzeige darf nur zur Verfolgung von Straftaten nach § 38 sowie zur Verfolgung von anderen Straftaten verwendet werden, die mit einer Freiheitsstrafe von mehr als drei Jahren geahndet werden können. Im Falle einer Marktmanipulation ist damit beispielsweise auch eine Verwendung für die Verfolgung eines Betruges nach § 263 StGB gegeben.[11] Um die Vertraulichkeit der Identität des Anzeigenden sicherzustellen, darf die BaFin dessen Identität nur staatlichen Stellen zugänglich machen. Das Recht der BaFin zur Veröffentlichung von Maßnahmen nach § 40 b bleibt unberührt.[12]

4 Um die Bereitschaft zur Erstattung von Anzeigen nach Abs. 1 zu erhöhen und haftungsrechtlichen Bedenken zuvorzukommen, hat der Gesetzgeber in **Abs. 3** eine Haftungsfreistellung bei leicht fahrlässiger Falschanzeige gewährt, um die Bereitschaft zur Erstattung von Anzeigen nach Abs. 1 zu erhöhen.[13]

5 **Abs. 4** enthält eine Verordnungsermächtigung des BMF, das diese durch Rechtsverordnung an die BaFin übertragen kann. Von ersterer hat das BMF durch den Erlass der §§ 2 und 3 WpAIV[14] Gebrauch gemacht, die Vorgaben zu Inhalt, Art und Form der Anzeige enthalten.

§ 11 Verpflichtung des Insolvenzverwalters

(1) Wird über das Vermögen eines nach diesem Gesetz zu einer Handlung Verpflichteten ein Insolvenzverfahren eröffnet, hat der Insolvenzverwalter den Schuldner bei der Erfüllung der Pflichten nach diesem Gesetz zu unterstützen, insbesondere indem er aus der Insolvenzmasse die hierfür erforderlichen Mittel bereitstellt.

(2) Wird vor Eröffnung des Insolvenzverfahrens ein vorläufiger Insolvenzverwalter bestellt, hat dieser den Schuldner bei der Erfüllung seiner Pflichten zu unterstützen, insbesondere indem er der Verwendung der Mittel durch den Verpflichteten zustimmt oder, wenn dem Verpflichteten ein allgemeines Verfügungsverbot auferlegt wurde, indem er die Mittel aus dem von ihm verwalteten Vermögen zur Verfügung stellt.

Literatur:
v. Buttlar, Kapitalmarktrechtliche Pflichten in der Insolvenz, BB 2010, 1355; *Hirte*, Ad-hoc-Publizität und Krise der Gesellschaft, ZInsO 2006, 1289; *Lau*, Die börsennotierte Aktiengesellschaft in der Insolvenz, 2008; *Rubel*, Erfüllung von WpHG-Pflichten in der Insolvenz durch Insolvenzverwalter oder Vorstand?, AG 2009, 615; *Schuster/Friedrich*, Die Behandlung kapitalmarktrechtlicher Informationspflichten in der Insolvenz, ZInsO 2011, 321; *Thiele/Fedtke*, Mitteilungs- und Veröffentlichungspflichten des WpHG in der Insolvenz, AG 2013, 286.

1 Bis zum 30.4.2002 enthielt die Norm Regelungen zur Umlage, die seitdem in § 16 FinDAG und in der diese Norm konkretisierenden FinDAGKostV enthalten sind.[1] In diese VO wurde die damalige Regelung des § 11 weitgehend integriert. Die Regelung zur Kostenerstattung bei Prüfungen wurde in § 15 Abs. 1 Nr. 2 FinDAG übernommen. Danach blieb die Paragraphennummer lange unbesetzt, bis sie für die durch das

---

7 BT-Drucks. 15/3493, S. 51. Der im Rahmen des § 10 geltende Verdachtsbegriff ist umstritten, s. *v. Hein* in: Schwark/Zimmer, Kapitalmarktrechts-Kommentar, 4. Aufl. 2010, § 10 WpHG Rn 19.
8 BT-Drucks. 15/3174, S. 32 f; parallel dazu enthält § 4 Abs. 8 eine Verschwiegenheitspflicht der Adressaten von Maßnahmen nach § 4 Abs. 2–4.
9 Die Vorschrift setzt Art. 7 Abs. 2 der Durchführungsrichtlinie 2004/72/EG um.
10 BT-Drucks. 15/3174, S. 33.
11 BT-Drucks. 15/3174, S. 33.
12 Abs. 2 S. 5 enthält die für die u.a. nach Art. 14 Abs. 4 der Marktmissbrauchslinie vorgesehene Veröffentlichung von Sanktionen erforderliche Ausnahme, BT-Drucks. 15/3174, S. 33.
13 BT-Drucks. 15/3174, S. 33.
14 Verordnung zur Konkretisierung von Anzeige-, Mitteilungs- und Veröffentlichungspflichten sowie der Pflicht zur Führung von Insiderverzeichnissen nach dem Wertpapierhandelsgesetz (Wertpapierhandelsanzeige- und Insiderverzeichnisverordnung – WpAIV) v. 13.12.2004 (BGBl. I S. 3376), zuletzt geändert durch Art. 3 G zur Umsetzung der RL 2010/73/EU und zur Änd. des BörsenG vom 26.6.2012 (BGBl. I S. 1375).
1 Verordnung über die Erhebung von Gebühren und die Umlegung von Kosten nach dem Finanzdienstleistungsaufsichtsgesetz (FinDAGKostV) v. 29.4.2002 (BGBl. I S. 1504) zuletzt geändert mWv 4.9.2013 durch Art. 1 der Verordnung v. 27.8.2013 (BGBl. I S. 3467); s. auch die Übergangsregelung des § 42.

TUG eingeführte Regelung genutzt wurde. Für die Pflichten nach dem BörsG enthält § 43 BörsG, der 2007 eingefügt wurde, eine entsprechende Regelung.

Das BVerwG hat in seinem Urteil vom 13.4.2005[2] entschieden, dass der Insolvenzverwalter nicht zur Erfüllung der trotz Insolvenz weiter bestehenden kapitalmarktrechtlichen Pflichten eines Emittenten verpflichtet werden kann, sondern diese Aufgabe weiter dem Vorstand der Gesellschaft obliegt. Diese Frage war zuvor umstritten. Auf dieses Urteil des BVerwG hat der Gesetzgeber mit der Schaffung des § 11 reagiert.[3] Die Regelung soll sicherstellen, dass die kapitalmarktrechtlichen Pflichten auch im Insolvenzfall erfüllt werden und der notwendige Informationsfluss marktrelevanter Daten gewährleistet ist.[4] Zwar geht auch der Gesetzgeber im Einklang mit der Rechtsprechung des BVerwG davon aus, dass es Aufgabe des Emittenten ist, die kapitalmarktrechtlichen Pflichten zu erfüllen. Jedoch hat ihn der Insolvenzverwalter hierbei zu unterstützen und insbesondere die erforderlichen Mittel zu ihrer Erfüllung zur Verfügung zu stellen.[5] Auch der vorläufige Insolvenzverwalter nach § 22 InsO hat den Verpflichteten bei der Erfüllung seiner Pflichten zu unterstützten. Der Beitrag des Insolvenzverwalters wird durch die Regelung aber gering gehalten, so dass für ihn keine weiteren Haftungsrisiken eröffnet werden.[6] Davon unberührt bleibt jedoch seine zivilrechtliche Haftung.[7] Sollte der Insolvenzverwalter aufgrund seiner Verwaltung des Schuldnervermögens einen Informationsvorsprung gegenüber dem Schuldner besitzen, so hat er dem Schuldner die zur Erfüllung seiner kapitalmarktrechtlichen Pflichten notwendigen Informationen zur Verfügung zu stellen.[8]

Abschnitt 3
Insiderüberwachung

§ 12 Insiderpapiere

[1]Insiderpapiere sind Finanzinstrumente,
1. die an einer inländischen Börse zum Handel zugelassen oder in den regulierten Markt oder in den Freiverkehr einbezogen sind,
2. die in einem anderen Mitgliedstaat der Europäischen Union oder einem anderen Vertragsstaat des Abkommens über den Europäischen Wirtschaftsraum zum Handel an einem organisierten Markt zugelassen sind oder
3. deren Preis unmittelbar oder mittelbar von Finanzinstrumenten nach Nummer 1 oder Nummer 2 abhängt.

[2]Der Zulassung zum Handel an einem organisierten Markt oder der Einbeziehung in den regulierten Markt oder in den Freiverkehr steht gleich, wenn der Antrag auf Zulassung oder Einbeziehung gestellt oder öffentlich angekündigt ist.

Literatur:
van Aerssen, Erwerb eigener Aktien und Wertpapierhandelsgesetz, WM 2000, 391; *Apfelbacher/Polke*, Ad-hoc-Publizität bei zukünftigen Sachverhalten – (Nichts) Neues aus Luxemburg, Corporate Finance Law 2012, 275; *Assmann*, Rechtsanwendungsprobleme des Insiderrechts, AG 1997, 50; *ders.*, Insiderrecht und Kreditwirtschaft, WM 1996, 1337; *ders.*, Das künftige deutsche Insiderrecht, AG 1994, 196, 237; *ders.*, Das neue deutsche Insiderrecht, ZGR 1994, 494; *Bachmann*, Kapitalmarktrechtliche Probleme bei der Zusammenführung von Unternehmen, ZHR 172 (2008), 597; *ders.*, Ad-hoc-Publizität nach „Geltl", DB 2012, 2206; *Baetge* (Hrsg.), Insiderrecht und Ad-hoc-Publizität, 1995; *BaFin*, Emittentenleitfaden der Bundesanstalt für Finanzdienstleistungsaufsicht, 2013; *Becker*, Das neue Wertpapierhandelsgesetz, 1995; *Benner-Heinacher*, Kollidiert die Auskunftspflicht des Vorstandes mit dem Insidergesetz?, DB 1995, 765; *Bihr*, Due Diligence: Geschäftsführungsorgane im Spannungsfeld zwischen Gesellschafts- und Gesellschafterinteressen, BB 1998, 1198; *Brandi/Süßmann*, Neue Insiderregeln und Ad-hoc-Publizität – Folgen für Ablauf und Gestaltung von M&A-Transaktionen, AG 2004, 642; *Bürgers*, Das Anlegerschutzverbesserungsgesetz, BKR 2004, 424; *Bremer/Royé/Fey*, Skepsis bei Überarbeitung der Marktmissbrauchsregeln, ZFRC 2012, 22; *Burgard*, Ad-hoc-Publizität bei gestreckten Sachverhalten und mehrstufigen Entscheidungsprozessen, ZHR 162, 51; *Bussian*, Die Verwendung von Insiderinformationen, WM 20111, 8; *Cahn*, Das neue Insiderrecht, Der Konzern 2005, 5; *ders.*, Grenzen des Markt- und Anlegerschutzes durch das WpHG, ZHR 162 (1998), 1; *Caspari*, Die Problematik der wesentlichen Kursbeeinflussung einer publizitätspflichtigen Tatsache, in: Baetge, 65; *ders.*, Die geplante Insiderregelung in der Praxis, ZGR 1994, 530; *Claussen*, Wie ändert das KonTraG das Aktiengesetz?, DB 1998, 177; *ders.*, Das Wertpapierhandelsgesetz und die Wertpapieranalysten – ein offenes Feld, AG 1997, 306; *ders.*, Insiderhandelsverbot und Ad hoc-Publizität, Köln 1996; *ders.*, Das neue Börsenaufsichtsrecht, DB 1994, 969; *ders.*, Das neue Insiderrecht, DB 1994, 27; *ders.*, Neues zur kommenden Insidergesetzgebung, ZBB 1992, 73, 267; *ders./Florian*, Der

---

2 BB 2005, 1587.
3 BT-Drucks. 16/2498, S. 32.
4 BT-Drucks. 16/2498, S. 31 f.
5 Zur Streitfrage, wer im Einzelfall welche Pflichten zu erfüllen hat s. *v. Buttlar*, BB 2010, 1356 ff; *Thiele/Fedtke*, AG 2013, 286, 288 f mwN.
6 BT-Drucks. 16/2498, S. 32.
7 *Hirte* in: KölnKomm-WpHG, § 11 Rn 14.
8 BT-Drucks. 16/2498, S. 32.

Emittentenleitfaden, AG 2005, 745; *ders./Schwark* (Hrsg), Insiderrecht für Finanzanalysten, 1997; *Cloppenburg/Kruse*, Die Weitergabe von Insiderinformationen an und durch Journalisten, WM 2007, 1109; *Cramer*, Strafrechtliche Probleme des Insiderhandelsverbots – insb. Beihilfe zur fremden Insider-Straftat, AG 1997, 59; *ders.*, Strafbarkeit der Ausnutzung und Weitergabe von Insiderinformationen nach dem Recht der Bundesrepublik Deutschland, in: FS Triffterer, 1996, S. 323; *Diekmann/Sustmann*, Gesetz zur Verbesserung des Anlegerschutzes (Anlegerschutzverbesserungsgesetz – AnSVG), NZG 2004, 929; *Dier/Fürhoff*, Die geplante europäische Marktmissbrauchsrichtlinie, AG 2002, 604; *Dierlamm*, Das neue Insiderstrafrecht, NStZ 1996, 519; *ders.*, Insider-Handel und Strafrecht, 1983; *Dreyling*, Erste Erfahrungen mit dem WpHG – Ad-hoc-Publizität, Insiderrecht, Verhaltensnormen, in: Das Zweite Finanzmarktförderungsgesetz in der praktischen Umsetzung, in: Hadding (s.u.), S. 159; *ders./Schäfer*, Insiderrecht und Ad-hoc-Publizität, Köln 2001; *Dihnkrack/Hasche*, Das neue Anlegerschutzverbesserungsgesetz und seine Auswirkungen auf Emissionshäuser und geschlossene Fonds, DB 2004, 1351; *von Dryander/Schröder*, Gestaltungsmöglichkeiten für die Gewährung von Aktienoptionen an Vorstandsmitglieder im Lichte des neuen Insiderrechts, WM 2007, 534; *Edelmann*, Haftung von Vorstandsmitgliedern für fehlerhafte Ad-hoc-Mitteilungen – Besprechung der Infomatec-Urteile des BGH, BB 2004, 2031; *Eichelberger*, Scalping – ein Insiderdelikt?, WM 2003, 2121; *Ekkenga*, Kapitalmarktrechtliche Aspekte von „Investor Relations", NZG 2001, 1; *Feddersen*, Aktienoptionsprogramme für Führungskräfte aus kapitalmarktrechtlicher und steuerlicher Sicht, ZHR 161, 269; *von Falkenhausen/Widder*, Die Weitergabe von Insiderinformationen innerhalb einer Rechtsanwalts-, Wirtschaftsprüfer- oder Steuerberatersozietät, BB 2004, 165; *Fleischer/Schmolke*, Gerüchte im Kapitalmarktrecht, AG 2007, 841; *dies*, Finanzielle Anreize für Whistleblower im Europäischen Kapitalmarktrecht?, NZG 2012, 361; *Fromm-Russenschuck/Banjera*, Die Zulässigkeit des Handels mit Insiderpapieren nach Durchführung einer Due-Diligence-Prüfung, BB 2004, 2425; *Fürhoff*, Insiderrechtliche Behandlung von Aktienoptionsprogrammen und Management Buy Outs, AG 1998, 83; *Gehrt*, Die neue Ad-hoc-Publizität nach § 15 Wertpapierhandelsgesetz, 1997; *Götz*, Die unbefugte Weitergabe von Insidertatsachen, DB 1995, 1949; *Grothaus*, Reform des Insiderrechts: großer Aufwand – viel Rechtssicherheit – wenig Nutzen?, ZBB 2005, 62; *Gunßer*, Ad-hoc-Veröffentlichungspflicht bei zukunftsbezogenen Sachverhalten, NZG 2008, 855; *Hadding* (Hrsg), Das Zweite Finanzmarktförderungsgesetz in der praktischen Umsetzung, Schriftenreihe der Bankrechtlichen Vereinigung, Band 7, 1996; *Heise*, Der Insiderhandel an der Börse und dessen strafrechtliche Bedeutung, 2000; *Hitzer*, Zum Begriff der Insiderinformation, NZG 2012, 860; *Holzborn/Israel*, Das Anlegerschutzverbesserungsgesetz, WM 2004, 1948; *Hopt*, Familien- und Aktienpools unter dem Wertpapierhandelsgesetz, ZGR 1997, 1; *ders.*, Grundsatz- und Praxisprobleme nach dem Wertpapierhandelsgesetz, ZHR 159, 135; *ders.*, Zum neuen Wertpapierhandelsgesetz, WM-Festgabe Hellner, 1994, S. 29; *ders.*, Insiderwissen und Interessenkonflikte im europäischen und deutschen Bankrecht, in: FS Heinsius, 1991, S. 289; *ders.*, Europäisches und deutsches Insiderrecht, ZGR 1991, 17; *ders.*, Das neue Insiderrecht nach §§ 12 WpHG – Funktion, Dogmatik, Reichweite, in: Das Zweite Finanzmarktförderungsgesetz in der praktischen Umsetzung, in: Hadding (s.o.), S. 3; *Joussen*, Auskunftspflicht des Vorstandes nach § 131 AktG und Insiderrecht, DB 1994, 2485; *Kaiser*, Die Sanktionierung von Insiderverstößen und das Problem der Kursmanipulation, WM 1997, 1557; *Kallmeyer*, Das neue Insider-Recht: Ist die Eignung zur Kursbeeinflussung justitiabel?, DB 1994, 1; *Kiesewetter/Parmentier*, Verschärfung des Marktmissbrauchsrechts – ein Überblick über die neue EU-Verordnung über Insidergeschäfte und Marktmanipulation, BB 2013, 2371; *Klöhn*, Der „gestreckte Geschehensablauf" vor dem EuGH, NZG 2011, 166; *ders.*, Das deutsche und europäische Insiderrecht nach dem Geltl-Urteil des EuGH, ZIP 2012, 1885; *ders.*, Insiderhandel vor deutschen Strafgerichten – Implikationen des freenet-Beschlusses des BGH, DB 2010, 769; *Koch*, Neuerungen im Insiderrecht und der Ad-hoc-Publizität, DB 2005, 267; *ders.*, Die Ad-hoc-Publizität nach dem Kommissionsentwurf einer Marktmissbrauchsverordnung, BB 2012, 1365; *Kondring*, Zur Anwendung deutschen Insiderstrafrechts auf Sachverhalte mit Auslandsberührung, WM 1998, 1369; *Kümpel*, Insiderrecht und Ad-hoc-Publizität aus Bankensicht, WM 1996, 653; *ders.*, Zum Begriff der Insidertatsache, WM 1994, 2137; *Kuthe*, Änderungen des Kapitalmarktrechts durch das Anlegerschutzverbesserungsgesetz, ZIP 2004, 883; *Langenbucher/Brenner/Gellings*, Zur Nutzung von Insiderinformationen nach der Marktmissbrauchsrichtlinie, BKR 2010, 133; *Lenenbach*, Scalping: Insiderdelikt oder Kursmanipulation, ZIP 2003, 243; *Linker/Zinger*, Rechte und Pflichten der Organe einer Aktiengesellschaft bei der Weitergabe vertraulicher Unternehmensinformationen, NZG 2002, 497; *Loesche*, Die Eignung zur erheblichen Kursbeeinflussung in den Insiderhandelsverboten des WpHG, 1998; *ders.*, Die Erheblichkeit der Kursbeeinflussung in den Insiderhandelsverboten des WpHG, WM 1998, 1849; *ders./Eichner/Stute*, Die Berechnung von Erheblichkeitsgrenzen in den Insiderhandelsverboten des WpHG, AG 1999, 308; *Loistl*, Empirisch fundierte Messung kursrelevanter Tatsachen, Bank 1995, 232; *Lotze*, Die insiderrechtliche Beurteilung von Aktienoptionsplänen, 2000; *Lücker*, Der Straftatbestand des Missbrauchs von Insiderinformationen nach dem WpHG, 1997; *Lutter/Krieger*, Hilfspersonen von Aufsichtsratsmitgliedern, DB 1995, 257; *Martens*, Erwerb und Veräußerung eigener Aktien im Börsenhandel, AG 1996, 337; *Meller*, Der Insidertatbestand des US-amerikanischen und deutschen Rechtes, Osnabrück 1997; *Mennicke*, Sanktionen gegen Insiderhandel, Berlin 1996; *Mertens*, Die Information des Erwerbers einer wesentlichen Unternehmensbeteiligung an einer Aktiengesellschaft durch deren Vorstand, AG 1997, 541; *Merkner/Sustmann*, Insiderrecht und Ad-hoc-Publizität – Das Anlegerschutzverbesserungsgesetz „in der Fassung durch den Emittentenleitfaden der BaFin", NZG 2005, 729; *dies.*, Reform des Marktmissbrauchsrechts: Die Vorschläge der Europäischen Kommission zur Verschärfung des Insiderrechts, NZG 2012, 315; *Mock*, Gestreckte Verfahrensabläufe im Europäischen Insiderhandelsrecht, ZBB/JBB 2012, 286; *Möllers*, Der BGH, die BaFin und der EuGH: Ad-hoc-Publizität beim einvernehmlichen vorzeitigen Ausscheiden des Vorstandsvorsitzenden Jürgen Schrempp, NZG 2009, 330; *ders./Seidenschwann*, Anlegerfreundliche Auslegung des Insiderrechts durch den EuGH, NJW 2012, 276; *Müller*, Gestattung der Due Diligence durch den Vorstand der Aktiengesellschaft, NJW 2000, 3452; *Nikoleyczik*, Ad-hoc-Publizitätspflicht bei zukunftsbezogenen Sachverhalten – der Fall „Schrempp", GWR 2009, 82; *Parmentier*, Ad-hoc-Publizität bei Börsengang und Aktienplatzierung, NZG 2007, 407; *Pananis*, Insidertatsache und Primärinsider, Eine Untersuchung zu den Zentralbegriffen des § 13 Abs. 1 WpHG, 1998; *ders.*, Zur Abgrenzung von Insidertatsache und ad-hoc-publizitätspflichtigem Sachverhalt bei mehrstufigen Entscheidungsprozessen, WM 1997, 460; *Peltzer*, Neuregelung des Erwerbs eigener Aktien im Lichte der historischen Erfahrungen, WM 1998, 322; *ders.*, Steuer- und Rechtsfragen bei der Mitarbeiterbeteiligung und der Einräumung von Aktienoptionen, AG 1996, 307; *ders.*, Die neuen Insiderregeln im Entwurf des zweiten Finanzmarktförderungsgesetzes, ZIP 1994, 746; *Peters*, Das deutsche Insiderstrafrecht unter Berücksichtigung strafrechtlicher Konsequenzen für Kreditinstitute und prozessualer Durchsetzung, 1997; *Ransiek*, Zur prozessualen Durchsetzung des Insiderstrafrechts, DZWir 1995, 53; *Rodewald/Tüxen*, Neuregelung des Insiderrechts nach dem Anlegerschutzverbesserungsgesetz (AnSVG), Neue Organisationsanforderungen für Emittenten und ihre Berater, BB 2004, 2249; *Roschmann/Frey*, Geheimhaltungsverpflichtungen der Vorstandsmitglieder von Aktiengesellschaften bei Unternehmenskäufen, AG 1996, 449; *von Rosen*, Aktienoptionen für Führungskräfte und Insiderrecht, WM 1998, 1810; *ders./Helm*, Der Erwerb eigener Aktien durch die Gesellschaft, AG 1996, 434; *Rudolph*, Viertes Finanzmarktförderungsgesetz –

ist der Name Programm?, BB 2002, 1036; *Sandow*, Primär- und Sekundärinsider nach dem WpHG, 2001; *Schäfer*, in: Marsch-Barner/Schäfer, Handbuch der börsennotierten AG, 2. Auflage 2009, § 13; *Schall*, Anmerkungen zu Geltl./.Daimler, ZIP 2012, 1286; *Schlaus*, Die Insiderregeln der §§ 12 WpHG aus der Sicht der Praxis, in: Das Zweite Finanzmarktförderungsgesetz in der praktischen Umsetzung in: Hadding (s.o.), S. 35; *Schleifer/Kliemt*, Einschränkung betriebsverfassungsrechtlicher Unterrichtungspflichten durch Insiderrecht?, DB 1995, 2214; *Schmidt-Diemitz*, Pakethandel und das Weitergabeverbot von Insiderwissen, DB 1996, 1809; *S. H. Schneider*, Die Weitergabe von Insiderinformationen, NZG 2005, 702; *U. H. Schneider*, Aktienoptionen als Bestandteil der Vergütung von Vorstandsmitgliedern, AG 1996, 1769; *ders./Burgard*, Scalping als Insiderstraftat, ZIP 1999, 381; *ders./Singhof*, Die Weitergabe von Insidertatsachen in der konzernfreien Aktiengesellschaft, insbesondere im Rahmen der Hauptversammlung und an einzelne Aktionäre – Ein Beitrag zum Verhältnis von Gesellschaftsrecht und Kapitalmarktrecht, in: FS Kraft, 1998, S. 585; *Schroeder*, Darf der Vorstand der Aktiengesellschaft dem Aktienkäufer eine Due Diligence gestatten? DB 1997, 2161; *Schulz*, Das Insiderhandelsverbot nach § 14 Abs. 1 Nr. 1 WpHG im Licht der Spector-Rechtsprechung des EuGH, ZIP 2010, 609; *Schwark*, Tatbestände und Rechtsfolgen des Insiderhandelsverbots, in: Claussen/Schwark (Hrsg.), 32; *ders.*, Börsen und Wertpapierhandelsmärkte in der EG, WM 1997, 293; *Schwarze*, Die Orderlage im Skontro eines Börsenmaklers, WM 1997, 1564; *Schweizer*, Insiderverbote – Interessenkonflikte und Compliance: Auswirkungen der Insiderregulierung auf deutsche Banken, 1996; *Spindler*, Kapitalmarktreform in Permanenz – Das Anlegerschutzverbesserungsgesetz, NJW 2004, 3449; *Steck/Schmitz*, Das Kapitalmarktrecht nach dem Anlegerschutzverbesserungsgesetz, FB 2005, 187; *Süßmann*, Insiderhandel - Erfahrungen aus der Sicht des BAW, AG 1997, 63; *ders.*, Die befugte Weitergabe von Insidertatsachen, AG 1999, 162; *Teigelack*, Insiderhandel und Marktmanipulation im Kommissionsentwurf einer Marktmissbrauchsverordnung, BB 2012, 1361; *Tippach*, Marktdaten im künftigen Insiderrecht?, WM 1993, 1269; *ders.*, Das Insider-Handelsverbot, Köln 1995; *Veil/Koch*, Auf dem Weg zu einem Europäischen Kapitalmarktrecht: die Vorschläge der Kommission zur Neuregelung des Marktmissbrauchs, WM 2011, 2297; *Viciano-Gofferje/Cascante*, Neues aus Brüssel zum Insiderrecht – die Marktmissbrauchsverordnung, NZG 2012, 968; *Volk*, Die Strafbarkeit von Absichten im Insiderhandelsrecht, BB 1999, 66; *ders.*, Scalping strafbar?, ZIP 1999, 787; *ders.*, Strafrecht gegen Insider?, ZHR 142 (1978), 1; *Voß*, Insiderrecht: Entwarnung für die Transaktionspraxis durch den EuGH, BB 2010, 334; *Walla*, Die Reformen der Europäischen Kommission zum Marktmissbrauchs- und Transparenzregime – Regelungskonzept, Aufsicht und Sanktionen, BB 2012, 1358; *M. Weber*, Kursmanipulation am Wertpapiermarkt, NZG 2000, 113; *ders.*, Scalping – Erfindung und Folgen eines Insiderdelikts, NJW 2000, 562; *U. Weber*, Das neue Insiderrecht, BB 1995, 157; *Wirth*, Auskunftspflicht der Rechtsanwälte, Wirtschaftsprüfer und Steuerberater gegenüber der Wertpapieraufsicht, BB 1996, 1725; *Widder*, Befreiung von der Ad-hoc-Publizität ohne Selbstbefreiungsbeschluss, BB 2009, 967; *Wüsthoff*, Der Auskunftsanspruch des Aktionärs nach § 131 Aktiengesetz zwischen Insider-Verboten und Ad hoc-Publizität nach dem Wertpapierhandelsgesetz, 2000; *Ziemons*, Die Weitergabe von Unternehmensinterna an Dritte durch den Vorstand einer Aktiengesellschaft, AG 1999, 492; *dies*, Neuerungen im Insiderrecht und bei der Ad-hoc-Publizität durch die Marktmissbrauchsrichtlinie und das Gesetz zur Verbesserung des Anlegerschutzes, NZG 2004, 537.

A. Übersicht

§ 12 definiert den in §§ 13 Abs. 1, 14 Abs. 1 vorausgesetzten Begriff des **Insiderpapiers**, der gleichzeitig die Dimension der dort verankerten Insidergruppen bzw Verbote bestimmt. Seit dem Inkrafttreten des **Anlegerschutzverbesserungsgesetzes (AnSVG)**[1] am 30.10.2004 knüpft diese Definition an den Begriff der Finanzinstrumente an. Mit dem AnSVG wurden die **EU-Richtlinie über Insider-Geschäfte und Marktmanipulation (Marktmissbrauch)** vom 28.1.2003[2] sowie ihre Durchführungsrichtlinien[3] und eine Durchführungsverordnung[4] in deutsches Recht umgesetzt. Weitere Auslegungshilfen geben die Empfehlungen der **European Securities and Market Authority (ESMA)**[5] sowie der **Emittentenleitfaden der Bundesanstalt für Finanzdienstleistungsaufsicht (BaFin)**[6] mit Anwendungshilfen u.a. zur Ad-hoc-Publizität, zum Insiderrecht, zu Directors' Dealings, zu Teilaspekten der Marktmanipulation und Insiderverzeichnissen.

1

---

1 Gesetz zur Verbesserung des Anlegerschutzes v. 28.10.2004, BGBl. I S. 2630; Gesetzentwurf der Bundesregierung, BT-Drucks. 15/3174; Stellungnahme des Bundesrates und Gegenäußerung der Bundesregierung, BT-Drucks. 15/3355; Beschlussempfehlung und Bericht des Finanzausschusses, BT-Drucks. 15/3493; Gesetzesbeschluss von Bundestag und Bundesrat, BR-Drucks. 643/04.
2 Richtlinie 2003/6/EG des Europäischen Parlaments und des Rates (ABl. EU Nr. L 96 S. 16).
3 Richtlinie 2003/124/EG der Kommission zur Durchführung der Richtlinie 2003/6/EG v. 22.12.2003 betreffend die Begriffsbestimmungen und die Veröffentlichung von Insider-Informationen und die Begriffsbestimmung der Marktmanipulation (ABl. EU Nr. L 339 S. 70); Richtlinie 2003/125/EG der Kommission v. 22.12.2003 zur Durchführung der Richtlinie 2003/6/EG in Bezug auf die sachgerechte Darbietung von Anlageempfehlungen und die Offenlegung von Interessenkonflikten (ABl. EU Nr. L 339 S. 73) und Richtlinie 2004/72/EG der Kommission v. 29.4.2004 zur Durchführung der Richtlinie 2003/6/EG – Zulässige Marktpraktiken, Definition von Insider-Informationen in Bezug auf Warenderivate, Erstellung von Insider-Verzeichnissen, Meldung von Eigengeschäften und Meldung verdächtiger Transaktionen (ABl. EU Nr. L 162 S. 70).
4 Verordnung (EG) Nr. 2273/2003 der Kommission v. 22.12.2003 zur Durchführung der Richtlinie 2003/6/EG – Ausnahmeregelungen für Rückkaufprogramme und Kursstabilisierungsmaßnahmen (ABl. EU Nr. L 336 S. 33).
5 ESMA ging im Zuge der Reform der Europäischen Aufsicht zum 1.1.2011 aus dem Committee of European Securities Regulators (CESR) hervor; CESR's Advice on Level 2 Implementing Measures for the proposed Market Abuse Directive, CESR/02–089 d, Dezember 2002; CESR, Advice on the Second Set of Level 2 Implementing Measures for the Market Abuse Directive, CESR/03–212 c, August 2003.
6 Stand teilweise 15.7.2005, teilweise 28.4.2009 und teilweise 22.7.2013, abrufbar unter <www.bafin.de>, im folgenden zitiert als Emittentenleitfaden 2013; die *BaFin*, Emittentenleitfaden 2013, S. 27, weist darauf hin, dass der Leitfaden eine Hilfestellung bzw eine Erläuterung der Verwaltungspraxis, nicht aber eine juristische Kommentierung darstellen soll.

Letzte Änderungen hat § 12 durch das Finanzmarkt-Richtlinie-Umsetzungsgesetz (FRUG)[7] vom 19.7.2007 erfahren; hier wurde die Begrifflichkeit „geregelter Markt" durch „regulierter Markt" ersetzt und damit der neuen Terminologie des Börsengesetzes angepasst.[8]

In Brüssel wird die **Reform der EU-Marktmissbrauchsrichtlinie** diskutiert. Die EU-Kommission hat am 20.11.2011 den **Entwurf einer Marktmissbrauchsverordnung** vorgelegt, in die die Regelungen der bisherigen Richtlinie überführt werden sollen, flankiert von einer Richtlinie über strafrechtliche Sanktionen für Insider-Geschäfte und Marktmanipulation.[9] Die neue Marktmissbrauchverordnung sieht eine Maximalharmonisierung der Insider- und Marktmanipulationsregeln, der Publizitätspflichten zu Ad-hoc-Mitteilungen, der Eigengeschäfte von Führungspersonen und der Insiderlisten vor. Diskutiert wurde dabei lange eine Erweiterung des Insiderinformationsbegriffs, die nur für das Handelsverbot gelten sollte (hierzu wird es nun nicht kommen), sowie eine Ausweitung des Geltungsbereichs auf bestimmte über den regulierten Markt hinaus gehende sowie OTC-Geschäfte. Zudem soll der Sanktionsrahmen für Rechtsverstöße erheblich verschärft und vereinheitlicht werden. Viele diese geplanten Neuregelungen sind durchaus kritisch zu sehen.[10] Ergänzt hat die EU-Kommission am 25.7.2012 die Änderungsvorschläge um Bestimmungen mit Regelungen zur Untersagung und Kriminalisierung von Benchmarkmanipulationen, nachdem mutmaßliche LIBOR-Manipulationen bekannt geworden waren.[11] Im Juni 2013 hat man sich auf einen Kompromisstext geeinigt; im September 2013 hat dieser Text das EU-Parlament passiert.[12] Da die EU-Marktmissbrauchsverordnung mit der Revision der EU-Finanzmarktrichtlinie (MiFID) bezüglich der Definition von Finanzinstrumenten und sowie des Spektrums von Handelsplattformen verzahnt ist, ist sie noch nicht im EU-Amtsblatt veröffentlicht und damit noch nicht in Kraft getreten. Hiermit ist aber im Laufe des Jahres 2014 zu rechnen. Danach soll die Verordnung in weiten Teilen 24 Monate nach ihrem Inkrafttreten anwendbar sein. Die Verordnung enthält zudem Delegationen an ESMA, bestimmte Ausführungs- und technische Standards zu formulieren. Im Hinblick auf die begleitende Richtlinie zu strafrechtlichen Mindestsanktionen hat die litauische Ratspräsidentschaft im November 2013 mit den Trilogverhandlungen begonnen.

B. Insiderpapiere

2 **Finanzinstrumente** iSv § 12 sind in § 2 Abs. 2 b definiert. Dabei umfasst dieser Begriff neben den bisher in § 12 Abs. 1 und 2 aF aufgeführten Wertpapieren, Geldmarktinstrumenten, Zeichnungsrechten und speziellen Derivaten auch Derivate auf Waren und Edelmetallen; unter den Begriff Ware fällt auch Strom.[13] Insiderpapiere stellen Finanzinstrumente dar, welche die zusätzlichen Anforderungen der Nr. 1 bis 3 erfüllen. Bei **bereits erfolgter Zulassung oder Einbeziehung (S. 1)** werden Börsen **in Deutschland (Nr. 1)** in jeglicher Organisationsform einbezogen, auch reine **Computerbörsen**; nicht hingegen **börsenexterne Telefongeschäfte** in Wertpapieren ohne Börsennotierung.[14] Der Börsenhandel kann durch **Zulassung (Alt. 1)** oder durch **Einbeziehung in den regulierten Markt (Alt. 2)** gem. §§ 32 f. BörsG oder durch **Einbeziehung in den Freiverkehr (Alt. 3)** gem. § 48 BörsG für Wertpapiere, die weder zum Handel im regulierten Markt zugelassen noch zum Handel in den regulierten Markt einbezogen sind, erfolgen.

3 Nur **im europäischen Ausland (Nr. 2)**, dh **EU- (Alt. 1)** oder **sonstigen EWR-Staaten (Alt. 2)**, also Norwegen, Island, Liechtenstein, zum Handel an einem organisierten Markt (§ 2 Abs. 5) zugelassene Wertpapiere sind gleichfalls (eigentliche) Insiderpapiere; sonstige können insiderrechtlich jedoch ggf der nationalen Gesetzgebung des Sitzlandes der jeweiligen Börse unterliegen.

4 Einbezogen in den Kreis der als Insiderpapiere zu qualifizierenden Finanzinstrumente sind auch solche **(Nr. 3)**, deren Preis **unmittelbar (Alt. 1)** oder **mittelbar (Alt. 2) von Finanzinstrumenten** nach Nr. 1 oder Nr. 2 **abhängt**. Dies gilt unabhängig davon, ob diese Finanzinstrumente selbst zum Börsenhandel zugelas-

---

7 BGBl. I S. 1330.
8 Begr. RegE FRUG, BT-Drucks. 16/4028, S. 142.
9 Vorschlag einer Verordnung über Insider-Geschäfte und Marktmanipulation (Markmissbrauch) (KOM (2011) 651 endgültig) und Vorschlag einer Richtlinie über strafrechtliche Sanktionen für Insider-Geschäfte und Marktmanipulation (KOM (2011) 654 endg), beides abrufbar unter <http://ec.europa.eu/internal_market/securities/abuse/index_de.htm>.
10 Vgl *Bremer/Royé/Fey*, ZFRC 2012, 221; Stellungnahmen des Deutschen Aktieninstituts vom 16.1.2012 und vom 24.4.2012, grundsätzlich positiv, aber mit Detailkritik *Koch*, BB 2012, 1365; *Walla*, BB 2012, 1358; *Teigelack*, BB 2012, 1361; insg. zu der Endfassung der Verordnung vgl *Kiesewetter/Parmentier*, BB 2013, 2371 ff.
11 Geänderter Vorschlag für Verordnung über Insider-Geschäfte und Marktmanipulation (Markmissbrauch) (KOM (2012) 421 final) und geänderter Vorschlag einer Richtlinie über strafrechtliche Sanktionen für Insider-Geschäfte und Marktmanipulation (KOM (2012) 420 final).
12 Legislative Entschließung des Europäischen Parlaments vom 10. September 2013 zu dem Vorschlag für eine Verordnung des Europäischen Parlaments und des Rates über Insider-Geschäfte und Marktmanipulation (Marktmissbrauch) (COM(2011)0651 – C7-0360/2011 – 2011/0295(COD)).
13 *BaFin*, Emittentenleitfaden 2013, S. 31.
14 *Caspari*, ZGR 1994, 530, 543; *Assmann*, in: Assmann/Schneider, § 12 Rn 6–8; *ders.*, AG 1994, 237, 245 f; Schäfer/Hamann/Schäfer, § 12 WpHG Rn 10; Fuchs/Mennicke, WpHG, § 12 Rn 16.

sen sind bzw an einer Börse gehandelt werden.[15] Mit dieser Regelung wurde eine Strafbarkeitslücke geschlossen, da nach Rechtslage vor Inkrafttreten des AnSVG zB Optionsverträge keine Insiderpapiere waren und Insider sich in ausschließlicher Kenntnis von wertmindernden Tatsachen von ihren Papieren durch Abschluss eines Optionsvertrages verlustmindernd trennen konnten, ohne sich im Sinne des Insiderhandelsverbotes nach § 14 strafbar zu machen.[16] Keine Insiderpapiere iSv § 12 sind Wertsteigerungsrechte, Stock Appreciation Rights und Phantom Stocks, da sie den Finanzinstrumenten nicht zuzurechnen sind.[17]

Bei beabsichtigter Zulassung oder Einbeziehung (S. 2) wird ein bereits **gestellter** (Alt. 1), also der Börse vorliegender oder öffentlich **angekündigter Antrag** (Alt. 2) erfasst. Darunter ist eine Erklärung des Emittenten oder einer die Wertpapiere öffentlich anbietenden Person gegenüber einem nicht bestimmten Personenkreis zu verstehen, wonach die Notierung der betreffenden Finanzinstrumente in einem der genannten Marktsegmente beabsichtigt sei.[18] Derart wird auch der „**Handel per Erscheinen**", also ein Geschäft vor Ausgabe von effektiven Stücken bzw vor Börseneinführung erfasst.[19] Ein Zulassungsantrag ist gestellt, wenn dieser der zuständigen Börse zugegangen ist.[20]

§ 13 Insiderinformation

(1) ¹Eine Insiderinformation ist eine konkrete Information über nicht öffentlich bekannte Umstände, die sich auf einen oder mehrere Emittenten von Insiderpapieren oder auf die Insiderpapiere selbst beziehen und die geeignet sind, im Falle ihres öffentlichen Bekanntwerdens den Börsen- oder Marktpreis der Insiderpapiere erheblich zu beeinflussen. ²Eine solche Eignung ist gegeben, wenn ein verständiger Anleger die Information bei seiner Anlageentscheidung berücksichtigen würde. ³Als Umstände im Sinne des Satzes 1 gelten auch solche, bei denen mit hinreichender Wahrscheinlichkeit davon ausgegangen werden kann, dass sie in Zukunft eintreten werden. ⁴Eine Insiderinformation ist insbesondere auch eine Information über nicht öffentlich bekannte Umstände im Sinne des Satzes 1, die sich

1. auf Aufträge von anderen Personen über den Kauf oder Verkauf von Finanzinstrumenten bezieht oder
2. auf Derivate nach § 2 Abs. 2 Nr. 2 mit Bezug auf Waren bezieht und bei der Marktteilnehmer erwarten würden, dass sie diese Information in Übereinstimmung mit der zulässigen Praxis an den betreffenden Märkten erhalten würden.

(2) Eine Bewertung, die ausschließlich auf Grund öffentlich bekannter Umstände erstellt wird, ist keine Insiderinformation, selbst wenn sie den Kurs von Insiderpapieren erheblich beeinflussen kann.

A. Funktion

Seit Einführung des Anlegerschutzverbesserungsgesetzes (AnSVG)[1] definiert § 13 nicht mehr die Person des Insiders, sondern knüpft an den Begriff der **Insiderinformation**[2] an, der den Begriff der Insidertatsache ersetzt. Damit wird eine sprachliche Anpassung an die anderen europäischen Rechtssysteme erreicht.[3] Auf die Person des Insiders kommt es nicht mehr an. Die Unterscheidung zwischen Primär- und Sekundärinsider ist auf der Tatbestandsseite aufgegeben worden und findet nur noch Berücksichtigung auf der Rechtsfolgenseite in den §§ 38, 39.

Letzte Gesetzesänderung hat Abs. 1 S. 4 Nr. 2 durch die Aufnahme der Begriffe „in Bezug auf Waren" erfahren; hierbei handelt es sich um eine redaktionelle Anpassung im Rahmen des Finanzmarktrichtlinie-Umsetzungsgesetzes (FRUG).[4]

Die Europäische Kommission hatte in ihrem Vorschlag zu einer **EU-Marktmissbrauchsverordnung** zur Neuregulierung von Insidergeschäften und Marktmanipulation eine Erweiterung der Insiderinformation

---

15 *Ziemons*, NZG 2004, 537, 538; *Koch*, DB 2005, 267; *BaFin*, Emittentenleitfaden 2009, S. 29.
16 *BaFin*, Emittentenleitfaden 2013, S. 32.
17 *BaFin*, Emittentenleitfaden 2013, S. 32; Fuchs/*Mennicke*, WpHG, § 12 Rn 39; aA *Assmann*, in: Assmann/Schneider, § 12 Rn 16; KölnKomm-WpHG/*Pawlik*, § 12 Rn 20.
18 Begr. RegE 2. Finanzmarktförderungsgesetz (FFG), BT-Drucks. 12/6679, S. 45; *Assmann*, in: Assmann/Schneider, § 12 Rn 8; Schäfer/Hamann/*Schäfer*, § 12 WpHG Rn 16; *Dreyling/Schäfer*, Rn 99; Fuchs/*Mennicke*, WpHG, § 12 Rn 25.
19 Schäfer/Hamann/*Schäfer*, § 12 WpHG Rn 16; *Kümpel*, Rn 14.222; *Becker*, S. 71 f; KölnKomm-WpHG/*Pawlik*, § 12 Rn 25; *Zimmer/Kruse*, in: Schwark/Zimmer, WpHG, § 12 Rn 10; Fuchs/*Mennicke*, WpHG, § 12 Rn 25.
20 *BaFin*, Emittentenleitfaden 2013, S. 31; *Assmann*, in: Assmann/Schneider, § 12 Rn 8.
1 BGBl. I S. 2630.
2 In Umsetzung von Art. 1 Abs. 1 der Marktmissbrauchsrichtlinie und Art. 1 Abs. 1 der Durchführungsrichtlinie 2003/124/EG.
3 *BaFin*, Emittentenleitfaden 2013, S. 33; *Steck/Schmitz*, FB 2005, 187, 188.
4 BGBl. I S. 1330, Begr. RegE FRUG, BT-Drucks. 16/4028, S. 142.

vorgeschlagen.[5] Nach Art. 6 Abs. 1 e) des Verordnungsentwurfs vom 20.10.2011 sollte eine Insiderinformation auch bestehen, wenn die Information von "einem verständigen Investor" bei der Anlageentscheidung als „relevant" betrachtet würde. Diese Erweiterung sollte allerdings nur für das Handelsverbot, aber nicht für die Ad-hoc-Meldepflicht gelten. Die Einführung einer solcher Begrifflichkeit hätte zu einer deutlichen Verschärfung des Insiderrechts geführt[6] und hätte die praktische Handhabbarkeit eingeschränkt.[7] So wurde in der im September 2013 vom Europäischen Parlaments verabschiedeten Fassung auf die sog. Vorfeldinformation verzichtet.

B. Insiderinformation

2 Die **Insiderinformation** ist definiert als **konkrete Information** über nicht öffentlich bekannte Umstände (**Abs. 1 S. 1**). Konkret ist die Information, wenn sie so bestimmt ist, dass sie hinreichende Grundlage für eine Einschätzung über den zukünftigen Verlauf des Börsen- oder Marktpreises eines Insiderpapiers bilden kann.[8] Art. 1 Abs. 1 der Durchführungsrichtlinie 2003/124/EG spricht von einer „präzisen" Information, die vorliegt, wenn Umstände bereits existieren oder bei denen man mit hinreichender Wahrscheinlichkeit davon ausgehen kann, dass sie in Zukunft eintreten werden (Hs 2 wörtlich umgesetzt in § 13 Abs. 1 S. 3). Damit sind die nach bisheriger Rechtslage von Rechtsprechung und Literatur als Insidertatsachen bewerteten Tatsachen umfasst, darüber hinaus gehend aber auch überprüfbare Werturteile, Einschätzungen, Absichten, Prognosen und Gerüchte.[9] Bei **Gerüchten** ist darauf abzustellen, ob diese einen Tatsachenkern enthalten.[10] Das Preisbeeinflussungspotential einer Information ist aus Sicht des verständigen Anlegers zu beurteilen; dabei ist im Einzelfall die Quelle des Gerüchts zu prüfen, die ihm zugrunde liegenden nachprüfbaren Fakten, die Verfassung der Märkte im Allgemeinen und des Segments der betroffenen Firma im Besonderen sowie die wirtschaftliche Situation des Unternehmens selbst.[11] Bejaht hat der BGH das Vorliegen einer konkreten, zur Kursbeeinflussung geeigneten Information bei der Höhe des Subprime-Anteils der unmittelbar eigenen Investments einer Bank sowie der mit der Bank verbundenen Zweckgesellschaften, da sie sich auf Tatsachen bezögen, die jedenfalls präzise genug seien, um den Schluss auf die möglichen Auswirkung dieser Umstände auf die Kurse von Finanzinstrumenten zuzulassen.[12]

2a Um die **hinreichende Eintrittswahrscheinlichkeit** iSd Abs. 1 S. 3 wurde die Diskussion durch die verschiedenen Gerichtsentscheidungen im Verfahren Geltl./.Daimler[13] geführt. Nachdem der der BGH in seinem ersten Urteil 2008 der OLG-Rechtsprechung[14] in diesem Punkt folgend offen gelassen hatte, ob hier eine solche Eintrittswahrscheinlichkeit bereits gegeben sei, formulierte er in seinem zweiten Leitsatz, dass ein zukünftiges Ereignis schon dann „hinreichend wahrscheinlich" sei, wenn die Wahrscheinlichkeit größer als 50% sei – dies deckte sich jedoch nicht mit der anschließenden Begründung. Nach Zurückverweisung des BGH hatte das OLG Stuttgart darauf abgestellt, dass ein Umstand dann hinreichend wahrscheinlich sei, wenn ein verständiger, nicht spekulativ handelnder Anleger ihn auf verlässlicher Informationsgrundlage im Rahmen seiner Investitionsentscheidung berücksichtigt hätte und hat dies für das mit der Gesellschaft einvernehmliche Ausscheiden des ehemaligen Vorstandsvorsitzenden bejaht bei einstimmiger Billigung des Nachfolgers durch den Präsidialausschuss.[15] Nachdem der BGH erneut durch eine Musterrechtsbeschwerde befasst wurde, setzte er das Verfahren aus und legte dem EuGH unter anderem die Frage zur Vorabent-

---

5 Vgl zu dem Reformvorhaben und seinem Stand die Erläuterungen in § 12 WpHG Rn 1.
6 So schon vertreten in den *Bremer/Royé/Fey*, ZFRC 2012, 221, 222; DAI-Stellungnahmen vom 16.1.2012 und vom 24.4.2012, *Veil/Koch*, WM 2011, 2297, 2300.
7 So auch *Viciano-Gofferje/Cascante*, NZG 2012, 968, 971.
8 *BaFin*, Emittentenleitfaden 2013, S. 33; dazu detailliert Fuchs/Mennicke/Jankovou, WpHG, § 13 Rn 22 ff.
9 *BaFin*, Emittentenleitfaden 2013, S. 33 f; Begr. RegE AnSVG, BT-Drucks. 15/3174, S. 33 mit Ausnahme zu den Gerüchten; aA zur Annahme von Gerüchten als Insiderinformationen, allerdings ohne Differenzierung nach dem Tatsachenkern: Begr. RegE AnSVG, BT-Drucks. 15/3174, S. 34; *ESMA (vormals CESR)*, CESR's Advice on Level 2 Implementig Measures for the proposed Market Abuse Directive, Dezember 2002, Tz. 20; *Cahn*, Der Konzern 2005, 5, 7; *Holzborn/Israel*, WM 2004, 1948, 1951; *Diekmann/Sustmann*, NZG 2004, 929, 930; *Steck/Schmitz*, FB 3/2005, 187, 188; *Koch*, DB 2005, 267, 268; zu Gerüchten ohne Tatsachenkern *Spindler*, NJW 2004, 3449, 3450.
10 Zu Gerüchten in Zusammenhang mit Insidertatsachen Hess-VGH v. 16.3.1998, AG 1998, 436, *BaFin*, Emittentenleitfaden 2013, S. 33; vgl zum Streitstand um Gerüchte als Insiderinformation mwN. *Fleischer/Schmolke*, AG 2007, 841, 844 ff; vgl dazu auch detailliert Fuchs/Mennicke/Jankovou, WpHG, § 13 Rn 47 f; *Assmann*, in: Assmann/Schneider, § 13 Rn 17.
11 *BaFin*, Emittentenleitfaden 2013, S. 33; kritisch würdigend hierzu *Assmann*, in: Assmann/Schneider, § 13 Rn 17–18.
12 BGH v. 13.12.2011 – XI ZR 51/10 („IKB"), DB 2012, 450, 454.
13 Erstmalige Befassung des OLG Stuttgart v. 15.2.2007 – 901 Kap. 1/06, NZG 2007, 352; BGH v. 25.2.2008 – II ZB 9/07, AG 2008, 380; vgl hierzu auch *Möllers*, NZG 2008, 330; *Gunßer*, NZG 2008, 855; OLG Stuttgart v. 22.4.2009 – 20 Kap. 1/08, NZG 2009, 624, dann Vorlagebeschluss des BGH v. 22.11.2010 – II ZB 7/09, NZG 2011, 109; EuGH v. 28.6.2012 – C 19/11, NZG 2012, 784; zuletzt BGH v. 23.4.2013 – II ZB 7/09, DB 2013, 1350.
14 OLG Stuttgart v. 15.2.2007 – 901 Kap. 1/06, NZG 2007, 352.
15 OLG Stuttgart v. 22.4.2009 – 20 Kap. 1/08, NZG 2009, 624, Beschluss wurde nicht rechtskräftig; im Ergebnis wurde die Schadensersatzpflicht jedoch abgelehnt, vgl hierzu die Kommentierung zu § 15 Rn 37 b, c Rn 5.

scheidung hinsichtlich der Auslegung des Begriffes der hinreichenden Wahrscheinlichkeit vor. Er fragte, ob eine Wahrscheinlichkeitsbeurteilung mit überwiegender oder hoher Wahrscheinlichkeit verlange, und ob unter Umständen oder Ereignissen, die mit hinreichender Wahrscheinlichkeit in Zukunft eintreten würden, zu verstehen sei, dass das Maß der Wahrscheinlichkeit vom Maß der Kursbeeinflussung abhänge und ob es bei hohem Einflusspotential genüge, wenn der Eintritt des künftigen Ereignisses oder des Umstands offen, aber nicht unwahrscheinlich sei[16] (sog. *probability/magnitude*-Test). Der EuGH hat hierzu entschieden, dass der Nachweis einer hohen Wahrscheinlichkeit nicht erforderlich sei. Es seien künftige Umstände oder Ereignisse gemeint, bei denen eine umfassende Würdigung der bereits verfügbaren Anhaltspunkte ergibt, dass tatsächlich erwartet werden könnten, dass sie in Zukunft existieren oder eintreten würden. Auch müsse das Ausmaß der Auswirkung auf den Kurs der betroffenen Finanzinstrumente bei der Auslegung der Wendung „hinreichende Wahrscheinlichkeit" nicht berücksichtigt werden.[17] Zu begrüßen ist hier insbesondere die Ablehnung des *probability/magnitude*-Tests. Der EuGH hat dem Eintritt einer hohen Wahrscheinlichkeit als Kriterium eine Absage erteilt und hat darauf abgestellt hat, dass der Eintritt tatsächlich erwartet werden kann.[18] Der BGH hat das EuGH-Urteil nun so gedeutet, dass bei der Beurteilung der hinreichenden Wahrscheinlichkeit eines künftigen Ereignisses nicht ausschließlich auf die Wahrscheinlichkeitsbeurteilung abzustellen sei, sondern auf Regeln der allgemeinen Erfahrung; zwar müsse danach eher mit dem Eintreten des künftigen Ereignisses als mit seinem Ausbleiben zu rechnen sein, aber die Wahrscheinlichkeit müsse nicht zusätzlich hoch sein.[19] Das OLG Frankfurt, das mit dem Bußgeldverfahren der BaFin in gleicher Sache in letzter Instanz betraut war, ging noch Anfang 2009 von einer wesentlich früheren Eintrittswahrscheinlichkeit aus.[20] Danach beginnt die Publizitätspflicht iSv § 15 und damit das Vorliegen einer Insiderinformation bereits dann, wenn der Bereich interner Willensbildung sich zu einer konkreten Tatsache verdichtet hat und das Ergebnis dieses Willensbildungsprozesses gegenüber einem Entscheidungsträger des Unternehmens zu Tage getreten ist; allein die gegenüber dem Aufsichtsrat geäußerte Absichtserklärung sei maßgeblich gewesen.

Die BaFin hat im Zusammenhang mit dem EuGH-Urteil Geltl./.Daimler (s.o.) zur Veröffentlichungspflicht von Zwischenschritten bei gestreckten Sachverhalten zur Frage der Eintrittswahrscheinlichkeit darauf hingewiesen, dass das Maß der erforderlichen Wahrscheinlichkeit aus Sicht des EuGH nicht in Abhängigkeit vom Kurs variiere; durch die Verweisung zur endgültigen Entscheidung an den BGH bleibt aus Sicht der BaFin abzuwarten, ob die Eintrittswahrscheinlichkeit für künftige Ereignisse nach der noch ausstehenden BGH-Entscheidung niedriger anzusetzen sein wird (bisher: 50 % + x).[21] Bisher bestehen keine Anhaltspunkte, dass die BaFin ihre bisherige Auslegungsweise nach dem nun vorliegenden BGH-Beschluss ändert. In ihrem Leitfaden hatte sie bisher darauf abgestellt, dass konkrete Anhaltspunkte vorliegen müssen, die den Eintritt des Umstandes als voraussehbar erscheinen lassen; eine mit an Sicherheit grenzenden Wahrscheinlichkeit sei nicht erforderlich.[22] Zwar wurde hier die Ansicht vertreten, dass eigentlich erst ein hoher Wahrscheinlichkeitsgrad hinreichend sein sollte,[23] aufgrund der neuen EuGH-Rechtsprechung und dem BGH-Beschluss ist jedoch die Annahme eines „niedrigeren" Wahrscheinlichkeitsgrades anzuempfehlen.[24]

Bei **mehrstufigen Entscheidungsprozessen** ist bei jeder einzelnen Zwischenstufe zu prüfen, ob bereits eine konkrete Information vorliegt; ob der Prozess bereits so weit vorangeschritten ist, dass dem Umstand die Eignung zur erheblichen Preisbeeinflussung zukommt, ist aus Sicht des verständigen Anlegers durch eine Gesamtschau aller bisherigen Entscheidungsstufen zu beurteilen.[25] Der EuGH hat festgelegt, dass die der deutschen Regelung zugrunde liegende Formulierung von der Art. 1 Abs. 1 der EU-Marktmissbrauchsrichtlinie und Art. 1 Abs. 1 der entsprechenden Durchführungsrichtlinie (2003/124/EG) dahin gehend auszulegen ist, dass bei einem zeitlich gestreckten Vorgang, bei dem ein bestimmter Umstand verwirklicht oder ein

---

16 BGH v. 22.11.2010 – II ZB 7/09, NZG 2011, 109, vgl zum Vorlagebeschluss *Klöhn*, NZG 2011, 166.

17 EuGH v. 28.6.2012 – C 19/11, NZG 2012, 784; anders noch in diesem Punkt der Schlussantrag des GA Mengozzi v. 21.3.2012, NZG 2012, 464, der einen *probability/magnitude*-Test bejahte.

18 In der Literatur wird die Auslegung des EuGH teilweise so verstanden, dass die Eintrittswahrscheinlichkeit mindestens über 50% liegen muss, um „hinreichend" im Sinne von § 13 zu sein, vgl zB *Bingel*, AG 2012, 685, 699, *Hitzer*, NZG 2012, 860, 862, *Schall*, ZIP 2012, 1286, 1288; nicht einhelliger Auffassung *Apfelbacher/Polke*, Corporate Finance Law 2012, 275, 277, sieht diese Auslegung nicht als zwingend an, aA auch *Möllers/Seidenschwann*, NJW 2012, 2762, 2763.

19 BGH DB 2013, 1350, 1354; der BGH hat den Musterentscheid des OLG Stuttgart in Teilen aufgehoben und an das OLG zurückverwiesen, damit es die nach dem EuGH-Urteil weiter erforderlichen Tatsachenfeststellungen treffen kann.

20 OLG Frankfurt v. 12.2.2009 – 2 Ss-OWi 514/08, WM 2009, 647.

21 *BaFin*, Journal 8/2012, S. 7, abrufbar unter <www.bafin.de>.

22 *BaFin*, Emittentenleitfaden 2013, S. 34.

23 So auch *Assmann*, in: Assmann/Schneider, § 13 Rn 25, *Schwark/Kruse* in: Schwark/Zimmer, WpHG, § 13 Rn 12; *Parmentier*, NZG 2008, 407, 411; *Deutsches Aktieninstitut/BDI*, Stellungnahme zur Überarbeitung des Emittentenleitfadens, 2009, S. 16; *Gunßer*, NZG 2008, 855, 858; aA *Bachmann*, ZHR 172 (2008), 597, 606.

24 Dies gilt auch für die Vornahme einer Selbstbefreiung nach § 15 Abs. 3, vgl Kommentierung in § 15 Rn 15.

25 *BaFin*, Emittentenleitfaden 2013, S. 33; siehe zu den mehrstufigen Entscheidungsprozessen im Zusammenhang mit Ausnahmen zur Ad-hoc-Pflicht die Kommentierung in § 15 Rn 11.

bestimmtes Ereignis herbeigeführt werden soll, nicht nur dieser Umstand oder dieses Ereignis präzise Information im Sinne einer Insiderinformation sein können, sondern auch die mit der Verwirklichung des Umstands oder Ereignisses verknüpften Zwischenschritte dieses Vorgangs.[26] Würden Zwischenschritte nicht veröffentlicht, könnten Insider ihre Position zum Nachteil derjenigen ausnutzen, die die Informationen nicht kennen.[27] Nicht nur bereits eingetretene, sondern auch Zwischenschritte könnten präzise Informationen sein, bei denen man mit hinreichender Wahrscheinlichkeit davon ausgehen könne, dass sie in Zukunft existieren oder eintreten werden.[28] Die Rechtsprechung des EuGH hat bei der Revision des EU-Marktmissbrauchsrechts Eingang in die Bestimmungen zur Ad-hoc-Pflicht gefunden.[29] Der BGH hat nun entschieden, dass bei einem zeitlich gestreckten Vorgang wie der Herbeiführung eines Aufsichtsratsbeschlusses über den Wechsel im Amt des Vorstandsvorsitzenden jeder Zwischenschritt – auch bereits die Kundgabe der Absicht des amtierenden Vorstandsvorsitzenden gegenüber dem Aufsichtsratsvorsitzenden, vor Ablauf der Amtszeit aus dem Amt zu scheiden – eine Insiderinformation im Sinne des § 13 Abs. 1 S. 1 über einen bereits eingetretenen nicht öffentlich bekannten Umstand sein könne.[30]

3 **Nicht öffentlich bekannt** ist eine Insiderinformation, wenn ein breites Anlegerpublikum, also eine unbestimmte Anzahl von Personen von ihr nicht grundsätzlich tatsächlich Kenntnis nehmen kann. Wird also die sog. **Bereichsöffentlichkeit** für die Marktteilnehmer durch die Verbreitung der Information über allgemein zugängliche Informationssysteme (auch im Ausland) hergestellt, ist eine Information öffentlich bekannt. Eine breite Streuung über die Massenmedien ist dazu nicht erforderlich.[31] Werden Informationen nicht über Medien, sondern im direkten Kontakt vor Ort vermittelt (Analystengespräche, Interviews, Pressekonferenzen, Hauptversammlungen, Urteilsverkündungen), besteht keine Bereichsöffentlichkeit, sondern die Weitergabe an ein abstrakt **abgrenzbares Personenkollektiv**.[32]

4 Weiterhin müssen sich die Umstände auf einen oder mehrere **Emittenten von Insiderpapieren** oder auf **Insiderpapiere selbst** beziehen und geeignet sein, im Falle ihres öffentlichen Bekanntwerdens den **Börsen- oder Marktpreis erheblich zu beeinflussen (Abs. 1 S. 1)**. Die Umstände müssen also nicht ausschließlich im Tätigkeitsbereich des Emittenten eingetreten sein; auch ihn nur mittelbar betreffende Tatsachen können Insiderinformationen sein, etwa allgemeine Marktdaten oder Marktinformationen wie branchenspezifische Daten.[33] Die Eignung zur Beeinflussung des Börsen- oder Marktpreises ist gegeben, wenn ein **verständiger Anleger** die Information bei seiner Anlageentscheidung berücksichtigen würde (**Abs. 1 S. 2**).[34]
Die **Eignung zur erheblichen Preisbeeinflussung** besitzt eine Information, wenn zum Zeitpunkt des insiderträchtigen Verhaltens der nicht öffentlich bekannte Umstand bei einer ex ante **Prognose aus Sicht des verständigen Anlegers** aufgrund der Würdigung des konkreten Einzelfalls und der Marktverhältnisse anhand objektiver Maßstäbe für sich alleine mit **Wahrscheinlichkeit** ein erhebliches Potential zur Preisbeeinflussung hat, unabhängig davon, ob dieser tatsächlich eintritt.[35] Nach Bekanntwerden der öffentlichen Information eintretende Preisänderungen sollen als Indiz herangezogen werden können,[36] eine solche Indizwirkung soll laut BGH aber nur in Betracht kommen, wenn andere Umstände als das öffentliche Bekanntwerden der Insiderinformation für die Kursveränderung praktisch ausgeschlossen werden können.[37] Zwischen Umstand und Eignung muss eine Kausalität bestehen.[38] Abstand genommen wurde bei der Formulierung des AnSVG

---

[26] EuGH, Urt. v. 28.6.2012 – C 19/11, NZG 2012, 784; *Bachmann*, DB 2012, 2206, 2211; teilweise wird dies in der Diskussion als Verschärfung der bisherigen Rechtslage beurteilt, so zB *Hitzer*, NZG 2012, 860, 862. *Mock*, ZBB/JBB 2012, 286, 292, weist auf die Problematik mit der Vereinbarkeit mit einer möglichen neuen „Insiderinformation light" hin.
[27] EuGH, Urteil v. 28.6.2012 – C 19/11, NZG 2012, 784, 786.
[28] EuGH, Urteil v. 28.6.2012 – C 19/11, NZG 2012, 784, 786.
[29] Vgl zum Stand des EU-Marktmissbrauchsrechts § 12 Rn 1.
[30] BGH v. 23.4.2013 – II ZB 7/09, DB 2013, 1350.
[31] *BaFin*, Emittentenleitfaden 2013, S. 34; Begr. RegE 2. FFG, BT-Drucks. 12/6679, S. 46; Schäfer/Hamann/*Schäfer*, § 13 WpHG Rn 33 *Assmann*, in: Assmann/Schneider, § 13 Rn 34-38.
[32] *BaFin*, Emittentenleitfaden 2013, S. 34; so auch schon *Ekkenga*, NZG 2001, 1, 3/8; *Assmann*, ZGR 1994, 494, 512; *ders.*, in: Assmann/Schneider, § 13 Rn 39 f; *Kümpel*, WM 1994, 2137, 2138.
[33] *BaFin*, Emittentenleitfaden 2013, S. 34 mit weiteren Beispielen.
[34] Umsetzung von Art. 1 Abs. 2 der Durchführungsrichtlinie 2003/124/EG.
[35] *BaFin*, Emittentenleitfaden 2013, S. 34 f; BGH v. 13.12.2011 – XI ZR 51/10 („IKB"), DB 2012, 450, 454, *Dreyling/Schäfer*, Rn 68; *Kleinmann*, FB 1999, 254, 260; *Vaupel*, WM 1999, 521, 532; BT-Drucks. 12/6679; *Loesche*, S. 134; *Fürhoff/Wölk*, WM 1997, 449, 455; *Kümpel*, AG 1997, 66, 69; aA *Gehrt*, S. 153 zur anderen Rechtslage.
[36] *BaFin*, Emittentenleitfaden 2013, S. 34.
[37] BGH v. 13.12.2011 – XI ZR 51/10 („IKB"), DB 2012, 450, 454, so auch *Assmann*, in: Assmann/Schneider, § 13 Rn 55.
[38] *Dreyling/Schäfer*, S. 425, Rn 68; *Fürhoff*, S. 192 f; *ders./Wölk*, WM 1997, 449, 452; *von Klitzing*, S. 150 f; *Burgard*, ZHR 162, 51, 59.

von früheren Ansätzen,[39] wonach bei einer bestimmten prozentualen Kursschwankung (zB drei bis fünf Prozent) von einer **erheblichen** Preisbeeinflussung auszugehen sei.[40] Das Abstellen auf die Einschätzung des verständigen Anlegers (früher als Reasonable Investor Standard[41] bezeichnet) ist zu begrüßen, da die Einschätzung der Bedeutung von Kursschwankungen zu viele unwägbare Faktoren hinsichtlich des einzelnen Finanzinstruments hat. Entscheidend ist also, ob ein verständiger Anleger die Information bei seiner Anlageentscheidung berücksichtigen würde. Das ist der Fall, wenn die Information beim Anleger einen Verkaufs- und Kaufanreiz auslöst und das Geschäft dem verständigen Anleger lohnend erscheint.[42]

Abs. 1 S. 4 beschreibt in zwei **Regelbeispielen** das Vorliegen von Insiderinformationen, wonach auch die Kenntnis von bestimmten **Kauf- oder Verkaufsaufträgen anderer Personen (Nr. 1)** und die Kenntnis um bestimmte **Umstände in Bezug auf Derivate** nach § 2 Abs. 2 Nr. 2 mit Bezug auf Waren **(Nr. 2)** Insiderinformationen iSv S. 1 sein können.[43] Mit der Regelung in Nr. 1 wird ausdrücklich klargestellt, dass das sogenannte Frontrunning, dh Eigengeschäfte von Wertpapierdienstleistungsunternehmen mit Finanzinstrumenten unter Ausnutzung der Kenntnis von Kundenaufträgen, einen Verstoß gegen das Insiderhandelsverbot darstellt.[44] Nach Nr. 2 kann eine Insiderinformation auch nicht öffentlich bekannte Umstände betreffen, die sich auf Warenderivate beziehen, und bei der die Marktteilnehmer erwarten würden, dass sie diese in Übereinstimmung mit der zulässigen Praxis an den betreffenden Märkten erhalten würden. Damit sind insbesondere Informationen gemeint, die in Anwendung von Rechts- und Verwaltungsvorschriften, Handelsregeln, Verträgen oder auch sonstigen Regeln, die auf dem Markt, auf dem die Warenderivate gehandelt werden, bzw auf der jeweils zugrunde liegenden Warenbörse üblich sind, öffentlich bekannt gegeben werden müssen.[45]

5

Keine Insiderinformation ist die **Bewertung ausschließlich aufgrund öffentlich bekannter Umstände (Abs. 2)**, ggf aber die Information, dass und/oder mit welchem Inhalt sie erstellt wurde bzw wie sie verwendet werden soll.[46]

6

§ 14 Verbot von Insidergeschäften

(1) Es ist verboten,
1. unter Verwendung einer Insiderinformation Insiderpapiere für eigene oder fremde Rechnung oder für einen anderen zu erwerben oder zu veräußern,
2. einem anderen eine Insiderinformation unbefugt mitzuteilen oder zugänglich zu machen,
3. einem anderen auf der Grundlage einer Insiderinformation den Erwerb oder die Veräußerung von Insiderpapieren zu empfehlen oder einen anderen auf sonstige Weise dazu zu verleiten.

(2) ¹Der Handel mit eigenen Aktien im Rahmen von Rückkaufprogrammen und Maßnahmen zur Stabilisierung des Preises von Finanzinstrumenten stellen in keinem Fall einen Verstoß gegen das Verbot des Absatzes 1 dar, soweit diese nach Maßgabe der Vorschriften der Verordnung (EG) Nr. 2273/2003 der Kommission vom 22. Dezember 2003 zur Durchführung der Richtlinie 2003/6/EG des Europäischen Parlaments und des Rates – Ausnahmeregelungen für Rückkaufprogramme und Kursstabilisierungsmaßnahmen (ABl. EU Nr. L 336 S. 33) erfolgen. ²Für Finanzinstrumente, die in den Freiverkehr oder in den regulierten Markt einbezogen sind, gelten die Vorschriften der Verordnung (EG) Nr. 2273/2003 entsprechend.

---

39 Vgl zu § 13 Abs. 1 WpHG aF § 8 Abs. 1 der Bedingungen für Geschäfte an den deutschen Wertpapierbörsen; *Assmann*, AG 1994, 237, 244; *ders.*, in: Assmann/Schneider, § 13 Rn 72, 3. Aufl; *von Klitzing*, S. 149; *Caspari*, ZGR 1994, 530, 541; *ders.*, in: Baetge, S. 65, 73; *Schleifer/Kliemt*, DB 1995, 2214, 2216; *U. Weber*, BB 1995, 157, 163; aA *Vaupel*, WM 1999, 521, 532 (einheitlich 5%); *Loistl*, Die Bank 1995, 232 (prozentuale Veränderung des DVFA/SG-Ergebnisses); dagegen: *Schlittgen*, S. 153/154; *Loesche/Eichner/Stute*, AG 1999, 308, 317 (Über-/Unterschreiten historischer Wertgrenzen für zukünftige Renditen); *Pellens/Fülbier*, DB 1994, 1381, 1387 f; *dies.*, in: Baetge, S. 23, 46 (Tatsache muss erhebliche Auswirkungen auf die Vermögens- oder Finanzlage bzw den allgemeinen Geschäftsverlauf haben); *Claussen*, DB 1994, 27, 30 (10%).

40 *Diekmann/Sustmann*, NZG 2004, 929, 930; *Steck/Schmitz*, FB 3/2005, 187, 188; *Ziemons*, NZG 2004, 537, 538; kritisch: *Fuchs/Mennicke/Jankovou*, WpHG, § 13 Rn 153 („Scheingenauigkeit").

41 *Schruff/Feinendegen*, BB 2001, 719, 720; *Sandow*, S. 187; *Waldhausen*, S. 290; *Burgard*, ZHR 162, 51, 69; *Hopt*, ZHR 159, 135, 155; *Wölk*, AG 1997, 73, 79; *Fürhoff/Wölk*, WM 1997, 449, 455; *Süßmann*, AG 1997, 63, 64; *BAWe*, Jahresbericht 1996, 27 f; *Gehrt*, S. 162; *Kümpel*, in: Assmann/Schneider, § 15 Rn 69 b, 3. Aufl; *Schäfer/Hamann/Geibel*, § 15 WpHG Rn 103; *Dreyling/Schäfer*, Rn 79 und Rn 422.

42 *BaFin*, Emittentenleitfaden 2013, S. 35.

43 Umsetzung von Art. 1 Nr. 1 S. 2 und 3 der Marktmissbrauchsrichtlinie.

44 Begr. RegE AnSVG, BT-Drucks. 15/3174, S. 34; vgl dazu *Fuchs/Mennicke/Jankovou*, WpHG, § 13 Rn 167 f.

45 Art. 4 der Richtlinie 2004/72/EG; *BaFin*, Emittentenleitfaden 2013, S. 36.

46 *Assmann*, WM 1996, 1337, 1345; *ders.*, in: Assmann/Schneider, § 13 Rn 76; *Claussen*, ZBB 1992, 267, 276; aA *Schäfer/Hamann/Schäfer*, § 13 WpHG Rn 61.

A. Funktion

1 Das Insiderhandelsverbot schützt nach hM das übergeordnete Rechtsgut der **Funktionsfähigkeit des organisierten Kapitalmarkts**.[1] § 14 enthält **Verwendungs-, Weitergabe- und Empfehlungsverbote von Insiderinformationen** und bedient sich dabei der in den beiden vorangegangenen §§ bestimmten Definitionen der Insiderinformation sowie des Insiderpapiers. Die bereits in § 13 aufgrund der EU-Marktmissbrauchsrichtlinie entfallene Unterscheidung zwischen Primär- und Sekundärinsider wird auch im Zusammenhang mit dem Insiderhandelsverbot seit dem Inkrafttreten des Anlegerschutzverbesserungsgesetzes (AnSVG)[2] nicht mehr auf Tatbestandsebene, sondern nur noch auf der Rechtsfolgenseite berücksichtigt. Letzte Gesetzesänderung durch das Finanzmarktrichtlinie-Umsetzungsgesetz (FRUG)[3] findet sich in Abs. 2 S. 2; mit der Übernahme des Begriffes „regulierter Markt" wird eine Anpassung an die neue Terminologie des Börsengesetzes.[4]
Die **Reform der EU-Marktmissbrauchsrichtlinie**[5] sieht auch in dem aktuellen Entwurf der EU-Kommission vom 20.11.2011 für eine Marktmissbrauchverordnung eine Neufassung der Bestimmungen zum Insiderhandelsverbot vor, die in weiten Teilen wohl aber dem Insiderhandelsverbot nach dem WpHG entspricht. Unter anderem wird eine Ausdehnung des Insiderhandelsverbotes vorgesehen, wenn auch die Nutzung von Insiderinformationen zur Stornierung oder Änderung von vor Erlangen derselben erteilten Aufträgen in Bezug auf Finanzinstrumente als (verbotene) Insidergeschäfte gelten sollen.[6] Zudem enthält der flankierende EU-Richtlinienentwurf die Verpflichtung für die Mitgliedstaaten, für Verstöße gegen Insiderhandel und Marktmanipulation grundsätzlich strafrechtliche Sanktionen zu ermöglichen. In beiden Fällen gilt nach dem ursprünglichen EU-Kommissionsvorschlag als Maßstab der Vorsatz. Für einzelne verbotene Handlungen soll zudem der Versuch strafbar sein, was in Deutschland für die Marktmanipulation neu wäre.
Der **Europäische Gerichtshof für Menschenrecht (EGMR)** entschied im Fall *Soros ./. Frankreich* jüngst über die Bestimmtheit des europäischen Insiderrechts und den Begriff des Insiders in Bezug auf ein mögliches Insidervergehen und bejahte dies in dem vorliegenden Sachverhalt; der Beschwerdeführer hätte als institutioneller Investor mit seinen Erfahrung und Stellung in der Finanzwelt wissen müssen, dass seine Kaufentscheidung verbotener Insiderhandel war.[7]

B. Insiderhandelsverbote (Abs. 1)

2 Der **Tatbestand** des **Verwendungsverbots (Nr. 1)** verwehrt es dem Insider, unter Verwendung seiner Kenntnis einer Insiderinformation mit Insiderpapiere zu handeln. Abgestellt wird nach dem Inkrafttreten des AnSVG nicht mehr auf das „Ausnutzen", sondern auf das Verwenden einer Information, da der Begriff des Ausnutzens in der Vergangenheit zu erheblichen Schwierigkeiten in der Beweisführung führte.[8] Als Vorteil wird nun angesehen, dass die subjektive Komponente hinsichtlich des jetzt nicht mehr zwingend zweckgerichteten Handelns entfällt und damit die Beweisbarkeit erleichtert wird.[9] Ein subjektiv auf die Erlangung eines wirtschaftlichen Vorteil gerichtetes Verhalten soll gerade nicht mehr erforderlich sein.[10] Auch bei **Motivbündelungen**, bei denen die Verwendung der Insiderinformation nicht alleiniger Erwerbszweck ist, kann nun ein Verstoß gegen das Insiderhandelsverbot angenommen werden. Die Absicht der Erlangung wirtschaftlicher Vorteile ist nur noch im Rahmen der Strafzumessungsebene auf der Rechtsfolgenseite zu berücksichtigen; gleichwohl muss der Insider, um den Tatbestand zu erfüllen, die Information in sein Handeln einfließen lassen.[11] Trotz dieser „Einschränkung" wurden von der Literatur bei der Einführung des Begriffs Auslegungsschwierigkeiten beim Umfang des Begriffs „Verwendung" befürchtet.[12] Nach dem Emittentenleitfaden der BaFin verwendet der Insider die Insiderinformation, wenn er in ihrer Kenntnis handelt und dabei die Information in sein Handeln einfließen lässt.[13] Zudem wurde bisher vertreten, dass wenn der Täter zur reinen Erfüllung einer Verbindlichkeit, welche auch ohne Kenntnis der Insiderinformation er-

---

1 Assmann, in: Assmann/Schneider, § 14 Rn 7 mit Darstellung des Meinungsstandes.
2 BGBl. I S. 2630.
3 BGBl. I S. 1330.
4 Begr. RegE FRUG, BT-Drucks. 16/4028, S. 143.
5 Vgl zum Verfahrensstand und Inhalt § 12 Rn 1, § 13 Rn 1.
6 Vgl hierzu *Merkner/Sustmann*, AG 2012, 315, 322; *Viciano-Gofferje/Cascante*, NZG 2012, 968, 969; anders bisher die Verwaltungspraxis beim Stoppen von Rückkaufprogrammen von Unternehmen in Kenntnis von Insiderinformationen, vgl dazu BaFin, Emittentenleitfaden 2013, 40; gegen diese beabsichtigte Änderung daher auch die Stellungnahme des *Deutschen Aktieninstituts* vom 16.1.2012, 5.
7 EGMR, Urt. v. 6.10.2011 – 50425/06, NZG 2012,1229.
8 Begr. RegE AnSVG, BT-Drucks. 15/3174, S. 34; Fuchs/*Mennicke*, WpHG, § 14 Rn 46.
9 *Holzborn/Israel*, WM 2004, 1948, 1951.
10 *Merkner/Sustmann*, AG 2012, 315, 318; *Assmann* in: Assmann/Schneider, WpHG, § 14 Rn 23.
11 Begr. RegE AnSVG, BT-Drucks. 15/3174, S. 34.
12 So zB *Spindler*, NJW 2004, 3449, 3451; *Steck/Schmitz*, FB 3/2005, 187, 188; *Diekmann/Sustmann*, NZG 2004, 929, 931 zu Due Diligence-Prüfungen; siehe zur Diskussion auch *Assmann*, in: Assmann/Schneider, § 14 Rn 24 f mwN.
13 *BaFin*, Emittentenleitfaden 2009, S. 36; die BaFin behandelt im Leitfaden die Fallgruppen zu Due Diligence-Prüfungen und Paketerwerb sowie Verwertung von Sicherheiten durch den Kreditgeber, S. 37 f, siehe auch Rn 9 f.

folgt wäre, dies zur Annahme der Verwendung einer Insiderinformation nicht ausreiche.[14] Dies ist im Lichte der „Spector Photo Group"-Entscheidung des EuGH zumindest zu hinterfragen. Bei dieser Tatbestandsvariante (im EuGH wird hier auf den Wortlaut der Richtlinie „Nutzung" abgestellt) geht der EuGH davon aus, dass ein Primärinsider bei einem Geschäft in Kenntnis einer Insiderinformation mit Vorsatz gehandelt habe; sofern jedoch die Nutzung der Insiderinformation der Zielsetzung der Marktmissbrauchsrichtlinie nicht widerlaufe, liege kein verbotenes Insidergeschäft vor, insoweit soll die Vorsatzvermutung also widerlegbar sein.[15] Zu folgen ist hier die Auffassung, dass der erforderliche Vorsatz dem Beschuldigten auch nach der neuen „Spector Photo Group"-Entscheidung des EuGH in einem Strafverfahren nach den allgemeinen Regeln nachgewiesen werden muss, so dass die Entscheidung insoweit keine Auswirkungen auf die deutsche Lage haben sollte.[16]

Mit dem Ausnutzen einer Insiderinformation im Sinne der früheren EU-Insiderrichtlinie von 1989[17] hat sich der EuGH in seinem „Georgakis"-Urteil[18] befasst: Hauptaktionäre und Vorstandsmitglieder einer Gesellschaft, die vereinbarten, untereinander Börsengeschäfte mit Wertpapieren dieser Gesellschaft zu tätigen, um deren Kurs künstlich zu stützen, verfügten in diesem Fall über eine Insiderinformation, die sie nicht in Kenntnis der Sache ausnützten, wenn sie diese Geschäfte durchführen. Es fehlt hier an der Ursächlichkeit der Insiderinformation für das Handeln des Betreffenden,[19] für den der EuGH hier das Verhalten zu Marktmanipulation abgrenzte.

2a

Insiderpapiere müssen **auf eigene oder fremde Rechnung oder für einen anderen erworben oder veräußert werden.** Dies umfasst auch nach neuer Rechtslage alle Arten und Formen der Umgehung, etwa den Erwerb von Dritten auf Rechnung des Insiders.[20] Ausreichend ist die Ausführung der Order, da damit sichergestellt ist, dass der Insider den möglichen Gewinn abgesichert hat.[21] Danach fallen auch Pensionsgeschäfte (Verkauf des Wertpapiers bei gleichzeitiger Vereinbarung des Rückkaufs) als auch die Wertpapierleihe unter den Tatbestand des Abs. 1 Nr. 1.[22] Erforderlich ist, dass **unabhängig von der Ausführungsform** (Börse/direkt) eine **tatsächliche Änderung der eigentumsrechtlichen Zuordnung erfolgt**, sei es durch erstmaligen zielgerichteten Erwerb (im Rahmen eines IPO oder des Bezugsrechts) oder durch Folgeverfügungen der Insiderpapiere **mit Gewinnerzielung**; der nicht initiierte Erwerb (Schenkung, Erbe etc.), das **Unterlassen der Transaktion** überhaupt, wie auch eine **anderweitige Verwertung der Insiderkenntnisse** begründen keinen Verstoß.[23] Gleiches gilt für die nur bedingte Übertragung von Insiderpapieren; Voraussetzung ist allerdings, dass die aufschiebende oder auflösende Bedingung nach § 158 BGB an eine Willenserklärung des Vertragspartners geknüpft ist.[24] Keine verbotene Verwendung von Insiderinformationen stellt das sogenannte **Scalping** dar, also der Erwerb von Insiderpapieren in der Absicht, sie anschließend einem anderen zum Erwerb zu empfehlen, um sie dann aufgrund der Empfehlung steigenden Kursen wieder zu verkaufen. Dies beurteilte der BGH zwischenzeitlich als verbotene Kurs- und Marktpreismanipulation iSv § 20 a Abs. 1 S. 1 Nr. 2.[25]

2b

Zur Erfüllung des **subjektiven Tatbestands** muss der Insider vorsätzlich oder leichtfertig (§ 38 Abs. 1 Nr. 1 und Abs. 4)handeln, dh erkennen, dass es sich bei der in Rede stehenden Transaktion um ein Geschäft handelt und er eine Insiderinformation verwendet. Darüber hinaus muss er den Erwerb bzw die Veräußerung wollen. Es reicht aus, wenn der Täter die Umstände erkannt hat, die die Insiderinformation ausmachen und er ein Preisbeeinflussungspotenzial ernsthaft für möglich hält; nicht erforderlich ist, dass er dieses präzise einschätzen kann.[26] Der erforderliche Vorsatz sollte dem Beschuldigen auch nach der neuen „Spector"-

2c

---

14 Umsetzung von Art. 2 Abs. 3 der Marktmissbrauchsrichtlinie.
15 EuGH v. 23.12.2009 – Rs. C-45/08, NZG 2010, 107. 109 f; vgl zur Diskussion über die Bedeutung für das deutsche Strafrecht und die Unschuldsvermutung *Assmann* in: Assmann/Schneider, § 13 Rn 61 mit Darlegung des Sach- und Streitstands, sowie *Merkner/Sustmann*, AG 2012, 315, 318.
16 So auch *Assmann* in Assmann/Schütze, § 13 Rn 61; *Schulz*, ZIP 2010, 609, 612; *Voß*, BB 2010, 334; aA zB *Bussian*, WM 2011, 8, 9; *Langenbucher/Brenner/Gellings*, BKR 2010, 133,135, die zwischen Verwaltungs- und Strafverfahren differenzieren.
17 Richtlinie 89/592/EWG zur Koordinierung der Vorschriften betreffend Insider-Geschäfte.
18 EuGH v. 10.5.2007 – Rs. C-391/04, AG 2007, 542.
19 *Assmann*, in: Assmann/Schneider, § 14 Rn 49.
20 *Sandow*, S. 188; *Claussen*, ZBB 1992, 267, 281; *Becker*, S. 49 zur alten Rechtslage.
21 *BaFin*, Emittentenleitfaden 2009, S. 37; *Sethe*, in: Assmann/Schütze, § 12 Rn 57 mwN.
22 *Assmann*, in: Assmann/Schneider, § 14 Rn 15; *BaFin*, Emittentenleitfaden 2013, S. 37.
23 Vgl Schäfer/Hamann/*Schäfer*, § 14 WpHG Rn 14; *Dreyling/Schäfer*, Rn 112 (Rechtsposition, die es erlaubt, den Gewinn zu sichern); *Assmann*, in: Assmann/Schneider, § 14 Rn 16 f; *Claussen*, ZBB 1992, 267, 281 ("wertrechtlich relevante Transaktionen"); KölnKomm-WpHG/*Pawlik*, § 14 Rn 41; aA u.a. *U. Weber*, BB 1995, 157, 166 (Unterlassen kann gegen Nutzungsverbot verstoßen).
24 *Assmann*, in: Assmann/Schneider, § 14 Rn 18; KölnKomm-WpHG/*Pawlik*, § 14 Rn 40; *BaFin*, Emittentenleitfaden 2013, S. 37.
25 BGH v. 6.11.2003 – 1 StR 24/03, NStZ 2004, 285 in Abkehr zur bis dahin herrschenden Ansicht, aber nur mit Hinweis auf eine richtlinienkonforme Auslegung; zur ersten Instanz (LG Stuttgart ZIP 2003, 259), bei dem noch ein Insidervergehen angenommen wurde, vgl *Lenenbach*, ZIP 2003, 243 ff; *Eichelberger*, WM 2003, 2121 ff; vgl im Übrigen die Ausführungen in § 20 a Rn 4.
26 *BaFin*, Emittentenleitfaden 2013, S. 41.

Rechtsprechung des EuGH[27] in einem Strafverfahren nach den allgemeinen Regeln bewiesen werden müssen (s.o. Rn 2).

2d In seiner „Freenet"-Entscheidung[28] hat der BGH zum Ausnutzen einer Insidertatsache nach § 14 Abs. 1 Nr. 1 aF unter Heranziehung der früheren EU-Insiderrichtlinie von 1989[29] ein Ausnutzen verneint, wenn die Insiderkenntnisse von Berufsträgern wie Brokern oder Marketmakern in deren typische berufliche Tätigkeit einfließe; maßgeblich sei daher, dass der Insider gerade in der Absicht handelte, für sich einen Sondervorteil aus seinen Insiderkenntnissen zu ziehen. Damit werde der Zielrichtung dieses Verbotstatbestandes Rechnung getragen, die Chancengleichheit der Anleger zu sichern. Dass diese Auslegung als Hinweis gewertet werden sollte, wie der BGH künftig den Begriff des Verwendens verstehen werde, wird skeptisch gesehen.[30]

3 Der im **objektiven Tatbestand** des **Weitergabeverbots (Nr. 2)**[31] enthaltene Begriff der **Mitteilung** umfasst jegliche unmittelbare Vermittlung der Insiderinformation durch den Insider in schriftlicher, mündlicher oder sonstiger Weise. **Zugänglichmachung** ist das Ermöglichen der tatsächlichen Kenntniserlangung durch einen Dritten.[32] **Unbefugt** ist als eigenständiges tatbestandsbeschränkendes Merkmal zu verstehen, das nicht vorliegt, wenn die Tatsache befugt weitergegeben wird, etwa im üblichen Rahmen der Berufs- und Geschäftsausübungstätigkeit.[33] Es wird jedoch lediglich die **normale normative Weitergabe** von Insiderinformationen gestattet, die für den Informanten **zwingend erforderlich ist.**[34] Die Weitergabe ist nach der EuGH-Rechtsprechung nur gerechtfertigt, wenn ein enger Zusammenhang zwischen Weitergabe und Ausübung von Arbeit/Beruf/Aufgabe besteht, sie für diese Ausübung unerlässlich ist und den Grundsatz der Verhältnismäßigkeit beachtet; dh die Information muss für die Erfüllung der Tätigkeit unverzichtbar und die Tätigkeit im Lichte einer Abwägung zwischen Zweck des Weitergabeverbots und dem Grund der Tätigkeit gerechtfertigt sein.[35] Zudem sei bei der Prüfung zu berücksichtigen, ob es sich um eine „einfache" oder eine „sensible" Insiderinformation handelt.[36] Stets befugt ist die gesetzlich vorgesehene Weitergabe (zB §§ 74, 80 Abs. 2 BetrVG).[37] Eine solche von Insiderinformationen an unternehmensexterne Berater wie zB Rechtsanwälte, Wirtschaftsprüfer und Steuerberater dürfte auch nach neuer EuGH-Rechtsprechung keine unbefugte Weitergabe darstellen, wenn die Information von diesen Personen tatsächlich für die Erfüllung der ihnen übertragenen Aufgaben benötigt wird.[38]

Der **subjektive Tatbestand** setzt das Wissen des Insiders voraus, dass es sich bei der mitgeteilten oder zugänglich gemachten Information um eine Insiderinformation handelt und dass er sie unbefugt weitergibt. Es fehlt am Vorsatz, wenn der Täter davon ausgeht, dass der Adressat der Information die ihm zugänglich gemachte Information schon kenne bzw die Insiderinformation schon öffentlich bekannt sei.[39]

4 Der **objektive Tatbestand** des **Empfehlungsverbots (Nr. 3)** umfasst die Empfehlung an den Empfänger, für sich oder Dritte zu handeln; nicht erfasst ist jedoch diejenige zum **Unterlassen.**[40] **Empfehlen** ist jede einseitige, unverbindliche Erklärung, durch die jemand in der Absicht, den Willen des Adressaten zu beeinflussen, ein Verhalten als für den Hintermann vorteilhaft bezeichnet und die Verwirklichung anrät (vgl § 38 Abs. 1 Nr. 10 GWB aF).[41] Durch das AnSVG neu aufgenommen wurde die Handlungsalternative des **Verleitens.**[42] Zum Erwerb oder zur Veräußerung verleitet, wer den Willen eines anderen durch beliebige Mittel beeinflusst; da das Verleiten auch durch eine Empfehlung erfolgen kann, ist dieses als spezieller Unterfall des Verleitens als Mittel der Willensbeeinflussung zu bewerten.[43]

---

27 EuGH v. 23.12.2009 – Rs. C-45/08 (Spector Photo Group), AG 2010.
28 BGH v. 27.1.2010 – 5 StR 224/09, NZG 2010, 349, 350.
29 Richtlinie 89/592/EWG zur Koordinierung der Vorschriften betreffend Insider-Geschäfte.
30 So zB *Klöhn*, DB 2010, 769, 771; im Ergebnis hat der BGH allerdings ein Ausnutzen bejaht, da er bei den Angeklagten gerade eine solche Absicht bejahte.
31 Beruht auf Art. 3 a) der Marktmissbrauchsrichtlinie; entspricht § 14 Abs. 1 Nr. 2 aF.
32 *BaFin*, Emittentenleitfaden 2013, S. 41; *Assmann*, in: Assmann/Schneider, § 14 Rn 66; *Fuchs/Mennicke*, WpHG, § 14 Rn 190 f.
33 *BaFin*, Emittentenleitfaden 2013, S. 41; Begründung RegE 2. FFG BT-Drucks. 12/6679, S. 47; *Sandow*, S. 191; *Dreyling/Schäfer*, Rn 125; *Kümpel*, Rn 16.192; *Fuchs/Mennicke*, WpHG, § 14 Rn 196 f.
34 EuGH v. 22.11.2005 – Rs. C-384/02, WM 2006, 612 (Grøngaard und Bang) legt hier Grundlagen für eine restriktive Auslegung des Merkmals „unbefugt".
35 EuGH v. 22.11.2005 – Rs. C-384/02, WM 2006, 612, 615; hierzu in kritischer Würdigung der EuGH-Rechtsprechung *Assmann*, in: Assmann/Schneider, § 14 Rn 74 b; der hier von einer unerlässlichen und verhältnismäßigen Weitergabe spricht, wenn sie der Informationsempfänger benötigt, um eine aus betriebsorganisatorischer Sicht sinnvolle Aufgabe oder Tätigkeit beruflicher oder sonstiger Art sachgerecht wahrnehmen zu können.
36 EuGH v. 22.11.2005 – Rs. C-384/02, WM 2006, 612; *Schäfer*, in: Marsch-Barner/Schäfer, § 13 Rn 46.
37 *Assmann*, in: Assmann/Schneider, § 14 Rn 80; *Süßmann*, AG 1999, 162, 164.
38 *Assmann*, in: Assmann/Schneider, § 14 Rn 97; *Sethe*, in: Assmann/Schütze, § 12 Rn 108; so auch bereits vor der EuGH-Rechtsprechung *BaFin*, Emittentenleitfaden 2013, S. 41.
39 *Assmann*, in: Assmann/Schneider, § 14 Rn 115; aA *Sethe*, in: Assmann/Schütze, § 12 Rn 113 mit Verweis auf Rn 96.
40 *Assmann*, in: Assmann/Schneider, § 14 Rn 122; *Becker*, S. 56; *Dreyling/Schäfer*, Rn 139; aA *Cahn*, Der Konzern 2005, 12.
41 *Volk*, BB 1999, 66, 67; *Assmann*, in: Assmann/Schneider, § 14 Rn 119.
42 Umsetzung von Art. 3 b) der Marktmissbrauchsrichtlinie.
43 Begr. RegE AnSVG, BT-Drucks. 15/3174, S. 34.

Der **subjektive Tatbestand** setzt das Wissen des Insiders voraus, dass es sich bei der Grundlage der Empfehlung oder des Verleitens um eine Insiderinformation handelt.

Der **Handel mit eigenen Aktien** im Rahmen von **Rückkaufprogrammen** und **Stabilisierungsmaßnahmen** stellt keinen Verstoß gegen das Insiderhandelsverbot dar (**Abs. 2 S. 1**), wenn er der Verordnung (EG) Nr. 2273/2003 entspricht.[44] Diese Regelung hat deklaratorischen Charakter, da die Verordnung unmittelbar anwendbar ist.[45] Sie sieht hierzu enge Voraussetzungen vor; insbesondere sind Rückkaufprogramme erfasst, die einer Kapitalherabsetzung, der Bedienung von Wandelschuldverschreibungen oder der Erfüllung von Belegschaftsaktienprogrammen und anderen Formen der Zuteilung von Aktien an Mitarbeiter des Emittenten oder einer Tochtergesellschaft dienen. Weiterhin unterliegen sie bestimmten Veröffentlichungsbedingungen und Informationspflichten. Kursstabilisierungsmaßnahmen sind ebenfalls nur nach bestimmten Vorgaben ausgenommen; sie sind u.a. nur zeitlich befristet zulässig. Sind die Vorgaben der Verordnung nicht erfüllt, kann bei Erfüllung der Tatbestandsvoraussetzungen des Abs. 1 beim Handel mit eigenen Aktien bzw Aktienrückkauf im Einzelfall ein Verstoß gegen das Insiderhandelsverbot vorliegen.[46] Die Verordnung gilt unmittelbar nur für organisierte Märkte. Für die **Finanzinstrumente, die in den Freiverkehr oder in den regulierten Markt einbezogen** sind, wird eine entsprechende Anwendung der Verordnung geregelt, um Wertungswidersprüche zu vermeiden.[47]

C. Einzelne Fallgruppen

I. Unternehmensinterne Organe/Gremien. Die Weitergabe einer Insiderinformation an alle **Vorstandsmitglieder, Geschäftsführer oder persönlich haftende Gesellschafter** ist unabhängig von der Ressortverteilung ebenso zulässig (vgl §§ 76, 90, 170 f, 337 AktG)[48] wie der Austausch von Insiderinformationen im Konzern oder faktischen Konzern.[49] Ist die Offenbarung vertraulicher Informationen nach § 93 Abs. 1 AktG zulässig, verstößt sie auch nicht gegen § 14 Abs. 1 Nr. 2.[50] Ein Vorstand hat die Auskunft auf eine Frage eines Aktionärs auf einer **Hauptversammlung** nach einer Insiderinformation nach § 131 Abs. 3 Nr. 5 AktG ohne Bereichsöffentlichkeit zu verweigern.[51] Der Beschluss des Vorstands zur Umsetzung eines Hauptversammlungsbeschlusses zum **Erwerb eigener Aktien** kann eine Insiderinformation darstellen.[52]

Der **Erwerb von Optionen** aus einem **Stock-Option-Plan** erfolgt grundsätzlich nicht in Verwendung einer Insiderkenntnis, sondern aufgrund des Anstellungsvertrages. Allerdings fallen durch die Einführung von § 12 Abs. 1 Nr. 3 auch Aktienoptionen aus Mitarbeiterprogrammen, die auf börsennotierte Unternehmen bezogen sind, unter die Insiderpapiere.[53] Demzufolge ist schon beim Erwerb von Aktienoptionen im Einzelfall zu prüfen, ob bei diesem im Rahmen eines Motivbündels die Kenntnis der Insiderinformation in die Entscheidung zum Erwerb beim Insider eingeflossen ist; bei der Beurteilung sind jedoch die genaue Ausgestaltung und Einflussmöglichkeit auf die Optionsausübung zu berücksichtigen.[54] Nicht zu berücksichtigen sind nach Aussage der BaFin Wertsteigerungsrechte, Stock Appreciation Rights und Phantom Stocks, da sie den Finanzinstrumenten nicht zuzurechnen und damit keine Insiderpapiere sind.[55]

Aufsichtsräte sind grundsätzlich Organinsider, da sie regelmäßig Insiderinformationen erlangen, die sie untereinander austauschen und an Hilfspersonen (Assistenten, außenstehende Rechtsanwälte, Wirtschaftsprüfern etc.) weitergeben dürfen, aber nicht anderen Unternehmen, in denen sie tätig sind, zugerechnet wer-

---

44 Umsetzung von Art. 8 der Marktmissbrauchsrichtlinie.
45 *Holzborn/Israel*, WM 2004, 1948, 1952; *Bürgers*, BKR 2004, 424, 425.
46 *BaFin*, Emittentenleitfaden 2013, S. 39 f mit Beispielsfällen.
47 Begr. RegE AnSVG, BT-Drucks. 15/3174, S. 34; Fuchs/*Mennicke*, WpHG, § 14 Rn 399.
48 *Assmann*, in: Assmann/Schneider, § 14 Rn 80; KölnKomm-WpHG/*Pawlik*, § 14 Rn 49; *Süßmann*, AG 1999, 162, 164; *Schneider/Singhof*, in: FS Kraft, S. 585, 593; Fuchs/*Mennicke*, WpHG, § 14 Rn 232; aA *Schäfer*, in: Marsch/Barner, § 13 Rn 55, der darauf abstellt, dass die Informationsweitergabe aufgaben- bzw anlassbezogen sein muss.
49 *Kübler*, § 30 II 6 a; *K. Schmidt*, § 17 I 4; *Süßmann*, AG 1999, 162, 171; *Assmann*, in: Assmann/Schneider, § 14 Rn 94 f, der unter Verweis auf die „Grøngaard und Bang"-Rechtsprechung des EuGH eine einzelfallbezogene Interessensabwägung fordert (vgl Rn 3); aA auch *Schäfer*, in: Marsch-Barner/Schäfer, § 13 Rn 56, wonach die konzerninterne Weitergabe nur zulässig ist, wenn Weitergabe zur Wahrnehmung konzernspezifischer Maßnahmen erfolgt ist.

50 *Linker/Zinger*, NZG 2002, 497, 500; *Schroeder*, DB 1997, 2161, 2164.
51 *Ziemons*, AG 1999, 492, 498; *Schlittgen*, S. 220; *Süßmann*, AG 1999, 162; *Dreyling/Schäfer*, Rn 136; 168; *Assmann*, AG 1997, 50, 57; *ders.*, in: Assmann/Schneider, § 14 Rn 87; KölnKomm-WpHG/*Pawlik*, § 14 Rn 52; aA *Berner-Heinacher*, DB 1995, 765 f; *Götz*, DB 1995, 1549, 1551.
52 *BaFin*, Emittentenleitfaden 2013, S. 40; bisher auch schon zur Herbeiführung des Beschlusses auf der HV nach bisheriger Rechtslage *van Aerssen*, WM 2000, 391, 401/402; *Lotze*, S. 51/52; *Peltzer*, WM 1998, 322, 330; *Claussen*, DB 1998, 177, 180; aA *Martens*, AG 1996, 337, 340; vgl zu Einzelfallkonstellationen iÜ *Seibt/Bremkamp*, AG 2008, 469.
53 *BaFin*, Emittentenleitfaden 2013, S. 32.
54 Vgl hierzu iÜ *Assmann*, in: Assmann/Schneider, § 14 Rn 172 ff; *von Dryander/Schröder*, WM 2007, 534, 536 ff.
55 *BaFin*, Emittentenleitfaden 2013, S. 32; aA noch zur vorherigen Rechtslage nach dem 4. FFG *Sethe*, in: Assmann/Schneider, § 15 a Rn 72, 3. Aufl., der diese virtuellen Optionen und Aktien den Insiderpapieren zuordnet.

den.[56] Durch die Insiderhandelsvorschriften wurden die Informationsrechte des **Betriebsrats** bzw **Wirtschaftsausschusses** gemäß § 106 BetrVG bisher nicht eingeschränkt;[57] nach der EuGH-Entscheidung,[58] wonach nur noch die unerlässliche und verhältnismäßige Weitergabe von Insiderinformationen zulässig ist, lässt sich die Weitergabe an den Wirtschaftsausschuss nun nicht mehr lediglich damit rechtfertigen, dass dies einer vertrauensvollen Zusammenarbeit zwischen Ausschuss und Geschäftsleitung dienlich sei.[59]

9 **II. Übernahmen, Paketerwerb und Due Diligence.** Bei einem beabsichtigten **Paketerwerb** unterhalb der Kontrollschwelle von 30 % wird in der Regel vom möglichen Erwerber eine **Due-Diligence-Prüfung**[60] durchgeführt, damit dieser das Risiko seines Investments abschätzen kann. Würde er im Rahmen dieser Prüfung Insiderinformationen erfahren, könnte ein Erwerb möglicherweise gegen Abs. 1 Nr. 1 verstoßen. Dies wird beim außerbörslichen Pakethandel (*face-to-face*-Geschäft) mit Blick auf die Schutzrichtung der Norm, wonach das Vertrauen der Öffentlichkeit in die Integrität und Funktionsfähigkeit des Kapitalmarktes geschützt ist, im Wege der teleologischen Reduktion für den Fall verneint, dass der Erwerber wie vor Prüfung geplant, das Paket erwirbt. Ein strafbares Verwenden kommt in Betracht, wenn der Erwerber über den ursprünglich geplanten Erwerb hinaus weitere Wertpapiere kauft (sog. *alongside purchases*),[61] dies gilt nur, wenn die Transaktion von der Kenntnis der Insiderinformation veranlasst wurde.[62] Der EuGH hat in seiner „Spector Photo Group"-Entscheidung ausgeführt, dass hier ein Geschäft nicht grundsätzlich ein verbotenes Insidergeschäft betrachtet werden könne, wenn es darin besteht, dass ein Unternehmen, das Insiderinformationen erlangt habe, anschließend ein Angebot abgebe, das über dem Marktkurs liege, da es die durch die Marktmissbrauchsrichtlinie geschützten Interessen nicht beeinträchtige.[63] Geht man in diesem Zusammenhang von einer teleologischen Reduktion aus, so dürfte dann aber auch kein Verwenden von Insiderinformationen vorliegen, wenn der Erwerber nach im Rahmen der Prüfung bekannt gewordenen Umständen, vom Erwerb Abstand nimmt. Auch hier geht man vom gleichen Wissensstand der beteiligten Parteien aus, so dass der Schutzbereich des § 14 nicht berührt ist.[64] Etwas anderes mag beim Wissensvorsprung einer Partei gelten. Soweit der **Beteiligungserwerb bzw Pakethandel** eine Insiderinformation darstellt, darf sie trotzdem von dem Initiator umgesetzt werden.[65]

10 **Übernahmen** im Sinne eines Kontrollerwerbs von mehr als 30 Prozent (§ 29 Abs. 2 WpÜG) sind nicht anders zu beurteilen als die vorgenannten Paketerwerbe nach einer *Due-Diligence*-Prüfung; der Bieter darf auch hier Insiderinformationen verwenden, die er durch eine solche Prüfung erworben hat.[66] Verändert der Bieter allerdings nach Erhalt der Insiderinformation sein Angebot wie beim Pakethandel beschrieben, kann nach Auffassung der BaFin auch im Fall des Kontrollerwerbs ein strafbarer Insiderhandel vorliegen. Dabei wird auf Erwägungsgrund 29 der Marktmissbrauchsrichtlinie verwiesen, wonach bei einem öffentlichen Übernahmeangebot der Zugang zu Insiderinformationen über die Gesellschaft und deren Verwendung kein Insidergeschäft darstellen soll. Dazu vertritt die BaFin die Auffassung, dass die Abgabe eines öffentlichen Übernahmeangebotes, bei welchem der Bieter eine bei der Due Diligence erfahrene Insiderinformation verwendet, erst möglich ist, nachdem der Emittent eine entsprechende Ad-hoc-Mitteilung veröffentlicht hat.[67] Zu recht wird darauf hingewiesen, dass diese Pflicht die Zielgesellschaft in die missliche Lage bringt, im Falle der Angebotsabgabe eine Insiderinformation, von deren Veröffentlichung sie sich nach den Voraussetzungen des § 15 Abs. 3 selbst befreit hat, im Falle der Weitergabe auch gegenüber etwaigen Wettbewerbern bekannt gemacht werden muss.[68] Dies kann dazu führen, dass ein Vorstand sich seiner Verschwiegenheitspflicht nach § 93 Abs. 1 S. 2 AktG verpflichtet fühlen und den vertraulichen Bereich aus der Due Diligence heraushalten muss.

---

56 Fuchs/Mennicke, WpHG, § 14 Rn 236; Süßmann, AG 1999, 162, 165; Ziemons, AG 1999, 492, 493; Assmann, AG 1997, 50, 57; ders., WM 1996, 1337, 1349; Tippach, S. 192 f mwN.
57 Süßmann, AG 1999, 162, 165; Schleifer/Kliemt, DB 1995, 2214 f; Götz, DB 1995, 1949, 1959 f; Fuchs/Mennicke, WpHG, § 14 Rn 238.
58 Vgl Rn 3; EuGH v. 22.11.2005 – Rs. C-384/02, WM 2008, 612 (Grøngaard und Bang).
59 Assmann, in: Assmann/Schneider, § 14 Rn 91.
60 Siehe dazu Fuchs/Mennicke, WpHG, § 14 Rn 303 f.
61 BaFin, Emittentenleitfaden 2013, S. 38, so im Erg. auch ausgelegt von Cahn, Der Konzern 2005, 5, 10; Diekmann/Sustmann, NZG 2004, 929, 931; Koch, DB 2005, 267, 269; im Erg. auch Fromm-Russenschuck/Banjera, BB 2004, 2425, 2427, die allerdings eine teleologische Reduktion nicht für erforderlich halten; aA Brandi/Süßmann, AG 2004, 642, 646 zu den alongside purchases.
62 Assmann, in: Assmann/Schneider, § 14 Rn 165.
63 EuGH v. 23.12.2009, NZG 2010, 107, 111, unter Heranziehung von Erwägungsgrund 29; vgl zur Diskussion Gofferje/Cascante, NZG 968, 977 mwN.
64 So auch Cahn, Der Konzern 2005, 5, 11.
65 Cahn, Der Konzern 2005, 5, 9; Begr. RegE 2. FFG, BT-Drucks. 12/6679, S. 47; Schmidt-Diemitz, DB 1996, 1809.
66 BaFin, Emittentenleitfaden 2013, S. 38; vgl dazu Fuchs/Mennicke, WpHG, § 14 Rn 317 ff.
67 BaFin, Emittentenleitfaden 2013, S. 38.
68 Merkner/Sustmann, NZG 2005, 729, 733.

D. Folgen von Verstößen gegen das Insiderhandelsverbot

Die durch § 38 strafbewehrte Norm ist weder Schutzgesetz iSv § 823 Abs. 2,[69] noch gesetzliches Verbot iSd § 134 BGB.[70] In einer Verwertungshandlung iSd § 14 kann eine vorsätzliche sittenwidrige Schädigung des Anlegers liegen. Eine Anfechtung nach §§ 119, 123 BGB kommt regelmäßig aufgrund mangelnder Tatbestandsvoraussetzungen (keine Abgabe von Erklärungen) oder unerwünschter Rechtsfolgen (Ersatz des dem Insider entgangenen Gewinns) nicht in Betracht.[71] In § 39 Abs. 2 wird das Verbot von Insidergeschäften durch Ordnungswidrigkeitentatbestände erweitert.[72] Bei verbotenen Insidergeschäften stellt der hierdurch erzielte Sondervorteil das Erlangte iSd § 73 Abs. 1 S. 1 StGB dar.[73]

§ 15 Mitteilung, Veröffentlichung und Übermittlung von Insiderinformationen an das Unternehmensregister

(1) ¹Ein Inlandsemittent von Finanzinstrumenten muss Insiderinformationen, die ihn unmittelbar betreffen, unverzüglich veröffentlichen; er hat sie außerdem unverzüglich, jedoch nicht vor ihrer Veröffentlichung dem Unternehmensregister im Sinne des § 8 b des Handelsgesetzbuchs zur Speicherung zu übermitteln. ²Als Inlandsemittent gilt im Sinne dieser Vorschrift auch ein solcher, für dessen Finanzinstrumente erst ein Antrag auf Zulassung gestellt ist. ³Eine Insiderinformation betrifft den Emittenten insbesondere dann unmittelbar, wenn sie sich auf Umstände bezieht, die in seinem Tätigkeitsbereich eingetreten sind. ⁴Wer als Emittent oder als eine Person, die in dessen Auftrag oder auf dessen Rechnung handelt, im Rahmen seiner Befugnis einem anderen Insiderinformationen mitteilt oder zugänglich macht, hat diese gleichzeitig nach Satz 1 zu veröffentlichen und dem Unternehmensregister im Sinne des § 8 b des Handelsgesetzbuchs zur Speicherung zu übermitteln, es sei denn, der andere ist rechtlich zur Vertraulichkeit verpflichtet. ⁵Erfolgt die Mitteilung oder Zugänglichmachung der Insiderinformation nach Satz 4 unwissentlich, so ist die Veröffentlichung und die Übermittlung unverzüglich nachzuholen. ⁶In einer Veröffentlichung genutzte Kennzahlen müssen im Geschäftsverkehr üblich sein und einen Vergleich mit den zuletzt genutzten Kennzahlen ermöglichen.

(2) ¹Sonstige Angaben, die die Voraussetzungen des Absatzes 1 offensichtlich nicht erfüllen, dürfen, auch in Verbindung mit veröffentlichungspflichtigen Informationen im Sinne des Absatzes 1, nicht veröffentlicht werden. ²Unwahre Informationen, die nach Absatz 1 veröffentlicht wurden, sind unverzüglich in einer Veröffentlichung nach Absatz 1 zu berichten, auch wenn die Voraussetzungen des Absatzes 1 nicht vorliegen.

(3) ¹Der Emittent ist von der Pflicht zur Veröffentlichung nach Absatz 1 Satz 1 solange befreit, wie es der Schutz seiner berechtigten Interessen erfordert, keine Irreführung der Öffentlichkeit zu befürchten ist und der Emittent die Vertraulichkeit der Insiderinformation gewährleisten kann. ²Die Veröffentlichung ist unverzüglich nachzuholen. ³Absatz 4 gilt entsprechend. ⁴Der Emittent hat die Gründe für die Befreiung zusammen mit der Mitteilung nach Absatz 4 Satz 1 der Bundesanstalt unter Angabe des Zeitpunktes der Entscheidung über den Aufschub der Veröffentlichung mitzuteilen.

(4) ¹Der Emittent hat die nach Absatz 1 oder Absatz 2 Satz 2 zu veröffentlichende Information vor der Veröffentlichung

1. der Geschäftsführung der inländischen organisierten Märkte, an denen die Finanzinstrumente zum Handel zugelassen sind,
2. der Geschäftsführung der inländischen organisierten Märkte, an denen Derivate gehandelt werden, die sich auf die Finanzinstrumente beziehen, und
3. der Bundesanstalt

mitzuteilen. ²Absatz 1 Satz 6 sowie die Absätze 2 und 3 gelten entsprechend. ³Die Geschäftsführung darf die ihr nach Satz 1 mitgeteilte Information vor der Veröffentlichung nur zum Zweck der Entscheidung verwenden, ob die Ermittlung des Börsenpreises auszusetzen oder einzustellen ist. ⁴Die Bundesanstalt kann gestatten, dass Emittenten mit Sitz im Ausland die Mitteilung nach Satz 1 gleichzeitig mit der Veröffentli-

---

[69] AG München (EM.TV), WM 2002, 594, EWiR § 15 WpHG 1/02, 43 (*Schäfer*); *Edelmann*, BB 2004, 2031, 2032; *Kaiser*, WM 1997, 1557, 1559; *Happ*, JZ 1994, 240, 243; *Caspari*, ZGR 1994, 530, 532/548; *Becker*, S. 76; Fuchs/*Mennicke*, WpHG, § 14 Rn 444; aA *Claussen*, DB 1994 27, 31.
[70] Fuchs/*Mennicke*, WpHG, § 14 Rn 423; *Assmann*, in: Assmann/Schneider, § 14 Rn 206 f mit Darlegung der gegenteiligen Ansicht; Schäfer/Hamann/*Schäfer*, § 14 WpHG Rn 96 f.
[71] Schäfer/Hamann/*Schäfer*, § 14 WpHG Rn 98; *Kaiser*, WM 1997, 1557, 1560 ff.
[72] Vgl Kommentierung dort.
[73] BGH v. 27.1.2010 – 5 StR 224/09 (Freenet), NZG 2010, 349, zur Berechnung des Sondervorteils vgl BGH NZG 2010, 349, 351.

chung vornehmen, wenn dadurch die Entscheidung der Geschäftsführung über die Aussetzung oder Einstellung der Ermittlung des Börsenpreises nicht beeinträchtigt wird.

(5) ¹Eine Veröffentlichung von Insiderinformationen in anderer Weise als nach Absatz 1 in Verbindung mit einer Rechtsverordnung nach Absatz 7 Satz 1 Nr. 1 darf nicht vor der Veröffentlichung nach Absatz 1 Satz 1, 4 oder 5 oder Absatz 2 Satz 2 vorgenommen werden. ²Der Inlandsemittent hat gleichzeitig mit den Veröffentlichungen nach Absatz 1 Satz 1, Satz 4 oder Satz 5 oder Absatz 2 Satz 2 diese der Geschäftsführung der in Absatz 4 Satz 1 Nr. 1 und 2 erfassten organisierten Märkte und der Bundesanstalt mitzuteilen; diese Verpflichtung entfällt, soweit die Bundesanstalt nach Absatz 4 Satz 4 gestattet hat, bereits die Mitteilung nach Absatz 4 Satz 1 gleichzeitig mit der Veröffentlichung vorzunehmen.

(6) ¹Verstößt der Emittent gegen die Verpflichtungen nach den Absätzen 1 bis 4, so ist er einem anderen nur unter den Voraussetzungen der §§ 37b und 37c zum Ersatz des daraus entstehenden Schadens verpflichtet. ²Schadenersatzansprüche, die auf anderen Rechtsgrundlagen beruhen, bleiben unberührt.

(7) ¹Das Bundesministerium der Finanzen kann durch Rechtsverordnung, die nicht der Zustimmung des Bundesrates bedarf, nähere Bestimmungen erlassen über

1. den Mindestinhalt, die Art, die Sprache, den Umfang und die Form der Veröffentlichung nach Absatz 1 Satz 1, 4 und 5 sowie Absatz 2 Satz 2,
2. den Mindestinhalt, die Art, die Sprache, den Umfang und die Form einer Mitteilung nach Absatz 3 Satz 4, Absatz 4 und Absatz 5 und
3. berechtigte Interessen des Emittenten und die Gewährleistung der Vertraulichkeit nach Absatz 3.

²Das Bundesministerium der Finanzen kann die Ermächtigung durch Rechtsverordnung auf die Bundesanstalt für Finanzdienstleistungsaufsicht übertragen.

Literatur:

Bachmann, Kapitalmarktrechtliche Probleme bei der Zusammenführung von Unternehmen, ZHR 172 (2008), 597; *Baetge* (Hrsg.), Insiderrecht und Ad-hoc-Publizität, 1995; *BaFin*, Emittentenleitfaden der Bundesanstalt für Finanzdienstleistungsaufsicht, 2013; *Bedkowski*, Der neue Emittentenleitfaden der BaFin – nunmehr veröffentlicht, BB 2009, 1482; *Bernards*, Verpflichtung zur sofortigen Veröffentlichung nach den Vorschriften des Wertpapierhandelsgesetzes, WPrax 1995, 383; *Benzinger*, Zivilrechtliche Haftungsansprüche im Zusammenhang mit Insiderhandelsverbot und Ad-hoc-Publizität, 2008; *Bosse*, Melde- und Informationspflichten nach dem Aktiengesetz und Wertpapierhandelsgesetz im Zusammenhang mit dem Rückkauf eigener Aktien, ZIP 1999, 2047; *ders.*, Wesentliche Neuregelungen ab 2007 aufgrund des Transparenzrichtlinie-Umsetzungsgesetzes für börsennotierte Unternehmen, DB 2009, 39; *Bruns*, Finanzpublizität nach In-Kraft-Treten des 2. Finanzmarktförderungsgesetzes – Zur praktischen Umsetzung bei Daimler-Benz, in: Baetge, S. 107; *Brandi/Süßmann*, Neue Insiderregeln und Ad-hoc-Publizität – Folgen für Ablauf und Gestaltung von M&A-Transaktionen, AG 2004, 642; *Burg/Marx*, Der neue Emittentenleitfaden der BaFin, AG 2009, 487; *Burgard*, Ad-hoc-Publizität bei gestreckten Sachverhalten und mehrstufigen Entscheidungsprozessen, ZHR 162, 51; *Cahn*, Entscheidungen des Bundesaufsichtsamtes für den Wertpapierhandel nach § 15 Abs. 1 S. 2 WpHG, WM 1998, 272; *ders./Götz*, Ad-hoc-Publizität und Regelpublizität, AG 2007, 221; *Caspari*, Die Problematik der erheblichen Kursbeeinflussung einer publizitätspflichtigen Tatsache, in: Baetge, S. 65; *Claussen*, Insiderhandelsverbot und Ad-hoc-Publizität, Köln 1996; *Claussen/Florian*, Der Emittentenleitfaden, AG 2005, 745; *DAI/BDI*, Stellungnahme zur Überarbeitung und Ergänzung des Emittentenleitfadens der Bundesanstalt für Finanzdienstleistungsaufsicht vom 9.1.2009; *von Dryander/Schröder*, Gestaltungsmöglichkeiten für die Gewährung von Aktienoptionen an Vorstandsmitglieder im Lichte des neuen Insiderrechts, WM 2007, 534; *Edelmann*, Haftung von Vorstandsmitgliedern für fehlerhafte Ad-hoc-Mitteilungen – Besprechung der Infomatec-Urteile des BGH, BB 2004, 2031; *Ekkenga*, Kapitalmarktrechtliche Aspekte der „Investor Relations", NZG 2001, 1; *Feddersen*, Aktienoptionsprogramme für Führungskräfte aus kapitalmarktrechtlicher und steuerlicher Sicht, ZHR 161 (1997), 269; *Feldhaus*, Mehrstufige Entscheidungen bei der Ad-hoc-Publizität – Ein Veröffentlichungsspielraum für den Emittenten –, FB 2001, 442; *Fleischer*, Ad-hoc-Publizität beim einvernehmlichen vorzeitigen Ausscheiden des Vorstandsvorsitzenden, NZG 2007, 401; *ders./Schmolke*, Gerüchte im Kapitalmarktrecht, AG 2007, 841; *ders.*, Zur deliktsrechtlichen Haftung der Vorstandsmitglieder für falsche Ad-hoc-Mitteilungen, DB 2004, 2031; *ders.*, Zur Zivilrechtlichen Teilnehmerhaftung für fehlerhafte Kapitalmarktinformation nach deutschem und US-amerikanischem Recht, AG 2008, 267; *Franken*, Das Spannungsverhältnis der allgemeinen Publizität zum Auskunftsrecht des Aktionärs, in: FS Budde, 1995, S. 214; *Forst*, Die ad-hoc-pflichtige Massenentlassung, DB 2009, 607; *Fürhoff*, Kapitalmarktrechtliche Ad-hoc-Publizität zur Vermeidung von Insiderkriminalität, 2000; *ders./Wölk*, Aktuelle Fragen zur Ad-hoc-Publizität, WM 1997, 449; *Gehrt*, Die neue Ad-hoc-Publizität nach § 15 Wertpapierhandelsgesetz, Baden-Baden, 1997; *Gruson/Wiegmann*, Die Ad-hoc-Publizitätspflicht nach amerikanischem Recht und die Auslegung von § 15 WpHG, AG 1995, 173; *Gunßer*, Ad-hoc-Veröffentlichungspflicht bei zukunftsbezogenen Sachverhalten, NZG 2008, 855; *ders.*, Ad-hoc-Publizität bei Unternehmenskäufen und -übernahmen, 2008; *Hadding* (Hrsg), Das Zweite Finanzmarktförderungsgesetz in der praktischen Umsetzung, Schriftenreihe der Bankrechtlichen Vereinigung, Band 7, 1996; *Happ/Semler*, Ad-hoc-Publizität im Spannungsfeld von Gesellschaftsrecht und Anlegerschutz, ZGR 1998, 116; *Harbarth*, Ad-hoc-Publizität beim Unternehmenskauf, ZIP 2005, 1898; *Hirte*, Die Ad-hoc-Publizität im System des Aktien- und Börsenrechts, in: Hadding (s.o.), 47; *Hitzer*, Zum Begriff der Insiderinformation, NZG 2012, 860; *Hutter/Kaulamo*, Das Transparenzrichtlinie-Umsetzungsgesetz: Änderungen der anlassabhängigen Publizität, NJW 2009, 471; *Hutter/Stürwald*, EM.TV und die Haftung für fehlerhafte Ad-hoc-Mitteilungen, NJW 2005, 2428; *Joussen*, Auskunftspflicht des Vorstandes nach § 131 AktG und Insiderrecht, DB 1994, 2485; *Kersting*, Der Neue Markt der Deutsche Börse AG, AG 1997, 222; *Kiem/Kotthoff*, Ad-hoc-Publizität bei mehrstufigen Entscheidungsprozessen, DB 1995, 1999; *Kiesewetter/Parmentier*, Verschärfung des Marktmissbrauchsrechts – ein Überblick über die neue EU-Verordnung über Insidergeschäfte und Marktmanipulation, BB 2013, 2371; *Klein*, Praktische Erfahrungen eines Weltkonzerns mit Vorschriften der Ad-hoc-Publizität in Deutschland und im Ausland, in: Hadding, S. 95; *Kleinmann*, Die Wirkung der Ad-hoc-Publizität nach § 15 WpHG, FB 1999, 254; *von Klitzing*, Die Ad-hoc-Publizität – Zwischen europäischer Vorgabe und nationaler Umsetzung und zwischen Kapitalmarktrecht und Gesellschaftsrecht, 1999; *Klöhn*, Der „gestreckte Geschehensablauf" vor dem EuGH, NZG 2011, 166; *ders.*, Das deutsche und europäische Insiderrecht nach dem Geltl-Urteil des EuGH, ZIP 2012, 1885; *ders.*, Die Regelung selektiver Informationsweitergabe gem. § 15 Abs. 1 Satz 4 u. 5 WpHG, WM 2010, 1869; *Koch*, Die Ad-hoc-Publizität nach dem Kommissionsentwurf einer Marktmissbrauchsverordnung, BB 2012, 1365; *Krämer/Teigelack*, Gestaffelte Insiderinformationen bei gegenläufigen Insiderinformationen, AG 2012, 20; *Kübler*, Institutioneller Gläubigerschutz oder Kapitalmarkttransparenz? Rechtsvergleichende Überlegungen zu den „stillen Reserven", ZHR 159 (1995), 550; *Kümpel*, Erläuterungen zur Bekanntmachung zum Verhältnis von Regelpublizität und Ad-hoc-Publizität, in: Kümpel/Ott, Kapitalmarktrecht, Kz. 615/3, 2; *ders.*, Insiderrecht und Ad-hoc-Publizität aus Bankensicht, WM 1996, 653; *ders.*, Aktuelle Fragen der Ad-hoc-Publizität, AG 1997, 66; *Kuthe*, Änderung des Kapitalmarktrechts durch das Anlegerschutzverbesserungsgesetz, ZIP 2004, 883; *Lebherz*, Publizitätspflichten bei der Übernahme börsennotierter Unternehmen, WM 2010, 154; *Leis/Nowak*, Ad-hoc-Publizität nach § 15 WpHG, Stuttgart 2001; *Leisch*; Vorstandshaftung für falsche Ad-hoc-Mitteilungen – ein höchstrichterlicher Beitrag zur Stärkung des Finanzplatzes Deutschland, ZIP 2004, 1573; *Leuering*, Die Ad-hoc-Pflicht auf Grund der Weitergabe von Insiderinformationen (§ 15 I 3 WpHG), NZG 2005, 12; *Leuschner*, Zum Kausalerfordernis des § 826 BGB bei unrichtigen Ad-hoc-Mitteilungen, ZIP 2008, 1050; *Liebscher*, Das Übernahmeverfahren nach dem neuen Übernahmegesetz, ZIP 2001, 853; *Linker/Zinger*, Rechte und Pflichten der Organe einer Aktiengesellschaft bei der Weitergabe vertraulicher Unternehmensinformationen, NZG 2002, 497; *Loistl*, Empirisch fundierte Messung kursrelevanter Tatsachen, die Bank 1995, 232; *Lück*, Anforderungen an die Redepflicht des Abschlussprüfers, BB 2001, 404; *Merkner/Sustmann*, Insiderrecht und Ad-hoc-Publizität – Das Anlegerschutzverbesserungsgesetz „in der Fassung durch den Emittentenleitfaden der BaFin", NZG 2005, 729; *dies.*, Reform des Marktmissbrauchsrechts: Die Vorschläge der Europäischen Kommission zur Verschärfung des Insiderrechts, NZG 2012, 315; *Mock*, Gestreckte Verfahrensabläufe im Europäischen Insiderhandelsrecht, ZBB/JBB 2012, 286; *Möllers*, Der BGH, die BaFin und der EuGH: Ad-hoc-Publizität beim einvernehmlichen vorzeitigen Ausscheiden des Vorstandsvorsitzenden Jürgen Schrempp, NZG 2009, 330; *ders.*, Insiderinformation und Befreiung von der Ad-hoc-Publizität nach § 15 Abs. 3 WpHG; WM 2005, 1393; *ders.*, Die unterlassene Ad-hoc-Mitteilung als sittenwidrige Schädigung gem § 826 BGB, WM 2003, 2393; *ders./Rotter*, Ad-hoc-Publizität, 2003; *ders.*, Konkrete Kausalität, Preiskausalität und uferlose Haftungsausdehnung – ComRoad I-VIII, NZG 2008, 413; *Monheim*, Ad-hoc-Publizität nach dem Anlegerschutzverbesserungsgesetz, 2007; *Nerlich*, Die Tatbestandsmerkmale des Insiderverbots nach dem Wertpapierhandelsgesetz, 1999; *Nietsch*, Schadensersatzhaftung wegen Verstoßes gegen Ad-hoc-Publizitätspflichten nach dem Anlegerschutzverbesserungsgesetz, BB 2005, 785; *Nowak*, Eignung von Sachverhalten in Ad-hoc-Mitteilungen zur erheblichen Kursbeeinflussung, ZBB 2001, 449; *Nikoleyczik*, Ad-hoc-Publizitätspflicht bei zukunftsbezogenen Sachverhalten – der Fall „Schrempp", GWR 2009, 82; *Noack*, Neue Publizitätspflichten und Publizitätsmedien für Unternehmen – eine Bestandsaufnahme nach EHUG und TUG, WM 2007, 377; *ders.*, Das EHUG ist beschlossen – elektronische Handels- und Unternehmensregister ab 2007, NZG 2006, 801; *Parmentier*, Ad-hoc-Publizität bei Börsengang und Aktienplatzierung, NZG 2007, 407; *Pananis*, Zur Abgrenzung von Insidertatsache und ad-hoc-publizitätspflichtigem Sachverhalt bei mehrstufigen Entscheidungsprozessen, WM 1997, 460; *Pavlova*, Anlassbezogene Informationspflichten der Emittenten nach dem Wertpapierhandelsgesetz, 2008; *Pellens*, Die Ad-hoc-Publizitätspflicht des Managements börsennotierter Unternehmen (§ 44 a BörsG, AG 1991, 62; *Pellens/Fülbier*, Publizitätspflichten nach dem Wertpapierhandelsgesetz, DB 1994, 1381; *dies*, Gestaltung der Ad-hoc-Publizität unter Einbeziehung internationaler Vorgehensweisen, in: Baetge, S. 23; *Pirner/Lebherz*, Wie nach dem Transparenzrichtlinie-Umsetzungsgesetz publiziert werden muss, AG 2007, 19; *Potthoff/Stuhlfauth*, Der Neue Markt: Ein Handelssegment für innovative und wachstumsorientierte Unternehmen – kapitalmarktrechtliche Überlegungen und Darstellung des Regelwerkes, WM Sonderbeilage 3/1997, 1; *Rützel*, Der aktuelle Stand der Rechtsprechung zur Haftung bei Ad-hoc-Mitteilungen, AG 2003, 69; *Schander/Lucas*, Die Ad-hoc-Publizität im Rahmen von Übernahmevorhaben, DB 1997, 2109; *Schäfer*, in: MarschBarner/Schäfer, Handbuch der börsennotierten AG, 2. Auflage 2009, § 14; *Schäfer/Weber/Wolf*, Berechnung und Pauschalierung des Kursdifferenzschadens bei fehlerhafter Kapitalmarktinformation, ZIP 2008, 197; *Schlittgen*, Die Ad-hoc-Publizität nach § 15 WpHG, 2000; *S. H. Schneider*, Selbstbefreiung von der Pflicht zur Ad-hoc-Publizität, BB 2005, 897; *U. H. Schneider/Gilfrich*, Die Entscheidung des Emittenten über die Befreiung von der Ad-hoc-Publizitätspflicht, BB 2007, 53; *Schockenhoff/Wagner* Ad-hoc-Publizität beim Akteinrückkauf, AG 1999, 548; *Schruff/Nowak/Feinendegen*, Ad-hoc-Publizitätspflicht des Jahresergebnisses gemäß § 15 WpHG: wann muss veröffentlicht werden?, BB 2001, 719; *Schumacher*, Ad-hoc-Publizitätspflichten börsennotierter Fußballclubs, NZG 2001, 769; *Schwarze*, Ad-hoc-Publizität und die Problematik der Notierungsaussetzung, in: Baetge, S. 97; *Siebel/Gebauer*, Prognosen im Aktien- und Kapitalmarktrecht, WM 2001, 173; *Seibert/Decker*, Das Gesetz über elektronische Handelsregister und Genossenschaftsregister sowie das Unternehmensregister (EHUG) – der „Big Bang" im Recht der Unternehmenspublizität, DB 2006, 2446; *Seibt/Bremkamp*, Erwerb eigener Aktien und Ad-hoc-Publizität, AG 2008, 469; *Simon*, Die neue Ad-hoc-Publizität, Der Konzern 2005, 13; *Spindler/Speier*, Die neue Ad-hoc-Publizität im Konzern, BB 2005, 2031; *Tollkühn*, Die Ad-hoc-Publizität nach dem Anlegerschutzverbesserungsgesetz, ZIP 2004, 2215; *Vaupel*, Zum Tatbestandsmerkmal der erheblichen Kursbeeinflussung bei der Ad-hoc-Publizität, WM 1999, 521; *Veil/Koch*, Auf dem Weg zu einem Europäischen Kapitalmarktrecht: die Vorschläge der Kommission zur Neuregelung des Marktmissbrauchs, WM 2011, 2297; *Veith*, Die Befreiung von der Ad-hoc-Publizitätspflicht nach § 15 III WpHG, NZG 2005, 254; *Waldhausen*, Die ad-hoc-publizitätspflichtige Tatsache, 2001; *Walla*, Die Reformen der Europäischen Kommission zum Marktmissbrauchs- und Transparenzregime – Regelungskonzept, Aufsicht und Sanktionen, BB 2012, 1358; *M. Weber*, Die Entwicklung des Kapitalmarktrechts 1998 – 2000: Publizität, Insiderrecht und Kapitalmarktaufsicht, NJW 2000, 3461; *U. Weber*, Das neue deutsche Insiderrecht, BB 1995, 157; *Weisgerber*, Neue Informationskultur durch das Zweite Finanzmarktförderungsgesetz, WM 1995, 19; *Wertenbruch*, Die Ad-hoc-Publizität bei der Fußball-AG, WM 2001, 193; *Widder*, Befreiung von der Ad-hoc-Publizität ohne Selbstbefreiungsbeschluss, BB 2009, 967; *ders.*, Vorsorgliche Ad-hoc-Meldungen und vorsorgliche Selbstbefreiungen nach § 15 Abs. 3 WpHG, DB 2008, 1480; *ders./Gallert*, Ad-hoc-Publizität infolge der Weitergabe von Insiderinformationen – Sinn und Unsinn von § 15 I 3 WpHG, NZG 2006, 451; *Wiedemann*, Der Kapitalanlegerschutz im deutschen Gesellschaftsrecht, BB 1975, 1591; *Wittich*, Erfahrungen mit der Ad-hoc-Publizität in Deutschland, AG 1997, 1; *Wolfram*, WpHG-Praxis für Investor Relations, DIRK-Forschungsreihe Band 5, 2005; *Wölk*, Ad-hoc-Publizität – Erfahrungen aus der Sicht des Bundesaufsichtsamts für den Wertpapierhandel, AG 1997, 73; *Zubrod*, Rechtssichere Eingrenzung der Ad-hoc-Publizitätspflicht anhand der Auswirkungen auf die Vermögens- oder Finanzlage als Zentralbegriff, 1999.[1]

A. Übersicht

1 **Die Funktion** der Ad-hoc-Publikation einer Insiderinformation besteht darin, sie ihrer Eigenschaft als solche zu entkleiden und mit einer schnellen Nivellierung des Informationsniveaus die Transparenz und damit die Funktionsfähigkeit der Finanzmärkte zu verbessern. Mit der Umsetzung der EU-Marktmissbrauchsrichtlinie im Rahmen des **Anlegerschutzverbesserungsgesetzes (AnSVG)**[2] wurde eine tief greifende Neuerung bei der Ad-hoc-Publizität geschaffen: Seitdem müssen **Insiderinformationen** iSv § 13 veröffentlicht werden. Die bisherige Unterscheidung nach dem WpHG aF nach Insidertatsachen und ad-hoc-pflichtigen Tatsachen in § 15 aF war damit entfallen. Mit der jetzigen Fassung soll bestmögliche Markttransparenz gewährleistet, Insiderhandel weitestgehend eingeschränkt und die Integrität der Finanzmärkte gefördert werden.[3] Die neue Rechtslage hat weitere Veränderungen wie die Selbstbefreiung nach Abs. 3 geschaffen. Mit Inkrafttreten des **Transparenzrichtlinie-Umsetzungsgesetzes (TUG)**[4] wurde der Begriff des Inlandsemittenten in Abs. 1 S. 1 eingeführt; nur noch diese sind unter deutschem Recht zur Ad-hoc-Veröffentlichung verpflichtet, dabei wird auf das Herkunftsstaatsprinzip abgestellt. Hinzu kommt die Pflicht zur europaweiten Publikation über entsprechende (elektronische) Medien. Begleitet werden diese Neuregelungen durch Bestimmungen des Gesetzes über elektronische Handelsregister und Genossenschaftsregister sowie das das Unternehmensregister (**EHUG**),[5] mit dem das Unternehmensregister als System zur zentralen Speicherung unternehmensbezogener Daten geschaffen wurde, wohin Ad-hoc-Meldungen nun ebenfalls zu übermitteln sind. Zudem sind auf der Rechtsfolgenseite im Rahmen des § 39 bei Verstößen gegen § 15 in Einzelteilen leichte Strafverschärfungen bei der Bußgeldbelegung durch das TUG eingeführt worden (vgl Rn 26 und § 39).

Art, Umfang und Form der Ad-hoc-Mitteilung wird in der **Wertpapierhandelsanzeige- und Insiderverzeichnisverzeichnisverordnung (WpAIV)** geregelt.[6]

Die kommende **EU-Marktmissbrauchsverordnung**[7] wird für die Ad-hoc-Bestimmungen gewisse Erweiterungen vorsehen. So ist zB die Ad-hoc-Pflicht auch für Unternehmen auf multilateralen Handelsplattformen geplant, wenn diese der Notierung zugestimmt oder diese betrieben haben. Neben dem bisherigen Selbstbefreiungstatbestand auf Veranlassung des Emittenten ist vorgesehen, dass die Aufsichtsbehörde eine Befreiung von Ad-hoc-Meldpflicht vornehmen kann, wenn die betreffende Information systemrelevant ist, der Aufschub im öffentlichen Interesse liegt und die Geheimhaltung gewährleistet ist.

2 Im **Verhältnis zu anderen Publizitätspflichten** ergänzt die (aperiodische) Ad-hoc-Publizität die Regelpublizität in Form der jährlichen Finanzberichterstattung und der obligatorischen unterjährigen Zwischenberichterstattung. Der Emittent darf bei einer Insiderinformation mit der Veröffentlichung nicht bis zur nächsten periodischen Publizität warten.[8] Weiterhin gilt, dass **andere Transparenzvorschriften**, soweit sie Emittenten von Wertpapieren mit Zulassung zum Börsenhandel betreffen, wie zB Mitteilungen bedeutender Stimmrechtsveränderungen, Publizitätsvorschriften nach dem WpÜG oder dem WpPG, Veröffentlichungspflichten im Zusammenhang mit Aktienrückkaufprogrammen und Transparenzvorschriften hinsichtlich der Erhebung von Anfechtungsklagen, keine der Ad-hoc-Publizität vorrangigen oder sie gar ersetzenden Transparenzvorschriften darstellen, soweit dies nicht gesetzlich angeordnet ist.[9] So ersetzt zB eine nach **übernahmerechtlichen Publizitätsvorschriften** (§§ 10, 29, 34, 35 WpÜG) vorgenommene Veröffentlichung der Entscheidung zur Abgabe eines Angebotes mit dem Ziel der Kontrollerlangung bzw der bestehenden Kontrollerlangung eine ggf erforderliche Ad-hoc-Mitteilung des Bieters mit diesen Inhalten; § 10 Abs. 6 WpÜG.[10] Im Übrigen soll der Emittent nach Vorgabe der BaFin in allen Fällen jeweils zusätzlich prüfen, ob eine Insi-

---

1 Siehe auch Schrifttum vor § 12; zu Haftungsfragen siehe auch §§ 37 b, 37 c.
2 BGBl. I S. 2630.
3 Begr. RegE AnSVG, BT-Drucks. 15/3174, S. 34.
4 Gesetz zur Umsetzung der Richtlinie 2004/109/EG des Europäischen Parlaments und des Rates v. 15. Dezember 2004 zur Harmonisierung der Transparenzanforderungen in Bezug auf Informationen über Emittenten, deren Wertpapiere zum Handel an einem geregelten Markt zugelassen sind, und zur Änderung der Richtlinie 2001/34/EG (Transparenzrichtlinie-Umsetzungsgesetz, TUG), BGBl. I 2007 S. 10; in Kraft getreten am 20.1.2007.
5 BGBl. I S. 2553, seit dem 1.1.2007 in Kraft.
6 Verordnung zur Konkretisierung von Anzeige-, Mitteilungs- und Veröffentlichungspflichten sowie die Pflicht zur Führung von Insiderverzeichnissen nach dem Wertpapierhandelsgesetz v. 13. Dezember 2004, BGBl. I S. 2276, zuletzt geändert durch Artikel 3 G. v. 26.6.2012 BGBl. I S. 1375.
7 Vgl zum aktuellen Verfahrenstand der anstehenden EU-Gesetzgebung die Ausführungen in § 12 Rn 1 aE und § 13 Rn 1 aE.
8 *Schlittgen*, S. 32 f; *Dreyling/Schäfer*, Rn 316, 324; *Kleinmann*, FB 1999, 254, 258; *Kümpel*, AG 1997, 66, 70; *Wölk*, AG 1997, 73, 76; *Fürhoff/Wölk*, WM 1997, 449, 450; *BaWe*, Bekanntmachung v. 9.7.1996, auf die die BaFin im Emittentenleitfaden noch immer Bezug nimmt, S. 59, aA *Bruns*, in: Baetge, S. 107, 110.
9 *BaFin*, Emittentenleitfaden 2013, S. 55.
10 *BAWe*, Schreiben v. 26.4.2002; *Assmann*, in: Assmann/Schneider, § 15 Rn 73; vgl hierzu iÜ die Kommentierung in § 15 Rn 13.

derinformation vorliegt; ist dies der Fall und die Ad-hoc-Pflicht nicht ausdrücklich in der zugrunde liegenden Vorschrift als nicht bestehend definiert, ist eine Ad-hoc-Mitteilung erforderlich. Bei bestehender Ad-hoc-Pflicht gelten auch nicht andere in der jeweiligen Transparenzvorschrift genannten Veröffentlichungsfristen, sondern die unverzügliche Veröffentlichungspflicht.[11]
Das jährliche Dokument gemäß § 10 Abs. 1 Nr. 1 WpPG aF, in dem auch Ad-hoc-Meldungen vorzusehen waren, wurde inzwischen abgeschafft.[12]

B. Pflicht zur Ad-hoc-Publizität (Abs. 1 und 2)

Die Ad-hoc-Pflicht trifft nunmehr **Inlandsemittenten von Finanzinstrumenten**, die zum Handel an einem inländischen organisierten Markt zugelassen sind oder für die sie eine solche Zulassung beantragt haben (Abs. 1 S. 1). Durch die Transparenzrichtlinie und damit durch das TUG wurde die Maßgeblichkeit des Staates, in dem die Finanzinstrumente an einem organisierten Markt zugelassen waren bzw die Zulassung beantragt war (Abs. 1 S. 1 aF), weitestgehend aufgehoben.[13] Es wurde ein zweistufiger Test eingeführt: In einem ersten Schritt ist zu ermitteln, welches Land als **Herkunftsstaat** des Emittenten anzusehen ist, und dann darauf aufbauend wird in einem zweiten Schritt geprüft, ob es sich dabei um einen **Inlandsemittenten** handelt.[14] Beides findet seine Legaldefinition in §§ 2 Abs. 6, 7. Nach dem **Herkunftsstaatsprinzip** ist für die Adressateneigenschaft von Transparenzpflichten nach neuer Rechtslage in der Regel der Sitz des Emittenten in der Bundesrepublik Deutschland (BRD) maßgeblicher Anknüpfungspunkt; unter bestimmten Umständen kann aber die BRD auch für Emittenten mit Sitz im Ausland Anknüpfungspunkt sein.[15] Zweck ist, dass Emittenten im Regelfall nur mit Veröffentlichungspflichten einer Rechtsordnung und einer Aufsichtsbehörde konfrontiert sind; Doppelmeldungen sollen vermieden werden.[16]

Emittenten, die **keine Inlandsemittenten** sind, deren Finanzinstrumente an einem organisierten Markt in der BRD zum Handel zugelassen sind, fallen nicht in den Anwendungsbereich des § 15.[17] Als Inlandsemittent iSv § 15 gilt auch ein solcher, für dessen Finanzinstrumente **erst ein Antrag auf Zulassung** gestellt ist (Abs. 1 S. 2).[18]

Der Begriff **Finanzinstrumente** ist in § 2 Abs. 2 b legal definiert.[19] Unter den **inländisch organisierten Markt** fallen die regulierten Märkte der deutschen Wertpapierbörsen; nicht betroffen sind Emittenten, deren Finanzinstrumente in den Freiverkehr oder den regulierten Markt einbezogen sind.[20] Die BaFin nennt hier neben Wertpapieren wie Aktien, Aktienzertifikaten, Schuldverschreibungen, Genussscheinen, Optionsscheinen und anderen vergleichbaren Wertpapieren auch Derivate und sonstige Finanzinstrumente wie Geldmarktinstrumente und Rechte auf Zeichnung von Finanzinstrumenten.[21]

Der Emittent muss Insiderinformationen, die ihn **unmittelbar betreffen**, unverzüglich veröffentlichen (Abs. 1 S. 1 Hs 1).[22] Die Unmittelbarkeit grenzt die vom Emittenten ad hoc zu veröffentlichenden Insiderinformationen ein.[23] Abs. 1 S. 3 knüpft im Sinne eines Regelbeispiels[24] an die bisherige Rechtslage an und bestimmt, dass eine Insiderinformation den Emittenten insbesondere dann unmittelbar betrifft, wenn sie sich auf Umstände bezieht, die in seinem Tätigkeitsbereich eingetreten sind. Die Klarstellung in S. 3 soll zum Ausdruck bringen, dass alle vor dem Inkrafttreten des AnSVG ad-hoc-pflichtigen Sachverhalte auch künftig zu veröffentlichen sind.[25] Die Ad-hoc-Pflicht knüpft nun unmittelbar an den Begriff der Insiderinformation nach § 13 an. Dabei kommt es nicht darauf an, ob eine veröffentlichungspflichtige Information einen Umstand betrifft, der beim Emittenten selbst eingetreten ist; es können auch „von außen kommen-

---

11 *BaFin*, Emittentenleitfaden 2013, S. 55.
12 Art. 1 Gesetz zur Umsetzung der Richtlinie 2010/73/EU und zur Änderung des Börsengesetzes G. v. 26. Juni 2012 BGBl. I S. 1375 mWv 1.7.2012.
13 *Burg/Marx*, AG 2009, 487, 488.
14 *Burg/Marx*, AG 2009, 487, 488.
15 *BaFin*, Emittentenleitfaden 2013, S. 46 f.
16 *Bosse*, DB 2007, 39, 40; vgl im Übrigen zur weiteren Definition der Begriffe Inlandsemittenten und Herkunftsstaatsprinzip die Kommentierung zu § 2 Abs. 6 und Abs, 7.
17 *BaFin*, Emittentenleitfaden 2013, S. 50; kritisch in diesem Punkt zur Auslegung der Transparenzrichtlinie und des WpHG die *Deutsches Aktieninstitut/BDI*-Stellungnahme zur Überarbeitung des Emittentenleitfaden v. 9.1.2009, 19 f.
18 Umsetzung von Art. 9 Abs. 3 der Marktmissbrauchrichtlinie; vgl Begr. RegE TUG, BR-Drucks. 579/06, 71 zur Einfügung des Satzes 2 anstelle des bisherigen Relativsatzes des § 15 Abs. 1 S. 1 aF.
19 Vgl im Übrigen § 12 Rn 2.
20 *BaFin*, Emittentenleitfaden 2013, S. 46.
21 *BaFin*, Emittentenleitfaden 2013, S. 50.
22 Umsetzung von Art. 6 Abs. 1 der Marktmissbrauchsrichtlinie.
23 Begr. RegE AnSVG, BT-Drucks. 15/3174, S. 35; entfallen ist mit dem AnSVG, dass eine Tatsache im Tätigkeitsbereich des Emittenten eingetreten und wegen Auswirkungen auf die Vermögens- oder Finanzlage oder auf den allgemeinen Geschäftsbereich des Emittenten geeignet sein musste, den Börsenpreis zu beeinflussen.
24 *Merkner/Sustmann*, NZG 2005, 729, 735.
25 *BaFin*, Emittentenleitfaden 2013, S. 51.

de" Umstände in Betracht kommen.[26] Die Information muss im Übrigen den Emittenten selbst betreffen und nicht nur die von ihm emittierten Finanzinstrumente.[27] Eine Hilfestellung zur Abgrenzung, wann ein Emittent nur mittelbar betroffen ist, geben die ESMA-(vormals CESR-)Empfehlungen von Dezember 2002.[28] Als grundsätzlich **nur mittelbar den Emittenten betreffend** und damit nicht ad hoc zu veröffentlichen werden folgende Situationen eingeordnet: allgemeine Marktstatistiken, zukünftig zu veröffentlichende Ratingergebnisse,[29] Research-Studien, Empfehlungen oder Vorschläge, die den Wert von börsennotierten Finanzinstrumente betreffen, allgemeine Zinssatzentwicklungen und Zinssatzentscheidungen, Entscheidungen der Regierungsbehörden bezüglich der Besteuerung, der Regulierung, des Schuldenmanagements, Entscheidungen über Regeln zur Marktaufsicht, wichtige Verfügungen durch Behörden oder andere öffentliche Institutionen, Entscheidungen über die Regeln der Indexzusammensetzung und -berechnung, Entscheidungen der Börsen, der Betreiber außerbörslicher Handelsplattformen und von Behörden zur jeweiligen Marktregulierung, Entscheidungen der Wettbewerbs- und Marktüberwachungsbehörden hinsichtlich börsennotierter Unternehmen, Kauf- und Verkaufsaufträge in den Finanzinstrumenten des Emittenten, Veränderung in den Handelsbedingungen. Weiterhin nimmt die BaFin grundsätzlich eine nur mittelbare Betroffenheit des Emittenten bei Informationen über allgemeine Wirtschaftsdaten, politische Ereignisse, Arbeitslosenzahlen, Naturereignisse oder zB die Ölpreisentwicklung, bei Information über eine für den Emittenten relevante Veränderung der Situation des Konkurrenten, bei Informationen, die nur das Finanzinstrument selbst betreffen (zB Erwerb oder Veräußerung eines größeren Aktienpaketes durch eine Investmentgesellschaft aus Anlagegesichtspunkten) und bei Aktiensplits an.[30] Letztlich kommt es bei der Beurteilung aber immer auf den Einzelfall an.

5 Darüber hinaus sieht der Emittentenleitfaden der BaFin einen weiteren **Katalog von Fallkonstellationen mit möglicherweise veröffentlichungspflichtiger Insiderinformationen** vor, bei denen sich grundsätzlich die Frage nach einer Ad-hoc-Pflicht stellt, wobei natürlich die Sachlage jedweden Einzelfalls zu berücksichtigen sein wird: die Veräußerung von Kerngeschäftsfeldern, Rückzug aus oder Aufnahme von neuen Kerngeschäftsfeldern, Verschmelzungsverträge, Ein-/Ausgliederungen, Umwandlungen, Spaltungen sowie andere wesentliche Strukturmaßnahmen, Beherrschungs- und/oder Gewinnabführungsverträge, Erwerb oder Veräußerung von wesentlichen Beteiligungen, Übernahme- /Abfindungs-/Kaufangebote, Kapitalmaßnahmen, wesentliche Änderung der Ergebnisse der Jahresabschlüsse oder Zwischenberichte gegenüber früheren Ergebnissen oder Marktprognosen, wesentliche Änderung des Dividendensatzes, bevorstehende Zahlungseinstellung/Überschuldung, Verlust nach § 92 AktG/kurzfristige Kündigung wesentlicher Kreditlinien, Verdacht auf Bilanzmanipulation, Ankündigung der Verweigerung des Jahresabschlusstestats durch den Wirtschaftsprüfer, erhebliche außerordentliche Aufwendungen (zB nach Großschäden) oder erhebliche außerordentliche Erträge, Ausfall wesentlicher Schuldner, Abschluss, Änderung oder Kündigung besonders bedeutender Vertragsverhältnisse, Restrukturierungsmaßnahmen mit erheblichen Auswirkungen auf die künftige Geschäftstätigkeit, bedeutende Erfindungen, Erteilung bedeutender Patente und Gewährung wichtiger (aktiver/passiver) Lizenzen, maßgebliche Produkthaftungs- oder Umweltschadensfälle, Rechtsstreitigkeiten von besonderer Bedeutung, überraschende Veränderungen in Schlüsselpositionen des Unternehmens, überraschender Wechsel des Wirtschaftsprüfers, Antrag des Emittenten auf Widerruf der Zulassung zum amtlichen oder geregelten Markt, wenn nicht noch an einem anderen inländischen organisierten Markt eine Zulassung aufrechterhalten wird, Lohnsenkungen oder Lohnerhöhungen sowie Beschlussfassung des Vorstandes, von der Ermächtigung der Hauptversammlung zur Durchführung eines Rückkaufprogramms Gebrauch zu machen.[31]

---

26 Begr. RegE AnSVG, BT-Drucks. 15/3174, S. 35; als Beispiel werden die Übermittlung eines Übernahmeangebots oder die Herabstufung einer externen Rating-Agentur genannt; die BaFin hat in ihrem Leitfaden dagegen unter Bezugnahme auf die CESR-Empfehlungen allerdings die künftige Veröffentlichung von Rating-Ergebnissen als mittelbares Betroffensein eingeordnet, S. 51; kritisch auch zur Veröffentlichungspflicht bei externen Rating-Ergebnissen: *Koch*, DB 2005, 267, 271; *Holzborn/Israel*, WM 2004, 1948, 1952; *Spindler*, NJW 2004, 3449, 3451.
27 *BaFin*, Emittentenleitfaden 2013, S. 51.
28 CESR's Advice on Level 2 Implementing Measures for the proposed Market Abuse Directive, CESR/02–089 d, Ziff. 36 ff, S. 12 f, abrufbar unter <www.esma.europa.eu>; einen entsprechenden beispielhaften Katalog hat die BaFin im Emittentenleitfaden veröffentlicht, S. 54. Zudem hat ESMA (vormals CESR) in einem erneuten Level 3-Set of Guidance von Juli 2007, Ref: CESR/06-562 b, S. 7 f, Beispiele für ein unmittelbares Betreffen aufgelistet; diese korrelieren weitgehend mit dem Katalog der BaFin zu veröffentlichungspflichtigen Insiderinformationen, S. 53.
29 Vgl Fn 26.
30 *BaFin*, Emittentenleitfaden 2013, S. 51 f.
31 *BaFin*, Emittentenleitfaden 2013, S. 53; vgl hierzu auch den Katalog bei ESMA (vormals CESR), Level 3 – second set of CESR guidance and information on the common operation of the Directive to the market, CESR/06-562 b, S. 7 f, zur Ad-hoc-Pflicht zur Änderung der Dividendenpolitik von Emittenten, deren Aktien als Underlying für gelistete Derivate dient, vgl ESMA, Q & A, ESMA/2012/9 vom 9.1.2012, beides abrufbar unter <www.esma.europa.eu>.

Die Insiderinformation ist **unverzüglich zu veröffentlichen**[32] (Abs. 1 S. 1 Hs 1). Bei der Beurteilung der **Un-** **6** **verzüglichkeit** ist grundsätzlich auf den Zeitpunkt des Eintritts der Insiderinformation abzustellen. Der Emittent muss die Pflicht zur Veröffentlichung unverzüglich (ohne schuldhaftes Zögern, vgl § 121 Abs. 1 S. 1 BGB) durch **beschleunigtes Handeln** innerhalb eines **möglichst kurzen Prüfungszeitraums** erfüllen, der die Einschaltung von Experten zur Gewichtung der Auswirkung einer eingetretenen Tatsache noch zulässt.[33] Ist die Insiderinformation während der Börsenhandelszeiten eingetreten, ist ein Zuwarten bis Börsenschluss nicht zulässig, auch nicht, wenn die Veröffentlichung zu etwaiger Kursaussetzung führen würde, es sei denn, die Prüfung dauerte tatsächlich so lange.[34] Gremiensitzungen dürfen jedoch außerhalb der **Börsenhandelszeiten** anberaumt werden. Bei Übersetzung der Insiderinformation in mehrere Sprachen darf dies nicht zur Verzögerung der Veröffentlichung führen, dh, damit darf nicht abgewartet werden, bis eine oder alle Übersetzungen vorliegen.[35]

Der Inlandsemittent hat die Insiderinformation zudem unverzüglich, jedoch nicht vor ihrer Veröffentlichung dem **Unternehmensregister**[36] iSd § 8 b HGB zur Speicherung zu übermitteln (Abs. 1 S. 1 Hs 2). Das mit dem EHUG eingeführte Unternehmensregister führt dazu, dass sämtliche offenlegungspflichtige Daten von Unternehmen im Internet auch für jedermann zugänglich sind, so auch Ad-hoc-Meldungen.[37]

Wer als Emittent oder **Person, die in dessen Auftrag oder auf dessen Rechnung**[38] handelt, einem anderen **im** **7** **Rahmen seiner Befugnis**, also nicht unbefugt iSv § 14 Abs. 1 Nr. 2, Insiderinformationen[39] mitteilt oder zugänglich macht, muss diese **gleichzeitig veröffentlichen** und dem **Unternehmensregister** zur Speicherung übermitteln,[40] es sei denn, der andere ist zu **Vertraulichkeit** verpflichtet (Abs. 1 S. 4).[41] Dies bedeutet, dass der Emittent die Information nur an Personen weitergeben darf, die diese zur Erfüllung ihrer Aufgaben benötigen,[42] zB Rechtsanwälte und Wirtschaftsprüfer. Neben einer gesetzlichen Vertraulichkeitsverpflichtung dieser Berufsstände kann auch eine vertragliche damit umfasst sein. Diskutiert wird, ob es einer ausdrücklichen Geheimhaltungsklausel bedarf oder ob es ausreichend ist, wenn sich aus den offen gelegten Vertragsumständen deren diskrete Behandlung ergibt.[43] Erfolgt die Mitteilung nach S. 3 **unwissentlich**, ist die Veröffentlichung und die Übermittlung unverzüglich nachzuholen (Abs. 1 S. 5).

Mit der **Verwendung üblicher und vergleichbarer Kennzahlen** (Abs. 1 S. 6), wie etwa Gewinn vor Zinsen **8** und Steuern (EBIT), Gewinn vor Steuern, Zinsen und Abschreibungen (EBITDA), Jahresüberschuss oder Gewinn/Verlust pro Aktie, soll dem Gebrauch von Fantasiekennzahlen und dem Wechsel von zuvor genutzten Kennzahlen zu anderen zur Verschleierung negativer Entwicklungen Einhalt geboten werden.[44] Dabei müssen auch die entsprechenden Vorjahreszahlen mit entsprechender prozentualer Veränderung genannt werden.

Mit dem **Verbot der Veröffentlichung von anderen als in Abs. 1 beschriebenen Tatsachen** (Abs. 2 S. 1) soll **9** die Publikation überflüssiger (Werbe-) Meldungen verhindert werden.[45] In der Vergangenheit wurde das Instrument der Ad-hoc-Publizität missbräuchlich häufig primär für Zwecke der Öffentlichkeitsarbeit eingesetzt.[46] Für insiderrechtlich relevante Sachverhalte, die nicht der Ad-hoc-Publizität nach § 15 unterliegen, wurde nach bisheriger Rechtslage vor dem Inkrafttreten des AnSVG bei Gefahr des Insiderhandels die **Veröffentlichung analog § 15** unter Einhaltung des Verfahrens als möglich betrachtet oder gar nahe gelegt.[47]

---

32 Zu den Veröffentlichungsmodalitäten siehe Rn 21, §§ 3 a ff, 4 ff. WpAIV.
33 *BaFin*, Emittentenleitfaden 2013, S. 70; Fuchs/*Pfüller*, WpHG, § 15 Rn 261; *Gehrt*, S. 171; Begr. RegE 2. FFG, BT-Drucks. 12/6679, S. 48; *Happ/Semler*, ZGR 1998, 116, 129; *Feldhaus*, FB 2001, 442, 445 (größerer Veröffentlichungsspielraum).
34 *Assmann*, in: Assmann/Schneider, § 15 Rn 250; *Zimmer/Kruse*, in: Schwark/Zimmer, WpHG, § 15 Rn 51.
35 *BaFin*, Emittentenleitfaden 2013, S. 70.
36 Abrufbar unter <www.unternehmensregister.de>.
37 *Bosse*, DB 2007, 39, 40; *Seibert/Decker*, DB 2006, 2446, vgl zur Einführung des elektronischen Handelsregisters und des Unternehmensregisters auch *Noack*, NZG 2006, 801.
38 Im Auftrag und auf Rechnung des Emittenten handelnde Personen sind in § 15 b Abs. 1 S. 1 ebenfalls genannt, vgl Kommentierung dort.
39 Zur Diskussion, ob es sich um eine Insiderinformation handeln muss, die den Emittenten unmittelbar betrifft vgl *Assmann*, in: Assmann/Schneider, § 15 Rn 114; *Klöhn*, WM2010, 1869, 1877 f.
40 "Gleichbehandlungsgrundsatz" nach *Koch*, NZG 2004, 267, 271; Abgrenzung befugte/unbefugte Weitergabe: *Simon*, Der Konzern 2005, 13, 16.

41 Umsetzung von Art. 6 Abs. 3 der Marktmissbrauchsrichtlinie.
42 *BaFin*, Emittentenleitfaden 2013, S. 54.
43 *Leuering*, NZG 2005, 12, 16, aA *Kuthe*, ZIP 2004, 883, 885; *Holzborn/Israel*, WM 2004, 1948, 1952; die *BaFin* spricht nur von gesetzlicher oder vertraglicher Verpflichtung, hält die Vereinbarung einer Vertragsstrafe nicht für erforderlich: Emittentenleitfaden 2013, S. 54; vgl zum Streitstand iÜ *Assmann*, in: Assmann/Schneider, § 15 Rn 118.
44 Begr. RegE 4. FFG, BT-Drucks. 14/8017, S. 87; vgl *Hutter/Leppert*, NZG 2002, 649, 653, *BaFin*, Emittentenleitfaden 2013, S. 56 mit einem beispielhaften Katalog als "üblich" anzusehender Kennzahlen.
45 Begr. RegE 4. FFG, BT-Drucks. 14/8017, S. 83; vgl *Hutter/Leppert*, NZG 2002, 649, 653.
46 *Dreyling*, Die Bank 2002, 16, 18.
47 *Schumacher*, NZG 2001, 769, 770; *Waldhausen*, S. 296 f; *Kümpel*, in: Assmann/Schneider, § 15 Rn 54 ff, 3. Aufl; *Hopt*, ZGR 1997, 1, 23; *Fürhoff/Wölk*, WM 1997, 457; *Hopt*, ZGR 1997, 1, 23 ff (Familien-AGs); *Beyer*, AG-Report 1997, 132 ff (Regionalbörsen); *Burgard*, ZHR 162, 51, 80 ff (Verpflichtung zur Ad-hoc-Publizität bei Gefahr von Verstößen gegen das Weitergabeverbot).

10 Mit der **Berichtigungspflicht für unwahre Ad-hoc-Meldungen** (Abs. 2 S. 2) soll die zeitnahe Korrektur falscher, erfundener oder übertriebener Meldungen[48] gewährleistet werden, selbst wenn sie eigentlich unter Abs. 1 fielen. Die Veröffentlichung der Berichtigung richtet sich nach § 4 Abs. 3 WpAIV. Eine **Aktualisierung einer Ad-hoc-Meldung** nach § 15 Abs. 1 S. 1, 3,4 ist vorzunehmen, wenn die Veränderung für den Anleger erheblich ist, ihr also ein erhebliches Preisbeeinflussungspotenzial zukommt.[49] Der Inhalt der Veröffentlichung bestimmt sich nach § 4 Abs. 2 WpAIV.

Diese Fallkonstellation ist aufgrund des nunmehrigen tatbestandlichen Anknüpfens an die Insiderinformation nicht mehr denkbar.

C. Einzelne Fallgruppen

11 Vor Inkrafttreten des AnSVG wurde bei § 15 bei sog. **mehrstufigen Entscheidungsprozessen**, dh Maßnahmen bei deren Planung, Umsetzung und Durchführung innerhalb eines Unternehmens mehrere Gremien, insb. Vorstand und Aufsichtsrat beteiligt sind, nach dem Realisierungsgrad des Eintritts der Tatsache, die grundsätzlich erst mit rechtsverbindlichem Beschluss auf der letzten Entscheidungsebene vorliegt, oft also erst mit der Zustimmung des Aufsichtsrats, eine Ad-hoc-Pflicht angenommen.[50] Nach neuer Rechtslage wurde spätestens mit Entscheidung des Geschäftsführungsorgans eine Insiderinformation angenommen (Umkehrschluss zu den Befreiungsregeln in § 15 Abs. 3 iVm § 6 Nr. 2 WpAIV), womit die Veröffentlichungspflicht ausgelöst wird.[51] In Betracht wird dann in der Regel ein Befreiungssachverhalt kommen, der zum **Aufschub** berechtigt (vgl Rn 15).

Brisanz hat das Thema allerdings durch die **EuGH-Rechtsprechung zu Geltl./.Daimler** erfahren, da in diesem Fall das Unternehmen keine Selbstbefreiung von der Ad-hoc-Verpflichtung vorgenommen hatte (vgl § 13 Rn 2 c aE). Der EuGH hat entschieden, dass die der deutschen Regelung zugrunde liegende Formulierung von der Art. 1 Abs. 1 der EU-Marktmissbrauchsrichtlinie und Art. 1 Abs. 1 der entsprechenden Durchführungsrichtlinie (2003/124/EG) dahin gehend auszulegen ist, dass bei einem zeitlich gestreckten Vorgang, bei dem ein bestimmter Umstand verwirklicht oder ein bestimmtes Ereignis herbeigeführt soll, nicht nur dieser Umstand oder dieses Ereignis präzise Information im Sinne einer Insiderinformation sein können, sondern auch die mit der Verwirklichung des Umstands oder Ereignisses verknüpften Zwischenschritte dieses Vorgangs.[52] Würden diese nicht veröffentlicht, könnten Insider ihre Position zum Nachteil derjenigen ausnutzen, die die Informationen nicht kennen.[53] Nicht nur bereits eingetretene, sondern auch Zwischenschritte könnten präzise Informationen sein, bei denen man mit hinreichender Wahrscheinlichkeit davon ausgehen könne, dass sie in Zukunft existieren oder eintreten werden.[54] Ist bei einem Zwischenschritt also das Vorliegen einer Insiderinformation, die den Emittenten unmittelbar betrifft, im Sinne der EuGH-Entscheidung zu bejahen, besteht eine Ad-hoc-Pflicht. Der BGH hat die Auffassung übernommen und entschieden, dass bei einem zeitlich gestreckten Vorgang wie der Herbeiführung eines Aufsichtsratsbeschlusses über den Wechsel im Amt des Vorstandsvorsitzenden jeder Zwischenschritt – auch bereits die Kundgabe der Absicht des amtierenden Vorstandsvorsitzenden gegenüber dem Aufsichtsratsvorsitzenden, vor Ablauf der Amtszeit aus dem Amt zu scheiden – eine Insiderinformation im Sinne des § 13 Abs. 1 S. 1 über einen bereits eingetretenen nicht öffentlich bekannten Umstand sein könne.[55] Die BaFin hat in ihrer Verwaltungspraxis bisher schon auf die Prüfung von Zwischenschritten mit Blick auf ihre Ad-hoc-Pflicht am Beispiel von M & A-Prozessen hingewiesen.[56] Sie weist weiter darauf hin, dass die EuGH-Entscheidung dementsprechend auch Einfluss auf die Praxis künftiger Ad-hoc-Veröffentlichungen der Emittenten haben könnte.[57] Bereits jetzt rät die BaFin den Emittenten, Insider- bzw Ad-hoc-Informationen sorgfältig zu überprüfen. Emittenten sollten aber ggf auch die Möglichkeit einer Befreiung von der Ad-hoc-Pflicht prüfen.

12 Insiderinformationen, die sich bei einem **Tochterunternehmen** ereignen, sind dann vom **börsennotierten Mutterunternehmen** zu veröffentlichen, wenn sie letzteres unmittelbar betreffen.[58] Dabei kann eine kon-

---

48 Fuchs/Pfüller, WpHG, § 15 Rn 336.
49 BaFin, Emittentenleitfaden 2013, S. 64.
50 Kümpel, in: Assmann/Schneider, § 15 Rn 61 ff, 3. Aufl.; Feldhaus, FB 2001, 442, 442; Schlittgen, S. 247; Vaupel, WM 1999, 521, 533; Hopt, ZHR 159, 135, 152; Happ, JZ 1994, 240, 243; Kümpel, WM 1996, 653, 654; HRA/DAV, NZG 1998, 136, 137; Happ/Semler, ZGR 1998, 116; 129; aA van Aerssen, WM 2000, 391, 392; Fürhoff, WM 2001; Kiem/Kotthoff, DB 1995, 1999, 2003; Pananis, WM 1997, 460, 463.
51 Fuchs/Pfüller, WpHG, § 15 Rn 104, 105; Merkner/Sustmann, NZG 2005, 729, 737; BaFin, S. 54 f.
52 EuGH, Urteil v. 28.6.2012 – C 19/1 1, NZG 2012, 784; teilweise wird dies in der Diskussion als Verschärfung der bisherigen Rechtslage beurteilt, so zB Hitzer, NZG 2012, 860, 862.

Mock, ZBB/JBB 2012, 286, 292, weist auf die Problematik mit der Vereinbarkeit mit einer möglichen neuen „Insiderinformation light" hin.
53 EuGH, Urteil v. 28.6.2012 – C 19/11, NZG 2012, 784, 786.
54 EuGH, Urteil v. 28.6.2012 – C 19/11, NZG 2012, 784, 786.
55 BGH, Beschluss v. 23.4.2013 – II ZB 7/09, DB 2013, 1350.
56 BaFin, Emittentenleitfaden 2013, 33.
57 BaFin, Journal 8/2012, 7 f, abrufbar unter <www.bafin.de>.
58 Simon, Der Konzern 2005, 13, 16; nach § 15 aF war danach zu unterscheiden, inwieweit bei Konzernstrukturen vom Eintritt im Tätigkeitsbereich des jeweiligen Emittenten auszugehen ist; siehe zur Darstellung des Streitstandes zB Schäfer, in: Marsch-Barner/Schäfer; § 14 Rn 26.

zernweite Wissenszurechnung nur angenommen werden, wenn entweder die abhängige Gesellschaft so intensiv beherrscht wird, dass die Muttergesellschaft sich jederzeit die nötige Information beschaffen könnte (Vertragskonzern) oder wenn sie über eine Personalunion zwischen Organmitgliedern über das entsprechende Wissen verfügt.[59] Im umgekehrten Fall ist bei Auswirkungen von Entscheidungen der Muttergesellschaft oder bei dieser eintretende Ereignisse auf die Wirtschaftslage oder das Kursniveau der börsennotierten Tochterunternehmen von einer Ad-hoc-Pflicht auszugehen, wenn diese die Voraussetzungen einer Insiderinformation erfüllen. Dies wird allerdings nur bei entsprechender Wissenszurechnung bei positiver Kenntnis gelten.[60] Sind beide Unternehmen börsennotiert, spricht vieles für die Veröffentlichungspflicht beider Unternehmen.[61]

Die Einführung eines **Aktienoptionsprogramms** für Führungskräfte kann ebenfalls eine ad-hoc-publizitätspflichtige Information darstellen, die bereits im Zeitpunkt der Aufstellung des Begebungsplans bzw der Beschlussfassung der Gremien über den Plan zu veröffentlichen ist, wenn damit bereits Vorentscheidungen über bestimmte Kapitalmaßnahmen verbunden sind. Ebenso potenziell ad-hoc-publizitätspflichtig war schon nach bisheriger Rechtslage die **Umwandlung** von **Vorzugsaktien in Stammaktien**, nicht aber die von Namens- oder vinkulierten **Namensaktien** in Inhaberaktien, sowie die **Kündigung wesentlicher Kreditlinien**,[62] wobei nunmehr bei letzterem Punkt in der Regel nach § 15 Abs. 3 iVm § 6 Nr. 1 WpAIV zunächst ein Befreiungssachverhalt gegeben sein kann. Die **Publizitätspflichten bei Übernahmeangeboten** werden seit dem 1.1.2002 grds. durch das WpÜG geregelt. § 15 gilt nicht für die Veröffentlichung zur Abgabe eines Angebots (§ 10 Abs. 6 WpÜG). Ab welchem Verhandlungsstand bei Übernahmen und M&A-Transaktionen eine Insiderinformation und damit eine Ad-hoc-Pflicht seitens der Bieter- oder gar der Zielgesellschaft vorliegt, kommt auf den Einzelfall an, wobei u.a. Zahl der Bieter oder der Zielgesellschaften zu berücksichtigen sind.[63] Häufig wird auch ein Befreiungssachverhalt iSv § 15 Abs. 3 iVm § 6 WpAIV in Betracht kommen.[64]

Eine Ad-hoc-Publizitätspflicht der Gesellschaft, deren Aktionäre vom **Squeeze-Out** nach §§ 327 a-327 f AktG betroffen sind, kommt in Betracht, sobald die Gesellschaft davon Kenntnis erlangt hat.[65] Besteht bei einem **Gerichts- und Verwaltungsverfahren** unter Beteiligung eines Emittenten erhebliches Preisbeeinflussungspotential, trifft diesen eine Ad-hoc-Pflicht.[66] Bei **Wechsel von Organmitgliedern** kann im Einzelfall eine Ad-hoc-Publizitätspflicht bestehen, insbesondere wenn es um Schlüsselpositionen geht oder mit der Person besondere Innovationsfähigkeit für das Unternehmen verbunden werden.[67] Der Wechsel bzw das Ausscheiden eines Organmitglieds bedeutet häufig die Fallkonstellation eines mehrstufigen Entscheidungsprozesses und war auch Grundlage des Sachverhalts der EuGH-Entscheidung zu Geltl./.Daimler.[68] Auch beträchtliche **außerordentliche Erträge und Aufwendungen** können eine Ad-hoc-Pflicht auslösen.[69]

Bei **Geschäftsergebnissen im Sinne der Regelpublizität** besteht eine Ad-hoc-Veröffentlichungspflicht, wenn diese preisrelevant sind und schon vor der Veröffentlichung im Rahmen der Regelpublizität durch **Jahresabschluss und Zwischenberichten** eintreten.[70] Dabei können schon einzelne Ereignisse wie zB ein erheblicher Gewinn oder Verlust veröffentlichungspflichtig sein, wenn sie eine Insiderinformation darstellen. Auch bei **Prognosen** anhand hinreichend konkreter Anhaltspunkte mit entsprechendem Preisbeeinflussungspoten-

---

59 *Spindler/Speier,* BB 2005, 2031, 2032; *Drexl,* ZHR 161 (1997), 491, 512 f; 519 f.
60 *Spindler/Speier,* BB 2005, 2031, 2034 mit Verweis auf Beispielsnennung bei *BaFin,* Emittentenleitfaden 2013, S. 53.
61 *Spindler/Speier,* BB 2005, 2031, 2034; nach früherer Rechtslage vor dem AnSVG genügte die Veröffentlichung durch die ad-hoc-publizitätspflichtige Tochter nach *Gehrt,* S. 142 f; *Cahn,* ZHR 162 (1998), 1, 31; *Dreyling/Schäfer,* Rn 393; aA *von Klitzing,* S. 108.
62 Vgl *Schäfer/Hamann/Geibel/Schäfer,* § 15 WpHG Rn 77; *Kümpel/Assmann,* in: Assmann/Schneider, § 15 Rn 70, 3. Aufl; *Burgard,* ZIP 2005, 1898, 1900 ff.
63 *BaFin,* Emittentenleitfaden 2013, S. 58 f mit nicht abschließenden Auslegungshilfen zu verschiedenen Fallkonstellationen, vgl auch *Merkner/Sustmann,* NZG 2005, 729, 735 f; *Harbarth,* ZIP 2005, 1898, 1900 ff.
64 Vgl iÜ die Kommentierung in § 15 Rn 11 zu mehrstufigen Entscheidungsprozessen, zur Ad-hoc-Pflicht bei Übernahme börsennotierter Unternehmen vor der EuGH-Entscheidung zu Geltl./.Daimler vgl *Lebherz,* WM 2010, 154, 156.
65 *BaFin,* Emittentenleitfaden 2013, S. 59; vgl *Assmann,* in: Assmann/Schneider, § 15 Rn 83 f.

66 *BaFin,* Emittentenleitfaden 2013, S. 57; kritisch dazu zB Deutsches Aktieninsitut und BDI in ihrer Stellungnahme zur Überarbeitung des Emittentenleitfadens v. 9.1.2009, 25.
67 *Assmann,* in: Assmann/Schneider, § 15 Rn 89, *BaFin,* Emittentenleitfaden 2013, S. 57, vgl auch *Fleischer,* NZG 2007, 401.
68 EuGH, Urt. v. 28.6.2012 – C 19/11, NZG 2012, 784, 786, vgl Kommentierung in § 13 Rn 2 c und oben Rn 11 zu möglichen Veröffentlichungspflichten bei gestreckten Sachverhalten.
69 *BaFin,* Emittentenleitfaden 2013, S. 58 f mit Beispielsfällen.
70 *Assmann,* in: Assmann/Schneider, § 15 Rn 36 f; *Fuchs/Pfüller,* WpHG, § 15 Rn 166-168; *Schlittgen,* S. 32 f; *Dreyling/Schäfer,* Rn 316, 324; *Kleinmann,* FB 1999, 254, 258; *Kümpel,* AG 1997, 66, 70; *Wölk,* AG 1997, 73, 76; *Fürhoff/Wölk,* WM 1997, 449, 450; *BAWe,* Bekanntmachung v. 9.7.1996, auf die die BaFin im Emittentenleitfaden noch immer Bezug nimmt, S. 55; aA *Bruns,* in: Baetge, S. 107, 110; *Cahn/Götz,* AG 2007, 221, 226, wobei davon aus, dass zumindest Möglichkeit zum Aufschub der Veröffentlichung bei entsprechender Selbstbefreiung besteht, wenn Termin für Berichterstattung unmittelbar bevorsteht.

tial vertritt die BaFin die Auffassung, dass diese veröffentlichungspflichtig sind.[71] Hat ein Emittent für unterjährige Geschäftsergebnisse keine Prognose abgegeben, sind diese nach Ansicht der BaFin in der Regel ad hoc zu veröffentlichen, wenn diese von den entsprechenden Vorjahreszahlen deutlich abweichen oder einen Bruch zur bisherigen Geschäftsentwicklung bedeuten oder deutlich von der Markterwartung abweichen.[72] Diese Anforderungen erscheinen nicht eindeutig klar; so ist zB fraglich, ob vom Vorjahr deutlich abweichende Geschäftsergebnisse auch zu veröffentlichen sind, wenn sie nicht von der Markterwartung abweichen. Die Veröffentlichung von Jahresabschluss oder Zwischenberichten selbst ist nicht per se ad-hoc-pflichtig, sondern nur, wenn ihr Inhalt preisbeeinflussend sein kann, so zB wenn er nicht den Erwartungen der Marktteilnehmer entspricht. Liegen aber bei Aufstellung des Jahresabschlusses durch den Vorstand entsprechende Insiderinformationen vor, so hat spätestens bei Aufstellung die Ad-hoc-Veröffentlichung über die preisrelevante Information zu erfolgen. Ist noch ein weiteres Gremium in die endgültige Bewertung von Geschäftszahlen eingebunden, kann das Unternehmen aber prüfen, ob ein Befreiungssachverhalt iSv § 15 Abs. 3 iVm § 6 S. 2 Nr. 2 WpAIV vorliegt.

Bejaht hat der BGH eine Ad-hoc-Pflicht beim **Subprime-Anteil** des unmittelbaren eigenen Investments einer Bank sowie derjenigen der mit der Bank verbundenen Zweckgesellschaften: Diese sei eine Insiderinformation; auch die Höhe des Subprime-Anteils der von den Zweckgesellschaften getätigten Investments sei eine Information, die die Bank unmittelbar iSv Abs. 1 S. 1 und 3 betreffe.[73]

D. Befreiung von der Ad-hoc-Pflicht (Abs. 3)

15 Dem Emittenten steht ein **Selbstbefreiungsrecht** von der Ad-hoc-Pflicht so lange zu, wie es der Schutz seiner berechtigte Interessen erfordert, keine Irreführung der Öffentlichkeit anzunehmen ist und der Emittent die Vertraulichkeit gewährleistet (Abs. 3 S. 1).[74] Vor dem Inkrafttreten des AnSVG war nach § 15 Abs. 1 S. 5 aF eine Befreiung noch bei der BaFin zu beantragen, nunmehr kann der Emittent eigenverantwortlich über den Aufschub der Veröffentlichung einer Insiderinformation entscheiden, trägt damit aber nun an Stelle der BaFin das Risiko einer fehlerhaften Rechtsanwendung.[75] Dabei weist die BaFin nun in ihrem Leitfaden seit April 2009 deutlich darauf hin, dass eine Befreiung aktiv in Anspruch genommen werden muss und nicht automatisch erfolgt, wenn ihre Voraussetzungen vorliegen.[76] Dies ergebe sich bereits aus der Verpflichtung des Emittenten, der BaFin bei Nachholung der Ad-hoc-Mitteilung die Gründe und Voraussetzungen für die Entscheidung mitzuteilen (Abs. 3 S. 4 iVm § 8 Abs. 5 WpAIV). Damit widerspricht die BaFin ausdrücklich der Rechtsauffassung des OLG Stuttgart in seiner zweiten „DaimlerChrysler"-Entscheidung, wonach keine Entscheidung des Emittenten erforderlich sei, weil nach dem Gesetzeswortlaut des Abs. 3 S. 1 die Befreiungswirkung kraft Gesetzes eintrete.[77] Das OLG Stuttgart verneinte eine Schadensersatzpflicht nach § 37 b, wenn allein die Voraussetzungen für eine Selbstbefreiung vorgelegen hätten (selbst wenn eine bewusste Entscheidung erforderlich wäre), weil der Emittent auch bei bewusster Entscheidung für die Selbstbefreiung die Information nicht früher veröffentlicht hätte (rechtmäßiges Alternativverhalten).[78] Der BGH hat nun ausgeführt, dass der Schutzzweck von § 15 Abs. 1 und 3, § 37 b Abs. 1 eine Berufung auf das rechtmäßige Alternativverhalten nicht ausschließt. Er hat darauf hingewiesen, dass sich ein Unternehmen nicht schadensersatzpflichtig nach § 37 b mache, wenn es sich bei Fehlen einer bewussten Entscheidung für eine Befreiung von der Veröffentlichungspflicht entschieden hätte und die weiteren Voraussetzungen § 15 Abs. 3 S. 1 tatsächlich vorlägen; die Berufung auf das rechtmäßige Alternativverhalten setze aber voraus, dass der Schädiger bei rechtmäßigen Verhalten denselben Erfolg herbeigeführt hätte, es genügt nicht, dass er ihn hätte herbeiführen können.[79] Schon allein aufgrund der dezidierten Ansicht der BaFin kann man der Praxis nur empfehlen, frühzeitig eine Selbstbefreiung aktiv und ausführlich zu beschließen. Dies gilt umso mehr, als

---

71 *BaFin*, Emittentenleitfaden 2013, S. 56; *Claussen/Florian*, AG 2005, 745, 755; kritisch zur Ad-Hoc-Veröffentlichung einzelner Kennzahlen sowie bei Prognosen die Stellungnahme des Deutschen Aktieninstituts v. 21.1.2005, 13 f, sowie Deutsches Aktieninstitut und BDI in ihrer Stellungnahme zur Überarbeitung des Emittentenleitfadens v. 9.1.2009, 22 f.
72 *BaFin*, Emittentenleitfaden 2013, S. 56.
73 BGH v. 13.12.2011 – XI ZR 51/2010 (IKB), NZG 2012, 263.
74 Umsetzung von Art. 6 Abs. 2 der Marktmissbrauchsrichtlinie, ESMA (vormals CESR), Level 3 – second ser of CESR guidance,CESR/06-562 b, gibt Auslegungshinweise zu den Voraussetzungen der Selbstbefreiung, S. 9 ff.
75 *Simon*, Der Konzern 2005, 13, 19; *S. H. Schneider*, BB 2005, 897.
76 *BaFin*, Emittentenleitfaden 2013, S. 59; dieser Ansicht bisher auch ein Großteil der Literatur folgend wie *Widder*, BB 2009, 967, 969; *U.H. Schneider/ Gilfrich*, BB 2007, 53, 54 f; *Harbarth*, ZIP 2005, 1898, 1906; *Gunßer*, DB 2008, 1480, 1481 ua; aA *Kuthe*, ZIP 2004, 883, 885; *Veith*, NZG 2005, 254; *Nietsch*, BB 2005, 785, 786; *Schäfer*, in: Marsch-Barner/Schäfer, § 14 Rn 51, 1. Aufl. 2005, in der 2. Aufl. 2009 nun offen lassend, § 14 Rn 34 ff; *Assmann*, in: Assmann/Schneider, § 15 Rn 165 a ff; *Nikoleyczik*, GWR 2009, 82, 84; vgl iÜ kritische Würdigung der BaFin-Darstellung im Leitfaden bei *Burg/Marx*, AG 2009, 487, 489 ff.
77 OLG Stuttgart v. 22.4.2009 – 20 Kap. 1/08, NZG 2009, 624, 635 – n. rkr.
78 OLG Stuttgart v. 22.4.2009 – 20 Kap. 1/08, NZG 2009, 624 – n. rkr.
79 BGH v. 23.4.2013 – II ZB 7/09, DB 2013, 1350, 1354 f.

dass mit dem Bußgeldverfahren der BaFin in der Sache befasste OLG Frankfurt den Gedanken der nicht erforderlichen Befreiungsentscheidung und des rechtmäßigen Alternativverhaltens nicht wirklich aufgegriffen hat.[80] Eine vorsorgliche Selbstbefreiung wird überwiegend für zulässig erachtet.[81]

Zuständig für den Befreiungsbeschluss soll nach Ansicht der BaFin das geschäftsführende Organ sein; an der Entscheidung über die Befreiung soll dabei mindestens ein ordentliches Vorstandsmitglied mitwirken.[82] Auch hier kann der Praxis nur geraten werden, der Auffassung der BaFin zu folgen, die hier ihre Verwaltungspraxis kundtut, um mögliche Bußgeldbescheide und damit entsprechende rechtliche Auseinandersetzungen zu vermeiden.

Ein **berechtigtes Interesse** zum Aufschub liegt vor, wenn die Interessen des Emittenten an der Geheimhaltung der Information die Interessen des Kapitalmarktes an zeitnaher und vollständiger Information überwiegen (§ 6 S. 1 WpAIV).[83]

Insbesondere kann dies der Fall sein, wenn das **Ergebnis oder der Gang laufender Verhandlungen** über Geschäftsinhalte, die geeignet wären, im Falle ihres öffentlichen Bekanntwerdens den Börsen- oder Marktpreis erheblich zu beeinflussen, von der Veröffentlichung wahrscheinlich **erheblich beeinträchtigt** würden und eine Veröffentlichung die Interessen der Anleger ernsthaft gefährden würden (§ 6 S. 2 Nr. 1 WpAIV)[84] oder durch das Geschäftsführungsorgan des Emittenten abgeschlossene Verträge oder andere getroffene Entscheidungen zusammen mit der Ankündigung bekannt gegeben werden müssten, dass die für die Wirksamkeit der Maßnahme **erforderliche Zustimmung eines anderen Organs** des Emittenten noch aussteht, und dies die sachgerechte Bewertung der Information durch das Publikum gefährden würde (§ 6 S. 2 Nr. 2 WpAIV).

Die BaFin nimmt Abstand zu dem nach bisheriger Rechtslage bis zum Inkrafttreten des AnSVG restriktivem Ansatz zu einem möglichen Aufschub und sieht den Anwendungsbereich als erheblich erweitert an. Dies gilt insbesondere im Zusammenhang mit mehrstufigen Entscheidungsprozessen: Angesichts der dem Aufsichtsrat nach dem Aktienrecht zugewiesenen Aufgaben zur Überwachung des Vorstandes wird bei diesen regelmäßig eine Befreiung zulässig sein. Dabei geht die BaFin davon aus, dass der Aufsichtsrat im Sinne einer gestärkten Corporate Governance regelmäßig, gerade bei Fallkonstellationen mit erheblichem Preisbeeinflussungspotential, die Entscheidung des Vorstands einer eingehenden Prüfung unterziehen wird.[85] Pauschale Begründungen mit Verweis auf die ausstehende Gremienentscheidung werden allerdings nicht als ausreichend erachtet; die dem Aufschub zugrunde liegende Entscheidung soll in einem angemessenen Zeitraum herbeigeführt werden.[86]

Der Aufschub darf **keine Irreführung der Öffentlichkeit** (Abs. 3 S. 1) bedeuten. Das Tatbestandsmerkmal wird kritisch betrachtet, da jeder Aufschub einer Information dazu führt, dass der Kapitalmarkt nicht über alle kursrelevanten Informationen verfügt.[87] Diese Situation der „Informationsungleichheit" stellt noch keine Irreführung im Sinne des Tatbestandes dar; der Emittent darf aber aktiv keine Signale setzen, die zur bisher nicht veröffentlichten Situation im Widerspruch stehen; dabei stellt die BaFin klar, dass sie das Verfolgen einer „no comment policy" in diesem Zusammenhang nicht als Irreführung ansieht.[88] Während des Aufschubs muss die **Vertraulichkeit der Insiderinformation** gewährleistet sein (Abs. 3 S. 1 iVm § 7 WpAIV). Der Emittent muss organisatorische Vorkehrungen dafür treffen, dass andere Personen als solche, deren Zugang zu Insiderinformationen für die Wahrnehmung ihrer Aufgaben beim Emittenten unerlässlich ist, keinen Zugang zu diesen Informationen erlangen (§ 7 Nr. 1 WpAIV) und dass er die Informationen unverzüglich bekannt geben kann, wenn er nicht länger in der Lage ist, ihre Vertraulichkeit zu gewährleisten (§ 7 Nr. 2 WpAIV). Nach bisheriger Rechtslage bestand keine Pflicht des Emittenten zur Stellungnahme oder Richtigstellung bei Gerüchten, es sei denn, sie waren der Sphäre des Unternehmens zuzuordnen.[89] Auch

---

80 OLG Frankfurt v. 12.2.2009 – 2 Ss-OWi 514/08, ZIP 2009, 563, 564, bezeichnet die Selbstbefreiungsmöglichkeit zwar als „Legalausnahme (,ist befreit')", lässt dem aber keine weitere Auseinandersetzung folgen.
81 Vgl *Widder*, BB 2009, 967, 972 mwN *ders.*, DB 2008, 1480, 1481 ff mwN.
82 *BaFin*, Emittentenleitfaden 2013, S. 59, *Widder*, BB 2009, 967, 972; aA *U.H. Schneider/Gilfrich*, BB 2007, 53, 55, die auf die Delegationsmöglichkeit des Vorstands unter bestimmten Voraussetzungen hinweisen; kritisch zur Auffassung der BaFin insofern auch *Deutsches Aktieninstitut und BDI* in ihrer Stellungnahme zur Überarbeitung des Emittentenleitfadens v. 9.1.2009, 27.
83 §§ 6–8 WpAIV finden ihre Verordnungsgrundlage in § 15 Abs. 7 S. Nr. 3; in § 6 WpAIV Umsetzung von Art. 3 der Durchführungsrichtlinie 2003/124/EG, mit der sich *Möllers*, WM 2005, 1393, 1395 f kritisch auseinander setzt; mit gestaf-

felten Selbstbefreiungen bei gegenläufigen Insiderinformationen bei Zusammentreffen von unterjährigen Ergebniszahlen mit Kapitalmaßnahmen befassen sich iÜ *Krämer/Teigelack*, AG 2012, 20.
84 Begr. RegE AnSVG, BT-Drucks. 15/3174, S. 35; Beispiel ist die Verhandlung über Unternehmensübernahmen, deren Veröffentlichung nachteilig für die Verhandlungen wären.
85 *BaFin*, Emittentenleitfaden 2013, S. 54, 60; *Veith*, NZG 2005, 254, 256, spricht hier von nicht allzu strengen Anforderungen.
86 *BaFin*, Emittentenleitfaden 2013, S. 60; kritisch zur pauschalen Begründung *Merkner/Sustmann*, NZG 2005, 729, 737.
87 *Simon*, Der Konzern 2005, 13, 20.
88 *BaFin*, Emittentenleitfaden 2013, S. 61; Fuchs/*Pfüller*, WpHG, § 15 Rn 396 empfiehlt diese Vorgehensweise ausdrücklich.
89 *Hopt*, ZHR 159 (1995), 135, 153; *ders.*, in: Baetge, S. 146; *Fürhoff/Wölk*, WM 1997, 449, 455.

heute haben die Unternehmen generell nicht die Pflicht, Gerüchte zu kommentieren. Problematisch stellt sich die Lage dar, wenn während des Aufschubs Gerüchte über den Befreiungssachverhalt im Markt auftauchen. Dann ist die Gewährleistung der Vertraulichkeit nicht mehr gegeben, wenn der Emittent weiß oder Grund zu der Annahme hat, dass die Gerüchte auf eine Vertraulichkeitslücke in seinem Herrschaftsbereich zurückzuführen sind. Ist das Auftreten der Gerüchte nicht auf eine dem Unternehmen zurechenbare Vertraulichkeitslücke zurückzuführen, kann es den Aufschub fortsetzen.[90] In diesem Fall darf es aber auch nicht aktiv gegenläufige Erklärungen abgeben, da sonst eine Irreführung der Öffentlichkeit gegeben ist.[91]

17 Der Zeitraum der Selbstbefreiung kann zum einen durch den Wegfall der vorgenannten Tatbestandsmerkmale des berechtigten Interesses oder Nichtmehrgewährleistung der Vertraulichkeit enden; dann ist die Veröffentlichung nach den Vorgaben von Abs. 4 unverzüglich in ihrer dann aktuellen Fassung nachzuholen (S. 2 und 3). Darüber hinaus können aber auch in diesem Zeitraum die Voraussetzungen für das Vorliegen einer Insiderinformation wegfallen. In diesem Fall bedarf es weder einer Ad-hoc-Mitteilung noch einer Benachrichtigung der BaFin über den Aufschub.[92]

Zu empfehlen ist eine ausreichende Dokumentation über Entscheidung und Ablauf der Selbstbefreiung,[93] insbesondere da der BaFin bei nachgeholter Veröffentlichung die Gründe für die Befreiung zusammen mit der Mitteilung nach Abs. 4 unter Angabe von Zeitpunkt über die Entscheidung über den Aufschub mitzuteilen sind (S. 4). Darüber hinaus können Schadensersatzansprüche wegen unterlassener oder verspäteter Ad-hoc-Mitteilung entstehen. Die Mitteilung an die BaFin hat auch Angaben über den Zeitpunkt der Entscheidung über den Aufschub, spätere Termine, an denen die der Fortbestand der Gründe überprüft wurde und des Zeitpunktes der Entscheidung über die nunmehrige Veröffentlichung sowie Namen, Geschäftsanschriften und Rufnummern aller Personen, die an dieser Entscheidung beteiligt waren (§ 8 Abs. 5 WpAIV) zu enthalten.

E. Modalitäten der Veröffentlichung und Vorabmitteilung (Abs. 4–5, 7 iVm WpAIV)

18 Für die **Veröffentlichung der Ad-hoc-Mitteilung** ist in erster Linie die Herstellung der **Bereichsöffentlichkeit** genügend aber auch erforderlich, selbst wenn die Kapitalmarktteilnehmer die Tatsache bereits erwarten.[94] Der **Inhalt der Ad-hoc-Meldung** ist in §§ 4 f. WpAIV geregelt.[95] Weiterhin haben sich zur Veröffentlichung nach dem TUG neue Vorgaben ergeben: Veröffentlichungen wie zB Ad-hoc-Meldungen und Directors Dealings sind nun **europaweit zu verbreiten** (§ 3 a WpAIV).

Zusätzlich zu den Anforderungen zur europaweiten Verbreitung ist eine Veröffentlichung in den von den professionellen Marktteilnehmern genutzten kostenpflichtigen **elektronisch betriebenen Informationsverbreitungssystemen** sowie das leicht auffindbare **Einstellen im Internet** unter der Webadresse des Emittenten (sofern er über eine solche verfügt) für die Dauer von einem Monat erforderlich (§ 5 S. 1 WpAIV); hier ist der Veröffentlichungserfolg im Gegensatz zu der Veröffentlichung nach § 3 a WpAIV sicherzustellen.[96] Die Veröffentlichung auf der Website darf nicht vor der Verbreitung über das elektronisch betriebene Informationssystem erfolgen (§ 5 S. 2 WpAIV). **Gerichtsentscheidungen, Auskünfte an die Hauptversammlung, den Betriebsrat, die Belegschaft und Journalisten sowie das alleinige Einstellen der Information auf der unternehmenseigenen Website** sind im Moment der Bekanntgabe iSd § 15 Abs. 1 noch nicht öffentlich bekannt[97] und damit noch nicht veröffentlicht. Davon ausgenommen sind Inlandsemittenten nach § 2 Abs. 7 Nr. 2; dies sind Emittenten, für die die BRD zwar nicht Herkunftsstaat ist, deren Finanzinstrumente aber nur in

---

90 *BaFin*, Emittentenleitfaden 2013, S. 61; vgl zur kritischen Auseinandersetzung mwN *Assmann*, in: Assmann/Schneider, § 15 Rn 168; dezidiert zur Problematik von Gerüchten während der Selbstbefreiung auch *Fleischer/Schmolke*, AG 2007, 841, 850 f.

91 *BaFin*, Emittentenleitfaden 2009, S. 61 f, empfiehlt Beschränkung auf "no comment policy", so auch *Diekmann/Sustmann*, NZG 2004, 929, 935; ggf wird die BaFin ihre No-comment-Politik bei Anwendbarkeit der neuen EU-Marktmissbrauchsverordnung anpassen, da diese künftig vorsieht, dass der Emittent im Rahmen der Selbstbefreiung bei fehlender Vertraulichkeit die Öffentlichkeit so schnell wie möglich über die Insiderinformationen informieren muss, was Sachverhalte einschließe, bei denen ein Gerücht ausdrücklich mit einer Insiderinformation in Zusammenhang stehe, wenn dieses Gerücht in ausreichender Weise dahin gehend zutreffend ist, dass die Vertraulichkeit dieser Information nicht mehr gewährleistet ist, vgl zum Verfahrensstand § 12 Rn 1 aE.

92 *Merkner/Sustmann*, NZG 2005, 729, 738; *S. H. Schneider*, BB 2005, 897, 901; *BaFin*, Emittentenleitfaden 2013, S. 59; aA *Tollkühn*, ZIP 2004, 2215, 2220 zur nachträglichen Veröffentlichung bei Scheitern von Verhandlungen.

93 *Simon*, Der Konzern 205, 13, 21; *BaFin*, Emittentenleitfaden 2013, S. 60.

94 *BaFin*, Emittentenleitfaden 2013, S. 34; Schäfer/Hamann/*Geibel/Schäfer*, § 15 WpHG Rn 177; *Schruff/Feinendegen*, BB 2001, 719, 720; *von Klitzing*, S. 98; *Steinhauer*, S. 115; *Fürhoff/Wölk*, WM 1997, 449, 451; *Assmann*, WM 1996, 1337, 1341; aA *Gehrt*, S. 134; *Hopt*, ZHR 159, 135, 153; *ders.*, ZGR 1997, 1.

95 Für die in der Veröffentlichung erforderlichen Angaben in der Kopfzeile, zum Emittenten, zu der Insiderinformation selbst, ihrer Aktualisierung und Berichtigung wird auf § 4 Abs. 1 bis 3 WpAIV und die Ausführungen im Leitfaden der *BaFin*, Emittentenleitfaden 2013, S. 62 ff verwiesen, vgl iÜ auch *Pirner/Lebherz*, AG 2007, 19.

96 *BaFin*, Emittentenleitfaden 2009, S. 67.

97 Schäfer/Hamann/*Geibel*, § 15 WpHG Rn 48 f. Vorauf.; *Dreyling/Schäfer*, Rn 385.

der BRD an einem organisierten Markt zum Handel zugelassen sind (§ 5 S. 3 WpAIV). Solche Emittenten haben lediglich die Pflicht, die europaweite Verbreitung der Veröffentlichung nach § 3 a WpAIV sicher zu stellen.[98]

Die **europaweite Verbreitung** nach § 3 a WpAIV beinhaltet, dass die zu veröffentlichenden Informationen einem Bündel unterschiedlicher Medien zur europaweiten Verbreitung zuzuleiten sind. Nicht vorgeschrieben ist, welche Medien dabei zu nutzen sind. Die Anzahl und Art der zu nutzenden Medien soll anhand der Umstände des Einzelfalls bestimmt werden. Der Veröffentlichungspflichtige muss die Informationen einem Bündel von Medien zur Veröffentlichung zuleiten (ein Medium ist nicht ausreichend), bei denen davon ausgegangen werden kann, dass sie die Information tatsächlich und zeitnah in den EWR-Staaten verbreiten können. Danach muss ein angemessenes Medienbündel mindestens alle fünf in der Gesetzesbegründung zum TUG genannten Medienarten beinhalten, also elektronisch betriebene Informationsverbreitungssysteme, Nachrichtenagenturen, News Provider, Printmedien (bedeutende nationale und europäische Zeitungen) und Finanzwebseiten. Der Emittent ist nicht verantwortlich, dass die Medien die Veröffentlichung nach § 3 a WpAIV auch tatsächlich vornehmen. Laut BaFin muss mindestens ein Medium eine aktive europaweite Verbreitung ermöglichen können. Weiterhin müssen die einzelnen Medien die Information zumindest auch in dem Land verbreiten können, in dem die Aktien des Emittenten an der Börse zugelassen sind. Dabei kann sich der Emittent auch eines Dritten (Informationsdienstleister) bedienen, der für den Emittenten die Zuleitung an die Medien vornimmt; dann geht die Verantwortung für die Erfüllung der europaweiten Verbreitungspflicht jedoch nicht auf den Dritten über, sondern verbleibt beim Emittenten. Im Einzelfall sind zudem weitere Medien zu wählen (BaFin spricht hier von Minimumstandard). Zu berücksichtigen sind dann etwa die Aktionärsstruktur des Emittenten sowie Zahl und Ort seiner Börsenzulassungen.[99]

Mit dem TUG wurde zudem eine Neuregelung zur **Veröffentlichungssprache** eingeführt (§ 3 b WpAIV). Je nach Fallkonstellation kann hier eine englische Veröffentlichung nun eine deutsche ersetzen oder sogar statt der deutschen Veröffentlichung zwingend erforderlich sein.[100] Hervorzuheben sind folgende drei Konstellationen: (1) Die Veröffentlichung hat in deutscher Sprache zu erfolgen, wenn die Wertpapiere eines Emittenten, für den die BRD nach § 2 Abs. 6 Herkunftsstaat ist, lediglich zum Handel an einem inländischen organisierten Markt zugelassen sind (§ 3 b Abs. 2 S. 1 WpAIV). Sind die Wertpapiere zum Handel an einem inländischen organisierten Markt und in einem oder mehreren anderen EU-Mitgliedsstaaten oder in einem oder mehreren anderen EWR-Vertragsstaaten zugelassen, so ist die Information in deutscher oder englischer Sprache und nach Wahl des Emittenten in einer Sprache, die von den zuständigen Behörden der betreffenden EU-Mitgliedsstaaten oder der betreffenden EWR-Vertragsstaaten akzeptiert wird, oder in englischer Sprache zu veröffentlichen (§ 3 b Abs. 2 S. 2 WpAIV). (2) Ein Inlandsemittent nach § 2 Abs. 7 Nr. 2 muss die Information in deutscher oder in englischer Sprache veröffentlichen (§ 3 b Abs. 3 S. 1 WpAIV). Ein Emittent, der seinen Sitz im Inland hat und dessen Wertpapiere nicht im Inland, sondern in mehr als einem anderen EU-Mitgliedsstaat oder EWR-Vertragsstaat zum Handel an einem organisierten Markt zugelassen sind, hat die Information nach seiner Wahl in einer von den zuständigen Behörden der betreffenden EU-Mitgliedsstaaten oder der betreffenden EWR-Vertragsstaaten akzeptierten Sprache oder in englischer Sprache zu veröffentlichen; er kann sie zusätzlich auch in deutscher Sprache veröffentlichen (§ 3 b Abs. 3 S. 2 WpAIV). (3) Emittenten, deren Sitz im Ausland ist, oder Emittenten, für die die BRD der Herkunftsstaat nach § 2 Abs. 6 Nr. 3 a ist oder die bei der BaFin einen Prospekt in englischer Sprache für die Wertpapiere, auf die sich die Information bezieht, hinterlegt haben, können die Veröffentlichung ausschließlich in englischer Sprache vornehmen (§ 3 b Abs. 1 WpAIV). Weitere Vorgaben sind für Wertpapiere von Inlandsemittenten iSv § 2 Abs. 7 mit einer Mindeststückelung von 50.000 EUR oder einem entsprechenden Gegenwert vorgesehen (vgl § 3 b Abs. 4). Die BaFin weist bei der Veröffentlichung in verschiedenen Sprachen auf das Gebot der Unverzüglichkeit hin.[101]

Der Umfang der Veröffentlichung soll kurz gefasst sein. Die Beschreibung der Information selbst sollte möglichst nicht mehr als zehn bis 20 Zeilen umfassen, wobei auf Zitate von Organmitgliedern, Vertragspartnern oä verzichtet werden soll.[102] Die BaFin appelliert an die Emittenten, die Ad-hoc-Publizität nicht als Marketingmeldungen und für Zwecke der Öffentlichkeitsarbeit zu missbrauchen.[103]

Ein **schriftlicher oder elektronischer Beleg** der Veröffentlichung ist gleichzeitig mit der Veröffentlichung an die Geschäftsführungen der inländischen Börsen, an denen die Finanzinstrumente zugelassen sind oder an denen Derivate auf diese Finanzinstrumente gehandelt werden, und an die BaFin zu übersenden (Abs. 5

---

98 *BaFin*, Emittentenleitfaden 2009, S. 69, kritisch zu diese Auslegung, vgl *Deutsches Aktieninstitut/BDI*-Stellungnahme zur Überarbeitung des Emittentenleitfaden 2009, S. 19 f.
99 Begr. RegE TUG, BR-Drucks. 579/06, S. 112, *BaFin*, Emittentenleitfaden 2009, S. 67 ff.
100 *Burg/Marx*, AG 2009, 487, 489.
101 *BaFin*, Emittentenleitfaden 2013, S. 70.
102 *BaFin*, Emittentenleitfaden 2013, S. 63.
103 *Claussen/Florian*, AG 2005, 745, 758; *BaFin*, Emittentenleitfaden 2013, S. 63.

S. 2). Aus dem Beleg muss sich der Text der Veröffentlichung, die Medien, an die die Information gesandt wurde, und der genaue Zeitpunkt (Datum und Uhrzeit) der Versendung des Veröffentlichungstextes ergeben (§ 3 c WpAIV). Ein Beleg über die Veröffentlichung in einem elektronisch betriebenen Informationsverbreitungssystem ist nicht ausreichend; ein Beleg über die Veröffentlichung auf der Website muss nicht übersendet werden.[104]

22 Der Emittent hat die zu veröffentlichende Information **vor der Veröffentlichung** den in Abs. 4 S. 1 Nr. 1 bis 3 genannten Stellen mitzuteilen, Abs. 1 S. 5, Abs. 2, 3 gelten entsprechend. Die **Mitteilung an die Geschäftsführung der jeweiligen inländischen organisierten Märkte**, an denen Finanzinstrumente zum Handel zugelassen sind und an denen Derivate gehandelt werden, die sich auf die Finanzinstrumente beziehen, (Abs. 4 S. 1 Nr. 1, 2), dient der Entscheidung über die **Aussetzung** (vorübergehende Unterbrechung) des Börsenhandels oder der Einstellung der Feststellung des Börsenpreises (Abs. 4 S. 3), für die sie ausschließlich zu verwenden ist.[105]

23 Zweck der **Vorabmitteilung an die BaFin** (Abs. 4 S. 1 Nr. 3) ist die Überwachung der Ad-hoc-Publizität. Ein Abstand von grds. 30 Minuten zur Veröffentlichung ist sowohl gegenüber den vorgenannten Geschäftsführungen und der BaFin erforderlich und ausreichend; im Einzelfall kann bei Zustimmung der Geschäftsführung der Heimatbörse des Emittenten dieser Zeitraum verkürzt werden.[106] Die BaFin hat von der Befugnis nach Abs. 4 S. 4 Gebrauch gemacht und gestattet, dass **Emittenten mit Sitz im Ausland** Mitteilungen nach Abs. 2 S. 1 **gleichzeitig** mit ihrer Veröffentlichung vornehmen können.[107] Der Inhalt der Vorabmitteilung bestimmt sich nach § 8 Abs. 1 WpAIV. Im Falle der nachgeholten **Veröffentlichung bei Informationsweitergabe** iSv § 15 Abs. 1 S. 3 und 4 richtet sich der Inhalt der Vorabmitteilung nach § 8 Abs. 3 und 4 WpAIV. Würde sich der Mitteilungspflichtige selbst oder einen anderen der in § 383 Abs. 1 Nr. 1 bis 3 ZPO bezeichneten Angehörigen mit diesen Angaben der Gefahr strafgerichtlicher Verfolgung oder eines Verfahrens nach OWiG aussetzen, kann er die in § 8 Abs. 3 geforderten Angaben verweigern.[108]

24 Ausdrücklich klargestellt wird, dass eine **Veröffentlichung der Insiderinformation in anderer Weise** als in Form einer Ad-hoc-Mitteilung nach Abs. 1 iVm der WpAIV nicht vor der Veröffentlichung der Ad-hoc-Mitteilung selbst im Sinne der Abs. 1 S. 1, 3, 4 oder nach Abs. 2 S. 2 erfolgen darf (Abs. 5 S. 1). Der Inlandsemittent hat gleichzeitig mit den Veröffentlichungen nach Abs. 1 S. 1, S. 4 oder 5 oder nach Abs. 2 S. 2 diese der Geschäftsführung der jeweiligen erfassten Märkte nach Abs. 4 S. 1 Nr. 1, 2 und der BaFin mitzuteilen. Eine Ausnahme besteht für Emittenten mit Sitz im Ausland, denen die BaFin gestattet hat, die Mitteilung nach Abs. 4 S. 1 gleichzeitig mit der Veröffentlichung vorzunehmen (Abs. 5 S. 2).

25 Die **Überwachung der Ad-hoc-Publizitätspflichten** obliegt der BaFin gemäß § 4. § 15 Abs. 5 aF wurde im Rahmen des AnSVG gestrichen, da die Überwachungsbefugnisse der BaFin nun in der Generalbefugnisnorm des § 4 verankert sind.[109]

F. Folgen von Pflichtverletzungen

26 Verstöße gegen die Ad-hoc-Publizitätspflicht sollen durch die **kapitalmarktrechtliche Haftungsbeschränkung** (Abs. 6 S. 1) außerhalb der Voraussetzungen der §§ 37 b und 37 c keine zivilrechtlichen Schadenersatzansprüche gegen den **Emittenten** und seine **Organe** auslösen. Nach nunmehr gefestigter höchstrichterlicher Rechtsprechung des BGH ist § 15 kein Schutzgesetz iSd § 823 Abs. 2 BGB.[110] Für eine **unmittelbare Haftung von Vorstandsmitgliedern** für fehlerhafte Ad-hoc-Mitteilungen statuiert § 826 BGB bei Annahme einer vorsätzlichen sittenwidrigen Schädigung einen Schadensersatzanspruch.[111] Nach der Infomatec[112]-

---

104 *BaFin*, Emittentenleitfaden 2013, S. 71.
105 Begr. RegE 2. FFG, BT-Drucks. 12/7918, S. 101; entsprechend der Regelung von Art. 6 der Marktmissbrauchsrichtlinie wurde der Anwendungsbereich über Wertpapiere hinaus auf andere Finanzinstrumente erweitert, Begr. RegE AnSVG, BT 15/3174, 35.
106 Begr. RegE 2. FFG, BT-Drucks. 12/6679, S. 49; 12/7918, 101; *Schlittgen*, S. 179 mwN; *BaFin*, Emittentenleitfaden 2013, S. 65 mit weiteren Ausführungen zu Zeitabstand bei der Vorabmitteilung.
107 *BaFin*, Bekanntmachung einer Allgemeinverfügung zu § 15 WpHG v. 13.7.2005; Schäfer/Hamann/*Geibel*, § 15 WpHG Rn 153; Fuchs/*Pfüller*, § 15 Rn 413.
108 *BaFin*, Emittentenleitfaden 2013, S. 67.
109 Begr. RegE AnSVG, BT-Drucks. 15/3174, S. 35; es wird auf Kommentierung zu § 4 verwiesen.
110 Begr. RegE 2. FFG, BT-Drucks. 12/7918, S. 101; BGH zu drei ähnlich gelagerten „Infomatec"-Fällen v. 19.7.2003 – II 217/03, II ZR 218/03 = BB 2004, 1812, ZIP 2004, 1599, 1604 und Az II ZR 402/02 = BB 2004, 1816; so auch BGH v. 19.5.2005 – II ZR 287/02 (EM.TV) = WM 2005, 1358, NJW 2005, 2450, AG 2005, 609, iÜ auch zur gesamtschuldnerischen Haftung der AG nach § 31 BGB analog (Fallkonstellation vor Inkrafttreten der 4. FFG); Fuchs/*Pfüller*, WpHG, § 15 Rn 442; vor BGH-Rechtsprechung bereits *Dreyling/Schäfer*, Rn 496 f; *Nowak*, ZBB 2001, 449, 499; aA *Gehrt*, S. 194; *von Klitzing*, S. 224 ff; *Schlittgen*, S. 186 f; iÜ BverfGE v. 24.9.2002 – 2 BvR 742/02, NZG 2003, 77, zur fehlenden Schutzgesetzeigenschaft des § 15 WpHG, § 88 BörsG aF in Zusammenhang mit einem Aktieneinsichtsantrag.
111 BGH BB 2004, 1812; vgl hierzu Ausführungen von *Edelmann*, BB 2004, 2031, 2032; *Möllers*, JZ 2005, 75, 76; *Leisch*, ZIP 2004, 1573, 1575; *Fleischer*, DB 2004, 2031, 2033; *Kort*, AG 2005, 21, 24.
112 BGH ZIP 2004, 1593 (Infomatec I); BGH ZIP 2004, 1604 (Infomatec II); BGH ZIP 2004, 1599 (Infomatec III).

und Comroad-[113] Rechtsprechung des BGH zur unmittelbaren Organhaftung nach § 826 BGB hat der Anleger allerdings die Ursächlichkeit der Kaufentscheidung zu beweisen. Nur ausnahmsweise könne im Einzelfall aus positiven Signalen einer Ad-hoc-Mitteilung auch die Entwicklung einer „Anlagestimmung" für den Erwerb von Aktien in Betracht kommen.[114]

Auch mit der Frage des ersatzfähigen Schadens bei unmittelbarer Organhaftung hat sich der BGH auseinander gesetzt; der Anleger kann Naturalrestitution in Form der Erstattung des gezahlten Kaufpreises gegen Übertragung der erworbenen Aktien oder bei zwischenzeitlicher Veräußerung gegen deren Anrechnung des an ihrer Stelle getretenen Veräußerungspreises verlangen, alternativ auch den Differenzschaden.[115] Ein im Oktober 2004 vom Bundesministerium der Finanzen vorgelegter Diskussionsentwurf eines Kapitalinformationshaftungsgesetzes zur direkten Haftung von Organmitgliedern[116] wurde wieder zurückgezogen.[117] Auch aus Verstößen gegen die Pflicht, Veröffentlichungen nach Abs. 4 S. 1 der Geschäftsführung und der BaFin zu übersenden (Abs. 5), können keine zivilrechtlichen Schadensersatzansprüche hergeleitet werden.[118] **Die Schadensersatzpflicht aufgrund anderer Rechtsvorschriften** (Abs. 6 S. 2), die ihrerseits Schutzgesetze iSd § 823 Abs. 2 BGB darstellen, bleibt unberührt.[119] Vorsätzliche oder leichtfertige Verletzungen von in Abs. 1 bis 5 normierten Verhaltenspflichten stellen bußgeldbewehrte **Ordnungswidrigkeiten** iSd § 39 Abs. 2, § 1 Abs. 1 OWiG dar. Das Nichtveröffentlichen einer ad-hoc-pflichtigen Insiderinformation kann mit einem Bußgeld bis zu 1 Mio EUR geahndet werden, im Fall des Abs. 3 S. 4, Abs. 4 S. 1 und Abs. 5 S. 2 sowie bei Verstoß gegen die Übermittlungspflicht an das Unternehmensregister nach Abs. 1 S. 1 mit bis 200.000 EUR.[120] Strafrechtliche Folgen können sich auch für die **Organe des Emittenten** ergeben (vgl § 9 Abs. 1, 2 S. 1 Nr. 1 OWiG); in Frage kommt auch ein Widerruf der Zulassung von Wertpapieren des Emittenten.[121]

§ 15 a Mitteilung von Geschäften, Veröffentlichung und Übermittlung an das Unternehmensregister

(1) ¹Personen, die bei einem Emittenten von Aktien Führungsaufgaben wahrnehmen, haben eigene Geschäfte mit Aktien des Emittenten oder sich darauf beziehenden Finanzinstrumenten, insbesondere Derivaten, dem Emittenten und der Bundesanstalt innerhalb von fünf Werktagen mitzuteilen. ²Die Verpflichtung nach Satz 1 obliegt auch Personen, die mit einer solchen Person in einer engen Beziehung stehen. ³Die Verpflichtung nach Satz 1 gilt nur bei Emittenten solcher Aktien, die

1. an einer inländischen Börse zum Handel zugelassen sind oder
2. zum Handel an einem ausländischen organisierten Markt zugelassen sind, sofern der Emittent seinen Sitz im Inland hat oder es sich um Aktien eines Emittenten mit Sitz außerhalb der Europäischen Union und des Europäischen Wirtschaftsraums handelt, für welche die Bundesrepublik Deutschland Herkunftsstaat im Sinne des Wertpapierprospektgesetzes ist.

⁴Der Zulassung zum Handel an einem organisierten Markt steht es gleich, wenn der Antrag auf Zulassung gestellt oder öffentlich angekündigt ist. ⁵Die Pflicht nach Satz 1 besteht nicht, solange die Gesamtsumme der Geschäfte einer Person mit Führungsaufgaben und der mit dieser Person in einer engen Beziehung stehenden Personen insgesamt einen Betrag von 5 000 Euro bis zum Ende des Kalenderjahres nicht erreicht.

---

113 BGH ZIP 2007, 681 (Comroad I); BGH ZIP 2007, 679 (Comroad II); BGH ZIP 2007, 326 (Comroad III); BGH ZIP 2007, 1560 (Comroad IV); BGH ZIP 2007, 1564 (Comroad V); BGH ZIP 2008, 407 (Comroad VI); BGH ZIP 2008, 410 (Comroad VII); BGH ZIP 2008, 829 (Comroad VIII); vgl dazu *Möllers*, NZG 2008, 413 ff; vgl dazu auch *Leuschner*, ZIP 2008, 1050, iÜ Kommentierung zu § 37 b, c Rn 5.
114 BGHZ 160, 134, 146 = ZIP 2004, 1599, 1603; BGH NJW 2004, 2668, 2761; BGH ZIP 2007, 681; ZIP 2007, 679, Rn 4; ZIP 2007, 1560, Rn 14; ZIP 2007, 1564, Rn 13.
115 BGH BB 2004, 1816 (Infomatec) zur Naturalrestitution; BGH WM 2005, 1358, NJW 2005, 2450 (EM.TV); *Schäfer*, in: Marsh-Barner/Schäfer, § 16 Rn 24, vgl *Hutter/Stürwald*, NJW 2005, 2428, 2429 f mit Darstellung des bisherigen Streitstandes.
116 Entwurf abgedruckt in NZG 2004, 1042.
117 Ein neuer Entwurf wurde bislang nicht vorgelegt; die Diskussion um die Managerhaftung brach in der Finanzmarktkrise in 2008/2009 zwar wieder aus; umgesetzt wurde im Erg. dann im Gesetz zur Angemessenheit von Vorstandsgehälter (VorstAG) v. 31.7.2009, BGBl. I S. 2509, bzgl der Vorstandshaftung, dass bei Abschluss einer "Directors and Officers Liability-Versicherung" nun zwingend ein Selbstbehalt des Vorstandsmitgliedes von mindestens zehn Prozent bis das Eineinhalbfache der jährlichen Festvergütung zu vereinbaren ist, § 93 Abs. 2 S. 3 AktG; zudem wurde in § 93 Abs. 6 AktG die Verjährung der Vorstands-und Aufsichtsratshaftung bei börsennotierten Unternehmen auf 10 Jahre erhöht (Restrukturierungsgesetz, in Kraft getreten zum 1.1.2011, BGBl. 2010, Teil 1 Nr. 63, S. 1900).
118 Schäfer/Hamann/*Geibel/Schäfer*, § 15 WpHG Rn 200.
119 Siehe dazu Kommentierung in § 37 b, c Rn 2.
120 Hier ist eine leichte Strafschärfung nach dem TUG eingetreten, vgl Begr. RegE BR-Drucks. 579/06, S. 105 f.
121 Vgl *Dreyling/Schäfer*, Rn 504, 505.

(2) Personen mit Führungsaufgaben im Sinne des Absatzes 1 Satz 1 sind persönlich haftende Gesellschafter oder Mitglieder eines Leitungs-, Verwaltungs- oder Aufsichtsorgans des Emittenten sowie sonstige Personen, die regelmäßig Zugang zu Insiderinformationen haben und zu wesentlichen unternehmerischen Entscheidungen ermächtigt sind.

(3) [1]Personen im Sinne des Absatzes 1 Satz 2, die mit den in Absatz 2 genannten Personen in einer engen Beziehung stehen, sind deren Ehepartner, eingetragene Lebenspartner, unterhaltsberechtigte Kinder und andere Verwandte, die mit den in Absatz 2 genannten Personen zum Zeitpunkt des Abschlusses des meldepflichtigen Geschäfts seit mindestens einem Jahr im selben Haushalt leben. [2]Juristische Personen, bei denen Personen im Sinne des Absatzes 2 oder des Satzes 1 Führungsaufgaben wahrnehmen, gelten ebenfalls als Personen im Sinne des Absatzes 1 Satz 2. [3]Unter Satz 2 fallen auch juristische Personen, Gesellschaften und Einrichtungen, die direkt oder indirekt von einer Person im Sinne des Absatzes 2 oder des Satzes 1 kontrolliert werden, die zugunsten einer solchen Person gegründet wurden oder deren wirtschaftliche Interessen weitgehend denen einer solchen Person entsprechen.

(4) [1]Ein Inlandsemittent hat Informationen nach Absatz 1 unverzüglich zu veröffentlichen und gleichzeitig der Bundesanstalt die Veröffentlichung mitzuteilen; er übermittelt sie außerdem unverzüglich, jedoch nicht vor ihrer Veröffentlichung dem Unternehmensregister im Sinne des § 8b des Handelsgesetzbuchs zur Speicherung. [2]§ 15 Abs. 1 Satz 2 gilt entsprechend mit der Maßgabe, dass die öffentliche Ankündigung eines Antrags auf Zulassung einem gestellten Antrag auf Zulassung gleichsteht.

(5) [1]Das Bundesministerium der Finanzen kann durch Rechtsverordnung, die nicht der Zustimmung des Bundesrates bedarf, nähere Bestimmungen erlassen über den Mindestinhalt, die Art, die Sprache, den Umfang und die Form der Mitteilung nach Absatz 1 und Absatz 4 Satz 1 sowie der Veröffentlichung nach Absatz 4. [2]Das Bundesministerium der Finanzen kann die Ermächtigung durch Rechtsverordnung auf die Bundesanstalt für Finanzdienstleistungsaufsicht übertragen.

Literatur:
BaFin, Emittentenleitfaden der Bundesanstalt für Finanzdienstleistungsaufsicht, 2013; *Baur/Wagner*, Das Vierte Finanzmarktförderungsgesetz – Neuerungen im Börsen- und Wertpapierhandelsrecht, die Bank 2002, 530; *Bednarz*, Pflichten von Emittenten bei einer unterlassenen Mitteilung von Directors' Dealings, AG 2005, 835; *von Buttlar*, Directors' Dealings: Änderungsbedarf aufgrund der Marktmissbrauchsrichtlinie, BB 2003, 2133; *Claussen/Florian*, Der Emittentenleitfaden, AG 2005, 745; *Dymke*, Directors' Dealings am deutschen Kapitalmarkt – Eine empirische Bestandsaufnahme, FB 2007, 450; *Engelhart*, Meldepflichtige und meldefreie Geschäftsarten bei Directors' Dealings (§ 15a WpHG), AG 2009, 856; *Erkens*, Directors' Dealings nach neuem WpHG, Der Konzern 2005, 29; *Escher-Weingart/Hannich*, Gesetz zur Neuordnung des Pfandbriefrechts bestimmt den Kreis der Mitteilungspflichtigen gem § 15a WpHG („Directors' Dealings") neu, NZG 2005, 922; *Fischer zu Cramburg/Hannich*, Directors' Dealings – Eine juristische und empirische Analyse des Handels von Organmitgliedern mit Aktien des eigenen Unternehmens, Studien des Deutschen Aktieninstituts, Heft 19, Oktober 2002; *Fleischer*, Directors' Dealings, ZIP 2002, 1217; *Hagen-Eck/Wirsch*, Gestaltung von Directors' Dealings und die Pflichten nach § 15a WpHG, DB 2007, 504; *Hower-Knobloch*, Directors' Dealings gemäß § 15a WpHG, 2007; *Hutter/Leppert*, Das 4. Finanzmarktförderungsgesetz aus Unternehmenssicht, NZG 2002, 649; *Leppert/Stürwald*, Die insiderrechtlichen Regelungen des Vorschlags für eine Marktmissbrauchsrichtlinie und der Stand der Umsetzung im deutschen Wertpapierrecht, ZBB 2002, 90; *Osterloh*, Directors' Dealings, 2007; *Pluskat*, Die durch das Anlegerschutzverbesserungsgesetz geänderte Regelung der Directors' Dealings vor dem Hintergrund der Richtlinie zur Durchführung der Marktmissbrauchsrichtlinie, BKR 2004, 467; *ders.*, Die Neuregelung der Directors' Dealings in der Fassung des Anlegerschutzverbesserungsgesetzes, DB 2005, 1097; *Posegga*, Pflicht zur Veröffentlichung von Directors' Dealings: Quo vadis, Anlegerschutz?, BKR 2002, 697; *Schäfer*, in: Marsch-Barner/Schäfer, Handbuch der börsennotierten AG, 2. Auflage 2009, § 15; *U. H. Schneider*, Meldepflichtige Wertpapiere von Organmitgliedern („Directors' Dealings") im Konzern – Zum Verhältnis von Kapitalmarktrecht und Konzern-Kapitalmarktrecht, AG 2002, 473; *ders.*, Der pflichtauslösende Sachverhalt bei „Directors' Dealings" – Der sachliche Anwendungsbereich des § 15a WpHG, BB 2002, 1817; *Weiler/Tollkühn*, Die Neuregelung des „Directors' Dealings" nach dem Vierten Finanzmarktförderungsgesetz, DB 2002, 1923.

A. Übersicht

1   Das 4. Finanzmarktförderungsgesetz (4. FFG)[1] regelte in § 15a erstmals gesetzlich (vgl 6.6 Deutscher Corporate Governance Kodex) eine **Veröffentlichungs- und Mitteilungspflicht bei Eigengeschäften** von Personen mit Führungsaufgaben („Directors' Dealings"), die Anhaltspunkte über die Einschätzung der weiteren Geschäftsaussichten durch die Unternehmensleitung geben können (**Indikatorwirkung**). Dies geschieht zur **Verbesserung der Informationseffizienz**, der **Anlegergleichbehandlung** durch Abmilderung von Wissensvor-

---

[1] Gesetz zur weiteren Fortentwicklung des Finanzplatzes Deutschland (Viertes Finanzmarktförderungsgesetz) v. 21. Juni 2002, BGBl. I S. 2010.

sprüngen, Förderung der **Markttransparenz**, und **Marktintegrität** durch Prävention von Insidergeschäften.[2] Im **Verhältnis zu Meldepflichten nach** §§ 21 ff wird § 15 a nicht verdrängt, da er eine erheblich kürzere Frist vorsieht, eine entsprechende Mitteilung lässt im Gegenzug auch die Pflichtveröffentlichung zur Beteiligungstransparenz nicht entfallen.[3] Durch das Anlegerschutzverbesserungsgesetz (**AnSVG**)[4] wurde in Umsetzung der Marktmissbrauchsrichtlinie insbesondere der Kreis der Mitteilungspflichtigen und der veröffentlichungspflichtigen Emittenten erweitert und die Bagatellgrenze gesenkt, andererseits eingeschränkt.[5] § 15 a Abs. 3 S. 2 u. 3 wurden durch das Gesetz zur Neuordnung des Pfandbriefrechts vom 22.5.2005 neu formuliert.[6] Zudem sind Directors' Dealings im jährlichen Dokument nach § 10 WpPG vorzusehen (vgl Kommentierung dort). Die Änderungen durch das **Transparenzrichtlinie-Umsetzungsgesetzes (TUG)**[7] (Art. 1) betreffen im wesentlichen Strafschärfungen für Verstöße (§ 39 Abs. 2), die Übermittlung der Informationen an das Unternehmensregister gemäß § 8 b HGB (§ 15 a Abs. 4 S. 1 Hs 2 nF), das Ersetzen des Begriffs der „Mitteilung" (§ 15 a Abs. 4 aF) durch den der „Information" (redaktionelle Klarstellung)[8] sowie der Beschränkung der Pflichten nach § 15 a Abs. 4 auf Inlandsemittenten gemäß § 2 Abs. 7. Mit den in Art. 2 TUG enthaltenen Änderungen der **Wertpapierhandelsanzeige- und Insiderverzeichnisverzeichnisverordnung (WpAIV)**[9] (§§ 3 ff, 11 ff) sollen insbesondere die möglichst zeitgleiche europaweite Publizierung der veröffentlichungspflichtigen Informationen sichergestellt werden. Durch das **Finanzmarkt-Richtlinie-Umsetzungsgesetz (FRUG)**[10] wurde in Abs. 1 S. 3 Nr. 2 im Einklang mit Art. 6 Abs. 1 Marktmissbrauchsrichtlinie klargestellt, dass Mitteilungen gegenüber der BaFin nur dann zu erfolgen haben, wenn ein Inlandsbezug besteht.[11]

Im Rahmen der **Revision des EU-Marktmissbrauchsrechts**[12] ist nun für Directors' Dealings insbesondere eine Verkürzung der Meldefristen auf drei Geschäftstage vorgesehen; die Meldeschwelle verbleibt zunächst bei 5.000 EUR, Aufsichtsbehörden der Mitgliedstaaten können diese jedoch auf 20.000 EUR heraufsetzen. Zudem sieht der Entwurf einer EU-Marktmissbrauchsverordnung die Einführung von Handelsfenstern sowie eine Pflicht des Emittenten vor, eine Liste mit Führungskräften und den ihnen nahe stehenden Personen zu führen.

B. Modalitäten der Meldepflicht

Der **persönliche Anwendungsbereich** umfasst zunächst **Personen, die bei einem Emittenten von Aktien Führungsaufgaben** wahrnehmen (Abs. 1 S. 1). Darunter fallen gemäß Abs. 2 neben persönlich haftenden Gesellschaftern oder Mitgliedern von Leitungs-, Verwaltungs- oder Aufsichtsorganen des Emittenten (Organmitglieder im formellen Sinn) sonstige Personen, die regelmäßig Zugang zu Insiderinformationen (§ 13) haben und zu wesentlichen unternehmerischen Entscheidungen berechtigt sind (Führungspersonal im materiellen Sinn), die zukünftige Entwicklungen und Geschäftsperspektive des Emittenten betreffen müssen, also strategische Entscheidungen für das Gesamtunternehmen ohne Zustimmungsvorbehalt des Vorstands.[13] Eingeführt wurde diese Erweiterung des Personenkreises durch EU-Bestimmungen insbesondere für EU-Mitgliedsstaaten, bei denen „top executives" außerhalb der Gesellschaftsorgane eine entsprechend einflussreiche Stellung und Entscheidungsmacht haben.[14] Die BaFin geht zu Recht davon aus, dass im Gegensatz zu nach ausländischem bzw europäischem Recht gegründeten Aktiengesellschaften bei der deutschen AG sehr

---

2   Begr. RegE 4. FFG, BT-Drucks. 14/8017, S. 87; *Rudolph*, BB 2002, 1036, 1040; *Fleischer*, ZIP 2002, 1217, 1220; vgl auch Sec. 16(a) US-Securities Exchange Act of 1934; Erwägungsgrund (24) und (26) der Marktmissbrauchsrichtlinie; *Schneider*, BB 2002, 1818; *Schäfer*, in: Marsch-Barner/Schäfer, § 15 Rn 2; *Erkens*, Der Konzern 2005, 29; *Sethe*, in: Assmann/Schneider, § 15 a Rn 13 ff.
3   *Fleischer*, ZIP 2002, 1217, 1229.
4   BGBl. I S. 2630.
5   Umsetzung von Art. 6 Abs. 4, Abs. 6, 5. Spiegelstrich der Marktmissbrauchsrichtlinie 2003/6/EG und der Durchführungsrichtlinie 2004/72/EG – Zulässige Marktpraxis, Definition von Insider-Informationen in Bezug auf Warenderivate, Erstellung von Insider-Verzeichnissen, Meldung von Eigengeschäften und Meldung verdächtiger Transaktionen (ABl. EG Nr. L 162 v. 30.4.2004, 70).
6   BGBl. I S. 1373.
7   Gesetz zur Umsetzung der Richtlinie 2004/109/EG des Europäischen Parlaments und des Rates v. 15. Dezember 2004 zur Harmonisierung der Transparenzanforderungen in Bezug auf Informationen über Emittenten, deren Wertpapiere zum Handel auf einem geregelten Markt zugelassen sind, und zur Änderung der Richtlinie 2001/34/EG (Transparenzrichtlinie-Umsetzungsgesetz, TUG), BGBl. I S. 10; in Kraft getreten am 20.1.2007.
8   *Hagen-Eck/Wirsch*, DB 2007, 504, 509.
9   Verordnung zur Konkretisierung von Anzeige-, Mitteilungs- und Veröffentlichungspflichten sowie die Pflicht zur Führung von Insiderverzeichnissen nach dem Wertpapierhandelsgesetz v. 13. Dezember 2004 (BGBl. I S. 2276), §§ 10 ff. WpAIV zur Veröffentlichung von Geschäften von Führungspersonen, zuletzt geändert durch das TUG, andere §§ der WpAIV zuletzt geändert 2012.
10 BGBl. I S. 1330.
11 Begr. RegE BT-Drucks. 16/4028, S. 63.
12 Vgl hierzu die zur Revision und zum Stand des Verfahrens Ausführungen in § 12 Rn 1 aE.
13 Art. 1 Nr. 1 b) der Durchführungsrichtlinie 2004/72/EG; *BaFin*, Emittentenleitfaden (Stand: 28.4.2009), S. 85.
14 *v. Buttlar*, BB 2003, 2133, 2135; *ESMA (vormals CESR)*, Additional Level 2 Implementing Measures for Market Abuse Directive, Feedback Statement, CESR/03–213 b, August 2003, Rn 85.

wenige Personen unter diese Definition fallen, zB ein Generalbevollmächtigter oder wenn es eine Ausnahmekonstellation in Form eines erweiterten Vorstands gibt.[15] Leitende Angestellte dürften kaum unter diese Vorschrift fallen.[16] Allein die Tatsache, dass eine Person im Insiderverzeichnis des Unternehmens geführt ist, macht diese noch nicht mitteilungspflichtig.[17]

Schließlich werden auch zur Vermeidung von Umgehungsgeschäften[18] die Transaktionen mit zum vorgenannten Personenkreis **in enger Beziehung stehenden Personen** von der Mitteilungspflicht erfasst (Abs. 3 S. 1). Darunter fallen Ehepartner, eingetragene Lebenspartner (§ 1 LPartG), unterhaltsberechtigte Kinder (Unterhaltspflicht richtet sich nach §§ 1601 ff BGB, unabhängig davon, ob Unterhalt tatsächlich geleistet wird) und andere Verwandte (§ 1589 BGB), die zum Zeitpunkt der Mitteilungspflicht in dem selben Haushalt leben, wobei es auf die Wohn- und Wirtschaftsgemeinschaft ankommt.[19] Die Meldepflicht bezieht sich auf den Verwandten selbst, nicht auf den Verpflichteten.[20]

Durch das AnSVG ist die Mitteilungspflicht unter bestimmten Voraussetzungen auch auf **juristische Personen** ausgedehnt worden (Abs. 3 S. 2 und 3), was schon frühzeitig seit Schaffung der Norm zur Verhinderung von Umgehungsgeschäften gefordert wurde.[21] Mitteilungspflichtig sind danach juristische Personen, treuhänderisch tätige Einrichtungen und Personengesellschaften, wenn die Führungsperson iSv Abs. 2 oder eine nahe stehende Person iSv Abs. 3 S. 1 Führungsaufgaben der juristischen Person wahrnimmt. Das gleiche gilt, wenn die Führungsperson oder eine in enger Beziehung stehende Person eine Gesellschaft direkt oder indirekt kontrolliert, die zugunsten einer solchen Person gegründet wurde oder die wirtschaftlichen Interessen der Gesellschaft weitgehend denen einer solchen Person entsprechen.[22] Um den Kreis der mitteilungspflichtigen Personen nicht über Gebühr ausufern zu lassen, gibt die BaFin Hinweise zu einer **teleogischen Reduktion** bei der Auslegung von Abs. 3 S. 2 und 3 unter Verweis auf den Zweck der zugrunde liegenden EU-Vorschrift des Art. 1 Nr. 2 d) der Durchführungsrichtlinie 2004/72/EG und der von ESMA (vormals CESR) formulierten Ziele. Danach sind sämtliche Geschäfte von Emittenten, die börsennotiert sind oder die Börsenzulassung beantragt haben, insbesondere Anlage- und Handelsbestandstransaktionen sowie Geschäfte aufgrund von Aktienrückkaufprogrammen nicht mitteilungspflichtig. Auch Geschäfte gemeinnütziger Einrichtungen sind ebenso wenig mitteilungspflichtig wie sonstige Gesellschaften, bei denen die jeweilige Führungsperson nicht mit mindestens 50% beteiligt ist, mindestens 50% der Stimmrechte an der Gesellschaft hält oder ihr mindestens 50% der Gewinne zugerechnet werden.[23]

3 Der **sachliche Anwendungsbereich** bestimmt sich nach Abs. 1 S. 1, 3 und 4. Danach gilt die Veröffentlichungspflicht nur bei Emittenten solcher Aktien (einer AG, KGaA oder SE), die **an einer Börse zum Handel zugelassen** (Abs. 1 S. 3 Nr. 1) sind, dh die Zulassung[24] zum Handel an einem inländischen organisierten, also regulierten Markt im Inland besteht oder der Antrag auf Zulassung gestellt oder öffentlich angekündigt ist (Abs. 1 S. 4). Unter öffentlicher Ankündigung ist nicht jede Äußerung über einen künftigen Börsengang zu verstehen, vielmehr muss deutlich erkennbar sein, dass der Antrag auf Zulassung in absehbarer Zeit gestellt wird.[25] Mitteilungspflichtig sind auch Geschäfte mit Aktien, die in einem anderen Mitgliedstaat der EU oder einem anderem Vertragsstaat des EWR-Abkommens[26] zum Handel an einem organisierten Markt zugelassen sind und der Sitz des Emittenten im Inland bzw Deutschland **Herkunftsstaat** iSd WpPG (vgl § 2 Nr. 13 WpPG)[27] ist (Abs. 1 S. 3 Nr. 2) oder der Antrag auf Zulassung gestellt oder öffentlich angekündigt ist (Abs. 1 S. 4). Bei Emittenten mit Sitz außerhalb der EU oder des EWR, dessen Aktien aber an einem organisierten Markt der EU oder der EWR zugelassen sind, besteht die Mitteilungspflicht

---

15 *BaFin*, Emittentenleitfaden 2013, S. 75; *ESMA (vormals CESR)*, Additional Level 2 Implementing Measures for Market Abuse Directive, Feedback Statement, CESR/03–213 b, August 2003, Rn 79, weist darauf hin, dass in einigen Jurisdiktionen, bei denen Management und Überwachungsorgan die gesamten Entscheidungsbefugnisse haben, kein Erweiterungsbedarf für die Definition besteht.
16 *Schäfer*, in: Marsch-Barner/Schäfer, § 15 Rn 6; *Zimmer/Osterloh*, in: Schwark/Zimmer, Kapitalmarktrechts-Kommentar, WpHG, § 15 a Rn 62; aA *Kuthe*, ZIP 2004, 883, 884.
17 *Fuchs/Pfüller*, WpHG, § 15 a WpHG, Rn 74; *Schäfer*, in: Marsch-Barner/Schäfer, § 15 Rn 6; *BaFin*, Emittentenleitfaden 2013, S. 74; *Pluskat*, DB 2005, 1097, 1098; aA *Diekmann/Sustmann*, NZG 2004, 929, 936.
18 *Diekmann/Sustmann*, NZG 2004, 937; *Fuchs/Pfüller*, WpHG, § 15 a WpHG, Rn 74.
19 *Erkens*, Der Konzern 2005, 29, 33.
20 Begr. RegE 4. FFG, BT-Drucks. 14/8601, S. 50; *Fleischer*, ZIP 2002, 1217, 1226; *Sethe*, in: Assmann/Schneider, § 15 a Rn 52; *Schäfer*, in: Marsch-Barner/Schäfer, § 15 Rn 8..
21 *Fischer zu Cramburg/Hannich*, DAI-Studie 19, 62.
22 *BaFin*, Emittentenleitfaden 2013, S. 74 f; der Wortlaut von § 15 a Abs. 3 S. 2 u. 3 wurde bereits im Mai 2005 neugefasst, da der Wortlaut bzw die Reichweite nach dem AnSVG als nicht eindeutig empfunden wurde, vgl Begr. RegE Gesetz zur Neuordnung des Pfandbriefrechts BT-Drucks. 15/4878; *Pluskat*, DB 2005, 1097, 1099; *Kuthe*, ZIP 2004, 883, 887; *Erkens*, Der Konzern 2005, 29, 34; zu den Änderungen nach dem Gesetz zur Neuordnung des Pfandbriefrechts vgl *Escher-Weingart/Hannich*, NZG 2005, 922 f.
23 *BaFin*, Emittentenleitfaden 2013, S. 75 f mit Beispielsfällen; *Claussen/Florian*, AG 2005, 745, 759.
24 Zulassungen zum Handel erfolgen mit Inkrafttreten des FRUG lediglich im regulierten Markt. Somit besteht keine Mitteilungspflicht von Führungspersonen, wenn die Aktien des Emittenten lediglich in einen regulierten Markt oder einen Freiverkehr einbezogen sind.
25 *BaFin*, Emittentenleitfaden 2013, S. 73.
26 <http://mifiddatabase.cesr.eu>.
27 Zum Herkunftsstaatsprinzip siehe auch § 15 Rn 3.

gegenüber der BaFin, wenn bei dieser ein Dokument nach Art. 10 der Durchführungsrichtlinie 2003/71/EG hinterlegt ist; gleiches gilt bei Zulassungsantragsstellung oder öffentlicher Ankündigung hierüber.

Mitteilungspflichtig sind unabhängig von der Zulassung zum Börsenhandel Geschäfte mit **Aktien des Emittenten** oder sich darauf beziehende **Finanzinstrumente** (§ 2 Abs. 2 b), insbesondere **Derivate** (§ 2 Abs. 2); dabei sind nur solche Geschäfte in Finanzinstrumenten mitteilungspflichtig, deren Preis überwiegend, dh mit über 50% von dem der Aktie abhängt.[28] Nicht mitteilungspflichtig sind Geschäfte mit Anteilen an Beteiligungs- und Konzernunternehmen.[29] Abzustellen ist auf das schuldrechtliche Geschäft.[30] Nicht mitteilungspflichtig ist der Erwerb von Finanzinstrumenten aufgrund von **Schenkungen** (§§ 516ff BGB) und **Erbschaft** (§§ 1922ff BGB) sowie die **reine Verpfändung ohne Eigentumsübergang**.[31] Auch der **Erwerb aufgrund arbeitsvertraglicher Regelungen oder als Vergütungsbestandteil** ist nach Ansicht der BaFin von der Mitteilungspflicht ausgenommen, obwohl die bisherige ausdrückliche Ausnahme des Gesetzgebers (§ 15a Abs. 1 S. 3 aF) weggefallen ist. Die BaFin beruft sich hier auf den Zweck der Mitteilungspflicht, marktmissbräuchliches Verhalten zu verhindern (Erwägungsgrund 26 der Marktmissbrauchsrichtlinie) und sieht in dem Erwerb als Vergütungsbestandteil aufgrund der außerbörslichen und meist langfristig festgelegten Vereinbarung zwischen Emittent und Führungskraft keinen Fall, der marktmissbräuchliches Verhalten begründen kann; gleiches gilt für die Ausübung derivativer auf arbeitsvertraglicher Grundlage oder als Vergütungsbestandteil erworbener oder gewährter Finanzinstrumente.[32] Dieses dürfte auch nach neuer Rechtslage für **virtuelle Aktien- oder Optionsprogramme** („stock appreciation rights, phantom shares") als Vergütungsbestandteil gelten.[33] Die Veräußerung etwaig erworbener Finanzinstrumente ist allerdings mitteilungspflichtig.

Bei der Frage der Mitteilungspflicht hinsichtlich **Optionen und anderen Derivaten** ist danach zu unterscheiden, ob diese gewährt oder käuflich erworben werden. Beim käuflichen Erwerb bestehen keine Besonderheiten. Bei der Ausübung ist in der Regel entweder der Barausgleich oder bei Erwerb der Aktien dieser als Veräußerungsvorgang mitzuteilen. Bei Erwerb oder Gewährung sowie bei der Ausübung von Optionen oder sonstigen Derivaten aufgrund arbeitsvertraglicher Vereinbarung oder als Vergütungsbestandteil besteht hingegen keine Mitteilungspflicht; diese wird erst durch den Veräußerungsvorgang ausgelöst.[34]

Durch das AnSVG wurde in Umsetzung von Art. 6 Abs. 2 der Durchführungsrichtlinie 2004/72/EG die sogenannte **Bagatellgrenze** (Abs. 1 S. 5) über Gebühr herabgesetzt. Danach besteht keine Mitteilungspflicht, wenn die Gesamtsumme aller nach Abs. 2 und 3 mitteilungspflichtiger Geschäfte insgesamt den Betrag von 5.000 EUR zum Kalenderjahresende nicht erreicht. Bei Übersteigen dieser Mindestgrenze sind alle Geschäfte in diesem Zeitraum nachzumelden. Diese De-minimis-Regelung ist viel zu gering gewählt und nicht geeignet, ihren Zweck,[35] den Markt von nicht aussagekräftigen Mitteilungen zu verschonen, zu erreichen. Bezeichnenderweise hat die BaFin keine Bedenken, wenn auch Geschäfte mitgeteilt werden, die unterhalb der Meldeschwellen liegen.[36] Bei dem großen Kreis Mitteilungspflichtiger dürfte es schwer zu kontrollieren sein, ob eine derart niedrige Meldeschwelle überschritten wird, so dass nur empfohlen werden kann, jedes Geschäft unabhängig von seiner Größe mitzuteilen. Die Zahl der Mitteilungen ist nach der Gesetzesänderung durch das AnSVG erwartungsgemäß stark angestiegen.

Die **Mitteilungspflicht** (Abs. 1 S. 1aE) besteht gegenüber dem Emittenten und der BaFin. Sie muss innerhalb von **5 Werktagen** (vgl §§ 186ff BGB) erfolgen. Dabei beginnt die Mitteilungsfrist ab dem Tag nach Abschluss des schuldrechtlichen Vertrages.[37] Die Mitteilung an den Emittenten ist vorbehaltlich anderweitiger Regelung **an den Vorstand** oder von ihm im Rahmen seiner Organisationspflicht benannte Stellen (idR wohl Compliance), denen die Geschäftsführung nach innen obliegt, zu richten. Die Mitteilungspflicht ist

---

[28] *BaFin*, Emittentenleitfaden 2013, S. 75 f.
[29] *Pluskat*, DB 2005, 1097, 1099; *U.H. Schneider*, AG 2002, 473, 475.
[30] *Erkens*, Der Konzern 2005, 29, 35; *Pluskat*, DB 2005, 1097, 1099.
[31] *BaFin*, Emittentenleitfaden 2013, S. 76 f; *Claussen/Florian*, AG 2005, 745, 760; zu Erbschaft und Schenkung *Schäfer*, in: Marsch-Barner/Schäfer, § 15 Rn 13; *Pluskat*, DB 2005, 1097. 1099 f; vgl iÜ zu meldepflichtigen und meldefreien Geschäften *Engelhart*, AG 2009, 856, 860 ff.
[32] *BaFin*, Emittentenleitfaden 2013, S. 77; *Claussen/Florian*, AG 2005, 745, 760; vgl zur bisherigen Rechtslage *Sethe*, in: Assmann/Schneider, § 15a Rn 71, 3. Aufl; *CESR*, Advice on the Second Set of Level 2 Implementing Measures for the Market Abuse Diretive, CESR/03–212c, August 2003, Rn 38 f, ist dagegen der Ansicht, dass die Übertragung oder Gewährung von Aktienoptionen und die Schenkung von Aktien meldepflichtig sein sollte.
[33] *BaFin*, Emittentenleitfaden 2013, S. 32; aA *Sethe*, in: Assmann/Schneider, § 15a Rn 68.
[34] *BaFin*, Emittentenleitfaden 2013, S. 85 f; die BaFin gibt hier Erläuterungen zu weiteren Einzelfällen wie Bezugsrechten, Gemeinschaftsdepots, Aktiendividenden, Preisangaben in Sonderfällen, Zeichnung von Finanzinstrumenten und bedingten Geschäften etc..
[35] So auch *Schäfer*, in: Marsch-Barner/Schäfer, § 15 Rn 16.
[36] *BaFin*, Emittentenleitfaden 2009, S. 77; fraglich ist, ob die Bundesrepublik Deutschland die Möglichkeit der künftigen EU-Marktmissbrauchsverordnung nutzt, den Schwellenwert auf 20.000 EUR heraufzusetzen, vgl § 15a Rn 1.
[37] *BaFin*, Emittentenleitfaden 2013, S. 79 unter Bezugnahme auf den hessischen bzw nordrhein-westfälischen Feiertagskalender; *Pluskat*, DB 2005, 1097; *Claussen/Florian*, AG 2005, 745, 760; zur Fristberechnung vgl *Sethe*, in: Assmann/Schneider, § 15a Rn 105.

keine höchstpersönliche Pflicht. Eine Mitteilung der Organmitglieder für ihre Verwandten oder durch einen Dienstleister ist für beide mithin zulässig; den Mitteilungspflichtigen trifft dann aber eine Organisations- und Überwachungspflicht.[38] Form und Inhalt der Mitteilung richtet sich nach **Abs. 5 iVm §§ 10 f. WpAIV**. Für die in **Schriftform geforderte Mitteilung** (§ 11 Abs. 1 S. 1 WpAIV) hat die BaFin eine eigene Telefaxleitung für Directors' Dealings-Mitteilungen eingerichtet,[39] lässt aber mittlerweile auch eine Datenfernübertragung zu (vgl § 11 Abs. 2 WpAIV).[40] Außerdem stellt die BaFin für die Mitteilung ein Formblatt mit Empfehlungscharakter und entsprechender Erläuterung zur Verfügung, das sich nach den **inhaltlichen Vorgaben des** § 10 WpAIV richtet und dessen Verwendung zu empfehlen ist.[41] Mitzuteilen sind neben der deutlich hervorgehobenen Überschrift „Mitteilung über Geschäfte von Führungspersonen nach § 15 a WpHG" insbesondere Name und Geschäftsanschrift sowie Rufnummer des Mitteilungspflichtigen, bei natürlichen Personen der Geburtstag und bei nicht bestehender Geschäftsanschrift die Privatanschrift, Beschreibung der Position, Name und Anschrift des Emittenten, Bezeichnung des Finanzinstruments mit internationaler Wertpapierkennnummer und eine genaue Beschreibung des Geschäfts.[42]

7 Die **Veröffentlichungspflicht** (Abs. 4 S. 1 Hs 1) trifft ausschließlich den **Inlandsemittenten** (§ 2 Abs. 7),[43] der im Innenverhältnis zu seinen einzelnen Organmitgliedern für eine interne Mitteilung Sorge zu tragen hat. Die zu veröffentlichende Mitteilung ist nach § 3a Abs. 1 WpAIV zur Veröffentlichung Medien zuzuleiten, bei denen davon ausgegangen werden kann, dass sie die Information in der gesamten Europäischen Union und in den übrigen Vertragsstaaten des Abkommens über den Europäischen Wirtschaftsraum verbreiten. Der Emittent ist nicht dafür verantwortlich, dass die Medien die ihnen zugeleitete Information auch tatsächlich veröffentlichen.[44] Die Veröffentlichung muss **unverzüglich**, dh ohne schuldhaftes Zögern (§ 121 BGB) erfolgen. Der Emittent darf nach Zugang der Mitteilung durch den Verpflichteten prüfen, ob der Mitteilende meldepflichtig ist und keine Falschmeldung (Manipulation) vorliegt.[45] Die Veröffentlichung ist der **BaFin ebenfalls unverzüglich zu übersenden** (Abs. 4 S. 1 Hs 1); diese Übersendung hat schriftlich oder elektronisch[46] zu erfolgen (§ 13 Abs. 2 WpAIV). Aus dem **Beleg** muss sich nach § 15 a iVm § 3 c WpAIV ergeben: der Text der Veröffentlichung, die Medien, an die die Information versandt wurde, der genaue Zeitpunkt (Datum und Uhrzeit) der Versendung des Textes an die jeweiligen Medien. Um Nachfragen zu vermeiden, empfiehlt es sich, auch die Übermittlung an das Unternehmensregister zu bestätigen. **Mindestinhalt, Art und Form der Veröffentlichung** selbst bestimmen sich nach **Abs. 5 iVm §§ 12 ff. WpAIV**. Auch die Veröffentlichung nach Abs. 4 hat eine deutlich hervorgehobene Überschrift „Mitteilung über Geschäfte von Führungspersonen nach § 15 a WpHG", den Vor- und Familiennamen der mitteilungspflichtigen Person, Namen und Anschrift des Emittenten, Angaben zur Funktion oder Stellung der Person iSv Abs. 2, 3 sowie Angaben zur Bezeichnung des Finanzinstruments und der genauen Beschreibung der Art des Geschäfts zu enthalten. Die Regelungen über die **Sprache**, in der die Veröffentlichung vorzunehmen ist, ergeben sich aus § 3 b WpAIV.[47]

8 Schließlich ist die Information nach ihrer Veröffentlichung auch unverzüglich an das mit dem Gesetz über das elektronische Handelsregister und Genossenschaftsregister sowie das Unternehmensregister (EHUG)[48] geschaffene Unternehmensregister zu übermitteln (Abs. 4 S. 1 Hs 2).[49]

C. Folgen bei Pflichtverletzungen

9 Bei vorsätzlicher oder leichtfertiger Verletzung dieser Mitteilungs- und Veröffentlichungspflicht gemäß § 15 a kommen Sanktionen in Form einer **Ordnungswidrigkeit** nach § 39 Abs. 2 Nr. 2 d und Nr. 5 b von bis zu 100.000 EUR bzw im Falle von § 39 Abs. 2 Nr. 6 von bis zu 200.000 EUR in Frage. Ein Rechtsverlust für Papiere aus nicht gemeldeten Geschäften (vgl § 28) tritt nicht ein. Trotz des Fehlens einer § 15 Abs. 6

---

38 Fuchs/*Pfüller*, WpHG, § 15 a Rn 149. *Hutter/Leppert*, NZG 2002, 649, 656.
39 Rufnummer: 0228/4108-62963. Aus technischen Gründen erscheint auf der Übermittlungsbestätigung des sendenden Faxgerätes eine andere Rufnummer.
40 Die Belegübersendung kann auch per E-Mail an die Adresse paragraph15a@bafin.de erfolgen.
41 <www.bafin.de> → Aufsicht → Börsen und Märkte → Transparenzpflichten → Directors' Dealings.
42 Auf die nähere Darlegung der inhaltlichen Anforderungen wird unter Verweis auf das Meldeformular, § 10 WpAIV und *BaFin*, Emittentenleitfaden 2013, S. 77 ff, verzichtet; *Erkens*, Der Konzern 2005, 29, 35; *Pluskat*, DB 2005, 1097, 1100.
43 Vgl zum Begriff „Inlandsemittent" § 15 Rn 3 und § 2 Abs. 7.
44 *BaFin*, Emittentenleitfaden 2013, S. 79 ff. Ein Mustertext für die Zuleitung an die Medien findet sich auf S. 81, vgl iÜ die Kommentierung in § 15 Rn 18.
45 Die *BaFin*, Emittentenleitfaden 2013, S. 79, geht im Regelfall für die Veröffentlichung vom nächsten Arbeitstag nach der Mitteilung aus.
46 Die Belegübersendung kann per E-Mail an die Adresse *paragraph15a@bafin.de* oder mittels Telefax oder PC-Fax an die Rufnummer 0228/4108-62963 erfolgen.
47 Siehe dazu § 15 Rn 19.
48 BGBl. I S. 2553, seit dem 1.1.2007 in Kraft.
49 Nähere Informationen sind unter <www.unternehmensregister.de> verfügbar.

vergleichbaren Vorschrift ist § 15 a **kein Schutzgesetz** iSv § 823 Abs. 2 BGB.[50] Der Normzweck der Vorschrift liegt in der Stärkung des Anlegerschutzes durch Erhöhung der Transparenz auf den Wertpapiermärkten.[51] Damit dient sie allenfalls kollektiven, nicht aber individuellen Anlegerinteressen.[52] Schadensersatzansprüche, die auf anderen Rechtsgrundlagen beruhen, bleiben hiervon unberührt.

§ 15 b Führung von Insiderverzeichnissen

(1) ¹Emittenten nach § 15 Abs. 1 Satz 1 oder Satz 2 und in ihrem Auftrag oder für ihre Rechnung handelnde Personen haben Verzeichnisse über solche Personen zu führen, die für sie tätig sind und bestimmungsgemäß Zugang zu Insiderinformationen haben. ²Die nach Satz 1 Verpflichteten müssen diese Verzeichnisse unverzüglich aktualisieren und der Bundesanstalt auf Verlangen übermitteln. ³Die in den Verzeichnissen geführten Personen sind durch die Emittenten über die rechtlichen Pflichten, die sich aus dem Zugang zu Insiderinformationen ergeben, sowie über die Rechtsfolgen von Verstößen aufzuklären. ⁴Als im Auftrag oder für Rechnung des Emittenten handelnde Personen gelten nicht die in § 323 Abs. 1 Satz 1 des Handelsgesetzbuchs genannten Personen.

(2) ¹Das Bundesministerium der Finanzen kann durch Rechtsverordnung, die nicht der Zustimmung des Bundesrates bedarf, nähere Bestimmungen erlassen über
1. Umfang und Form der Verzeichnisse,
2. die in den Verzeichnissen enthaltenen Daten,
3. die Aktualisierung und die Datenpflege bezüglich der Verzeichnisse,
4. den Zeitraum, über den die Verzeichnisse aufbewahrt werden müssen und
5. Fristen für die Vernichtung der Verzeichnisse.

²Das Bundesministerium der Finanzen kann die Ermächtigung durch Rechtsverordnung auf die Bundesanstalt für Finanzdienstleistungsaufsicht übertragen.

Literatur:
BaFin, Emittentenleitfaden der Bundesanstalt für Finanzdienstleistungsaufsicht, 2013; *Claussen/Florian*, Der Emittentenleitfaden, AG 2005, 745; *Diekmann/Sustmann*, Gesetz zur Verbesserung des Anlegerschutzes (Anlegerschutzverbesserungsgesetz – AnSVG), NZG 2004, 929; *Grothaus*, Reform des Insiderrechts: Großer Aufwand – viel Rechtsunsicherheit – wenig Nutzen?, ZBB 2005, 62; *Holzborn/Israel*, Das Anlegerschutzverbesserungsgesetz, WM 2004, 1947; *Kirschhöfer*, Führung von Insiderverzeichnissen bei Emittenten und externen Dienstleistern, Der Konzern 2005, 22; *U. H. Schneider/von Buttlar*, Die Führung von Insider-Verzeichnissen: Neue Compliance-Pflichten für Emittenten, ZIP 2004, 1621; *Royé*, Insiderverzeichnisse nach dem AnSVG – Eine neue Herausforderung für Emittenten, GoingPublic „Kapitalmarktrecht 2005", Mai 2005, 56; *Sethe*, Die Verschärfung des insiderrechtlichen Weitergabeverbots, ZBB 2006, 243; *ders.*, Erweiterung der bank- und kapitalmarktrechtlichen Organisationspflichten um Reportingsysteme, ZBB 2007, 421; *Steidle/Waldeck*, Die Pflicht zur Führung von Insiderverzeichnissen unter dem Blickwinkel der informationellen Selbstbestimmung, WM 2005, 868.

A. Übersicht

Die Pflicht für Emittenten zum **Führen von Insiderverzeichnissen** wurde mit dem AnSVG eingeführt;[1] letzte Änderung hat Abs. 1 S. 1 durch das Transparenzrichtlinie-Umsetzungsgesetz (TUG)[2] erfahren; hier wird der Verweis in S. 1 an die Änderungen in § 15 Abs. 1 angepasst.[3] Durch diese Verpflichtung soll die Überwachung von Insidergeschäften erleichtert werden, indem die BaFin in konkreten Fällen den Kreis der Insider schneller ermitteln kann. Verstöße gegen das Insiderhandelsverbot sollen damit einfacher geahndet werden können.[4] Für Unternehmen bietet diese Regelung, die sie zwar einerseits mit neuem Dokumentations- und Verwaltungsaufwand belastet, andererseits die Chance, die im Verzeichnis aufgenommenen Personen für solche Verstöße zu sensibilisieren.[5] Darüber hinaus ermöglichen die Verzeichnisse Emittenten und anderen Verzeichnispflichtigen, den Fluss der Insiderinformationen zu überwachen und damit ihren Geheimhaltungspflichten nachzukommen.[6] Selbstverständlich handelt es sich nicht um ein öffentlich zugängliches

---

50 *Fuchs/Pfüller*, WpHG, § 15 a Rn 200, 201; *Fleischer*, ZIP 2002, 1226; *Sethe*, in: Assmann/Schneider, § 15 a Rn 114; *Zimmer/Osterloh*, in: Schwark/Zimmer, Kapitalmarktrechts-Kommentar, WpHG, § 15 a Rn 110; *Schäfer*, in: Marsch-Barner/Schäfer, § 15 Rn 24.
51 Begr. RegE 4. FFG, BT-Drucks. 14/8017, S. 2.
52 *Fischer zu Cramburg/Hannich*, S. 57.
1 Umsetzung von Art. 6 Abs. 3 Unterabsatz 3 der EU-Marktmissbrauchsrichtlinie und Art. 5 der Durchführungsrichtlinie 2004/72/EG.
2 BGBl. I S. 10.
3 Vgl § 15 Rn 3 aE.
4 Begr. RegE AnSVG BT-Drucks. 15/3174, S. 36.
5 *Royé*, GoingPublic „Kapitalmarktrecht 2005", 56; *Holzborn/Israel*, WM 2004, 1948, 1952; *Ziemons*, NZG 2004, 537, 540 kritisch zu den mit dem Verzeichnis verbundenen Kosten und Bindung von Personal gerade für kleinere Emittenten.
6 Erwägungsgrund (6) der Durchführungsrichtlinie 2004/72/EG.

Verzeichnis. Insbesondere haben Aktionäre keinen Informationsanspruch aus dem Insiderverzeichnis nach § 131 Abs. 1 S. 1 AktG, da das Recht der im Verzeichnis aufgenommen Personen höher zu gewichten ist als das Auskunftsrecht der Aktionäre.[7] Mit der Einführung der Insiderverzeichnisverpflichtung für Emittenten gesteht sogar der Verordnungsgeber zu § 14 WpAIV ein, dass die Verpflichtungen im Zusammenhang mit der Führung des Insiderverzeichnisses ohne eine in der Verantwortlichkeit der Geschäftsführung liegende Compliance-Struktur in den Unternehmen zumeist nicht erfüllbar sein wird.[8]

Die beabsichtigte **Revision des EU-Marktmissbrauchsrechts**[9] betrifft auch die Insiderlisten. Der im September 2013 verabschiedete Entwurf einer EU-Marktmissbrauchsverordnung tritt voraussichtlich im Laufe des Jahres 2014 in Kraft und wird 24 Monate danach in weiten Teilen anwendbar sein. Er sieht u.a. zusätzlich die Pflicht vor, die Uhrzeit aufzunehmen, ab wann eine Person Zugang zu einer Insiderinformation hatte. Eine vermeintliche Erleichterung für kleinere und mittlere Unternehmen soll es sein, dass diese von der Pflicht, eine solche Liste zu führen, ausgenommen sind, jedoch müssen sie u.a. dann eine Insiderliste auf Nachfrage der zuständigen Behörden zur Verfügung stellen können. Zudem kommt die Ausdehnung des Anwendungsbereichs auf Emittenten jenseits des Regulierten Marktes in Betracht.

B. Modalitäten der Verpflichtung zum Führen von Insiderverzeichnissen

2 Der **persönliche Anwendungsbereich** betrifft **Emittenten iSv § 15 Abs. 1 S. 1 oder 2 Alt. 1**, also Inlandsemittenten von Finanzinstrumenten und Inlandsemittenten, die für ihre Finanzinstrumente bereits eine Zulassung beantragt haben.[10] Darunter fallen nicht die Emittenten von Freiverkehrswerten,[11] jedoch von Schuldverschreibungen und so gar Derivaten, die in einen organisierten Markt einbezogen sind. Letzteres wird kritisiert; hier hätten Schwellenwerte oä eingeführt werden können, um kleinere Emittenten vor der Belastung, ein Insiderverzeichnis führen zu müssen, zu verschonen.[12] Nicht erfasst sind Emittenten, deren Finanzinstrumente nicht zugelassen, sondern nur auf Antrag von Marktteilnehmern in den Handel iSd § 33 BörsG einbezogen sind.[13] Die Rücknahme oder Ablehnung des Zulassungsantrages beseitigt die Pflicht nur für die Zukunft, nicht für die Vergangenheit; ansonsten hätte es der Antragsteller in der Hand, sich einseitig der Börsefolgepflichten zu entledigen.[14]

3 Auch müssen **in ihrem Auftrag oder für ihre Rechnung handelnde Personen** (Abs. 1 S. 1 Alt. 2) ein solches Verzeichnis führen. Die Abgrenzung dieser Alternativen hat bei Einführung der Verpflichtung in der Praxis zunächst für Unsicherheit gesorgt. Zu verstehen sind darunter die Personen, die zwar in keinem Arbeitsverhältnis zum Emittenten stehen, aber im Auftrag oder auf Rechnung, dh im Interesse des Emittenten in dessen Vertraulichkeitsbereichen tätig sind bzw dessen Interessen wahrnehmen oder in beratenden Berufen tätig sind, die typischerweise mit Insiderinformationen in Berührung kommen („Dienstleister").[15] „Auftrag" ist in diesem Zusammenhang untechnisch und nicht iSv § 675 BGB zu verstehen ebenso wie „für Rechnung"; vielmehr wird hier vom Gesetzgeber der Wortlaut der Marktmissbrauchsrichtlinie wiedergegeben.[16] Der Emittent hat einen Hinweis auf solche Dienstleister in seinem Verzeichnis aufzunehmen. Als Beispiel für typische Dienstleister des Emittenten nennt die BaFin Rechtsanwälte, Unternehmensberater, Steuerberater, Investor-Relations-Agenturen, externe Buchhalter, Übersetzungsbüros für Ad-hoc-Mitteilungen oder Vertragsentwürfe etc, von Emittenten beauftragte Ratingagenturen und Kreditinstitute, wenn sie über die allgemeinen Bankdienstleistungen hinausgehende Dienstleistungen erbringen und damit im Interesse oder in der Sphäre des Emittenten tätig werden (zB Beratung bei Kapitalmaßnahmen).[17] Nicht im Auftrag des Emittenten handeln dagegen nach Auffassung der BaFin Behörden, Gerichte und die Polizei, Lieferanten, Tochter- und Muttergesellschaften, sofern keine inkriminierende vertragliche Anbindung an den Emittenten besteht, sowie Groß- und Mehrheitsaktionäre des Emittenten.[18]

Ausgenommen von der Verzeichnisführungspflicht sind nach dem Gesetzeswortlaut ausdrücklich der Abschlussprüfer, seine Gehilfen sowie die bei der Prüfung mitwirkenden gesetzlichen Vertreter (**Abs. 1 S. 4 iVm § 323 Abs. 1 S. 1 HGB**), wenn eine Beauftragung des Emittenten erfolgt, um eine gesetzlich vorge-

---

7 *Diekmann/Sustmann*, NZG 2004, 929, 933.
8 Begründung zur WpAIV, Dezember 2004, S. 13; abrufbar zB unter <http://bankenverband.de/downloads/2004/no0412-fm-wpaiv.pdf>.
9 Vgl hierzu die Ausführungen zur Änderung und zum Verfahrensstand in § 12 Rn 1 aE.
10 Hierzu wird auf § 15 Rn 3 und § 2 Abs. 6 (§ 2 Rn) verwiesen.
11 *Sethe*, in: Assmann/Schneider, § 15 b Rn 13.
12 *Claussen/Florian*, AG 2005, 745, 763.
13 *Sethe*, in: Assmann/Schneider, § 15 b Rn 13; Schäfer/Hamann/*Eckhold*, § 15 b WpHG Rn 10.
14 *Sethe*, in: Assmann/Schneider, § 15 b Rn 13; KölnKomm WpHG/*Heinrich*, § 15 b Rn 20; Schäfer/Hamann/*Eckhold*, § 15 b WpHG Rn 13.
15 *U.H. Schneider/v. Buttlar*, ZIP 2004, 1621, 1624; *BaFin*, Emittentenleitfaden 2013, S. 96, *Sethe*, in: Assmann/Schneider, § 15 b Rn 17; Fuchs/*Pfüller*, WpHG, § 15 b Rn 18.
16 *BaFin*, Emittentenleitfaden 2013, S. 96 im Übrigen mit Verweis auf die weiteren europäischen Sprachfassungen der Marktmissbrauchsrichtlinie; diese zum Teil wiedergegeben in *U.H. Schneider/v. Buttlar*, ZIP 2004, 1621, 1624, Fn 33.
17 *BaFin*, Emittentenleitfaden 2013, S. 96 f.
18 *BaFin*, Emittentenleitfaden 2013, S. 97; *Claussen/Florian*, AG 2005, 745, 763.

schriebene Prüfung vorzunehmen; gleichwohl sind diese Personen, soweit sie mit Insiderinformationen in Berührung kommen, im Verzeichnis des Emittenten aufzunehmen.[19] Sind Wirtschaftsprüfer oder Prüfungsunternehmen beratend für einen Emittenten tätig und haben Zugang zu Insiderinformationen, dürften sie allerdings gleichwohl verzeichnisführungspflichtig sein.

In das Verzeichnis **aufzunehmen** sind **Personen, die für den Emittenten tätig** sind und **bestimmungsgemäß Zugang zu Insiderinformationen** haben (Abs. 1 S. 1). Für den Emittenten tätig sind in jedem Fall Organmitglieder und Mitarbeiter, darüber hinaus weist die BaFin lediglich darauf hin, dass die zugrunde liegenden europäischen Vorgaben weit zu verstehen und auch sonstige Vertragsgestaltungen darunter zu fassen sind.[20] Auch die selbst zur Verzeichnisführung Verpflichteten (Dienstleister), die im Auftrag oder auf Rechnung des Emittenten handeln, sind im Verzeichnis aufzuführen; hier genügt jedoch der Firmenname und die Kontaktdaten des Ansprechpartners.[21] Bestimmungsgemäß Zugang zu Insiderinformationen haben jedenfalls die Primärinsider iSv § 38 Abs. 1.[22] Ein bestimmungsgemäßer Zugang ist anzunehmen, wenn die Aufgabenbeschreibung für eine Person eine potenzielle Befassung mit Insiderinformationen vorsieht. Ein tatsächlicher Zugang muss noch nicht vorliegen, auch darf die Person nicht nur zufällig in den Besitz der Information gelangt sein.[23]

Die Insiderverzeichnisse sind **unverzüglich zu aktualisieren** (Abs. 1 S. 2), die Aktualisierungsvorgaben richten sich nach **Abs. 2 Nr. 3 iVm § 15 WpAIV**. Danach ist das Verzeichnis unverzüglich zu aktualisieren, wenn sich der Grund für die Erfassung einer Person geändert hat, neue Personen hinzuzufügen sind oder im Verzeichnis erfasste Personen keinen Zugang zu Insiderinformationen haben.[24] Der BaFin ist das Verzeichnis **auf Verlangen zu übermitteln** (Abs. 1 S. 2). Sie kann die Übermittlung ohne Begründung oder Darlegung eines Anfangsverdachts verlangen. Davon unberührt bleiben die allgemeinen Auskunftsbefugnisse der BaFin nach § 4.[25]

Die Emittenten haben die in den Verzeichnis geführten Personen über die Pflichten im Umgang mit Insiderinformationen und Rechtsfolgen bei Verstößen **aufzuklären** (Abs. 1 S. 3).[26] Missverständlich ist hier, dass nach dem Gesetzeswortlaut nur Emittenten zur Aufklärung verpflichtet sein sollen, nicht aber die im Auftrag oder in Rechnung handelnden Personen iSv Abs. 1 S. 1. Die BaFin stellt klar, dass die Emittenten nicht verpflichtet sind, die in den Insiderverzeichnissen dieser Personen Aufgenommenen zu belehren; sie können dies an die im Auftrag auf in Rechnung handelnden Personen delegieren.[27] Darüber hinaus hält die BaFin auf ihrer Homepage ein Standardformular mit einem Belehrungstext bereit, das die zur Aufklärung Verpflichteten verwenden können.[28]

Der **Aufbau des Insiderverzeichnisses** ist den Emittenten freigestellt; dieses kann projektbezogen oder nach Funktions- oder Vertraulichkeitsbereichen gegliedert werden. Den Unternehmen soll die notwendige Flexibilität verbleiben, die für sie praktikabelste Lösung zu finden.[29] Der **Inhalt, Umfang, Form, Aufbewahrung** und **Vernichtung** bestimmt sich nach **Abs. 2 iVm §§ 14, 16 WpAIV**.

Neben der deutlich hervorgehobenen Überschrift „Insiderverzeichnis nach § 15 b WPHG" sind zunächst der Name des zur Verzeichnisführung Verpflichteten oder dazu beauftragten Personen; darüber hinaus sind hinsichtlich der in das Verzeichnis aufzunehmenden Personen Vor- und Familienname, Geburtstag und Geburtsort, Privat- und Geschäftsanschrift sowie der Grund für die Erfassung anzugeben. Daneben ist das Datum anzugeben, ab wann die Person Zugang zur Insiderinformation hat sowie ab wann der Zugang gegebenenfalls nicht mehr besteht; darüber hinaus das Datum der Erstellung und der letzten Aktualisierung (§ 14 Nr. 1 bis 6 WpAIV).[30]

Die Daten müssen stets abrufbar sein. Ihre Aufbewahrung kann unter Beachtung der Vorgaben von § 257 Abs. 3 HGB anstelle der Papierform auch auf Datenträgern erfolgen. Für die Aufbewahrung gilt § 257 Abs. 3 und 5 HGB entsprechend (**§ 16 Abs. 1 S. 1und 2 WpAIV**). Das Verzeichnis darf nur für die für die Verzeichnisführung Verantwortlichen und für aufgrund ihres Berufes zur Vertraulichkeit Verpflichteten zu-

---

19 *BaFin*, Emittentenleitfaden 2013, S. 97.
20 *BaFin*, Emittentenleitfaden 2013, S. 98; *U.H. Schneider/v. Buttlar*, ZIP 2004, 1621, 1625; gegen eine allzu weite Auslegung *Grothaus*, ZBB 2005, 62, 66 unter Verweis auf die Bußgeldandrohung in § 39 Abs. 2 Nr. 8, Abs. 4.
21 *BaFin*, Emittentenleitfaden 2013, S. 96; Fuchs/*Pfüller*, WpHG, § 15 b Rn 26.
22 Begr. RegE AnSVG, BT-Drucks. 15/3174, S. 36; *Holzborn/Israel*, WM 2004, 1948, 1952; *Steidle/Waldeck*, WM 2005, 868, 869.
23 *Claussen/Florian*, AG 2005, 745, 763; *BaFin*, Emittentenleitfaden 2013, S. 98.
24 Umsetzung von Art. 5 Abs. 3 der Durchführungsrichtlinie 2004/72/EG; Fuchs/*Pfüller*, WpHG, § 15 b Rn 77.
25 Begr. RegE AnSVG, BT-Drucks. 15/3174, S. 36.
26 Begr. RegE AnSVG, BT-Drucks. 15/3174, S. 36; Umsetzung von Art. 5 Abs. 5 der Durchsetzungsrichtlinie 2004/72/EG; Fuchs/*Pfüller*, WpHG, § 15 b Rn 83 f.
27 *BaFin*, Emittentenleitfaden 2013, S. 100.
28 Download unter <www.bafin.de> → Aufsicht → Börsen & Märkte → Insiderüberwachung.
29 Begründung zur WpAIV, S. 12; abrufbar zB unter <http://bankenverband.de/downloads/2004/no0412-fm-wpaiv.pdf>; *Claussen/Florian*, AG 2005, 745, 764; *BaFin*, Emittentenleitfaden 2013, S. 98 ff mit weiteren Erläuterungen zum Aufbau; Fuchs/*Pfüller*, WpHG, § 15 b Rn 42.
30 Vgl für die Details den Wortlaut des § 14 WpAIV; *BaFin*, Emittentenleitfaden 2013, S. 99 f.

gänglich sein und keinesfalls veröffentlicht werden (§ 16 Abs. 1 S. 3 WpAIV). Diese Vertraulichkeitsverpflichtungen sollten von den Unternehmen sehr ernst genommen werden, da es sich um schützenswerte personenbezogene Daten handelt. So wurden bereits Zweifel an der Verfassungsmäßigkeit der § 15 b, §§ 14 ff. WpAIV laut, da hierin kein zulässiger Eingriff in das Recht auf informationelle Selbstbestimmung gesehen und die Vorratsdatenspeicherung als unverhältnismäßig bezeichnet wurde.[31] Die Aufbewahrungsfrist für die Daten beträgt gleich den Fristen in §§ 16 S. 2, 34 Abs. 3 WpAIV sechs Jahre; für jeden aktualisierten Datensatz beginnt die Frist neu zu laufen und nach Fristablauf sind die Daten zu löschen (§ **16 Abs. 2 WpAIV**).

C. Rechtsfolgen

8 Wird das Insiderverzeichnis nicht, nicht richtig oder nicht vollständig geführt, stellt dies eine **Ordnungswidrigkeit** dar und kann mit einer Geldbuße von bis zu 50.000 EUR geahndet werden (§ 39 Abs. 2 Nr. 8, Abs. 4). Gleiches gilt, wenn das Verzeichnis nicht oder nicht rechtzeitig übermittelt wird (§ 39 Abs. 2 Nr. 9, Abs. 4). Zivilrechtliche **Schadensersatzansprüche** einzelner Anleger wegen eines Verstoßes gegen die Verzeichnisführungspflicht sind nur schwer vorstellbar; § 15 b Abs. 1 S. 1 und S. 2 stellen iÜ keine Schutzgesetze iSd § 823 Abs. 2 BGB dar;[32] § 15 b dient nicht dem Schutz individueller Anleger. Auch die Aufklärungspflicht nach Abs. 1 S. 3 besteht nur im Interesse einer funktionierenden Kapitalmarktaufsicht, sie dient nicht dem Schutz der Interessen von Einzelnen und stellt somit kein Schutzgesetz iSd § 823 Abs. 2 BGB dar.[33] Unter **strafrechtlichen Aspekten** werden bei Mittäterschaft, Beihilfe oder Begünstigung (§ 257 StGB) zum Insiderhandel angedacht, wenn das Verzeichnis fehlerhaft geführt wird, um Insiderhandel zu ermöglichen; bei Verweigerung der Übermittlung der Insiderliste an die BaFin, um strafbaren Insiderhandel zu verschleiern, wird (versuchte) Strafvereitelung (§ 259 StGB) für möglich gehalten.[34]

§ 16 Aufzeichnungspflichten

¹Wertpapierdienstleistungsunternehmen sowie Unternehmen mit Sitz im Inland, die an einer inländischen Börse zur Teilnahme am Handel zugelassen sind, haben vor Durchführung von Aufträgen, die Insiderpapiere im Sinne des § 12 zum Gegenstand haben, bei natürlichen Personen den Namen, das Geburtsdatum und die Anschrift, bei Unternehmen die Firma und die Anschrift der Auftraggeber und der berechtigten oder verpflichteten Personen oder Unternehmen festzustellen und diese Angaben aufzuzeichnen. ²Die Aufzeichnungen nach Satz 1 sind mindestens sechs Jahre aufzubewahren. ³Für die Aufbewahrung gilt § 257 Abs. 3 und 5 des Handelsgesetzbuchs entsprechend.

1 Vor dem Inkrafttreten des AnSVG war § 16 aF eine der zentralen Aufgabenzuweisungsnormen für die BaFin hinsichtlich des Aufgabenbereichs „Insiderhandel". Dessen Regelungen werden nach den Änderungen durch das AnSVG durch die neue Generalbefugnisnorm des § 4 ersetzt. Die Vorschrift sieht daher nur noch Bestimmungen zu den Aufzeichnungspflichten nach Abs. 5 S. 5, Abs. 9 aF vor.[1] Die Aufzeichnungspflicht trifft Wertpapierdienstleistungsunternehmen und Unternehmen mit Sitz im Inland, die an einer inländischen Börse zum Handel zugelassen sind, hinsichtlich ihrer an einer inländischen Börse oder im Freiverkehr abgeschlossenen Geschäfte (S. 1). Die Identitätsfeststellung muss von den zur Feststellung verpflichteten Unternehmen vor der Durchführung von Aufträgen vorgenommen werden.[2] Der Feststellungspflicht wird dabei genüge getan, wenn die Identitätsfeststellung und -aufzeichnung zumindest bei Eingehung der Geschäftsbeziehung oder einem vorangegangenen Geschäft erfolgt ist; eine ständige wiederholende Feststellung ist nicht erforderlich.[3] Für Aufzeichnungen besteht eine Aufbewahrungspflicht (S. 2) von sechs Jahren; die Frist von sechs Jahren ist an die handelsrechtlich nach § 257 Abs. 4 HGB üblichen Frist zur Aufbewahrung von Geschäftskorrespondenz und an § 34 Abs. 3 angelehnt.[4] § 257 Abs. 3, 5 HGB gilt entsprechend; danach ist unter bestimmten Voraussetzungen die Aufbewahrung auf Datenträger möglich (257 Abs. 3 HGB); die Aufbewahrungsfrist beginnt entsprechend § 257 Abs. 5 HGB mit Schluss des Kalenderjahres, in dem die Daten aufgezeichnet wurden.

---

31 Steidle/Waldeck, WM 2005, 868, 873.
32 Sethe, in: Assmann/Schneider, § 15 b Rn 84; KölnKomm-WpHG/Heinrich, § 15 b Rn 64; Schäfer/Hamann/Eckhold, § 15 b WpHG Rn 67.
33 Sethe, in: Assmann/Schneider, § 15 b Rn 86; KölnKomm-WpHG/Heinrich, § 15 b Rn 65; Schäfer/Hamann/Eckhold, § 15 b WpHG Rn 67.
34 Sethe, in: Assmann/Schneider, § 15 b Rn 82 f.
1 Begr. RegE AnSVG, BT-Drucks. 15/3174, S. 37.
2 Döhmel in: Assmann/Schneider, § 16 Rn 3.
3 Zimmer, in: Schwark/Zimmer, Kapitalmarktrechts-Kommentar, WpHG, § 16 Rn 2; Schäfer/Hamann/Schäfer, § 16 WpHG Rn 14.
4 Dreyling, in: Assmann/Schneider, 3. Aufl., § 16 Rn 34.

Ein vorsätzlicher oder leichtfertiger **Verstoß** gegen die Aufzeichnungspflicht nach S. 1 stellt eine Ordnungswidrigkeit dar, die als Rechtsfolge mit einer Geldbuße mit bis zu 50.000 EUR geahndet werden kann (§ 39 Abs. 2 Nr. 10a, Abs. 4).

§ 16a Überwachung der Geschäfte der bei der Bundesanstalt Beschäftigten

(1) Die Bundesanstalt muss über angemessene interne Kontrollverfahren verfügen, die geeignet sind, Verstößen der bei der Bundesanstalt Beschäftigten gegen die Verbote nach § 14 entgegenzuwirken.

(2) ¹Der Dienstvorgesetzte oder die von ihm beauftragte Person kann von den bei der Bundesanstalt Beschäftigten die Erteilung von Auskünften und die Vorlage von Unterlagen über Geschäfte in Insiderpapieren verlangen, die sie für eigene oder fremde Rechnung oder für einen anderen abgeschlossen haben. ²§ 4 Abs. 9 ist anzuwenden. ³Beschäftigte, die bei ihren Dienstgeschäften bestimmungsgemäß Kenntnis von Insiderinformationen haben oder haben können, sind verpflichtet, Geschäfte in Insiderpapieren, die sie für eigene oder fremde Rechnung oder für einen anderen abgeschlossen haben, unverzüglich dem Dienstvorgesetzten oder der von ihm beauftragten Person schriftlich anzuzeigen. ⁴Der Dienstvorgesetzte oder die von ihm beauftragte Person bestimmt die in Satz 3 genannten Beschäftigten.

Zweck der durch das 3. Finanzmarktförderungsgesetz (3. FFG) eingeführten Norm ist es, Verstößen gegen das Insiderhandelsverbot, die aus der BaFin heraus begangen werden könnten, entgegenzuwirken. Mit der Schaffung behördeninterner Kontrollmechanismen sollte das deutsche Kapitalmarktrecht dem internationalen Standard angepasst und das Vertrauen der Marktteilnehmer in die Wertpapieraufsicht gestärkt werden.¹ Mit dem AnSVG wurde der Wortlaut in § 16a Abs. 2 S. 2 an die Generalbefugnisnorm des § 4 angepasst.² Eine gesetzliche Regelung eines Kontrollverfahrens war insbesondere in Bezug auf die beamteten Mitarbeiter nötig, denn eine amtsinterne Dienstanweisung oder freiwillige Verpflichtungserklärung wäre nicht ausreichend gewesen, da Rechte und Pflichten von Beamten durch die Beamtengesetze abschließend geregelt sind.³

Die BaFin hat ein **internes Kontrollverfahren** zu verfolgen, das angemessen und geeignet sein muss, einem möglichen Verstoß entgegenzuwirken; die nähere Ausgestaltung dieses Kontrollverfahrens ist in Abs. 2 definiert. Abs. 2 S. 1 gibt dem Dienstvorgesetzten oder einer von diesem beauftragten Person ein **Auskunftsrecht** gegenüber den Beschäftigten der BaFin, sowie diesen Beschäftigten eine Pflicht zur Vorlage von Insiderpapieren. Das Vorliegen von Anhaltspunkten für einen Insiderverstoß ist nicht erforderlich.⁴ Der zur Auskunft Verpflichtete kann die Auskunft verweigern, wenn die Beantwortung ihn selbst oder einen Angehörigen iSv § 383 Abs. 1 Nr. 1 bis 3 ZPO der Gefahr strafrechtlicher Verfolgung oder eines Verfahrens nach dem OWiG aussetzt; hierüber ist der Auskunftsverpflichtete zu belehren (Abs. 2 S. 2 iVm § 4 Abs. 9). Diejenigen Beschäftigten, die bestimmungsgemäß Kenntnis von Insiderinformationen haben oder haben können, unterliegen darüber hinaus der eigenständigen Verpflichtung, eigene Geschäfte mit Insiderpapieren für eigene oder fremde Rechnung unverzüglich dem Dienstvorgesetzten schriftlich mitteilen zu müssen (Abs. 2 S. 3).

§ 16b Aufbewahrung von Verbindungsdaten

(1) ¹Die Bundesanstalt kann von einem Wertpapierdienstleistungsunternehmen sowie von einem Unternehmen mit Sitz im Inland, die an einer inländischen Börse zur Teilnahme am Handel zugelassen sind, und von einem Emittenten von Insiderpapieren sowie mit diesem verbundenen Unternehmen, die ihren Sitz im Inland haben oder deren Wertpapiere an einer inländischen Börse zum Handel zugelassen oder in den regulierten Markt oder Freiverkehr einbezogen sind, für einen bestimmten Personenkreis schriftlich die Aufbewahrung von bereits existierenden Verbindungsdaten über den Fernmeldeverkehr verlangen, sofern bezüglich dieser Personen des konkreten Unternehmens Anhaltspunkte für einen Verstoß gegen § 14 oder § 20a bestehen. ²Das Grundrecht des Artikels 10 des Grundgesetzes wird insoweit eingeschränkt. ³Die Betroffenen sind entsprechend § 101 Abs. 4 und 5 der Strafprozessordnung zu benachrichtigen. ⁴Die Bundesanstalt kann auf der Grundlage von Satz 1 nicht die Aufbewahrung von erst zukünftig zu erhebenden Verbindungsdaten verlangen.

---

1 BT-Drucks. 13/8933, S. 94.
2 BT-Drucks. 15/3174, S. 37.
3 *Döhmel*, in: Assmann/Schneider, § 16a Rn 5 unter Verweis auf BVerwG, DVBl. 1993, 558.
4 BT-Drucks. 13/8933, S. 94; *Zimmer*, in: Schwark/Zimmer, Kapitalmarktrechts-Kommentar, WpHG, § 16a Rn 4.

(2) ¹Die Frist zur Aufbewahrung der bereits existierenden Daten beträgt vom Tage des Zugangs der Aufforderung an höchstens sechs Monate. ²Ist die Aufbewahrung der Verbindungsdaten über den Fernmeldeverkehr zur Prüfung des Verdachts eines Verstoßes gegen ein Verbot nach § 14 oder § 20 a nicht mehr erforderlich, hat die Bundesanstalt den Aufbewahrungspflichtigen hiervon unverzüglich in Kenntnis zu setzen und die dazu vorhandenen Unterlagen unverzüglich zu vernichten. ³Die Pflicht zur unverzüglichen Vernichtung der vorhandenen Daten gilt auch für den Aufbewahrungspflichtigen.

1 Abs. 1 schafft die Grundlage dafür, dass bereits gespeicherte Daten aufbewahrt werden und für anschließende Ermittlungen zur Verfügung stehen.¹ Im Falle der Verbreitung falscher Informationen über das Internet ist der Urheber nur durch Auswertung der Verbindungsdaten zu ermitteln.² Auch die beim Betrieb eines Nebenstellennetzes oder Intranets in einem Unternehmen entstehenden Daten können unter das **Fernmeldegeheimnis nach § 88 TKG** fallen, so dass sie unverzüglich zu löschen sind, wenn sie nicht mehr für die Entgeltberechnung benötigt werden.

2 Das im Ermessen der Bundesanstalt stehende („kann") **Aufbewahrungsverlangen** muss **schriftlich** erfolgen und sich auf die Daten eines **bestimmten Personenkreises** beziehen, der gem. § 101 StPO zu **benachrichtigen** ist (Abs. 1 S. 3).

3 **Aufbewahrungspflichtig** (Abs. 1 S. 1) sind Wertpapierdienstleistungsunternehmen, Unternehmen mit Sitz im Inland, die an einer inländischen Börse zur Teilnahme am Handel zugelassen sind, und Emittenten von Insiderpapieren sowie mit diesen verbundene Unternehmen, die ihren Sitz im Inland haben oder deren Wertpapiere an einer inländischen Börse zum Handel zugelassen oder in den geregelten Markt oder Freiverkehr einbezogen sind. An sonstige Unternehmen und Privatpersonen, die sich nicht mit dem Wertpapierhandel befassen, wie etwa Internet-Provider oder sonstige Telekommunikationsdienstleister kann ein Aufbewahrungsverlangen nicht gerichtet werden.³

4 **Aufbewahrungsgegenstand** sind Verbindungsdaten über den Fernmeldeverkehr, zB Internet- und Intranet-Daten (vgl §§ 2 Nr. 4, 6 Abs. 1 Nr. 1-5 TDSV).⁴

5 **Aufbewahrungsgrund** (Abs. 1 S. 1 aE) ist der Verdacht eines Verstoßes gegen das Verbot des Insiderhandels (§ 14) oder der Marktmanipulation (§ 20 a).

6 Die **Aufbewahrungsfrist** (Abs. 2) endet mit dem **Wegfall des Aufbewahrungsgrundes**, spätestens aber im Einklang mit § 7 Abs. 3 TDSV nach sechs Monaten. In beiden Fällen ist die Aufzeichnung unverzüglich zu **vernichten**. Eine **Abfrage oder Auswertung der Daten** erfolgt gegebenenfalls durch die zuständigen Staatsanwaltschaften und Gerichte nach den Vorschriften der Strafprozessordnung. Die Anordnung der zukünftigen Speicherung noch nicht erhobener Daten ist auf der Grundlage dieser Vorschrift nicht möglich.

Abschnitt 3 a
Ratingagenturen

§ 17[1] Überwachung von Ratingagenturen[1]

(1) ¹Die Bundesanstalt ist zuständige Behörde im Sinne der Verordnung (EG) Nr. 1060/2009 des Europäischen Parlaments und des Rates vom 16. September 2009 über Ratingagenturen (ABl. L 302 vom 17.11.2009, S. 1). ²Soweit in der Verordnung (EG) Nr. 1060/2009 nichts Abweichendes geregelt ist, gelten die Vorschriften der Abschnitte 1 und 2 dieses Gesetzes, mit Ausnahme des § 7 Absatz 4 Satz 5 bis 8, des § 8 Absatz 1 Satz 3 und der §§ 9 und 10, entsprechend.

(2) Die Bundesanstalt übt die ihr nach Absatz 1 Satz 1 in Verbindung mit der Verordnung (EG) Nr. 1060/2009 übertragenen Befugnisse aus, soweit dies für die Wahrnehmung ihrer Aufgaben und die Überwachung der Einhaltung der in der Verordnung (EG) Nr. 1060/2009 geregelten Pflichten erforderlich ist.

(3) (aufgehoben)

(4) (aufgehoben)

---

1 Vgl zum Ganzen: Begr. RegE 4. FFG, BT-Drucks. 14/8017, S. 88; Bericht des Finanzausschusses, BT-Drucks. 14/8601, S. 70.
2 Döhmel, in: Assmann/Schneider, § 16 b Rn 2.
3 Fuchs/*Schlette*/*Bouchon*, WpHG, § 16 b Rn 6.
4 Begr. RegE 4. FFG, BT-Drucks. 14/8017, S. 88; Fuchs/*Schlette*/*Bouchon*, WpHG, § 16 b Rn 7.
1 Die Kommentierung gibt die persönliche Auffassung der Autorin wieder.

(5) (aufgehoben)

(6) Widerspruch und Anfechtungsklage gegen Maßnahmen der Bundesanstalt nach Absatz 2, auch in Verbindung mit der Verordnung (EG) Nr. 1060/2009, haben keine aufschiebende Wirkung.

Literatur:
Cortez/Schön, Die neue EU-Verordnung über Ratingagenturen, ZfK 2010, 226; Deipenbrock, „Mehr Licht!"? – Der Vorschlag einer europäischen Verordnung über Ratingagenturen, WM 2009, 1165; Haar, Das deutsche Ausführungsgesetz zur EU-Rating-Verordnung – Zwischenetappe auf dem Weg zu einer europäischen Finanzmarktagentur, ZBB 2010, 185; Möllers, Von Standards zum Recht – auf dem Weg zu einer Regulierung der Ratingagenturen in Europa und den USA, ZJS 2009, 227; Stemper, Rechtliche Rahmenbedingungen des Ratings, 2010.

A. Europäische Regelungen

I. Hintergrund und erste europäische Regelungen. Im Zuge der **Finanzkrise** traf Ratingagenturen der **Vorwurf einer maßgeblichen Mitverantwortung** am Krisenverlauf.[2] Die Kritik bezog sich insbesondere darauf, dass Ratingagenturen das Risiko heikler und **hochkomplexer Finanzprodukte** falsch eingeschätzt hatten und sich verschlechternde Marktbedingungen nicht zu einer Anpassung der Ratings führten.[3] Außerdem wurden die bestehenden Strukturen kritisiert, welche ermöglicht haben, dass geratete Finanzprodukte von den Ratingagenturen teils selbst mitentwickelt worden waren.[4] Die Kritik führte zu dem Entschluss, Ratingagenturen europaweit konsequent zu beaufsichtigen und zu regulieren. 1

Früher bestand die Regulierung von Ratingagenturen in der EU aus einer Kombination von **freiwilliger Selbstregulierung** entsprechend des Code of Conduct Fundamentals for Credit Rating Agencies (Verhaltenskodex) der International Organization of Securities Commissions (**IOSCO**).[5] Mit der am 7. Dezember 2009 in Kraft getretenen Verordnung (EG) Nr. 1060/2009 des Europäischen Parlaments und des Rates vom 16. September 2009 über Ratingagenturen (**EU-Ratingverordnung**)[6] verpflichtete Europa[7] als weltweit erste Region Ratingagenturen, verbindliche Regelungen zu beachten. Die EU-Ratingverordnung wurde durch die Verordnung (EU) Nr. 462/2013,[8] die am 20.6.2013 in Kraft trat, geändert.[9] Außerdem wurde die EU-Ratingverordnung durch die Richtlinie 2013/14/EU, die ebenfalls am 20.6.2013 in Kraft trat, ergänzt. 2

Die EU-Ratingverordnung hat **vier grundlegende Zielsetzungen**. So geht es zum einen um eine Vermeidung oder zumindest angemessene Handhabung von Interessenkonflikten sowie eine Verbesserung der Qualität der Ratings und der Transparenz des Ratingverfahrens. Zum anderen soll ein effizienter Registrierungs- und Aufsichtsrahmen eine Arbitrage zwischen den unterschiedlichen Rechtsordnungen in der EU vermeiden.[10] Der Begriff „Ratingagentur" wird in Art. 3 Abs. 1 lit. b EU-Ratingverordnung legal definiert. Danach ist eine Ratingagentur eine Rechtspersönlichkeit, deren Tätigkeit die gewerbsmäßige Abgabe von Ratings umfasst, wobei ein Rating gemäß Art. 3 Abs. 1 lit. a EU-Ratingverordnung ein Bonitätsurteil in Bezug auf ein Unternehmen, einen Schuldtitel oder eine finanzielle Verbindlichkeit, eine Schuldverschreibung, eine Vorzugsaktie oder ein anderes Finanzinstrument oder den Emittenten derartiger Schuldtitel, finanzieller Verbindlichkeiten, Schuldverschreibungen, Vorzugsaktien oder anderer Finanzinstrumente ist, das anhand eines festgelegten und definierten Einstufungsverfahrens für Ratingkategorien abgegeben wird. 3

Die Regelungen der EU-Ratingverordnung beziehen sich weitgehend auf die Zulässigkeit der Verwendung von Ratings (Titel I der EU-Ratingverordnung), der Abgabe von Ratings (Titel II der EU-Ratingverordnung) sowie der Beaufsichtigung der Ratingtätigkeit (Titel III der EU-Ratingverordnung). Die Pflichten aus der EU-Ratingverordnung gelten für die Ratingagenturen unmittelbar, da es einer Umsetzung in nationales Recht nicht bedarf. 4

Die Mitgliedstaaten hatten zunächst **aufsichtsrechtliche Strukturen** zu gewährleisten, um die Einhaltung der durch die EU-Ratingverordnung auferlegten Pflichten sicherzustellen. Um dafür die notwendigen rechtlichen Grundlagen zu schaffen, hatte der deutsche Gesetzgeber zunächst ein **Ausführungsgesetz zur EU-Ratingverordnung**[11] erlassen. Durch dieses Gesetz[12] wurde mit Abschnitt 3a ein neuer Abschnitt über Rating- 5

---

2 Zu den Kritikpunkten zusammenfassend auch Assmann in: Assmann/Schneider, § 17 Rn 1 f.
3 Deipenbrock, WM 2009, 1165, 1165.
4 Cortez/Schön, ZfK 2010, 226, 227.
5 Zum Verhaltenskodex siehe Möllers, ZJS 2009, 227, 229; mit weiteren Erläuterungen: Cortez/Schön, ZfK 2010, 226, 227.
6 EU-Ratingverordnung, ABl. EU Nr. L 302 v. 17.11.2009.
7 Zu den Regulierungsansätzen in den USA mwN. Assmann in: Assmann/Schneider, § 17 Rn 3.
8 Verordnung (EU) Nr. 462/2013 des europäischen Parlaments und des Rates vom 21. Mai 2013 zur Änderung der Verordnung (EG) Nr. 1060/2009 über Ratingagenturen, ABl. EU Nr. L 146/1 v. 31.5.2013.
9 Siehe dazu auch Rn 5 g.
10 Vorschlag für eine Verordnung des europäischen Parlaments und des Rates über Ratingagenturen, 2008/0217 (COD), S. 4, abrufbar unter <http://ec.europa.eu/internal_market/securities/docs/agencies/proposal_de.pdf> (8.12.2013); darauf eingehend: Deipenbrock, WM 2009, 1165, 1169; Cortez/Schön, ZfK 2010, 226, 227.
11 Ausführungsgesetz zur EU-Ratingverordnung, BGBl. I 2010 S. 786.
12 Zum Ausführungsgesetz Stemper, S. 200 ff.

agenturen mit der alleinigen Vorschrift § 17 Überwachung von Ratingagenturen sowie entsprechende Bußgeldtatbestände in § 39 aufgenommen.

5a In Abänderung der ursprünglichen Zuständigkeiten der nationalen Behörden – und damit der BaFin – für das durchzuführende Verwaltungsverfahren wurde durch die EU-Ratingverordnung in Verbindung mit der **Verordnung (EU) 513/2011**[13] für das Registrierungsverfahren und die daran anknüpfende Aufsicht diese Zuständigkeit der europäischen Wertpapier- und Marktaufsichtsbehörde ESMA[14] übertragen.[15] Die ESMA veröffentlicht eine Liste der registrierten Ratingagenturen auf ihrer **Webseite**.[16] Mit dem Übergang der Zuständigkeit auf die ESMA wurde ursprünglich zum 1.1.2011 gerechnet. Da die ESMA jedoch mit Verordnung (EU) 1095/2010 (ESMA-Verordnung) [17] erst zum 1.1.2011 errichtet worden war, verschob sich dies auf den 1.7.2011.[18]

5b **II. Ausgewählte Entwicklungen und Auslegungsvorschriften.** Die ESMA hat am 22.3.2012 einen **Bericht** über ihre bisherige **Aufsichtstätigkeit** über Ratingagenturen in der Europäischen Union veröffentlicht und bestehende Prüfungsergebnisse dargestellt.[19]

5c Am 7.2.2012 wurden zur Konkretisierung von Artikel 62 der Verordnung (EU) Nr. 1095/2010 (ESMA-Verordnung) über die **Delegierte Verordnung (EU) Nr. 272/2012** Regelungen hinsichtlich der **Gebühren**, die den Ratingagenturen von der ESMA auferlegt werden können, getroffen.[20]

5d Am 30.5.2012 hat die EU-Kommission **vier Delegierte Verordnungen** mit technischen Regulierungsstandards veröffentlicht.[21] Diese technischen Standards sollen gleiche **Wettbewerbsbedingungen, Transparenz** und **angemessenen Verbraucherschutz** innerhalb der Europäischen Union sicherstellen und zur Entwicklung eines **einheitlichen Regelwerkes** für Finanzdienstleistungen in der Union beitragen. Sie regeln die Informationen, die Ratingagenturen im Registrierungsverfahren der ESMA zur Verfügung stellen müssen, die Präsentation der Informationen, die Ratingagenturen in einem von der ESMA eingerichteten zentralen Datenspeicher (**CEREP**) einstellen, so dass Investoren die Leistung verschiedener Ratingagenturen miteinander vergleichen können, die Vorgaben, wie ESMA Ratingmethoden bewertet sowie Inhalt, Format und Zeitintervalle für die Übermittlung von Ratingdaten an ESMA.

5e Am 5.10.2012 hat die EU-Kommission Beschlüsse zur **Anerkennung der Gleichwertigkeit** des Regelungs- und Kontrollrahmens der **Vereinigten Staaten von Amerika**,[22] **Kanadas**[23] und **Australiens**[24] mit der EU-Ratingverordnung erlassen.

---

13 Verordnung (EU) Nr. 513/2011 über Ratingagenturen, ABl. EU Nr. L 145 v. 31.5.2011.
14 Ursprünglich bezog sich die EU-Ratingverordnung auf eine Zusammenarbeit der nationalen Behörden mit dem *Committee of European Securities Regulators* (CESR).
15 Zur ursprünglichen Zuständigkeit der nationalen Behörden für das durchzuführende Verwaltungsverfahren *Haar*, ZBB 2010, 185, 191.
16 Liste der registrierten Ratingagenturen, abrufbar unter <http://www.esma.europa.eu/page/List-registered-and-certified-CRAs> (8.12.2013).
17 Verordnung (EU) Nr. 1095/2010 des Europäischen Parlaments und des Rates vom 24. November 2010 zur Errichtung einer Europäischen Aufsichtsbehörde (Europäische Wertpapier-und Marktaufsichtsbehörde), zur Änderung des Beschlusses Nr. 716/2009/EG und zur Aufhebung des Beschlusses 2009/77/EG der Kommission, ABl. EU Nr. L331 v. 15.12.2010).
18 Ausführlich dazu *Assmann* in: Assmann/Schneider, § 17 Rn 10.
19 Bericht der ESMA vom 22.3.2012, abrufbar unter <http://www.esma.europa.eu/system/files/2012-207.pdf> (8.12.2013).
20 Delegierte Verordnung (EU) Nr. 272/2012 der Kommission vom 7. Februar 2012 zur Ergänzung der Verordnung (EG) Nr. 1060/2009 des Europäischen Parlaments und des Rates in Bezug auf die Gebühren, die den Ratingagenturen von der Europäischen Wertpapier- und Marktaufsichtsbehörde in Rechnung gestellt werden, ABl. EU Nr. L 90/6 v. 28.3.2012.
21 Delegierte Verordnung (EU) Nr. 446/2012 der Kommission vom 21. März 2012 zur Ergänzung der Verordnung (EG) Nr. 1060/2009 des Europäischen Parlaments und des Rates in Bezug auf technische Regulierungsstandards für Inhalt und Format der periodischen Übermittlung von Ratingdaten durch die Ratingagenturen an die Europäische Wertpapier- und Marktaufsichtsbehörde, ABl. EU Nr. L 140/2 v. 30.5.2012; Delegierte Verordnung (EU) Nr. 447/2012 der Kommission vom 21. März 2012 zur Ergänzung der Verordnung (EG) Nr. 1060/2009 des Europäischen Parlaments und des Rates über Ratingagenturen durch Festlegung technischer Regulierungsstandards für die Bewertung der Normgerechtheit der Ratingmethoden, ABl. EU Nr. L 140/14 v. 30.5.2012; Delegierte Verordnung (EU) Nr. 448/2012 der Kommission vom 21. März 2012 zur Ergänzung der Verordnung (EG) Nr. 1060/2009 des Europäischen Parlaments und des Rates im Hinblick auf technische Regulierungsstandards für die Präsentation der Informationen, die Ratingagenturen in einem von der Europäischen Wertpapier- und Marktaufsichtsbehörde eingerichteten zentralen Datenspeicher zur Verfügung stellen, ABl. EU Nr. L 140/17 v. 30.5.2012; Delegierte Verordnung (EU) Nr. 449/2012 der Kommission vom 21. März 2012 zur Ergänzung der Verordnung (EG) Nr. 1060/2009 des Europäischen Parlaments und des Rates im Hinblick auf technische Regulierungsstandards für Informationen zur Registrierung und Zertifizierung von Ratingagenturen, ABl. EU Nr. L 140/32 v. 30.5.2012.
22 Durchführungsbeschluss der Kommission vom 5. Oktober 2012 zur Anerkennung der Gleichwertigkeit des Regelungs- und Kontrollrahmens der Vereinigten Staaten von Amerika mit der Verordnung (EG) Nr. 1060/2009 des Europäischen Parlaments und des Rates über Ratingagenturen, ABl. EU Nr. L 247/32 v. 9.10.2012.
23 Durchführungsbeschluss der Kommission vom 5. Oktober 2012 zur Anerkennung der Gleichwertigkeit des Regelungs- und Kontrollrahmens Kanadas mit der Verordnung (EG) Nr. 1060/2009 des Europäischen Parlaments und des Rates über Ratingagenturen, ABl. EU Nr. L 278/17 v. 9.10.2012.
24 Durchführungsbeschluss der Kommission vom 5. Oktober 2012 zur Anerkennung der Gleichwertigkeit des Regelungs- und Kontrollrahmens Australiens mit der Verordnung (EG) Nr. 1060/2009 des Europäischen Parlaments und des Rates über Ratingagenturen, ABl. EU Nr. L 247/30 v. 9.10.2012.

Mit der **Delegierten Verordnung (EU) Nr. 946/2012** wurden weitere Ausführungsvorschriften im Hinblick auf Verfahrensvorschriften für von den Ratingagenturen von ESMA auferlegte **Geldbußen**, einschließlich der Vorschriften über das Recht auf Verteidigung und Fristen, erlassen.[25]

Am 20.6.2013 trat die **Verordnung (EU) Nr. 462/2013**[26] sowie **Richtlinie 2013/14/EU**[27] in Kraft. Hierzu hatte die EU-Kommission bereits im November 2011 Vorschläge vorgelegt, um den Rechtsrahmen für Ratingagenturen zu verstärken und noch offene Schwachstellen zu beseitigen. Insbesondere dienen die Regelungen der **Reduzierung des übermäßigen Rückgriffs** auf Ratings, der **qualitativen Verbesserung** bei den Ratings von Staatsanleihen der EU-Mitgliedstaaten, der **Erhöhung der Rechenschaftspflicht** von Ratingagenturen, der **Verringerung von Interessenkonflikten** beim Modell des zahlenden Emittenten sowie der Vergleichbarkeit und Sichtbarkeit von Ratings durch die Veröffentlichung von Ratings auf einer europäischen Ratingplattform.[28]

Die **Verordnung (EU) Nr. 462/2013**[29] nimmt konkrete Änderungen der EU-Ratingverordnung vor und enthält Regelungen zur **Haftung**, zur **Rotation** und zur **Beteiligung** an und von Ratingagenturen, Vorschriften zu **Länderratings** und zur **Reduzierung der Abhängigkeit** von Ratings. Die **Rotationspflicht** für Ratingagenturen beschränkt sich auf Wiederverbriefungen und führt zu einem Wechsel der Ratingagentur spätestens alle vier Jahre. Eine Ausnahme von der Rotationspflicht besteht für Sachverhalte, bei denen mindestens vier Ratingagenturen jeweils mehr als 10 % der ausstehenden Wiederverbriefungen bewerten. **Länderratings** müssen mindestens alle sechs Monate überprüft werden. Zudem müssen die Ratingagenturen jährlich im Voraus Termine für die Veröffentlichung von Länderratings bekannt geben. In der Regel dürfen pro Jahr Länderratings nur an drei Terminen veröffentlicht werden.

Die **Richtlinie 2013/14/EU**[30] ändert andere Richtlinien im Hinblick auf einen übermäßigen Rückgriff auf Ratings, nämlich die **Richtlinie 2003/41/EG** über die Tätigkeiten und die Beaufsichtigung von Einrichtungen der betrieblichen Altersvorsorge, die **Richtlinie 2009/65/EG** zur Koordinierung der Rechts- und Verwaltungsvorschriften betreffend bestimmte Organismen für gemeinsame Anlagen in Wertpapieren (OGAW) sowie die **Richtlinie 2011/61/EU** über die Verwalter alternativer Investmentfonds. Daneben sollen alle EU-Regulierungen dahin gehend überprüft werden, ob auf externe Ratings Bezug genommen wird. Diese Bezugnahmen sollen bis **2020** gestrichen und Alternativen gefunden werden.[31]

B. Nationale Regelung

I. Aufgehobene Regelungen. Die **Übertragung der Zuständigkeit** für das Registrierungsverfahren und die daran anknüpfende Aufsicht auf die ESMA führte zur Aufhebung von § 17 Abs. 3 bis 5 sowie Abs. 7 mit dem Gesetz zur Novellierung des Finanzanlagenvermittler- und Vermögensanlagerechts.[32] Die gestrichenen Absätze, die Befugnisse der BaFin im Rahmen des Registrierungsverfahrens geregelt haben, hatten folgenden Wortlaut:

(3) Der Bundesanstalt nach der Verordnung (EG) Nr. 1060/2009 vorzulegende Unterlagen sind, vorbehaltlich des Artikels 15 Absatz 3 dieser Verordnung, in deutscher Sprache und auf Verlangen der Bundesanstalt zusätzlich in englischer Sprache zu erstellen und vorzulegen. Die Bundesanstalt kann eine Erstellung und Vorlegung ausschließlich in englischer Sprache gestatten, wenn der Vorlagepflichtige einer Gruppe von Ratingagenturen im Sinne des Artikels 3 Absatz 1 Buchstabe m der Verordnung (EG) Nr. 1060/2009 angehört oder ein Unternehmen mit Sitz in einem Drittstaat ist.

---

25 Delegierte Verordnung (EU) Nr. 946/2012 der Kommission vom 12. Juli 2012 zur Ergänzung der Verordnung (EG) Nr. 1060/2009 des Europäischen Parlaments und des Rates im Hinblick auf Verfahrensvorschriften für von der Europäischen Wertpapier- und Marktaufsichtsbehörde (ESMA) Ratingagenturen auferlegte Geldbußen, einschließlich der Vorschriften über das Recht auf Verteidigung und Fristen, ABl. EU Nr. L 282/23 v. 16.10.2012.
26 Verordnung (EU) Nr. 462/2013 (Fn 8).
27 Richtlinie 2013/14/EU des Europäischen Parlaments und des Rates vom 21. Mai 2013 zur Änderung der Richtlinie 2003/41/EG über die Tätigkeiten und die Beaufsichtigung von Einrichtungen der betrieblichen Altersvorsorge, der Richtlinie 2009/65/EG zur Koordinierung der Rechts- und Verwaltungsvorschriften betreffend bestimmte Organismen für gemeinsame Anlagen in Wertpapieren (OGAW) und der Richtlinie 2011/61/EU über die Verwalter alternativer Investmentfonds im Hinblick auf übermäßigen Rückgriff auf Ratings, ABl. EU Nr. L 145/1 v. 31.5.2013.
28 Pressemitteilung der EU-Kommission zum Inkrafttreten der neuen Rechtsvorschriften über Ratingagenturen in 2013, abrufbar unter <http://europa.eu/rapid/press-release_IP-13-555_de.htm?locale=en> (8.12.2013).
29 Verordnung (EU) Nr. 462/2013 (Fn 8).
30 Richtlinie 2013/14/EU des Europäischen Parlaments und des Rates vom 21. Mai 2013 zur Änderung der Richtlinie 2003/41/EG über die Tätigkeiten und die Beaufsichtigung von Einrichtungen der betrieblichen Altersvorsorge, der Richtlinie 2009/65/EG zur Koordinierung der Rechts- und Verwaltungsvorschriften betreffend bestimmte Organismen für gemeinsame Anlagen in Wertpapieren (OGAW) und der Richtlinie 2011/61/EU über die Verwalter alternativer Investmentfonds im Hinblick auf übermäßigen Rückgriff auf Ratings, ABl. EU Nr. L 145/1 v. 31.5.2013.
31 Erwägungsgrund 6 der Verordnung (EU) Nr. 462/2013 (Fn 8).
32 VermAnlGEG, BGBl. 2011 I S. 2481.

(4) Die Bundesanstalt kann zur Überwachung der Einhaltung der in der Verordnung (EG) Nr. 1060/2009 geregelten Pflichten bei Ratingagenturen, bei mit diesen verbundenen Unternehmen und bei zur Durchführung von Ratingtätigkeiten eingeschalteten Personen oder Unternehmen auch ohne besonderen Anlass Prüfungen vornehmen.
(5) Unbeschadet des Absatzes 4 haben die Ratingagenturen die Einhaltung der in der Verordnung (EG) Nr. 1060/2009 geregelten Pflichten einmal jährlich durch einen von der Bundesanstalt beauftragten Prüfer prüfen zu lassen. Die Bundesanstalt beauftragt als Prüfer Wirtschaftsprüfer oder Wirtschaftsprüfungsgesellschaften, die hinsichtlich des Prüfungsgegenstandes über ausreichende Kenntnisse verfügen. Die Bundesanstalt legt das Datum des Prüfungsbeginns und den Berichtszeitraum fest. Die Bundesanstalt kann auf Antrag von der jährlichen Prüfung ganz oder teilweise absehen, soweit dies aus besonderen Gründen, insbesondere wegen der Art und des Umfangs der betriebenen Geschäfte, angezeigt ist. Die Bundesanstalt kann an der Prüfung teilnehmen. Die Bundesanstalt kann gegenüber den Ratingagenturen Bestimmungen über den Inhalt der Prüfung treffen und Schwerpunkte für die Prüfung festlegen, die vom Prüfer zu berücksichtigen sind. Der Prüfer hat der Bundesanstalt unverzüglich nach Beendigung der Prüfung einen Prüfungsbericht einzureichen. Über schwerwiegende Verstöße gegen die in der Verordnung (EG) Nr. 1060/2009 geregelten Pflichten hat der Prüfer die Bundesanstalt unverzüglich zu unterrichten.
(7) Das Bundesministerium der Finanzen kann durch Rechtsverordnung, die nicht der Zustimmung des Bundesrates bedarf, nähere Bestimmungen über Art, Umfang und Zeitpunkt der Prüfungen nach den Absätzen 4 und 5 erlassen. Das Bundesministerium der Finanzen kann die Ermächtigung durch Rechtsverordnung ohne Zustimmung des Bundesrates auf die Bundesanstalt für Finanzdienstleistungsaufsicht übertragen.

7 **II. Verbleibende Regelungen.** In **Abs. 1 S. 1** wird die **BaFin als zuständige Behörde** bestimmt. Nachdem die Zuständigkeit für das Registrierungsverfahren und die daran anknüpfende Aufsicht auf die ESMA übertragen worden ist,[33] beschränkt sich die Zuständigkeit der BaFin auf die Zusammenarbeit mit der ESMA sowie auf möglicherweise von ESMA auf die nationalen Behörden delegierte Aufgaben.[34]

7a In **Abs. 1 S. 2** wird die gegenüber den Spezialvorschriften der EU-Ratingverordnung nachrangige **Anwendung der Vorschriften der Abschnitte 1 und 2 des WpHG** normiert. Die Eingliederung der Ratingaufsicht in das Wertpapierhandelsrecht und somit in ein der BaFin vertrautes und durch Aufsichtspraxis gefestigtes Regelungsumfeld ist bewusst vorgenommen worden. Soweit die EU-Ratingverordnung keine speziellen Regelungen enthält, sollen die allgemeinen Vorschriften des WpHG zur Anwendung kommen. Die – wenn auch nachrangige – Anwendbarkeit des WpHG soll gewährleisten, dass mögliche noch nicht erkennbare Regelungslücken der EU-Ratingverordnung durch den Rückgriff auf allgemeine Vorschriften und Prinzipien des WpHG geschlossen werden können.[35] Von der Anwendbarkeit ausgenommen sind § 7 Abs. 4 S. 5 bis 8, § 8 Abs. 1 S. 3 sowie §§ 9 und 10, da deren Regelungsgegenstände bereits in der EU-Ratingverordnung abschließend behandelt werden.

8 Nach **Abs. 2** ist die BaFin verpflichtet, alle **Maßnahmen zu ergreifen**, die zur effektiven Wahrnehmung ihrer Aufgaben und der Überwachung der Einhaltung der in der EU-Ratingverordnung geregelten Pflichten erforderlich sind. Durch die zwingende Voraussetzung der Erforderlichkeit findet die Befugnis ihre Grenze im verfassungsmäßig verankerten **Gebot der Verhältnismäßigkeit**.

9 Mit **Abs. 6** wird sichergestellt, dass Maßnahmen der BaFin zur Durchsetzung der EU-Ratingverordnung sofort vollziehbar sind. Die **sofortige Vollziehbarkeit** ist für die Gefahrenabwehr auf den Finanzmärkten geboten, da hier in kurzer Zeit sehr hohe Schäden für dritte Personen entstehen können, die auf die Integrität der Märkte einschließlich der Tätigkeit der Ratingagenturen vertrauen.[36]

10 Der durch das Ausführungsgesetz zur EU-Ratingverordnung[37] im Zusammenhang mit der ursprünglichen Zuständigkeit der BaFin in **§ 39 Abs. 2 b** aufgenommene **umfassende Bußgeldkatalog**,[38] der Verstöße gegen die in der EU-Ratingverordnung festgelegten Pflichten sanktionierte, ist aufgrund der Übertragung der Zuständigkeit auf die ESMA selbst[39] drastisch gekürzt worden.

---

33 Vgl Rn 5 a f.
34 Eine Delegierung ist zB vorstellbar, wenn eine Aufsichtsaufgabe Kenntnisse der Bedingungen vor Ort und entsprechende Erfahrungen voraussetzt, die auf nationaler Ebene leichter verfügbar sind, vgl Erwägungsgrund 15 der Verordnung (EU) 513/2011 (Fn 13).
35 BegrRegE Ausführungsgesetz zur EU-Ratingverordnung, BT-Drucks. 17/716, S. 9.
36 BegrRegE Ausführungsgesetz zur EU-Ratingverordnung, BT-Drucks. 17/716, S. 10.
37 Ausführungsgesetz zur EU-Ratingverordnung, BGBl. I 2010 S. 786.
38 Zu den ursprünglichen Bußgeldtatbeständen *Cortez/Schön*, ZfK 2010, 226, 228.
39 Vgl Rn 5 a f.

Abschnitt 3 b
OTC-Derivate und Transaktionsregister

Vor §§ 18–20[1]

Literatur:
Glass, Die Pflichten von EVU im OTC-Derivatehandel unter der European Market Infrastructure Regulation (EMIR) und dem EMIR-Ausführungsgesetz, EWerk 02/2013, 77; Sigmundt, EMIR: Neue Regeln für den Handel mit OTC-Derivaten, BaFinJournal 01/2012, 12.

A. Europäische Regelungen

I. Hintergrund und erste europäische Regelungen. Im Rahmen des **G20-Gipfels** in Pittsburgh im Jahr 2009 beschlossen die Staats- und Regierungschefs der führenden Industrienationen Maßnahmen zu ergreifen, um den **außerbörslichen Derivatehandel (sog. OTC-Handel)** transparenter und sicherer zu machen. Basierend auf den Erfahrungen der **Finanzmarktkrise 2008** wurde vor allem vereinbart, dass künftig standardisierte OTC-Derivate über zentrale Gegenparteien abgewickelt und OTC-Derivate an **Transaktionsregister** gemeldet werden müssen.[2] Vor diesem Hintergrund wurde die Verordnung (EU) Nr. 648/2012 des Europäischen Parlaments und des Rates vom 4. Juli 2012 über OTC-Derivate, zentrale Gegenparteien und Transaktionsregister (**EMIR-Verordnung**)[3] beschlossen. Die EMIR-Verordnung hat das Ziel, systemische Risiken zu reduzieren und zu verhindern, dass der Ausfall eines großen Marktteilnehmers zu einem gefährlichen Dominoeffekt an den Finanzmärkten führt. 1

Die Regulierung basiert auf **drei Säulen**: auf **Clearing-Pflichten** für bestimmte Klassen von OTC-Derivaten, **Meldepflichten an Transaktionsregister** und **Risikominderungspflichten** für nicht zentral abgewickelte OTC-Derivate.[4] Die Clearingpflichten gelten für finanzielle Gegenparteien, die in der EU Union beaufsichtigt werden. Nichtfinanzielle Gegenparteien werden von der Clearingpflicht erfasst, wenn sie in einem größeren Umfang Derivate einsetzen, die nicht zur Absicherung der wirtschaftlichen Risiken ihrer Geschäftstätigkeit dienen. Bei Geschäften, die aufgrund ihrer Struktur nicht für das zentrale Clearing geeignet sind, haben die Vertragsparteien besondere Anforderungen an das Risikomanagement zu beachten. Zur Erhöhung der Transparenz sind Derivategeschäfte an ein Transaktionsregister zu melden. Die EMIR-Verordnung regelt zudem die Anforderungen für die Zulassung und laufende Beaufsichtigung von zentralen Gegenparteien[5] und sieht eine verstärkte **Zusammenarbeit der Aufsichtsbehörden** vor. Der Europäischen Wertpapier- und Marktaufsichtsbehörde ESMA wird die Aufsicht über die Transaktionsregister übertragen.[6] 2

Gemäß **Art. 2 Nr. 5 EMIR-Verordnung** bezeichnet für die Zwecke der EMIR-Verordnung der Begriff „Derivat" oder „Derivatekontrakt" eines der in Anhang I Abschnitt C Nr. 4 bis 10 der Richtlinie 2004/39/EG (**MiFID**)[7] genannten Finanzinstrumente. Gemäß Art. 2 Nr. 6 EMIR-Verordnung ist unter „Derivatekategorie" zu verstehen eine Untergruppe von Derivaten, denen allgemeine und wesentliche Eigenschaften gemeinsam sind, darunter mindestens das Verhältnis zu dem zugrundeliegenden Vermögenswert, die Art des zugrundeliegenden Vermögenswertes und die Währung des Nominalwerts. Dabei können Derivate derselben Kategorie unterschiedliche Fälligkeiten haben. Gemäß Art. 2 Nr. 7 EMIR-Verordnung sind „OTC-Derivate" oder „OTC-Derivatekontrakte" solche Derivatekontrakte, deren Ausführung nicht auf einem geregelten Markt im Sinne von Art. 4 Abs. 1 Nummer 14 der Richtlinie 2004/39/EG (**MiFID**) oder auf einem Markt in Drittstaaten, der gemäß Art. 19 Abs. 6 der Richtlinie 2004/39/EG (**MiFID**) als einem geregelten Markt gleichwertig angesehen wird, erfolgt. Unter OTC-Derivate fallen auch an **MTF** gehandelte Derivate.[8] 3

Grundsätzlich sollen alle bilateral gehandelten Derivate über zentrale Gegenparteien gecleart werden. Nichtfinanzielle Gegenparteien profitieren dabei aber von hohen **Schwellenwerten**, bei deren Überschreitung die Clearingpflicht erst einsetzt. Derivate zu Absicherungszwecken und **gruppeninterne Transaktionen**

---

1 Die Kommentierung gibt die persönliche Auffassung der Autorin wieder.
2 Begr. GesE zum EMIR-Ausführungsgesetz, BT-Drucks. 17/11289, S. 1.
3 EMIR-Verordnung, ABl. EU Nr. L 201/1 v. 27.7.2012.
4 Siehe dazu ausführlich Glass, EWerk 2013, 77, 79 ff; Sigmundt, BaFinJournal 01/2012, 12 ff.
5 Eine zentrale Gegenpartei bzw ein zentraler Kontrahent ist ein Unternehmen, das an Börsen und sonstigen Handelsplattformen als Vertragspartei zwischen Verkäufer und Käufer eintritt. Gegenüber dem Käufer nimmt die zentrale Gegenpartei die Rolle des Verkäufers und entsprechend gegenüber dem Verkäufer die Rolle des Käufers ein. Siehe zum Zulassungsverfahren von zentralen Kontrahenten Sigmundt, BaFinJournal 01/2012, 12, 15 f.
6 Begr. GesE zum EMIR-Ausführungsgesetz, BT-Drucks. 17/11289, S. 1.
7 Richtlinie 2004/39/EG, ABl. EU Nr. L 145/1 v. 30.4.2004.
8 OTC Question No. 1 der ESMA-Q&A (Stand 11.11.2013), abrufbar unter <http://www.esma.europa.eu/content/Implementation-Regulation-EU-No-6482012-OTC-derivatives-central-counterparties-and-trade-r-1> (8.12.2013).

werden bei der Berechnung des Schwellenwertes nicht berücksichtigt. Es entsteht jedoch eine Clearingpflicht für alle Derivateklassen, sobald der Schwellenwert für eine Derivateklasse überschritten wurde.

4 Alle Gegenparteien von OTC-Derivaten sind verpflichtet, Einzelheiten ihrer Derivatekontrakte ohne Mehrfachmeldungen (je Derivat darf nur eine Meldung erfolgen) an ein **Transaktionsregister**[9] zu melden. Dies gilt auch für auch gruppeninterne Transaktionen. Art und Umfang der Meldpflichten sind weitgehend, so müssen zumindest **Informationen** zu den beteiligten **Kontrahenten** sowie die **Art**, die **Fälligkeit**, der **Nominalwert**, sonstige Konditionen und das **Abwicklungsdatum** der Kontrakte in der Meldung enthalten sein. Es besteht die Möglichkeit, die Meldung an eine finanzielle Gegenpartei (zB Kreditinstitut) zu delegieren. Die Meldepflicht beginnt für alle Derivateklassen voraussichtlich ab dem 16.2.2014.[10] Nach dem 16. August 2012 abgeschlossene sowie alle Derivatekontrakte, die zu diesem Datum bestanden, müssen **nachgemeldet** werden.[11]

5 Außerdem sieht die EMIR-Verordnung für Derivate, welche zukünftig nicht über zentrale Gegenparteien abgewickelt werden, **verschärfte Anforderungen an das Risikomanagement** vor. Insbesondere wird gefordert, dass angemessene Verfahren zur Messung, Steuerung und ggf Minderung operationeller Risiken und **Kontrahentenausfallrisiken** vorliegen.

6 Da die Regelungen der EMIR-Verordnung weitreichende Veränderungen bei den Aufsichten und den betroffenen Unternehmen erfordern, werden nach und nach umgesetzt. ESMA veröffentlicht in diesem Zusammenhang einen stetig aktualisierten **Zeitplan zur** Umsetzung der Regelungen der EMIR-Verordnung:[12]

6a **II. Ausgewählte Entwicklungen und Auslegungsvorschriften.** Die **EMIR-Verordnung** wird durch zahlreiche Durchführungsverordnung und Delegierte Verordnungen konkretisiert. Zudem bestehen ESMA-Leitlinien und Q&A der EU-Kommission sowie der ESMA.

Die **Durchführungsverordnung (EU) Nr. 1247/2012** der Kommission vom 19. Dezember 2012 legt technische Durchführungsstandards im Hinblick auf das Format und die Häufigkeit von Transaktionsmeldungen an Transaktionsregister gemäß der EMIR-Verordnung fest.[13]

Die **Durchführungsverordnung (EU) Nr. 1248/2012** der Kommission vom 19. Dezember 2012 bestimmt technische Durchführungsstandards für das Format von Anträgen auf Registrierung von Transaktionsregistern gemäß der EMIR-Verordnung.[14]

Die **Durchführungsverordnung (EU) Nr. 1249/2012** der Kommission vom 19. Dezember 2012 legt technische Durchführungsstandards im Hinblick auf das Format der gemäß der EMIR-Verordnung von zentralen Gegenparteien aufzubewahrenden Aufzeichnungen fest.[15]

Die **Delegierte Verordnung (EU) Nr. 148/2013** der Kommission vom 19. Dezember 2012 zur Ergänzung der EMIR-Verordnung bezüglich technischer Regulierungsstandards formuliert die Mindestangaben der Meldungen an Transaktionsregister.[16]

Die **Delegierte Verordnung (EU) Nr. 149/2013** der Kommission vom 19. Dezember 2012 zur Ergänzung der EMIR-Verordnung im Hinblick auf technische Regulierungsstandards formuliert Anforderungen zu indirekten Clearingvereinbarungen, zur Clearingpflicht, zum öffentlichen Register, zum Zugang zu einem

---

9 Die ESMA hat Mitte November 2013 die ersten vier Transaktionsregister zugelassen, siehe dazu, insb. welche es sind, BaFin-Journal 12/2013, 9 f.
10 Die Berichtspflichten beginnen somit 90 Tage nach Zulassung des ersten Transaktionsregisters, siehe dazu Fn 9.
11 Question No. 4 der ESMA-Q&A (Stand 11.11.2013), abrufbar unter <http://www.esma.europa.eu/content/Implementation-Regulation-EU-No-6482012-OTC-derivatives-central-counter-parties-and-trade-r-1> (8.12.2013).
12 Zeitplan der ESMA, der aufgrund Fristenverschiebungen regelmäßig aktualisiert wird, abrufbar unter <http://www.esma.europa.eu/news/Trade-Repository-registration-approval-not-expected-7-November-reporting-begin-February-2014?t=326&o=home> (8.12.2013).
13 Durchführungsverordnung (EU) Nr. 1247/2012 der Kommission vom 19. Dezember 2012 zur Festlegung technischer Durchführungsstandards im Hinblick auf das Format und die Häufigkeit von Transaktionsmeldungen an Transaktionsregister gemäß der Verordnung (EU) Nr. 648/2012 des Europäischen Parlaments und des Rates über OTC-Derivate, zentrale Gegenparteien und Transaktionsregister, ABl. EU Nr. L 352/20 v. 21.12.2012.
14 Durchführungsverordnung (EU) Nr. 1248/2012 der Kommission vom 19. Dezember 2012 zur Festlegung technischer Durchführungsstandards für das Format von Anträgen auf Registrierung von Transaktionsregistern gemäß der Verordnung (EU) Nr. 648/2012 des Europäischen Parlaments, ABl. EU Nr. L 352/30 v. 21.12.2012.
15 Durchführungsverordnung (EU) Nr. 1249/2012 der Kommission vom 19. Dezember 2012 zur Festlegung technischer Durchführungsstandards im Hinblick auf das Format der gemäß der Verordnung (EU) Nr. 648/2012 des Europäischen Parlaments und des Rates über OTC-Derivate, zentrale Gegenparteien und Transaktionsregister von zentralen Gegenparteien aufzubewahrenden Aufzeichnungen, ABl. EU Nr. L 352/32 v. 21.12.2012.
16 Delegierte Verordnung (EU) Nr. 148/2013 der Kommission vom 19. Dezember 2012 zur Ergänzung der Verordnung (EU) Nr. 648/2012 des Europäischen Parlaments und des Rates über OTC-Derivate, zentrale Gegenparteien und Transaktionsregister bezüglich technischer Regulierungsstandards für die Mindestangaben der Meldungen an Transaktionsregister, ABl. EU Nr. L 52/1 v. 23.2.2013.

Handelsplatz, zu nichtfinanzielle Gegenparteien und zu Risikominderungstechniken für nicht durch eine zentrale Gegenpartei geclearte OTC-Derivatekontrakte.[17]

Die **Delegierte Verordnung (EU) Nr. 150/2013** der Kommission vom 19. Dezember 2012 zur Ergänzung der EMIR-Verordnung durch technische Regulierungsstandards regelt Vorgaben zu den Einzelheiten eines Antrags auf Registrierung als Transaktionsregister.[18]

Die **Delegierte Verordnung (EU) Nr. 151/2013** der Kommission vom 19. Dezember 2012 zur Ergänzung der EMIR-Verordnung im Hinblick auf technische Regulierungsstandards formuliert die von Transaktionsregistern zu veröffentlichenden und zugänglich zu machenden Daten sowie operationelle Standards für die Zusammenstellung und den Vergleich von Daten sowie den Datenzugang.[19]

Die **Delegierte Verordnung (EU) Nr. 152/2013** der Kommission vom 19. Dezember 2012 zur Ergänzung der EMIR-Verordnung im Hinblick auf technische Regulierungsstandards regelt die Eigenkapitalanforderungen an zentrale Gegenparteien.[20]

Die **Delegierte Verordnung (EU) Nr. 153/2013** der Kommission vom 19. Dezember 2012 zur Ergänzung der EMIR-Verordnung in Bezug auf technische Regulierungsstandards bestimmt Anforderungen an zentrale Gegenparteien.[21]

Der Entwurf der ESMA zu einer **Delegierten Verordnung** der Kommission im Hinblick auf technische Regulierungsstandards formuliert Anforderungen, in welchen Fällen Pflichten aus der EMIR-Verordnung für Parteien aus Drittstaaten gelten und was als Umgehung der EMIR-Verordnung eingestuft werden kann.[22]

Der Entwurf der ESMA zu einer **Delegierten Verordnung** der Kommission im Hinblick auf Verfahrensregeln für die Verhängung von Geldstrafen und Zwangsgelder für Transaktionsregister wurde ab dem 18.10.2013 konsultiert.[23]

Die **ESMA-Leitlinien zu Interoperabilitätsvereinbarungen**, die seit 10.6.2013 gelten,[24] bestimmen die Anforderungen an die Erstellung solider und stabiler Interoperabilitätsvereinbarungen[25] durch die zentralen Gegenparteien. Der Schwerpunkt der ESMA-Leitlinien liegt dabei auf den Risiken, die aus Interoperabilitätsvereinbarungen entstehen können.[26] Zudem werden Bereiche hervorgehoben, auf die sich die zentralen Gegenparteien konzentrieren und die die zuständigen nationalen Behörden zur Minderung dieser Risiken überprüfen sollten.

---

17 Delegierte Verordnung (EU) Nr. 149/2013 DER der Kommission vom 19. Dezember 2012 zur Ergänzung der Verordnung (EU) Nr. 648/2012 des Europäischen Parlaments und des Rates im Hinblick auf technische Regulierungsstandards für indirekte Clearingvereinbarungen, die Clearingpflicht, das öffentliche Register, den Zugang zu einem Handelsplatz, nichtfinanzielle Gegenparteien und Risikominderungstechniken für nicht durch eine CCP geclearte OTC-Derivatekontrakte, ABl. EU Nr. L 52/11 v. 23.2.2013.

18 Delegierte Verordnung (EU) Nr. 150/2013 der Kommission vom 19. Dezember 2012 zur Ergänzung der Verordnung (EU) Nr. 648/2012 des Europäischen Parlaments und des Rates über OTC-Derivate, zentrale Gegenparteien und Transaktionsregister durch technische Regulierungsstandards, in denen die Einzelheiten eines Antrags auf Registrierung als Transaktionsregister festgelegt werden, ABl. EU Nr. L 52/25 v. 23.2.2013.

19 Delegierte Verordnung (EU) Nr. 151/2013 der Kommission vom 19. Dezember 2012 zur Ergänzung der Verordnung (EU) Nr. 648/2012 des Europäischen Parlaments und des Rates über OTC-Derivate, zentrale Gegenparteien und Transaktionsregister durch technische Regulierungsstandards für die von Transaktionsregistern zu veröffentlichenden und zugänglich zu machenden Daten sowie operationelle Standards für die Zusammenstellung und den Vergleich von Daten sowie den Datenzugang, ABl. EU Nr. L 52/33 v. 23.2.2013.

20 Delegierte Verordnung (EU) Nr. 152/2013 der Kommission vom 19. Dezember 2012 zur Ergänzung der Verordnung (EU) Nr. 648/2012 des Europäischen Parlaments und des Rates im Hinblick auf technische Regulierungsstandards für die Eigenkapitalanforderungen an zentrale Gegenparteien, ABl. EU Nr. L 52/37 v. 23.2.2013.

21 Delegierte Verordnung (EU) Nr. 153/2013 der Kommission vom 19. Dezember 2012 zur Ergänzung der Verordnung (EU) Nr. 648/2012 des Europäischen Parlaments und des Rates in Bezug auf technische Regulierungsstandards für Anforderungen an zentrale Gegenparteien, ABl. EU Nr. L 52/41 v. 23.2.2013.

22 Entwurf der ESMA zu einer Delegierten Verordnung der Kommission im Hinblick auf technische Regulierungsstandards in Bezug auf Verträge mit direkten, wesentlichen und vorhersehbare Auswirkungen innerhalb der Union und in Bezug auf Umgehungstatbestände vom 15.11.2013 (ESMA/2013/1657), abrufbar unter <http://www.esma.europa.eu/system/files/2013-1657_final_report_on_emir_application_to_third_country_entities_and_non-evasion.pdf> (8.12.2013).

23 Konsultation des Entwurfs der ESMA zu einer Delegierte Verordnung der Kommission im Hinblick auf Verfahrensregeln für die Verhängung von Geldstrafen und Zwangsgelder für Transaktionsregister vom 18.10.2013 (ESMA/2013/1292), abrufbar unter <http://www.esma.europa.eu/content/ESMA%E2%80%99s-Technical-Advice-Commission-procedural-rules-impose-fines-Trade-Repositories> (8.12.2013).

24 ESMA-Leitlinien und Empfehlungen für die Erstellung kohärenter, effizienter und wirksamer Bewertungen von Interoperabilitätsvereinbarungen (ESMA/2013/322) vom 10.6.2013 in allen offiziellen Übersetzungen, abrufbar unter <http://www.esma.europa.eu/node/65967> (8.12.2013).

25 Zur Begrifflichkeit Interoperabilität siehe *Sigmundt*, BaFin-Journal 01/2012, 12, 16.

26 ESMA Leitlinien (Fn 24), Rn 2 ff.

ESMA-Leitlinien vom 4.6.2013 zu schriftlichen Vereinbarungen der Mitglieder der CCP-Kollegien[27] sind bereits in allen Sprachfassungen veröffentlicht worden und das „Comply-Verfahren" gemäß Art. 16 Verordnung (EU) Nr. 1095/2010 (ESMA-Verordnung)[28] hat begonnen.

Die **ESMA-Q&A** vom 05.8.2013 zur Implementierung der EMIR-Verordnung enthalten Ausführungen zu allgemeinen Fragen, OTC-Fragen, CCP[29]-Fragen und Trade Repository-Fragen. [30]

Die **Q&A der EU-Kommission** vom 8.2.2012 zum Zeitplan und Umfang in Bezug auf die EMIR-Verordnung befassen sich insbesondere mit bestimmten Fragen im Zusammenhang mit Drittländern, zentralen Gegenparteien dem Transaktionsregister.[31]

Der Bundesverband deutscher Banken hat bereits 2001 einen aktualisierten Rahmenvertrag für außerbörsliche Finanztermingeschäfte entwickelt. Dieser Rahmenvertrag wurde 2013 durch zwei Anhänge ergänzt, welche die Vorgaben der EMIR-Verordnung erfüllen sollen. [32] Gegenstand des **Anhangs für über zentrale Gegenparteien abzuwickelnde Finanztermingeschäfte** (2013)[33] ist das Clearing der Einzelverträge über eine zentrale Gegenpartei. Der **EMIR-Anhang** (2013)[34] enthält Anforderungen an nicht clearingpflichtige Geschäfte und regelt insbesondere die Vorgaben hinsichtlich der Risikominderungstechniken. Hierzu gehören die Klassifizierung des Clearingstatus, die Meldepflicht, die rechtzeitige Bestätigung, der Portfolioabgleich, die Streitbeilegung sowie die Zusicherung des Clearingstatus. Außerdem hat der Bundesverband deutscher Banken in 2013 weitere Anhänge und Zusatzvereinbarungen in Bezug auf die EMIR-Verordnung veröffentlicht. [35]

B. Nationale Regelung

7 Die Regelungen der EMIR-Verordnung und der Durchführungsverordnungen **gelten** in den EU-Mitgliedsländern **unmittelbar**. Über das **EMIR-Ausführungsgesetz**[36] wurden die zuständigen Behörden bestimmt, Vorschriften im **KWG** geändert und die entsprechenden Bußgeldtatbestände erweitert, um Verstöße gegen die Pflichten aus der EMIR-Verordnung sanktionieren zu können. Zudem wurden Änderungen im **WpHG**,[37] in der **FinDAGKostV** sowie im **VAG** und dem **InvG** vorgenommen. Im **BörsG** wurden Vorschriften bzgl der Gewährung des Zugangs zu Handelsplätzen und des Zugangs solcher Handelsplätze zu zentralen Gegenparteien aufgenommen. Darüber hinaus wurde die **InsO** ergänzt.[38]

§ 18[1] Überwachung des Clearings von OTC-Derivaten und Aufsicht über Transaktionsregister[1]

(1) [1]Die Bundesanstalt ist unbeschadet des § 6 des Kreditwesengesetzes nach diesem Gesetz zuständig für die Einhaltung der Vorschriften nach den Artikeln 4, 5 und 7 bis 13 der Verordnung (EU) Nr. 648/2012 des Europäischen Parlaments und des Rates vom 4. Juli 2012 über OTC-Derivate, zentrale Gegenparteien und Transaktionsregister (ABl. L 201 vom 27.7.2012, S. 1), soweit sich nicht aus § 3 Absatz 5 oder § 5 Absatz 6 des Börsengesetzes etwas anderes ergibt. [2]Die Bundesanstalt ist zuständige Behörde im Sinne des Artikels 62 Absatz 4, des Artikels 63 Absatz 3 bis 7, des Artikels 68 Absatz 3 und des Artikels 74 Absatz 1 bis 3 der Verordnung (EU) Nr. 648/2012. [3]Soweit in der Verordnung (EU) Nr. 648/2012 nichts Abwei-

---

27 ESMA-Leitlinien und Empfehlungen zu schriftlichen Vereinbarungen zwischen Mitgliedern von CCP-Kollegien vom 3.10.2013 (ESMA/2013/1390) in allen offiziellen Übersetzungen, abrufbar unter <http://www.esma.europa.eu/content/Guidelines-and-Recommendations-regarding-written-agreements-between-members-CCP-colleges> (8.12.2013).
28 Verordnung (EU) Nr. 1095/2010, ABl. EU Nr. L 331/84 v. 15.12.2010.
29 CCP = Zentrale Gegenpartei.
30 ESMA-Q&A (Stand 11.11.2013), abrufbar unter <http://www.esma.europa.eu/content/Implementation-Regulation-EU-No-6482012-OTC-derivatives-central-counterparties-and-trade-r-1> (8.12.2013).
31 Q&A der EU-Kommission (Stand 8.2.1013), abrufbar unter <http://ec.europa.eu/internal_market/financial-markets/docs/derivatives/emir-faqs_en.pdf> (8.12.2013.).
32 Hintergrundinformationen zur Rahmenvereinbarung und zum EMIR-Anhang, abrufbar unter <http://bankenverband.de/downloads/072013/emir-anhang-hintergruende-informationen-130723.pdf> (20.9.2012).
33 Anhang für über zentrale Gegenparteien abzuwickelnde Finanztermingeschäfte (2013), abrufbar unter <http://www.bankenverband.de/downloads/042013/m44038.pdf> (8.12.2013).
34 EMIR-Anhang (2013), abrufbar unter <http://www.bankenverband.de/downloads/082013/44040-0713a-emir-muster-ks.pdf> (20.9.2012).
35 Veröffentlichungen des Bundesverbandes deutscher Banken in 2013, insb. hinsichtlich Anhängen und Zusatzvereinbarungen in Bezug auf die EMIR-Verordnung, abrufbar unter <http://http://www.bankenverband.de/themen/fachinformationen/finanzmaerkte/rahmenvertraege-fur-finanzgeschaefte> (20.9.2012).
36 Ausführungsgesetz zur Verordnung (EU) Nr. 648/2012 über OTC-Derivate, zentrale Gegenparteien und Transaktionsregister (EMIR-Ausführungsgesetz), BGBl. I 2013, S. 174.
37 Siehe sogleich Kommentierung zu §§ 18-20.
38 Dazu Begr. GesE zum EMIR-Ausführungsgesetz, BT-Drucks. 17/11289, S. 1 f.
1 Die Kommentierung gibt die persönliche Auffassung der Autorin wieder.

chendes geregelt ist, gelten die Vorschriften der Abschnitte 1 und 2 dieses Gesetzes, mit Ausnahme der §§ 9 und 10, entsprechend.

(2) Die Bundesanstalt übt die ihr nach Absatz 1 Satz 1 in Verbindung mit der Verordnung (EU) Nr. 648/2012 übertragenen Befugnisse aus, soweit dies für die Wahrnehmung ihrer Aufgaben und die Überwachung der Einhaltung der in der Verordnung (EU) Nr. 648/2012 geregelten Pflichten erforderlich ist.

(3) ¹Sofern die Bundesanstalt als zuständige Behörde nach Absatz 1 Satz 1 tätig wird oder Befugnisse nach Absatz 2 ausübt, sind die vorzulegenden Unterlagen in deutscher Sprache und auf Verlangen der Bundesanstalt zusätzlich in englischer Sprache zu erstellen und vorzulegen. ²Die Bundesanstalt kann gestatten, dass die Unterlagen ausschließlich in englischer Sprache erstellt und vorgelegt werden.

(4) ¹Die Bundesanstalt kann von Unternehmen Auskünfte, die Vorlage von Unterlagen und die Überlassung von Kopien verlangen, soweit dies für die Überwachung der Einhaltung der Vorschriften nach Absatz 1 erforderlich ist. ²Gesetzliche Auskunfts- oder Aussageverweigerungsrechte sowie gesetzliche Verschwiegenheitspflichten bleiben unberührt.

(5) Widerspruch und Anfechtungsklage gegen Maßnahmen der Bundesanstalt nach den Absätzen 2 und 4, auch in Verbindung mit der Verordnung (EU) Nr. 648/2012, haben keine aufschiebende Wirkung.

1 In Erfüllung der Vorgaben der **Art. 22 Abs. 1** der Verordnung (EU) Nr. 648/2012 des Europäischen Parlaments und des Rates vom 4. Juli 2012 über OTC-Derivate, zentrale Gegenparteien und Transaktionsregister (**EMIR-Verordnung**)[2] mussten **Zuständigkeitszuweisungen** hinsichtlich des Vollzugs der EMIR-Verordnung getroffen werden. In **Abs. 1 S. 1 und S. 2** wird die **BaFin als zuständige Behörde** für die Zwecke der EMIR-Verordnung benannt und damit an die bisherige Zuständigkeit der Bundesanstalt nach Abschnitt 5 b des WpHG angeknüpft. Diese Zuständigkeit wird jedoch insofern eingeschränkt, als auf die ebenfalls durch das **EMIR-Ausführungsgesetz**[3] erschaffene Zuständigkeit der **Geschäftsführung der Börsen** in § 3 Abs. 5 BörsG und § 5 Abs. 6 BörsG verwiesen wird. Zur Gewährleistung einer einheitlichen Beaufsichtigung der Pflichten aus der EMIR-Verordnung wird die Aufsicht im WpHG konzentriert, soweit sich nicht auch eine Zuständigkeit der Börsenaufsichtsbehörden ergibt. Sofern die Bundesanstalt die Aufsicht über zentrale Gegenparteien wahrnimmt, sind entsprechende Kompetenzen hinsichtlich des Zugangs einer zentrale Gegenpartei zu einem **Handelsplatz im Sinne der Art. 8 und 9 der EMIR-Verordnung** bereits im KWG fixiert, dies berührt jedoch die Zuständigkeit der Bundesanstalt allerdings nicht.[4]

2 In **Abs. 1 Satz 3** wird klargestellt, dass die BaFin auch für die Zwecke der Überwachung der Anforderungen nach der EMIR-Verordnung auch auf das WpHG zurückgreifen kann.[5] Es wird die gegenüber den Spezialvorschriften der EMIR-Verordnung nachrangige **Anwendung der Vorschriften der Abschnitte 1 und 2 des WpHG** normiert, wobei die §§ 9 und 10 jedoch ausdrücklich ausgenommen werden. Soweit die EMIR-Verordnung keine speziellen Regelungen enthält, sollen die allgemeinen Vorschriften des WpHG zur Anwendung kommen. Die – wenn auch nachrangige – Anwendbarkeit des WpHG soll gewährleisten, dass mögliche noch nicht erkennbare Regelungslücken der EMIR-Verordnung durch den **Rückgriff auf allgemeine Vorschriften und Prinzipien des WpHG** geschlossen werden können.

3 Nach **Abs. 2** ist die BaFin verpflichtet und berechtigt, alle **Maßnahmen zu ergreifen**, die zur effektiven Wahrnehmung ihrer Aufgaben und der Überwachung der Einhaltung der in der EMIR-Verordnung geregelten Pflichten erforderlich sind. Durch die zwingende Voraussetzung der Erforderlichkeit findet die Befugnis ihre Grenze im verfassungsmäßig verankerten **Gebot der Verhältnismäßigkeit**. Abs. 2 ermöglicht insbesondere die Delegation von Aufgaben aufgrund der EMIR-Verordnung an die BaFin, insbesondere hinsichtlich der Aufsicht über Transaktionsregister.[6]

4 Nach **Abs. 3 S. 1** sind der BaFin grundsätzlich alle **Unterlagen** in deutscher Sprache vorzulegen. Die BaFin kann zudem zusätzlich eine englische Übersetzung der Unterlagen verlangen. Durch die in Abs. 3 S. 2 manifestierte Möglichkeit, auch Anträge in englischer Sprache zu stellen, wird den Bedürfnissen international agierender Unternehmen Rechnung getragen.[7]

5 Abs. 4 stellt klar, dass die Bundesanstalt im Rahmen der Überwachung der Pflichten nach der EMIR-Verordnung **Auskünfte, Unterlagen und Kopien** auch dann verlangen kann, wenn **kein Anfangsverdacht** be-

---

2 EMIR-Verordnung, ABl. EU Nr. L 201/1 v. 27.7.2012.
3 Ausführungsgesetz zur Verordnung (EU) Nr. 648/2012 über OTC-Derivate, zentrale Gegenparteien und Transaktionsregister (EMIR-Ausführungsgesetz), BGBl. I 2013, S. 174.
4 Begr. GesE zum EMIR-Ausführungsgesetz, BT-Drucks. 17/11289, S. 23.
5 Begr. GesE zum EMIR-Ausführungsgesetz, BT-Drucks. 17/11289, S. 23.
6 Begr. GesE zum EMIR-Ausführungsgesetz, BT-Drucks. 17/11289, S. 24.
7 Begr. GesE zum EMIR-Ausführungsgesetz, BT-Drucks. 17/11289, S. 24.

steht. Diese Befugnisse stehen im engen Zusammenhang mit den Pflichten aus der EMIR-Verordnung, insofern können diese Befugnisse auch nur gegenüber Unternehmen, die mit entsprechenden OTC-Derivaten handeln, sowie Personen wahrgenommen werden können, die in einem engen Kontext zu solchen Transaktionen stehen. Aufgrund des nach der EMIR-Verordnung zu schaffenden Datenbestandes kann so eine Kontrolle über Stichproben durchgeführt werden. Dies ermöglicht, die Eingriffsintensität der Überwachung für die Vielzahl der Pflichtigen möglichst gering zu halten.[8] Abs. 4 stellt damit eine Ergänzung zu den grundsätzlichen Befugnissen aus § 4 dar.

6 Mit **Abs. 5** wird sichergestellt, dass Maßnahmen der BaFin zur Durchsetzung der EMIR-Verordnung aufgrund ihrer **Eilbedürftigkeit**[9] sofort vollziehbar sind.

7 Nach **Art. 12 EMIR-Verordnung** haben die Mitgliedstaaten u.a. wirksame **Sanktionen** für Verstöße festzulegen. Insofern ist in § 39 Abs. 2 mit den Ziffern 10 a–10 c sowie in § 39 Abs. 2 d mit den Ziffern 1–10 ein **umfassender Bußgeldkatalog** aufgenommen worden, der für Verstöße gegen die in der EMIR-Verordnung festgelegten Verbote und Pflichten Sanktionen ausspricht.

§ 19[1] Mitteilungspflichten nichtfinanzieller Gegenparteien[1]

(1) Eine Mitteilung nach Artikel 10 Absatz 1 Buchstabe a der Verordnung (EU) Nr. 648/2012 gegenüber der Bundesanstalt bedarf der Schriftform.

(2) Wird eine nichtfinanzielle Gegenpartei im Sinne des Artikels 2 Absatz 9 der Verordnung (EU) Nr. 648/2012 clearingpflichtig, weil die Voraussetzungen des Artikels 10 Absatz 1 Buchstabe b der Verordnung (EU) Nr. 648/2012 erfüllt sind, hat sie dies unverzüglich schriftlich der Bundesanstalt mitzuteilen.

(3) Als Nachweis im Sinne des Artikels 10 Absatz 2 der Verordnung (EU) Nr. 648/2012 gilt die Bescheinigung eines Wirtschaftsprüfers, eines vereidigten Buchprüfers oder einer Wirtschaftsprüfungs- und Buchprüfungsgesellschaft.

Literatur:
Glass, Die Pflichten von EVU im OTC-Derivatehandel unter der European Market Infrastructure Regulation (EMIR) und dem EMIR-Ausführungsgesetz, EWerk 02/2013, 77.

1 Eingefügt über das **EMIR-Ausführungsgesetz**[2] trifft § 19 Regelungen für die Mitteilungspflichten für nichtfinanzielle Gegenparteien[3] nach Art. 10 der Verordnung (EU) Nr. 648/2012 des Europäischen Parlaments und des Rates vom 4. Juli 2012 über OTC-Derivate, zentrale Gegenparteien und Transaktionsregister (**EMIR-Verordnung**). Er dient der **Kontrolle der Pflichten** nach der EMIR-Verordnung.[4] Es wird klargestellt, dass ein Unternehmen, das der Clearingpflicht nach der Verordnung aufgrund **Art. 10 Abs. 2 der EMIR-Verordnung** nicht länger unterliegt, dies der Bundesanstalt unverzüglich mitteilen muss; dabei wird die **Schriftform** angeordnet. Um die Überprüfbarkeit durch die Bundesanstalt zu erleichtern, soll der Nachweis durch eine Bescheinigung eines Wirtschaftsprüfers, vereidigten Buchprüfers oder einer Wirtschaftsprüfungs- und Buchprüfungsgesellschaft erfolgen.[5]

§ 20[1] Prüfung der Einhaltung bestimmter Pflichten der Verordnung (EU) Nr. 648/2012[1]

(1) [1]Kapitalgesellschaften, die weder kleine Kapitalgesellschaften im Sinne des § 267 Absatz 1 des Handelsgesetzbuchs noch finanzielle Gegenparteien im Sinne des Artikels 2 Nummer 8 der Verordnung (EU) Nr. 648/2012 sind und die im abgelaufenen Geschäftsjahr entweder

1. OTC-Derivate im Sinne des Artikels 2 Nummer 7 der Verordnung (EU) Nr. 648/2012 mit einem Gesamtnominalvolumen von mehr als 100 Millionen Euro, oder
2. mehr als 100 OTC-Derivatekontrakte

---

8 Begr. GesE zum EMIR-Ausführungsgesetz, BT-Drucks. 17/11289, S. 24.
9 Begr. GesE zum EMIR-Ausführungsgesetz, BT-Drucks. 17/11289, S. 24.
1 Die Kommentierung gibt die persönliche Auffassung der Autorin wieder.
2 Ausführungsgesetz zur Verordnung (EU) Nr. 648/2012 über OTC-Derivate, zentrale Gegenparteien und Transaktionsregister (EMIR-Ausführungsgesetz), BGBl. I 2013, S. 174.
3 Zum Begriff der nichtfinanziellen Gegenpartei siehe Glass, EWerk 2013, 77, 7.
4 EMIR-Verordnung, ABl. EU Nr. L 201/1 v. 27.7.2012.
5 Begr. GesE EMIR-Ausführungsgesetz, BT-Drucks. 17/11289, S. 24.
1 Die Kommentierung gibt die persönliche Auffassung der Autorin wieder.

eingegangen sind, haben durch einen geeigneten Prüfer innerhalb von neun Monaten nach Ablauf des Geschäftsjahres prüfen und bescheinigen zu lassen, dass sie über geeignete Systeme verfügen, die die Einhaltung der Anforderungen nach Artikel 4 Absatz 1, 2 und 3 Unterabsatz 2, Artikel 9 Absatz 1 bis 4, Artikel 10 Absatz 1 bis 3 sowie Artikel 11 Absatz 1 bis 10, 11 Unterabsatz 1 und Absatz 12 der Verordnung (EU) Nr. 648/2012 sowie nach § 19 Absatz 1 und 2 dieses Gesetzes sicherstellen. ²Für die Zwecke der Berechnung der Schwelle nach Satz 1 Nummer 1 und 2 sind solche Geschäfte nicht zu berücksichtigen, die als gruppeninterne Geschäfte der Ausnahme des Artikels 4 Absatz 2 der Verordnung (EU) Nr. 648/2012 unterliegen oder von den Anforderungen des Artikels 11 Absatz 3 der Verordnung (EU) Nr. 648/2012 befreit sind.

(2) ¹Geeignete Prüfer im Sinne des Absatzes 1 Satz 1 sind Wirtschaftsprüfer, vereidigte Buchprüfer sowie Wirtschaftsprüfungs- und Buchprüfungsgesellschaften, die hinsichtlich des Prüfungsgegenstandes über ausreichende Kenntnisse verfügen. ²Die Kapitalgesellschaft hat den Prüfer spätestens 15 Monate nach Beginn des Geschäftsjahres, auf das sich die Prüfung erstreckt, zu bestellen.

(3) ¹Der Prüfer hat die Bescheinigung zu unterzeichnen und innerhalb von neun Monaten nach Ablauf des Geschäftsjahres, auf das sich die Prüfung erstreckt, den gesetzlichen Vertretern und dem Aufsichtsrat vorzulegen, falls die Kapitalgesellschaft über einen solchen verfügt. ²Vor der Zuleitung der Bescheinigung an den Aufsichtsrat ist der Geschäftsleitung Gelegenheit zur Stellungnahme zu geben. ³In der Bescheinigung hat der Prüfer über die Ergebnisse der Prüfung schriftlich zu berichten. ⁴Werden dem Prüfer bei der Prüfung schwerwiegende Verstöße gegen die Anforderungen des Absatzes 1 bekannt, hat er die Bundesanstalt unverzüglich zu unterrichten. ⁵§ 323 des Handelsgesetzbuchs gilt entsprechend.

(4) ¹Enthält die Bescheinigung des Prüfers die Feststellung von Mängeln, hat die Kapitalgesellschaft die Bescheinigung unverzüglich der Bundesanstalt zu übermitteln. ²Stellt ein Prüfer fest, dass die Geschäftsleitung eine entsprechende Übermittlung an die Bundesanstalt in einem Geschäftsjahr, das vor dem Prüfungszeitraum liegt, unterlassen hat, hat er dies der Bundesanstalt unverzüglich mitzuteilen. ³Tatsachen, die auf das Vorliegen einer Berufspflichtverletzung durch den Prüfer schließen lassen, übermittelt die Bundesanstalt der Wirtschaftsprüferkammer. ⁴§ 37 r Absatz 1 Satz 2 gilt entsprechend.

(5) ¹Die Pflichten nach Absatz 1 in Verbindung mit den Absätzen 2 bis 4 gelten auch für offene Handelsgesellschaften und Kommanditgesellschaften im Sinne des § 264a Absatz 1 des Handelsgesetzbuchs. ²§ 264a Absatz 2 des Handelsgesetzbuchs gilt entsprechend.

(6) ¹Das Bundesministerium der Finanzen kann durch Rechtsverordnung, die nicht der Zustimmung des Bundesrates bedarf, im Einvernehmen mit dem Bundesministerium der Justiz nähere Bestimmungen über Art, Umfang und Zeitpunkt der Prüfung nach Absatz 1 sowie über Art und Umfang der Bescheinigungen nach Absatz 3 erlassen, soweit dies zur Erfüllung der Aufgaben der Bundesanstalt erforderlich ist, insbesondere um auf die Einhaltung der in Absatz 1 Satz 1 genannten Pflichten und Anforderungen hinzuwirken und um einheitliche Unterlagen zu erhalten. ²Das Bundesministerium der Finanzen kann die Ermächtigung durch Rechtsverordnung im Einvernehmen mit dem Bundesministerium der Justiz auf die Bundesanstalt übertragen.

Literatur:
Glass, Die Pflichten von EVU im OTC-Derivatehandel unter der European Market Infrastructure Regulation (EMIR) und dem EMIR-Ausführungsgesetz, E-Werk 02/2013,77; Sigmundt, EMIR: Neue Regeln für den Handel mit OTC-Derivaten, BaFinJournal 01/2012, 12.

Über das **EMIR-Ausführungsgesetz**[2] eingefügt soll § 20 gewährleisten, dass die Bundesanstalt auch bei sog. **nichtfinanziellen Gegenparteien**[3] im Sinne des Art. 2 Nr. 9 der **EMIR-Verordnung** die Einhaltung der wesentlichen Pflichten kontrollieren kann.[4] Insofern ist geregelt, dass Unternehmen, die nach § 317 HGB grundsätzlich der Abschlussprüfung unterliegen, durch einen geeigneten Prüfer innerhalb von neun Monaten nach Ablauf des Geschäftsjahres, auf das sich die Prüfung erstreckt, prüfen und bescheinigen lassen, dass sie über Prozesse und Verfahren verfügen, die Einhaltung der Pflichten sicherzustellen. Auch wenn die EMIR-Verordnung die **Clearingpflicht auf konsolidierter Ebene** betrachtet, besteht die Pflicht auf Unternehmensebene, um dem individuellen Risiko aus OTC-Derivategeschäften Rechnung zu tragen.[5]

---

[2] Ausführungsgesetz zur Verordnung (EU) Nr. 648/2012 über OTC-Derivate, zentrale Gegenparteien und Transaktionsregister (EMIR-Ausführungsgesetz), BGBl. I 2013, S. 174.
[3] Zum Begriff der nichtfinanziellen Gegenpartei siehe Glass, EWerk 2013, 77, 7.
[4] Begr. GesE zum EMIR-Ausführungsgesetz, BT-Drucks. 17/11289, S. 24.
[5] Begr. GesE zum EMIR-Ausführungsgesetz, BT-Drucks. 17/11289, S. 24.

2 Die Pflicht zur Einholung einer solchen Bescheinigung entfällt, wenn das Unternehmen in dem betreffenden Geschäftsjahr keine oder nur eine **geringe Anzahl von OTC-Kontrakten** oder **Kontrakte mit einem geringem Nominalvolumen** gehandelt hat. Die in Abs. 1 gewählten **Schwellen**[6] sollen sicherstellen, dass zum einen der Aufwand für diejenigen **nichtfinanziellen Gegenparteien**, welche nur in geringem Umfang OTC-Derivate nutzen, begrenzt bleibt. Zum anderen soll aber ein erhöhtes Maß an Beaufsichtigung der nichtfinanziellen Gegenparteien sichergestellt werden, die OTC-Derivate in größerem Umfang nutzen.[7]

3 Nicht berücksichtigt werden bei der Berechnung der Schwellenwerte solche Geschäfte, die als **gruppeninterne Geschäfte** nach der EMIR-Verordnung von zentralen Vorschriften freigestellt sind, da insoweit der Gesetzgeber eine grundsätzliche Wertungsentscheidung hinsichtlich des damit verbundenen **Risikos** getroffen hat. Die Eingrenzung des Anwendungsbereichs rechtfertigt sich auch vor dem Hintergrund, dass die Bundesanstalt nicht gehindert ist, Stichproben durchzuführen. Im Rahmen eines solchen **Stichprobenverfahrens** können insbesondere die nach **Art. 9 der EMIR-Verordnung** an die **Transaktionsregister**[8] gemeldeten Daten ausgewertet werden. Außerdem sind in Anlehnung an das **HGB** diese Pflichten auf bestimmte Personengesellschaften erstreckt worden, um die Gefahr der Umgehung einzuschränken.[9]

4 **Abs. 2** legt fest, dass Wirtschaftsprüfer, vereidigte Buchprüfer sowie Wirtschaftsprüfungs- und Buchprüfungsgesellschaften als geeignete Prüfer in Frage kommen. Der Prüfer wird vom Unternehmen selbst bestimmt. Inhalt der Prüfung soll nach pflichtgemäßer Einschätzung des Prüfers die Feststellung sein, ob die Systeme und Abläufe im Unternehmen geeignet sind, die Einhaltung der sich aus der EMIR-Verordnung ergebenden Anforderungen zu erfüllen (**Systemprüfung**). Sofern die **Clearingschwelle** nach Art. 10 Abs. 1 der **EMIR-Verordnung** nicht erreicht wird, werden sich voraussichtlich viele der pflichtigen Unternehmen bei der Erfüllung der Pflichten eines Wertpapierdienstleistungsunternehmens bedienen, die als Gegenpartei für das OTC-Geschäft auftritt. Sofern sich keine weiteren Anhaltspunkte ergeben, erscheint es ausreichend, dass der Prüfer hinsichtlich der delegierten Prozesse lediglich eine prüferische Durchsicht des entsprechenden Vertrages und einer Bestätigung des Wertpapierunternehmens vornimmt, aus denen sich ergibt, dass dieses die Erfüllung der in Satz 1 genannten Anforderungen für das Unternehmen gewährleistet, da Wertpapierunternehmen ihrerseits einer Kontrolle im Rahmen der Abschlussprüfung unterliegen.[10] Der Prüfer soll spätestens **15 Monate** nach Beginn des Geschäftsjahres, auf das sich die Prüfung erstreckt, bestellt werden, um eine Überschneidung mit der Abschlussprüfung zu vermeiden. Der Beginn der Pflicht ist dabei so gewählt, dass eine Prüfung erst dann geboten ist, wenn die entsprechenden Regelungen in der EMIR-Verordnung auch gelten.[11]

5 Nach **Abs. 3** muss der Prüfer innerhalb von **neun Monaten** nach Ablauf des Geschäftsjahres, auf das sich die Prüfung erstreckt, die Bescheinigung nach Abs. 2 zum Zwecke der Information an die gesetzlichen Vertreter und die Aufsichtsorgane des Unternehmens weiterleiten. Dadurch sollen die relevanten Organe in einem Unternehmen über die Risiken im Derivategeschäft und die Vorkehrungen des Unternehmens unterrichtet werden. Dieses Informationsbedürfnis bedingt auch die Schriftlichkeit der Bescheinigung. Vor Vorlage bei dem Aufsichtsrat soll den gesetzlichen Vertretern eine **Möglichkeit zur Stellungnahme** gegeben werden. Bei **schwerwiegenden Verstößen** ist der Prüfer verpflichtet, die **Bundesanstalt unverzüglich zu unterrichten**. Die Anforderung ist vergleichbaren Bestimmungen in § 36 Abs. 3 S. 3 und § 29 Abs. 3 S. 1 KWG nachgebildet. Sie ermöglicht der Bundesanstalt schon vor Eingang der Bescheinigung tätig zu werden.[12] In diesem Zusammenhang gilt hinsichtlich der Verantwortlichkeit des Prüfers § 323 HGB entsprechend.

6 **Abs. 4** regelt für den Fall, dass sich Mängel zeigen, die Pflicht des Unternehmens, die Bescheinigung des Prüfers an die Bundesanstalt weiterzuleiten. Dabei ist ein einzelner Verstoß nur in Ausnahmefällen bereits als Mangel zu werten. In einer **Rechtsverordnung**[13] können geeignete qualitative oder quantitative Kriterien für einen Mangel, der zu einer Mitteilung an die Bundesanstalt führt, niedergelegt werden. Dies soll sicherstellen, dass die Bundesanstalt in die Lage versetzt wird, auf **anhaltende Verstöße** gegen die in Abs. 1 S. 1 genannten Vorschriften zu reagieren und zudem den Verwaltungsaufwand für die Unternehmen begrenzen.[14] Durch die Regelung wird das **Auskunftsverweigerungsrecht** der Betroffenen nicht tangiert, da es sich um die Vorlage von Urkunden handelt. Sofern das Unternehmen dieser Pflicht nicht nachkommt, hat der Prüfer für das nächste Geschäftsjahr die Übersendung zu veranlassen. Bei Pflichtverstößen des Prüfers hat

---

6 Zur Veränderung der Schwellen im Rahmen des Gesetzgebungsverfahrens des EMIR-Ausführungsgesetzes siehe *Glass*, EWerk 2013, 77, 85.
7 Begr. GesE zum EMIR-Ausführungsgesetz, BT-Drucks. 17/11289, S. 24.
8 Zu den Meldepflichten an ein Transaktionsregister siehe Sigmundt, BaFinJournal 01/2012, 12, 14.
9 Begr. GesE zum EMIR-Ausführungsgesetz, BT-Drucks. 17/11289, S. 24.
10 Begr. GesE zum EMIR-Ausführungsgesetz, BT-Drucks. 17/11289, S. 24.
11 Begr. GesE zum EMIR-Ausführungsgesetz, BT-Drucks. 17/11289, S. 24.
12 Begr. GesE zum EMIR-Ausführungsgesetz, BT-Drucks. 17/11289, S. 25.
13 Eine solche Rechtsverordnung liegt noch nicht vor.
14 Begr. GesE zum EMIR-Ausführungsgesetz, BT-Drucks. 17/11289, S. 25.

die Bundesanstalt die **Wirtschaftsprüferkammer** zu informieren. Bei **Mängeln** kann die Bundesanstalt u.a. durch eine auf § 4 gestützte Anordnung verlangen, dass **Missstände** innerhalb eines angemessenen Zeitraums von dem Unternehmen **beseitigt** werden.[15]

Um die Gefahr einer Umgehung durch eine Änderung der Rechtsform der betroffenen Unternehmen einzuschränken, werden **in Abs. 5** in Anlehnung an **§ 264a HGB** die vorgenannten Pflichten auf **bestimmte Personengesellschaften** (offene Handelsgesellschaften und Kommanditgesellschaften iSd § 264a Abs. 1 HGB) erstreckt.[16]

Das Bundesministerium der Finanzen erhält in **Abs. 6** eine Ermächtigung zum Erlass von entsprechenden **Rechtsverordnungen** hinsichtlich der Anforderungen an die Prüfung und die Bescheinigung des Prüfers unter Einvernehmen mit dem Bundesministerium der Justiz. Darin können weitere Details über Art, Umfang und Zeitpunkt der Prüfung nach Abs. 1 sowie über Art und Umfang der Bescheinigungen nach Abs. 3 erlassen werden. Die Ermächtigung kann durch Rechtsverordnung ebenfalls unter erforderlichem Einvernehmen mit dem Bundesministerium der Justiz **auf die Bundesanstalt übertragen** werden.

Abschnitt 4
Überwachung des Verbots der Marktmanipulation

§ 20a   Verbot der Marktmanipulation

(1) [1]Es ist verboten,

1. unrichtige oder irreführende Angaben über Umstände zu machen, die für die Bewertung eines Finanzinstruments erheblich sind, oder solche Umstände entgegen bestehenden Rechtsvorschriften zu verschweigen, wenn die Angaben oder das Verschweigen geeignet sind, auf den inländischen Börsen- oder Marktpreis eines Finanzinstruments oder auf den Preis eines Finanzinstruments an einem organisierten Markt in einem anderen Mitgliedstaat der Europäischen Union oder in einem anderen Vertragsstaat des Abkommens über den Europäischen Wirtschaftsraum einzuwirken,
2. Geschäfte vorzunehmen oder Kauf- oder Verkaufaufträge zu erteilen, die geeignet sind, falsche oder irreführende Signale für das Angebot, die Nachfrage oder den Börsen- oder Marktpreis von Finanzinstrumenten zu geben oder ein künstliches Preisniveau herbeizuführen oder
3. sonstige Täuschungshandlungen vorzunehmen, die geeignet sind, auf den inländischen Börsen- oder Marktpreis eines Finanzinstruments oder auf den Preis eines Finanzinstruments an einem organisierten Markt in einem anderen Mitgliedstaat der Europäischen Union oder in einem anderen Vertragsstaat des Abkommens über den Europäischen Wirtschaftsraum einzuwirken.

[2]Satz 1 gilt für Finanzinstrumente, die

1. an einer inländischen Börse zum Handel zugelassen oder in den regulierten Markt oder in den Freiverkehr einbezogen sind oder
2. in einem anderen Mitgliedstaat der Europäischen Union oder einem anderen Vertragsstaat des Abkommens über den Europäischen Wirtschaftsraum zum Handel an einem organisierten Markt zugelassen sind.

[3]Der Zulassung zum Handel an einem organisierten Markt oder der Einbeziehung in den regulierten Markt oder in den Freiverkehr steht es gleich, wenn der Antrag auf Zulassung oder Einbeziehung gestellt oder öffentlich angekündigt ist.

(2) [1]Das Verbot des Absatzes 1 Satz 1 Nr. 2 gilt nicht, wenn die Handlung mit der zulässigen Marktpraxis auf dem betreffenden organisierten Markt oder in dem betreffenden Freiverkehr vereinbar ist und der Handelnde hierfür legitime Gründe hat. [2]Als zulässige Marktpraxis gelten nur solche Gepflogenheiten, die auf dem jeweiligen Markt nach vernünftigem Ermessen erwartet werden können und von der Bundesanstalt als zulässige Marktpraxis im Sinne dieser Vorschrift anerkannt werden. [3]Eine Marktpraxis ist nicht bereits deshalb unzulässig, weil sie zuvor nicht ausdrücklich anerkannt wurde.

(3) [1]Der Handel mit eigenen Aktien im Rahmen von Rückkaufprogrammen sowie Maßnahmen zur Stabilisierung des Preises von Finanzinstrumenten stellen in keinem Fall einen Verstoß gegen das Verbot des Absatzes 1 Satz 1 dar, soweit diese nach Maßgabe der Verordnung (EG) Nr. 2273/2003 der Kommission vom 22. Dezember 2003 zur Durchführung der Richtlinie 2003/6/EG des Europäischen Parlaments und des Ra-

---

15 Begr. GesE zum EMIR-Ausführungsgesetz, BT-Drucks. 17/11289, S. 25.

16 Begr. GesE zum EMIR-Ausführungsgesetz, BT-Drucks. 17/11289, S. 25.

tes – Ausnahmeregelungen für Rückkaufprogramme und Kursstabilisierungsmaßnahmen (ABl. EU Nr. L 336 S. 33) erfolgen. ²Für Finanzinstrumente, die in den Freiverkehr oder in den regulierten Markt einbezogen sind, gelten die Vorschriften der Verordnung (EG) Nr. 2273/2003 entsprechend.

(4) Die Absätze 1 bis 3 gelten entsprechend für
1. Waren im Sinne des § 2 Abs. 2 c,
2. Emissionsberechtigungen im Sinne des § 3 Nummer 3 des Treibhausgas-Emissionshandelsgesetzes und
3. ausländische Zahlungsmittel im Sinne des § 51 des Börsengesetzes,

die an einer inländischen Börse oder einem vergleichbaren Markt in einem anderen Mitgliedstaat der Europäischen Union oder in einem anderen Vertragsstaat des Abkommens über den Europäischen Wirtschaftsraum gehandelt werden.

(5) ¹Das Bundesministerium der Finanzen kann durch Rechtsverordnung, die der Zustimmung des Bundesrates bedarf, nähere Bestimmungen erlassen über
1. Umstände, die für die Bewertung von Finanzinstrumenten erheblich sind,
2. falsche oder irreführende Signale für das Angebot, die Nachfrage oder den Börsen- oder Marktpreis von Finanzinstrumenten oder das Vorliegen eines künstlichen Preisniveaus,
3. das Vorliegen einer sonstigen Täuschungshandlung,
4. Handlungen und Unterlassungen, die in keinem Fall einen Verstoß gegen das Verbot des Absatzes 1 Satz 1 darstellen, und
5. Handlungen, die als zulässige Marktpraxis gelten, und das Verfahren zur Anerkennung einer zulässigen Marktpraxis.

²Das Bundesministerium der Finanzen kann die Ermächtigung durch Rechtsverordnung auf die Bundesanstalt für Finanzdienstleistungsaufsicht übertragen. ³Diese erlässt die Vorschriften im Einvernehmen mit den Börsenaufsichtsbehörden der Länder.

(6) Bei Journalisten, die in Ausübung ihres Berufes handeln, ist das Vorliegen der Voraussetzungen nach Absatz 1 Satz 1 Nr. 1 unter Berücksichtigung ihrer berufsständischen Regeln zu beurteilen, es sei denn, dass diese Personen aus den unrichtigen oder irreführenden Angaben direkt oder indirekt einen Nutzen ziehen oder Gewinne schöpfen.

Literatur:
Altenhain, Die Neuregelung der Marktpreismanipulation durch das Vierte Finanzmarktförderungsgesetz, BB 2002, 1875; *Barnert*, Deliktischer Schadenersatz bei Kursmanipulation de lege lata und de lege ferenda, WM 2002, 1483; *BaFin*, Emittentenleitfaden der Bundesanstalt für Finanzdienstleistungsaufsicht, 2013; *Bernuth/Wagner/Kremer*, Die Haftung für fehlerhafte Kapitalmarktinformationen: Zur IKB-Entscheidung des BGH, WM 2012, 831; *Bonin/Glos*, Die neuere Rechtsprechung der europäischen Gerichte im Bereich des Bank- und Kapitalmarktrechts, WM 2012, 917; *Eichelberger*, Das Verbot der Marktmanipulation (§ 20 a WpHG), 2006; *ders.*, Scalping – ein Insiderdelikt?, WM 2003, 2121; *ders.*, Zur Verfassungsmäßigkeit von § 20 a WpHG, ZBB 2004, 296; *ders.*, Manipulation ohne Absicht? – Die subjektive Komponente bei dem Verbot der Marktmanipulation (§ 20 a WpHG), WM 2007, 2046; *Ekkenga*, Kurspflege und Kursmanipulation nach geltendem und künftigem Recht, WM 2002, 317; *Fleischer*, Statthaftigkeit und Grenzen der Kursstabilisierung, ZIP 2003, 2045; *ders.*, Scalping zwischen Insiderdelikt und Kursmanipulation, DB 2004, 51; *Grüger*, Kurspflege: Zulässige Kurspflegemaßnahmen oder unzulässige Kursmanipulation?, 2006; *ders.*, Kurspflegemaßnahmen durch Banken – Zulässige Marktpraxis oder Verstoß gegen das Verbot der Marktmanipulation nach § 20 a Abs. 1 WpHG?, BKR 2007, 437; *ders.*, Kurspflegemaßnahmen durch den Erwerb eigener Aktien – Verstoß gegen das Verbot der Marktmanipulation nach § 20 a WpHG?, BKR 2010, 221; *ders.*, Veräußerung von Aktien entgegen einer Lock-up-Vereinbarung, WM 2010, 247; *Hellgardt*, Praxis- und Grundsatzprobleme der BGH-Rechtsprechung zur Kapitalmarktinformationshaftung, DB 2012, 673; *Hauser*, Auswirkungen von Aktienspam in Deutschland, ZFBF 2011, 485; *Hutter/Leppert*, Das 4. Finanzmarktförderungsgesetz aus Unternehmenssicht, NZG 2001, 649; *Kaiser*, Sanktionierung von Insiderverstößen und Problem der Kursmanipulation, WM 1997, 1557; *Kiesewetter/Parmentier*, Verschärfung des Marktmissbrauchsrechts – ein Überblick über die neue EU-Verordnung über Insidergeschäfte und Marktmanipulation, BB 2013, 2371; *Klöhn*, Marktmanipulation auch bei kurzer Kursbeeinflussung – das „IMC Securities"-Urteil des BGH, NZG 2011, 934; *Knauth/Käsler*, § 20 a WpHG und die Verordnung zur Konkretisierung des Marktmanipulationsverbotes (MaKonV), WM 2006, 1041; *Kutzner*, Das Verbot der Kurs- und Marktmanipulation nach § 20 a WpHG – Modernes Strafrecht?, WM 2005, 1401; *Lenzen*, Unerlaubte Eingriffe in die Börsenkursbildung, 2000; *ders.*, Verbot der Kurs- und Marktpreismanipulation im Referentenentwurf für das 4. Finanzmarktförderungsgesetz, FB 2001, 603; *Leppert/Stürwald*, Die insiderrechtlichen Regelungen des Vorschlags für eine Marktmissbrauchsrichtlinie und der Stand der Umsetzung im deutschen Wertpapierrecht, ZBB 2002, 90; *Meyer*, Neue Entwicklungen bei der Kursstabilisierung, AG 2004, 289; *Möller*, Die Neuregelung des Verbots der Kurs- und Marktpreismanipulation im Vierten Finanzmarktförderungsgesetz, WM 2002, 309; *Pfüller/Anders*, Die Verordnung zur Konkretisierung des Verbotes der Kurs- und Marktpreismanipulation nach § 20 a WpHG, WM 2003, 2445; *Raabe*, Der Bestimmtheitsgrundsatz bei Blankettstrafgesetzen am Beispiel der unzulässigen Marktmanipulation, 2006; *Schönhoft*, Die Strafbarkeit der Marktmanipulation gemäß § 20 a WpHG, 2006; *Spindler*, Kapitalmarktreform in Permanenz – Das Anlegerschutzverbesserungsgesetz, NJW 2004, 3449; *Streinz/Ohler*, § 20 a WpHG in rechtsstaatlicher Perspektive – europa- und verfassungsrechtliche Anforderungen an das Verbot von Kurs- und Marktpreismanipulationen, WM 2004, 1309; *Waschkeit*, Marktmanipulation am Kapitalmarkt, 2007; *M. Weber*, Kursmanipulationen am Wertpapier-

markt, NZG 2000, 114; *ders.*, Konkretisierung des Verbotes der Kurs- und Marktmanipulation, NZG 2004, 23; *Zivouvas/ Walter*, Das neue Börsenstrafrecht mit Blick auf das Europarecht – zur Reform des § 88 BörsG, WM 2002, 1483.

A. Entstehung und regulatorisches Umfeld	1	2. Stets falsche oder irreführende Signale (§ 3 Abs. 2 MaKonV)	10
B. Schutzbereich	2	IV. Anerkennungsverfahren für zulässige Marktpraktiken	11
C. Manipulationsformen	4	V. Auffangtatbestand der sonstigen Täuschungshandlung (Abs. 1 Nr. 3)	12
I. Machen unrichtiger oder irreführende Angaben über bewertungserhebliche Umstände/informationsgestützte Manipulation (Abs. 1 S. 1 Nr. 1 Alt. 1)	4	VI. Objektive Einwirkungseignung	16
II. Verschweigen von bewertungserheblichen Umständen (Abs. 1 S. 1 Nr. 1 Alt. 2)	7	VII. Nicht vom Verbot erfasste Verhaltensweisen („Safe Harbours")	17
III. Verbot irreführender Finanzgeschäfte/handelsgestützter Manipulationen (Abs. 1 S. 1 Nr. 2)	8	VIII. Verordnungsermächtigung (Abs. 5)	18
1. Anzeichen für falsche oder irreführende Signale (§ 3 Abs. 1 MakonV)	9	D. Konsequenzen von Zuwiderhandlungen	19

A. Entstehung und regulatorisches Umfeld

Der im Rahmen des 4. Finanzmarktförderungsgesetzes (FFG)[1] geschaffene § 20 a enthält den Tatbestand des Verbots der **Kurs- und Marktpreismanipulation** und löste die zuvor einschlägige Regelung des § 88 BörsG ab, die keine größere praktischere Relevanz[2] entfaltet hatte. Die Bestimmung wurde mit dem die Vorgaben der **EU-Marktmissbrauchsrichtlinie** vom 28.10.2003[3] und weiterer europäischer Durchführungsbestimmungen[4] umsetzenden **Anlegerschutzverbesserungsgesetz** vom 28.11.2004[5] (AnSVG) erheblich erweitert. Die Neuregelung wurde schließlich durch die **Verordnung zur Konkretisierung des Verbots der Marktmanipulation** vom 1.3.2005[6] (MaKonV) ergänzt, die die **Verordnung zur Konkretisierung des Verbots der Kurs- und Marktpreismanipulation** vom 18.11.2003[7] (KuMaKV) ersetzte. Weitere Auslegungshilfen geben die Empfehlungen der **European Securities and Markets Authority (ESMA, früher: CESR)** sowie insbesondere der **Emittentenleitfaden der Bundesanstalt für Finanzdienstleistungsaufsicht (BaFin)**.[8] Die Änderungen durch das **Finanzmarkt-Richtlinie-Umsetzungsgesetz (FRUG)**[9] vom 16.7.2007 beschränkten sich darauf, dass der Begriff des „geregelten" durch den des „regulierten" Marktes ersetzt wurde (siehe dazu § 12 Rn 1). Die Änderungen durch das **Gesetzes zur Änderung des Einlagensicherungs- und Anlegerentschädigungsgesetzes und anderer Gesetze (EAGuaÄndG)**[10] vom 25. Juni 2009 konkretisieren das Verbot der Marktpreismanipulation von an einem organisierten Markt gehandelten Waren im Hinblick auf Art. 103 Abs. 2 GG und haben im Übrigen redaktionellen Charakter (vgl dazu die Kommentierung in § 38 Rn 2).[11] Zuletzt wurde § 20 a Abs. 4 Nummer 2 redaktionell durch Artikel 12 des **Gesetzes zur Anpassung der Rechtsgrundlagen für die Fortentwicklung des Emissionshandelsgesetzes**[12] geändert.

In Bezug auf das Verbot der Kurs- und Marktpreismanipulation enthält die **Revision des EU-Marktmissbrauchsrechts** verschärfende Regelungen.[13] Der Entwurf der EU-Verordnung über Insider-Geschäfte und Marktmanipulation und der Entwurf einer Richtlinie über strafrechtliche Sanktionen für Insider-Geschäfte und Marktmanipulation sehen u.a. eine mögliche Ausdehnung des EU-Anwendungsbereichs vor. Außerdem ist die Einführung einer Versuchstrafbarkeit für Kurs- und Marktpreismanipulation geregelt. Am 25.7.2012 hatte die EU-Kommission die Änderungsvorschläge um Bestimmungen mit Regelungen zur Untersagung und Kriminalisierung von Benchmarkmanipulationen ergänzt, nachdem mutmaßliche LIBOR-Manipulationen bekannt geworden waren. Zudem berücksichtigt der Verordnungsentwurf auch den Hochfrequenzhandel und mögliche Missbrauchstatbestände hierzu. Der im September 2013 verabschiedete Entwurf der EU-Marktmissbrauchsverordnung wird voraussichtlich im Laufe des Jahres 2014 in Kraft treten und 24 Monate danach in weiten Teilen anwendbar sein. Der flankierende Richtlinienentwurf wird aktuell zwischen EU-Kommission, EU-Parlament und Rat der EU diskutiert.

---

1 4. FFG v. 21.6.2002, BGBl. I S. 2010.
2 *Lenzen*, FB 2001, 603 ff; *Altenhain*, BB 2002, 1874 f.
3 ABl. EU Nr. L 096 v. 12.4.2003, S. 16.
4 Richtlinie 2003/124/EG v. 22.12.2003, ABl. EG Nr. L 339/70 v. 24.12.2003; Verordnung (EG) 2273/2003 v. 22.12.2003, ABl. EG Nr. L 336/33 v. 23.12.2003; Richtlinie 2004/72/EG v. 29.4.2004, ABl. EG Nr. L 162/70 v. 30.3.2004.
5 BGBl. I S. 2630.
6 BGBl. I S. 515.
7 BGBl. I S. 2300; siehe dazu *Pfüller/Anders*, WM 2005, 2445 ff; *M. Weber*, NZG 2004, 23 ff; *Fleischer*, ZIP 2003, 2045 ff.
8 Abrufbar unter <www.bafin.de>; die *BaFin*, Emittentenleitfaden 2013, S. 27, weist darauf hin, dass Leitfaden eine Hilfestellung bzw eine Erläuterung der Verwaltungspraxis, nicht aber eine juristische Kommentierung darstellen soll.
9 BGBl. I S. 1330.
10 BGBl. I S. 1528.
11 Vgl BR-Drucks. 170/1/09.
12 Gesetz v. 21.7.2011 BGBl. I S. 1475; zuletzt geändert durch Artikel 5 G. v. 17.8.2012 BGBl. I S. 1754 mWv 28. 7.2011.
13 Siehe zum Inhalt und Stand der Revision § 12 Rn 1 aE.

B. Schutzbereich

2 Der **sachliche Schutzbereich** (Abs. 1, 4) der Vorschrift umfasst mit dem in § 2 Abs. 2 b definierten Begriff des **Finanzinstruments** die Börsen- und Marktpreisbildung bei Wertpapieren (vgl § 2 Abs. 1), Geldmarktinstrumenten, Zeichnungsrechten und Derivaten, ausländischen Zahlungsmitteln iSd § 51 Abs. 2 BörsG, Waren iSv § 2 Abs. 2 c (also fungible Wirtschaftsgüter, die geliefert werden, dazu zählen auch Metalle, Erze und Legierungen, landwirtschaftliche Produkte und Energien wie Strom); Voraussetzung ist, dass die genannten Instrumente **an einer inländischen Börse zugelassen** oder in den regulierten Markt bzw **in den Freiverkehr einbezogen** sind (Abs. 1 S. 2 Nr. 1) ohne Rücksicht darauf, ob das Geschäft oder der Abschlusskurs börslich oder außerbörslich erfolgte.[14]

3 Der **räumliche Schutzbereich** (Abs. 1 S. 2 Nr. 2) umfasst auch Vermögenswerte, die an einem organisierten Markt in einem anderen Mitgliedstaat der **EU oder des Europäischen Wirtschaftsraums** (EWR) zum Handel zugelassen sind.[15] Aufsichtsrechtlich sind damit auch Manipulationen in ausländischen Vermögenswerten erfasst, sofern ein Teil der Handlung im Inland vorgenommen worden ist.

C. Manipulationsformen

4 **I. Machen unrichtiger oder irreführender Angaben über bewertungserhebliche Umstände/informationsgestützte Manipulation (Abs. 1 S. 1 Nr. 1 Alt. 1). 1. Angaben** macht, wer Erklärungen über das Vorliegen oder Nichtvorliegen von – nachprüfbaren – Umständen (Tatsachenmitteilungen, Werturteile, Prognosen) kundgibt, ohne dass es erforderlich wäre, dass die Erklärung öffentlich, gegenüber einem großen Personenkreis oder in einem bestimmten Kontext verbreitet wird.[16]

Unrichtig sind Angaben, wenn sie **nicht den tatsächlichen Gegebenheiten entsprechen** also **unwahr** oder **unvollständig** sind, dh wichtige Teilaspekte auslassen; dies ist bei Werturteilen, Meinungsäußerungen, Einschätzungen und Prognosen der Fall, wenn sie sich auf eine **falsche Tatsachenbasis** gründen oder aus – auch richtigen – Tatsachen gezogene Schlussfolgerungen schlechterdings **nicht vertretbar** sind.[17]

Irreführend sind Angaben, die zwar in der Sache zutreffen, aufgrund der Art der Darstellung jedoch geeignet sind, bei einem erheblichen Anteil des adressierten Anlegerpublikums **falsche Vorstellungen** hervorzurufen.[18]

5 **2. Bewertungserhebliche Umstände** sind Tatsachen und Werturteile, die ein **verständiger Anleger** bei seiner Anlageentscheidung berücksichtigen würde, darunter auch solche, bei denen mit hinreichender Wahrscheinlichkeit davon ausgegangen werden kann, dass sie in Zukunft eintreten werden (§ 2 Abs. 1 MaKonV).[19] Die MaKonV enthält einen **Katalog bewertungserheblicher Umstände** (Abs. 2–4):

Regelmäßig bewertungserhebliche Umstände (Abs. 2) sind **Insiderinformationen**, die nach § 15 Abs. 1 S. 1 sind sowie **Entscheidungen und Kontrollerwerbe**, die nach §§ 10, 35 WpÜG zu veröffentlichen sind (Abs. 2).

Stets („insbesondere") bewertungserhebliche Umstände (Abs. 3) sind: **bedeutende Kooperationen**, Erwerb oder Veräußerung von wesentlichen Beteiligungen sowie der Abschluss, die Änderung oder die Kündigung von Beherrschungs- und Gewinnabführungsverträgen und sonstigen bedeutenden Vertragsverhältnissen (Nr. 1); **Liquiditätsprobleme**, Überschuldung oder Verlustanzeige nach § 92 AktG (Nr. 2); **bedeutende Erfindungen**, Erteilung oder Verlust bedeutender Patente und Gewährung wichtiger Lizenzen (Nr. 3); **Rechtsstreitigkeiten** und Kartellverfahren von besonderer Bedeutung (Nr. 4); Veränderungen in **personellen Schlüsselpositionen** des Unternehmens (Nr. 5) sowie **strategische Unternehmensentscheidungen**, insbesondere der Rückzug aus oder die Aufnahme von neuen Kerngeschäftsfeldern oder die Neuausrichtung des Geschäfts (Nr. 6).

Mögliche bewertungserhebliche Umstände (Abs. 4) sind: **Änderungen in den Jahresabschlüssen und Zwischenberichten** und den hieraus üblicherweise abgeleiteten Unternehmenskennzahlen (Nr. 1); **Änderungen der Ausschüttungen**, insbesondere Sonderausschüttungen, eine Dividendenänderung oder die Aussetzung der Dividende (Nr. 2); **Übernahme-, Erwerbs- und Abfindungsangebote**, soweit nicht von Abs. 2 erfasst (Nr. 3) sowie Kapital- und Finanzierungsmaßnahmen (Nr. 4).

---

14 *Zivouvas/Walter*, WM 2002, 1483, 1485/1486; *Eichelberger*, 208 f; *Vogel*, in: Assmann/Schneider, § 20 a Rn 4.
15 Vgl dazu *Eichelberger*, 223.
16 *BaFin*, Emittentenleitfaden 2013, S. 88; *Vogel*, in: Assmann/Schneider, § 20 a Rn 59; *Fuchs/Fleischer*, WpHG, § 20 a Rn 16-19.
17 *BaFin*, Emittentenleitfaden 2013, S. 89; *Möller*, WM 2002, 309, 312; *M. Weber*, NZG 2000; 113, 114; *Altenhain*, BB 2002, 1874, 1878, *Eichelberger*, S. 242; *ders.*, WM 2007, 2046, 2047.
18 *BaFin*, Emittentenleitfaden 2013, S. 90; *M Weber*, NJW 2004, 3674, 3675; *Bisson/Kunz*, BKR 2005, 186, 187; *Eichelberger*, WM 2007, 2046, 2047; *Vogel*, in: Assmann/Schneider, § 20 a Rn 62.
19 Kritisch dazu *Kutzner*, WM 2005, 1401, 1406.

3. Im Rahmen des **Presseprivilegs (Abs. 6)** ist für die Annahme des Vorliegens der Voraussetzungen nach Abs. 1 S. 1 Nr. 1 einzelfallbezogen zwischen der **Pflicht zu wahrheitsmäßigen Angaben** sowie der Überprüfung von Quellen einerseits und dem **Grundrecht der Pressefreiheit** andererseits abzuwägen.[20]

II. Verschweigen von bewertungserheblichen Umständen (Abs. 1 S. 1 Nr. 1 Alt. 2). Das Verschweigen von bewertungserheblichen Umständen betrifft nur Personen, denen eine eigenständige **Rechtspflicht zur Offenbarung** (zB §§ 15, 15a, §§ 10, 27, 35 WpÜG, § 92 Abs. 2 AktG, §§ 325 ff iVm 264 ff HGB) obliegt oder die unternehmensintern für die Erfüllung einer dem Emittenten obliegenden gesetzlichen Veröffentlichungspflicht zuständig sind.[21] Ein Verschweigen liegt immer vor, wenn der zu offenbarende, bewertungserhebliche Umstand **überhaupt nicht, zu spät oder nicht gegenüber allen Personen**, denen gegenüber eine Offenbarungspflicht besteht, offen gelegt wird oder bei einer Offenbarungspflicht ein Befreiungstatbestand genutzt wird, obwohl die Voraussetzungen nicht vorliegen.[22]

III. Verbot irreführender Finanzgeschäfte/handelsgestützter Manipulationen (Abs. 1 S. 1 Nr. 2). Um die Vorgabe des Art. 1 Nr. 2 a der EU-Marktmissbrauchsrichtlinie umzusetzen, wurde durch das AnSVG das Verbot irreführender Finanzgeschäfte/handelsgestützter Manipulationen (Abs. 1 S. 1 Nr. 2) eingefügt, das über die bereits von § 3 Abs. 2 KuMakV erfassten **Scheingeschäfte** zwischen wirtschaftlich identischen Parteien oder mit dem unzutreffenden Eindruck wirtschaftlich begründeter Umsätze hinaus nun nach § 3 MaKonV auch für sich genommen **börsenübliche Geschäfte** ohne besonderes Unrechtselement umfasst.[23] Damit werden auch solche Nachrichten erfasst, die **zwar inhaltlich wahr** sind, jedoch aufgrund der Darstellung beim Empfänger der Information eine **falsche Vorstellung** über den geschilderten Sachverhalt nahe legen.[24] Bei dem Bruch eines *lock-up agreements* ist dies nicht der Fall.[25] § 3 MaKonV enthält einen (nicht abschließenden) **Katalog falscher oder irreführende Signale**.

1. Anzeichen für falsche oder irreführende Signale (§ 3 Abs. 1 MakonV). Anzeichen für falsche oder irreführende Signale (§ 3 Abs. 1 MakonV) können zunächst **Geschäfte** oder **Kauf- oder Verkaufsaufträge (Nr. 1)** sein, die an einem Markt einen **bedeutenden Anteil am Tagesgeschäftsvolumen** dieser Finanzinstrumente ausmachen, insbesondere wenn sie eine erhebliche Preisänderung bewirken (Nr. 1 a); durch die Personen **erhebliche Preisänderungen** bei Finanzinstrumenten, von denen sie bedeutende Kauf- oder Verkaufspositionen innehaben, oder bei sich darauf beziehenden Derivaten oder Basiswerten bewirken (Nr. 1 b); mit denen **innerhalb kurzer Zeit Positionen umgekehrt** werden und die an einem Markt einen bedeutenden Anteil am Tagesgeschäftsvolumen dieser Finanzinstrumente ausmachen und die mit einer erheblichen Preisänderung im Zusammenhang stehen können (Nr. 1 c); die durch ihre **Häufung innerhalb eines kurzen Abschnitts des Börsentages** eine erhebliche Preisänderung bewirken, auf die eine gegenläufige Preisänderung folgt (Nr. 1 d) und solche, die **nahe zu dem Zeitpunkt der Feststellung eines bestimmten Preises**, der als Referenzpreis für ein Finanzinstrument oder andere Vermögenswerte dient, erfolgen und mittels Einwirkung auf diesen Referenzpreis den Preis oder die Bewertung des Finanzinstruments oder des Vermögenswertes beeinflussen (Nr. 1 d). Gleichfalls erfasst können Kauf- oder Verkaufsaufträge sein, die auf die den Marktteilnehmern ersichtliche **Orderlage**, insbesondere auf die zur Kenntnis gegebenen Preise der **am höchsten limitierten Kaufaufträge** oder der **am niedrigsten limitierten Verkaufsaufträge**, einwirken und **vor der Ausführung zurückgenommen** werden (Nr. 2) und Geschäfte, die zu **keinem Wechsel des wirtschaftlichen Eigentümers** eines Finanzinstruments führen (Nr. 3).

Die Europäische Wertpapier- und Marktaufsichtsbehörde ESMA veröffentlichte im Zusammenhang mit algorythmischen Handel im Februar 2012 „Leitlinien zu Systemen und Kontrollen für Handelsplattformen, Wertpapierfirmen und zuständige Behörden in einem automatisierten Handelsumfeld",[26] in denen sie unter anderem folgende problematische Fälle nennt, die von der BaFin wie folgt zitiert werden:

„**Quote-Stuffing**: Eingabe einer großen Zahl von Aufträgen und/oder Auftragsstornierungen oder -aktualisierungen, um die anderen Handelsteilnehmer zu verunsichern, deren Prozesse zu verlangsamen und die eigene Strategie zu verschleiern; **Momentum Ignition**: Eingabe von Aufträgen oder einer Auftragsserie mit der Absicht, einen Trend auszulösen oder zu verschärfen und andere Handelsteilnehmer zu ermutigen, den Trend zu beschleunigen oder zu erweitern, um eine Gelegenheit für die Auflösung oder Eröffnung einer Position zu einem günstigen Preis zu schaffen; **Layering und Spoofing**: Übermittlung mehrerer Aufträge, die häufig auf der einen Seite des Orderbuchs nicht sichtbar sind, mit der Absicht, ein Geschäft auf der anderen

---

20 Begr. RegE AnSVG, BT-Drucks. 15/3174, S. 37.
21 *BaFin*, Emittentenleitfaden 2013, S. 91.
22 *BaFin*, Emittentenleitfaden 2013, S. 91.
23 Vgl *Bisson/Kunz*, BKR 2005, 186, 187.
24 Begr. RegE AnSVG, BT-Drucks. 15/3174, S. 37.
25 *Vogel*, in: Assmann/Schneider, § 20a Rn 146 b; aA *Grüger*, WM 2010, 247, 251.
26 Abrufbar unter <www.esma.europa.eu/node/57172>.

Seite des Orderbuchs auszuführen. Nachdem das Geschäft abgeschlossen ist, werden die manipulativen Aufträge entfernt."[27]
Nach dem Inkrafttreten des Hochfrequenzhandelsgesetzes können gemäß § 3 Abs. 1 Nr. 4 MaKonV[28] Kauf- oder Verkaufsaufträge Anzeichen für falsche bzw irreführende Signale sein, die per Computeralgorithmus an einen Markt übermittelt und **nicht in Handelsabsicht getätigt** werden, sondern um das Funktionieren des Handelssystems zu stören oder zu verzögern, Dritten die Ermittlung echter Kauf- oder Verkaufsaufträge im Handelssystem zu erschweren oder einen falschen oder irreführenden Eindruck hinsichtlich des Angebots eines Finanzinstruments oder der Nachfrage danach zu erwecken.[29]

10   2. **Stets falsche oder irreführende Signale (§ 3 Abs. 2 MaKonV).** Falsche oder irreführende Signale liegen **stets** vor (§ 3 Abs. 2 MaKonV), wenn Anleger, die aufgrund des festgestellten Schlusspreises Aufträge erteilen, durch den Kauf oder Verkauf von Finanzinstrumenten bei Börsenschluss **über die wahren wirtschaftlichen Verhältnisse getäuscht** werden.

11   **IV. Anerkennungsverfahren für zulässige Marktpraktiken.** Das **Anerkennungsverfahren** für die im Rahmen der **Tatbestandseinschränkung** (Abs. 2) auf dem jeweiligen Markt nach vernünftigen Ermessen zu erwartenden und von der BaFin (ggf nachträglich) anerkannten **zulässigen Marktpraktiken** ist in §§ 7 ff. MaKonV geregelt. Der Ausschuss der Europäischen Wertpapieraufsichtsbehörden (Committee of European Securities Regulators – **CESR, heute: ESMA**) hat am 11.5.2005 **Leitlinien zur Anwendung der Marktmissbrauchsrichtlinie**[30] veröffentlicht, die eine Maske mit standardisierten Prüfungspunkten enthalten, nach denen die (Un-)Zulässigkeit einer Marktpraxis beurteilt werden soll.
§ 8 Abs. 1 MaKonV enthält einen **Katalog von Anerkennungskriterien**, nach denen die BaFin berücksichtigt, ob die Gepflogenheit für den gesamten Markt hinreichend **transparent** ist (Nr. 1); sie die **Liquidität und Leistungsfähigkeit** des Marktes beeinträchtigt (Nr. 2); die Gepflogenheit das **Funktionieren der Marktkräfte** und das **freie Zusammenspiel von Angebot und Nachfrage** unter Berücksichtigung wesentlicher Parameter, insbesondere der Marktbedingungen vor Einführung der Marktpraxis, des gewichteten Durchschnittskurses eines Handelstages und der täglichen Schlussnotierung, beeinträchtigt (Nr. 3); die Gepflogenheit mit dem **Handelsmechanismus** auf dem Markt vereinbar ist und den anderen Marktteilnehmern eine **angemessene und rechtzeitige Reaktion** erlaubt (Nr. 4); die Gepflogenheit den **Strukturmerkmalen des Marktes**, insbesondere dessen Regulierung und Überwachung, den gehandelten Finanzinstrumenten und der Art der Marktteilnehmer gerecht wird (Nr. 5) und die Gepflogenheit die **Integrität anderer Märkte**, auf denen dasselbe Finanzinstrument gehandelt wird, gefährdet (Nr. 6).
Aufgrund der zum Zeitpunkt der Vornahme der Handlung damit bestehenden **Unsicherheit über die rechtlichen Konsequenzen**[31] soll eine Strafbarkeit mittels korrigierender Auslegung nur bei **betrügerischer oder manipulativer Absicht** vorliegen.[32]
Gemäß § 10 MaKonV gibt die BaFin die Anerkennung einer zulässigen Marktpraxis durch Veröffentlichung im Bundesanzeiger[33] und auf der BaFin-Website bekannt und übermittelt diese Bekanntgabe unverzüglich dem Ausschuss der Europäischen Wertpapierregulierungsbehörden zum Zweck der Veröffentlichung auf dessen Website. Eine entsprechende Veröffentlichung einer zulässigen Marktpraxis ist derzeit auf der Internetseite der BaFin nicht zu finden. Diskutiert wird, ob eine entsprechende Anerkennung im Nachhinein erfolgen kann bzw ob eine Marktpraxis nur deshalb unzulässig sein kann, weil sie zuvor nicht ausdrücklich anerkannt wurde.[34]

12   **V. Auffangtatbestand der sonstigen Täuschungshandlung (Abs. 1 Nr. 3).** Unter den Auffangtatbestand der sonstigen Täuschungshandlung (Abs. 1 Nr. 3) fallen insbesondere Transaktionen, die über die **tatsächliche Geschäftslage** in einem Vermögenswert **täuschen**. Einer Täuschungshandlung muss **kein kommunikativer Erklärungswert** zukommen, sie muss lediglich geeignet sein, bei einem **verständigen Anleger** eine **Fehlvorstellung über die wahren wirtschaftlichen Verhältnisse** hervorzurufen (§ 4 Abs. 1 MaKonV). Frei erfundene Gerüchte, Empfehlungen oder Warnungen ohne sachliche Grundlage, die in Bezug auf Finanzinstrumente

---

27 Vgl Fachartikel bei BaFin, *Ortkemper*, 22.11.2012, abrufbar unter <http://www.bafin.de/SharedDocs/ Veroeffentlichungen/DE/Fachartikel/2012/ fa_bj_2012_11_hochfrequenzhandel.html >.

28 Gesetz zur Vermeidung von Gefahren und Missbräuchen im Hochfrequenzhandel (Hochfrequenzhandelsgesetz) vom 7.5.2013, BGBl. I 2013, 1162.

29 Vgl Fachartikel bei der BaFin, *Ortkemper*, 22.11.2012, abrufbar unter <http://www.bafin.de/SharedDocs/Veroeffentlichungen/DE/Fachartikel/2012/fa_bj_2012_11_hochfrequenzhandel.html >.

30 Abrufbar unter <http://www.esma.europa.eu/page/Market-abuse>.

31 Vgl *Spindler*, NJW 2004, 3449, 3453 mwN: *Kuthe*, ZIP 2004, 883, 887.

32 Begr. RegE AnSVG, BT-Drucks. 15/3174, S. 37.

33 Nach dem Gesetz zur Änderung von Vorschriften über Verkündung und Bekanntmachungen sowie der Zivilprozessordnung, des Gesetzes betreffend die Einführung der Zivilprozessordnung und der Abgabenordnung (BAnzDiG), G. v. 22.12.2011 (BGBl. I S. 3044), wurde in § 10 Abs. 1 MaKonV das Wort „elektronische" vor Bundesanzeiger gestrichen.

34 Vgl zur Diskussion Fuchs/*Fleischer*, WpHG, § 20 a Rn 85, *Vogel*: in: Assmann/Schneider, § 20 a Rn 174.

abgegeben werden, sind mangels Tatsachenbasis keine unrichtigen Angaben iSv Abs. 1 S. 1 Nr. 1, gelten jedoch als sonstige Täuschungshandlungen.[35] § 4 MaKonV enthält einen **Katalog** (potenzieller) **sonstiger Täuschungshandlungen:**

Mögliche sonstige Täuschungshandlungen (**§ 4 Abs. 2 MaKonV**) sind insbesondere **Geschäfte oder einzelne Kauf- oder Verkaufsaufträge** über Finanzinstrumente, bei denen ein Kauf- und ein Verkaufsauftrag zu im Wesentlichen **gleichen Stückzahlen und Preisen von verschiedenen Parteien**, die sich abgesprochen haben, erteilt wird; es sei denn, diese Geschäfte wurden im Einklang mit den jeweiligen Marktbestimmungen rechtzeitig angekündigt (Nr. 1, zB „Improper matched orders", „Cross Trades", „Pre-Arranged-Trades"); die den **unzutreffenden Eindruck wirtschaftlich begründeter Umsätze** erwecken (Nr. 2, zB „Painting the Tape", „Advancing the bid"); die geeignet sind, **über Angebot und Nachfrage** bei einem Finanzinstrument im Zeitpunkt der Feststellung eines bestimmten Börsen- oder Marktpreises, der als Referenzpreis für ein Finanzinstrument oder andere Produkte dient, zu **täuschen** (Nr. 3, zB „Marking the close").

Stets sonstige Täuschungshandlungen (**Abs. 3**) sind auch die **Sicherung einer marktbeherrschenden Stellung** über das Angebot von oder die Nachfrage nach Finanzinstrumenten durch eine Person oder mehrere in Absprache handelnde Personen mit der Folge, dass unmittelbar oder mittelbar Ankaufs- oder Verkaufspreise dieser Finanzinstrumente bestimmt oder nicht marktgerechte Handelsbedingungen geschaffen werden (Nr. 1, zB „Cornering", „Abusive squeezes") sowie die **Kundgabe von Gerüchten oder Meinungen**, insbesondere Empfehlungen, zu Finanzinstrumenten oder deren Emittenten bei Bestehen eines möglichen **Interessenkonflikts**, ohne dass dieser zugleich in adäquater Weise offenbart wird (Nr. 2, zB „Scalping"). Das **Scalping** ist damit kein Insidergeschäft im Sinne der §§ 13, 14, sondern eine Kurs- und Marktmanipulation.[36]

Anzeichen für sonstige Täuschungshandlungen (**§ 4 Abs. 4 MaKonV**) sind auch Geschäfte oder einzelne Kauf- oder Verkaufsaufträge, bei denen die Vertragspartner oder Auftraggeber oder mit diesen in enger Beziehung stehende Personen vorab oder im Nachhinein **unrichtige oder irreführende Informationen weitergeben** (Nr. 1) oder unrichtige, fehlerhafte verzerrende oder von wirtschaftlichen Interessen **beeinflusste Finanzanalysen oder Anlageempfehlungen** erstellen oder weitergeben (Nr. 2).

VI. Objektive Einwirkungseignung. Das Erfordernis eines subjektiven Elements[37] („um ... einzuwirken") ist bei den sonstigen Täuschungshandlungen entfallen und wurde durch die objektive Einwirkungseignung, die entgegen § 13 und über den von der Marktmissbrauchsrichtlinie geforderten Mindestschutz hinaus **nicht erheblich** sein muss, ersetzt. Derart wollte der Gesetzgeber die bisherigen Nachweisschwierigkeiten ausschließen.[38] Für die **Eignung zur Preiseinwirkung** (iSv Abs. 1 S. 1 Nr. 1–3) genügt es, dass durch die Angaben oder das Verschweigen nicht notwendig gegenüber den geschützten Kapitalmärkten oder deren Marktteilnehmern im Wege **einer nachträglichen objektivierten Betrachtung aus der Sichtweise eines verständigen Anlegers** vor dem Hintergrund der zum Zeitpunkt der Handlung vorherrschenden Marktverhältnisse nach kapitalmarktbezogenen Erfahrungssätzen die ernst zu nehmende Möglichkeit bestand, dass durch die konkrete Handlung auf die Preisbildung in beliebiger Richtung mit oder ohne Erfolg eingewirkt wird.[39] Eine Mindestdauer ist nicht erforderlich, es genügt auch die Eignung zu einer **kurzfristigen Preisbeeinflussung**.[40] Die Verwirklichung des Tatbestandes erfordert ebenso wie die vorherige Regelung des § 88 BörsG aF nicht, dass durch die Angaben oder Handlungen tatsächlich auf den Börsen- oder Marktpreis eingewirkt wird. Erforderlich ist lediglich die **vollendete Anwendung** der für eine Preisbeeinflussung geeigneten Mittel.

VII. Nicht vom Verbot erfasste Verhaltensweisen („Safe Harbours"). Nicht vom Verbot erfasste Verhaltensweisen („Safe Harbours"), also **Tatbestandsauschlussgründe**[41] enthält die **Verordnung über Ausnahmeregelungen** für Rückkaufprogramme und Kursstabilisierungsmaßnahmen (EG) Nr. 2273/2003[42] (AusnahmeVO), auf die Abs. 3 ebenso wie § 5 MaKonV verweisen. Bei deren Vorliegen ist ein Rückgriff auf Abs. 1 verbindlich gesperrt.[43] Die betroffenen Verhaltensweisen umfassen den **Handel mit eigenen Aktien** im Rah-

---

35 *BaFin*, Emittentenleitfaden 2013, S. 92.
36 BGH NJW 2004, 302 ff = AG 2004, 144 f = WM 2004, 69 f = DB 2004, 64 f (dazu *Fleischer*, DB 2004, 51 ff); OLG München, Urt. v. 3.3.2011, 2 Ws 87/11 H, vorhergehend LG München I, Urt. v. 16.12.2010, 4 Qs 17/10; *Weber*, NJW 2000, 562 ff; *Volk*, BB 1999, 66 ff; *ders.*, ZIP 1999, 787 ff; aA aber LG Frankfurt aM NJW 2000, 301 ff (*Drescher*) = AG 2000, 187 ff = ZBB 2000, 60; *U.H. Schneider/Burgard*, ZIP 1999, 32 ff; *Cahn*, ZHR 162 (1998), 1, 21; vgl auch die Kommentierung zu § 14.
37 Vgl zur alten Rechtslage *Ekkenga*, WM 2002, 317 ff; *Zivouvas/Walter*, WM 2002, 1483, 1487; *Rudolph*, BB 2002, 1036, 1040. M. *Weber*, NZG 2000, 113, 114.
38 Begr. RegE AnSVG, BT-Drucks. 15/3174, S. 37; vgl *Eichelberger*, WM 2007, 2046 f.
39 *BaFin*, Emittentenleitfaden 2013, S. 93.
40 *Klöhn*, NZG 2011, 934, 936; vgl EuGH, Urt. V. 7.7.2011 – Rs. C-445/09 („IMC Securities") = NZG 2011, 951 f = AG 2011, 588 f.
41 *Vogel*, in: Assmann/Schneider, § 20 a Rn 243; aA *Grüger*, S. 98.
42 ABl. EU Nr. L 336 v. 23.12.2003; siehe dazu *Meyer*, AG 2004, 289, 295 f.
43 *Bürgers*, BKR 2004, 424, 429.

men von **Rückkaufprogrammen**[44] (Kapitel II AusnahmeVO) sowie **Kursstabilisierungsmaßnahmen**[45] (Kapitel III AusnahmeVO),[46] inklusive **ergänzender Kursstabilisierungsmaßnahmen** (Art. 1) wie Mehrzuteilungen und **Greenshoe**"-Optionen[47] sowie „Naked" Shorts.[48]

18 **VIII. Verordnungsermächtigung (Abs. 5).** Von der Verordnungsermächtigung (Abs. 5)[49] wurde bisher für folgende nähere Bestimmungen Gebrauch gemacht:

- Umstände, die für die **Bewertung** von Finanzinstrumenten erheblich sind (S. 1 Nr. 1): **§ 2 MaKonV**
- **falsche oder irreführende Signale** für das Angebot, die Nachfrage oder den Börsen- oder Marktpreis von Finanzinstrumenten oder das Vorliegen eines künstlichen Preisniveau (S. 1 Nr. 2.): **§ 3 MaKonV**
- das Vorliegen einer **sonstigen Täuschungshandlung** (S. 1 Nr. 3): **§ 4 MaKonV**
- Handlungen und Unterlassungen, die **in keinem Fall einen Verstoß** gegen das Verbot des Absatzes 1 S. 1 darstellen (S. 1 Nr. 4): **§§ 5, 6 MaKonV**
- Handlungen, die als **zulässige Marktpraxis** gelten, und das Verfahren zu deren Anerkennung (S. 1 Nr. 5): **§§ 7–10 MaKonV**

Eine der Zustimmung des Bundesrates bedürftigen **Subdelegation auf die Bundesanstalt (S. 2), die im Einvernehmen mit den Börsenaufsichtsbehörden der Länder** entsprechende Vorschriften erlassen könnte, ist bisher nicht erfolgt.

D. Konsequenzen von Zuwiderhandlungen

19 Hinsichtlich der Konsequenzen von Zuwiderhandlungen ist die Tat als **Ordnungswidrigkeit** (Gefährdungsdelikt) ausgestaltet (§ 39 Abs. 1 Nr. 1 und Nr. 2, Abs. 2 Nr. 11), die mit einer **Geldbuße** von bis zu 1 Mio. EUR geahndet werden kann.[50] Sofern durch eine in § 20 a Abs. 1 beschriebene Tathandlung zudem auf den inländischen Börsen- und Marktpreis eines Vermögenswertes eingewirkt wird, liegt eine **Straftat** vor (§ 38 Abs. 2), die mit einer **Freiheitsstrafe** von bis zu 5 Jahren oder Geldstrafe bedroht ist. § 20 a ist wie die aufgehobene Vorgängernorm § 88 BörsG **kein Schutzgesetz** iSv § 823 Abs. 2 BGB.[51] Schutzgut ist die „Börsen- und Marktpreisbildung.[52] Damit dient die Norm allenfalls kollektiven, nicht aber individuellen Anlegerinteressen.

---

44 Art. 2 Nr. 3 AusnahmeVO: "ist der Handel mit eigenen Aktien gemäß den Artikeln 19 bis 24 der Richtlinie 77/91/EWG".
45 Art. 2 Nr. 7 AusnahmeVO: "ist jeder Kauf bzw jedes Angebot zum Kauf relevanter Wertpapiere und jede Transaktion mit vergleichbaren verbundenen Instrumenten, die Wertpapierhäuser oder Kreditinstitute im Rahmen eines signifikanten Zeichnungsangebots für diese Wertpapiere mit dem alleinigen Ziel tätigen, den Marktkurs dieser relevanten Wertpapiere für einen im Voraus bestimmten Zeitraum zu stützen, wenn auf diese Wertpapiere Verkaufsdruck besteht". Siehe dazu *Grüger*, BKR 2010, 222 f.
46 Auch für außerhalb der EU oder des EWR zugelassene Finanzinstrumente, für die eine Zulassung noch nicht beantragt ist, vgl § 6 MaKonV.
47 Art. 2 Nr. 13 AusnahmeVO: "Überzeichnungsreserve, die der Bieter einem Wertpapierhaus bzw den Wertpapierhäusern oder einem Kreditinstitut bzw den Kreditinstituten im Rahmen des Zeichnungsangebots zugesteht, bei der diese Häuser bzw Institute innerhalb eines bestimmten Zeitraums nach der Emission der relevanten Wertpapiere eine bestimmte Menge dieser Wertpapiere zum Ausgabekurs erwerben können." Siehe dazu auch *Meyer*, AG 2004, 289, 296 f.
48 Art. 1 b AusnahmeVO: "eine aus einer Überzeichnung resultierende und nicht durch die Greenshoe-Option abgedeckte Position eines Wertpapierhauses oder eines Kreditinstituts darf 5 % des ursprünglichen Angebots nicht überschreiten".
49 Kritisch dazu *Kutzner*, WM 2005, 1401, 1406.
50 Kritisch: *Altenhain*, BB 2002, 1874, 1876.
51 BGH, Urt. v. 13.12.2011 – XI ZR 51/10 = DB 2012, 450 („IKB"), dazu *Bernuth/Wagner/Kremer*, WM 2012, 831 f; *Hellgardt*, DB 2012, 673 f; OLG Düsseldorf, Urt. v. 7.4.2011 – I-6 U 7/10 = WM 2011, 2446 = AG 2011, 706; LG Augsburg (Infomatec IV) BB 2002, 1230 = ZIP 2002, 530 = WM 2002, 592; *Barnert*, WM 2002, 1473, 1480; *Groß*, WM 2002, 477, 484 (zu § 88 BörsG); *Schwark*, EWiR 2001, 1049, 1050; *Thümmel*, DB 2001, 2331, 2332; *Vogel*, in: Assmann/Schneider, § 20 a Rn 31; offen: *Hutter/Leppert*, NZG 2002, 649, 655; aA LG Augsburg (Infomatec II) WM 2001, 1944, 1945 = BKR 2001, 99 = ZIP 2001, 1881 = WuB I G 7.-8.01 (*Schäfer*) = NZG 2002, 429 = BB 2001, 2130; EWiR § 88 BörsG 1/01, 1049 (*Schwark*); *Eichelberger*, S. 363 ff; *Waschkeit*, S. 305 ff.
52 Begr. RegE 4. FFG, BT-Drucks. 14/8017, S. 89.

§ 20 b (aufgehoben)

Abschnitt 5
Mitteilung, Veröffentlichung und Übermittlung von Veränderungen des Stimmrechtsanteils an das Unternehmensregister

§ 21 Mitteilungspflichten des Meldepflichtigen

(1) ¹Wer durch Erwerb, Veräußerung oder auf sonstige Weise 3 Prozent, 5 Prozent, 10 Prozent, 15 Prozent, 20 Prozent, 25 Prozent, 30 Prozent, 50 Prozent oder 75 Prozent der Stimmrechte an einem Emittenten, für den die Bundesrepublik Deutschland der Herkunftsstaat ist, erreicht, überschreitet oder unterschreitet (Meldepflichtiger), hat dies unverzüglich dem Emittenten und gleichzeitig der Bundesanstalt, spätestens innerhalb von vier Handelstagen unter Beachtung von § 22 Abs. 1 und 2 mitzuteilen. ²Bei Zertifikaten, die Aktien vertreten, trifft die Mitteilungspflicht ausschließlich den Inhaber der Zertifikate. ³Die Frist des Satzes 1 beginnt mit dem Zeitpunkt, zu dem der Meldepflichtige Kenntnis davon hat oder nach den Umständen haben mußte, daß sein Stimmrechtsanteil die genannten Schwellen erreicht, überschreitet oder unterschreitet. ⁴Es wird vermutet, dass der Meldepflichtige zwei Handelstage nach dem Erreichen, Überschreiten oder Unterschreiten der genannten Schwellen Kenntnis hat.

(1 a) ¹Wem im Zeitpunkt der erstmaligen Zulassung der Aktien zum Handel an einem organisierten Markt 3 Prozent oder mehr der Stimmrechte an einem Emittenten zustehen, für den die Bundesrepublik Deutschland der Herkunftsstaat ist, hat diesem Emittenten sowie der Bundesanstalt eine Mitteilung entsprechend Absatz 1 Satz 1 zu machen. ²Absatz 1 Satz 2 gilt entsprechend.

(2) Inlandsemittenten und Emittenten, für die die Bundesrepublik Deutschland der Herkunftsstaat ist, sind im Sinne dieses Abschnitts nur solche, deren Aktien zum Handel an einem organisierten Markt zugelassen sind.

(3) Das Bundesministerium der Finanzen kann durch Rechtsverordnung, die nicht der Zustimmung des Bundesrates bedarf, nähere Bestimmungen erlassen über den Inhalt, die Art, die Sprache, den Umfang und die Form der Mitteilung nach Absatz 1 Satz 1 und Absatz 1 a.

Literatur:
Bedkowski/Widder, Meldepflichten nach WpHG bei Umfirmierung bzw. Namensänderung des Aktionärs, BB 2008, 245; *Burgard,* Kapitalmarktrechtliche Lehren aus der Übernahme Vodafone-Mannesmann, WM 2000, 611; *ders.,* Die Berechnung des Stimmrechtsanteils nach §§ 21–23 Wertpapierhandelsgesetz, BB 1995, 2069; *Cahn,* Probleme der Mitteilungs- und Veröffentlichungspflichten nach dem WpHG bei Veränderungen des Stimmrechtsanteils an börsennotierten Gesellschaften, AG 1997, 502; *Diekmann,* Mitteilungspflichten nach §§ 20 ff AktG und dem Diskussionsentwurf des Wertpapierhandelsgesetzes, DZWir 1994, 13; *Falkenhagen,* Aktuelle Fragen zu den neuen Mitteilungs- und Veröffentlichungspflichten nach Abschnitt 4 und 7 des Wertpapierhandelsgesetzes, WM 1995, 1005; *Geibel/Süßmann,* Erwerbsangebote nach dem Wertpapiererwerbs- und Übernahmegesetz, BKR 2002, 52; *Happ,* Zum Regierungsentwurf eines Wertpapierhandelsgesetzes, JZ 1994, 240; *Heinrich,* Kapitalmarktrechtliche Transparenzbestimmungen und die Offenlegung von Beteiligungsverhältnissen, 2006; *Heppe,* Zu den Mitteilungspflichten nach § 21 WpHG im Rahmen der Umwandlung von Gesellschaften, WM 2002, 60; *Hildner,* Kapitalmarktrechtliche Beteiligungstransparenz verbundener Unternehmen, 2002; *Hopt,* Zum neuen Wertpapierhandelsgesetz, in: FG Hellner (WM-Sonderheft), 1994, S. 29; *ders.,* Familien- und Aktienpools unter dem Wertpapierhandelsgesetz, ZGR 1997, 1; *ders.,* Grundsatz- und Praxisprobleme nach dem Wertpapiererwerbs- und Übernahmegesetz, ZHR 166 (2002), 383; *Jäger,* Rechtsprobleme bei der Meldung des Anteilsbesitzes gem § 21 bzw § 41 WpHG, insbesondere bei Familiengesellschaften, WM 1996, 1356; *Janert,* Veröffentlichungspflicht börsennotierter Gesellschaften bei unterlassener Mitteilung nach § 21 WpHG?, BB 2004, 169; *Kirschner,* Unterlassene Meldung einer Umfirmierung als Verstoß gegen § 21 Abs. 1 Satz 1 WpHG?, DB 2008, 623; *Klein/Theusinger,* Beteiligungstransparenz ohne Beteiligungsrelevanz? Mitteilungspflichten bei Umfirmierungen und Umwandlungsmaßnahmen, NZG 2009, 250; *Kocher,* BB-Kommentar zu BGH, Urteil vom 18.9.2006 – II ZR 137/05, BB 2006, 2436; *Krämer/Heinrich,* Emittentenleitfaden „reloaded", ZIP 2009, 1737; *Liebscher,* Die Zurechnungstatbestände des WpHG und WpÜG, ZIP 2002, 1005; *Merkt,* Unternehmenspublizität, 2002; *Mutter,* Die Stimmrechtszurechnung nach § 22 WpHG bei Einschaltung eines Trusts, AG 2006, 637; *Neye,* Harmonisierung der Mitteilungspflichten zum Beteiligungsbesitz von börsennotierten Aktiengesellschaften, ZIP 1996, 1853; *Nottmeier/Schäfer,* Praktische Fragen im Zusammenhang mit §§ 21, 22 WpHG, AG 1997, 87; *Pötzsch,* Das Dritte Finanzmarktförderungsgesetz, WM 1998, 949; *U. H. Schneider,* Anwendungsprobleme bei den kapitalmarktrechtlichen Vorschriften zur Offenlegung von wesentlichen Beteiligungen an börsennotierten Aktiengesellschaften (§§ 21 ff WpHG), AG 1997, 87; *ders.,* Die kapitalmarktrechtlichen Offenlegungspflichten von Konzernunternehmen nach §§ 21 ff WpHG, in: FS Brandner, 1996, S. 565; *ders.,* Acting in Concert – ein kapitalmarktrechtlicher Zurechnungstatbestand, WM 2006, 1321; *U. H. Schneider/Brouwer,* Kapitalmarktrechtliche Meldepflichten bei Finanzinstrumenten, AG 2008, 557; *U. H. Schneider/Brouwer,* Kapitalmarktrechtliche Transparenz bei der Aktienleihe, in: FS Karsten Schmidt, 2009, S. 1411; *Segna,* Irrungen und Wirrungen im Umgang mit den § 21 ff WpHG und § 244 AktG, AG 2008, 311; *Starke,* Beteiligungstransparenz im Gesellschaft- und Kapitalmarktrecht, 2002; *Steuer/Baur,* Erwerbsgeschäfte im Grenzbereich bedeutender Beteiligungen nach dem Wertpapierhandelsgesetz, WM 1996, 1477; *Sudmeyer,* Mitteilungs- und Veröffentlichungspflichten nach §§ 21, 22 WpHG, BB 2002, 685; *Wilsing,* Wiederaufleben des Stimmrechts aus Vorzugsakti-

en und Mitteilungspflicht nach § 21 Abs. 1 WpHG, BB 1995, 2277; *Witt*, Übernahmen von Aktiengesellschaften und Transparenz der Beteiligungsverhältnisse, 1998; *ders.*, Die Änderungen der Mitteilungs- und Veröffentlichungspflichten nach §§ 21 ff WpHG durch das geplante Wertpapiererwerbs- und Übernahmegesetz, AG 2001, 233; *ders.*, Vorschlag für eine Zusammenfügung der §§ 21 ff WpHG und des § 20 AktG zu einem einzigen Regelungskomplex, AG 1998, 171; *ders.*, Die Änderungen der Mitteilungs- und Veröffentlichungspflichten nach §§ 21 ff WpHG und §§ 20 f AktG durch das Dritte Finanzmarktförderungsgesetz und das „KonTraG", WM 1998, 1153.

A. Einführung[1]

1   § 21 ist Grundtatbestand für die in Abschnitt 5 geregelten Mitteilungs- und Veröffentlichungspflichten bei Veränderungen der Stimmrechtsanteile an einem Emittenten, für den die Bundesrepublik Deutschland Herkunftsstaat ist. Die durch Art. 1 des **2. Finanzmarktförderungsgesetzes** vom 27.6.1994[2] eingeführten und am 1.1.1995 in Kraft getretenen Vorschriften setzen die konsolidierte Börsen-Richtlinie 2001/34/EG in deutsches Recht um.[3] Sie bilden das kapitalmarktrechtliche Gegenstück zu der in §§ 20–22 AktG geregelten konzernrechtlichen Beteiligungspublizität. Die Regelung des § 21 wurde nach deren Inkrafttreten kontinuierlich ergänzt und weiterentwickelt. Im Rahmen der durch Art. 3 Nr. 10 **3. Finanzmarktförderungsgesetz** vom 14.3.1998 erfolgten Änderungen hatte der Gesetzgeber neben einigen redaktionellen Korrekturen einen neuen Abs. 1a eingefügt.[4] Weitere Änderungen in Abs. 1a, 2 beruhen auf Art. 2 Nr. 1 des **Gesetzes zur Regelung von öffentlichen Angeboten zum Erwerb von Wertpapieren und von Unternehmensübernahmen** vom 20.12.2001.[5] Im Zusammenhang mit der Konsolidierung der Finanzmarktaufsicht durch das Finanzdienstleistungsaufsichtsgesetzes vom 22.4.2002 (BGBl. I S. 1320) wurde durch die **Erste Verordnung zur Anpassung von Bezeichnungen nach dem Finanzdienstleistungsaufsichtsgesetz** vom 29.4.2002 (BGBl. I S. 1495) die Bezeichnung des Bundesaufsichtsamtes (BAWe) durch die der Bundesanstalt (BaFin) ersetzt. Die Ergänzung in Abs. 1 S. 1 (Hinzufügung der Wörter „unter Beachtung von § 22 Abs. 1 und 2") geht auf Art. 2 Nr. 13 a **4. Finanzmarktförderungsgesetz** vom 21.6.2002 (BGBl. I S. 2010) zurück. Aufgrund der erforderlichen Implementierung der Richtlinie 2004/109/EG[6] (sog **Transparenzrichtlinie II**) ergab sich ein erheblicher Änderungsbedarf der Vorschriften des Abschnitts 5,[7] welchem der Gesetzgeber am 5.1.2007 durch das **Transparenzrichtlinie-Umsetzungsgesetz (TUG)** nachkam. Mit Letzterem wurden zuletzt Abs. 1, Abs. 1a und Abs. 2 neu gefasst, Abs. 1 um S. 2 und S. 3 erweitert sowie Abs. 3 angefügt.[8]

2   Wesentlicher **Regelungszweck** der kapitalmarktrechtlichen Mitteilungspflichten ist die angemessene Information des Anlegerpublikums über die Beteiligungs- und Kontrollstrukturen an börsennotierten Gesellschaften. Hierdurch soll gleichzeitig das Vertrauen in die Informationseffizienz gestärkt, die Funktionstüchtigkeit der Wertpapiermärkte gewährleistet und der Missbrauch von Insiderinformationen verhindert werden.[9] Beide Aspekte gründen auf der Erkenntnis, dass die Zusammensetzung des Aktionärskreises und der Umfang der frei gehandelten Aktien (sog. *free float*) ein wesentliches Dispositionskriterium für Investitionsentscheidungen des Anlegers und damit auch die Entwicklung des Aktienkurses ist. Auch nach der Transparenzrichtlinie soll – neben dem Zweck der europäischen Harmonisierung – durch rechtzeitige Bekanntgabe zuverlässiger und umfassender Informationen über Wertpapieremittenten das Vertrauen der Anleger gestärkt und somit sowohl der Anlegerschutz als auch die Markteffizienz verbessert werden.[10] Ob die zuvor genannten Regelungsziele auch dem **Individualschutz** des Anlegers oder allein dem **institutionellen Schutz der Anlegerinteressen** dienen, ist umstritten; richtigerweise ist jedoch im Sinne der ersten Alternative zu entscheiden.[11] Die Beurteilung dieser Frage ist insbesondere bei der Beurteilung der Schutzgesetzeigenschaft des § 21 für die Begründung einer deliktischen Haftung (§ 823 Abs. 2 BGB) aufgrund der Verletzung der Mitteilungspflichten relevant.

3   Die **Systematik** der in Abschnitt 5 enthaltenen Regelungen gestaltet sich wie folgt: Grundtatbestand der kapitalmarktrechtlichen Mitteilungspflichten nach WpHG ist § 21, der bei Erreichen, Über- oder Unterschrei-

---

1   Stand der Bearbeitung: **Mai 2013**.
2   BGBl. I 1994 S. 1749 ff.
3   Richtlinie des Europäischen Parlaments und des Rates über die Zulassung von Wertpapieren zur amtlichen Börsennotierung und über die hinsichtlich dieser Wertpapiere zu veröffentlichenden Informationen v. 28.5.2001, ABl. EG Nr. L 184/1; eingehend hierzu: *Heinrich*, Kapitalmarktrechtliche Transparenzbestimmungen, 2006, S. 41 ff.
4   Vgl hierzu *Witt*, WM 1998, 1153; *ders.*, AG 1998, 171.
5   BGBl. I 2001 S. 3822 ff; *Sudmeyer*, BB 2002, 685 ff; zum RefE: *Witt*, AG 2001, 233 ff.
6   Richtlinie 2004/109/EG des Europäischen Parlaments und des Rates v. 15.12.2004, ABl. EU Nr. L 390, S. 38 ff.
7   Vgl *Heinrich*, Kapitalmarktrechtliche Transparenzbestimmungen, 2006, S. 48 ff.
8   BGBl. I 2007 S. 10 ff.
9   Begr. RegE BT-Drucks. 12/6679, S. 52.
10 Vgl Erwägungsgrund (1) Richtlinie 2004/109/EG des Europäischen Parlaments und des Rates v. 15.12.2004, ABl. EU Nr. L 390, S. 38.
11 MüKo-AktG/*Bayer*, § 22 Anh. § 21 WpHG Rn 2; *Merkt*, Unternehmenspublizität, 2002, S. 284 ff; *Schneider*, in: Assmann/Schneider, Vor § 21 Rn 24, § 28 Rn 79; *ders.*, AG 1997, 81; *Heinrich*, Kapitalmarktrechtliche Transparenzbestimmungen, 2006, S. 64 f; Schäfer/Hamann/*Opitz*, § 21 WpHG Rn 42; Fuchs/*Dehlinger/Zimmermann*, WpHG, Vor §§ 21 bis 30, Rn 20 ff.

ten bestimmter Stimmrechtsquoten die Verpflichtung zur Abgabe einer entsprechenden Meldung gegenüber der Gesellschaft und der BaFin statuiert. Nach § 22 können dem Meldepflichtigen Stimmrechte Dritter zugerechnet werden. § 23 normiert, unter welchen Voraussetzungen Stimmrechte nicht zu berücksichtigen sind. § 24 sieht für Konzerngesellschaften Erleichterungen bei der Erfüllung der gesetzlichen Pflichten durch die Muttergesellschaft vor. § 25 regelt Mitteilungspflichten beim Halten von Finanzinstrumenten und sonstigen Instrumenten. § 25 a bezieht neuerdings auch Finanzinstrumente und sonstige Instrumente in das Mitteilungssystem mit ein, die nicht von § 25 erfasst sind und ihrem Inhaber den Erwerb der zugrunde liegenden Aktien ermöglichen. Bei dieser Norm handelt es sich um einen generalklauselartig ausgestalteten Auffangtatbestand. Durch §§ 26, 26 a werden gesonderte Veröffentlichungspflichten für Emittenten begründet und die Übermittlung an das Unternehmensregister geregelt. Nach § 27 können sowohl die BaFin als auch der Emittent den Nachweis für das Bestehen der mitgeteilten Beteiligung verlangen. § 27 a regelt Mitteilungspflichten für Inhaber wesentlicher Beteiligungen. Der Verlust der Rechte aus den einzelnen Aktien wird durch die Sanktionsnorm des § 28 angeordnet. Weitere Sanktionen regelt das Gesetz in § 39, der der BaFin die Verhängung von Bußgeldern erlaubt. § 29 ermächtigt die BaFin Richtlinien aufzustellen hinsichtlich der Voraussetzung eines mitteilungspflichtigen Vorgangs oder der Befreiung von den Mitteilungspflichten im Regelfall. Nach § 29 a ist eine Befreiung von den Pflichten nach § 26 Abs. 1 und § 26 a für Inlandsemittenten mit Sitz in einem Drittstaat durch die BaFin möglich. Abschließend definiert § 30 den Begriff „Handelstage".

B. Voraussetzungen der Mitteilungspflichten

I. Adressat der Mitteilungspflicht. Nach Abs. 1 S. 1 ist meldepflichtig, wer durch Erwerb, Veräußerung oder auf sonstige Weise 3, 5, 10, 15, 20, 25, 30, 50 oder 75% der Stimmrechte an einem Emittenten, für den die Bundesrepublik Deutschland Herkunftsstaat ist, erreicht, überschreitet oder unterschreitet („Meldepflichtiger"). **Meldepflichtig nach Abs. 1** ist nur, wem die Stimmrechte aus den ihm gehörenden Anteilen zustehen, also der Aktionär selbst. Zu beachten ist, dass gemäß Abs. 1 S. 1 die Zurechnungsvorschrift des § 22 berücksichtigt werden muss, so dass auch aufgrund eines Zurechnungssachverhalts eine Meldepflicht ausgelöst werden kann. Auf die Unternehmenseigenschaft oder eine anderweitige Form wirtschaftlicher Betätigung kommt es, anders als bei den aktienrechtlichen Mitteilungspflichten (vgl § 20 AktG Rn 4), bei Abs. 1 nicht an. Adressat der Mitteilungspflichten ist daher **jede natürliche oder juristische Person** mit Sitz im In- oder Ausland.[12] Stimmrechte aus Beteiligungen im Gesamthandsvermögen einer Personenhandelsgesellschaft (OHG, KG, einschließlich der GmbH & Co. KG)[13] unterliegen ebenso den gesetzlichen Mitteilungspflichten, wie die Anteile einer Erbengemeinschaft oder der ehelichen Gütergemeinschaft.[14] Für die Letztgenannten ist die Aufzählung der einzelnen Mitglieder erforderlich, da die Mitteilungspflicht eine Pflicht des Einzelnen darstellt. Befindet sich der Aktienbesitz im Vermögen einer als Außengesellschaft geführten GbR, sind jedoch die Mitteilungspflichten durch die geschäftsführungsbefugten und vertretungsberechtigten Gesellschafter im Namen der Gesellschaft zu erfüllen.[15] Bei einer BGB-Innengesellschaft (zB Stimmrechtskonsortien) sind hingegen die einzelnen Gesellschafter als Eigentümer der Aktien mitteilungspflichtig und nicht die BGB-Innengesellschaft als solche.[16] Im Falle einer Beteiligung mehrerer Familienmitglieder ist nur das einzelne Familienmitglied mitteilungspflichtig. Im Einzelfall kommt jedoch eine Zurechnung der Anteile der Familienmitglieder untereinander in Betracht (vgl § 22 Rn 11). Bei Einschaltung eines Trusts ist zu differenzieren. Ist der Trust nicht rechtsfähig, wie etwa ein „irrevocable trust", kommt dieser als Meldepflichtiger nach Abs. 1 nicht in Betracht. Bei Trusts ohne eigene Rechtspersönlichkeit trifft den Trustee eine originäre Meldepflicht, da das Trustvermögen eine Art Sondervermögen des Trustees als dessen rechtlichen Eigentümer darstellt.[17] Trusts mit eigener Rechtspersönlichkeit sind dagegen selbst meldepflichtig, da sie Eigentümer sein können.[18]

II. Berühren der Stimmrechtsschwellen. Die Mitteilungspflicht wird durch das Erreichen, Über- oder Unterschreiten einer Stimmrechtsquote von 3, 5, 10, 15, 20, 25, 30, 50 oder 75% ausgelöst. Dies erfüllt die Vorgaben der europäischen Transparenzrichtlinie[19] und erweitert diese um die 3%-Schwelle über deren Mindeststandard hinaus. Mit Erreichen einer Kontrollmehrheit iHv 30 % (§§ 29 Abs. 2, 39 WpÜG) sind

---

12 MüKo-AktG/*Bayer*, § 22 Anh. § 21 WpHG Rn 3; Schäfer/Hamann/*Opitz*, § 21 WpHG Rn 4, 10 zu Besonderheiten bei ausländischen juristischen Personen.
13 Vgl hierzu: *Heinrich*, Kapitalmarktrechtliche Transparenzbestimmungen, 2006, S. 68.
14 *Nottmeier/Schäfer*, AG 1997, 87, 90; MüKo-AktG/*Bayer*, § 22 Anh. § 21 WpHG Rn 5; Schäfer/Hamann/*Opitz*, § 21 WpHG Rn 11; *Schneider*, in: Assmann/Schneider, § 21 Rn 16.
15 MüKo-AktG/*Bayer*, § 22 Anh. § 21 WpHG Rn 4.
16 MüKo-AktG/*Bayer*, § 22 Anh. § 21 WpHG Rn 7.
17 Vgl *Mutter*, AG 2006, 637, 649; iE ebenso: *BaFin*, Emittentenleitfaden (Stand: 28.4.2009), S. 139.
18 Vgl *BaFin*, Emittentenleitfaden (Stand: 28.4.2009), S. 139.
19 Vgl Art. 9 Abs. 1 Richtlinie 2004/109/EG des Europäischen Parlaments und des Rates v. 15.12.2004, ABl. EU Nr. L 390, S. 47.

daneben die übernahmerechtlichen Mitteilungspflichten gemäß § 35 Abs. 1 WpÜG (vgl dort Rn 3 f) zu beachten.

6 Maßgebend für das Berühren der einzelnen Meldeschwellen ist alleine die Anzahl der Stimmrechte, nicht die Beteiligung am Nennkapital. Die **Berechnung der Stimmrechtsquote** folgt dem Verhältnis der dem Aktionär zustehenden eigenen sowie den nach § 22 zuzurechnenden Stimmrechte auf Ebene des Zählens zu der **Gesamtzahl der Stimmrechte** des Emittenten im Nenner (vgl hierzu insbesondere auch § 26 a).[20] Eigene Aktien des Emittenten sind zur Gesamtzahl der Stimmrechte (Nenner) hinzuzuzählen, auch wenn sie kein Stimmrecht vermitteln (§ 71 b AktG).[21] **Stimmrechtslose Vorzugsaktien** sind solange nicht in die Berechnung des Stimmrechtsanteils einzubeziehen, wie das Stimmrecht ruht. Mit Aufleben des Stimmrechts (§ 140 Abs. 2) oder Aufhebung des Vorzugs (§ 141 Abs. 4) wird die Mitteilungspflicht neu begründet.[22] In diesem Fall wird auch eine Neuberechnung der Stimmrechtsquoten erforderlich.[23] Sofern jemandem Stimmrechte aus direkt gehaltenen Aktien zustehen und ihm weitere Stimmrechte nach § 22 zugerechnet werden, ist die Summe der Stimmrechte maßgeblich. So besteht keine Mitteilungspflicht, wenn der Meldepflichtige mit seinem Stimmrechtsanteil aus direkt gehaltenen Aktien einen Schwellenwert überschreitet, aber zusammen mit dem ihm zugerechneten Stimmrechten keinen Schwellenwert erreicht. Eine Mitteilungspflicht besteht auch dann nicht, wenn ein Wechsel von Stimmrechten aus direkt gehaltenen Aktien auf zugerechnete Stimmrechte stattfindet (oder vice versa) oder weil es zu einem bloßen Wechsel innerhalb der Zurechnungstatbestände des § 22 gekommen ist.[24] Bei der Berechnung der Gesamtzahl der vorhandenen Stimmrechte sind auch solche zu berücksichtigen, die einem **vorübergehenden Stimmrechtsausübungshindernis** unterliegen (vgl § 17 Abs. 1 Nr. 5 WpAIV).[25] Entsprechende Ausübungshindernisse können sich aus § 67 Abs. 2 AktG (keine Stimmrechtsausübung vor Eintragung in das Aktienregister), §§ 71 b, 71 d AktG (keine Rechte aus eigenen Aktien und solchen, die von Dritten als der AG zurechenbar gehalten werden), §§ 136 Abs. 1, 285 Abs. 1 AktG (keine Abstimmung in eigenen Angelegenheiten bei Bestehen von Interessenkonflikten), § 328 Abs. 1 S. 1 AktG (Beschränkung der Ausübung der Rechte bei wechselseitig beteiligten Unternehmen) ergeben. Dies gilt entgegen teilweise vertretener Auffassung auch für solche Stimmrechte, die vorübergehend nicht bestehen, sei es wegen eines Rechtsverlustes nach § 28 WpHG bzw § 59 WpÜG oder auch des Nichtbestehens der Rechte aus eigenen Aktien einer Aktiengesellschaft (abstrakte Betrachtungsweise).[26] Auch ein kurzfristiges Über- oder Unterschreiten der Schwellenwerte ist mitteilungspflichtig, da § 21 keine Mindesthaltedauer kennt.[27] Die BaFin lässt allerdings eine tageweise Saldierung in Bezug auf Schwellenüber- oder Unterschreitungen zu. Nicht zulässig ist hingegen eine grundsätzliche Saldierung von Long- und Short-Positionen.[28]

7 Der Tatbestand des **Erwerbs** und der **Veräußerung** wird durch das dingliche Rechtsgeschäft erfüllt.[29] Maßgeblich ist insoweit der letzte Wirksamkeitsakt. Der Abschluss eines Kaufvertrages oder sonstige schuldrechtliche Abreden begründen keine Mitteilungspflicht nach Abs. 1.[30] Vinkulierende Namensaktien werden daher erst mit Abgabe der Zustimmung durch die Gesellschaft erworben (§ 68 Abs. 2 AktG).[31] Zu beachten ist jedoch, dass Handlungen und Vereinbarungen im Vorfeld – je nach Ausgestaltung – Zurechnungstatbestände des § 22 (vgl zur Frage der Zurechnung § 22 Rn 9) begründen bzw unter § 25 oder § 25 a fallen können.[32]

---

20 Nottmeier/Schäfer, AG 1997, 87, 92.
21 BaFin Emittentenleitfaden (Stand: 28.4.2009), S. 129; näher: Krämer/Heinrich, ZIP 2009, 1737, 1743.
22 Falkenhagen, WM 1995, 1005, 1008; Nottmeier/Schäfer, AG 1997, 87, 89; MüKo-AktG/Bayer, § 22 Anh. § 21 WpHG Rn 23; Schäfer/Hamann/Opitz, § 21 WpHG Rn 16; Schneider, in: Assmann/Schneider, § 21 Rn 45 ff; Fuchs/Dehlinger/Zimmermann, WpHG, § 21 Rn 54; kritisch de lege ferenda: Wilsing, BB 1995, 2277, 2280; aA Diekmann, DZWir 1994, 13, 18; Happ, ZIP 1994, 240, 244.
23 MüKo-AktG/Bayer, § 22 Anh. § 21 WpHG Rn 23; zu den hiermit verbundenen praktischen Schwierigkeiten der Stamm- und Vorzugsaktionäre: Wilsing, BB 1995, 2277, 2278.
24 Vgl BaFin, Emittentenleitfaden (Stand: 28.4.2009), S. 128; Krämer/Heinrich, ZIP 2009, 1737, 1742.
25 Schäfer/Hamann/Opitz, § 21 WpHG Rn 18; Cahn, AG 1997, 502, 506.
26 Vgl §§ 71 b, 71 d S. 4 AktG; Schäfer/Hamann/Opitz, § 21 WpHG Rn 18; Schneider, in: Assmann/Schneider, § 21 Rn 61; ebenso zu § 28: BaFin, Emittentenleitfaden (Stand: 28.4.2009), S. 128 f; ebenso zu § 59 WpÜG: KölnKomm-WpÜG/v. Bülow, § 59 Rn 29; aA Burgard, BB 1995, 2069, 2071; Falkenhagen, WM 1995, 1005, 1008; Sudmeyer, BB 2002, 685, 687; Wilsing, BB 1995, 2277.
27 Vgl BaFin, Häufig gestellte Fragen zu den §§ 21 ff WpHG, Stand 3.3.2010, abrufbar unter <www.bafin.de/cln_179/nn_995160/SharedDocs/FAQ/DE/Unternehmen/BoersenorientierteUnternehmen/BedeutendeStimmrechtsanteile/wphg21/faq__21wphg__13.html>; Schimansky/Bunte/Lwowski/Kienle, Bankrechts-Handbuch, § 105 Rn 64; Schneider/Brouwer, in: FS K. Schmidt, 2009, S. 1411, 1420; aA Kümpel/Veil, WpHG, S. 155; Steuer/Baur, WM 1996, 1477, 1483; Lutter/Scheffler/Schneider/Assmann, Handbuch der Konzernfinanzierung § 12 Rn 12, 72.
28 Vgl BaFin, Häufig gestellte Fragen zu den §§ 21 ff WpHG, Stand 3.3.2010, abrufbar unter <www.bafin.de/cln_179/nn_995160/SharedDocs/FAQ/DE/Unternehmen/BoersenorientierteUnternehmen/BedeutendeStimmrechtsanteile/wphg21/faq__21wphg__13.html>.
29 Vgl BaFin, Emittentenleitfaden (Stand: 28.4.2009), S. 129 f; Fuchs/Dehlinger/Zimmermann, WpHG, § 21 Rn 28 ff.
30 AllgM: Schneider, in: Assmann/Schneider, § 21 Rn 70 ff; MüKo-AktG/Bayer, § 22 Anh. § 21 WpHG Rn 25; Cahn, AG 1997, 502, 506 ff; Nottmeier/Schäfer, AG 1997, 87, 88.
31 Burgard, BB 1995, 2069; Schneider, in: Assmann/Schneider, § 21 Rn 55; MüKo-AktG/Bayer, § 22 Anh. § 21 WpHG Rn 25.
32 Vgl BaFin, Emittentenleitfaden (Stand: 28.4.2009), S. 130.

Hauptanwendungsfall des Berührens der Schwellenwerte **in sonstiger Weise** ist die Verwirklichung sowie der Wegfall der Zurechnungstatbestände nach § 22 Abs. 1 und 2.[33] Daneben werden insbesondere Befreiungen nach § 23 und deren Widerruf,[34] die Nichtausübung der Bezugsrechte bei einer Kapitalerhöhung[35] sowie die Einziehung der Aktien in Folge des Rückerwerbs durch die Gesellschaft von der Tatbestandsalternative erfasst. Weitere Anwendungsfälle sind das Wiederaufleben der Stimmrechte aus stimmrechtslosen Vorzugsaktien (§ 140 Abs. 2 AktG) und deren Umwandlung in Stammaktien, die Gesamtrechtsnachfolge infolge Verschmelzung (§ 20 Abs. 1 Nr. 1 UmwG) oder durch Erbfall (§ 1922 BGB), die Kaduzierung (§ 64 AktG) und Einziehung von Aktien (§ 237 AktG) sowie die Abschaffung des Mehrstimmrechts bei Mehrstimmrechtsaktien (vgl hierzu Rn 6). Die Umwandlung nach § 190 ff. UmwG begründet wegen § 202 Abs. 1 Nr. 1 UmwG keine Mitteilungspflicht, da der formwechselnde Rechtsträger in der durch den Umwandlungsbeschluss bestimmten Rechtsform fortbesteht.[36] Auch bei einer schlichten Umfirmierung besteht keine Mitteilungspflicht.[37]

C. Abgabe und Inhalt der Mitteilung

Die Mitteilung ist (i) an die BaFin – Bundesanstalt für Finanzdienstleistungsaufsicht, Referat WA 12 (Emittenten A–K) oder WA 13 (Emittenten L–Z; Zahlen) Marie-Curie-Straße 24–28, 60439 Frankfurt am, Telefax: +49 (0)228 / 4108 – 3119 – sowie gleichzeitig (ii) an die Gesellschaft zu richten.[38] Die BaFin empfiehlt das auf der BaFin-Homepage abrufbare Standardformular zu verwenden.[39]

Zu den durch den Meldepflichtigen **mitzuteilenden Tatsachen** gehören gemäß § 17 Abs. 1 WpAIV:[40]

- die deutlich hervorgehobene Überschrift „Stimmrechtsmitteilung" (§ 17 Abs. 1 Nr. 1 WpAIV)
- **Name** und **Anschrift** des Meldepflichtigen (§ 17 Abs. 1 Nr. 2 WpAIV),
- Name und Anschrift des Emittenten (§ 17 Abs. 1 Nr. 3 WpAIV),
- sämtliche berührten Schwellen sowie die Angabe, ob die Schwellen erreicht, über- oder unterschritten wurden (§ 17 Abs. 1 Nr. 4 WpAIV),
- die **Höhe des nunmehr gehaltenen Stimmrechtsanteils** in Prozent und Anzahl der Stimmrechte (§ 17 Abs. 1 Nr. 5 WpAIV) – maßgeblich ist der Tag der Schwellenberührung,
- **das Datum des Überschreitens, Unterschreitens oder Erreichens der Schwellen** (§ 17 Abs. 1 Nr. 6 WpAIV),
- Anschrift nach § 17 Abs. 1 Nr. 2 und Nr. 3 WpAIV meint Wohnort (bei Privataktionären) oder Sitz (bei Kaufleuten), dh Ort der Hauptniederlassung. Zur Anschrift gehören auch Straße und Hausnummer bzw Postfach. Bei einer GbR sind der Gesamtname und die Geschäftsadresse ausreichend. Bestehen diese nicht, bedarf es einer Auflistung aller Gesellschafter und deren Adressen. Letzteres gilt zwingend für eine Erbengemeinschaft.[41]

Das Erreichen einer Schwelle bei den Angaben nach § 17 Abs. 1 Nr. 4 WpAIV ist nur dann inhaltlich richtig, wenn der Anteil der Stimmrechte genau in Höhe des Schwellenwertes besteht.[42]

Bei § 17 Abs. 1 Nr. 5 WpAIV ist sowohl die absolute Zahl an Stimmrechten als auch eine bis zur zweiten Stelle hinter dem Komma kaufmännisch gerundete Prozentzahl anzugeben.[43]

Ferner normiert § 17 Abs. 2 WpAIV weitere Meldeinhalte für Fälle der Stimmrechtszurechnung gemäß § 22 Abs. 1 und 2. Diese sind:

- Name des mittelnden Dritten, sofern der zugerechnete Anteil mindestens 3 % beträgt (§ 17 Abs. 2 Nr. 1 WpAIV);
- gegebenenfalls Name der kontrollierten Unternehmen, die die Stimmrechte halten, wenn deren zugerechneter Anteil zumindest 3 % erreicht (§ 17 Abs. 2 Nr. 2 WpAIV).

---

[33] Begr. RegE BT-Drucks. 12/6679, S. 53.
[34] *Nottmeier/Schäfer*, AG 1997, 87, 89.
[35] *Burgard*, BB 1995, 2069, 2070.
[36] *BaFin*, Emittentenleitfaden (Stand: 28.4.2009), S. 130 ff; *Bedkowski/Widder*, BB 2008, 245; *Fuchs/Dehlinger/Zimmermann*, WpHG, § 21 Rn 47; *Kirschner*, DB 2008, 623, 624 f; *Klein/Theusinger*, NZG 2009, 250, 252; *Schäfer/Hamann/Opitz*, § 21 WpHG Rn 22; *Segna*, AG 2008, 311, 313 f; aA *Heppe*, WM 2002, 60, 70.
[37] *BaFin* Emittentenleitfaden (Stand: 28.4.2009), S. 132; OLG Düsseldorf ZIP 2009, 170, 172; Klein/Theusinger, NZG 2009, 250, 251; LG Krefeld AG 2008, 754; aA Heppe, WM 2002, 60, 70; LG Köln AG 2008, 336, 338 f.
[38] Vgl im Übrigen Schäfer/Hamann/*Opitz*, § 21 WpHG Rn 31.
[39] Vgl *BaFin*, Emittentenleitfaden (Stand: 28.4.2009), S. 133; Die Standardformulare sind abrufbar unter www.bafin.de → Aufsicht → Börsen & Märkte → Transparenzpflichten → Bedeutende Stimmrechtsanteile → Standardformular für Stimmrechtsmitteilungen nach §§ 21 ff WpHG und Muster einer Mitteilung und Veröffentlichung.
[40] Vgl *BaFin*, Emittentenleitfaden (Stand: 28.4.2009), S. 134.
[41] MüKo-AktG/*Bayer*, § 22 Anh. § 21 WpHG Rn 5, 33.
[42] Vgl *BaFin*, Emittentenleitfaden (Stand: 28.4.2009), S. 134.
[43] Vgl *BaFin*, Emittentenleitfaden (Stand: 28.4.2009), S. 134.

Die Mitteilungen nach § 21 Abs. 1 und 1a müssen die zuzurechnenden Stimmrechte für jede Nummer des § 22 Abs. 1 und 2 gesondert angeben.

Die Abgabe vorsorglicher Mitteilungen gestattet die BaFin nicht, freiwillige Mitteilungen sollen grundsätzlich nicht erfolgen.[44]

10 Die Mitteilung nach Abs. 1, 1a hat **unverzüglich** (§ 121 Abs. 1 S. 1 BGB) gegenüber dem Emittenten und gleichzeitig spätestens innerhalb von vier Handelstagen gegenüber der BaFin zu erfolgen. Entscheidend ist der Zugang der Mitteilung.[45] Das Kriterium der gleichzeitigen Mitteilung ist auch noch bei einem unmittelbaren Versenden hintereinander erfüllt. Auf die Vermutung des Abs. 1 S. 4, dass der Meldepflichtige zwei Handelstage nach dem Erreichen, Überschreiten oder Unterschreiten der genannten Schwellen Kenntnis hat, kommt es grundsätzlich nicht an, da der Meldepflichtige in der Regel von den Umständen der Schwellenberührung am selben Tag Kenntnis erlangen wird.[46] Für den Fristbeginn kommt es auf den Zeitpunkt an, in dem der Meldepflichtige von dem die Mitteilungspflicht begründenden Tatbestand Kenntnis hatte oder den Umständen nach hätte haben müssen. Die Fristberechnung bestimmt sich nach § 30 iVm §§ 187 Abs. 1, 188 Abs. 1 BGB. Für die Berechnung der Mitteilungsfristen gelten gemäß § 30 Abs. 1 als Handelstage alle Kalendertage, die nicht Sonnabende, Sonntage oder zumindest in einem Land landeseinheitliche gesetzlich anerkannte Feiertage sind.

Die BaFin fordert, dass Mitteilungen schriftlich per Post oder mittels Telefax an den Emittenten und sie selbst zu übersenden sind und unterschrieben sein müssen. Eine elektronische Signatur bzw eine gescannte Unterschrift erachtet die BaFin als nicht ausreichend. Der Meldepflichtige besitzt jedoch nach § 18 WpAIV die Wahl zwischen der deutschen und der englischen Sprache.[47]

D. Inlandsemittenten und Emittenten, für die die Bundesrepublik Deutschland der Herkunftsstaat ist (Abs. 2)

11 Gegenstand der Mitteilungspflichten sind Stimmrechte aus Aktien an einem Inlandsemittenten oder Emittenten, für welchen die Bundesrepublik Deutschland nach § 2 Abs. 6 der Herkunftsstaat ist, dessen Aktien zum Handel an einem organisierten Markt iSv § 2 Abs. 5 zugelassen sind.

Mit der Umsetzung der Transparenzrichtlinie II[48] wurde das Herkunftsstaatsprinzip in das WpHG aufgenommen, weshalb – anders als nach Abs. 2 aF – der Sitz des Emittenten im Inland nicht mehr zwingend ist. Der Begriff des organisierten Marktes wurde durch Art. 2 Nr. 1 des Gesetzes zur Regelung von öffentlichen Übernahmeangeboten vom 20.12.2001 eingeführt. Durch die Neuregelung wurde der Anwendungsbereich der bisher auf Gesellschaften mit einer Zulassung zum amtlichen Handel beschränkten Mitteilungspflichten mit den Regelungen des WpÜG harmonisiert (vgl § 2 Abs. 7 WpÜG).[49] Zu dem in § 2 Abs. 5 legal definierten Begriff des organisierten Marktes gehören der amtliche Handel und der geregelte Markt (§§ 30 ff, 49 ff. BörsG), nicht hingegen der Freiverkehr (Open Market) (§ 57 BörsG). Durch die Änderung des § 21 Abs. 2 wurde gleichzeitig der Anwendungsbereich der §§ 20 ff AktG aufgrund der Verweisungen in §§ 20 Abs. 8, 21 Abs. 4 AktG weiter eingeschränkt (vgl § 20 Rn 2). **Folgeänderungen** ergeben sich für die §§ 21 Abs. 1a, 25 Abs. 2 S. 1, 26 Abs. 1 S. 1 und Abs. 3 und § 30 Abs. 1 Nr. 4.

E. Erstmalige Börsenzulassung (Abs. 1a)

12 Abs. 1a begründet weitere Mitteilungspflichten für denjenigen, dem im Zeitpunkt der erstmaligen Zulassung der Aktien zum Handel an einem organisierten Markt 3% oder mehr der Stimmrechte an einem Emittenten zustehen, für den die Bundesrepublik Deutschland der Herkunftsstaat ist. Die Vorschrift geht auf Art. 3 Nr. 10 3. Finanzmarktförderungsgesetz vom 24.3.1998 zurück.[50] Bei dem durch Art. 2 Nr. 1 des Gesetzes zur Regelung von öffentlichen Übernahmeangeboten vom 20.12.2001 eingeführten Begriff des organisierten Marktes handelt es sich um eine Folgeänderung zu Abs. 2 (vgl Rn 11).

Hinsichtlich der aufgezeigten Mitteilung bei Abs. 1 (vgl Rn 8 ff) unterscheidet sich die Mitteilung nach Abs. 1a nur insoweit, als keine Schwellen anzugeben sind.[51]

---

44 Vgl *BaFin*, Emittentenleitfaden (Stand: 28.4.2009), S. 135; näher: *Krämer/Heinrich*, ZIP 2009, 1737, 1742.
45 HM: MüKo-AktG/*Bayer*, § 22 Anh. § 21 WpHG Rn 39.
46 Vgl *BaFin*, Emittentenleitfaden, Stand 28. 4.2009, S. 135.
47 Vgl *BaFin*, Emittentenleitfaden (Stand: 28.4.2009), S. 135.

48 Richtlinie 2004/109/EG des Europäischen Parlaments und des Rates v. 15. Dezember 2004, ABl. EU Nr. L 390, S. 38 ff.
49 Begr. RegE BT-Drucks. 14/7034, S. 70; zustimmend: *Witt*, AG 2001, 233, 239.
50 BGBl. I 1998 S. 529.
51 Vgl *BaFin*, Emittentenleitfaden (Stand: 28.4.2009), S. 136.

§ 22 Zurechnung von Stimmrechten

(1) ¹Für die Mitteilungspflichten nach § 21 Abs. 1 und 1a stehen den Stimmrechten des Meldepflichtigen Stimmrechte aus Aktien des Emittenten, für den die Bundesrepublik Deutschland der Herkunftsstaat ist, gleich,
1. die einem Tochterunternehmen des Meldepflichtigen gehören,
2. die einem Dritten gehören und von ihm für Rechnung des Meldepflichtigen gehalten werden,
3. die der Meldepflichtige einem Dritten als Sicherheit übertragen hat, es sei denn, der Dritte ist zur Ausübung der Stimmrechte aus diesen Aktien befugt und bekundet die Absicht, die Stimmrechte unabhängig von den Weisungen des Meldepflichtigen auszuüben,
4. an denen zugunsten des Meldepflichtigen ein Nießbrauch bestellt ist,
5. die der Meldepflichtige durch eine Willenserklärung erwerben kann,
6. die dem Meldepflichtigen anvertraut sind oder aus denen er die Stimmrechte als Bevollmächtigter ausüben kann, sofern er die Stimmrechte aus diesen Aktien nach eigenem Ermessen ausüben kann, wenn keine besonderen Weisungen des Aktionärs vorliegen.

²Für die Zurechnung nach Satz 1 Nr. 2 bis 6 stehen dem Meldepflichtigen Tochterunternehmen des Meldepflichtigen gleich. ³Stimmrechte des Tochterunternehmens werden dem Meldepflichtigen in voller Höhe zugerechnet.

(2) ¹Dem Meldepflichtigen werden auch Stimmrechte eines Dritten aus Aktien des Emittenten, für den die Bundesrepublik Deutschland der Herkunftsstaat ist, in voller Höhe zugerechnet, mit dem der Meldepflichtige oder sein Tochterunternehmen sein Verhalten in Bezug auf diesen Emittenten auf Grund einer Vereinbarung oder in sonstiger Weise abstimmt; ausgenommen sind Vereinbarungen in Einzelfällen. ²Ein abgestimmtes Verhalten setzt voraus, dass der Meldepflichtige oder sein Tochterunternehmen und der Dritte sich über die Ausübung von Stimmrechten verständigen oder mit dem Ziel einer dauerhaften und erheblichen Änderung der unternehmerischen Ausrichtung des Emittenten in sonstiger Weise zusammenwirken. ³Für die Berechnung des Stimmrechtsanteils des Dritten gilt Absatz 1 entsprechend.

(3) Tochterunternehmen sind Unternehmen, die als Tochterunternehmen im Sinne des § 290 des Handelsgesetzbuchs gelten oder auf die ein beherrschender Einfluss ausgeübt werden kann, ohne dass es auf die Rechtsform oder den Sitz ankommt.

(3a) ¹Für die Zurechnung nach dieser Vorschrift gilt ein Wertpapierdienstleistungsunternehmen hinsichtlich der Beteiligungen, die von ihm im Rahmen einer Wertpapierdienstleistung nach § 2 Abs. 3 Satz 1 Nr. 7 verwaltet werden, unter den folgenden Voraussetzungen nicht als Tochterunternehmen im Sinne des Absatzes 3:
1. das Wertpapierdienstleistungsunternehmen darf die Stimmrechte, die mit den betreffenden Aktien verbunden sind, nur aufgrund von in schriftlicher Form oder über elektronische Hilfsmittel erteilten Weisungen ausüben oder stellt durch geeignete Vorkehrungen sicher, dass die Finanzportfolioverwaltung unabhängig von anderen Dienstleistungen und unter Bedingungen, die denen der Richtlinie 2009/65/EG des Europäischen Parlaments und des Rates vom 13. Juli 2009 zur Koordinierung der Rechts- und Verwaltungsvorschriften betreffend bestimmte Organismen für gemeinsame Anlagen in Wertpapieren (OGAW) (ABl. L 302 vom 17.11.2009, S. 32) in der jeweils geltenden Fassung gleichwertig sind, erfolgt,
2. das Wertpapierdienstleistungsunternehmen übt die Stimmrechte unabhängig vom Meldepflichtigen aus,
3. der Meldepflichtige teilt der Bundesanstalt den Namen dieses Wertpapierdienstleistungsunternehmens und die für dessen Überwachung zuständige Behörde oder das Fehlen einer solchen mit und
4. der Meldepflichtige erklärt gegenüber der Bundesanstalt, dass die Voraussetzungen der Nummer 2 erfüllt sind.

²Ein Wertpapierdienstleistungsunternehmen gilt jedoch dann für die Zurechnung nach dieser Vorschrift als Tochterunternehmen im Sinne des Absatzes 3, wenn der Meldepflichtige oder ein anderes Tochterunternehmen des Meldepflichtigen seinerseits Anteile an der von dem Wertpapierdienstleistungsunternehmen verwalteten Beteiligung hält und das Wertpapierdienstleistungsunternehmen die Stimmrechte, die mit diesen Beteiligungen verbunden sind, nicht nach freiem Ermessen, sondern nur aufgrund unmittelbarer oder mittelbarer Weisungen ausüben kann, die ihm vom Meldepflichtigen oder von einem anderen Tochterunternehmen des Meldepflichtigen erteilt werden.

(4) ¹Wird eine Vollmacht im Falle des Absatzes 1 Satz 1 Nr. 6 nur zur Ausübung der Stimmrechte für eine Hauptversammlung erteilt, ist es für die Erfüllung der Mitteilungspflicht nach § 21 Abs. 1 und 1 a in Verbindung mit Absatz 1 Satz 1 Nr. 6 ausreichend, wenn die Mitteilung lediglich bei Erteilung der Vollmacht abgegeben wird. ²Die Mitteilung muss die Angabe enthalten, wann die Hauptversammlung stattfindet und wie hoch nach Erlöschen der Vollmacht oder des Ausübungsermessens der Stimmrechtsanteil sein wird, der dem Bevollmächtigten zugerechnet wird.

(5) Das Bundesministerium der Finanzen kann durch Rechtsverordnung, die nicht der Zustimmung des Bundesrates bedarf, nähere Bestimmungen erlassen über die Umstände, unter welchen im Falle des Absatzes 3 a eine Unabhängigkeit des Wertpapierdienstleistungsunternehmens vom Meldepflichtigen gegeben ist, und über elektronische Hilfsmittel, mit denen Weisungen im Sinne des Absatzes 3 a erteilt werden können.

Literatur:
Berger/Filgut, „Acting in Concert" nach § 30 Abs. 2 WpÜG, AG 2004, 592; *von Bülow/Bücker,* Abgestimmtes Verhalten im Kapitalmarkt- und Gesellschaftsrecht, ZGR 2004, 669; *von Bülow/Petersen,* Stimmrechtszurechnung zum Treuhänder?, NZG 2009, 1373; *von Bülow/Stephanblome,* Acting in Concert und neue Offenlegungspflichten nach dem Risikobegrenzungsgesetz, ZIP 2008, 1797; *Cahn,* Grenzen des Markt- und Anlegerschutzes durch das WpHG, ZHR 162 (1998), 1; *ders.,* Probleme der Mitteilungs- und Veröffentlichungspflichten nach dem WpHG bei Veränderungen des Stimmrechtsanteils an börsennotierten Gesellschaften, AG 1997, 502; *Casper,* Acting in Concert – Grundlagen eines neuen kapitalmarktrechtlichen Zurechnungstatbestandes, ZIP 2003, 1469; *Drinkuth,* Gegen den Gleichlauf des Acting in concert nach § 22 WpHG und § 30 WpÜG, ZIP 2008, 676; *Engert,* Anmerkung zum BGH-Urteil v. 18.9.2006 – II ZR 137/05 (OLG München), JZ 2007, 314; *Engert,* Hedgefonds als aktivistische Aktionäre, ZIP 2006, 2105; *Fleischer/Schmolke,* Kapitalmarktrechtliche Beteiligungstransparenz nach §§ 21 ff WpHG und „Hidden Ownership", ZIP 2008, 1501; *Franck,* Die Stimmrechtszurechnung nach § 22 WpHG und § 30 WpÜG, BKR 2002, 709; *Gätsch/Schäfer,* Abgestimmtes Verhalten nach § 22 II WpHG und § 30 II WpÜG in der Fassung des Risikobegrenzungsgesetzes, NZG 2008, 846; *Habersack,* Beteiligungstransparenz adieu? – Lehren aus dem Fall Continental/Schaeffler, AG 2008, 817; *Halász/Kloster,* Acting in concert im Lichte der aktuellen höchstrichterlichen Rechtsprechung, Der Konzern 2007, 344; *Hamann,* In concert or not in concert?, ZIP 2007, 1088; *Heinrich,* Kapitalmarktrechtliche Transparenzbestimmungen und die Offenlegung von Beteiligungsverhältnissen, 2006; *Habammer,* Der ausländische Trust im deutschen Ertrag- und Erbschaft-/Schenkungsteuerrecht, DStR 2002, 425; *Hammen,* Analogieverbot beim Acting in Concert?, Der Konzern 2009, 18; *Koppensteiner,* Einige Fragen zu § 20 AktG, in: FS Heinz Rowedder, 1994, S. 213; *Korff,* Das Risikobegrenzungsgesetz und seine Auswirkungen auf das WpHG, AG 2008, 692; *Lange,* Aktuelle Rechtsfragen der kapitalmarktrechtlichen Zurechnung, ZBB 2004, 22; *Liebscher,* Die Zurechnungstatbestände des WpHG und WpÜG, ZIP 2002, 1005; *Mayrhofer/Pirnor,* Rechtsprechungsanmerkung OLG München – 7 U 1997/09 (9.9.2009), DB 2009, 2312; *Meyer/Kiesewetter,* Rechtliche Rahmenbedingungen des Beteiligungsaufbaus im Vorfeld von Unternehmensübernahmen, WM 2009, 340; *Mutter,* Die Stimmrechtszurechnung nach § 22 WpHG bei Einschaltung eines Trusts, AG 2006, 637; *Nießen,* Die Harmonisierung der kapitalmarktrechtlichen Transparenzregeln durch das TUG, NZG 2007, 41; *Pittroff,* Die Zurechnung von Stimmrechten gemäß § 30 WpÜG, 2003; *Pentz,* Acting in Concert – Ausgewählte Einzelprobleme, ZIP 2003, 1478; *Petersen/Wille,* Zulässigkeit eines Squeeze-out und Stimmrechtszurechnung bei Wertpapierdarlehen, NZG 2009, 856; *Pluskat,* Acting in Concert in der Fassung des Risikobegrenzungsgesetzes – jetzt alles anders?, DB 2009, 383; *Schanz,* Schaeffler/Continental: Umgehung von Meldepflichten bei öffentlichen Übernahmen durch Einsatz von derivativen Finanzinstrumenten, DB 2008, 1899; *Schnabel/Korff,* Mitteilungs- und Veröffentlichungspflichten gemäß §§ 21 ff WpHG und ihre Änderung durch das Transparenzrichtlinie-Umsetzungsgesetz – Ausgewählte Praxisfragen, ZBB 2007, 179; *Schneider,* Acting in Concert – ein kapitalmarktrechtlicher Zurechnungszusammenhang, WM 2006, 1321; *Schockenhoff/Schumann,* Acting in Concert – geklärte und ungeklärte Rechtsfragen, ZGR 2005, 568; *Schockenhoff/Wagner,* Zum Begriff des „acting in concert", NZG 2008, 361; *Seibt,* Grenzen des übernahmerechtlichen Zurechnungstatbestandes in § 30 Abs. 2 WpÜG (Acting in Concert), ZIP 2004, 1829; *Spindler,* Acting in Concert – Begrenzung von Risiken durch Finanzinvestoren, WM 2007, 2357; *Veil,* Stimmrechtszurechnungen aufgrund von Abstimmungsvereinbarungen gemäß § 20 Abs. 2 WpHG und § 30 Abs. 2 WpÜG, in: FS Karsten Schmidt, 2009, S. 1645; *Wackerbarth,* Die Zurechnung nach § 30 WpÜG zum Alleingesellschafter-Geschäftsführer einer GmbH, ZIP 2005, 1217; *Widder/Kocher,* Stimmrechtszurechnung vom Treugeber zum Treuhänder gem. § 22 Abs. 1 Satz 1 Nr. 2 WpHG analog?, ZIP 2010, 457; *Wilsing/Goslar,* Der Regierungsentwurf des Risikobegrenzungsgesetzes – ein Überblick, DB 2007, 2467; *Zimmermann,* Die kapitalmarktrechtliche Beteiligungstransparenz nach dem Risikobegrenzungsgesetz, ZIP 2009, 57; vgl im Übrigen die Angaben zu § 21 WpHG und § 30 WpÜG.

A. Einführung	1	IV. Nießbrauch (Abs. 1 S. 1 Nr. 4)	13
B. Zurechnungstatbestände im Einzelnen	3	V. Gesicherte Erwerbsmöglichkeit (Abs. 1 S. 1 Nr. 5)	14
I. Tochterunternehmen (Abs. 1 S. 1 Nr. 1, Abs. 3, Abs. 3 a)	3	VI. Verwahrungsverhältnisse (Abs. 1 S. 1 Nr. 6)	15
II. Für fremde Rechnung gehaltene Aktien (Abs. 1 S. 1 Nr. 2)	6	VII. Abgestimmtes Verhalten (Abs. 2)	16
III. Sicherheitsübertragung (Abs. 1 S. 1 Nr. 3)	11	VIII. Hauptversammlungsvollmacht (Abs. 4)	25
		C. Keine Absorption	26

A. Einführung[1]

Durch die in Abs. 1 S. 1 und Abs. 2 abschließend geregelten Zurechnungstatbestände werden dem Meldepflichtigen oder seinem Tochterunternehmen Stimmrechte aus Aktien Dritter zugerechnet, auf deren Ausübung er von Rechts wegen oder faktisch Einfluss hat oder haben kann. Für die Zurechnung der Stimmrechte aus Aktien gemäß Abs. 1 S. 1 Nr. 1 definiert Abs. 3 den Begriff des Tochterunternehmens. Unter den Voraussetzungen des Abs. 3 a werden Wertpapierdienstleistungsunternehmen nicht als Tochterunternehmen angesehen. Nach Abs. 4 besteht für einen aufgrund von Abs. 1 S. 1 Nr. 6 Meldepflichtigen, welchem eine Vollmacht nur zur Ausübung der Stimmrechte für eine Hauptversammlung erteilt wurde, eine Sonderregelung. Aufgrund von Abs. 5 kann die BaFin hinsichtlich Abs. 3 a nähere Bestimmungen durch Rechtsverordnung erlassen. Von der Verordnungsermächtigung des Abs. 5 wurde mit der Transparenzrichtlinie-Durchführungsverordnung vom 13.3.2008 Gebrauch gemacht.[2]

Die Einführung der Vorschrift diente der Umsetzung von Art. 92 der europäischen Börsen-Richtlinie 2001/34/EG. Sachliche Änderungen waren zunächst aufgrund Art. 2 Nr. 2 des **Gesetzes zur Regelung von öffentlichen Angeboten zum Erwerb von Wertpapieren und von Unternehmensübernahmen** vom 20.12.2001 (BGBl. I S. 3822) veranlasst, durch den die Norm mit den in § 30 WpÜG neu geregelten Zurechnungstatbeständen synchronisiert wurde.[3] Die Harmonisierung der wertpapierhandels- und übernahmerechtlichen Zurechnungsnormen soll nach dem Willen des Gesetzgebers Irritationen am Kapitalmarkt durch die Anwendung divergierender Zurechnungsmethoden verhindern.[4] Ob sich angesichts der unterschiedlichen Schutzzwecke und der im Falle des WpHG als angeglichenem Recht bestehenden europarechtlichen Vorgaben Abweichungen bei der Auslegung der Zurechnungstatbestände ergeben, erscheint zweifelhaft.[5] Die aufsichtsrechtliche Praxis der BaFin geht dem Vernehmen nach bisher von einer einheitlichen Auslegung der Zurechnungstatbestände aus.

Eine umfangreiche Änderung der Vorschrift ergab sich mit der Umsetzung der Transparenz-Richtlinie II[6] durch das **Transparenzrichtlinie-Umsetzungsgesetz (TUG)** vom 5.1.2007. Durch das TUG erfolgte eine Änderung von Abs. 1 S. 1, Abs. 2 S. 1 und Abs. 4 sowie der Anfügung von Abs. 3 a und Abs. 5.[7] Die Änderungen des Abs. 1 S. 1 Nr. 6 und die Einfügung des Abs. 3 a durch das Transparenzrichtlinie-Umsetzungsgesetz wurden auch in § 30 Abs. 1 Nr. 6, Abs. 3 WpÜG übernommen, um – nach der Intention des Gesetzgebers – einen Gleichlauf der Zurechnungsvorschriften zu gewährleisten.[8] Abs. 2 (mit entsprechender Änderung des § 30 WpÜG) wurde aufgrund des **Risikobegrenzungsgesetzes**[9] neu gefasst und der Tatbestand damit erweitert und konkretisiert. Zuletzt wurde Abs. 3 a redaktionell durch das OGAW-IV-Umsetzungsgesetz[10] überarbeitet, was allerdings keine inhaltlichen Konsequenzen nach sich zieht.

B. Zurechnungstatbestände im Einzelnen

I. Tochterunternehmen (Abs. 1 S. 1 Nr. 1, Abs. 3, Abs. 3 a). Stimmrechte aus Aktien, die einem Tochterunternehmen gehören, werden dem Meldepflichtigen gemäß Abs. 1 S. 1 Nr. 1 zugerechnet. Die Vorschrift weicht damit von dem in Abs. 1 Nr. 2 aF und dem in der europäischen Börsen-Richtlinie 2001/34/EG verwendeten Begriff des „kontrollierten Unternehmens" ab. **Tochterunternehmen** sind nach der in Abs. 3 enthaltenen und mit § 2 Abs. 6 WpÜG, § 1 Abs. 7 S. 1 KWG übereinstimmenden Legaldefinition Unternehmen, die als Tochterunternehmen iSd § 290 HGB gelten oder solche, die unabhängig von ihrer Rechtsform und ihrem Sitz einem beherrschenden Einfluss des Mutterunternehmens ausgesetzt sind. Für die Bestimmung eines beherrschenden Einflusses kann auf die zu § 17 AktG entwickelten Grundsätze verwiesen werden (vgl dort Rn 9 ff).[11]

Darüber hinaus werden dem Meldepflichtigen gemäß Abs. 1 S. 2 alle Stimmrechte zugerechnet, die einem seiner Tochterunternehmen zugeordnet sind (sog. Kettenzurechnung). Dies entspricht hinsichtlich der Fälle des Abs. 1 S. 1 Nr. 2 und 5 der früheren Regelung, geht aber für die Zurechnung nach Abs. 1 S. 1 Nr. 3, 4 und 6 über diese hinaus.[12] Zugerechnet werden ferner alle Stimmrechte, die einem Tochterunternehmen gehören (Abs. 1 S. 3), da auch sie der möglichen Einflussnahme durch das Mutterunternehmen unterliegen.[13]

---

1 Stand der Bearbeitung: **Mai 2013**.
2 BGBl. I 2008 S. 408.
3 Zusammenfassend zu den Änderungen iRd WpHG-Novellierung: *Sudmeyer*, BB 2002, 685 ff; *Liebscher*, ZIP 2002, 1005; zum RefE: *Witt*, AG 2001, 233 ff.
4 Begr. RegE BT-Drucks. 14/7034, S. 70.
5 Wie hier: *Heinrich*, Kapitalmarktrechtliche Transparenzbestimmungen, 2006, S. 77; aA *Geibel/Süßmann*, BKR 2002, 52, 62.
6 Vgl *Heinrich*, Kapitalmarktrechtliche Transparenzbestimmungen, 2006, S. 48 ff.
7 BGBl. I 2007 S. 10 ff.
8 Vgl Begr. RegE BT-Drucks. 16/2498, S. 57.
9 BGBl. I 2008 S. 1666 ff.
10 BGBl. I 2011, S. 1126 ff.
11 Begr. RegE BT-Drucks. 14/7034, S. 35; vgl im Übrigen: *Heinrich*, Kapitalmarktrechtliche Transparenzbestimmungen, 2006, S. 77 ff.
12 Begr. RegE BT-Drucks. 14/7034, S. 54.
13 Begr. RegE BT-Drucks. 14/7034, S. 53.

Die Aktien „gehören" dem Tochterunternehmen, wenn dieses zivilrechtliches Eigentum an den Aktien hält.[14]

5 Unter den Voraussetzungen des § 32 Abs. 2-4 InvG oder § 22 Abs. 3 a, § 29 a Abs. 3 liegt kein Tochterunternehmen iSd § 22 Abs. 3 vor. Die **Sonderregelung** bei der Zurechnung der Stimmrechte eines Tochterunternehmens für Investmentgesellschaften (§ 32 Abs. 2 S. 1 InvG) wurde sachlich zuletzt mehrfach modifiziert. Wesentliche Änderungen ergaben sich durch Art. 3 und 4 des Gesetzes zur Regelung von öffentlichen Angeboten zum Erwerb von Wertpapieren und von Unternehmensübernahmen vom 20.12.2001,[15] durch das Transparenzrichtlinie-Umsetzungsgesetz und das Investmentänderungsgesetz vom 21.12.2007.[16] Durch das TUG wurde auch die vormals bestehende Sonderregelung des § 134 S. 1 InvG aufgehoben und Abs. 3 a eingeführt.[17] Die Ausnahme nach Abs. 3 a bezweckt, die tatsächlichen Machtverhältnisse an einem Emittenten deutlich zu machen.[18]

Bei Stiftungen und Trusts mit eigener Rechtspersönlichkeit – welche selbst meldepflichtig sind, da sie Eigentümer sein können – erfolgt zwar grundsätzlich keine Zurechnung über die Stiftung oder dem Trust hinaus. Jedoch kann sowohl die Stiftung als auch der rechtsfähige Trust mit eigener Rechtspersönlichkeit faktisch beherrscht werden und eine Zurechnung auf die beherrschende Person erfolgen. Bei Trusts ohne eigene Rechtspersönlichkeit ist hingegen eine originäre Meldepflicht des Trustees gegeben (vgl § 21 Rn 4), da das Trustvermögen eine Art Sondervermögen des Trustees als rechtlichem Eigentümer darstellt.[19]

6 **II. Für fremde Rechnung gehaltene Aktien (Abs. 1 S. 1 Nr. 2).** Den Stimmrechten des Meldepflichtigen oder seiner Tochterunternehmen werden Stimmrechte aus Aktien gleichgestellt, die einem Dritten gehören und von diesem für Rechnung des Meldepflichtigen gehalten werden (Abs. 1 S. 1 Nr. 2). Die Vorschrift dient der Zuordnung von Stimmrechten in Fällen, in denen der Meldepflichtige oder ein Tochterunternehmen zwar nicht der formale Rechtsinhaber ist, die Kosten und das wirtschaftliche Risiko für die Beteiligung jedoch durch den Meldepflichtigen getragen werden. Das WpHG statuiert für diesen Fall die gesetzliche Vermutung, dass dem Meldepflichtigen auch in derartigen Konstellationen die materielle Stimmrechtsherrschaft zusteht.

7 Mit dem Begriffspaar „gehören" und „halten für den Meldepflichtigen" beschreibt das Gesetz Sachverhalte, bei denen rechtliche und wirtschaftliche Zuordnung auseinanderfallen. Die Aktien **„gehören"** einem Dritten iSd Satzes 1 Nr. 2, wenn dieser das zivilrechtliche Eigentum an den Wertpapieren erlangt hat.[20] Die Zurechnung gegenüber dem Meldepflichtigen kann daher beispielsweise entweder zum Zeitpunkt des dinglichen Erwerbs durch den Dritten oder mit Abschluss einer Treuhandvereinbarung erfolgen.[21] **Hauptanwendungsfälle** für den Zurechnungstatbestand sind insbesondere **Treuhandverhältnisse, Vermögensverwaltungsgesellschaften** und **Wertpapierdarlehen**.[22]

Die Stimmrechte werden **„für Rechnung"** des Meldepflichtigen gehalten, wenn dieser im Innenverhältnis die wirtschaftlichen Chancen und Risiken der Beteiligung trägt.[23] Entscheidend ist neben der Übernahme des Kursrisikos ua, ob dem Meldepflichtigen ein Anspruch auf Dividende, das Bezugsrecht neuer Aktien sowie etwaige Ausgleichs- und Abfindungszahlungen zustehen.[24]

Das von dem Meldepflichtigen übernommene Risiko muss dabei so wesentlich sein, dass dieser die Möglichkeit einer wie auch immer gearteten Einflussnahme auf die Stimmrechtsausübung aus den betreffenden Aktien hat.[25] Nicht erforderlich ist, dass der Meldepflichtige über ein tatsächliches Weisungsrecht bezüglich der Ausübung der Stimmrechte verfügt oder hiervon Gebrauch macht,[26] solange er zumindest „die tatsächliche Möglichkeit hat, den formalen Rechtsinhaber anzuweisen, wie er die Stimmrechte auszuüben hat"[27] (abstrakte Betrachtungsweise).

---

14 Vgl *BaFin*, Emittentenleitfaden (Stand: 28.4.2009), S. 137.
15 BGBl. I 2001 S. 3822 ff.
16 BGBl. I 2007 S. 3089.
17 BGBl. I 2007 S. 10 ff.
18 Begr. RegE BT-Drucks. 16/2498, S. 56.
19 Vgl *BaFin*, Emittentenleitfaden (Stand: 28.4.2009), S. 139.
20 Vgl *BaFin*, Emittentenleitfaden (Stand: 28.4.2009), S. 140.
21 *Vedder*, Zum Begriff „für Rechnung", S. 154 f.
22 *Heinrich*, Kapitalmarktrechtliche Transparenzbestimmungen, 2006, S. 94 ff.
23 LG Hannover Urt v. 29.3.1992 WM 1992, 1239, 1243 [„Pirelli/Continental"]; *BaFin*, Emittentenleitfaden (Stand: 28.4.2009), S. 140; *Burgard*, BB 1995, 2069, 2072; *Vedder*, Zum Begriff „für Rechnung", S. 126 ff, 156; MüKo-AktG/*Bayer*, § 22 Rn 17; KölnKomm-WpÜG/*v. Bülow*, § 30 Rn 95 ff; Schäfer/Hamann/*Opitz*, § 22 WpHG Rn 11; *Schneider*, in: Assmann/Schneider, § 22 Rn 55; *Heinrich*, Kapitalmarktrechtliche Transparenzbestimmungen, 2006, S. 93 f; aA *Koppensteiner*, in: FS Rowedder, 1994, S. 213, 218.
24 *BaFin*, Emittentenleitfaden (Stand: 28.4.2009), S. 140; KölnKomm-WpHG/*v. Bülow*, § 22 Rn 65.
25 *Burgard*, BB 1995, 2069, 2072; *Schneider*, in: Assmann/Schneider, § 22 Rn 55, 59; KölnKomm-WpÜG/*v. Bülow*, § 30 Rn 98.
26 *Schneider*, in: Assmann/Schneider, § 22 Rn 59; KölnKomm-WpÜG/*v. Bülow*, § 30 Rn 98.
27 VG Frankfurt aM BKR 2007, 40 ff; allgM: *Burgard*, BB 1995, 2069, 2072; Schäfer/Hamann/*Opitz*, § 22 WpHG Rn 12; *Schneider*, in: Assmann/Schneider, § 22 Rn 59; KölnKomm-WpÜG/*v. Bülow*, § 30 Rn 98; vgl auch *BaFin*, Emittentenleitfaden (Stand: 28.4.2009), S. 140.

Für den Fall der Aktienleihe hat der BGH jedoch eine Zurechnung abgelehnt, wenn der Darlehensgeber keine entsprechende Stimmrechtsherrschaft hat.[28] Hiernach könne eine Zurechnung auch zum Darlehensgeber nur dann erfolgen, wenn der Darlehensgeber aufgrund einer vertraglichen Regelung – und damit mittelbar – auf die Stimmrechtsausübung des Darlehensnehmers Einfluss nehmen kann, da die §§ 22 und 28 die Stimmrechte in den Vordergrund stellen.[29]

Nach einer im Ergebnis zu weitgehenden Entscheidung des VG Frankfurt aM vom 18.5.2006[30] erfolgt eine Stimmrechtszurechnung in einem Treuhandverhältnis dagegen sogar dann, wenn das Weisungsrecht eines Treugebers vertraglich ausdrücklich ausgeschlossen ist.[31] Voraussetzung für die Zurechnung sei danach nicht, dass der Dritte einen rechtlich abgesicherten Anspruch auf das Befolgen seiner Weisungen hat. Die Zurechnung entfalle auch nicht dann, wenn tatsächlich kein Einfluss genommen oder eine Erklärung abgeben wird, keinen Einfluss zu nehmen.[32] Vielmehr unterstelle § 22 Abs. 1 S. 1 Nr. 2, „dass derjenige, der die wirtschaftlichen Chancen und Risiken trägt auch Einfluss auf das Stimmrecht hat."[33] Im Falle der Treuhand ist eine Zurechnung danach bereits dann gegeben, wenn der Treuhänder die Stimmrechte der ihm übertragenen Aktien fremdnützig, dh im Interesse des Treugebers, ausüben hat.[34]

In seiner Entscheidung vom 9.9.2009[35] stellt das OLG München darüber hinaus alleine auf das bestehende Treuhandverhältnis ab. Die Stimmrechte des treuhänderisch gehaltenen Aktienanteils seien aufgrund des Grundsatzes der doppelten Zurechnung nach § 22 Abs. 1 S. 1 Nr. 2 sowohl dem Treugeber als auch dem Treuhänder zuzurechnen, weshalb auch der Treuhänder zur umfassenden Meldung der dem Treugeber nach § 22 Abs. 2 zuzurechnenden Stimmrechte aus einem „*Acting in concert*" verpflichtet sei.[36] Begründet wird dies damit, dass der Treugeber regelmäßig aufgrund des wirtschaftlichen Risikos auch die rechtliche, zumindest aber die tatsächliche Möglichkeit habe, den formalen Rechtsinhaber anzuweisen, wie er die Stimmrechte auszuüben hat. Daneben sei eine weite Auslegung im konkreten Fall schon mit Blick auf den Gesetzeszweck – mehr Transparenz am Kapitalmarkt zu erreichen und Umgehungstatbeständen vorzubeugen – geboten.[37] Nach einer dem OLG München folgenden Literaturmeinung werde durch eine Mitteilungspflicht auch des Treuhänders verhindert, dass bei Übertragungen kleiner Aktienpakete von weniger als 3% auf Treuhänder – mittelbar – durch diese im Rahmen der Hauptversammlung abgestimmt agiert wird, ohne dass dies für das börsennotierte Unternehmen erkennbar wäre.[38]

Zwar liegt mit dieser Entscheidung kein Widerspruch zu dem vom BGH entschiedenen Fall der Aktienleihe vor, da bei der darlehensweisen Übertragung von Aktien eine andere Fallkonstellation vorliegt als bei einem Treuhandverhältnis.[39] Das Tatbestandsmerkmal „für Rechnung" beschreibt einen Zustand, der typischerweise auf Treuhandverhältnisse zugeschnitten ist. Eine treuhandgleiche Verbindung zwischen Verleiher und Entleiher liegt bei den typischen Aktienleihgeschäften nicht vor, zumal die Parteien unterschiedliche Ziele verfolgen, ohne in einem besonderen Vertrauensverhältnis zueinander zu stehen.[40] Der Entscheidung des OLG München kann jedoch weder hinsichtlich des angeführten Transparenzzweckes noch bezüglich der doppelten Zurechnung gefolgt werden. Eine Zurechnung findet nach dem Wortlaut des Abs. 1 S. 1 Nr. 2 nur vom Treuhänder zum Treugeber statt. Tatsächlich nimmt das OLG München keine doppelte, sondern eine wechselseitige Zurechnung vor, welche lediglich in Abs. 2 bei einem „*Acting in concert*" vorgesehen ist.[41] Der Dritte, mit dem der Treugeber sein Verhalten abstimmt, hält seine Aktien nicht „für Rechnung" des Treuhänders, weshalb die Wortlautgrenze überschritten wird.[42] Daneben ist eine planwidrige Regelungslücke als Voraussetzung für eine Analogie zu bezweifeln, da kein Transparenzdefizit besteht. Bereits der vom OLG München entschiedene Fall zeigt, dass dem Emittenten alle wesentlichen Beteiligungen mitgeteilt werden, ohne dass es einer Zurechnung beim Treuhänder bedarf. Dementsprechend besteht auch nicht die Gefahr, dass unerkannt abgestimmt agiert wird, da der Treugeber zu einer entsprechenden Mitteilung verpflichtet ist.[43]

Der BGH hat sich inzwischen gegen eine dem Wortlaut des Abs. 2 widersprechende Auslegung sowie dessen analoge Anwendung ausgesprochen.[44] Er begründet dies mit dem Bestimmtheitsgebot des Art. 103

---

28 Vgl BGH NZG 2009, 585, 589; *v. Bülow/Petersen*, NZG 2009, 1374; *Petersen/Wille*, NZG 2009, 856, 858 f.
29 Vgl BGH NZG 2009, 585, 589.
30 VG Frankfurt aM BKR 2007, 40 ff.
31 VG Frankfurt aM BKR 2007, 40 ff; *Meyer/Kiesewetter* WM 2009, 340, 348.
32 VG Frankfurt aM BKR 2007, 40, 43.
33 VG Frankfurt aM BKR 2007, 40, 43.
34 VG Frankfurt aM BKR 2007, 40 ff.
35 OLG München ZIP 2009, 2095 ff; krit. BGH NZG 2011, 1147 ff.
36 OLG München ZIP 2009, 2095 ff; wohl aA BGH NZG 2011, 1147, 1148.
37 Vgl OLG München ZIP 2009, 2095, 2096 f.
38 Vgl *Mayrhofer/Pirner*, DB 2009, 2312, 2313.
39 Vgl OLG München ZIP 2009, 2095, 2096 f; aA *v. Bülow/Petersen* NZG 2009, 1374 ff; *Petersen/Wille*, NZG 2009, 856, 858 f; zum BGH-Urteil der „Aktienleihe", vgl BGH NZG 2009, 585, 589.
40 Vgl *Schneider/Brouwer*, in: FS K. Schmidt, 2009, S. 1411, 1422.
41 *Widder/Kocher*, ZIP 2010, 457 f.
42 Vgl *v. Bülow/Petersen*, NZG 2009, 1373, 1375; *Widder/Kocher*, ZIP 2010, 457, 458; ebenso: BGH NZG 2011, 1147, 1148.
43 Ebenso: *Widder/Kocher*, ZIP 2010, 457, 458 f.
44 BGH NZG 2011, 1147, 1149.

Abs. 2 GG, der auch gem. § 3 OWiG für Ordnungswidrigkeiten gilt.[45] Aufgrund dieser Normen sei eine über den Wortlaut der §§ 21, 22 hinausgehende Anwendung nicht zulässig und es komme „eine andersartige („gespaltene") Auslegung oder analoge Anwendung auch für den Bereich des Zivilrechts grundsätzlich nicht in Betracht."[46]

9 Hinsichtlich der Beurteilung der Frage, ob das wirtschaftliche Risiko durch den Meldepflichtigen übernommen wird, dienen insbesondere Darlehen, Vorschüsse sowie bestimmte Garantieübernahmen wie Finanzierungsgarantien, Sicherheitsleistungen, Kurs- und Dividendengarantien desselben, als Grundlage und Indizien.[47] Der Meldepflichtige kann eine Zurechnung der Anteile in diesen Fällen nur abwenden, wenn er nachweisen kann, dass die von ihm übernommenen wirtschaftlichen Risiken durch gleichwertige Gegenleistungen des Dritten vollständig neutralisiert wurden bzw werden.[48]

10 Bei dem Dreiecksverhältnis zwischen Settlor (Errichter/Gründer), Trustee (Verwalter) und Beneficiaries (Begünstigte) bei einem **Trust**[49] ist bezüglich der Zurechnung zwischen den einzelnen Trust-Ausgestaltungsmöglichkeiten zu unterscheiden. Nach dem Sinn und Zweck der Zurechnung nach § 22 Abs. 1 Nr. 2, ein Auseinanderfallen von wirtschaftlicher und rechtlicher Bedeutung hinsichtlich der Anteile des Emittenten zu revidieren, können sich bei Trusts, je nach der rechtlichen Ausgestaltung, unterschiedliche Meldepflichten ergeben.[50]

11 **III. Sicherheitsübertragung (Abs. 1 S. 1 Nr. 3).** Dem Meldepflichtigen werden nach Abs. 1 S. 1 Nr. 3 auch Stimmrechte aus Aktien zugerechnet, die er einem Dritten zur Sicherheit übertragen hat. Die Zurechnung unterbleibt, wenn der Sicherungsnehmer ausnahmsweise zur selbstständigen Wahrnehmung der Stimmrechte befugt ist und er seine Absicht, hiervon Gebrauch zu machen, bekundet hat. Es gilt damit – im Gegensatz zu den anderen Zurechnungstatbeständen des § 22 – der Grundsatz der alternativen Zurechnung. Die Vorschrift statuiert mit Abs. 1 S. 1 Nr. 3, abweichend von den übrigen Zurechnungstatbeständen des Abs. 1, eine ausschließliche Zurechnung gegenüber dem Sicherungsgeber. Eine gleichzeitige Meldepflicht des Sicherungsnehmers nach § 21 Abs. 1 als Inhaber der Mitgliedschaft besteht nicht.[51] In dem umgekehrten Fall werden die Stimmrechte aus den Aktien alleine dem Sicherungsnehmer zugerechnet, wenn dieser unter den Voraussetzungen des S. 1 Nr. 3 die Stimmrechte ausüben darf und die Absicht hierzu ausdrücklich bekundet. Sachliche Rechtfertigung für die Zurechnung nach S. 1 Nr. 3 ist der Rückübertragungsanspruch des Sicherungsgebers, der mit Entfallen des Sicherungszwecks entsteht und diesem damit die faktische Stimmrechtskontrolle einräumt.[52] Darüber hinaus berücksichtigt die Regelung, dass der Sicherungsnehmer das Stimmrecht im Interesse des Sicherungsgebers auszuüben hat.[53]

12 Die Verpfändung der Aktien, gegebenenfalls auch zugunsten eines Dritten,[54] soll nach Auffassung der BaFin nicht unter Abs. 1 S. 1 Nr. 3 fallen, da das Eigentum an den mit Stimmrechten verbundenen Aktien beim Verpfänder bleibt. Nach dieser Auffassung kommt nur eine Zurechnung an den Pfandgläubiger nach Abs. 1 S. 1 Nr. 6 in Betracht, wenn er ausnahmsweise zur Ausübung des Stimmrechts befugt ist.[55] Dagegen spricht, dass auch hier das Eigentum an den Wertpapieren wirtschaftlich dem Sicherungsnehmer als Sicherheit übertragen wird.[56] Zwar steht dem Pfandgläubiger in diesen Fällen kein eigenes Stimmrecht kraft Gesetzes zu.[57] Jedoch ist hier, ähnlich wie bei der Sicherungsübereignung, davon auszugehen, dass nach der zugrundeliegenden Stimmrechtsregelung der Sicherungsnehmer das Stimmrecht nach Weisung des Sicherungsgebers ausüben, diesem eine Vollmacht erteilen oder ihn zur Stimmrechtsausübung ermächtigen kann, während der Sicherungsnehmer jederzeit oder bei Eintritt bestimmter Voraussetzungen (Vermögensausfall, Zahlungsverzug etc.) die Stimmrechtsausübung an sich ziehen kann.[58]

13 **IV. Nießbrauch (Abs. 1 S. 1 Nr. 4).** Gemäß Abs. 1 S. 1 Nr. 4 können den eigenen Stimmrechten auch Stimmrechte aus den Aktien zugerechnet werden, an denen dem Meldepflichtigen ein Nießbrauchsrecht

---

45 BGH NZG 2011, 1147, 1149.
46 BGH NZG 2011, 1147, 1149 mwN.
47 Teilweise offen gelassen zu § 20 AktG: LG Hannover v. 29.3.1992, WM 1992, 1239, 1243 (Pirelli/Continental) mAnm: *Marsch-Barner*, WuB II A. § 20 AktG 1/92 ebenso für Garantieübernahmen und Freihalteverpflichtungen; *Burgard*, BB 1995, 2069, 2072; *Vedder*, Zum Begriff „für Rechnung", S. 156 ff; *Pittroff*, Zurechnung von Stimmrechten, 2003, S. 155 f; *Schneider*, in: Assmann/Schneider, § 22 Rn 55, 59; differenzierend: Schäfer/Hamann/*Opitz*, § 22 WpHG Rn 12.
48 *Vedder*, Zum Begriff „für Rechnung", S. 155.
49 Vgl *Habammer*, DStR 2002, 425, 425 f; *Mutter*, AG 2006, 637, 638.
50 Vgl hierzu im Einzelnen: *Mutter*, AG 2006, 637 ff.
51 AllgM zu § 22 WpHG: Meyer/Bundschuh, WM 2003, 960, 961 f; *Schneider*, in: Assmann/Schneider, § 22 Rn 93; Schäfer/Hamann/*Opitz*, § 22 WpHG Rn 55; zu § 30 Abs. 1 S. 1 Nr. 3

WpÜG: Haarmann/*Riehmer*, § 30 Rn 34, 42; aA KölnKomm-WpÜG/*v. Bülow*, § 29 Rn 103, der im Rahmen des WpÜG mit Blick auf Befreiungsmöglichkeit zur Verpflichtung der Veröffentlichung des Kontrollerwerbs § 9 Abs. 1 Nr. 4 WpÜG-AngebVO die Voraussetzungen des § 29 Abs. 2 WpÜG bejaht sieht; Steinmeyer/Häger, § 30 Rn 31 ff; ausdrücklich dagegen: Meyer/Bundschuh, WM 2003, 960, 962 ff.
52 Ähnlich: Begr. RegE BT-Drucks. 12/6679, S. 53.
53 *Schneider*, in: Assmann/Schneider, § 22 Rn 96.
54 Zu § 30 WpÜG: KölnKomm-WpÜG/*v. Bülow*, § 30 Rn 154.
55 BaFin, Emittentenleitfaden (Stand: 28.4.2009), S. 142.
56 AllgM: Begr. RegE BT-Drucks. 12/6679, S. 53; Schäfer/Hamann/*Opitz*, § 22 WpHG Rn 55 f; KölnKomm-WpÜG/*v. Bülow*, § 30 Rn 154; aA MüKo-AktG/*Bayer*, § 22 Anh. § 22 Rn 24; *Schneider*, in: Assmann/Schneider, § 22 Rn 92.
57 *Schneider*, in: Assmann/Schneider, § 22 Rn 92.
58 Schäfer/Hamann/*Opitz*, § 22 WpHG Rn 55 f.

eingeräumt wurde. Die Bestimmung klärt insoweit für die wertpapierhandelsrechtlichen Meldepflichten die aktienrechtliche Problematik, wem bei Bestellung eines Nießbrauchs an Aktien das Stimmrecht zusteht.[59] Konsequenz der Vorschrift ist aufgrund des Grundsatzes der mehrfachen Mitteilungspflicht, dass sowohl der Aktionär nach Maßgabe des § 21 Abs. 1 als auch der Nießbraucher nach §§ 21 Abs. 1 S. 1 iVm 22 Abs. 1 S. 1 Nr. 4 bei Schwellenberührungen mitteilungspflichtig ist.[60]

V. Gesicherte Erwerbsmöglichkeit (Abs. 1 S. 1 Nr. 5). Die Regelung des Abs. 1 S. 1 Nr. 5 betrifft solche Aktien, die der Meldepflichtige durch eine Willenserklärung erwerben kann. Unstreitig gehören hierzu jene Fälle, in denen der dingliche Erwerb der Wertpapiere ausschließlich vom Willen des Meldepflichtigen abhängig ist.[61] Hauptanwendungsfall des Abs. 1 S. 1 Nr. 5 sind die sogenannten „dinglich ausgestalteten Optionen". Ob daneben schuldrechtliche Übereignungsansprüche (zB Optionen) vom Anwendungsbereich der Norm erfasst werden, war über lange Zeit umstritten.[62] Die BaFin verneint heute zurecht eine Zurechnung nach Abs. 1 S. 1 Nr. 5 bei schuldrechtlichen Vereinbarungen, die einen Lieferanspruch beinhalten oder einen solchen erst begründen, und bei Tatbeständen, die die Mitwirkung eines Dritten erfordern. Begründet wird dies mit dem Zweck des Abs. 1 S. 1 Nr. 5, wonach eine Zurechnung von Stimmrechten nur dann geboten sei, wenn der Meldepflichtige über eine Position verfügt, die die Ausübung von Stimmrechten nicht von Unwägbarkeiten abhängig macht, die der Meldepflichtige nicht beeinflussen kann.[63] Für diese Auslegung spricht auch die Gesetzesbegründung zum TUG, wonach ausdrücklich nur dingliche Erwerbsrechte unter § 22 Abs. 1 S. 1 Nr. 5 fallen sollen.[64] Schuldrechtliche Optionen können hingegen – abhängig von ihrer Ausgestaltung – im Einzelfall eine Meldepflicht nach § 25 oder § 25 a auslösen.

VI. Verwahrungsverhältnisse (Abs. 1 S. 1 Nr. 6). Nach Abs. 1 S. 1 Nr. 6 werden dem Meldepflichtigen Stimmrechte aus Aktien zugerechnet, die ihm oder einem Tochterunternehmen anvertraut sind oder aus denen er die Stimmrechte als Bevollmächtigter ausüben kann, sofern die Stimmrechte nach eigenem Ermessen ausgeübt werden können und keine besonderen Weisungen des Aktionärs vorliegen. Anders als nach Abs. 1 Nr. 7 aF ist ein besonderes Verwahrungsverhältnis bezüglich der Aktien nicht mehr erforderlich.[65] Damit enthält die geänderte Vorschrift die Klarstellung, dass auch solche Rechtsverhältnisse von der Bestimmung erfasst werden, bei denen die betreffenden Wertpapiere bei einem Dritten verwahrt werden. Hierzu gehören insbesondere die verschiedenen Formen der gesetzlichen Vermögensverwaltung (zB Testamentsvollstreckung und Insolvenzverwaltung).[66] Mit dem TUG wurde in Abs. 1 S. 1 Nr. 6 der Tatbestand dahin gehend erweitert, dass dem Meldepflichtigen auch Stimmrechte aus Aktien hinzugerechnet werden, aus denen er die Stimmrechte als Bevollmächtigter ausüben kann. Dafür bestand ein Bedürfnis, da „Bevollmächtigung" und „Anvertrautsein" nicht vollumfänglich deckungsgleich sind. Es gilt zu beachten, dass das regelmäßige Erteilen von Weisungen durch den Vollmachtgeber nicht dazu führt, dass beim Bevollmächtigten die Zurechnung entfällt. Nur dann, wenn der Bevollmächtigte beim Nichtvorliegen von Weisungen nicht handeln darf, scheidet Abs. 1 S. 1 Nr. 6 aus. Bei Erteilung einer wirksamen Untervollmacht durch den Bevollmächtigten sind sowohl dem Unterbevollmächtigten als auch dem Erstbevollmächtigten die Stimmrechte nach Abs. 1 S. 1 Nr. 6 zuzurechnen. Daher kann Abs. 1 S. 1 Nr. 6 neben der Vollmachtstreuhand insbesondere bei Kapitalanlage- und Verwaltungsgesellschaften relevant werden.[67] Umstritten ist, ob auch Kreditinstitute in ihrer Rolle als Depotbanken bei der Ausübung des Vollmachtstimmrechts von einer Zurechnung nach Abs. 1 S. 1 Nr. 6 erfasst werden. Die Frage ist zu verneinen, da das Kreditinstitut bei der Ausübung der Stimmrechte nach § 135 Abs. 2 AktG an seine eigenen, dem Depotkunden gegenüber mitgeteilten Vorschlägen gebunden ist und hiervon nur ausnahmsweise abweichen kann. Hierüber muss es sich, sollte es dazu kommen, erklären (Abs. 3 S. 2). Nach § 135 Abs. 2 S. 2 AktG dürfen diese Vorschläge auch nur unter ausschließlicher Wahrung der Interessen des Vollmachtgebers unterbreitet und eigene Interessen des Kreditinstituts, insbesondere solche aus anderen Geschäftsbereichen, nicht berücksichtigt werden. Ein nach Abs. 1

---

59 Vgl Begr. RegE BT-Drucks. 12/6679, S. 53 f.
60 *BaFin*, Emittentenleitfaden (Stand: 28.4.2009), S. 143; Fuchs/*Dehlinger/Zimmermann*, WpHG, § 22 Rn 62.
61 *Schneider*, in: Assmann/Schneider, § 22 Rn 102 f.
62 Dafür: ehemals *Schneider*, in: Assmann/Schneider, § 22 Rn 105 ff; *ders.*, AG 1997, 81, 83 f; MüKo-AktG/*Bayer*, § 22 Anh. § 22 WpHG Rn 27 ff; MüHb-AG/*Krieger*, § 68 Rn 146; *Burgard*, WM 2000, 611, 613 f; *ders.*, BB 1995, 2069, 2076; dagegen: Fuchs/*Dehlinger/Zimmermann*, WpHG, § 22 Rn 65; *Cahn*, AG 1997, 502, 508; *Steuer/Baur*, WM 1996, 1477, 1480 f; *Heinsius*, WM 1996, 421, 423; *Witt*, AG 1998, 171, 176 (de lege ferenda).
63 *BaFin*, Emittentenleitfaden (Stand: 28.4.2009), S. 143; vgl zur Zurechnung nur bei dinglicher Ausgestaltung auch: MüKo-AktG/*Bayer*, § 22 Anh. § 22 WpHG Rn 29; KölnKomm-WpHG/*v. Bülow*, § 22 Rn 112 f; *Nießen*, NZG 2007, 41, 43; *Schnabel/Korff*, ZBB 2007, 179, 183; *Fleischer/Schmolke*, ZIP 2008, 1501, 1503; aA *Schneider*, in: Assmann/Schneider, § 22 Rn 103; *Lutter/Scheffler/Assmann*, Handbuch der Konzernfinanzierung, § 12 Rn 12, 72; *Schneider/Brouwer*, AG 2008, 557, 561.
64 Begr. RegE BT-Drucks. 16/2498, S. 37.
65 Begr. RegE BT-Drucks. 14/7034, S. 54.
66 Begr. RegE BT-Drucks. 14/7034, S. 54; so bereits die bisher hM: *Schneider*, in: Assmann/Schneider, § 22 Rn 119; MüKo-AktG/*Bayer*, § 22 Anh. § 22 WpHG Rn 32; *Schäfer/Hamann/Opitz*, § 22 WpHG Rn 77 ff.
67 *BaFin*, Emittentenleitfaden (Stand: 28.4.2009), S. 144 f.

S. 1 Nr. 6 vorausgesetztes Ermessen der Depotbank hinsichtlich der Ausübung der Stimmrechte in der Hauptversammlung besteht folglich nicht.[68]

16 **VII. Abgestimmtes Verhalten (Abs. 2).** Gemäß Abs. 2 werden einem Meldepflichtigen die Stimmrechte desjenigen Dritten auch zugerechnet, mit dem er selbst oder eines seiner Tochterunternehmen das Verhalten in Bezug auf den Emittenten infolge einer Vereinbarung oder in sonstiger Weise abstimmt („*Acting in concert*"). Ausgenommen hiervon sind lediglich Einzelfallvereinbarungen (Abs. 2 S. 1 Hs 2). Die Einzelfallausnahme bezieht sich dabei sowohl auf die Verständigung über die Ausübung von Stimmrechten nach Abs. 2 S. 2 Alt. 1 als auch auf ein Zusammenwirken in sonstiger Weise nach Abs. 2 S. 2 Alt. 2.[69] Nach Abs. 2 S. 2 Alt. 1 liegt ein abgestimmtes Verhalten vor, wenn sich die Beteiligten über die Ausübung von Stimmrechten verständigen. Durch das Risikobegrenzungsgesetz[70] wurde der Anwendungsbereich der Norm um Handlungen erweitert, die geeignet sind, die Änderung der unternehmerischen Ausrichtung des Emittenten dauerhaft und erheblich zu beeinflussen (Alt. 2). Damit reagierte der Gesetzgeber auf die bisherige enge Auslegung der gleichlaufenden Parallelnorm des § 30 Abs. 2 WpÜG durch den BGH, welcher ein „*Acting in concert*" auf die Ausübung von Stimmrechten aus Aktien in der Hauptversammlung der Zielgesellschaft beschränkte.[71] Mit der Änderung soll eine Zurechnung auch aufgrund anderweitiger Vereinbarungen und insbesondere auch außerhalb der Stimmrechtsausübung in der Hauptversammlung möglich sein.[72] Die vorherige Nichterfassung solch koordinierter Einflussnahmen wurde verbreitet als unbefriedigend angesehen.[73]

17 Von einem abgestimmten Verhalten in Bezug auf die Zielgesellschaft wird allgemein dann gesprochen, wenn eine **nachhaltige Einflussnahme** auf **die Geschäftsführungs- und Aufsichtsorgane** ausgeübt wird, die sich ausschließlich oder überwiegend im Sinne der Einfluss nehmenden Personen aufgrund deren gemeinsam gefundener Überzeugung und einem entsprechenden Einsatz von Stimmrechten vollzieht.[74] Der Zurechnungsgrund liegt dabei, ähnlich wie bei der Zurechnung von für Rechnung des Erwerbers gehaltenen Aktien (Abs. 1 S. 1 Nr. 2), in der potenziellen oder tatsächlichen Einflussnahmemöglichkeit auf die Ausübung der Stimmrechte durch die Einfluss nehmenden Personen.[75] Folge von Abs. 2 S. 2 ist die wechselseitige Zurechnung von Stimmrechten **in voller Höhe**, weshalb alleine diese Zurechnung Mitteilungspflichten nach § 21 Abs. 1 auslösen kann.[76]

18 Umstritten ist, ob die Zurechnungsregeln des Abs. 2 und des § 30 Abs. 2 WpÜG einheitlich ausgelegt werden müssen.[77] Für eine **einheitliche Auslegung** der beiden Vorschriften wird teilweise die bewusste übereinstimmende Ausgestaltung durch den Gesetzgeber angeführt, der damit Irritationen am Kapitalmarkt aufgrund unterschiedlicher Zurechnungsmethoden verhindern wollte.[78] Die Gegenmeinung beruft sich jedoch zutreffend darauf, dass mit den beiden Gesetzen unterschiedliche Zwecke verfolgt werden und eine differenzierende Auslegung angesichts der unterschiedlichen Intensität der Rechtsfolgen geboten ist.[79]

19 **Hauptanwendungsfälle** sind Stimmbindungsverträge oder sogenannte Poolvereinbarungen. Übersteigt der Stimmrechtspool insgesamt 3 % der Stimmrechte innerhalb der Gesellschaft, ist der gesamte Poolbestand

---

68 *BaFin*, Emittentenleitfaden (Stand: 28.4.2009), S. 145; *Hopt*, ZHR 159 (1995), 135, 139; *Falkenhagen*, WM 1995, 1005, 1006; Fuchs/*Dehlinger/Zimmermann*, WpHG, § 22 Rn 77; MüHb-AG/*Krieger*, § 68 Rn 146; Schäfer/Hamann/*Opitz*, § 22 WpHG Rn 71; abweichend de lege ferenda MüKo-AktG/*Bayer*, § 22 Anh. § 22 Rn 35; *Schneider*, in: Assmann/Schneider, § 22 Rn 134; aA *Burgard*, BB 1995, 2069, 2076; *Junge*, in: FS Semler, 1993, S. 473, 481; *Witt*, AG 1998, 171, 176 f.

69 *v. Bülow/Stephanblome*, ZIP 2008, 1797, 1798; *Gätsch/ Schäfer*, NZG 2008, 846, 850.

70 BGBl. I 2008 S. 1666 ff.

71 Vgl Begr. RegE BT-Drucks. 16/7438, S. 11; zur überholten BGH-Rspr vgl BGHZ 169, 98; *Halász/Kloster*, Der Konzern 2007, 344 ff.

72 *BaFin*, Emittentenleitfaden (Stand: 28.4.2009), S. 146.

73 Vgl Begr. RegE BT-Drucks. 16/7438, S. 11; *v. Bülow/Stephanblome*, ZIP 2008, 1797; *Schneider*, in: Assmann/Schneider, § 22 Rn 179 f; aA *Fleischer*, ZGR 2008, 185, 195.

74 So OLG München ZIP 2005, 856, 857; vgl hierzu im Einzelnen: *Heinrich*, Kapitalmarktrechtliche Transparenzbestimmungen, 2006, S. 106 ff.

75 *Seibt*, ZIP 2004, 1829, 1831; KölnKomm-WpÜG/*v. Bülow*, § 30 Rn 2; *Heinrich*, Kapitalmarktrechtliche Transparenzbestimmungen, 2006, S. 106 ff; *BaFin*, Emittentenleitfaden (Stand: 28.4.2009), S. 146.

76 Vgl *BaFin*, Emittentenleitfaden (Stand: 28.4.2009), S. 146.

77 Bejahend: *Hopt*, ZHR 166 (2002), 383, 410; *Kocher*, BB 2006, 2436; *Lange*, ZBB 2004, 22, 23 f; *Liebscher*, ZIP 2002, 1005, 1009; *Schockenhoff/Schuhmann*, ZGR 2005, 568, 608; *Hamann*, ZIP 2007, 1088, 1093; ablehnend *v. Bülow/Bücker*, ZGR 2004, 669, 703 f; Veil/*v. Bülow*, Übernahmerecht in Praxis und Wissenschaft, S. 138, 162; *Casper*, ZIP 2003, 1469, 1472 ff; *Drinkhuth*, ZIP 2008, 676, 678; *Psaroudakis*, Acting in Concert in börsennotierten Gesellschaften, S. 294 ff; *Seibt*, ZIP 2004, 1829, 1831; *Schneider*, in: Assmann/Schneider, § 22 Rn 12 ff; Schäfer/Hamann/*Opitz*, § 22 WpHG Rn 101.

78 Begr. RegE BT-Drucks. 14/7034, S. 53.

79 Vgl *v. Bülow/Bücker*, ZGR 2004, 669, 703 f; Veil/*v. Bülow*, Übernahmerecht in Praxis und Wissenschaft, S. 138, 162; *Casper*, ZIP 2003, 1469, 1472 ff; *Drinkhuth*, ZIP 2008, 676, 678; *Psaroudakis*, Acting in Concert in börsennotierten Gesellschaften, S. 294 ff; *Seibt*, ZIP 2004, 1829, 1831; *Schneider*, in: Assmann/Schneider, § 22 Rn 13; *ders*, ZGR 2012, 518, 530; Schäfer/Hamann/*Opitz*, § 22 WpHG Rn 101.

jedem einzelnen Poolmitglied zuzurechnen.[80] Für eine Zurechnung an lediglich eine, den Stimmrechtspool beherrschende Person findet sich keine Stütze im Gesetz.[81]
Bemerkenswert ist ebenfalls der von der BaFin gebildete Beispielsfall, nach dem die einzelnen Poolmitglieder einer Stimmbindungsvereinbarung in der Lage sein sollen, lediglich einen Teil der von ihnen gehaltenen Aktien der wechselseitigen Verhaltensabstimmung zu unterwerfen. Demnach sollen lediglich die der Pool-Vereinbarung unterworfenen Stimmrechte eine wechselseitige Zurechnung unter den Poolmitgliedern begründen. Damit ließe sich ein solches „Teil-Pooling" so ausgestalten, dass die jeweiligen Poolmitglieder nur die Stimmrechte in den Pool einbeziehen, die zusammengerechnet jeweils unterhalb der von den Poolmitgliedern anvisierten Meldeschwelle liegen. Diese Auffassung sollte insbesondere auch mit Blick auf die Rechtsfolgen des § 28 nicht ohne eine ausführliche Dokumentation der das Teil-Pooling tragenden Erwägungen und eine ausführliche Abstimmung mit der BaFin umgesetzt werden. Insbesondere wenn die Gesamtumstände nahelegen, dass das Teil-Pooling allein zur Vermeidung des Erreichens oder Überschreitens einer Meldeschwelle vereinbart worden ist, wird man von einer vollständigen wechselseitigen Zurechnung der jeweils gehaltenen (Gesamt-) Stimmrechtsanteile ausgehen müssen.

Neben dem Wortlaut spricht gegen eine nur einseitige Zurechnung, dass im Ergebnis eine angewiesene natürliche Person über die Zurechnung nach Abs. 2 wie ein beherrschtes Unternehmen iSv Abs. 3 behandelt werden würde.[82] Bestandsänderungen innerhalb des Stimmrechtspools können somit eine gesonderte Mitteilungspflicht jedes einzelnen Poolmitglieds auslösen.[83] Unter den gegebenen Voraussetzungen kann auch die koordinierte Einflussnahme auf die Leitungs- und Aufsichtsorgane der Gesellschaft eine Zurechnung nach Abs. 2 begründen.[84] Letzteres gilt nicht bei einer lediglich einzelfallbezogenen Verhaltensabstimmung.[85] Darüber hinaus kann im Rahmen des WpHG nach hier vertretener Auffassung auch der koordinierte Parallelerwerb von Aktien zu einer Zurechnung führen.[86] *Standstill*-Vereinbarungen und die Abstimmung indirekter Gesellschafter führen demgegenüber grundsätzlich nicht zu einer Zurechnung wegen eines abgestimmten Verhaltens.[87] Unabgestimmtes Parallelverhalten führt nicht zu einer Stimmrechtszurechnung,[88] so dass die Werbung für ein bestimmtes Abstimmungsverhalten sowie der bloße Ausspruch von Empfehlungen keine Stimmrechtszurechnung auslöst.[89] Die **Beweislast** für das Vorliegen der Voraussetzungen des Abs. 2 obliegt der BaFin bzw demjenigen, der sich auf die für ihn günstige Rechtsfolge beruft.[90] Die Annahme einer Vermutung für ein abgestimmtes Verhalten bei einem bloß naheliegenden Verdacht würde eine unzulässige Analogie zulasten des Betroffenen darstellen.[91]

Eine **Verhaltensabstimmung in sonstiger Weise** nach Abs. 2 S. 2 Alt. 2 soll Willensübereinstimmungen erfassen, in denen es nicht zu einem Vertragsschluss kommt bzw aus denen nicht ein konformes Verhalten im Sinne eines vertraglichen Anspruchs eingefordert werden kann (zB gentlemen's agreement).[92] Mit „Zusam-

---

80 *Sudmeyer*, BB 2002, 685, 688; zu ähnlich gelagerten Problematik bei Familienpools nach § 22 Abs. 1 Nr. 3 aF: *Hopt*, ZGR 1997, 1 ff; *Jäger*, WM 1996, 1356 ff; *Schneider*, in: Assmann/Schneider, § 22 Rn 200 ff; zuletzt: *Heinrich*, Kapitalmarktrechtliche Transparenzbestimmungen, 2006, S. 16 ff.
81 Vgl *BaFin*, Emittentenleitfaden (Stand: 28.4.2009), S. 147; vgl *Krämer/Heinrich*, ZIP 2009, 1737, 1744.
82 Vgl *Fuchs/Dehlinger/Zimmermann*, WpHG, § 22 Rn 26, 102.
83 *Sudmeyer*, BB 2002, 685, 688, der in diesem Fall eine Erleichterung der Mitteilungspflichten entsprechend § 25 Abs. 4 in Betracht zieht; vgl auch: *Lenz/Linke*, AG 2002, 361, 369, die im Hinblick auf § 30 Abs. 2 WpÜG für den Fall eines Wechsels der Poolmitglieder durch Rechtsnachfolge eine Befreiung von § 35 Abs. 1 WpÜG in Erwägung ziehen.
84 *Heinrich*, Kapitalmarktrechtliche Transparenzbestimmungen, 2006, S. 118 f.
85 *Heinrich*, Kapitalmarktrechtliche Transparenzbestimmungen, 2006, S. 119; aA zu § 30 WpÜG wohl: OLG München ZIP 2005, 856, 857.
86 Begr. RegE BT-Drucks. 16/7438, S. 11; *Berger/Filgut*, AG 2004, 592; *Schneider*, in: Assmann/Schneider, § 22 Rn 185 ff; *Schneider*, WM 2006, 1321, 1325; *Starke*, Beteiligungstransparenz im Gesellschafts- und Kapitalmarktrecht, S. 215; *Heinrich*, Kapitalmarktrechtliche Transparenzbestimmungen, 2006, S. 120 ff; *Adolff/Meister/Randell/Stephan*, Public Company Takeovers, 2002, S. 102; – aA zu § 30 WpÜG: LG München I DB 2004, 1252, 1253; KölnKomm-WpÜG/*v. Bülow* § 30 Rn 277 ff; *v. Bülow/Bücker*, ZGR 2004, 699, 715; *Pentz*, ZIP 2003, 1478, 1481; *Pittroff*, Zurechnung von Stimmrechten, 2003, S. 271 f; vgl auch die Pressemitteilung der *BaFin* im Fall Beiersdorf AG v. 23.1.2004, wonach eine Zurechnung bei einem gemeinsamen Erwerb nur dann erfolgen könne, „wenn ein über den Erwerb von Aktien hinausgehendes *gemeinsames Interesse* verfolgt wird"; zustimmend auch: *Mertens*, Börsenzeitung v. 24.1.2004, Nr. 16, 9; de lege ferenda: *Hopt/Mülbert/Kumpan*, AG 2005, 109, 111; – aA zu § 22 WpHG: *Fuchs/Dehlinger/Zimmermann*, WpHG, § 22 Rn 96.
87 *Heinrich*, Kapitalmarktrechtliche Transparenzbestimmungen, 2006, S. 119 f, 122; *Veil/v. Bülow*, Übernahmerecht in Praxis und Wissenschaft, S. 159 f; *Fuchs/Dehlinger/Zimmermann*, WpHG, § 22 Rn 96; BGH NZG 2006, 945, 948 (= BGHZ 169, 98); MüKo-AktG/*Bayer*, § 22 Anh. § 22 Rn 43; KölnKomm-WpÜG/*v. Bülow*, § 22 Rn 173; KölnKomm-WpHG/*v. Bülow*, § 22 Rn 203, 205; aA *Schneider*, WM 2006, 1321, 1325.
88 Begr. RegE BT-Drucks. 16/7438, S. 11; *Veil/v. Bülow*, Übernahmerecht in Praxis und Wissenschaft, S. 154; vgl bereits zu § 22 Abs. 2 aF: OLG Frankfurt ZIP 2004, 1309, 1313 (Pixelpark); OLG Stuttgart ZIP 2004, 2232, 2237; *Casper*, ZIP 2003, 1469, 1475; *Schäfer/Hamann/Opitz*, § 22 WpHG Rn 83 a; *Schneider*, in: Assmann/Schneider, § 22 Rn 173; *Schwark*, in: Schwark, Kapitalmarktrechts-Kommentar, WpHG, § 22 Rn 20.
89 *Veil/v. Bülow*, Übernahmerecht in Praxis und Wissenschaft, S. 154.
90 *Liebscher*, ZIP 2002, 1005, 1008.
91 BGH v. 18.9.2006 – II ZR 137/05, BGHZ 169, 98, 106 (WMF); *Veil/v. Bülow*, Übernahmerecht in Praxis und Wissenschaft, S. 154; *Pentz*, ZIP 2003, 1478, 1480.
92 *BaFin*, Emittentenleitfaden (Stand: 28.4.2009), S. 146.

menwirken in sonstiger Weise" wird in Abgrenzung zur Alt. 1 jegliches Verhalten zwischen dem Meldepflichtigen oder dessen Tochterunternehmen und dem Dritten aufgrund einer Vereinbarung erfasst, mit dem sich diese nicht über die Ausübung von Stimmrechten verständigen.[93] Dieser weite Begriff ist vor dem Hintergrund der ratio legis der §§ 21 ff (Information des Kapitalmarkts über wesentliche Stimmrechtseinflüsse) bzw § 35 WpÜG (Minderheitenschutz im Fall eines Kontrollerwerbs) einschränkend auszulegen.[94] In Anlehnung an den Meinungsstand zu Abs. 2 aF[95] sollen daher auch hier nur koordinierte Versuche von gesellschaftsrechtlich vermitteltem Binneneinfluss, nicht jedoch Einflussnahmen aufgrund personeller Verflechtungen, erfasst werden.[96]

22 Der Begriff „unternehmerische Ausrichtung" ist ebenfalls auslegungsbedürftig. Unter Bezugnahme auf die aktienrechtliche Kompetenzordnung gehört hierzu zunächst die vom Vorstand definierte Unternehmenspolitik, welche durch den satzungsmäßigen Unternehmensgegenstand sowie durch etwaige Beschränkungen (bspw Zustimmungsvorbehalte des Aufsichtsrates oder Beschlusskompetenzen der Hauptversammlung) begrenzt wird.[97] Einwirken müssen die abgestimmt handelnden Aktionäre demzufolge auf den Vorstand als dem für die unternehmerische Leitung der Gesellschaft nach § 76 Abs. 1 AktG zuständigen Organ, wohingegen Einwirkungen auf den Aufsichtsrat zu einer Zurechnung führen.[98] Andere stellen auf die vom Vorstand festgelegte Unternehmenspolitik einschließlich der Art und Weise ihrer Umsetzung ab, weshalb auch die Festlegung der Geschäftsfelder des Unternehmens und die Finanzstruktur umfasst seien, soweit auf eine Änderung der unternehmerischen Ausrichtung gezielt wird.[99] Dies ist zwar rein rechtlich aufgrund der Unabhängigkeit des Vorstandes nicht möglich, doch tragen diese Ansätze den faktischen Einflussnahmemöglichkeiten Rechnung.

23 Mit dem Tatbestandsmerkmal „dauerhafte **und** erhebliche Änderung" wird der Anwendungsbereich der weit gefassten Auffangvorschrift des Abs. 2 S. 2 Alt. 2 eingeschränkt. Nach dem Wortlaut müssen die Merkmale „dauerhaft" und „erheblich" kumulativ vorliegen,[100] weshalb bei zeitlich länger andauernden, aber unwesentlichen Änderungen sowie bei erheblichen Änderungen von nur kurzer Dauer die Vorschrift nicht erfüllt wird.[101] Aufgrund der beachtlichen Folgen bei Verstößen gegen die Mitteilungspflichten bzw gegen die Parallelvorschrift des § 30 Abs. 2 WpÜG ist eine restriktive Auslegung der Vorschrift zu befürworten.[102] Hinsichtlich der Erheblichkeitsschwelle schlägt *Korff* einen Rückgriff auf die Legaldefinition der Insiderinformation gemäß § 13 Abs. 1 S. 1 vor, wonach eine Änderung erst dann als erheblich anzusehen wäre, wenn sie geeignet ist, im Falle ihres öffentlichen Bekanntwerdens den Börsen- oder Marktpreis der Finanzinstrumente des Emittenten erheblich zu beeinflussen.[103] Unerheblichkeit dürfte bei Änderungen in Randbereichen oder bei Details der Unternehmenspolitik anzunehmen sein.[104] Eine Änderung soll nach *Korff* erst dann dauerhaft sein, wenn sie oder ihre Auswirkungen auf unabsehbare Zeit erfolgen.[105] Eine dauerhafte Änderung liegt zumindest dann nicht vor, wenn sie ohne größeren Aufwand wieder rückgängig gemacht werden kann.[106]

24 Eine objektive Eignung der Einflussnahme zur Änderung ist nicht erforderlich. Ausreichend ist bereits, dass subjektiv eine dauerhafte und erhebliche Änderung als Ziel verfolgt wird.[107] Verhinderungsstrategien zur Erhaltung des Status quo sind nicht tatbestandserheblich.[108] Eine gesetzliche Vermutungsregelung existiert jedoch nicht, weshalb der Nachweis dieser inneren Tatsache erbracht werden muss, was in der Praxis zu Schwierigkeiten führt.[109]

25 **VIII. Hauptversammlungsvollmacht (Abs. 4).** Durch das Transparenzrichtlinie-Umsetzungsgesetz[110] wurde die in § 17 Abs. 2 S. 2 WpAIV aufgegangene Vorgängerregelung des Abs. 4 aF ersetzt und ein neuer Regelungsgehalt eingeführt. Grund für die Notwendigkeit des Abs. 4 ist, dass der nur für eine Hauptversammlung zur Ausübung von Stimmrechten nach eigenem Ermessen ohne besondere Weisungen des Aktionärs

---

93 *Korff*, AG 2008, 692, 693.
94 Vgl *v. Bülow/Stephanblome*, ZIP 2008, 1797, 1798; *Veil/v. Bülow* Übernahmerecht in Praxis und Wissenschaft, S. 146 f; *Gätsch/Schäfer*, NZG 2008, 846, 850.
95 Vgl dazu BGH ZIP 2006, 2077, 2079; KölnKomm-WpÜG/*v. Bülow*, § 30 Rn 216; *Casper*, ZIP 2003, 1469, 1476; *Oechsler*, in: Ehricke/Ekkenga/Oechsler, § 30 Rn 22 f; OLG Frankfurt aM ZIP 2004, 1309, 1312; *Schäfer/Hamann/Opitz*, § 22 WpHG Rn 90; aA *Engert*, ZIP 2006, 2105, 2112.
96 Vgl *v. Bülow/Stephanblome*, ZIP 2008, 1797, 1798.
97 Vgl *v. Bülow/Stephanblome*, ZIP 2008, 1797, 1798; *Veil/v. Bülow*, Übernahmerecht in Praxis und Wissenschaft, S. 147 f.
98 Vgl *v. Bülow/Stephanblome*, ZIP 2008, 1797, 1798; *Gätsch/Schäfer*, NZG 2008, 846, 850.
99 *Zimmermann*, ZIP 2009, 57, 58.
100 Vgl zur Kritik am ursprünglichen RegE BT-Drucks. 16/7438, S. 3, welcher alternativ ausgestaltet war ua: *Fuchs/Dehlinger/Zimmermann*, WpHG, § 22 Rn 85; *Wilsing/Goslar*, DB 2007, 2467, 2468 f.
101 Vgl *Gätsch/Schäfer*, NZG 2008, 846, 850.
102 Vgl *Korff*, AG 2008, 692, 693 f.
103 Vgl *Korff*, AG 2008, 692, 693 f.
104 Vgl hierzu *Zimmermann*, ZIP 2009, 57, 58.
105 Vgl *Korff*, AG 2008, 692, 693 f.
106 So zutreffend: *Zimmermann*, ZIP 2009, 57, 58.
107 Vgl *v. Bülow/Stephanblome*, ZIP 2008, 1797, 1799; *Korff*, AG 2008, 692, 694; *Spindler*, WM 2007, 2357, 2360; *Wilsing/Goslar*, DB 2007, 2467, 2468; *Zimmermann*, ZIP 2009, 57, 58.
108 Bericht des Finanzausschusses BT-Drucks. 16/9821, S. 15.
109 *Spindler*, WM 2007, 2357, 2362; *Zimmermann*, ZIP 2009, 57, 58.
110 BGBl. I 2007 S. 10 ff.

Bevollmächtigte ohne diese Regelung zweimal melden müsste: Zum einen müsste im Rahmen der Bevollmächtigung vor der Hauptversammlung und zum anderen bei Beendigung der Vollmacht nach der Hauptversammlung jeweils eine Meldung erfolgen, soweit eine Schwelle berührt würde. Abs. 4 S. 1 macht die zweite Stimmrechtsmitteilung entbehrlich und schränkt die Mitteilungspflicht auf die erste Mitteilung bei Vollmachterteilung ein, die unter den zusätzlichen Angaben von Abs. 4 S. 2 zu erfolgen hat.[111]

C. Keine Absorption

Von der Zurechnung unberührt bleibt bei entsprechender Überschreitung der Meldeschwellen die eigene Mitteilungspflicht des Meldepflichtigen nach § 21 Abs. 1. Eine Absorption seiner Stimmrechte findet nicht statt (Grundsatz der doppelten Meldepflicht).[112] Insbesondere bei der Bevollmächtigung würde eine Absorption der Stimmrechte in irreführenden Stimmrechtsmitteilungen enden, zumal der Vollmachtgeber seine Vollmacht jederzeit widerrufen oder einschränken kann und so auch weiterhin auf den Emittenten Einfluss haben kann.[113] Dies kann – insbesondere im mehrstufigen Konzern – zu Mehrfachmitteilungen einzelner Stimmrechte mit der Folge des Überschreitens von 100% durch die Summe der gemeldeten Teilmengen führen.[114] Der hierdurch entstehende Transparenzverlust wird jedoch durch die Offenlegung der abgegebenen Mitteilung und der Benennung des im Einzelfall maßgebenden Zurechnungstatbestandes ausgeglichen.

§ 23 Nichtberücksichtigung von Stimmrechten

(1) Stimmrechte aus Aktien eines Emittenten, für den die Bundesrepublik Deutschland der Herkunftsstaat ist, bleiben bei der Berechnung des Stimmrechtsanteils unberücksichtigt, wenn ihr Inhaber

1. ein Unternehmen mit Sitz in einem Mitgliedstaat der Europäischen Union oder in einem anderen Vertragsstaat des Abkommens über den Europäischen Wirtschaftsraum ist, das Wertpapierdienstleistungen erbringt,
2. die betreffenden Aktien im Handelsbestand hält oder zu halten beabsichtigt und dieser Anteil nicht mehr als 5 Prozent der Stimmrechte beträgt und
3. sicherstellt, dass die Stimmrechte aus den betreffenden Aktien nicht ausgeübt und nicht anderweitig genutzt werden, um auf die Geschäftsführung des Emittenten Einfluss zu nehmen.

(2) Stimmrechte aus Aktien eines Emittenten, für den die Bundesrepublik Deutschland der Herkunftsstaat ist, bleiben bei der Berechnung des Stimmrechtsanteils unberücksichtigt, sofern

1. die betreffenden Aktien ausschließlich für den Zweck der Abrechnung und Abwicklung von Geschäften für höchstens drei Handelstage gehalten werden, selbst wenn die Aktien auch außerhalb eines organisierten Marktes gehandelt werden, oder
2. eine mit der Verwahrung von Aktien betraute Stelle die Stimmrechte aus den verwahrten Aktien nur aufgrund von Weisungen, die schriftlich oder über elektronische Hilfsmittel erteilt wurden, ausüben darf.

(3) [1]Stimmrechte aus Aktien, die die Mitglieder des Europäischen Systems der Zentralbanken bei der Wahrnehmung ihrer Aufgaben als Währungsbehörden zur Verfügung gestellt bekommen oder die sie bereitstellen, bleiben bei der Berechnung des Stimmrechtsanteils am Emittenten, für den die Bundesrepublik Deutschland der Herkunftsstaat ist, unberücksichtigt, soweit es sich bei den Transaktionen um kurzfristige Geschäfte handelt und die Stimmrechte aus den betreffenden Aktien nicht ausgeübt werden. [2]Satz 1 gilt insbesondere für Stimmrechte aus Aktien, die einem oder von einem Mitglied im Sinne des Satzes 1 zur Sicherheit übertragen werden, und für Stimmrechte aus Aktien, die dem Mitglied als Pfand oder im Rahmen eines Pensionsgeschäfts oder einer ähnlichen Vereinbarung gegen Liquidität für geldpolitische Zwecke oder innerhalb eines Zahlungssystems zur Verfügung gestellt oder von diesem bereitgestellt werden.

(4) [1]Für die Meldeschwellen von 3 Prozent und 5 Prozent bleiben Stimmrechte aus solchen Aktien eines Emittenten, für den die Bundesrepublik Deutschland der Herkunftsstaat ist, unberücksichtigt, die von einer Person erworben oder veräußert werden, die an einem Markt dauerhaft anbietet, Finanzinstrumente im Wege des Eigenhandels zu selbst gestellten Preisen zu kaufen oder zu verkaufen (Market Maker), wenn

---

111 *BaFin*, Emittentenleitfaden (Stand: 28.4.2009), S. 145.
112 AllgM: *Schneider*, in: Assmann/Schneider, § 21 Rn 93 ff; § 22 Rn 15; MüKo-AktG/*Bayer*, § 22 Anh. § 21 WpHG Rn 10.
113 Fuchs/Dehlinger/Zimmermann, WpHG, § 22 Rn 75.
114 Vgl hierzu: *Schneider*, AG 1997, 81, 83.

1. diese Person dabei in ihrer Eigenschaft als Market Maker handelt,
2. sie eine Zulassung nach § 32 Abs. 1 Satz 1 in Verbindung mit § 1 Abs. 1a Satz 2 Nr. 4 des Kreditwesengesetzes hat,
3. sie nicht in die Geschäftsführung des Emittenten eingreift und keinen Einfluss auf ihn dahin gehend ausübt, die betreffenden Aktien zu kaufen oder den Preis der Aktien zu stützen und
4. sie der Bundesanstalt unverzüglich, spätestens innerhalb von vier Handelstagen mitteilt, dass sie hinsichtlich der betreffenden Aktien als Market Maker tätig ist; für den Beginn der Frist gilt § 21 Abs. 1 Satz 3 und 4 entsprechend.

²Die Person kann die Mitteilung auch schon zu dem Zeitpunkt abgeben, an dem sie beabsichtigt, hinsichtlich der betreffenden Aktien als Market Maker tätig zu werden.

(5) Stimmrechte aus Aktien, die nach den Absätzen 1 bis 4 bei der Berechnung des Stimmrechtsanteils unberücksichtigt bleiben, können mit Ausnahme von Absatz 2 Nr. 2 nicht ausgeübt werden.

(6) Das Bundesministerium der Finanzen kann durch Rechtsverordnung, die nicht der Zustimmung des Bundesrates bedarf,
1. eine geringere Höchstdauer für das Halten der Aktien nach Absatz 2 Nr. 1 festlegen,
2. nähere Bestimmungen erlassen über die Nichtberücksichtigung der Stimmrechte eines Market Maker nach Absatz 4 und
3. nähere Bestimmungen erlassen über elektronische Hilfsmittel, mit denen Weisungen nach Absatz 2 Nr. 2 erteilt werden können.

Literatur:
Hirte, Der „Handelsbestand" – Bindeglied zwischen Kapitalmarkt- und Konzernrecht, in: FS Herbert Wiedemann, 2002, S. 955; vgl iÜ die Angaben zu § 21 WpHG.

A. Einführung[1]

1 Die Befreiungsmöglichkeiten erleichtern die Erbringung von Wertpapierdienstleistungen iSd § 2 Abs. 3, wenn eine unternehmerische Einflussnahme hiermit nicht bezweckt wird. Durch die mit der Vorschrift gewährleistete Vermeidung von Mehrfachmitteilungen werden zugleich auch Fehlbewertungen der Anleger am Kapitalmarkt vermieden.[2]
§ 23 wurde durch das Transparenzrichtlinie-Umsetzungsgesetz (TUG)[3] weitgehend modifiziert. So entfiel u.a. die vormals in § 23 Abs. 1 aF vorgesehene Antragspflicht und die in Abs. 2 aF geregelte Befreiung des Spekulationstatbestandes wurde aufgrund der Unvereinbarkeit mit der sog Transparenzrichtlinie II[4] gestrichen.[5] Neben der Neugestaltung der Abs. 1 bis 4 wurde § 23 um die Abs. 5 und 6 ergänzt. Mit der Regelung wird im Hinblick auf Wertpapierdienstleister und sonstige am Kapitalmarkt professionell auftretende Unternehmen unter bestimmten Voraussetzungen eine Nichtberücksichtigung von Stimmrechten vorgeschrieben. Abs. 1 statuiert für welche Unternehmen eine Handelsbestandsbefreiung gilt. Weitere Befreiungsmöglichkeiten regelt Abs. 2, wonach keine Stimmrechtsmitteilung erforderlich ist bei Aktien, die für Abrechnungs- und Abwicklungszwecke gehalten werden (vgl Nr. 1), und für Verwahrstellen (vgl Nr. 2). Aufgrund des Abs. 3 besteht für solche Aktien keine Meldepflicht, welche den Mitgliedern des Europäischen Systems der Zentralbanken (ESZB) bei der Wahrnehmung ihrer Aufgaben als Währungsbehörden zur Verfügung gestellt oder von diesen bereit gestellt werden. Unter den Voraussetzungen des Abs. 4 kann der Bestand sog. Market Maker von der Mitteilungspflicht befreit sein. Schließlich regelt Abs. 5 ein Stimmrechtsausübungsverbot und Abs. 6 gibt dem Bundesministerium für Finanzen eine Verordnungsermächtigungsgrundlage um Durchführungsmaßnahmen der Kommission in deutsches Recht umzusetzen. Zuletzt wurde § 23 in seinem Abs. 4 durch das Investmentänderungsgesetz vom 21. Dezember 2007 geändert.[6]

B. Allgemeines

2 Die Norm entfaltet ihre Wirkung, wenn die Voraussetzungen eines Tatbestandes des § 23 erfüllt sind. Sie gilt dann jedoch nicht nur für den unmittelbaren Adressaten, sondern es werden die Stimmrechte auch bei den Mutterunternehmen nicht berücksichtigt. Die einzelnen Tatbestände stehen ferner selbstständig neben-

---

1 Stand der Bearbeitung: **Mai 2013**.
2 Schäfer/Hamann/*Opitz*, § 23 WpHG Rn 1; *Schneider*, in: Assmann/Schneider, § 23 Rn 2.
3 BGBl. I 2007 S. 10 ff.
4 Richtlinie 2004/109/EG des Europäischen Parlaments und des Rates v. 15. Dezember 2004, ABl. EU Nr. L 390, S. 38 ff.
5 Fuchs/Dehlinger/Zimmermann, WpHG, § 23 Rn 5.
6 BGBl. I 2007 S. 3089 ff.

einander, so dass bei Erfüllung verschiedener Tatbestände die Höchstgrenzen jeweils in vollem Umfang in Anspruch genommen werden können.[7] Eine Befreiungsentscheidung der BaFin ist – im Gegensatz zur alten Rechtslage – nicht mehr erforderlich, wenn die Voraussetzungen eines der Tatbestände des § 23 erfüllt sind; die Stimmrechte bleiben ipso iure unberücksichtigt.[8]

C. Handelsbestand (Abs. 1)

Adressaten des Abs. 1 sind Unternehmen, die Wertpapierdienstleistungen iSd § 2 Abs. 3 erbringen – gemeint sind hiermit im Wesentlichen Kreditinstitute und Wertpapierhandelshäuser – und in einem Mitgliedstaat der EU oder in einem Vertragsstaat des EWR ihren Sitz haben (Abs. 1 Nr. 1). Die Wertpapierdienstleistungen müssen gewerbsmäßig iSd Art. 4 Abs. 1 Nr. 1 der Richtlinie über Märkte für Finanzinstrumente (MiFiD)[9] erbracht werden.[10] Eine Börsenzulassung der Wertpapierdienstleistungsunternehmen ist nicht mehr erforderlich. Eines Befreiungsantrags der Unternehmen oder eines Wirtschaftsprüfertestats über das rechtskonforme Halten der Aktien im Handelsbestand bedarf es nicht.[11]

Der Handelsbestand iSd Abs. 1 Nr. 2 ist sowohl vom **sog. Anlagebestand**, als auch von einer etwaigen Liquiditätsreserve abzugrenzen. Teilweise kann hierbei auf die zu § 340e HGB und § 71 Abs. 1 Nr. 7 AktG entwickelten Grundsätze zurückgegriffen werden.[12] Zum Handelsbestand gehören all jene Aktien, die zur Erbringung von Wertpapierdienstleistungen iSd § 2 Abs. 3 bestimmt sind. Letztere umfassen den Erwerb bzw die Veräußerung von Aktien im Kundenauftrag, gleichgültig ob in offener oder verdeckter Stellvertretung und unabhängig davon, ob hiermit ein Entgelt erzielt oder lediglich Unterschiede zwischen dem Erwerbs- und Veräußerungspreis genutzt werden sollen.[13] Voraussetzung ist die freie Verfügungsbefugnis über die Wertpapiere durch das Wertpapierdienstleistungsunternehmen. Weitere Anwendungsfälle sind Rechtsgeschäfte zur Erfüllung von Darlehensverträgen, ebenso wie die Wertpapierleihe.[14] Erfasst wird daneben auch der Eigenhandel des Wertpapierdienstleistungsunternehmens. Dies gilt auch dann, wenn es sich hierbei nicht um Geschäfte handelt, die der Erbringung von Wertpapierdienstleistungen zu dienen bestimmt sind (*arg e* Abs. 2 Nr. 1).[15] Der hiervon zu unterscheidende Anlagebestand erfasst demgegenüber solche Wertpapiere, die dem Geschäftsbetrieb zum Zwecke einer langfristigen Vermögensbildung, der Verfolgung einer aktiven Beteiligungspolitik und der Verwirklichung strategischer Ziele dienen sollen.[16] Auf Dauer und Umfang des Engagements kommt es nicht an. Aus diesem Grund kann auch die Übernahme eines größeren Anteilspaketes zum Zwecke der Streuung auf dem Kapitalmarkt eine Zuordnung zum Handelsbestand rechtfertigen.[17] Sowohl die (beabsichtigte) Dauer der Beteiligung als auch deren Größe können allerdings indizielle Bedeutung für die Zuordnung zum Handels- oder Anlagebestand haben und damit den Begründungsaufwand des Wertpapierdienstleistungsunternehmens bei der Darlegung der für den Handelsbestand erforderlichen Voraussetzungen erhöhen.[18] Die durch das Gesetz vorausgesetzte organisatorische Trennung von Handelsbestand und Anlagebestand ist durch die Einrichtung und Führung unterschiedlicher Konten zu dokumentieren.[19] Der Handelsbestand kann jederzeit in einen Anlagebestand umqualifiziert werden.[20] Im Einzelfall kann diese „**Umwidmung**" eine Meldepflicht wegen des Erreichens oder Überschreitens einer der in § 21 Abs. 1 genannten Meldeschwellen auslösen.

Das Wertpapierdienstleistungsunternehmen muss sicherstellen, dass die Stimmrechte aus den betreffenden Aktien nicht ausgeübt und nicht anderweitig genutzt werden, um auf die Geschäftsführung des Emittenten Einfluss zu nehmen (Abs. 1 Nr. 3).[21] Da bereits die Zuordnung der Aktien zu einem Handelsbestand die

---

[7] BaFin, Emittentenleitfaden (Stand: 28.4.2009), S. 157.
[8] Fuchs/*Dehlinger/Zimmermann*, WpHG, § 23 Rn 4.
[9] Richtlinie 2004/39/EG des Europäischen Parlaments und des Rates v. 21.4.2004 über Märkte für Finanzinstrumente, zur Änderung der Richtlinien 85/611/EWG und 93/6/EWG des Rates und der Richtlinie 2000/12/EG des Europäischen Parlaments und des Rates und zur Aufhebung der Richtlinie 93/22/EWG des Rates, ABl. Nr. L 145, S. 1.
[10] Fuchs/*Dehlinger/Zimmermann*, WpHG, § 23 Rn 8.
[11] Vgl *BaFin* Emittentenleitfaden (Stand: 28.4.2009), S. 158.
[12] *Schneider*, in: Assmann/Schneider, § 23 Rn 8; Schäfer/Hamann/*Opitz*, § 23 WpHG Rn 6.
[13] *Schneider*, in: Assmann/Schneider, § 23 Rn 11; MüKo-AktG/*Bayer*, § 22 Anh, § 23 Rn 4; KölnKomm-WpÜG/*Hirte*, § 20 Rn 67.
[14] MüKo-AktG/*Bayer*, § 22 Anh, § 23 Rn 7; Schäfer/Hamann/*Opitz*, § 23 WpHG Rn 6; *Schneider*, in: Assmann/Schneider, § 23 Rn 11; KölnKomm-WpÜG/*Hirte*, § 20 Rn 67.
[15] AllgM: Schäfer/Hamann/*Opitz*, § 23 WpHG Rn 6; *Schneider*, in: Assmann/Schneider, § 23 Rn 11; KölnKomm-WpÜG/*Hirte*, § 20 Rn 67.
[16] Vgl § 247 Abs. 3 HGB; *Schneider*, in: Assmann/Schneider, § 23 Rn 10.
[17] *Schneider*, in: Assmann/Schneider, § 23 Rn 12.
[18] *Schneider*, in: Assmann/Schneider, § 23 Rn 9 ff, 15; KölnKomm-WpÜG/*Hirte*, § 20 Rn 68, 71.
[19] *Schneider*, in: Assmann/Schneider, § 23 Rn 23 f; Schäfer/Hamann/*Opitz*, § 23 WpHG Rn 7.
[20] *Schneider*, in: Assmann/Schneider, § 23 Rn 30 ff mit Hinweis auf das hierin liegende Umgehungspotenzial; einschränkend demgegenüber: Schäfer/Hamann/*Opitz*, § 23 WpHG Rn 8.
[21] Ausführlich: *Hirte*, in: FS Wiedemann, 2002, S. 955, 960 ff; *Schneider*, in: Assmann/Schneider, § 23 Rn 26 ff; *Heinrich*, Kapitalmarktrechtliche Transparenzbestimmungen, 2006, S. 132.

fehlende Absicht einer unternehmerischen Einflussnahme voraussetzt, hat die Regelung insoweit rein deklaratorische Bedeutung.[22]

D. Abrechnungs- und Abwicklungszwecke (Abs. 2 Nr. 1)

6 Abs. 2 Nr. 1 stellt keine personellen Voraussetzungen für die Befreiung auf, weshalb nicht nur Wertpapierdienstleistungsunternehmen vom Tatbestand erfasst sind. Die Befreiung nach Abs. 2 Nr. 1 gilt jedoch nur für Abrechnungs- und Abwicklungszwecke im engeren Sinne. Die Aktien müssen daher ausschließlich zum Zwecke des Clearing & Settlement erworben worden sein. Eine Nichtberücksichtigung kommt deshalb insbesondere nicht für den Erwerb von Aktien im Rahmen der Begleitung und Durchführung von Kapitalerhöhungen in Betracht, da hier regelmäßig weitere Zwecke (va Platzierung) verfolgt werden.[23] Zur Auslegung der Begriffe Abrechnung und Abwicklung kann auf die Definitionen der ESZB-CESR „Standards for securities clearing and settlement in the European Union" für die entsprechenden englischen Begriffe Clearing & Settlement zurückgegriffen werden.[24]

E. Verwahrstellen (Abs. 2 Nr. 2)

7 Auf den Befreiungstatbestand des Abs. 2 Nr. 2 können sich nur juristische Personen berufen, die, sofern sie dem deutschen Recht unterliegen, eine Zulassung zur Verwahrung und Verwaltung von Wertpapieren für andere (Depotgeschäfte) iSd § 1 Abs. 1 Nr. 5 KWG benötigen.[25] Abs. 2 Nr. 2 erfasst nur solche verwahrenden Institute, die rechtliche Eigentümer der verwahrten Aktien sind. Da nach deutschem Recht die verwahrende Bank regelmäßig nicht Eigentümer der verwahrten Aktien wird, sondern der Hinterleger bei regulärer Vertragsgestaltung Eigentümer bleibt, scheidet eine Befreiung nach Abs. 2 Nr. 2 in diesen Fällen aus.[26] Hier kommt aber regelmäßig eine Ausnahme von der Zurechnung gemäß § 22 Abs. 1 S. 1 Nr. 6 in Betracht.[27] Das Erfordernis einer Weisung dient dazu, dass die Verwahrstelle als formaler Eigentümer selbst keinen Einfluss auf den Emittenten ausüben kann, da sie dann lediglich den Willen des Hinterlegers ausführt. Deshalb bedurfte es auch keiner Abs. 1 S. 1 Nr. 3 entsprechenden Regelung.[28] Im Gegensatz zu den anderen Tatbeständen des § 23 können die Stimmrechte aus von Verwahrstellen gehaltenen Aktien ausgeübt werden.[29]

F. Zentralbankenbestand (Abs. 3)

8 Mit der Neufassung des Abs. 3 wurde Art. 1 Abs. 1 der sog. Transparenzrichtlinie II[30] umgesetzt. In Übereinstimmung mit dem Erwägungsgrund 19 der Richtlinie bezieht sich der Begriff „kurzfristig" in Abs. 3 S. 1 einerseits auf Kreditgeschäfte, die im Einklang mit dem Vertrag über die Europäische Zentralbank (EZB) und den Rechtsakten der EZB, insbesondere den EZB-Leitlinien über geldpolitische Instrumente und Verfahren und dem System TARGET stehen, und andererseits auf Kreditgeschäfte, die im Einklang mit nationalen Vorschriften zur Durchführung vergleichbarer Aufgaben vorgenommen werden.[31]

G. Market Maker (Abs. 4)

9 Abs. 4 dient der Umsetzung von Art. 9 Abs. 5 der Transparenzrichtlinie II[32] und normiert eine Ausnahme von der Meldepflicht für Market Maker als Adressaten der Norm (Abs. 4 S. 1 Nr. 1). Die dortige Definition des Market Maker in Art. 2 Abs. 1 lit. n) stimmt mit derjenigen in Art. 4 Abs. 1 Nr. 8 der Richtlinie über Märkte für Finanzinstrumente (MiFID)[33] überein.[34] Danach ist ein Market Maker eine Person, die an den Finanzmärkten auf kontinuierlicher Basis ihre Bereitschaft anzeigt, durch den An- und Verkauf von Finanzinstrumenten unter Einsatz des eigenen Kapitals Handel für eigene Rechnung zu von ihr gestellten Kursen

---

22 Ähnlich: KölnKomm-WpÜG/Hirte, § 20 Rn 78.
23 Vgl BaFin, Emittentenleitfaden (Stand: 28.4.2009), S. 159; Fuchs/Dehlinger/Zimmermann, WpHG, § 23 Rn 15; Schneider, in: Assmann/Schneider, § 23 Rn 41.
24 <www.esma.europa.eu>.
25 BaFin, Emittentenleitfaden (Stand: 28.4.2009), S. 159.
26 Fuchs/Dehlinger/Zimmermann, WpHG, § 23 Rn 16; BaFin, Emittentenleitfaden (Stand: 28.4.2009), S. 159.
27 BaFin, Emittentenleitfaden (Stand: 28.4.2009), S. 159.
28 Fuchs/Dehlinger/Zimmermann, WpHG, § 23 Rn 16.
29 BaFin, Emittentenleitfaden (Stand: 28.4.2009), S. 158.

30 Richtlinie 2004/109/EG des Europäischen Parlaments und des Rates v. 15.12.2004, ABl. EU Nr. L 390, S. 38 ff.
31 Begr. RegE BT-Drucks. 16/2498, S. 36.
32 Richtlinie 2004/109/EG des Europäischen Parlaments und des Rates v. 15.12.2004, ABl. EU Nr. L 390, S. 38 ff.
33 Richtlinie 2004/109/EG des Europäischen Parlaments und des Rates v. 21.4.2004 über Märkte für Finanzinstrumente, zur Änderung der Richtlinien 85/611/EWG und 93/6/EWG des Rates und der Richtlinie 2000/12/EG des Europäischen Parlaments und des Rates und zur Aufhebung der Richtlinie 93/22/EWG des Rates, ABl. Nr. L 145, S. 1.
34 Begr. RegE BT-Drucks. 16/2498, S. 36.

zu betreiben. Nach der Vorschrift besteht für einen Market Maker erst dann eine Meldepflicht für die im Market Maker-Bestand gehaltenen Aktien, sobald ein Umfang von 10% der Stimmrechte an einem Emittenten erreicht wurde und daher die Stimmrechte aus Aktien vollumfänglich zu berücksichtigen sind oder er die Aktien bzw sonstige Finanzinstrumente nicht mehr dauerhaft anbietet (§ 4 Abs. 1 TranspRLDV).[35] Die erforderliche Zulassung nach Abs. 4 S. 1 Nr. 2 beruht darauf, dass das Market Making als Eigenhandel iSd § 1 Abs. 1a S. 2 Nr. 4 KWG eine nach § 32 Abs. 1 S. 1 KWG erlaubnispflichtige Finanzdienstleistung darstellt, wenn sie im Inland gewerbsmäßig oder in einem Umfang erbracht wird, der einen in kaufmännischer Weise eingerichteten Geschäftsbetrieb erfordert.[36] Nach dem Zweck des Abs. 4 S. 1 Nr. 3 muss dieser entsprechend Abs. 1 Nr. 3 dahin gehend ausgelegt werden, dass jede Einwirkung auf den Emittenten, unabhängig davon, ob diese durch Ausübung von Stimmrechten oder auf sonstige Weise erfolgt, verboten wird.[37] Nach Abs. 4 S. 1 Nr. 4 müssen Market Maker, die sich auf die Befreiung berufen wollen, unverzüglich (§ 121 Abs. 1 S. 1 BGB), spätestens innerhalb von vier Handelstagen (vgl zum Begriff § 30) mitteilen, dass sie hinsichtlich der betreffenden Aktien als Market Maker tätig sind. Auf Verlangen der BaFin muss der Market Maker nachweisen können, welche Aktien oder sonstigen Finanzinstrumente er in seiner Eigenschaft als Market Maker hält. Ist ihm dieser Nachweis nicht möglich, so kann die BaFin anordnen, dass er die Aktien oder sonstigen Finanzinstrumente auf ein gesondertes Konto überträgt und anschließend verwahrt (§ 4 Abs. 2 TranspRLDV).[38]

H. Stimmrechtsausübungsverbot (Abs. 5)

Abs. 5 statuiert eine Ausübungssperre für Stimmrechte aus Aktien, die aufgrund einer Befreiung nach § 23 Abs. 1, Abs. 2 Nr. 1, Abs. 3, Abs. 4 unberücksichtigt bleiben. Aufgrund der Neufassung des § 23 durch das Transparenzrichtlinien-Umsetzungsgesetz (TUG)[39] enthält das Stimmrechtsausübungsverbot nach Abs. 5 keinen nennenswerten Anwendungsbereich mehr, da die Nichtausübung der Stimmrechte bereits nach Abs. 1 Nr. 3, Abs. 3 S. 1 und Abs. 4 Nr. 3 Tatbestandsvoraussetzung für die Stimmrechtsnichtausübung ist und somit Abs. 5 nur noch hinsichtlich Abs. 2 Nr. 1 ein eigenständiger Anwendungsbereich verbleibt. Ein Anwendungsbereich alleine bei einem Halten von Aktien ausschließlich für Clearing & Settlement für maximal drei Handelstage erscheint nicht sachgerecht, weshalb im Schrifttum eine Streichung des Abs. 5 befürwortet wird.[40]

I. Verordnungsermächtigung (Abs. 6)

Auf der Grundlage des Abs. 6 Nr. 2 wurde § 4 TranspRLDV[41] erlassen. § 4 TranspRLDV regelt Pflichten des Market Makers in Zusammenhang mit der Nichtberücksichtigung von Stimmrechten. Nach § 4 Abs. 1 TranspRLDV besteht eine Mitteilungspflicht für den Market Maker, wenn er für einen bestimmten Emittenten an einem Markt nicht mehr dauerhaft Aktien oder Finanzinstrumente iSd § 25 Abs. 1 S. 1 im Wege des Eigenhandels zu selbst gestellten Preisen zu kaufen oder zu verkaufen anbietet. Nach § 4 Abs. 2 TranspRLDV hat der Market Maker auf Verlangen der Bundesanstalt nachzuweisen, welche Aktien oder sonstigen Finanzinstrumente er in seiner Eigenschaft als Market Maker hält; andernfalls kann die BaFin die Verwahrung von in der Eigenschaft als Market Maker gehaltenen Aktien oder sonstigen Finanzinstrumenten auf einem gesonderten Konto anordnen.

§ 24 Mitteilung durch Konzernunternehmen

Gehört der Meldepflichtige zu einem Konzern, für den nach den §§ 290, 340i des Handelsgesetzbuchs ein Konzernabschluß aufgestellt werden muß, so können die Mitteilungspflichten nach § 21 Abs. 1 und 1a durch das Mutterunternehmen oder, wenn das Mutterunternehmen selbst ein Tochterunternehmen ist, durch dessen Mutterunternehmen erfüllt werden.

Literatur:
Nottmeier/Schäfer, Zu den Mitteilungspflichten von Konzernunternehmen gemäß § 24 Wertpapierhandelsgesetz, WM 1996, 513; vgl im Übrigen die Angaben zu § 21.

---

[35] *BaFin*, Emittentenleitfaden (Stand: 28.4.2009), S. 160.
[36] Fuchs/*Dehlinger/Zimmermann*, WpHG, § 23 Rn 20.
[37] Fuchs/*Dehlinger/Zimmermann*, WpHG, § 23 Rn 21.
[38] *BaFin*, Emittentenleitfaden (Stand: 28.4.2009), S. 161.
[39] BGBl. I 2007 S. 10 ff.
[40] Fuchs/*Dehlinger/Zimmermann*, WpHG, § 23 Rn 23.
[41] Transparenzrichtlinie-Durchführungsverordnung v. 13.3.2008, BGBl. I S. 408.

A. Einführung[1]

1 § 24 gestattet für Konzernunternehmen – basierend auf Art. 93 der konsolidierten Börsenrichtlinie 2004/109/EG – die konzernweite Erfüllung der Mitteilungspflichten nach § 21 Abs. 1 und 1a durch das Mutterunternehmen. Die Vorschrift dient in erster Linie der Vermeidung von Mehrfachmitteilungen[2] sowie der zentralen Erfüllung der Mitteilungspflichten im Konzern. Die durch Art. 3 Nr. 13 des **3. Finanzmarktförderungsgesetzes** vom 24.3.1998[3] erfolgte Änderung geht auf die Einführung des § 21 Abs. 1a zurück (vgl dort § 21 Rn 12).

B. Tatbestand

2 Die Vorschrift knüpft für die erforderliche Konzernzugehörigkeit des Tochterunternehmens an die Verpflichtung zur Aufstellung eines **Konzernabschlusses** gemäß §§ 290, 340i HGB an; sie gilt daneben auch für den Fall des § 292 a HGB.[4] Voraussetzung einer Bündelung der Mitteilungen ist, dass das Mutterunternehmen eine Kapitalgesellschaft mit Sitz im Inland[5] ist und entweder an der Tochter iSd § 271 HGB beteiligt ist und diese einheitlich leitet (§ 290 Abs. 1 HGB) oder die Tochter gemäß § 290 Abs. 2 HGB durch Stimmrechtsmehrheit, Personalentscheidungsgewalt, Beherrschungsvertrag bzw Satzungsbestimmung kontrolliert. Handelt es sich bei dem Mutterunternehmen um ein Kreditinstitut, so muss dieses nicht zwingend eine Kapitalgesellschaft sein (vgl § 340 i HGB). Bei **mehrstufigen Konzernverbindungen,** dh auch im mehr als dreistufigen Konzern, kann die Mitteilung auch seitens der Konzernmutter erfolgen.[6]

3 Liegen die Voraussetzungen des § 24 nicht vor (zB wegen Sitz des Mutterunternehmens im Ausland oder Beherrschung durch Personengesellschaft), so kann eine Zusammenfassung der konzernweiten Mitteilungen dadurch sichergestellt werden, dass sich das Mutterunternehmen durch die mitteilungspflichtigen Töchter zur Abgabe der Mitteilung gegenüber der Gesellschaft und der BaFin **bevollmächtigen** lässt.[7] Im Übrigen können Stimmrechtsmitteilungen auch unabhängig hiervon „Namens und in Vollmacht" anderer natürlicher oder juristischer Personen abgegeben werden.[8]

C. Mitteilung durch Mutterunternehmen

4 Das Mutterunternehmen **kann**, muss aber nicht, die Meldepflicht für das Tochterunternehmen erfüllen. Dies gilt auch in Fällen, in denen die Mutter selbst nicht mitteilungspflichtig ist.[9] Letzteres kommt insbesondere bei konzerninternen Rechtsgeschäften (zB der Übertragung von Anteilen zwischen zwei Töchtern) in Betracht, die lediglich eine Mitteilungspflicht der Tochter begründen. Das Tochterunternehmen wird durch die Mitteilung der Mutter von seiner eigenen Meldepflicht befreit. Auch die Nachweispflicht des § 27 besteht nur für das Mutterunternehmen (vgl dort § 27 Rn 2). Von der Mitteilung der Muttergesellschaft nach § 24 ist der Fall zu unterscheiden, in dem die Aktien des Tochterunternehmens der Mutter wegen ihres beherrschenden Einflusses auf die Tochter gemäß § 22 Abs. 1 S. 1 Nr. 1, Abs. 3 zugerechnet werden. In diesem Fall stehen die Mitteilungspflichten des Mutter- und des Tochterunternehmens als eigenständige Rechtspflichten nebeneinander.

5 Der **Inhalt der Mitteilung** hat nach § 24 die Angaben zu enthalten, die auch das Tochterunternehmen abgeben müsste. Hierzu gehören neben Name und Anschrift des Tochterunternehmens[10] die Nennung der betreffenden Stimmrechtsquote (§ 21 Rn 9) sowie die Bezeichnung der dem Tochterunternehmen gemäß § 22 zuzurechnenden Stimmrechte.

---

1 Stand der Bearbeitung: Mai 2013.
2 Begr. RegE BT-Drucks. 12/6679, S. 54.
3 BGBl. I 1998 S. 529.
4 MüKo-AktG/*Bayer*, § 22 Anh. § 24 WpHG Rn 4.
5 Vgl hierzu auch: *BaFin*, Emittentenleitfaden (Stand: 28.4.2009), S. 37, wonach die BaFin analog, § 24 grds. auch Mitteilungen ausländischer Konzernmutterunternehmen akzeptiert. Eine ausdrückliche Bevollmächtigung ist dabei mit Blick auf, § 28 demnach zu empfehlen.
6 MüKo-AktG/*Bayer*, § 22 Anh. § 24 WpHG Rn 5.
7 Schäfer/Hamann/*Opitz*, § 24 WpHG Rn 5.
8 *BaFin*, Emittentenleitfaden (Stand: 28.4.2009), S. 37.
9 *Witt*, Übernahmen, S. 145; MüKo-AktG/*Bayer*, § 22 Anh. § 24 WpHG Rn 2.
10 AllgM: *Nottmeier/Schäfer*, WM 1996, 513, 514 ff; *Schneider*, in: Assmann/Schneider, § 24 Rn 16; Schäfer/Hamann/*Opitz*, § 24 WpHG Rn 6; aA *Falkenhagen*, WM 1995, 1005, 1009, der die Nennung des Tochterunternehmens für entbehrlich hält.

§ 25 Mitteilungspflichten beim Halten von Finanzinstrumenten und sonstigen Instrumenten

(1) ¹Wer unmittelbar oder mittelbar Finanzinstrumente oder sonstige Instrumente hält, die ihrem Inhaber das Recht verleihen, einseitig im Rahmen einer rechtlich bindenden Vereinbarung mit Stimmrechten verbundene und bereits ausgegebene Aktien eines Emittenten, für den die Bundesrepublik Deutschland der Herkunftsstaat ist, zu erwerben, hat dies bei Erreichen, Überschreiten oder Unterschreiten der in § 21 Abs. 1 Satz 1 genannten Schwellen mit Ausnahme der Schwelle von 3 Prozent entsprechend § 21 Abs. 1 Satz 1 unverzüglich dem Emittenten und gleichzeitig der Bundesanstalt mitzuteilen. ²Die §§ 23 und 24 gelten entsprechend. ³Eine Zusammenrechnung mit den Beteiligungen nach den §§ 21 und 22 findet statt; Finanzinstrumente und sonstige Instrumente, die jeweils unter § 22 Absatz 1 Satz 1 Nummer 5 fallen, werden bei der Berechnung nur einmal berücksichtigt.

(2) Beziehen sich verschiedene der in Absatz 1 genannten Finanzinstrumente oder sonstige Instrumente auf Aktien des gleichen Emittenten, muss der Mitteilungspflichtige die Stimmrechte aus diesen Aktien zusammenrechnen.

(2a) Eine Mitteilungspflicht nach Absatz 1 besteht nicht, soweit die Zahl der Stimmrechte aus Aktien, für die ein Angebot zum Erwerb auf Grund eines Angebots nach dem Wertpapiererwerbs- und Übernahmegesetz angenommen wurde, gemäß § 23 Absatz 1 des Wertpapiererwerbs- und Übernahmegesetzes offenzulegen ist.

(3) Das Bundesministerium der Finanzen kann durch Rechtsverordnung, die nicht der Zustimmung des Bundesrates bedarf, nähere Bestimmungen erlassen über den Inhalt, die Art, die Sprache, den Umfang und die Form der Mitteilung nach Absatz 1.

Literatur:
Buckel, Der Einsatz von Finanzinstrumenten zur Abwehr feindlicher Übernahmen, Berlin 2014; *Brandt*, Der Anwendungsbereich von § 25a WpHG in Bezug auf Pfandrechte – Ein Plädoyer für eine normzweckgebundene Auslegung der neuen Meldepflicht, CFL 2012, 110; *Fleischer/Schmolke*, Kapitalmarktrechtliche Beteiligungstransparenz nach §§ 21ff WpHG und „Hidden Ownership", ZIP 2008, 1501; *Habersack*, Beteiligungstransparenz Adieu?, AG 2008, 817; *Krämer/Heinrich*, Emittentenleitfaden „reloaded" 2013, CFL 2013, 225; *Merkner/Sustmann*, Die Verwaltungspraxis in Sachen Beteiligungstransparenz auf Grundlage der Neufassung des Emittentenleitfadens, NZG 2013, 1361; *Parmentier*, Die Revision der EU-Transparenzrichtlinie für börsennotierte Unternehmen, AG 2014, 15; *W. Richter*, Gute Policy im Aktienrecht, ZHR 177 (2013), 577; *Schiessl*, Beteiligungsaufbau mittels Cash-Settled Total Equity Return Swaps – neue Modelle und Einführung von Meldepflichten, Der Konzern 2009, 291; *U.H. Schneider/Anzinger*, Umgehung und missbräuchliche Gestaltung im Kapitalmarktrecht oder: Brauchen wir eine § 42 AO entsprechende Vorschrift im Kapitalmarktrecht?, ZIP 2009, 1; *U.H. Schneider/Brouwer*, Kapitalmarktrechtliche Meldepflichten bei Finanzinstrumenten, AG 2008, 557; *Weber/Meckbach*, Finanzielle Differenzgeschäfte – Ein legaler Weg zum „Anschleichen" an die Zielgesellschaft bei Übernahmen?, BB 2008, 2022.

A. Einführung ... 1	4. Kauf über Börse ... 24
B. Tatbestand (Abs. 1) ... 2	5. Irrevocable Undertakings ... 25
I. (Finanz-)Instrumente ... 2	6. Termingeschäfte ... 26
II. Einseitiges, rechtlich bindendes Erwerbsrecht ... 4	7. Wandelanleihen ... 27
1. Erwerbsrecht ... 5	8. Aktienoptionspläne ... 28
2. Rechtlich bindendes Erwerbsrecht ... 6	C. Rechtsfolge (Abs. 1) ... 29
3. Einseitiges Erwerbsrecht ... 7	I. Mitteilungspflicht ... 29
III. Aktien eines Emittenten aus der BRD ... 8	II. Sanktion bei Verstoß ... 33
IV. Ausgegebene Aktien mit Stimmrechten ... 9	D. Zusammenrechnung verschiedener (Finanz-)Instrumente (Abs. 2) ... 34
V. Unmittelbares oder mittelbares Halten ... 10	E. Nichtberücksichtigung von (Finanz-)instrumenten (Abs. 2a) ... 35
VI. Schwellenberührung ... 11	F. Verordnungsermächtigungsgrundlage (Abs. 3) ... 36
VII. Ausgewählte Fallgruppen ... 19	
1. Cash Settled Equity Swaps ... 19	
2. Wertpapierleihe ... 21	
3. Rückkaufvereinbarungen bei Repo-Geschäften ... 23	

A. Einführung

Mit dem durch das **Transparenzrichtlinie-Umsetzungsgesetz (TUG)** v. 5.1.2007[1] neu eingeführten und mit Wirkung vom 20.1.2007 neu gefassten § 25 wurde erstmals ein eigenständiges Melderegime für das Halten von Finanzinstrumenten eingeführt. Die zuvor in § 25 aF geregelte Veröffentlichungspflicht des Emittenten

---
[1] BGBl. I 2007, 10; dazu Begr. RegE BT-Drucks. 16/2498, S. 36f.

wurde daraufhin in § 26 normiert.² Die Neufassung des § 25 dient der Umsetzung von Art. 13 der Transparenzrichtlinie 2004/109/EG. § 25 wurde ferner durch das **Risikobegrenzungsgesetz** v. 12.8.2008³ substantiell geändert. Die Änderungen traten am 1.3.2009 in Kraft. Zuletzt wurde § 25 durch das **Anlegerschutz- und Funktionsverbesserungsgesetz (AnSFuVG)** vom 5.4.2011⁴ geändert, welches ebenfalls den § 25 a eingeführt hat. Nach § 25 a werden nun (Finanz-)Instrumente erfasst, welche zwar eine Erwerbsmöglichkeit vorsehen, aber noch kein Zugriffsrecht gewähren. Vor der Einführung von § 25 wurde kontrovers diskutiert, ob solche (Finanz-)Instrumente von § 25 in der alten Fassung erfasst werden.⁵

Für die Praxis maßgeblich ist der Emittentenleitfaden der BaFin aus dem Jahr 2009, welcher im Jahr 2013 aktualisiert wurde.⁶ Nach dem Vorbild des Verfahrens der U.S. Securities and Exchange Commission (kurz: SEC) wurde der erste Diskussionsentwurf des neuen Emittentenleitfadens bis zum 22.5.2013 zur öffentlichen Konsultation auf der Internetseite der BaFin veröffentlicht. Die BaFin hat ebenfalls die Stellungnahmen von Praktikern zum Emittentenleitfaden auf der Internetseite zur Verfügung gestellt.

Jüngst traten die Änderungen zur EU-Transparenzrichtlinie (Transparenzrichtlinie 2013)⁷ in Kraft. Deutschland hat die Vorgaben der Transparenzrichtlinie 2013 innerhalb von 24 Monaten bis zum 26.11.2015 in nationales Recht umzusetzen.⁸ Hierdurch sind nur geringfügige Änderungen des § 25 zu erwarten.⁹ Die wesentlichen Änderungen in Art. 13 Abs. 1 UA lit. a Transparenzrichtlinie 2013 sind in § 25 bereits hinreichend reflektiert. Änderungen sind jedoch im jetzigen § 28 zu erwarten, insbesondere die Einführung eines Stimmrechtsentzugs.

B. Tatbestand (Abs. 1)

2 I. **(Finanz-)Instrumente.** Finanzinstrumente sind für das WpHG in § 2 Abs. 2 b legal definiert.¹⁰ Der Begriff umfasst Wertpapiere, Geldmarktinstrumente, Derivate und Rechte auf die Zeichnung von Wertpapieren. Das Instrument muss nicht fungibel sein. Ein Finanzinstrument im Sinne des § 25 liegt damit auch bei einem **Lieferungsanspruch aus einem Kaufvertrag** über Aktien vor. Der Meldepflicht unterfallen insbesondere **Derivate** nach § 2 Abs. 2 Nr. 1. Dafür muss es sich um Kauf, Tausch oder anderweitig ausgestaltete Festgeschäfte oder Optionsgeschäfte handeln, die zeitlich verzögert zu erfüllen sind und deren Wert sich unmittelbar oder mittelbar vom Preis der Aktien des Emittenten ableiten. Es spielt keine Rolle, ob das Finanzinstrument dinglich ausgestaltet ist oder ob lediglich ein schuldrechtlicher Anspruch auf Übereignung von Aktien besteht.

3 Durch das AnSFuVG wurden die Worte „oder sonstige Instrumente" eingefügt. Damit werden nun Instrumente erfasst, welche ein Recht auf den Erwerb von mit Stimmrechten verbundenen Aktien gewähren, die aber keine klassischen Finanzinstrumente sind. Die Diskussion über die Auslegung und die Wortlautgrenze von „Finanzinstrumente"" ist damit hinfällig. Erfasst werden nun auch die Rückforderungsansprüche des Darlehensgebers eines Wertpapierdarlehens und die Rückkaufvereinbarung bei einem sog. Repogeschäft (sale and repurchase agreement).¹¹

4 II. **Einseitiges, rechtlich bindendes Erwerbsrecht.** Mitteilungspflichtig nach § 25 sollen nach dem Normzweck nur solche (Finanz-)Instrumente sein, die ihrem Inhaber unabhängig von äußeren Umständen das Recht einräumen („rechtlich bindend") allein nach seinem Willen („einseitig") bestimmte Aktien zu erwerben.

5 1. **Erwerbsrecht.** Zunächst muss es sich um ein Erwerbsrecht handeln. Veräußerungsmöglichkeiten wie Put-Optionen unterfallen daher nicht der Mitteilungspflicht nach § 25. Erfasst werden zudem nur solche (Finanz-)Instrumente, die einen Anspruch auf physische Lieferung der Aktien gewähren.¹² Vom Anwendungs-

---

2 Grundlegend zu den Regulierungsansätzen, siehe *W. Richter*, ZHR 177 (2013), 577 ff und insbesondere S. 587.
3 BGBl. I 2008, 1666; dazu Begr. RegE BT-Drucks. 16/7438, S. 11; hierzu K. *Schmidt/Lutter/Veil*, AktG, Anh. § 22: § 25 WpHG Rn 2; *Bürgers/Körber/Becker*, Anh § 22/§ 25 WpHG Rn 1.
4 BGBl. I 2911, 538; dazu Begr. RegE BT-Drucks.17/3628, S. 4 ff.
5 *U.H.Schneider*, in: Assmann/Schneider, § 25 Rn 42.
6 *BaFin*, Emittentenleitfaden 2013; hierzu *Heinrich/Krämer*, CFL 2013, 225, 225; ferner *Merkner/Sustmann*, NZG 2013, 1361.
7 Richtlinie 2013/50/EU des Europäischen Parlaments und des Rates zur Änderung der Richtlinie 2004/109/EG des Europäischen Parlaments und des Rates zur Harmonisierung der Transparenzanforderungen in Bezug auf Informationen über Emittenten, deren Wertpapiere zum Handel auf einem geregelten Markt zugelassen sind, der Richtlinie 2003/71/EG des Europäischen Parlaments und des Rates betreffend den Prospekt, der beim öffentlichen Angebot von Wertpapieren oder bei deren Zulassung zum Handel zu veröffentlichen ist, sowie der Richtlinie 2007/14/EG der Kommission mit Durchführungsbestimmungen zu bestimmten Vorschriften der Richtlinie 2004/109/EG, ABl. L 294 v. 06.11.2013, S. 13 ff. Siehe auch *Europäische Kommission*, Änderungsvorschlag vom 25.10.2011 zur Richtlinie 2004/109/EG (Transparenzrichtlinie 2013) und der Richtlinie 2007/14/EG, KOM(2011) 683 endg., S. 13.
8 Ausführlich hierzu § 25 a Rn 8.
9 So auch KölnKomm-WpHG/*Heinrich*, § 25 Rn 14.
10 Hierzu *Petow*, oben § 2 Rn 18.
11 Begr. RegE BT-Drucks.17/3628, Begründung B. Nr. 2; *BaFin*, Emittentenleitfaden 2013, VIII. 2.8.1.1 (S. 135).
12 *Krämer/Heinrich*, ZIP 2009, 1737, 1745.

bereich nicht erfasst sind sog. **Cash Settlements** oder Cash Settled Options, wonach allein eine Barzahlung der Differenz zum Basiswert geschuldet wird und ein Erwerb von Aktien mit Stimmrechten nicht geschuldet ist. Zu den sog. Cash Settled Equity Swaps siehe die Ausführungen zu § 25 a.

2. Rechtlich bindendes Erwerbsrecht. Erfasst sind nur rechtlich bindende Erwerbsrechte, das heißt eine Absichtserklärung oder eine allein theoretische Erwerbsmöglichkeit führen nicht zu einer Meldepflicht. Ob auch kaufmännische Anstandspflichten beziehungsweise **Gentlemen's Agreements** als rechtlich bindende Erwerbsrechte zu betrachten sind, ist umstritten.[13] Der Wortlaut der Vorschrift legt jedoch nahe, dass ein Erwerbsrecht nur vorliegt, wenn damit ein klagbarer Anspruch verbunden ist.

3. Einseitiges Erwerbsrecht. Zudem muss das rechtliche Erwerbsrecht allein nach dem Ermessen des Inhabers des (Finanz-)Instrumentes ausgeübt werden können. Daran fehlt es, wenn die Wahl (auch) dem Veräußerer zusteht. In diesem Fall kann jedoch eine Meldepflicht nach § 25 a bestehen. Wird das Erwerbsrecht von äußeren Umständen abhängig gemacht, so kann der Inhaber das Recht ebenfalls nicht mehr „einseitig" im Sinne des § 25 ausüben. Nicht erfasst sind damit bedingte Ansprüche, wonach der Erwerb von ungewissen künftigen Ereignissen abhängt, wie beispielsweise einem bestimmten Aktienkurs. Auch in diesen Fällen kann eine Meldepflicht nach § 25 a möglich sein. Der Meldepflicht nach § 25 unterfallen dagegen solche Bedingungen, deren Erfüllung allein vom Inhaber des (Finanz-)Instrumentes abhängen.[14]

III. Aktien eines Emittenten aus der BRD. Es muss sich um Aktien eines Emittenten handeln, für den Deutschland Herkunftsstaat iSd § 2 Abs. 6 ist.[15]

IV. Ausgegebene Aktien mit Stimmrechten. Zudem muss das (Finanz-)Instrument dem Inhaber ein Recht zum Erwerb von bereits ausgegebenen Aktien mit Stimmrechten gewähren. Keine Meldepflicht besteht in der Regel für Bezugsrechte aus Wandelschuldverschreibungen und Beteiligungsprogrammen nach § 192 Abs. 2 Nr. 3 AktG. Für diese Instrumente kann jedoch eine Mitteilungspflicht nach § 25 a in Betracht kommen.

Fraglich ist, ob von § 25 auch (Finanz-)Instrumente erfasst werden, welche vom Emittenten gezeichnet werden und die sich auf eigene Aktien des Emittenten beziehen.[16] Für § 25 a (nicht für § 25) besteht für (Finanz-)Instrumente auf eigene Aktien des Emittenten nach einer ausdrücklichen Bereichsausnahme keine Meldepflicht.[17] Diese Ausnahme ist in § 17 a Nr. 1 WpAIV in Verbindung mit § 25 a Abs. 4 S. 1 Nr. 2 normiert. Es überrascht, dass diese Ausnahme für den weiteren § 25 a normiert wurde, nicht aber für den engeren § 25.[18] Richtigerweise wird man § 17 a Nr. 1 WpAIV iVm § 25 a Abs. 4 S. 1 Nr. 2 analog auf § 25 anwenden müssen.[19] Erwirbt beispielsweise ein Emittent mittels (Finanz-)Instrumenten das Erwerbsrecht an eigenen Aktien, so kann dies insbesondere als eine Maßnahme im Rahmen einer Abwehrstrategie gegen ungewünschte Übernahmeversuche eingesetzt werden (eine sog. *poison pill*). In der Praxis ist die Frage vor allem für den Fall des Wertpapierdarlehens relevant.[20] Ein Emittent kann mithilfe von Wertpapierdarlehen mit einem Darlehensnehmer erreichen, dass der Darlehensnehmer (in der Regel eine Investmentbank) zu seiner eigenen Absicherung des Wertpapierdarlehens Aktien des Emittenten erwirbt. Diese Aktien stehen einem potenziellen Bieter sodann nicht mehr zum Kauf zur Verfügung, obgleich diese Aktien grundsätzlich noch ein Stimmrecht besitzen. Je nach Ausgestaltung des Darlehensvertrages kann unter Umständen aber das Stimmrecht aus diesen Aktien nach § 71 b AktG ruhen.[21] Wenn die Stimmrechte aus den eigene Aktien ruhen, erhöht sich jedoch zumindest die relative Stimmrechtsmacht der übrigen Aktionäre.[22]

V. Unmittelbares oder mittelbares Halten. § 25 erfasst nicht nur das unmittelbare Halten von (Finanz-)Instrumenten, sondern auch das mittelbare.[23] Denkbar ist ein mittelbares Halten beispielsweise über Tochterunternehmen oder bei einer Verwaltungstreuhand. Dafür ist nach § 17 Abs. 3 Nr. 3 WpAIV auch die Kette der kontrollierten Unternehmen anzugeben, über die ein (Finanz-)Instrument gehalten wird.[24]

VI. Schwellenberührung. Die Mitteilungspflicht entsteht bei Erreichen, Überschreiten oder Unterschreiten der in § 21 Abs. 1 S. 1 genannten Schwellen, beginnend mit der Schwelle von **5 %**. Die Schwelle von 3 % ist für die Mitteilungspflicht nach § 25 nicht vorgesehen, um den Verwaltungsaufwand zu reduzieren.[25] Es wird auf die sog. **hypothetische Schwellenberührung** abgestellt, da es sich bei (Finanz-)Instrumenten noch

---

13 Dagegen die hM: *BaFin* Pressemitteilung v. 21. 8. 2008; *v.Bülow/Stephanblome*, ZIP 2009, 1797, 1800 mwN; aA *U.H.Schneider/Brouwer* AG 2008, 557, 563 f; *U.H.Schneider/Anzinger*, ZIP 2009, 1, 7 f.
14 *U.H.Schneider*, in: Assmann/Schneider, § 25 Rn 41.
15 Hierzu *Petow*, oben § 2 Rn 53.
16 Ablehnend *Buckel*, S. 230.
17 *Buckel*, S. 229.
18 So wohl auch *Buckel*, S. 229 f.
19 Für eine teleologische Reduktion von § 25 Abs. 1 S. 1, *Buckel*, S. 230.
20 Hierzu *Buckel*, S. 229 f.
21 *Buckel*, S. 230.
22 *Buckel*, S. 230.
23 *BaFin*, Emittentenleitfaden 2013, VIII. 2.8.1.1(S. 136).
24 KölnKomm-WpHG/*Heinrich*, § 25 Rn 54.
25 Begr. RegE BT-Drucks. 16/2498, S. 37; hierzu KölnKomm-WpHG/*Heinrich*, § 25 Rn 58; *U.H.Schneider*, in: Assmann/Schneider, § 25 Rn 54.

nicht um erworbene Aktien mit Stimmrechten handelt. Ein **Unterschreiten** ist beispielsweise dann möglich, wenn die (Finanz-)Instrumente weiterveräußert oder Erwerbsoptionen nicht ausgeübt werden.

11a In der Praxis wurde die Frage aufgeworfen, ob eine **inhaltliche Änderung** der Leistungspflichten von einem (Finanz-)Instrument eine selbstständige Meldepflicht nach § 25 auslösen kann.[26] Dies wäre eine **Aktualisierungspflicht**. Ein Meldepflichtiger müsste nach dieser Überlegung erneut melden, wenn zumindest die wesentlichen Mindestangaben der vorherigen Stimmrechtsmitteilung sich ändern, auch wenn keine erneute Meldeschwelle berührt wird. **Wesentliche Änderungen** sind hierbei grundsätzlich alle Angaben nach § 17 Abs. 3 WpAIV iVm § 25 Abs. 3.[27] Wesentliche Änderungen würden beispielsweise vorliegen bei einer nachträglichen Änderung des Ausübungszeitraums, der Fälligkeit und des Verfalls eines Finanzinstrumentes, siehe § 17 Abs. 3 Nr. 5 WpAIV. Diese Aktualisierungspflicht könnte aus dem Verständnis folgen, dass (Finanz-)Instrumente nur in Verbindung mit den jeweils gültigen Vertragsdaten verständlich sind und nur in Zusammenhang mit den Angaben nach § 17 Abs. 3 WpAIV zur gewünschten Transparenz führen. Hierzu gibt es – soweit ersichtlich – noch keine Praxishandhabung der BaFin. Im Fall einer anonymen Auskunft durch die BaFin wurde eine Aktualisierungspflicht für einen Einzelfall verneint, ohne dass die BaFin sich hinsichtlich dieser Frage bereits grundlegend festlegen wollte.

Gegen eine solche Aktualisierungspflicht spricht der Wortlaut des § 25. Nach § 25 besteht eine Meldepflicht nur bei „Erreichen, Überschreiten oder Unterschreiten" der Meldeschwellen, nicht bei einer Änderung der Angaben nach § 17 Abs. 3 WpAIV. Ferner folgt aus einem Vergleich des § 25 mit § 27a, dass in § 25 keine Aktualisierungspflicht für die Angaben nach § 17 Abs. 3 WpAIV vorgegeben ist. Der Gesetzgeber hat eine Aktualisierungspflicht für § 25 nicht normiert, obwohl er eine Aktualisierungspflicht für § 27a ausdrücklich vorgesehen hat. So ist eine Änderung der Ziele durch den Meldepflichtigen beispielsweise *expressis verbis* nach § 27a Abs. 1 S. 2 innerhalb von 20 Handelstagen zu melden. Eine solche Regelung fehlt für § 25 und auch für § 25a. Überdies folgt aus § 25 Abs. 4 S. 1 Nr. 1 nur eine Ermächtigung des Bundesministeriums der Finanzen durch eine Rechtsverordnung nähere Bestimmungen über den Inhalt, die Art, die Sprache, den Umfang, die Form der Mitteilung und die Berechnung des Stimmrechtsanteils nach Abs. 2 zu erlassen. Dies ist keine Ermächtigung des Bundesministeriums der Finanzen zum Erlass einer Aktualisierungspflicht zulasten des Meldepflichtigen. Der Gesetzgeber wollte grundsätzlich keine umfassende Meldepflicht normieren, sondern eine Meldepflicht nur im Fall von Meldeschwellenberührungen festlegen. Folgt man dieser Auslegung, dann dürfte eine Änderung der Angaben nach § 17 Abs. 3 WpAIV nicht zu einer Meldepflicht führen.[28]

12 Nach Abs. 1 S. 2 wird auf eine entsprechende Anwendung zu den Ausnahmevorschriften §§ 23, 24 verwiesen. § 23 sieht eine Privilegierung von Wertpapierdienstleistungsunternehmen vor, welche Finanzinstrumente im Handelsbestand halten.[29] Hinsichtlich §§ 25 Abs. 1 S. 2, 23 ist zu beachten, dass für die Schwellenberechnung des § 23 die Stimmrechte ebenfalls zusammenzurechnen sind. Es wird kein befreiter Bestand von 5 % der Stimmrechte für jedes (Finanz-)Instrument zur Verfügung gestellt, sondern der befreite Bestand von 5 % kann nur einmalig beansprucht werden.

13 Infolge des durch das Risikobegrenzungsgesetz neu gefassten Abs. 1 S. 3 Hs 1 sind nunmehr für die Meldepflicht nach § 25 die Stimmrechte aus Aktien mit denen aus (Finanz-)Instrumenten zusammenzurechnen.[30] Dies gilt auch dann, wenn eine Schwelle berührt wird, die bereits nach § 21 mitgeteilt worden ist.[31] Durch die **Aggregation mit Beteiligungen nach §§ 21f** soll die Transparenz gesteigert werden.[32] Hält eine Person Stimmrechte aus Aktien in Höhe von 4 % und weitere hypothetische Stimmrechte aus (Finanz-)Instrumenten in Höhe von 2 %, so wäre diese Person meldepflichtig nach Abs. 1. Der Gesetzgeber beabsichtigt damit einen heimlichen Beteiligungsaufbau von Investoren zu erschweren. Meldefrei können Aktien und (Finanz-)Instrumente erworben werden, wenn diese zusammen nicht mehr als 4,99 % ausmachen und dabei der Stimmrechtsanteil der Aktien nicht 2,99 % gem. §§ 21, 22 übersteigt.[33]

14 Es kann hierbei zu einer doppelten Erfassung derselben Stimmrechte kommen.[34] Eine Ausnahme hiervon ist § 25 Abs. 1 S. 3 Hs 2. **Dinglich ausgestaltete Optionen,** für die bereits eine Meldepflicht nach §§ 21, 22 Abs. 1 S. 1 Nr. 5 in Betracht kommt, werden nach § 25 Abs. 1 S. 3 Hs 2 nur einmal erfasst. Eine Meldepflicht nach Abs. 1 wird in diesem Fall nicht ausgelöst.

---

26 Hierzu auch KölnKomm-WpHG/*Heinrich*, § 25 Rn 70.
27 Die anzugebende Anschrift des Emittenten nach § 17 Abs. 3 Nr. 1 Alt. 2 WpAIV dürfte jedoch unwesentlich sein und muss nicht stets aktualisiert werden. Unwesentliche Angaben sind ebenfalls weitere Hilfsangaben in dem Standard Formular der BaFin, wie beispielsweise die konkreten Ansprechpartner, dessen Telefonnummern, die E-Mail-Adressen oder sonstige Erläuterungen zum Finanzinstrument.
28 Ebenso KölnKomm-WpHG/*Heinrich*, § 25 Rn 70 aE.
29 Hierzu KölnKomm-WpHG/*Heinrich*, § 25 Rn 66.
30 *BaFin*, Emittentenleitfaden 2013, VIII.2.8.1.2 (S. 134).
31 KölnKomm-WpHG/*Heinrich*, § 25 Rn 63.
32 Kritisch zum Ziel des Gesetzgebers hinsichtlich der oberen Meldeschwellen, *Zimmermann*, ZIP 2009, 57, 61.
33 *Meyer/Kiesewetter*, WM 2009, 340, 344; *Brandt*, BKR 2009, 441, 443.
34 KölnKomm-WpHG/*Heinrich*, § 25 Rn 63.

Jedoch sind in einer Stimmrechtsmitteilung bei Angaben zur Kette der kontrollierten Unternehmen auch solche kontrollierten Unternehmen anzugeben, die (Finanz-)Instrumente mit weniger als 3 % der Stimmrechte unmittelbar oder mittelbar halten.[35] Hält beispielsweise ein Mutterunternehmen ausschließlich mittelbar über drei Tochterunternehmen jeweils 2 % an (Finanz-)Instrumenten und gewähren diese (Finanz-)Instrumenten ein Erwerbsrecht an mit Stimmrecht versehenen Aktien an einer börsennotierten Aktiengesellschaft, dann hat das Mutterunternehmen in der Mitteilung nach Abs. 1 über das Überschreiten der 5 % Schwelle auch die drei Tochterunternehmen zu benennen.

Unterhalb der Meldeschwellen kann ein Beteiligungsaufbau seitens des Emittenten durch andere Transparenzvorschriften vermieden werden, wie beispielsweise bei der Ausgabe von Namensaktien durch die Eintragungspflicht im Aktienregister nach § 67 Abs. 1 S. 2 AktG.

Die Mitteilungspflicht kann auch bei kurzfristigen Über- oder Unterschreiten von Meldeschwellen entstehen. Nach der BaFin-Praxis[36] ist jedoch eine **Saldierung** bezüglich Schwellenberührungen möglich, wenn die Geschäfte innerhalb der für Börsengeschäfte üblichen Frist von T+2 abgewickelt werden.

Nicht möglich ist aber eine Aufrechnung von Long- mit Short-Positionen, wie beispielsweise bei Call- und Put-Optionen.[37]

VII. Ausgewählte Fallgruppen. 1. Cash Settled Equity Swaps. Fraglich war vor Einführung des § 25 a, ob auch Instrumente nach § 25 meldepflichtig sind, bei denen der Inhaber zwar einen Anspruch auf Erfüllung hat, dieser vom Stillhalter aber wahlweise durch Barzahlung einer Differenz anstatt mit Aktien erfüllt werden kann (sog. Cash Settled Equity Swaps).[38] Im Deutschen spricht man hierbei lediglich von „**finanziellen Differenzgeschäften**". Anlass für diese Rechtsfrage waren prominente Übernahmefälle in der Praxis, beispielsweise der Übernahmeversuch der Continental AG durch die Schaeffler-Gruppe aus dem Jahr 2008. Hierbei hatte die Schaeffler Gruppe auch mit Merrill Lynch Swap-Geschäfte über 28 % der Aktien an der Continental AG abgeschlossen, ohne dass diese Finanzinstrumente gemeldet wurden.

In jedem Fall ist eine Meldepflicht nach § 25 für solche Differenzgeschäfte begründet, wenn eine **Nebenabrede** besteht, nach der ausschließlich ein Anspruch auf Lieferung physischer Aktien besteht.[39]

Bestand eine solche Nebenabrede nicht, hielt die BaFin[40] diese Fälle nach der alten Rechtslage vor dem AnSFuVG nicht für meldepflichtig nach § 25 und hat diese Auffassung im Fall „Schaeffler/Continental" bestätigt. Gegen eine Mitteilungspflicht nach Abs. 1 spricht, dass mit einem Swap-Geschäft kein „einseitiges Erwerbsrecht" über die Lieferung von Aktien mit Stimmrechten erworben wird. Es fehlt an einer rechtlich bindenden Vereinbarung. Solche (Finanz-)Instrumente waren nach der alten Rechtslage vor dem AnSFuVG sogar vollständig meldefrei. Nach der jetzigen Rechtslage kommt eine Meldepflicht nach § 25 a in Betracht.

2. Wertpapierleihe. Ein **Wertpapierdarlehen** ist ein Sachdarlehen gemäß § 607 BGB, welches in der Finanzpraxis auch umgangssprachlich „**Wertpapierleihe**"[41] genannt wird.[42] Zwischen dem Darlehensgeber und dem Darlehensnehmer wird vereinbart, dass der Darlehensgeber Aktien an den Darlehensnehmer überträgt und der Darlehensnehmer verpflichtet ist, Aktien „gleicher Gattung" zurück an den Darlehensgeber zu übertragen. Zivilrechtlich geht das Eigentum an den Aktien auf den Darlehensnehmer über. Wirtschaftlich bleibt das Eigentum beim Darlehensgeber. Dieser trägt in der Regel die Chancen und Risiken (Ausschüttungen gehen an den Darlehensgeber, der Darlehensgeber erhält die Bezugsrechte usw.).[43]

Wie bereits ausgeführt (Rn 3), besteht seit dem AnSFuVG bei einem Wertpapierdarlehen nun eine Meldepflicht für den Darlehensgeber nach Abs. 1 für seinen Rückforderungsanspruch aus dem Wertpapierdarlehensvertrag.[44] Dies gilt auch für Formen von Kettenwertpapierdarlehen hinsichtlich der Rückübertragungsansprüche des Darlehensgebers.[45] Im Übrigen kommen Mitteilungspflichten nach §§ 21 f in Betracht.

Konzerninterne Wertpapierdarlehen sind nach der Praxis der BaFin[46] unter Umständen nicht meldepflichtig, obwohl sie vom Wortlaut des § 25 tatbestandlich erfasst sind. Meldefreiheit besteht dann, wenn innerhalb eines Konzerns ein Wertpapierdarlehen zwischen Konzernunternehmen nur weitergereicht wird und dabei diese Weiterreichungen als ein einziges Wertpapierdarlehensgeschäft zu werten sind. Konkret müssen

---

[35] BaFin, Emittentenleitfaden 2013, VIII. 2.8.2.2 (S. 139).
[36] BaFin, Emittentenleitfaden 2013, VIII. 2.8.1.2 (S. 136).
[37] BaFin, Emittentenleitfaden 2013, VIII. 2.8.1.2 (S. 136).
[38] Dazu ausführlich Schiessl, Der Konzern 2009, 291, 292 f. Mitunter werden diese Differenzgeschäfte auch als „Cash Settled Total Return Swaps" oder im britischen Sprachgebrauch auch als „(Cash Settled) Contracts for Difference", kurz „CfD", bezeichnet.
[39] Schiessl, Der Konzern 2009, 291, 296.
[40] BaFin Pressemitteilung v. 21.8.2008, welche infolge der geführten Untersuchung zur versuchten Übernahme der Continental AG durch die Schaeffler Gruppe die Meldepflicht verneint.
[41] Bei einer Leihe ist eine bestimmte entliehene Sache zurückzugeben, bei einem Darlehen jedoch andere, gleichartige Sachen zurückzugeben. Letzteres wird regelmäßig auch bei einer umgangssprach bezeichneten "Wertpapierleihe" der Fall sein. Vgl hierzu Palandt/Weidenkaff, Vor § 607 BGB Rn 2.
[42] Siehe zum Wertpapierdarlehen, BGH, NZG 2009, 585, 589; Teichmann/Epe, WM 2012, 1213, 1216.
[43] BaFin, Emittentenleitfaden 2013, Ziffer VIII. 2.8.1.1 (S. 135).
[44] BaFin, Emittentenleitfaden 2013, Ziffer VIII. 2.5.2.2 (S. 116); Begr. RegE, BT-Drucks. 17/3628, S. 24.
[45] BaFin, Emittentenleitfaden 2013, VIII. 2.8.1.1 (S. 135).
[46] BaFin, Emittentenleitfaden 2013, Ziffer VIII. 2.8.1.2 (S. 137 f).

die Weiterreichungen voneinander vertraglich abhängen. Dieses Konzernprivileg gilt nur dann, wenn die Weiterreichungen von anderen Wertpapierdarlehen abgrenzbar sind und sämtliche Wertpapierdarlehensgeschäfte in einem Konzern für die Beteiligten unterscheidbar sind.

23 **3. Rückkaufvereinbarungen bei Repo-Geschäften.** Auch im Fall von sog. Repo-Geschäften besteht nun eine Meldepflicht nach Abs. 1.[47] Bei den Repo-Geschäften wird der Verkauf eines Wertpapiers mit der gleichzeitigen Vereinbarung eines Termins für den Rückkauf verbunden. Da das Repo-Geschäft, bei dem ein Termin für den Rückkauf bereits fest vereinbart wurde (**echtes Pensionsgeschäft**), ein Recht zum Erwerb gewährt, fällt es in den Anwendungsbereich von § 25. Jedoch ist auf das **unechte Pensionsgeschäft**, bei dem der Pensionsnehmer lediglich das Recht zum Rückverkauf der Aktien erhält, die Mitteilungspflicht des § 25 a anzuwenden.[48]

24 **4. Kauf über Börse.** Beim Kauf über die Börse und bei der zeitversetzten Lieferung, das heißt bei einer Einbuchung in das Depot des Erwerbers, besteht nun ebenfalls seit dem AnSFuVG eine Meldepflicht nach Abs. 1.[49] Diese gilt für börsliche und außerbörsliche Abwicklungen. Um unnötige Doppelmeldungen zu vermeiden, lässt die BaFin Praxis aber eine Ausnahme zur erneuten Meldepflicht zu. Wenn die (Finanz-)Instrumente innerhalb der üblichen Lieferfrist für Börsengeschäfte von T+3 abgewickelt werden, sind diese nicht mitteilungspflichtig.[50] Da die BaFin lediglich auf Meldungen innerhalb dieses Zeitraums verzichtet, besteht grundsätzlich auch bei T+3 Handelstagen eine Meldepflicht. Hieraus folgt, dass im Fall von Lieferverzögerungen die Meldefrist entsprechend § 21 Abs. 1 S. 3 von vier Handelstagen nicht erst mit Verstreichen von T+3 Handelstagen beginnt, sondern mit Ablauf von T+4 Handelstagen endet.[51]

25 **5. Irrevocable Undertakings.** Mangels einseitigen Erwerbsrechts werden sog. Irrevocable Undertakings von § 25 nicht erfasst.[52] Dabei handelt es sich um Vorverträge, bei denen sich der Aktionär mit der Zusage zur Annahme eines Angebots nach dem WpÜG zum Abschluss eines Kaufvertrages auf Grundlage des späteren Übernahmeangebots verpflichtet.[53] Jedenfalls bis zur Billigung der Angebotsunterlagen durch die BaFin steht der Erwerb nicht allein im Ermessen des Bieters. Die BaFin hält Irrevocable Undertakings jedoch für meldepflichtig nach § 25 a.[54]

26 **6. Termingeschäfte.** Erfasst werden (Finanz-)Instrumente in Form von Termingeschäften, insbesondere sog. Forwards/Futures und Call-Optionen, wenn nicht nur das Recht auf einen Barausgleich besteht, sondern auch der Anspruch auf Lieferung von Aktien gewährt wird.[55] Put-Optionen werden nicht erfasst. Dem Halter steht bei Put-Optionen nicht das Recht zu, die Lieferung von Aktien zu verlangen.[56]

27 **7. Wandelanleihen.** Die Meldepflicht nach § 25 für (Finanz-)Instrumente bezieht nur auf bereits ausgegebene Aktien. Daher fallen Wandelanleihen oder Wandelschuldverschreibungen nur dann unter § 25, wenn sie dem Inhaber ein einseitiges Erwerbsrecht gewähren, ausschließlich bereits ausgegebene Aktien zu erwerben.[57] Der Tatbestand des § 25 erfasst keine Wandelanleihen, bei denen dem Emittenten ein Wahlrecht eingeräumt ist, wonach er zwischen der Ausgabe bereits ausgegebener Aktien und der Ausgabe neuer Aktien wählen kann.[58] Es spielt dabei keine Rolle, ob der Emittent überhaupt eigene Aktien im Bestand hat.[59] In Betracht kommt aber eine Mitteilungspflicht nach § 25 a, wenn eine solches Wahlrecht des Emittenten besteht.[60]

28 **8. Aktienoptionspläne.** Aktienoptionspläne sind nicht nach § 25 meldepflichtig,[61] da der Inhaber der Aktienoptionen das Recht nicht einseitig ausüben kann, sondern die Bedingungen bei Aktienoptionsplänen in der Regel auch von ungewissen künftigen Ereignissen abhängen. Zu prüfen ist aber eine Meldepflicht nach § 25 a.

C. Rechtsfolge (Abs. 1)

29 **I. Mitteilungspflicht.** Der Halter eines (Finanz-)Instrumentes wird nach Abs. 1 beim Berühren einer Schwelle mitteilungspflichtig. Die Mitteilung hat, wie bei § 21 Abs. 1 S. 1, unverzüglich nach der hypotheti-

---

47 *BaFin*, Emittentenleitfaden 2013, VIII. 2.8.1.1 (S. 135).
48 *BaFin*, Gesamtliste der häufigen Fragen zu den neuen Meldepflichten nach §§ 25 und 25 a WpHG (Stand: 9.1.2012); *BaFin*, Emittentenleitfaden 2013, VIII. 2.8.1.1 (S. 135).
49 *BaFin*, Emittentenleitfaden 2013, VIII. 2.8.1.1 (S. 135).
50 *BaFin*, Emittentenleitfaden 2013, VIII. 2.8.1.1 (S. 135).
51 *Merkner/Sustmann*, NZG 2013, 1361, 1367.
52 *v.Bülow/Stephanblome*, ZIP 2009, 1797, 1800; *Meyer/Kiesewetter*, WM 2009, 340, 345.
53 *Meyer/Kiesewetter*, WM 2009, 340, 345.
54 *BaFin*, Emittentenleitfaden 2013, Ziffer VIII. 2.8.1.1 (S. 135).
55 *BaFin*, Emittentenleitfaden 2013, VIII.2.8.1.1 (S. 135).
56 *BaFin*, Emittentenleitfaden 2013, VIII. 2.8.1.1 (S. 135).
57 *BaFin*, Emittentenleitfaden 2013, VIII. 2.8.1.1 (S. 135).
58 *Merkner/Sustmann*, NZG 2013, 1361, 1368.
59 *Merkner/Sustmann*, NZG 2013, 1361, 1368, Fn 67.
60 *BaFin*, Emittentenleitfaden 2013, VIII.2.8.1.1 (S. 135).
61 Ebenso K. Schmidt/Lutter/*Veil*, AktG, Anh. § 22: § 25 WpHG Rn 5.

schen Meldeberührung zu erfolgen. Diese **Frist** ist jedoch spätestens nach 4 Handelstagen abgelaufen, § 21 Abs. 1 S. 1 analog. Die Frist beginnt entsprechend § 21 Abs. 1 S. 3 in dem Zeitpunkt, zu dem der Meldepflichtige Kenntnis von der Schwellenberührung durch das Halten hat oder nach den Umständen Kenntnis davon haben musste, dass sein hypothetischer Stimmrechtsanteil die relevanten Schwellen berührt. Wie bei § 21 Abs. 1 S. 3 wird vermutet, dass der Meldepflichtige spätestens zwei Handelstage nach Berührung der Meldeschwellen Kenntnis davon hat.

Der Zeitpunkt der hypothetischen Schwellenberührung tritt bereits mit dem Halten der (Finanz-)Instrumente ein. Ob die (Finanz-)Instrumente bereits ausgeübt werden können, ist dabei unerheblich. Eine Mitteilungspflicht kann daher auch durch Verlust des Erwerbsrechts infolge des Unterschreitens von Meldeschwellen eintreten, zum Beispiel durch Weiterveräußerung von Optionen oder der Nichtausübung eines Optionsrechts.

Die Mitteilung ist zum einen an den **Emittenten** und zum anderen an die **BaFin** zu richten. Nach § 18 WpAIV sind Mitteilungen nach § 25 Abs. 1 S. 1 schriftlich oder mittels Telefax zu übersenden. Die Mitteilung kann in deutscher oder englischer Sprache erfolgen. Der Inhalt der Mitteilung bestimmt sich nach § 17 Abs. 3 WpAIV.

Über die allgemeinen Angaben nach § 17 Abs. 1 Nr. 1, 2, 4 und 6 WpAIV hinaus, sind nach **§ 17 Abs. 3 WpAIV** noch folgende Angaben zu machen über

1. die deutlich hervorgehobene Überschrift „Stimmrechtsmitteilung",
2. den Namen und die Anschrift des Mitteilungspflichtigen,
3. den Namen und die Anschrift des Emittenten der Aktien, die mit den (Finanz-)Instrumenten erworben werden können,
4. sämtliche berührten Schwellen,
5. das Datum des Überschreitens, Unterschreitens oder Erreichens der Schwellen,
6. die Summe des Anteils (in Prozent und Anzahl) der durch die (Finanz-)Instrumente erwerbbaren Stimmrechte und der nach §§ 21 und 22 gehaltenen Stimmrechte sowie die Angabe, ob die Schwelle mit der Summe erreicht, überschritten oder unterschritten wurde,
7. die Höhe der durch die (Finanz-)Instrumente unmittelbar und mittelbar erwerbbaren Stimmrechte,
8. die Höhe der nach §§ 21 und 22 gehaltenen Stimmrechte (§ 17 Abs. 3 Nr. 2 b) – maßgeblich ist der Tag der Schwellenberührung,
9. Stimmrechte (§ 17 Abs. 3 Nr. 2 a) – maßgeblich ist der Tag der Schwellenberührung
10. gegebenenfalls die Kette der kontrollierten Unternehmen, über die die (Finanz-)Instrumente gehalten werden,
11. den Ausübungszeitraum, die Fälligkeit oder den Verfall der (Finanz-)Instrumente

Die BaFin hat eine **Mustermitteilung** für eine Meldpflicht nach § 25 formuliert.[62] Wie bei einer Mitteilung nach § 21 Abs. 1 hat der Mitteilungspflichtige sowohl die absolute Zahl an Stimmrechten als auch eine auf zwei Nachkommastellen kaufmännisch gerundete Prozentzahl anzugeben. Eine Rundung ist nicht vorzunehmen, wenn diese zu einer Schwellenerreichung führen würde. Angaben zu Ausübungszeitraum, Fälligkeit und Verfall haben nur zu erfolgen, soweit die Bedingungen der (Finanz-)Instrumente hierzu datumsmäßige Angaben enthalten. So enthalten ein Future/Forward in der Regel ein Fälligkeitsdatum, eine amerikanische Option ein Verfallsdatum und eine europäische Option einen Ausübungszeitraum. In Fällen, in denen das (Finanz-)Instrument keine datumsmäßigen Angaben enthält, sind freiwillige Beschreibungen der Modalitäten zu Ausübungszeitraum, Fälligkeit und Verfall zulässig und wünschenswert.

II. Sanktion bei Verstoß. Ein Verstoß gegen § 25 wird allein als **Ordnungswidrigkeit** nach § 39 Abs. 2 Nr. 2 lit. f sanktioniert. Die Geldbuße kann danach bis zu 1.000.000 EUR betragen. Eine Gewinnabschöpfung ist dem Gesetze nach zwar möglich, sie erfolgt aber in der Praxis in der Regel nicht und wäre auch nur schwer durchführbar.[63]

Ein Rechtsverlust nach **§ 28 droht bislang nicht**.[64] Dieser bezieht sich schon vom Wortlaut her allein auf Mitteilungspflichten nach §§ 21 f. Ferner stehen dem Meldepflichtigen nach § 25 Abs. 1 die Stimmrechte aus den Aktien ohnehin erst ab dem tatsächlichen Erwerb zu. Es kommt auch nicht zu einer Anwendung von § 28 bei einer Schwellenberührung durch das Zusammenrechnen gem. § 25 Abs. 1 S. 3.[65]

Die Transparenzrichtlinie weitet die **Sanktionsmechanismen** für § 25 aus. Insbesondere soll ein Stimmrechtsentzug, in engen Grenzen und mit Ausnahmetatbeständen, nun auch bei § 25 bis zum 26.11.2015 eingeführt werden.[66]

---

[62] Abrufbar unter <www.bafin.de>.
[63] Ähnlich *U.H.Schneider*, in: Assmann/Schneider, § 25 Rn 78; siehe auch KölnKomm-WpHG/*Heinrich*, § 25 Rn 75.
[64] *Heinrich/Kiesewetter*, Der Konzern 2009, 137, 143.
[65] *Heinrich/Kiesewetter*, Der Konzern 2009, 137, 143.
[66] *Parmentier*, AG 2014, 15, 23.

Möglich ist ebenfalls eine Gewinnabschöpfung. Zudem kann eine Falschmeldung als Marktmanipulation iSd § 20a gewertet werden. In der Praxis dürften diese Rechtsfolgen jedoch nur schwer durchsetzbar sein.

D. Zusammenrechnung verschiedener (Finanz-)Instrumente (Abs. 2)

34 Verschiedene (Finanz-)Instrumente, die sich auf Aktien eines Emittenten beziehen, werden nach Abs. 2 zusammengerechnet. Hat eine Person mehrere (Finanz-)Instrumente, durch die er potenzielle Stimmrechte an Aktien eines Emittenten hält, welche insgesamt die Eingangsschwelle von 5 % erreichen, so löst dies eine Meldepflicht nach Abs. 1 S. 1, Abs. 2 aus.

E. Nichtberücksichtigung von (Finanz-)instrumenten (Abs. 2a)

35 Die allgemeine Meldepflicht nach § 25 wird durch die übernahmerechtliche Mitteilungspflicht nach § 23 Abs. 1 WpÜG ersetzt. Entsprechendes gilt für § 25a. Die im WpÜG geregelten Veröffentlichungspflichten sind für eine angemessene Markttransparenz ausreichend.[67]

F. Verordnungsermächtigungsgrundlage (Abs. 3)

36 Von der Verordnungsermächtigung des Abs. 3 wurde durch §§ 17 Abs. 3, 18 WpAIV Gebrauch gemacht.

§ 25a Mitteilungspflichten beim Halten von weiteren Finanzinstrumenten und sonstigen Instrumenten

(1) ¹Wer unmittelbar oder mittelbar Finanzinstrumente oder sonstige Instrumente hält, welche nicht bereits von § 25 erfasst sind und die es ihrem Inhaber oder einem Dritten auf Grund ihrer Ausgestaltung ermöglichen, mit Stimmrechten verbundene und bereits ausgegebene Aktien eines Emittenten, für den die Bundesrepublik Deutschland der Herkunftsstaat ist, zu erwerben, hat dies bei Erreichen, Überschreiten oder Unterschreiten der in § 21 Absatz 1 Satz 1 genannten Schwellen mit Ausnahme der Schwelle von 3 Prozent entsprechend § 21 Absatz 1 Satz 1 unverzüglich dem Emittenten und gleichzeitig der Bundesanstalt mitzuteilen. ²Ein Ermöglichen im Sinne des Satzes 1 ist insbesondere dann gegeben, wenn

1. die Gegenseite des Inhabers ihre Risiken aus diesen Instrumenten durch das Halten von Aktien im Sinne des Satzes 1 ausschließen oder vermindern könnte, oder
2. die Finanzinstrumente oder sonstigen Instrumente ein Recht zum Erwerb von Aktien im Sinne des Satzes 1 einräumen oder eine Erwerbspflicht in Bezug auf solche Aktien begründen.

³Bei Optionsgeschäften oder diesen vergleichbaren Geschäften ist deren Ausübung zu unterstellen. ⁴Ein Ermöglichen im Sinne des Satzes 1 ist nicht gegeben, wenn an die Aktionäre einer Zielgesellschaft im Sinne des § 2 Absatz 3 des Wertpapiererwerbs- und Übernahmegesetzes im Rahmen eines Angebots nach dem Wertpapiererwerbs- und Übernahmegesetz Angebote zum Erwerb von Aktien unterbreitet werden. ⁵Eine Mitteilungspflicht nach Satz 1 besteht nicht, soweit die Zahl der Stimmrechte aus Aktien, für die ein Angebot zum Erwerb auf Grund eines Angebots nach dem Wertpapiererwerbs- und Übernahmegesetz angenommen wurde, gemäß § 23 Absatz 1 des Wertpapiererwerbs- und Übernahmegesetzes offenzulegen ist. ⁶§ 24 gilt entsprechend. ⁷Eine Zusammenrechnung mit den Beteiligungen nach den §§ 21, 22 und 25 findet statt.

(2) ¹Die Höhe des mitzuteilenden Stimmrechtsanteils nach Absatz 1 ergibt sich aus der Anzahl von Aktien im Sinne des Absatzes 1 Satz 1, deren Erwerb dem Inhaber oder einem Dritten auf Grund des Finanzinstruments oder sonstigen Instruments ermöglicht wird. ²Enthält das Finanzinstrument oder sonstige Instrument keine diesbezüglichen Angaben, so ergibt sich der mitzuteilende Stimmrechtsanteil aus der erforderlichen Anzahl entsprechender Aktien, die die Gegenseite zum Zeitpunkt des Erwerbs der Finanzinstrumente oder sonstigen Instrumente zu deren vollständiger Absicherung halten müsste; bei der Berechnung der erforderlichen Anzahl entsprechender Aktien ist ein Deltafaktor entsprechend § 308 Absatz 4 Satz 2 der Solvabilitätsverordnung mit einem Betrag von 1 anzusetzen. ³Beziehen sich verschiedene der in Absatz 1 genannten Finanzinstrumente und sonstigen Instrumente auf Aktien des gleichen Emittenten, muss der Mitteilungspflichtige die Stimmrechte aus diesen Aktien zusammenrechnen.

---

67 Begr. RegE BT-Drucks.17/3628, Begründung B. Nr. 2.

(3) Bei der Berechnung der Höhe des mitzuteilenden Stimmrechtsanteils bleiben solche Finanzinstrumente oder sonstigen Instrumente unberücksichtigt, welche von einem Unternehmen mit Sitz in einem Mitgliedstaat der Europäischen Union oder in einem anderen Vertragsstaat des Abkommens über den Europäischen Wirtschaftsraum, das Wertpapierdienstleistungen erbringt, gehalten werden, soweit diese im Rahmen der dauernden und wiederholten Emissionstätigkeit des Unternehmens gegenüber einer Vielzahl von Kunden entstanden sind.

(4) ¹Das Bundesministerium der Finanzen kann durch Rechtsverordnung, die nicht der Zustimmung des Bundesrates bedarf, nähere Bestimmungen erlassen über

1. den Inhalt, die Art, die Sprache, den Umfang, die Form der Mitteilung und die Berechnung des Stimmrechtsanteils nach Absatz 2,
2. Ausnahmen von der Mitteilungspflicht in Bezug auf Finanzinstrumente oder sonstige Instrumente nach Absatz 1, insbesondere hinsichtlich solcher Instrumente, die von Unternehmen, die Wertpapierdienstleistungen im Sinne des § 2 Absatz 3 Satz 1 erbringen, im Handelsbestand gehalten werden oder die diese Unternehmen zum Zweck der Durchführung von Geschäften für Kunden halten oder die ausschließlich für den Zweck der Abrechnung und Abwicklung von Geschäften für höchstens drei Handelstage gehalten werden.

²Das Bundesministerium der Finanzen kann die Ermächtigung durch Rechtsverordnung auf die Bundesanstalt übertragen.

Literatur:
Blöink/Kumm, Erleichterungen und neue Pflichten – ein Überblick über die Regelpublizität nach der neuen EU-Transparenzrichtlinie, BB 2013, 1963; *Brandt*, Der Anwendungsbereich von § 25 a WpHG in Bezug auf Pfandrechte – Ein Plädoyer für eine normzweckgebundene Auslegung der neuen Meldepflicht, CFL 2012, 110; *Brinckmann*, Die geplante Reform der Transparenz-RL: Veränderung bei der Regelpublizität und der Beteiligungstransparenz, BB 2012, 1370; *Brouwer*, Stimmrechtsverlust de lege ferenda bei unterlassener Meldung potentieller Stimmrechte (§§ 25, 25 a WpHG), AG 2012, 78; *Buckel*, Der Einsatz von Finanzinstrumenten zur Abwehr feindlicher Übernahmen, Berlin 2014; *Buck-Heeb*, Kapitalmarktrecht, 6. Auflage 2013; *Cascante/Bingel*, Verbesserte Beteiligungstransparenz (nicht nur) vor Übernahmen? Die Vorschriften des Anlegerschutz- und Funktionsverbesserungsgesetzes, NZG 2011, 1086; *Handelsrechtsausschuss des Deutschen Anwaltvereins*, Stellungnahme zum Entwurf einer Überarbeitung von Teilen des Emittentenleitfadens der BaFin, NZG 2013, 658; *Heusel*, Der neue § 25 a WpHG im System der Beteiligungstransparenz, WM 2012, 291; *Krämer/Heinrich*, Emittentenleitfaden „reloaded", ZIP 2009, 1737; *Krämer/Heinrich*, Emittentenleitfaden „reloaded" 2013, CFL 2013, 225; *Krämer/Kiesewetter*, Rechtliche und praktische Aspekte einer Due Diligence aus öffentlich zugänglichen Informationsquellen einer börsennotierten Gesellschaft, BB 2012, 1679; *Merkner/Sustmann*, Erste „Guidance" der BaFin in den neuen Meldepflichten nach §§ 25, 25 a WpHG, NZG 2012, 241; *Merkner/Sustmann*, Vorbei mit dem unbemerkten Anschleichen an börsennotierte Unternehmen?, NZG 2010, 681, 685; *Merkner/Sustmann*, Die Verwaltungspraxis in Sachen Beteiligungstransparenz auf Grundlage der Neufassung des Emittentenleitfadens, NZG 2013, 1361; *Parmentier*, Die Revision der EU-Transparenzrichtlinie für börsennotierte Unternehmen, AG 2014, 15; *Renn/Weber/Gotschev*, Beteiligungstransparenz und dynamisches Hedging – Zur Frage einer Delta-Adjustierung der Meldepflichten, AG 2012, 440; *W. Richter*, Gute Policy im Aktienrecht, ZHR 177 (2013), 577; *W. Richter*, in: Semler/Volhard, Arbeitshandbuch für Unternehmensübernahmen, Band 2, München 2003, § 52, S. 49 ff; *Seibt*, Verbandssouveränität und Abspaltungsverbot im Aktien- u. Kapitalmarktrecht – Revisited: Hidden Ownership, Empty Voting und andere Kleinigkeiten, ZGR 2010, 795; *Seibt/Wollenschläger*, Europäisierung des Transparenzregimes: Der Vorschlag der Europäischen Kommission zur Revision der Transparenzrichtlinie, AG 2012, 305; *U.H.Schneider*, § 25 a WpHG – die dritte Säule im Offenlegungsrecht, AG 2011, 645; *Teichmann/Epe*, Die neuen Meldepflichten für künftig erwerbbare Stimmrechte (§§ 25, 25 a WpHG), WM 2012, 1213; *Theusinger/Möritz*, Empty Voting als moderner Stimmenkauf?, NZG 2010, 607; *Veil*, Beteiligungstransparenz im Kapitalmarktrecht, ZHR 177 (2013), 427; *v. Werder/Petersen*, Mitteilungspflichten nach § 25 a WpHG bei Erwerbsrechten und Erwerbsmöglichkeiten aus Gesellschaftsverträgen oder Gesellschaftervereinbarungen, CFL 2012, 178; *Weber-Rey/Benzler*, in: Habersack/Mülbert/Schlitt, Handbuch der Kapitalmarktinformation, 2. Auflage 2013, § 20, S. 424 ff.

A. Einführung	1	III. Andienungsrechte	36
B. Tatbestand (Abs. 1)	10	IV. Aktienoptionspläne	37
I. Finanzinstrumente oder sonstige Instrumente	10	V. Beherrschungs- und Gewinnabführungsverträge	38
II. Möglichkeit des Erwerbs	12	VI. Call-Optionen	40
1. Grundsatz	12	VII. Differenzgeschäfte, Swaps und CfDs	41
2. Regelbeispiele	15	VIII. Invitatio ad offerendum und Auslobungen	42
III. Aktien eines Emittenten aus der BRD	17	IX. Irrevocable Undertaking	43
IV. Ausgegebene Aktien mit Stimmrechten	18	X. Kettenerwerb	47
V. Unmittelbares oder mittelbares Halten	18a	XI. Nominee-Strukturen	48
VI. Vorrang des WpÜG	19	XII. M&A-Kaufverträge	49
VII. Schwellenberührung	20	XIII. Pensionsgeschäfte	50
C. Bereichsausnahmen (Abs. 3, Abs. 4 S. 1 Nr. 2)	30	XIV. Pfandrechte	52
D. Fallgruppen	32	XV. Put-Optionen	56
I. Abnahmeverpflichtungen von Platzierungsbanken	34	XVI. Globale, revolvierende Sicherungsübertragung nach GMSLA	56a
II. Aktienkörbe (Baskets) und Indizes	35		

XVII. Tag-along- und Drag-along-Klauseln	57	XXI. Wandelanleihen	63
XVIII. Verschmelzungsverträge	58	XXII. Wertpapierdarlehen oder Wertpapierleihe	64
XIX. Vertraulichkeitsvereinbarungen und Anbahnungsverträge	59	E. Rechtsfolgen (Abs. 2)	65
		I. Mitteilungspflicht	65
XX. Vorkaufsrechte, insbesondere in Gesellschaftervereinbarung	60	II. Sanktionen	70
		F. Verordnungsermächtigungsgrundlage (Abs. 4)	73

A. Einführung

1 § 25 a wurde durch das **Gesetz zur Stärkung des Anlegerschutzes und Verbesserung der Funktionsfähigkeit des Kapitalmarktes (AnSFuVG)**[1] eingeführt und trat am 1.2.2012 in Kraft. Zugleich wurde mit der Einführung des § 25 a der § 25 angepasst und die **Wertpapierhandelsanzeige- und Insiderverzeichnisverordnung (WpAIV)** geändert.[2] § 25 a weitet die Meldpflichten aus und verlagert den Zeitpunkt der Meldpflicht deutlich nach vorne.[3]

2 Anlass für die Einführung des § 25 a waren Regelungslücken und Rechtsunsicherheiten in der bisherigen Fassung des Tatbestandes von § 25.[4] Vor der Einführung des § 25 a war umstritten, ob bestimmte Zugriffsmöglichkeiten auf mit Stimmrechten verbundene Aktien das Tatbestandsmerkmal des § 25 des „einseitigen, rechtlich bindenden Erwerbsrechts" erfüllen. Diese Frage stellte sich insbesondere für **finanzielle Differenzgeschäfte**. Dabei handelt es sich um Geschäfte, bei denen der Inhaber zwar einen Anspruch auf eine Gegenleistung hat, dieser Erfüllungsanspruch von der Vertragspartei aber wahlweise durch Aktien oder durch eine Barzahlung der Differenz anstatt mit Aktien erfüllt werden kann. Im US-Recht spricht man auch von sog. „**Cash Settled Equity Swaps**" und im englischen Rechtsraum von „**(Cash Settled) Contracts for Difference**". Problematisch waren vor allem die Fälle, in denen nur ein Barausgleich vertraglich vereinbart wurde, nach der wirtschaftlichen Logik der Inhaber eines Differenzgeschäftes aber allein auf den Erwerb der Aktien abzielte, welche ihm sodann von der Gegenpartei anstatt des Barausgleiches angeboten wurden.

3 Während Teile der Literatur diese **finanziellen Differenzgeschäfte** bereits nach § 25 in der alten Fassung für meldepflichtig hielten,[5] war die Verwaltungspraxis und die herrschende Lehre der Auffassung, dass diese Fälle nicht vom Tatbestand des § 25 erfasst wurden.[6] Entsprechend der herrschenden Meinung und der BaFin Praxis[7] wurden in diesen Fällen bis zur Einführung des § 25 a keine Mitteilungen veröffentlicht.

4 Prominente Übernahmefälle[8] offenbarten, dass diese (Finanz-)Instrumente in der Praxis für die Vorbereitung von Übernahmen oder einen heimlichen **Beteiligungsaufbau** (sog. **Hidden Ownership**) verwendet wurden. In diesen Fällen erwarben Erwerbsinteressenten verdeckt Zugriffsmöglichkeiten auf Aktien. Zahlreiche Investoren nutzten diese (Finanz-)Instrumente.[9] Finanzinvestoren sind in der Regel daran interessiert, den **Beteiligungserwerb** für einen langen Zeitraum verdeckt zu halten. Vorteil eines solchen verdeckten Beteiligungsaufbaus ist, dass ein Ansteigen des Börsenkurses des Zielunternehmens verhindert werden kann.[10] Typischerweise steigt der Börsenkurs einer Aktie bei der Offenlegung von größeren Erwerbsvorgängen. Hierdurch werden weitere Zukäufe für einen Investor teurer und dies kann einen versuchten Übernahmeversuch sogar verhindern. Aus Sicht mehrerer Literaturstimmen[11] und des Gesetzgebers[12] wurde ein **Beteiligungsaufbau** durch Differenzgeschäfte ermöglicht, ohne „*dass weder die BaFin noch der Markt oder Emittenten darüber frühzeitig in Kenntnis gesetzt*" wurden.[13]

5 Diese Transparenzlücke in den prominenten Übernahmefällen wollte der Gesetzgeber mit dem neuen § 25 a schließen. Dies ist gelungen. Mit Einführung des § 25 a wurden insbesondere sog. „**Cash Settled Equity Swaps**" und „**(Cash Settled) Contracts for Difference**" meldepflichtig. Nichtsdestotrotz werden in der Literatur bereits verbleibende **Umgehungsoptionen** diskutiert.[14]

---

1 BGBl. I 2011, 538; ausführlich zur Rechtsentwicklung, siehe *Veil*, ZHR 177 (2013), 427, 428 f; *Buck-Heeb*, Rn 462 (S. 182).
2 KölnKomm-WpHG/*Heinrich*, § 25 a Rn 6; *U.H.Schneider*, in: Assmann/Schneider, § 25 a Rn 1; Bürgers/Körber/*Becker*, AktG, Anh § 22/§ 25 a WpHG Rn 1.
3 *Teichmann/Epe*, WM 2012, 1213.
4 *Buck-Heeb*, Rn 462 (S. 182); *U.H.Schneider*, in: Assmann/Schneider, § 25 a Rn 3 ff; *Veil*, ZHR 177 (2013), 427, 429; grundlegend zu den Regulierungsüberlegungen siehe nur *W.Richter*, ZHR 177 (2013), 577, 587.
5 Siehe nur *U.H.Schneider/Brouwer*, AG 2008, 557, 562 ff; von Teilen der Literatur wurde ebenfalls versucht diese finanzielle Differenzgeschäfte durch eine Stimmrechtszurechnung nach § 22 Abs. 1 S. 1 Nr. 2 WpHG zu erfassen, siehe hierzu *Habersack*, AG 2008, 817, 818 f; *Weber/Meckbach*, BB 2008, 2022, 2028.
6 Vgl *Krämer/Heinrich*, ZIP 2009, 1737, 1745.
7 *BaFin*, Pressemitteilung v. 21.8.2008, welche infolge der geführten Untersuchungen zur versuchten Übernahme der Continental AG durch die Schaeffler Gruppe die Meldepflicht verneint; darstellend *Seibt*, ZGR 2010, 795, 811 f.
8 Beispielsweise der Fall „Continental/Schaeffler", *Habersack*, AG 2008, 817.
9 Hierzu ausführlich *Seibt*, ZGR 2010, 795, 798 ff.
10 *Heusel*, WM 2012, 291, 292.
11 *Seibt*, ZGR 2010, 795, 835.
12 Begr. RegE BT-Drucks. 17/3628, S. 2.
13 Begr. RegE BT-Drucks. 17/3628, S. 2.
14 *Renn/Weber/Gitschev*, AG 2012, 440.

Zur Schließung der Transparenzlücke wurde § 25a als Auffangnorm zu § 25 geschaffen. Hauptzweck war es den heimlichen Beteiligungsaufbau zu unterbinden. Während der Tatbestand des § 25 weiterhin ein Erwerbsrecht hinsichtlich mit Stimmrechten verbundener Aktien erfordert, genügt für § 25a die bloße Möglichkeit zum Erwerb. Der Gesetzgeber hat sich bei § 25a für die Einführung einer **abstrakten Generalklausel** entschieden, indem die Erwerbsmöglichkeit als ein **offenes Tatbestandsmerkmal** für § 25a gewählt wurde.

§ 25a ist eine Neuheit im System der Stimmrechtsmitteilungen nach §§ 21 ff. Vor der Einführung des § 25a basierten die Meldepflichten nach §§ 21 ff ausschließlich auf dem sog. **„rule-based"-Ansatz**, wonach die Tatbestände speziell auf einzelne Finanzderivate abzielten. Mit der Einführung des § 25a wurde der **„principle-based"-Ansatz** als zweiter Ansatz hinzugefügt, wonach eine prinzipienorientierte Gesetzgebung mit der erwähnten melderechtlichen Generalklausel verfolgt wird.[15] Dies ermöglicht der Verwaltungspraxis eine flexiblere Handhabung. Die **abstrakte Generalklausel** soll Umgehungsmöglichkeiten durch neue (Finanz-)Instrumente[16] verhindern und damit ein „Katz-und-Maus-Spiel"[17] zwischen Gesetzgeber und Finanzinvestoren beenden.[18] Für die Finanzpraxis sind hierdurch erhebliche Auslegungsschwierigkeiten verbunden. Um der Praxis ein Mindestmaß an Rechtssicherheit[19] zu gewähren, wurden im Tatbestand des § 25a zwei **Regelbeispiele** aufgenommen.

Ebenfalls neu ist der dogmatische Ansatz des § 25a. Bislang forderten die Melderechtstatbestände nach §§ 21 ff einen stärkeren **dinglichen Stimmrechtsbezug**. Dies folgt aus der Überlegung, dass der mögliche Einfluss eines Investors auf die Geschicke des Emittenten von der Stimmrechtsbeteiligung abhängt.[20] Im Gegensatz zu den aktienrechtlichen Mitteilungspflichten nach § 20 AktG ist die Beteiligung am Grundkapital für § 21 ff weiterhin irrelevant. Der starke dingliche Stimmrechtsbezug wird mit der Einführung des § 25a weiter aufgelöst.[21] Nach § 25a ist es nun nicht mehr erforderlich, dass ein Investor ein Stimmrecht hält oder einen Anspruch auf Erwerb eines Stimmrechtes hat. Ausreichend für eine Meldepflicht ist nach § 25a bereits, dass es faktisch bzw nach der wirtschaftlichen Logik[22] zu einer Gewährung eines Stimmrechtes kommen kann. Der Gesetzgeber wählte jedoch keine alternative Doppelanknüpfung an Stimmrechtsbesitz und Beteiligung am wirtschaftlichen Substrat, wie sie von Teilen der Literatur gefordert wird.[23]

Mit der Einführung des § 25a ging der Gesetzgeber zunächst weit über die bisherigen Mindestvorgaben des europäischen Rechts hinaus, sog. **Gold-Plating**.[24] Auf europäischer Ebene wurde eine dem § 25a entsprechende Transparenzpflicht bereits seit einigen Jahren diskutiert und sogar gefordert.[25]
Nach längerer Diskussion[26] traten die Änderungen[27] zur **EU-Transparenzrichtlinie** (Transparenzrichtlinie 2013) am zwanzigsten Tag nach ihrer Veröffentlichung im Amtsblatt der Europäischen Union in Kraft. Die Veröffentlichung erfolgte am 6.11.2013. Deutschland hat die Vorgaben der Transparenzrichtlinie 2013 in-

---

15 *Teichmann/Epe*, WM 2012, 1213, 1214; siehe hierzu auch KölnKomm-WpHG/*Heinrich*, § 25a Rn 7.
16 Grundlegend zur Wandlungsfähigkeit und Schnelligkeit des Finanzmarktes und zu neu strukturierten Finanzinstrumenten *W. Richter*, ZHR 172 (2008), 419, 425.
17 *Heusel*, WM 2012, 291, 292.
18 Dies befürwortend Bürgers/Körber/*Becker*, AktG, Anh § 22/§ 25a WpHG Rn 5 aE: „Die teilw in der Lit. geäußerte Kritik hinsichtlich des Bestehens der Mitteilungspflicht nach § 25a WpHG in Bezug auf einzelne Instrumente verkennt, dass schon eine einzige Lücke [...] den Sinn der gesamten Regelung entfallen ließe. Somit muss nach dem Telos [...] im Zweifelsfall stets vom Bestehen einer Mitteilungspflicht ausgegangen werden, [...]."
19 Hierzu *W. Richter*, ZHR 172 (2008), 419, 428.
20 Vgl *Heusel*, WM 2012, 291, 292.
21 *Heusel*, WM 2012, 291, 292.
22 Begr. RegE, BT-Drucks. 17/3628, S. 26.
23 Dies fordert *Seibt*, ZGR 2010, 795, 798.
24 *Weber-Rey/Benzler*, in: Habersack/Mülbert/Schlitt, Handbuch der Kapitalmarktinformation, 2. Auflage 2013, § 20 Rn 56, S. 424; siehe auch *Seibt/Wollenschläger*, AG 2012, 305.
25 *European Securities Markets Expert Group (ESME)*, Views on the issue of transparency of holdings of cash settled derivates, November 2009, S. 7 ff; *Committee of European Securities Regulators (CESR)*, Consultation Paper: Proposal to extend major shareholding notifications to instruments of similar economic effect to holding shares and entitlememts to acquire shares,
CESR/09-1215b, Januar 2010; siehe auch *U.H.Schneider*, in: Assmann/Schneider, § 25a Rn 11.
26 Siehe nur *Presidency, Council of the European Union*, Proposal for a Directive of the European Parliament and of the Council amending Directive 2004/109/EC on the harmonisation of transparency requirements in relation to information about issuers whose securities are admitted to trading on a regulated market and Commission Directive 2007/14/EC, File 2011/0307 (COD), Dokumentennummer 6567/12, 07.03.2012; darstellend *Seibt/Wollenschläger*, in: Börsen-Zeitung, v. 13.7.2013 (Nr. 132), S. 13; ferner *Blöink/Kumm*, BB 2013, 1963.
27 Richtlinie 2013/50/EU des Europäischen Parlaments und des Rates zur Änderung der Richtlinie 2004/109/EG des Europäischen Parlaments und des Rates zur Harmonisierung der Transparenzanforderungen in Bezug auf Informationen über Emittenten, deren Wertpapiere zum Handel auf einem geregelten Markt zugelassen sind, der Richtlinie 2003/71/EG des Europäischen Parlaments und des Rates betreffend den Prospekt, der beim öffentlichen Angebot von Wertpapieren oder bei deren Zulassung zum Handel zu veröffentlichen ist, sowie der Richtlinie 2007/14/EG der Kommission mit Durchführungsbestimmungen zu bestimmten Vorschriften der Richtlinie 2004/109/EG, ABl. L 294 v. 06.11.2013, S. 13 ff; siehe auch *Europäische Kommission*, Änderungsvorschlag vom 25.10.2011 zur Richtlinie 2004/109/EG (Transparenzrichtlinie 2013) und der Richtlinie 2007/14/EG, KOM(2011) 683 endg., S. 13.

nerhalb von 24 Monaten bis zum 26.11.2015 in nationales Recht umzusetzen. Hierdurch sind Änderungen des § 25 a zu erwarten.[28]

8a Die Transparenzrichtlinie 2013 strebt eine **partielle Vollharmonisierung** an. Demnach sollen die Mitgliedstaaten im Grundsatz keine strengeren Anforderungen für Mitteilungspflichten vorsehen dürfen als die in der Transparenzrichtlinie festgelegten.[29] Dies folgt aus Art. 3 Abs. 1 a Transparenzrichtlinie 2013. Die Transparenzrichtlinie 2013 wird hiermit in ihrer Wirkung einer europäischen Verordnung angeglichen. In jedem Fall ist eine stärkere Harmonisierung auf europäischer Ebene zu begrüßen, um Kosten in der Rechtsberatung zu sparen und grenzüberschreitende Investitionen in Europa zu erleichtern. Von besonderer Bedeutung sind jedoch die Ausnahmen von der Vollharmonisierung, welche in Art. 3 Abs. 1 a i.)–iii.) Transparenzrichtlinie 2013 aufgeführt sind. Demnach darf der Herkunftsmitgliedstaat für Aktionäre oder natürliche oder juristische Personen ausnahmsweise strengere Anforderungen vorsehen als die in dieser Richtlinie festgelegten, wenn

er Mitteilungsschwellen festlegt, welche niedriger als 5 % sind, oder jene ergänzt und gleichwertige Mitteilungen in Bezug auf Kapitalanteilsschwellen vorschreibt,

er strengere Anforderungen für die Verfahren hinsichtlich der Mitteilung und Veröffentlichung bedeutender Beteiligungen anwendet; oder

er Rechts- oder Verwaltungsvorschriften anwendet, die im Zusammenhang mit Übernahmeangeboten, Zusammenschlüssen und anderen Transaktionen stehen, die die Eigentumsverhältnisse oder die Kontrolle von Unternehmen betreffen, und von den Behörden, die gemäß Art. 4 der Richtlinie 2004/25/EG des Europäischen Parlaments und des Rates vom 21. April 2004 betreffend Übernahmeangebote von den Mitgliedstaaten benannt wurden, beaufsichtigt werden.

8b Im Lichte der partiellen Vollharmonisierung ist fraglich, wie die Mitteilungspflicht nach § 25 a bis zur Umsetzung der Transparenzrichtlinie 2013 anzuwenden ist. Dies gilt insbesondere im Hinblick auf Finanzinstrumente, welche derzeit nach Ansicht der BaFin nach § 25 a meldepflichtig sind, welche aber von der Transparenzrichtlinie 2013 ausgenommen sein dürften. Dies betrifft zum Beispiel Meldepflichten für Gesellschaftervereinbarungen, Varianten von Pfandrechten, Finanzinstrumente mit Stimmrechten im Handelsbestand etc.[30] Auf der Grundlage eines europäischen Frustrationsverbots bei der Vorwirkung von EU-Richtlinien (nach deren Inkrafttreten) sei es den deutschen Gerichten und Behörden (insbesondere der BaFin) nach Teilen der Literatur[31] ab dem 26.11.2013 verboten, die Erreichung der mit der Transparenzrichtlinie 2013 verfolgten Ziele ernsthaft zu gefährden. Insofern sei davon auszugehen, dass die BaFin bereits vor Ablauf der Umsetzungsfrist den § 25 a richtlinienkonform auslegt.[32] Umso bedauerlicher ist es, dass der BaFin Emittentenleitfaden 2013 wenige Wochen vor dem Inkrafttreten der Transparenzrichtlinie 2013 veröffentlicht wurde.[33]

8c Die Transparenzrichtlinie 2013 zielt darauf ab, den sachlichen Anwendungsbereich der Richtlinie für mitteilungspflichtige Finanzinstrumente zu erweitern. Konkret sieht Art. 13 Abs. 1 lit. b) Transparenzrichtlinie 2013 vor, dass zukünftig Finanzinstrumente mit *„vergleichbare(r) wirtschaftliche(r) Wirkung* (...) *wie* (...) *Finanzinstrumente"*, die zum Erwerb von Aktien berechtigen, von einer Mitteilungspflicht erfasst sein sollen. Dieser Ansatz ähnelt dem jetzigen § 25 a im deutschen Recht, jedoch dürfte dieser Ansatz auf europäischer Ebene enger sein als das Tatbestandsmerkmal der Erwerbsmöglichkeit nach § 25 a.[34] Die ESMA erstellt zudem unter Berücksichtigung der technischen Entwicklungen auf den Finanzmärkten eine nicht erschöpfende Liste der Finanzinstrumente, welche der Mitteilungspflicht nach Art. 13 Abs. 1 lit. b) Transparenzrichtlinie 2013 unterliegen (sog. **Black List**), und aktualisiert diese regelmäßig. Für die Zwecke von Art. 13 Abs. 1 lit. b) Transparenzrichtlinie 2013 werden folgende Instrumente nach der Transparenzrichtlinie 2013 als Finanzinstrumente betrachtet, sofern sie eine der in Art. 13 Abs. 1 lit. a) oder b) Transparenzrichtlinie 2013 genannten Bedingungen erfüllen: übertragbare Wertpapiere, Optionen, Terminkontrakte, Swaps, Zinsausgleichsvereinbarungen, Differenzgeschäfte und alle anderen Kontrakte oder Vereinbarungen mit vergleichbarer wirtschaftlicher Wirkung, die physisch oder bar abgewickelt werden können.

8d Die Anzahl der Stimmrechte soll Art. 13 Abs. 1 a Transparenzrichtlinie 2013 unter Bezugnahme auf die volle nominale Anzahl der dem Finanzinstrument zugrunde liegenden Aktien berechnet werden. Dies soll nach der Transparenzrichtlinie 2013 zukünftig nicht gelten, wenn das Finanzinstrument ausschließlich einen Barausgleich vorsieht. In diesem Fall soll die Anzahl der Stimmrechte auf einer **delta-angepassten Basis** berechnet werden. Damit weicht Art. 13 Abs. 1 a Transparenzrichtlinie 2013 von dem jetzigen Ansatz ab.

---

28 KölnKomm-WpHG/*Heinrich*, § 25 a Rn 18 ff; *Heinrich/Krämer*, CFL 2013, 225, 226 f.

29 *Europäische Kommission*, Änderungsvorschlag vom 25.10.2011 zur Richtlinie 2004/109/EG (Transparenzrichtlinie II) und der Richtlinie 2007/14/EG, KOM(2011) 683 endg., S. 13. Hierzu kritisch *Brinckmann*, BB 2012, 1370, 1372.

30 Hierzu *Parmentier*, AG 2014, 15, 21; *Heinrich/Krämer*, CFL 2013, 225, 227.

31 Dazu *Heinrich/Krämer*, CFL 2013, 225, 227.

32 Hierzu *Heinrich/Krämer*, CFL 2013, 225, 227.

33 Ähnlich kritisch *Heinrich/Krämer*, CFL 2013, 225, 227.

34 Ebenso *Seibt/Wollenschläger*, AG 2012, 312.

§ 25 a Abs. 2 S. 2 Hs. 2 ist daher vom Gesetzgeber anzupassen.³⁵ Zukünftig soll die nominale Anzahl der zugrunde liegenden Aktien mit dem Delta des Instruments multipliziert werden. Zu diesem Zweck hat der Inhaber sämtliche Finanzinstrumente, die sich auf ein und denselben Emittenten beziehen, zusammenzurechnen und mitzuteilen. In die Berechnung der Stimmrechte fließen nur Erwerbspositionen ein. Erwerbspositionen werden nicht mit Veräußerungspositionen, die sich auf ein und denselben Emittenten beziehen, verrechnet.

Art. 13 Abs. 1 a Transparenzrichtlinie 2013 sieht Privilegierungen für bestimmte Finanzinstrumente vor, welche meldefrei sein sollen. Dies betrifft vor allem die Nichtberücksichtigung von Stimmrechten, die bei Finanzinstrumenten im Handelsbestand³⁶ oder durch einen Market Maker gehalten werden.

Überdies werden die **Sanktionsmechanismen** für § 25 a ausgeweitet. Konkret wird nach Art. 28 b Abs. 2 Transparenzrichtlinie 2013 die Möglichkeit von einem Stimmrechtsentzug gefordert. Hierbei gewährt die Transparenzrichtlinie jedoch einen weiten Umsetzungsspielraum. Beispielsweise können die Mitgliedstaaten vorsehen, dass die Stimmrechte nur bei schwerwiegendsten Verstößen ausgesetzt werden. Ein **Stimmrechtsentzug** kann bei entsprechender Umsetzung auch Meldepflichtige treffen, welche selbst gar nicht Inhaber der Stimmrechte sind, wie dies bei Finanzinstrumenten der Fall sein kann.³⁷ Insofern darf abgewartet werden, in welcher Form diese Sanktionsmöglichkeit sinnvoll ausgestaltet werden kann. Ferner sieht Art. 28 b Transparenzrichtlinie die Verhängung eines Bußgeldes, die Gewinnabschöpfung und die öffentliche Bekanntmachung eines Verstoßes vor.

Aufgrund der abstrakten Generalklausel und der verbleibenden Rechtsunsicherheit in der Praxis hat der Emittentenleitfaden der BaFin³⁸ als Auslegungshilfe ein besonderes Gewicht. In der Praxisberatung schafft der Emittentenleitfaden faktisch sogar einen Befolgungszwang.³⁹

B. Tatbestand (Abs. 1)

I. Finanzinstrumente oder sonstige Instrumente. Der Wortlaut des Tatbestandsmerkmals **Finanzinstrument** und sonstiges Instrument (im Folgenden (Finanz-)Instrument) ist identisch zu jenem in § 25. Der Begriff Finanzinstrument ist in § 2 Abs. 2 b legal definiert.⁴⁰ Vom Anwendungsbereich des § 25 a sind nach dem Wortlaut der Norm solche (Finanz-)Instrumente ausgenommen, welche bereits von § 25 erfasst sind.⁴¹ § 25 a erfasst damit nur solche (Finanz-)Instrumente, die lediglich die Möglichkeit eines Erwerbs von mit Stimmrechten verbundenden Aktien geben und noch kein Erwerbsrecht gewähren.⁴² Der Gesetzesbegründung⁴³ kann zudem die Voraussetzung entnommen werden, dass das (Finanz-)Instrument einen Bezug zu der betreffenden Aktie aufweisen muss. Ein solcher Bezug folgt nach der Gesetzesbegründung⁴⁴ insbesondere aus der Abhängigkeit des (Finanz-)Instruments im Hinblick auf dessen Bestehen und/oder dessen Renditechancen von der Kursentwicklung der betreffenden Aktie.

Infolge der Transparenzrichtlinie 2013 wird die ESMA eine Liste von meldepflichtigen Finanzinstrumenten erstellen.

Sowohl in § 25, als auch in § 25 a wurden „**sonstige Instrumente**" für meldepflichtig erklärt.⁴⁵ Hierzu wird auf die Ausführungen zu § 25 verwiesen.

II. Möglichkeit des Erwerbs. 1. Grundsatz. Das (Finanz-)Instrument muss es dem Halter ermöglichen, die mit Stimmrechten verbundenen Aktien zu erwerben. Durch den unbestimmten Rechtsbegriff „**ermöglichen**" wird der § 25 a zur abstrakten Generalklausel, welcher auf eine Vielzahl von (Finanz-)Instrumenten angewendet werden kann.⁴⁶

Nach der Wortlautauslegung ist eine Möglichkeit mehr als eine **Chance**, aber weniger als ein **Anspruch** auf den Erwerb von mit Stimmrechten verbundenen Aktien.⁴⁷ Während ein Anspruch im Sinne des § 194 BGB klar von einer Erwerbsmöglichkeit abgrenzbar ist, erscheint der Übergang von einer Erwerbsmöglichkeit zu einer Erwerbschance fließend. Hierbei sind mehrere Abgrenzungen möglich⁴⁸ und werden diskutiert. Der Gesetzgeber hält es für ausreichend, dass die **wirtschaftliche Logik** hinter der Ausgestaltung eines (Finanz-)Instruments einen Erwerb ermöglicht.⁴⁹ Diese Erklärung gibt Orientierung, schafft aber keine Klar-

---

35 *Parmentier*, AG 2014, 15, 21.
36 *Parmentier*, AG 2014, 15, 21; *Heinrich/Krämer*, CFL 2013, 225, 227.
37 *Parmentier*, AG 2014, 15, 23.
38 *BaFin*, Emittentenleitfaden 2013, Ziffer VIII. 2.9 (S. 140 ff.).
39 *Heinrich/Krämer*, CFL 2013, 225, 228; siehe auch *Merkner/Sustmann*, NZG 2013, 1361, 1366.
40 Hierzu *Petow*, oben § 2 Rn 18.
41 *Begr. RegE*, BT-Drucks. 17/3628, S. 26.
42 *Begr. RegE*, BT-Drucks. 17/3628, S. 26.
43 *Begr. RegE*, BT-Drucks. 17/3628, S. 26.
44 *Begr. RegE*, BT-Drucks. 17/3628, S. 26.
45 *Begr. RegE*, BT-Drucks. 17/3628, S. 26; *U.H.Schneider*, in: Assmann/Schneider, § 25 a Rn 16.
46 KölnKomm-WpHG/*Heinrich*, § 25 a Rn 36; *U.H.Schneider*, in: Assmann/Schneider, § 25 a Rn 25 ff.
47 Vgl *U.H.Schneider*, AG 2011, 645, 648.
48 *Weber-Rey/Benzler*, in: Habersack/Mülbert/Schlitt, Handbuch der Kapitalmarktinformation, 2. Auflage 2013, § 20 Rn 153, S. 424, 458.
49 *Begr. RegE*, BT-Drucks. 17/3628, S. 20.

heit.[50] Eine trennscharfe Abgrenzung ist ohnehin nicht möglich und war vom Gesetzgeber auch nicht gewollt.[51] Der weite Tatbestand dient dazu, Umgehungsmöglichkeiten so weit wie möglich zu verhindern. Insofern dürfte sich zu diesem Tatbestand eine Verwaltungspraxis anhand von **Fallgruppen** in den nächsten Jahren entwickeln, welche für neue (Finanz-)Instrumente stets fortgeschrieben werden wird.

14 Im Grundsatz gilt für dieses Tatbestandsmerkmal ein **streng objektiver Maßstab**.[52] Andernfalls wäre dieses Tatbestandmerkmal mangels Nachweisbarkeit nur schwer in der Praxis anwendbar.[53] Bereits die systematische Auffangfunktion gegenüber § 25 offenbart, dass auch Fälle erfasst sein sollen, auf die ein Investor selbst keinen Einfluss hat, sei es subjektiv oder objektiv. In der Literatur[54] wird teilweise die Einführung eines subjektiv geprägten Elements gefordert, um den Tatbestand für die (Finanz-)Praxis handhabbarer zu gestalten.

Die **Transparenzrichtlinie 2013** sieht vor, dass zukünftig Finanzinstrumente mit „vergleichbare(r) wirtschaftliche(r) Wirkung (...) wie (...) Finanzinstrumente" erfasst sein sollen, die zum Erwerb von Aktien berechtigen, unabhängig davon ob sie einen Anspruch auf physische Abwicklung einräumen oder nicht. Um zu gewährleisten, dass Emittenten und Anleger vollständig über die Unternehmensbeteiligungsstruktur unterrichtet sind, soll die Definition des Begriffs „Finanzinstrumente" daher nach der Transparenzrichtlinie 2013 alle Instrumente erfassen, die eine dem Halten von Aktien oder Aktienbezugsrechten vergleichbare wirtschaftliche Wirkung haben.[55] Dies erscheint ein restriktiverer Ansatz zu sein, als der bisherige Ansatz der Erwerbsmöglichkeit nach § 25 a.[56] Insofern ist abzuwarten, ob der Wortlaut des § 25 a geändert wird oder ob lediglich die Auslegung der Erwerbsmöglichkeit nach § 25 a angepasst wird.

Die Möglichkeit des **Veräußerns** von Aktien wird nicht erfasst.[57] Zwar besteht keine Mitteilungspflicht beim Veräußern, jedoch besteht eine Mitteilungspflicht nach dem Wortlaut des § 25 a beim Unterschreiten einer Meldeschwelle. Ein Unterschreiten erfolgt bei Veräußerungsvorgänge. Insofern dürfte es sich um ein Redaktionsversehen[58] handeln. Richtigerweise sind Veräußerungsvorgänge daher ebenfalls zu melden. Es bleibt abzuwarten, ob De-Investitionen aus Beteiligungen in Form eines sog. **Herausschleichens**[59] hinreichend transparent werden.

15 **2. Regelbeispiele.** Der Gesetzgeber hat in Abs. 1 S. 2 zwei **Regelbeispiele** („insbesondere") in das Gesetz eingefügt. Diese beiden Regelbeispiele sollen die bedeutendsten Fallgruppen der Erwerbsmöglichkeit darstellen. Die Regelbeispiele sind nicht abschließend.

Das erste Regelbeispiel nach Abs. 1 S. 2 Nr. 1 erfasst insbesondere (Finanz-)Instrumente mit Barausgleich. Namentlich sind dies vor allem Differenzgeschäfte (**Contracts for Difference**), **Swaps** (insbesondere Cash Settled Equity Swaps) sowie **Call-Optionen** und **Futures/Forwards**, soweit diese auf Barausgleich lauten und weitere (Finanz-)Instrumente zur Risikoabsicherung (Hedging-Geschäfte).[60] Ob eine Vertragspartei bei diesen (Finanz-)Instrumenten tatsächlich eine Absicherung vornimmt, ist irrelevant.

16 Das zweite Regelbeispiel nach Abs. 1 S. 2 Nr. 2 erfasst (Finanz-)Instrumente, die einen Erwerb von Aktien vorsehen. Dies umfasst Konstellationen, in denen das jeweilige (Finanz-)Instrument ein Erwerbsrecht einräumt oder eine Erwerbspflicht vorsieht. Gemeint sind damit insbesondere Stillhaltepositionen bei Put Optionen mit physischem Settlement, **Call-Optionen** und **Futures/Forwards**, die eine physische Lieferung der Aktien vorsehen und nicht bereits von § 25 erfasst werden.[61]

17 **III. Aktien eines Emittenten aus der BRD.** Wie im Rahmen des § 25 muss es sich um Aktien eines Emittenten handeln, für den Deutschland Herkunftsstaat im Sinne des § 2 Abs. 6 ist.[62]

18 **IV. Ausgegebene Aktien mit Stimmrechten.** Das Finanzinstrument oder das sonstige Instrument muss dem Inhaber die Möglichkeit des Rechtserwerbs von bereits ausgegebenen Aktien mit Stimmrechten gewähren. Dabei ist nicht der Zeitpunkt des Erwerbs des (Finanz-)Instruments, sondern der Zeitpunkt der **Konkretisierung der Erwerbsmöglichkeit** entscheidend.[63] Dies kann zu Anwendungsschwierigkeiten führen.

Keine Meldepflicht besteht, wenn die zukünftige Erwerbsmöglichkeit nur die Lieferung neu auszugebender Aktien beinhaltet. Dies ist zum Beispiel bei **Wandel- und Optionsanleihen** der Fall, die sich ausschließlich

---

50 Ebenso *Brandt*, CFL 2012, 110, 111; *Brandt* hält den Wortlaut des § 25 a zu Recht für zu unbestimmt und daher für uferlos.
51 So auch die *BaFin*, Gesamtliste der häufigen Fragen zu den neuen Meldepfichten nach §§ 25 und 25 a WpHG (Stand: 31.1.2012).
52 *Weber-Rey/Benzler*, in: Habersack/Mülbert/Schlitt, Handbuch der Kapitalmarktinformation, 2. Auflage 2013, § 20 Rn 152, S. 424, 458.
53 Ebenso *Heusel*, WM 2012, 291, 292.
54 *Brandt*, CFL 2012, 110, 115.
55 So der Standpunkt des Europäischen Parlaments festgelegt in erster Lesung am 12. Juni 2013 im Hinblick auf den Erlass der Transparenzrichtlinie 2013, Kom(2011) 683.
56 *Heinrich/Krämer*, CFL 2013, 225, 230.
57 KölnKomm-WpHG/*Heinrich*, § 25 a Rn 37.
58 Ebenso KölnKomm-WpHG/*Heinrich*, § 25 a Rn 37 aE; *U.H.Schneider*, in: Assmann/Schneider, § 25 a Rn 37.
59 Hierzu *Seibt*, ZGR 2010, 795, 806.
60 *BaFin*, Emittentenleitfaden 2013, Ziffer VIII. 2.9.1.1 (S. 141).
61 *BaFin*, Emittentenleitfaden 2013, Ziffer VIII. 2.9.1.1 (S. 141).
62 Ausführlich *Petow*, oben § 2 Rn 51.
63 *U.H.Schneider*, in: Assmann/Schneider, § 25 a Rn 34.

auf neue Aktien beziehen.[64] Diese Einschränkung überrascht vor dem Hintergrund des ansonsten sehr weiten Anwendungsbereichs des § 25 a. Der Gesetzgeber hätte vor dem Hintergrund der gesetzgeberischen Ziele auch jegliche Formen von schuldrechtlichen Vereinbarungen erfassen können, welche zu einem Erwerb von Stimmrechten dienen. Infolge der jetzigen Beschränkung des Anwendungsbereich ausschließlich auf „bereits ausgegebenen Aktien" werden Umgehungsmöglichkeiten zugelassen. In der Praxis tauchte der Fall auf, dass ein Mehrheitsaktionär, welcher über 75 % der Stimmrechte hielt, sich gegenüber einem Dritten schuldrechtlich zu einer Kapitalerhöhung verpflichtete, der Emittent auf sein Bezugsrecht verzichtete und die Aktien im Ergebnis dem Dritten zu Gute sollten. Sofern kein Pflichtangebot erforderlich ist (zB durch Befreiung vom Pflichtangebot beim Erwerb zur Sanierung gemäß § 37 I WpÜG iVm § 9 S. 1 Nr. 3 WpÜG AngVO),[65] sind in solchen Fällen Konstellationen denkbar, in denen ein Heranschleichen möglich erscheint.

V. Unmittelbares oder mittelbares Halten. Wie bei § 25 wird von § 25 a nicht nur das unmittelbare Halten von (Finanz-)Instrumenten erfasst, sondern auch das mittelbare. Letzteres meint das Halten durch **Tochterunternehmen** sowie durch **Verwaltungstreuhänder**.[66] Demnach dürfte bei einer Verwaltungstreuhand sowohl der Treunehmer (unmittelbar) und der Treugeber (mittelbar) meldepflichtig sein. Nicht erfasst wird aber der abgestimmte Erwerb (sog. Parallelerwerb) von (Finanz-)Instrumenten, wenn der Parallelerwerb ohne Verständigung zur Ausübung von Stimmrechten oder zum Zusammenwirken in sonstiger Weise mit dem Ziel einer dauerhaften und erheblichen Änderung der unternehmerischen Ausrichtung des Emittenten erfolgt.

VI. Vorrang des WpÜG. Aus Abs. 1 S. 4, 5 folgt, dass die Veröffentlichungspflichten nach dem WpÜG Vorrang vor § 25 a haben. Anlass für diese Ausnahme ist, dass im Fall von öffentlichen Übernahmeangeboten bereits eine Veröffentlichungspflicht besteht. Eine **doppelte Meldung** soll vermieden werden.[67]

VII. Schwellenberührung. Es wird wie bei § 25 auch bei § 25 a auf eine hypothetische Schwellenberührung abgestellt.[68] Die Mitteilungspflicht nach § 25 a besteht bei den Schwellen von 5 %, 10 %, 15 %, 20 %, 25 %, 30 %, 50 % oder 75 %, **nicht jedoch bei 3 %**. Hierbei ist es bereits ausreichend, dass diese Schwellen hypothetisch erreicht, überschritten oder unterschritten werden. Sofern ein (Finanz-)Instrument keine Angabe über die Anzahl der Aktien macht, ist nach Abs. 2 S. 2 Hs 1 auf die Anzahl der Aktien abzustellen, die die Gegenseite zur vollständigen Absicherung aus dem Geschäft halten müsste.

Ruhende Stimmrechte werden ebenfalls bei der Ermittlung der Gesamtzahl der Stimmrechte beachtet. Dies betrifft insbesondere eigene Aktien der Gesellschaft, welche nach § 71 b AktG kein Stimmrecht haben, und von Stimmrechtverlust betroffene Aktien nach §§ 28, 59 WpÜG, 67 Abs. 2 S. 2 AktG. Zeichnet der Emittent (Finanz-)Instrumente, welche eine Erwerbsmöglichkeit von eigenen Aktien vorsehen, so ist dieses (Finanz-)Instrument nicht meldepflichtig nach § 17 a Nr. 1 WpAIV iVm § 25 a Abs. 4 S. 1 Nr. 2.[69]

Bis zur Umsetzung der Transparenzrichtlinie 2013 unterstellt Abs. 2 S. 2 Hs 2 bislang für die Berechnung ein **Delta** von „1". Ein Delta-Wert von „1" bedeutet, dass der Optionswert auf eine Steigerung des Aktienkurses um einen Euro mit einer Steigerung in gleicher Höhe reagiert.[70] Damit vollzieht die Option die **Kursbewegung** eins zu eins. Im Gegensatz hierzu würde ein Delta von „0" bedeuten, dass die Option auf Kursschwankungen der Aktie nicht reagiert.[71] Ein Delta-Faktor von 0,6 bedeutet, dass sich der Preis eines (Finanz-)Instruments um EUR 0,60 erhöht, wenn der Kurs der zugrunde liegenden Aktie um 1 EUR steigt.[72]

Die Regelung des **festen Deltafaktors** in Abs. 2 S. 2 Hs 2 folgt dem Konzept der festen Meldesätze.[73] Die Anzahl der Aktien, welche zur Absicherung eines Basiswertes nach dem vertraglich vereinbarten Deltafaktor erforderlich sind, ist damit für die Meldepflicht nach § 25 a irrelevant. Meldepflichtig sind damit nur die Aktien, deren Erwerb durch das (Finanz-)Instrument ermöglicht wird, **ohne Rücksicht auf den aktuellen Marktpreis** des (Finanz-)Instruments.[74] Nach Art. 13 Abs. 1 a Transparenzrichtlinie 2013 soll der feste Deltafaktor zukünftig nicht gelten, wenn das Finanzinstrument ausschließlich einen Barausgleich vorsieht.[75] In diesem Fall soll die Anzahl der Stimmrechte auf einer delta-angepassten Basis berechnet werden. Zukünftig soll die nominale Anzahl der zugrunde liegenden Aktien mit dem Delta des Instruments multipliziert werden. Zu diesem Zweck hat der Inhaber sämtliche Finanzinstrumente, die sich auf ein und denselben Emittenten beziehen, zusammenzurechnen und mitzuteilen. In die Berechnung der Stimmrechte fließen nur Erwerbspositionen ein. Erwerbspositionen werden nicht mit Veräußerungspositionen, die sich auf ein und denselben Emittenten beziehen, verrechnet.

---

64 *BaFin*, Gesamtliste der häufigen Fragen zu den neuen Meldepflichten nach §§ 25 und 25 a WpHG (Stand: 31.1.2012.).
65 Hierzu *Klepsch/Kiesewetter*, BB 2007, 1403.
66 *BaFin*, Emittentenleitfaden 2013, Ziffer VIII. 2.9.1.1 (S. 143); *U.H.Schneider*, in: Assmann/Schneider, § 25 a Rn 20.
67 Begr. RegE, BT-Drucks. 17/3628, S. 26.
68 *BaFin*, Emittentenleitfaden 2013, Ziffer VIII. 2.9.1.2 (S. 143).
69 Hierzu *Buckel*, S. 185.
70 *Renn/Weber/Gotschev*, AG 2012, 440, 442.
71 Hierzu ausführlich *Renn/Weber/Gotschev*, AG 2012, 440, 442.
72 *Cascante/Bingel*, NZG 2011, 1086, 1091.
73 Hierzu *U.H.Schneider*, in: Assmann/Schneider, § 25 a Rn 59.
74 *U.H.Schneider*, in: Assmann/Schneider, § 25 a Rn 59.
75 *Parmentier*, AG 2014, 15, 21.

24 Maßgeblicher **Zeitpunkt** für die Berechnung des Stimmrechtsanteils ist der Erwerb oder das sonstige Entstehen des (Finanz-)Instruments.

25 Grundsätzlich müssten auch Über- oder Unterschreitungen von Meldeschwellen nach § 25 a mitgeteilt werden, die innerhalb eines Tages wieder korrigiert werden. Jedoch lässt die Verwaltungspraxis wie bei § 25 eine **Saldierung** in Bezug auf Schwellenüberschreitungen und -unterschreitungen zu, welche binnen der üblichen Lieferfrist für Börsengeschäfte von T+2 abgewickelt werden.[76] Unzulässig bleibt aber eine grundsätzliche Saldierung von Long- und Short- Positionen (etwa Call- und Put-Optionen). Dies gilt auch dann, wenn mutmaßlich entweder nur die Put-Option oder die Call-Option ausgeübt wird.

26 Bei verschiedenen (Finanz-)Instrumenten, die sich auf Aktien des gleichen Emittenten beziehen, muss der Halter die Stimmrechte aus diesen Aktien zusammenrechnen (Abs. 2 S. 3). Möglich ist hierbei die **doppelte Erfassung** der Stimmrechte.

27 Die betreffenden Schwellen können auch durch eine Zusammenrechnung von Stimmrechtsanteilen gem. §§ 21, 22 und 25 berührt werden, siehe § 25 a Abs. 1 S. 7. Sind (Finanz-)Instrumente und der Zurechnungssachverhalt nicht miteinander kombinierbar, kann eine Zusammenrechnung unterbleiben. Eine Zusammenrechnung unterbleibt beispielsweise dann, wenn die Ausübung eines (Finanz-)Instruments zum Wegfall eines Zurechnungstatbestands führt. Insbesondere bei **Poolverträgen** kann dies der Fall sein. Der BaFin Emittentenleitfaden[77] nennt als Beispiel, dass die Parteien eines Poolvertrages ihre Stimmrechte zu einem abgestimmten Verhalten bündeln und sie zusätzlich über **Vorkaufsrechte** in Bezug auf die von den anderen Mitgliedern des Pools gehaltenen Aktien verfügen. In diesem Fall sind für das jeweilige Poolmitglied die Stimmrechte aus § 22 Abs. 2 und § 25 a Abs. 1 gegebenenfalls identisch, dh die Zusammenrechnung der Stimmrechte infolge des Poolings bezieht sich auf die gleichen Stimmrechte wie die Stimmrechte hinsichtlich des Vorkaufsrechts, welches als „sonstiges Instrument" im Sinne des Abs. 1 meldepflichtig ist. Eine einmalige Berücksichtigung erfolgt in dieser Situation dann, wenn die Vorkaufsrechte ausschließlich mit den poolgebundenen Aktien erfüllt werden können. Obgleich eine Zusammenrechnung unterbleibt, besteht eine Meldepflicht, sofern eine Schwelle betroffen ist.

28 § 23 ist bei § 25 a nicht anwendbar. Anders als bei § 25 sind bei § 25 a (Finanz-)Instrumente meldepflichtig, die vom Mitteilungspflichtigen im Handelsbestand gehalten werden. Aufgrund der Transparenzrichtlinie 2013 dürfte hierfür jedoch alsbald eine Privilegierung eingeführt werden.[78] § 24 ist gemäß § 25 a Abs. 1 S. 6 anwendbar, so dass die Mitteilungspflichten in einem Konzern von der Mutter vorgenommen werden können.

29 Wie sich nachträgliche Vertragsänderungen eines (Finanz-)Instruments auf § 25 a auswirken, ist bislang nicht erörtert worden. Gleichwohl wurden in der Praxis hierzu die ersten anonymen Anfragen an die BaFin gestellt. Zu dieser Frage wird auf die weiteren Ausführungen in § 25 verwiesen.

C. Bereichsausnahmen (Abs. 3, Abs. 4 S. 1 Nr. 2)

30 Unternehmen, welche Wertpapierdienstleistungen erbringen und (Finanz-)Instrumente halten, sind nach Abs. 3 nicht meldepflichtig.[79] Dies gilt aber nur dann, sofern diese im Rahmen andauernder und wiederholender **Emissionstätigkeit** gegenüber einer Vielzahl von Kunden tätig sind.[80] Der Gesetzgeber hat diese Ausnahmen eingeführt, da die Emissionstätigkeit formal mitteilungspflichtig wäre. Für eine solche Mitteilungspflicht besteht jedoch aus Transparenz- und Marktverwerfungsgesichtspunkten kein Bedarf. Diese Bereichsausnahme ist nicht auf Pfandrechte anwendbar.[81]

31 Infolge der Ermächtigung in § 25 a Abs. 4 S. 1 Nr. 2 wurde § 17 a WpAIV erlassen. Diese Verordnungsnorm nimmt bestimmte (Finanz-)Instrumente von der Meldepflicht aus. Nach § 17 a Nr. 1 WpAIV sind solche (Finanz-)Instrumente nicht meldepflichtig, die sich auf **eigene Aktien** eines Emittenten beziehen und es diesem aufgrund ihrer Ausgestaltung ermöglichen, solche Aktien zu erwerben. Diese Ausnahme für § 26 a ist für den Emittenten und dessen Tochterunternehmen relevant. Eine solche Ausnahme fehlt jedoch für § 25. Dies überrascht.

Nach § 17 a Nr. 2 WpAIV sind solche (Finanz-)Instrumente nicht meldepflichtig, die sich auf **Aktienkörbe (Baskets)** und **Indizes** beziehen, wenn bei der Berechnung des Preises des Finanzinstruments oder sonstigen Instruments im Sinne des § 25 a Abs. 1 S. 1 des Wertpapierhandelsgesetzes zum jeweiligen Erwerbszeitpunkt die Aktien mit **höchstens 20 %** Berücksichtigung finden. Wünschenswert wäre ein ausführlicher Ausnahmenkatalog in § 17 a WpAIV gewesen.

---

[76] *BaFin*, Emittentenleitfaden 2013, Ziffer VIII. 2.9.1.2 (S. 144).
[77] *BaFin*, Emittentenleitfaden 2013, Ziffer VIII. 2.9.1.2 (S. 145).
[78] *Parmentier*, AG 2014, 15, 21.
[79] *Buck-Heeb*, Rn 463 (S. 182).
[80] *Buck-Heeb*, Rn 463 (S. 182).
[81] *BaFin*, Emittentenleitfaden 2013, Ziffer VIII. 2.9.1.3 (S. 146).

Ein Spannungsverhältnis besteht zwischen der Meldepflicht nach § 25 a und der Ad-hoc-Meldepflicht des Emittenten nach § 15. Ein Emittent kann die Ad-hoc-Mitteilungspflichten nach § 15 Abs. 3 unter engen Voraussetzungen im Rahmen einer Selbstbefreiung hinausschieben. Sofern die Meldepflicht nach § 25 a für diese Fälle gleichwohl bestehen bleibt, besteht eine Publizität fort und die Selbstbefreiung nach § 15 Abs. 3 verliert ihre Wirkung. Die Diskrepanz zwischen der Selbstbefreiungsmöglichkeit nach § 15 Abs. 3 und § 25 a wird vor allem bei Unternehmenskäufen in der M&A-Praxis deutlich. Ist der Emittent in einer Transaktion hinsichtlich der eigenen Aktien nicht eingebunden, wie etwa bei einer feindlichen Übernahme[82], besteht nur die Meldepflicht nach § 25 a und eine Diskrepanz besteht nicht. Erhält der Emittent allerdings Kenntnis von der Transaktion oder wird sogar aktiv eingebunden, ist die Möglichkeit der Selbstbefreiung nach § 15 Abs. 3 anzudenken. Hier scheint es ein systematischer Widerspruch zu sein, wenn der Emittent sich zum Schutz seiner berechtigten Interessen nach § 15 Abs. 3 befreien dürfte, der Erwerbsinteressent aber nach § 25 a Abs. 1 weiterhin die Anbahnung des Aktienkaufes bereits melden müsste. Dies widerspräche dem Sinn und Zweck der Selbstbefreiung und würde zu einem systematischen Widerspruch führen.[83] *Teichmann/Epe*[84] fordern daher *de lege ferenda*, dass eine Meldepflicht nach § 25 a entfallen soll, wenn und solange der Emittent in zulässiger Weise von der **Möglichkeit der Selbstbefreiung** nach § 15 Abs. 3 Gebrauch machen kann.[85]

D. Fallgruppen

Weitere Anwendungsfälle werden in der Gesetzesbegründung, im BaFin Emittentenleitfaden[86] und in weiteren Veröffentlichungen der Verwaltungspraxis genannt. Um Rechtsunsicherheiten zu klären, hat die BaFin bereits am 23.1.2012 einen Katalog mit häufig gestellte Fragen (FAQ) im Internet online gestellt und hierzu erste Auslegungshilfen gegeben.[87]

Ferner soll die **ESMA** einen Auftrag erhalten, eine Liste mit Regelbeispielen von meldepflichtigen (Finanz-)Instrumenten zu erstellen und regelmäßig zu aktualisieren.[88] Die rechtliche Wirkung dieser **Black-List** ist noch nicht geklärt.[89] Es dürfte sich um rechtlich unverbindliche Empfehlungen im Sinne des Art. 16 ESMA-VO handeln.[90]

I. Abnahmeverpflichtungen von Platzierungsbanken. Für Abnahmeverpflichtungen von Platzierungsbanken ist bislang keine Ausnahme in § 25 a Abs. 4 iVm § 17 a WpAIV einschlägig. Sie sind daher meldepflichtig, wenn diese sich auf bereits bestehende Aktien beziehen. Diese Festübernahme seitens der **Investmentbank** (**firm underwriting**) kann mit einer Stillhalteposition in einer bedingten Verkaufsoption verglichen werden. Ein verdeckter Beteiligungsaufbau wird von den Beteiligten in dieser Fallgruppe nicht vorbereitet. Für diese Fälle sollte eine Ausnahme von der Meldepflicht eingeführt werden.[91]

II. Aktienkörbe (Baskets) und Indizes. Aktienkörbe (Baskets) und Indizes als (Finanz-)Instrumente können meldepflichtig nach § 25 a sein.[92] Aktienkörbe sind synthetische Finanzprodukte, welche sich auf mindestens zwei reale Basiswerte (zB Aktien) beziehen und einen Barausgleich unabhängig von der Kursentwicklung der realen Basiswerte vorsehen. Indizes beziehen sich hingegen in der Regel auf Basiswerte in einem bestimmten Marktsegment. Aktienkörbe (Baskets) und Indizes eignen sich nur bedingt für einen Beteiligungsaufbau an einer börsennotierten Gesellschaft, abhängig von der **Gewichtung des Finanzproduktes** bezüglich der Aktie einer Gesellschaft. Aus § 17 a Nr. 2 WpAIV folgt daher, dass Anteile von Aktien an Aktienkörben und Indizes nur dann zu beachten sind, wenn bei der Preisberechnung des (Finanz-)Instruments die betreffenden Aktien zum Erwerbszeitpunkt **mit mehr als 20 %** zu berücksichtigen sind.[93] Unterhalb dieser Schwelle sind Aktienkörbe (Baskets) und Indizes im Hinblick auf eine Aktie nicht mitteilungspflichtig. Für die (Finanz-)Praxis sind die hierzu erforderlichen Beteiligungsberechnungen sehr schwierig und mit hohem Kostenaufwand verbunden.[94]

III. Andienungsrechte. Auch Andienungsrechte sollen wie **Vorkaufsrechte** in Gesellschaftervereinbarungen meldepflichtig sein. Es wird auf die Ausführungen zu Vorkaufsrechten in Gesellschaftervereinbarungen verwiesen.

---

82 Grundlegend zu der Einordnung als freundliche oder feindliche Übernahme siehe W. *Richter*, in: Semler/Volhard, Arbeitshandbuch für Unternehmensübernahmen, Band 2, § 52, Rn 10 ff (S. 55 ff).
83 *Heinrich/Krämer*, CFL 2013, 225, 229.
84 *Teichmann/Epe*, WM 2012, 1213, 1219.
85 Ähnlich *Heinrich/Krämer*, CFL 2013, 225, 229; *Osterloh*, in: FAZ, v. 3.7.2013 (Nr. 151), S. 19.
86 *BaFin*, Emittentenleitfaden 2013, Ziffer VIII. 2.9.1.1 (S. 140 f).
87 *BaFin*, Gesamtliste der häufigen Fragen zu den neuen Meldepflichten nach §§ 25 und 25 a WpHG (Stand: 31.1.2012).
88 *Europäische Kommission*, Änderungsvorschlag vom 25.10.2011 zur Richtlinie 2004/109/EG (Transparenzrichtlinie II) und der Richtlinie 2007/14/EG, KOM(2011) 683 endg., S. 21.
89 *Brinckmann*, BB 2012, 1370, 1373.
90 *Seibt/Wollenschläger*, AG 2012, 305, 311.
91 So auch *Brandt*, CFL 2012, 110, 112.
92 *BaFin*, Emittentenleitfaden 2013, Ziffer VIII. 2.9.1.1 (S. 140).
93 Siehe hierzu *Cascante/Bingel*, NZG 2011, 1086, 1095; *Merkner/Sustmann*, NZG 2012, 241.
94 *Cascante/Bingel*, NZG 2011, 1086, 1097.

37 **IV. Aktienoptionspläne.** Denkbar ist auch eine Mitteilungspflicht nach § 25 a für Aktienoptionspläne, welche von bestimmten Erfolgszielen abhängen.[95] Voraussetzung ist auch hier, dass diese mit bereits bestehenden Aktien bedient werden. Ob eine solche Mitteilungspflicht allerdings gerechtfertigt ist, erscheint ebenfalls fraglich, da durch **Aktienoptionspläne** regelmäßig kein verdeckter Beteiligungsaufbau betrieben wird.

38 **V. Beherrschungs- und Gewinnabführungsverträge.** Beherrschungs- und/oder Gewinnabführungsverträge (auch Ergebnisabführungsverträge (EAV) oder englisch: (Domination) Profit Loss Transfer Agreements, kurz (D)PLTA) werden nach der BaFin Praxis[96] **nicht erfasst**. Diese Klarstellung ist erforderlich, da nach § 305 Abs. 1 AktG eine Abnahmepflicht für Aktien bestehen kann. Die BaFin[97] begründet die Nichtanwendung mittels einer teleologischen Reduktion. Ein unbemerkter Beteiligungsaufbau sei bei Beherrschungs- und Gewinnabführungsverträgen fernliegend. Ein zusätzliches Transparenzbedürfnis bestehe ebenfalls in systematischer Hinsicht nicht, da ein Beherrschungs- und Gewinnabführungsvertrag von der Hauptversammlung zu beschließen und danach im Handelsregister gemäß § 294 AktG einzutragen ist.[98] Teilweise wird hierfür auch eine entsprechende Anwendung der tatbestandlichen Ausnahme des § 25 a Abs. 1 S. 4 herangezogen, welche ein WpÜG-Angebot aus ähnlichen Erwägungen für nicht meldepflichtig nach § 25 a hält.[99]

39 Diese Argumentation überrascht. Sie eröffnet Argumentationsmöglichkeiten für weitere **teleologische Reduktionen** des § 25 a. Mit dieser Argumentation könnte beispielsweise eine Meldpflicht von **öffentlichen Rechtsträgern** abgelehnt werden, wenn ihre Investition und der Erwerb von Stimmrechten an einer Aktiengesellschaft dem Markt bereits aufgrund anderer Veröffentlichungspflichten zugetragen werden. Ähnliches gilt bei **Wandelanleihen**, bei denen der Emittent das Wahlrecht hat, ob er mit alten oder neuen Aktien erfüllt. Hierbei besteht kein weiteres Transparenzbedürfnis nach § 25 a. Der Markt ist hierbei bereits – ähnlich wie bei Beherrschungs- und Gewinnabführungsverträgen – über die Möglichkeit der Umwandlung informiert.

40 **VI. Call-Optionen.** Bei Call-Optionen mit physischem Settlement und mit Bedingungen, auf die der Optionsinhaber keinen Einfluss hat, ist der Optionsinhaber nun nach Abs. 1 S. 2 Nr. 2, S. 3 meldepflichtig.[100] Ist die Call-Option unbedingt oder wurden nur Optionen vereinbart, welche vom Optionsinhaber selbst herbeigeführt werden können, bleibt es bei einer Mitteilungspflicht nach § 25.

41 **VII. Differenzgeschäfte, Swaps und CfDs.** Unstreitig sind finanzielle Differenzgeschäfte, insbesondere Cash Settled Equity Swaps und (Cash Settled) Contracts for Difference (CfD), nach Abs. 1 S. 2 Nr. 1 meldepflichtig.[101] Die Vertragsgegenseite wird regelmäßig versuchen ihr Risiko durch Erwerbsvorgänge zu minimieren. Bei Ausübung der Option durch den Inhaber eines finanziellen Differenzgeschäfts wird die Gegenseite anstatt des vertraglich vereinbarten Barausgleichs dann auch die **Lieferung der erworbenen Aktien** anbieten.[102] Die **wirtschaftliche Logik** ermöglicht damit einen Aktienerwerb für den Inhaber eines Differenzgeschäfts von der Vertagsgegenseite, so dass dieses Differenzgeschäft für ihn bereits bei Abschluss nach § 25 a meldepflichtig ist.[103]

42 **VIII. Invitatio ad offerendum und Auslobungen.** Von § 25 a werden nicht erfasst eine Invitatio ad offerendum und eine Auslobung. Es fehlt an der erforderlichen Erwerbsmöglichkeit gemäß § 25 a.[104]

43 **IX. Irrevocable Undertaking.** Irrevocable Undertaking (to Tender) oder auch nur kurz „Irrevocables" sind bei öffentlichen Übernahmen die unwiderruflichen Zusagen eines Aktionärs zur Annahme eines Angebotes im Sinne des WpÜG gegenüber einem potenziellen Bieter. Sie fallen nach der **BaFin Praxis**[105] unter § 25 a. Handelt es sich bereits um sog. **Hard Irrevocables** kann bereits § 25 einschlägig sein.[106] Hard Irrevocables sehen eine Bindung in allen Fallkonstellationen für den Veräußerer vor. Hingegen sind **Semi-Hard/Soft Irrevocables** nur bindend, wenn bestimmte Bedingungen eintreten, zB dass kein höheres Angebot eingeht. Es darf kritisch hinterfragt werden, ob Irrevocables nach § 25 a meldepflichtig sein müssen.[107] Zum Zeitpunkt des Abschlusses eines Irrevocable steht schließlich eine endgültige Entscheidung über die Durchführung eines Übernahmeangebots noch aus. Gleichwohl führt eine Stimmrechtsmitteilung nach § 25 a bei Irrevocables dazu, dass der Markt bereits über eine nur angedachte potenzielle Übernahme informiert wird.

---

95 *Weber-Rey/Benzler*, in: Habersack/Mülbert/Schlitt, Handbuch der Kapitalmarktinformation, 2. Auflage 2013, § 20 Rn 155, S. 424, 459.
96 *BaFin*, Emittentenleitfaden 2013, Ziffer VIII. 2.9.1.1 (S. 142 aE); hierzu *Merkner/Sustmann*, NZG 2013, 1369.
97 *BaFin*, Emittentenleitfaden 2013, Ziffer VIII. 2.9.1.1 (S. 142 aE).
98 So auch KölnKomm-WpHG/*Heinrich*, § 25 a Rn 57.
99 *BaFin*, Emittentenleitfaden 2013, Ziffer VIII. 2.9.1.1 (S. 142 aE).
100 *Cascante/Bingel*, NZG 2011, 1086, 1088.
101 *BaFin*, Emittentenleitfaden 2013, Ziffer VIII. 2.9.1.1 (S. 141); *Cascante/Bingel*, NZG 2011, 1086, 1090.
102 KölnKomm-WpHG/*Heinrich*, § 25 a Rn 40.
103 Hierzu *U.H.Schneider*, in: Assmann/Schneider, § 25 a Rn 44.
104 Begr. RegE, BT-Drucks. 17/3628, S. 26.
105 *BaFin*, Emittentenleitfaden 2013, Ziffer VIII. 2.9.1.1 (S. 141); kritisch *Merkner/Sustmann*, NZG 2013, 1368.
106 *BaFin*, Emittentenleitfaden 2013, Ziffer VIII. 2.9.1.1 (S. 141).
107 Ähnlich bereits *Cascante/Bingel*, NZG 2011, 1086, 1094; *Merkner/Sustmann*, NZG 2012, 241, 243; *dies.*, NZG 2013, 1368; *Perlitt/Stohlmeier*, Stellungnahme von Clifford Chance zum Emittentenleitfaden 2013 vom 31.5.2013; aA *Krämer/Kiesewetter*, BB 2012, 1679, 1683.

Im Regelfall sind aber mehrere weitere **Zwischenschritte** nach dem Abschluss eines Irrevocable erforderlich, die wiederum selbst veröffentlichungspflichtig sind.[108] Überdies sehen Abs. 1 S. 4 und S. 5 einen generellen Vorrang der Meldepflichten nach dem WpÜG vor.

Für Irrevocables ergeben sich zudem erhebliche **Anwendungsschwierigkeiten** bei einer Mitteilungspflicht nach § 25 a. Bei Durchführung eines Angebotes werden Schwellen unterschritten und die Höhe der noch gehaltenen Irrevocables ändert sich, da der Vertragspartner seine Aktien in Erfüllung des Irrevocable dem Bieter andient. Technisch erfolgt die Andienung zunächst durch eine Umbuchung der Aktien in eine neue International Securities Identification Number, kurz ISIN. Bei Settlement eines Angebots werden alle Aktien mit der neuen **ISIN** in das Depot des Bieters umgebucht.

Hierbei ergeben sich praktische Probleme in der Umsetzung. Nach der BaFin Praxis ist jede Schwellenüber- oder Schwellenunterschreitung zu melden und gegebenenfalls ist eine vorangegangene Meldung in Bezug auf Irrevocables zu korrigieren, wenn der Vertragspartner die Umbuchung der ISIN veranlasst hat. Grund für die Meldepflicht ist, dass der Vertragspartner die ihm aus dem Irrevocable obliegende Leistungspflicht zum Zeitpunkt der Umbuchung erfüllt. Nicht maßgeblich ist nach der BaFin Praxis die tatsächliche dingliche Übereignung der Aktien im Rahmen eines Settlement. Technisch ist die Umbuchung für den meldepflichtigen Bieter bei Irrevocables bei Schwellenüber- oder Schwellenunterschreitung aber nicht immer erkennbar. Ein Bieter kann mitunter **nicht erkennen,** wann die Umbuchung durch den Vertragspartner tatsächlich ausgeführt und damit eine Mitteilungspflicht § 25 a ausgelöst wurde. Sehen Irrevocables nicht die vertraglich vereinbarte Verpflichtung vor, dass der Vertragspartner den Bieter über eine erfolgte **Umbuchung** unverzüglich zu informieren hat oder kommt der Vertragspartner einer solchen vertraglichen Verpflichtung nicht nach, ist der Bieter nicht in der Lage, eine Meldung über die Höhe seiner Stimmrechte nach § 25 a korrekt abzugeben. Es verbleibt ein Restrisiko, dass die Umbuchung tatsächlich (noch) nicht erfolgt ist.

Dem Bieter ist es nach der BaFin Praxis daher gestattet, hinsichtlich der Mitteilungen darauf hinzuweisen, dass es zu **Doppelzählungen** zwischen den angedienten Aktien und sonstigen Instrumenten im Sinne des § 25 a kommen kann, da die tatsächlichen Umbuchungen zum Zeitpunkt der Stimmrechtmitteilungen noch nicht vorlagen. Dies führt zu einer Intransparenz des Marktes. Eine abschließende Meldung nach dinglicher Übereignung wäre ausreichend. Die Details der Irrevocables werden in der Angebotsunterlage ohnehin veröffentlicht.[109]

X. Kettenerwerb. Ebenfalls erfasst wird der Kettenerwerb von (Finanz-)Instrumenten. Dies ist der Erwerb eines (Finanz-)Instruments, welches als Inhalt den Erwerb eines oder mehrerer weiterer (Finanz-)Instrumente hat.

XI. Nominee-Strukturen. Bei Akquisitionsstrukturen von Private Equity Fonds sind die Stimmrechtsmitteilungen durch steueroptimierte Treuhandstrukturen im Ausland von besonderer Komplexität. Insbesondere wurden in der Praxis die Mitteilungspflichten bezüglich sog. Nominee Companies nach dem Recht von Jersey und Guernsey diskutiert. **Nominee Companies** sind eine Sonderform von Treuhandgesellschaften. Sie sind in dem jeweiligen Land reguliert und lizensiert. Nominee Companies verpflichten sich, als Treunehmer hinsichtlich übertragener Aktien gegenüber dem Treugeber ihre Stimmrechte und sonstige Befugnisse an Gesellschaften nur anhand von Anweisungen der Treugeber auszuüben. Wenn der Treugeber keine Anweisung erteilt, dann darf die Nominee Company als Treunehmer nicht tätig werden, dh die Nominee Company enthält sich dann der Stimme und darf nicht handeln. Ein Handeln gegen oder ohne Weisungen ist regulatorisch sanktioniert und kann Straf- und Bußgeldtatbestände auslösen. Der verpflichtende Firmenbestandteil „Nominees" offenbart diese Sonderrolle der Öffentlichkeit. Sofern eine Nominee Company eine Gesellschafterin in einer Akquisitionsstruktur ist, übt sie keine Kontrolle aus, sondern dient lediglich als steueroptimierte Durchgangsgesellschaft für die Private Equity Fonds als Treugeber, welche in der Regel ausländische Kommanditgesellschaften sind. In der Regel ist eine Nominee Company bei Private Equity Akquisitionsstrukturen die Gesellschafterin einer oder mehrerer Akquisitionsgesellschaften (zB in Luxemburg, sog. LuxCos), welche wiederum eine oder mehrere deutsche Akquisitionsgesellschaften halten (sog. BidCos oder AcquiCos), welche in einer Transaktion eine Erwerbsmöglichkeit nach § 25 a durch den schuldrechtlichen Abschluss eines Kaufvertrags (sog. Signing) über Aktien eines Emittenten erhalten.

Fraglich ist, wie und ob Nominee Companies (und deren direkten und indirekten Gesellschafter) in einer Akquisitionsstruktur bei § 25 a meldepflichtig sind. Rein formal erhält eine Nominee Company hierbei mittelbar eine Erwerbsmöglichkeit an den Stimmrechten, so dass diese und sogar deren direkten und indirekten Gesellschafter meldepflichtig sind.[110] Dies löst eine besonders aufwendige Meldepflicht aus, wenn die

---

108 *Merkner/Sustmann*, NZG 2012, 241, 243.
109 Ebenso *Cascante/Bingel*, NZG 2011, 1086, 1094.
110 Siehe zur Meldepflicht bei der Treuhand auch Rn 18 a.

Nominee Company als Treunehmer eine Servicegesellschaft ist, welche von einer größeren Bank gestellt wird.
Die Private Equity Fonds haben in solch einem Fall als Treugeber ebenfalls eine mittelbare Erwerbsmöglichkeit im Sinne des § 25a und sind daher nach § 25a meldepflichtig. In der Mitteilungsangabe nach § 17 Abs. 4 Nr. 6 WpAIV der kontrollierten Unternehmen, erscheint es überzeugend, ebenfalls die Nominee Companies als kontrolliertes Unternehmen der Private Equity Fonds mit aufzuführen, da die Nominee Companies vollständig gegenüber den Private Equity Fonds als Treugeber weisungsgebunden sind. Überraschenderweise scheint die BaFin in diesen Fällen eine Nominee Company aber als unabhängige Gesellschaft einzuordnen, welche nicht in der Kette der zu kontrollierenden Unternehmen aufzuführen ist.

49 **XII. M&A-Kaufverträge.** M&A-Kaufverträge (Anteilskaufverträge oder auch share purchase agreements, kurz SPA), welche unter einer oder mehrerer aufschiebender Bedingungen vereinbart werden und sich auf börsennotierte Aktien beziehen, können bereits zum Zeitpunkt des schuldrechtlichen Abschlusses (sog. **Signing**) eine Meldepflicht nach § 25a auslösen, da sie den späteren Stimmrechtserwerb ermöglichen.[111] Es ist jedoch zu differenzieren. Liegen die **Übereignungserklärungen** bereits vor und der **dingliche Eigentumsübergang** (sog. Closing) ist lediglich von einer allein durch den Erwerber beeinflussbaren Bedingung abhängig, ergibt sich die Mitteilungspflicht für eine solche dinglich ausgestaltete Option bereits nach § 22 Abs. 1 S. 1 Nr. 5. Dies ist beispielsweise auch der Fall, wenn anstatt einer Willenserklärung die Kaufpreiszahlung unmittelbar zum Eigentumserwerb führt.[112] Sind die Übereignungserklärungen noch nicht vorgenommen, aber der **schuldrechtliche Anspruch** steht nur unter einer Bedingung, die der Erwerber zu beeinflussen mag (zB Kaufpreiszahlung), besteht eine Mitteilungspflicht nach § 25.[113] Erst wenn der **Bedingungseintritt nicht nur vom Verhalten des Käufers abhängt**, greift die Mitteilungspflicht nach § 25a ein.[114] Durch den neuen § 25a werden die Mitteilungspflichten für M&A-Kaufverträge damit erheblich nach vorne verlagert.[115] Kommt es nach der schuldrechtlichen Vereinbarung eines Unternehmenskaufes (Signing), nicht zur dinglichen Übertragung (Closing), sind **erneut Mitteilungspflichten** auch nach § 25a zu berücksichtigen. Daraus folgt, dass ein Signing über einen Paketkaufvertrag[116] mit einem Mehrheitsaktionär nicht geheim bleiben kann, sondern mitteilungspflichtig ist.[117] Durch eine solche Mitteilungen wird der Markt bereits vor der Veröffentlichung von Angebotsunterlagen auf einen Übernahmeversuch aufmerksam. Bei einem solchen Paketverkauf sind daher jeweils die Schwellenüberschreitungen und -unterschreitungen von § 25a, § 25 und §§ 21, 22 zu melden.[118] Diese Informationsflut dürfte dem Kapitalmarkt keineswegs dienlich sein und ist unpraktikabel, jedoch gewollte BaFin Praxis.

49a In der Praxis haben Private Equity Fonds als Verkäufer in vereinzelten Auktionsverfahren bereits zu Beginn der Auktion verbindliche Angebote zum Abschluss von Paketkaufverträgen von allen Interessenten bzw Bietern angefragt. Hierdurch konnte der Verkäufer die Kaufverträge vergleichen, bestimmte Interessenten zur Korrektur auffordern und in der Zwischenzeit seine Verkaufspräferenz anhand anderer Kriterien orientieren (zB Einbindung des Managements, Konditionen einer Gesellschaftervereinbarung etc.). Die Interessenten haben sodann nach dem Abschluss des schuldrechtlichen Kaufvertrags eine bestätigende rechtliche Prüfung der zu erwerbenden Aktien durchgeführt (sog. Confirmatory Due Diligence). Ein solches Prozedere erscheint auf den ersten Blick zunächst mit einer Put-Option für den Verkäufer vergleichbar. Allerdings werden zugunsten der Interessenten in der Regel auflösende Bedingungen aufgenommen, wonach sich ein Interessent bei dem Auffinden von wesentlichen Problemen in der Confirmatory Due Diligence von dem Kaufvertrag lösen oder dies zumindest einpreisen kann. Die Annahme einer Meldepflicht in solch einem geschilderten Fall würde dem Charakter widersprechen. Eine frühzeitige Veröffentlichung der Identitäten und Konditionen der anderen Interessenten würde ein solches Auktionsverfahren verhindern. Gegen eine Meldepflicht spricht auch ein Vergleich zur Auslobung nach § 657 BGB, welche ebenfalls meldefrei ist.[119] Insgesamt ist eine Meldepflicht für diesen Sonderfall einer Auktion nach § 25a zu verneinen.[120]

50 **XIII. Pensionsgeschäfte.** Pensionsgeschäfte sind sogenannte sale and repurchase agreements, kurz Repo-Geschäfte. Hierbei handelt es sich um einen vertraglich vereinbarten Verkauf (sale), bei dem der Rückkauf bereits angelegt ist (repurchase). Wird dieser Rückkauf bereits fest vereinbart, liegt ein sogenanntes **echtes Pensionsgeschäft** im Sinne von § 340b Abs. 2 HGB vor. Beim echten Pensionsgeschäft steht der kurzfristige

---

111 Hierzu auch *Merkner/Sustmann*, NZG 2013, 1366.
112 *BaFin*, Emittentenleitfaden 2013, Ziffer VIII. 2.5.5 (S. 117f); *Cascante/Bingel*, NZG 2011, 1086, 1093 aE.
113 *Cascante/Bingel*, NZG 2011, 1086, 1093; dazu auch *Merkner/Sustmann*, NZG 2013, 1367.
114 *BaFin*, Gesamtliste der häufigen Fragen zu den neuen Meldepflichten nach §§ 25 und 25a WpHG (Stand: 9. Januar 2012).
115 *Merkner/Sustmann*, NZG 2012, 241, 242.
116 Zu einem ähnlichen Beispiel auch *Merkner/Sustmann*, NZG 2013, 1367.
117 Dazu *Heinrich/Krämer*, CFL 2013, 225, 231.
118 *Merkner/Sustmann*, NZG 2013, 1367.
119 *Begr. RegE*, BT-Drucks. 17/3628, S. 26; hierzu *Heinrich/Krämer*, CFL 2013, 225, 231.
120 Ebenso *Heinrich/Krämer*, CFL 2013, 225, 231.

Finanzierungscharakter im Vordergrund, so dass die Wertpapiere bilanzrechtlich Aktiva des Pensionsgebers bleiben.[121] Das echte Pensionsgeschäft bleibt für den Pensionsgeber meldepflichtig nach § 25.[122]

Erhält der Verkäufer (auch Pensionsnehmer) nur ein einseitiges Recht, die Aktien zurück zu erwerben, liegt ein sogenanntes **unechtes Pensionsgeschäft** vor. Diese unechten Pensionsgeschäfte im Sinne des § 340 b Abs. 3 HGB ähneln einer physischen Put-Option.[123] Da der Pensionsnehmer beim unechten Pensionsgeschäft nicht verpflichtet, sondern nur berechtigt ist, die Aktien zurück zu übertragen, besteht eine Erwerbsmöglichkeit für den Pensionsgeber, welche nach § 25 a für den Pensionsgeber meldepflichtig ist.[124]

XIV. Pfandrechte. Umstritten war und ist die Meldepflicht von **Pfandrechten an Aktien**. Mit der Einführung des § 25 a wurden Marktgerüchte verbreitet, wonach die BaFin alle Formen von Pfandrechten für meldepflichtig nach § 25 a halte. Dies regte die Diskussion an und provozierte Gegenstimmen in der Literatur[125] und in der Praxis. In der Phase der Gesetzesberatung wurden Pfandrechte als Fallgruppe des § 25 a jedoch nicht einmal in der Öffentlichkeit diskutiert.[126] Der wohl erste prominente Fall war die **Stimmrechtsmeldung von Pfandrechten an der Hugo Boss AG** im März 2012.[127] Hierbei hatte die Bank UniCredit neben Call-Optionen auch Pfandrechte an den Aktien der Hugo Boss AG gemeldet, welche vom Private Equity Investor Permira der Bank UniCredit unter anderem als Sicherheit gewährt wurden. Nach der Stimmrechtsmitteilung hatte Bank UniCredit insgesamt Zugriff auf 88 % der Stammaktien der Hugo Boss AG. Die Wirtschaftspresse war über die Meldung zunächst überrascht.[128] Dem Leser der Wirtschaftspresse wurde die Zugriffsmöglichkeit auf die erstaunliche hohe Anzahl der Stimmrechten erst durch den Hinweis auf die neue Meldepflicht nach § 25 a und die derzeitige BaFin Meldepraxis zu Pfandrechten verständlich.

Die BaFin Praxis hält nun gewerbliche Pfandrechte nach **§ 1259 BGB** für meldepflichtig. Das heißt, es werden Pfandrechte mit einer Verfallvereinbarung erfasst.[129] Liegt eine solche **Verfallvereinbarung** im Sinne von § 1259 BGB vor, kann das gewerbliche Pfandrecht unmittelbar den Erwerb der Aktien durch den Pfandgläubiger oder durch einen Dritten ermöglichen. Dies erfüllt formal das Regelbeispiel gemäß § 25 a Abs. 1 S. 2 Nr. 2.[130] Die BaFin hat bislang, soweit ersichtlich, keine Praxis dazu, ob und inwieweit andere Formen von Pfandrechten einer Meldepflicht nach § 25 a unterliegen.

In der weit überwiegenden Mehrheit der Fälle dürften Pfandrechte aber **nicht strategisch für einen heimlichen Beteiligungsaufbau** an einer börsennotierten Gesellschaft genutzt werden.[131] Vielmehr werden Pfandrechte bei nahezu jeder Übernahme einer börsennotierten Gesellschaft zur Finanzierung eines Erwerbsvorganges vertraglich vereinbart. Die bestehende Meldepflicht nach der BaFin Praxis führt zu einem **Informationsüberfluss** an Stimmrechtsmitteilungen.[132] Stimmrechtsmitteilungen in Verbindung mit Pfandrechten führen daher zu nachteilhaften Informationsstörgeräuschen (sog. **Noise**) und Fehlinterpretationen durch den Markt (sog. **False Positives**), welche keinen hilfreichen Rückschluss auf den tatsächlichen Stimmrechtseinfluss eines Investors geben. Sollte sich für eine Mitteilungspflicht von Pfandrechten nach § 25 a auch in Zukunft kein praktisches Bedürfnis zeigen, wäre eine Ausnahmeregelung hierzu gemäß § 17 a WpAIV iVm § 25 a Abs. 4 wünschenswert.[133]

Die Sicherungsnehmer und Kreditgeber werden durch die jetzige Praxis der BaFin zu einer höchst aufwendigen Überwachung und Mitteilungspraxis gezwungen, welche für den Marktteilnehmer bislang keinen erkennbaren Nutzen hat. Mittelbar können durch die neuen Stimmrechtsmitteilungen jedoch Rückschlüsse auf die **Identität** der finanzierenden Banken und auf die **Eckdaten** der verhandelten Finanzierungsdokumente bei einer Übernahme eines börsennotierten Gesellschaft geschlossen werden.[134] Bei großvolumigen Krediten werden die Pfandrechte regelmäßig durch eine der Konsortialbanken als Security Agent treuhänderisch verwaltet.[135] In der Regel ist allein dieser Security Agent der Pfandgläubiger. Nur dieser Security Agend kann beim Eintritt des Sicherungsfalles die Aktien erwerben. Daher ist in jedem Fall dieser meldepflichtig. Fraglich ist, ob die weiteren Konsortialbanken als mittelbare Berechtigte ebenfalls meldepflichtig

---

121 *Teichmann/Epe*, WM 2012, 1213, 1216.
122 *Teichmann/Epe*, WM 2012, 1213, 1216.
123 *BaFin*, Emittentenleitfaden 2013, Ziffer VIII. 2.9.1.1 (S. 141).
124 *BaFin*, Emittentenleitfaden 2013, Ziffer VIII. 2.9.1.1 (S. 141); *Teichmann/Epe*, WM 2012, 1213, 1216.
125 Hierzu KölnKomm-WpHG/*Heinrich*, § 25 a Rn 53; *Brandt*, CFL 2012, 110, 111.
126 Ebenso *Brandt*, CFL 2012, 110, 111.
127 Stimmrechtsmitteilung vom 15. März 2012 gemäß §§ 25 a, 41 Abs. 4 d WpHG für Stimmrechte an der Hugo Boss AG der UniCredit Bank AG bezüglich Pfandrechte als Darlehenssicherheiten, abrufbar unter: <http://group.hugoboss.com/de/voting_rights_announcements_3682.htm>. Siehe auch *FAZ*, v. 23.3.2012 (Nr. 71), S. 19; hierzu auch *Merkner/Sustmann*, NZG 2013,1369.
128 *FAZ*, v. 23.3.2012 (Nr. 71), S. 19.
129 *BaFin*, Emittentenleitfaden 2013, Ziffer VIII. 2.9.1.1 (S. 142); ablehnend *Brandt*, CFL 2012, 110, 111; darstellend Köln-Komm-WpHG/*Heinrich*, § 25 a Rn 53.
130 *BaFin*, Emittentenleitfaden 2013, Ziffer VIII. 2.9.1.1 (S. 142).
131 KölnKomm-WpHG/*Heinrich*, § 25 a Rn 53.
132 So auch KölnKomm-WpHG/*Heinrich*, § 25 a Rn 53.
133 Ebenso *Brandt*, CFL 2012, 110.
134 *FAZ*, v. 23.3.2012 (Nr. 71), S. 19.
135 KölnKomm-WpHG/*Heinrich*, § 25 a Rn 53.

sind. Dies dürfte der Fall sein, wenn ihr Rechtsverhältnis zum Security Agent wie eine Treuhand ausgestaltet ist.

55 Eine Anwendung der Ausnahme nach Abs. 3 auf ein Aktienpfandrecht ist hingegen nicht möglich, da dieses aufgrund seiner Akzessorietät nicht vergleichbar mit (Finanz-)Instrumenten ist, die emittiert werden.[136]

56 **XV. Put-Optionen.** Für den Stillhalter einer Put-Option mit **physischem Settlement** besteht nun eine Meldepflicht nach Abs. 1 S. 2 Nr. 2.[137] Put-Optionen mit **Barausgleich** sind vom Stillhalter nach Abs. 1 S. 2 Nr. 1 zu melden.[138] Mit dem Abschluss von Put-Optionen mit Barausgleich kann der Stillhalter den Berechtigten veranlassen, eine Position in der betreffenden Aktie aufzubauen, auf die der Stillhalter zu einem späteren Zeitpunkt wieder zugreifen kann. Insofern liegt eine dem Regelbeispiel Nr. 1 vergleichbare Situation vor.[139]

Für den Inhaber einer Put-Option auch mit physischem Settlement besteht eine Meldepflicht nach § 21.

56a **XVI. Globale, revolvierende Sicherungsübertragung nach GMSLA.** In der Praxis wurden Mitteilungspflichten bei einer globalen, revolvierenden Sicherungsübereignung auf Grundlage eines Vertrages diskutiert, welcher auf dem **Global Master Securities Lending Agreement (GMSLA)** basiert. Bei dem GMSLA handelt es sich um eine Vertragsvorlage von der International Securities Lending Association (ISLA). Grundsätzlich ist bei einer Sicherungsübereignung nur der Sicherungsgeber nach § 22 Abs. 1 S. 1 Nr. 3 meldepflichtig, es sei denn, der Sicherungsnehmer ist zur Ausübung der Stimmrechte aus diesen Aktien befugt und der Sicherungsnehmer bekundet die Absicht, die Stimmrechte unabhängig von den Weisungen des Meldepflichtigen auszuüben. In dem Ausnahmefall werden die Stimmrechte aus den Aktien allein dem Sicherungsnehmer zugerechnet, wenn dieser unter den Voraussetzungen des S. 1 Nr. 3 die Stimmrechte ausüben darf und die Absicht hierzu ausdrücklich bekundet.

56b In einem **Praxisfall** wurde eine Sicherungsübereignung auf der Basis des GMSLA derart ausgestaltet, dass von dem Sicherungsgeber an den Sicherungsnehmer täglich und automatisch Aktien eines oder mehrerer deutschen Emittenten übertragen werden. Die Anzahl der Aktien war hierbei unbestimmt, aber der Höhe nach begrenzt (in diesem Praxisfall auf 5 % des Wertes aller sich im Sicherheits-Pool befindlichen Aktien). Der detaillierte Mechanismus wurde in einer Durchführungsanlage zum GMSLA ausgeführt. Der Sicherungsnehmer erfährt hiernach täglich im Nachhinein anhand eines Depotauszugs den Bestand der Aktien, welche ihm zur Sicherheit übertragen wurden. Zwar liegt grundsätzlich eine Erwerbsmöglichkeit im Sinne des § 25 a mittels der globalen, revolvierenden Sicherungsabrede vor. Jedoch ist eine solche Mitteilungspflicht für den Sicherungsnehmer schlichtweg nicht erfüllbar. Der Sicherungsnehmer könnte die Stimmrechte nur nach Erwerb der Aktien an dem jeweiligen Tag für die Vergangenheit melden. Erst dann ist für den Sicherungsnehmer der konkrete Emittent und der höchstmögliche Stimmrechtsanteil bestimmbar. Da jedoch der Abschluss des GMSLA-Vertrages bereits die Erwerbsmöglichkeit als relevanten Bezugszeitpunkt darstellt, hätte der Sicherungsnehmer dann bereits eine Mitteilungspflicht pflichtwidrig nicht erfüllt, deren Erfüllung ihm vorher unmöglich war.

56c Bedauerlicherweise wurde die Einführung einer Privilegierung des Handelsbestands, die derzeit nur für § 25 gilt, noch nicht für § 25 a eingeführt.[140] Unter Umständen kann eine Privilegierung nach § 25 a Abs. 4 für Wertpapierdienstleistungsunternehmen vorliegen. Gegen eine Meldepflicht spricht aber nicht nur die praktische Unmöglichkeit, sondern auch ein Erst-recht-Schluss in Bezug auf § 22 Abs. 1 S. 1 Nr. 3. Wenn schon der Stimmrechtserwerb nach § 22 Abs. 1 S. 1 Nr. 3 für den Sicherungsnehmer meldefrei ist, dann erst recht dessen Erwerbsmöglichkeit trotz § 25 a. Ferner ist es nicht das Anliegen von § 25 a, nachträgliche Mitteilungspflichten für durchgeführte Stimmrechtserwerbungen aufzustellen. Im Ergebnis ist eine Mitteilungspflicht aus § 25 a abzulehnen, wie auch eine Mitteilungspflicht aus § 21 aufgrund von § 22 Abs. 1 S. 1 Nr. 3. Daneben fehlt es für eine Mitteilungspflicht aus § 25 dem Sicherungsnehmer an einem einseitigen Erwerbsrecht. In einer informellen Auskunft wies die BaFin jedoch darauf hin, dass dann eine Mitteilungspflicht nach § 25 a im konkreten Einzelfall in Betracht käme, wenn in der konkreten Vertragsausgestaltung einer auf dem GMSLA basierenden Durchführungsanlage vorab ein konkreter Emittent und (höchstmöglicher) Stimmrechtsanteil bestimmbar ist.

57 **XVII. Tag-along- und Drag-along-Klauseln.** Die Meldepflicht von Mitveräußerungsrechten und Mitveräußerungspflichten (sog. Trag-along und Drag-along-Klauseln) sind komplex und umstritten.[141] Bei Tag-along-Klauseln handelt es sich um Mitveräußerungsrechte für einen Gesellschafter, wenn der andere Gesellschafter (häufig der Mehrheitsgesellschafter) seine mit Stimmrechten verbundenen Aktien veräußern will.

---

136 *BaFin*, Emittentenleitfaden 2013, Ziffer VIII. 2.9.1.1 (S. 142); kritisch KölnKomm-WpHG/*Heinrich*, § 25 a Rn 53 aE.
137 *BaFin*, Emittentenleitfaden 2013, Ziffer VIII. 2.9.1.1 (S. 141).
138 *BaFin*, Emittentenleitfaden 2013, Ziffer VIII. 2.9.1.1 (S. 141): teilweise wird dies unter dem Regelbeispiel nach Nr. 2 subsumiert, dahingehend wohl KölnKomm-WpHG/*Heinrich*, § 25 a Rn 45.
139 *BaFin*, Emittentenleitfaden 2013, Ziffer VIII. 2.9.1.1 (S. 141).
140 Eine solche Privilegierung ist nun jedoch aufgrund der Transparenzrichtlinie 2013 einzuführen sein, siehe *Parmentier*, AG 2014, 15, 21; *Heinrich/Krämer*, CFL 2013, 225, 227.
141 KölnKomm-WpHG/*Heinrich*, § 25 a Rn 49.

Bei Drag-along-Klauseln handelt es sich dagegen um Mitveräußerungspflichten.[142] Für die Berechtigten und Verpflichteten der Tag-/Drag-along-Klauseln (in der Regel die Mitgesellschafter, die ihre Aktien mitverkaufen wollen oder müssen) besteht nach dem Emittentenleitfaden keine Meldepflicht nach § 25 a, da diesen selbst keine Erwerbsmöglichkeit gewährt wird. Gegebenenfalls kann aber für den verkaufswilligen Gesellschafter eine Meldepflicht entstehen.[143] Der verkaufswillige Gesellschafter ermöglicht im Sinne des § 25 a den Erwerb von mit Stimmrechten verbundenen Aktien für einen Dritten (der Erwerber der Aktien). Der Fall einer Erwerbsmöglichkeit durch einen Dritten wird nach dem Emittentenleitfaden[144] grundsätzlich ebenfalls von § 25 a erfasst. Anscheinend geht die BaFin[145] aber nicht von einer Meldepflicht nach § 25 a bei einer Veräußerungsmöglichkeit[146] an Dritte aus.

Häufig werden Tag-/Drag-along Klauseln in einer Gesellschafter- oder Poolvereinbarung in Kombination mit Put- und/oder Call-Optionen mit allen Gesellschaftern abgeschlossen, so dass hierüber die übrigen Gesellschafter erfasst werden. In diesen Fällen ergibt sich für den verkaufswilligen Gesellschafter bereits ein eigenes Erwerbsrecht oder eine eigene Erwerbsmöglichkeit der Aktien, so dass die Meldepflichten nach §§ 25, 25 a einschlägig sind.[147]

XVIII. Verschmelzungsverträge. Nach Auskunft der BaFin besteht eine Meldepflicht auch für **Verschmelzungsverträge.**[148] Wird im Rahmen eines Downstream-Mergers oder eines Upstream-Mergers durch den Verschmelzungsvertrag einer Partei im Aktienerwerb ermöglicht, so wird hierin der Tatbestand von § 25 a ebenfalls als erfüllt angesehen. Zur Verdeutlichung kann ein Praxisbeispiel von *Sustmann/Merkner*[149] angeführt werden: Eine GmbH soll im Wege eines Downstream-Mergers auf eine börsennotierte AG verschmolzen werden. Die GmbH hält 75% der Stimmrechtsanteile der AG. In diesem Fall kann auf eine Kapitalerhöhung der GmbH verzichtet werden, § 68 Abs. 1 S. 2 Nr. 2 UmwG. Der Alleingesellschafter der GmbH erhält die Anteile an der AG, welche zuvor die GmbH hielt. Offensichtlich ist, dass ein solcher Verschmelzungsvertrag **nicht zu einem verdeckten Beteiligungsaufbau dient**. Ferner werden die Marktteilnehmer über diesen Vorgang bereits anderweitig – ähnlich wie bei Beherrschungs- und Gewinnabführungsverträgen – in Kenntnis gesetzt. Dies erfolgt beispielsweise über die Einholung der erforderlichen Gremienbeschlüsse und Handelsregistereintragungen. Es besteht daher kein Transparenzerfordernis.[150] Teile der Literatur[151] lehnen eine Meldepflicht ab, weil der Aktienerwerb des übernehmenden Gesellschafters bei Wirksamwerden der Verschmelzung kraft Gesetzes nach § 20 S. 1 Nr. 1, Nr. 3 UmwG erfolgt.

XIX. Vertraulichkeitsvereinbarungen und Anbahnungsverträge. Ob eine Vertraulichkeitsvereinbarung (Non-Disclosure-Agreement, kurz NDA), ein Memorandum of Understanding (kurz MoU), eine Exklusivitätsvereinbarung, eine Absichtserklärung (Letter of Intent, kurz LoI) oder eine Vereinbarung unter der generellen Bezeichnung Term Sheet meldepflichtig ist, ist im Einzelfall von dem Inhalt dieser Vereinbarungen abhängig und kann nicht kategorisch beantwortet werden. Enthalten diese Vertragsformen Klauseln, welche noch keine durchsetzbaren schuldrechtlichen (bedingten) Ansprüche enthalten, wird eine Mitteilungspflicht nach § 25 regelmäßig aber nicht einschlägig sein.[152]

Soweit ersichtlich, vertritt wohl lediglich *U.H. Schneider*[153] die Auffassung, dass ein Letter of Intent infolge der hieraus folgenden sekundären Rechtspflichten eine Mitteilungspflichtig nach § 25 auslöst. Die Auffassung von *U.H. Schneider* wird von der überwiegenden Literatur[154] nicht geteilt.

---

142 *BaFin*, Emittentenleitfaden 2013, Ziffer VIII. 2.9.1.1 (S. 142).
143 *BaFin*, Emittentenleitfaden 2013, Ziffer VIII. 2.9.1.1 (S. 142).
144 *BaFin*, Emittentenleitfaden 2013, Ziffer VIII. 2.9.1.1 (S. 142).
145 *BaFin*, Emittentenleitfaden 2013, Ziffer VIII. 2.9.1.1 (S. 142).
146 Zwar besteht nach § 25 a Abs. 1 keine Mitteilungspflichtpflicht beim Veräußern, jedoch besteht eine Mitteilungspflichtpflicht nach dem Wortlaut des § 25 a beim Unterschreiten einer Meldeschwelle. Ein Unterschreiten erfolgt bei Veräußerungsvorgängen. Insofern dürfte es sich um ein Redaktionsversehen handeln. Richtigerweise sind Veräußerungsvorgänge daher ebenfalls zu melden. Ebenso KölnKomm-WpHG/*Heinrich*, § 25 a Rn 37 aE; *U.H.Schneider*, in: Assmann/Schneider, § 25 a Rn 37.
147 Hierzu KölnKomm-WpHG/*Heinrich*, § 25 a Rn 50.
148 Hierzu *Merkner/Sustmann*, NZG 2013, 1369.
149 *Sustmann/Merkner*, Stellungnahme zur Überarbeitung von Teilen des Emittentenleitfaden, 31. Mai 2013, S. 6.
150 So auch KölnKomm-WpHG/*Heinrich*, § 25 a Rn 58.
151 KölnKomm-WpHG/*Heinrich*, § 25 a Rn 53.
152 *Cascante/Bingel*, NZG 2011, 1086, 1095.
153 *U.H.Schneider*, in: Assmann/Schneider, § 25 a Rn 19 aE.
154 *Merkner/Sustmann*, NZG 2012, 241, 243; *dies.*, NZG 2010, 681, 685: "Von vornherein abwegig erscheint demgegenüber eine Mitteilungspflicht bei einem bloßen letter of intent oder einer Exklusivitätsvereinbarung, denn solche Abreden bahnen eine mögliche M&A-Transaktion lediglich an, haben aber noch keine Relevanz im Hinblick auf den eigentlichen Übergang der Aktien. Die Beteiligungstransparenz würde komplett überspannt und sogar konterkariert, wenn Mitteilungen bereits zu einem Zeitpunkt abgegeben werden müssten, in dem ein Aktienerwerb lediglich möglich, also ggf weniger als wahrscheinlich ist. Im Übrigen mag es sich bei einem letter of intent oder einer Exklusivitätsvereinbarung zwar um sonstige Vereinbarungen handeln, aber sie ermöglichen keinen Aktienerwerb auf Grund ihrer Ausgestaltung." – *Teichmann/Epe*, WM 2012, 1213, 1219: "Dient die Vereinbarung lediglich der Vorbereitung der Entscheidung über den Vertragsschluss (insb. der Durchführung einer Due Diligence unter Bedingungen der Vertraulichkeit), lässt sich noch nicht davon sprechen, dass bereits dadurch der Aktienerwerb „ermöglicht" werde." – *Cascante/Bingel*, NZG 2011, 1086, 1095: "Im Ergebnis sprechen die besseren Gründe dafür, eine Vertraulichkeitsvereinbarung, ein Term Sheet, einen Letter of Intent oder ein Memorandum of Understanding – soweit praxisüblich formuliert – nicht unter § 25 a WpHG fallen zu lassen." – *Wehowsky*, in: Erbs/Kohlhaas, § 25 a WpHG Rn 4.

Eine Mitteilungspflicht kann sich insbesondere dann ergeben, wenn ein **Break Fee** vereinbart wird, welches wirtschaftlich einen Kontrahierungszwang bedeutet.[155] Der BaFin Emittentenleitfaden hat hierzu leider keine Klarheit für die Praxis geschaffen.[156]

Eine **Vertraulichkeitsvereinbarung** mit einer Exklusivitätsvereinbarung und einem wirtschaftlich nicht wesentlichem Break Fee („nicht spürbar") im Sinne eines Aufwendungsersatzes dürfte noch keine Mitteilungspflicht auslösen. Um „nicht spürbar" zu sein, darf eine solche Vereinbarung noch keine Transaktionssicherheit für einen Interessenten gewähren, so dass ein Verkauf an einen konkurrierenden Interessenten denkbar und wirtschaftlich vernünftig bleibt. Dies ist dann aber nicht mehr der Fall, wenn die Vereinbarung die Qualität eines Vorvertrags erreicht oder wenn der potenzielle Veräußerer Sekundärpflichten auf sich nimmt, die ihm bei einem Abbruch der Gespräche spürbar nachteilige Folgen auferlegen. Dies kann durch eine Begrenzung des Break Fees vermieden werden, welches sich zum Beispiel in einem Umfang bis unterhalb von 0,5 % des denkbaren Kaufvertrages begrenzt und welches daher durch eine höhere Kaufpreiszahlung von einem konkurrierenden Käufer kompensiert werden kann. Konkret wird daher die Formulierung eines Break Fees im Sinne eines begrenzten Aufwendungsersatzes empfohlen (*capped cost coverage*).

60 **XX. Vorkaufsrechte, insbesondere in Gesellschaftervereinbarung.** Bezieht sich ein Vorkaufsrecht in einer Gesellschaftervereinbarung auf mit Stimmrechten verbundene Aktien, so stellt dies nach der BaFin Praxis ein meldpflichtiges (Finanz-)Instrument nach § 25 a Abs. 1 S. 2 Nr. 2 dar,[157] wenn nicht bereits § 25 Abs. 1 einschlägig ist. Dies gelte ebenfalls für das Recht der Mitgesellschafter, ein vorrangiges Erwerbsangebot bei Veräußerungsabsichten eines Mitgesellschafters abzugeben (sog. *right of first refusal*).[158] Eine solche Meldepflicht ist insbesondere für mehrheitlich in Familienbesitz befindliche Gesellschaften[159] und für Portfoliounternehmen von **Private Equity** Investoren relevant, da deren Gesellschafter regelmäßig durch Gesellschaftervereinbarungen gebunden sind. Die Gesellschaftervereinbarungen beinhalten verschiedene Rechte und Pflichten, insbesondere Vorkaufsrechte.[160] Solche Gesellschaftervereinbarungen dienen vor allem dazu, die langfristige Kooperation(sbereitschaft) und den Verbleib in der Aktiengesellschaft zu schützen. Gesellschaftervereinbarungen und die darin enthaltenen Vorkaufsrechte dienen in der Regel aber nicht dem heimlichen Beteiligungsaufbau. Insofern erscheint eine Meldepflicht für diese Fälle unpassend.[161]

Überdies bedarf es nach der marktüblichen Ausgestaltung von Vorkaufsrechten in Gesellschaftervereinbarungen noch weiterer Zwischenschritte und Willensäußerungen auf Seiten beider Parteien, so dass die **wirtschaftliche Logik** und die Intensität der rechtlichen Bindung noch keine Erwerbsmöglichkeit im Sinne von § 25 a darstellt.

61 Bezieht sich ein Vorkaufsrecht nicht direkt auf Aktien, sondern auf **Gesellschaftsanteile an einer Gesellschaft**, die Aktien des Emittenten hält, so ist für eine Meldepflicht nach § 25 a zu differenzieren. Nach der BaFin Praxis[162] ist eine Meldepflicht gegeben, wenn die Ausgestaltung dieses Vorkaufsrechts den Berechtigten zum Mehrheitsgesellschafter der Zwischengesellschaft macht, welche die Aktien des Emittenten hält. In diesen Fällen kann der Mehrheitsgesellschafter sich die über die Zwischengesellschaft als Holding gehaltenen Aktien unter Umständen aneignen, zum Beispiel durch Auflösung der Holding oder durch Gewinnverwendungsbeschlüsse.[163] Teile der Literatur[164] lehnen für diese Fallgruppe eine Meldepflicht generell ab oder verlangen, dass nur solche Fälle erfasst werden sollen, in denen die Aktien des Emittenten den **einzigen oder weit überwiegenden Vermögensbestandteil** des Vermögens darstellen oder wenden den Ausnahmetatbestand des § 17 a Nr. 2 WpAIV analog an. Mitunter wird in der Literatur die Aufnahme eines Ausnahmetatbestand in § 17 a WpAIV gefordert.[165]

62 Eine solche von der BaFin hergeleitete Meldepflicht trifft insbesondere Portfoliounternehmen von Private Equity Investoren, falls es sich bei ihnen um börsennotierte Aktiengesellschaften handelt. Ein Wesensmerkmal von **Private Equity** Investitionen ist die Einbindung und die Motivationsförderung des höheren Managements einer Gesellschaft (sog. **Managementbeteiligungen** oder Management Equity Programme, kurz

---

155 *Cascante/Bingel*, NZG 2011, 1086, 1095; *Teichmann/Epe*, WM 2012, 1213, 1218.
156 *BaFin*, Emittentenleitfaden 2013, Ziffer VIII. 2.9.1.1 (S. 143).
157 *BaFin*, Emittentenleitfaden 2013, Ziffer VIII. 2.9.1.1 (S. 142); *Teichmann/Epe*, WM 2012, 1213, 1219; kritisch *Merkner/Sustmann*, NZG 2013, 1368; aA *Cascante/Bingel*, NZG 2011, 1086, 1096; *Merkner/Sustmann*, NZG 2012, 241, 243; *V. Werder/Petersen*, CFL 2012, 178.
158 KölnKomm-WpHG/*Heinrich*, § 25 a Rn 48.
159 Hierzu *FAZ*, v. 10.2.2012 (Nr. 35), S. 13: „Doch unter jenen Aktiengesellschaften, die von Familien geprägt sind, wächst nun die Sorge, zu viel von sich preisgeben zu müssen. Denn weil die Politik alle Hintertüren verriegeln wollte, müssen auch beispielsweise Vorkaufsrechte und Andienungsrechte in Vereinbarungen zwischen Gesellschaftern aufgedeckt werden. Das gefällt nicht jedem Mittelständler, zumal dann auch Wettbewerber und Kunden mehr erfahren könnten, als ihm lieb ist.".
160 *V. Werder/Petersen*, CFL 2012, 178.
161 Ähnlich *Cascante/Bingel*, NZG 2011, 1086, 1096; *Merkner/Sustmann*, NZG 2012, 241, 243; ebenso KölnKomm-WpHG/*Heinrich*, § 25 a Rn 48.
162 *BaFin*, Emittentenleitfaden 2013, Ziffer VIII. 2.9.1.1 (S. 142); aA *V. Werder/Petersen*, CFL 2012, 178.
163 *V. Werder/Petersen*, CFL 2012, 178, 180.
164 *V. Werder/Petersen*, CFL 2012, 178, 180.
165 *Cascante/Bingel*, NZG 2011, 1086, 1096.

MEP). Regelmäßig werden dabei den Managern keine Anteile direkt an der Gesellschaft gegeben. Vor allem aus steuerrechtlichen Gründen halten die Manager ihre Anteilen an der Gesellschaft mittelbar über eigene **Zwischengesellschaften**, zumeist über eine GmbH & Co. KG oder eine KG.

XXI. Wandelanleihen. Wandelanleihen können meldepflichtige (Finanz-)Instrumente sein.[166] Voraussetzung ist, dass sie sich **auf bereits ausgegebene Aktien** beziehen und nicht ausschließlich auf neu noch auszugebende Aktien. Wandelanleihen, bei denen der Emittent das Wahlrecht besitzt, ob er neue oder eigene bereits ausgegebene Aktien bei Ausübung liefert, sind bereits im Zeitpunkt der Begebung der Wandelanleihe mitteilungspflichtig nach § 25 a. In der Praxis wird diese weitgehende Mitteilungspflicht für Wandelanleihen mit einem Wahlrecht kritisiert. Aufgrund der bereits vorliegenden Transparenz bei der Ausgabe von Wandelanleihen[167] und der in der Praxis weit überwiegenden Bedienung von ausgeübten Wandlungsrechten mit neuen Aktien aus bedingtem Kapital (trotz Wahlrecht des Emittenten),[168] erscheint eine Mitteilungspflicht in der Tat überzogen. Beziehen sich Wandelanleihen nur auf neu auszugebende Aktien, ist § 25 a nicht einschlägig, da es dann an der Erfüllung des Tatbestandsmerkmals „bereits ausgegebene Aktien" mangelt.[169] 63

XXII. Wertpapierdarlehen oder Wertpapierleihe. Ein **Wertpapierdarlehen** ist ein Sachdarlehen gemäß § 607 BGB, welches in der Finanzpraxis auch umgangssprachlich **„Wertpapierleihe"**[170] genannt wird.[171] Zwischen dem Darlehensgeber und dem Darlehensnehmer wird vereinbart, dass der Darlehensgeber Aktien an den Darlehensnehmer überträgt und der Darlehensnehmer verpflichtet ist, Aktien **„gleicher Gattung"** zurück an den Darlehensgeber zu übertragen. Zivilrechtlich geht das Eigentum an den Aktien auf den Darlehensnehmer über. Wirtschaftlich bleibt das Eigentum beim Darlehensgeber. Dieser trägt in der Regel die Chancen und Risiken (Ausschüttungen gehen an den Darlehensgeber, er erhält die Bezugsrechte usw.).[172] Das Wertpapierdarlehen wurde in der Vergangenheit bereits mehrmals zum verdeckten Beteiligungsaufbau im Vorfeld einer öffentlichen Übernahme genutzt (**Hidden Ownership**) und für den Aufbau von Empty Voting-Konstellationen.[173] Unter **Empty Voting** Konstellationen versteht man Fälle, in denen einem Aktionär über seine wirtschaftliche Beteiligung am Unternehmen hinaus disproportional viele Stimmrechte oder andere Verwaltungsrechte zukommen.[174] Grundsätzlich ist der Darlehensnehmer und der Darlehensgeber mitteilungspflichtig bereits nach §§ 21 ff.[175] Eine subsidiäre Mitteilungspflicht nach § 25 a kommt daher grundsätzlich nicht mehr in Betracht. 64

E. Rechtsfolgen (Abs. 2)

I. Mitteilungspflicht. Die Mitteilung ist sowohl gegenüber dem Emittenten, als auch gegenüber der Bundesanstalt für Finanzdienstleistungsaufsicht abzugeben. Es gilt § 18 WpAIV. Hiernach sind Mitteilungen nach § 25 a Abs. 1 schriftlich oder mittels Telefax in deutscher oder englischer Sprache zu übersenden. Mitteilungen per E-Mail sind nicht zulässig. Die Mitteilung muss unterschrieben sein, eine elektronische Signatur bzw eine eingescannte Unterschrift reicht nicht aus. 65

Die BaFin stellt auf ihrer Webseite ein Musterformular für Mitteilungen nach § 25 a zur Verfügung, das sämtliche vom Mitteilungspflichtigen anzugebende und vom Emittenten zu veröffentlichende Punkte enthält. Das Formular steht auch in englischer Sprache zur Verfügung. 66

Die Mitteilung muss die in § 17 Abs. 4, Abs. 1 WpAIV aufgeführten Angaben enthalten: 67

1. die deutlich hervorgehobene Überschrift „Stimmrechtsmitteilung" (§ 17 Abs. 1 Nr. 1 WpAIV),
2. den Namen und die Anschrift des Mitteilungspflichtigen (§ 17 Abs. 1 Nr. 2 WpAIV),
3. sämtliche berührten Schwellen (§ 17 Abs. 1 Nr. 4 WpAIV),
4. das Datum des Überschreitens, Unterschreitens oder Erreichens der Schwellen (§ 17 Abs. 1 Nr. 6 WpAIV),
5. den Namen und die Anschrift des Emittenten der Aktien, die mit den (Finanz-)Instrumenten erworben werden können (§ 17 Abs. 4 Nr. 1 WpAIV),

---

[166] *BaFin*, Emittentenleitfaden 2013, Ziffer VIII. 2.9.1.1 (S. 141).
[167] Die Ermächtigung zur Begebung einer Wandelanleihe erfolgt durch Hauptversammlungsbeschluss; Handelsregisterpublizität des Beschlusses über die Ausgabe von Wandelschuldverschreibungen gem. § 221 Abs. 2 AktG, in vielen Fällen Ad-hoc-Publizität, so Handelsrechtsausschuss des Deutschen Anwaltvereins, NZG 2013, 658.
[168] Die Möglichkeit zur Lieferung mit bereits ausgegebenen Aktien wird in der Praxis äußerst selten genutzt.
[169] *BaFin*, Emittentenleitfaden 2013, Ziffer VIII. 2.9.1.1 (S. 141); ausführend *Cascante/Bingel*, NZG 2011, 1086, 1095.
[170] Bei einer Leihe ist jedoch eine bestimmte entliehene Sache zurückzugeben, bei einem Darlehen jedoch andere, gleichartige Sachen zurückzugeben. Letzteres wird regelmäßig auch bei einer umgangssprach bezeichneten „Wertpapierleihe" der Fall sein. Vgl hierzu *Palandt/Weidenkaff*, Vor § 607 BGB Rn 2.
[171] *Teichmann/Epe*, WM 2012, 1213, 1216.
[172] *BaFin*, Emittentenleitfaden 2013, Ziffer VIII. 2.5.2.2 (S. 116).
[173] *Merkner/Sustmann*, NZG 2012, 241, 243.
[174] Hierzu ausführlich *Theusinger/Möritz*, NZG 2010, 607.
[175] *Teichmann/Epe*, WM 2012, 1213, 1216.

6. die Summe des Anteils (in Prozent und Anzahl) der durch die (Finanz-)Instrumente nach §§ 25 und 25 a erwerbbaren Stimmrechte und der nach §§ 21 und 22 gehaltenen Stimmrechte sowie die Angabe, ob die Schwelle mit der Summe erreicht, überschritten oder unterschritten wurde (§ 17 Abs. 4 Nr. 2 WpAIV),
7. die Höhe der durch die (Finanz-)Instrumente im Sinne des § 25 a unmittelbar und mittelbar erwerbbaren Stimmrechte (§ 17 Abs. 4 Nr. 5 WpAIV) – maßgeblich ist der Tag der Schwellenberührung,
8. die Höhe der durch die (Finanz-)Instrumente im Sinne des § 25 unmittelbar und mittelbar erwerbbaren Stimmrechte (§ 17 Abs. 4 Nr. 3 WpAIV) – maßgeblich ist der Tag der Schwellenberührung,
9. die Höhe der nach §§ 21 und 22 gehaltenen Stimmrechte (§ 17 Abs. 4 Nr. 4 WpAIV) – maßgeblich ist der Tag der Schwellenberührung,
10. ggf die Kette der kontrollierten Unternehmen, über die die (Finanz-)Instrumente gehalten werden (§ 17 Abs. 4 Nr. 6 WpAIV),[176]
11. die Fälligkeit oder der Verfall der (Finanz-)Instrumente (§ 17 Abs. 4 Nr. 7 WpAIV),
12. ggf die ISIN des (Finanz-)Instruments (§ 17 Abs. 4 Nr. 8 WpAIV).

68 Der Mitteilungspflichtige hat die absolute Zahl an Stimmrechten anzugeben und die entsprechende Prozentzahl darzustellen, welche auf zwei Nachkommastellen kaufmännisch gerundet werden darf, sofern dies nicht zu einer Schwellenerreichung führt. Nach § 17 Abs. 5 WpAIV ist für die Meldung die letzte Veröffentlichung nach § 26 a zugrunde zu legen.

69 Die Mitteilung ist ohne schuldhaftes Zögern (unverzüglich im Sinne des § 121 Abs. 1 S. 1 BGB) zu melden. Die Ausführungen zu § 25 gelten entsprechend.

70 **II. Sanktionen.** Bei einem Verstoß drohen bislang keine ernsthaften Sanktionen. Zwar sieht § 39 Abs. 2 Nr. 2 lit. f eine Geldbuße vor, welche höchstens **EUR 1 Million** betragen kann.[177] Jedoch ist diese Geldbuße – gerade bei größeren Transaktionen mit einem Transaktionsvolumen von über EUR 500 Millionen, für die sich ein heimlicher Beteiligungsaufbau lohnt – keine ernst zu nehmende Sanktion.[178]

71 In Betracht kann bislang unter Umständen eine **Gewinnabschöpfung** nach § 29 a OWiG kommen.[179] Eine Gewinnabschöpfung wird jedoch in der Praxis schwer durchzusetzen sein und ist bislang – soweit bekannt – für § 25 a noch nicht erprobt worden. Weitere Sanktionsmöglichkeiten werden diskutiert, sind aber nicht einschlägig. Vermehrt werden schärfere Sanktionsmöglichkeiten gefordert.[180]

72 Ein Stimmrechtsverlust nach § 28 kommt nach derzeitiger Rechtslage nicht in Betracht.[181] Ein Rechtsverlust nach § 28 greift bislang nur bei Verletzung der §§ 21 f.
Die Transparenzrichtlinie weitet die **Sanktionsmechanismen** für § 25 a aus. Insbesondere soll ein Stimmrechtsentzug, in engen Grenzen und mit Ausnahmetatbeständen, nun auch bei § 25 a bis zum 26.11.2015 eingeführt werden.

F. Verordnungsermächtigungsgrundlage (Abs. 4)

73 Das Bundesministerium der Finanzen hat aufgrund der Verordnungsermächtigungsgrundlage nach § 25 a Abs. 4 die WpAIV erlassen und in §§ 17a, 18 WpAIV Regelungen zu § 25 a aufgenommen.[182] Mit Schaffung dieser Verordnungsermächtigung hat der Gesetzgeber bereits die Auslegungsschwierigkeiten in der Praxis vorhergesehen. Der Gesetzgeber hat dem Bundesministerium der Finanzen bzw der BaFin mittels der Veröffentlichung von **White bzw Black Lists** oder Ausnahmelisten damit Möglichkeiten zur näheren Eingrenzung der Fallgruppen des § 25 a gegeben. Hiervon wurde bisher nur geringfügig Gebrauch gemacht. Insbesondere fehlt bislang eine Privilegierung von Wertpapierdienstleistungsunternehmen, welche Finanzinstrumente im Handelsbestand halten, oder von sog. Market Maker. Die Finanzinstrumente dieser Gruppen können unter bestimmten Bedingungen für nicht meldepflichtig erklärt werden. §§ 25 Abs. 1 S. 2, 23 sehen eine solche Privilegierung für die Meldepflicht nach § 25 bereits vor. Infolge der Umsetzungspflicht der Transparenzrichtlinie 2013 sind diese Privilegierungen nun bis zum 26.11.2015 zu normieren.[183]

---

[176] Nach einer informellen Auskunft ist die Angabe über die Kette der kontrollierten Unternehmen nur beim Überschreiten, nicht beim Unterschreiten der Meldeschwellen erforderlich.
[177] *Teichmann/Epe*, WM 2012, 1213, 1215.
[178] *U.H.Schneider*, in: Assmann/Schneider, § 25 a Rn 79.
[179] *Teichmann/Epe*, WM 2012, 1213, 1215.
[180] Siehe nur *Brouwer*, AG 2012, 87, 85; *Seibt*, ZIP 2012, 797, 803.
[181] Für einen Stimmrechtsverlust *de lege ferenda*: *Seibt*, ZIP 2012, 797, 803. Der Richtlinienentwurf sieht einen Stimmrechtsverlust für § 25 a in Art. 28 a Abs. 2 lit. c vor, siehe *Europäische Kommission*, Änderungsvorschlag vom 25.10.2011 zur Richtlinie 2004/109/EG (Transparenzrichtlinie II) und der Richtlinie 2007/14/EG, KOM(2011) 683 endg., S. 13; hierzu *Seibt/Wollenschläger*, AG 2012, 305, 314.
[182] *Buck-Heeb*, Rn 463 (S. 182).
[183] *Heinrich/Krämer*, CFL 2013, 225, 226.

§ 26 Veröffentlichungspflichten des Emittenten und Übermittlung an das Unternehmensregister

(1) ¹Ein Inlandsemittent hat Informationen nach § 21 Abs. 1 Satz 1, Abs. 1a und § 25 Abs. 1 Satz 1 sowie § 25a Absatz 1 Satz 1 oder nach entsprechenden Vorschriften anderer Mitgliedstaaten der Europäischen Union oder anderer Vertragsstaaten des Abkommens über den Europäischen Wirtschaftsraum unverzüglich, spätestens drei Handelstage nach Zugang der Mitteilung zu veröffentlichen; er übermittelt sie außerdem unverzüglich, jedoch nicht vor ihrer Veröffentlichung dem Unternehmensregister im Sinne des § 8b des Handelsgesetzbuchs zur Speicherung. ²Erreicht, überschreitet oder unterschreitet ein Inlandsemittent in Bezug auf eigene Aktien entweder selbst oder über eine in eigenem Namen, aber für Rechnung dieses Emittenten handelnde Person die Schwellen von 5 Prozent oder 10 Prozent durch Erwerb, Veräußerung oder auf sonstige Weise, gilt Satz 1 entsprechend mit der Maßgabe, dass abweichend von Satz 1 eine Erklärung zu veröffentlichen ist, deren Inhalt sich nach § 21 Abs. 1 Satz 1, auch in Verbindung mit einer Rechtsverordnung nach § 21 Absatz 3 bestimmt, und die Veröffentlichung spätestens vier Handelstage nach Erreichen, Überschreiten oder Unterschreiten der genannten Schwellen zu erfolgen hat; wenn für den Emittenten die Bundesrepublik Deutschland der Herkunftsstaat ist, ist außerdem die Schwelle von 3 Prozent maßgeblich.

(2) Der Inlandsemittent hat gleichzeitig mit der Veröffentlichung nach Absatz 1 Satz 1 und 2 diese der Bundesanstalt mitzuteilen.

(3) Das Bundesministerium der Finanzen kann durch Rechtsverordnung, die nicht der Zustimmung des Bundesrates bedarf, nähere Bestimmungen erlassen über

1. den Inhalt, die Art, die Sprache, den Umfang und die Form der Veröffentlichung nach Absatz 1 Satz 1 und
2. den Inhalt, die Art, die Sprache, den Umfang und die Form der Mitteilung nach Absatz 2.

Literatur:
Vgl die Angaben zu § 21.

A. Einführung[1]

§ 26 regelt die Pflicht des Inlandsemittenten zur Veröffentlichung der ihm gegenüber gemäß § 21 Abs. 1, 1a und § 25 Abs. 1 S. 1 abgegebenen Stimmrechtsmitteilungen. Die im Anschluss an Art. 91 und 94 der Richtlinie 2001/34/EG erlassene Vorschrift dient in erster Linie der Herstellung einer breiten Informationsöffentlichkeit über die Veränderung der Stimmrechtsanteile von Inlandsemittenten.[2] Zur Verwirklichung dieses Regelungszwecks hat die BaFin auf Basis der nach § 26 abgegebenen Veröffentlichungen eine Datenbank über die Stimmrechtsanteile an den veröffentlichungspflichtigen Emittenten erstellt.[3]
Mit dem Transparenzrichtlinie-Umsetzungsgesetz (TUG)[4] wurden die Vorgängerregelungen der §§ 25, 26 aF durch die jetzige Fassung des § 26 ersetzt. Durch die Neuregelung des § 26 Abs. 1 iVm § 2 Abs. 7 Nr. 2 wurde zum einen der Adressatenkreis dahin gehend erweitert, dass nunmehr auch Emittenten mit Sitz in einem anderen Mitgliedstaat der EU bzw einem Vertragsstaat des EWR veröffentlichungspflichtig sind, wenn deren Aktien ausschließlich im Inland an einem regulierten Markt zugelassen sind. Zum anderen wurde mit § 26 Abs. 1 iVm § 2 Abs. 7 Nr. 1 der Adressatenkreis eingeschränkt bezüglich Emittenten mit Sitz in der Bundesrepublik Deutschland, wenn ihre Aktien nur in einem anderen Mitgliedstaat an einem regulierten Markt zugelassen sind, soweit für sie dort Veröffentlichungs- und Mitteilungspflichten auf Basis der Transparenzrichtlinie II[5] bestehen.[6] Die Regelung des § 25 Abs. 2 aF konnte ersatzlos gestrichen werden, da Art. 21 der Transparenzrichtlinie I eine gemeinschaftsweite Verbreitung der zu veröffentlichenden Informationen vorsieht und daher eine Publikation nach den verschiedenen mitgliedstaatlichen Regelungen überflüssig ist.[7] Die bis zum Inkrafttreten des TUG in der Vorgängerregelung (§ 25 Abs. 4 aF) noch vorgesehene Befreiung auf Antrag des Emittenten wurde mangels Vereinbarkeit mit der Transparenzrichtlinie II ersatzlos gestrichen.

---

1 Stand der Bearbeitung: Mai 2013.
2 MüKo-AktG/*Bayer*, § 22 Anh. § 26 WpHG Rn 1; *Schneider*, in: Assmann/Schneider, § 26 Rn 1.
3 Abrufbar nach AGen oder KGen aA bzw Aktionären und sonstigen Mitteilungspflichtigen unter <www.bafin.de> → Daten & Dokumente → Bedeutende Stimmrechte nach WpHG → Direkt zur Datenbank.
4 BGBl. I 2007 S. 10 ff.
5 Richtlinie 2004/109/EG des Europäischen Parlaments und des Rates v. 15. Dezember 2004, ABl. EG Nr. L 390 S. 38 ff.
6 Fuchs/*Dehlinger*/Zimmermann, WpHG, § 26 Rn 3.
7 Vgl Begr. RegE BT-Drucks. 16/2498, S. 37 f; Fuchs/*Dehlinger*/Zimmermann, WpHG, § 26 Rn 3.

B. Veröffentlichungspflicht von Stimmrechtsmitteilungen (Abs. 1 S. 1)

2 **Adressat** der Veröffentlichungspflicht ist jeder Inlandsemittent iSd § 2 Abs. 7, dem Informationen nach § 21 Abs. 1 S. 1, Abs. 1a und § 25 Abs. 1 S. 1 oder nach entsprechenden Vorschriften anderer Mitgliedstaaten der EU oder anderer Vertragsstaaten des EWR mitgeteilt werden. Eine ausdrückliche Verweisung auf § 22 ist entbehrlich, da § 22 eine Stimmrechtsänderung „in sonstiger Weise" iSv § 21 Abs. 1 S. 1 darstellt und daher von der Vorschrift des § 26 bereits umfasst wird. Erlangt der Emittent auf anderem Wege Kenntnis von der mitteilungspflichtigen Information (insbesondere durch Einsichtnahme in das Aktienregister), besteht keine Veröffentlichungspflicht.[8] Für den Fall ausbleibender Stimmrechtsmitteilungen ist insoweit kein Selbsteintrittsrecht des Emittenten in Abs. 1 vorgesehen. Die Veröffentlichungspflicht setzt voraus, dass die dem Emittenten zugegangene Mitteilung zur Veröffentlichung geeignet ist, dh alle formalen Voraussetzungen einer Mitteilung erfüllt sind. Insbesondere müssen hierzu alle gesetzlichen Pflichtangaben enthalten sein.[9] Die **Veröffentlichung** hat unverzüglich (iSd § 121 Abs. 1 S. 1 BGB), spätestens aber drei Handelstage (vgl hierzu § 30) nach Zugang der Mitteilung, durch Zuleitung der Mitteilungen an Medien zur europaweiten Verbreitung zu erfolgen. Der Veröffentlichungserfolg muss durch den Emittenten allerdings nicht sichergestellt werden.[10] Der Publikationspflichtige kann auch einen Dritten (Service Provider) mit der Veranlassung der Meldung beauftragen, bleibt dabei aber für die Erfüllung nach § 3a Abs. 4 WpAIV verantwortlich. Die Kosten für die Veröffentlichung trägt der Emittent. Die Verpflichtung zur Veröffentlichung der Mitteilung im Bundesanzeiger ist bereits durch das 3. Finanzmarktförderungsgesetz entfallen.[11]

3 Die Veröffentlichung hat gemäß § 19 WpAIV ihrem **Inhalt** nach grundsätzlich mit der durch den Meldepflichtigen abgegebenen Mitteilung überein zu stimmen. Jedoch ist der meldepflichtige Aktionär hier nur mit Namen und Wohnsitzstaat, bei juristischen Personen mit Namen, Sitz und Staat, in dem sich der Sitz befindet, zu nennen.[12] Die Anschrift (dh Straße und Hausnummer) einer Privatperson, ebenso wie die vollständige Geschäftsanschrift bei juristischen Personen, sind nicht zu nennen. Der Mitteilungstext bzw die Angaben sind vom veröffentlichungspflichtigen Emittenten zu übernehmen. Erläuternde Hinweise oder ergänzende Informationen sind grds. unzulässig.[13] Inhaltliche Fehler schließen die Veröffentlichungspflicht nicht aus, soweit alle gesetzlichen Pflichtangaben enthalten sind.[14] Da die Gefahr einer inhaltlichen Veränderung oder Verfälschung besteht, sollen Abweichungen vom Mitteilungstext – auch bei offensichtlichen Fehlern – nur nach Rücksprache mit der BaFin erfolgen.[15] Die Publikation mehrerer Mitteilungen in einer Veröffentlichung ist möglich, soweit die Mitteilungen zumindest in einem sachlichen Zusammenhang stehen.[16] Bei der Übersendung an das Medienbündel (vgl hierzu Rn 4) hat der Inlandsemittent neben den allgemeinen Angaben Namen und Anschrift, Tag und Uhrzeit der Übersendung und das Ziel, die Information als eine vorgeschriebene Information europaweit zu verbreiten, anzugeben. Der wesentliche Inhalt der Veröffentlichung wird schlagwortartig unter eine der Überschriften „Veröffentlichung einer Mitteilung gem. § 26 Abs. 1 Satz 1 WpHG" bzw „Veröffentlichung gem. § 26 Abs. 1 Satz 2 WpHG (eigene Aktien)" zusammenfasst, die zwingend zu verwenden sind (§ 3a Abs. 2 Nr. 3 WpAIV).[17]

4 Die Art der Veröffentlichung und die Anforderungen an die Übermittlung der zu veröffentlichenden Information wird durch § 20 WpAIV iVm § 3a WpAIV geregelt. Die **Sprache** der Veröffentlichung bestimmt sich nach § 3b WpAIV und wird durch § 20 Hs 2 WpAIV ergänzt. Die Veröffentlichung kann auch in englischer Sprache erfolgen, wenn die Stimmrechtsmitteilung ebenfalls in Englisch abgegeben wurde. Der Emittent hat bezüglich der Veröffentlichung nach der Intention des Gesetzgebers ein **Bündel an Medienarten** zu nutzen. Gemäß § 3a Abs. 2 S. 1 Nr. 1 WpAIV sind bei der Veröffentlichung Medien zu nutzen, die die Verbreitung so rasch und zeitgleich wie möglich innerhalb der gesamten EU und des EWR gewährleisten. Nach der Gesetzesbegründung zählen hierzu die vom Emittenten dabei zu berücksichtigenden Medienarten elektronisch betriebene Informationsverbreitungssysteme, Nachrichtenagenturen, News Provider, Printmedien und Internetseiten für den Finanzmarkt.[18] Nach Auffassung der BaFin setzt ein angemessenes Medienbündel mindestens alle fünf in der Gesetzesbegründung genannten Medienarten und pro Medienart mindestens ein Medium (im Einzelfall, falls erforderlich, mehrere Medien) voraus. Des Weiteren müsse ein Medium (im Einzelfall, falls erforderlich, zusätzlich mehrere Medien) eine aktive europaweite Verbreitung ermöglichen und die einzelnen Medien müssen die Information zumindest auch in dem Land verbreiten können, in dem die Aktien des Emittenten zugelassen sind.[19] Eine Mitteilung per Telefax ist dabei ausreichend; eine Versendung per unverschlüsselter E-Mail bzw Versendung einer E-Mail über eine ungesicherte Verbindung genügt

---

8 Vgl Fuchs/*Dehlinger/Zimmermann*, WpHG, § 26 Rn 4.
9 Vgl Fuchs/*Dehlinger/Zimmermann*, WpHG, § 26 Rn 5.
10 Vgl *BaFin*, Emittentenleitfaden (Stand: 28.4.2009), S. 171.
11 Vgl Begr. RegE BT-Drucks. 13/8933, S. 95.
12 Vgl *BaFin*, Emittentenleitfaden (Stand: 28.4.2009), S. 171.
13 Vgl *BaFin*, Emittentenleitfaden (Stand: 28.4.2009), S. 171.
14 Vgl Fuchs/*Dehlinger/Zimmermann*, WpHG, § 26 Rn 5.
15 Vgl *BaFin*, Emittentenleitfaden (Stand: 28.4.2009), S. 171.
16 Vgl *BaFin*, Emittentenleitfaden (Stand: 28.4.2009), S. 171.
17 Vgl *BaFin*, Emittentenleitfaden (Stand: 28.4.2009), S. 172.
18 Begr. RegE BT-Drucks. 16/2498, S. 49.
19 Vgl *BaFin*, Emittentenleitfaden (Stand: 28.4.2009), S. 173.

dagegen nicht.[20] Die Einhaltung der vorstehend genannten Anforderungen wird in der Regel von Service Providern gewährleistet, die sich auf die Verbreitung von Informationen gegenüber dem Kapitalmarkt spezialisiert haben.

C. Veröffentlichungspflicht in Bezug auf eigene Aktien (Abs. 1 S. 2)

Nach Abs. 1 S. 2 hat ein Inlandsemittent auch das Erreichen, Überschreiten oder Unterschreiten der Schwellenwerte von 5 % bzw 10 % in Bezug auf eigene Aktien zu veröffentlichen. Für sämtliche Emittenten, für die die Bundesrepublik Deutschland Herkunftsstaat ist, ist zudem die 3 %-Schwelle zu beachten (Abs. 2 S. 2 Hs 2). Die Vorschrift dient insoweit der erhöhten kapitalmarktrechtlichen Transparenz im Rahmen der Umsetzung von Aktienrückkaufprogrammen durch den Emittenten. Die Veröffentlichungspflicht ist insbesondere auch für die übrigen Anteilsinhaber von Bedeutung, da sich durch den Aktienrückerwerb bzw die sich hieran anschließende Einziehung der Aktien das relative Gewicht ihrer Stimmrechte verändern kann (vgl § 21 Rn 7). Mit der Umsetzung des Art. 14 der Transparenzrichtlinie II wurde die Vorgängerregelung des § 25 Abs. 1 S. 3 aF durch § 26 Abs. 1 S. 2 ersetzt und weitreichend geändert. Eigene Aktien sind solche, die ein Inlandsemittent entweder unmittelbar selbst hält oder solche, die über eine im eigenen Namen, aber für Rechnung des Inlandsemittenten handelnde Person gehalten wird. Aktien, die ein vom Emittenten abhängiges oder im Mehrheitsbesitz des Emittenten stehendes Unternehmen hält, fallen im Gegensatz zu § 71 d AktG nicht unter den Wortlaut der eigenen Aktien gemäß § 21 Abs. 1 S. 2, so dass keine zwingende Veröffentlichungspflicht diesbezüglich besteht.[21] Der Inhalt der Veröffentlichung und die Übermittlung an das Unternehmensregister bestimmen sich gemäß der Publikationsvorschrift des § 26 Abs. 1 S. 1, wobei der Inhalt der Erklärung sich nach § 21 Abs. 1 S. 1 richtet.[22] Die Veröffentlichung muss spätestens vier Handelstage (vgl hierzu § 30) nach der maßgeblichen Schwellenberührung erfolgen.

D. Mitteilungspflicht der Veröffentlichung an die BaFin (Abs. 2)

Über die Veröffentlichung nach Abs. 1 S. 1 und 2 haben Inlandsemittenten gleichzeitig mit der Veröffentlichung, dh spätestens im unmittelbaren Anschluss an diese,[23] die BaFin zu unterrichten. Nach § 21 WpAIV iVm § 3c WpAIV muss die Mitteilung den Veröffentlichungstext, die genutzten Medien sowie den genauen Zeitpunkt der Versendung enthalten. Die Mitteilung kann auch per E-Mail erfolgen.[24] Auch diese Anforderungen werden idR von dem hierfür eingeschalteten Service Providern erfüllt.

§ 26 a Veröffentlichung der Gesamtzahl der Stimmrechte und Übermittlung an das Unternehmensregister

¹Ein Inlandsemittent hat die Gesamtzahl der Stimmrechte am Ende eines jeden Kalendermonats, in dem es zu einer Zu- oder Abnahme von Stimmrechten gekommen ist, in der in § 26 Abs. 1 Satz 1, auch in Verbindung mit einer Rechtsverordnung nach Absatz 3 Nr. 1, vorgesehenen Weise zu veröffentlichen und gleichzeitig der Bundesanstalt entsprechend § 26 Abs. 2, auch in Verbindung mit einer Rechtsverordnung nach Absatz 3 Nr. 2, die Veröffentlichung mitzuteilen. ²Er übermittelt die Information außerdem unverzüglich, jedoch nicht vor ihrer Veröffentlichung dem Unternehmensregister im Sinne des § 8b des Handelsgesetzbuchs zur Speicherung.

Literatur:
Schnabel/Korff, Mitteilungs- und Veröffentlichungspflichten gemäß §§ 21 ff WpHG und ihre Änderung durch das Transparenzrichtlinie-Umsetzungsgesetz – Ausgewählte Praxisfragen, ZBB 2007, 179; *Krämer/Heinrich*, Emittentenleitfaden „reloaded" – eine Bestandsaufnahme der Neuauflage des Emittentenleitfadens der BaFin, ZIP 2009, 1737.

---

20 Vgl *BaFin*, Emittentenleitfaden (Stand: 28.4.2009), S. 173 f.
21 Vgl *BaFin*, Emittentenleitfaden (Stand: 28.4.2009), S. 175; aA *Fuchs/Dehlinger/Zimmermann*, WpHG, § 26 Rn 22, wonach alle Fälle des Erwerbs eigener Aktien gemäß den §§ 71 ff AktG erfasst sein sollen.
22 Vgl *Fuchs/Dehlinger/Zimmermann*, WpHG, § 26 Rn 22.
23 Vgl Begr. RegE BT-Drucks. 16/2498, S. 38.
24 Vgl *BaFin*, Emittentenleitfaden (Stand: 28.4.2009), S. 176.

A. Einführung[1]

1 § 26a regelt die Veröffentlichung der Gesamtzahl der Stimmrechte durch den Inlandsemittenten und setzt Art. 15 der Transparenzrichtlinie 2004/109/EG[2] in deutsches Recht um. Die Vorschrift wurde durch das Transparenzrichtlinie-Umsetzungsgesetz (TUG)[3] vom 5.1.2007 eingeführt.

B. Tatbestand

2 **I. Maßgeblichkeit der letzten Veröffentlichung des Emittenten – Verhältnis zu § 17 Abs. 4 WpAIV.** Zentrales Regelungsanliegen der Norm ist die Entlastung der nach §§ 21, 25 Meldepflichtigen. Diese sollen sich bei der Berechnung des von ihnen gehaltenen Stimmrechtsanteils auf die veröffentlichten Angaben zur Gesamtzahl der Stimmrechte verlassen können. Die Vorschrift steht dabei in engem Zusammenhang mit § 17 Abs. 4 WpAIV, wonach der Meldepflichtige bei der Berechnung des Stimmrechtsanteils die **letzte Veröffentlichung des Emittenten** nach § 26a zugrunde zu legen hat. Im Zuge des Konsultationsprozesses für die aktuelle Fassung des Emittentenleitfadens der BaFin war dabei – entgegen dem Wortlaut des § 17 Abs. 4 WpAIV – vorgeschlagen worden, ausschließlich auf das tatsächlich vorhandene aktienrechtliche Grundkapital abzustellen.[4] Dieser Vorstoß ist im Rahmen zahlreicher Stellungnahmen[5] zurecht abgelehnt worden, denn § 17 Abs. 4 WpAIV dient nicht nur dazu das Vertrauen auf die Veröffentlichung der Gesamtzahl der Stimmrechte gemäß § 26a zu schützen. Sie soll auch und gerade vermeiden, dass Aktionäre einen erheblichen Aufwand aufbringen müssen, sich über die aktuelle Gesamtzahl der Stimmrechte zu informieren. Dies gilt insbesondere bei Kapitalerhöhungen aus bedingtem Kapital, bei denen der Aktionär vielfach erst später Kenntnis von der Ausgabe der neuen Aktien und damit der Erhöhung der Gesamtzahl der Stimmrechte erlangt.

Nach der nunmehr veröffentlichten Neufassung des Leitfadens wurde diese enge Auslegung der BaFin zwar grundsätzlich aufgegeben. In Fällen, in denen dem Meldepflichtigen das tatsächliche aktienrechtliche Grundkapital bereits vor der Veröffentlichung nach § 26a bekannt ist, solle jedoch auf dieses abzustellen sein. Dies ist grundsätzlich nicht zu beanstanden, denn der Markt soll nicht aus formalen Gründen falsche Informationen über das Verhältnis des Stimmrechtsanteils des Meldepflichtigen zum Gesamtstimmrechtsanteil erhalten.[6] Die Zugrundelegung des tatsächlichen Stimmrechtsanteils hat – sofern bekannt – für den Meldepflichtigen sogar den Vorteil, dass er im Anschluss an die Veröffentlichung nach § 26a nicht noch einmal seine zuletzt abgegebene Meldung daraufhin zu überprüfen hat, ob sich infolge der nunmehr nach § 26a durch den Emittenten veröffentlichten Gesamtzahl eine erneute Meldepflicht im Hinblick auf eine Schwellenberührung ergibt.

Allerdings geht der aktuelle Leitfaden dahin gehend zu weit, wenn er voraussetzt, dass die Berücksichtigung des tatsächlichen Grundkapitals auch bei einem „Kennenmüssen" zu unterstellen ist und den Meldepflichtigen „gesteigerte Sorgfaltspflichten" bei der Feststellung der Gesamtzahl der Stimmrechte treffen.[7] Durch das von der BaFin vorausgesetzte Kennenmüssen seitens des Meldepflichtigen, das bereits bei lediglich (leicht) fahrlässiger Unkenntnis iSd § 122 Abs. 2 BGB zu bejahen ist, wird faktisch einerseits eine Nachforschungspflicht des Meldepflichtigen gegenüber dem Emittenten begründet, andererseits aber auch eine Informationsbereithaltungspflicht des Emittenten gegenüber dem Meldepflichtigen, die im Hinblick auf den Wortlaut des § 17 Abs. 4 WpAIV, die Zweckrichtung des § 26a und deren europäischen Hintergrund nicht vertretbar erscheint.[8]

3 **II. Form und Inhalt der Veröffentlichung.** Adressat der Norm ist der Inlandsemittent iSd § 2 Abs. 7. Es hat eine Veröffentlichung in der in § 26 Abs. 1 S. 1 vorgeschriebenen Weise und eine Mitteilung der Veröffentlichung an die BaFin entsprechend § 26 Abs. 2 zu erfolgen. Die Sprache sowie Art und Weise der Veröffentlichung richtet sich nach den allgemeinen Regeln. Liegt ein Fall des § 26a vor, so ist auch immer an eine

---

1 Stand der Bearbeitung: **Mai 2013**.
2 Richtlinie 2004/109/EG des Europäischen Parlaments und des Rates v. 15. Dezember 2004, ABl. EG Nr. L 390, S. 38 ff.
3 BGBl. I 2007 S. 10 ff.
4 Vgl zusammenfassend: *Krämer/Heinrich*, ZIP 2009, 1737 ff.
5 *Handelsrechtsausschuss des DAV*, NZG 2009, 175; ebenso die Stellungnahmen des DAI und des BDI, DIRK, S. 4; *Hengeler Müller*, S. 3 ff; VAB S. 2 f; ZKA S. 2 f, allesamt abrufbar unter <www.jura.uni-augsburg.de> (Juristische Fakultät (Fakultät (Lehrstühle/Professuren (Prof. Dr. Möllers (Datenbank zum deutschen und europäischen Wirtschaftsrecht (Kapitalmarktrecht (WpHG (dort unter VIII. Bekanntmachungen und Sonstiges).
6 *Schneider*, in: Assmann/Schneider, § 26a Rn 4. Zutreffend ist dabei auch der Hinweis, dass der Meldepflichtige im Wege einer ergänzenden Anmerkung klarstellen solle, aus welchem Grund er von den veröffentlichten Gesamtzahl abweiche; noch enger: *S. Schneider*, NZG 2009, 121, 123 f, der von einer grundsätzlichen Pflicht zur Berücksichtigung der gemäß. § 26a WpHG veröffentlichten Gesamtzahl ausgeht.
7 *BaFin*, Emittentenleitfaden (Stand: 28.4.2009), S. 129.
8 Ähnlich bereits zum Konsultationsentwurf: *S. Schneider*, NZG 2009, 121, 124. Deutlich wird dies insbesondere bei einem „unfreundlichem" Paketaufbau, bei dem der Aktionär die Gesellschaft typischerweise nicht früher als gesetzlich gefordert informieren oder gar kontaktieren wird.

mögliche Veröffentlichungspflicht nach § 30 b Abs. 1 Nr. 1 zu denken.[9] Inhaltlich hat die Veröffentlichung nach § 26 a die Höhe der Gesamtzahl der Stimmrechte und die Angabe „zum Ende des Monats xy" zu enthalten. Daneben kann freiwillig das Wirksamwerden der Veränderung angegeben werden. Zeitpunkt der Veröffentlichung ist grundsätzlich der letzte Kalendertag des Monats. Eine vorzeitige Veröffentlichung muss am letzten Kalendertag des Monats erneut vorgenommen werden und eine Veröffentlichung am 1. Tag des Folgemonats ist nicht mehr rechtzeitig. Fällt der letzte Kalendertag auf einen Samstag, Sonntag oder bundeseinheitlichen Feiertag, so genügt die Veröffentlichung am vorherigen letzten Handelstag iSd § 30.[10]

III. Berechnung der Gesamtzahl der Stimmrechte. Sämtliche Stimmrechte aus Stammaktien zählen zur Gesamtzahl der Stimmrechte. Die Gesamtzahl der Stimmrechte wird abstrakt berechnet, weshalb es auf die tatsächliche Stimmrechtsausübung und etwaige Ausübungsbefugnisse der einzelnen Aktionäre nicht ankommt.[11] Eigene Aktien des Inlandsemittenten sind bei der Gesamtzahl der Stimmrechte nicht abzuziehen, was sich aus der ansonsten überflüssigen Regelung des § 26 Abs. 1 S. 2 ergibt.[12]   4

§ 27 Nachweis mitgeteilter Beteiligungen

Wer eine Mitteilung nach § 21 Abs. 1, 1 a oder 25 Abs. 1 abgegeben hat, muß auf Verlangen der Bundesanstalt oder des Emittenten, für den die Bundesrepublik Deutschland der Herkunftsstaat ist, das Bestehen der mitgeteilten Beteiligung nachweisen.

Literatur:
Hirte, Nachweis mitgeteilter Beteiligungen im Wertpapierhandelsrecht, in: FS Marcus Lutter, 2000, S. 1347.

A. Einführung[1]

§ 27 verpflichtet den Aktionär bzw den Inhaber eines Finanzinstruments, der eine Mitteilung nach § 21 Abs. 1, 1 a oder § 25 Abs. 1 abgegeben hat, zum Nachweis dieser Beteiligung,[2] sofern die BaFin oder der Emittent, für den die Bundesrepublik Deutschland der Herkunftsstaat ist, dies verlangt. Die Vorschrift dient neben dem allgemeinen Transparenzzweck der §§ 21 Abs. 1, 1 a, 25 Abs. 1 auch der Kapitalmarktaufsicht einerseits und – ebenso wie die aktienrechtliche Parallelnorm des § 22 AktG – dem Schutz des Emittenten gegenüber unrichtigen Mitteilungen andererseits.   1

B. Tatbestand

Voraussetzung für das Entstehen der Nachweispflicht ist das Vorliegen einer Mitteilung nach § 21 Abs. 1, 1 a oder § 25 Abs. 1. Die Kenntniserlangung in sonstiger Weise begründet keinen Nachweisanspruch gegenüber dem Meldepflichtigen.[3] Die BaFin kann in derartigen Fällen allerdings gem. § 4 Abs. 3 vorgehen und Auskunft verlangen.[4] Die Aufsichtsbehörde oder der Emittent können jedoch auch den **Nachweis des Fortbestands** des gemeldeten Stimmrechtsanteils verlangen.[5] Ausreichend ist insoweit der Nachweis des Meldepflichtigen, dass er immer noch über eine Beteiligung verfügt, die ihrerseits eine Meldepflicht wegen Erreichens oder Überschreitens einer Meldeschwelle des § 21 ausgelöst hätte; die Höhe der Überschreitung ist – ebenso wie bei § 22 AktG (vgl dort Rn 3) – unerheblich und daher nicht anzugeben.[6] Die Möglichkeiten einer Dauerüberwachung durch den Emittenten sind daher begrenzt. Wurde die Mitteilung gemäß § 24 durch das Mutterunternehmen abgegeben, so trifft allein dieses die Nachweispflicht des § 27. Eines gesonderten Nachweises des Tochterunternehmens bedarf es in diesem Fall nicht, da dieses die Mitteilung nicht   2

---

9 Vgl *BaFin*, Emittentenleitfaden (Stand: 28.4.2009), S. 177.
10 Vgl *BaFin*, Emittentenleitfaden (Stand: 28.4.2009), S. 177.
11 Fuchs/*Dehlinger*/Zimmermann, WpHG, § 26 a Rn 5 f.
12 Vgl *BaFin*, Emittentenleitfaden (Stand: 28.4.2009), S. 177.
1 Stand der Bearbeitung: **Mai 2013**.
2 Richtig müsste es heißen: „des mitgeteilten Stimmrechtsanteils", da die Vorschrift – anders als, § 22 AktG – nicht auf eine (Kapital-) Beteiligung, sondern auf den Stimmrechtsanteil abstellt.
3 *Schneider,* in: Assmann/Schneider, § 27 Rn 4; MüKo-AktG/*Bayer,* § 22 Anh. § 27 WpHG Rn 3; *Schwark,* in: Schwark, Kapitalmarktrechts-Kommentar, WpHG, § 27 Rn 2; Fuchs/*Dehlinger*/Zimmermann, WpHG, § 27 Rn 3.
4 *Schwark,* in: Schwark, Kapitalmarktrechts-Kommentar, WpHG, § 27 Rn 2; *Schneider,* in: Assmann/Schneider, § 27 Rn 4; MüKo-AktG/*Bayer,* § 22 Anh. § 27 WpHG 3, der die Rechtsgrundlage für ein Vorgehen der BaFin in § 29 sieht.
5 *Hirte,* in: FS Lutter, 2000, S. 1347, 1350 f; MüKo-AktG/*Bayer,* § 22 Anh. § 27 WpHG 4; *Schwark,* in: Schwark, Kapitalmarktrechts-Kommentar, WpHG, § 27 Rn 4; *Hüffer,* § 22 Anh. § 27 WpHG Rn 1; Schäfer/Hamann/*Opitz,* § 27 WpHG Rn 7; aA Fuchs/*Dehlinger*/Zimmermann, WpHG, § 27 Rn 6; MüHb-AG/*Krieger,* § 68 Rn 153; *Schneider,* in: Assmann/Schneider, § 27 Rn 7 f, der hierin eine Form der Dauerüberwachung begründet sieht, die der Gesetzgeber mit der Ausgestaltung der Überwachungsbefugnisse in § 29 alleine der BaFin vorbehalten habe.
6 *Hirte,* in: FS Lutter, 2000, S. 1347, 1351.

selbst abgegeben hat.[7] Lediglich ausnahmsweise, wenn vom Mutterunternehmen kein Nachweis zu erlangen ist, kann eine Nachweispflicht des Tochterunternehmens begründet werden.[8]

3 Der Nachweis der mitgeteilten Beteiligung hat auf Verlangen der BaFin oder des Emittenten, für den die Bundesrepublik Deutschland der Herkunftsstaat ist, zu erfolgen. Bei beiden Nachweisbegehren handelt es sich um zwei selbstständig nebeneinander stehende Ansprüche. Äußert nur einer der beiden Berechtigten das Verlangen, so ist der Nachweis nur diesem gegenüber zu führen. Geht das Nachweisverlangen von beiden aus, muss auch gegenüber beiden Berechtigten der Informationspflicht nachgekommen werden.[9] Die BaFin hat auch im Rahmen des § 27 nach pflichtgemäßes Ermessen zu entscheiden. Das Verlangen darf weder willkürlich noch „ins Blaue hinein" erfolgen.[10]

C. Inhalt, Form und Frist des Nachweises

4 Dem **Inhalt** nach hat sich der Nachweis an den nach §§ 21, 22, 25 mitteilungspflichtigen Tatsachen zu orientieren. Im Unterschied zu § 22 AktG, der alleine den Nachweis über das Überschreiten einer der Meldeschwellen voraussetzt, ist im Rahmen des § 27 die genaue Höhe des mitgeteilten Stimmrechtsanteils nachzuweisen.[11] Etwas anderes gilt nur dann, wenn nach einer erfolgten Mitteilung der Nachweis über den Fortbestand des mitteilungspflichtigen Stimmrechtsanteils verlangt wird. Hier ist der Nachweis ausreichend, dass die nächste Meldeschwelle noch nicht überschritten wurde (oben Rn 2).

5 Der Nachweis über die mitgeteilte Beteiligung ist, ebenso wie bei § 22 AktG, in einer **Form** zu erbringen, die Gewissheit über das Bestehen der Beteiligung schafft (zB Depotbescheinigungen, Abtretungsurkunden etc.). Letzteres gilt grundsätzlich auch für den Nachweis über das Vorliegen der Zurechnungsvoraussetzungen nach § 22 Abs. 1 und 2. Unterhalb der Schwelle des § 17 Abs. 2 S. 1 WpAIV ist eine Nennung des Namens oder der Firma des Dritten, dessen Stimmrechte angabegemäß dem Meldepflichtigen zuzurechnen sind, nicht geboten, wenn der Nachweis des Zurechnungssachverhalts auf andere Weise erbracht wird.[12] Im Übrigen ist eine Benennung des Dritten möglich, jedoch kann aufgrund des in § 17 Abs. 2 S. 2 WpAIV fehlenden Erfordernisses die Identität der Person, deren Stimmrechte zugerechnet werden, offen zu legen, im Einzelfall eine Anonymisierung der in den Urkunden enthaltenen personenbezogenen Angaben gerechtfertigt sein.[13] Geht es um den Nachweis des Fortbestands des Stimmrechtsanteils, dürfte aufgrund der in diesem Fall herabgesetzten Nachweisanforderungen (vgl oben Rn 2) eine Bescheinigung eines Kreditinstitutes oder Notars ausreichend sein, wenn sich hieraus ergibt, dass die Beteiligung in dem Umfang fortbesteht, wie sie Anlass zu der letzten Mitteilung nach § 21 Abs. 1, 1a oder § 25 Abs. 1 war.[14]

6 Eine **Frist** zur Erfüllung der Nachweispflicht sieht das Gesetz nicht vor. Im Interesse des Transparenzzweckes des § 27 hat der Nachweispflichtige seine gesetzlichen Pflichten jedoch ohne schuldhaftes Zögern (iSd § 121 Abs. 1 S. 1 BGB) zu erfüllen. In jedem Fall können die BaFin oder der Emittent dem Mitteilungspflichtigen eine angemessene Frist setzen, bis zu deren Ablauf der Nachweis zu erbringen ist.[15]

7 Die Zuweisung der durch die Erfüllung der Nachweispflicht entstehenden **Kosten** regelt das Gesetz nicht. Sie treffen den Nachweispflichtigen, da es sich bei der Erfüllung der Pflichten nach § 27 um eine Bringschuld handelt.[16]

D. Durchsetzung des Nachweisanspruchs

8 Die Durchsetzung des Nachweisanspruchs durch die BaFin erfolgt im Wege der Verwaltungsvollstreckung.[17] Hinsichtlich der Durchsetzung des Anspruchs durch die Gesellschaft kann auf § 22 AktG Rn 4 verwiesen werden.

---

7 Ebenso: *Hildner* Kapitalmarktrechtliche Beteiligungstransparenz verbundener Unternehmen, S. 37; *Hirte*, in: FS Lutter, 2000, S. 1347, 1349 f; KölnKomm-WpHG/*Hirte*, § 27 Rn 12; *Schwark*, in: Schwark, Kapitalmarktrechts-Kommentar, WpHG, § 27 Rn 2; aA Fuchs/*Dehlinger/Zimmermann*, WpHG, § 27 Rn 7; *Schneider*, in: Assmann/Schneider, § 27 Rn 4.

8 Vgl ebenso: *Hirte*, in: FS Lutter, 2000, S. 1347, 1349 f; KölnKomm-WpHG/*Hirte*, § 27 Rn 12.

9 *Hirte*, in: FS Lutter, 2000, S. 1347, 1353 f.

10 *Hirte*, in: FS Lutter, 2000, S. 1347, 1351 f; Schäfer/Hamann/Opitz, § 27 WpHG Rn 4.

11 *Hirte*, in: FS Lutter, 2000, S. 1347, 1355.

12 Fuchs/*Dehlinger/Zimmermann*, WpHG, § 27 Rn 9.

13 *Hirte*, in: FS Lutter, 2000, S. 1347, 1357; KölnKomm-WpHG/*Hirte*, § 27 Rn 28.

14 *Hirte*, in: FS Lutter, 2000, S. 1347, 1356 f.

15 *Hirte*, in: FS Lutter, 2000, S. 1347, 1358; *Schneider*, in: Assmann/Schneider, § 27 Rn 17.

16 *Hirte*, in: FS Lutter, 2000, S. 1347, 1358.

17 Vgl hierzu ausführlich: *Hirte*, in: FS Lutter, 2000, S. 1347, 1359 f.

§ 27 a Mitteilungspflichten für Inhaber wesentlicher Beteiligungen

(1) ¹Ein Meldepflichtiger im Sinne der §§ 21 und 22, der die Schwelle von 10 Prozent der Stimmrechte aus Aktien oder eine höhere Schwelle erreicht oder überschreitet, muss dem Emittenten, für den die Bundesrepublik Deutschland Herkunftsstaat ist, die mit dem Erwerb der Stimmrechte verfolgten Ziele und die Herkunft der für den Erwerb verwendeten Mittel innerhalb von 20 Handelstagen nach Erreichen oder Überschreiten dieser Schwellen mitteilen. ²Eine Änderung der Ziele im Sinne des Satzes 1 ist innerhalb von 20 Handelstagen mitzuteilen. ³Hinsichtlich der mit dem Erwerb der Stimmrechte verfolgten Ziele hat der Meldepflichtige anzugeben, ob

1. die Investition der Umsetzung strategischer Ziele oder der Erzielung von Handelsgewinnen dient,
2. er innerhalb der nächsten zwölf Monate weitere Stimmrechte durch Erwerb oder auf sonstige Weise zu erlangen beabsichtigt,
3. er eine Einflussnahme auf die Besetzung von Verwaltungs-, Leitungs- und Aufsichtsorganen des Emittenten anstrebt und
4. er eine wesentliche Änderung der Kapitalstruktur der Gesellschaft, insbesondere im Hinblick auf das Verhältnis von Eigen- und Fremdfinanzierung und die Dividendenpolitik anstrebt.

⁴Hinsichtlich der Herkunft der verwendeten Mittel hat der Meldepflichtige anzugeben, ob es sich um Eigen- oder Fremdmittel handelt, die der Meldepflichtige zur Finanzierung des Erwerbs der Stimmrechte aufgenommen hat. ⁵Eine Mitteilungspflicht nach Satz 1 besteht nicht, wenn der Schwellenwert auf Grund eines Angebots im Sinne des § 2 Abs. 1 des Wertpapiererwerbs- und Übernahmegesetzes erreicht oder überschritten wurde. ⁶Die Mitteilungspflicht besteht ferner nicht für Kapitalverwaltungsgesellschaften sowie ausländische Verwaltungsgesellschaften und Investmentgesellschaften im Sinne der Richtlinie 2009/65/EG, die einem Artikel 56 Absatz 1 Satz 1 der Richtlinie 2009/65/EG entsprechenden Verbot unterliegen, sofern eine Anlagegrenze von 10 Prozent oder weniger festgelegt worden ist; eine Mitteilungspflicht besteht auch dann nicht, wenn eine Artikel 57 Absatz 1 Satz 1 und Absatz 2 der Richtlinie 2009/65/EG entsprechende zulässige Ausnahme bei der Überschreitung von Anlagegrenzen vorliegt.

(2) Der Emittent hat die erhaltene Information oder die Tatsache, dass die Mitteilungspflicht nach Absatz 1 nicht erfüllt wurde, entsprechend § 26 Abs. 1 Satz 1 in Verbindung mit der Rechtsverordnung nach § 26 Abs. 3 Nr. 1 zu veröffentlichen.

(3) ¹Die Satzung eines Emittenten mit Sitz im Inland kann vorsehen, dass Absatz 1 keine Anwendung findet. ²Absatz 1 findet auch keine Anwendung auf Emittenten mit Sitz im Ausland, deren Satzung oder sonstige Bestimmungen eine Nichtanwendung vorsehen.

(4) Das Bundesministerium der Finanzen kann durch Rechtsverordnung, die nicht der Zustimmung des Bundesrates bedarf, nähere Bestimmungen über den Inhalt, die Art, die Sprache, den Umfang und die Form der Mitteilungen nach Absatz 1 erlassen.

Literatur:
Siehe Literatur zu §§ 21 ff WpHG; *Bayer/Hoffmann*, Opting-Out von § 27 a Abs. 1 WpHG, AG 2013, R 199; *v. Bülow/Stephanblome*, Acting in Concert und neue Offenlegungspflichten nach dem Risikobegrenzungsgesetz, ZIP 2008, 1797; *Diekmann/Merkner*, Erhöhte Transparenzanforderungen im Aktien- und Kapitalmarktrecht – ein Überblick über den Regierungsentwurf zum Risikobegrenzungsgesetz, NZG 2007, 921; *Fleischer*, Mitteilungspflichten für Inhaber wesentlicher Beteiligungen (§ 27 a WpHG), AG 2008, 873; *Greven/Fahrenholz*, Die Handhabung der neuen Mitteilungspflichten nach § 27 a WpHG, BB 2009, 1487; *Hitzer/Düchting*, Flankierung des Übernahmerechts durch weitere Reformen der Beteiligungstransparenz im WpHG?, ZIP 2011, 1084; *Möllers/Holzner*, Die Offenlegungspflichten des Risikobegrenzungsgesetzes (§ 27 II WpHG-E), NZG 2008, 166; *Parmentier*, Die Revision der EU-Transparenzrichtlinie für börsennotierte Unternehmen, AG 2014, 15; *Pluskat*, Investorenmitteilung nach § 27 a WpHG – wie viel Beteiligungstransparenz geht noch?, NZG 2009, 206; *Querfurth*, § 27 a WpHG und die Folgen eines Verstoßes, WM 2008, 309; *U.H.Schneider*, Der kapitalmarktrechtliche Strategie- und Mitteilungsbericht – oder: wem dient das Kapitalmarktrecht?, FS Nobbe, 2009, S. 741; *S.Schulz*, Gesellschaftsrechtliche Strukturierung von Private Equity initiierten Börsengängen, CFL 2013, 57; *J.-B.Ulmrich*, Investorentransparenz, 2013; *Veil*, Beteiligungstransparenz im Kapitalmarktrecht, ZHR 177 (2013), 427.

A. Einführung 1	3. Statutarisches Opt-out des Emittenten (Abs. 3) 11
B. Voraussetzungen der Meldepflicht 2	4. Art. 2 § 11 FMStG (= § 11 BeschleunigungsG) 13
I. Entstehen der Meldepflicht (Abs. 1 S. 1) 2	5. Erstmalige Zulassung der Aktien zum Handel 15
II. Aktualisierungspflicht (Abs. 1 S. 2) 7	6. § 23 außer Acht lassen auf Antrag bei Handels-/Spekulationsbestand 16
III. Ausnahmen zur Mitteilungspflicht 8	C. Rechtsfolge 17
1. Erwerbsangebote nach dem WpÜG (Abs. 1 S. 5) 9	
2. Kapitalanlagegesellschaften (Abs. 1 S. 6) ... 10	

I. Mitteilung 17
   1. Verfolgte Ziele iSd Abs. 1 S. 3 Nr. 1 bis 4 .. 18
      a) Investitionsziel (Nr. 1) 19
      b) Aufstockungsabsicht (Nr. 2) 20
      c) Personelle Einflussnahme (Nr. 3) 21
      d) Kapitalstruktur (Nr. 4) 22
   2. Herkunft der für den Erwerb verwendeten Mittel (Abs. 1 S. 1, S. 4) 23
   3. Rechtsverordnung (Abs. 4) 24
II. Frist 25
III. Veröffentlichungspflicht des Emittenten (Abs. 2) 26
D. Sanktion bei Verstößen 27

A. Einführung

1 Die Mitteilungspflicht nach § 27a wurde durch das **Risikobegrenzungsgesetz** vom 18.8.2008 eingeführt, trat aber erst zum 31.5.2009 in Kraft.[1] Anlass war der Wille des Gesetzgebers, den Einfluss von Finanzinvestoren u.a. durch eine Erhöhung der Beteiligungspublizität stärker zu regulieren[2] und damit zugleich den Anlegerschutz zu fördern.[3] Der Reformgesetzgeber hat sich von ausländischen Regelungen in den USA und Frankreich inspirieren lassen.[4] Gemeinschaftsrechtlich war die Normierung des § 27a nicht erforderlich (sog. Gold-Plating). In der Praxis zeichnet sich ein Trend zu standardisierten Mitteilungen ab, die kaum zusätzliche Transparenz bieten.[5] Eine weiter gehende Konkretisierung des § 27a durch das **Gesetz zur Stärkung des Anlegerschutzes und Verbesserung der Funktionsfähigkeit des Kapitalmarktes (AnSFuVG)**[6] ist unterblieben. Abs. 1 S. 6 wurde durch das AIFM-Umsetzungsgesetz angepasst.[7] Es wurden lediglich die Wörter „Kapitalanlagegesellschaften, Investmentaktiengesellschaften" durch das Wort „Kapitalverwaltungsgesellschaften" ersetzt.[8]
Die Änderungen[9] zur **EU-Transparenzrichtlinie** (Transparenzrichtlinie 2013) wirken sich ebenfalls nicht auf § 27a aus.[10] Mitunter wurde gefordert, den Anwendungsbereich des § 27a im Lichte einer europarechtskonformen Auslegung zu reduzieren, sofern eine partielle Vollharmonisierung durch eine Änderung der EU Transparenzrichtlinie eingeführt wird.[11] Artikel 3 Abs. 1a Transparenzrichtlinie 2013 belässt dem deutschen Gesetzgeber ausreichend Flexibilität, um eine Ausgestaltung der Mitteilungstiefe in Form von § 27a aufrecht zu erhalten.
Bislang ausstehend erscheint eine tiefgreifende verfassungsrechtliche Untersuchung der Meldepflicht nach § 27a.[12] *Wolfgang Richter*[13] hält die Meldepflicht nach § 27a für eine bemerkenswerte Abschwächung eines üblicherweise geltenden Grundsatzes, wonach ein Aktienerwerber seine Finanzquellen und seine Erwerbsmotive nicht offen legen muss.[14]

B. Voraussetzungen der Meldepflicht

2 **I. Entstehen der Meldepflicht (Abs. 1 S. 1).** Die Berichtspflicht erfasst die Meldepflichtigen im Sinne des §§ 21 und 22, sofern diese die Schwelle von **10 %** der Stimmrechte aus Aktien oder eine höhere Schwelle (15, 20, 25, 30, 50, 75 %) an einem Emittenten mit Herkunftsstaat Deutschland erreichen oder überschreiten.[15] Anders als in § 21 Abs. 1 S. 1 entsteht eine Meldepflicht **nicht beim Unterschreiten der genannten Meldeschwellen**.[16] Durch die Bezugnahme auf die Zurechnungsnorm des § 22 Abs. 1 kann die Verpflichtung zur Abgabe einer Meldung auch bei demjenigen entstehen, dem Stimmrechte lediglich zugeordnet wer-

---

1 Hierzu Bürgers/Köbler/*Becker*, AktG, Anh § 27a WpHG Rn 1.
2 Hierzu *W. Richter*, ZHR 177 (2013), 577, 587.
3 BT-Drucks. 16/7438, S. 8; *Buck-Heeb*, Rn 465 (S. 183); *Fleischer*, AG 2008, 873, 875; teilweise wird darüber hinaus auch der Schutz von Arbeitnehmerinteressen betont, vgl *U.H.Schneider*, in: FS Nobbe 2009, S. 741, 747; *U.H.Schneider*, in: Assmann/Schneider, § 27a Rn 1 aE; KölnKomm-WpHG/*Heinrich*, § 27a Rn 6.
4 RegE BT-Drucks. 16/7438, S. 12.
5 *Pluskat*, NZG 2009, 206, 210.
6 BGBl. 2011, 538.
7 Gesetz zur Umsetzung der Richtlinie 2011/61/EU über die Verwalter alternativer Investmentfonds, BGBl. 2013, 1981.
8 Art. 8 Ziff. 7 Gesetz zur Umsetzung der Richtlinie 2011/61/EU über die Verwalter alternativer Investmentfonds, BGBl. 2013, 1981; Bürgers/Köbler/*Becker*, AktG, Anh § 22/§ 27a WpHG Rn 1.
9 Richtlinie 2013/50/EU des Europäischen Parlaments und des Rates zur Änderung der Richtlinie 2004/109/EG des Europäischen Parlaments und des Rates zur Harmonisierung der Transparenzanforderungen in Bezug auf Informationen über Emittenten, deren Wertpapiere zum Handel auf einem geregelten Markt zugelassen sind, der Richtlinie 2003/71/EG des Europäischen Parlaments und des Rates betreffend den Prospekt, der beim öffentlichen Angebot von Wertpapieren oder bei deren Zulassung zum Handel zu veröffentlichen ist, sowie der Richtlinie 2007/14/EG der Kommission mit Durchführungsbestimmungen zu bestimmten Vorschriften der Richtlinie 2004/109/EG, ABl. L 294 v. 06.11.2013, S. 13 ff; siehe auch *Europäische Kommission*, Änderungsvorschlag vom 25.10.2011 zur Richtlinie 2004/109/EG (Transparenzrichtlinie II) und der Richtlinie 2007/14/EG, KOM(2011) 683 endg., S. 13.
10 *Parmentier*, AG 2014, 15, 18.
11 *Brinckmann*, BB 2012, 1370, 1373.
12 Siehe nur *Fleischer*, ZGR 2008, 185 ff; *W. Richter*, ZHR 177 (2013), 577.
13 *W. Richter*, ZHR 177 (2013), 577, 587.
14 Siehe auch *Fleischer*, ZGR 2008, 185, 206 ff.
15 *Buck-Heeb*, Rn 465 (S. 183).
16 Vgl *U.H.Schneider*, in: Assmann/Schneider, § 27a Rn 8; Bürgers/Köbler/*Becker*, AktG, Anh § 27a WpHG Rn 2.

den, ohne dass dieser unmittelbar Anteile an dem Unternehmen erwirbt. Dies bereitet insofern Schwierigkeiten, als der mittelbar Beteiligte in vielen Fällen mangels Kenntnis überhaupt nicht in der Lage sein wird, Aussagen über Strategie bzw Mittelherkunft zu treffen.[17]

Die Abgabe eines einheitlichen Berichts durch einen Konzern für seine Unternehmen ist in Anlehnung an § 24 möglich, wenn der gesamte Inhalt der zu meldenden Angaben identisch ist. Ein einheitlicher Bericht nur über teilweise übereinstimmende Angaben dürfte nicht zulässig sein. In diesem Fall besteht für jedes Unternehmen eine Berichtspflicht.[18] **3**

Mitteilungspflichten werden auch bei dem Erwerb einer **Konzerngesellschaft** ausgelöst. Werden Anteile an einer Holdingstruktur erworben, so ist bezüglich jedes Unternehmens ein Bericht nach dem weiten Wortlaut des § 27a zu erstellen. Ob eine solche umfassende Berichtspflicht vom Gesetzgeber tatsächlich gewollt war, darf bezweifelt werden und kann bis zu einer klarstellenden Regelung nur mittels einer teleologischen Reduktion gelöst werden. **4**

Im Übrigen ist darauf hinzuweisen, dass auf den gesamten § 22 verwiesen wird. Es werden auch solche Fälle erfasst, bei denen die Mitteilungspflicht aufgrund abgestimmten Verhaltens (§ 22 Abs. 2) ausgelöst wird. Hier ist der Gesetzgeber aufgerufen, die Grenzen der Berichtspflicht im Interesse der erforderlichen Transparenz zu präzisieren. **5**

(Finanz-)Instrumente werden für die Stimmenzurechnung über §§ 25, 25 a nicht berücksichtigt.[19] Die abweichende Mindermeinung,[20] welche den § 27a ebenfalls auf (Finanz-)Instrumente nach §§ 25, 25 a anwendet, überzeugt nicht.[21] Der Wortlaut des § 27 verweist lediglich auf §§ 21 und 22. Hätte der Gesetzgeber ebenfalls § 25 und sogar § 25 a mit § 27 a erfassen wollen, so hätte er dies spätestens im Zuge des AnSFuVG[22] getan. Dies ist bewusst unterblieben.[23] Auch geht die ständige BaFin-Praxis davon aus, dass § 27a auf §§ 25 f keine Anwendung findet.[24] Entgegen *Heusel*[25] ist auch nicht geboten, den Strategiebericht um Angaben zu (Finanz-)Instrumenten nach §§ 25, 25 a zu erweitern. Dies hätte einen weiteren Anstieg der Informationsflut zur Folge und würde keinen sichtlichen Mehrwert bringen, außer weitere Kosten zu verursachen. **6**

II. Aktualisierungspflicht (Abs. 1 S. 2). Daneben trifft den Meldepflichtigen gemäß Abs. 1 S. 2 eine Aktualisierungspflicht in Bezug auf wesentliche Änderungen seiner mit der Beteiligung verfolgten Ziele.[26] Keine Aktualisierungspflicht besteht demgegenüber hinsichtlich von Änderungen der Mittelherkunft, also insbesondere dann, wenn sich der Anteil des Fremd-/Eigenkapitals nachträglich ändert. Eine Änderung ist wesentlich, wenn sie nach einem objektiven Maßstab aus der Sicht eines Anlegers für seine Anlageentscheidung erheblich ist oder aus der Sicht eines Emittenten von Bedeutung ist.[27] Meldepflichtige, die bereits vor dem Inkrafttreten des § 27a mehr als zehn Prozent hielten, trifft keine Aktualisierungspflicht, solange sie nach dem 31.5.2009 eine Schwelle im Sinne des Abs. 1 S. 2 weder erreicht noch überschritten haben. Dem Gesetz nach besteht für diese Aktualisierungspflicht keine zeitliche Grenze.[28] Ändern sich die getroffenen Angaben im Strategie- und Mittelherkunftsbericht und wird erst anschließend die Schwelle von 10 % unterschritten, so bleibt eine Aktualisierungspflicht bestehen.[29] Die beabsichtigte und ggf vorhersehbare Unterschreitung einer Meldeschwelle lässt die Mitteilungspflicht nach § 27a insoweit nicht entfallen. **7**

Für den Investor ist damit insbesondere von Bedeutung, dass ihn durch das Überschreiten der 10 %-Meldeschwelle eine Aktualisierungspflicht trifft, welche weit früher greift als die Mitteilungspflichten nach §§ 21 f und §§ 25, 25 a. Der Investor ist zur Mitteilung unter Umständen bereits vor dem Erreichen der nächsten Meldeschwellen verpflichtet.[30] **7a**

III. Ausnahmen zur Mitteilungspflicht. Die Mitteilungspflicht nach § 27a ist nicht von einem expliziten Verlangen des Emittenten abhängig. Der ursprüngliche Regierungsentwurf[31] sah ein solches Verlangen als **8**

---

17 Vgl *Krämer/Heinrich*, ZIP 2009, 1737, 1745; für ein Entfallen der betroffenen Angaben, *v.Bülow/Stephanblome*, ZIP 2009, 1797, 1802.
18 AA *Ulmrich*, Investorentransparenz, S. 241.
19 BaFin, Emittentenleitfaden 2013, Ziffer VIII. 2.10 (S. 149); *Greven/Fahrenholz*, BB 2009, 1487, 1489; *Meyer/Kiesewetter*, WM 2009, 340, 349; *Querfurth*, WM 2008, 1957 Fn 6; *U.H.Schneider*, in: Assmann/Schneider, § 27 a Rn 4; *Schneider*, FS Nobbe 2009, S. 741, 748; *Weber-Rey*, DStR 2008, 1967, 1968; *Zimmermann*, ZIP 2009 57, 61.
20 Zu § 25, noch vor der Einführung des § 25 infolge des AnSFuVG, siehe *Fleischer*, AG 2008, 873, 875; *König*, BB 2008, 1910, 1912 f; ähnlich K. *Schmidt/Lutter/Veil*, AktG, Anh § 22: § 27 a WpHG Rn 5 aE; darstellend *Buck-Heeb*, Rn 472 (S. 185).
21 *Heusel*, WM 2012, 291; 296; *Ulmrich*, Investorentransparenz, S. 118.
22 BGBl. I 2011, 538.
23 So *Heusel*, WM 2012, 291; 296.
24 BaFin, Emittentenleitfaden 2013, Ziffer VIII. 2.10 (S. 149).
25 *Heusel*, WM 2012, 291, 296.
26 Hölters/Hirschmann, AktG, § 22 Anh Rn 27.
27 Ähnlich im deutschen Recht § 16 Abs. 1 S. 1 WpPG; ohne Bezug zum Emittenten, *Fleischer*, AG 2008, 873, 878; mit Bezug auch zum Emittenten: *Pluskat*, NZG 2009, 206, 208; für einen objektiven Maßstab: *Greven/Fahrenholz*, BB 2009, 1487, 1492.
28 *Merkner/Sustmann*, NZG 2009, 813, 819; für eine zeitlichen Grenze von 12 Monaten, *Fleischer*, AG 2008, 873, 878.
29 Zustimmend *Ulmrich*, Investorentransparenz, S. 132.
30 Hierzu *U.H.Schneider*, in: Assmann/Schneider, § 27a Rn 2.
31 BT-Drucks. 16/7438, S. 5.

Voraussetzung der Mitteilungspflicht noch vor. Für die Mitteilungspflicht nach § 27a bestehen nun folgende Ausnahmen:

9 **1. Erwerbsangebote nach dem WpÜG (Abs. 1 S. 5).** Eine Mitteilungspflicht ist dann entbehrlich, wenn der Schwellenwert aufgrund eines Erwerbsangebots im Sinne des § 2 WpÜG erreicht oder überschritten wird.[32] Erfasst werden sowohl freiwillige Erwerbs- und Übernahmeangebote als auch Pflichtangebote. Die kapitalmarktrechtliche Transparenz wird in diesen Fällen bereits durch die gem. § 11 Abs. 1 WpÜG zu veröffentlichenden Angebotsunterlagen erreicht.[33] Fraglich ist, wie weit das Tatbestandsmerkmal „*aufgrund eines [WpÜG-]Angebots*" auszulegen ist. Nach teilweise vertretener Ansicht[34] soll es ausreichen, wenn ein inhaltlicher und zeitlicher Zusammenhang mit dem öffentlichen Erwerbsangebot besteht, der auch nach der Veröffentlichung der Entscheidung zur Abgabe eines Angebotes nach § 10 WpÜG noch gegeben sein kann. Auch für neu hinzukommende Bieter solle eine Mitteilungspflicht entfallen, selbst wenn eine Stimmenzurechnung nach § 22 vorliegt und deren Strategien oder Finanzmittel abweichen würden.[35] Einer derart weiten Auslegung kann nicht gefolgt werden.[36] Zwar ist der Wortlaut von § 27a dehnbar, jedoch zielt die Ratio der Norm allein darauf ab, eine „nochmalige gleichgelagerte Offenlegungspflicht"[37] zu verhindern. Zudem kann eine Transparenzlücke entstehen, wenn zwischen der Veröffentlichung der Entscheidung zur Abgabe eines Angebotes nach § 10 WpÜG und der Veröffentlichung der Angebotsunterlage ein längerer Zeitraum liegt.[38] Dem Bieter bleiben nach § 14 Abs. 1 WpÜG vier Wochen Zeit, um die Angebotsunterlagen an die BaFin zu übermitteln. Dabei schafft es keine Abhilfe, dass in der Zwischenzeit bereits übernahmerechtliche Anzeigen veröffentlicht wurden und zu einem späteren Zeitpunkt eine ausführliche Angebotsunterlage folgt.[39] Schließlich soll der Markt gerade durch den Inhalt der Investorenmitteilung bzw stattdessen durch eine ausführliche Angebotsunterlage zusätzliche Informationen erhalten. Der Gesetzgeber zielte gerade darauf ab, dass eine Investorenmitteilung nach § 27a nur dann entbehrlich ist, wenn Stimmrechte „*im Rahmen eines öffentlichen Erwerbs- und Übernahmeangebots erworben und in diesem Rahmen auf die Zielgesellschaft bestehende Absichten sowie die Finanzierung des Aktienerwerbs umfänglich offengelegt*"[40] wurden. Eine solche umfängliche Offenlegung erfolgt noch nicht durch eine Veröffentlichung der Entscheidung zur Abgabe eines Angebots nach § 10 WpÜG. In der Praxis ist somit auf folgende Testfrage abzustellen: Wäre nach der Veröffentlichung der Angebotsunterlagen iSd §§ 11, 14 WpÜG eine Mitteilung nach § 27a inhaltlich deckungsgleich?[41] Sofern eine Änderung vorliegt oder eine Mitteilung nicht überflüssig ist, wäre diese Mitteilung als eine Art Aktualisierung der Angebotsunterlage in Form einer Investorenmitteilung nach § 27a Abs. 1 S. 2 innerhalb von 20 Handelstagen zu veröffentlichen.

Der Wortlaut dieser Ausnahme regelt explizit den Fall der Schwellenberührung zeitlich *nach* einem Erwerbsangebot. Jedoch dürfte zur Vermeidung einer Doppelmeldung ebenfalls eine Mitteilungspflicht entfallen, wenn die Schwellenberührung zeitlich *vor* dem Angebot erfolgt,[42] sofern innerhalb von 20 Handelstagen nach der Schwellenberührung die ausführliche Angebotsunterlage veröffentlich wird und dessen Inhalt den Pflichtumfang der Investorenmitteilung nach § 27a abdecken.

In der Praxis wird diese Ausnahme nach Abs. 1 S. 5 vor allem beim Erwerb von Aktienpaketen von einem Mehrheitsaktionär diskutiert, dem ein Angebot nachfolgt. Werden hierbei der schuldrechtliche Kaufvertrag und die dingliche Übertragungsvereinbarung des Aktienpakets an einem Tag unterschrieben (Signing und Closing an einem Tag), zB mangels Erforderlichkeit einer Kartellfreigabe, dann ist eine Investorenmitteilung nach § 27a hiernach nur dann entbehrlich, wenn innerhalb von 20 Handelstagen nach Erreichen der Schwelle eine Angebotsunterlage veröffentlicht wird. Diese zeitnahe Veröffentlichung dürfte in der Praxis nicht stets die Regel sein. Das in der bisherigen Marktpraxis gleichwohl keine solche Investorenmitteilung im Zusammenhang mit einem Angebot veröffentlicht werden, dürfte Ausfluss der weitestgehenden Sanktionslosigkeit eines Verstoßes gegen § 27a sein.

10 **2. Kapitalanlagegesellschaften (Abs. 1 S. 6).** Nach Abs. 1 S. 6 besteht keine Mitteilungspflicht für Kapitalverwaltungsgesellschaften, ausländische Verwaltungsgesellschaften und Investmentgesellschaften im Sinne der Richtlinie 2009/65/EG, welche einem Verbot im Sinne des Art. 56 Abs. 1 S. 1 der Richtlinie 2009/65/EG einem entsprechenden Verbot unterliegen, sofern eine Anlagegrenze von 10 % oder weniger

---

32 Bürgers/Köbler/*Becker*, AktG, Anh § 22/§ 27a WpHG Rn 4.
33 *Fleischer*, AG 2008, 873, 876; Bürgers/Köbler/*Becker*, AktG, Anh § 27a WpHG Rn 4.
34 *v.Bülow/Stephanblome*, ZIP 2009, 1797, 1802; ausführlich *Ulmrich*, Investorentransparenz, S. 119.
35 *v.Bülow/Stephanblome*, ZIP 2009, 1797, 1802.
36 Problematisierend auch *Bedkowski*, BB 2009, 394, 397.
37 RegE, BT-Drucks. 16/7438, S. 13.
38 Darstellend, aber aA *Ulmrich*, Investorentransparenz, S. 119.
39 So aber *Ulmrich*, Investorentransparenz, S. 119.
40 RegE, BT-Drucks. 16/7438, S. 13. Ähnlich Hölters/*Hirschmann*, AktG, § 22 Anh Rn 31: "[...] da der Investor in diesen Fällen bereits im Rahmen der Angebotsunterlage seine Ziele und auch die Finanzierung offengelegt hat."
41 AA *v.Bülow/Stephanblome*, ZIP 2009, 1797, 1802; *Ulmrich*, Investorentransparenz, S. 119.
42 Ebenso *Ulmrich*, Investorentransparenz, S. 120.

festgelegt worden ist.⁴³ Ferner besteht keine Mitteilungspflicht, wenn eine Art. 57 Abs. 1 S. 1 und Abs. 2 der Richtlinie 2009/65/EG entsprechende zulässige Ausnahme bei der Überschreitung von Anlagegrenzen vorliegt.⁴⁴ Art. 56 Abs. 1 S. 1 der Richtlinie 2009/65/EG wird durch § 210 Abs. 2 KAGB umgesetzt. Kapitalverwaltungsgesellschaften sowie EG-Investmentvermögen, die den Anforderungen der OGAW-Richtlinie unterliegen, und deren Verwaltungsgesellschaften sind nach § 27a Abs. 1 S. 6 deshalb von der Mitteilungspflicht ausgenommen. Diese dürfen grundsätzlich keine Beteiligung in der hier relevanten Höhe von mindestens 10 % der Stimmrechte halten. Durch die Bezugnahme auf Art. 57 Abs. 1 S. 1 und Abs. 2 der Richtlinie 2009/65/EG, der durch § 211 KAGB umgesetzt wurde, werden die Gesellschaften auch bei kurzfristigen Überschreitungen der Anlagegrenze von der Meldepflicht befreit.⁴⁵

3. Statutarisches Opt-out des Emittenten (Abs. 3). Die wohl wichtigste Ausnahme findet sich in Abs. 3, ein „Statutarisches Opt-out".⁴⁶ Danach kann mittels einer Satzungsänderung aus der Mitteilungspflicht nach Abs. 1 hinausoptiert werden.⁴⁷ Es kann nur von der gesamten Mitteilungspflicht hinausoptiert werden.⁴⁸ Eine teilweise oder differenzierende Umsetzung ist nicht möglich.⁴⁹ Diese Ausnahmeregelung des Abs. 3 wurde im Gesetzgebungsverfahren besonders kritisch betrachtet, da die Mitteilungspflicht in die Hände des Satzungsgebers gegeben wird.⁵⁰ Die satzungsändernde Mehrheit einer Hauptversammlung kann damit über die Mitteilungspflicht verfügen, obwohl diese nicht alleine ihrem Schutz dient. Vertritt man die Auffassung, dass der Strategie- und Mittelherkunftsbericht nicht nur dem Schutz des Emittenten und der Aktionäre dient, sondern zB auch dem Schutz künftiger Anleger oder sogar dem Schutz der Arbeitnehmer,⁵¹ so ist diese Kritik umso mehr berechtigt. Soll aus der Mitteilungspflicht nach Abs. 1 hinausoptiert werden, so gilt für die Beteiligten bei der Einführung der Satzungsänderung kein Stimmverbot.

Ein Großteil der bislang bekannten Opting-out-Beschlüsse erfolgte bereits im Jahr 2009.⁵² Hinausoptiert haben ebenfalls einige DAX-Gesellschaften, beispielsweise Henkel AG & Co. KGaA, ProSiebenSat. 1 Media AG und die AUDI Aktiengesellschaft.⁵³ Begründet wurde der Beschlussvorschlag für ein Hinausoptieren von den Angabepflichten des § 27a mit folgenden Argumenten: Besonderheit der Aktionärsstruktur, Einsparungen im Hinblick auf Kosten- und Verwaltungsaufwand und Bürokratieabbau. Neben diesen häufig genannten Begründungen dürfte es ebenfalls relevant sein, dass sich manche Großaktionäre einfach nicht (mehr) „in die Karten blicken lassen"⁵⁴ wollen oder, dass eine Gesellschaft für neue Investoren attraktiver gestaltet werden soll. Schließlich dürften neue Investoren mit Beteiligungen in Höhe von über 10 % ein solches Hinausoptieren begrüßen. Erstaunlicherweise haben Gesellschaften, welche Private Equity Investoren als Mehrheitseigentümer haben, bislang kaum von der Opting-out-Möglichkeit Gebrauch gemacht.⁵⁵

Für **Emittenten mit Sitz im Ausland** gilt, dass sie nicht nur in der Satzung, sondern auch in „sonstigen Bestimmungen" hinausoptieren können. Diese sonstigen Bestimmungen müssen aber satzungsäquivalent sein, um die Beteiligung der Mehrheit der Aktionäre zu gewährleisten.⁵⁶

Richtigerweise kann ein Hinausoptieren bereits in der Gründungssatzung oder durch Beschluss der Börsengangshauptversammlung aufgenommen werden, auch wenn eine Gesellschaft erst zum „Emittenten" im Sinne des Wortlautes des Abs. 3 wird, nachdem die Wertpapiere zum Handel an einem geregelten Markt zugelassen sind.⁵⁷ Die Wirkung des Hinausoptierens nach Abs. 3 können damit bereits herbeigeführt werden, bevor eine Gesellschaft zum Emittenten wird.

4. Art. 2 § 11 FMStG (= § 11 BeschleunigungsG). Die Mitteilungspflicht soll keine Anwendung finden bei dem Erwerb von Anteilen durch den Finanzmarktstabilisierungsfonds, Art. 2 § 11 FMStG.⁵⁸ Dies wird damit begründet, dass sowohl das Ziel der Beteiligung als auch die für den Erwerb verwendeten Mittel sich bereits aus dem FMStG ergeben.⁵⁹ Diese Ausnahme greift jedoch nicht, wenn der Fonds die Anteile in das Vermögen des Bundes überführt, der Bund Zweck oder Laufzeit des Fonds nachträglich ändert, den Fonds

---

43 Diese Ausnahme wurde normiert durch den BT-Finanzausschuss, BT-Drucks. 16/9821, S. 12.
44 *BaFin*, Emittentenleitfaden 2013, Ziffer VIII. 2.10 (S. 149).
45 *BaFin*, Emittentenleitfaden 2013, Ziffer VIII. 2.10 (S. 149); BT-Finanzauschuss, BT-Drucks. 16/9821, S. 12; *v.Bülow/Stephanblome*, ZIP 2009, 1797, 1802; *Fleischer* AG 2008, 873, 876; *Ulmrich*, Investorentransparenz, S. 121.
46 Hierzu *Brandt*, BKR 2008, 441, 449; *v.Bülow/Stephanblome*, ZIP 2009, 1797, 1804; *U.H.Schneider*, in: Assmann/Schneider, § 27a Rn 31.
47 Mit einem Formulierungsbeispiel: *Schüppen/Tretter*, ZIP 2009, 493, 494.
48 *Buck-Heeb*, Rn 473 (S. 186).
49 Bericht Finanzausschuss, BT-Drucks. 17/9821, S. 12; *Fleischer*, AG 2008, 873, 880.
50 Hölters/*Hirschmann*, AktG, § 22 Anh Rn 32; K. Schmidt/Lutter/*Veil*, AktG, Anh § 22: § 27a WpHG Rn 2.
51 *U.H.Schneider*, in: Assmann/Schneider, § 27a Rn 1 aE.
52 *Bayer/Hoffmann*, AG 2013, R199, R200.
53 Darstellend *Bayer/Hoffmann*, AG 2013, R199, R200.
54 *Bayer/Hoffmann*, AG 2013, R199, R200.
55 *S.Schulz*, CFL 2013, 57, 69.
56 So *v. Bülow/Stephanblome*, ZIP 2009, 1797, 1804.
57 Ebenso *S. Schulz*, CFL 2013, 57, 69.
58 FMStG v. 17.10.2008, BGBl. I 2008, S. 1982; hierzu Bürgers/Köbler/*Becker*, AktG, Anh § 27a WpHG Rn 4.
59 *Fleischer*, AG 2008, 873, 876; kritisch: *Wieneke/Fett*, NZG 2009, 8, 14.

umgewidmet oder eine langfristige strategische Beteiligung beabsichtigt wird. Die Rechtfertigung für diese Ausnahme wird von einigen Autoren kritisch gesehen.[60] Schließlich bestehe auch in Fällen der Investition durch den Fonds ein Interesse der (zukünftigen) Anleger an einem § 27a-Bericht.

14 Fraglich ist, ob eine Analogie zu diese Ausnahme zulässig ist, wenn die Strategie- oder Mittelherkunft ebenfalls derart offensichtlich zugänglich ist, wie beispielsweise bei bestimmten Anstalten des öffentlichen Rechts.

15 **5. Erstmalige Zulassung der Aktien zum Handel.** Ohne eine ausdrückliche gesetzliche Regelung ist der Fall der erstmaligen Zulassung der Aktien zum Handel. Auch in diesen Fällen besteht keine Mitteilungspflicht,[61] da eine gesetzliche Regelung ähnlich des § 21 Abs. 1a in § 27a fehlt.

16 **6. § 23 außer Acht lassen auf Antrag bei Handels-/Spekulationsbestand.** Eine Meldepflicht besteht auch dann nicht, wenn die Stimmrechte nach § 23 für den sog. Handels- und Spekulationsbestand auf Antrag außer Betracht gelassen werden. In diesen Fällen liegt hinsichtlich der nicht zu berücksichtigenden Stimmrechte schon kein „Meldepflichtiger iSd §§ 21 und 22 WpHG" vor. Eine Strategie- und Mittelherkunft würde auch keinen zusätzlichen Schutz gewähren.

C. Rechtsfolge

17 **I. Mitteilung.** Der inhaltliche Umfang der Mitteilungspflicht ist abschließend geregelt. Sie umfasst grundsätzlich nur die Antwort auf die Abfrage einer binären Entscheidung, das heißt die Antwort mit „Ja" oder „Nein". In der Praxis werden die Ziele mittels der Widergabe des Gesetzeswortlautes bejaht oder verneint, zum Beispiel: „Die Mitteilenden beabsichtigen nicht, innerhalb der nächsten zwölf Monate weitere Stimmrechte durch Erwerb oder auf sonstige Weise zu erlangen." Grundsätzlich ist eine substantiierte Darlegung oder eine Erläuterung nicht erforderlich. Nach herrschender Meinung[62] sind fakultative Angaben zulässig. Die Grenze ist erreicht, wenn diese zu einer Verdunkelung der eigentlichen Antwort aus der Sicht eines objektiven Empfängers führen. In der Praxis zeigt sich, dass die veröffentlichten § 27a-Berichte nicht übermäßig mit Floskeln angefettet wurden, obwohl diese Befürchtung aufgrund der fehlenden, direkten Kontrolle der BaFin und anfänglicher Unsicherheit in der Praxis zunächst bestand.[63]

18 **1. Verfolgte Ziele iSd Abs. 1 S. 3 Nr. 1 bis 4.** Der Mitteilungspflichtige hat die von ihm verfolgten Ziele zu nennen. Dabei handelt es sich um rein subjektive Ziele. Diese Bezugnahme auf die **rein subjektiven Absichten** ist nicht neu.[64] Die Überprüfung der Richtigkeit der mitgeteilten Ziele ist nur bedingt möglich. Die Angabe entfaltet zudem keine Bindungswirkung. Umstritten ist, ab welchem Zeitpunkt man von einem verfolgten Ziel des Meldepflichten sprechen kann. Eine Meinung stellt darauf ab, ob die Ziele vom Betreffenden „konkret in Aussicht genommen"[65] worden sind. Eine andere Auffassung[66] orientiert sich an dem zukunftsbezogenen Publizitätsregime zu Ad-hoc-Mitteilungen nach § 13. Demnach liegt ein Ziel im Sinne von § 27a dann vor, wenn mit hinreichender Wahrscheinlichkeit davon ausgegangen werden kann, dass dieses Ziel in Zukunft eintreten wird. Nach beiden Auffassungen muss noch kein Beschluss vorliegen. Entgegen der herrschenden Meinung ist richtigerweise aber auf eine **formale Beschlusskraft**[67] abzustellen. Dafür sprechen Gründe der Praktikabilität und Transparenz. Die Ziele können konzern- oder unternehmensbezogen sein. Wenn ein Mutterunternehmen ein Weisungsrecht hat, dann dürften jedoch allein die konzernbezogenen Ziele relevant sein.[68] Wird ein verfolgtes Ziel von **Bedingungen** abhängig macht, wie zum Beispiel von Genehmigungen oder dem Börsenkursverhalten, dann sind diese Bedingungen ebenfalls anzugeben, selbst wenn sie außerhalb der Einwirkungskraft des Mitteilungspflichtigen liegen.[69]

19 **a) Investitionsziel (Nr. 1).** Anzugeben ist, ob die Investition der Umsetzung strategischer Ziele oder der Erzielung von Handelsgewinnen dient. Es genügt die Angabe des im Vordergrund stehenden Ziels des Investors.[70]

Das Ziel „Erzielung von Handelsgewinnen" dürfte im Sinne des Handels- bzw Spekulationstatbestandes nach § 23 Abs. 1 Nr. 2, Abs. 2 Nr. 1 ausgelegt werden.[71] Die Aktien werden vom Meldepflichtigen also nur

---

60 So *Wieneke/Fett*, NZG 2009, 8, 14.
61 *Fleischer*, AG 2008, 873, 876; *v.Bülow/Stephanblome*, ZIP 2009, 1797, 1801.
62 *Brandt*, BKR 2008, 441, 449; *Greven/Fahrenholz*, BB 2009, 1487, 1491.
63 Ausführlich hierzu *Ulmrich*, Investorentransparenz, S. 152 und S. 243 f; kritisch zur praktischen Auswirkung Hölters/*Hirschmann*, AktG, § 22 Anh Rn 26 aE; ebenso K. Schmidt/Lutter/ Veil, AktG, Anh § 22: § 27a WpHG Rn 2 aE („*Es besteht Reformbedarf*"); *ders.*, ZHR 177 (2013), 427, 431 und 440.
64 Vgl § 11 Abs. 2 S. 3 Nr. 2 WpÜG; § 6 Abs. 1 S. 1 BörsG.
65 Zu der hM *Fleischer*, AG 2008, 873, 877 mwN.
66 *Ulmrich*, Investorentransparenz, S. 237.
67 *Greven/Fahrenholz*, BB 2009, 1487, 1490; *Pluskat*, NZG 2009, 206, 209; darstellend *Ulmrich*, Investorentransparenz, S. 218.
68 *Greven/Fahrenholz*, BB 2009, 1487, 1492.
69 *Greven/Fahrenholz*, BB 2009, 1487, 1490.
70 *Fleischer*, AG 2008, 873, 878.
71 *v.Bülow/Stephanblome*, ZIP 2009, 1797, 1802.

kurzfristig erworben, um sie innerhalb eines kurzen Zeitraumes wieder im Markt zu veräußern. Hierbei dürfte ein Zeitraum von höchstens einem Jahr in Betracht kommen. Damit dient eine solche Investition der Erzielung von Handelsgewinnen, wenn sich ein Investor auf die Ausübung von aktienrechtlichen Mitwirkungsrechten beschränkt und sein Interesse allein in der Dividende und in der Kurssteigerung der Aktie liegt.[72] Erfasst werden hiervon in jedem Fall sog. Day-Trader, welche Aktien nur für wenige Stunden oder Tage erwerben.

Für die **Verfolgung strategischer Ziele** liefert das Gesetz keine Definition. Die Variante „strategisches Ziel" dürfte jedoch in Abgrenzung zum Ziel „Erzielung von Handelsgewinnen" verstanden werden. Der Gesetzgeber und die BaFin versteht hierunter, dass ein „langfristiges strategisches Engagement beim Emittenten angestrebt wird".[73] Dies gibt Orientierung, hilft aber nicht in der praktischen Anwendung. Zum Teil wird an die typologische Unterscheidung von strategischen Investoren und Finanzinvestoren angeknüpft, welche ebenfalls umgangssprachlich für die Unterscheidung der Mandanten in der M&A-Rechtsberatung gewählt wird.[74] Eine trennscharfe Unterscheidung ist dies nicht.[75] Von *Fleischer*[76] wird ein zeitlicher Maßstab herangezogen, um die strategische Zielsetzung einzugrenzen. Ab einem gewünschten Investitionszeitraum von mindestens fünf Jahren könne man von strategischen Zielen sprechen.[77] Würde man jedoch alleine auf den gewünschten Investitionszeitraum abstellen, würden Private-Equity-Investoren und Hedge-Fonds abhängig von ihrem Investitionszeitraum eine entsprechende Zielsetzung unter § 27 a angeben müssen. *U.H.Schneider*,[78] *Greven/Fahrenholz*[79] und *Schwark*[80] stellen vor allem auf die Intensität der Einflussnahme des Investors ab. Plant der Investor strategisch und beeinflusst dieser die Geschäftspolitik und Strategie des Emittenten, dann spreche dies für eine strategische Zielsetzung. Diese Ansicht hat zu Folge, dass insbesondere auch Private-Equity-Investoren eine strategische Zielsetzung nach § 27 a angeben müssten.[81] Schließlich verfolgen **Private-Equity-Investoren** in der Regel einen Weiterverkauf ihrer Beteiligung innerhalb eines Investitionszeitraumes von vier bis zehn Jahren. Innerhalb dieser Zeit nehmen Private-Equity-Investoren in der Regel erheblichen Einfluss auf die Geschäftspolitik des Emittenten.[82] Aktive **Hedge-Fonds** werden unter Umständen ebenfalls auf die Geschäftspolitik eines Emittenten Einfluss nehmen. Richtigerweise ist alleine eine Gesamtschau aller Umstände für die Zielsetzung entscheidend.[83] Eine strategische Zielsetzung dürfte jedoch weit auszulegen sein. Jede Person, die keine reinen Handelsgewinne verfolgt, dürfte bereits ein strategisches Ziel verfolgen. Klassische Investitionen von Private-Equity-Investoren haben demnach ebenfalls eine strategische Zielsetzung für Abs. 1 S. 3 Nr. 1 anzugeben.[84] Wünschenswert wäre jedoch eine deutlichere Differenzierbarkeit der Mitteilungspflichten. Der Gesetzgeber könnte beispielsweise an die Terminologie des KAGB anknüpfen. Sofern in der Praxis eine Zuordnung schwierig ist, kann ein gewähltes **Investitionsziel genannt und durch weitere Ausführung präzisiert** werden,[85] wie dies beispielsweise bei der Investorenmitteilung einer Akquisitionsgesellschaft der Carlyle Private Equity Investmentfonds (insbesondere durch Argon GmbH & Co. KG, kurz Argon) hinsichtlich der P&I Personal & Informatik AG vom 13.7.2009 der Fall war:[86] *„Argon und die mit Argon gemeinsam handelnden Personen betrachten die Beteiligung an der P&I (Personal & Informatik AG) als langfristiges Investment. Als Finanzinvestoren streben die an Argon mittelbar beteiligten Carlyle Investmentfonds ferner zu einem späteren Zeitpunkt eine Veräußerung ihrer Beteiligung an P&I an. Eine solche Veräußerung erfolgt typischerweise durch Verkauf der Beteiligung an einen strategischen Investor, einen Finanzinvestor oder über die Börse im Wege einer Umplatzierung bzw eines erneuten Börsengangs von P&I."*

Nicht eindeutig geregelt ist, wie bei der Meldung von Investitionszielen im Fall von **Stimmenrechtszurechnung nach § 22** zu verfahren ist.[87] In der Praxis variieren die Inhalte der Meldungen. Teilweise enthalten die Angaben nur Ausführungen zu den Investitionszielen der unmittelbar gehaltenen Stimmrechte, teilweise werden auch Angaben zu den zugerechneten Stimmrechten aufgenommen. Sofern eine Mitteilungspflicht nur durch Stimmrechtszurechnung ausgelöst wird, hat der Mitteilungspflichtige richtigerweise keine Mitteilungspflicht hinsichtlich der Investitionsziele von Dritten.[88] Dies überzeugt vor allem in den Fällen, in de-

---

72 *K. Schmidt/Lutter/Veil*, AktG, Anh § 22: § 27 a WpHG Rn 8.
73 BT-Drucks. 16/7438, S. 12; *BaFin*, Emittentenleitfaden 2013, Ziffer VIII. 2.10 (S. 149).
74 *Fleischer*, AG 2008, 873, 878.
75 KölnKomm-WpHG/*Heinrich*, § 25 a Rn 37.
76 *Fleischer*, AG 2008, 873, 878.
77 *Fleischer*, AG 2008, 873, 878.
78 *U.H.Schneider*, in: Assmann/Schneider, § 27 a Rn 1.
79 *Greven/Fahrenholz*, BB 2009, 1487, 1491.
80 *Schwark*, in: Schwark/Zimmer, Kapitalmarktrechts-Kommentar, 4. Aufl. 2010, § 27 a WpHG Rn 5.
81 So ist nach *Schwark* die Weiterveräußerungs- oder Sanierungsabsicht eines Private Equity Investors eine strategisches Ziel,

siehe *Schwark*, in: Schwark/Zimmer, Kapitalmarktrechts-Kommentar, 4. Aufl. 2010, § 27 a WpHG Rn 5.
82 Hierzu *Ulmrich*, Investorentransparenz, S. 127 und S. 369.
83 *Greven/Fahrenholz*, BB 2009, 1487, 1491; *K. Schmidt/Lutter/ Veil*, AktG, Anh § 22: § 27 a WpHG Rn 8.
84 So wohl auch *Ulmrich*, Investorentransparenz, S. 127.
85 *K. Schmidt/Lutter/Veil*, AktG, Anh § 22: § 27 a WpHG Rn 7.
86 *Ulmrich*, Investorentransparenz, S. 245, Fn 154.
87 Siehe hierzu oben Rn 2 und Rn 5.
88 KölnKomm-WpHG/*Heinrich*, § 27 a Rn 38; ebenso *v.Bülow/ Stephanblome*, ZIP 2009, 1797, 1803; aA *Ulmrich*, Investorentransparenz, S. 239.

nen der Meldepflichtige die Investitionsziele des Dritten nicht kennen kann. Überdies hat der Dritte selbst eine eigene Mitteilungspflicht und offenbart damit ohnehin seine eigenen Investitionsziele. Überlegt wurde sogar im Fall einer Mitteilungspflicht aufgrund von Stimmenrechtszurechnung im Sinne des § 22, die Pflicht hinsichtlich Nr. 1 sogar insgesamt für alle Mitteilungspflichtigen entfallen zu lassen. Für die Praxis erscheint es überzeugend, dass der Mitteilungspflichtige zumindest seine eigenen Investitionsziele für die unmittelbar selbst verwalteten Anteile meldet.

19c Fraglich ist auch, wie das Einschalten von institutionellen Stimmrechtsberatern (sog. **Proxy Advisors**)[89] durch Hedge-Fonds und Fondsgesellschaften zu werten ist. Ihre Einbindung allein dürfte nicht für oder gegen eine strategische Zielsetzung im Sinne von § 27a sprechen.

20 b) **Aufstockungsabsicht (Nr. 2).** Hiernach hat der Investor anzugeben, ob er in den nächsten zwölf Monaten weitere Stimmrechte durch Erwerb oder auf sonstige Weise zu erlangen beabsichtigt. Abzustellen ist jeweils auf die Lage zum Zeitpunkt des Entstehens der Mitteilungspflicht. Verändert sich das Ziel des Investors, führt dies zu einer Aktualisierungspflicht, Abs. 1 S. 2. Der Erwerb „auf sonstige Weise" umfasst auch die Zurechnung nach § 22. Eine Größenordnung für den weiteren Erwerb ist nicht anzugeben, es genügt auch hier die bloße Bejahung.

21 c) **Personelle Einflussnahme (Nr. 3).** Der Investor hat anzugeben, ob er auf die Besetzung von Verwaltungs-, Leitungs- und Aufsichtsorganen des Emittenten Einfluss nehmen möchte. Mit „Besetzung" ist sowohl die Berufung als auch die Abberufung gemeint. Bei einer AG kann der Aktionär in der Hauptversammlung direkt nur die Besetzung des Aufsichtsrats beeinflussen. Umfasst ist wohl aber auch die indirekte oder faktische Einflussnahme auf den Vorstand oder andere Organe.[90] Das Merkmal der „Beeinflussung" ist zu unkonkret, da bereits mit jeder Möglichkeit der Einflussnahme im Vorfeld einer Abstimmung eine Beeinflussung vorliegt. Sie kann daher noch nicht vorliegen, wenn allein eine bloße Teilnahmeabsicht an den Sitzungen vorliegt.[91] Es muss also eine aktive Komponente und eine gewisse Konkretisierung hinzukommen. Eine solche aktive Komponente und Konkretisierung dürfte insbesondere dann vorliegen, wenn ein Investor die Wahl von eigenen Mitarbeitern oder eigenen Vertrauten anstrebt, beispielsweise bei einem Private Equity Fonds die Wahl einer Person aus der Sphäre dieses Private Equity Fonds. Im Umkehrschluss kann hierfür aber auch die angestrebte Abwahl eines Aufsichtsratsmitglieds als Vertreter von Minderheitsaktionären ausreichen. Lediglich der Vorbehalt, dass man eine „Beeinflussung nicht ausschließen" möchte, dürfte unzulässig sein. Ist eine Beeinflussung gewollt, dann sind keine Einzelheiten (zB Name eines eigenen Kandidaten, Beweggründe, Umstände) anzugeben. Zu beachten ist, dass eine Abstimmung zwischen mehreren Aktionären über die Besetzung der Gremien zu einer Zurechnung nach § 22 Abs. 2 S. 1 führen kann, so dass auch hierdurch die Berichtspflicht nach § 27a einschlägig sein kann.

22 d) **Kapitalstruktur (Nr. 4).** Abgefragt wird nach Nr. 4, ob eine wesentliche Änderung der Kapitalstruktur der Gesellschaft angestrebt wird. Es werden genannt, eine Veränderung im Hinblick auf das „Verhältnis von Eigen- und Fremdfinanzierung" und die „Dividendenpolitik". Durch die Offenlegung des angestrebten Verhältnisses von Fremd- zu Eigenkapital soll offengelegt werden, ob ein sog. „**Leverage-Buy-Out (LBO)**"[92] angestrebt wird. Die Formulierung „insbesondere" ist nicht als Regelbeispiel zu verstehen, da die Angabepflichten in § 27a abschließend aufgezählt sind. Es dürfte daher die Angabe ausreichen, ob generell eine Veränderung angestrebt wird, und falls dies der Fall ist, ob dies sich in den beiden Varianten äußern wird. Weitere Angaben sind nicht notwendig. Ob eine Änderung „wesentlich" ist, wird wie bei der Aktualisierungspflicht nach Abs. 1 S. 2 ausgelegt.[93] Ob durch diese Angaben tatsächlich Aktivitäten von Finanzinvestoren[94] frühzeitig erkannt werden können, ist fraglich.

23 **2. Herkunft der für den Erwerb verwendeten Mittel (Abs. 1 S. 1, S. 4).** Ein Meldepflichtiger hat bezüglich der Herkunft der verwendeten Mittel anzugeben, ob die Investition mittels Eigen- oder Fremdmittel finanziert wird. Liegt eine gemischte Finanzierungsform vor, dann ist der prozentuale Anteil der jeweiligen Finanzmittel anzugeben. Nicht notwendig ist eine Offenlegung der Finanzierungsstruktur bzw -konditionen.[95] Bei Hybrid- und Mezzanine-Finanzierungen ist die bilanzrechtliche Behandlung für die Einteilung als Fremd- oder Eigenkapital ausschlaggebend.[96]

---

89 Hierzu *H.U.Schneider/Anzinger*, NZG 2007, 88.
90 *U.H. Schneider*, in: Assmann/Schneider, § 27a Rn 18.
91 *Greven/Fahrenholz*, BB 2009, 1487, 1492.
92 *U.H.Schneider*, in: FS Nobbe 2009, S. 741, 752; *Fleischer*, AG 2008, 873, 879.
93 *Fleischer*, AG 2008, 873, 878; mit Bezug auch zum Emittenten *Pluskat*, NZG 2009, 206, 208; für einen objektiven Maßstab, *Greven/Fahrenholz* BB 2009, 1487, 1492.
94 *U.H.Schneider*, in: Assmann/Schneider, § 27a Rn 19.
95 Begr. RegE Drucks. 16/7438, S. 12; *v.Bülow/Stephanblome*, ZIP 2009, 1797, 1803.
96 *Fleischer*, AG 2008, 873, 879; *Ulmrich*, Investorentransparenz, S. 131; aA *Schwark*, in: Schwark/Zimmer, Kapitalmarktrechts-Kommentar, 4. Aufl. 2010, § 27a WpHG Rn 9.

Die Unterscheidung zwischen Eigen- und Fremdfinanzierung hat überdies nur einen geringen Mehrwert. Insbesondere im kleineren bis mittleren Investitionsbereich von **Private-Equity-Investoren** wurden seit 2007 häufiger Finanztransaktionen mit einer relativ niedrigen oder sogar ohne Fremdfinanzierung durchgeführt. Es ist damit keineswegs mehr der Fall, dass allein anhand des Verhältnisses von Fremd- zu Eigenkapital ein Private-Equity-Investor erkannt werden kann. Ferner ist es in der Praxis insbesondere für Private-Equity-Investoren und strategische Bieter Marktstandard, dass sie für den Erwerb ein Akquisitionsvehikel (sog. **Special Purpose Vehicle** (SPV) oder Acquisition Company (AcquiCo)) einsetzen. Das Akquisitionsvehikel nimmt dabei nicht zwingend selbst eine Fremdfinanzierung auf. Vielmehr wird der Betrag für den zu zahlenden Kaufpreis in der Regel über dessen Gesellschafter durch dessen Holdingstruktur im Rahmen einer Kapitalerhöhung, durch eine Einzahlung in die freie Kapitalrücklage oder als ein Gesellschafterdarlehen eingezahlt. Insofern wird durch diese Angabe eine klassische Fremdfinanzierung nicht zwingend offengelegt.

Hat ein Meldepflichtiger keine finanziellen Mittel eingesetzt, kann diese Mitteilung entfallen. Dies kann etwa bei einer Schwellenüberschreitung infolge von Stimmenzurechnungen nach § 22 der Fall sein.

3. Rechtsverordnung (Abs. 4). Das Bundesministerium der Finanzen kann durch Rechtsverordnung nähere Bestimmungen über den Inhalt, Art, Sprache, Umfang und Form der Mitteilung nach Abs. 1 erlassen. Eine solche Rechtsverordnung ist bislang nicht erlassen worden und steht dem Vernehmen nach auch nicht an.

II. Frist. Der Bericht ist nach Abs. 1 S. 1 aE innerhalb von 20 Handelstagen nach Erreichen oder Überschreiten der Schwellen mitzuteilen.[97] Für die Aktualisierungspflicht nach Abs. 1 S. 2 ist auf den Zeitpunkt abzustellen, wann der Anlass für die Aktualisierung eine formale Beschlusskraft erlangt. Damit ist kein Fristengleichlauf mit § 21 gegeben. Dies wird teilweise kritisiert, da ein solcher Bericht nach weiteren 16 Tagen (4 Tage für § 21) dann teilweise redundant ist.[98] Insbesondere Investoren die Handelsgewinne anstreben, werden Ihre Ziele zumeist bereits verwirklicht haben, bevor eine Mitteilung nach § 21 fällig ist.[99]

III. Veröffentlichungspflicht des Emittenten (Abs. 2). Der Strategie- und Mittelherkunftsbericht ist – anders als die Meldepflichten nach §§ 21, 25 – nicht an die BaFin zu senden.[100] Die Mitteilung ist allein gegenüber dem Emittenten abzugeben, der diese oder die Informationen über das Unterlassen der Mitteilung zu veröffentlichen hat (§§ 27a Abs. 2, 26 Abs. 1 Abs. 2). Ein Nicht-Mitteilen liegt auch im Falle einer unvollständigen, falschen oder verspäteten Angabe vor.[101] Der Emittent hat deshalb das Beteiligungsmanagement zu überwachen (sog. **Beobachtungspflicht**). Kommt der Emittent dieser Pflicht der Abgabe einer Fehlmeldung nicht nach, dann droht ihm eine Geldbuße iHv bis zu 200.000 EUR nach §§ 39 Abs. 2 Nr. 2 g, Nr. 5 c, Nr. 6. Für den mitteilungspflichtigen Investor folgt daraus, dass keine reguläre Überwachung seiner Mitteilung durch die BaFin stattfindet. Sie beschränkt sich auf eine reine Missbrauchsaufsicht für krasse Falschmeldungen.[102] Die Richtigkeit der Mitteilung wird wohl nur in den seltensten Fällen überprüft werden.[103]

Überraschenderweise ist in § 27a Abs. 2 iVm § 26 Abs. 1 S. 1 ausdrücklich lediglich eine Veröffentlichungspflicht normiert, nicht jedoch eine Weiterleitungspflicht der Informationen an das Unternehmensregister. Dies dürfte ein gesetzgeberisches Versehen sein. Im Übrigen ergibt sich eine Weiterleitungspflicht an das Unternehmensregister bereits aus § 8b Abs. 2 Nr. 9 iVm Abs. 3 S. 1 Nr. 2 HGB.[104]

D. Sanktion bei Verstößen

Ein Verstoß gegen die Mitteilungspflicht begründet bislang **keine praxisrelevante Sanktion**.[105] Mittels der Veröffentlichung einer Nicht-Mitteilung durch den Emittenten soll lediglich eine gewisse Prangerwirkung (*corporate shaming*) erzeugt werden.[106] Dadurch ist § 27a vor allem ein Gesetz mit Appellcharakter,[107] das zutreffend auch als „zahnloser Tiger"[108] bezeichnet wird.

Gleichwohl werden in der Literatur[109] eine Vielzahl von Sanktionsfolgen diskutiert, welche jedoch entweder schon vom Tatbestand nicht einschlägig sind oder in der Praxis nur schwer durchsetzbar sein werden. Unter Umständen kann ein Verstoß gegen das Verbot der Marktmanipulation nach § 20 a vorliegen.

---

97 *Buck-Heeb*, Rn 469 (S. 184).
98 *Fleischer*, AG 2008, 873, 880.
99 *Krämer/Kiesewetter*, BB 2012, 1679, 1683.
100 *Krämer/Heinrich*, ZIP 2009, 1737, 1745.
101 Begr. RegE BT-Drucks. 16/7438, S. 15; *Fleischer*, AG 2008, 873, 880; *Ulmrich*, Investorentransparenz, S. 276.
102 *Ulmrich*, Investorentransparenz, S. 136.
103 *Greven/Fahrenholz*, BB 2009, 1487, 1493.
104 *Bayer/Hoffmann*, AG 2013, R199.
105 *Meyer/Kiesewetter*, WM 2009, 340, 349; *Bürgers/Köbler/Becker*, AktG, Anh § 27a WpHG Rn 3 aE.
106 Begr. RegE BT-Drucks. 16/7438, S. 13; *v. Bülow/Stephanblome*, ZIP 2009, 1797, 1804; *Fleischer* AG 2008, 873, 880.
107 *Fleischer* AG 2008, 873, 881.
108 *Schüppen/Tretter*, ZIP 2009, 493, 494; ähnlich *Hitzer/Düchting*, ZIP 2011, 1084, 1089.
109 Siehe nur *Querfurth*, WM 2008, 1957 ff; *Greven/Fahrenholz*, BB 2009, 1487, 1493.

Umstritten ist, ob § 27a ein Schutzgesetz im Sinne von § 823 Abs. 2 BGB darstellt und damit eine deliktische Haftung auslöst.[110] Richtigerweise ist § 27a kein Schutzgesetz.[111] In den Gesetzesmaterialien ist nicht erkennbar, dass § 27a dem Schutz eines Rechtsgutes und den individuellen Interessen eines Berechtigten dienen soll. § 27a soll vielmehr dem Markt insgesamt dienen.[112] Überdies spricht die Abdingbarkeit der Meldepflicht nach § 27a durch das statutarisches Opt-out nach Abs. 3 gegen die Einordnung als Schutzgesetz.[113]

In der Regierungsbegründung zum Risikobegrenzungsgesetz heißt es, dass weitere Sanktionsmöglichkeiten nach Ablauf von zwei Jahren nach der Einführung des § 27a geprüft werden sollen.[114]

In der Literatur[115] wird ferner angenommen, dass die BaFin[116] oder der Emittent einen eigenständigen Anspruch gegen den Mitteilungspflichtigen auf die Abgabe der gemäß § 27a geforderten Informationen habe.

§ 28 Rechtsverlust

¹Rechte aus Aktien, die einem Meldepflichtigen gehören oder aus denen ihm Stimmrechte gemäß § 22 Abs. 1 Satz 1 Nr. 1 oder 2 zugerechnet werden, bestehen nicht für die Zeit, für welche die Mitteilungspflichten nach § 21 Abs. 1 oder 1a nicht erfüllt werden. ²Dies gilt nicht für Ansprüche nach § 58 Abs. 4 des Aktiengesetzes und § 271 des Aktiengesetzes, wenn die Mitteilung nicht vorsätzlich unterlassen wurde und nachgeholt worden ist. ³Sofern die Höhe des Stimmrechtsanteils betroffen ist, verlängert sich die Frist nach Satz 1 bei vorsätzlicher oder grob fahrlässiger Verletzung der Mitteilungspflichten um sechs Monate. ⁴Satz 3 gilt nicht, wenn die Abweichung bei der Höhe der in der vorangegangenen unrichtigen Mitteilung angegebenen Stimmrechte weniger als 10 Prozent des tatsächlichen Stimmrechtsanteils beträgt und keine Mitteilung über das Erreichen, Überschreiten oder Unterschreiten einer der in § 21 genannten Schwellen unterlassen wird.

Literatur:

v. *Bülow/Petersen*, Der verlängerte Rechtsverlust auf Grund der Verletzung kapitalmarktrechtlicher Mitteilungspflichten, NZG 2009, 481; *von Bülow/Stephanblome*, Acting in Concert und neue Offenlegungspflichten nach dem Risikobegrenzungsgesetz, ZIP 2008, 1797; *Dolff*, Der Rechtsverlust gem. § 28 WpHG aus der Perspektive eines Emittenten, 2011; *Heinrich*, Kapitalmarktrechtliche Transparenzbestimmungen, 2006; *Heinrich/Kiesewetter*, Praxisrelevante Aspekte des Stimmrechtsverlusts nach § 28 WpHG idF des Risikobegrenzungsgesetzes, Der Konzern 2009, 137; *Heusel*, Die Rechtsfolgen einer Verletzung der Beteiligungstransparenzpflichten gem. §§ 21 ff WpHG, 2011; *Korff*, Das Risikobegrenzungsgesetz und seine Auswirkungen auf das WpHG, AG 2008, 692; *Meyer/Kiesewetter*, Rechtliche Rahmenbedingungen des Beteiligungsaufbaus im Vorfeld von Unternehmensübernahmen, WM 2009, 340; *Mülbert*, Das Recht des Rechtsverlusts – insbesondere am Beispiel des § 28 WpHG, in: FS Karsten Schmidt, 2009, S. 1219; *Neye*, Harmonisierung der Mitteilungspflichten zum Beteiligungsbesitz von börsennotierten Aktiengesellschaften, ZIP 1996, 1853; *Pötzsch*, Das Dritte Finanzmarktförderungsgesetz, WM, 1998, 949; *S. Schneider*, Zur Bedeutung der Gesamtzahl der Stimmrechte börsennotierter Unternehmen für die Stimmrechtsmeldepflichten der Aktionäre, NZG 2009, 121; *S. Schneider/U. H. Schneider*, Der Rechtsverlust gemäß § 28 WpHG bei Verletzung der kapitalmarktrechtlichen Meldepflichten – zugleich eine Untersuchung zu § 20 Abs. 7 AktG und § 59 WpÜG, ZIP 2006, 493; *Scholz*, Verlust von Aktionärsrechten gem. § 28 WpHG, AG 2009, 313; *Segna*, Irrungen und Wirrungen im Umgang mit den §§ 21 ff WpHG und § 244 AktG, AG 2008, 311; *Süßmann/Meder*, Schärfere Sanktionen bei Verletzung der Mitteilungspflichten, WM 2009, 976; *Witt*, Die Änderungen der Mitteilungs- und Veröffentlichungspflichten nach §§ 21 ff WpHG und §§ 20 f AktG durch das Dritte Finanzmarktförderungsgesetz und das "KonTraG", WM 1998, 1153; *Zimmermann*, Die kapitalmarktrechtliche Beteiligungstransparenz nach dem Risikobegrenzungsgesetz, ZIP 2009, 57.

A. Einführung[1]

1 Die Vorschrift des § 28 ordnet für den Fall der Nichterfüllung der Meldepflichten den Verlust aller Rechte aus den Aktien für den Zeitraum an, in der die Meldepflichten nicht erfüllt werden (S 1). Eine Ausnahme von dem endgültigen Verlust der Rechte wird nach S. 2 für Ansprüche aus §§ 58 Abs. 4, 271 AktG dann gemacht, wenn die Mitteilung nicht vorsätzlich unterlassen wurde und nachgeholt worden ist. In S. 3 ist nunmehr eine Verlängerung der Frist nach S. 1 („nachwirkender Rechtsverlust") bei vorsätzlicher oder grob fahrlässiger Verletzung der Mitteilungspflichten um sechs Monate vorgesehen, sofern die Höhe des Stimmrechtanteils betroffen ist. S. 4 sieht eine Ausnahme zu S. 3 vor um Bagatellverstöße auszunehmen.

---

110 KölnKomm-WpHG/*Heinrich*, § 27a Rn 51.
111 KölnKomm-WpHG/*Heinrich*, § 27a Rn 51; *Ulmrich*, Investorentransparenz, S. 306 f.
112 Hierzu Begr. RegE BT-Drucks. 16/7438, S. 8.
113 KölnKomm-WpHG/*Heinrich*, § 27a Rn 51.
114 Begr. RegE BT-Drucks. 16/7438, S. 13.
115 KölnKomm-WpHG/*Heinrich*, § 27a Rn 53; *Ulmrich*, Investorentransparenz, S. 294 und S. 325.
116 Auf Grundlage von § 4 WpHG iVm § 17 S. 1 FinDAG und §§ 9 f VwVG, hierzu *Ulmrich*, Investorentransparenz, S. 306 f.
1 Stand der Bearbeitung: **Mai 2013**.

Zweck der Regelungen ist die effiziente Durchsetzung der Mitteilungspflichten und die angemessene Sanktionierung ihrer Verletzung.[2]

Die Vorschrift wurde zuletzt durch das Risikobegrenzungsgesetz vom 12.8.2008[3] um S. 3 und S. 4 mit dem Ziel ergänzt, durch die Verschärfung der Sanktion in Form des Rechtsverlusts die Transparenz des Kapitalmarktgeschehens zu verbessern. Zuvor wurde die Norm durch das Gesetz zur **Regelung von öffentlichen Angeboten zum Erwerb von Wertpapieren und von Unternehmensübernahmen** vom 20.12.2001[4] geändert, womit eine Anpassung an die Neuordnung der Zurechnungstatbestände in § 22 Abs. 1 und 2 erfolgte. Weitere Änderungen der Vorschrift gehen auf Art. 3 Nr. 16 **3. Finanzmarktförderungsgesetz** vom 24.3.1998[5] zurück, der die Norm weitgehend den Regelungen der §§ 20 Abs. 7, 21 Abs. 4 AktG anpasste.[6] Sachlich wurden durch die Änderungen eine Ausdehnung der von der Norm betroffenen Aktien sowie mit der Anordnung eines endgültigen Rechtsverlusts eine weitreichende Verschärfung der Sanktionswirkung der Norm herbeigeführt (vgl unten Rn 7 f).

Ein Verstoß gegen § 25 führt nicht zu einem Ruhen von Aktionärsrechten nach § 28.[7] Zum Rechtsverlust bei Meldeverstößen im Zusammenhang mit § 25 siehe dort Rn 21. Ebenso findet § 28 keine Anwendung bei Verstößen gegen die Offenlegungspflichten gemäß dem durch das Risikobegrenzungsgesetz neu eingefügten und am 31.5.2009 in Kraft getretenen § 27 a.[8]

B. Nichterfüllung der Mitteilungspflichten

§ 28 S. 1 setzt voraus, dass der Meldepflichtige seine gegenüber dem Emittenten und der BaFin gemäß §§ 21 Abs. 1, 1a, 22 Abs. 1 S. 1 Nr. 1 oder 2 bestehenden Mitteilungspflichten nicht erfüllt. Der Nichterfüllung steht es gleich, wenn die Mitteilung zwar erfolgt, formal oder inhaltlich aber fehlerhaft ist.[9] Der Rechtsverlust nach § 28 S. 1 tritt im Gegensatz zu §§ 20 Abs. 7, 21 Abs. 4 AktG darüber hinaus nicht nur bei einer fehlenden Mitteilung über das Erreichen oder Überschreiten einer der nach § 21 Abs. 1 geltenden Meldeschwellen ein, sondern auch bei deren Unterschreiten.[10] Die alleinige Mitteilung an den Emittenten oder die BaFin genügt zur Vermeidung der Sanktionen des § 28 S. 1 nicht.[11] Unerheblich ist für den Eintritt des Rechtsverlusts auch, dass die Gesellschaft auf andere Weise von dem mitteilungspflichtigen Vorgang Kenntnis erlangt hat. Angesichts des Informationszwecks der Meldepflichten und der gravierenden Rechtsfolgen des S. 1 soll nach allgemeiner Meinung, mit Blick auf das aus dem Verhältnismäßigkeitsgrundsatz abgeleitete Übermaßverbot,[12] ein Rechtsverlust jedoch nur im Falle eines erheblichen Meldeverstoßes in Betracht kommen.[13] Ein geringfügiger Fehler ist dagegen unerheblich, wenn der Informationszweck erreicht wird.[14] Zu Umfang und Reichweite dieser tatbestandlichen Einschränkung des S. 1 im Falle fehlerhafter Meldungen hat sich bisher keine einheitliche Kasuistik herausgebildet. Hinsichtlich des mit den Meldepflichten verfolgten Transparenzzweckes ist hierbei auf die Wirkung des Fehlers auf die Kapitalmarktöffentlichkeit abzustellen. Ein Rechtsverlust lässt sich dabei nur in denjenigen Fällen rechtfertigen, in denen die fehlerhafte bzw unvollständige Mitteilung zu einem nennenswerten Informationsdefizit führt.[15]

In zeitlicher Hinsicht ist der **Zugang** der Mitteilung und nicht deren Veröffentlichung für den Eintritt des Rechtsverlustes entscheidend.

---

2 Begr. RegE BT-Drucks. 12/6679, S. 56; *Dolff*, S. 164 ff plädiert hingegen für eine aufsichtsrechtliche Ausgestaltung des Rechtsverlusts, den die BaFin als zuständige Behörde anordnen könnte; zu dem aktuellen EU-Kommissionsvorschlag zur Reform der Transparenz-Richtlinie *Veil*, BB 2012, 1374.
3 BGBl. I 2008 S. 1666 ff.
4 BGBl. I 2001 S. 3822.
5 BGBl. I 1998 S. 529.
6 *Pötzsch*, WM 1998, 949, 957; *Witt*, WM 1998, 1153, 1156.
7 *Scholz*, AG 2009, 313; *v. Bülow/Petersen*, NZG 2009, 481, 482.
8 Begr. RegE BT-Drucks. 16/7438, S. 16; *Zimmermann*, ZIP 2009, 57, 62; *Scholz*, AG 2009, 313, 314; v. *Bülow/Petersen*, NZG 2009, 481, 482.
9 Str, wie hier: OLG Frankfurt aM NZG 2007, 553, 558; MüKo-AktG/*Bayer*, § 22 Anh. § 28 WpHG Rn 3; *Fuchs/Dehlinger/Zimmermann*, WpHG, § 28 Rn 12; *Hüffer*, § 22 Anh. § 28 Rn 3; *Heinrich/Kiesewetter*, Der Konzern 2009, 137, 138; *Scholz*, AG 2009, 313, 314; *Schneider*, in: Assmann/Schneider, § 28 Rn 16 ff, mit der Einschränkung, dass rein formale Mängel oder inhaltliche Ungenauigkeiten, die weder bei der Gesellschaft noch bei potentiellen Investoren falsche Vorstellungen hinsichtlich der Kursentwicklung hervorrufen, von einem Rechtsverlust nicht erfasst werden.

10 *Schneider*, in: Assmann/Schneider, § 28 Rn 10 f; MüKo-AktG/*Bayer*, § 22 Anh. § 28 WpHG Rn 3; *Hüffer*, § 22 Anh. § 28 WpHG Rn 3; *Neye*, ZIP 1996, 1853, 1857 f; aA *Witt*, WM 1998, 1153, 1160.
11 *Schneider*, in: Assmann/Schneider, § 28 Rn 13.
12 Rechtsgut von Verfassungsrang laut BVerfGE 6, 389, 439; 23, 127 ff.
13 AllgM: MüKo-AktG/*Bayer*, § 22 Anh. § 28 WpHG Rn 3; *Fuchs/Dehlinger/Zimmermann*, WpHG, § 28 Rn 12; *Hüffer*, § 20 Rn 22 („inhaltliche Fehler oder Unvollständigkeiten unerheblich, solange der Informationszweck erreicht wird"); Köln-Komm-WpHG/*Kremer/Oesterhaus*, § 28 Rn 28; *Mülbert*, in: FS K. Schmidt, 2009, S. 1219, 1229; *Schneider*, in: Assmann/Schneider, § 28 Rn 17 ff; *Weber-Rey*, in: Habersack/Mülbert/Schlitt, Hdb der Kapitalmarktinformation, 2008, § 23 Rn 118; *v. Bülow/Petersen*, NZG 2009, 481, 482.
14 Vgl KG Berlin AG 2009, 30, 38; OLG Frankfurt aM ZIP 2008, 138, 143; *Hüffer*, § 22 Anh., § 28 WpHG Rn 3; *Schwark*, in: Schwark, Kapitalmarktrechts-Kommentar, WpHG, § 28 Rn 5.
15 *Fuchs/Dehlinger/Zimmermann*, WpHG, § 28 Rn 13; *Mülbert*, in: FS K. Schmidt, 2009, S. 1219, 1229; ausführlich: *Heinrich/Kiesewetter*, Der Konzern 2009, 137, 138 f.

6 Der Rechtsverlust setzt, ebenso wie § 20 Abs. 7 AktG, ein Verschulden des Meldepflichtigen voraus (vgl hierzu § 20 Rn 13). Hierbei ist auf den zivilrechtlichen Verschuldensbegriff abzustellen.[16] Da dieser das Bewusstsein der Pflichtwidrigkeit voraussetzt[17] führt ein entschuldbarer Irrtum über zuzurechnende Stimmrechte nicht zu einem Rechtsverlust; dies gilt ebenso wenig bei einem entschuldbaren Rechtsirrtum.[18] In beiden Fällen ist ein hoher Sorgfaltsmaßstab bei der Erfüllung der Meldepflichten anzulegen. Der Meldepflichtige trägt die Beweislast für fehlendes Verschulden.[19] Auf bloße Unkenntnis der einschlägigen Rechtsvorschriften kann sich der Meldepflichtige nicht berufen. Vielmehr muss derjenige, dem die notwendigen Rechtskenntnisse fehlen, sich diese durch die Einschaltung eines Rechtskundigen verschaffen.[20] Umstritten ist, ob sich der Meldepflichtige ein fahrlässiges Verhalten (und damit etwaige Beratungsfehler) des eingeschalteten Rechtsanwalts nach den allgemeinen Grundsätzen des § 278 BGB zurechnen lassen muss.[21] Überzeugender dürfte es sein den Rechtsgedanken des § 831 Abs. 1 S. 2 BGB heranzuziehen und den rechtlichen Beistand als Verrichtungsgehilfen des Meldepflichtigen anzusehen.[22] Maßgeblich wäre folglich die sorgfältige Auswahl und Überwachung des eingeschalteten Dritten.[23] Für die Entlastung des insoweit beweispflichtigen[24] Meldepflichtigen reicht es dabei aus, wenn er dokumentieren kann, dass er sich im Vorfeld der Stimmrechtsmitteilung von einem im Wirtschaftsrecht tätigen Rechtsanwalt hat beraten lassen und die abgegebene Meldung mit diesem abgestimmt war.[25]

C. Rechtsfolgen

7 **I. Rechtsverlust. 1. Betroffene Rechte.** Anders als § 28 aF erstreckt sich der Rechtsverlust nicht mehr nur auf die Stimmrechte des Mitteilungspflichtigen, sondern auf alle „Rechte aus Aktien".[26] Damit wurden die Rechtsfolgen einer Verletzung der einzelnen Mitteilungspflichten nach AktG und WpHG weitgehend harmonisiert. Ebenfalls im Gleichlauf mit § 20 Abs. 7 AktG gilt hier gemäß § 28 S. 2 eine besondere Regelung für Ansprüche aus §§ 58 Abs. 4 und 271 AktG.

8 **2. Betroffene Aktien.** Der Rechtsverlust erfasst alle Aktien, die dem Meldepflichtigen gehören oder gemäß § 22 Abs. 1 S. 1 Nr. 1 (Aktien eines Tochterunternehmens) bzw. § 22 Abs. 1 S. 1 Nr. 2 (treuhänderisch gehaltene Aktien) zugerechnet werden. Ein Meldeverstoß auf Ebene des Zurechnungssubjekts führt zu einer unmittelbaren „Infizierung" aller Rechte aus den von dem Tochterunternehmen oder dem für Rechnung haltenden Dritten direkt gehaltenen Aktien. Dies ist selbst dann der Fall, wenn dem Dritten oder einem Tochterunternehmen, jeweils für sich genommen, kein **eigener** Verstoß gegen Meldepflichten vorgeworfen werden kann. Gerade bei mehrstufigen Konzernstrukturen kann der Meldeverstoß einer einzelnen Konzerngesellschaft daher einen konzernweiten Rechtsverlust auslösen.[27] Sachlich gerechtfertigt ist der Rechtsverlust in den Fällen des § 22 Abs. 1 S. 1 Nr. 1 und Nr. 2 allerdings nur dann, wenn das bestehende Näheverhältnis zwischen formalen Rechtsinhaber und Zurechnungssubjekt tatsächlich letzterem eine Weisungsbefugnis gegenüber dem formalen Rechtsinhaber zugesteht oder das Zurechnungssubjekt auf andere Weise Stimmrechtsmacht ausüben kann.[28]

9 Aktien, die dem Meldepflichtigen gemäß § 22 Abs. 1 S. 1 Nr. 3 bis 6, Abs. 2 zuzurechnen sind, werden von der Norm nicht erfasst.[29] Die gesetzliche Verweisung in § 28 S. 1 ist nach allgemeiner und zutreffender Auffassung abschließend.[30] Das Gleiche gilt in den Fällen, in denen dem Tochterunternehmen oder dem für

---

16 *Mülbert*, in: FS K. Schmidt, 2009, S. 1219, 1233; *Heinrich/Kiesewetter*, Der Konzern 2009, 137, 140; KölnKomm-WpHG/*Kremer/Oesterhaus*, § 28 Rn 80 f; wohl auch: Fuchs/*Dehlinger/Zimmermann*, WpHG, § 28 Rn 42; aA *Schneider*, in: Assmann/Schneider, § 28 Rn 63; *S. Schneider/U.H. Schneider*, ZIP 2006, 493, 499 f; *Weber-Rey*, in: Habersack/Mülbert/Schlitt, Hdb der Kapitalmarktinformation, 2008, § 23 Rn 130.

17 Palandt/*Heinrichs*, § 823 BGB Rn 40; § 276 BGB Rn 11; MüKo-BGB/*Wagner*, § 823 Rn 28 ff, 359 f; KölnKomm-WpHG/*Kremer/Oesterhaus*, § 28 Rn 79 f.

18 MüKo-AktG/*Bayer*, § 22 Anh. § 28 WpHG Rn 6; *Schneider*, in: Assmann/Schneider, § 28 Rn 20 a, 66 f; *Scholz*, AG 2009, 313, 320 f.

19 MüKo-AktG/*Bayer*, § 22 Anh. § 28 WpHG Rn 6; *Schneider*, in: Assmann/Schneider, § 28 Rn 69.

20 *Schneider*, in: Assmann/Schneider, § 28 Rn 20 a mwN; Staudinger/*Löwisch*, § 276 BGB Rn 57; *Segna*, AG 2008, 311, 315.

21 *Mülbert*, in: FS K. Schmidt, 2009, S. 1219, 1234 f.

22 Vgl allg. zum Rechtsanwalt als Verrichtungsgehilfen: BGH v. 15.2.1957, LM 1957, § 823 (HB) Nr. 5.

23 *Schneider*, NZG 2009, 121, 125; *Schäfer/Hamann/Opitz*, § 28 WpHG Rn 7.

24 Vgl nur KölnKomm-WpHG/*Kremer/Oesterhaus*, § 28 Rn 30; *Schneider*, in: Assmann/Schneider, § 28 Rn 69.

25 *Schneider*, NZG 2009, 121, 125; *Heinrich/Kiesewetter*, Der Konzern 2009, 137, 140; *Schäfer/Hamann/Opitz*, § 28 WpHG Rn 7; aA Fuchs/*Dehlinger/Zimmermann*, WpHG, § 28 Rn 18, die das Erfordernis der wirtschaftsrechtlichen Expertise des Rechtsanwalts für überzogen halten.

26 Vgl hierzu zuletzt im Einzelnen *Heinrich*, Kapitalmarktrechtliche Transparenzbestimmungen, 2006, S. 148 ff.

27 *Schneider*, in: Assmann/Schneider, § 28 Rn 43 ff; *Heinrich/Kiesewetter*, Der Konzern 2009, 137, 140; den Rechtsverlust im konkreten Fall wegen ordnungsgemäßer Meldung der Konzernmütter verneinend: OLG Stuttgart NZG 2005, 432 ff.

28 Vgl hierzu ausführlich *Heinrich/Kiesewetter*, Der Konzern 2009, 137, 141.

29 Vgl hierzu näher *Heinrich*, Kapitalmarktrechtliche Transparenzbestimmungen, 2006, S. 147 f.

30 KölnKomm-WpHG/*Kremer/Oesterhaus*, § 28 Rn 76; Fuchs/*Dehlinger/Zimmermann*, WpHG, § 28 Rn 27; *Heinrich/Kiesewetter*, Der Konzern 2009, 137, 140.

Rechnung des Meldepflichtigen handelnden Dritten Stimmrechte im Wege der Kettenzurechnung nach § 22 Abs. 1 S. 1 Nr. 3 bis Nr. 6 oder Abs. 2 zugerechnet werden.[31]

Der Rechtsverlust bei Meldeverstößen im Zusammenhang mit einem abgestimmten Verhalten gemäß § 22 Abs. 2, sog *Acting in Concert* (vgl § 22 Rn 11), bezieht sich nur auf die eigenen Aktien, nicht hingegen auf den nach § 22 Abs. 2 zugerechneten Teil. Der Gesetzgeber hat die Konstellationen des § 22 Abs. 1 S. 1 Nr. 1 und Nr. 2 aufgenommen, weil er den Meldepflichtigen dort in einer dem tatsächlichen Eigentümer vergleichbaren Stellung sah.[32] Diese legislativen Erwägungen treffen auf *Acting in Concert*-Fälle allerdings nicht zu, da in derartigen Konstellationen regelmäßig keiner der Beteiligten im Innenverhältnis das Risiko alleine trägt oder dazu befugt ist, den anderen einseitig Weisungen zu erteilen.[33]

Die Reichweite des Rechtsverlustes stimmt insoweit seit Inkrafttreten der durch das 3. Finanzmarktförderungsgesetz eingeführten Änderungen mit § 20 Abs. 7 AktG überein (vgl dort § 20 AktG Rn 12 ff).

3. Fortwirkung des Rechtsverlusts. Die Grundregelung des § 28 S. 3 sieht für Fälle, in denen sich die Verletzung der Mitteilungspflicht auf die **Höhe** der Beteiligung bezieht, eine schärfere Sanktionierung vor. Nach dieser Vorschrift dauert der Verlust des Stimmrechts auch für die sechs auf den Zeitpunkt der Heilung des Verstoßes, dh der korrekten Nachmeldung, folgenden Monate fort. Die bis zum Inkrafttreten des Risikobegrenzungsgesetzes bestehende Möglichkeit eines kalkulierten Rechtsbruchs in Form eines bewussten Unterlassens der Stimmrechtsmeldung zwischen zwei Hauptversammlung, die ohne stimmrechtliche Konsequenzen für den nächsten Hauptversammlungstermin[34] blieb, steht den meldepflichtigen Investoren nach der Einführung von S. 3 nicht mehr offen. Der Gesetzgeber beabsichtigt mit der Anknüpfung an die Beteiligungshöhe vor allem die Fälle des unbemerkten „Anschleichens" durch den Aufbau eines Aktienpaketes zwischen zwei Hauptversammlungen zu erfassen und damit die Sanktionierung des Rechtsverlusts wirkungsvoller zu gestalten.[35] Mit „Beteiligungshöhe" ist der Gesamtstimmrechtsanteil des Meldepflichtigen gemeint; nicht erfasst sind hingegen fehlerhafte Angaben zu dem zugerechneten Stimmrechtanteil eines Dritten, wenn der Gesamtstimmrechtsanteil hiervon unberührt bleibt.[36]

Eine Verlängerung des Stimmrechtsverlusts ist nur bei einer vorsätzlichen oder grob fahrlässigen Verletzung der Meldepflicht vorgesehen. Grobe Fahrlässigkeit liegt vor, wenn der Verpflichtete die im Verkehr übliche Sorgfalt in ungewöhnlich hohem Maße verletzt und ganz naheliegende Überlegungen nicht anstellt.[37] Durch die Einführung des S. 3 sollen vornehmlich Umgehungsversuche und kalkulierte Rechtsbrüche erfasst und verhindert werden.[38] Hingegen ist keine Sanktionierung der Meldepflichtigen beabsichtigt, denen trotz ernsthaften Bemühens um rechtstreues Verhalten ein Meldeverstoß unterlaufen ist. Ein Meldepflichtiger handelt nicht grob fahrlässig, wenn er keine Kenntnis von den relevanten Umständen, die die Meldepflicht auslösen, hatte. Er muss aber für eine derartige unternehmensinterne Organisation sorgen, die grundsätzlich einen ausreichenden Informationsfluss sicher stellt.[39]

Eine Ausnahme von der Verschärfung des S. 3 besteht gemäß S. 4 dann, wenn die Abweichung bei der Höhe der in der vorangegangenen unrichtigen Mitteilung angegebenen Stimmrechte weniger als 10 % des tatsächlichen Stimmrechtsanteils des Meldepflichtigen beträgt und keine Mitteilung über das Erreichen, Über- oder Unterschreiten einer der in § 21 genannten Schwellen unterlassen wird. Der Stimmrechtsverlust gemäß S. 1 bleibt von der Bagatellregelung unberührt, dh während der Dauer eines schuldhaften Meldeverstoßes bestehen die Stimmrechte aus den betroffenen Aktien nicht.[40]

Die Anwendung des S. 3 auf „Altfälle", dh die Konstellation eines bereits vor Inkrafttreten des Risikobegrenzungsgesetzes eingetretenen und noch fortdauernden Meldeverstoßes, ist in Literatur und Rechtsprechung noch nicht geklärt.[41] Zwar könnten zunächst Wortlaut und Systematik des S. 3, der nicht nach dem Zeitpunkt des Meldeverstoßes differenziert und es, anders als zu der Neuregelung des § 27 a oder der Neufassung des § 25, hinsichtlich des geänderten § 28 an einer Übergangsregelung fehlt, für seine Anwendbarkeit sprechen. Jedoch ist zu bedenken, dass die Applikation des S. 3 auf Altfälle zu einer Verschärfung der Rechtsfolgen eines Verstoßes gegen die Meldepflichten zu einem Zeitpunkt führen würde, in dem der strafbewehrte Sachverhalt bereits eingetreten ist. Maßgeblich ist deshalb, ob die Neuregelung lediglich am allgemeinen Rückwirkungsverbot aus Art. 20 GG oder am speziellen Rückwirkungsverbot des Art. 103 Abs. 2

---

31 Fuchs/*Dehlinger/Zimmermann*, WpHG, § 28 Rn 26.
32 Begr. RegE BT-Drucks. 13/8933, S. 95; zustimmend: Witt, WM 1998, 1153, 1156.
33 *Heinrich/Kiesewetter*, Der Konzern 2009, 137, 142; systematische Überlegungen stützen dieses Ergebnis, denn anders als in der Parallelnorm, § 59 S. 1 WpÜG fehlt in § 28 eine ausdrückliche Erwähnung der Ausdehnung auf Rechte aus von mit dem Meldepflichtigen gemeinsam handelnden Personen.
34 *Meyer/Kiesewetter*, WM 2009, 340, 344.
35 Begr. RegE BT-Drucks. 16/7438, S. 13.
36 *Heinrich/Kiesewetter*, Der Konzern 2009, 137, 143.
37 Zum zivilrechtlichen Begriff der groben Fahrlässigkeit: Staudinger/*Löwisch*, § 276 BGB Rn 92 ff mwN.
38 Begr. RegE BT-Drucks. 16/7438, S. 13.
39 *v. Bülow/Stephanblome*, ZIP 2008, 1797, 1805; *Heinrich/Kiesewetter*, Der Konzern 2009, 137, 144; *Süßmann/Meder*, WM 2009, 976, 978.
40 *Heinrich/Kiesewetter*, Der Konzern 2009, 137, 144.
41 Die Anwendbarkeit bejahend: *Korff*, AG 2008, 692, 699; *Süßmann/Meder*, WM 2009, 976, 979.

GG zu messen ist. § 28 und insbesondere der nachwirkende Rechtsverlust nach S. 3, als im Kern repressiv wirkende zivilrechtliche Sanktion der Verletzung von Mitteilungspflichten, besitzt insofern Strafcharakter und fällt damit in den Anwendungsbereich des Art. 103 GG.[42] Die Anwendung des § 28 S. 3 auf Altfälle würde als unzulässige Rückwirkung gegen Art. 103 Abs. 2 GG verstoßen und ist aus diesem Grund abzulehnen.

4. Beendigung des Rechtsverlusts. Der Rechtsverlust nach § 28 S. 1 endet ex nunc in dem Zeitpunkt, in dem der Meldepflichtige durch Abgabe der ordnungsgemäßen Stimmrechtsmitteilung seiner gesetzlichen Pflicht nachkommt.[43] Liegen gleichzeitig die Voraussetzungen eines nachwirkenden Stimmrechtsverlusts gemäß S. 3 vor, entfällt der Rechtsverlust erst sechs Monate nach Abgabe der korrekten Meldung.[44] Für eine Heilung ist es ausreichend, dass der Meldepflichtige seiner zeitlich zuletzt bestehenden Mitteilungspflicht nach § 21 Abs. 1 nachkommt.[45] Wurde die Meldepflicht ordnungsgemäß erfüllt, so wird ein Rechtsverlust nicht dadurch herbeigeführt, dass weitere, zeitlich vorhergehende (und mit der neueren Mitteilung überholte) Mitteilungspflichten nicht ordnungsgemäß erfüllt wurden.[46] Der Rechtsverlust endet darüber hinaus ex nunc mit der Veräußerung der sanktionsbewehrt Aktien. Die Sanktion überträgt sich somit nicht auf den Rechtsnachfolger des Meldepflichtigen. Dies gilt auch im Falle der Veräußerung während des nachwirkenden Rechtsverlusts gemäß § 28 S. 3.[47]

II. Sonstige Rechtsfolgen. Die Verletzung der Mitteilungspflichten nach § 21 Abs. 1 und 1a ist gemäß § 39 Abs. 2 Nr. 1 lit. d), Abs. 3 als Ordnungswidrigkeit mit einer Geldbuße von bis zu 200.000 EUR bewehrt. Setzt man überdies, wie bei § 20 AktG (vgl dort Rn 27), die Schutzgesetzeigenschaft der Vorschrift iSd § 823 Abs. 2 BGB voraus,[48] so kommt auch hier eine deliktische Haftung auf Schadenersatz in Betracht.

§ 29 Richtlinien der Bundesanstalt

¹Die Bundesanstalt kann Richtlinien aufstellen, nach denen sie für den Regelfall beurteilt, ob die Voraussetzungen für einen mitteilungspflichtigen Vorgang oder eine Befreiung von den Mitteilungspflichten nach § 21 Abs. 1 gegeben sind. ²Die Richtlinien sind im Bundesanzeiger zu veröffentlichen.

A. Einführung[1]

Die Vorschrift überträgt der BaFin die Befugnis zur Aufstellung von Richtlinien zu Abschnitt 5. Durch die zuletzt mit dem Anlegerschutzverbesserungsgesetz (AnSVG) vom 28.10.2004 (BGBl. I 2004 S. 2630 ff) geänderte Vorschrift sind die in der Vorgängerregelung enthaltenen Aufgaben und Befugnisse der BaFin in die Generalbefugnisnorm des § 4 übertragen worden.

B. Befugnis zur Aufstellung von Richtlinien

Die Regelung überträgt der BaFin die Kompetenz zur Aufstellung von **Richtlinien**, die eine einheitliche Gesetzesvollziehung sicherstellen sollen.[2] Allerdings sind Rechtsnatur und Bindungswirkungen der Richtlinien zweifelhaft. Die teilweise vertretene Auffassung, es handele sich um normersetzende Richtlinien ist abzulehnen. Dass einer solchen Regelung jedenfalls behördeninterne Bindungswirkung zukommen muss, erscheint zwingend, da nur so die Gleichbehandlung der Regelungsadressaten erreicht werden könnte. Ob allerdings eine Einstufung als norminterpretierend oder als normkonkretisierend zu erfolgen hat, ist strittig.[3]

---

42 Schäfer/Hamann/*Opitz*, § 28 WpHG Rn 7; *Schäfer*, in: Marsch-Barner/Schäfer, S. 719 mwN; *Heinrich/Kiesewetter*, Der Konzern 2009, 137, 144.
43 KölnKomm-WpHG/*Kremer/Oesterhaus*, § 28 Rn 32; *Heinrich/Kiesewetter*, Der Konzern 2009, 137, 145; *Zimmermann*, ZIP 2009, 57, 62.
44 *Heinrich/Kiesewetter*, Der Konzern 2009, 137, 145.
45 OLG Stuttgart NZG 2005, 432, 437; KölnKomm-WpHG/*Kremer/Oesterhaus*, § 28 Rn 73; *S. Schneider/U.H. Schneider*, ZIP 2006, 493, 496.
46 *S. Schneider/U.H. Schneider*, ZIP 2006, 493, 496; *Mülbert*, in: FS K. Schmidt, 2009, S. 1219, 1239; *Heinrich/Kiesewetter*, Der Konzern 2009, 137, 145; aA Schäfer/Hamann/*Opitz*, § 28 WpHG Rn 41; *Riegger*, in: FS Westermann, S. 1331, 1339, der insbesondere auf das Interesse der Mitaktionäre hinweist, nachprüfen zu können, in welchem Umfang Dividendenrechte verloren gegangen sein können. Diesem Interesse sollte jedoch nicht durch eine sachliche Ausdehnung des Rechtsverlusts Rechnung getragen werden, sondern vielmehr durch die dem Emittenten (§ 27) und dem Mitaktionär zustehenden Nachweis- und Auskunftsrechte.
47 *Mülbert*, in: FS K. Schmidt, 2009, S. 1219, 1240; zur alten Rechtslage ebenso: KölnKomm-WpHG/*Kremer/Oesterhaus*, § 28 Rn 84.
48 Dafür: *Heusel*, S. 210 ff; *Schneider*, in: Assmann/Schneider, § 28 Rn 79; MüKo-AktG/*Bayer*, § 22 Anh. § 21 WpHG Rn 2; dagegen: Schäfer/Hamann/*Opitz*, § 28 WpHG Rn 60.
1 Stand der Bearbeitung: **Mai 2013**.
2 Vgl *Schneider*, in: Assmann/Schneider, § 29 Rn 6; Fuchs/Dehlinger/Zimmermann, WpHG, § 29 Rn 2.
3 Vgl Fuchs/Dehlinger/Zimmermann, WpHG, § 29 Rn 2; *Schneider*, in: Assmann/Schneider, § 29 Rn 2 ff.

Die ratio legis und damit die praktische und rechtliche Relevanz besteht vor allem darin, einen Beitrag zur Rechtssicherheit zu leisten. Abweichende sachlich nicht gerechtfertige Entscheidungen von einer etwaigen Regelung würden somit idR eine Rechtsverletzung des betroffenen Meldepflichtigen begründen.

Richtlinien auf der Grundlage der Ermächtigung des § 29 sind zu Abschnitt 5 allerdings bislang nicht ergangen. Die praktische Relevanz der Vorschrift wird angesichts der nunmehr der Europäischen Kommission zugewiesenen Befugnisse zum Erlass von Durchführungsvorschriften auf dem Gebiet der Beteiligungstransparenz[4] weiter eingeschränkt.[5]

§ 29a Befreiungen

(1) ¹Die Bundesanstalt kann Inlandsemittenten mit Sitz in einem Drittstaat von den Pflichten nach § 26 Abs. 1 und § 26a freistellen, soweit diese Emittenten gleichwertigen Regeln eines Drittstaates unterliegen oder sich solchen Regeln unterwerfen. ²Die Bundesanstalt unterrichtet die Europäische Wertpapier- und Marktaufsichtsbehörde über die erteilte Freistellung. ³Satz 1 gilt nicht für Pflichten dieser Emittenten nach § 26 Absatz 1 und § 26a auf Grund von Mitteilungen nach § 25a.

(2) ¹Emittenten, denen die Bundesanstalt eine Befreiung nach Absatz 1 erteilt hat, müssen Informationen über Umstände, die denen des § 21 Abs. 1 Satz 1, Abs. 1a, § 25 Abs. 1 Satz 1, § 26 Abs. 1 Satz 1 und 2 und § 26a entsprechen und die nach den gleichwertigen Regeln eines Drittstaates der Öffentlichkeit zur Verfügung zu stellen sind, in der in § 26 Abs. 1 Satz 1, auch in Verbindung mit einer Rechtsverordnung nach Absatz 3, geregelten Weise veröffentlichen und gleichzeitig der Bundesanstalt mitteilen. ²Die Informationen sind außerdem unverzüglich, jedoch nicht vor ihrer Veröffentlichung dem Unternehmensregister im Sinne des § 8b des Handelsgesetzbuchs zur Speicherung zu übermitteln.

(3) ¹Für die Zurechnung der Stimmrechte nach § 22 gilt ein Unternehmen mit Sitz in einem Drittstaat, das nach § 32 Abs. 1 Satz 1 in Verbindung mit § 1 Abs. 1a Satz 2 Nr. 3 des Kreditwesengesetzes einer Zulassung für die Finanzportfolioverwaltung bedürfte, wenn es seinen Sitz oder seine Hauptverwaltung im Inland hätte, hinsichtlich der Aktien, die von ihm im Rahmen der Finanzportfolioverwaltung verwaltet werden, nicht als Tochterunternehmen im Sinne von § 22 Abs. 3. ²Das setzt voraus, dass

1. es bezüglich seiner Unabhängigkeit Anforderungen genügt, die denen für Wertpapierdienstleistungsunternehmen nach § 22 Abs. 3a, auch in Verbindung mit einer Rechtsverordnung nach § 22 Abs. 5, gleichwertig sind,
2. der Meldepflichtige der Bundesanstalt den Namen dieses Unternehmens und die für dessen Überwachung zuständige Behörde oder das Fehlen einer solchen mitteilt und
3. der Meldepflichtige gegenüber der Bundesanstalt erklärt, dass die Voraussetzungen der Nummer 1 erfüllt sind.

(4) Das Bundesministerium der Finanzen wird ermächtigt, durch Rechtsverordnung, die nicht der Zustimmung des Bundesrates bedarf, nähere Bestimmungen über die Gleichwertigkeit von Regeln eines Drittstaates und die Freistellung von Emittenten nach Absatz 1 und Unternehmen nach Absatz 3 zu erlassen.

A. Einführung[1]

§ 29a wurde durch das Transparenzrichtlinie-Umsetzungsgesetz (TUG)[2] vom 5.1.2007 eingeführt. In § 29a Abs. 1 und Abs. 2 werden Ausnahmen zu den Veröffentlichungspflichten nach § 26 Abs. 1 und § 26a für Drittstaatenemittenten geregelt. Die in Abs. 1 S. 2 vorgesehene Mitteilungs- und Unterrichtungspflicht der BaFin gegenüber der Europäischen Wertpapier- und Marktaufsichtsbehörde wurde durch das Gesetz zur Umsetzung der Richtlinie 2010/78/EU[3] vom 24.11.2010 im Hinblick auf die Errichtung des Europäischen Finanzaufsichtssystems[4] eingefügt. Nach Abs. 3 gelten bestimmte Emittenten aus Drittstaaten für die Zu-

1

---

4 Vgl hierzu: Art. 9 Abs. 7, Art. 12 Abs. 8, Art. 13 Abs. 2, Art. 14 Abs. 2 jeweils iVm Art. 27 Abs. 2 Richtlinie 2004/109/EG des Europäischen Parlaments und des Rates v. 15. Dezember 2004, ABl. EU Nr. L 390.
5 Fuchs/Dehlinger/Zimmermann, WpHG, § 29 Rn 1.
1 Stand der Bearbeitung: Mai 2013.
2 BGBl. I 2007 S. 10 ff.
3 Richtlinie 2010/78/EU des Europäischen Parlaments und des Rates vom 24. November 2010 zur Änderung der Richtlinien 98/26/EG, 2002/87/EG, 2003/6/EG, 2003/41/EG, 2003/71/EG, 2004/39/EG, 2004/109/EG, 2005/60/EG, 2006/48/EG, 2006/49/EG und 2009/65/EG im Hinblick auf die Befugnisse der Europäischen Aufsichtsbehörde (Europäische Bankenaufsichtsbehörde), der Europäischen Aufsichtsbehörde (Europäische Aufsichtsbehörde für das Versicherungswesen und die betriebliche Altersversorgung) und der Europäischen Aufsichtsbehörde (Europäische Wertpapier- und Marktaufsichtsbehörde), ABl. EU Nr. L 331/120.
4 BGBl. I 2011 S. 2427 ff.

rechnung der Stimmrechte nicht als Tochterunternehmen iSv § 22 Abs. 3. In Abs. 4 wird die BaFin ermächtigt durch Rechtsverordnung Abs. 1 und Abs. 3 näher zu konkretisieren. Von dieser Ermächtigungsgrundlage hat die BaFin mit den §§ 5 bis 8 der TranspRLDV[5] Gebrauch gemacht.

B. Befreiungen von den Pflichten nach § 26 Abs. 1 und § 26 a für Drittstaatenemittenten (Abs. 1 und Abs. 2)

2   Nach Abs. 1 kann die BaFin Inlandsemittenten mit Sitz in einem Drittstaat von den Pflichten gemäß § 26 Abs. 1 und § 26 a freistellen, soweit diese Emittenten gleichwertigen Regeln eines Drittstaates iSd § 2 Abs. 6 S. 1 Nr. 1 b unterliegen oder sich solchen Regeln unterwerfen. Inlandsemittenten sind Emittenten, für die Deutschland nach § 2 Abs. 6 der Herkunftsstaat ist. Damit soll eine Doppelbelastung dieser Emittenten durch zwei gleichwertige Regelwerke vermieden werden.[6] Die Befreiungsmöglichkeit nach Abs. 1 S. 1 gilt gemäß S. 3 nicht für Mitteilungen aufgrund des § 25 a. Die gesetzliche Ausnahme für Inlandsemittenten mit einem Sitz in einem Drittstaat basiert auf dem Umstand, dass nicht alle Drittstaaten mit dem § 25 a vergleichbare Offenlegungspflichten besitzen.[7]

3   Die §§ 5 bis 7 der TranspRLDV konkretisieren die Anforderungen an die gleichwertigen Regeln eines Drittstaates. Gemäß § 5 S. 1 der TranspRLDV setzt eine Gleichwertigkeit der Rechtsvorschriften mit den Anforderungen des § 26 Abs. 1 S. 1 voraus, dass die Frist, innerhalb derer der Drittstaatenemittent über Veränderungen des Stimmrechtsanteils zu informieren ist und innerhalb derer er diese Veränderungen zu veröffentlichen hat, höchstens sieben Handelstage beträgt. § 6 der TranspRLDV regelt die Gleichwertigkeit hinsichtlich der Anforderungen des § 26 Abs. 1 S. 2 an die Veröffentlichungspflichten des Emittenten in Bezug auf eigene Aktien und § 7 der TranspRLDV bestimmt die Anforderungen des § 26 a an die Veröffentlichungspflichten des Emittenten in Bezug auf die Gesamtzahl der Stimmrechte näher.

4   Soweit Emittenten eine Befreiung der BaFin nach Abs. 1 erteilt wurde, müssen diese gemäß Abs. 2 gleichwohl für eine Unterrichtung der Öffentlichkeit in der EU und im EWR sorgen. Daher ist auch eine Veröffentlichung auf die in § 26 Abs. 1 geregelte Weise erforderlich und eine Mitteilung an die Bundesanstalt nach § 26 Abs. 2 vorzunehmen. Die Übermittlungspflicht der Information an das Unternehmensregister ergibt sich aus § 8 b Abs. 2 Nr. 9 iVm Abs. 3 S. 1 Nr. 2 HGB.[8] Nach § 39 Abs. 4 kann ein Bußgeld von bis zu 200.000 EUR bei vorsätzlichen oder leichtfertigen Verstößen gegen die Mitteilungs-, Veröffentlichungs- oder Übermittlungspflicht des § 29 a Abs. 2 verhängt werden, da damit der Tatbestand des § 39 Abs. 2 Nr. 2 i), Nr. 5 c, bzw Nr. 6 erfüllt wird.

C. Ausnahmefiktion zum Tatbestandsmerkmal des Tochterunternehmens iSd § 22 Abs. 3 (Abs. 3)

5   Abs. 3 sieht für die Zurechnung von Stimmrechten nach § 22 eine Ausnahme zum Tatbestandsmerkmal des Tochterunternehmens iSd § 22 Abs. 3 vor. § 8 der TranspRLDV bestimmt diesbezüglich die Voraussetzungen für die Gleichwertigkeit der drittstaatlichen Anforderungen an die Ausnahmen von der Zurechnung von Stimmrechten näher.

§ 30 Handelstage

(1) Für die Berechnung der Mitteilungs- und Veröffentlichungsfristen nach diesem Abschnitt gelten als Handelstage alle Kalendertage, die nicht Sonnabende, Sonntage oder zumindest in einem Land landeseinheitliche gesetzlich anerkannte Feiertage sind.

(2) Die Bundesanstalt stellt im Internet unter ihrer Adresse einen Kalender der Handelstage zur Verfügung.

---

5   Verordnung zur Umsetzung der Richtlinie 2007/14/EG der Kommission v. 8. März 2007 mit Durchführungsbestimmungen zu bestimmten Vorschriften der Richtlinie 2004/109/EG zur Harmonisierung der Transparenzanforderungen in Bezug auf Informationen über Emittenten, deren Wertpapiere zum Handel an einem geregelten Markt zugelassen sind (Transparenzrichtlinie-Durchführungsverordnung – TranspRLDV) v. 13. März 2008; BGBl. I S. 408 ff.
6   *BaFin*, Emittentenleitfaden (Stand: 28.4.2009), S. 179; Fuchs/Dehlinger/Zimmermann, WpHG, § 29 a Rn 1.
7   Ebenso: *Schneider*, in: Assmann/Schneider, § 29 a Rn 3.
8   *BaFin*, Emittentenleitfaden (Stand: 28.4.2009), S. 179.

A. Definition der Handelstage[1]

Abs. 1 bezweckt eine bundeseinheitliche Definition der Handelstage. Mit dem Begriff „landeseinheitlich" werden auf bestimmte Kommunen oder Teilgebiete eines Bundeslandes beschränkte Feiertage ausgenommen.[2] Die Definition der Handelstage dient zur Berechnung der Fristen gemäß §§ 21 Abs. 1 S. 1, 23 Abs. 2 Nr. 1, 26 Abs. 1 S. 1 und 2, welche in Handelstagen bemessen sind.

B. Kalender der Handelstage

Mit Abs. 2 wurde Art. 7 Abs. 2 der Durchführungsrichtlinie 2007/14/EG[3] umgesetzt. Der zur Berechnung der Frist gemäß Abs. 2 eingestellte Kalender der Handelstage[4] hat reine Informationsfunktion.[5]

Abschnitt 5a
Notwendige Informationen für die Wahrnehmung von Rechten aus Wertpapieren

§ 30a Pflichten der Emittenten gegenüber Wertpapierinhabern

(1) Emittenten, für die die Bundesrepublik Deutschland der Herkunftsstaat ist, müssen sicherstellen, dass

1. alle Inhaber der zugelassenen Wertpapiere unter gleichen Voraussetzungen gleich behandelt werden;
2. alle Einrichtungen und Informationen, die die Inhaber der zugelassenen Wertpapiere zur Ausübung ihrer Rechte benötigen, im Inland öffentlich zur Verfügung stehen;
3. Daten zu Inhabern zugelassener Wertpapiere vor einer Kenntnisnahme durch Unbefugte geschützt sind;
4. für die gesamte Dauer der Zulassung der Wertpapiere mindestens ein Finanzinstitut als Zahlstelle im Inland bestimmt ist, bei der alle erforderlichen Maßnahmen hinsichtlich der Wertpapiere, im Falle der Vorlegung der Wertpapiere bei dieser Stelle kostenfrei, bewirkt werden können;
5. im Falle zugelassener Aktien jeder stimmberechtigten Person zusammen mit der Einladung zur Hauptversammlung oder nach deren Anberaumung auf Verlangen in Textform ein Formular für die Erteilung einer Vollmacht für die Hauptversammlung übermittelt wird;
6. im Falle zugelassener Schuldtitel im Sinne des § 2 Abs. 1 Satz 1 Nr. 3 mit Ausnahme von Wertpapieren, die zugleich unter § 2 Abs. 1 Satz 1 Nr. 2 fallen oder die ein zumindest bedingtes Recht auf den Erwerb von Wertpapieren nach § 2 Abs. 1 Satz 1 Nr. 1 oder Nr. 2 begründen, jeder stimmberechtigten Person zusammen mit der Einladung zur Gläubigerversammlung oder nach deren Anberaumung auf Verlangen rechtzeitig in Textform ein Formular für die Erteilung einer Vollmacht für die Gläubigerversammlung übermittelt wird.

(2) ¹Ein Emittent von zugelassenen Schuldtiteln im Sinne des Absatzes 1 Nummer 6, für den die Bundesrepublik Deutschland der Herkunftsstaat ist, kann die Gläubigerversammlung in jedem Mitgliedstaat der Europäischen Union oder in jedem anderen Vertragsstaat des Abkommens über den Europäischen Wirtschaftsraum abhalten. ²Das setzt voraus, dass in dem Staat alle für die Ausübung der Rechte erforderlichen Einrichtungen und Informationen für die Schuldtitelinhaber verfügbar sind und zur Gläubigerversammlung ausschließlich Inhaber von folgenden Schuldtiteln eingeladen werden:

1. Schuldtiteln mit einer Mindeststückelung von 100 000 Euro oder dem am Ausgabetag entsprechenden Gegenwert in einer anderen Währung oder
2. noch ausstehenden Schuldtiteln mit einer Mindeststückelung von 50 000 Euro oder dem am Ausgabetag entsprechenden Gegenwert in einer anderen Währung, wenn die Schuldtitel bereits vor dem 31. Dezember 2010 zum Handel an einem organisierten Markt im Inland oder in einem anderen Mitgliedstaat der Europäischen Union oder einem anderen Vertragsstaat des Abkommens über den Europäischen Wirtschaftsraum zugelassen worden sind.

(3) Für die Bestimmungen nach Absatz 1 Nr. 1 bis 5 sowie nach § 30b Abs. 3 Nr. 1 stehen die Inhaber Aktien vertretender Zertifikate den Inhabern der vertretenen Aktien gleich.

---

1 Stand der Bearbeitung: Mai 2013.
2 Begr. RegE BT-Drucks. 16/2498, S. 39.
3 Richtlinie 2007/14/EG der Kommission v. 8. März 2007 mit Durchführungsbestimmungen zu bestimmten Vorschriften der Richtlinie 2004/109/EG zur Harmonisierung der Transparenzanforderungen in Bezug auf Informationen über Emittenten, deren Wertpapiere zum Handel an einem geregelten Markt zugelassen sind, ABl. EU Nr. L 69/27.
4 Abrufbar unter: <www.bafin.de> → Aufsicht → Börsen & Märkte → Transparenzpflichten → Bedeutende Stimmrechtsanteile → Kalender der Handelstage.
5 Begr. RegE BT-Drucks. 16/2498, S. 39.

A. Grundlagen	1	VI. Vollmachtsformulare (Abs. 1 Nr. 5 und 6)	8
B. Pflichten der Emittenten gegenüber Wertpapierinhabern (Abs. 1)	3	C. Abhalten von Gläubigerversammlungen (Abs. 2)	9
I. Anwendungsbereich	3	D. Gleichstellung der Inhaber Aktien vertretender Zertifikate (Abs. 3)	10
II. Gleichbehandlung (Abs. 1 Nr. 1)	4	E. Rechtsfolgen bei Verstößen gegen § 30 a und Schutzgesetzeigenschaft	11
III. Möglichkeit der Rechtsausübung (Abs. 1 Nr. 2)	5	I. Schutzgesetzeigenschaft im Sinne des § 823 Abs. 2 BGB	11
IV. Datenschutz (Abs. 1 Nr. 3)	6	II. Bußgeldvorschriften	12
V. Zahlstelle (Abs. 1 Nr. 4)	7		

A. Grundlagen

1 § 30 a wurde durch das Transparenzrichtlinie-Umsetzungsgesetz vom 5.1.2007 eingeführt.[1] Durch dieses Gesetz wurden unter anderem die Vorschriften des § 39 Abs. 1 Nr. 1 bis 3 BörsG und die §§ 63, 64, 66, 67 und 70 der Börsenzulassungsverordnung aufgehoben und in das Wertpapierhandelsgesetz im Rahmen eines neuen Abschnittes 5 a integriert. Wesentlicher Hintergrund dieser Verlagerung sind die Änderungen der Börsenaufsicht im Rahmen des Börsengesetzes, die die bisherigen (dezentralen) Aufsichtspflichten der Börsenzulassungsstellen aufhob und auf die Bundesanstalt für Finanzdienstleistungsaufsicht (BaFin) übertrug, vgl auch § 21.

2 § 30 a setzt wesentliche Bestimmungen der Art. 17, 18 und 2 Abs. 1 lit. e Nr. iii der Transparenzrichtlinie 2004/109/EG um. Dabei handelt es sich in Fortführung der Regelung in § 39 Abs. 1 Nr. 1 Hs 1 BörsG aF um verschiedene Verhaltens- und Gleichbehandlungspflichten des Emittenten, für die Bundesrepublik Deutschland Herkunftsstaat ist. Die früher in § 39 Abs. 1 Nr. 1 Hs 2 BörsG enthaltene Ausnahme für Schuldverschreibungen wurde nicht übernommen.[2]

B. Pflichten der Emittenten gegenüber Wertpapierinhabern (Abs. 1)

3 **I. Anwendungsbereich.** Der persönliche Anwendungsbereich des Abs. 1 ist für Emittenten von Wertpapieren eröffnet, deren Herkunftsland die Bundesrepublik Deutschland iSd § 2 Abs. 6 ist und beschränkt sich damit nicht mehr auf Emittenten, die an einer inländischen Börse zugelassen sind. Dabei ist erforderlich, dass die „zugelassenen Wertpapiere" (§ 2 Abs. 1) und zugelassenen Schuldtitel (§ 2 Abs. 1 S. 1 Nr. 3) an einem organisierten Markt (§ 2 Abs. 5) in einem Mitgliedstaat der Europäischen Union oder Vertragsstaat des Abkommens über den Europäischen Wirtschaftsraum zugelassen sind.[3] § 30 a ist also nicht anzuwenden auf Wertpapiere eines Emittenten iSd § 2 Abs. 6, die nicht an einem organisierten Markt gehandelt werden (zB im Freiverkehr).[4]

4 **II. Gleichbehandlung (Abs. 1 Nr. 1).** Abs. 1 Nr. 1 setzt die Anforderungen von Art. 17 Abs. 1 und Art. 18 Abs. 1 der Transparenzrichtlinie um. Nach Abs. 1 Nr. 1 sind Emittenten verpflichtet, Inhaber zugelassener Wertpapiere unter gleichen Voraussetzungen gleich zu behandeln.

Dabei handelt es sich um eine materielle[5] Gleichbehandlung iSd § 39 Abs. 1 Nr. 1 BörsG aF, die nunmehr nicht mehr nur zwischen Inhabern von Aktien sondern auch zwischen Aktieninhabern und Inhabern von Aktien vertretenden Zertifikaten gelten soll.[6] Die Regelung entspricht dem bisherigen Hs 1 von § 39 Abs. 1 Nr. 1 BörsG, erfährt aber in Verbindung mit Abs. 3 dadurch eine inhaltliche Änderung.[7] Die Pflicht zur Gleichbehandlung gilt aber nicht nur für Aktien, sondern wie bereits bislang nach § 39 Abs. 1 Nr. 1 BörsG auch bezüglich aller zugelassenen Wertpapiere, zu denen nach § 2 Abs. 1 nicht nur die in der Transparenzrichtlinie vorgesehenen Aktien, Zertifikate und Schuldtitel, sondern auch Investmentanteile gehören. § 30 a Abs. 1 Nr. 1 hat gegenüber § 53 a AktG auch insoweit eigenständige Bedeutung, als hier auch ausländische Emittenten erfasst werden.

---

1 Gesetz zur Umsetzung der Richtlinie 2004/109/EG des Europäischen Parlaments und des Rates v. 15. Dezember 2004 zur Harmonisierung der Transparenzanforderungen in Bezug auf Informationen über Emittenten, deren Wertpapiere zum Handel auf einem geregelten Markt zugelassen sind, und zur Änderung der Richtlinie 2001/34/EG (Transparenzrichtlinie-Umsetzungsgesetz) v. 5.1.2007, BGBl. I S. 10.
2 Vgl Begr. RegE BT-Drucks. 16/2498, S. 40. Die Ausnahme vom Gleichbehandlungsgebot, die auf Art. 78 Abs. 1 Unterabs. 2 und Art. 83 Abs. 1 Unterabs. 2 der Richtlinie 2001/34/EG beruhte, wurde durch Art. 32 Nr. 5 der Transparenzrichtlinie ersatzlos aufgehoben.
3 *Mülbert*, in: Assmann/Schneider, § 30 a Rn 2; Fuchs/*Zimmermann*, WpHG, § 30 a Rn 4.
4 Begr. RegE BT-Drucks. 16/2498, S. 40.
5 Str., vgl *Mülbert*, in: Assmann/Schneider, § 30 a Rn 4; Fuchs/*Zimmermann*, WpHG, § 30 a Rn 6; *Bredow/Sickinger/Weinland-Härer/Liebscher*, BB 2012, 2134, 2138.
6 Begr. RegE BT-Drucks. 16/2498 S. 40.
7 Begr. RegE BT-Drucks. 16/2498, S. 40.

Eine Ungleichbehandlung ist zulässig, wenn sich die Wertpapierinhaber in unterschiedlichen Lagen befinden, eine sachliche Rechtfertigung oder eine Zustimmung der betroffenen Wertpapierinhaber vorliegt.[8]

III. Möglichkeit der Rechtsausübung (Abs. 1 Nr. 2). Abs. 1 Nr. 2 dient der Umsetzung der Art. 17 Abs. 2 S. 1 und Art. 18 Abs. 2 S. 1 der Transparenzrichtlinie. Abs. 1 Nr. 2 verpflichtet Emittenten dazu die notwendigen Voraussetzungen zu schaffen und sicherzustellen, dass den Wertpapierinhabern alle Einrichtungen und Informationen, die diese zur Ausübung ihrer mit den Finanzinstrumenten verbundenen Rechte benötigen, im Inland öffentlich zur Verfügung stehen. Diese Verpflichtung geht hinsichtlich der Anforderung, dass die Informationen „öffentlich" zur Verfügung stehen müssen, über die Richtlinie hinaus.

Konkretisiert werden diese Einrichtungen und Informationen in den §§ 30a Abs. 1 Nr. 4-6; 30b Abs. 1 Nr. 1, Abs. 2 Nr. 1 und 2. Für Schuldtitel sind davon im Besonderen die Verfügbarkeit aller Anleihebedingungen und Informationen über die sowie die Vollmachtsformulare zur Gläubigerversammlung umfasst. Sowohl für Schuldtitel als auch Aktien ist ein Hinweis auf die vorzuhaltende inländische Zahlstelle und über die bei der Zahlstelle geltend zu machenden Rechte zur Verfügung zu stellen (Abs. 1 Nr. 4). Außerdem ist bezüglich Aktien die Satzung, Informationen zur Hauptversammlung und das Vollmachtsformular (Abs. 1 Nr. 5) verfügbar zu machen.

IV. Datenschutz (Abs. 1 Nr. 3). Abs. 1 Nr. 3 setzt die Vorgaben nach Art. 17 Abs. 2 S. 1 und Art. 18 Abs. 2 S. 1 der Transparenzrichtlinie um und bestimmt, dass der Emittent den Schutz wertpapierinhaberbezogener Daten vor der Einsichtnahme Unbefugter zu gewährleisten hat ohne zu konkretisieren, um welche Daten es sich dabei handelt. Bei systematischer Einordnung der Norm, beziehen sich zu schützenden Daten auf solche, die im Zusammenhang mit der Ausübung von Rechten der Wertpapierinhaber an den Emittenten gelangen,[9] wie dies im Besonderen bei Namensaktien erfolgt. Die Sicherung hat gegen interne und externe unbefugte Einsichtnahme zu erfolgen, da die Norm insoweit keine Differenzierung vorsieht.[10]

V. Zahlstelle (Abs. 1 Nr. 4). Abs. 1 Nr. 4 setzt die Anforderungen nach Art. 17 Abs. 2 lit. c und Art. 18 Abs. 2 lit. c der Transparenzrichtlinie um und wurde daher im Vergleich zur Vorgängerbestimmung in § 39 Abs. 1 Nr. 2 BörsG an deren Anforderungen angepasst. Der Emittent ist gemäß § 30a Abs. 1 Nr. 4 verpflichtet, für die gesamte Dauer der Zulassung der Wertpapiere mindestens ein Finanzinstitut als Zahlstelle im Inland zu bestimmen, bei der alle erforderlichen Maßnahmen hinsichtlich der Wertpapiere, im Falle der Vorlegung der Wertpapiere bei dieser Stelle kostenfrei, vom Wertpapierinhaber bewirkt werden können. Dazu hat der Emittent mit der Zahlstelle in aller Regel eine Zahlstellenvereinbarung zu treffen, welche als Vertrag zugunsten der Wertpapierinhaber ausgestaltet zu sein hat.[11] Finanzinstitute sind insoweit alle Institute im Sinne des § 1 Abs. 1b KWG als auch die gemäß § 53 KWG gleichgestellten unselbstständigen Zweigniederlassungen ausländischer Unternehmen entsprechend § 53b KWG.[12]

VI. Vollmachtsformulare (Abs. 1 Nr. 5 und 6). Abs. 1 Nr. 5 setzt die Vorgaben in Art. 17 Abs. 2 lit. b der Transparenzrichtlinie um und normiert die weitere Pflicht des Emittenten von Aktien zur Übersendung eines Formulars für die Erteilung einer Vollmacht für die Hauptversammlung. Das Formular muss entweder bereits der Einladung zur Hauptversammlung beigefügt (Alt. 1) oder zumindest auf Anforderung der Stimmberechtigten (Alt. 2) vor der Hauptversammlung übersandt werden.[13] Der Gesetzeswortlaut fordert zwar eine Übersendung in Textform, doch gilt nach analoger Anwendung von § 126b BGB für das Formular, welches selbst keine eigene Willenserklärung darstellt, dass das Formular sowohl in Papierform als auch elektronisch zur Verfügung gestellt werden kann.[14]

Abs. 1 Nr. 6 gibt die Anforderungen aus Art. 18 Abs. 2 lit. b der Transparenzrichtlinie an die Emittenten von Schuldtiteln wieder und entspricht im Übrigen dem Regelungsgehalt der die Emittenten von Aktien betreffenden Abs. 1 Nr. 5.[15] Dabei beschränkt sich die Verpflichtung des Emittenten auf Schuldtitel iSd § 2 Abs. 1 S. 1 Nr. 3, soweit diese nicht mit Aktien vergleichbar sind, Aktien vertretende Zertifikate darstellen oder ein Recht auf den Erwerb von Wertpapieren gemäß § 2 Abs. 1 S. 1 Nr. 1 oder Nr. 2 begründen.[16]

C. Abhalten von Gläubigerversammlungen (Abs. 2)

Abs. 2[17] dient der Umsetzung von Art. 18 Abs. 3 der Transparenzrichtlinie und gestattet den unter Aufsicht der Bundesanstalt für Finanzdienstleistungsaufsicht stehenden Emittenten zugelassener Schuldtitel mit einer

---

8 *Mülbert*, in: Assmann/Schneider, § 30a Rn 5; *Fuchs/Zimmermann*, WpHG, § 30a Rn 7. So für § 53a AktG BGHZ 33, 175, 186. Vgl auch *Leuering*, DStR 2010, 2255, 2256.
9 *Fuchs/Zimmermann*, WpHG, § 30a Rn 18.
10 *Mülbert*, in: Assmann/Schneider, § 30a Rn 18.
11 *Assmann/Schütze*, Handbuch des Kapitalanlagerechts, § 20, Rn 221; *Mülbert*, in: Assmann/Schneider, § 30a Rn 21.
12 *Mülbert*, in: Assmann/Schneider, § 30a Rn 21.
13 Begr. RegE BT-Drucks. 16/2498 S. 40.
14 Begr. RegE BT-Drucks. 16/2498 S. 40; *Fuchs/Zimmermann*, WpHG, § 30a Rn 22.
15 Begr. RegE BT-Drucks. 16/2498 S. 40.
16 *Fuchs/Zimmermann*, WpHG, § 30a Rn 23.
17 Zuletzt geändert durch ds Gesetz zur Umsetzung der Richtlinie 2010/73/EU und zur Änderung des Börsengesetzes v. 26.2.2012, BGBl. I S. 1375.

Mindeststückelung im Wert von 100.000 EUR bzw noch ausstehender Schuldtitel mit einer Mindeststückelung von 50.000 EUR oder dem am Ausgabetag entsprechenden Gegenwert in einer anderen Währung, die Gläubigerversammlung an jedem beliebigen Ort innerhalb der Europäischen Union oder des Europäischen Wirtschaftsraumes abzuhalten, sofern die Inhaber der Schuldtitel dort alle für die Wahrnehmung ihrer Rechte notwendigen Informationen erhalten und Einrichtungen nutzen können (vgl Abs. 1 Nr. 2).[18]

D. Gleichstellung der Inhaber Aktien vertretender Zertifikate (Abs. 3)

10 Abs. 3 setzt den in Art. 2 Abs. 1 lit. e Nr. iii der Transparenzrichtlinie enthaltenen Grundsatz um, demzufolge der Inhaber Aktien vertretender Zertifikate (zB American Depositary Receipts) wie ein Aktionär zu behandeln ist und damit sowohl in Bezug auf § 30a Abs. 1 Nr. 1 bis 5 als auch bezüglich § 30b Abs. 3 Nr. 1 Aktionären gleichsteht.[19] Dies schließt eine Pflicht zur Gleichbehandlung auch im Verhältnis der Aktien- und Zertifikatsinhaber zueinander ein.[20]

E. Rechtsfolgen bei Verstößen gegen § 30 a und Schutzgesetzeigenschaft

11 **I. Schutzgesetzeigenschaft im Sinne des § 823 Abs. 2 BGB.** Bei Verstößen gegen Abs. 1 Nr. 1 steht den benachteiligten Wertpapierinhabern grds. ein Anspruch auf Gleichbehandlung, bzw Beseitigung der Ungleichbehandlung, zu.[21] Dabei genügt jedoch eine Information in der nachfolgenden Hauptversammlung (vgl § 131 Abs. 4 AktG). Das Effektivitätsgebot, insbesondere dessen „hinreichende Sanktionierung", alleine begründet keinen Anspruch auf eine sofortige Beseitigung der Ungleichbehandlung durch unverzügliche Nachinformation.[22] Es kommen jedoch Schadensersatzansprüche nach § 280 Abs. 1 BGB iVm § 31 BGB in Betracht.[23] Der in § 30a normierte Gleichbehandlungsgrundsatz ist entgegen der früher für § 39 Abs. 1 Nr. 1 BörsG herrschenden Auffassung auch als Schutzgesetz iSd § 823 Abs. 2 BGB anzusehen. Der allgemeine Gleichbehandlungsgrundsatz hat – wie in § 53a AktG – durch seine gesetzliche Normierung in § 30a eine Konkretisierung erfahren, die sich auch auf Rechtsfolgenseite auswirkt.[24] Er dient anders als die börsenrechtlichen Vorschriften nicht alleine der Funktionsfähigkeit der Kapitalmärkte sondern bezweckt gerade den Schutz Einzelner bzw eines abgrenzbaren Personenkreises. Dieser Schutz führt allerdings nicht zu einer Anfechtbarkeit von Hauptversammlungsbeschlüssen, die unter Verstoß gegen § 30a gefasst wurden.[25]

12 **II. Bußgeldvorschriften.** Gemäß § 39 Abs. 2 Nr. 12 bis 14 handelt ordnungswidrig, wer vorsätzlich oder leichtfertig die Verpflichtungen aus § 30a Abs. 1 Nr. 2–4 nicht einhält. Ein solcher Verstoß kann mit einem Bußgeld bis 100.000 EUR geahndet werden (§ 39 Abs. 4 Hs 3). Dies gilt für auch für entsprechende Zuwiderhandlungen gegen die § 30a Abs. 1 Nr. 2–4, wenn diese im Zusammenhang mit Abs. 3 auf Inhaber Aktien vertretender Zertifikate oder in Verbindung mit § 30d auf Emittenten aus EU/EWR-Staaten angewandt wird.[26]

§ 30 b Veröffentlichung von Mitteilungen und Übermittlung im Wege der Datenfernübertragung

(1) ¹Der Emittent von zugelassenen Aktien, für den die Bundesrepublik Deutschland der Herkunftsstaat ist, muss
1. die Einberufung der Hauptversammlung einschließlich der Tagesordnung, die Gesamtzahl der Aktien und Stimmrechte im Zeitpunkt der Einberufung der Hauptversammlung und die Rechte der Aktionäre bezüglich der Teilnahme an der Hauptversammlung sowie
2. Mitteilungen über die Ausschüttung und Auszahlung von Dividenden, die Ausgabe neuer Aktien und die Vereinbarung oder Ausübung von Umtausch-, Bezugs-, Einziehungs- und Zeichnungsrechten

unverzüglich im Bundesanzeiger veröffentlichen. ²Soweit eine entsprechende Veröffentlichung im Bundesanzeiger auch durch sonstige Vorschriften vorgeschrieben wird, ist eine einmalige Veröffentlichung ausreichend.

---

18 Begr. RegE BT-Drucks. 16/2498 S. 40.
19 Begr. RegE BT-Drucks. 16/2498 S. 40; *Mülbert*, in: Assmann/Schneider, § 30a Rn 31.
20 *Fuchs/Zimmermann*, WpHG, § 30a Rn 25.
21 Jedenfalls für den richtliniendeterminierten Teil der Norm, so *Fuchs/Zimmermann*, WpHG, § 30a Rn 26.
22 AA *Fuchs/Zimmermann*, WpHG, § 30a Rn 26.
23 *Fuchs/Zimmermann*, WpHG, § 30a Rn 27.
24 Vgl auch MüKo-AktG/*Bungeroth*, § 53a Rn 38.
25 So auch *Fuchs/Zimmermann*, WpHG, § 30a Rn 31.
26 *Mülbert*, in: Assmann/Schneider, § 30a Rn 33.

(2) ¹Der Emittent zugelassener Schuldtitel im Sinne von § 30 a Abs. 1 Nr. 6, für den die Bundesrepublik Deutschland der Herkunftsstaat ist, muss

1. den Ort, den Zeitpunkt und die Tagesordnung der Gläubigerversammlung und Mitteilungen über das Recht der Schuldtitelinhaber zur Teilnahme daran sowie
2. Mitteilungen über die Ausübung von Umtausch-, Zeichnungs- und Kündigungsrechten sowie über die Zinszahlungen, die Rückzahlungen, die Auslosungen und die bisher gekündigten oder ausgelosten, noch nicht eingelösten Stücke

unverzüglich im Bundesanzeiger veröffentlichen. ²Absatz 1 Satz 2 gilt entsprechend.

(3) Unbeschadet der Veröffentlichungspflichten nach den Absätzen 1 und 2 dürfen Emittenten, für die die Bundesrepublik Deutschland der Herkunftsstaat ist, Informationen an die Inhaber zugelassener Wertpapiere im Wege der Datenfernübertragung übermitteln, wenn die dadurch entstehenden Kosten nicht unter Verletzung des Gleichbehandlungsgrundsatzes nach § 30 a Abs. 1 Nr. 1 den Wertpapierinhabern auferlegt werden und

1. im Falle zugelassener Aktien
    a) die Hauptversammlung zugestimmt hat,
    b) die Wahl der Art der Datenfernübertragung nicht vom Sitz oder Wohnsitz der Aktionäre oder der Personen, denen Stimmrechte in den Fällen des § 22 zugerechnet werden, abhängt,
    c) Vorkehrungen zur sicheren Identifizierung und Adressierung der Aktionäre oder derjenigen, die Stimmrechte ausüben oder Weisungen zu deren Ausübung erteilen dürfen, getroffen worden sind und
    d) die Aktionäre oder in Fällen des § 22 Abs. 1 Satz 1 Nr. 1, 3, 4 und Abs. 2 die zur Ausübung von Stimmrechten Berechtigten in die Übermittlung im Wege der Datenfernübertragung ausdrücklich eingewilligt haben oder einer Bitte in Textform um Zustimmung nicht innerhalb eines angemessenen Zeitraums widersprochen und die dadurch als erteilt geltende Zustimmung nicht zu einem späteren Zeitpunkt widerrufen haben.
2. im Falle zugelassener Schuldtitel im Sinne von § 30 a Abs. 1 Nr. 6
    a) eine Gläubigerversammlung zugestimmt hat,
    b) die Wahl der Art der Datenfernübertragung nicht vom Sitz oder Wohnsitz der Schuldtitelinhaber oder deren Bevollmächtigten abhängt,
    c) Vorkehrungen zur sicheren Identifizierung und Adressierung der Schuldtitelinhaber getroffen worden sind,
    d) die Schuldtitelinhaber in die Übermittlung im Wege der Datenfernübertragung ausdrücklich eingewilligt haben oder einer Bitte in Textform um Zustimmung nicht innerhalb eines angemessenen Zeitraums widersprochen und die dadurch als erteilt geltende Zustimmung nicht zu einem späteren Zeitpunkt widerrufen haben.

A. Grundlagen

§ 30 b normiert für den Emittenten in den Absätzen 1 und 2 Veröffentlichungspflichten im elektronischen Bundesanzeiger für Informationen, die sich auf die Ausübung der Verwaltungs- und Vermögensrechte der Inhaber von Aktien und Schuldtiteln beziehen.

B. Anwendungsbereich

Der Anwendungsbereich des § 30 b ist wie der des § 30 a für Emittenten von Wertpapieren eröffnet, deren Herkunftsland die Bundesrepublik Deutschland iSd § 2 Abs. 6 ist (§ 30 a Rn 3). Zugelassene Wertpapiere iSd § 30 b sind Aktien (Abs. 1), Schuldtitel (Abs. 2) und Wertpapiere (Abs. 3), die an einem organisierten Markt (§ 2 Abs. 5) in einem Mitgliedstaat der Europäischen Union oder Vertragsstaat des Abkommens über den Europäischen Wirtschaftsraum zugelassen sind.

C. Veröffentlichungspflichten für Aktien (Abs. 1) und Schuldtitel (Abs. 2)

Nach Abs. 1 S. 1 Nr. 1 sind entsprechend Art. 17 Abs. 2 Buchst. a der Transparenzrichtlinie die Einberufung der Hauptversammlung einschließlich der Tagesordnung (vgl §§ 121 Abs. 3 und 124 Abs. 1 S. 1 AktG), die Gesamtzahl der Aktien und Stimmrechte im Zeitpunkt der Einberufung der Hauptversammlung und die Rechte der Aktionäre bezüglich der Teilnahme an der Hauptversammlung (§ 121 Abs. 3 S. 2 AktG) unverzüglich zu veröffentlichen. Die für Aktien geltenden Veröffentlichungspflichten bestehen für Emittenten von Inhaberaktien also bereits nach dem Aktiengesetz. Die Veröffentlichung hat im Bundesanzeiger zu erfolgen, wie dies bereits Art. 6 Nr. 6 des Entwurfs eines Gesetzes über elektronische Handelsregister und Genossenschaftsregister sowie das Unternehmensregister (EHUG-E) für die Veröffentlichung nach § 63 Abs. 1 BörsZulV vorsah[1].

Die in Abs. 1 S. 1 Nr. 1 begründeten Zulassungsfolgepflichten für Emittenten gehen in ihrem Umfang aber über die in § 63 Abs. 1 BörsG aF[2] enthaltenen und über die aktienrechtlichen Pflichten hinaus, die keine Veröffentlichung der Gesamtzahl der Aktien und Stimmrechte vorsieht. Zur Gesamtzahl der Aktien zählen hier auch Aktien, die nicht mit einem Stimmrecht verknüpft sind (Vorzugsaktien und Aktien mit ruhenden Stimmrechten).[3] Als Zeitpunkt der Einberufung der Hauptversammlung ist der Zeitpunkt anzusehen, an dem die Einberufung der Hauptversammlung beschlossen wird. Soweit bereits eine erfolgte Veröffentlichung nach dem Aktienrecht alle Anforderungen an die Veröffentlichung nach Abs. 1 Nr. 1 erfüllt, ist eine nochmalige Veröffentlichung nicht erforderlich.

4 Die Regelung in Abs. 1 S. 1 Nr. 2 folgt der Vorgängerregelung in § 63 Abs. 1 BörsZulV aF hinsichtlich der Informationen über die Ausschüttung und Auszahlung von Dividenden, der Ausgabe neuer Aktien und der Ausübung von Umtausch-, Bezugs-, Einbeziehungs- und Zeichnungsrechten. Im Rahmen der Umsetzung von Art. 17 Abs. 2 lit. d der Transparenzrichtlinie ist darüber hinaus nun auch bereits die Vereinbarung der genannten Rechte veröffentlichungspflichtig, zu denen künftig auch die Einziehung von Aktien zu rechnen ist.[4] Hierbei ist der Begriff der Vereinbarung also weit auszulegen.

5 Abs. 2 setzt Art. 18 Abs. 2 lit. a der Transparenzrichtlinie um und begründet Zulassungsfolgepflichten für die Emittenten von Schuldtiteln iSd § 30 a Abs. 1 Nr. 6. Die Vorschrift entspricht inhaltlich weitgehend der früheren Regelung in § 63 Abs. 2 S. 2 BörsZulV, lediglich mit der Erweiterung, dass nun zusätzlich über das Teilnahmerecht der Schuldtitelinhaber an der Gläubigerversammlung zu informieren ist. Die Veröffentlichung erfolgt wie in der Vorgängerregelung im Bundesanzeiger.

D. Datenfernübertragung (Abs. 3)

6 Abs. 3 setzt Art. 17 Abs. 3 sowie Art. 18 Abs. 4 der Transparenzrichtlinie um und fasst die Vorschriften zur elektronischen Übermittlung von Informationen an die Inhaber von zugelassenen Wertpapieren zusammen. Die Vorschrift tritt neben die Veröffentlichungspflichten des Abs. 1 und Abs. 2. Die direkte Übermittlung von Information an die Wertpapierinhaber im Wege der Datenfernübertragung kann damit die Veröffentlichung im Bundesanzeiger nicht ersetzen.[5] Unter einer elektronischen Übermittlung ist der Einsatz elektronischer Geräte für die Verarbeitung, einschließlich der digitalen Komprimierung, Speicherung und Übertragung von Daten über Kabel, Funk, optische Technologien oder andere elektromagnetische Verfahren zu verstehen (vgl Art. 2 Abs. 1 lit. 1 der Transparenzrichtlinie). Gemeinsame Voraussetzung für die Wahl elektronischer Übermittlungswege gegenüber Aktien- und Schuldtitelinhabern ist darüber hinaus, dass es durch diese Praxis nicht zu einer § 30 a Abs. 1 Nr. 1 widersprechenden Ungleichbehandlung kommen darf.[6] § 30 b Abs. 3 findet zunächst nur auf Informationen im Sie des § 30 a Abs. 1 Nr. 2 und § 30 b Abs. 1 und 2 Anwendung,[7] gilt jedoch auch für Mitteilungen nach § 125 AktG.

7 Abs. 3 Nr. 1 lit. a schreibt die Notwendigkeit eines Beschlusses der Hauptversammlung für die elektronische Übermittlung der Informationen vor. Abs. 3 Nr. 1 lit. b bestimmt, dass die elektronische Übermittlung nicht vom Sitz oder Wohnsitz der Aktieninhaber oder der Personen, denen Stimmrechte in den Fällen des § 22 zugerechnet werden, abhängig gemacht werden darf. Nach Abs. 3 Nr. 1 lit. c ist der Emittent verpflichtet, mittels geeigneter Vorkehrungen zur Identifizierung und Adressierung die tatsächliche Erreichbarkeit des relevanten Personenkreises sicherzustellen. Abs. 3 Nr. 1 lit. d schreibt vor, dass Aktionäre und bestimmte zur Ausübung von Stimmrechten befugte Personen, soweit deren Einwilligung nicht bereits vorliegt, in Textform um Zustimmung zur elektronischen Informationsübermittlung zu bitten sind. Damit ist die entsprechende Einwilligung zur elektronischen Übermittlung vom entsprechenden Inhaber nur einmal zu erteilen und nicht in jedem Fall anstehender Information erneut einzuholen. Aus Gründen der Praktikabilität hat ein ausbleibender Widerspruch eine Zustimmungsfiktion zur Folge.[8] Die übliche Praxis, eine Ein-

---

1 Bei dem Wegfall des Begriffs des „elektronischen" Bundesanzeigers handelt es sich um eine Folgeänderung des Gesetzes zur Änderung von Vorschriften über Verkündung und Bekanntmachungen sowie der Zivilprozessordnung, des Gesetzes betreffend die Einführung der Zivilprozessordnung und der Abgabenordnung v. 22.12.2011, BGBl. I S. 3044 (Nr. 71).
2 § 63 beruhte auf Schema C Nr. 2 b sowie Schema D Buchstabe A und B jeweils Nr. 1 b der BöZ-RL und der Ermächtigung in § 44 Abs. 2 BörsG.
3 Näher Fuchs/Zimmermann, WpHG, § 30 b Rn 12 f.
4 Vgl Begr. RegE BT-Drucks. 16/2498, S. 40.
5 Begr. RegE BT-Drucks. 16/2498, S. 41.
6 Vgl Art. 17 Abs. 3 lit. d und Artikel 18 Abs. 4 lit. d der Transparenzrichtlinie.
7 Begr. RegE BT-Drucks. 16/2498, S. 41 f.
8 Begr. RegE BT-Drucks. 16/2498, S. 41.

willigung zur elektronischen Informationsverbreitung über ein Online-Formular einzuholen, ist nicht zu beanstanden. Auch stehen diese Bestimmungen einer Übertragung der Hauptversammlung in Bild und Ton nach § 118 AktG nicht entgegen.[9] Abs. 3 Nr. 2 trifft die entsprechenden Bestimmungen für Schuldtitelinhaber.

E. Rechtsfolgen bei Verstößen gegen § 30 b und Schutzgesetzeigenschaft

Nach § 39 Abs. 2 Nr. 5 lit. d handelt ordnungswidrig, wer vorsätzlich oder leichtfertig entgegen § 30 b Abs. 1 oder 2 eine Veröffentlichung nicht, nicht richtig, nicht vollständig, nicht in der vorgeschriebenen Weise oder nicht rechtzeitig vornimmt oder nicht oder nicht rechtzeitig nachholt. Die Ordnungswidrigkeit kann nach § 39 Abs. 4 mit einer Geldbuße von bis zu 200.000 EUR geahndet werden. § 30 b Abs. 1 und 2 sind Schutzgesetze iSd § 823 Abs. 2 BGB.

§ 30 c Änderungen der Rechtsgrundlage des Emittenten

Der Emittent zugelassener Wertpapiere, für den die Bundesrepublik Deutschland der Herkunftsstaat ist, muss beabsichtigte Änderungen seiner Satzung oder seiner sonstigen Rechtsgrundlagen, die die Rechte der Wertpapierinhaber berühren, der Bundesanstalt und den Zulassungsstellen der inländischen oder ausländischen organisierten Märkte, an denen seine Wertpapiere zum Handel zugelassen sind, unverzüglich nach der Entscheidung, den Änderungsentwurf dem Beschlussorgan, das über die Änderung beschließen soll, vorlegen, spätestens aber zum Zeitpunkt der Einberufung des Beschlussorgans mitteilen.

§ 30 c beruht auf Art. 19 Abs. 1 Unterabs. 2 der Transparenzrichtlinie. Die Vorgängerregelung in § 64 BörsZulV beruhte auf Schema C Nr. 3 und Schema D Buchst. A Nr. 2 der BöZ-RL und der Ermächtigung in § 39 Abs. 2 BörsG. Die Mitteilungspflicht ist zunächst auf diejenigen Emittenten beschränkt, die aufgrund ihres Inlandsbezuges nach § 2 Abs. 6 der Überwachung der BaFin unterliegen. Anders als in der früheren Regelung kann jedoch nunmehr zudem auch eine Mitteilung gegenüber Zulassungsstellen in anderen Staaten der EU oder des EWR erforderlich sein. Die Auslegung der Vorschrift nach Sinn und Zweck des Art. 19 Abs. 1 Unterabs. 2 der Transparenzrichtlinie ergibt, dass Änderungen der Satzung in jedem Fall mitzuteilen sind, wenn die zugelassenen Wertpapiere iSd § 30 c Aktien sind. Bei anderen Wertpapieren sind beabsichtigte Änderungen an den Rechtsgrundlagen nur dann mitzuteilen, wenn diese die Rechte der Wertpapierinhaber berühren.[1] Dies entspricht der bisherigen Rechtslage nach § 64 Abs. 2 BörsZulV und erscheint angesichts der Weite des Begriffs „Rechtsgrundlagen" ausweislich der Regierungsbegründung notwendig, um überflüssigen Aufwand seitens der Emittenten zu vermeiden.[2] Die Mitteilung hat unverzüglich nach der Entscheidung zu erfolgen, den Änderungsentwurf dem zuständigen Beschlussorgan vorzulegen. Das bedeutet nach § 124 Abs. 3 S. 1 AktG, der die Beschlussfassung durch Vorstand und Aufsichtsrat erfordert, dass die Mitteilung erst nach Vorlage der Beschlussvorschläge beider Organe erfolgen muss.[3] Ein Verstoß gegen § 30 c ist gemäß § 39 Abs. 2 Nr. 2 lit. j Ordnungswidrigkeit.

§ 30 d Vorschriften für Emittenten aus der Europäischen Union und dem Europäischen Wirtschaftsraum

Die Vorschriften der §§ 30 a bis 30 c finden auch Anwendung auf Emittenten, für die nicht die Bundesrepublik Deutschland, sondern ein anderer Mitgliedstaat der Europäischen Union oder Vertragsstaat des Abkommens über den Europäischen Wirtschaftsraum der Herkunftsstaat ist, wenn ihre Wertpapiere zum Handel an einem inländischen organisierten Markt zugelassen sind und ihr Herkunftsstaat für sie keine den §§ 30 a bis 30 c entsprechenden Vorschriften vorsieht.

Mit § 30 d erstrecken sich die Regelungsinhalte der §§ 30 a bis 30 c auch auf Emittenten, die nicht Emittenten iSd § 2 Abs. 6 sind, deren Wertpapiere aber an einem inländischen organisierten Markt zum Handel zugelassen sind und deren Herkunftsland keine den §§ 30 a bis 30 c entsprechenden Vorschriften vorsieht.[1]

---

9 Begr. RegE BT-Drucks. 16/2498, S. 41.
1 Begr. RegE BT-Drucks. 16/2498, S. 41; Fuchs/*Zimmermann*, WpHG, § 30 c Rn 3.
2 Begr. RegE BT-Drucks. 16/2498, S. 41.
3 *Mutter*, AG 2007, R34; *Bosse*, DB 2007, 39, 43.
1 Vgl Begr. RegE BT-Drucks. 16/2498, S. 41.

§ 30 e Veröffentlichung zusätzlicher Angaben und Übermittlung an das Unternehmensregister

(1) ¹Ein Inlandsemittent muss
1. jede Änderung der mit den zugelassenen Wertpapieren verbundenen Rechte sowie
   a) im Falle zugelassener Aktien der Rechte, die mit derivativen vom Emittenten selbst begebenen Wertpapieren verbunden sind, sofern sie ein Umtausch- oder Erwerbsrecht auf die zugelassenen Aktien des Emittenten verschaffen,
   b) im Falle anderer Wertpapiere als Aktien Änderungen der Ausstattung dieser Wertpapiere, insbesondere von Zinssätzen, oder der damit verbundenen Bedingungen, soweit die mit den Wertpapieren verbundenen Rechte hiervon indirekt betroffen sind,
   c) bei Wertpapieren, die den Gläubigern ein Umtausch- oder Bezugsrecht auf Aktien einräumen, alle Änderungen der Rechte, die mit den Aktien verbunden sind, auf die sich das Umtausch- oder Bezugsrecht bezieht,
2. die Aufnahme von Anleihen mit Ausnahme staatlicher Schuldverschreibungen im Sinne des § 37 des Börsengesetzes sowie die für sie übernommenen Gewährleistungen, sofern er nicht eine internationale öffentliche Einrichtung ist, der mindestens ein Mitgliedstaat der Europäischen Union oder ein anderer Vertragsstaat des Abkommens über den Europäischen Wirtschaftsraum angehört, oder er nicht ausschließlich Wertpapiere begibt, die durch den Bund garantiert werden, und
3. Informationen, die er in einem Drittstaat veröffentlicht und die für die Öffentlichkeit in der Europäischen Union und dem Europäischen Wirtschaftsraum Bedeutung haben können,

unverzüglich veröffentlichen und gleichzeitig der Bundesanstalt diese Veröffentlichung mitteilen. ²Er übermittelt diese Informationen außerdem unverzüglich, jedoch nicht vor ihrer Veröffentlichung dem Unternehmensregister im Sinne des § 8 b des Handelsgesetzbuchs zur Speicherung.

(2) Das Bundesministerium der Finanzen wird ermächtigt, durch Rechtsverordnung, die nicht der Zustimmung des Bundesrates bedarf, nähere Bestimmungen zu erlassen über den Mindestinhalt, die Art, die Sprache, den Umfang und die Form der Veröffentlichung und der Mitteilung nach Absatz 1 Satz 1.

A. Grundlagen

1   Die Vorschrift setzt Art. 16 der Transparenzrichtlinie um und ersetzt die bisherige Regelung in § 66 BörsZulV. § 66 BörsZulV beruhte auf Schema C Nr. 5 b und c sowie Schema D Buchst. A Nr. 4 b bis d, Abs. 4 auf Art. 8 der BöZ-RL und der Ermächtigung in § 39 Abs. 2 BörsG.
Veröffentlichungs- und mitteilungspflichtig ist jeder Inlandsemittent. Zur Art der Veröffentlichung über Medien, zur Sprache der Veröffentlichung sowie zur Mitteilung an die Bundesanstalt enthält die Wertpapierhandelsanzeige- und Insiderverzeichnisverordnung[1] nähere Bestimmungen in § 27 iVm den §§ 3 a bis 3 c.

B. Zusätzliche Angaben (Abs. 1)

2   Die zusätzlichen Angaben unterfallen als vorgeschriebene Informationen nach Art. 2 Abs. 1 Buchst. k iVm Art. 16 der Transparenzrichtlinie dem Mitteilungs- und Publikationsregime der Art. 19 bis 21 der Transparenzrichtlinie, das auf eine europaweite Verbreitung der Information, die der Aufsichtsbehörde mitzuteilen ist, und auf ihre Speicherung in einem zentralen Speicherungssystem gerichtet ist.
§ 30 e Abs. 1 S. 1 Nr. 1 und 2 ersetzen den bisherigen § 66 BörsZulV, unterscheiden sich mit Nr. 1 lit. a und b aber von dieser Vorschrift entsprechend den Vorgaben in Art. 16 Abs. 1 und 2 der Transparenzrichtlinie. Danach müssen Aktienemittenten künftig auch über Rechtsänderungen bei bestimmten wertpapiermäßig verbrieften Derivaten informieren, die den Inhabern etwa ein bedingtes Recht auf den Erwerb der zugelassenen Aktien gewähren und die vom selben Emittenten begeben worden sind. Emittenten von sonstigen Wertpapieren müssen über Änderungen der Ausstattung oder der Konditionen dieser Wertpapiere informieren, die die betreffenden Rechte indirekt, insbesondere aufgrund einer Änderung der Anleihekonditionen oder der Zinssätze, berühren können. Abs. 1 S. 1 Nr. 1 lit. c entspricht dem bisherigen § 66 Abs. 2 Nr. 2 BörsZulV.

---

1   Verordnung zur Konkretisierung von Anzeige-, Mitteilungs- und Veröffentlichungspflichten sowie der Pflicht zur Führung von Insiderverzeichnissen nach dem Wertpapierhandelsgesetz (Wertpapierhandelsanzeige- und Insiderverzeichnisverordnung – WpAIV) v. 13.12.2004, BGBl. I S. 3376.

Abs. 1 S. 1 Nr. 2 geht über den bisherigen § 66 Abs. 2 Nr. 1 BörsZulV insofern hinaus, als auch die Emittenten von Aktien die Neuemission von Anleihen und die darauf bezogenen Garantien und Sicherheiten zu veröffentlichen haben. Hiervon ausgenommen sind bestimmte internationale öffentliche Einrichtungen als Emittenten, die in § 36 BörsG bezeichneten Schuldverschreibungen des Bundes, der Länder und staatliche Schuldverschreibungen aus anderen Mitgliedstaaten sowie Emittenten, die ausschließlich Wertpapiere begeben, die durch den Bund garantiert werden.[2]

Abs. 1 S. 1 Nr. 3 beruht auf Art. 23 Abs. 3 der Transparenzrichtlinie und ersetzt zugleich den bisherigen § 67 Abs. 2 BörsZulV. Demnach ist es dem Emittenten verwehrt bestimmte Informationen freiwillig oder aufgrund ausländischen Rechts nur in Drittstaaten zu publizieren.[3] Derartige Informationen sind auch dann in der Europäischen Union und dem übrigen Europäischen Wirtschaftsraum zugänglich zu machen, wenn hierfür sonst keine Veröffentlichungspflicht besteht, es sei denn, die Angaben sind für die Öffentlichkeit der Gemeinschaft bedeutungslos.[4]

Abs. 1 S. 2 dient neben dem Erfordernis der Unverzüglichkeit der Veröffentlichung lediglich Klarstellungs- und Vereinfachungszwecken, da die geregelte Übersendung der Information an das Unternehmensregister als zentrales Speicherungsmedium bereits aus § 8 b Abs. 2 Nr. 9 iVm Abs. 3 S. 1 Nr. 2 HGB folgt.

C. Verordnungsermächtigung (Abs. 2)

Die Ermächtigung für den Erlass einer Rechtsverordnung in Abs. 2 ermöglicht es, die zusätzlichen Angaben nach Abs. 1 ebenfalls in die Wertpapierhandelsanzeige- und Insiderverzeichnisverordnung aufzunehmen, in der alle vorgeschriebenen Informationen nach Art. 2 Abs. 1 Buchst. k der Transparenzrichtlinie gebündelt werden.

§ 30 f Befreiung

(1) ¹Die Bundesanstalt kann Inlandsemittenten mit Sitz in einem Drittstaat von den Pflichten nach den §§ 30 a, 30 b und 30 e Abs. 1 Satz 1 Nr. 1 und 2 freistellen, soweit diese Emittenten gleichwertigen Regeln eines Drittstaates unterliegen oder sich solchen Regeln unterwerfen. ²Die Bundesanstalt unterrichtet die Europäische Wertpapier- und Marktaufsichtsbehörde über die erteilte Freistellung.

(2) Emittenten, denen die Bundesanstalt eine Befreiung nach Absatz 1 erteilt hat, müssen Informationen über Umstände im Sinne des § 30 e Abs. 1 Satz 1 Nr. 1 und 2, die nach den gleichwertigen Regeln eines Drittstaates der Öffentlichkeit zur Verfügung zu stellen sind, nach Maßgabe des § 30 e Abs. 1 in Verbindung mit einer Rechtsverordnung nach § 30 e Abs. 2 veröffentlichen und die Veröffentlichung gleichzeitig der Bundesanstalt mitteilen; sie müssen die Informationen außerdem unverzüglich, jedoch nicht vor der Veröffentlichung dem Unternehmensregister im Sinne des § 8 b des Handelsgesetzbuchs zur Speicherung übermitteln.

(3) Das Bundesministerium der Finanzen wird ermächtigt, durch Rechtsverordnung, die nicht der Zustimmung des Bundesrates bedarf, nähere Bestimmungen über die Gleichwertigkeit von Regeln eines Drittstaates und die Freistellung von Emittenten nach Absatz 1 zu erlassen.

Abs. 1 dient der Umsetzung von Art. 23 Abs. 1 Unterabs. 1 der Transparenzrichtlinie und gestattet es der Bundesanstalt, Inlandsemittenten iSd § 2 Abs. 7 mit Sitz in einem Drittstaat von den in den §§ 30 a, 30 b und 30 e Abs. 1 Nr. 1 und 2 geregelten Pflichten zu befreien, soweit diese Emittenten gleichwertigen Regeln eines Drittstaates unterliegen oder sich solchen Regeln unterwerfen. Nach dem neu angefügten S. 2 unterrichtet die BaFin die Europäische Wertpapier- und Marktaufsichtsbehörde über die erteilte Freistellung.[1]

Abs. 2 setzt Art. 23 Abs. 1 Unterabs. 2 der Transparenzrichtlinie um. Die Emittenten, die aufgrund einer Befreiung nach Abs. 1 die Pflichten nach § 30 e Abs. 1 S. 1 Nr. 1 und 2 nicht zu erfüllen haben, haben gleichwohl für eine Unterrichtung der Öffentlichkeit in der Europäischen Union und im übrigen Europäischen Wirtschaftsraum über die dort genannten Sachverhalte zu sorgen. Informationen, die sie gemäß den entsprechenden ausländischen Regelungen in dem jeweiligen Drittstaat der Öffentlichkeit zur Verfügung zu

---

2 Letztere dürfen nach Art. 1 Abs. 3 der Transparenzrichtlinie ausgenommen werden. Die sonstigen zuvor in § 66 Abs. 3 BörsZulV enthaltenen Ausnahmeregelungen werden nicht übernommen, da sich diese nicht mit Art. 16 Abs. 3 der Transparenzrichtlinie vereinbaren lassen.

3 Vgl. Begr. RegE BT-Drucks. 16/2498, S. 42. Es soll kein „Informationsgefälle zum Nachteil der europäischen Öffentlichkeit" herbeiführt werden.

4 Vgl Erwägungsgrund 27 der Transparenzrichtlinie.

1 Gesetz zur Stärkung des Anlegerschutzes und zur Verbesserung der Funktionsfähigkeit des Kapitalmarkts v. 5.4.2001, BGBl. I S. 438 (Nr. 14).

Willamowski

stellen verpflichtet sind, müssen sie gemäß § 30 e Abs. 1 veröffentlichen und der Bundesanstalt mitteilen. Eine Übermittlungspflicht gegenüber dem Unternehmensregister folgt darüber hinaus aus § 8 b Abs. 2 Nr. 9 iVm Abs. 3 S. 1 Nr. 2 HGB.

Die Ermächtigung in Abs. 3 zum Erlass einer Verordnung über die näheren Bestimmungen über die Gleichwertigkeit von Regeln eines Drittstaates soll der Umsetzung der Durchführungsmaßnahmen der Europäischen Kommission nach Art. 23 Abs. 4 der Transparenzrichtlinie dienen.

§ 30 g   Ausschluss der Anfechtung

Die Anfechtung eines Hauptversammlungsbeschlusses kann nicht auf eine Verletzung der Vorschriften dieses Abschnitts gestützt werden.

1   § 30 g verdeutlicht, dass eine Verletzung der §§ 30 a bis 30 f nicht zur Anfechtbarkeit von Hauptverhandlungsbeschlüssen herangezogen werden kann.[1] Dies gilt allerdings nur für Aktiengesellschaften mit (Gründungs-)Sitz in Deutschland.[2]

Abschnitt 5 b
Leerverkäufe und Geschäfte in Derivaten

Vor § 30 h[1]

Literatur:
Bierwirth, Verbot ungedeckter Credit Default Swaps, RdF 2013, 104; *Laurer*, Der Leerverkauf von Aktien: Abgrenzung, Formen und aufsichtsrechtliche Implikationen, ZfK 2008, 980; *Krüger/Ludewig*, Leerverkaufsregulierung – Aktueller Stand in Deutschland und Ausblick auf die europäische Regulierung unter besonderer Berücksichtigung der aktuellen Vorschläge zu den ausgestaltenden Rechtsakten, WM 2012, 1942; *Ludewig*, Leerverkäufe in Deutschland – Verbote, Transparenzpflichten, Verdachtsanzeigen und Überwachung, BaFinJournal 12/2010, 4; *Ludewig/Geilfus*, Mitteilungs- und Veröffentlichungspflichten von Leerverkäufen werden erweitert, BaFinJournal 02/2012, 10; *Ludewig/Geilfus*, Europaweite Regulierung von Leerverkäufen, BaFinJournal 10/2012, 9; *Ludewig/Geilfus*, EU-Leerverkaufsregulierung: ESMA-Guidelines bestimmen neuen Rahmen der Ausnahmeregelungen für Market-Maker und Primärhändler – Betrachtung unter besonderer Berücksichtigung der BaFin-Erklärung, dem Großteil der Regelungen nachzukommen (Partially Comply-Erklärung), WM 2013, 1533; *Mittermeier*, Grundlagen und Regulierungsperspektiven von Leerverkäufen, ZBB 2010, 139; *Mülbert/Sajnovits*, Das künftige Regime für Leerverkäufe und bestimmte Aspekte von Credit Default Swaps nach der Verordnung (EU) Nr. 236/2012, ZBB, 2012, 266; *Trüg*, Ist der Leerverkauf von Wertpapieren strafbar?, NJW 2009, 3202; *Tyrolt/Bingel*, Short Selling – Neue Vorschriften zur Regulierung von Leerverkäufen, BB 2010, 1419; *Zimmer/Beisken*, Die Regulierung von Leerverkäufen de lege lata und de lege ferenda, WM 2010, 485.

A. Einleitung	1a	IV. Ausnahmeregelungen für Market-Maker und Primärhändler	26
B. Historie der Leerverkaufsregulierung in Deutschland	5	D. Ausführungsvorschriften zur EU-Leerverkaufsverordnung	35
C. Überblick über die Regelungen der EU-Leerverkaufsverordnung	11	E. Weitere relevante Verlautbarungen	39
I. Allgemein	11	F. Gesetzliche Umsetzung in Deutschland	40
II. Verbotsregelungen	15		
III. Transparenzpflichten für Netto-Leerverkaufspositionen	20		

1   Die §§ 30 h aF und 30 j aF wurden eingefügt durch das Gesetz zur Vorbeugung gegen missbräuchliche Wertpapier- und Derivategeschäfte (**WpMiVoG**) vom 21.7.2010[2] und traten am 27.7.2010 in Kraft. § 30 i aF basierte auf demselben Gesetz, trat jedoch erst am 26.3.2012 in Kraft. Mit dem Gesetz zur Ausführung der Verordnung (EU) Nr. 236/2012 des Europäischen Parlaments und des Rates vom 14. März 2012 über Leerverkäufe und bestimmte Aspekte von Credit Default Swaps (**EU-Leerverkaufs-Ausführungsgesetz**)[3] wurden die §§ 30 i aF und 30 j aF zum 16.11.2012 aufgehoben und § 30 h aF geändert.

---

1   Vgl. Begr. RegE BT-Drucks. 16/2498, S. 42.
2   Fuchs/Zimmermann, WpHG, § 30 g Rn 2.
1   Die Kommentierung des Abschnitts 5 b gibt die persönliche Auffassung der Autorin wieder.

2   WpMiVoG, BGBl. I S. 945.
3   EU-Leerverkaufs-Ausführungsgesetz, BGBl. I 2012, S. 2286.

A. Einleitung

Neben einem durchaus bestehenden gesamtwirtschaftlichen Nutzen[4] ermöglichen Leerverkäufe, von **fallenden Kursen** zu profitieren, während andere Kapitalmarktteilnehmer aufgrund des **Kursrückgangs** Verluste erleiden.[5]

Im Zuge der **Finanzkrise** mit ihrem ersten Höhepunkt in 2008 wurden Leerverkäufe als **potenziell krisenverstärkende Transaktionen** gewertet.[6] Die BaFin begründete den Erlass ihrer ersten Verbots-Allgemeinverfügung vom 18.9.2008[7] damit, dass im Umfeld einer aktuell herrschenden **hohen Volatilität** in einzelnen Jurisdiktionen Verbote von Leerverkäufen erlassen worden waren und die BaFin ohne den Erlass von Verboten in Deutschland ebenfalls erhebliche negative Auswirkungen auf die Durchführung des ordnungsgemäßen Handels an hiesigen Märkten befürchte (s. auch Rn 6).

Das war der Beginn unterschiedlichster Einzel-Notfallmaßnahmen der Mitgliedsländer, die zu einer unübersichtlichen, **zersplitterten Rechtslage**[8] in der Europäischen Union führten. Dies ließ die Effektivität der Regelungen anzweifeln. Zum einen war oftmals die **territoriale Reichweite** der jeweiligen Maßnahmen nicht eindeutig zu bestimmen, zum anderen hatten die Maßnahmen **unterschiedlichste Regelungsinhalte**.[9] In Ermangelung gemeinsamer europäischer Regelungen schien zur Stabilisierung der Märkte das Ergreifen eigener Maßnahmen durch die **einzelnen Mitgliedsländer** jedoch unumgänglich. So formulierte der Gesetzgeber in Deutschland durch das WpMiVoG[10] in § 30 h aF Verbotsregelungen für ungedeckte Leerverkäufe in Aktien und öffentlichen Schuldtiteln des regulierten Marktes sowie in § 30 j aF Verbote für bestimmte Kreditausfallversicherungen (insb. für Credit Default Swaps – CDS). Im Weiteren wurde in § 30 j aF eine Transparenzpflicht für Netto-Leerverkaufspositionen in Aktien des regulierten Marktes geschaffen.[11]

Die Europäische Kommission legte am 15.9.2010 den **ersten Entwurf einer EU-Leerverkaufsverordnung**[12] vor. Nach zahlreichen Abänderungen des Entwurfs ist die Verordnung (EU) Nr. 236/2012 des Europäischen Parlaments und des Rates vom 14.3.2012 über Leerverkäufe und bestimmte Aspekte von Credit Default Swaps (**EU-Leerverkaufsverordnung**)[13] am 25.3.2012 in Kraft getreten und gilt in ihren wesentlichen Teilen seit dem **1.11.2012**. Die EU-Leerverkaufsverordnung gilt unmittelbar und muss nicht national umgesetzt werden. Über das **EU-Leerverkaufs-Ausführungsgesetz**[14] sind entsprechende Zuständigkeits- und Verfahrensvorschriften für die deutsche Aufsicht wahrnehmbar insbesondere durch die BaFin formuliert worden (dazu § 30 h Rn 5 ff).

B. Historie der Leerverkaufsregulierung in Deutschland

Bezogen auf die bisherigen deutschen Maßnahmen zur Leerverkaufsregulierung steht die **europäische Leerverkaufsregulierung** am Ende einer Reihe von Allgemeinverfügungen der BaFin und der seit Juli 2012 beginnenden und mit Ablösung der letzten Allgemeinverfügung zum 26.3.2012 vollständigen nationalen gesetzlichen Regelung im WpHG,[15] welche dann durch die EU-Leerverkaufsverordnung am 1.11.2012 unanwendbar geworden ist.

Am 19.9.2008 erließ die BaFin die **erste Allgemeinverfügung** und untersagte ungedeckte Leerverkäufe in **Aktien von elf damals allesamt im DAX und MDAX notierten Unternehmen**.[16] Die BaFin begründete den Erlass der Allgemeinverfügung im Wesentlichen damit, dass insbesondere im Zusammenhang mit dem Zusammenbruch mehrerer international bedeutender Banken eine **außergewöhnliche Volatilität** zu beobach-

---

4 Insb. zu den positiven Einflüssen von Leerverkäufen auf Märkte Zimmer/Beisken, WM 2010, 485, 485 f.
5 Ausführlich dazu Laurer, ZfK 2008, 980, 980; Mittermeier, ZBB 2010, 139, 140; Trüg, NJW 2009, 3202, 3203.
6 BegrE WpMiVoG, BT-Drucks. 17/1952, 7 f.
7 Allgemeinverfügung der BaFin vom 19.9.2008, abrufbar unter <www.bafin.de/DE/DatenDokumente/Dokumentlisten/Liste-Verfuegungen/liste_verfuegungen_node.html> (8.12.2013).
8 So auch KOM (2010) 482 endgültig vom 15.9.2010, Seite 2 f, abrufbar unter <http://ec.europa.eu/internal_market/securities/docs/short_selling/20100915_proposal_de.pdf> (8.12.2013).
9 Dazu die von ESMA am 24.7.2012 veröffentlichte Liste zu Notfallmaßnahmen der einzelnen Mitgliedsländer, abrufbar unter <www.esma.europa.eu/news/ESMA-publishes-updated-list-measures-adopted-competent-authorities-short-selling?t=326&o=home> (8.12.2013).
10 Begr. GesE WpMiVoG, BT-Drucks. 17/1952, S. 7.
11 Siehe Rn 10 sowie Ludewig in: Heidel, 3. Aufl. 2011, Kommentierung zu §§ 30 h, 30 i und 30 j WpHG.
12 KOM (2010) 482 endgültig vom 15.9.2010, abrufbar unter <http://ec.europa.eu/internal_market/securities/docs/short_selling/20100915_proposal_de.pdf> (8.12.2013).
13 EU-Leerverkaufsverordnung, ABl. EU Nr. L 86/1 vom 24.3.2012.
14 EU-Leerverkaufs-Ausführungsgesetz, BGBl. I 2012, S. 2286.
15 U.a. §§ 30 h–30 j aF; eingeführt durch das Gesetz zur Vorbeugung gegen missbräuchliche Wertpapier- und Derivategeschäfte (WpMiVoG), BGBl. I 2010, S. 945. Am 27.7.2010 traten zunächst nur die Verbotsregelungen § 30 h aF und § 30 j aF in Kraft. § 30 i aF, der Transparenzpflichten auferlegt, trat in Würdigung der umfassenden Vorbereitungserfordernisse sowohl bei Marktteilnehmern als auch bei der Aufsicht erst am 26.3.2012 in Kraft.
16 Betroffen vom Leerverkaufsverbot waren die Aktien folgender Unternehmen: Aareal Bank AG, Allianz SE, AMB Generali Holding AG (inzwischen Generali Deutschland Holding AG), Commerzbank AG, Deutsche Bank AG, Deutsche Börse AG, Deutsche Postbank AG, Hannover Rückversicherung AG, Hypo Real Estate Holding AG, MLP AG und Münchener Rückversicherungs-Gesellschaft AG.

ten war. Dies betraf vor allem Aktien von Kreditinstituten, Börsenbetreibern, Versicherungsunternehmen und weiteren Unternehmen der Finanzbranche. Da in einzelnen Jurisdiktionen – insbesondere in den **USA** und dem **Vereinigten Königreich Großbritannien und Nordirland** – Verbote von Leerverkäufen in solchen Unternehmen erlassen worden waren, war aufgrund der engen Verflechtung der Finanzmärkte zu erwarten, dass sich ohne den Erlass der Allgemeinverfügung erhebliche negative Auswirkungen auf die Durchführung des ordnungsgemäßen Handels an deutschen Märkten ergeben würden.[17]

7 Mit **Allgemeinverfügung vom 21.9.2008** wurde die Allgemeinverfügung vom 19.9.2008 konkretisiert.[18] Mit Allgemeinverfügungen der BaFin vom **17.12.2008**, vom **30.3.2009** und vom **29.5.2009** wurde die zeitliche Wirkung der Allgemeinverfügungen vom 19.9.2008 und 21.9.2008 insgesamt bis zum 31.1.2010 verlängert. Als **Begründung für die Verlängerungen** führte die BaFin u.a. an, dass die zum Erlasszeitpunkt der Verfügungen vom 19.9.2008 und 21.9.2008 bestehenden Missstände, welche die ordnungsgemäße Durchführung des Wertpapierhandels und die Stabilität des Finanzsystems gefährden würden, weiterhin bestünden.[19]

8 Vom 1.2.2010 bis einschließlich 24.3.2010 bestanden **keine Einschränkungen oder Auflagen** aufgrund von Allgemeinverfügungen. Am **4.3.2010** führte die BaFin über eine Allgemeinverfügung eine **Transparenzpflicht für Netto-Leerverkaufspositionen** in Bezug auf bestimmte Aktien[20] ein, die Verfügung trat am 25.3.2010 in Kraft und galt zunächst bis zum Ablauf des 31.1.2012. Sie wurde mit Allgemeinverfügung vom 31.1.2012 bis zum Ablauf des 25.3.2012 und damit bis zum Inkrafttreten der gesetzlichen Regelungen zu den Transparenzpflichten verlängert.[21]

9 Am 18.5.2010 erließ die BaFin zur bestehenden Transparenz-Allgemeinverfügung vom 4.3.2010 drei weitere Verbots-Allgemeinverfügungen. Mit einer Allgemeinverfügung wurde ein **Verbot von ungedeckten Leerverkäufen in Aktien von zehn börsennotierten Unternehmen** ausgesprochen.[22] Über eine weitere Allgemeinverfügung wurde ein **Verbot von ungedeckten Leerverkäufen in öffentlichen Schuldtiteln** von Mitgliedstaaten der Euro-Zone und mit weiterer Allgemeinverfügung, ebenfalls vom 18.5.2010, wurde das Verbot der Begründung oder des rechtsgeschäftlichen Eintritts in **nicht zur Absicherung dienenden Kreditderivaten**, deren Referenzschuldner ein Staat der Eurozone ist, ausgesprochen.

10 Bedingt durch das Inkrafttreten des **WpMiVoG** am 27.7.2010 und entsprechende Änderungen im WpHG wurden am 26.7.2010 die drei am 18.5.2010 erlassenen Allgemeinverfügungen mit Wirkung zum **27.7.2010 aufgehoben**. Durch das WpMiVoG sollte weiteren möglichen **negativen Marktentwicklungen** entgegen getreten werden.[23] Durch § 30 h aF wurden daher zum einen ungedeckte Leerverkäufe von Aktien und Schuldtiteln von Zentralregierungen, Regionalregierungen und örtlichen Gebietskörperschaften von Mitgliedstaaten der Euro-Zone, die an einer inländischen Börse zum Handel im regulierten Markt zugelassen sind, verboten. Zum anderen wurde über § 30 j aF der Abschluss von Kreditausfallversicherungen nicht zur Absicherung dienenden Kreditausfallversicherungen zur Verbindlichkeiten aus Schuldtiteln von Zentralregierungen, Regionalregierungen und örtlichen Gebietskörperschaften von Mitgliedstaaten der Euro-Zone, wie beispielsweise in Form von öffentlichen CDS verboten. Bestehen blieb lediglich die am 4.3.2010 erlassene und zwischenzeitlich verlängerte Allgemeinverfügung der BaFin über die **Transparenzpflicht für Netto-Leerverkaufspositionen** in Bezug auf bestimmte Aktien,[24] die nach Verlängerung durch Allgemeinverfügung vom 31.1.2012[25] mit Ablauf des 25.3.2012 vor dem Inkrafttreten des § 30 i aF ihre Geltung verlor. Mit Geltung der EU-Leerverkaufsverordnung ab dem 1.11.2012 wurden die §§ 30 h, 30 i und 30 j unanwendbar und durch das **EU-Leerverkaufs-Ausführungsgesetz**[26] vom 6.11.2012 mit Wirkung zum 16.11.2012 wurden die §§ 30 i aF und 30 j aF aufgehoben und § 30 h aF in eine Zuständigkeitsnorm bzgl der EU-Leerverkaufsverordnung geändert.[27]

---

17 Allgemeinverfügung der BaFin vom 19.9.2008, abrufbar unter <www.bafin.de/DE/DatenDokumente/Dokumentlisten/Liste-Verfuegungen/liste_verfuegungen_node.html> (8.12.2013).

18 Zum Inhalt der Konkretisierung siehe Allgemeinverfügung der BaFin vom 21.9.2008, abrufbar unter <www.bafin.de/DE/DatenDokumente/DokumentlistenListeVerfuegungen/liste_verfuegungen_node.html> (8.12.2013).

19 Allgemeinverfügung der BaFin vom 30.3.2009, abrufbar unter <www.bafin.de/DE/DatenDokumente/Dokumentlisten/Liste-Verfuegungen/liste_verfuegungen_node.html> (8.12.2013).

20 Einbezogen waren alle bereits in der Allgemeinverfügung der BaFin vom 19.9.2008 betroffenen Finanztitel (Fn 16), entfallen war die Hypo Real Estate Holding AG.

21 Allgemeinverfügung der BaFin vom 31.1.2012, abrufbar unter <www.bafin.de/DE/DatenDokumente/Dokumentlisten/Liste-Verfuegungen/liste_verfuegungen_node.html> (8.12.2013).

22 Einbezogen waren alle bereits in der Allgemeinverfügung der BaFin vom 19.9.2008 betroffenen Finanztitel (Fn 16), entfallen war die Hypo Real Estate Holding AG.

23 Begr. GesE WpMiVoG, BT-Drucks. 17/1952, S. 7.

24 Allgemeinverfügung der BaFin vom 4.3.2010, abrufbar unter <www.bafin.de/DE/DatenDokumente/Dokumentlisten/Liste-Verfuegungen/liste_verfuegungen_node.html> (8.12.2013), auch Darstellung bei *Mülbert* in: Assmann/Schneider, WpHG, 6. Aufl. 2012, § 30 i Rn 28 ff.

25 Allgemeinverfügung der BaFin vom 31.1.2012, abrufbar unter <www.bafin.de/DE/DatenDokumente/Dokumentlisten/Liste-Verfuegungen/liste_verfuegungen_node.html> (8.12.2013).

26 EU-Leerverkaufs-Ausführungsgesetz, BGBl. I 2012, S. 2286.

27 Vgl § 30 h Rn 1 ff.

C. Überblick über die Regelungen der EU-Leerverkaufsverordnung

I. Allgemein. Die europäische Leerverkaufsregulierung beruht wie die bis zum 31.10.2012 geltende nationale deutsche Leerverkaufsregulierung im Wesentlichen zunächst auf **zwei Säulen**. Zum einen gibt es **Verbotsregelungen** für ungedeckte Leerverkäufe **in Aktien** und **öffentlichen Schuldtiteln** insbesondere der EU-Mitgliedstaaten und der Europäischen Union als auch öffentliche Emittenten sowie Verbotsregelungen für ungedeckte **Credit Default Swaps (CDS)** auf öffentliche Schuldtitel, insbesondere der EU-Mitgliedstaaten und der Europäischen Union (Art. 12 ff EU-Leerverkaufsverordnung). Zum anderen bestehen **Transparenzregelungen** hinsichtlich Netto-Leerverkaufspositionen in Aktien, öffentlichen Schuldtiteln und gegebenenfalls[28] hinsichtlich CDS auf öffentliche Schuldtitel (Art. 5 ff EU-Leerverkaufsverordnung). Als dritte Säule der europäischen Regulierung kommen Notfallkompetenzen der nationalen Behörden und ESMA in Krisensituationen dazu (Art. 18 ff EU-Leerverkaufsverordnung).[29]

Die Vorschriften der EU-Leerverkaufsverordnung gelten auch außerhalb der EU und auch für natürliche und juristische Personen aus Drittstaaten. Weder der Ort des jeweiligen Geschäftsabschlusses noch die Nationalität der Beteiligten bzw ihr Wohnort oder Sitz ist von Relevanz. Maßgeblich ist allein, dass Gegenstand der Handlungen Finanzinstrumente sind, welche von den Vorschriften der EU-Leerverkaufsverordnung erfasst sind. **Market-Making Tätigkeiten** und **Primärmarkttätigkeiten** können aufgrund ihrer liquiditätsspendenden Funktion für die Kapitalmärkte von den Verbots- und Transparenzvorschriften ausgenommen werden (s. Rn 26 ff).

Im Gegensatz zu den bisherigen deutschen Regulierungen erfolgte eine deutliche Erweiterung des Anwendungsbereichs der Verbote und Pflichten, da neben Finanzinstrumenten vom regulierten Markt nun auch an einem MTF gehandelte Finanzinstrumente einbezogen sind. Damit werden insbesondere auch im **Freiverkehr** gelistete Aktien (und öffentliche Schuldtitel) von den Transparenz- und Verbotsregelungen erfasst. Jedoch fallen gemäß Art. 16 EU-Leerverkaufsverordnung unter die Regelungen nicht diejenigen Aktien, die ihren Haupthandelsplatz außerhalb der Union haben. Basierend auf Zulieferungen durch die zuständigen Behörden veröffentlicht die ESMA auf ihrer Internetseite eine sog. Negativliste bezüglich dieser Aktien.[30]

Hinzu treten erweiterte **Notfallkompetenzen**[31] für die Aufsichtsbehörden und für die ESMA.[32] So können u.a. in Krisensituationen weitere zeitlich befristete Transparenzvorschriften und Verbote erlassen werden.

II. Verbotsregelungen. Wie auch in der bis zum 31.10.2012 geltenden deutschen Regulierung gibt es in der EU-Leerverkaufsverordnung Verbotsregelungen für ungedeckte Leerverkäufe in Aktien und öffentliche Schuldtitel sowie Verbotsregelungen für ungedeckte CDS auf öffentliche Schuldtitel.[33]

Ein Leerverkauf in Aktien und öffentlichen Schuldtiteln ist nur erlaubt, wenn zum Zeitpunkt des Leerverkaufs eine Deckung vorliegt. Eine Deckung kann durch unterschiedliche Vereinbarungen gewährleistet sein. Im Gegensatz zu den bis 31.10.2012 geltenden nationalen Regelungen[34] sind nach der EU-Leerverkaufsverordnung untertägige ungedeckte Leerverkaufspositionen nicht mehr erlaubt. Es ist nicht mehr ausreichend, die Deckung des Leerverkaufs im Laufe des Tages herbeizuführen, sondern sie muss spätestens im Moment des Verkaufs vorliegen (**keine Intraday-Ausnahme** mehr).

Eine Deckung liegt beispielsweise vor, wenn das konkrete Finanzinstrument geliehen worden ist oder ein unbedingt durchsetzbarer Anspruch auf Übertragung des Eigentums vorliegt, so dass das Geschäft bei Fäl-

---

28 Das Verbot ungedeckter öffentlicher CDS kann bei Störungen des Marktes für öffentliche Schuldtitel gemäß Art. 14 Abs. 2 EU-Leerverkaufsverordnung durch die jeweilige nationale Aufsichtsbehörde für bis zu 12 Monate aufgehoben werden. Ist dies der Fall, erwächst eine Transparenzpflicht für CDS-Positionen in öffentlichen Schuldtiteln gemäß Art. 8 EU-Leerverkaufsverordnung.

29 Vergleich dazu Rn 14 samt Fußnoten.

30 Die Negativliste bzgl der nicht unter die Regulierung fallenden Aktien ist abrufbar unter <www.esma.europa.eu/page/List-exempted-shares> (8.12.2013); wobei noch nicht abschließend geklärt ist, ob die Negativliste lediglich deklaratorisch oder auch dahin gehend bindend ist, dass alle Aktien, die nicht in ihr enthalten sind, unter die Regelungen der EU-Leerverkaufsverordnung fallen oder ob diesbzgl. die Feststellung des tatsächlichen Haupthandelsplatzes entscheidend ist.

31 Zu den Notfallkompetenzen *Krüger/Ludewig*, WM 2012, 1942, 1950.

32 Die Zulässigkeit etwaiger eigener Kompetenzen der ESMA stehen jedoch in Rahmen einer Klage des Vereinigten Königreichs Großbritannien und Nordirland vor dem EuGH (C-270/12) auf dem Prüfstand, vgl Schlussanträge des Generalstaatsanwalts vom 2. September 2013, unter unter <http://curia.europa.eu/juris/document/document.jsf?text=&docid=140965&pageIndex=0&doclang=DE&mode=req&dir=&occ=first&part=1&cid=1983237> (8.12.2013).

33 Ausführlich dazu *Krüger/Ludewig*, WM 2012, 1942, 1948 f.; ausführlich *Mülbert/Sajnovits*, ZBB, 2012, 266; 269 ff. Letztgenannte legen jedoch die ursprünglichen Vorschläge von ESMA für die Ausführungsvorschriften und nicht die endgültigen Fassungen der Kommission zugrunde.

34 Überblick über die Regelungen bis 31.10.2012 bei *Ludewig*, BaFinJournal 12/2010, S. 4, 4 f; *Krüger/Ludewig*, WM 2012, 1942, 1942 ff; *Tyrolt/Bingel*, BB 2010, 1419, 1420.

ligkeit abgewickelt werden kann. In Erweiterung der bisherigen nationalen Regelungen ist auch der Abschluss eines sog. Locate Arrangements ausreichend, wenn dieses bestimmte Voraussetzungen erfüllt.[35]

18 Das Verbot ungedeckter Leerverkäufe in öffentlichen Schuldtiteln kann bei Störungen des Marktes für öffentliche Schuldtitel vorübergehend aufgehoben werden.

19 Wie nach der bisherigen deutschen Regelung ist es auch künftig verboten, **ungedeckte CDS** auf öffentliche Schuldtitel abzuschließen.[36] Wie das deutsche Verbot richtet sich das europäische Verbot nur an den **Sicherungsnehmer**, der Sicherungsgeber ist nicht vom Verbot betroffen. Das Verbot des Abschlusses ungedeckter CDS auf öffentliche Schuldtitel insbesondere der **EU-Mitgliedstaaten** und der **Europäischen Union** kann bei Störungen des Marktes für öffentliche Schuldtitel vorübergehend aufgehoben werden. In Abweichung vom deutschen Verbot gilt das europäische Verbot jedoch ausdrücklich nur für CDS und nicht wie das weitere deutsche Verbot auch für andere Formen von Kreditausfallversicherungen, wie beispielsweise Credit Linked Notes.[37]

20 **III. Transparenzpflichten für Netto-Leerverkaufspositionen.** Durch die Mitteilungen von **Netto-Leerverkaufspositionen**[38] sollen vor allem die zuständigen Behörden und auch die ESMA, welcher quartalsweise auf die jeweilige Aktie / den öffentlichen Emittenten aggregierte Netto-Leerverkaufspositionen von den nationalen Behörden zugeleitet werden, einen Überblick über die gehaltenen Leerverkaufspositionen erhalten und dadurch eine effiziente Aufsicht in Bezug auf Marktentwicklungen ermöglichen.

21 Die europäische Regulierung[39] führt das **zweistufige Transparenzsystem** für **Aktien** fort, das bereits über § 30i aF bestand. Sind die maßgeblichen Schwellenwerte erreicht oder unterschritten, muss die Netto-Leerverkaufsposition, wie bereits nach den deutschen Regelungen, der nationalen Behörde mitgeteilt (**0,2 % des ausgegebenen Aktienkapitals**) und gegebenenfalls zusätzlich veröffentlicht werden (**0,5 % des ausgegebenen Aktienkapitals**). Die ggf erforderlichen Veröffentlichungen müssen in Deutschland die Mitteilungspflichtigen selbst im Bundesanzeiger vornehmen.[40]

22 Für Netto-Leerverkaufspositionen in **öffentlichen Schuldtiteln** insbesondere der **EU-Mitgliedstaaten** und der **Europäischen Union** besteht ebenfalls ein Transparenzsystem. Eine solche Transparenzpflicht war nach den bisherigen nationalen Regelungen nicht vorgesehen. Das Transparenzsystem ist **einstufig**, es besteht nur eine Mitteilungs- und keine Veröffentlichungspflicht. Die BaFin ist aktuell für Mitteilungen von Netto-Leerverkaufspositionen in Schuldtiteln des Bundes und der deutschen Bundesländer zuständig.[41]

23 In ungedeckten **CDS-Positionen in öffentlichen Schuldtiteln** besteht nach der EU-Leerverkaufsverordnung **nur eine Mitteilungspflicht**, wenn eine Aufsichtsbehörde die Beschränkungen für ungedeckte CDS nach Art. 14 Abs. 2 EU-Leerverkaufsverordnung aufhebt. Diese Mitteilungspflicht entsteht automatisch mit Aufhebung der Beschränkung.

24 Netto-Leerverkaufspositionen sind der BaFin wie bereits nach § 30i aF elektronisch im Internet über das MVP-Portal mitzuteilen.[42] Die Einzelheiten zu dem elektronischen Mitteilungsverfahren konkretisiert die neue Fassung der **Netto-Leerverkaufspositionsverordnung (NLPosV)**.[43]

25 Ein großer Unterschied zu den deutschen Transparenzpflichten besteht in den Vorgaben für die Berechnung in Unternehmensgruppen, Portfolios und Fondsstrukturen. Insbesondere wird bei Netto-Leerverkaufspositionen in Fonds auf die Gesamtposition eines Fondsverwalters abgestellt.[44]

---

35 Zu den Deckungsmöglichkeiten *Krüger/Ludewig*, WM 2012, 1942, 1948 f; ausführlich *Mülbert/Sajnovits*, ZBB, 2012, 266; 269 ff. Letztgenannte legen jedoch die ursprünglichen Vorschläge von ESMA für die Ausführungsvorschriften und nicht die endgültigen Fassungen der Kommission zugrunde. Auch BaFin-FAQ zum Verbot ungedeckter Leerverkäufe in Aktien und öffentlichen Schuldtiteln gemäß Art. 12 f. der EU-LeerverkaufsVO, Frage 11 ff, abrufbar unter <www.bafin.de/SharedDocs/Veroeffentlichungen/DE/FAQ/faq_leerverkaufs-VO_verbot.html?nn=2696590> (8.12.2013).

36 Zu den CDS-Verboten *Krüger/Ludewig*, WM 2012, 1942, 1949.; ausführlich *Mülbert/Sajnovits*, ZBB, 2012, 266; 273ff. Letztgenannte legen jedoch die ursprünglichen Vorschläge von ESMA für die Ausführungsvorschriften und nicht die endgültigen Fassungen der Kommission zugrunde.

37 So im Ergebnis auch *Bierwirth*, RdF 2013, 104, 108.

38 Zur Begrifflichkeit siehe *Krüger/Ludewig*, WM 2012, 1942, 1945.

39 Siehe ausführlich *Krüger/Ludewig*, WM 2012, 1942, 1945 und 1946 f.

40 Dies stellt im Vergleich zu den anderen EU-Mitgliedsländern eine Besonderheit dar, da dort die Veröffentlichung durch die zuständige Behörde erfolgt und die Mitteilungspflichtigen somit nur eine Stelle informieren müssen.

41 Insb. zu den Meldeschwellen bei öffentlichen Schuldtiteln *Krüger/Ludewig*, WM 2012, 1942, 1947; *Ludewig/Geilfus*, BaFinJournal 10/2012, 9, 12.

42 Zum elektronischen Meldeverfahren *Ludewig/Geilfus*, BaFinJournal 02/2012, 10 f. Auch BaFin-FAQ zu Mitteilungs- und Veröffentlichungspflichten gemäß Art. 5 ff der EU-LeerverkaufsVO, Frage 33 ff, abrufbar unter <www.bafin.de/SharedDocs/Veroeffentlichungen/DE/FAQ/faq_leerverkaufs-VO_mitteilungspflichten.html?nn=2696590#doc3306446bodyText4> (8.12.2013).

43 Netto-Leerverkaufspositionsverordnung (NLPosV), BGBl. I 2012, 2699.

44 *Krüger/Ludewig*, WM 2012, 1942, 1947 f; *Ludewig/Geilfus*, BaFinJournal 10/2012, 9, 13. Auch BaFin-FAQ zu Mitteilungs- und Veröffentlichungspflichten gemäß Art. 5 ff der EU-LeerverkaufsVO, Frage 24 ff, abrufbar unter <www.bafin.de/SharedDocs/Veroeffentlichungen/DE/FAQ/faq_leerverkaufs-VO_mitteilungspflichten.html?nn=2696590#doc3306446bodyText4> (8.12.2013); ESMA Q&A (Stand: Januar 2013); insb. Fragen 5 a–5 f mit Annex 1-4, abrufbar unter <www.esma.europa.eu/system/files/2013-159.pdf> (8.12.2013).

IV. Ausnahmeregelungen für Market-Maker und Primärhändler. Um die Liquidität der Finanzmärkte zu 26 gewährleisten, bestehen wie auch bis 31.10.2012 nach den deutschen Regelungen[45] für **Market-Maker** über Art. 17 EU-Leerverkaufsverordnung Ausnahmen von den Leerverkaufsverboten und Transparenzpflichten. Zusätzlich sieht die EU-Leerverkaufsverordnung Ausnahmen für **Primärhändler** öffentlicher Schuldtitel insbesondere der EU-Mitgliedstaaten und der Europäischen Union vor. Diese Ausnahmen basieren auf dem Verständnis, dass Market-Making bei der Bereitstellung von Liquidität eine maßgebliche Rolle spielt und Primärmarkttätigkeiten zur Effizienz der Märkte beitragen.[46] Die europäischen Regelungen stellen im Vergleich zu den bisherigen nationalen Regelungen höhere Anforderungen an die Unternehmen, welche ihre Tätigkeit anzeigen wollen.[47]

Die Anforderungen an Market-Making und Primärhändlertätigkeiten sind sowohl in der EU-Leerverkaufs- 27 verordnung selbst als auch in den ausgestaltenden ESMA-Guidelines zum Market-Making[48] verankert. Diese ESMA-Guidelines wurden erst 5 Monate nach dem Geltungsbeginn der EU-Leerverkaufsverordnung am 2.4.2013 von ESMA veröffentlicht.[49] Neben der BaFin haben auch die zuständigen Behörden aus dem Königreich Dänemark, dem Vereinigten Königreich Großbritannien und Nordirland und dem Königreich Schweden im Rahmen einer **Partially-Comply-Erklärung** erklärt, dass sie zwar dem Großteil der Vorgaben der ESMA-Leitlinien nachkommen werden, dass jedoch bestimmte Abschnitte der ESMA-Guidelines ausgenommen werden. Die britische Financial Conduct Authority (**FCA**) und die BaFin haben die Abschnitte zu der Voraussetzung der Handelsplatzmitgliedschaft und die Abschnitte zum Anwendungsbereich in Bezug auf Finanzinstrumente, bei denen es sich nicht um Aktien, öffentliche Schuldtitel oder CDS auf öffentliche Schuldtitel handelt, ausgenommen.[50] Die zuständige dänische und die schwedische Aufsichtsbehörde haben nur die Abschnitte zu der Voraussetzung der Handelsplatzmitgliedschaft ausgenommen. Darüber hinaus hat die französische Aufsichtsbehörde (Autorité des marchés financiers – **AFM**) erklärt, dass sie den ESMA-Guidelines nur (vollständig) nachkommen wird, wenn alle anderen zuständigen Behörden ebenfalls den ESMA-Guidelines (vollständig) nachkommen werden.[51]

Die BaFin hat ihr **Merkblatt** vom 31.8.2012, das die Vorgaben von **Absichtsanzeigen** nach Art. 17 EU- 28 Leerverkaufsverordnung für die Market-Maker und Primärhändler bei der BaFin regelt, basierend auf ihrer **Partially-Comply-Erklärung** überarbeitet und eine aktualisierter Fassung vom 15.7.2013 veröffentlicht.[52] Zudem wird eine Veröffentlichung der Leerverkaufs-Anzeigenverordnung vom 7.4.2011 (LAnzV),[53] die bisher die Ausnahmeregelungen unter der deutschen Regulierung bis 31.10.2012 geregelt hat, in überarbeiteter Form Anfang 2014 erwartet.[54]

So wie § 30h aF den Begriff der **Market-Making-Tätigkeit** legal definiert hatte, besteht eine solche **Definition** 29 auch in der EU-Leerverkaufsverordnung. Gemäß Art. 2 Abs. 1k) EU-Leerverkaufsverordnung sind die dort genannten Unternehmen als Market-Maker tätig, wenn sie in Bezug auf ein bestimmtes Finanzinstrument als Eigenhändler auftreten und dabei entweder feste An- und Verkaufskurse zu wettbewerbsfähigen Preisen stellen oder Kundenaufträge bzw aus solchen folgende Aufträge ausführen und sich aus diesen beiden Tätigkeiten ergebende Positionen absichern. Um mit ihrer Tätigkeit unter die Ausnahme zu fallen, müssen die genannten Unternehmen Mitglied an einem Handelsplatz (regulierter Markt oder MTF) sein.[55] Durch die Partially-Comply-Erklärung der BaFin[56] iVm dem BaFin-Merkblatt in der Fassung vom 15.7.2013[57] kann die Ausnahme beispielsweise neben eines anzeigefähigen Market-Makings in Futures und

---

45 *Ludewig* in: Heidel, 3. Aufl. 2011, § 30h Rn 11; *Krüger/Ludewig,* WM 2012, 1942, 1945.
46 Erwägungsgrund 26 der EU-Leerverkaufsverordnung, ABl. EU Nr. L 86/1 vom 24.3.2012.
47 Zu den Einzelheiten *Ludewig/Geilfus,* WM 2013, 1533 ff.
48 ESMA-Guidelines 02/04/2013| ESMA/2013/74, abrufbar unter <www.esma.europa.eu/system/files/esma2013-74_de.pdf> (8.12.2013).
49 Zu den Einzelheiten des Comply-Verfahrens siehe *Ludewig/Geilfus,* WM 2013, 1533, 1535.
50 Zu den Gründen der BaFin und der anderen Behörden im Einzelnen siehe S. 4ff der Guidelines Compliance-Tabelle der ESMA, abrufbar unter <www.esma.europa.eu/system/files/2013-765_guidelines_compliance_table_-_market_making_guidelines.pdf> (8.12.2013).
51 Zur wettbewerbsrechtlichen Situation siehe *Ludewig/Geilfus,* WM 2013, 1533, 1536 ff.
52 Merkblatt der BaFin in der Fassung vom 15.7.2013, abrufbar unter <www.bafin.de/SharedDocs/Veroeffentlichungen/DE/Merkblatt/WA/mb_130715_eu_market_making.html?nn=2696658> (8.12.2013).
53 Verordnung zur Konkretisierung der Anzeigepflichten nach § 30h Abs. 2 S. 3 und § 30j Abs. 3 S. 2 WpHG, BGBl. I 2011, 636.
54 Im Rahmen einer Konsultation wurde der Entwurf der überarbeiteten LAnzV am 28.10.2013 veröffentlicht, abrufbar unter <http://www.bafin.de/SharedDocs/Veroeffentlichungen/DE/Konsultation/2013/kon_1813_LAnzV_wa.html> (8.12.2013).
55 Dabei gilt nach den ESMA-Guidelines die Voraussetzung, dass eine Mitgliedschaft für jedes einzelne Finanzinstrument bestehen muss. Die BaFin, die bzgl dieses Teils der ESMA-Guidelines kein „comply" erklärt hat, verlangt eine Mitgliedschaft für die Tätigkeit an sich, womit eine Mitgliedschaft des Market-Maker an einem einzigen beliebigen Handelsplatz genügt. Siehe dazu ausführlich *Ludewig/Geilfus,* WM 2013, 1533, 1537.
56 Guidelines Compliance-Tabelle der ESMA, abrufbar unter (Fn 50).
57 Merkblatt der BaFin in der Fassung vom 15.7.2013 (Fn 52).

Optionen auch in Anspruch genommen werden, wenn das Market-Making in **Bezugsrechten**, **Wandelschuldverschreibungen** und **Unternehmensanleihen** ausgeübt wird.[58]

30 Gemäß Art. 2 Abs. 1 n) EU-Leerverkaufsverordnung ist ein **zugelassener Primärhändler** eine natürliche oder juristische Person, die eine Vereinbarung mit einem öffentlichen Emittenten getroffen hat oder durch einen öffentlichen Emittenten oder in dessen Namen förmlich als Primärhändler anerkannt worden ist und sich gemäß dieser Vereinbarung oder Anerkennung verpflichtet hat, in Verbindung mit Primär- oder Sekundärmarkttätigkeiten als Eigenhändler für von diesem Emittenten begebene öffentliche Schuldtitel aufzutreten. Unter den Begriff Primärhändler sind in Deutschland insbesondere auch die Mitglieder der **Bietergruppe Bundesemissionen** zu fassen.[59]

31 Für die Anzeige des Market Making von Unternehmen aus der EU ist die zuständige Behörde grds. die Behörde des Herkunftsmitgliedstaates und somit ist die BaFin für alle **Market-Maker** zuständig, die in Deutschland ihren Hauptsitz haben. Da für **Primärhändler** aus der EU die Behörde des Mitgliedstaates zuständig ist, auf deren öffentliche Schuldtitel sich die Primärhändler-Tätigkeit bezieht, ist die BaFin die zuständige Behörde für eine Primärhändler-Tätigkeit in öffentlichen Schuldtitel der Bundesrepublik Deutschland sowie der einzelnen deutschen Bundesländer. Für Market-Maker und Primärhändler aus **Drittstaaten**, die auch in der EU Mitglied eines Handelsplatzes (regulierter Markt oder MTF) sind, ist die Behörde zuständig, in der der Handelsplatz angesiedelt ist, in dem bezogen auf den Umsatz die **höchste Handelsaktivität** des Market-Makers vorliegt. Die Stärke der Handelsaktivität in Bezug auf Market-Making berechnet sich dabei auf der **Basis des Umsatzes** gemäß Art. 2 Abs. 9 Verordnung (EG) Nr. 1287/2006 (Durchführungsverordnung zur MiFID) an einem bestimmten Handelsplatz in der Europäischen Union während des letzten Jahres.[60] Die Inanspruchnahme der Ausnahme kann gemäß Art. 17 Abs. 7 EU-Leerverkaufsverordnung durch die zuständige Behörde **untersagt** werden, wenn sie der Ansicht ist, dass die natürliche oder juristische Person die Bedingungen für die Ausnahme als Market-Maker oder Primärhändler nicht erfüllt.

32 Gemäß Art. 17 Abs. 12 EU-Leerverkaufsverordnung haben die zuständigen Behörden ESMA zu informieren, welche Unternehmen die Ausnahmen in Anspruch nehmen. Gemäß Art. 17 Abs. 13 EU-Leerverkaufsverordnung veröffentlicht ESMA auf ihrer **Website** eine Liste der Market-Maker und zugelassenen Primärhändler, die die Ausnahme in Anspruch nehmen.[61]

33 Nach den bisherigen nationalen Regelungen mussten Market-Maker die Aufnahme weiterer Wertpapiere in die Tätigkeit unverzüglich nach Ablauf eines Quartals anzeigen. Seit Geltung der europäischen Regelungen ist es erforderlich, dass die Tätigkeit als Market-Maker und als Primärhändler in jedem Finanzinstrument **30 Kalendertage** vor Inanspruchnahme der Ausnahme angezeigt wird. Diese Frist kann jedoch von den nationalen Behörden **verkürzt** werden.[62]

34 Eine weitere Ausnahme von den Leerverkaufsverboten und Transparenzpflichten besteht für Geschäfte, die im Zusammenhang mit der Stabilisierung eines Finanzinstrumentes (**Rückkaufprogramme** und **Kursstabilisierungsmaßnahmen**) getätigt werden (Art. 17 Abs. 4 EU-Leerverkaufsverordnung). Hier wurde eine Ausnahmeregelung aus dem Bereich der Richtlinie 2003/6/EG *(Marktmissbrauchsrichtlinie)*[63] übernommen.

D. Ausführungsvorschriften zur EU-Leerverkaufsverordnung

35 Die Regelungen der EU-Leerverkaufsverordnung werden durch **vier Ausführungsvorschriften** konkretisiert. Vorschläge für diese Auslegungsvorschriften wurden in einer Arbeitsgruppe der ESMA, die sich aus Vertretern der Aufsichtsbehörden der EU-Mitgliedsländer zusammengesetzt hat, erarbeitet. Die Europäische Kommission hat die Auslegungsvorschriften – teilweise in wesentlichen Punkten in abgeänderter Form[64] – im Juni und Juli 2012 veröffentlicht.

36 Dabei handelt es sich u.a. um die **Delegierte Verordnung (EU) Nr. 918/2012**.[65] In dieser delegierten Verordnung werden, wie sich auch aus ihrer vollständigen Bezeichnung ergibt, u.a. **Begriffsbestimmungen**, beispielsweise zum Begriff „Leerverkauf" vorgenommen. Außerdem werden die **Grundlagen der Berechnung**

---

58 Ausführliche Darlegung bei *Ludewig/Geilfus*, WM 2013, 1533, 1537 f.
59 *Ludewig/Geilfus*, WM 2013, 1533, 1534.
60 ESMA-Guidelines 02/04/2013| ESMA/2013/74, (Fn 48), Abs. 40.
61 Bislang ist eine solche Veröffentlichung noch nicht erfolgt.
62 Zu den Einzelheiten *Ludewig/Geilfus*, WM 2013, 1533, 1537.
63 Richtlinie 2003/6/EG, ABl. EU Nr. L 96/16 vom 12.4.2003.
64 Beispielsweise hat die Europäische Kommission hinsichtlich der Berechnungsmethode von Netto-Leerverkaufspositionen in öffentlichen Schuldtiteln abweichend von der Vorschlägen der ESMA im Anhang 2 Teil 2 der Delegierte Verordnung (EU) Nr. 918/2012 festgelegt, dass Kassa-Positionen mit ihrem durationsbereinigten Nominalwert berücksichtigt werden sollen.
65 Delegierte Verordnung (EU) Nr. 918/2012 der Kommission vom 5. Juli 2012 zur Ergänzung der Verordnung (EU) Nr. 236/2012 des Europäischen Parlaments und des Rates über Leerverkäufe und bestimmte Aspekte von Credit Default Swaps im Hinblick auf Begriffsbestimmungen, die Berechnung von Netto-Leerverkaufspositionen, gedeckte Credit Default Swaps auf öffentliche Schuldtitel, Meldeschwellen, Liquiditätsschwellen für die vorübergehende Aufhebung von Beschränkungen, signifikante Wertminderungen bei Finanzinstrumenten und ungünstige Ereignisse, ABl. EU Nr. L 274/1 v. 9.10.2012.

von **Netto-Leerverkaufspositionen** ausgeführt. Dabei wird zB über Anhang 1 Teil 1 und 2 zu dieser Delegierten Verordnung eine abschließende Auflistung der Finanzinstrumente, die in die Berechnung einzubeziehen sind, vorgenommen. Außerdem werden auch die Verbotsregelungen zu **CDS** auf öffentliche Schuldtitel insbesondere in Bezug auf geeignete **Absicherungsinteressen** und die Anforderungen an eine **Korrelation** konkretisiert.

Die weitere **Durchführungsverordnung (EU) Nr. 827/2012**[66] zur Festlegung **technischer Durchführungsstandards (Implementing Technical Standard)** bestimmt u.a. die Ausgestaltung von **Locate Arrangements**[67] als geeignete Deckung für einen Leerverkauf sowie das Format, in dem der ESMA von den nationalen Behörden Informationen zu **Netto-Leerverkaufspositionen** zu übermitteln sind. 37

Außerdem wurden zwei Delegierte Verordnungen im Hinblick auf **technische Regulierungsstandards (Regulatory Technical Standards)** veröffentlicht. Dabei handelt es sich zum einen um die **Delegierte Verordnung (EU) Nr. 826/2012** im Hinblick auf **technische Regulierungsstandards**.[68] Diese trifft Bestimmungen für die **Melde- und Offenlegungspflichten** in Bezug auf Netto-Leerverkaufspositionen, wie beispielsweise die Ausgestaltung der Meldeformulare für Netto-Leerverkaufspositionen. Außerdem bestimmt sie ebenso wie die **Durchführungsverordnung (EU) Nr. 827/2012** Einzelheiten der in Bezug auf Netto-Leerverkaufspositionen an die ESMA zu übermittelnden Informationen. Zum anderen handelt es sich um die **Delegierte Verordnung (EU) Nr. 919/2012** im Hinblick auf **technische Regulierungsstandards**,[69] die einzig die Methode zur Berechnung der Wertminderung bei liquiden Aktien und anderen Finanzinstrumenten für die Zwecke des Erlasses von **befristeten Beschränkungen von Leerverkäufen** nach Art. 23 EU- EU-Leerverkaufsverordnung zum Inhalt hat. 38

E. Weitere relevante Verlautbarungen

Zur Ausgestaltung der Anforderungen des Art. 17 EU-Leerverkaufsverordnung an die Ausnahmefähigkeit von Market Making und Primärhändlertätigkeiten von Verboten und Transparenzpflichten hat ESMA am 2.4.2013 ausgestaltenden ESMA-Guidelines zum Market-Making[70] veröffentlicht (siehe ausf. unter Rn 26 ff). 39

Im Rahmen einer ständigen Arbeitsgruppe bei ESMA, in der Experten der nationalen Aufsichtsbehörden vertreten sind, werden regelmäßig relevante Fragestellungen beurteilt und in eine ESMA-Q&A-Sammlung aufgenommen.[71] Darüber hinaus hat die BaFin die ESMA-Q&A auf deutsch in einer unverbindlichen Fassung[72] veröffentlicht und auch eigene FAQs[73] veröffentlicht.

---

66 Durchführungsverordnung (EU) Nr. 827/2012 der Kommission vom 29. Juni 2012 zur Festlegung technischer Durchführungsstandards in Bezug auf die Verfahren für die Offenlegung von Nettopositionen in Aktien gegenüber der Öffentlichkeit, das Format, in dem der Europäischen Wertpapier- und Marktaufsichtsbehörde Informationen zu Netto-Leerverkaufspositionen zu übermitteln sind, die Arten von Vereinbarungen, Zusagen und Maßnahmen, die angemessen gewährleisten, dass Aktien oder öffentliche Schuldtitel für die Abwicklung des Geschäfts verfügbar sind, und die Daten, zu denen die Ermittlung des Haupthandelsplatzes einer Aktie erfolgt, sowie den Zeitraum, auf den sich die betreffende Berechnung bezieht, gemäß der Verordnung (EU) Nr. 236/2012 des Europäischen Parlaments und des Rates über Leerverkäufe und bestimmte Aspekte von Credit Default Swaps, ABl. EU Nr. L 251/11 v. 18.9.2012.

67 Zu den Deckungsmöglichkeiten *Krüger/Ludewig*, WM 2012, 1942, 1948 f; ausführlich *Mülbert/Sajnovits*, ZBB, 2012, 266; 269 ff. Letztgenannte legen jedoch die ursprünglichen Vorschläge von ESMA für die Ausführungsvorschriften und nicht die endgültigen Fassungen der Kommission zugrunde. Auch BaFin-FAQ zum Verbot ungedeckter Leerverkäufe in Aktien und öffentlichen Schuldtiteln gemäß Art. 12 f der EU-LeerverkaufsVO, Frage 11 ff, abrufbar unter <www.bafin.de/SharedDocs/Veroeffentlichungen/DE/FAQ/faq_leerverkaufsVO_verbot.html?nn=2696590> (8.12.2013).

68 Delegierte Verordnung (EU) Nr. 826/2012 der Kommission vom 29. Juni 2012 zur Ergänzung der Verordnung (EU) Nr. 236/2012 des Europäischen Parlaments und des Rates im Hinblick auf technische Regulierungsstandards für die Melde- und Offenlegungspflichten in Bezug auf Netto-Leerverkaufspositionen, die Einzelheiten der in Bezug auf Netto-Leerverkaufspositionen an die Europäische Wertpapier- und Marktaufsichtsbehörde zu übermittelnden Informationen und die Methode zur Berechnung des Umsatzes zwecks Ermittlung der unter die Ausnahmeregelung fallenden Aktien, ABl. EU Nr. L 251/1 v. 18.9.2012.

69 Delegierte Verordnung (EU) Nr. 919/2012 der Kommission vom 5. Juli 2012 zur Ergänzung der Verordnung (EU) Nr. 236/2012 des Europäischen Parlaments und des Rates über Leerverkäufe und bestimmte Aspekte von Credit Default Swaps im Hinblick auf technische Regulierungsstandards für die Methode zur Berechnung der Wertminderung bei liquiden Aktien und anderen Finanzinstrumenten, ABl. EU Nr. L 274/16 v. 9.10.2012.

70 ESMA-Guidelines 02/04/2013| ESMA/2013/74 (Fn 48).

71 ESMA Q&A (Stand: Januar 2013), abrufbar unter <www.esma.europa.eu/system/files/2013-159.pdf> (8.12.2013).

72 Übersetzte ESMA-Q&A, abrufbar unter <www.bafin.de/SharedDocs/Downloads/DE/FAQ/dl_faq_ESMA_leerverkaufsverordnung_deutsch.html?nn=2696590> (8.12.2013).

73 BaFin-FAQs, abrufbar unter <www.bafin.de/SharedDocs/Veroeffentlichungen/DE/FAQ/faq_leerverkaufsVO_verbot.html?nn=2696590> sowie <www.bafin.de/SharedDocs/Veroeffentlichungen/DE/FAQ/faq_leerverkaufsVO_mitteilungspflichten.html;jsessionid=AF4AB-B7040C98A12C0663461B6AB0AEF.1_cid290?nn=2696590> (8.12.2013).

F. Gesetzliche Umsetzung in Deutschland

40 Die Pflichten aus der EU-Leerverkaufsverordnung gelten unmittelbar, da es keiner Umsetzung in nationales Recht bedarf. Die Mitgliedsstaaten haben jedoch entsprechende Zuständigkeiten zu bestimmen sowie geeignete Sanktionen festzulegen. Um dafür die notwendigen rechtlichen Grundlagen zu schaffen, hat der deutsche Gesetzgeber ein **Ausführungsgesetz zur EU-Leerverkaufsverordnung**[74] erlassen.

§ 30 h[1] Überwachung von Leerverkäufen[1]

(1) [1]Die Bundesanstalt ist zuständige Behörde im Sinne der Verordnung (EU) Nr. 236/2012. [2]§ 15 Absatz 5 a des Börsengesetzes bleibt unberührt. [3]Soweit in der Verordnung (EU) Nr. 236/2012 nichts Abweichendes geregelt ist, gelten die Vorschriften der Abschnitte 1 und 2 dieses Gesetzes, mit Ausnahme des § 7 Absatz 4 Satz 5 bis 8, des § 8 Absatz 1 Satz 3 und des § 9, entsprechend.

(2) [1]Die Bundesanstalt übt die ihr nach Absatz 1 Satz 1 in Verbindung mit der Verordnung (EU) Nr. 236/2012 übertragenen Befugnisse aus, soweit dies für die Wahrnehmung ihrer Aufgaben und die Überwachung der Einhaltung der in der Verordnung (EU) Nr. 236/2012 geregelten Pflichten erforderlich ist. [2]Für die Zwecke des Artikels 9 Absatz 4 Satz 2 der Verordnung (EU) Nr. 236/2012 beaufsichtigt die Bundesanstalt die entsprechenden Internetseiten des Bundesanzeigers.

(3) Widerspruch und Anfechtungsklage gegen Maßnahmen der Bundesanstalt nach Absatz 2, auch in Verbindung mit der Verordnung (EU) Nr. 236/2012, haben keine aufschiebende Wirkung.

(4) [1]Das Bundesministerium der Finanzen kann durch Rechtsverordnung, die nicht der Zustimmung des Bundesrates bedarf, nähere Bestimmungen über

1. Art, Umfang und Form von Mitteilungen und Veröffentlichungen von Netto-Leerverkaufspositionen nach den Artikeln 5 bis 8 der Verordnung (EU) Nr. 236/2012,
1a. die Beaufsichtigung der Internetseiten des Bundesanzeigers für die Zwecke des Artikels 9 Absatz 4 Satz 2 der Verordnung (EU) Nr. 236/2012 sowie
2. Art, Umfang und Form der Mitteilungen, Übermittlungen und Benachrichtigungen gemäß Artikel 17 Absatz 5, 6 und 8 bis 10 der Verordnung (EU) Nr. 236/2012

erlassen. [2]Das Bundesministerium der Finanzen kann die Ermächtigung des Satzes 1 durch Rechtsverordnung ohne Zustimmung des Bundesrates auf die Bundesanstalt übertragen.

Literatur:

Krüger/Ludewig, Leerverkaufsregulierung – Aktueller Stand in Deutschland und Ausblick auf die europäische Regulierung unter besonderer Berücksichtigung der aktuellen Vorschläge zu den ausgestaltenden Rechtsakten, WM 2012, 1942; *Ludewig/Geilfus*, EU-Leerverkaufsregulierung: ESMA-Guidelines bestimmen neuen Rahmen der Ausnahmeregelungen für Market-Maker und Primärhändler – Betrachtung unter besonderer Berücksichtigung der BaFin-Erklärung, dem Großteil der Regelungen nachzukommen (Partially Comply-Erklärung) Leerverkaufsregulierung, WM 2013, 1533; *Mülbert/Sajnovits*, Das künftige Regime für Leerverkäufe und bestimmte Aspekte von Credit Default Swaps nach der Verordnung (EU) Nr. 236/2012, ZBB, 2012, 266; *Zimmer/Beisken*, Die Regulierung von Leerverkäufen de lege lata und de lege ferenda, WM 2010, 485.

A. EU-Gesetzgebung/Hintergrund

1 Über die Verordnung (EU) Nr. 236/2012 des Europäischen Parlaments und des Rates vom 14.3.2012 über Leerverkäufe und bestimmte Aspekte von Credit Default Swaps (**EU-Leerverkaufsverordnung**),[2] wurde zum 1.11.2012 die deutsche Leerverkaufsregulierung, die in einem ersten Schritt Ende 2008 über Allgemeinverfügungen eingeführt worden war[3] und beginnend am 27.7.2010 und schließlich mit Ablösung der

---

74 EU-Leerverkaufs-Ausführungsgesetz, BGBl. I 2012, 2286. Ausführlich dazu auch § 30 h Rn 1 ff.

1 Die Kommentierung gibt die persönliche Auffassung der Autorin wieder.

2 EU-Leerverkaufsverordnung, (EU) Nr. 236/2012, ABl. EU Nr. L 86/1 vom 24.3.2012.

3 Verbotsallgemeinverfügungen der BaFin zu Leerverkaufsverboten vom 19.9.2008, 21.9.2008, 17.12.2008, 30.3.2009, 29.5.2009 und 18.5.2010 sowie Transparenz-Allgemeinverfügungen der BaFin vom 4.3.2010 und 31.1.2011; abrufbar unter <www.bafin.de/DE/DatenDokumente/Dokumentlisten/ListeVerfuegungen/liste_verfuegungen_node.html> (8.12.2013). Zur Chronologie der Allgemeinverfügungen Vor §§ 30 h bis 30 j, Rn 5 ff. Zur Allgemeinverfügung vom 4.3.2010 ausführlich *Mülbert* in: Assmann/Schneider, WpHG, 6. Aufl. 2012, § 30 i Rn 28 ff.

letzten Allgemeinverfügung zum 26.3.2012 vollständig gesetzlich geregelt war,[4] erneut geändert. Die EU-Leerverkaufsverordnung ist am 25.3.2012 in Kraft getreten und gilt in ihren wesentlichen Teilen seit dem 1.11.2012.

Teilweise basierend auf Vorarbeiten des Vorgangsgremiums **CESR**[5] der europäischen Wertpapier- und Marktaufsichtbehörde ESMA legte die Europäische Kommission am 15.9.2010 den ersten **Entwurf einer EU-Leerverkaufsverordnung**[6] vor. Dies war eine Reaktion auf die durch unterschiedliche Notfallmaßnahmen zersplitterte Rechtslage in den Mitgliedsstaaten, so hatte insbesondere Deutschland im Frühjahr und Sommer 2010 über **Allgemeinverfügungen** weitere Leerverkaufsbeschränkungen erlassen.

Im Bewusstsein, dass Leerverkäufe auch positive Auswirkungen[7] haben, indem sie zB zur Markteffizienz beitragen und Gefahr von Preisblasen mindern, sollte den von diesen Verkäufen ausgehenden Gefahren für die **Stabilität der Finanzmärkte** begegnet werden. Ausdrücklich hervorgehoben wurden hierbei die Möglichkeiten der Verursachung von Abwärtsspiralen in extremen Marktsituationen und hieraus folgende **systemische Risiken**, die Verursachung von **Settlementfehlern** und die **Steigerung von Volatilitäten**.[8]

Um eine erneute **Zersplitterung** durch unterschiedliche Regulierungsmaßnahmen der Mitgliedsländer zu vermeiden und die Maßnahmen so weit wie möglich zu harmonisieren,[9] wurden zudem weitreichende **Notfallbefugnisse** der nationalen Aufsichtsbehörden und der europäischen Wertpapier- und Marktaufsichtbehörde ESMA formuliert. Erst im Januar 2012 konnten die Verhandlungen über die EU-Leerverkaufsverordnung, durch die der Vorschlag in vielen wesentlichen Punkten immer wieder abgeändert wurde,[10] abgeschlossen werden.

Die EU-Leerverkaufsverordnung gilt **unmittelbar** und muss nicht national umgesetzt werden. Gleichwohl mussten **Zuständigkeits- und Verfahrensvorschriften** formuliert werden, die für eine wirksame Aufsicht erforderlich sind, sowie die Befugnis zur Regelung durch Rechtsverordnung von nicht durch die EU-Leerverkaufsverordnung abgedeckten Einzelheiten.[11] Diesem Zwecke diente das EU-Leerverkaufs-Ausführungsgesetz.[12]

B. Nationale Regelung

In Erfüllung der Vorgaben von Art. 32 Abs. 1 der EU-Leerverkaufsverordnung mussten **Zuständigkeitszuweisungen** hinsichtlich des Vollzugs der EU-Leerverkaufsverordnung getroffen werden.

In **Abs. 1 S. 1** wird die **BaFin als zuständige Behörde** für die Zwecke der EU-Leerverkaufsverordnung benannt und damit an die bisherige Zuständigkeit der Bundesanstalt nach Abschnitt 5 b des WpHG angeknüpft. Diese Zuständigkeit wird jedoch in **Abs. 1 S. 2** insofern eingeschränkt, als auf die ebenfalls durch das EU-Leerverkaufs-Ausführungsgesetz erschaffene Zuständigkeit der **Geschäftsführung der Börsen** gemäß § 15 Abs. 5 BörsG für die Pflichten aus Art. 23 Abs. 1 der EU-Leerverkaufsverordnung[13] verwiesen wird.

Insofern ist die BaFin im Sinne der EU-Leerverkaufsverordnung die hauptzuständige Behörde (**relevant competent authority** im Sinne von Art. 32 EU-Leerverkaufsverordnung), die zum einen der alleinige Ansprechpartner für ESMA im Sinne der EU-Leerverkaufsverordnung ist und abgesehen von der Regelung in § 15 Abs. 5 BörsG gleichzeitig zuständig für alle Maßnahmen und Befugnisse der EU-Leerverkaufsverordnung in Bezug auf Aktien, öffentliche Schuldtitel und CDS auf öffentliche Schuldtitel, für die eine deutsche Zuständigkeit besteht, ist.

Die Zuständigkeit der **Geschäftsführungen der Börsen** (als **competent authority** im Sinne der EU-Leerverkaufsverordnung) bezieht sich gemäß § 15 Abs. 5 BörsG auf den Erlass von **befristeten Beschränkungen von Leerverkäufen** nach Art. 23 EU-Leerverkaufsverordnung, sofern Finanzinstrumente betroffen sind, die an einem regulierten Markt oder im Freiverkehr dieser Börse gehandelt werden. Diese Sonderzuständigkeit ist begründet durch die Vergleichbarkeit der Maßnahme zur Handelsaussetzung und der größeren Sachnähe der Geschäftsführungen, welche eine **schnelle Reaktion auf Kursrückgänge** ermöglicht.[14] Hinsichtlich

---

4 U.a. §§ 30 h–30 j aF; eingeführt durch das Gesetz zur Vorbeugung gegen missbräuchliche Wertpapier- und Derivategeschäfte (WpMiVoG), BGBl. I 2010, 945. Am 27.7.2010 traten zunächst nur die Verbotsregelungen § 30 h aF und § 30 j aFin Kraft. § 30 i aF der Transparenzpflichten auferlegt, trat in Würdigung der umfassenden Vorbereitungserfordernisse sowohl bei Marktteilnehmern als auch bei der Aufsicht erst am 26.3.2012 in Kraft.
5 Zu den Vorarbeiten auf CESR-Ebene und auch auf IOSCO-Ebene *Krüger/Ludewig*, WM 2012, 1942, 1945 f.
6 KOM (2010) 482 endgültig vom 15.9.2010, abrufbar unter <http://ec.europa.eu/internal_market/securities/docs/short_selling/20100915_proposal_de.pdf> (8.12.2013).
7 Insb. zu den positiven Einflüssen von Leerverkäufen *Zimmer/Beisken*, WM 2010, 485, 485 f.
8 KOM (2010) 482 endgültig (Fn 5), S. 3.
9 KOM (2010) 482 endgültig(Fn 5), S. 10 ff.
10 Dazu *Krüger/Ludewig*, WM 2012, 1942, 1946, Fn 58.
11 Begr. GesE EU-Leerverkaufs-Ausführungsgesetz, BT-Drucks. 168/12, S. 5.
12 EU-Leerverkaufs-Ausführungsgesetz, BGBl. I 2012, 2286.
13 Erläuterung sogleich Rn 9.
14 Begr. GesE EU-Leerverkaufs-Ausführungsgesetz, BT-Drucks. 168/12, S. 8. Vgl aber die ablehnende Beschlussempfehlung des Wirtschaftsausschusses des Bundesrates, BR-Drucks.168/1/12.

des Erlasses von befristeten Beschränkungen von Leerverkäufen nach Art. 23 EU-Leerverkaufsverordnung, sofern Finanzinstrumente betroffen sind, die an einem **MTF** gehandelt werden, welches kein Freiverkehr einer Börse ist, ist die BaFin die zuständige Behörde.

10 In **Abs. 1 S. 3** wird die gegenüber den Spezialvorschriften der EU-Leerverkaufsverordnung nachrangige **Anwendung der Vorschriften der Abschnitte 1 und 2 des WpHG** normiert. Soweit die **EU-Leerverkaufsverordnung** keine speziellen Regelungen enthält, sollen die allgemeinen Vorschriften des WpHG zur Anwendung kommen. Die – wenn auch nachrangige – Anwendbarkeit des WpHG soll gewährleisten, dass mögliche noch nicht erkennbare Regelungslücken der EU-Leerverkaufsverordnung durch den **Rückgriff auf allgemeine Vorschriften und Prinzipien des WpHG** geschlossen werden können.[15] Die §§ 7 Abs. 4 S. 5 bis 8 und § 8 Abs. 1 S. 3 werden jedoch ausdrücklich ausgenommen, da hier Art. 35 bis 40 bzw Art. 34 der EU-Leerverkaufsverordnung abschließende Spezialvorgaben machen.[16]

11 Nach **Abs. 2 S. 1** ist die BaFin verpflichtet, alle Maßnahmen zu ergreifen, die zur effektiven Wahrnehmung ihrer Aufgaben und der Überwachung der Einhaltung der in der EU-Leerverkaufsverordnung geregelten Pflichten erforderlich sind. Durch die zwingende Voraussetzung der Erforderlichkeit findet die Befugnis ihre Grenze im verfassungsmäßig verankerten **Gebot der Verhältnismäßigkeit**.[17]

12 **Art. 9 Abs. 4 S. 2 EU-Leerverkaufsverordnung** normiert, dass die **Offenlegung von Netto-Leerverkaufspositionen** in Aktien gegenüber der Öffentlichkeit auf einer von der jeweils zuständigen Behörde verwalteten oder beaufsichtigten zentralen Website eingestellt werden. Um in Weiterführung des Veröffentlichungsprozederes nach den bis zum 31.10.2012 geltenden nationalen Regelungen zu ermöglichen, dass die Veröffentlichungen im **Bundesanzeiger** erfolgen, wurde in **Abs. 2 S. 2** die Zuständigkeit bzgl einer Beaufsichtigung der Internetseiten des Bundesanzeigers auf die BaFin übertragen.

13 Mit **Abs. 3** wird sichergestellt, dass Maßnahmen der BaFin zur Durchsetzung der EU-Leerverkaufsverordnung sofort vollziehbar sind. Da durch Verstöße gegen die Leerverkaufsbestimmungen in kurzer Zeit hohe Schäden für Teilnehmer an den Finanzmärkten entstehen können, ist dies für eine **wirksame Gefahrenabwehr** geboten.[18]

14 Das Bundesministerium der Finanzen erhält in **Abs. 4** eine Ermächtigung zum Erlass von **Rechtsverordnungen**, die sie auf die BaFin übertragen kann. Es werden die bisherigen Verordnungsermächtigungen nach §§ 30h Abs. 3 aF, 30i Abs. 5 aF und 30i Abs. 4 aF zusammengeführt und im Rahmen der EU-Leerverkaufsverordnung angepasst.[19]

15 **Abs. 4 S. 2 Nr. 1** bildet die Kompetenznorm für den Erlass der **Netto-Leerverkaufspositionsverordnung**,[20] die seit 22.12.2012 gilt.

16 Weiterer **nationaler Regelungsbedarf** besteht insbesondere hinsichtlich nicht in der EU-Leerverkaufsverordnung geregelter technischer Einzelheiten des **Anzeige- und Meldeverfahren für Market-Maker**.[21] Unter Zugrundelegung der Kompetenz aus Abs. 4 S. 2 Nr. 2 ist nach der Fertigstellung und Veröffentlichung von ESMA-Guidelines[22] zur Umsetzung des Anzeigeverfahrens von Market-Making-Tätigkeiten gemäß Art. 17 EU-Leerverkaufsverordnung eine Veröffentlichung der Leerverkaufs-Anzeigeverordnung[23] in überarbeiteter Form Anfang 2014 zu erwarten.[24]

17 Nach Art. 41 EU-Leerverkaufsverordnung haben die Mitgliedstaaten u.a. wirksame Sanktionen für Verstöße festzulegen. Insofern ist in **§ 39 Abs. 2 d** mit den Ziffern 1–5 ein **umfassender Bußgeldkatalog** aufgenommen worden, der für Verstöße gegen die in der EU-Leerverkaufsverordnung festgelegten Verbote und Pflichten Sanktionen bestimmt.[25]

---

15 Begr GesE EU-Leerverkaufs-Ausführungsgesetz, BT-Drucks. 168/12, S. 8.
16 Begr. GesE EU-Leerverkaufs-Ausführungsgesetz, BT-Drucks. 168/12, S. 8.
17 Begr. GesE EU-Leerverkaufs-Ausführungsgesetz, BT-Drucks. 168/12, S. 8.
18 Begr. GesE EU-Leerverkaufs-Ausführungsgesetz, BT-Drucks. 168/12, S. 8.
19 Begr. GesE EU-Leerverkaufs-Ausführungsgesetz, BT-Drucks. 168/12, S. 8.
20 Netto-Leerverkaufspositionsverordnung (NLPosV), BGBl. I 2012, 2699; Geltung seit 22.12.2012.
21 Dazu *Krüger/Ludewig*, WM 2012, 1942, 1950.
22 ESMA-Guidelines 02/04/2013| ESMA/2013/74, abrufbar unter <www.esma.europa.eu/system/files/esma2013-74_de.pdf> (8.12.2013). Zu den Einzelheiten siehe *Ludewig/Geilfus*, WM 2013, 1533 ff.
23 Leerverkaufs-Anzeigeverordnung (LAnzV), BGBl. I 2011, 636.
24 Im Rahmen einer Konsultation wurde der Entwurf der überarbeiteten LAnzV am 28.10.2013 veröffentlicht, abrufbar unter http://www.bafin.de/SharedDocs/Veroeffentlichungen/DE/Konsultation/2013/kon_1813_LAnzV_wa.html (8.12.2013).
25 Zu den Einzelheiten siehe *Mülbert/Sajnovits*, ZBB 2012, 266, 282.

§§ 30i und 30j (aufgehoben)

Abschnitt 6
Verhaltenspflichten, Organisationspflichten, Transparenzpflichten

Vor §§ 31–37[1]

Literatur:
Siehe § 31.

A. Europarechtliche Grundlagen, Aufbau

Der 6. Abschnitt enthält eine Reihe von Verhaltensregeln für die Normadressaten (insbesondere §§ 31–32d, 34b), Diese ergänzen die internen Organisationspflichten, etwa zur Identifikation und zum Management von Interessenkonflikten (insbesondere § 33).[2] Hinzu kommen Transparenzpflichten sowie Aufzeichnungspflichten. Weiterhin hat der Gesetzgeber verschiedene Befugnisse der Aufsichtsbehörde (insbesondere §§ 35, 36) in dem Abschnitt normiert. 1

Die hier geregelten Verhaltens- und Organisationspflichten fußen im wesentlichen auf der Richtlinie über Märkte für Finanzinstrumente (MiFID),[3] der hierzu erlassenen Durchführungsverordnung[4] (DVO) sowie der Durchführungsrichtlinie (DRL).[5] Wesentliche Gedanken waren jedoch schon in der Richtlinie des Rates vom 10.5.1993 über Wertpapierdienstleistungen enthalten.[6] Die Umsetzung der MiFID erfolgte durch das Finanzmarktrichtlie-Umsetzungsgesetz (FRUG) vom 16.7.2007.[7] Weitere Änderungen wird die MiFID II mit sich bringen. 2

B. Öffentlich-rechtliche Qualität und Verhältnis zum Zivilrecht

Die in den §§ 31 ff normierten aufsichtsrechtlichen Pflichten sind öffentlich-rechtlicher Natur.[8] Sie enthalten zwingendes Recht.[9] Damit können sie weder durch AGB noch individualvertraglich abbedungen werden. 3

Sie bestehen grundsätzlich neben und unabhängig von den zivilrechtlichen Pflichten. Zwar wurden die Wohlverhaltensregeln von der zivilrechtlichen Rechtsprechung – insbesondere dem Bond-Urteil – beeinflusst.[10] Auch findet umgekehrt wohl eine Beeinflussung des Zivilrechts durch das Aufsichtsrecht statt.[11] Trotz dieser gegenseitigen Beeinflussung und einer damit verbundenen tendenziellen Annäherung bzw einem „Gleichlauf"[12] sind beide Materien zu trennen. Diese Trennung wird in der Praxis häufig nicht vorgenommen, ist aber angesichts der klaren Gesetzeslage unverzichtbar. 4

---

1 Die Kommentierung der §§ 31 bis 37a gibt die persönliche Auffassung des Autors wieder.
2 Begr. RegE (FRUG), BT-Drucks. 16/4028, S. 63.
3 Richtlinie 2004/39/EG des Europäischen Parlaments und des Rates v. 21.4.2004 über Märkte für Finanzinstrumente, zur Änderung der Richtlinie 85/611/EWG und 93/6 EWG des Rates und der Richtlinie 2000/12/EG des Europäischen Parlaments und es Rates und zur Aufhebung der Richtlinie 93/22/EWG des Rates, ABl. EG Nr. L 145 v. 30.4.2004, S. 1; zu Entstehung und Grundkonzeption s. Fleischer, aaO; Fuchs/Fuchs, WpHG, vor §§ 31 bis 37a Rn 13; zur Vorgeschichte s. Fuchs/Fuchs, WpHG, vor §§ 31 bis 37a Rn 2 ff.
4 VO (EG) Nr. 1287/2006 der Kommission v. 10. August 2006 zur Durchführung der Richtlinie 2004/39/EG des Europäischen Parlaments und des Rates betreffend die Aufzeichnungspflichten für Wertpapierfirmen, die Meldung von Geschäften, die Markttransparenz, die Zulassung von Finanzinstrumenten zum Handel und bestimmte Begriffe im Sinne dieser Richtlinie, ABl. EG Nr. L 241/1 v. 2.9.2006.
5 Richtlinie 2006/73/EG der Kommission v. 10. August 2006 zur Durchführung der Richtlinie 2004/39/EG des Europäischen Parlaments und des Rates in Bezug auf die organisatorischen Anforderungen an Wertpapierfirmen und die Bedingungen für die Ausübung ihrer Tätigkeit sowie in Bezug auf die Definition bestimmter Begriffe für die Zwecke der genannten Richtlinie, ABl. EG Nr. L 241/26 v. 2.9.2006.
6 ABl. EG Nr. L 141/27 v. 11.6.1993. Zur Entstehungsgeschichte der Richtlinie sowie zu den verschiedenen Stufen der Umsetzung s. Koller, in: Assmann/Schneider, vor § 31 Rn 1; eine Gegenüberstellung wesentlicher Regelungen im alten und neuen Recht nimmt Kumpan aaO vor.
7 Gesetz zur Umsetzung der Richtlinie über Märkte für Finanzinstrumente, der Durchführungsrichtlinie der Kommission v. 16.7.2007, BGBl. I S. 1330.
8 Siehe etwa Fuchs/Fuchs, WpHG, vor §§ 31 bis 37a Rn 56; Koller, in: Assmann/Schneider, vor § 31 Rn 2.
9 Cahn, ZHR 162 (1998), 1, 34; Koller, in: Assmann/Schneider, § 31 Rn 126.
10 BGHZ 123, 126;.
11 Schäfer/Hamann/Schäfer, vor § 31 WpHG: „Ausstrahlungswirkung"; Fuchs/Fuchs, WpHG, vor §§ 31 bis 37a Rn 60; Bliesener, S. 140 ff 1154; Gaßner/Escher, WM 1997, 93, 94; Horn, ZBB 1997, 139, 150; Köndgen, ZBB 1996, 361; Mülbert, WM 2007, 1149, 1154.
12 In diese Richtung Horn, S. 150: „Gleichlauf".

C. Schutzgesetzcharakter

5 Den §§ 31 und 32 kommt nach inzwischen ganz herrschender Meinung in der Literatur Schutzgesetzcharakter iSd § 823 Abs. 2 BGB zu.[13] Für § 31 Abs. 1 Nr. 2 aF hat der BGH die Schutzgesetzeigenschaft mit der Begründung verneint, aus der Norm ergebe sich lediglich die Pflicht zum Ergreifen organisatorischer Maßnahmen. Auch § 32 Abs. 2 Nr. 1 aF hat er die Schutzgesetzeigenschaft abgesprochen.[14] Dasselbe stellte das OLG Frankfurt für § 34 a aF fest.[15]

D. Untergesetzliche Regelungen (insb. WpDVerOV, MaComp)

6 Eine Reihe von Normen des 6. Abschnitts enthält Rechtsverordnungsermächtigungen. Von mehreren dieser Ermächtigungen wurde mit der Wertpapierdienstleistungs-Verhaltens- und Organisationsverordnung – Verordnung zur Konkretisierung der Verhaltensregeln und Organisationsanforderungen für Wertpapierdienstleistungsunternehmen (WpDVerOV) vom 20. Juli 2007 Gebrauch gemacht.[16]

7 Einzelne Regelungen des 6. Abschnitts sowie der WpDVerOV werden zudem durch das Rundschreiben 4/2010 (WA) – Mindestanforderungen an die Compliance-Funktion und die weiteren Verhaltens-, Organisations- und Transparenzpflichten nach §§ 31 ff für Wertpapierdienstleistungsunternehmen (**MaComp**) vom 7. Juni 2010 präzisiert.[17]

§ 31 Allgemeine Verhaltensregeln

(1) Ein Wertpapierdienstleistungsunternehmen ist verpflichtet,
1. Wertpapierdienstleistungen und Wertpapiernebendienstleistungen mit der erforderlichen Sachkenntnis, Sorgfalt und Gewissenhaftigkeit im Interesse seiner Kunden zu erbringen,
2. sich um die Vermeidung von Interessenkonflikten zu bemühen und vor Durchführung von Geschäften für Kunden diesen die allgemeine Art und Herkunft der Interessenkonflikte eindeutig darzulegen, soweit die organisatorischen Vorkehrungen nach § 33 Abs. 1 Satz 2 Nr. 3 nicht ausreichen, um nach vernünftigem Ermessen das Risiko der Beeinträchtigung von Kundeninteressen zu vermeiden.

(2) ¹Alle Informationen einschließlich Werbemitteilungen, die Wertpapierdienstleistungsunternehmen Kunden zugänglich machen, müssen redlich, eindeutig und nicht irreführend sein. ²Werbemitteilungen müssen eindeutig als solche erkennbar sein. ³§ 302 des Kapitalanlagegesetzbuchs und § 15 des Wertpapierprospektgesetzes bleiben unberührt. ⁴Sofern Informationen über Finanzinstrumente oder deren Emittenten gegeben werden, die direkt oder indirekt eine allgemeine Empfehlung für eine bestimmte Anlageentscheidung enthalten, müssen
1. die Wertpapierdienstleistungsunternehmen den Anforderungen des § 33 b Abs. 5 und 6 sowie des § 34 b Abs. 5, auch in Verbindung mit einer Rechtsverordnung nach § 34 b Abs. 8, oder vergleichbaren ausländischen Vorschriften entsprechen oder
2. die Informationen, sofern sie ohne Einhaltung der Nummer 1 als Finanzanalyse oder Ähnliches beschrieben oder als objektive oder unabhängige Erläuterung der in der Empfehlung enthaltenen Punkte dargestellt werden, eindeutig als Werbemitteilung gekennzeichnet und mit einem Hinweis versehen sein, dass sie nicht allen gesetzlichen Anforderungen zur Gewährleistung der Unvoreingenommenheit von Finanzanalysen genügen und dass sie einem Verbot des Handels vor der Veröffentlichung von Finanzanalysen nicht unterliegen.

(3) ¹Wertpapierdienstleistungsunternehmen sind verpflichtet, Kunden rechtzeitig und in verständlicher Form Informationen zur Verfügung zu stellen, die angemessen sind, damit die Kunden nach vernünftigem Ermessen die Art und die Risiken der ihnen angebotenen oder von ihnen nachgefragten Arten von Finanzinstrumenten oder Wertpapierdienstleistungen verstehen und auf dieser Grundlage ihre Anlageentscidun-

---

[13] Zum Meinungsstand s. Fuchs/*Fuchs*, WpHG, vor §§ 31 bis 37 a Rn 80 ff; *Koller*, in: Assmann/Schneider, vor § 31 Rn 6; *Balzer*, S. 263 ff; ein umfassender Überblick – nach einzelnen Normen differenzierend – findet sich bei *Krisl*, aaO, sowie *Schäfer*, aaO.

[14] Siehe BGH v. 19.2.2008 – XI ZR 170/07, BKR 2008, 296, mAnm. *Balzer/Lang*, BKR 2008, 297, 301: Entscheidung ist „diskussionswürdig".

[15] Siehe OLG Frankfurt v. 17.6.2009 (n. rkr.), BKR 2009, 388; s. auch Anm. *Lange*, EWiR 2010, 131.

[16] (BGBl. I S. 1432), Die Verordnung wurde zuletzt am 5.4.2011 geändert (BGBl. I S. 538); die WpDVerOV ist abrufbar unter <www.bafin.de>.

[17] Geschäftszeichen WA 31-Wp 2002-2009/0010; das Rundschreiben wurde zuletzt am 7.12.2012 geändert; die MaComp sind abrufbar unter <www.bafin.de>.

gen treffen können. ²Die Informationen können auch in standardisierter Form zur Verfügung gestellt werden. ³Die Informationen müssen sich beziehen auf

1. das Wertpapierdienstleistungsunternehmen und seine Dienstleistungen,
2. die Arten von Finanzinstrumenten und vorgeschlagene Anlagestrategien einschließlich damit verbundener Risiken,
3. Ausführungsplätze und
4. Kosten und Nebenkosten.

⁴§§ 293 bis 296, 297, 303 bis 307 des Kapitalanlagegesetzbuchs bleiben unberührt.

(3 a) ¹Im Falle einer Anlageberatung ist dem Kunden rechtzeitig vor dem Abschluss eines Geschäfts über Finanzinstrumente ein kurzes und leicht verständliches Informationsblatt über jedes Finanzinstrument zur Verfügung zu stellen, auf das sich eine Kaufempfehlung bezieht. ²Die Angaben in den Informationsblättern nach Satz 1 dürfen weder unrichtig noch irreführend sein und müssen mit den Angaben des Prospekts vereinbar sein. ³An die Stelle des Informationsblattes treten

1. bei Anteilen oder Aktien an OGAW oder an offenen Publikums-AIF die wesentlichen Anlegerinformationen nach den §§ 164 und 166 des Kapitalanlagegesetzbuchs,
2. bei Anteilen oder Aktien an geschlossenen Publikums-AIF die wesentlichen Anlegerinformationen nach den §§ 268 und 270 des Kapitalanlagegesetzbuchs,
3. bei EU-AIF und ausländischen AIF die wesentlichen Anlegerinformationen nach § 318 Absatz 5 des Kapitalanlagegesetzbuchs,
4. bei EU-OGAW die wesentlichen Anlegerinformationen, die nach § 298 Absatz 1 Satz 2 des Kapitalanlagegesetzbuchs in deutscher Sprache veröffentlicht worden sind,
5. bei inländischen Investmentvermögen im Sinne des Investmentgesetzes in der bis zum 21. Juli 2013 geltenden Fassung, die für den in § 345 Absatz 6 Satz 1 des Kapitalanlagegesetzbuchs genannten Zeitraum noch weiter vertrieben werden dürfen, die wesentlichen Anlegerinformationen, die nach § 42 Absatz 2 des Investmentgesetzes in der bis zum 21. Juli 2013 geltenden Fassung erstellt worden sind, und
6. bei ausländischen Investmentvermögen im Sinne des Investmentgesetzes in der bis zum 21. Juli 2013 geltenden Fassung, die für den in § 345 Absatz 8 Satz 2 oder § 355 Absatz 2 Satz 10 des Kapitalanlagegesetzbuchs genannten Zeitraum noch weiter vertrieben werden dürfen, die wesentlichen Anlegerinformationen, die nach § 137 Absatz 2 des Investmentgesetzes in der bis zum 21. Juli 2013 geltenden Fassung erstellt worden sind, und
7. bei Vermögensanlagen im Sinne des § 1 Absatz 2 des Vermögensanlagengesetzes das Vermögensanlagen-Informationsblatt nach § 13 des Vermögensanlagengesetzes, soweit der Anbieter der Vermögensanlagen zur Erstellung eines solchen Vermögensanlagen-Informationsblatts verpflichtet ist.

(4) ¹Ein Wertpapierdienstleistungsunternehmen, das Anlageberatung oder Finanzportfolioverwaltung erbringt, muss von den Kunden alle Informationen einholen über Kenntnisse und Erfahrungen der Kunden in Bezug auf Geschäfte mit bestimmten Arten von Finanzinstrumenten oder Wertpapierdienstleistungen, über die Anlageziele der Kunden und über ihre finanziellen Verhältnisse, die erforderlich sind, um den Kunden ein für sie geeignetes Finanzinstrument oder eine für sie geeignete Wertpapierdienstleistung empfehlen zu können. ²Die Geeignetheit beurteilt sich danach, ob das konkrete Geschäft, das dem Kunden empfohlen wird, oder die konkrete Wertpapierdienstleistung im Rahmen der Finanzportfolioverwaltung den Anlagezielen des betreffenden Kunden entspricht, die hieraus erwachsenden Anlagerisiken für den Kunden seinen Anlagezielen entsprechend finanziell tragbar sind und der Kunde mit seinen Kenntnissen und Erfahrungen die hieraus erwachsenden Anlagerisiken verstehen kann. ³Erlangt das Wertpapierdienstleistungsunternehmen die erforderlichen Informationen nicht, darf es im Zusammenhang mit einer Anlageberatung kein Finanzinstrument empfehlen oder im Zusammenhang mit einer Finanzportfolioverwaltung keine Empfehlung abgeben.

(4 a) ¹Ein Wertpapierdienstleistungsunternehmen, das die in Absatz 4 Satz 1 genannten Wertpapierdienstleistungen erbringt, darf seinen Kunden nur Finanzinstrumente und Wertpapierdienstleistungen empfehlen, die nach den eingeholten Informationen für den Kunden geeignet sind. ²Die Geeignetheit beurteilt sich nach Absatz 4 Satz 2.

[(4 b) *¹Ein Wertpapierdienstleistungsunternehmen, das Anlageberatung erbringt, ist verpflichtet, Kunden vor Beginn der Beratung und vor Abschluss des Beratungsvertrages rechtzeitig und in verständlicher Form darüber zu informieren, ob die Anlageberatung als Honorar-Anlageberatung erbracht wird oder nicht. ²Wird die Anlageberatung nicht als Honorar-Anlageberatung erbracht, ist der Kunde darüber zu infor-*

mieren, ob im Zusammenhang mit der Anlageberatung Zuwendungen von Dritten angenommen und behalten werden dürfen.

(4c) ¹Ein Wertpapierdienstleistungsunternehmen, das die Anlageberatung als Honorar-Anlageberatung erbringt,
1. muss seiner Empfehlung eine hinreichende Anzahl von auf dem Markt angebotenen Finanzinstrumenten zu Grunde legen, die
   a) hinsichtlich ihrer Art und ihres Anbieters oder Emittenten hinreichend gestreut sind und
   b) nicht beschränkt sind auf Anbieter oder Emittenten, die in einer engen Verbindung zum Wertpapierdienstleistungsunternehmen stehen oder zu denen in sonstiger Weise wirtschaftliche Verflechtungen bestehen; Gleiches gilt für Finanzinstrumente, deren Anbieter oder Emittent das Wertpapierdienstleistungsunternehmen selbst ist,
2. darf sich die Honorar-Anlageberatung allein durch den Kunden vergüten lassen. Es darf im Zusammenhang mit der Honorar-Anlageberatung keinerlei nicht monetäre Zuwendungen von einem Dritten, der nicht Kunde dieser Dienstleistung ist oder von dem Kunden dazu beauftragt worden ist, annehmen. Monetäre Zuwendungen dürfen nur dann angenommen werden, wenn das empfohlene Finanzinstrument oder ein in gleicher Weise geeignetes Finanzinstrument ohne Zuwendung nicht erhältlich ist. Monetäre Zuwendungen sind in diesem Fall unverzüglich nach Erhalt und ungemindert an den Kunden auszukehren. Vorschriften über die Entrichtung von Steuern und Abgaben bleiben davon unberührt.

²Im Übrigen gelten die Anforderungen für die Anlageberatung.

(4d) ¹Bei der Empfehlung von Geschäftsabschlüssen in Finanzinstrumenten, die auf einer Honorar-Anlageberatung beruhen, deren Anbieter oder Emittent das Wertpapierdienstleistungsunternehmen selbst ist oder zu deren Anbieter oder Emittenten eine enge Verbindung oder sonstige wirtschaftliche Verflechtungen bestehen, muss das Wertpapierdienstleistungsunternehmen den Kunden rechtzeitig vor der Empfehlung und in verständlicher Form informieren, über
1. die Tatsache, dass es selbst Anbieter oder Emittent der Finanzinstrumente ist,
2. die Tatsache, dass eine enge Verbindung oder eine sonstige wirtschaftliche Verflechtung zum Anbieter oder Emittenten besteht, sowie
3. das Bestehen eines eigenen Gewinninteresses oder das Interesse eines mit ihm verbundenen oder wirtschaftlich verflochtenen Emittenten oder Anbieters an dem Geschäftsabschluss.

²Ein Wertpapierdienstleistungsunternehmen darf einen auf seiner Honorar-Anlageberatung beruhenden Geschäftsabschluss nicht als Geschäft mit dem Kunden zu einem festen oder bestimmbaren Preis für eigene Rechnung (Festpreisgeschäft) ausführen. ³Ausgenommen sind Festpreisgeschäfte in Finanzinstrumenten, deren Anbieter oder Emittent das Wertpapierdienstleistungsunternehmen selbst ist.]¹

(5) ¹Vor der Erbringung anderer als der in Absatz 4 genannten Wertpapierdienstleistungen zur Ausführung von Kundenaufträgen hat ein Wertpapierdienstleistungsunternehmen von den Kunden Informationen über Kenntnisse und Erfahrungen der Kunden in Bezug auf Geschäfte mit bestimmten Arten von Finanzinstrumenten oder Wertpapierdienstleistungen einzuholen, soweit diese Informationen erforderlich sind, um die Angemessenheit der Finanzinstrumente oder Wertpapierdienstleistungen für die Kunden beurteilen zu können. ²Die Angemessenheit beurteilt sich danach, ob der Kunde über die erforderlichen Kenntnisse und Erfahrungen verfügt, um die Risiken in Zusammenhang mit der Art der Finanzinstrumente, Wertpapierdienstleistungen angemessen beurteilen zu können. ³Gelangt ein Wertpapierdienstleistungsunternehmen aufgrund der nach Satz 1 erhaltenen Informationen zu der Auffassung, dass das vom Kunden gewünschte Finanzinstrument oder die Wertpapierdienstleistung für den Kunden nicht angemessen ist, hat es den Kunden darauf hinzuweisen. ⁴Erlangt das Wertpapierdienstleistungsunternehmen nicht die erforderlichen Informationen, hat es den Kunden darüber zu informieren, dass eine Beurteilung der Angemessenheit im Sinne des Satzes 1 nicht möglich ist. ⁵Der Hinweis nach Satz 3 und die Information nach Satz 4 können in standardisierter Form erfolgen.

(6) Soweit die in den Absätzen 4 und 5 genannten Informationen auf Angaben des Kunden beruhen, hat das Wertpapierdienstleistungsunternehmen die Fehlerhaftigkeit oder Unvollständigkeit der Angaben seiner Kunden nicht zu vertreten, es sei denn, die Unvollständigkeit oder Unrichtigkeit der Kundenangaben ist ihm bekannt oder infolge grober Fahrlässigkeit unbekannt.

---

1   Gemäß Art. 1 Nr. 2 a) iVm Art. 5 Abs. 2 G v. 15.7.2013
    (BGBl. I S. 2390, 2392) teten die Abs. 4 b, 4 c, 4 d
    mWv 1.8.2014 in Kraft.

(7) Die Pflichten nach Absatz 5 gelten nicht, soweit das Wertpapierdienstleistungsunternehmen
1. auf Veranlassung des Kunden Finanzkommissionsgeschäft, Eigenhandel, Abschlussvermittlung oder Anlagevermittlung in Bezug auf Aktien, die zum Handel an einem organisierten Markt oder einem gleichwertigen Markt zugelassen sind, Geldmarktinstrumente, Schuldverschreibungen und andere verbriefte Schuldtitel, in die kein Derivat eingebettet ist, den Anforderungen der Richtlinie 2009/65/EG entsprechende Anteile an Investmentvermögen oder in Bezug auf andere nicht komplexe Finanzinstrumente erbringt und
2. den Kunden darüber informiert, dass keine Angemessenheitsprüfung im Sinne des Absatzes 5 vorgenommen wird. Die Information kann in standardisierter Form erfolgen.

(8) Wertpapierdienstleistungsunternehmen müssen ihren Kunden in geeigneter Form über die ausgeführten Geschäfte oder die erbrachte Finanzportfolioverwaltung berichten.

(9) ¹Bei professionellen Kunden im Sinne des § 31a Abs. 2 ist das Wertpapierdienstleistungsunternehmen im Rahmen seiner Pflichten nach Absatz 4 berechtigt, davon auszugehen, dass sie für die Produkte, Geschäfte oder Dienstleistungen, für die sie als professionelle Kunden eingestuft sind, über die erforderlichen Kenntnisse und Erfahrungen verfügen, um die mit den Geschäften oder der Finanzportfolioverwaltung einhergehenden Risiken zu verstehen, und dass für sie etwaige mit dem Geschäft oder der Finanzportfolioverwaltung einhergehende Anlagerisiken entsprechend ihren Anlagezielen finanziell tragbar sind. ²Ein Informationsblatt nach Absatz 3a Satz 1 oder ein Dokument gemäß Absatz 3a Satz 3 oder 4 muss professionellen Kunden im Sinne des § 31a Absatz 2 nicht zur Verfügung gestellt werden.

(10) Absatz 1 Nr. 1 und die Absätze 2 bis 9 sowie die §§ 31a, 31b, 31d und 31e gelten entsprechend auch für Unternehmen mit Sitz in einem Drittstaat, die Wertpapierdienstleistungen oder Wertpapiernebendienstleistungen gegenüber Kunden erbringen, die ihren gewöhnlichen Aufenthalt oder ihre Geschäftsleitung im Inland haben, sofern nicht die Wertpapierdienstleistung oder Wertpapiernebendienstleistung einschließlich der damit im Zusammenhang stehenden Nebenleistungen ausschließlich in einem Drittstaat erbracht wird.

(11) ¹Das Bundesministerium der Finanzen kann durch Rechtsverordnung, die nicht der Zustimmung des Bundesrates bedarf, nähere Bestimmungen erlassen
1. zu Art, Umfang und Form der Offenlegung nach Absatz 1 Nr. 2,
2. zu Art, inhaltlicher Gestaltung, Zeitpunkt und Datenträger der nach den Absätzen 2 und 3 Satz 1 bis 3, den Absätzen 4b und 4d Satz 1 notwendigen Informationen für die Kunden,
2a. im Einvernehmen mit dem Bundesministerium für Ernährung, Landwirtschaft und Verbraucherschutz, zu Inhalt und Aufbau der Informationsblätter im Sinne des Absatzes 3a Satz 1 und der Art und Weise ihrer Zurverfügungstellung,
3. zur Art der nach den Absätzen 4 und 5 von den Kunden einzuholenden Informationen,
3a. zu der Anforderung nach Absatz 4c Satz 1 Nummer 1, der Empfehlung im Rahmen der Honorar-Anlageberatung eine hinreichende Anzahl von auf dem Markt angebotenen Finanzinstrumenten zu Grunde legen,
4. zur Zuordnung anderer Finanzinstrumente zu den nicht komplexen Finanzinstrumenten im Sinne des Absatzes 7 Nr. 1,
5. zu Art, inhaltlicher Gestaltung, Zeitpunkt und Datenträger der Berichtspflichten nach Absatz 8.

²Das Bundesministerium der Finanzen kann die Ermächtigung durch Rechtsverordnung auf die Bundesanstalt übertragen.

Verordnung zur Konkretisierung der Verhaltensregeln und Organisationsanforderungen für Wertpapierdienstleistungsunternehmen (Wertpapierdienstleistungs-Verhaltens- und Organisationsverordnung – WpDVerOV)[2]

Vom 20. Juli 2007 (BGBl. I S. 1432)

(FNA 4110-4-13)

zuletzt geändert durch Art. 10 G zur Umsetzung der VerbraucherrechteRL und zur Änd. des G zur Regelung der Wohnungsvermittlung vom 20. September 2013 (BGBl. I S. 3642, 3661)

Auf Grund des § 31 Abs. 11 Satz 1, des § 31 a Abs. 8 Satz 1, des § 31 b Abs. 2 Satz 1, des § 31 c Abs. 3 Satz 1, des § 33 Abs. 4 Satz 1, des § 33 a Abs. 9 Satz 1 und des § 34 Abs. 4 Satz 1 des Wertpapierhandelsgesetzes in der Fassung der Bekanntmachung vom 9. September 1998 (BGBl. I S. 2708), von denen § 31 Abs. 11 durch Artikel 1 Nr. 16 Buchstabe e, § 31 a Abs. 8, § 31 b Abs. 2 und § 31 c Abs. 3 jeweils durch Artikel 1 Nr. 17, § 33 Abs. 4 durch Artikel 1 Nr. 20, § 33 a Abs. 9 durch Artikel 1 Nr. 21 und § 34 Abs. 4 durch Artikel 1 Nr. 22 des Gesetzes vom 16. Juli 2007 (BGBl. I S. 1330) eingefügt worden sind, verordnet das Bundesministerium der Finanzen:

§ 1 Anwendungsbereich

(1) Die Vorschriften dieser Verordnung sind anzuwenden auf
1. die Kundeneigenschaft, soweit diese betrifft
   a) die Vorgaben an eine Einstufung als professioneller Kunde im Sinne des § 31 a Abs. 2 Satz 2 Nr. 2 des Wertpapierhandelsgesetzes,
   b) das Verfahren und die organisatorischen Vorkehrungen der Wertpapierdienstleistungsunternehmen bei der Änderung der Einstufung des Kunden nach § 31 a Abs. 5 des Wertpapierhandelsgesetzes,
   c) die Kriterien, das Verfahren und die organisatorischen Vorkehrungen bei einer Einstufung eines professionellen Kunden als Privatkunde nach § 31 a Abs. 6 des Wertpapierhandelsgesetzes und eines Privatkunden als professioneller Kunde nach § 31 a Abs. 7 des Wertpapierhandelsgesetzes,
2. organisatorische Vorkehrungen und Verfahren der Einstufung geeigneter Gegenparteien hinsichtlich
   a) der Form und des Inhalts einer Vereinbarung zwischen geeigneter Gegenpartei und dem Wertpapierdienstleistungsunternehmen nach § 31 b Abs. 1 Satz 2 des Wertpapierhandelsgesetzes,
   b) der Zustimmung, als geeignete Gegenpartei nach § 31 a Abs. 4 Satz 2 des Wertpapierhandelsgesetzes behandelt zu werden,
3. die allgemeinen Verhaltensregeln, soweit diese betreffen
   a) die Gestaltung der Information für die Kunden nach § 31 Abs. 1 Nr. 2, Abs. 2 und 3 des Wertpapierhandelsgesetzes nach Art, Inhalt und Zeitpunkt und die Anforderungen an den Datenträger,
   b) die Art der nach § 31 Abs. 4 und 5 des Wertpapierhandelsgesetzes von den Kunden einzuholenden Informationen,
   c) die Bestimmung weiterer nicht komplexer Finanzinstrumente im Sinne des § 31 Abs. 7 Nr. 1 des Wertpapierhandelsgesetzes,
   d) die Gestaltung nach Art, Inhalt und Zeitpunkt der nach § 31 Abs. 8 des Wertpapierhandelsgesetzes notwendigen Berichte an die Kunden und die Anforderungen an den Datenträger,
4. die Bearbeitung von Kundenaufträgen hinsichtlich
   a) der Verpflichtung zur korrekten Verbuchung der Kundengelder und Kundenfinanzinstrumente nach § 31 c Abs. 1 Nr. 3 des Wertpapierhandelsgesetzes,
   b) der Verpflichtung, bei der Zusammenlegung von Kundenaufträgen mit anderen Kundenaufträgen oder mit Aufträgen für eigene Rechnung des Wertpapierdienstleistungsunternehmens die Interessen aller beteiligten Kunden zu wahren,

---

[2] **Amtl. Anm.:** Diese Verordnung dient der weiteren Umsetzung
– des Anhangs II der Richtlinie 2004/39/EG des Europäischen Parlaments und des Rates vom 21. April 2004 über Märkte für Finanzinstrumente, zur Änderung der Richtlinien 85/611/EWG und 93/6/EWG des Rates und der Richtlinie 2000/12/EG des Europäischen Parlaments und des Rates und zur Aufhebung der Richtlinie 93/22/EWG des Rates (ABl. EU Nr. L 145 S. 1, 2005 Nr. L 45 S. 18), die durch die Richtlinie 2006/31/EG des Europäischen Parlaments und des Rates vom 5. April 2006 (ABl. EU Nr. L 114 S. 60) geändert worden ist, und
– der Richtlinie 2006/73/EG der Kommission vom 10. August 2006 zur Durchführung der Richtlinie 2004/39/EG des Europäischen Parlaments und des Rates in Bezug auf die organisatorischen Anforderungen an Wertpapierfirmen und die Bedingungen für die Ausübung ihrer Tätigkeit sowie in Bezug auf die Definition bestimmter Begriffe für die Zwecke der genannten Richtlinie (ABl. EU Nr. L 241 S. 26).

c) der Verpflichtung, limitierte Kundenaufträge in Bezug auf Aktien, die zum Handel an einem organisierten Markt zugelassen sind, aufgrund der Marktbedingungen aber nicht unverzüglich ausgeführt werden, unverzüglich so bekannt zu machen, dass sie anderen Marktteilnehmern leicht zugänglich sind, solange der Kunde keine andere Weisung erteilt,

d) der Voraussetzungen, unter denen die Bundesanstalt für Finanzdienstleistungsaufsicht (Bundesanstalt) die Verpflichtung zur Bekanntmachung limitierter Kundenaufträge nach § 31c Abs. 2 Satz 1 des Wertpapierhandelsgesetzes, die den marktüblichen Geschäftsumfang im Sinne des § 31 Abs. 2 Satz 3 des Wertpapierhandelsgesetzes erheblich überschreiten, aufheben kann,

5. die bestmögliche Ausführung von Kundenaufträgen in Bezug auf
   a) die Mindestanforderungen zur Aufstellung der Ausführungsgrundsätze nach § 33a Abs. 1 bis 5 des Wertpapierhandelsgesetzes,
   b) die Grundsätze nach § 33a Abs. 8 Nr. 2 des Wertpapierhandelsgesetzes für Wertpapierdienstleistungsunternehmen, die Aufträge ihrer Kunden an Dritte zur Ausführung weiterleiten oder Finanzportfolioverwaltung betreiben, ohne die Aufträge oder Entscheidungen selbst auszuführen,
   c) die Überprüfung sämtlicher Vorkehrungen nach § 33 Abs. 1 und 8 des Wertpapierhandelsgesetzes,
   d) die Gestaltung nach Art und Umfang der Information über die Ausführungsgrundsätze nach § 33a Abs. 6 des Wertpapierhandelsgesetzes und die Anforderungen an den Datenträger,
6. die Organisationspflichten der Wertpapierdienstleistungsunternehmen bezüglich der Anforderungen nach § 33 Abs. 1 Satz 2 Nr. 1 in Verbindung mit Satz 3 und der angemessen Vorkehrungen und Maßnahmen nach § 33 Abs. 1 Satz 2 Nr. 3 des Wertpapierhandelsgesetzes,
7. die Aufzeichnungspflichten der Wertpapierdienstleistungsunternehmen und die Geeignetheit der dauerhaften Datenträger nach § 34 Abs. 1 und 2 des Wertpapierhandelsgesetzes,
8. die Pflichten zum Schutz des Kundenvermögens nach § 34a Abs. 1 bis 4 und die Anforderungen an qualifizierte Geldmarktfonds im Sinne des § 34a Abs. 1 Satz 1 des Wertpapierhandelsgesetzes.

(2) Die Verordnung gilt entsprechend für Zweigniederlassungen im Sinne des § 53b des Kreditwesengesetzes, Kapitalverwaltungsgesellschaften im Sinne des § 17 des Kapitalanlagegesetzbuchs, ausländische AIF-Verwaltungsgesellschaften, deren Referenzmitgliedstaat die Bundesrepublik Deutschland nach § 56 des Kapitalanlagegesetzbuchs ist, sowie Zweigniederlassungen und Tätigkeiten im Wege des grenzüberschreitenden Dienstleistungsverkehrs von Verwaltungsgesellschaften nach § 51 Absatz 1 Satz 1, § 54 Absatz 1 und § 66 Absatz 1 des Kapitalanlagegesetzbuchs, soweit die Vorschriften des Wertpapierhandelsgesetzes auf diese Anwendung finden.

§ 2 Kunden [s. § 31a WpHG]

§ 3 Dauerhafter Datenträger

(1) Ist für die Bereitstellung von Informationen nach dieser Verordnung in Verbindung mit den Vorschriften des Wertpapierhandelsgesetzes die Verwendung eines dauerhaften Datenträgers vorgesehen, sind diese dem Kunden in einer Urkunde oder in einer anderen lesbaren Form zur Verfügung zu stellen, die für einen angemessenen Zeitraum die inhaltlich unveränderte Wiedergabe der Informationen ermöglicht.

(2) Die Verwendung eines anderen dauerhaften Datenträgers als Papier ist nur zulässig, wenn dies aufgrund der Rahmenbedingungen, unter denen das Geschäft ausgeführt wird, angemessen ist und der Kunde sich ausdrücklich für diese andere Form der Bereitstellung von Informationen entschieden hat.

(3) Eine auf aktuellem Stand zu haltende Veröffentlichung auf einer Internetseite genügt in den Fällen des § 5 Abs. 5 und des § 11 Abs. 4 für die Bereitstellung von Informationen, die nicht an den Kunden persönlich gerichtet sind, wenn
1. die Bereitstellung der betreffenden Informationen über dieses Medium den Rahmenbedingungen, unter denen das Geschäft zwischen dem Wertpapierdienstleistungsunternehmen und dem Kunden ausgeführt wird, angemessen ist,
2. der Kunde der Bereitstellung der Informationen in dieser Form ausdrücklich zugestimmt hat,
3. die Adresse der Internetseite, auf der die Informationen bereitgestellt werden, dem Kunden zumindest auf einem dauerhaften Datenträger mitgeteilt worden ist, und
4. die Informationen auf der Internetseite laufend abgefragt werden können und so lange eingestellt bleiben, wie unter billigem Ermessen für den Kunden zu erwarten ist.

(4) [1]Eine Bereitstellung von Informationen über das Internet gilt insbesondere dann als angemessen, wenn der Kunde nachweislich über regelmäßigen Zugang zum Internet verfügt. [2]Der Nachweis ist geführt, wenn der Kunde für die Bereitstellung von Informationen oder im Zusammenhang mit Wertpapierdienstleistungen eine E-Mail-Adresse angegeben hat.

§ 4 Redliche, eindeutige und nicht irreführende Informationen an Privatkunden

(1) ¹Informationen einschließlich Werbemitteilungen, die Wertpapierdienstleistungsunternehmen Privatkunden zugänglich machen, müssen ausreichend und in einer Art und Weise dargestellt sein, dass sie für den angesprochenen Kundenkreis verständlich sind. ²Sie sind nur dann redlich, eindeutig und nicht irreführend im Sinne des § 31 Abs. 2 des Wertpapierhandelsgesetzes, wenn sie die Voraussetzungen der Absätze 2 bis 11 erfüllen.

(2) ¹Mögliche Vorteile einer Wertpapierdienstleistung oder eines Finanzinstruments dürfen nur hervorgehoben werden, wenn gleichzeitig eindeutig auf etwaige damit einhergehende Risiken verwiesen wird. ²Wichtige Aussagen oder Warnungen dürfen nicht unverständlich oder abgeschwächt dargestellt werden.

(3) Werden im Rahmen der Informationen im Sinne des Absatzes 1 Wertpapierdienstleistungen, Wertpapiernebendienstleistungen, Finanzinstrumente oder Personen, die Wertpapierdienstleistungen oder Nebendienstleistungen erbringen, verglichen,
1. muss der Vergleich aussagekräftig und die Darstellung ausgewogen sein und
2. müssen die für den Vergleich herangezogenen Informationsquellen, wesentlichen Fakten und Hypothesen angegeben werden.

(4) Aussagen zu der früheren Wertentwicklung eines Finanzinstruments, eines Finanzindexes oder einer Wertpapierdienstleistung dürfen nicht im Vordergrund der Information stehen und müssen
1. geeignete Angaben zur Wertentwicklung enthalten, die sich auf die unmittelbar vorausgegangenen fünf Jahre beziehen, in denen das Finanzinstrument angeboten, der Finanzindex festgestellt oder die Wertpapierdienstleistung erbracht worden sind; Angaben über einen längeren Zeitraum müssen in Zwölfmonatszeiträumen erfolgen; liegen Angaben nur über einen kürzeren Zeitraum als fünf Jahre vor, müssen Angaben zu dem gesamten Zeitraum gemacht werden, der sich mindestens auf einen Zeitraum von zwölf Monaten erstrecken muss,
2. den Referenzzeitraum und die Informationsquelle eindeutig angeben,
3. bei Angaben in einer anderen Währung als in der Währung des Staates, in dem der Privatkunde ansässig ist, die Währung eindeutig angeben und einen Hinweis enthalten, dass die Rendite in diesen Fällen infolge von Währungsschwankungen steigen oder fallen kann, und
4. im Fall einer Bezugnahme auf die Bruttowertentwicklung angeben, wie sich Provisionen, Gebühren und andere Entgelte auswirken.

(5) ¹Simulationen einer früheren Wertentwicklung oder Verweise auf eine solche Simulation dürfen sich nur auf ein Finanzinstrument, den einem Finanzinstrument zugrunde liegenden Basiswert oder einen Finanzindex beziehen. ²Sie müssen auf der tatsächlichen früheren Wertentwicklung mindestens eines Finanzinstrumentes, eines Basiswertes oder eines Finanzindexes beruhen, die mit dem betreffenden Finanzinstrument übereinstimmen oder diesem zugrunde liegen und die Voraussetzungen des Absatzes 4 erfüllen.

(6) ¹Angaben zur künftigen Wertentwicklung dürfen nicht auf einer simulierten früheren Wertentwicklung beruhen oder auf eine solche Simulation Bezug nehmen. ²Die Angaben müssen auf angemessenen, durch objektive Daten gestützten Annahmen beruhen und für den Fall, dass sie auf der Bruttowertentwicklung beruhen, deutlich angeben, wie sich Provisionen, Gebühren und andere Entgelte auswirken.

(7) Die nach den Absätzen 4 bis 6 dargestellten Wertentwicklungen müssen jeweils deutliche Hinweise enthalten, auf welchen Zeitraum sich die Angaben beziehen und dass frühere Wertentwicklungen, Simulationen oder Prognosen kein verlässlicher Indikator für die künftige Wertentwicklung sind.

(8) Informationen zu einer bestimmten steuerlichen Behandlung müssen einen deutlichen Hinweis enthalten, dass die steuerliche Behandlung von den persönlichen Verhältnissen des jeweiligen Kunden abhängt und künftig Änderungen unterworfen sein kann.

(9) Informationen im Zusammenhang mit einer Werbemitteilung dürfen denjenigen Informationen nicht widersprechen, die das Wertpapierdienstleistungsunternehmen dem Kunden im Zuge der Erbringung von Wertpapierdienstleistungen und Wertpapiernebendienstleistungen zur Verfügung stellt.

(10) ¹Enthält eine Werbemitteilung eine Willenserklärung, die unmittelbar auf die Herbeiführung eines Vertragsschlusses über ein Finanzinstrument, eine Wertpapierdienstleistung oder Wertpapiernebendienstleistung gerichtet ist, oder eine Aufforderung an den Kunden, ein solches Angebot abzugeben und ist die Art und Weise der Antwort oder ein Antwortformular vorgegeben, so sind bereits in der Werbemitteilung die Informationen nach § 5 Abs. 1 und 2 anzugeben, soweit diese für den Vertragsschluss relevant sind. ²Satz 1 gilt nicht, wenn ein Privatkunde zur Annahme oder zur Abgabe eines Angebots im Sinne des Satzes 1 mehrere zur Verfügung gestellte Dokumente heranziehen muss, aus denen sich, einzeln oder zusammengenommen, die geforderten Informationen ergeben.

(11) Der Name einer zuständigen Behörde im Sinne des Wertpapierhandelsgesetzes darf nicht in einer Weise genannt werden, die so verstanden werden kann, dass die Produkte oder Dienstleistungen des Wertpa-

pierdienstleistungsunternehmens von der betroffenen Behörde gebilligt oder genehmigt werden oder worden sind.

§ 5 Kundeninformationen über Risiken, das Wertpapierdienstleistungsunternehmen, die Wertpapierdienstleistung, Kosten und Nebenkosten

(1) ¹Die nach § 31 Abs. 3 Satz 3 Nr. 2 des Wertpapierhandelsgesetzes zur Verfügung zu stellenden Informationen über Finanzinstrumente müssen unter Berücksichtigung der Einstufung des Kunden eine ausreichend detaillierte allgemeine Beschreibung der Art und der Risiken der Finanzinstrumente enthalten. ²Die Beschreibung der Risiken muss, soweit nach Art des Finanzinstruments, der Einstufung und der Kenntnis des Kunden relevant, folgende Angaben enthalten:
1. die mit Finanzinstrumenten der betreffenden Art einhergehenden Risiken, einschließlich einer Erläuterung der Hebelwirkung und ihrer Effekte sowie des Risikos des Verlustes der gesamten Kapitalanlage,
2. das Ausmaß der Schwankungen des Preises (Volatilität) der betreffenden Finanzinstrumente und etwaige Beschränkungen des für solche Finanzinstrumente verfügbaren Marktes,
3. den Umstand, dass jeder Anleger aufgrund von Geschäften mit den betreffenden Instrumenten möglicherweise finanzielle und sonstige Verpflichtungen einschließlich Eventualverbindlichkeiten übernehmen muss, die zu den Kosten für den Erwerb der Finanzinstrumente hinzukommen,
4. Einschusspflichten oder ähnliche Verpflichtungen, die für Instrumente der betreffenden Art gelten, und,
5. sofern die Wahrscheinlichkeit besteht, dass die Risiken durch die Verknüpfung verschiedener Finanzinstrumente oder Wertpapierdienstleistungen in einem zusammengesetzten Finanzinstrument größer sind als die mit jedem der Bestandteile verbundenen Risiken, angemessene Informationen über die Bestandteile des betreffenden Instruments und die Art und Weise, in der sich das Risiko durch die gegenseitige Beeinflussung dieser Bestandteile erhöht.

(2) ¹Zu den Informationen im Sinne des § 31 Abs. 3 Satz 1 des Wertpapierhandelsgesetzes gehören gegenüber Privatkunden auch Informationen über die Vertragsbedingungen. ²Die nach § 31 Abs. 3 Satz 3 Nr. 1, 2 und 4 des Wertpapierhandelsgesetzes zur Verfügung zu stellenden Informationen müssen bei Privatkunden, soweit relevant, die folgenden Angaben enthalten:
1. hinsichtlich des Wertpapierdienstleistungsunternehmens und seiner Dienstleistungen:
    a) den Namen und die Anschrift des Wertpapierdienstleistungsunternehmens sowie weitere Angaben, die dem Kunden eine effektive Kommunikation mit diesem ermöglichen,
    b) die Sprachen, in denen der Kunde mit der Wertpapierfirma kommunizieren und Dokumente sowie andere Informationen von ihr erhalten kann,
    c) die Kommunikationsmittel, die verwendet werden, einschließlich der Kommunikationsmittel zur Übermittlung und zum Empfang von Aufträgen,
    d) Namen und Anschrift der zuständigen Behörde, die die Zulassung erteilt hat,
    e) einen Hinweis, wenn das Wertpapierdienstleistungsunternehmen über einen vertraglich gebundenen Vermittler handelt, einschließlich der Angabe des Mitgliedstaats, in dem dieser Vermittler registriert ist,
    f) Art, Häufigkeit und Zeitpunkt der Berichte über die erbrachten Dienstleistungen, die das Wertpapierdienstleistungsunternehmen dem Kunden nach § 31 Abs. 8 des Wertpapierhandelsgesetzes in Verbindung mit den §§ 8 und 9 dieser Verordnung zu übermitteln hat,
    g) eine Beschreibung der wesentlichen Maßnahmen, die das Wertpapierdienstleistungsunternehmen zum Schutz der bei ihm verwahrten Finanzinstrumente oder Gelder seiner Kunden trifft, einschließlich Angaben zu etwaigen Anlegerentschädigungs- oder Einlagensicherungssystemen, denen das Wertpapierdienstleistungsunternehmen aufgrund seiner Tätigkeit in einem Mitgliedstaat angeschlossen sein muss,
    h) eine Beschreibung der Grundsätze des Wertpapierdienstleistungsunternehmens für den Umgang mit Interessenkonflikten nach § 33 Abs. 1 Satz 2 Nr. 3 des Wertpapierhandelsgesetzes und § 13 Abs. 2 dieser Verordnung und
    i) auf Wunsch des Kunden jederzeit Einzelheiten zu diesen Grundsätzen;
2. bei der Erbringung von Finanzportfolioverwaltung:
    a) eine Bewertungs- oder andere Vergleichsmethode, die dem Privatkunden eine Bewertung der Leistung des Wertpapierdienstleistungsunternehmens ermöglicht,
    b) die Managementziele, das bei der Ausübung des Ermessens durch den Verwalter zu beachtende Risikoniveau und etwaige spezifische Einschränkungen dieses Ermessens,
    c) die Art und Weise sowie die Häufigkeit der Bewertung der Finanzinstrumente im Kundenportfolio,
    d) Einzelheiten über eine Delegation der Vermögensverwaltung mit Ermessensspielraum in Bezug auf alle oder einen Teil der Finanzinstrumente oder Gelder im Kundenportfolio,

e) die Art der Finanzinstrumente, die in das Kundenportfolio aufgenommen werden können, und die Art der Geschäfte, die mit diesen Instrumenten ausgeführt werden können, einschließlich Angabe etwaiger Einschränkungen;

2a. bei der Erbringung der Anlageberatung:
   a) ob Einschränkungen hinsichtlich der Finanzinstrumente, der Emittenten oder der Wertpapierdienstleistungen, die berücksichtigt werden können, bestehen und
   b) ob bestimmte Finanzinstrumente, Emittenten oder Wertpapierdienstleistungen bevorzugt berücksichtigt werden;
3. falls ein Prospekt nach dem Wertpapierprospektgesetz veröffentlicht worden ist und das Finanzinstrument zu diesem Zeitpunkt öffentlich angeboten wird, die Angabe, bei welcher Stelle dieser Prospekt erhältlich ist;
4. im Fall von Finanzinstrumenten, die eine Garantie durch einen Dritten beinhalten, alle wesentlichen Angaben über die Garantie und über den Garantiegeber;
5. hinsichtlich der Kosten und Nebenkosten:
   a) Angaben zu dem Gesamtpreis, den der Kunde im Zusammenhang mit dem Finanzinstrument, der Wertpapierdienstleistung oder der Wertpapiernebendienstleistung zu zahlen hat, einschließlich aller damit verbundenen Gebühren, Provisionen, Entgelte und Auslagen sowie aller über das Wertpapierdienstleistungsunternehmen zu entrichtenden Steuern, oder, wenn die Angabe eines genauen Preises nicht möglich ist, die Grundlage für die Berechnung des Gesamtpreises, damit der Kunde diesen überprüfen kann; die von dem Wertpapierdienstleistungsunternehmen in Rechnung gestellten Provisionen sind in jedem Fall separat aufzuführen. Falls ein Teil des Gesamtpreises in einer Fremdwährung zu zahlen oder in einer anderen Währung als in Euro dargestellt ist, müssen die betreffende Währung und der anzuwendende Wechselkurs und die damit verbundenen Kosten oder, wenn die genaue Angabe des Wechselkurses nicht möglich ist, die Grundlage für seine Berechnung angegeben werden,
   b) einen Hinweis auf die Möglichkeit, dass dem Kunden aus Geschäften in Zusammenhang mit dem Finanzinstrument oder der Wertpapierdienstleistung noch weitere Kosten und Steuern entstehen können, die nicht über das Wertpapierdienstleistungsunternehmen gezahlt oder von ihm in Rechnung gestellt werden, und
   c) Bestimmungen über die Zahlung oder sonstige Gegenleistungen.

(3) ¹Die Informationen über die Vertragsbedingungen und die Informationen nach Absatz 2 Satz 2 Nr. 1 Buchstabe a bis h und Nr. 2 sind den Privatkunden zur Verfügung zu stellen, bevor eine Wertpapierdienstleistung oder Wertpapiernebendienstleistung erbracht oder ein Vertrag hierüber geschlossen wird; die übrigen Informationen sind den Privatkunden vor Erbringung der Wertpapierdienstleistung oder Nebendienstleistung zur Verfügung zu stellen. ²Wird auf Verlangen des Privatkunden der Vertrag telefonisch oder unter Verwendung eines anderen Fernkommunikationsmittels geschlossen, das eine Mitteilung auf einem dauerhaften Datenträger vor Vertragsschluss oder vor Beginn der Erbringung der Wertpapierdienstleistung nicht ermöglicht, hat das Wertpapierdienstleistungsunternehmen dem Privatkunden die Informationen über die Vertragsbedingungen unverzüglich nach Abschluss des Vertrags, die übrigen Informationen unverzüglich nach dem Beginn der Erbringung der Wertpapierdienstleistung auf einem dauerhaften Datenträger zur Verfügung zu stellen. ³§ 312c des Bürgerlichen Gesetzbuchs bleibt unberührt; ist der Privatkunde Unternehmer im Sinne des § 14 des Bürgerlichen Gesetzbuchs, ist § 312c Abs. 1 und 2 des Bürgerlichen Gesetzbuchs in Verbindung mit Artikel 246 § 1 des Einführungsgesetzes zum Bürgerlichen Gesetzbuche entsprechend anzuwenden, soweit dort die Offenlegung der Identität und des geschäftlichen Zwecks des Kontakts und die Zurverfügungstellung von Informationen bei Telefongesprächen geregelt ist. [³§ 312d Absatz 2 des Bürgerlichen Gesetzbuchs bleibt unberührt; ist der Privatkunde Unternehmer im Sinne des § 14 des Bürgerlichen Gesetzbuchs, ist § 312d Absatz 2 des Bürgerlichen Gesetzbuchs in Verbindung mit Artikel 246b § 1 des Einführungsgesetzes zum Bürgerlichen Gesetzbuche entsprechend anzuwenden, soweit dort die Offenlegung der Identität und des geschäftlichen Zwecks des Kontakts und die Zurverfügungstellung von Informationen bei Telefongesprächen geregelt ist.]³

(4) Das Wertpapierdienstleistungsunternehmen hat den Kunden alle wesentlichen Änderungen in Bezug auf die ihnen nach den Absätzen 1 und 2 zur Verfügung gestellten Informationen rechtzeitig mitzuteilen, soweit diese für eine Dienstleistung relevant sind, die das Wertpapierdienstleistungsunternehmen für den Kunden erbringt.

(5) ¹Die Informationen nach den Absätzen 1 und 2 sind auf einem dauerhaften Datenträger zur Verfügung zu stellen. ²Das Gleiche gilt für eine Information nach Absatz 4, wenn für die Information, auf die sie sich

---

3 Durch das G v. 20.9.2013 (BGBl. I S. 3642) erhält § 5 Abs. 3
S. 3 mWv 13.6.2014 die kursiv dargestellte Fassung.

bezieht, ebenfalls eine Übermittlung auf einem dauerhaften Datenträger vorgesehen ist. ³Eine Veröffentlichung auf einer Internetseite genügt unter den Voraussetzungen des § 3 Abs. 3.

§ 5 a Informationsblätter

(1) ¹Das nach § 31 Absatz 3 a Satz 1 des Wertpapierhandelsgesetzes zur Verfügung zu stellende Informationsblatt darf bei nicht komplexen Finanzinstrumenten im Sinne des § 7 nicht mehr als zwei DIN-A4-Seiten, bei allen übrigen Finanzinstrumenten nicht mehr als drei DIN-A4-Seiten, umfassen. ²Es muss die wesentlichen Informationen über das jeweilige Finanzinstrument in übersichtlicher und leicht verständlicher Weise so enthalten, dass der Kunde insbesondere
1. die Art des Finanzinstruments,
2. seine Funktionsweise,
3. die damit verbundenen Risiken,
4. die Aussichten für die Kapitalrückzahlung und Erträge unter verschiedenen Marktbedingungen und
5. die mit der Anlage verbundenen Kosten
einschätzen und mit den Merkmalen anderer Finanzinstrumente bestmöglich vergleichen kann. ³Das Informationsblatt darf sich jeweils nur auf ein Finanzinstrument beziehen und keine werbenden oder sonstigen, nicht dem vorgenannten Zweck dienenden Informationen enthalten.
(2) Das Informationsblatt kann auch als elektronisches Dokument zur Verfügung gestellt werden.

§ 6 Einholung von Kundenangaben

(1) Zu den nach § 31 Abs. 4 des Wertpapierhandelsgesetzes einzuholenden Informationen gehören, soweit erforderlich,
1. hinsichtlich der finanziellen Verhältnisse der Kunden Angaben über Grundlage und Höhe regelmäßiger Einkommen und regelmäßiger finanzieller Verpflichtungen sowie über vorhandene Vermögenswerte, insbesondere Barvermögen, Kapitalanlagen und Immobilienvermögen und
2. hinsichtlich der mit den Geschäften verfolgten Ziele Angaben über die Anlagedauer, die Risikobereitschaft des Kunden und den Zweck der Anlage.
(2) ¹Zu den nach § 31 Abs. 4 und 5 des Wertpapierhandelsgesetzes einzuholenden Informationen über Kenntnisse und Erfahrungen der Kunden gehören, soweit in Abhängigkeit von der Einstufung des Kunden, der Art und des Umfanges der Wertpapierdienstleistung, der Art der Finanzinstrumente und der jeweils damit verbundenen Komplexität und Risiken erforderlich, Angaben zu
1. Arten von Wertpapierdienstleistungen oder Finanzinstrumenten, mit denen der Kunde vertraut ist,
2. Art, Umfang, Häufigkeit und Zeitraum zurückliegender Geschäfte des Kunden mit Finanzinstrumenten,
3. Ausbildung sowie der gegenwärtigen und relevanten früheren beruflichen Tätigkeiten des Kunden.
²Wertpapierdienstleistungsunternehmen dürfen Kunden nicht dazu verleiten, Angaben nach § 31 Abs. 4 oder 5 des Wertpapierhandelsgesetzes zurückzuhalten.

§ 7 Nicht komplexe Finanzinstrumente

Nicht komplex im Sinne von § 31 Abs. 7 Nr. 1 des Wertpapierhandelsgesetzes sind neben den dort genannten Wertpapieren und Geldmarktinstrumenten solche Finanzinstrumente,
1. die nicht unter § 2 Abs. 1 Satz 1 Nr. 3 Buchstabe b oder Abs. 2 des Wertpapierhandelsgesetzes fallen,
2. für die regelmäßig Möglichkeiten zur Veräußerung, Einlösung oder anderweitigen Realisierung zu Marktpreisen oder emittentenunabhängig ermittelten oder bestätigten Preisen bestehen, welche für Marktteilnehmer allgemein zugänglich sind,
3. die über die Zahlung der Anschaffungskosten hinaus für den Kunden mit keinen, auch nur bedingten, Verpflichtungen verbunden sind und
4. über deren Merkmale in angemessenem Umfang öffentlich Informationen verfügbar sind, die für einen durchschnittlichen Privatkunden verständlich genug sind, um auf ihrer Grundlage eine sachkundige Anlageentscheidung treffen zu können.

§ 8 Berichtspflichten des Wertpapierdienstleistungsunternehmens nach § 31 Abs. 8 des Wertpapierhandelsgesetzes über die Ausführung von Aufträgen

(1) Ein Wertpapierdienstleistungsunternehmen hat dem Kunden unverzüglich nach Ausführung des Auftrags auf einem dauerhaften Datenträger die wesentlichen Informationen über die Ausführung des Auftrags zu übermitteln.
(2) ¹Einem Privatkunden ist vorbehaltlich des Absatzes 3 unverzüglich, spätestens am ersten Geschäftstag nach der Ausführung des Auftrags oder, sofern das Wertpapierdienstleistungsunternehmen die Bestätigung

der Ausführung von einem Dritten erhält, spätestens am ersten Geschäftstag nach Eingang dieser Bestätigung auf einem dauerhaften Datenträger eine Bestätigung der Auftragsausführung zu übermitteln. ²Die Bestätigung muss, soweit relevant, die folgenden Angaben enthalten:
1. Name des Unternehmens, welches die Auftragsausführung bestätigt,
2. Name oder sonstige Bezeichnung des Kunden,
3. Handelstag,
4. Handelszeitpunkt,
5. Art des Auftrags,
6. Ausführungsplatz,
7. Finanzinstrument,
8. Kauf-/Verkauf-Indikator,
9. Wesen des Auftrags, falls es sich nicht um einen Kauf- oder Verkaufsauftrag handelt,
10. Menge,
11. Stückpreis; bei tranchenweiser Ausführung des Auftrags darf das Wertpapierdienstleistungsunternehmen den Preis für die einzelnen Tranchen oder den Durchschnittspreis übermitteln; bei Angabe eines Durchschnittspreises hat es einem Privatkunden auf Wunsch den Preis der einzelnen Tranchen zu übermitteln,
12. Gesamtentgelt,
13. Summe der in Rechnung gestellten Provisionen und Auslagen sowie auf Wunsch des Privatkunden eine Aufschlüsselung nach Einzelposten,
14. Obliegenheiten des Kunden in Zusammenhang mit der Abwicklung des Geschäfts unter Angabe der Zahlungs- oder Einlieferungsfrist sowie der jeweiligen Konten, sofern diese Angaben und Aufgaben dem Kunden nicht bereits früher mitgeteilt worden sind, und
15. einen Hinweis entsprechenden Inhalts für den Fall, dass die Gegenpartei des Kunden das Wertpapierdienstleistungsunternehmen selbst oder eine Person der Gruppe, der das Wertpapierdienstleistungsunternehmen angehört, oder ein anderer Kunde des Wertpapierdienstleistungsunternehmens war, es sei denn, der Auftrag wurde über ein Handelssystem ausgeführt, das den anonymen Handel erleichtert.

³Die Bestätigung kann unter Verwendung von Standardcodes erfolgen, wenn eine Erläuterung der verwendeten Codes beigefügt wird. ⁴Satz 1 ist nicht anzuwenden, wenn die Bestätigung der Auftragsausführung die gleichen Informationen enthalten würde wie eine Bestätigung, die dem Privatkunden unverzüglich von einer anderen Person zuzusenden ist.

(3) Wenn sich die Aufträge auf Anleihen zur Finanzierung von Hypothekarkreditverträgen zwischen dem Wertpapierdienstleistungsunternehmen und einem Kunden beziehen, ist das Finanzierungsgeschäft dem Kunden spätestens einen Monat nach Auftragsausführung zusammen mit den Gesamtbedingungen des Hypothekendarlehens zu melden.

(4) Unbeschadet der Absätze 1 bis 3 ist das Wertpapierdienstleistungsunternehmen verpflichtet, den Kunden auf Wunsch über den Stand der Ausführung seines Auftrags zu informieren.

(5) Ein Wertpapierdienstleistungsunternehmen, welches regelmäßig Aufträge von Privatkunden über Investmentanteile ausführt, muss dem Privatkunden entweder eine Bestätigung nach Absatz 2 Satz 1 bis 3 übermitteln oder ihm mindestens alle sechs Monate die in Absatz 2 Satz 2 Nr. 1 bis 15 genannten Informationen über die betreffenden Geschäfte übermitteln.

(6) Hat die Führung von Privatkundenkonten ein Geschäft zum Gegenstand, das eine ungedeckte Position bei einem Geschäft mit Eventualverbindlichkeiten enthält, muss das Wertpapierdienstleistungsunternehmen dem Privatkunden auch diejenigen Verluste mitteilen, die einen etwaigen, zuvor zwischen ihm und dem Wertpapierdienstleistungsunternehmen vereinbarten Schwellenwert übersteigen, und zwar spätestens am Ende des Geschäftstags, an dem der Schwellenwert überschritten wird oder, falls der Schwellenwert an einem geschäftsfreien Tag überschritten wird, am Ende des folgenden Geschäftstags.

§ 9 Berichtspflichten des Wertpapierdienstleistungsunternehmens nach § 31 Abs. 8 des Wertpapierhandelsgesetzes bei Finanzportfolioverwaltung

(1) Erbringt ein Wertpapierdienstleistungsunternehmen Finanzportfolioverwaltung, hat es dem Kunden auf einem dauerhaften Datenträger periodisch eine Aufstellung der in seinem Namen erbrachten Finanzportfolioverwaltungsdienstleistungen zu übermitteln, es sei denn, eine derartige Aufstellung wird bereits von anderer Seite übermittelt.

(2) Handelt es sich bei dem Kunden um einen Privatkunden, muss die Aufstellung nach Absatz 1, soweit relevant, folgende Angaben enthalten:
1. Name des Wertpapierdienstleistungsunternehmens,
2. Name oder sonstige Bezeichnung des Kontos des Privatkunden,

3. Zusammensetzung und Bewertung des Finanzportfolios mit Einzelangaben zu jedem gehaltenen Finanzinstrument, seinem Marktwert oder, wenn dieser nicht verfügbar ist, dem beizulegenden Zeitwert, dem Kontostand zum Beginn und zum Ende des Berichtszeitraums sowie der Wertentwicklung des Finanzportfolios während des Berichtszeitraums,
4. Gesamtbetrag der in dem Berichtszeitraum angefallenen Gebühren und Entgelte, mindestens aufgeschlüsselt in Gesamtverwaltungsgebühren und Gesamtkosten im Zusammenhang mit der Leistungserbringung sowie einen Hinweis, dass eine detailliertere Aufschlüsselung auf Anfrage übermittelt wird,
5. Vergleich der Wertentwicklung während des Berichtszeitraums unter Angabe einer Vergleichsgröße, falls eine solche zwischen dem Wertpapierdienstleistungsunternehmen und dem Kunden vereinbart wurde,
6. Gesamtbetrag der Dividenden-, Zins- und sonstigen Zahlungen, die während des Berichtszeitraums im Zusammenhang mit dem Kundenportfolio eingegangen sind,
7. Informationen über sonstige Maßnahmen des Unternehmens, die Rechte in Bezug auf im Finanzportfolio gehaltene Finanzinstrumente verleihen, und
8. für jedes in dem Berichtszeitraum ausgeführte Geschäft die in § 8 Abs. 2 Satz 2 Nr. 3 bis 12 aufgeführten Angaben, es sei denn, der Kunde hat verlangt, die Informationen jeweils gesondert für jedes ausgeführte Geschäft zu erhalten.

(3) ¹Bei Privatkunden beträgt der Zeitraum der periodischen Aufstellung grundsätzlich sechs Monate. ²Das Wertpapierdienstleistungsunternehmen hat den Privatkunden darauf hinzuweisen, dass der Zeitraum auf Antrag auf drei Monate verkürzt werden kann. ³Der Zeitraum beträgt höchstens einen Monat, wenn der Vertrag zwischen Wertpapierdienstleistungsunternehmen und einem Privatkunden über Finanzportfolioverwaltung ein kreditfinanziertes Finanzportfolio oder Finanzinstrumente mit Hebelwirkung zulässt.

(4) ¹Verlangt ein Kunde Einzelmitteilungen über die jeweiligen Geschäfte, sind ihm die wesentlichen Informationen über das betreffende Geschäft unverzüglich nach dessen Ausführung durch den Finanzportfolioverwalter auf einem dauerhaften Datenträger zu übermitteln. ²Für Privatkunden gilt hinsichtlich der Bestätigung der Geschäftsausführung § 8 Abs. 2 entsprechend. ³Die periodische Aufstellung ist einem Privatkunden in diesem Fall abweichend von Absatz 3 Satz 1 mindestens einmal alle zwölf Monate zu übermitteln; betreffen einzelne Geschäfte Finanzinstrumente im Sinne des § 2 Abs. 1 Satz 1 Nr. 3 Buchstabe b oder Abs. 2 des Wertpapierhandelsgesetzes, ist die periodische Aufstellung alle sechs Monate zu übermitteln.

(5) Für Verluste, die bei der Finanzportfolioverwaltung für Privatkunden entstehen und vereinbarte Schwellenwerte überschreiten, gilt die Informationspflicht des § 8 Abs. 6 entsprechend.

§ 9a   Berichtspflichten des Wertpapierdienstleistungsunternehmens bei Verwahrung von Kundenvermögen [s. § 34a WpHG]

§ 10   Zusammenlegung von Kundenaufträgen; Aufhebung der Bekanntmachungspflicht nach § 31c Abs. 2 des Wertpapierhandelsgesetzes [s. § 31c WpHG]

§ 11   Bestmögliche Ausführung von Kundenaufträgen [s. § 33a WpHG]

§ 12   Organisationspflichten [s. § 33 WpHG]

§ 13   Interessenkonflikte [s. § 33 WpHG]

§ 14   Aufzeichnungs- und Aufbewahrungspflichten [s. § 34 WpHG]

§ 14a   Getrennte Vermögensverwahrung [s. § 34a WpHG]

§ 15   Inkrafttreten

(1) Diese Verordnung tritt vorbehaltlich des Absatzes 2 am 1. November 2007 in Kraft.
(2) § 14 tritt am 1. Januar 2008 in Kraft.

Rundschreiben 4/2010 (WA) – Mindestanforderungen an die Compliance-Funktion und die weiteren Verhaltens-, Organisations- und Transparenzpflichten nach §§ 31 ff WpHG für Wertpapierdienstleistungsunternehmen (MaComp) – [Ausschnitte]

- BT 3 Informationen einschließlich Werbung von Wertpapierdienstleistungsunternehmen nach § 31 Abs. 2 WpHG und § 4 WpDVerOV
  – BT 3.1 Anwendungsbereich

- BT 3.1.1 Anwendungsbereich / Pflichtenumfang
- BT 3.1.2 Verhältnis zu § 124 InvG und § 15 WpPG
- BT 3.2. Zugänglichmachen
- BT 3.3 Darstellungsvorschriften für an Privatkunden gerichtete Informationen
  - BT 3.3.1 Ausreichende und verständliche Darstellung
  - BT 3.3.2 Aktualität der Darstellung
  - BT 3.3.3 Darstellung von Vorteilen und Risiken
  - BT 3.3.4 Darstellung von Wertentwicklungen
    - BT 3.3.4.1 Vergangenheitsbezogene Angaben
    - BT 3.3.4.2 Zukunftsbezogene Angaben
- BT 3.4. Steuerliche Hinweise
- BT 3.5. Übereinstimmung von Werbung und Produktinformation
- BT 3.6 Angaben mit Bezug zur Aufsichtsbehörde
- BT 3.7 Dokumentation von Werbemitteilungen

Mit den Vorschriften des Artikels 27 der Richtlinie 2006/73/EG vom 10. August 2006 (umgesetzt in deutsches Recht durch § 31 Abs. 2 Wertpapierhandelsgesetz [WpHG] sowie § 4 Wertpapierdienstleistungs-Verhaltens- und Organisationsverordnung [WpDVerOV]) hat der europäische Gesetzgeber detaillierte und weitreichende Regelungen für die Werbung von Wertpapierdienstleistungsunternehmen geschaffen. Trotz ihrer relativ großen Detailliertheit sind nach den ersten Monaten seit Inkrafttreten der neuen Vorschriften Auslegungsunsicherheiten der Marktteilnehmer zu beobachten. Zur Beseitigung dieser Unsicherheiten und zur Herstellung möglichst einheitlicher Rahmenbedingungen für die Wettbewerber untereinander erläutere ich § 31 Abs. 2 WpHG und § 4 WpDVerOV daher wie folgt:

BT 3.1 Anwendungsbereich

BT 3.1.1 Anwendungsbereich / Pflichtenumfang

1. Die Vorschriften des § 31 Abs. 2 Sätze 1, 3 und 4 WpHG sowie § 4 WpDVerOV gelten grundsätzlich unterschiedslos für sämtliche Informationen betreffend Finanzinstrumente oder Wertpapier(neben)dienstleistungen, die Wertpapierdienstleistungsunternehmen an Kunden bzw. Privatkunden richten, unabhängig davon, ob diese werblicher Art sind oder nicht; ausschließlich an geeignete Gegenparteien gerichtete Informationen sind dagegen im Rahmen des Anwendungsbereichs des § 31b WpHG ausgenommen. Darüber hinaus bestimmt § 31 Abs. 2 Satz 2 WpHG speziell für werbliche Informationen, dass diese eindeutig als solche erkennbar sein müssen. Bei einer Werbemitteilung handelt es sich um eine Information, welche die Adressaten zum Erwerb eines Finanzinstruments oder zur Beauftragung einer Wertpapierdienstleistung bewegen will (absatzfördernde Zielrichtung). Allein die Verwendung einer Information im Rahmen einer Beratungssituation verleiht dieser noch nicht zwangs-läufig eine primär absatzfördernde Zielrichtung. Neutrale Produktinformationen, die im Rahmen der Erfüllung von Verpflichtungen zur anlage- und anlegergerechten Beratung zugänglich gemacht werden, fallen nicht unter den Begriff der Werbung. Eine Pflicht zur ausdrücklichen Kennzeichnung ergibt sich aus dem Gesetz nur dann, wenn der werbliche Charakter der Information ansonsten nicht eindeutig erkennbar ist. Die Erkennbarkeit kann sich aus Art und Form der Darstellung der Information oder aus Ihrem Inhalt ergeben. Bei der Beurteilung handelt es sich regelmäßig um eine Frage des Einzelfalls. Reine Imagewerbung ist von den Vorschriften nicht erfasst.

Mögliche Beispiele für werbliche und daher ggf kennzeichnungspflichtige Informationen sind:
- Ihrem Anschein nach objektive Beiträge in Kundenzeitschriften eines Wertpapierdienstleistungsunternehmens, die primär jedoch eine absatzfördernde Zielrichtung verfolgen.
- Schreiben an Kunden (insbesondere persönlich adressierte), die den Erwerb bestimmter Wertpapiere nahelegen, sofern es sich nicht um Anlageberatung[7] oder Finanzanalysen entsprechend § 31 Abs. 2 Satz 4 Nr. 1 WpHG handelt.

Von derartigen Informationen sind diejenigen Informationen zu unterscheiden, die gemäß § 31 Abs. 2 Satz 4 Nr. 2 WpHG zwingend als Werbemitteilungen zu kennzeichnen sind. Diese Informationen unterliegen der Kennzeichnungspflicht, obwohl es sich um Informationen handelt, die keinen unmittelbar werblichen Charakter haben, sondern als Finanzanalysen gerade eine objektive und unabhängige Empfehlung darstellen sollen. Es handelt um eine besondere Form von Finanzanalysen, auf die die Vorschriften des § 34b WpHG sowie der Finanzanalyseverordnung (FinAnV) anwendbar sind.[8] Bei diesen Vorschriften handelt es sich um ein in sich abgeschlossenes Regelwerk, welches den Regelungen des § 31 Abs. 2 WpHG sowie § 4 WpDVerOV vorgeht. Das bedeutet, dass neben der Erfüllung der Vorgaben der Finanzanalysevorschriften i.d.R. keine weitergehenden Vorgaben aus § 4 WpDVerOV zu beachten sind. Denn dessen wesentliche Wertungen werden bereits durch die Vorgaben betreffend die sachgerechte Erstellung und Darbietung gemäß § 34b Abs. 1 Satz 2 WpHG erfasst. Dies betrifft insbesondere die Pflicht zur redlichen, eindeutigen und nicht-irreführenden Darstellung einschließlich einer ausgewogenen Auseinandersetzung mit Chancen und Risiken eines empfohlenen Finanzinstruments.

2. Kunden im Sinne der § 31 Abs. 2 WpHG und § 4 WpDVerOV sind Personen, für die Wertpapierdienstleistungsunternehmen Wertpapierdienstleistungen oder Wertpapiernebendienstleistungen erbringen oder solche anbahnen (vgl. § 31 a Abs. 1 WpHG). Der Begriff des Kunden umfasst daher nicht nur Bestandskunden, sondern auch alle Personen, zu denen noch keine Kundenbeziehung besteht, an die ein Wertpapierdienstleistungsunternehmen jedoch Informationen richtet, um sie als Kunden zu gewinnen.

3. § 31 Abs. 2 WpHG gilt für alle an Kunden gerichteten Informationen, also für Informationen an Privatkunden ebenso wie für Informationen an professionelle Kunden sowie in eingeschränktem Maße (vgl. 1.1) geeignete Gegenparteien. Die in § 31 Abs. 2 WpHG enthaltenen Grundsätze werden in § 4 WpDVerOV für solche Informationen, die sich an Privatkunden richten, weitergehend ausgestaltet. Daraus folgt, dass Informationen an Privatkunden in erster Linie an § 4 WpDVerOV, solche an professionelle Kunden oder geeignete Gegenparteien allein an § 31 Abs. 2 WpHG zu messen sind.

BT 3.1.2 Verhältnis zu § 124 InvG und § 15 WpPG

Die Regelungen des § 124 InvG und § 15 WpPG finden neben den Vorschriften des § 31 Abs. 2 WpHG und § 4 WpDVerOV Anwendung.

BT 3.2. Zugänglichmachen

1. Gemäß § 31 Abs. 2 Satz 1 WpHG und § 4 Abs. 1 WpDVerOV fallen sämtliche Informationen in den Anwendungsbereich der Vorschriften, die Wertpapierdienstleistungsunternehmen Kunden zugänglich machen. Wegen des weiten Kundenbegriffs (es sind auch potentielle Kunden erfasst; s.o.) ist auch jede werbliche Information eines Wertpapierdienstleistungsunternehmens erfasst.

Da das Gesetz allein darauf abstellt, dass die Information dem Kunden von dem Wertpapierdienstleistungsunternehmen zugänglich gemacht wird, kommt es nicht darauf an, ob die Information ursprünglich von dem Wertpapierdienstleistungsunternehmen stammt. Daher fallen auch solche Informationen in den Anwendungsbereich der Vorschriften, die dem Wertpapierdienstleistungsunternehmen zunächst von einem Dritten zur Verfügung gestellt und Kunden daraufhin seitens des Wertpapierdienstleistungsunternehmens zugänglich gemacht werden.

Beispiel: Vertriebsmaterialien einer Kapitalanlagegesellschaft oder eines Emittenten

Wenn ein Wertpapierdienstleistungsunternehmen Informationen, die aus Drittquellen stammen, Kunden zugänglich macht (beispielsweise durch Aushändigung gedruckter Informationen oder durch Bereitstellung aus Drittquellen stammender Informationen auf der eigenen Internetseite bzw. durch Verknüpfung auf Webseiten anderer Anbieter), ist es somit für die Einhaltung der Vorschriften der § 31 Abs. 2 WpHG und § 4 WpDVerOV grundsätzlich zunächst in vollem Umfang selbst verantwortlich. Sofern es sich bei dem Dritten selbst um ein Wertpapierdienstleistungsunternehmen handelt, finden die Vorschriften des § 31 Abs. 2 WpHG sowie des § 4 WpDVerOV auch auf das Drittunternehmen unabhängig davon Anwendung, ob es seinen Kunden die Informationen unmittelbar zugänglich macht oder – beispielsweise als Emittent – anderen Wertpapierdienstleistungsunternehmen zu Vertriebszwecken zur Verfügung stellt.

Beispiel: Die X-Bank begibt eine Anleihe, die (auch) über die Y-Bank vertrieben werden soll. Zu diesem Zweck stellt die X-Bank der Y-Bank Vertriebsmaterialien zur Verfügung. In diesem Fall hat die X-Bank darauf zu achten, dass diese Informationen § 31 Abs. 2 WpHG sowie ggf. § 4 WpDVerOV entsprechen. Abgesehen von offensichtlichen Fällen hat die Y-Bank keine eigene Prüfungspflicht.

Soweit es sich bei der Drittquelle ebenfalls um ein Wertpapierdienstleistungsunternehmen aus dem EWR handelt und sich die Informationen an Kunden richten, für die identische Anforderungen gelten, darf sich dasjenige Wertpapierdienstleistungsunternehmen, das diese Informationen zur Verfügung gestellt bekommt und daraufhin Kunden zugänglich macht, jedoch in der Regel darauf verlassen, dass die zugelieferten Informationen (von offensichtlichen Verstößen abgesehen) gesetzeskonform sind, da das zuliefernde Wertpapierdienstleistungsunternehmen selbst zur Einhaltung der entsprechenden Anforderungen aus § 31 Abs. 2 WpHG und § 4 WpDVerOV verpflichtet ist. Dies gilt indes nur, sofern die Informationen in unveränderter Form weitergegeben werden und ausschließlich als solche des dritten Wertpapierdienstleistungsunternehmens erscheinen.

Bei Drittkonstellationen können sich weitere Besonderheiten ergeben. Handelt es sich bei der Drittquelle selbst nicht um ein Wertpapierdienstleistungsunternehmen, bedarf es zur Entscheidung, ob diese Informationen als Kunden von dem Wertpapierdienstleistungsunternehmen zugänglich gemacht gelten, einer wertenden Betrachtung der Gesamtumstände. Die Zurechenbarkeit hängt in solchen Fällen davon ab,

ob die Information aus Sicht des Kunden als solche des Wertpapierdienstleistungsunternehmens erscheint bzw. ob der Dritte selbst ein Absatzinteresse hat und daher dem Lager des Wertpapierdienstleistungsunternehmens zuzurechnen ist. Hiervon ist regelmäßig nicht nur bei Werbematerialien, sondern insbesondere auch bei produktspezifischen Informationen von Emittenten auszugehen.
Beispiel: Die X-Bank macht ihren Kunden Produktinformationen der Y-Kapitalanlagegesellschaft (Y-KAG) zugänglich. Da die Y-KAG im Kontext des Produktvertriebs in diesem Fall dem Lager der X-Bank zuzurechnen ist, muss die X-Bank dafür Sorge tragen, dass die ihren Kunden durch sie zugänglich gemachten Informationen den Vorschriften des § 31 Abs. 2 WpHG sowie § 4 WpDVerOV entsprechen..
Legt die X-Bank dagegen in ihren Verkaufsräumen Tageszeitungen aus, in denen Angaben zur Wertentwicklung von Finanzinstrumenten enthalten sind, ist die X-Bank nicht dafür verantwortlich, dass diese den Vorgaben des § 4 WpDVerOV entsprechen. Denn die Tageszeitungen besitzen typischerweise kein Vertriebsinteresse hinsichtlich der Finanzinstrumente, die Gegenstand der darin enthaltenen Kursangaben sind, und sind daher insoweit nicht dem Lager der X-Bank zuzurechnen.

2. Besonders im Zusammenhang mit Informationen auf Internetseiten trifft Wertpapierdienstleistungsunternehmen die Verpflichtung sicherzustellen, dass solche Informationen, die ausschließlich für professionelle Kunden oder geeignete Gegenparteien bestimmt sind und die deshalb nicht alle Anforderungen des § 4 WpDVerOV erfüllen, nicht auch Privatanlegern zugänglich gemacht werden. Bei über das Internet bereit gestellten Informationen empfiehlt es sich hierzu, auf frei zugänglichen Seiten nur privatkundengerechte oder solche Informationen einzustellen, die zwar das Informationsangebot für professionelle Kunden oder geeignete Gegenparteien beschreiben, jedoch keine nicht den Anforderungen des § 4 WpDVerOV entsprechenden Informationen enthalten. Letztere können entweder in einem zugangsgeschützten Bereich professionellen Kunden oder geeigneten Gegenparteien nach entsprechender Freischaltung (z.B. durch ein Passwort) zugänglich gemacht oder von den sonstigen Informationen durch einen gut sichtbaren, zu bestätigenden Hinweis darauf, dass die Informationen nicht für Privatkunden eingestellt wurden, getrennt werden.

3. Beim Zugänglichmachen von Verkaufsprospekten bzw. wesentlichen Anlegerinformationen i.S.d. § 42 InvG, die dem Wertpapierdienstleistungsunternehmen vom Emittenten zur Verfügung gestellt werden und deren Inhalt den gesetzlichen Vorschriften entspricht, ergeben sich durch die Vorschriften des § 31 Abs. 2 WpHG sowie § 4 WpDVerOV dagegen für das Wertpapierdienstleistungsunternehmen keine zusätzlichen Informationspflichten[9].

BT 3.3 Darstellungsvorschriften für an Privatkunden gerichtete Informationen

Für an Privatkunden gerichtete Informationen enthält § 4 WpDVerOV verschiedene die Art ihrer Darstellung betreffende Vorschriften.

BT 3.3.1 Ausreichende und verständliche Darstellung

1. Informationen, die Wertpapierdienstleistungsunternehmen Privatkunden zugänglich machen, müssen grundsätzlich redlich, eindeutig und nicht irreführend sein (vgl. § 31 Abs. 2 Satz 1 WpHG). Das bedeutet u.a., dass wesentliche Aussagen nicht unklar ausgedrückt werden und wesentliche Informationen nicht unerwähnt bleiben dürfen.
Beispiel: Produktbezeichnungen wie "Garantie-Zertifikat" o.ä. sowie Hinweisen wie beispielsweise "100% Kapitalschutz" o.ä. ist ohne weitere Erläuterung nicht hinreichend klar zu entnehmen, von wem die Garantie stammt (Emittent, konzernverbundenes Unternehmen oder Dritter) bzw. woraus sich der Kapitalschutz ergibt. Im Interesse der Eindeutigkeit der Information ist daher bei Garantieaussagen grundsätzlich ein klarstellender Hinweis auf die Person des Garantiegebers erforderlich (etwa: "100% Kapitalgarantie der X-Bank") bzw. bei Hinweisen auf einen Kapitalschutz eine ergänzende Klarstellung, woraus sich der Kapitalschutz ergibt.
In diesem Zusammenhang muss zudem gegebenenfalls auf das Risiko des Wegfalls einer Kapital- oder Rückzahlungsgarantie durch die Ausübung von Sonderkündigungsrechten sowie auf etwaige Bedingungen oder (insbesondere höhenmäßige) Beschränkungen hingewiesen werden, die in Bezug auf eine Garantie bestehen.
Gleichfalls muss aus der Produktbeschreibung klar hervorgehen, ob eine Kapitalgarantie beispielsweise nur zum Laufzeitende besteht oder ob mit einem Kostenabzug für Sicherungsgeschäfte (z.B. bei vorzeitigem Verkauf kapitalgarantierter Produkte) gerechnet werden muss.

2. Darüber hinaus müssen Informationen ausreichend und in einer Art und Weise dargestellt sein, dass sie für den Kundenkreis, dem die Informationen zugänglich gemacht werden, bzw. den Kreis derjenigen, an den sie wahrscheinlich gelangen[10], verständlich sind:

Ausgehend von dem zu erwartendem Verständnishorizont des durchschnittlichen Angehörigen der angesprochenen Kundengruppe[11] müssen die Informationen ausreichend sein. Notwendiger Umfang und inhaltliche Tiefe von Produktbeschreibungen haben sich somit an dem durchschnittlichen Kenntnisstand der Zielgruppe zu orientieren. Je komplizierter ein Produkt oder eine Dienstleistung (einschließlich ihrer Risiken) ist, umso mehr Erklärungen müssen hierzu in der Regel in der Produktinformation enthalten sein. Sofern sich Informationen ausdrücklich und deutlich erkennbar nur an eine ganz bestimmte Gruppe von Kunden richten, bei der ausgeprägtes Fachwissen vorausgesetzt werden kann, darf dies bei der Bemessung des Umfangs und der Tiefe der Produktbeschreibung angemessen berücksichtigt werden.

3. Weiterhin muss die Art und Weise, in der die für den durchschnittlichen Angehörigen der angesprochenen Kundengruppe vom Umfang her ausreichenden Informationen dargestellt werden, für diesen auch verständlich sein. Das bedeutet u.a., dass die sprachliche Darstellung umso einfacher und allgemeinverständlicher sein muss, je weniger Wissen und Erfahrung bei den angesprochenen Kunden vorausgesetzt werden kann.
Beispiel: Während für eine in Finanzfragen vorgebildete Kundengruppe bei der Werbung für ein Zertifikat der Hinweis auf das "Bonitätsrisiko der X-Bank" hinreichend verständlich ist, kann bei einer an die Allgemeinheit der Privatkunden gerichteten Werbung eine weniger fachsprachliche Ausdrucksweise angezeigt sein (z.B.: "Risiko des Geldverlusts wegen Zahlungsverzugs oder Zahlungsunfähigkeit der X-Bank").

4. Insbesondere ist darauf zu achten, dass durch die Art und Weise der Darstellung wichtige Punkte, Aussagen oder Warnungen nicht verschleiert, abgeschwächt oder unverständlich gemacht werden[12].
Negativbeispiel: Während die Chancen in einer Information unter der Überschrift "Vorteile des Produkts" ausdrücklich aufgeführt werden, werden unter der Überschrift "Für wen eignet sich das Produkt?" Produkteigenschaften erwähnt, aus denen der Leser erst auf die sich daraus ergebenden Produktrisiken schließen muss.
Zum einen ist der Formulierung "Für wen eignet sich das Produkt?" nicht klar zu entnehmen, dass darunter die für den Anleger besonders wichtigen Informationen über Risiken zu finden sind. Zum anderen müssen Risiken klar benannt werden; dass diese aus der Produktbeschreibung gefolgert werden können, ist nicht ausreichend.

5. Sofern Angaben zur Verzinsung des eingesetzten Kapitals gemacht werden, ist zu berücksichtigen, ob das Zinsversprechen Bedingungen unterliegt. Während das Emittentenausfallrisiko (z.B. bei einer Unternehmens- oder Staatsanleihe; anders bei Zertifikaten, s.u.) im Normalfall keiner besonderen Erwähnung bedarf, sofern die Risikoprämie bzw. das Ausfallrisiko des Emittenten nicht außergewöhnlich hoch ist, ist jedenfalls dann ein klarstellender Hinweis notwendig, wenn das Zinsversprechen weiteren Bedingungen unterliegt.
Beispiel: Ein Zertifikat zahlt die angegebenen Zinsen nur dann, wenn bei einem Referenzunternehmen kein Zahlungsausfall eintritt.
In solchen Fällen bieten sich anstelle einer unbedingten Angabe wie "Rendite: x% p.a." Formulierungen wie etwa "Chance auf x% Rendite p.a." oder "Bis zu x% Rendite p.a." an.

BT 3.3.2 Aktualität der Darstellung

1. Die Anforderungen an die Aktualität der verbreiteten Informationen bestimmen sich grundsätzlich nach dem Prinzip der Redlichkeit und dem Verbot der Irreführung gemäß § 31 Abs. 2 Satz 1 WpHG sowie dem allgemeinen Verhältnismäßigkeitsprinzip. Während Informationen, die über Online-Datenbanken verbreitet werden, grundsätzlich aktuell sein müssen und unter Umständen auch in Echtzeit vorzuhalten sind, gelten bei online bereit gestelltem Prospektmaterial zum Herunterladen ggf. niedrigere, bei gedruckten, für die Auslage in Filialen bestimmten Vertriebsmaterialien nochmals niedrigere Anforderungen an die Aktualität der Daten. Abzustellen ist jeweils auf die konkrete Information sowie das Produkt bzw. die Dienstleistung und deren spezifische Eigenschaften. Die genannten Prinzipien der Redlichkeit und Nichtirreführung können es im Einzelfall jedoch erforderlich machen, auch Materialien, bei denen die Zeitspanne zwischen Redaktions- und Verbreitungszeitpunkt im Normalfall ausreichend wäre, entweder nicht weiter zu verbreiten oder zu aktualisieren, wenn sich seit Redaktionsschluss kurzzeitig erhebliche Veränderungen ergeben haben.
Beispiel: Während es bis zur Finanzkrise des Jahres 2008 möglicherweise vertretbar war, das Risiko des Ausfalls eines Zertifikatemittenten als so vernachlässigbar anzusehen, dass auf eine Erwähnung in der Risikodarstellung eines Produkts (siehe 3.3) verzichtet werden konnte, stellt sich die Lage jetzt anders dar. Nach Bekanntwerden solcher Veränderungen kann es daher erforderlich sein, Informationsmaterialien entsprechend anzupassen oder einzuziehen. Gleiches gilt etwa betreffend Wertentwicklungsangaben (siehe 3.4) nach kurzfristigen erheblichen Wertveränderungen.

Mit Rücksicht auf das Gebot der Eindeutigkeit, Redlichkeit und Nichtirreführung ist ein leicht erkennbarer Hinweis auf das Erstellungsdatum der Information in jedem Fall empfehlenswert und sinnvoll.
2. Eine Ausnahme von dem grundsätzlichen Aktualitätsgebot für online zugänglich gemachte Informationen ist in Fällen möglich, in denen etwa Vertriebsmaterialien betreffend Zertifikate auch nach Ablauf der Zeichnungsfrist auf der Webseite des Emittenten bzw. vertreibenden Wertpapierdienstleistungsunternehmens bereit gehalten werden. Hierdurch wird ein bestehendes Informationsinteresse der Anleger befriedigt. Gleichzeitig ist es den Unternehmen nicht zumutbar, Angaben in derartigen Vertriebsmaterialien weiterhin aktuell halten zu müssen. Insbesondere in diesem Fall ist jedoch ein deutlicher und leicht erkennbarer Hinweis auf das Erstellungsdatum der Information unabdingbar.

BT 3.3.3 Darstellung von Vorteilen und Risiken

1. Gemäß § 4 Abs. 2 WpDVerOV dürfen mögliche Vorteile einer Wertpapierdienstleistung oder eines Finanzinstruments nur hervorgehoben werden, wenn gleichzeitig eindeutig auf etwaige damit einhergehende Risiken verwiesen wird.
2. Anders als bei Wertpapierverkaufsprospekten muss auf Risiken also nicht immer, sondern nur dann hingewiesen werden, wenn in der Information auch mindestens ein Vorteil des dargestellten Produkts hervorgehoben wird. Dann jedoch gilt der Grundsatz der Proportionalität, d.h. Umfang und Genauigkeit von Vorteils- und Risikendarstellung müssen in ausgewogenem Verhältnis zueinander stehen. Je mehr und je umfassender also Vorteile hervorgehoben werden, umso mehr und umfassender ist auch auf eventuelle Risiken einzugehen. Das bedeutet nicht, dass die Anzahl der dargestellten Vorteile und Risiken immer gleich sein muss. Sofern ein Produkt mehr Vorteile als Risiken hat, können diese in der Darstellung zahlenmäßig überwiegen und umgekehrt. Auch müssen Vorteile und Risiken nicht immer inhaltlich miteinander korrespondieren, also "Vorder- und Rückseite einer Medaille" darstellen. Entscheidend ist, dass dann, wenn alle wesentlichen Vorteile eines Produkts genannt werden, auch auf alle wesentlichen Risiken hingewiesen wird, und immer dann, wenn nur besonders wichtige Vorteile genannt werden, jedenfalls auch auf die besonders wichtigen Risiken hingewiesen wird.
3. Die Hervorhebung eines Vorteils kann sowohl auf sprachliche, als auch auf drucktechnische oder sonstige Art und Weise erfolgen. Sie muss sich nicht auf ein einzelnes Finanzinstrument (bspw. mit konkreter WKN) beziehen. Die Regeln über die Vorteils-/Risikodarstellung finden auch dann Anwendung, wenn sich die Informationen auf eine bestimmte Gruppe von Finanzinstrumenten beziehen, die ähnlich strukturiert sind.
Beispiel: In einer Werbung für eine bestimmte Zertifikate-Art (etwa Hebelzertifikate), in der deren Vorteile (z.B. Chance auf überproportionale Gewinnmöglichkeiten gegenüber dem Basiswert) hervorgehoben werden, müsste auch auf deren Risiken (z.B. überproportionale Verlustrisiken gegenüber dem Basiswert; Emittentenrisiko) hingewiesen werden.
Wie oben bereits erwähnt gilt vor allem bei der Chancen-/Risikendarstellung, dass die Art und Weise der Darstellung wichtige Punkte, Aussagen oder Warnungen nicht verschleiern, abschwächen oder unverständlich machen darf[13]. Zu achten ist daher auf eine klare und direkte Darstellungsweise, die insbesondere nicht bloß die ein Risiko begründenden Umstände, sondern das bestehende Risiko selbst benennt.
4. Die Darstellung der Risiken hat gemäß § 4 Abs. 2 WpDVerOV immer "gleichzeitig" mit der Darstellung der Vorteile zu erfolgen. Das bedeutet bei gedruckten Informationen, dass sich die Risikohinweise im selben Dokument befinden müssen wie die Vorteilsdarstellung. Eine Verweisung auf einen anderen Ort (insbesondere eine Internetseite oder andere Informationsmaterialien) oder die Möglichkeit eines Beratungsgesprächs sind nicht ausreichend. Zwar muss die Risikodarstellung nicht zwingend in unmittelbarer räumlicher Nähe zur Darstellung der Vorteile zu finden sein. Sie muss jedoch deutlich und hervorgehoben erfolgen.
Beispiel: Es ist nicht möglich, die Risiken nur in einem Fußnotentext zu erwähnen, während die Vorteile außerhalb der Fußnoten dargestellt werden. Es ist darüber hinaus ebenfalls nicht möglich, in einem Kundenanschreiben lediglich die Vorteile darzustellen und in Bezug auf die Risiken auf andere Dokumente, z. B. ein Produkinformationsblatt, zu verweisen. Dies gilt auch dann, wenn das Dokument mit der Risikodarstellung dem Anschreiben direkt anliegt bzw. gemeinsam mit ihm versandt wird.
5. Die eben genannten Grundsätze gelten unabhängig von der Art des verwendeten Informationsmediums. Beispiele möglicher Risiken sind u.a.:
   - Emittentenausfallrisiko bei Zertifikaten
   - Garantenausfallrisiko
   - Wechselkursrisiko

- marktbedingte Kursschwankungen
- Möglichkeit eingeschränkter/fehlender Handelbarkeit
- mögliche Nachschusspflicht
- Sonderkündigungsrechte des Emittenten

BT 3.3.4 Darstellung von Wertentwicklungen

Sofern an Privatkunden gerichtete Informationen Aussagen zur Wertentwicklung eines Finanzinstruments, eines Finanzindexes oder einer Wertpapierdienstleistung enthalten, muss deutlich auf den Bezugszeitraum der Angaben sowie darauf hingewiesen werden, dass frühere Wertentwicklungen, Simulationen oder Prognosen kein verlässlicher Indikator für die künftige Wertentwicklung sind (§ 4 Abs. 7 WpDVerOV).

Die Vorschriften betreffend Wertentwicklungsangaben gegenüber Privatkunden unterscheiden zum Teil zwischen vergangenheitsbezogenen (§ 4 Abs. 4 und 5 WpDVerOV) und zukunftsbezogenen (§ 4 Abs. 6 WpDVerOV) Angaben:

BT 3.3.4.1 Vergangenheitsbezogene Angaben

Vergangenheitsbezogene Angaben dürfen grundsätzlich nicht den hervorstechendsten Punkt der Information darstellen (§ 4 Abs. 4 Satz 1 WpDVerOV). Das bedeutet, dass die auf die vergangene Wertentwicklung bezogenen Hinweise weder drucktechnisch, noch inhaltlich durch die gewählte Reihenfolge ihrer Erwähnung, den Umfang ihrer Darstellung oder auf sonstige Weise in den Vordergrund gerückt werden dürfen.

BT 3.3.4.1.1 Geeignete Angaben

1. Gemäß § 4 Abs. 4 Nr. 1 WpDVerOV müssen die Angaben zur Darstellung der Wertentwicklung "geeignet" sein. Geeignet erscheinen in der Regel jedenfalls absolute oder relative Prozentangaben wie z.B.:
   - "Zwischen 10.1.2008 und 10.1.2009 50% Wertsteigerung" oder
   - "Zwischen 10.1.2008 und 10.1.2009 50% mehr Wertsteigerung als [Vergleichsobjekt]").
2. Grundsätzlich ebenso geeignet iSd § 4 Abs. 4 Nr. 1 WpDVerOV können unter Umständen aber auch absolute oder relative Wertangaben sein, wie zB:
   - "Kurs am 10.1.2008: 40,00 € / Kurs am 10.1.2009: 50,00 €" bzw
   - "1000,00 € Plus zwischen 10.1.2008 und 10.1.2009" oder
   - "Zwischen 10.1.2008 und 10.1.2009 50,00 € mehr Wertzuwachs als [Vergleichsobjekt]").
3. Die Wertentwicklungsangaben müssen immer die tatsächliche Wertentwicklung eines Zwölfmonatszeitraums wiedergeben. Ungeeignet sind daher kumulierte, den gesamten Betrachtungszeitraum betreffende Wertentwicklungsangaben (z.B. "500% in 10 Jahren"), da diese keinen Rückschluss auf die Volatilität und das Risiko der Anlage erlauben. Aus demselben Grund in der Regel ebenfalls ungeeignet sind annualisierte Durchschnittswerte für mehrjährige Zeiträume (z.B. "durchschnittlich 5% p.a. in den vergangenen 5 Jahren"). Annualisierte Angaben können ausnahmsweise geeignet sein, wenn die tatsächliche Wertentwicklung über den gesamten Betrachtungszeitraum nahezu gleichbleibend war.

BT 3.3.4.1.2 Mindestzeitraum: grundsätzlich unmittelbar vorausgehende fünf Jahre

1. Hinsichtlich des Zeitraums, auf den sich die Wertentwicklungsangaben beziehen, enthält die WpDVerOV detaillierte Vorgaben:
   Die Wertentwicklungsangaben müssen sich grundsätzlich auf die unmittelbar vorausgehenden fünf Jahre beziehen (§ 4 Abs. 4 Nr. 1 WpDVerOV), wobei mit "Jahren" an dieser Stelle Zwölfmonatszeiträume und keine Kalenderjahre gemeint sind.
2. Die Anforderungen an das Kriterium der Unmittelbarkeit, d.h. an die Länge des zulässigen Zeitraums zwischen aktuellster Wertangabe und Zeitpunkt der Verbreitung der Informationen, bestimmen sich dabei nach dem Verhältnismäßigkeitsprinzip und dem Grundsatz der Redlichkeit der Information gemäß § 31 Abs. 2 Satz 1 WpDVerOV. D.h. die zugänglich gemachten Informationen müssen so aktuell sein, wie dies mit zumutbarem Aufwand erreichbar ist.
3. Das Gebot der Redlichkeit der Information und das Verbot der Irreführung (§ 31 Abs. 2 Satz 1 WpHG) können es im Einzelfall jedoch erforderlich machen, auch Materialien, deren Aktualität im Normalfall ausreichend wäre, entweder nicht weiter zu verbreiten oder zu aktualisieren, wenn sich seit Redaktionsschluss kurzzeitig erhebliche Wertveränderungen ergeben haben (vgl. auch 3.2).

BT 3.3.4.1.3 Ausnahme: Daten nur für kürzeren Zeitraum vorhanden

Sofern für das betreffende Finanzinstrument, den Finanzindex oder die Wertpapierdienstleistung Wertentwicklungsangaben nur für einen kürzeren Zeitraum als fünf Jahre vorliegen, müssen jedenfalls Angaben über den gesamten verfügbaren Zeitraum gemacht werden.

BT 3.3.4.1.4 Grenze der Ausnahme: grundsätzlich keine unterjährigen Angaben

1. In Fällen, in denen die Wertentwicklung nur über einen Zeitraum von weniger als zwölf Monaten dargestellt werden könnte (etwa weil ein Finanzinstrument erst vor weniger als zwölf Monaten in den Handel gebracht wurde), dürfen gemäß § 4 Abs. 4 Nr. 1 WpDVerOV grundsätzlich keine Wertentwicklungsangaben gemacht werden.
2. In diesem Zusammenhang ist darauf hinzuweisen, dass sich das Verbot nur auf die Darstellung der unterjährigen Entwicklung des Wertes des Finanzinstruments, des Finanzindexes oder der Wertpapierdienstleistung bezieht. Selbstverständlich zulässig ist es dagegen, Angaben nur zum aktuellen Wert zu machen.

BT 3.3.4.1.5 Ausnahme vom Verbot unterjähriger Angaben

Unter Berücksichtigung von Sinn und Zweck der Regelung und berechtigter Informationsbedürfnisse der Kunden erscheint jedoch bei nicht-werblichen, vom Kunden nachgefragten wertungsfreien Informationen (etwa in automatisierten Internet-Kursdatenbanken oder bei notwendigen Produktinformationen im Rahmen einer Beratung gemäß WpHG) eine Ausnahme vom grundsätzlichen Verbot unterjähriger Wertentwicklungsangaben in engen Grenzen zulässig (vgl. außerdem 3.3.4.1.7).

BT 3.3.4.1.6 Ergänzende Angaben

Neben den gesetzlichen Vorgaben können ergänzend auch weitere Angaben zur Performance gemacht werden. Diese dürfen aber die gesetzlichen Angaben in Inhalt und Form nicht in den Hintergrund drängen. Die gesetzlich geforderten Angaben müssen also mindestens gleichwertig herausgehoben sein.

BT 3.3.4.1.7 Auswirkung von Provisionen, Gebühren und sonstigen Entgelten

1. Sofern es sich bei der Darstellung von Wertentwicklungen um Bruttowerte handelt, muss angegeben werden, wie sich Provisionen, Gebühren und andere Entgelte hierauf auswirken (vgl. § 4 Abs. 4 Nr. 4 bzw. Abs. 5 Satz 2 bzw. Abs. 6 Satz 2 WpDVerOV).
Unter Provisionen, Gebühren und anderen Entgelten sind dabei sämtliche dem Kunden bedingt durch Ankauf, Halten oder Verkauf eines Finanzinstruments oder die Inanspruchnahme einer Wertpapierdienstleistung zwingend entstehenden finanziellen Aufwendungen zu verstehen, wie z.B.
   – Ausgabeaufschläge bei Fondsanteilen
   – Transaktionskosten wie Ordergebühren und Maklercourtagen
   – etwaige Depot- oder andere Verwahrungsgebühren.
2. § 4 Abs. 4 Nr. 4, Abs. 5 Satz 2 und Abs. 6 Satz 2 WpDVerOV verlangen quantifizierte Angaben betreffend die Auswirkungen von Provisionen, Gebühren und anderen Entgelten. Keinesfalls ausreichend ist insoweit ein unbezifferter allgemeiner Hinweis darauf, dass Provisionen, Gebühren und andere Entgelte sich mindernd auf die Wertentwicklung auswirken, da sich dies bereits unmittelbar aus den jeweiligen Begriffen erschließt. Eine exakte Darstellung der bereinigten Wertentwicklung unter Berücksichtigung der gesetzlich genannten, die Wertentwicklung mindernden Faktoren ist indes sehr schwierig, da die zu berücksichtigenden Parameter jeweils stark einzelfallabhängig sind. Denn entweder ist die Höhe der anzusetzenden Werte abhängig von dem Institut, das die jeweilige Dienstleistung erbringt (Beispiel: Transaktions- und Verwahrungskosten) oder von der Person des Anlegers (Beispiel: Höhe der Anlagesumme, die wiederum Einfluss auf die Transaktions- und Verwahrungskosten hat). Daher ist es jedenfalls in allgemein gehaltenen Informationen praktisch unmöglich, Werte auszuweisen, die auf alle Kunden zutreffen. Um der gesetzlichen Anforderung des § 4 Abs. 4 Nr. 4, Abs. 5 Satz 2 und Abs. 6 Satz 2 WpDVerOV dennoch gerecht zu werden, empfiehlt sich folgende Vorgehensweise:
Wertpapierdienstleistungsunternehmen nehmen die von § 4 Abs. 4 Nr. 4, Abs. 5 Satz 2 und Abs. 6 Satz 2 WpDVerOV verlangte Darstellung der Wertentwicklung, welche die Auswirkung von Provisionen, Gebühren und anderen Entgelten berücksichtigt, vor, indem sie bei der Berechnung der bereinigten Wertentwicklung die genannten, typischerweise anfallenden Belastungen entweder in Höhe des eigenen Gebührenverzeichnisses oder marktüblicher Durchschnittswerte in Ansatz bringen. Unerheblich ist, ob das Wertpapierdienstleistungsunternehmen die Durchschnittswerte selbst erhebt oder auf Daten zurückgreift, die von Verbandsseite oder sonstigen Dritten bereitgestellt werden. Für die Erhebung "marktübli-

cher Durchschnittswerte" sind exakte, mathematisch-empirische Marktanalysen nicht zwingend notwendig. Ausreichend ist vielmehr die Annahme wirklichkeitsnaher Werte, solange diese nicht willkürlich verzerrt erscheinen. Als Anlagebetrag wird von dem Wertpapierdienstleistungsunternehmen als typisierender Modellwert eine Summe von 1000,00 € oder eine für das betreffende Finanzinstrument praxistypische durchschnittliche Anlagesumme angesetzt, als Anlagezeitraum fünf Jahre oder eine kürzere praxis¬typische Haltedauer. Die Einrechnung von Depotkosten kann durch einen Hinweis auf den Umstand, dass zusätzlich die Wertentwicklung mindernde Depotkosten entstehen können, ersetzt werden. Ergänzend zu dieser typisierenden Modellrechnung kann das Wertpapierdienstleistungsunternehmen den Kunden die Möglichkeit eröffnen, auf den Internetseiten des Instituts mittels eines Online-Wertentwicklungsrechners die individuelle bereinigte Wertentwicklung zu errechnen. Hierbei müssten die Kunden bei den einzelnen variablen Parametern einschließlich der Anlagesumme die für sie zutreffenden Werte selber einsetzen.

Bietet ein Institut Wertpapierdienstleistungen im Rahmen von Online-Angeboten an, kann es statt der typisierenden Modellrechnung seinen Kunden bei diesen Angeboten die Möglichkeit eröffnen, auf den Internetseiten des Instituts mittels eines Online-Wertentwicklungsrechners die individuelle bereinigte Wertentwicklung zu errechnen. Hierbei müssten die Kunden bei den einzelnen variablen Parametern einschließlich der Anlagesumme die für sie zutreffenden Werte selbst einsetzen.

Auch das Wertpapierdienstleistungsunternehmen kann – etwa bei einer Beratung in einer Filiale – den Online-Wertentwicklungsrechner alternativ zur typisierenden Modellrechnung einsetzen, um die individuell bereinigte Wertentwicklung zu errechnen. Hierbei muss der Anlageberater die einzelnen variablen Parameter einschließlich der Anlagesumme kundenindividuell ermitteln. Dem Kunden ist ein Ausdruck des Online-Wertentwicklungsrechners zur Verfügung zu stellen. In den beiden vorgenannten Fällen kann der Online-Wertentwicklungsrechner die typisierende Modellrechnung ersetzen.

BT 3.3.4.1.8 Angabe simulierter Wertentwicklungen

1. Simulationen einer früheren Wertentwicklung oder Verweise auf eine solche Simulation dürfen sich nur auf ein Finanzinstrument, den einem Finanzinstrument zugrunde liegenden Basiswert oder einen Finanzindex beziehen (vgl. § 4 Abs. 5 Satz 1 WpDVerOV). Dieser Katalog möglicher Gegenstände einer Simulation ist abschließend. Daher sind beispielsweise Simulationen der Wertentwicklung einer bloßen Handels- oder Anlagestrategie in Kundeninformationen unzulässig[14].

2. Simulationen einer früheren Wertentwicklung müssen ferner auf der tatsächlichen früheren Wertentwicklung eines oder mehrerer Finanzinstrumente, Basiswerte oder Finanzindices beruhen, die mit dem betreffenden Finanzinstrument übereinstimmen oder diesem zugrunde liegen, sowie alle bisher unter 3.3 genannten Voraussetzungen erfüllen (vgl. § 4 Abs. 5 Satz 2 WpDVerOV).
Beispiel: Die Simulation der Wertentwicklung eines am 10.01.2009 aufgelegten Korbzertifikats in der Vergangenheit, die auf der bisherigen Wertentwicklung der einzelnen Korbbestandteile (bei denen es sich um Finanzinstrumente, einem solchen zugrunde liegende Basiswerte oder Finanzindices handeln muss) beruht.
Eine solche Simulation setzt voraus, dass die als Grundlage dienenden Finanzinstrumente, Basiswerte oder Finanzindices mit den aktuellen Korbbestandteilen identisch sind und ihre Kurshistorie den gesamten Simulationszeitraum abdeckt. Nicht zulässig ist es daher, einen oder mehrere Korbbestandteile, die keine entsprechende tatsächliche Kurshistorie besitzen, in der Simulation durch ähnliche oder vergleichbare Finanzinstrumente, Basiswerte oder Finanzindices zu ersetzen.
Beispiel: Ein frisch aufgelegtes Korbzertifikat bildet die Wertentwicklung der Aktien A, B, C und D ab, wobei die Aktien A, B und C bereits seit mehr als sechs Jahren notieren, die Aktie D jedoch erst seit fünf Jahren. Eine Simulation der Wertentwicklung dieses Korbzertifikats bezogen auf die vergangenen sechs Jahre wäre unzulässig, da für das sechste Jahr keine Kurshistorie der Aktie D vorliegt und die Heranziehung der Wertentwicklung einer der Aktie D vergleichbaren oder ähnlichen Aktie zu Simulationszwecken nicht zulässig wäre. Möglich ist jedoch die Simulation der Wertentwicklung des Korbzertifikats bezogen auf die vergangenen fünf Jahre, für die historische Kursdaten für alle vier Aktien vorliegen.

3. Ferner muss das Finanzinstrument, der Basiswert oder der Finanzindex, der Gegenstand der Simulation sein soll, eine fest definierte Zusammensetzung haben, damit eine Simulation überhaupt möglich ist. Daher ist es nicht zulässig, die vergangene Wertentwicklung eines Finanzinstruments oder eines Finanzindexes, dessen jeweilige Zusammensetzung von Ermessensentscheidungen abhängig ist, in Kundeninformationen zu simulieren.
Beispiel: Für einen frisch aufgelegten Fonds ist eine bestimmte Anlagestrategie einschließlich bestimmter Gewichtungsvorgaben für die Fondsverwaltung definiert. Die genaue Titelauswahl und die Ent-

scheidung über einzelne Transaktionen liegt jedoch im Ermessen der Fondsverwaltung. In diesem Fall ist es nicht möglich festzustellen, wie die genaue Fondszusammensetzung in der Vergangenheit ausgesehen hätte, da man nicht wissen kann, welche Ermessensentscheidungen die Fondsverwaltung in der Vergangenheit getroffen hätte.

4. Aus dem selben Grund ist es auch grundsätzlich unzulässig, die vergangene Wertentwicklung solcher strukturierter Produkte in Kundeninformationen zu simulieren, bei denen über die reinen Kosten der Einzelbestandteile hinaus variable, nicht über die gesamte Laufzeit feststehende Margen des Emittenten Bestandteil der Preisbildung sind, es sei denn, es wird an hervorgehobener Stelle deutlich darauf hingewiesen, dass die bei der Wertentwicklungsberechnung angenommenen Margen des Emittenten fiktiv und veränderlich sind und deshalb keinen verlässlichen Anhaltspunkt für die zukünftige Auswirkung der Emittentenmargen auf die Wertentwicklung des Produkts bieten.
   Beispiel: Die Struktur eines Garantie-Zertifikats besteht aus mehreren Komponenten (z.B. Wertpapieren und Termingeschäften). Der Emissionspreis setzt sich aus der Addition der Preise der einzelnen Bestandteile sowie einer Gewinnmarge des Emittenten zusammen. Die Höhe dieser Marge verändert sich jedoch während der Laufzeit kontinuierlich im Rahmen der Kursstellung durch den Emittenten. In diesem Fall ist es nicht möglich zu wissen, wie hoch der Emittent seine Marge zu den einzelnen zurückliegenden Zeitpunkten kalkuliert hätte. Daher ist es auch nicht möglich festzustellen, wie der Preis des Zertifikats zu vor der Emission liegenden Zeitpunkten gewesen wäre.

5. Grundsätzlich zulässig ist die Darstellung einer Kombination aus tatsächlichen und simulierten Wertentwicklungsangaben. In diesem Fall muss aus der Darstellung jedoch klar und deutlich hervorgehen, welche Angaben tatsächlicher und welche Angaben simulierter Art sind.
   Beispiel: Ein vor sechs Monaten aufgelegtes Zertifikat bildet die Wertentwicklung der Aktie A "1:1" ab. Zwar wären Wertentwicklungsangaben bezogen auf das Zertifikat nur für die vergangenen sechs Monate wegen des Verbots unterjähriger Wertentwicklungsangaben (siehe Punkt 3.4.1.4) unzulässig. Unter Rückgriff auf die tatsächliche Wertentwicklung der Aktie A in den davor liegenden viereinhalb Jahren lässt sich die Wertentwicklung des Zertifikats für den Zeitraum der vergangenen fünf Jahre dennoch darstellen.
   Im Falle simulierter Wertentwicklungsangaben muss schließlich – wie bei der Angabe tatsächlicher Wertentwicklungen – grundsätzlich ebenfalls ausgewiesen werden, wie sich Provisionen, Gebühren und andere Entgelte auswirken.
   Beispiel: Ein frisch aufgelegter Fonds bildet gemäß den Fondsbedingungen immer "1:1" einen bestimmten Index nach. Mangels ausreichender tatsächlicher Kurshistorie soll seine vergangene Wertentwicklung simuliert dargestellt werden. In diesem Fall müssen bei der Simulation etwaige Ausgabeauf- bzw. Rückgabeabschläge sowie Transaktionskosten genau wie bei der Darstellung tatsächlicher Wertentwicklungen berücksichtigt werden.

BT 3.3.4.2 Zukunftsbezogene Angaben

Angaben zur künftigen Wertentwicklung dürfen nicht auf einer simulierten früheren Wertentwicklung beruhen oder auf eine solche Simulation Bezug nehmen. Die Angaben müssen auf angemessenen, durch objektive Daten gestützten Annahmen beruhen und für den Fall, dass sie auf der Bruttowertentwicklung beruhen, deutlich angeben, wie sich Provisionen, Gebühren und andere Entgelte auswirken (vgl. § 4 Abs. 6 WpDVerOV).

BT 3.4. Steuerliche Hinweise

Informationen zu einer bestimmten steuerlichen Behandlung müssen einen deutlichen Hinweis enthalten, dass die steuerliche Behandlung von den persönlichen Verhältnissen des jeweiligen Kunden abhängt und künftig Änderungen unterworfen sein kann (vgl. § 4 Abs. 8 WpDVerOV).

BT 3.5. Übereinstimmung von Werbung und Produktinformation

Informationen in Werbeaussagen dürfen denjenigen Informationen nicht widersprechen, die das Wertpapierdienstleistungsunternehmen dem Kunden im Zuge der Erbringung von Wertpapierdienstleistungen und Wertpapiernebendienstleistungen zur Verfügung stellt (vgl. § 4 Abs. 9 WpDVerOV). Hieraus ergibt sich insbesondere, dass Angaben in Verkaufsprospekten oder sonstigen Informationsmaterialien im Einklang mit den Angaben stehen müssen, die im Rahmen der Werbung gemacht werden.

BT 3.6 Angaben mit Bezug zur Aufsichtsbehörde

Der Name einer zuständigen Behörde im Sinne des WpHG darf nicht in einer Weise genannt werden, die so verstanden werden kann, dass die Produkte oder Dienstleistungen des Wertpapierdienstleistungsunternehmens von der betroffenen Behörde gebilligt oder genehmigt werden oder worden sind (vgl. § 4 Abs. 11 WpDVerOV).

Nicht zulässig ist es daher beispielsweise, in einer Werbung für ein Finanzinstrument in einer Weise darüber zu informieren, dass der im Rahmen der Emission veröffentlichte Prospekt von der BaFin gebilligt wurde, die geeignet ist beim Kunden den Eindruck hervorzurufen, die BaFin habe das Finanzinstrument als solches ausdrücklich gebilligt oder genehmigt. Ebenso unzulässig ist es, auf den Umstand einer bestehenden Beaufsichtigung durch die BaFin in einer Weise hinzuweisen, die geeignet ist den Eindruck hervorzurufen, die von dem Wertpapierdienstleistungsunternehmen angebotenen Dienstleistungen oder Produkte seien von der BaFin ausdrücklich gebilligt oder genehmigt.

BT 3.7 Dokumentation von Werbemitteilungen

Bei Werbemitteilungen bedarf es neben der Aufbewahrung eines Exemplars der Werbemitteilung keiner weiteren Aufzeichnung, soweit aus der Werbemitteilung hervorgeht, an welchen Kundenkreis sich die Mitteilung richtet, vgl. § 14 Abs. 7 WpDVerOV. Sofern die Werbemitteilung wiederkehrend nach einem bestimmten inhaltlichen Standard-Muster erstellt wird, genügt die Aufbewahrung eines Beispiel-Exemplars dieser standardisierten Information, Werbemitteilung oder Finanzanalyse, wenn sich die Erstellung der einzelnen Dokumente aus der ergänzenden Dokumentation rekonstruieren lässt.

[7] Dies setzt eine Berücksichtigung der individuellen Finanzlage des Adressaten voraus (vgl. Gemeinsames Informationsblatt der BaFin und der Deutschen Bundesbank zum neuen Tatbestand der Anlageberatung vom 12. November 2007).
[8] Vgl. hierzu mein Schreiben zur Auslegung einzelner Begriffe der §§ 31 Abs. 2 S. 4, 34 b WpHG in Verbindung mit der Finanzanalyseverordnung vom 21. Dezember 2007.
[9] Vgl. Erwägungsgründe 52, 55 und 56 der Richtlinie 2006/73/EG vom 10. August 2006.
[10] Vgl. Artikel 27 (2) Richtlinie 2006/73/EG.
[11] Vgl. Artikel 27 (2) Richtlinie 2006/73/EG.
[12] Vgl. Artikel 27 (2) Richtlinie 2006/73/EG.
[13] Vgl. Artikel 27 (2) Richtlinie 2006/73/EG.
[14] Anders als § 4 Abs. 4 S. 1 WpDVerOV lässt § 4 Abs. 5 S. 1 WpDVerOV Wertpapierdienstleistungen nicht als Darstellungsgegenstand zu.

[...]

BT 7 Prüfung der Geeignetheit nach § 31 Abs. 4 WpHG

- BT 7.1 Information an die Kunden über die Beurteilung der Geeignetheit
- BT 7.2 Notwendige Vorkehrungen zum Verständnis von Kunden und Anlagen
- BT 7.3 Qualifikation der Mitarbeiter von Wertpapierdienstleistungsunternehmen
- BT 7.4 Umfang der von den Kunden einzuholenden Informationen (Verhältnismäßigkeit)
- BT 7.5 Zuverlässigkeit der Kundeninformationen
- BT 7.6 Aktualisierung der Kundeninformationen
- BT 7.7 Kundeninformationen zu juristischen Personen oder Gruppen
- BT 7.8 Erforderliche Maßnahmen zur Gewährleistung der Geeignetheit einer Anlage

BT 7.1 Information an die Kunden über die Beurteilung der Geeignetheit

1. Wertpapierdienstleistungsunternehmen sollen den Kunden gegenüber klar und deutlich darlegen, dass die Beurteilung der Geeignetheit vorgenommen wird, damit das Wertpapierdienstleistungsunternehmen im Interesse des Kunden handeln kann. Zu keinem Zeitpunkt dürfen Wertpapierdienstleistungsunternehmen Unklarheiten oder Missverständnisse hinsichtlich ihrer eigenen diesbezüglichen Verantwortung aufkommen lassen.
2. Informationen über die Dienstleistungen Anlageberatung bzw. Finanzportfolioverwaltung müssen auch Informationen über die Geeignetheitsprüfung enthalten. Unter „Geeignetheitsprüfung" ist der gesamte Prozess der Einholung von Informationen über einen Kunden und die nachfolgende Beurteilung der Geeignetheit eines bestimmten Finanzinstruments für diesen Kunden zu verstehen.
3. Die Geeignetheitsprüfung ist nicht auf die Empfehlung beschränkt, ein bestimmtes Finanzinstrument zu erwerben. Jede Empfehlung muss geeignet sein, unabhängig davon, ob sie beispielsweise den Kauf, das Halten oder den Verkauf betrifft.[17] Die zur Geeignetheitsprüfung erteilten Informationen sollen die Kunden in die Lage versetzen, den Zweck der Anforderungen zu verstehen und somit korrekt und ausreichend über ihre Kenntnisse und Erfahrungen, ihre finanziellen Verhältnisse und ihre Anlageziele Aus-

kunft zu geben. Die Wertpapierdienstleistungsunternehmen sollen die Kunden darauf aufmerksam machen, dass vollständige und korrekte Informationen unerlässlich sind, damit die Unternehmen geeignete Produkte oder Dienstleistungen empfehlen können. Es bleibt den Unternehmen überlassen, wie sie ihre Kunden über die Geeignetheitsprüfung informieren, diese Information kann auch standardisiert zur Verfügung gestellt werden. Die gewählte Form muss allerdings Kontrollen im Nachgang ermöglichen, um feststellen zu können, ob die Informationen erteilt wurden.

4. Die Wertpapierdienstleistungsunternehmen müssen Maßnahmen ergreifen, die darauf ausgerichtet sind, sicherzustellen, dass der Kunde das Prinzip des Anlagerisikos wie auch das Verhältnis zwischen Risiko und Rendite versteht. Um ein Verständnis vom Anlagerisiko zu vermitteln, wird den Unternehmen empfohlen, anhand gut verständlicher Beispiele zu erläutern, wie hoch mögliche Verluste in Abhängigkeit von der Höhe des eingegangenen Risikos sein können, und die Reaktion des Kunden auf diese Szenarien zu berücksichtigen. Dem Kunden soll klargemacht werden, dass sich mithilfe dieser Maßnahmen und seiner Reaktion darauf ein besseres Bild von der Risikobereitschaft des Kunden (sein Risikoprofil) und der Art der für ihn geeigneten Finanzinstrumente (mit den entsprechenden Risiken) gewinnen lässt.

5. Die Verantwortung für die Geeignetheitsprüfung liegt beim Wertpapierdienstleistungsunternehmen. Die Unternehmen dürfen nicht den Eindruck erwecken, dass die Entscheidung über die Geeignetheit einer Anlage beim Kunden liegt oder dass der Kunde festlegt, welche Finanzinstrumente zu seinem Risikoprofil passen. So haben die Unternehmen beispielsweise zu vermeiden, bei einem bestimmten Finanzinstrument dem Kunden gegenüber den Eindruck zu erwecken, dass es sich dabei genau um das von ihm als geeignet ausgewählte Produkt handele, oder aber vom Kunden zu verlangen, die Geeignetheit eines bestimmten Finanzinstruments oder einer Dienstleistung zu bestätigen.

BT 7.2 Notwendige Vorkehrungen zum Verständnis von Kunden und Anlagen

1. Wertpapierdienstleistungsunternehmen müssen über geeignete Grundsätze und Verfahren verfügen, um eine umfassende Kenntnis der wesentlichen Tatsachen über ihre Kunden wie auch der Merkmale der Finanzinstrumente, die für diese Kunden zur Verfügung stehen, sicherzustellen.[18]
2. Wertpapierdienstleistungsunternehmen müssen alle für die Erfassung der oben genannten wesentlichen Tatsachen und Merkmale erforderlichen Grundsätze aufstellen und Verfahren (einschließlich geeigneter Instrumente) einrichten als auch aufrechterhalten.[19] Hierzu zählen Grundsätze und Verfahren, die ihnen die Einholung und Beurteilung sämtlicher Informationen ermöglichen, die für eine Geeignetheitsprüfung bei jedem einzelnen Kunden erforderlich sind. Es wird empfohlen, Fragebögen einzusetzen, die von den Kunden selbst oder im Verlauf der Gespräche ausgefüllt werden.
3. Zu den für die Durchführung einer Geeignetheitsprüfung erforderlichen Informationen gehören verschiedene Aspekte, unter anderem solche, die sich auf die finanziellen Verhältnisse des Kunden oder seine Anlageziele auswirken können.
   Dies kann die folgenden Aspekte beinhalten:
   a. der Familienstand (insbesondere die Befugnis des Kunden, über Vermögenswerte zu verfügen, an denen der Ehepartner Miteigentümer ist);
   b. die familiäre Situation (Veränderungen in der familiären Situation eines Kunden können sich auf seine finanziellen Verhältnisse auswirken, zB die Geburt eines Kindes oder der Studienbeginn eines Kindes);
   c. die berufliche Situation (der Arbeitsplatzverlust oder die kurz bevorstehende Pensionierung können sich auf die finanziellen Verhältnisse oder die Anlageziele auswirken);
   d. der Bedarf an Liquidität bei bestimmten Anlagen
   e. das Alter des Kunden.
4. Bei der Festlegung der als erforderlich erachteten Informationen haben die Unternehmen die Auswirkungen zu berücksichtigen, die sich aus Veränderungen einzelner Informationen für die Geeignetheitsprüfung ergeben können.
5. Die in die Wertpapierdienstleistungen einbezogenen Personen in den Wertpapierdienstleistungsunternehmen müssen die Produkte, die sie anbieten, selbst kennen. Das heißt, dass die Unternehmen durch entsprechende Grundsätze und Verfahren sicherstellen müssen, dass sie Anlagen nur empfehlen oder im Namen ihrer Kunden tätigen, wenn sie die Merkmale des betreffenden Produkts bzw. Finanzinstruments verstehen.

BT 7.3 Qualifikation der Mitarbeiter von Wertpapierdienstleistungsunternehmen

1. Soweit ein Anlageberater über die nach § 1 WpHGMaAnzV erforderliche Sachkunde verfügt, erfüllt er die in Tz. 2 bis 4 aufgeführten Anforderungen.

2. Wertpapierdienstleistungsunternehmen müssen gewährleisten, dass die im Rahmen der Finanzportfolioverwaltung tätigen Mitarbeiter über ausreichende Kenntnisse und Erfahrungen verfügen.
3. Diese Mitarbeiter müssen wissen, welche Rolle sie im Prozess der Geeignetheitsprüfung spielen, und sie müssen über die notwendigen Fähigkeiten, Kenntnisse und Erfahrungen, einschließlich hinlänglicher Kenntnisse des rechtlichen Rahmens und der entsprechenden Verfahren, verfügen, damit sie ihrer Verantwortung gerecht werden können.
4. Diese Mitarbeiter müssen die Anliegen und die Verhältnisse der Kunden einschätzen können und über ausreichende Fachkenntnisse im Bereich der Finanzmärkte verfügen, damit sie die im Namen des Kunden zu erwerbenden Finanzinstrumente verstehen und danach beurteilen können, ob die Merkmale des Instruments auf die Bedürfnisse und Verhältnisse des Kunden abgestimmt sind.

BT 7.4 Umfang der von den Kunden einzuholenden Informationen (Verhältnismäßigkeit)
1. Wertpapierdienstleistungsunternehmen müssen bei der Festlegung des Umfangs der von den Kunden einzuholenden Informationen alle Aspekte der für die Kunden zu erbringenden Dienstleistungen der Anlageberatung oder Finanzportfolioverwaltung berücksichtigen.
2. Bevor Wertpapierdienstleistungsunternehmen Empfehlungen im Rahmen der Anlageberatung oder der Finanzportfolioverwaltung abgeben, müssen sie auf jeden Fall die notwendigen Informationen über die Kenntnisse und Erfahrungen des Kunden, seine finanziellen Verhältnisse und seine Anlageziele einholen.
3. Der Umfang der einzuholenden Informationen variiert. Um festzulegen, welche Informationen „notwendig" und von Bedeutung sind, haben die Wertpapierdienstleistungsunternehmen von den Kenntnissen und Erfahrungen, den finanziellen Verhältnissen und den Anlagezielen des Kunden ausgehend folgende Aspekte zu berücksichtigen:
   a. Art des Finanzinstruments bzw des Finanzgeschäfts, das für die Unternehmen als Empfehlung bzw Abschluss in Betracht kommt (einschließlich der Komplexität und der Höhe des Risikos);
   b. Art und Umfang der Dienstleistungen, die das Unternehmen erbringt;
   c. Kundenklassifizierung sowie Anliegen und persönliche Verhältnisse des Kunden.
4. Unabhängig von der Unterschiedlichkeit des Umfangs der einzuholenden Informationen gilt stets als Grundregel, dass eine Empfehlung an den Kunden oder eine im Rahmen der Finanzportfolioverwaltung in seinem Namen getätigte Anlage für ihn geeignet sein muss. Der in der MiFID verankerte Grundsatz der Verhältnismäßigkeit gestattet es den Unternehmen, Informationen in einem Umfang einzuholen, der im richtigen Verhältnis zu den von ihnen angebotenen Produkten und Dienstleistungen bzw. zu den Produkten und Dienstleistungen steht, für die der Kunde eine spezifische Anlageberatung oder Finanzportfolioverwaltung wünscht. Die Unternehmen dürfen von dieser Verpflichtung nicht zu Lasten des Kunden abweichen.
5. Bieten Wertpapierdienstleistungsunternehmen beispielsweise komplexe[20] oder riskante[21] Finanzinstrumente an, müssen sie sorgfältig prüfen, ob sie ausführlichere Informationen über den Kunden einholen müssen als in anderen Fällen, in denen es sich um weniger komplexe oder riskante Finanzinstrumente handelt. Nur so können die Unternehmen die Fähigkeit des Kunden beurteilen, die mit diesen Finanzinstrumenten verbundenen Risiken zu verstehen und finanziell tragen zu können[22].
Bei illiquiden Finanzinstrumenten[23] haben die „notwendigen Informationen" die Angabe zu enthalten, wie lange der Kunde die Anlage zu halten beabsichtigt.
Bei illiquiden oder riskanten Finanzinstrumenten können Angaben zu den nachfolgend genannten Punkten zu den „notwendigen Informationen" gehören, soweit ansonsten nicht feststellbar ist, ob es die finanzielle Situation des Kunden gestattet, diese Instrumente zu erwerben:
   a. Höhe des regelmäßigen Einkommens und des Gesamteinkommens des Kunden, ob es sich um ein dauerhaftes oder zeitweiliges Einkommen handelt und aus welcher Quelle es stammt (z.B. Erwerbseinkommen, Renten-/Pensionseinkommen, Erträge aus Kapitalanlagen, Mieterträge);
   b. die Vermögenswerte des Kunden, darunter liquide Vermögenswerte, Anlagen und Immobilienbesitz; dazu gehören auch Kapitalanlagen, das bewegliche Vermögen und als Finanzinvestition gehaltene Immobilien, Pensionsfonds, Bareinlagen usw.; hierzu können auch Informationen zu Bedingungen, Fristen, Zugang, Darlehen, Bürgschaften und sonstigen Beschränkungen zählen, die möglicherweise im Zusammenhang mit oben genannten Vermögenswerten bestehen;
   c. die regelmäßigen finanziellen Verpflichtungen des Kunden, wozu die bereits bestehenden wie auch konkret in Aussicht genommene Verpflichtungen gehören (Schuldenposten des Kunden, Verbindlichkeiten insgesamt und sonstige regelmäßige Verpflichtungen usw.).

6. Bei der Festlegung der einzuholenden Informationen müssen die Wertpapierdienstleistungsunternehmen auch die Art der zu erbringenden Dienstleistung berücksichtigen. Praktisch bedeutet das Folgendes:
   a. Wird die Anlageberatung erbracht, müssen die Unternehmen ausreichende Informationen einholen, um beurteilen zu können, ob der Kunde in der Lage ist, die Risiken und die Art der jeweiligen Finanzinstrumente einschätzen zu können, die ihm das Unternehmen empfehlen möchte.
   b. Bei der Erbringung der Finanzportfolioverwaltung müssen die Kenntnisse und Erfahrungen des Kunden in Bezug auf die einzelnen Finanzinstrumente, die in das Portfolio einfließen können, nicht so detailliert sein wie im Falle der Anlageberatung. Gleichwohl muss der Kunde zumindest die allgemeinen Risiken des Portfolios verstehen und eine grundlegende Vorstellung von den Risiken haben, die mit den einzelnen Arten von Finanzinstrumenten verbunden sind, die in das Portfolio aufgenommen werden können. Die Unternehmen müssen sich ein sehr klares Bild vom Anlegerprofil des Kunden verschaffen.
7. Ebenso kann der Umfang der vom Kunden erbetenen Dienstleistung maßgeblich dafür sein, wie detailliert die über ihn einzuholenden Informationen sein müssen. Über Kunden, die eine Anlageberatung für ihr gesamtes Anlageportfolio wünschen, müssen sich die Unternehmen umfassender informieren als über Kunden, die sich speziell bei der Anlage eines bestimmten Betrags beraten lassen wollen, der nur einen relativ kleinen Teil ihres Gesamtportfolios ausmacht.
8. Ein Wertpapierdienstleistungsunternehmen muss bei der Bestimmung der einzuholenden Informationen auch das jeweilige Profil des Kunden berücksichtigen. Ausführlichere Informationen sind grundsätzlich bei Kunden einzuholen, die erstmals Anlageberatungsdienste in Anspruch nehmen. Erbringt ein Unternehmen dagegen die Anlageberatung oder die Finanzportfolioverwaltung für einen professionellen Kunden (der auch korrekt als solcher eingestuft wurde), kann es grundsätzlich davon ausgehen, dass dieser Kunde über die erforderlichen Kenntnisse und Erfahrungen verfügt, und muss daher zu diesen Punkten keine Informationen einholen.
9. Auch wenn die Wertpapierdienstleistung in einer Anlageberatung oder Finanzportfolioverwaltung für sog. geborene professionelle Kunden besteht, kann das Unternehmen grundsätzlich davon ausgehen, dass etwaige damit einhergehende Anlagerisiken für den Kunden seinen Anlagezielen entsprechend finanziell tragbar sind, und braucht daher grundsätzlich keine Informationen zu den finanziellen Verhältnissen des Kunden einzuholen. Allerdings müssen dann entsprechende Informationen eingeholt werden, wenn die Anlageziele des Kunden dies erfordern. Möchte der Kunde beispielsweise ein Risiko absichern, benötigt das Unternehmen detaillierte Informationen über dieses Risiko, um ein wirksames Sicherungsinstrument vorschlagen zu können.
10. Auch die Anliegen und persönlichen Verhältnisse des Kunden sind ausschlaggebend dafür, welche Informationen benötigt werden. So sind grundsätzlich – anders als bei einer kurzfristigen sicheren Anlage – ausführlichere Informationen über die finanziellen Verhältnisse des Kunden erforderlich, wenn dieser mehrere und/oder langfristige Anlageziele verfolgt.
11. Erlangt ein Wertpapierdienstleistungsunternehmen nicht die notwendigen Informationen über Kenntnisse und Erfahrungen der Kunden in Bezug auf Geschäfte mit bestimmten Arten von Finanzinstrumenten oder Wertpapierdienstleistungen, über die Anlageziele der Kunden und über ihre finanziellen Verhältnisse, darf es keine Anlageberatung erbringen. Entsprechendes gilt für Empfehlungen im Rahmen der Finanzportfolioverwaltung. Als Empfehlung gelten auch Äußerungen, Wünsche und Ratschläge dahingehend, der Kunde möge eine Weisung an den Finanzportfolioverwalter erteilen oder ändern, die den Ermessensspielraum des Finanzportfolioverwalters festlegt.

BT 7.5 Zuverlässigkeit der Kundeninformationen

1. Wertpapierdienstleistungsunternehmen müssen geeignete Maßnahmen ergreifen, die darauf ausgerichtet sind, sicherzustellen, dass die eingeholten Kundeninformationen fehlerfrei und vollständig sind. Insbesondere
   a. müssen sie sicherstellen, dass alle im Rahmen der Geeignetheitsprüfung verwendeten Instrumentarien dem Zweck angemessen ausgestaltet sind (beispielsweise sollen Fragen nicht so formuliert werden, dass sie den Kunden auf eine spezifische Anlageart hinführen),
   b. ist durch entsprechende Maßnahmen die Schlüssigkeit und Zuverlässigkeit der Kundeninformationen zu gewährleisten (zumindest ist zu prüfen, ob die Angaben des Kunden offensichtliche Unstimmigkeiten enthalten) und
   c. wird empfohlen, nicht auf Selbsteinschätzungen der Kunden in Bezug auf Kenntnisse, Erfahrungen und finanzielle Verhältnisse vertrauen.

2. Von den Kunden wird erwartet, dass sie korrekte, aktuelle und vollständige Informationen für die Geeignetheitsprüfung geben. Die Unternehmen tragen jedoch die Verantwortung dafür, dass ihnen ausreichende und angemessene Informationen zur Durchführung der Geeignetheitsprüfung zur Verfügung stehen. Die Unternehmen müssen sicherstellen, dass die Fragen den Kunden so gestellt werden, dass sie aller Wahrscheinlichkeit nach richtig verstanden werden, und dass jede andere Methode zur Einholung von Informationen in einer Weise ausgestaltet ist, dass die für die Geeignetheitsprüfung erforderlichen Informationen erlangt werden.
3. Es wird empfohlen, eine Selbsteinschätzung der Kunden durch die Vorgabe objektiver Kriterien zu relativieren. Beispielsweise:
   a. anstatt den Kunden zu fragen, ob er sich ausreichend erfahren fühlt, um ein bestimmtes Instrument zu erwerben, kann der Kunde nach den Arten von Instrumenten gefragt werden, in denen er sich auskennt,
   b. anstatt Kunden zu befragen, ob sie der Meinung sind, über ausreichend Finanzmittel für die Anlage zu verfügen, kann das Unternehmen konkrete Informationen zu ihren finanziellen Verhältnissen abfragen,
   c. anstatt den Kunden zu fragen, ob der Kunde bereit ist, Risiken einzugehen, kann das Unternehmen fragen, welche Höhe an Verlusten er über einen bestimmten Zeitraum hinzunehmen bereit ist, und zwar entweder bei Einzelanlagen oder beim gesamten Portfolio.
4. Setzen Wertpapierdienstleistungsunternehmen für die Prüfung der Geeignetheit Instrumente ein, die von Seiten des Kunden genutzt werden sollen (wie etwa Online-Fragebögen oder eine Software zur Erstellung von Risikoprofilen), ist mittels geeigneter Systeme und Kontrollen sicherzustellen, dass diese Instrumente tatsächlich zweckdienlich sind und zu zufriedenstellenden Ergebnissen führen. Beispielsweise kann eine Software zur Erstellung von Risikoprofilen Kontrollen beinhalten, mit denen die Kohärenz der Kundenantworten überprüft wird und Widersprüche zwischen einzelnen Informationen aufgedeckt werden.
2. Die Unternehmen sind außerdem verpflichtet, geeignete Maßnahmen zu ergreifen, um potenzielle Risiken im Zusammenhang mit der Nutzung derartiger Instrumente zu verringern. Risiken dieser Art können beispielsweise entstehen, wenn Kunden (von sich aus oder auf Anregung durch Kundenbetreuer) ihre Antworten ändern, um Zugang zu Finanzinstrumenten zu erlangen, die für sie gegebenenfalls nicht geeignet sind.
3. Zur Sicherung der Schlüssigkeit der Kundeninformationen sind die eingeholten Informationen in ihrer Gesamtheit zu betrachten. Die Wertpapierdienstleistungsunternehmen müssen auf Widersprüche zwischen verschiedenen Informationsteilen achten und sich ggf. mit dem Kunden in Verbindung setzen, um mögliche sachliche Unstimmigkeiten oder Ungenauigkeiten zu klären. Derartige Widersprüche liegen beispielsweise vor, wenn Kunden über nur geringe Kenntnisse oder Erfahrungen verfügen, ein konservatives Risikoprofil aufweisen und dennoch sehr ehrgeizige Anlageziele verfolgen.

BT 7.6 Aktualisierung der Kundeninformationen

1. Im Falle einer dauerhaften Geschäftsbeziehung zu einem Kunden muss das Wertpapierdienstleistungsunternehmen geeignete Verfahren einrichten, um sicherzustellen, dass es jederzeit in ausreichendem Umfang über aktuelle Informationen zu diesem Kunden verfügt. Der Kunde hat hierbei von sich aus auf Änderungen seiner Umstände hinzuweisen.
2. Erbringt das Wertpapierdienstleistungsunternehmen dauerhaft Anlageberatung oder Finanzportfolioverwaltung, muss es in ausreichendem Maße über aktuelle Informationen zu dem Kunden verfügen, um die Geeignetheitsprüfung vornehmen zu können. Die Unternehmen müssen daher Verfahren zu folgenden Aspekten festlegen:
   a. welche Bestandteile der eingeholten Informationen aktualisiert werden müssen und wie häufig eine Aktualisierung erfolgen muss;
   b. wie die Aktualisierung erfolgen soll und wie das Unternehmen vorgehen soll, wenn es zusätzliche oder aktualisierte Informationen erhält oder der Kunde die geforderten Informationen nicht bereitstellt.
1. Die Häufigkeit kann beispielsweise in Abhängigkeit vom Risikoprofil der Kunden variieren: anhand der Informationen, die im Zusammenhang mit der Geeignetheitsprüfung eingeholt wurden, bestimmt das Unternehmen das Anlagerisikoprofil des Kunden, d.h. es entscheidet über die Art von Wertpapierdienstleistungen bzw. Finanzinstrumenten, die bei Zugrundelegung der Kenntnisse, Erfahrungen, finanziellen Verhältnisse und Anlageziele des Kunden für diesen generell geeignet sein können. Hierbei erfordert ein höheres Risikoprofil grundsätzlich eine häufigere Aktualisierung als ein niedrigeres Profil. Auch be-

stimmte Ereignisse können Anstoß für eine Aktualisierung sein, beispielsweise der Eintritt des Kunden in den Ruhestand.
Die Aktualisierung kann beispielsweise während regelmäßig stattfindender Treffen mit den Kunden oder durch Zusendung von Fragebögen zur Aktualisierung der Kundenangaben vorgenommen werden. Daraus resultierende Maßnahmen können unter anderem in Veränderungen des Kundenprofils anhand der aktualisierten Informationen bestehen.

BT 7.7 Kundeninformationen zu juristischen Personen oder Gruppen

1. Ist der Kunde eine juristische Person oder eine Gruppe von zwei oder mehr natürlichen Personen oder werden eine oder mehrere natürliche Personen durch eine andere natürliche Person vertreten, soll das Wertpapierdienstleistungsunternehmen zunächst den geltenden Rechtsrahmen anwenden, um festzustellen, für wen die Geeignetheitsprüfung durchgeführt werden muss.
2. Enthält der geltende Rechtsrahmen hierfür nicht genügend Anhaltspunkte und ist insbesondere kein alleiniger Vertreter benannt (wie es bei einem Ehepaar der Fall sein kann), muss sich das Wertpapierdienstleistungsunternehmen auf der Grundlage einer zuvor festgelegten Strategie mit den betreffenden Personen (den Vertretern der juristischen Person, den zur Gruppe gehörenden Personen oder den vertretenen natürlichen Personen) darüber einigen, für wen die Prüfung durchgeführt werden soll und wie sie praktisch vorgenommen wird. Dies muss die Frage umfassen, von wem Informationen über Kenntnisse und Erfahrungen, finanzielle Verhältnisse und Anlageziele eingeholt werden sollen. Das Wertpapierdienstleistungsunternehmen hat eine Aufzeichnung der Vereinbarung anzufertigen.
3. In Anhang II der MiFID ist festgelegt, dass im Falle sog. kleinerer Unternehmen24, die eine Einstufung als professionelle Kunden beantragen, die Person, „die befugt ist, Geschäfte im Namen der Rechtspersönlichkeit zu tätigen", der geforderten Beurteilung „des Sachverstands, der Erfahrungen und der Kenntnisse" unterzogen werden soll. Dieser Ansatz gilt entsprechend auch für die Geeignetheitsprüfungen im Hinblick auf kleinere Rechtspersönlichkeiten als auch in Fällen, in denen eine natürliche Person durch eine andere natürliche Person vertreten wird. Hier sind die finanziellen Verhältnisse und Anlageziele des betreffenden Kunden (kleine Rechtspersönlichkeit oder natürliche Person, die vertreten wird) maßgeblich, während bei den Erfahrungen und Kenntnissen diejenigen des Vertreters der natürlichen Person oder der Person heranzuziehen sind, der befugt ist, Geschäfte im Namen der Rechtspersönlichkeit oder der vertretenen natürlichen Person zu tätigen.
4. Die Wertpapierdienstleistungsunternehmen sollen festlegen, wer der Prüfung unterzogen werden soll, wenn es sich bei dem Kunden um eine juristische Person oder eine Gruppe von zwei oder mehr natürlichen Personen handelt oder wenn eine oder mehrere natürliche Personen durch eine andere natürliche Person vertreten werden. Die Unternehmensgrundsätze müssen dabei so angelegt sein, dass den Interessen und dem Schutzbedürfnis aller beteiligten Personen bestmöglich Rechnung getragen wird.
5. Falls keine Vereinbarung getroffen wurde und sich die zur Gruppe gehörenden Personen hinsichtlich ihrer finanziellen Verhältnisse unterscheiden, soll das Unternehmen die in einer solchen Situation ausschlaggebende Person beurteilen (d.h. die Person mit den geringsten finanziellen Verhältnissen). Ebenso soll bei der Beurteilung der Anlageziele und der Erfahrungen und Kenntnisse verfahren werden (d.h. der Beurteilung soll die Person mit den konservativsten Anlagezielen bzw. die zur Tätigung von Geschäften befugte Person mit den geringsten Erfahrungen und Kenntnissen zugrunde gelegt werden).
6. Falls zwei oder mehr Personen berechtigt sind, gemeinsam Geschäfte im Namen der Gruppe zu tätigen (wie es bei Gemeinschaftskonten der Fall sein kann), soll das vom Unternehmen erstellte Kundenprofil Auskunft über die Fähigkeit der einzelnen Personen geben, Anlageentscheidungen zu treffen, und auch die möglichen Auswirkungen solcher Entscheidungen auf ihre jeweiligen finanziellen Verhältnisse und Anlageziele widerspiegeln.

BT 7.8 Erforderliche Maßnahmen zur Gewährleistung der Geeignetheit einer Anlage

1. Um jedem einzelnen Kunden speziell für ihn geeignete Anlagen anbieten zu können, müssen die Wertpapierdienstleistungsunternehmen Grundsätze aufstellen und Verfahren einrichten, die sicherstellen, dass die folgenden Aspekte kontinuierlich Berücksichtigung finden:
a. alle verfügbaren Informationen über den Kunden, die bei der Beurteilung der Geeignetheit einer Anlage sachdienlich sein können, einschließlich des aktuellen Anlageportfolios des Kunden (und der Mischung der Vermögenswerte innerhalb dieses Portfolios);
b. alle wesentlichen Merkmale der im Rahmen der Geeignetheitsprüfung berücksichtigten Anlagen, einschließlich aller relevanten Risiken und der direkten und indirekten Kosten für den Kunden.
2. Wertpapierdienstleistungsunternehmen, die sich im Rahmen der Geeignetheitsprüfung auf bestimmte Instrumentarien stützen (wie etwa Portfoliomodelle, Software für die Portfolioaufteilung oder ein Instru-

ment zur Erstellung von Risikoprofilen für potenzielle Anlagen), haben mittels geeigneter Systeme und Kontrollen zu gewährleisten, dass diese Instrumente tatsächlich zweckdienlich sind und zu zufriedenstellenden Ergebnissen führen.

Die Instrumente sind daher so zu gestalten, dass sie alle maßgeblichen Besonderheiten der einzelnen Kunden oder Finanzinstrumente berücksichtigen. So wären beispielsweise der ausschließliche Einsatz von Instrumenten, bei denen eine sehr weit gefasste Einteilung der Kunden oder Finanzinstrumente vorgenommen wird, diesem Zwecke nicht dienlich.

3. Die Grundsätze und Verfahren im Unternehmen müssen Folgendes gewährleisten:
   a. Bei für die Kunden erbrachter Anlageberatung und Finanzportfolioverwaltung wird ein angemessenes Maß an Risikodiversifizierung berücksichtigt,
   b. dem Kunden ist die Beziehung zwischen Risiko und Rendite ausreichend bewusst, d.h., ihm ist bekannt, dass mit risikolosen Vermögenswerten zwangsläufig ein geringer Ertrag verbunden ist, dass der Zeithorizont hierbei eine Rolle spielt und dass Kosten Auswirkungen auf seine Anlagen haben,
   c. die finanziellen Verhältnisse des Kunden gestatten die Finanzierung der Anlagen und der Kunde kann alle etwaigen Verluste aus den Anlagen tragen,
   d. im Zusammenhang mit illiquiden Finanzinstrumenten wird bei allen persönlichen Empfehlungen und Geschäften, die im Verlaufe der Anlageberatung oder der Finanzportfolioverwaltung abgegeben bzw. getätigt werden, berücksichtigt, wie lange der Kunde die Anlage zu halten beabsichtigt,
   e. es wird vermieden, dass sich Interessenkonflikte nachteilig auf die Qualität der Geeignetheitsprüfung auswirken.

[17] Siehe Abschnitt IV CESR „Questions and Answers. Understanding the definition of advice under MiFID", 19. April 2010, CESR/10-293.
[18] Die Geeignetheitsprüfung sollte, wie in Leitlinie 9 näher erläutert wird, in angemessener Form protokolliert werden.
[19] § 33 Abs. 1 Satz 2 Nr. 1 WpHG
[20] vgl § 31 Abs. 7 Nr. 1 WpHG
[21] Es ist jedem Wertpapierdienstleistungsunternehmen überlassen, vorab das Risikoniveau der von ihm vertriebenen Finanzinstrumente zu bestimmen. Soweit die zuständige Aufsichtsbehörde Leitlinien hierzu erlassen hat, sind diese jedoch zu berücksichtigen.
[22] Damit sich die Kunden des Anlagerisikos und möglicherweise von ihnen zu tragender Verluste bewusst werden, sollten die Unternehmen diese Risiken unter allen Umständen in einer weitestgehend klaren und verständlichen Weise darlegen und eventuell auch an Beispielen veranschaulichen, in welchem Umfang bei Anlagen mit weniger günstigem Verlauf Verluste auftreten können. Durch die Feststellung, inwieweit ein Kunde Verluste verkraften kann, lässt sich möglicherweise auch ermitteln, inwieweit er zur Verlustakzeptanz bereit ist.
[23] Es ist jedem Wertpapierdienstleistungsunternehmen überlassen, vorab zu bestimmen, welche der von ihm vertriebenen Finanzinstrumente als illiquid angesehen werden. Soweit die zuständige Aufsichtsbehörde Leitlinien hierzu erlassen hat, sind diese jedoch zu berücksichtigen.
[24] sog. kleinerer Rechtspersönlichkeiten

Rundschreiben 4/2013 (WA) – Auslegung gesetzlicher Anforderungen an die Erstellung von Informationsblättern gemäß § 31 Abs. 3 a WpHG/§ 5 a WpDVerOV

1. Allgemeines
2. Rechtzeitigkeit
2.1. Anlageberatung unter Anwesenden
2.2. Anlageberatung unter Abwesenden
3. Anforderungen an Informationsblätter
3.1. Allgemeine Anforderungen
3.2. Inhaltliche Anforderungen im Einzelnen
3.3. Sonstige Angaben
4. Umsetzungsfrist

1. Allgemeines

Gemäß § 31 Abs. 3 a WpHG ist dem Kunden im Rahmen einer Anlageberatung rechtzeitig vor Abschluss eines Geschäftes ein Informationsblatt über jedes Finanzinstrument zur Verfügung zu stellen, auf das sich eine Kaufempfehlung des Beraters bezieht. Für Kundeninformationen außerhalb einer Beratungssituation gelten nur die allgemeinen Anforderungen von § 31 Abs. 2 und 3 WpHG.
Beispiel:
Werden von einem Wertpapierdienstleistungsunternehmen, das keine Anlageberatung betreibt, Informationen zu Finanzinstrumenten für das Online-Banking ins Internet gestellt, so gilt § 31 Abs. 3 a WpHG nicht.

Für diese Publikationen sind lediglich die allgemeinen Anforderungen von § 31 Abs. 2 und 3 WpHG zu erfüllen.

§ 31 Abs. 3 a WpHG kodifiziert eine öffentlich-rechtliche Verpflichtung für Wertpapierdienstleistungsunternehmen. Die Pflicht, Informationsblätter zur Verfügung zu stellen, ist nicht abdingbar. Von der Verpflichtung werden gemäß § 31 Abs. 9 Satz 2 WpHG lediglich professionelle Kunden ausgenommen. Folglich sind Privatkunden Empfänger der Informationsblätter.

§ 5 a WpDVerOV konkretisiert Anforderungen an den Inhalt der Informationsblätter nach § 31 Abs. 3 a WpHG und schreibt die Mindestangaben vor, die sich in einem Informationsblatt wiederfinden müssen.

Darüber hinaus müssen die Inhalte von Informationsblättern im Einklang mit § 31 Abs. 2 Satz 1 WpHG und § 4 WpDVerOV stehen. Informationsblätter zählen ebenfalls zu den Informationen, die Wertpapierdienstleistungsunternehmen an Kunden richten. Dies hat besondere Bedeutung für die über die Mindestangaben gem. § 5 a Abs. 1 Nrn. 1 bis 5 WpDVerOV hinausgehenden Informationen. Sollten bspw. Angaben zu früheren Wertentwicklungen im Informationsblatt zweckdienlich sein und daher dort abgebildet werden, muss dies entsprechend den Vorgaben des § 4 Abs. 4 bzw. Abs. 5 WpDVerOV geschehen. Dementsprechend finden die Grundsätze der MaComp BT 3 auch Anwendung auf die Informationsblätter nach § 31 Abs. 3 a WpHG, mit Ausnahme von BT 3.2. Nr. 3 (s.u.).

Das Wertpapierdienstleistungsunternehmen, das die Anlageberatung durchführt, muss grundsätzlich in eigener Verantwortung sicherstellen, dass ein von ihm verwendetes Informationsblatt gesetzeskonform ist. Beim Drittbezug von Informationsblättern gelten die Grundsätze vom MAComp BT 3.2. Nr. 3 nicht. Die arbeitsteilige Erstellung von Informationsblättern bedarf einer vorherigen aufsichtsrechtskonformen Regelung, die Aussagen mindestens zu allen folgenden Punkten enthalten muss:

Das die Informationsblätter erstellende Unternehmen sichert dem Verwender der Informationsblätter zu, normkonforme Informationsblätter nach den Anforderungen der Bundesanstalt zu erstellen. Darüber hinaus gewährt es dem die Informationsblätter verwendenden Unternehmen, seinem Prüfer nach §§ 36 Abs. 1, 3; 35 Abs. 1 WpHG sowie der Bundesanstalt alle aufsichtsrechtlich erforderlichen Informations- und Prüfungsrechte. Erbetene Auskünfte werden unverzüglich erteilt sowie erbetene Dokumente und Aufzeichnungen zur Verfügung gestellt.

Das die von einem Dritten erstellten Informationsblätter verwendende Unternehmen hat die mit der Erstellung einhergehenden aufsichtsrechtlichen Risiken angemessen zu steuern und zu überwachen. Grundsätzlich würde dies bedeuten, dass der Verwender von drittbezogenen Informationsblättern alle erforderlichen Kontrollmaßnahmen selbst durchführen müsste. Hiervon sind zwei Ausnahmen möglich:

- Das Informationsblätter eines Dritten verwendende Institut kann in der Regel auf eigene Prüfungshandlungen verzichten, wenn der Ersteller von Informationsblättern über eine den MaRisk entsprechende interne Revision verfügt und dem Informationsblattverwender seine die Erstellung der Informationsblätter betreffenden Teile der Revisionsberichte zeitnah zur Verfügung stellt.
- Alternativ hierzu ist die Übersendung einer in der Regel jährlichen Prüfungsbescheinigung eines Wirtschaftsprüfers/einer Wirtschaftsprüfungsgesellschaft zum Prüfungsfeld „Erstellung der Informationsblätter nach § 31 Abs. 3 a WpHG" möglich. Die Bescheinigung muss den für die Tätigkeit von Wirtschaftsprüfern/Wirtschaftsprüfungsgesellschaften berufsüblichen Standards entsprechen, z.B. IDW PS 951.

2. Rechtzeitigkeit

Die Informationsblätter gem. § 31 Abs. 3 a WpHG müssen rechtzeitig vor Geschäftsabschluss, d.h. in jedem Fall bevor der Kunde den Kaufauftrag erteilt, zur Verfügung gestellt werden. Der Kunde soll die im Informationsblatt enthaltenen Angaben in einem angemessenen Zeitrahmen zur Kenntnis nehmen können, bevor er seine Anlageentscheidung trifft. Der Umfang des Zeitrahmens richtet sich nach den Umständen des Einzelfalls und muss verschiedene Aspekte wie z.B. die Komplexität des Produktes berücksichtigen. Eine feste Zeitspanne kann deshalb nicht allgemeinverbindlich vorgegeben werden.

Das Wertpapierdienstleistungsunternehmen kann dem Kunden die Informationsblätter entweder in gedruckter Form oder als elektronisches Dokument zur Verfügung stellen. Sofern eine elektronische Übermittlung vereinbart wurde, kann dies z.B. durch Übersendung per E-Mail oder Einstellung in das elektronische Postfach des Kunden beim Wertpapierdienstleistungsunternehmen erfolgen.

Die Informationsblätter können auch durch einen Hinweis auf die exakte Fundstelle im Internet zur Verfügung gestellt werden. Dabei muss gewährleistet sein, dass der Kunde die uneingeschränkte Verfügungsmacht über das der Beratung zu Grunde liegende Informationsblatt behält. Dies bedeutet, dass das elektronische Dokument für den Kunden ausdruck- und speicherbar ist. Hierfür bietet sich beispielsweise ein PDF-Dokument an.

2.1. Anlageberatung unter Anwesenden

Im Regelfall wird das Informationsblatt nach § 31 Abs. 3 a WpHG bei einer Anlageberatung unter Anwesenden in gedruckter Form ausgehändigt. Damit ist die Pflicht aus § 31 Abs. 3 a WpHG jedenfalls erfüllt.

2.2. Anlageberatung unter Abwesenden

Wenn die Beratung nicht vor Ort erbracht wird, kann dem Kunden das Informationsblatt nicht zeitgleich in physischer Form übergeben werden. Damit besteht die Gefahr, dass ein Auftrag zum Erwerb von Finanzinstrumenten erst mit Zeitverzögerung ausgeführt werden kann, etwa nachdem das Informationsblatt auf postalischem Wege zugesandt worden ist.

Dies lässt sich vermeiden, wenn der Kunde
a) das Informationsblatt vorab per Post oder auf elektronischem Weg zur Verfügung gestellt bekommt und den Inhalt vorab zur Kenntnis nimmt, sofern das Gebot der anlage- und anlegergerechten Beratung gewahrt bleibt;
oder
b) das Informationsblatt während des Beratungsgespräches auf elektronischem Weg zur Verfügung gestellt bekommt und den Inhalt in dieser Zeit zur Kenntnis nimmt.

3. Anforderungen an Informationsblätter

3.1. Allgemeine Anforderungen

Folgende generelle Anforderungen sind bei der Erstellung von Informationsblättern zu beachten:

3.1.1. Kenntlichmachung

Das Verbot der Irreführung verlangt die Abgrenzung zwischen den unterschiedlichen Informationen, die der Kunde erhält. Sowohl Wertpapierdienstleistungsunternehmen als auch Kunden haben ein Interesse daran, dass Informationsblätter nach § 31 Abs. 3 a WpHG als solche eindeutig und leicht erkennbar sind. Überschriften wie „Informationsblatt nach § 31 Abs. 3 a Wertpapierhandelsgesetz" oder „Produktinformationsblatt nach Wertpapierhandelsgesetz" grenzen Informationsblätter nach § 31 Abs. 3 a WpHG eindeutig von anderen Informationen ab.

Betitelt ein Wertpapierdienstleistungsunternehmen eine an Kunden gerichtete Information mit „Produktinformationsblatt nach Wertpapierhandelsgesetz" oder „Informationsblatt nach § 31 Abs. 3 a Wertpapierhandelsgesetz", muss diese Information alle aus § 31 Abs. 3 a folgenden Anforderungen erfüllen; andernfalls ist eine solche Überschrift als irreführend anzusehen.

3.1.2. Empfängerhorizont und Verständlichkeit

Die Verständlichkeit des Informationsblattes ist am Empfängerhorizont eines Privatkunden auszurichten. Grundsätzlich dürfen keine besonderen sprachlichen und fachlichen Vorkenntnisse hinsichtlich des Verständnisses von Finanzinstrumenten vorausgesetzt werden. Maßgeblich ist der Empfängerhorizont des durchschnittlich informierten Anlegers.

Nach § 31 Abs. 3 a WpHG müssen die Informationsblätter „leicht verständlich sein". Da der Adressat der durchschnittlich informierte Anleger ist, sind dieser Personengruppe im Normalfall nicht bekannte Abkürzungen zu erläutern. Komplexe Satzstrukturen sind zu vermeiden. Die bloße Verbalisierung finanzmathematischer Formeln kann eine allgemeinverständliche Beschreibung der Wirkungsweise eines Finanzinstruments nicht ersetzen.

Beispiele für unzulässige Formulierungen:
- „Anleger tragen das Risiko, dass sich die finanzielle Situation der Emittentin verschlechtert und sie ein Reorganisationsverfahren oder eine Übertragungsanordnung durchläuft, oder über ihr Vermögen ein Insolvenzverfahren eröffnet wird – und deshalb unter den Zertifikaten fällige Zahlungen nicht oder nicht vollständig oder rechtzeitig geleistet werden."
- „Das x-Zertifikat wurde als Recovery-Produkt für die Inhaber des y-Zertifikats konstruiert".

Beispiele für ohne Erläuterung unzulässige Abkürzungen und unbekannte Begriffe:
- „Zinstagequotient : ACT/ACT"
- „Zinstyp: ratierlicher Zinssatz"
- „Abwicklungswährung: NOK"
- „Börsennotierung: EURO MTF"
- „Ausübungsart: Bermuda"

Eine Ausnahme vom Adressatenkreis des durchschnittlich informierten Anlegers ist nur möglich, wenn das Informationsblatt als nur für bestimmte Empfängergruppen geeignet gekennzeichnet ist. Die Kennzeichnung muss deutlich hervorgehoben und an prominenter Stelle erfolgen.
Beispiel:
„Dieses Informationsblatt richtet sich ausschließlich an Anleger, die über die entsprechenden Erfahrungen oder Kenntnisse zu Geschäften mit Optionsscheinen verfügen."
Das entsprechende Finanzinstrument kann anderen Anlegern außerhalb der genannten Empfängergruppe somit nicht empfohlen werden.

3.1.3. Keine unrichtigen oder irreführenden Angaben

Nach § 31 Abs. 3 a Satz 2 WpHG dürfen die Angaben im Informationsblatt weder unrichtig noch irreführend sein. Ausschlüsse der Richtigkeit oder der Verantwortlichkeit für das Informationsblatt sind unzulässig, weil sie bei den Kunden den Eindruck hervorrufen könnten, die Richtigkeit der ihnen vorgelegten Informationen sei fraglich oder gar nicht gegeben.

3.1.4. Vereinbarkeit mit dem Prospekt

Das Informationsblatt muss nach § 31 Abs. 3 a Satz 2, 2. Halbsatz WpHG „mit den Angaben des Prospekts vereinbar sein". Sofern ein Basisprospekt bzw. Endgültige Bedingungen vorhanden sind, dürfen die Angaben im Informationsblatt weder verharmlosend wirken noch dem Prospekt bzw. den Endgültigen Bedingungen widersprechen.
Definiert der Prospekt für ein Finanzinstrument bestimmte Adressatengruppen oder Anforderungen an die objektive Sachkenntnis und / oder Erfahrungen des Kunden, so ist dies als wesentliche Information anzusehen und in das Informationsblatt aufzunehmen.
Eine vollständige Wiedergabe aller Prospektangaben wird nicht verlangt, da die Informationsblätter in ihrem Umfang beschränkt sind und nur „wesentliche" Informationen enthalten dürfen.

3.1.5. Aktualität der Angaben

Informationsblätter müssen aktuelle Angaben enthalten, um Anleger in ihrer Entscheidung nicht irrezuführen. Aus dem Grundsatz der Redlichkeit und der Nicht-Irreführung folgt, dass Informationsblätter nach § 31 Abs. 3 a WpHG aktuell sein müssen. Dies führt wiederum zu einer Aktualisierungspflicht. Eine feste Aktualisierungszeitspanne kann nicht vorgegeben werden, da diese von der Art des Finanzinstruments sowie der Kapitalmarktsituation abhängt. Bei wesentlichen Änderungen ist das Informationsblatt unverzüglich zu aktualisieren (Beispiel: Der Emittent der Aktie XY hat einen Insolvenzantrag gestellt).
Das Gebot der Eindeutigkeit, Redlichkeit und Nichtirreführung aus § 31 Abs. 2 Satz 1 WpHG macht einen leicht erkennbaren Hinweis auf das Erstellungsdatum der Information notwendig, da nur so seine Aktualität schnell und ohne großen Aufwand überprüfbar ist.
Nicht zulässig ist es, die Aktualität der Angaben im Informationsblatt einzuschränken oder auszuschließen.
Beispiel für eine unzulässige Einschränkung:
„Dieses Produktinformationsblatt entspricht dem Stand zum Zeitpunkt der Erstellung des Dokuments. Es kann aufgrund künftiger Entwicklungen überholt sein, ohne dass das Dokument geändert wurde."
Sobald eine Anlageberatung abgeschlossen ist, endet die Aktualisierungspflicht des Wertpapierdienstleistungsunternehmens. Der Kunde ist nach Abschluss der Anlageberatung nicht darauf hinzuweisen, dass das Informationsblatt aktualisiert worden ist. Hiervon sind Fälle der wiederholten Anlageberatung zu ein und demselben Finanzinstrument zu unterscheiden. Der Anlageberater wird nicht automatisch von der Pflicht, ein Informationsblatt zur Verfügung zu stellen, entbunden. Vielmehr muss er prüfen, ob auf Grund von neueren Informationen zu dem beratenen Finanzinstrument ein aktualisiertes Informationsblatt zur Verfügung zu stellen ist. Die Verpflichtung entfällt bei einer Wiederholungsberatung jedenfalls dann, wenn dem Kunden bereits ein Informationsblatt zur Verfügung gestellt wurde und dieses immer noch aktuell ist. Es ist sinnvoll, die entsprechende Sachlage im Beratungsprotokoll zu dokumentieren.

3.1.6. Verbot werbender Angaben und sonstiger nicht dem Gesetzeszweck dienender Informationen

Gemäß § 5 a Abs. 1 Satz 3, 2. Halbsatz WpDVerOV dürfen die Informationsblätter keine werbenden oder sonstigen, nicht dem Gesetzeszweck dienenden Informationen enthalten.
Ratings und die Verwendung von Adjektiven mit werbendem Charakter sind daher unzulässig.
Beispiel für eine zulässige Formulierung:
„Zinssatz von x % pro Jahr".

Beispiel für eine unzulässige Formulierung:
"Attraktiver Zinssatz von x % pro Jahr."
Angaben zu ethischen, sozialen und ökologischen Belangen dürfen nicht zu werblichen Zwecken verwendet werden und sind nur zulässig, wenn sie wesentliche Eigenschaften des Produktes darstellen und die Maßstäbe dargelegt und erläutert werden, die die Grundlage entsprechender Aussagen sind.
Beispiel:
Bei einem Zertifikat auf einen Nachhaltigkeitsindex ist darzulegen, wie „Nachhaltigkeit" vom Zertifikatemittenten definiert wird.
Unzulässig im Informationsblatt sind auch Angaben zur Anlageorientierung eines Kunden.
Beispiel für eine unzulässige Angabe:
„Dieses Produkt eignet sich für risikobereite Anleger."
Die Begriffe „risikobereit", „risikoscheu" usw. werden branchenweit derzeit nicht einheitlich verwendet. Die Vergleichbarkeit der Informationsblätter für den Anleger könnte somit beeinträchtigt sein. Bis zur Entwicklung eines brancheneinheitlichen Standards sind Angaben zur Anlageorientierung eines Kunden als nicht dem Gesetzeszweck dienlich anzusehen.
Die Angabe der BaFin als Aufsichtsbehörde von Wertpapierdienstleistungsunternehmen im Informationsblatt ist unzulässig. Hierdurch könnte bei Anlegern der Eindruck erweckt werden, jedes Informationsblatt sei vorab durch die Bundesanstalt geprüft worden.

3.2. Inhaltliche Anforderungen im Einzelnen

Das Informationsblatt muss nach § 5 a Abs. 1 Satz 2 WpDVerOV die wesentlichen Informationen über das jeweilige Finanzinstrument in übersichtlicher und leicht verständlicher Weise so enthalten, dass der Kunde insbesondere die Art des Finanzinstruments (3.2.1.), seine Funktionsweise (3.2.2.), die damit verbundenen Risiken (3.2.3.), die Aussichten für die Kapitalrückzahlung und Erträge unter verschiedenen Marktbedingungen (3.2.4.) und die mit der Anlage verbundenen Kosten (3.2.5.) einschätzen und mit den Merkmalen anderer Finanzinstrumente bestmöglich vergleichen kann.

3.2.1. Art des Finanzinstruments (§ 5 a Abs. 1 Satz 2 Nr. 1 WpDVerOV)

Am Anfang des Informationsblattes ist zunächst die Produktgattung zu nennen (z.B. Aktie, Wandelanleihe, Bonus-Zertifikat usw.). Zur sicheren Identifikation sind ferner die Wertpapierkennnummer (WKN) und die International Securities Identification Number (ISIN) anzugeben. Bei Finanzinstrumenten, die hierüber nicht verfügen (bspw. Contracts For Difference, Swap-Verträge), sind alle für eine eindeutige Identifizierung des Finanzinstruments notwendigen Informationen anzugeben. Ferner ist an dieser Stelle auch der Emittent des Finanzinstruments zu nennen. Um dem Leser den Zugang zu ergänzenden Informationen zu erleichtern, ist ein Hinweis auf die Branche und die Homepage des Emittenten des Finanzinstruments zu geben. Darüber hinaus ist anzugeben, in welchem Marktsegment der Handel des Finanzinstruments erfolgt, bei Aktien ihre Art und, ob sie einem allgemein bekannten Marktindex angehören (bspw. DAX oder M-DAX). Die Anleger sollen hierdurch Anhaltspunkte zur Einschätzung der Liquidität des Finanzinstruments erhalten.
Nicht in die Beschreibung der Art eines Finanzinstruments gehören Informationen, für die in § 5 a Abs. 1 WpDVerOV eigene Unterpunkte vorgesehen sind, z.B. Risiken oder Kosten.

3.2.2. Funktionsweise des Finanzinstruments (§ 5 a Abs. 1 Satz 2 Nr. 2 WpDVerOV)

Nach den Angaben zur Art des Finanzinstruments ist in allgemeiner Form seine Funktionsweise zu beschreiben. Produktspezifika sind zu berücksichtigen. Die Beschreibung darf sich nicht nur auf der Ebene der ganzen Produktgattung bewegen.
Für eine angemessene Darstellung ergeben sich zwei Möglichkeiten:
a) entweder zunächst allgemeine Beschreibung der Funktionsweise, danach gesonderte Aufzählung produktspezifischer Daten oder
b) Verknüpfung der Beschreibung der Funktionsweise mit den produktspezifischen Daten.
Beispiele für zulässige Formulierungen:
- Anleihe mit festem Zinssatz
  zu a)
  „Bei dem Produkt handelt es sich um eine Anleihe mit fester Laufzeit und fester Verzinsung. Der Anleger hat einen Anspruch auf eine jährliche feste Zinszahlung für die Laufzeit auf den Nennbetrag der Anleihe. Zum Fälligkeitstermin erfolgt die Rückzahlung des Anlagebetrages zum Nennbetrag von 100 %.
  Produktdaten: Emittent/Herausgeber: A-Bank, Verzinsung: x % pro Jahr, bezogen auf den Nennbetrag, Laufzeit: bis (Datum) [weitere Angaben]."

■ Zu b)

„Die XY-Anleihe ist eine Inhaberschuldverschreibung der Bank A mit einer Laufzeit bis zum (Datum). Die jährliche Verzinsung beträgt x %, bezogen auf den Nennbetrag. [weitere Angaben]"

Beispiele für unzulässige Formulierungen:

■ Aktie

Ein Informationsblatt zu einer Stammaktie in Form einer Inhaberaktie enthält Aussagen zu Namensaktien. Beschreibt das Informationsblatt eine Inhaberaktie, sind Ausführungen zu Namensaktien verfehlt und somit unzulässig.

■ Inhaberschuldverschreibung

„Bei einer Inhaberschuldverschreibung handelt es sich um eine Anleihe mit einem festen oder einem variablen Zinssatz und einer festen oder einer variablen Laufzeit."

Entsprechend der Zielsetzung des Informationsblattes sind die wichtigsten Eckdaten anzugeben, z.B. Laufzeit, Zinstermine, Stückelung, Möglichkeit des Austauschs des Basiswertes oder des Schuldners, teilweise Kapitalrückzahlung zu feststehenden Terminen, Kündigungsmöglichkeiten des Emittenten usw.

Die Angabe der produktspezifischen Eckdaten kann nicht ganz oder teilweise durch einen Verweis auf Veröffentlichungen Dritter ersetzt werden.

Beispiel für einen unzulässigen Verweis:

„Produktdaten
Ursprungsland: USA
Primäre Handelswährung: USD
Börsenzulassung: nein
Für die genauen Details schauen Sie bitte in die Veröffentlichungen des Unternehmens."

Ist die Laufzeit eines Finanzinstruments auf Grund von Kündigungsmöglichkeiten des Emittenten unsicher, so ist dies bei der Laufzeitangabe (auch in graphischen Laufzeitdarstellungen) zu berücksichtigen.

Problematisch ist die Darstellung von produktspezifischen Daten, wenn diese zum Zeitpunkt, in dem das Informationsblatt zur Verfügung gestellt wird, noch nicht endgültig feststehen (z.B. bei Zertifikaten, die in der Zeichnungsphase vertrieben werden und sich bei denen bestimmte Schwellenwerte erst nach Ende der Zeichnungsphase konkretisieren). In solchen Fällen ist zumindest das zukünftige Ereignis, von dem diese Daten abhängen, so konkret wie möglich zu beschreiben.

Beispiel:

„Schwellenwert 2 = Schlusskurs der X-Aktie an der Frankfurter Wertpapierbörse am Tag Y."

Jedenfalls dürfen Angaben zu relevanten Produktdetails nicht gänzlich unterbleiben, nur weil sie zum Zeitpunkt der Anlageberatung noch nicht feststehen.

3.2.3. Mit dem Finanzinstrument verbundene Risiken (§ 5 a Abs. 1 Satz 2 Nr. 3 WpDVerOV)

3.2.3.1. Grundsätzliches

Die dem empfohlenen Finanzinstrument innewohnenden, produktspezifischen Risiken sind zu nennen und zu erläutern.

Beispiele:

■ Ein Finanzinstrument bezieht sich auf einen Korb anderer Finanzinstrumente. In diesem Fall ist das Korrelationsrisiko zu nennen und kurz zu beschreiben.
■ Der Emittent eines Finanzinstruments, das sich auf einen oder mehrere Basiswerte bezieht, kann diese tauschen. In diesem Fall sind die für den Anleger daraus folgenden Risiken darzustellen und zu erläutern.
■ Die Erträge des Finanzinstruments werden in einer Fremdwährung gezahlt. In diesem Fall ist auf das Fremdwährungsrisiko einzugehen.
■ Der ausländische Emittent unterliegt dem Risiko von Devisenausfuhrbeschränkungen. In einem solchen Fall ist das Transferrisiko darzustellen.

Die im Informationsblatt genannten Risiken sind nach ihrer Bedeutung zu gewichten, d.h. das für den Anleger bedeutendste Risiko ist vor eher unbedeutenden Risiken aufzuführen. Als unbedeutend ist ein Risiko anzusehen, wenn es bei Realisierung für den Anleger weder zu einem nennenswerten Verlust führt noch seine Eintrittswahrscheinlichkeit nennenswert ist.

Beispiel:

Bei einem Knock-out-Zertifikat in der Nähe des Knock-out-Ereignisses ist das Risiko des Eintritts dieses Ereignisses (Bonität des Zertifikatemittenten vorausgesetzt) als erstes Risiko zu nennen.

In der Mehrzahl der Fälle dürfte jedoch das Emittentenrisiko an erster Stelle aufzuführen sein.

Die Bedeutung der für den Anleger wichtigen Risiken darf durch eine inhaltliche Überfrachtung nicht verwässert werden. Die bloße Aufzählung von Risiken, die keine Relevanz für das in einem Informationsblatt beschriebene Finanzinstrument haben, ist unzulässig.
Beispiel für eine unzulässige Risikoangabe bei einer in Euro gehandelten Schuldverschreibung:
„Bei nicht in Euro notierten Finanzinstrumenten besteht bei laufenden Erträgen, Verkauf, Einlösung oder Rückgabe jeweils ein Risiko von Währungskursverlusten."

3.2.3.2. Instrumente zur Begrenzung von Risiken

Besteht die Zugehörigkeit zu einer Sicherungseinrichtung, darf darauf hingewiesen werden. Der Hinweis muss dabei wertneutral und objektiv sein sowie auf seine Kernaussage reduziert erfolgen.
Beispiel für eine zulässige Formulierung:
Bank X ist Mitglied der Sicherungseinrichtung Z. Mehr Informationen dazu finden Sie unter www.Z.de.
Die Objektivität eines solchen Hinweises wird aber dann beeinträchtigt, wenn er beispielsweise im Anschluss an die Ausführungen zum Emittentenrisiko erfolgt. Denn dadurch wird bei dem Anleger der Eindruck hervorgerufen, durch die Zugehörigkeit zu der Sicherungseinrichtung relativiere sich das Emittentenrisiko. Eine solche Darstellungsweise vermittelt somit eine Aussage, die über den objektiven Gehalt des eigentlichen Hinweises hinausgeht.
Aus diesem Grund darf dieser kurze Hinweis nur an einer neutralen Stelle im Informationsblatt, beispielsweise unter der Rubrik „Sonstiges", erfolgen. Über diesen abstrakten Hinweis hinausgehende Ausführungen, die allein die Vorteile der Zugehörigkeit zu einer Sicherungseinrichtung darstellen, sind werbend und somit unzulässig.
Beispiel für eine unzulässige Formulierung:
„Darüber hinaus wird die Bank im Falle einer wirtschaftlichen Krise im Rahmen des durch die Sicherungseinrichtung praktizierten Institutsschutzes stets so gestellt, dass sie ihre rechtlichen Verpflichtungen jederzeit in vollem Umfang erfüllen kann."
Bestehen Garantie-/Patronatserklärungen eines Dritten (z.B. die Muttergesellschaft für eine ausländische Tochtergesellschaft), sind diese im Abschnitt „Sonstiges" anzugeben und in ihren wesentlichen Grundzügen zu erläutern. Ebenfalls darzustellen sind wesentliche Einschränkungen für den Anleger.

3.2.3.3. Kündigungsrechte des Emittenten

Kann der Emittent ein Finanzinstrument vorzeitig kündigen oder hängt die Kapitalrückzahlung vom Eintritt künftiger, nicht vorhersehbarer Ereignisse ab, sind die daraus resultierenden Risiken zu nennen und zu erklären.
Beispiel für eine zulässige Formulierung bei einem Zertifikat mit Kündigungsrecht des Emittenten:
„Da dem Emittenten ein vorzeitiges Kündigungsrecht zusteht, ist diese Anlage mit dem Risiko behaftet, dass das Finanzinstrument in einer für den Anleger ungünstigen Kapitalmarktsituation zurückgezahlt wird. Die Wiederanlage könnte dann nur unter für den Anleger schlechteren Bedingungen erfolgen."

3.2.4. Aussichten für die Kapitalrückzahlung und Erträge unter verschiedenen Marktbedingungen (§ 5 a Abs. 1 Satz 2 Nr. 4 WpDVerOV)

3.2.4.1. Marktpreisbestimmende Faktoren

Der Anleger soll zunächst ein Grundverständnis zum Einfluss möglicher Kapitalmarktentwicklungen auf die von ihm getroffene Investitionsentscheidung erhalten. Dies ist nur möglich, wenn ihm die marktpreisbestimmenden Faktoren bekannt sind. Daher sind die wesentlichen preisbestimmenden Faktoren zu nennen und in ihrer Wirkung darzustellen. Die Darstellung kann in Fließtextform oder in Tabellenform erfolgen.

Beispiel für eine zulässige Darstellung:

Markzins während der Laufzeit	Kurs der Anleihe während der Laufzeit	Erläuterungen:
↗ Marktzins steigt	↘ Anleihekurs fällt	Steigt Marktzins, fällt der Kurs einer Anleihe.
↘ Marktzins fällt	↗ Anleihekurs steigt	Sinkt der Marktzins, steigt der Kurs einer Anleihe.
→ Marktzins unverändert	→ Anleihekurs unverändert	In diesem Fall ändert sich der Kurs grds. nicht.

Nicht erforderlich sind Aussagen zu den Eintrittswahrscheinlichkeiten der marktpreisbestimmenden Bedingungen. Die rein abstrakte Auflistung verschiedener Einflussfaktoren ist nicht ausreichend.

Beispiele für unzulässige Formulierungen:

„Solche Faktoren wie Kursschwankungen der Aktienmärkte, Geschäftsentwicklungen des Unternehmens, Kursabschlag bei Dividendenzahlung, Bonitäts- und Ratingveränderungen sowie Angebot und Nachfrage können sich auf das Produkt auswirken. Aussagen darüber, wie sich die einzelnen Faktoren auswirken, können jedoch nicht getroffen werden."

„In Krisenzeiten kann es zu Kursverlusten am Aktienmarkt im Allgemeinen und bei einer Einzelaktie im Speziellen kommen."

3.2.4.2. Szenariodarstellungen

Bezogen auf das in der Anlageberatung empfohlene Finanzinstrument sind sodann die Aussichten der Rückzahlung des eingesetzten Kapitals und der erwarteten Erträge unter verschiedenen Marktbedingungen darzustellen. Sowohl beispielhafte Berechnungen als auch grafische Darstellungen sind dabei zulässig. In einer Beispielrechnung kann mit einem vom konkreten Anlagebetrag des Anlegers abweichenden Investitionsbetrag gearbeitet werden (zu den Kosten siehe 3.2.5.).

Die Darstellung muss ausgewogen sein. Dazu sind in der Regel drei unterschiedliche Situationen darzulegen: ein positives, ein neutrales und ein negatives Szenario. Die Annahmen, die den Szenarien jeweils zu Grunde liegen, müssen offengelegt werden (so z.B. Angaben zum Anlagezeitraum). Darüber hinaus müssen die Annahmen nachvollziehbar, wirklichkeitsnah und für das jeweilige Finanzinstrument geeignet sein. Wie unter 3.1.5 dargestellt, ist das Beispiel zu aktualisieren, wenn seine Aussagekraft erheblich eingeschränkt oder nicht mehr gegeben ist (z.B. Austausch von Referenzaktien bei einem Zertifikat; Berühren der Bonusschwelle eines Zertifikats, wenn dadurch der Bonus verfällt).

Bei den Darstellungen ist zu berücksichtigen, dass eine reine Bruttodarstellung nicht gesetzeskonform ist. Diese würde beim Kunden den unzutreffenden Eindruck vermitteln, dass sein eingesetztes Kapital vollständig an einer positiven Wertentwicklung partizipiere.

Beispiel für eine unzulässige Szenariodarstellung bei einer Aktie (Angaben zum Anlagezeitraum sowie zu den vom Anleger zu tragenden Kosten fehlen):

Kurs: + 20 % Ertrag: + 20%
Kurs: +/- 0 % Ertrag: +/- 0%
Kurs: - 20 % Verlust: - 20%

Da sich die vom Kunden zu tragenden Kosten auf seinen Anlageerfolg auswirken, ist eine reine Bruttodarstellung irreführend. Für den Kunden aussagekräftig sind nur reine Netto- oder kombinierte Brutto-Netto-Darstellungen. Den Szenariodarstellungen sind für alle Kostenarten realistische Kostensätze zu Grunde zu legen. Die in den Szenariodarstellungen getroffenen Kostenannahmen sind dem Kunden im Informationsblatt offen zu legen.

Nicht zulässig ist es, im Rahmen der Darstellung der Aussichten für die Kapitalrückzahlung und Erträge Produktmerkmale zu wiederholen und diese als besondere Chance hervorzuheben.

Beispiel:

In einem Informationsblatt zu einer Anleihe werden an dieser Stelle Stichpunkte wie „fester Zinssatz", „hohe Liquidität und Flexibilität", „vom Aktienmarkt unabhängiges Investment" nochmals aufgeführt.

Vor dem Hintergrund des Werbeverbots in den Informationsblättern ist darauf zu achten, dass Chancen wertneutral darzustellen sind. Im oben genannten Beispiel ist die Aussage der „hohen Liquidität" als werbende Aussage einzustufen. Dies gilt ebenso für die Aussage des „festen Zinssatzes", wenn der Zinssatz zwar nicht vom Leitzinssatz abhängt, sich jedoch durch andere Umstände, z.B. aufgrund einer entsprechenden Klausel in den Emissionsbedingungen, während der Laufzeit ändern kann.

3.2.5. Mit der Anlage verbundene Kosten (§ 5 a Abs. 1 Satz 2 Nr. 5 WpDVerOV)

Der Gesetzgeber wollte mit der Kostenangabepflicht eine Warnfunktion verbinden, denn der Anleger kann eine Investitionsentscheidung nur dann sinnvoll treffen, wenn er die für ihn damit einhergehenden Kostenbelastungen kennt.

Es ist vertretbar, die Kosten im Informationsblatt als institutsspezifische Erwerbshöchstkosten in Prozent des Anlagebetrages anzugeben, ergänzt um die Angabe einer Mindestgebühr in Euro, sofern das Institut eine solche erhebt.

Beispiel:

Beim Erwerb der A-Aktie fallen Erwerbskosten von bis zu 1,0 % des Kurswertes an, die Mindestkosten betragen regelmäßig bis zu 50,-- €".

Da Ausgabeaufschläge auch zu den Erwerbskosten gehören, sind auch diese in Prozent des Anlagebetrages zu nennen. Kostenpositionen können auch in konkreten Euro-Beträgen ausgewiesen werden.
Bei Erwerbsnebenkosten und -folgekosten (z.B. Börsengebühren, Verwahrkosten, Veräußerungskosten) genügt im Rahmen der Kostendarstellung ein abstrakter Hinweis auf diese vom Anleger zu tragenden Kosten, da diese zum Zeitpunkt der Anlageberatung auf Grund des Prinzips der bestmöglichen Ausführung im Regelfall noch nicht mit der erforderlichen Sicherheit feststehen bzw. Verwahrkosten und Veräußerungskosten sich im Zeitablauf ändern können.
Unzulässig ist es, im Informationsblatt auf eine Kostenangabe zu verzichten und stattdessen auf das Preis- und Leistungsverzeichnis oder Auskünfte des Anlageberaters zu verweisen.

3.3. Sonstige Angaben

Durch die Formulierung „insbesondere" in § 5 a Abs. 1 Satz 2 WpDVerOV besteht Raum für weitere Informationen, sofern diese für den Anleger sinnvoll sind und dem vom Gesetz verfolgten Ziel dienen. Der Maximalumfang von zwei bzw. drei Seiten darf jedoch nicht überschritten werden. In der Praxis haben sich insbesondere Angaben zur Verfügbarkeit des Finanzinstruments sowie zu seiner Besteuerung eingebürgert. Angaben zur Verfügbarkeit sind insbesondere in der Zeichnungsphase von Finanzinstrumenten angezeigt, z.B. über die Dauer der Zeichnungsphase, die Möglichkeit der vorzeitigen Beendigung usw.
Bei einem wenig liquiden Finanzinstrument ist auf mögliche Probleme beim Erwerb hinzuweisen. Ergänzend sind unter dem Punkt „Risiken" mögliche Probleme bei einer späteren Veräußerung aufzuführen.

4. Umsetzungsfrist

Die obigen Ausführungen müssen bis zum 31.12.2013 vollständig umgesetzt werden.

Literatur:
Arora, Von KIDs über PIBs und VIBs zu PRIPs?, Bankpraktiker 2013, 400, *Ausschuss Bank- und Kapitalmarktrecht des Deutschen Anwaltvereins*, Stellungnahme zum Vorschlag für eine Verordnung des europäischen Parlaments und des Rates über Basisinformationsblätter für Anlageprodukte KOM (2012) 352 endg., NZG 2013, 50; *Balzer,* Umsetzung der MiFID: Ein neuer Rechtsrahmen für die Anlageberatung, ZBB, 333; *Bliesener*, Aufsichtsrechtliche Verhaltenspflichten beim Wertpapierhandel, Schriftenreihe der bankrechtlichen Vereinigung Bd. 12, 1998; *Burgin/Loidl*, RDR, MiFID II und Honorarberatung – das Ende der Provisionsberatung?, Recht der Finanzinstrumente 2012, 232; *Cahn*, Grenzen des Markt- und Anlegerschutzes durch das WpHG, ZHR 162 (1998), 1 *Döhmel*, die allgemeinen und besonderen Verhaltensanforderungen an Wertpapierdienstleistungsunternehmen – ihre Auslegung durch das Bundesaufsichtsamt für den Wertpapierhandel in der Richtlinie gemäß § 35 Abs. 2 WpHG vom 26.5.1997, in Vortmann, Prospekthaftung und Anlageberatung, Handbuch, 2000, S. 207; *Eisele*, in: Schimanski/Bunde/Lwowski, Bankrechtshandbuch, 3. Auflage, § 109; *Ellenberger*, Die neuere Rechtsprechung des Bundesgerichtshofes zu Aufklärungs- und Beratungspflichten bei der Anlageberatung, WM Sonderbeilage Nr. 1/2001; *Fleischer*, Die Richtlinie über Märkte für Finanzinstrumente und das Finanzmarkt-Richtlinie-Umsetzungsgesetz, BKR 2006, 389; *Kemter,* Testamentsvollstreckung durch Banken und die Aufklärungs-, Beratungs- und Dokumentationspflichten nach § 31, § 34 Abs. 2 a WpHG, BKR 2010, 23; *Kümpel*, Verbraucherschutz im Bank- und Kapitalmarktrecht, WM 2005, 1; *Harnos,* Rechtsirrtum über Aufklärungspflichten beim Vertrieb von Finanzinstrumenten, BKR 2009, 316; *Herkströter/Kimmich*, Basisinformationen für Anlageprodukte – ein Überblick zum entwurf der PRIP-VO der EU-Kommission, Recht der Finanzinstrumente 2012, 371; *Horn*, die Aufklärungs- und Beratungspflichten der Banken, ZBB 1997, 139 *Köndgen*, Wieviel Aufklärung braucht ein Wertpapierkunde? ZBB 1996, 361; *Krisl*, Die Schutzgesetzeigenschaft der Wohlverhaltenspflichten nach den §§ 31 ff. WpHG, 2013; *Kuhlen/Tiefensee*, Zum Entwurf eines Gesetzes zur Förderung und Regulierung einer Honorarberatung einer Finanzinstrumente, VuR 2013, 49; *Mölter*, Untreuestrafbarkeit von Anlageberatern unter spezieller Betrachtung der Vermögensbetreuungspflicht, wistra 2010, 53; *Mülbert*, Anlegerschutz bei Zertifikaten, WM 2007, 1149; *Müchler*, Die neuen Kurzinformationsblätter – Haftungsrisiken im Rahmen der Anlageberatung, WM 2012, 974; *Müchler*, Honoraranlageberatung : Regulierungsvorhaben im deutschen und europäischen Recht, ZBB 2013, 101; *Nobbe*, Aufklärungs- und Beratungspflichten bei Wertpapieranlagen, in: Horn/Schimansky (Hrsg.), Bankrecht 1998, S. 235; *Pfeifer*, Einführung der Dokumentationspflicht für das Beratungsgespräch durch § 34 Abs. 2 a WpHG, BKR 2009, 485; *Podewils*, Beipackzettel für Finanzprodukte – Verbesserte Anlegerinformation durch Informationsblätter und Key Investor Information Documents, ZBB 2011, 169; *Reinhart/Alfes*, Anlageberatung in Zeiten der Finanzmarktkrise, BankPraktiker 2009, 64; *Reiter/Methner*, Die Interessenkollision beim Anlageberater – Unterschiede zwischen Honorar- und Provisionsberatung WM 2013, 2053; *Rinas/Poportschka*, Das Vermögensanlage-Informationsblatt: neue Dokumentationsanforderungen im Bereich geschlossener Fonds, BB 2012, 1615; *Schäfer, Frank A./Schäfer, Ulrike*, Anforderungen und Heftungsfragen bei PIbs, VIbs und KIIds, ZBB/JBB 2013, 23; *Schäfer, Frank A.,* Sind die §§ 31 ff WpHG n.F. Schutzgesetze i.S.d. § 823 Abs. 2 BGB?, WM 2007, 1872; *Schlee/Maywald*, PIB: Ein neues Risiko im Rahmen der Prospekthaftung?, BKR 2012, 320; *Seitz/Juhnke/Seibold*, PIBs, KIIDs und nun KIDs – Vorschlag der Europäischen Kommission für eine Verordnung über Basisinformationsblätter für Anlageprodukte im Rahmen der PRIPs-Initiative, BKR 2013, 1; *Teuber*, Finanzmarkt-Richtlinie (MiFID) – Auswirkungen auf Anlageberatung und Vermögensverwaltung im Überblick, BKR 2006, 429; *Veil*, Anlageberatung im Zeitalter der MiFID, WM 2007, 1821; *Weichert/Wenninger*, Die Neuregelung der Erkundigungs- und Aufklärungspflichten von Wertpapierdienstleistungsunternehmen gem. Art. 19 RiL 2004/39/EG (MiFID) und Finanzmarkt-Richtlinie-Umsetzungsgesetz, WM 2007, 627; *Zeidler*, Marketing nach MiFID, WM 2008, 238.

A. Regelungsgehalt; europarechtliche Grundlagen; Struktur	1
B. Normadressaten; Gegenstand der Tätigkeit (Abs. 1, Abs. 10)	4
C. Handeln im Kundeninteresse (Abs. 1 Nr. 1)	9
I. Sachkenntnis, Sorgfalt, Gewissenhaftigkeit	9
II. Kundeninteresse	12
III. Einzelne Aspekte eines Handelns im Kundeninteresse	14
D. Vermeidung von Interessenkonflikten (Abs. 1 Nr. 2)	20
E. Allgemeine Anforderungen an Informationen, einschließlich Werbemitteilungen (Abs. 2)	29
F. Informationspflichten (Abs. 3)	40
I. Grundsatz	40
II. Sonstige erhebliche Umstände	54
G. Informationsblatt, wesentliche Anlegerinformationen, Vermögensanlagen-Informationsblatt (Abs. 3 a)	63
I. Historie, Sinn und Zweck	63
II. Anwendungsbereich	65
III. Informationsblatt bei Finanzinstrumenten (Produktinformationsblatt – „PIB", Abs. 3 a S. 1)	67
1. Finanzinstrumente, systematische Einordnung	67
2. Inhaltliche Vorgaben	68
a) Kurz und leicht verständlich	68
b) Keine Unrichtigkeit oder Irreführung ...	71
3. Zurverfügungstellung	73
IV. Anteil an Investmentvermögen (KIID, Abs. 3 a S. 3)	76
V. Vermögensanlagen-Informationsblatt	80
VI. Ausblick: Key Information Document (KID) ...	81
VII. Zivilrechtliche Aspekte	82
H. Einholung von Kundenangaben bei Anlageberatung und Finanzportfolioverwaltung und Geeignetheitsprüfung (Abs. 4)	85
I. Grundsatz	85
II. Einzelne Kundenangaben	88
III. Erforderlichkeitsvorbehalt; Verweigerung der Kundenangaben	95
IV. Vertretung des Kunden, Testamentsvollstreckung, „oder-Depots"	102
V. Geeignetheitsprüfung („Suitability-Test")	105
VI. Überprüfung der Kundenangaben	110
I. Gebot der Empfehlung geeigneter Finanzinstrumente und Wertpapierdienstleistungen (Abs. 4 a) .	112
J. Honorar-Anlageberatung (Abs. 4 a–4 d)	112a
I. Historie, Sinn und Zweck	112a
II. Informationspflicht (Abs. 4 b)	112b
III. Angebotsspektrum (Abs. 4 c S. 1 Nr. 1)	112c
IV. Zuwendungsverbot (Abs. 4 c S. 1 Nr. 2)	112f
V. Information über (Abs. 4 d)	112j
K. Einholung von Kundenangaben außerhalb von Anlageberatung und Finanzportfolioverwaltung und Angemessenheitsprüfung (Abs. 5)	113
I. Grundsatz	113
II. Angemessenheitsprüfung („Appropriateness-Test")	114
L. Verantwortlichkeit für fehlerhafte oder unvollständige Kundenangaben (Abs. 6)	118
M. Pflichten bei nicht komplexen Finanzinstrumenten (Abs. 7)	119
N. Berichtspflichten (Abs. 8)	125
O. Besonderheiten bei professionellen Kunden (Abs. 9)	128
P. Verordnungsermächtigung (Abs. 11)	134

A. Regelungsgehalt; europarechtliche Grundlagen; Struktur

1 In § 31 hat der Gesetzgeber allgemeine Verhaltensregeln statuiert. Die Vorschrift stellt eine der Kernvorschriften des 6. Abschnitts dar. Abs. 1 führt dabei die zentralen Begriffe des Kundeninteresses sowie des Interessenkonflikts ein. In Abs. 2 werden allgemeine Informationspflichten statuiert. Abs. 3 regelt konkrete Informationspflichten. Regelungsgegenstand des Abs. 3 a sind Informationsblätter, die Kunden zur Verfügung zu stellen sind. Abs. 4 normiert besondere Verhaltenspflichten in Bezug auf die Anlageberatung und Finanzportfolioverwaltung. Zentrale Punkte sind hier die Einholung der Kundenangaben sowie die Geeignetheitsprüfung. Das Gebot, nur geeignete Finanzinstrumente und Wertpapierdienstleistungen zu empfehlen, statuiert Abs. 4 a. Regelungsgegenstand der Abs 4 b–4 d ist die Honorar-Anlageberatung. In Abs. 5 finden sich Regelungen zur Angemessenheitsprüfung bei Wertpapierdienstleistungen außerhalb der in Abs. 4 genannten Wertpapierdienstleistungen. Abs. 6 definiert den Sorgfaltsmaßstab bei der Einholung der Kundenangaben. Gegenstand von Abs. 7 ist das Pflichtenprogramm bei Geschäften mit nicht komplexen Finanzinstrumenten. Verschiedene Berichtspflichten sind in Abs. 8 enthalten. Regelungsgegenstand von Abs. 9 sind Erleichterungen für Wertpapierdienstleistungsunternehmen bei professionellen Kunden. Abs. 10 enthält Regelungen zu Fällen mit Auslandsbezug. In Abs. 11 sind verschiedene Rechtsverordnungsermächtigungen enthalten.

2 Europarechtliche Grundlagen von § 31 sind insbesondere **Art. 18, 19 MiFID sowie Art. 27 ff DRL**.

3 Strukturell besteht die Regelung im Wesentlichen aus **Generalklauseln**, die für die Einzelfalllösung häufig nur begrenzte Hinweise geben. Die BaFin hat deshalb – in Ausfüllung ihrer Ermächtigung nach Abs. 11 – die Konkretisierung der gesetzlichen Vorschriften in einer Rechtsverordnung vorgenommen.[4]

---

[4] Siehe hierzu Abs. 11 sowie unten Rn 124.

B. Normadressaten; Gegenstand der Tätigkeit (Abs. 1, Abs. 10)

Normadressat der Regelung sind **Wertpapierdienstleistungsunternehmen**. Eine Definition des Begriffs enthält § 2 Abs. 4, Ausnahmen werden in § 2a geregelt.[5] Erfasst sind Wertpapierdienstleistungsunternehmen mit Sitz im Inland.

Grundsätzlich gelten – wie Abs. 10 bestimmt – eine Reihe von Vorschriften auch für **Unternehmen mit Sitz im Ausland**, sofern sie die Wertpapierdienstleistung gegenüber Kunden erbringen, die ihren gewöhnlichen Aufenthalt oder ihren Sitz in Deutschland haben. Weitere Voraussetzung ist allerdings, dass die Wertpapierdienstleistungen oder -nebendienstleistungen sowie die damit in Zusammenhang stehenden Nebenleistungen zumindest teilweise in Deutschland erbracht werden. Im Einzelnen finden dann Abs. 1 Nr. 1, die Absätze 2 bis 9 sowie die §§ 31a, 31b, 31d und 31e Anwendung.

Keine Anwendung finden hingegen insbesondere die **Organisationsregelungen** des 6. Abschnitts. Auch Abs. 1 Nr. 1 gilt wegen des inhaltlichen Bezuges zu den organisatorischen Bestimmungen nicht. Dasselbe trifft auf § 31c zu. Diese Regelungen gelten nur für Wertpapierdienstleistungsunternehmen mit Sitz im Inland. Mit dieser Systematik trägt Abs. 10 Art. 31 Abs. 1 Unterabs. 2 MiFID Rechnung, der das **Herkunftslandprinzip** festlegt.[6]

Für Zweigniederlassungen von Wertpapierdienstleistungsunternehmen ist insbesondere § 36a anwendbar.[7]

§ 31 erfasst zudem nur Sachverhalte, bei denen eine **Wertpapierdienstleistung** oder **Wertpapiernebendienstleistung** erbracht wird. Auch hier kann auf die in Abschnitt 1 und zwar § 2 Abs. 3 sowie Abs. 3a verwendeten Definitionen zurückgegriffen werden.[8]

C. Handeln im Kundeninteresse (Abs. 1 Nr. 1)

I. Sachkenntnis, Sorgfalt, Gewissenhaftigkeit. Nach Abs. 1 Nr. 1 muss das Wertpapierdienstleistungsunternehmen mit der erforderlichen **Sachkenntnis** handeln. Sachkenntnis umfasst einerseits die Kenntnis des Produkts, das Gegenstand der Erbringung der Wertpapierdienstleistung oder – nebendienstleistung ist. Aber auch die damit zusammenhängenden bank- und börsentechnischen Verfahren werden von dem Begriff erfasst.

Die Wertpapierdienstleistungsunternehmen sind außerdem zu **sorgfältigem und gewissenhaftem** Handeln verpflichtet. Die Unterscheidung zwischen Sorgfalt und Gewissenhaftigkeit kann kaum trennscharf vorgenommen werden und ist somit eher akademischer Natur.[9]

Das **Erforderlichkeitskriterium** in diesem Zusammenhang ist iS einer verkehrserforderlichen Sorgfalt zu verstehen.[10]

II. Kundeninteresse. Zentraler Ausrichtungspunkt des Handelns der Normadressaten ist das **Interesse des Kunden**.[11] Der Begriff des Kunden ist in § 31a legal definiert. Er ist grundsätzlich weiter als der des Verbrauchers in § 13 BGB.[12]

Hinsichtlich des Kundeninteresses kommt es auf das **individuelle Interesse** des Kunden bei der konkreten Dienstleistung an. Entscheidend ist von daher weder das Gesamtinteresse aller Kunden noch das Interesse an einer Funktionsfähigkeit der Kapitalmärkte.[13] Das Interesse wird durch den Kundenauftrag bestimmt und begrenzt. Dabei kommt es auf die dem Wertpapierdienstleistungsunternehmen erkennbaren Interessen der Kunden an.[14] Hier muss eine Einzelfallbetrachtung vorgenommen werden.[15]

III. Einzelne Aspekte eines Handelns im Kundeninteresse. Einzelne Aspekte eines Handelns im Kundeninteresse hat der Gesetzgeber explizit in § 31c geregelt. **Nicht unter § 31c fallende Konstellationen** sind deshalb der Generalklausel des Abs. 1 Nr. 1 zuzuordnen.

So etwa die Aufteilung eines einheitlich erteilten Auftrags in mehrere **Teilaufträge**. Hier gilt, dass eine Aufteilung nur dann zulässig ist, wenn sie als wirtschaftlich angesehen werden kann und im Interesse des Kunden liegt. Durch eine Zusammenfassung von Kundenaufträgen erreichte Kostenvorteile sind an die Kunden weiterzugeben.[16]

Auch das in § 32 Abs. 1 Nr. 1 u. 2, Abs. 1 Nr. 1 aF enthaltene **Verbot, Anlageempfehlungen** abzugeben, die **nicht mit den Interessen der Kunden übereinstimmen**, unterfällt unmittelbar der Grundregel des § 31 Abs. 1

---

5 Siehe hierzu die Kommentierung zu § 2 Rn 47 ff sowie zu § 2a.
6 Fuchs/*Fuchs*, WpHG, § 31 Rn 322.
7 Siehe hierzu unten § 36a.
8 Siehe hierzu die Kommentierung zu § 2 Rn 20–46.
9 Fuchs/*Fuchs*, WpHG, § 31 Rn 30.
10 Fuchs/*Fuchs*, WpHG, § 31 Rn 29.
11 Zum Begriff des Kunden s. unten § 31a.
12 *Zeidler*, WM 2008, 238; Eine Gleichstellung der Begriffe „Privatkunde" (der Bank) und „Verbraucher" nimmt *Kümpel*, S. 1, vor.
13 Schäfer/Hamann/*Schäfer*, § 31 WpHG Rn 13.
14 So bereits die (aufgehobene) Richtlinie zu §§ 31, 32, Ziffer 3.3 Abs. 1.
15 Zu den Kundeninteressen bei der Vermögensverwaltung s. *Gaßner/Escher*, WM 1997, 93, 98 f.
16 So bereits die (aufgehobene) Richtlinie zu §§ 31, 32, Ziffer 3.5 Abs. 1.

Nr. 1.[17] Die Empfehlung muss mit dem (subjektiven) Interesse des Kunden bestmöglich übereinstimmen.[18] Es ist dem Wertpapierdienstleistungsunternehmen verboten, dem Kunden ein Geschäft zu empfehlen, von dem es annimmt oder begründet annehmen muss, dass es für den Kunden nachteilig ist. Ausnahmsweise kann allerdings ein wirtschaftlich unter Außerachtlassung steuerlicher Aspekte nicht sinnvolles Geschäft im Kundeninteresse liegen, wenn es bei Einbeziehung dieser Gründe empfehlenswert ist.[19]

17 Das Kundeninteresse ist insbesondere im Fall des sog. **Churning** verletzt. Dabei veranlasst das Wertpapierdienstleistungsunternehmen eine unverhältnismäßig hohe Anzahl von Geschäften, wobei die dabei entstehenden Kosten im Verhältnis zum eingesetzten Kapital und dem erzielbaren Gewinn unangemessen hoch sind.[20] Die Verhältnismäßigkeit der Kosten kann dabei nur in einer Einzelfallbetrachtung vorgenommen werden. Sie hängt etwa von der Risikobereitschaft und den Anlagezielen des Kunden, aber auch von den Marktgegebenheiten und der Anlagestrategie ab.[21] Die in der Literatur diskutierten Kriterien können von daher nur Indizien sein.[22]

18 Unzulässig als Verstoß gegen die Kundeninteressen iSd Vorschrift ist auch das sog. **Scalping**, bei dem das Wertpapierdienstleistungsunternehmen eine Empfehlung erst abgibt, nachdem es selbst zugunsten des Eigenbestandes entsprechend gehandelt hat.[23]

19 Ein Verstoß gegen die Kundeninteressen ist zudem in den Fällen gegeben, in denen das Wertpapierdienstleistungsunternehmen **Empfehlungen** ausspricht, um **Preise in eine bestimmte Richtung zu lenken** und damit gewünschte Eigengeschäfte zu ermöglichen. Ein hier vorliegender Verstoß kann zudem den Tatbestand der Marktmanipulation erfüllen.[24]

D. Vermeidung von Interessenkonflikten (Abs. 1 Nr. 2)

20 Abs. 1 Nr. 2 verpflichtet das Wertpapierdienstleistungsunternehmen, sich um die **Vermeidung von Interessenkonflikten zu bemühen**. Der Begriff des Interessenkonflikts ist wie im Rahmen der Organisationspflichten nach § 33 Abs. 1 Nr. 3 weit zu verstehen.[25] Derartige divergierende Interessen können insbesondere zwischen denjenigen der Kunden und denen des Wertpapierdienstleistungsunternehmens bestehen. Aber auch zwischen den Mitarbeitern und den Kunden sowie den verschiedenen Kunden untereinander sind Interessenkonflikte denkbar.[26]

21 Die vorsichtige Formulierung des Gesetzgebers (bemühen) deutet bereits darauf hin, dass sich Interessenkonflikte häufig nur **schwer gänzlich ausschließen** lassen. Sie sind dem Wertpapiergeschäft letztendlich immanent.[27]

22 Interessenkonflikte können deshalb nur durch das **Abstandnehmen von bestimmten Geschäften** vollständig und sicher vermieden werden. Dies ist aber in erster Linie eine geschäftspolitische Entscheidung des Wertpapierdienstleistungsunternehmens.[28]

23 Diskutiert wird, ob aufsichtsrechtlich ein **Kontrahierungsverbot** etwa von Seiten der Aufsichtsbehörde zumindest in Einzelfällen ausgesprochen werden kann.[29]

24 Entscheidend ist deshalb einerseits die Analyse und **Transparenz** von Interessenkonflikten. Zweitens kommt dem Umgang mit diesen, also der Minimierung bzw einem angemessenen Ausgleich der divergierenden Interessen, eine zentrale Bedeutung zu.[30]

25 Der Gesetzgeber hat für den Fall des Bestehens von Interessenkonflikten ein zweistufiges Verfahren vorgesehen. Zunächst besteht die Möglichkeit für das Wertpapierdienstleistungsunternehmen, derartige Konflikte durch **organisatorische Vorkehrungen** nach § 33 Abs. 1 S. 2 Nr. 3 nach vernünftigem Ermessen vermeiden. Dies dürfte jedoch häufig kaum möglich sein.[31]

26 Reichen die Vorkehrungen nach vernünftigem Interesse nicht aus, entstehen für das Unternehmen **Informationspflichten**. Die in Abs. 1 Nr. 2 normierte Offenlegungspflicht bestimmt, dass ein Wertpapierdienstleistungsunternehmen seinen Kunden vor der Durchführung von Geschäften die „**allgemeine Art und Herkunft**" der Interessenkonflikte darzulegen hat. Dem Kunden soll es hiermit nach der Konkretisierung des

---

17 Begr. RegE (FRUG), BT-Drucks. 16/4028, S. 69.
18 *Koller*, in: Assmann/Schneider, § 32 Rn 4.
19 *Döhmel*, Rn 149.
20 (Aufgehobene) Richtlinie zu §§ 31, 32, Ziffer E. 1. Abs. 2; *Mölter*, S. 59; s. etwa auch LG Regensburg v. 18.12.2008, NJW 2009, 847.
21 *Mölter*, wistra 2010, 53, 59.
22 Siehe *Rössner/Arendts*, WM 1996, 1517, 1519.
23 BT-Drucks. 12/7918, S. 206. AA sowie zum Meinungsstand s. Schäfer/Hamann/*Schäfer*, § 32 WpHG Rn 6; s. auch Eisele, Rn 46.
24 Begr. RegE (FRUG), BT-Drucks. 16/4028, S. 69.
25 Begr. RegE (FRUG), BT-Drucks. 16/4028, S. 63.
26 Siehe hierzu ausführlich Fuchs/*Fuchs*, WpHG, § 31 Rn 77 ff.
27 *Eisele*, Rn 20.
28 Siehe hierzu auch Fuchs/*Fuchs*, WpHG, § 31 Rn 60.
29 Grundsätzlich für eine solche Möglichkeit Schäfer/Hamann/ *Schäfer*, § 31 WpHG Rn 27; ablehnend *Koller*, in: Assmann/ Schneider, § 31 Rn 70; KölnKomm-WpHG/*Möllers*, § 31 Rn 134; vermittelnd: Fuchs/*Fuchs*, WpHG, § 31 Rn 60: „Aus praktischer und ökonomischer Sicht nur ganz ausnahmsweise".
30 *Eisele*, Rn 22.
31 Fuchs/*Fuchs*, WpHG, § 31 Rn 59.

§ 13 Abs. 4 S. 1 WpDVerOV ermöglicht werden, aufgrund der Unterrichtung über tatsächliche oder potenzielle Interessenkonflikte eine Anlageentscheidung über die Wertpapierdienstleistung oder Wertpapiernebendienstleistung, in deren Zusammenhang der Interessenkonflikt auftritt, auf informierter Grundlage zu treffen. Auf dieser Basis soll er entscheiden, ob er die Leistung des Wertpapierdienstleistungsunternehmens trotz der Konfliktlage in Anspruch nehmen will. Hier wird kritisiert, dass die beiden genannten Vorschriften von daher nicht hundertprozentig synchron seien, als das in der Verordnung angesprochene Ziel, eine fundierte Entscheidungsgrundlage zu erhalten, bei einer Darlegung der *allgemeinen* Art und Herkunft der Konflikte kaum erreichbar sei.[32]

Bei der Offenlegung muss gemäß § 13 Abs. 4 WpDVerOV – insbesondere hinsichtlich des Umfangs und Detailgrads – die **Einstufung** als Privatkunde, professioneller Kunde oder geeignete Gegenpartei berücksichtigt werden.[33]

Auch nach der Offenlegung des Interessenkonflikts darf das Wertpapierdienstleistungsunternehmen Geschäfte nur unter gebotener Wahrung des Kundeninteresses durchführen.[34] Im Übrigen genießt das Kundeninteresse im Zweifel stets den Vorrang.

E. Allgemeine Anforderungen an Informationen, einschließlich Werbemitteilungen (Abs. 2)

Abs. 2 S. 1 statuiert **allgemeine Informationspflichten** und bestimmt, dass alle **Informationen**, die Wertpapierdienstleistungsunternehmen Kunden zugänglich machen, **redlich, eindeutig und nicht irreführend** sein müssen. Angesichts der Problematik, die Begriffe abstrakt zu definieren, wurden diese Begriffe in § 4 WpDVerOV mit Beispielen unterlegt.[35] Abzustellen ist hierbei auf den Empfängerhorizont.[36]

Der Begriff der **Redlichkeit** ist definitorisch schwer zu fassen. Er dürfte sich aber weitgehend mit dem der Unlauterkeit des UWG decken.[37]

Die **Eindeutigkeit** einer Information impliziert dabei, dass mehrere Auslegungsvarianten ausgeschlossen werden.[38]

Schwieriger zu bestimmen ist, ob eine **Irreführung** vorliegt. Ausreichend ist hier die objektive Eignung zur Irreführung.[39] In der Praxis ist dabei insbesondere an den Aspekt des Verschweigens von Risiken bei gleichzeitiger Darstellung der Chancen zu denken.[40] Die Grundregel des Abs. 2 gilt auch für solche zugänglich gemachten Informationen, zu denen das Wertpapierdienstleistungsunternehmen nicht verpflichtet war.[41]

Die vorstehend ausgeführten Grundsätze gelten, wie S. 1 explizit ausführt, auch für **Werbemitteilungen**. Gemäß Abs. 2 S. 2 der Vorschrift müssen diese eindeutig als solche erkennbar sein.

§ 302 KAGB, der (auch) Vorgaben zur Werbung in seinem Anwendungsbereich enthält, ist zusätzlich zu beachten, wie aus **Abs. 2 S. 3** hervorgeht. Das Gleiche gilt für § 15 WpPG, der bei dem **öffentlichen Angebot von Wertpapieren** Anwendung findet.

Besondere Bestimmungen für Informationen im Zusammenhang mit **Finanzanalysen** nach § 34b enthält Abs. 2 S. 4.

Intensität und Umfang der Informationen hängen zum einen davon ab, um welche **Art von Information** es sich handelt. Weiterhin ist entscheidend, an welche Art von Kunden sie sich richtet.[42] Auch die Art des Kommunikationsmittels spielt hier eine Rolle.[43]

Die Informationen müssen den Kunden **zugänglich** gemacht werden. Erforderlich ist also nicht zwangsläufig eine aktive Informationsbeschaffung durch das Wertpapierdienstleistungsunternehmen.[44] Ausreichend kann deshalb uU auch die Bereitstellung von Informationen im Internet sein.

Der allgemeine Grundsatz der **Redlichkeit, Eindeutigkeit und fehlenden Irref**ührung bei dem Zugänglichmachen von Informationen wird insbesondere in § 4 WpDVerOV näher konkretisiert.

Hinzuweisen ist hier insbesondere auf § 4 Nr. 11 WpDVerOV, wonach für alle Informationen und Werbemitteilungen gilt, dass mit der **Bezeichnung** einer **zuständigen Behörde** im Sinne des WpHG, insbesondere der BaFin oder entsprechender Einrichtungen im Ausland, nicht missbräuchlich im Sinne einer Billigung oder Genehmigung bestimmter Produkte oder Dienstleistungen durch eine dieser Behörden geworben werden darf.[45] Aussagen wie „BaFin-geprüft" oder „BaFin-zertifiziert" sind deshalb nicht zulässig.[46]

---

32 Siehe etwa Fuchs/*Fuchs*, WpHG, § 31 Rn 49, der von einem „offensichtlichen Spannungsverhältnis" spricht.
33 Fuchs/*Fuchs*, WpHG, § 31 Rn 49.
34 Begr. RegE (FRUG), BT-Drucks. 16/4028, S. 63.
35 Siehe auch *Zeidler*, WM 2008, 238, 241 ff.
36 *Zeidler*, WM 2008, 238, 240 f.
37 *Zeidler*, WM 2008, 238, 240 mit Beispielen.
38 Fuchs/*Fuchs*, WpHG, § 31 Rn 97.
39 Fuchs/*Fuchs*, WpHG, § 31 Rn 98.
40 Fuchs/*Fuchs*, WpHG, § 31 Rn 98.
41 Begr. RegE (FRUG), BT-Drucks. 16/4028, S. 65.
42 Begr. RegE (FRUG), BT-Drucks. 16/4028, S. 64.
43 Begr. WpDVerOV, S. 4.
44 Fuchs/*Fuchs*, WpHG, § 31 Rn 99.
45 Begr. WpDVerOV, S. 7.
46 *Zeidler*, WM 2008, 238, 244.

F. Informationspflichten (Abs. 3)

40 **I. Grundsatz.** Im Gegensatz zu Abs. 2 regelt Abs. 3 **konkrete Informationspflichten**. Der Kunde soll auf informierter Grundlage eine seinen Interessen entsprechende Anlageentscheidung treffen können.[47] Diesen Gedanken hat der Gesetzgeber in S. 1 aufgenommen.

41 Die Pflicht zur Vermittlung von **Informationen** deckt sich weitgehend mit dem Begriff der **Aufklärung**. Zu unterscheiden hiervon ist die **Beratung**, die von Abs. 2 nicht erfasst wird. Die Trennung zwischen Aufklärung und Beratung wird nicht immer sauber vorgenommen.[48] Auch im Zivilrecht wird zwischen Aufklärung und Beratung getrennt.[49] Aufklärung erschöpft sich dabei in der Informationsvermittlung gegenüber dem Anleger. Demgegenüber erfasst die Beratung die Bewertung im Rahmen einer Anlagesituation sowie die Erteilung sachgerechter Empfehlungen.[50]

42 Das Wertpapierdienstleistungsunternehmen hat dem Kunden die erforderliche Aufklärung zumindest **anzubieten oder zugänglich** zu machen.[51] Die Pflicht zur Aufklärung kann seitens des Wertpapierdienstleistungsunternehmens nicht abgedungen werden.[52]

43 Die Informationsvermittlung wird meist im persönlichen Gespräch erfolgen. Zulässig ist gemäß S. 2 auch der Weg über **standardisierte Informationsbroschüren**.[53] In der Praxis werden beide Möglichkeiten häufig kombiniert. Denkbar ist auch die Mitteilung weckdienlicher Informationen durch andere Medien, etwa das Zeigen eines Videofilms.[54]

44 Ist der Kunde **bereits informiert** worden, kann dies berücksichtigt werden. Bei mehrstufigen Vermittlungsverhältnissen ist der Kunde dann lediglich über die in der Sphäre des jeweiligen Wertpapierdienstleistungsunternehmens liegenden Risiken aufzuklären.[55]

45 Ein **Rechtsirrtum** über die bei dem Vertrieb von Finanzinstrumenten bestehenden Aufklärungspflichten ist aus aufsichtsrechtlicher Sicht grundsätzlich unbeachtlich.[56] Eine Rolle kann er jedoch im Rahmen eines Bußgeldverfahrens spielen.

46 Inhaltlich müssen die zur Verfügung zu stellenden Informationen nach **S. 1** angemessen sein, damit die Kunden die Art und Risiken der ihnen angebotenen bzw von ihnen gewünschten Arten von Finanzinstrumenten oder Wertpapierdienstleistungen nach **vernünftigem Ermessen** verstehen können. Geriert sich der Kunde glaubwürdig als erfahrener und kenntnisreicher als er in Wirklichkeit ist, muss er das gegen sich gelten lassen.[57]

47 Die Informationsvermittlung muss in **verständlicher** Form erfolgen. Entscheidend ist hier nach § 4 Abs. 1 S. 1 WpDVerOV der „angesprochene Kundenkreis". Hinsichtlich des Inhalts und der Form muss deshalb das individuelle Auffassungsvermögen des Kunden berücksichtigt werden.

48 Abs. 3 S. 3 legt die für eine Anlageentscheidung auf jeden Fall **notwendigen Informationen** fest. Diese müssen sich nach S. 3 Nr. 1 auf das Wertpapierdienstleistungsunternehmen und seine Dienstleistungen beziehen.

Letztendlich geht es hier auch um Art und Umfang der angebotenen Wertpapierdienstleistungen, dh also insbesondere um das **Produktangebot**. Dieses ist von den Unternehmen grundsätzlich frei wählbar, entscheidend ist die Kundeninformation. So unterliegt es etwa keinen Bedenken, keine Eurexgeschäfte durchzuführen oder andere stark risikobehaftete Produkte nicht anzubieten. Auch die Entscheidung, grundsätzlich keine Beratungsleistungen im Wertpapiergeschäft anzubieten, ist aufsichtsrechtlich nicht zu beanstanden, da eine Rechtspflicht zur Kundenberatung nicht besteht.[58]

49 Einzelheiten zu dem Inhalt der zur Verfügung zu stellenden Informationen enthält insbesondere **§ 5 Abs. 2 S. 2 Nr. 1 u. 2 WpDVerOV**.

50 Ein weiterer Anknüpfungspunkt sind gemäß S. 3 Nr. 2 die **Arten von Finanzinstrumenten** und vorgeschlagenen Anlagestrategien einschließlich damit verbundener Risiken. In der Praxis entspricht dies idR der Aufklärung über die Eigenschaften und Risiken der **Anlageformen**, die Gegenstand der Erbringung der Wertpapierdienstleistung oder – nebendienstleistung sind.[59] Die Subsumtion von Produkten unter eine „Art" eines Finanzinstruments ist dabei angesichts der Komplexität mancher Finanzinstrumente nicht immer einfach.[60]

---

47 Begr. RegE (FRUG), BT-Drucks. 16/4028, S. 64.
48 Siehe etwa *Eisele*, Rn 25.
49 *Nobbe*, S. 237 f; *Ellenberger*, WM Sonderbeilage Nr. 1/2001, S. 3.
50 *Döhmel*, Rn 54.
51 So bereits die (aufgehobene) Richtlinie zu §§ 31, 32 Ziffer 2 Abs. 1.
52 Allgemein für die Verhaltensregeln etwa Fuchs/*Fuchs*, WpHG, vor §§ 31 bis 37 a Rn 56; So auch die (aufgehobene) Richtlinie zu §§ 31, 32, Ziffer 2 Abs. 1.
53 Fuchs/*Fuchs*, WpHG, § 31 Rn 131; s. auch *Koller*, in: Assmann/Schneider, § 31 Rn 31.
54 Siehe hierzu OLG Koblenz v. 6.7.2001 – 10 U 981/99.
55 So bereits die (aufgehobene) Richtlinie zu §§ 31, 32, Ziffer 2. Abs. 2.
56 Siehe hierzu ausführlich Harnos aaO.
57 *Horn*, ZBB 1997, 139, 150.
58 *Koller*, in: Assmann/Schneider, § 31 Rn 45.
59 So die Terminologie der (aufgehobenen) Richtlinie zu §§ 31, 32, Ziffer 2.2; s. hierzu *Döhmel*, Rn 59.
60 Zur „Produktgruppe der Zertifikate" s. *Mülbert*, WM 2007, 1149, 1149.

Aufsichtsrechtlich nicht gefordert wird bei der Aufklärung hingegen die Information über das konkrete Produkt.[61] Von daher bleiben die aufsichtsrechtlichen Anforderungen hinter den Anforderungen einer objektgerechten Information, wie sie von der Bond-Judikatur gefordert wird, zurück.[62]

Auch über die **Ausführungsplätze** von Wertpapierkauf- oder Verkaufsaufträgen hat das Wertpapierdienstleistungsunternehmen seine Kunden nach S. 3 Nr. 3 aufzuklären. Inhaltlich besteht hier ein enger Zusammenhang zu § 33 a.[63] Weitere Informationen finden sich in den (zivilrechtlichen) Sonderbedingungen für Wertpapiergeschäfte.

Über die **Kosten und Nebenkosten** ist nach S. 3 Nr. 4 aufzuklären. Aus aufsichtsrechtlicher Sicht ist die Transparenz für den Kunden entscheidend. Höhe und Struktur sind grundsätzlich geschäftspolitische Entscheidungen, die aufsichtsrechtlich nicht vorgegeben werden. Auf Änderungen in der Preisgestaltung ist der Kunde in geeigneter Weise hinzuweisen

Einzelheiten zu den hier zu übermittelnden Informationen enthält insbesondere § 5 Abs. 2 S. 2 Nr. 5 WpDVerOV.

S. 4 weist ausdrücklich darauf hin, dass die Informationspflichten des Abs. 3 die zitierten Vorschriften des KAGB unberührt lassen

II. Sonstige erhebliche Umstände. Die zur Verfügung zu stellenden Informationen beziehen sich darüber hinaus auf alle im Zusammenhang mit der Erbringung der Wertpapierdienstleistung erheblichen Umstände. Hierzu gehört zB die Möglichkeit der **Limitierung** von Aufträgen. Auch auf **Ausfall- oder Abwicklungsrisiken** bei bestimmten Beteiligten oder Märkten ist – insbesondere bei grenzüberschreitenden Wertpapierdienstleistungen – hinzuweisen.

Bietet ein Wertpapierdienstleistungsunternehmen Privatkunden den Erwerb von Wertpapieren im Rahmen der **Zuteilung bei Neuemissionen** an, hat es die Kunden über das Zuteilungsverfahren, insbesondere über die Zuteilung bei Überzeichnung zu **informieren**. Inhaltlich unterliegt es hinsichtlich der Zuteilung grundsätzlich keinen gesetzlichen inhaltlichen Vorgaben, sofern seine Mitarbeiter nicht günstiger als die Kunden gestellt werden.

Weitere (freiwillige) Anforderungen enthalten die Grundsätze für die Zuteilung von Aktienemissionen an Privatanleger.[64] Diese sind zwar nicht rechtlich verbindlich, die Auslegungspraxis der BaFin wird sich jedoch im Zweifel an den hierin enthaltenen Vorgaben orientieren.

Nicht Gegenstand der Aufklärungspflicht der Banken ist eine umfassende Information über **steuerliche Aspekte**.[65] Anders dürfte dies allerdings dann sein, wenn der Kunde als Anlageziel „Steuerersparnis" angegeben hat.

Die Informationen müssen den Kunden gemäß Abs. 3 S. 1 **rechtzeitig** zur Verfügung gestellt werden. Wann dies der Fall ist, bestimmt sich nach der Kundeneinstufung bzw der Art des Finanzinstruments. Das Tatbestandsmerkmal wird in **Abs. 3 WpDVerOV** hinsichtlich der **Privatkunden** näher konkretisiert. Danach sind die Informationen nach Abs. 2 S. 2 Nr. 2 WpDVerOV dieser Kundengruppe entweder **vor Erbringung** einer Wertpapierdienstleistung oder – nebendienstleistung oder **vor einem Vertragsschluss** zur Verfügung zu stellen. Es kommt hierbei darauf an, welcher Zeitpunkt der frühere ist. Weiterhin muss ein angemessener Zeitraum zwischen Geschäft oder Vertrag liegen, der dem Kunden die Informationsaufnahme ermöglicht. Dies gilt insbesondere bei schriftlichen Informationen.[66] Häufig werden Informationen bereits bei Begründung der Geschäftsbeziehung erteilt. Ist dies der Fall, ist allerdings ggf eine Auffrischung von Seiten des Wertpapierdienstleistungsunternehmens vorzunehmen.

Eine Sonderregelung für Vertragsschlüsse, die auf Verlangen des Privatkunden auf der Grundlage von Fernkommunikationsmitteln zustande kommen, enthält § 5 Abs. 3 S. 2 WpDVerOV.

Für **professionelle Kunden** nimmt die Verordnung keine nähere Konkretisierung vor. Hier kommt es auf den Inhalt und Zweck der Information an.[67]

Wesentliche Änderungen der Informationen nach § 5 Abs. 1 und 2 WpDVerOV hat das Wertpapierdienstleistungsunternehmen den Kunden mitzuteilen, soweit diese im Hinblick auf die erbrachte Dienstleistung relevant sind. Wesentlich ist beispielsweise die Einstellung einer eigenen Vermögensverwaltung eines Instituts bei einem Vermögensverwaltungskunden.

Die Zurverfügungstellung der Informationen nach § 5 Abs. 1 und 2 WpDVerOV hat gemäß **Abs. 5 S. 1 WPDVerOV** auf einem **dauerhaften Datenträger** zu erfolgen. Dies gilt auch für Änderungsmitteilungen zu diesen Informationen und alle anderen Änderungen, auf die sich diese Informationen beziehen. Die Veröf-

---

[61] Weitergehend: *Möllers/Ganten*, ZGR 1998, 773, 775 ff. Ebenso: *Köndgen*, ZBB 1996, 361, 363; *Cahn*, ZHR 162 (1998), 1, 37 f. Weitergehend auch die zivilrechtliche Rechtsprechung, s. etwa BGHZ 123, 126, 129.
[62] *Mülbert*, WM 2007, 1149, 1156, mit einem instruktiven Beispiel.
[63] Siehe hierzu näher unten § 33 a.
[64] Herausgegeben von der Börsensachverständigenkommission beim Bundesministerium der Finanzen am 7. Juni 2000.
[65] *Schrödermeier*, WM 1995, 2053, 2057.
[66] Begr. WpDVerOV, S. 9.
[67] Begr. WpDVerOV, S. 9.

fentlichung auf einer Internetseite erfüllt die gestellten Anforderungen unter den Voraussetzungen des § 3 Abs. 3 WpDVerOV.

G. Informationsblatt, wesentliche Anlegerinformationen, Vermögensanlagen-Informationsblatt (Abs. 3 a)

63 **I. Historie, Sinn und Zweck.** Abs. 3a wurde im Rahmen des **AnsFuG** mit Wirkung zum 1.7.2011 in das WpHG eingefügt.[68] Die Regelung des S. 1 besitzt **keine europarechtliche Vorgabe**.[69] S. 3 liegen Regelungen der OGAW-IV-Richtlinie sowie des diesbezüglichen Umsetzungsgesetze zu Grunde.[70] Konkretisierungen des Abs. 3 a S. 1 und 2 enthält § 5 a WpDVerOV. Die BaFin hat zudem ein Rundschreiben erstellt[71]

64 Hintergrund der Neuregelung sind Erkenntnisse der Praxis, wonach die wesentlichen Informationen zu einzelnen Produkten „besser als bisher weithin üblich auf den Punkt gebracht und verständlicher aufbereitet werden können." Die Informationsblätter („Beipackzettel") sollen dem Kunden eine hinreichendes Verständnis des jeweiligen Produkts und insbesondere einen **Vergleich der Produkte** untereinander ermöglichen.[72] Die Vorschrift unterscheidet zwischen verschiedenen Produktarten.

65 **II. Anwendungsbereich.** Der Anwendungsbereich der Neuregelung beschränkt sich auf Fälle der **Anlageberatung** iSd § 2 Abs. 3 S. 1 Nr. 9 und die dabei empfohlenen Produkte.

66 Die Pflicht zur Verfügung-Stellung eines Informationsblattes besteht nur gegenüber **Privatkunden** iSd § 31 a Abs. 3. Professionelle Kunden (und damit auch zentrale Gegenparteien) werden von der Regelung nicht erfasst, wie sich aus Abs. 9 S. 2 ergibt.

67 **III. Informationsblatt bei Finanzinstrumenten (Produktinformationsblatt – „PIB", Abs. 3 a S. 1). 1. Finanzinstrumente, systematische Einordnung.** Das in Abs. 3 a S. 1 geregelte Informationsblatt oder Produktinformationsblatt („PIB") bezieht sich auf **Finanzinstrumente** iSd § 2 Abs. 2 b. Es handelt sich hierbei um eine Konkretisierung der bisher nur abstrakt in Abs. 3 S. 1–3 enthaltenen Pflichten zur Information der Anleger.[73]

68 **2. Inhaltliche Vorgaben. a) Kurz und leicht verständlich.** Das Informationsblatt muss **„kurz"** sein. Konkretisierungen hierzu enthält der parallel in die WpDVerOV eingefügte § 5 a. Die in Abs. 1 S. 1 WpDVerOV genannten Seitenbegrenzungen beinhalten etwaige Haftungsbeschränkungen. Die Vorgabe kann auch nicht durch die Wahl besonders kleiner, leserunfreundlicher Schriftgrößen umgangen werden.

69 Es muss nach § 5 a Abs. 1 S. 2 WpDVerOV die **wesentlichen Informationen** über das Finanzinstrument enthalten. Nur so ist dem Kunden eine Einschätzung des Produkts und eine (bestmögliche) Vergleichbarkeit mit anderen Produkten möglich.

70 **Leicht verständlich** ist ein Informationsblatt, das von einem Durchschnittsanleger „auf erstes Lesen hin" verstanden werden kann.[74] Die in § 5 a Abs. 1 S. 2 WpDVErOV explizit geforderte Übersichtlichkeit verlangt u.a. eine sinnvolle Gliederung.

71 **b) Keine Unrichtigkeit oder Irreführung.** Abs. 3 a S. 2 verlangt die **Richtigkeit** des Informationsblattes. Dabei handelt es sich um eine Selbstverständlichkeit, die keiner expliziten Regelung bedurft hätte.

72 Ebenso darf es **nicht irreführend** sein. Hierzu gehört nach § 5 a Abs. 1 S. 2 WpDVerOV, dass es keine werbenden oder sonstigen, nicht seinem Zweck dienenden Informationen enthält.

73 **3. Zurverfügungstellung.** Das Informationsblatt ist dem Kunden gemäß Abs. 3 a S. 1 zur Verfügung zu stellen. Die Zur-Verfügung-Stellung kann zum einen durch **Aushändigung** erfolgen. Eine Alternative ist der Versand (wobei allerdings zu beachten ist, dass der Geschäftsabschluss dann „warten" muss).

74 Das hat rechtzeitig **vor dem Abschluss** eines Geschäfts zu erfolgen. Rechtzeitig bedeutet, dass der Anleger den Inhalt in Ruhe erfassen können muss

75 Nach § 5 a Abs. 2 WpDVerOV kann das Informationsblatt auch in **elektronischer Form** zur Verfügung gestellt werden. Ausreichend ist auch der Hinweis des Wertpapierdienstleistungsunternehmens an den Kun-

---

[68] Gesetz zur Stärkung des Anlegerschutzes und Verbesserung der Funktionsfähigkeit des Kapitalmarkts (Anlegerschutz- und Funktionsverbesserungsgesetz) vom 5. April 2011 (BGBl. I, 538)
[69] Müchler, WM 2012, 974, 975.
[70] Podewils, ZBB 2011, 169, 170.
[71] Rundschreiben 4/2013 (WA) – Auslegung gesetzlicher Anforderungen an die Erstellung von Informationsblättern gemäß § 31 Abs. 3 a WpHG/§ 5 a WpDVerOV. Die BaFin plant, das Rundschreiben in die MaComp zu integrieren.
[72] Begr. Reg.E (AnFuG), BT-Drucks.17/3628, S. 21. Zwar beziehen sich die hier gemachten Aussagen auf das Infomationsblatt des Satzes 1, die Erkenntnis gilt jedoch auch für Satz 3.
[73] Begr. RegE(AnsFuG), BT-Drucks. 17/3628, S. 21; aA Koller in: Assmann/Schneider, § 31 Rn 122: „systematisch verfehlt".
[74] Koller in: Assmann/Schneider, § 31 Rn 126.

den auf die exakte **Fundstelle im Internet**.[75] Die Informationsblätter müssen nicht in Papierform, sondern können **in elektronischer Form vorgehalten** werden.[76]

IV. Anteil an Investmentvermögen (KIID, Abs. 3 a S. 3). Regelungsgegenstand des S. 3 sind die wesentlichen Anlegerinformationen („Key Investor Information Document" – **KIID**).[77] Sie ersetzen die vereinfachten Verkaufsprospekte. Im Einzelnen besteht hier eine weitere Auffächerung. [76]

Nach Abs. 3 a S. 3 Nr. 1 treten bei Anteilen oder Aktien an OGAW oder an offenen Publikums-AIF die wesentlichen Anlegerinformationen nach den §§ 164 und 166 des Kapitalanlagegesetzbuchs an die Stelle des Informationsblattes. [77]

Gemäß Abs. 3 a S. 3 Nr. 2 wird das Informationsblatt bei Anteilen oder Aktien an geschlossenen Publikums-AIF durchdurch die wesentlichen Anlegerinformationen nach den §§ 268 und 270 des Kapitalanlagegesetzbuchs ersetzt. [78]

Abs. 3 a S. 3 Nr. 3. betrifft EU-AIF und ausländische AIF. Hier treten die wesentlichen Anlegerinformationennach § 318 Abs. 5 des Kapitalanlagegesetzbuchs an die Stelle des Informationsblattes. [79]

Bei EU-OGAW ersetzen nach Abs. 3 a S. 3 Nr. 4 die wesentlichen Anlegerinformationen, die nach § 298 Abs. 1 S. 2 des Kapitalanlagegesetzbuchs in deutscher Sprache veröffentlicht worden sind, das Informationsblatt. [79a]

Für inländische Investmentvermögen im Sinne des Investmentgesetzes in der bis zum 21. Juli 2013 geltenden Fassung, die für den in § 345 Abs. 6 S. 1 des Kapitalanlagegesetzbuchs genannten Zeitraum noch weiter vertrieben werden dürfen, enthält Abs. 3 a S. 3 Nr. 5 eine Regelung. An die Stelle des Informationsblattes treten hier die wesentlichen Anlegerinformationen, die nach § 42 Abs. 2 des Investmentgesetzes in der bis zum 21. Juli 2013 geltenden Fassung erstellt worden sind. [79b]

Gemäß Abs. 3 a S. 3 Nr. 6 treten bei ausländischen Investmentvermögen im Sinne des Investmentgesetzes in der bis zum 21. Juli 2013 geltenden Fassung, die für den in § 345 Abs. 8 S. 2 oder § 355 Abs. 2 S. 10 des Kapitalanlagegesetzbuchs genannten Zeitraum noch weiter vertrieben werden dürfen, die wesentlichen Anlegerinformationen, die nach § 137 Abs. 2 des Investmentgesetzes in der bis zum 21. Juli 2013 geltenden Fassung erstellt worden sind. [79c]

V. Vermögensanlagen-Informationsblatt. Eine Vorgabe für Vermögensanlagen iSd § 1 Abs. 2 des Vermögensanlagegesetzes enthält Abs. 3 a S. 3 Nr. 7. Hier tritt das Vermögens-Informationsblatt (**VIB**) nach § 13 VermAnlG an die Stelle des Informationsblattes. Das gilt allerdings nur, soweit der Anbieter der Vermögensanlagen zur Erstellung eines solchen Informationsblattes verpflichtet ist[78] [80]

VI. Ausblick: Key Information Document (KID). Mit dem Ziel, den Verbraucherschutz durch Einführung eines EU-weiten Basisinformationsblattes zu stärken, hatte die Kommission im Rahmen ihrer „PRIPS-Initiative" einen entsprechenden Verordnungsvorschlag veröffentlicht.[79] Die Ratspräsidentschaft veröffentlichte am 27.11.2012 einen Kompromissvorschlag zum Pibs-Verordnungsvorschlag.[80] [81]

VII. Zivilrechtliche Aspekte. Der Gesetzgeber weist darauf hin, dass eine Verletzung der an die Informationsblätter gestellten Mindestanforderungen zivilrechtliche Ansprüche aus **Schutzgesetzverletzung** gemäß § 823 Abs. 2 BGB begründen kann.[81] [82]

Auch bleiben die Wertpapierdienstleistungsunternehmen aufgrund des Beratungsvertrags zivilrechtlich zu **anleger- und objektgerechter Beratung** verpflichtet und haben deshalb über etwaige nicht erfasste Lücken in den Informationsblättern im Zuge der Beratung zu informieren, soweit dies für die Anlageentscheidung des Kunden relevant sein kann.[82] [83]

Zur Frage, inwieweit die Informationsblätter die Voraussetzungen des **Prospektbegriffs** erfüllen und damit ggf die Prospekthaftung eröffnet wird, finden sich hingegen keine Äußerungen.[83] [84]

---

75 Begr. RegE (AnsFuG), BT-Drucks.17/3628, S. 21.
76 Begr. RegE (AnsFuG), BT-Drucks.17/3628, S. 21.
77 Vgl im Einzelnen *Müchler*, WM 2012, 974, 975; *Podewils*, ZBB 2011, 169, 169 ff.
78 Vgl hierzu im Einzelnen *Rinas/Poportscha*, BB 2012, 1615; *Müchler*, WM 2012, 974, 976 f; *Podewils*, ZBB 2011, 169, 175 ff.
79 „Packaged retail investment products": Die Initiative betrifft eine Reihe von Maßnahmen, mit denen der Verbraucherschutz verbessert werden soll, vgl etwa *Arora*, BankPraktiker 2013, 400, 402 ff.; *Herkströter/Kimmich*, Recht der Finanzinstrumente, 2012, S. 371; *Seitz/Juhnke/Seibold*, BKR 2013, 1; hierzu auch die Stellungnahme des Ausschusses Bank- und Kapitalmarktrecht des Deutschen Anwaltvereins, NZG 2013, 50.
80 Siehe *Seitz/Juhnke/Seibold*, BKR 2013, 1.
81 Begr. RegE (AnsFuG), BT-Drucks.17/3628, S. 21; s. auch *Schäfer/Schäfer*, ZBB/JBB 2013, 23, 28.
82 Begr. Reg.E (AnsFuG), BT-Drucks.17/3628, S. 21; s. auch *Schäfer/Schäfer*, ZBB/JBB 2013, 23, 27 f.
83 Siehe zu dieser Thematik ausführlich *Schlee/Maywald*, BKR 2012, 320, 322 ff.

H. Einholung von Kundenangaben bei Anlageberatung und Finanzportfolioverwaltung und Geeignetheitsprüfung (Abs. 4)

85 **I. Grundsatz.** Zu den Verhaltenspflichten gegenüber den Kunden gehört nicht nur die Zur-Verfügung-Stellung angemessener Informationen. Vielmehr muss das Wertpapierdienstleistungsunternehmen bestimmte Kenntnisse über seine Kunden besitzen, um diese sachgerecht aufklären und beraten zu können. Nur wenn das Kundenprofil bekannt ist, kann ein Handeln im Interesse des Kunden erfolgen.[84] Der Gesetzgeber hatte diesem – aus dem angloamerikanischen Rechtskreis bekannten – **„Know-your-customer-Prinzip"** bereits in § 31 Abs. 2 Nr. 1 aF Rechnung getragen.[85] Der Gesetzgeber (und die MiFID) weisen dabei der **Anlageberatung** und der **Finanzportfolioverwaltung** das höchste Schutzniveau zu.[86]

86 Das Wertpapierdienstleistungsunternehmen muss bei der Befragung deutlich machen, dass die Erteilung der Angaben **im Kundeninteresse** liegt.[87] Eine Verwendung der Angaben für andere Zwecke als der Aufklärung bzw der Beratung darf nur mit Zustimmung des Kunden erfolgen.[88] Der Umfang der Kundenangaben hat sich u.a. an Art und Umfang der beabsichtigten Geschäftsarten auszurichten.[89]

87 Die ausführliche und detaillierte Regelung insbesondere auch durch § 6 Abs. 2 WpDVerOV sorgt für „ein hohes Maß an Rechtssicherheit" für die Wertpapierdienstleistungsunternehmen.[90]

88 **II. Einzelne Kundenangaben.** Gemäß Abs. 4 S. 1 muss ein Wertpapierdienstleistungsunternehmen, das die Anlageberatung oder die Finanzportfolioverwaltung erbringt, von seinen Kunden alle Informationen einholen über **Kenntnisse und Erfahrungen** in Bezug auf Geschäfte mit bestimmten Arten von Finanzinstrumenten oder Wertpapierdienstleistungen. Beide Begriffe sind nicht identisch und damit nicht austauschbar. Zu diesen Informationen gehören gemäß § 6 Abs. 2 Nr. 1 WpDVerOV Angaben von Wertpapierdienstleistungen oder Finanzinstrumenten, mit denen der Kunde vertraut ist. § 6 Abs. 2 Nr. 2 WpDVerOV verpflichtet die Wertpapierdienstleistungsunternehmen, auch Angaben zu **Art, Umfang, Häufigkeit und Zeitraum** zurückliegender Geschäfte des Kunden mit Finanzinstrumenten zu erfragen. Hier sind Klassifizierungen zulässig. § 6 Abs. 2 Nr. 3 WpDVerOV gibt die Einholung von Angaben zur **Ausbildung** sowie der gegenwärtigen und relevanten früheren **beruflichen Tätigkeit** des Kunden vor.[91] Hierbei dürfte die Ausbildung mit zunehmendem Alter des Kunden an Bedeutung verlieren und die berufliche Tätigkeit in den Vordergrund rücken.

89 Auch die **Anlageziele** des Kunden muss das Wertpapierdienstleistungsunternehmen gemäß Abs. 4 S. 1 erfragen. Hierzu gehören nach § 6 Abs. 1 Nr. 2 WpDVerOV Angaben über die **Anlagedauer**, also den Zeitraum, für den eine Investition getätigt und Kapital gebunden werden soll.[92] Gemeinhin wird hier eine Unterteilung in kurz-, mittel- und langfristige Anlageperspektiven vorgenommen.

90 Auch die **Risikobereitschaft des Kunden** gehört zur Begriffswelt der Anlageziele. In der Praxis findet sich häufig eine Aufteilung in verschiedene – meist drei oder fünf – Kategorien. Eine ausdrückliche gesetzliche Vorgabe hierfür, etwa hinsichtlich der Anzahl der Klassifizierungen, gibt es zwar nicht. Allerdings ist es unzulässig, nur Risikoklassen mittleren und hohen Risikos, nicht aber eine geringer Risikobereitschaft vorzusehen. Erfolgt aufgrund der Kundenangaben eine Einstufung des Kunden in Risikokategorien und wird diese dem Kunden mitgeteilt, so muss die Einstufung bei der Ausführung von Kundenaufträgen beachtet werden. Dem Kunden sind die Kriterien der Einstufung offen zu legen.[93]

91 Drittens sind Informationen zum **Zweck der Anlage** einzuholen. Als Anlagewecke finden sich häufig „Liquiditätsvorsorge", „Altersvorsorge", „Absicherung der Familie", „Vermögensaufbau", „Bildung von Rücklagen", „Vermögensoptimierung" für das Alter" oder – spezieller – zB „Hausbau". Aber auch „risikofreudigere Anlageziele wie etwa „spekulative Anlage mit maximalen Chancen"[94] oder „kurzfristige Gewinnerzielung werden genannt.

92 Das Wertpapierdienstleistungsunternehmen muss den Kunden gemäß Abs. 4 S. 1 zudem zu seinen **finanziellen Verhältnissen** befragen. In der Praxis ist dies der sensibelste Bereich. Einzuholen sind hier nach § 6 Abs. 1 Nr. WpDVerOV Angaben über Grundlage und Höhe regelmäßiger Einkommen. Auch regelmäßige finanzielle Verpflichtungen sind zu eruieren. Außerdem kommt es auf die vorhandenen Vermögenswerte, insbesondere Barvermögen, Kapitalanlagen und Immobilienvermögen an. Erfragt werden muss hier nicht bilanzmäßig jedes Detail des Einkommen- sowie der Ausgaben des Kunden. Im übrigen dürften Circa-An-

---

[84] Schäfer/Hamann/*Schäfer*, § 32 WpHG Rn 4; *Gaßner/Escher*, WM 1997, 93, 96.
[85] Siehe hierzu auch Fuchs/*Fuchs*, WpHG, § 31 Rn 188 f.
[86] Begr. RegE (FRUG), BT-Drucks. 16/4028, S. 64.
[87] So bereits die (aufgehobene) Richtlinie zu §§ 31, 32, Ziffer B 2.1 Abs. 3.
[88] So bereits die (aufgehobene) Richtlinie zu §§ 31, 32, Ziffer B 2.1 Abs. 3.
[89] So bereits die (aufgehobene) Richtlinie zu §§ 31, 32, Ziffer B 2.1 Abs. 3.
[90] *Veil*, WM 2007, 1821, 1823.
[91] Kritisch hierzu *Röh*, BB 2008, 398, 399; ebenso: *Teuber*, BKR 2006, 429, 433: „kein verlässliches Indiz".
[92] Begr. WpDVerOV, S. 10.
[93] So bereits die (aufgehobene) Richtlinie zu §§ 31, 32, Ziffer 2.2 Abs. 4.
[94] Begr. WpDVerOV, S. 10.

gaben ausreichend sein.⁹⁵ Hinsichtlich des Umfangs der Fragen muss das Wertpapierdienstleistungsunternehmen berücksichtigen, ob die beabsichtigten Geschäfte aus eigenen Mitteln oder durch Kredite finanziert werden.

In der Praxis werden die Kundenangaben idR auf Grundlage von **standardisierten Fragebögen** erhoben. 93
Dieses Verfahren ist grundsätzlich unbedenklich.⁹⁶ Allerdings muss individuellen Gegebenheiten durch die Befüllung von **Freitextfeldern** Rechnung getragen werden.

Eine aufsichtsrechtliche Pflicht zum **Unterschreibenlassen** dieser sog. Kundenbögen besteht nicht.⁹⁷ Eine 94
Kundenunterschrift kann allerdings auf freiwilliger Basis von den Wertpapierdienstleistungsunternehmen vorgesehen werden.

III. Erforderlichkeitsvorbehalt; Verweigerung der Kundenangaben. Die Pflicht zur Einholung der Kunden- 95
angaben besteht nach Abs. 4 S. 1 allerdings nur, soweit diese **erforderlich** sind, um ein für den Kunden geeignetes Finanzinstrument oder eine für ihn geeignete Wertpapierdienstleistung empfehlen zu können.

§ 6 Abs. 2 WpDVerOV konkretisiert den Erforderlichkeitsvorbehalt hinsichtlich der Kenntnisse und Erfah- 96
rungen dahin gehend, dass die Informationen im Hinblick auf die **Einstufung** des Kunden, die **Art und den Umfang der Wertpapierdienstleistung**, der **Art der Finanzinstrumente** und der damit verbundenen **Komplexität und Risiken** erforderlich sind. Damit wird den Wertpapierdienstleistungsunternehmen die notwendige Flexibilität gegeben, unter bestimmten Umständen auf die Einholung der Angaben beim Kunden zu verzichten und es werden auf den Anleger zugeschnittene Differenzierungen ermöglicht.⁹⁸

So ist es zB denkbar, dass die Kundenangaben **bereits bekannt** bzw in dem Wertpapierdienstleistungsunter- 97
nehmen aktuelle Angaben vorhanden sind.⁹⁹ Dies setzt allerdings ein funktionierendes internes **Informationsweiterleitungssystem** an den Wertpapierbereich oder entsprechende Zugriffsmöglichkeiten desselben voraus.

Aus der Praxis wird immer wieder die Forderung nach der Zulässigkeit von sog. **Bagatellgrenzen** im Hin- 98
blick auf einen Anlagebetrag erhoben. Eine solche pauschale Grenze ist aufsichtsrechtlich nicht zulässig. Sie ist zudem u.a. aus Praktikabilitätsgründen abzulehnen.

Das Wertpapierdienstleistungsunternehmen hat sich ernsthaft um die Erlangung der erforderlichen Kun- 99
denangaben zu **bemühen**.¹⁰⁰ Der Kunde ist allerdings nicht verpflichtet Angaben zu machen.¹⁰¹ Gemäß § 6 Abs. 2 S. 2 WpDVerOV dürfen Wertpapierdienstleistungsunternehmen Kunden nicht dazu verleiten, Angaben nach § 31 Abs. 4 oder 5 zurückzuhalten. Ein solches rechtswidriges Verleiten zur Verweigerung von Angaben wäre etwa auch dann gegeben, wenn die Möglichkeit, keine Angaben zu machen, in einem Fragebogen vorgesehen wird.¹⁰² Macht ein Kunde keine Angaben, muss dies dokumentiert werden.

Der Kunde sollte darauf hingewiesen werden, dass er das Wertpapierdienstleistungsunternehmen über **we-** 100
sentliche Änderungen seiner den Angaben zugrunde liegenden Verhältnissen informieren soll. Der Kunde ist erneut zu befragen, sobald eine derartige wesentliche Änderung erkennbar ist.¹⁰³ Eine gesetzliche Verpflichtung zur regelmäßigen Aktualisierung besteht zwar nicht, kann aber – insbesondere auch vor dem Hintergrund einer haftungsrechtlichen Absicherung – sinnvoll sein.¹⁰⁴

Bei **professionellen Kunden** besteht nur eine stark reduzierte Erkundigungspflicht für das Wertpapierdienst- 101
leistungsunternehmen.¹⁰⁵

IV. Vertretung des Kunden, Testamentsvollstreckung, „oder-Depots". Wird ein Kunde – rechtsgeschäftlich 102
oder gesetzlich – **vertreten**, ist hinsichtlich der Einholung von Angaben zu den Kenntnissen und Erfahrungen sowie für die Erforderlichkeit der Mitteilung zweckdienlicher Informationen auf den Vertreter abzustellen.¹⁰⁶ Im übrigen kommt es auf den Vertretenen an.

Liegt eine Testamentsvollstreckung vor, bestehen Aufklärungs- und Pflichten im Zusammenhang mit einer 103
Wertpapierberatung gegenüber dem **Testamentsvollstrecker**. Die Erben sind zwar Konto- bzw Depotinhaber, die Verfügungsbefugnis besitzt allerdings der Testamentsvollstrecker. Er ist zwar Träger eines eigenen Amtes. Allerdings ist seine Rechtsstellung der eines gesetzlichen Vertreters „angenähert".¹⁰⁷

Eröffnen Kunden – meist Ehepartner – ein „**oder-Depot**", sind alle Kontoinhaber Kunde iSd WpHG. Von 104
einer Gesamthand kann bei diesen Gemeinschaftskonten nicht ausgegangen werden. Als Konsequenz muss

---

95 *Schrödermeier*, WM 1995, 2053, 2058.
96 Begr. WpDVerOV, S. 10; Fuchs/*Fuchs*, WpHG, § 31 Rn 192.
97 *Koller*, in: Assmann/Schneider, § 31 Rn 50; *Schwennicke*, WM 1998, 1101, 1107; *Gaßner/Escher*, WM 1997, 93, 97.
98 Begr. WpDVerOV, S. 10; kritisch zu dieser Flexibilität *Weichert/Wenninger*, WM 2007, 627, 628.
99 Fuchs/*Fuchs*, WpHG, § 31 Rn 202.
100 Fuchs/*Fuchs*, WpHG, § 31 Rn 205: „Wertpapierdienstleistungsunternehmen muss versuchen, etwaige Widerstände zu überwinden"; s. auch (zur alten Rechtslage) *Cahn*, ZHR 162 (1998), 1, 35; *Döhmel*, Rn 88.
101 *Koller*, in: Assmann/Schneider, § 31 Rn 51.
102 Begr. WpDVerOV, S. 11.
103 So bereits die (aufgehobene) Richtlinie zu §§ 31, 32, Ziffer B 2.1 Abs. 4.
104 Sehr zurückhaltend *Reinhart/Alfes*, S. 64.
105 Siehe Einzelheiten bei Fuchs/*Fuchs*, WpHG, § 31 Rn 200.
106 So bereits die (aufgehobene) Richtlinie zu §§ 31, 32, Ziffer B 2.3.
107 *Kemter*, S. 24.

das Wertpapierdienstleistungsunternehmen Kundenangaben von jedem Depotinhaber einholen. Die Mitteilung von Informationen sowie die Geeignetheits- bzw Angemessenheitsprüfung ist im Hinblick auf jeden einzelnen Kunden vorzunehmen. Praktische Probleme entstehen, wenn *ein* Konto gewählt wird, die Inhaber aber etwa **unterschiedliche Anlageziele** verfolgen. In solchen Fällen wird häufig die Einrichtung **getrennter Depots** empfohlen.

105 **V. Geeignetheitsprüfung ("Suitability-Test").** Die erhaltenen Kundenangaben versetzen das Wertpapierdienstleistungsunternehmen in die Lage, den Kunden ein für sie geeignetes Finanzinstrument oder eine geeignete Wertpapierdienstleistung empfehlen zu können. Maßstab ist dabei nach Abs. 4 S. 2, ob das dem Kunden (bei einer Anlageberatung) konkret empfohlene Geschäft oder (im Rahmen einer Finanzportfolioverwaltung) die konkrete Wertpapierdienstleistung seinen **Anlagezielen** entspricht, die **Anlagerisiken** im Hinblick auf die Anlageziele **finanziell tragbar** sind und der Kunde diese **Risiken mit seinen Kenntnissen und Erfahrungen verstehen kann**. Die aufsichtsrechtlich vorgeschriebene Geeignetheitsprüfung bzw die Geeignetheit dürfte weitgehend deckungsgleich mit der zivilrechtlichen anleger- und anlagegerechten Beratung sein.[108]

106 Umfangreiche Konkretisierungen zur Prüfung der Geeignetheit enthält das **Modul BT 7 der MaComp**.[109]

107 Der Gesetzgeber hat im Hinblick auf das Vorliegen von Erfahrungen darauf verzichtet, Vorgaben für die Häufigkeit und die korrespondierenden Zeitintervalle vorzugeben. Erforderlich ist hier in jedem Fall eine **Einzelentscheidung**. Der Gegenschluss aus § 31 a Abs. 7 Nr. 1 (10 Geschäfte pro Quartal) kann deshalb nur ein grober Anhaltspunkt sein.[110]

108 Kritisiert wurde in der Vergangenheit die Verknüpfung der Begriffe Kenntnisse und Erfahrungen als Voraussetzung einer Empfehlung, da das Fehlen von Erfahrungen „zur unüberwindlichen Grenze für jede Anlageberatung" würde. Da dies weder vom europäischen Normgeber noch dem deutschen Gesetzgeber gewollt ist, muss die Bestimmung dahin gehend teleologisch reduziert werden, dass Defizite in den **Erfahrungen durch entsprechende Kenntnisse kompensiert** werden können.[111]

109 Stehen dem Wertpapierdienstleistungsunternehmen die **erforderlichen Informationen** nicht zur Verfügung, etwa weil der Kunde die Angaben verweigert, darf es nach Abs. 4 S. 5 **kein Finanzinstrument empfehlen** bzw – im Rahmen einer Finanzportfolioverwaltung – **keine Empfehlung abgeben**.

110 **VI. Überprüfung der Kundenangaben.** Das Wertpapierdienstleistungsunternehmen hat die in Abs. 5 und Abs. 6 genannten Kundenangaben grundsätzlich **nicht** auf deren Fehlerhaftigkeit oder Unvollständigkeit zu **überprüfen**, wie Abs. 6 S. 1 bestimmt. Das gilt gemäß S. 2 in **zwei Fällen nicht**: Erstens bei **positiver Kenntnis** der Unvollständigkeit oder Unrichtigkeit. Zweitens bei **grob fahrlässiger Unkenntnis** des Wertpapierdienstleistungsunternehmens. Die Kundenangaben sind – um die letztgenannte Alternative auszuschließen – deshalb zumindest einer Plausibilitätsprüfung zu unterziehen.[112] Eine Nachforschungspflicht besteht allerdings grundsätzlich nicht.[113]

111 Geriert sich ein Kunde **glaubwürdig als erfahrener und kenntnisreicher als er in Wirklichkeit ist** und ist dies nicht ohne Weiteres erkennbar, muss er das **gegen sich gelten lassen**. Eine Berufung auf die Nichterfüllung die Verletzung von Aufklärungs- und Beratungspflichten ist dann nicht möglich.[114]

I. Gebot der Empfehlung geeigneter Finanzinstrumente und Wertpapierdienstleistungen (Abs. 4 a)

112 Abs. 4 a wurde im Rahmen des AnsFuG in § 31 eingefügt. Durch das Handlungsgebot des S. 1 soll die ordnungswidrigkeitsrechtliche Ahndung von Fehlverhalten ermöglicht werden.[115] Konkret geht es um die Empfehlung nicht geeigneter Finanzinstrumente bzw Wertpapierdienstleistungen iSd Abs. 4 S. 2, worauf Abs. 4 a S. 2 hinweist. Die Regelung erfasst nicht die unzureichende Aufklärung durch ein Wertpapierdienstleistungsunternehmen.[116]

J. Honorar-Anlageberatung (Abs. 4 a–4 d)

112a **I. Historie, Sinn und Zweck.** Abs. 4 b und 4 c wurden durch das Honoraranlageberatungsgesetz in § 31 eingefügt.[117] Das Gesetz orientiert sich an dem Vorschlag der Europäischen Kommission zur Neufassung

---

108 Lang/Kühne, S. 1306.
109 Das Modul setzt eine ESMA-Guideline um.
110 Siehe hierzu auch *Teuber*, BKR 2006, 429, 433.
111 *Teuber*, BKR 2006, 429, 433.
112 *Schrödermeier*, S. 2059.
113 Fuchs/*Fuchs*, WpHG, § 31 Rn 203.
114 Fuchs/*Fuchs*, WpHG, § 31 Rn 204; *Horn*, S. 150.
115 Begr. RegE (AnsFuG), BT-Drucks.17/3628, S. 30.
116 Koller in: Assmann/Schneider, § 31 Rn 173.
117 Gesetz zur Förderung und Regulierung einer Honorarberatung über Finanzinstrumente (Honoraranlageberatungsgesetz) v. 15.7.2013 (BGBl. I S. 2390)

der Richtlinie des Europäischen Parlaments und des Rates über Märkte für Finanzinstrumente (MIFID) vom 20. Oktober 2011 (MiFID II). Dieser Entwurf verfolgt unter dem Begriff „unabhängige Beratung" ein vergleichbares Konzept für die honorargestützte Anlageberatung.[118] Der Gesetzgeber hat zusätzlich zur bisherigen Anlageberatung mit der Honorar-Anlageberatung eine **neue gesetzlich definierte Form der Anlageberatung** geschaffen. Durch die gesetzliche Ausgestaltung der honorargestützten Anlageberatung soll mehr **Transparenz** hinsichtlich der Form der Vergütung der Anlageberatung geschaffen werden. Bisher fand Anlageberatung in Deutschland nämlich überwiegend in Form der provisionsgestützten Beratung statt. Dabei wird die Dienstleistung Anlageberatung idR durch Zuwendungen vergütet, die das Wertpapierdienstleistungsunternehmen von Anbietern oder Emittenten von Finanzinstrumenten erhält. Dieser Zusammenhang ist Kunden häufig nicht bewusst.[119] Die Honorar-Anlageberatung unterscheidet sich von der herkömmlichen Anlageberatung dadurch, dass der Honoraranlageberater **gesteigerten Wohlverhaltenspflichten** unterliegt.[120] Welche Art der Beratung das Wertpapierdienstleistungsunternehmen erbringt, ist letztendlich seine unternehmerische Entscheidung.

II. Informationspflicht (Abs. 4 b). Abs. 4 b S. 1 verlangt von dem Wertpapierdienstleistungsunternehmen die **Information des Kunden**, ob die Beratung als Honorar-Anlageberatung erbracht wird oder als „normale" Anlageberatung. Dem Kunden wird so eine bewusste Entscheidung für diese Form der Anlageberatung ermöglicht.[121] Die Information muss **vor Beginn** der Beratung und **vor Abschluss** des Beratungsvertrages rechtzeitig erfolgen. Gleichermaßen erforderlich ist eine Informationsvermittlung gegenüber dem Kunden in einer **verständlichen Form**. Die Formulierung deutet darauf hin, dass der Gesetzgeber zunächst keine Form ausschließen wollte. Für den Fall, dass die Anlageberatung nicht als Honorar-Anlageberatung erbracht wird, ist der Kunde nach S. 2 Alt. 1 darüber zu informieren, ob das Wertpapierdienstleistungsunternehmen **Zuwendungen** annehmen darf. In seiner 2. Alt. verlangt S. 2 die Information, ob die Zuwendungen behalten werden dürfen.

112b

III. Angebotsspektrum (Abs. 4 c S. 1 Nr. 1). Erbringt ein Wertpapierdienstleistungsunternehmen die Anlageberatung als Honorar-Anlageberatung, unterliegt sein Angebotsspektrum gemäß Abs. 4 c gewissen Vorgaben. Der Honorar-Anlageberater soll grundsätzlich über einen **Marktüberblick** verfügen.[122] So muss der Anlageempfehlung – das bestimmt Nr. 1 – eine **hinreichende Anzahl von Finanzinstrumenten** zugrunde liegen. Was unter „hinreichend" zu verstehen ist, kann nur im jeweiligen Einzelfall entschieden werden. Die Finanzinstrumente müssen zudem „auf dem Markt" angeboten werden. Die Anforderungen an das Angebotsspektrum betreffen nach Nr. 1 a) Alt. 1 die **Art der angebotenen Finanzinstrumente**, die hinreichend gestreut sein müssen. Auch hinsichtlich der **Anbieter und Emittenten** muss bei der Honorar-Anlageberatung – so Nr. 1 a) Alt. 2 – eine hinreichende Streuung gegeben sein.

112c

Nr. 1 b) **verbietet** die Beschränkung der Anlageempfehlung im Hinblick auf die Anbieter oder Emittenten der empfohlenen Finanzinstrumente. So dürfen gemäß der 1. Alt. des Hs 1 *nicht nur* Finanzinstrumente solcher Anbieter oder Emittenten Berücksichtigung finden, zu denen eine **enge Verbindung** besteht. Gemeint ist hier eine Verbindung iSd § 1 Abs. 10 KWG.[123]

112d

Dasselbe gilt nach Hs 1 Alt. 2 für Anbieter oder Emittenten, zu denen **in sonstiger Weise wirtschaftliche Verflechtungen** bestehen. Eine derartige Verflechtung ist etwa dann denkbar, wenn das Wertpapierdienstleistungsunternehmen über einen Interessenverband, Finanzverband oder eine Finanzgruppe in Verbindung mit dem Anbieter oder Emittenten steht. In diesen Fällen wird der Anbieter/Emittent gemeinschaftlich mit anderen Instituten, von dem Interessenverband oder einer aus Instituten gebildeten Unternehmensgruppe gemeinschaftlich getragen. Hier besteht eine hinreichende **Nähebeziehung** und Bindung zu dem gemeinschaftlich betriebenen oder getragenen Emittenten/Anbieter. Dies gilt ebenso, wenn der Emittent/Anbieter über einen Finanzverband oder eine Finanzgruppe ohne rechtliche Konzernqualität betrieben oder getragen wird und auf diese Weise für die verbandsangehörigen Institute als „hauseigener Emittent/Anbieter" agiert.[124] Die **bloße Mitgliedschaft** in einer Finanzgruppe oder einem wirtschaftlichen Spitzenverband als Interessenvertretung oder einem Berufsverband hingegen führt nicht bereits zu einer wirtschaftlichen Verflechtung oder Nähebeziehung zwischen diesen Mitgliedern, wenn keine weitere Aspekte hinzutreten, die eine solche Annahme rechtfertigen würden.[125]

---

118 Begr RegE (Honoraranlageberatungsgesetz), BT-Drucks. 17/12295, S. 1.
119 Begr RegE (Honoraranlageberatungsgesetz), BT-Drucks. 17/12295, S. 1.
120 Begr RegE (Honoraranlageberatungsgesetz), BT-Drucks. 17/12295, S. 14.
121 Begr RegE (Honoraranlageberatungsgesetz), BT-Drucks. 17/12295, S. 14.

122 Begr RegE (Honoraranlageberatungsgesetz), BT-Drucks. 17/12295, S. 15.
123 Begr RegE (Honoraranlageberatungsgesetz), BT-Drucks. 17/12295, S. 15.
124 Begr RegE (Honoraranlageberatungsgesetz), BT-Drucks. 17/12295, S. 15.
125 Begr RegE (Honoraranlageberatungsgesetz), BT-Drucks. 17/12295, S. 15.

112e Nach Hs 2 gelten die vorstehend dargestellten Grundsätze gleichermaßen für die Empfehlung von Finanzinstrumenten, deren Anbieter oder Emittent das **Wertpapierdienstleistungsunternehmen selbst** ist.
Für die Regelungen des Abs. 2 S. 1 Nr. 1 gelten gemäß S. 2. **ergänzend** die Anforderungen für die Anlageberatung.

112f **IV. Zuwendungsverbot (Abs. 4 c S. 1 Nr. 2).** S. 1 Nr. 2 statuiert ein **umfassendes Zuwendungsverbot** für die Honorar-Anlageberatung, das über § 31 d hinausgeht. Die Honorar-Anlageberatung darf, das bestimmt S. 1, nur durch das mit dem Kunden vereinbarte Honorar entgolten werden. Die Kunden können dabei die Art und Weise im Rahmen der Privatautonomie aushandeln.[126]

112g Das Wertpapierdienstleistungsunternehmen darf gemäß S. 2 im Zusammenhang mit der Honorar-Anlageberatung **keine nicht-monetären Zuwendungen** von einem Dritten anzunehmen, der nicht Kunde der Dienstleistung ist oder von dem Kunden dazu beauftragt worden ist.

112h Für **monetäre Zuwendungen** hat der Gesetzgeber in S. 3 allerdings eine **Ausnahme** vorgesehen. Es ist nämlich denkbar, dass nicht jedes möglicherweise geeignete Finanzprodukt auch provisionsfrei auf dem Markt erhältlich ist. Dann würde ein absolutes Provisionsverbot im Zusammenhang mit der Honorar-Anlageberatung jedoch die verfügbaren Finanzinstrumente unangemessen einschränken. Dies würde aber den mit der Einführung der Honorar-Anlageberatung verfolgten Zweck konterkarieren.[127] Monetäre Zuwendungen dürfen aus diesem Grund (nur), so die 1. Alt., dann angenommen werden, wenn das empfohlene Finanzinstrument **ohne Zuwendung nicht erhältlich** ist. Dasselbe gilt gemäß der 2. Alt für den Fall, dass auch ein **gleichermaßen geeignetes Finanzinstrument nicht besorgt werden kann**. Grundlage für die Beurteilung, ob ein derartiges Produkt erhältlich ist die hinreichende Anzahl iSd Abs. 4 c S. 1 Nr. 1.[128]

112i Das Wertpapierdienstleistungsunternehmen darf diese ausnahmsweise zulässigen Zuwendungen Dritter jedoch nur annehmen, jedoch **nicht vereinnahmen**. Es muss diese deshalb ungekürzt und unverzüglich nach Erhalt an den Kunden **weiterleiten**. Allerdings bleiben die Vorschriften über die Entrichtung von Steuern und Abgaben hiervon unberührt. Das betrifft zB die Entrichtung der Kapitalertragssteuer für Rechnung des Gläubigers der Kapitalerträge.[129]
Auch für die Regelungen des S. 1 Nr. 2 gelten gemäß S. 2 **ergänzend** die Anforderungen an die Anlageberatung.

112j **V. Information über (Abs. 4 d).** Abs. 4 d regelt verschiedene Informationspflichten für den Fall des Vorliegens von potenziellen **Interessenkonflikten** bei der Empfehlung von Finanzinstrumenten im Rahmen der Honorar-Anlageberatung. Der Gesetzgeber hat sich bewusst gegen ein Verbot entschieden.[130] Es geht hierbei zum einen um Finanzinstrumente, deren **Anbieter oder Emittent** das **Wertpapierdienstleistungsunternehmen selbst** ist. Zweitens betrifft die Vorschrift Finanzinstrumente, zu deren Anbieter oder Emittenten eine **enge Verbindung oder wirtschaftlichen Verflechtungen** bestehen (s. hierzu o. Abs. 4 b S. 1 Nr. 1 b).

112k Die Informationen müssen **rechtzeitig** vor der Empfehlung erfolgen. Zudem sind sie in **verständlicher Form** vorzunehmen. Gegenstand der Informationspflicht ist nach S. 1 Nr. 1 die Tatsache, dass das Wertpapierdienstleistungsunternehmen **selbst** Anbieter oder Emittent der Finanzinstrumente ist. Außerdem ist, so S. 1 Nr. 2, über die Tatsache zu informieren, dass eine **enge Verbindung oder sonstige wirtschaftliche Verflechtung** zum Anbieter oder Emittenten besteht.

112l Ein Wertpapierdienstleistungsunternehmen darf gemäß S. 2 ein auf einer Honorar-Anlageberatung beruhendes Geschäft **nicht als Festpreisgeschäft abschließen**. Die bei einem Festpreisgeschäft bestehende eigene Gewinnerzielungsabsicht des Instituts steht nämlich in einem grundsätzlichen Spannungsverhältnis zur Unabhängigkeit des Honorar-Anlageberaters, der im alleinigen Kundeninteresse handeln und bei der Empfehlung nur das Kundeninteresse berücksichtigen und verfolgen soll. Durch das Verbot, bei empfohlenen Geschäften selbst Vertragspartner des Kunden zu werden, wird dieser mögliche Interessenkonflikt für die Honorar-Anlageberatung insgesamt vermieden.[131]

112m Die in S. 3 geregelte **Rückausnahme** betrifft nur solche Finanzinstrumente, deren Emittent das Wertpapierdienstleistungsunternehmen selbst ist. Sie ist erforderlich, da ansonsten beispielsweise in der Zeichnungsphase mangels bestehenden Sekundärmarkts der Erwerb dieser Instrumente unmöglich sein könnte. Außerdem könnte ein vollständiges Verbot des Festpreisgeschäftes in Eigenemissionen eine nicht notwendige Einschaltung eines Dritten erfordern. Dieser Umweg der Erwerbskette ist bei Eigenemissionen nicht zweckmäßig.[132]

---

126 Begr RegE (Honoraranlageberatungsgesetz), BT-Drucks. 17/12295, S. 15.
127 Begr RegE (Honoraranlageberatungsgesetz), BT-Drucks. 17/12295, S. 15.
128 Begr RegE (Honoraranlageberatungsgesetz), BT-Drucks. 17/12295, S. 15.
129 Begr RegE (Honoraranlageberatungsgesetz), BT-Drucks. 17/12295, S. 15.
130 Begr RegE (Honoraranlageberatungsgesetz), BT-Drucks. 17/12295, S. 15.
131 Begr RegE (Honoraranlageberatungsgesetz), BT-Drucks. 17/12295, S. 15.
132 Begr RegE (Honoraranlageberatungsgesetz), BT-Drucks. 17/12295, S. 15.

K. Einholung von Kundenangaben außerhalb von Anlageberatung und Finanzportfolioverwaltung und Angemessenheitsprüfung (Abs. 5)

I. Grundsatz. Für andere als die in Abs. 4 genannten Wertpapierdienstleistungen ergeben sich die Anforderungen aus Abs. 5. Wie bei Abs. 4 muss das Wertpapierdienstleistungsunternehmen hier gemäß Abs. 5 S. 1 zwar auch Angaben zu den **Kenntnissen und Erfahrungen** des Kunden einholen. Im Gegensatz zu Abs. 4 hat der Gesetzgeber hier jedoch auf die Verpflichtung zur Einholung von Angaben zu den Anlagezielen und finanziellen Verhältnissen der Kunden verzichtet.

II. Angemessenheitsprüfung („Appropriateness-Test"). Das Stellen verminderter Anforderungen ist berechtigt, da es hier nicht um die Vornahme einer Geeignetheitsprüfung geht. Vielmehr hat das Wertpapierdienstleistungsunternehmen nur die **Angemessenheit** der Finanzinstrumente oder Wertpapierdienstleistungen für die Kunden zu prüfen. Allein entscheidend ist nach S. 2, ob der Kunde aufgrund seiner **Kenntnisse und Erfahrungen** in der Lage ist, die **Risiken der Finanzinstrumente und Wertpapierdienstleistungen angemessen zu erfassen**. Die Angemessenheitsprüfung ist von daher eine Teilmenge der Geeignetheitsprüfung.
Hält das Wertpapierdienstleistungsunternehmen das vom Kunden gewünschte Finanzinstrument oder die gewünschte Dienstleistung **nicht für angemessen**, hat es den Kunden nach S. 3 darauf hinzuweisen.
Stehen dem Unternehmen nicht alle für die Angemessenheitsprüfung erforderlichen Informationen zur Verfügung, muss es dem Kunden **mitteilen**, dass eine Angemessenheitsprüfung nicht möglich ist, wie S. 4 bestimmt.
Beide Informationen können nach S. 5 in **standardisierter Form** erfolgen.

L. Verantwortlichkeit für fehlerhafte oder unvollständige Kundenangaben (Abs. 6)

Das Wertpapierdienstleistungsunternehmen hat die in Abs. 5 und Abs. 6 genannten Kundenangaben *grundsätzlich nicht* auf deren Fehlerhaftigkeit oder Unvollständigkeit zu **überprüfen**, wie Abs. 6 S. 1 bestimmt. Das gilt gemäß S. 2 in **zwei Fällen** nicht: Erstens bei **positiver Kenntnis** der Unvollständigkeit oder Unrichtigkeit. Zweitens bei **grob fahrlässiger Unkenntnis** des Wertpapierdienstleistungsunternehmens. Die Kundenangaben sind – um die letztgenannte Alternative auszuschließen – deshalb zumindest einer Plausibilitätsprüfung zu unterziehen.[133] Eine Nachforschungspflicht besteht allerdings grundsätzlich nicht.[134]

M. Pflichten bei nicht komplexen Finanzinstrumenten (Abs. 7)

Das **geringste Pflichtenprogramm** besteht nach Abs. 7 für Wertpapierdienstleistungsunternehmen bei der Ausführung von Kundenaufträgen oder der Anlagevermittlung mit **nicht-komplexen Finanzinstrumenten**. Hier müssen **keine Kundenangaben**, auch nicht im Hinblick auf die Kenntnisse und Erfahrungen eingeholt werden. Von daher unterscheidet sich das in Abs. 7 geregelte „Ausführungsgeschäft" von der „execution only" Geschäftsvariante alter Prägung.[135] Hierbei konnte – von den Ausnahmen des kreditfinanzierten Wertpapierkaufs oder des Verlangens der Hinterlegung von Sicherheiten abgesehen – lediglich auf die Einholung von Angaben zu den Anlagezielen und finanziellen Verhältnissen verzichtet werden.
Auch eine **Angemessenheitsprüfung** wird bei dieser Geschäftsvariante **nicht durchgeführt**. Darüber muss der **Kunde** gemäß Abs. 7 Nr. 2 informiert werden.
Voraussetzung ist zunächst, dass ein **nicht-komplexes Finanzinstruments** Gegenstand des Geschäfts ist. Diesen Begriff konkretisiert § 7 WpDVerOV.
Weiterhin muss das Geschäft **auf Veranlassung** des Kunden erfolgt sein. Eine solche liegt nicht vor, wenn der Kunde durch eine an ihn persönlich gerichtete Mitteilung zum Abschluss eines bestimmten Geschäfts aufgefordert wurde. Nicht als persönliche Mitteilung gilt dabei Werbung, die sich an eine Vielzahl nicht spezifizierter Anleger richtet.[136]
Außerdem muss das Wertpapierdienstleistungsunternehmen den Kunden nach Abs. 7 Nr. 2 darüber **informieren**, dass keine Angemessenheitsprüfung iSd Abs. 5 vorgenommen wird. Diese Information kann gemäß S. 2 standardisiert vorgenommen werden.

N. Berichtspflichten (Abs. 8)

Neben den Informationspflichten im Vorfeld von Geschäftsabschlüssen und Wertpapierdienstleistungen bestehen gemäß Abs. 8 auch *nach* der Ausführung von Geschäften **Berichtspflichten**.

---

133 Schrödermeier, S. 2059.
134 Fuchs/*Fuchs*, WpHG, § 31 Rn 203.
135 Siehe Fuchs/*Fuchs*, WpHG, § 31 Rn 302.
136 Begr. RegE (FRUG), BT-Drucks. 16/4028, S. 65.

126 Einheiten hierzu regelt – insbesondere im Verhältnis des Wertpapierdienstleistungsunternehmens zu Privatkunden – § 8 WpDVerOV.
127 Abs. 8 begründet eine **aufsichtsrechtliche**, nicht jedoch eine zivilrechtliche Dokumentationspflicht.[137]

O. Besonderheiten bei professionellen Kunden (Abs. 9)

128 Abs. 9 trägt der Tatsache Rechnung, dass die **Intensität der Verhaltenspflichten** auch von der **Kategorisierung** als Privatkunde oder professioneller Kunde abhängt. Damit wird der unterschiedlichen Schutzbedürftigkeit der einzelnen Kundengruppen Rechnung getragen.
129 So kann das Wertpapierdienstleistungsunternehmen nach S. 1 bei **professionellen Kunden** von dem Vorliegen der **erforderlichen Kenntnisse und Erfahrungen** ausgehen, um die **Risiken**, die mit den Geschäften oder der Finanzportfolioverwaltung verbunden sind, einschätzen zu können.
130 Das Gleiche gilt hinsichtlich der **finanziellen Tragbarkeit der Anlagerisiken** des Kunden.[138]
131 Die **Eignungsprüfung** hat deshalb nur hinsichtlich der Frage zu erfolgen, ob ein Produkt oder ein im Rahmen der Portfolioverwaltung zu tätigendes Geschäft den **Anlagezielen** des Kunden entspricht.[139]
132 So **entfällt** etwa die **Angemessenheitsprüfung** bei einem professionellen Kunden völlig.[140]
133 Gemäß dem mit dem AnsFuG neu in Abs. 9 eingefügten S. 2 muss professionellen Kunden weder eine Informationsblatt noch ein Dokument iSd Abs. 3a zur Verfügung gestellt werden.

P. Verordnungsermächtigung (Abs. 11)

134 Abs. 11 enthält eine Verordnungsermächtigung. Von dieser wurde mit Erlass der WpDVerOV – insbesondere §§ 3, 5, 5a, 6, 7, 8, 9 – Gebrauch gemacht[141]
135 Das Erfordernis des Einvernehmens des genannten Ministeriums durch den im Rahmen des AnsFuG eingefügten Abs. 1 S. 1 Nr. 2a trägt der Bedeutung der zugrunde liegenden Vorschrift für den Verbraucherschutz Rechnung.

§ 31a Kunden

(1) Kunden im Sinne dieses Gesetzes sind alle natürlichen oder juristischen Personen, für die Wertpapierdienstleistungsunternehmen Wertpapierdienstleistungen oder Wertpapiernebendienstleistungen erbringen oder anbahnen.

(2) ¹Professionelle Kunden im Sinne dieses Gesetzes sind Kunden, bei denen das Wertpapierdienstleistungsunternehmen davon ausgehen kann, dass sie über ausreichende Erfahrungen, Kenntnisse und Sachverstand verfügen, um ihre Anlageentscheidungen zu treffen und die damit verbundenen Risiken angemessen beurteilen zu können. ²Professionelle Kunden im Sinne des Satzes 1 sind

1. Unternehmen, die als
   a) Wertpapierdienstleistungsunternehmen,
   b) sonstige zugelassene oder beaufsichtigte Finanzinstitute,
   c) Versicherungsunternehmen,
   d) Organismen für gemeinsame Anlagen und ihre Verwaltungsgesellschaften,
   e) Pensionsfonds und ihre Verwaltungsgesellschaften,
   f) Unternehmen im Sinne des § 2a Abs. 1 Nr. 8,
   g) Börsenhändler und Warenderivatehändler,
   h) sonstige institutionelle Anleger, deren Haupttätigkeit nicht von den Buchstaben a bis g erfasst wird,

   im Inland oder Ausland zulassungs- oder aufsichtspflichtig sind, um auf den Finanzmärkten tätig werden zu können;
2. nicht im Sinne der Nummer 1 zulassungs- oder aufsichtspflichtige Unternehmen, die mindestens zwei der drei nachfolgenden Merkmale überschreiten:

---

137 Begr. RegE (FRUG), BT-Drucks. 16/4028, S. 65.
138 Begr. RegE (FRUG), BT-Drucks. 16/4028, S. 65.
139 Begr. RegE (FRUG), BT-Drucks. 16/4028, S. 65.
140 Begr. RegE (FRUG), BT-Drucks. 16/4028, S. 65.
141 Siehe hierzu bereits Vorbemerkung vor §§ 31–37.

a) 20 000 000 Euro Bilanzsumme,
   b) 40 000 000 Euro Umsatzerlöse,
   c) 2 000 000 Euro Eigenmittel;
3. nationale und regionale Regierungen sowie Stellen der öffentlichen Schuldenverwaltung;
4. Zentralbanken, internationale und überstaatliche Einrichtungen wie die Weltbank, der Internationale Währungsfonds, die Europäische Zentralbank, die Europäische Investmentbank und andere vergleichbare internationale Organisationen;
5. andere nicht im Sinne der Nummer 1 zulassungs- oder aufsichtspflichtige institutionelle Anleger, deren Haupttätigkeit in der Investition in Finanzinstrumente besteht, und Einrichtungen, die die Verbriefung von Vermögenswerten und andere Finanzierungsgeschäfte betreiben.

³Sie werden in Bezug auf alle Finanzinstrumente, Wertpapierdienstleistungen und Wertpapiernebendienstleistungen als professionelle Kunden angesehen.

(3) Privatkunden im Sinne dieses Gesetzes sind Kunden, die keine professionellen Kunden sind.

(4) ¹Geeignete Gegenparteien sind Unternehmen im Sinne des Absatzes 2 Nr. 1 Buchstabe a bis f, Einrichtungen nach Absatz 2 Nr. 3 und 4 sowie Unternehmen im Sinne des § 2 a Abs. 1 Nr. 12. ²Den geeigneten Gegenparteien stehen gleich
1. Unternehmen im Sinne des Absatzes 2 Nr. 2 mit Sitz im In- oder Ausland,
2. Unternehmen mit Sitz in einem anderen Mitgliedstaat der Europäischen Union oder einem anderen Vertragsstaat des Abkommens über den Europäischen Wirtschaftsraum, die nach dem Recht des Herkunftsmitgliedstaates als geeignete Gegenparteien im Sinne des Artikels 24 Abs. 3 Satz 1 der Richtlinie 2004/39/ EG des Europäischen Parlaments und des Rates vom 21. April 2004 über Märkte für Finanzinstrumente, zur Änderung der Richtlinien 85/611/EWG und 93/6/EWG des Rates und der Richtlinie 2000/12/EG des Europäischen Parlaments und des Rates und zur Aufhebung der Richtlinie 93/22/EWG des Rates (ABl. EU Nr. L 145 S. 1, 2005 Nr. L 45 S. 18) in der jeweils geltenden Fassung anzusehen sind,

wenn diese zugestimmt haben, für alle oder einzelne Geschäfte als geeignete Gegenpartei behandelt zu werden.

(5) ¹Ein Wertpapierdienstleistungsunternehmen kann ungeachtet der Absätze 2 und 4 geeignete Gegenparteien als professionelle Kunden oder Privatkunden und professionelle Kunden als Privatkunden einstufen. ²Das Wertpapierdienstleistungsunternehmen muss seine Kunden über eine Änderung der Einstufung informieren.

(6) ¹Ein professioneller Kunde kann mit dem Wertpapierdienstleistungsunternehmen eine Einstufung als Privatkunde vereinbaren. ²Die Vereinbarung über die Änderung der Einstufung bedarf der Schriftform. ³Soll die Änderung nicht alle Wertpapierdienstleistungen, Wertpapiernebendienstleistungen und Finanzinstrumente betreffen, ist dies ausdrücklich festzulegen. ⁴Ein Wertpapierdienstleistungsunternehmen muss professionelle Kunden im Sinne des Absatzes 2 Satz 2 Nr. 2 und des Absatzes 7 am Anfang einer Geschäftsbeziehung darauf hinweisen, dass sie als professionelle Kunden eingestuft sind und die Möglichkeit einer Änderung der Einstufung nach Satz 1 besteht. ⁵Hat ein Wertpapierdienstleistungsunternehmen Kunden vor dem 1. November 2007 auf der Grundlage eines Bewertungsverfahrens, das auf den Sachverstand, die Erfahrungen und Kenntnisse der Kunden abstellt, im Sinne des Absatzes 2 Satz 1 eingestuft, hat die Einstufung nach dem 1. November 2007 Bestand. ⁶Diese Kunden sind über die Voraussetzungen der Einstufung nach den Absätzen 2, 5 und 6 und die Möglichkeit der Änderung der Einstufung nach Absatz 6 Satz 4 zu informieren.

(7) ¹Ein Privatkunde kann auf Antrag oder durch Festlegung des Wertpapierdienstleistungsunternehmens als professioneller Kunde eingestuft werden. ²Der Änderung der Einstufung hat eine Bewertung durch das Wertpapierdienstleistungsunternehmen vorauszugehen, ob der Kunde aufgrund seiner Erfahrungen, Kenntnisse und seines Sachverstandes in der Lage ist, generell oder für eine bestimmte Art von Geschäften eine Anlageentscheidung zu treffen und die damit verbundenen Risiken angemessen zu beurteilen. ³Eine Änderung der Einstufung kommt nur in Betracht, wenn der Privatkunde mindestens zwei der drei folgenden Kriterien erfüllt:
1. der Kunde hat an dem Markt, an dem die Finanzinstrumente gehandelt werden, für die er als professioneller Kunde eingestuft werden soll, während des letzten Jahres durchschnittlich zehn Geschäfte von erheblichem Umfang im Quartal getätigt;
2. der Kunde verfügt über Bankguthaben und Finanzinstrumente im Wert von mehr als 500 000 Euro;

3. der Kunde hat mindestens für ein Jahr einen Beruf am Kapitalmarkt ausgeübt, der Kenntnisse über die in Betracht kommenden Geschäfte, Wertpapierdienstleistungen und Wertpapiernebendienstleistungen voraussetzt.

⁴Das Wertpapierdienstleistungsunternehmen muss den Privatkunden schriftlich darauf hinweisen, dass mit der Änderung der Einstufung die Schutzvorschriften dieses Gesetzes für Privatkunden nicht mehr gelten. ⁵Der Kunde muss schriftlich bestätigen, dass er diesen Hinweis zur Kenntnis genommen hat. ⁶Informiert ein professioneller Kunde im Sinne des Satzes 1 oder des Absatzes 2 Satz 2 Nr. 2 das Wertpapierdienstleistungsunternehmen nicht über alle Änderungen, die seine Einstufung als professioneller Kunde beeinflussen können, begründet eine darauf beruhende fehlerhafte Einstufung keinen Pflichtverstoß des Wertpapierdienstleistungsunternehmens.

(8) ¹Das Bundesministerium der Finanzen kann durch Rechtsverordnung, die nicht der Zustimmung des Bundesrates bedarf, nähere Bestimmungen erlassen zu den Vorgaben an eine Einstufung gemäß Absatz 2 Nr. 2, dem Verfahren und den organisatorischen Vorkehrungen der Wertpapierdienstleistungsunternehmen bei einer Änderung der Einstufung nach Absatz 5 und den Kriterien, dem Verfahren und den organisatorischen Vorkehrungen bei einer Änderung oder Beibehaltung der Einstufung nach den Absätzen 6 und 7. ²Das Bundesministerium der Finanzen kann die Ermächtigung durch Rechtsverordnung auf die Bundesanstalt übertragen.

§ 2 WpDVerOV Kunden

(1) Wertpapierdienstleistungsunternehmen müssen die notwendigen organisatorischen Vorkehrungen treffen, insbesondere Grundsätze aufstellen, Verfahren einrichten und Maßnahmen ergreifen, um Kunden nach § 31a des Wertpapierhandelsgesetzes einzustufen und die Einstufung professioneller Kunden aus begründetem Anlass überprüfen zu können.

(2) Die Einstufung eines Privatkunden als professioneller Kunde nach § 31a Abs. 7 Satz 1 erste Alternative des Wertpapierhandelsgesetzes darf nur erfolgen, wenn der Kunde
1. gegenüber dem Wertpapierdienstleistungsunternehmen zumindest in Textform beantragt hat, generell oder für eine bestimmte Art von Geschäften, Finanzinstrumenten oder Wertpapierdienstleistungen oder für ein bestimmtes Geschäft oder für eine bestimmte Wertpapierdienstleistung als professioneller Kunde eingestuft zu werden,
2. vom Wertpapierdienstleistungsunternehmen auf einem dauerhaften Datenträger eindeutig auf die rechtlichen Folgen der Einstufungsänderung hingewiesen worden ist,
3. seine Kenntnisnahme der nach Nummer 2 gegebenen Hinweise in einem gesonderten Dokument bestätigt hat.

Beabsichtigt das Wertpapierdienstleistungsunternehmen, einen Kunden nach § 31a Abs. 7 Satz 1 zweite Alternative des Wertpapierhandelsgesetzes als professionellen Kunden einzustufen, gilt Satz 1 entsprechend mit der Maßgabe, dass der Kunde sein Einverständnis zumindest in Textform erklären muss.

(3) Bei Personengesellschaften und Kapitalgesellschaften, die die Kriterien des § 31a Abs. 2 Satz 2 Nr. 2 des Wertpapierhandelsgesetzes nicht erfüllen, ist es für die Änderung der Einstufung nach § 31a Abs. 7 Satz 3 des Wertpapierhandelsgesetzes ausreichend, wenn die in § 31a Abs. 7 Satz 3 Nr. 1 oder 3 des Wertpapierhandelsgesetzes genannten Kriterien durch eine von der Gesellschaft benannte Person erfüllt werden, die befugt ist, die von der Änderung der Einstufung umfassten Geschäfte im Namen der Gesellschaft zu tätigen.

(4) Vereinbart ein Wertpapierdienstleistungsunternehmen mit einer geeigneten Gegenpartei eine Änderung der Einstufung nach § 31a Abs. 5 des Wertpapierhandelsgesetzes, ist diese als professioneller Kunde zu behandeln, es sei denn, es wird ausdrücklich zumindest in Textform die Einstufung als Privatkunde vereinbart. § 31a Abs. 6 Satz 3 des Wertpapierhandelsgesetzes gilt entsprechend.

(5) Eine vor dem 1. November 2007 entsprechend dem Bewertungsverfahren nach Teil C der Richtlinie gemäß § 35 Abs. 6 des Gesetzes über den Wertpapierhandel (WpHG) zur Konkretisierung der §§ 31 und 32 WpHG für das Kommissionsgeschäft, den Eigenhandel für andere und das Vermittlungsgeschäft der Wertpapierdienstleistungsunternehmen vom 23. August 2001 (BAnz. S. 19 217) durchgeführte Kundeneinstufung entspricht den Anforderungen des § 31a Abs. 6 Satz 5 des Wertpapierhandelsgesetzes. Die Information nach § 31a Abs. 6 Satz 6 des Wertpapierhandelsgesetzes kann in standardisierter Form erfolgen.

Literatur:
Bracht, Kommunen als geeignete Gegenparteien im Handel mit Derivaten nach dem Finanzmarktrichtlinie-Umsetzungsgesetz, WM 2008, 1386; *Kasten,* Das neue Kundenbild des § 31a WpHG – Umsetzungsprobleme nach MiFID & FRUG, BKR 2007, 261; *Koller,* Wer ist Kunde eines Wertpapierdienstleistungsunternehmens (§§ 31 f. WpHG)?, ZBB 1996, 97; *Lang/Balzer,* Kundenkategorisierung und allgemeine Informationspflichten, Bankpraktiker Beilage 01/2007, 10; *Sollors/Klappstein,* MiFID – Wohlverhal-

tensregeln und Anlageberatung: Auswirkungen auf eine Privatbank, ZfK 2007, 43; *Zeidler*, Marketing nach MiFID, WM 2008, 238.

A. Regelungsgehalt	1	II. Herabstufung auf Antrag des Kunden (Abs. 6 S. 1–4)	21
B. Allgemeiner Kundenbegriff (Abs. 1)	3	G. Heraufstufung („Opt-in") von Kunden (Abs. 7)	22
C. Professionelle Kunden (Abs. 2)	7	H. Verordnungsermächtigung (Abs. 8)	36
D. Privatkunden (Abs. 3)	13	I. Auswirkungen	37
E. Geeignete Gegenparteien (Abs. 4)	15	J. Organisatorische Konsequenzen (§ 2 Abs. 1 WpDVerOV)	38
F. Herabstufung („Opt-out") von Kunden (Abs. 5, Abs. 6 S. 1–4)	18	K. Einstufungen vor FRUG (Abs. 6 S. 5)	41
I. Einseitige Herabstufung (Abs. 5)	18		

A. Regelungsgehalt

Die Vorschrift. definiert in ihrem Abs. 1 zunächst einen allgemeinen Kundenbegriff. In den folgenden Absätzen nimmt sie eine Kundenkategorisierung in drei Kategorien vor. Abs. 2 definiert den professionellen, Abs. 3 den Privatkunden. In Abs. 4 wird der Begriff der geeigneten Gegenpartei neu in das WpHG bzw das deutsche Recht eingeführt.[1] Die Einstufung in eine der drei Gruppen führt zu unterschiedlichen Schutzniveaus der Kunden und beeinflusst so das Pflichtenprogramm der Wertpapierdienstleistungsunternehmen insbesondere im Bereich der Informationspflichten. Das höchste Schutzniveau genießen hier private Kunden, das niedrigste geeignete Gegenparteien Das Wertpapierdienstleistungsunternehmen muss vor diesem Hintergrund sicherstellen, dass ein Kunde bei der Aufnahme einer Geschäftsbeziehung korrekt in eine der drei Kategorien eingestuft wird. Dabei sind die jeweiligen verfahrensmäßigen Anforderungen zu beachten.[2] Unter bestimmten Umständen sehen Abs. 5–7 die Möglichkeit abweichender Einstufungen vor. Abs. 8 enthält eine Verordnungsermächtigung. 1

Mit der Vorschrift wird Anhang II iVm Art. 4 Abs. 1 Nr. 12 und Art. 24 MiFID umgesetzt. 2

B. Allgemeiner Kundenbegriff (Abs. 1)

Abs. 1 enthält einen allgemeinen Kundenbegriff. Kunden sind zum einen alle **natürlichen Personen**. Zweitens fallen **juristische Personen** unter den Kundenbegriff. Obwohl nicht ausdrücklich benannt, sind auch die rechtsfähigen Personengesellschaften als Kunden zu behandeln.[3] 3

Weitere Voraussetzung ist die Erbringung oder Anbahnung von **Wertpapierdienstleistungen oder -nebendienstleistungen** für diese Personen durch das Wertpapierdienstleistungsunternehmen. Der Begriff des „Anbahnens" ist weit auszulegen. Er verlangt nicht die direkte Aufnahme von Gesprächen.[4] 4

Kunde ist auf jeden Fall der **Vertragspartner** des Wertpapierdienstleistungsunternehmens.[5] Dies gilt auch wenn der Vertragspartner durch einen Vertreter handelt.[6] Zwar werden in diesen Fällen die Pflichten des Wertpapierdienstleistungsunternehmens modifiziert, dies hat jedoch aus aufsichtsrechtlicher Sicht keinen Einfluss auf die Frage wer Kunde ist. 5

Schaltet der Anleger ein Wertpapierdienstleistungsunternehmen ein und wickelt dieses die Geschäfte über ein weiteres Wertpapierdienstleistungsunternehmen ab bzw wird ein Depot dort geführt, bestehen **zwei Kundenbeziehungen**, die jeweils §§ 31 ff unterliegen.[7] 6

C. Professionelle Kunden (Abs. 2)

Ausgangspunkt der Kundenkategorisierung ist die in Abs. 2 vorgenommene Definition der **professionellen Kunden**. Bei diesen kann das Wertpapierdienstleistungsunternehmen gemäß **S. 1** davon ausgehen, dass sie aufgrund ausreichender Erfahrungen, Kenntnisse und Sachverstand Anlageentscheidungen selbst treffen und die mit ihrer Anlageentscheidung verbundenen Risiken angemessen einschätzen können. Innerhalb dieser Kundengruppe wird differenziert. 7

Unter **Abs. 2 S. 1 Nr. 1** werden **institutionelle Anleger** erfasst, die im Rahmen einer EU-Richtlinie **zugelassen oder beaufsichtigt** werden.[8] Diese sind grundsätzlich als professionelle Kunden anzusehen und können von daher als „geborene" professionelle Kunden bezeichnet werden. 8

---

1 Begr. RegE (FRUG), BT-Drucks. 16/4028, S. 66.
2 Begr. WpDVerOV, S. 2.
3 Fuchs/*Fuchs*, WpHG, § 31a Rn 15; ebenso: *Kasten*, S. 264.
4 So auch *Zeidler*, S. 238.
5 Schäfer/Hamann/*Schäfer*, § 31 WpHG Rn 6.
6 AA *Koller*, S. 98.
7 Ausführlich zu der Problematik Schäfer/Hamann/*Schäfer*, § 31 WpHG Rn 7 ff.
8 Begr. RegE (FRUG), BT-Drucks. 16/4028, S. 66.

9 Im Gegensatz hierzu umfasst die Auffangregelung des **Abs. 2 Nr. 2** sonstige **institutionelle Anleger**, deren Haupttätigkeit nicht von S. 2 Nr. 1 erfasst wird, dh nicht beaufsichtige oder zugelassene Unternehmen. Als weitere Voraussetzung müssen zwei der genannten Merkmale erfüllt sein.

10 **Abs. 2 Nr. 3** umfasst **nationale und regionale Regierungen**. Unstreitig dürften hierunter die deutschen Bundesländer fallen.[9] Nach der Gesetzesbegründung gehören hierzu auch Landkreise und Kommunen.[10] Diese Sichtweise steht jedoch zum einen im Widerspruch zu der Auslegung der EU-Kommission.[11] Auch systematische Gründe werden hiergegen vorgebracht.[12] Zudem sind Zweifel angebracht, ob hier von den erforderlichen Kenntnissen und Erfahrungen eines professionellen Kunden ausgegangen werden kann.

11 Eine weitere Gruppe bilden die in **Abs. 2 Nr. 4** genannten **internationalen und überstaatlichen Einrichtungen**.

12 Zu **Abs. 2 Nr. 5** gehören institutionelle Anleger, die nicht iSd Nr. 1 zulassungs- oder aufsichtspflichtig sind. Zusätzlich muss ihre **Haupttätigkeit in der Investition in Finanzinstrumente** bestehen. Weiterhin fallen Einrichtungen, die die **Verbriefung von Vermögenswerten und anderen Finanzierungsgeschäften** betreiben, unter diese Kategorie.

D. Privatkunden (Abs. 3)

13 Den Begriff der **Privatkunden** grenzt Abs. 3 negativ ab als Kunden, die keine professionellen Kunden sind.

14 Zwar wird der Begriff der **geeigneten Gegenparteien** bei dieser Definition nicht erwähnt, diese sind jedoch als **Unterfall der Kategorie „professionelle" Kunden** anzusehen.[13]

E. Geeignete Gegenparteien (Abs. 4)

15 Abs. 4 definiert den Begriff der „geeigneten Gegenpartei". Bei den in S. 1 genannten Unternehmen handelt es sich um **„geborene"** Gegenparteien, dh der Gesetzgeber geht davon aus, dass die Wertpapierdienstleistungsunternehmen automatisch unter diese Kategorie fallen.

16 Im Gegensatz dazu nimmt S. 2 eine **Gleichstellung** der hier aufgeführten Unternehmen mit den geeigneten Gegenparteien des Satzes 1 vor. Voraussetzung ist allerdings, dass sie der Behandlung als geeignete Gegenpartei zugestimmt haben. Weitere Form- oder Verfahrensvorschriften sind nicht zu beachten.[14] Die Zustimmung kann sich auf alle oder einzelne Geschäfte beziehen. Im Hinblick auf die Einstufung von Landkreisen und Kommunen gelten die bereits geäußerten Bedenken.[15]

17 Liegt eine solche Zustimmung vor, ist eine Überprüfung des Vorliegens der Voraussetzungen nicht erforderlich. Bei Prüfungen kann in diesen Fällen davon ausgegangen werden, dass die erforderlichen Voraussetzungen vorliegen. Das gilt insbesondere bei grenzüberschreitenden Sachverhalten.[16]

F. Herabstufung („Opt-out") von Kunden (Abs. 5, Abs. 6 S. 1–4)

18 **I. Einseitige Herabstufung (Abs. 5).** Gemäß Abs. 5 S. 1 kann ein Wertpapierdienstleistungsunternehmen seine Kunden **einseitig herabstufen**. So können geeignete Gegenparteien zu professionellen Kunden sowie Privatkunden und professionelle Kunden zu Privatkunden „umgestuft" werden. Eine Zustimmung der betroffenen Kunden ist hierzu nicht erforderlich. Über die Änderung der Einstufung muss das Wertpapierdienstleistungsunternehmen seine Kunden nach Abs. 5 S. 2 unterrichten. Diese Option ist aus Anlegergesichtspunkten unbedenklich, da hiermit ein erhöhtes Schutzniveau einhergeht.

19 Der Weg der einheitlichen Kategorisierung als Privatkunden ist in der Vergangenheit s. insbesondere von mittleren und kleineren Wertpapierdienstleistungsunternehmen im Privatkundensegment insbesondere unter ökonomischen Aspekten häufig gegangen worden. Hierfür sprechen zum einen ökonomische Gründe. So werden etwa **komplizierte Abgrenzungsfragen und ein uU erheblicher Verwaltungsaufwand** vermieden. Auch dem Risiko von Irrtümern und Auseinandersetzungen kann auf diese Weise aus dem Weg gegangen werden.[17] Zudem kann eine derartige Vorgehensweise marketingmäßig genutzt werden.[18]

20 Im Zusammenhang mit der Pflicht zur Erstellung von **Beratungsprotokollen** werden allerdings immer wieder Überlegungen angestellt, zu Differenzierungen zu kommen und Privatkunden **hochzuzonen**, um Proto-

---

9 Bracht, S. 1388.
10 Begr. RegE (FRUG), BT-Drucks. 16/4028, S. 66.
11 Siehe MiFID FAQ v. 7.7.2007 (Question No. 83).
12 *Bracht*, S. 1388.
13 So auch Fuchs/*Fuchs*, WpHG, § 31 a Rn 17; *Balzer/Lang*, S. 12: „Begriff der geeigneten Gegenpartei deckt sich weitgehend mit dem Begriff des professionellen Kunden".
14 Fuchs/*Fuchs*, WpHG, § 31 a Rn 41.
15 Siehe oben Rn 10; weitere Argumente führt Bracht, S. 1388, 1391 an, der die Einordnung als geeignete Gegenparteien als „noch problematischer" und „europarechtswidrig" ansieht.
16 Begr. RegE (FRUG), BT-Drucks. 16/4028, S. 66.
17 Fuchs/*Fuchs*, WpHG, § 31 a Rn 54.
18 Balzer/Lang, S. 12.

kollpflichten zu vermeiden.¹⁹ Das ist aufsichtsrechtlich nicht zu beanstanden. Allerdings sollten auch die möglichen negativen Konsequenzen in die Entscheidungsfindung mit einbezogen werden.

II. **Herabstufung auf Antrag des Kunden (Abs. 6 S. 1–4).** Im Gegensatz zu Abs. 5 regelt Abs. 6 die **Herabstufung auf Antrag der Kunden.** Durch Vereinbarung können **professionelle Kunden** gemäß S. 1 als **Privatkunden** eingestuft werden. Im Interesse der Rechtssicherheit bedarf diese Änderung nach S. 2 der **Schriftform.** Enthält die Vereinbarung keine besonderen Festlegungen, wird gemäß S. 3 davon ausgegangen, dass die Änderung der Einstufung sich auf alle Wertpapierdienstleistungen, -nebendienstleistungen sowie Finanzinstrumente erstreckt. S. 4 sieht vor, dass Wertpapierdienstleistungsunternehmen ihre professionellen Kunden bereits am Anfang einer Geschäftsbeziehung auf ihre Einstufung hinzuweisen haben. Auch über die Möglichkeit einer Änderung der Einstufung sind sie zu informieren.

G. Heraufstufung („Opt-in") von Kunden (Abs. 7)

Die Möglichkeit der **Heraufstufung** („Opt-in") eines **Privatkunden** zu einem professionellen Kunden sieht Abs. 7 vor.

Diese kann nach S. 1 Alt. 1 auf Kundeninitiative bzw auf **Antrag** erfolgen. Der Antrag muss nach § 2 Abs. 2 Nr. 1 WpDVerOV zumindest in Textform erfolgen. Er muss sich auf die Einstufung als professioneller Kunde entweder generell oder für eine bestimmte Art von Geschäften, Finanzinstrumenten oder Wertpapierdienstleistungen, für ein bestimmtes Geschäft oder für eine bestimmte Wertpapierdienstleistung beziehen.

Aber auch – dies bestimmt S. 1 Alt. 2 – aufgrund der **Entscheidung des Wertpapierdienstleistungsunternehmens** kann die Höherstufung vorgenommen werden. Da mit beiden Alternativen eine Absenkung des Schutzniveaus für den Kunden einhergeht, ist das Verfahren an enge Voraussetzungen geknüpft.²⁰

Der Änderung hat deshalb gemäß S. 2 eine **Bewertung** vorauszugehen, ob der Kunde aufgrund seiner Erfahrungen, Kenntnisse oder seines Sachverstands in der Lage ist, seine Anlageentscheidung selbst zu treffen und die damit verbundenen Risiken angemessen zu beurteilen. Die Entscheidungskompetenz muss sich auf die generelle Vornahme oder eine bestimmte Art von Geschäften beziehen.

Der Bewertungsspielraum des Wertpapierdienstleistungsunternehmens wird jedoch nach S. 3 durch drei Kriterien, von denen mindestens zwei erfüllt sein müssen, begrenzt. So muss der Kunde nach **Nr. 1** am relevanten Markt während des letzten Jahres durchschnittlich **zehn Geschäfte im Quartal** getätigt haben. Diese müssen **von erheblichem Umfang** gewesen sein.²¹ Dabei muss jede Transaktion ein bestimmtes Mindestvolumen aufweisen. Ein Durchschnittswert reicht nicht aus. Die Geschäfte muss der Kunde nicht notwendigerweise für sein Privatvermögen getätigt haben. Ausreichend ist hier zB dass er die Geschäfte in seiner Funktion als Geschäftsführer aus dem Vermögen eines Unternehmens durchgeführt hat.

Als weitere Anforderung gibt **Nr. 2** ein **Bankguthaben und Finanzinstrumente** im Wert von mehr als **500.000 EUR** vor.

Dritte Alternative ist nach **Nr. 3** die Ausübung eines **Berufes am Kapitalmarkt,** der Kenntnisse über die in Betracht kommenden Geschäfte, Wertpapierdienstleistungen und Wertpapiernebendienstleistungen voraussetzt. Genannt werden hier Berufe wie Börsenmakler, Market-Maker oder Bankkaufmann mit Schwerpunkt Kapitalmarktgeschäfte.²²

Auch hinsichtlich der Heraufstufung gilt, dass das Wertpapierdienstleistungsunternehmen einem **entsprechenden Kundenantrag nicht entsprechen** muss. Es handelt sich hier um eine geschäftspolitische Entscheidung des Unternehmens.²³ Bei dieser „strategischen Entscheidung" sind die Vorteile und Risiken gegeneinander abzuwägen.²⁴

S. 4 statuiert die Verpflichtung des Wertpapierdienstleistungsunternehmens, den Kunden **schriftlich** darauf hinzuweisen, dass er mit der Änderung der Einstufung nicht mehr das Schutzniveau von Privatkunden für ihn gilt.

§ 2 Abs. 2 S. 1 Nr. 2 WpDVerOV konkretisiert die Regelung für die Fälle der Änderung der Einstufung auf Antrag des Kunden (§ 31a Abs. 7 Alt. 1) dahin gehend, dass der Hinweis auf die Folgen der Einstufungsänderung auf einem **dauerhaften Datenträger** vorzunehmen ist.

In den Fällen der Festlegung durch das Wertpapierdienstleistungsunternehmens (§ 31a Abs. 7 Alt. 2) verlangt § 2 Abs. 2 S. 2 WpDVerOV die Einholung des **Kundeneinverständnisses.** Auch hier ist zumindest Textform erforderlich.

---

19 Zu den Protokollierungspflichten bei Beratungen s. ausführlich unten § 34 Rn 8 ff.
20 Begr. RegE (FRUG), BT-Drucks. 16/4028, S. 66.
21 Kritisch zu dieser „unbrauchbaren Leerformel" *Kasten,* S. 267, unter Hinweis auf einen Beschluss des Bundesrates v. 15.12.2006, s. BR-Drucks. 833/06, S. 9.
22 *Balzer/Lang,* S. 12, unter Hinweis auf den DSGV-Leitfaden.
23 *Balzer/Lang,* S. 12.
24 Siehe *Sollors/Klappstein,* S. 43 f.

33 Der Kunde muss nach S. 5 die Kenntnisnahme des Hinweises **schriftlich** bestätigen. Die Bestätigung hat nach § 2 Abs. 2 S. 1 Nr. 1 WpDVerOV in Fällen der Antragstellung durch den Kunden in einem gesonderten Dokument zu erfolgen.

34 S. 6 stellt klar, dass Änderungen, die die Einstufung als professioneller Kunde beeinflussen können und die dem Wertpapierdienstleistungsunternehmen von dem Kunden nicht mitgeteilt werden, zulasten des Kunden gehen. Eine hierauf basierende fehlerhafte Einschätzung des Wertpapierdienstleistungsunternehmens begründet keinen Pflichtverstoß.

35 Der Verzicht auf die Schutzrechte für Privatkunden gilt immer nur gegenüber dem **Institut, mit dem die Vereinbarung geschlossen ist** und das die Eignung des Kunden nach § 31 a Abs. 4 S. 2 oder Abs. 7 S. 2 festgestellt hat.[25]

H. Verordnungsermächtigung (Abs. 8)

36 Von der Verordnungsermächtigung des Abs. 8 wurde mit Erlass der WpDVerOV – insbesondere § 2 – Gebrauch gemacht.

I. Auswirkungen

37 Durch die Unterscheidung in verschiedene Kundenkategorien wird unterschiedlichen Schutzbedürfnissen Rechnung getragen. Deshalb **variieren die Pflichten** der Wertpapierdienstleistungsunternehmen je nach Eingruppierung. Während bei Privatkunden das volle Pflichtenprogramm der §§ 31 ff durchzuführen ist, gelten für professionelle Kunden geringere Anforderungen.[26]

J. Organisatorische Konsequenzen (§ 2 Abs. 1 WpDVerOV)

38 Nach § 2 Abs. 1 WpDVerOV müssen Wertpapierdienstleistungsunternehmen die notwendigen **organisatorischen Vorkehrungen** treffen, um Kunden nach § 31 a einstufen zu können. Auch die Überprüfung der Einstufung professioneller Kunden soll so ermöglicht werden. Allerdings muss diese nur aus begründetem Anlass und nicht regelmäßig erfolgen.[27] Zu den organisatorischen Vorkehrungen gehören insbesondere die Aufstellung von Grundsätzen, die Einrichtung von Verfahren sowie das Ergreifen von Maßnahmen.

39 Erbringt ein Wertpapierdienstleistungsunternehmen oder eine abgrenzbare organisatorische Einheit eines Wertpapierdienstleistungsunternehmens Wertpapierdienstleistungen **ausschließlich gegenüber Privatkunden oder professionellen Kunden**, ist eine **Einstufung in jedem Einzelfall** grundsätzlich entbehrlich. Allerdings muss diese generelle Linie ausreichend dokumentiert sein.[28]

40 Gelangt das Wertpapierdienstleistungsunternehmen – aufgrund einer Mitteilung nach Abs. 7 S. 6 oder anderweitig – zu der Erkenntnis, dass die Voraussetzungen für die bisherige Einstufung entfallen sind, müssen die erforderlichen **Anpassungsmaßnahmen** ergriffen werden.[29]

K. Einstufungen vor FRUG (Abs. 6 S. 5)

41 Abs. 6 S. 5 enthält eine **Grandfathering-Regelung**, wonach Kunden, die bisher als professionelle Kunden eingestuft worden waren, weiterhin als solche gelten.[30] Die Klassifizierung muss aufgrund eines Bewertungsverfahrens, das auf den Sachverstand, die Erfahrungen und Kenntnisse der Kunden abstellt, erfolgt sein. Von einem solchen Verfahren kann ausgegangen werden, wenn es den Vorgaben der (mittlerweile aufgehobenen) Wohlverhaltensrichtlinie der BaFin entspricht.[31] **§ 2 Abs. 5 WpDVerOV S. 1** stellt hierzu ergänzend klar, dass eine Kundeneinstufung, die gemäß Teil C dieser Richtlinie vorgenommen wurde, Bestand hat. Einstufungen, die der Richtlinie nicht entsprechen, sind an § 31 a Abs. 6 S. 5 zu messen.[32]

42 Auch bei die unter den Bestandsschutz fallenden Kunden muss das Wertpapierdienstleistungsunternehmen gemäß Abs. 6 S. 6 über die Voraussetzungen der Einstufung nach den Abs. 2, 5 und 6 **informieren**. Das gilt ebenso für die Möglichkeit der Änderung der Einstufung nach Abs. 6 S. 4. Nach § 2 Abs. 5 S. 2 WpDVerOV kann die Kundeninformation nach § 31 a Abs. 6 S. 6 in standardisierter Form erfolgen.

---

25 Begr. WpDVerOV, S. 3.
26 Siehe hierzu im einzelnen Fuchs/*Fuchs*, WpHG, § 31 a Rn 46 ff.
27 Fuchs/*Fuchs*, WpHG, § 31 a, Rn 44.
28 Begr. WpDVerOV, S. 2.
29 Begr. WpDVerOV, S. 2.
30 Kritisch hierzu *Kasten*, S. 266 f: „kein Bedürfnis" für das deutsche Recht".
31 Bericht Finanzausschuss Deutscher Bundestag, BT-Drucks. 16/4899, S. 27; kritisch: *Kasten*, S. 266: „Ein angemessenes Bewertungsverfahren hat es für diese Kunden nicht gegeben".
32 Begr. WpDVerOV, S. 2.

§ 31 b Geschäfte mit geeigneten Gegenparteien

(1) ¹Wertpapierdienstleistungsunternehmen, die das Finanzkommissionsgeschäft, die Anlage- und Abschlussvermittlung und den Eigenhandel sowie damit in direktem Zusammenhang stehende Wertpapiernebendienstleistungen gegenüber geeigneten Gegenparteien erbringen, sind nicht an die Vorgaben des § 31 Abs. 2, 3 und 5 bis 7 sowie die §§ 31 c, 31 d und 33 a gebunden. ²Satz 1 ist nicht anwendbar, sofern die geeignete Gegenpartei mit dem Wertpapierdienstleistungsunternehmen für alle oder für einzelne Geschäfte vereinbart hat, als professioneller Kunde oder als Privatkunde behandelt zu werden.

(2) ¹Das Bundesministerium der Finanzen kann durch Rechtsverordnung, die nicht der Zustimmung des Bundesrates bedarf, nähere Bestimmungen erlassen über die Form und den Inhalt einer Vereinbarung nach Absatz 1 Satz 2 und die Art und Weise der Zustimmung nach § 31 a Abs. 4 Satz 2. ²Das Bundesministerium der Finanzen kann die Ermächtigung durch Rechtsverordnung auf die Bundesanstalt übertragen.

Literatur:
Siehe § 31 a.

Die Vorschrift trägt der Tatsache eines **geringeren Schutzbedürfnisses** von geeigneten Gegenparteien Rechnung und ist von daher sachgerecht. Sie setzt Art. 24 Abs. 1 MiFID um.   1

Der Anwendungsbereich der Regelung ist auf die in Abs. 1 S. 1 **genannten Wertpapierdienstleistungen** beschränkt. Diese müssen gegenüber geeigneten Gegenparteien erbracht werden.   2

Dies gilt allerdings nach Abs. 1 S. 2 nur, sofern die geeignete Gegenpartei mit dem Wertpapierdienstleistungsunternehmen **keine Einstufung** als professioneller Kunde oder Privatkunde vereinbart hat. Die Vereinbarung kann sich dabei auf einzelne oder alle Geschäfte beziehen.   3

Liegen die genannten Voraussetzungen vor, müssen Wertpapierdienstleistungsunternehmen folgende Vorgaben **nicht** beachten: § 31 Abs. 2 bis 7, § 31 c, 31 d, § 33 a. 2.   4

Von der Verordnungsermächtigung in Abs. 2 wurde mit der **WpDVerOV** – insb. § 2 Abs. 4 – Gebrauch gemacht.   5

§ 31 c Bearbeitung von Kundenaufträgen

(1) Ein Wertpapierdienstleistungsunternehmen muss geeignete Vorkehrungen treffen, um

1. Kundenaufträge unverzüglich und redlich im Verhältnis zu anderen Kundenaufträgen und den Handelsinteressen des Wertpapierdienstleistungsunternehmens auszuführen oder an Dritte weiterzuleiten,
2. vergleichbare Kundenaufträge der Reihenfolge ihres Eingangs nach auszuführen oder an Dritte zum Zwecke der Ausführung weiterzuleiten, vorbehaltlich vorherrschender Marktbedingungen oder eines anderweitigen Interesses des Kunden,
3. sicherzustellen, dass Kundengelder und Kundenfinanzinstrumente korrekt verbucht werden,
4. bei der Zusammenlegung von Kundenaufträgen mit anderen Kundenaufträgen oder mit Aufträgen für eigene Rechnung des Wertpapierdienstleistungsunternehmens die Interessen aller beteiligten Kunden zu wahren,
5. sicherzustellen, dass Informationen im Zusammenhang mit noch nicht ausgeführten Kundenaufträgen nicht missbraucht werden,
6. jeden betroffenen Kunden über die Zusammenlegung der Aufträge und damit verbundene Risiken und jeden betroffenen Privatkunden unverzüglich über alle ihm bekannten wesentlichen Probleme bei der Auftragsausführung zu informieren.

(2) ¹Können limitierte Kundenaufträge in Bezug auf Aktien, die zum Handel an einem organisierten Markt zugelassen sind, aufgrund der Marktbedingungen nicht unverzüglich ausgeführt werden, muss das Wertpapierdienstleistungsunternehmen diese Aufträge unverzüglich so bekannt machen, dass sie anderen Marktteilnehmern leicht zugänglich sind, soweit der Kunde keine andere Weisung erteilt. ²Die Verpflichtung nach Satz 1 gilt als erfüllt, wenn die Aufträge an einen organisierten Markt oder ein multilaterales Handelssystem weitergeleitet worden sind oder werden, die den Vorgaben des Artikels 31 der Verordnung (EG) Nr. 1287/2006 entsprechen. ³Die Bundesanstalt kann die Pflicht nach Satz 1 in Bezug auf solche Aufträge, die den marktüblichen Geschäftsumfang erheblich überschreiten, aufheben.

(3) ¹Das Bundesministerium der Finanzen kann durch Rechtsverordnung, die nicht der Zustimmung des Bundesrates bedarf, nähere Bestimmungen zu den Verpflichtungen nach den Absätzen 1 und 2 Satz 1 sowie zu den Voraussetzungen, unter denen die Bundesanstalt die Verpflichtung nach Absatz 2 Satz 3 aufheben

kann, erlassen. ²Das Bundesministerium der Finanzen kann die Ermächtigung durch Rechtsverordnung auf die Bundesanstalt übertragen.

§ 10 WpDVerOV Zusammenlegung von Kundenaufträgen; Aufhebung der Bekanntmachungspflicht nach § 31c Abs. 2 des Wertpapierhandelsgesetzes

(1) Die Wahrung von Kundeninteressen nach § 31c Abs. 1 Nr. 4 des Wertpapierhandelsgesetzes bei der Zusammenlegung von Kundenaufträgen mit Aufträgen anderer Kunden oder Eigengeschäften (Sammelauftrag) setzt zumindest voraus, dass
1. eine Benachteiligung der betroffenen Kunden durch die Zusammenlegung unwahrscheinlich ist,
2. jeder betroffene Kunde rechtzeitig darüber informiert wird, dass eine Zusammenlegung für einen einzelnen Auftrag nachteilig sein kann,
3. das Wertpapierdienstleistungsunternehmen Grundsätze der Auftragszuteilung niederlegt und umsetzt, in denen die ordnungsgemäße Zuteilung zusammengelegter Aufträge und Geschäfte, unter Berücksichtigung des Einflusses von Volumen und Preis auf die Zuteilung und Teilausführung von Aufträgen, geregelt wird, und
4. jede Teilausführung eines aus zusammengelegten Aufträgen bestehenden Sammelauftrags im Einklang mit den Grundsätzen nach Nummer 3 zugeteilt wird.

(2) ¹Soweit Kundenaufträge mit Eigengeschäften zusammengelegt werden, ist zur Wahrung der Kundeninteressen nach § 31c Abs. 1 Nr. 4 des Wertpapierhandelsgesetzes über die Erfüllung der Anforderungen nach Absatz 2 hinaus zu gewährleisten, dass
1. die Sammelaufträge nicht in einer für den Kunden nachteiligen Weise zugeteilt werden,
2. bei der Teilausführung eines Sammelauftrags die Kundenaufträge gegenüber den Eigengeschäften bevorzugt werden,
3. in den Grundsätzen der Auftragszuteilung nach Absatz 1 Nr. 3 Verfahren vorgesehen sind, die eine Änderung der Zuteilung von Eigengeschäftsaufträgen zum Nachteil von Kunden verhindert, deren Aufträge damit zusammengelegt ausgeführt werden.

²Soweit Kundenaufträge erst durch die Zusammenlegung überhaupt oder für den Kunden wesentlich vorteilhafter ausführbar sind, können die Eigengeschäftsaufträge in Abweichung von Satz 1 Nr. 2 nach Maßgabe der Grundsätze der Auftragszuteilung nach Absatz 1 Nr. 3 anteilig zugeteilt werden.

(3) Eine Aufhebung der Bekanntmachungspflicht nach § 31c Abs. 2 Satz 3 des Wertpapierhandelsgesetzes setzt voraus, dass die in Anhang II Tabelle 2 der Verordnung (EG) Nr. 1287/2006 der Kommission vom 10. August 2006 zur Durchführung der Richtlinie 2004/39/EG des Europäischen Parlaments und des Rates betreffend die Aufzeichnungspflichten für Wertpapierfirmen, die Meldung von Geschäften, die Markttransparenz, die Zulassung von Finanzinstrumenten zum Handel und bestimmte Begriffe im Sinne dieser Richtlinie (ABl. EU Nr. L 241 S. 1) genannten Mindestvolumina erreicht sind.

Literatur:
Siehe § 31.

A. Normzweck; europarechtliche Grundlagen

1 Als **Ausprägung und Konkretisierung der Interessenwahrungspflicht** des § 31 legt die Norm Grundsätze zur Bearbeitung von Kundenaufträgen fest. Die Vorschrift ist von ihrer Formulierung her eine **Organisationsnorm**.[1] Dabei stellt Abs. 1 die Grundregel auf und bildet verschiedene Fallgruppen.[2] Abs. 2 enthält eine Offenlegungsregelung bei einer nicht unverzüglichen Ausführung von limitierten Kundenaufträgen. Abs. 3 statuiert eine Verordnungsermächtigung.

Den **europarechtlichen Hintergrund der Norm** bilden Art. 2 Abs. 1 MiFID iVm Art. 47 bis 49 DRL.

B. Fallgruppen (Abs. 1)

2 Abs. 1 Nr. 1 verpflichtet die Wertpapierdienstleistungsunternehmen zur **Schaffung geeigneter Vorkehrungen**, um die unverzügliche Ausführung oder Weiterleitung von Kundenaufträgen sicherzustellen. **Aufträge** sind einmal solche zum Kauf oder Verkauf von Finanzinstrumenten und der Weiterleitung an die Börse. Aber auch Weiterleitungen an Kapitalanlagegesellschaften oder Anweisungen an die Bank zur Depotüber-

---

[1] Siehe hierzu auch die Einordnung im Fragebogen nach WpDpV unter „Organisationspflichten, Nr. 12; zu dem Fragebogen s. unten § 36 Rn 11 f.

[2] Begr. RegE (FRUG), BT-Drucks. 16/4028, S. 67.

tragung können hierunter fallen. Die Anforderung der Unverzüglichkeit gilt nicht, wenn das Kundeninteresse eine spätere Ausführung oder Weiterleitung verlangt.[3]

Der Begriff der **Unverzüglichkeit** ist § 121 BGB entnommen und bedeutet „ohne schuldhaftes Zögern". Er hängt von dem jeweiligen Einzelfall ab. In der Praxis wird teilweise die Meinung vertreten, es gelte eine 15-Minuten-Frist zur Weiterleitung von Aufträgen. Diese Auffassung findet keine Stütze in dem Tatbestandsmerkmal „unverzüglich".

Neben der Unverzüglichkeit schreibt Nr. 1 **Redlichkeit** bei der Ausführung und Weiterleitung von Kundenaufträgen vor.

In Abs. 1 **Nr. 2** hat der Gesetzgeber vorgegeben, dass vergleichbare Kundenaufträge in der **Reihenfolge ihres Eingangs** auszuführen oder weiterzuleiten sind. Bei dieser Anforderung handelt es sich letztlich um ein Instrument der Interessenkonfliktsteuerung.[4] Der Grundsatz der zeitlichen Priorität gilt allerdings in 2 Fällen nicht: Einmal, wenn vorherrschende Marktbedingungen eine Abweichung von dem Grundsatz erfordern. Weiterhin hat die Kundenweisung immer Vorrang.

Nr. 3 regelt die Selbstverständlichkeit der **korrekten Verbuchung** der Kundenseite (Geldseite) sowie der Finanzinstrumente (Depotseite).

Legt das Wertpapierdienstleistungsunternehmen Kundenaufträge zusammen, so hat es nach **Nr. 4** die Interessen aller beteiligten Kunden zu wahren. Eine derartige **Zusammenlegung** ist denkbar mit anderen Kundenaufträgen. Eine Konkretisierung zu dieser Fallkonstellation enthält § 10 Abs. 1 WpDVerOV. Auch mit Aufträgen für eigene Rechnung sind derartige Zusammenlegungen vorstellbar. Hier konkretisiert § 10 Abs. 2 WpDVerOV die WpHG-Vorschrift.

Nach **Nr. 5** hat das Wertpapierdienstleistungsunternehmen sicherzustellen, dass kein Missbrauch von Informationen im Zusammenhang mit noch nicht ausgeführten Kundenaufträgen stattfindet. Zu denken ist hier insbesondere an die Fälle des sog. **Vor-, Mit- und Gegenlaufens**. Beim Vor- oder Mitlaufen schließt das Wertpapierdienstleistungsunternehmen Geschäfte vor oder parallel zur Ausführung von Kundenorders und zwar in deren Kenntnis ab. Das Gegenlaufen ist dadurch gekennzeichnet, dass durch Gegenorders die Kundenlimits gezielt abgeschöpft werden.[5] Erforderlich ist in allen Fällen die Verknüpfung zwischen dem Handeln des Wertpapierdienstleistungsunternehmens und seiner Kenntnis der Kundenorders.[6] Weitere Voraussetzung ist die Gefahr eines Nachteils für den Auftraggeber. Ausreichend ist hier grundsätzlich das Vorliegen einer abstrakten Gefahr.[7]

Nr. 6 statuiert die Verpflichtung eines Wertpapierdienstleistungsunternehmens, jeden betroffenen Kunden über die Zusammenlegung der Aufträge und die Risiken, die damit zusammenhängen, zu unterrichten. Privatkunden sind zudem über alle dem Wertpapierdienstleistungsunternehmen bekannten wesentlichen Probleme bei der Auftragsausführung zu informieren.

In beiden Fällen haben die Mitteilungen an den Kunden unverzüglich zu erfolgen.

C. Offenlegungspflicht (Abs. 2)

Abs. 2 S. 1 enthält für den Fall, dass limitierte Kundenaufträge im Hinblick auf Aktien, die zum Handel an einem organisierten Markt zugelassen sind, nicht unverzüglich ausgeführt werden können, eine Offenlegungspflicht. Ursache hierfür müssen die Marktbedingungen sein.

Die Offenlegungspflicht des Wertpapierdienstleistungsunternehmens muss gegenüber dem Markt erfüllt werden.

Abs. 2 S. 2 enthält eine Fiktion dergestalt, dass die Verpflichtung als erfüllt gilt, wenn die Aufträge an einen organisierten Markt oder ein multilaterales Handelssystem weitergeleitet werden. Ausreichend ist deshalb auch die Weiterleitung an den Skontroführerhandel. Die Bekanntmachung der Taxe sowie das Selbsteintrittsrecht des Skontroführers gewährleisten hier, dass auch der Skontroführerhandel eine Handelsplattform ist, die die schnellstmögliche Ausführung der Aufträge sicherstellt. Dies gilt auch vor allem auch bei illiquiden Aktien.[8]

Konkretisierungen zur Bearbeitung von Kundenaufträgen enthält § 10 WpDVerOV.

Die Offenlegungspflicht kann nach Abs. 2 S. 3 durch die BaFin aufgehoben werden. Dazu muss das Volumen der Aufträge den marktüblichen Umfang erheblich überschreiten.

§ 10 Abs. 3 WpDVerOV konkretisiert die Mindestvolumina durch einen Verweis auf Anhang II Tabelle 2 DVO.

---

3 Döhmel, Rn 121.
4 So auch Fuchs/*Fuchs*, WpHG, § 31 c Rn 9.
5 Koller, in: Assmann/Schneider, § 32 Rn 11.
6 Koller, in: Assmann/Schneider, § 32 Rn 12; Schäfer/Hamann/Schäfer, § 32 WpHG Rn 10.
7 Schäfer/Hamann/*Schäfer*, § 32 WpHG Rn 11; aA Koller, in: Assmann/Schneider, § 32 Rn 14.
8 Begr. RegE (FRUG), BT-DS 16/4028, S. 66.

D. Verordnungsermächtigung (Abs. 3)

18 Von der in Abs. 3 vorgesehenen Ermächtigung zum Erlass einer Rechtsverordnung hat der Verordnungsgeber durch § 10 WpDVerOV Gebrauch gemacht.

§ 31d Zuwendungen

(1) ¹Ein Wertpapierdienstleistungsunternehmen darf im Zusammenhang mit der Erbringung von Wertpapierdienstleistungen oder Wertpapiernebendienstleistungen keine Zuwendungen von Dritten annehmen oder an Dritte gewähren, die nicht Kunden dieser Dienstleistung sind, es sei denn,
1. die Zuwendung ist darauf ausgelegt, die Qualität der für den Kunden erbrachten Dienstleistung zu verbessern und steht der ordnungsgemäßen Erbringung der Dienstleistung im Interesse des Kunden im Sinne des § 31 Abs. 1 Nr. 1 nicht entgegen und
2. Existenz, Art und Umfang der Zuwendung oder, soweit sich der Umfang noch nicht bestimmen lässt, die Art und Weise seiner Berechnung, wird dem Kunden vor der Erbringung der Wertpapierdienstleistung oder Wertpapiernebendienstleistung in umfassender, zutreffender und verständlicher Weise deutlich offen gelegt.

²Eine Zuwendung im Sinne des Satzes 1 liegt nicht vor, wenn das Wertpapierdienstleistungsunternehmen diese von einem Dritten, der dazu von dem Kunden beauftragt worden ist, annimmt oder sie einem solchen Dritten gewährt.

(2) Zuwendungen im Sinne dieser Vorschrift sind Provisionen, Gebühren oder sonstige Geldleistungen sowie alle geldwerten Vorteile.

(3) Die Offenlegung nach Absatz 1 Nr. 2 kann in Form einer Zusammenfassung der wesentlichen Bestandteile der Vereinbarungen über Zuwendungen erfolgen, sofern das Wertpapierdienstleistungsunternehmen dem Kunden die Offenlegung näherer Einzelheiten anbietet und auf Nachfrage gewährt.

(4) (aufgehoben)

(5) Gebühren und Entgelte, die die Erbringung von Wertpapierdienstleistungen erst ermöglichen oder dafür notwendig sind, und die ihrer Art nach nicht geeignet sind, die Erfüllung der Pflicht nach § 31 Abs. 1 Satz 1 Nr. 1 zu gefährden, sind von dem Verbot nach Absatz 1 ausgenommen.

Rundschreiben 4/2010 (WA) – Mindestanforderungen an die Compliance-Funktion und die weiteren Verhaltens-, Organisations- und Transparenzpflichten nach §§ 31 ff WpHG für Wertpapierdienstleistungsunternehmen (MaComp) vom 7. Juni 2010 (Stand: 7.1.2014)

- AT 8 Aufzeichnungspflichten
  - AT 8.1 Mindestaufzeichnungspflichten
  - AT 8.2 Aufzeichnungspflicht gem. § 14 Abs. 2 Nr. 5 WpDVerOV
    - AT 8.2.1 Zuwendungsverzeichnis
    - AT 8.2.2 Verwendungsverzeichnis
    - AT 8.2.3 Qualitätsverbesserung

AT 8   Aufzeichnungspflichten

AT 8.1   Mindestaufzeichnungspflichten

Der Mindestumfang der gesetzlich vorgegebenen Dokumentationen ergibt sich insbesondere aus dem *Verzeichnis der Mindestaufzeichnungspflichten* gemäß § 34 Abs. 5 WpHG der Bundesanstalt.

AT 8.2   Aufzeichnungspflicht gem. § 14 Abs. 2 Nr. 5 WpDVerOV

Die Aufzeichnungspflicht des § 14 Abs. 2 Nr. 5 WpDVerOV wird nachfolgend näher konkretisiert. Gemäß § 14 Abs. 2 Nr. 5 WpDVerOV sind Wertpapierdienstleistungsunternehmen verpflichtet, die Umstände aufzuzeichnen, aus denen sich ergibt, dass eine Zuwendung im Sinne des § 31d Abs. 1 Satz 1 Nr. 1 WpHG darauf ausgelegt ist, die Qualität der für die Kunden erbrachten Dienstleistungen zu verbessern.

AT 8.2.1   Zuwendungsverzeichnis

1. Sämtliche Zuwendungen, die Wertpapierdienstleistungsunternehmen im Zusammenhang mit der Erbringung von Wertpapierdienstleistungen oder Wertpapiernebendienstleistungen von Dritten annehmen, sind in einem unternehmensinternen Zuwendungsverzeichnis zu erfassen. Bei der Darstellung ist zwischen monetären Zuwendungen aus Vertriebsprovisionen, Vertriebsfolgeprovisionen/ Bestandsprovisionen, Vermittlungsprovisionen o.ä. und nicht monetären Zuwendungen, die einen geldwerten Vorteil haben (wie beispielsweise die Übermittlung von Finanzanalysen, die Erbringung von Dienstleistungen an das Unternehmen, die Überlassung von IT-Hardware, IT-Software etc.), zu unterscheiden.
2. Das Zuwendungsverzeichnis ist jährlich unverzüglich nach Abschluss des Geschäftsjahres zu erstellen. Sofern ein Jahresabschluss aufzustellen ist, gilt eine Erstellung des Zuwendungsverzeichnisses innerhalb der dafür vorgesehenen Frist als unverzüglich. Das Zuwendungsverzeichnis kann in schriftlicher oder elektronischer Form geführt werden.
3. Die monetären Zuwendungen, die in dem abgelaufenen Geschäftsjahr vereinnahmt wurden, sind betragsmäßig aufzuführen.
4. Zuwendungen, die an Kunden ausgekehrt werden, müssen nicht aufgeführt werden.

AT 8.2.2   Verwendungsverzeichnis

1. Soweit Wertpapierdienstleistungsunternehmen monetäre Zuwendungen annehmen, haben sie außerdem jährlich unverzüglich nach Abschluss des Geschäftsjahres ein gesondertes Verwendungsverzeichnis zu erstellen. Darin müssen sie darlegen und betragsmäßig oder unter Verwendung prozentualer Angaben beziffern, für welche Cluster des nachfolgenden Kataloges möglicher Maßnahmen der Qualitätsverbesserung sie die im Geschäftsjahr vereinnahmten monetären Zuwendungen verwendet haben:
   – Effiziente und hochwertige Infrastruktur
     (zB Standortausstattung, Aufrechterhaltung eines weit verzweigten Filialsystems, Einsatz von IT-Systemen (Hardware/Software) oder Bereitstellung von Kommunikationseinrichtungen)
   – Personalressourcen (zB Beschäftigung und Vergütung qualifizierter Mitarbeiter im Bereich der Anlageberatung, Kundenbetreuung sowie in qualitätsverbessernden Funktionen wie der Rechtsabteilung, Compliance-Funktion, Internen Revision, und zwar in dem ggf. durch Schätzung zu ermittelnden Umfang, in dem das Aufgabenspektrum der Mitarbeitertätigkeit darauf ausgerichtet ist, die Qualität der für den Kunden erbrachten Dienstleistungen im Sinne des § 31d WpHG zu sichern oder zu verbessern; Gewährung von Sondergratifikationen, sofern diese ausschließlich an die Erreichung qualitativer Ziele gekoppelt sind)
   – Qualifizierung und Information der Mitarbeiter
     (zB Qualifizierung durch Schulungen, Bereitstellung von Fortbildungsunterlagen, Einsatz von E-Learning-Systemen; Information durch Zuleitung von Finanzanalysen, Produktinformationsveranstaltungen, Zugriff auf Drittinformations- und -verbreitungssysteme, sonstige Bereitstellung von Informationsmaterialien)
   – Information der Kunden (z. B. Erstellung, Aktualisierung und Vorhaltung von Produktinformationsunterlagen; Bereitstellung und Pflege leistungsfähiger Internetportale mit aktuellen Marktdaten, Charts, Research-Material, Veranstaltungskalender, Währungsrechner, Renditerechner, Value-at-risk-Kalkulator, Break-even-Rechner, Rohstoffeinheiten-Rechner, Zinsrechner; Kundeninformationsveranstaltungen zu spezifischen Markt- und Anlagethemen)
   – Qualitätssicherungs- und -verbesserungsprozesse
     (zB Prozesse zur Genehmigung und Einführung neuer Produkte und Geschäftsaktivitäten; Mitschnitt und Auswertung von Beratungsgesprächen; Prüfungen und Anzeigen der Unternehmen in Zusammenhang mit der Datenbank nach § 34d WpHG)
2. Die Aufzählung der Cluster des Kataloges ist nicht abschließend. Die Cluster können vom Unternehmen entsprechend erweitert werden.
3. Sofern eine genaue betragsmäßige Bezifferung der Maßnahmen der Qualitätsverbesserung nur mit erheblichem Aufwand möglich ist, können vom Unternehmen auch Schätzungen vorgenommen werden.
4. Soweit Zuwendungen in dem Geschäftsjahr, in dem sie dem Unternehmen zugeflossen sind, nicht für Maßnahmen der Qualitätsverbesserung verwendet wurden, sind sie in dem Verwendungsverzeichnis als solche auszuweisen.
5. Zuwendungen können auch, soweit diese im laufenden Geschäftsjahr nicht verwendet wurden, im Folgejahr für Maßnahmen der Qualitätsverbesserung verwendet werden.
6. Auf Nachfrage hin muss das Wertpapierdienstleistungsunternehmen in der Lage sein, der Bundesanstalt die Verwendung der vereinnahmten monetären Zuwendungen für Maßnahmen der Qualitätsverbesserung im Einzelnen genauer darzulegen.

AT 8.2.3 Qualitätsverbesserung

Als Verbesserung der Qualität der für die Kunden erbrachten Dienstleistungen (Qualitätsverbesserung) ist auch die Qualitätssicherung anzusehen, da jede Qualitätsverbesserung die Sicherung des bisher erreichten Qualitätsstandards notwendigerweise voraussetzt. Auch die Verwendung vereinnahmter monetärer Zuwendungen für Sachmittel, Personalressourcen oder sonstige Infrastruktur, die das Wertpapierdienstleistungsunternehmen mitunter ohnehin nach § 25 a Abs. 1 KWG oder § 33 Abs. 1 WpHG vorzuhalten verpflichtet ist, wie beispielsweise die Compliance-Funktion oder andere Kontrolleinheiten, ist als Maßnahme der Qualitätsverbesserung anerkennungsfähig.

Literatur:
Assmann, Die Pflicht von Anlageberatern und Anlagevermittlern zur Offenlegung von Innenprovisionen, ZIP 2009, 2125; *Assmann*, Interessenkonflikte aufgrund von Zuwendungen, ZBB 2008, 21; *Assmann*, Interessenkonflikte und „Inducements" im Lichte der Richtlinie über Märkte für Finanzinstrumente (MiFID) und der MiFID-Durchführungsrichtlinie, ÖBA 2007, 40; *Brocker*, Aufklärungspflichten der Bank bei Innenprovisionsgestaltungen, BKR 2007, 365; *Ferstl*, Vergütungssysteme und MiFID: bisher kein Paradigmenwechsel, bank und markt 2007, 37; *Günther*, Das neue Zuwendungs- und Verwendungsverzeichnis nach AT 8.2 MaComp Banken-Times 2013, 37; *Hadding*, Sind Vertriebsvergütungen von Emittenten an Kreditinstitute geschäftsbesorgungsrechtlich an den Kunden herauszugeben?, ZIP 2008, 529; *Hartmann/Dost*, Herausforderungen bei der Einführung eines effektiven Zuwendungsmanagements nach § 31 d WpHG, CCZ 2010, 88; *Held/Lang*, MiFID, Neue Informationspflichten bei Anlageberatung und Vermögensverwaltung, BankPraktiker 2006, 288; *Mülbert*, Anlegerschutz bei Zertifikaten, WM 2007, 1149; *Mülbert*, Auswirkungen der MiFID-Rechtsakte für Vertriebsvergütungen im Effektengeschäft der Kreditinstitute, ZHR 172 (2008), 170; *Mülbert*, Behaltensklauseln für Vertriebsvergütungen in der institutsinternen Vermögensverwaltung, WM 2009, 481; *Pellens*, Provisionen in der Anlageberatung: Änderung durch Streichung der Vermutungsregel in § 31 d Abs. 4 WpHG a.F.?, WM 2012, 778; *Rößler*, Kick back" – Quo vadis?, NJW 2008, 564; *Rozok*, Tod der Vertriebsprovisionen oder Alles wie gehabt?, BKR 2007, 217; *Salomon*, Neue Pflichten im Wertpapiergeschäft? – Die Richtlinie über Märkte für Finanzinstrumente, BankPraktiker 2006, 472; *Schäfer, Frank*, Zivilrechtliche Konsequenzen der Urteile des BGH zu Gewinnmargen bei Festpreisgeschäften, WM 2012, 197; *Schumacher*, Zur Anwendbarkeit des § 31 d WpHG auf Gewinnmargen im Finanzinstrumentenvertrieb, WM 2011, 678; *Trittin*, Provisionen und Offenlegungspflichten: ein Widerspruch?, bank und markt 2008, 39.

1 Die Zuwendungsproblematik spielt eine **zentrale Rolle** im Bereich der **Interessenkonflikte** bzw. dem Umgang mit diesen.[1] Vor diesem Hintergrund findet sich nun eine explizite Regelung im WpHG. Die Vorschrift setzt Art. 26 DRL um.

2 Im Zusammenhang mit der Zuwendungsdiskussion wird immer wieder auf die potenzielle Alternative „**Honorarberatung**" hingewiesen. Durchgesetzt hat sich dieses Geschäftsmodell in Deutschland allerdings nicht.[2] Hier sind jedoch umfangreiche gesetzliche Regelungen geplant.[3]

3 Auch zivilrechtlich hat die Rechtsprechung sich seit einigen Jahren verstärkt dem Thema gewidmet.[4] Hier ist auch das Verhältnis der aufsichtsrechtlichen Pflichten im Zusammenhang mit Zuwendungen zu den zivilrechtlichen Regelungen von Interesse.[5] Nicht aufsichtsrechtlicher, sondern **zivilrechtlicher Natur** ist die Frage, **inwieweit Rückvergütungen behalten werden dürfen** bzw. inwieweit entsprechende Klauseln wirksam sind.[6]

4 Normadressaten sind nach **Abs. 1 Wertpapierdienstleistungsunternehmen**, sofern sie Zuwendungen im Zusammenhang mit der Erbringung von Wertpapierdienstleistungen oder Wertpapiernebendienstleistungen erbringen. Das Erfordernis des Zusammenhangs mit einer Wertpapierdienstleistung ist weit zu verstehen.[7]

5 Die Dienstleistungen müssen **gegenüber privaten oder professionellen Kunden** erbracht werden.[8]

6 Abs. 1 statuiert dabei für die Normadressaten ein **grundsätzliches Verbot** im Hinblick auf Zuwendungen und zwar in zweierlei Richtung.

7 Zum einen darf das Wertpapierdienstleistungsunternehmen keine Zuwendungen **von Dritten** annehmen.

8 Außerdem ist die Gewährung von Zuwendungen **an Dritte**, die nicht Kunden der Dienstleistung sind, untersagt.

---

1 Siehe hierzu etwa *Assmann*, ÖBA 2007, 40.
2 Siehe hierzu etwa *Trittin*, S. 40: „... für eine bestimmte Kundengruppe eine interessante Alternative", aber „für Gelegenheitskäufer uninteressant"; für Österreich s. *Ferstl*, „Keine Trendwende zur Honorarberatung erkennbar".
3 Siehe Gesetz zur Förderung und Regulierung einer Honorarberatung über Finanzinstrumente (Honoraranlageberatungsgesetz) vom 15. Juli 2013 (BGBl. I, 2390).
4 Siehe hierzu etwa *Herresthal*, der eine rechtsdogmatische Analyse vornimmt; *Casper* zur Frage, „ob sich die Kreditinstitute für die Zeit vor 2007 auf einen Verbotsirrtum berufen können"; s. hierzu auch *Veil*, WM 2007, 1821; zur Rechtsprechung der Instanzgerichte s. *Rößler*, S. 555.
5 Siehe hierzu *Herresthal*, ZBB 2009, 348, 350 ff; *Mülbert*, ZHR 172 (2008), 170, 183 ff; hier wird konstatiert, dass „das Zivilrecht der Innenprovisionen und das Aufsichtsrecht bei Zuwendungen nicht aufeinander abgestimmt sind", s. *Assmann*, ZIP 2009, 2125, 2134; zur „neuen" BGH-Rechsprechung s. *Zingel/Rieck*, BKR 2009, 353.
6 Siehe hierzu im Einzelnen etwa *Mülbert*, WM 2009, 481.
7 *Rozok*, BKR 2007, 217, 219; *Fuchs/Fuchs*, WpHG, § 31 d Rn 10.
8 Zur besonderen Thematik bei geeigneten Gegenparteien s. *Fuchs/Fuchs*, WpHG, § 31 d Rn 7.

Dritte sind dabei alle außerhalb des Verhältnisses zwischen dem Wertpapierdienstleistungsunternehmen und dem Kunden stehende Personen und Unternehmen.[9]

Nicht in den Anwendungsbereich des § 31 d fällt die Frage, inwieweit ein Wertpapierdienstleistungsunternehmen über **eigene Gewinnmargen** aufzuklären hat. Hier fehlt es an dem der Regelung zugrundeliegenden Dreiecksverhältnis, das zu Interessenkonflikten führen kann.[10]

Abs. 1 Nr. 2 S. 2 stellt klar, dass eine für die Annahme oder Gewährung einer Zuwendung vom Kunden **bevollmächtigte Person nicht als Dritter** anzusehen ist.[11]

Das Verbot gilt allerdings in zwei Fällen nicht, die kumulativ vorliegen müssen. Die Zuwendung ist einmal gemäß **Abs. 1 Nr. 1** dann zulässig, wenn sie der **Qualitätsverbesserung** der für den Kunden erbrachten Dienstleistung dienen soll und nicht der ordnungsgemäßen Erbringung der Dienstleistung im Interesse des Kunden entgegensteht.[12]

Hierzu können auch Zuwendungen gehören, die dazu dienen, **effiziente und qualitativ hochwertige Infrastrukturen** für den Erwerb und die Veräußerung von Finanzinstrumenten aufzubauen oder zu erhalten.[13]

Dabei hat das Wertpapierdienstleistungsunternehmen darzulegen, dass trotz des Erhalts einer Zuwendung **keine Beeinträchtigung** eines Handelns im **Kundeninteresse** vorliegt.[14]

Zudem muss das Wertpapierdienstleistungsunternehmen seine Kunden nach **Abs. 1 Nr. 2 S. 1** vor der Erbringung der Wertpapierdienstleistung über die Existenz von Zuwendungen **informieren**. Auch eine deutliche Offenlegung über Art und Umfang der Zuwendung hat zu erfolgen. Lässt sich der Umfang noch nicht bestimmen, ist über die Art und Weise der Berechnung zu informieren. Die Offenlegung muss umfassend, zutreffend und in verständlicher Weise vorgenommen werden.

Eine **Legaldefinition des Begriffs „Zuwendungen"** enthält **Abs. 2**. Erfasst werden Provisionen, Gebühren und sonstige Geldleistungen. Aber auch alle geldwerten Vorteile gehören hierzu, wie zB die Erbringung von Dienstleistungen, die Übermittlung von Finanzanalysen, das Überlassen von IT-Hardware oder Software oder die Durchführung von Schulungen.[15] Ebenso fällt die Bereitstellung von „obligatorischen Dokumenten" wie Verkaufsprospekte oder Rechenschaftsberichte unter den Terminus.[16] Als geldwerter Vorteil gilt auch die Reduzierung von Kosten durch einen Dritten, wenn das Wertpapierdienstleistungsunternehmen dem Kunden diese Gebühren oder Kosten voll berechnet.[17] Eine Zuwendung (und nicht etwa eine Gebühr oder ein Entgelt iSd Abs. 5) liegt auch vor, wenn ein Wertpapierdienstleistungsunternehmen von seiner Konzerntochter einen Anteil der Gewinnmarge aus dem Festpreisgeschäft mit dem Kunden erhält.

Abs. 3 eröffnet den Unternehmen die Möglichkeit, die Offenlegung nach Abs. 1 Nr. 2 in Form einer **Zusammenfassung** der wesentlichen Bestandteile der Vereinbarungen über Zuwendungen vorzunehmen. Voraussetzung dieser Erleichterung ist allerdings das Angebot einer Offenlegung näherer Einzelheiten an den Kunden und die Gewährung der Information, wenn der Kunde nachfragt. Dieses „zweistufige" Verfahren findet sich in der überwiegenden Mehrzahl der Fälle bei den Banken und Sparkassen.

Nach dem im Rahmen des AnsFuG ersatzlos aufgehobenen Abs. 4 war vermutet worden, dass bei Zuwendungen im Zusammenhang mit einer Anlageberatung die Zuwendung auf eine Qualitätsverbesserung der für den Kunden erbrachten Dienstleistung ausgelegt ist. Die Regelung führte zu erheblichen Erleichterungen hinsichtlich der Dokumentation. Europarechtlich war sie nicht zwingend vorgeschrieben.[18]

Allerdings ergab die Aufsichtspraxis dass die gesetzliche Vermutung kaum widerlegt werden konnte. Die Streichung führte dazu, dass die Verbesserung der Qualität der Dienstleistung durch die Institute in Zukunft **der Aufsicht gegenüber (detaillierter als früher) dargelegt** werden muss.[19] Das betrifft sowohl die Herkunft als auch die Verwendung der Zuwendungen.[20]

Zur Klärung zahlreicher offener Fragen hat die BaFin die MaComp um einen AT 8 „Aufzeichnungspflichten MaComp" erweitert („Zuwendungs- und Verwendungsverzeichnis").[21] Trotz der hohen Detailtiefe der MaComp-Regelung bestehen hier im Einzelnen immer noch zahlreiche offene Fragen.

---

9 Begr. RegE (FRUG), BT-Drucks. 16/4028, S. 67.
10 *Spindler*, WM 2006, 1797, 1827, *Rozok*, BKR 2007, 217, 218; aA *Buck/Heeb*, S. 7: „kein elementarer Unterschied", da es sich „beide Male um einen Verdienst der Bank handele", *Mülbert* („Vertriebsvergütungen"), 188.
11 Zur Frage der „Umgehung des § 31 d Abs. 1 S. 1 WpHG mittels eines Zahlungs- „Auftrags" des Kunden, s. *Schumacher*; s. auch *Rozok*, BKR 2007, 217, 220 f, *Brocker*, S. 367.
12 Für eine weite Auslegung der Voraussetzung einer Qualitätsverbesserung *Salomon*, S. 474. AA *Held/Lang*, S. 288.
13 Begr. RegE (FRUG), BT-Drucks. 16/4028, S. 67.
14 Skeptisch aus tatsächlichen Gründen *Mülbert*, WM 2007, 1147, 1161; aA *Assmann*, ÖBA 2007, 40, 51, der eine Beweislast der BaFin für die fehlende Korrektheit der Beratung sieht.
15 Begr. RegE (FRUG), BT-Drucks. 16/4028, S. 67.
16 *Rozok*, BKR 2007, 217, 219.
17 Begr. RegE (FRUG), BT-Drucks. 16/4028, S. 67.
18 Begr. RegE (AnsFuG), BT-Drucks. 17/3628, S. 22; zustimmend: *Pellens*, 779.
19 Begr. RegE (AnsFuG), BT-Drucks. 17/3628, S. 22; aA *Pellens*, WM 2012, 778, 779 ff, die aufgrund des Erfordernisses einer richtlinienkonformen Auslegung des Abs. 1 S. 1 Nr. 1 trotz der Streichung „keine materielle Änderung des § 31 d WpHG" sieht.
20 Zu den „Anforderungen an ein effektives Zuwendungsmanagement" s. *Hartmann/Dost*, CCZ 2010, 88, 92.
21 Die Einfügung erfolgte am 7.12.2012; zu dem neuen Verzeichnis s. auch *Günther*, aaO.

19 Von dem Zuwendungsverbot **ausgenommen** sind gemäß Abs. 5 solche Gebühren und **Entgelte, die die Erbringung der Wertpapierdienstleistung erst ermöglichen oder dafür notwendig** sind. Weiterhin dürfen sie nicht geeignet sein, die Erfüllung der in § 31 Abs. 1 S. 1 geregelten Pflicht zu gefährden. Hierzu gehören etwa Kosten für die Verwahrung bei Zentral- oder Sammelverwahrern, Abwicklungskosten oder Kosten für die Nutzung von Handelsplätzen. Aber auch an gesetzliche oder behördliche Gebühren oder etwaige notarielle Kosten ist hier zu denken.[22]

§ 31 e Erbringung von Wertpapierdienstleistungen und Wertpapiernebendienstleistungen über ein anderes Wertpapierdienstleistungsunternehmen

Erhält ein Wertpapierdienstleistungsunternehmen über ein anderes Wertpapierdienstleistungsunternehmen einen Auftrag, Wertpapierdienstleistungen oder Wertpapiernebendienstleistungen für einen Kunden zu erbringen, ist das entgegennehmende Unternehmen mit folgenden Maßgaben verantwortlich für die Durchführung der Wertpapierdienstleistung oder Wertpapiernebendienstleistung im Einklang mit den Bestimmungen dieses Abschnitts:

1. das entgegennehmende Wertpapierdienstleistungsunternehmen ist nicht verpflichtet, Kundenangaben und Kundenanweisungen, die ihm von dem anderen Wertpapierdienstleistungsunternehmen übermittelt werden, auf ihre Vollständigkeit und Richtigkeit zu überprüfen,
2. das entgegennehmende Wertpapierdienstleistungsunternehmen darf sich darauf verlassen, dass Empfehlungen in Bezug auf die Wertpapierdienstleistung oder Wertpapiernebendienstleistung dem Kunden von dem anderen Wertpapierdienstleistungsunternehmen im Einklang mit den gesetzlichen Vorschriften gegeben wurden.

1 Die Vorschrift regelt die **Verantwortlichkeiten nach WpHG** für den Fall, dass ein Wertpapierdienstleistungsunternehmen einen Kundenauftrag zur Erbringung einer Wertpapierdienst- oder nebendienstleistung über ein anderes Wertpapierdienstleistungsunternehmen erhält. Sie setzt Art. 20 DFL um.
2 Entgegen dem Wortlaut von Art. 20 DFL umfasst die Regelung **jede Art** der Erbringung von Wertpapierdienstleistungen und –nebendienstleistungen.[1]
3 Die Vorschrift normiert zunächst die grundsätzliche **Letztverantwortlichkeit** des entgegennehmenden Wertpapierdienstleistungsunternehmens für die Erbringung der Dienstleistung,
4 Allerdings muss das entgegennehmende Wertpapierdienstleistungsunternehmen übermittelte Kundenangaben gemäß **Nr. 1** nicht auf ihre **Vollständigkeit** und **Richtigkeit** überprüfen.
5 Auch darf es nach **Nr. 2** auf die gesetzeskonforme Empfehlungsgebung des weiterleitenden Unternehmens vertrauen.
6 Eine Einschränkung von diesen Grundsätzen gilt, wenn einem Wertpapierdienstleistungsunternehmen **offensichtliche Anhaltspunkte** vorliegen, dass eines der anderen Unternehmen seinen aufsichtsrechtlichen Pflichten nicht nachkommt.[2]

§ 31 f Betrieb eines multilateralen Handelssystems

(1) Der Betreiber eines multilateralen Handelssystems ist verpflichtet,
1. Regelungen für den Zugang von Handelsteilnehmern zu dem multilateralen Handelssystem festzulegen, die mindestens die Anforderungen für eine Teilnahme am Börsenhandel nach § 19 Abs. 2 und 4 Satz 1 des Börsengesetzes vorsehen; § 19 Abs. 4 Satz 2 des Börsengesetzes gilt entsprechend,
2. Regelungen für die Einbeziehung von Finanzinstrumenten, die ordnungsgemäße Durchführung des Handels und der Preisermittlung, die Verwendung von einbezogenen Referenzpreisen und die vertragsgemäße Abwicklung der abgeschlossenen Geschäfte festzulegen, wobei die Regelungen zum Handel und der Preisermittlung dem Betreiber keinen Ermessensspielraum einräumen dürfen,
3. über angemessene Kontrollverfahren zur Überwachung der Einhaltung der Regelungen nach Nummer 2 und zur Überwachung der Einhaltung der §§ 14 und 20 a zu verfügen,

---

22 *Rozok*, BKR 2007, 217, 220; Begr. RegE (FRUG), BT-Drucks. 16/4028, S. 68.

1 Begr. RegE (FRUG), BT-Drucks. 16/4028, S. 68.
2 MaComp AT 5.

4. sicherzustellen, dass die Preise im multilateralen Handelssystem entsprechend den Regelungen des § 24 Abs. 2 des Börsengesetzes zustande kommen,
5. dafür Sorge zu tragen, dass die Aufzeichnungen über die erteilten Aufträge und abgeschlossenen Geschäfte im multilateralen Handelssystem eine lückenlose Überwachung durch die Bundesanstalt gewährleisten,
6. unter Berücksichtigung der Art der Nutzer und der gehandelten Finanzinstrumente alle für die Nutzung des multilateralen Handelssystems erforderlichen und zweckdienlichen Informationen öffentlich bekannt zu geben,
7. für die übermäßige Nutzung des multilateralen Handelssystems, insbesondere durch unverhältnismäßig viele Auftragseingaben, -änderungen und -löschungen, separate Entgelte zu verlangen; die Höhe dieser Entgelte ist so zu bemessen, dass einer übermäßigen Nutzung und damit verbundenen negativen Auswirkungen auf die Systemstabilität oder die Marktintegrität wirksam begegnet wird,
8. geeignete Vorkehrungen zu treffen, um auch bei erheblichen Preisschwankungen eine ordnungsgemäße Preisermittlung sicherzustellen; geeignete Vorkehrungen sind insbesondere kurzfristige Änderungen des Marktmodells und kurzzeitige Volatilitätsunterbrechungen unter Berücksichtigung statischer oder dynamischer Preiskorridore oder Limitsysteme der mit der Preisfeststellung betrauten Handelsteilnehmer,
9. sicherzustellen und zu überwachen, dass die Handelsteilnehmer ein angemessenes Verhältnis zwischen ihren Auftragseingaben, -änderungen und -löschungen und den tatsächlich ausgeführten Geschäften (Order-Transaktions-Verhältnis) gewährleisten, um Risiken für den ordnungsgemäßen Handel im multilateralen Handelssystem zu vermeiden; das Order-Transaktions-Verhältnis ist dabei jeweils für ein Finanzinstrument und anhand des zahlenmäßigen Volumens der jeweiligen Aufträge und Geschäfte innerhalb eines Monats zu bestimmen, und es liegt insbesondere dann ein angemessenes Order-Transaktions-Verhältnis vor, wenn dieses aufgrund der Liquidität des betroffenen Finanzinstruments, der konkreten Marktlage oder der Funktion des handelnden Unternehmens wirtschaftlich nachvollziehbar ist,
10. eine angemessene Größe der kleinstmöglichen Preisänderung bei den gehandelten Finanzinstrumenten festzulegen, um negative Auswirkungen auf die Marktintegrität und -liquidität zu verringern; bei der Festlegung der Mindestgröße ist insbesondere zu berücksichtigen, dass diese den Preisfindungsmechanismus und das Ziel eines angemessenen Order-Transaktions-Verhältnisses im Sinne der Nummer 9 nicht beeinträchtigt, und
11. Regelungen für die Kennzeichnung der durch den algorithmischen Handel im Sinne des § 33 Absatz 1a Satz 1 erzeugten Aufträge durch die Handelsteilnehmer und die Kenntlichmachung der hierfür jeweils verwendeten Handelsalgorithmen festzulegen.

(2) Emittenten, deren Finanzinstrumente ohne ihre Zustimmung in den Handel in einem multilateralen Handelssystem einbezogen worden sind, können nicht dazu verpflichtet werden, Informationen in Bezug auf diese Finanzinstrumente für dieses multilaterale Handelssystem zu veröffentlichen.

(3) Der Betreiber eines multilateralen Handelssystems hat der Bundesanstalt schwerwiegende Verstöße gegen die Handelsregeln und Störungen der Marktintegrität mitzuteilen; bei Anhaltspunkten für einen Verstoß gegen § 14 oder § 20a ist die Bundesanstalt unverzüglich zu unterrichten und bei ihren Untersuchungen umfassend zu unterstützen.

(4) Der Betreiber eines multilateralen Handelssystems hat der Bundesanstalt unverzüglich mitzuteilen, wenn bei einem an seinem multilateralen Handelssystem gehandelten Finanzinstrument ein signifikanter Kursverfall im Sinne des Artikels 23 der Verordnung (EU) Nr. 236/2012 eintritt.

(5) [1]Der Betreiber eines multilateralen Handelssystems hat die Bundesanstalt über den Eingang von Anträgen auf Zugang nach den Artikeln 7 und 8 der Verordnung (EU) Nr. 648/2012 unverzüglich schriftlich zu unterrichten. [2]Die Bundesanstalt kann
1. unter den in Artikel 7 Absatz 4 der Verordnung (EU) Nr. 648/2012 genannten Voraussetzungen dem Betreiber eines multilateralen Handelssystems den Zugang zu einer zentralen Gegenpartei im Sinne der genannten Verordnung untersagen sowie
2. unter den in Artikel 8 Absatz 4 der Verordnung (EU) Nr. 648/2012 genannten Voraussetzungen dem Betreiber eines multilateralen Handelssystems untersagen, einer zentralen Gegenpartei im Sinne der genannten Verordnung Zugang zu gewähren.

(6) [1]Das Bundesministerium der Finanzen kann durch Rechtsverordnung, die nicht der Zustimmung des Bundesrates bedarf, nähere Bestimmungen zur Erhebung und der Höhe der Entgelte nach Absatz 1 Nummer 7, zur Bestimmung eines angemessenen Verhältnisses zwischen Auftragseingaben, -änderungen und -löschungen und den tatsächlich ausgeführten Geschäften nach Absatz 1 Nummer 9, zur Bestimmung einer

angemessenen Größe der kleinstmöglichen Preisänderung nach Absatz 1 Nummer 10 sowie zur Festlegung der Regelungen für die Kennzeichnung und Kenntlichmachung nach Absatz 1 Nummer 11 erlassen. ²Das Bundesministerium der Finanzen kann die Ermächtigung durch Rechtsverordnung auf die Bundesanstalt für Finanzdienstleistungsaufsicht übertragen.

Literatur:
Duve/Keller, MiFID, Die neue Welt des Wertpapiergeschäfts, BB 2006, 2537; *Jaskulla*, Das deutsche Hochfrequenzhandelsgesetz – eine Herausforderung für Handelsteilnehmer, Börsen und multilaterale Handelssysteme (MTF), BKR 2013, 221; *Kobbach*, Regulierung des algorithmischen Handels durch das neue Hochfrequenzhandelsgesetz: Praktische Auswirkungen und offene rechtliche Fragen, BKR 2013, *Gomber/Chlistalla/Groth*, Neue Börsenlandschaft in Europa? Die Umsetzung der MiFID aus Sicht europäischer Marktplatzbetreiber, ZBB 2008, 2; *Gomber/Hirschberg*, Ende oder Stärkung der konventionellen Börsen?, AG 2006, 777; *Lüth/Marxsen*, „Level-Playing-Field" im Wertpapierhandel, BP-Beilage 01/2007, 66; *Spindler/Kasten*, Änderungen des WpHG durch das Finanzmarktrichtlinie-Umsetzungsgesetz (FRUG), WM 2007, 1245; *Spindler/Kasten*, Der neue Rechtsrahmen für den Finanzdienstleistungssektor – die MiFID und ihre Umsetzung, Teil I, WM 2006, 1749; *Teske*, Das Ende der Vormachtstellung?, die bank 8/2009, 13.

1 Die Vorschrift regelt die wesentlichen Pflichten der Betreiber multilateraler Handelssysteme (im englischen Sprachgebrauch MTF = Multilateral Trading Facility). Durch die Regelung soll ein **fairer Wettbewerb** zwischen den unterschiedlichen Anbietern gewährleistet werden.[1] Hintergrund der jetzt eingefügten umfassenden Regelung – zu der auch § 31 g gehört – ist die Aufnahme des Betreibens eines MTF in den Kreis der Wertpapierdienstleistungen (s. § 2 Abs. 3 Nr. 8). Europarechtlicher Hintergrund der Norm ist Art. 14 MiFID. Das EU-Leerverkaufs-AusführungsG[2] sowie das EMIR-Ausführungsgesetz[3] ergänzten die Regelung um die Abs. 4 und 5. Durch das Hochfrequenzhandelsgesetz wurden Abs. 1 Nr. 7–11 sowie Abs. 5 angefügt.[4]

1a Auf die Regelung findet, sofern es sich bei multilateralen Handelssystemen um Wertpapierdienstleistungsunternehmen handelt, das „allgemeine" Rundschreiben MaComp WA 4/10 Anwendung. Die BaFin hat zudem ein „spezielles" Rundschreiben („MaComp II") erlassen, das der zusätzlichen Erläuterung der §§ 31 f und 31 g dient, die ausschließlich auf den Betrieb eines multilateralen Handelssystems anwendbar sind.[5]

2 Auf eine Definition des Begriffs des **MTF** hat der Gesetzgeber verzichtet. Allerdings kann diesbzgl. auf Art. 4 I Nr. 14,15 MiFID zurückgegriffen werden. Kern ist das **Zusammenführen von Angebot und Nachfrage einer Vielzahl von Marktteilnehmern** mit dem Ziel eines Vertragsschlusses. Im Gegensatz zu geregelten Märkten, für die diese Kriterien auch gelten, ist die Art der Zusammenführung der Interessen bei MTF eine andere.[6]

3 Betreiber von MTF können einmal **Wertpapierdienstleistungsunternehmen** sein. Daneben kommen auch **Betreiber eines geregelten Marktes** für den Betrieb multilateraler Handelssysteme in Betracht. Ebenso unterfällt der **Freiverkehr** des § 57 BörsG dem Begriff des MTF.[7]

4 Mittlerweile bieten mehrere MTF die Ausführung von Aufträgen an, wobei die **Geschäftsmodelle** allerdings variieren.[8]

5 **Abs. 1 Nr. 1** verpflichtet den Betreiber, Mindestanforderungen für den Zugang von Handelsteilnehmern vorzusehen. Maßstabe sind hier die genannten Bestimmungen des BörsG.

6 Nach **Abs. 1 Nr. 2** muss der **Betreiber Regelungen** für die Einbeziehung von Finanzinstrumenten **festlegen**. Auch für Handel und Preisermittlung wird eine Regelungspflicht statuiert. Bei den beiden letztgenannten Fällen darf dem Betreiber kein Ermessensspielraum zustehen. Auch für die Verwendung von einbezogenen Referenzpreisen sowie die vertragsgemäße Abwicklung der abgeschlossenen Geschäfte sind Regelungen zu treffen.

7 Die Vorgabe in **Abs. 1 Nr. 3** zur Einrichtung **angemessener Kontrollverfahren** ergänzt die Pflichten aus § 33.

8 **Abs. 1 Nr. 4** stellt eine **ordnungsgemäße Preisbildung** in multilateralen Handelssystemen sicher. Sie entspricht § 59 S. 1 Nr. 4 BörsG.

9 Durch **Abs. 1 Nr. 5** wird eine ordnungsgemäße **Dokumentation** über die erteilten Aufträge bzw abgeschlossenen Geschäfte angeordnet. Dies ermöglicht eine lückenlose Überwachung durch die BaFin.

---

1 Fuchs/*Fuchs*, WpHG, § 31 f Rn 2.
2 EU-Leerverkaufs-AusführungsG v. 6.11.2012 (BGBl. I S. 2286).
3 EMIR-Ausführungsgesetz v. 13.2.2013 (BGBl. I S. 174).
4 Gesetz zur Vermeidung von Gefahren und Missbräuchen im Hochfrequenzhandel (Hochfrequenzhandelsgesetz) v. 7.5.2013 (BGBl. I S. 1162).
5 Rundschreiben 8/2012 (WA) – Besondere Organisatorische Anforderungen für den Betrieb eines multilateralen Handelssystems nach §§ 31 f und 31 g WpHG (MaComp II) vom 10.12.2012, s. Ziff. 1 Vorbemerkungen.
6 Siehe hierzu im Einzelnen *Spindler/Kasten*, WM 2006, 1749, 1754 f; *Duve/Keller*, S. 2538.
7 Begr. RegE (FRUG), BT-Drucks. 16/4028, S. 68.
8 *Gomber/Chlistalla/Groth*, ZBB 2008, 2; allerdings gab es auch bereits einen Marktaustritt, s. *Weber*, NJW 2009, 274, 275.

Gemäß **Abs. 1 Nr. 6** hat der Betreiber alle für die Nutzung eines MTF erforderlichen zweckdienlichen Informationen öffentlich bekannt zu geben. Dabei muss er die Art der Nutzer sowie die gehandelten Finanzinstrumente berücksichtigen.
Durch die Erweiterungen des Abs. 1 Nr. 7–11 werden die neu eingeführten Pflichten für Börsen und Handelsteilnehmer auf die multilateralen Handelssysteme übertragen. Dadurch soll eine **einheitliche Behandlung** der Unternehmen gewährleistet und ein Ausweichen auf multilaterale Handelssysteme verhindert werden.[9]

Abs. 2 enthält eine Regelung für Emittenten, deren **Finanzinstrumente ohne deren Zustimmung in den Handel einbezogen** wurden. In diesem Fall besteht keine Verpflichtung, Informationen über diese Instrumente an den Betreiber eines MTF zu liefern. Unberührt hiervon bleiben sonstige gesetzliche Informationspflichten.[10]

In **Abs. 3** hat der Gesetzgeber eine **Unterrichtungspflicht** im Hinblick auf **schwerwiegende Verstöße** gegen die Handelsregeln sowie Störungen der Marktintegrität gegenüber der Bundesanstalt normiert. Die Regelung dient der Sicherstellung der Aufsicht durch die BaFin.[11]
Die in Abs. 6 enthaltene Ermächtigungsgrundlage ermöglicht es dem Ministerium bzw. der BaFin, gegebenenfalls die genannten Punkte zu regeln.

§ 31 g Vor- und Nachhandelstransparenz für multilaterale Handelssysteme

(1) Der Betreiber eines multilateralen Handelssystems hat für in das System einbezogene Aktien und Aktien vertretende Zertifikate, die zum Handel an einem organisierten Markt zugelassen sind, den Preis des am höchsten limitierten Kaufauftrags und des am niedrigsten limitierten Verkaufauftrags und das zu diesen Preisen handelbare Volumen kontinuierlich während der üblichen Geschäftszeiten zu angemessenen kaufmännischen Bedingungen zu veröffentlichen.

(2) Die Bundesanstalt kann nach Maßgabe des Kapitels IV Abschnitt 1 der Verordnung (EG) Nr. 1287/2006 Betreibern von multilateralen Handelssystemen Ausnahmen von der Verpflichtung nach Absatz 1 gestatten.

(3) Der Betreiber eines multilateralen Handelssystems hat den Marktpreis, das Volumen und den Zeitpunkt für nach Absatz 1 abgeschlossene Geschäfte zu angemessenen kaufmännischen Bedingungen und so weit wie möglich auf Echtzeitbasis zu veröffentlichen.

(4) ¹Die Bundesanstalt kann nach Maßgabe von Kapitel IV Abschnitt 3 der Verordnung (EG) Nr. 1287/2006 je nach Art und Umfang der abgeschlossenen Geschäfte eine verzögerte Veröffentlichung von Informationen nach Absatz 3 gestatten. ²Der Betreiber eines multilateralen Handelssystems hat eine Verzögerung nach Satz 1 zu veröffentlichen.

(5) Die Einzelheiten der Veröffentlichungspflichten nach den Absätzen 1, 3 und 4 regelt Kapitel IV Abschnitt 1, 3 und 4 der Verordnung (EG) Nr. 1287/2006.

Literatur:
Siehe § 31 f.

Die Vorschrift enthält verschiedene **Transparenzvorgaben** für multilaterale Handelssysteme (MTF). Mit diesen soll das Transparenzniveau, das für regulierte Märkte in §§ 30, 31 vorgegeben ist, hergestellt werden.[1]
Auch hierzu finden sich in dem Rundschreiben 8/2012 (WA) – MaComp II – Erläuterungen (s. § 31 f Rn 1 a).

Europarechtlicher Hintergrund ist bei Abs. 1 Art. 29 Abs. 1, bei Abs. 2 Art. 29 Abs. 2 u. 3 iVm Art. 64 Abs. 2 MiFID. Abs. 3 ist in Umsetzung von Art. 30 Abs. 1 S. 1 und 2, Abs. 4 in Umsetzung von Art. 30 Abs. 2 und 3 iVm Art. 64 Abs. 2 MiFID erfolgt. Abs. 5 S. 2 setzt Art. 29 Abs. 1 S. 2 iVm Art. 64 Abs. 2 MiFID um.

Abs. 1 regelt die **Vorhandelstransparenz**. Danach hat der Betreiber eines MTF den Preis des am höchsten limitierten Kaufauftrags, des am niedrigsten limitierten Verkaufauftrags und das zu diesen Preisen handelbare Volumen zu veröffentlichen. Die Veröffentlichung muss **kontinuierlich** vorgenommen werden. Sie hat

---

9 Begr. RegE (Hochfrequenzhandelsgesetz) BT-Drucks. 17/11631, S. 18; s. auch *Jaskulla*, BKR 2013, 231; *Kobbach*, BKR 2013, 238 f.
10 Begr. RegE (FRUG), BT-Drucks. 16/4028, S. 68.
11 Begr. RegE (FRUG), BT-Drucks. 16/4028, S. 68.
1 Fuchs/*Fuchs*, WpHG, § 31 g Rn 1.

zudem zu angemessenen kaufmännischen Bedingungen zu erfolgen. Das beinhaltet die Möglichkeit, ein Entgelt für die Leistung zu erheben, dass allerdings keine „Abschreckungseffekte" entfalten darf.[2]

4 Gemäß **Abs. 2** kann die Bundesanstalt **Ausnahmen** von der Veröffentlichungspflicht gestatten.

5 **Abs. 3** betrifft die **Nachhandelstransparenz bei dem Betrieb eines multilateralen Handelssystems**, die sich auf den Marktpreis, das Volumen und den Zeitpunkt der nach Abs. 1 abgeschlossenen Geschäfte bezieht. Zeitlich sind die Daten möglichst **in Echtzeit** zu veröffentlichen. Dies bedeutet, wie aus Art. 29 Abs. 2 DVO hervorgeht, mindestens innerhalb von 3 Minuten. Auch hier hat die Veröffentlichung zu angemessenen kaufmännischen Bedingungen zu erfolgen

5a Die Bundesanstalt kann, wie **Abs. 4** festlegt – eine **verzögerte Veröffentlichung** gestatten. Wegen der Einzelheiten wird auf die DVO verwiesen. Die Verzögerung ist von dem Betreiber zu veröffentlichen.

6 Wegen der Einzelheiten der Veröffentlichungspflichten der Abs. 1, 3 und 4 **verweist Abs. 5** auf die **DVO**.

§ 31 h Veröffentlichungspflichten von Wertpapierdienstleistungsunternehmen nach dem Handel

(1) Wertpapierdienstleistungsunternehmen, die Geschäfte im Rahmen von Wertpapierdienstleistungen nach § 2 Abs. 3 Satz 1 Nr. 1 bis 4 mit zum Handel an einem organisierten Markt zugelassenen Aktien und Aktien vertretenden Zertifikaten außerhalb eines organisierten Marktes oder eines multilateralen Handelssystems abschließen, sind verpflichtet, das Volumen, den Marktpreis und den Zeitpunkt des Abschlusses dieser Geschäfte zu angemessenen kaufmännischen Bedingungen und so weit wie möglich auf Echtzeitbasis zu veröffentlichen.

(2) [1]Die Bundesanstalt kann nach Maßgabe von Kapitel IV Abschnitt 3 der Verordnung (EG) Nr. 1287/2006 je nach Umfang der abgeschlossenen Geschäfte eine verzögerte Veröffentlichung von Informationen nach Absatz 1 gestatten. [2]Das Wertpapierdienstleistungsunternehmen hat eine Verzögerung nach Satz 1 zu veröffentlichen.

(3) Die Einzelheiten der Veröffentlichungspflichten nach den Absätzen 1 und 2 regelt Kapitel IV Abschnitt 3 und 4 der Verordnung (EG) Nr. 1287/ 2006 der Kommission.

Literatur:
Siehe § 31 f.

1 Die Regelungen zur Nachhandelstransparenz für multilaterale Handelssysteme (MTF), organisierte Märkte und Wertpapierdienstleistungsunternehmen sind „weitgehend gleichartig" ausgestaltet.[1] Diese Vereinheitlichung bezweckt die Norm. Dadurch sollen sich die Anleger ein Gesamtbild des Marktes verschaffen können.[2] Die Vorschrift setzt Art. 28 Abs. 1–3 MiFID um.

2 Normadressaten sind nach **Abs. 1** Wertpapierdienstleistungsunternehmen, die bei den genannten Dienstleistungen **Geschäfte außerhalb eines organisierten Marktes oder MTF** abschließen.

3 **Abs. 2 S. 1** sieht die Gestattung einer **verzögerten Veröffentlichung** durch die BaFin vor. S. 2 statuiert eine Veröffentlichungspflicht durch das Wertpapierdienstleistungsunternehmen. Da sich gestattete Verzögerungen idR antragsgemäß auf eine Vielzahl gleichartiger Geschäfte beziehen dürften, muss die verzögerte Veröffentlichung nur einmal vorgenommen werden. Diese hat zeitnah zur Genehmigung durch die Bundesanstalt zu erfolgen.[3]

4 Wegen der Einzelheiten der vorstehend genannten Veröffentlichungspflichten **verweist Abs. 3 auf die DVO**.

§ 32 Systematische Internalisierung

[1]Die §§ 32 a bis 32 d gelten für systematische Internalisierer, soweit sie Aufträge in Aktien und Aktien vertretenden Zertifikaten, die zum Handel an einem organisierten Markt zugelassen sind, bis zur standardmäßigen Marktgröße ausführen. [2]Einzelheiten sind in den Kapiteln III und IV Abschnitt 2 und 4 der Verordnung (EG) Nr. 1287/2006 geregelt. [3]Ein Markt im Sinne dieser Vorschriften besteht für eine Aktiengattung aus allen Aufträgen, die in der Europäischen Union im Hinblick auf diese Aktiengattung ausgeführt werden, ausgenommen jene, die im Vergleich zur normalen Marktgröße für diese Aktien ein großes Volumen aufweisen.

---

2 Fuchs/*Fuchs*, WpHG, § 31 g Rn 5.
1 Begr. RegE (FRUG), BT-Drucks. 16/4028, S. 69.

2 Fuchs/*Fuchs*, WpHG, § 31 h Rn 2.
3 Begr. RegE (FRUG), BT-Drucks. 16/4028, S. 69.

Literatur:
Siehe § 31 f.

Durch die Einführung von Regeln zur systematischen Internalisierung soll ein **"level-playing-field"** für alle am Markt befindlichen Systemen geschaffen werden.[1] Vor diesem Hintergrund regelt die Norm den Geltungsbereich der nachfolgenden §§ 32 a bis 32 d. Die Vorschrift setzt Art. 27 Abs. 1 Unterabs. 2 MiFID um. Legaldefinitionen der Begriffe „systematische Internalisierung" bzw „systematischer Internalisierer" finden sich in der Vorschrift nicht.[2]

S. 1 bestimmt den Anwendungsbereich der Norm. Normadressaten sind systematische Internalisierer. Erfasst wird die systematische Internalisierung von Aufträgen in Aktien und diese vertretende Zertifikate. Diese müssen zum Handel an einem organisierten Markt zugelassen sein. Zudem dürfen die Aufträge die standardmäßige Marktgröße nicht überschreiten.

Der Begriff des **Marktes** iSd §§ 32 a bis 32 d wird in S. 3 definiert. Er besteht für jede Aktie aus allen Aufträgen, die in der Europäischen Union im Hinblick auf diese Aktiengattung ausgeführt werden.

Ausgenommen sind jedoch diejenigen Aufträge, die im Vergleich zur normalen Marktgröße für diese Aktien ein großes Volumen aufweisen.

In S. 2 wird wegen der Einzelheiten zur Bestimmung der Standardmindestgröße auf die DVO verwiesen.

Führt ein Internalisierer sowohl Aufträge bis zur Standardmarktgröße, als auch solche darüber hinaus aus, gilt die Regelung **nur für Aufträge bis zur Standardgröße**.[3]

§ 32 a Veröffentlichen von Quotes durch systematische Internalisierer

(1) ¹Ein systematischer Internalisierer im Sinne des § 32 Satz 1 ist verpflichtet, regelmäßig und kontinuierlich während der üblichen Handelszeiten für die von ihm angebotenen Aktiengattungen zu angemessenen kaufmännischen Bedingungen verbindliche Kauf- und Verkaufsangebote (Quotes) zu veröffentlichen, sofern es hierfür einen liquiden Markt gibt. ²Besteht kein liquider Markt, ist er verpflichtet, auf Anfrage seiner Kunden Quotes nach Maßgabe des Satzes 1 zu veröffentlichen. ³Die Preise der veröffentlichten Quotes müssen die vorherrschenden Marktbedingungen widerspiegeln.

(2) ¹Der systematische Internalisierer kann die Stückzahl der Aktien oder den auf einen Geldbetrag gerechneten Wert (Größe) für seine Kauf- oder Verkaufsangebote in den Aktiengattungen festlegen, zu denen er Quotes veröffentlicht. ²Die Kauf- und Verkaufspreise pro Aktie in einem Quote müssen die vorherrschenden Marktbedingungen widerspiegeln.

(3) Der systematische Internalisierer kann die von ihm veröffentlichten Quotes jederzeit aktualisieren und im Falle außergewöhnlicher Marktumstände zurückziehen.

(4) Die Einzelheiten der Veröffentlichungspflichten nach Absatz 1 Satz 1 und 2 regelt Kapital IV Abschnitt 2 und 4 der Verordnung (EG) Nr. 1287/ 2006.

Literatur:
Siehe § 31 f.

Die Vorschrift regelt die **Veröffentlichung von Quotes** durch **systematische Internalisierer**. Abs. 1 S. 1 setzt hierzu Art. 27 Abs. 1 Unterabs. 1 S. 1 MiFID, S. 2 Art. 27 Abs. 1 Unterabs. 1 S. 2 MiFID sowie S. 3 Art. 27 Abs. 3 S. 1 MiFID um. Abs. 2 dient der Umsetzung von Art. 27 Abs. 1 Unterabs. 3 MiFID, Abs. 3 derjenigen von Art. 27 Abs. 3 S. 2 MiFID.

Abs. 1 S. 1 verpflichtet den systematischen Internalisierer, für die von ihm angebotenen Aktiengattungen „Quotes" festzulegen, die als verbindliche Kauf- und Verkaufsangebote definiert werden. Derartige **verbindliche Kursofferten** werden zunächst von dem systematischen Internalisierer festgelegt oder gestellt. Mit der Veröffentlichung werden sie dann verbindlich.[1]

Voraussetzung ist allerdings das Vorliegen eines **liquiden Marktes**.

Die **Veröffentlichung** hat **regelmäßig und kontinuierlich** während der üblichen Handelszeiten zu erfolgen.

Sie muss zu **angemessenen kaufmännischen Bedingungen** vorgenommen werden können.

In **nicht-liqiden Märkten** sind Quotes nach S. 2 **nur auf Anfrage** eines Kunden zu stellen und zu veröffentlichen.

---

1 Fuchs/*Fuchs*, WpHG, § 32 Rn 2.
2 Siehe aber *Duve/Keller*, S. 2538 f.
3 Begr. RegE (FRUG), BT-Drucks. 16/4028, S. 69.
1 Begr. RegE (FRUG), BT-Drucks. 16/4028, S. 69.

7 Gemäß S. 3 müssen die Preise der veröffentlichten Quotes die vorherrschenden Marktbedingungen widerspiegeln.
8 **Abs. 2 S. 1** legt fest, dass die systematischen Internalisierer **verbindliche Stückzahlen oder Auftragsvolumina** für ihre Quotes festlegen können, zu denen sie sich zum Abschluss von Geschäften verpflichten. Die Regelung dient der Risikobegrenzung für die systematischen Internalisierer.[2]
9 Gemäß **Abs. 2 S. 2** müssen die Kauf- und Verkaufspreise pro Aktie der Quotes die vorherrschenden **Marktbedingungen widerspiegeln**.
10 Die in **Abs. 3** vorgesehene **Aktualisierung der Quotes** dient insbesondere der Wiedergabe der aktuellen Marktbedingungen, zu denen Kauf- und Verkaufsaufträge ausgeführt werden können.
11 Liegen **außergewöhnliche Marktumstände** vor, kann der systematische Internalisierer die **Quotes jederzeit zurückziehen**. Derartige Umstände können etwa Preisaussetzungen durch Börsen sein.[3]
12 Wegen Einzelheiten der **Veröffentlichungspflicht** verweist Abs. 4 auf die DVO. Hierzu gehören beispielsweise die Informationsmedien, in denen veröffentlicht werden muss.

§ 32 b Bestimmung der standardmäßigen Marktgröße und Aufgaben der Bundesanstalt

(1) Die Bundesanstalt legt zur Bestimmung der standardmäßigen Marktgröße im Sinne des § 32 Satz 1 auf Basis des rechnerischen Durchschnittswerts der auf dem Markt ausgeführten Geschäfte mindestens einmal jährlich die Klassen für die Aktiengattungen fest, welche ihren unter Liquiditätsaspekten wichtigsten Markt im Inland haben.

(2) Die Bundesanstalt veröffentlicht die nach Absatz 1 ermittelten Klassen auf ihrer Internetseite und übermittelt sie der Europäischen Wertpapier- und Marktaufsichtsbehörde.

Literatur:
Siehe § 31 f.

1 In der Vorschrift werden Vorgaben zu den **Aufgaben der Bundesanstalt** im Zusammenhang mit der Bestimmung der standardmäßigen Marktgröße iSd § 32 Abs. 1 geregelt. Abs. 1 setzt Art. 27 Abs. 1 Unterabs. 4 und Abs. 2 S. 1 MiFID um, Abs. 2 Art. 27 Abs. 2 S. 2 MiFID.
2 Zur Bestimmung der **standardmäßigen Größe** iSd § 32 Abs. 1 legt die BaFin gemäß **Abs. 1** die Klassen für die Aktiengattungen fest, die ihren unter Liquiditätsaspekten wichtigsten Markt im Inland haben.
3 Basis ist dabei der **rechnerische Durchschnittswert** der auf dem Markt aufgeführten Geschäfte.
4 Die Festlegung der Klassen durch die Bundesanstalt erfolgt **mindestens einmal jährlich**.
5 Nach **Abs. 2** erfolgt die **Veröffentlichung** der ermittelten Klassen durch die BaFin auf deren Internetseite.

§ 32 c Ausführung von Kundenaufträgen durch systematische Internalisierer

(1) [1]Ein systematischer Internalisierer im Sinne des § 32 Satz 1 ist verpflichtet, Aufträge zu dem zum Zeitpunkt des Auftragseingangs veröffentlichten Preis auszuführen. [2]Die Ausführung von Aufträgen für Privatkunden muss den Anforderungen des § 33 a genügen.

(2) Der systematische Internalisierer kann die Aufträge professioneller Kunden zu einem anderen als dem in Absatz 1 Satz 1 genannten Preis ausführen, wenn die Auftragsausführung
1. zu einem besseren Preis erfolgt, der innerhalb einer veröffentlichten, marktnahen Bandbreite liegt und das Volumen des Auftrags einen Betrag von 7 500 Euro übersteigt,
2. eines Portfoliogeschäftes in mindestens zehn verschiedenen Wertpapieren erfolgt, die Teil eines einzigen Auftrags sind, oder
3. zu anderen Bedingungen erfolgt, als denjenigen, die für den jeweils geltenden Marktpreis anwendbar sind.

(3) [1]Hat der systematische Internalisierer nur einen Quote veröffentlicht oder liegt sein größter Quote unter der standardmäßigen Marktgröße, so kann er einen Kundenauftrag, der über der Größe seines Quotes und unter der standardmäßigen Marktgröße liegt, auch insoweit ausführen, als dieser die Größe seines Quotes übersteigt, wenn die Ausführung zum quotierten Preis erfolgt. [2]Absatz 2 bleibt unberührt.

---

2 Begr. RegE (FRUG), BT-Drucks. 16/4028, S. 70.
3 Begr. RegE (FRUG), BT-Drucks. 16/4028, S. 70.

(4) Hat der systematische Internalisierer Quotes für verschiedene Größen veröffentlicht, so kann er einen Kundenauftrag, der zwischen diesen Größen liegt, nach Maßgabe der Absätze 1 bis 3 zu einem der quotierten Preise ausführen.

(5) Der systematische Internalisierer ist verpflichtet, eine angemessene Größe der kleinstmöglichen Preisänderung bei den gehandelten Finanzinstrumenten festzulegen, um negative Auswirkungen auf die Marktintegrität und -liquidität zu verringern; bei der Festlegung der Mindestgröße nach dem ersten Halbsatz ist insbesondere zu berücksichtigen, dass diese den Preisfindungsmechanismus nicht beeinträchtigt.

Literatur:
Siehe § 31 f.

Die Regelung enthält Vorgaben im Hinblick auf die **Ausführung von Kundenaufträgen** durch systematische Internalisierer iSd § 32 S. 1. Dabei setzt Abs. 1 Art. 27 Abs. 3 Unterabs. 3 MiFID, Art. 26 DVO, Abs. 2 Nr. 1 bis 3 Art. 27 Abs. 3 Unterabs. 4 u. 5 sowie Art. 25 DVO, Abs. 3 Art. 27 Abs. 3 Unterabs. 6 S. 1, Abs. 4 Art. 27 Abs. 3 Unterabs. 6 S. 2 MiFID um. Abs. 5 wurde durch das Hochfrequenzhandelsgesetz angefügt.[1] 1

Nach **Abs. 1 S. 1** haben systematische Internalisierer Aufträge zu dem **Preis** auszuführen, der zum Zeitpunkt des Auftragseingangs **veröffentlicht** worden ist. 2

Für die Ausführung der Aufträge von **Privatkunden** gelten, wie **Abs. 1 S. 2** vorgibt, **zudem** die Anforderungen der **best-execution-Grundsätze** des § 33 a. 3

Abs. 2 eröffnet die Möglichkeit, bei Aufträgen **professioneller** Kunden von dem zum Zeitpunkt des Auftragseingangs veröffentlichten Preis abzuweichen. Die Vorschrift stellt klar, dass nur **Aufträge** und – entgegen Art. 27 Abs. 3 Unterabs. 5 – nicht etwa Geschäfte dem Anwendungsbereich unterliegen. Der Gesetzgeber hat drei Fallgruppen für die Abweichung definiert. 4

So muss die Ausführung des Auftrags gemäß Abs. 2 **Nr. 1** zu einem **besseren Preis** erfolgen. Weitere Voraussetzung ist, dass dieser innerhalb einer veröffentlichen und marktnahen Bandbreite liegt. Das Volumen des Kundenauftrags muss zudem 7.500 EUR übersteigen. 5

Abs. 2 **Nr. 2** betrifft die Auftragsausführung eines **Portfoliogeschäftes**. Das muss mindestens 10 Wertpapieren umfassen, die wiederum Teil eines einzigen Auftrags sein müssen. 6

Als dritte Abweichungsmöglichkeit normiert sieht Abs. 2 **Nr. 3** Aufträge vor, die hinsichtlich der von dem Kunden gestellten Ausführungsbedingungen oder den sonstigen Rahmenbedingungen des vom Kunden vorgeschlagenen Geschäfts **nicht** mit den Bedingungen **vergleichbar** sind, unter denen der als Referenz dienende Marktpreis zustande gekommen ist.[2] 7

Abs. 3 regelt zwei weitere Fälle der Auftragsausführung durch den systematischen Internalisierer. Bei der ersten Alternative hat der systematische Internalisierer nur **einen** Quote veröffentlicht. Im zweiten Fall liegt der **größte Quote unter der standardmäßigen Marktgröße**. Bei beiden Varianten kann der systematische Internalisierer einen Kundenauftrag, der über der Größe seines Quotes und unter der standardmäßigen Marktgröße liegt, insoweit ausführen, als dieser die Größe seines Quotes übersteigt. Allerdings muss die Ausführung zum quotierten Preis erfolgen. Abs. 2 bleibt hiervon gemäß Abs. 3 S. 2 unberührt. 8

In **Abs. 4** ist der Fall geregelt, dass der systematische Internalisierer **Quotes für verschiedene Größen** veröffentlicht. In diesem Fall besitzt er ein Wahlrecht und kann einen zwischen den beiden Quotes liegenden Kundenauftrag zu einem der gestellten Preise ausführen. Hierbei hat er Abs. 1 bis 3 zu beachten. 9

Abs. 5 überträgt die Pflicht zur Festlegung von Mindestpreisänderungsgrößen auch auf systematische Internalisierer. Ziel der Regelung ist es, eine einheitliche Behandlung der Unternehmen zu gewährleisten und ein Ausweichen auf systematische Internalisierer zu verhindern.[3] 10

§ 32 d Zugang zu Quotes, Geschäftsbedingungen bei systematischer Internalisierung

(1) ¹Ein systematischer Internalisierer im Sinne des § 32 Satz 1 hat den Zugang zu den von ihm veröffentlichten Quotes in objektiver und nicht diskriminierender Weise zu gewähren. ²Er hat die Zugangsgewährung in eindeutiger Weise in seinen Geschäftsbedingungen zu regeln.

---

1 Gesetz zur Vermeidung von Gefahren und Missbräuchen im Hochfrequenzhandel (Hochfrequenzhandelsgesetz) v. 7.5.2013 (BGBl. I S. 1162).
2 Begr. RegE (FRUG), BT-Drucks. 16/4028, S. 70.
3 Begr. RegE (Hochfrequenzhandelsgesetz) BT-Drucks. 17/11631 S. 18.

(2) Die Geschäftsbedingungen können ferner vorsehen, dass
1. die Aufnahme und Fortführung einer Geschäftsbeziehung mit Kunden abgelehnt werden kann, sofern dies aufgrund wirtschaftlicher Erwägungen, insbesondere der Bonität des Kunden, dem Gegenparteienrisiko oder der Abwicklung der Geschäfte geboten ist,
2. die Ausführung von Aufträgen eines Kunden in nicht diskriminierender Weise beschränkt werden kann, sofern dies zur Verminderung des Ausfallrisikos notwendig ist, und
3. unter Berücksichtigung der Anforderungen des § 31c die Gesamtzahl der gleichzeitig von mehreren Kunden auszuführenden Aufträge in nicht diskriminierender Weise beschränkt werden kann, sofern die Anzahl oder das Volumen der Aufträge erheblich über der Norm liegt.

Literatur:
Siehe § 31 f.

1 Die Vorschrift regelt in Abs. 1 den Zugang zu den von einem systematischen Internalisierer veröffentlichten Quotes. Regelungsgegenstand von Abs. 2 Nr. 1 ist die Ablehnung der Aufnahme oder Fortführung einer Geschäftsbeziehung, von Nr. 2 u. 3 die Beschränkung der Ausführung von Aufträgen. Abs. 1 setzt Art. 27 Abs. 5 S. 1 MiFID, Abs. 2 Nr. 1–3 Art. 27 Abs. 5 S. 1 u. Abs. 6 MiFID um. Einzelheiten zur Beschränkung von Aufträgen finden sich insbesondere in Art. 25 Abs. 2 u. 3 DVO.

2 Gemäß Abs. 1 S. 1 hat ein systematischer Internalisierer den **Zugang zu den von ihm veröffentlichten Quotes** zu gewähren. Dies hat in objektiver und nicht diskriminierender Weise zu erfolgen. Mit der Regelung wird ein Beitrag zur Markttransparenz geleistet.[1]

3 Die Zugangsregelung muss nach Abs. 1 S. 2 eindeutig in den **Geschäftsbedingungen** des systematischen Internalisierers geregelt werden.

4 In den Geschäftsbedingungen kann – wie **Abs. 2 Nr. 1** vorsieht – zudem die **Ablehnung bzw Fortführung einer Geschäftsbeziehung mit Kunden abgelehnt** werden. Gründe hierfür müssen wirtschaftliche Erwägungen sein. Hierzu gehören insbesondere die Bonität der Kunden, das Gegenparteienrisiko sowie Risiken im Zusammenhang mit der Abwicklung der Geschäfte. Die Ablehnung muss geboten sein.

5 **Abs. 2 Nr. 2** ermöglicht die **Beschränkung der Auftragsausführung** für den Fall, dass dies zur Verminderung des Ausfallrisikos notwendig ist. Die Beschränkung darf nicht diskriminierend erfolgen.

6 Nach **Abs. 2 Nr. 3** kann die **Gesamtzahl** der gleichzeitig von mehreren Kunden auszuführenden Aufträge **beschränkt** werden. Voraussetzung ist ein erhebliches Übersteigen der Norm durch Anzahl oder Volumen der Aufträge. Auch hier darf keine Diskriminierung vorliegen. Weiterhin sind die Anforderungen des § 31c zu beachten.[2]

§ 33 Organisationspflichten

(1) ¹Ein Wertpapierdienstleistungsunternehmen muss die organisatorischen Pflichten nach § 25 a Absatz 1, 2 und § 25 e des Kreditwesengesetzes einhalten. ²Darüber hinaus muss es
1. angemessene Grundsätze aufstellen, Mittel vorhalten und Verfahren einrichten, die darauf ausgerichtet sind, sicherzustellen, dass das Wertpapierdienstleistungsunternehmen selbst und seine Mitarbeiter den Verpflichtungen dieses Gesetzes nachkommen, wobei insbesondere eine dauerhafte und wirksame Compliance-Funktion einzurichten ist, die ihre Aufgaben unabhängig wahrnehmen kann;
2. angemessene Vorkehrungen treffen, um die Kontinuität und Regelmäßigkeit der Wertpapierdienstleistungen und Wertpapiernebendienstleistungen zu gewährleisten;
3. auf Dauer wirksame Vorkehrungen für angemessene Maßnahmen treffen, um Interessenkonflikte bei der Erbringung von Wertpapierdienstleistungen oder Wertpapiernebendienstleistungen zwischen ihm selbst einschließlich seiner Mitarbeiter und der mit ihm direkt oder indirekt durch Kontrolle im Sinne des Artikels 4 Absatz 1 Nummer 37 der Verordnung (EU) Nr. 575/2013 verbundenen Personen und Unternehmen und seinen Kunden oder zwischen seinen Kunden zu erkennen und eine Beeinträchtigung der Kundeninteressen zu vermeiden;
3a. im Rahmen der Vorkehrungen nach Nummer 3 Grundsätze oder Ziele, die den Umsatz, das Volumen oder den Ertrag der im Rahmen der Anlageberatung empfohlenen Geschäfte unmittelbar oder mittelbar betreffen (Vertriebsvorgaben), derart ausgestalten, umsetzen und überwachen, dass Kundeninteressen nicht beeinträchtigt werden;

---

1 Fuchs/*Fuchs*, WpHG, § 31d Rn 2.
2 Siehe dazu oben § 31c.

4. wirksame und transparente Verfahren für eine angemessene und unverzügliche Bearbeitung von Beschwerden durch Privatkunden vorhalten und jede Beschwerde sowie die zu ihrer Abhilfe getroffenen Maßnahmen dokumentieren;
5. sicherstellen, dass die Geschäftsleitung und das Aufsichtsorgan in angemessenen Zeitabständen, zumindest einmal jährlich, Berichte der mit der Compliance-Funktion betrauten Mitarbeiter über die Angemessenheit und Wirksamkeit der Grundsätze, Mittel und Verfahren nach Nummer 1 erhalten, die insbesondere angeben, ob zur Behebung von Verstößen des Wertpapierdienstleistungsunternehmens oder seiner Mitarbeiter gegen Verpflichtungen dieses Gesetzes oder zur Beseitigung des Risikos eines solchen Verstoßes geeignete Maßnahmen ergriffen wurden;
6. die Angemessenheit und Wirksamkeit der nach diesem Abschnitt getroffenen organisatorischen Maßnahmen überwachen und regelmäßig bewerten sowie die erforderlichen Maßnahmen zur Beseitigung von Unzulänglichkeiten ergreifen.

³Im Rahmen der nach Satz 2 Nr. 1 zu treffenden Vorkehrungen muss das Wertpapierdienstleistungsunternehmen Art, Umfang, Komplexität und Risikogehalt seines Geschäfts sowie Art und Spektrum der von ihm angebotenen Wertpapierdienstleistungen berücksichtigen.

(1a) ¹Ein Wertpapierdienstleistungsunternehmen muss zusätzlich die in diesem Absatz genannten Bestimmungen einhalten, wenn es in der Weise Handel mit Finanzinstrumenten betreibt, dass ein Computeralgorithmus die einzelnen Auftragsparameter automatisch bestimmt, ohne dass es sich um ein System handelt, das nur zur Weiterleitung von Aufträgen zu einem oder mehreren Handelsplätzen oder zur Bestätigung von Aufträgen verwendet wird (algorithmischer Handel). ²Auftragsparameter im Sinne des Satzes 1 sind insbesondere Entscheidungen, ob der Auftrag eingeleitet werden soll, über Zeitpunkt, Preis oder Quantität des Auftrags oder wie der Auftrag nach seiner Einreichung mit eingeschränkter oder überhaupt keiner menschlichen Beteiligung bearbeitet wird. ³Ein Wertpapierdienstleistungsunternehmen, das algorithmischen Handel betreibt, muss über Systeme und Risikokontrollen verfügen, die sicherstellen, dass
1. seine Handelssysteme belastbar sind, über ausreichende Kapazitäten verfügen und angemessenen Handelsschwellen und Handelsobergrenzen unterliegen;
2. die Übermittlung von fehlerhaften Aufträgen oder eine Funktionsweise des Systems vermieden wird, durch die Störungen auf dem Markt verursacht oder ein Beitrag zu diesen geleistet werden könnten;
3. seine Handelssysteme nicht für einen Zweck verwendet werden können, der gegen die europäischen und nationalen Vorschriften gegen Marktmissbrauch oder die Vorschriften des Handelsplatzes verstößt, mit dem es verbunden ist.

⁴Ein Wertpapierdienstleistungsunternehmen, das algorithmischen Handel betreibt, muss ferner über wirksame Notfallvorkehrungen verfügen, um mit unvorgesehenen Störungen in seinen Handelssystemen umzugehen, und sicherstellen, dass seine Systeme vollständig geprüft sind und ordnungsgemäß überwacht werden. ⁵Es muss darüber hinaus sicherstellen, dass jede Änderung eines zum Handel verwendeten Computeralgorithmus dokumentiert wird.

(2) ¹Ein Wertpapierdienstleistungsunternehmen muss bei einer Auslagerung von Aktivitäten und Prozessen sowie von Finanzdienstleistungen die Anforderungen nach § 25b des Kreditwesengesetzes einhalten. ²Die Auslagerung darf nicht die Rechtsverhältnisse des Unternehmens zu seinen Kunden und seine Pflichten, die nach diesem Abschnitt gegenüber den Kunden bestehen, verändern. ³Die Auslagerung darf die Voraussetzungen, unter denen dem Wertpapierdienstleistungsunternehmen eine Erlaubnis nach § 32 des Kreditwesengesetzes erteilt worden ist, nicht verändern.

(3) ¹Ein Wertpapierdienstleistungsunternehmen darf die Finanzportfolioverwaltung für Privatkunden im Sinne des § 31a Abs. 3 nur dann an ein Unternehmen mit Sitz in einem Drittstaat auslagern, wenn
1. das Auslagerungsunternehmen für diese Dienstleistung im Drittstaat zugelassen oder registriert ist und von einer Behörde beaufsichtigt wird, die mit der Bundesanstalt eine hinreichende Kooperationsvereinbarung unterhält, oder
2. die Auslagerungsvereinbarung bei der Bundesanstalt angezeigt und von ihr nicht innerhalb eines angemessenen Zeitraums beanstandet worden ist.

²Die Bundesanstalt veröffentlicht auf ihrer Internetseite eine Liste der ausländischen Aufsichtsbehörden, mit denen sie eine angemessene Kooperationsvereinbarung im Sinne des Satzes 1 Nr. 1 unterhält und die Bedingungen, unter denen sie Auslagerungsvereinbarungen nach Satz 1 Nr. 2 in der Regel nicht beanstandet, einschließlich einer Begründung, weshalb damit die Einhaltung der Vorgaben nach Absatz 2 gewährleistet werden kann.

[(3 a) Ein Wertpapierdienstleistungsunternehmen darf die Anlageberatung nur dann als Honorar-Anlageberatung erbringen, wenn es ausschließlich Honorar-Anlageberatung erbringt oder wenn es die Honorar-Anlageberatung organisatorisch, funktional und personell von der übrigen Anlageberatung trennt. Wertpapierdienstleistungsunternehmen müssen Vertriebsvorgaben im Sinne des Absatzes 1 Nummer 3a für die Honorar-Anlageberatung so ausgestalten, dass in keinem Falle Interessenkonflikte mit Kundeninteressen entstehen können. Ein Wertpapierdienstleistungsunternehmen, das Honorar-Anlageberatung erbringt, muss auf seiner Internetseite angeben, ob die Honorar-Anlageberatung in der Hauptniederlassung und in welchen inländischen Zweigniederlassungen angeboten wird.][1]

(4) [1]Das Bundesministerium der Finanzen kann durch Rechtsverordnung, die nicht der Zustimmung des Bundesrates bedarf, nähere Bestimmungen zu den organisatorischen Anforderungen nach Absatz 1 Satz 2 und Absatz 3a erlassen. [2]Das Bundesministerium der Finanzen kann die Ermächtigung durch Rechtsverordnung auf die Bundesanstalt übertragen.

§ 12 WpDVerOV Organisationspflichten

(1) [1]Die nach § 33 Abs. 1 Satz 2 Nr. 1 in Verbindung mit Satz 3 des Wertpapierhandelsgesetzes niederzulegenden Grundsätze und einzurichtenden Verfahren müssen darauf ausgerichtet sein, die Gefahr einer Verletzung des Wertpapierhandelsgesetzes und der in entsprechenden Verordnungen geregelten Verpflichtungen durch das Wertpapierdienstleistungsunternehmen oder seine Mitarbeiter sowie die mit einer solchen Verletzung verbundenen Risiken aufzudecken. [2]Das Wertpapierdienstleistungsunternehmen hat hierfür angemessene Kontroll- und Überwachungsmaßnahmen durchzuführen und in den nach Satz 1 niederzulegenden Grundsätzen festzulegen, welche Personen mit den Kontroll- und Überwachungshandlungen im Sinne des § 33 Absatz 1 Satz 2 Nummer 1 des Wertpapierhandelsgesetzes betraut sind.

(2) Wertpapierdienstleistungsunternehmen haben angemessene Maßnahmen zu ergreifen und Verfahren einzurichten, um die Gefahren und Risiken nach Absatz 1 so weit wie möglich zu beschränken und der Bundesanstalt eine effektive Ausübung ihrer Aufsicht zu ermöglichen.

(2 a) Defizite, die hinsichtlich der Angemessenheit und Wirksamkeit der Grundsätze und Vorkehrungen im Sinne der Absätze 1 und 2 festgestellt worden sind, hat das Wertpapierdienstleistungsunternehmen innerhalb angemessener Zeit zu beheben und Mitarbeiter zu benennen, die für die Behebung der festgestellten Defizite verantwortlich sind.

(3) [1]Die nach § 33 Abs. 1 Satz 2 Nr. 1 in Verbindung mit Satz 3 des Wertpapierhandelsgesetzes einzurichtende Compliance-Funktion muss

1. die Angemessenheit und Wirksamkeit der Grundsätze und Vorkehrungen im Sinne der Absätze 1 und 2 sowie die zur Behebung von Defiziten getroffenen Maßnahmen überwachen und regelmäßig bewerten und

2. die Mitarbeiter im Hinblick auf die Einhaltung der in Absatz 1 genannten Bestimmungen beraten und unterstützen.

[2]Der Compliance-Beauftragte im Sinne des Absatzes 4 Satz 1 muss berechtigt sein, geeignete und erforderliche vorläufige Maßnahmen zu treffen, um eine konkrete Gefahr der Beeinträchtigung von Kundeninteressen bei der Erbringung von Wertpapierdienstleistungen oder Wertpapiernebendienstleistungen abzuwenden.

(4) [1]Das Wertpapierdienstleistungsunternehmen muss einen Compliance-Beauftragten benennen, der für die Compliance-Funktion sowie die Berichte an die Geschäftsleitung und das Aufsichtsorgan nach § 33 Abs. 1 Satz 2 Nr. 5 des Wertpapierhandelsgesetzes verantwortlich ist. [2]Sollten die zur Behebung von Defiziten erforderlichen Maßnahmen nach Absatz 2 a nicht innerhalb angemessener Zeit ergriffen und umgesetzt werden, hat der Compliance-Beauftragte die Geschäftsleitung hierüber in Kenntnis zu setzen. [3]Die mit der Compliance-Funktion betrauten Personen müssen über die für eine ordnungsgemäße und unabhängige Erfüllung ihrer Aufgaben nach Maßgabe des Absatzes 3 erforderlichen Fachkenntnisse, Mittel und Kompetenzen sowie über Zugang zu allen für ihre Tätigkeit relevanten Informationen verfügen. [4]Vorbehaltlich des Absatzes 5 dürfen sie weder an den Wertpapierdienstleistungen beteiligt sein, die sie überwachen, noch darf die Art und Weise ihrer Vergütung eine Beeinträchtigung ihrer Unvoreingenommenheit bewirken oder wahrscheinlich erscheinen lassen.

(5) Soweit das Wertpapierdienstleistungsunternehmen darlegen kann, dass die Anforderungen nach Absatz 4 Satz 3 aufgrund Art, Umfang und Komplexität seiner Geschäftstätigkeit oder der Art und des Spektrums seiner Wertpapierdienstleistungen unverhältnismäßig sind und die ordnungsgemäße Erfüllung der Compliance-Funktion nicht gefährdet ist, entfallen diese Anforderungen.

---

1 Gemäß Art. 1 Nr. 3 a) iVm Art. 5 Abs. 2 G v. 15.7.2013
(BGBl. I S. 2390, 2392) tritt **Abs. 3 a mWv 1.8.2014** in Kraft.

§ 13 WpDVerOV Interessenkonflikte

(1) Um die Arten von Interessenkonflikten nach § 33 Abs. 1 Satz 2 Nr. 3 des Wertpapierhandelsgesetzes zu erkennen, die in die Grundsätze zum Interessenkonfliktmanagement nach Absatz 2 aufzunehmen sind, müssen Wertpapierdienstleistungsunternehmen prüfen, inwieweit sie selbst, ihre Mitarbeiter oder Personen oder Unternehmen, die direkt oder indirekt durch Kontrolle im Sinne von § 1 Abs. 8 des Kreditwesengesetzes mit ihm verbunden sind, aufgrund der Erbringung von Wertpapierdienstleistungen oder Wertpapiernebendienstleistungen
1. zu Lasten von Kunden einen finanziellen Vorteil erzielen oder Verlust vermeiden könnten,
2. am Ergebnis einer für Kunden erbrachten Dienstleistung oder eines für diese getätigten Geschäfts ein Interesse haben, das nicht mit dem Kundeninteresse an diesem Ergebnis übereinstimmt,
3. einen finanziellen oder sonstigen Anreiz haben, die Interessen eines Kunden oder einer Kundengruppe über die Interessen anderer Kunden zu stellen,
4. dem gleichen Geschäft nachgehen wie Kunden,
5. im Zusammenhang mit der für einen Kunden erbrachten Dienstleistung über die hierfür übliche Provision oder Gebühr hinaus von einem Dritten eine Zuwendung im Sinne von § 31 d Abs. 2 des Wertpapierhandelsgesetzes erhalten oder in Zukunft erhalten könnten.

(2) ¹Um eine Beeinträchtigung von Kundeninteressen nach § 33 Abs. 1 Satz 2 Nr. 3 des Wertpapierhandelsgesetzes zu verhindern, müssen Wertpapierdienstleistungsunternehmen ihrer Größe und Organisation sowie der Art, des Umfangs und der Komplexität ihrer Geschäftätigkeit entsprechend angemessene Grundsätze für den Umgang mit Interessenkonflikten auf einem dauerhaften Datenträger festlegen und dauerhaft anwenden, in denen sie bestimmen,
1. unter welchen Umständen bei der Erbringung von Wertpapierdienstleistungen oder Wertpapiernebendienstleistungen Interessenkonflikte auftreten können, die den Kundeninteressen erheblich schaden könnten und
2. welche Maßnahmen zu treffen sind, um diese Interessenkonflikte zu bewältigen.

²In den Grundsätzen ist auch Interessenkonflikten Rechnung zu tragen, die sich aus der Struktur und Geschäftätigkeit anderer Unternehmen derselben Unternehmensgruppe ergeben und die das Wertpapierdienstleistungsunternehmen kennt oder kennen müsste. ³Eine Unternehmensgruppe im Sinne des Satzes 2 und des Absatzes 3 erfasst Mutterunternehmen und Tochterunternehmen im Sinne des § 290 des Handelsgesetzbuchs, Unternehmen, an denen diese eine Beteiligung im Sinne des § 271 Abs. 1 des Handelsgesetzbuchs halten, sowie alle Unternehmen, die aufgrund eines mit diesen Unternehmen geschlossenen Vertrages oder einer Satzungsbestimmung dieser Unternehmen einer einheitlichen Leitung unterstehen oder deren Verwaltungs-, Leitungs- oder Aufsichtsorgane sich während des Geschäftsjahres und bis zur Aufstellung des konsolidierten Abschlusses mehrheitlich aus denselben Personen zusammensetzen.

(3) ¹Die Maßnahmen nach Absatz 2 Satz 1 Nr. 2 müssen so ausgestaltet sein, dass Mitarbeiter Tätigkeiten, bei denen Interessenkonflikte im Sinne des Absatzes 2 Satz 1 Nr. 1 auftreten und Kundeninteressen beeinträchtigt werden könnten, mit einer der Größe und Geschäftätigkeit des Wertpapierdienstleistungsunternehmens und seiner Unternehmensgruppe sowie dem Risiko einer Beeinträchtigung von Kundeninteressen angemessenen Unabhängigkeit ausführen. ²Soweit dieses zur Gewährleistung des erforderlichen Grades an Unabhängigkeit notwendig und angemessen ist, umfassen die Maßnahmen nach Satz 1
1. Vorkehrungen zur wirksamen Verhinderung oder Kontrolle eines Informationsaustauschs zwischen Mitarbeitern, deren Tätigkeiten einen Interessenkonflikt nach sich ziehen könnten, wenn dieser Informationsaustausch Kundeninteressen beeinträchtigen könnte,
2. die Unabhängigkeit der Vergütung von Mitarbeitern von der Vergütung anderer Mitarbeiter mit anderen Aufgabenbereichen sowie von den von diesen erwirtschafteten Unternehmenserlösen oder Prämien, sofern die beiden Tätigkeiten einen Interessenkonflikt auslösen könnten,
3. die Verhinderung einer unsachgemäßen Einflussnahme anderer Personen auf die Tätigkeit von Mitarbeitern, die Wertpapierdienstleistungen oder Wertpapiernebendienstleistungen erbringen,
4. die Verhinderung oder Kontrolle einer Beteiligung eines Mitarbeiters an verschiedenen Wertpapierdienstleistungen oder Wertpapiernebendienstleistungen in engem zeitlichen Zusammenhang, sofern diese Beteiligung ein ordnungsgemäßes Interessenkonfliktmanagement beeinträchtigen könnte, und
5. die gesonderte Überwachung von Mitarbeitern, die im Rahmen ihrer Haupttätigkeit potentiell widerstreitende Interessen, insbesondere von Kunden oder des Wertpapierdienstleistungsunternehmens, wahrnehmen.

³Soweit mit einer oder mehrerer dieser Maßnahmen der erforderliche Grad an Unabhängigkeit nicht erzielt wird, sind dafür notwendige alternative oder zusätzliche Maßnahmen zu treffen.

(4) ¹Die Unterrichtung des Kunden über Interessenkonflikte nach § 31 Abs. 1 Nr. 2 des Wertpapierhandelsgesetzes muss unter Berücksichtigung seiner Einstufung als Privatkunde, professioneller Kunde oder geeig-

neter Gegenpartei dem Kunden ermöglichen, seine Entscheidung über die Wertpapierdienstleistung oder Wertpapiernebendienstleistung, in deren Zusammenhang der Interessenkonflikt auftritt, auf informierter Grundlage zu treffen. ²Die Information hat auf einem dauerhaften Datenträger zu erfolgen.

Rundschreiben 4/2010 (WA) – Mindestanforderungen an die Compliance-Funktion und die weiteren Verhaltens-, Organisations- und Transparenzpflichten nach §§ 31 ff. WpHG für Wertpapierdienstleistungsunternehmen (MaComp)

Stand: 7. Januar 2014 | Geschäftszeichen WA 31-Wp 2002-2009/0010

AT Allgemeine Anforderungen für Wertpapierdienstleistungsunternehmen
- AT 1 Vorbemerkung
- AT 2 Quellen
  - AT 2.1 Internationale/europäische Quellen und Auslegungen
  - AT 2.2 Nationale Rechtsquellen
- AT 3 Anwendungsbereich
  - AT 3.1 Anwenderkreis
  - AT 3.2 Proportionalitätsgrundsatz
- AT 4 Gesamtverantwortung der Geschäftsleitung
- AT 5 Zusammenarbeit mehrerer Wertpapierdienstleistungsunternehmen
- AT 6 Allgemeine Anforderungen an Wertpapierdienstleistungsunternehmen nach § 33 Abs. 1 WpHG
  - AT 6.1 Aufbau- und Ablauforganisation des Wertpapierdienstleistungsunternehmens
  - AT 6.2 Mittel und Verfahren des Wertpapierdienstleistungsunternehmens
- AT 7 Verhältnis §§ 31 ff. WpHG zu §§ 25 a, 25 e KWG
- AT 8 Aufzeichnungspflichten
  - AT 8.1 Mindestaufzeichnungspflichten
  - AT 8.2 Aufzeichnungspflicht gem. § 14 Abs. 2 Nr. 5 WpDVerOV
    - AT 8.2.1 Zuwendungsverzeichnis
    - AT 8.2.2 Verwendungsverzeichnis
    - AT 8.2.3 Qualitätsverbesserung
  - AT 8.3 Aufzeichnungspflichten im Zusammenhang mit der Geeignetheitsprüfung nach § 31 Abs. 4, Abs. 4 a WpHG
- AT 9 Anforderung an das Outsourcing nach § 33 Abs. 3 WpHG

BT Besondere Anforderungen nach § 31 ff. WpHG
- BT 1 Organisatorische Anforderungen und Aufgaben der Compliance-Funktion nach § 33 Abs. 1 WpHG
  - BT 1.1 Stellung der Compliance-Funktion
  - BT 1.2 Aufgaben der Compliance-Funktion
    - BT 1.2.1 Überwachungsaufgaben der Compliance-Funktion
      - BT 1.2.1.1 Risikoanalyse
      - BT 1.2.1.2 Überwachungshandlungen
    - BT 1.2.2 Berichtspflichten der Compliance-Funktion
    - BT 1.2.3 Beratungsaufgaben der Compliance-Funktion
    - BT 1.2.4 Beteiligung der Compliance-Funktion an Prozessen
  - BT 1.3 Organisatorische Anforderungen an die Compliance-Funktion
- BT 1.3.1 Wirksamkeit
  - BT 1.3.1.1 Ausstattung und Budget
  - BT 1.3.1.2 Befugnisse der Compliance-Mitarbeiter
  - BT 1.3.1.3 Sachkunde der Compliance-Mitarbeiter
  - BT 1.3.1.4 Sachkunde und Zuverlässigkeit des Compliance-Beauftragten
- BT 1.3.2 Dauerhaftigkeit
  - BT 1.3.2.1 Überwachungsplan
  - BT 1.3.2.2 Die Compliance-Funktion im Unternehmensverbund
- BT 1.3.3 Unabhängigkeit
  - BT 1.3.3.1 Beteiligung von Compliance-Mitarbeitern an zu überwachenden Prozessen
  - BT 1.3.3.2 Kombination der Compliance-Funktion mit anderen Kontrollfunktionen

- BT 1.3.3.3 Kombination der Compliance-Funktion mit der Rechtsabteilung
- BT 1.3.3.4 Sonstige Maßnahmen zur Sicherung der Unabhängigkeit der Compliance-Funktion
■ BT 1.3.4 Auslagerung von Compliance-Aufgaben

AT Allgemeine Anforderungen für Wertpapierdienstleistungsunternehmen

AT 1 Vorbemerkung

1. Dieses Rundschreiben präzisiert einzelne Regelungen des 6. Abschnitts des WpHG sowie der auf Grundlage dieser Bestimmungen erlassenen Verordnungen[1]. Das Rundschreiben setzt hierbei einen flexiblen und praxisnahen Rahmen für die Ausgestaltung der Geschäftsorganisation des Wertpapiergeschäfts der unter die Vorschriften fallenden Unternehmen. Das Rundschreiben soll zusätzlich – insbesondere für kleinere Unternehmen- Orientierungshilfen geben. An verschiedenen Stellen enthält das Rundschreiben eine beispielhafte Auflistung möglicher Maßnahmen, die geeignet sind, den Anforderungen der genannten Regelungen nachzukommen.
2. Das Rundschreiben soll das Vertrauen der Anleger in das ordnungsmäßige Funktionieren der Wertpapiermärkte fördern und den Schutz der Gesamtheit der Anleger und die institutionelle Funktionsfähigkeit der Kapitalmärkte stärken sowie dem Schutz des Wertpapierdienstleistungsunternehmens und seiner Mitarbeiter dienen. Das Rundschreiben zielt zugleich auf die Einführung angemessener Maßnahmen zur Minderung des Risikos von aufsichtsrechtlichen Maßnahmen, Schadensersatzansprüchen gegenüber Unternehmen und Reputationsschäden für Unternehmen aufgrund von Verstößen gegen die Bestimmungen des 6. Abschnitts des WpHG.
3. Das Rundschreiben dient als Kompendium, das die Verwaltungspraxis der Bundesanstalt für Finanzdienstleistungsaufsicht (Bundesanstalt) zu einzelnen Regelungen aus den o.g. Vorschriften zusammenführt. Mit diesem Rundschreiben wird den Unternehmen eine bei Bedarf zu aktualisierende Zusammenstellung sämtlicher, von der Bundesanstalt veröffentlichten und gültigen Verwaltungspraktiken zum 6. Abschnitt des WpHG zur Verfügung gestellt.
4. Da nur einzelne Regelungen aus den o. g. Rechtsnormen näher erläutert werden, erhebt das Rundschreiben keinen Anspruch auf Vollständigkeit. Die Bundesanstalt wird einen fortlaufenden Dialog mit der Praxis führen, um dem jeweils sich ergebenden Konkretisierungsbedarf Rechnung zu tragen.
5. Das Rundschreiben ist modular aufgebaut, so dass notwendige Anpassungen in bestimmten Regelungsfeldern auf die zeitnahe Überarbeitung einzelner Module beschränkt werden können. In einem allgemeinen Teil (Modul AT) befinden sich grundsätzliche Prinzipien zu den im 6. Abschnitt des WpHG geregelten Organisations- und Verhaltenspflichten. Im Besonderen Teil werden einzelne konkrete Vorschriften und Pflichten näher erläutert.
6. Das Rundschreiben enthält zum einen Anforderungen, die von der Bundesanstalt als zwingende Vorgaben aus den Regelungen des 6. Abschnitts des WpHG angesehen werden (in der Regel gekennzeichnet durch Verwendung der Formulierung „muss", „ist" oder „hat...zu"). Diese sind von allen unter die jeweiligen Regelungen fallenden Unternehmen einzuhalten. Weiter enthält das Rundschreiben Vorgaben, die als im Regelfall einzuhalten angesehen werden, von denen jedoch unter bestimmten Umständen abgewichen werden kann. Diese sind durch Verwendung der Formulierung „soll" oder „ist grundsätzlich" gekennzeichnet. Bei einigen dieser Vorgaben stellt das Rundschreiben die Anforderung auf, Abweichungen schriftlich zu begründen.
Neben den nach der Verwaltungspraxis der Bundesanstalt zwingend und im Regelfall einzuhaltenden Anforderungen beinhaltet das Rundschreiben auch Empfehlungen, die entweder durch ausdrückliche Benennung als Empfehlung oder unter Verwendung der Formulierung „kann" ausgestaltet sind. Mit einer Empfehlung werden unverbindliche Vorschläge oder Handlungsalternativen aufgezeigt.
Zusätzlich enthält das Rundschreiben an vielen Stellen Beispiele zur Verdeutlichung der enthaltenen Vorgaben als auch einfache Hinweise zu unverbindlichen, informativen Zwecken, die ebenfalls als solche gekennzeichnet sind.
7. Die in BT 1 dieses Rundschreibens enthaltenen Anforderungen richten sich an die Compliance-Funktion des Wertpapierdienstleistungsunternehmens. Der Allgemeine Teil sowie BT 2 bis BT 5 dieses Rundschreibens richten sich an das Wertpapierdienstleistungsunternehmen als solches. Die Wertpapierdienstleistungsunternehmen bestimmen den zuständigen Geschäftsbereich für diese Bereiche selbst.

AT 2 Quellen

AT 2.1 Internationale/europäische Quellen und Auslegungen

Den durch dieses Rundschreiben konkretisierten gesetzlichen Vorgaben liegen die folgenden supranationalen Rechtsquellen und Abkommen zugrunde:

1. .International Organization of Securities Commissions (IOSCO)'s *Objectives and Principles of Securities Regulation*
2. Basel Committee on Banking Supervision's *Compliance and the Compliance Function in Banks*
3. EU-Richtlinie 2004/39/EG, EU-Richtlinie 2006/73/EG und EU-Rechtsverordnung 1287/2006[2]
4. Verlautbarungen der Europäischen Wertpapierbehörde (European Securities and Markets Authority – ESMA) bzw deren Vorgänger des Committees of European Securities Regulators (CESR):
   – Leitlinien zu einigen Aspekten der MiFID-Anforderungen an die Compliance-Funktion vom 28. September 2012
   – Leitlinien zu einigen Aspekten der MiFID-Anforderungen an die Eignung vom 21. August 2012
   – CESR's *Level 3 Recommendations on the List of Minimum Records under Article 51(3) of the MiFID Implementing Directive* vom 09. Februar 2007
   – CESR's *Q & A on Best Execution* vom 29. Mai 2007.

AT 2.2 Nationale Rechtsquellen

Diesem Rundschreiben liegen die folgenden nationalen Rechtsquellen zugrunde:
1. Gesetz über den Wertpapierhandel (Wertpapierhandelsgesetz – WpHG)[3]
2. Gesetz über das Kreditwesen (Kreditwesengesetz – KWG)
3. Verordnung zur Konkretisierung der Verhaltensregeln und Organisationsanforderungen für Wertpapierdienstleistungsunternehmen (Wertpapierdienstleistungs-Verhaltens- und Organisationsverordnung – WpDVerOV)
4. Verordnung über die Analyse von Finanzinstrumenten (Finanzanalyseverordnung – FinAnV)
5. Verordnung über den Einsatz von Mitarbeitern in der Anlageberatung, als Vertriebsbeauftragte oder als Compliance-Beauftragte und über die Anzeigepflichten nach § 34d des Wertpapierhandelsgesetzes (WpHG-Mitarbeiteranzeige-Verordnung – WpHGMaAnzV).

AT 3 Anwendungsbereich

AT 3.1 Anwenderkreis

Die Anforderungen des Rundschreibens finden auf alle Wertpapierdienstleistungsunternehmen im Sinne von § 2 Abs. 4 WpHG Anwendung. Dies sind alle Kreditinstitute und Finanzdienstleistungsinstitute nach § 1 Abs. 1 und Abs. 1a KWG sowie sämtliche nach § 53 Abs. 1 Satz 1 KWG tätige Unternehmen, die Wertpapierdienstleistungen nach § 2 Abs. 3 WpHG gewerbsmäßig oder in einem Umfang erbringen, der einen in kaufmännischer Weise eingerichteten Geschäftsbetrieb erfordert. Ausgenommen sind Unternehmen, die einen Ausnahmetatbestand nach § 2a WpHG erfüllen.

Auf Zweigniederlassungen nach § 53b KWG finden nur AT 8 und BT 3 bis BT 7 dieses Rundschreibens Anwendung. Auf im EWR ansässige Zweigniederlassungen deutscher Wertpapierdienstleistungsunternehmen finden die Bestimmungen des AT sowie BT 1 und BT 2 dieses Rundschreibens Anwendung.

Kredit- und Finanzdienstleistungsinstitute, die keine Wertpapierdienstleistungsunternehmen im Sinne von § 2 Abs. 4 WpHG sind, unterliegen den allgemeinen organisatorischen Anforderungen des § 25a Abs. 1 KWG, nicht aber den Anforderungen von §§ 31 ff. WpHG und diesem Rundschreibens.

Die Anforderungen dieses Rundschreibens finden auf Kapitalverwaltungsgesellschaften Anwendung, soweit diese Dienstleistungen und Nebendienstleistungen im Sinne von § 20 Abs. 2 Nr. 1, 2 und 3 und Abs. 3 Nr. 2, 3, 4 und 5 KAGB erbringen, mit der Maßgabe, dass

- die Anforderungen in AT und in BT 1 keine Anwendung finden (siehe hierzu auch Abschnitt 1 Tz. 4 des Rundschreibens Mindestanforderungen an das Risikomanagement für Investmentgesellschaften (InvMaRisk) vom 30. Juni 2010,
- die Anforderungen in BT 2, BT 3, BT 4, BT 6 und BT 8 Anwendung finden, soweit die entsprechenden Regelungen der §§ 31 ff. WpHG über § 5 Abs. 2 KAGB gelten.

BT 8.2.2. Tz. 1 gilt für Kapitalverwaltungsgesellschaften mit der Maßgabe, dass BT 1.2.1.1 Tz. 2 (Risikoanalyse) im Hinblick auf die Einbeziehung der Ergebnisse von Überwachungshandlungen der internen Revision keine Anwendung findet, wenn der Kapitalverwalter gemäß Art. 62 Abs. 1 AIFM-VO keine ständige Innenrevisionsfunktion eingerichtet hat. BT 1.2.1.2 Tz. 5 (Überwachungshandlungen) findet auf Kapitalverwaltungsgesellschaften, die ausschließlich Spezial-AIF verwalten, keine Anwendung. BT 8.3.1 Tz. 3 Satz 2 findet auf Kapitalverwaltungsgesellschaften keine Anwendung.

Die Ausführungen betreffend §§ 34b und 34c WpHG sowie die Finanzanalyseverordnung (FinAnV) im BT 5 dieses Rundschreibens gelten auch für andere Personen als Wertpapierdienstleistungsunternehmen.

AT 3.2 Proportionalitätsgrundsatz

Das Rundschreiben trägt der heterogenen Unternehmensstruktur und der Vielfalt der Geschäftsaktivitäten der Wertpapierdienstleistungsunternehmen Rechnung. Es enthält zahlreiche Öffnungsklauseln, die insbesondere abhängig von der Größe der Unternehmen, den Geschäftsschwerpunkten und der Risikosituation eine vereinfachte Umsetzung ermöglichen. Insoweit kann es vor allem auch von kleineren Unternehmen flexibel umgesetzt werden. Bei Ermittlung der jeweils angemessenen Vorkehrungen sind Art, Umfang, Komplexität und Risikogehalt des jeweiligen Geschäfts sowie Art und Spektrum der angebotenen Wertpapierdienstleistungen zu berücksichtigen.

AT 4 Gesamtverantwortung der Geschäftsleitung

Die Verantwortung für die Einhaltung der im WpHG geregelten Pflichten trägt die Geschäftsleitung. Alle Geschäftsleiter nach § 1 Abs. 2 KWG sind, unabhängig von der internen Zuständigkeitsregelung im Unternehmen oder im Konzern, für die ordnungsgemäße Geschäftsorganisation und deren Weiterentwicklung verantwortlich. Diese Verantwortung erstreckt sich auch auf ausgelagerte Aktivitäten und Prozesse. Die Verantwortung besteht bei einer Delegation von Aufgaben fort.

AT 5 Zusammenarbeit mehrerer Wertpapierdienstleistungsunternehmen

Werden Wertpapierdienstleistungen für einen Kunden durch zwei oder mehrere Wertpapierdienstleistungsunternehmen mit Sitz im EWR erbracht, beispielsweise indem ein Wertpapierdienstleistungsunternehmen einen Kundenauftrag von einem Wertpapierdienstleistungsunternehmen an ein anderes Wertpapierdienstleistungsunternehmen zur Ausführung weiterleitet, dürfen die beteiligten Unternehmen grundsätzlich darauf vertrauen, dass die anderen beteiligten Unternehmen die ihnen jeweils obliegenden aufsichtsrechtlichen Pflichten erfüllen. Dies gilt auch für die gegenüber den Kunden bestehenden aufsichtsrechtlichen Pflichten, soweit gesetzlich oder vertraglich festgelegt ist, welche der Unternehmen diese zu erfüllen haben. § 31 e WpHG enthält eine derartige gesetzliche Festlegung.
Dies gilt nicht, soweit einem der Wertpapierdienstleistungsunternehmen offensichtliche Anhaltspunkte vorliegen, dass eines der anderen Unternehmen seinen aufsichtsrechtlichen Pflichten nicht nachkommt.

AT 6 Allgemeine Anforderungen an Wertpapierdienstleistungsunternehmen nach § 33 Abs. 1 WpHG

1. Ein Wertpapierdienstleistungsunternehmen hat angemessene Grundsätze aufzustellen, Mittel vorzuhalten und Verfahren einzurichten, die darauf ausgerichtet sind, sicherzustellen, dass das Wertpapierdienstleistungsunternehmen selbst und seine Mitarbeiter den Verpflichtungen des WpHG nachkommen. Dies erfordert insbesondere die Einrichtung einer dauerhaften und wirksamen sowie prozessbegleitend als auch präventiv tätigen Compliance-Funktion, die ihre Aufgaben unabhängig wahrnehmen kann.
2. Die aufgestellten Grundsätze und eingerichteten Verfahren haben die effektive Durchführung der erforderlichen Kontrollhandlungen sicherzustellen. Hierbei sind zunächst die operativen Bereiche für die Einhaltung der Vorschriften und die Durchführung von Kontrollen (Selbstkontrollen), verantwortlich. Es ist sicherzustellen, dass zusätzlich – zumindest stichprobenartig –Überwachungshandlungen durch andere Bereiche, etwa eine Überwachung des Handels durch die Handelsabwicklung und/oder die Compliance-Funktion, erfolgen.
3. Die Compliance-Funktion überwacht hierbei die zur Einhaltung der Vorschriften des WpHG, insbesondere der §§ 31 ff. WpHG, getroffenen Vorkehrungen. Die spezifischen Anforderungen an die Compliance-Funktion werden unter BT 1.1 und 1.2 dieses Rundschreibens dargestellt.

AT 6.1 Aufbau- und Ablauforganisation des Wertpapierdienstleistungsunternehmens

Die unter AT 6 Tz. 1 beschriebenen Vorkehrungen haben sich daran zu orientieren, inwieweit Wertpapierdienstleistungsunternehmen und ihre Mitarbeiter einem Interessenkonflikt unterliegen können oder ob diese regelmäßig Zugang zu compliance-relevanten Informationen haben.
Zugang zu compliance-relevanten Informationen haben insbesondere Personen, die Zugang zu Insideroder anderen vertraulichen Informationen haben. Als Insiderinformationen gemäß § 13 WpHG sind insbesondere Kenntnisse über die im Emittentenleitfaden in Kapitel IV 2.2.4., S. 56-57 aufgeführten Sachverhalte anzusehen, sofern sie im Falle ihres öffentlichen Bekanntwerdens geeignet sind, den Kurs/Börsenpreis eines Finanzinstruments erheblich zu beeinflussen: Emittentenleitfaden der BaFin, Stand: 28. April 2009, Kapitel IV 2.2.4., S. 56-57.
Des Weiteren ist als compliance-relevante Information die Kenntnis von Kundenaufträgen anzusehen, soweit diese durch den Abschluss von Eigengeschäften des Unternehmens oder Mitarbeitergeschäften zum Nachteil des Kunden verwendet werden kann (Vor-, Mit- oder Gegenlaufen).

AT 6.2 Mittel und Verfahren des Wertpapierdienstleistungsunternehmens

1. Zu den notwendigen Mitteln und Verfahren eines Wertpapierdienstleistungsunternehmens zählen insbesondere
   a. wirksame Vorkehrungen für angemessene Maßnahmen, um Interessenkonflikte bei der Erbringung von Wertpapierdienstleistungen oder Wertpapiernebendienstleistungen zwischen dem Unternehmen einschließlich seiner Mitarbeiter und der mit ihm direkt oder indirekt durch Kontrolle im Sinne des § 1 Abs. 8 KWG verbundenen Personen und seinen Kunden oder zwischen seinen Kunden zu erkennen und eine Beeinträchtigung der Kundeninteressen zu vermeiden,
   b. Vorkehrungen, um bei Systemausfällen und -störungen Verzögerungen bei der Auftragsausführung oder -weiterleitung möglichst gering zu halten,
   c. wirksame und transparente Verfahren für eine angemessene und unverzügliche Bearbeitung von Beschwerden durch Privatkunden,
   d. Vorkehrungen um sicherzustellen, dass eine regelmäßige Überwachung und Bewertung der Angemessenheit und Wirksamkeit der getroffenen organisatorischen Maßnahmen erfolgt und erforderliche Maßnahmen zur Beseitigung von Unzulänglichkeiten getroffen werden.
2. Wertpapierdienstleistungsunternehmen, die in der Regel nicht über compliance-relevante Informationen im Sinne von AT 6.1 dieses Rundschreibens verfügen und deren Mitarbeiter in der Regel keinem Interessenkonflikt unterliegen, haben im Rahmen ihrer Organisationspflichten allgemeine Maßnahmen für den Fall vorzusehen, dass sie in Einzelfällen solche Informationen erhalten.
Wertpapierdienstleistungsunternehmen, die in der Regel über solche Informationen verfügen, haben ausreichende Vorkehrungen zu treffen und Maßnahmen zu ergreifen, um die im Unternehmen vorliegenden Informationen zu erfassen und ihre bestimmungsgemäße Weitergabe zu überwachen.
Die jeweiligen Anforderungen an die Compliance-Funktion werden in Modul BT 1 dieses Rundschreibens erläutert.
3. Zur Erfassung und Überwachung der Weitergabe von compliance-relevanten Informationen im Sinne von AT 6.1 dieses Rundschreibens sind nachfolgend beispielhaft aufgezählte Maßnahmen und Instrumente als geeignet anzusehen.
   a. Vertraulichkeitsbereiche (sog. Chinese Walls)
   Chinese Walls haben zum Ziel, dass Informationen im Sinne von AT 6.1 dieses Rundschreibens, die in einem bestimmten Bereich des Wertpapierdienstleistungsunternehmens bekannt werden, den Bereich, in dem sie eingetreten sind, nur nach Maßgabe von 3.b. verlassen. Als mögliche organisatorische Maßnahmen dazu kommen in Frage:
   – die funktionale oder die räumliche Trennung von Vertraulichkeitsbereichen (z.B. zwischen Kundenhandel und Eigengeschäft),
   – die Schaffung von Zutrittsbeschränkungen,
   – die Regelung von Zugriffsberechtigungen auf Daten.
   Chinese Walls dienen dazu, die Auswirkungen von Interessenkonflikten zwischen dem Wertpapierdienstleistungsunternehmen und seinen Kunden oder zwischen seinen verschiedenen Kunden möglichst gering zu halten. Hierdurch soll auf die ununterbrochene und uneingeschränkte interessenkonfliktfreie Handlungsfähigkeit der einzelnen Bereiche des Wertpapierdienstleistungsunternehmens hingewirkt werden, indem das in einem Bereich entstandene compliance-relevante Informationsaufkommen auf diesen Bereich beschränkt bleibt. Der jeweilige Bereich hat daher in eigener Verantwortung im Einvernehmen mit der Compliance-Funktion alle Vorkehrungen zu treffen, um die Vertraulichkeit der compliance-relevanten Informationen sicherzustellen. Soweit derartige Maßnahmen nicht getroffen werden können, sind andere vergleichbare organisatorische Maßnahmen zu treffen, um Interessenkonflikte möglichst gering zu halten.
   b. Bereichsüberschreitender Informationsfluss (Wall Crossing)
   Ein bereichsüberschreitender Informationsfluss ist zulässig, soweit dies zur Erfüllung der Aufgaben des Wertpapierdienstleistungsunternehmens erforderlich ist. In einem auf vielen Geschäftsfeldern tätigen, aber arbeitsteilig organisierten Wertpapierdienstleistungsunternehmen kann die Hinzuziehung von Mitarbeitern aus anderen Bereichen oder die bereichsüberschreitende Informationsweitergabe insbesondere bei komplexen Transaktionen mit hohem Schwierigkeits- und/oder Risikograd oder zur vollen Ausschöpfung der Produktpalette des Wertpapierdienstleistungsunternehmens notwendig sein. Die bereichsüberschreitende Weitergabe von Informationen im Sinne von AT 6.1 dieses Rundschreibens und die Einschaltung von Mitarbeitern aus anderen Bereichen sind daher statthaft, wenn sich die Informationsweitergabe auf das erforderliche Maß beschränkt (Need-to-know-Prinzip).
   c. Überwachungsinstrumente

Die Überwachung von Geschäften in Finanzinstrumenten kann insbesondere mit Hilfe einer Beobachtungsliste und/oder Sperrliste durchgeführt werden.
- Beobachtungsliste
  Die Beobachtungsliste (watch-list) ist eine nicht öffentliche, laufend aktualisierte Liste von Finanzinstrumenten, zu denen im Wertpapierdienstleistungsunternehmen compliance-relevante Informationen im Sinne von AT 6.1 dieses Rundschreibens vorliegen. Die watch-list ist von der Compliance-Funktion grundsätzlich streng vertraulich zu führen. Die auf der watch-list vermerkten Werte unterliegen grundsätzlich keinen Handels- und/ oder Beratungsbeschränkungen. Die watch-list dient der Compliance-Funktion dazu, in den betreffenden Werten die Eigenhandels- bzw. Mitarbeitergeschäfte zu überwachen. Ferner dient die watch-list zur Beobachtung, ob Chinese Walls zwischen den verschiedenen compliance-relevanten Bereichen des Unternehmens eingehalten werden. In die watch-list sind alle Finanzinstrumente einer Gesellschaft aufzunehmen, über welche compliance-relevante Informationen vorliegen (meldepflichtige Werte). Mitarbeiter des Wertpapierdienstleistungsunternehmens, bei denen in Ausübung ihrer Tätigkeit compliance-relevante Informationen anfallen (Meldepflichtige), sind verpflichtet, unverzüglich eine entsprechende Meldung zur watch-list zu veranlassen.
- Sperrliste
  Als weiteres Compliance-Instrument neben der watch-list kann ein Wertpapierdienstleistungsunternehmen auch eine oder mehrere Sperrlisten (restricted-lists) führen. Die restricted-list ist eine gleichfalls stets aktualisierte Liste meldepflichtiger Werte, die jedoch im Gegensatz zur watch-list unternehmensintern nicht geheim zu halten ist und die dazu dient, den betroffenen Mitarbeitern und Bereichen des Wertpapierdienstleistungsunternehmens etwaige Beschränkungen für Mitarbeiter- und Eigengeschäfte sowie Kunden- und Beratungsgeschäfte – mit Ausnahme solcher Kundengeschäfte, die ohne vorherige Beratung auf Initiative des Kunden erfolgen - mitzuteilen. Bei der Aufnahme von Werten auf die restricted-list kann die Nennung eines Grundes für die Aufnahme nur insoweit erfolgen, als die entsprechenden Tatsachen bereits öffentlich bekannt sind.

AT 7 Verhältnis §§ 31 ff WpHG zu §§ 25 a, 25 e KWG

1. Der Verweis in § 33 Abs. 1 Satz 1 WpHG auf §§ 25 a, 25 e KWG stellt klar, dass deren Anforderungen auch für die Erbringung von Wertpapierdienstleistungen Anwendung finden. Für den Bereich der Wertpapierdienstleistungen gelten die Vorgaben in § 33 Abs. 1 WpHG und § 12 WpDVerOV neben den Vorgaben in §§ 25 a Abs., Abs. 4 und 25 e KWG einschließlich der Konkretisierungen durch die MaRisk.
2. Die Compliance-Funktion ist Bestandteil des internen Kontrollsystems nach § 25 a Abs. 1 Satz 3 Nr. 3 KWG. Die in AT 6 dieses Rundschreibens aufgeführten erforderlichen Grundsätze, Mittel und Verfahren sind somit Bestandteil des internen Kontrollsystems des Wertpapierdienstleistungsunternehmens.

AT 9 Anforderung an das Outsourcing nach § 33 Abs. 3 WpHG

1. Neben den Anforderungen aus §§ 25 a Abs. 2 KWG, 33 Abs. 2 WpHG sowie von AT 9 der MaRisk sind die Vorgaben aus § 33 Abs. 3 WpHG einzuhalten, soweit einschlägig.
2. Die Auslagerung der Finanzportfolioverwaltung für Privatkunden im Sinne von § 31 a Abs. 3 WpHG an ein Unternehmen mit Sitz in einem Drittstaat darf gemäß § 33 Abs. 3 Satz 1 Nr. 1 WpHG nur unter der zusätzlichen Voraussetzung erfolgen, dass das Auslagerungsunternehmen für diese Dienstleistung in diesem Staat zugelassen oder registriert und von der Behörde beaufsichtigt wird, die in der *Liste der Aufsichtsbehörden mit Sitz in einem Drittstaat, mit denen die Bundesanstalt eine angemessene Kooperationsvereinbarung gemäß § 33 Abs. 3 Satz 1 Nr. 1 WpHG unterhält*, enthalten ist.
3. Die Auslagerung der Finanzportfolioverwaltung für Privatkunden an ein Unternehmen mit Sitz in einem Drittstaat darf gemäß § 33 Abs. 3 Satz 1 Nr. 2 WpHG ohne Vorliegen der Voraussetzungen nach Tz. 1 auch dann erfolgen, wenn das Wertpapierdienstleistungsunternehmen der Bundesanstalt die Auslagerung zuvor anzeigt und die Bundesanstalt die Auslagerung nicht innerhalb eines angemessenen Zeitraums beanstandet. Die angezeigte Auslagerung wird in der Regel nicht von der Bundesanstalt beanstandet, wenn die in der *Liste der Bedingungen, bei deren Vorliegen die Bundesanstalt eine ihr angezeigte Auslagerungsvereinbarung der Finanzportfolioverwaltung an ein Unternehmen mit Sitz in einem Drittstaat gemäß § 33 Abs. 3 Satz 1 Nr. 2 WpHG in der Regel nicht beanstandet*, enthalten Voraussetzungen gegeben sind.

Als angemessener Zeitraum ist grundsätzlich ein Zeitraum von drei Monaten anzusehen, wenn nicht im Einzelfall aufgrund der Besonderheiten des und/oder der Komplexität des Sachverhalts ein längerer Zeitraum zur abschließenden Prüfung durch die Bundesanstalt erforderlich ist..

BT Besondere Anforderungen nach § 31 ff WpHG

BT 1 Organisatorische Anforderungen und Aufgaben der Compliance-Funktion nach § 33 Abs. 1 WpHG

Dieses Modul erläutert die Anforderungen an die Organisation und die Tätigkeit der Compliance-Funktion aus § 33 Abs. 1 WpHG und § 12 WpDVerOV. Bei der Umsetzung durch die Wertpapierdienstleistungsunternehmen findet das Proportionalitätsprinzip nach § 33 Abs. 1 S. 3 WpHG Anwendung.

BT 1.1 Stellung der Compliance-Funktion

1. Die Geschäftsleitung eines Wertpapierdienstleistungsunternehmens muss eine angemessene, dauerhafte und wirksame Compliance-Funktion einrichten und ausstatten, die ihre Aufgaben unabhängig wahrnehmen kann. Sie trägt die Gesamtverantwortung für die Compliance-Funktion und überwacht deren Wirksamkeit.
2. Die Compliance-Funktion ist ein Instrument der Geschäftsleitung. Sie kann auch einem Mitglied der Geschäftsleitung unterstellt sein. Unbeschadet dessen ist sicherzustellen, dass der Vorsitzende des Aufsichtsorgans unter Einbeziehung der Geschäftsleitung direkt beim Compliance-Beauftragten Auskünfte einholen kann[4].
3. Das Wertpapierdienstleistungsunternehmen muss einen Compliance-Beauftragten benennen, der unbeschadet der Gesamtverantwortung der Geschäftsleitung für die Compliance-Funktion sowie die Berichte an die Geschäftsleitung und das Aufsichtsorgan verantwortlich ist. Der Compliance-Beauftragte wird von der Geschäftsleitung bestellt bzw. entlassen.
4. Die Bedeutung der Compliance-Funktion soll sich an ihrer Stellung in der Unternehmensorganisation widerspiegeln.
5. Das Wertpapierdienstleistungsunternehmen fördert und bestärkt eine unternehmensweite „Compliance-Kultur", durch die Rahmenbedingungen für eine Förderung des Anlegerschutzes durch die Mitarbeiter und eine angemessene Wahrnehmung von Compliance-Angelegenheiten geschaffen werden.

BT 1.2 Aufgaben der Compliance-Funktion

BT 1.2.1 Überwachungsaufgaben der Compliance-Funktion

1. Die Compliance-Funktion überwacht und bewertet die im Unternehmen aufgestellten Grundsätze und eingerichteten Verfahren sowie die zur Behebung von Defiziten getroffenen Maßnahmen.
2. Die Compliance-Funktion hat durch regelmäßige risikobasierte Überwachungshandlungen darauf hinzuwirken, dass den aufgestellten Grundsätzen und eingerichteten Verfahren, somit den Organisations- und Arbeitsanweisungen des Wertpapierdienstleistungsunternehmens, nachgekommen wird und dass die Mitarbeiter der Geschäftsbereiche, die Wertpapierdienstleistungen erbringen, das nötige Bewusstsein für Compliance-Risiken aufweisen.
3. Es ist Aufgabe der Compliance-Funktion, dafür Sorge zu tragen, dass Interessenkonflikte vermieden werden bzw. unvermeidbaren Interessenkonflikten ausreichend Rechnung getragen wird. Dies gilt insbesondere hinsichtlich der Wahrung der Kundeninteressen. Des Weiteren hat die Compliance-Funktion darauf hinzuwirken, dass organisatorische Vorkehrungen im Unternehmen getroffen werden, um die unzulässige Weitergabe von compliance-relevanten Informationen im Sinne von AT 6.1 dieses Rundschreibens zu verhindern.

BT 1.2.1.1 Risikoanalyse

1. Umfang und Schwerpunkt der Tätigkeit der Compliance-Funktion sind auf Basis einer Risikoanalyse festzulegen. Die Compliance-Funktion führt eine solche Risikoanalyse in regelmäßigen Abständen durch, um die Aktualität und Angemessenheit der Festlegung zu überprüfen. Neben der regelmäßigen Überprüfung identifizierter Risiken ist im Bedarfsfall eine Ad-hoc-Prüfung vorzunehmen, um aufkommende Risiken in die Betrachtung mit einzubeziehen. Aufkommende Risiken können z.B. solche aus der Erschließung neuer Geschäftsfelder oder aufgrund von Änderungen in der Struktur des Wertpapierdienstleistungsunternehmens sein.
2. Im Rahmen ihrer regelmäßigen Risikoanalyse ermittelt die Compliance-Funktion das Risikoprofil des Wertpapierdienstleistungsunternehmens im Hinblick auf Compliance-Risiken. Das Risikoprofil wird auf Basis von Art, Umfang und Komplexität der angebotenen Wertpapierdienstleistungen und Wertpapiernebendienstleistungen sowie der Arten der gehandelten und vertriebenen Finanzinstrumente bestimmt.

Dabei sind die von dem Wertpapierdienstleistungsunternehmen und seinen Mitarbeitern einzuhaltenden Verpflichtungen nach dem WpHG, die bestehenden Organisations- und Arbeitsanweisungen bzw. -abläufe sowie sämtliche Überwachungs- und Kontrollsysteme im Bereich der Wertpapierdienstleistungen zu berücksichtigen. Darüber hinaus sind die Ergebnisse bisheriger Überwachungshandlungen durch die Compliance-Funktion, durch die interne Revision und die Prüfungsergebnisse externer Wirtschaftsprüfer sowie alle sonstigen relevanten Erkenntnisquellen, wie etwa aggregierte Risikomessungen, in die Risikoanalyse mit einzubeziehen.

BT 1.2.1.2 Überwachungshandlungen

1. Die Compliance-Funktion überprüft, ob die in den Organisations- und Arbeitsanweisungen aufgeführten Kontrollhandlungen durch die Fachabteilungen regelmäßig und ordnungsgemäß ausgeführt werden.
2. Zusätzlich sind eigene Vor-Ort-Prüfungen oder andere eigene Prüfungen der Compliance-Funktion vorzunehmen. Hierbei hat der Compliance-Beauftragte risikoorientiert zu bestimmen, welche Vor-Ort-Prüfungen seine Organisationseinheit selbst vornimmt (Kernbereich Compliance)[5]. Dies ist prüfungstechnisch nachvollziehbar zu begründen. Die Anzahl der Stichproben ist festzuhalten.
3. Die vorzunehmenden Überwachungshandlungen dürfen nicht ausschließlich auf Prüfungsergebnisse der internen Revision gestützt werden.
4. Für die notwendigen Überwachungshandlungen müssen geeignete Quellen, Methoden und Instrumente herangezogen werden. Beispielsweise
   – soll eine Auswertung von Berichten erfolgen, die die Aufmerksamkeit der Geschäftsleitung auf wesentliche Abweichungen zwischen erwarteten und tatsächlichen Abläufen (Bericht über Ausfallerscheinungen) oder auf Situationen, die ein Tätigwerden erfordern (Problembericht), lenken;
   – sollen Arbeitsabläufe beobachtet, Akten geprüft und/oder Interviews mit verantwortlichen Mitarbeitern durchgeführt werden;
   – wird eine Handelsüberwachung empfohlen.
5. Die Compliance-Funktion überwacht den Ablauf des Beschwerdeverfahrens und zieht Beschwerden als eine Informationsquelle im Kontext ihrer allgemeinen Überwachungsaufgaben heran. Das Wertpapierdienstleistungsunternehmen gewährt der Compliance-Funktion uneingeschränkten Zugang zu allen Beschwerden. Die Compliance-Funktion muss jedoch nicht an der operativen Bearbeitung der Beschwerden beteiligt sein.
6. Die Überwachungshandlungen werden unter Berücksichtigung der Kontrollen der Geschäftsbereiche, der vom Wertpapierdienstleistungsunternehmen einzuhaltenden aufsichtsrechtlichen Anforderungen sowie der Prüfungshandlungen der Risikomanagementfunktion, der internen Revision, des Controllings oder anderer Kontrollfunktionen im Bereich der Wertpapierdienstleistungen durchgeführt.
7. Es wird empfohlen, dass andere Kontrollfunktionen ihre Prüfungshandlungen mit den Überwachungshandlungen der Compliance-Funktion koordinieren, wobei jedoch die unterschiedliche Aufgabenstellung und die Unabhängigkeit der jeweiligen Funktionen zu berücksichtigen sind. Im Gegensatz zu den Prüfungen der internen Revision führt die Compliance-Funktion ihre Überwachungshandlungen zu den aufgestellten Grundsätzen und eingerichteten Verfahren im Bereich der Wertpapierdienstleistungen und Wertpapiernebendienstleistungen kontinuierlich, nach Möglichkeit prozessbegleitend oder zumindest zeitnah durch.
8. Soweit Defizite in den Grundsätzen und Verfahren festgestellt werden, hat die Compliance-Funktion die notwendigen Maßnahmen, die zur Behebung von Defiziten im Bereich der bestehenden organisatorischen Vorkehrungen notwendig sind, zu ermitteln und die Geschäftsleitung darüber zu informieren sowie die Implementierung von Maßnahmen zu überwachen und regelmäßig zu bewerten. Zur Überprüfung ist wiederum die Vornahme entsprechender Überwachungshandlungen erforderlich.

BT 1.2.2 Berichtspflichten der Compliance-Funktion

1. Das Wertpapierdienstleistungsunternehmen stellt sicher, dass regelmäßig schriftliche Compliance-Berichte an die Geschäftsleitung übermittelt werden. Die Berichte enthalten eine Beschreibung der Umsetzung und Wirksamkeit des gesamten Kontrollwesens hinsichtlich Wertpapierdienstleistungen sowie eine Zusammenfassung der identifizierten Risiken und der durchgeführten bzw. durchzuführenden Maßnahmen zur Behebung bzw. Beseitigung von Defiziten und Mängeln sowie zur Risikoreduzierung. Die Berichte müssen in angemessenen Zeitabständen, zumindest einmal jährlich erstellt werden.
2. Über die Angabe in den regelmäßigen Berichten hinaus, hat der Compliance-Beauftragte der Geschäftsleitung erhebliche Feststellungen, wie etwa schwerwiegende Verstöße gegen die Vorschriften des WpHG, unverzüglich mittels eines anlassbezogenen Ad-hoc-Berichts mitzuteilen. Der Bericht hat einen Vorschlag hinsichtlich zu ergreifender Abhilfemaßnahmen zu enthalten.

3. Die Berichte sind auch dem Aufsichtsorgan zu übermitteln, falls ein solches vorhanden ist. Die Übermittlung des Berichts an das Aufsichtsorgan erfolgt jedoch grundsätzlich über die Geschäftsleitung. Eine Verpflichtung, Compliance-Berichte ohne vorherige Information der Geschäftsleitung unmittelbar an das Aufsichtsorgan zu übermitteln, besteht nicht.
4. Durch die Geschäftsleitung veranlasste, inhaltliche Änderungen des Berichts sind gesondert zu dokumentieren. Über diese Änderungen ist der Vorsitzende des Aufsichtsorgans zu informieren.
5. Die Compliance-Berichte sollen sich auf alle Geschäftsbereiche erstrecken, die an der Erbringung von Wertpapierdienstleistungen und Wertpapiernebendienstleistungen beteiligt sind. Falls ein Bericht nicht sämtliche dieser Bereiche abdeckt, ist dies ausführlich zu begründen.
6. Die Compliance-Berichte müssen, soweit einschlägig, zumindest die folgenden Angaben enthalten:
   - eine Zusammenfassung der wesentlichen Feststellungen aus der Prüfung der Grundsätze und Verfahren des Wertpapierdienstleistungsunternehmens;
   - eine Zusammenfassung der von der Compliance-Funktion durchgeführten Prüfungen (insbesondere Vor-Ort-Prüfungen und Aktenprüfungen), unter Angabe der in der Organisation und dem jeweiligen Compliance-Prozess festgestellten Verstöße und Mängel sowie der angemessenen Maßnahmen, die daraufhin ergriffen wurden;
   - eine Beschreibung der Risiken, die in dem von der Compliance-Funktion überwachten Bereich identifiziert wurden;
   - falls die Geschäftsleitung hierauf nicht bereits auf anderem Wege aufmerksam gemacht wurde: eine Darstellung der im Berichtszeitraum eingetretenen relevanten Änderungen und Entwicklungen regulatorischer Anforderungen sowie die zur Sicherstellung ihrer Einhaltung ergriffenen bzw. zu ergreifenden Maßnahmen;
   - die Angabe sonstiger im Berichtszeitraum aufgetretener wesentlicher Sachverhalte mit Compliance-Relevanz oder sonstiger erforderlicher Maßnahmen und Strategien, zu denen im Berichtszeitraum gewonnene Erkenntnisse Anlass geben;
   - falls die Geschäftsleitung hierauf nicht bereits auf anderem Wege aufmerksam gemacht wurde: Angaben zum wesentlichen Schriftwechsel mit den zuständigen Aufsichtsbehörden;
   - Angaben zur Angemessenheit der Personal- und Sachausstattung der Compliance-Funktion;
7. Die Compliance-Funktion prüft anlässlich jedes Compliance-Berichts, ob eine Berichterstattung auch an die übergeordnete Compliance-Funktion innerhalb des Unternehmensverbunds erforderlich ist.

BT 1.2.3 Beratungsaufgaben der Compliance-Funktion

1. Das Wertpapierdienstleistungsunternehmen stellt sicher, dass die Compliance-Funktion ihren Beratungspflichten nachkommt. Zu diesen zählen unter anderem die Unterstützung bei Mitarbeiterschulungen, die tägliche Betreuung von Mitarbeitern und die Mitwirkung bei der Erstellung neuer Grundsätze und Verfahren innerhalb des Wertpapierdienstleistungsunternehmens.
2. Das Wertpapierdienstleistungsunternehmen sorgt dafür, dass seine Mitarbeiter in ausreichendem Maße geschult sind. Die Compliance-Funktion unterstützt die operativen Bereiche (d.h. sämtliche Mitarbeiter, die direkt oder indirekt an der Erbringung von Wertpapierdienstleistungen beteiligt sind) bei der Durchführung von Schulungen oder führt diese selbst durch. Hierbei hat die Compliance-Funktion insbesondere folgende Schwerpunkte zu berücksichtigen:
   - interne Grundsätze und Verfahren des Wertpapierdienstleistungsunternehmens und seine organisatorische Struktur im Bereich der Wertpapierdienstleistungen;
   - Anforderungen des WpHG, der WpDVerOV und der WpHGMaAnzV, einschlägige Verlautbarungen von ESMA (insb. Leitlinien), Verlautbarungen der Bundesanstalt sowie andere relevante aufsichtsrechtliche Anforderungen, jeweils einschließlich möglicher Änderungen.
3. Schulungen müssen in regelmäßigen Abständen und erforderlichenfalls anlassbezogen durchgeführt werden. Die Schulungen sind je nach Bedarf an alle Mitarbeiter, einzelne Geschäftsbereiche oder einzelne Mitarbeiter zu richten.
4. Die Schulungsinhalte sind bei relevanten Änderungen, wie etwa gesetzlichen Neuerungen, neuen Verlautbarungen von ESMA (insb. Leitlinien) bzw. Verlautbarungen der Bundesanstalt sowie Änderungen der Unternehmensorganisation und der Organisations- und Arbeitsanweisungen, unverzüglich zu aktualisieren.
5. Die Mitarbeiter der Compliance-Funktion haben die Geschäftsbereiche und die Mitarbeiter des Unternehmens im Hinblick auf die Einhaltung der gesetzlichen Bestimmungen sowie der Organisations- und Arbeitsanweisungen zu beraten und zu unterstützen. Sie stehen insbesondere für Fragen zur Verfügung, die sich aus der täglichen Arbeit ergeben.

BT 1.2.4 Beteiligung der Compliance-Funktion an Prozessen

1. Das Wertpapierdienstleistungsunternehmen stellt sicher, dass die Compliance-Funktion in die Entwicklung der relevanten Grundsätze und Verfahren im Bereich der Wertpapierdienstleistungen und Wertpapiernebendienstleistungen, insbesondere in die Erstellung interner Organisations- und Arbeitsanweisungen und deren ständige Weiterentwicklung – soweit diese eine Compliance-Relevanz aufweisen – eingebunden wird.
2. Unbeschadet der Verantwortung der operativen Bereiche ist die Compliance-Funktion hierbei möglichst frühzeitig einzubeziehen, um darauf hinzuwirken, dass die Organisations- und Arbeitsanweisungen geeignet sind, Verstöße gegen die gesetzlichen Bestimmungen zu verhindern.
3. Durch die Einbindung muss es der Compliance-Funktion ermöglicht werden, die operativen Bereiche insbesondere bezüglich aller strategischen Entscheidungen, wesentlichen organisatorischen Veränderungen – etwa im Rahmen des Entscheidungsprozesses hinsichtlich der Erschließung neuer Geschäftsfelder, Dienstleistungen, Märkte und Handelsplätze oder der Auflage neuer Finanzprodukte sowie der Einführung neuer Werbestrategien im Bereich der Wertpapierdienstleistungen – zu beraten und ihre Sachkenntnis einzubringen. Der Compliance-Funktion muss das Recht eingeräumt werden, frühzeitig in die Produktgenehmigungsprozesse für Finanzinstrumente, die in den Vertrieb aufgenommen werden sollen – etwa durch Interventionsrechte – einbezogen zu werden. Ein Übergang der Verantwortung von den operativen Bereichen auf die Compliance-Funktion ist hiermit nicht verbunden.
4. Im Übrigen bestärkt die Geschäftsleitung die Geschäftsbereiche, die Compliance-Funktion in ihre Tätigkeit einzubeziehen. Wenn wesentlichen Empfehlungen der Compliance-Funktion nicht gefolgt wird, hat die Compliance-Funktion dies entsprechend zu dokumentieren und in ihren Compliance-Berichten darzustellen.
5. Das Wertpapierdienstleistungsunternehmen stellt sicher, dass die Compliance-Funktion bei jedem wesentlichen, nicht-routinemäßigen Schriftwechsel mit den zuständigen Aufsichtsbehörden im Bereich der Wertpapierdienstleistungen und Wertpapiernebendienstleistungen und mit den Handelsüberwachungsstellen der Börsen mit einbezogen wird.
6. Die Compliance-Funktion ist weiterhin insbesondere bei den folgenden Aufgaben einzubeziehen:
   – Ermittlung der Kriterien zur Bestimmung der Compliance-Relevanz der Mitarbeiter;
   – Festlegung der Grundsätze für Vertriebsziele und bei der Ausgestaltung des Vergütungssystems für relevante Personen im Sinne des BT 8; ist das Wertpapierdienstleistungsunternehmen ein Tochterunternehmen einer Gesellschaft mit Sitz im Ausland, das diesbezüglich Vorgaben von dieser Gesellschaft erhält, so prüft die Compliance-Funktion, ob die Vorgaben des Mutterunternehmens mit den deutschen aufsichtsrechtlichen Vorgaben im Einklang stehen;
   – Einrichtung von Vertraulichkeitsbereichen;
   – Ausgestaltung der Prozesse zur Überwachung der Mitarbeitergeschäfte im Unternehmen;
   – Festlegung der Grundsätze zur bestmöglichen Auftragsausführung und gegebenenfalls Grundsätze zur Weiterleitung bei Ausführung durch ein drittes Unternehmen.

BT 1.3 Organisatorische Anforderungen an die Compliance-Funktion

BT 1.3.1 Wirksamkeit

Wertpapierdienstleistungsunternehmen müssen unter Berücksichtigung der individuellen Umstände des Unternehmens abwägen, welche Vorkehrungen, insbesondere im Hinblick auf Organisation und Ausstattung der Compliance-Funktion, am besten geeignet sind, deren Wirksamkeit sicherzustellen. In die Abwägung sind insbesondere folgende Kriterien einzubeziehen:
- die Art der angebotenen Wertpapierdienstleistungen, Wertpapiernebendienstleistungen und sonstigen Geschäftsaktivitäten (einschließlich derer, die in keiner Verbindung zu Wertpapierdienstleistungen und Wertpapiernebendienstleistungen stehen);
- die Wechselwirkung zwischen Wertpapierdienstleistungen, Wertpapiernebendienstleistungen und den sonstigen Geschäftsaktivitäten;
- das Spektrum und das Volumen der erbrachten Wertpapierdienstleistungen und Wertpapiernebendienstleistungen (im absoluten und relativen Vergleich zu den sonstigen Geschäftsaktivitäten), die Bilanzsumme und die Einkünfte aus Provisionen, Gebühren und anderen Einkommensquellen im Zusammenhang mit dem Angebot von Wertpapierdienstleistungen und Wertpapiernebendienstleistungen;
- die Art der angebotenen Finanzinstrumente;
- die Art der durch das Wertpapierdienstleistungsunternehmen angesprochenen Kunden (professionelle Kunden, Privatkunden, geeignete Gegenparteien);
- die Anzahl der Mitarbeiter;

- ob das Wertpapierdienstleistungsunternehmen Teil eines Unternehmensverbunds im Sinne von Art. 1 der Siebenten Richtlinie des Rates vom 13.6.1983 über den konsolidierten Abschluss (Richtlinie 83/349/EWG) ist;
- Dienstleistungen, die durch ein geschäftliches Netzwerk, etwa durch vertraglich gebundene Vermittler oder Zweigstellen, erbracht werden;
- grenzüberschreitende Tätigkeiten des Wertpapierdienstleistungsunternehmens;
- Organisations- und Entwicklungsstand der IT-Systeme.

BT 1.3.1.1 Ausstattung und Budget

1. Die Compliance-Funktion muss über angemessene Mittel für ihre Aufgabenerfüllung verfügen. Bei der Ausstattung der Compliance-Funktion mit personellen, sachlichen und sonstigen Mitteln, hat das Wertpapierdienstleistungsunternehmen das Geschäftsmodell, den Umfang und die Art der erbrachten Wertpapierdienstleistungen, Wertpapiernebendienstleistungen und sonstigen Dienstleistungen sowie die daraus resultierenden Aufgaben der Compliance-Funktion zu berücksichtigen. Es ist insbesondere auch für eine hinreichende IT-Ausstattung der Compliance-Funktion zu sorgen.
2. Werden in dem Wertpapierdienstleistungsunternehmen für bestimmte Tätigkeiten oder Bereiche Budgets vergeben, muss auch der Compliance-Funktion grundsätzlich ein eigenes Budget zugeteilt werden, das dem Compliance-Risiko des Unternehmens angemessen Rechnung trägt. Der Compliance-Beauftragte ist bei der Festlegung des Budgets hinzuzuziehen. Das Budget kann für Wertpapierdienstleistungsunternehmen, die Teil eines Konzerns sind, ganzheitlich bestimmt werden. Wesentliche Kürzungen des Budgets sind schriftlich zu begründen. Das Aufsichtsorgan ist über alle wesentlichen Kürzungen zu informieren.
3. Werden die Aktivitäten der Geschäftsbereiche wesentlich erweitert, sind Ausstattung und Tätigkeit der Compliance-Funktion an das veränderte Compliance-Risiko anzupassen. Die Geschäftsleitung hat regelmäßig zu überwachen, ob die Anzahl der Mitarbeiter der Compliance-Funktion für die Erfüllung ihrer Aufgaben noch ausreichend ist.

BT 1.3.1.2 Befugnisse der Compliance-Mitarbeiter

1. Die Mitarbeiter der Compliance-Funktion müssen mit den zur wirksamen Ausübung ihrer Tätigkeit erforderlichen Befugnissen ausgestattet werden. Ihnen ist jederzeit Zugang zu allen relevanten Informationen in Bezug auf ihre Tätigkeit zu gewähren, und sie sind in sämtliche relevante Informationsflüsse, die für die Aufgabe der Compliance-Funktion von Bedeutung sein können, einzubinden. Ihnen ist ein uneingeschränktes Auskunfts-, Einsichts- und Zugangsrecht zu sämtlichen Räumlichkeiten und Unterlagen, Aufzeichnungen, Tonbandaufnahmen, Datenbanken und sonstigen IT-Systemen sowie weiteren Informationen, die für die Ermittlung relevanter Sachverhalte erforderlich sind, zu gewähren. Mitarbeiter dürfen die Herausgabe von Unterlagen oder die Erteilung compliance-relevanter Auskünfte nicht verweigern. Das Auskunfts-, Einsichts- und Zugangsrecht muss aus eigener Initiative wahrgenommen werden können.
2. Zur ständigen Übersicht des Compliance-Beauftragten über die Bereiche des Wertpapierdienstleistungsunternehmens, in denen vertrauliche oder für die Aufgabenerfüllung der Compliance-Funktion erforderliche Informationen aufkommen können, muss ihm zusätzlich Zugang zu internen und externen Prüfberichten oder anderen Berichten an die Geschäftsleitung bzw. das Aufsichtsorgan (soweit vorhanden) gewährt werden, soweit diese für seine Tätigkeit relevant sein können. Soweit für die Aufgabenerfüllung der Compliance-Funktion erforderlich und gesetzlich zulässig, soll dem Compliance-Beauftragten das Recht eingeräumt werden, an Sitzungen der Geschäftsleitung oder des Aufsichtsorgans (soweit vorhanden) teilzunehmen. Wird ihm dieses Recht nicht eingeräumt, ist dies schriftlich zu dokumentieren und zu erläutern. Um ermitteln zu können, bei welchen Sitzungen eine Teilnahme erforderlich ist, muss der Compliance-Beauftragte über eingehende Kenntnisse hinsichtlich der Organisation, der Unternehmenskultur und der Entscheidungsprozesse des Wertpapierdienstleistungsunternehmens verfügen.
3. Um die für ihre Aufgabenerledigung erforderlichen Befugnisse zu gewährleisten, hat die Geschäftsleitung die Mitarbeiter der Compliance-Funktion bei der Ausführung ihrer Aufgaben zu unterstützen. Die Wahrnehmung ihrer Befugnisse setzt die erforderliche Sachkunde und die relevanten Fähigkeiten der Mitarbeiter der Compliance-Funktion voraus..

BT 1.3.1.3 Sachkunde der Compliance-Mitarbeiter

1. Die mit der Compliance-Funktion betrauten Personen müssen über die erforderlichen Fachkenntnisse für den jeweils zugewiesenen Aufgabenbereich verfügen. Dies erfordert – spätestens nach Ablauf einer

Einarbeitungszeit – Kenntnisse zu den folgenden Punkten, soweit diese für die jeweilige Aufgabenerfüllung relevant sind:
- Kenntnisse der Rechtsvorschriften, die vom Wertpapierdienstleistungsunternehmen bei der Erbringung von Wertpapierdienstleistungen und Wertpapiernebendienstleistungen einzuhalten sind einschließlich der unmittelbar geltenden europäischen Rechtsverordnungen; Kenntnisse über die europarechtlichen Grundlagen der einzuhaltenden Vorschriften werden empfohlen;
- Kenntnisse der Verwaltungsvorschriften und Verlautbarungen, die von der Bundesanstalt zur Konkretisierung des WpHG erlassen worden sind, sowie Kenntnisse der einschlägigen Leitlinien und Standards von ESMA;
- Kenntnisse über die Grundzüge der Organisation und Zuständigkeiten der Bundesanstalt;
- Kenntnisse der Anforderungen und Ausgestaltung angemessener Prozesse von Wertpapierdienstleistungsunternehmen zur Verhinderung und zur Aufdeckung von Verstößen gegen aufsichtsrechtliche Bestimmungen;
- Kenntnisse der Aufgaben, Verantwortlichkeiten und Befugnisse der Compliance-Funktion und des Compliance-Beauftragten;
- Kenntnisse verschiedener Ausgestaltungsmöglichkeiten von Vertriebsvorgaben sowie der Aufbau- und Ablauforganisation des Wertpapierdienstleistungsunternehmens und von Wertpapierdienstleistungsunternehmen im Allgemeinen;
- Kenntnisse der Funktionsweisen und Risiken der Arten von Finanzinstrumenten, in denen das Wertpapierdienstleistungsunternehmen Wertpapierdienstleistungen oder Wertpapiernebendienstleistungen erbringt;
- soweit von dem Wertpapierdienstleistungsunternehmen Wertpapierdienstleistungen mit Auslandsbezug erbracht werden: Kenntnisse der hierbei zu beachtenden besonderen rechtlichen Anforderungen.
2. Die Compliance-Mitarbeiter sind regelmäßig zu schulen, um ihre Fachkenntnisse aufrechtzuerhalten.

BT 1.3.1.4 Sachkunde und Zuverlässigkeit des Compliance-Beauftragten

1. Ein Compliance-Beauftragter muss über die für die Tätigkeit erforderliche Zuverlässigkeit im Sinne des § 34d Absatz 3 Satz 1 WpHG verfügen. Diese hat in der Regel nicht, wer in den letzten fünf Jahren vor Beginn einer nach § 34d Absatz 3 Satz 2 WpHG anzeigepflichtigen Tätigkeit wegen eines Verbrechens oder wegen Diebstahls, Unterschlagung, Erpressung, Betruges, Untreue, Geldwäsche, Urkundenfälschung, Hehlerei, Wuchers, einer Insolvenzstraftat, einer Steuerhinterziehung oder aufgrund des § 38 des WpHG rechtskräftig verurteilt worden ist.
2. Der Compliance-Beauftragte muss darüber hinaus über ein ausreichend hohes Maß an Fachkenntnissen und Erfahrung verfügen, um die Verantwortung für die Compliance-Funktion als Ganzes übernehmen und ihre Wirksamkeit sicherstellen zu können.
3. Es wird darauf hingewiesen, dass sich die erforderliche Sachkunde von Unternehmen zu Unternehmen aufgrund der Verschiedenartigkeit der wesentlichen Compliance-Risiken unterscheiden kann. Im Hinblick auf § 33 Abs. 1 Satz 1 WpHG in Verbindung mit § 25a Abs. 1 Satz 3 Nr. 2 KWG und § 12 Abs. 4 Satz 3 WpDVerOV muss sich ein neu eingestellter Compliance-Beauftragter daher möglicherweise zusätzliches, auf das spezifische Geschäftsmodell des Wertpapierdienstleistungsunternehmens zugeschnittenes Spezialwissen aneignen, selbst wenn er zuvor bereits als Compliance-Beauftragter in einem anderen Wertpapierdienstleistungsunternehmen tätig war.
4. Es wird darauf hingewiesen, dass Compliance-Beauftragte, die die in diesem Abschnitt 1.3.1.4 und seinen Unterabschnitten genannten Anforderungen erfüllen, zugleich auch die erforderlichen Anforderungen nach § 34d Absatz 3 Satz 1 WpHG in Verbindung mit § 3 Absatz 1 und § 6 der WpHGMaAnzV erfüllen.

BT 1.3.1.4.1 Fachkenntnisse des Compliance-Beauftragten

Soweit für seine Tätigkeit erforderlich, muss der Compliance-Beauftragte über die unter BT 1.3.1.3 Nr. 1 genannten Fachkenntnisse und über Kenntnisse in folgenden Sachgebieten verfügen:
- für Compliance-Beauftragte von Wertpapierdienstleistungsunternehmen, deren Mitarbeiter regelmäßig Zugang zu compliance-relevanten Informationen im Sinne von AT 6.1 dieses Rundschreibens haben können: Kenntnisse der Handelsüberwachung;
- Kenntnisse über die verschiedenen Geschäftstätigkeiten des Wertpapierdienstleistungsunternehmens sowie deren immanente Risiken, insbesondere Kenntnisse über sämtliche Arten von Wertpapierdienstleistungen und Wertpapiernebendienstleistungen, die durch das Wertpapierdienstleistungsunternehmen erbracht werden, sowie der von ihnen ausgehenden Risiken;
- Erkennen möglicher Interessenkonflikte und ihrer Ursachen.

BT 1.3.1.4.2 Erfahrung des Compliance-Beauftragten

Die erforderliche Sachkunde des Compliance-Beauftragten umfasst zudem die praktische Anwendung der unter Nr. BT 1.3.1.3 Nr. 1 und BT 1.3.1.4.1 genannten Kenntnisse, die insbesondere durch eine fachspezifische Berufspraxis erreicht worden sein kann. Eine fachspezifische Berufspraxis kann beispielsweise durch die Tätigkeit in operativen Positionen, in Kontrollfunktionen oder aufsichtlichen Tätigkeiten erlangt worden sein. Für Compliance-Beauftragte von Wertpapierdienstleistungsunternehmen, deren Mitarbeiter regelmäßig Zugang zu compliance-relevanten Informationen im Sinne von AT 6.1 dieses Rundschreibens haben, beträgt die erforderliche fachspezifische Berufspraxis grundsätzlich mindestens sechs Monate. Angesichts des Proportionalitätsgrundsatzes kommt für sonstige, insbesondere kleinere Wertpapierdienstleistungsunternehmen, auch ein kürzerer Zeitraum in Betracht. Die fachspezifische Berufspraxis kann grundsätzlich auch im Rahmen einer Probezeit erlangt werden.

BT 1.3.2 Dauerhaftigkeit

1. Die Compliance-Funktion muss dauerhaft eingerichtet sein.
2. Dem Compliance-Beauftragten ist ein Vertreter zuzuordnen. Dieser muss ausreichend qualifiziert sein, um die Aufgaben des Compliance-Beauftragten während seiner Abwesenheit auszuführen. Im Übrigen stellen die Organisations- und Arbeitsanweisungen die hinreichende Aufgabenerfüllung während der Abwesenheit des Compliance-Beauftragten insbesondere durch eine entsprechende Vertretungsregelung sicher.
3. Die Aufgaben und die Kompetenzen der Compliance-Funktion sind in den Organisations- und Arbeitsanweisungen des Wertpapierdienstleistungsunternehmens festzuhalten. Die Kompetenzen umfassen Zuständigkeiten und Befugnisse. Darüber hinaus sind Angaben zum Überwachungsplan und den Berichtspflichten der Compliance-Funktion sowie eine Beschreibung des risikobasierten Überwachungsansatzes, insbesondere der Risikoanalyse, aufzunehmen. Relevante Änderungen aufsichtsrechtlicher Vorschriften sind zeitnah anzupassen.

BT 1.3.2.1 Überwachungsplan

1. Überwachungshandlungen haben nicht nur anlassbezogen, sondern auf der Grundlage eines schriftlichen Überwachungsplans und regelmäßig (wiederkehrend oder fortlaufend) zu erfolgen. Der Überwachungsplan ist auf alle wesentlichen Bereiche der Wertpapierdienstleistungen und Wertpapiernebendienstleistungen unter Berücksichtigung des Risikogehalts der Geschäftsbereiche regelmäßig zu erstrecken. Die Compliance-Funktion muss unverzüglich auf unvorhergesehen Ereignisse reagieren und erforderlichenfalls den Fokus ihrer Überwachungshandlungen entsprechend anpassen können.
2. Der Überwachungsplan muss die Prüfung vorsehen, ob die Tätigkeit des Wertpapierdienstleistungsunternehmens im Einklang mit den Vorgaben des WpHG erfolgt. Er muss zudem auf die Prüfung ausgerichtet sein, ob die Organisation, die eingerichteten Grundsätze und Verfahren sowie die Kontrollmechanismen des Wertpapierdienstleistungsunternehmens auch weiterhin wirksam und angemessen sind.
3. Der Überwachungsplan muss darauf ausgerichtet sein, sicherzustellen, dass Compliance-Risiken umfassend überwacht werden. Er weist die Schwerpunkte für die Überwachungshandlungen nach Maßgabe der Risikoanalyse aus.
4. Der Umfang, die Reichweite und der Turnus der im Überwachungsplan festzusetzenden Überwachungshandlungen sowie die Auswahl der hierfür angemessenen Instrumente und Methoden wird durch die Compliance-Funktion auf Basis der Risikoanalyse bestimmt. Die Compliance Funktion stellt sicher, dass ihre Überwachungshandlungen nicht nur akten- oder computerbasiert sondern auch durch Vor-Ort-Prüfungen oder andere eigene Prüfungen erfolgen.
5. Der Überwachungsplan ist fortlaufend an Veränderungen im Risikoprofil des Wertpapierdienstleistungsunternehmens (etwa durch bedeutsame Ereignisse wie Unternehmenskäufe, die Umstellung von IT-Systemen oder Reorganisationsmaßnahmen) anzupassen. Der Überwachungsplan muss sich auch auf die Umsetzung und Effektivität von Abhilfemaßnahmen erstrecken, die das Wertpapierdienstleistungsunternehmen im Fall von Verstößen gegen das WpHG ergreift.

BT 1.3.2.2 Die Compliance-Funktion im Unternehmensverbund

Auch wenn ein Wertpapierdienstleistungsunternehmen mit anderen Unternehmen verbunden ist, verbleibt die Verantwortlichkeit für die Compliance-Funktion bei dem Wertpapierdienstleistungsunternehmen selbst. Das Wertpapierdienstleistungsunternehmen stellt daher sicher, dass seine Compliance-Funktion für die Überwachung seiner eigenen Compliance-Risiken verantwortlich bleibt. Dies gilt auch dann, wenn ein Wertpapierdienstleistungsunternehmen Aufgaben der Compliance-Funktion an verbundene Unternehmen ausgelagert hat. Bei ihrer Aufgabenerfüllung soll die Compliance-Funktion jedoch ggf. die Zugehörigkeit des Wertpapierdienstleistungsunternehmens zu einem Unternehmensverbund berücksichtigen, indem sie beispielsweise eng mit den Verantwortlichen für die interne Revision, regulatorische Angelegenheiten und Compliance sowie der Rechtsabteilung aus anderen Bereichen des Unternehmensverbunds zusammenarbeitet. In diesem Zusammenhang wird darauf hingewiesen, dass etwa die gemeinsame Nutzung eines Bürogebäudes durch die verbundenen Unternehmen, zu einer besseren Informationsversorgung des Compliance-Beauftragten und zur größeren Effizienz der Compliance-Funktion führen kann.

BT 1.3.3 Unabhängigkeit

1. Die Compliance-Funktion erfüllt ihre Aufgaben unabhängig von den anderen Geschäftsbereichen des Wertpapierdienstleistungsunternehmens und ihre Überwachungsaufgaben unabhängig von der Geschäftsleitung. Es ist sicherzustellen, dass andere Geschäftsbereiche kein Weisungsrecht gegenüber den Mitarbeitern der Compliance-Funktion besitzen und auf deren Tätigkeit auch sonst keinen Einfluss nehmen können.
2. Überstimmungen wesentlicher Bewertungen und Empfehlungen des Compliance-Beauftragten durch die Geschäftsleitung sind zu dokumentieren und in den Bericht gemäß § 33 Abs. 1 Satz 2 Nr. 5 WpHG aufzunehmen. Als wesentliche Empfehlung ist etwa die Empfehlung des Compliance-Beauftragten, ein bestimmtes Finanzinstrument nicht zur Aufnahme in den Vertrieb zuzulassen, anzusehen.
3. Will ein Wertpapierdienstleistungsunternehmen angesichts des Proportionalitätsgrundsatzes wie nachfolgend beschrieben von den Regelungen des § 12 Abs. 4 Satz 4 WpDVerOV abweichen, hat es, insbesondere unter Berücksichtigung der in Ziff. 1.3.1 genannten Kriterien, zu prüfen, ob die Wirksamkeit der Compliance-Funktion hierdurch beeinträchtigt wird. Die Prüfung ist in regelmäßigen Abständen zu wiederholen.

BT 1.3.3.1 Beteiligung von Compliance-Mitarbeitern an zu überwachenden Prozessen

1. Mitarbeiter der Compliance-Funktion einschließlich des Compliance-Beauftragten dürfen, um eine effektive Ausübung der Compliance-Aufgaben zu ermöglichen, nicht an den Wertpapierdienstleistungen beteiligt sein, die sie überwachen.
2. Eine Ausnahme ist nur möglich, wenn es aufgrund der Größe des Unternehmens oder Art, Umfang, Komplexität oder Risikogehalt der Geschäftstätigkeit des Unternehmens oder Art und Spektrum der angebotenen Dienstleistungen unverhältnismäßig wäre, eine gesonderte Person, die nicht an den Wertpapierdienstleistungen beteiligt ist, mit der Compliance-Funktion zu betrauen. Hierbei sind insbesondere die im Unternehmen bestehenden Interessenkonflikte sowie die Einstufung der Kunden des Unternehmens nach § 31a WpHG und die vertriebenen bzw. gehandelten Finanzinstrumente zu berücksichtigen.
3. Ein Wertpapierdienstleistungsunternehmen kann diese Ausnahme beispielsweise in Anspruch nehmen, wenn die Ausübung der Compliance-Funktion – auch in Kombination mit Controllingfunktionen – aufgrund Art, Umfang und Komplexität der Geschäftstätigkeit des Unternehmens oder Art und Spektrums der Wertpapierdienstleistungen oder Wertpapiernebendienstleistungen vom Umfang her keine volle Personalstelle erfordert.
4. In diesem Fall kann die Funktion des Compliance-Beauftragten beispielsweise in Personalunion mit der Funktion des Geschäftsleiters erfolgen, auch wenn dieser in die operative Tätigkeiten des Unternehmens eingebunden ist. Die Bestimmung eines Compliance-Beauftragten ist jedoch auch bei Inanspruchnahme der Ausnahme erforderlich. Soweit ein Geschäftsleiter dagegen nicht in die operativen Tätigkeiten des Unternehmens eingebunden ist, kann er die Funktion des Compliance-Beauftragten wahrnehmen, ohne dass eine Ausnahme im Sinne dieser Tz. vorliegt.
5. Beispielsweise kann bei kleineren Unternehmen, die neben dem/den Geschäftsleiter(n) lediglich administrative Hilfskräfte beschäftigen, die Einstellung eines gesonderten Compliance-Beauftragten unverhältnismäßig sein. Um dem Grundsatz der Effektivität der vorzunehmenden Überwachungshandlungen in AT 6 dieses Rundschreibens Rechnung zu tragen, ist es jedoch erforderlich, dass, wenn ein Unternehmen mindestens zwei Personen beschäftigt, sich diese gegenseitig überwachen. Bei Ein-Personen-Unternehmen können Kontrollhandlungen nach Absprache mit der Bundesanstalt im Rahmen der jährlichen Prüfung nach § 36 Abs. 1 WpHG erfolgen. Auch bei Absehen von der Einrichtung einer selbstständigen Organisationseinheit sind sämtliche Überwachungshandlungen und deren Ergebnis zu dokumentieren.
6. Anstelle der Inanspruchnahme der Ausnahme kann die Auslagerung der Compliance-Funktion auf Dritte im Einzelfall eine angemessene Lösung sein, soweit die Voraussetzungen an eine Auslagerung nach §§ 25a Abs. 2 KWG, 33 Abs. 2 WpHG beachtet werden.
7. Die Beteiligung von Compliance-Mitarbeitern an Wertpapierdienstleistungen, die sie überwachen, ist regelmäßig ausgeschlossen, soweit Mitarbeiter des Unternehmens regelmäßig Zugang zu compliance-rele-

vanten Informationen im Sinne von AT 6.1 dieses Rundschreibens haben. Die Unternehmen haben eigenverantwortlich festzulegen und prüfungstechnisch nachvollziehbar zu dokumentieren, ob die Voraussetzungen des Satzes 1 vorliegen.
8. Ausnahmsweise dürfen Compliance-Mitarbeiter auch bei regelmäßigem Zugang von Mitarbeitern zu compliance-relevanten Informationen im Sinne von AT 6.1 dieses Rundschreibens an Wertpapierdienstleistungen, die sie überwachen, beteiligt sein, wenn eine solche Trennung aufgrund der Größe des Unternehmens oder Art, Umfang, Komplexität oder Risikogehalt der Geschäftstätigkeit des Unternehmens oder Art und Spektrum der angebotenen Dienstleistungen nach Abwägung der durch die compliance-relevanten Informationen im Sinne von AT 6.1 dieses Rundschreibens bestehenden Interessenkonflikte unverhältnismäßig wäre.
9. Soweit angesichts des Proportionalitätsgrundsatzes eine Ausnahme in Anspruch genommen wird, ist zu begründen, weshalb die Voraussetzungen für eine Inanspruchnahme der Ausnahme vorliegen. Dies ist mit Angaben zu den weiteren Tätigkeiten, die von den Mitarbeitern der Compliance-Funktion ausgeübt werden, prüfungstechnisch nachvollziehbar zu dokumentieren. In jedem Fall müssen Interessenkonflikte zwischen den Aufgabenbereichen der Compliance-Mitarbeiter so gering wie möglich gehalten werden.

BT 1.3.3.2   Kombination der Compliance-Funktion mit anderen Kontrollfunktionen

1. Eine Anbindung der Compliance-Funktion auf gleicher Ebene an andere Kontrolleinheiten (auch als Compliance im weiteren Sinne bezeichnet) wie etwa die Geldwäscheprävention oder das Risikocontrolling ist zulässig, wenn hierdurch die Wirksamkeit und Unabhängigkeit der Compliance-Funktion nicht beeinträchtigt wird. Jegliche Kombination muss unter Angabe der Gründe für die Kombination prüfungstechnisch nachvollziehbar dokumentiert werden.
2. Eine Anbindung an die interne Revision ist jedoch grundsätzlich nicht statthaft, da die interne Revision die Compliance-Funktion zu überwachen hat und eine Anbindung die Unabhängigkeit der Compliance-Funktion typischerweise unterläuft.
3. Unter bestimmten Umständen kann es jedoch angemessen sein, nach Absprache mit der Bundesanstalt eine Person für beide Aufgaben vorzusehen. Falls von der Ausnahme Gebrauch gemacht wird, muss das Wertpapierdienstleistungsunternehmen sicherstellen, dass beide Funktionen ordnungsgemäß, insbesondere gründlich, redlich und fachgerecht, ausgeübt werden.

BT 1.3.3.3   Kombination der Compliance-Funktion mit der Rechtsabteilung

1. Wertpapierdienstleistungsunternehmen können die Compliance-Funktion mit der Rechtsabteilung kombinieren, wenn sie aufgrund der Größe des Unternehmens oder Art, Umfang, Komplexität oder Risikogehalt der Geschäftstätigkeit des Unternehmens oder Art und Spektrum der angebotenen Dienstleistungen von der Ausnahme nach § 12 Abs. 4 S. 4 WpDVerOV Gebrauch machen könnten.
2. Eine solche Kombination ist für größere Wertpapierdienstleistungsunternehmen oder solche mit komplexeren Aktivitäten jedoch grundsätzlich nicht statthaft, wenn hierdurch die Unabhängigkeit der Compliance-Funktion unterlaufen wird. Dies ist regelmäßig dann der Fall, wenn ein Wertpapierdienstleistungsunternehmen die Wertpapierdienstleistungen Eigenhandel gemäß § 2 Abs. 2 WpHG, Emissionsgeschäft gemäß § 2 Abs. 3 Nr. 5 oder Wertpapiernebendienstleistungen gemäß § 2 Abs. 3 a Nr. 3, Nr. 5 oder Nr. 6 WpHG in nicht unerheblichem Umfang erbringt.
3. Soweit eine Anbindung an die Rechtsabteilung erfolgt, ist dies unter Darlegung der Gründe prüfungstechnisch nachvollziehbar zu dokumentieren.

BT 1.3.3.4   Sonstige Maßnahmen zur Sicherung der Unabhängigkeit der Compliance-Funktion

1. Die Einrichtung der Compliance-Funktion als selbstständige Organisationseinheit ist grundsätzlich erforderlich, soweit Mitarbeiter des Unternehmens regelmäßig Zugang zu compliance-relevanten Informationen im Sinne von AT 6.1 dieses Rundschreibens haben. Die Unternehmen haben eigenverantwortlich festzulegen und prüfungstechnisch nachvollziehbar zu dokumentieren, ob die Voraussetzungen des Satzes 1 vorliegen.
2. Ausnahmsweise kann auch bei regelmäßigem Zugang zu compliance-relevanten Informationen im Sinne von AT 6.1 dieses Rundschreibens von der Einrichtung einer selbstständigen Organisationseinheit abgesehen werden, wenn es aufgrund der Größe des Unternehmens oder Art, Umfang, Komplexität oder Risikogehalt der Geschäftstätigkeit des Unternehmens oder Art und Spektrum der angebotenen Dienstleistungen nach Abwägung der durch die compliance-relevanten Informationen im Sinne von AT 6.1 dieses Rundschreibens bestehenden Interessenkonflikte unverhältnismäßig wäre, eine selbstständige Organisationseinheit einzurichten.

3. Zumindest wenn ein Wertpapierdienstleistungsunternehmen die Wertpapierdienstleistungen Eigenhandel gemäß § 2 Abs. 3 Nr. 2 WpHG, Emissionsgeschäft gemäß § 2 Abs. 3 Nr. 5 oder Wertpapiernebendienstleistungen gemäß § 2 Abs. 3 a Nr. 3, Nr. 5 oder Nr. 6 WpHG in nicht unerheblichem Umfang erbringt, soll der Compliance-Beauftragte organisatorisch und disziplinarisch unmittelbar dem für die Compliance-Funktion zuständigen Geschäftsleitungsmitglied unterstellt werden.
4. Zur Wahrung der Unabhängigkeit wird eine Ernennung des Compliance-Beauftragten für einen Zeitraum von mindestens 24 Monaten empfohlen. Ein geeignetes Mittel zur Stärkung des Compliance-Beauftragten ist zusätzlich die Vereinbarung einer 12-monatigen Kündigungsfrist seitens des Arbeitgebers.
5. Eine Orientierung der Stellung, Befugnisse und Vergütung des Compliance-Beauftragten an Stellung, Befugnissen und Vergütung der Leiter der internen Revision, des Risikocontrollings und der Rechtsabteilung des Wertpapierdienstleistungsunternehmens wird empfohlen. In Bezug auf die Vergütung können hierbei die Unterschiede hinsichtlich der Personal- und übrigen Verantwortung der jeweiligen Position berücksichtigt werden.
6. Die Vergütung der Mitarbeiter der Compliance-Funktion (die in der Regel zu den „relevanten Personen" im Sinne des BT 8 zählen) darf grundsätzlich nicht von der Tätigkeit derjenigen Mitarbeiter abhängen, die sie überwachen. Eine erfolgsbezogene Vergütung kann dennoch im Einzelfall zulässig sein, soweit sie keine Interessenkonflikte begründet. Für den Fall einer darüber hinausgehenden erfolgsabhängigen Vergütung unter Inanspruchnahme der Ausnahme nach § 12 Abs. 5 WpDVerOV, beispielsweise eine am Unternehmenserfolg orientierte Vergütung des Compliance-Beauftragten, der alleine für die Überwachung sämtlicher Geschäftsbereiche zuständig ist, sind wirksame Vorkehrungen erforderlich, um den daraus resultierenden Interessenkonflikten entgegenzuwirken. Dies ist prüfungstechnisch nachvollziehbar zu dokumentieren.
7. Im Übrigen gelten die Anforderungen der Verordnung über die aufsichtsrechtlichen Anforderungen an Vergütungssysteme von Instituten (Instituts-Vergütungsverordnung – InstitutsVergV).

BT 1.3.4 Auslagerung von Compliance-Aufgaben

1. Im Fall der teilweisen oder vollständigen Auslagerung der Compliance-Funktion sind alle einschlägigen Anforderungen unabhängig davon, ob es sich um eine teilweise oder vollständige Auslagerung handelt, einzuhalten. Die Geschäftsleitung ist für die Erfüllung der Anforderungen verantwortlich.
2. Die Anforderungen der §§ 25 a Abs. 2 KWG, 33 Abs. 2 WpHG sowie AT 9 des Rundschreibens 11/2010 (BA) – Mindestanforderungen an das Risikomanagement – MaRisk finden vollumfänglich Anwendung auf die Auslagerung der Compliance-Funktion. Die teilweise oder vollständige Auslagerung von Compliance-Aufgaben stellt eine wesentliche Auslagerung im Sinne von AT 9 Ziff. 2 des Rundschreibens 11/2010 (BA) – Mindestanforderungen an das Risikomanagement – MaRisk dar.
3. Bevor ein Wertpapierdienstleistungsunternehmen einen Dienstleister für die Auslagerung auswählt, muss es mit der gebührenden Sorgfalt prüfen, ob die relevanten Vorgaben der §§ 25 a Abs. 2 KWG, 33 Abs. 2 und 33 Abs. 1 Satz 2 Nr. 1 WpHG sowie 12 WpDVerOV auch im Fall der Auslagerung erfüllt sind. Der Umfang der Prüfung hat sich nach Art, Umfang, Komplexität und Risikogehalt der auszulagernden Aufgaben und Prozesse zu richten. Das Wertpapierdienstleistungsunternehmen ist dafür verantwortlich, dass der Dienstleister über die nötige Kompetenz, Betriebsmittel und Sachkunde sowie den Zugang zu allen für die wirksame Ausübung der ausgelagerten Compliance-Funktion erforderlichen Informationen verfügt.
4. Wertpapierdienstleistungsunternehmen müssen im Fall der teilweisen oder vollständigen Auslagerung der Compliance-Funktion insbesondere auch deren Dauerhaftigkeit gewährleisten. Der gewählte Dienstleister muss in der Lage sein, die Compliance-Tätigkeit fortlaufend und nicht nur anlassbezogen auszuüben.
5. Wertpapierdienstleistungsunternehmen müssen die angemessene Aufgabenerfüllung durch den Dienstleister, insbesondere die Qualität und Quantität seiner Dienstleistung, überwachen. Die Geschäftsleitung ist für die laufende Beaufsichtigung und Überwachung der ausgelagerten Funktion verantwortlich und muss über die hierfür erforderlichen Betriebsmittel und Sachkunde verfügen. Die Geschäftsleitung kann eine bestimmte unternehmenszugehörige Person mit der laufenden Beaufsichtigung und Überwachung in ihrem Namen beauftragen.

[1] Bezugnahmen auf die Bestimmungen des 6. Abschnitts des WpHG im Rahmen dieses Rundschreibens sind als Bezugnahme auf diese Bestimmungen einschließlich der auf der Grundlage dieser Bestimmungen erlassenen Verordnungen zu verstehen.
[2] Diese Verordnung ist unmittelbar geltendes Recht, ohne dass eine Umsetzung durch ein deutsches Gesetz erforderlich ist.
[3] Die Vorschriften der §§ 31 ff WpHG wurden bislang mitunter durch die Richtlinie des Bundesaufsichtsamtes für den Wertpapierhandel zur Konkretisierung der Organisationspflichten von Wertpapierdienstleistungsunternehmen gemäß

§ 33 Abs. 1 WpHG vom 25. Oktober 1999 ("Compliance-Richtlinie"), die Richtlinie gemäß § 35 Abs. 6 WpHG zur Konkretisierung der §§ 31 ff WpHG für das Kommissionsgeschäft, den Eigenhandel für andere und das Vermittlungsgeschäft der Wertpapierdienstleistungsunternehmen vom 23. August 2001 ("Wohlverhaltens-Richtlinie") sowie die Bekanntmachung des Bundesaufsichtsamtes für das Kreditwesen und des Bundesaufsichtsamtes für den Wertpapierhandel über Anforderungen an Verhaltensregeln für Mitarbeiter der Kreditinstitute und Finanzdienstleistungsinstitute in Bezug auf Mitarbeitergeschäfte vom 7. Juni 2000 ("Mitarbeiter-Leitsätze") konkretisiert. Diese Verwaltungsvorschriften wurden mit Schreiben vom 23. Oktober 2007 zum 01. November 2007 aufgehoben.
[4] Wenn das Wertpapierdienstleistungsunternehmen einen Prüfungsausschuss eingerichtet hat, kann alternativ sichergestellt werden, dass der Vorsitzende des Prüfungsausschusses die Auskünfte einholen kann.
[5] Es wird darauf hingewiesen, dass etwa die Churning-Kontrolle typischerweise unmittelbar durch Mitarbeiter der Compliance-Funktion erfolgt.

Literatur:
Zu § 33 Abs. 1: *Achtelik*, Rechtsrisiken im Blick – Die neuen Compliance-Regelungen in den MaRisk, BI 2012, 30; *Balzer*, Haftung von Direktbanken bei Nichterreichbarkeit, ZBB 2000, 258; *Bauer*, Im Fahrstuhl nach oben – Compliance nach den MaComp, BankPraktiker 2010; *Baulig/Brinkmann/Hausswald/Peek/Petersen/Richter/Schäfer/Stumpf*, Compliance – Konsequenzen verschärfter Vorgaben aus WpHG und Bankenaufsicht, 3. Auflage 2010; *Baur/Boegl*, Die neue Europäische Finanzmarktaufsicht – Der Grundstein ist gelegt, BKR 2011, 177; *Becker*, Neue MaComp, BankPraktiker 2010, 161; *Becker/Wohlert,* Neue MaComp, BankPraktiker 2010, 160; *Bicker*, Compliance – organisatorische Umsetzung im Konzern, AG 2012, S. 542; *Biletwski/Haase*, Die Wertewelt der Kunden, die bank 2010, 46; *Brinkmann*, Compliance nach MiFID, BankPraktiker 2008, 572; *Birnbaum/Kütemeier*, In der Diskussion – die MaComp, WM 2011, 293; *Brinkmann*, in: Schäfer (Hrsg.), Erfolgreicher Umgang mit Wertpapierbeschwerden Finanz Colloquium Heidelberg 2013, C; *Buck-Heeb*, Informationsorganisation im Kapitalmarktrecht, CCZ 2009, 18; *Buffo/Brünjes*, Gesucht wird ein Compliance-Officer – ein 200.000-Euro-Beispiel aus der Praxis, CCZ 2008, 108; *Bülow*, Chinese Walls: Vertraulichkeit und Effizienz, die bank 1997, 290; *Bussmann/Matschke*, Die Zukunft der unternehmerischen Haftung bei Compliance-Verstößen, CCZ 2009, 132; *Bussmann/Salvenmoser*, Der Wert von Compliance und Unternehmenskultur, CCZ 2008, 192; *Campos/Nave/Vogel*, Die erforderliche Veränderung von Corporate Compliance-Organisationen im Hinblick auf gestiegenen Verantwortlichkeiten des Compliance-Officers, BB 2009, 2546; *Casper*, Der Compliance-Beauftragte – unternehmensinternes Aktienamt, Unternehmensbeauftragter oder einfacher Angestellter, FS für Karsten Schmidt 2009, S. 199; *Cauers/Haas/Jakob/Kremer/Schartmann/Welp*, Ist der gegenwärtig viel diskutierte Begriff „Compliance" nur alter Wein in neuen Schläuchen?, DB 2008, 2717; *Claßen*, Genauer hinschauen, BI 2012, 68; *Daufenbach*, Compliance: Best Practice im Bereich Asset Management, CCZ 2010, 66; *Eisele/Faust*, in: Schimansky/Bunte/Lwowski (Hrsg.), Bankrechtshandbuch 4. Aufl. 2010 Bd. II, § 109; *Engelhart*, Die neuen Compliance-Anforderungen der BaFin (MaComp), ZIP 2010, 1834; *Engelhart*, Die neuen Compliance-Anforderungen der BaFin (MaComp), ZIP 2010, 1832; *Favoccia/Richter*, Rechte, Pflichten und Haftung des Compliance-Officers aus zivilrechtlicher Sicht, AG 2010, 137; *Fecker/Kinzl*, Ausgestaltung der arbeitsrechtlichen Stellung des Compliance-Officers. Schlussfolgerungen aus der BSR-Entscheidung des BGH, CCZ 2010, 13; *Frisch*, EwiR 2010, 95, Kurzkommentar zu BGH, Urt. v. 17.7.2009; *Früh*, Legal & Compliance – Abgrenzung oder Annäherung (am Beispiel einer Bank), CCZ 2010, 123; *Gebauer/Niermann*, in: Hauschka, Corporate Compliance, 2010; *Giesen*, Die Haftung des Compliance-Officers gegenüber seinem Arbeitgeber – Haftungsprivilegierung bei innerbetrieblichem Schadensausgleich, CCZ 2009, 102; *Hahn*, Erhöhte Anforderungen an die Compliance-Funktion, diebank, 2010, 51; *Hartmann/Wildhirt/Klock*, Kann Vertrieb im Kundeninteresse sein?, die bank 2012, 24; *Haußwald*, Effizienter Umgang mit Interessenkonflikten, BankPraktiker 2008; *Haußwald*, in: Baulig/Brinkmann/Haußwald/Peek/Petersen/Richter/Schäfer/Stumpf, Compliance, 3. Aufl. 2010; *Haußwald*, Neuausrichtung der Compliance_Organisation – ein aktuelles Thema?, BankPraktiker 2008, 302; *Held*, Änderungen für Compliance, in: Clouth/Lang (Hrsg.), MiFID-Praktikerhandbuch, 2007, S. 291; *Held*, Auswirkungen der MiFID auf die Compliance-Organisation, BP-Beilage 01/2006, 26; *Hense*, Die Wandlung der Compliance-Funktion in Wertpapierdienstleistungsunternehmen unter besonderer Beachtung der neuen Berichtspflicht an das Senior-Management, CCZ 2008, 181; *Hense/Renz*, Die Wandlung der Compliance-Funktion in Wertpapierdienstleistungsunternehmen unter besonderer Beachtung der neuen Berichtspflicht an das Senior Management, CCZ 2008, 181; *Illing/Umnuß*, Die arbeitsrechtliche Stellung des Compliance-Managers – insbesondere Weisungsunterworfenheit und Reportingpflichten, CCZ 2009, 1; *Jäger/Sartowski*, in: Renz/Hense, Wertpapier-Compliance in der Praxis, 2010, II.1 Rn 115 ff; *Jahn*, Erweiterte Steuerungs- und Überwachungsaufgaben in Banken, in: MiFID-Kompendium 2008, 353; *Jaskulla*, Das deutsche Hochfrequenzhandelsgesetz – eine Herausforderung für Handelsteilnehmer, Börsen und multilaterale Handelssysteme (MTF), BKR 2013, 221; *Kobbach*, Regulierung des algorithmischen Handels durch das neue Hochfrequenzhandelsgesetz: Praktische Auswirkungen und offene rechtliche Fragen, BKR 2013, 233; *Kuthe/Zipperle*, MaComp – Compliance-Standards für alle?, Corporate Finance law, 337; *Lackhoff/Schulz*, Das Unternehmen als Gefahrenquelle? Compliance-Risiken für Unternehmensleiter und Mitarbeiter, CCZ 2010, 86; *Lehmann/Manger-Nestler*, Das neue Europäische Finanzmarktaufsichtssystem, ZBB 2011, 2; *Lösler*, Compliance im Wertpapierdienstleistungskonzern, Schriftenreihe der bankrechtlichen Vereinigung, 2003 (zit.: Compliance); *Lösler*, Die Mindestanforderungen an Compliance und die weiteren Verhaltens-, organisations- und Transparenzpflichten nach §§ 31 ff. WpHG (MaComp), WM 2010, 1917; *Lösler*, Spannungen zwischen der Effizienz der internen Compliance und möglichen Reporting-Pflichten des Compliance-Officers, WM 2009, 676; *Lösler*, Zu Rolle und Stellung des Compliance-Beauftragten, WM 2008, 1098; *Meier-Greve*, Zur Unabhängigkeit des Compliance-Officers, CCZ 2010, 216; *Mülbert*, Anlegerschutz bei Zertifikaten, WM 2007, 1149; *Niermann*, Die Compliance-Organisation im Zeitalter der MaComp – eine Analyse ausgewählter Fragen, ZBB 2010, 410; *Peper*, Compliance und Geldwäsche-Beauftragte: Effektivität durch interdisziplinäre Zusammenarbeit, Zeitschrift für das gesamte Kreditwesen, 2012, 36; *Pietzke*, Die Verantwortung für Risikomanagement und Compliance im mehrköpfigen Vorstand, CCZ 2010, 45; *Popp*, Anlegerschutz und Boni, das richtige Maß finden, bank und markt 2011, 25; *Raus/Lützeler*, Berichtspflicht des Compliance officers – zwischen interner Eskalation und externer Anzeige, CCZ 2012, 96; *Renz*, Effizienter Umgang mit Interessenkonflikten, BP-Beilage 01/2007, 32; *Richter*, in: Baulig/Brinkmann/Eis/Heisterkamp/Meyn/Pölking/Richter/Schäfer/Schäpers/Scholz/Weidner, Compliance, 4. Aufl. 2012, Rn 1312 ff; *Rieble*, Zivilrechtliche Haftung der Compliance-Agenten, CCZ 2010, 1; *Rodewald/Unger*, Kommunikation und Krisenmanagement im gefüge der Corporate Compliance-Organisation, BB 2007, 1629; *Röh*, Compliance nach der MiFID – zwischen höherer Effizienz und mehr Bürokratie, BB 2008, 398; *Rolshoven/Hense*, Anmerkung zu BGH, Urt. v. 17.7.2009 – 5 StR 394/08, BKR 2009, 427; *Rothenhöfer*, in: Kümpel/Wittig (Hrsg.), Bank und Kapitalmarktrecht, 4. Aufl. 2011, S. 227; *Russo/Schäfer*, in: Renz/Hense, Wertpapier-Compliance in der Praxis, 2010, II.13; *Sandmann*, Der Compliance-Be-

richt im Wertpapierdienstleistungsunternehmen – praktische Erwägungen, CCZ 2008, 104; *Schäfer*, in: Krimphove/Kruse, Ma-Comp-Kommentar, 2013, BT 1; *Schäfer*, Beschwerde, Beschwerdebearbeitung und Beschwerdeanzeigen – ein Beitrag zur Auslegung der §§ 33 Abs. 1 Satz 2 Nr. 3 und § 34 d Abs. 1 Satz 4 und Abs. 5 WpHG, WM 2012, 1157; *Schäfer*, Die MaComp und das Erfordernis der Unabhängigkeit, Wirksamkeit und Dauerhaftigkeit von Compliance, BKR 2011, 45; *Schäfer*, Die MaComp und die Aufgaben von Compliance, BKR 2011, 187; *Schäfer*, Die MaComp, die Vor-Ort-Prüfungen und die Auslagerung von Compliance, BankPraktiker 2011, 206; *Schäfer*, in: Baulig/Brinkmann/Eis/Heisterkamp/Meyn/Pölking/Richter/Schäfer/Schäpers/Scholz/Weidner, Compliance, 4. Aufl. 2012; *Schäfer*, in: Schäfer (Hrsg.), Erfolgreicher Umgang mit Wertpapierbeschwerden, Finanz Colloquium Heidelberg 2013; *Schlicht*, Compliance nach Umsetzung der MiFID-Richtlinie, BKR 2006, 469; *Schneider, Uwe H.*, Compliance im Konzern, NZG 2009, 1323; *Schneider, Uwe H.*, Ethik im Bank- und Kapitalmarktrecht, ZIP 2010, 601; *Schneider, Uwe H.*, Konzern-Compliance als Aufgabe der Konzernleitung, ZIP 2007, 2061; *Schwintek*, Die Anzeigepflicht bei Verdacht von Insidergeschäften und Marktmanipulation nach § 10 WpHG, WM 2005, 861; *Sethe*, Erweiterung der bank- und kapitalmarktrechtlichen Organisationspflichten um Reporting-Systeme, ZBB 2007, 421; *Spindler*, Compliance in der multinationalen Bankengruppe, WM 2008, 905; *Veil*, Compliance-Organisationen im Wertpapierdienstleistungsunternehmen im Zeitalter der MiFID, WM 2008, 1093; *Thurau/Stevermann*, Verzicht auf Einzelprovisionen verringert den Druck, bank und markt 2011, 18; *Welsch/Dose*, in: Renz/Hense, Wertpapier-Compliance in der Praxis, 2010, I.3 Rn 10; *Wessig/Hugger/Dann*, in: Renz/Hense, Wertpapier-Compliance in der Praxis, 2010, I.9; *Zawilla u.a*, Präventionsansätze gegen Manipulationspraktiken im Privatkundengeschäft, Bankpraktiker 2010, 421; *Zingel*, Stellung und Aufgaben von Compliance nach den MaComp, BKR 2010, 500; *Zülch*, Die neue europäische Wertpapier- und Kapitalmarktaufsicht, EWS, 2011, 167.

Zu § 33 Abs. 2: *Achtelik*, Die neuen Regelungen zum Outsourcing, BankPraktiker 2008, 14; *Campbell*, Modernisierung des Outsourcing-Regimes, ZBB 2008, 148; *Fischer/Petri/Steidle*, Outsourcing im Bankenbereich – neue aufsichtsrechtliche Anforderungen nach § 25 a KWG und MaRisk, WM 2007, 2313; *Hanten/Görke*, Outsourcind-Regelungen unter Geltung des § 25 a Abs. 2 KWG in der Fassung des FRUG, BKR, 489; *Köckritz/Simscheck/Schimmer*, Gibt es eine optimale Wertschöpfungstiefe?, die bank 2010, 53; *Kaetzler/Weirauch*, Bankenaufsichtliche Aspekte von Outsourcingverhältnissen – Neue Anforderungen an die Auslagerungspraxis durch die Neufassung des KWG und der MaRisk, BKR 2008, 265; *Loff*, Herausforderungen bei Auslagerungssachverhalten nach den MaRisk, WM 2009, 780; *Tölle*, Outsourcing: Auslagerung von Geschäftsbereichen als Alternative zu Fusionen, BankPraktiker 2007, 600.

A. Regelungsgegenstand, europarechtliche Grundlagen, Schutzgesetzeigenschaft ... 1
B. Verhältnis zu KWG (Abs. 1 S. 1) ... 5
C. Grundsätze, Mittel, Verfahren (Abs. 1 S. 2 Nr. 1) ... 6
D. Compliance-Funktion als wesentlicher Bestandteil der Grundsätze, Mittel, Verfahren (Abs. 1 S. 2 Nr. 1) ... 18
   I. Legaldefinition, Bedeutung, Interessenwahrnehmung, Compliance-Kultur ... 18
   II. Die Bedeutung der Compliance-Funktion/Hierarchische Ebene ... 30
   III. Verantwortung der Geschäftsleitung ... 33
   IV. Auskunftsrechte des Aufsichtsorgans ... 38
   V. Dauerhaftigkeit ... 41
      1. Grundsatz ... 41
      2. Regelung in Organisationsverfügungen und Arbeitsanweisungen ... 42
      3. Vertreter ... 47
      4. Überwachungsplan ... 51
   VI. Wirksamkeit ... 54
      1. Allgemein ... 54
      2. Ausstattung ... 55
        a) Grundsatz ... 55
        b) Quantitative personelle Ausstattung der Compliance-Funktion ... 58
        c) Qualitative personelle Ausstattung der Compliance-Funktion ... 61
          aa) Grundsatz (WpDPV, § 34 d Abs. 3 WpHG) ... 61
          bb) Sachkunde der Compliance-Mitarbeiter ... 64
          cc) Sachkunde des Compliance-Beauftragten ... 68
          dd) Höhere Fachkenntnisse des Compliance-Beauftragten ... 71
          ee) Erfahrung des Compliance-Beauftragten ... 72
          ff) Persönliche Eigenschaften ... 76
          gg) Zuverlässigkeit des Compliance-Beauftragten ... 77
        d) (Sachliche) Mittel (§ 12 Abs. 4 S. 2 WpDVerOV) ... 78
          aa) Allgemeines ... 78
          bb) Vergabe eines Budgets ... 80
      3. Befugnisse der Compliance-Mitarbeiter (§ 12 Abs. 4 S. 2 WpDVerOV) ... 83
        a) Informationsfluss, Auskunfts-, Einsichts- und Zugangsrechte ... 83
        b) Weitere Informationsrechte ... 86
        c) Unterstützung durch die Geschäftsleitung ... 88
      4. Sanktionsbefugnisse der Compliance-Mitarbeiter ... 89
        a) Grundsatz ... 89
        b) Eigene Anordnungskompetenz von Compliance in Ausnahmefällen (§ 12 Abs. 3 S. 2 WpDVerOV) ... 92
   VII. Unabhängigkeit ... 95
      1. Grundsatz ... 95
      2. Keine fachliche Weisung ... 96
      3. Keine Beteiligung vom Compliance-Mitarbeitern an zu überwachenden Prozessen ... 102
        a) Grundsatz ... 102
        b) Ausnahme ... 103
        c) (Keine) Beteiligung bei regelmäßigem Zugang zu Compliance-relevanten Informationen ... 112
      4. Kombination der Compliance-Funktion mit anderen Kontrollfunktionen ... 115
      5. Kombination der Compliance-Funktion mit der Rechtsabteilung ... 122
      6. Sonstige Maßnahmen zur Sicherung der Unabhängigkeit der Compliance-Funktion ... 126
        a) Selbstständige Organisationseinheit ... 126
          aa) Grundsatz ... 126
          bb) Ausnahme ... 127
        b) Unterstellung unter Geschäftsleitungsmitglied ... 128
        c) Ernennung, Kündigungsfrist ... 129

d) Orientierung an den Leitern von Revision, Risikocontrolling und Rechtsabteilung..................	130
e) Vergütung der Mitarbeiter der Compliance-Funktion...................	133
VIII. Aufgaben der Compliance-Funktion...........	136
1. Gesetzliche Grundlagen, Anwendungsbereich..................	136
b) Anwendungsbereich................	141
c) Bedeutung der Festlegung der Aufgaben in Arbeits- und Organisationsanweisungen................	143
2. Überwachungsaufgaben der Compliance-Funktion.................	144
a) Grundsatz..................	144
b) Regelmäßige risikobasierte Überwachungshandlungen..................	147
aa) Regelmäßig und risikoorientiert..	147
bb) Ziel der Überwachungshandlungen.................	148
c) Vermeidung von Interessenkonflikten..	153
d) Risikoanalyse und Risikoprofil.........	155
aa) Durchführung................	155
bb) Inhalt der Risikoanalyse........	158
cc) Risikoprofil................	161
e) Überprüfung der Kontrollhandlungen der Fachabteilungen..................	165
f) Vor-Ort-Prüfungen, „sonstige" Prüfungen.................	168
g) Kein ausschließliches Stützen auf interne Revision................	176
h) Geeignete Quellen, Methoden, Instrumente.............	179
i) Beschwerden als Erkenntnisquelle......	181
j) Zusammenwirkungen der verschiedenen Organisationseinheiten..............	183
k) Zusammenarbeit aus Sicht anderer Bereiche................	184
l) Maßnahmen.................	187
3. Prävention als Tätigkeit von Compliance..	189
a) Grundsatz.............	189
b) Beratungs- und Schulungsaufgaben.....	192
c) Beteiligung der Compliance-Funktion an Prozessen................	199
E. Kontinuität und Regelmäßigkeit (Abs. 1 S. 2 Nr. 2).................	211
F. Interessenkonflikte (Abs. 1 S. 2 Nr. 3)...........	213
I. Grundsatz/Anwendungsbereich..............	213
II. Einzelne Interessenkonflikte/Identifikation von Interessenkonflikten...................	219
III. Wirksame Vorkehrungen/Maßnahmen........	233
1. Grundsatz....................	233
2. Maßnahmenkatalog..................	236
IV. Offenlegung von Interessenkonflikten (§ 31 Abs. 1 Nr. 2 WpHG, § 13 Abs. 4 WpDVerOV)	259
G. Vertriebsvorgaben (Abs. 1 S. 2 Nr. 3 a)...........	265
I. Historie, systematische Einordnung............	265
II. Anwendungsbereich und Begriff...............	266
III. Vermeidung der Beeinträchtigung von Kundeninteressen................	270
H. Beschwerdebearbeitung (Abs. 1 S. 2 Nr. 4).........	273
I. Grundlagen, Sinn und Zweck, Anwendungsbereich, Beschwerdebegriff................	273
II. (Inhaltliche) Anforderungen an eine Beschwerde.................	275
III. Verfahren der Beschwerdebearbeitung.........	284
IV. Wirksamkeit des Verfahrens................	287
1. Beschwerdebearbeitung durch neutrale Stelle..................	287
2. Mittel..................	288
V. Transparenz des Verfahrens................	290
VI. Angemessenheit und Unverzüglichkeit der Bearbeitung................	291
1. Grundsatz................	291
2. Angemessenheit der Bearbeitung...........	292
3. Unverzüglichkeit der Bearbeitung.........	294
VII. Auswertung der Beschwerden................	295
VIII. Dokumentation, Nachvollziehbarkeit der Beschwerdebearbeitung................	296
I. (Jährliche) Berichte des Compliance-Beauftragten (Abs. 1 S. 2 Nr. 5)..............	298
I. Grundsatz; Erstellung und Weitergabe.........	298
II. Inhalt....................	310
III. Berichterstattung an die BaFin..............	317
J. Überwachung und Bewertung, Nachbesserung (Abs. 1 S. 2 Nr. 6)................	318
K. Flexibilisierungsklausel (Abs. 1 S. 3)...............	324
L. Hochfrequenzhandel (Abs. 1 a)...............	325
I. Historie, systematische Einordnung, Sinn und Zweck................	325
II. Anwendungsbereich...................	327
III. Systeme und Risikokontrollen (Abs. 1 a S. 3)...	330
IV. Notfallanforderungen (Abs. 1 a S. 4)..........	334
V. Dokumentationsanforderungen (Abs. 1 a S. 5).	335
M. Auslagerung (Abs. 2)................	336
N. Auslagerung auf Unternehmen mit Sitz in Drittstaat (Abs. 3)................	347
O. (Besondere) Organisationspflichten bei der Honorar-Anlageberatung (Abs. 3 a)...............	351
I. Historie, Sinn und Zweck................	351
II. Trennung der Honorar-Anlageberatung von der übrigen Anlageberatung (Abs. 3 a S. 1).....	352
1. Alleinige Erbringung der Honorar-Anlageberatung................	352
2. Erbringung der Honorar-Anlageberatung und der übrigen Anlageberatung..........	353
III. Vertriebsvorgaben bei der Honorar-Anlageberatung (Abs. 3 a S. 2)................	355
IV. Informationspflicht (Abs. 3 a S. 3).............	356

A. Regelungsgegenstand, europarechtliche Grundlagen, Schutzgesetzeigenschaft

1 Die Vorschrift enthält in Abs. 1 umfangreiche organisatorische Vorgaben für die Wertpapierdienstleistungsunternehmen. Diese müssen sie gemäß Abs. 1 S. 1 neben den aus § 25 a Abs. 1 und 2, § 25 e KWG resultierenden Pflichten einhalten. Abs. 1 S. 2 statuiert wesentliche organisatorische Grundsätze, die von den Unternehmen zu beachten sind. So verlangt S. 2 Nr. 1 die Aufstellung von Grundsätzen, das Vorhalten entsprechender Mittel sowie die Einrichtung von Verfahren zwecks Sicherstellung gesetzeskonformen Verhaltens. Hierzu gehört insbesondere die Einrichtung einer **Compliance-Funktion**. S. 2 Nr. 2 soll die **Kontinuität** der Dienstleistungen sicherstellen. In S. 2 Nr. 3 ist der Themenkomplex der Interessenkonflikte geregelt. Das Gebiet der Vertriebsvorgaben ist Inhalt der Nr. 3 a. Regelungen zum **Beschwerdemanagement** sind in

S. 2 Nr. 4 enthalten. S. 2 Nr. 5 ergänzt die Compliance-Pflichten um **Berichtspflichten** an Geschäftsleitung und Aufsichtsorgan. In S. 2 Nr. 6 sind **Überwachungs-, Bewertungs- und Maßnahmepflichten** von Compliance geregelt. Abs. 2 enthält allgemeine Vorgaben zur **Auslagerung**. In Abs. 3 sind Vorgaben zum Outsourcing mit Drittstaatenbezug bei der Finanzportfolioverwaltung enthalten. Eine **Rechtsverordnungsermächtigung** enthält Abs. 4.

Europarechtliche Grundlagen sind insbesondere Art. 13 Abs. 2, MiFID, Art. 6, 9 DRL, EG 3,15 DRL hinsichtlich der allgemeinen Organisationsanforderungen. Die Regelung der Interessenkonflikte resultiert aus Art. 13 Abs. 3, 6, 10, Art. 18 MiFID, EG 29 MiFID; Art. 21-23 DRL u. EG 24–27 DRL. 2

Bei den in Abs. 1 S. 2 geregelten Organisationspflichten handelt es sich überwiegend um solche, die auch nach bisher geltendem Recht zu beachten waren.[2] Durch die jetzige umfangreiche und detaillierte Regelung in einem formellen Gesetz und einer Rechtsverordnung sowie einer inhaltlichen Anreicherung haben die Organisationspflichten und insbesondere der Compliance-Gedanke eine beträchtliche **Aufwertung** erfahren.[3] Weitere Präzisierungen – auch im Hinblick auf die Stärkung der Compliance-Funktion – enthalten die Mindestanforderungen an die Compliance-Funktion und die weiteren Verhaltens-, Organisations- und Transparenzpflichten nach §§ 31 ff für Wertpapierdienstleistungsunternehmen (MaCOmp) vom Mai 2010.[4] 3

Die Pflichten des § 33 bezwecken – weitgehend unbestritten – nicht den Schutz individueller Anlegerinteressen. Die Regelung ist von daher **kein Schutzgesetz iSd § 823 Abs. 2 BGB**.[5] 4

B. Verhältnis zu KWG (Abs. 1 S. 1)

Der Gesetzgeber weist in Abs. 1 S. 1 zunächst explizit darauf hin, dass **§ 25 a Abs. 1 und 2, § 25 e KWG** von den Wertpapierdienstleistungsunternehmen einzuhalten ist.[6] Davon sind solche Unternehmen betroffen, die auch Kreditinstitute sind. Inhaltlich handelt es sich hier insbesondere um Art. 25 a KWG iVm den Verwaltungsvorschriften der BaFin zu den Mindestanforderungen für das Risikomanagement.[7] Durch den Verweis auf die KWG-Vorschriften werden doppelte Anforderungen an die Geschäftsorganisation, vor allem das Risikomanagement, vermieden[8] Die Compliance-Funktion ist letztendlich als **Bestandteil des internen Kontrollsystems** nach § 25 a Abs. 1 Satz 3 KWG einzuordnen.[9] 5

C. Grundsätze, Mittel, Verfahren (Abs. 1 S. 2 Nr. 1)

Abs. 1 S. 2 legt wesentliche organisatorische Grundprinzipien fest, die von einem Wertpapierdienstleistungsunternehmen bei der Erbringung von Wertpapierdienstleistungen zu beachten sind. So muss es gemäß S. 2 Nr. 1 angemessene **Grundsätze** aufstellen und **Verfahren** einrichten um sicherzustellen, dass das Wertpapierdienstleistungsunternehmen selbst, aber auch seine Mitarbeiter die Verpflichtungen des WpHG nachkommen. § 12 Abs. 1 WpDVerOV ergänzt diese Regelung dahin gehend, dass die niederzulegenden Grundsätze und einzurichtenden Verfahren darauf ausgerichtet sein müssen, mögliche Verletzungen des WpHG (sowie der in Verordnungen geregelten Verpflichtungen) sowie die damit zusammenhängenden Risiken aufzudecken. Eine weitere Ergänzung enthalten die MaComp AT 6 Tz 1 S. 1, wonach ein Wertpapierdienstleistungsunternehmen auch angemessene Mittel vorzuhalten hat. 6

Die aufgestellten Grundsätze und eingerichteten Verfahren haben zudem die effektive Durchführung der erforderlichen **Kontrollhandlungen sicherzustellen.** Zwar sind hier zunächst die operativen Einheiten für die Einhaltung der Vorschriften und die Durchführung von Kontrollen (Selbstkontrollen) verantwortlich.[10] Es ist jedoch sicherzustellen, das zusätzlich – zumindest stichprobenartig- Überwachungshandlungen durch andere Bereiche erfolgen. Zu denken ist hier etwa an eine Überwachung des Handels durch die Handelsabwicklung und/oder die Compliance-Funktion.[11] 7

---

2 Begr. RegE (FRUG), BT-Drucks. 16/4028, S. 70; Konkretisierungen enthielt insbesondere die Richtlinie des Bundesaufsichtsamtes für den Wertpapierhandel zur Konkretisierung der Organisationspflichten von Wertpapierdienstleistungsunternehmen gemäß, § 33 Abs. 1 WpHG v. 25. Oktober 1999, die „Compliance-Richtlinie" (BAnz. Nr. 210 v. 6. November 1999, S. 18453.
3 *Röh*, BB 2008, 398, 400.
4 Zu Aufbau und Inhalt (allerdings des Konsultationsentwurfs v. 21.12.2009) s. *Becker/Wohlert*, BankPraktiker 2010, 160.
5 Siehe hierzu ausführlich *Fuchs*, in: Fuchs, WpHG, § 33 Rn 6.
6 § 25 a Abs. 2 nF KWG ersetzt den vormaligen § 25 a Abs. 1 S. 7 KWG, § 25 b nF ersetzt § 25 a Abs. 2 aF KWG. Die Änderungen erfolgten durch das Gesetz zur Umsetzung der Richtlinie 2013/36/EU über den Zugang zur Tätigkeit von Kreditinstituten und die Beaufsichtigung von Kreditinstituten und Wertpapierfirmen und zur Anpassung des Aufsichtsrechts an die Verordnung (EU) Nr. 575/2013 über Aufsichtsanforderungen an Kreditinstitute und Wertpapierfirmen (CRD IV-Umsetzungsgesetz) vom 28. August 2013 (BGBl. I S. 3395).
7 Siehe *Fuchs*, in: Fuchs, WpHG, § 33 Rn 28 ff.
8 Begr. RegE (FRUG), BT-Drucks. 16/4028, S. 70.
9 MaComp AT 7 Tz 2.
10 MaComp AT 6 Tz 2.
11 MaComp AT 6 Tz 2.

8 Üblicherweise finden die von einem Wertpapierdienstleistungsunternehmen aufgestellten Grundsätze Eingang in **Arbeitsanweisungen**.

9 Der Begriff des **einzurichtenden Verfahrens** umfasst die internen Regeln, nach denen ein Unternehmen arbeitet und seine Aufgaben bewältigt.[12] Hierunter fällt etwa die Modellierung von Prozessen im Hinblick auf die Arbeitsabläufe. In der Regel werden auch diese in Arbeitsanweisungen umgesetzt.

10 Weiterhin müssen die Unternehmen gemäß Abs. 1 S. 2 Nr. 1 entsprechende **Mittel** vorhalten. Eine exakte Abgrenzung zu den Verfahren ist hier nicht möglich.[13] Angesichts der Regelung beider Bereiche ist die Frage aber nur von akademischem Interesse.

11 Hierzu gehören einmal **sachliche** Ressourcen wie etwa die Nutzungsmöglichkeit technischer Systeme. Aber auch das Vorliegen entsprechender Fachzeitschriften etwa für Wertpapierberater fällt hierunter.

12 Auch **zeitliche** Ressourcen sind dabei zu beachten.[14] Hier können allerdings – angesichts der heterogenen Struktur der Wertpapierdienstleistungsunternehmen – keine generellen Vorgaben gemacht werden.

13 Einen weiteren Baustein stellen die **personellen** Mittel dar. Die **Personalausstattung** des Unternehmens muss zum einen ausreichend sein, um den „Normalbetrieb" gewährleisten zu können.

14 Ebenso müssen aber auch **Spitzen** bei dem Auftragsaufkommen weitgehend aufgefangen werden können. Insbesondere nach den Erfahrung im Zusammenhang mit den massenhaften Zeichnungen von Aktien im Rahmen von Neuemissionen am „Neuen Markt" haben sich hier die Maßstäbe des Denkbaren und damit die Anforderungen an die Personalausstattung verschoben.[15]

15 Wichtig ist zudem die entsprechende **Qualifikation** der Mitarbeiter. Mitarbeiter müssen ausreichend geschult sein. Insbesondere speziell in dem Bereich, in dem sie gerade tätig sind. Die Kenntnisse der Mitarbeiter müssen auf dem **aktuellen** Stand sein. So ist eine mehrere Jahrzehnte zurück liegende Ausbildung zum Bankkaufmann nicht ausreichend, wenn der Mitarbeiter neu in (dem schnelllebigen Geschäft) der Wertpapierberatung eingesetzt werden soll. Das Wertpapierdienstleistungsunternehmen muss hierzu Fortbildungsmöglichkeiten eröffnen. Hinsichtlich der Art und Weise der Qualifizierung bestehen Ermessensspielräume, etwa ob Inhouse-Schulungen durch eigene Kräfte oder der Rückgriff auf externe Anbieter gewählt werden. Bei den Banken und Sparkassen spielen dabei die zentralen oder regionalen Akademien eine herausragende Rolle.

16 Auch die **Vertretung** von Mitarbeitern muss quantitativ und qualitativ gesichert sein. So ist etwa das Liegenlassen eines zeitkritischen Depotübertrags über mehrere Tage, mit der Begründung, der zuständige Mitarbeiter sei nicht mehr im Hause und der Neue Mitarbeiter noch nicht eingearbeitet, nicht zulässig.

17 Unter S. 1 Nr. 2 fällt zudem die Einrichtung eines tragfähigen **Notfallkonzepts** für den Fall von Störungen und Ausfallen insbesondere der technischen Systeme des Wertpapierdienstleistungsunternehmens.[16]

D. Compliance-Funktion als wesentlicher Bestandteil der Grundsätze, Mittel, Verfahren (Abs. 1 S. 2 Nr. 1)

18 **I. Legaldefinition, Bedeutung, Interessenwahrnehmung, Compliance-Kultur.** Compliance ist heute ein nicht mehr wegzudenkender Bestandteil des Wertpapiergeschäfts der Wertpapierdienstleistungsunternehmen. Dem trägt auch das WpHG Rechnung. Nach Abs. 1 S. 2 Nr. 1 hat das Wertpapierdienstleistungsunternehmen zur Sicherstellung seiner organisatorischen Pflichten insbesondere eine dauerhafte und wirksame **Compliance-Funktion** einzurichten, die ihre Aufgaben unabhängig wahrnehmen kann.

19 Geregelt ist hier der **Compliance-Begriff im engeren Sinne** (Wertpapier-Compliance oder kapitalmarktrechtliche Compliance). Er umfasst die Einhaltung der wertpapier- und kapitalmarktrechtlichen Regeln, wobei das WpHG eine zentrale Rolle einnimmt.[17]

20 Noch nicht abschließend geklärt ist das Verhältnis des wertpapierrechtlichen Begriffs der Compliance-Funktion zu der neuerdings auch von den **MaRisk verwandten identischen Terminologie**[18] Klar ist, dass hiervon Unternehmen betroffen sind, die nicht nur als Wertpapierdienstleistungsunternehmen, sondern auch als Kreditinstitute einzustufen sind. Unstreitig ist weiterhin, dass durch den gesetzlichen Verweis in Abs. 1 S. 1 auf die KWG-Vorschriften doppelte Anforderungen an die Geschäftsorganisation, vor allem das Risikomanagement, vermieden werden sollen[19] Im Übrigen wird man wohl davon ausgehen können, dass die Regelungen zur MaComp-Compliance-Funktion spezialgesetzliche Regelungen gegenüber der MaRisk-Compliance-Funktion darstellen.

---

12 Fuchs, in: Fuchs, WpHG, § 33 Rn 49.
13 So auch Fuchs, in: Fuchs, WpHG, § 33, Rn 49.
14 Schlicht, BKR 2006, 469, 471 im Hinblick auf Compliance.
15 Fuchs, in: Fuchs, WpHG, § 33 Rn 63.
16 Fuchs, in: Fuchs, WpHG, § 33 Rn 63.
17 Vgl etwa Eisele/Faust, in : Schimansky/Bunte/Lwowski (Hrsg.), Bankrechtshandbuch, § 109 Rn 3.
18 Zu den „neuen Compliance-Regelungen in den MaRisk" vgl Achtelik, BI 2012, 30.
19 Begr. RegE (FRUG), BT-Drucks. 16/4028, S. 70.

Der Begriff der Compliance-*Funktion* wird allerdings nicht legal definiert. Gemeint ist ein „abgegrenzter Verantwortungsbereich innerhalb der Organisationsstruktur eines Instituts, der die in § 12 Abs. 3 WpD-VerOV genannten Aufgaben zum Gegenstand hat".[20]

Damit ist der Begriff weiter als der des **Compliance-Beauftragten**. Letzterer ist lediglich die zentrale, Verantwortung tragende Person.[21] Die Begriffe der Compliance-Funktion und des Compliance-Beauftragten sind dabei strikt zu trennen. Der Compliance-Beauftragte trägt die **Verantwortung für die Mitarbeiter-Funktion**.[22]

Auf die Benennung eines Compliance-Beauftragten durch ein Wertpapierdienstleistungsunternehmen kann nicht verzichtet werden. Sie ist **obligatorisch**.[23] Bereits durch die explizite Aufnahme einer Compliance-Funktion bzw Compliance-Regelung in das Gesetz und nicht mehr (nur) in eine Richtlinie der BaFin hat der Gesetzgeber die **zentrale Bedeutung** von Compliance zu erkennen gegeben.[24] Die gesetzliche Regelung wird zudem durch umfangreiche Vorgaben in §§ **12 und 13 WpDVerOV** konkretisiert.

Eine weitere Konkretisierung mit hohem Detailgrad erfolgt durch BT 1 MaComp. Das Modul BT 1 gehört zu den „Ursprungsmodulen" der MaComp. Es hat – zwei Jahre nach Inkrafttreten der MaComp – mittlerweile eine **umfassende Überarbeitung** erfahren. Hintergrund der Neufassung ist die notwendig gewordene Integration der **ESMA-Leitlinien** zu bestimmten Aspekten der Anforderungen an die Compliance-Funktion vom 28. September 2012 (s. auch AT 2.1 Tz. 4, 1. Spiegelpunkt).[25]

Das zentrale Anliegen des Moduls war und ist die **Stärkung von Compliance-Funktion und Compliance-Beauftragten**. Trotz erheblicher Verbesserungen seit Inkrafttreten des WpHG waren hier in den vergangenen Jahren immer wieder Feststellungen getroffen worden. Häufig war die Ausstattung von Compliance unzureichend, die Einbindung in entscheidende Prozesse nicht oder nur partiell gegeben. Das alles wiederum hatte seine Ursachen idR in einer nicht immer zufriedenstellenden Akzeptanz und einem entsprechenden „Standing" in den Wertpapierdienstleistungsunternehmen. Hier sollen die MaComp dazu beitragen, dass Compliance auf einer Ebene mit anderen Organisationseinheiten und deren Leitern agieren kann.[26]

Als Unternehmensbeauftragter ist der Compliance-Beauftragte einerseits den **Interessen des Wertpapierdienstleistungsunternehmens** verpflichtet. Andererseits wird er mittelbar auch zur „Gewährleistung eines Allgemeinwohlbelangs", nämlich der Funktionsfähigkeit der Kapitalmärkte, tätig.[27]

Zu den Institutsinteressen gehört auch die Abwendung von **Reputationsschäden** für das Wertpapierdienstleistungsunternehmen sowie der **Schutz seiner Mitarbeiter**. Ebenso können **finanzielle Risiken** wie Schadensersatzansprüche durch Compliance verringert werden. Das gilt auch für **aufsichtsrechtliche Maßnahmen**.

Das Wertpapierdienstleistungsunternehmen muss zudem eine unternehmensweite **Compliance-Kultur** fördern und stärken.[28] Dadurch sollen die Rahmenbedingungen für eine Förderung des Anlegerschutzes durch die Mitarbeiter und eine angemessene Wahrnehmung von Compliance-Angelegenheiten geschaffen werden.[29]

Den Begriff „**Compliance-Kultur**" hat zwar erst die Neufassung des BT 1 in die MaComp eingeführt. Er ist allerdings keine neue Erscheinung im Bereich der Wertpapier-Compliance.[30] Auch in anderen Bereichen ist er fest etabliert. Eine gute „Compliance-Kultur" erfordert, dass „Führungskräfte und Mitarbeiter die Einhaltung rechtlicher und **moralischer Standards** in ihren Verhaltensweisen verinnerlichen und ihre Bedeutung für nachhaltiges Vorgehen erkannt haben".[31]

II. Die Bedeutung der Compliance-Funktion/Hierarchische Ebene. Die Bedeutung der Compliance-Funktion soll sich an ihrer Stellung in der Unternehmens-organisation widerspiegeln.[32] Eine möglichst hohe Ansiedlung in der Hierarchie erhöht die Akzeptanz und Unabhängigkeit von Compliance und **erleichtert die Compliance-Tätigkeit**. In der Praxis ist immer wieder festzustellen, dass die Tätigkeit qualifizierter Compliance Beauftragte angesichts einer mangelnden „hierarchischen Untermauerung" suboptimal ist.

---

20 *Röh*, BB 2008, 398, 400; *Veil*, WM 2008, 1093, 1096; Missverständlich die Gleichstellung von „Compliance-Abteilung" und Compliance-Funktion" bei *Casper*, in: FS für K. Schmidt 2009, S. 199, 201.
21 *Röh*, BB 2008, 398, 400 f.
22 MaComp BT 1.1 Tz 3 S. 1.
23 MaComp BT 1.1 Tz 1 S. 1 („muss") s. auch *Röh*, BB 2008, 398, 400 f.
24 *Röh*, BB 2008, 398, 403; s. auch *Held*, 26 („neue Gewichtung"). Eine weitere – wenngleich nicht aufsichtsrechtlich motivierte – Aufwertung dürfte die Position des Compliance-Officers durch das BGH-Urteil v. 17.7.2009 (5 StR 394/08, AG 2009, 740) erfahren; s. hierzu auch *Ransieck*, AG 2010, 147; s. auch *Campos/Nave/Vogel*, BB 2009, 2546.
25 Vgl ESMA-Homepage. Es handelt sich hierbei um Leitlinien iSd Art. 16 der ESMA-VO.
26 *Birnbaum/Kütemeier*, WM 2011, 296.
27 *Veil*, WM 2008, 1093, 1097; s. auch *Casper*, in: FS für K. Schmidt 2009, S. 199, 203.
28 Siehe hierzu ausf. *Schäfer*, in: Krimphove/Kruses, BT Rn 53 ff.
29 MaComp BT 1.1 Tz 5.
30 *Eisele/Faust*, aaO, § 109.
31 *Tilman Ekert*, TÜV Rheinland, Homepage.
32 MaComp, BT 1.1 Tz 4.

31 Unabhängig von den praktischen Vorteilen einer hohen Ansiedlung kann die Stellung in der Hierarchie des Wertpapierdienstleistungsunternehmens ein wesentliches Indiz dafür sein, welche **Bedeutung im Unternehmen** Compliance zugemessen wird.

32 Zwar geben weder WpHG noch WpDVerOV explizit vor, auf welcher **hierarchischen Ebene** die Compliance-Funktion – entscheidend ist hier der Compliance-Beauftragte – anzusiedeln ist. Hier müssen insbesondere individuelle Gegebenheiten berücksichtigt werden können. In der Praxis gehört ein Großteil der Compliance-Beauftragten (mittlerweile) allerdings der zweiten bis dritten Führungsebene an. Je weiter darunter die Ansiedlung erfolgt, desto höher ist die Wahrscheinlichkeit einer nicht ausreichenden Bedeutung der Compliance-Funktion.

33 **III. Verantwortung der Geschäftsleitung.** Die Geschäftsleitung trägt die **Gesamtverantwortung** für die Compliance-Funktion und damit die **Verantwortung** für die Einhaltung der in BT 1 geregelten Pflichten. Diese Verantwortung trägt die **gesamte** Geschäftsleitung, mit anderen Worten alle Geschäftsleiter.[33] Die interne Zuständigkeitsverteilung ändert hieran nichts.[34]

34 Dem steht auch nicht die in § 33 WpHG sowie 12 Abs. 4 S. 1 WpDVerOV, BT 1.1 Tz 3 S. 1 MaComp enthaltene explizite **Zuweisung von Aufgaben** an den Compliance-Beauftragten hinsichtlich der Berichte an die Geschäftsleitung und das Aufsichtsorgan entgegen (s. hierzu unten Rn 298 ff).

35 Zwar kann der Compliance diese die ihm gesetzlich zugewiesenen Aufgaben nicht weiterdelegieren. Daraus kann jedoch nicht der Schluss gezogen werden, der Compliance-Beauftragte sei der letztendlich Verantwortliche. Es handelt sich hier lediglich um eine **von der Geschäftsleitung abgeleitete Verantwortung**. Die Verantwortung des Compliance-Beauftragten besteht nämlich nach „unbeschadet der Gesamtverantwortung der Geschäftsleitung".[35]

36 Aus der Gesamtverantwortung der Geschäftsleitung folgt nicht, dass die Compliance-Funktion organisatorisch der gesamten Geschäftsleitung unterstellt sein muss. Sie kann deshalb *einem* Geschäftsleitungsmitglied aus Gründen der Arbeitsteilung „zur primären Wahrnehmung" zugewiesen werden („horizontale Delegation").[36] Die Unterstellung unter ein Geschäftsleitungsmitglied (*Compliance-Vorstand*) stellt im Übrigen den Regelfall in der Praxis dar.

37 Die Compliance-Funktion ist zudem ein „**Instrument** der Geschäftsleitung". Die Wortwahl *Instrument* deutet überdies darauf hin, dass die Geschäftsleitung umfassende Einflussmöglichkeiten auf die Compliance-Funktion besitzt. Die Geschäftsleitung **bestellt** bzw **entlässt** zudem den Compliance-Beauftragten.[37]

38 **IV. Auskunftsrechte des Aufsichtsorgans.** Die Geschäftsleitung muss sicherstellen, dass der Vorsitzende des **Aufsichtsorgans** direkt beim **Compliance-Beauftragten** Auskünfte einholen kann.[38] Denkbar ist hier etwa eine Vereinbarung zwischen dem Wertpapierdienstleistungsunternehmen und dem Aufsichtsorgan. **Aufsichtsorgane** sind die Aufsichtsräte oder Verwaltungsräte der Wertpapierdienstleistungsunternehmen. Nicht gemeint sind die **Aufsichtsbehörden** wie etwa die BaFin oder die jeweilige Sparkassenaufsicht in den einzelnen Bundesländern. Zur Auskunftseinholung berechtigt ist der **Vorsitzende**, nicht aber die einzelnen Mitglieder des Aufsichtsorgans.

39 Hat das Wertpapierdienstleistungsunternehmen einen Prüfungsausschuss eingerichtet hat, kann alternativ sichergestellt werden, dass der Vorsitzende des **Prüfungsausschusses** die Auskünfte einholen kann.[39] Werden derartige Auskünfte eingeholt, muss jedoch die **Geschäftsleitung einbezogen** werden. Immer wenn dem Aufsichtsorgan Rechte eingeräumt, werden ist die Geschäftsleitung das Bindeglied

40 Nicht explizit geregelt ist der Fall, dass sich die Geschäftsleitung dem Wunsch des Aufsichtsrats, an den Compliance-Beauftragten heranzutreten, **verweigert**. Hier wird man vom Sinn und Zweck der Regelung her, die Kontrollfunktion des Aufsichtsrats zu stärken, wohl von einem direkten Herantretungsrecht ausgehen müssen.[40]

41 **V. Dauerhaftigkeit. 1. Grundsatz.** Die Compliance-Funktion muss nach § 33 Abs. 1 S. 2 Nr. 1 WpHG, § 12 Abs. 3 Nr. 1 WpDVerOV sowie BT 1 Tz 1 MaComp dauerhaft eingerichtet sein. Nur dann kann sie dazu beitragen, ein gesetzeskonformes Verhalten des Wertpapierdienstleistungsunternehmens und seiner Mitarbeiter nachhaltig zu gewährleisten. Eine nur anlassbezogene Compliance-Tätigkeit würde diesen Anforderungen nicht entsprechen.

---

33 Siehe auch MaComp AT 4.
34 *Engelhart*, ZIP 2010, 1834; s. auch *Pietzke*, CCZ 2010, 48 zu den KWG-rechtlichen Vorgaben.
35 MaComp BT 1.1 Tz 2.
36 Vgl *Bicker*, AG 2012, 544; MaComp BT 1.1 Tz 2 S. 2.
37 MaComp BT 1.1 Tz 3 S. 2.
38 Vgl hierzu die Parallelvorschrift AT 4.4 Tz 2 S. 2 MaRisk.
39 MaComp BT 1.1 Tz 2 S. 2 Fn 4.
40 Spindler, WM 2008, S. 913 f.

2. Regelung in Organisationsverfügungen und Arbeitsanweisungen. Zu einer dauerhaften Compliance-Funktion gehört insbesondere auch die Schaffung geeigneter Organisationsverfügungen und Arbeitsanweisungen.[41] In ihnen sind die **Aufgaben und Kompetenzen** der Compliance-Funktion festzuhalten.[42]
Unter den Begriff der Aufgaben fallen sowohl die **Kontrolltätigkeiten** als auch die **präventiven Handlungen** der Compliance-Funktion. Unter den Begriff der **Kompetenzen** fallen einmal die **Zuständigkeiten** der Compliance-Funktion. Hierunter fallen zudem die **Befugnisse** der Compliance-Funktion (s. hierzu ausführlich unten Rn 83 ff).
Weiterer obligatorischer Bestandteil der Organisations- und Arbeitsanweisungen sind Angaben zum **Überwachungsplan**. Hierzu gehören insbesondere die **Kriterien**, nach denen er erstellt wird sowie inhaltliche und zeitliche Vorgaben für seine „Abarbeitung" (ausführlich zum Überwachungsplan s.u. BT 1.3.2.1).
Das gilt entsprechend für die Berichtspflichten der Compliance-Funktion. Hier sind zum einen Vorgaben hinsichtlich des **Inhalts** aufzunehmen. Bei dem jährlichen Bericht sind diese außerdem der **Zeitpunkt der Erstellung** sowie die **Art der Kommunikation** an Geschäftsleitung und Aufsichtsorgan. Im Hinblick auf unterjährige Berichtspflichten sind die Anlässe sowie die Intervalle aufzunehmen.
Auch die **Kriterien**, nach denen die Compliance-Funktion **risikoorientiert** überwacht, müssen festgehalten werden. Dabei ist insbesondere an die Risikoanalyse zu denken.[43] **Anpassungen** im Hinblick auf relevante Änderungen aufsichtsrechtlicher Vorschriften haben zeitnah zu erfolgen.[44]

3. Vertreter. Zur Dauerhaftigkeit (aber auch der Wirksamkeit) der Compliance-Funktion gehört nach BT 1.3.2 Tz 2 S. 1, dass dem Compliance-Beauftragten ein Vertreter zugeordnet ist. In der Praxis finden sich hier mehrere **Vertretungsmodelle**.[45]
Der Vertreter muss ausreichend qualifiziert sein, um die Abwesenheitsvertretung des Compliance-Beauftragten ausführen zu können. Dabei ist – so die Auffassung der BaFin – grundsätzlich **kein identisches Qualifikationsniveau** von Compliance-Beauftragtem und Vertreter erforderlich. Diese Sichtweise bringt zwar einerseits Erleichterungen für kleinere Institute mit sich, wirft aber andererseits die Frage auf, was eine niedrigere Qualifikation konkret bedeutet.
Hinzu kommt, dass diese Erleichterung in den Fällen, in denen der Compliance-Beauftragte **längerfristig** ausfällt und der Vertreter dessen Amt übernehmen muss, nicht mehr gilt. Als „längerfristig" ist dabei ein Zeitraum von **mehr als sechs Wochen** anzusehen. Der Compliance-Beauftragte muss dann abberufen und ein neuer benannt werden, der die Qualifikationsanforderungen erfüllt. Vor diesem Hintergrund sollte ein Institut wohl überlegen, ob die Berufung eines Stellvertreters, der die für einen Compliance-Beauftragten erforderliche Qualifikation besitzt, nicht die sinnvollere Lösung ist.
Die Vertretungsregelung muss Niederschlag in den **Organisations- und Arbeitsanweisungen** finden. Nur so kann die hinreichende Aufgabenerfüllung während der Abwesenheit des Compliance-Beauftragten gewährleistet werden.

4. Überwachungsplan. Eine dauerhafte Compliance-Funktion erfordert zudem einen **schriftlichen** Überwachungsplan.[46] Er ist die Grundlage regelmäßiger und systematischer Überwachungshandlungen. Er muss sich auf alle wesentlichen Bereiche der Wertpapierdienstleistungen und Wertpapiernebendienstleistungen unter Berücksichtigung des Risikogehalts der Geschäftsbereiche regelmäßig zu erstrecken.[47] Aus dem Überwachungsplan muss zunächst ersichtlich sein, **welche Bereiche** eines Wertpapierdienstleistungsunternehmens im Rahmen der Compliance-Funktion welche Tätigkeiten durchführen. Auch die geplanten **Zeitpunkte** und/oder Intervalle der Überwachungshandlungen müssen dem Plan zu entnehmen sein. Die Anpassung des Überwachungsplans hat **fortlaufend** zu erfolgen, sofern sich **Veränderungen im Risikoprofil** ergeben.
Der Überwachungsplan muss sich auch auf die Umsetzung und Effektivität von **Abhilfemaßnahmen** erstrecken, die das Wertpapierdienstleistungsunternehmen im Fall von Verstößen gegen das WpHG ergreift.[48] Hier kann es sich angesichts der bereits dargelegten Kompetenzverteilung in Wertpapierdienstleistungsunternehmen nur um Vorschläge handeln, über deren Umsetzung die Geschäftsleitung entscheidet.
Die bereits erfolgten Überwachungshandlungen müssen in dem Überwachungsplan **dokumentiert** werden. Damit ist deren Nachvollziehbarkeit durch interne und externe Prüfer sichergestellt.

VI. Wirksamkeit. 1. Allgemein. Die Compliance-Funktion muss nach Abs. 1 S. 2 Nr. 1 wirksam sein. Die Wertpapierdienstleistungsunternehmen müssen abwägen, welche Vorkehrungen am besten zur Sicherstellung der Wirksamkeit der Compliance-Funktion geeignet sind. Dabei sind die individuellen Umstände des

---

41 Röh, BB 2008, 398, 403; MaComp, BT 1.3.2 Tz 3 Satz 1.
42 MaComp BT 1.3.2 Tz 3 S. 1 und 2.
43 MaComp BT 1.3.2 Tz 3 S. 2.
44 MaComp BT 1 Tz 2 S. 3.
45 Vgl hierzu im einzelnen *Schäfer*, in: Krimphove/Kruse, BT 1, Rn 649 ff.
46 Auch für eine *wirksame* Compliance-Arbeit ist der Überwachungsplan von nicht zu unterschätzender Bedeutung.
47 MaComp BT 1.3.2.1 Tz 1.
48 MaComp BT 1.3.2.1 Tz 5 S. 2.

Instituts zu berücksichtigen. Eine besondere Rolle bei der Bewertung der Vorkehrungen kommt hierbei der **Organisation** und **Ausstattung** der Compliance-Funktion zu.[49] In die Abwägungsentscheidung ist eine Reihe von Kriterien einzubeziehen.[50]

55 **2. Ausstattung. a) Grundsatz.** Eine wirksame Compliance-Funktion setzt eine ausreichende Ausstattung voraus. § 12 Abs. 4 S. 2 WpDVerOV ergänzt das Wirksamkeitserfordernis deshalb dahin gehend, dass die mit der Compliance-Funktion beauftragten Personen die zur Aufgabenerfüllung erforderlichen **Fachkenntnisse, Mittel und Kompetenzen** verfügen müssen. Der Umfang muss sich an dem jeweiligen Aufgabenbereich der Mitarbeiter orientieren. Die MaComp sprechen in diesem Zusammenhang davon, dass die Compliance-Funktion über **angemessenen Mittel** für ihre Aufgabenerfüllung verfügen muss.[51]

56 Nimmt ein Wertpapierdienstleistungsunternehmen wesentliche Erweiterungen der Aktivitäten seiner Geschäftsbereiche vor, ändern sich damit idR auch das Compliance-Risiko. Deshalb sind entsprechende **Anpassungen** vorzunehmen.[52]

57 Die Geschäftsleitung ist zur **regelmäßigen Überwachung** im Hinblick auf eine (quantitativ) ausreichende personelle Ausstattung der Compliance-Funktion zugeordneten Mitarbeiter verpflichtet.[53]

58 **b) Quantitative personelle Ausstattung der Compliance-Funktion.** Erforderlich ist eine (quantitativ) **ausreichende personelle Ausstattung**. Hier bestanden in der Vergangenheit aus verschiedenen Gründen Defizite, die ein Anlass für die Schaffung der MaComp waren. Bereits die Aufwertung von Compliance in fachlicher Hinsicht durch die MiFID bzw den neuen § 33 WpHG, die umfangreichen Regelungen in §§ 12 und 13 WpDVerOV und das daraus resultierende weite Aufgabenfeld konnten und können idR nur mit einer verbesserten personellen Ausstattung bewältigt werden.[54]

59 Hier werden immer wieder konkrete Vorgaben der BaFin in Form eines bestimmten „Schlüssels" gefordert. Eine solche Vorgabe ist jedoch angesichts der Heterogenität der deutschen Wertpapierdienstleistungsunternehmen, was Art und Umfang der erbrachten Wertpapierdienstleistungen oder –nebendienstleistungen kaum bestimmbar. Auch würde sie den Instituten würden den Instituten die von ihnen immer wieder geforderte Flexibilität nehmen.

60 Allerdings kann eine **Orientierung** an Instituten mit ähnlichem oder (weitgehend) gleichem Geschäftsmodell oder Wertpapiergeschäft als erste Orientierung dienen. Sie darf aber nicht als Vorwand für eine Orientierung „nach unten" dienen.

61 **c) Qualitative personelle Ausstattung der Compliance-Funktion. aa) Grundsatz (WpDPV, § 34 d Abs. 3 WpHG).** Die Vorgabe einer ausreichenden personellen Ausstattung besitzt auch eine **qualitative Komponente**. Dieser wird durch Schaffung umfangreicher Anforderungen an die **Sachkunde bzw Zuverlässigkeit** Rechnung getragen

62 Der Verordnungsgeber hat – als Konkretisierung des § 33 Abs. 1 S. 2 WpHG – in § 12 Abs. 4 S. 2 WpDVerOV eine dies gewährleistende **explizite Regelung** geschaffen. Die Vorschrift verlangt nämlich die für eine ordnungsgemäße und unabhängige Aufgabenerfüllung erforderlichen „Fachkenntnisse" von den mit der Compliance-Funktion betrauten Personen.

63 Seit dem 1.11.2012 finden sich zudem auch konkrete Vorgaben in § 34 d Abs. 3 WpHG sowie § 4 WpHG-MaAnzV. Diese beziehen sich allerdings nur auf den **Compliance-Beauftragten**, nicht aber die Mitarbeiter der Compliance-Funktion. Compliance-Beauftragte, die die hier genannten Anforderungen erfüllen, erfüllen zugleich die erforderlichen Anforderungen nach § 34 d Abs. 3 S. 1 WpHG iVm § 3 Abs. 1 und § 6 WpHGMaAnzV.[55]

64 **bb) Sachkunde der Compliance-Mitarbeiter.** Die mit der Compliance-Funktion betrauten Personen müssen über die erforderlichen Fachkenntnisse für den jeweils zugewiesenen Aufgabenbereich verfügen. Dies erfordert – spätestens nach Ablauf einer Einarbeitungszeit – Kenntnisse in einer Reihe von Themengebieten, soweit diese für die jeweilige Aufgabenerfüllung relevant sind.[56]

65 Hierzu gehören auch[57] – auf der internationalen Ebene – **Kenntnisse der unmittelbar geltenden europäischen Rechtsverordnungen**. Diese sind zwingend erforderlich. Im Gegensatz hierzu wird der Besitz von Kenntnissen über die **europarechtlichen Grundlagen** der einzuhaltenden Vorschriften nur empfohlen. Einblicke in die MiFID, die als EU-Richtlinie zu qualifizieren ist, sind für eine effektive Compliance-Arbeit jedoch hilfreich.[58]

---

49 Vgl hierzu MaComp BT 1.3.1.
50 Siehe MaComp BT 1.1.1; der Katalog ist nicht abschließend („insbesondere").
51 MaComp BT 1.3.1.1 Tz 1 S. 1.
52 MaComp BT 1.3.1.1 Tz 3 S. 1.
53 MaComp BT 1.3.1.1 Tz 3 S. 2.
54 Siehe auch *Niermann*, ZBB 2010, 425.
55 MaComp BT 1.3.1.4 Tz 3.
56 Siehe im Einzelnen MaComp BT 1.3.1.3.
57 Die weiteren Anforderungen ergeben sich auch aus § 34 d und werden dort kommentiert.
58 Vgl MaComp BT 1.3.1.3 Spiegelpunkt 1.

Unter die Vorgabe fallen auch Kenntnisse der einschlägigen **Leitlinien** („**Guidelines**")[59] **der ESMA**.[60] Rechtsgrundlage hierfür ist Art. 16 ESMA-VO.[61] Auch Kenntnisse der einschlägigen **Standards** der Europäischen Wertpapieraufsichtsbehörde nach Art. 10 ff ESM-VO sind erforderlich.[62]

Da **Vertriebsvorgaben** iSd Abs. 3 a die Kundeninteressen nicht beeinträchtigen dürfen, muss auch und gerade Compliance ausreichende Kenntnisse der diesbezüglich bestehenden verschiedenen Ausgestaltungsmöglichkeit besitzen. Die Compliance-Mitarbeiter sind **regelmäßig zu schulen**, um ihre Fachkenntnisse aufrechtzuerhalten.

cc) Sachkunde des Compliance-Beauftragten. Die Anforderungen, denen der Compliance-Beauftragte zu genügen hat, sind naturgemäß umfangreicher als diejenigen der Compliance-Mitarbeiter. Als **Mitarbeiter der Compliance-Funktion** muss er – gleichsam als Basis – über die für diese geforderten Fachkenntnisse verfügen.[63] Er muss darüber hinaus über ein ausreichend hohes Maß an Fachkenntnissen und Erfahrung verfügen, um die **Verantwortung** für die Compliance-Funktion als Ganzes übernehmen und ihre Wirksamkeit sicherstellen zu können.[64]

Erforderlich sind deshalb Kenntnisse über die verschiedenen **Geschäftstätigkeiten** des Wertpapierdienstleistungsunternehmens sowie die von ihnen ausgehenden Risiken.[65] Auch über Kenntnisse hinsichtlich der Identifikation von **Interessenkonflikten** und dem Umgang mit diesen muss der Compliance-Beauftragte verfügen.[66]

Die erforderliche Sachkunde kann nur **unternehmensspezifisch** bestimmt werden. Dabei müssen zudem die unterschiedlichen Compliance-Risiken berücksichtigt werden.[67] Allgemein kann lediglich gesagt werden, dass die Anforderungen mit der Komplexität des Wertpapiergeschäfts und der Höhe des Interessenkonfliktpotenzials steigen.

dd) Höhere Fachkenntnisse des Compliance-Beauftragten. Compliance-Beauftragte von Wertpapierdienstleistungsunternehmen, deren Mitarbeiter **regelmäßig Zugang zu compliance-relevanten Informationen** im Sinne von AT 6.1 der MaComp haben, müssen über Kenntnisse der Handelsüberwachung verfügen.[68] Hierzu gehören insbesondere deren Zuständigkeiten und Befugnisse. Gesetzliche Grundlagen sind hier das Börsengesetz und die Regularien der Börsen.

ee) Erfahrung des Compliance-Beauftragten. Es dürfte weitgehende Einigkeit dürfte darüber bestehen, dass allgemeine theoretische Kenntnisse die Kenntnis über tatsächliche Abläufe nicht ersetzen können.[69] Die erforderliche Sachkunde des Compliance-Beauftragten umfasst deshalb zudem die **praktische Anwendung** der vorstehend genannten Kenntnisse.[70]

Diese kann insbesondere durch eine **fachspezifische Berufspraxis** erreicht worden sein. Eine fachspezifische Berufspraxis kann beispielsweise durch die Tätigkeit in operativen Positionen, in Kontrollfunktionen oder aufsichtlichen Tätigkeiten erlangt worden sein.[71] Für eine Tätigkeit im Compliance-Bereich ist allerdings der (zusätzliche) Erwerb eines umfangreichen **compliance-spezifischen Wissens** von besonderer Bedeutung.

Für Compliance-Beauftragte von Wertpapierdienstleistungsunternehmen, deren Mitarbeiter regelmäßig Zugang zu compliance-relevanten Informationen im Sinne von AT 6.1 MaComp haben, beträgt die erforderliche fachspezifische Berufspraxis **grundsätzlich mindestens sechs Monate**. Die Regelung ist Ausdruck des Gedankens, dass mit einem regelmäßigen Zugang zu derartigen Informationen ein gesteigertes Interessenkonfliktpotenzial und damit gesteigerte Anforderungen einhergehen. Angesichts des **Proportionalitätsgrundsatzes** kommt für sonstige, insbesondere kleinere Wertpapierdienstleistungsunternehmen, auch ein kürzerer Zeitraum in Betracht.[72]

Um die geforderte Berufspraxis zu erlangen, muss der Compliance-Beauftragte noch nicht endgültig ernannt werden, sondern kann sich noch in der **Probezeit** befinden..[73]

---

59 Vgl hierzu *Baur/Boegl*, BKR 2011, 183; *Zülch/Hoffmann/Detzen*, EWS 2011, 170; *Lehmann/Manger-Nestle*, ZBB 2011, 12 f.
60 „European Securities and Markets Authority"; zu Organisation, Arbeitsweise, Aufgaben und Befugnissen der ESMA vgl *Zülch/Hoffmann/Detzen*, EWS 2011, 170; zur neuen europäischen Finanzmarktaufsicht s. *Baur/Boegl*, BKR 2011, 183; *Lehmann/Manger-Nestle*, ZBB 2011, 12 f.
61 Verordnung (EU) Nr. 1095 des Europäischen Parlaments und des Rates vom vom 24.11.2010 zur Errichtung einer Europäischen Aufsichtsbehörde (Europäische Wertpapier- und Marktaufsichtsbehörde, zur Änderung des Beschlusses Nr. 716/209/EG und zur Aufhebung des Beschlusses 2009/77/EG der Kommission, Abl. L 331 vom 15.12.2010, S. 84 ff.
62 Vgl hierzu *Baur/Boegl*, BKR 2011, 182 f; *Zülch/Hoffmann/Detzen*, EWS 2011, 170; *Lehmann/Manger-Nestle*, ZBB 2011, 10 f.
63 MaComp BT 1.3.1.4.1.
64 MaComp BT 1.3.1.4 Tz 2.
65 MaComp BT 1.3.1.4.1 Spiegelpunkt 2.
66 MaComp BT 1.3.1.4.1 Spiegelpunkt 3.
67 MaComp BT 1.3.1.4 Tz 3.
68 MaComp BT 1.3.1.4.1.
69 *Engelhart*, ZIP 2010, 1838.
70 MaComp BT 1.4.1.4.2.
71 MaComp BT 1.3.1.4.2 S. 2.
72 MaComp BT 1.3.1.4.2 S. 4.
73 MaComp BT 1.3.1.4.2 S. 5.

76 **ff) Persönliche Eigenschaften.** Neben den vorstehend aufgeführten Anforderungen sind die Akzeptanz und das persönliche Standing im Wertpapierdienstleistungsunternehmen bzw bei den Mitarbeitern von zentraler Bedeutung für die Wirksamkeit von Compliance in den Wertpapierdienstleistungsunternehmen.[74] Die Frage von Akzeptanz und Standing hat häufig etwas mit den persönlichen Eigenschaften der Compliance-Beauftragten zu tun.[75] Hierzu gehört unter anderem das erforderliche Durchsetzungsvermögen im Wertpapierdienstleistungsunternehmen, etwa wenn Mängel abzustellen sind oder Bedenken geltend gemacht werden. Deshalb gehört „Konformität... nicht zu den gesuchten Charaktereigenschaften" eines Compliance-Beauftragten.[76] Allerdings darf dies nicht zu einer Kultur der Konfrontation führen. Gerade die erfolgreiche **Gradwanderung** zwischen der Akzeptanz als Anlaufstelle für die Mitarbeitern aber auch – wenn nötig – das nicht Zurückscheuen vor Maßnahmen zeichnet einen guten Compliance-Beauftragten aus.

77 **gg) Zuverlässigkeit des Compliance-Beauftragten.** Zur außerdem erforderlichen Zuverlässigkeit des Compliance-Beauftragten und deren Nachweis s. § 34d Abs. 3 S. 1.[77]

78 **d) (Sachliche) Mittel (§ 12 Abs. 4 S. 2 WpDVerOV). aa) Allgemeines.** Die Compliance-Funktion muss neben den personellen auch über die erforderlichen **sachlichen Mittel** für ihre Aufgabenerfüllung verfügen.[78] Zu diesen Mitteln gehören ausreichende Fachliteratur oder Mittel für den Vor-Ort-Besuch von Tochtergesellschaften, Niederlassungen und Filialen.[79] Auch für die eigene **Fortbildung** sowie die Weiterqualifizierung der Compliance-Mitarbeiter sind ausreichende finanzielle Mittel bereitzustellen. Das Gleiche gilt für ggf erforderliche externe Beratungsleistungen.[80]

79 Auch eine **hinreichende EDV-Ausstattung** muss angesichts der weiter wachsenden Bedeutung dieses Arbeitsmittels auch für die Arbeit der Compliance-Funktion gegeben sein.[81] Das gilt insbesondere für Häuser mit hohem Interessenkonfliktpotenzial. So findet etwa die Überwachung von Mitarbeitergeschäften und die Verhinderung von Insidergeschäften idR EDV-basiert statt bzw ist ohne eine entsprechende EDV-Ausstattung kaum denkbar.[82] Auch für Auswertungen – etwa bei Beschwerden – können entsprechende Systeme eingesetzt werden.[83]

80 **bb) Vergabe eines Budgets.** Werden in dem Wertpapierdienstleistungsunternehmen für bestimmte Tätigkeiten oder Bereiche **Budgets** vergeben, muss auch der Compliance-Funktion grundsätzlich ein eigenes Budget zugeteilt werden, das dem Compliance-Risiko des Unternehmens angemessen Rechnung trägt.[84] Eine Pflicht zur Budgetierung enthält die Regelung allerdings nicht

81 Der **Compliance-Beauftragte** ist bei der Festlegung des Budgets **hinzuzuziehen**.[85] Das ist sinnvoll, weil er am besten den finanziellen Bedarf einschätzen kann. Die Regelung bedeutet zum einen, dass er *vor* der endgültigen Entscheidung einzubeziehen ist („bei"). Zum anderen ist er aber nur hinzuzuziehen, das heißt, er kann seine Vorstellungen äußern, Ein Vetorecht ist damit nicht verbunden.

82 Das Budget kann für Wertpapierdienstleistungsunternehmen, die Teil eines Konzerns sind, **ganzheitlich** bestimmt werden.[86] Wesentliche **Kürzungen** des Budgets sind schriftlich zu begründen.[87] Das **Aufsichtsorgan** ist über alle wesentlichen Kürzungen zu informieren.[88]

83 **3. Befugnisse der Compliance-Mitarbeiter (§ 12 Abs. 4 S. 2 WpDVerOV). a) Informationsfluss, Auskunfts-, Einsichts- und Zugangsrechte.** Der Erhalt und der Zugang zu allen für die Tätigkeit relevanten Informationen, der von § 12 Abs. 4 S. 2 WpDVerOV verlangt wird, ist unabdingbar für die **Mitarbeiter der Compliance-Funktion**. Nur gut informierte Compliance-Mitarbeiter können nicht regelkonformes Verhalten aufdecken oder verhindern. Der Erhalt von und der Zugang zu allen für die Tätigkeit relevanten Informationen besitzt deshalb eine „herausragende Bedeutung".[89] Sie sind deshalb in sämtliche relevante **Informationsflüsse**, die für die Aufgabe von Compliance von Bedeutung sein können, einzubinden.[90] Für diese „**passive Informationsverschaffung**" ist ein Informationssystem in den Wertpapierdienstleistungsunternehmen zu implementieren.[91]

84 Compliance ist ein uneingeschränktes **Auskunfts-, Einsichts- und Zugangsrecht** zu sämtlichen Räumlichkeiten und Unterlagen, Aufzeichnungen, Tonbandaufnahmen, IT-Systemen sowie weiteren Informationen, die

---

74 Siehe etwa *Schlicht*, BKR 2006, 473.
75 *Buffo/Brünjes*, CCZ 2008, 109.
76 *Buffo/Brünjes*, CCZ 2008, 109.
77 MaComp BT 1.3.1.4 Tz 1 verweist diesbezüglich auf § 34d Abs. 1 S. 1 WpHG.
78 MaComp BT 1.3.1.1 Tz 1.
79 *Fett*, in : Schwark/Zimmer, Kapitalmarktrechtskommentar, 4. Aufl. 2010, § 33 Rn 23; *Niermann*, ZBB 2010, 425.
80 Vgl *Fecker/Kinzl*, CCZ, 13, 17, der die hier genannten Beispiele allerdings im Zusammenhang mit einem eigenen Budget nennt.
81 MaComp BT 1.3.1.1 Tz 1 S. 3.
82 Siehe auch *Fuchs*, in : Fuchs, WpHG, § 33 Rn 24.
83 *Gebauer/Hauschka*, in: Corporate Compliance, § 36 Rn 41.
84 MaComp BT 1.3.1.1 Tz 2 S. 1.
85 MaComp BT 1.3.1.1 Tz 2 S. 2.
86 MaComp BT 1.3.1.1 Tz 2 S. 3.
87 MaComp BT 1.3.1.1 Tz 2 S. 4.
88 MaComp BT 1.3.1.1 Tz 2 S. 5.
89 Fuchs, in : Fuchs, WpHG, § 33 Rn 81.
90 MaComp BT 1.3.1.2 Tz 1 S. 1.
91 Siehe auch *Buck-Heeb*, CCZ, 2009, 18 mwN.

für die Ermittlung relevanter Sachverhalte erforderlich sind, zu gewähren.[92] Diese **„aktive Informationsverschaffung"** muss **jederzeit** möglich sein. Mitarbeiter dürfen die Herausgabe von Unterlagen oder die Erteilung Compliance-relevanter Auskünfte nicht verweigern.[93] Das Auskunfts-, Einsichts- und Zugangsrecht muss aus eigener Initiative wahrgenommen werden können[94]

Flankiert werden muss ein solches Informationsverschaffungssystem des Compliance-Beauftragten durch klare Regelungen für die Mitarbeiter, für die Tätigkeit von Compliance wichtige **Informationen unverzüglich** an diese **zu melden.**

b) Weitere Informationsrechte. Zur ständigen Übersicht des **Compliance-Beauftragten** über die Bereiche des Wertpapier-dienstleistungsunternehmens, in denen vertrauliche oder für die Aufgabenerfüllung der Compliance-Funktion erforderliche Informationen aufkommen können, muss ihm zusätzlich Zugang zu internen und externen **Prüfberichten oder anderen Berichten** an die Geschäftsleitung bzw das Aufsichtsorgan (soweit vorhanden) gewährt werden, soweit diese für seine Tätigkeit relevant sein können.[95]

Soweit für die Aufgabenerfüllung der Compliance-Funktion erforderlich und gesetzlich zulässig, **soll** dem **Compliance-Beauftragten** das Recht eingeräumt werden, an **Sitzungen** der Geschäftsleitung oder des Aufsichtsorgans (soweit vorhanden) teilzunehmen. Wird ihm dieses Recht nicht eingeräumt, ist dies schriftlich zu dokumentieren und zu erläutern. Um ermitteln zu können, bei welchen Sitzungen eine Teilnahme erforderlich ist, muss der Compliance-Beauftragte über eingehende Kenntnisse hinsichtlich der Organisation, der Unternehmenskultur und der Entscheidungsprozesse des Wertpapierdienstleistungsunternehmens verfügen.[96]

c) Unterstützung durch die Geschäftsleitung. Um die für ihre Aufgabenerledigung erforderlichen Befugnisse zu gewährleisten, hat die **Geschäftsleitung** die Mitarbeiter der Compliance-Funktion bei der Ausführung ihrer Aufgaben zu **unterstützen.**[97]

4. Sanktionsbefugnisse der Compliance-Mitarbeiter. a) Grundsatz. Von den vorstehend genannten Kompetenzen zu unterscheiden ist eine **eigene Verbots- oder Anordnungskompetenz der Compliance-Mitarbeiter** zur Abstellung von Mängeln. Eine derartige Kompetenz verlangen weder das Wertpapierhandelsgesetz noch die WpDVerOV (und demzufolge auch nicht die MaComp)[98] Sie würde tiefgreifend in das gesellschaftsrechtliche Verantwortungsgefüge eingreifen.

Das Ergreifen der zur Abstellung von Unzulänglichkeiten in einem Wertpapierdienstleistungsunternehmen erforderlichen Maßnahmen obliegt grundsätzlich der **Geschäftsleitung.**

Compliance verbleibt hier grundsätzlich die **Mitteilung** bzw ein **Eskalationsrecht** an die Geschäftsleitung.[99] Exemplarisch hierfür ist § 12 Abs. 4 S. 2 WpDVerOV, wonach der Compliance-Beauftragte für den Fall, dass die zur Behebung von Defiziten erforderlichen Maßnahmen nach Abs. 2 a nicht innerhalb angemessener Zeit ergriffen und umgesetzt werden, die Geschäftsleitung hierüber in Kenntnis zu setzen hat.[100]

b) Eigene Anordnungskompetenz von Compliance in Ausnahmefällen (§ 12 Abs. 3 S. 2 WpDVerOV). Eine Ausnahme von diesem Grundsatz enthält § 12 Abs. 3 S. 2 WpDVerOV. Danach muss der Compliance-Beauftragte berechtigt sein, geeignete und erforderliche **vorläufige Maßnahmen** zu treffen, um eine konkrete Gefahr der Beeinträchtigung von Kundeninteressen bei der Erbringung von Wertpapierdienstleistungen oder Wertpapiernebendienstleistungen abzuwenden.[101]

Auch wenn eine derartige eigene Befugnis von Compliance nicht gesetzlich vorgeschrieben ist, stehen die bestehenden Regelungen einer **freiwilligen Einräumung von Befugnissen** durch die Wertpapierdienstleistungsunternehmen nicht entgegen.[102] Hier ist zB an ein Stornierungsrecht von Wertpapiergeschäften zu denken.[103] In der Regel ist eine solche nicht oder nur in begrenztem Umfang gegeben..[104]

In der Praxis finden sich zudem häufig eigenständige **Mahnrechte** des Compliance-Beauftragten als Vorstufe einer Eskalation an die Geschäftsleitung.

---

92 MaComp BT 1.3.1.2 Tz 1 S. 3.
93 MaComp BT 1.3.1.2 Tz 1 S. 4.
94 MaComp BT 1.3.1.2 Tz 1 S. 5; zu dem Spannungsverhältnis zwischen Compliance und Datenschutz s. *Wybitul*, BB 2009, 1582.
95 MaComp BT 1.3.1.2 S. 1.
96 MaComp BT 1.3.1.2 Tz 2 S. 2-4.
97 MaComp BT 1.3.1.2 Tz 3.
98 *Fett*, in : Schwark/Zimmer, Kapitalmarktrechtskommentar, 4. Aufl. 2010, § 33 WpHG Rn 24; *Fuchs*, in : Fuchs, WpHG, § 33 Rn 81; *Spindler*, WM 2008, 911; aA *Veil*, WM 2008, 1098, wonach die Mitarbeiter der Compliance-Funktion „nach der Konzeption des Gesetzes über das Recht verfügen, vorab eine Transaktion zu untersagen"; zu dem letztgenannten Punkt s. sogleich unten Rn 91.
99 *Fett*, in : Schwark/Zimmer, Kapitalmarktrechtskommentar, 4. Aufl. 2010, § 33 WpHG Rn 24; *Veil*, WM 2008, 1098.
100 BR-Drucks. 101/11, S. 13.
101 BR-Drucks. 101/11, S. 13.
102 *Giesen*, CCZ 2009, 102, 105: „im Rahmen der arbeitsrechtlichen Grenzen"; weitergehend *Veil*, WM 2008, 1093, 1098, wonach das Wertpapierdienstleistungsunternehmen den Compliance-Beauftragten mit bestimmten Rechten auszustatten hat".
103 *Eisele/Faust*, in: Bankrechtshandbuch, § 109, Rn 105.
104 Siehe hierzu *Favoccia/Richter*, AG 2010, 137, 138 f.

95 **VII. Unabhängigkeit. 1. Grundsatz.** Eine weitere zentrale Anforderung des Abs. 1 S. 2 an die Compliance-Funktion ist das Erfordernis der **unabhängigen** Wahrnehmung der Aufgaben durch die Compliance-Funktion.[105] Der Begriff umfasst eine Reihe von teilweise sehr unterschiedlichen Aspekten.

96 **2. Keine fachliche Weisung.** Die Unabhängigkeit besteht zum einen gegenüber den **Geschäftsbereichen** des Wertpapierdienstleistungsunternehmens, und zwar im Hinblick auf die Erfüllung der Aufgaben der Compliance-Funktion. Gemeint sind hiermit sowohl **Überwachungsaufgaben** als auch **Präventivaufgaben** der Compliance-Funktion. Weisungen durch Führungskräfte unterhalb der Vorstandsebene, etwa durch Bereichsleiter, sind deshalb unzulässig. Die anderen Geschäftsbereiche dürfen auch **sonst keinen Einfluss** nehmen. Damit ist eine **mittelbare Beeinflussung** unterhalb oder jenseits der Weisung gemeint.[106]

97 Die Unabhängigkeit der Compliance-Funktion besteht auch gegenüber der **Geschäftsleitung**, ist hier allerdings auf die Wahrnehmung der **Überwachungsaufgaben** beschränkt. Mit anderen Worten kann die Geschäftsleitung bei der Präventivtätigkeit von Compliance wesentlich stärker mitwirken.[107]

98 Mit der Unabhängigkeit der Compliance-Funktion gegenüber der **Geschäftsleitung** wird allerdings nicht das **Weisungsrecht** der Geschäftsleitung infrage gestellt. Sie darf nämlich als letztverantwortliche Instanz den Mitarbeitern der Compliance-Funktion Weisungen erteilen und materielle Vorgaben machen. Konsequenterweise besitzt sie die **Letztentscheidungsbefugnis** bei Compliance-Fragen.[108] Die fachliche Verantwortung der Geschäftsleitung für Compliance bedeutet letztendlich auch, dass diese für die **Organisation und die Personalauswahl** in diesem Bereich verantwortlich ist.[109]

99 Gemeint ist vielmehr ein weitgehend unabhängiges Agieren der Compliance-Funktion im täglichen Geschäft. Sie muss über eine gewisse **Entscheidungsfreiheit** – dh ohne einschalten der Geschäftsleitung – verfügen. Nur so kann sie ihre Aufgaben wirkungsvoll wahrnehmen.[110]

100 Fraglich ist, inwieweit das Weisungsrecht des Vorstandes auch die Fälle erfasst, in denen er Compliance **untersagt, konkreten Verdachtsfällen nachzugehen**, oder bei denen er ein bestimmtes Ergebnis möchte. Derartige „vertuschende Weisungen" sind unzulässig. Besonders wichtig ist in derartigen Fällen eine akribische Dokumentation durch Compliance.[111]

101 **Überstimmungen** wesentlicher Bewertungen und Empfehlungen des Compliance-Beauftragten durch die Geschäftsleitung sind zu dokumentieren und in den Bericht gemäß Abs. 1 S. 2 Nr. 5 aufzunehmen. Als wesentliche Empfehlung ist etwa die Empfehlung des Compliance-Beauftragten, ein bestimmtes Finanzinstrument nicht zur Aufnahme in den Vertrieb zuzulassen, anzusehen.[112]

102 **3. Keine Beteiligung vom Compliance-Mitarbeitern an zu überwachenden Prozessen. a) Grundsatz.** Zu einer unabhängigen Stellung gehört nach § 12 Abs. 4 S. 3 WpDVerOV, BT 1.3.3.1 auch das Verbot einer Beteiligung der Mitarbeiter der Compliance-Funktion sowie des Compliance-Beauftragten an den überwachten Wertpapierdienstleistungen. Im Kern geht es hierbei um die **Vermeidung eines Interessenkonflikts**.

103 **b) Ausnahme.** Eine Ausnahme ist nur möglich, wenn es aufgrund der Größe des Unternehmens oder Art, Umfang, Komplexität oder **Risikogehalt** der Geschäftstätigkeit des Unternehmens oder Art und Spektrum der angebotenen Dienstleistungen unverhältnismäßig wäre, eine gesonderte Person, die nicht an den Wertpapierdienstleistungen beteiligt ist, mit der Compliance-Funktion zu betrauen. Hierbei sind insbesondere die im Unternehmen bestehenden Interessenkonflikte sowie die Einstufung der Kunden des Unternehmens nach § 31 a WpHG und die vertriebenen bzw gehandelten Finanzinstrumente zu berücksichtigen.[113]

104 Ein Wertpapierdienstleistungsunternehmen kann diese Ausnahme beispielsweise in Anspruch nehmen, wenn die Ausübung der Compliance-Funktion – auch in Kombination mit Controllingfunktionen – aufgrund Art, Umfang und Komplexität der Geschäftstätigkeit des Unternehmens oder Art und Spektrums der Wertpapierdienstleistungen oder Wertpapiernebendienstleistungen vom Umfang her **keine volle Personalstelle** erfordert.[114] Unter den Begriff „Controllingfunktionen" fällt etwa das Risikocontrolling, nicht jedoch die Rechtsabteilung.

105 In diesem Fall kann die Funktion des Compliance-Beauftragten beispielsweise in **Personalunion mit der Funktion des Geschäftsleiters** erfolgen, auch wenn dieser in die operativen Tätigkeiten des Unternehmens eingebunden ist. Allerdings muss er die **Anforderungen** der Zuverlässigkeit, Sachkunde und Erfahrung erfüllen.[115]

---

105 Ähnlich *Gebauer/Niermann*, in : Hauschka, § 36 Rn 64 : „wichtigstes definitorisches Merkmal".
106 MaComp BT 1.3.2 Tz 1.
107 MaComp BT 1.3.2 Tz 1.
108 Siehe statt vieler *Niermann*, ZBB 2010, 410.
109 Ähnlich *Lösler*, WM 2010, 1918.
110 *Eisele/Faust*, in: Bankrechtshandbuch, § 109 Rn 99.
111 *Casper*, in: FS für K. Schmidt 2009, S. 199, 209 f.
112 MaComp BT 1.3.3 Tz 2.
113 MaComp BT 1.3.3.1 Tz 2.
114 MaComp BT 1.3.3.1 Tz 3.
115 MaComp BT 1.3.3.1 Tz 4 S. 1.

Die Bestimmung eines Compliance- Beauftragten ist jedoch auch bei Inanspruchnahme der Ausnahme erforderlich.[116] Praktische Konsequenz des Erfordernisses der Bestimmung eines Compliance-Beauftragten ist die **Mitteilungspflicht** an die BaFin gemäß § 34d Abs. 3 WpHG, § 4 MaAnnzV.

Soweit ein Geschäftsleiter dagegen nicht in die operativen Tätigkeiten des Unternehmens eingebunden ist, kann er die Funktion des Compliance-Beauftragten wahrnehmen, ohne dass eine Ausnahme im vorstehend genannten Sinn vorliegt.[117] Auch in diesem Fall muss die erforderliche **Qualifikation bei dem Geschäftsleiter** vorhanden sein. Ebenso besteht hier zudem eine **Mitteilungspflicht** gemäß § 34d Abs. 3 WpHG, § 4 MaAnnzV gegenüber der BaFin.

Beispielsweise kann bei kleineren Unternehmen, die neben dem/den Geschäftsleiter(n) lediglich administrative Hilfskräfte beschäftigen, die Einstellung eines gesonderten Compliance-Beauftragten **unverhältnismäßig** sein.[118]

Um dem Grundsatz der Effektivität der vorzunehmenden Überwachungshandlungen in AT 6 dieses Rundschreibens Rechnung zu tragen, ist es jedoch erforderlich, dass, wenn ein Unternehmen mindestens zwei Personen beschäftigt, sich diese **gegenseitig überwachen**.[119]

Bei **Ein-Personen-Unternehmen** können Kontrollhandlungen nach Absprache mit der Bundesanstalt im Rahmen der jährlichen Prüfung nach § 36 Abs. 1 WpHG erfolgen.[120]

Anstelle der Inanspruchnahme der Ausnahme kann die **Auslagerung der Compliance-Funktion** auf Dritte im Einzelfall eine angemessene Lösung sein, soweit die Voraussetzungen an eine Auslagerung nach § 25a Abs. 2 KWG, § 33 Abs. 2 WpHG beachtet werden.[121]

c) **(Keine) Beteiligung bei regelmäßigem Zugang zu Compliance-relevanten Informationen.** Die Beteiligung von Compliance-Mitarbeitern an Wertpapierdienstleistungen, die sie überwachen, ist regelmäßig ausgeschlossen, soweit Mitarbeiter des Unternehmens **regelmäßig Zugang zu Compliance-relevanten Informationen** im Sinne von AT 6.1 der MaComp haben.[122] Die Regelung trägt dem erhöhten Risiko bei einem regelmäßigen Zugang zu compliance-relevanten Informationen Rechnung. Die Unternehmen haben **eigenverantwortlich** festzulegen und **prüfungstechnisch nachvollziehbar** zu dokumentieren, ob die Voraussetzungen des Satzes 1 vorliegen.[123]

Ausnahmsweise dürfen Compliance-Mitarbeiter auch bei regelmäßigem Zugang von Mitarbeitern zu Compliance-relevanten Informationen im Sinne von AT 6.1 MaComp an Wertpapierdienstleistungen, die sie überwachen, beteiligt sein., wenn eine solche Trennung aufgrund der Größe des Unternehmens oder Art, Umfang, Komplexität oder Risikogehalt der Geschäftstätigkeit des Unternehmens oder Art und Spektrum der angebotenen Dienstleistungen nach Abwägung der durch die Compliance-relevanten Informationen im Sinne von AT 6.1 MaComp bestehenden Interessenkonflikte unverhältnismäßig wäre. Voraussetzung hierfür ist, dass eine solche Trennung aufgrund der Größe des Unternehmens oder Art, Umfang, Komplexität oder Risikogehalt der Geschäftstätigkeit des Unternehmens oder Art und Spektrum der angebotenen Dienstleistungen **unverhältnismäßig** wäre. Um dies beurteilen zu können, ist von Instituten eine Abwägung der durch die Compliance-relevanten Informationen im Sinne von AT 6.1 MaComp **Interessenkonflikte** vorzunehmen.[124]

Soweit angesichts des Proportionalitätsgrundsatzes eine Ausnahme in Anspruch genommen wird, ist zu **begründen**, weshalb die Voraussetzungen für eine Inanspruchnahme der Ausnahme vorliegen. Dies ist mit Angaben zu den weiteren Tätigkeiten, die von den Mitarbeitern der Compliance-Funktion ausgeübt werden, **prüfungstechnisch nachvollziehbar** zu dokumentieren. In jedem Fall müssen **Interessenkonflikte** zwischen den Aufgabenbereichen der Compliance-Mitarbeiter so gering wie möglich gehalten werden.[125]

4. Kombination der Compliance-Funktion mit anderen Kontrollfunktionen. Bei der Thematik der organisatorischen Aufstellung von Compliance dieser Frage geht es – im Gegensatz zur *fachlichen* Unabhängigkeit – um die **organisatorische (und disziplinarische) Unabhängigkeit** von anderen Organisationseinheiten. Hintergrund ist dabei die Gefahr, dass eine organisatorische und disziplinarische Abhängigkeit auch Auswirkungen auf die fachliche Unabhängigkeit haben kann.[126]

Insbesondere betriebswirtschaftliche Erwägungen sowie die (vermeintliche) „Verwandtschaft" verschiedener Beauftragtentätigkeiten führt häufig zu der Wahrnehmung **mehrerer Überwachungs- und Kontrolltätigkeiten** durch *eine* Person oder organisatorische Einheit. Durch eine derartige Verbindung verschiedener

---

116 MaComp BT 1.3.3.1 Tz 4 S. 2.
117 MaComp BT 1.3.3.1 Tz 4 S. 3.
118 MaComp BT 1.3.3..1 Tz 5 S. 1.
119 MaComp BT 1.3.3.1 Tz 5 S. 2.
120 MaComp BT 1.3.3..1 Tz 5 S. 3.
121 MaComp BT 1.3.3.1 Tz 6.
122 MaComp BT 1.3.3.1 Tz 7 S. 1.
123 MaComp BT 1.3.3.1 Tz 7 S. 2.
124 MaComp BT 1.3.3.1 Tz 8.
125 MaComp BT 1.3.3.1 Tz 9.
126 *Niermann*, ZBB 2010, 420.

Kontrollbereiche kann allerdings auch die Stellung von Compliance gestärkt werden.[127] Im Einzelnen ist hier eine Reihe von Kombinationsmöglichkeiten denkbar.

117 Bedenken unterliegt allerdings die Kombination von Compliance mit anderen Aufgabenfeldern, sofern **personelle Engpässe** in anderen Bereichen durch Compliance als „Personalreserve" geschlossen werden. So darf ein erhöhter Nachforschungsaufwand etwa im Geldwäschebereich grundsätzlich nicht – wie immer wieder festzustellen ist – zulasten von Compliance gehen mit der Folge, dass diese Tätigkeit fast vollständig zum Erliegen kommt.[128] Im Zweifel muss die personelle Ausstattung (des angespannten Arbeitsbereichs) in solchen Fällen angepasst werden.

118 So ist eine Anbindung der Compliance-Funktion auf gleicher Ebene an **andere Kontrolleinheiten** (auch als Compliance im weiteren Sinne bezeichnet), wie etwa die Geldwäscheprävention oder das Risikocontrolling, zulässig, wenn hierdurch die Wirksamkeit und Unabhängigkeit der Compliance-Funktion nicht beeinträchtigt werden. Jegliche Kombination muss unter Angabe der Gründe für die Kombination prüfungstechnisch nachvollziehbar dokumentiert werden.[129]

119 Die Kombination des Compliance-Beauftragten mit dem Amt des **Datenschutzbeauftragten** ist rechtlich zwar zulässig und auch weit verbreitet. Durch den unterschiedlichen Ansatz beider Beauftragter ist diese Lösung jedoch suboptimal. Während das Ziel von Compliance eher ein Mehr an Transparenz ist, tritt der Datenschutzbeauftragte idR für eine zurückhaltende Verwendung von Informationen bzw Daten ein.

120 Eine **Anbindung an die interne Revision** ist jedoch grundsätzlich **nicht statthaft**, da die interne Revision die Compliance-Funktion zu überwachen hat und eine Anbindung die Unabhängigkeit der Compliance-Funktion typischerweise unterläuft.[130] Eine andere Sichtweise würde letztlich zu einer Selbstkontrolle der Innenrevision führen.[131]

121 Unter bestimmten Umständen kann es jedoch angemessen sein, nach **Absprache** mit der Bundesanstalt **eine Person für beide Aufgaben** vorzusehen. Falls von der Ausnahme Gebrauch gemacht wird, muss das Wertpapierdienstleistungsunternehmen sicherstellen, dass beide Funktionen ordnungsgemäß, insbesondere gründlich, redlich und fachgerecht, ausgeübt werden.[132]

122 **5. Kombination der Compliance-Funktion mit der Rechtsabteilung.** In der Praxis wird teilweise die Kombination von Compliance mit der Rechtsabteilung eines Wertpapierdienstleistungsunternehmens favorisiert. Dies geschieht meist in Form der Anbindung von Compliance. Dabei ist die Leitung des Rechtsbereichs dem Compliance-Beauftragten idR übergeordnet.

123 Hiergegen bestehen aus BaFin-Sicht eine Reihe von Bedenken, die zwischen beiden Tätigkeiten einen **abstrakten Interessenkonflikt** sieht.[133] Trotz der hier bestehenden Bedenken ist eine derartige Kombination zulässig, wenn die Compliance-Funktion aufgrund der Größe des Unternehmens oder Art, Umfang, Komplexität oder Risikogehalt der Geschäftstätigkeit des Unternehmens oder Art und Spektrum der angebotenen Dienstleistungen von der Ausnahme nach § 12 Abs. 4 S. 4 WpDVerOV Gebrauch machen könnte.[134] Die Regelung ist damit Ausfluss des **Prooportionalitätsprinzips**.

124 Eine solche Kombination ist für größere Wertpapierdienstleistungsunternehmen oder solche mit komplexeren Aktivitäten jedoch grundsätzlich **nicht statthaft**, wenn hierdurch die Unabhängigkeit der Compliance-Funktion unterlaufen wird. Dies ist regelmäßig dann der Fall, wenn ein Wertpapierdienstleistungsunternehmen die Wertpapierdienstleistungen Eigenhandel gemäß § 2 Abs. 3 Nr. 2 WpHG, Emissionsgeschäft gemäß § 2 Abs. 3 Nr. 5 oder Wertpapiernebendienstleistungen gemäß § 2 Abs. 3a Nr. 3, Nr. 5 oder Nr. 6 WpHG in nicht unerheblichem Umfang erbringt.[135] Bei den genannten Dienstleistungen geht der Verordnungsgeber davon aus, dass mit den Dienstleistungen erhöhte Risiken verbunden sind.[136]

125 Soweit eine Anbindung an die Rechtsabteilung erfolgt, ist dies unter Darlegung der Gründe prüfungstechnisch nachvollziehbar zu **dokumentieren**.[137]

126 **6. Sonstige Maßnahmen zur Sicherung der Unabhängigkeit der Compliance-Funktion. a) Selbstständige Organisationseinheit. aa) Grundsatz.** In bestimmten Fällen ist grundsätzlich die Einrichtung einer selbstständigen Organisationseinheit erforderlich. Das ist etwa der Fall, soweit Mitarbeiter des Unternehmens regelmäßig Zugang zu Compliance-relevanten Informationen im Sinne von AT 6.1 dieses Rundschreibens haben.[138] Die Unternehmen haben eigenverantwortlich festzulegen und prüfungstechnisch nachvollziehbar zu **dokumentieren**, ob diese Voraussetzungen vorliegen.

---

127 *Birnbaum/Kütemeier*, WM 2011, 295.
128 *Schlicht*, BKR 2006, 471; *Koller*, in : Assmann/Schneider, WpHG, § 33 Rn 4.
129 MaComp BT 1.3.3.2 Tz 1.
130 MaComp BT 1.3.3.2 Tz 2.
131 *Birnbaum/Kütemeier*, WM 2011, 296.
132 MaComp BT 1.3.3.2 Tz 3.
133 Siehe hierzu ausf. *Schäfer*, BKR 2011, 45, 51 f.
134 MaComp BT 1.3.3.3 Tz 1.
135 MaComp BT 1.3.3.2 Tz 2.
136 Begr. WpDVerOV, S. 21.
137 MaComp BT 1.3.3.3 Tz 3.
138 MaComp BT 1.3.3.4 Tz 1.

bb) Ausnahme. Von diesem Grundsatz sind allerdings Ausnahmen möglich. So kann ausnahmsweise auch bei regelmäßigem Zugang zu Compliance-relevanten Informationen im Sinne von AT 6.1 der MaComp von der Einrichtung einer selbstständigen Organisationseinheit abgesehen werden, wenn es aufgrund der Größe des Unternehmens oder Art, Umfang, Komplexität oder Risikogehalt der Geschäftstätigkeit des Unternehmens oder Art und Spektrum der angebotenen Dienstleistungen nach Abwägung der durch die Compliance-relevanten Informationen im Sinne von AT 6.1 dieses Rundschreibens bestehenden Interessenkonflikte **unverhältnismäßig** wäre, eine selbstständige Organisationseinheit einzurichten.[139]

b) Unterstellung unter Geschäftsleitungsmitglied. Zumindest wenn ein Wertpapierdienstleistungsunternehmen die Wertpapierdienstleistungen Eigenhandel gemäß § 2 Abs. 3 Nr. 2 WpHG, Emissionsgeschäft gemäß § 2 Abs. 3 Nr. 5 oder Wertpapiernebendienstleistungen gemäß § 2 Abs. 3 a Nr. 3, Nr. 5 oder Nr. 6 WpHG in nicht unerheblichem Umfang erbringt, soll der Compliance-Beauftragte organisatorisch und disziplinarisch **unmittelbar** dem für die Compliance-Funktion zuständigen Geschäftsleitungsmitglied unterstellt werden.[140]

c) Ernennung, Kündigungsfrist. Nur wer nicht befürchten muss, bei missliebigen Entscheidungen sofort abberufen zu werden, wird derartige Entscheidungen zu treffen. Zur Wahrung der Unabhängigkeit wird deshalb eine Ernennung des Compliance-Beauftragten für einen Zeitraum von mindestens 24 Monaten empfohlen.[141]

Ein geeignetes Mittel zur Stärkung des Compliance-Beauftragten ist zusätzlich die Vereinbarung einer 12-monatigen Kündigungsfrist seitens des Arbeitgebers.[142]

d) Orientierung an den Leitern von Revision, Risikocontrolling und Rechtsabteilung. Der Stärkung der Unabhängigkeit dienlich ist auch eine Orientierung der **Stellung, Befugnisse und Vergütung** des Compliance-Beauftragten an Stellung, Befugnissen und Vergütung der Leiter der internen Revision, des Risikocontrollings und der Rechtsabteilung des Wertpapierdienstleistungsunternehmens, die deshalb empfohlen wird.[143]

Genauso entscheidend wie die Orientierung an den Leitern von Innenrevision, Risikocontrolling oder Rechtsabteilung – aber nicht explizit in den MaComp ausgeführt – ist die hierarchische Angleichung des Compliance-Beauftragten an die **Leiter der Vertriebsbereiche.** Hier sind die Themenbereiche angesiedelt sind, die für die Compliance-Tätigkeit von besonderer Relevanz sind, etwa die Einführung und der Vertrieb neuer Produkte.

In Bezug auf die Vergütung können hierbei die Unterschiede hinsichtlich der **Personal- und übrigen Verantwortung** der jeweiligen Position berücksichtigt werden.[144]

e) Vergütung der Mitarbeiter der Compliance-Funktion. Gemäß § 12 Abs. 4 S. 3 WpDVerO darf die Art und Weise der Vergütung der mit der Compliance-Funktion betrauten Personen **keine Beeinträchtigung ihrer Unvoreingenommenheit** bewirken oder wahrscheinlich erscheinen lassen. Die Vergütung der Mitarbeiter der Compliance-Funktion darf grundsätzlich nicht von der Tätigkeit derjenigen Mitarbeiter abhängen, die sie überwachen.[145]

Im Einzelfall kann eine erfolgsabhängige Vergütung zulässig sein, wenn sie **keine Interessenkonflikte** begründet.[146] Denkbar ist hier etwa die Anknüpfung an die Anzahl der gehaltenen Mitarbeiterschulungen oder die Qualität einer erstellten Lernsoftware.

Für den Fall einer darüber hinausgehenden erfolgsabhängigen Vergütung – die allerdings nur unter Inanspruchnahme der Ausnahme des § 12 Abs. 5 WpDVerOV zulässig ist – sind wirksame **Vorkehrungen** erforderlich, um den daraus resultierenden Interessenkonflikten entgegenzuwirken. Ein derartiger Fall kann beispielsweise bei einer am Unternehmenserfolg orientierte Vergütung des Compliance-Beauftragten vorliegen, der alleine für die Überwachung sämtlicher Geschäftsbereiche zuständig ist.[147] Derartige Vorkehrungen sind allerdings schwer vorstellbar.[148] Sie sind zu prüfungstechnisch nachvollziehbar zu dokumentieren.[149]

---

139 MaComp BT 1.3.3.4 Tz 2.
140 MaComp BT 1.3.3.4 Tz 3.
141 MaComp BT 1.3.3.4 Tz 4 S. 1.
142 MaComp BT 1.3.3.4 Tz 4 S. 2.
143 MaComp BT 1.3.3.4 Tz.5 S. 1.
144 MaComp BT 1.3.3.4 Tz.5 S. 1.
145 BT 1.3.3.4 Tz 6 S. 1.
146 BT 1.3.3.4 Tz 6 S. 2.
147 MaComp BT 1.3.3.4 Tz 6 S. 3.
148 So auch *Zingel*, BKR 2011, 503.
149 MaComp BT 1.3.3.4 Tz 6 S. 3.

Unabhängig von den in den vorstehend beschriebenen Anforderungen gelten nach **Tz 7** auch die in der **InstitutsVergV**[150] bzw dem Rundschreiben aufsichtsrechtliche Anforderungen an die Vergütungssysteme von Instituten geregelten Vorgaben.[151]

136 **VIII. Aufgaben der Compliance-Funktion. 1. Gesetzliche Grundlagen, Anwendungsbereich.** Der Gesetzgeber hat weitgehend darauf **verzichtet**, den Wertpapierdienstleistungsunternehmen hinsichtlich der Aufgaben der *Compliance-Einheiten* konkrete Vorgaben an die Hand zu geben. In § 33 Abs. 1 S. 2 Nr. 1 WpHG wird lediglich das *Wertpapierdienstleistungsunternehmen* verpflichtet, eine dauerhafte und wirksame Compliance-Funktion einzurichten, die ihre Aufgaben unabhängig wahrnehmen kann.

137 Aufschlussreicher im Hinblick auf die Tätigkeit von Compliance ist § 12 WpDVerOV, der weitere Aufgabenzuweisungen an die Compliance-Funktion enthält. So bestimmt § 12 Abs. 3 Nr. 1 WpDVerOV, dass diese die Angemessenheit und Wirksamkeit der Grundsätze und Vorkehrungen der Abs. 1 und 2 WpDVerOV sowie die zur Behebung von Defiziten getroffenen Maßnahmen zu **überwachen** und regelmäßig zu **bewerten** hat. Hier wird die Kontrollseite der Compliance-Funktion angesprochen.

138 Die zweite „Schiene", auf der Compliance tätig wird, ist die **Prävention**. *Einen* Aspekt präventiven Handelns enthält § 12 Abs. 3 Nr. 2 WpDVerOV, wonach die Compliance-Funktion die Mitarbeiter im Hinblick auf die Einhaltung der in § 12 Abs. 1 WpDPV genannten Bestimmungen **beraten** und **unterstützen** muss.

139 Umfangreiche Vorgaben im Hinblick auf die Aufgaben von Compliance-Funktion und Compliance-Beauftragte enthalten die **MaComp**.[152]

140 In diesem Zusammenhang wird auch diskutiert, ob Teile des BT 1 im Hinblick auf die **strafrechtliche Verantwortlichkeit des Compliance-Beauftragten** von Relevanz sind.[153] Hintergrund hierfür ist u.a. das Urteil des BGH vom 17.7.2009.[154] Das Gericht bejahte hier – wenngleich in einem *obiter dictum* und nicht speziell auf Wertpapierdienstleistungsunternehmen bezogen – eine weitgehende Verantwortlichkeit von Compliance-Beauftragten für die Einhaltung gesetzlicher Vorschriften. Angesichts der **Aufgabenstellung der BaFin** hat sich diese in den MaComp nicht explizit hierzu geäußert.[155]

141 b) **Anwendungsbereich**. Zu dem gesetzlichen Universum, in dem sich Compliance bei seiner Tätigkeit bewegt, enthält § 33 WpHG keine expliziten Äußerungen. Auch in § 12 WpDVerOV finden sich keine klaren Aussagen. Höchstens in der Gesamtschau ergeben sich Hinweise.

142 Eine klare Aussage enthält jedoch AT 6 Tz 3 S. 1 MaComp. Danach überwacht die Compliance-Funktion die zur **Einhaltung der Vorschriften des WpHG** getroffenen Vorkehrungen, wobei die §§ 31 ff WpHG hervorgehoben werden.[156]

143 c) **Bedeutung der Festlegung der Aufgaben in Arbeits- und Organisationsanweisungen.** Die Aufgaben der Compliance-Funktion müssen in Arbeits- und Organisationsanweisungen aufgenommen werden. Die Grundsätze und eingerichteten Verfahren sollen die effektive **Durchführung der erforderlichen Kontrollhandlungen** der Compliance-Funktion sicherstellen.[157]

144 **2. Überwachungsaufgaben der Compliance-Funktion. a) Grundsatz.** Eine der Säulen der Compliance-Arbeit stellen die **Überwachungsaufgaben** („Monitoring") der mit der Compliance-Funktion betrauten Mitarbeiter dar.[158] So überwacht die Compliance-Funktion die im Unternehmen aufgestellten Grundsätze und eingerichteten Verfahren sowie die zur Behebung von Defiziten getroffenen Maßnahmen. Unter **Grundsätzen und eingerichteten Verfahren** sind die Organisations- und Arbeitsanweisungen des Wertpapierdienstleistungsunternehmens zu verstehen.[159] Die aufgestellten Grundsätze und eingerichteten Verfahren sollen die effektive **Durchführung der erforderlichen Kontrollhandlungen** sicherstellen.[160]

145 Konsequenz der Überwachung ist idR eine **Bewertung** des Befunds. Diese verlangt von der Compliance-Funktion klare Aussagen zur Gesetzeskonformität oder zu Unzulänglichkeiten der überwachten Bereiche. Das heißt, Grundsätze und Verfahren sind entweder ausreichend oder sie sind es nicht. Mit der Bewertung sollten **Vorschläge** der Compliance-Funktion zur Behebung der festgestellten Defizite verbunden sein.

---

150 Verordnung über die aufsichtsrechtlichen Anforderungen an Vergütungssysteme von Instituten (Institutsvergütungsverordnung – InstitutsVergV) in der Fassung der Bekanntmachung vom 6. Oktober 2010 (BGBl. I S. 1374); zu dieser Verordnung s, etwa Heuchemer/Kloft, WM 2010, 2241.
151 Rundschreiben Aufsichtsrechtliche Anforderungen an die Vergütungssysteme von Instituten – 22/2009 (BA), abrufbar im Internet unter <www.bafin.de>.
152 Siehe hierzu ausf. *Schäfer*, in: Krimphove/Kruse, BT 1 Rn 67 ff.
153 Vgl hierzu ausf. *Bottmann/Schäfer*, in Park, Kapitalmarktstrafrecht, sowie *Schäfer*, BKR 2011, 187.
154 5 StR 394/08, s. etwa BKR 2009, 422; WM 2009, 1882; NJW 2009, 1867, ZIP 2009, 1867; NStZ 2009, 686.
155 Zur Aufgabenstellung der BaFin s. etwa *Döhmel*, in: Assmann/Schneider, WpHG, vor § 3 Rn 15 ff.
156 Von daher erweitert die in AT 1 Tz 1 S. 1 getroffene Regelung, wonach „das Rundschreiben... einzelne Regelungen des 6. Abschnitts des WpHG... präzisiert"; s. hierzu auch *Niermann*, ZBB 2010, 412; zu der Thematik s. ausführlich *Schäfer*, in: Krimphove/Kruse, BT 1 Rn 78 ff; *Schäfer*, BKR 2011, 187, 188.
157 MaComp BT 1.
158 S. *Schäfer*, in: Krimphove/Kruse, BT 1, Rn 89 ff.
159 MaComp BT 1.2.1 Tz 2.
160 MaComp BT AT 6 Tz 2 S. 1.

Konsequenz einer Bewertung, die Defizite feststellt, ist das Ergreifen von **Maßnahmen**, um diesen abzuhelfen. Diese muss allerdings die **Geschäftsleitung** treffen. Auch diese Maßnahmen muss die Compliance-Funktion **bewerten**. Hier gilt das vorstehend Gesagte (Rn 137) entsprechend.[161]

b) Regelmäßige risikobasierte Überwachungshandlungen. aa) Regelmäßig und risikoorientiert. Die Überwachungshandlungen der Compliance-Funktion haben **regelmäßig** zu erfolgen.[162] Eine weitere – immer wieder geforderte – Konkretisierung in Form von Zahlenvorgaben durch die BaFin ist abzulehnen. Entscheidend ist immer der jeweilige Einzelfall. Sie können **risikoorientiert** erfolgen.[163] Der Hinweis auf die Zulässigkeit eines risikoorientierten Vorgehens von Compliance bei den Überwachungshandlungenbedeutet trägt letztendlich dem Verhältnismäßigkeitsgrundsatz Rechnung

bb) Ziel der Überwachungshandlungen. Ziel dieser Handlungen ist zum einen die **Einhaltung der eingerichteten Grundsätze und Vorkehrungen** durch die Wertpapierdienstleistungsunternehmen. Gemeint sind hiermit – so die anschließende Präzisierung – die **Organisations- und Arbeitsanweisungen** der Institute. Es handelt sich hier um die internen Regeln, nach denen ein Unternehmen arbeitet und seine Aufgaben bewältigt. Die Compliance-Funktion hat deren Befolgung zu überwachen.

Da sowohl die gesetzlichen Regelungen als auch die Richtlinien, Bekanntmachungen, Rundschreiben und Schreiben der BaFin nur **Mindeststandards** vorgeben, können insbesondere in Arbeitsanweisungen weitergehende Anforderungen gestellt werden. In diesen Zusammenhang ist auch die Implementierung von **Ethik-Codes** für die Mitarbeiter eines Wertpapierdienstleistungsunternehmens einzuordnen

Erlässt das Wertpapierdienstleistungsunternehmen freiwillig über die gesetzlichen Vorgaben hinausgehende Regelungen, sind die – wenngleich nicht gesetzlich verlangten – **erhöhten Anforderungen zu beachten** und im Institut durchzusetzen. Wird eine über die gesetzlichen Vorgaben hinausgehende Regelung in einem Wertpapierdienstleistungsunternehmen in eine Arbeitsanweisung aufgenommen, kann deren Nichteinhaltung später deshalb nicht damit gerechtfertigt werden, man habe hier mehr geregelt, als man habe regeln müssen.

Ein weiteres Ziel der Überwachungshandlungen ist das Vorhandensein des nötigen **Bewusstseins für Compliance-Risiken**, also Risiken, deren Eintritt die Compliance-Funktion verhindern soll.

Adressaten der Regelung sind **Mitarbeiter der Geschäftsbereiche**, die Wertpapierdienstleistungen erbringen. Hierunter fällt insbesondere der **Wertpapiervertrieb**. Aber auch die nachgelagerten Bereiche wie die Marktfolge Passiv können in den Anwendungsbereich der Regelung fallen. Nicht erfasst werden die Kontrollbereiche.

c) Vermeidung von Interessenkonflikten. Es ist zudem Aufgabe der Compliance-Funktion, dafür Sorge zu tragen, dass **Interessenkonflikte vermieden** werden bzw unvermeidbaren Interessenkonflikten ausreichend Rechnung getragen wird. Dies gilt insbesondere hinsichtlich der Wahrung der Kundeninteressen (zur Thematik der Interessenkonflikte s.u. Rn 213 ff).[164]

Des Weiteren hat die Compliance-Funktion darauf hinzuwirken, dass **organisatorische Vorkehrungen** im Unternehmen getroffen werden, um die unzulässige Weitergabe von Compliance-relevanten Informationen im Sinne von AT 6.1 MaComp zu verhindern.[165]

d) Risikoanalyse und Risikoprofil. aa) Durchführung. Nur mit einer präzisen Bestandsanalyse können Compliance-Ressourcen punktgenau und damit betriebswirtschaftlich effektiv gesteuert werden. Umfang und Schwerpunkt der Tätigkeit der Compliance-Funktion sind deshalb auf Basis einer **Risikoanalyse** festzulegen. Die Compliance-Funktion führt eine solche Risikoanalyse in regelmäßigen Abständen durch, um dadurch deren Aktualität und Angemessenheit zu überprüfen.[166]

Neben der regelmäßigen Überprüfung identifizierter Risiken ist im Bedarfsfall eine **Ad-hoc-Prüfung** vorzunehmen, um aufkommende Risiken in die Betrachtung mit einzubeziehen. Aufkommende Risiken können zB solche aus der Erschließung neuer Geschäftsfelder oder aufgrund von Änderungen in der Struktur des Wertpapierdienstleistungsunternehmens sein.[167]

Die Risikoanalyse muss die Compliance-Funktion in **regelmäßigen** Abständen durchführen, da nur so die Aktualität und Angemessenheit überprüft werden kann. Insbesondere das Interessenkonfliktpotenzial kann sich – nach oben, aber auch nach unten – ändern, etwa bei der Aufgabe von einzelnen Geschäftsfeldern.[168] Gegebenenfalls müssen dann Anpassungen vorgenommen werden. Für die Re6gelmäßigkeit gibt es keine konkrete Zahlenvorgabe. In der Praxis finden sich hier meist jährliche oder halbjährliche Überprüfungen.

---

161 So auch *Claßen*, BI 2010, 71.
162 MaComp BT 1.2.1 Tz 2.
163 MaComp BT 1.2.1 Tz 2.
164 MaComp BT 1.2.1 Tz 3 S. 1; s. hierzu im Einzelnen *Russo/Schäfer*, in: Renz/Hense, Wertpapier-Compliance in der Praxis, 2010, II.13, Rn 20 ff.
165 MaComp BT 1.2.1 Tz 3 S. 1 S. 2.
166 MaComp BT 1.2.1.1 Tz 1 S. 1.
167 MaComp BT 1.2.1.1 Tz 1 S. 2 und 3.
168 *Haußwald*, BankPraktiker 2008, 304.

158 **bb) Inhalt der Risikoanalyse.** Der Inhalt der „Risikoanalyse" lässt sich bereits dem Begriff selbst entnehmen. Auch wenn dies nicht explizit erwähnt wird, dürfte es um eine umfangreiche Analyse des **Interessenkonfliktpotenzials** bzw des (ggf regelmäßigen) Zugangs der Mitarbeiter eines Wertpapierdienstleistungsunternehmens zu Compliance-relevanten Informationen gehen.[169]

159 Für diese Analyse gibt es keine weiteren inhaltlichen und formalen Vorgaben.[170] Entscheidend ist zum einen, dass sie umfassend und aussagekräftig vorgenommen wird. Dabei müssen immer die **spezifischen Interessenkonflikte/Risiken** des jeweiligen Wertpapierdienstleistungsunternehmens herausgearbeitet werden.[171]

160 Ergänzend hierzu können **anlassbezogene Ad-hoc-Prüfungen** erforderlich sein, um aufkommende Risiken in die Betrachtung mit einzubeziehen. Derartige aufkommende Risiken können etwa in Folge der **Erschließung neuer Geschäftsfelder** entstehen.[172] Hier ist zB an die *Aufnahme* der Vermögensverwaltung zu denken.

161 **cc) Risikoprofil.** Als Ergebnis der Risikoanalyse muss der Compliance-Beauftragte das Risikoprofil des Wertpapierdienstleistungsunternehmens ermitteln.[173] Hierbei handelt es sich letztendlich um eine **Prognoseentscheidung.**

162 Hier sind **alle relevanten Erkenntnisquellen** zu berücksichtigen. Eine beispielhafte Aufzählung findet sich in den MaComp.[174] Darunter fallen zB die von dem Wertpapierdienstleistungsunternehmen und seinen Mitarbeitern einzuhaltenden **Verpflichtungen nach dem WpHG** sowie die bestehenden **Organisations- und Arbeitsanweisungen bzw -abläufe.** Zudem sind **sämtliche Überwachungs- und Kontrollsysteme** im Bereich der Wertpapierdienstleistungen zu berücksichtigen.

163 Ebenso muss die Compliance-Funktion die Ergebnisse ihrer **bisherigen Überwachungshandlungen** in die Risikoanalyse einbeziehen. Darüber hinaus hat sie die Ergebnisse der Überwachungshandlungen der **Internen Revision** heranziehen. Dasselbe gilt für die Prüfungsergebnisse externer Wirtschaftsprüfer. Auch an **aggregierte Risikomessungen** ist bei den einzubeziehenden Erkenntnisquellen zu denken.

164 Analyse, Ergebnis und Schlussfolgerungen der Risikoanalyse bzw Riskoprofil sind zu **dokumentieren**, so dass sie **für externe Prüfer sowie die BaFin nachvollziehbar** sind. Das ergibt sich aus den allgemeinen Aufzeichnungspflichten des § 34 WpHG iVm § 14 WpDVerOV.

165 **e) Überprüfung der Kontrollhandlungen der Fachabteilungen.** Zu den Überwachungshandlungen gehört die Überprüfung durch die Compliance-Funktion, ob die in den Organisations- und Arbeitsanweisungen aufgeführten Kontrollhandlungen durch die Fachabteilungen regelmäßig und ordnungsgemäß ausgeführt werden. Hier geht es um die Verzahnung und das **Zusammenspiel** zwischen den Kontrollen von Compliance und denen der der **Fachabteilungen.**

166 Grundsätzlich gilt nämlich, dass die operativen Bereiche (Fachabteilungen) für die Einhaltung der Vorschriften und die Durchführung von Kontrollen **selbst verantwortlich** sind.[175] Gemeinhin wird dabei von „**First-Level-Kontrollen**" gesprochen. Die von Compliance durchgeführten „**Second-Level-Kontrollen**" wirken hier letztendlich auch qualitätssichernd.[176]

167 Es ist dabei nicht Aufgabe der Compliance-Funktion, die operativen Kontrollen „eins zu eins" zu überprüfen. Eine derartige Doppelkontrolle würde dem Ansatz eines risikoorientierten Handelns von Compliance widersprechen. Andererseits wäre eine Prüfung lediglich der Organisations-und Arbeitsanweisungen nicht ausreichend. Hinzukommen muss hier – **stichprobenartig** – eine Überprüfung einzelner Fälle. Die Stichprobe kann risikoorientiert bestimmt werden.

168 **f) Vor-Ort-Prüfungen, „sonstige" Prüfungen.** Die Compliance-Funktion muss eigene **Vor-Ort-Prüfungen** vornehmen.[177] Damit kann sie Präsenz „in der Fläche" zeigen.[178] Für den Ablauf einer Vor-Ort-Prüfung gibt es zwar keine zwingenden Vorgaben. Eine Reihe von Aspekten sollten jedoch bei derartigen Kontrollen überprüft werden.[179] Diesbezüglich dürfte sich zudem bereits ein **Marktstandard** entwickelt haben

169 Die **Auswahl** der Zweigniederlassungen oder Zweigstellen, die die Compliance-Funktion besucht, obliegt dem **Compliance-Beauftragten**. Sie kann nicht anderen Organisationseinheiten – insbesondere der Innenrevision – überlassen werden

---

169 Vgl etwa *Engelhart*, ZIP, 1834; auch *Becker*, BankPraktiker 2010, 161.
170 Für die verbandsgeprüften Institute empfiehlt sich hierbei eine „Abarbeitung" der verbandsseitig zur Verfügung gestellten Checklisten.
171 Die teilweise anzutreffende kritiklose Übernahme von Checklisten wird dem nicht gerecht.
172 MaComp BT 1.2.1.1 Tz 1 S. 2.
173 MaComp BT 1.2.1.1 Tz 2 S. 1.
174 Vgl MaComp BT 1.2.1.1 S. 3 und 4.
175 MaComp AT 6 Tz 2 S. 2; vgl hierzu auch *Eisele/Faust*, in: Bankrechtshandbuch, § 109 Rn 101.
176 *Niermann*, ZBB 2010, 415.
177 MaComp BT 1.2.1.2 Tz 2 S. 1.
178 Zu dem gesamten Themenkomplex s. *Schäfer*, BankPraktiker 2011, 206 ff.
179 Siehe hierzu ausführlich *Schäfer*, BankPraktiker 2011, 207.

Planung und Auswahl der Vor-Ort-Prüfungen können **risikoorientiert** erfolgen.[180] Damit wird den individuellen Bedürfnissen der Wertpapierdienstleistungsunternehmen Rechnung getragen.[181] 170

Sofern die Einhaltung gesetzlicher Vorgaben durch **zentrale Kontrollen** ebenso effektiv wie vor Ort überprüft werden kann, ist eine solche Prüfung ausreichend. Der Fall ist etwa bei der Überprüfung des Inhalts von Beratungsprotokollen, auf die zentral Zugriff genommen werden kann, gegeben.[182] 171

Innerhalb eines angemessenen Zeitraums muss in *jeder* Zweigniederlassung oder Zweigstelle des Wertpapierdienstleistungsunternehmens eine Vor-Ort-Prüfung vorgenommen werden. Dieser Zeitraum sollte – das sieht die BaFin als angemessen an – grundsätzlich nicht mehr als **5 Jahre** betragen. Bei Instituten mit einer hohen Anzahl an Filialen – dh mehr als 100 – ist ein Zeitraum bis zu 8 Jahren denkbar. In der Praxis hat sich eine Reihe von Instituten allerdings ehrgeizigere Ziele gesetzt, etwa 3-jährige Prüfungszyklen. 172

Zumindest einen Teil der Vor-Ort-Prüfungen muss die **Organisationseinheit Compliance selbst** vornehmen.[183] Hierbei handelt es sich um den „Kernbereich Compliance". Hierzu gehören **Churningkontrollen**.[184] 173

Außerhalb des Kernbereichs kann sich der Compliance-Beauftragte zB Mitarbeitern der Hauptstelle bedienen, sofern sie **im Rahmen der Compliance-Funktion** tätig werden (und werden dürfen). Nicht zulässig ist jedoch der Einsatz von Mitarbeitern der geprüften Filiale. 174

Die Auswahlkriterien sowie die ausgewählten Filialen sind **prüfungstechnisch nachvollziehbar** zu dokumentieren, Das gilt ebenso für das Ergebnis der Vor-Ort-Kontrollen.[185] Ebenso ist die **Anzahl der Stichproben** festzuhalten.[186] 175

g) Kein ausschließliches Stützen auf interne Revision. Die vorzunehmenden Überwachungshandlungen dürfen nicht ausschließlich auf Prüfungsergebnisse der internen Revision gestützt werden.[187] Diese Vorgabe trägt einerseits der **Aufgabenteilung** zwischen der Compliance-Funktion und der internen Revision Rechnung. Andererseits lässt sie den Aspekt der **Zusammenarbeit** nicht außer Acht. So dürfen **Prüfungsergebnisse der Internen Revision** zwar grundsätzlich durch die Compliance-Funktion genutzt werden. Deshalb wäre es nicht erforderlich, dass Compliance eine gerade von der internen Revision geprüfte Filiale einer Vor-Ort-Kontrolle unterzieht. 176

Allerdings darf dies nicht dazu führen, dass die Compliance-Funktion **keine oder nur im untergeordneten Maßstab Kontrollen** durchführt und sich nur auf die Interne Revision verlässt. Die Compliance-Funktion darf sich nur begrenzt auf die Ergebnisse der IR stützen. In dem vorstehend (Rn 176) genannten Beispiel würde dies bedeuten, dass eigene Vor-Ort-Kontrollen nicht mit der Begründung außen vor gelassen werden können, die interne Revision habe alle Filialen gerade überprüft. 177

Entscheidend ist dabei letztlich, dass jeder der beiden Organisationseinheiten ihre **spezielle Funktion** mit jeweils verschiedenen Ansatzpunkten im internen Kontrollräderwerk des Wertpapierdienstleistungsunternehmens zukommt. Auch wenn hier in der Zusammenarbeit Synergien gezogen werden können, sind die einzelnen Bestandteile nicht austauschbar.[188] 178

h) Geeignete Quellen, Methoden, Instrumente. Für die notwendigen Überwachungshandlungen müssen geeignete Quellen, Methoden und Instrumente herangezogen werden. Die in den MaComp genannten Beispiele sind nicht abschließend.[189] Welche Überwachungsinstrumente der Compliance-Beauftragte wählt, unterliegt seiner Entscheidungshoheit. 179

So soll eine **Auswertung von Berichten** erfolgen, die die Aufmerksamkeit der Geschäftsleitung auf wesentliche Abweichungen zwischen erwarteten und tatsächlichen Abläufen (Bericht über Ausfallerscheinungen) oder auf Situationen, die ein Tätigwerden erfordern (Problembericht), lenken. Außerdem sollen Arbeitsabläufe beobachtet, Akten geprüft und/oder **Interviews** mit verantwortlichen Mitarbeitern durchgeführt werden. Während die vorstehend erörterten Beispiele zwingende Vorgaben enthalten, wird eine **Handelsüberwachung** nur empfohlen.[190] 180

i) Beschwerden als Erkenntnisquelle. Die Compliance-Funktion überwacht den Ablauf des Beschwerdeverfahrens und zieht Beschwerden als eine Informationsquelle im Kontext ihrer allgemeinen Überwachungsaufgaben heran.[191] Sie können u.a. Hinweise auf organisatorische Mängel, aber auch andere auf Schwach- 181

---

180 MaComp BT 1.2.1.2 Tz 2 S. 2.
181 Zu verschiedenen diesbzgl. denkbaren Ansätzen vgl *Schäfer*, BankPraktiker 2011, 208.
182 *Zingel*, BKR 2010, 504.
183 MaComp BT 1.2.1.2 Tz 2 S. 2.
184 Zu dem „Prozess Churning-Prävention" s. *Jäger/Sartowski*, in: Renz/Hense, Wertpapier-Compliance in der Praxis, 2010, II.1 Rn 115 ff.
185 MaComp BT 1.2.1.2 Tz 2 S. 3.
186 MaComp BT 1.2.1.2 Tz 2 S. 4.
187 MaComp BT 1.2.1.2 Tz 3.
188 Siehe hierzu ausf. *Schäfer*, BKR 2011, 45, 52.
189 MaComp BT 1.2.1.2 Tz 4.
190 MaComp BT 1.2.1.2 Tz 4 Spiegelpunkt 3.
191 MaComp BT 1.2.1.2 Tz 5 S. 1.

stellen im Wertpapierdienstleistungsunternehmen liefern. Damit wird der (wachsenden) **Bedeutung** von Wertpapierbeschwerden für die Compliance-Arbeit Rechnung getragen.[192]

182 Das Wertpapierdienstleistungsunternehmen gewährt der Compliance-Funktion **uneingeschränkten Zugang** zu allen Beschwerden. Die Compliance-Funktion muss jedoch nicht an der operativen Bearbeitung der Beschwerden beteiligt sein.

183 j) **Zusammenwirkungen der verschiedenen Organisationseinheiten.** Die Überwachungshandlungen der Compliance-Funktion werden unter **Berücksichtigung** der Kontrollen der Geschäftsbereiche, der vom Wertpapierdienstleistungsunternehmen einzuhaltenden aufsichtsrechtlichen Anforderungen sowie der Prüfungshandlungen der Risikomanagementfunktion, der internen Revision, des Controllings oder anderer Kontrollfunktionen im Bereich der Wertpapierdienstleistungen durchgeführt.[193] Damit wird dem (verständlichen) Interesse der Institute an einer weitgehenden Vermeidung von Doppelkontrollen Rechnung getragen.[194]

184 k) **Zusammenarbeit aus Sicht anderer Bereiche.** Was für die Compliance-Funktion – wie vorstehend (Rn 183) geschildert – gilt, ist auch aus Sicht der **anderen Kontrollfunktionen** in einem Wertpapierdienstleistungsunternehmen sinnvoll. Diesen wird deshalb **empfohlen**, ihre Prüfungshandlungen mit den Überwachungshandlungen der Compliance-Funktion zu **koordinieren**, wobei jedoch die unterschiedliche Aufgabenstellung und die Unabhängigkeit der jeweiligen Funktionen zu berücksichtigen sind.[195]

185 Eine in der Praxis kontrovers diskutierte Frage ist das **Verhältnis der Compliance-Funktion zur internen Revision**. Trotz partieller Ähnlichkeiten der Tätigkeit besteht allerdings ein grundlegend **unterschiedliches Verständnis** und eine daraus resultierende unterschiedliche Vorgehensweise der beiden Aufgabenbereiche. Im Gegensatz zu den Prüfungen der internen Revision führt die **Compliance-Funktion** ihre Überwachungshandlungen zu den aufgestellten Grundsätzen und eingerichteten Verfahren im Bereich der Wertpapierdienstleistungen und Wertpapiernebendienstleistungen **kontinuierlich**, nach Möglichkeit **prozessbegleitend** oder zumindest **zeitnah**, durch.[196]

186 Beide Bereiche sind wegen ihrer unterschiedlichen Aufgabenstellungen deshalb zwar grundsätzlich zu trennen.[197] Das schließt jedoch eine Zusammenarbeit nicht aus. Sinnvoll ist insbesondere die regelmäßige und zeitnahe **Übersendung der Innenrevisionsberichte** an Compliance bzw die Implementierung eines **regelmäßigen Erfahrungsaustauschs**.

187 l) **Maßnahmen.** Soweit Defizite in den Grundsätzen und Verfahren festgestellt werden, hat die Compliance-Funktion die notwendigen Maßnahmen, die zur Behebung von Defiziten im Bereich der bestehenden organisatorischen Vorkehrungen notwendig sind, zu ermitteln.[198] Über diese Maßnahmen muss die Compliance-Funktion die **Geschäftsleitung** **informieren**.

188 Nach § 12 Abs. 3 Nr. 1 WpDVerOV, Bt. 1.2.1.2 Tz 8 S. 1 MaComp hat die Compliance-Funktion die zur Behebung von Defiziten getroffenen Maßnahmen zu **überwachen** und regelmäßig zu **bewerten**. Zur Überprüfung ist wiederum die Vornahme entsprechender Überwachungshandlungen erforderlich.[199]

189 3. **Prävention als Tätigkeit von Compliance.** a) **Grundsatz.** Der zweite Bereich, in dem die Compliance-Funktion tätig ist, ist die **Prävention**.[200] Hierbei handelt es sich nicht um etwas grundsätzlich Neues, sondern um „das bereits heute vorherrschende moderne Aufgabenverständnis von Compliance-Beauftragten in Deutschland".[201]

190 Der Begriff der Prävention beinhaltet im Wesentlichen zwei Facetten, die allerdings nicht immer messerscharf voneinander getrennt werden können und sich teilweise überschneiden. Zum einen ist dies die **Beratungstätigkeit- und Schulungstätigkeit** der Compliance-Funktion. Der zweite Aspekt besteht in der frühzeitigen **Einbindung der Compliance-Funktion in Prozesse** innerhalb de Wertpapierdienstleistungsunternehmens.

191 Der Gesetz- und Verordnungsgeber hat sich lediglich zum ersten Aspekt in § 12 Abs. 3 Nr. 2 WpDVerOV explizit geäußert. Danach muss die Compliance-Funktion die Mitarbeiter im Hinblick auf die Einhaltung der in § 12 Abs. 1 WpDPV genannten Bestimmungen **beraten und unterstützen**. Rechtsgrundlage einer **obligatorischen Schulung** von Mitarbeitern eines Wertpapierdienstleistungsunternehmens ist § 33 Abs. 1 Nr. 1

---

192 Vgl hierzu ausf. *Schäfer* (Beschwerdebearbeitung) sowie WM 2012, 1157.
193 MaComp BT 1.2.1.2 Tz 6.
194 *Niermann*, ZBB 2010, 416.
195 MaComp BT 1.2.1.2 Tz 7 S. 1.
196 MaComp BT 1.2.1.2 Tz 7 S. 2; zu dem Verhältnis Compliance – Innenrevision s. ausführlich *Schäfer*, BKR 2011, 45, 52.
197 Zustimmend *Engelhart*, ZIP 1834, 1836; aA wohl *Eisele/Faust*, Bankrechtshandbuch, § 109 Rn 58 : „Eine organisatorische Anbindung erscheint denkbar".
198 MaComp BT 1.2.1.2 Tz 8 S. 1.
199 MaComp BT 1.2.1.2 Tz 8 S. 2.
200 *Lösler*, WM 2010, 1922. Nur bei frühzeitiger Einbindung von Compliance kann diese „ein produktiver Teil der Wertschöpfungskette sein".
201 *Held*, in : Clouth/Lang, MiFID Praktikerhandbuch, 2007, Rn 444.

WpHG iVm § 12 Abs. 2 WpDVerOV.[202] In beiden Fällen hat die Geschäftsleitung des Wertpapierdienstleistungsunternehmens **sicherzustellen,** dass die Compliance-Funktion diese Pflichten erfüllt.[203]

b) Beratungs- und Schulungsaufgaben. Zu den Beratungs- und Schulungsaufgaben gehört die **Unterstützung** bei Mitarbeiterschulungen. Diese kann unterschiedlich erfolgen, etwa durch „Input" im Hinblick auf die Inhalte der Schulungen und hier vor allem Themen, bei denen Compliance „Defizite" festgestellt hat.[204] Zudem wird eine **tägliche Betreuung** von Mitarbeitern gefordert.[205] Sie beinhaltet insbesondere, dass die Compliance-Funktion Mitarbeitern für Fragen zur Verfügung steht.[206]

Die Häufigkeit der Anfragen kann zudem ein Indiz dafür sein, dass das Produkt „Compliance" in dem Wertpapierdienstleistungsunternehmen akzeptiert wird, was wiederum ein Indiz für die **Bedeutung der Compliance-Funktion** darstellt.

Weiterhin verlangt die Beratung durch die Compliance-Funktion die **Mitwirkung** bei der Erstellung neuer Grundsätze und Verfahren innerhalb des Wertpapierdienstleistungsunternehmens. Derartige interne Regelungen werden idR von anderen Organisationseinheiten erstellt.[207] Die Compliance-Funktion muss hier die Balance zwischen ihrer beratenden und ihrer überwachenden/kontrollierenden Tätigkeit schaffen. Die Compliance-Funktion kann Schulungen auch **selbst durchführen.** Diese Variante ist insbesondere im Hinblick auf die von den Mitarbeitern wahrgenommene Präsenz der Compliance-Tätigkeit dienlich.[208]

Sowohl bei der Unterstützung als auch bei der Durchführung eigener Schulungen muss die Compliance-Funktion eine Reihe von **Schwerpunkten** berücksichtigen.[209] Das betrifft zum einen die internen **Grundsätze und Verfahren** des Wertpapierdienstleistungsunternehmens. Zum anderen fällt die **organisatorische Struktur** im Bereich der Wertpapierdienstleistungen hierunter. Im Wesentlichen geht es hier um das „Organigramm" des Unternehmens.

Auch die **zentralen nationalen Vorschriften** im (aufsichtsrechtlich relevanten) Wertpapierbereich wie das WpHG, die WpDVerOV und die WpHGMaAnzV stellen potenzielle Schwerpunkte dar.[210] Ebenso die Konkretisierungen unterhalb der Verordnungsebene wie etwa **Verlautbarungen** der BaFin sowie andere relevante **aufsichtsrechtlichen Anforderungen.**[211] Hierzu gehören zB die Bekanntmachungen der BaFin wie die Allgemeinverfügung. zum Cold Calling.[212] Im Bereich der Rundschreiben sind die MaComp von herausragender Bedeutung. Gleichermaßen müssen **internationale Vorgaben** wie die einschlägigen Verlautbarungen der **ESMA,** wobei es sich insbesondere um deren **Leitlinien** („**Guidelines**") handelt, Berücksichtigung finden.[213] Bei allen Regelungswerken sind deren **mögliche Änderungen** von der Compliance-Funktion zu beachten.[214]

Derartige Schulungen müssen in **regelmäßigen Abständen** durchgeführt werden, wobei es hierfür keine konkreten zeitlichen Vorgaben gibt.[215] Hinzu kommen **anlassbezogene** Schulungen in den Instituten, etwa bei der Einführung neuer Regelungen.[216] Die Schulungen haben **bedarfsorientiert** zu erfolgen.[217] Um Ressourcen effektiv zu steuern, kommt hier dem „Wissensmanagement" des Wertpapierdienstleitungsunternehmens eine wichtige Rolle zu.[218] Die Inhalte der Schulungen sind **aktuell** zu halten, alle relevanten Änderungen müssen eingearbeitet werden.

Die Mitarbeiter der Compliance-Funktion haben die Geschäftsbereiche und die Mitarbeiter des Unternehmens im Hinblick auf die Einhaltung der gesetzlichen Bestimmungen sowie der Organisations- und Arbeitsanweisungen zu **beraten** und zu **unterstützen.** Sie stehen insbesondere für Fragen zur Verfügung, die sich aus der täglichen Arbeit ergeben.[219] Als weitere Themen sind zB **Beratungsleistungen** bei der Einrichtung von Vertraulichkeitsbereichen, der Eingruppierung von Kunden oder der Einschätzung von (verdächtigen) Wertpapiertransaktionen denkbar.[220]

c) Beteiligung der Compliance-Funktion an Prozessen. Die zweite Facette/Komponente der präventiven Tätigkeit der Compliance-Funktion/eines präventiven Compliance-Ansatzes besteht in der **frühzeitigen Einbindung in Prozesse.** Hintergrund eines derartigen Erfordernisses sind Erfahrungen der BaFin, dass – oft nach umfangreicher und aufwändiger Vorbereitung implementierte – Prozesse, sofern sie einmal eingeführt wor-

---

202 *Gebauer/Niermann*, in : Hauschka, § 36 Rn 50, der zudem § 25 a KWG anführt.
203 MaComp BT 1.2.3 Tz 1, BT 1.1.4 Tz 1.
204 MaComp BT 1.2.3 Tz 1.
205 MaComp BT 1.2.3 Tz 1.
206 Vgl auch MaComp BT 1.2.3 Tz 5 S. 2.
207 Siehe auch *Niermann*, ZBB 2010, 417.
208 MaComp BT 1.2.3 Tz 2 S. 1.
209 Vgl MaComp BT 1.2.3 Tz 2 S. 2, wobei die Aufzählung nicht abschließend ist („insbesondere").
210 MaComp BT 1 Tz 2 S. 2 Spiegelpunkt 2.
211 MaComp BT 1.2.3 Tz 2 S. 2 Spiegelpunkt 2.
212 Allgemeinverfügung gemäß § 36 b Abs. 1 und 2 WpHG bezüglich der Werbung in Form des „cold calling" vom 27. Juli 1999, abrufbar unter <www.bafin.de>.
213 MaComp BT 1.2.3 Tz 2 S. 2 Spiegelpunkt 2.
214 MaComp BT 1.2.3 Tz 2 S. 2 Spiegelpunkt 2.
215 MaComp BT 1.2.3 Tz 3 S. 1.
216 MaComp BT 1.2.3 Tz 3 S. 1.
217 MaComp BT 1.2.3 Tz 3 S. 2.
218 MaComp BT 1.2.3 Tz 3.
219 MaComp BT 1.2.3 Tz 2 S. 1.
220 *Gebauer/Niermann*, in: Bankrechtshandbuch, § 36 Rn 49.

den sind – später nur äußerst **ungern rückgängig** gemacht werden. In der Vergangenheit zeigte sich immer wieder, das Compliance vor vollendete Tatsachen gestellt wurde, ohne **Einflussmöglichkeiten** – etwa in Form eines abweichenden Votums – zu haben.

200 Vor diesem Hintergrund muss das Wertpapierdienstleistungsunternehmen sicherstellen, dass die Compliance-Funktion in die **Entwicklung** der relevanten **Grundsätze und Verfahren** im Bereich der Wertpapierdienstleistungen und Wertpapiernebendienstleistungen, insbesondere in die Erstellung interner Organisations- und Arbeitsanweisungen und deren ständige Weiterentwicklung – soweit diese eine Compliance-Relevanz aufweisen – eingebunden wird.[221]

201 Die bewusst gewählte Terminologie einer **Einbindung in die Erstellung** macht zudem deutlich, dass Arbeitsanweisungen weiterhin von den bisher zuständigen Organisationseinheiten erstellt werden können. Die Vorgabe einer Einbindung bereits in der **Entwicklungsphase** macht deutlich, dass die Compliance-Funktion bei der Erstellung der internen Regelungswerke möglichst früh „mit im Boot" sein soll. So kann sie frühzeitig Bedenken äußern und auf Fehlentwicklungen hinweisen. Auch für das Unternehmen ist das sinnvoller als eine Einbeziehung erst am Ende eines Entwicklungsvorgangs.

202 **Ziel dieser frühzeitigen Einbeziehung** ist es, der Compliance-Funktion ein Hinwirken dahin gehend zu ermöglichen, dass die Organisations- und Arbeitsanweisungen **geeignet** sind, Verstöße gegen die gesetzlichen Bestimmungen zu verhindern.[222] Durch die Einbindung muss es der Compliance-Funktion ermöglicht werden, die operativen Bereiche insbesondere bezüglich aller strategischen Entscheidungen, wesentlichen organisatorischen Veränderungen – etwa im Rahmen des Entscheidungsprozesses hinsichtlich der Erschließung neuer Geschäftsfelder, Dienstleistungen, Märkte und Handelsplätze oder der Auflage neuer Finanzprodukte sowie der Einführung neuer Werbestrategien im Bereich der Wertpapierdienstleistungen – zu beraten und ihre **Sachkenntnis** einzubringen.[223]

203 Der Compliance-Funktion muss das Recht eingeräumt werden, frühzeitig in die **Produktgenehmigungsprozesse** für Finanzinstrumente, die in den Vertrieb aufgenommen werden sollen – etwa durch Interventionsrechte –, einbezogen zu werden.[224] Dabei muss Compliance allerdings nicht bei jedem neuen Produkt beteiligt werden. Entscheidend ist, dass Compliance bei der Aufnahme einer **neuen Produktlinie** in den Vertrieb eingebunden ist. Entscheidend dafür sind Struktur und Risikogehalt der neuen Produkte.[225] Die Beteiligung von Compliance lediglich bei neuen Produktlinien darf allerdings – insbesondere durch eine weite Grenzziehung der Produktlinie – nicht zu einer Umgehung der Vorgabe führen. So wäre etwa eine Produktlinie „Zertifikate" nicht mit der Intention der Regelung vereinbar. Ein Übergang der Verantwortung von den operativen Bereichen auf die Compliance-Funktion ist hiermit nicht verbunden.[226] Da nur die Akzeptanz der präventiven Compliance-Arbeit in den Geschäftsbereichen zu optimalen Ergebnissen führt, muss die die Geschäftsleitung die operativen Bereiche darin bestärken, die Compliance-Funktion in ihre Tätigkeit einzubeziehen.[227]

204 Wird den wesentlichen Empfehlungen der Compliance-Funktion nicht gefolgt, hat die Compliance-Funktion dies entsprechend zu dokumentieren und in ihren **Compliance-Berichten** darzustellen.[228] Das Wertpapierdienstleistungsunternehmen muss außerdem sicherstellen, dass die Compliance-Funktion bei jedem wesentlichen, **nicht-routinemäßigen Schriftwechsel** mit den zuständigen Aufsichtsbehörden im Bereich der Wertpapierdienstleistungen und Wertpapiernebendienstleistungen und mit den Handelsüberwachungsstellen der Börsen miteinbezogen wird.[229]

205 Weitergehende Pflichten, etwa eine allgemeine Anzeigepflicht gegenüber der BaFin sehen weder das WpHG und die WpDVerOV noch die MaComp vor. Sie wären nach derzeitiger Rechtslage – da noch nicht einmal die Geschäftsleitung einer derartigen Verpflichtung unterliegt und Compliance seine Befugnisse von dieser ableitet – bereits systematisch inkonsequent.[230]

206 Die Compliance-Funktion ist weiterhin insbesondere bei einer Reihe weiterer Aufgaben einzubeziehen.[231] Hierzu gehört die Ermittlung der Kriterien zur **Bestimmung der Compliance-Relevanz der Mitarbeiter**. Die Thematik ist eng mit der Interessenkonfliktspotenzialanalyse verknüpft und klassischer Bestandteil der Compliance-Tätigkeit.[232]

207 Auch bei der Festlegung der **Grundsätze für Vertriebsziele und Bonuszahlungen** für Mitarbeiter im Bereich der Wertpapierdienstleistungen und -nebendienstleistungen ist die Compliance-Funktion zu beteiligen. Die

---

221 MaComp BT 1.2.4 Tz 1.
222 MaComp BT 1 1.2.4 Tz 2.
223 MaComp BT 1 1.2.4 Tz 3 S. 1.
224 MaComp BT 1 1.2.4 Tz 3 S. 2.
225 *Niermann*, ZBB 2010, 418.
226 MaComp BT 1 1.2.4 Tz 3 S. 3.
227 MaComp BT 1.2.4 Tz 4 S. 1.
228 MaComp BT 1.2.4 Tz 4 S. 1.
229 MaComp BT 1.2.4 Tz 5.
230 *Lösler*, WM 2007, 682; s. auch *Casper*, in: Casper, Der Compliance-Beauftragte – unternehmensinternes Aktienamt, Unternehmensbeauftragter oder einfacher Angestellter, FS für K. Schmidt 2009, S. 210 f.
231 Siehe hierzu die Aufzählung in MaComp BT 1.2.4 Tz 6.
232 MaComp BT 1.2.4 Spiegelpunkt 1; vgl hierzu auch *Gebauer/Niermann*, in: Hauschka, § 36 Rn 24 ff.

Regelung ist vor dem Hintergrund eines durch derartige Ziele möglicherweise entstehenden übermäßigen Vertriebsdrucks der Wertpapierberater zu sehen. Compliance ist dabei nicht in jede einzelne Prämiengewährung einzubeziehen, sondern, wie der klare Wortlaut vorgibt, in die **Aufstellung von Grundsätzen**.[233]

Ist das Wertpapierdienstleistungsunternehmen ein **Tochterunternehmen** einer Gesellschaft mit **Sitz im Ausland**, das diesbezüglich Vorgaben von dieser Gesellschaft erhält, so prüft die Compliance-Funktion, ob die Vorgaben des Mutterunternehmens mit den deutschen aufsichtsrechtlichen Vorgaben im Einklang stehen.[234]

In § 6 InstitutsVergV[235] wird für bestimmte Fälle die Einrichtung eines **Vergütungsausschusses** vorgeschrieben, in dem auch „Mitarbeiter oder Mitarbeiterinnen aus... den Kontrolleinheiten" vertreten sein müssen. Hierunter fallen auch Mitarbeiter der Compliance-Funktion.[236]

Die geforderte Einbeziehung in die Einrichtung verschiedener **Vertraulichkeitsbereiche** ist ein traditionell von Compliance wahrgenommener Aufgabenbereich.[237] Das Gleiche gilt für die Ausgestaltung des Prozesses zur **Überwachung der Mitarbeitergeschäfte** im Unternehmen.[238] Inhaltlich wird durch die Regelung die Verknüpfung mit § 33 b Abs. 2 WpHG sowie BT 2 MaComp hergestellt. Ebenso ist die Compliance-Funktion in die Festlegung der Grundsätze zur **bestmöglichen Auftragsausführung** und ggf Grundsätze zur Weiterleitung bei Ausführung durch ein drittes Unternehmen einzubeziehen.[239]

E. Kontinuität und Regelmäßigkeit (Abs. 1 S. 2 Nr. 2)

Nach S. 2 Nr. 2 muss das Wertpapierdienstleistungsunternehmen zur Sicherstellung eines ordnungsgemäßen Geschäftsbetriebs angemessene Vorkehrungen treffen.[240] Zu einem ordnungsgemäßen Geschäftsbetrieb gehören die **Kontinuität und Regelmäßigkeit** einmal der Wertpapierdienstleistungen. Aber auch die Wertpapiernebendienstleistungen werden von der Regelung erfasst. Hier ist insbesondere an die Verwahrung und Verwaltung von Finanzinstrumenten für Rechnung des Kunden zu denken.[241]

Besondere Bedeutung kommt in diesem Zusammenhang auch der **Notfallplanung** iSd § 25 a Abs. 1 S. 3 Nr. 3 KWG zu.[242] Hierzu gehören etwa Vorkehrungen, um bei Systemausfällen und Störungen Verzögerungen bei der Auftragsausführung oder -weiterleitung möglichst gering zu halten. Derartige Mittel und Verfahren können zum einen technische Alternativen für die gestörten oder ausgefallenen Systeme sein, wie etwa das (ausreichende) Vorhalten von Fax-Geräten oder Telefonkapazitäten zur Orderweiterleitung. Mit einzubeziehen in die Notfallplanung sind hierbei auch die Zweigstellen eines Instituts. Andererseits können auch personelle Maßnahmen erforderlich sein, etwa der kurzfristige Einsatz (externer) Reserven bzw (interne) Umsetzungen.

F. Interessenkonflikte (Abs. 1 S. 2 Nr. 3)

I. Grundsatz/Anwendungsbereich. Abs. 2 S. 2 Nr. 3 regelt den Umgang des Wertpapierdienstleistungsunternehmens mit **Interessenkonflikten**. Derartige Konflikte sind in einer Reihe von Konstellationen denkbar. Die Tatsache, dass zwischen verschiedenen Marktteilnehmern unterschiedliche Interessen bestehen, ist dabei nicht per se als verwerfliches Verhalten eines Wertpapierdienstleistungsunternehmens zu bewerten. Entscheidend ist der Umgang mit Interessenkonflikten Die Auflösung des Spannungsverhältnisses zwischen diesen divergierenden Interessen ist Gegenstand der **Interessenkonfliktsteuerung**. Zweck ist dabei – wie § 13 Abs. 2 S. 1 WpDVerOV bestimmt, eine Beeinträchtigung von Kundeninteressen zu verhindern. Letztlich soll hiermit das Vertrauen der Anleger in die Marktintegrität geschützt werden.[243] Davon wieder profitieren die einzelnen Wertpapierdienstleistungsunternehmen. Auch in den bis zum 31.10.2007 geltenden rechtlichen Vorgaben war die Thematik Interessenkonflikte/Interessenkonfliktsteuerung geregelt, wenngleich nicht mit vergleichbarem Detaillierungsgrad wie im aktuellen Recht.[244]

Im aktuellen Recht hat sich der Gesetz- und Verordnungsgeber für eine sehr ausdifferenzierte Regelung der Materie entschieden. Der Gesetzgeber hat zudem zum Ausdruck gebracht, dass der Begriff der Interessen-

---

233 MaComp BT 1.2.4 Spiegelpunkt 2.
234 Zu „Compliance im Konzern s. ausführlich *Gebauer/Niermann*, in: Hauschka, § 36 Rn 69.
235 Verordnung über die aufsichtsrechtlichen Anforderungen an Vergütungssysteme von Instituten (Institutsvergütungsverordnung – InstitutsVergV) in der Fassung der Bekanntmachung vom 6. Oktober 2010 (BGBl. I S. 1374), abrufbar unter <www.bafin.de>.
236 Begr. zur InstitutsVerGV, 7, abrufbar unter <www.bafin.de>; s. auch *Niermann*, ZBB 2010, 419.
237 MaComp BT 1.2.4 Spiegelpunkt 3; *Niermann*, ZBB 2010, 417 f.
238 MaComp BT 1.2.4 Spiegelpunkt 4; *Niermann*, ZBB 2010, 419.
239 MaComp BT 1.2.4 Spiegelpunkt 5.
240 *Fuchs*, in: Fuchs, WpHG, § 33 Rn 66 weist zutreffend auf Überschneidungen mit S. 1 Nr. 2 hin.
241 Begr. RegE (FRUG), BT-Drucks. 16/4028, S. 71.
242 Begr. RegE (FRUG), BT-Drucks. 16/4028, S. 71.
243 *Fuchs*, in: Fuchs, WpHG, § 31 Rn 45.
244 Siehe hierzu etwa *Loy*, in: MiFID-Praktikerhandbuch.

konflikte „weit zu verstehen" ist.[245] Es wird jedoch zutreffend darauf hingewiesen, dass die „Architektur des bestehenden Interessenkonfliktmanagements durch die Neuregelungen nicht grundlegend verändert" wird.[246]

215 Rechtssystematisch ergänzen die Verhaltenspflichten des § 31 Abs. 1 Nr. 2 die aus § 33 resultierenden internen Organisationspflichten zur Identifikation und zum Management von Interessenkonflikten.[247]

216 Dabei geht es nur um solche Konflikte, die die **individuellen Interessen** der Wertpapierdienstleistungsunternehmen und diejenigen ihrer Kunden erfassen. Grundsätzlich nicht im Regelungsbereich des Themenkreises „Interessenkonflikte" liegen deshalb öffentliche Interessen.[248]

217 Die Regelung zur Behandlung von Interessenkonflikten bezieht sich auf die Erbringung von **Wertpapierdienstleistungen und Wertpapiernebendienstleistungen** gleichermaßen.

218 „Beteiligte" an Interessenkonflikten sind gemäß Abs. 1 S. 2 Nr. 3 einerseits das **Wertpapierdienstleistungsunternehmen** sowie seine **Mitarbeiter**. Aber auch über eine Kontrollbeziehung iSd Art. 4 Abs. 1 Nr. 37 der Verordnung (EU) Nr. 575/2013 **verbundene Personen** sind einzubeziehen. Auf der anderen Seite stehen die Interessen der Kunden. Aber auch divergierende Interessen von Kunden untereinander, denen gegenüber das Wertpapierdienstleistungsunternehmen Verpflichtungen hat, werden von der Regelung erfasst.[249]

219 **II. Einzelne Interessenkonflikte/Identifikation von Interessenkonflikten.** Die gesetzliche Regelung sieht ein **dreistufiges Verfahren** hinsichtlich des Umgangs mit Interessenkonflikten und deren Steuerung vor: dieses „Dreistufenmodell" besteht aus der **Identifikation** der Interessenkonflikte, dem **Festlegen interner Grundsätze** für den Umgang mit diesen Konflikten einschließlich geeigneter **Maßnahmen** zur Bewältigung dieser Konflikte sowie ggf der **Offenlegung der Interessenkonflikte**.[250]

220 Ein gesetzeskonformes Interessenkonfliktmanagement setzt immer die gründliche **Analyse des Konfliktpotenzials** voraus. Dies ist nichts grundsätzlich Neues und ergibt sich jetzt aus § 13 Abs. 1 WpDVerOV an, wonach Wertpapierdienstleistungsunternehmen das Vorliegen von Interessenkonflikten prüfen müssen.[251]

221 Selbstverständlich sind diese Analyse und das daraufhin erstellte „Konfliktregister" regelmäßig zu **überprüfen**. Diese Überprüfung muss mindestens einmal jährlich, besser aber auch unterjährig erfolgen. Bei relevanten Veränderungen muss das Wertpapierdienstleistungsunternehmen die Bestandsaufnahme aktualisieren.[252] Unverzichtbar hierfür ist ein funktionierender Informationsfluss in den Instituten.[253]

222 Unabhängig von Intervallüberprüfungen hat das Wertpapierdienstleistungsunternehmen **anlassbezogene Überprüfungen** und ggf Aktualisierungen, etwa bei Änderungen des Geschäftsmodells, vorzunehmen. Hier ist etwa an die Aufnahme einer eigenen Vermögensverwaltung zu denken. Aber auch ein Sinken des Interessenkonfliktpotenzials ist denkbar, etwa bei der Aufgabe von einzelnen Geschäftsfeldern.

223 Bei der Interessenkonfliktanalyse sollen insbesondere die Bereiche Anlageberatung, Handel einschließlich Eigenhandel und Eigengeschäft, Finanzportfolioverwaltung, Unternehmensfinanzierung, Emissions- und Platzierungsgeschäft sowie M&A Geschäft als **besonders konfliktträchtige Bereiche** besondere Beachtung bei der Analyse finden.[254] Insbesondere bei Wertpapierdienstleistungsunternehmen, die auf mehreren dieser Felder tätig sind, besteht grundsätzlich ein erhöhtes Konfliktrisiko.[255]

224 Relevant dürften – wie sich aus § **13 Abs. 2 S. 1 Nr. 1 WpDVerOV** ergibt – nur Interessenkonflikte sein, die den Kundeninteressen **erheblich** schaden könnten. Damit sind sog. „Kleinst- oder Minimalkonflikte" nicht umfasst.[256] Hierunter sind etwa Fälle geringer variabler Gehaltsbestandteile zu subsumieren, die keinen „messbaren Interessenkonflikt" auslösen können.[257]

225 § **13 Abs. 1 Nr. 1 bis 5 WpDVerOV** schildert **fünf Situationen**, bei denen für Kunden potenziell nachteilige Interessenkonflikte auftreten können. Der Katalog ist **nicht abschließend**. Das Unternehmen muss seine Geschäftstätigkeit und -Organisation jedoch zumindest hinsichtlich dieser fünf Fallgruppen überprüfen.

226 Nach § 13 Abs. 1 Nr. 1 WpDVerOV kann ein Interessenkonflikt in der **Erzielung eines finanziellen Vorteils** oder der **Vermeidung eines Verlusts** durch das Wertpapierdienstleistungsunternehmen zulasten des Kunden vorliegen..

227 Eine Einschränkung besteht zudem dahin gehend, dass nicht schon wegen eines Gewinns, eines Vorteils oder der Vermeidung eines Nachteils auf einen generellen Interessenkonflikt zu schließen ist. Entscheidend

---

245 Begr. RegE (FRUG), BT-Drucks. 16/4028, S. 63.
246 DSGV, Umsetzungsleitfaden, S. 164.
247 Die Ausführungen hier beschränken sich allerdings auf das WpHG, die WpDVerOV sowie das BaFin-Rundschreiben 8/2008; zu der „Regelung von Interessenkonflikten im neuen Investmentrecht s. allerdings Schmolke, WM 2007, 1909.
248 Fuchs, in: Fuchs, WpHG, § 31 Rn 53 ff.
249 Begr. WpDVerOV, S. 20.
250 Begr. WpDVerOV, S. 20.
251 Best-Practice-Leitlinien für Wertpapier-Compliance des BdB, S. 16; dieses Konfliktregister kann mit anderen Datenbanken verknüpft werden.
252 Haußwald, BankPraktiker 2008, 302, 304; s. auch Best Practice-Leitfaden für Wertpapier-Compliance des BdB, S. 16.
253 So auch Haußwald, BankPraktiker 2008, 302, 305,.
254 Begr. WpDVerOV, S. 20.
255 Begr. WpDVerOV, S. 20; Schlicht, BKR 2006, 469, 471, mit instruktiven Beispielen.
256 Siehe Fuchs, in: Fuchs, WpHG, § 31 Rn 52.
257 Röh, BB 2008, 398, 405.

ist vielmehr, dass **gleichzeitig ein möglicher Nachteil für den Kunden** erkennbar ist.[258] Würde man etwa das Vergütungsinteresse eines Wertpapierdienstleistungsunternehmens als ausreichend ansehen, um einen Interessenkonflikt zu begründen, würde ein solcher bei der Erbringung von Wertpapierdienstleistungen und -nebendienstleistungen wohl immer vorliegen.[259]

Anknüpfungspunkt von § 13 Abs. 1 Nr. 2 WpDVerOV ist die Frage, ob die Normadressaten am Ergebnis einer für Kunden erbrachten Dienstleistung oder eines für diese getätigten Geschäfts ein Interesse haben, das nicht mit dem Kundeninteresse an diesem Ergebnis übereinstimmt. Die Regelung umfasst die **Schaffung von Anreizen** durch das Wertpapierdienstleistungsunternehmen selbst, um bestimmte Produkte verstärkt zu vertreiben.[260] Weiterhin werden von der Regelung, die teilidentisch mit Nr. 1 ist, im Gegensatz zu dieser **auch immaterielle Interessen** erfasst..[261] Zu denken wäre hier etwa an soziale, moralische oder ethische Interessen wie zB „green investments".[262] 228

Auch finanzielle oder sonstige Anreize, die Interessen eines Kunden oder einer Kundengruppe **über die Interessen anderer Kunden** zu stellen, können nach § 13 Abs. 1 Nr. 3 WpDVerOV einen Interessenkonflikt begründen. Hierbei handelt es sich zwar um vornehmlich einen Interessenkonflikt Kunde – Kunde. An der Bevorzugung hat aber das Unternehmen selbst ein Interesse. 229

Geht ein Wertpapierdienstleistungsunternehmen dem **gleichen Geschäft** nach wie Kunden, kann dies nach § 13 Abs. 1 Nr. 4 WpDVerOV die Quelle eines Interessenkonflikts darstellen. Allerdings dürften die unter diese Regelung fallenden Konflikte idR bereits von Nr. 1 u. 2 erfasst sein. 230

§ 13 Abs. 1 Nr. 5 WpDVerOV erfasst die Fälle, in denen das Wertpapierdienstleistungsunternehmen oder seine Mitarbeiter Zuwendungen **über die hierfür übliche Provision oder Gebühr hinaus** erhalten oder zukünftig erhalten könnten. 231

Bereits die Interessenkonfliktpotentialanalyse ist aus Sicht der BaFin einer der zentralen Punkte der Compliance-Tätigkeit, da hier die **Grundlagen der Überwachungskonzepts** festgelegt werden. 232

III. Wirksame Vorkehrungen/Maßnahmen. 1. Grundsatz. Als 2. Stufe verlangt § 33 Abs. 1. S. 2 Nr. 3 das **Schaffen von Vorkehrungen** für angemessene Maßnahmen zur Vermeidung einer Beeinträchtigung der Kundeninteressen. **§ 13 Abs. 2 Nr. 2 WpDVerOV** verpflichtet die Wertpapierdienstleistungsunternehmen zur Festlegung und dauerhaften Anwendung angemessener Grundsätze für den Umgang mit Interessenkonflikten, in denen sie bestimmen, welche Maßnahmen zu treffen sind, um die Interessenkonflikte zu bewältigen. Inhalt dieser „Conflict-policy" sind sämtliche identifizierten Interessenkonflikte mit Beeinträchtigungspotenzial für den Kunden sowie geeignete Maßnahmen zur Vermeidung derselben.[263] 233

Bei der Frage, welche Interessenkonflikte vorliegen bzw welche Vorkehrungen bzw Maßnahmen erforderlich sind, können die **unterschiedliche Größe, Organisation sowie Art, Umfang und Komplexität der Geschäftstätigkeit der** Wertpapierdienstleistungsunternehmen Berücksichtigung finden. Als „Faustformel" gilt hier, dass mit einem gesteigerten Interessenkonfliktpotenzial gesteigerte organisatorische Anforderungen einhergehen. 234

Die Grundsätze haben gemäß § 13 Abs. 2 S. 2 WpDVerOV auch Interessenkonflikten Rechnung zu tragen, die sich aus der Struktur und Geschäftstätigkeit **anderer Unternehmen derselben Unternehmensgruppe** ergeben und die das Unternehmen kennt oder kennen müsste. Den Begriff der „Unternehmensgruppe" definiert Abs. 2 S. 3 WpDVerOV.[264] 235

2. Maßnahmenkatalog. Nach § 13 Abs. 3 S. 1 WpDVerOV müssen die Maßnahmen, die Institute in ihre Grundsätze zum Interessenkonfliktmanagement aufgenommen haben, so ausgestaltet sein, dass Mitarbeiter interessenkonfliktträchtige Tätigkeiten mit der Gefahr einer Beeinträchtigung von Kundeninteressen so vornehmen können, dass ein angemessenes **Maß an Unabhängigkeit ohne unsachgemäße Einflussnahme** gewahrt ist. Maßgebend sind hier Größe und Geschäftstätigkeit des Wertpapierdienstleistungsunternehmens und seiner Unternehmensgruppe sowie das Risiko einer Beeinträchtigung von Kundeninteressen. 236

Unter dem Vorbehalt der **Notwendigkeit und Angemessenheit** des erforderlichen Grades an Unabhängigkeit konkretisiert der Verordnungsgeber in Abs. 3 mögliche Maßnahmen einer effektiven Interessenkonfliktsteuerung. 237

Nach **§ 13 Abs. 3 S. 2 Nr. 1 WpDVerOV** gehören Vorkehrungen zur wirksamen Verhinderung oder Kontrolle eines **Informationsaustauschs** zwischen den betroffenen Mitarbeitern zu diesen Maßnahmen. 238

Zentraler Begriff im Zusammenhang mit der Überwachung und Kontrolle eines Informationsaustauschs ist die **„compliance-relevante Information"**. Interessant für Compliance sind diejenigen Mitarbeiter, die Zugang zu derartigem Wissen haben. Insbesondere hier besteht die Gefahr von Gesetzesverletzungen. 239

---

258 Begr. WpDVerOV, S. 20.
259 *Fuchs*, in: Fuchs, WpHG, § 31 Rn 52.
260 DSGV-Leitfaden, S. 166.
261 *Koller*, in: Assmann/Schneider, § 33 Rn 8.
262 Siehe hierzu auch *Bilitewski/Haase*, die bank 2010, 46.
263 Begr. WpDVerOV, S. 20.
264 Siehe hierzu auch *Koller*, in: Assmann/Schneider, § 33 Rn 7.

240 Compliance-relevante Informationen sind einmal **Insiderinformationen** iSv § 13. Dabei handelt es sich um Kenntnisse über bestimmte Sachverhalte, die im Falle ihres öffentlichen Bekanntwerdens geeignet sind, den Kurs/Börsenpreis eines Finanzinstruments erheblich zu beeinflussen.[265]

241 Aber auch **andere vertrauliche Informationen** können compliance-relevante Informationen darstellen. So etwa die **Kenntnis von Kundenaufträgen,** die durch den Abschluss von Eigengeschäften des Unternehmens oder Mitarbeitergeschäften zum Nachteil des Kunden verwendet werden kann (Vor-, Mit- oder Gegenlaufen).[266]

242 Zur Erfassung und Überwachung von compliance-relevanten Informationen und zur **Verhinderung** eines unerwünschten Informationsflusses kommt eine Reihe von Maßnahmen und Instrumenten in Betracht. „Klassisches" Instrument ist hierbei die Einrichtung von Vertraulichkeitsbereichen. Ziel der Errichtung von **„Chinese Walls"** ist, dass Informationen den organisatorischen Bereich, in dem sie eingetreten sind, gar nicht oder nur unter ganz bestimmten Voraussetzungen verlassen. Damit tragen Chinese Walls dazu bei, die Auswirkungen von Interessenkonflikten möglichst gering zu halten. Hierdurch soll die ununterbrochene und uneingeschränkte interessenkonfliktfreie Handlungsfähigkeit der einzelnen Bereiche des Wertpapierdienstleistungsunternehmens gewährleistet werden, indem das in einem Bereich entstandene compliance-relevante Informationsaufkommen auf diesen Bereich beschränkt bleibt. Der jeweilige Bereich hat daher in eigener Verantwortung im Einvernehmen mit der Compliance-Funktion alle Vorkehrungen zu treffen, um die Vertraulichkeit der compliance-relevanten Informationen sicherzustellen.[267]

243 Als organisatorische Maßnahme kommt hier die **Trennung von Vertraulichkeitsbereichen** in Betracht. Diese kann einmal durch die räumliche Trennung derselben erreicht werden. Zu denken ist hier zunächst an die Unterbringung der verschiedenen Vertraulichkeitsbereiche in verschiedenen Gebäuden, Stockwerken oder Räumen. Die räumliche Trennung ist eine relativ leicht vorzunehmende und zu überwachende Maßnahme, die alleine allerdings kaum dazu geeignet sein dürfte, den etwaigen Fluss vertraulicher Informationen zu stoppen.[268]

244 Aber auch die **funktionale Trennung** ist hier von besonderer Relevanz.[269] Üblicherweise werden deshalb zB Kundenhandel und Eigengeschäft voneinander getrennt.[270]

245 Die Trennung von Vertraulichkeitsbereichen geht regelmäßig mit der Schaffung von **Zutrittsbeschränkungen** einher.

246 Von zentraler Bedeutung als organisatorische Maßnahme ist zudem die Regelung von **Zugriffsberechtigungen** auf Daten.[271]

247 Zwar müssen compliance-relevante Informationen grundsätzlich in dem jeweiligen Vertraulichkeitsbereich verbleiben. Die Einrichtung von Vertraulichkeitsbereichen bedeutet allerdings nicht, dass hier jegliche Informationsweitergabe unzulässig ist. In einem auf vielen Geschäftsfeldern tätigen und arbeitsteilig organisierten Wertpapierdienstleistungsunternehmen kann die Hinzuziehung von Mitarbeiter aus anderen Bereichen oder die bereichsübergreifende Informationsweitergabe notwendig sein.[272] Das ist insbesondere bei komplexen Transaktionen mit hohem Schwierigkeitsgrad und/oder hohen Risiken der Fall. Nur ein dahin gehender Informationsfluss macht häufig die Ausschöpfung der gesamten Produktpalette überhaupt erst möglich.[273]

248 Vor diesem Hintergrund ist die bereichsüberschreitende Weitergabe von Informationen und die Einschaltung von Mitarbeitern aus anderen Bereichen (**„Wall Crossing"**) dann zulässig, wenn sich die Informationsweitergabe auf das **erforderliche Maß** beschränkt (**„Need-to-Know-Prinzip"**).[274] Marktsensibles Wissen darf nur an die Personen weitergegeben werden, die es für die Aufgabenerfüllung benötigen und auch nur in dem Umfang, in dem sie die Informationen benötigen.

249 Der bereichsüberschreitende Informationsfluss sollte immer unter **Beteiligung des Compliance-Beauftragten** erfolgen. Die Weitergabe der Informationen wird deshalb sinnvollerweise durch die zuständige Compliance-Einheit (bereits im Vorfeld) begleitet und geschieht in Abstimmung mit dieser.[275] Sie ist zu dokumentieren.

250 Zur Überwachung der Eigenhandels- und Mitarbeitergeschäfte und damit mittelbar der Beobachtung, ob die Vertraulichkeitsbereiche zwischen den verschiedenen compliance-relevanten Bereichen des Wertpapierdienstleistungsunternehmens eingehalten wurde, dient die **Beobachtungsliste** (watch list). Sie ist eine **nicht öffentliche**, laufend aktualisierte Liste von Finanzinstrumenten, zu denen im Wertpapierdienstleistungsun-

---

[265] MaComp AT 6.1 unter Hinweis auf den, Emittentenleitfaden, Kapitel IV 2.2.4, S. 56-57, abrufbar unter <www.BaFin.de>.
[266] MaComp AT 6.1.
[267] MaComp AT 6.2 Tz 3 a.
[268] So auch *Eisele*, Bankrechtshandbuch, § 109 Rn 80.
[269] MaComp AT 6.2 Tz 3 a.
[270] MaComp AT 6.2 Tz 3 a.
[271] MaComp AT 6.2 Tz 3 a.
[272] *Bülow*, die bank 1997, 290, 291.
[273] MaComp AT 6.2 Tz 3 b.
[274] MaComp AT 6.2 Tz 3 b.
[275] *Bülow*, die bank 1997, 290, 292; *Eisele*, Bankrechtshandbuch, § 109 Rn 84.

ternehmen compliance-relevante Informationen vorliegen. Die Bobachtungsliste ist von der Compliance-Funktion **streng vertraulich** zu führen.
Die hier enthaltenen Werte unterliegen grundsätzlich keinen Handels- oder Beratungsbeschränkungen.[276]

Eine derartige Liste kann nur ihren Zweck erfüllen, wenn sie auf aktuellem Stand und vollständig ist. Das wird dadurch sichergestellt, dass Mitarbeiter des Wertpapierdienstleistungsunternehmens, bei denen in Ausübung ihrer Tätigkeit compliance-relevante Informationen anfallen, verpflichtet sind, **unverzüglich eine entsprechende Meldung** zur watch list zu veranlassen.[277] 251

Neben der Beobachtungsliste führen Wertpapierdienstleistungsunternehmen häufig eine sog. **Sperrliste** (restricted list). Im Gegensatz zur Beobachtungsliste ist diese **nicht geheim** zu halten[278] 252

Auch Mischformen beider Listen – etwa eine bekannt gemachte watch list – sind bisweilen als Überwachungsinstrumente anzutreffen und auch aufsichtsrechtlich zulässig. 253

§ 13 Abs. 3 S. 2 Nr. 2 WpDVerOV verlangt Maßnahmen zur Sicherstellung der **Unabhängigkeit der Vergütung** von Mitarbeitern von der Vergütung anderer Mitarbeiter mit anderen Aufgabenbereichen sowie den von diesen erwirtschafteten Unternehmenserlösen oder Prämien. Hier ist insbesondere an die Vergütung von Kontrolleinheiten zu denken, deren Vergütung nicht an den Erfolg der Mitarbeiter gekoppelt sein soll, die überwacht werden. Grundsätzlich unbedenklich dürften variable Gehaltsbestandteile sein, in die Ergebnisse der im Vertrieb beschäftigten Mitarbeiter im Rahmen einer Beteiligung am Gesamtbetriebsergebnis nur mittelbar einfließen, solange der variable Bestandteil von untergeordneter Bedeutung ist.[279] 254

Nach § 13 Abs. 3 S. 2 Nr. 3 WpDVerOV sind Maßnahmen zu treffen, die geeignet sind, eine **unsachgemäße Einflussnahme** auf die mit der Erbringung von Wertpapierdienstleistungen oder -nebendienstleistungen betrauten Mitarbeiter zu verhindern. Hierbei spielt es keine Rolle, ob die Beeinflussung durch andere Mitarbeiter des Instituts bzw Konzerns oder instituts- oder konzernfremde Personen erfolgt.[280] So dienen etwa Regelungen zum Umgang von Mandatsträgern bei börsennotierten Unternehmen der Verhinderung eines entsprechenden Einflusses.[281] 255

Mit den in § 13 Abs. 3 S. 2 Nr. 4 WpDVerOV genannten Maßnahmen soll verhindert oder kontrolliert werden, dass Mitarbeiter an verschiedenen Wertpapierdienstleistungen oder -nebendienstleistungen **in engem zeitlichen Zusammenhang** beteiligt sind und dies ein ordnungsgemäßes Interessenkonfliktmanagement beeinträchtigen könnte. Nicht ausgeschlossen ist damit allerdings ein „Wall Crossing", das durch Compliance zugelassen wurde. Bei einem Zuständigkeitswechsel muss jedoch ein besonderes Augenmerk auf etwaig entstehende neue Interessenkonflikte gelegt werden.[282] 256

Maßnahmen nach § 13 Abs. 3 S. 2 Nr. 5 WpDVerOV sehen die gesonderte Überwachung von Mitarbeitern, die im Rahmen ihrer Haupttätigkeit **potenziell widerstreitende Interessen wahrnehmen**, vor. Dies können Interessen von Kunden, aber auch des Wertpapierdienstleistungsunternehmens sein. Zu derartigen Maßnahmen kann zB die Einrichtung getrennter Berichtslinien der entsprechenden Mitarbeiter gehören.[283] Auch die Überwachung der Mitarbeitergeschäfte dient diesem Zweck.[284] 257

Sollte eine oder mehrere der vorstehend genannten Maßnahmen nicht ausreichen, um den erforderlichen Grad an Unabhängigkeit zu erreichen, muss das Wertpapierdienstleistungsunternehmen gemäß § 13 Abs. 3 S. 2 WpDVerOV notwendige **alternative oder zusätzliche Maßnahmen** treffen. 258

IV. Offenlegung von Interessenkonflikten (§ 31 Abs. 1 Nr. 2 WpHG, § 13 Abs. 4 WpDVerOV). Kann trotz der ergriffenen Maßnahmen ein Schaden für den Kunden nicht ausgeschlossen werden, sind diesem die jeweiligen Konflikte offenzulegen.[285] Die in § 31 Abs. 1 Nr. 2 normierte **Offenlegungspflicht** bestimmt, dass ein Wertpapierdienstleistungsunternehmen seinen Kunden vor der Durchführung von Geschäften die „allgemeine Art und Herkunft" der Interessenkonflikte darzulegen hat. Dem Kunden soll es hiermit nach § 13 Abs. 4 S. 1 WpDVerOV ermöglicht werden, aufgrund der Unterrichtung über tatsächliche oder potenzielle Interessenkonfliktes eine Anlageentscheidung über die Wertpapierdienstleistung oder Wertpapiernebendienstleistung, in deren Zusammenhang der Interessenkonflikt auftritt, auf informierter Grundlage zu treffen. Auf dieser Basis soll er entscheiden, ob er die Leistung des Wertpapierdienstleistungsunternehmens trotz der Konfliktlage in Anspruch nehmen will. 259

Hier wird kritisiert, dass beide Vorschriften von daher nicht hundertprozentig synchron seien, als das in der Verordnung angesprochene **Ziel, eine fundierte Entscheidungsgrundlage** zu erhalten, bei einer Darlegung der allgemeinen Art und Herkunft der Konflikte **kaum erreichbar** sei.[286] 260

---

[276] MaComp AT 6.2 Tz 3 c.
[277] MaComp AT 6.2 Tz 3 c.
[278] MaComp AT 6.2 Tz 3 c.
[279] Zur Thematik variable Vergütungsmodelle s. auch *Röh*, BB 2008, 398, 406.
[280] Begr. WpDVerOV, S. 21.
[281] *Schlicht*, BKR 2006, 469, 473.
[282] *Schlicht*, BKR 2006, 469, 472.
[283] Begr. WpDVerOV, S. 22.
[284] *Schlicht*, BKR 2006, 469, 472.
[285] Begr. WpDVerOV, S. 19.
[286] Siehe etwa *Fuchs*, in: Fuchs, WpHG, § 31 Rn 49, der von einem „offensichtlichen Spannungsverhältnis spricht".

261 Bei der Offenlegung muss gemäß derselben Vorschrift die **Einstufung** als Privatkunde, professioneller Kunde oder geeignete Gegenpartei berücksichtigt werden.

262 Die Information hat nach § 13 Abs. 4 S. 2 WpDVerOV auf einem **dauerhaften Datenträger** zu erfolgen.

263 Eine Einschränkung erfährt die Offenlegungspflicht des § 31 Abs. 1 Nr. 2 allerdings durch Hs 2 der Regelung. Danach besteht die vorstehend geschilderte Offenlegungspflicht nur, **soweit die organisatorischen Vorkehrungen nach § 33 Abs. 1 S. 2 Nr. 3 nicht ausreichen**, um nach vernünftigem Ermessen das Risiko der Beeinträchtigung der Kundeninteressen zu vermeiden.

264 Zu bedenken ist hierbei jedoch immer, dass trotz organisatorischer Vorkehrungen zur Vermeidung von Interessenkonflikten die Gefahr besteht, dass diese **umgangen** werden. Dieses „Restrisiko" ist aber kaum gesetzgebungstechnisch „einfangbar".
Die nach § 31 Abs. 3 S. 3 Nr. 1, 2 und 4 zur Verfügung zu stellenden Informationen müssen bei **Privatkunden**, soweit relevant, eine **Beschreibung der Grundsätze** des Umgangs mit Interessenkonflikten nach § 33 Abs. S. 2 Nr. 3 WpHG und § 13 WpDVerOV enthalten. Auf Wunsch des Kunden müssen die vorgenannten Informationen jederzeit Einzelheiten zu diesen Grundsätzen enthalten.

G. Vertriebsvorgaben (Abs. 1 S. 2 Nr. 3 a)

265 **I. Historie, systematische Einordnung.** Regelungsgegenstand des im Rahmen des AnsFuG in § 33 WpHG eingefügten Abs. 3 a sind sog. **Vertriebsvorgaben**. Die Vorschrift ist systematisch dem Themenkomplex „Interessenkonflikte" zuzuordnen. Es geht hier um das „Spannungsfeld zwischen den Kundeninteressen, als Kernanliegen der Anlageberatung und den Unternehmensinteressen der Gewinnerzielung und -maximierung".[287]

266 **II. Anwendungsbereich und Begriff.** Der Anwendungsbereich ist auf die im **Rahmen der Anlageberatung empfohlenen Geschäfte** beschränkt. Deshalb muss die Situation einer Anlageberatung iSd § 3 vorliegen. Gegenstand dieser Beratung sind Finanzinstrumente nach § 2 Abs. 2 b). Deshalb fallen Empfehlungen von Versicherungsprodukten, Bausparverträgen oder Festgeldkonten nicht in den Anwendungsbereich der Norm.

267 Das Wertpapierdienstleistungsunternehmen muss **Grundsätze oder Ziele** aufgestellt haben. Derartige Ziele werden in der Praxis sehr unterschiedlich formuliert So gibt es etwa **Einzelziele** oder **Teamziele**.[288] Diese müssen – alternativ – **Umsatz, Volumen** oder **Ertrag** der empfohlenen Geschäfte betreffen.

268 Die Vertriebsvorgaben können zum einen **unmittelbar** erfolgen. Hierzu gehören Vorgaben für einzelne Mitarbeiter oder Abteilungen, Absatzvorgaben für Zweigstellen oder sonstige betriebliche Organisationseinheiten".[289] Aber auch **mittelbare** Vorgaben werden erfasst. Darunter fallen „Zielvereinbarungen mit Mitarbeitern, Anreiz- und Bonussysteme oder die Verteilung von Zuwendungen iSd § 31 d des Wertpapierhandelsgesetzes".[290]

269 Die neue Regelung erfasst „sämtliche Erscheinungsformen", in denen Vertriebsvorgaben in verschiedenen Organisationsebenen oder –einheiten eines Wertpapierdienstleistungsunternehmens auftreten können."[291] Der Begriff der Vertriebsvorgabe ist grundsätzlich **wertneutral**. Deshalb sind Vertriebsvorgaben in den Wertpapierdienstleistungsunternehmen grundsätzlich zulässig.

270 **III. Vermeidung der Beeinträchtigung von Kundeninteressen.** Die Vertriebsvorgaben müssen derart **ausgestaltet, umgesetzt** und **überwacht** werden sein, dass sie Kundeninteressen nicht beeinträchtigen. Hier kommt es immer auf den jeweiligen Einzelfall sein.[292] Das muss im Rahmen der **Vorkehrungen** nach Abs. 1 Satz 2 Nr. 3 durch das Wertpapierdienstleistungsunternehmen berücksichtigt werden.

271 Bei der Umsetzung bzw Überwachung von Vertriebsvorgaben kommt es auch auf die Art der Vermittlung an. Hier finden sich in der Praxis häufig **Gespräche** zwischen einer Führungskraft und dem Anlageberater statt. In diesen wird über den bisherigen Werdegang des Mitarbeiters sowie seine zukünftige persönliche und berufliche Entwicklung gesprochen.[293]

272 Auch das Verhältnis fixer Gehaltsbestandteile zu **variablen Vergütungselementen** spielt im Zusammenhang mit Betriebsvorgaben eine Rolle.[294] Unverdächtig hinsichtlich der Beeinträchtigung von Kundeninteressen sind dabei leistungsorientierte Ziele, die sich an der Erfüllung der betriebswirtschaftlichen Ziele für die ge-

---

[287] Begr. RegE (AnsFuG), BT-Drucks. 17/3628, S. 22.
[288] Thurau/Stevermann, bank und markt 2011, 18, 19.
[289] Begr. RegE (AnsFuG), BT-Drucks. 17/3628, S. 22.
[290] Begr. RegE (AnsFuG), BT-Drucks. 17/3628, S. 22.
[291] Begr. RegE (AnsFuG), BT-Drucks. 17/3628, S. 22.
[292] Einige Fallgestaltungen greifen *Hartmann/Wildhirt/Kloock*, die bank 2012, 24, 26, auf.
[293] *Thurau/Stevermann*, bank und markt 2011, 18, 19; zu Gesprächen im Zusammenhang mit Vertriebsvorgaben aus Gewerkschaftssicht vgl *Popp*, Bank und Markt 2011, 25.
[294] Zu variablen Vergütungsbestandteilen aus Gewerkschaftssicht vgl *Popp*, Bank und Markt 2011, 25.

samte Bank orientiert.²⁹⁵ Ein weiterer Punkt ist die Frage, welche **Konsequenzen** an das Nichterreichen vorgegebener Ziele gekoppelt sind.²⁹⁶

H. Beschwerdebearbeitung (Abs. 1 S. 2 Nr. 4)

I. Grundlagen, Sinn und Zweck, Anwendungsbereich, Beschwerdebegriff. Abs. 1 S. 2 Nr. 4 regelt den Umgang mit Beschwerden in einem Wertpapierdienstleistungsunternehmen. Derartige Äußerungen von Kunden geben oft (frühe) Hinweise auf **Defizite** in einem Institut. Durch sie werden nämlich immer wieder „die **Schwachstellen des Unternehmens** (von externer Seite) angesprochen".²⁹⁷ In Betracht kommen hierbei zB **organisatorische Mängel**.²⁹⁸ Entsprechende Hinweise von Kundenseite können deshalb helfen, Unzulänglichkeiten frühzeitig zu beseitigen und **Risiken** für das Wertpapierdienstleistungsunternehmen in Zukunft zu vermeiden.²⁹⁹

Der Anwendungsbereich des in Abs. 1 S. 2 Nr. 4 geregelten Beschwerdebegriffs ergibt sich bereits aus dem Gesetzeswortlaut. Es muss sich um „Beschwerden durch **Privatkunden**" iSd § 31a handeln.³⁰⁰ Die Regelung der Beschwerdethematik im 6. Abschnitt des WpHG deutet zudem daraufhin, dass sich die eingelegten Beschwerden auf **Verstöße gegen die in den §§ 31 ff** geregelten Pflichten und Vorgaben für Wertpapierdienstleistungsunternehmen beziehen müssen.³⁰¹

II. (Inhaltliche) Anforderungen an eine Beschwerde. Hinsichtlich der Terminologie findet sich ein hohes Maß an Heterogenität in den Wertpapierdienstleistungsunternehmen. Neben dem Begriff der Beschwerde, aber auch an seiner Stelle finden sich hier insbesondere die Termini **„Reklamation"** oder **„Kundenimpuls"**. Jede der genannten Begriffsvarianten ist aus aufsichtsrechtlicher Sicht zwar grundsätzlich zulässig.³⁰² Allerdings ist in **materieller Hinsicht** eine Reihe von **Mindestanforderungen** zu beachten.

Generell ist hier anzumerken, dass die in der Praxis immer wieder festzustellenden Einschränkungen des Beschwerdebegriffs durch Wertpapierdienstleistungsunternehmen weder im Wortlaut der gesetzlichen Regelungen eine Stütze finden noch hinsichtlich ihres Sinns und Zwecks gerechtfertigt sind. So darf eine Beschwerde **nicht nur** bejaht werden, wenn mit ihr materielle Forderungen – idR **Schadensersatzansprüche** – gegen ein Wertpapierdienstleistungsunternehmen geltend gemacht werden. Zwar wird es Beschwerdeführern meist um den Ersatz (vermeintlicher) finanzieller Einbußen gehen, zwingend ist das aber nicht.³⁰³

Auch der in der Praxis wird immer wieder vertretenen Meinung, „unberechtigte" Beschwerden würden nicht unter den Beschwerdebegriff fallen, ist nicht zu folgen.³⁰⁴ Ob eine Beschwerde berechtigt ist oder nicht, lässt sich nämlich zum einen meist erst nach der **Einholung einer Stellungnahme** des betreffenden Mitarbeiters des Wertpapierdienstleistungsunternehmens durch die Beschwerden bearbeitende Stelle beurteilen. Zum anderen möchte sich **Bundesanstalt** die Beantwortung dieser Frage vorbehalten.

Gleichermaßen **unzulässig ist der Ausschluss bestimmter Themen** aus dem Anwendungsbereich des Abs. 1 S. 2 Nr. 4.³⁰⁵

Abzulehnen ist auch eine immer wieder festzustellende Praxis, das Vorliegen einer Beschwerde nur bei dem Erreichen bestimmter (betragsmäßiger) Grenzen (**„Bagatellgrenzen"**) zu bejahen und das „Beschwerdesystem… vom Ballast geringfügiger Vorkommnisse" freizuhalten und „geringfügige Vorkommnisse" nicht als Beschwerden zu behandeln.³⁰⁶ Ebenso ist es **nicht gesetzeskonform**, eine Beschwerde nur bei einem „**bedeutungsvollen Fehler**, der Änderungsbedarf an bestehenden Prozessen mit sich bringen kann", zu bejahen.³⁰⁷ Hierfür spricht u.a., dass Anlegerschutz grundsätzlich nicht von der Festlegung finanzieller Untergrenzen abhängig sein kann.

Teilweise wird die Meinung vertreten, eine Beschwerde liege nicht vor bei „Kundenäußerungen, die sich auf Missverständnisse, Irrtümer oder Fehlvorstellungen beziehen, deren Behebung unmittelbar im ersten

---

295 *Thurau/Stevermann*, bank und markt 2011, 18, 19.
296 Zu persönlichen Konsequenzen aus Gewerkschaftssicht *Popp*, Bank und Markt, 2011, 25.
297 *Daufenbach*, CCZ 2010, 66, 68; s. auch *Fuchs*, in: Fuchs, WpHG, 2009, § 33 Rn 141; *Brinkmann*, in: Erfolgreicher Umgang mit Wertpapierbeschwerden, C.I.3; *Korinth*, in: Renz/Hense, Wertpapier-Compliance in der Praxis, 2010, Rn 2.
298 *Daufenbach*, CCZ 2010, 66, 68; s. auch *Fuchs*, in: Fuchs, WpHG, 2009, § 33 Rn 141; *Brinkmann*, in: Erfolgreicher Umgang mit Wertpapierbeschwerden, C.I.3; *Korinth*, in: Renz/Hense, Wertpapier-Compliance in der Praxis, 2010, Rn 2; *Schlicht*, BKR 2006, 469, 475.
299 Siehe hierzu ausf. *Schäfer*, in: Erfolgreicher Umgang mit Wertpapierbeschwerden, Rn 24 ff.
300 Siehe hierzu ausf. *Schäfer*, in: Erfolgreicher Umgang mit Wertpapierbeschwerden, Rn 39; *Schäfer*, WM 2011, 1157.
301 Siehe hierzu ausf. *Schäfer*, in: Erfolgreicher Umgang mit Wertpapierbeschwerden, Rn 61 ff; *Schäfer*, WM 2011, 1157.
302 Siehe hierzu ausf. *Schäfer*, in: Erfolgreicher Umgang mit Wertpapierbeschwerden, Rn 70 ff; *Schäfer*, WM 2011, 1158.
303 Siehe hierzu ausf. *Schäfer*, in: Erfolgreicher Umgang mit Wertpapierbeschwerden, Rn 84 ff; *Schäfer*, WM 2011, 1158.
304 So auch *Fett*, in: Schwark/Zimmer, § 33 WpHG Rn 49; ähnlich wohl *Koller*, in: Assmann/Schneider, WpHG, § 33 Rn 83: „Beschwerden sind auch alle Hinweise auf (angebliche) Fehler".
305 So auch *Korinth*, in: Renz/Hense, Wertpapier-Compliance in der Praxis, Rn 18.
306 Vgl (dies wohl befürwortend) *Korinth*, in: Renz/Hense, Wertpapier-Compliance in der Praxis, Rn 17.
307 *Von Böhlen*, in: v. Böhlen/Kann, MiFID-Kompendium, 24.

Anlauf durch Richtigstellung oder Stornierung erfolgt". Da das *Vorliegen* einer Beschwerde **nicht davon abhängen kann, wie mit ihr umgegangen wird**, ist dieser Sichtweise nicht zu folgen.

281 Nicht entscheidend für das Vorliegen einer Kundenbeschwerde ist der Weg, auf dem sie an das Wertpapierdienstleistungsunternehmen herangetragen wird, sei es als „klassische" **schriftliche** Beschwerde, durch **elektronische Beschwerdeeinlegung** oder mündlich.[308]

282 Der **Beschwerdebegriff ist also weit zu ziehen**..[309] Entscheidend und ausreichend ist die Äußerung von Unzufriedenheit durch einen Wertpapierkunden und der damit verbundene Vorwurf einer Verletzung der in den §§ 31 ff normierten Pflichten durch ein Wertpapierdienstleistungsunternehmen.[310]

283 Keine unter Abs. 1 S. 2 Nr. 4 fallende Beschwerde ist hingegen gegeben, wenn Fehler – ohne Anstoß durch einen Beschwerdeführer – auf Initiative des Wertpapierdienstleistungsunternehmens behoben werden.[311]

284 **III. Verfahren der Beschwerdebearbeitung.** Abs. 1 S. 2 Nr. 4 enthält verschiedene **inhaltliche Vorgaben** für die Beschwerdebearbeitung. Die Vorschrift setzt zunächst das Vorliegen eines „Verfahrens" voraus. Damit wird das Erfordernis eines Prozesses bzw einer verbindlichen Regelung der Beschwerdebearbeitung in einer **Arbeitsanweisung** angesprochen.[312]

285 Eine die Beschwerdebearbeitung regelnde Arbeitsanweisung muss zunächst eine **Beschwerdedefinition** enthalten.

286 Als weiteres Erfordernis muss die Arbeitsanweisung klare Vorgaben hinsichtlich der **Prozessabläufe** bei der Beschwerdebearbeitung enthalten. Hierzu gehören insbesondere **Kompetenzregelungen** für die Beschwerdebearbeitung innerhalb des Wertpapierdienstleistungsunternehmens.[313] Auch **inhaltliche Vorgaben** für die Beschwerdebearbeitung müssen in der Beschwerde-Arbeitsanweisung geregelt sein. Ebenso sind Vorgaben für die **Bearbeitungszeiten** der innerhalb des Wertpapierdienstleistungsunternehmens zuständigen Stellen als Bestandteil der Beschwerdebearbeitungsanweisung unverzichtbar.

287 **IV. Wirksamkeit des Verfahrens. 1. Beschwerdebearbeitung durch neutrale Stelle.** Abs. 1 S. 2 Nr. 4 verlangt ein *wirksames* Verfahren. Hierzu gehört insbesondere, dass die Beschwerdebearbeitung durch eine **neutrale Stelle** vorgenommen wird. Diejenigen, die die **Beschwerde verursacht** haben und gegen die sie sich richtet, sollen nämlich nicht für die Bearbeitung zuständig sein.[314] Hier besteht sonst die Gefahr der Vertuschung oder Verschleierung.[315]

288 **2. Mittel.** Zu einem wirksamen Verfahren gehört die Bereitstellung der notwendigen personellen Mittel.[316] Hierunter fällt zum einen – in quantitativer Sicht – eine ausreichende **personelle Ausstattung**. Die in der Beschwerdebearbeitung tätigen Mitarbeiter müssen außerdem für die Erfüllung ihrer Aufgabe **ausreichend qualifiziert** sein.[317]

289 Auch die notwendigen sachlichen Mittel müssen bereitgestellt werden. Hierzu gehört insbesondere die für eine effektive Beschwerdebearbeitung erforderliche **technische Ausstattung**.[318]

290 **V. Transparenz des Verfahrens.** Abs. 1 S. 2 Nr. 4 verlangt ausdrücklich die Transparenz der Beschwerdebearbeitung durch das Wertpapierdienstleistungsunternehmen gegenüber dem Kunden[319] Hierzu gehört zunächst die Information, dass es ein **Beschwerdemanagement** gibt bzw an wen ein Kunde seine Beschwerde richten soll. Der Kunde muss zudem wissen, wie es mit seiner Eingabe „**weitergeht**".[320] Die diesbezügliche Information kann ihm etwa im Rahmen einer Eingangsbestätigung übermittelt werden.[321]

291 **VI. Angemessenheit und Unverzüglichkeit der Bearbeitung. 1. Grundsatz.** Während die Anforderung, „wirksame und transparente Verfahren" einzurichten, generelle Fragen der Organisation der Beschwerdebearbeitung behandelt, stellt der an diese Vorgabe anschließende Normteil das Ziel dieser Verfahren dar: „eine **angemessene und unverzügliche** Bearbeitung der Beschwerden.

---

308 So auch *Brinkmann*, in: Erfolgreicher Umgang mit Wertpapierbeschwerden, C. II.1.1; teilweise sehen Institute Online-Formulare vor.
309 Siehe auch *Fett*, in: Schwark/Zimmer, § 33 WpHG Rn 49: „denkbar weit".
310 Ähnlich *Korinth*, in: Renz/Hense, Wertpapier-Compliance in der Praxis, Rn 18.
311 Ebenso *Korinth*, in: Renz/Hense, Wertpapier-Compliance in der Praxis, Rn 18.
312 Weniger strikt: *Daufenbach*, CCZ 2010, 68: „sollte".
313 Vgl hierzu *Brinkmann*, in: Erfolgreicher Umgang mit Wertpapierbeschwerden, C IV.1.1.
314 *Fuchs*, in: Fuchs, WpHG, § 33 Rn 142; *Fett*, in: Schwark/Zimmer, § 33 WpHG Rn 49; *Koller*, in: Assmann/Schneider, WpHG, § 33 Rn 18.
315 Vgl hierzu *Brinkmann*, in: Erfolgreicher Umgang mit Wertpapierbeschwerden, C IV.1.1.
316 *Fett*, in: Schwark/Zimmer, § 33 WpHG Rn 9 ff; *Fuchs*, in: Fuchs, WpHG, § 33 Rn 51 ff.
317 Siehe auch *Schäfer*, in: Erfolgreicher Umgang mit Wertpapierbeschwerden, Rn 146 f; *Schäfer*, WM 2011, 1161.
318 Siehe hierzu ausf. *Schäfer*, in: Erfolgreicher Umgang mit Wertpapierbeschwerden, Rn 148; *Schäfer*, WM 2011, 1161.
319 AA wohl *Rothenhöfer*, in: Wittig, Bank- und Kapitalmarktrecht, Rn 3.353, der auf die Dokumentation der Beschwerdebearbeitung abstellt, die der Kunde jedoch idR nicht sieht.
320 Ähnlich *Fett*, in: Schwark/Zimmer, § 33 WpHG Rn 49.
321 Eine Eingangsbestätigung für zwingend erforderlich hält *Koller*, in: Assmann/Schneider, WpHG, § 33 Rn 83.

2. Angemessenheit der Bearbeitung. Der Begriff der Angemessenheit ist aus Art. 13 Abs. 3 MiFID iVm 292
Art. 10 der Durchführungsrichtlinie (DRL) übernommen worden und aus sich heraus wenig aussagekräftig.
Zudem ist eine trennscharfe Abgrenzung zu dem Begriff der Wirksamkeit der Beschwerdebearbeitung nur
eingeschränkt möglich.
Eine angemessene Bearbeitung dürfte nur vorliegen, wenn das Wertpapierdienstleistungsunternehmen sich 293
ernsthaft mit dem Vorbringen der Beschwerdeführer auseinandersetzt. Auch die **Form des Umgangs** eines
Wertpapierdienstleistungsunternehmens mit dem Beschwerdeführer spielt bei der Angemessenheit eine Rolle.[322] Ist die Kundenbeschwerde berechtigt, setzt eine angemessene Bearbeitung durch das betroffene Institut voraus, **Abhilfe** zu schaffen und die Ursache des Fehlers zu beseitigen. Sie verlangt außerdem eine **Mitteilung** über das **Ergebnis** seiner Beschwerdeprüfung an den Beschwerdeführer.[323]

3. Unverzüglichkeit der Bearbeitung. Die eingerichteten Verfahren müssen außerdem eine unverzügliche 294
Bearbeitung gewährleisten. Der Begriff der Unverzüglichkeit ist bekanntermaßen als Handeln ohne schuldhaftes Zögern (vgl § 121 BGB) auszulegen. Einerseits lässt diese Definition zwar viel Raum für individuelle
Lösungen und die Berücksichtigung der unternehmensspezifischen Abläufe. Die **Grenze** besteht allerdings
da, wo nicht effiziente Organisationsstrukturen zulasten einer effektiven Beschwerdebearbeitung gehen.[324]

VII. Auswertung der Beschwerden. Eine Beschwerdebearbeitung kann nur dann effektiv und ihrem Zweck 295
dienlich sein, wenn mit ihr eine **regelmäßige und systematische Auswertung** verbunden ist. Zielrichtung ist
hierbei die Gewinnung von Erkenntnissen im Hinblick auf die thematische Gewichtung bzw Häufung von
Beschwerden,[325] die Verteilung des Beschwerdeaufkommens auf einzelne Regionen bzw Filialen oder sogar
einzelne Mitarbeiter sowie chronologische Verdichtungen der Beschwerden. Die auswertende Stelle muss
einen **Gesamtüberblick** erhalten. Sie muss zudem **neutral** sein muss, darf an der „Verursachung" der Beschwerde also nicht beteiligt gewesen sein.

VIII. Dokumentation, Nachvollziehbarkeit der Beschwerdebearbeitung. Abs. 1 S. 2 Nr. 4 stellt neben der 296
Einhaltung der vorstehend dargestellten materiellen Voraussetzungen verschiedene – systematisch eigentlich
in § 34 gehörende – **Dokumentationsanforderungen** auf. Letztendlich kommt es darauf an, dass die Beschwerde von einem „sachkundigen Dritten" **nachvollzogen** werden kann.[326] Deshalb ist „**jede Beschwerde**" zu dokumentieren.[327] Damit sind alle Kundeneingaben zu erfassen, die die oben dargestellten Anforderungen erfüllen. Hierzu gehört die gesamte Korrespondenz mit dem Beschwerdeführer. Ebenso sind die interne Bearbeitung bzw die Bearbeitungswege innerhalb des Wertpapierdienstleistungsunternehmens zu dokumentieren, wie etwa die Weiterleitung der annehmenden an die bearbeitende(n) Stellen.[328]
Unter die Dokumentationspflicht fällt zudem die „**Art der Erledigung**" der Beschwerde im jeweiligen Einzelfall.[329] Hierzu gehören einerseits **interne Konsequenzen** des Wertpapierdienstleistungsunternehmens. 297
Ebenso fallen die **(externen) Reaktionen** gegenüber dem Beschwerdeführer wie etwa gezahlte finanzielle
Entschädigungen hierunter. Das gilt auch, wenn sie auf Kulanzbasis erfolgten.[330]

I. (Jährliche) Berichte des Compliance-Beauftragten (Abs. 1 S. 2 Nr. 5)

I. Grundsatz; Erstellung und Weitergabe. Abs. 1. S. 2 Nr. 5 statuiert eine **Berichtspflicht** der mit der Com- 298
pliance-Funktion betrauten Mitarbeiter. § 12 Abs. 4 S. 1 WpDVerOV enthält eine dahin gehende Konkretisierung, dass die Pflicht einer Person – dem Compliance-Beauftragten – auferlegt wird.[331]
Die Berichtspflicht geht – angesichts des notwendigen Inhalts der Berichte[332] – über eine häufig vorgenom- 299
mene reine Beschreibung hinaus hin zu einer **qualitativen Komponente**.[333] Der Aufwertung der Compliance-Funktion wird damit auch bei der Berichtspflicht Rechnung getragen.[334]
Durch die Compliance-Berichte erhält die Geschäftsleitung wichtige Informationen zur **Bewertung von Ri-** 300
siken und Maßnahmen im Wertpapierbereich.[335]
Die Berichte sind einmal an die **Geschäftsleitung** zu richten. Zweiter Destinär ist das **Aufsichtsorgan**, idR 301
also Aufsichts- und Verwaltungsräte. Die Berichte sind hier dem Vorsitzenden des Aufsichtsorgans zu über-

---

322 *Fuchs*, in: Fuchs, WpHG, § 33 Rn 142.
323 So wohl auch *Koller*, in: Assmann/Schneider, WpHG, § 33 Rn 83.
324 Siehe hierzu ausf. *Schäfer*, in: Erfolgreicher Umgang mit Wertpapierbeschwerden, Rn 162 ff; *Schäfer*, WM 2011, 1162.
325 *Daufenbach*, CCZ 2010, 68.
326 *Korinth*, in: Renz/Hense, Wertpapier-Compliance in der Praxis, 2010, Rn 23.
327 Siehe hierzu ausf. *Schäfer*, in: Erfolgreicher Umgang mit Wertpapierbeschwerden, Rn 180 f.
328 Vgl hierzu auch *Korinth*, in: Renz/Hense, Wertpapier-Compliance in der Praxis, 2010, Rn 24.
329 *Koller*, in: Assmann/Schneider, WpHG, § 33 Rn 83.
330 Das ergibt sich mittelbar aus § 6 Abs. 1 S. 1 Nr. 10 WpDPV, wonach „Kulanzzahlungen" darzustellen sind.
331 Siehe auch *Sandmann*, CCZ 2008, 104, 106.
332 Siehe dazu unten Rn 310 ff.
333 *Röh*, BB 2008, 398, 402.
334 *Hense/Renz*, CCZ 2008, 181, 183.
335 *Hense/Renz*, CCZ 2008, 181, 183.

geben.³³⁶ Keine Pflichtempfänger sind Aufsichtsbehörden.³³⁷ Im einzelnen bestehen mehrere Möglichkeiten zur Erstellung eines solchen Berichts bzw. der Erfüllung der gesetzlichen Pflichten.

302 So kann der Compliance-Beauftragte **identische Berichte** für Geschäftsleitung und Aufsichtsorgan erstellen.

303 Grundsätzlich ist es aber auch möglich, **verschiedene Berichte** für Geschäftsleitung und Aufsichtsorgan zu verfassen. Diese Variante trägt den immer wieder in der Praxis geäußerten Bedenken Rechnung, dass gerade für das Aufsichtsorgan nur ein gewisser Umfang „lesetechnisch zumutbar" sei. Andererseits birgt sie die Gefahr, dass wichtige Feststellungen in dem Bericht an das Aufsichtsorgan nicht enthalten sind. Entscheidend ist hierbei, dass die entscheidenden compliance-relevanten Feststellungen auch in dem Bericht an das Aufsichtsorgan enthalten sind. Es darf also keinen Bericht „light" geben, der dem Aufsichtsorgan wesentliche Informationen vorenthält.

304 Die **Weiterleitung** der Berichts an das Aufsichtsorgan erfolgt grundsätzlich **durch die Geschäftsleitung**.³³⁸ Eine Verpflichtung des Compliance-Beauftragten, den Jahresbericht ohne vorherige Information der Geschäftsleitung an das Aufsichtsorgan zu übergeben, besteht deshalb nicht.³³⁹

305 Der Geschäftsleitung ist es grundsätzlich gestattet, **Anmerkungen** zu dem Bericht zu machen. Diese dürfen allerdings das Geschriebene nicht „verfälschen oder verfremden".³⁴⁰

306 Ein Anspruch des Aufsichtsorgans, direkt – ohne Kenntnis bzw Einwilligung der Geschäftsleitung – an den Compliance-Beauftragten mit der Bitte um weitere Informationen heranzutreten, besteht nicht.³⁴¹ Allerdings ist sicherzustellen, dass der **Vorsitzende des Aufsichtsorgans** unter Einbeziehung der Geschäftsleitung **direkt beim Compliance-Beauftragten Auskünfte** einholen kann.³⁴² Hat das Wertpapierdienstleistungsunternehmen einen Prüfungsausschuss eingerichtet, kann alternativ sichergestellt werden, dass der Vorsitzende des Prüfungsausschusses die Auskünfte einholen kann.³⁴³

307 Sowohl der Bericht an die Geschäftsleitung als auch der Bericht an das Aufsichtsorgan haben **schriftlich** zu erfolgen. Für erstgenannte Berichtspflicht ergibt sich dies mittelbar aus § 14 Abs. 3 WpDVerOV.³⁴⁴ Ansonsten kann auf § 9 Abs. 2 DRL zurückgegriffen werden.³⁴⁵

308 Die Berichterstattung hat in angemessenen Zeitabständen, **zumindest aber einmal jährlich** zu erfolgen. Kürzere Intervalle – etwa halb- oder vierteljährlich – sind rechtlich zulässig.³⁴⁶ Im Einzelfall können weitere **anlassbezogene Ad-hoc-Berichte** erforderlich sein.³⁴⁷

309 Weder Gesetz- noch Verordnungsgeber haben sich dazu geäußert, innerhalb welcher Zeitspanne ein Compliance-Bericht an die zuständigen Stellen weitergeleitet werden müsse. Sinn macht ein solcher Bericht allerdings nur, wenn er **zeitnah zum Berichtszeitraum** weitergegeben wird. Hier ist auch zu beachten, dass ein Bericht auch bereits während des Berichtszeitraums geschrieben werden kann, so dass sich die Frage der zeitlichen Verzögerung der Ablieferung in diesem Fall nur sehr begrenzt stellen dürfte.

310 **II. Inhalt.** In den Berichten sollen die Berichtsadressaten gemäß § 33 Abs. 1 S. 2 Nr. 5 über die **Angemessenheit und Wirksamkeit der Grundsätze, Mittel und Verfahren** nach Abs. 1 S. 2 Nr. 1 informiert werden. Der Bericht soll, sofern nach Art der erbrachten Wertpapierdienstleistungen einschlägig, insbesondere Angaben zu den in § 6 Abs. 1 S. 1 Nr. 2-16 WpDVerOV geregelten Sachverhalten zugrunde liegenden Verfahren enthalten. Voraussetzung ist hier allerdings, dass die Compliance-Funktion diesbezüglich **Fehler festgestellt** hat oder die **Verfahren von wesentlicher Bedeutung** für das Unternehmen sind³⁴⁸

311 Die Ausführungen zur Compliance-Funktion sollen Angaben zur **Angemessenheit der Personal- und Sachausstattung der Compliance-Funktion** enthalten.³⁴⁹

312 Weiterhin sollen Angaben zum **wesentlichen Schriftwechsel mit den zuständigen Aufsichtsbehörden** Gegenstand des Berichts sein.³⁵⁰

313 Inhalt soll auch eine Beschreibung der erforderliche **Maßnahmen und Strategien** sein, zu denen im Berichtszeitraum gewonnene Erkenntnisse Anlass geben.³⁵¹

314 Insbesondere muss in dem Bericht angeben werden, ob zur Behebung von Verstößen des Wertpapierdienstleistungsunternehmens oder seiner Mitarbeiter gegen Verpflichtungen des WpHG oder zur Beseitigung des Risikos eines solchen Verstoßes **geeignete Maßnahmen** ergriffen wurden.

315 Auch **Überstimmungen** wesentlicher Bewertungen und Empfehlungen des Compliance-Beauftragten **durch die Geschäftsleitung** sind zu dokumentieren und in den Bericht aufzunehmen. Als wesentliche Empfehlung

---

336 MaComp BT 1.2. Ziff. 9.
337 *Sandmann*, CCZ 2008, 104, 07.
338 MAComp BT 1.1 Ziff. 2.
339 MaComp BT 1.2 Ziff. 9; anders etwa MaRisk AT 4.3.2. u. BT 2.4.
340 DSGV-Leitfaden, S. 161.
341 *Sandmann*, CCZ 2008, 104, 107.
342 MaComp BT 1.1 Tz 3.
343 MaComp BT 1.1 Tz 3 Fn 5.
344 *Sandmann*, CCZ 2008, 104, 107.
345 So auch *Fuchs*, in: Fuchs, WpHG, § 33 Rn 90.
346 *Sandmann*, CCZ 2008, 104, 107, empfiehlt – aus Synchronisationsgründen mit anderen Berichten – eine vierteljährliche Berichterstattung.
347 MaComp BT 1.2 Tz 9.
348 MaComp BT 1.2 Tz 10.
349 MaComp BT 1.2 Tz 10.
350 MaComp BT 1.2 Tz 10.
351 MaComp BT 1.2 Tz 10.

ist etwa die Empfehlung des Compliance-Beauftragten, ein bestimmtes Finanzinstrument nicht zu Vertrieb zuzulassen, anzusehen.[352]

Werden durch die Geschäftsleitung inhaltliche Änderungen des Berichts veranlasst, ist der **Vorsitzende des Aufsichtsorgans** hierüber zu informieren. Die Änderungen sind getrennt zu dokumentieren.[353]

III. Berichterstattung an die BaFin. Eine **Berichtspflicht unmittelbar gegenüber der Bundesanstalt** besteht für den Compliance-Beauftragten **nicht**.[354]

J. Überwachung und Bewertung, Nachbesserung (Abs. 1 S. 2 Nr. 6)

Abs. 1 S. 2 Nr. 6 verlangt die **Überwachung** der Angemessenheit und Wirksamkeit der nach dem 6. Abschnitt getroffenen organisatorischen Maßnahmen im Wege einer laufenden **Kontrolle** durch das Wertpapierdienstleistungsunternehmen. Die MaComp gehen davon aus, dass die Überwachungshandlungen von der Compliance-Funktion vorgenommen werden.[355]

Für die Überwachungshandlungen können geeignete Quellen und Instrumente herangezogen werden, beispielsweise aggregierte Risikomessungen; zusätzlich sind **eigene Vor-Ort-Prüfungen** oder andere eigene Prüfungen der Compliance-Funktion vorzunehmen. Der Compliance-Beauftragte hat hierbei risikoorientiert zu bestimmen, welche Vor-Ort-Prüfungen seine Organisationseinheit selbst vornimmt. Typischerweise erfolgt etwa die Churning-Kontrolle unmittelbar durch Mitarbeiter der Compliance-Funktion.[356]

Die Überwachungshandlungen sind **prüfungstechnisch nachvollziehbar** zu begründen. Dabei ist auch die Anzahl der Stichproben festzuhalten.[357]

Diese Kontrolle kann in die nach **§ 25 a Abs. 1 S. 5 KWG notwendigen Prüfungen einbezogen** werden.[358] Die Überwachungshandlungen können zudem unter Berücksichtigung der Kontrollen der Geschäftsbereiche sowie den Prüfungshandlungen der Risikomanagementfunktion und der internen Revision durchgeführt werden.[359]

Die Maßnahmen sind zudem nach § 33 Abs. 2 S. 2 Nr. 6 von dem Wertpapierdienstleistungsunternehmen regelmäßig zu **bewerten**.

Das Unternehmen muss in diesem Fall die zur **Beseitigung von Unzulänglichkeiten erforderlichen Maßnahmen** zu ergreifen. Hierzu hat die Compliance-Funktion die notwendigen Maßnahmen zu ermitteln. Zudem hat sie die Geschäftsleitung hierüber zu informieren. Die Implementierung von Maßnahmen wiederum hat sie zu überwachen und regelmäßig zu bewerten. Zur Überprüfung ist auch hier die Vornahme entsprechender Überwachungshandlungen erforderlich.[360]

K. Flexibilisierungsklausel (Abs. 1 S. 3)

Mit der Flexibilisierungsklausel des Abs. 1 S. 3 trägt der Gesetzgeber der unterschiedlichen Größe und Geschäftstätigkeit der Wertpapierdienstleistungsunternehmen Rechnung. So kann etwa auf einige Anforderungen an die Compliance-Funktion verzichtet werden, wenn diese unverhältnismäßig sein sollten und die Funktion dennoch ordnungsgemäß ausgeführt wird.[361] Bei kleinen Wertpapierdienstleistungsunternehmen ist es etwa unter diesen Umständen möglich, die Compliance-Funktion einem Mitarbeiter oder dem Geschäftsleiter zu übertragen, auch wenn sie in die Erbringung von Wertpapierdienstleistungen oder -nebendienstleistungen eingebunden sind.[362] Eine Reihe von Flexibilisierungs- bzw Öffnungsklauseln ist auch in den MaComp enthalten.[363]

L. Hochfrequenzhandel (Abs. 1a)

I. Historie, systematische Einordnung, Sinn und Zweck. Abs. 1 a wurde durch das Hochfrequenzhandelsgesetz in das WpHG eingefügt.[364] Die Regelung ist eine Konkretisierung der **Organisationspflichten** der Wertpapierdienstleistungsunternehmen, die algorithmischen Handel betreiben.[365]

---

352 MaComp BT 1.1.1 Tz 5.
353 MaComp BT 1.2 Tz 11.
354 *Casper*, in: FS für K. Schmidt 2009, S. 199, 211; *Veil*, WM 2008, 1093, 1098.
355 MaComp BT 1.2 Tz 7.
356 MaComp BT 1.2 Tz 7 Fn 6.
357 MaComp BT 1.2 Tz 11.
358 Begr. RegE (FRUG), BT-Drucks. 16/4028, S. 71.
359 MaComp BT 1.2 Tz 7.
360 MaComp BT 1.2 Tz 8.
361 Begr. RegE (FRUG), BT-Drucks. 16/4028, S. 71.
362 Begr. RegE (FRUG), BT-Drucks. 16/4028, S. 71.
363 Siehe grundlegend MaComp AT Tz 3.2.
364 Gesetz zur Vermeidung von Gefahren und Missbräuchen im Hochfrequenzhandel (Hochfrequenzhandelsgesetz) vom 7.5.2013 (BGBl. I S. 1162); zur Entstehungsgeschichte s. etwa *Jaskulla*, 223.
365 Begr. RegE (Hochfrequenzhandelsgesetz), S. 18.

326 Hintergrund der Vorschrift ist der **zunehmende Einsatz algorithmischer Handelsprogramme** durch bestimmte Handelsteilnehmer. Diese setzen beim elektronischen Handel algorithmische Handelsprogramme ein, die Kauf- und Verkaufssignale in sehr kurzen Abständen von teilweise nur einigen Sekundenbruchteilen generieren und das Halten von Finanzinstrumenten nur für sehr kurze Zeiträume vorsehen. Der Einsatz algorithmischer Hochfrequenzstrategien hat zum einen die Geschwindigkeit und Komplexität des Handels erhöht. Darüber hinaus birgt er eine Vielzahl von **Risiken** wie zB die Überlastung der Handelssysteme in Form einer übermäßigen Nutzung durch ein sehr hohes Orderaufkommen. Ein weiteres Risiko liegt in der Überreaktion algorithmischer Handelsstrategien, was zur Verschärfung der Volatilität führen kann. Außerdem können durch den Hochfrequenzhandel bestimmte Formen von missbräuchlichem Verhalten entstehen. Der Hochfrequenzhandel stellt hierdurch eine potenzielle Gefahr für die Systemstabilität und die Marktintegrität. All dem soll durch die Neuregelung entgegengewirkt werden.[366]

327 **II. Anwendungsbereich.** Abs. 1 S. 1 weist zunächst darauf hin, dass Wertpapierdienstleistungsunternehmen, die in den Anwendungsbereich fallen, zusätzliche Pflichten einzuhalten haben. In den Anwendungsbereich fallen Unternehmen, die algorithmischen Handel betreiben. Hierzu enthält S. 1 eine **Legaldefinition**. Algorithmischer Handel liegt vor, wenn ein Wertpapierdienstleistungsunternehmen in der Weise Handel mit Finanzinstrumenten betreibt, dass ein Computeralgorithmus die einzelnen Auftragsparameter automatisch bestimmt, ohne dass es sich um ein System handelt, das nur zur Weiterleitung von Aufträgen zu einem oder mehreren Handelsplätzen oder zur Bestätigung von Aufträgen verwendet wird. Die Definition wiederum übernimmt Art. 4 Nr. 39 des Kommissionsvorschlags für die MiFID II.[367]

328 Auf eine Definition des **Hochfrequenzhandels** hat der Gesetzgeber verzichtet.[368] In den Materialien findet sich allerdings der Hinweis, dass der Hochfrequenzhandel eine „Ausprägung" des algorithmischen Handels darstellt.[369]

329 Auftragsparameter iSd Abs. 1 a S. 1 sind nach S. 2 insbesondere Entscheidungen, ob der Auftrag **eingeleitet** werden soll, über **Zeitpunkt, Preis oder Quantität** des Auftrags oder, wie der Auftrag nach seiner Einreichung mit eingeschränkter oder überhaupt keiner menschlichen Beteiligung **bearbeitet** wird.

330 **III. Systeme und Risikokontrollen (Abs. 1 a S. 3).** Betreibt ein Wertpapierdienstleistungsunternehmen algorithmischen Handel, muss es über **Systeme** und **Risikokontrollen** verfügen, die verschiedenen Anforderungen genügen. Dabei greift der Anforderungskatalog den Kommissionsentwurf des Art. 17 Abs. 1 MiFID II auf.[370]

331 So muss das Wertpapierdienstleistungsunternehmen gemäß S. 3 Nr. 1 sicherstellen, dass seine Systeme und Risikokontrollen belastbar sind, über **ausreichende Kapazitäten** verfügen und **angemessenen Handelsschwellen und Handelsobergrenzen** unterliegen.

332 Weiteres Erfordernis ist, so Abs. 1 a S. 3 Nr. 2, dass durch die Systeme und Risikokontrollen die Übermittlung von fehlerhaften Aufträgen oder eine Funktionsweise des Systems **vermieden** wird, durch die Störungen auf dem Markt verursacht oder ein Beitrag zu diesen geleistet werden könnten.

333 Außerdem müssen die Systeme und Risikokontrollen des Wertpapierdienstleistungsunternehmens gemäß Abs. 1 a S. 3 Nr. 3 sicherstellen, dass seine Handelssysteme **nicht** für einen Zweck verwendet werden können, der **gegen die europäischen und nationalen Vorschriften** gegen Marktmissbrauch oder die Vorschriften des Handelsplatzes verstößt, mit dem es verbunden ist.

334 **IV. Notfallanforderungen (Abs. 1 a S. 4).** S. 4 verlangt von Wertpapierdienstleistungsunternehmen, die algorithmischen Handel betreiben, wirksame **Notfallvorkehrungen**, um mit unvorhergesehenen Störungen in seinen Handelssystemen umzugehen und sicherzustellen, dass seine Systeme vollständig geprüft sind und ordnungsgemäß überwacht werden.

335 **V. Dokumentationsanforderungen (Abs. 1 a S. 5).** Die in S. 5 statuierte Dokumentationspflicht gibt den Instituten die **Dokumentation** einer jeden Änderung eines zum Handel verwendeten Computeralgorithmus auf. Durch diese Verpflichtung zur umfassenden Dokumentation wird sichergestellt, dass die BaFin auch nach Änderung des verwendeten Algorithmus noch Einblick in die früheren Versionen erhält. Damit soll sie mögliche Verstöße oder marktmanipulierendes Verhalten besser nachvollziehen können.[371]

M. Auslagerung (Abs. 2)

336 Abs. 2 trägt den Erfordernissen einer arbeitsteiligen Tätigkeit auch im Bereich der Wertpapierdienstleistungen Rechnung und ermöglicht grundsätzlich die **Auslagerung** bestimmter Bereiche **auf externe Dienstleister**

---

[366] Begr. RegE (Hochfrequenzhandelsgesetz), S. 1, 18.
[367] Begr. RegE (Hochfrequenzhandelsgesetz), S. 18.
[368] S. aber § 1 Abs. 1 a S. 2 Nr. 4 lit. d) KWG, s. hierzu *Jaskulla*, 227 ff, 230.
[369] Begr. RegE (Hochfrequenzhandelsgesetz), S. 18; s. auch *Kobbach*, BKR 2013, 237 f.
[370] Begr. RegE (Hochfrequenzhandelsgesetz), S. 18.
[371] Begr. RegE (Hochfrequenzhandelsgesetz), S. 18.

oder **zentrale Stellen**. Ziel ist dabei insbesondere die Erzielung von Einsparpotenzialen.[372] Aber auch Qualitätsverbesserungsaspekte spielen hier eine Rolle. Häufig wird dabei unterschätzt, dass den Chancen einer solchen Lösung auch Risiken gegenüberstehen.[373] Die Vorschrift dient der Umsetzung von Art. 13 Abs. 5 Unterabs. 1 MiFID sowie Art. 13, 14 DRL.

Inhaltlich verweist Abs. 2 S. 1 auf die Einhaltung der Anforderungen des § 25 b KWG bei einer Auslagerung.[374] Dadurch werden – angesichts der weitgehenden Parallelität der Regelungen – doppelte Anforderungen vermieden. § 25 b KWG wird insbesondere durch die Mindestanforderungen an das Risikomanagement (**MaRisk**), AT 9 – **Outsourcing**, konkretisiert.[375]

Nach Abs. 2 S. 1 fällt die Auslagerung von **Aktivitäten und Prozessen** sowie von Finanzdienstleistungen in den sachlichen Anwendungsbereich der Norm.

Der Begriff der Auslagerung findet sich zwar nicht in § 33 Abs. 2, wird aber in den MaRisk definiert. Eine Auslagerung liegt danach vor, wenn ein **anderes Unternehmen** mit der **Wahrnehmung solcher Aktivitäten und Prozesse** im Zusammenhang mit der Durchführung von Bankgeschäften, Finanzdienstleistungen oder sonstigen institutstypischen Dienstleistungen beauftragt wird, die **ansonsten vom Institut selbst erbracht** würden.[376] Ausgelagert werden können neben Aktivitäten und Prozessen auch „Finanzdienstleistungen".[377]

Abs. 2 S. 2 enthält die – wertpapierspezifische Bedingung, dass die Auslagerung **nicht die Rechtsverhältnisse** des Unternehmens zu seinen Kunden sowie die dem Kunden gegenüber bestehenden Pflichten **beeinträchtigen** darf.[378] Letztverantwortlich für die Erfüllung der gesetzlichen Pflichten bleibt deshalb immer das auslagernde Wertpapierdienstleistungsunternehmen.[379]

Zudem verlangt Abs. 2 S. 3, dass die Auslagerung **nicht zu einer Veränderung der Erlaubnisvoraussetzungen** des § 32 KWG führen darf.[380]

Grundsätzlich zulässig ist auch die **Auslagerung der Compliance-Funktion**.[381] Diese Option ist in der Vergangenheit insbesondere von kleineren Wertpapierdienstleistungsunternehmen gewählt worden. In jüngerer Zeit sind allerdings auch von einer Reihe mittlerer Wertpapierdienstleistungsunternehmen sowie einigen größeren Instituten Überlegungen angestellt worden, die Compliance-Funktion auszulagern.[382]

Von Seiten der Institute sollen dadurch insbesondere **Einsparpotenziale** gehoben werden. Häufig dürfte hier auch der Gedanke eine Rolle spielen, dass sich Institute angesichts der Fülle der in den MaComp getroffenen Vorgaben teilweise überfordert fühlen bzw mit allem „so wenig wie möglich zu tun haben möchten". Aber auch Qualitätsverbesserungsaspekte spielen hier eine Rolle. Bei kleineren Wertpapierdienstleistungsunternehmen sind teilweise keine ausreichenden (insbesondere) personellen Ressourcen für eine qualifizierte Abdeckung des Compliance-Bereichs vorhanden.

Bei einer derartigen Auslagerung ist allerdings zu beachten, dass die **Verantwortung** immer noch bei dem auslagernden Unternehmen verbleibt. Das Verantwortungsgefüge wird nämlich durch die Auslagerung nicht berührt.[383] Letztverantwortlich für die Erfüllung der gesetzlichen Pflichten bleibt immer das auslagernde Wertpapierdienstleistungsunternehmen und damit die Geschäftsleitung.[384] Versäumnisse beim Auslagerungsunternehmen sind deshalb dem auslagernden Unternehmen zuzurechnen.

Darüber hinaus muss das Wertpapierdienstleistungsunternehmen sicherstellen, dass der Dienstleister über die nötige Kompetenz, Betriebsmittel und Sachkunde sowie den Zugang zu allen für die wirksame Ausübung der ausgelagerten Compliance-Funktion erforderlichen Informationen verfügt.[385]

Auch ist eine „Reduzierung auf null" im Compliance-Bereich des auslagernden Unternehmens (mit einer entsprechenden Kostenreduzierung „auf null" für Compliance) nicht möglich. Das Erfordernis eines qualifizierten Mitarbeiters – wenn auch mit begrenztem Aufgabenbereich – als Ansprechpartner in dem Unternehmen selbst bleibt bestehen. Ein gewisser Mindestaufwand ist damit unvermeidbar.

---

372 Siehe etwa *Tölle*, BankPraktiker 2007, 600; *Köckritz/Simschek/Schimmer*, die bank 2010, 53.
373 Siehe hierzu im einzelnen etwa *Loff*, WM 2009, 780 ff.
374 § 25 b nF KWG ersetzt § 25 a Abs. 2 aF KWG. Die Änderung erfolgte durch das Gesetz zur Umsetzung der Richtlinie 2013/36/EU über den Zugang zur Tätigkeit von Kreditinstituten und die Beaufsichtigung von Kreditinstituten und Wertpapierfirmen und zur Anpassung des Aufsichtsrechts an die Verordnung (EU) Nr. 575/2013 über Aufsichtsanforderungen an Kreditinstitute und Wertpapierfirmen (CRD IV-Umsetzungsgesetz) vom 28. August 2013 (BGBl. I S. 3395).
375 Siehe hierzu ZBB-Dokumentation "Das neue Outsourcing-Recht, ZBB 2008, 215; s. auch *Kaetzler/Weirauch*, BKR 2008, 265; *Fischer/Petri/Steidle*, WM 2007, 2313.
376 MaRisk AT 9 Tz 1; s. auch *Campbell*, ZBB 2008, 148, 154 f; *Schwirten*, die bank 2008, 61: „dynamischer Outsourcingbegriff".
377 Siehe hierzu ausführlich *Fuchs*, in: Fuchs, WpHG, § 33 Rn 154.
378 Begr. RegE (FRUG), BT-Drucks. 16/4028, S. 71.
379 *Fuchs*, in: Fuchs, WpHG, § 33 Rn 176.
380 Zu Beispielen s. etwa *Fuchs*, in: Fuchs, WpHG, § 33 Rn 177.
381 Bereits das (frühere) Bundesaufsichtsamt für den Wertpapierhandel (Bawe) hatte dies in seinem Rundschreiben... an die Verbände der Finanzdienstleistungsunternehmen und der Kreditwirtschaft der Bundesrepublik Deutschland v. 18.8.1998 die Auslagerung von Compliance ausdrücklich für zulässig erklärt.
382 Zu dem gesamten Themenkomplex s. ausf. *Schäfer*, BankPraktiker 2011, 208 ff.
383 Vgl hierzu *Schäfer*, BKR 2011, 45, 47.
384 *Fuchs*, in: Fuchs, WpHG, § 33 Rn 176.
385 MaComp BT 1.3.4 Tz 3 S. 2.

346 Einer der Maßstäbe für die BaFin bei der Bewertung des Compliance-Systems in einem Wertpapierdienstleistungsunternehmen ist die Frage, ob im Falle einer Auslagerung dasselbe Qualitätsniveau hinsichtlich der Compliance-Tätigkeit wie bei einer Inhouse-Lösung erreicht wird.
Die Thematik der Auslagerung von Compliance-Aufgaben hat eine umfangreiche Regelung in den MaComp erfahren, was ihre Bedeutung unterstreicht.[386]

N. Auslagerung auf Unternehmen mit Sitz in Drittstaat (Abs. 3)

347 Für die Auslagerung der **Finanzportfolioverwaltung** für Privatkunden iSd § 31 a Abs. 3 auf ein **Unternehmen mit Sitz in einem Drittstaat** setzt stellt Abs. 3 zusätzliche Anforderungen auf. Damit soll insbesondere eine effektive aufsichtsrechtliche Kontrolle durch die zuständige Behörde sichergestellt werden.[387] Eine Auslagerung iSd Abs. 3 liegt immer dann vor, wenn die Anlageentscheidung im Rahmen der Finanzportfolioverwaltung nicht vom Vermögensverwalter selbst getroffen werden soll.[388]

348 Eine Auslagerung nach Abs. 3 Nr. 1 ist nur zulässig, wenn das Auslagerungsunternehmen für die betreffende Dienstleistung im Drittstaat **zugelassen** oder **registriert** ist. Außerdem muss es von einer Behörde **beaufsichtigt** werden, mit der die BaFin eine hinreichende Kooperationsvereinbarung unterhält. Zu denken ist hier insbesondere an Memoranda of Understanding.[389]

349 Alternativ darf eine Auslagerung gemäß Abs. 3 Nr. 2 S. 1 dann vorgenommen werden, wenn die Auslagerungsvereinbarung der BaFin angezeigt wird und innerhalb eines angemessenen Zeitraums keine Beanstandung erfolgt. Als **angemessener Zeitraum** ist grundsätzlich ein Zeitraum von 3 Monaten anzusehen. Anderes gilt, wenn im Einzelfall aufgrund der Besonderheiten des und/oder der Komplexität des Sachverhalts ein längerer Zeitraum zur abschließenden Prüfung durch die BaFin erforderlich ist.[390]

350 Abs. 3 Nr. 2 S. 2 verpflichtet die **BaFin**, auf ihrer **Internetseite** eine Liste der ausländischen Aufsichtsbehörden, mit denen sie eine angemessene Kooperationsvereinbarung iSd Satzes 1 Nr. 1 unterhält, zu veröffentlichen. Auch über die Bedingungen, unter denen sie Auslagerungsvereinbarungen nach Abs. 3 S. 1 Nr. 2 idR nicht beanstandet, hat sie dort zu informieren. Hierzu gehört auch eine Begründung, weshalb damit die Einhaltung der Vorgaben nach Abs. 2 gewährleistet werden kann.

O. (Besondere) Organisationspflichten bei der Honorar-Anlageberatung (Abs. 3 a)

351 **I. Historie, Sinn und Zweck.** Die Einfügung des Abs. 3 a in § 33 erfolgte durch das Honoraranlageberatungsgesetz.[391] Ziel der Regelung ist es, die erforderliche **Unabhängigkeit** der Honorar-Anlageberatung zu gewährleisten.[392]

352 **II. Trennung der Honorar-Anlageberatung von der übrigen Anlageberatung (Abs. 3 a S. 1). 1. Alleinige Erbringung der Honorar-Anlageberatung.** Satz 1 formuliert alternativ zwei Voraussetzungen für die Erbringung der Anlageberatung durch ein Wertpapierdienstleistungsunternehmen. Zum einen besteht die Möglichkeit, *nur* die Honorar-Anlageberatung zu erbringen. Hier sind **keine besonderen organisatorischen Maßnahmen** zu treffen.

353 **2. Erbringung der Honorar-Anlageberatung und der übrigen Anlageberatung.** Werden – so die zweite Alternative – sowohl die **Honorar-Anlageberatung** als auch die übrige, dh **provisionsgestützte Anlageberatung** erbracht, zieht dies **organisatorische Konsequenzen** nach sich. Die beiden Geschäftsbereiche müssen hier derart voneinander getrennt werden, dass keine Verflechtungen zwischen den beiden Anlageformen bestehen, die eine gegenseitige Beeinflussung mit sich bringen würde.[393]

354 Auch **funktionell** müssen die beiden Geschäftsbereiche **eigenständig** sein. Ebenso ist eine **personelle Trennung** erforderlich. Das bedeutet etwa, dass ein direkter Vorgesetzter, der für die Honorar-Anlageberatung zuständig ist, nicht dem Bereich der übrigen Anlageberatung angehört oder für beide Bereiche der Anlageberatung zuständig ist.[394]

355 **III. Vertriebsvorgaben bei der Honorar-Anlageberatung (Abs. 3 a S. 2).** Gemäß Satz 2 dürfen **Vertriebsvorgaben** iSd Abs. 1 S. 2 Nr. 3 a **in keinem Fall** zu **Interessenkonflikten** mit Kundeninteressen führen. Die klare Formulierung, dass keinesfalls Kundeninteressen beeinträchtigt werden dürfen, unterbindet für die Hono-

---

386 Siehe MaComp BT 1.3.4.
387 *Fuchs*, in: Fuchs, WpHG, § 33 Rn 179.
388 Begr. RegE (FRUG), BT-Drucks. 16/4028, S. 71.
389 Siehe hierzu oben § 7.
390 MaComp AT 9 Tz 3.
391 Gesetz zur Förderung und Regulierung einer Honorarberatung über Finanzinstrumente (Honoraranlageberatungsgesetz) v. 15.7.2013 (BGBl. I S. 2390).
392 Begr. RegE (Honoraranlageberatungsgesetz), BT-Drucks. 17/12295, S. 16.
393 Begr. RegE (Honoraranlageberatungsgesetz), BT-Drucks. 17/12295, S. 16.
394 Begr. RegE (Honoraranlageberatungsgesetz), BT-Drucks. 17/12295, S. 16.

rar-Anlageberatung die Möglichkeit, Interessenkonflikte durch eine Offenlegung iSd § 31 Abs. 1 Nr. 2 zu heilen. Deshalb sind Vertriebsvorgaben, bei denen ein Interessenkonflikt mit Kundeninteressen unvermeidbar ist, bei der Honorar-Anlageberatung **nicht zulässig**. Derartige Vorgaben sind so auszugestalten, dass dies vermieden wird.[395]

IV. Informationspflicht (Abs. 3 a S. 3). Durch Satz 3 werden die Wertpapierdienstleistungsunternehmen verpflichtet, auf ihrer **Internetseite** zwei Angaben zu machen. Das betrifft einerseits die Information, ob die Honorar-Anlageberatung in der Hauptniederlassung angeboten wird. Zum zweiten ist hier anzugeben, in welchen inländischen Zweigstellen sie erbracht wird. Die Regelung soll Kunden eine verbesserte Möglichkeit anbieten, die Honorar-Anlageberatung gezielt nachzufragen.[396]

§ 33 a Bestmögliche Ausführung von Kundenaufträgen

(1) Ein Wertpapierdienstleistungsunternehmen, das Aufträge seiner Kunden für den Kauf oder Verkauf von Finanzinstrumenten im Sinne des § 2 Abs. 3 Satz 1 Nr. 1 bis 3 ausführt, muss
1. alle angemessenen Vorkehrungen treffen, insbesondere Grundsätze zur Auftragsausführung festlegen und mindestens jährlich überprüfen, um das bestmögliche Ergebnis für seine Kunden zu erreichen und
2. sicherstellen, dass die Ausführung jedes einzelnen Kundenauftrags nach Maßgabe dieser Grundsätze vorgenommen wird.

(2) Das Wertpapierdienstleistungsunternehmen muss bei der Aufstellung der Ausführungsgrundsätze alle relevanten Kriterien zur Erzielung des bestmöglichen Ergebnisses, insbesondere die Preise der Finanzinstrumente, die mit der Auftragsausführung verbundenen Kosten, die Geschwindigkeit, die Wahrscheinlichkeit der Ausführung und die Abwicklung des Auftrags sowie den Umfang und die Art des Auftrags berücksichtigen und die Kriterien unter Berücksichtigung der Merkmale des Kunden, des Kundenauftrags, des Finanzinstrumentes und des Ausführungsplatzes gewichten.

(3) ¹Führt das Wertpapierdienstleistungsunternehmen Aufträge von Privatkunden aus, müssen die Ausführungsgrundsätze Vorkehrungen dafür enthalten, dass sich das bestmögliche Ergebnis am Gesamtentgelt orientiert. ²Das Gesamtentgelt ergibt sich aus dem Preis für das Finanzinstrument und sämtlichen mit der Auftragsausführung verbundenen Kosten. ³Kann ein Auftrag über ein Finanzinstrument nach Maßgabe der Ausführungsgrundsätze des Wertpapierdienstleistungsunternehmens an mehreren konkurrierenden Plätzen ausgeführt werden, zählen zu den Kosten auch die eigenen Provisionen oder Gebühren, die das Wertpapierdienstleistungsunternehmen dem Kunden für eine Wertpapierdienstleistung in Rechnung stellt. ⁴Die Wertpapierdienstleistungsunternehmen dürfen ihre Provisionen nicht in einer Weise strukturieren oder in Rechnung stellen, die eine sachlich nicht gerechtfertigte Ungleichbehandlung der Ausführungsplätze bewirkt.

(4) Führt das Wertpapierdienstleistungsunternehmen einen Auftrag gemäß einer ausdrücklichen Kundenweisung aus, gilt die Pflicht zur Erzielung des bestmöglichen Ergebnisses entsprechend dem Umfang der Weisung als erfüllt.

(5) ¹Die Grundsätze zur Auftragsausführung müssen
1. Angaben zu den verschiedenen Ausführungsplätzen in Bezug auf jede Gattung von Finanzinstrumenten und die ausschlaggebenden Faktoren für die Auswahl eines Ausführungsplatzes,
2. mindestens die Ausführungsplätze, an denen das Wertpapierdienstleistungsunternehmen gleichbleibend die bestmöglichen Ergebnisse bei der Ausführung von Kundenaufträgen erzielen kann,

enthalten. ²Lassen die Ausführungsgrundsätze im Sinne des Absatzes 1 Nr. 1 auch eine Auftragsausführung außerhalb organisierter Märkte und multilateraler Handelssysteme zu, muss das Wertpapierdienstleistungsunternehmen seine Kunden auf diesen Umstand gesondert hinweisen und deren ausdrückliche Einwilligung generell oder in Bezug auf jedes Geschäft einholen, bevor die Kundenaufträge an diesen Ausführungsplätzen ausgeführt werden.

(6) Das Wertpapierdienstleistungsunternehmen muss
1. seine Kunden vor der erstmaligen Erbringung von Wertpapierdienstleistungen über seine Ausführungsgrundsätze informieren und seine Zustimmung zu diesen Grundsätzen einholen,
2. seine Privatkunden ausdrücklich darauf hinweisen, dass im Falle einer Kundenweisung das Wertpapierdienstleistungsunternehmen den Auftrag entsprechend der Kundenweisung ausführt und insoweit

---

[395] Begr. RegE (Honoraranlageberatungsgesetz), BT-Drucks. 17/12295, S. 16.

[396] Begr. RegE (Honoraranlageberatungsgesetz), BT-Drucks. 17/12295, S. 16.

nicht verpflichtet ist, den Auftrag entsprechend seinen Grundsätzen zur Auftragsausführung zum bestmöglichen Ergebnis auszuführen,
3. seinen Kunden wesentliche Änderungen der Vorkehrungen nach Absatz 1 Nr. 1 unverzüglich mitteilen.

(7) Das Wertpapierdienstleistungsunternehmen muss in der Lage sein, einem Kunden auf Anfrage darzulegen, dass sein Auftrag entsprechend den Ausführungsgrundsätzen ausgeführt wurde.

(8) Für Wertpapierdienstleistungsunternehmen, die Aufträge ihrer Kunden an Dritte zur Ausführung weiterleiten oder Finanzportfolioverwaltung betreiben, ohne die Aufträge oder Entscheidungen selbst auszuführen, gelten die Absätze 1 bis 7 mit folgender Maßgabe entsprechend:
1. im Rahmen der angemessenen Vorkehrungen ist den Vorgaben Rechnung zu tragen, die bei der Auftragsausführung nach den Absätzen 2 und 3 zu beachten sind,
2. die nach Absatz 1 Nr. 1 festzulegenden Grundsätze müssen in Bezug auf jede Gruppe von Finanzinstrumenten die Einrichtungen nennen, die das Wertpapierdienstleistungsunternehmen mit der Ausführung seiner Entscheidungen beauftragt oder an die es die Aufträge seiner Kunden zur Ausführung weiterleitet; das Wertpapierdienstleistungsunternehmen muss sicherstellen, dass die von ihm ausgewählten Unternehmen Vorkehrungen treffen, die es ihm ermöglichen, seinen Pflichten nach diesem Absatz nachzukommen,
3. im Rahmen seiner Pflichten nach Absatz 1 Nr. 2 muss das Wertpapierdienstleistungsunternehmen mindestens einmal jährlich seine Grundsätze überprüfen und regelmäßig überwachen, ob die beauftragten Einrichtungen die Aufträge im Einklang mit den getroffenen Vorkehrungen ausführen und bei Bedarf etwaige Mängel beheben.

(9) ¹Das Bundesministerium der Finanzen kann durch Rechtsverordnung, die nicht der Zustimmung des Bundesrates bedarf, nähere Bestimmungen erlassen über Mindestanforderungen zur Aufstellung der Ausführungsgrundsätze nach den Absätzen 1 bis 5, über die Grundsätze im Sinne des Absatzes 8 Nr. 2 und die Überprüfung der Vorkehrungen nach den Absätzen 1 und 8 sowie Art, Umfang und Datenträger der Information über die Ausführungsgrundsätze nach Absatz 6. ²Das Bundesministerium der Finanzen kann die Ermächtigung durch Rechtsverordnung auf die Bundesanstalt übertragen.

§ 11 WpDVerOV Bestmögliche Ausführung von Kundenaufträgen

(1) Ausführungsplätze im Sinne von § 33 a Abs. 5 des Wertpapierhandelsgesetzes sind
1. organisierte Märkte, multilaterale Handelssysteme, systematische Internalisierer, Market-Maker und sonstige Liquiditätsgeber sowie
2. vergleichbare Unternehmen und Einrichtungen in Drittstaaten.

(2) Zu den nach § 33 a Abs. 3 des Wertpapierhandelsgesetzes bei der Berechnung des Gesamtentgelts zu berücksichtigenden Kosten zählen Gebühren und Entgelte des Ausführungsplatzes, an dem das Geschäft ausgeführt wird, Kosten für Clearing und Abwicklung und alle sonstigen Entgelte, die an Dritte gezahlt werden, die an der Auftragsausführung beteiligt sind.

(3) ¹Eine Überprüfung der Ausführungsgrundsätze nach § 33 a Abs. 1 Nr. 1 des Wertpapierhandelsgesetzes ist außerhalb des Jahresrhythmus dann vorzunehmen, wenn das Wertpapierdienstleistungsunternehmen von einer wesentlichen Veränderung Kenntnis erhält, die dazu führt, dass an den von den Ausführungsgrundsätzen umfassten Ausführungsplätzen eine Ausführung von Aufträgen nicht mehr gleichbleibend im bestmöglichen Interesse des Kunden gewährleistet ist. ²Eine Überprüfung der Grundsätze nach § 33 a Abs. 8 Nr. 1 und 2 des Wertpapierhandelsgesetzes ist außerhalb des Jahresrhythmus nach § 33 a Abs. 8 Nr. 3 des Wertpapierhandelsgesetzes dann vorzunehmen, wenn eine wesentliche Veränderung eintritt, die das Wertpapierdienstleistungsunternehmen in der Erfüllung seiner Pflichten nach § 33 a Abs. 8 des Wertpapierhandelsgesetzes beeinträchtigt.

(4) ¹Die Information nach § 33 a Abs. 6 Nr. 1 des Wertpapierhandelsgesetzes muss folgende Angaben enthalten:
1. Beschreibung der vorgenommenen Gewichtung der relevanten Kriterien zur Erzielung des bestmöglichen Ergebnisses nach § 33 a Abs. 2 des Wertpapierhandelsgesetzes oder eine Beschreibung der Methode, die für diese Gewichtung jeweils angewandt wird,
2. Verzeichnis der wesentlichen Ausführungsplätze nach § 33 a Abs. 5 Satz 1 Nr. 2 des Wertpapierhandelsgesetzes, an denen das Wertpapierdienstleistungsunternehmen gleichbleibend die bestmöglichen Ergebnisse bei der Ausführung von Kundenaufträgen erzielen kann,
3. einen ausdrücklichen Hinweis nach § 33 a Abs. 6 Nr. 2 des Wertpapierhandelsgesetzes.
²Diese Informationen sind auf einem dauerhaften Datenträger zur Verfügung zu stellen. ³Die Veröffentlichung auf einer Internetseite genügt unter den Voraussetzungen nach § 3 Abs. 3.

Rundschreiben 4/2010 (WA) – Mindestanforderungen an die Compliance-Funktion und die weiteren Verhaltens-, Organisations- und Transparenzpflichten nach §§ 31 ff WpHG für Wertpapierdienstleistungsunternehmen (MaComp) vom 7. Juni 2010 (Stand: 7.1.2014)

- BT 4 Bestmögliche Ausführung von Kundenaufträgen nach § 33 a WpHG
  - BT 4.1. Ausübung des Ermessens bei Auswahl der Ausführungsplätze und bei Ausarbeitung der Ausführungsgrundsätze
  - BT 4.2 Inhaltliche Ausgestaltung der Ausführungsgrundsätze
  - BT 4.3 Bewertungsverfahren und Überprüfung der Ausführungsgrundsätze
  - BT 4.4 Weiterleitung von Wertpapieraufträgen zur Ausführung durch ein anderes Wertpapierdienstleistungsunternehmen

BT 4 Bestmögliche Ausführung von Kundenaufträgen nach § 33 a WpHG

BT 4.1. Ausübung des Ermessens bei Auswahl der Ausführungsplätze und bei Ausarbeitung der Ausführungsgrundsätze

1. Die Auswahl der Ausführungsplätze steht im Ermessen des Wertpapierdienstleistungsunternehmens. Das Wertpapierdienstleistungsunternehmen ist verpflichtet, von dem ihm eingeräumten Ermessen Gebrauch zu machen und im Rahmen der Ermessensausübung alle relevanten Ausführungsplätze und alle wesentlichen Faktoren zu berücksichtigen, die zur Bestimmung des bestmöglichen Ergebnisses von Bedeutung sind. Der Vergleich und die Bewertung der verschiedenen Ausführungsplätze haben nach einheitlichen und nicht diskriminierenden Kriterien zu erfolgen.
2. Im Rahmen des Auswahlermessens können neben den in § 33 a Abs. 2 und 3 WpHG aufgeführten Kriterien weitere Faktoren berücksichtigt werden, soweit sie nicht der Verpflichtung zuwider laufen, das best-mögliche Ergebnis für den Kunden zu erreichen. Unter dieser Voraussetzung kann das Wertpapierdienstleistungsunternehmen auch qualitative Faktoren der Ausführungsplätze (wie beispielsweise die Überwachung des Handels durch eine Handelsüberwachungsstelle (HüSt), das Beschwerdemanagement und die Beschwerdebearbeitung, die Handelszeiten der einzelnen Ausführungsplätze, die Belastbarkeit von Leistungsversprechen, die Verbindlichkeit von Quotes und sonstigen Preisinformationen, die Auswahl an Orderzusätzen und Ausführungsarten, das Service- und Informationsangebot für Anleger, die Form des Orderbuchs, das Counterparty Risk der Handelspartner, die Abwicklungssicherheit, etc.) berücksichtigen.
3. Im Privatkundengeschäft hat sich das bestmögliche Ergebnis am Gesamtentgelt zu orientieren. Dem Kriterium des Gesamtentgeltes kommt im Rahmen der Ermessensausübung eine wesentliche Bedeutung zu. Geringfügige Unterschiede im Gesamtentgelt können unberücksichtigt bleiben, sofern dies nachvollziehbar begründet wird. Zu den bei der Berechnung des Gesamtentgeltes zu berücksichtigenden Kosten zählen auch implizite Handelskosten. Die Gebühren und Entgelte der Ausführungsplätze sowie die Kosten für das Clearing und Settlement dürfen bei Berechnung des Gesamtentgeltes nur dann berücksichtigt werden, wenn sie an den Kunden weitergegeben werden.

BT 4.2 Inhaltliche Ausgestaltung der Ausführungsgrundsätze

1. Die Ausführungsgrundsätze müssen sich an Art und Umfang des Wertpapierdienstleistungsgeschäfts, den Wertpapieraufträgen und der Kundenstruktur orientieren. Dies gilt insbesondere hinsichtlich des Detaillierungsgrades und der Regelungstiefe der Ausführungsgrundsätze.
2. Die Ausführungsgrundsätze müssen die wesentlichen Faktoren, welche für die Auswahl des jeweiligen Ausführungsplatzes entscheidend waren, sowie die wesentlichen Ausführungsplätze angeben, an welche Wertpapieraufträge zur Ausführung geleitet werden.
3. Die Übernahme und Verwendung von Ausführungsgrundsätzen eines Dritten (Mustergrundsätze) ist nur zulässig, soweit hierbei die Verpflichtung zur bestmöglichen Ausführung der Wertpapieraufträge des Wertpapierdienstleistungsunternehmens eingehalten wird. Dies setzt u.a. voraus, dass die bei Ausarbeitung der Mustergrundsätze zu Grunde gelegten Kriterien auf das Geschäftsmodell des Wertpapierdienstleistungsunternehmens übertragen werden können. Dies gilt insbesondere hinsichtlich der Kundenstruktur, der gehandelten Wertpapiere, der durchschnittlichen Ordergröße, des Preismodells bzw. der den Kunden in Rechnung gestellten Kosten für die Ausführung von Wertpapieraufträgen.

BT 4.3 Bewertungsverfahren und Überprüfung der Ausführungsgrundsätze

1. Die Anforderungen an die Methode zur Ermittlung der Ausführungsplätze mit den bestmöglichen Ergebnissen (Bewertungsverfahren), werden durch die Art und den Umfang des Wertpapierdienstleistungsgeschäfts des jeweiligen Wertpapierdienstleistungsunternehmens bestimmt.
2. Es wird empfohlen, das Bewertungsverfahren anhand von aktuellen aussagefähigen Marktdaten vorzunehmen. Gleiches gilt für die jährliche Überprüfung der eigenen Ausführungsgrundsätze. Es wird empfohlen, durch aussagefähige Stichproben zu überprüfen, ob die Ausführung von Wertpapieraufträgen an einem anderen Handelsplatz zu einer besseren Ausführung geführt hätte („Back Testing"). Sieht das Bewertungsverfahren oder die Stichprobenprüfung im Rahmen der Überprüfung der Ausführungsgrundsätze die Verwendung unverbindlicher Preisinformationen vor, hat das Wertpapierdienstleistungsunternehmen auch zu prüfen, ob die Orders regelmäßig entsprechend der zum Zeitpunkt der Ordererteilung aktuellen Geld- bzw. Briefpreise ausgeführt werden.
3. Soweit unterjährig wesentliche Veränderungen des eigenen Geschäftsmodells oder des Marktumfeldes zu verzeichnen sind, hat das Wertpapierdienstleistungsunternehmen eine zeitnahe Überprüfung und gegebenenfalls eine Anpassung der eigenen Ausführungsgrundsätze vorzunehmen.
4. Nutzt das Wertpapierdienstleistungsunternehmen Mustergrundsätze, kann die Bewertung und Überprüfung der Ausführungsgrundsätze auch durch den Dritten erfolgen. Das Wertpapierdienstleistungsunternehmen hat in diesem Fall zu überprüfen, dass der Dritte die ihm übertragenen Aufgaben ordnungsgemäß wahrnimmt. Das Wertpapierdienstleistungsunternehmen kann sich dies von einem Wirtschaftsprüfer bestätigen lassen.

BT 4.4 Weiterleitung von Wertpapieraufträgen zur Ausführung durch ein anderes Wertpapierdienstleistungsunternehmen

1. Die Mindestanforderungen für Wertpapierdienstleistungsunternehmen, die Aufträge ihrer Kunden an ein anderes Wertpapierdienstleistungsunternehmen zur Ausführung weiterleiten oder Finanzportfolioverwaltung betreiben, ohne die Aufträge oder Entscheidungen selbst auszuführen, ergeben sich aus § 33 a Abs. 8 WpHG. Das Wertpapierdienstleistungsunternehmen hat in seinen Ausführungsgrundsätzen unter Beachtung der in § 33 a Abs. 2 und Abs. 3 WpHG normierten Kriterien für jede Gruppe von Finanzinstrumenten diejenigen Wertpapierdienstleistungsunternehmen zu bestimmen bzw. auszuwählen, welche mit der Ausführung der Wertpapieraufträge beauftragt werden (Auswahlgrundsätze). In den Auswahlgrundsätzen sind die wesentlichen Wertpapierdienstleistungsunternehmen, welche mit der Ausführung der Wertpapieraufträge beauftragt werden, namentlich zu benennen.
2. Die Auswahl des Wertpapierdienstleistungsunternehmens, welches mit der Ausführung beauftragt wird, hat hierbei insbesondere anhand dessen Ausführungsgrundsätze zu erfolgen. Hierbei ist zu überprüfen, ob die Ausführungsgrundsätze des beauftragten Wertpapierdienstleistungsunternehmens eine bestmögliche Ausführung der Wertpapieraufträge gewährleisten und die Kundeninteressen in ausreichendem Maße berücksichtigt werden.
3. Im Rahmen der regelmäßigen Überwachung der bestmöglichen Ausführung der Aufträge hat das Wertpapierdienstleistungsunternehmen zu überprüfen, ob das mit der Ausführung beauftragte Wertpapierdienstleistungsunternehmen die Wertpapieraufträge entsprechend der Ausführungsgrundsätze des beauftragten Wertpapierdienstleistungsunternehmens ausführt, und ob die Ausführung über dieses Wertpapierdienstleistungsunternehmen dauerhaft die bestmögliche Ausführung der Wertpapieraufträge gewährleistet. Im Rahmen der Überwachungshandlungen soll stichprobenartig die tatsächliche Ausführung von Wertpapieraufträgen mit den Ausführungsgrundsätzen des beauftragten Wertpapierdienstleistungsunternehmens abgeglichen werden.
4. Gelangt das Wertpapierdienstleistungsunternehmen im Rahmen der Überprüfung zu der Erkenntnis, dass die Ausführungsgrundsätze des beauftragten Wertpapierdienstleistungsunternehmens eine bestmögliche Ausführung nicht mehr gewährleisten, hat das Wertpapierdienstleistungsunternehmen entweder die Aufträge an ein anderes Wertpapierdienstleistungsunternehmen zur bestmöglichen Ausführung zu leiten oder dem bisherigen Wertpapierdienstleistungsunternehmen hinsichtlich des Ausführungsplatzes eine Weisung zu erteilen.
5. Das Wertpapierdienstleistungsunternehmen ist nicht verpflichtet, ein anderes Wertpapierdienstleistungsunternehmen für die Ausführung der Wertpapieraufträge auszuwählen, wenn die Auswahl durch den Kunden selbst getroffen wird, wie beispielsweise durch Auswahl des Depot führenden Unternehmens seitens des Kunden, über welches die Wertpapiergeschäfte im Rahmen der Wertpapierdienstleistungen einer Vermögensverwaltung für den Kunden auszuführen sind. Auch in diesem Fall hat das Wertpapierdienstleistungsunternehmen die Kunden ausdrücklich darauf hinzuweisen, dass die Verpflichtung zur

bestmöglichen Ausführung keine Anwendung findet (§ 33 a Abs. 6 Nr. 2 WpHG) und die Wertpapieraufträge unter Umständen nicht best-möglich ausgeführt werden.

Das Wertpapierdienstleistungsunternehmen ist verpflichtet, eigene Ausführungsgrundsätze unter Beachtung der in BT 4.1 bis BT 4.3 dieses Rundschreibens normierten Vorgaben zu erstellen, soweit das beauftragte Wertpapierdienstleistungsunternehmen keine eigenen Ausführungsgrundsätze vorhält bzw. die Wertpapieraufträge nur auf Weisung des weiterleitenden Wertpapierdienstleistungsunternehmens ausführt.

Literatur:
Agerer/Knop/Weiß, Die Auswahlpolicy nach § 33 a WpHG als neue Herausforderung für Vermögensverwalter, Finanz Betrieb 2007, 757; *Bauer*, Best Execution nach der MiFID – Bestmögliche Ausführung von Kundenaufträgen, BP-Beilage 01/2007, 38; *Binder/Meffert*, Kundenvorteil, Best Execution initiert Preiswettbewerb bei Wertpapierorders, BI 2007, 24; *Dierkes*, Best Execution in der deutschen Börsenlandschaft, ZBB 2008, 11; *Gomber/Chlistalla/Groth*, Neue Börsenlandschaft in Europa? Die Umsetzung der MiFID aus Sicht europäischer Marktplatzbetreiber, ZBB 2008, 2; *Gomber/Hirschberg*, Ende oder Stärkung der konventionellen Börsen?, AG 2006, 777; *Gomber/Pujol/Wranik*, MiFID-Umsetzung in Deutschland – Eine Analyse der Grundsätze der Auftragsausführung, ZBB 2009, 72; *Imberg*, Die „Best Execution" im deutschen Wertpapierhandel gemäß § 33 a WpHG, 2013; *Knop*, Vermögensverwaltung im zweiten Jahr der MiFID, AG 2009, 357; *Schmitt/Schielke*, Best Execution under MiFID, die bank 2006, 32; *Spindler*, Der neue Rechtsrahmen für den Finanzdienstleistungssektor – die MiFID und ihre Umsetzung, WM 2006, 1797.

A. Normzweck, europarechtliche Grundlagen 1	II. Mindestangaben, Ausführungsplätze (Abs. 5) .. 20
B. Normadressaten, Anwendungsbereich 3	F. Kundeninformation (Abs. 6) 26
C. Aufstellung von Grundsätzen zur bestmöglichen Auftragsausführung (Abs. 1 Nr. 1) 7	G. Kundenweisungen (Abs. 4) 33
D. Sicherstellung der Einhaltung der Grundsätze (Abs. 1 Nr. 2) 13	H. Festpreisgeschäfte 36
E. Inhaltliche Anforderungen, einzelne Kriterien (Abs. 2, 3, 5) 14	I. Ausführungsnachweis (Abs. 7) 37
I. Allgemein, Regelung für Privatkunden (Abs. 2, 3) 14	J. Weiterleitung von Aufträgen (Abs. 8) 38
	K. Verordnungsermächtigung (Abs. 9) 45

A. Normzweck, europarechtliche Grundlagen

Die Vorschrift konkretisiert die allgemeine Verhaltenspflicht des § 31 Abs. 1 Nr. 1 im Hinblick auf die Wahl des Ausführungsplatzes. Mit ihr soll der **Wettbewerb** zwischen den Ausführungsplätzen gefördert werden.[1] Dabei darf die Sichtweise nicht auf die nationale Perspektive beschränkt sein.[2] Ergänzend zu dem rechtlich-organisatorischen Aspekt ist die Frage, wo Wertpapiergeschäfte ausgeführt werden, deshalb auch von ökonomischer Bedeutung für die Marktplätze.[3] 1

Europarechtliche Grundlagen sind Art. 19 Abs. 1, 21 MiFID, EG 33 MiFID, Art. 44–46 DRL, EG 66–76 DRL. 2

B. Normadressaten, Anwendungsbereich

Normadressaten sind nach Abs. 1 Wertpapierdienstleistungsunternehmen, die Aufträge ihrer Kunden für den Kauf oder Verkauf von Finanzinstrumenten ausführen. Erfasst wird **jede Art von Auftragsausführung** von Kundenaufträgen nach WpHG, auch solche, die für eigene Rechnung iSd § 2 Abs. 3 Nr. 2 erfolgen.[4] Ebenso kommt es nicht auf die Art der Ausführung an, so dass Festpreisgeschäfte und die Auftragsausführung über ein Direktbankensystem unter die Regelung fallen. Dies gilt auch für Vermittlungsgeschäfte iSd § 2 Abs. 3 Nr. 3.[5] 3

Die Vorgaben zur bestmöglichen Auftragsausführung sind bei der **Finanzportfolioverwaltung analog** anzuwenden.[6] 4

Die Wertpapierdienstleistungsunternehmen können hinsichtlich der Ausführungsstandards **differenzieren**. Dadurch sind sie in der Lage, den unterschiedlichen Rahmenbedingungen Rechnung zu tragen, die angesichts der unterschiedlichen Strukturen von Märkten und Finanzinstrumenten bestehen.[7] 5

Keine Ausführung von Kundenaufträgen iSd Abs. 1 stellt die Ausgabe oder Rücknahme von Anteilen an Sondervermögen oder Investmentaktiengesellschaften und ausländischen Investmentvermögen, deren Ver- 6

---

[1] Siehe hierzu etwa *Gomber/Chlistallala/Groth*, ZBB 2008, 2.
[2] *Bauer*, BP-Beilage 01/2007, 38.
[3] *Gomber/Pujol/Wranik*, ZBB 2009, 72.
[4] Begr. RegE (FRUG), BT-Drucks. 16/4028, S. 72 unter Hinweis auf Erwägungsgrund 69 DRL.
[5] Begr. RegE (FRUG), BT-Drucks. 16/4028, S. 72.
[6] Begr. RegE (FRUG), BT-Drucks. 16/4028, S. 72.
[7] Begr. RegE (FRUG), BT-Drucks. 16/4028, S. 72.

trieb im Inland zulässig ist, iSd § 23 InvG über eine Depotbank, dar. Bei einem Abruf von Anteilscheinen über eine Depotbank fehlt die Vergleichbarkeit mit dem Handel an einem Ausführungsplatz iSd Abs. 5. Die Preisermittlung erfolgt hier gemäß § 36 InvG als lex specialis zu § 33 a.

C. Aufstellung von Grundsätzen zur bestmöglichen Auftragsausführung (Abs. 1 Nr. 1)

7 Das Wertpapierdienstleistungsunternehmen muss gemäss Abs. 1 Nr. 1 alle **angemessenen Vorkehrungen** treffen, um das bestmögliche Ergebnis für seine Kunden zu erzielen. Hierzu gehört insbesondere die Aufstellung von **Grundsätzen zur bestmöglichen Auftragsausführung** („Best Execution Policy"). Die hier zu treffenden organisatorischen Vorkehrungen müssen **typischerweise** zu einem bestmöglichen Ergebnis führen. Nicht erforderlich ist das bestmögliche Ergebnis in jedem Einzelfall.[8]

8 Liegen **verbindliche Leistungsversprechen** von Marktbetreibern vor, kann das Wertpapierdienstleistungsunternehmen bei der Aufstellung der Grundsätze auf diese zurückgreifen. Derartige Versprochen können sich etwa auf die Ausführungswahrscheinlichkeit oder eine Preisgarantie beziehen.[9]

9 Für die Erfüllung der Pflicht zur Aufstellung einer Best Execution Policy bestehen zwei Alternativen. Zum einen kann das Wertpapierdienstleistungsunternehmen **eigene Ausführungsgrundsätze** für seine Kunden entwickeln und aufstellen. Hier bestehen wiederum zwei Optionen. Die Entwicklung bzw Aufstellung der Ausführungsgrundsätze kann durch das Unternehmen völlig **eigenständig** vorgenommen werden. Es kann allerdings auch eine entsprechende Policy oder einzelne, auf die Bedürfnisse des Unternehmens zugeschnittene, Module – meist von Wertpapierabwicklungsunternehmen – „**einkaufen**".

10 Als zweite Möglichkeit kann das Wertpapierdienstleistungsunternehmen einen Dienstleister auswählen, der die erforderlichen Verfahren erstellt und entsprechende Maßnahmen trifft („Auswahl-policy").

11 Diese Vorkehrungen sind mindestens **jährlich** zu überprüfen. Erhält das Wertpapierdienstleistungsunternehmen von einer **wesentlichen Veränderung** Kenntnis, die dazu führt, dass an den von den Ausführungsgrundsätzen umfassten Ausführungsplätzen eine Auftragsausführung nicht mehr gleichbleibend im bestmöglichen Interesse der Kunden gewährleistet ist, muss gemäß **§ 11 Abs. 3 S. 1 WpDVerOV** eine Überprüfung **außerhalb des Jahresrhythmus** vorgenommen werden.

12 Eine **unterjährige Überprüfung** ist gemäß **Abs. 8 Nr. 3 iVm § 11 Abs. 3 S. 2 WpDVerOV** auch dann vorzunehmen, wenn eine wesentliche Veränderung eintritt, die das Wertpapierdienstleistungsunternehmen bei der Erfüllung seiner Pflichten nach Abs. 8 beeinträchtigt.

D. Sicherstellung der Einhaltung der Grundsätze (Abs. 1 Nr. 2)

13 Nach Abs. 1 Nr. 2 muss das Wertpapierdienstleistungsunternehmen die Ausführung jedes einzelnen Kundenauftrags nach Maßgabe dieser Grundsätze **sicherzustellen**. Es ist allerdings auch hier nicht erforderlich, dass bei jedem einzelnen Kundenauftrag tatsächlich das bestmögliche Ergebnis erzielt wird.[10]

E. Inhaltliche Anforderungen, einzelne Kriterien (Abs. 2, 3, 5)

14 I. Allgemein, Regelung für Privatkunden (Abs. 2, 3). Abs. 2 enthält Vorgaben im Hinblick auf die bei der Aufstellung der Grundsätze zu beachtenden Kriterien. Hierbei handelt es sich um **Mindestanforderungen**. Die Aufstellung der Grundsätze erfolgt in eigener Verantwortung und nach eigenem Ermessen des Wertpapierdienstleistungsunternehmens.[11] Es muss die relevanten Aspekte ermitteln und gemäß den im letzten Hs genannten Faktoren gewichten.[12] Soweit sinnvoll, sind entsprechende Differenzierungen vorzunehmen.[13]

15 In Abs. 3 hat der Gesetzgeber eine spezielle Regelung im Hinblick auf die Aufträge von **Privatkunden** getroffen. Maßgebender Orientierungspunkt für das Erzielen des bestmöglichen Ergebnisses ist nach S. 1 das **Gesamtentgelt**. S. 2 definiert dieses als Summe aus Preis des Finanzinstruments und den mit der Auftragsausführung verbundenen Kosten.

16 Zu den vorstehend genannten Kosten gehören nach **§ 11 Abs. 2 WpDVerOV** die **Gebühren und Entgelte** des Ausführungsplatzes, an dem das Geschäft ausgeführt wird. Gleiches gilt hinsichtlich der Kosten für **Clearing und Abwicklung**. Aber auch alle sonstigen Entgelte, die an bei der Auftragsausführung beteiligte Dritte gezahlt werden, sind zu berücksichtigen.

---

[8] Begr. RegE (FRUG), BT-Drucks. 16/4028, S. 72.
[9] Begr. RegE (FRUG), BT-Drucks. 16/4028, S. 72.
[10] Begr. RegE (FRUG), BT-Drucks. 16/4028, S. 72.
[11] Einen Überblick über die Ausführungsgrundsätze von 100 Wertpapierdienstleistungsunternehmen geben *Gomber/Pujol/Wranik*, ZBB 2009, 72.
[12] Zu den praktischen Schwierigkeiten s. *Schmitt/Schielke*, die bank 2006, 32, 33.
[13] Begr. RegE (FRUG), BT-Drucks. 16/4028, S. 72.

Die **eigenen Provisionen und Gebühren** spielen bei der Frage, welche Ausführungsplätze in die Ausführungsgrundsätze aufgenommen werden, zwar grundsätzlich keine Rolle. Anders ist dies gemäß Abs. 3 S. 3 bei der Auswahl eines von mehreren möglichen in die Ausführungsgrundsätze aufgenommenen Ausführungsplatzes.[14] Hierzu gehören die Fälle, bei denen mehrere Ausführungsplätze bei Beachtung aller Kriterien die bestmögliche Qualität bei der Auftragsausführung gewährleisten. Sind auch nach der Einbeziehung keine signifikanten Unterschiede feststellbar, liegt die Auswahl im pflichtgemäßen Interesse des Wertpapierdienstleistungsunternehmens. 17

Während für Kleinanleger meist das Gesamtentgelt das wichtigste Kriterium sein dürfte, stellt sich dies bei professionellen Anlegern uU anders dar. So wird hier eine „erhöhte Gewichtung der Ausführungswahrscheinlichkeit (als) ökonomisch sinnvoll" erachtet.[15] 18

Abs. 3 S. 4 verbietet sowohl eine Provisionsstruktur als auch ein Inrechnungstellen von Provisionen, die zu einer **sachlich nicht gerechtfertigten Diskriminierung** einzelner Ausführungsplätze führen.[16] Andere Kriterien, wie zB Schnelligkeit und Wahrscheinlichkeit der Auftragsausführung dürfen nur in dem Fall Vorrang vor den unmittelbaren Kostenerwägungen haben, wenn sie dazu beitragen, das bestmögliche Gesamtentgelt zu erreichen.[17] 19

II. Mindestangaben, Ausführungsplätze (Abs. 5). Abs. 5 legt Mindestangaben für die Ausführungsgrundsätze fest. So müssen diese nach S. 1 Nr. 1 Angaben zu den **Ausführungsplätzen** enthalten. Dies muss zum einen in Bezug auf jede **Gattung** von Finanzinstrumenten erfolgen. Gattungen sind dabei nicht etwa einzelne Wertpapiere, sondern „Wertpapiergruppen, deren Bildung aufgrund der jeweiligen Eigenarten mit Blick auf die Kriterien des § 33 a Abs. 2 sinnvoll erscheint".[18] Damit wird klargestellt, dass Zusammenfassungen in Bezug auf Gruppen zulässig sind Gesetzlich nicht verlangt ist also eine Differenzierung der bestmöglichen Ausführung im Hinblick auf jedes Finanzinstrument, wenngleich eine weitere Unterteilung durchaus sinnvoll ist.[19] Es kann auch ein Ausführungsplatz für mehrere Gruppen angegeben werden.[20] Eine weitere Mindestanforderung besteht in der Aufnahme der **ausschlaggebenden Faktoren** für die Auswahl eines Ausführungsplatzes. 20

Ausführungsplätze sind gemäß § 11 Abs. 1 Nr. 1 WpDVerOV organisierte Märkte, MTF, systematische Internalisierer, Market-Maker und sonstige Liquiditätsgeber. 21

Nach Nr. 2 der Vorschrift fallen **vergleichbare** Unternehmen und Einrichtungen in Drittstaaten unter den Begriff. 22

Auch eine Ausführung im Wege des **Eigenhandels** fällt unter den Begriff des „Ausführungsplatzes". Den Kunden sind hier mindestens marktgerechte Konditionen anzubieten. 22

Nach Abs. 5 S. 1 Nr. 2 müssen die Ausführungsgrundsätze mindestens die Ausführungsplätze enthalten, an denen das Unternehmen **gleichbleibend ein bestmögliches Ergebnis** erzielen kann. Im Gegenschluss heißt das, dass nicht alle verfügbaren Ausführungsplätze berücksichtigt werden müssen. Eine Begründungspflicht für die Nichtaufnahme bestimmter Ausführungsplätze besteht nicht. In den Ausführungsgrundsätzen sind die Grundzüge des Bewertungsverfahrens festzulegen.[21] 23

S. 2 verlangt einen gesonderten Hinweis an den Kunden für den Fall, dass die Ausführungsgrundsätze auch eine Auftragsausführung außerhalb organisierter Märkte und MTF zulassen. Das Wertpapierdienstleistungsunternehmen muss zudem die ausdrückliche **Einwilligung** des Kunden – und zwar generell oder in Bezug auf jedes einzelne Geschäft – einholen. Ansonsten darf es Kundenaufträge nicht an diesen Ausführungsplätzen ausführen. 24

Auch den **Direktbezug** vom oder den Direktbezug mit Emittenten kann das Wertpapierdienstleistungsunternehmen in seine Ausführungsgrundsätze aufnehmen.[22] 25

F. Kundeninformation (Abs. 6)

Abs. 6 enthält Vorgaben im Hinblick auf die **Information** der Kunden über die **Ausführungsgrundsätze**. Der Kunde muss auf dieser Basis in der Lage sein, eine Weisung hinsichtlich des Ausführungsplatzes zu erteilen, die zu dem für ihn bestmöglichen Ergebnis führt. Hierzu müssen ihm zumindest hinreichende Informationen über die Qualität der Ausführungsplätze zur Verfügung gestellt werden. Kann hierfür auf allgemein zugängliche Informationen zurückgegriffen werden, muss das Wertpapierdienstleistungsunternehmen den Kunden darauf hinweisen, wo er die Informationen erhalten kann.[23] 26

---

14 Begr. RegE (FRUG), BT-Drucks. 16/4028, S. 72.
15 Schmitt/Schielke, die bank 2006, 32, 34.
16 Die Begründung spricht von „Gebühren und Provisionen", s. Begr. RegE (FRUG), BT-Drucks. 16/4028, S. 72.
17 Begr. RegE (FRUG), BT-Drucks. 16/4028, S. 72.
18 Dierkes, ZBB 2008, 11.
19 Dierkes, ZBB 2008, 13.
20 Begr. RegE (FRUG), BT-Drucks. 16/4028, S. 73.
21 Begr. RegE (FRUG), BT-Drucks. 16/4028, S. 73.
22 Begr. RegE (FRUG), BT-Drucks. 16/4028, S. 73.
23 Begr. RegE (FRUG), BT-Drucks. 16/4028, S. 73.

27 Die Verpflichtungen müssen **vor der erstmaligen Erbringung** der Wertpapierdienstleistungen erfüllt werden.
28 Einzelheiten enthält § 11 Abs. 4 S. 1 WpDVerOV. So verlangt **Nr. 1** eine **Beschreibung der vorgenommenen Gewichtung der relevanten Kriterien** zur Erzielung des bestmöglichen Ergebnisses bei der Auftragsausführung. Alternativ ist eine Beschreibung der für diese Gewichtung jeweils angewandten Methode zulässig.
29 Weiterhin erforderlich ist nach **§ 11 Abs. 4 S. 1 Nr. 2 WpDVerOV** ein **Verzeichnis der wesentlichen Ausführungsplätze** nach § 33a Abs. 5 S. 1 Nr. 2, an denen das Unternehmen gleichbleibend die besten Ergebnisse erzielen kann.
30 In § 11 Abs. 4 S. 1 Nr. 2 WpDVerOV ist das Prozedere im Zusammenhang mit dem Vorliegen bei **Weisungen von Privatkunden** geregelt.[24]
31 Die Informationen sind gemäß **§ 11 Abs. 4 S. 2 WpDVerOV** auf einem **dauerhaften Datenträger** zur Verfügung zu stellen. Unter den Voraussetzungen des § 3 Abs. 3 WpDVerOV ist nach § 11 Abs. 4 S. 3 WpDVerOV die Veröffentlichung auf einer Internetseite ausreichend.
32 Abs. 6 Nr. 3 statuiert eine Mitteilungspflicht des Wertpapierdienstleistungsunternehmens über **wesentliche Änderungen** der in Abs. 1 geregelten Vorkehrungen. Die Information hat unverzüglich zu erfolgen.

G. Kundenweisungen (Abs. 4)

33 Abs. 4 stellt klar, dass in Fällen von **Kundenweisungen** das Wertpapierdienstleistungsunternehmen seine Pflicht zur Erzielung eines bestmöglichen Ergebnisses erfüllt, wenn es gemäß der Weisung handelt. Weisungen können für Einzelfälle, aber auch generell für die Auftragsausführung erteilt werden. Es muss sich allerdings um individuelle Absprachen handeln.[25]
34 Das Unternehmen muss den Kunden nach Abs. 6 Nr. 2 allerdings ausdrücklich darauf hinweisen, dass es den Auftrag entsprechend der Kundenweisung ausführt und nicht zu einer Auftragsausführung gemäß seinen Ausführungsgrundsätzen verpflichtet ist.[26]
35 Die Möglichkeit, Aufträge nach Kundenweisung auszuführen, darf **nicht** dazu missbraucht werden, die gesetzliche Regelung zur Auftragsausführung zu **umgehen**. Eine Umgehung liegt jedoch nicht vor, wenn Wertpapierdienstleistungsunternehmen nur Aufträge auf Weisung ausführen. Auch in diesen Fällen müssen die Unternehmen jedoch Ausführungsgrundsätze aufstellen und dem Kunden auf dieser Grundlage Ausführungsplätze zur Wahl stellen.[27]

H. Festpreisgeschäfte

36 Auf für Festpreisgeschäfte gelten – wie sich aus EG DRL ergibt – die Regelungen zur bestmöglichen Auftragsausführung. Das Wertpapierdienstleistungsunternehmen muss den Kunden deutlich auf die Möglichkeit anderer Ausführungsplätze hinweisen. Die Verpflichtung zur bestmöglichen Auftragsausführung kann nur so ausgelegt werden, dass die Konditionen der Marktlage entsprechen müssen. Hintergrund ist hier, dass bei Festpreisgeschäften Auswahlmöglichkeiten im Hinblick auf die Konditionen für den Kunden nicht bestehen und die Regelungen zur bestmöglichen Auftragsausführung nicht zu einem Vergleich der Leistungen verschiedener Wertpapierdienstleistungsunternehmen zwingen.[28]

I. Ausführungsnachweis (Abs. 7)

37 Abs. 7 enthält eine dahin gehende Organisationspflicht,[29] dass das Wertpapierdienstleistungsunternehmen in der Lage sein muss, Kunden auf Anfrage darzulegen, dass ihre **Aufträge gemäß den Ausführungsgrundsätzen** ausgeführt wurde.

J. Weiterleitung von Aufträgen (Abs. 8)

38 In Abs. 8 hat der Gesetzgeber spezielle Regelungen für die Weiterleitung von Aufträgen an Dritte sowie die Finanzportfolioverwaltung aufgestellt. Da das Wertpapierdienstleistungsunternehmen hier nur begrenzte Einflussmöglichkeiten besitzt, ist die sorgfältige Auswahl des Dritten von besonderer Bedeutung.[30]
39 Derartige Dritte können etwa **Zwischenkommissionäre** oder andere Konzernunternehmen sein.[31]

---

24 Siehe hierzu unten Rn 33–35.
25 Begr. RegE (FRUG), BT-Drucks. 16/4028, S. 72.
26 Begr. RegE (FRUG), BT-Drucks. 16/4028, S. 73.
27 Begr. RegE (FRUG), BT-Drucks. 16/4028, S. 73.
28 Begr. RegE (FRUG), BT-Drucks. 16/4028, S. 73.
29 Begr. RegE (FRUG), BT-Drucks. 16/4028, S. 73.
30 Fuchs/*Fuchs*, WpHG, § 33a Rn 44.
31 Fuchs/*Fuchs*, WpHG, § 33a Rn 44.

Ausgangspunkt der Sonderregelungen ist die Tatsache, dass bei beiden Wertpapierdienstleistungskategorien **40** nicht für beide **Wertpapierdienstleistungsunternehmen** die Pflicht zur bestmöglichen Auftragsausführung gilt. Allerdings müssen der Portfolioverwalter bzw das weiterleitende Wertpapierdienstleistungsunternehmen sicherstellen, dass die ausgewählten Unternehmen ihren Pflichten zur bestmöglichen Auftragsausführung entsprechen.[32]

Nach **Abs. 8 Nr. 1** der Vorschrift müssen die Wertpapierdienstleistungsunternehmen **angemessene Vorkehrungen** **41** treffen, die die Vorgaben bei der Auftragsausführung nach Abs. 2 und 3 erfüllen. Dies gilt nicht für Fälle der Kundenweisung.[33]

Abs. 8 Nr. 2 verlangt die Aufstellung von Grundsätzen, die den Vorgaben des Abs. 1 Nr. 1 entsprechen. **42** Das Wertpapierdienstleistungsunternehmen muss in Bezug auf jede **Gruppe von Finanzinstrumenten die Einrichtung nennen**, die es mit der Ausführung seiner Entscheidung beauftragt oder an die es die Kundenaufträge weiterleitet.[34] Es muss weiterhin sicherstellen, dass die ausgewählten Unternehmen Vorkehrungen zur Erfüllung der nach Abs. 8 bestehenden Pflichten treffen.

Die **Wirksamkeit** seiner Grundsätze, vor allem die Qualität der Ausführung durch die genannten Einrichtungen ist nach **Abs. 8 Nr. 3** durch das Wertpapierdienstleistungsunternehmen zu **überprüfen**. Die Überprüfung hat mindestens einmal jährlich zu erfolgen. Eine Überprüfung außerhalb des Jahresrhythmus ist nach § 11 Abs. 3 S. 2 WpDVerOV bei Vorliegen einer **wesentlichen Veränderung**, die das Wertpapierdienstleistungsunternehmen bei der Erfüllung seiner Pflichten nach Abs. 8 beeinträchtigt, vorzunehmen, **43**

Weiterhin unterliegt das Wertpapierdienstleistungsunternehmen regelmäßigen **Überwachungspflichten** im **44** Hinblick darauf, ob die beauftragten Einrichtungen Aufträge gemäß den getroffenen Vorkehrungen ausführen. Etwaige Mängel sind bei Bedarf zu beheben.

K. Verordnungsermächtigung (Abs. 9)

Abs. 9 enthält eine Ermächtigung zum Erlass einer **Rechtsverordnung**. Hiervon hat das Bundesministerium **45** der Finanzen mit § 11 WpDVerOV Gebrauch gemacht.

§ 33 b Mitarbeiter und Mitarbeitergeschäfte

(1) Mitarbeiter eines Wertpapierdienstleistungsunternehmens sind
1. die Mitglieder der Leitungsorgane, die persönlich haftenden Gesellschafter und vergleichbare Personen, die Geschäftsführer sowie die vertraglich gebundenen Vermittler im Sinne des § 2 Abs. 10 Satz 1 des Kreditwesengesetzes,
2. die Mitglieder der Leitungsorgane, die persönlich haftenden Gesellschafter und vergleichbare Personen sowie die Geschäftsführer der vertraglich gebundenen Vermittler,
3. alle natürlichen Personen, deren sich das Wertpapierdienstleistungsunternehmen oder dessen vertraglich gebundene Vermittler bei der Erbringung von Wertpapierdienstleistungen, insbesondere aufgrund eines Arbeits-, Geschäftsbesorgungs- oder Dienstverhältnisses, bedienen, und
4. alle natürlichen Personen, die im Rahmen einer Auslagerungsvereinbarung unmittelbar an Dienstleistungen für das Wertpapierdienstleistungsunternehmen oder dessen vertraglich gebundene Vermittler zum Zweck der Erbringung von Wertpapierdienstleistungen beteiligt sind.

(2) Mitarbeitergeschäfte im Sinne der Absätze 3 bis 6 sind Geschäfte mit einem Finanzinstrument durch Mitarbeiter
1. für eigene Rechnung,
2. für Rechnung von Personen, mit denen sie im Sinne des § 15 a Abs. 3 Satz 1 in enger Beziehung stehen, von minderjährigen Stiefkindern oder Personen, an deren Geschäftserfolg der Mitarbeiter ein zumindest mittelbares wesentliches Interesse hat, welches nicht in einer Gebühr oder Provision für die Ausführung des Geschäfts besteht, oder
3. außerhalb des ihnen zugewiesenen Aufgabenbereichs für eigene oder fremde Rechnung.

(3) Wertpapierdienstleistungsunternehmen müssen angemessene Mittel und Verfahren einsetzen, die bezwecken, Mitarbeiter, deren Tätigkeit Anlass zu einem Interessenkonflikt geben könnte oder die aufgrund ihrer

---

[32] Begr. RegE (FRUG), BT-Drucks. 16/4028, S. 73 f.
[33] Begr. RegE (FRUG), BT-Drucks. 16/4028, S. 74, s. auch *Knop*, AG 2009, 357.
[34] Die Begriffe „Gruppe" und „Gattung" von Finanzinstrumenten dürften weitgehend synonym sein, s. hierzu auch Abs. 5 Nr. 1 u. oben Rn 20.

Tätigkeit Zugang haben zu Insiderinformationen nach § 13 oder zu anderen vertraulichen Informationen über Kunden oder solche Geschäfte, die mit oder für Kunden getätigt werden, daran zu hindern,

1. ein Mitarbeitergeschäft zu tätigen, welches
   a) gegen eine Vorschrift dieses Abschnitts oder § 14 verstoßen könnte oder
   b) mit dem Missbrauch oder der vorschriftswidrigen Weitergabe vertraulicher Informationen verbunden ist,
2. außerhalb ihrer vorgesehenen Tätigkeit als Mitarbeiter einem anderen ein Geschäft über Finanzinstrumente zu empfehlen, welches als Mitarbeitergeschäft
   a) die Voraussetzungen der Nummer 1 oder des Absatzes 5 Nr. 1 oder Nr. 2 erfüllte oder
   b) gegen § 31c Abs. 1 Nr. 5 verstieße

   oder einen anderen zu einem solchen Geschäft zu verleiten,
3. unbeschadet des Verbots nach § 14 Abs. 1 Nr. 2, außerhalb ihrer vorgesehenen Tätigkeit als Mitarbeiter einem anderen Meinungen oder Informationen in dem Bewusstsein zugänglich zu machen, dass der andere hierdurch verleitet werden dürfte,
   a) ein Geschäft zu tätigen, welches als Mitarbeitergeschäft die Voraussetzungen der Nummer 1 oder des Absatzes 5 Nr. 1 oder Nr. 2 erfüllte oder gegen § 31c Abs. 1 Nr. 5 verstieße, oder
   b) einem Dritten ein Geschäft nach Buchstabe a zu empfehlen oder ihn zu einem solchen zu verleiten.

(4) Die organisatorischen Vorkehrungen nach Absatz 3 müssen zumindest darauf ausgerichtet sein, zu gewährleisten, dass

1. alle von Absatz 3 erfassten Mitarbeiter die Beschränkungen für Mitarbeitergeschäfte und die Vorkehrungen des Wertpapierdienstleistungsunternehmens nach Absatz 3 kennen,
2. das Wertpapierdienstleistungsunternehmen von jedem Mitarbeitergeschäft eines Mitarbeiters im Sinne des Absatzes 3 entweder durch Anzeige des Mitarbeiters oder ein anderes Feststellungsverfahren unverzüglich Kenntnis erhalten kann,
3. im Rahmen von Auslagerungsvereinbarungen im Sinne des § 25b des Kreditwesengesetzes die Mitarbeitergeschäfte von Personen nach Absatz 1 Nr. 4, welche die Voraussetzungen des Absatzes 3 erfüllen, durch das Auslagerungsunternehmen dokumentiert und dem Wertpapierdienstleistungsunternehmen auf Verlangen vorgelegt werden und
4. das Wertpapierdienstleistungsunternehmen alle Mitarbeitergeschäfte, von denen es nach Nummer 2 oder Nummer 3 Kenntnis erhält, und alle Erlaubnisse und Verbote, die hierzu erteilt werden, dokumentiert.

(5) Die organisatorischen Vorkehrungen von Wertpapierdienstleistungsunternehmen, die auf eigene Verantwortung oder auf Verantwortung eines Mitglieds ihrer Unternehmensgruppe Finanzanalysen über Finanzinstrumente im Sinne des § 2 Abs. 2b oder deren Emittenten erstellen oder erstellen lassen, die unter ihren Kunden oder in der Öffentlichkeit verbreitet werden sollen oder deren Verbreitung wahrscheinlich ist, müssen zudem darauf ausgerichtet sein, zu gewährleisten, dass

1. Mitarbeiter, die den Inhalt und wahrscheinlichen Zeitplan von Finanzanalysen über Finanzinstrumente im Sinne des § 2 Abs. 2b oder deren Emittenten kennen, die weder veröffentlicht noch für Kunden zugänglich sind und deren Empfehlung Dritte nicht bereits aufgrund öffentlich verfügbarer Informationen erwarten würden, für eigene Rechnung oder für Rechnung Dritter, einschließlich des Wertpapierdienstleistungsunternehmens, keine Geschäfte mit Finanzinstrumenten tätigen, auf die sich die Finanzanalysen beziehen, oder damit verbundenen Finanzinstrumenten, bevor die Empfänger der Finanzanalysen oder Anlageempfehlungen ausreichend Gelegenheit für eine Reaktion hatten, es sei denn, die Mitarbeiter handeln in ihrer Eigenschaft als Market Maker nach Treu und Glauben und im üblichen Rahmen oder in Ausführung eines nicht selbst initiierten Kundenauftrags,
2. in nicht unter Nummer 1 erfassten Fällen Mitarbeiter, die an der Erstellung von Finanzanalysen über Finanzinstrumente im Sinne des § 2 Abs. 2b oder deren Emittenten beteiligt sind, nur in Ausnahmefällen und mit vorheriger Zustimmung der Rechtsabteilung oder der Compliance-Funktion ein Mitarbeitergeschäft über Finanzinstrumente, auf die sich die Finanzanalysen beziehen, oder damit verbundene Finanzinstrumente, entgegen den aktuellen Empfehlungen tätigen.

(6) Die Pflichten des Absatzes 5 gelten auch für Wertpapierdienstleistungsunternehmen, die von einem Dritten erstellte Finanzanalysen öffentlich verbreiten oder an ihre Kunden weitergeben, es sei denn,

1. der Dritte, der die Finanzanalyse erstellt, gehört nicht zur selben Unternehmensgruppe und
2. das Wertpapierdienstleistungsunternehmen

a) ändert die in der Finanzanalyse enthaltenen Empfehlungen nicht wesentlich ab,
b) stellt die Finanzanalyse nicht als von ihm erstellt dar und
c) vergewissert sich, dass für den Ersteller der Finanzanalyse Bestimmungen gelten, die den Anforderungen des Absatzes 5 gleichwertig sind, oder dieser Grundsätze im Sinne dieser Anforderungen festgelegt hat.

(7) Von den Absätzen 3 und 4 ausgenommen ist ein Mitarbeitergeschäft

1. im Rahmen der Finanzportfolioverwaltung, sofern vor dem jeweiligen Geschäftsabschluss kein Kontakt zwischen dem Portfolioverwalter und dem Mitarbeiter oder demjenigen besteht, für dessen Rechnung dieser handelt,
2. mit Anteilen an Investmentvermögen, die
   a) den Vorgaben der Richtlinie 2009/65/EG in der jeweils geltenden Fassung entsprechen oder
   b) im Inland, in einem anderen Mitgliedstaat der Europäischen Union oder einem anderen Vertragsstaat des Abkommens über den Europäischen Wirtschaftsraum beaufsichtigt werden und ein gleich hohes Maß an Risikostreuung aufweisen müssen, wenn der Mitarbeiter oder eine andere Person, für deren Rechnung gehandelt wird, an der Verwaltung des Investmentvermögens nicht beteiligt sind.

Literatur:
Bergles, Prüfung der Mitarbeitergeschäfte, Umsetzung in der Bankpraxis, ZBB 2000, 140; *Clouth/Lang (Hrsg.)*, MiFID Praktikerhandbuch, 2007; *Brinkmann/Haußwald/Marbeiter/Petersen/Richter/Schäfer (Hrsg.)*, Compliance – Konsequenzen aus der MiFID, 2010; *Haußwald*, Neuausrichtung der Compliance-Organisation – ein aktuelles Thema?, BankPraktiker 2008, 302; *Röh*, Compliance nach der MiFID – zwischen höherer Effizienz und mehr Bürokratie, BB 2008, 398; *Schlicht*, Compliance nach Umsetzung der MiFID-Richtlinie, BKR 2006, 469; *v. Kopp-Colomb*, Bekanntmachung des Bundesaufsichtsamtes für den Wertpapierhandel und des Bundesaufsichtsamtes für das Kreditwesen zu den sog. Mitarbeiter-Leitsätzen, WM 2000, 2414.

Die Möglichkeit von Mitarbeitern eines Wertpapierdienstleistungsunternehmens, beruflich erlangte Informationen auch privat zu nutzen, ist einer der klassischen **Interessenkonflikte**.[1] Die Überwachung von Mitarbeitergeschäften liegt deshalb im ureigensten Interesse der Banken, Sparkassen und Finanzdienstleistungsunternehmen. Sie stellt deshalb eine der Kernaufgaben von Compliance dar. Rechtssystematisch ist die Norm den Pflichten des § 33 zuzuordnen.

Das Gesetz enthält nunmehr – im Gegensatz zur bis zum 30.10.2007 gültigen Fassung – eine **ausdrückliche und ausführliche Regelung** des Themenkreises Mitarbeitergeschäfte.

Eine Konkretisierung ist durch das **Rundschreiben 8/2008 (WA)** – Überwachung von Mitarbeitergeschäften gemäß § 33 b WpHG und § 25 a KWG vom 18.8.2008 erfolgt. Dieses wurde mittlerweile als Modul BT 2 in die MaComp inkorporiert.

Rundschreiben 4/2010 (WA) – Mindestanforderungen an die Compliance-Funktion und die weiteren Verhaltens-, Organisations- und Transparenzpflichten nach §§ 31 ff WpHG für Wertpapierdienstleistungsunternehmen (MaComp) vom 7. Juni 2010 (Stand: 7.1.2014)

- BT 2 Überwachung von Mitarbeitergeschäften nach § 33 b WpHG und § 25 a KWG
  - BT 2.1 Mitarbeiterdefinition
  - BT 2.2 Definition von Mitarbeitergeschäften
  - BT 2.3 Organisatorische Anforderungen gemäß § 33 b Abs. 3 WpHG
  - BT. 2.4 Organisatorische Anforderungen gemäß § 33 b Abs. 4 WpHG
  - BT. 2.5 Organisatorische Anforderungen gemäß § 33 b Abs. 5 und Abs. 6 WpHG
  - BT 2.6 Ausnahmetatbestände
  - BT 2.7 Anforderungen gemäß § 25 a KWG

BT 2 Überwachung von Mitarbeitergeschäften nach § 33 b WpHG und § 25 a KWG

Mit § 33 b WpHG wurde zum 01. November 2007 erstmals eine gesetzliche Regelung zur Überwachung von Mitarbeitergeschäften in das WpHG aufgenommen. Zugleich habe ich die Bekanntmachung des Bundesaufsichtsamtes für das Kreditwesen und des Bundesaufsichtsamtes für den Wertpapierhandel über Anforderungen an Verhaltensregeln für Mitarbeiter der Kreditinstitute und Finanzdienstleistungsinstitute in

---

[1] Fuchs/*Fuchs*, WpHG, § 33 b Rn 1.

Bezug auf Mitarbeitergeschäfte vom 7. Juni 2000 (Mitarbeiter-Leitsätze) aufgehoben (vgl. mein Schreiben vom 23. Oktober 2007 Aufhebung der Wohlverhaltensrichtlinie, Compliance-Richtlinie und der Mitarbeiterleitsätze).
Mit diesem Modul werden die in § 33 b WpHG enthaltenen Regelungen konkretisiert. Des Weiteren werden die außerhalb des Anwendungsbereichs von § 33 b WpHG bestehenden Pflichten hinsichtlich der Überwachung von Mitarbeitergeschäften erläutert.

BT 2.1 Mitarbeiterdefinition

1. § 33 b Abs. 1 Nr. 3 erfasst sowohl Personen, die selbst unmittelbar Wertpapierdienstleistungen erbringen, als auch alle Personen, die diese Mitarbeiter unterstützen, sowohl im Rahmen begleitender als auch nachfolgender kontrollierender Handlungen. Unterstützende Funktionen nehmen regelmäßig insbesondere Mitarbeiter der Re-search-Abteilung, Compliance-Abteilung, des Back-Offices, des IT-Supports, Assistenten oder Mitarbeiter anderer unterstützender Bereiche eines Wertpapierdienstleistungsunternehmens wahr. Als Mitarbeiter sind sowohl Arbeitnehmer und freie Mitarbeiter als auch Leiharbeitnehmer, Zeitarbeitskräfte und Praktikanten eines Unternehmens anzusehen.
2. Über § 33 b Abs. 1 Nr. 4 WpHG sind Personen, die diese Tätigkeiten ausführen, ohne Mitarbeiter eines Wertpapierdienstleistungsunternehmens zu sein, ebenfalls erfasst, soweit sie für ein Unternehmen tätig werden, auf das Aktivitäten oder Prozesse gemäß § 25 a Abs. 2 KWG ausgelagert wurden.
3. Aus dem in § 33 b Abs. 1 WpHG aufgeführten Personenkreis sind die Mitarbeiter auszuwählen, deren Tätigkeit Anlass zu einem Interessenkonflikt geben könnte oder die Zugang zu Insiderinformationen oder anderen vertraulichen Informationen haben und hinsichtlich derer die Pflichten aus § 33 b Abs. 3 WpHG bestehen (vgl. dazu unter 3.).

BT 2.2 Definition von Mitarbeitergeschäften

1. § 33 b Abs. 2 Nr. 3 WpHG umfasst alle Geschäfte außerhalb des Aufgabenbereichs eines Mitarbeiters, die er für eigene oder fremde Rechnung tätigt. Als Geschäfte für Rechnung Dritter sind insbesondere alle Geschäfte anzusehen, die Mitarbeiter in privat erteilter Vollmacht tätigen. Es sind somit nicht nur Geschäfte für dem Mitarbeiter nahestehende Personen erfasst.
Geschäfte für eigene Rechnung sind alle Geschäfte, an denen Mitarbeiter ein wirtschaftliches Interesse haben können. Als Geschäfte für eigene Rechnung eines Mitarbeiters sind auch die Geschäfte eines Dritten im Namen oder für Rechnung des Mitarbeiters anzusehen, sofern der Mitarbeiter hiervon Kenntnis hat bzw. das Geschäft veranlasst hat.
2. Der Großteil der in § 33 b WpHG definierten Mitarbeitergeschäfte unterfällt § 33 b Abs. 2 Nr. 3 WpHG. § 33 b Abs. 2 Nr. 1 und Nr. 2 WpHG erweitern den Anwendungsbereich auf Geschäfte von Mitarbeitern innerhalb ihres Aufgabenbereichs, somit Geschäfte, die Mitarbeiter in Erfüllung ihrer Tätigkeit im Wertpapierdienstleistungsunternehmen ausüben. Erfasst sind Geschäfte für eigene Rechnung des Mitarbeiters sowie Geschäfte des Mitarbeiters für Rechnung ihm nahestehender Personen gemäß § 15 a Abs. 3 WpHG. Hierbei handelt es sich um Geschäfte, bei denen Ausführung Mitarbeiter einem Interessenkonflikt ausgesetzt sein können, beispielsweise der Gefahr der Bevorzugung eines nahen Verwandten bei der Zuteilung einer Order oder im Rahmen der Finanzportfolioverwaltung.
3. Ob ein Geschäft innerhalb oder außerhalb des Aufgabenbereichs des jeweiligen Mitarbeiters liegt, ist funktionsbezogen zu beurteilen, beispielsweise entsprechend der Arbeitsplatzbeschreibung des jeweiligen Mitarbeiters. Unerheblich ist, ob der Mitarbeiter das konkrete Geschäft gemäß den ihm erteilten Weisungen hätte tätigen dürfen.

BT 2.3 Organisatorische Anforderungen gemäß § 33 b Abs. 3 WpHG

1. Wertpapierdienstleistungsunternehmen haben angemessene Mittel und Verfahren einzusetzen, die geeignet sind, unzulässige Mitarbeitergeschäfte zu verhindern. Die Unternehmen haben hierfür eigenverantwortlich festzulegen, welche der von § 33 b Abs. 1 WpHG erfassten Mitarbeiter eine Tätigkeit ausüben, die Anlass zu einem Interessenkonflikt geben könnte oder die aufgrund ihrer Tätigkeit Zugang zu compliance-relevanten Informationen im Sinne von AT 6.1 dieses Rundschreibens haben. Hinsichtlich dieser Personen bestehen die Pflichten nach § 33 b Abs. 3 WpHG.
2. Die Geschäftsleitung muss eine Stelle bzw. die Stellen im Unternehmen benennen, die mit der Festlegung und regelmäßigen Überprüfung der von § 33 b Abs. 3 WpHG erfassten Mitarbeiter betraut ist. Zudem sind die Unternehmen verpflichtet, eine Organisation vorzuhalten, die sicherstellt, dass diese Stelle regelmäßig über das Vorliegen von Interessenkonflikten und Insider- und anderen vertraulichen Informationen im Unternehmen informiert wird.

Es ist nach Risikogesichtspunkten zu bewerten, welche Bereiche und Personen aufzunehmen sind; beispielsweise kann es vom Umfang der einem Anlageberater oder vertraglich gebundenen Vermittler zugänglichen Informationen abhängen, ob dieser aufzunehmen ist.
3. Interessenkonflikte im Sinne von § 33 b Abs. 3 WpHG sind nur die Interessenkonflikte, die in einem Mitarbeitergeschäft angelegt sind. Solche Konflikte liegen vor, wenn ein dem Kundeninteresse oder dem Interesse des Wertpapierdienstleistungsunternehmens entgegenstehendes Interesse des Mitarbeiters am Abschluss eines Mitarbeitergeschäfts gemäß § 33 b Abs. 2 WpHG bestehen kann. Andere Interessenkonflikte werden über § 33 Abs. 1 Satz 2 Nr. 3 WpHG erfasst.
4. Um unzulässige Mitarbeitergeschäfte zu verhindern, müssen angemessene Mittel und Verfahren eingesetzt werden. Dies kann verschiedene Maßnahmen für verschiedene Mitarbeiter erforderlich machen. Entsprechend ist es möglich, unterschiedliche Pflichtenkataloge für verschiedene Mitarbeiter aufzustellen. Als mögliche, angemessene Maßnahmen kommen insbesondere die in AT 6.2. Tz. 3 dieses Rundschreibens genannten Maßnahmen in Betracht.

BT. 2.4   Organisatorische Anforderungen gemäß § 33 b Abs. 4 WpHG

1. Wertpapierdienstleistungsunternehmen müssen nach § 33 b Abs. 4 Nr. 2 WpHG gewährleisten, dass sie von jedem Mitarbeitergeschäft gemäß § 33 b Abs. 3 WpHG unverzüglich Kenntnis erhalten können. Dies kann mittels verschiedener Verfahren sichergestellt werden, darunter die folgenden:
   - Ein geeignetes und bewährtes Verfahren ist die Übersendung von Zweitschriften über getätigte Geschäfte von Mitarbeitern im Sinn von § 33 b Abs. 3 WpHG durch das konto- bzw. depotführende Unternehmen an das Wertpapierdienstleistungsunternehmen.
   - Ein weiteres geeignetes Verfahren ist die unaufgeforderte, unverzügliche Anzeige getätigter Mitarbeitergeschäfte in Verbindung mit einer regelmäßigen Vollständigkeitserklärung durch die Mitarbeiter eines Unternehmens an die Geschäftsleitung oder eine von ihr benannte Stelle.
   - Weiteres mögliches Verfahren ist die stichprobenartige Abfrage der Geschäfte von Mitarbeitern im Sinn von § 33 b Abs. 3 WpHG, etwa in Verbindung mit der Vorlage einer Vollständigkeitserklärung des jeweiligen Mitarbeiters bei Abfrage der getätigten Geschäfte. Vollmachten von Mitarbeitern für Konten oder Depots Dritter können hierbei zugleich abgefragt werden. Zur Überprüfung der Vollständigkeit der Erklärung des Mitarbeiters kann das Unternehmen zudem eine Vollständigkeitserklärung des Instituts, über das die Mitarbeitergeschäfte getätigt wurden, anfordern.
   - Die Einführung eines Zustimmungsvorbehalts für Mitarbeiter vor Durchführung von Mitarbeitergeschäften ist ebenfalls als geeignete Maßnahme anzusehen.

   Die Handlungen sind jeweils durch eine von den Geschäfts-, Handels- und Abwicklungsabteilungen unabhängige Stelle vorzunehmen, soweit dies nicht angesichts der Größe des Unternehmens unverhältnismäßig ist.
2. Gemäß § 33 b Abs. 4 Nr. 3 WpHG sind die Mitarbeitergeschäfte von Mitarbeitern eines Auslagerungsunternehmens, soweit deren Tätigkeit Anlass zu einem Interessenkonflikt geben könnte oder die aufgrund ihrer Tätigkeit Zugang zu Insiderinformationen oder anderen vertraulichen Informationen haben, durch das Auslagerungsunternehmen zu dokumentieren. Die Überwachung des Auslagerungsunternehmens im Hinblick auf die Einhaltung dieser Dokumentationspflichten ist entsprechend der bisherigen Verwaltungspraxis der Ba-Fin entbehrlich, soweit das Auslagerungsunternehmen selbst Wertpapierdienstleistungsunternehmen gemäß § 2 Abs. 4 WpHG ist. Wenn auslagerndes Unternehmen und Auslagerungsunternehmen zugleich Teil einer Unternehmensgruppe sind, kann die Dokumentation aller Mitarbeitergeschäfte der Gruppe bei einem dieser Unternehmen erfolgen.
   Im Falle der Auslagerung auf einen Mehrmandantendienstleister kann die Überwachung dieses Unternehmens durch eines oder mehrere der auslagernden Unternehmen im Auftrag der auslagernden Unternehmen wahrgenommen werden.
3. Die nach § 33 b Abs. 4 Nr. 4 WpHG erforderliche Dokumentation der Mitarbeitergeschäfte, von denen das Wertpapierdienstleistungsunternehmen nach § 33 b Abs. 4 Nr. 2 und Nr. 3 WpHG Kenntnis erhält, sowie aller Erlaubnisse und Verbote, die das Unternehmen hierzu erteilt, muss so erfolgen, dass die Einhaltung der gesetzlichen Vorgaben im Rahmen einer Prüfung nach § 36 WpHG nachvollzogen werden kann.

BT. 2.5   Organisatorische Anforderungen gemäß § 33 b Abs. 5 und Abs. 6 WpHG

Market Makern gemäß § 33 b Abs. 5 Nr. 1 WpHG sind Skontroführer gleichzustellen.

BT 2.6 Ausnahmetatbestände

Bestimmte Mitarbeitergeschäfte werden über § 33 b Abs. 7 WpHG von den Pflichten gemäß § 33 b Abs. 3 und Abs. 4 WpHG ausgenommen. Zusätzlich sind Anlagen nach dem Vermögensbildungsgesetz und andere vertraglich vereinbarte Ansparpläne ausgenommen.

BT 2.7 Anforderungen gemäß § 25 a KWG

Mitarbeiter von Wertpapierdienstleistungsunternehmen, die nicht in die Erbringung von Wertpapierdienstleistungen eingebunden sind, jedoch Zugang zu Insiderinformationen und anderen vertraulichen Informationen haben können, dürfen keine Geschäfte tätigen, die gegen § 14 WpHG oder eine Vorschrift des 6. Abschnitts des WpHG verstoßen. Auch Kredit- und Finanzdienstleistungsinstitute, die keine Wertpapierdienstleistungsunternehmen im Sinne von § 2 Abs. 4 WpHG sind, haben § 14 WpHG zu beachten. Zur Einhaltung dieser gesetzlichen Bestimmung sind im Rahmen der allgemeinen organisatorischen Anforderungen nach § 25 a Abs. 1 des Gesetzes über das Kreditwesen (Kreditwesengesetz – KWG) geeignete Vorkehrungen für Mitarbeitergeschäfte zu treffen[6]. Die getroffenen Vorkehrungen müssen gewährleisten, dass Mitarbeiter, die Zugang zu Insiderinformationen und anderen vertraulichen Informationen haben können, keine Geschäfte tätigen, die gegen die oben genannten Vorschriften verstoßen. Betroffen hiervon können beispielsweise Mitarbeiter der M & A-Abteilung, Rechtsabteilung, des Kreditgeschäfts oder Vorstandsassistenten sein.

[6] Diese Verpflichtung besteht gemäß § 25 a Abs. 1 Satz 1 KWG für alle Institute nach § 1 Abs. 1 b KWG, nicht jedoch für Zweigniederlassungen nach § 53 b Abs. 1 KWG.

§ 34 Aufzeichnungs- und Aufbewahrungspflicht

(1) Ein Wertpapierdienstleistungsunternehmen muss, unbeschadet der Aufzeichnungspflichten nach den Artikeln 7 und 8 der Verordnung (EG) Nr. 1287/2006, über die von ihm erbrachten Wertpapierdienstleistungen und Wertpapiernebendienstleistungen sowie die von ihm getätigten Geschäfte Aufzeichnungen erstellen, die es der Bundesanstalt ermöglichen, die Einhaltung der in diesem Abschnitt geregelten Pflichten zu prüfen.

(2) ¹Das Wertpapierdienstleistungsunternehmen hat Aufzeichnungen zu erstellen über Vereinbarungen mit Kunden, die die Rechte und Pflichten der Vertragsparteien sowie die sonstigen Bedingungen festlegen, zu denen das Wertpapierdienstleistungsunternehmen Wertpapierdienstleistungen oder Wertpapiernebendienstleistungen für den Kunden erbringt. ²Bei der erstmaligen Erbringung einer Wertpapierdienstleistung für einen Privatkunden, die nicht Anlageberatung ist, muss die Aufzeichnung nach Satz 1 den Abschluss einer schriftlichen Rahmenvereinbarung, die mindestens die wesentlichen Rechte und Pflichten des Wertpapierdienstleistungsunternehmens und des Privatkunden enthält, dokumentieren. ³In anderen Dokumenten oder Rechtstexten normierte oder vereinbarte Rechte und Pflichten können durch Verweis in die Rahmenvereinbarung einbezogen werden. ⁴Die Rahmenvereinbarung muss dem Privatkunden in Papierform oder auf einem anderen dauerhaften Datenträger zur Verfügung gestellt werden. ⁵Ein dauerhafter Datenträger ist jedes Medium, das dem Kunden die Speicherung der für ihn bestimmten Informationen in der Weise gestattet, dass er die Informationen für eine ihrem Zweck angemessene Dauer einsehen und unverändert wiedergeben kann.

(2 a) ¹Ein Wertpapierdienstleistungsunternehmen muss über jede Anlageberatung bei einem Privatkunden ein schriftliches Protokoll anfertigen. ²Das Protokoll ist von demjenigen zu unterzeichnen, der die Anlageberatung durchgeführt hat; eine Ausfertigung ist dem Kunden unverzüglich nach Abschluss der Anlageberatung, jedenfalls vor einem auf der Beratung beruhenden Geschäftsabschluss, in Papierform oder auf einem anderen dauerhaften Datenträger zur Verfügung zu stellen. ³Wählt der Kunde für Anlageberatung und Geschäftsabschluss Kommunikationsmittel, die die Übermittlung des Protokolls vor dem Geschäftsabschluss nicht gestatten, muss das Wertpapierdienstleistungsunternehmen eine Ausfertigung des Protokolls dem Kunden unverzüglich nach Abschluss der Anlageberatung zusenden. ⁴In diesem Fall kann der Geschäftsabschluss auf ausdrücklichen Wunsch des Kunden vor Erhalt des Protokolls erfolgen, wenn das Wertpapierdienstleistungsunternehmen dem Kunden für den Fall, dass das Protokoll nicht richtig oder nicht vollständig ist, ausdrücklich ein innerhalb von einer Woche nach dem Zugang des Protokolls auszuübendes Recht zum Rücktritt von dem auf der Beratung beruhenden Geschäft einräumt. ⁵Der Kunde muss auf das Rücktrittsrecht und die Frist hingewiesen werden. ⁶Bestreitet das Wertpapierdienstleistungsunter-

nehmen das Recht zum Rücktritt nach Satz 4, hat es die Richtigkeit und die Vollständigkeit des Protokolls zu beweisen.

(2 b) Der Kunde kann von dem Wertpapierdienstleistungsunternehmen die Herausgabe einer Ausfertigung des Protokolls nach Absatz 2 a verlangen.

(3) ¹Alle nach diesem Abschnitt erforderlichen Aufzeichnungen sind mindestens fünf Jahre ab dem Zeitpunkt ihrer Erstellung aufzubewahren. ²Aufzeichnungen über Rechte und Pflichten des Wertpapierdienstleistungsunternehmens und seiner Kunden sowie sonstige Bedingungen, zu denen Wertpapierdienstleistungen und Wertpapiernebendienstleistungen erbracht werden, sind mindestens für die Dauer der Geschäftsbeziehung mit dem Kunden aufzubewahren. ³In Ausnahmefällen kann die Bundesanstalt für einzelne oder alle Aufzeichnungen längere Aufbewahrungsfristen festsetzen, wenn dies aufgrund außergewöhnlicher Umstände unter Berücksichtigung der Art des Finanzinstruments oder des Geschäfts für die Überwachungstätigkeit der Bundesanstalt erforderlich ist. ⁴Die Bundesanstalt kann die Einhaltung der Aufbewahrungsfrist nach Satz 1 auch für den Fall verlangen, dass die Erlaubnis eines Wertpapierdienstleistungsunternehmens vor Ablauf der in Satz 1 genannten Frist endet.

(4) ¹Das Bundesministerium der Finanzen kann durch Rechtsverordnung, die nicht der Zustimmung des Bundesrates bedarf, nähere Bestimmungen zu den Aufzeichnungspflichten und zu der Geeignetheit von Datenträgern nach den Absätzen 1 bis 2 a erlassen. ²Das Bundesministerium der Finanzen kann die Ermächtigung durch Rechtsverordnung auf die Bundesanstalt übertragen.

(5) Die Bundesanstalt veröffentlicht auf ihrer Internetseite ein Verzeichnis der Mindestaufzeichnungen, die die Wertpapierdienstleistungsunternehmen nach diesem Gesetz in Verbindung mit einer Rechtsverordnung nach Absatz 4 vorzunehmen haben.

§ 14 WpDVerOV Aufzeichnungs- und Aufbewahrungspflichten

(1) ¹Ein Wertpapierdienstleistungsunternehmen genügt seiner Pflicht, Aufzeichnungen zu erstellen, die eine Nachprüfbarkeit im Sinne des § 34 Abs. 1 des Wertpapierhandelsgesetzes ermöglichen, wenn aufgrund der Aufzeichnung nachvollziehbar ist, ob das Wertpapierdienstleistungsunternehmen die jeweils in Rede stehende Pflicht erfüllt hat. ²Organisationsanweisungen und Aufzeichnungen über systemische Vorkehrungen sind geeignete Formen der Aufzeichnung, wenn durch sie die Nachvollziehbarkeit im Sinne des Satzes 1 gewährleistet ist.

(2) Unbeschadet der im Wertpapierhandelsgesetz und in der Verordnung (EG) Nr. 1287/2006 ausdrücklich normierten Aufzeichnungs- und Dokumentationspflichten sind nach § 34 Abs. 1 des Wertpapierhandelsgesetzes insbesondere aufzuzeichnen:
1. die Identität des Kunden und der Personen, die im Auftrag des Kunden handeln, soweit notwendig zusätzlich die Identität der Kunden, deren Aufträge in einem Geschäft zusammengefasst wurden, sowie vorbehaltlich des Absatzes 8 die Merkmale oder die Bewertung als professioneller Kunde oder geeignete Gegenpartei im Sinne des § 31 a Abs. 2 Satz 2 Nr. 2, Abs. 4 Satz 2 oder Abs. 7 des Wertpapierhandelsgesetzes,
2. der Umstand, ob das Geschäft ganz oder teilweise im Rahmen der Finanzportfolioverwaltung erbracht wurde,
3. die Kundeninformationen nach § 31 Abs. 3 des Wertpapierhandelsgesetzes,
4. Nachweise der regelmäßigen Überprüfung der Ausführungsgrundsätze nach § 33 a des Wertpapierhandelsgesetzes und
5. die Umstände, aus denen sich ergibt, dass eine Zuwendung im Sinne des § 31 d Abs. 1 Satz 1 Nr. 1 des Wertpapierhandelsgesetzes darauf ausgelegt ist, die Qualität der für die Kunden erbrachten Dienstleistungen zu verbessern.

(3) Grundsätze und Organisationsanweisungen im Zusammenhang mit Geschäften oder Dienstleistungen, die zur Erfüllung der Pflichten des Abschnitts 6 des Wertpapierhandelsgesetzes gegenüber Kunden erforderlich sind, sowie die notwendigen Berichte an die Geschäftsleitung sind ebenfalls aufzuzeichnen.

(3 a) Vertriebsvorgaben im Sinne des § 33 Absatz 1 Satz 2 Nummer 3 a des Wertpapierhandelsgesetzes sowie die zur Umsetzung oder Überwachung getroffenen Maßnahmen, die Erfüllung der Vertriebsvorgaben und die Kriterien zur Überprüfung der Vereinbarkeit der Vertriebsvorgaben mit den Kundeninteressen sowie die Ergebnisse dieser Überprüfung sind ebenfalls aufzuzeichnen.

(4) Angaben der Kunden im Zusammenhang mit Geschäften oder Dienstleistungen, die zur Erfüllung der Pflichten des Abschnitts 6 des Wertpapierhandelsgesetzes gegenüber Kunden notwendig sind, sowie die Weigerung des Kunden, die erforderlichen Angaben zu machen, sind ebenfalls aufzuzeichnen; sie können

zusammengefasst werden mit den Aufzeichnungen des Wertpapierdienstleistungsunternehmens über die Erfüllung dieser Pflichten.

(5) Die jeweiligen von dem Wertpapierdienstleistungsunternehmen erbrachten Arten von Wertpapierdienstleistungen oder Wertpapiernebendienstleistungen, bei denen ein den Interessen eines Kunden in erheblichem Maße abträglicher Interessenkonflikt aufgetreten ist oder noch während der Erbringung der Dienstleistung auftreten könnte, sind ebenfalls aufzuzeichnen.

(6) ¹Das Protokoll nach § 34 Absatz 2 a Satz 1 des Wertpapierhandelsgesetzes hat vollständige Angaben zu enthalten über
1. den Anlass der Anlageberatung,
2. die Dauer des Beratungsgesprächs,
3. die der Beratung zugrunde liegenden Informationen über die persönliche Situation des Kunden, einschließlich der nach § 31 Absatz 4 Satz 1 des Wertpapierhandelsgesetzes einzuholenden Informationen, sowie über die Finanzinstrumente und Wertpapierdienstleistungen, die Gegenstand der Anlageberatung sind,
4. die vom Kunden im Zusammenhang mit der Anlageberatung geäußerten wesentlichen Anliegen und deren Gewichtung,
5. die im Verlauf des Beratungsgesprächs erteilten Empfehlungen und die für diese Empfehlungen genannten wesentlichen Gründe.

²Im Falle des § 34 Absatz 2 a Satz 4 ist in dem Protokoll außerdem der ausdrückliche Wunsch des Kunden zu vermerken, einen Geschäftsabschluss auch vor Erhalt des Protokolls zu tätigen, sowie auf das eingeräumte Rücktrittsrecht hinzuweisen.

(7) Hinsichtlich der Informationen im Sinne des Absatzes 2 Nr. 3, der Werbemitteilungen im Sinne des § 31 Abs. 2 Satz 1 und 2 des Wertpapierhandelsgesetzes und der Finanzanalysen im Sinne des § 34b des Wertpapierhandelsgesetzes bedarf es neben der Aufbewahrung eines Exemplars der jeweiligen standardisierten Information, Werbemitteilung oder Finanzanalyse keiner weiteren Aufzeichnungen, soweit aus der Aufzeichnung hervorgeht, an welchen Kundenkreis sich die Information, Werbemitteilung oder Finanzanalyse richtet.

(8) Tätigt das Wertpapierdienstleistungsunternehmen ausschließlich Geschäfte mit nur einer Art von Kunden im Sinne des § 31 a Abs. 2, 3 oder 4 des Wertpapierhandelsgesetzes, ist hinsichtlich der Einstufung der Kunden die Aufzeichnung der entsprechenden Organisationsanweisung ausreichend.

(9) ¹Die Aufzeichnungen nach § 34 des Wertpapierhandelsgesetzes sind in der Weise auf einem dauerhaften Datenträger vorzuhalten, dass die Bundesanstalt innerhalb der Aufbewahrungsfrist jederzeit leicht darauf zugreifen und jede wesentliche Phase der Bearbeitung sämtlicher Geschäfte rekonstruieren kann. ²Das Wertpapierdienstleistungsunternehmen muss sicherstellen, dass jede nachträgliche Änderung einer Aufzeichnung und der Zustand vor der Änderung deutlich erkennbar und die Aufzeichnungen vor sachlich nicht gebotenen Änderungen geschützt bleiben.

Literatur:
Lang/Kühne, Anlegerschutz und Finanzkrise – noch mehr Regeln, WM 2009, 1301; *Leuering/Zetsche*, Die Reform des Schuldverschreibungs- und Anlageberatungsrechts – (Mehr) Verbraucherschutz im Finanzmarktrecht?, NJW 2009, 2856; *Pfeifer*, Einführung der Dokumentationspflicht für das Beratungsgespräch durch § 34 Abs. 2a WpHG, BKR 2009, 485; ZBB 2009, 157.

A. Normzweck, europarechtliche Grundlagen

1 Die Norm statuiert Aufzeichnungspflichten für die Wertpapierdienstleistungsunternehmen und setzt Aufbewahrungsfristen fest. Abs. 1 enthält hierbei eine generalklauselartige Regelung zur Aufzeichnung von Geschäften. Darüber hinaus weist Abs. 1 auf den Zweck der Regelung, der BaFin die Prüfung der Einhaltung der in diesem Abschnitt geregelten gesetzlichen Vorschriften zu ermöglichen, hin. In Abs. 2 sind Aufzeichnungspflichten im Hinblick auf mit dem Kunden getroffene Vereinbarungen festgelegt. Abs. 3 regelt Aufbewahrungsfristen. Inhalt von Abs. 4 ist eine Verordnungsermächtigung. Die Pflicht zur Veröffentlichung eines Mindestverzeichnisses von Aufzeichnungspflichten durch die Bundesanstalt ist Gegenstand von Abs. 5.

2 **Europarechtliche Grundlagen** sind insbesondere Art. 13 Abs. 6, Art. 19 Abs. 7, Art. 25 Abs. 2 MiFID sowie Art. 51 Abs. 3 DRL.

3 Die Norm dient nicht dem unmittelbaren Anlegerschutz.[1] Sie verfolgt – wie Abs. 1 klarstellt – ausschließlich das Ziel, der **BaFin** die Prüfung der Einhaltung der in Abschnitt 6 geregelten Pflichten zu ermöglichen.[2]

---

1 Fuchs/*Fuchs*, WpHG, § 34 Rn 2.
2 Zu den Konsequenzen dieser Regelung – auch im Hinblick auf das Zivilrecht – s. *Koller*, in: Assmann/Schneider, § 34a Rn 1.

Abs. 1 verweist zunächst auf **Art. 7 und 8 der Durchführungsverordnung**. Diese enthalten – als unmittelbar geltendes Recht – einen abschließenden Katalog von Aufzeichnungspflichten im Hinblick auf Kundenaufträge und die Ausführung von Geschäften.[3]

Die Regelung wird in Abs. 1 ergänzt. Danach gelten die Aufzeichnungspflichten für die Erbringung aller **Wertpapierdienstleistungen**. Zudem fallen – im Gegensatz zur Vorgängerregelung – auch (alle) Wertpapier**neben**dienstleistungen in den Anwendungsbereich der Norm. Bei reinen Anlagevermittlern sind die Aufzeichnungspflichten auf die erbrachte Vermittlertätigkeit begrenzt[4]

Aufzuzeichnen sind gemäß Abs. 1 auch die **von dem Wertpapierdienstleistungsunternehmen** getätigten Eigengeschäfte.[5]

Abs. 2 enthält Konkretisierungen der allgemeinen Aufzeichnungspflicht im Hinblick auf **Kundenvereinbarungen**.

B. Beratungsprotokoll (Abs. 2 a, 2 b)

Der nachträglich eingefügte **Abs. 2 a** (sowie Abs. 2 b) reformiert die Dokumentation der **Anlageberatung**.[6] Dadurch soll die Durchsetzbarkeit von Ansprüchen der Anleger im Fall einer Falschberatung verbessert werden.[7] Hintergrund der Neuregelung ist die Erkenntnis, dass Wertpapierdienstleistungsunternehmen in der Vergangenheit häufig nur ansatzweise Aufzeichnungen über die von ihnen durchgeführten Anlageberatungen erstellten. Die Aufzeichnungen beschränkten sich in der Regel auf die eingeholten Kundenangaben, die Risikoklasse sowie die Aufklärung der Kunden. Zudem wurde vermerkt, ob eine Anlageberatung stattgefunden hat und welches Finanzinstrument der Kunde erworben oder verkauft hat.[8] Keinen Aufschluss gaben die Unterlagen der Wertpapierdienstleistungsunternehmen hingegen oft über den Hergang und die abschließenden Empfehlungen des Beratungsgesprächs. So ist es für die BaFin kaum nachprüfbar gewesen, ob ein Kunde etwa zu einem Finanzinstrument überredet wurde, das einer anderen als der von ihm ursprünglich gewollten Risikoklasse entsprach. Das Gleiche gilt für ein Abraten von dem Verkauf eines Finanzinstruments, den der Kunde im Hinblick auf von ihm angenommene Verlustrisiken vornehmen wollte.[9] Auch innerhalb einer Risikoklasse ist ein Abraten bzw „Umberaten" – etwa von einer Aktie A zu einer Aktie B, kaum nachprüfbar gewesen. Die Resonanz auf die gesetzlichen Neuerungen ist heterogen.[10] Der Erfolg der Regelung wird entscheidend davon abhängen, ob bzw inwieweit insbesondere die Freitextfelder in den überwiegend verwendeten standardisierten Protokollvordrucken aussagekräftig befüllt werden. Eine erste systematische Untersuchung hinsichtlich der Umsetzung der neuen Vorschriften hat die BaFin bereits vorgenommen.[11]

Dieser Praxis soll mit dem Beratungsprotokoll entgegengewirkt werden. Das Wertpapierdienstleistungsunternehmen muss deshalb nach S. 1 der Vorschrift über jede **Anlageberatung** bei **Privatkunden** ein schriftliches Protokoll anfertigen.

Angesichts des öffentlich-rechtlichen Charakters der Vorschrift kann auf die Erstellung eines Protokolls **nicht verzichtet** werden. Das gilt auch dann, wenn der Kunde dies anregt oder verlangt.[12]

Abs. 2 a S. 2 Hs 1 stellt klar, dass das Protokoll von dem Berater zu unterzeichnen ist, der die Beratung durchgeführt hat. Gemäß Abs. 2 a S. 2 Hs 2 ist dem **Kunden eine Ausfertigung zur Verfügung zu stellen.** Dies hat unverzüglich nach Abschluss der Anlageberatung zu erfolgen, auf jeden Fall vor einem auf der Beratung beruhenden Geschäftsabschluss. Die Zurverfügungstellung muss in Papierform oder auf einem anderen dauerhaften Datenträger vorgenommen werden. Dadurch wird es dem Kunden ermöglicht, das Protokoll zu überprüfen. Zudem wird das Protokoll vor Manipulationen geschützt. Der Kunde wird so in die Lage versetzt, das Beratungsgesprächsgespräch auszuwerten und eine fundierte Anlageentscheidung zu treffen. Im Streitfall kann das Protokoll als Beweismittel dienen[13]

Wird der Kunde bei der Beratung vertreten, dürfte der **Vertreter** grundsätzlich auch zur Entgegennahme des Protokolls berechtigt sein.[14]

---

3 Begr. RegE (FRUG), BT-Drucks. 16/4028, S. 75.
4 Begr. RegE (FRUG), BT-Drucks. 16/4028, S. 75.
5 Begr. Reg.E (FRUG), BT-Drucks. 16/4028, S. 75.
6 Eingefügt durch das Gesetz zur Neuregelung der Rechtsverhältnisse bei Schuldverschreibungen aus Gesamtemissionen und zur verbesserten Durchsetzbarkeit von Ansprüchen von Anlegern aus Falschberatung v. 31.7.2009 (BGBl. I, 2512), in Kraft getreten am 5.8.2009.
7 BT-Drucks. 16/12814, S. 27.
8 BT-Drucks. 16/12814, S. 27.
9 BT-Drucks. 16/12814, S. 27.
10 ZBB 2009, 160: „nicht vielmehr als der... Tropfen auf dem heißen Stein"; skeptisch auch *Leuering/Zetsche*, NJW 2009, 2856, 2860 f; kritisch, aus Sicht des BVR: *Claßen*, BI 2009, 72.
11 Die an eine Reihe von Wertpapierdienstleistungsunternehmen gestellten Fragen sind abgedruckt in IDW Fachnachrichten 2010, 94.
12 AA *Lang/Kühne*, WM 2009, 1301, 1306.
13 BT-Drucks. 16/12814, S. 27.
14 *Pfeifer*, BKR 2009, 485, 489.

13 Inhaltliche Vorgaben an das Beratungsprotokoll trifft § 14 Abs. 6 WpDVerOV, wonach das Protokoll insbesondere vollständige Angaben zu den folgenden Punkten zu enthalten hat: Zunächst muss gemäß § 14 Abs. 6 S. 1 Nr. 1 WpDVerOV der **Anlass der Anlageberatung** von den Wertpapierdienstleistungsunternehmen in das Protokoll aufgenommen werden. Diese Information gibt Aufschluss darüber, von wem die Initiative zu dem Gespräch ausging, ob es Vorgaben an das Unternehmen gab, Kunden auf bestimmte Produkte anzusprechen („Vertriebsdruck"), aber auch, ob ein Kunde in einer besonderen persönlichen Situation oder auf Informationen von dritter Seite hin um Beratung nachgesucht hat.[15]

14 Die nach § 14 Abs. 6 S. 1 Nr. 2 WpDVerOV in das Protokoll aufzunehmende **Dauer des Beratungsgesprächs** lässt Rückschlüsse auf die Qualität sowie die Plausibilität der inhaltlichen Angaben zum Gesprächsverlauf der Beratung zu.[16]

15 § 14 Abs. 6 S. 1 Nr. 3 WpDVerOV verlangt Angaben zu den der Beratung **zugrundeliegenden Informationen** über die persönliche Situation des Kunden einschließlich der nach § 31 Abs. 4 einzuholenden Kundenangaben im Beratungsprotokoll. Weiterhin müssen Angaben zu den Finanzinstrumenten und Wertpapierdienstleistungen, die Gegenstand der Anlageberatung sind, enthalten sein. Beide Informationen sind unerlässlich, um die Ordnungsmäßigkeit der Beratung überprüfen zu können. Dies ist für die Eignung des Protokolls als Beweismittel von Bedeutung.[17]

16 Auch die vom Kunden im Zusammenhang mit der Anlageberatung geäußerten **wesentlichen Anliegen** einschließlich deren **Gewichtung** sind – wie § 14 abs. 6 S. 1 Nr. 4 WpDVerOV klarstellt – in das Protokoll aufzunehmen. Insbesondere bei mehreren und sich möglicherweise widersprechenden Anlagezielen kommt den Angaben im Beratungsprotokoll eine besondere Bedeutung zu. Als Beispiel wird hier etwa angeführt, dass der Anleger eine sichere Anlage erwerben, gleichzeitig aber auch eine außergewöhnliche Rendite erzielen möchte. In diesem Fall muss sich aus dem Protokoll ergeben, welches Ziel vorrangig sein sollte und inwieweit der Kunde hier von seinem Berater geleitet wurde.[18]

17 Als letzten explizit genannten Protokollbestandteil benennt § 14 Abs. 1 S. 1 Nr. 5 WpDVerOV die im Verlauf des Beratungsgesprächs erteilten Empfehlungen und die für diese Empfehlungen **maßgeblichen Gründe**. Auch Empfehlungen, die nicht weiter verfolgt werden, fallen unter die Regelung.[19]

18 Gehen der Anlageentscheidung mehrere Beratungsgespräche voraus, ist grundsätzlich ein Protokoll für **jedes Gespräch** anzufertigen.[20]

19 Für den Fall der Anlageberatung über Kommunikationsmittel, die die Übermittlung des Protokolls vor Geschäftsabschluss nicht gestatten, eröffnet S. 3 den Wertpapierdienstleistungsunternehmen die Möglichkeit, dem Kunden eine Ausfertigung des Protokolls **unverzüglich nach Abschluss der Anlageberatung** zuzusenden. Hier ist insbesondere an die telefonische Beratung zu denken.

20 In den Fällen des Abs. 2 a S. 3 kann der Geschäftsabschluss, wie Abs. 2 a S. 4 bestimmt – **vor Erhalt** des Protokolls erfolgen, wenn folgende Voraussetzungen vorliegen: Es muss ein **ausdrücklicher** dahin gehender **Kundenwunsch** geäußert worden sein. Zudem muss das Wertpapierdienstleistungsunternehmen dem Kunden für den Fall eines unrichtigen oder unvollständigen Protokolls ausdrücklich ein innerhalb von einer Woche nach dem Zugang des Protokolls auszuübendes **Recht zum Rücktritt** von dem auf der Beratung beruhendem Geschäft eingeräumt haben. Abs. 2 a S. 5 verlangt einen Hinweis auf Rücktrittsrecht und Frist an den Kunden.

21 Der Gesetzgeber hat allerdings darauf verzichtet, die **Folgen des Rücktritts** und einige hieraus resultierende Fragen zu regeln.[21]

22 Nach § 14 **Abs. 6 S. 2 WpDVerOV** ist der ausdrückliche Wunsch des Kunden, einen Geschäftsabschluss auch vor Erhalt des Protokolls zu tätigen, zu vermerken. Ebenso muss ein Hinweis auf das eingeräumte Rücktrittsrecht enthalten sein.

23 Die **Beweislast** hinsichtlich der Vollständigkeit und Richtigkeit des Protokolls für den Fall des Bestreitens des Rechts zum Rücktritt weist Abs. 2 a S. 6 dem Wertpapierdienstleistungsunternehmen zu.

24 Der neu eingefügte **Abs. 2 b** gewährt dem Kunden einen Anspruch auf Herausgabe einer Ausfertigung des Protokolls nach Abs. 2 a gegen das Wertpapierdienstleistungsunternehmen. Damit wird es dem Kunden erleichtert, etwaige zivilrechtliche Ansprüche gegen das Unternehmen zu prüfen und durchzusetzen. Durch Abs. 2 b wird klargestellt, dass der Verpflichtung des Wertpapierdienstleistungsunternehmens zur Aushändigung des Protokolls ein korrespondierender Anspruch des Kunden gegenübersteht. Hintergrund ist die Aufgabenstellung der BaFin, die die aufsichtsrechtliche Pflicht nach Abs. 2 a nur im öffentlichen Interesse und

---

15 Begr. WpDVerOV, BT-Drucks. 16/12814, S. 28.
16 Begr. WpDVerOV, BT-Drucks. 16/12814, S. 28.
17 Begr. WpDVerOV, BT-Drucks. 16/12814, S. 28.
18 Begr. WpDVerOV, BT-Drucks. 16/12814, S. 28.
19 Begr. WpDVerOV, BT-Drucks. 16/12814, S. 28.
20 AA *Lang/Kühne*, WM 2009, 1301, 1306, wenn es sich um einen „einheitlichen Lebenssachverhalt" handelt.
21 Zu dieser Thematik s. etwa *Leuering/Zetsche*, NJW 2009, 2856, 2859.

im Rahmen der ihr zur Verfügung stehenden Mittel überprüfen kann. Die Wahrnehmung individueller Anlegerinteressen ist der Aufsichtsbehörde nicht möglich.[22]

Eine **Unterzeichnung** des Protokolls durch den Kunden hat der Gesetzgeber nicht vorgesehen, weil dies Fernabsatzgeschäfte erschweren könnte. Aufsichtsrechtlich nicht zu beanstanden ist die geschäftspolitische Entscheidung eines Wertpapierdienstleistungsunternehmens, sich das Protokoll von seinen Kunden unterzeichnen zu lassen. Das kann auch nach einer vom Kunden gewünschten Prüfungsfrist geschehen.[23] Die Aushändigung des Protokolls darf allerdings nicht von der Unterzeichnung abhängig gemacht werden.

C. Verordnungsermächtigung (Abs. 4)

Von der in Abs. 4 geregelten **Verordnungsermächtigung** wurde durch § 14 WpDVerOV Gebrauch gemacht.

D. Veröffentlichung durch BaFin (Abs. 5)

Nach Abs. 5 veröffentlicht die BaFin auf ihrer **Internetseite** ein **Verzeichnis** der durch die Wertpapierdienstleistungsunternehmen zu erstellenden Mindestaufzeichnungen.

E. Aufbewahrungsfristen (Abs. 3)

Abs. 3 regelt verschiedene **Aufbewahrungsfristen**. Hinzu kommt nach S. 3 eine Ermächtigung der BaFin, in Ausnahmefällen eine längere Aufbewahrungsfrist festzusetzen.

F. Ordnungswidrigkeit (§ 39 Abs. 2 Nr. 10)

Verstöße gegen die Aufzeichnungspflichten des § 34 sind nach § 39 Abs. 2 Nr. 10 bei vorsätzlichem oder fahrlässigem Verhalten bußgeldbewehrt. Die fehlerhafte Erstellung bzw Ausfertigung des Protokolls stellt gemäß § 39 Abs. 2 Nr. 19a–19c eine Ordnungswidrigkeit dar. Ein Verstoß gegen die Aufbewahrungspflicht kann nach § 39 Abs. 2 Nr. 20 sanktioniert werden.

§ 34 a   Getrennte Vermögensverwahrung

(1) ¹Ein Wertpapierdienstleistungsunternehmen, das über keine Erlaubnis für das Einlagengeschäft im Sinne des § 1 Abs. 1 Satz 2 Nr. 1 des Kreditwesengesetzes verfügt, hat Kundengelder, die es im Zusammenhang mit einer Wertpapierdienstleistung oder einer Wertpapiernebendienstleistung entgegennimmt, unverzüglich getrennt von den Geldern des Unternehmens und von anderen Kundengeldern auf Treuhandkonten bei solchen Kreditinstituten, Unternehmen im Sinne des § 53b Abs. 1 Satz 1 des Kreditwesengesetzes oder vergleichbaren Instituten mit Sitz in einem Drittstaat, welche zum Betreiben des Einlagengeschäftes befugt sind, einer Zentralbank oder einem qualifizierten Geldmarktfonds zu verwahren, bis die Gelder zum vereinbarten Zweck verwendet werden. ²Der Kunde kann im Wege individueller Vertragsabrede hinsichtlich der Trennung der Kundengelder voneinander anderweitige Weisung erteilen, wenn er über den mit der Trennung der Kundengelder verfolgten Schutzzweck informiert wurde. ³Zur Verwahrung bei einem qualifizierten Geldmarktfonds hat das Wertpapierdienstleistungsunternehmen die vorherige Zustimmung des Kunden einzuholen. ⁴Das Wertpapierdienstleistungsunternehmen hat dem verwahrenden Institut vor der Verwahrung offen zu legen, dass die Gelder treuhänderisch eingelegt werden. ⁵Es hat den Kunden unverzüglich darüber zu unterrichten, bei welchem Institut und auf welchem Konto die Kundengelder verwahrt werden und ob das Institut, bei dem die Kundengelder verwahrt werden, einer Einrichtung zur Sicherung der Ansprüche von Einlegern und Anlegern angehört und in welchem Umfang die Kundengelder durch diese Einrichtung gesichert sind.

(2) ¹Ein Wertpapierdienstleistungsunternehmen ohne eine Erlaubnis zum Betreiben des Depotgeschäftes im Sinne des § 1 Abs. 1 Satz 2 Nr. 5 des Gesetzes über das Kreditwesen hat Wertpapiere, die es im Zusammenhang mit einer Wertpapierdienstleistung oder einer Wertpapiernebendienstleistung entgegennimmt, unverzüglich einem Kreditinstitut, das im Inland zum Betreiben des Depotgeschäftes befugt ist, oder einem Institut mit Sitz im Ausland, das zum Betreiben des Depotgeschäftes befugt ist und bei welchem dem Kunden

---

22 BT-Drucks. 16/12814, S. 28.
23 BT-Drucks. 16/12814, S. 27.

eine Rechtsstellung eingeräumt wird, die derjenigen nach dem Depotgesetz gleichwertig ist, zur Verwahrung weiterzuleiten. ²Absatz 1 Satz 5 gilt entsprechend.

(3) Das Wertpapierdienstleistungsunternehmen ist verpflichtet, jedem Kunden mindestens einmal jährlich auf einem dauerhaften Datenträger eine Aufstellung der Gelder und Finanzinstrumente zu übermitteln, die nach Absatz 1 oder Absatz 2 für ihn verwahrt werden.

(4) ¹Ein Wertpapierdienstleistungsunternehmen darf Finanzinstrumente, die es nach Absatz 2 oder den Vorschriften des Depotgesetzes für Kunden hält, nur unter genau festgelegten Bedingungen, denen der Kunde im Voraus ausdrücklich zugestimmt hat, für eigene Rechnung oder für Rechnung eines anderen Kunden, insbesondere durch Vereinbarungen über Wertpapierfinanzierungsgeschäfte nach Artikel 2 Abs. 10 der Verordnung (EG) Nr. 1287/2006, nutzen. ²Werden die Finanzinstrumente auf Sammeldepots bei einem Dritten verwahrt, sind für eine Nutzung nach Satz 1 zusätzlich die ausdrückliche Zustimmung aller anderen Kunden des Sammeldepots oder Systeme und Kontrolleinrichtungen erforderlich, mit denen die Beschränkung der Nutzung auf Finanzinstrumente gewährleistet ist, für die eine Zustimmung nach Satz 1 vorliegt. ³Soweit es sich um Privatkunden handelt, muss die Zustimmung nach den Sätzen 1 und 2 durch Unterschrift des Kunden oder auf gleichwertige Weise dokumentiert werden. ⁴In den Fällen des Satzes 2 muss das Wertpapierdienstleistungsunternehmen über Kunden, auf deren Weisung hin eine Nutzung der Finanzinstrumente erfolgt, und über die Zahl der von jedem einzelnen Kunden mit dessen Zustimmung genutzten Finanzinstrumenten Aufzeichnungen führen, die eine eindeutige und zutreffende Zuordnung der im Rahmen der Nutzung eingetretenen Verluste ermöglichen.

(5) ¹Das Bundesministerium der Finanzen kann durch Rechtsverordnung, die nicht der Zustimmung des Bundesrates bedarf, zum Schutz der einem Wertpapierdienstleistungsunternehmen anvertrauten Gelder oder Wertpapiere der Kunden nähere Bestimmungen über den Umfang der Verpflichtungen nach den Absätzen 1 bis 4 sowie zu den Anforderungen an qualifizierte Geldmarktfonds im Sinne des Absatzes 1 erlassen. ²Das Bundesministerium der Finanzen kann die Ermächtigung durch Rechtsverordnung auf die Bundesanstalt übertragen.

§ 9 a WpDVerOV Berichtspflichten des Wertpapierdienstleistungsunternehmens bei Verwahrung von Kundenvermögen

(1) ¹Ein Wertpapierdienstleistungsunternehmen, welches Finanzinstrumente oder Gelder eines Kunden nach § 34 a Abs. 1 oder Abs. 2 des Wertpapierhandelsgesetzes hält, ist verpflichtet, dem Kunden mindestens einmal jährlich auf einem dauerhaften Datenträger eine Aufstellung der betreffenden Finanzinstrumente oder Gelder zu übermitteln. Die Aufstellung muss folgende Angaben enthalten:
1. Angaben zu allen Finanzinstrumenten und Geldern, die das Wertpapierdienstleistungsunternehmen am Ende des von der Aufstellung erfassten Zeitraums für den betreffenden Kunden hält; für den Fall, dass das Portfolio des Kunden Erlöse aus noch nicht abgerechneten Geschäften enthält, kann entweder das Abschluss- oder Abwicklungsdatum herangezogen werden, vorausgesetzt, dass für alle derartigen Informationen in der Aufstellung so verfahren wird,
2. Angaben darüber, inwieweit Finanzinstrumente oder Gelder der Kunden Gegenstand von Wertpapierfinanzierungsgeschäften zwischen dem Wertpapierdienstleistungsunternehmen und einem Dritten gewesen sind, und
3. die Höhe und Grundlage etwaiger Erträge, die dem Kunden aus der Beteiligung an Wertpapierfinanzierungsgeschäften zwischen dem Wertpapierdienstleistungsunternehmen und einem Dritten über Finanzinstrumente des Kunden zugeflossen sind.

²Die Pflicht nach Satz 1 gilt nicht, wenn eine solche Aufstellung dem Kunden bereits in einer anderen periodischen Aufstellung übermittelt wurde.

(2) Wertpapierdienstleistungsunternehmen, die Finanzinstrumente oder Gelder halten und für einen Kunden Finanzportfolioverwaltung erbringen, können die Aufstellung der Vermögenswerte nach Absatz 1 in die periodische Aufstellung nach § 9 Abs. 1 einbeziehen.

§ 14 a WpDVerOV Getrennte Vermögensverwahrung

(1) ¹Wertpapierdienstleistungsunternehmen müssen bei der Auswahl, Beauftragung und regelmäßigen Überwachung von Dritten, bei denen sie nach § 34 a Abs. 1 oder 2 des Wertpapierhandelsgesetzes Kundengelder oder Kundenfinanzinstrumente verwahren, mit der erforderlichen Sorgfalt und Gewissenhaftigkeit vorgehen. ²Insbesondere sind die fachliche Eignung und die Reputation der Dritten sowie die relevanten Vorschriften und Marktpraktiken des Dritten im Zusammenhang mit der Verwahrung zu prüfen.

(2) ¹Bei der Auswahl eines Verwahrers mit Sitz in einem Drittstaat genügt ein Wertpapierdienstleistungsunternehmen seinen Pflichten nach Absatz 1 in Bezug auf die Verwahrung von Kundenfinanzinstrumenten

nur dann, wenn der Dritte besonderen Vorschriften für die Verwahrung und einer besonderen Aufsicht unterliegt. ²Bei einem Dritten, der keinen besonderen Vorgaben nach Satz 1 unterliegt, dürfen Kundenfinanzinstrumente nur dann verwahrt werden, wenn die Verwahrung bei diesem wegen der Art der betreffenden Finanzinstrumente oder Wertpapierdienstleistungen erforderlich ist oder ein professioneller Kunde das Wertpapierdienstleistungsunternehmen zur Verwahrung bei einem Dritten in diesem Drittstaat zumindest in Textform angewiesen hat.
(3) Um die Rechte von Kunden an den ihnen gehörenden Geldern und Finanzinstrumenten nach § 34a Abs. 1 und 2 des Wertpapierhandelsgesetzes zu schützen, sind Wertpapierdienstleistungsunternehmen verpflichtet,
1. durch Aufzeichnungen und eine korrekte Buchführung jederzeit eine Zuordnung der von ihnen gehaltenen Gelder und Finanzinstrumente zu den einzelnen Kunden und deren Abgrenzbarkeit von eigenen Vermögenswerten zu gewährleisten,
2. ihre Aufzeichnungen und Bücher regelmäßig mit denen aller Dritten, bei denen sie nach § 34a Abs. 1 oder 2 des Wertpapierhandelsgesetzes ihren Kunden gehörende Gelder oder Finanzinstrumente verwahren, abzugleichen,
3. organisatorische Vorkehrungen zu treffen, um das Risiko eines Verlustes oder Teilverlustes von Kundengeldern oder Finanzinstrumenten oder damit verbundenen Rechten durch Pflichtverletzungen so gering wie möglich zu halten.
(4) Bei der Verwahrung von Kundengeldern nach § 34a Abs. 1 des Wertpapierhandelsgesetzes müssen Wertpapierdienstleistungsunternehmen sicherstellen, dass die Kundengelder auf einem oder mehreren separaten Konten geführt werden, die von anderen Konten, auf denen Gelder des Wertpapierdienstleistungsunternehmens geführt werden, getrennt sind.
(5) Bei der Verwahrung von Kundenfinanzinstrumenten nach § 34a Abs. 2 des Wertpapierhandelsgesetzes sind Wertpapierdienstleistungsunternehmen verpflichtet, die notwendigen Vorkehrungen zu treffen, um jederzeit eine korrekte Abgrenzbarkeit der Kundenfinanzinstrumente von den eigenen Vermögenswerten und denjenigen des mit der Verwahrung beauftragten Instituts zu gewährleisten.
(6) ¹Ein Wertpapierdienstleistungsunternehmen muss Kunden, deren Gelder oder Finanzinstrumente es nach § 34a Abs. 1 oder 2 des Wertpapierhandelsgesetzes entgegennimmt, über Sicherungs-, Pfand oder Verrechnungsrechte informieren, die hieran zu seinen Gunsten oder zugunsten einer Verwahrstelle bestehen oder entstehen könnten. ²Unterliegt die Verwahrung der Gelder oder Finanzinstrumente dem Recht eines Drittstaates, sind die Kunden hierüber zu informieren und darauf hinzuweisen, dass dies ihre Rechte an den Geldern oder Finanzinstrumenten beeinflussen kann.
(7) Privatkunden sind darüber zu informieren, wo ihre Gelder oder Finanzinstrumente bei einem Dritten verwahrt werden könnten, welche Folgen eine Zahlungsunfähigkeit einer Verwahrstelle mit Sitz im Ausland haben könnte und inwieweit das Wertpapierdienstleistungsunternehmen für das Verhalten dieser ausländischen Verwahrstelle haftet.
(8) Bevor Kundenfinanzinstrumente an einen Verwahrer mit Sitz im Ausland weitergeleitet werden, wo sie nicht von Vermögenswerten anderer Kunden, des Wertpapierdienstleistungsunternehmens oder des mit der Verwahrung Beauftragten getrennt verwahrt werden, sind Privatkunden angemessen zu unterrichten und auf die damit verbundenen Risiken eindeutig hinzuweisen.
(9) Die Bedingungen der Nutzung von Kundenfinanzinstrumenten nach § 34a Abs. 4 Satz 1 des Wertpapierhandelsgesetzes einschließlich der Bedingungen für die Beendigung der Nutzung und die mit der Nutzung verbundenen Risiken sind Privatkunden auf einem dauerhaften Datenträger zu übermitteln.
(10) ¹Die Informationen nach den Absätzen 6 bis 9 sind an Privatkunden vor Erbringung der Wertpapierdienstleistung oder Wertpapiernebendienstleistung zu übermitteln. ²§ 5 Abs. 3 Satz 2 gilt entsprechend. ³Bei professionellen Kunden gilt Satz 1 nur hinsichtlich der Informationen nach Absatz 6.
(11) Qualifizierte Geldmarktfonds im Sinne des § 34a Abs. 1 Satz 1 des Wertpapierhandelsgesetzes sind Investmentvermögen, die
1. im Inland oder in einem anderen Mitgliedstaat der Europäischen Union oder einem anderen Vertragsstaat des Abkommens über den Europäischen Wirtschaftsraum nach Maßgabe der Richtlinie 85/611/EWG des Rates vom 20. Dezember 1985 zur Koordinierung der Rechts- und Verwaltungsvorschriften betreffend bestimmte Organismen für gemeinsame Anlagen in Wertpapieren (OGAW) (ABl. EG Nr. L 375 S. 3) in der jeweils geltenden Fassung zugelassen oder einer Aufsicht über Vermögen zur gemeinschaftlichen Kapitalanlage unterstellt sind,
2. zur Erreichung ihres primären Anlageziels, das eingezahlte Kapital oder das eingezahlte Kapital zuzüglich der Erträge zu erhalten, ausschließlich in Geldmarktinstrumenten angelegt sind, die
   a) über eine Restlaufzeit von nicht mehr als 397 Tagen verfügen oder deren Rendite regelmäßig, mindestens jedoch alle 397 Tage, an die Bedingungen des Geldmarktes angepasst wird,

b) eine gewichtete durchschnittliche Restlaufzeit von 60 Tagen haben und
c) von mindestens einer Ratingagentur, die Geldmarktfonds regelmäßig gewerblich bewertet und im Sinne des Artikels 81 Abs. 1 der Richtlinie 2006/48/EG des Europäischen Parlaments und des Rates vom 14. Juni 2006 über die Aufnahme und Ausübung der Tätigkeiten der Kreditinstitute (ABl. EU Nr. L 177 S. 1) anerkannt ist, die höchste und von keiner solchen Ratingagentur eine schlechtere Bewertung erhalten haben,

wobei ergänzend die Anlage in Guthaben bei einem Kreditinstitut, einer Zweigniederlassung von Kreditinstituten im Sinne des § 53 b Abs. 1 Satz 1 des Kreditwesengesetzes oder vergleichbaren Instituten mit Sitz in einem Drittstaat zulässig ist, und

3. deren Wertstellung spätestens an dem auf den Rücknahmeauftrag des Anlegers folgenden Bankarbeitstag erfolgt.

Literatur:
Du Buisson, Kundengeldverwahrung nach § 34 a Abs. 1 WpHG n.F., WM 2009, 834; *Wolf*, Anwendung des § 34 a Abs. 1 WpHG durch Wertpapierdienstleistungsunternehmen, BKR 2002, 892.

A. Normzweck, europarechtliche Grundlagen 1	III. Trennung der Kundengelder 14
B. Verwahrung der Kundengelder (Abs. 1) 3	C. Verwahrung der Finanzinstrumente (Abs. 2) 21
I. Normadressaten 3	D. Aufstellung (Abs. 3) 26
II. Verwahrung der Kundengelder (Abs. 1) 6	E. Nutzung von Finanzinstrumenten (Abs. 4) 27
1. Grundsatz 6	F. Verordnungsermächtigung (Abs. 5) 31
2. Verwahrer 10	

A. Normzweck, europarechtliche Grundlagen

1 Mit der Vorschrift sollen die **Rechte der Anleger** an den ihnen gehörenden Geldern – insbesondere im Konkursfall des Wertpapierdienstleistungsunternehmens – geschützt werden. Ein weiterer Zweck besteht in dem Schutz der Wertpapiere der Anleger. Umstritten ist, inwieweit eine „kriminalpolitische Motivation" hinter der Vorschrift steht.[1] Als öffentlich-rechtliche Norm ist § 34 a nicht vertraglich abdingbar.[2]

2 § 34 b aF setzte Art. 10 Abs. 1 S. 2 Spiegelstrich 2 und 3 der Wertpapierdienstleistungsrichtlinie in deutsches Recht um. Seit der Einführung der Regelung erfolgten mehrere Änderungen.[3] Die jetzt gültige Fassung trägt den Vorgaben von Art. 13 Abs. 7 u. 8 MiFID sowie Art. 19 Abs. 1 und Art. 43 Abs. 1 DRL-Rechnung.

B. Verwahrung der Kundengelder (Abs. 1)

3 **I. Normadressaten.** Normadressaten sind gemäß Abs. 1 bestimmte Wertpapierdienstleistungsunternehmen. Hier ist der sog. **formelle Institutsbegriff** entscheidend. Das heißt, als Wertpapierdienstleistungsunternehmen gelten solche Unternehmen, die für ihre Tätigkeit über eine entsprechende Erlaubnis nach dem KWG verfügen.[4] Da es sich bei den einzelnen Wertpapierdienstleistungen zugleich auch um Bankgeschäfte bzw. Finanzdienstleistungen iSd KWG handelt, macht sich nach § 54 Abs. 1 Nr. 2 KWG strafbar, wer diese ohne Erlaubnis der BaFin erbringt.

4 Die Wertpapierdienstleistungsunternehmen dürfen **keine Erlaubnis für das Einlagengeschäft**, wie es in § 1 Abs. 1 S. 2 Nr. 1 KWG definiert ist, besitzen. De facto betrifft die Regelung deshalb Finanzdienstleistungsunternehmen, nicht aber Banken und Sparkassen.

5 Weiterhin muss das Wertpapierdienstleistungsunternehmen nach Abs. 1 S. 1 im Zusammenhang mit einer Wertpapierdienst- oder nebendienstleistung **Kundengelder entgegennehmen**. Ob es diese im eigenen Namen und auf Rechnung des Kunden verwendet, spielt keine Rolle.[5]

6 **II. Verwahrung der Kundengelder (Abs. 1). 1. Grundsatz.** Die Norm statuiert in Abs. 1 S. 1 die Verpflichtung, die entgegengenommenen Gelder unverzüglich auf **Treuhandkonten** zu verwahren.

7 Als kontoführende Stelle gibt der Gesetzgeber mehrere Alternativen vor.[6] Bei der **Auswahl**, Beauftragung und regelmäßigen Überwachung des Dritten – sowohl in den Fällen des § 34 a Abs. 1 als auch Abs. 2 – muss das Wertpapierdienstleistungsunternehmen gemäß § 14 a Abs. 1 S. 1 WpDVerOV mit der erforderlichen **Sorgfalt und Gewissenhaftigkeit** vorgehen. § 14 a Abs. 1 S. 2 WpDVerOV verlangt insbesondere eine

---

1 Dagegen: *du Buisson*, WM 2009, 834, 835 f; dafür: Fuchs/*Fuchs*, WpHG, § 34 a Rn 1.
2 BVerwG v. 24.4.2002 – 6 C 2.02, S. 21.
3 Siehe hierzu Fuchs/*Fuchs*, WpHG, § 13 Rn 2.
4 *Wolf*, BKR 2002, 892 f.
5 Begr. RegE (FRUG), BT-Drucks. 16/4028, S. 76.
6 Siehe unten Rn 10–13.

Prüfung der fachlichen Eignung und der Reputation des Dritten sowie dessen Marktpraktiken und der relevanten Vorschriften.

Bei der Auswahl eines Verwahrers mit Sitz in einem Drittstaat genügt das Wertpapierdienstleistungsunternehmen – wie § 14a Abs. 2 S. 1 WpDVerOV bestimmt – seinen Pflichten nach Abs. 1 nur dann, wenn der **Dritte besonderen Vorschriften** für die Verwahrung und einer **besonderen Aufsicht unterliegt.** Ist dies nicht der Fall, dürfen Finanzinstrumente nach § 14a Abs. 2 S. 2 WpDVerOV nur dann bei dem Dritten verwahrt werden, wenn die Verwahrung bei ihm wegen der Art der betreffenden Finanzinstrumente oder Wertpapierdienstleistungen erforderlich ist. 8

Alternativ ist die Verwahrung nach § 14a Abs. 2 S. 2 WpDVerOV bei einem Dritten dann zulässig, wenn ein **professioneller Kunde** das Wertpapierdienstleistungsunternehmen zur Verwahrung bei einem Dritten in diesem Drittstaat **angewiesen** hat. 9

2. Verwahrer. Verwahrer nach Abs. 1 S. 1 kann einmal ein **inländisches Kreditinstitut** sein. Der Begriff des Kreditinstituts ist im materiellrechtlichen Sinn zu verstehen.[7] 10

Als zweite Alternative kommt ein **Einlagenkreditinstitut oder Wertpapierhandelsunternehmen** mit **Sitz in einem anderen Staat des Europäischen Wirtschaftsraums** (§ 53b Abs. 1 S. 1 KWG) in Betracht. Ebenso zulässig sind Konten bei vergleichbaren Instituten mit Sitz in einem Drittstaat, welche zum Betreiben des Einlagengeschäfts befugt sind. Durch die lediglich Anforderung der Vergleichbarkeit trägt die Regelung den vielfältigen Rahmenbedingungen in anderen Mitgliedstaaten Rechnung.[8] 11

Als dritte Möglichkeit hat der Gesetzgeber die Verwahrung auf Treuhandkonten einer **Zentralbank** vorgesehen. 12

Eine weitere Möglichkeit stellt die Verwahrung bei einem **qualifizierten Geldmarktfonds** dar. Der Begriff wird in § 14a Abs. 11 WpDVerOV näher erläutert. 13

III. Trennung der Kundengelder. Die Verwahrung hat gemäß Abs. 1 S. 1 zum einen **getrennt von anderen Kundengeldern** zu erfolgen. Weiterhin ist eine **Trennung von den Geldern des Unternehmens** vorgeschrieben. Das Wertpapierdienstleistungsunternehmen muss nach § 14a Abs. 4 WpDVerOV sicherstellen, dass die Kundengelder auf einem oder mehreren separaten Konten geführt werden, die von anderen Konten, auf denen Gelder des Wertpapierdienstleistungsunternehmens geführt werden, getrennt sind. 14

Die getrennte Verwahrung der Kundengelder ist **bis zur Verwendung** der Gelder zum vereinbarten Zweck vorzunehmen. 15

Der Kunde kann allerdings hinsichtlich der Trennung der Kundengelder voneinander gemäß Abs. 1 S. 2 eine **andere Weisung** erteilen. Diese muss im Wege der individuellen Vertragsabrede erfolgen. Weitere Voraussetzung ist die vorherige **Aufklärung** des Kunden über den Schutzzweck, der mit der Trennung der Kundengelder erfolgt.[9] 16

Unter diesen Voraussetzungen sind **Sammelkonten** („Omnibuskonten") zulässig. Eine Beeinträchtigung des Kundenschutzes ist damit nicht verbunden. Diesem wird durch die vorstehend geschilderte Informationspflicht des Kunden sowie dessen Zustimmung Rechnung getragen. Hinzu kommt, dass dem Wertpapierdienstleistungsunternehmen auch weiterhin die Ausgestaltung als Treuhandkonto zwingend vorgegeben ist.[10] 17

Erfolgt die Verwahrung bei einem **qualifizierten Geldmarktfonds**, ist die **vorherige Zustimmung** des Kunden einzuholen, wie Abs. 1 S. 3 bestimmt. 18

Abs. 1 S. 4 verpflichtet die Normadressaten, dem verwahrenden Institut die **treuhänderische Verwahrung** der Gelder **offen zu legen**. Die Information hat *vor* der Verwahrung zu erfolgen. 19

Zu den Unterrichtungspflichten gehört nach Abs. 1 S. 5 die **Information** über das **verwahrende Institut** sowie das entsprechende **Konto**. Auch über die Zugehörigkeit des Unternehmens zu einem Einlagensicherungssystem sowie dessen Umfang ist der Kunde zu unterrichten. Die Unterrichtung hat unverzüglich zu erfolgen. 20

C. Verwahrung der Finanzinstrumente (Abs. 2)

Mit der in Abs. 2 geregelten **Weiterleitungsverpflichtung** wird sichergestellt, dass durch die sorgfältige Auswahl des Verwahrers auch diejenigen Werte des Kunden geschützt werden, für die das Depotgesetz – mangels einer Zwischenverwahrertätigkeit des Wertpapierdienstleistungsunternehmens – bei der Weiterleitung keine Anwendung findet.[11] Normadressaten sind nach S. 1 Wertpapierdienstleistungsunternehmen ohne 21

---

7 BT-Drucks. 13/7142, S. 110.
8 Begr. RegE (FRUG), BT-Drucks. 16/4028, S. 66.
9 Die Kundeninteressen sind hier ausreichend geschützt, s. hierzu BT-Drucks. 16/4028, S. 76; s. auch Fuchs/*Fuchs*, WpHG, § 34a Rn 14.
10 Begr. RegE (FRUG), BT-Drucks. 16/4028, S. 76.
11 BT-Drucks. 13/7142, S. 110.

Schäfer

eine Erlaubnis zum Betreiben des Depotgeschäfts iSd § 1 Abs. 1 S. 2 Nr. 5 KWG. Diese haben **Wertpapiere**, die sie im Zusammenhang mit einer Wertpapierdienstleistung oder Wertpapiernebendienstleistung entgegennehmen, unverzüglich zur Verwahrung weiterzuleiten.

22 Die Weiterleitung kann erstens an ein **Kreditinstitut**, das im Inland zum Betreiben des **Depotgeschäfts befugt** ist, erfolgen.

23 Alternativ können die Wertpapiere an ein **Institut mit Sitz im Ausland**, das zum Betreiben des **Depotgeschäfts befugt** ist und das dem Kunden eine Rechtsstellung einräumt, die derjenigen nach dem Depotgesetz gleichwertig ist, weitergeleitet werden.

24 Abs. 2 S. 2 ordnet zudem die entsprechende Anwendung von Abs. 1 S. 5 – also verschiedene Unterrichtungspflichten – an.[12]

25 § 14 a Abs. 5 WpDVerOV verlangt von Wertpapierdienstleistungsunternehmen, die Kundenfinanzinstrumente nach Abs. 2 verwahren, die notwendigen **Vorkehrungen** zu treffen, um jederzeit eine korrekte **Abgrenzbarkeit** der Kundenfinanzinstrumente von den eigenen Vermögenswerten und denjenigen des mit der Verwahrung beauftragten Instituts zu gewährleisten.

D. Aufstellung (Abs. 3)

26 Nach Abs. 3 hat das Wertpapierdienstleistungsunternehmen dem Kunden **jährlich** eine **Aufstellung** der für ihn verwahrten Gelder und Finanzinstrumente zu übermitteln. Diese kann im Rahmen einer periodischen Aufstellung erfolgen. Eine gesonderte Übermittlung ist hierfür nicht erforderlich.[13] Einzelheiten – insbesondere zu den notwendigen Angaben der Aufstellung – enthält § 9 a Abs. 1 WpDVerOV.

E. Nutzung von Finanzinstrumenten (Abs. 4)

27 Abs. 4 S. 1 ermöglicht den Wertpapierdienstleistungsunternehmen die **Nutzung von Finanzinstrumenten**, die sie nach Abs. 2 oder den Vorschriften des Depotgesetzes für Kunden halten, für eigene Rechnung oder für Rechnung eines anderen Kunden. In Betracht hierfür kommen insbesondere Wertpapierfinanzierungsgeschäfte nach Art. 2 Abs. 10 VO (EG) Nr. 1287/2006. Dies setzt genau festgelegte Bedingungen, denen der Kunde vorher ausdrücklich zugestimmt hat, voraus.

28 Bei einer Verwahrung der Finanzinstrumente auf Sammeldepots eines Dritten verlangt Abs. 4 S. 2 zusätzlich die **ausdrückliche Zustimmung** aller anderen Kunden des Sammeldepots. Alternativ sind Systeme und Kontrolleinrichtungen erforderlich, mit denen die Beschränkung der Nutzung auf solche Finanzinstrumente gewährleistet ist, für die eine Zustimmung nach S. 1 vorliegt.

29 Bei Privatkunden ist die Zustimmung nach den Sätzen 1 und 2 durch **Unterschrift** des Kunden oder auf gleichwertige Weise zu dokumentieren, wie Abs. 4 S. 3 der Norm festlegt.

30 Gemäß Abs. 4 S. 4 muss das Wertpapierdienstleistungsunternehmen außerdem in den Fällen des Satzes 2 **Aufzeichnungen** über Kunden, auf deren Weisung hin eine Nutzung der Finanzinstrumente erfolgt sowie über die Zahl der von jedem einzelnen Kunden mit dessen Zustimmung genutzten Finanzinstrumente, führen. Die Aufzeichnungen müssen eine eindeutige und zutreffende Zuordnung der im Rahmen der Nutzung eingetretenen Verluste ermöglichen.

F. Verordnungsermächtigung (Abs. 5)

31 Von der in Abs. 5 geregelten Ermächtigung für das Bundesministerium der Finanzen, nähere Bestimmungen in einer Rechtsverordnung zu erlassen sowie von der Möglichkeit, die Verordnungsermächtigung auf die Aufsichtsbehörde zu übertragen, wurde durch §§ 9 a, 14 a WpDVerOV Gebrauch gemacht.

§ 34 b Analyse von Finanzinstrumenten

(1) [1]Personen, die im Rahmen ihrer Berufs- oder Geschäftstätigkeit eine Information über Finanzinstrumente oder deren Emittenten erstellen, die direkt oder indirekt eine Empfehlung für eine bestimmte Anlageentscheidung enthält und einem unbestimmten Personenkreis zugänglich gemacht werden soll (Finanzanalyse), sind zu der erforderlichen Sachkenntnis, Sorgfalt und Gewissenhaftigkeit verpflichtet. [2]Die Finanz-

---

12 Siehe hierzu bereits oben Rn 20.
13 Begr. RegE (FRUG), BT-Drucks. 16/4028, S. 76.

analyse darf nur weitergegeben oder öffentlich verbreitet werden, wenn sie sachgerecht erstellt und dargeboten wird und

1. die Identität der Person, die für die Weitergabe oder die Verbreitung der Finanzanalyse verantwortlich ist, und
2. Umstände oder Beziehungen, die bei den Erstellern, den für die Erstellung verantwortlichen juristischen Personen oder mit diesen verbundenen Unternehmen Interessenkonflikte begründen können,

zusammen mit der Finanzanalyse offen gelegt werden.

(2) Eine Zusammenfassung einer von einem Dritten erstellten Finanzanalyse darf nur weitergegeben werden, wenn der Inhalt der Finanzanalyse klar und nicht irreführend wiedergegeben wird und in der Zusammenfassung auf das Ausgangsdokument sowie auf den Ort verwiesen wird, an dem die mit dem Ausgangsdokument verbundene Offenlegung nach Absatz 1 Satz 2 unmittelbar und leicht zugänglich ist, sofern diese Angaben öffentlich verbreitet wurden.

(3) ¹Finanzinstrumente im Sinne des Absatzes 1 sind nur solche, die

1. zum Handel an einer inländischen Börse zugelassen oder in den regulierten Markt oder den Freiverkehr einbezogen sind oder
2. in einem anderen Mitgliedstaat der Europäischen Union oder einem anderen Vertragsstaat des Abkommens über den Europäischen Wirtschaftsraum zum Handel an einem organisierten Markt zugelassen sind.

²Der Zulassung zum Handel an einem organisierten Markt oder der Einbeziehung in den geregelten Markt oder in den Freiverkehr steht es gleich, wenn der Antrag auf Zulassung oder Einbeziehung gestellt oder öffentlich angekündigt ist.

(4) Die Bestimmungen der Absätze 1, 2 und 5 gelten nicht für Journalisten, sofern diese einer mit den Regelungen der Absätze 1, 2 und 5 sowie des § 34 c vergleichbaren Selbstregulierung einschließlich wirksamer Kontrollmechanismen unterliegen.

(5) ¹Unternehmen, die Finanzanalysen nach Absatz 1 Satz 1 erstellen oder weitergeben, müssen so organisiert sein, dass Interessenkonflikte im Sinne des Absatzes 1 Satz 2 möglichst gering sind. ²Sie müssen insbesondere über angemessene Kontrollverfahren verfügen, die geeignet sind, Verstößen gegen Verpflichtungen nach Absatz 1 entgegenzuwirken. ³Für Wertpapierdienstleistungsunternehmen, die auf eigene Verantwortung oder auf Verantwortung eines Mitglieds ihrer Unternehmensgruppe Finanzanalysen erstellen oder erstellen lassen, die unter ihren Kunden oder in der Öffentlichkeit verbreitet werden sollen oder deren Verbreitung wahrscheinlich ist, gilt Satz 1 auch in Bezug auf Finanzanalysen über Finanzinstrumente im Sinne des § 2 Abs. 2 b, die nicht unter Absatz 3 fallen, oder deren Emittenten. ⁴Satz 3 ist nicht auf Wertpapierdienstleistungsunternehmen im Sinne des § 33 b Abs. 6 anwendbar.

(6) (aufgehoben)

(7) ¹Die Befugnisse der Bundesanstalt nach § 35 gelten hinsichtlich der Einhaltung der in den Absätzen 1, 2 und 5 genannten Pflichten entsprechend. ²§ 36 gilt entsprechend, wenn die Finanzanalyse von einem Wertpapierdienstleistungsunternehmen erstellt, anderen zugänglich gemacht oder öffentlich verbreitet wird.

(8) ¹Das Bundesministerium der Finanzen kann durch Rechtsverordnung, die nicht der Zustimmung des Bundesrates bedarf, nähere Bestimmungen über die sachgerechte Erstellung und Darbietung von Finanzanalysen, über Umstände oder Beziehungen, die Interessenkonflikte begründen können, über deren Offenlegung sowie über die angemessene Organisation nach Absatz 5 erlassen. ²Das Bundesministerium der Finanzen kann die Ermächtigung durch Rechtsverordnung auf die Bundesanstalt für Finanzdienstleistungsaufsicht übertragen.

Finanzanalyseverordnung – Verordnung über die Analyse von Finanzinstrumenten (FinAnV)[1]

In der Fassung der Bekanntmachung vom: 17. Dezember 2004 (BGBl. I S. 3522)
Zuletzt geändert durch: Art. 1 des Gesetzes vom 20. Juli 2007 (BGBl. I S. 1430).

Aufgrund des § 34b Abs. 8 Satz 1 des Wertpapierhandelsgesetzes, der durch Artikel 1 Nr. 13 des Gesetzes vom 28. Oktober 2004 (BGBl. I S. 2630) eingefügt worden ist, verordnet das Bundesministerium der Finanzen:

§ 1 Anwendungsbereich

(1) Die Vorschriften dieser Verordnung sind anzuwenden auf
1. die sachgerechte Erstellung und Darbietung von Finanzanalysen nach § 34b Abs. 1 Satz 2 des Wertpapierhandelsgesetzes,
2. die Bestimmung von Umständen oder Beziehungen nach § 34b Abs. 1 Satz 2 Nr. 2 des Wertpapierhandelsgesetzes, die Interessenkonflikte begründen können,
3. die ordnungsgemäße Offenlegung von Umständen oder Beziehungen nach § 34b Abs. 1 Satz 2 des Wertpapierhandelsgesetzes und
4. eine angemessene Organisation nach § 34b Abs. 5 des Wertpapierhandelsgesetzes.

(2) Für andere Personen als
1. Kreditinstitute, Finanzdienstleistungsinstitute, nach § 53 Abs. 1 Satz 1 des Kreditwesengesetzes tätige Unternehmen oder Zweigniederlassungen im Sinne des § 53b des Kreditwesengesetzes,
2. unabhängige Finanzanalysten,
3. mit Unternehmen im Sinne der Nummer 1 oder der Nummer 2 verbundene Unternehmen,
4. Personen oder Unternehmen, deren Haupttätigkeit in der Erstellung von Finanzanalysen besteht, oder
5. für Unternehmen im Sinne der Nummern 1 bis 4 aufgrund eines Arbeits-, Geschäftsbesorgungs- oder Dienstverhältnisses tätige natürliche Personen,

gelten die §§ 2 bis 5 und 6 nur, soweit sie für die Erstellung von Finanzanalysen verantwortlich sind, die direkte Empfehlungen für Anlageentscheidungen zu bestimmten Finanzinstrumenten enthalten.

§ 2 Angaben über Ersteller und Verantwortliche

(1) Die Namen der Ersteller, die Bezeichnung ihrer Berufe, in deren Ausübung sie die Finanzanalyse erstellen, und die Bezeichnung des für die Erstellung verantwortlichen Unternehmens sind bei der Darbietung einer Finanzanalyse anzugeben.

(2) Für die Erstellung oder die Weitergabe von Finanzanalysen verantwortliche Kreditinstitute, Finanzdienstleistungsinstitute, nach § 53 Abs. 1 Satz 1 des Kreditwesengesetzes tätige Unternehmen oder Zweigniederlassungen im Sinne des § 53b des Kreditwesengesetzes müssen neben den erforderlichen Angaben nach § 34b Abs. 1 und 2 des Wertpapierhandelsgesetzes und den Bestimmungen dieser Verordnung die Bezeichnung der öffentlichen Stelle angeben, deren Aufsicht sie unterliegen. Sonstige für die Erstellung von Finanzanalysen verantwortliche Unternehmen, die den Vorschriften einer Selbstregulierung eines Berufsstandes unterliegen, haben auf diese Vorschriften hinzuweisen.

§ 3 Grundsätze sachgerechter Erstellung und Darbietung

(1) In der Finanzanalyse sind
1. Angaben über Tatsachen,
2. Angaben über Werturteile Dritter, insbesondere Interpretationen oder Schätzungen und
3. eigene Werturteile, insbesondere Hochrechnungen, Vorhersagen und Preisziele

sorgfältig voneinander zu unterscheiden und kenntlich zu machen. Die wesentlichen Grundlagen und Maßstäbe eigener Werturteile sind anzugeben.

(2) Die Zuverlässigkeit von Informationsquellen ist vor deren Verwendung soweit als mit vertretbarem Aufwand möglich sicherzustellen. Auf bestehende Zweifel ist hinzuweisen.

---

[1] Diese Verordnung dient der weiteren Umsetzung der Richtlinie 2006/73/EG der Kommission v. 10. August 2006 zur Durchführung der Richtlinie 2004/39/EG des Europäischen Parlaments und des Rates in Bezug auf die organisatorischen Anforderungen an Wertpapierfirmen und die Bedingungen für die Ausübung ihrer Tätigkeit sowie in Bezug auf die Definition bestimmter Begriffe für die Zwecke der genannten Richtlinie (ABl. EU Nr. L 241 S. 26).

(3) Für die Erstellung verantwortliche Unternehmen haben die notwendigen Vorkehrungen zu treffen, um auf Verlangen der Bundesanstalt für Finanzdienstleistungsaufsicht die sachgerechte Erstellung der Finanzanalyse nachvollziehbar darlegen zu können.

§ 4 Zusätzliche Angaben

(1) Sind die in § 1 Abs. 2 Nr. 1 bis 5 genannten Personen oder Unternehmen für die Erstellung einer Finanzanalyse verantwortlich, so sind zusätzlich zu den Anforderungen nach § 3 die in den Absätzen 2 bis 4 bestimmten besonderen Anforderungen zu erfüllen.

(2) In der Finanzanalyse sind alle wesentlichen Informationsquellen, insbesondere die betroffenen Emittenten, zu nennen. Es ist anzugeben, ob die Finanzanalysen vor deren Weitergabe oder Veröffentlichung dem Emittenten zugänglich gemacht und danach geändert wurden.

(3) Finanzanalysen müssen eine ausreichende Zusammenfassung der bei ihrer Erstellung genutzten Bewertungsgrundlagen und -methoden enthalten. Die Bedeutung der Empfehlungen für bestimmte Anlageentscheidungen ist einschließlich des empfohlenen Anlagezeitraums, der Anlagerisiken und der Sensitivität der Bewertungsparameter hinreichend zu erläutern.

(4) Deutlich hervorgehoben sind in jeder Finanzanalyse anzugeben
1. das Datum ihrer ersten Veröffentlichung,
2. Datum und Uhrzeit der darin angegebenen Preise von Finanzinstrumenten,
3. die zeitlichen Bedingungen vorgesehener Aktualisierungen, die Änderung bereits angekündigter derartiger Bedingungen und
4. ein Hinweis auf den Zeitpunkt eigener Finanzanalysen aus den der Veröffentlichung vorausgegangenen zwölf Monaten, die sich auf dieselben Finanzinstrumente oder Emittenten beziehen und eine abweichende Empfehlung für eine bestimmte Anlageentscheidung enthalten.

§ 5 Angaben über Interessen und Interessenskonflikte

(1) Finanzanalysen sind unvoreingenommen zu erstellen. In der Finanzanalyse sind Umstände oder Beziehungen, die Interessenkonflikte begründen können, weil sie die Unvoreingenommenheit
1. der Ersteller,
2. der für die Erstellung verantwortlichen oder mit diesen verbundenen Unternehmen oder
3. der sonstigen für Unternehmen im Sinne der Nummer 2 tätigen und an der Erstellung mitwirkenden Personen oder Unternehmen

gefährden könnten, anzugeben. Dies gilt insbesondere für nennenswerte finanzielle Interessen oder erhebliche Interessenkonflikte in Bezug auf solche Finanzinstrumente oder Emittenten, die Gegenstand der Finanzanalyse sind.

(2) Unternehmen müssen Umstände und Beziehungen nach Absatz 1 Satz 2 zumindest insoweit angeben, wie Informationen über die Interessen oder Interessenkonflikte
1. den Personen im Sinne des Absatzes 1 Satz 2 Nr. 1 oder 3 zugänglich sind oder vermutlich zugänglich sein könnten oder
2. solchen Personen zugänglich sind, die vor der Veröffentlichung oder Weitergabe Zugang zur Finanzanalyse haben oder vermutlich haben könnten.

(3) Sind Personen oder Unternehmen im Sinne des § 1 Abs. 2 Nr. 1 bis 4 für die Erstellung der Finanzanalyse verantwortlich oder wirken sie im Sinne des Absatzes 1 Satz 2 Nr. 3 an der Erstellung mit, so liegen offenlegungspflichtige Informationen über Interessen oder Interessenkonflikte insbesondere vor, wenn
1. wesentliche Beteiligungen zwischen Personen oder Unternehmen im Sinne des Absatzes 1 Satz 2 Nr. 1 bis 3 und den Emittenten, die selbst oder deren Finanzinstrumente Gegenstand der Finanzanalyse sind, bestehen oder
2. die Personen oder Unternehmen im Sinne des Absatzes 1 Satz 2 Nr. 1 bis 3
   a. Finanzinstrumente, die selbst oder deren Emittenten Gegenstand der Finanzanalyse sind, an einem Markt durch das Einstellen von Kauf- oder Verkaufsaufträgen betreuen,
   b. innerhalb der vorangegangenen zwölf Monate an der Führung eines Konsortiums für eine Emission im Wege eines öffentlichen Angebots von solchen Finanzinstrumenten beteiligt waren, die selbst oder deren Emittenten Gegenstand der Finanzanalyse sind,
   c. innerhalb der vorangegangenen zwölf Monate gegenüber Emittenten, die selbst oder deren Finanzinstrumente Gegenstand der Finanzanalyse sind, an eine Vereinbarung über Dienstleistungen im Zusammenhang mit Investmentbanking-Geschäften gebunden waren oder in diesem Zeitraum aus einer solchen Vereinbarung eine Leistung oder ein Leistungsversprechen erhielten, soweit von der Offenlegung dieser Informationen keine vertraulichen Geschäftsinformationen betroffen sind,

d. mit Emittenten, die selbst oder deren Finanzinstrumente Gegenstand der Finanzanalyse sind, eine Vereinbarung zu der Erstellung der Finanzanalyse getroffen haben oder

e. sonstige bedeutende finanzielle Interessen in Bezug auf die Emittenten haben, die selbst oder deren Finanzinstrumente Gegenstand der Finanzanalyse sind.

Als wesentlich im Sinne des Satzes 1 Nr. 1 gilt eine Beteiligung in Höhe von mehr als 5 Prozent des Grundkapitals einer Aktiengesellschaft. Der Offenlegung kann ein niedrigerer Schwellenwert von nicht weniger als 0,5 Prozent des Grundkapitals einer Aktiengesellschaft zugrunde gelegt werden, sofern dieser Schwellenwert angegeben wird.

(4) Für die Erstellung von Finanzanalysen verantwortliche Kreditinstitute, Finanzdienstleistungsinstitute, nach § 53 Abs. 1 Satz 1 des Kreditwesengesetzes tätige Unternehmen oder Zweigniederlassungen im Sinne des § 53 b des Kreditwesengesetzes haben zusätzlich

1. interne organisatorische und regulative Vorkehrungen zur Prävention oder Behandlung von Interessenkonflikten in allgemeiner Weise anzugeben,

2. zu offenbaren, wenn die Vergütung der Personen oder Unternehmen im Sinne des Absatzes 1 Satz 2 Nr. 1 oder 3 von Investmentbanking-Geschäften des eigenen oder mit diesem verbundener Unternehmen abhängt und zu welchen Zeitpunkten und Preisen diese Personen Anteile des Emittenten, der selbst oder dessen Finanzinstrumente Gegenstand der Finanzanalyse sind, vor deren Emission erhalten oder erwerben, und

3. vierteljährlich eine Übersicht über die in ihren Finanzanalysen enthaltenen Empfehlungen zu veröffentlichen, in der sie die Anteile der auf „Kaufen", „Halten", „Verkaufen" oder vergleichbare Anlageentscheidungen gerichteten Empfehlungen den Anteilen der von diesen Kategorien jeweils betroffenen Emittenten gegenüberstellen, für die sie in den vorangegangenen zwölf Monaten wesentliche Investmentbanking-Dienstleistungen erbracht haben.

(5) Die für die Erstellung verantwortlichen Unternehmen können offen zu legende Interessen oder Interessenkonflikte der Personen oder Unternehmen im Sinne des Absatzes 1 Satz 2 Nr. 3 als eigene oder als fremde Interessen oder Interessenkonflikte angeben.

(6) (aufgehoben)

§ 5 a Organisationspflichten

(1) Wertpapierdienstleistungsunternehmen, die auf eigene Verantwortung oder auf Verantwortung eines Mitglieds ihrer Unternehmensgruppe Finanzanalysen über Finanzinstrumente im Sinne des § 2 Abs. 2 b des Wertpapierhandelsgesetzes oder über deren Emittenten erstellen oder erstellen lassen, die unter ihren Kunden oder in der Öffentlichkeit verbreitet werden sollen oder deren Verbreitung wahrscheinlich ist, müssen sicherstellen, dass ihre Mitarbeiter, die an der Erstellung der Finanzanalyse beteiligt sind oder deren bestimmungsgemäße Aufgaben oder wirtschaftliche Interessen mit den Interessen der voraussichtlichen Empfänger der Finanzanalyse in Konflikt treten können, ihrer Tätigkeit mit einem Grad an Unabhängigkeit nachkommen, der der Höhe des Risikos für eine Beeinträchtigung von Interessen der Empfehlungsempfänger sowie der Größe und dem Gegenstand des Wertpapierdienstleistungsunternehmens und seiner Unternehmensgruppe angemessen ist. Hierzu müssen Wertpapierdienstleistungsunternehmen die erforderlichen Vorkehrungen treffen für

1. die wirksame Verhinderung oder Kontrolle eines Informationsaustauschs zwischen Mitarbeitern nach Satz 1 und anderen Mitarbeitern, deren Tätigkeiten einen Interessenskonflikt nach sich ziehen könnten, sofern der Informationsaustausch die Interessen von Empfängern der Finanzanalyse beeinträchtigen könnte,

2. die Unabhängigkeit der Vergütung von Mitarbeitern nach Satz 1 von der Vergütung anderer Mitarbeiter oder den von diesen erwirtschafteten Unternehmenserlösen oder Prämien, sofern die Verknüpfung einen Interessenskonflikt auslösen könnte,

3. die Verhinderung einer unsachgemäßen Einflussnahme anderer Personen auf die Tätigkeit der Mitarbeiter nach Satz 1,

4. die Verhinderung oder Kontrolle einer Beteiligung eines Mitarbeiters nach Satz 1 an anderen Wertpapierdienstleistungen oder Wertpapiernebendienstleistungen in engem zeitlichen Zusammenhang mit der Erstellung einer Finanzanalyse im Sinne des Satzes 1, sofern die Beteiligung ein ordnungsgemäßes Interessenskonfliktmanagement beeinträchtigen könnte, und

5. eine gesonderte Überwachung der Mitarbeiter nach Satz 1 im Hinblick auf ihre Unabhängigkeit und Unvoreingenommenheit.

Soweit mit diesen Vorkehrungen der nach Satz 1 geforderte Grad an Unabhängigkeit nicht erzielt wird, sind weitere erforderliche Maßnahmen zu treffen.

(2) Die Wertpapierdienstleistungsunternehmen müssen unbeschadet der Maßnahmen nach Absatz 1 und § 33 b Abs. 5 des Wertpapierhandelsgesetzes mit organisatorischen Vorkehrungen gewährleisten, dass
1. Mitarbeiter, die an der Erstellung der Finanzanalyse beteiligt sind, die Vorgaben des § 33 b Abs. 5 Nr. 1 und 2 des Wertpapierhandelsgesetzes einhalten,
2. sie selbst und ihre Mitarbeiter, die an der Erstellung der Finanzanalyse im Sinne des Absatzes 1 Satz 1 beteiligt sind, keine Zuwendungen im Sinne des § 31 d Abs. 2 des Wertpapierhandelsgesetzes von Personen annehmen, die ein wesentliches Interesse am Inhalt der Finanzanalyse haben,
3. Emittenten keine für sie günstige Empfehlung versprochen wird,
4. Entwürfe für Finanzanalysen im Sinne des Absatzes 1 Satz 1, die bereits eine Empfehlung oder einen Zielpreis enthalten, vor deren Weitergabe oder Veröffentlichung dem Emittenten, Mitarbeitern, die nicht an der Erstellung der Analyse beteiligt sind, oder Dritten nicht zugänglich gemacht werden, soweit dies nicht der Überwachung der Einhaltung gesetzlicher Anforderungen durch das Wertpapierdienstleistungsunternehmen dient.

(3) Die Pflichten der Absätze 1 und 2 gelten auch für Wertpapierdienstleistungsunternehmen, die eine von einem Dritten erstellte Finanzanalyse im Sinne des Absatzes 1 Satz 1 öffentlich verbreiten oder an ihre Kunden weitergeben, es sei denn,
1. der Dritte, der die Analyse erstellt, gehört nicht zur selben Unternehmensgruppe, und
2. das Wertpapierdienstleistungsunternehmen)
   a. ändert die in der Finanzanalyse enthaltenen Empfehlungen nicht wesentlich ab,
   b. stellt die Finanzanalyse nicht als von ihm erstellt dar und
   c. vergewissert sich, dass für den Ersteller der Finanzanalyse Bestimmungen gelten, die den Anforderungen der Absätze 1 und 2 gleichwertig sind, oder dieser Grundsätze im Sinne dieser Anforderungen festgelegt hat.

(4) Die Absätze 1 bis 3 und § 5 Abs. 1 Satz 1 gelten nicht für eine Finanzanalyse im Sinne des Absatzes 1 Satz 1, die zwar als Finanzanalyse oder Ähnliches beschrieben oder als objektive oder unabhängige Erläuterung der in der Empfehlung enthaltenen Punkte dargestellt wird, aber eindeutig als Werbemitteilung gekennzeichnet und mit einem Hinweis nach § 31 Abs. 2 Satz 4 Nr. 2 des Wertpapierhandelsgesetzes versehen ist.

§ 6 Deutlichkeitsgebot und Verweisungen

(1) Alle Angaben nach § 34 b Abs. 1 und 2 des Wertpapierhandelsgesetzes, auch in Verbindung mit dieser Verordnung, haben deutlich und unmissverständlich in der Finanzanalyse selbst zu erfolgen. Angaben nach § 34 b Abs. 1 Satz 2 Nr. 1 des Wertpapierhandelsgesetzes und nach § 2 Abs. 1, § 4 Abs. 4 Nr. 1 und 4 sowie § 5 Abs. 3 sind drucktechnisch hervorzuheben. Alle nach § 34 b des Wertpapierhandelsgesetzes, auch in Verbindung mit dieser Verordnung, offen zu legenden Angaben müssen zeitnah erhoben werden.

(2) Soweit Angaben nach § 4 Abs. 2 und 3 und § 5 gemessen am Gesamtumfang der Finanzanalyse unverhältnismäßig wären, können diese in der Finanzanalyse durch die unmissverständliche und drucktechnisch hervorgehobene Nennung einer Internetseite oder eines anderen Ortes, an dem die Angaben für jedermann unmittelbar und leicht zugänglich sind, ersetzt werden.

(3) Wird eine Finanzanalyse nicht in Textform erstellt, so können die Angaben nach § 2 Abs. 1 und 2, § 3 Abs. 1 und 2, § 4 Abs. 2 bis 4 und § 5 erfolgen, indem unmittelbar im sachlichen und zeitlichen Zusammenhang mit der Finanzanalyse für die Empfänger leicht nachvollziehbar eine Internetseite oder ein anderer Ort, an dem die Angaben für jedermann unmittelbar und leicht zugänglich sind, genannt wird.

§ 7 Darbietung bei Weitergabe von Finanzanalysen

(1) Kreditinstitute, Finanzdienstleistungsinstitute, nach § 53 Abs. 1 Satz 1 des Kreditwesengesetzes tätige Unternehmen oder Zweigniederlassungen im Sinne des § 53 b des Kreditwesengesetzes, die für die Weitergabe von Finanzanalysen Dritter verantwortlich sind, und für diese jeweils tätige natürliche Personen, die Finanzanalysen weitergeben, müssen zusätzlich zu den Pflichten nach § 34 b Abs. 1 des Wertpapierhandelsgesetzes und den nachfolgenden Absätzen 2 und 3
1. die sie betreffenden Informationen im Sinne des § 5 Abs. 3 und 4 angeben, es sei denn, die Finanzanalyse ist bereits vom für die Erstellung verantwortlichen Unternehmen veröffentlicht worden;
2. soweit sie die Finanzanalyse wesentlich verändert weitergeben, in Ansehung der wesentlichen Veränderung die Angaben im Sinne der §§ 2 bis 5 der Finanzanalyse beifügen.
§ 6 ist entsprechend anzuwenden.

(2) Wer eine Finanzanalyse Dritter wesentlich verändert weitergibt, hat die Änderungen genau zu kennzeichnen. Besteht die Änderung in der Empfehlung für eine abweichende Anlageentscheidung, so haben die

Personen, die für die Weitergabe verantwortlich sind, die sie betreffenden Angaben nach den §§ 2 bis 4, 5 Abs. 1 und 2 und § 6 der Finanzanalyse beizufügen.

(3) Unternehmen, die für die Weitergabe einer wesentlich veränderten Finanzanalyse verantwortlich sind, müssen so organisiert sein, dass die Empfänger unmittelbar mit der Weitergabe an einen Ort verwiesen werden, an dem die unveränderte Finanzanalyse, die Angaben zur Identität der Ersteller und des für die Erstellung verantwortlichen Unternehmens und zu den von ihnen offen gelegten Interessenkonflikten unmittelbar und leicht zugänglich sind, soweit diese Angaben öffentlich verfügbar sind. Sie müssen insbesondere die für diese Organisation notwendigen internen Regelungen schriftlich niederlegen.

(4) Die Absätze 1 bis 3 gelten für die Weitergabe von Finanzanalysen anderer als der unter § 1 Abs. 2 Nr. 1 bis 4 genannten Personen nur, soweit diese Finanzanalysen direkt Empfehlungen für Anlageentscheidungen zu bestimmten Finanzinstrumenten enthalten.

(5) (aufgehoben)

§ 8 Inkrafttreten

Diese Verordnung tritt am Tage nach der Verkündung in Kraft.

Rundschreiben 4/2010 (WA) – Mindestanforderungen an die Compliance-Funktion und die weiteren Verhaltens-, Organisations- und Transparenzpflichten nach §§ 31 ff WpHG für Wertpapierdienstleistungsunternehmen (MaComp) vom 7. Juni 2010 (Stand: 7.1.2014)

- BT 5 Auslegung einzelner Begriffe der §§ 31 Abs. 2 S. 4, 34 b Wertpapierhandelsgesetz in Verbindung mit FinAnV
  - BT 5.1. Analyse von Finanzinstrumenten
  - BT 5.2 Information über Finanzinstrumente oder deren Emittenten, die direkt oder indirekt eine Empfehlung für eine bestimmte Anlageentscheidung enthält
  - BT 5.3 Einem unbestimmten Personenkreis zugänglich gemacht werden soll
  - BT 5.4 Öffentlich verbreiten und weitergeben
  - BT 5.5 Werbemitteilungen
  - BT 5.6 Sonstige Rechtsbegriffe
  - BT 5.7 Anforderungen gemäß § 31 d WpHG und die Übernahme von Reise- und Unterbringungskosten der Finanzanalysten durch Emittenten im Rahmen von Analystenkonferenzen und -veranstaltungen

BT 5 Auslegung einzelner Begriffe der §§ 31 Abs. 2 S. 4, 34 b Wertpapierhandelsgesetz in Verbindung mit FinAnV

Dieses Modul dient der Erläuterung der Auslegung einzelner für die Anwendung des § 34 b WpHG i.V.m. der FinAnV besonders wichtiger Begriffe durch die Bundesanstalt für Finanzdienstleistungsaufsicht (BaFin). § 34 b WpHG, die FinAnV und dieses Schreiben stellen Mindestanforderungen dar. Journalisten sind unter den Voraussetzungen des § 34 b Abs. 4 WpHG vom Anwendungsbereich des § 34 b Abs. 1, 2 und 5 WpHG und dieses Schreibens ausgenommen.

Die bisherigen Auslegungsschreiben der BaFin zu § 34 b WpHG vom 16. Dezember 2003, 01. September 2005 und 08. Februar 2006 werden durch dieses Schreiben ersetzt.

BT 5.1. Analyse von Finanzinstrumenten

1. Im WpHG sowie der FinAnV finden zwei unterschiedliche Finanzanalysebegriffe Verwendung, die für die Zwecke dieses Schreibens im Folgenden als Finanzanalysen im engeren Sinne (i.e.S.) und Finanzanalysen im weiteren Sinne (i.w.S.) bezeichnet werden.
2. Der Begriff der Finanzanalyse ieS ist in § 34 b Abs. 1 S. 1 WpHG definiert. Eine Finanzanalyse ieS liegt demnach vor, wenn
   - eine Information über ein Finanzinstrument im Sinne von § 34 b Abs. 3 WpHG in Verbindung mit § 2 Abs. 2 b WpHG oder dessen Emittenten, die
   - eine direkte oder indirekte Empfehlung für eine bestimmte Anlageentscheidung enthält,
   - einem unbestimmten Personenkreis zugänglich gemacht werden soll.

Auf die Art und Weise der Darbietung der Finanzanalyse (schriftlich, elektronisch oder auf sonstige Weise, wie z.B. im Rahmen von öffentlichen Auftritten) kommt es dabei nicht an.
3. Daneben findet der Begriff Finanzanalyse in § 34b Abs. 5 S. 3 WpHG sowie in § 5a Abs. 1 S. 1 FinAnV in einem erweiterten Sinne Anwendung und umfasst
   - Finanzanalysen von Wertpapierdienstleistungsunternehmen über Finanzinstrumente im Sinne des § 2 Abs. 2b WpHG (ohne die in § 34b Abs. 3 WpHG vorgenommene Einschränkung) oder deren Emittenten,
   - die von diesen an Kunden oder in der Öffentlichkeit verbreitet werden sollen oder deren Verbreitung wahrscheinlich ist.

Die Vorschriften für Finanzanalysen i.w.S. gelten damit nur für Wertpapierdienstleistungsunternehmen. Diese haben zu prüfen, ob es sich möglicherweise um eine Finanzanalyse i.w.S. handelt, sofern keine Finanzanalyse i.e.S. vorliegt, weil entweder kein Finanzinstrument i.S.d. § 34b Abs. 3 WpHG Gegenstand der Bewertung ist, oder weil die Analyse nicht einem unbestimmten Personenkreis zugänglich gemacht werden soll. Eine Finanzanalyse i.w.S. ist dann gegeben, wenn sich die Analyse auf ein Finanzinstrument i.S.d. § 2 Abs. 2b WpHG bezieht und/oder unter Kunden eines Wertpapierdienstleistungsunternehmens verbreitet werden soll.

Da die Erstellung, Verbreitung oder Weitergabe von Finanzanalysen eine Wertpapiernebendienstleistung im Sinne des § 2 Abs. 3a Nr. 5 WpHG ist, gelten für von Wertpapierdienstleistungsunternehmen erstellte Finanzanalysen grundsätzlich die allgemeinen Vorschriften des sechsten Abschnitts des WpHG, sofern diese inhaltlich auf Finanzanalysen anwendbar sind[15]. Die bestehenden rechtlichen Anforderungen an Finanzanalysen i.e.S. bleiben davon unberührt.

BT 5.2 Information über Finanzinstrumente oder deren Emittenten, die direkt oder indirekt eine Empfehlung für eine bestimmte Anlageentscheidung enthält

1. Eine Finanzanalyse setzt voraus, dass
   - eine Information über ein oder mehrere Finanzinstrument/e oder dessen/deren Emittenten erstellt wird, die
   - eine Empfehlung eines Finanzinstrumentes für eine bestimmte Anlageentscheidung (zB "kaufen"/"verkaufen" oder ein Preis-/Kursziel) beinhaltet.
2. Eine Information über ein Finanzinstrument oder dessen Emittenten, die eine Empfehlung beinhaltet, liegt vor, wenn neben der Empfehlung bei einer materiellen Gesamtbetrachtung aller Umstände der Eindruck hervorgerufen wird, dass eine inhaltliche Auseinandersetzung mit dem betreffenden Finanzinstrument oder dessen Emittenten stattgefunden hat. Eine Untersuchung des Finanzinstruments oder seines Emittenten, insbesondere eine Auswertung oder Bewertung von Unternehmensfinanz- oder Markthandelsdaten, ist dafür nicht zwingend erforderlich. Es reicht in der Regel aus, wenn durch die Tatsachen, Meinungen und/oder Kommentare, die im Zusammenhang mit der Empfehlung mitgeteilt werden oder – in Ausnahmefällen – durch die Art der Darbietung oder des Kontextes, in welchem die Empfehlung steht, der Anschein einer entsprechenden inhaltlichen Auseinandersetzung begründet wird.
3. Eine bloße Empfehlung, ohne dass zugleich der Eindruck einer inhaltlichen Auseinandersetzung mit dem Finanzinstrument oder dessen Emittenten vermittelt wird, genügt anderseits nicht für die Erstellung einer Finanzanalyse. Hiervon zu unterscheiden sind Sachverhalte, bei denen die bloße Empfehlung als Zusammenfassung einer von einem Dritten erstellten Finanzanalyse nach § 34b Abs. 2 WpHG anzusehen ist.
4. Unter den genannten Voraussetzungen kann auch eine technisch orientierte Betrachtung eines Finanzinstruments, die aus Kursverläufen der Vergangenheit zu erwartende künftige Entwicklungen ableitet oder ein Branchenreport, der mehrere Unternehmen behandelt und eine Empfehlung beinhaltet, eine Finanzanalyse sein.
5. Keine Finanzanalyse ist dagegen beispielsweise
   - die Abbildung eines reinen Kurscharts, sofern der zukünftige Kursverlauf nicht prognostiziert wird,
   - die Untersuchung eines Index,
   - ein Bericht, der das volkswirtschaftliche, politische oder das Marktumfeld analysiert, ohne einzelne Finanzinstrumente zu empfehlen,
   - das Musterdepot, wenn zu den enthaltenen Finanzinstrumenten oder deren Emittenten keine weiteren Informationen gegeben werden, die den Eindruck einer inhaltlichen Auseinandersetzung hervorrufen,
   - die Portfolioempfehlung, die sich auf Regionen oder Branchen bezieht und keine einzelnen Finanzinstrumente oder deren Emittenten anspricht,

- der Optionsscheinrechner oder ein vergleichbares Instrument, mit dessen Hilfe aufgrund allgemein anerkannter Algorithmen statistische Daten ausgewertet werden,
- die reine Produktbeschreibung,
- die Unternehmensbeschreibung ohne direkte oder indirekte Empfehlung für eine bestimmte Anlageentscheidung,
- reines Werbematerial (zB Werbe- und sonstiges Informations-material zur Vertriebsunterstützung), sofern es nicht den Anschein einer unvoreingenommenen Information erweckt und keine Werbemitteilung iSd § 31 Abs. 2 S. 4 Nr. 2 WpHG darstellt (s.u.),
- die bloße Wiedergabe von Unternehmensnachrichten ohne direkte oder indirekte Empfehlung für eine bestimmte Anlageentscheidung,
- die aufgrund einer gesetzlichen Pflicht erstellte Information (zB Ad-hoc-Mitteilung gemäß § 15 WpHG, Börsenzulassungs- oder Verkaufsprospekt, Information einer Kapitalanlagegesellschaft oder ausländischen Investmentgesellschaft nach dem Investmentgesetz),
- die ohne den Eindruck einer inhaltlichen Auseinandersetzung zu einem Finanzinstrument oder dessen Emittenten abgegebene Anlageempfehlung ("Wir empfehlen die X-Aktie zum Kauf"),
- die bloße Zusammenstellung eigener Empfehlungen (Empfehlungslisten); bei Listen mit Zusammenfassungen von Finanzanalysen Dritter ist jedoch § 34 b Abs. 2 WpHG zu beachten.

6. Für eine Finanzanalyse ist stets auch eine Empfehlung eines Finanzinstrumentes oder dessen Emittenten erforderlich (s.o. unter 2.). Solche Empfehlungen für bestimmte Anlageentscheidungen werden direkt ausgesprochen, beispielsweise in Form der Empfehlung, bestimmte Finanzinstrumente zu kaufen, zu halten oder zu verkaufen, oder sie erfolgen indirekt, etwa indem bestimmte Kursziele genannt werden.

7. Bei einer indirekten Empfehlung für eine bestimmte Anlageentscheidung ist es ausreichend, aber auch erforderlich, dass bei einer Gesamtbetrachtung der Äußerung hinreichend deutlich zum Ausdruck kommt, wie der aktuelle oder zukünftige Kurs bzw. Wert eines Finanzinstruments beurteilt wird. Eine Bewertung, die für den Empfänger deutlich erkennbar lediglich vergangene Ereignisse darstellt oder beurteilt ohne zugleich Stellung zum gegenwärtigen oder künftigen Wert oder Kurs des Finanzinstrument zu nehmen, stellt keine indirekte Anlageempfehlung dar (z.B. Ranking-Listen aufgrund der Betrachtung der zurückliegenden Performance eines Finanzinstruments).
Dementsprechend stellt auch die Erläuterung bereits abgeschlossener Transaktionen im Rahmen der individuellen Vermögensverwaltung oder einer Fondsverwaltung in der Regel keine indirekte Anlageempfehlung dar.

8. Indirekte Empfehlungen können unter den genannten Voraussetzungen beispielsweise bei den folgenden Aussagen vorliegen:
   - "Die Aktie ist überbewertet"
   - "Die Anleihe ist unterbewertet"
   - "Der Fonds / das Zertifikat verfügt über hohes Erholungspotential"
   - "Outperformer"
   - "Underperformer"
   - "Bullische Aktien"
   - "Bärische Aktien"
   - "Unsere Besten"
   - "Tipp des Tages"
   - "Trading-Idee"
   - "Top Player".

BT 5.3 Einem unbestimmten Personenkreis zugänglich gemacht werden soll

1. Eine Finanzanalyse im Sinne von § 34 b Abs. 1 S. 1 WpHG setzt voraus, dass die Finanzanalyse – gegebenenfalls auch von vornherein durch einen Dritten – einem unbestimmten Personenkreis zugänglich gemacht werden soll. Dies ist der Fall, wenn die Finanzanalyse nicht lediglich für interne Zwecke, sondern für die Öffentlichkeit oder Verbreitungskanäle im Sinne der Richtlinien 2003/6/EG, 2003/125/EG sowie 2006/73/EG bestimmt ist. Ein Verbreitungskanal ist ein Kanal, der die Finanzanalyse einer entsprechend großen Anzahl von Personen zugänglich macht, die einer Verbreitung an die Öffentlichkeit gleichkommt (z.B. Auslage in den Geschäftsräumen, Internet, sonstige Medien, aber auch ein entsprechend großer Post- oder E-Mail-Verteiler).

2. Eine Finanzanalyse liegt nicht vor, wenn die Empfehlung für eine konkrete, die individuellen Verhältnisse eines bestimmten Kunden berücksichtigende Anlageberatung erstellt wird. Eine auf die individuelle Situation des Beratenen zugeschnittene und z.B. dessen persönliche, finanzielle oder steuerliche Verhältnisse berücksichtigende Empfehlung im Rahmen einer Anlageberatung ist nicht schon deshalb gegeben,

weil sie gegenüber ausgewählten Kunden, etwa in Verbindung mit einem persönlichen Anschreiben, abgegeben wird. Entscheidend ist, dass die der Empfehlung zu Grunde liegenden Erwägungen inhaltlich die Situation des konkreten Kunden bzw. der konkreten Kundengruppe bereits bei der Erstellung der Empfehlung berücksichtigen und sich dies in einer persönlichen Empfehlung niederschlägt.
3. Informelle kurzfristige Anlageempfehlungen, die aus der Verkaufs- oder Handelsabteilung eines Wertpapierdienstleistungsunternehmens stammen und an die Kunden weitergegeben werden (z.B. "Sales-Notes" und "Morning-Notes") stellen keine Finanzanalysen i.e.S. dar. Voraussetzung ist insoweit jedoch, dass sie nicht der Öffentlichkeit oder einer großen Anzahl von Personen, beispielsweise über Verbreitungskanäle oder die Medien, zugänglich gemacht wer-den oder gemacht werden sollen (s.o.). Die Bezeichnung der Information ist für die Einordnung nicht entscheidend. Die Frage, ob informelle kurzfristige Anlageempfehlungen, die aus der Verkaufs- oder Handelsabteilung eines Wertpapierdienstleistungsunternehmens stammen und an die Kunden weitergegeben werden, als Finanzanalysen i.w.S. anzusehen sind, erfordert im Interesse einheitlicher Rahmenbedingungen aller Marktteilnehmer eine Klärung auf europäischer Ebene. Vorbehaltlich einer solchen wird die bisher für Finanzanalysen i.e.S. getroffene Regelung bis auf Weiteres auch auf Finanzanalysen i.w.S. angewandt.

BT 5.4 Öffentlich verbreiten und weitergeben

1. Eine Finanzanalyse wird dann gemäß § 34b Abs. 1 S. 2 bzw. Abs. 5 S. 3 WpHG öffentlich verbreitet, wenn sie der Öffentlichkeit oder einer großen Anzahl von Personen zugänglich gemacht wird (z.B. durch Postversand, per E-Mail oder durch Einstellen in das Internet). Ein bloßer Ausschlusshinweis (Disclaimer) verhindert nicht, dass die Finanzanalyse öffentlich verbreitet wird.
2. Für die öffentliche Verbreitung ist es nicht von Bedeutung, ob die Finanzanalyse dem Empfänger bereits aus anderen Quellen bekannt ist oder hätte bekannt sein können.
3. Eine Finanzanalyse wird dann weitergegeben, wenn diese von einer anderen Person als derjenigen, die für die Erstellung der Finanzanalyse verantwortlich ist, zugänglich gemacht wird. Die Zahl der Empfänger der Finanzanalyse ist bei der Weitergabe nicht entscheidend.
4. Der Weitergeber einer Finanzanalyse darf grundsätzlich darauf vertrauen, dass das für die Erstellung der Analyse verantwortliche Unternehmen seine Verpflichtungen aus § 34b WpHG und der FinAnV ordnungsgemäß erfüllt hat, sofern es sich bei dem für die Erstellung verantwortlichen Unternehmen um ein inländisches, durch die BaFin beaufsichtigtes Unternehmen handelt. Hiervon ist bei Wertpapierdienstleistungsunternehmen sowie nach § 34c WpHG angezeigten Personen auszugehen. Für journalistisch tätige Unternehmen gilt dies, wenn Sie entweder nach § 34c WpHG bei der BaFin angezeigt sind oder aber gem. § 34b Abs. 4 WpHG über eine mit den Bestimmungen des § 34b Abs. 1, 2 und 5 sowie des § 34c WpHG vergleichbare Selbstregulierung verfügen. Von einer solchen Anzeige bzw. Selbstregulierung darf in Ermangelung von Anhaltspunkten für das Gegenteil ausgegangen werden.
5. Von der dargestellten Regelung ausgenommen sind Sachverhalte, bei denen der Ersteller die an eine Finanzanalyse zu stellenden Anforderungen evident nicht eingehalten hat, etwa weil die Analyse ausdrücklich nur zur internen Verwendung im Konzern oder Finanzverbund bestimmt ist.
6. Für die Weitergabe von Finanzanalysen, die in einem anderen Mitgliedsstaat des Europäischen Wirtschaftsraumes (EWR) erstellt worden sind, gelten die obigen gemachten Ausführungen entsprechend, sofern das für die Erstellung verantwortliche Unternehmen der Aufsicht des jeweiligen Mitgliedsstaates unterliegt. Für Finanzanalysen, die außerhalb des EWR erstellt worden sind, gilt das zuvor Gesagte entsprechend, wenn die Finanzanalyse vor der Weitergabe bzw. öffentlichen Verbreitung im Inland bereits in einem anderen Mitgliedsstaat des EWR weitergegeben bzw. öffentlich verbreitet wurde und dieser Vorgang der Aufsicht des betreffenden Mitgliedsstaates unterliegt.
7. In Fällen, in denen die Finanzanalyse weder gemäß den vorgenannten Grundsätzen in einem anderen Mitgliedsstaat des EWR erstellt, weitergegeben oder zuvor öffentlich verbreitet wurde, gelten diese Ausführungen nicht. Da hier eine Überwachung der Einhaltung der europäischen Vorgaben durch eine andere zuständige Stelle nicht sichergestellt ist, bleibt derjenige, der die Finanzanalyse in Deutschland weitergibt oder öffentlich verbreitet dafür verantwortlich, im Rahmen des ihm Möglichen selbst zu prüfen, ob die Finanzanalyse in Übereinstimmung mit den Vorgaben des § 34b WpHG und der FinAnV erstellt worden ist. Sofern dies nicht der Fall ist, ist eine öffentliche Verbreitung oder Weitergabe im Inland unzulässig (§ 34b Abs. 1 S. 2 WpHG).

BT 5.5 Werbemitteilungen

1. Bei Werbemitteilungen i.S.d. § 31 Abs. 2 S. 4 Nr. 2 WpHG handelt es sich um von Wertpapierdienstleistungsunternehmen verbreitete Finanzanalysen i.e.S. oder i.w.S., bei deren Erstellung die Organisationsvorschriften des § 33b Abs. 5 und 6 WpHG sowie des § 34b Abs. 5 WpHG in Verbindung mit § 5a

FinAnV oder vergleichbare ausländische Vorschriften ganz oder teilweise nicht eingehalten wurden. Im Gegenzug für die Nichteinhaltung dieser organisatorischen Maßnahmen müssen solche Finanzanalysen gemäß § 31 Abs. 2 S. 4 Nr. 2 WpHG eindeutig als Werbemitteilung gekennzeichnet und mit einem Hinweis versehen sein, dass sie nicht allen gesetzlichen Anforderungen zur Gewährleistung der Unvoreingenommenheit von Finanzanalysen genügen und dass sie einem Verbot des Handels vor der Veröffentlichung von Finanzanalysen (vgl. § 33 b Abs. 5 und 6 WpHG) nicht unterliegen. Außer den genannten Organisationsvorschriften finden im übrigen jedoch, soweit jeweils einschlägig, alle Vorschriften zur sachgerechten Erstellung und Darbietung sowie Offenlegung von Interessenkonflikten Anwendung.

2. Die vorgenannten Ausführungen gelten nicht für reines Werbematerial, da es sich hierbei nicht um Finanzanalysen handelt (siehe oben unter 2. a)). Für dieses bedarf es weder einer besonderen Kennzeichnung, noch eines besonderes Hinweises gemäß § 31 Abs. 2 S. 4 Nr. 2 WpHG.

BT 5.6   Sonstige Rechtsbegriffe

1. Ferner ist bislang die Frage ungeklärt, wie einige weitere unbestimmte Rechtsbegriffe in § 34 b WpHG und der FinAnV zu interpretieren sind. Problematisch sind insoweit insbesondere
   - die Definition des Begriffs "verbundenes Unternehmen",
   - die Berechnung der "wesentlichen Beteiligung" gem. § 5 Abs. 3 Nr. 1 FinAnV,
   - die Frage, welche Fallgestaltungen als "sonstige bedeutende finanzielle Interessen" gem. § 5 Abs. 3 Nr. 2 e) FinAnV offenzulegen sind und
   - die Frage, welcher Zeitraum noch als "zeitnahe" Erhebung der offenzulegenden Angaben im Sinne des § 6 Abs. 1 S. 3 FinAnV zu bewerten ist.
2. Nach Abwägung der zu berücksichtigenden Argumente habe ich entschieden, hinsichtlich dieser unbestimmten Rechtsbegriffe in absehbarer Zeit weiterhin keine allgemeinen, konkretisierenden Auslegungsleitlinien zu veröffentlichen. Es bleibt vielmehr grundsätzlich den Unternehmen überlassen, ausgehend von ihrer jeweiligen konkreten Situation eine angemessene Lösung für ihre Offenlegungspraxis zu entwickeln. Die konkrete Ausgestaltung der rechtlichen Anforderungen wird damit in die Verantwortung der einzelnen Unternehmen gelegt, die sachgerechte, ihrer jeweiligen Situation angemessene Vorkehrungen zur Erfüllung der gesetzlichen Vorgaben zu treffen haben. Durch diese Maßnahme soll die Eigenverantwortung der Unternehmen gestärkt und die europaweite Verwendung von Analysen von Finanzinstrumenten erleichtert werden.
   Die BaFin wird die getroffenen Regelungen im Rahmen ihrer Aufsichtstätigkeit näher betrachten.

BT 5.7   Anforderungen gemäß § 31 d WpHG und die Übernahme von Reise- und Unterbringungskosten der Finanzanalysten durch Emittenten im Rahmen von Analystenkonferenzen und -veranstaltungen

1. Eine Übernahme von Reise- und Unterbringungskosten seitens des Emittenten für Analysten der Wertpapierdienstleistungsunternehmen soll wegen des Auftretens möglicher Interessenkonflikte grundsätzlich unterbleiben.
   Ich gehe daher davon aus, dass sich bereits heute bei den Marktteilnehmern die Praxis durchgesetzt hat, die Übernahme von Reise- und Unterbringungskosten durch Emittenten ebenso abzulehnen, wie dies bei Präsenten von Emittenten an Finanzanalysten der Fall ist.
2. Die Beachtung dieser Verhaltensgrundsätze (im Sinne einer "best practice") stellt für Wertpapierdienstleistungsunternehmen eine Form der Erfüllung der Vorschriften des § 31 d Abs. 2 WpHG i.V.m. § 5 a Abs. 2 Nr. 2 FinAnV dar. Allen anderen Personen wird unter Hinweis auf den Erwägungsgrund (37) der Richtlinie der EU-Kommission 2006/73/EG empfohlen, sich ebenfalls an diesen Grundsätzen zu orientieren. Ich bitte in diesem Zusammenhang auch zu beachten, dass die genannten Grundsätze in gleicher Weise von den Analystenverbänden DVFA und GCFAS in ihren Standesregeln getragen werden.

[15] Vgl Gesetzentwurf der Bundesregierung, BT-Drs. 16/4028 vom 12.1.2007, S. 67: "§ 34 b Abs. 6 wird aufgehoben, da die hierin enthaltenen Regelungen nun durch die Umsetzung der Finanzmarktrichtlinie in den Vorschriften des § 31 Abs. 1 enthalten sind."

Literatur:
Brennke, Die Abgrenzung von Finanzanalysen und anderen Empfehlungen zur Werbemitteilung: Die Europarechtswidrigkeit des deutschen Rechts, ZBB 2009, 391; *Göres*, MiFID – Neue (Organisations)Pflichten für die Ersteller von Finanzanalysen, BKR 2007, 85; *Hettermann/Althoff*, Rechtliche Anforderungen an Finanzanalysen, WM 2006, 265; *Kämmerer/Veil*, analyse von Finanzinstrumenten, (§ 34 b WpHG) und journalistische Selbstregulierung, BKR 2005, 379; *Möllers/Lebherz*, Fehlerhafte Finanzanalysen – Die Konkretisierung inhaltlicher Standards; BKR 2007, 349; *Seibt*, Finanzanalysten im Blickfeld von Aktien- und Kapitalmarktrecht, ZGR 2006, 501; *Spindler*, Finanzanalyse vs. Finanzberichterstattung: Journalisten und das AnSVG, NZG 2004, 1138.

Für die Funktionsfähigkeit eines Finanzplatzes ist das **Vertrauen der Anleger in Sorgfalt, Neutralität und Integrität** derjenigen, die Finanzanalysen erstellen und verbreiten, von grundlegender Bedeutung.[2] Vor diesem Hintergrund konkretisiert die Vorschrift die Verhaltenspflichten der Ersteller von Wertpapieranalysen.[3]

Die Norm setzt Art. 6 Abs. 5 der **EU-Marktmissbrauchsrichtlinie** sowie die Richtlinie 2003/125/EG der Kommission zur Durchführung der Marktmissbrauchsrichtlinie um.[4] Abs. 5 S. 3 erfolgte in Umsetzung von **Art. 25 Abs. 1 DRL**.[5]

Die Regelung wird durch die gemäß Abs. 8 S. 1 erlassene **Verordnung über die Analyse von Finanzinstrumenten** (Finanzanalyseverordnung – FinAnV) v. 17.12.2004 ergänzt.[6] Eine weitere Konkretisierung einzelner für die Anwendung der Vorschrift sowie der Rechtsverordnung besonders wichtiger Begriffe erfolgte durch ein Auslegungsschreiben der BaFin.[7] Dieses Schreiben wurde mittlerweile als Modul BT 5 in die MaComp inkorporiert.

Normadressaten sind gemäß Abs. 1 S. 1 alle **natürlichen und juristischen Personen**, soweit sie im Rahmen ihrer Beruf- oder Geschäftstätigkeit für einen bestimmten Personenkreis Finanzanalysen erstellen bzw weitergeben.[8]

Anknüpfungspunkt der Regelung ist das Erstellen einer **Finanzanalyse**. Der Gesetzgeber hat den Begriff in Abs. 1 S. 1 definiert. Danach müssen 3 Voraussetzungen vorliegen. **Ziff. BT 5.1 Nr. 2 MaComp** greift die Terminologie auf und ergänzt die Definition in den folgenden Ziffern. Erstens muss eine **Information** über ein Finanzinstrument iSd Abs. 3 iVm § 2 Abs. 2 b oder dessen Emittenten gegeben sein[9]

Diese muss eine direkte oder indirekte **Empfehlung** für eine bestimmte Anlageentscheidung enthalten. Hiervon werden auch Anregungen zu Anlagestrategien erfasst.[10]

Dritte Voraussetzung ist schließlich die **Intention, die Empfehlung einem bestimmten Personenkreis zugänglich zu machen**.[11] An letztgenanntem Merkmal fehlt es etwa, wenn die Empfehlung für eine konkrete Anlageberatung, die die individuellen Verhältnisse eines bestimmten Kunden berücksichtigt, erstellt wird.[12] Die Art und Weise der Darbietung kann schriftlich oder elektronisch, aber auch auf andere Weise erfolgen. Denkbar ist hier etwa die Präsentation bei öffentlichen Auftritten.[13] Das Unternehmen muss diese Analyse seinen Kunden **zugänglich** machen. Ausreichend ist aber auch die öffentliche Verbreitung. Diese kann schriftlich, elektronisch oder auf sonstige Weise geschehen.

Finanzanalysen sind nach Abs. 1 S. 1 mit der erforderlichen **Sachkenntnis, Sorgfalt und Gewissenhaftigkeit** zu erstellen. Mit diesem Erfordernis greift der Gesetzgeber die Terminologie aus § 31 Abs. 1 Nr. 1 auf. Von daher kann auf die dort dargelegten Grundsätze verwiesen werden.[14]

Anforderungen an die Weitergabe oder öffentliche Verbreitung einer Finanzanalyse enthält Abs. 1 S. 2. Die Vorschrift wird durch § 7 FinAnV sowie **Ziff. BT 5.4 MaComp** ergänzt.

So ist die Finanzanalyse **sachgerecht** zu erstellen und auch darzubieten. Die Anforderung wird in § 3 FinAnV konkretisiert.

Dabei verlangt **Abs. 1 S. 2 Nr. 1** die **Offenlegung der Identität** der für die Weitergabe oder Verbreitung verantwortlichen Person und zwar zusammen mit der Finanzanalyse.

Nach **Abs. 1 S. 2 Nr. 2** sind solche Umstände oder Beziehungen, die **Interessenkonflikte** begründen können, offen zu legen, auch in diesem Fall zusammen mit der Finanzanalyse. Konkretisierungen hierzu enthält § 5 FinAnV. Insbesondere in den beispielhaft genannten Fällen besitzt das Wertpapierdienstleistungsunternehmen nämlich ein besonderes wirtschaftliches Interesse an einem erfolgreichen Absatz der Wertpapiere. Die Regelung des § 5 FinAnV ist nicht als abschließende Regelung (Abs. 3 S. 1 FinAnV: „insbesondere") zu verstehen sind.

Vorgaben für die **Weitergabe** einer von einem Dritten erstellten Zusammenfassung sind in **Abs. 2** geregelt. Danach ist die Weitergabe einer von einem Dritten erstellten Finanzanalyse zulässig, wenn deren **Inhalt klar und nicht irreführend** wiedergegeben wird. Darüber hinaus muss in der Zusammenfassung auf die Aus-

---

2 Begr. RegE, ZBB 2001, 514.
3 Zur Bedeutung bzw Funktion von Finanzanalysen s. etwa *Möllers/Lebherz*, BKR 2007, 349, 350; *Seibt*, ZGR 2006, 501, 505 ff.
4 Gesetzentwurf BT-Drucks. 15/3274, S. 38.
5 Eine Analyse der MiFID-Vorgaben – auch in Abgrenzung zur Marketing-Mitteilung – nimmt *Brennke*, ZBB 2009, 391, vor.
6 BGBl. I S. 3522 (einschließlich Begründung abrufbar unter <www.bafin.de>; s. auch ZBB 2004, 422.
7 Schreiben der Bundesanstalt für Finanzdienstleistungsaufsicht zur Auslegung einzelner Begriffe der, §§ 31 Abs. 2 S. 4, 34 b Wertpapierhandelsgesetz (WpHG) in Verbindung mit der Verordnung über die Analyse von Finanzinstrumenten (Finanzanalyseverordnung – FinAnV) v. 21.12.2007.
8 Siehe hierzu ausführlich Fuchs/*Fuchs*, WpHG, § 34 b Rn 6; *Koller*, in: Assmann/Schneider, § 34 b Rn 2 ff; *Hettermann/Althoff*, WM 2006, 265 f.
9 Siehe hierzu ausführlich Ziffer 2.a) des Schreibens.
10 Gesetzentwurf, BT-Drucks. 15/3174, S. 38.
11 Siehe hierzu ausführlich Ziffer 3 des Schreibens.
12 Ziffer 3 Abs. 2 des Schreibens.
13 Ziffer 1 des Schreibens.
14 Siehe auch *Möllers/Lebherz*, BKR 2007, 349, 352.

gangsdokumentation sowie die Fundstelle der ggf vorgenommenen Veröffentlichung nach Abs. 1 S. 2 durch den Ersteller der Analyse verwiesen werden.

14 Der Begriff der für die Erstellung von Finanzanalysen relevanten **Finanzinstrumente** wird in **Abs. 3** definiert. Der Anwendungsbereich ist enger als der des § 2 Abs. 2 b. Sonderregelungen enthält Abs. 5 S. 3 u. 4.[15]

15 Für **Journalisten**, die Finanzanalysen erstellen, enthält **Abs. 4** Ausnahmebestimmungen. Voraussetzung ist, dass diese Berufsgruppe einer mit den Abs. 1, 2 und 5 sowie § 34 c vergleichbaren wirksamen Selbstkontrolle unterliegt. Hierzu gehören insbesondere Mechanismen zur wirksamen Durchsetzung der gesetzlichen Vorgaben. Als Instrument der Selbstkontrolle kommen zB interne Verhaltensrichtlinien von Medienunternehmen in Betracht.[16] Die Ausnahmevorschrift dient dem Schutz der Pressefreiheit des Art. 5 Abs. 1 S. 2 GG. Journalist iSd Abs. 4 ist deshalb jede Person, deren berufliche Tätigkeit unter den Schutz des Art. 5 Abs. 1 GG fällt.[17]

16 Die Bundesanstalt kann gemäß § 4 Abs. 1 u. 2 die Vereinbarkeit der **Selbstregulierungsmechanismen** mit § 34 b und § 34 c bei den betreffenden Institutionen überprüfen sowie diesen gegenüber Feststellungen treffen, dass die Selbstkontrolle die gesetzlichen Anforderungen der Zeit nicht erfüllt.[18]

17 **Abs. 5** – als Pendant zu § 33 – dient der Geringhaltung von **Interessenkonflikten** durch die Vornahme entsprechender organisatorischer Maßnahmen der Normadressaten, wie S. 1 klarstellt. Hierzu gehören nach S. 2 vor allem angemessene **Kontrollverfahren**, die Verstößen vorbeugen sollen.[19]

18 Der neu eingefügte S. 3 bestimmt, dass die hier genannten Wertpapierdienstleistungsunternehmen auch in Bezug auf nicht unter die Beschränkungen des Abs. 3 fallende Finanzinstrumente über ein **angemessenes Interessenkonfliktmanagement** zur Sicherung der Unabhängigkeit und Unvoreingenommenheit von Finanzanalysen verfügen müssen.[20]

19 Die in § 33 b Abs. 6 genannten **Wertpapierdienstleistungsunternehmen** fallen allerdings gemäß Abs. 5 S. 4 nicht in den Anwendungsbereich von S. 3.[21]

20 Im Interesse einer effektiven Überwachung bestimmt **Abs. 7 S. 1**, dass die der BaFin zustehenden Befugnisse des § 35 entsprechend gelten. Für den Fall einer Erstellung, Zugänglichmachung oder öffentlichen Verbreitung einer Finanzanalyse durch ein Wertpapierdienstleistungsunternehmen wird in Abs. 7 S. 2 die entsprechende Anwendung des § 36 angeordnet.[22]

§ 34 c Anzeigepflicht

¹Andere Personen als Wertpapierdienstleistungsunternehmen, Kapitalanlagegesellschaften oder Investmentaktiengesellschaften, die in Ausübung ihres Berufes oder im Rahmen ihrer Geschäftstätigkeit für die Erstellung von Finanzanalysen oder deren Weitergabe verantwortlich sind, haben dies gemäß Satz 3 der Bundesanstalt unverzüglich anzuzeigen. ²Die Einstellung der in Satz 1 genannten Tätigkeiten ist ebenfalls anzuzeigen. ³Die Anzeige muss Name oder Firma und Anschrift des Anzeigepflichtigen enthalten. ⁴Der Anzeigepflichtige hat weiterhin anzuzeigen, ob bei mit ihm verbundenen Unternehmen Tatsachen vorliegen, die Interessenkonflikte begründen können. ⁵Veränderungen der angezeigten Daten und Sachverhalte sind innerhalb von vier Wochen der Bundesanstalt anzuzeigen. ⁶Die Ausnahmevorschrift des § 34 b Abs. 4 gilt entsprechend.

Literatur:
Siehe § 34 b.

1 Die Vorschrift statuiert für die Normadressaten eine **Anzeigepflicht**. Dadurch erlangt die **BaFin** Kenntnis über die der Überwachung nach § 34 b unterliegenden Personen.

2 Anzeigeverpflichtete sind nach S. 1 sowohl **juristische als auch natürliche Personen**, sofern sie entweder in Ausübung ihres Berufes oder im Rahmen ihrer Geschäftstätigkeit für die Erstellung von Finanzanalysen oder deren Weitergabe verantwortlich sind. Die hiervon **ausgenommenen** Wertpapierdienstleistungsunternehmen, Kapitalanlagegesellschaften und Investmentaktiengesellschaften unterliegen bereits der umfassenden Aufsicht der Bundesanstalt und sind wegen dieser bereits bestehenden Regulierung von der Vorschrift ausgenommen.

---

15 Siehe Fuchs/*Fuchs*, WpHG, § 34 b Rn 16.
16 Gesetzentwurf BT-Drucks. 15/3174, S. 39; zu den Strukturen einer Selbstregulierung s. auch *Kämmerer/Veil*, BKR 2005, 379, 381 ff.
17 Gesetzentwurf BT-Drucks. 15/3174, S. 39.
18 Gesetzentwurf BT-Drucks. 15/3174, S. 39.
19 Siehe hierzu im einzelnen etwa *Göres*, BKR 2007, 85, 90 ff.
20 Begr. RegE (FRUG), BT-Drucks. 16/4028, S. 76.
21 Begr. RegE (FRUG), BT-Drucks. 16/4028, S. 76.
22 Begr. RegE ZBB 2001, 514; zu den „Problemen" aus Sicht des WpHG-Prüfers bei der Prüfung des § 34 b s. *Hettermann/Althoff*, WM 2006, 265, 272 f.

Die berufsmäßige oder geschäftsmäßig erfolgende Erstellung oder Weitergabe von Finanzanalysen ist der BaFin gemäß S. 1 **anzuzeigen** und zwar **unverzüglich**.

S. 2 bestimmt, dass auch die **Einstellung** dieser Tätigkeit der Bundesanstalt anzuzeigen ist. Im Gegensatz zu S. 1 ist hier keine Frist genannt. Zurückgegriffen werden kann allerdings auf die in S. 4 genannte 4-Wochenfrist.[1]

Als **Inhalt** der Anzeige verlangt S. 3 Name oder Firma sowie die Anschrift des Anzeigepflichtigen.

Die Anzeige muss zudem nach S. 4 u.a. die Tatsachen enthalten, die mögliche **Interessenkonflikte** begründen können. In Betracht kommen etwa aufgrund von Verflechtungen mit anderen Kredit- oder Finanzdienstleistungsinstituten bestehen.

Für **Journalisten** erklärt S. 5 die Ausnahmevorschrift des § 34 b Abs. 4 für entsprechend anwendbar.

§ 34 d Einsatz von Mitarbeitern in der Anlageberatung, als Vertriebsbeauftragte oder als Compliance-Beauftragte

(1) ¹Ein Wertpapierdienstleistungsunternehmen darf einen Mitarbeiter nur dann mit der Anlageberatung betrauen, wenn dieser sachkundig ist und über die für die Tätigkeit erforderliche Zuverlässigkeit verfügt. ²Das Wertpapierdienstleistungsunternehmen muss der Bundesanstalt

1. den Mitarbeiter und,
2. sofern das Wertpapierdienstleistungsunternehmen über Vertriebsbeauftragte im Sinne des Absatzes 2 verfügt, den auf Grund der Organisation des Wertpapierdienstleistungsunternehmens für den Mitarbeiter unmittelbar zuständigen Vertriebsbeauftragten

anzeigen, bevor der Mitarbeiter die Tätigkeit nach Satz 1 aufnimmt. ³Ändern sich die von dem Wertpapierdienstleistungsunternehmen nach Satz 2 angezeigten Verhältnisse, sind die neuen Verhältnisse unverzüglich der Bundesanstalt anzuzeigen. ⁴Ferner sind der Bundesanstalt, wenn auf Grund der Tätigkeit des Mitarbeiters eine oder mehrere Beschwerden im Sinne des § 33 Absatz 1 Satz 2 Nummer 4 gegenüber dem Wertpapierdienstleistungsunternehmen erhoben werden,

1. jede Beschwerde,
2. der Name des Mitarbeiters, auf Grund dessen Tätigkeit die Beschwerde erhoben wird, sowie,
3. sofern das Wertpapierdienstleistungsunternehmen mehrere Zweigstellen, Zweigniederlassungen oder sonstige Organisationseinheiten hat, die Zweigstelle, Zweigniederlassung oder Organisationseinheit, welcher der Mitarbeiter zugeordnet ist oder für welche er überwiegend oder in der Regel die nach Satz 1 anzuzeigende Tätigkeit ausübt,

anzuzeigen.

(2) ¹Ein Wertpapierdienstleistungsunternehmen darf einen Mitarbeiter mit der Ausgestaltung, Umsetzung oder Überwachung von Vertriebsvorgaben im Sinne des § 33 Absatz 1 Satz 2 Nummer 3 a nur dann betrauen (Vertriebsbeauftragter), wenn dieser sachkundig ist und über die für die Tätigkeit erforderliche Zuverlässigkeit verfügt. ²Das Wertpapierdienstleistungsunternehmen muss der Bundesanstalt den Mitarbeiter anzeigen, bevor dieser die Tätigkeit nach Satz 1 aufnimmt. ³Ändern sich die von dem Wertpapierdienstleistungsunternehmen nach Satz 2 angezeigten Verhältnisse, sind die neuen Verhältnisse unverzüglich der Bundesanstalt anzuzeigen.

(3) ¹Ein Wertpapierdienstleistungsunternehmen darf einen Mitarbeiter nur dann mit der Verantwortlichkeit für die Compliance-Funktion im Sinne des § 33 Absatz 1 Satz 2 Nummer 1 und für die Berichte an die Geschäftsleitung nach § 33 Absatz 1 Satz 2 Nummer 5 betrauen (Compliance-Beauftragter), wenn dieser sachkundig ist und über die für die Tätigkeit erforderliche Zuverlässigkeit verfügt. ²Das Wertpapierdienstleistungsunternehmen muss der Bundesanstalt den Mitarbeiter anzeigen, bevor der Mitarbeiter die Tätigkeit nach Satz 1 aufnimmt. ³Ändern sich die von dem Wertpapierdienstleistungsunternehmen nach Satz 2 angezeigten Verhältnisse, sind die neuen Verhältnisse unverzüglich der Bundesanstalt anzuzeigen.

(4) ¹Liegen Tatsachen vor, aus denen sich ergibt, dass ein Mitarbeiter

1. nicht oder nicht mehr die Anforderungen nach Absatz 1 Satz 1, Absatz 2 Satz 1 oder Absatz 3 Satz 1 erfüllt, kann die Bundesanstalt unbeschadet ihrer Befugnisse nach § 4 dem Wertpapierdienstleistungsunternehmen untersagen, den Mitarbeiter in der angezeigten Tätigkeit einzusetzen, solange dieser die gesetzlichen Anforderungen nicht erfüllt, oder

---

1 So auch Fuchs/*Fuchs*, WpHG, § 34 c Rn 5.

2. gegen Bestimmungen dieses Abschnittes verstoßen hat, deren Einhaltung bei der Durchführung seiner Tätigkeit zu beachten sind, kann die Bundesanstalt unbeschadet ihrer Befugnisse nach § 4
   a) das Wertpapierdienstleistungsunternehmen und den Mitarbeiter verwarnen oder
   b) dem Wertpapierdienstleistungsunternehmen für eine Dauer von bis zu zwei Jahren untersagen, den Mitarbeiter in der angezeigten Tätigkeit einzusetzen.

²Die Bundesanstalt kann unanfechtbar gewordene Anordnungen im Sinne des Satzes 1 auf ihrer Internetseite öffentlich bekannt machen, es sei denn, diese Veröffentlichung wäre geeignet, den berechtigten Interessen des Unternehmens zu schaden. ³Die öffentliche Bekanntmachung nach Satz 2 hat ohne Nennung des Namens des betroffenen Mitarbeiters zu erfolgen. ⁴Widerspruch und Anfechtungsklage gegen Maßnahmen nach Satz 1 haben keine aufschiebende Wirkung.

(5) Die Bundesanstalt führt über die nach den Absätzen 1 bis 3 anzuzeigenden Mitarbeiter sowie die ihnen zugeordneten Beschwerdeanzeigen nach Absatz 1 und die Anordnungen nach Absatz 4 eine interne Datenbank.

(5 a) Die Absätze 1 bis 5 sind nicht anzuwenden auf diejenigen Mitarbeiter eines Wertpapierdienstleistungsunternehmens, die ausschließlich in einer Zweigniederlassung im Sinne des § 24 a des Kreditwesengesetzes oder in mehreren solcher Zweigniederlassungen tätig sind.

(6) ¹Das Bundesministerium der Finanzen kann durch Rechtsverordnung, die nicht der Zustimmung des Bundesrates bedarf, die näheren Anforderungen an
1. den Inhalt, die Art, die Sprache, den Umfang und die Form der Anzeigen nach den Absätzen 1, 2 oder 3,
2. die Sachkunde und die Zuverlässigkeit nach Absatz 1 Satz 1, Absatz 2 Satz 1 und Absatz 3 Satz 1 sowie
3. den Inhalt der Datenbank nach Absatz 5 und die Dauer der Speicherung der Einträge

einschließlich des jeweiligen Verfahrens regeln. ²In der Rechtsverordnung nach Satz 1 kann insbesondere bestimmt werden, dass dem jeweiligen Wertpapierdienstleistungsunternehmen ein schreibender Zugriff auf die für das Unternehmen einzurichtenden Einträge in die Datenbank nach Absatz 5 eingeräumt und ihm die Verantwortlichkeit für die Richtigkeit und Aktualität dieser Einträge übertragen wird. ³Das Bundesministerium der Finanzen kann die Ermächtigung durch Rechtsverordnung ohne Zustimmung des Bundesrates auf die Bundesanstalt übertragen.

Verordnung über den Einsatz von Mitarbeitern in der Anlageberatung, als Vertriebsbeauftragte oder als Compliance-Beauftragte und über die Anzeigepflichten nach § 34 d des Wertpapierhandelsgesetzes (WpHG-Mitarbeiteranzeigeverordnung – WpHGMaAnzV)

vom 21. Dezember 2011 (BGBl. I S. 3116)
Zuletzt geändert durch Art. 2 HonoraranlageberatungsG vom 15.7.2013 (BGBl. I S. 2390)

§ 1 Sachkunde des Mitarbeiters in der Anlageberatung

(1) Mitarbeiter in der Anlageberatung im Sinne des § 34 d Absatz 1 des Wertpapierhandelsgesetzes müssen die für die Erbringung der Anlageberatung erforderliche Sachkunde haben. Die Sachkunde umfasst insbesondere Kenntnisse in folgenden Sachgebieten und ihre praktische Anwendung:
1. Kundenberatung:
   a) Bedarfsermittlung,
   b) Lösungsmöglichkeiten,
   c) Produktdarstellung und -information und
   d) Serviceerwartungen des Kunden, Besuchsvorbereitung, Kundenkontakte, Kundengespräch, Kundenbetreuung;
2. rechtliche Grundlagen der Anlageberatung:
   a) Vertragsrecht und
   b) Vorschriften des Wertpapierhandelsgesetzes und Kapitalanlagegesetzbuchs, die bei der Anlageberatung oder der Anbahnung einer Anlageberatung zu beachten sind;
3. fachliche Grundlagen.

- a) Funktionsweise der Finanzinstrumente,
- b) Risiken der Finanzinstrumente und
- c) Gesamtheit aller im Zusammenhang mit den Geschäften anfallenden Kosten.

Die nach Satz 2 Nummer 3 erforderlichen Kenntnisse müssen sich auf die Arten von Finanzinstrumenten beziehen, die Gegenstand der Anlageberatung des Mitarbeiters sein können.

(2) Die nach Absatz 1 erforderliche Sachkunde muss durch Abschluss- oder Arbeitszeugnisse, gegebenenfalls in Verbindung mit Stellenbeschreibungen, durch Schulungsnachweise oder in anderer geeigneter Weise nachgewiesen sein

§ 2 Sachkunde des Vertriebsbeauftragten

Der Vertriebsbeauftragte im Sinne des § 34 d Absatz 2 des Wertpapierhandelsgesetzes muss für seine Tätigkeit neben Kenntnissen über die gesetzlichen Anforderungen an Vertriebsvorgaben sowie deren Ausgestaltung, Umsetzung und Überwachung auch die für die Erbringung der Anlageberatung erforderliche Sachkunde haben. § 1 Absatz 1 Satz 2, 3 und Absatz 2 ist entsprechend anzuwenden, wobei hinsichtlich der fachlichen Grundlagen nach § 1 Absatz 1 Satz 2 Nummer 3 auf diejenigen Finanzinstrumente und Geschäfte abzustellen ist, für die Vertriebsvorgaben ausgestaltet, umgesetzt oder überwacht werden.

§ 3 Sachkunde des Compliance-Beauftragten

(1) Der Compliance-Beauftragte im Sinne des § 34 d Absatz 3 des Wertpapierhandelsgesetzes muss die für seine Tätigkeit erforderliche Sachkunde haben. Die Sachkunde umfasst insbesondere Kenntnisse in folgenden Sachgebieten und ihre praktische Anwendung:

1. rechtliche Kenntnisse:
   - a) Kenntnisse der Rechtsvorschriften, die vom Wertpapierdienstleistungsunternehmen bei der Erbringung von Wertpapierdienstleistungen und Wertpapiernebendienstleistungen einzuhalten sind,
   - b) Kenntnisse der Verwaltungsvorschriften, die von der Bundesanstalt für Finanzdienstleistungsaufsicht (Bundesanstalt) zur Konkretisierung des Wertpapierhandelsgesetzes erlassen worden sind,
   - c) Kenntnisse der Anforderungen und Ausgestaltung angemessener Prozesse von Wertpapierdienstleistungsunternehmen zur Verhinderung und zur Aufdeckung von Verstößen gegen aufsichtsrechtliche Bestimmungen,
   - d) Kenntnisse der Aufgaben und Verantwortlichkeiten und Befugnisse der Compliance-Funktion und des Compliance-Beauftragten,
   - e) soweit Mitarbeiter des Wertpapierdienstleistungsunternehmens aufgrund ihrer Tätigkeit Kenntnis von Insiderinformationen im Sinne des § 13 des Wertpapierhandelsgesetzes erlangen können, Kenntnisse der Handelsüberwachung und der Vorschriften des Abschnitts 3 des Wertpapierhandelsgesetzes und
   - f) soweit von dem Wertpapierdienstleistungsunternehmen Wertpapierdienstleistungen mit Auslandsbezug erbracht werden, Kenntnisse der hierbei zu beachtenden besonderen rechtlichen Anforderungen;
2. fachliche Kenntnisse:
   - a) Kenntnisse der Grundzüge der Organisation und Zuständigkeiten der Bundesanstalt,
   - b) Kenntnisse sämtlicher Arten von Wertpapierdienstleistungen und Wertpapiernebendienstleistungen, die durch das Wertpapierdienstleistungsunternehmen erbracht werden, sowie der von ihnen ausgehenden Risiken,
   - c) Kenntnisse der Funktionsweisen und Risiken der Arten von Finanzinstrumenten, in denen das Wertpapierdienstleistungsunternehmen Wertpapierdienstleistungen oder Wertpapiernebendienstleistungen erbringt,
   - d) Erkennen möglicher Interessenkonflikte und ihrer Ursachen und
   - e) Kenntnisse verschiedener Ausgestaltungsmöglichkeiten von Vertriebsvorgaben sowie der Aufbau- und Ablauforganisation des Wertpapierdienstleistungsunternehmens und von Wertpapierdienstleistungsunternehmen im Allgemeinen.

(2) Die nach Absatz 1 erforderliche Sachkunde muss durch Abschluss- oder Arbeitszeugnisse, gegebenenfalls in Verbindung mit Stellenbeschreibungen, durch Schulungsnachweise oder in anderer geeigneter Weise nachgewiesen sein.

§ 4 Berufsqualifikationen als Sachkundenachweis

Die erforderliche Sachkunde gilt insbesondere durch die folgenden Berufsqualifikationen und deren Vorläufer- oder Nachfolgeberufe als nachgewiesen:
1. Sachkunde im Sinne der §§ 1 und 2:

Abschlusszeugnis eines wirtschaftswissenschaftlichen Studiengangs der Fachrichtung Banken, Finanzdienstleistungen oder Kapitalmarkt (Hochschul- oder Fachhochschulabschluss oder gleichwertiger Abschluss), wenn darüber hinaus eine fachspezifische Berufspraxis nachgewiesen werden kann, die gewährleistet, dass der Mitarbeiter den an die Sachkunde zu stellenden Anforderungen genügt;
2. für die Sachkunde im Sinne der §§ 1 und 2 darüber hinaus:
   a) Abschlusszeugnis als Bank- oder Sparkassenbetriebswirt oder -wirtin einer Bank- oder Sparkassenakademie oder
   b) Abschlusszeugnis als Sparkassenfachwirt oder -wirtin (Sparkassenakademie) oder Bankfachwirt oder -wirtin (Sparkassenakademie),
   c) Abschlusszeugnis als Geprüfter Bankfachwirt oder Geprüfte Bankfachwirtin, Fachwirt oder -wirtin für Finanzberatung (IHK), Investment-Fachwirt oder -wirtin (IHK), Fachberater oder -beraterin für Finanzdienstleistungen (IHK) oder als Geprüfter Fachwirt oder Geprüfte Fachwirtin für Versicherungen und Finanzen sowie
   d) Abschlusszeugnis als Bank- oder Sparkassenkaufmann oder -frau, Investmentfondskaufmann oder -frau oder als Kaufmann oder -frau für Versicherungen und Finanzen Fachrichtung Finanzdienstleistungen,
   soweit bei diesen Ausbildungen die in § 1 genannten Kenntnisse vermittelt werden;
3. Sachkunde im Sinne des § 3:
   a) Abschlusszeugnis eines Studiums der Rechtswissenschaft, wenn darüber hinaus eine fachspezifische Berufspraxis nachgewiesen werden kann, die gewährleistet, dass der Mitarbeiter den an die Sachkunde zu stellenden Anforderungen genügt,
   b) Abschlusszeugnis gemäß Nummer 1, wenn darüber hinaus eine fachspezifische Berufspraxis nachgewiesen werden kann, die gewährleistet, dass der Mitarbeiter den an die Sachkunde zu stellenden Anforderungen genügt, oder
   c) Abschlusszeugnis gemäß Nummer 2 Buchstabe a.

Bei Personen, die seit dem 1. Januar 2006 ununterbrochen als Mitarbeiter in der Anlageberatung, Vertriebsbeauftragter oder Compliance-Beauftragter eines Wertpapierdienstleistungsunternehmens tätig waren, wird vermutet, dass sie jeweils die erforderliche Sachkunde haben, wenn die Anzeigen nach § 34 d Absatz 1 bis 3 des Wertpapierhandelsgesetzes bis zum 1. Mai 2013 eingereicht werden. Die Vermutung nach Satz 2 gilt auch dann, wenn die entsprechende Berufserfahrung ganz oder teilweise bei Zweigniederlassungen im Sinne des § 53 b des Kreditwesengesetzes, die die Wertpapierdienstleistung der Anlageberatung erbringen, erworben wurde.

§ 5 Anerkennung ausländischer Berufsbefähigungsnachweise im Rahmen der Niederlassungsfreiheit

(1) Als Nachweis der erforderlichen Sachkunde nach den §§ 1, 2 oder 3 werden auch Befähigungs- und Ausbildungsnachweise anerkannt, die
1. von einer zuständigen Behörde eines anderen Mitgliedstaats der Europäischen Union oder eines anderen Vertragsstaats des Abkommens über den Europäischen Wirtschaftsraum ausgestellt oder anerkannt worden sind und
2. in dem ausstellenden Staat erforderlich sind, um als Mitarbeiter einer Wertpapierdienstleistungsfirma im Sinne des Artikels 4 Absatz 1 Nummer 1 der Richtlinie 2004/39/EG des Europäischen Parlaments und des Rates vom 21. April 2004 über Märkte für Finanzinstrumente, zur Änderung der Richtlinien 85/611/EWG und 93/6/EWG des Rates und der Richtlinie 2000/12/EG des Europäischen Parlaments und des Rates und zur Aufhebung der Richtlinie 93/22/EWG des Rates (ABl. L 145 vom 30.4.2004, S. 1, L 45 vom 16.2.2005, S. 18) mit einer vergleichbaren Tätigkeit betraut zu werden.

(2) Ist die Ausübung der Tätigkeit in dem anderen Mitglied- oder Vertragsstaat nicht durch Rechts- oder Verwaltungsvorschrift an eine bestimmte Berufsqualifikation gebunden, kann die Sachkunde durch jedes andere geeignete Dokument, insbesondere Abschluss- oder Arbeitszeugnisse, gegebenenfalls in Verbindung mit Stellenbeschreibungen, nachgewiesen werden.

§ 6 Zuverlässigkeit

Die erforderliche Zuverlässigkeit nach § 34 d Absatz 1 Satz 1, Absatz 2 Satz 1 oder Absatz 3 Satz 1 des Wertpapierhandelsgesetzes hat in der Regel nicht, wer in den letzten fünf Jahren vor Beginn einer anzeigepflichtigen Tätigkeit wegen eines Verbrechens oder wegen Diebstahls, Unterschlagung, Erpressung, Betruges, Untreue, Geldwäsche, Urkundenfälschung, Hehlerei, Wuchers, einer Insolvenzstraftat, einer Steuerhinterziehung oder aufgrund des § 38 des Wertpapierhandelsgesetzes rechtskräftig verurteilt worden ist.

§ 7 Einreichung der Anzeigen

Die Anzeigen nach § 34 d Absatz 1 Satz 2 bis 4, Absatz 2 Satz 2 und 3 sowie Absatz 3 Satz 2 und 3 des Wertpapierhandelsgesetzes sind im Wege der elektronischen Übermittlung unter Verwendung des von der Bundesanstalt bereitgestellten elektronischen Anzeigeverfahrens einzureichen. Bei der elektronischen Übermittlung sind dem jeweiligen Stand der Technik entsprechende Verfahren einzusetzen, die die Authentizität, Vertraulichkeit und Integrität der Daten gewährleisten. Im Falle der Nutzung allgemein zugänglicher Netze sind Verschlüsselungsverfahren anzuwenden. Vor der erstmaligen Verwendung des elektronischen Anzeigeverfahrens ist eine Anmeldung bei der Bundesanstalt erforderlich. Die Anmeldung hat über die Internetseite der Bundesanstalt zu erfolgen. Die Bundesanstalt teilt unverzüglich nach Eingang der Anmeldung die zur Verwendung des elektronischen Anzeigeverfahrens erforderliche Zugangskennung zu. Unmittelbar nach jeder erfolgreichen Übermittlung einer Anzeige erhält das Unternehmen eine Bestätigung über deren Eingang bei der Bundesanstalt.

§ 8 Inhalt der Anzeigen

(1) Die Erstanzeigen nach § 34 d Absatz 1 Satz 2, Absatz 2 Satz 2 und Absatz 3 Satz 2 des Wertpapierhandelsgesetzes müssen enthalten:
1. die Bezeichnung der Vorschrift des § 34 d des Wertpapierhandelsgesetzes, auf deren Grundlage die Anzeige erfolgt, und die Tätigkeiten im Sinne dieser Vorschrift, mit denen der Mitarbeiter betraut werden soll,
2. den Familiennamen, den Geburtsnamen, den Vornamen, den Tag und den Ort der Geburt des Mitarbeiters und
3. den Tag des Beginns der anzeigepflichtigen Tätigkeit für das Wertpapierdienstleistungsunternehmen.

(2) Eine Anzeige nach § 34 d Absatz 1 des Wertpapierhandelsgesetzes muss, sofern das Wertpapierdienstleistungsunternehmen Vertriebsbeauftragte im Sinne des § 34 d Absatz 2 des Wertpapierhandelsgesetzes hat, aufgrund der Organisationsstruktur des Wertpapierdienstleistungsunternehmens für den angezeigten Mitarbeiter zuständigen Vertriebsbeauftragten enthalten.

(3) Jede Änderung der angezeigten Angaben ist als Änderungsanzeige nach § 34 d Absatz 1 Satz 3, Absatz 2 Satz 3 oder Absatz 3 Satz 3 des Wertpapierhandelsgesetzes innerhalb eines Monats, nachdem die Änderung eingetreten ist, in dem in § 7 vorgegebenen Verfahren einzureichen. Wird der Mitarbeiter von dem Wertpapierdienstleistungsunternehmen nicht mehr mit der angezeigten Tätigkeit betraut, ist der Tag der Beendigung der angezeigten Tätigkeit anzuzeigen.

(4) Die Anzeige einer Beschwerde nach § 34 d Absatz 1 Satz 4 des Wertpapierhandelsgesetzes muss
1. das Datum, an dem die Beschwerde gegenüber dem Wertpapierdienstleistungsunternehmen erhoben worden ist,
2. den Namen des Mitarbeiters, aufgrund dessen Tätigkeit die Beschwerde erhoben worden ist, und die dem Wertpapierdienstleistungsunternehmen mitgeteilte eindeutige alphanumerische Kennnummer dieses Mitarbeiters nach § 9 Absatz 2 Nummer 1 sowie,
3. sofern das Wertpapierdienstleistungsunternehmen mehrere Zweigstellen, Zweigniederlassungen oder sonstige Organisationseinheiten hat, die Bezeichnung und Anschrift (Straße, Hausnummer, Postleitzahl, Ort, Sitzstaat) der Zweigstelle, Zweigniederlassung oder sonstigen Organisationseinheit, der der Mitarbeiter zugeordnet ist oder für welche er überwiegend oder in der Regel seine Tätigkeit ausübt,

enthalten. Die Anzeige ist spätestens innerhalb von sechs Wochen, nachdem die Beschwerde gegenüber dem Wertpapierdienstleistungsunternehmen erhoben worden ist, bei der Bundesanstalt einzureichen. Mehrere Beschwerden können in chronologischer Reihenfolge zu einer Anzeige zusammengefasst werden.

§ 9 Inhalt der Datenbank

(1) Die Angaben aus den Anzeigen nach § 8 werden automatisiert in der Datenbank nach § 34 d Absatz 5 des Wertpapierhandelsgesetzes gespeichert.

(2) In der Datenbank werden außerdem folgende Angaben gespeichert:
1. eine eindeutige, von der Bundesanstalt vergebene alphanumerische Kennnummer für jeden angezeigten Mitarbeiter, die dem Wertpapierdienstleistungsunternehmen nach Erstattung der Erstanzeige mitgeteilt wird,
2. die Firma, die Rechtsform und der Sitz (Straße, Hausnummer, Postleitzahl, Ort, Sitzstaat) des anzeigenden Wertpapierdienstleistungsunternehmens,
3. der Tag, an dem die Anzeige über den Beginn der angezeigten Tätigkeit bei der Bundesanstalt eingegangen ist,

4. der Tag, an dem die Anzeige über die Beendigung der angezeigten Tätigkeit bei der Bundesanstalt eingegangen ist,
5. der Tag, an dem Angaben über den Beginn oder das Ende der angezeigten Tätigkeit abgeändert oder berichtigt worden sind,
6. der angezeigte Zeitpunkt des Beginns oder der Beendigung der angezeigten Tätigkeit auch dann, wenn diese Daten nachträglich abgeändert oder berichtigt worden sind,
7. Anordnungen nach § 34 d Absatz 4 des Wertpapierhandelsgesetzes, die gegenüber dem Mitarbeiter oder aufgrund des Mitarbeiters gegen das Wertpapierdienstleistungsunternehmen ergangen sind, und,
8. sofern der Mitarbeiter in den letzten fünf Jahren bereits für das gleiche oder ein anderes Wertpapierdienstleistungsunternehmen tätig war,
    a) den Zeitpunkt des Beginns und der Beendigung der seinerzeit angezeigten Tätigkeit auch dann, wenn diese Daten nachträglich abgeändert oder berichtigt worden sind,
    b) das Wertpapierdienstleistungsunternehmen, das die Tätigkeit seinerzeit angezeigt hat, und
    c) die nach § 8 Absatz 4 angezeigten Beschwerden, die diese frühere Tätigkeit betreffen.

§ 10 Verantwortlichkeit

Das Wertpapierdienstleistungsunternehmen trägt die Verantwortung für die Vollständigkeit, die Richtigkeit und die Aktualität der von ihm angezeigten und automatisiert in die Datenbank eingestellten Angaben. Erforderliche Berichtigungen sind unter Verwendung des elektronischen Anzeigeverfahrens vorzunehmen.

§ 11 Dauer der Speicherung

Eintragungen nach § 8 Absatz 4 und § 9 Absatz 2 Nummer 7 sind fünf Jahre nach Ablauf des Jahres, in dem die Beschwerde gegenüber der Bundesanstalt angezeigt worden ist, oder fünf Jahre nach dem Tag, an dem die Anordnung erlassen worden ist, durch die Bundesanstalt aus der Datenbank zu löschen. Alle übrigen Eintragungen sind fünf Jahre nach Ablauf des Jahres, in dem die Beendigung der Tätigkeit für das anzeigende Wertpapierdienstleistungsunternehmen angezeigt worden ist, durch die Bundesanstalt aus der Datenbank zu löschen.

§ 12 Inkrafttreten

Diese Verordnung tritt am 1. November 2012 in Kraft.

Literatur:
Begner, BKR 2012, Die Verordnung über den Einsatz vom Mitarbeitern in der Anlageberatung, als Vertriebsbeauftragte oder als Compliance-Beauftragte und über die Anzeigepflichten nach § 34 d des Wertpapierhandelsgesetzes (WpHG-Mitarbeiteranzeigenverordnung – WpHGMaAnzV), BKR 2012, 95; *Brinkmann*, in: Schäfer (Hrsg.), Erfolgreicher Umgang mit Wertpapierbeschwerden, 2013; *Feger*, Auswirkungen der neuen WpHG-Mitarbeiteranzeigeverordnung auf Compliance, BankPraktiker 2012, 368; *Forst*, Kündigung oder Freistellung von Arbeitnehmern nach Erlass eines Beschäftigungsverbots gem. § 34 d Abs. 4 WpHG, ZBB/JBB 2013, 163; *Günther*, Qualitätskontrolle bei Anlageberatern – Der Sachkundenachweis gemäß § 34 d WpHG in der Bankpraxis; WM 2012, 2267; *Halbleib*, Der Einsatz von Mitarbeitern in der Anlageberatung nach der Neuregelung des § 34 d WpHG, WM 2011, 673; *Müller-Christmann*, DB 2011, 749, Das Gesetz zur Stärkung des Anlegerschutzes und Verbesserung der Funktionsfähigkeit des Kapitalmarktes, Der Betrieb 2012, 749; *Renz/Sartowski*, Anlageberater, Vertriebsbeauftragte und Compliance-Beauftragte, CCZ 2012, 67; *Rößler/Yoo*, Die Einführung des § 34 d WpHG durch das AnsFuG aus aufsichts- und arbeitsrechtlicher Sicht – Berufsverbot oder Papiertiger, BKR 2011, 273; *Schäfer*, Beschwerde, Beschwerdebearbeitung und Beschwerdeanzeigen – ein Beitrag zur Auslegung der §§ 33 Abs. 1 Satz 2 Nr. 3 und § 34 d Abs. 1 Satz 4 und Abs. 5 WpHG, in WM 2012, 1160; *Schäfer*, Die MaComp und die Aufgaben von Compliance, BKR 2011, 187; *Schäfer*, in : Schäfer (Hrsg.), Erfolgreicher Umgang mit Wertpapierbeschwerden, 2013 (zit.: Umgang mit Wertpapierbeschwerden).

A. Gesetzesgeschichte, Normzweck, Struktur 1	3. Änderung der Anzeige 31
B. Sachkunde und Anzeige von Anlageberatern (Abs. 1 S. 1–3) 9	4. Einreichung der Anzeigen/technisches Verfahren 32
I. Anforderungen an die Sachkunde 9	C. Beschwerden (Abs. 1 S. 4) 34
II. Nachweis der Sachkunde 15	I. Sinn und Zweck 34
1. Zeugnisse, Stellenbeschreibungen, sonstige Nachweise 15	II. Beschwerdebegriff und Anwendungsbereich ... 35
2. Inländische Berufsqualifikationen als Sachkundenachweis 16	1. Grundsatz 35
3. Anerkennung ausländischer Berufsbefähigungsnachweise 21	2. Anwendungsbereich: Zusammenhang mit Anlageberatung 36
4. „Alte Hasen"-Regelung 25	a) Grundsatz 36
III. Anzeige des Anlageberaters 27	b) Fallgruppen (die eine Anzeigepflicht auslösen) 38
1. Inhalt der Anzeigen 27	3. Fälle ohne einen Zusammenhang mit einer Anlageberatung 40
2. Zeitpunkt der Anzeige 30	

4. Handlungen im Zusammenhang mit einer Anlageberatung 45	I. Inhaltliche Anforderungen 94
5. Besondere Konstellationen 49	II. Anforderungen an den Nachweis 96
III. Die Beschwerdeanzeige 52	G. Datenbank („Mitarbeiter- und Beschwerderegister", Abs. 5) 99
1. Jede Beschwerde 52	I. Inhalt der Datenbank 99
2. Problem der Beschwerdeidentität 55	II. Verantwortlichkeit 102
3. Tatsache der Erhebung, kein Inhalt 59	III. Interne Datenbank, Aufruf von Daten 103
4. Inhalt 61	IV. Dauer der Speicherung 104
a) Datum 61	V. Sinn und Zweck der Datenbank 105
b) Name des Mitarbeiters, alphanumerische Kennnummer 62	1. Risikoorientierte Auswertung 105
c) Einsatzort des Wertpapierberaters 64	2. Erkenntnisse über Vertriebsstrukturen 106
5. Zeitpunkt der Anzeige, Zusammenfassung von Beschwerden 68	VI. Vorgehensweise der BaFin bei der Nutzung von Beschwerdeanzeigen und Beschwerderegister 107
6. Besondere Konstellationen 70	1. Grundsatz: Verstärkte Vor-Ort-Präsens 107
D. Sachkunde, Zuverlässigkeit und Anzeige von Vertriebsbeauftragten (Abs. 2) 73	2. Anlass: Häufung von Beschwerden 108
I. Begriff des Vertriebsbeauftragten 73	3. Einzelfälle als Besuchsgrund 109
II. Inhaltliche Anforderungen an die Sachkunde 76	H. Neuer Aufsichtsansatz, Erweiterung des Aufsichtsinstrumentariums (Abs. 4) 111
III. Nachweis der Sachkunde und Anzeige des Vertriebsbeauftragten 78	I. Grundsatz 111
E. Sachkunde, Zuverlässigkeit und Anzeige von Compliance-Beauftragten (Abs. 3) 79	II. Verstoß gegen die Anforderungen der Sachkunde/Zuverlässigkeit (Abs. 4 S. 1 Nr. 1) 113
I. Anforderungen an die Sachkunde 79	III. Verstöße gegen Bestimmungen des 6. Abschnitts (Abs. 4 S. 1 Nr. 2) 114
1. Grundsatz 79	1. Grundsatz 114
2. Rechtliche Kenntnisse 81	2. Verwarnung des Wertpapierdienstleistungsunternehmens 115
a) Grundanforderungen 81	
b) Erhöhte Anforderungen 86	3. Verwarnung des Mitarbeiters 116
c) Anforderungen bei Auslandsbezug 88	4. Untersagung der Tätigkeit gegenüber Wertpapierdienstleistungsunternehmen 117
3. Fachliche Kenntnisse (§ 2 Abs. 1 S. 2 Nr. 2 WpHGMaAnzV) 89	
II. Nachweis der Sachkunde und Anzeige des Compliance-Beauftragten 93	IV. Veröffentlichung (Abs. 4 S. 2, 3) 126
F. Zuverlässigkeit von Anlageberatern, Vertriebsbeauftragten und Compliance-Beauftragten 94	V. (Keine) aufschiebende Wirkung 127
	I. Verordnungsermächtigung 128

A. Gesetzesgeschichte, Normzweck, Struktur

Die Vorschrift wurde in Folge des AnsFuG in das WpHG eingefügt.[1] Abs. 1 bis 5 traten am 1.11.2011, Abs. 6 am 8.4.2011 in Kraft. **1**

Der Regelung liegt zwar keine europarechtliche Vorgabe zugrunde. Dennoch gibt es in einigen Staaten **2** (ähnliche) gesetzliche Vorgaben, die eine Registrierung bestimmter Mitarbeitern verlangen.[2]

Der Gesetzgeber möchte mit der Regelung, als Folge der Erkenntnisse aus der Finanzkrise, den **Schutz der** **3** **Anleger vor Falschberatung** weiter verbessern.[3] Als Problemfelder sieht er zum einen insbesondere die heterogene Qualifikation der Anlageberater an.[4] Ein zweites Problem liegt in der **nachteiligen Beeinflussung durch Vertriebsinteresse, -druck und -provisionen**.[5] Sowohl praktische Erfahrungen als auch Studien aus jüngerer Vergangenheit deuten darauf hin, dass das Gebot der anlegergerechten Beratung in der Anlagepraxis nicht ausreichend zur Geltung kommt. Vielmehr „droht sich in der öffentlichen Diskussion der Eindruck zu verfestigen, dass die Beratungsleistung der Institute wesentlich durch Vertriebsvorgaben und Provisionsinteressen beeinflusst wird und Kundeninteressen nur eine untergeordnete Rolle spielen."[6] Die neuen gesetzlichen Regelungen stellen die Beratung deshalb immer in einen Zusammenhang mit etwaigen Vertriebsvorgaben. Die BaFin soll deshalb auch Erkenntnisse im Hinblick auf die Vertriebsstrukturen eines Wertpapierdienstleistungsunternehmens gewinnen. Vor diesem Hintergrund konkretisiert die Vorschrift die grundsätzliche Verpflichtung der Wertpapierdienstleistungsunternehmen, nur **geeignete und zuverlässige** mit der Anlageberatung oder dem Vertrieb befasste Mitarbeiter einzusetzen.[7]

Ergänzend werden die mit der Überwachung der Rechtskonformität befassten Mitarbeiter, gemeint ist hier **4** die **Compliance-Funktion**, gestärkt, um die Qualitätssicherung bei Wertpapierdienstleistungen im Allgemeinen und der Anlageberatung im Besonderen zu sichern.[8] Die Neuregelung soll – darauf weist der Gesetzge-

---

[1] Zu den Regelungen des AnsFuG s. auch *Müller-Christmann*, DB 2011, 749; *Halbleib*, WM 2011, 673.
[2] Begr. RegE (AnsFuG), BT-Drucks. 17/3628, S. 17; s. auch *Müller-Christmann*, aaO; *Halbleib*, aaO.
[3] Begr. RegE, (AnsFuG), BT-Drucks. 17/3628, S. 1, 17.
[4] Begr. RegE, (AnsFuG), BT-Drucks. 17/3628, S. 1, 17.
[5] Begr. RegE, (AnsFuG), BT-Drucks. 17/3628, S. 17.
[6] Begr. RegE, (AnsFuG), BT-Drucks. 17/3628, S. 1.
[7] Begr. RegE, (AnsFuG), BT-Drucks. 17/3628, S. 17.
[8] Begr. RegE, (AnsFuG), BT-Drucks. 17/3628, S. 17.

ber explizit hin – „Hand in Hand" mit den MaComp wirken, um damit auch die interne Rechtmäßigkeitskontrolle zu stärken.[9]

5 Zur **Stärkung der Aufsicht** sind die genannten Mitarbeiter zukünftig bei der BaFin zu registrieren. Die Registrierung richtet den Aufsichtsfokus auf die einzelnen Personen die beraten, solche, die Einfluss auf diesen Prozess und insbesondere Vertriebsvorgaben ausüben können, und diejenigen, die rechtskonformes Verhalten überwachen. Der Aufsicht wird aufgrund der ihr anzuzeigenden Informationen ein deutlicheres Bild der Situation in der Anlageberatung und der auf sie einwirkenden Strukturen vermittelt. Dies soll helfen, in der Vergangenheit beobachtete Fehlentwicklungen in der Anlageberatung einzudämmen.[10]

6 Zusätzlich gibt die Anzeigepflicht der im Zusammenhang mit einer Anlageberatung eingegangenen **Beschwerden** der BaFin die Möglichkeit, diese unter **risikoorientierten** Gesichtspunkten zu würdigen und Missstände in der Anlageberatung effizienter zu identifizieren und diesen entgegenzuwirken:[11] *„Um Falschberatung entgegenzuwirken, sollen zum einen der BaFin zusätzliche Möglichkeiten eingeräumt werden, um Verstöße gegen die Gebote der anlegergerechten Beratung und der Offenlegung von Provisionen als Ordnungswidrigkeiten zu ahnden. Zum anderen sollen Berater, Verantwortliche für Vertriebsvorgaben und die sog. Compliance-Funktion bei der BaFin* **registriert** *und ihre angemessene* **Qualifikation** *nachgewiesen werden. Bei Verstößen gegen anlegerschützende Vorschriften soll die BaFin als Sanktion gegen die Institute verhängen können, dass einzelne Personen für einen bestimmten Zeitraum nicht mehr in der Beratung eingesetzt werden dürfen."* [12]

7 Die aktive Registrierung soll zudem **disziplinierend** auf die Wertpapierdienstleistungsunternehmen wirken, indem sie ihnen die Bedeutung der Mitarbeiterauswahl und ihre diesbezüglichen Verantwortung vor Augen führt.[13]

8 Abs. 1 bis 3, die weitgehend parallel aufgebaut sind, formulieren dabei zum einen die fachlichen Anforderungen an die genannten Personengruppen. Außerdem stellen sie das Erfordernis der Zuverlässigkeit auf. Abs. 1 S. 4 statuiert zudem eine Anzeigepflicht bestimmter Beschwerden. Abs. 4 unterlegt die neuen Pflichten mit entsprechenden Durchsetzungs- und Sanktionsmöglichkeiten. Abs. 5 regelt die bei der BaFin zu führende Datenbank. Abs. 6 enthält eine Verordnungsermächtigung. Die Vorschrift wird umfassend durch die WpHG-Mitarbeiteranzeigenverordnung (**WpHGMaAnzV**)konkretisiert.

B. Sachkunde und Anzeige von Anlageberatern (Abs. 1 S. 1–3)

9 **I. Anforderungen an die Sachkunde.** Abs. 1 betrifft die mit der **Anlageberatung betrauten Mitarbeiter.** Der Begriff der Anlageberatung knüpft an § 2 Abs. 3 S. 2 Nr. 9 an. Die Anlageberatung ist dabei nicht auf das „klassische Depotanlageberatungsgeschäft" begrenzt. Anlageberater sind somit nicht nur solche „im klassischen Retail Banking und Wealth Management", sondern auch „Sales Betreuer im Corporate Banking und Großkundengeschäft".[14]

10 Gemäß Abs. 1 S. 1 muss ein Anlageberater sachkundig sein. Die Sachkenntnis umfasst nach § 1 S. 2 WpHGMaAnzV insbesondere **Kenntnisse** in verschiedenen Sachgebieten und ihre **praktische Anwendung**: Durch das letztgenannte Erfordernis soll sichergestellt werden, das sich die Sachkunde nicht in der Theorie erschöpft.

11 Diese müssen nach § 1 S. 2 Nr. 1 WpHGMaAnzV auf dem Gebiet der **Kundenberatung** vorliegen, das in die a) Bedarfsermittlung, b) Lösungsmöglichkeiten, c) Produktdarstellung und -information und d) Serviceerwartungen des Kunden, Besuchsvorbereitung, Kundenkontakte, Kundengespräch, Kundenbetreuung aufgefächert werden kann.

12 Erforderlich sind außerdem Kenntnisse der **rechtliche Grundlagen der Anlageberatung**. Auf der zivilrechtlichen Seite betrifft dies gemäß § 1 S. 2 Nr. 2 WpHGMaAnzV das Vertragsrecht wie etwa das Zustandekommen eines (Beratungs-)Vertrags. Auf aufsichtsrechtlicher Seite sind gemäß Nr. 2 Alt. 1 die Vorschriften des WpHG, die bei der Anlageberatung oder der Anbahnung einer Anlageberatung zu beachten sind, unabdingbar. Nach Ziff. 2 Alt. 2 gilt dies auch für das investmentrechtliche Regelungen.

13 Zu den von § 1 S. 2 Nr. 3 WpHGMaAnzV verlangten Kenntnissen gehören **fachliche Grundlagen,** Hierunter fallen a) die Funktionsweise der Finanzinstrumente, b) die Risiken der Finanzinstrumente und c) die Gesamtheit aller im Zusammenhang mit den Geschäften anfallenden Kosten.

14 Die hierfür erforderlichen Kenntnisse müssen sich – so § 1 Abs. 2 WpHGMaAnzV – auf die **Arten** von Finanzinstrumenten beziehen, die Gegenstand der Anlageberatung des Mitarbeiters sein können. „Arten von Finanzinstrumenten" entspricht der Terminologie des § 31 Abs. 3 S. 1 WpHG.

---

9 Begr. RegE (AnsFuG), BT-Drucks. 17/3628, S. 22.
10 Begr. RegE, (AnsFuG), BT-Drucks. 17/3628, S. 17.
11 Begr. RegE, (AnsFuG), BT-Drucks. 17/3628, S. 17.
12 Begr. RegE (AnsFuG), BT-Drucks. 17/3628, S. 2.
13 Begr. RegE, (AnsFuG) BT-Drucks. 17/3628, S. 22.
14 *Renz/Sartowski*, CCZ 2012, 67, 68.

II. Nachweis der Sachkunde. 1. Zeugnisse, Stellenbeschreibungen, sonstige Nachweise. Hinsichtlich des 15
Nachweises der nach Abs. 1 erforderlichen Sachkunde benennt § 1 Abs. 2 WpHGMaAnzV mehrere Alternativen. Er kann zum einen durch Abschluss- oder Arbeitszeugnisse, gegebenenfalls in Verbindung mit Stellenbeschreibungen erfolgen. Außerdem kommen Schulungsnachweise in Betracht. Aber auch der Nachweis in anderer geeigneter Weise ist zulässig.

2. Inländische Berufsqualifikationen als Sachkundenachweis. Die erforderliche Sachkunde gilt nach § 4 16
Abs. 1 WpHGMaAnzV insbesondere durch die genannten **Berufsqualifikationen** und deren Vorläufer- oder Nachfolgeberufe als nachgewiesen:

Hierzu gehört nach § 4 Nr. 1 WpHGMaAnzV das Abschlusszeugnis eines **wirtschaftswissenschaftlichen** 17
Studiengangs der Fachrichtung Banken, Finanzdienstleistungen oder Kapitalmarkt (Hochschul- oder Fachhochschulabschluss). Alternativ ist ein gleichwertiger Abschluss ausreichend, wenn darüber hinaus eine fachspezifische Berufspraxis nachgewiesen werden kann, die gewährleistet, dass der Mitarbeiter den an die Sachkunde zu stellenden Anforderungen genügt.

§ 4 Abs. 1 Nr. 2 WpHGMaAnzV verlangt a) ein Abschlusszeugnis als **Bank- oder Sparkassenbetriebswirt** 18
oder -wirtin einer Bank- oder Sparkassenakademie oder b) ein Abschlusszeugnis als **Sparkassenfachwirt** oder -wirtin (Sparkassenakademie) oder **Bankfachwirt** oder -wirtin (Sparkassenakademie) oder c) ein Abschlusszeugnis als Geprüfter **Bankfachwirt** oder Geprüfte Bankfachwirtin, Fachwirt oder -wirtin für Finanzberatung (IHK), Investment-Fachwirt oder -wirtin (IHK), Fachberater oder -beraterin für Finanzdienstleistungen (IHK) oder als Geprüfter Fachwirt oder Geprüfte Fachwirtin für Versicherungen und Finanzen sowie d) Abschlusszeugnis als **Bank- oder Sparkassenkaufmann** oder -frau, Investmentfondskaufmann oder -frau oder als Kaufmann oder -frau für Versicherungen und Finanzen Fachrichtung Finanzdienstleistungen.

§ 4 Nr. 2 WpHGMaAnzV nennt ausdrücklich nur den Sparkassenbetriebswirt oder –fachwirt. Die Abschlüsse im Bereich der **Volks- und Raiffeisenbanken** finden sich unter den allgemeinen Berufsbezeichnungen wieder. 19

Voraussetzung bei allen genannten Ausbildungen und Abschlüssen ist zudem, dass die oben aufgeführten 20
Kenntnisse vermittelt werden.

3. Anerkennung ausländischer Berufsbefähigungsnachweise. Im Rahmen der Niederlassungsfreiheit werden 21
als Nachweis der erforderlichen Sachkunde gemäß § 5 Abs. 1 WpHGMaAnzV auch im **Ausland** erworbene Befähigungs- und Ausbildungsnachweise anerkannt.

Diese müssen nach § 5 Abs. 1 Nr. 1 WpHGMaAnzV von einer **zuständigen Behörde** eines anderen Mit- 22
gliedstaates der Europäischen Union oder eines anderen Vertragsstaates des Abkommens über den Europäischen Wirtschaftsraum ausgestellt oder anerkannt worden sein.

Sie müssen gemäß § 5 Abs. 1 Nr. 2 WpHGMAnAnzV außerdem in dem ausstellenden Staat erforderlich 23
sein, um als Mitarbeiter einer Wertpapierdienstleistungsfirma im Sinne des Art. 4 Abs. 1 Nr. 1 der Richtlinie 2004/39/EG des Europäischen Parlaments und des Rates vom 21. April 2004 über Märkte für Finanzinstrumente, zur Änderung der Richtlinien 85/611/EWG und 93/6/EWG des Rates und der Richtlinie 2000/12/EG des Europäischen Parlaments und des Rates und zur Aufhebung der Richtlinie 93/22/EWG des Rates (ABl. L 145 vom 30.4.2004, S. 1, L 45 vom 16.2.2005, S. 18) mit einer **vergleichbaren Tätigkeit** betraut zu werden.

Ist die Ausübung der Tätigkeit in dem anderen Mitglied- oder Vertragsstaat nicht durch Rechts- oder Ver- 24
waltungsvorschrift an eine bestimmte Berufsqualifikation gebunden, kann die Sachkunde gemäß § 5 Abs. 2 WpHGMaAnzV durch jedes **andere geeignete Dokument**, insbesondere Abschluss- oder Arbeitszeugnisse, gegebenenfalls in Verbindung mit Stellenbeschreibungen, nachgewiesen werden.

4. „Alte Hasen"-Regelung. Bei Personen, die seit dem **1. Januar 2006 ununterbrochen** als Mitarbeiter in 25
der Anlageberatung, Vertriebsbeauftragter oder Compliance-Beauftragter eines Wertpapierdienstleistungsunternehmens tätig waren, wird gemäß § 4 S. 2 und 3 WpHGmAnzV vermutet, dass sie jeweils die erforderliche Sachkunde haben, wenn die Anzeigen nach § 34 d Abs. 1–3 des Wertpapierhandelsgesetzes bis zum 1. Mai 2013 eingereicht werden. Die Vermutung nach Satz 2 gilt auch dann, wenn die entsprechende Berufserfahrung ganz oder teilweise bei Zweigniederlassungen im Sinne des § 53 b des Kreditwesengesetzes, die die Wertpapierdienstleistung der Anlageberatung erbringen, erworben wurde.

Eine **ununterbrochene Tätigkeit** liegt auch vor wenn die Tätigkeit kurzfristig nicht ausgeübt wird. Der 26
Grund für die Nichtausübung spielt keine Rolle. Unter kurzfristig ist ein Zeitraum von **bis zu einem Jahr** zu verstehen.

III. Anzeige des Anlageberaters. 1. Inhalt der Anzeigen. Nach § 34 d Abs. 1 S. 2 muss das Wertpapier- 27
dienstleistungsunternehmen der BaFin zudem den **Mitarbeiter** (Anlageberater) anzeigen.

28 Die Anzeige des Anlageberaters nach § 34 d Abs. 1 muss gemäß § 8 Abs. 2 WpHGMaAnzV, sofern das Wertpapierdienstleistungsunternehmen **Vertriebsbeauftragte** im Sinne des § 34 d Abs. 2 hat, den aufgrund der Organisationsstruktur des Wertpapierdienstleistungsunternehmens für den angezeigten Mitarbeiter zuständigen Vertriebsbeauftragten enthalten.

29 Wird ein Anlageberater in mehreren Filialen eingesetzt, ist der **nächsthöhere gemeinsame** Vertriebsbeauftragte anzuzeigen. Der Inhalt der Anzeigen im Hinblick auf die geforderten Personaldaten ergibt sich aus § 8 WpHGMaAnzV. Die genannten Daten sind **obligatorisch**.

30 **2. Zeitpunkt der Anzeige.** Die Anzeigen haben zu erfolgen, *bevor* der Mitarbeiter seine Tätigkeit (= die Anlageberatung) aufnimmt. Die Anzeige ist Voraussetzung für die Tätigkeitsaufnahme.
Ändern sich die nach Satz 2 angezeigten Verhältnisse, sind die neuen Verhältnisse nach Abs. 1 S. 3 der BaFin anzuzeigen. Die Anzeige hat **unverzüglich** zu erfolgen.

31 **3. Änderung der Anzeige.** Jede Änderung der angezeigten Angaben ist gemäß § 8 Abs. 3 WpHGMaAnzV als **Änderungsanzeige** nach § 34 d Abs. 1 S. 3, Abs. 2 S. 3 oder Abs. 3 S. 3 WpHG **innerhalb eines Monats**, nachdem die Änderung eingetreten ist, in dem in § 7 WpHGMaAnzV vorgegebenen Verfahren einzureichen. Wird der Mitarbeiter von dem Wertpapierdienstleistungsunternehmen nicht mehr mit der angezeigten Tätigkeit betraut, ist der Tag der Beendigung der angezeigten Tätigkeit anzuzeigen.

32 **4. Einreichung der Anzeigen/technisches Verfahren.** Die Anzeigen der Anlageberater, Vertriebsbeauftragten und Compliance-Beauftragten sind nach § 7 WpHGMaAnzV im Wege der **elektronischen Übermittlung** unter Verwendung des von der Bundesanstalt bereitgestellten elektronischen Anzeigeverfahrens einzureichen. Bei der elektronischen Übermittlung sind dem jeweiligen Stand der Technik entsprechende Verfahren einzusetzen, die die Authentizität, Vertraulichkeit und Integrität der Daten gewährleisten. Im Falle der Nutzung allgemein zugänglicher Netze sind Verschlüsselungsverfahren anzuwenden.

33 Vor der erstmaligen Verwendung des elektronischen Anzeigeverfahrens ist **eine Anmeldung bei der Bundesanstalt** erforderlich. Die Anmeldung hat über die Internetseite der Bundesanstalt zu erfolgen. Die Bundesanstalt teilt unverzüglich nach Eingang der Anmeldung die zur Verwendung des elektronischen Anzeigeverfahrens erforderliche Zugangskennung zu. Unmittelbar nach jeder erfolgreichen Übermittlung einer Anzeige erhält das Unternehmen eine Bestätigung über deren Eingang bei der Bundesanstalt.

C. Beschwerden (Abs. 1 S. 4)

34 **I. Sinn und Zweck.** Abs. 1 S. 4 statuiert zudem das Erfordernis, der BaFin im Zusammenhang bestimmte **Beschwerden** anzuzeigen. Damit soll die Aufsichtsbehörde einen Überblick über die **Schwerpunkte** dieser Kundenvorbringen erhalten. Das wiederum ermöglicht ihr eine zielgerichtete Überprüfung hinsichtlich potenzieller Missstände im Rahmen einer risikoorientierten Aufsicht.[15]

35 **II. Beschwerdebegriff und Anwendungsbereich. 1. Grundsatz.** Anknüpfungspunkt der Anzeigepflicht von Beschwerden ist das Vorliegen einer **Beschwerde** iSd Abs. 1 S. 4. Der Gesetzgeber verweist hinsichtlich des Beschwerdebegriffs grundsätzlich auf den **Beschwerdebegriff des § 33 Abs. 1 S. 2 Nr. 4** (s. die Kommentierung dort).[16]

36 **2. Anwendungsbereich: Zusammenhang mit Anlageberatung. a) Grundsatz.** Allerdings wird – hierin besteht die einzige, aber bedeutsame Abweichung – der **thematische Anwendungsbereich enger** gefasst. Erfasst werden sollen „Beschwerden... gegen einen mit der Anlageberatung betrauten Mitarbeiter, die aufgrund dessen Tätigkeit erhoben werden".

37 Anzuzeigen sind also Beschwerden, die **im Rahmen der Anlageberatung** nach § 2 Abs. 3 S. 1 Nr. 9 bei den Wertpapierdienstleistungsunternehmen eingehen..[17] Die Unmutsäußerung des Kunden muss immer einen Bezug zu der konkreten Wertpapierdienstleistung „Anlageberatung" aufweisen..[18]

38 **b) Fallgruppen (die eine Anzeigepflicht auslösen).** Hierunter fallen Beschwerden, in denen sich der Kundenvorwurf gegen eine **Falschberatung durch einen bestimmten Wertpapierberater** richtet.[19] Dabei wird der Wertpapierberater häufig namentlich benannt werden.

39 Aber auch Fälle, in denen der Vorwurf nicht explizit gegen einen Berater formuliert ist, fallen unter die Regelung. So wenden sich Beschwerdeführer zwar häufig gegen die Beratung eines Wertpapierdienstleistungs-

---

15 Begr. RegE (AnsFuG) BT-Drucks. 17/3628, S. 22 f.
16 Siehe zudem ausf. *Schäfer*, in: Schäfer, Erfolgreicher Umgang mit Wertpapierbeschwerden, Rn 39 ff; *Schäfer*, WM 2012, 1157 ff.
17 Begr. RegE (AnsFuG) BT-Drucks. 17/3628, S. 22.
18 Vgl auch *Renz/Sartowski*, CCZ 2012, 67, 70.
19 Siehe auch *Halbleib*, WM 2011, 77.

unternehmens, ohne hier weiter zu personalisieren. Da hier aber **idR ein Wertpapierberater tätig** geworden sein wird, sind auch diese Fälle unter den Beschwerdebegriff des § 34 d Abs. 1 S. 4 zu subsumieren.

3. Fälle ohne einen Zusammenhang mit einer Anlageberatung. Da Anknüpfungspunkt einer Beschwerde die Erbringung einer Anlageberatung ist, können bei Wertpapierdienstleistungsunternehmen, die **generell keine Anlageberatung** erbringen, Wertpapierbeschwerden iSd Abs. 1 S. 4 nicht vorliegen. 40

Kein Zusammenhang mit einer Beratung besteht bei der Erteilung von Kauf- oder Verkaufsaufträgen im **beratungsfreien Geschäft**, auch wenn das Wertpapierdienstleistungsunternehmen Beratungen anbietet. 41

In Fällen, in denen sich ein Beschwerdeführer **generell** (und ohne einen Bezug zu einer konkreten Beratung) gegen das **Anbieten bestimmter Produkte** – etwa Zertifikate – wendet, liegt zwar eine Äußerung von Unzufriedenheit durch einen Kunden vor. Allerdings fehlt es an dem Vorwurf der Verletzung einer Beratungspflicht bzw einer konkreten Beratungssituation, auf die sich die Beschwerde bezieht. 42

Auch Beschwerden über die **Entwicklung der Wertpapiermärkte, Börsen** aber auch einzelner Finanzinstrumente fallen aus dem Beschwerderaster des Abs. 1 S. 4 heraus, sofern kein Zusammenhang mit einer konkreten Beratung gegeben ist. Hier kann es dem Beschwerdeführer zB nur darum gehen, seine **Enttäuschung** über die Wertentwicklung zu artikulieren und nicht auf Fehler bei der Beratung hinzuweisen. 43

Zwar können bestimmte Fallgruppen von Beschwerden und Nichtbeschwerden als „Groborientierung" gebildet werden. Das ersetzt jedoch keine Würdigung des Sachverhalts im **Einzelfall**. 44

4. Handlungen im Zusammenhang mit einer Anlageberatung. Die Formulierung „aufgrund der Tätigkeit des Mitarbeiters" deutet darauf hin, dass der Anwendungsbereich des § 34 d nicht nur Beschwerden hinsichtlich der (meist Qualität der) Beratung im Sinne der Abgabe einer konkreten Empfehlung betrifft. Es ist also von einer **weiten Auslegung** auszugehen. Erfasst werden sollen vielmehr alle (fachlich motivierten) Handlungen, Unterlassungen und Äußerungen eines Beraters im **Zusammenhang mit einer Anlageberatung**. Letztendlich sollen also durch die Regelung die Fälle erfasst werden, die im **Einflussbereich des Anlageberaters** stehen. Hierzu gehört im **Vorfeld der Empfehlung** zum einen die Einholung der Kundenangaben nach § 31. Auch die nach § 31 erforderliche Kundenaufklärung muss hierunter subsumiert werden. 45, 46

Im **Nachgang zur Empfehlung** fallen hierunter vor allem die nicht unverzügliche Weiterleitung eines Kauf- oder Verkaufsauftrags durch einen Wertpapierberater nach § 31 c Abs. 1 Nr. 1. Aber auch Fehler bei der Erfassung des Kundenauftrags gehören hierzu. 47

5. Fallgruppen, die keine Mitteilungspflicht auslösen.
Die Grenze ist allerdings dort erreicht, wo das Geschehen sich **nicht mehr in der unmittelbaren Einflusssphäre des Anlageberaters** bewegt. Das ist etwa dann nicht der Fall, wenn ein Beschwerdeführer Fehler bei der **Abwicklung eines Geschäfts** moniert, die dem Back Office zuzurechnen sind. Mit der (ordnungsgemäßen) Weiterleitung des Auftrags hat der Wertpapierberater das seinerseits Erforderlich getan. 48

5. Besondere Konstellationen. Legt ein Beschwerdeführer seine Beschwerde gegenüber einer **Schlichtungsstelle** bzw im **Ombudsmannverfahren** ein und erfüllt diese die vorstehend genannten Voraussetzungen, fällt diese unter den Begriff der Beschwerde iSd Abs. 1 S. 4. 49

Auch **Klagen** sind als – besonders qualifizierte – Beschwerden zu behandeln. Hier dürfte es sich um seltene Fälle handeln, da einer gerichtlichen Geltendmachung von vermeintlichen Ansprüchen idR eine Beschwerde direkt gegenüber dem Wertpapierdienstleistungsunternehmen vorausgehen dürfte. 50

Wird eine Beschwerde **nur gegenüber der BaFin** erhoben und erfährt das Wertpapierdienstleistungsunternehmen lediglich aufgrund der Anforderung einer Stellungnahme durch die Bundesanstalt im Rahmen ihrer davon, wird diese nicht als zu meldende Beschwerde iSd Abs. 1 S. 4 gewertet. Da die BaFin in diesen Fällen sowohl von der Existenz als auch dem Inhalt der Beschwerde Kenntnis erlangt, gebieten es der Sinn und Zweck der Anzeigepflicht nicht, eine zusätzliche Anzeige der Beschwerde gegenüber der BaFin vorzunehmen. 51

III. Die Beschwerdeanzeige. 1. Jede Beschwerde. Liegt eine Beschwerde gemäß den soeben geschilderten Kriterien vor, ist diese der Bundesanstalt nach Abs. 1 S. 4 anzuzeigen. Angesichts des klaren Wortlauts der Norm („jede Beschwerde") besitzt das Wertpapierdienstleistungsunternehmen hier **keinerlei Ermessensspielraum**. 52

Wird dieselbe Beschwerde **mehrfach** erhoben – zB bei verschiedenen Organisationseinheiten eines Wertpapierdienstleistungsunternehmens wie etwa der Geschäftsleitung und einer Niederlassung oder Filiale – kommt es auf den **ersten Zugang** beim Wertpapierdienstleistungsunternehmen an.[20] 53

Das Gleiche gilt bei Beschwerden zu demselben Thema, die zu **unterschiedlichen Zeitpunkten** erhoben werden. 54

---

[20] Begr. WpHGMaAnzV, S. 16.

55 **2. Problem der Beschwerdeidentität.** Hinsichtlich der Frage der **Identität von Beschwerden** sind strenge **Maßstäbe** anzulegen. Eine Identität besteht etwa dann nicht, wenn sich ein Beschwerdeführer zunächst über eine **fehlerhafte Aufklärung** (§ 31 Abs. 3) oder **Beratung** (§ 31 Abs. 4) beschwert und später über das seiner Meinung nach **unzureichende Beschwerdemanagement** (§ 33 Abs. 1 S. 2). Zwei unterschiedliche Beschwerden liegen auch dann vor, wenn zunächst eine **Falschberatung** moniert wird und danach – auf Grundlage desselben Sachverhalts – ein Verstoß gegen das Erfordernis der **bestmöglichen Ausführung** nach § 33 a.

56 Werden Vorwürfe zu **mehreren Sachverhalten** gegen **demselben Anlageberater** in *einem* Beschwerdeschreiben vorgebracht, ist *eine* Beschwerde anzuzeigen.

57 Anders ist der Fall zu beurteilen, wenn **mehrere Sachverhalte** vorgebracht werden und sich diese gegen **unterschiedliche Anlageberater** richten. Hier liegen mehrere zu meldende Beschwerden vor.

58 Erheben **mehrere Kunden** in einem Beschwerdeschreiben (zumindest) je eine Beschwerde gegen *einen* Anlageberater, liegen grundsätzlich mehrere Beschwerden vor.

59 **3. Tatsache der Erhebung, kein Inhalt.** Die Wertpapierdienstleistungsunternehmen haben nur die **Tatsache der Erhebung** einer Beschwerde anzuzeigen. Der **Inhalt** muss (und kann) der BaFin jedoch nicht mitgeteilt werden. Hierfür ist kein Ausfüllfeld vorgesehen. Das stößt in zwar in der Praxis immer wieder auf Unverständnis.[21] So wird zB vorgebracht, dass ein Textfeld, in dem zur **Begründetheit des Kundenvorbringens** Stellung genommen werden könnte, für die Institute **Aufwand vermeiden** würde.[22] Das führe letztlich auch zu einer Arbeitserleichterung für die Bundesanstalt.

60 Dem ist einerseits entgegenzuhalten, dass eine Überfrachtung der Beschwerdeanzeige mit Informationen den **Sinn und Zweck der Datenbank** infrage zu stellen würde. Im Übrigen möchte sich die **BaFin die Bewertung** einer Beschwerde vorbehalten.

61 **4. Inhalt. a) Datum.** § 8 Abs. 4 S. 1 Nr. 1 WpHGMaAnzV ergänzt die gesetzliche Regelung und verlangt die Anzeige des Datums, an dem die Beschwerde gegenüber dem Wertpapierdienstleistungsunternehmen erhoben worden ist. Entscheidend ist hierbei der **Eingang bei dem Wertpapierdienstleistungsunternehmen** (s. hierzu auch o. Rn 53 f).

62 **b) Name des Mitarbeiters, alphanumerische Kennnummer.** § 34 d Abs. 1 S. 4 Nr. 2 verlangt die Angabe des **Namens** des Mitarbeiters, aufgrund dessen Tätigkeit die Beschwerde erhoben wird. § 8 Abs. 4 S. 1 Nr. 2 WpHGMaAnzV wiederholt einerseits diese Anforderung.

63 Ergänzend verpflichtet § 8 Abs. 4 S. 1 Nr. 2 WpHGMaAnzV die Wertpapierdienstleistungsunternehmen jedoch dazu, die ihnen durch die BaFin nach Erstattung der Erstanzeige mitgeteilte **alphanumerische Kennnummer** nach § 9 Abs. 2 Nr. 1 WpHGMaAnzV anzugeben. Durch diese Nummer wird eine eindeutige Zuordnung der Wertpapierbeschwerde zu einem Wertpapierberater sichergestellt.

64 **c) Einsatzort des Wertpapierberaters.** Verfügt das Wertpapierdienstleistungsunternehmen über mehrere Zweigstellen, Zweigniederlassungen oder sonstige Organisationseinheiten, ist gemäß § 34 d Abs. 1 S. 4 Nr. 3 diejenige zu nennen, welcher der Mitarbeiter **zugeordnet** ist oder für welche er überwiegend oder in der Regel die nach Abs. 1 S. 1 auszuübende Tätigkeit ausübt.

65 Die hierbei erforderlichen Angaben sind gemäß § 8 Abs. 4 S. 1 Nr. 3 WpHGMaAnzV zum einen die **Bezeichnung** der Zweigstelle(n), Zweigniederlassunge(n) oder sonstige Organisationseinheite(n). Außerdem ist die **Anschrift** (Straße, Hausnummer, Postleitzahl, Ort, Sitzstaat) anzugeben.

66 In Fällen ohne feste Zuordnung, etwa wenn ein Wertpapierberater als „Springer" oder „Personaleinsatzreservist", dh ohne eine Zuordnung zu einer bestimmten Filiale eingesetzt wird, muss sich das Wertpapierdienstleistungsunternehmen für eine sinnvolle und stringente Zuordnung entscheiden. In Betracht kommt hier etwa die „Hauptstelle", aber auch die Personalabteilung des Instituts. Es ist also nicht erforderlich, dass diese Organisationseinheit selbst die Anlageberatung durchführt.

67 Auch in Fällen des **mobilen Vertriebs** gelten die vorstehend dargelegten Grundsätze. Denkbar ist hier auch die Schaffung einer eigenen Organisationseinheit „mobiler Vertrieb".

68 **5. Zeitpunkt der Anzeige, Zusammenfassung von Beschwerden.** Die Anzeige ist – dies bestimmt § 8 Abs. 4 S. 2 WpHGMaAnzV – spätestens innerhalb von **sechs Wochen**, nachdem die Beschwerde gegenüber dem Wertpapierdienstleistungsunternehmen erhoben worden ist, bei der Bundesanstalt einzureichen.

69 Satz 3 der Vorschrift eröffnet den Wertpapierdienstleistungsunternehmen die Möglichkeit, **mehrere Beschwerden** in einer Anzeige **zusammenzufassen**. Das muss chronologisch geschehen.

---

21 *Günther*, WM 2012, 2267.
22 Ähnlich *Brinkmann*, in: Schäfer, Erfolgreicher Umgang mit Wertpapierbeschwerden, Rn 388 f.

6. Besondere Konstellationen. Wird eine Beschwerde **nach** der Beendigung der Tätigkeit des Anlageberaters in der Anlageberatung des Wertpapierdienstleistungsunternehmens erhoben, weil dieser **nicht mehr in der Anlageberatung eingesetzt** wird bzw jetzt in einer **anderen Funktion** tätig ist, sind Beschwerden, die auf seiner (damaligen) Tätigkeit als Anlageberater beruhen, anzuzeigen, sofern die Beschwerde ab dem 1.11.2012 bei dem Wertpapierdienstleistungsunternehmen einging. § 8 Abs. 4 WpHGMaAnzV stellt nämlich auf den **Zeitpunkt** ab, in dem die **Beschwerde** gegenüber dem Wertpapierdienstleistungsunternehmen erhoben worden ist.

Das gilt auch, wenn der Anlageberater das **Wertpapierdienstleitungsunternehmen** mittlerweile **verlassen** hat.

Liegen einem Wertpapierdienstleistungsunternehmen wegen **Ablaufs der Aufbewahrungsfristen** keine Aufzeichnungen mehr zur Anlageberatung, die Gegenstand der Beschwerde ist, vor, kann die Anzeige der Beschwerde unterbleiben.

D. Sachkunde, Zuverlässigkeit und Anzeige von Vertriebsbeauftragten (Abs. 2)

I. Begriff des Vertriebsbeauftragten. Abs. 2 führt den Begriff des **Vertriebsbeauftragten** in das WpHG ein. Es handelt sich hierbei um einen Mitarbeiter, der mit der Ausgestaltung, Umsetzung oder Überwachung von Vertriebsvorgaben im Sinne § 33 Abs. 1 S. 2 Nr. 3 a betraut ist. Die BaFin legt den Begriff weit aus.

In der Praxis von hoher Bedeutung ist die Frage, inwieweit (zumindest) ein **Geschäftsleitungsmitglied** als Vertriebsbeauftragter benannt werden muss. Da in der Geschäftsleitung „alle Fäden zusammenlaufen" und zumindest die Kontrolle der selbst gesteckten Vertriebsziele dort stattfindet, ist eine Organisation ohne einen Vertriebsbeauftragten auf höchster Ebene bei lebensnaher Betrachtung kaum denkbar.

Ein weiterer Schwerpunkt der Diskussion besteht in der Frage, inwieweit **untere Führungskräfte** als Vertriebsbeauftragte anzusehen sind.[23] Hier ist zu differenzieren : Brechen die dortigen Führungskräfte zentrale Vorgaben auf ihre Mitarbeiter herunter bzw überwachen Sie deren Erfüllung, ist dies für eine Qualifikation als Vertriebsbeauftragter ausreichend.[24] Wird dies jedoch ausschließlich auf höherer Ebene durchgeführt und agieren etwa Geschäftsstellenleiter nicht in dieser Hinsicht, ist die Vertriebsbeauftragteneigenschaft zu verneinen.

II. Inhaltliche Anforderungen an die Sachkunde. Der Vertriebsbeauftragte muss nach Abs. 2 S. 1 die erforderliche **Sachkunde** besitzen. § 2 Satz 1 WpHGMaAnzV konkretisiert dies dahin gehend, dass der Vertriebsbeauftragte für seine Tätigkeit Kenntnisse über die gesetzlichen Anforderungen an Vertriebsvorgaben sowie deren Ausgestaltung, Umsetzung und Überwachung haben muss.

Daneben muss er – so der Verweis in § 2 S. 2 WpHGMaAnzV – die für die **Erbringung der Anlageberatung erforderliche Sachkunde** besitzen. Hinsichtlich der Funktionsweise und Risiken der (Arten der) Finanzinstrumente sowie der Gesamtheit aller im Zusammenhang mit den Geschäften anfallenden Kosten ist nach § 2 S. 2 WpHGMaAnzV auf diejenigen Finanzinstrumente und Geschäfte abzustellen ist, für die Vertriebsvorgaben ausgestaltet, umgesetzt oder überwacht werden.

III. Nachweis der Sachkunde und Anzeige des Vertriebsbeauftragten. Auch für Vertriebsbeauftragte gilt nach § 2 Abs. 2 WpHGMaAnzV die bereits oben (Rn 15 ff) dargestellte Pflicht zum **Nachweis der Sachkunde** entsprechend. Ebenso muss ein Wertpapierdienstleistungsunternehmen seine Vertriebsbeauftragten gegenüber der Bundesanstalt **anzeigen**. Hier gelten die bereits oben (Rn 27 ff) dargestellten Grundsätze.

E. Sachkunde, Zuverlässigkeit und Anzeige von Compliance-Beauftragten (Abs. 3)

I. Anforderungen an die Sachkunde. 1. Grundsatz. Das Erfordernis der **Sachkunde** des **Compliance-Beauftragten** statuiert Abs. 3. Die Regelung knüpft hinsichtlich seiner Tätigkeit an § 33 Abs. 1 S. 2 Nr. 3 und Nr. 5 an. § 3 Abs. 1 WpHGmaAnzV konkretisiert die diesbezüglichen Anforderungen und verlangt Kenntnisse sowie deren praktische Anwendung. Die Aufzählung ist nicht abschließend („insbesondere").

Die Anforderungen sind weitgehend deckungsgleich mit den in **BT 1 MaComp** statuierten Qualifikationsvoraussetzungen.

2. Rechtliche Kenntnisse. a) Grundanforderungen. Die Sachkunde umfasst nach § 3 Abs. 1 S. 1 Nr. 1 WpHGMaAnzV **rechtliche Kenntnisse** (§ 2 Abs. 1 S. 2 Nr. 1 WpHGMaAnzV). Trotz des hohen Stellenwerts der ethischen Komponente der Compliance-Tätigkeit bewegt sich die Tätigkeit der Compliance-Tätigkeit nicht im rechtsfreien Raum. Deshalb verlangt Abs. 1 Nr. 1 derartige Kenntnisse auf verschiedenen Gebieten.

---

23 *Renz/Sartowski*, CCZ 2012, 67.
24 AA wohl *Renz/Sartowski*, CCZ 2012, 67.

82 Hierzu gehören nach Buchst. a) Kenntnisse der **Rechtsvorschriften,** die vom Wertpapierdienstleistungsunternehmen bei der Erbringung von Wertpapierdienstleistungen und Wertpapiernebendienstleistungen einzuhalten sind.[25] Darunter fallen vor allem die Normen des 6. Abschnitts des WpHG (§§ 31 ff) sowie die dazu erlassenen konkretisierenden Rechtsverordnungen (Wertpapierdienstleistungs-Verhaltens-und Organisationsverordnung – WpDVerOV; WpHG-Mitarbeiteranzeigenverordnung- WpHGMaAnzV, Finanzanalyseverordnung – FinAnV; sowie aus dem Prüfungsbereich die Wertpapierdienstleistungsprüfungsverordnung – WpDPV). Weiterhin sind rechtliche Kenntnisse im Hinblick auf Normen des 3. Abschnitts (insb. §§ 12 ff), des 4. Abschnitts (insb. §§ 20 a ff) des WpHG einschließlich der hierzu ergangenen Rechtsverordnungen (Wertpapierhandelsanzeige- und Insiderverzeichnisverordnung –WpAIV, Marktmanipulationsverordnung – MaKonV) erforderlich. Das gilt ebenso für das Depotgesetz (DepotG) und einzelne Normen des AktG (insb. §§ 128 u. 135). Auch Kenntnisse der die §§ 31 ff WpHG berührenden investmentrechtlichen Regelungen sind erforderlich.

83 Ebenso – das statuiert Buchst. b) – sind Kenntnisse der **Verwaltungsvorschriften,** die von der Bundesanstalt für Finanzdienstleistungsaufsicht (Bundesanstalt) zur Konkretisierung des Wertpapierhandelsgesetzes erlassen worden sind, unverzichtbar.[26] Im Bereich der Rundschreiben sind die MaComp von herausragender Bedeutung; Allgemeinverfügung gemäß § 36 b Abs. 1 und 2 WpHG bezüglich der Werbung in Form des „cold calling" vom 27. Juli 1999; Bekanntmachung über die Anforderungen an die Ordnungsmäßigkeit des Depotgeschäfts und der Erfüllung von Wertpapierlieferungsverpflichtungen vom 21. Dezember 1998.

84 Buchst. c) verlangt Kenntnisse der Anforderungen und Ausgestaltung **angemessener Prozesse** von Wertpapierdienstleistungsunternehmen zur Verhinderung und zur Aufdeckung von Verstößen gegen aufsichtsrechtliche Bestimmungen

85 Kenntnisse der **Aufgaben und Verantwortlichkeiten** und Befugnisse der Compliance-Funktion und des Compliance-Beauftragten sind nach Buchst. d) erforderlich (zu beiden siehe § 33 Abs. 1 S. 2).

86 **b) Erhöhte Anforderungen.** Buchst. e) betrifft nur Compliance-Beauftragte von Wertpapierdienstleistungsunternehmen, deren Mitarbeiter aufgrund ihrer Tätigkeit **Kenntnis von Insiderinformationen** im Sinne des § 13 WpHG erlangen können. Die Regelung trägt der Tatsache Rechnung, dass erhöhte Risiken gesteigerte Qualifikationsanforderungen mit sich bringen.

87 Compliance-Beauftragte dieser Institute müssen zum einen über **Kenntnisse der Handelsüberwachung** verfügen. Das betrifft insbesondere deren Zuständigkeiten und Befugnisse. Gesetzliche Grundlagen sind hier das Börsengesetz und die Regularien der Börsen. Außerdem sind Kenntnisse der in **Abschnitt 3** des WpHG geregelten Vorschriften zur Insiderüberwachung unabdingbar.

88 **c) Anforderungen bei Auslandsbezug.** Soweit von dem Wertpapierdienstleistungsunternehmen Wertpapierdienstleistungen mit **Auslandsbezug** erbracht werden, verlangt Buchst. f) Kenntnisse der hierbei zu beachtenden besonderen rechtlichen Anforderungen;

89 **3. Fachliche Kenntnisse (§ 2 Abs. 1 S. 2 Nr. 2 WpHGMaAnzV).** Nach § 3 Abs. 1 S. 2 Nr. 2 WpHGMaAnzV muss der Compliance-Beauftragte über **fachliche Kenntnisse** verfügen. Zu diesen Kenntnissen gehören nach Buchst. a) Kenntnisse der Grundzüge der **Organisation** und **Zuständigkeiten der Bundesanstalt.** Eine zentrale Rolle nimmt hierbei das Finanzdienstleistungsaufsichtsgesetz – FinDAG ein. Hilfreich sind Kenntnisse des Organigramms der BaFin.

90 Buchst. b) verlangt Kenntnisse sämtlicher Arten von **Wertpapierdienstleistungen und Wertpapiernebendienstleistungen,** die durch das Wertpapierdienstleistungsunternehmen erbracht werden, sowie der von ihnen ausgehenden Risiken.

91 Gemäß Buchst. c) sind Kenntnisse der **Funktionsweisen** und **Risiken** der Arten von Finanzinstrumenten, in denen das Wertpapierdienstleistungsunternehmen Wertpapierdienstleistungen oder Wertpapiernebendienstleistungen erbringt, erforderlich; ebenso – so Buchst. d) – Kenntnisse hinsichtlich des Erkennens möglicher **Interessenkonflikte** und ihrer Ursachen sind.

92 Kenntnisse verschiedener Ausgestaltungsmöglichkeiten von **Vertriebsvorgaben** sowie der Aufbau- und Ablauforganisation des Wertpapierdienstleistungsunternehmens und von Wertpapierdienstleistungsunternehmen im Allgemeinen verlangt Buchst. e).

93 **II. Nachweis der Sachkunde und Anzeige des Compliance-Beauftragten.** Auch für Compliance-Beauftragte gilt nach § 2 Abs. 2 die bereits oben (Rn 15 ff) dargestellte Pflicht zum **Nachweis der Sachkunde** entsprechend; ebenso gilt die bereits oben (Rn 27 ff) dargestellte **Anzeigepflicht** gegenüber der BaFin.

---

25 Alle Vorschriften sind abrufbar unter <www.bafin.de>.
26 Alle Vorschriften sind abrufbar unter <www.bafin.de>.

F. Zuverlässigkeit von Anlageberatern, Vertriebsbeauftragten und Compliance-Beauftragten

I. Inhaltliche Anforderungen. Neben der Sachkunde verlangen Abs. 1 S. 1, Abs. 2 S. 1 und Abs. 3 S. 1 die **Zuverlässigkeit** der Anlageberater, Vertriebsbeauftragten und Compliance-Beauftragten. 94

Die erforderliche Zuverlässigkeit besitzen die genannten Mitarbeiter – so § 6 WpHGMaAnzV – in der Regel nicht, wenn sie in den letzten fünf Jahren vor Beginn einer anzeigepflichtigen Tätigkeit **rechtskräftig** wegen der hier genannten Delikte **verurteilt** worden sind. Hierbei handelt es sich zum einen generell um Verbrechen. Die Vorschrift nennt weiterhin die Vermögensdelikte Diebstahl, Unterschlagung, Erpressung, Betruges, Untreue, Geldwäsche, Urkundenfälschung, Hehlerei, Wuchers, Insolvenzstraftat, Steuerhinterziehung oder. Als weitere Alternative führt die Regelung § 38 des Wertpapierhandelsgesetzes an, dh **Insider- und Manipulationsdelikte**. 95

II. Anforderungen an den Nachweis. Hinweise zum Nachweis der Zuverlässigkeit enthalten weder Gesetz noch Rechtsverordnung. In der Praxis werden teilweise polizeiliche Führungszeugnisse verlangt. Auch schriftliche **Bestätigungen** der Mitarbeiter, die geforderten Zuverlässigkeitsvoraussetzungen zu erfüllen, sind häufig anzutreffen. 96

Dem Wertpapierdienstleistungsunternehmen obliegt dabei **nicht die Pflicht zur regelmäßigen aktiven Kontrolle** nach der Erstprüfung. Es muss allerdings konkreten Hinweisen auf eine Unzuverlässigkeit nachgehen.[27] 97

Die Wertpapierdienstleistungsunternehmen sollten im eigenen Interesse wesentlich **höhere Maßstäbe** anwenden. Das gilt wegen der ethischen Komponente der Compliance-Tätigkeit in besonderem Maße für den Compliance-Beauftragten. 98

G. Datenbank („Mitarbeiter- und Beschwerderegister", Abs. 5)

I. Inhalt der Datenbank. Abs. 5 sieht vor, dass die BaFin über die anzuzeigenden Mitarbeiter sowie die Beschwerdeanzeigen und die Anordnungen nach Abs. 4 (s. hierzu u. Rn 111 ff) eine interne **Datenbank** führt. Hierin werden die Angaben aus den **Anzeigen nach** § 8 WpHGMaAnzV – so sieht es § 9 Abs. 1 WpHGMaAnzV vor – automatisiert gespeichert. 99

In der Datenbank werden darüber hinaus die in § 9 Abs. 2 WpHGMaAnzV genannten Angaben gespeichert. Hierzu gehört nach Nr. 1 die bereits angesprochene eindeutige, von der BaFin vergebene **alphanumerische Kennnummer** für die angezeigten Mitarbeiter, die dem Wertpapierdienstleistungsunternehmen nach Erstattung der Erstanzeige mitgeteilt wird. 100

Im Zusammenhang mit der hier untersuchten Thematik soll insbesondere auf § 9 Abs. 2 Nr. 8 c) hingewiesen werden. Danach werden die nach § 8 Abs. 4 angezeigten Beschwerden, die die **frühere Tätigkeit** eines Mitarbeiters betrafen, gespeichert. Das bedeutet, dass ein Mitarbeiter **Beschwerden**, die gegen ihn erhoben wurden, bei einem Wechsel zu einem anderen Wertpapierdienstleistungsunternehmen „mitnimmt". 101

II. Verantwortlichkeit. Das **Wertpapierdienstleistungsunternehmen** trägt gemäß § 10 WpHGMaAnzV die **Verantwortung** für die Vollständigkeit, die Richtigkeit und die Aktualität der von ihm angezeigten und automatisiert in die Datenbank eingestellten Angaben. Erforderliche Berichtigungen sind unter Verwendung des elektronischen Anzeigeverfahrens vorzunehmen. 102

III. Interne Datenbank, Aufruf von Daten. Da es sich bei der Datenbank um eine *interne* Datenbank handelt, ist ein Aufruf der angezeigten Daten – etwa um einen Bestandsdatenabgleich durchzuführen – nicht möglich. 103

IV. Dauer der Speicherung. Vor dem Hintergrund der erheblichen datenschutzrechtlichen Relevanz hat der Verordnungsgeber in § 11 WpHGMaAnzV die Dauer der Datenspeicherung geregelt. Danach sind gemäß § 8 Abs. 4 und § 9 Abs. 2 Nr. 7 WpHGMaAnzV erfolgte Eintragungen fünf Jahre nach Ablauf des Jahres, in dem die Beschwerde gegenüber der Bundesanstalt angezeigt worden ist, oder fünf Jahre nach dem Tag, an dem die Anordnung erlassen worden ist, durch die Bundesanstalt aus der Datenbank zu löschen. Alle übrigen Eintragungen sind fünf Jahre nach Ablauf des Jahres, in dem die Beendigung der Tätigkeit für das anzeigende Wertpapierdienstleistungsunternehmen angezeigt worden ist, durch die Bundesanstalt aus der Datenbank zu löschen. Dies entspricht den Aufbewahrungsfristen im Bereich des Wertpapierhandelsgesetzes.[28] 104

V. Sinn und Zweck der Datenbank. 1. Risikoorientierte Auswertung. Die Anzeige der Beschwerden sowie die Erfassung in einer Datenbank spielen eine zentrale Rolle für einen **neuen Aufsichtsansatz**.[29] Die Daten- 105

---

27 Koller, in: Assmann/Schneider, WpHG, § 31 d Rn 16.
28 Begr. WpHGMaAnzV, S. 17.
29 Siehe hierzu Bericht des Finanzausschusses zu dem Gesetzentwurf der BReg zum AnsFuG, BT-Drucks. 17/4739, S. 13.

bank erlaubt eine Auswertung unter **risikoorientierten Gesichtspunkten**. Einzelne Institute, Geschäftseinheiten oder Anlageberater, bei denen ein vermehrter Beschwerdeeingang zu verzeichnen ist, werden über das bisherige Maß hinaus im Fokus der Aufsichtstätigkeit stehen. Die Inhalte der Datenbank erlauben nicht nur eine Analyse der chronologischen Verdichtung von Beschwerden, sondern darüber hinaus auch in räumlicher oder organisatorischer Hinsicht, da die Datenbank die „Filiale" enthält, in der ein Mitarbeiter tätig ist (Clusteranalyse). Durch die Möglichkeit verschiedenster Abfragen unter dem Aspekt der **Risikoorientierung** können mögliche Fehlentwicklungen oder Missstände kurzfristig identifiziert und eingehend untersucht werden.[30]

106 **2. Erkenntnisse über Vertriebsstrukturen.** Die BaFin erhält durch die Anzeigen also auch Erkenntnisse im Hinblick auf die Vertriebsstrukturen eines Wertpapierdienstleistungsunternehmens.[31] So können beispielsweise gehäufte Beschwerden gegenüber Mitarbeitern derselben Organisationseinheit, wenn die risikoorientierte Auswertung hierzu Hinweise enthält, auch die Aufmerksamkeit auf die lokal oder organisatorisch zugeordneten Vertriebsbeauftragten richten".[32] Neben den Anlageberatern wird die Aufsichtsbehörde also den **Vertriebsbeauftragten** besondere Beachtung schenken.[33]

107 **VI. Vorgehensweise der BaFin bei der Nutzung von Beschwerdeanzeigen und Beschwerderegister. 1. Grundsatz: Verstärkte Vor-Ort-Präsens.** Die Vorgehensweis der Bundesanstalt ist dahin gehend durch den Gesetzgeber vorgegeben, dass die BaFin verstärkt in der Fläche tätig werden, Filialen vor Ort besuchen, **Gespräche** mit Vertriebsbeauftragten und einzelnen Mitarbeitern in der Anlageberatung führen sowie Verdachtshinweisen auf Fehlverhalten nachgehen wird.[34] Die BaFin „solle sich dabei nicht auf die formelle Prüfung vorhandener Arbeitsanweisungen und Kontrollen institutsinterner Organisationseinheiten (Compliance, interne Revision) beschränken, sondern mit eigenem Personal direkt und unmittelbar eigene Prüfungen durchführen."[35]

108 **2. Anlass: Häufung von Beschwerden.** Anlass dieser Gespräche von BaFin-Mitarbeitern vor Ort sind **auffällige Häufungen** von Kundenbeschwerden. Der Gesetzgeber stellt ausdrücklich klar,, dass von der BaFin nicht erwartet wird, jeder **einzelnen Beschwerde**, die über einen Anlageberater erhoben wird, in einem persönlichen Gespräch mit dem Berater oder dessen Vorgesetzten nachzugehen.[36]

109 **3. Einzelfälle als Besuchsgrund.** Auslöser eines entsprechenden Handelns der BaFin wird also in der Regel eine **Mehrzahl von Beschwerden** sein. Ausnahmen von diesem Grundsatz sind allerdings bei besonders schwerwiegenden Einzelfällen denkbar.

110 Die Erkenntnisgewinnung durch eine verstärkte Vor-Ort-Präsenz besteht **neben** den anderen Erkenntnisquellen, Handlungsoptionen und Aufsichtsinstrumenten der BaFin. Der Aufsichtsbehörde steht das gesamte Aufsichtsinstrumentarium zur Verfügung. Die Gesetzesbegründung enthält hierzu eine – allerdings nicht abschließende Aufzählung.[37] Hierzu gehören insbesondere **Auskunfts- und Vorlageersuchen** nach § 4 Abs. 3 bzw § 35 WpHG, die Festlegung von **Prüfungsschwerpunkten** nach § 36 Abs. 3 sowie Prüfungen ohne besonderen Anlass („Sonderprüfungen"), die die Bundesanstalt nach § 35 Abs. 1 vornehmen kann.

H. Neuer Aufsichtsansatz, Erweiterung des Aufsichtsinstrumentariums (Abs. 4)

111 **I. Grundsatz.** Der Gesetzgeber hat die neuen Pflichten für das Wertpapierdienstleistungsunternehmen in Abs. 4 „mit entsprechenden **Durchsetzungs- und Sanktionsmöglichkeiten** für die Aufsicht" unterlegt.[38] Deren **Adressat** ist – hierin liegt neuer Aufsichtsansatz – teilweise der **Mitarbeiter** selbst, der „stärker und persönlich in den Aufsichtsfokus der BaFin gerückt wird".[39]

112 Neben ihrer unmittelbaren Zielrichtung, Defizite zu beseitigen, geht der Gesetzgeber bei den Sanktionsmöglichkeiten davon aus, dass diese „eine Abschreckungswirkung erzielen, „die **vorbeugend** zur Disziplinierung der Mitarbeiter wie auch der Wertpapierdienstleistungsunternehmen beiträgt."[40]

113 **II. Verstoß gegen die Anforderungen der Sachkunde/Zuverlässigkeit (Abs. 4 S. 1 Nr. 1).** Liegen Tatsachen vor, aus denen sich ergibt, dass ein Mitarbeiter die erforderliche **Sachkunde** und/oder **Zuverlässigkeit** nicht oder nicht mehr besitzt, kann die Bundesanstalt nach Abs. 4 S. 1 Nr. 1 dem **Wertpapierdienstleistungsunternehmen untersagen**, den Mitarbeiter in der angezeigten Tätigkeit einzusetzen, solange dieser die gesetzli-

---

30 Begr. RegE (AnsFuG) BT-Drucks. 17/3628, S. 24.
31 *Rößler/Yoo*, BKR 2011, 377, 380.
32 Begr. RegE (AnsFUG) BT-Drucks. 17/3628, S. 24.
33 Vgl auch *Halbleib*, WM 2011, 674.
34 Begr. RegE (AnsFuG) BT-Drucks. 17/3628, S. 24.
35 Bericht des Finanzausschusses (AnsFuG) BT-Drucks. 17/4739, S. 13.
36 Begr. RegE (AnsFuG) BT-Drucks. 17/3628, S. 24.
37 Begr. RegE (AnsFuG) BT-Drucks. 17/3628, S. 24.
38 Begr. RegE (AnsFuG) BT-Drucks. 17/3628, S. 23.
39 Begr. RegE (AnsFuG) BT-Drucks. 17/3628, S. 23.
40 Vgl Begr. RegE BT-Drucks. (AnsFuG) 17/3628, S. 23.

chen Anforderungen nicht erfüllt.⁴¹ Die Befugnis besteht **neben** den Befugnissen, die § 4 der Bundesanstalt einräumt.

III. Verstöße gegen Bestimmungen des 6. Abschnitts (Abs. 4 S. 1 Nr. 2). 1. Grundsatz. Liegen Tatsachen vor, aus denen sich ergibt, dass ein Mitarbeiter gegen Bestimmungen des **6. Abschnitts** des WpHG verstoßen hat, deren Einhaltung bei der Durchführung seiner Tätigkeit zu beachten sind, werden der Bundesanstalt nach Abs. 4 S. 1 Nr. 2 mehrere Handlungsoptionen eingeräumt. 114

2. Verwarnung des Wertpapierdienstleistungsunternehmens. Gemäß Abs. 4 S. 1 Nr. 2 a) Alt. 1 kann die Bundesanstalt das **Wertpapierdienstleistungsunternehmen** verwarnen. 115

3. Verwarnung des Mitarbeiters. Abs. 4 S. 1 Nr. 2 a) Alt. 2 hingegen gibt der BaFin – hierin liegt ein Paradigmenwechsel in der aufsichtsrechtlichen Tätigkeit der Wertpapieraufsicht – die Befugnis, den betreffenden **Mitarbeiter** zu verwarnen. 116

4. Untersagung der Tätigkeit gegenüber Wertpapierdienstleistungsunternehmen. Gemäß Abs. 4 S. 1 Nr. 2 b) Alt. 1 kann die Bundesanstalt dem **Wertpapierdienstleistungsunternehmen** untersagen, den Mitarbeiter in der angezeigten Funktion einzusetzen. Die Untersagung der Tätigkeit ist allerdings auf eine **Dauer von zwei Jahren** beschränkt 117

Diese Maßnahme setzt an der Verantwortlichkeit des Unternehmens, seinen Geschäftsbetrieb gesetzeskonform zu führen, an und ist folgerichtig an das Unternehmen als Aufsichtsobjekt und Letztverantwortlichen für die Einhaltung der Gesetzespflichten gerichtet. Ihre Wirkung entfaltet diese Maßnahme zum Schutz der Anleger konsequent an der zunächst nach außen hin zu Tage tretenden Ursache. Die zeitweise Untersagung gibt dem Unternehmen die Möglichkeit, auch dahinterliegende, oft heterogene **Ursachen für Verstöße zu klären** und auszuräumen:⁴²

Die Untersagung gegenüber einem Wertpapierdienstleistungsunternehmen, einen Mitarbeiter in der jeweiligen Tätigkeit einzusetzen, ist nur bei „**gewichtigen Verstößen** gegen Pflichten" und „zum Schutz der Anleger" denkbar. Es muss sich hierbei um „**schwerwiegende Fälle**" handeln, die bei „eklatanter Verletzung von Kundeninteressen oder Missachtung elementarer Pflichten vorliegen können." ⁴³ 118

Hierzu gehört das sog. **Churning**, dh Fälle, in denen Kunden Geschäfte empfohlen werden, deren Zweck bei sachlicher Betrachtung hauptsächlich darin liegt, Gebühren oder Zuwendungen (zB Provisionen) anfallen zu lassen.⁴⁴ 119

Auch „Sachverhalte, in denen Kunden aus für sie günstigen Finanzinstrumenten „**herausberaten**" werden, zB kurz vor Zinsterminen oder Dividendenzahlungen, ohne dass hierfür nachvollziehbare Gründe vorliegen", fallen hierunter.⁴⁵ 120

Ebenso „solche Beratungsmissstände, bei denen Kunden **entgegen ihrem ausdrücklich geäußerten Wunsch** nach ‚mündelsicherer' Anlage zB ein komplex strukturiertes Finanzinstrument mit erhöhtem Totalverlustrisiko verkauft wurde".⁴⁶ 121

Denkbar sind hier auch „…andere Fälle **eklatant risikounangemessener Empfehlung** im Widerspruch zu ausdrücklichen Absichten des Kunden".⁴⁷ 122

Eine Untersagungsverfügung kommt hingegen nicht in Betracht, wenn feststeht, dass die Ursache für die Verstöße beispielsweise in **Organisationsdefiziten des Wertpapierdienstleistungsunternehmens** begründet liegt und eine Auswechslung bestimmter, in der Anlageberatung tätiger Personen hierauf keinen Einfluss hätte.⁴⁸ 123

In den Gesetzesmaterialien wird zudem explizit auf den Verhältnismäßigkeitsgrundsatz hingewiesen, der „im deutschen Recht Verfassungsrang" habe und bei einer Untersagungsverfügung von der BaFin zu beachten sei.⁴⁹ So solle die BaFin zunächst in einem ersten Schritt **Verwarnungen aussprechen oder Bußgelder** verhängen und so das Wertpapierdienstleistungsunternehmen dazu zu bewegen, Verstöße gegen Bestimmungen des 6. Abschnitts des WpHG abzustellen.⁵⁰ 124

Weiter wird auf die grundrechtliche **Relevanz hinsichtlich der in Art. 12 GG garantierten Berufsfreiheit** bei einer Tätigkeitsuntersagung hingewiesen, eine derartige Maßnahme sei „nur in „extrem gelagerten Fällen" 125

---

41 Zu den arbeitsrechtlichen Konsequenzen s. *Forst*, ZBB/JBB, 167 ff.
42 Begr. RegE (AnsFuG) BT-Drucks. 17/3628, S. 23.
43 Begr. RegE (AnsFuG) BT-Drucks. 17/3628, S. 23.
44 Begr. RegE (AnsFuG) BT-Drucks. 17/3628, S. 23.
45 Begr. RegE (AnsFuG) BT-Drucks. 17/3628, S. 23.
46 Begr. RegE (AnsFuG) BT-Drucks. 17/3628, S. 23.
47 Begr. RegE (AnsFuG) BT-Drucks. 17/3628, S. 23.
48 Siehe hierzu Bericht des Finanzausschusses zu dem Gesetzentwurf der BReg zum AnsFuG, BR-Drucks. 17/4739, S. 14.
49 Siehe hierzu Bericht des Finanzausschusses zu dem Gesetzentwurf der BReg zum AnsFuG, BR-Drucks. 17/4739, S. 13.
50 Siehe hierzu Bericht des Finanzausschusses zu dem Gesetzentwurf der BReg zum AnsFUG, BR-Drucks. 17/4739, S. 14.

denkbar."[51] Mit anderen Worten handelt es sich bei der Untersagung der Tätigkeitalb nur um eine „Ultima-ratio-Lösung".[52]

126 **IV. Veröffentlichung (Abs. 4 S. 2, 3).** In einem weiteren Schritt ermöglicht es Abs. 4 S. 2 der Bafin, die vorstehend aufgeführten Anordnungen auf ihrer **Internetseite öffentlich bekannt** zu machen. Das gilt nicht, wenn die Veröffentlichung geeignet wäre, den berechtigten **Interessen des Unternehmens zu schaden**. S. 3 untersagt die Nennung des Namens des betroffenen Mitarbeiters bei der öffentlichen Bekanntmachung.

127 **V. (Keine) aufschiebende Wirkung.** Gemäß S. 3 haben Widerspruch und Anfechtungsklage gegen die nach S. 1 verhängten Maßnahmen keine aufschiebende Wirkung. Die Regelung ist „im Hinblick auf die wirtschaftliche Bedeutung sowie den großen wirtschaftlichen Schaden, den der Einsatz von Mitarbeitern, die den gesetzlichen Anforderungen nicht entsprechen oder die in schwerwiegender, zum Schutze der Anleger zu sanktionierender Weise gegen die Wohlverhaltenspflichten verstoßen haben", verursachen kann", ergangen.[53]

I. Verordnungsermächtigung

128 Nach Abs. 6 S. 1 Nr. 1 kann das Bundesministerium der Finanzen durch Rechtsverordnung **nähere Anforderungen** zu den genannten Punkten erlassen. Ergänzend kann gemäß S. 2 insbesondere bestimmt werden, dass dem jeweiligen Wertpapierdienstleistungsunternehmen ein schreibender Zugriff auf die für das Unternehmen einzurichtenden Einträge in die Datenbank eingeräumt und ihm die **Verantwortlichkeit für die Richtigkeit und Aktualität dieser Einträge** übertragen wird.

129 Von der Verordnungsermächtigung wurde durch Erlass der Verordnung über den Einsatz von Mitarbeitern in der Anlageberatung, als Vertriebsbeauftragte oder als Compliance-Beauftragte und über die Anzeigepflichten nach § 34d des Wertpapierhandelsgesetzes WpHG (Mitarbeiteranzeigeverordnung – **WpHGMaAnzV**) vom 21. Dezember 2011, die am 1. November 2012 in Kraft trat, Gebrauch gemacht.[54] Die Verordnung greift *alle* in der Ermächtigung genannten Punkte auf und konkretisiert sie umfassend.[55]

130 Von der in S. 3 enthaltenen Möglichkeit, die Ermächtigung durch Rechtsverordnung ohne Zustimmung des Bundesrates auf die Bundesanstalt zu übertragen, hat das Bundesministerium der Finanzen keinen Gebrauch gemacht.

§ 35 Überwachung der Meldepflichten und Verhaltensregeln

(1) Die Bundesanstalt kann zur Überwachung der Einhaltung der in diesem Abschnitt geregelten Pflichten bei den Wertpapierdienstleistungsunternehmen, den mit diesen verbundenen Unternehmen, den Zweigniederlassungen im Sinne des § 53b des Kreditwesengesetzes, den Unternehmen, mit denen eine Auslagerungsvereinbarung im Sinne des § 25b des Kreditwesengesetzes besteht oder bestand, und sonstigen zur Durchführung eingeschalteten dritten Personen oder Unternehmen auch ohne besonderen Anlass Prüfungen vornehmen.

(2) Die Bundesanstalt kann zur Überwachung der Einhaltung der in diesem Abschnitt geregelten Pflichten Auskünfte und die Vorlage von Unterlagen auch von Unternehmen mit Sitz in einem Drittstaat verlangen, die Wertpapierdienstleistungen gegenüber Kunden erbringen, die ihren gewöhnlichen Aufenthalt oder ihre Geschäftsleitung im Inland haben, sofern nicht die Wertpapierdienstleistung einschließlich der damit im Zusammenhang stehenden Wertpapiernebendienstleistungen ausschließlich in einem Drittstaat erbracht wird.

(3) Widerspruch und Anfechtungsklage gegen Maßnahmen nach den Absätzen 1 und 2 haben keine aufschiebende Wirkung.

(4) ¹Die Bundesanstalt kann Richtlinien aufstellen, nach denen sie nach Maßgabe der Richtlinie 2004/39/EG und der Richtlinie 2006/73/EG der Kommission vom 10. August 2006 zur Durchführung der Richtlinie 2004/39/EG des Europäischen Parlaments und des Rates in Bezug auf die organisatorischen Anforderungen an Wertpapierfirmen und die Bedingungen für die Ausübung ihrer Tätigkeit sowie in Bezug auf die Definition bestimmter Begriffe für die Zwecke der genannten Richtlinie (ABl. EU Nr. L 241 S. 26)

---

51 Vgl hierzu Bericht des Finanzausschusses zu dem Gesetzentwurf der BReg zum AnsFuG, BR-Drucks. 17/4739, S. 13.
52 Siehe hierzu Bericht des Finanzausschusses zu dem Gesetzentwurf der BReg zum AnsFuG, BR-Drucks. 17/4739, S. 14.
53 Begr. RegE (AnsFuG) BT-Drucks. 17/3628, S. 23.
54 BGBl. I S. 3116.
55 Zu der Verordnung s. ausf. *Begner*, BKR 2012, 95; *Feger*, BankPraktiker 2012, 368.

für den Regelfall beurteilt, ob die Anforderungen dieses Abschnitts erfüllt sind. ²Die Deutsche Bundesbank sowie die Spitzenverbände der betroffenen Wirtschaftskreise sind vor dem Erlass der Richtlinien anzuhören. ³Die Richtlinien sind im Bundesanzeiger zu veröffentlichen.

Literatur:
Döhmel, Die allgemeinen und besonderen Verhaltensanforderungen an Wertpapierdienstleistungsunternehmen – ihre Auslegung durch das Bundesaufsichtsamt für den Wertpapierhandel in der Richtlinie gemäß § 35 Abs. 2 WpHG vom 26.5.1997, in Vortmann, Prospekthaftung und Anlageberatung, Handbuch 2000, S. 207; *Köndgen*, Wieviel Aufklärung braucht ein Wertpapierkunde, ZBB 1996, 361; *Möllers/Ganten*, Die Wohlverhaltensrichtlinie des BAWe im Lichte der neuen Fassung des WpHG, ZGR 1998, 773.

A. Normzweck

Die Vorschrift regelt die **Ermittlungsbefugnisse** der **BaFin** bei der Überwachung der Meldepflichten und Verhaltensregeln und ist von zentraler Bedeutung für eine effektive Aufsicht. Sie ist lex specialis gegenüber § 4. Die Regelung ergänzt zudem die Möglichkeiten der Erkenntnisgewinnung nach § 36 durch die BaFin. Dabei werden in Abs. 1 und 2 die Ermittlungsbefugnisse der Aufsichtsbehörde bestimmt. Abs. 3 regelt die Wirkung von Widerspruch und Anfechtungsklage. In Abs. 4 sind die Befugnis zur Aufstellung von Richtlinien sowie das entsprechende Verfahren geregelt.

B. Prüfungsrecht (Abs. 1)

Nach Abs. 1 kann die Bundesanstalt auch **ohne besonderen Anlass** Prüfungen vornehmen („Sonderprüfungen"). Voraussetzung ist, dass diese der Überwachung der Einhaltung der im 6. Abschnitt geregelten Pflichten dienen. Ohne Anlass bedeutet hierbei, dass keine Anhaltspunkte für Verstöße gegen die §§ 31 ff vorliegen müssen.[1] Eine zeitliche Komponente iS einer „Überraschungsprüfung" ist hiermit allerdings nicht zwangsläufig verbunden.[2]

Normadressaten der aufsichtsrechtlichen Maßnahmen sind zum einen **Wertpapierdienstleistungsunternehmen**. Hinzu kommen mit diesen **verbundene Unternehmen**. Als dritte Gruppe hat der Gesetzgeber **Zweigniederlassungen** iSd § 53 b KWG benannt.

Weiterhin werden **Auslagerungsunternehmen** sowie ehemalige Auslagerungsunternehmen nach § 25 b KWG erfasst.[3] Hinzu kommen **sonstige** dritte Personen oder Unternehmen, die in die Durchführung eingeschaltet sind.

Wie bei § 4 kann sich die BaFin gemäß **§ 4 Abs. 3 FinDAG anderer Personen und Einrichtungen** bedienen.

Die Durchführung derartiger Prüfungen kann mit den Mitteln des **Verwaltungszwangs** durchgesetzt werden.[4]

Ordnet die BaFin eine Sonderprüfung an, so ist sie Vertragspartner des Prüfungsunternehmens und muss gegenüber diesem in Vorleistung treten. Allerdings sind die **Kosten** der Sonderprüfungen gemäß § 15 Abs. 1 Nr. 2 FinDAG von den betroffenen Unternehmen zu erstatten.[5]

C. Auskunfts- und Vorlagerecht (Abs. 2), Betretungsrecht (§ 4 Abs. 4)

Abs. 2 regelt in seiner Alt. 1 ein **Auskunftsrecht**. Die Alt. 2 eröffnet der BaFin die Möglichkeit zur **Einholung von Unterlagen**.

Normadressaten sind hier **Unternehmen aus Drittstaaten**. Damit wird dem strikten Herkunftslandprinzip für die Erbringung grenzüberschreitender Dienstleistungen innerhalb der EU sowie der Staaten des Abkommens über den Europäischen Wirtschaftsraum Rechnung getragen.[6]

Dieses Recht besteht allerdings dann nicht, wenn die Wertpapierdienstleistung einschließlich der damit im Zusammenhang stehenden Wertpapiernebendienstleistungen **ausschließlich in einem Drittstaat** erbracht wird. Hier besteht kein Überwachungsbedürfnis der deutschen Wertpapieraufsicht.

---

1 Fuchs/*Fuchs*, WpHG, § 35, Rn 4.
2 Zu eng von daher Fuchs/*Fuchs*, WpHG, § 35 Rn 7.
3 § 25 b nF ersetzt § 25 a Abs. 2 aF KWG. Die Änderung erfolgte durch das Gesetz zur Umsetzung der Richtlinie 2013/36/EU über den Zugang zur Tätigkeit von Kreditinstituten und die Beaufsichtigung von Kreditinstituten und Wertpapierfirmen und zur Anpassung des Aufsichtsrechts an die Verordnung (EU) Nr. 575/2013 über Aufsichtsanforderungen an Kreditinstitute und Wertpapierfirmen (CRD IV-Umsetzungsgesetz) vom 28. August 2013 (BGBl. I S. 3395).
4 Fuchs/*Fuchs*, WpHG, § 35 Rn 14.
5 Fuchs/*Fuchs*, WpHG, § 35 Rn 8.
6 Begr. RegE (FRUG), BT-Drucks. 16/4028, S. 77.

11 In all diesen Fällen ist das Wertpapierdienstleistungsunternehmen gemäß § 4 Abs. 9 S. 2 auf sein **Auskunftsverweigerungsrecht** hinzuweisen. Nach dem klaren Wortlaut der Norm ist die Verweigerung der Vorlage von **Unterlagen** nicht von der Regelung erfasst.

12 Den Bediensteten der BaFin steht während der üblichen Arbeitszeit ein **Betretungsrecht** hinsichtlich der Grundstücke und Geschäftsräume zu. Das ergibt sich aus § 4 Abs. 4.

D. Keine aufschiebende Wirkung (Abs. 3)

13 Abs. 3 schließt die aufschiebende Wirkung gegen Maßnahmen nach den Absätzen 1 und 2 aus. Damit wird den Erfordernis schneller Interventionsmöglichkeiten der Bundesanstalt, die für einen effektiven Anlegerschutz unabdingbar sind, Rechnung getragen.[7]

E. Richtlinien (Abs. 4)

14 Die in Abs. 4 vorgesehen Befugnis zur Aufstellung von **Richtlinien** ermöglicht es der BaFin, detaillierte Auslegungshilfen für die generalklauselartig gefassten Vorschriften des Gesetzes zu erlassen. Zur Zeit ist keine Richtlinie in Kraft.[8] Bei diesen Richtlinien handelt es sich nicht um Rechtsnormen, sondern um (normkonkretisierende) Verwaltungsvorschriften.[9] Ein Verstoß gegen Bestimmungen der Richtlinie eröffnet die Vermutung eines Missstandes nach § 4.[10] Die Gerichte werden durch die Richtlinien nicht gebunden, orientieren sich jedoch teilweise hieran.[11] Inwieweit die Richtlinien allerdings die zivilrechtlichen Pflichten beeinflussen ist umstritten.[12] Die Rechtsprechung hat hier noch keine Klärung herbeigeführt.[13]

§ 36 Prüfung der Meldepflichten und Verhaltensregeln

(1) ¹Unbeschadet des § 35 ist die Einhaltung der Meldepflichten nach § 9, der Anzeigepflichten nach § 10, der in diesem Abschnitt geregelten Pflichten sowie der sich aus der Verordnung (EG) Nr. 1287/2006 ergebenden Pflichten einmal jährlich durch einen geeigneten Prüfer zu prüfen. ²Bei Kreditinstituten, die das Depotgeschäft im Sinne von § 1 Abs. 1 Satz 2 Nr. 5 des Kreditwesengesetzes betreiben, und bei Finanzdienstleistungsinstituten, die das eingeschränkte Verwahrgeschäft im Sinne des § 1 Absatz 1 a Satz 2 Nummer 12 des Kreditwesengesetzes erbringen, hat der Prüfer auch diese Geschäfte besonders zu prüfen; diese Prüfung hat sich auch auf die Einhaltung des § 128 des Aktiengesetzes über Mitteilungspflichten und des § 135 des Aktiengesetzes über die Ausübung des Stimmrechts zu erstrecken. ³Die Bundesanstalt kann auf Antrag von der jährlichen Prüfung, mit Ausnahme der Prüfung der Einhaltung der Anforderungen nach § 34 a, auch in Verbindung mit einer Rechtsverordnung nach § 34 a Abs. 5, ganz oder teilweise absehen, soweit dies aus besonderen Gründen, insbesondere wegen der Art und des Umfangs der betriebenen Geschäfte angezeigt ist. ⁴Das Wertpapierdienstleistungsunternehmen hat den Prüfer jeweils spätestens zum Ablauf des Geschäftsjahres zu bestellen, auf das sich die Prüfung erstreckt. ⁵Bei Kreditinstituten, die einem genossenschaftlichen Prüfungsverband angehören oder durch die Prüfungsstelle eines Sparkassen- und Giroverbandes geprüft werden, wird die Prüfung durch den zuständigen Prüfungsverband oder die zuständige Prüfungsstelle, soweit hinsichtlich letzterer das Landesrecht dies vorsieht, vorgenommen. ⁶Geeignete Prüfer sind darüber hinaus Wirtschaftsprüfer, vereidigte Buchprüfer sowie Wirtschaftsprüfungs- und Buchprüfungsgesellschaften, die hinsichtlich des Prüfungsgegenstandes über ausreichende Kenntnisse verfügen. ⁷Der Prüfer hat unverzüglich nach Beendigung der Prüfung der Bundesanstalt und der Deutschen Bundesbank einen Prüfungsbericht einzureichen. ⁸Soweit Prüfungen nach Satz 4 von genossenschaftlichen Prüfungsverbänden oder Prüfungsstellen von Sparkassen- und Giroverbänden durchgeführt werden, haben die Prüfungsverbände oder Prüfungsstellen den Prüfungsbericht nur auf Anforderung der Bundesanstalt oder der Deutschen Bundesbank einzureichen.

---

7 Siehe auch RegBegr. BT-Drucks. 13/7142, S. 111.
8 Sowohl die Richtline gemäß § 35 Abs. 6 des Gesetzes über den Wertpapierhandel (WpHG) zur Konkretisierung der §§ 31 und 32 WpHG für das Kommissionsgeschäft, den Eigenhandel für andere und das Vermittlungsgeschäft der Wertpapierdienstleistungsunternehmen v. 9. Mai 2000, BAnz. Nr. 131 v. 15.7.2000, S. 13792–13793 als auch die Richtlinie zur Konkretisierung der Organisationspflichten von Wertpapierdienstleistungsunternehmen gemäß § 33 Abs. 1 des Wertpapierhandelsgesetzes v. 25. Oktober 1999 (BAnz. Nr. 210 v. 6.11.1999, S. 18453–18454) sind 2007 aufgehoben worden.
9 *Döhmel*, Rn 38; *Köndgen*, ZBB 1996, 361.
10 Beschlussempfehlung und Bericht des Finanzausschusses zum 2. FMFG, BT-Drucks. 12/7918, S. 106.
11 *Köndgen*, ZBB 1996, 361.
12 Zu dem Themenkomplex, auch zu Fragen der Beweislast – ausführlich *Möllers/Ganten*, ZGR 1998, 773, 775 ff.
13 Siehe etwa OLG München WM 1998, 2188, 2189.

(2) ¹Das Wertpapierdienstleistungsunternehmen hat vor Erteilung des Prüfungsauftrags der Bundesanstalt den Prüfer anzuzeigen. ²Die Bundesanstalt kann innerhalb eines Monats nach Zugang der Anzeige die Bestellung eines anderen Prüfers verlangen, wenn dies zur Erreichung des Prüfungszweckes geboten ist; Widerspruch und Anfechtungsklage hiergegen haben keine aufschiebende Wirkung. ³Die Sätze 1 und 2 gelten nicht für Kreditinstitute, die einem genossenschaftlichen Prüfungsverband angehören oder durch die Prüfungsstelle eines Sparkassen- und Giroverbandes geprüft werden.

(3) ¹Die Bundesanstalt kann gegenüber dem Wertpapierdienstleistungsunternehmen Bestimmungen über den Inhalt der Prüfung treffen, die vom Prüfer zu berücksichtigen sind. ²Sie kann insbesondere Schwerpunkte für die Prüfungen festlegen. ³Bei schwerwiegenden Verstößen gegen die Pflichten, deren Einhaltung nach Absatz 1 Satz 1 zu prüfen ist, hat der Prüfer die Bundesanstalt unverzüglich zu unterrichten. ⁴Die Bundesanstalt kann an den Prüfungen teilnehmen. ⁵Hierfür ist der Bundesanstalt der Beginn der Prüfung rechtzeitig mitzuteilen.

(4) ¹Die Bundesanstalt kann die Prüfung nach Absatz 1 auch ohne besonderen Anlass anstelle des Prüfers selbst oder durch Beauftragte durchführen. ²Das Wertpapierdienstleistungsunternehmen ist hierüber rechtzeitig zu informieren.

(5) ¹Das Bundesministerium der Finanzen kann durch Rechtsverordnung, die nicht der Zustimmung des Bundesrates bedarf, nähere Bestimmungen über Art, Umfang und Zeitpunkt der Prüfung nach Absatz 1 erlassen, soweit dies zur Erfüllung der Aufgaben der Bundesanstalt erforderlich ist, insbesondere um Missständen im Handel mit Finanzinstrumenten entgegenzuwirken, um auf die Einhaltung der der Prüfung nach Absatz 1 Satz 1 unterliegenden Pflichten hinzuwirken und um zu diesem Zweck einheitliche Unterlagen zu erhalten. ²Das Bundesministerium der Finanzen kann die Ermächtigung durch Rechtsverordnung auf die Bundesanstalt für Finanzdienstleistungsaufsicht übertragen.

Literatur:
Birnbaum, Die jährliche Prüfung des Wertpapierdienstleistungsgeschäfts bei Wertpapierdienstleistungsinstituten nach § 36 des Wertpapierhandelsgesetzes, Die Wirtschaftsprüfung 1999, 110; *Borgel*, Fit für MiFID, Neue Anforderungen an die Prüfung des Wertpapiergeschäfts, WpG 2008, I (Editorial); *Füser/Serafin*, Ansätze der externen Prüfung – MiFID-Umsetzung/FRUG aus Sicht der Jahresabschluss-Sonderprüfer, BankPraktiker Beilage 1/2007, 47; *Hell*, Die Prüfung der Compliance-Funktion im Sinne der MaComp i.d.F. 2012 gemäß § 36 Abs. 1 WpHG, WpG 2013, 482; *Kopka/Wätke*, Einzelfragen zu Zuwendungen im Rahmen der Prüfung nach § 36 WpHG, WPg 2010, 520; *Sinning/Walter/Wätke*, Neuerungen bei der Prüfung des Wertpapierdienstleistungsgeschäfts nach § 36 Abs. 1 WpHG – unter besonderer Berücksichtigung der Neufassung der WpDPV sowie des IDW EPS 521 n.F., WPg 2008, 600; *Wätke/Kopka*, Einzelfragen zu Zuwendungen im Rahmen der Prüfung nach § 36 WpHG, WpG 2010, 1.

Die Vorschrift enthält Bestimmungen im Hinblick auf die turnusmäßig vorzunehmenden Prüfungen der Wertpapierdienstleistungsunternehmen. Umfangreiche Konkretisierungen enthält die Wertpapierdienstleistungsprüfungsverordnung (**WpDPV**).[1] Die **Auswertung der Prüfungsberichte** ist ein **wesentlicher Baustein im Überwachungsinstrumentarium** der BaFin.[2]

Von der Prüfung wird gemäß **Abs. 1 S. 1** die Einhaltung der im 6. Abschnitt geregelten Pflichten sowie der Meldepflichten nach § 9 umfasst. Auch die sich aus der Verordnung (EG) Nr. 1287/2006 ergebenden Pflichten sind zu prüfen.

Abs. 1 S. 2 verlangt bei Kreditinstituten, die das **Depotgeschäft** iSv § 1 Abs. 1 S. 2 Nr. 5 KWG betreiben, eine gesonderte Prüfung auch dieses Geschäfts. Inhalt der Prüfung sind nach Hs 2 auch die Mitteilungspflichten des § 128 AktG und die Stimmrechtsausübungsvorgaben des § 135 AktG.

Die Prüfung hat nach Abs. 1 S. 1 **jährlich** zu erfolgen. Der Prüfungspflicht unterliegen alle Wertpapierdienstleistungsunternehmen, die in dem Prüfungszeitraum tatsächlich Wertpapierdienstleistungen erbracht haben.

Hinsichtlich der Wertpapierdienstleistungsunternehmen, bei denen eine jährliche Prüfung im Hinblick auf Art und Umfang der Geschäftstätigkeit nicht erforderlich erscheint, kann die BaFin nach Abs. 1 S. 3 auf Antrag **ganz oder teilweise von der jährlichen Prüfung absehen**. Die Bundesanstalt hat die Befreiungskriterien in einem **Rundschreiben** konkretisiert.[3] Anknüpfungspunkt bei Banken und Sparkassen ist hier insbesondere die Anzahl der geführten Kundendepots, bei der nunmehr 1000 die Obergrenze darstellt, bei der befreit werden kann. Ein weiteres Kriterium bildet der Risikogehalt des betriebenen Wertpapiergeschäfts, also vor allem die Art der verkauften Produkte.

Von der Prüfung der Einhaltung der Anforderungen nach § 34a kann nach Abs. 1 S. 3 **nicht befreit** werden.

---

1 Siehe hierzu unten Rn 19.
2 *Birnbaum*, Die Wirtschaftsprüfung 1999, 110, 115.
3 Schreiben zur „Änderung der Ermessenskriterien im Rahmen der Prüfungsbefreiung gemäß, § 36 Abs. 1 S. 3 WpHG" v. 29.1.2009, abrufbar unter <www.bafin.de>.

7 Die Prüfung muss – darauf weist bereits Abs. 1 S. 1 hin – durch einen **geeigneten Prüfer** erfolgen. Geeignete Prüfer sind gemäß Abs. 1 S. 6 Wirtschaftsprüfer, vereidigte Buchprüfer sowie Wirtschaftsprüfungs- und Buchprüfungsgesellschaften, die hinsichtlich des Prüfungsgegenstandes über ausreichende Kenntnisse verfügen. Die Regelung ist abschließend, so dass (reine) Steuerberater nicht unter den Personenkreis fallen. Ein als Einzelunternehmer tätiger Prüfer, der gleichzeitig Kunde des zu prüfenden Unternehmens ist, gilt als nicht geeignet. Der Prüfer ist von den Wertpapierdienstleistungsunternehmen spätestens zum Ablauf den Geschäftsjahres, auf das sich die Prüfung bezieht, zu bestellen.

8 Für Wertpapierdienstleistungsunternehmen, die einem **genossenschaftlichen Prüfungsverband** angehören oder durch die **Prüfungsstelle eines Sparkassen- und Giroverbandes** geprüft werden erfolgt die Prüfung – wie Abs. 1 S. 6 bestimmt – grundsätzlich durch die jeweiligen Prüfungsstellen. Diese gelten qua Gesetz als geeignete Prüfer.

9 **Unverzüglich** nach Beendigung der Prüfung ist bei der BaFin sowie der Deutschen Bundesbank nach Abs. 1 S. 7 ein Prüfungsbericht einzureichen. Prüfungsberichte gelten gemäß § 3 Abs. 3 S. 2 WpDPV nicht als unverzüglich eingereicht, wenn sie der BaFin nicht innerhalb von **zwei Monaten** nach dem Ende des Prüfungszeitraums zugehen. Diese Pflicht kann notfalls mit Verwaltungszwang durchgesetzt werden.

10 Bei Prüfungen durch genossenschaftliche Prüfungsverbände oder Prüfungsstellen von Sparkassen- und Giroverbänden besteht die weitere Besonderheit, dass der Prüfungsbericht gemäß Abs. 1 S. 8 **nur auf Anforderung der BaFin** oder der Bundesbank einzureichen ist.

11 Gemäß § 5 Abs. 6 S. 1 WpDPV sind die wesentlichen Prüfungsergebnisse in einem **Fragebogen** nach Maßgabe der Anlage zur WpDPV aufzuzeichnen. Der vollständig beantwortete Fragebogen ist dem Prüfungsbericht beizufügen. Auch für die Einreichung der Fragebögen nach § 3 Abs. 2 WpDPV gilt konsequenterweise die Zweimonatsfrist.

12 Der Fragebogen ist – dies bestimmt § 5 **Abs. 6 S. 3 WpDPV** – auch dann bei der Bundesanstalt einzureichen, wenn bei verbandsgeprüften Wertpapierdienstleistungsunternehmen für die betreffenden Jahre **kein Prüfungsbericht angefordert** wurde.

13 Nach **Abs. 2 S. 1** ist der Prüfer der BaFin vor Erteilung des Prüfungsauftrags **anzuzeigen**. Die BaFin kann gemäß Abs. 2 S. 2 innerhalb eines Monats nach Zugang der Anzeige die Bestellung eines anderen Prüfers verlangen, sofern der Prüfungszweck dies gebietet. Hauptablehnungsgrund ist insbesondere die fehlende Qualifikation. Die mangelhafte Qualität vergangener Prüfberichte kann hierbei ein wichtiges Indiz für die Ungeeignetheit sein. Ein gegen die Entscheidung eingelegter Widerspruch sowie die Anfechtungsklage entfalten, dies bestimmt Abs. 2 S. 3 – keine aufschiebende Wirkung. Abs. 2 S. 4 nimmt für verbandsgeprüfte Wertpapierdienstleistungsunternehmen S. 1 und S. 2 aus.

14 Die BaFin kann gemäß **Abs. 3 S. 1** gegenüber dem Prüfer Inhalte der Prüfung bestimmen sowie nach Abs. 3 S. 2 insbesondere **Prüfungsschwerpunkte** festsetzen. Bei der Schwerpunktsetzung handelt es sich um einen Verwaltungsakt.

15 Hinsichtlich des Inhalts des Prüfungsberichts enthalten insbesondere **§§ 5 u. 6 WpDPV** umfangreiche Anforderungen. In einer **Schlussbemerkung** ist nach § 5 **Abs. 5 WpDPV** zusammenfassend zu beurteilen, ob das Wertpapierdienstleistungsunternehmen den Meldepflichten und Verhaltensregeln sowie den Anforderungen an das Depotgeschäft entsprochen hat.[4] Gemäß § 5 **Abs. 7 WpDPV** muss der Prüfer zudem den Prüfungsbericht auf Verlangen der BaFin **erläutern**. Der Bericht muss aus sich heraus verständlich sein.

16 **Weigert** sich das Wertpapierdienstleistungsunternehmen, die Prüfung vornehmen zu lassen, oder behindert es die Durchführung der Prüfung, hat der Prüfer die BaFin nach § 4 Abs. 4 WpDPV **unverzüglich zu unterrichten**.

17 Abs. 3 S. 4 ermöglich der BaFin die **Teilnahme an Prüfungen**. Deshalb ist ihr der Beginn der Prüfung, wie S. 5 statuiert, rechtzeitig **mitzuteilen** ist. Rechtzeitig bedeutet dabei – wie aus § 3 Abs. 1 S. 1 hervorgeht – mindestens **vier Wochen** vor Prüfungsbeginn. Die Prüfungsbegleitung ändert allerdings nichts an der **Verantwortlichkeit der Prüfer** für eine ordnungsgemäße Prüfung.

18 Unabhängig hiervon kann die Aufsichtsbehörde nach **Abs. 4** auch ohne Anlass Prüfungen **selbst oder durch Beauftragte** durchführen. Dadurch soll die unabhängige Stellung der Prüfer noch einmal unterstrichen werden.[5] Über dieses „An-Sich-Ziehen der Prüfung" ist das Wertpapierdienstleistungsunternehmen rechtzeitig zu unterrichten. Der BaFin stehen bei einer Prüfung die Befugnisse aus § 35 Abs. 1 zu. Die Kosten einer derartigen Prüfung trägt gemäß § 15 Abs. 1 S. 1 Nr. 2 FinDAG das Unternehmen. Hinsichtlich Widerspruch und Anfechtungsklage gegen den Kostenbescheid gilt § 80 Abs. 2 Nr. 1 VwGO.

19 Die in **Abs. 5** geregelte Ermächtigung wurde auf die BaFin übertragen. Diese hat von der Ermächtigung durch den Erlass der Verordnung über die Prüfung der Wertpapierdienstleistungsunternehmen nach § 36 WpHG (Wertpapierdienstleistungs-Prüfungsverordnung – WpDPV) vom 16. Dezember 2004 Gebrauch ge-

---

4 Siehe auch *Birnbaum*, Die Wirtschaftsprüfung 1999, 110, 116.
5 BR-Drucks. 584/10, S. 31

macht.⁶ Die Verordnung wurde mittlerweile mehrfach geändert, um neuen gesetzlichen Regelungen und Erfahrungen der BaFin Rechnung zu tragen.⁷

§ 36 a Unternehmen, organisierte Märkte und multilaterale Handelssysteme mit Sitz in einem anderen Mitgliedstaat der Europäischen Union oder in einem anderen Vertragsstaat des Abkommens über den Europäischen Wirtschaftsraum

(1) ¹Die in diesem Abschnitt geregelten Rechte und Pflichten sind mit Ausnahme des § 31 Abs. 1 Nr. 2, der §§ 31f, 31g, 33 [*Abs 1 bis 3 und 4, der §§*]¹ 33b, 34a und 34b Abs. 5 sowie der §§ 34c und 34d auf Zweigniederlassungen im Sinne des § 53b des Kreditwesengesetzes, die Wertpapierdienstleistungen erbringen, entsprechend anzuwenden. ²Ein Unternehmen mit Sitz in einem anderen Mitgliedstaat der Europäischen Union oder in einem anderen Vertragsstaat des Abkommens über den Europäischen Wirtschaftsraum, das Wertpapierdienstleistungen allein oder zusammen mit Wertpapiernebendienstleistungen erbringt und das beabsichtigt, im Inland eine Zweigniederlassung im Sinne des § 53b des Kreditwesengesetzes zu errichten, ist von der Bundesanstalt innerhalb der in § 53b Abs. 2 Satz 1 des Kreditwesengesetzes bestimmten Frist auf die Meldepflichten nach § 9 und die nach Satz 1 für die Zweigniederlassung geltenden Rechte und Pflichten hinzuweisen.

(2) ¹Die Bundesanstalt kann von der Zweigniederlassung Änderungen der getroffenen Vorkehrungen zur Einhaltung der für sie geltenden Pflichten verlangen, soweit die Änderungen notwendig und verhältnismäßig sind, um der Bundesanstalt die Prüfung der Einhaltung der Pflichten zu ermöglichen. ²Stellt die Bundesanstalt fest, dass das Unternehmen die nach Absatz 1 Satz 1 für seine Zweigniederlassung geltenden Pflichten nicht beachtet, fordert es das Unternehmen auf, seine Verpflichtungen innerhalb einer von der Bundesanstalt zu bestimmenden Frist zu erfüllen. ³Kommt das Unternehmen der Aufforderung nicht nach, trifft die Bundesanstalt alle geeigneten Maßnahmen, um die Erfüllung der Verpflichtungen sicherzustellen und unterrichtet die zuständigen Behörden des Herkunftsmitgliedstaates über die Art der getroffenen Maßnahmen. ⁴Falls das betroffene Unternehmen den Mangel nicht behebt, kann die Bundesanstalt nach Unterrichtung der zuständigen Behörde des Herkunftsmitgliedstaates alle Maßnahmen ergreifen, um weitere Verstöße zu verhindern oder zu ahnden. ⁵Soweit erforderlich, kann die Bundesanstalt dem betroffenen Unternehmen die Durchführung neuer Geschäfte im Inland untersagen. ⁶Die Bundesanstalt unterrichtet die Europäische Kommission und die Europäische Wertpapier- und Marktaufsichtsbehörde unverzüglich von Maßnahmen nach den Sätzen 4 und 5.

(3) ¹Stellt die Bundesanstalt fest, dass ein Unternehmen im Sinne des Absatzes 1 Satz 2, das im Inland eine Zweigniederlassung errichtet hat, gegen andere als die in Absatz 1 Satz 1 genannten Bestimmungen dieses Gesetzes oder entsprechende ausländische Vorschriften verstößt, so teilt sie dies der zuständigen Stelle des Herkunftsmitgliedstaates nach Maßgabe des § 7 Abs. 5 Satz 1 mit. ²Sind die daraufhin getroffenen Maßnahmen der zuständigen Behörde des Herkunftsmitgliedstaates unzureichend oder verstößt das Unternehmen aus anderen Gründen weiter gegen die sonstigen Bestimmungen dieses Abschnitts und sind dadurch Anlegerinteressen oder die ordnungsgemäße Funktion des Marktes gefährdet, ergreift die Bundesanstalt nach vorheriger Unterrichtung der zuständigen Behörde des Herkunftsmitgliedstaates alle erforderlichen Maßnahmen, um den Anlegerschutz und die ordnungsgemäße Funktion der Märkte zu gewährleisten. ³Absatz 2 Satz 4 bis 6 gilt entsprechend.

(4) Absatz 3 gilt entsprechend für ein Unternehmen mit Sitz in einem anderen Mitgliedstaat der Europäischen Union oder in einem anderen Vertragsstaat des Abkommens über den Europäischen Wirtschaftsraum, das Wertpapierdienstleistungen oder Wertpapiernebendienstleistungen im Wege des grenzüberschreitenden Dienstleistungsverkehrs gegenüber Kunden erbringt, die ihren gewöhnlichen Aufenthalt oder ihre Geschäftsleitung im Inland haben, wenn das Unternehmen gegen Bestimmungen dieses Abschnitts oder entsprechende ausländische Vorschriften verstößt.

---

6 BGBl. I S. 3515; die letzte umfassende Änderung datiert vom 14.5.2013 (BGBl. I S. 1264); die WpDPV ist abrufbar unter <www.bafin.de>.

7 Zu den Änderungen der WpDPV vom 24.10.2007, die insb. die durch die MiFID bzw. das FRUG bedingten materiellen Änderungen auf der Prüfungsseite nachvollzogen haben, s. ausführlich *Sinning/Walter/Wäte*, aaO; *Füser/Serafin*, aaO; s. auch *Borgel*, aaO. Zur Zuwendungsthematik s. *Wätke/Kopka*, aaO; zur Prüfung der Compliance-Funktion s. *Hell*, aaO.

1 Gemäß Art. 1 Nr. 4 iVm Art. 5 Abs. 2 G v. 15.7.2013 (BGBl. I S. 2390, 2391) tritt die **in den eckigen Klammer kursiv stehende Ergänzung mWv 1.8.2014** in Kraft

(5) Absatz 3 gilt für Betreiber organisierter Märkte und multilateraler Handelssysteme entsprechend mit der Maßgabe, dass für Maßnahmen der Bundesanstalt gegenüber einem solchen Betreiber Verstöße gegen Bestimmungen dieses Abschnitts, des Börsengesetzes oder entsprechende ausländische Vorschriften vorliegen müssen und dass zu den Maßnahmen nach Absatz 3 Satz 2 insbesondere auch gehören kann, dem Betreiber des organisierten Marktes oder des multilateralen Handelssystem zu untersagen, sein System Mitgliedern im Inland zugänglich zu machen.

(6) Die Bundesanstalt unterrichtet die betroffenen Unternehmen oder Märkte von den jeweils nach den Absätzen 2 bis 5 getroffenen Maßnahmen unter Nennung der Gründe.

(7) Die Bundesanstalt kann in den Fällen des Absatzes 2 Satz 2, des Absatzes 3 Satz 1 und des Absatzes 5 die Europäische Wertpapier- und Marktaufsichtsbehörde nach Maßgabe des Artikels 19 der Verordnung (EU) Nr. 1095/2010 um Hilfe ersuchen.

1 Die Vorschrift regelt die **Rechte und Pflichten von Zweigniederlassungen** iSv § 53 b KWG sowie Hinweispflichten und mögliche Maßnahmen der BaFin.
2 Sie beruht im wesentlichen auf Art. 31, 32 und 62 MiFID und ist vor dem Hintergrund der Geltung des **Herkunftslandprinzips** zu sehen.
3 **Abs. 1** trägt dem Umstand Rechnung, dass Zweigniederlassungen **keine rechtlich selbstständigen Einheiten** sind, die Träger von Rechten und Pflichten sein können Abs. 1 S. 1 stellt klar, welche Verpflichtungen des Wertpapierdienstleistungsunternehmens für Zweigniederlassungen iSd § 53 b Abs. 1 KWG, die Wertpapierdienstleistungen erbringen, entsprechend gelten.[2]
4 Zwar wird die Einhaltung der Organisationspflichten durch den Herkunftsstaat nach dessen Recht beaufsichtigt. Art. 13 Abs. 9 MiFID sieht jedoch ausdrücklich vor, dass die Aufsicht über die Einhaltung der **Aufzeichnungspflichten** einer Zweigniederlassung dem Aufnahmemitgliedstaat obliegt. Deshalb ist auch § 34 entsprechend anwendbar.[3]
5 Abs. 1 S. 2 statuiert eine **Hinweispflicht der Bundesanstalt** im Hinblick auf die Meldepflichten nach § 9 und die nach Abs. 1 S. 1 für die Zweigniederlassung geltenden Rechte und Pflichten. Die Mitteilung gilt gegenüber allen Unternehmen mit Sitz in einem anderen EU- oder EWR-Mitgliedstaat, die Wertpapierdienstleistungen allein oder zusammen mit Wertpapiernebendienstleistungen erbringen und beabsichtigen, im Inland eine Zweigniederlassung iSd § 53 b KWG zu errichten. Deer Hinweis hat innerhalb der in § 53 b Abs. 2 S. 1 KWG geregelten Frist – also innerhalb von 2 Monaten – zu erfolgen. Durch diese Informationen der BaFin soll den Unternehmen der Gebrauch des Europäischen Passes erleichtert werden.[4]
6 Abweichend vom grundsätzlich geltenden Herkunftslandprinzip ist der **Aufnahmestaat** gemäß **Abs. 2** für die Überwachung der in Abs. 1 S. 1 normierten Pflichten von inländischen Zweigniederlassungen von Unternehmen mit Sitz in einem anderen EU- oder EWR-Mitgliedsstaat zuständig, Abs. 2 regelt das in diesen Fällen einzuhaltende Verfahren.
7 Gemäß Abs. 2 S. 1 kann die BaFin von der Zweigniederlassung **Änderungen** der zur Einhaltung der für sie geltenden Pflichten getroffenen Vorkehrungen verlangen. Diese müssen notwendig und verhältnismäßig sein, um der BaFin die Prüfung der Einhaltung der Pflichten zu ermöglichen.
8 Beachtet ein Unternehmen die von ihm zu beachtenden Pflichten nicht, setzt ihm die BaFin nach Abs. 2 S. 2 eine **Frist** zur Abstellung der Unzulänglichkeiten.
9 Für den Fall, dass das Unternehmen der Aufforderung nicht nachkommt, sieht Abs. 2 S. 3 zum einen das **Ergreifen geeigneter Maßnahmen** durch die BaFin vor, um die Einhaltung der Verpflichtungen sicherzustellen. Zudem **unterrichtet** sie die zuständigen Behörden des Herkunftsstaates über die Art der getroffenen Maßnahmen.
10 Behebt das betroffene Unternehmen den Mangel nicht, kann die BaFin gemäß Abs. 2 S. 4 nach **Unterrichtung der zuständigen Behörde** des Herkunftsmitgliedstaates alle Maßnahmen ergreifen, um weitere Verstöße zu verhindern oder zu ahnden.
11 Abs. 2 S. 5 ermöglicht es der BaFin, dem betroffenen Unternehmen die Durchführung neuer Geschäfte im Inland **zu untersagen**, sofern dies erforderlich ist.
12 Über die Maßnahmen nach S. 4 und 5 **unterrichtet die Bundesanstalt** – dies bestimmt Abs. 2 S. 6 – **die EU-Kommission**.
13 **Abs. 3** gibt der Bundesanstalt die Möglichkeit, auch bei Verstößen, die der Überwachung durch den Herkunftsstaat unterliegen, vorzugehen. Allerdings ist dabei dem grundsätzlichen Vorrang des Herkunftsstaats-

---

2   Begr. RegE (FRUG), BT-Drucks. 16/4028, S. 77.
3   Begr. RegE (FRUG), BT-Drucks. 16/4028, S. 77.
4   Fuchs/*Fuchs*, WpHG, § 36 a Rn 4.

prinzips Rechnung zu tragen. Deshalb besteht eine **vorrangige Zuständigkeit** der zuständigen Stelle des Herkunftsstaates gegeben. Die Eingriffskompetenzen der BaFin bestehen nur subsidiär[5]

Bei Verstößen gegen außerhalb des in Abs. 1 S. 2 genannten Kataloges oder entsprechende ausländische Vorschriften teilt die BaFin dies daher gemäß Abs. 3 S. 1 der **zuständigen Stelle des Herkunftsmitgliedstaates** mit. Dabei hat sie § 7 Abs. 5 S. 1 einzuhalten. 14

Sind die von der zuständigen Behörde getroffenen Maßnahmen unzureichend und sind dadurch Anlegerinteressen oder die ordnungsgemäße Funktion des Marktes gefährdet, ergreift die **BaFin** nach Abs. 3 S. 2 alle **erforderlichen Maßnahmen**. 15

Das Gleiche gilt bei weiteren Verstößen der **Zweigniederlassung** gegen die sonstigen Bestimmungen des 6. Abschnitts. 16

Hinsichtlich der Maßnahmen erklärt Abs. 3 S. 3 Abs. 2 S. 4 und 5 für entsprechend anwendbar. Ziel der Maßnahmen ist in beiden Fällen die Gewährleistung des **Anlegerschutzes** und die ordnungsgemäße **Funktion der Märkte**. 17

Vor dem Ergreifen der Maßnahmen hat die Bundesanstalt nach S. 3 die zuständige Behörde des Herkunftsmitgliedstaates zu **unterrichten**. 18

Abs. 4 enthält Regelungen für **Verstöße** eines im Inland im Wege des **grenzüberschreitenden Dienstleistungsverkehrs** tätigen Unternehmens. Abs. 3 gilt in diesen Fällen entsprechend. 19

In **Abs. 5** hat der Gesetzgeber das Verfahren bei Gesetzesverstößen von Betreibern **organisierter Märkte** und **MTFs** bei **Verstößen** gegen Vorschriften des 6. Abschnitts, des Börsengesetzes oder entsprechender ausländischer Vorschriften geregelt. Auch hier gilt Abs. 3 entsprechend. Zu den Maßnahmen nach Abs. 3 S. 2 kann insbesondere auch die Untersagung gehören, ein System Mitgliedern im Inland zugänglich zu machen. 20

Der Bundesanstalt obliegt gemäß **Abs. 6** eine **Unterrichtungspflicht** der betroffenen Unternehmen oder Märkte über die nach den Abs. 2–5 getroffenen Maßnahmen. Hierzu gehört auch eine Begründung. 21

§ 36 b Werbung der Wertpapierdienstleistungsunternehmen

(1) Um Mißständen bei der Werbung für Wertpapierdienstleistungen und Wertpapiernebendienstleistungen zu begegnen, kann die Bundesanstalt den Wertpapierdienstleistungsunternehmen bestimmte Arten der Werbung untersagen.

(2) Vor allgemeinen Maßnahmen nach Absatz 1 sind die Spitzenverbände der betroffenen Wirtschaftskreise und des Verbraucherschutzes anzuhören.

Literatur:
Möllers, Das neue Werberecht der Wertpapierfirmen: § 36 b WpHG, ZBB 1999, 134.

Die Vorschrift ist Parallelnorm zu § 23 KWG. Sie ermöglicht es der Bundesanstalt, bestimmte Arten der Werbung – auch vorbeugend – zu untersagen. Schutzzweck ist die Gewährleistung eines reibungslosen Funktionierens der Wertpapiermärkte und des Anlegerschutzes. Zielrichtung ist hingegen nicht der Schutz der Mitbewerber.[1] 1

Gegenstand der Befugnis sind einzelne Werbemaßnahmen sowie die generelle Untersagung bestimmter Werbemaßnahmen oder Werbemethoden.[2] Voraussetzung ist das Vorliegen eines **Missstandes**. Ein solcher ist dann gegeben, wenn die Werbemaßnahme geeignet ist die Ordnungsmäßigkeit der Erbringung von Wertpapierdienstleistungen und Wertpapiernebendienstleistungen zu beeinträchtigen oder zu gefährden.[3] Entscheidend ist hier der jeweilige Einzelfall.[4] 2

Eine wichtige Fallgruppe stellt das sog. **Cold Calling** dar, dass von der Aufsichtsbehörde im Wege der Allgemeinverfügung untersagt wurde.[5] Unzulässig ist etwa auch die Werbung mit Selbstverständlichkeiten wie etwa der staatlichen Beaufsichtigung.[6] Gegen die Norm verstößt auch zB die Werbung mit einer Online-Orderausführung, bei der Aufträge zunächst innerhalb des Wertpapierdienstleistungsunternehmens per Fax weitergegeben werden mit der Folge einer Ausführung erst nach 30 Minuten. 3

Bei einer generellen Untersagung sind allerdings vor der Ergreifung von Maßnahmen die **Spitzenverbände der Wirtschaft** anzuhören. 4

---

5 Begr. RegE (FRUG), BT-Drucks. 16/4028, S. 77.
1 *Möllers,* ZBB 1999, 134, 137, von daher ist die Zielrichtung eine andere als etwa bei dem UWG.
2 Reg.Begr. BR-Drucks. 963/96, S. 113 f.
3 Reg.Begr. BR-Drucks. 963/96, S. 113 f.
4 Eine an §§ 1, 3 UWG und, § 23 KWG orientierte Fallgruppenbildung nimmt *Möllers,* ZBB 1999, 134, 139 vor.
5 Siehe Allgemeinverfügung zum Cold Calling (abrufbar unter <www.bafin.de>).
6 Fuchs/*Fuchs,* WpHG, § 36 b Rn 4.

5 Neben § 36 b bleiben das Gesetz gegen den unlauteren Wettbewerb sowie **§ 23 KWG anwendbar**.[7]

§ 36 c[1] Register über Honorar-Anlageberater[1]

(1) Die Bundesanstalt führt auf ihrer Internetseite ein öffentliches Honorar-Anlageberaterregister über alle Wertpapierdienstleistungsunternehmen, die die Anlageberatung als Honorar-Anlageberatung erbringen wollen.

(2) [1]Die Bundesanstalt hat ein Wertpapierdienstleistungsunternehmen auf Antrag in das Honorar-Anlageberaterregister einzutragen, wenn es
1. eine Erlaubnis nach § 32 des Kreditwesengesetzes besitzt oder Zweigniederlassung eines Unternehmens nach § 53 b Absatz 1 Satz 1 und 2 oder Absatz 7 des Kreditwesengesetzes ist,
2. die Anlageberatung im Sinne des § 2 Absatz 3 Satz 1 Nummer 9 erbringen darf und
3. der Bundesanstalt durch Bescheinigung eines geeigneten Prüfers nachweist, dass es in der Lage ist, die Anforderungen nach § 33 Absatz 3 a zu erfüllen.

[2]Die Prüfung nach Absatz 2 Nummer 3 wird bei Kreditinstituten, die einem genossenschaftlichen Prüfungsverband angehören oder durch die Prüfungsstelle eines Sparkassen- und Giroverbandes geprüft werden, durch den zuständigen Prüfungsverband oder die zuständige Prüfungsstelle, soweit hinsichtlich Letzterer das Landesrecht dies vorsieht, vorgenommen. [3]Geeignete Prüfer sind darüber hinaus Wirtschaftsprüfer, vereidigte Buchprüfer sowie Wirtschaftsprüfungs- und Buchprüfungsgesellschaften, die hinsichtlich des Prüfungsgegenstandes über ausreichende Kenntnisse verfügen.

(3) Die Bundesanstalt hat die Eintragung im Honorar-Anlageberaterregister zu löschen, wenn
1. das Wertpapierdienstleistungsunternehmen gegenüber der Bundesanstalt auf die Eintragung verzichtet oder
2. die Erlaubnis eines Wertpapierdienstleistungsunternehmens nach § 32 des Kreditwesengesetzes insgesamt oder die Erlaubnis zum Erbringen der Anlageberatung erlischt oder aufgehoben wird.

(4) Die Bundesanstalt kann die Eintragung löschen, wenn ein Wertpapierdienstleistungsunternehmen nachhaltig gegen die Bestimmungen des § 31 Absatz 4 c und 4 d oder des § 33 Absatz 3 a oder gegen die zur Durchführung dieser Bestimmungen erlassenen Verordnungen oder Anordnungen verstoßen hat.

(5) Ein Wertpapierdienstleistungsunternehmen, das die Honorar-Anlageberatung nicht mehr erbringen will, muss dies der Bundesanstalt anzeigen.

(6) Das Bundesministerium der Finanzen wird ermächtigt, durch Rechtsverordnung, die nicht der Zustimmung des Bundesrates bedarf, nähere Bestimmungen zu erlassen
1. zum Inhalt des Honorar-Anlageberaterregisters,
2. zu den Mitwirkungspflichten der Institute bei der Führung des Honorar-Anlageberaterregisters und
3. zum Nachweis nach Absatz 2 Satz 1 Nummer 3.

(7) Das Bundesministerium der Finanzen kann die Ermächtigung durch Rechtsverordnung auf die Bundesanstalt übertragen.

Literatur:
Kuhlen/Tiefensee, Zum Entwurf eines Gesetzes zur Förderung und Regulierung einer Honorarberatung über Finanzinstrumente, VuR 2013, 49; *Müchler*, Honoraranlageberatung: Regulierungsvorhaben im deutschen und europäischen Recht, ZBB 2013, 101.

1 Die Regelung ersetzt den bereits früher aufgehobenen § 36 c.[2] Sie wurde durch das Honorar-Anlageberatungsgesetz in das WpHG eingefügt.[3] Abs. 1 dient der **Transparenz**. Die BaFin führt auf ihrer Internetseite ein Register (Honorar-Anlageberaterregister), in dem alle Wertpapierdienstleistungsunternehmen, die Anlageberatung in Form der Honorar-Anlageberatung erbringen wollen, einzutragen sind, sofern sie die entsprechenden Voraussetzungen erfüllen. Das Register ist öffentlich.

---

7 *Möllers*, ZBB 1999, 134, 137.
1 § 36 c wurde durch Art. 1 Nr. 5 des G v. 15.7.2013 (BGBl. I S. 2390, 2391) neu gefasst. Die Absätze 6 und 7 traten mWv 19.7.2013 in Kraft, die **Absätze 1 bis 5** treten gem. Art. 5 Abs. 2 des G v. 15.7.2013 (BGBl. I S. 2390, 2394) **mWv 1.8.2014** in Kraft.
2 Die Aufhebung erfolgte durch das Finanzmarktrichtlinie-Umsetzungsgesetz (FRUG) v. 16.7.2007 (BGBl. I 2007, 1380).
3 Gesetz zur Förderung und Regulierung einer Honorarberatung über Finanzinstrumente (Honoraranlageberatungsgesetz) v. 15. Juli 2013 (BGBl. I S. 2390).

Die notwendigen Voraussetzungen für einen Eintrag im Register regelt Abs. 2. In S. 1 Nr. 1 Alt. 1 wird das 2
Erfordernis einer bestehenden **Erlaubnis** des Wertpapierdienstleistungsunternehmens nach dem Kreditwesengesetz statuiert. Dem steht nach Abs. 2 S. 1 Nr. 1 Alt. 2 gleich, wenn das Wertpapierdienstleistungsunternehmens Zweigniederlassung eines Unternehmens nach § 53 b Abs. 1 S. 1 und 2 oder Abs. 7 KWG ist.
Weitere Voraussetzung ist, dass das Institut – so Abs. 2 Satz 1 Nr. 2 – die Erbringung der **Anlageberatung** 3
iSd § 2 Abs. 3 S. 1 Nr. 9 erbringen darf. Das Wertpapierdienstleistungsunternehmen muss nach Abs. 2 S. 1 Nr. 3 zudem nachweisen, dass es die **Anforderungen des** § **33 Abs. 3 a** erfüllen kann. Dies geschieht durch die Bescheinigung eines geeigneten Prüfers. Die diesbezüglichen Anforderungen orientierten sich an den in § 36 geregelten Vorgaben.[4] Damit kommen nach Abs. 2 S. 3 Wirtschaftsprüfer, vereidigte Buchprüfer sowie Wirtschaftsprüfungs- und Buchprüfungsgesellschaften als zur Prüfung geeignete Personen in Betracht. Voraussetzung ist allerdings, dass sie über ausreichende **Kenntnisse der organisatorischen Prüfung** eines Wertpapierdienstleistungsunternehmens verfügen.
Für die Prüfung bei Kreditinstituten, die einem **genossenschaftlichen Prüfungsverband** angehören oder 4
durch die **Prüfungsstelle eines Sparkassen- und Giroverbandes** geprüft werden, wird die Prüfung nach Abs. 2 S. 2 durch den zuständigen Prüfungsverband oder die zuständige Prüfungsstelle vorgenommen.
Die **Löschung** der Eintragungen im Honorar-Anlageberaterregister regelt Abs. 3. Die BaFin hat hier – im 5
Gegensatz zu Abs. 4 – **kein Ermessen** („muss"). Eine Löschung hat nach Abs. 3 Nr. 1 zu erfolgen, wenn das Wertpapierdienstleistungsunternehmen gegenüber der BaFin auf die Eintragung verzichtet. Abs. 3 Nr. 2 sieht **vier weitere Löschungsvoraussetzungen** vor. In der ersten Alternative betrifft dies das Erlöschen der Erlaubnis nach § 32 KWG insgesamt. Die zweite setzt das Erlöschen der Erlaubnis zum Erbringen der Anlageberatung voraus. Als dritte Möglichkeit sieht Abs. 3 Nr. 2 die Aufhebung der Erlaubnis nach § 32 KWG insgesamt durch die Bundesanstalt vor. Die Aufhebung der Erlaubnis zum Erbringen der Anlageberatung ist Gegenstand der 4. Alternative. Eine weitere Möglichkeit der Löschung von Eintragungen durch die BaFin sieht Abs. 4 vor; im Gegensatz zu Abs. 3 ist diese Regelung als Ermessensvorschrift ausgestaltet.
Die Streichung aus dem Register in den in Abs. 4 normierten Fällen ist notwendig, damit Wertpapierdienst- 6
leistungsunternehmen, die aufgrund eigenen Verschuldens die an die Honorar-Anlageberater zu stellenden Erwartungen und das Misstrauen **nachhaltig missbraucht** haben, die Befugnis zur Führung dieser Bezeichnung entzogen werden kann. So wird zum einen das Vertrauen in die Bezeichnung Honorar-Anlageberatung gestärkt. Auch der kollektive Anlegerschutz erfährt hierdurch eine Stärkung.[5] Hierzu müssen nachhaltige Gesetzesverstöße vorliegen. Der Begriff setzt eine gewisse Intensität des Verstoßes voraus. In der 1. Alt. müssen die Verstöße die Bestimmungen des § **31 Abs. 4 c und 4 d** betreffen. Die 2. Alternative betrifft Verletzungen des § 33 Abs. 3 a.
Auch Verstöße gegen die zur Durchführung dieser Bestimmungen erlassenen **Verordnungen** können gemäß 7
der 3. Alt. Anlass für eine Streichung aus dem Register sein. Verstöße gegen **Anordnungen der BaFin**, die zwecks Durchführung der genannten Bestimmungen erlassen wurden, sind Gegenstand der 4. Alternative.
Wertpapierdienstleistungsunternehmen müssen der **BaFin** nach Abs. 5 **mitteilen**, wenn sie die Honorar-An- 8
lageberatung nicht mehr erbringen will. Die Regelung sichert die Aktualität des Honorar-Beraterregisters. Konsequenz der Mittteilung ist entsprechend Abs. 3 Nummer 1 die Löschung des Registereintrags.[6]
Abs. 6 enthält für die angegebenen Thematiken die Ermächtigung zum Erlass einer **Rechtsverordnung**. 9

§ 36 d[1] Bezeichnungen zur Honorar-Anlageberatung[1]

(1) Die Bezeichnungen „Honorar-Anlageberater", „Honorar-Anlageberaterin", „Honorar-Anlageberatung" oder „Honoraranlageberater", „Honoraranlageberaterin", „Honoraranlageberatung" auch in abweichender Schreibweise oder eine Bezeichnung, in der diese Wörter enthalten sind, dürfen, soweit durch Gesetz nichts anderes bestimmt ist, in der Firma, als Zusatz zur Firma, zur Bezeichnung des Geschäftszwecks oder zu Werbezwecken nur Wertpapierdienstleistungsunternehmen führen, die im Honorar-Anlageberaterregister nach § 36 c eingetragen sind.

(2) ¹Absatz 1 gilt nicht für Unternehmen, die die dort genannten Bezeichnungen in einem Zusammenhang führen, der den Anschein ausschließt, dass sie Wertpapierdienstleistungen erbringen. ²Wertpapierdienstleistungsunternehmen mit Sitz im Ausland dürfen bei ihrer Tätigkeit im Inland die in Absatz 1 genannten Be-

---

4 Begr. RegE (Honoraranlageberatungsgesetz), BT-Drucks. 17/12295, S. 16.
5 Begr. RegE (Honoraranlageberatungsgesetz), BT-Drucks. 17/12295, S. 16.
6 Begr. RegE (Honoraranlageberatungsgesetz), BT-Drucks. 17/12295, S. 16.

1 § **36 d** wurde eingefügt durch Art. 1 Nr. 6 des G v. 15.7.2013 (BGBl. I S. 2390, 2391). Die Vorschrift tritt gem. Art. 5 Abs. 2 des G v. 15.7.2013 (BGBl. I S. 2390, 2394) **mWv 1.8.2014** in Kraft.

zeichnungen in der Firma, als Zusatz zur Firma, zur Bezeichnung des Geschäftszwecks oder zu Werbezwecken führen, wenn sie zur Führung dieser Bezeichnung in ihrem Sitzstaat berechtigt sind und sie die Bezeichnung um einen auf ihren Sitzstaat hinweisenden Zusatz ergänzen.

(3) ¹Die Bundesanstalt entscheidet in Zweifelsfällen, ob ein Wertpapierdienstleistungsunternehmen zur Führung der in Absatz 1 genannten Bezeichnungen befugt ist. ²Sie hat ihre Entscheidungen dem Registergericht mitzuteilen.

(4) Die Vorschrift des § 43 des Kreditwesengesetzes ist entsprechend anzuwenden mit der Maßgabe, dass an die Stelle der Erlaubnis nach § 32 des Kreditwesengesetzes die Eintragung in das Honorar-Anlageberaterregister nach § 36 c tritt.

1 Die Einfügung der Vorschrift in das WpHG erfolgte durch das Honorar-Anlageberatungsgesetz.² Die Regelung gewährleistet einen **Bezeichnungsschutz** für die Honorar-Anlageberatung. Eine klar umrissene und eindeutige Bezeichnung soll es den Kunden ermöglichen, die mit dem Honorar-Anlageberatergesetz eingeführte qualifizierte Form der Honorar-Anlageberatung zu erkennen und darauf zu vertrauen, dass die Beratung den gesteigerten Wohlverhaltenspflichten, die an die Honorar-Anlageberater gestellt werden, genügt.³

2 Abs. 1 enthält zunächst eine Aufzählung verschiedener Bezeichnungen, die unter den Bezeichnungsschutz fallen. Diese dürfen nur **Wertpapierdienstleistungsunternehmen** in der Firma oder als Zusatz zur Firma verwenden, die im Honorar-Anlageberaterregistereingetragen nach § 36 c eingetragen sind. Dasselbe gilt zur Bezeichnung des Geschäftszwecks oder zu Werbezwecken. Durch die Aufnahme der genannten Begriffe „auch in abweichender Schreibweise" sowie von Bezeichnungen, „in der diese Wörter enthalten sind" soll **Umgehungsmöglichkeiten** vorgebeugt werden. Die Regelungen des Abs. 1 gelten allerdings nur, soweit durch Gesetz **nichts anderes bestimmt** ist.

3 Mehrere Ausnahmen zu Abs. 1 sind in Abs. 2 geregelt. Nach Abs. 2 S. 1 gilt Abs. 1 nicht für Unternehmen, die die dort genannten Bezeichnungen in einem Zusammenhang führen, der den **Anschein ausschließt**, dass sie Wertpapierdienstleistungen erbringen. Die Ausnahme des Abs. 2 S. 2 betrifft Wertpapierdienstleistungsunternehmen mit **Sitz im Ausland**. Diese dürfen zwar bei ihrer Tätigkeit im Inland die in Abs. 1 genannten Bezeichnungen in der Firma, als Zusatz zur Firma, zur Bezeichnung des Geschäftszwecks oder zu Wettbewerbszwecken führen. Voraussetzung hierfür ist jedoch, dass sie zur Führung dieser Bezeichnung in ihrem Sitzstaat berechtigt sind. Außerdem müssen sie die Bezeichnung um einen Zusatz ergänzen, der auf ihren Sitzstaat hinweist.

4 In **Zweifelsfällen** entscheidet – so Abs. 3 S. 1 – die **BaFin**, ob ein Wertpapierdienstleistungsunternehmen zur Führung der in Abs. 1 genannten Bezeichnungen befugt ist. Ihre Entscheidungen hat sie nach S. 2 dem Registergericht mitzuteilen.

5 Abs. 4 bestimmt die **entsprechende Anwendung des § 43 KWG**. Da zum Führen der Bezeichnungen zur Honorar-Anlageberatung die Eintragung in das Honorar-Anlageberaterregister maßgeblich ist, hat das Registergericht entsprechend diese öffentlich auf der Internetseite der BaFin einsehbare Tatsache zu prüfen. Sie tritt entsprechend an die Stelle der Erlaubnis, die bei originärer Anwendung des § 43 KWG zu prüfen ist.⁴

§ 37 Ausnahmen

¹§ 31 Abs. 1 Nr. 1 und Abs. 2 bis 8 sowie die §§ 31 c, 31 d und 33 a gelten nicht für Geschäfte, die an organisierten Märkten oder in multilateralen Handelssystemen zwischen Wertpapierdienstleistungsunternehmen oder zwischen diesen und sonstigen Mitgliedern oder Teilnehmern dieser Märkte oder Systeme geschlossen werden. ²Wird ein Geschäft im Sinne des Satzes 1 in Ausführung eines Kundenauftrags abgeschlossen, muss das Wertpapierdienstleistungsunternehmen jedoch den Verpflichtungen des § 31 Abs. 1 Nr. 1 und Abs. 2 bis 8 sowie der §§ 31 c, 31 d und 33 a gegenüber dem Kunden nachkommen.

1 S. 1 nimmt Geschäfte, die an einem **organisierten Markt** oder in einem **multilateralen Handelssystem** zwischen den genannten Beteiligten geschlossen werden, von der Geltung der aufgeführten gesetzlichen Vorgaben aus. Nicht erfasst von der Ausnahmeregelung werden Geschäfte, die lediglich in das System zur Börsengeschäftsabwicklung eingegeben, aber nicht im Skontro des zuständigen Maklers eingetragen werden.¹

---

2 Gesetz zur Förderung und Regulierung einer Honorarberatung über Finanzinstrumente (Honoraranlageberatungsgesetz) v. 15. Juli 2013 (BGBl. I S. 2390)

3 Begr. RegE (Honoraranlageberatungsgesetz), BT-Drucks. 17/12295, S. 16.

4 Begr. RegE (Honoraranlageberatungsgesetz), BT-Drucks. 17/12295, S. 16.

1 Begr. BR-Drucks. 963/96, S. 114 f.

In S. 2 wird die Ausnahme allerdings für Geschäfte iSd S. 1, die in **Ausführung eines Kundenauftrags** geschlossen werden, eingeschränkt.

§ 37 a (aufgehoben)

Abschnitt 7
Haftung für falsche und unterlassene Kapitalmarktinformationen

§ 37 b Schadenersatz wegen unterlassener unverzüglicher Veröffentlichung von Insiderinformationen

(1) Unterlässt es der Emittent von Finanzinstrumenten, die zum Handel an einer inländischen Börse zugelassen sind, unverzüglich eine Insiderinformation zu veröffentlichen, die ihn unmittelbar betrifft, ist er einem Dritten zum Ersatz des durch die Unterlassung entstandenen Schadens verpflichtet, wenn der Dritte
1. die Finanzinstrumente nach der Unterlassung erwirbt und er bei Bekanntwerden der Insiderinformation noch Inhaber der Finanzinstrumente ist oder
2. die Finanzinstrumente vor dem Entstehen der Insiderinformation erwirbt und nach der Unterlassung veräußert.

(2) Nach Absatz 1 kann nicht in Anspruch genommen werden, wer nachweist, dass die Unterlassung nicht auf Vorsatz oder grober Fahrlässigkeit beruht.

(3) Der Anspruch nach Absatz 1 besteht nicht, wenn der Dritte die Insiderinformation im Falle des Absatzes 1 Nr. 1 bei dem Erwerb oder im Falle des Absatzes 1 Nr. 2 bei der Veräußerung kannte.

(4) Der Anspruch nach Absatz 1 verjährt in einem Jahr von dem Zeitpunkt an, zu dem der Dritte von der Unterlassung Kenntnis erlangt, spätestens jedoch in drei Jahren seit der Unterlassung.

(5) Weitergehende Ansprüche, die nach Vorschriften des bürgerlichen Rechts auf Grund von Verträgen oder vorsätzlichen unerlaubten Handlungen erhoben werden können, bleiben unberührt.

(6) Eine Vereinbarung, durch die Ansprüche des Emittenten gegen Vorstandsmitglieder wegen der Inanspruchnahme des Emittenten nach Absatz 1 im Voraus ermäßigt oder erlassen werden, ist unwirksam.

§ 37 c Schadenersatz wegen Veröffentlichung unwahrer Insiderinformationen

(1) Veröffentlicht der Emittent von Finanzinstrumenten, die zum Handel an einer inländischen Börse zugelassen sind, in einer Mitteilung nach § 15 eine unwahre Insiderinformation, die ihn unmittelbar betrifft, ist er einem Dritten zum Ersatz des Schadens verpflichtet, der dadurch entsteht, dass der Dritte auf die Richtigkeit der Insiderinformation vertraut, wenn der Dritte
1. die Finanzinstrumente nach der Veröffentlichung erwirbt und er bei dem Bekanntwerden der Unrichtigkeit der Insiderinformation noch Inhaber der Finanzinstrumente ist oder
2. die Finanzinstrumente vor der Veröffentlichung erwirbt und vor dem Bekanntwerden der Unrichtigkeit der Insiderinformation veräußert.

(2) Nach Absatz 1 kann nicht in Anspruch genommen werden, wer nachweist, dass er die Unrichtigkeit der Insiderinformation nicht gekannt hat und die Unkenntnis nicht auf grober Fahrlässigkeit beruht.

(3) Der Anspruch nach Absatz 1 besteht nicht, wenn der Dritte die Unrichtigkeit der Insiderinformation im Falle des Absatzes 1 Nr. 1 bei dem Erwerb oder im Falle des Absatzes 1 Nr. 2 bei der Veräußerung kannte.

(4) Der Anspruch nach Absatz 1 verjährt in einem Jahr von dem Zeitpunkt an, zu dem der Dritte von der Unrichtigkeit der Insiderinformation Kenntnis erlangt, spätestens jedoch in drei Jahren seit der Veröffentlichung.

(5) Weitergehende Ansprüche, die nach Vorschriften des bürgerlichen Rechts auf Grund von Verträgen oder vorsätzlichen unerlaubten Handlungen erhoben werden können, bleiben unberührt.

(6) Eine Vereinbarung, durch die Ansprüche des Emittenten gegen Vorstandsmitglieder wegen der Inanspruchnahme des Emittenten nach Absatz 1 im Voraus ermäßigt oder erlassen werden, ist unwirksam.

Literatur:

BaFin, Emittentenleitfaden der Bundesanstalt für Finanzdienstleistungsaufsicht, 2013; *Barnert*, Deliktischer Schadenersatz bei Kursmanipulation de lege lata und de lege ferenda, WM 2002, 1473; *Barth*, Schadenberechnung bei Haftung wegen fehlerhafter Kapitalmarktinformation, 2006; *von Bernuth/Wagner/Kremer*, Die Haftung fehlerhafter Kapitalmarktinformation: Zur IKB-Entscheidung des BGH, WM 2012, 831; *Degoutrie*, „Scalping", Strafbedürftigkeit und Einordnung unter die tatbestandlichen Voraussetzungen der Kurs- und Marktmanipulation nach § 20 a WpHG, 2007; *Edelmann*, Haftung von Vorstandsmitgliedern für fehlerhafte Ad-hoc-Mitteilungen – Besprechung der Infomatec-Urteile des BGH, BB 2004, 2031; *Eichelberger*, Das Verbot der Marktmanipulation (§ 20 a WpHG), 2006; *ders.*, Scalping- ein Insiderdelikt?, WM 2003, 2121; *ders.*, Zur Verfassungsmäßigkeit von § 20 a WpHG, ZBB 2004, 296; *ders.*, Manipulation ohne Absicht? – Die subjektive Komponente bei dem Verbot der Marktmanipulation (§ 20 a WpHG), WM 2007, 2046; *Fleischer*, Der Inhalt des Schadensersatzanspruches wegen unwahrer oder unterlassener unverzüglicher Ad-hoc-Mitteilungen, BB 2002, 1869; *ders.*, Zur deliktsrechtlichen Haftung der Vorstandsmitglieder für falsche Ad-hoc-Mitteilungen, DB 2004, 2031; *ders.*, Die persönliche Haftung der Organmitglieder für kapitalmarktbezogene Falschinformationen, BKR 2003, 608; *ders.*, Zur Zivilrechtlichen Teilnehmerhaftung für fehlerhafte Kapitalmarktinformation nach deutschem und US-amerikanischem Recht, AG 2008, 267; *ders./Kalss*, Kapitalmarktrechtliche Schadenersatzhaftung und Kurseinbrüche an der Börse, AG 2002, 328; *Grüger*, Kurspflege: Zulässige Kurspflegemaßnahmen oder unzulässige Kursmanipulation?, 2006; *ders.*, Kurspflegemaßnahmen durch Banken – Zulässige Marktpraxis oder Verstoß gegen das Verbot der Marktmanipulation nach § 20 a Abs. 1 WpHG?, BKR 2007, 437; *Groß*, Haftung für fehlerhafte oder fehlende Regel- oder Ad-hoc-Publizität, WM 2002, 477; *Hellgardt*, Praxis- und Grundsatzprobleme der BGH-Rechtsprechung zur Kapitalmarktinformationshaftung, DB 2012, 673; *Hutter/Leppert*, Das 4. Finanzmarktförderungsgesetz aus Unternehmenssicht, NZG 2001, 649; *Hutter/Stürwald*, EM.TV und die Haftung für fehlerhafte Ad-hoc-Mitteilungen, NJW 2005, 2428; *Keusch/Wankerl*, Die Haftung der Aktiengesellschaft für fehlerhafte Kapitalmarktinformation im Spannungsfeld zum Gebot der Kapitalerhaltung, BKR 2003, 744; *Klöhn*, Die Haftung wegen fehlerhafter Ad-hoc-Publizität gem. §§ 37 b, 37 c WpHG nach dem IKB-Urteil, AG 2012, 345; *Koenig*, Das Verbot von Insiderhandel, 2006; *Kondring*, Zur Anwendung deutschen Insiderstrafrechts auf Sachverhalte mit Auslandsberührung, WM 1998, 1369; *Kort*, Die Haftung von Vorstandsmitgliedern für falsche Ad-hoc-Mitteilungen, AG 2005, 21; *Leisch*, Vorstandshaftung für falsche Ad-hoc-Mitteilungen – ein höchstrichterlicher Beitrag zur Stärkung des Finanzplatzes Deutschland, ZIP 2004, 1573; *Leuschner*, Zum Kausalerfordernis des § 826 BGB bei unrichtigen Ad-hoc-Mitteilungen, ZIP 2008, 1050; *Maier-Reimer/Webering*, Ad-hoc-Publizität und Schadensersatzhaftung – Die neuen Haftungsvorschriften des Wertpapierhandelsgesetzes, WM 2002, 1857; *Möllers*, Die unterlassene Ad-hoc-Mitteilung als sittenwidrige Schädigung gem § 826 BGB, WM 2003, 2393; *ders.*, Der Weg zu einer Haftung für den Kapitalmarktinformation, JZ 2005, 75; *ders.*, Konkrete Kausalität, Preiskausalität und uferlose Haftungsausdehnung – ComRoad I-VIII, NZG 2008, 413; *ders./Leisch*, Haftung von Vorständen gegenüber Anlegern wegen fehlerhafter Ad-hoc-Meldungen nach § 826 BGB, WM 2001, 1648; *ders./Rotter*, Ad-hoc-Publizität, 2003; *Nietsch*, Schadensersatzhaftung wegen Verstoßes gegen Ad-hoc-Publizitätspflichten nach dem Anlegerschutzverbesserungsgesetz, BB 2005, 785; *Mülbert/Steup*, Emittentenhaftung für fehlerhafte Kapitalmarktinformation am Beispiel fehlerhafter Regelpublizität – das System der Kapitalinformationshaftung nach AnSVG und WpPG mit Ausblick auf die Transparenzrichtlinie, WM 2005, 1633; *Park* (Hrsg), Kapitalmarkt-Strafrecht, 2004; *Piekenbrock*, der Kausalitätsbeweis im Kapitalanlegerprozess, WM 2012, 429; *Raabe*, Der Bestimmtheitsgrundsatz bei Blankettstrafgesetzen am Beispiel der unzulässigen Marktmanipulation, 2007; *Reichert/Weller*, Haftung von Kontrollorganen, ZRP 2002, 49; *Renzenbrink/Holzner*, Das Verhältnis von Kapitalerhaltung und Ad-hoc-Haftung, BKR 2002, 434; *Rieckers*, Haftung des Vorstandes für fehlerhafte Ad-hoc-Meldungen de lege lata und de lege ferenda, BB 2002, 1213; *Rodewald/Siems*, Haftung für die „frohe Botschaft" – Rechtsfolgen falscher Ad-hoc-Mitteilungen, BB 2001, 2437; *Rössner/Bolkart*, Schadensersatz bei Verstoß gegen Ad-hoc-Publizitätspflichten nach dem 4. Finanzmarktförderungsgesetz, ZIP 2002, 1471; *Rützel*, Der aktuelle Stand der Rechtsprechung zur Haftung bei Ad-hoc-Mitteilungen, AG 2003, 69; *Schäfer*, in: Marsch-Barner/Schäfer, Handbuch börsennotierte AG, 2. Auflage 2009, § 16; *Schäfer/Weber/Wolf*, Berechnung und Pauschalierung des Kursdifferenzschadens bei fehlerhafter Kapitalmarktinformation, ZIP 2008, 197; *Schönhoft*, Die Strafbarkeit der Marktmanipulation gemäß § 20 a WpHG, 2006; *Schröder*, Geschäftsführer, Gesellschafter und Mitarbeiter der GmbH als Insider, GmbHR 2007, 907; *Sethe*, Die Verschärfung des Insiderrechtlichen Weitergabeverbots, ZBB 2006, 243; *Spindler*, Haftung für fehlerhafte und unterlassene Kapitalmarktinformation – ein (weiterer) Meilenstein, NZG 2012, 575; *Thümmel*, Haftung für geschönte Ad-hoc-Meldungen: Neues Risikofeld für Vorstände oder ergebnisorientierte Einzelfallrechtsprechung?, DB 2001, 2331.

1 Eingeführt durch das Vierte Finanzmarktförderungsgesetz (4. FFG)[1] schafft Abschnitt 7 eine **eigenständige Anspruchsgrundlage** für Anleger gegenüber Emittenten, die durch die unterlassene oder verspätete Veröffentlichung oder die unrichtige Behauptung potenziell kurserheblicher Tatsachen durch den Emittenten bei ihren Wertpapiergeschäften einen Schaden erlitten haben. Durch das AnSVG wurde der Wortlaut der §§ 37 b, 37 c an die Änderungen des § 15 angepasst.[2] Bei der Beschränkung des Anwendungsbereiches im Rahmen der Umsetzung des Transparenzrichtlinie-Umsetzungsgesetz (TUG)[3] von § 15 auf Inlandsemittenten wurden die § 37 b, 37 c allerdings nicht entsprechend geändert.[4] Zur Frage der unmittelbaren Organhaftung bei fehlerhaften Ad-hoc-Mitteilungen sowie der damit verbundenen jüngsten höchstrichterlichen Rechtsprechung wird auf die Kommentierung in § 15 Rn 26 verwiesen.[5]
Die **sachliche Zuständigkeit des Gerichts** für einen Anspruch aus §§ 37 b, 37 c bestimmt sich nach § 71 Abs. 2 Nr. 3 GVG; danach sind Landgerichte ohne Rücksicht auf den Streitwert erstinstanzlich zuständig.[6]
Die **örtliche Zuständigkeit** ergibt sich aus § 32 b Abs. 1 Nr. 1 ZPO; danach ist das Gericht am Sitz des be-

---

1 4. FFG v. 21.6.2002, BGBl. I S. 2010.
2 Anlegerschutzverbesserungsgesetz v. 28.10.2004, BGBl. I S. 2630; Begr. RegE AnSVG, BT-Drucks. 15/3174, S. 40.
3 BGBl. I S. 10.
4 Vgl dazu *Sethe*, in: Assmann/Schneider, §§ 37 b, c Rn 2 a, 34; Fuchs/*Fuchs*, WpHG, §§ 37 b, c Rn 7.
5 Vgl dazu auch *Fleischer*, AG 2008, 265, 273; *Sethe*, in: Assmann/Schneider, §§ 37 b, 37 c, Rn 160.
6 *Sethe* in: Assmann/Schneider, §§ 37 b, 37 c Rn 166.

troffenen Emittenten ausschließlich zuständig, wenn sich dieser Sitz im Inland befindet und die Klage zumindest auch gegen den Emittenten gerichtet wird. Die **internationale Zuständigkeit** des Gerichts bestimmt sich nach Auffassung des OLG Frankfurt nach Art. 5 EuGVVO nach dem Erfolgsort; dieser sei der Sitz der Börse, an der die streitgegenständliche Wertpapiere zum Handel zugelassen sind.[7]

Im **Verhältnis zu anderen Anspruchgrundlagen** besteht zunächst weder eine börsengesetzliche, wertpapierprospektgesetzliche noch eine zivilrechtliche **Prospekthaftung** für fehlerhafte oder unterlassene Ad-hoc-Veröffentlichungen.[8] Durch die **kapitalmarktrechtliche Haftungsbeschränkung** (§ 15 Abs. 6 S. 1) bestehen außerhalb der Voraussetzungen der §§ 37b und 37c keine zivilrechtlichen Schadenersatzansprüche. § 15 ist weiterhin kein Schutzgesetz iSd § 823 Abs. 2 BGB; allein kommt bei einer unmittelbaren Geltendmachung von Schadensersatzansprüchen wegen fehlerhafter Ad-hoc-Mitteilung gegenüber Organmitgliedern als Anspruchgrundlage § 826 BGB in Betracht.[9] Die **Schadensersatzpflicht aufgrund anderer Rechtsvorschriften** (**§ 15 Abs. 6 S. 2**), die nicht auf § 15 iVm § 823 Abs. 2 BGB gestützt werden kann, kann dagegen **nicht grundsätzlich ausgeschlossen** werden. So wurde früher angenommen, dass ein Verhalten, das gegen § 15 verstößt, andere Rechtsvorschriften verletzt, die ihrerseits Schutzgesetze iSd § 823 Abs. 2 BGB darstellen[10] (ggf § 400 Abs. 1 Nr. 1 AktG,[11] § 3 UWG,[12] §§ 263, 264a StGB).[13] Der BGH hat allerdings in seiner Informatec-Rechtsprechung die Annahme von § 823 Abs. 2 BGB iVm 400 Abs. 1 Nr. 1 AktG, §§ 263, 264a StGB als mögliche Anspruchgrundlage neben weiteren in den vorliegenden Fällen verneint.[14] Zuletzt hat der BGH in seiner „IKB"-Entscheidung einen Anspruch aus § 823 Abs. 2 BGB iVm § 400 Abs. 1 Nr. 1 AktG für die Veröffentlichung von Informationen in einer Pressemitteilung verneint; diese hätten in diesem Fall nicht Darstellungen oder Übersichten über den Vermögensstand iSv § 400 Abs. 1 Nr. 1 AktG enthalten.[15]

Schadenersatzpflichtig können der Konzeption des § 15 entsprechend **Inlandsemittenten gemäß § 2 Abs. 7**[16] werden, deren **Finanzinstrumente** (**§ 2 Abs. 2 b**) **zum Handel an einer inländischen Börse zugelassen** sind. Im Gegensatz zu den §§ 37 b, 37 c aF vor Inkrafttreten des AnSVG sind damit nicht nur Emittenten von Wertpapieren betroffen, sondern auch von Geldmarktinstrumenten, Derivaten sowie allen sonstigen Instrumenten mit Zulassung zum Handel an einem organisierten Markt iSd § 2 Abs. 5. Nicht erfasst werden Emittenten von Finanzinstrumenten, die lediglich in den Handel einbezogen sind; dies kommt insbesondere für in den regulierten Markt einbezogene Wertpapiere in Betracht sowie für Wertpapiere, die in den Freiverkehr einbezogen sind.[17]

Schadenersatzbegründende Tathandlungen sind das Unterlassen (Verstoß gegen die Handlungspflicht, vgl § 15)[18] der unverzüglichen Veröffentlichung (§ 37 b) bzw die Veröffentlichung unwahrer (§ 37 c)[19] nach § 15 ad-hoc-pflichtiger Insiderinformationen (siehe dort). Ein Unterlassen im tatbestandlichen Sinne ist nur gegeben, wenn eine Rechtspflicht zur Veröffentlichung einer Insiderinformation iSv § 15 bestand. Neben dem vollständigen Unterlassen einer Ad-Hoc-Mitteilung ist auch die verspätete Veröffentlichung zumindest ein zeitweises Unterlassen und damit vom Tatbestand des § 37 b mit umfasst.[20] Das sprachlich missglückte Tatbestandsmerkmal einer „unwahren" Insiderinformation in § 37 c beschreibt eine Information, die, wenn

---

7   OLG Frankfurt v. 5.8.2010 – 21 AR 50/10, AG 2010, 880, vgl zur Diskussion, ob nicht auch der Ort, an dem der Anleger seine Anlageentscheidung getroffen hat, als Erfolgsort angesehen ist, mwN. Sethe, in: Assmann/Schneider, §§ 37 b, 37 c, Rn 167.
8   Sethe, in: Assmann/Schneider, § 37 b, 37 c Rn 125; Groß, WM 2002, 477, 479/482.
9   Bgr. RegE4. FFG, BT-Drucks. 14/8017, S. 87; vgl iÜ die Kommentierung in § 15 Rn 26 und Rechtsprechung des BGH zu den drei ähnlich gelagerten Infomatec-Fällen v. 19.7.2003 – II 217/03, II ZR 218/03 = BB 2004, 1812, ZIP 2004, 1599, 1604 und Az II ZR 402/02 = BB 2004, 1816; sowie zu EM.TV: BGH v. 9.5.2005 – II 287/02= WM 2005, NJW 2005, 2428 = AG 2005, 609.
10 Assmann, in: Assmann/Schneider, § 15 Rn 308; Barnert, WM 2002, 1473, 1473.
11 Groß, WM 2002, 477, 479/482; Barnert, WM 2002, 1473, 1473.
12 Gehrt, S. 195; von Klitzing, S. 217; Möllers/Leisch, WM 2001, 1648, 1649; vgl den Meinungsstand bei Rieckers, BB 2002, 1213, 1214 (Fn 20).
13 LG München I WM 2001, 1948, 1951 = ZIP 2001, 1814 (Infomatec I); Barnert, WM 2002, 1473, 1474.
14 Vgl Darstellung bei Edelmann, BB 2004, 2031; Möllers, JZ 2005, 75; Leisch, ZIP 2004, 1573; Fleischer, DB 2004, 2031; Kort, AG 2005, 21, 24.
15 BGH v. 13.12.2011 – XI ZR 51/10 (IKB), DB 2012, 450, 451.
16 Der fehlende ausdrückliche Bezug auf Inlandsemittenten ist ein Redaktionsversehen, vgl dazu Sethe, in: Assmann/Schneider, §§ 37 b, 37 c Rn 2 a, 34; Fuchs/Fuchs, WpHG, §§ 37 b, 37 c Rn 7.
17 Schäfer, in: Marsch-Barner/Schäfer, § 16 Rn 6; Sethe, in: Assmann/Schneider, §§ 37 b, 37 c Rn 37 f; Zimmer/Grotheer, in: Schwark/Zimmer, Kapitalmarktrechts-Kommentar, WpHG, §§ 37 b, 37 c Rn 19 f.
18 Siehe Maier-Reimer/Webering, WM 2002, 1857, 1858; Möllers/Leisch, in: Möllers/Rotter, § 14 Rn 10 ff; Sethe, in: Assmann/Schneider, §§ 37 b, 37 c Rn 46 ff; Zimmer/Grotheer, in: Schwark/Zimmer, Kapitalmarktrechts-Kommentar, WpHG, §§ 37 b, 37 c Rn 28 ff; Fuchs/Fuchs, WpHG, §§ 37 b, 37 c Rn 8 ff.
19 Möllers/Leisch, in: Möllers/Rotter, § 14 Rn 16 ff; Sethe; in: Assmann/Schneider, §§ 37 b, 37 c Rn 67 ff; Zimmer/Grotheer, in: Schwark/Zimmer, Kapitalmarktrechts-Kommentar, WpHG, §§ 37 b, 37 c Rn 34 ff.
20 Schäfer, in: Marsch-Barner/Schäfer, § 16 Rn 9; Möllers/Leisch, in: Möllers/Rotter, § 14 Rn 10 f, 14; zur verspäteten Veröffentlichung einer Ad-hoc-Mitteilung im Spannungsfeld mit dem Recht auf Selbstbefreiung nach § 15 Abs. 3 vgl iÜ Nietsch, BB 2005, 785, 786.

sie wahr wäre, eine Insiderinformation darstellen würde.[21] Erfasst werden soll die Irreführung des Publikums durch aktives Tun, wenn eine positive oder negative unwahre Tatsache verbreitet wird.[22] Der BGH hat jüngst klargestellt, dass § 37c nicht für Pressemitteilungen gilt und hat hier auch eine analoge Anwendung abgelehnt.[23]

5 Streitig ist der **Ursachenzusammenhang** zwischen Pflichtverletzung durch unterlassene oder falsche Ad-hoc-Mitteilung und Schadenseintritt. Teilweise wurde der Gedanke der Anlagestimmung auf §§ 37b, 37c übertragen und von einer Beweislastumkehr zugunsten des Anlegers ausgegangen.[24] Gegen eine Beweislastumkehr spricht bereits, dass diese im Gegensatz zu § 23 Abs. 2 WpPG nicht im Wortlaut vorgesehen ist.[25] Auch nach der Infomatec[26]- und Comroad[27]-Rechtsprechung des BGH zur unmittelbaren Organhaftung nach § 826 BGB hat der Anleger die Ursächlichkeit der Kaufentscheidung zu beweisen. Nur ausnahmsweise könne im Einzelfall aus positiven Signalen einer Ad-hoc-Mitteilung auch die Entwicklung einer „Anlagestimmung" für den Erwerb von Aktien in Betracht kommen.[28] Der BGH hat in seiner „IKB"-Entscheidung zu § 37b offen gelassen, ob das pflichtwidrige Unterlassen der Veröffentlichung einer Ad-hoc-Meldung auch ursächlich für die Anlageentscheidung war und über den Schadensersatzanspruch nicht entschieden. Die Darlegungs- und Beweislast dafür, dass Finanzinstrumente aufgrund einer unterlassenen Ad-hoc-Mitteilung erworben wurden, trägt laut BGH der Anspruchsteller; der BGH steht hier also Beweiserleichterungen für den Anleger zurückhaltend gegenüber und lehnt diese hier im Ergebnis ab.[29] Bezüglich § 37c wird teilweise auf ein ausdrückliches Kausalitätserfordernis abgestellt, da nach dem Wortlaut der Anleger die konkrete Ad-hoc-Mitteilung gekannt haben und sich auf ihre Richtigkeit verlassen haben müsse.[30]

In der Rechtsprechung rund um das Verfahren *Daimler ./. Geltl* wurde in den letzten Jahren die Berücksichtigung des rechtmäßigen Alternativverhaltens diskutiert. Das OLG Stuttgart hatte zunächst entschieden, dass keine aktive Entscheidung des Emittenten für eine Selbstbefreiung von der Ad-hoc-Meldepflicht erforderlich sei, weil nach dem Gesetzeswortlaut des § 15 Abs. 3 S. 1 die Befreiungswirkung kraft Gesetzes eintrete.[31] Das OLG Stuttgart ging sogar soweit, eine Schadensersatzpflicht nach § 37b zu verneinen, wenn allein die Voraussetzungen für eine Selbstbefreiung vorgelegen hätten (selbst wenn eine bewusste Entscheidung erforderlich wäre), weil der Emittent auch bei bewusster Entscheidung für die Selbstbefreiung die Information nicht früher veröffentlicht hätte (rechtmäßiges Alternativverhalten).[32] Der BGH hat nun ausgeführt, dass der Schutzzweck von § 15 Abs. 1 und 3, § 37b Abs. 1 eine Berufung auf das rechtmäßige Alternativverhalten nicht ausschließt. Er hat darauf hingewiesen, dass sich ein Unternehmen nicht schadensersatzpflichtig nach § 37b mache, wenn es sich bei Fehlen einer bewussten Entscheidung für eine Befreiung von der Veröffentlichungspflicht entschieden hätte und die weiteren Voraussetzungen § 15 Abs. 3 S. 1 tatsächlich vorlägen; die Berufung auf das rechtmäßige Alternativverhalten setze aber voraus, dass der Schädiger bei rechtmäßigem Verhalten denselben Erfolg herbeigeführt hätte, es genügt nicht, dass er ihn hätte herbeiführen können.[33] In jedem Fall kann man der Praxis nur empfehlen, frühzeitig eine Selbstbefreiung aktiv und ausführlich zu beschließen, um eine Schadensersatzpflicht zu vermeiden. Dies gilt umso mehr, als dass mit dem Bußgeldverfahren der BaFin in gleicher Angelegenheit befasste OLG Frankfurt den Gedanken der nicht erforderlichen Befreiungsentscheidung und des rechtmäßigen Alternativverhaltens nicht wirklich aufgegriffen hat[34] und die BaFin einen aktiven Selbstbefreiungsbeschluss sehr wohl für erforderlich hält.[35]

6 **Anspruchsberechtigt** bei negativen unterlassenen oder verspäteten (§ 37b) bzw. positiven unwahren (§ 37c) Ad-hoc-Meldungen ist der **Inhaber von Finanzinstrumenten**, die er danach erwirbt[36] und bei Bekanntwer-

---

21 *Schäfer*, in: Marsch-Barner/Schäfer, § 16 Rn 10.
22 Begr. RegE 4. FFG, BT-Drucks. 14/8017, S. 94; *Möllers/Leisch*, in: Möllers/Rotter, § 14 Rn 16.
23 BGH v. 13.12.2011 – XI ZR 51/10 (IKB), DB 2012, 450, 451.
24 *Leuschner*, ZIP 2008, 1050f; *Rössner/Bolkart*, ZIP 2002, 1471, 1476; aA nun *Möllers*, JZ 2005, 75, 78 und NZG 2008, 413 ff, der sich jedoch für den Einzelfall für den Rückgriff auf die „Anlagestimmung" ausspricht; dies entspricht auch BGH, ZIP 2004, 1599, 1604.
25 *Schäfer*, in: Marsch-Barner/Schäfer, § 16 Rn 30; *Fuchs*, §§ 37b, 37c, Rn 31; *Sethe*, in: Assmann/Schneider, §§ 37b, 37c Rn 97 ff.
26 BGH ZIP 2004, 1593 (Infomatec I); BGH ZIP 2004, 1604 – Infomatec II; BGH ZI? 2004, 1599- Infomatec III.
27 BGH ZIP 2007, 681 (Comroad I); BGH ZIP 2007, 679 (Comroad II); BGH ZIP 2007, 326 (Comroad III); BGH ZIP 2007, 1560 (Comroad IV); BGH ZIP 2007, 1564 (Comroad V); BGH ZIP 2008, 407 (Comroad VI); BGH ZIP 2008, 410 (Comroad VII), BGH ZIP 2008, 829 (Comroad VIII); Vgl dazu *Möllers*, NZG 2008, 413 ff.
28 BGHZ 160, 134, 146 = ZIP 2004, 1599, 1603; BGH NJW 2004, 2668, 2761; BGH ZIP 2007, 681, BGH ZIP 2007, 679, Rn 4; BGH ZIP 2007, 1560, Rn 14; BGH ZIP 2007, 1564, Rn 13.
29 BGH v. 13.12.2011 – XI ZR 51/10 (IKB), DB 2012, 450, 451, vgl dazu auch *Spindler*, NZG 2012, 575, 578f.
30 *Fuchs*, §§ 37b, 37c, Rn 29;.
31 OLG Stuttgart v. 22.4.2009 – 20 Kap. 1/08, NZG 2009, 624, 635 – Beschluss wurde nicht rechtskräftig; vgl zum Verfahrensverlauf insg. die Kommentierungen in § 13 Rn 2 aE, § 15 Rn 15.
32 OLG Stuttgart v. 22.4.2009 – 20 Kap. 1/08, NZG 2009, 624 – n.rkr.
33 BGH v. 23.4.2013 – II ZB 7/09, DB 2013, 1350, 1354f.
34 OLG Frankfurt v. 12.2.2009 – 2 Ss-OWi 514/08, ZIP 2009, 563, 564, bezeichnet die Selbstbefreiungsmöglichkeit zwar als „Legalausnahme (,ist befreit')", lässt dem aber keine weitere Auseinandersetzung folgen.
35 *BaFin*, Emittentenleitfaden 2009, S. 65; vgl iÜ Kommentierung zu § 15 Rn 15 mwN.
36 Vgl OLG Frankfurt NZG 2005, 516; OLG Schleswig v. 16.12.2004 – 5 U 50//04, WM 2005, 696.

den der Tatsache bzw ihrer Unrichtigkeit noch besitzt (jeweils Abs. 1 Nr. 1), der mithin in Kenntnis der Information bzw ihrer Unrichtigkeit die Wertpapiere nicht zu dem von ihm entrichteten, **zu hohen Preis** erworben hätte. Ferner anspruchsberechtigt bei positiven unterlassenen oder verspäteten (§ 37 b) bzw negativen unwahren (§ 37 c) Ad-hoc-Meldungen ist der Inhaber von Finanzinstrumenten, die er zuvor erworben und nach der Unterlassung bzw Bekanntwerden der Unrichtigkeit veräußert hat (jeweils Abs. 1 Nr. 2), die er mithin bei Kenntnis der Information nicht zu dem von ihm erzielten, sondern **zu einem höheren Preis**, veräußert hätte.

Umfang des Schadenersatzanspruches. Der Anleger ist jeweils so zu stellen, als ob der Emittent seine Pflichten ordnungsgemäß erfüllt hätte, unabhängig davon, ob er die Papiere später – also nach Bekanntwerden der Tatsache oder ihrer Unrichtigkeit – veräußert hätte.[37] Welcher Schaden im Rahmen von §§ 37 b, 37 c zu ersetzen ist, ist streitig. Der BGH hat sich mit dem Streitstand in seiner „IKB"-Entscheidung auseinandergesetzt und vertritt die Auffassung, dass der Anleger nach § 37 b WpHG den Erwerbsschaden ersetzt verlangen kann, also Rückzahlung des Erwerbsentgelts Zug um Zug gegen Hingabe der erworbenen Finanzinstrumente.[38] Ersetzt wird damit der sogenannte Vertragsabschlussschaden. Er folgt damit den Literaturmeinungen, die von einer Naturalrestitution gleich der bisherigen Schadensberechnungen des BGH zu § 826 BGB, § 31 BGB analog ausgehen, wonach der Kläger gemäß § 249 Abs. 1 BGB Geldersatz in Höhe des für den Aktienerwerb aufgewandten Kaufpreis gegen Übertragung der erworbenen Aktien verlangen kann (negatives Interesse = Vertragsabschlussschaden).[39] Begründet hat der BGH dies damit, dass schon der Wortlaut der Norm sich nicht auf den alleinigen Ersatz des negativen Interesses in Form eines Differenzschadens beschränke; außerdem verweist er auf eine ambivalente Formulierung in den Gesetzesmaterialien und einen geänderten Schutzzweck der Veröffentlichungspflicht nach § 15.[40] Nach anderer Auffassung ist der Schaden in der Differenz zwischen dem zu hohen Einkaufspreis oder zu niedrigem Verkaufspreis und dem Kurs, der sich bei richtiger Information des Marktes eingestellt hätte, zu sehen, so dass dieser Differenzschaden zu erstatten ist.[41] Dem Anleger soll nach dieser Ansicht nicht jegliches Marktrisiko abgenommen werden.[42] Teilweise wird bei letzterer Ansicht eine Rückabwicklung ausnahmsweise in Betracht gezogen, wenn etwa direkt vom Emittenten erworben wurde.[43] In der Gesetzesbegründung zum 4. FFG wird davon ausgegangen, dass der Anleger bei Kenntnis der Tatsache die Wertpapiere nicht zu dem von ihm erzielten, sondern zu einem höheren bzw niedrigeren Preis ge- bzw verkauft hätte, also die Finanzinstrumente „zu teuer" oder „zu billig" erworben wurden; der Anleger sei daher so zu stellen, als hätte der Emittent den Pflichtverstoß nicht begangen.[44] Entschieden hat der BGH in seinem „IKB"-Urteil, dass der Anleger als Mindestschaden auch den Kursdifferenzschaden ersetzt verlangen kann; hierfür muss der Anleger lediglich darlegen und ggf beweisen, dass, wäre die Ad-hoc-Mitteilung rechtzeitig erfolgt, der Kurs zum Zeitpunkt seines Kaufs niedriger gewesen wäre, als er tatsächlich war.[45]

Streitig ist auch die **Berechnung des Kursdifferenzschadens**.[46] Der BGH äußert sich in der vorgenannten Rechtsprechung nicht zur Berechnung, geht aber davon aus, dass der Kursdifferenzschaden der Unterschiedsbetrag zwischen dem tatsächlich gezahlten Kaufpreis und dem hypothetischen Kurs ist, den das Finanzinstrument gehabt hätte, wenn der Emittent die Insiderinformation rechtzeitig veröffentlicht hätte; im Übrigen verweist er darauf, dass der Anleger lediglich darlegen und beweisen muss, dass, wäre die Ad-hoc-Mitteilung rechtzeitig erfolgt, der Kurs zum Zeitpunkt seines Kaufs niedriger gewesen wäre; stehe im Übrigen ein Schaden in nicht bestimmbarer Höhe, aber jedenfalls in erheblichen Ausmaß fest, werde sich idR aus den Umständen eine ausreichende Grundlage für die Ermittlung eines gewissen (Mindest-)Schadens gewinnen lassen.[47] In der Literatur wird vertreten, dass auf die Differenz zwischen Börsenkurs am Tag, als die Ad-hoc-Meldung hätte publiziert werden müssen und dem Tag, als sie bekannt wurde, abzustellen sei.[48] Andererseits wird richtigerweise gefordert, dass der wahre Wert des Finanzinstruments und der tatsächliche

---

[37] Begr. RegE 4. FFG, BT-Drucks. 14/8017, S. 93.
[38] BGH v. 13.12.2011 – XI ZR 51/10 (IKB), DB 2012, 450, 455 f.
[39] *Möllers*, JZ 2005, 75, 78; *Möllers/Leisch*, in: Möllers/Rotter, § 14 Rn 77 ff; *Rössner/Bolkart*, ZIP 2002, 1471, 1475; *Leisch*, in: Möllers, KölnKomm-WpHG, §§ 37 b, 37 c, Rn 240ff; *Dogan*, Ad-hoc-Publizitätshaftung, S. 101.
[40] BGH v. 13.12.2011 – XI ZR 51/10 (IKB), DB 2012, 450, 455 f.
[41] *Zimmer/Grotheer*, in: Schwark/Zimmer, Kapitalmarktrechts-Kommentar, WpHG, §§ 37 b, 37 c Rn 89; *Maier-Reimer/Webering*, WM 2002, 1857, 1861; *Fleischer*, BB 2002, 1869; *Reichert/Weller*, ZRP 2002, 49, 55 *Sethe*, in: Assmann/Schneider, §§ 37 b, 37 c Rn 88; *Hutter/Leppert*, NZG 2002, 649, 654; *Schäfer*, in: Marsch-Barner/Schäfer, § 16 Rn 26; *Mülbert/Steup*, WM 2005, 1633, 1637.
[42] *Fleischer*, BB 2002, 1869, 1871, so im Ergebnis nun auch *Klöhn*, AG 2012, 345, 358, der die BGH-Ansicht, wonach §§ 37 b, 37 c WpHG zum Ersatz des Vertragsabschlussschadens verpflichten, ablehnt; zu Argumenten für den Kursdifferenzschaden vgl auch Spindler, NZG 2012, 575, 578, der jedoch auch Gründe für die Naturalrestitution sieht.
[43] So zB *Fleischer*, BB 2002, 1869, 1873.
[44] Begr. RegE 4. FFG, BT-Drucks. 14/8017, S. 93.
[45] BGH v. 13.12.2011 – XI ZR 51/10 (IKB), DB 2012, 450, 455 f.
[46] Vgl zum Ganzen *Schäfer/Weber/Wolf*, ZIP 2008, 197 ff.
[47] BGH v. 13.12.2011 – XI ZR 51/10 (IKB), DB 2012, 450, 455 und 457.
[48] *Reichert/Weller*, ZRP 2002, 49, 55.

Transaktionspreis am selben Tag gegenüber gestellt werden müssen.[49] Vorgeschlagen wird, als Richtgröße die Kursveränderung zu nehmen, die das Finanzinstrument unmittelbar nach Bekanntwerden der wahren Sachlage genommen hat.[50] Ersatzfähig sind nur **kausale Schäden**, dh Kursverluste, die auf der fehlenden bzw falschen Ad-hoc-Mitteilung, nicht aber aus allgemeinem Kursrisiko resultieren.[51] Daraus folgt eine **Entlastungsmöglichkeit des Emittenten** bei nicht konnexen Kurseinbrüchen oder nicht initiiertem Erwerb wie Schenkung oder Erbschaft etc.[52] Die Haftung der Emittenten ist auf **Vorsatz** und **grobe Fahrlässigkeit** beschränkt, wobei hier eine **Beweislastumkehr (jew. Abs. 2)** gilt („wer nachweist").[53] Im Hinblick auf das **Mitverschulden (§ 254 BGB)** des Geschädigten besteht als Sonderregelung ein **Anspruchsausschluss bei positiver Kenntnis (jew. Abs. 3)** der veröffentlichten Tatsachenangabe sowie ihrer fehlenden Veröffentlichung und öffentlichen Bekanntheit[54] (37 b) oder ihrer Unrichtigkeit (37 c) im Falle des Abs. 1 Nr. 1 zum Zeitpunkt des Erwerbs oder im Falle des Abs. 1 Nr. 2 zum Zeitpunkt der Veräußerung. **Grob fahrlässige Unkenntnis** führt nicht zu einem Anspruchsausschluss (vgl § 45 BörsG, § 127 InvG, § 12 AuslInvestG).[55] Es besteht keine **Schadensminderungspflicht** oder **Kursbeobachtungspflicht** des Anlegers in der Form, dass er bei sinkender Kursentwicklung seine Papiere verkaufen müsste, um die Differenz zwischen Kauf- und Verkaufskurs gering zu halten.[56]

8 Der in Abs. 1 geregelte Anspruch unterliegt der **Verjährung (Abs. 4)** in einem Jahr nach Kenntnis der Unterlassung bzw Unrichtigkeit der Tatsache, spätestens aber drei Jahre nach Beginn der Unterlassung bzw Veröffentlichung.

9 Weitergehende zivilrechtliche Ansprüche bleiben ebenso wie in § 23 Abs. 2 unberührt **(Abs. 5)**.

10 Ein im Voraus ausgesprochener **Verzicht oder die Ermäßigung von Regressansprüchen** des Emittenten gegen Vorstandsmitglieder wegen der Inanspruchnahme der Gesellschaft aus Abs. 1 durch Dritte ist unwirksam **(Abs. 6)**. Eine solche Vereinbarung kann erst nach Entstehung des Schadensersatzanspruchs getroffen werden, wobei die jedoch allgemeinen aktienrechtlichen Regelungen, insbesondere der nach § 136 AktG angeordnete Ausschluss des Stimmrechts der Betroffenen gelten.

11 Schadenersatzansprüchen steht nicht der Grundsatz der **Kapitalerhaltung** bzw das Verbot der **Einlagenrückgewähr (§ 57 AktG)** entgegen.[57] Im Rahmen der deliktischen Haftung wurde dies selbst dann angenommen, wenn Anleger ihre Aktien außerhalb der Erstausgabe oder Börsenzulassung erworben haben.[58]

Abschnitt 8
Finanztermingeschäfte

Vor §§ 37 d–37 g

Literatur:
Zur Rechtslage nach dem FRUG (ab dem 1.11.2007): *Buck-Heeb*, Kapitalmarktrecht, 5. Auflage, § 13 I 8; *Einsele*, Bank- und Kapitalmarktrecht, 5. Auflage, § 8 V; *Jung* in: Fischer, Wertpapierhandelsgesetz, 2009; *Mülbert/Assmann* in: Assmann, Kommentar zum WpHG, 6. Auflage 2012, vor § 37 e Rn 27-32; *Jordans*, Die Umsetzung des MiFiD in Deutschland und die Abschaffung des § 37 d WpHG, WM 2007, 1827; *Weidert/Wenninge*, Die Neuregelung der Erkundigungs- und Aufklärungspflichten von Wertpapierdienstleistungen gem. Art. 19 RiL 2004/39 IEG (MiFiD) und Finanzmarkt – Richtlinie – Umsetzungsgesetz, WM 2007, 627; *Zimmer* in: Schwark/Zimmer, Kapitalmarktrechtskommentar, 4. Aufl. 2010.

Zur Rechtslage nach dem 4. Finanzmarktförderungsgesetz (nach 1.02.2002): *Casper*, Das neue Recht der Termingeschäfte, WM 2003, 161; *Fleckner*, Die Lücke im Recht des Devisenterminhandels, WM 2003, 168; *Fleischer*, Das Vierte Finanzmarktförderungsgesetz, NJW 2002, 2972; *Krumscheid* in: Heidel/Pauly/Amend, AnwaltFormulare, 5. Auflage, Kapitel Kapitalanlagerecht, Rn 21; *Mülbert/Assmann* in: Assmann/Schneider, Wertpapierhandelsgesetz, 6. Auflage, vor § 37 e Rn 13-26; *Schäfer/Lang*, Zur Reform des Rechts der Börsentermingeschäfte, BKR 2002, S. 197; Regierungsentwurf zum 4. Finanzmarktförderungsgesetz v. 14.11.2001, BR-Drucks 936/01; Empfehlungen der Ausschüsse des Bundesrates v. 11.12.2001, BR-Drucks 936/01, 51; *Beschlussempfehlung des Finanzausschusses* v. 20.3.2002, BT-Drucks 14/8600, 66 f; Bericht des Finanzausschusses v. 21.3.2002,

---

49 *Maier-Reimer/Webering*, WM 2002, 1857, 1861; *Fleischer*, BB 2002, 1869; *Zimmer/Grotheer*, in: Schwark/Zimmer, Kapitalmarktrechts-Kommentar, WpHG, §§ 37 b, 37 c Rn 91.
50 *Fleischer*, BB 2002, 1869, 1873; *Sethe*, in: Assmann/Schneider, §§ 37 b, 37 c Rn 93; *Schäfer*, in: Marsch-Barner/Schäfer, § 16 Rn 27.
51 *Barth*, S. 253 betrachtet die Wahrscheinlichkeit von 90% für das Fehlen einer zufälligen Kursbewegung als dem erhöhtem Beweismaß des § 286 ZPO entsprechend.
52 Vgl *Fleischer/Kalss*, AG 2002, 329, 333; vgl *Hutter/Leppert*, NZG 2002, 649, 654.
53 Vgl *Sethe*, in: Assmann/Schneider, §§ 37 b, 37 c Rn 104 f.
54 *Maier-Reimer/Webering*, WM 2002, 1857, 1862.
55 Begr. RegE 4. FFG, BT-Drucks. 14/8017, S. 93; vgl *Hutter/Leppert*, NZG 2002, 649, 654.
56 *Fuchs/Fuchs*, WpHG, §§ 37 b, c Rn 36; vgl *Fleischer/Kalss*, AG 2002, 329, 334/335; offen: *Hutter/Leppert*, NZG 2002, 649, 655.
57 *Renzenbrink/Holzner*, BKR 2001, 434, 439 (jedenfalls, wenn Aktien derivativ erworben); kritisch: *Rudolph*, BB 2002, 1036, 1039; *Hutter/Leppert*, NZG 2002, 649, 653; ausführlich zum Kapitalerhaltungsprinzip: *Gebauer*, Börsenprospekthaftung und Kapitalerhaltungsgrundsatz in der AG, S. 1999; im Erg. so auch BGH WM 2005, 1358 (EM.TV).
58 OLG München v. 20.4.2005 – 7 U 5303/04, BB 2005, 1651 (Comroad).

BT-Drucks 14/8601, 20 f; *Roth* in: Kölner Kommentar zum WpHG, 2007; *Samtleben*, Das Börsentermingeschäft ist tot – es lebe das Finanztermingeschäft, ZBB, 2003, 69; *Schwark*, in: Kapitalmarktrechtskommentar, 3. Auflage, § 37 d–37 g WpHG; *Zimmer*, Schadensersatz in Termingeschäftsrecht – eine anreizökonomische Fehlkonstruktion, JZ 2003, 22; *Zimmer/Muland*, Vertretung beim Abschluss von Termingeschäften nach neuem Recht, BB 2003, 1445.

Zur Rechtslage nach § 53 ff. BörsG: *Allmendinger/Tilp*, Börsentermin- und Differenzgeschäfte, 1998; *Assmann*, Irrungen und Wirrungen im Recht der Finanztermingeschäfte, ZIP 2001, 2061; *Schwark*, BörsG, 1994, § 53; *Schäfer*, Wertpapierhandelgesetz/Börsengesetz/Verkaufsprospektgesetz 1999; *Ellenberger*, Die neuere Rechtsprechung des BGH zum Börsenterminhandel, WM Sonderbeilage 2/1999.

Zum Schutz der Privatanleger waren Termingeschäfte nach der ursprünglichen gesetzgeberischen Schutzkonzeption gem. den § 764 BGB bzw § 762 BGB dem Termin- bzw dem Differenzeinwand ausgesetzt. Dies hatte zur Folge, dass Termingeschäfte unverbindlich und damit die sich hieraus ergebenden Verbindlichkeiten nicht einklagbar waren. Eine Ausnahme war lediglich für Verbindlichkeiten aus erlaubten Börsentermingeschäften vorgesehen, soweit die jeweiligen Vertragsparteien bestimmte persönliche Voraussetzungen erfüllten.[1]

Um den Finanzplatz Deutschland zu stärken und den deutschen Terminmarkt gegenüber internationalen Terminmärkten wettbewerbsfähig zu machen, wurde zusammen mit der Eröffnung der deutschen Terminbörse im Jahre 1990 durch die zum 1.8.1989 in Kraft getretene Börsengesetznovelle erstmals auch privaten Anlegern uneingeschränkter Zugang zu den Terminmärkten eröffnet. Die entsprechenden gesetzlichen Regelungen waren im §§ 53 ff BörsG 1989 enthalten.

Kernpunkt war, dass hierdurch neben der bisherigen Termingeschäftsfähigkeit aufgrund des Status bzw Rufes eine unbeschränkte Börsentermingeschäftsfähigkeit kraft Information eingeführt wurde. Danach konnten Personen, die nicht bereits aufgrund ihres Status oder Berufes termingeschäftsfähig waren, Termingeschäfte verbindlich abschließen, wenn Sie vor dem Abschluss von Termingeschäften durch eine von Ihnen zu unterzeichnende Informationsschrift über einen im Gesetz aufgeführten Katalog typischer Risiken von Börsentermingeschäften informiert worden waren.

Durch das **4. Finanzmarktförderungsgesetz**,[2] dass am 1.7.2002 in Kraft getreten ist, war das **Recht der Finanztermingeschäfte** (nach der alten Terminologie: Börsentermingeschäfte) neu geregelt worden. Die vorherige Ansiedlung der Regelungen über Börsentermingeschäfte im Börsengesetz war als rechtssystematisch verfehlt angesehen worden, da diese sowohl auf börsliche als auch auf außerbörsliche Börsentermingeschäfte anzuwenden war. Zudem war das Schutzmodell durch die Unterzeichnung einer Informationsschrift als untauglich angesehen worden, da es lediglich auf den formalen Akt der Unterzeichnung dieser Informationsschrift und dem Ablauf – je nachdem, ob es sich um die erstmalige Unterzeichnung dieser Informationsschrift oder eine wiederholte Unterzeichnung handelte – unterschiedlich langer Fristen abstellte.

Durch das 4. Finanzmarktförderungsgesetz wurden die gesetzlichen Regelungen über Finanztermingeschäfte in das WpHG übernommen, so dass bereits durch die systematische Stellung in diesem Gesetz deutlich wurde, dass diese sowohl auf den börslichen als auch auf den außerbörslichen Handel anzuwenden sind. Auch wurde durch diese Änderung das Schutzmodell des Börsengesetzes, welches bei Beteiligung nicht börsenterminfähiger Personen zur Unverbindlichkeit der Geschäfte[3] führte, aufgegeben zugunsten eines Systems, welches generell die Verbindlichkeit der Finanztermingeschäfte anerkennt, zum Schutze des Anlegers jedoch eine Informations- und Aufklärungspflicht statuierte, deren schuldhafte Verletzung zu Schadensersatzansprüchen führt. § 37 d Abs. 4 S. 1 statuierte eine selbstständige zivilrechtliche Anspruchsgrundlage, wobei zugunsten des Anlegers Beweiserleichterungen bestanden. Darüber hinaus wurde die Überwachung der Einhaltung der Informationspflichten durch die Bundesanstalt für Finanzdienstleistungsaufsicht angeordnet.

Mit dem **Finanzmarkt-Richtlinie-Umsetzungsgesetz (FRUG)** vom 16.7.2007 (BGBl. I 2007, 1330), welches am 1.11.2007 in Kraft getreten ist, sind die §§ 37 d und 37 f aufgehoben worden. Damit wurde das früher geltende System der standardisierten Risikoaufklärung bei Finanztermingeschäften in ein System anlegerbezogener Aufklärungspflichten nach Maßgabe der §§ 31 ff umgewandelt.

Begründet wurde die Aufhebung des § 37 d und der damit zusammenhängenden Vorschrift über die Überwachung der Informationspflichten damit, dass „die Anforderungen an eine ordnungsgemäße Beratung von Anlegern auch im Bereich des Handels mit Derivaten bereits mit den durch die Umsetzung der Finanzmarktrichtlinien erweiterten Verhaltenspflichten von Wertpapierdienstleistungsunternehmen nach §§ 31 ff hinreichend bestimmt" sei.[4]

---

1 Zur historischen Entwicklung vgl die zusammenfassende Darstellung bei *Mülbert/Assmann*, in: Assmann/Schneider, vor § 37 e Rn 2–26.
2 Vgl BGBl. I 2002 S. 2010.
3 Vgl zur alten Rechtslage die Übersicht bei *Krumscheid*, in: AnwaltFormulare, 3. Aufl, Kap. Kapitalanlagerecht, Rn 20–31, sowie die 2. Aufl., sowie *Mülbert/Assmann*, aaO (Fn 2).
4 RegE FRUG, BT-Drucks. 16/4029 v. 12.1.2007, S. 78.

Im 8. Abschnitt des WpHG über die Finanztermingeschäfte blieben nur noch die Vorschriften über die Definitionen von Finanztermingeschäften, des Ausschlusses des Spieleinwandes (§ 37e) und die Verbotsermächtigung des Bundesministeriums für Finanzen zum Verbot von Finanztermingeschäften (§ 37g) erhalten. Die speziell auf Termingeschäfte zugeschnittenen Schutzmodelle wurden aufgegeben, so dass sich die dem Anleger zum seinen Schutze zu erteilenden Aufklärungen und Informationen nur noch nach den allgemeinen Aufklärungs- und Informationspflichten der §§ 31 ff richten. Die bis dahin geltende zweistufige Aufklärung – durch eine Informationsschrift gem. § 37d und parallel nach den allgemeinen Grundsätzen gem. § 31 ff – ist damit entfallen.[5] Im Rahmen der allgemein nach § 31 ff geschuldeten Aufklärung dürfte sich der Inhalt der geschuldeten Aufklärung aber nach wie vor an dem Inhalt des aufgehobenen § 37d aF orientieren.

4 Allerdings ist die Differenzierung zwischen komplexen und nicht-komplexen Finanzinstrumenten gem. § 31 Abs. 7 nF zu beachten:
Bei komplexen Wertpapieren kann bei **nicht professionellen Anlegern** nicht nach § 31 Abs. 7 auf die Erkundigungspflichten und die Geeignetheitsprüfung nach § 31 Abs. 4 und 5 verzichtet werden.[6] Termingeschäfte sind nicht in der Aufzählung der nichtkomplexen Finanzinstrumente in § 7 WpDVerOV aufgeführt, so dass sich aus dem Umkehrschluss ergibt, dass es sich hierbei um komplexe Finanzinstrumente handelt.
Da bei online durchgeführten *execution-only*-Geschäften Geeignetheitstests sowohl technisch als praktisch gar nicht durchführbar sind, stellt sich die Frage, ob Termingeschäfte von Kleinanlegern online getätigt werden können. Dies wird teilweise verneint.[7] Demgegenüber wird allerdings auch vertreten, dass der Warnpflicht nach Art. 19 Abs. 5 MiFiD in standardisierter Form nachgekommen werden könne, es zulässig sei, die Richtlinie so auszulegen, dass auch Kleinanleger künftig komplexe Finanzinstrumente per Internet handeln können, soweit die Beachtung des Geeignetheitstests durch technische Vorkehrungen sichergestellt sei.[8] ME ist diese Auslegung jedoch aus Anlegerschutzgründen abzulehnen.[9]
Mit seiner Entscheidung zu Beratungspflichten bei **Spread Ladder Swaps**[10] hat der BGH den Umfang der bei komplexen Anlageprodukten grundsätzlich umrissen: Danach muss das beratende Wertpapierdienstleistungsunternehmen durch seine Aufklärung gewährleisten, dass der Anleger im Wesentlichen den gleichen Kenntnis- und Wissensstand hat wie die beratende Bank, da ihm nur so eine eigenverantwortliche Entscheidung möglich ist. Dem Anlegen müssen in verständlicher und nicht verharmlosender Weise die Risiken vor Augen geführt werden. Hierzu sind ihm sämtliche Elemente der Struktur des jeweiligen Produktes und ihre konkreten Auswirkungen bei allen denkbaren Entwicklungen vor Augen zu führen. Er ist auch über ein eventuell zu seinen Lasten bestehendes unausgewogenes Risikoverhältnis aufzuklären.[11]

§ 37d (aufgehoben)

§ 37e Ausschluss des Einwands nach § 762 des Bürgerlichen Gesetzbuchs

¹Gegen Ansprüche aus Finanztermingeschäften, bei denen mindestens ein Vertragsteil ein Unternehmen ist, das gewerbsmäßig oder in einem Umfang, der einen in kaufmännischer Weise eingerichteten Geschäftsbetrieb erfordert, Finanztermingeschäfte abschließt oder deren Abschluss vermittelt oder die Anschaffung, Veräußerung oder Vermittlung von Finanztermingeschäften betreibt, kann der Einwand des § 762 des Bürgerlichen Gesetzbuchs nicht erhoben werden. ²Finanztermingeschäfte im Sinne des Satzes 1 und der §§ 37g und 37h sind die Derivate im Sinne des § 2 Abs. 2 und Optionsscheine.

1 § 37e S. 1 entspricht § 58 S. 1 BörsG aF[1]. Diese Regelung sollte einen Gleichlauf zwischen dem Börsentermingeschäftseinwand und dem Differenz- bzw Spiel- und Wetteinwand herbeiführen. S. 1 wurde durch das FRUG nicht berührt. Der zugrunde zu legende Begriff des Finanztermingeschäftes wurde durch das FRUG von § 2 Abs. 2a aF in S. 2 verschoben und in Folge der Neufassung des § 2 Abs. 2 erweitert.
Finanztermingeschäfte nach § 37e S. 2 umfassen **Derivate** und **Optionsscheine**. Der Begriff der Derivate ist in § 2 Abs. 2, auf den § 37e S. 2 Bezug nimmt, definiert, so dass an diese Stelle auf die Kommentierung in § 2 Rn 9 ff verwiesen werden kann. Eine Definition des Begriffes Optionsscheine findet sich nunmehr in § 2 Abs. 1 S. 1 Nr. 3 b, so dass auch hierzu auf die entsprechende Kommentierung in § 2 Rn 17 verwiesen wird.

---

5   Zu den allg. geltenden Aufklärungs-und Hinweispflichten vgl oben die Kommentierung von *Schäfer* zu § 31 f.
6   *Jordans*, WM 2007, 1827, 1830 f.
7   *Weichert/Wenninger*, WM 2007, 627, 632; *Einsele*, Bank- und Kapitalmarktrecht, § 8 Rn 89.
8   *Weichert/Wenninger*, WM 2007, 627, 632.
9   Ebenso: *Jakob*, WM 2007, 1827, 1831; *Einsele*, aaO, § 8 Rn 89.
10 BGH, Urt. v. 22.3.2011 – XI ZR 33/10; BGHZ 189,13 ff = WM 2011, 682 ff = ZiP 2011, 756 = NJW 2011, 1949 ff.
11 BGH, aaO, Rn 29.
1   Vgl die Literaturnachweise Vor § 37d–37g.

Soweit S. 1 eine **gewerbsmäßige Tätigkeit** oder **einen in kaufmännischer Weise eingerichteten Geschäftsbetrieb** voraussetzt, wird zur Erläuterung dieser Begriffe auf die Kommentierung in § 2 Rn 49 verwiesen.

§ 37e S. 1 schließt die Erhebung des Spieleinwandes gem. § 762 BGB gegen Ansprüche aus Finanztermingeschäften aus, bei denen mindestens ein Vertragsteil ein Unternehmen ist, das gewerbsmäßig oder in einem Umfang, der einen in kaufmännischer Weise eingerichteten Betrieb erfordert, Finanztermingeschäfte abschließt oder vermittelt oder den Handel in solchen Geschäften betreibt. Der Ausschluss des Spieleinwandes gegen Finanztermingeschäfte, die von den vorstehend aufgeführten Unternehmen abgeschlossen werden, soll insoweit zu einer sicheren Rechtsphäre in diesem Bereich führen und damit die Intention des § 58 BörsG fortführen, da bestimmte Finanztermingeschäftsformen, die dem Abschnitt 8 des WpHG unterfallen, insbesondere offene Differenzgeschäfte, zugleich den äußeren Tatbestand eines Spiels iSv § 762 BGB erfüllen können. Die Regelung soll die Belange des Anlegerschutzes wahren, da in dem Bereich, in dem der Spieleinwand ausgeschlossen ist, dem Vertragspartner des Anlegers die Informationspflichten der §§ 31 ff obliegen, deren Verletzung zu Schadensersatzansprüchen führt sowie aufsichtsrechtlich überwacht wird. Außerhalb der durch § 37e geschaffenen rechtssicheren Geschäftsphäre verbleibt es bei der allgemeinen Regelung des § 762 BGB, so dass Geschäften, die nicht als Finanztermingeschäfte eingeordnet werden können, weiterhin der Spieleinwand entgegengehalten werden kann.

Durch Art. 9 des 4. Finanzmarktförderungsgesetzes ist § 764 BGB mit der Regelung des Differenzeinwandes ebenfalls ersatzlos entfallen. In seinem Urteil vom 18.1.2001 hat der BGH[2] das Day-Trading von Devisen-Kassageschäften als verdeckte Differenzgeschäfte qualifiziert und den Differenzeinwand zugelassen. Da Kassageschäfte keine Finanztermingeschäfte sind, ergab sich aus der Abschaffung des Differenzeinwandes in diesem Bereich eine deutliche Einschränkung des Anlegerschutzes.

Nach dem FRUG sind Termingeschäfte hinsichtlich der Aufklärungspflichten nunmehr Kassageschäften grundsätzlich gleichgestellt. Da Termingeschäfte und Optionsscheine in der Aufzählung nicht-komplexer Finanzinstrumente des § 7 WpDVerOV nicht aufgeführt sind, sind jedoch die Erleichterungen bezüglich Erkundigungspflichten und Geeignetheitstests gem. § 31 Abs. 7 nicht anwendbar.[3]

§ 37f (aufgehoben)

§ 37g Verbotene Finanztermingeschäfte

(1) Das Bundesministerium der Finanzen kann durch Rechtsverordnung Finanztermingeschäfte verbieten oder beschränken, soweit dies zum Schutz der Anleger erforderlich ist.

(2) [1]Ein Finanztermingeschäft, das einer Rechtsverordnung nach Absatz 1 widerspricht (verbotenes Finanztermingeschäft), ist nichtig. [2]Satz 1 gilt entsprechend für

1. die Bestellung einer Sicherheit für ein verbotenes Finanztermingeschäft,
2. eine Vereinbarung, durch die der eine Teil zum Zwecke der Erfüllung einer Schuld aus einem verbotenen Finanztermingeschäft dem anderen Teil gegenüber eine Verbindlichkeit eingeht, insbesondere für ein Schuldanerkenntnis,
3. die Erteilung und Übernahme von Aufträgen zum Zwecke des Abschlusses von verbotenen Finanztermingeschäften,
4. Vereinigungen zum Zwecke des Abschlusses von verbotenen Finanztermingeschäften.

§ 37g enthält die früher in den §§ 63, 64, 69 und 70 BörsG näher ausgestaltete Ermächtigung, bestimmte Finanztermingeschäfte zu verbieten, zu beschränken oder von Bedingungen abhängig zu machen, soweit dies im Schutze des Publikums geboten ist.

Abs. 1 entspricht im Wesentlichen dem früheren § 63 BörsG. Auf die dort ausdrücklich erwähnte Möglichkeit, die Zulassung von Börsentermingeschäften von Bedingungen abhängig zu machen, wurde verzichtet, da es sich hierbei um einen Unterfall der Beschränkung solcher Geschäfte handelt. Durch die Bezugnahme auf den Schutz des Anlegers wird die Zielrichtung eines möglichen Verbotes besser verdeutlicht als durch die bisherige Formulierung.

Die Vorschrift ist trotz der Aufhebung des § 37d erhalten geblieben. Das Bundesministerium für Finanzen hat bisher von der Ermächtigung des § 37g und seiner Vorgängervorschriften keinen Gebrauch gemacht. Verbote oder Beschränkungen sind nur zum Schutz der Anleger zulässig.[1] Da jedes Termingeschäft mit Vermögensrisiken verbunden ist, kann die Ermächtigung nur unter engen Voraussetzungen eingreifen,

---

2 BGHZ 149, 294 = WM 2002, 283 = ZIP 2002, 254.
3 Vgl Vor § 37d–37g Rn 4.
1 *Mülbert/Assmann*, in: Assmann/Schneider, § 37g Rn 2.

wenn aufgrund besonderer Umstände überhöhte Risiken zB. durch intransparent-unangemessene Riskostrukturen oder systemgefährdende Risiken zu befürchten sind. Beispielhaft können hier marktenge Aktien, hochspekulative Derivate oder Warentermingeschäfte angeführt werden.[2] Ein Verbot kann dabei nur die ultima Ratio sein.[3]

Die Verordnungsermächtigung gibt keinen Individualschutz, so dass ein Anleger hierauf keinen Anspruch auf das Verbot bestimmter Termingeschäfte – oder bei dessen – Unterlassung Amtshaftungsansprüche stützen kann.[4]

3 Abs. 1 erfasst sowohl **inländische** als auch **ausländische Finanztermingeschäfte**.[5] Soweit Terminkontrakte aus EU-Mitgliedsstaaten betroffen sind, muss sich eine Maßnahme an der europarechtlich verbürgten Niederlassungs- bzw Kapitalverkehrsfreiheit messen lassen.[6] Dabei wird ein Eingriff aber als durch zwingende Allgemeininteressen gerechtfertigt angesehen.[7]

Teilweise wird wegen fehlender Bestimmtheit die Verfassungsmäßigkeit der Verordnungsermächtigung bezweifelt.[8]

4 Abs. 2 S. 1 entspricht dem früheren § 64 Abs. 1 S. 1 BörsG. Um den Anlegerschutz zu stärken, werden verbotene Finanztermingeschäfte allerdings nicht mehr – wie bisher – lediglich als unvollkommene Verbindlichkeit ausgestaltet, sondern ihre **Nichtigkeit** angeordnet. Dies entspricht im Übrigen auch der Rechtsfolge des § 134 BGB.

Durch diese Lösung wird dem Anleger auch die Möglichkeit eröffnet, Leistungen, die er aufgrund von verbotenen Finanztermingeschäften bereits erbracht hat, nach bereicherungsrechtlichen Grundsätzen zurückzufordern, ohne wie bisher dem Erfüllungseinwand gem. § 64 Abs. 2 BörsG ausgesetzt zu sein. Allerdings sind die Rückforderungsausschlüsse gem. §§ 814, 817 S. 2 BGB zu beachten.[9]

Abs. 2 S. 2 stellt bestimmte, im Zusammenhang mit verbotenen Termingeschäften erfolgte Rechtsgeschäfte diesen gleich. Die Regelung entspricht den Vorschriften der bisherigen § 64 Abs. 1 S. 2, 69 und 70 BörsG.[10]

Abschnitt 9
Schiedsvereinbarungen

§ 37h Schiedsvereinbarungen

Schiedsvereinbarungen über künftige Rechtsstreitigkeiten aus Wertpapierdienstleistungen, Wertpapiernebendienstleistungen oder Finanztermingeschäften sind nur verbindlich, wenn beide Vertragsteile Kaufleute oder juristische Personen des öffentlichen Rechts sind.

1 Die Vorschrift ersetzt und erweitert die früher in § 28 BörsG enthaltene Regelung. Da sowohl **börsliche als auch außerbörsliche** Geschäfte erfasst werden, ist das WpHG der systematisch richtige Standort. Die Regelung hebt die in § 28 BörsG geregelte Beschränkung auf Börsenschiedsgerichte auf und erweitert sie auf Schiedsverträge vor anderen Gerichten. Damit wird der Anlegerschutz verbessert und Rechtsklarheit geschaffen.[1]

2 Der sachliche Anwendungsbereich betrifft sämtliche **künftigen** Rechtsstreitigkeiten aus den genannten Geschäften. Im Interesse des Anlegerschutzes werden Rechtsstreitigkeiten in den genannten Bereichen nur in den Fällen verbindlich, in denen beide Vertragsteile **Kaufleute** oder **juristischen Personen des öffentlichen Rechts** sind.

---

2 *Zimmer*, in: Zimmer/Schwark, § 37g Rn 3; *Mülbert/Assmann*, aaO, Rn 5.
3 *Zimmer*, aaO.
4 *Mülbert/Assmann*, in: Assmann/Schneider, § 37g Rn 4; *Zimmer* in: Zimmer/Schwark, § 37g Rn 3; *Jung*, in: Fuchs, § 37g Rn 9.
5 *Zimmer*, aaO; nach *Mülbert/Assmann*, aaO, soll es dabei auch nicht darauf ankommen, ob der Terminkontrakt in Deutschland abgeschlossen wurde.
6 *Mülbert/Assmann* und *Zimmer*, jew. aaO; *Jung*, in: Fuchs, § 37g Rn 2; *Roth* in: KölnKomm-WpHG, § 37g Rn 53.
7 Vgl *Jung, Roth* und *Zimmer*, jew. aaO.
8 *Mülbert/Assmann*, in: Assmann/Schneider, § 37g Rn 3; *Zimmer* in: Zimmer/Schwark, § 37g Rn 4; *Jung*, in: Fuchs, § 37g Rn 10.
9 *Mülbert/Assmann*, in: Assmann/Schneider, § 37g Rn 7; *Zimmer*, in: Zimmer/Schwark, § 37g Rn 5.
10 RegBegr, S. 275.
1 Begr. RegE BT-Drucks. 14/8017, S. 96.

Abschnitt 10
Märkte für Finanzinstrumente mit Sitz außerhalb der Europäischen Union

§ 37i Erlaubnis

(1) ¹Märkte für Finanzinstrumente mit Sitz im Ausland, die keine organisierten Märkte oder multilateralen Handelssysteme im Sinne dieses Gesetzes sind, oder ihre Betreiber bedürfen der schriftlichen Erlaubnis der Bundesanstalt, wenn sie Handelsteilnehmern mit Sitz im Inland über ein elektronisches Handelssystem einen unmittelbaren Marktzugang gewähren. ²Der Erlaubnisantrag muss enthalten:
1. Name und Anschrift der Geschäftsleitung des Marktes oder des Betreibers,
2. Angaben, die für die Beurteilung der Zuverlässigkeit der Geschäftsleitung erforderlich sind,
3. einen Geschäftsplan, aus dem die Art des geplanten Marktzugangs für die Handelsteilnehmer, der organisatorische Aufbau und die internen Kontrollverfahren des Marktes hervorgehen,
4. Name und Anschrift eines Zustellungsbevollmächtigten im Inland,
5. die Angabe der für die Überwachung des Marktes und seiner Handelsteilnehmer zuständigen Stellen des Herkunftsstaates und deren Überwachungs- und Eingriffskompetenzen,
6. die Angabe der Art der Finanzinstrumente, die von den Handelsteilnehmern über den unmittelbaren Marktzugang gehandelt werden sollen, sowie
7. Namen und Anschrift der Handelsteilnehmer mit Sitz im Inland, denen der unmittelbare Marktzugang gewährt werden soll.

³Das Nähere über die nach Satz 2 erforderlichen Angaben und vorzulegenden Unterlagen bestimmt das Bundesministerium der Finanzen durch Rechtsverordnung, die nicht der Zustimmung des Bundesrates bedarf. ⁴Das Bundesministerium der Finanzen kann die Ermächtigung durch Rechtsverordnung auf die Bundesanstalt für Finanzdienstleistungsaufsicht übertragen.

(2) ¹Die Bundesanstalt kann die Erlaubnis unter Auflagen erteilen, die sich im Rahmen des mit diesem Gesetz verfolgten Zweckes halten müssen. ²Vor Erteilung der Erlaubnis gibt die Bundesanstalt den Börsenaufsichtsbehörden der Länder Gelegenheit, innerhalb von vier Wochen zum Antrag Stellung zu nehmen.

(3) Die Bundesanstalt hat die Erlaubnis im Bundesanzeiger bekannt zu machen.

Die Vorschrift regelt die **Erlaubnispflicht** für ausländische organisierte Märkte oder ihre Betreiber, die Handelsteilnehmern mit Sitz im Inland die Teilnahme am Börsenhandel **vom Inland aus** gestatten. Mit dieser Erlaubnis wird sichergestellt, dass nur solche Märkte Handelsbildschirme aufstellen können, die einer mit dem deutschen Recht vergleichbaren Überwachung unterliegen und deren Aussichtsbehörden in ausreichendem Maße mit der BaFin kooperieren.[1] 1

Die Vorschrift gilt gemäß Abs. 1 S. 1 für organisierte Märkte mit Sitz im Ausland. Erfasst werden ausländische Börsen, die Handelsteilnehmer als sog. *remote* member über einen Handelsbildschirm vom Inland aus am Börsenhandel teilnehmen lassen.[2] 2

Durch die nach Abs. 1 S. 2 dem Erlaubnisantrag beizufügenden Unterlagen wird es der BaFin ermöglicht, zu prüfen, ob einer der in § 37j genannten **Versagungsgründe** vorliegt. Die Regelung stellt dadurch u.a. das Funktionieren des Informationsaustausches zwischen den Aufsichtsbehörden zur Verfolgung grenzüberschreitender Insiderdelikte sicher. Zudem wird so die Überwachung der Wohlverhaltensregeln durch Wertpapierdienstleistungsunternehmen, die Kundengeschäfte über einen Handelsbildschirm an dem ausländischen organisierten Markt tätigen, gefördert.[3] 3

Zu den nach Abs. 2 S. 1 möglichen **Auflagen** gehören etwa solche, die der Sicherstellung der technischen Voraussetzungen des unmittelbaren Marktzugangs im Inland dienen. Die in Abs. 2 S. 2 vorgesehen Unterrichtung der Börsenaufsichtsbehörden ermöglicht es den Länderbehörden, etwaig vorliegende Erkenntnisse in das Verfahren einzubringen.[4] 4

Die in Abs. 3 geforderte **Bekanntmachung** der Erlaubnis im Bundesanzeiger dient der Information der Öffentlichkeit.[5] 5

---

1 Begr. RegE BT-Drucks. 14/8017, S. 97.
2 Begr. RegE BT-Drucks. 14/8017, S. 97.
3 Begr. RegE BT-Drucks. 14/8017, S. 97.
4 Beschlussempfehlung des Finanzausschusses, BT-Drucks. 14860, S. 68.
5 Begr. RegE BT-Drucks. 14/8017, S. 97.

§ 37j Versagung der Erlaubnis

Die Erlaubnis ist zu versagen, wenn
1. Tatsachen vorliegen, aus denen sich ergibt, dass die Geschäftsleitung nicht zuverlässig ist,
2. Handelsteilnehmern mit Sitz im Inland der unmittelbare Marktzugang gewährt werden soll, die nicht die Voraussetzungen des § 19 Abs. 2 des Börsengesetzes erfüllen,
3. die Überwachung des Marktes oder der Anlegerschutz im Herkunftsstaat nicht dem deutschen Recht gleichwertig ist oder
4. der Informationsaustausch mit den für die Überwachung des Marktes zuständigen Stellen des Herkunftsstaates nicht gewährleistet erscheint.

1 Die Vorschrift enthält verschiedene **Versagungsgründe** hinsichtlich der Erlaubnis nach § 37i. Bei Vorliegen der Voraussetzungen steht der Bundesanstalt **kein Ermessen** zu, sie *muss* die Erteilung der Erlaubnis ablehnen.

§ 37k Aufhebung der Erlaubnis

(1) Die Bundesanstalt kann die Erlaubnis außer nach den Vorschriften des Verwaltungsverfahrensgesetzes aufheben, wenn
1. ihr Tatsachen bekannt werden, welche die Versagung der Erlaubnis nach § 37j rechtfertigen würden, oder
2. der Markt oder sein Betreiber nachhaltig gegen Bestimmungen dieses Gesetzes oder die zur Durchführung dieses Gesetzes erlassenen Verordnungen oder Anordnungen verstoßen hat.

(2) Die Bundesanstalt hat die Aufhebung der Erlaubnis im Bundesanzeiger bekannt zu machen.

1 Ziel der Regelung ist im Interesse des Anlegerschutzes und der Marktintegrität die Gewährleistung einer fortlaufenden Erfüllung der Zulassungskriterien.[1] Die Vorschrift ist als Ermessensentscheidung ausgestaltet.

§ 37l Untersagung

Die Bundesanstalt kann Handelsteilnehmern mit Sitz im Inland, die Wertpapierdienstleistungen im Inland erbringen, untersagen, Aufträge für Kunden über ein elektronisches Handelssystem eines ausländischen Marktes auszuführen, wenn diese Märkte oder ihre Betreiber Handelsteilnehmern im Inland einen unmittelbaren Marktzugang über dieses elektronische Handelssystem ohne Erlaubnis gewähren.

1 Die Regelung dient insbesondere dem Schutz der Privatanleger im Inland. Da die BaFin aufgrund ihrer fehlenden aufsichtsrechtlichen Zuständigkeit keine verwaltungsrechtlichen Maßnahmen gegenüber einem organisierten Markt mit Sitz im Ausland ergreifen kann, ist die **Untersagung** in den geregelten Fällen die einzige Möglichkeit eines effektiven Anlegerschutzes.[1]

§ 37m (aufgehoben)

Abschnitt 11
Überwachung von Unternehmensabschlüssen, Veröffentlichung von Finanzberichten

Einleitung zu den §§ 37n–37u, 45[1]

Literatur:
Assmann, Ad hoc-Publizitätspflichten im Zuge von Enforcementverfahren zur Überprüfung der Rechnungslegung nach §§ 342b HGB und §§ 37n ff WpHG, AG 2006, 261; *Böcking*, Audit and Enforcement: Entwicklungen und Probleme, zfbf 2003, 683;

---

1 Begr. RegE BT-Drucks. 14/8017, S. 98.
1 Begr. RegE BT-Drucks. 14/8017, S. 98.

1 Die Kommentierung der §§ 37n bis 37u gibt die persönliche Auffassung der Autorin wieder.

Böcking/Wiederhold, Mehr Sicherheit für die Rechnungsleger, FAZ v. 31.7.2006; *Bräutigam/Heyer*, Das Prüfverfahren durch die Deutsche Prüfstelle für Rechnungslegung, AG 2006, 188; *Ernst*, BB-Gesetzgebungsreport: Regierungsentwurf des BilKoG, BB 2004, 936; *Gahlen/Schäfer*, Bekanntmachung von fehlerhaften Rechnungslegungen im Rahmen des Enforcementverfahrens: Ritterschlag oder Pranger?, BB 2006, 1619; *Gabriel/Ernst*, Die Entwürfe des Bilanzkontrollgesetzes und des Bilanzreformgesetzes: Stärkung von Unternehmensintegrität und Anlegerschutz, Der Konzern 2004, 102; *Gadesmann/Johannsen*, Vorbereitung auf eine DPR-Stichprobe aus Sicht eines Emittenten, BB 2010,107; *Gelhausen/Hönsch*, Das neue Enforcement-Verfahren für Jahres-und Konzernabschlüsse, AG 2005, 511; *Gödel/Wich*, Auf dem Weg zu einem europäischen Enforcement – Die European Enforcers' Co-ordination Sessions (EECS), WpG 2012, 913; *Kämpfer*, Enforcementverfahren und Abschlussprüfer, BB 2005, 13; *Gutman*, Anspruch auf Herausgabe von Arbeitspapieren des Wirtschaftsprüfers, BB 2010, 171; *Kumm*, Fehlerfeststellung und Fehlerveröffentlichung im Enforcement-Verfahren, DB 2009,1635; *Kumm/Müller*, Anmerkungen OLG Frankfurt WpÜG 11/09 und 12/09, Der Konzern 2010, 65; *Hecht/Gräfe/Jehke*, Rechtsschutz im Enforcement- Verfahren, DB 2008, 1251; *Mayer-Wegelin*, Kriterien der Wesentlichkeit bei den Entscheidungen im Enforcement, BB-Special 4/2006, 8; *Müller*, Die Fehlerfeststellung im Enforcement-Verfahren, AG 2010, 483; Müller, Anmerkungen OLG Frankfurt:WpÜG 3/10, Der Konzern 2010, 584, WpÜG 2/12 und WpÜG 3/12, Der Konzern 2012, 425; *PricewaterhouseCoopers*, Enforcement Plannner: Leitfaden für Unternehmen im DPR-Prüfprozess, PWC 2004; *Meyer*, Einführung der Möglichkeit zu fallbezogenen Voranfragen bei der Deutschen Prüfstelle für Rechnungslegung, BB-Interview 2010, 106; *Scheffler*, Auslegungs- und Ermessensfragen beim Enforcement, BB-Special 4/2006, 2; *Scheffler*, AG-Report: Erster Tätigkeitsbericht der Deutschen Prüfstelle für Rechnungslegung, AG 2006, R88; *Scheffler*, BB-Kurzinterview 2006, IV.

A. Hintergrund

Vor dem Hintergrund von Unternehmensskandalen im In- und Ausland hatte sich die Bundesregierung zum Ziel gesetzt, den Kapitalmarkt und die internationale Wettbewerbsfähigkeit des Finanzplatzes Deutschland weiter zu stärken. Dabei war es ihr vordringliches Ziel, das verlorene Vertrauen der Anleger in den Kapitalmarkt wiederherzustellen und nachhaltig zu stärken. Zur Erreichung dieser Ziele hat die Bundesregierung am 25. Februar 2003 ein 10-Punkte-Programm zur Stärkung der Unternehmensintegrität und des Anlegerschutzes veröffentlicht. Ein wesentliches Element des 10-Punkte-Programms ist das **Enforcement der Rechnungslegung**. Unter dem Begriff Enforcement ist die Überwachung von Unternehmensberichten von kapitalmarktorientierten Unternehmen zu verstehen.[2] Mit dem am 21. Dezember 2004[3] in Kraft getretenen Gesetz zur Kontrolle von Unternehmensabschlüssen (Bilanzkontrollgesetz – BilKoG) hat die Bundesregierung die entsprechenden gesetzgeberischen Schritte unternommen, welche sie durch das Transparenzrichtlinien-Umsetzungsgesetz vom 5. Januar 2007 (TUG) noch ergänzt hat. Damit unterliegt die Rechnungslegung kapitalmarktorientierter Unternehmen seit dem 1. Juli 2005 einer zusätzlichen externen Kontrolle.

B. Ziele des Enforcements

Durch das neue Enforcementverfahren wird das bis dahin im Wesentlichen aus der Prüfung von Jahres- und Konzernabschluss durch Abschlussprüfer und Aufsichtsrat bestehende System zur Durchsetzung der Rechnungslegungsvorschriften um ein weiteres Element ergänzt. Ziel des Enforcements ist es, Unregelmäßigkeiten bei der Erstellung von Unternehmensabschlüssen und -berichten präventiv entgegenzuwirken und, sofern Unregelmäßigkeiten auftreten, diese aufzudecken und den Kapitalmarkt darüber zu informieren. Die Überwachung der Rechtmäßigkeit von Unternehmensabschlüssen und -berichten ist für die Integrität des deutschen Kapitalmarkts von großer Bedeutung. Ein effizienter, liquider und funktionsfähiger Kapitalmarkt wird sich nur dort entwickeln, wo sowohl die Marktteilnehmer als auch die Anleger auf die Richtigkeit der veröffentlichten Unternehmensabschlüsse vertrauen können.[4] Neben der Stärkung des deutschen Kapitalmarkts stellt das deutsche Enforcement ebenfalls einen wichtigen Schritt zur europaweiten einheitlichen Anwendung und Durchsetzung der Internationalen Rechnungslegungsstandards (IFRS) dar.[5]

C. Prüfungsgegenstand und Prüfungsmaßstab

Gegenstand der Prüfung ist der zuletzt festgestellte Jahresabschluss und der zugehörige Lagebericht sowie der zuletzt gebilligte Konzernabschluss und der zugehörige Konzernlagebericht sowie der verkürzte Abschluss und der zugehörige Zwischenlagebericht von Unternehmen, deren Wertpapiere iSd § 2 Abs. 1 S. 1 an einer inländischen Börse zum Handel im amtlichen oder geregelten Markt zugelassen sind. Außerhalb dieser gesetzlich festgelegten Rechnungslegungsbestandteile ist dem Enforcement eine Prüfung verwehrt: Weicht etwa der (freiwillige) Geschäftsbericht eines Unternehmens inhaltlich von einem beanstandungsfrei-

---

2 Gesetzesbegründung BilKoG (I. Zielsetzung), *Ernst*, BB 2004, 936 ff.
3 Gesetz v. 15.12.2004, Veröffentlichung am 20.12.2004 im Bundesanzeiger.
4 Gesetzesbegründung BilKoG (I. Zielsetzung), *Gabriel/Ernst*, Der Konzern 2004, 102 ff.
5 Einzelheiten hierzu siehe § 37 s. WpHG.

en Jahresabschluss ab, kann dies allein nicht Auslöser für die Durchführung einer Enforcementprüfung sein.[6] Das Enforcement findet erstmals Anwendung auf Abschlüsse, bei denen das Geschäftsjahr zum 31. Dezember 2004 oder später endet.[7,8]

4 Der Jahres- bzw Konzernabschluss sowie der verkürzte Abschluss und der jeweilige Lagebericht müssen den gesetzlichen Vorschriften einschließlich der Grundsätze ordnungsmäßiger Buchführung oder den sonstigen durch Gesetz zugelassenen Rechnungslegungsstandards entsprechen.

D. Das zweistufige Enforcementverfahren

5 Der deutsche Gesetzgeber hat sich für ein zweistufiges Enforcementverfahren, mit einem privatrechtlichen Gremium auf erster und einer hoheitlich handelnden Behörde auf zweiter Stufe, entschieden. Hierbei hat er die in Europa vorhandenen Systeme kombiniert.[9] Die Prüfung auf erster Stufe durch eine privatrechtliche Kontrollinstanz ohne hoheitliche Befugnisse wurde vom Gesetzgeber als Angebot an die Wirtschaft, sich beim Enforcement zu engagieren, konzipiert.[10]

6 **I. Erste Stufe.** Auf der ersten Stufe ist eine von staatlicher Seite anerkannte,[11] privatrechtlich organisierte Einrichtung – die Prüfstelle – gemäß § 342 b Abs. 1 HGB tätig. Träger dieser Prüfstelle ist der Verein „Deutsche Prüfstelle für Rechnungslegung e.V. (DPR)". Gemäß § 342 b Abs. 2 HGB wird die Prüfstelle stichprobenartig sowie bei konkreten Anhaltspunkten für einen Verstoß gegen Rechnungslegungsvorschriften sowie auf Verlangen der BaFin[12] tätig. Die Prüfung auf erster Stufe basiert auf der freiwilligen Mitwirkung der Unternehmen bei der Prüfung.[13] Entscheidet sich ein Unternehmen, bei der Prüfung mitzuwirken, sind seine gesetzlichen Vertreter und die sonstigen Personen, derer sich die gesetzlichen Vertreter bei der Mitwirkung bedienen, verpflichtet, richtige und vollständige Auskünfte zu erteilen und richtige und vollständige Unterlagen vorzulegen.[14] Zuwiderhandlungen können im Rahmen eines Ordnungswidrigkeitsverfahrens mit einer Geldbuße bis zu 50.000 EUR durch die BaFin geahndet werden.[15] Verweigert ein Unternehmen der Prüfstelle den Zugang zu den erforderlichen Informationen, dh gewährt ihr zB keine Akteneinsicht oder behindert es auf sonstige Weise die Prüfung, so berichtet die Prüfstelle dies der BaFin und beendet die Prüfung mangels Mitwirkung des Unternehmens auf erster Stufe. Diese kann nun auf zweiter Stufe die Prüfung und ggf die Veröffentlichung von Rechnungslegungsfehlern mit öffentlich-rechtlichen Mitteln durchsetzen.

7 **II. Zweite Stufe.** Die BaFin prüft die jeweiligen Abschlüsse und Lageberichte auf zweiter Stufe. Zu einer Prüfung auf zweiter Stufe kommt es gemäß § 37 p Abs. 1, wenn ein Unternehmen seine Mitwirkung bei einer Prüfung verweigert oder mit dem Ergebnis der Prüfung nicht einverstanden ist oder wenn erhebliche Zweifel an der Richtigkeit der Prüfungsergebnisse der Prüfstelle oder an der ordnungsgemäßen Durchführung der Prüfung durch die Prüfstelle bestehen. Zur Vermeidung von Doppelprüfungen kann die BaFin darüber hinaus eine Prüfung jederzeit an sich ziehen, wenn sie auch eine Prüfung nach § 44 Abs. 1 S. 2 KWG oder § 83 Abs. 1 Nr. 2 VAG durchführt oder durchgeführt hat und die Prüfungen denselben Gegenstand betreffen. Der BaFin stehen für diese Prüfungen hoheitliche Mittel zur Verfügung.

8 Die BaFin ordnet die Veröffentlichung der auf erster oder zweiter Stufe festgestellten Fehler samt den wesentlichen Teilen der Begründungen an und ist für die internationale Zusammenarbeit und die Finanzierung des Enforcements zuständig.

E. Finanzierung des Enforcements

9 Das zweistufige Enforcementverfahren wird gemäß § 17 a FinDAG durch eine gesonderte Umlage finanziert. Diese Umlage berücksichtigt sowohl den gesonderten Enforcementhaushalt der BaFin als auch den Wirtschaftsplan der DPR. Sie wird von der BaFin erhoben. Die von den kapitalmarktorientierten Unternehmen zu zahlende Umlage bemisst sich nach den jeweiligen inländischen Börsenumsätzen im Umlagejahr, wobei derzeit die Umlage mindestens 250 EUR und höchstens 15.000 EUR beträgt.[16] Zusätzliche Mittel kann das Enforcementverfahren über die gesonderte Erstattung von Gebühren und Kosten erhalten.[17]

---

6 *Müller*, AG 2010, 483 ff.
7 § 45 WpHG.
8 Nach dem am 28.6.2006 vom BMJ veröffentlichten Entwurf des Transparenzrichtlinien-Umsetzungsgesetz (TUG) sollen künftig auch die *Halbjahresfinanzberichte* dem Enforcement unterliegen.
9 Gesetzesbegründung BilKoG (I. Zielsetzung), ausführlich: *Böcking*, zfbf 2003, 683 ff.
10 Gesetzesbegründung BilKoG (I. Zielsetzung).
11 Anerkennung erfolgte durch das BMJ im Einvernehmen mit dem BMF.
12 Einzelheiten hierzu siehe § 37 p WpHG.
13 Vgl ausführlich zum Verfahren auf erster Stufe *Scheffler*, IRZ 2006, 13 ff.
14 § 342 b Abs. 4 HGB.
15 § 342 e Abs. 3 HGB.
16 §§ 6, 7 Bilanzkontrollkosten-Umlageverordnung (BilKoUmV).
17 § 17 b, 17 c FinDAG. Derzeit gibt es noch keine entsprechende Gebührenverordnung.

Unterabschnitt 1
Überwachung von Unternehmensabschlüssen

§ 37n Prüfung von Unternehmensabschlüssen und -berichten

Die Bundesanstalt hat die Aufgabe, nach den Vorschriften dieses Abschnitts und vorbehaltlich § 342b Abs. 2 Satz 3 Nr. 1 und 3 des Handelsgesetzbuchs zu prüfen, ob der Jahresabschluss und der zugehörige Lagebericht oder der Konzernabschluss und der zugehörige Konzernlagebericht sowie der verkürzte Abschluss und der zugehörige Zwischenlagebericht von Unternehmen, deren Wertpapiere im Sinne des § 2 Abs. 1 Satz 1 an einer inländischen Börse zum Handel im regulierten Markt zugelassen sind, den gesetzlichen Vorschriften einschließlich der Grundsätze ordnungsmäßiger Buchführung oder den sonstigen durch Gesetz zugelassenen Rechnungslegungsstandards entspricht.

A. Aufgaben der BaFin, Prüfungsgegenstand und Prüfungsmaßstab

Die BaFin prüft nach den Vorschriften des elften Abschnitts die Rechtmäßigkeit der Abschlüsse von Unternehmen, deren Wertpapiere iSd § 2 Abs. 1 S. 1 an einer inländischen Börse zum Handel im amtlichen oder geregelten Markt zugelassen sind.[1] Wertpapiere in diesem Sinne sind insbesondere Aktien, Schuldverschreibungen und Optionsscheine.[2] Hierbei ist es unerheblich, ob ein Unternehmen seinen Sitz im In- oder Ausland hat.[3] Entscheidend ist, dass die Wertpapiere an einer inländischen Börse zum Handel am amtlichen oder geregelten Markt zugelassen sind. Maßgeblich ist die Zulassung und nicht die Notierung der Wertpapiere. 1

Geprüft wird die Einhaltung der für die Rechnungslegung geltenden gesetzlichen Vorschriften einschließlich der Grundsätze ordnungsmäßiger Buchführung oder der sonstigen durch Gesetz zugelassenen Rechnungslegungsstandards. Hierzu gehören u.a. die nach Art. 3 VO (EG) Nr. 1606/2002 übernommenen und anwendbaren internationalen Rechnungslegungsstandards. Lagebericht und Konzernlagebericht werden grundsätzlich nach dem Maßstab geprüft, der auch im Rahmen der Abschlussprüfung anzuwenden ist (§ 317 Abs. 2 HGB). Der Prüfungsmaßstab ist im Übrigen aber nicht identisch mit dem der Abschlussprüfung.[4] Im Fall von Unternehmen mit Sitz im Ausland ist darauf abzustellen, welche Rechnungslegungsgrundsätze nach den gesetzlichen Vorschriften für diese maßgeblich sind. 2

Im Regelfall wird der zu überprüfende Abschluss in Übereinstimmung mit den IFRS oder US-GAAP oder nach handelsrechtlichen Grundsätzen aufgestellt worden sein. Im Fall von Unternehmen mit Sitz im Ausland und Börsenzulassung am amtlichen oder geregelten Markt in Deutschland kann der zu prüfende Abschluss auch nach den Rechnungslegungsstandards des Landes aufgestellt worden sein, in dem das Unternehmen seinen Sitz hat. Soweit jedoch die Konzernrechnungslegung betroffen ist, wird durch den Erlass der Transparenzrichtlinie[5] und des Tranzparenzrichtlinie-Umsetzungsgesetzes[6] aber klargestellt sein, dass die Rechnungslegung in diesen Fällen nach internationalen Rechnungslegungsstandards IFRS Gegenstand auch des Enforcementverfahrens ist, selbst wenn das jeweilige nationale Recht des Sitzstaates des Unternehmens darüber hinaus (noch) andere Anforderungen an die (Konzern-) Rechnungslegung stellen sollte...[7] 3

B. Abgrenzung zur Abschlussprüfung

Der Jahresabschluss der Kapitalgesellschaft hat unter Beachtung der Grundsätze ordnungsmäßiger Buchführung ein den tatsächlichen Verhältnissen entsprechendes Bild der Vermögens-, Finanz-, und Ertragslage der Kapitalgesellschaft zu vermitteln.[8] Die Prüfung des Abschlusses durch den Abschlussprüfer ist daher so anzulegen, dass Unrichtigkeiten und Verstöße gegen gesetzliche Vorschriften und sie ergänzende Bestim- 4

---

1 Die BaFin wird auch bei dieser Aufgabe nur im öffentlichen Interesse tätig. Es gilt § 4 Abs. 4 des Finanzdienstleistungsaufsichtsgesetz (FinDAG).
2 *Kämpfer*, BB 2005, 13 ff.
3 Enforcement Planner PwC.
4 Gesetzesbegründung BilKoG (§ 342b Abs. 2 HGB).
5 RL 2007/109/EG vom 15.12.2004.
6 Transparenzrichtlinie-Umsetzungsgesetz, BGBl. I 2007, 10:.
7 [...] Denn im Zuge der Erweiterung der Enforcementprüfung auch auf den verkürzten Abschluss und den Zwischenlagebericht hat der Gesetzgeber zum Ausdruck gebracht, dass er Art. 24 Abs. 4h) der Transparenzrichtlinie für den Jahresfinanzbericht bereits für umgesetzt hielt. Dies ist aber nur dann der Fall, wenn das Enforcement-Verfahren die Abschlüsse überprüfen kann, die zum Zwecke der Erfüllung der Pflichten nach Art. 4 Abs. 3, Art. 5 Abs. 3 der Transparenzrichtlinie für den Konzern in Übereinstimmung mit der Verordnung (EG) Nr. 1606/2002 nach IFRS aufzustellen sind. siehe *Müller*, AG 2010, 485 ff.
8 § 264 Abs. 2 HGB, für den Konzernabschluss Vgl § 297 Abs. 2 S. 1 HGB.

mungen des Gesellschaftsvertrags bzw der Satzung, die sich auf das Bild der Vermögens-, Finanz- und Ertragslage wesentlich auswirken, bei gewissenhafter Berufsausübung vom Abschlussprüfer erkannt werden.[9]

5 Im Gegensatz hierzu ist der Maßstab der Enforcementprüfung nicht die richtige Abbildung der Vermögens-, Finanz- und Ertragslage des Unternehmens, sondern die Rechtmäßigkeit der Rechnungslegung des Unternehmensabschlusses als solches, dh die richtige Anwendung der Rechnungslegungsstandards. Diese Frage bestimmt sich nach der Maßgabe des anzuwenden materiellen Rechnungslegungsrechts, wie zB HGB und IFRS. In einem weiteren Schritt stellt sich dann die Frage, ob ein erkannter Rechnungslegungsverstoß im Enforcementverfahren auch festgestellt werden kann, was sich maßgeblich am Informationsinteresse des Kapitalmarkts ausrichtet, für den das Enforcementverfahren letztlich installiert worden ist.[10]

Die verschiedenen Prüfungsmaßstäbe beruhen auf unterschiedlichen Prüfungszielen mit divergierendem Prüfungsumfang sowie unterschiedlichen Prüfungsergebnissen (Aussagen).

Der Abschlussprüfer bestätigt durch ein uneingeschränktes Testat eine den tatsächlichen Verhältnissen entsprechende Darstellung der Vermögens-, Finanz-, und Ertragslage des Unternehmens. Grundlage hierfür ist eine umfassende, den berufsständischen Vorschriften entsprechende Abschlussprüfung. Aus dem eingeschränkten Bestätigungsvermerk kann der Kapitalmarkt lediglich entnehmen, dass der für die Aufstellung des Jahresabschlusses verantwortliche Vorstand und der zu dessen Überprüfung berufene Aufsichtsrat des Unternehmens einerseits und der Abschlussprüfer andererseits über die Rechtmäßigkeit der diesbezüglichen Rechnungslegung unterschiedlicher Auffassung waren, während erst durch die Veröffentlichung des festgestellten Fehlers in der nach § 37q Abs. 2 S. 4 vorgeschriebenen Weise für den Kapitalmarkt klargestellt wird, dass die diesbezügliche Einschätzung des Abschlussprüfers zutreffend ist und tatsächlich ein Rechnungslegungsfehler im Sinne eines wesentlichen Verstoßes gegen Vorschriften über die Rechnungslegung gegeben ist.[11]

Auch ist die Enforcementprüfung idR keine Vollprüfung,[12] sondern beschränkt sich auf Tatsachen im Abschluss, hinsichtlich derer konkrete Anhaltspunkte für Fehler bestehen bzw die besonders erfolgskritisch, risikobehaftet oder fehlerträchtig sind (Schwerpunktprüfungen).[13]

Die getrennte Aufsicht über den Berufstand der Wirtschaftsprüfer[14] und die Rechnungslegung spricht auch gegen einen identischen Prüfungsmaßstab für die Abschlussprüfung und die Enforcementprüfung. Die Anwendung eines identischen Prüfungsmaßstabs und gleichen Fehlerbegriffs müsste dazu führen, dass bei jeder Fehlerfeststellung im Rahmen des Enforcements bei einem uneingeschränkt testierten Abschluss eine Berufspflichtverletzung des Abschlussprüfers zu vermuten ist.

6 Aufgrund der unterschiedlichen Prüfungsmaßstäbe für die Prüfungen ist es möglich, dass ein als ordnungsgemäß testierter Abschluss Fehler im Sinne des Enforcements aufweisen kann.[15] Von der Fehlerfeststellung ist die Frage der Fehlerveröffentlichung gemäß § 37q Abs. 2 zu unterscheiden.

C. Pre-clearance

7 In einigen Ländern, wie zB USA und Frankreich, können Unternehmen sich mit konkreten Bilanzierungsfragen, dh Fragen über die konkrete Abbildung bestimmter Sachverhalten in der Rechnungslegung, an die zuständigen Aufsichtsbehörden[16] wenden und die richtige Anwendung des Standards vor Erstellung des Abschlusses klären. In einem „No-Action-Letter" werden der konkrete Sachverhalt und dessen Abbildung verbindlich festgehalten. In einer späteren Überprüfung werden diese Sachverhalte bei richtiger, dh der Auskunft der Aufsichtsbehörde entsprechenden, Abbildung im Abschluss nicht mehr aufgegriffen. Das setzt voraus, dass sich der Sachverhalt auch so verwirklicht hat, wie er der Aufsichtsbehörde beschrieben wurde. Unter dem Aspekt „mehr Sicherheit für die Rechnungsleger" wird die Einführung eines entsprechenden Verfahrens in Deutschland gefordert. Dies insbesondere deshalb, da nicht auszuschließen sei, dass sich Unternehmen bei grenzüberschreitenden Börsennotierungen zur Klärung von Bilanzierungsfragen an die entsprechenden ausländischen Behörden wenden.[17] Dies kann dazu führen, dass die Aufsichtsbehörden mit Pre-clearance insoweit eine „Auslegungshoheit" über die Standards gewinnen.

8 Ob ein derartiges Pre-clearance Modell allerdings auf Deutschland Anwendung finden kann, wird die Zukunft zeigen. Insbesondere, da die Aufseher mit Pre-clearance grundsätzlich mit anderen Enforcement-

---

9 § 317 Abs. 1 HGB.
10 *Müller*, AG 2010, 483 ff.
11 OLG Frankfurt WpÜG 2/12 WPÜG3/12; vgl Anm. *Müller*, Der Konzern, 2012, 423 ff.
12 Gesetzesbegründung BilKoG (§ 342b Abs. 2 HGB und § 37 Abs. 1 WpHG).
13 *Scheffler*, IRZ 2006, 13 ff.
14 Die Berufstandsaufsicht wird von der Wirtschaftsprüferkammer (WPK) und der Abschlussprüferaufsichtskommission (APAK) wahrgenommen.
15 AA *Mayer-Wegelin*, BB-Special 2006, 8 ff, *Scheffler*, BB-Special 4, 2006, 2 ff;
16 SEC (Securities and Exchange Commission) und AMF (Autorité des marchés financiers).
17 *Böcking/Wiederhold*, FAZ 31.7.2006; kritisch hierzu auch *Scheffler*, BB-Kurzinterview 2006, IV.

Strukturen und Befugnissen ausgestattet sind. Im Gespräch ist derzeit die unverbindliche, fallbezogene Voranfrage bei der DPR. Mit Pressemitteilung vom 19.11.2009 hat die DPR bekannt gegeben, dass es für kapitalmarktorientierte Unternehmen jetzt auch- ähnlich wie schon bei den Enforcementeinrichtungen in den USA, Frankreich, Spanien und der Schweiz- die Möglichkeit zu fallbezogenen Voranfragen bei konkreten Bilanzierungsproblemen gibt.[18] Hierfür soll ein hinreichend konkretisierter Sachverhalt und dessen vom Unternehmen vorgeschlagene bilanzielle Behandlung- nebst einer Stellungnahme des (zuletzt) bestellten Abschlussprüfers vorgelegt werden. Damit soll sichergestellt werden, dass die DPR keine Allgemeingültige Auslegung von IFRS-Vorschriften und keine Gestaltungsberatung vornimmt. Sofern die DPR eine fallbezogene Voranfrage annimmt, teilt sie ihre Auffassung der Bilanzierung in einem Unternehmensgespräch mit, soll aber in einem späteren Enforcementverfahren nicht daran gebunden sein.[19]

D. Delisting

Für die Einleitung eines Enforcementverfahrens ist die Börsenzulassung tatbestandliche Voraussetzung. Fraglich war, welche Auswirkungen ein Delisting im laufenden Enforcementverfahren hat. Das OLG Frankfurt[20] hat hierzu entschieden, dass die Meinung, welche die zwingende Einstellung des Verfahren im Falle eines Delistings fordert nicht berücksichtigt, dass der Zweck des Enforcementverfahrens sich gerade nicht nur in der Information des Kapitalmarktes erschöpft, sondern zusätzlich auch Unregelmäßigkeiten bei der Rechnungslegung präventiv entgegenwirken soll. Deshalb wird zwar bei Wegfall der Börsenzulassung noch vor Abschluss des Prüfverfahrens durch die DPR oder die BaFin in der Regel die Einstellung des Verfahrens wegen des dann zumeist entfallenden Interesses des Kapitalmarktes an der Information über etwaige Rechnungslegungsfehler eines nicht mehr börsennotierten Unternehmens angezeigt sein. Eine Fortführung des Verfahrens kann jedoch in Ausnahmefällen gleichwohl in Betracht kommen, wenn das Verfahren bereits weiter fortgeschritten ist und sich aus dem zusätzlichen Gesetzeszweck der Prävention weiterhin ein Informationsinteresse des Kapitalmarkts ergibt. Dies wird insbesondere anzunehmen sein, wenn die Publizität des Fehlers zwar wegen des Wegfall der Börsennotierung für die Aktionäre und etwaige Anleger des betroffenen Unternehmens nicht mehr von Bedeutung ist, trotzdem aber aus Präventionsgründen zur Vermeidung eines gleichartigen Rechnungslegungsfehlers für andere weiterhin börsennotierte Unternehmer und die Abschlussprüfer und sonstige mit der Rechnungslegung befassten Personen einen über den Einzelfall hinausgehendes Informationsinteresse besteht. Diese Entscheidung beugt zugleich der „Flucht ins Delisting" vor, denn anderenfalls, könnten die von einer Enforcement-Prüfung betroffenen Unternehmen versucht, sein, sich dem Verfahren durch ein – unter Umständen nur temporären – Segmentwechsel zu entziehen.[21]

§ 37o Anordnung einer Prüfung der Rechnungslegung und Ermittlungsbefugnisse der Bundesanstalt

(1) ¹Die Bundesanstalt ordnet eine Prüfung der Rechnungslegung an, soweit konkrete Anhaltspunkte für einen Verstoß gegen Rechnungslegungsvorschriften vorliegen; die Anordnung unterbleibt, wenn ein öffentliches Interesse an der Klärung offensichtlich nicht besteht. ²Die Bundesanstalt kann eine Prüfung der Rechnungslegung auch ohne besonderen Anlass anordnen (stichprobenartige Prüfung). ³Der Umfang der einzelnen Prüfung soll in der Prüfungsanordnung festgelegt werden. ⁴Geprüft wird nur der zuletzt festgestellte Jahresabschluss und der zugehörige Lagebericht oder der zuletzt gebilligte Konzernabschluss und der zugehörige Konzernlagebericht sowie der zuletzt veröffentlichte verkürzte Abschluss und der zugehörige Zwischenlagebericht; unbeschadet dessen darf die Bundesanstalt im Fall von § 37p Abs. 1 Satz 2 den Abschluss prüfen, der Gegenstand der Prüfung durch die Prüfstelle im Sinne von § 342b Abs. 1 des Handelsgesetzbuchs (Prüfstelle) gewesen ist. ⁵Ordnet die Bundesanstalt eine Prüfung der Rechnungslegung an, nachdem sie von der Prüfstelle einen Bericht gemäß § 37p Abs. 1 Satz 2 Nr. 1 erhalten hat, so kann sie ihre Anordnung und den Grund nach § 37p Abs. 1 Satz 2 Nr. 1 im Bundesanzeiger bekannt machen. ⁶Auf die Prüfung des verkürzten Abschlusses und des zugehörigen Zwischenlageberichts ist Satz 2 nicht anzuwenden.

---

18 *Meyer*, BB- Interview 2010, 106;.
19 Ausführlich hierzu Pressemitteilung v. 19.11.2009 der DPR;.
20 OLG Frankfurt, Beschl. v. 31.5.2012 – WpÜG2/12 WpÜG 3/12,.
21 OLG Frankfurt, Beschl. v. 31.5.2012 – WpÜG2/12 WpÜG 3/12, Der Konzern 2012, 424 ff, m.Anm. *Müller*.

(2) ¹Eine Prüfung des Jahresabschlusses und des zugehörigen Lageberichts durch die Bundesanstalt findet nicht statt, solange eine Klage auf Nichtigkeit gemäß § 256 Abs. 7 des Aktiengesetzes anhängig ist. ²Wenn nach § 142 Abs. 1 oder Abs. 2 oder § 258 Abs. 1 des Aktiengesetzes ein Sonderprüfer bestellt worden ist, findet eine Prüfung ebenfalls nicht statt, soweit der Gegenstand der Sonderprüfung, der Prüfungsbericht oder eine gerichtliche Entscheidung über die abschließenden Feststellungen der Sonderprüfer nach § 260 des Aktiengesetzes reichen.

(3) Bei der Durchführung der Prüfung kann sich die Bundesanstalt der Prüfstelle sowie anderer Einrichtungen und Personen bedienen.

(4) ¹Das Unternehmen im Sinne des § 37n, die Mitglieder seiner Organe, seine Beschäftigten sowie seine Abschlussprüfer haben der Bundesanstalt und den Personen, derer sich die Bundesanstalt bei der Durchführung ihrer Aufgaben bedient, auf Verlangen Auskünfte zu erteilen und Unterlagen vorzulegen, soweit dies zur Prüfung erforderlich ist; die Auskunftspflicht der Abschlussprüfer beschränkt sich auf Tatsachen, die ihnen im Rahmen der Abschlussprüfung bekannt geworden sind. ²Satz 1 gilt auch für die nach den Vorschriften des Handelsgesetzbuchs in den Konzernabschluss einzubeziehenden Tochterunternehmen. ³Für das Recht zur Auskunftsverweigerung und die Belehrungspflicht gilt § 4 Abs. 9 entsprechend.

(5) ¹Die zur Auskunft und Vorlage von Unterlagen nach Absatz 4 Verpflichteten haben den Bediensteten der Bundesanstalt oder den von ihr beauftragten Personen, soweit dies zur Wahrnehmung ihrer Aufgaben erforderlich ist, während der üblichen Arbeitszeit das Betreten ihrer Grundstücke und Geschäftsräume zu gestatten. ²§ 4 Abs. 4 Satz 2 gilt entsprechend. ³Das Grundrecht der Unverletzlichkeit der Wohnung (Artikel 13 des Grundgesetzes) wird insoweit eingeschränkt.

§ 37 p Befugnisse der Bundesanstalt im Fall der Anerkennung einer Prüfstelle

(1) ¹Ist nach § 342 b Abs. 1 des Handelsgesetzbuchs eine Prüfstelle anerkannt, so finden stichprobenartige Prüfungen nur auf Veranlassung der Prüfstelle statt. ²Im Übrigen stehen der Bundesanstalt die Befugnisse nach § 37 o erst zu, wenn

1. ihr die Prüfstelle berichtet, dass ein Unternehmen seine Mitwirkung bei einer Prüfung verweigert oder mit dem Ergebnis der Prüfung nicht einverstanden ist, oder
2. erhebliche Zweifel an der Richtigkeit des Prüfungsergebnisses der Prüfstelle oder an der ordnungsgemäßen Durchführung der Prüfung durch die Prüfstelle bestehen.

³Auf Verlangen der Bundesanstalt hat die Prüfstelle das Ergebnis und die Durchführung der Prüfung zu erläutern und einen Prüfbericht vorzulegen. ⁴Unbeschadet von Satz 2 kann die Bundesanstalt die Prüfung jederzeit an sich ziehen, wenn sie auch eine Prüfung nach § 44 Abs. 1 Satz 2 des Kreditwesengesetzes oder § 83 Abs. 1 Nr. 2 des Versicherungsaufsichtsgesetzes durchführt oder durchgeführt hat und die Prüfungen denselben Gegenstand betreffen.

(2) Die Bundesanstalt kann von der Prüfstelle unter den Voraussetzungen des § 37 o Abs. 1 Satz 1 die Einleitung einer Prüfung verlangen.

(3) Die Bundesanstalt setzt die Prüfstelle von Mitteilungen nach § 142 Abs. 7, § 256 Abs. 7 Satz 2 und § 261 a des Aktiengesetzes in Kenntnis, wenn die Prüfstelle die Prüfung eines von der Mitteilung betroffenen Unternehmens beabsichtigt oder eingeleitet hat.

A. Hinweis

1 § 37 o weist die mit dem Enforcementverfahren verbundenen Befugnisse grundsätzlich der BaFin zu. Im Fall der Anerkennung einer privaten Prüfstelle nach § 342 b HGB wird ein Teil dieser Aufgaben an die Prüfstelle übertragen. Hierdurch hat der Gesetzgeber sichergestellt, dass auch dann, wenn es nicht zur Gründung und Anerkennung der Prüfstelle kommt, ein in sich geschlossenes Regelwerk zur Durchführung des Enforcements durch die BaFin zur Verfügung steht. Nach Anerkennung der Prüfstelle sind die Befugnisse des § 37 o modifiziert anzuwenden, dh die Prüfungen werden auf erster Stufe durch die Prüfstelle durchgeführt (stichprobenartige Prüfungen, Anlassprüfungen sowie Anlassprüfungen auf Verlangen der BaFin). Die BaFin prüft dann auf zweiter Stufe.

B. Anlass- und Stichprobenprüfung

Zur Gewährleistung eines effektiven Enforcements und im Einklang mit den CESR-Empfehlungen[1] hat sich der Gesetzgeber für die Kombination aus Anlassprüfungen und präventiv wirkenden Prüfungen ohne besonderen Anlass (Stichprobenprüfungen) entschieden.

Zur Einleitung einer **Anlassprüfung** müssen konkrete Anhaltspunkte für einen Verstoß gegen Rechnungslegungsvorschriften vorliegen. Es muss sich um konkrete Umstände tatsächlicher Art handeln, bloße Vermutungen, Spekulationen oder Hypothesen reichen nicht aus.[2] Dies gilt sowohl für die Prüfungen der Prüfstelle aufgrund eigener Erkenntnisse als auch für Anlassprüfungen auf Verlangen der BaFin. Im Fall der Prüfung auf Verlangen der BaFin wird die Prüfstelle nicht als Verwaltungshelferin tätig, sondern führt die Prüfung in eigener Regie und in eigenem Namen durch.

Die Anlassprüfung unterbleibt, wenn offensichtlich kein öffentliches Interesse an einer Prüfung besteht. Gemeint sind Fälle, in denen es zwar konkrete Anhaltspunkte für eine fehlerhafte Rechnungslegung gibt, in denen es aber – das Zutreffen der Anhaltspunkte unterstellt – unter dem Blickwinkel der korrekten Information des Kapitalmarkts nicht erforderlich ist, dem Fehler nachzugehen, weil die Auswirkungen belanglos sind. Die Anlassprüfung beschränkt sich idR auf die Punkte, hinsichtlich derer Anhaltspunkte für Fehler bestehen. Die Prüfstelle kann den Umfang der Prüfung jedoch ausweiten, wenn sich im Laufe der Prüfung weitere Anhaltspunkte für Bilanzierungsfehler ergeben.

Die **Stichprobenprüfungen** erfolgen nach den von der Prüfstelle im Einvernehmen mit dem BMF und BMJ festgelegten Grundsätzen für Stichprobenprüfungen.[3] Die Prüfstelle beabsichtigt dementspr. die DAX-, MDAX-, TecDAX- und SDAX- Unternehmen etwa alle vier bis fünf Jahre und die anderen kapitalmarktorientierten Unternehmen im Turnus von acht bis zehn Jahren einer Prüfung zu unterziehen.[4] Während sich die Anlassprüfung grundsätzlich auf die Sachverhalte konzentriert, die Anlass zur Überprüfung gaben, beschränkt sich die Überprüfung bei der Stichprobenprüfung auf für das individuelle Unternehmen besonders bedeutsame Sachverhalte sowie die vorab veröffentlichten DPR-Schwerpunkte.[5] Neben wiederkehrenden Schwerpunkten, wie Unternehmenszusammenschlüsse, Risikoberichterstattung, Werthaltigkeit von Vermögenswerten, werden jährlich neue Prüfungsschwerpunkte von der DPR veröffentlicht.

C. Prüfung auf der zweiten Stufe

Nach Anerkennung der Prüfstelle finden Anlassprüfungen durch die BaFin gemäß § 37 p Abs. 1 S. 2 Nr. 1 auf zweiter Stufe erst statt, wenn die erste Stufe durchlaufen ist, die Prüfstelle aber entweder **mangels Kooperation des Unternehmens** keine Prüfung durchführen konnte oder das betroffene Unternehmen **mit dem Prüfungsergebnis der Prüfstelle nicht einverstanden** ist. In einem solchen Fall entscheidet die BaFin selbst über die Einleitung der Prüfung nach § 37 o Abs. 1. Sie ermittelt den Sachverhalt nach allgem verwaltungsverfahrensrechtlichen Regeln von Amts wegen; dabei wird sie regelmäßig auf die Erkenntnisse der Prüfstelle zurückgreifen, soweit es im Einzelfall erforderlich ist, wird sie selbst ermitteln.

Nach § 37 p Abs. 1 S. 2 Nr. 2 wird die BaFin tätig, wenn sie **erhebliche Zweifel** an der Richtigkeit des **Prüfungsergebnisses** der Prüfstelle oder an der **ordnungsgemäßen Durchführung** der Prüfung hat. Der § 37 p Abs. 1 S. 3 räumt der BaFin ein Auskunftsrecht gegenüber der Prüfstelle ein, um das Vorliegen der Voraussetzungen nach Nr. 2 beurteilen zu können. Zu diesem Zweck kann sich die BaFin das Ergebnis und die Durchführung der Prüfung von der Prüfstelle erläutern lassen und die Vorlage des Prüfberichtes verlangen.

Zur Vermeidung von Doppelprüfungen kann die BaFin nach § 37 p Abs. 1 S. 4 die Prüfung von der ersten Stufe **jederzeit an sich ziehen**, wenn sie eine Prüfung nach § 44 Abs. 1 S. 2 KWG oder § 83 Abs. 1 Nr. 2 VAG durchführt oder durchgeführt hat und die Prüfungen denselben Gegenstand betreffen.

Des Weiteren kann die BaFin bei konkreten Anhaltspunkten die Einleitung einer Prüfung von der Prüfstelle nach § 37 p Abs. 2 verlangen, insbesondere wenn sich aus der Aufsichtstätigkeit der BaFin konkrete Anhaltspunkte für Bilanzierungsfehler ergeben.

Die BaFin kann gemäß § 37 o Abs. 3 die Prüfungen auf zweiter Stufe mit eigenem Personal durchführen oder sich der Prüfstelle sowie anderer Einrichtungen und Personen bedienen. Die Prüfstelle wird in diesem Fall als Verwaltungshelferin und nicht nach § 342 b HGB tätig.[6]

I. Verzahnung der zwei Stufen. Die Verfahren auf erster und zweiter Stufe sind eng miteinander verzahnt. Gemäß § 342 b Abs. 6 Nr. 1-3 HGB berichtet die Prüfstelle der BaFin über (Nr. 1) die Absicht eine Prüfung

---

1 CESR (Committee of European Securities Regulators) Standard No 1 and No 2 on Financial Information.
2 Gesetzesbegründung BilKoG (§ 342 b Abs. 2 HGB).
3 Grundsätze für die stichprobenartige Prüfung v. 5.9.2005 (www.frep.info).
4 *Gahlen/Schäfer*, BB 2006, 1619 ff.
5 *Gadesmann/Johannsen*, BB 2010, 107 ff.
6 Gesetzesbegründung BilKoG.

einzuleiten, (Nr. 2) die Weigerung des Unternehmens, an der Prüfung mitzuwirken, (Nr. 3) das Ergebnis der Prüfung und ggf darüber, ob das Unternehmen sich mit dem Prüfungsergebnis einverstanden erklärt hat.

12 Aufgrund der Prüfungsanzeige der Prüfstelle klärt die BaFin, ob Prüfungshindernisse (Nichtigkeitsklagen bzw Sonderprüfungen) vorliegen und informiert die Prüfstelle gemäß § 37p Abs. 3 hierüber. Des Weiteren informiert sie die Prüfstelle darüber, ob sie eine Prüfung nach § 44 KWG bzw § 83 VAG, die denselben Prüfungsgegenstand betrifft, nach § 37p Abs. 1 S. 4 an sich zieht. Weigert sich ein Unternehmen, an der Prüfung mitzuwirken, entscheidet die BaFin gemäß §§ 37p Abs. 1 iVm 37o Abs. 1, ob sie die Prüfung auf zweiter Stufe einleitet und ggf mit hoheitlichen Mitteln durchsetzt. Erklärt das geprüfte Unternehmen sein Einvernehmen zu den Fehlerfeststellungen der Prüfstelle, wird die BaFin idR eine Veröffentlichung der Fehler samt den wesentlichen Teilen der Begründung anordnen (zu etwaigen Ausnahmen vgl § 37q), bei fehlendem Einvernehmen bezüglich des Prüfungsergebnisses entscheidet sie über die Eröffnung der Prüfung auf zweiter Stufe.

13 **II. Mangelnde Kooperation, Einbindung des Abschlussprüfers.** Dem Unternehmen steht es frei, an der Prüfung auf erster Stufe mitzuwirken. Daher kann es zu jedem Zeitpunkt die Verweigerung der (weiteren) Mitwirkung der Prüfung erklären. Auch die zeitliche Verschleppung eines Verfahrens kann als Verweigerung der Mitwirkung angesehen werden, wenn ein Unternehmen trotz angemessener Frist der Prüfstelle die angeforderten Auskünfte und Unterlagen nicht zur Verfügung stellt.

14 Die Beteiligung des Abschlussprüfers ist nur auf der zweiten Stufe in Form des Auskunftsersuchens sowie der Vorlagepflicht von Unterlagen auf Anordnung der BaFin vorgesehen. Die Adressaten des Enforcementverfahrens sind die kapitalmarktorientierten Unternehmen, welche auf erster Stufe freiwillig mit der Prüfstelle zusammenarbeiten. Im Rahmen dieser Zusammenarbeit kann das Unternehmen den Abschlussprüfer einbeziehen und ihn von seiner Verschwiegenheitspflicht befreien. Die Weigerung, den Abschlussprüfer in das Verfahren auf der ersten Stufe einzubeziehen, wird idR für sich alleine nicht als Verweigerung der Mitwirkung auszulegen sein, solange die Auskünfte und Unterlagen des Unternehmens an die Prüfstelle vollständig und richtig sind und auch von anderen Personen als dem Abschlussprüfer erteilt werden können.[7]

15 **III. Kooperation, Fehlerfeststellungen, Einvernehmen bezüglich des Prüfungsergebnisses.** Kooperiert das zu prüfende Unternehmen mit der Prüfstelle, so führt diese die Prüfung durch. Steht das Ergebnis der Prüfung fest, teilt die Prüfstelle es dem Unternehmen mit. Wurden bei der Prüfung Fehler festgestellt, so erhält das Unternehmen Gelegenheit zur Äußerung, ob es mit dem Prüfungsergebnis der Prüfstelle einverstanden ist. Ist dies der Fall, wird die BaFin im Rahmen des § 37q Abs. 2 die Veröffentlichung der festgestellten Fehler samt den wesentlichen Teilen der Begründung anordnen.

16 Einvernehmen iSd § 37q Abs. 2 bedeutet die Zustimmung zum gesamten Prüfungsergebnis der Prüfstelle. Eine Zustimmung zu einem einzelnen Fehler mit Verweigerung der Zustimmung zu einem oder mehreren anderen Fehlern führt zum Ergebnis, dass das Unternehmen mit „dem Ergebnis der Prüfung" nicht einverstanden ist. Gegenstand der Anlassprüfung auf zweiter Stufe ist dann das gesamte Prüfungsergebnis der Prüfstelle.

17 Die Erklärung des Einvernehmens zu einzelnen Fehlern könnte zum einen mehrere Fehlerveröffentlichungen bezüglich der Prüfung eines Unternehmens zur Folge haben. Zum anderen würde das fehlerspezifische Einvernehmen die Prüfung des Unternehmens in zwei Stadien aufteilen: Die einvernehmlich festgestellten Fehler hätten Veröffentlichungsreife, dh die BaFin müsste im Rahmen des Verfahrens nach § 37q deren Veröffentlichung samt den wesentlichen Teilen der Begründung anordnen, wobei diese Anordnung den klarstellenden Zusatz enthalten müsste, dass noch weitere von der Prüfstelle festgestellte Fehler mangels Einvernehmen auf der zweiten Stufe geprüft werden. Die Fehler, zu denen das Unternehmen sein Einvernehmen nicht erklärt hat, könnte die BaFin im Rahmen einer Anlassprüfung auf zweiter Stufe prüfen und ggf deren Veröffentlichung anordnen. Dies würde den Informationsgehalt der einzelnen Veröffentlichung reduzieren; zudem bestünde aufgrund der Vielzahl von Veröffentlichungen die Gefahr, dass wesentliche Fehlerfeststellungen von den Marktteilnehmern übersehen werden.

18 **IV. Veröffentlichung im Bundesanzeiger.** Ordnet die BaFin eine Prüfung der Rechnungslegung an, weil das Unternehmen seine Mitwirkung an der Prüfung verweigert oder mit dem Ergebnis der Prüfung nicht einverstanden ist, kann sie gemäß § 37o Abs. 1 S. 5 die Anordnung der Prüfung und den Grund nach § 37p Abs. 1 S. 2 Nr. 1 im elektronischen Bundesanzeiger bekannt machen. Über die Möglichkeit der Bekanntmachung entscheidet die BaFin nach pflichtgemäßem Ermessen. Dabei hat sie das Informationsbedürfnis der Öffentlichkeit und das Interesse des Unternehmens an der Geheimhaltung der angeordneten Prüfung gegeneinander abzuwägen.[8] Bei dieser Abwägung werden unter anderem die Gründe für die Verweigerung der

---

7 *Kämpfer*, BB 2005, 13ff; Maßstab, § 342e HGB; *Bräutigam/Heyer*, AG 2006, 188ff; aA *Scheffler*, IRZ 2006, 13 ff.
8 Gesetzesbegründung BilKoG.

Mitwirkung bzw für das fehlende Einvernehmen zu der Fehlerfeststellung der Prüfstelle, die Fehlerwahrscheinlichkeit und deren Bedeutung für den Kapitalmarkt zu berücksichtigen sein.

D. Prüfungshindernisse, Mitteilung an die Prüfstelle

Gemäß § 37 o Abs. 2[9] findet eine Prüfung nicht statt, solange eine Klage auf Nichtigkeit gemäß § 256 Abs. 7 AktG anhängig ist. Wenn nach § 142 Abs. 1 oder 2 oder § 258 Abs. 1 AktG ein Sonderprüfer bestellt worden ist, findet eine Prüfung ebenfalls nicht statt, soweit der Gegenstand der Sonderprüfung, der Prüfungsbericht oder eine gerichtliche Entscheidung über die abschließende Feststellung der Sonderprüfung nach § 260 AktG reichen. Die BaFin wird hierüber vom jeweiligen Vorstand bzw Gericht informiert.[10] Sofern die Prüfstelle ein betroffenes Unternehmen prüft oder eine Prüfung plant, erfährt sie von der Anhängigkeit einer Nichtigkeitsklage oder Sonderprüfung durch die BaFin (37 p Abs. 3). 19

§ 37 o Abs. 2 regelt das Verhältnis zwischen Enforcement und der Nichtigkeitsklage nach § 257 Abs. 7 AktG und den Sonderprüfungen nach §§ 142 ff AktG (durch die Hauptversammlung) und nach §§ 258 ff AktG (wegen unzulässiger Unterbewertung). Das Enforcement lässt diese aktienrechtlichen Institute unangetastet und tritt dahinter zurück, um die Gefahr von divergierenden Entscheidungen auszuschließen.[11] Dies führt dazu, dass im Extremfall „fortwährender Nichtigkeitsklagen" ein Abschluss praktisch dem Enforcement entzogen wäre. 20

Nach S. 1 besteht eine Sperrwirkung, solange eine Klage auf Feststellung der Nichtigkeit des Jahresabschlusses anhängig ist. Stellt das Gericht die Nichtigkeit rechtskräftig fest, erübrigt sich die Enforcementprüfung; andernfalls lebt die Möglichkeit der Prüfung wieder auf. S. 2 regelt den Vorrang der Sonderprüfungen nach §§ 142, 258 AktG. Eine Sperrwirkung der Sonderprüfung gegenüber der Enforcementprüfung tritt nur ein, soweit der Gegenstand der Enforcementprüfung mit dem der laufenden oder abgeschlossenen Sonderprüfung übereinstimmt. Dies ist anhand des Prüfungsberichts und ggf in einer gerichtlichen Entscheidung über die abschließenden Feststellungen des Sonderprüfers nach § 260 AktG zu entscheiden. 21

E. Auskunftsersuchen und Betretungsrecht der BaFin

Gemäß § 37 o Abs. 4 sind die Unternehmen verpflichtet, der BaFin Auskünfte zu erteilen und Unterlagen vorzulegen. Diese Mitwirkungspflicht gilt auch gegenüber Personen, derer sich die Bundesanstalt zur Prüfung bedient. Die Verschwiegenheitspflicht der Vorstandsmitglieder nach § 93 Abs. 1 AktG tritt hinter dem Auskunftsersuchen der BaFin zurück. Es bedarf daher keiner besonderen Befreiung.[12] Die Pflicht zur Auskunftserteilung und zur Vorlage von Unterlagen erstreckt sich auch auf die Abschlussprüfer der Unternehmen, insoweit werden die berufsrechtlichen Regelungen (insbesondere § 51 b Abs. 4 WPO) durchbrochen. Die Pflicht zur Auskunftserteilung unterliegt nicht dem Subsidiaritätsprinzip, § 37 o Abs. 4 gibt keine Reihenfolge vor in der die einzelnen Personen aus dem grundsätzlich aussagepflichtigen Personenkreis zur Auskunft oder Vorlage herangezogen werden dürfen.[13] Die Pflicht zur Auskunftserteilung besteht jedoch nur, soweit dies für die Prüfung der Rechnungslegung erforderlich ist. Ein Auskunftsersuchen ist erforderlich, wenn die BaFin annehmen darf, dass durch die Befragung bzw Anforderung von Unterlagen Tatsachen zutage gefördert werden, die die Entscheidung, ob ein Bilanzierungsfehler vorliegt oder nicht, erleichtern. Der Erforderlichkeitsgrundsatz setzt demnach die begründete Erwartung voraus, dass mit der Vorlage der Arbeitspapiere die Untersuchung besser, das bedeutet mit höherer Richtigkeitsgewähr oder schneller, abgeschlossen werden kann. Es fehlt an dem Merkmal der Erforderlichkeit, wenn das Prüfungsergebnis durch eine weniger beeinträchtigende Maßnahme in gleicher Weise erzielt werden kann.[14] Die Auskunftspflicht des jeweiligen Abschlussprüfers beschränkt sich auf Fragen der Rechnungslegung und Erkenntnisse, die dieser bei seiner Prüfungstätigkeit gewonnen hat. Unerheblich ist hierbei, dass sich aus den Arbeitspapieren nicht nur Tatsachen, sondern auch Einschätzungen ergeben können. Der Befragung des Abschlussprüfers ist es aufgrund dessen Vorbefassung, seiner Stellung und Art der zu klärenden Frage immanent, dass im Fokus der Befragung vom Abschlussprüfer festgestellte Tatsachen einschließlich der vorausgegangenen und der nachfolgenden Wertungen, Schlussfolgerungen und Ermessensentscheidungen stehen, denn letztere erleichtern den Zugang zu dem vom Abschlussprüfer geprüften Abschluss. Sofern die Arbeitspapiere Bemerkungen über außerhalb der Abschlussprüfung bekannt gewordenen Tatsachen enthalten, können diese ent- 22

---

9 § 342 b Abs. 3 HGB enthält eine entsprechende Regelung für die Prüfstelle.
10 §§ 142 Abs. 7, 256 Abs. 7 und 261 a AktG.
11 Gesetzesbegründung zum BilKoG, § 342 b Abs. 3 HGB.
12 Vgl: Regelung für die Prüfstelle (gemäß, § 93 Abs. 1 AktG werden Vorstandsmitglieder von ihrer Verschwiegenheitspflicht gegenüber einer nach § 342 b HGB anerkannten Prüfstelle befreit. Der Schutz der vertraulichen Tatsachen wurde durch die in § 342 c HGB normierte Verschwiegenheitspflicht der bei der Prüfstelle Beschäftigten sichergestellt.).
13 OLG Frankfurt WpÜG 2/07.
14 OLG Frankfurt WpÜG 2/07.

sprechend geschwärzt werden.¹⁵ Diese Pflichten erfassen auch Tochterunternehmen, da es bei der Überprüfung des Konzernabschlusses erforderlich sein kann, die entsprechenden Tochterunternehmen in die konkrete Prüfung mit einzubeziehen.¹⁶

23 Die zur Auskunft und Vorlage vom Unternehmen Verpflichteten haben gemäß § 37 o Abs. 5 Bediensteten der BaFin oder von ihr beauftragten Personen das Betreten der Grundstücke und Geschäftsräume während der üblichen Arbeitszeit zu gestatten. Das Betretungsrecht wird nur mit dem Zusatz: „soweit dies zur Wahrnehmung der Aufgaben erforderlich ist" eingeschränkt. Dies ermöglicht es der BaFin und den von ihr beauftragten Personen, Einblick in die Unterlagen nehmen zu können. Nach § 4 Abs. 4 S. 2 ist das Betreten außerhalb dieser Zeit oder wenn die Geschäftsräume sich in einer Wohnung befinden, ohne Einverständnis nur zulässig und soweit zu dulden, wie dies zur Verhütung von dringenden Gefahren für die öffentliche Sicherheit und Ordnung erforderlich ist und bei der auskunftspflichtigen Person Anhaltspunkte für einen Verstoß gegen das Verbot oder Gebot dieses Gesetzes vorliegen.

24 Gemäß § 39 Abs. 3 und 4 können vorsätzliche und fahrlässige Zuwiderhandlungen in diesem Zusammenhang mit einer Geldbuße bis zu 50.000 EUR geahndet werden.

§ 37 q   Ergebnis der Prüfung von Bundesanstalt oder Prüfstelle

(1) Ergibt die Prüfung durch die Bundesanstalt, dass die Rechnungslegung fehlerhaft ist, so stellt die Bundesanstalt den Fehler fest.

(2) ¹Die Bundesanstalt ordnet an, dass das Unternehmen den von der Bundesanstalt oder den von der Prüfstelle im Einvernehmen mit dem Unternehmen festgestellten Fehler samt den wesentlichen Teilen der Begründung der Feststellung bekannt zu machen hat. ²Die Bundesanstalt sieht von einer Anordnung nach Satz 1 ab, wenn kein öffentliches Interesse an der Veröffentlichung besteht. ³Auf Antrag des Unternehmens kann die Bundesanstalt von einer Anordnung nach Satz 1 absehen, wenn die Veröffentlichung geeignet ist, den berechtigten Interessen des Unternehmens zu schaden. ⁴Die Bekanntmachung hat unverzüglich im Bundesanzeiger sowie entweder in einem überregionalen Börsenpflichtblatt oder über ein elektronisch betriebenes Informationsverbreitungssystem, das bei Kreditinstituten, nach § 53 Abs. 1 Satz 1 des Kreditwesengesetzes tätigen Unternehmen, anderen Unternehmen, die ihren Sitz im Inland haben und die an einer inländischen Börse zur Teilnahme am Handel zugelassen sind, und Versicherungsunternehmen weit verbreitet ist, zu erfolgen.

(3) Ergibt die Prüfung durch die Bundesanstalt keine Beanstandungen, so teilt die Bundesanstalt dies dem Unternehmen mit.

A.   Prüfung durch die BaFin

1 Ergibt die Prüfung durch die BaFin, dass die Rechnungslegung des Unternehmens fehlerhaft ist, so stellt die BaFin den Fehler durch Verwaltungsakt fest. Auf eine Befugnis der Bundesanstalt, dem betroffenen Unternehmen die konkrete Art der Fehlerkorrektur vorzugeben, wurde verzichtet. Entscheidend war für den Gesetzgeber, dass die Information des Kapitalmarkts sichergestellt ist. Die Vorgabe der Berichtigungsform war seiner Meinung nach nicht erforderlich, weil sich die Anforderungen an die Fehlerkorrektur bereits aus den materiellen Rechnungslegungsvorschriften ergeben.¹

2 Endet die Prüfung der BaFin ohne Fehlerfeststellung, so teilt sie dies dem Unternehmen mit. Das Prüfverfahren ist damit beendet. Bei dieser Mitteilung handelt es sich nicht um einen Verwaltungsakt mit Regelungs- und Tatbestandswirkung.

B.   Begriff des Fehlers

3 Grundsätzlich sind Fehler (verschuldensunabhängige) Verstöße gegen die anzuwendenden Rechnungslegungsvorschriften. Hierfür kommen alle Bereiche des jeweiligen Abschlusses sowie des zugehörigen Lageberichts, dh die Bilanzierung, Zuordnung oder Bewertung der Bilanzposten, die Ertragsrealisation, Inhalt und Gliederung der Abschlussbestandteile und ihre Einzelposten, Vollständigkeit und Richtigkeit der Anhangangaben und der Darstellungen im Lagebericht, in Betracht. Ein Fehler ist somit schon der Verstoß gegen die Vorschrift als solches und damit unabhängig von seiner wirtschaftlichen Tragweite.

---

15 OLG Frankfurt WpÜG 2/07; *Gutmann*, BB 2010, 171 ff.
16 Gesetzesbegründung BilKoG.
1   Gesetzesbegründung BilKoG.

Jedoch wurde in der Literatur[2] gefordert, im Rahmen des Enforcements nur „wesentliche" Fehler in der Rechnungslegung festzustellen und die Wesentlichkeitskriterien anzuwenden, die vom Berufsstand der Wirtschaftsprüfer eingeführt wurden. Hiernach soll in Abhängigkeit von seiner Art und seinem Ausmaß sowie von den gegebenen Umständen des Unternehmens zu beurteilen sein, ob ein festgestellter Fehler alleine oder mit anderen Fehlern zusammen als derart wesentlich angesehen werden kann, dass die Rechnungslegung eines Unternehmens insgesamt als fehlerhaft einzustufen ist. Dies ist der Fall, wenn der oder die Fehler wirtschaftliche Entscheidungen der Abschlussadressaten beeinflussen können. Unwesentliche Verstöße, so die Vertreter dieser Ansicht, sollen den Unternehmen in Form eines (präventiv wirkenden) Hinweises mitgeteilt werden.[3] Begründet wird dies mit dem Bedürfnis des Kapitalmarkts, nur über wesentliche Fehler unterrichtet zu werden, und den negativen Auswirkungen der Veröffentlichung von festgestellten (unwesentlichen) Fehlern (Sanktionscharakter der Fehlerveröffentlichung).[4]

In seinem Beschluss vom 22. Januar 2009 – WpÜG 1/08 und WpÜG3/08 hat das nach § 37 u WpHG, § 48 Abs. 4 WpÜG ausschließlich zuständige OLG Frankfurt am Main sich dieser Meinung bezüglich des Wesentlichkeitsgrundsatzes angeschlossen und hierzu ausgeführt, dass nicht jeder Verstoß gegen gesetzliche Vorschriften und die IAS/ IFRS oder sonstige Rechnungslegungsgrundsätze zu einer Fehlerfeststellung iSd § 37 q Abs. 1 führt. Vielmehr ist die Rechnungslegung erst dann fehlerhaft, wenn ein oder mehrere Verstöße gegen Rechnungslegungsvorschriften alleine oder in ihrer Gesamtheit wesentlich sind. Das OLG geht davon aus, dass es der Zielrichtung des Gesetzes entspricht, wenn nur wesentliche Verstöße gegen die Rechnungslegungsvorschriften festgestellt werden, da der Kapitalmarkt an der Aufdeckung von aus seiner Sicht belangloser Abweichungen kein Interesse hat.

Für die Einschätzung, ob Verstöße gegen Rechnungslegungsvorschriften als wesentlich einzustufen sind, ist wiederum auf die Zielsetzung des Enforcementverfahrens abzustellen, die Verlässlichkeit von Konzern- bzw. Unternehmensabschlüssen und -berichten kapitalmarktorientierter Unternehmen durch Aufdeckung und präventiver Verhinderung von Unregelmäßigkeiten zu verbessern und so das Vertrauen der Anleger in den Kapitalmarkt wiederherzustellen und nachhaltig zu stärken. Maßgeblich ist deshalb, ob Verstöße aus Sicht der Anleger und der sonstigen am Kapitalmarkt tätigen Institutionen relevant sind, insbesondere also, ob sie die Darstellung der Geschäftsentwicklung sowie die daraus ableitbaren Einschätzungen der künftigen Entwicklungen des Konzern oder Unternehmens beeinflussen können. Dabei ist für die Einschätzung der Wesentlichkeit von Rechnungslegungsverstößen sowohl auf qualitative als auch auf quantitative Aspekte abzustellen. In quantitativer Hinsicht sind die betragsmäßigen Auswirkungen von Unregelmäßigkeiten in Relation zu den jeweils betroffenen Abschlussposten und zu betriebswirtschaftlich geeigneten Bezugsgröße zu sehen. Allgemein gültige Grenz- oder Schwellenwerte können hierbei nicht festgesetzt werden, da es wegen der Vielfalt und Unterschiede einer Berücksichtigung der jeweiligen Umstände des Einzelfalls bedarf.

Liegen mehrere Rechnungslegungsverstöße vor, ist bei der Beurteilung der Wesentlichkeit nicht nur isoliert auf jeden einzelnen der Verstöße abzustellen; vielmehr kann im Rahmen einer Gesamtbetrachtung auch die Summe von für sich betrachtet unwesentlicher Abweichungen zu dem Gesamturteil der fehlerhaften Rechnungslegung führen.[5]

C. Fehlerveröffentlichung

Werden im Rahmen einer Enforcementprüfung Fehler in der Rechnungslegung festgestellt, so soll der Kapitalmarkt darüber unverzüglich informiert werden. Daher ordnet die BaFin an, dass die von ihr oder der Prüfstelle im Einvernehmen mit dem Unternehmen festgestellten Fehler samt den wesentlichen Teilen der

---

2 *Mayer-Wegelin*, BB-Special 4, 2006, 8 ff, *Scheffler*, BB-Special 4, 2006, 2 ff, IRZ 2006, 13 ff sowie, AG 2006, R 88 ff, *Gahlen/ Schäfer*, BB 2006, 1619 ff.
3 *Scheffler*, BB-Special 4, 2006, 4 ff.
4 Problematisch hierbei ist jedoch, dass die Frage, ob ein Verstoß gegen Rechnungslegungsvorschriften ein Fehler ist, bei jeder Prüfung in Abhängigkeit von den Einzelumständen beantwortet werden muss. Demnach kann der Verstoß „X" beim Unternehmen 1 ein wesentlicher festzustellender Fehler sein (aufgrund der gegebenen Umstände des Unternehmens oder weil noch andere Fehler festgestellt wurden), beim Unternehmen 2 hingegen kann der gleiche Verstoß „X" nur Hinweisqualität haben. Erschwerend kommt hier noch hinzu, dass der Prüfungsumfang bei dem Unternehmen 1 von dem bei Unternehmen 2 divergieren kann, dh die Bezugsgröße (geprüfte Anteile des Abschlusses – Prognose über die ungeprüften Anteile) kann für die Entscheidung über die Wesentlichkeit eines Fehlers andere sein. Dies scheint für das europaweite Ziel einer einheitlichen Anwendung und Durchsetzung der internationalen Rechnungslegungsstandards nicht förderlich. Sofern unwesentliche Verstöße den Unternehmen nur in Form eines präventiven Hinweises mitgeteilt werden, wird ein weit über den vom Gesetzgeber hinausgehender Informationsfilter für den Kapitalmarkt eingeführt. Nach § 37 q Abs. 2 S. 2 WpHG sieht die BaFin von der Anordnung der Veröffentlichung ab, wenn kein öffentliches Interesse an der Veröffentlichung besteht. Die Gesetzesbegründung spricht hier von sogenannten Bagatellfällen. Sofern die Verstöße mangels Wesentlichkeit jedoch nicht festgestellt und veröffentlicht werden, kann der Kapitalmarkt die Verstöße auch mangels Kenntnis nicht bewerten. Es besteht somit die Gefahr, dass die vom Gesetzgeber vorgesehene Regelfallsanktion „Veröffentlichung" zur Ausnahme wird.
5 OLG Frankfurt WpÜG 1/08 und 3/08; vgl auch *Kumm*, BB 2009,1635 ff.

Begründung bekannt zu machen sind.[6] Zu veröffentlichen ist nach Abs. 2 S. 1 der festgestellte Fehler samt den wesentlichen Teilen der Begründung. Der Kapitalmarkt soll der Veröffentlichung unzweifelhaft entnehmen können, worin der Fehler liegt und weshalb die Rechnungslegung für fehlerhaft erachtet wurde. In diesem Zusammenhang ist die BaFin befugt inhaltliche Vorgaben zu treffen, wobei allerdings die Vorgabe eines konkreten und absolut verbindlichen Wortlautes für die gesamte vorzunehmende Veröffentlichung von der Ermächtigungsgrundlage nicht gedeckt ist. Dem betroffenen Unternehmen verbleibt damit zwar ein Darstellungsspielraum, dessen Umfang jedoch durch den Sinn und Zweck der Fehlerveröffentlichung begrenzt wird. Insbesondere sind der Fehlerfeststellung widersprechende oder diese relativierende und verharmlosende Darstellungen nicht zulässig.[7]

Die BaFin sieht von einer Anordnung der Bekanntmachung ab, wenn ein öffentliches Interesse an der Veröffentlichung nicht besteht. Dies kann zB bei Bagatellfällen, also bei offensichtlich unwesentlichen Verstößen gegen Rechnungslegungsvorschriften, in Betracht kommen. Auf Antrag des Unternehmens kann die BaFin von der Anordnung der Veröffentlichung absehen, wenn die Veröffentlichung geeignet ist, den berechtigten Interessen des Unternehmens zu schaden. Hier werden die berechtigten Interessen an der Geheimhaltung des Unternehmens und das Informationsinteresse der Öffentlichkeit und des Anlegerpublikums gegeneinander abgewogen. Bereits im Rahmen des Gesetzgebungsverfahrens wurde ausdrücklich darauf hingewiesen, dass nach Sinn und Zweck des Enforcementverfahrens es sich hierbei um eine Ausnahmevorschrift handeln muss. Die drohende negative Öffentlichkeitswirkung der Fehlerbekanntmachung wurde vom Gesetzgeber bewusst als zentrales Instrument und einzige Sanktion eingesetzt und die angestrebte Präventionswirkung für alle kapitalmarktorientierten Unternehmen beruht gerade darauf, dass mit der Veröffentlichung der Fehlerhaftigkeit der Rechnungslegung in aller Regel ein Risiko für die Reputation des Unternehmens verbunden sein wird.[8]

Als berechtige Interessen des Unternehmens, die ausnahmsweise ein Absehen von der Anordnung der Fehlerbekanntmachung rechtfertigen können, kommen deshalb nur solche atypischen Umstände in Betracht, die über die vom Gesetzgeber erkannt und bewusst in Kauf genommenen typischen negativen der Fehlerveröffentlichung deutlich hinausgehen. Solche Umstände können insbesondere dann angenommen werden, wenn eine existentielle Bedrohung des Unternehmens zu erwarten ist.[9] Die Bekanntmachung des Unternehmens muss unverzüglich, dh ohne schuldhaftes Zögern, in den dafür vorgesehenen Medien erfolgen.

9 Die Veröffentlichung muss im elektronischen Bundesanzeiger sowie entweder in einem überregionalen Börsenpflichtblatt oder über ein elektronisch betriebenes Informationsverbreitungssystem, das bei Kreditinstituten, nach § 53 Abs. 1 S. 1 KWG tätigen Unternehmen, anderen Unternehmen, die ihren Sitz im Inland haben und die an einer inländischen Börse zur Teilnahme am Handel zugelassen sind, und Versicherungsunternehmen weit verbreitet ist, erfolgen.

10 Der Gesetzgeber wollte den Abs. 2 dem § 15 nachempfinden. Er hat sich daher neben dem Bundesanzeiger auch für die Medien des § 15 entschieden. Hierbei hat er jedoch die letzte Änderung des § 15 WpHG iVm § 5 WpAIV nicht berücksichtigt. Daher sehen die Normen in Teilen unterschiedliche Veröffentlichungsmedien[10] vor.

11 Gemäß § 39 Abs. 3 und 4 können vorsätzliche und fahrlässige Zuwiderhandlungen im Zusammenhang mit der Anordnung, die festgestellten Fehler samt den wesentlichen Teilen der Begründung bekannt zu machen, mit einer Geldbuße bis zu 50.000 EUR geahndet werden.

D. Auswirkungen der Fehlerfeststellung

12 Ergibt eine Prüfung, dass die Rechnungslegung eines Unternehmens fehlerhaft ist, so stellt dies entweder die Prüfstelle im Einvernehmen mit dem Unternehmen oder die BaFin fest. Auf eine Befugnis, der BaFin dem betroffenen Unternehmen die Fehlerkorrektur vorzugeben, hat der Gesetzgeber verzichtet.[11] Daher sind bei

---

6 Eine nur teilweise Veröffentlichung der festgestellten Verstöße gegen Rechnungslegungsvorschriften lehnt das OLG Frankfurt in seiner Entscheidung WpÜG 1/08 und 3/08 ab; *Kumm*, BB 2009, 1635ff;.
7 OLG Frankfurt, WpÜG 3/10, Der Konzern 2010, 580 ff; Anm. *Müller*, Der Konzern 2010, 584 ff.
8 OLG Frankfurt WpÜG 11/09 und 12/09; Der Konzern 2010, 58 ff; Anm. *Kumm/Müller*, Der Konzern 2010, 65 ff.
9 OLG Frankfurt WpÜG 1/08 und 3/08.
10 Gemäß § 5 Abs. 1 Nr. 2 WpAIV hat die Veröffentlichung auch im Internet unter der Adresse des Emittenten, sofern er über eine solche verfügt, für die Dauer von mindestens einem Monat, wobei die Hauptseite einen deutlich erkennbaren Hinweis auf eine Seite mit Informationen für Anleger zu enthalten hat, unter welcher der Veröffentlichung leicht aufzufinden sein muss, zu erfolgen.
11 Hierzu heißt es in der Gesetzesbegründung: "die in Absatz 2 vorgesehene Veröffentlichung des festgestellten Fehlers erscheint als Sanktion ausreichend. Entscheidend ist, dass die Information des Kapitalmarkts sichergestellt ist. Eine Vorgabe der Berichtigungsform ist im Übrigen auch deshalb nicht erforderlich, weil sich die Anforderungen an die Art der Fehlerkorrektur bereits aus den materiellen Rechnungslegungsvorschriften ergeben.

der Fehlerkorrektur die geltenden Standards[12] und die gesellschaftsrechtlichen Vorgaben zu beachten. Die Fehlerfeststellungen bleiben ohne Auswirkungen auf etwaige gesellschaftsrechtliche Ansprüche (zB Dividenden), die sich aus dem beanstandeten Abschluss ergeben".[13]

E. Verhältnis zur Ad-hoc-Publizität

Die Pflicht zur Veröffentlichung von Ad-hoc-Meldungen nach § 15 besteht unabhängig von der Pflicht, festgestellte Fehler nach § 37 q Abs. 2 zu veröffentlichen. Der Emittent muss daher in eigener Verantwortung prüfen, ob der Umstand der Prüfung oder die Prüfungsergebnisse für ihn Insiderinformationen iSd § 13 darstellen, welche er mittels Ad-hoc-Mitteilung veröffentlichen muss. Als Orientierungshilfe steht dem Emittenten der Emittentenleitfaden der BaFin zur Verfügung.[14]

Die Idee, speziell geregelte kapitalmarktrechtliche Verfahren mit eigenen Veröffentlichungspflichten aus dem Anwendungsbereich des § 15 auszunehmen, hat sich nicht durchgesetzt.[15] Dies kann daran liegen, dass die Veröffentlichungspflichten zu unterschiedlichen Zeitpunkten,[16] einmal in eigener Verantwortung des Emittenten und einmal auf Anordnung der BaFin, in unterschiedlichen Medien und ggf in unterschiedlichen Sprachen[17] erfolgen.

Eine Ad-hoc-Mitteilung des Emittenten bezüglich einer Fehlerfeststellung (der Prüfstelle oder der BaFin) wird idR die spätere Veröffentlichung der festgestellten Fehler samt den wesentlichen Teilen der Begründung aufgrund des unterschiedlichen Informationsgehalts[18] der Veröffentlichungen nicht ersetzen. Nur in Ausnahmefällen, wenn der Kapitalmarkt über die Ad-hoc-Meldung bereits alle Informationen erhalten hat, wird kein öffentliches Interesse an der Veröffentlichung nach Abs. 2 mehr bestehen.

§ 37 r Mitteilungen an andere Stellen

(1) ¹Die Bundesanstalt hat Tatsachen, die den Verdacht einer Straftat im Zusammenhang mit der Rechnungslegung eines Unternehmens begründen, der für die Verfolgung zuständigen Behörde anzuzeigen. ²Sie darf diesen Behörden personenbezogene Daten der Betroffenen, gegen die sich der Verdacht richtet oder die als Zeugen in Betracht kommen, übermitteln.

(2) ¹Tatsachen, die auf das Vorliegen einer Berufspflichtverletzung durch den Abschlussprüfer schließen lassen, übermittelt die Bundesanstalt der Wirtschaftsprüferkammer. ²Tatsachen, die auf das Vorliegen eines Verstoßes des Unternehmens gegen börsenrechtliche Vorschriften schließen lassen, übermittelt sie der zuständigen Börsenaufsichtsbehörde. ³Absatz 1 Satz 2 gilt entsprechend.

Ergibt sich aus den Erkenntnissen der BaFin, die ggf auch auf den Mitteilungen der Prüfstelle über das Prüfungsergebnis basieren können, der Verdacht einer Straftat im Zusammenhang mit der Rechnungslegung des Unternehmens, so zeigt sie diese der zur Verfolgung zuständigen Behörde an. Das gleiche gilt bei Tatsachen, die auf das Vorliegen einer Berufspflichtverletzung durch den Abschlussprüfer bzw auf Verstöße gegen börsenrechtliche Vorschriften schließen lassen. Hier leitet die BaFin diese Informationen an die Wirtschaftsprüferkammer bzw an die Börsenaufsicht weiter, die dann in eigener Zuständigkeit tätig werden können.[1]

§ 37 s Internationale Zusammenarbeit

(1) ¹Der Bundesanstalt obliegt die Zusammenarbeit mit den Stellen im Ausland, die zuständig sind für die Untersuchung möglicher Verstöße gegen Rechnungslegungsvorschriften durch Unternehmen, deren Wertpapiere zum Handel an einem organisierten Markt zugelassen sind. ²Sie kann diesen Stellen zur Erfüllung dieser Aufgabe Informationen nach Maßgabe des § 7 Abs. 2 Satz 1 und 2, auch in Verbindung mit Abs. 7 übermitteln. ³§ 37 o Abs. 4 und 5 findet mit der Maßgabe entsprechende Anwendung, dass die dort geregel-

---

12 *Kämpfer*, BB 2005, 13 ff, "insbesondere IDW RS HFA 6 und IAS 8. 41 ff"; ausführlich: *Gelhausen/Hönsch*, AG 2005, 511 ff.
13 Gesetzesbegründung BilKoG.
14 <www.bafin.de>.
15 *Assmann*, AG 2006, 261 ff.
16 § 15 Abs. 1 WpHG unverzügliche Veröffentlichung mit der Möglichkeit der Befreiung nach § 15 Abs. 3 WpHG nach Beendigung des Enforcementverfahrens.
17 § 5 WpAIV (Veröffentlichung auch auf der Internetseite des Emittenten und ggf in englischer Sprache).
18 Ad-hoc: knappe Information – Enforcement: Fehlerdarstellung samt den wesentlichen Teilen der Begründung; siehe auch Krämer Keine Ad-hoc-Pflicht bei der Kontrolle durch die Bilanzpolizei, FAZ v. 14.6.2006, aA *Gahlen*, BB 2006, 1619 ff.
1 Gesetzesbegründung BilKoG.

ten Befugnisse sich auf alle Unternehmen, die von der Zusammenarbeit nach Satz 1 umfasst sind, sowie auf alle Unternehmen, die in den Konzernabschluss eines solchen Unternehmens einbezogen sind, erstrecken.

(2) ¹Die Bundesanstalt kann mit den zuständigen Stellen von Mitgliedstaaten der Europäischen Union oder von Vertragsstaaten des Abkommens über den Europäischen Wirtschaftsraum zusammenarbeiten, um eine einheitliche Durchsetzung internationaler Rechnungslegungsvorschriften grenzüberschreitend gewährleisten zu können. ²Dazu kann sie diesen Stellen auch den Wortlaut von Entscheidungen zur Verfügung stellen, die sie oder die Prüfstelle in Einzelfällen getroffen haben. ³Der Wortlaut der Entscheidungen darf nur in anonymisierter Form zur Verfügung gestellt werden.

(3) Die internationale Zusammenarbeit durch die Bundesanstalt nach den Absätzen 1 und 2 erfolgt im Benehmen mit der Prüfstelle.

A. Aufgabenteilung zwischen Prüfstelle und BaFin

1 Die internationale Zusammenarbeit obliegt der BaFin, dh die internationale Zusammenarbeit nach Abs. 1 und 2 erfolgt grundsätzlich durch die BaFin. So wird sichergestellt, dass international für das deutsche Enforcementsystem „mit einer Stimme"[1] gesprochen wird. Jedoch hat sich die BaFin bei der internationalen Zusammenarbeit mit der Prüfstelle ins Benehmen[2] zu setzen und so die Prüfstelle einzubeziehen.

B. Informationsaustausch bei Prüfungen

2 Abs. 1 gibt der BaFin die Möglichkeit, mit den zuständigen ausländischen Stellen zusammenzuarbeiten. Dies betrifft zum einen die Anforderung von Informationen, welche die BaFin zur Prüfung der Rechnungslegung eines Unternehmens benötigt, und zum anderen die Übermittlung von Informationen, die ausländische Stellen benötigen, um die Rechnungslegung eines Unternehmens zu prüfen. Die Zusammenarbeit betrifft Unternehmen, deren Wertpapiere im In- oder Ausland zum Handel an einem organisierten Markt zugelassen sind. S. 2 gewährt der BaFin das Recht, vertrauliche Informationen an die zuständigen Stellen im Ausland weiterzugeben und stellt durch den Verweis auf § 7 Abs. 2 sicher, dass der generell beim Informationsaustausch mit Drittstaaten geltende Datenschutzstandard auch hier Anwendung findet. S. 3 gibt der BaFin die Kompetenz, sich zur Erfüllung des Auskunftsersuchens der ausländischen Stelle derselben Untersuchungskompetenzen zu bedienen, die sie auch in eigener Sache hätte.[3]

C. Internationale Zusammenarbeit zur einheitlichen Anwendung und Durchsetzung der IFRS

3 Abs. 2 berücksichtigt die laufende Arbeit in europäischen Gremien zur einheitlichen Anwendung und Durchsetzung der IFRS in Europa. Beginnend mit dem Geschäftsjahr 1. Januar 2005 müssen kapitalmarktorientierte Unternehmen, die dem Recht eines EU- Mitgliedstaates unterliegen, ihren Konzernabschluss nach IFRS aufstellen.[4] Die angestrebte einheitliche Anwendung ist nur möglich, wenn problematische Anwendungsfälle zwischen den zuständigen Stellen erörtert und einheitliche Positionen gefunden werden können. Hierfür hat der Ausschuss der europäischen Wertpapierregulierungsbehörden (CESR)[5] bereits 2005 ein Gremium (EECS)[6] gegründet, dessen laufende Tätigkeiten von der am 1.1.2011 gegründeten Rechtsnachfolgerin, der Europäischen Wertpapier- und Marktaufsichtsbehörde (ESMA),[7] übernommen wurde. Zu den Hauptaufgaben der EESC gehört die Analyse und Diskussion von Entscheidungen, die von den unabhängigen EECS-Mitgliedern getroffen wurden oder werden sollen (sog. Emerging Issues), um dadurch künftige Entscheidungen zu harmonisieren und zu koordinieren. Auch soll die EESC Themenbereiche identifizieren, die von den bestehenden Rechnungslegungsstandards nicht umfasst werden oder in unterschiedlicher Form interpretiert werden, um anschließend den IASB bzw das IFRS Interpretations Committee (IFRC IC ehemals: IFRIC) hierüber zu informieren. Im Vordergrund steht hierbei die gegenseitige Information, denn die EECS besitzt keine Entscheidungsbefugnis im Sinne einer „second-chamber" Das Gremium kann getroffene Entscheidungen nationaler Enforcement-Institutionen zwar (kontrovers) diskutieren, letztlich jedoch nicht ändern.[8]

---

1 Gesetzesbegründung BilKoG.
2 Benehmen ist die Gelegenheit zur Stellungnahme einer anderen Stelle, die nicht zur Mitentscheidung berufen ist.
3 Gesetzesbegründung BilKoG.
4 Sofern sie ihn nicht befreiend nach US-GAAP aufstellen (Verordnung (EG) Nr. 1606/2002 des europäischen Parlaments und des Rates v. 19. Juli 2002).
5 Committee of European Securities Regulators.
6 European Enforcers Coordination Session; Deutschland ist durch Vertreter der Prüfstelle und der BaFin vertreten.
7 European Securities and Markets Authority.
8 Ausführlich: *Gödel/Wich*, WpG 2012; 913 ff

Zu diesem Zweck steht den EECS-Mitgliedern seit August 2005 eine Datenbank zur Verfügung, in welche nationale Enforcemententscheidungen in anonymisierter Form eingestellt werden.[9] Mit S. 2 wird das Einstellen von deutschen Entscheidungen in die Datenbank ermöglicht, die von anderen zuständigen Stellen jederzeit abgerufen werden können, um bei problematischen Anwendungsfällen ggf Entscheidungshilfen zu erhalten. Die Entscheidungen können aufgrund von S. 3 nur in anonymisierter Form in die Datenbank eingestellt werden.

Seit April 2007 werden ausgewählte Entscheidungen hieraus auch der Öffentlichkeit zugänglich gemacht. Im Rahmen dieser Veröffentlichungen „Extract from the EEC's Database of Enforcement" werden nicht nur Entscheidungen über eine fehlerhafte Rechnungslegung bekannt gemacht, sondern auch Entscheidungen, bei denen die Bilanzierung nicht beanstandet wurde oder ein bestimmter Bilanzierungssachverhalt der Enforcement-Institution vorab zur Beurteilung vorgelegt wurde (Pre-Clearance).[10]

Im Anschluss an ihre Veröffentlichung werden die EESC- Entscheidungen auch an die IOSCO (International Organisation of Securities Commissions)[11] I weitergeleitet und dort in die nicht öffentliche IOSCO-Datenbank eingestellt.[12] Somit soll die über Europa hinausgehende einheitliche Anwendung der IFRS ermöglicht werden.

§ 37 t Widerspruchsverfahren

(1) ¹Vor Einlegung der Beschwerde sind Rechtmäßigkeit und Zweckmäßigkeit der Verfügungen, welche die Bundesanstalt nach den Vorschriften dieses Abschnitts erlässt, in einem Widerspruchsverfahren nachzuprüfen. ²Einer solchen Nachprüfung bedarf es nicht, wenn der Abhilfebescheid oder der Widerspruchsbescheid erstmalig eine Beschwer enthält. ³Für das Widerspruchsverfahren gelten die §§ 68 bis 73 und 80 Abs. 1 der Verwaltungsgerichtsordnung entsprechend, soweit in diesem Abschnitt nichts Abweichendes geregelt ist.

(2) Der Widerspruch gegen Maßnahmen der Bundesanstalt nach § 37 o Abs. 1 Satz 1, 2 und 5 sowie Abs. 4 und 5, § 37 p Abs. 1 Satz 3 und 4 sowie Abs. 2 und § 37 q Abs. 1 sowie Abs. 2 Satz 1 hat keine aufschiebende Wirkung.

Gemäß § 37 u ist gegen Verfügungen der BaFin, welche sie im Rahmen eines Enforcementverfahrens erlässt, die Beschwerde statthaft. § 37 t Abs. 1 S. 1 regelt, dass vor der Beschwerde ein Widerspruchsverfahren stattfindet, in welchem die Ausgangsentscheidung der BaFin uneingeschränkt auf Rechtmäßigkeit und Zweckmäßigkeit überprüft wird. Nach S. 2 ist ein Widerspruchsverfahren entbehrlich, wenn der Abhilfe- oder Widerspruchsbescheid erstmalig eine Beschwer enthält, da die Selbstkontrolle der Verwaltung dann bereits stattgefunden hat.

Der Widerspruch gegen Maßnahmen der BaFin nach §§ 37 o Abs. 1 S. 1, 2 (Anordnung einer Prüfung) und 5 (Bekanntmachung im Bundesanzeiger) sowie Abs. 4 (Verlangen nach Auskünften und Unterlagen) und 5 (Betreten von Grundstücken und Geschäftsräumen), 37 p Abs. 1 S. 3 und 4 („An-sich-ziehen" einer Prüfung) sowie Abs. 2 (Prüfung auf Verlangen) und 37 q Abs. 1 (Fehlerfeststellung) sowie Abs. 2 S. 1 (Anordnung der Fehlerveröffentlichung) hat keine aufschiebende Wirkung, dh die Maßnahmen sind sofort vollziehbar. Der Gesetzgeber hat sich hier zugunsten einer ungehinderten Sachverhaltsaufklärung und schnellen Information des Kapitalmarktes gegen die im Verwaltungsverfahren sonst übliche aufschiebende Wirkung[1] eines Widerspruches entschieden. Damit wird die vorzeitige negative Publizität bei Fehlentscheidungen in Kauf genommen.[2]

Gegen die sofortige Vollziehung von Maßnahmen ist das Verfahren des einstweiligen Rechtsschutzes gemäß § 80 Abs. 5 VwGO statthaft. Die Anordnung der aufschiebenden Wirkung von Widerspruch oder Beschwerde im Wege des einstweiligen Rechtsschutzes kommt nach § 37 u Abs. 2 WpHG entsprechend der dortigen Verweisung als Ausnahme nur in Betracht, wenn eine der Voraussetzungen des § 50 Abs. 3 WpÜG erfüllt ist. Dabei scheidet die Anwendung des § 50 Abs. 3 Ziff. 1 WpÜG wegen der gesetzlich angeordneten sofortigen Vollziehbarkeit der Maßnahme im Enforcementverfahren generell aus. Eine Anordnung der aufschiebenden Wirkung kann deshalb nur erfolgen, wenn gemäß § 50 Abs. 3 Ziff. 2 WpÜG ernstliche Zweifel an der Rechtmäßigkeit der Verwaltungsakte bestehen oder nach § 50 Abs. 3 Ziff. 3 WpÜG deren Vollziehung für den Betroffenen eine unbillige, nicht durch überwiegende öffentliche Interessen gebotene Härte zur Folge hätte. Es entspricht dabei der Grundkonzeption des Gesetzes, die Interessen des Kapitalmarktes an einer Information im Regelfall höher einzuschätzen als das wohl stets gegebene und auch nachvollzieh-

---

9 Ausführlicher: Jahresbericht 2005 der BaFin, S. 58 ff
10 Vgl *Gödel/Wich*, WpG 2012, 913 ff
11 Internationale Organisation der Wertpapieraufsichtsbehörden.
12 Vgl *Gödel/Wich*, WpG 2012, 913 ff
1 § 80 Abs. 1 VwGO.
2 *Kämpfer*, BB 2005, 13 ff; *Hecht/Gräfe/Jehke*, DB 2008, 1251 ff.

bare Interesse des jeweils betroffenen geprüften Unternehmens an der Geheimhaltung einer festgestellten Fehlerhaftigkeit seiner Rechnungslegung.[3]

§ 37 u Beschwerde

(1) [1]Gegen Verfügungen der Bundesanstalt nach diesem Abschnitt ist die Beschwerde statthaft. [2]Die Beschwerde hat keine aufschiebende Wirkung.

(2) Die §§ 43 und 48 Abs. 2 bis 4, § 50 Abs. 3 bis 5 sowie die §§ 51 bis 58 des Wertpapiererwerbs- und Übernahmegesetzes gelten entsprechend.

1 Nach den Regelungen der VwGO wäre nach § 40 VwGO gegen den Verwaltungsakt der BaFin im Rahmen eines Enforcementverfahrens der Verwaltungsrechtsweg eröffnet. § 37 u sieht hiervon abweichend die Zuständigkeit der ordentlichen Gerichtsbarkeit vor. Gegen Verfügungen der BaFin, bei denen diese im Rahmen des Enforcements tätig wird, ist die Beschwerde beim Oberlandesgericht Frankfurt am Main zu erheben. Als Vorbild dienten insoweit die Regelungen der §§ 48 ff des WpÜG. Hierdurch wird der größeren Sachnähe der ordentlichen Gerichtsbarkeit im Bereich der Rechnungslegung und der Tatsache Rechnung getragen, dass die besondere Sachkunde des OLG bei der Beurteilung wirtschaftlicher Sachverhalte die Effizienz des Rechtsschutzes stärkt.[1] Diese Regelung erfolgte vor dem Hintergrund, dass die Verfahrensbeteiligten eine zügige abschließende Entscheidung und somit Rechtssicherheit erhalten. Das Verfahren vor dem OLG ist einstufig, dh das OLG ist die erste und letzte Instanz.[2]

Unterabschnitt 2
Veröffentlichung und Übermittlung von Finanzberichten an das Unternehmensregister

§ 37 v Jahresfinanzbericht

(1) [1]Ein Unternehmen, das als Inlandsemittent Wertpapiere begibt, hat für den Schluss eines jeden Geschäftsjahrs einen Jahresfinanzbericht zu erstellen und spätestens vier Monate nach Ablauf eines jeden Geschäftsjahrs der Öffentlichkeit zur Verfügung zu stellen, wenn es nicht nach den handelsrechtlichen Vorschriften zur Offenlegung der in Absatz 2 genannten Rechnungslegungsunterlagen verpflichtet ist. [2]Außerdem muss jedes Unternehmen, das als Inlandsemittent Wertpapiere begibt, vor dem Zeitpunkt, zu dem die in Absatz 2 genannten Rechnungslegungsunterlagen erstmals der Öffentlichkeit zur Verfügung stehen, eine Bekanntmachung darüber veröffentlichen, ab welchem Zeitpunkt und unter welcher Internetadresse die in Absatz 2 genannten Rechnungslegungsunterlagen zusätzlich zu ihrer Verfügbarkeit im Unternehmensregister öffentlich zugänglich sind. [3]Das Unternehmen teilt die Bekanntmachung gleichzeitig mit ihrer Veröffentlichung der Bundesanstalt mit und übermittelt sie unverzüglich, jedoch nicht vor ihrer Veröffentlichung dem Unternehmensregister im Sinne des § 8 b des Handelsgesetzbuchs zur Speicherung. [4]Es hat außerdem unverzüglich, jedoch nicht vor Veröffentlichung der Bekanntmachung nach Satz 2 die in Absatz 2 genannten Rechnungslegungsunterlagen an das Unternehmensregister zur Speicherung zu übermitteln, es sei denn, die Übermittlung erfolgt nach § 8 b Abs. 2 Nr. 4 in Verbindung mit Abs. 3 Satz 1 Nr. 1 des Handelsgesetzbuchs.

(2) Der Jahresfinanzbericht hat mindestens
1. den gemäß dem nationalen Recht des Sitzstaats des Unternehmens aufgestellten und geprüften Jahresabschluss,
2. den Lagebericht,
3. eine den Vorgaben des § 264 Abs. 2 Satz 3, § 289 Abs. 1 Satz 5 des Handelsgesetzbuchs entsprechende Erklärung und

---

3 OLG Frankfurt, WpÜG 11/09 und 12/09, Der Konzern 2010, 58 ff.

1 Gesetzesbegründung BilKoG.
2 OLG Frankfurt WpÜG 01/06.

4. eine Bescheinigung der Wirtschaftsprüferkammer gemäß § 134 Abs. 2 a der Wirtschaftsprüferordnung über die Eintragung des Abschlussprüfers oder eine Bestätigung der Wirtschaftsprüferkammer gemäß § 134 Abs. 4 Satz 8 der Wirtschaftsprüferordnung über die Befreiung von der Eintragungspflicht

zu enthalten.

(3) Das Bundesministerium der Finanzen kann im Einvernehmen mit dem Bundesministerium der Justiz durch Rechtsverordnung, die nicht der Zustimmung des Bundesrates bedarf, nähere Bestimmungen erlassen über

1. den Mindestinhalt, die Art, die Sprache, den Umfang und die Form der Veröffentlichung nach Absatz 1 Satz 2,
2. den Mindestinhalt, die Art, die Sprache, den Umfang und die Form der Mitteilung nach Absatz 1 Satz 3,
3. wie lange die Informationen nach Absatz 2 im Unternehmensregister allgemein zugänglich bleiben müssen und wann sie zu löschen sind.

Literatur:
d'Arcy/Meyer, Neue Anforderungen an die Zwischenberichterstattung durch die Transparenzrichtlinie, Der Konzern 2005, 151; Arnold/Born, Geschäftsjahr 2007: Für Jahres- und Konzernabschluss gilt auch WpHG, AG-Report 2008, R82; Baetge/Haenelt, Die Qualität der Halbjahresfinanzberichterstattung in Deutschland, IRZ 2009, 545; Bedkowski, Der neue Emittentenleitfaden der BaFin – nunmehr veröffentlicht, BB 2009, 1482; Beiersdorf/Buchheim, Entwurf des Gesetzes zur Umsetzung der EU-Transparenzrichtlinie: Ausweitung der Publizitätspflichten, BB 2006, 1674; Beiersdorf/Rahe, Verabschiedung des Gesetzes zur Umsetzung der EU-Transparenzrichtlinie (TUG) – Update zu BB 2006, 1674 Bosse, Wesentliche Neuregelungen ab 2007 aufgrund des Transparenzrichtlinie-Umsetzungsgesetzes für börsennotierte Unternehmen, DB 2007, 39; Blöink/Kumm, Erleichterungen und neue Pflichten – ein Überblick über die Regelpublizität nach der neuen EU-Transparenzrichtlinie, BB 2013, 1963; Brinckmann, Die geplante Reform der Transparenz-RL: Veränderungen der Regelpublizität und der Beteiligungstransparenz, BB 2012, 1370; Buchheim, Die Jahres- und Zwischenberichterstattung im Entwurf der EU-Transparenz-Richtlinie, KoR 2003, 241; Buchheim/Ulbrich, EU-Transparenz-Richtlinie: Neuregelung der periodischen und laufenden Berichterstattung kapitalmarktorientierter Unternehmen, KoR 2004, 273; Butzlaff/Gehrer/Meyer, Zwischenberichterstattung von Kreditinstituten nach IFRS – Rechtliche Anforderungen und praktische Umsetzung; Deutsches Aktieninstitut, Stellungnahme des Deutschen Aktieninstituts zum Diskussionsentwurf eines Gesetzes zur Umsetzung der Transparenzlinie (TUG) vom 1.5.2006 vom 29.5.2006 mit Nachtrag vom 2.6.2006, NZG 2006, 579; Deutsches Aktieninstitut, Stellungnahme zum Regierungsentwurf eines Transparenzrichtlinie-Umsetzungsgesetzes (TUG) vom 28. Juni 2006 vom 16. August 2006, NZG 2006, 696; Ernstberger/Pfauntsch, Die Qualität von Zwischenberichten börsennotierter Unternehmen in Deutschland, IRZ 2008, 195; Fleischer, Der deutsche „Bilanzeid" nach § 264 Abs. 2 Satz 3 HGB, ZIP 2007, 97; Göres, Kapitalmarktrechtliche Pflichten nach dem Transparenzrichtlinie-Umsetzungsgesetz (TUG), Der Konzern 2007, 15; Groß, Haftung für fehlerhafte oder fehlende Regel- oder ad-hoc-Publizität, WM 2002, 477; Hahn, Der Bilanzeid – Neue Rechtsfigur im deutschen Kapitalmarktrecht, IRZ 2007, 375; Handelsrechtsausschuss des Deutschen Anwaltvereins, Stellungnahme zum Entwurf einer Überarbeitung und Ergänzung des Emittentenleitfadens der Bundesanstalt für Finanzdienstleistungsaufsicht (BaFin), NZG 2009, 175; Hebestreit/Rahe, Die neue Zwischenberichterstattung nach dem Transparenzrichtlinie-Umsetzungsgesetz (TUG), IRZ 2007, 111; Heldt/Ziemann, Sarbanes-Oxley in Deutschland? – Zur geplanten Einführung eines strafbewehrten „Bilanzeides" nach dem Regierungsentwurf eines Transparenzrichtlinie-Umsetzungsgesetzes, NZG 2006, 652; Hutter/Kaulamo, Transparenzrichtlinie-Umsetzungsgesetz: Änderungen der Regelpublizität und das neue Veröffentlichungsregime für Kapitalmarktinformationen, NJW 2007, 550; Kajüter/Reisloh, Zwischenmitteilungen der Geschäftsführung als Instrument der unterjährigen Finanzberichterstattung, IRZ 2008, 95; Kleinert/Kleinert, Neue Transparenzanforderungen für Unternehmen durch „EHUG" und „TUG", GmbHR 2007, R49; Kumm, Praxisfragen bei der Regelpublizität nach Inkrafttreten des TUG, BB 2009, 1118; Matyschok, Finanzberichterstattung bei Aufnahme und Beendigung der Börsennotierung, BB 2009, 1494; Mülbert/Steup, Das zweispurige Regime der Regelpublizität nach Inkrafttreten des TUG, NZG 2007, 761; ders., Emittentenhaftung für fehlerhafte Kapitalmarktinformation am Beispiel der fehlerhaften Regelpublizität, WM 2005, 1633; Müller/Oulds, Transparenz im europäischen Fremdkapitalmarkt, WM 2007, 573; Müller/Stute, Ausgestaltung der unterjährigen Berichterstattung deutscher Unternehmen: E-DRS 21 im Vergleich mit nationalen und internationalen Regelungen, BB 2006, 2803; Mutter/Arnold/Stehle, Die Hauptversammlung unter Geltung des TUG, AG-Report 2007, R109; Nießen, Die Harmonisierung der kapitalmarktrechtlichen Transparenzregeln durch das TUG, NZG 2007, 41; ders., Geänderte Transparenzanforderungen im Wertpapierhandelsgesetz, NJW-Spezial 2007, 75; Noack, Neue Publizitätspflichten und Publizitätsmedien für Unternehmen – eine Bestandsaufnahme nach EHUG und TUG, WM 2007, 377; Philipps, Halbjahresfinanzberichterstattung nach dem WpHG, DB 2007, 2326; Pirner/Lebherz, Wie nach dem Transparenzrichtlinie-Umsetzungsgesetz publiziert werden muss, AG 2007, 19; Rodewald/Unger, Zusätzliche Transparenz für die europäischen Kapitalmärkte – die Umsetzung der EU-Transparenzrichtlinie in Deutschland, BB 2006, 1917; Scheffler, Geänderter Standard zur Zwischenberichterstattung, AG-Report 2008, R282; ders., Erweiterte Rechungslegungspflichten nach dem TUG, AG-Report 2007, R35; ders., Neue Informationspflichten durch die Europäische Transparenzrichtlinie, AG-Report 2005, R66; ders., Europäische Transparenzrichtlinie: Periodische Finanzberichte, AG-Report 2003, R188; Schlitt/Schäfer, Auswirkungen der Umsetzung der Transparenzrichtlinie und der Finanzmarktrichtlinie auf Aktien- und Equity-Linked-Emissionen, AG 2007, 227; Strieder/Ammedick, Der Zwischenlagebericht als neues Instrument der Zwischenberichterstattung, DB 2007, 1368; Wagner, Die Bestellung des Abschlussprüfers für die prüferische Durchsicht – Fragen bei der aktuellen Vorbereitung der Hauptversammlung, BB 2007, 454; Weber, Die Entwicklung des Kapitalmarktrechts im Jahre 2007, NJW 2007, 3688; Wiederhold/Pukallus, Zwischenberichterstattung nach dem Transparenzrichtlinie-Umsetzungsgesetz – Neue Anforderungen an kapitalmarkorientierte Unternehmen aus Sicht der Corporate Governance, Der Konzern 2007, 264.

A. Vorbemerkungen zu den §§ 37 v–37 z	1	II. Aufstellung und Veröffentlichung eines Jahresfinanzberichts (Abs. 1 S. 1, 4)	18
I. Entstehungsgeschichte und aktuelle Entwicklungen	1	III. Veröffentlichung einer Hinweisbekanntmachung (Abs. 1 S. 2 und S. 3)	23
II. Zielsetzung	2	D. Inhalt des Jahresfinanzberichts (Abs. 2)	30
III. Ergänzende Vorschriften	3	I. Jahresabschluss (Abs. 2 Nr. 1)	33
IV. Überblick über die Regelungen in §§ 37 v bis 37 z	6	II. Lagebericht (Abs. 2 Nr. 2)	35
V. Erstmalige Verpflichtung bei Erwerb der Inlandsemittenteneigenschaft	11	III. Bilanzeid (Abs. 2 Nr. 3)	36
B. Persönlicher Anwendungsbereich (Abs. 1 S. 1)	12	IV. Bescheinigung der Wirtschaftsprüferkammer (Abs. 2 Nr. 4)	37
C. Erstellung und Veröffentlichung des Jahresfinanzberichts (Abs. 1)	17	E. Verordnungsermächtigung (Abs. 3)	38
I. Übersicht über den Pflichtenkatalog des § 37 Abs. 1	17		

A. Vorbemerkungen zu den §§ 37 v–37 z

1 **I. Entstehungsgeschichte und aktuelle Entwicklungen.** Die §§ 37 v–37 z gehen auf die Transparenzrichtlinie[1] (**TranspRL**) zurück. Sie wurden in ihrer ursprünglich geltenden Fassung durch das am 20. Januar 2007 in Kraft getretene „Transparenzrichtlinie-Umsetzungsgesetz – TUG"[2] in das WpHG eingefügt. §§ 37 v–37 z setzten die Anforderungen in Art. 4 bis 8 (Kapitel II: „Regelmäßige Information"), Art. 19 und Art. 21 (Kapitel IV: „Allgemeine Verpflichtungen") TranspRL in deutsches Recht um. Zwischenzeitlich wurden §§ 37 v und 37 y insbesondere durch das Bilanzrechtsmodernisierungsgesetz vom 25. Mai 2009[3] (**BilMoG**) geändert. Im Einzelnen wurde hierdurch § 37 v Abs. 2 Nr. 1–3 geändert und Nr. 4 angefügt. Weitere Änderungen erfolgten durch Art. 2 Nr. 9 des Gesetzes zur Umsetzung der Richtlinie 2010/78/EU im Hinblick auf die Errichtung des Europäischen Finanzaufsichtssystems vom 4. Dezember 2011 (Einfügung von § 37 z Abs. 4 S. 2) und durch Art. 2 Nr. 7 und Nr. 8 des Gesetzes zur Umsetzung der Richtlinie 2010/73/EU und zur Änderung des Börsengesetzes vom 26. Juni 2012[4] (Aufhebung des § 37 v Abs. 3 Nr. 4 und Neufassung des § 37 z Abs. 1). Die Kommission hat ferner am 25.10.2011 einen Vorschlag zur Änderung der Tranparenzrichtlinie vorgestellt, dem am 12.6.2013 das Plenum des Europäischen Parlaments mehrheitlich zugestimmt hat und durch die – im Falle ihres Inkrafttretens – insbesondere Verpflichtungen unter der derzeitigen Fassung des § 37 x WpHG entfallen würden.[5]

2 **II. Zielsetzung.** Die Transparenzrichtlinie dient der Schaffung effizienter, transparenter und integrierter Wertpapiermärkte, der Verbesserung der Kapitalallokation, dem Anlegerschutz sowie der Erhöhung der Markteffizienz.[6] Ihr liegt der zutreffende Gedanke zugrunde, dass die Schaffung eines angemessenen Maßes an Transparenz für die Anleger durch rechtzeitige Bekanntgabe zuverlässiger und umfassender Informationen über Wertpapieremittenten das Vertrauen der Anleger nachhaltig stärkt und eine fundierte Beurteilung der Geschäftsergebnisse und der Vermögenslage der Emittenten ermöglicht.[7]

3 **III. Ergänzende Vorschriften.** Zu bestimmten Vorschriften der Transparenzrichtlinie wurden auf europäischer Ebene Durchführungsbestimmungen erlassen.[8] Diese Durchführungsbestimmungen wurden auf nationaler Ebene durch die vom Bundesministerium der Finanzen erlassene Transparenzrichtlinie-Durchführungsverordnung (**TranspRLDV**) vom 13. März 2008[9] umgesetzt. Die Durchführungsverordnung enthält

---

[1] Richtlinie 2004/109/EG des Europäischen Parlaments und des Rates v. 15. Dezember 2004 zur Harmonisierung der Transparenzanforderungen in Bezug auf Informationen über Emittenten, deren Wertpapiere zum Handel auf einem geregelten Markt zugelassen sind und zur Änderung der Richtlinie 2001/34/EG, ABl. EG Nr. L 390 v. 31.12.2004, S. 38 ff.

[2] Gesetz zur Umsetzung der Richtlinie 2004/109/EG des Europäischen Parlaments und des Rates v. 15. Dezember 2004 zur Harmonisierung der Transparenzanforderungen in Bezug auf Informationen über Emittenten, deren Wertpapiere zum Handel auf einem geregelten Markt zugelassen sind und zur Änderung der Richtlinie 2001/34/EG v. 5.1.2007, BGBl. I S. 10 ff.

[3] BGBl. I S. 1102 ff.

[4] BGBl. I S. 1375 ff.

[5] Vorschlag für eine Richtlinie des Europäischen Parlaments und des Rates zur Änderung der Richtlinie 2004/109/EG zur Harmonisierung der Transparenzanforderungen in Bezug auf Informationen über Emittenten, deren Wertpapiere zum Handel auf einem geregelten Markt zugelassen sind, sowie der Richtlinie 2007/14/EG der Kommission, abrufbar unter <http://www.europarl.europa.eu/meetdocs/2009_2014/documents/com/com_com(2011)0683_/com_com(2011)0683_de.pdf>; hierzu *Blöink/Kumm*, BB 2013, 1963 ff.; *Brinckmann*, BB 2012, 1370 ff.

[6] Vgl hierzu auch *Hönsch*, in: Assmann/Schneider, § 37 v Rn 1; Fuchs/*Zimmermann*, WpHG, Vor §§ 37 v bis 37 z Rn 2.

[7] Erwägungsgrund (1) TranspRL, ABl. EG Nr. L 390 v. 31.12.2004, S. 38.

[8] Richtlinie 2007/14/EG der Kommission v. 8. März 2007 mit Durchführungsbestimmungen zu bestimmten Vorschriften der Richtlinie 2004/109/EG zur Harmonisierung der Transparenzanforderungen in Bezug auf Informationen über Emittenten, deren Wertpapiere zum Handel an einem geregelten Markt zugelassen sind, ABl. EG Nr. L 69 v. 9.3.2007, S. 27 ff („TranspRLDurchführungsRL").

[9] Verordnung zur Umsetzung der Richtlinie 2007/14/EG der Kommission v. 8. März 2007 mit Durchführungsbestimmungen zu bestimmten Vorschriften der Richtlinie 2004/109/EG zur Harmonisierung der Transparenzanforderungen in Bezug auf Informationen über Emittenten, deren Wertpapiere zum Handel an einem geregelten Markt zugelassen sind; BGBl. I 2008, S. 408 ff.

insbesondere Regelungen zum Inhalt des Halbjahresfinanzberichts, den ein Inlandsemittent nach § 37w Abs. 1 S. 1 der Öffentlichkeit zur Verfügung zu stellen hat (§ 1 Nr. 3, § 10 TranspRLDV) sowie zur Gleichwertigkeit der Regeln eines Drittstaats zu den Anforderungen der §§ 37v bis 37y (§ 1 Nr. 6, §§ 12–17 TranspRLDV).

Die §§ 37v ff über die Veröffentlichung der Finanzberichte werden ferner ergänzt durch die Regelungen der Wertpapierhandelsanzeige- und Insiderverzeichnisverordnung (**WpAIV**),[10] die in §§ 22–24 WpAIV iVm §§ 3a ff. WpAIV (in Umsetzung von Artt 19 ff. TranspRL) nähere Regelungen zur der Art und Sprache der Veröffentlichung, zur Mitteilung des Emittenten über die Veröffentlichung der Hinweisbekanntmachung an die BaFin sowie zur Zeitdauer der Verfügbarkeit der Finanzberichte enthält.

Verstöße gegen die §§ 37v ff können gemäß § 39 Abs. 2 Nr. 2 n) bis q), Nr. 5 g) bis i), Nr. 6 oder Nr. 24 oder § 39 Abs. 3 Nr. 12 als Ordnungswidrigkeiten oder unter den Voraussetzungen des § 331 Nr. 1 bis Nr. 3 HGB oder § 400 Abs. 1 Nr. 1 AktG als Straftatbestände geahndet werden.[11] Da die §§ 37v ff nicht nur dem Schutz der Allgemeinheit, sondern – wie auch aus den Erwägungsgründen (1) und (9) bis (11) TranspRL ergibt – gerade auch dem Schutz der individuellen Anleger dienen sollen und damit Schutzgesetze iSv § 823 Abs. 2 BGB darstellen, kann ein Verstoß gegen §§ 37v ff zudem eine zivilrechtliche Haftung begründen.[12] Da Normadressat der §§ 37v ff aber jeweils nur der Emittent und nicht auch dessen Organmitglieder sind, kommt auf dieser Grundlage lediglich eine deliktische Außenhaftung des Emittenten in Betracht.[13] Eine deliktische Haftung der den Bilanzeid abgebenden Organmitglieder ist jedoch bei vorsätzlich unrichtiger Abgabe aus § 823 Abs. 2 BGB iVm § 331 Nr. 3a HGB, § 400 Abs. 1 Nr. 1 AktG gegeben.[14] Zum Teil wird neben der deliktischen Haftung auch eine Haftung aufgrund analoger Anwendung der §§ 37b, 37c angenommen, die sich im Hinblick auf den Verschuldensmaßstab (§ 37b Abs. 2, § 37c Abs. 2) von der deliktischen Haftung unterscheidet.[15]

IV. Überblick über die Regelungen in §§ 37v bis 37z. Im 2. Unterabschnitt des 11. Abschnitts des WpHG wird die Verpflichtung von Inlandsemittenten (§ 2 Abs. 7) bestimmter Wertpapiere zur Veröffentlichung und Übermittlung bestimmter Finanzberichte an das Unternehmensregister begründet. Hierbei handelt es sich um den Jahresfinanzbericht (§ 37v.), den Halbjahresfinanzbericht (§ 37w) sowie die Zwischenmitteilungen der Geschäftsführung bzw Quartalsfinanzberichte (§ 37x). Dabei ist der Kreis der Normadressaten umso kleiner, je engmaschiger die Berichterstattung in zeitlicher Hinsicht ist: Während Jahresfinanzberichte grundsätzlich von sämtlichen Unternehmen zu erstellen und zu veröffentlichen sind, die als Inlandsemittenten iSv § 2 Abs. 7 Wertpapiere iSv § 2 Abs. 1 S. 1 begeben, richtet sich die Verpflichtung zur Halbjahresfinanzberichterstattung (§ 37w) lediglich an Inlandemittenten von Aktien und Schuldtiteln iSv § 2 Abs. 1 S. 1. Zwischenmitteilungen der Geschäftsführung bzw Quartalsfinanzberichte sind gemäß § 37x nur von Inlandsemittenten von Aktien zu erstellen.

Da die Verpflichtung zur Finanzberichterstattung nur Inlandsemittenten iSv § 2 Abs. 7 trifft, sind lediglich solche Emittenten Normadressaten, die einen organisierten Markt iSv § 2 Abs. 5 in Anspruch nehmen. Solche Emittenten müssen ihren Sitz jedoch nicht notwendigerweise im Inland haben.[16] Emittenten, deren Wertpapiere dagegen nur im Freiverkehr einer Börse (zB an der Frankfurter Wertpapierbörse (**FWB**), vgl § 116 BörsO FWB) gehandelt werden, müssen die Publizitätsanforderungen der §§ 37v–37z nicht erfüllen.[17]

In den Absätzen 1 der §§ 37v–37x werden die Verpflichtungen begründet, die jeweiligen Finanzberichte der Öffentlichkeit binnen einer bestimmten Frist zur Verfügung zu stellen und eine Bekanntmachung da-

---

10 Verordnung zur Konkretisierung von Anzeige-, Mitteilungs- und Veröffentlichungspflichten sowie der Pflicht zur Führung von Insiderverzeichnissen nach dem Wertpapierhandelsgesetz (Wertpapierhandelsanzeige- und Insiderverzeichnisverordnung – WpAIV) v. 13. Dezember 2004, geändert durch Art. 5 des Gesetzes v. 12.8.2008, BGBl. I S. 1666 ff sowie zuletzt durch Art. 3 des Gesetzes zur Umsetzung der Richtlinie 2010/73/EU und zur Änderung des Börsengesetzes vom 26.6.2012, BGBl. I S. 1375.

11 Näher die Kommentierung zu § 39; Fuchs/Zimmermann, WpHG, Vor §§ 37v bis 37z Rn 21–23; Fleischer, ZIP 2007, 97, 102; Hahn, IRZ 2007, 375, 378 f; Mülbert/Steup, NZG 2007, 761, 767 ff.

12 Str., aA Heidelbach/Doleczik, in: Schwark/Zimmer, Kapitalmarktrechts-Kommentar, § 37v WpHG Rn 43 mwN; wie hier: Maier-Reimer/Seulen, in: Habersack/Mülbert/Schlitt, Handbuch der Kapitalmarktinformation, § 30 Rn 206 ff.

13 Ebenso: Fuchs/Zimmermann, WpHG, Vor §§ 37v bis 37z Rn 32–34.

14 So auch Merkt, in: Baumbach/Hopt, HGB, § 264 Rn 26 sowie Fleischer, ZIP 2007, 97, 103; Hahn, IRZ 2007, 375, 379; vgl auch Groß, WM 2002, 477, 483 f; für Haftung der Gesellschaft über die Zurechnungsnorm des § 31 BGB: Mülbert/Steup, WM 2005, 1633, 1645; zu Unrecht eine zivilrechtliche Haftung aus Garantievertrag bejahend dagegen KölnKomm-WpHG/Mock, § 37w nF Rn 36, § 37w nF Rn 41.

15 Mülbert/Steup, NZG 2007, 761, 766; dies., WM 2005, 1633, 1653 f; aA zu Recht KölnKomm-WpHG/Möllers/Leisch, §§ 37b,c Rn 71.

16 Fuchs/Zimmermann, WpHG, Vor §§ 37v bis 37z Rn 9, 10; kritisch zur Vereinbarkeit des beschränkten Anwendungsbereichs mit der TranspRL: Mülbert/Steup, NZG 2007, 761, 765 f.

17 Ebenso: Fuchs/Zimmermann, WpHG, § 37v Rn 5 zu § 37v; Beiersdorf/Buchheim, BB 2006, 1674; Bosse, DB 2007, 39, 40; Göres, Der Konzern 2007, 15, 17; Wiederhold/Pukallus, Der Konzern 2007, 264, 266; ebenso in Bezug auf Schuldtitelemittenten: Müller/Oulds, WM 2007, 573, 577 f.

rüber zu veröffentlichen, ab welchem Zeitpunkt und unter welcher Internetadresse der Bericht zusätzlich zu seiner Verfügbarkeit im Unternehmensregister öffentlich zugänglich ist (sog **Hinweisbekanntmachung**). Die Hinweisbekanntmachung muss jeweils auch der BaFin mitgeteilt und dem Unternehmensregister (§ 8 b HGB) zur Speicherung übermittelt werden. Der notwendige Inhalt der jeweiligen Finanzberichte wird im Einzelnen jeweils in den Absätzen 2 von §§ 37v–37x geregelt. Für konzernabschlusspflichtige Mutterunternehmen wird der Inhalt der jeweiligen Finanzberichterstattung in § 37y modifiziert.

9 § 37z regelt schließlich Ausnahmen von den Verpflichtungen zur Finanzberichterstattung. Diese Ausnahmen kommen neben Daueremittenten und Emittenten mit Sitz in einem Drittstaat insbesondere auch Emittenten zu Gute, die ausschließlich Schuldtitel mit einer Mindeststückelung von 100.000 EUR (und/oder noch ausstehende und bereits vor dem 31. Dezember 2010 zum Handel an einem organisierten Markt in einem EU-Mitglieds- oder EWR-Vertragsstaat zugelassene Schuldtitel mit einer Mindeststückelung von 50.000 EUR) oder ausschließlich staatlich garantierte Schuldtitel begeben.[18]

10 Durch die Regelungen in §§ 37v-37z werden die handelsrechtlichen rechnungslegungsspezifischen Publikationspflichten nicht verdrängt. Soweit nicht umgekehrt §§ 37v ff sich selbst für insoweit unanwendbar erklären, als entsprechende handelsrechtliche Vorschriften eingreifen (so zB § 37v Abs. 1 S. 1 aE und Abs. 1 S. 4 aE), werden die allgemeinen handelsrechtlichen Bestimmungen durch §§ 37v ff ergänzt. Dies entspricht auch der Zielsetzung der Transparenzrichtlinie, die gemäß Art. 3 Abs. 1 lediglich Mindeststandards setzen und den Herkunftsmitgliedstaaten der Emittenten die Möglichkeit belassen will, strengere Anforderungen vorzusehen.[19]

11 **V. Erstmalige Verpflichtung bei Erwerb der Inlandsemittenteneigenschaft.** Nach Auffassung der BaFin entstehen die Berichtspflichten nach §§ 37v ff richtigerweise ab dem Zeitpunkt der Zulassung (nicht schon der Stellung des Zulassungsantrags) der Wertpapiere zum Handel an einem organisierten Markt im Inland für den aktuellen und alle folgenden Berichtszeiträume.[20] Die BaFin bejaht darüber hinaus eine Berichtspflicht auch für einen der Zulassung vorhergehenden Berichtszeitraum, sofern nur die Zulassung noch während des jeweils maßgeblichen Veröffentlichungszeitraums erfolgt.[21] Im Falle eines Widerrufs der Zulassung muss richtigerweise für den dem Widerruf vorangehenden Berichtszeitraum ein Finanzbericht veröffentlicht werden, sofern der für diesen Finanzbericht nach §§ 37v ff einschlägige Veröffentlichungszeitraum vor dem Wirksamwerden des Widerrufs endet (denn eine Veröffentlichungspflicht muss nicht vor Ende des Veröffentlichungszeitraums[22] erfüllt werden und sofern in diesem Zeitpunkt keine Zulassung mehr besteht, ist die Grundlage für die Veröffentlichungspflicht entfallen).[23] Die BaFin will dagegen eine Berichterstattung für den dem Widerruf vorangehenden (bei Widerruf bereits abgeschlossenen) Berichtszeitraum stets verlangen.[24] Ein laufendes oder beantragtes Insolvenzverfahren über das Vermögen des Inlandsemittenten lässt seine Verpflichtungen aus §§ 37v ff nicht entfallen.[25]

B. Persönlicher Anwendungsbereich (Abs. 1 S. 1)

12 Normadressaten von Abs. 1 sind sämtliche **Unternehmen, die als Inlandsemittenten Wertpapiere begeben**. Der **Unternehmensbegriff** ist weit auszulegen und umfasst alle Einheiten, die Wertpapiere emittieren können. Er hat somit nur insoweit eigenständige (einschränkende) Bedeutung, als Bund und Länder als Emittenten nicht vom Adressatenkreis umfasst sind.[26] Anders als die Publizitätsvorschriften des HGB richten sich die §§ 37v ff somit nicht nur an Kapitalgesellschaften, sondern grundsätzlich zB auch an Emittenten von Schuldverschreibungen.[27]

13 Bei dem Unternehmen muss es sich um einen Inlandsemittenten handeln. Der **Begriff des Inlandsemittenten** ist in § 2 Abs. 7 legal definiert. Gemäß § 2 Abs. 7 Nr. 2 umfasst er auch Emittenten, für die nicht die Bundesrepublik Deutschland (vgl Komm zu § 2 Abs. 6), sondern ein anderer Mitgliedstaat der Herkunftsstaat

---

18 Fuchs/*Zimmermann*, WpHG, Vor §§ 37v bis 37z Rn 11; bis zur Änderung durch G v. 26.6.2012 (BGBl. I S 1375) lag die Schwelle bei 50.000 EUR.
19 Art. 3 Abs. 1 TranspRL; Fuchs/*Zimmermann*, WpHG, Vor §§ 37v bis 37z Rn 2.
20 *BaFin*, Emittentenleitfaden 2013 (Stand: 28.4.2009), XIV.2 (S. 200).
21 *BaFin*, Emittentenleitfaden 2013 (Stand: 28.4.2009), XIV.2 (S. 200); ebenso: *Matyschok*, BB 2009, 1494, 1495 f; kritisch Handelsrechtsausschuss des Deutschen Anwaltvereins, NZG 2009, 175, 178.
22 Beim Halbjahresfinanzbericht kann der konkret einschlägige Veröffentlichungszeitraum aufgrund des Unverzüglichkeitserfordernisses des § 37w Abs. 1 S. 1 freilich im Einzelfall auch schon vor Ablauf der Zwei-Monats-Frist enden, vgl *Matyschok*, BB 2009, 1494, 1495.
23 Ebenso Handelsrechtsausschuss des Deutschen Anwaltvereins, NZG 2009, 175, 178; *Matyschok*, BB 2009, 1494, 1495 f.
24 *BaFin*, Emittentenleitfaden 2013 (Stand: 28.4.2009), XIV.2 (S. 200).
25 *Heidelbach/Doleczik*, in Schwark/Zimmer, Kapitalmarktrechts-Kommentar, § 37v WpHG Rn 8 aE; *BaFin*, Emittentenleitfaden 2013 (Stand: 28.4.2009), XIV.2.1 (S. 200).
26 *Hönsch*, in: Assmann/Schneider, § 37v Rn 8, *BaFin*, Emittentenleitfaden 2013 (Stand: 28.4.2009), XIV.2 (S. 200); vgl auch Art. 8 Abs. 1 TranspRL.
27 *Heidelbach/Doleczik*, in Schwark/Zimmer, Kapitalmarktrechts-Kommentar, § 37v WpHG Rn 2.

ist, sofern deren Wertpapiere nur im Inland zum Handel an einem organisierten Markt zugelassen sind.[28] Der Begriff des Emittenten, für den die Bundesrepublik Deutschland der Herkunftsstaat ist und auf den die Legaldefinition des § 2 Abs. 7 Nr. 1 rekurriert, ist in § 2 Abs. 6 legal definiert und setzt voraus, dass für die betreffenden Wertpapiere ein organisierter Markt iSv § 2 Abs. 5 in Anspruch genommen wird. Emittenten, deren Wertpapiere ausschließlich an einem nicht organisierten Markt gehandelt werden (zB durch Einbeziehung der Wertpapiere in den Freiverkehr der FWB), sind somit nicht Normadressaten des § 37v.[29]

Die Pflicht des Inlandsemittenten zur Jahresfinanzberichterstattung setzt gemäß Abs. 1 S. 1 ferner voraus, dass dieser Wertpapiere begibt. Der **Wertpapierbegriff** ist in § 2 Abs. 1 legal definiert. Er umfasst neben Aktien insbesondere Anteile an in- und ausländischen juristischen Personen sowie Schuldtitel. Zu letzteren ist jedoch die Ausnahmeregelung in § 37z Abs. 1 zu beachten, nach der die Pflicht zur Jahresfinanzberichterstattung nicht für Emittenten gilt, die ausschließlich zum Handel an einem Markt zugelassene Schuldtitel mit einer Mindeststückelung von 100.000 EUR (oder einem entsprechenden Gegenwert einer anderen Währung) (und/oder noch ausstehende und bereits vor dem 31. Dezember 2010 zum Handel an einem organisierten Markt in einem EU-Mitglieds- oder EWR-Vertragsstaat zugelassene Schuldtitel mit einer Mindeststückelung von 50.000 EUR) begeben haben.[30]

Abs. 1 S. 1 gilt ausdrücklich nicht für Unternehmen, die nach den handelsrechtlichen Vorschriften zur Offenlegung der in Abs. 2 genannten Rechnungslegungsunterlagen verpflichtet sind. Unerheblich für die Befreiung ist, ob die Unternehmen ihrer handelsrechtlichen Verpflichtung auch nachkommen.[31] Diese Regelung, die eine Doppelbelastung verhindern soll, normiert einen Vorrang der handelsrechtlichen Veröffentlichungspflichten. Abs. 1 S. 1 gilt somit insbesondere nicht für Kapitalgesellschaften (oder Personengesellschaften iSd § 264a HGB) mit Sitz in der Bundesrepublik Deutschland, da diese gemäß § 325 HGB zur Offenlegung verpflichtet sind, sowie für Emittenten, die als Kreditinstitute nach § 340l HGB offenlegungspflichtig sind. Als Normadressaten des Abs. 1 S. 1 verbleiben somit insbesondere Emittenten ausländischer Rechtsform, die die Voraussetzungen des § 2 Abs. 7 erfüllen, Inlandsemittenten mit Sitz außerhalb der Bundesrepublik Deutschland sowie Inlandsemittenten, die nicht nach dem HGB publizitätspflichtig sind.[32] Ob Abs. 1 S. 1 für Inlandsemittenten gilt, die zwar nicht nach dem HGB, jedoch nach dem PublG zur Offenlegung von Jahresabschluss und Lagebericht verpflichtet sind, ist umstritten, da keine Einigkeit besteht, ob die Vorschriften des PublG „handelsrechtliche" Vorschriften im Sinne des Abs. 1 S. 1 sind.[33] Solange die Einordnung der publizitätsgesetzlichen Pflichten als „handelsrechtliche" Pflichten nicht obergerichtlich geklärt ist, ist für betroffene Gesellschaften eine Veröffentlichung nach § 37v dringend zu empfehlen. Besteht keine Verpflichtung zur Veröffentlichung nach Abs. 1 S. 1 wegen Eingreifens vorrangiger handelsrechtlicher Pflichten, so besteht – trotz dies diese Ausnahmeregelung nicht wiederholenden Wortlauts in Abs. 1 S. 2 – auch keine Verpflichtung zur Veröffentlichung einer Hinweisbekanntmachung nach Abs. 1 S. 2.[34]

Die im Schrifttum vertretene Auffassung, dass im Falle einer Verschmelzung eines zur Jahresfinanzberichterstattung verpflichteten übertragenden Rechtsträgers die Veröffentlichungspflicht nach § 37v nicht auf den übernehmenden Rechtsträger übergehen soll, erscheint zweifelhaft.[35] Zwar erlischt die Rechnungslegungspflicht des übertragenden Rechtsträgers aufgrund seines Untergangs mit Wirksamkeit der Verschmelzung. Eine vor diesem Zeitpunkt bereits entstandene und fällige Publizitätspflicht des übertragenden Rechtsträgers nach § 37v muss jedoch schon aufgrund des von dieser Vorschrift bezweckten Anlegerschutzes gemäß § 20 UmwG (oder entsprechender ausländischer Vorschriften) auf den übernehmenden Rechtsträger übergehen.

C. Erstellung und Veröffentlichung des Jahresfinanzberichts (Abs. 1)

I. Übersicht über den Pflichtenkatalog des § 37 Abs. 1.
Die Verpflichtung zur Jahresfinanzberichterstattung setzt sich nach Abs. 1 aus einer Reihe von Einzelverpflichtungen zusammen:

- So muss das verpflichtete Unternehmen zunächst einen Jahresfinanzbericht mit dem in Abs. 2 näher bezeichneten Inhalt erstellen (Abs. 1 S. 1, hierzu näher unten Rn 30 ff).

---

28 KölnKomm-WpHG/*Mock*, § 37v nF Rn 7.
29 Ebenso: Fuchs/*Zimmermann*, WpHG, § 37v Rn 5; *Beiersdorf/Buchheim*, BB 2006, 1674; *Bosse*, DB 2007, 39, 40; *Göres*, Der Konzern 2007, 15, 17; *Wiederhold/Pukallus*, Der Konzern 2007, 264, 266; ebenso in Bezug auf Schuldtitelemittenten: *Müller/Oulds*, WM 2007, 573, 577 f.
30 Ebenso: *Hönsch*, in: Assmann/Schneider, § 37v Rn 9 zur Rechtslage vor dem 26.6.2012 (Schwellenwert bei 50.000 EUR).
31 *Hönsch*, in: Assmann/Schneider, § 37v Rn 15; KölnKomm-WpHG/*Mock*, § 37v nF Rn 8.
32 Fuchs/*Zimmermann*, WpHG, Vor §§ 37v bis 37z Rn 15; § 37v Rn 7 *Hönsch*, in: Assmann/Schneider, § 37v Rn 13, 14; *Mülbert/Steup*, NZG 2007, 761, 763.
33 Gegen Anwendung des § 37v *Heidelbach/Doleczik*, in: Schwark/Zimmer, Kapitalmarktrechts-Kommentar, § 37v WpHG Rn 10; aA etwa Fuchs/*Zimmermann*, WpHG, Vor §§ 37v bis 37z Rn 15.
34 Strittig; wie hier: *Heidelbach/Doleczik*, in Schwark/Zimmer, Kapitalmarktrechts-Kommentar, § 37v WpHG Rn 15.
35 *Hönsch*, in: Assmann/Schneider, § 37v Rn 10.

- Ferner muss der Jahresfinanzbericht spätestens vier Monate nach Ablauf jedes Geschäftsjahres der Öffentlichkeit zur Verfügung gestellt werden (Abs. 1 S. 1), und zwar, wie sich aus S. 2 ergibt, durch Veröffentlichung auf einer allgemein zugänglichen Internetseite sowie über das elektronische Unternehmensregister iSd § 8 b HGB.
- Ferner muss bereits im Vorfeld der Offenlegung eine Hinweisbekanntmachung veröffentlicht werden, aus der sich ergibt, ab welchem Zeitpunkt und unter welcher Internetadresse die zum Jahresfinanzbericht gehörigen Rechnungslegungsunterlagen zusätzlich zu ihrer Verfügbarkeit im Unternehmensregister öffentlich zugänglich sind (Abs. 1 S. 2).
- Die Hinweisbekanntmachung muss gemäß Abs. 1 S. 3 der BaFin zeitgleich mit ihrer Veröffentlichung mitgeteilt werden.
- Nach derselben Vorschrift ist die Hinweisbekanntmachung auch dem Unternehmensregister zur Speicherung zu übermitteln.
- Schließlich sind die Normadressaten gemäß Abs. 1 S. 4 verpflichtet, die zum Jahresfinanzbericht gehörigen Rechnungslegungsunterlagen an das Unternehmensregister zur Speicherung zu übermitteln.

II. Aufstellung und Veröffentlichung eines Jahresfinanzberichts (Abs. 1 S. 1, 4). Gemäß Abs. 1 S. 1 muss das verpflichtete Unternehmen spätestens vier Monate nach Ablauf jedes Geschäftsjahres den Jahresfinanzbericht der Öffentlichkeit zur Verfügung stellen. Die Viermonatsfrist entspricht der für kapitalmarktorientierte Kapitalgesellschaften (§ 264 d HGB) gemäß § 325 Abs. 4 S. 1 HGB geltenden Frist für die Einreichung des Jahresabschlusses beim Bundesanzeiger. Sofern die Abschlussprüfung des im Jahresfinanzbericht enthaltenen Jahresabschlusses nicht innerhalb der Viermonatsfrist abgeschlossen ist, muss der Jahresfinanzbericht mit dem Jahresabschluss schon vor Beendigung der Abschlussprüfung der Öffentlichkeit zur Verfügung gestellt werden; der Bestätigungsvermerk ist nach dessen Erteilung gesondert in derselben Weise wie der Jahresfinanzbericht der Öffentlichkeit zur Verfügung zu stellen.[36] Für Aktienemittenten, deren Aktien zum Handel im Prime Standard der FWB zugelassen sind, enthält § 50 Abs. 1 BörsO FWB hinsichtlich der Sprache des Jahresfinanzberichts die Vorgabe, dass der Bericht in deutscher *und in englischer Sprache* abgefasst sein muss; lediglich Emittenten mit Sitz im Ausland können den Bericht ausschließlich in englischer Sprache abfassen. Gemäß § 50 Abs. 2 BörsO FWB muss der Jahresfinanzbericht solcher Emittenten ferner der Geschäftsführung der FWB in elektronischer Form übermittelt werden. Überdies gilt nach der im Emittentenleitfaden veröffentlichten Verwaltungsauffassung der BaFin für die Sprache des Finanzberichts (trotz der auf die Hinweisbekanntmachung beschränkten Verweisungsnorm des § 22 WpAIV) die Vorschrift des § 3 b WpAIV (vgl auch unten Rn 27).[37]

Abs. 1 S. 1 regelt nicht explizit, auf welche Art und Weise der Bericht der Öffentlichkeit zur Verfügung gestellt werden muss; auch die Begründung des Regierungsentwurfs enthält keine näheren Angaben zur **Art der erforderlichen Veröffentlichungshandlung.**[38] Aus Abs. 1 S. 2 ergibt sich jedoch, dass der Jahresfinanzbericht über eine Internetadresse öffentlich zugänglich zu machen ist.[39] Die Internetadresse muss daher allgemein zugänglich sein. Der Jahresfinanzbericht kann somit insbesondere durch seine Abrufbarkeit über eine allgemein zugängliche Homepage des Emittenten der Öffentlichkeit zur Verfügung gestellt werden.[40] Andere Möglichkeiten des öffentlichen zur Verfügung Stellens werden durch Abs. 1 S. 2 nicht ausgeschlossen; jedoch ist für die Praxis die Veröffentlichung auf der Homepage zu empfehlen, da sie vom Gesetz ausdrücklich zugelassen wird und somit ein Höchstmaß an Rechtssicherheit für den Emittenten mit sich bringt: Die Verpflichtung nach Abs. 1 S. 1 ist damit in jedem Fall erfüllt. Etwas anderes kann nur gelten, sofern die Veröffentlichung an einer versteckten Stelle auf der Homepage erfolgt, an der der Verkehr sie nicht erwartet, und auch mittels einer auf der Homepage des Emittenten enthaltenen Suchfunktion nicht ohne Weiteres aufgefunden werden kann.

Zudem verlangt Abs. 1 S. 4, dass die den Jahresfinanzbericht ausmachenden Rechnungslegungsunterlagen (Abs. 2) an das Unternehmensregister zur Speicherung übermittelt werden. Die Übermittlung zur Speicherung gehört richtigerweise nicht zum öffentlichen zur Verfügung Stellen iSd Abs. 1 S. 1, sondern stellt eine hiervon gesonderte Verpflichtung dar.[41] Dies ergibt sich aus der Formulierung in § 37 v S. 2 („zusätzlich zur Verfügbarkeit im Unternehmensregister öffentlich zugänglich") sowie daraus, dass Abs. 1 S. 1 nur ein „der Öffentlichkeit zur Verfügung Stellen" verlangt und dies bereits mit der Publikation auf einer öffentlich zugänglichen Homepage des Emittenten erfüllt ist. Praktische Bedeutung hat diese Abgrenzung aus mehre-

---

36 So auch *Hönsch*, in: Assmann/Schneider, § 37 v Rn 18; eine Ordnungswidrigkeit gemäß § 39 Abs. 2 Nr. 2 m) liegt in diesem Fall freilich vor.
37 BaFin, Emittentenleitfaden 2013 (Stand: 28.4.2009), XIV.3.3.4 (S. 204); ebenso *Hönsch,* in: Assmann/Schneider, § 37 v Rn 6.
38 *Hönsch*, in: Assmann/Schneider, § 37 v Rn 11.
39 Fuchs/*Zimmermann*, WpHG, Vor §§ 37 v bis 37 z Rn 12, § 37 v Rn 7.
40 Ebenso: *Hönsch*, in: Assmann/Schneider, § 37 v Rn 11; KölnKomm-WpHG/*Mock*, § 37 v nF Rn 13; vgl auch *BaFin*, Emittentenleitfaden 2013 (Stand: 28.4.2009), XIV.3.3.1 (S. 204).
41 Vgl auch KölnKomm-WpHG/*Mock*, § 37 v nF Rn 13 f.

ren Gründen: Zum einen, weil die Subsidiaritätsklausel des Abs. 1 S. 1, nach der diese Vorschrift nicht für nach dem HGB publizitätspflichtige Unternehmen gilt, sich nur auf die Verpflichtung aus S. 1, nicht auch auf die Verpflichtungen aus Sätzen 2 bis 3 bezieht.[42] Zum anderen, weil die Veröffentlichung auf der Homepage des Emittenten gemäß Abs. 1 S. 1 binnen vier Monaten nach Ablauf eines Geschäftsjahres erfolgen kann, während die Übermittlung zur Speicherung an das Unternehmensregister „unverzüglich, jedoch nicht vor Veröffentlichung der Hinweisbekanntmachung", also ggf (nämlich bei frühzeitiger Hinweisbekanntmachung) bereits zu einem früheren Zeitpunkt erfolgen muss. Ein weiterer Unterschied zwischen den Publizitätspflichten nach S. 1 und S. 4 liegt darin, dass den Emittenten bezüglich der zur Verfügungstellung an die Öffentlichkeit gemäß S. 1 eine erfolgsbezogene Pflicht trifft, die nur erfüllt ist, wenn die Abrufbarkeit auf der Homepage auch tatsächlich gewährleistet ist und die Homepage der Öffentlichkeit zugänglich ist, wohingegen für S. 4 die Übermittlung zur Speicherung an das Unternehmensregister genügt, selbst wenn die Information dort verloren gehen sollte.

Ebenfalls nicht ausdrücklich geregelt ist die Frage, für welchen **Zeitraum** der Jahresfinanzbericht der Öffentlichkeit zur Verfügung gestellt werden muss. Zur Sicherheit empfiehlt es sich für die Praxis, die Jahresfinanzberichte für einen Zeitraum von mindestens fünf Jahren auf der Homepage der Gesellschaft bereit zu stellen, da der Emittent nach Art. 4 Abs. 1 TranspRL sicherzustellen hat, dass der Jahresfinanzbericht fünf Jahre öffentlich zugänglich bleibt und nach § 24 WpAIV die Speicherung des Jahresfinanzberichts im Unternehmensregister auch für diese Zeitdauer erfolgen muss.[43] Vorübergehende Störungen des Internets und kurzzeitige Unterbrechungen der Abrufbarkeit des Jahresfinanzberichts auf der Homepage, die durch den Emittenten nicht zu vertreten sind, etwa weil sie der Systemwartung dienen, sind dagegen – wie der Gesetzgeber für die vergleichbare Vorschrift des § 124 a AktG jüngst anerkannt hat[44] – auch im Rahmen von S. 1 unschädlich.

Eine entsprechende Befreiung normiert § 37 v Abs. 1 S. 4 aE im Hinblick auf die Verpflichtung zur Übermittlung der Rechnungslegungsunterlagen an das Unternehmensregister für Unternehmen, deren Abschlüsse nach § 8 b Abs. 2 Nr. 4 iVm Abs. 3 S. 1 Nr. 1 HGB im Bundesanzeiger offengelegt werden. Relevant bleibt § 37 v Abs. 1 S. 4 damit für Inlandsemittenten mit Sitz im Ausland.[45]

III. Veröffentlichung einer Hinweisbekanntmachung (Abs. 1 S. 2 und S. 3). Abs. 1 S. 2 beruht auf Art. 12 Abs. 3 S. 2 der TranspRLDurchführungsRL, nach dem es – als Ausnahme vom in Art. 21 Abs. 1 TranspRL aufgestellten Grundsatz der vollständigen Veröffentlichung – im Falle der Jahres- und Halbjahresfinanzberichte sowie der Zwischenmitteilungen der Geschäftsführung genügt, wenn eine Ankündigung in Bezug auf die vorgeschriebenen Informationen den Medien übermittelt und in dieser Ankündigung auf die Webseite verwiesen wird, auf der die entsprechenden Dokumente (zusätzlich zum in Art. 21 TranspRL genannten offiziellen Speicherungssystem, im Falle von Deutschland dem Unternehmensregister gemäß § 37 v Abs. 1 S. 4 iVm § 8 b HGB) abrufbar sind.

Im Hinblick auf den **Adressatenkreis** der Verpflichtung zur Veröffentlichung einer Hinweisbekanntmachung kann auf die Ausführungen in Rn 12–16 verwiesen werden: Die Verpflichtung trifft alle Unternehmen, die als Inlandsemittenten Wertpapiere begeben. Die in Abs. 1 S. 1 geregelte Bereichsausnahme für Unternehmen, die nach den handelsrechtlichen Vorschriften zur Offenlegung der in Abs. 2 genannten Rechnungslegungsunterlagen verpflichtet sind (so Rn 15), gilt im Rahmen des Abs. 1 S. 2 (wie sich aus dessen Wortlaut eindeutig ergibt) nicht.[46]

Inhaltlich ist in der Hinweisbekanntmachung anzugeben, ab welchem Zeitpunkt und unter welcher Internetadresse die in Abs. 2 genannten Rechnungslegungsunterlagen zusätzlich zu ihrer Verfügbarkeit im Unternehmensregister öffentlich zugänglich sind.[47] Aus der Hinweisbekanntmachung muss eindeutig hervorgehen, auf welche Rechnungslegungsunterlagen sie sich bezieht.[48] Dabei muss die konkrete Internetadresse, unter der die Unterlagen abrufbar sind, angegeben werden, also der genaue Pfad, unter dem die Unterlagen zugänglich sind.[49] Ein allgemeiner Hinweis auf die Internetpräsenz des Emittenten ist ebensowenig ausreichend[50] wie die Angabe lediglich der Startseite der Homepage oder einer Unterseite, auf der jedoch die Rechnungslegungsunterlagen selbst nicht unmittelbar abrufbar sind.[51] Die BaFin fordert daher zurecht,

---

42 Fuchs/*Zimmermann*, WpHG, § 37 v Rn 7 aE; *Hönsch*, in: Assmann/Schneider, § 37 v Rn 16: Unternehmen, die bereits nach handelsrechtlichen Vorschriften zur Offenlegung der in § 37 v Abs. 2 genannten Rechnungslegungsunterlagen verpflichtet sind, haben somit zusätzlich auch die Verpflichtungen aus § 37 v Abs. 1 S. 3 zu erfüllen.

43 *Hönsch*, in: Assmann/Schneider, § 37 v Rn 19; KölnKomm-WpHG/*Mock*, § 37 v nF Rn 16.

44 BT-Drucks. 16/11642, S. 30 (Entwurf eines Gesetzes zur Umsetzung der Aktionärsrechterichtlinie).

45 *Hönsch*, in: Assmann/Schneider, § 37 v Rn 35; Fuchs/*Zimmermann*, WpHG, § 37 v Rn 12.

46 Ebenso: Fuchs/*Zimmermann*, WpHG, § 37 v Rn 8; *Hönsch*, in: Assmann/Schneider, § 37 v Rn 20; *Arnold/Born*, AG-Report 2008, R82; *Bosse*, DB 2007, 39, 44; *Mülbert/Steup*, NZG 2007, 761, 764 f.

47 Formulierungsbeispiel bei *Philipps*, DB 2007, 2326, 2329.

48 *Kumm*, BB 2009, 1118, 1120.

49 BT-Drucks. 16/2498, S. 43; *Kumm*, BB 2009, 1118, 1120.

50 Fuchs/*Zimmermann*, WpHG, § 37 v Rn 8.

51 *Hönsch*, in: Assmann/Schneider, § 37 v Rn 21; KölnKomm-WpHG/*Mock*, § 37 v nF Rn 17; BT-Drucks. 16/2498, S. 43.

26 Abs. 1 S. 2 legt ferner den **Zeitpunkt der Veröffentlichung** der Hinweisbekanntmachung fest. Die Hinweisbekanntmachung muss vor dem Zeitpunkt veröffentlicht werden, zu dem die in Abs. 2 genannten Rechnungslegungsunterlagen erstmals der Öffentlichkeit zur Verfügung stehen. Hierbei genügt jede noch so geringfügige zeitliche Vorverlegung der Veröffentlichung der Hinweisbekanntmachung vor den Zeitpunkt der Veröffentlichung der Rechnungslegungsunterlagen.[53] Zur Frage, mit welchem zeitlichen Vorlauf die Hinweisbekanntmachung höchstens vor Veröffentlichung der Rechnungsunterlagen erfolgen darf, stellt § 37 v keine zeitliche Höchstgrenze auf. Die BaFin lässt Sammelmitteilungen für die entsprechenden Finanzberichte (zB im Rahmen eines Finanzkalenders iSd Ziff. 6.7 DCGK) zu, wenn in diesen bereits der richtige Zeitpunkt und die richtige Internetadresse angegeben werden, zu denen die jeweiligen Finanzberichte der Öffentlichkeit zur Verfügung stehen, empfiehlt aber, Sammelmitteilungen höchstens für einen Zeitraum von 12 Monaten im Voraus abzugeben.[54] Bei zeitversetzter Veröffentlichung von Jahres- und Konzernabschluss sind somit entweder zwei gesonderte Hinweisbekanntmachungen erforderlich, sofern nicht in der vor Veröffentlichung der ersten Rechnungslegungsunterlage veröffentlichten Hinweisbekanntmachung bereits auch darauf hingewiesen wird, ab welchem Zeitpunkt und unter welcher Internetadresse die zweite Rechnungslegungsunterlage öffentlich zugänglich sein wird.[55] Bei nachträglicher Änderung (mit Ausnahme der Berichtigung offensichtlicher Schreibfehler) der der Öffentlichkeit bereits zur Verfügung gestellten Rechnungslegungsunterlagen ist eine erneute Hinweisbekanntmachung erforderlich.[56] Eine erneute Hinweisbekanntmachung („Bekanntmachungsänderungsmitteilung") ist auch erforderlich, wenn sich der Informationskanal der öffentlichen Zurverfügungstellung innerhalb des Fünfjahreszeitraums, den die Finanzberichte der Öffentlichkeit zur Verfügung stehen müssen, (nachträglich) ändert.[57]

27 Die **Art und Sprache der Veröffentlichung** der Hinweisbekanntmachung werden in Abs. 1 selbst nicht geregelt. Hierzu enthalten jedoch § 22 iVm § 3 a (Art der Veröffentlichung) und § 3 b (Sprache der Veröffentlichung) WpAIV nähere Bestimmungen. Gemäß § 3 a WpAIV muss die Hinweisbekanntmachung auch solchen Medien zugeleitet werden, bei denen davon ausgegangen werden kann, dass sie die Information in der gesamten Europäischen Union und in den übrigen EWiR-Vertragsstaaten (schnell und aktiv) verbreiten.[58] Die Regierungsbegründung zum TUG hat in diesem Zusammenhang hervorgehoben, dass der Emittent nach dem Konzept der Transparenzrichtlinie ein Bündel unterschiedlicher Medienarten nutzen müsse, wobei die Zahl der unterschiedlichen Medienarten und der eingesetzten Medien einer Medienart sich nach den Besonderheiten des Einzelfalls, insbesondere der Aktionärsstruktur des Emittenten sowie der Zahl und des Ortes seiner Börsenzulassungen bestimme. Regelmäßig gehören zu einem solchen Medienbündel mindestens ein elektronisch betriebenes Informationsverbreitungssystem, das bei Kreditinstituten, nach § 53 Abs. 1 S. 1 KWG tätigen Unternehmen, anderen Unternehmen, die ihren Sitz im Inland haben und an einer inländischen Börse zur Teilnahme am Handel zugelassen sind, und Versicherungsunternehmen weit verbreitet ist, weiterhin News Provider, Nachrichtenagenturen, die jeweils wichtigsten Printmedien auf nationaler und europäischer Ebenen sowie entsprechende Internetseiten für den Finanzmarkt.[59] Die Sprache der Veröffentlichung ist gemäß § 3 b WpAIV im Regelfall (Emittent mit Herkunftsstaat Deutschland und Zulassung der Wertpapiere zum Handel an einem organisierten Markt in Deutschland) die deutsche Sprache. Obwohl der Verweis des § 22 WpAIV auf § 3 b WpAIV sich sprachlich nur auf die Hinweisbekanntmachungen bezieht, geht die BaFin im Emittentenleitfaden davon aus, dass die Regelungen des § 3 b WpAIV auch für die Sprache der Finanzberichte selbst gelten.[60]

---

52 *BaFin*, Emittentenleitfaden 2013 (Stand: 28.4.2009), XIV.3.3.2 (S. 204); ebenso: *Hönsch*, in: Assmann/Schneider, § 37 v Rn 21; *Kumm*, BB 2009, 1118, 1120.
53 Str.; strenger: *Heidelbach/Doleczik*, in Schwark/Zimmer, Kapitalmarktrechts-Kommentar, § 37 v WpHG Rn 20 unter Berufung auf den (mE nicht einschlägigen) § 187 Abs. 1 BGB (Veröffentlichung der Hinweisbekanntmachung spätestens am Tag vor Veröffentlichung der Rechnungslegungsunterlagen). Lediglich eine (rechtlich nicht bindende) Empfehlung enthält der Emittentenleitfaden der BaFin, der sogar die Einhaltung einer (gesetzlich nicht geregelten) Wochenfrist nahe legt (*BaFin*, Emittentenleitfaden 2013, Ziff. XIV.3.3.2. (S. 204)).
54 *BaFin*, Emittentenleitfaden 2013 (Stand: 28.4.2009), XIV.3.3.2 (S. 204); vgl auch *Hönsch*, in: Assmann/Schneider, § 37 v Rn 24 sowie *Heidelbach/Doleczik*, in: Schwark/Zimmer, Kapitalmarktrechts-Kommentar, § 37 v WpHG Rn 20.
55 Ähnlich: *Hönsch*, in: Assmann/Schneider, § 37 v Rn 20.
56 Ebenso: *Hönsch*, in: Assmann/Schneider, § 37 v Rn 25; *Kumm*, BB 2009, 1118, 1120.
57 KölnKomm-WpHG/*Mock*, § 37 v nF Rn 20.
58 Im Einzelnen: *Hutter/Kaulamo*, NJW 2007, 550, 555; *Nießen*, NZG 2007, 41, 46; *Pirner/Lebherz*, AG 2007, 19, 21 ff; vgl zur praktischen Vorgehensweise an der FWB notierten Unternehmen: *Philipps*, DB 2007, 2326, 2329.
59 BT-Drucks. 16/2498, S. 49; ebenso: *BaFin*, Emittentenleitfaden 2013 (Stand: 22.7.2013), VIII.3.2.1.3.1 (S. 153); *Hönsch*, in: Assmann/Schneider, § 37 v Rn 22.
60 BaFin, Emittentenleitfaden 2013 (Stand: 28.4.2009), XIV.3.3.4 (S. 204); ebenso *Hönsch*, in: Assmann/Schneider, § 37 v Rn 6.

Gemäß Abs. 1 S. 3 müssen die in Rn 24 genannten Normadressaten die **Hinweisbekanntmachung der** 28
BaFin zeitgleich mit ihrer Veröffentlichung **übermitteln**. Die BaFin scheint in Bezug auf das Gleichzeitigkeitserfordernis zumindest eine unmittelbar nacheinander erfolgende Versendung der Hinweisbekanntmachung an die o.g. Medien und an die BaFin zu verlangen.[61] Eine im Schrifttum vertretene Auffassung lässt weniger streng taggleiche Versendungen der Hinweisbekanntmachung an die Medien und an die BaFin genügen.[62] Die Mitteilung der BaFin muss inhaltlich den Anforderungen von § 23 WpAIV iVm § 3 c WpAIV genügen.
Für Kreditinstitute gelten zudem die Sonderregelungen in § 26 KWG.[63]
Gemäß Abs. 1 S. 3 Hs 2 müssen die in Rn 24 genannten Normadressaten die Hinweisbekanntmachung zudem **dem Unternehmensregister zur Speicherung übermitteln**. Die Übermittlung der Hinweisbekanntmachung an das Unternehmensregister (§ 8 b HGB) muss „unverzüglich, jedoch nicht vor ihrer Veröffentlichung" erfolgen. Der Veröffentlichungszeitpunkt der Hinweisbekanntmachung muss in diesem Kontext als der Zeitpunkt verstanden werden, in dem der Emittent die Hinweisbekanntmachung an solche Medien zugeleitet hat, bei denen davon ausgegangen werden kann, dass sie die Information in der gesamten Europäischen Union und in den übrigen EWiR-Vertragsstaaten verbreiten (Medienbündel, so Rn 27).[64] Nähere Bestimmungen zum Übermittlungsweg und dem erforderlichen Format ergeben sich aus der Verordnung über das Unternehmensregister (Unternehmensregisterverordnung – URV) vom 26. Februar 2007.[65] 29

D. Inhalt des Jahresfinanzberichts (Abs. 2)

Abs. 2 legt in Umsetzung von Art. 4 Abs. 2 TranspRL den Mindestinhalt des Jahresfinanzberichts fest. Da 30
es sich insoweit um Mindestangaben handelt, kann der Inlandsemittent freiwillig weitere Angaben in den Jahresfinanzbericht aufnehmen, die dann als Teil des Jahresfinanzberichts wie dieser zu veröffentlichen sind.[66] Der Umfang der zusätzlichen Angaben ist dabei grundsätzlich in das Belieben des Emittenten gestellt.[67] Solche weiteren Angaben müssen selbstverständlich stets zutreffend sein; ferner darf die Aufnahme weiterer freiwilliger Angaben den Jahresfinanzbericht nicht irreführend erscheinen lassen.
Für Inlandsemittenten mit Sitz in Deutschland, für die die Verpflichtungen aus Abs. 1 S. 1 und S. 4 zur Er- 31
stellung und Veröffentlichung von Jahresfinanzberichten sowie zur Übermittlung der hierin enthaltenen Rechnungslegungsunterlagen an das Unternehmensregister nicht gelten, ist der in Abs. 2 geregelte Mindestinhalt des Jahresfinanzberichts nur insofern von Bedeutung, als solche Emittenten gemäß Abs. 1 S. 2–3 eine Hinweisbekanntmachung zu veröffentlichen, der BaFin mitzuteilen und dem Unternehmensregister zur Speicherung zu übermitteln haben, aus der sich ergibt, ab welchem Zeitpunkt und unter welcher Internetadresse die in § 37 Abs. 2 genannten Unterlagen zusätzlich zu ihrer Verfügbarkeit im Unternehmensregister öffentlich zugänglich sind.
Der Jahresfinanzbericht konzernabschlusspflichtiger Mutterunternehmen hat neben den in § 37 v Abs. 2 ge- 32
nannten Rechnungslegungsunterlagen gemäß § 37 y Nr. 1 auch den geprüften, im Einklang mit der IAS-Verordnung[68] aufgestellten Konzernabschluss, den Konzernlagebericht, eine den Vorgaben des § 297 Abs. 2 S. 3, § 315 Abs. 1 S. 6 HGB entsprechende Erklärung und eine Bescheinigung der Wirtschaftsprüferkammer gemäß § 134 Abs. 2 a WPO über die Eintragung des Abschlussprüfers oder eine Bestätigung der Wirtschaftsprüferkammer gemäß § 134 Abs. 4 S. 8 WPO über die Befreiung von der Eintragungspflicht zu enthalten. Konzernabschlusspflichtige Mutterunternehmen haben den Jahresfinanzbericht somit bezogen auf das Mutterunternehmen selbst sowie bezogen auf die Gruppe aufzustellen.[69]

I. Jahresabschluss (Abs. 2 Nr. 1). Gemäß Abs. 2 Nr. 1 hat der Jahresfinanzbericht zunächst den gemäß dem 33
nationalen Recht des Sitzstaates des Emittenten aufgestellten und geprüften Jahresabschluss zu enthalten. Die Formulierung „geprüfter" Jahresabschluss spricht dafür, dass der Jahresabschluss einschließlich des Bestätigungsvermerks veröffentlicht werden muss (obwohl der Bestätigungsvermerk streng genommen nicht Teil des Jahresabschlusses iSd Abs. 2 ist).[70] Für die Aufstellung und den Inhalt des Jahresabschlusses sowie dessen Prüfung ist somit allein das nationale Recht des Sitzstaates des jeweiligen Emittenten maßgeblich.

---

61 *BaFin*, Emittentenleitfaden 2013 (Stand: 28.4.2009), XIV.3.3.3 (S. 204); ebenso: *Kumm*, BB 2009, 1118, 1120.
62 *Hönsch*, in: Assmann/Schneider, § 37 v Rn 29.
63 Vgl auch *Heidelbach/Doleczik*, in Schwark/Zimmer, Kapitalmarktrechts-Kommentar, § 37 v WpHG Rn 22.
64 Ebenso: *Hönsch*, in: Assmann/Schneider, § 37 v Rn 33; in diese Richtung auch *Nießen*, NZG 2007, 41, 46; *ders.*, NJW-Spezial 2007, 75, 76.
65 BGBl. I S. 217.
66 *Hönsch*, in: Assmann/Schneider, § 37 v Rn 38; Fuchs/*Zimmermann*, WpHG, § 37 v Rn 13; KölnKomm-WpHG/*Mock*, § 37 v nF Rn 31; *Kumm*, BB 2009, 1118.
67 Vgl auch *BaFin*, Emittentenleitfaden 2013 (Stand: 28.4.2009), XIV.3.1 (S. 202).
68 VO (EG) Nr. 1606/2002 des Europäischen Parlaments und des Rates v. 19. Juli 2002 betreffend die Anwendung internationaler Rechnungslegungsstandards, ABl. EG Nr. L 243 v. 11.9.2002, S. 1 („IAS-Verordnung").
69 BT-Drucks. 16/2498, S. 46; vgl auch Fuchs/*Zimmermann*, WpHG, § 37 y Rn 2.
70 Ebenso *Heidelbach/Doleczik*, in Schwark/Zimmer, Kapitalmarktrechts-Kommentar, § 37 v WpHG Rn 30 mwN.

Unstreitig ist dies jedoch nur für Emittenten mit Sitzstaat innerhalb der EU. Bei Inlandsemittenten mit dem Sitz in einem Drittstaat wird dagegen unter Berufung auf die englische Sprachfassung von Art. 4 Abs. 3 Unterabs 2 TranspRL („prepared in accordance with the national law of the Member State in which the company is incorporated") die Auffassung vertreten, dass solche Emittenten nicht das Recht haben, den Jahresabschluss des Jahresfinanzberichts nach dem nationalen Recht ihres Sitzstaates aufzustellen und prüfen zu lassen (sondern wohl nach den IAS/IFRS).[71] Diese Ansicht ist jedoch richtigerweise abzulehnen, da auch der englische Wortlaut der TranspRL keine Aussage dazu trifft, welches Bilanzrecht auf Emittenten anzuwenden ist, die ihren Sitz nicht in einem Mitgliedsstaat haben. Damit verstößt die deutsche Regelung, die Drittstaatenemittenten eine Bilanzierung nach eigenem Sitzstaatenrecht erlaubt, auch nicht gegen Art. 4 Abs. 3 Unterabs 2 TranspRL.[72]

34 Ist der Emittent auch zur Aufstellung eines Konzernabschlusses verpflichtet, ist dieser gemäß § 37 y Nr. 1 ebenfalls notwendiger Bestandteil des Jahresfinanzberichts. Die BaFin kann jedoch gemäß § 37 z Abs. 4 S. 1 Emittenten mit Sitz in einem Drittstaat (vgl § 2 Abs. 6 Nr. 1 b) von den Erstellungsanforderungen nach den §§ 37 v ff ausnehmen, soweit das Recht des Sitzstaates des Emittenten gleichwertige Regeln aufstellt. Die BaFin hat im Falle der Erteilung einer solchen Freistellung gemäß dem durch das Gesetz zur Umsetzung der Richtlinie 2010/78/EU vom 24. November 2010 im Hinblick auf die Errichtung des Europäischen Finanzaufsichtssystems neu eingefügten § 37 z Abs. 4 S. 2 die Europäische Wertpapier- und Marktaufsichtsbehörde hierüber zu unterrichten. Da der „geprüfte" Jahresabschluss notwendiger Bestandteil des Jahresfinanzberichts ist, muss in diesen auch der vom Abschlussprüfer erteilte Bestätigungsvermerk in vollem Umfang aufgenommen und veröffentlicht werden; diese Auslegungsdirektive ergibt sich bereits aus Art. 4 Abs. 4 aE TranspRL.[73]

35 **II. Lagebericht (Abs. 2 Nr. 2).** Gemäß Abs. 2 Nr. 2 hat der Jahresfinanzbericht zudem den Lagebericht zu enthalten. Für Inlandsemittenten mit dem Sitz im Ausland ist die Vorschrift parallel zu Abs. 2 Nr. 1 zu lesen, dh es genügt ein gemäß dem nationalen Recht des Sitzstaats des Unternehmens aufgestellter Lagebericht.[74] Für Inlandsemittenten mit Sitz in einem Drittstaat, deren Regelungen nicht gleichwertig iSd § 37 z Abs. 4 sind und deren Recht kein einem Lagebericht entsprechendes Institut kennt, folgt direkt aus § 37 v Abs. 2 die Pflicht, einen Lagebericht aufzustellen. Zweifelhaft ist, ob entsprechend Abs. 2 Nr. 1 auch von einem Prüfungserfordernis des Lageberichts ausgegangen werden muss. Richtigerweise würde der Wortlaut der Vorschrift jedoch zulasten des Emittenten überstrapaziert, wollte man aus Abs. 2 ein isoliertes Prüfungserfordernis des Lageberichts herleiten; auch der Transparenzrichtlinie lässt sich ein Prüfungserfordernis im Hinblick auf den Lagebericht nicht entnehmen (vgl bereits die Formulierungsunterscheide in Art. 4 Abs. 4 und Abs. 5 TranspRL).[75]

36 **III. Bilanzeid (Abs. 2 Nr. 3).** Der Jahresfinanzbericht hat gemäß Abs. 2 Nr. 3 ferner eine den Vorgaben des § 264 Abs. 2 S. 3, § 289 Abs. 1 S. 5 HGB entsprechende Erklärung („Bilanzeid") zu enthalten. Erforderlich ist hiernach bei Inlandsemittenten iSd § 2 Abs. 7 in der Rechtsform einer Kapitalgesellschaft iSd § 264 Abs. 2 S. 3 HGB, dass die gesetzlichen Vertreter die Versicherung abgeben, dass gemäß den anzuwendenden Rechnungslegungsgrundsätzen der Jahresabschluss ein den tatsächlichen Verhältnissen entsprechendes Bild der Vermögens-, Finanz- und Ertragslage der Gesellschaft vermittelt und dass im Lagebericht der Geschäftsverlauf einschließlich des Geschäftsergebnisses und die Lage der Gesellschaft so dargestellt sind, dass ein den tatsächlichen Verhältnissen entsprechendes Bild vermittelt wird und dass die wesentlichen Chancen und Risiken der voraussichtlichen Entwicklung der Gesellschaft beschrieben sind. Bei konzernabschlusspflichtigen Mutterunternehmen ergibt sich der Inhalt des auf den Konzernabschluss und den Konzernlagebericht bezogenen Bilanzeids aus § 37 y Nr. 1 iVm §§ 297 Abs. 2 S. 4,[76] 315 Abs. 1 S. 6 HGB. Da es sich bei der Verpflichtung zur Abgabe des Bilanzeids um eine höchstpersönliche Pflicht der gesetzlichen Vertreter handelt, genügt die Abgabe durch Mitglieder des Vertretungsorgans in vertretungsberechtigter Zahl nicht: Vielmehr müssen gemäß dem Prinzip der Gesamtverantwortung sämtliche Mitglieder des gesetzlichen Vertretungsorgans den Bilanzeid unterschreiben.[77] Angesichts der umstrittenen Frage, ob der Bilanzeid stets gesondert zu unterzeichnen ist oder ob eine Unterzeichnung des Jahresfinanzberichts, die auch den in diesem enthaltenen Bilanzeid mit abdeckt, genügt,[78] sollte in der Praxis im Hinblick auf die gravierenden Rechts-

---

[71] *Kumm*, BB 2009, 1118.
[72] Ebenso wohl *Hutter/Kaulamo*, NJW 2007, 550, 551; *Beiersdorf/Rahe*, BB 2007, 99, 100.
[73] Ebenso: *Hönsch*, in: Assmann/Schneider, § 37 v Rn 43.
[74] Ebenso: *Hönsch*, in: Assmann/Schneider, § 37 v Rn 45.
[75] Ebenso: Fuchs/Zimmermann, WpHG, § 37 v Rn 15; *Kumm*, BB 2009, 1118; *Nießen*, NZG 2007, 41, 44; *Beiersdorf/Buchheim*, BB 2006, 1674, 1675; aA KölnKomm-WpHG/*Mock*, § 37 v nF Rn 29. Unklar *Hönsch*, in: Assmann/Schneider, § 37 v Rn 46.
[76] Bei dem Verweis in § 37 y Nr. 1 auf § 297 Abs. 2 S. 3 HGB handelt es sich offenbar um ein Redaktionsversehen.
[77] *Reiner*, in: MüKo-HGB, § 264 Rn 102; *Bosse*, DB 2007, 39, 45; *Fleischer*, ZIP 2007, 97, 100, 102; *Scheffler*, AG-Report 2007, R35, R36.
[78] Gegen das Erfordernis einer gesonderten Unterzeichnung des Bilanzeids: *Hahn*, IRZ 2007, 375, 376 f; für Unterzeichnung des Jahresfinanzberichts insgesamt: *Strieder/Ammedick*, DB 2007, 1368, 1371.

folgen fehlerhafter Finanzberichterstattung der Aufwand einer gesonderten Unterzeichnung in Kauf genommen werden.

IV. Bescheinigung der Wirtschaftsprüferkammer (Abs. 2 Nr. 4). Nach § 134 Abs. 1 WPO sind Abschlussprüfer aus Drittstaaten verpflichtet, sich gemäß §§ 37 ff WPO in das von der Wirtschaftsprüferkammer geführte Berufsregister für Wirtschaftsprüfer und Wirtschaftsprüfungsgesellschaften eintragen zu lassen, wenn sie beabsichtigen, den Bestätigungsvermerk für einen Jahres- oder Konzernabschluss einer Gesellschaft mit Sitz außerhalb der Gemeinschaft zu erteilen, deren übertragbare Wertpapiere zum Handel an einem geregelten Markt in Deutschland zugelassen sind; gemäß § 134 Abs. 2 a WPO erteilt die Wirtschaftsprüferkammer dem eingetragenen Abschlussprüfer eine Eintragungsbescheinigung. Die durch das BilMoG eingefügte Neuregelung des § 37 v Abs. 2 Nr. 4 verlangt in diesem Zusammenhang, dass in den Jahresfinanzbericht auch die Eintragungsbescheinigung der Wirtschaftsprüferkammer gemäß § 134 Abs. 2 a WPO oder eine Bestätigung der Wirtschaftsprüferkammer gemäß § 134 Abs. 4 S. 8 WPO über die Befreiung von der Eintragungspflicht aufgenommen wird. Eine Befreiung gemäß § 134 Abs. 4 WPO kommt insbesondere in Betracht, wenn der Abschlussprüfer aus einem Drittstaat nach dem dort anwendbaren Recht einer öffentlichen Aufsicht, einer Qualitätskontrolle sowie einer Berufsaufsicht unterliegt, die zu den in § 134 Abs. 3 WPO genannten Anforderungen gleichwertig sind und die Europäische Kommission oder (solange eine Entscheidung der Kommission aussteht) das Bundesministerium für Wirtschaft und Technologie die Gleichwertigkeit festgestellt hat.

E. Verordnungsermächtigung (Abs. 3)

Abs. 3 enthält eine Verordnungsermächtigung zugunsten des Bundesfinanzministeriums, im Einvernehmen mit dem Bundesjustizministerium im Wege von Rechtsverordnungen nähere Bestimmungen zur Veröffentlichung und Speicherung der Jahresfinanzberichte zu erlassen. Aufgrund dieser Verordnungsermächtigung wurden die ergänzenden Bestimmungen der §§ 22–24 iVm §§ 3a-3c WpAIV erlassen (s. hierzu oben Rn 4, 27 f). Mit Aufhebung von § 10 Wertpapierprospektgesetz (jährliches Dokument) durch das Gesetz zur Umsetzung der Richtlinie 2010/73/EU und zur Änderung des Börsengesetzes entfiel auch die korrelierende Verordnungsermächtigung in Abs. 3 Nr. 4 aF.[79]

§ 37 w Halbjahresfinanzbericht

(1) ¹Ein Unternehmen, das als Inlandsemittent Aktien oder Schuldtitel im Sinne des § 2 Abs. 1 Satz 1 begibt, hat für die ersten sechs Monate eines jeden Geschäftsjahrs einen Halbjahresfinanzbericht zu erstellen und diesen unverzüglich, spätestens zwei Monate nach Ablauf des Berichtszeitraums der Öffentlichkeit zur Verfügung zu stellen, es sei denn, es handelt sich bei den zugelassenen Wertpapieren um Schuldtitel, die unter § 2 Abs. 1 Satz 1 Nr. 2 fallen oder die ein zumindest bedingtes Recht auf den Erwerb von Wertpapieren nach § 2 Abs. 1 Satz 1 Nr. 1 oder 2 begründen. ²Außerdem muss das Unternehmen vor dem Zeitpunkt, zu dem der Halbjahresfinanzbericht erstmals der Öffentlichkeit zur Verfügung steht, eine Bekanntmachung darüber veröffentlichen, ab welchem Zeitpunkt und unter welcher Internetadresse der Bericht zusätzlich zu seiner Verfügbarkeit im Unternehmensregister öffentlich zugänglich ist. ³Das Unternehmen teilt die Bekanntmachung gleichzeitig mit ihrer Veröffentlichung der Bundesanstalt mit und übermittelt sie unverzüglich, jedoch nicht vor ihrer Veröffentlichung dem Unternehmensregister im Sinne des § 8 b des Handelsgesetzbuchs zur Speicherung. ⁴Es hat außerdem unverzüglich, jedoch nicht vor Veröffentlichung der Bekanntmachung nach Satz 2 den Halbjahresfinanzbericht an das Unternehmensregister zur Speicherung zu übermitteln.

(2) Der Halbjahresfinanzbericht hat mindestens

1. einen verkürzten Abschluss,
2. einen Zwischenlagebericht und
3. eine den Vorgaben des § 264 Abs. 2 Satz 3, § 289 Abs. 1 Satz 5 des Handelsgesetzbuchs entsprechende Erklärung

zu enthalten.

(3) ¹Der verkürzte Abschluss hat mindestens eine verkürzte Bilanz, eine verkürzte Gewinn- und Verlustrechnung und einen Anhang zu enthalten. ²Auf den verkürzten Abschluss sind die für den Jahresabschluss

---

[79] Art. 2 Nr. 7 des Gesetzes zur Umsetzung der Richtlinie 2010/73 EU und zur Änderung des Börsengesetzes; vgl auch BT-Drucks. 17/8684, Seite 22.

geltenden Rechnungslegungsgrundsätze anzuwenden. ³Tritt bei der Offenlegung an die Stelle des Jahresabschlusses ein Einzelabschluss im Sinne des § 325 Abs. 2 a des Handelsgesetzbuchs, sind auf den verkürzten Abschluss die in § 315 a Abs. 1 des Handelsgesetzbuchs bezeichneten internationalen Rechnungslegungsstandards und Vorschriften anzuwenden.

(4) ¹Im Zwischenlagebericht sind mindestens die wichtigen Ereignisse des Berichtszeitraums im Unternehmen des Emittenten und ihre Auswirkungen auf den verkürzten Abschluss anzugeben sowie die wesentlichen Chancen und Risiken für die dem Berichtszeitraum folgenden sechs Monate des Geschäftsjahrs zu beschreiben. ²Ferner sind bei einem Unternehmen, das als Inlandsemittent Aktien begibt, die wesentlichen Geschäfte des Emittenten mit nahe stehenden Personen anzugeben; die Angaben können stattdessen im Anhang des Halbjahresfinanzberichts gemacht werden.

(5) ¹Der verkürzte Abschluss und der Zwischenlagebericht kann einer prüferischen Durchsicht durch einen Abschlussprüfer unterzogen werden. ²Die Vorschriften über die Bestellung des Abschlussprüfers sind auf die prüferische Durchsicht entsprechend anzuwenden. ³Die prüferische Durchsicht ist so anzulegen, dass bei gewissenhafter Berufsausübung ausgeschlossen werden kann, dass der verkürzte Abschluss und der Zwischenlagebericht in wesentlichen Belangen den anzuwendenden Rechnungslegungsgrundsätzen widersprechen. ⁴Der Abschlussprüfer hat das Ergebnis der prüferischen Durchsicht in einer Bescheinigung zum Halbjahresfinanzbericht zusammenzufassen, die mit dem Halbjahresfinanzbericht zu veröffentlichen ist. ⁵Sind der verkürzte Abschluss und der Zwischenlagebericht entsprechend § 317 des Handelsgesetzbuchs geprüft worden, ist der Bestätigungsvermerk oder der Vermerk über seine Versagung vollständig wiederzugeben und mit dem Halbjahresfinanzbericht zu veröffentlichen. ⁶Sind der verkürzte Abschluss und der Zwischenlagebericht weder einer prüferischen Durchsicht unterzogen noch entsprechend § 317 des Handelsgesetzbuchs geprüft worden, ist dies im Halbjahresfinanzbericht anzugeben. ⁷§ 320 und § 323 des Handelsgesetzbuchs gelten entsprechend.

(6) Das Bundesministerium der Finanzen kann im Einvernehmen mit dem Bundesministerium der Justiz durch Rechtsverordnung, die nicht der Zustimmung des Bundesrates bedarf, nähere Bestimmungen erlassen über

1. den Inhalt und die prüferische Durchsicht des Halbjahresfinanzberichts,
2. den Mindestinhalt, die Art, die Sprache, den Umfang und die Form der Veröffentlichung nach Absatz 1 Satz 2,
3. den Mindestinhalt, die Art, die Sprache, den Umfang und die Form der Mitteilung nach Absatz 1 Satz 3 und
4. wie lange der Halbjahresfinanzbericht im Unternehmensregister allgemein zugänglich bleiben muss und wann er zu löschen ist.

Literatur:
Siehe die Nachweise bei § 37v.

A. Überblick; ergänzende Regelungen 1	2. Rechnungslegungsstandardabhängige Besonderheiten 17
B. Persönlicher Anwendungsbereich 3	a) Konzernrechnungslegungspflichtige gemäß § 315 a Abs. 1 HGB 17
C. Erstellung und Veröffentlichung von Halbjahresfinanzberichten (Abs. 1 S. 1 und S. 4) 5	b) Freiwillig nach IAS/IFRS bilanzierende Unternehmen 23
D. Hinweisbekanntmachung (Abs. 1 S. 2, S. 3) 8	c) Unternehmen mit HGB-Einzelabschluss 24
E. Inhalt des Halbjahresfinanzberichts (Abs. 2 bis Abs. 4) 9	II. Zwischenlagebericht (Abs. 2 Nr. 2, Abs. 4) 29
I. Der verkürzte Abschluss (Abs. 2 Nr. 1, Abs. 3) 13	III. Bilanzeid (Abs. 2 Nr. 3, §§ 264 Abs. 2 S. 3, 289 Abs. 1 S. 5 HGB) 36
1. Allgemeines zum Inhalt des verkürzten Abschlusses 13	F. Prüferische Durchsicht (Abs. 5) 37
a) Verkürzte Bilanz 14	G. Verordnungsermächtigung (Abs. 6) 42
b) Verkürzte Gewinn- und Verlustrechnung 15	
c) Anhang 16	

A. Überblick; ergänzende Regelungen[1]

§ 37w entspricht seinem strukturellen Aufbau nach über weite Strecken den Regelungen in § 37v über die Jahresfinanzberichterstattung. § 37w Abs. 1 normiert in Umsetzung von Artt 5, 19 Abs. 1 und 21 Abs. 1 TranspRL die Verpflichtung bestimmter Emittenten zur Erstellung von Halbjahresfinanzberichten (Abs. 1 S. 1), deren Veröffentlichung (Abs. 1 S. 1) sowie ihrer Übermittlung an das Unternehmensregister zur Speicherung (Abs. 1 S. 4), zur Veröffentlichung einer entsprechenden Hinweisbekanntmachung (Abs. 1 S. 2) sowie deren Mitteilung an die BaFin und Übermittlung an das Unternehmensregister zur Speicherung (Abs. 1 S. 3). Der notwendige Mindestinhalt des Halbjahresfinanzberichts wird in Abs. 2 überblicksartig und – für einzelne seiner Bestandteile – im Detail in Abs. 3 und 4 geregelt. Abs. 5 enthält Bestimmungen zur prüferischen Durchsicht und Abs. 6 eine Verordnungsermächtigung.

§ 37w ergänzende Regelungen enthalten §§ 22 ff WpAIV sowie § 10 TranspRLDV. Für Emittenten von Aktien, die zum Handel im Prime Standard der FWB zugelassen sind, sind weiter die Regelungen in § 51 BörsO FWB zu beachten. Verstöße gegen § 37w können als Ordnungswidrigkeiten gemäß § 39 Abs. 2 Nr. 2 o), Nr. 5 h), und Nr. 24 und § 39 Abs. 3 Nr. 12 geahndet werden. Für börsennotierte Gesellschaften iSv § 3 Abs. 2 AktG enthält der DCGK[2] in Ziff. 7.1.2 S. 2 eine Empfehlung betreffend die Erörterung der Halbjahresfinanzberichte durch den Aufsichtsrat bzw seinen Prüfungsausschuss; ferner gilt für Zwischenberichte die Empfehlung, die Veröffentlichung in einem Zeitfenster von 45 Tagen nach Ende des Berichtszeitraums zu bewirken (DCGK Ziff. 7.1.2. S. 4).

B. Persönlicher Anwendungsbereich

Der persönliche Anwendungsbereich des § 37w ist enger als der des § 37v. So gelten die Verpflichtungen aus § 37w zur Halbjahresfinanzberichterstattung von vornherein nur für solche Unternehmen, die als Inlandsemittenten Aktien oder Schuldtitel iSd § 2 Abs. 1 S. 1 begeben. Wie bei § 37v hat auch hier der Unternehmensbegriff nur insoweit eigenständige (einschränkende) Bedeutung, als Bund und Länder als Emittenten nicht vom Adressatenkreis umfasst sind.[3] Auch § 37w umfasst nur Inlandsemittenten iSd § 2 Abs. 7, worunter auch Emittenten fallen, für die nicht die Bundesrepublik Deutschland, sondern ein anderer Mitgliedsstaat der Herkunftsstaat ist, sofern deren Wertpapiere nur im Inland zum Handel an einem organisierten Markt zugelassen sind (§ 2 Abs. 7 Nr. 2). Der Begriff des Emittenten, für den die Bundesrepublik Deutschland der Herkunftsstaat ist und auf den die Legaldefinition des § 2 Abs. 7 rekurriert, ist in § 2 Abs. 6 legal definiert und setzt voraus, dass für die betreffenden Wertpapiere ein organisierter Markt iSv § 2 Abs. 5 in Anspruch genommen wird.

Anders als im Rahmen des § 37v sind von der Verpflichtung zur Halbjahresfinanzberichterstattung nicht sämtliche Inlandsemittenten von Wertpapieren (§ 2 Abs. 1) erfasst, sondern nur solche Inlandsemittenten, die Aktien oder Schuldtitel iSd § 2 Abs. 1 S. 1 begeben. Dadurch sind Emittenten von Wertpapieren iSd § 2 Abs. 1 S. 2 (Anteile an Investmentvermögen, die von einer Kapitalanlagegesellschaft oder einer ausländischen Investmentgesellschaft ausgegeben werden) von vornherein vom Anwendungsbereich des § 37w ausgenommen. Überdies sind gemäß Abs. 1 Hs 2 auch die Emittenten von Wertpapieren iSv § 2 Abs. 1 S. 1 Nr. 2 (andere Anteile an in- oder ausländischen juristischen Personen, Personengesellschaften und sonstigen Unternehmen, soweit sie Aktien vergleichbar sind, sowie Zertifikate, die Aktien vertreten) sowie gemäß § 37w Abs. 1 S. 1 aE auch sämtliche Emittenten von Schuldtiteln, die ein zumindest bedingtes Recht auf den Erwerb von Wertpapieren § 2 Abs. 1 S. 1 Nr. 1 oder Nr. 2 begründen (zB Wandelschuldverschreibungen),[4] vom Anwendungsbereich des § 37w ausgenommen (zu möglichen Ausnahmen vgl § 37z Rn 2 ff). Indexzertifikate, durch die ein Zahlungsanspruch in Abhängigkeit von einem Indexwert verbrieft wird, sind auch dann keine „Zertifikate, die Aktien vertreten", wenn der Indexwert ein Aktienindex ist.[5]

Zu den Zeitpunkten des Beginns und Endes der Verpflichtungen aus § 37w im Falle des Erwerbs und der Beendigung der Inlandsemittenteneigenschaft vgl die Kommentierung zu § 37v Rn 11.

---

1 Die Kommentierung des § 37w entstand unter Mitarbeit von Hr. *Steffen Follner*, Rechtsanwalt, Menold Bezler Rechtsanwälte Partnerschaft, Stuttgart.
2 Deutscher Corporate Governance Kodex idF v. 13. Mai 2013 ("DCGK").
3 *Hönsch*, in: Assmann/Schneider, § 37v Rn 8; *BaFin*, Emittentenleitfaden (Stand: 28.4.2009). XIV.2 (S. 226); vgl auch Art. 8 Abs. 1 TranspRL.
4 RegBegr. zum TUG, BT-Drucks. 16/2498, S. 44; *Hönsch*, in: Assmann/Schneider, § 37w Rn 6 aE.
5 Näher hierzu *Heidelbach/Doleczik*, in Schwark/Zimmer, Kapitalmarktrechts-Kommentar, § 37w WpHG Rn 8.

C. Erstellung und Veröffentlichung von Halbjahresfinanzberichten (Abs. 1 S. 1 und S. 4)

5 Normadressaten müssen nach Abs. 1 S. 1 für die ersten sechs Monate jedes Geschäftsjahres einen Halbjahresfinanzbericht erstellen. Der notwendige Berichtsinhalt ergibt sich aus Absätzen 2 bis 4 (s.u. Rn 9ff). Der Halbjahresfinanzbericht ist nach Abs. 1 S. 1 unverzüglich, spätestens zwei Monate nach Ablauf des Berichtszeitraums, der Öffentlichkeit zur Verfügung zu stellen. Wie sich aus Abs. 1 S. 2 ergibt, kann die öffentliche Zugänglichmachung durch Abrufbarkeit des Halbjahresfinanzberichts unter einer öffentlich zugänglichen Internetadresse, etwa der Homepage des Emittenten, erfolgen. Das Unverzüglichkeitserfordernis kann im Einzelfall die Zweimonatsfrist weiter einschränken; dies ergibt sich auch aus der entsprechenden Vorgabe in Art. 5 Abs. 1 TranspRL, nach der die Veröffentlichung „so schnell wie möglich nach Ablauf des jeweiligen Berichtszeitraums, spätestens aber nach zwei Monaten" erfolgen muss. Die Zugänglichmachung muss somit ohne schuldhaftes Zögern erfolgen, was zwar eine vorherige prüferische Durchsicht durch einen Abschlussprüfer (Abs. 5) sowie eine Erörterung des Halbjahresfinanzberichts durch den Aufsichtsrat oder seinen Prüfungsausschuss mit dem Vorstand (Ziff. 7.1.2. DCGK) auch für nicht börsennotierte Unternehmen nicht ausschließt,[6] aber anderseits erfordert, dass die Abläufe bei der Erstellung des Halbjahresfinanzberichts von vornherein möglichst straff geplant und organisiert werden. In diesem Zusammenhang ist für börsennotierte Gesellschaften iSd § 3 Abs. 2 AktG ferner zu berücksichtigen, dass der DCGK in Ziff. 7.1.2 S. 4 die Empfehlung enthält, die Zwischenberichte innerhalb von 45 Tagen nach Ende des Berichtszeitraums öffentlich zugänglich zu machen. Eine Ausschöpfung dieser Frist dürfte das Unverzüglichkeitserfordernis des Abs. 1 S. 1 im Regelfall nicht verletzen.[7] Ziff. 7.1.2 S. 2 DCGK enthält ferner die Empfehlung, dass der Halbjahresfinanzbericht vor der Veröffentlichung vom Aufsichtsrat oder seinem Prüfungsausschuss mit dem Vorstand erörtert wird.

6 Zusätzlich zur öffentlichen Zugänglichmachung nach Abs. 1 S. 2 muss der Halbjahresfinanzbericht gemäß Abs. 1 S. 4 auch dem Unternehmensregister (§ 8 b HGB) zur Speicherung übermittelt werden. Die Übermittlung an das Unternehmensregister muss hierbei unverzüglich, jedoch nicht vor Veröffentlichung der Hinweisbekanntmachung nach Abs. 1 S. 2 erfolgen.

7 Aktienemittenten, deren Aktien zum Handel im Prime Standard der FWB zugelassen sind, müssen gemäß § 51 Abs. 5 BörsO FWB den Halbjahresfinanzbericht ferner der Geschäftsführung der FWB in elektronischer Form innerhalb von zwei Monaten (bzw. wenn der Emittent seinen Sitz in einem Staat außerhalb der EU oder des EWiR hat, innerhalb von drei Monaten) nach dem Ende des jeweiligen Berichtszeitraums übermitteln; die Geschäftsführung der FWB stellt den Bericht sodann gemäß § 51 Abs. 5 S. 4 BörsO FWB dem Publikum elektronisch oder in anderer geeigneter Weise zur Verfügung. Aktienemittenten, deren Aktien zum Handel im Prime Standard der FWB zugelassen sind, müssen gemäß § 51 Abs. 3 BörsO FWB den Halbjahresfinanzbericht ferner grundsätzlich in deutscher *und in englischer* Sprache abfassen; lediglich Emittenten mit Sitz im Ausland können den Bericht ausschließlich in englischer Sprache abfassen.

D. Hinweisbekanntmachung (Abs. 1 S. 2, S. 3)

8 Die Verpflichtungen zur Veröffentlichung einer Hinweisbekanntmachung (Abs. 1 S. 2) sowie deren Mitteilung an die BaFin und Übermittlung an das Unternehmensregister zur Speicherung (Abs. 1 S. 3) sind den entsprechenden Regelungen in § 37v Abs. 1 S. 2 und S. 3 für die Hinweisbekanntmachung im Zusammenhang mit dem Jahresfinanzbericht exakt nachgebildet. Auf deren Kommentierung (§ 37v Rn 23–29) kann daher verwiesen werden.

E. Inhalt des Halbjahresfinanzberichts (Abs. 2 bis Abs. 4)

9 Der Halbjahresfinanzbericht ist ein eigenständiges Instrument der Kapitalmarktinformation, das neue Erkenntnisse über den unterjährigen Geschäftsverlauf vermitteln und bestimmte Aktivitäten des Emittenten darstellen soll.[8] Der Halbjahresfinanzbericht hat gemäß Abs. 2 Nr. 1–3 mindestens einen verkürzten Abschluss, einen Zwischenlagebericht und eine den Vorgaben der §§ 264 Abs. 2 S. 3, 289 Abs. 1 S. 5 HGB entsprechende Erklärung („Bilanzeid") zu enthalten. Der verkürzte Abschluss wiederum besteht gemäß Abs. 3 aus einer verkürzten Bilanz, einer verkürzten Gewinn- und Verlustrechnung und einem Anhang. Da es sich insoweit um Mindestangaben handelt, kann der Inlandsemittent freiwillig weitere Angaben in den Halbjahresfinanzbericht aufnehmen.[9] Solche weiteren Angaben müssen selbstverständlich stets zutreffend

---

6 So auch *Hönsch*, in: Assmann/Schneider, § 37 w Rn 12.
7 So wohl auch Fuchs/*Zimmermann*, WpHG, § 37 w Rn 7.
8 *Heidelbach/Doleczik*, in Schwark/Zimmer, Kapitalmarktrechts-Kommentar, § 37 w WpHG Rn 13.
9 Ebenso: *Hönsch*, in: Assmann/Schneider, § 37 w Rn 16; Fuchs/*Zimmermann*, WpHG, § 37 w Rn 13; KölnKomm-WpHG/*Mock*, § 37 w nF Rn 37.

sein; ferner darf die Aufnahme weiterer freiwilligen Angaben entsprechend dem in DRS 16[10] Tz 17, 38 sowie den IAS 34.10[11] enthaltenen allgemeinen Rechtsgedanken den Zwischenbericht nicht irreführend erscheinen lassen.

Mutterunternehmen, die verpflichtet sind, einen Konzernabschluss aufzustellen (§ 290 HGB), haben ihre Tochterunternehmen gemäß § 37 y Nr. 2 S. 1 in den Halbjahresfinanzbericht einzubeziehen. Dementsprechend haben sie einen verkürzten konsolidierten Abschluss und einen auf die Gruppe bezogenen Zwischenlagebericht[12] aufzustellen; die Aufstellung eines gesonderten Halbjahresfinanzberichts für das Mutterunternehmen ist nicht erforderlich.[13] 10

Fraglich ist, ob, wenn das Unternehmen in den ersten sechs Monaten des Geschäftsjahres erstmals die Eigenschaft eines Mutterunternehmens erlangt, schon für dieses Halbjahr die Pflicht besteht, einen konsolidierten Halbjahresfinanzbericht aufzustellen. Bezugspunkt für die Verpflichtung, einen verkürzten konsolidierten Abschluss aufzustellen, ist gemäß § 37 y die Verpflichtung, einen Konzernabschluss aufzustellen (§ 290 Abs. 1 HGB). Der Gesetzeswortlaut des § 37 y Nr. 1 lässt insoweit jedoch die abstrakte Verpflichtung zur Aufstellung eines Konzernabschlusses genügen und verlangt nicht, dass ein Konzernabschluss für das *vorangegangene* Geschäftsjahr aufzustellen war. Dies entspricht auch der Zielsetzung umfassender Kapitalmarktinformation der Transparenzrichtlinie. Daher muss das Unternehmen richtigerweise schon dann einen konsolidierten Halbjahresfinanzbericht aufstellen, wenn es für das Konzerngeschäftsjahr, in welches das Geschäftshalbjahr fällt, auf das sich der jeweilige Halbjahresfinanzbericht beziehen würde, einen Konzernabschluss aufstellen müssen wird. Dem kann auch nicht der sich hieraus ergebende Kontinuitätsbruch zu den Bilanzierungsgrundsätzen für das vorangegangene Geschäftsjahr (sog Stetigkeitsprinzip, s.u. Rn 13) entgegengehalten werden, da dieser andernfalls im Verhältnis zwischen dem aktuell zu erstellenden Halbjahresfinanzbericht und dem darauffolgenden Konzernabschluss eintreten würde. 11

Der Inhalt des Halbjahresfinanzberichts bestimmt sich nach unterschiedlichen Regelungen,[14] Rechnungslegungsstandards[15] und Empfehlungen,[16] die je nach rechtlicher Qualifikation des berichtspflichtigen Inlandsemittenten anzuwenden sind (s. hierzu näher unten Rn 17 ff).[17] 12

I. Der verkürzte Abschluss (Abs. 2 Nr. 1, Abs. 3). 1. Allgemeines zum Inhalt des verkürzten Abschlusses. Der verkürzte Abschluss hat gemäß Abs. 3 S. 1 mindestens eine **verkürzte Bilanz**, eine **verkürzte Gewinn- und Verlustrechnung** und einen **Anhang** zu enthalten. Auch hier kann der Emittent wiederum freiwillig ergänzende Angaben machen. Gemäß Abs. 3 S. 2 sind die für den Jahresabschluss geltenden Rechnungslegungsgrundsätze auch auf den verkürzten Abschluss anzuwenden. Aus dem daraus ableitbaren „Stetigkeitsprinzip" folgt, dass im verkürzten Abschluss jeweils die im zeitlich unmittelbar vorausgehenden Jahresabschluss angewandten Ansatz- und Bewertungsgrundsätze beizubehalten sind.[18] Die Zulässigkeit eines erstmaligen Wechsels von HGB- zu IAS/IFRS-Rechnungslegungsgrundsätzen im Halbjahresfinanzbericht soll durch das Stetigkeitsprinzip jedoch nicht ausgeschlossen sein, sofern nur beabsichtigt wird, zukünftig nach IAS/IFRS zu bilanzieren.[19] 13

a) Verkürzte Bilanz. Maßgeblicher Bilanzstichtag für die verkürzte Bilanz ist der letzte Tag des Berichtszeitraums des Halbjahresfinanzberichts, also der letzte Tag des sechsten Monats des Geschäftsjahres (vgl Abs. 1 S. 1). Die verkürzte Bilanz erstreckt sich auch dann auf die gesamten ersten sechs Monate des Geschäftsjahres, wenn für die ersten drei Monate des Geschäftsjahres bereits ein Quartalsfinanzbericht (§ 37 x Abs. 3) erstellt und veröffentlicht wurde.[20] Bei Rumpfgeschäftsjahren hat der Halbjahresfinanzbericht die 14

---

10 Deutscher Rechnungslegungs-Standard Nr. 16 (DRS 16) des Deutschen Standardisierungsrats in der am 4. Dezember 2012 vom Bundesministerium der Justiz bekannt gemachten Fassung.
11 International Accounting Standard 34 zur Zwischenberichterstattung.
12 KölnKomm-WpHG/*Mock*, § 37 y nF Rn 6.
13 Ebenso: Fuchs/*Zimmermann*, WpHG, § 37 y Rn 3; *Hönsch*, in: Assmann/Schneider, § 37 y Rn 6; KölnKomm-WpHG/*Mock*, § 37 y nF Rn 8; *Klawitter/Schlitt*, in: Habersack/Mülbert/ Schlitt, Unternehmensfinanzierung am Kapitalmarkt, § 38 Rn 94 Fn 5; *Wiederhold/Pukallus*, Der Konzern 2007, 264, 267; BT-Drucks. 16/2498, S. 46.
14 WpHG; HGB; PublG; die International Accounting Standards (IAS)/International Financial Reporting Standards (IFRS), soweit sie für Unternehmen nach Art. 4 der IAS-Verordnung verbindlich sind; TranspRLDV.
15 IAS/IFRS sowie die deutschen Grundsätze ordnungsgemäßer Buchführung.
16 *BaFin*, Emittentenleitfaden 2013 (Stand: 28.4.2009), XIV.; DRS 16.
17 Vgl hierzu insbesondere mit Bezug auf Kreditinstitute *Butzlaff/ Gehrer/Meyer*, IRZ 2009, 257 ff; zur Gliederung des Halbjahresfinanzberichts der an der FWB notierten Unternehmen: *Philipps*, DB 2007, 2326, 2329 f.
18 *Hönsch*, in: Assmann/Schneider, § 37 w Rn 24; BT-Drucks. 16/2498, S. 44; Einschränkungen des Stetigkeitsprinzips finden sich in IAS 34.28 und in DRS 16 Tz 20.
19 *Hönsch*, in: Assmann/Schneider, § 37 w Rn 25.
20 *Hönsch*, in: Assmann/Schneider, § 37 w Rn 18; Fuchs/*Zimmermann*, WpHG, § 37 w Rn 6; *Heidelbach/Doleczik*, in: Schwark/ Zimmer, Kapitalmarktrechts-Kommentar, § 37 w WpHG Rn 16 und Rn 21; *Winkeljohann/Küster*, in: Budde/Förschle/ Winkeljohann, Sonderbilanzen, S. 4. Aufl. (2008), G Rn 21; KölnKomm-WpHG/*Mock*, § 37 w nF Rn 10; aA allerdings noch zur Fassung des TUG im Regierungsentwurf, wo dies in § 37 w Abs. 1 WpHG (BT-Drucks. 14/2498, S. 14) ausdrücklich normiert war: *Bosse*, DB 2007, 39, 45; *Strieder/Ammedick*, KoR 2007, 285, 287.

(erforderlichenfalls auf ein Monatsende gerundete) erste Hälfte des Rumpfgeschäftsjahrs abzudecken.[21] Die „Verkürzung" der Bilanz besteht darin, dass lediglich die wesentlichen Überschriften und Posten zu nennen sind, die im letzten Jahres(konzern)abschluss enthalten waren. Selbstverständlich ist, dass die Verkürzung nicht zu einem irreführenden Gesamtbild führen darf.[22]

15 **b) Verkürzte Gewinn- und Verlustrechnung.** Auch hier besteht die Verkürzung in der Beschränkung auf die wesentlichen Posten und Zwischensummen, die im letzten Jahres(konzern)abschluss enthalten waren, ohne dass die Verkürzung zu einem irreführenden Gesamtbild führen dürfte.[23]

16 **c) Anhang.** Obwohl Abs. 3 S. 1 nicht von einer Verkürzung des Anhangs spricht, müssen anerkanntermaßen auch die Anhangsangaben im verkürzten Abschluss nur diejenigen Posten erläutern, die in der verkürzten Bilanz und der verkürzten Gewinn- und Verlustrechnung enthalten sind. Dies folgt aus der erläuternden Funktion des Anhangs (vgl § 284 HGB).[24]

17 **2. Rechnungslegungsstandardabhängige Besonderheiten. a) Konzernrechnungslegungspflichtige gemäß § 315 a Abs. 1 HGB.** Gemäß Art. 4 IAS-Verordnung sind alle Unternehmen, deren Wertpapiere an einem organisierten Markt in einem EG-Mitgliedstaat gehandelt werden und die zur Aufstellung eines Konzernabschlusses verpflichtet sind (§ 290 Abs. 1 HGB), zur Bilanzierung nach IAS/IFRS verpflichtet. Gemäß § 37 y Nr. 2 S. 2 müssen solche Unternehmen auch ihren verkürzten Abschluss des Halbjahresfinanzberichts nach IAS/IFRS aufstellen. Daraus folgt, dass nach handelsrechtlichen Grundsätzen aufgestellte verkürzte Abschlüsse nur für nicht konzernrechnungslegungspflichtige Unternehmen mit Sitz in Deutschland (und auch nur dann, wenn diese ihren Jahresabschluss nicht freiwillig nach IAS/IFRS aufstellen, vgl § 37 w Abs. 3 S. 3) in Betracht kommen.[25] In der Praxis am Bedeutsamsten ist somit die Aufstellung des verkürzten Abschlusses nach IAS/IFRS;[26] aus dem hierbei einschlägigen **Standard für die Zwischenberichterstattung (IAS 34)** ergeben sich die folgenden Besonderheiten:

18 Gemäß IAS 34.6 sollen sich die **Angaben im Halbjahresfinanzbericht auf neue Tätigkeiten, Ereignisse und Umstände** konzentrieren, anstatt bereits berichtete Informationen zu wiederholen, da der Halbjahresfinanzbericht eine Aktualisierung des Abschlusses des letzten Geschäftsjahres darstellt.[27] Gemäß IAS 34.10 müssen in den verkürzten Abschluss mindestens die im letzten Jahresabschluss enthaltenen Überschriften und Zwischensummen aufgenommen werden sowie, soweit zur Vermeidung von Irreführungen erforderlich, zusätzliche Posten.

19 Gemäß IAS 34.20 (a) müssen den in der verkürzten Bilanz enthaltenen Zahlen **Vergleichszahlen** zum Stichtag des letzten Geschäftsjahres gegenübergestellt werden. Ferner müssen gemäß IAS 34.20 (b) den in der verkürzten Darstellung von Gewinn oder Verlust und sonstigem Ergebnis enthaltenen Zahlen die Vergleichszahlen aus dem entsprechenden Berichtszeitraum des unmittelbar vorangegangenen Geschäftsjahres gegenübergestellt werden.

20 Werden quartalsweise Zwischenberichte aufgestellt, so muss nach einer in der Literatur vertretenen Ansicht der verkürzte Abschluss des ersten Halbjahres eines Geschäftsjahres gemäß IAS 34.20 (b) zudem auch die Zahlen der Gewinn- und Verlustrechnung für das zweite Quartal des aktuellen Geschäftsjahres sowie für das zweite Quartal des vorangegangenen Geschäftsjahres enthalten.[28] Dem kann jedoch nicht gefolgt werden, da IAS 34.20 (b) mit der „aktuellen…Zwischenberichtsperiode" stets nur das erste Halbjahr meinen kann; dies folgt daraus, dass sich die EU gerade nicht für eine verpflichtende Quartalsberichterstattung entschieden hat und daher die gesetzlich verpflichtende Zwischenberichterstattung lediglich Berichte für das erste Halbjahr sowie das erste und dritte Quartal beinhaltet.[29] IAS 34.11 schreibt ferner die Angabe des unverwässerten und des verwässerten Ergebnisses je Aktie (vgl IAS 33) in der Gewinn- und Verlustrechnung vor.[30]

21 Neben der gemäß Abs. 3 vorgeschriebenen verkürzten Gewinn- und Verlustrechnung ist gemäß IAS 34.8 (b) ferner eine verkürzte Darstellung von Gewinn oder Verlust und sonstigem Ergebnis erforderlich, in der alle Aufwendungen und Erträge auszuweisen sind, dh sowohl die in der Gewinn- und Verlustrechnung er-

---

21 *Heidelbach/Doleczik*, in: Schwark/Zimmer, Kapitalmarktrechts-Kommentar, § 37 WpHG Rn 21 mwN.
22 *Hönsch*, in: Assmann/Schneider, § 37 w Rn 20; *Fuchs/Zimmermann*, WpHG, § 37 w Rn 16; vgl auch, § 10 Nr. 1 S. 2 TranspRLDV (für nicht konzernrechnungslegungspflichtige Unternehmen); DRS 16 Tz. 17 (für Unternehmen mit HGB-Konzernabschluss); IAS 34.10 (für Unternehmen mit IAS/IFRS-Konzernabschluss).
23 *Hönsch*, in: Assmann/Schneider, § 37 w Rn 20.
24 Ebenso: *Hönsch*, in: Assmann/Schneider, § 37 w Rn 21; *Strieder/Ammedick*, KoR 2007, 285, 288; Fuchs/Zimmermann,

WpHG, § 37 w Rn 17; *Wiederhold/Pukallus*, Der Konzern 2007, 264, 268; vgl im Einzelnen DRS 16 Tz. 31; § 10 Nr. 2 TranspRLDV.
25 *Hönsch*, in: Assmann/Schneider, § 37 w Rn 23.
26 *Hutter/Kaulamo*, NJW 2007, 550, 552.
27 Ebenso: *Fuchs/Zimmermann*, WpHG, § 37 w Rn 18.
28 *Hönsch*, in: Assmann/Schneider, § 37 w Rn 19.
29 *Ammedick/Strieder*, in: MüKo-Bilanzrecht, Band 1 (IFRS), IAS 34 Rn 21.
30 Näher hierzu *Ammedick/Strieder*, in: MüKo-Bilanzrecht, Band 1 (IFRS), IAS 34 Rn 38, 41.

folgswirksam erfassten, als auch die erfolgsneutral im sonstigen Ergebnis verrechneten Komponenten (*other comprehensive income*). Aufbauend auf dem Periodenerfolg der klassischen Gewinn- und Verlustrechnung ist somit durch Erweiterung um das sonstige Ergebnis (*other comprehensive income*) das **Gesamtergebnis** (*total comprehensive income*) zu ermitteln.[31]

Gemäß IAS 34.8 (c) und (d) muss der Halbjahresfinanzbericht über die nach § 37w Abs. 3 erforderlichen Angaben hinaus auch eine **verkürzte Eigenkapitalveränderungsrechnung** sowie eine **verkürzte Kapitalflussrechnung** enthalten. Ferner müssen über die nach Abs. 3 erforderlichen Angaben hinaus gemäß IAS 34.15 ff die dort genannten Angaben in den verkürzten Anhang aufgenommen werden, insbesondere in den in IAS 34.16A (g) bestimmten Fällen die dort näher bezeichneten **Segmentinformationen**. Die in DRS 16 Tz 15 bis 33 enthaltenen Vorschriften für Zwischenabschlüsse müssen gemäß DRS 16 Tz 14 von Konzernrechnungslegungspflichtigen iSd § 315a Abs. 1 HGB nicht beachtet werden.

b) Freiwillig nach IAS/IFRS bilanzierende Unternehmen. Unternehmen, die ihren Jahresabschluss gemäß § 325 Abs. 2a HGB freiwillig nach IAS/IFRS aufstellen und offenlegen, sind gemäß § 37w Abs. 3 S. 3 verpflichtet, den im Halbjahresfinanzbericht für das folgende Geschäftsjahr enthaltenen verkürzten Abschluss auch nach IAS/IFRS aufzustellen. Auch in diesem Fall sind die unter Rn 17–22 genannten Besonderheiten zu beachten.

c) Unternehmen mit HGB-Einzelabschluss. Soweit ein Unternehmen weder verpflichtet ist, als Mutterunternehmen einen Konzernabschluss und einen Konzernlagebericht aufzustellen (§ 290 Abs. 1 HGB) noch freiwillig einen Einzelabschluss nach IAS/IFRS erstellt, hat es den verkürzten Abschluss nach handelsrechtlichen Grundsätzen aufzustellen. Die Anzahl der Emittenten, die nicht verpflichtet sind, als Mutterunternehmen einen Konzernabschluss und einen Konzernlagebericht nach IAS/IFRS aufzustellen dürfte überschaubar sein.[32]

Der Inhalt eines verkürzten konsolidierten Abschlusses von Inlandsemittenten, die ihren Jahresabschluss **nicht nach** den in § 315a Abs. 1 HGB bezeichneten **internationalen Rechnungslegungsstandards** und Vorschriften aufstellen, bestimmt sich nach §§ 246 ff, 252 ff, 279 ff HGB sowie den allgemeinen Grundsätzen ordnungsgemäßer Buchführung. Auch die von §§ 266, 275 HGB vorgegebene Gliederungsreihenfolge ist (vorbehaltlich der zulässigen Zusammenfassung einzelner Posten) einzuhalten.[33]

Auf Unternehmen mit HGB-Einzelabschluss kommen gemäß § 10 TranspRLDV ferner verpflichtend die Regelungen von § 10 Nr. 1 und Nr. 2 TranspRLDV zur Anwendung. Gemäß § 10 Nr. 1 S. 1 TranspRLDV müssen die verkürzte Bilanz und die verkürzte Gewinn- und Verlustrechnung jeweils die im zuletzt veröffentlichten Jahresabschluss enthaltenen Überschriften und Zwischensummen ausweisen; zusätzliche Posten sind gemäß § 10 Nr. 1 S. 2 TranspRLDV einzufügen, sofern ohne sie ein irreführendes Bild der Vermögens-, Finanz- und Ertragslage vermittelt würde. Gemäß § 10 Nr. 1 S. 3 TranspRLDV muss auch hier der verkürzte Abschluss **Vergleichszahlen** enthalten, so dass den Zahlen aus der verkürzten Bilanz die entsprechenden Zahlen zum Stichtag des vorangegangenen Geschäftsjahres sowie den Zahlen aus der verkürzten Gewinn- und Verlustrechnung die entsprechenden Zahlen aus dem entsprechenden Berichtszeitraum des vorangegangenen Geschäftsjahres gegenüberzustellen sind.[34]

§ 10 Nr. 2 TranspRLDV schreibt für den verkürzten **Anhang** lediglich vor, dass dieser die Vergleichbarkeit des verkürzten Abschlusses mit dem Jahresabschlusses zu gewährleisten und die Beurteilung der wesentlichen Änderungen und Entwicklungen der einzelnen Posten in der verkürzten Bilanz und der verkürzten Gewinn- und Verlustrechnung im Berichtszeitraum zu ermöglichen hat.[35] Die Vorgaben der §§ 284, 285 HGB müssen somit nicht in vollem Umfang erfüllt werden.[36]

Gemäß DRS 16 Tz 9 wird ferner die **entsprechende Anwendung** des DRS 16 auf die Zwischenberichterstattung von Unternehmen, die nicht zur Erstellung eines Konzernabschlusses verpflichtet sind, **empfohlen**. Diese stellen insbesondere die folgenden Grundsätze zur Gestaltung eines verkürzten Abschlusses auf: Der verkürzte Abschluss hat nach DRS 16 Tz 17 die **Gliederung der wesentlichen Posten und Zwischensummen** der entsprechenden Bestandteile aufweisen, die **im letzten Konzernabschluss** enthalten waren. Zusätzliche Posten oder Erläuterungen sind erforderlich, wenn ihr Weglassen den Zwischenbericht irreführend erscheinen lassen würde. Nach DRS 16 Tz 15 hat die verkürzte Bilanz Vergleichszahlen zum Stichtag des vorangegangenen Geschäftsjahrs und die verkürzte Gewinn- und Verlustrechnung Vergleichszahlen des entsprechenden Berichtszeitraums des vorangegangenen Geschäftsjahres zu enthalten. Ferner empfiehlt DRS 16

---

[31] *Schlüter/Beiersdorf*, in: Beck'sches IFRS-Handbuch, § 15 Rn 1.
[32] Ebenso: *Hönsch*, in: Assmann/Schneider, § 37w Rn 23.
[33] Ebenso: Fuchs/*Zimmermann*, WpHG, § 37w Rn 15.
[34] *Hönsch*, in: Assmann/Schneider, § 37w Rn 19.
[35] *Hönsch*, in: Assmann/Schneider, § 37w Rn 21.
[36] Ebenso: Fuchs/*Zimmermann*, WpHG, § 37w Rn 17; die DRS 16 wurden vom Bundesjustizministerium der Justiz gemäß, § 342 Abs. 2 HGB bekannt gemacht, mit der Folge, dass gemäß § 342 Abs. 2 HGB bei Einhaltung der in den DRS 16 enthaltenen Empfehlungen vermutet wird, dass die Grundsätze ordnungsgemäßer Buchführung beachtet wurden.

Tz 16, den verkürzten Abschluss um eine verkürzte Kapitalflussrechnung und einen verkürzten Eigenkapitalspiegel jeweils für den Berichtszeitraum und den entsprechenden Zeitraum des vorangegangenen Geschäftsjahrs zu ergänzen. Gemäß DRS 16 Tz 20 sind im verkürzten Abschluss dieselben Bilanzierungs- und Bewertungsmethoden zu beachten wie im letzten Jahresabschluss; hiervon ausgenommen sind Änderungen dieser Methoden und Grundsätze, die nach dem Stichtag des letzten Jahresabschlusses vorgenommen wurden. Für die Anhangsangaben sieht DRS 16 Tz 31 einen deutlich verkürzten Umfang der Berichterstattung vor.

29 **II. Zwischenlagebericht (Abs. 2 Nr. 2, Abs. 4).** Der gemäß Abs. 2 Nr. 2 erforderliche Zwischenlagebericht hat die in Abs. 4 genannten Angaben zu enthalten.[37] Die DRS 16 Tz 34 ff enthalten weitere konkretisierende Vorgaben für den Inhalt des Zwischenlageberichts, die gemäß DRS 16 Tz 8 auch für Konzernrechnungslegungspflichtige gemäß § 315a Abs. 1 HGB gelten.[38] Auf die Zwischenberichterstattung von Unternehmen, die *nicht* zur Erstellung eines Konzernabschlusses verpflichtet sind, wird die entsprechende Anwendung des DRS 16 gemäß DRS 16 Tz 9 empfohlen. Gemäß DRS 16 Tz 34 hat der Zwischenlagebericht eine den Zwischenabschluss ergänzende Funktion, indem er bestimmte Ereignisse und Geschäftsvorfälle des Berichtszeitraums erläutert und bestimmte prognoseorientierte Informationen des vorangegangenen Lageberichts aktualisiert.

30 Zunächst muss der Zwischenlagebericht die **wichtigen Ereignisse des Berichtszeitraums im Unternehmen des Emittenten und ihre Auswirkungen auf den verkürzten Abschluss** angeben (Abs. 4 S. 1 Hs 1). Aus der gesetzlichen Formulierung „im Unternehmen des Emittenten" kann keine Einschränkung der im Zwischenlagebericht anzugebenden Ereignisse auf unternehmensintern veranlasste Ereignisse hergeleitet werden; vielmehr sind auch außerhalb des Unternehmens veranlasste (zB markt- oder wettbewerbsbezogene) Ereignisse in den Zwischenlagebericht aufzunehmen. Dabei kommt dem Grundsatz der Wesentlichkeit unter Beschränkung des Prognosezeitraums auf die verbleibenden Monate des Geschäftsjahrs nach DRS 16 Tz 36 besondere Bedeutung zu. Da das somit für die Reichweite der Berichterstattung zentrale Merkmal der „Wesentlichkeit" praktisch schwer handhabbar ist, sollten aus Gründen der Vorsicht sämtliche Ereignisse aufgenommen werden, die aus der insoweit maßgeblichen Sicht eines objektiven Informationsempfängers erheblich für die Beurteilung der Vermögens-, Finanz- und Ertragslage des Emittenten sein könnten, selbst wenn solche Ereignisse bislang noch keine oder nur geringe Auswirkungen auf die Bilanz oder Gewinn- und Verlustrechnung hatten.[39] Bei konzernrechnungslegungspflichtigen Emittenten sind auch im Konsolidierungskreis eingetretene Ereignisse mit konzernrelevanten Auswirkungen zu berichten.[40] Die Auswirkungen der angegebenen Ereignisse auf den verkürzten Abschluss (Abs. 4 S. 1) sowie auf die Vermögens-, Finanz- und Ertragslage des Emittenten (DRS 16 Tz 35 a)) sind, soweit möglich, zu quantifizieren.[41] Gemäß DRS 16 Tz 35 b) sind – insoweit über Abs. 4 hinausgehend – **wesentliche Veränderungen der Prognosen** und sonstigen Aussagen zur voraussichtlichen Entwicklung aus dem letzten (Konzern-)Lagebericht anzugeben.

31 Weiterhin muss der Zwischenlagebericht die **wesentlichen Chancen und Risiken für die dem Berichtszeitraum folgenden sechs Monate des Geschäftsjahres** beschreiben (Abs. 4 S. 1 Hs 2). Sofern diese Beschreibung – wie gemäß DRS 16 Tz 46, 49 (abgesehen von den stets konkret zu beschreibenden *bestandsgefährdenden* Risiken) zulässig – durch einen Verweis auf die im letzten (Konzern-)Lagebericht beschriebenen Chancen und Risiken erfolgt, müssen jedoch zumindest die ggf im Berichtszeitraum eingetretenen wesentlichen Änderungen dieser Chancen und Risiken beschrieben werden, die sich sowohl durch Erhöhung oder Verringerung der Eintrittswahrscheinlichkeit als auch durch eine Erhöhung oder Verringerung der positiven oder negativen Auswirkungen eines Umstands ergeben können. Gemäß dem in DRS 16 Tz 48 zum Ausdruck kommenden Gebot der Einzeldarstellung muss jede wesentliche Chance und jedes wesentliche Risiko gesondert dargestellt werden, auch wenn sich deren gegenläufige Effekte auf die Risikoexposition des Emittenten bzw Konzerns wechselseitig eliminieren sollten.

32 Aus dem in Abs. 1 S. 1 festgelegten Berichtszeitraum (die ersten sechs Monate des Geschäftsjahres) sowie dem Zweck der Regelung, den Kapitalmarkt über sämtliche (noch) aktuellen Chancen und Risiken für die kommenden sechs Monate auf dem Laufenden zu halten, folgt, dass sämtliche chancen- und risikobegründenden Umstände zu beschreiben sind, die während des Berichtszeitraums vorlagen (gleichgültig, ob sie erstmals während des Berichtszeitraums oder bereits zu einem früheren Zeitpunkt eingetreten waren), sofern die aus ihnen erwachsenden Chancen und Risiken sich in den dem Berichtszeitraum folgenden sechs

---

37 Vgl zur Gestaltung des Zwischenlageberichts bei den an der FWB notierten Unternehmen: *Philipps*, DB 2007, 2326, 2330.
38 Da die IAS 34 keine Vorgaben für den Zwischenlagebericht enthalten, sind insoweit die nationalen Normen einschließlich der Empfehlungen des DRS 16 maßgeblich; näher *Wiederhold/Pukallus*, Der Konzern 2007, 264, 269 ff.
39 Ähnlich: *Hönsch*, in: Assmann/Schneider, § 37w Rn 27.
40 Ebenso: *Hönsch*, in: Assmann/Schneider, § 37w Rn 30.
41 Ebenso: *Hönsch*, in: Assmann/Schneider, § 37w Rn 27.

Monaten des Geschäftsjahres realisieren könnten. Somit sind im Berichtszeitraum bestehende chancen- oder risikobegründende Umstände auch dann zu beschreiben, wenn sich die Chance oder das Risiko bereits zwischen dem Ende des Berichtszeitraums und dem Zeitpunkt der Veröffentlichung des Zwischenlageberichts verwirklicht hat. Problematisch ist in diesem Zusammenhang jedoch, dass der Prognosezeitraum des Lageberichts gemäß § 289 Abs. 1 HGB anerkanntermaßen länger ist, nämlich einen Zeitraum von idR zwei Jahren umfasst.[42] Daher kann es zu der Situation kommen, dass im letzten Lagebericht ein risikobegründender Umstand angegeben war, der sich frühestens nach Ablauf der auf den darauffolgenden Halbjahresfinanzbericht folgenden sechs Monate verwirklichen kann; gemäß § 37w Abs. 4 S. 1 dürfte dieser Umstand somit im Zwischenlagebericht eigentlich nicht angegeben werden. Für solche Fälle schlägt DRS 16 Tz 36 vor, in den Zwischenlagebericht zumindest wesentliche aktuelle Entwicklungen bezüglich dieser Umstände aufzunehmen. Weitergehend sollte jedoch zur Vermeidung einer Irreführung des Kapitalmarkts in solchen Fällen stets ausdrücklich klargestellt werden, dass die Verwirklichung des betreffenden Umstands nicht während der dem Berichtszeitraum folgenden sechs Monate des Geschäftsjahres erwartet wird. Insoweit ist daher vor einer unreflektierten Bezugnahme auf den vorangegangenen Lagebericht zu warnen.

Ferner müssen Inlandsemittenten, die Aktien begeben, gemäß Abs. 4 S. 2 die **wesentlichen Geschäfte des Emittenten mit nahe stehenden Personen** angeben, sofern diese Angaben nicht im Anhang des Halbjahresfinanzberichts gemacht werden. Zur Aufstellung eines Konzernabschlusses verpflichtete Mutterunternehmen müssen gemäß § 37y Nr. 2 den Halbjahresfinanzbericht für sich selbst und die Gesamtheit der einzubeziehenden Tochterunternehmen erstellen und müssen daher auch Geschäfte solcher Tochterunternehmen mit nahe stehenden Personen angeben.[43] Abs. 4 S. 2 gilt für alle Aktien begebenden Inlandsemittenten. Die Regelung beruht auf der Vorgabe in Art. 5 Abs. 4 S. 2 TranspRL, nach der alle „Großgeschäfte mit nahe stehenden Personen und Unternehmen" zu nennen sind. Die von der Kommission aufgrund von Art. 5 Abs. 6 TranspRL erlassene TranspRLDurchführungsRL konkretisiert dieses Erfordernis, insbesondere auch den Bezugspunkt des Wesentlichkeitskriteriums, in ihrem Art. 4 Abs. 1 in zutreffender Weise: Hiernach sind Geschäfte mit nahe stehenden Unternehmen und Personen, die während der ersten sechs Monate des aktuellen Geschäftsjahres stattgefunden haben und die die Finanzlage oder das Geschäftsergebnis des Unternehmens während dieses Zeitraums wesentlich beeinflusst haben, ebenso offenzulegen wie alle Veränderungen bei den Geschäften mit nahe stehenden Unternehmen und Personen, die im letzten Lagebericht dargelegt wurden und die Finanzlage oder das Geschäftsergebnis des Emittenten während der ersten sechs Monate des aktuellen Geschäftsjahres wesentlich beeinflusst haben könnten. Als Beispiele hierfür werden die Kündigung von Kreditverträgen oder die Beendigung langfristiger Abnehmer- oder Lieferantenbeziehungen genannt.[44] Inhaltlich entsprechende konkretisierende Regelungen enthalten auch § 11 Abs. 1 TranspRLDV und DRS 16 Tz 50, jedoch nur für Unternehmen, die zur Aufstellung eines Konzernabschlusses verpflichtet sind. DRS 16 Tz 50 stellt insoweit überdies klar, dass auch über Geschäfte zu berichten ist, die einen wesentlichen Einfluss lediglich auf die *Vermögenslage* hatten.[45]

§ 11 Abs. 1 TranspRLDV und DRS 16 Tz 52 enthalten Regelungen für *nicht* zur Aufstellung eines Konzernabschlusses verpflichtete Unternehmen, nach denen diese „zumindest Angaben zu Geschäften mit nahe stehenden Unternehmen und Personen machen" müssen, sofern die Geschäfte im Berichtszeitraum stattgefunden haben, wesentlich sind und zu marktüblichen Bedingungen abschlossen sind; die vorgenannten Regelungen enthalten ferner Ausnahmen für Geschäfte innerhalb eines Konzerns mit oder zwischen mittel- oder unmittelbar in hundertprozentigem Anteilsbesitz stehenden konzernangehörigen Unternehmen. Die Regelungen in DRS 16 Tz 52 sowie § 11 Abs. 2 TranspRLDV können richtigerweise nur als Mindesterfordernisse, nicht dagegen als Einschränkung im Vergleich zu DRS 16 Tz 50 sowie § 11 Abs. 1 TranspRLDV ausgelegt werden: Zwar enthält auch die TranspRLDurchführungsRL in Art. 4 Abs. 2 (über die Verweisung auf Art. 43 Abs. 1 Nr. 7b)) der RL 78/660/EWG, dort eingefügt durch Art. 6 der RL 2006/46/EG) eine entsprechende Einschränkung auf Geschäfte zu „marktüblichen Bedingungen"; jedoch ist eine solche Beschränkung von der in Art. 5 Abs. 6 TranspRL enthaltenen Ermächtigung nicht gedeckt, da diese nur den Erlass von „Durchführungsmaßnahmen" gestattet, „um den technischen Entwicklungen auf den Finanzmärkten Rechnung zu tragen und eine einheitliche Anwendung sicherzustellen". Die Einschränkungen in DRS 16 Tz 52 S. 3 sowie § 11 Abs. 2, 2. Hs TranspRLDV für konzerninterne Geschäfte bei nicht zur Aufstellung eines Konzernabschlusses verpflichteten Unternehmen haben jedenfalls keinen nennenswerten praktischen Anwendungsbereich.[46]

Der Begriff der nahestehenden Personen und Unternehmen ist für nach IAS/IFRS bilanzierungspflichtige Mutterunternehmen in IAS 24.9 definiert und umfasst neben (direkt oder indirekt) herrschenden, be-

---

42 Vgl nur *Merkt*, in: Baumbach/Hopt, HGB, § 289 Rn 1.
43 So auch *Hönsch*, in: Assmann/Schneider, § 37w Rn 33 unter Verweis auf, § 314 Abs. 1 Nr. 13 HGB.
44 *Hönsch*, in: Assmann/Schneider, § 37w Rn 32.
45 Ebenso: *Hönsch*, in: Assmann/Schneider, § 37w Rn 32.
46 Insoweit zustimmend: *Hönsch*, in: Assmann/Schneider, § 37w Rn 34.

herrschten oder gemeinsam beherrschten Unternehmen insbesondere auch bestimmte Gemeinschaftsunternehmen sowie Personen, die im Unternehmen oder dessen Mutterunternehmen Schlüsselpositionen bekleiden sowie deren nahe Familienangehörige. Für nicht nach IAS/IFRS bilanzierungspflichtige Emittenten ist der durch das BilMoG eingefügte § 285 Nr. 21 HGB einschlägig, wobei nach der Gesetzesbegründung auch hier der Begriff der nahestehenden Personen iSv IAS 24.9 auszulegen ist.[47]

36 III. Bilanzeid (Abs. 2 Nr. 3, §§ 264 Abs. 2 S. 3, 289 Abs. 1 S. 5 HGB). Gemäß § 37 Abs. 2 Nr. 3 muss der Halbjahresfinanzbericht eine den Vorgaben des § 264 Abs. 2 S. 3, § 289 Abs. 1 S. 5 HGB entsprechende Erklärung enthalten. Dieser „Bilanzeid" ist durch die gesetzlichen Vertreter des Emittenten abzugeben und bezieht sich auf den verkürzten Abschluss und den Zwischenlagebericht (bzw gemäß § 37 y Nr. 2 bei zur Konzernrechnungslegung verpflichteten Mutterunternehmen auf den verkürzten Konzernabschluss und den Konzernzwischenlagebericht).[48] Da es sich bei der Verpflichtung zur Abgabe des Bilanzeids um eine höchstpersönliche Pflicht der gesetzlichen Vertreter handelt, genügt die Abgabe durch Mitglieder des Vertretungsorgans in vertretungsberechtigter Zahl nicht: Vielmehr müssen gemäß dem Prinzip der Gesamtverantwortung sämtliche Mitglieder des gesetzlichen Vertretungsorgans den Bilanzeid unterschreiben.[49] Angesichts der umstrittenen Frage, ob der Bilanzeid stets gesondert zu unterzeichnen ist oder ob eine Unterzeichnung des Halbjahresfinanzberichts, die auch den in diesem enthaltenen Bilanzeid mit abdeckt, genügt,[50] sollte in der Praxis im Hinblick auf die gravierenden Rechtsfolgen fehlerhafter Finanzberichterstattung der Aufwand einer gesonderten Unterzeichnung in Kauf genommen werden. DRS 16 Tz 56 schlägt für zur Aufstellung eines Konzernabschlusses nach HGB verpflichtete Unternehmen folgende Formulierung des Bilanzeids vor:

„Nach bestem Wissen versichern wir, dass gemäß den anzuwendenden Rechungslegungsgrundsätzen für die Zwischenberichterstattung der Konzernzwischenabschluss ein den tatsächlichen Verhältnissen entsprechendes Bild der Vermögens-, Finanz- und Ertragslage des Konzerns vermittelt und im Konzernzwischenlagebericht der Geschäftsverlauf einschließlich des Geschäftsergebnisses und die Lage des Konzerns so dargestellt sind, dass ein den tatsächlichen Verhältnissen entsprechendes Bild vermittelt wird, sowie die wesentlichen Chancen und Risiken der voraussichtlichen Entwicklung des Konzerns im verbleibenden Geschäftsjahr beschrieben sind."

Diese Formulierung kann entsprechend modifiziert auch für Unternehmen verwendet werden, die nicht konzernrechnungslegungspflichtig sind.

F. Prüferische Durchsicht (Abs. 5)

37 Gemäß Abs. 5 S. 1, 5 können der verkürzte Abschluss und der Zwischenlagebericht einer prüferischen Durchsicht oder einer vollständigen Abschlussprüfung entsprechend § 317 HGB unterzogen werden.[51] Sowohl die Prüfung als auch die prüferische Durchsicht sind entsprechend der Vorgabe in Art. 5 Abs. 5 TranspRL fakultativ (§ 37 w Abs. 5 S. 1).[52] Wurden der verkürzte Abschluss und der Zwischenlagebericht weder einer vollständigen Prüfung noch einer prüferischen Durchsicht unterzogen, so ist dies gemäß Abs. 5 S. 6 jedoch im Halbjahresfinanzbericht anzugeben, etwa mit der folgenden Formulierung: „Der verkürzte Abschluss und der Zwischenlagebericht wurden weder entsprechend § 317 HGB geprüft noch einer prüferischen Durchsicht durch einen Abschlussprüfer unterzogen."[53] Da von vornherein keinerlei Verpflichtung zur Prüfung oder prüferischen Durchsicht besteht, muss – *a majore ad minus* – auch die Berechtigung des Emittenten anerkannt werden, eine prüferische Durchsicht zwar durchzuführen, sich hierbei aber nicht an die Vorgaben des Abs. 5 S. 2 bis 4 und S. 7 zu halten. In diesem Fall muss jedoch ebenfalls ein Hinweis auf die nicht erfolgte Prüfung und prüferische Durchsicht in den Halbjahresfinanzbericht aufgenommen werden.[54]

38 Ob der verkürzte Abschluss und der Zwischenlagebericht einer prüferischen Durchsicht, einer vollständigen Abschlussprüfung oder überhaupt keiner Prüfung unterzogen werden, liegt in der ausschließlichen Ent-

---

47 BT-Drucks. 16/10067, S. 72 (RegBegr. BilMoG); vgl auch *Merkt*, in: Baumbach/Hopt, HGB, § 285 Rn 20.
48 Vgl zur praktischen Vorgehensweise der an der FWB notierten Unternehmen: *Philipps*, DB 2007, 2326, 2330 f.
49 *Reiner*, in: MüKo-HGB, § 264 Rn 102; *Bosse*, DB 2007, 39, 45; *Fleischer*, ZIP 2007, 97, 100, 102; *Scheffler*, AG-Report 2007, R35, R36.
50 Gegen das Erfordernis einer gesonderten Unterzeichnung des Bilanzeids: *Hahn*, IRZ 2007, 375, 376 f; für Unterzeichnung des Jahresfinanzberichts insgesamt: *Strieder/Ammedick*, DB 2007, 1368, 1371.
51 Vgl zur Häufigkeit der prüferischen Durchsicht der an der FWB notierten Unternehmen im Halbjahresfinanzbericht für das Geschäftsjahr 2007: *Philipps*, DB 2007, 2326, 2331 f.
52 Vgl zur Kritik an der noch im Regierungsentwurf des TUG enthaltenen Pflicht zur prüferischen Durchsicht *Beiersdorf/Buchheim*, BB 2006, 1674, 1676.
53 Weitere Formulierungsbeispiele von an der FWB notierten Unternehmen bei *Philipps*, DB 2007, 2326, 2332.
54 Ebenso: *Hönsch*, in: Assmann/Schneider, § 37 w Rn 38; unklar KölnKomm-WpHG/*Mock*, § 37 w nF Rn 26.

scheidungskompetenz des Vorstands;[55] dies gilt richtigerweise auch dann, wenn die Hauptversammlung gemäß Abs. 5 S. 2 iVm § 119 Abs. 1 Nr. 4 AktG einen Prüfer für die prüferische Durchsicht bestellt hat. In einem solchen Bestellungsbeschluss ist schon deshalb keine (konkludente) Beschlussfassung der Hauptversammlung auch über das Ob der (fakultativen) prüferischen Durchsicht zu sehen, weil eine solche Beschlussfassung nach der Kompetenzordnung des AktG nicht der Hauptversammlung zugewiesen ist: Insbesondere kann in der in § 37w Abs. 2 S. 2 angeordneten entsprechenden Anwendung des § 119 Abs. 1 Nr. 4 AktG auf die Bestellung des Prüfers für die prüferische Durchsicht keine Kompetenzzuweisung für die Entscheidung über das Ob der prüferischen Durchsicht gesehen werden, denn die entsprechend anzuwendende Regelung des § 119 Abs. 1 Nr. 4 AktG betrifft den zwingenden Fall der Jahresabschlussprüfung.

Gemäß Abs. 5 S. 2 sind die Vorschriften über die Bestellung des Abschlussprüfers auf die prüferische Durchsicht entsprechend anzuwenden.[56] Über diese Verweisung sind die Vorgaben in § 318 HGB über die Wahl und Beauftragung des Prüfers sowie die aktiengesetzlichen Vorschriften (§§ 111 Abs. 2 S. 3, 119 Abs. 1 Nr. 4, 124 Abs. 3 S. 1, S. 2 und S. 4 sowie § 127 AktG) zu beachten.[57] In der Hauptversammlungspraxis börsennotierter Unternehmen wird in der Regel unter demselben Tagesordnungspunkt Beschluss über die Wahl ein- und derselben Wirtschaftsprüfungsgesellschaft sowohl zum Abschlussprüfer als auch zum Konzernabschlussprüfer sowie zum Abschlussprüfer für die prüferische Durchsicht des verkürzten Abschlusses und des Zwischenlageberichts für das erste Halbjahr des Geschäftsjahres gefasst, was jedoch nichts daran ändert, dass es sich hierbei rechtlich um zwei gesonderte Beschlussgegenstände handelt.[58] Gemäß § 37w Abs. 5 S. 7 iVm § 320 HGB hat der mit der prüferischen Durchsicht beauftragte Abschlussprüfer Anspruch gegen die gesetzlichen Vertreter des Emittenten auf Vorlage von Unterlagen und auf Auskunftserteilung. Die Verantwortlichkeit eines Abschlussprüfers für die prüferische Durchsicht gemäß § 37w Abs. 5 ist nicht als Verantwortlichkeit für die Abschlussprüfung iSd § 319a Abs. 1 Nr. 4 HGB zu werten, so dass auch eine mehrfache prüferische Durchsicht durch ein und denselben Abschlussprüfer nicht zu dessen Ausschluss von der Abschlussprüfung führen kann.[59]

39

Der **Prüfungsmaßstab** einer prüferischen Durchsicht ist gemäß Abs. 5 S. 3 im Vergleich zum Maßstab des § 317 HGB für die vollständige Prüfung eingeschränkt: Es ist erforderlich, aber auch ausreichend, dass die prüferische Durchsicht so angelegt ist, dass bei gewissenhafter Berufsausübung ausgeschlossen werden kann, dass der verkürzte Abschluss und der Zwischenlagebericht in wesentlichen Belangen den anzuwendenden Rechnungslegungsgrundsätzen widersprechen. Beauftragung, Prüfungsvorgehen und Berichterstattung werden im Prüfungsstandard 900 des IDW konkretisiert. Die Verantwortlichkeit des Abschlussprüfers für die prüferische Durchsicht ergibt sich aus der Verweisung des Abs. 5 S. 7 auf § 323 HGB.

40

Das **Ergebnis** der prüferischen Durchsicht ist gemäß Abs. 5 S. 4 in einer **Bescheinigung** zum Halbjahresfinanzbericht zusammenzufassen, die gemeinsam mit diesem zu veröffentlichen ist. Bei Durchführung einer vollständigen Abschlussprüfung des verkürzten Abschlusses und des Zwischenlageberichts ist gemäß Abs. 5 S. 5 der Bestätigungsvermerk bzw der Vermerk über seine Versagung vollständig wiederzugeben und zusammen mit dem Halbjahresfinanzbericht zu veröffentlichen.

41

G. Verordnungsermächtigung (Abs. 6)

Abs. 6 enthält eine Verordnungsermächtigung zugunsten des Bundesfinanzministeriums, im Einvernehmen mit dem Bundesjustizministerium im Wege von Rechtsverordnungen nähere Bestimmungen zum Inhalt und zur prüferischen Durchsicht des Halbjahresfinanzberichts (Nr. 1), zu Mindestinhalt, Art, Sprache, Umfang und Form der Hinweisbekanntmachung (Nr. 2) sowie der entsprechenden Mitteilung an die BaFin (Nr. 3) zu erlassen. Die Rechtsverordnungsermächtigung erfasst außerdem nähere Bestimmungen darüber, wie lange der Halbjahresfinanzbericht im Unternehmensregister allgemein zugänglich bleiben muss und wann er zu löschen ist (Nr. 4). Aufgrund dieser Verordnungsermächtigung wurden die ergänzenden Bestimmungen der §§ 22–24 iVm §§ 3a–3c WpAIV sowie § 10 TranspRLDV erlassen (s. hierzu oben Rn 2).

42

---

[55] Wagner, BB 2007, 454, 456f.
[56] Entsprechendes muss – *a fortiori* – auch für die Bestellung des Abschlussprüfers zur vollständigen Abschlussprüfung des verkürzten Abschlusses und des Zwischenlageberichts gelten (so auch Hönsch, in: Assmann/Schneider, § 37w Rn 42).
[57] Wagner, BB 2007, 454, 455.
[58] Ebenso: *Hönsch*, in: Assmann/Schneider, § 37w Rn 41; vgl auch *Wagner*, BB 2007, 454, 455f; Formulierungsvorschlag bei *Mutter/Arnold/Stehle*, AG-Report 2007, R109, R113.
[59] Ebenso: *Hönsch*, in: Assmann/Schneider, § 37w Rn 43.

§ 37 x Zwischenmitteilung der Geschäftsführung

(1) ¹Ein Unternehmen, das als Inlandsemittent Aktien begibt, hat in einem Zeitraum zwischen zehn Wochen nach Beginn und sechs Wochen vor Ende der ersten und zweiten Hälfte des Geschäftsjahrs jeweils eine Zwischenmitteilung der Geschäftsführung der Öffentlichkeit zur Verfügung zu stellen. ²Außerdem muss das Unternehmen vorher eine Bekanntmachung darüber veröffentlichen, ab welchem Zeitpunkt und unter welcher Internetadresse die Zwischenmitteilung der Geschäftsführung zusätzlich zu ihrer Verfügbarkeit im Unternehmensregister öffentlich zugänglich ist. ³Das Unternehmen teilt die Bekanntmachung gleichzeitig mit ihrer Veröffentlichung der Bundesanstalt mit und übermittelt sie unverzüglich, jedoch nicht vor ihrer Veröffentlichung dem Unternehmensregister im Sinne des § 8 b des Handelsgesetzbuchs zur Speicherung. ⁴Es hat außerdem unverzüglich, jedoch nicht vor Veröffentlichung der Bekanntmachung nach Satz 2 die Zwischenmitteilung der Geschäftsführung an das Unternehmensregister zur Speicherung zu übermitteln.

(2) ¹Die Zwischenmitteilung hat Informationen über den Zeitraum zwischen dem Beginn der jeweiligen Hälfte des Geschäftsjahrs und dem Zeitpunkt zu enthalten, zu welchem die Zwischenmitteilung der Öffentlichkeit im Sinne des Absatzes 1 Satz 1 zur Verfügung stehen; diese Informationen haben die Beurteilung zu ermöglichen, wie sich die Geschäftstätigkeit des Emittenten in den drei Monaten vor Ablauf des Mitteilungszeitraums entwickelt hat. ²In der Zwischenmitteilung sind die wesentlichen Ereignisse und Geschäfte des Mitteilungszeitraums im Unternehmen des Emittenten und ihre Auswirkungen auf die Finanzlage des Emittenten zu erläutern sowie die Finanzlage und das Geschäftsergebnis des Emittenten im Mitteilungszeitraum zu beschreiben.

(3) ¹Wird ein Quartalsfinanzbericht nach den Vorgaben des § 37 w Abs. 2 Nr. 1 und 2, Abs. 3 und 4 erstellt und veröffentlicht, entfällt die Pflicht nach Absatz 1. ²Der Quartalsfinanzbericht ist unverzüglich, jedoch nicht vor seiner Veröffentlichung an das Unternehmensregister zu übermitteln. ³Wird der Quartalsfinanzbericht einer prüferischen Durchsicht durch einen Abschlussprüfer unterzogen, gelten § 320 und § 323 des Handelsgesetzbuchs entsprechend.

(4) Das Bundesministerium der Finanzen kann im Einvernehmen mit dem Bundesministerium der Justiz durch Rechtsverordnung, die nicht der Zustimmung des Bundesrates bedarf, nähere Bestimmungen erlassen über

1. den Mindestinhalt, die Art, die Sprache, den Umfang und die Form der Veröffentlichung nach Absatz 1 Satz 2 und
2. den Mindestinhalt, die Art, die Sprache, den Umfang und die Form der Mitteilung nach Absatz 1 Satz 3.

Literatur:
Siehe die Nachweise bei § 37v.

A. Überblick, ergänzende Regelungen, aktuelle Entwicklungen 1	F. Befreiende Quartalsfinanzberichterstattung (Abs. 3) 13
B. Persönlicher Anwendungsbereich (Abs. 1 S. 1) 4	I. Veröffentlichung des Quartalsfinanzberichts ... 13
C. Erstellung und Veröffentlichung von Zwischenmitteilung der Geschäftsführung (Abs. 1 S. 1 und S. 4) 5	II. Hinweisbekanntmachung 19
	III. Inhalt des Quartalsfinanzberichts 20
	IV. Prüferische Durchsicht 23
D. Hinweisbekanntmachung (Abs. 1 S. 2, S. 3) 9	G. Verordnungsermächtigung (Abs. 4) 26
E. Inhalt der Zwischenmitteilungen der Geschäftsführung (Abs. 2) 10	

A. Überblick, ergänzende Regelungen, aktuelle Entwicklungen

1 § 37 x entspricht in seinem strukturellen Aufbau über weite Strecken den Regelungen in §§ 37v und 37w über die Jahres- und Halbjahresfinanzberichterstattung. § 37 x normiert in Umsetzung von Art. 6 Abs. 1 TranspRL die Verpflichtung bestimmter Emittenten, im ersten und im zweiten Halbjahr eines Geschäftsjahres jeweils eine Zwischenmitteilung der Geschäftsführung zu erstellen (Abs. 1 S. 1), sie zu veröffentlichen (Abs. 1 S. 1) und an das Unternehmensregister zur Speicherung zu übermitteln (Abs. 1 S. 4), eine entsprechende Hinweisbekanntmachung zu veröffentlichen (Abs. 1 S. 2) sowie diese der BaFin mitzuteilen und an das Unternehmensregister zur Speicherung zu übermitteln (Abs. 1 S. 3). Der notwendige Inhalt der Zwischenmitteilung der Geschäftsführung wird in Abs. 2 geregelt. Gemäß Abs. 3, der auf der Vorgabe in Art. 6 Abs. 2 TranspRL beruht, entfällt die Verpflichtung zur Erstellung von Zwischenmitteilungen der Geschäfts-

führung, wenn den Vorgaben des Abs. 3 entsprechende Quartalsfinanzberichte erstellt und veröffentlicht werden, wobei die Quartalsfinanzberichterstattung inhaltlich an den Halbjahresfinanzbericht angelehnt ist und damit über den Umfang der Zwischenmitteilungen nach Abs. 1 hinausgeht. Abs. 4 enthält eine Verordnungsermächtigung an das Bundesfinanzministerium.

Für die Veröffentlichung der Zwischenmitteilungen bzw der Quartalsfinanzberichte enthalten §§ 22, 23 WpAIV ergänzende Regelungen. Für börsennotierte Gesellschaften iSv § 3 Abs. 2 AktG enthält der DCGK in Ziff. 7.1.2 S. 2 eine Empfehlung betreffend die Erörterung der Quartalsfinanzberichte durch den Aufsichtsrat bzw seinen Prüfungsausschuss; ferner gilt für Zwischenberichte die Empfehlung, die Veröffentlichung in einem Zeitfenster von 45 Tagen nach Ende des Berichtszeitraums zu bewirken (DCGK Ziff. 7.1.2. S. 4). 2

Für Emittenten von zum Handel im Prime Standard der FWB zugelassenen Aktien gelten ergänzend die Vorgaben in § 51 BörsO FWB; hiernach müssen solche Emittenten stets einen Quartalsfinanzbericht nach § 37x Abs. 3 S. 1 (bzw, sofern sie konzernrechnungslegungspflichtig sind, analog den Vorgaben des § 37y Nr. 2) erstellen. Gemäß § 51 Abs. 3 BörsO FWB müssen die Quartalsfinanzberichte solcher Emittenten in deutscher *und in englischer Sprache* abgefasst sein. Sofern sie ihren Sitz im Ausland haben, genügt eine englische Sprachfassung. Verstöße gegen § 37x können als Ordnungswidrigkeiten gemäß § 39 Abs. 2 Nr. 2 p), Nr. 5 i) und Nr. 24 sowie § 39 Abs. 3 Nr. 12 geahndet werden. 3

Ob die Verpflichtung von Emittenten zur Veröffentlichung von Zwischenmitteilungen der Geschäftsführung (zusätzlich zu den Halbjahres- und Jahresfinanzberichten) erforderlich und angemessen ist, um einen effektiven Anlegerschutz zu gewährleisten, wird zunehmend bezweifelt. So hat die Europäische Kommission am 25.10.2011 einen Vorschlag zur Änderung der Tranparenzrichtlinie vorgestellt, dem am 12.6.2013 das Plenum des Europäischen Parlaments mehrheitlich zugestimmt hat. Der Vorschlag zur Überarbeitung der Transparenzrichtlinie sieht insbesondere vor, dass die Verpflichtung zur Erstellung und Veröffentlichung von Zwischenmitteilungen der Geschäftsführung entfallen sollen[1] und die Mitgliedstaaten gehindert sind[2], solche Regelungen auf nationaler Ebene zu normieren.[3] Der Vorschlag, dessen Inkrafttreten abzuwarten bleibt, beruht auf der Annahme, dass der Anlegerschutz bereits durch die verbindliche Offenlegung der halbjährlichen und jährlichen Finanzergebnisse sowie durch die Offenlegungspflichten der Marktmissbrauchs- und der Prospektrichtlinie hinreichend gewahrt sei[4]. Zudem sieht die Kommission den mit der Verpflichtung zur Erstellung und Veröffentlichung von Zwischenmitteilungen der Geschäftsführung verbundenen Verwaltungsaufwand gerade für kleinere und mittelgroße Emittenten als zu hoch an.[5] 3a

B. Persönlicher Anwendungsbereich (Abs. 1 S. 1)

§ 37x richtet sich ausschließlich an Unternehmen, die als Inlandsemittenten (§ 2 Abs. 7 iVm Abs. 6) Aktien (§ 2 Abs. 1 S. 1 Nr. 1) begeben. Der persönliche Anwendungsbereich des § 37x ist damit enger als der des § 37w (und des § 37v).[6] Der Unternehmensbegriff ist auch hier weit auszulegen und umfasst alle Einheiten, die Wertpapiere emittieren können. Er hat somit nur insoweit eigenständige (einschränkende) Bedeutung, als Bund und Länder als Emittenten nicht vom Adressatenkreis umfasst sind.[7] 4

C. Erstellung und Veröffentlichung von Zwischenmitteilungen der Geschäftsführung (Abs. 1 S. 1 und S. 4)

Die in Rn 4 genannten Normadressaten müssen gemäß Abs. 1 S. 1 im ersten und im zweiten Halbjahr eines Geschäftsjahres jeweils in einem Zeitfenster zwischen zehn Wochen nach Beginn und sechs Wochen vor Ende des jeweiligen (Geschäfts-)Halbjahres („**Veröffentlichungsfenster**") eine Zwischenmitteilung der Geschäftsführung veröffentlichen. Damit kann zwischen dem Zeitpunkt der Veröffentlichung einer Zwischen- 5

---

1 Erwägungsgrund 4 (S. 12) des Vorschlags der Kommission vom 25.10.2011 für eine Richtlinie des Europäischen Parlaments und des Rates zur Änderung der Richtlinie 2004/109/EG zur Harmonisierung der Transparenzanforderungen in Bezug auf Informationen über Emittenten, deren Wertpapiere zum Handel auf einem geregelten Markt zugelassen sind, sowie der Richtlinie 2007/14/EG der Kommission, abrufbar unter <http://www.europarl.europa.eu/meetdocs/2009_2014/documents/com/com_com(2011)0683_/com_com(2011)0683_de.pdf> (im Folgenden: „Vorschlag zur Änderung der Transparenzrichtlinie").

2 Erwägungsgrund 5 (S. 12) des Vorschlags zur Änderung der Transparenzrichtlinie.

3 Vorschlag zur Änderung der Transparenzrichtlinie; hierzu *Blöink/Kumm*, BB 2013, 1963 ff; *Brinckmann*, BB 2012, 1370 ff.

4 Ziff. 2.2 (S. 6) der Begründung des Vorschlags zur Änderung der Transparenzrichtlinie.

5 Erwägungsgrund 4 (S. 12) des Vorschlags zur Änderung der Transparenzrichtlinie.

6 *BaFin*, Emittentenleitfaden 2013 (Stand: 28.4.2009), XIV.5 (S. 207).

7 *Hönsch*, in: Assmann/Schneider, § 37v Rn 8, *BaFin*, Emittentenleitfaden 2013 (Stand: 28.4.2009), XIV.2 (S. 200); vgl auch Art. 8 Abs. 1 TranspRL; unklar KölnKomm-WpHG/*Mock*, § 37x nF Rn 9.

mitteilung und dem nächsten Halbjahresfinanzbericht durchaus ein Zeitraum von mehr als fünf Monaten liegen. Anerkanntermaßen besteht auch keine Verpflichtung des Emittenten zur Beibehaltung einmal praktizierter Veröffentlichungszeitpunkte (und damit Zeiträumen zwischen den Mitteilungen).[8] Zur Frage, wann die *Erstellung* der Zwischenmitteilungen zu erfolgen hat, enthält Abs. 1 keine Vorgaben. Da jedoch die Zwischenmitteilung gemäß Abs. 2 Informationen über den gesamten Zeitraum zwischen dem Beginn der jeweiligen Hälfte des Geschäftsjahres und dem Zeitpunkt der Veröffentlichung der Zwischenmitteilung zu enthalten hat,[9] kann der Erstellungsprozess jedenfalls nicht vor Beginn des Veröffentlichungsfensters abgeschlossen werden; wird das Veröffentlichungsfenster voll ausgeschöpft, endet der Erstellungsprozess ebenfalls erst unmittelbar vor diesem Zeitpunkt, da ja sämtliche Informationen über den Zeitraum bis zur Veröffentlichung im Bericht enthalten sein müssen.[10]

6 Für **börsennotierte Gesellschaften** iSd § 3 Abs. 2 AktG gilt gemäß Ziff. 7.1.2 S. 4 DCGK die Empfehlung, die Zwischenberichte bereits binnen 45 Tagen nach Ende des „Berichtszeitraums" öffentlich zugänglich zu machen. Da der Zeitraum, über den die Zwischenmitteilungen zu berichten haben, anders als die Berichtszeiträume der Jahres- und Halbjahresfinanzberichte flexibel ist (er beginnt gemäß § 37 x Abs. 2 S. 1 zwar zu einem fixen Zeitpunkt, nämlich mit Beginn der jeweiligen Hälfte des Geschäftsjahres, endet jedoch erst zu demjenigen, vom Emittenten flexibel wählbaren Zeitpunkt im Veröffentlichungsfenster des Abs. 1 S. 1, zu dem der Emittent die Zwischenmitteilung tatsächlich der Öffentlichkeit zur Verfügung stellt), bedeutet der Wortlaut von Ziff. 7.2.1. S. 4 DCGK – entgegen dem ersten Anschein – keine Verschärfung, sondern eine – vom Gesetz nicht mehr gedeckte und daher für die praktische Handhabung unbeachtliche[11] – Aufweichung.

7 Auf welche **Art und Weise** die **Veröffentlichung** zu erfolgen hat, wird in Abs. 1 S. 1 nicht ausdrücklich geregelt. Aus Abs. 1 S. 2 ergibt sich jedoch, dass die Zwischenmitteilungen über eine Internetadresse öffentlich zugänglich zu machen sind. Die Internetadresse muss daher allgemein zugänglich sein. Die Zwischenmitteilungen können somit insbesondere durch ihre Abrufbarkeit über eine allgemein zugängliche Homepage des Emittenten der Öffentlichkeit zur Verfügung gestellt werden.[12] Andere Möglichkeiten des öffentlichen zur Verfügung Stellens werden durch Abs. 1 S. 2 nicht ausgeschlossen. Da die Veröffentlichung im Internet ausdrücklich im Gesetz vorgesehen ist, stellt diese jedoch die rechtssicherste Veröffentlichungsart dar. Ferner muss die Zwischenmitteilung gemäß Abs. 1 S. 4 unverzüglich, jedoch nicht vor Veröffentlichung der Hinweisbekanntmachung nach Abs. 1 S. 2 (hierzu sogleich) an das Unternehmensregister zur Speicherung übermittelt werden.[13]

8 Nicht gesetzlich geregelt ist die Frage, wie lange die Zwischenmitteilungen veröffentlicht bleiben müssen („Veröffentlichungsdauer" der Zwischenmitteilungen). Auch der Emittentenleitfaden der BaFin enthält hierzu keine Aussage. Der für den Jahres- und Halbjahresfinanzbericht von der hM insoweit entsprechend angewandte § 24 WpAIV, der eine öffentliche Zugänglichkeit über das Unternehmensregister für einen Zeitraum von fünf Jahren vorsieht, ist auf die Zwischenmitteilungen der Geschäftsführung nicht anwendbar. Während eine Ansicht in der Literatur für Zwischenmitteilungen eine doppelte Analogie zu § 24 WpAIV annimmt (Anwendbarkeit auch auf Zwischenmitteilungen und Übertragung des Rechtsgedankens der Zugänglichkeit im Unternehmensregister auf die Veröffentlichung auf der Internetseite),[14] lässt die Gegenauffassung mangels gesetzlicher Vorgaben richtigerweise eine Verfügbarkeit bis zur Publikation der nächsten Zwischenmitteilung genügen.[15] Denn es fehlt in Bezug auf die erste der o.g. Analogien an einer unbewussten Regelungslücke, da § 24 WpAIV explizit auf Jahres- und Halbjahresfinanzberichte beschränkt ist. Auch die TranspRL enthält nur für den Jahres- und den Halbjahresfinanzbericht Vorgaben zum Zeitraum der öffentlichen Zugänglichkeit.[16] Zudem enthält die Zwischenmitteilung – anders als die Jahres- und Halbjahresfinanzberichte – ausschließlich vergangenheitsbezogene Informationen.

D. Hinweisbekanntmachung (Abs. 1 S. 2, S. 3)

9 Gemäß Abs. 1 S. 2 muss der Emittent vor Veröffentlichung der Zwischenmitteilung eine Bekanntmachung darüber veröffentlichen, aus der sich ergibt, ab welchem Zeitpunkt und unter welcher Internetadresse die

---

[8] *Hönsch*, in: Assmann/Schneider, § 37 x Rn 15.
[9] *BaFin*, Emittentenleitfaden 2013 (Stand: 28.4.2009), XIV.5.1 (S. 207).
[10] *Hebestreit/Rahe*, IRZ 2007, 111, 117; unklar *Hönsch*, in: Assmann/Schneider, § 37 x Rn 6 aE.
[11] So: Abs. 2 S. 1 geht sprachlich eindeutig davon aus, dass Veröffentlichungszeitpunkt und Ende des Berichtszeitraums deckungsgleich sind. Unklar *Hönsch*, in: Assmann/Schneider, § 37 x Rn 7, der von einer "anderen" Frist spricht.
[12] *Hönsch*, in: Assmann/Schneider, § 37 x Rn 5; Fuchs/*Zimmermann*, WpHG, § 37 x Rn 6.
[13] Zu Einzelheiten vgl § 37 v Rn 29.
[14] *Hönsch*, in: Assmann/Schneider, § 37 x Rn 8; KölnKomm-WpHG/*Mock*, § 37 x nF Rn 12.
[15] *Fuchs/Zimmermann*, WpHG, § 37 x Rn 6. Weitergehend könnte sogar erwogen werden, ob nur eine Veröffentlichung bis zum nächsten Jahres- bzw Halbjahresfinanzbericht ausreicht.
[16] Art. 4 Abs. 1, Art. 5 Abs. 1 S. 2 TranspRL; keine entsprechende Regelung in Art. 6 TranspRL für die Zwischenmitteilungen.

Zwischenmitteilung der Geschäftsführung zusätzlich zu ihrer Verfügbarkeit im Unternehmensregister öffentlich zugänglich sein wird. Zum **Inhalt der Hinweisbekanntmachung** vgl die Erläuterungen bei § 37 v Rn 25. Die **Art und Sprache der Veröffentlichung** der Hinweisbekanntmachung werden in § 37 v Abs. 1 selbst nicht geregelt. Hierzu enthalten jedoch § 22 iVm § 3 a (Art der Veröffentlichung) und § 3 b (Sprache der Veröffentlichung) WpAIV nähere Bestimmungen.[17] Die Hinweisbekanntmachung muss vom Emittenten gemäß § 37 x Abs. 1 S. 3 Hs 1 zeitgleich mit ihrer Veröffentlichung der BaFin mitgeteilt werden.[18] Die Mitteilung an die BaFin muss den Anforderungen von § 23 WpAIV iVm § 3 c WpAIV genügen. Weiterhin ist der Emittent gemäß Abs. 1 S. 3 Hs 2 verpflichtet, die Hinweisbekanntmachung unverzüglich, jedoch nicht vor ihrer Veröffentlichung, dem Unternehmensregister zur Speicherung zu übermitteln.[19]

E. Inhalt der Zwischenmitteilungen der Geschäftsführung (Abs. 2)

Die Zwischenmitteilung der Geschäftsführung hat bestimmte, in Abs. 2 S. 1 Hs 2 und S. 2[20] im Einzelnen festgelegte **Informationen** bezogen auf den „Mitteilungszeitraum" (vgl hierzu unten Rn 12) zu enthalten: Die Zwischenmitteilung muss gemäß Abs. 1 S. 2 die wesentlichen Ereignisse und Geschäfte im Unternehmen des Emittenten und ihre Auswirkungen auf die Finanzlage des Emittenten erläutern sowie die Finanzlage und das Geschäftsergebnis des Emittenten beschreiben. Die in der Zwischenmitteilung enthaltenen Informationen müssen gemäß Abs. 1 S. 1 Hs 2 die Beurteilung ermöglichen, wie sich die Geschäftstätigkeit des Emittenten in den drei Monaten vor Ablauf des Mitteilungszeitraums entwickelt hat. Die letztgenannte Formulierung „in den drei Monaten vor Ablauf des Mitteilungszeitraums" stellt ein Redaktionsversehen des Gesetzgebers dar, welches darin besteht, dass insoweit noch die Formulierung aus dem Regierungsentwurf des TUG übernommen wurde, in der noch die Verpflichtung zur Erstellung von Zwischenmitteilungen zum Schluss des ersten und dritten Quartals des Geschäftsjahres vorgesehen war.[21] Die o.g. Formulierung in Abs. 1 S. 1 aE muss daher richtigerweise als „während des Mitteilungszeitraums" gelesen werden (der ja deutlich länger als drei Monate sein kann, vgl oben Rn 5).[22]

Gemäß § 37 y Nr. 3 müssen sich die Angaben nach § 37 x Abs. 2 S. 2 in der Zwischenmitteilung von konzernabschlusspflichtigen Emittenten auf das Mutterunternehmen und die Gesamtheit der konsolidierungspflichtigen Tochtergesellschaften beziehen, wobei quantitative Angaben aus Gründen der Vergleichbarkeit nach den auch bei der Aufstellung des Konzernabschlusses bzw des verkürzten Abschlusses des Halbjahresfinanzberichts angewandten Rechnungslegungsgrundsätzen zu machen sind.[23] Für konzernabschlusspflichtige Mutterunternehmen sind gemäß DRS 16 Tz 4, 8 – gleichgültig, ob sie nach HGB oder nach den IAS/IFRS bilanzieren – die DRS 16 anzuwenden, die für Zwischenmitteilungen in Tz 64 bis 69 konkretisierende Vorgaben enthalten.[24] Über den Wortlaut des § 37 x Abs. 2 S. 2 hinaus müssen die Zwischenmitteilungen nach DRS 16 Tz 64 auch die Auswirkungen der wesentlichen Ereignisse auf die Vermögens-, Finanz- und Ertragslage des Emittenten erläutern sowie die Vermögens-, Finanz- und Ertragslage im Mitteilungszeitraum beschreiben.[25] Gemäß DRS 16 Tz 68 S. 2 kann die Darstellung der Finanz- und der Vermögenslage an den letzten Konzernlagebericht anknüpfen, wohingegen in Bezug auf die Ertragslage eine Bezugnahme auf den entsprechenden Zeitraum des Vorjahres sinnvoll sein kann. Gemäß DRS 16 Tz 69 muss auf seit dem letzten Konzernlagebericht erkennbar gewordene und in diesem nicht genannte (oder in ihm genannte und zwischenzeitlich weggefallene oder hinsichtlich ihrer Einschätzung veränderte) bestandsgefährdende Risiken besonders eingegangen werden, wobei bestandsgefährdende Risiken im Zwischenlagebericht stets auch ausdrücklich als solche zu bezeichnen sind.[26]

Mitteilungszeitraum (so die Terminologie in § 37 x Abs. 2 S. 2 sowie in Ziff. XIV.5.1. des Emittentenleitfadens; Ziff. 7.1.2 S. 4 DCGK spricht insoweit vom „Berichtszeitraum") ist gemäß Abs. 2 S. 1 der Zeitraum zwischen dem Beginn der jeweiligen Hälfte des Geschäftsjahres und dem Zeitpunkt, zu welchem die Zwischenmitteilung der Öffentlichkeit iSd Abs. 1 S. 1 zur Verfügung steht. Bis exakt zum Veröffentlichungszeitpunkt können offenkundig bereits aus organisatorischen Gründen nicht sämtliche Informationen in der

---

17 Vgl im Einzelnen § 37 v Rn 27.
18 Vgl im Einzelnen § 37 v Rn 28; *BaFin*, Emittentenleitfaden 2013 (Stand: 28.4.2009), XIV.5.3. iVm XIV.3.3.
19 Vgl im Einzelnen § 37 v Rn 29.
20 Durch diese Vorschriften wird Art. 6 Abs. 1 S. 4 TranspRL umgesetzt.
21 Vgl nur *Hönsch*, in: Assmann/Schneider, § 37 x Rn 13; Fuchs/Zimmermann, WpHG, § 37 x Rn 11.
22 So auch *Hönsch*, in: Assmann/Schneider, § 37 x Rn 16; Köln-Komm-WpHG/*Mock*, § 37 x nF Rn 22.; Fuchs/Zimmermann, WpHG, § 37 x Rn 13.; *Kumm*, BB 2009, 1118, 1121; *Hutter*/
Kaulamo, NJW 2007, 550, 552 f; *Wiederhold/Pukallus*, Der Konzern 2007, 264, 273; ebenso: DRS 16 Tz. 65 S. 1.
23 *Hönsch*, in: Assmann/Schneider, § 37 x Rn 19; aA *Wiederhold/Pukallus*, Der Konzern 2007, 264, 273.
24 Für andere Unternehmen wird die Anwendung der DRS 16 lediglich empfohlen, vgl DRS 16 Tz. 9; vgl zu näheren Einzelheiten des Inhalts der Zwischenmitteilung unter Auswertung der Praxis: *Kajüter/Reisloh*, IRZ 2008, 95 ff.
25 Ebenso: *Hönsch*, in: Assmann/Schneider, § 37 x Rn 17 aE.
26 So auch *Hönsch*, in: Assmann/Schneider, § 37 x Rn 18.

Zwischenmitteilung verwertet werden.[27] Insoweit gilt hier der allgemeine Grundsatz *impossibilium nulla est obligatio*, aber auch nur dieser. Die Zwischenmitteilungen sind also grundsätzlich unverzüglich, dh ohne schuldhaftes Zögern, nach ihrer Fertigstellung zu veröffentlichen.[28] Ergeben sich für den Emittenten jedoch zwischen dem Fertigstellungs- und dem Veröffentlichungszeitpunkt erkennbar erhebliche neue (im Grundsatz veröffentlichungspflichtige) Umstände und Tatsachen, so müssen, sofern das Veröffentlichungsfenster des Abs. 1 S. 1 noch nicht abgelaufen ist, diese Umstände noch nachträglich in die (eigentlich schon fertiggestellte) Zwischenmitteilung eingearbeitet werden, bevor diese veröffentlicht wird. Dies deshalb, weil der Kapitalmarkt angesichts des unmissverständlichen Wortlauts des Abs. 2 S. 1 darauf vertrauen darf, dass sämtliche (wesentlichen) vor Veröffentlichung der Zwischenmitteilung eingetretenen Umstände auch in dieser abgebildet sind.

F. Befreiende Quartalsfinanzberichterstattung (Abs. 3)

13 **I. Veröffentlichung des Quartalsfinanzberichts.** Gemäß Abs. 3 S. 1 entfällt die Verpflichtung von Aktienemittenten zur Erstellung und Veröffentlichung von Zwischenmitteilungen der Geschäftsführung, sofern diese Quartalsfinanzberichte erstellen und veröffentlichen, die den Vorgaben des § 37 w Abs. 2 Nr. 1 und Nr. 2, Abs. 3 und Abs. 4 entsprechen. § 37 x Abs. 3 beruht auf der Vorgabe in Art. 6 Abs. 2 TranspRL. Die Befreiung von den Verpflichtungen nach § 37 x Abs. 1 tritt unabhängig davon ein, ob die Quartalsfinanzberichte freiwillig oder (bei im Prime Standard der FWB notierten Emittenten) aufgrund der Verpflichtung gemäß § 51 Abs. 1 S 1 BörsO FWB erstellt und veröffentlicht werden.[29]

14 Die Befreiungswirkung setzt gemäß Abs. 3 S. 1 zunächst die Veröffentlichung des Quartalsfinanzberichts voraus, wobei das Gesetz jedoch keine Angaben dazu macht, auf welche **Art und Weise** die **Veröffentlichung** zu erfolgen hat. Aufgrund der die Zwischenmitteilung der Geschäftsführung ersetzenden Funktion des Quartalsfinanzberichts erscheint es alleine sachgerecht, insoweit die Vorschrift des Abs. 1 S. 1 entsprechend anzuwenden, so dass eine Veröffentlichung auf einer öffentlich zugänglichen Internetseite (zB des Emittenten) ausreichend ist.[30] Dies ergibt sich mittelbar auch aus Art. 12 Abs. 3 TranspRLDurchführungs-RL, der eine Bezugnahme der Hinweisbekanntmachung auf die Webseite, auf der die Informationen abrufbar sind, enthält.

15 Angesichts des Gesetzeswortlauts ist zudem unklar, **innerhalb welcher Frist** ein Quartalsfinanzbericht **zu veröffentlichen** ist. Aufgrund des die Zwischenmitteilung der Geschäftsführung ersetzenden Charakters des Quartalsfinanzberichts erschiene es auf den ersten Blick naheliegend, auf das Veröffentlichungsfenster der Zwischenmitteilung abzustellen.[31] Die Frist des Abs. 1 S. 1 ist jedoch deshalb unpassend,[32] weil sich ein Quartalsfinanzbericht (anders als eine Zwischenmitteilung) auf das jeweilige (Geschäftsjahres-)Quartal als Berichtszeitraum bezieht.[33] Während nach einer in der Literatur vertretenen Ansicht der Quartalsfinanzbericht in entsprechender Anwendung von § 37 w Abs. 1 S. 1 unverzüglich, spätestens jedoch zwei Monate nach Ablauf des Berichtsquartals veröffentlicht werden muss,[34] lässt es die BaFin mangels ausdrücklicher gesetzlicher Vorgabe zutreffender Weise genügen, dass der Quartalsfinanzbericht spätestens vor dem jeweils darauf folgenden Halbjahres- oder Jahresfinanzbericht veröffentlicht wird.[35] Entscheidet sich der Emittent, statt einer Zwischenmitteilung der Geschäftsführung einen (befreienden) Quartalsfinanzbericht zu erstellen, und schöpft er hierbei die vorgenannte Frist über den Ablauf des zeitlichen Veröffentlichungsfensters für die Zwischenmitteilung der Geschäftsführung (vgl hierzu oben Rn 5) hinaus aus, so hat er nun nicht mehr die Möglichkeit, sich ohne Rechtsverstoß doch noch für eine Zwischenmitteilung der Geschäftsführung (und gegen einen Quartalsfinanzbericht) zu entscheiden. Denn die durch den Quartalsfinanzbericht zu ersetzende Primärpflicht zur Erstellung einer Zwischenmitteilung der Geschäftsführung kann ab diesem Zeitpunkt nicht mehr erfüllt werden. Dadurch entsteht somit ein faktischer Zwang zur Quartalsfinanzberichterstattung. Für börsennotierte Gesellschaften empfiehlt Ziff. 7.1.2 S. 4 DCGK die Veröffentlichung binnen 45 Tagen nach Ende des Berichtszeitraums, was hier – im Gegensatz zu Zwischenmitteilun-

---

27 Für Veröffentlichung am letzten Tag des gewählten Mitteilungszeitraums jedoch *Kumm*, BB 2009, 1118, 1121.
28 *Hönsch*, in: Assmann/Schneider, § 37 w Rn 14; dagegen pauschal für die Geltung einer Zweiwochenfrist nach Ablauf des 1. und 3. Quartals ohne nähere Begründung *Rodewald/Unger*, BB 2006, 1917, 1919.
29 *Hönsch*, in: Assmann/Schneider, § 37 x Rn 20; *Kumm*, BB 2009, 1118, 1121; *Scheffler*, AG-Report 2005, R66; R67.
30 Im Ergebnis ebenso: *Hönsch*, in: Assmann/Schneider, § 37 x Rn 25; Fuchs/*Zimmermann*, WpHG, § 37 x Rn 17; Köln-Komm-WpHG/*Mock*, § 37 x nF Rn 29.
31 So Fuchs/*Zimmermann*, WpHG, § 37 x Rn 18; KölnKomm-WpHG/*Mock*, § 37 x nF Rn 30; *Hebestreit/Rahe*, IRZ 2007, 111, 118.
32 Vgl *Hönsch*, in: Assmann/Schneider, § 37 x Rn 22; *BaFin*, Emittentenleitfaden 2013 (Stand: 28.4.2009), XIV.5.5.4 (S. 209).
33 *BaFin*, Emittentenleitfaden 2013 (Stand: 28.4.2009), XIV.5.5.1 (S. 208).
34 *Hönsch*, in: Assmann/Schneider, § 37 x Rn 25; Handelsrechtsausschuss des Deutschen Anwaltsvereins, NZG 2009, 175, 178.
35 *BaFin*, Emittentenleitfaden 2013 (Stand: 28.4.2009), XIV.5.5.4 (S. 209); ebenso: *Kumm*, BB 2009, 1118, 1122.

gen – tatsächlich eine Verschärfung bedeutet. Eine Rechtspflicht, Quartalsfinanzberichte auf die hier genannte Art und Weise zu veröffentlichen, ergibt sich aus Abs. 3 nicht, sondern die Veröffentlichung ist lediglich Voraussetzung für die befreiende Wirkung des Abs. 3 S. 1.

Im Prime Standard der FWB notierte Unternehmen haben zudem gemäß § 51 Abs. 5 S. 1 BörsO FWB den Quartalsfinanzbericht innerhalb von zwei Monaten nach Ende des Berichtszeitraums (bzw, sofern sie ihren Sitz außerhalb der EU und des EWiR haben, innerhalb von drei Monaten) der Geschäftsführung der FWB in elektronischer Form zum Zwecke der Publikation zu übermitteln. 16

Ferner ist der Emittent gemäß Abs. 3 S. 2 dazu verpflichtet, den Quartalsfinanzbericht unverzüglich, jedoch nicht vor seiner Veröffentlichung, an das Unternehmensregister zu übermitteln. Entgegen dem Wortlaut der Vorschrift kann es sich auch hierbei (abgesehen vom oben in Rn 15 dargestellten Ausnahmefall des bereits abgelaufenen zeitlichen Veröffentlichungsfensters für eine Zwischenmitteilung der Geschäftsführung) nicht um eine Rechtspflicht des Emittenten handeln, da dieser von vornherein nicht zur Aufstellung und Veröffentlichung von Quartalsfinanzberichten verpflichtet ist. Vielmehr handelt es sich bei dieser Regelung ebenfalls um eine notwendige Voraussetzung für den Eintritt der befreienden Wirkung. Die Übermittlung an das Unternehmensregister erfolgt – wie auch bei der Zwischenmitteilung der Geschäftsführung gemäß Abs. 1 S. 3 – zum Zwecke der Speicherung.[36] 17

Das Gesetz regelt nicht ausdrücklich, **wie lange** der Quartalsfinanzbericht **öffentlich zugänglich** sein muss. Zwar weist der Quartalsfinanzbericht aufgrund der Verweisung in § 37x Abs. 3 S. 1 auf § 37w Abs. 2 Nr. 1 und 2, Abs. 3 und Abs. 4 inhaltlich eine enge Verbindung zum Halbjahresfinanzbericht auf, weshalb von Teilen der Literatur die Ansicht vertreten wird, dass der Quartalsfinanzbericht analog § 24 WpAIV für einen Zeitraum von 5 Jahren öffentlich auf einer Internetseite und im Unternehmensregister zugänglich sein müsse.[37] Richtigerweise muss dagegen die öffentliche Zugänglichkeit bis zur Abgabe des nächsten Quartalsfinanzberichts oder (falls ein solcher im darauffolgenden (Geschäfts-)Halbjahr nicht erstellt wird) der nächsten Zwischenmitteilung der Geschäftsführung genügen. Denn aufgrund der die Zwischenmitteilung ersetzenden Funktion des Quartalsfinanzberichts kann für diesen ohne ausdrückliche gesetzliche Regelung keine längere Veröffentlichungsdauer verlangt werden als für die Zwischenmitteilung selbst. 18

II. Hinweisbekanntmachung. Eine Hinweisbekanntmachung auf den Quartalsfinanzbericht ist nach dem Gesetzeswortlaut nicht erforderlich. Aufgrund der die Zwischenmitteilung der Geschäftsführung ersetzenden Wirkung des Quartalsfinanzberichts könnte jedoch erwogen werden, ob analog Abs. 1 S. 2, 3 eine auf den Quartalsfinanzbericht bezogene Hinweisbekanntmachung entsprechend § 22 iVm § 3a WpAIV durch Zuleitung an ein Medienbündel veröffentlicht, der BaFin mitgeteilt und dem Unternehmensregister zur Speicherung übermittelt werden muss. Diese Sichtweise entspricht auch der bislang herrschenden Meinung im Schrifttum.[38] Nach der von der BaFin vertretenen Gegenansicht sind die Vorschriften des Abs. 1 S. 2, 3 dagegen nicht auf Quartalsfinanzberichte anwendbar. Sofern keine nach der jeweils auf den Emittenten anwendbaren Börsenordnung zu beachtenden Sonderregelungen hinsichtlich der Veröffentlichung eingreifen, soll es vielmehr genügen, wenn der Quartalsfinanzbericht in einem geeigneten elektronischen Medium verbreitet wird oder eine Hinweisbekanntmachung in einem Börsenpflichtblatt veröffentlicht wird, die auf eine öffentlich zugängliche Stelle verweist, an der der Bericht sofort auffindbar oder abrufbar ist.[39] Diese Auslegung der BaFin, die zwar dem Wortlaut des § 37x genügt, begegnet jedoch im Hinblick auf die Vorgaben in Art. 12 Abs. 3 TranspRLDurchführungsRL Bedenken, der in Bezug auf die von Art. 6 TranspRL erfassten Quartalsfinanzberichte zumindest verlangt, dass die „Ankündigung" (also nach deutschem Recht die Hinweisbekanntmachung) den Medien übermittelt wird. Daher ist der hM zu folgen. 19

III. Inhalt des Quartalsfinanzberichts. Der Quartalsfinanzbericht muss nach den Vorgaben des § 37w Abs. 2 Nr. 1, Nr. 2, Abs. 3 und 4 erstellt werden. Folglich hat der Quartalsfinanzbericht einen **verkürzten Abschluss** und einen **Zwischenlagebericht**, jedoch **keinen Bilanzeid** entsprechend **§§ 264 Abs. 2 S. 3, 289 Abs. 1 S. 5 HGB** zu enthalten.[40] Bei konzernabschlusspflichtigen Mutterunternehmen genügt es analog § 37y Nr. 2, dass der im Quartalsfinanzbericht enthaltene verkürzte Abschluss und der Zwischenlagebericht *einheitlich* für das Mutterunternehmen und die Gesamtheit der einzubeziehenden Töchter aufgestellt werden.[41] 20

---

36 *BaFin*, Emittentenleitfaden 2013 (Stand: 28.4.2009), XIV.5.5.4 (S. 209).
37 So im Erg. KölnKomm-WpHG/*Mock*, § 37x nF Rn 32.
38 Vgl nur *Hönsch* in: Assmann/Schneider, § 37x Rn 24; Fuchs/ Zimmermann, WpHG, § 37x Rn 18; KölnKomm-WpHG/ Mock, § 37x nF Rn 29; *Kajüter/Reisloh*, IRZ 2008, 95, 97; *Bosse*, DB 2007, 39, 45.

39 *BaFin*, Emittentenleitfaden 2013 (Stand: 28.4.2009), XIV.5.5.4 (S. 209); ebenso: *Kumm*, BB 2009, 1118, 1122; *Hebestreit/Rahe*, IRZ 2007, 111, 118.
40 *Hönsch*, in: Assmann/Schneider, § 37x Rn 21; *Hebestreit/Rahe*, IRZ 2007, 111, 118; *Strieder/Ammedick*, DB 2007, 1368, 1372; wohl auch *Göres*, Der Konzern 2007, 15, 21.
41 *Hönsch*, in: Assmann/Schneider, § 37x Rn 23; *BaFin*, Emittentenleitfaden 2013 (Stand: 28.4.2009), XIV.5.5.2 (S. 208).

21 Aus Abs. 3 lassen sich keine Vorgaben bezüglich des Stichtags sowie des Berichtszeitraums des Quartalsfinanzberichts entnehmen. Aus dem Begriff „*Quartals*finanzbericht" folgt jedoch, dass Stichtag für die Quartalsfinanzberichterstattung jeweils das Ende des ersten und dritten Quartals ist.[42] Die BaFin verlangt dementsprechend, dass der Quartalsfinanzbericht stets über einen dreimonatigen Berichtszeitraum (nämlich das erste bzw dritte Geschäftsjahresquartal) berichten muss.[43] Nach DRS 16 Tz 58, 59 haben konzernabschlusspflichtigen Mutterunternehmen freilich die Wahl, bestimmte im Quartalsfinanzbericht enthaltene Angaben auf das aktuelle Quartal oder (beim Quartalsfinanzbericht des zweiten Geschäftshalbjahres) auf den kumulierten Zeitraum seit Beginn des Geschäftsjahrs zu beziehen; eine solche Ausweitung des Quartalsfinanzberichts für das dritte Quartal auf einen 9-Monats-Zeitraum ist für die befreiende Wirkung des Quartalsfinanzberichts selbstverständlich nicht erforderlich.

22 Über den Verweis in § 37x Abs. 3 S. 1 auf § 37w Abs. 3 S. 2 gelten für den Quartalsfinanzbericht auch die für den Jahresabschluss anzuwendenden Rechnungslegungsgrundsätze. Zum Inhalt des Quartalsfinanzberichts kann daher grundsätzlich auf die Erläuterungen zu § 37w Rn 9 ff verwiesen werden, wobei insbesondere die folgenden Besonderheiten zu beachten sind: DRS 16 Tz 57-60 enthalten Vorgaben für die Quartalsfinanzberichterstattung, deren Beachtung gemäß § 342 Abs. 2 HGB die Vermutung ordnungsgemäßer Buchführung und Rechnungslegung begründet. Da für die Quartalsfinanzberichterstattung keine Bereichsausnahme für nach IAS/IFRS bilanzierende Unternehmen besteht (DRS 16 Tz 8), gelten die in DRS 16 Tz 57-60 enthaltenen Empfehlungen für Quartalsfinanzberichte auch für konzernabschlusspflichtige Mutterunternehmen, die den Zwischenlagebericht zu einem Quartalsfinanzbericht nach den in § 315a Abs. 1 HGB übernommen IAS/IFRS aufstellen.

23 **IV. Prüferische Durchsicht.** Der Quartalsfinanzbericht kann wie der Halbjahresfinanzbericht einer freiwilligen prüferischen Durchsicht unterzogen werden (vgl hierzu § 37w Rn 37ff), die jedoch nicht Voraussetzung für die Befreiungswirkung gemäß § 37x Abs. 3 S. 1 ist. Auch eine vollständige Prüfung analog § 317 HGB ist zulässig. Erfolgt eine solche prüferische Durchsicht, so hat der Prüfer gemäß § 37x Abs. 3 S. 3 die Auskunfts- und Informationsrechte aus § 320 HGB; seine Verantwortlichkeit bestimmt sich nach § 323 HGB.

24 Da § 37x Abs. 3 S. 1 nicht auf § 37w Abs. 5 verweist, ist unklar, ob für die Bestellung des Prüfers des Quartalsfinanzberichts (wie in § 37w Abs. 5 S. 2 vorgesehen) die Hauptversammlung oder analog § 111 Abs. 2 S. 3 AktG der Aufsichtsrat zuständig ist.[44] Da § 37x Abs. 3 S. 1 nicht auf § 37w Abs. 5 verweist, ist nicht die Hauptversammlung für die Bestellung des Prüfers des Quartalsfinanzberichts, sondern analog § 111 Abs. 2 S. 3 AktG der Aufsichtsrat zuständig. Dieses Ergebnis ist auch insofern sachgerecht, als der prüferischen Durchsicht des Quartalsfinanzberichts – wie sich aus dem Fehlen einer § 37w Abs. 5 entsprechenden Regelung in § 37x Abs. 3 ergibt – nach der Vorstellung des Gesetzgebers nicht dieselbe Bedeutung zukommt wie der prüferischen Durchsicht von Halbjahresabschluss und -lagebericht.

25 Ob eine Prüfung oder prüferische Durchsicht durchgeführt werden soll, entscheidet der Vorstand.[45] Anders als im Halbjahresfinanzbericht muss im Quartalsfinanzbericht mangels Verweis auf § 37w Abs. 5 nicht angegeben werden, ob der Quartalsfinanzbericht einer prüferischen Durchsicht unterzogen wurde.[46]

G. Verordnungsermächtigung (Abs. 4)

26 Abs. 4 enthält eine Verordnungsermächtigung zugunsten des Bundesfinanzministeriums, im Einvernehmen mit dem Bundesjustizministerium im Wege von Rechtsverordnungen nähere Bestimmungen zum Mindestinhalt, zur Art, zur Sprache, zum Umfang und zur Form der Zwischenmitteilungen der Geschäftsführung und den entsprechenden Hinweisbekanntmachungen zu erlassen. Aufgrund dieser Verordnungsermächtigung wurden die ergänzenden Bestimmungen der §§ 22, 23 iVm §§ 3a-3c WpAIV erlassen (s. hierzu oben Rn 2).

§ 37y Konzernabschluss

Ist ein Mutterunternehmen verpflichtet, einen Konzernabschluss und einen Konzernlagebericht aufzustellen, gelten § 37v bis § 37x mit der folgenden Maßgabe:

---

42 KölnKomm-WpHG/*Mock*, § 37x nF Rn 27; wohl auch *Hönsch*, in: Assmann/Schneider, § 37x Rn 22.
43 *BaFin*, Emittentenleitfaden 2013 (Stand: 28.4.2009), XIV.5.5.1 (S. 208); ebenso: *Kumm*, BB 2009, 1118, 1121.
44 Hierzu bislang nur *Wagner*, BB 2007, 454, 457 (eine Hauptversammlungskompetenz verneinend).
45 Vgl § 37w Rn 38.
46 *Baetge/Haenelt*, IRZ 2009, 545; *Wagner*, BB 2007, 454, 457; *Wiederhold/Pukallus*, Der Konzern 2007, 264, 273.

1. Der Jahresfinanzbericht hat auch den geprüften, im Einklang mit der Verordnung (EG) Nr. 1606/2002 des Europäischen Parlaments und des Rates vom 19. Juli 2002 betreffend die Anwendung internationaler Rechnungslegungsstandards (ABl. EG Nr. L 243 S. 1) aufgestellten Konzernabschluss, den Konzernlagebericht, eine den Vorgaben des § 297 Abs. 2 Satz 3, § 315 Abs. 1 Satz 6 des Handelsgesetzbuchs entsprechende Erklärung und eine Bescheinigung der Wirtschaftsprüferkammer gemäß § 134 Abs. 2 a der Wirtschaftsprüferordnung über die Eintragung des Abschlussprüfers oder eine Bestätigung der Wirtschaftsprüferkammer gemäß § 134 Abs. 4 Satz 8 der Wirtschaftsprüferordnung über die Befreiung von der Eintragungspflicht zu enthalten.
2. Die gesetzlichen Vertreter des Mutterunternehmens haben den Halbjahresfinanzbericht für das Mutterunternehmen und die Gesamtheit der einzubeziehenden Tochterunternehmen zu erstellen und zu veröffentlichen. § 37 w Abs. 3 gilt entsprechend, wenn das Mutterunternehmen verpflichtet ist, den Konzernabschluss nach den in § 315 a Abs. 1 des Handelsgesetzbuchs bezeichneten internationalen Rechnungslegungsstandards und Vorschriften aufzustellen.
3. Die Angaben nach § 37 x Abs. 2 Satz 2 in der Zwischenmitteilung eines Mutterunternehmens haben sich auf das Mutterunternehmen und die Gesamtheit der einzubeziehenden Tochterunternehmen zu beziehen.

Literatur:
Siehe die Nachweise bei § 37v.

A. Überblick über die konzernspezifischen Modifikationen der Regelpublizität

§§ 37 v bis x beziehen sich jeweils nur auf den Jahresabschluss (sowie ergänzende Rechnungslegungsunterlagen) des Emittenten. § 37 y normiert Ergänzungen für Unternehmen, die verpflichtet sind, einen Konzernabschluss und einen Konzernlagebericht aufzustellen. Nr. 1 enthält Ergänzungen für den Jahresfinanzbericht, Nr. 2 für den Halbjahresfinanzbericht und Nr. 3 für die Zwischenmitteilungen der Geschäftsführung. § 37 y gilt für alle Mutterunternehmen, die zur Aufstellung eines Konzernabschlusses und eines Konzernlageberichts verpflichtet sind. Dies sind zum einen Unternehmen mit Sitz in Deutschland, die gemäß §§ 290 ff HGB zur Konzernrechnungslegung verpflichtet sind und zum anderen Inlandsemittenten mit Sitz im Ausland, die nach dem Recht ihres Sitzstaats zur Aufstellung eines Konzernabschlusses und eines Konzernlageberichts verpflichtet sind.[1] Da die Verpflichtung zur Aufstellung eines Konzernlageberichts außerhalb der EU nicht verbreitet ist, genügt für Inlandsemittenten mit Sitz in einem solchen Drittstaat für die Begründung einer Verpflichtung nach § 37 y, dass das Unternehmen nach dem Recht seines Sitzstaates zur Aufstellung eines Konzernabschlusses (nicht notwendigerweise auch eines Konzernlageberichts) verpflichtet ist (vgl aber die Einschränkung in Rn 4).[2]

B. Jahresfinanzbericht (Nr. 1)

Der Jahresfinanzbericht eines konzernabschlusspflichtigen Mutterunternehmens hat neben dem nach § 37 v erforderlichen Jahresabschluss und dem Lagebericht des Mutterunternehmens und dem darauf bezogenen Bilanzeid gemäß § 37 y Nr. 1 auch den geprüften, im Einklang mit der IAS-Verordnung aufgestellten Konzernabschluss, den Konzernlagebericht, einen auf den Konzern bezogenen Bilanzeid der gesetzlichen Vertreter der Muttergesellschaft entsprechend den Vorgaben des § 297 Abs. 2 S. 4, § 315 Abs. 1 S. 6 HGB und eine Bescheinigung der Wirtschaftsprüferkammer gemäß § 134 Abs. 2 a WPO über die Eintragung des Abschlussprüfers bzw eine Bestätigung der Wirtschaftsprüferkammer gemäß § 134 Abs. 4 S. 8 WPO über die Befreiung von der Eintragungspflicht zu enthalten. Der Verweis des § 37 y Nr. 1 auf § 297 Abs. 2 S. 3 HGB beruht auf einem Redaktionsversehen des Gesetzgebers; gemeint sein kann nur ein Verweis auf § 297 Abs. 2 S. 4 HGB (Bilanzeid).[3]

Da Nr. 1 auf den Jahresfinanzbericht Bezug nimmt, sind die entsprechenden Modifikationen auch nur von solchen Inlandsemittenten zu beachten, die nicht bereits nach handelsrechtlichen Vorschriften zur Offenlegung der in Nr. 1 genannten Rechnungslegungsunterlagen verpflichtet sind.[4] Dies sind Inlandsemittenten mit Sitz außerhalb Deutschlands, für die aber die Ausnahmen nach § 37 z greifen können (vgl dort). Dass für Inlandsemittenten mit Sitz in Deutschland, die bereits nach den handelsrechtlichen Vorschriften zur Offenlegung der in Nr. 1 genannten Rechnungslegungsunterlagen verpflichtet sind und daher gemäß § 37 v S. 1 aE von der Verpflichtung zur Erstellung eines Jahresfinanzberichts befreit sind, § 37 y dennoch insoweit

---

[1] Ebenso: Fuchs/*Zimmermann*, WpHG, § 37 y Rn 1 aE; Köln-Komm-WpHG/*Mock*, § 37 y nF Rn 4.
[2] Ebenso *Hönsch*, in: Assmann/Schneider, § 37 y Rn 1.
[3] Ebenso: Fuchs/*Zimmermann*, WpHG, § 37 y Rn 2.
[4] *Hönsch*, in: Assmann/Schneider, § 37 y Rn 3.

konstitutive Bedeutung behalten soll, als solche Unternehmen im Hinblick auf die in § 37 y Nr. 1 genannten Rechnungslegungsunterlagen das in § 37 v Abs. 1 S. 2 bis 4 niedergelegte Veröffentlichungsverfahren einzuhalten haben,[5] ist angesichts des dies nicht ausdrücklich anordnenden Wortlauts des § 37 y nicht selbstverständlich, entspräche aber der Gesetzessystematik des § 37 v Abs. 1; Bußgeldahndungen (§ 39) dürften insoweit jedoch mangels Andeutung dieses Regelungsgehalts im Gesetzeswortlaut ausgeschlossen sein.

4 Ebenfalls gesetzesübersteigend ist das Postulat von *Hönsch*,[6] dass Unternehmen mit Sitz im Ausland, die nach dem Recht ihres Sitzstaats lediglich einen Konzernabschluss (nicht aber einen Konzernlagebericht) aufzustellen haben (und deren gesetzliche Vertreter nach dem Recht des Sitzstaats auch keinen Bilanzeid leisten müssen), nach § 37 y Nr. 1 im Rahmen der Erstellung des Jahresfinanzberichts nicht nur verpflichtet seien, ihren Konzernabschluss unter Beachtung der IAS/IFRS aufzustellen, sondern überdies auch einen Konzernlagebericht aufstellen und einen auf den Konzern abstellenden Bilanzeid abgeben müssen. Jedenfalls eine Ordnungswidrigkeit gemäß § 39 kommt bei Nichtbeachtung dieser im Gesetzeswortlaut nicht zur Ausdruck kommenden Vorgabe nicht in Betracht;[7] richtigerweise scheidet mangels gesetzlicher Regelung bereits eine entsprechende Verpflichtung zur Aufstellung eines Konzernlageberichts und zur Abgabe eines auf den Konzern abstellenden Bilanzeids aus.

C. Halbjahresfinanzbericht (Nr. 2)

5 Nr. 2 normiert Modifikationen bezüglich des Halbjahresfinanzberichts konzernabschlusspflichtiger Mutterunternehmen. Deren gesetzliche Vertreter haben den Halbjahresfinanzbericht nach § 37 y Nr. 2 S. 1 für das Mutterunternehmen und die Gesamtheit der einzubeziehenden Tochterunternehmen zu erstellen und zu veröffentlichen, also einen konsolidierten Halbjahresfinanzbericht zu erstellen. Eines gesonderten Halbjahresfinanzberichts für das Mutterunternehmen bedarf es daneben nicht.[8] Zum Inhalt des Halbjahresfinanzberichts konzernabschlusspflichtiger Mutterunternehmen vgl näher (§ 37 w Rn 17 ff). Der Verweis in § 37 y Nr. 2 S. 2 hat zur Folge, dass ein Mutterunternehmen, das verpflichtet ist, seinen Jahresabschluss nach IAS/IFRS aufzustellen, seinen konsolidierten verkürzten Abschluss des Halbjahresfinanzberichts ebenfalls nach IAS/IFRS aufzustellen hat.[9]

D. Zwischenmitteilungen der Geschäftsführung (Nr. 3)

6 Nach § 37 y Nr. 3 hat sich die Zwischenmitteilung der Geschäftsführung (§ 37 x) eines Mutterunternehmens auf das Mutterunternehmen und die Gesamtheit der einzubeziehenden Tochterunternehmen zu beziehen. Auch hier ist (wie bei Nr. 2) nur eine einheitliche Zwischenmitteilung auf konsolidierter Basis erforderlich.[10] Sie hat die wesentlichen Ereignisse und Geschäfte im Mitteilungszeitraume im Konzern des Emittenten und ihre Auswirkungen auf die Finanzlage des Konzerns zu erläutern sowie die Finanzlage und das Geschäftsergebnis des Konzerns im Mitteilungszeitraum zu beschreiben.

7 Selbstverständlich kann auch ein konzernabschlusspflichtiges Mutterunternehmen statt einer Zwischenmitteilung der Geschäftsführung einen Quartalsfinanzbericht mit befreiender Wirkung aufstellen. Da ein Quartalsfinanzbericht gemäß § 37 x Abs. 3 S. 1 von der Verpflichtung zur Erstellung einer Zwischenmitteilung befreit, sind im Rahmen der Erstellung des Quartalsfinanzberichts konzernrechnungslegungspflichtiger Unternehmen auch die Vorgaben des § 37 y Nr. 2 zu beachten, dh der Bericht ist auf die einzubeziehenden Tochterunternehmen zu erstrecken.[11]

§ 37 z Ausnahmen

(1) ¹Die §§ 37 v bis 37 y sind nicht anzuwenden auf Unternehmen, die ausschließlich

1. zum Handel an einem organisierten Markt zugelassene Schuldtitel mit einer Mindeststückelung von 100 000 Euro oder dem am Ausgabetag entsprechenden Gegenwert einer anderen Währung begeben oder

---

5 *Hönsch*, in: Assmann/Schneider, § 37 y Rn 3.
6 *Hönsch*, in: Assmann/Schneider, § 37 y Rn 4.
7 Vgl nur *Bohnert*, OWiG, 3. Aufl. 2010, § 3 Rn 5, 9 f; *Göhler*, OWiG, 16. Aufl. 2012, § 3 Rn 4 ff.
8 *Hönsch*, in: Assmann/Schneider, § 37 y Rn 6; Fuchs/*Zimmermann*, WpHG, § 37 y Rn 3.
9 *Hönsch*, in: Assmann/Schneider, § 37 y Rn 7; Fuchs/*Zimmermann*, WpHG, § 37 y Rn 4.
10 *Hönsch*, in: Assmann/Schneider, § 37 y Rn 8.
11 *Hönsch*, in: Assmann/Schneider, § 37 y Rn 9, KölnKomm-WpHG/*Mock*, § 37 y nF Rn 10; *Kumm*, BB 2009, 1118, 1122; *Bosse*, DB 2007, 39, 45.

2. noch ausstehende bereits vor dem 31. Dezember 2010 zum Handel an einem organisierten Markt im Inland oder in einem anderen Mitgliedstaat der Europäischen Union oder einem anderen Vertragsstaat des Abkommens über den Europäischen Wirtschaftsraum zugelassene Schuldtitel mit einer Mindeststückelung von 50 000 Euro oder dem am Ausgabetag entsprechenden Gegenwert einer anderen Währung begeben haben.

²Die Ausnahmen nach Satz 1 sind auf Emittenten von Wertpapieren im Sinne des § 2 Absatz 1 Satz 1 Nummer 2 nicht anzuwenden.

(2) § 37w findet keine Anwendung auf Kreditinstitute, die als Inlandsemittenten Wertpapiere begeben, wenn ihre Aktien nicht an einem organisierten Markt zugelassen sind und sie dauernd oder wiederholt ausschließlich Schuldtitel begeben haben, deren Gesamtnennbetrag 100 Millionen Euro nicht erreicht und für die kein Prospekt nach dem Wertpapierprospektgesetz veröffentlicht wurde.

(3) § 37w findet ebenfalls keine Anwendung auf Unternehmen, die als Inlandsemittenten Wertpapiere begeben, wenn sie zum 31. Dezember 2003 bereits existiert haben und ausschließlich zum Handel an einem organisierten Markt zugelassene Schuldtitel begeben, die vom Bund, von einem Land oder von einer seiner Gebietskörperschaften unbedingt und unwiderruflich garantiert werden.

(4) ¹Die Bundesanstalt kann ein Unternehmen mit Sitz in einem Drittstaat, das als Inlandsemittent Wertpapiere begibt, von den Anforderungen der §§ 37v bis 37y, auch in Verbindung mit einer Rechtsverordnung nach § 37v Abs. 3, § 37w Abs. 6 oder § 37x Abs. 4, ausnehmen, soweit diese Emittenten gleichwertigen Regeln eines Drittstaates unterliegen oder sich solchen Regeln unterwerfen. ²Die Bundesanstalt unterrichtet die Europäische Wertpapier- und Marktaufsichtsbehörde über die erteilte Freistellung. ³Die nach den Vorschriften des Drittstaates zu erstellenden Informationen sind jedoch in der in § 37v Abs. 1 Satz 1 und 2, § 37w Abs. 1 Satz 1 und 2 und § 37x Abs. 1 Satz 1 und 2, jeweils auch in Verbindung mit einer Rechtsverordnung nach § 37v Abs. 3, § 37w Abs. 6 oder § 37x Abs. 4, geregelten Weise der Öffentlichkeit zur Verfügung zu stellen, zu veröffentlichen und gleichzeitig der Bundesanstalt mitzuteilen. ⁴Die Informationen sind außerdem unverzüglich, jedoch nicht vor ihrer Veröffentlichung dem Unternehmensregister im Sinne des § 8b des Handelsgesetzbuchs zur Speicherung zu übermitteln. ⁵Das Bundesministerium der Finanzen kann durch Rechtsverordnung, die nicht der Zustimmung des Bundesrates bedarf, nähere Bestimmungen über die Gleichwertigkeit von Regeln eines Drittstaates und die Freistellung von Unternehmen nach Satz 1 erlassen.

(5) Abweichend von Absatz 4 werden Unternehmen mit Sitz in einem Drittstaat von der Erstellung ihrer Jahresabschlüsse nach § 37v und § 37w vor dem Geschäftsjahr, das am oder nach dem 1. Januar 2007 beginnt, ausgenommen, wenn die Unternehmen ihre Jahresabschlüsse nach den in Artikel 9 der Verordnung (EG) Nr. 1606/2002 des Europäischen Parlaments und des Rates vom 19. Juli 2002 betreffend die Anwendung internationaler Rechnungslegungsstandards (ABl. EG Nr. L 243 S. 1) genannten international anerkannten Standards aufstellen.

Literatur:
Siehe die Nachweise bei § 37v.

A. Überblick über die Ausnahmen von der Regelpublizität 1	I. Befreiung bei gleichwertiger Drittstaatenregelung 5
B. Gesetzliche Ausnahmen 2	II. Gleichwertige Drittstaatenregelungen (Abs. 4 S. 1, S. 5) 6
I. Emission von Schuldtiteln mit einer Mindeststückelung von 100.000 EUR (Abs. 1) 2	III. Entscheidung über die Befreiung 8
II. Bereichsausnahme für Schuldtitel emittierende Kreditinstitute (Abs. 2) 3	IV. Veröffentlichung von nach gleichwertigen Drittstaatenregelungen erstellten Berichten 9
III. Emittenten staatlich garantierter Schuldtitel (Abs. 3) 4	V. Abschlüsse nach IFRS (Abs. 5) 10
C. Befreiung von der Regelpublizität durch die BaFin 5	

A. Überblick über die Ausnahmen von der Regelpublizität

§ 37z wurde mWv 20.1.2007 durch das Transparenzrichtlinie-Umsetzungsgesetz vom 5.1.2007 (BGBl. I S. 10) eingefügt. Durch G v. 4.12.2011 (BGBl. I S. 2427) wurde Abs. 4 Satz 2 neu eingefügt und die bisherigen Sätze 2–4 des Abs. 4 zu dessen Sätzen 3–5. Durch G v. 26.6.2012 (BGBl. I S. 1375) wurde Abs. 1 mWv 1.7.2012 neu gefasst. § 37z normiert Ausnahmen von der Regelpublizität: Gemäß § 37z können bestimmte Unternehmen von den Anforderungen der §§ 37v–37y vollständig (Abs. 1, 4) oder auch nur teilweise (Abs. 2 bis 5) befreit sein. Dabei unterscheidet die Vorschrift zwischen gesetzlichen Ausnahmen (Abs. 1 bis 3) und solchen, die die BaFin aufgrund einer Einzelfallentscheidung oder aufgrund einer Rechtsverordnung zulassen kann (Abs. 4, 5). Die Ausnahmen beruhen auf Art. 8 TranspRL. Der Gesetzgeber hat die Wahlrechte in Art. 8 Abs. 2 und 3 der TranspRL ausgeübt und in § 37z Abs. 2 und 3 entsprechende Ausnahmen zugelassen.

B. Gesetzliche Ausnahmen

2 **I. Emission von Schuldtiteln mit einer Mindeststückelung von 100.000 EUR (Abs. 1).** Gemäß Abs. 1 Nr. 1 sind Unternehmen, die ausschließlich zum Handel an einem organisierten Markt zugelassene Schuldtitel (§ 2 Abs. 1 S. 1 Nr. 3) mit einer Mindeststückelung von 100.000 EUR oder dem am Ausgabetag entsprechenden Gegenwert einer anderen Währung begeben, vollständig von den Verpflichtungen nach §§ 37v–37y befreit.[1] Durch Änderung von § 2 Abs. 1 S. 1 Nr. 3 durch das Finanzmarktrichtlinie-Umsetzungsgesetz[2] wurde der Begriff der Schuldtitel so erweitert, dass er auch Aktien gleichzustellende Schuldtitel und Wandelschuldverschreibungen umfasst. Solche Schuldtitel sollte nie jedoch nach der Begründung des Regierungsentwurfs des TUG entsprechend Art. 2 Abs. 1 b) TranspRL von der Ausnahmevorschrift gerade nicht erfasst werden.[3] Denn die TransparenzRL erfasst gemäß ihrem Art. 2 Abs. 1 lit. b) keine Schuldtitel, die Aktien gleichzustellen sind oder bei Umwandlung der Ausübung der durch sie verbrieften Rechte zum Erwerb von Aktien oder Aktien gleichzustellenden Wertpapieren berechtigen (zB Wandelschuldverschreibungen).[4] Der Gesetzgeber hat zwischenzeitlich reagiert und mit Gesetz zur Umsetzung der Richtlinie 2010/73/EU und zur Änderung des Börsengesetzes durch Einfügung von § 37z Abs. 1 S. 2 klargestellt, dass die Ausnahmen nach Satz 1 auf Emittenten von Wertpapieren im Sinne des § 2 Abs. 1 S. 1 Nr. 2 (also Anteile an in- und ausländischen juristischen Personen, Personengesellschaften und Unternehmen, die Aktien vergleichbar sind, sowie Zertifikate, die Aktien vertreten) nicht anzuwenden sind. Für den zeitlichen Anwendungsbereich vor Einfügung des Abs. 1 S. 2 mochte es zwar möglich sein, die Emittenten solcher Wertpapiere entgegen dem aktuellen Wortlaut der deutschen gesetzlichen Regelung in richtlinienkonformer Auslegung von der Ausnahmevorschrift des Abs. 1 auszunehmen; sofern die entsprechenden Unternehmen aufgrund des Gesetzeswortlauts der deutschen Regelung von der Ausnahmevorschrift des Abs. 1 dennoch Gebrauch machten, wäre die Verhängung eines Bußgelds in diesem Zusammenhang jedoch aufgrund eines Verstoßes gegen das Bestimmtheitsgebot rechtswidrig gewesen.[5]

2a Gemäß dem ebenfalls durch Gesetz zur Umsetzung der Richtlinie 2010/73/EU und zur Änderung des Börsengesetzes neu eingefügten Abs. 1 Nr. 2 sind ferner auch solche Unternehmen vom Anwendungsbereich der §§ 37v bis 37y ausgenommen, die ausschließlich noch ausstehende und bereits vor dem 31. Dezember 2010 zum Handel an einem organisierten Markt im Inland oder einem anderen Mitgliedstaat der EU oder einem anderen EWiR-Vertragsstaat zugelassene Schuldtitel mit einer Mindeststückelung von 50.000 EUR (oder dem am Ausgabetag entsprechenden Gegenwert einer anderen Währung) begeben haben. Mit dieser Einfügung wird Art. 2 Abs. 2 der Richtlinie 2010/73/EU des Europäischen Parlaments und des Rates vom 24. November 2010 zur Änderung u.a. der Richtlinie 2004/109/EG zur Harmonisierung der transparenzanforderungen in Bezug auf Informationen über Emittenten, deren Wertpapiere zum Handel auf einem geregelten Markt zugelassen sind, umgesetzt (Änderung von Art. 8 der TransparenzRL).[6]

3 **II. Bereichsausnahme für Schuldtitel emittierende Kreditinstitute (Abs. 2).** Kreditinstitute sind gemäß Abs. 2 nicht verpflichtet, einen Halbjahresfinanzbericht zu erstellen, wenn sie als Inlandsemittenten (§ 2 Abs. 7) Wertpapiere begeben, ihre Aktien nicht an einem organisierten Markt zugelassen sind, sie dauernd oder wiederholt ausschließlich Schuldtitel (§ 2 Abs. 1 S. 1 Nr. 3) begeben haben, deren Gesamtnennbetrag 100 Mio EUR nicht erreicht und für die kein Wertpapierprospekt nach dem Wertpapierprospektgesetz veröffentlicht wurde.[7] Die dauernde oder wiederholte Ausgabe von Schuldtiteln ist in Art. 2 Abs. 1 p) TranspRL näher definiert („als Daueremission begebene Schuldtitel ein und desselben Emittenten oder mindestens zwei getrennte Emissionen von Wertpapieren ähnlicher Art und/oder Gattung"). Nach der Regierungsbegründung zum TUG soll die Ausnahmevorschrift nur eingreifen, wenn zusätzlich zur Höchstgrenze des

---

[1] Der Schwellenwert wurde durch das Gesetz zur Umsetzung der Richtlinie 2010/73/EU und zur Änderung des Börsengesetzes vom 26. Juni 2012 (BGBl. 2012 Teil I S. 1375 ff) von 50.000 EUR auf 100.000 EUR angehoben.

[2] Art. 1 Nr. 2 des Gesetzes zur Umsetzung der Richtlinie über Märkte für Finanzinstrumente und der Durchführungsrichtlinie der Kommission v. 16. Juli 2007, BGBl. I S. 1330.

[3] BT-Drucks. 16/2498, S. 46.

[4] Vgl auch BT-Drucks. 17/8684, S. 22.

[5] Ebenso: *Hönsch*, in: Assmann/Schneider, § 37z Rn 3.

[6] BT-Drucks. 17/8684, S. 22 (zu Nr. 8 (§ 37z Abs. 1); Änderungsrichtlinie abgedruckt in ABl. L 327 vom 11.12.2010, S. 1).

[7] Gemäß Art. 8 Abs. 2 der TranspRL ist (genauer) erforderlich, dass der Emittent nach den Vorschriften des Wertpapierprospektgesetzes nicht zur Veröffentlichung eines Wertpapierprospekts verpflichtet war.

Gesamtnennbetrags von 100 Mio EUR die Anforderungen des § 1 Abs. 2 Nr. 5 WpPG erfüllt sind,[8] was jedoch mangels eines entsprechenden Anhaltspunkts im Gesetzeswortlaut richtigerweise unverbindlich ist.[9]

III. Emittenten staatlich garantierter Schuldtitel (Abs. 3). Inlandsemittenten (§ 2 Abs. 7) müssen gemäß § 37z Abs. 3 ebenfalls keinen Halbjahresfinanzbericht erstellen, wenn sie bereits zum 31. Dezember 2003 existiert haben und ausschließlich Schuldtitel (§ 2 Abs. 1 S. 1 Nr. 3) begeben, die zum Handel an einem organisierten Markt zugelassen sind und die vom Bund, einem Land oder einer Gebietskörperschaft (zB aufgrund § 1 a des Gesetzes über die Kreditanstalt für Wiederaufbau) unbedingt und unwiderruflich garantiert werden.

C. Befreiung von der Regelpublizität durch die BaFin

I. Befreiung bei gleichwertiger Drittstaatenregelung. Gemäß Abs. 4, der Art. 23 Abs. 1 TranspRL umsetzt, kann die Bundesanstalt Inlandsemittenten (§ 2 Abs. 7) mit Sitz in einem Drittstaat von den Anforderungen nach §§ 37v–37y ausnehmen, **soweit** diese Emittenten gleichwertigen Regeln eines Drittstaats unterliegen oder sich freiwillig solchen Regeln unterwerfen.

II. Gleichwertige Drittstaatenregelungen (Abs. 4 S. 1, S. 5). Art. 23 Abs. 4 TranspRL sieht vor, dass die Kommission Durchführungsmaßnahmen zur Feststellung der Gleichwertigkeit von Drittstaatenregelungen erlässt. Die hierauf beruhenden Durchführungsmaßnahmen der Kommission können auf der Grundlage der in § 37z Abs. 4 S. 5 normierten Verordnungsermächtigung in deutsches Recht umgesetzt werden. Die Kommission hat die Ermächtigung des Art. 23 Abs. 4 TranspRL bislang durch Erlass der TranspRLDurchführungsRL, der Verordnung (EG) Nr. 1569/2007[10] und der Entscheidung der Kommission vom 12. Dezember 2008[11] ausgeübt. In Deutschland wurde die TranspRLDurchführungsRL, soweit sie sich auf die Gleichwertigkeit von Drittstaatenregelungen für die Finanzberichterstattung bezieht durch §§ 12 bis 17 TranspRLDV[12] umgesetzt, die die Gleichwertigkeit bezüglich der im Lagebericht enthaltenen Informationen (§ 12), der Anforderungen an den Zwischenlagebericht (§ 13), an die Anforderungen an die Verantwortlichkeit (§ 14), bezüglich der Zwischenmitteilung der Geschäftsführung (§ 15) sowie der Anforderungen bei einem Konzernabschluss (§ 16) und einem Jahresabschluss (§ 17) regeln.

Auf der Grundlage des in Verordnung (EG) Nr. 1569/2007 festgelegten Gleichwertigkeitsmechanismus sowie der Bedingungen für die befristete Akzeptanz der Rechnungslegungsgrundsätze eines Drittstaats hat die Kommission in Art. 1 ihrer Entscheidung vom 12. Dezember 2008 ferner bestimmt, dass ein Emittent mit Sitz in einem Drittstaat bei der Erstellung seines konsolidierten Abschlusses und konsolidierten Halbjahresfinanzberichts „neben den nach der IAS-Verordnung übernommenen IAS/IFRS" diese Rechnungslegungsunterlagen gemäß den Rechnungslegungsgrundsätzen des Drittstaats unter den folgenden Bedingungen erstellen kann: Entweder muss es sich um (i) nach Japan GAAP[13] oder US-GAAP erstellte konsolidierte Abschlüsse handeln oder um (ii) nach den International Financial Reporting Standards erstellte Abschlüsse eines anderen Drittstaats, sofern der Anhang zum geprüften Abschluss eine ausdrückliche und uneingeschränkte Erklärung enthält, dass der Abschluss gemäß IAS 1 (Darstellung des Abschlusses) den nach der IAS-Verordnung übernommenen IAS/IFRS entspricht. Für vor dem 1. Januar 2012 beginnende Geschäftsjahre genügt ferner die Erstellung der jährlichen und halbjährlichen konsolidierten Abschlüsse nach den GAAP der Volksrepublik China, Kanada, der Republik Korea oder der Republik Indien.

III. Entscheidung über die Befreiung. Die Entscheidung über die Befreiung muss gemäß Abs. 4 S. 1 stets von der BaFin getroffen werden. Sie hat dabei die Vorgaben in §§ 12 bis 17 TranspRLDV sowie die Bestimmungen der Entscheidung der Kommission vom 12. Dezember 2008 zu beachten (da diese Entscheidung gemäß ihrem Art. 3 an die Mitgliedstaaten gerichtet ist). Gemäß dem durch Gesetz zur Umsetzung der Richtlinie 2010/78/EU vom 24. November 2010 im Hinblick auf die Errichtung des Europäischen Finanzaufsichtssystems[14] neu eingefügten Abs. 4 S. 2 hat die Bundesanstalt im Falle der Erteilung einer solchen Befreiung die Europäische Wertpapier- und Marktaufsichtsbehörde hierüber zu unterrichten.

---

8 Vgl BT-Drucks. 16/2498, S. 46.
9 AA wohl *Hönsch*, in: Assmann/Schneider, § 37z Rn 6.
10 VO (EG) Nr. 1569/2007 der Kommission v. 21. Dezember 2007 über die Einrichtung eines Mechanismus zur Festlegung der Gleichwertigkeit der von Drittstaatenemittenten angewandten Rechnungslegungsgrundsätze gemäß den Richtlinien 2003/71/EG und 2004/109/EG des Europäischen Parlaments und des Rates, ABl. EG Nr. L 340 v. 22.12.2007, S. 66 ff.
11 Entscheidung der Kommission v. 12. Dezember 2008 über die Verwendung der nationalen Rechnungslegungsgrundsätze bestimmter Drittländer und der International Financial Reporting Standards durch Wertpapieremittenten aus Drittländern bei der Erstellung ihrer konsolidierten Abschlüsse, ABl. EG Nr. L 340 v. 12.12.2008, S. 112 ff.
12 Verordnung zur Umsetzung der Richtlinie 2007/14/EG der Kommission v. 8. März 2007 mit Durchführungsbestimmungen zu bestimmten Vorschriften der Richtlinie 2004/109/EG zur Harmonisierung der Transparenzanforderungen in Bezug auf Informationen über Emittenten, deren Wertpapiere zum Handel an einem geregelten Markt zugelassen sind v. 13. März 2008 (Transparenzrichtlinie-Durchführungsverordnung – TranspRLDV), BGBl. I S. 408.
13 Generally Accepted Accounting Principles.
14 BGBl. I 2011 S. 2427 ff.

9 IV. Veröffentlichung von nach gleichwertigen Drittstaatenregelungen erstellten Berichten. Gemäß Abs. 4 S. 2, der Art. 23 Abs. 1 S. 2 TranspRL umsetzt, müssen Emittenten die nach gleichwertigen Drittstaatenregelungen erstellten Finanzberichte in gleicher Weise wie die übrigen Inlandsemittenten der Öffentlichkeit zur Verfügung stellen, veröffentlichen und gleichzeitig der Bundesanstalt mitteilen. Sie müssen die Finanzberichte gemäß Abs. 4 S. 3 ebenfalls unverzüglich, jedoch nicht vor ihrer Veröffentlichung, dem Unternehmensregister zur Speicherung übermitteln. Die von den Anforderungen der §§ 37v–37y befreiten Emittenten unterliegen, was den Veröffentlichungsweg betrifft, damit auch den Vorgaben der WpAIV.

10 V. Abschlüsse nach IFRS (Abs. 5). Emittenten mit Sitz in einem Drittstaat waren gemäß Abs. 5 von der Erstellung ihrer Jahresabschlüsse nach § 37v und § 37w für Geschäftsjahre, die vor dem 1. Januar 2007 oder im Jahr 2007 begannen, ausgenommen, wenn sie ihre Abschlüsse nach den durch die IAS-Verordnung übernommenen internationalen Rechnungslegungsstandards erstellt haben. Für Geschäftsjahre, die am 1. Januar 2008 oder später begannen, ist die Ausnahme nicht mehr relevant.

Abschnitt 12
Straf- und Bußgeldvorschriften

§ 38 Strafvorschriften

(1) Mit Freiheitsstrafe bis zu fünf Jahren oder mit Geldstrafe wird bestraft, wer
1. entgegen § 14 Abs. 1 Nr. 1 ein Insiderpapier erwirbt oder veräußert oder
2. a) als Mitglied des Geschäftsführungs- oder Aufsichtsorgans oder als persönlich haftender Gesellschafter des Emittenten oder eines mit dem Emittenten verbundenen Unternehmens,
   b) auf Grund seiner Beteiligung am Kapital des Emittenten oder eines mit dem Emittenten verbundenen Unternehmens,
   c) auf Grund seines Berufs oder seiner Tätigkeit oder seiner Aufgabe bestimmungsgemäß oder
   d) auf Grund der Vorbereitung oder Begehung einer Straftat

über eine Insiderinformation verfügt und unter Verwendung dieser Insiderinformation eine in § 39 Abs. 2 Nr. 3 oder 4 bezeichnete vorsätzliche Handlung begeht.

(2) Ebenso wird bestraft, wer eine in § 39 Abs. 1 Nr. 1 oder Nr. 2 oder Abs. 2 Nr. 11 bezeichnete vorsätzliche Handlung begeht und dadurch
1. auf den inländischen Börsen- oder Marktpreis eines Finanzinstruments, einer Ware im Sinne des § 2 Abs. 2 c, einer Emissionsberechtigung im Sinne des § 3 Nummer 3 des Treibhausgas-Emissionshandelsgesetzes oder eines ausländischen Zahlungsmittels im Sinne des § 51 des Börsengesetzes,
2. auf den Preis eines Finanzinstruments an einem organisierten Markt in einem anderen Mitgliedstaat der Europäischen Union oder in einem anderen Vertragsstaat des Abkommens über den Europäischen Wirtschaftsraum oder
3. auf den Preis einer Ware im Sinne des § 2 Abs. 2 c, einer Emissionsberechtigung im Sinne des § 3 Nummer 3 des Treibhausgas-Emissionshandelsgesetzes oder eines ausländischen Zahlungsmittels im Sinne des § 51 des Börsengesetzes an einem mit einer inländischen Börse vergleichbaren Markt in einem anderen Mitgliedstaat der Europäischen Union oder in einem anderen Vertragsstaat des Abkommens über den Europäischen Wirtschaftsraum

einwirkt.

(2 a) Ebenso wird bestraft, wer gegen die Verordnung (EU) Nr. 1031/2010 der Kommission vom 12. November 2010 über den zeitlichen und administrativen Ablauf sowie sonstige Aspekte der Versteigerung von Treibhausgasemissionszertifikaten gemäß der Richtlinie 2003/87/EG des Europäischen Parlaments und des Rates über ein System für den Handel mit Treibhausgasemissionszertifikaten in der Gemeinschaft (ABl. L 302 vom 18. 11. 2010, S. 1) verstößt, indem er
1. entgegen Artikel 38 Absatz 1 Unterabsatz 1, auch in Verbindung mit Absatz 2 oder Artikel 40, ein Gebot einstellt, ändert oder zurückzieht oder
2. als Person nach Artikel 38 Absatz 1 Unterabsatz 2, auch in Verbindung mit Absatz 2,
   a) entgegen Artikel 39 Buchstabe a eine Insider-Information weitergibt oder
   b) entgegen Artikel 39 Buchstabe b die Einstellung, Änderung oder Zurückziehung eines Gebotes empfiehlt oder eine andere Person hierzu verleitet.

(3) In den Fällen der Absätze 1 und 2 a ist der Versuch strafbar.

(4) Handelt der Täter in den Fällen des Absatzes 1 Nummer 1 oder des Absatzes 2 a Nummer 1 leichtfertig, so ist die Strafe Freiheitsstrafe bis zu einem Jahr oder Geldstrafe.

(5) Einer in Absatz 1 Nr. 1 oder 2 in Verbindung mit § 39 Abs. 2 Nr. 3 oder 4 oder in Absatz 2 in Verbindung mit § 39 Abs. 1 Nr. 1 oder 2 oder Abs. 2 Nr. 11 genannten Verbotsvorschrift steht ein entsprechendes ausländisches Verbot gleich.

Literatur:
Siehe Literatur zu § 12.

Das als Blankettnorm ausgestaltete Offizialdelikt belegt nach der Änderung durch das 4. Finanzmarktförderungsgesetz (FFG)[1] **Verstöße gegen die Insiderhandelsverbote** (§ 14) und gegen das **Verbot der Marktmanipulation** (§ 20 a) mit strafrechtlichen Sanktionen. Beide werden als nahe verwandte, sich zum Teil überschneidende Phänomene behandelt.[2] In Umsetzung der **EU-Richtlinie über Insider-Geschäfte und Marktmanipulation** (**Marktmissbrauch**)[3] wurde darüber hinaus durch das **Anlegerschutzverbesserungsgesetz** (**AnSVG**)[4] die Unterscheidung zwischen Primär- und Sekundärinsider auf die Rechtsfolgenseite des § 38 verschoben, die Versuchsstrafbarkeit für Insiderhandel eingeführt sowie der neue Wortlaut der §§ 14, 20 a berücksichtigt.[5] Anwendungshilfen gibt auch der **Emittentenleitfaden** der Bundesanstalt für Finanzdienstleistungsaufsicht (BaFin).[6]
Die Harmonisierung und Stärkung des Sanktionsbereichs ist eines der Hauptziele der derzeit stattfindenden **Revision des EU-Marktmissbrauchsrecht**.[7] Der im September 2013 verabschiedete **Entwurf einer EU-Marktmissbrauchsverordnung**, in die die Regelungen der bisherigen Richtlinie überführt werden, wird voraussichtlich im Laufe des Jahres 2014 in Kraft treten und 24 Monate danach in weiten Teilen anwendbar sein. Die Verordnung wird flankiert von einer Richtlinie über strafrechtliche Sanktionen für Insider-Geschäfte und Marktmanipulation; deren Entwurf wird aktuell noch zwischen EU-Komission, EU-Parlament und Rat der EU diskutiert.[8] Die Verordnung sieht in einem eigenen Abschnitt Sanktionen vor, hier insbesondere einen Katalog mit Maßnahmen zur Auswahl der passenden verwaltungsrechtlichen oder bußgeldrechtlichen Sanktionen sowie eine deutliche Erhöhung des Bußgeldrahmens. Zudem sollen die nationalen Behörden grds. zum „Naming und Shaming" gezwungen werden, dh sie müssen Rechtsverstöße grds. zwingend und unverzüglich veröffentlichen. Außerdem soll ein „Whistleblower"-System[9] in Form eines entsprechenden Meldemechanismus bei den zuständigen Behörden eingeführt werden, bei dem den Mitgliedstaaten freigestellt ist, dieses mit einem finanziellen Anreizsystem zu versehen. In dem flankierenden Richtlinienentwurf ist die strafrechtliche Sanktionierung von Insiderhandel und Marktmanipulation sowie die Strafbarkeit von Anstiftung, Beihilfe und Versuch (also auch zur Marktmanipulation, was in Deutschland bisher nicht gegeben ist). Die vorgesehenen Änderungen stellen eine Verschärfung des deutschen Rechts dar, die nur schwer hinnehmbar scheinen und auch zu tief in das nationale Sanktionsregime eingreifen.[10]

Abs. 1 Nr. 1 sanktioniert **Insiderverstöße** sowohl bei **Primär-** als auch bei **Sekundärinsidern** bei **Erwerb oder Veräußerung von Insiderpapieren** (**Nutzungsverbot**). **Sekundärinsider** sind solche, die Kenntnis von Insiderinformationen haben, aber keine Primärinsider sind, also in sonstiger Weise eine Insiderinformation erlangt haben.[11] Primärinsider sind solche, die in **Abs. 1 Nr. 2 a) bis c)** genannt sind; nur diese machen sich bei auch bei Verstoß gegen das **Weitergabe- oder Empfehlungs- und Verleitungsverbot** (§§ 39 Abs. 2 Nr. 3 oder 4, 14 Abs. 1 Nr. 2 u. 3) strafbar. Abs. 1 Nr. 2 a) bis c) nennt die zuvor in § 13 Abs. 1 Nr. 1 bis 3 aF vor Inkrafttreten des AnSVG erfassten Mitglieder des Geschäftsführungs- oder Aufsichtsorgans (Abs. 1 Nr. 2 a); dies sind bei der AG **Vorstands-** (inkl. Stellvertreter, § 94 AktG) und **Aufsichtsratsmitglieder**, bei der GmbH die **Geschäftsführer**, bei KGaA, KG oder OHG die **persönlich haftenden Gesellschafter** ohne Rück-

---

1 4. Finanzmarktförderungsgesetz v. 21.6.2002, BGBl. I S. 2010.
2 Begr. RegE 4. FFG, BT-Drucks. 14/8017, S. 98 f.
3 Richtlinie 2003/6/EG des Europäischen Parlaments und des Rates (ABl. EU Nr. L 96 S. 16).
4 Gesetz zur Verbesserung des Anlegerschutzes v. 28.10.2004, BGBl. I S. 2630.
5 Umsetzung von Art. 2, 3, 4 und 14 der Marktmissbrauchsrichtlinie.
6 Stand teilw. 28.4.2009, teilw. 15.7.2005 und teilw. 22.7.2013, abrufbar unter <www.bafin.de>; die *BaFin*, Emittentenleitfaden 2013, S. 27, weist darauf hin, dass der Leitfaden eine Hilfestellung bzw eine Erläuterung der Verwaltungspraxis, nicht aber eine juristische Kommentierung darstellen soll.
7 Vgl zur Darstellung des Revisionsvorhabens der EU § 12 Rn 1 aE; *Walla*, BB 2012, 1358, 1360.
8 Vorschlag einer Verordnung über Insider-Geschäfte und Marktmanipulation (Markmissbrauch) (KOM (2011) 651 endgültig) und Vorschlag einer Richtlinie über strafrechtliche Sanktionen für Insider-Geschäfte und Marktmanipulation (KOM (2011) 654 endg), beides abrufbar unter <http://ec.europa.eu/internal_market/securities/abuse/index_de.htm>.
9 Vgl hierzu *Fleischer/Schmolke*, NZG 2012, 361.
10 Vgl hierzu Stellungnahme des Deutschen Aktieninstituts vom 16.1.2012, S. 10 f und vom 30.1.2013, S. 13 f; siehe auch Subsidiaritätsrüge des Bundesrates vom 16.12.2011 zum Richtlinienentwurf über strafrechtliche Sanktionen für Insider-Geschäfte und Marktmanipulation wegen fehlender EU-Kompetenz, BR-Drucks. 646/11.
11 Begr. RegE AnSVG, BT-Drucks. 15/3493, S. 40; vgl Fuchs/Waßmer, WpHG, § 20 a Rn 16.

sicht auf deren (gemeinschaftliche) Geschäftsführungsbefugnis.[12] Mangels Organfunktion scheiden Prokuristen und nicht gesetzlich vorgeschriebene Gremien ohne Organfunktion (Beiräte, Verwaltungsräte etc.) sowie Liquidatoren und Insolvenzverwalter aus.[13] Uneinigkeit besteht, ob eine **fehlerhafte Bestellung** zu einer Strafbarkeit als Primärinsider führt.[14] Erfasst werden auch die Organe des mit dem Emittenten **verbundenen Unternehmens** (vgl § 15).[15] Für die Eigenschaft als **Beteiligungsinsider (Abs. 1 Nr. 2 b)** ist die Höhe der Beteiligung irrelevant.[16] Sie muss **unmittelbar** sein, dh rein formale Vorschalt- oder Zwischengesellschaften, durch Treuhänder vermittelte Beteiligungen oder kreditorische Finanzbeziehungen werden nicht erfasst.[17] Entscheidend ist, dass die Insiderinformation aufgrund einer bestehenden Beteiligung erworben wurde; die Beteiligung muss also für die Kenntniserlangung ursächlich gewesen sein.[18] **Berufsinsider (Abs. 1 Nr. 2 c)** können innerhalb des Unternehmens jegliche Mitarbeiter oder jene Mitglieder von Gremien, außerhalb alle Personen sein, die mit Aufgaben oder Tätigkeiten betraut werden, die **bestimmungsgemäß** (also nicht nur zufällig oder bei Gelegenheit) zum Erlangen von Insiderinformationen führen. Nr. 2 c) hat damit die Funktion eines **Auffangtatbestandes** für die Nrn. 2 a) und b), mit dem jedes nicht lediglich rein **zufällig**, bei Gelegenheit oder **widerrechtlich** erlangte Wissen erfasst wird (dann ggf Sekundärinsider iSv Abs. 1 Nr. 1).[19] Das Erfordernis der **subjektiv** aus Sicht des Absenders bzw des Empfängers **bestimmungsgemäßen** Kenntniserlangung schränkt die Primärinsidereigenschaft über die reine Kausalität hinaus ein.[20] Ein **vertragliches, rechtliches, Vertrauens-, Funktions- oder sonstiges Näheverhältnis** zwischen Unternehmen und Kenntnisträger muss nicht bestehen.[21] Die exakte Definition des **bestimmungsgemäßen** Kenntniserlangens ist in der Literatur umstritten.[22] Auch juristische Personen und Personenvereinigungen können aufgrund von **Wissenszurechnung** (§§ 28 Abs. 2, 31, 166 BGB) Primärinsider sein, nicht aber Verwandte, Lebensgefährten oder Freunde.[23] Es muss zudem eine **Kausalität** (conditio sine qua non-Formel) zwischen der Organmitgliedschaft bzw der Beteiligung oder der Ausübung von Beruf/Aufgabe/Tätigkeit und dem **tatsächlichen Erlangen** der Insiderkenntnisse bestehen, welche sich ihrerseits auf den Emittenten oder ein verbundenes Unternehmen beziehen.[24] Hinzugekommen ist durch das AnSVG, dass auch als Primärinsider definiert ist, wer aufgrund der Begehung oder Vorbereitung einer **Straftat** eine Insiderinformation erlangt hat (**Abs. 1 Nr. 2 d**); in Betracht kommen hierbei insbesondere Eigentumsdelikte nach §§ 242 StGB und Datenschutzdelikte nach §§ 201 ff. StGB.[25] Verstoßen Sekundärinsider gegen das Weitergabe- oder Empfehlungsverbot, wird ihr Verhalten als Ordnungswidrigkeit gemäß § 39 Abs. 2 Nr. 3 oder 4 geahndet. Bei verbotenen Insidergeschäften stellt der hierdurch erzielte Sondervorteil das Erlangte iSd § 73 Abs. 1 S. 1 StGB dar.[26]

3 Darüber hinaus wird durch **Abs. 2** auch ein vorsätzlicher Verstoß gegen das **Verbot der Marktmanipulation** (§ 20 a Abs. 1 S. 1 Nr. 1 bis 3 iVm der Marktmanipulations-Konkretisierungsverordnung) unter Strafe gestellt. Für die Qualifikation als Straftat ist erforderlich, dass die tatbestandlichen Handlungen tatsächlich auf einen inländischen Börsen- oder Marktpreis eines **Finanzinstrumentes** oder den Preis eines Finanzinstrumentes an einem organisierten Markt in einem anderen EU-Mitgliedsstaat oder einem anderen EWR-Ver-

---

12 *Sandow*, S. 109; *Fuchs/Waßmer*, WpHG, § 20 a Rn 18; *Schäfer/Schäfer*, § 13 WpHG Rn 13; *Dreyling/Schäfer*, Rn 18; aA *Assmann*, in: Assmann/Schneider, § 13 Rn 10 (nur persönlich haftende Gesellschafter einer KGaA), 3. Aufl; vgl BGH AG 1997, 40 f (Aufsichtsräte als "tätigkeitsbedingte Primärinsider").

13 *Dierlamm*, NStZ 1996, 519, 520; *Dreyling/Schäfer*, Rn 18; *Sandow*, S. 110 f.

14 Dies bejaht die hM, vgl *Fuchs/Waßmer*, WpHG, § 20 a Rn 18; *Dreyling/Schäfer*, Rn 18; *Zimmer/Cloppenburg*, in: Schwark/Zimmer, Kapitalmarktrechts-Kommentar, § 38 Rn 6; für eine Strafbarkeit auch als Sekundärinsider *Assmann*, in: Assmann/Schneider, § 13 Rn 8, 3. Aufl. (*Vogel*, in: Assmann/Schneider, § 38 Rn 13 verweist hierauf); *Schäfer/Hamann/Schröder* § 38 WpHG Rn 45 für zumindest Einstufung als Primärinsider nach Abs. 1 Nr. 2 c, so auch *Schwark*, in: Schwark, Kapitalmarktrechts-Kommentar, WpHG, § 13 Rn 7, 3. Aufl.; *Lücker*, S. 40.

15 Begr. 2. FFG, BT-Drucks. 12/6679, S. 46; *Claussen*, Rn 35; *Sandow*, S. 115; *Zimmer/Cloppenburg*, in: Schwark/Zimmer, Kapitalmarktrechts-Kommentar, § 38 Rn 6; vgl auch *Vogel*, in: Assmann/Schneider, § 38 Rn 14 ff; differenzierend: *Assmann*, in: Assmann/Schneider, § 13 Rn 8, 3. Aufl; aA *Tippach*, S. 161 f.

16 *Vogel*, in: Assmann/Schneider, § 38 Rn 18; KölnKomm-WpHG/*Altenhain*, § 38 Rn 60.

17 Begr. 2. FFG, BT-Drucks. 12/6679, S. 46; *Vogel*, in: Assmann/Schneider, § 38 Rn 18; KölnKomm-WpHG/*Altenhain*, § 38 Rn 60; *Dreyling/Schäfer*, Rn 26; aA *Claussen*, ZBB 1992, 267, 270 f; *Sandow*, S. 122 (fordert 5 %ige Beteiligung).

18 *BaFin*, Emittentenleitfaden 2013, S. 42; *Vogel*, in: Assmann/Schneider, § 38 Rn 19; *Fuchs/Waßmer*, WpHG, § 20 a Rn 19.

19 Begr. 2. FFG, BT-Drucks. 12/6679, S. 46; *Vogel*, in: Assmann/Schneider, § 38 Rn 20; *Schäfer/Hamann/Schröder*, § 38 WpHG Rn 51; *Pananis*, S. 139 f; *Schlauss*, S. 35, 38; *Dierlamm*, NStZ 1996, 519, 520.

20 *Dierlamm*, NStZ 1996, 519, 520; *Schäfer/Hamann/Schröder*, § 38 WpHG Rn 51; aA *Caspari*, in: Baetge, S. 65, 74; vgl iÜ *Schäfer/Hamann/Schröder*, § 38 WpHG Rn 53 mit einer Negativabgrenzung, wer nicht bestimmungsgemäß Kenntnis erlangt.

21 HM so zB *Vogel*, in: Assmann/Schneider, § 38 Rn 32; *Zimmer/Cloppenburg*, in: Schwark/Zimmer, Kapitalmarktrechts-Kommentar, WpHG, § 38 Rn 8 *Dreyling/Schäfer*, Rn 18, 31; *Steinhauer*, S. 34; zu aA siehe Nachw. bei *Sandow*, S. 129 (Fn 210, 212–215).

22 Vgl die Darstellung des Streitstands bei *Hilgendorf*, in: Park, §§ 38 Rn 49 ff; *BaFin*, Emittentenleitfaden 2009, S. 43, mit der Aufzählung von Beispielen.

23 *Vogel*, in: Assmann/Schneider, § 38 Rn 32; *Schäfer/Schäfer*, § 13 WpHG Rn 26, 1. Aufl.; *Dreyling/Schäfer*, Rn 18, 47 f.

24 *Fuchs/Waßmer*, WpHG, § 20 a Rn 21; *Sandow*, S. 110; *Assmann*, in: Assmann/Schneider, § 13 Rn 18, 3. Aufl; *ders.*, AG 1997, 50, 54; *Schäfer/Hamann/Schröder*, § 38 WpHG Rn 50; *Schäfer*., in: Marsch-Barner/Schäfer, § 13 Rn 38; aA *Meller*, S. 337 f.

25 Begr. RegE AnSVG, BT-Drucks. 15/3174, S. 40.

26 BGH v. 27.1.2010 – 5 StR 224/09 (Freenet), NZG 2010, 349, zur Berechnung des Sondervorteils vgl BGH NZG 2010, 349, 351.

tragsstaat einwirkten; hierbei handelt es sich um ein Erfolgsdelikt.[27] Obwohl bereits § 20a Abs. 4 aF das Verbot der Marktpreismanipulation des § 20a Abs. 1 bis 3 zwar auf **Waren und ausländische Zahlungsmittel**, die an einem organisierten Markt gehandelt werden erstreckte, bestand eine Strafbarkeit nach § 38 Abs. 2 bei Verstößen gegen dieses Verbot nur dann, wenn dadurch auf den inländischen Börsen- oder Marktpreis eines Finanzinstruments eingewirkt wird. Die Kausalität einer solchen mittelbaren Einwirkung auf ein Finanzinstrument durch die Marktpreismanipulation einer Ware oder eines ausländischen Zahlungsmittels wird jedoch in der Praxis kaum nachzuweisen sein. § 38 Abs. 2 aF lief damit im Hinblick auf § 20a Abs. 4 praktisch ins Leere. Da die aF des Gesetzeswortlauts erst mit dem Anlegerschutzverbesserungsgesetz (AnSVG)[28] eingeführt wurde und § 20a Abs. 1 S. 2 zuvor noch den Begriff des Vermögenswertes, der Waren und ausländische Zahlungsmittel einschloss, vorsah, lag ein Redaktionsversehen nahe. Dennoch hätte angesichts des eindeutigen Wortlauts und der sonst im Gesetz durchgehaltenen Trennung von Finanzinstrumenten einerseits und Waren und ausländischen Zahlungsmitteln andererseits nach der alten Fassung des Gesetzeswortlauts eine Einbeziehung der Einwirkung auf den Börsen- oder Marktpreis von Waren und ausländischen Zahlungsmitteln in die Strafbarkeit gegen Art. 103 Abs. 2 GG verstoßen. Verstöße gegen § 20a Abs. 4 waren nach der alten Regelung daher selbst im Falle eines Erfolgseintritts nicht strafbar. Um dem ursprünglichen Regelungsziel des § 20a Abs. 4 und § 38 Abs. 2 für an einer Börse als organisiertem Markt gehandelte Waren wie Strom volle Geltung zu verschaffen, wurde § 38 Abs. 2 durch das **Gesetz zur Änderung des Einlagensicherungs- und Anlegerentschädigungsgesetzes und anderer Gesetze (EAEGuaÄndG)**[29] vom 25.6.2009 in die jetzige Form gebracht.[30] Aufgenommen wurden hier **Emissionsberechtigungen** iSd § 3 Nr. 3 des Treibhausgas-Emissionshandelsgesetzes.[31]

Im Gegensatz zur vorherigen Rechtslage wurde durch das AnSVG in Umsetzung der Marktmissbrauchsrichtlinie die **Versuchstrafbarkeit** bei den in Abs. 1 genannten **Verstößen gegen das Insiderhandelsverbot** eingeführt.[32] Dies wird als sachgerecht bezeichnet, da der versuchte Insiderhandel ebenso wie der erfolgreich abgeschlossene Handel geeignet sei, das Vertrauen in den Kapitalmarkt zu erschüttern und damit die Funktionsfähigkeit der Börsen und Märkte zu gefährden.[33] Angesichts dieser Argumentation vermag man nicht die Abgrenzung zur aktuell noch fehlenden Versuchstrafbarkeit beim Manipulationsverbot nachzuvollziehen, da auch diese vertrauenserschütternd und gefährdend für Börsen und Märkte sein kann.[34] Zu begrüßen wäre es, beide Verbotstatbestände aus der Versuchstrafbarkeit im Sinne der §§ 22, 23 StGB herauszuhalten, da in der Praxis ein unmittelbares Ansetzen in beiden Fällen äußerst schwierig zu ermitteln sein dürfte.

Eine Strafbarkeit nach Abs. 1 und 2 besteht grundsätzlich nur bei (bedingt) **vorsätzlichem Handeln**. Der Täter muss beim Insiderverstoß insbesondere davon **Kenntnis** gehabt haben, dass sein Handeln auf der Grundlage einer Insiderinformation erfolgte. Bei der Marktmanipulation muss sich der Vorsatz sowohl auf die Einwirkung auf den Börsen- oder Marktpreis, als auch auf die unrichtigen Angaben oder deren Verschweigen oder eine sonstige Täuschungshandlung erstrecken.[35] Nach Rechtslage nach dem AnSVG wird allerdings bei **leichtfertigem Verstoß** gegen das Nutzungsverbot des Abs. 1 Nr. 1 iVm mit § 14 Abs. 1 Nr. 1 ebenfalls eine Strafbarkeit bei vermindertem Strafmaß angenommen (**Abs. 4**). Dabei muss der Insider leichtfertig nicht erkennen, dass es sich bei der ihm bekannten Information nicht um eine Insiderinformation handelt.[36] Leichtfertig handelt, wer die gebotene Sorgfalt in besonders hohem Maße verletzt.[37] Der erforderliche Vorsatz muss dem Beschuldigen auch nach der „Spector"-Rechtsprechung des EuGH,[38] die insoweit keine Auswirkungen auf die deutsche Lage haben sollte, in einem Strafverfahren nach den allgemeinen Regeln bewiesen werden.[39]

---

27 Fuchs/Waßmer, WpHG, § 20a Rn 40; Zimmer/Cloppenburg, in: Schwark/Zimmer, Kapitalmarktrechts-Kommentar, WpHG, § 38 Rn 10; Begr. RegE 4. FFG, BT-Drucks. 14/8017, S. 281.
28 BGBl. I S. 2630.
29 BGBl. I S. 1528.
30 Vgl zum Ganzen Begr. RegE EAEGuaÄndG BR-Drucks. 170/1/09, S. 7.
31 Änderung der Nummerierung durch Artikel 12, TEHAnpG, G. v. 21.7.2011 BGBl. I S. 1475, es wird jeweils die Angabe „§ 3 Abs. 4 Satz 1" durch die Wörter „§ 3 Nummer 3" ersetzt.
32 Umsetzung von Art. 2 Abs. 1 S. 1, 14 der Marktmissbrauchsrichtlinie; Vgl BaFin, Emittentenleitfaden 2009, S. 44.
33 Begr. RegE AnSVG, BT-Drucks. 15/3174, S. 40.
34 Für Marktmanipulation wird im Rahmen der Revision des EU-Marktmissbrauchsrechts die Einführung einer Versuchstrafbarkeit vorgesehen, vgl Kommentierung § 20a Rn 1.
35 Begr. RegE 4. FFG, BT-Drucks. 14/8017, S. 281.
36 Umsetzung von Art. 4 iVm 2 und 3 der Marktmissbrauchsrichtlinie; Begr. RegE AnSVG, BT-Drucks. 15/3174, S. 40.
37 BaFin, Emittentenleitfaden 2009, S. 44; Fuchs/Waßmer, WpHG, § 20a Rn 48; Vogel, in: Assmann/Schneider, § 38 Rn 46;.
38 EuGH ZIP 2010, 78 = WR 2010, 329.
39 Schulz, ZIP 2010, 609, 612; Voß, BB 2010, 334; vgl § 14 Rn 2.

6 Abs. 5 sanktioniert auch **Verstöße gegen ausländische Verbote im In- und Ausland**,[40] die den in Abs. 1 und 2 genannten „als solche" entsprechen; die Verbote können ggfls. enger oder weiter sein als die inländischen.[41]

7 Aufgrund des Strafrahmens sind Verstöße gegen die Verbote der §§ 14 und 20a als Offizialdelikte von Amts wegen zu verfolgen. Das aus dem verbotenen Insiderhandel Erlangte verfällt nach hM in vollem Umfang dem Staat (§ 73 ff. StGB).[42]

§ 39 Bußgeldvorschriften

(1) Ordnungswidrig handelt, wer

1. entgegen § 20 a Abs. 1 Satz 1 Nr. 2, auch in Verbindung mit Abs. 4, jeweils in Verbindung mit einer Rechtsverordnung nach Absatz 5 Satz 1 Nr. 2 oder 5 ein Geschäft vornimmt oder einen Kauf- oder Verkaufauftrag erteilt,
2. entgegen § 20 a Abs. 1 Satz 1 Nr. 3, auch in Verbindung mit Abs. 4, oder einer Rechtsverordnung nach Absatz 5 Satz 1 Nr. 3, eine Täuschungshandlung vornimmt,
3. entgegen § 31 g Abs. 1 eine Veröffentlichung nicht, nicht richtig, nicht vollständig oder nicht rechtzeitig vornimmt,
4. entgegen § 32 d Abs. 1 Satz 1 einen Zugang nicht gewährt,
5. entgegen § 34 b Abs. 1 Satz 2 in Verbindung mit einer Rechtsverordnung nach Absatz 8 Satz 1 eine Finanzanalyse weitergibt oder öffentlich verbreitet oder
6. entgegen § 34 b Abs. 2 in Verbindung mit einer Rechtsverordnung nach Absatz 8 Satz 1 eine Zusammenfassung einer Finanzanalyse weitergibt.

(2) Ordnungswidrig handelt, wer vorsätzlich oder leichtfertig

1. entgegen § 4 Abs. 8 oder § 10 Abs. 1 Satz 2 eine Person in Kenntnis setzt,
2. entgegen
   a) § 9 Abs. 1 Satz 1, auch in Verbindung mit Satz 2, jeweils auch in Verbindung mit Satz 3, 4 oder 5, jeweils auch in Verbindung mit einer Rechtsverordnung nach Absatz 4 Nr. 1 oder 2,
   b) § 10 Abs. 1 Satz 1, auch in Verbindung mit einer Rechtsverordnung nach Absatz 4 Satz 1,
   c) § 15 Abs. 3 Satz 4, Abs. 4 Satz 1 oder Abs. 5 Satz 2, jeweils in Verbindung mit einer Rechtsverordnung nach Absatz 7 Satz 1 Nr. 2,
   d) § 15 a Abs. 1 Satz 1, auch in Verbindung mit Satz 2, Abs. 4 Satz 1 jeweils auch in Verbindung mit einer Rechtsverordnung nach Absatz 5 Satz 1,
   e) § 21 Abs. 1 Satz 1 oder 2 oder Abs. 1 a, jeweils auch in Verbindung mit einer Rechtsverordnung nach § 21 Abs. 3,
   f) § 25 Abs. 1 Satz 1, auch in Verbindung mit einer Rechtsverordnung nach § 25 Abs. 3, oder § 25 a Absatz 1 Satz 1, auch in Verbindung mit einer Rechtsverordnung nach § 25 a Absatz 4,
   g) § 26 Abs. 2, auch in Verbindung mit einer Rechtsverordnung nach § 26 Abs. 3 Nr. 2,
   h) § 26 a Satz 1,
   i) § 29 a Abs. 2 Satz 1,
   j) § 30 c, auch in Verbindung mit § 30 d,
   k) § 30 e Abs. 1 Satz 1, auch in Verbindung mit einer Rechtsverordnung nach § 30 e Abs. 2,
   l) § 30 f Abs. 2,
   m) (aufgehoben)
   n) § 37 v Abs. 1 Satz 3, auch in Verbindung mit § 37 y, jeweils auch in Verbindung mit einer Rechtsverordnung nach § 37 v Abs. 3 Nr. 2,
   o) § 37 w Abs. 1 Satz 3, auch in Verbindung mit § 37 y, jeweils auch in Verbindung mit einer Rechtsverordnung nach § 37 w Abs. 6 Nr. 3,
   p) § 37 x Abs. 1 Satz 3, auch in Verbindung mit § 37 y, jeweils auch in Verbindung mit einer Rechtsverordnung nach § 37 x Abs. 4 Nr. 2, oder
   q) § 37 z Abs. 4 Satz 2

---

[40] *Kaiser*, WM 1997, 1557, 1558.
[41] *Vogel*, in: Assmann/Schneider, § 38 Rn 66; KölnKomm-WpHG/*Altenhain*, § 38 Rn 117; aA Schäfer/*Ledermann*, § 38 WpHG Rn 4, 1. Aufl. (müssen „in vollem Umfang" entsprechen); Schäfer/Hamann/*Schröder*, § 38 Rn 127, verlangt eine auf das Unrecht bezogene Gleichartigkeit der Rechtslagen.
[42] LG Augsburg NStZ 2005, 109, 111; *Vogel*, in: Assmann/Schneider, § 38 Rn 55 ff; aA Fuchs/*Waßmer*, WpHG, § 20 a Rn 83.

eine Mitteilung nicht, nicht richtig, nicht vollständig, nicht in der vorgeschriebenen Weise oder nicht rechtzeitig macht,
3. entgegen § 14 Abs. 1 Nr. 2 eine Insiderinformation mitteilt oder zugänglich macht,
4. entgegen § 14 Abs. 1 Nr. 3 den Erwerb oder die Veräußerung eines Insiderpapiers empfiehlt oder auf sonstige Weise dazu verleitet,
5. entgegen
   a) § 15 Abs. 1 Satz 1, auch in Verbindung mit Satz 2, § 15 Abs. 1 Satz 4 oder 5, jeweils in Verbindung mit einer Rechtsverordnung nach Abs. 7 Satz 1 Nr. 1,
   b) § 15 a Abs. 4 Satz 1 in Verbindung mit einer Rechtsverordnung nach Abs. 5 Satz 1,
   c) § 26 Abs. 1 Satz 1, auch in Verbindung mit Satz 2, jeweils in Verbindung mit einer Rechtsverordnung nach § 26 Abs. 3 Nr. 1, oder entgegen § 26 a Satz 1 oder § 29 a Abs. 2 Satz 1,
   d) § 30 b Abs. 1 oder 2, jeweils auch in Verbindung mit § 30 d,
   e) § 30 e Abs. 1 Satz 1 in Verbindung mit einer Rechtsverordnung nach § 30 e Abs. 2 oder entgegen § 30 f Abs. 2,
   f) (aufgehoben)
   g) § 37 v Abs. 1 Satz 2 in Verbindung mit einer Rechtsverordnung nach § 37 v Abs. 3 Nr. 1, jeweils auch in Verbindung mit § 37 y, oder entgegen § 37 z Abs. 4 Satz 2,
   h) § 37 w Abs. 1 Satz 2 in Verbindung mit einer Rechtsverordnung nach § 37 w Abs. 6 Nr. 2, jeweils auch in Verbindung mit § 37 y, oder
   i) § 37 x Abs. 1 Satz 2 in Verbindung mit einer Rechtsverordnung nach § 37 x Abs. 4 Nr. 1, jeweils auch in Verbindung mit § 37 y
   eine Veröffentlichung nicht, nicht richtig, nicht vollständig, nicht in der vorgeschriebenen Weise oder nicht rechtzeitig vornimmt oder nicht oder nicht rechtzeitig nachholt,
6. entgegen § 15 Abs. 1 Satz 1, § 15 a Abs. 4 Satz 1, § 26 Abs. 1 Satz 1, § 26 a Satz 2, § 29 a Abs. 2 Satz 2, § 30 e Abs. 1 Satz 2, § 30 f Abs. 2, § 37 v Abs. 1 Satz 3, § 37 w Abs. 1 Satz 3 oder § 37 x Abs. 1 Satz 3, jeweils auch in Verbindung mit § 37 y, oder entgegen § 37 z Abs. 4 Satz 3 eine Information oder eine Bekanntmachung nicht oder nicht rechtzeitig übermittelt,
7. entgegen § 15 Abs. 5 Satz 1 eine Veröffentlichung vornimmt,
8. entgegen § 15 b Abs. 1 Satz 1 in Verbindung mit einer Rechtsverordnung nach Absatz 2 Satz 1 Nr. 1 oder 2 ein Verzeichnis nicht, nicht richtig oder nicht vollständig führt,
9. entgegen § 15 b Abs. 1 Satz 2 das Verzeichnis nicht oder nicht rechtzeitig übermittelt,
10. entgegen
    a) § 16 Satz 1 oder
    b) § 34 Abs. 1 oder Abs. 2 Satz 1 oder Satz 2, jeweils in Verbindung mit einer Rechtsverordnung nach § 34 Abs. 4 Satz 1,
    eine Aufzeichnung nicht, nicht richtig, nicht vollständig oder nicht rechtzeitig erstellt,
10a. entgegen § 19 Absatz 2 eine Mitteilung nicht oder nicht rechtzeitig macht,
10b. entgegen § 20 Absatz 1 Satz 1 die dort genannten Tatsachen nicht oder nicht rechtzeitig prüfen und bescheinigen lässt,
10c. entgegen § 20 Absatz 4 Satz 1 eine Bescheinigung nicht oder nicht rechtzeitig übermittelt,
11. entgegen § 20 a Abs. 1 Satz 1 Nr. 1, auch in Verbindung mit Abs. 4, oder einer Rechtsverordnung nach Absatz 5 Satz 1 Nr. 1, eine Angabe macht oder einen Umstand verschweigt,
12. entgegen § 30 a Abs. 1 Nr. 2, auch in Verbindung mit Abs. 3 oder § 30 d, nicht sicherstellt, dass Einrichtungen und Informationen im Inland öffentlich zur Verfügung stehen,
13. entgegen § 30 a Abs. 1 Nr. 3, auch in Verbindung mit Abs. 3 oder § 30 d, nicht sicherstellt, dass Daten vor der Kenntnisnahme durch Unbefugte geschützt sind,
14. entgegen § 30 a Abs. 1 Nr. 4, auch in Verbindung mit Abs. 3 oder § 30 d, nicht sicherstellt, dass eine dort genannte Stelle bestimmt ist,
14a. (aufgehoben)
14b. (aufgehoben)
15. entgegen § 31 Abs. 1 Nr. 2 einen Interessenkonflikt nicht, nicht richtig, nicht vollständig oder nicht rechtzeitig darlegt,
15a. entgegen
    a) § 31 Absatz 3 a Satz 1 in Verbindung mit einer Rechtsverordnung nach § 31 Absatz 11 Satz 1 Nummer 2 a ein Informationsblatt,
    b) § 31 Absatz 3 a Satz 3 in Verbindung mit Satz 1 die wesentlichen Anlegerinformationen oder
    c) § 31 Absatz 3 a Satz 4 in Verbindung mit Satz 1 ein Vermögensanlagen-Informationsblatt

nicht, nicht richtig, nicht vollständig oder nicht rechtzeitig zur Verfügung stellt,
16. entgegen § 31 Abs. 4 Satz 3 ein Finanzinstrument empfiehlt oder im Zusammenhang mit einer Finanzportfolioverwaltung eine Empfehlung abgibt,
16a. entgegen § 31 Absatz 4a Satz 1 ein Finanzinstrument oder eine Wertpapierdienstleistung empfiehlt,
[16b. *entgegen § 31 Absatz 4c Satz 1 Nummer 2 Satz 2 eine nicht monetäre Zuwendung annimmt,*
16c. *entgegen § 31 Absatz 4c Satz 1 Nummer 2 Satz 4 eine monetäre Zuwendung nicht, nicht vollständig oder nicht rechtzeitig auskehrt,*
16d. *entgegen § 31 Absatz 4d Satz 1 eine Information nicht, nicht richtig, nicht vollständig oder nicht rechtzeitig gibt,*
16e. *entgegen § 31 Absatz 4d Satz 2 einen Geschäftsabschluss als Festpreisgeschäft ausführt,*][1]
17. entgegen § 31 Abs. 5 Satz 3 oder 4 einen Hinweis oder eine Information nicht oder nicht rechtzeitig gibt,
17a. entgegen § 31d Absatz 1 Satz 1 eine Zuwendung annimmt oder gewährt,
17b. entgegen § 33 Absatz 1 Satz 2 Nummer 1, auch in Verbindung mit einer Rechtsverordnung nach § 33 Absatz 4, eine Compliance-Funktion nicht einrichtet,
17c. entgegen § 33 Absatz 1 Satz 2 Nummer 4, auch in Verbindung mit einer Rechtsverordnung nach § 33 Absatz 4, ein dort genanntes Verfahren nicht vorhält oder eine dort genannte Dokumentation nicht vornimmt,
18. entgegen § 33a Abs. 5 Satz 2 oder Abs. 6 Nr. 1 oder 2 einen Hinweis oder eine Information nicht oder nicht rechtzeitig gibt oder eine Einwilligung oder Zustimmung nicht oder nicht rechtzeitig einholt,
19. entgegen § 33a Abs. 6 Nr. 3 eine Mitteilung nicht richtig oder nicht vollständig macht,
19a. entgegen § 34 Absatz 2a Satz 1 in Verbindung mit einer Rechtsverordnung nach § 34 Absatz 4 Satz 1 ein Protokoll nicht, nicht richtig, nicht vollständig oder nicht rechtzeitig anfertigt,
19b. entgegen § 34 Absatz 2a Satz 2 eine Ausfertigung des Protokolls nicht, nicht vollständig, nicht in der vorgeschriebenen Weise oder nicht rechtzeitig zur Verfügung stellt,
19c. entgegen § 34 Absatz 2a Satz 3 und 5 in Verbindung mit einer Rechtsverordnung nach § 34 Absatz 4 Satz 1 eine Ausfertigung des Protokolls nicht, nicht vollständig, nicht in der vorgeschriebenen Weise oder nicht rechtzeitig zusendet,
20. entgegen § 34 Abs. 3 Satz 1 eine Aufzeichnung nicht oder nicht mindestens fünf Jahre aufbewahrt,
21. entgegen § 34c Satz 1, 2 oder 4 eine Anzeige nicht, nicht richtig, nicht vollständig oder nicht rechtzeitig erstattet,
22. entgegen § 34d Absatz 1 Satz 1, Absatz 2 Satz 1 oder Absatz 3 Satz 1, jeweils in Verbindung mit einer Rechtsverordnung nach § 34d Absatz 6 Satz 1 Nummer 2, einen Mitarbeiter mit einer dort genannten Tätigkeit betraut,
23. entgegen
   a) § 34d Absatz 1 Satz 2 oder Satz 3, Absatz 2 Satz 2 oder Satz 3 oder Absatz 3 Satz 2 oder Satz 3, jeweils auch in Verbindung mit einer Rechtsverordnung nach § 34d Absatz 6 Satz 1 Nummer 1, oder
   b) § 34d Absatz 1 Satz 4 in Verbindung mit einer Rechtsverordnung nach § 34d Absatz 6 Satz 1 Nummer 1

eine Anzeige nicht, nicht richtig, nicht vollständig oder nicht rechtzeitig erstattet [oder][2],
[23a. *entgegen § 36d Absatz 1 eine dort genannte Bezeichnung führt oder*][3]
24. entgegen § 37v Abs. 1 Satz 4, § 37w Abs. 1 Satz 4 oder § 37x Abs. 1 Satz 4, jeweils in Verbindung mit § 37y, einen Jahresfinanzbericht einschließlich der Erklärung gemäß § 37v Abs. 2 Nr. 3 und der Eintragungsbescheinigung oder Bestätigung gemäß § 37v Abs. 2 Nr. 4, einen Halbjahresfinanzbericht einschließlich der Erklärung gemäß § 37w Abs. 2 Nr. 3 oder eine Zwischenmitteilung nicht oder nicht rechtzeitig übermittelt.

(2a) Ordnungswidrig handelt, wer vorsätzlich oder leichtfertig entgegen Artikel 7 oder Artikel 8 der Verordnung (EG) Nr. 1287/2006 der Kommission vom 10. August 2006 zur Durchführung der Richtlinie 2004/39/EG des Europäischen Parlaments und des Rates betreffend die Aufzeichnungspflichten für Wertpapierfirmen, die Meldung von Geschäften, die Markttransparenz, die Zulassung von Finanzinstrumenten

---

1 Gemäß Art. 1 Nr. 7a) aa) iVm Art. 5 Abs. 2 G v. 15.7.2013 (BGBl. I S. 2390, 2392) treten **Nr. 16b bis Nr. 16e mWv 1.8.2014** in Kraft.

2 Gemäß Art. 1 Nr. 7a) bb) iVm Art. 5 Abs. 2 G v. 15.7.2013 (BGBl. I S. 2390, 2392) wird **mWv 1.8.2014** das Wort „oder" durch ein Komma ersetzt.

3 Gemäß Art. 1 Nr. 7a) bb) iVm Art. 5 Abs. 2 G v. 15.7.2013 (BGBl. I S. 2390, 2392) tritt **Nr. 23a mWv 1.8.2014** in Kraft.

zum Handel und bestimmte Begriffe im Sinne dieser Richtlinie (ABl. EU Nr. L 241 S. 1) eine Aufzeichnung nicht, nicht richtig, nicht vollständig oder nicht rechtzeitig erstellt.

(2 b) Ordnungswidrig handelt, wer gegen die Verordnung (EG) Nr. 1060/2009 des Europäischen Parlaments und des Rates vom 16. September 2009 über Ratingagenturen (ABl. L 302 vom 17.11.2009, S. 1) verstößt, indem er vorsätzlich oder leichtfertig

1.–4. (aufgehoben)
5. entgegen Artikel 4 Absatz 1 Unterabsatz 1 ein Rating für aufsichtsrechtliche Zwecke verwendet,
6. entgegen Artikel 4 Absatz 1 Unterabsatz 2 nicht gewährleistet, dass die dort genannten Informationen im Prospekt enthalten sind.

(2 c) Ordnungswidrig handelt, wer gegen die Verordnung (EU) Nr. 1031/2010 verstößt, indem er vorsätzlich oder leichtfertig

1. als Person nach Artikel 40
   a) entgegen Artikel 39 Buchstabe a eine Insider-Information weitergibt oder
   b) entgegen Artikel 39 Buchstabe b die Einstellung, Änderung oder Zurückziehung eines Gebotes empfiehlt oder eine andere Person hierzu verleitet,
2. entgegen Artikel 42 Absatz 1 Satz 2 oder Satz 3 das Verzeichnis nicht, nicht richtig, nicht vollständig oder nicht rechtzeitig übermittelt,
3. entgegen Artikel 42 Absatz 2 eine Unterrichtung nicht, nicht richtig oder nicht innerhalb von fünf Werktagen vornimmt oder
4. entgegen Artikel 42 Absatz 5 die Behörde nicht, nicht richtig, nicht vollständig oder nicht rechtzeitig informiert.

(2 d) Ordnungswidrig handelt, wer gegen die Verordnung (EU) Nr. 236/2012 des Europäischen Parlaments und des Rates vom 14. März 2012 über Leerverkäufe und bestimmte Aspekte von Credit Default Swaps (ABl. L 86 vom 24. 3. 2012, S. 1) verstößt, indem er vorsätzlich oder leichtfertig

1. entgegen Artikel 5 Absatz 1, Artikel 7 Absatz 1 oder Artikel 8 Absatz 1, jeweils auch in Verbindung mit Artikel 9 Absatz 1 Unterabsatz 1 oder Artikel 10, eine Meldung nicht, nicht richtig, nicht vollständig oder nicht rechtzeitig macht,
2. entgegen Artikel 6 Absatz 1, auch in Verbindung mit Artikel 9 Absatz 1 Unterabsatz 1 oder Artikel 10, eine Einzelheit nicht, nicht richtig, nicht vollständig oder nicht rechtzeitig offenlegt,
3. entgegen Artikel 12 Absatz 1 oder Artikel 13 Absatz 1 eine Aktie oder einen öffentlichen Schuldtitel leer verkauft,
4. entgegen Artikel 14 Absatz 1 eine Transaktion vornimmt, oder
5. entgegen Artikel 15 Absatz 1 nicht sicherstellt, dass er über ein dort genanntes Verfahren verfügt.

(2 e) Ordnungswidrig handelt, wer gegen die Verordnung (EU) Nr. 648/2012 des Europäischen Parlaments und des Rates vom 4. Juli 2012 über OTC-Derivate, zentrale Gegenparteien und Transaktionsregister (ABl. L 201 vom 27.7.2012, S. 1) verstößt, indem er vorsätzlich oder leichtfertig

1. entgegen Artikel 4 Absatz 1 und 3 einen OTC-Derivatekontrakt nicht oder nicht in der vorgeschriebenen Weise cleart,
2. als Betreiber eines multilateralen Handelssystems im Sinne des § 31 f Absatz 1 entgegen Artikel 8 Absatz 1 in Verbindung mit Absatz 4 Unterabsatz 1 Handelsdaten nicht, nicht richtig, nicht vollständig, nicht in der vorgeschriebenen Weise oder nicht rechtzeitig zur Verfügung stellt,
3. entgegen Artikel 9 Absatz 1 Satz 2 eine Meldung nicht, nicht richtig, nicht vollständig oder nicht rechtzeitig macht,
4. entgegen Artikel 9 Absatz 2 eine Aufzeichnung nicht oder nicht mindestens fünf Jahre aufbewahrt,
5. entgegen Artikel 10 Absatz 1 Buchstabe a eine Mitteilung nicht oder nicht rechtzeitig macht,
6. entgegen Artikel 11 Absatz 1 nicht gewährleistet, dass ein dort genanntes Verfahren oder eine dort genannte Vorkehrung besteht,
7. entgegen Artikel 11 Absatz 2 Satz 1 den Wert ausstehender Kontrakte nicht, nicht richtig oder nicht rechtzeitig ermittelt,
8. entgegen Artikel 11 Absatz 3 kein dort beschriebenes Risikomanagement betreibt,
9. entgegen Artikel 11 Absatz 4 nicht gewährleistet, dass zur Abdeckung der dort genannten Risiken eine geeignete und angemessene Eigenkapitalausstattung vorgehalten wird, oder
10. entgegen Artikel 11 Absatz 11 Satz 1 die Information über eine Befreiung von den Anforderungen des Artikels 11 Absatz 3 nicht oder nicht richtig veröffentlicht.

(3) Ordnungswidrig handelt, wer vorsätzlich oder fahrlässig
1. einer vollziehbaren Anordnung nach
   a) § 4 Abs. 3 Satz 1,
   b) § 34 d Absatz 4 Satz 1 Nummer 1 oder Nummer 2 Buchstabe b,
   c) § 36 b Abs. 1,
   d) § 37 o Abs. 4 Satz 1 oder § 37 q Abs. 2 Satz 1

   zuwiderhandelt,
2. entgegen § 4 Abs. 4 Satz 1 oder 2 oder § 37 o Abs. 5 Satz 1 ein Betreten nicht gestattet oder nicht duldet,
3. entgegen § 33 Abs. 3 Satz 1 Nr. 2 eine Portfolioverwaltung auslagert,
4. entgegen § 34 a Absatz 1 Satz 1, auch in Verbindung mit einer Rechtsverordnung nach § 34 a Absatz 5 Satz 1, Kundengelder nicht in der vorgeschriebenen Weise verwahrt,
5. entgegen § 34 a Absatz 1 Satz 3, auch in Verbindung mit einer Rechtsverordnung nach § 34 a Absatz 5 Satz 1, die Zustimmung des Kunden nicht oder nicht rechtzeitig einholt,
6. entgegen § 34 a Absatz 1 Satz 4, auch in Verbindung mit einer Rechtsverordnung nach § 34 a Absatz 5 Satz 1, eine treuhänderische Einlegung nicht offenlegt,
7. entgegen § 34 a Absatz 1 Satz 5, auch in Verbindung mit Absatz 2 Satz 2, jeweils auch in Verbindung mit einer Rechtsverordnung nach § 34 a Absatz 5 Satz 1, den Kunden nicht, nicht richtig oder nicht rechtzeitig unterrichtet,
8. entgegen § 34 a Absatz 2 Satz 1, auch in Verbindung mit einer Rechtsverordnung nach § 34 a Absatz 5 Satz 1, ein Wertpapier nicht oder nicht rechtzeitig zur Verwahrung weiterleitet,
9. entgegen § 34 a Absatz 4 Satz 1, auch in Verbindung mit Satz 2, jeweils auch in Verbindung mit einer Rechtsverordnung nach § 34 a Absatz 5 Satz 1, ein Wertpapier nutzt,
10. entgegen § 36 Absatz 1 Satz 4 einen Prüfer nicht oder nicht rechtzeitig bestellt,
11. entgegen § 36 Absatz 2 Satz 1 eine Anzeige nicht, nicht richtig, nicht vollständig oder nicht rechtzeitig erstattet oder
12. entgegen § 37 v Absatz 1 Satz 1, § 37 w Absatz 1 Satz 1 oder § 37 x Absatz 1 Satz 1, jeweils auch in Verbindung mit § 37 y, einen Jahresfinanzbericht, einen Halbjahresfinanzbericht oder eine Zwischenmitteilung nicht oder nicht rechtzeitig zur Verfügung stellt.

(3 a) Ordnungswidrig handelt, wer gegen die Verordnung (EU) Nr. 236/2012 verstößt, indem er vorsätzlich oder fahrlässig einer vollziehbaren Anordnung nach Artikel 18 Absatz 2 Satz 2 oder Satz 3, Artikel 19 Absatz 2, Artikel 20 Absatz 2 oder Artikel 21 Absatz 1 oder Artikel 23 Absatz 1 zuwiderhandelt.

(4) Die Ordnungswidrigkeit kann in den Fällen des Absatzes 1 Nummer 1 und 2, des Absatzes 2 Nummer 2 Buchstabe e und f, Nummer 5 Buchstabe a, Nummer 7 und 11 mit einer Geldbuße bis zu einer Million Euro, in den Fällen des Absatzes 2 Nummer 2 Buchstabe g bis i sowie des Absatzes 2 d Nummer 3 bis 5 und Nummer 14 a und 14 b sowie des Absatzes 2 e Nummer 5, 8 und 9 mit einer Geldbuße bis zu fünfhunderttausend Euro, in den Fällen des Absatzes 1 Nummer 3 und 5, des Absatzes 2 Nummer 1, 2 Buchstabe a, c und n bis q, Nummer 3, 4 und 5 Buchstabe c bis i, Nummer 6, 16 a, 17 b, 17 c, 18, 22 und 25, des Absatzes 2 b Nummer 5 und 6, des Absatzes 2 d Nummer 1 und 2, des Absatzes 2 e Nummer 1, 3 und 4 und des Absatzes 3 Nummer 1 Buchstabe b, Nummer 3 und 12 mit einer Geldbuße bis zu zweihunderttausend Euro, in den Fällen des Absatzes 2 Nummer 2 Buchstabe d, Nummer 5 Buchstabe b, Nummer 10 a bis 10 c, 12 bis 14 und Nummer 16 und 17 a [*16, 16 b, 16 c und 17 a*]⁴, des Absatzes 2 e Nummer 2, 6 und 7 und des Absatzes 3 Nummer 1 Buchstabe c mit einer Geldbuße bis zu hunderttausend Euro, in den übrigen Fällen mit einer Geldbuße bis zu fünfzigtausend Euro geahndet werden.

(5) Die Bestimmungen des Absatzes 2 Nr. 2 Buchstabe a, Nr. 10 Buchstabe b, Nr. 15, 16, 18 bis 21, des Absatzes 2 a sowie des Absatzes 3 Nr. 1 Buchstabe c, Nummer 3, 10 und 11, jeweils in Verbindung mit Absatz 4, gelten auch für die erlaubnispflichtige Anlageverwaltung im Sinne des § 2 Abs. 3 Satz 3.

Literatur:
Bohnert, OWiG, 3. Auflage 2010; *Erbs/Kohlhaas*, Strafrechtliche Nebengesetze; *Moosmayer*, Straf- und bußgeldrechtliche Regelungen im Entwurf eines Vierten Finanzmarktförderungsgesetzes, wistra 2002, 161; Karlsruher Kommentar zum OWiG, 3. Auflage 2006; *Schönke/Schröder*; Strafgesetzbuch, 28. Aufl. 2010; *Park*, Kapitalmarktstrafrecht, 3. Auflage 2013.

---

4 Gemäß Art. 1 Nr. 7 b) iVm Art. 5 Abs. 2 G v. 15.7.2013 (BGBl. I S. 2390, 2392) werden mWv 1.8.2014 die Wörter „Nummer 16 und 17 a" durch die Angabe „16, 16 b, 16 c und 17 a" ersetzt.

Die Regelungen über Ordnungswidrigkeiten sind durch das **4. Finanzmarktförderungsgesetz**[5] neu gefasst und durch das Anlegerschutzverbesserungsgesetz, das Bilanzkontrollgesetz, das TUG, das FRUG, das Ausführungsgesetz zur EU-Ratingverordnung, das Gesetz zur Vorbeugung gegen missbräuchliche Wertpapier- und Derivategeschäfte, das AnsFuG, das Gesetz zur Novellierung des Finanzanlagenvermittler- und Vermögensanlagenrechts, das EU-Leerverkaufs-Ausführungsgesetz und das EMIR-Ausführungsgesetz erweitert und angepasst worden. Mit Wirkung vom 1. August 2014 werden durch das Honoraranlageberatungsgesetz weitere Bußgeldtatbestände eingeführt, die die Regelungen zur Honorar-Anlageberatung als zusätzlicher Form der Anlageberatung mit gesteigerten Wohlverhaltenspflichten sowie Informationspflichten flankieren.[6]

§ 39 ist eine Blankettnorm, deren Tatbestände auf weitere Vorschriften des WpHG verweisen.[7] Für die Bußgeldtatbestände des **WpHG** gelten die allgemeinen materiellen und prozessualen Normen des **OWiG**, die ihrerseits durch die sinngemäße Anwendung der Vorschriften der StPO ergänzt werden, soweit das OWiG nichts anderes bestimmt. Der Versuch einer Ordnungswidrigkeit nach § 39 kann nicht geahndet werden, da dies nicht, wie § 13 Abs. 2 OWiG erfordert, gesetzlich bestimmt ist. §§ 31 ff OWiG sind anwendbar hinsichtlich der Verfolgungs- und Vollstreckungsverjährung.

Für Bußgeldverfahren gelten sinngemäß die Regelungen u.a. der StPO, soweit das OWiG nichts anderes bestimmt (§ 46 Abs. 1 OWiG). Einige Regelungen (zB §§ 98a, 98b StPO oder auch §§ 110a bis 110c StPO) sind im OWi-Verfahren nicht anwendbar.[8] Wird eine Straftat tateinheitlich mit einer Ordnungswidrigkeit verwirklicht, ist nur das Strafgesetz anzuwenden.[9] Dies könnte bei einem Zusammentreffen einer Straftat nach § 38 Abs. 2 WpHG mit einer Ordnungswidrigkeit nach § 39 Abs. 1 Nr. 1, 2, Abs. 2 Nr. 11 WpHG der Fall sein.[10]

Das Bußgeldverfahren richtet sich gegen die **Normadressaten** der Pflicht oder bei juristischen Personen gegen die jeweils verantwortliche Person. Das können nach § 9 OWiG zB vertretungsberechtigte Gesellschafter oder Mitglieder des vertretungsberechtigten Organs, aber auch Personen sein, die zB von dem Betriebsinhaber ausdrücklich beauftragt wurden, die diesem obliegende Pflicht in eigener Verantwortung wahrzunehmen. Anders als im Strafrecht kann nach dem OWiG eine Geldbuße auch gegenüber einer juristischen Person festgesetzt werden (§ 30 OWiG, s. insb. § 30 Abs. 4 OWiG für das selbstständige Verfahren gegen die juristische Person). Im Fall der Verletzung von Aufsichtspflichten können Sanktionen auch gegen Unternehmensinhaber verhängt werden sowie gegen ihnen nach § 130 Abs. 2 OWiG gleichgestellte Personen. Nach § 14 Abs. 1 S. 1 OWiG gilt der Einheitstäterbegriff, dh alle an der Tat Beteiligten werden als Täter behandelt; ein unterschiedliches Maß der Beteiligung kann bei der Bemessung von Rechtsfolgen berücksichtigt werden.[11]

Die Bußgeldtatbestände der Abs. 1 bis 3a unterscheiden sich nach der erforderlichen Schuldform. In Abs. 1 ist für die Schuldform keine ausdrückliche Regelung aufgenommen worden. Gemäß § 10 OWiG ist damit nur die vorsätzliche Verwirklichung sanktionierbar. Da weder das WpHG noch das OWiG eine Begriffsbestimmung zum **Vorsatz** erhalten,[12] ist auf die allgemeinen Regelungen des Strafrechts zurückzugreifen. Damit werden Verstöße aller drei Vorsatzformen, der Absicht, des dolus directus und des dolus eventualis sanktioniert.[13] Das heißt, dass Vorsatz bereits dann vorliegt, wenn der Täter die Tatbestandsverwirklichung billigend in Kauf nimmt oder für möglich hält und sich mit ihr abfindet (dolus eventualis).[14]

Außer durch vorsätzliches Handeln können die OWi-Tatbestände der Abs. 2 bis 2e zudem durch **Leichtfertigkeit** verwirklicht werden. Leichtfertigkeit ist ein gesteigerter Grad von Fahrlässigkeit, ähnlich der groben Fahrlässigkeit im Zivilrecht.[15] Leichtfertig handelt, wer die gebotene Sorgfalt in grobem Maße verletzt und das Anstellen einfacher, nahe liegender Überlegungen versäumt.[16] Ob Leichtfertigkeit vorliegt, hängt auch von der Bedeutung der Pflicht und den persönlichen Fähigkeiten des Betroffenen ab.[17] Die Leichtfertigkeit ist weder durch Eigensucht noch durch Rücksichtslosigkeit oder Gewissenlosigkeit gekennzeichnet.[18]

Für die Tatbestandsverwirklichung der Bußgeldnormen der Abs. 3 und 3a ist hingegen schon einfache **Fahrlässigkeit** ausreichend, die unbewusste oder ungewollte, aber pflichtwidrige Verwirklichung des Tatbestandes.[19] Fahrlässiges Handeln liegt vor, wenn der Betroffene die Sorgfalt, zu der er nach den Umständen

---

5 Vgl Hierzu auch *Moosmayer*, Straf- und bußgeldrechtliche Regelungen im Entwurf eines Vierten Finanzmarktförderungsgesetzes, wistra 2002, 161.
6 Vgl BT-Dr. 17/12295, 14; s. dazu § 31 Rn 112 a ff sowie § 36 d.
7 Siehe dazu *Wehowsky* in: Erbs/Kohlhaas, § 39 WpHG Rn 2.
8 *Bohnert* in: Bohnert, OWiG, § 46 Rn 93.
9 Subsidiaritätsgrundsatz, s. § 21 Abs. 1 S. 1 OWiG.
10 *Eggers* in: Park, Kap. 1 Rn 14.
11 *Bohnert* in: Bohnert, OWiG, § 14 Rn 1.
12 Siehe auch § 10 OWiG.
13 *Bohnert* in: Bohnert, § 10 Rn 4.
14 Vgl *Rengier*, in: Karlsruher Kommentar zum OWiG, § 10 Rn 3; *Cramer/Sternberg-Lieben*, in: Schönke/Schröder, StGB, § 15 Rn 6 ff.
15 BGHSt 14, 240, 255; BGHZ 106, 204.
16 *Rengier*, in: Karlsruher Kommentar zum OWiG, § 10 Rn 49.
17 BGH 20, 315, 323; OLG Bremen StV 1985, 282; *Rengier*, in: Karlsruher Kommentar zum OWiG, § 10 Rn 49.
18 *Rengier* in: in: Karlsruher Kommentar zum OWiG, § 10 Rn 49.
19 *Bohnert* in: Bohnert, OWiG, § 10 Rn 16.

und seinen persönlichen Fähigkeiten verpflichtet und imstande ist, außer Acht lässt und deshalb die rechtswidrige Tatbestandsverwirklichung nicht erkennt oder aber darauf vertraut, sie werde nicht eintreten.

8 Der **Bußgeldrahmen** nach § 39 Abs. 4 ist weit gefächert. Er weist auch sehr hohe Bußgeldandrohungen auf. Der Bußgeldrahmen erstreckt sich auf bis zu 1 Mio. EUR. Die übrigen Bußgeldrahmen staffeln sich in mehreren Stufen hinab bis hin zu einem Rahmen von bis zu 50.000 EUR. Nach § 17 Abs. 2 OWiG kann bei Fahrlässigkeit nur mit der Hälfte des angedrohten Höchstbetrags der Geldbuße geahndet werden.[20] Das gesetzliche Höchstmaß des Bußgelds kann auch überschritten werden, falls der wirtschaftliche Vorteil, den der Täter aus der Ordnungswidrigkeit gezogen hat, dieses übersteigt.[21]

9 Im Falle der Verwirklichung des Tatbestandes ist die konkrete **Höhe der Geldbuße** ausgehend vom jeweiligen Bußgeldrahmen bezogen auf die entsprechende Schuldform nach § 17 OWiG zu bemessen. Diese Zumessungen sind Einzelfallentscheidungen; es gibt keine Regelsätze eines Bußgeldkataloges. Die Kriterien der Zumessung sind die Bedeutung der OWi sowie der Vorwurf, der den Täter bezogen auf die besonderen Umstände in seiner Person oder frühere Verstöße trifft.[22] Zudem sind regelmäßig die wirtschaftlichen Verhältnisse des Betroffenen zu berücksichtigen, bei geringfügigen Ordnungswidrigkeiten bleiben sie jedoch in der Regel unberücksichtigt.[23] Es sind auch sonstige objektive und subjektive Umstände wie die Art und Intensität der Tatausführung, das Vorliegen einer Wiederholungstat, Tatmotive, die Tätergesinnung oder das Nachtatverhalten des Betroffenen heranzuziehen.[24]

§ 40 Zuständige Verwaltungsbehörde

Verwaltungsbehörde im Sinne des § 36 Abs. 1 Nr. 1 des Gesetzes über Ordnungswidrigkeiten ist die Bundesanstalt.

1 Neben der Aufsicht und Überwachung[1] ist die BaFin auch für die Verfolgung und Ahndung von Ordnungswidrigkeiten nach dem WpHG zuständig. Hierfür war nach § 36 OWiG eine ausdrückliche gesetzliche Bestimmung notwendig, die durch § 40 getroffen worden ist.[2]

§ 40 a Beteiligung der Bundesanstalt und Mitteilungen in Strafsachen

(1) ¹Die Staatsanwaltschaft informiert die Bundesanstalt über die Einleitung eines Ermittlungsverfahrens, welches Straftaten nach § 38 betrifft. ²Werden im Ermittlungsverfahren Sachverständige benötigt, können fachkundige Angehörige der Bundesanstalt herangezogen werden. ³Der Bundesanstalt sind die Anklageschrift und der Antrag auf Erlass eines Strafbefehls mitzuteilen. ⁴Erwägt die Staatsanwaltschaft, das Verfahren einzustellen, so hat sie die Bundesanstalt zu hören.

(2) Das Gericht teilt der Bundesanstalt in einem Verfahren, welches Straftaten nach § 38 betrifft, den Termin zur Hauptverhandlung mit.

(3) Der Bundesanstalt ist auf Antrag Akteneinsicht zu gewähren, sofern nicht schutzwürdige Interessen des Betroffenen entgegenstehen oder der Untersuchungserfolg der Ermittlungen gefährdet wird.

(4) ¹In Strafverfahren gegen Inhaber oder Geschäftsleiter von Wertpapierdienstleistungsunternehmen oder deren gesetzliche Vertreter oder persönlich haftende Gesellschafter wegen Straftaten zum Nachteil von Kunden bei oder im Zusammenhang mit dem Betrieb des Wertpapierdienstleistungsunternehmens, ferner in Strafverfahren, die Straftaten nach § 38 zum Gegenstand haben, sind im Falle der Erhebung der öffentlichen Klage der Bundesanstalt

1. die Anklageschrift oder eine an ihre Stelle tretende Antragsschrift,
2. der Antrag auf Erlass eines Strafbefehls und
3. die das Verfahren abschließende Entscheidung mit Begründung

zu übermitteln; ist gegen die Entscheidung ein Rechtsmittel eingelegt worden, ist die Entscheidung unter Hinweis auf das eingelegte Rechtsmittel zu übermitteln. ²In Verfahren wegen fahrlässig begangener Straftaten werden die in den Nummern 1 und 2 bestimmten Übermittlungen nur vorgenommen, wenn aus der

---

20 *Mitsch*, in: Karlsruher Kommentar zum OWiG, § 17 Rn 60.
21 § 17 Abs. 4 OWiG.
22 Vgl § 17 Abs. 3 S. 1 OWiG.
23 § 17 Abs. 3 S. 2 OWiG.
24 *Bohnert* in: Bohnert, OWiG, § 17 Rn 9, 11.
1 Siehe § 4; zur Abgrenzung des Verfahrens s. *Altenhain* in: Köln-Komm-WpHG, § 39 Rn 9.
2 BT-Drucks. 12/6679, S. 58.

Sicht der übermittelnden Stelle unverzüglich Entscheidungen oder andere Maßnahmen der Bundesanstalt geboten sind.

(5) ¹Werden sonst in einem Strafverfahren Tatsachen bekannt, die auf Missstände in dem Geschäftsbetrieb eines Wertpapierdienstleistungsunternehmens hindeuten, und ist deren Kenntnis aus der Sicht der übermittelnden Stelle für Maßnahmen der Bundesanstalt nach diesem Gesetz erforderlich, soll das Gericht, die Strafverfolgungs- oder die Strafvollstreckungsbehörde diese Tatsachen ebenfalls mitteilen, soweit nicht für die übermittelnde Stelle erkennbar ist, dass schutzwürdige Interessen des Betroffenen überwiegen. ²Dabei ist zu berücksichtigen, wie gesichert die zu übermittelnden Erkenntnisse sind.

Die Vorschrift wurde durch Art. 16 des Justizmitteilungsgesetzes vom 18.6.1997 eingefügt und durch das Anlegerschutzverbesserungsgesetz vom 28.10.2004 um die Absätze 1 bis 3 ergänzt, wodurch Art. 12 der Marktmissbrauchsrichtlinie umgesetzt wird, der u.a. entsprechende Informationsrechte der jeweiligen Aufsichtsbehörde vorsieht.[1] Die eingefügten Absätze 1 bis 3 korrespondieren mit der in § 4 Abs. 5 enthaltenen Pflicht der BaFin zur Anzeige von Tatsachen, die den Verdacht einer Straftat nach § 38 begründen und regelt die Beteiligung der BaFin an entsprechenden Strafverfahren und Missstandsvermutungen sowie die Information der BaFin über diese Verfahren.[2] Absätze 4 und 5 enthalten Mitteilungspflichten der Strafverfolgungsbehörden. Absatz 5 enthält eine Soll-Vorschrift, dh eine Abweichung ist in begründeten Ausnahmefällen möglich.[3]   1

Abs. 1 regelt die Information der BaFin durch die Staatsanwaltschaft über jede Einleitung eines Ermittlungsverfahrens nach § 38. Der BaFin sind zudem die Anklageschrift und der Antrag auf Erlass eines Strafbefehls mitzuteilen. Vor der Einstellung ist die BaFin zu hören. Sie hat damit die Möglichkeit, der Staatsanwaltschaft nochmals sachdienliche Hinweise oder rechtliche Wertungen zur Kenntnis zu bringen. Zudem ermöglicht der Gesetzgeber ausdrücklich, dass die Staatsanwaltschaft fachkundige Angehörige der BaFin zu den Ermittlungen hinzuzieht, wenn dies erforderlich erscheint. Insofern gilt der Grundsatz der freien Gestaltung des Ermittlungsverfahrens, nach dem die Staatsanwaltschaft alle zulässigen Maßnahmen ergreifen muss, die geeignet und erforderlich sind, zur Aufklärung der Straftat beizutragen. Wird ein fachkundiger Angehöriger der Bundesanstalt als Sachverständiger herangezogen, gilt für ihn insbesondere § 80 StPO.[4] Danach obliegt dem Sachverständigen – und damit auch dem BaFin-Angehörigen – eine eigene, wenn auch beschränkte, Aufklärungspflicht; er muss sich Tatsachen, die ohne Sachkunde nicht ermittelt werden können, selbst beschaffen.[5] Die Anwesenheit des BaFin-Angehörigen bei Zeugen- oder Beschuldigtenvernehmungen kann ebenfalls ermöglicht werden.[6] Im Hauptverfahren kann das Gericht ihm die Anwesenheit während der Beweisaufnahme gestatten, wobei es im Ermessen des Gerichts liegt, ob der Sachverständige unmittelbar Fragen an Zeugen oder Beschuldigte stellen darf.[7] Auch sonstige Beweiserhebungen zur Vorbereitung des Gutachtens wie die Einholung von Auskünften und die Heranziehung von Unterlagen sind zulässig.   2

Vom zuständigen Gericht erhält die BaFin nach **Abs. 2** zudem Nachricht über den Termin der Hauptverhandlung. Damit wäre es der BaFin möglich, an den öffentlichen Sitzungen teilzunehmen und sich einen Eindruck von der Verhandlung und dessen Verlauf zu verschaffen. Ergänzt werden die Regelungen durch ein Akteneinsichtsrecht der BaFin nach **Abs. 3**. Die Formulierung wurde an den Wortlaut des § 60a KWG sowie des § 168c Abs. 5 StPO angeglichen.[8]   3

Eine weitere Mitteilungspflicht gegenüber der BaFin über Strafverfahren nach § 38 ist für den Fall vorgesehen, dass sich das Verfahren gegen den Inhaber oder Geschäftsleiter eines Wertpapierdienstleistungsunternehmens oder deren gesetzliche Vertreter oder persönlich haftende Gesellschafter richtet. Ein Adressat der Mitteilungspflicht wird in **Abs. 4 nF** zwar nicht genannt, jedoch ergibt sich aus der Gesetzesbegründung, dass die Vorschrift durch das Anlegerschutzverbesserungsgesetz inhaltlich nicht geändert werden sollte.[9] Daher richtet sich die Mitteilungspflicht nach wie vor an das Gericht sowie die Strafverfolgungs- oder Strafvollstreckungsbehörden.[10] Den Hintergrund der Vorschrift bildet die Erwägung, dass es für eine effektive Überwachung erforderlich ist, dass die BaFin nicht nur über den weiteren Fortgang des Verfahrens der   4

---

1 BT-Drucks. 15/3174, S. 41.
2 Zum Begriff des Missstandes s. *Schäfer* in: Park, Kapitalmarktstrafrecht, Kap. 1 Rn 33.
3 *Zimmer/Cloppenburg* in: Schwark/Zimmer, Kapitalmarktrechts-Kommentar, 4. Aufl. 2010, § 40a WpHG Rn 19; *Altenhain* in: KölnKomm-WpHG, 1. Aufl. 2007, § 40a Rn 12; anders (die Erfüllung stehe im Ermessen der Behörde): *Zimmer/Cloppenburg* in: Schwark/Zimmer, Kapitalmarktrechts-Kommentar, 4. Aufl. 2010, § 40a WpHG Rn 5.
4 BT-Drucks. 15/3493, S. 52.
5 *Senge* in: Karlsruher Kommentar zur StPO, 6. Aufl. 2008, § 80 Rn 1.
6 BT-Drucks. 15/3493, S. 52.
7 *Senge* in: Karlsruher Kommentar zur StPO, 6. Aufl. 2008, § 80 Rn 4; BT-Drucks. 15/3493, S. 52.
8 BT-Drucks. 15/3493, S. 52.
9 BT-Drucks. 15/3174, S. 41.
10 *Zimmer/Cloppenburg* in: Schwark/Zimmer, Kapitalmarktrechts-Kommentar, 4. Aufl. 2010, § 40a WpHG Rn 4; *Vogel* in: Assmann/Schneider, WpHG, 6. Aufl. 2012, § 40a Rn 14.

von ihr selbst, sondern auch von Dritten in Gang gesetzten Ermittlungen hinreichend informiert wird.[11] Eine solche Information ist notwendig, um Überschneidungen bei Ermittlungen zu vermeiden und eine Unterrichtung der BaFin über die im Zusammenhang mit einem Strafverfahren aufgedeckten Missstände in dem betreffenden Wertpapierdienstleistungsunternehmen sicherzustellen.[12] So können entsprechende aufsichtsrechtliche Maßnahmen nach WpHG oder auch KWG gegen das Unternehmen ergriffen werden.[13] Gleiches gilt für die in **Abs. 5** geregelten Mitteilungspflichten des Gerichts, der Strafverfolgungs- oder Strafvollstreckungsbehörde gegenüber der BaFin hinsichtlich Tatsachen, die auf Missstände im Geschäftsbetrieb eines Wertpapierdienstleistungsunternehmens hinweisen.

§ 40 b Bekanntmachung von Maßnahmen

(1) ¹Die Bundesanstalt kann unanfechtbare Maßnahmen, die sie wegen Verstößen gegen Verbote oder Gebote dieses Gesetzes getroffen hat, auf ihrer Internetseite öffentlich bekannt machen, soweit dies zur Beseitigung oder Verhinderung von Missständen nach § 4 Abs. 1 Satz 2 geeignet und erforderlich ist, es sei denn, diese Veröffentlichung würde die Finanzmärkte erheblich gefährden oder zu einem unverhältnismäßigen Schaden bei den Beteiligten führen. ²Anordnungen nach § 4 Abs. 2 Satz 2 hat die Bundesanstalt unverzüglich auf ihrer Internetseite zu veröffentlichen.

(2) Zeitgleich mit der Veröffentlichung nach Absatz 1 Satz 1 oder Satz 2 hat die Bundesanstalt die Europäische Wertpapier- und Marktaufsichtsbehörde über die Veröffentlichung zu unterrichten.

(3) Die Bundesanstalt hat unanfechtbare Maßnahmen, die sie wegen Verstößen gegen Artikel 4 Absatz 1 der Verordnung (EG) Nr. 1060/2009 getroffen hat, unverzüglich auf ihrer Internetseite öffentlich bekannt zu machen, es sei denn, diese Veröffentlichung würde die Finanzmärkte erheblich gefährden oder zu einem unverhältnismäßigen Schaden bei den Beteiligten führen.

(4) ¹Die Bundesanstalt hat jede unanfechtbar gewordene Bußgeldentscheidung nach § 39 Absatz 2 e unverzüglich auf ihrer Internetseite öffentlich bekannt zu machen, es sei denn, diese Veröffentlichung würde die Finanzmärkte erheblich gefährden oder zu einem unverhältnismäßigen Schaden bei den Beteiligten führen. ²Die Bekanntmachung darf keine personenbezogenen Daten enthalten.

Literatur:
Fleischer, Erweiterte Außenhaftung der Organmitglieder im europäischen Gesellschafts- und Kapitalmarktrecht, ZGR 2004, 437; *Voß*, Das Anlegerschutz- und Funktionsverbesserungsgesetz – ausgewählte Aspekte des Regierungsentwurfs, BB 2010, 3099; *Walla*, Die Reformen der Europäischen Kommission zum Marktmissbrauchs- und Transparenzregime – Regelungskonzeption, Aufsicht und Sanktionen, BB 2012, 1358.

1 Die Vorschrift wurde durch das Anlegerschutzverbesserungsgesetz vom 28.10.2004 eingeführt. Sie wurde in den Jahren 2011, 2012 und 2013 erheblich erweitert durch das Gesetz zur Novellierung des Finanzanlagenvermittler- und Vermögensanlagenrechts, das Gesetz zur Umsetzung der Richtlinie 2010/78/EU im Hinblick auf die Errichtung des Europäischen Finanzaufsichtssystems sowie das EMIR-Ausführungsgesetz.
Abs. 1 S. 1 setzt Art. 14 Abs. 4 der Marktmissbrauchsrichtlinie um und ermöglicht die Bekanntmachung von Maßnahmen, die die BaFin bei Verstößen gegen Verbote oder Gebote nach diesem Gesetz ergriffen hat.[1] Die Vorschrift dient im Wege negativer Publizität der Abschreckung der Marktteilnehmer.[2] Aufgrund der in der Vorschrift enthaltenen unbestimmten Rechtsbegriffe hat die BaFin, insbesondere im Hinblick auf das Grundrecht natürlicher Personen auf informationelle Selbstbestimmung, eine Güterabwägung vorzunehmen.[3] Ebenfalls in die Abwägung einzustellen ist die Aufgabe der BaFin zur Beseitigung oder Verhinderung von Missständen.[4] Eine erhebliche Gefährdung der Finanzmärkte kann sich beispielsweise daraus ergeben, dass das Bekanntwerden der Maßnahme irrationale Panikreaktionen auslösen könnte.[5]
Darüber hinaus entscheidet die BaFin nach pflichtgemäßem Ermessen, ob die Veröffentlichung vorgenommen werden soll.[6] Nach der Regierungsbegründung soll die öffentliche Bekanntmachung nicht nur auf der Internetseite der BaFin, sondern auch mithilfe eines Links zu einer anderen Internet-Adresse möglich sein,

---

11 BT-Drucks. 13/7489, S. 52 f.
12 BT-Drucks. 13/7489, S. 52 f.
13 Vgl BT-Drucks. 13/7489, S. 52 f.
1 BT-Drucks. 15/3174, S. 41.
2 *Zimmer/Cloppenburg* in: Schwark/Zimmer, Kapitalmarktrechts-Kommentar, 4. Aufl. 2010, § 40 b WpHG Rn 1; *Vogel* in: Assmann/Schneider, § 40 b Rn 3 f; *Fleischer*, ZGR 2004, 437; *Altenhain* in: KölnKomm-WpHG Rn 6.
3 BT-Drucks. 15/3174, S. 41.
4 BT-Drucks. 15/3174, S. 41.
5 *Vogel* in: Assmann/Schneider, § 40 b Rn 7.
6 *Zimmer/Cloppenburg* in: Schwark/Zimmer, Kapitalmarktrechts-Kommentar, 4. Aufl. 2010, § 40 b WpHG, Rn 4; *Vogel* in: Assmann/Schneider, § 40 b Rn 8.

unter welcher etwa ein Gericht seine Entscheidung veröffentlicht hat.[7] Dagegen spricht jedoch, dass der Wortlaut nur die Veröffentlichung solcher Maßnahmen vorsieht, die die BaFin getroffen hat.[8]

Durch **Abs. 1 S. 2** soll Art. 41 Abs. 2 S. 1 MiFID umgesetzt werden.[9] Hinsichtlich Abs. 1 S. 2 aF war umstritten, ob der Wortlaut nicht insoweit einschränkend dahin gehend auszulegen war, dass die Bundesanstalt nur die Handelsaussetzung und den Handelsausschluss unverzüglich auf ihrer Internetseite zu veröffentlichen hatte.[10] Dies wurde damit begründet, dass Abs. 1 S. 2 aF auf § 4 Abs. 2 insgesamt verwies und damit auch – über die Richtlinie hinausgehend – auf § 4 Abs. 2 S. 1, der eine Generalermächtigung enthält. Nach der Begründung des Regierungsentwurfs sollte mit der Vorschrift jedoch die Bestimmung der Richtlinie umgesetzt werden.[11] Diese Unklarheit hat der Gesetzgeber beseitigt, indem er den Verweis in Abs. 1 S. 2 auf § 4 Abs. 2 S. 2 beschränkt hat. Mithin sind nunmehr bereits nach dem Wortlaut nur Handelsaussetzung und Handelsausschluss durch die BaFin zu veröffentlichen.[12]

Mit der Ergänzung der Vorschrift um **Abs. 2** werden Art. 3 Nr. 4, Unterabs. 2 und Art. 6 Nr. 8, letztere teilweise, der Richtlinie 2010/78/EU im Hinblick auf die Errichtung des Europäischen Finanzaufsichtssystems umgesetzt.[13] Durch die Regelung soll sichergestellt werden, dass die BaFin die ESMA über veröffentlichte Maßnahmen unterrichtet.[14] Die Vorschrift dient der Zusammenarbeit zwischen BaFin und ESMA.[15]

Mit **Abs. 3** wird Art. 36 Abs. 2 der Verordnung (EG) Nr. 1060/2009 idF von Art. 1 Nr. 17 der Verordnung (EU) 513/2011 umgesetzt.[16] Die Anforderungen der Richtlinie gehen in mehrfacher Hinsicht über die bereits bestehende Regelung des Abs. 1 S. 1 hinaus. Zum einen räumt Abs. 1 S. 1 der BaFin Ermessen ein; zum anderen fordert die Vorschrift zusätzlich, dass die Veröffentlichung zur Beseitigung von Missständen erforderlich ist.[17] Daher war eine gesonderte Regelung zu schaffen.[18] Die Beschränkung des Abs. 3 auf unanfechtbare Maßnahmen dürfte noch im Rahmen des verbleibenden Umsetzungsspielraums liegen.[19] Zugleich geht Abs. 3, der sich auf alle und damit auch präventive Maßnahmen bezieht, über die Richtlinie hinaus, die nur Sanktionen erfasst.[20]

Nach Abs. 3 hat die BaFin eine unanfechtbare Maßnahme, die sie wegen Verstößen gegen Art. 4 Abs. 1 der Verordnung EG (1060)2009 idF von Art. 1 Nr. 2 lit. a) VO EU 513/2011 getroffen hat, unverzüglich auf ihrer Internetseite zu veröffentlichen.

Nach Art. 4 Abs. 1 Unterabs. 1 der genannten Verordnung dürfen Kreditinstitute, Wertpapierfirmen etc. für aufsichtsrechtliche Zwecke nur Ratings von Ratingagenturen verwenden, die ihren Sitz in der Europäischen Union haben und gemäß der Verordnung registriert sind. Nach Art. 4 Abs. 2 Unterabs. 2 der Verordnung müssen Emittenten dafür Sorge tragen, dass ein Prospekt, der auf ein Rating oder mehrere Ratings verweist, Informationen darüber enthält, ob diese Ratings von einer Ratingagentur mit Sitz in der Europäischen Union abgegeben wurden, die im Einklang mit der Verordnung registriert wurde. Beide Pflichten sind bußgeldbewehrt (§ 39 Abs. 2 b Nr. 5, 6).

Ebenso wie eine Veröffentlichung nach Abs. 1 S. 1 hat eine Veröffentlichung nach Abs. 3 zu unterbleiben, wenn die Veröffentlichung die Finanzmärkte erheblich gefährden oder zu einem unverhältnismäßigen Schaden bei den Beteiligten führen würde. Ob dies der Fall ist, ist aufgrund einer Güterabwägung zu ermitteln (s. dazu Rn 1).

Abs. 4 wurde ebenso wie die in Bezug genommene Vorschrift des § 39 Abs. 2 e durch Art. 2 des EMIR-Ausführungsgesetzes eingefügt. Die Vorschrift setzt Art. 12 Abs. 2 sowie Art. 88 Abs. 2 der Verordnung (EU) 648/2012 um.[21] Abs. 4 bestimmt eine Veröffentlichungspflicht der BaFin hinsichtlich unanfechtbar gewordener Bußgeldentscheidungen nach § 39 Absatz 2 e. Diese Vorschrift bewehrt die genannten Verstöße gegen die Verordnung (EU) Nr. 648/2012 des Europäischen Parlaments und des Rates vom 4. Juli 2012 über OTC-Derivate, zentrale Gegenparteien und Transaktionsregister (ABl. L 201 vom 27.7.2012, S. 1) u.a. hin-

---

7 BT-Drucks. 15/3174, S. 41.
8 *Zimmer/Cloppenburg* in: Schwark/Zimmer, Kapitalmarktrechts-Kommentar, 4. Aufl. 2010, § 40 b WpHG Rn 4; *Vogel* in: Assmann/Schneider, § 40 b Rn 5.
9 BT-Drucks. 15/3174, S. 41.
10 *Zimmer/Cloppenburg* in: Schwark/Zimmer, Kapitalmarktrechts-Kommentar, 4. Aufl. 2010, § 40 b WpHG Rn 7.
11 Freilich enthält die Begründung des Regierungsentwurfs den Zusatz mit einem Hinweis auf § 4 Abs. 2 insgesamt („in dem die Veröffentlichung von Maßnahmen nach § 4 Abs. 2 sowie die Art der Veröffentlichung vorgeschrieben wird"), s. BT-Drucks. 16/4028, S. 79.
12 So auch die Gesetzesbegründung, nach der ausdrücklich die Veröffentlichung durch die Gesetzesänderung auf die Veröffentlichung von Anordnungen auf Handelsuntersagungen oder Handelsaussetzungen beschränkt wird, BT-Drucks. 17/6255, S. 30; s. auch *Vogel* in: Assmann/Schneider, § 40 b Rn 10.
13 BT-Drucks. 17/6255, S. 30.
14 BT-Drucks. 17/6255, S. 30.
15 *Vogel* in: Assmann/Schneider, § 40 b Rn 2.
16 BT-Drucks. 17/7453, S. 112.
17 BT-Drucks. 17/7453, S. 112.
18 BT-Drucks. 17/7453, S. 112.
19 Art. 36 Abs. 2 der Verordnung (EG) Nr. 1060/2009 idF von Art. 1 Nr. 17 der Verordnung (EU) 513/2011 knüpft an „jede Sanktion, die [...] verhängt wurde" an; s. auch *Vogel* in: Assmann/Schneider, § 40 b Rn 14; zum verbleibenden Umsetzungsspielraum bei der Richtlinienumsetzung s. *Ruffert* in: Calliess/Ruffert, EUV/AEUV, 4. Aufl. 2011, AEUV Art. 288 Rn 25.
20 Siehe auch *Vogel* in: Assmann/Schneider, § 40 b Rn 14.
21 BT-Drucks. 17/11289, S. 25.

sichtlich des Clearings von OTC-Derivatekontrakten, Meldepflichten, des Risikomanagements und der Eigenkapitalausstattung mit einem Bußgeld.

Ebenso wie in Abs. 1 S. 1, Abs. 3 vorgesehen hat die BaFin auch im Rahmen einer Veröffentlichung nach Abs. 4 eine Güterabwägung vorzunehmen (s.o. Rn 1). Die Bekanntmachung darf keine personenbezogenen Daten enthalten (Abs. 2 S. 2). Im Einklang mit der Verordnung (EU) 648/2012, deren Umsetzung Abs. 4 dient, sieht die Vorschrift eine Veröffentlichung von Sanktionen auf anonymisierter Basis, dh ohne personenbezogene Daten, vor.[22]

Abschnitt 13
Übergangsbestimmungen

§ 41 Übergangsregelung für Mitteilungs- und Veröffentlichungspflichten

(1) Ein Unternehmen im Sinne des § 9 Abs. 1 Satz 1, das am 1. August 1997 besteht und nicht bereits vor diesem Zeitpunkt der Meldepflicht nach § 9 Abs. 1 unterlag, muß Mitteilungen nach dieser Bestimmung erstmals am 1. Februar 1998 abgeben.

(2) ¹Wem am 1. April 2002 unter Berücksichtigung des § 22 Abs. 1 und 2 fünf Prozent oder mehr der Stimmrechte einer börsennotierten Gesellschaft zustehen, hat der Gesellschaft und der Bundesanstalt unverzüglich, spätestens innerhalb von sieben Kalendertagen, die Höhe seines Stimmrechtsanteils unter Angabe seiner Anschrift schriftlich mitzuteilen; in der Mitteilung sind die zuzurechnenden Stimmrechte für jeden Zurechnungstatbestand getrennt anzugeben. ²Eine Verpflichtung nach Satz 1 besteht nicht, sofern nach dem 1. Januar 2002 und vor dem 1. April 2002 bereits eine Mitteilung gemäß § 21 Abs. 1 oder 1a abgegeben worden ist.

(3) Die Gesellschaft hat Mitteilungen nach Absatz 2 innerhalb von einem Monat nach Zugang nach Maßgabe des § 25 Abs. 1 Satz 1 und 2, Abs. 2 zu veröffentlichen und der Bundesanstalt unverzüglich einen Beleg über die Veröffentlichung zu übersenden.

(4) Auf die Pflichten nach den Absätzen 2 und 3 sind die §§ 23, 24, 25 Abs. 3 Satz 2, Abs. 4, §§ 27 bis 30 entsprechend anzuwenden.

(4 a) ¹Wer am 20. Januar 2007, auch unter Berücksichtigung des § 22 in der vor dem 19. August 2008 geltenden Fassung, einen mit Aktien verbundenen Stimmrechtsanteil hält, der die Schwelle von 15, 20 oder 30 Prozent erreicht, überschreitet oder unterschreitet, hat dem Emittenten, für den die Bundesrepublik Deutschland der Herkunftsstaat ist, spätestens am 20. März 2007 seinen Stimmrechtsanteil mitzuteilen. ²Das gilt nicht, wenn er bereits vor dem 20. Januar 2007 eine Mitteilung mit gleichwertigen Informationen an diesen Emittenten gerichtet hat; der Inhalt der Mitteilung richtet sich nach § 21 Abs. 1, auch in Verbindung mit einer Rechtsverordnung nach Absatz 2. ³Wem am 20. Januar 2007 aufgrund Zurechnung nach § 22 Abs. 1 Satz 1 Nr. 6 ein Stimmrechtsanteil an einem Emittenten, für den die Bundesrepublik Deutschland der Herkunftsstaat ist, von 5 Prozent oder mehr zusteht, muss diesen dem Emittenten spätestens am 20. März 2007 mitteilen. ⁴Dies gilt nicht, wenn er bereits vor dem 20. Januar 2007 eine Mitteilung mit gleichwertigen Informationen an diesen Emittenten gerichtet hat und ihm die Stimmrechtsanteile nicht bereits nach § 22 Abs. 1 Satz 1 Nr. 6 in der vor dem 20. Januar 2007 geltenden Fassung zugerechnet werden konnten; der Inhalt der Mitteilung richtet sich nach § 21 Abs. 1, auch in Verbindung mit einer Rechtsverordnung nach Absatz 2. ⁵Wer am 20. Januar 2007 Finanzinstrumente im Sinne des § 25 in der vor dem 1. März 2009 geltenden Fassung hält, muss dem Emittenten, für den die Bundesrepublik Deutschland der Herkunftsstaat ist, spätestens am 20. März 2007 mitteilen, wie hoch sein Stimmrechtsanteil wäre, wenn er statt der Finanzinstrumente die Aktien hielte, die aufgrund der rechtlich bindenden Vereinbarung erworben werden können, es sei denn, sein Stimmrechtsanteil läge unter 5 Prozent. ⁶Dies gilt nicht, wenn er bereits vor dem 20. Januar 2007 eine Mitteilung mit gleichwertigen Informationen an diesen Emittenten gerichtet hat; der Inhalt der Mitteilung richtet sich nach § 25 Abs. 1 in der vor dem 1. März 2009 geltenden Fassung, auch in Verbindung mit den §§ 17 und 18 der Wertpapierhandelsanzeige- und Insiderverzeichnisverordnung in der vor dem 1. März 2009 geltenden Fassung. ⁷Erhält ein Inlandsemittent eine Mitteilung nach Satz 1, 3 oder 5, so muss er diese bis spätestens zum 20. April 2007 nach § 26 Abs. 1 Satz 1, auch in Verbindung mit einer Rechtsverordnung nach Absatz 3, veröffentlichen. ⁸Er übermittelt die Information außerdem unverzüglich, jedoch nicht vor ihrer Veröffentlichung dem Unternehmensregister im Sinne des § 8b

---

22 BT-Drucks. 17/11289, S. 25.

des Handelsgesetzbuchs zur Speicherung. [9]Er hat gleichzeitig mit der Veröffentlichung nach Satz 7 diese der Bundesanstalt nach § 26 Abs. 2, auch in Verbindung mit einer Rechtsverordnung nach Absatz 3 Nr. 2, mitzuteilen. [10]Auf die Pflichten nach Satz 1 bis 9 sind die §§ 23, 24, 27 bis 29 und 29a Abs. 3 entsprechend anzuwenden. [11]Auf die Pflichten nach Satz 4 ist § 29a Abs. 1 und 2 entsprechend anzuwenden.

(4 b) [1]Wer, auch unter Berücksichtigung des § 22, einen mit Aktien verbundenen Stimmrechtsanteil sowie Finanzinstrumente im Sinne des § 25 hält, muss das Erreichen oder Überschreiten der für § 25 geltenden Schwellen, die er am 1. März 2009 ausschließlich auf Grund der Änderung des § 25 mit Wirkung vom 1. März 2009 durch Zusammenrechnung nach § 25 Abs. 1 Satz 3 erreicht oder überschreitet, nicht mitteilen. [2]Eine solche Mitteilung ist erst dann abzugeben, wenn erneut eine der für § 25 geltenden Schwellen erreicht, überschritten oder unterschritten wird. [3]Mitteilungspflichten nach § 25 in der bis zum 1. März 2009 geltenden Fassung, die nicht, nicht richtig, nicht vollständig oder nicht in der vorgeschriebenen Weise erfüllt wurden, sind unter Berücksichtigung von § 25 Abs. 1 Satz 3 zu erfüllen.

(4 c) [1]Wer, auch unter Berücksichtigung des § 22, einen mit Aktien verbundenen Stimmrechtsanteil hält, muss das Erreichen oder Überschreiten der für § 21 geltenden Schwellen, die er am 19. August 2008 ausschließlich durch Zurechnung von Stimmrechten auf Grund der Neufassung des § 22 Abs. 2 mit Wirkung vom 19. August 2008 erreicht oder überschreitet, nicht mitteilen. [2]Eine solche Mitteilung ist erst dann abzugeben, wenn erneut eine der für § 21 geltenden Schwellen erreicht, überschritten oder unterschritten wird. [3]Die Sätze 1 und 2 gelten für die Mitteilungspflicht nach § 25 entsprechend mit der Maßgabe, dass die für § 25 geltenden Schwellen maßgebend sind.

(4 d) [1]Wer am 1. Februar 2012 Finanzinstrumente oder sonstige Instrumente im Sinne des § 25a Absatz 1 hält, die es ihrem Inhaber auf Grund ihrer Ausgestaltung ermöglichen, 5 Prozent oder mehr der mit Stimmrechten verbundenen und bereits ausgegebenen Aktien eines Emittenten, für den die Bundesrepublik Deutschland der Herkunftsstaat ist, zu erwerben, hat dem Emittenten und gleichzeitig der Bundesanstalt unverzüglich, spätestens jedoch innerhalb von 30 Handelstagen, die Höhe seines Stimmrechtsanteils nach § 25a Absatz 2 entsprechend § 25a Absatz 1, auch in Verbindung mit einer Rechtsverordnung nach § 25a Absatz 4, mitzuteilen. [2]§ 24 gilt entsprechend. [3]Eine Zusammenrechnung mit den Beteiligungen nach den §§ 21, 22 und 25 findet statt.

(4 e) [1]Der Inlandsemittent hat die Informationen nach Absatz 4 d unverzüglich, spätestens jedoch drei Handelstage nach ihrem Zugang gemäß § 26 Absatz 1 Satz 1 Halbsatz 1 zu veröffentlichen und dem Unternehmensregister im Sinne des § 8 b des Handelsgesetzbuchs unverzüglich, jedoch nicht vor ihrer Veröffentlichung zur Speicherung zu übermitteln. [2]Gleichzeitig mit der Veröffentlichung hat der Inlandsemittent diese der Bundesanstalt mitzuteilen.

(5) Ordnungswidrig handelt, wer vorsätzlich oder leichtfertig
1. entgegen Absatz 4 a Satz 7 eine Veröffentlichung nicht, nicht richtig, nicht vollständig, nicht in der vorgeschriebenen Weise oder nicht rechtzeitig vornimmt,
2. entgegen Absatz 4 a Satz 8 eine Information nicht oder nicht rechtzeitig übermittelt,
3. entgegen Absatz 4 a Satz 1, 3, 5 oder 9 oder Absatz 4 d Satz 1 eine Mitteilung nicht, nicht richtig, nicht vollständig, nicht in der vorgeschriebenen Weise oder nicht rechtzeitig macht,
4. entgegen Absatz 4 e Satz 1 eine Veröffentlichung nicht, nicht richtig, nicht vollständig, nicht in der vorgeschriebenen Weise oder nicht rechtzeitig vornimmt.

(6) Die Ordnungswidrigkeit kann in den Fällen des Absatzes 5 mit einer Geldbuße bis zu zweihunderttausend Euro geahndet werden.

Literatur:
Kocher/Widder, Keine Ausweitung der Bestandsmitteilungspflicht bei Einführung des TUG nach § 41 Abs. 4a WpHG, ZIP 2010, 1326.

A. Einführung[1]

Die Übergangsvorschrift des § 41 wurde im Zuge mehrerer Gesetzesnovellen schrittweise erweitert. So wurden zunächst die Abs. 2 bis 5 aufgrund der durch Art. 2 des Gesetzes zur Regelung von öffentlichen Angeboten zum Erwerb von Wertpapieren und von Unternehmensübernahmen vom 20.12.2001[2][3] erforderlich gewordenen Bestandsaufnahme neu gefasst. Die Vorschrift des § 41 Abs. 4a wurde durch das Transparenz-

---
1 Stand der Bearbeitung: **Mai 2013**.
2 [3]BGBl. I S. 3822.

richtlinie-Umsetzungsgesetz (TUG)[3][4] vom 5.1.2007 eingeführt und dient der (eingeschränkten) Bestandsaufnahme der durch das TUG erweiterten meldepflichtigen Sachverhalte (dh insbesondere Aufnahme der Schwellen von 15, 20 und 30%, des in § 22 Abs. 1 S. 1 Nr. 6 modifizierten Zurechnungstatbestands sowie der in § 25 neu aufgenommenen Meldepflicht für Finanzinstrumente). Mit dem Gesetz zur Begrenzung der mit Finanzinvestitionen verbundenen Risiken (Risikobegrenzungsgesetz)[4][5] vom 12.8.2008 wurde Abs. 4a ergänzt und wurden die Abs. 4b und 4c neu eingeführt. Zuletzt wurde die Norm durch das Gesetz zur Stärkung des Anlegerschutzes und zur Verbesserung der Funktionsfähigkeit des Kapitalmarkts vom 5.4.2011 erweitert. Die Abs. 4d und 4e wurden eingefügt. Zudem wurde Abs. 5 mit Wirkung vom 1.2.2012 neu gefasst.

B. Anwendungsprobleme

2 In praktischer Hinsicht relevant ist bis heute insbesondere die Regelung des **Abs. 4a**. Dieser differenziert zwischen Bestandsmitteilungen für mit Aktien verbundene Stimmrechtsanteile, für Zurechnungsfälle nach § 22 Abs. 1 S. 1 Nr. 6 sowie für Finanzinstrumente nach § 25.

3 **I. Bestandsaufnahme für mit Aktien verbundene Stimmrechtsanteile. 1. Schwellenwertberührung (Abs. 4a S. 1).** Nach allgemeiner – auch von der BaFin geteilter – Auffassung[5][6] erfordert die Vorschrift **keine generelle Bestandsmitteilung für alle mit Aktien verbundene Stimmrechtsanteile**. Vielmehr wird eine Mitteilung gegenüber dem Emittenten zunächst nur dann verlangt, wenn die Schwellen von 15, 20 oder 30% aufgrund Erwerbs, Veräußerung oder in sonstiger Weise berührt werden. Ausgenommen hiervon sind Fälle, in denen gemäß Abs. 4a S. 2 eine gleichwertige Mitteilung vor dem 20.1.2007 erfolgt ist.
Kontrovers diskutiert wird dabei die Reichweite der in Abs. 4a S. 1 durch das Transparenzrichtlinie-Umsetzungsgesetz aufgenommene, die Mitteilungspflichten bei mit Aktien verbundenen Stimmrechtsanteilen begrenzende Voraussetzung der **Schwellenwertberührung**, die in der europäischen Transparenzrichtlinie[6][7] nicht enthalten ist (vgl Art. 30 Abs. 2 Transparenzrichtlinie).[7][8] Dort wird ausschließlich auf das „Halten von Stimmrechts- und Eigenkapitalanteilen" abgestellt. Die Bundesregierung geht in ihrer Gesetzesbegründung davon aus, dass eine generelle Bestandsmitteilungspflicht nicht bestehe.[8][9] Praktisch ist damit die Frage verbunden, ob ein Stimmrechtsanteil über 5% – außer in dem in Abs. 4a S. 2 geregelten Ausnahmefall – ganz generell oder nur dann zu melden ist, wenn der gehaltene Stimmrechtsanteil seit der letzten Meldung einen der Schwellenwerte von 15, 20 oder 30% berührt hat. Nach zutreffender Ansicht ist die Vorschrift nur bis zu den durch die Formulierungen des Gesetzgebers klar gesteckten Grenzen richtlinienkonform auszulegen. Ein Missachten des Merkmals der Schwellenwertberührung und ein alleiniges Abstellen auf das Halten von Anteilen wäre somit *contra legem*. Nach Ansicht des OLG Düsseldorf[9][10] ist die Vorschrift demgegenüber richtlinienkonform auszulegen und die Mitteilungspflicht unabhängig von einer möglichen Schwellenwertberührung ausschließlich an das „Halten" zu knüpfen. Dies ist jedoch abzulehnen. Eine generelle rückwirkende Meldepflicht für Bestände über der niedrigsten Meldeschwelle, auf die diese Ansicht hinauslaufen würde, widerspricht dem klaren Willen des deutschen Gesetzgebers. Eine richtlinienkonforme Auslegung *contra legem* ist nicht geboten.[10][11]

4 **2. Ausnahmeregelung für die Mitteilung „gleichwertiger Informationen" vor dem 20.1.2007 (Abs. 4a S. 2).** Uneinigkeit besteht ebenfalls im Hinblick auf die Auslegung der Ausnahmeregelung des Abs. 4a S. 2 und das dort in Hs 2 niedergelegte Inhaltserfordernis („der Inhalt der Mitteilung richtet sich nach § 21 Abs. 1, auch in Verbindung mit einer Rechtsverordnung nach Abs. 2").[11][12] Nach zutreffender Ansicht bezieht sich dieses Inhaltserfordernis ausschließlich auf die spätestens am 20.3.2007 abzugebende Bestandsmitteilung[12][13] und nicht auf die ausnahmebegründende Mitteilung nach Abs. 4a S. 2 Hs 1.[13][14] Nach der letztgenannten Auffassung müsste die ausnahmebegründende Mitteilung vor dem 20.1.2007 bereits die vollständigen Meldeinhalte des § 17 WpAIV (insbesondere die Darstellung der Zurechnungsketten nach § 17 Abs. 2 Nr. 2) wiedergeben. Mit anderen Worten: die ausnahmebegründende „Altmeldung" hätte den erst später durch das TUG eingeführten Meldeinhalten entsprechen müssen, ohne dass diese zu dem maßgeblichen Zeitpunkt verbindlich gewesen wären. Die zweite Ansicht würde den Anwendungsspielraum der

---

3 [4]BGBl. I 2007 S. 10ff.
4 [5]BGBl. I 2008 S. 1666ff.
5 [6]*BaFin*, Emittentenleitfaden (Stand: 28.4.2009), S. 180f.
6 [7]Richtlinie 2004/109/EG des Europäischen Parlaments und des Rates v. 15.12.2004, ABl. EU Nr. L 390, S. 38ff.
7 [8]*Koch/Widder* ZIP 2010, 1326, 1327.
8 [9]Begr. RegE BT-Drucks. 16/2498, S. 48.
9 [10]OLG Düsseldorf ZIP 2010, 990, 991.
10 [11]Vgl zu den Grenzen einer richtlinienkonformen Auslegung angeglichenen Rechts: KölnKomm-WpHG/*Hirte/Heinrich* Einl. Rn 109.
11 [12]Richtigerweise müsste im Normtext „§ 22 Abs. 3" heißen, denn nur hier ist von Rechtsverordnungen die Rede.
12 [13]OLG Frankfurt aM AG 2010, 39, 41.
13 [14]So jedoch OLG Düsseldorf ZIP 2010, 990, 991.

Ausnahme gegen den Willen des Gesetzgebers erheblich einschränken und eine generelle Bestandsmeldepflicht „durch die Hintertür" einführen. Dies ist klar abzulehnen.

Die vorstehenden Ausführungen gelten für die Ausnahmetatbestände des Abs. 4 a S. 4 und 6 (siehe nachstehende Rn 5 und 6) entsprechend.

II. Bestandsmeldung aller nach § 22 Abs. S. 1 Nr. 6 zugerechneten Bestände von 5 % oder mehr. Die Meldepflicht nach Abs. 4 a S. 3 verlangt eine generelle Bestandsmeldung aller nach § 22 Abs. S. 1 Nr. 6 zugerechneten Bestände von 5 % oder mehr. Auf eine Schwellenwertberührung kommt es dabei – anders als nach Abs. 4 a S. 1 – und im Gegensatz zum Wortlaut der Regierungsvorlage1[145] nicht an. Ausgenommen sind auch hiervon Fälle, in denen gemäß Abs. 4 a S. 4 eine gleichwertige Mitteilung vor dem 20.1.2007 erfolgt ist (vgl zur Ausnahmeregelung des Abs. 4 a S. 4 die Ausführungen unter Rn 4). 5

III. Bestandsmeldung für Finanzinstrumente und sonstige Instrumente nach § 25. Abs. 4 a S. 5 statuiert eine generelle Bestandsmeldepflicht für Finanzinstrumente nach § 25 in einem Umfang von 5 % oder mehr (vgl zur Ausnahmeregelung des Abs. 4 a S. 6 die Ausführungen unter Rn 4). 6

IV. Bestandsmeldung für Finanzinstrumente und sonstige Instrumente nach § 25 a. Abs. 4 d begründet eine Bestandsmitteilungspflicht für Finanzinstrumente und sonstige Instrumente nach § 25 WpHG. 7

C. Ordnungswidrigkeiten (Abs. 5 und 6)

In Abs. 5 und 6 ist ein eigener Ordnungswidrigkeitentatbestand für die Verletzung der Übergangsbestimmungen der Abs. 4 a S. 1, 3, 5, 7, 8 und 9 sowie der Abs. 4 d S. 1 und 4 e S. 1 enthalten. 8

§ 41 a Übergangsregelung für die Mitteilungs- und Veröffentlichungspflichten zur Herkunftsstaatenwahl

(1) Ein Emittent im Sinne des § 2 Absatz 6 Nummer 1 Buchstabe b, für den die Bundesrepublik Deutschland am 30. Juni 2012 Herkunftsstaat ist, hat diese Tatsache unverzüglich nach dem 30. Juni 2012 zu veröffentlichen und unverzüglich dem Unternehmensregister gemäß § 8 b des Handelsgesetzbuchs zur Speicherung zu übermitteln; er muss gleichzeitig mit der Veröffentlichung diese der Bundesanstalt mitteilen, § 2 b Absatz 1 a gilt entsprechend.

(2) Ein Emittent im Sinne des § 2 Absatz 6 Nummer 3 Buchstabe a bis c, der die Bundesrepublik Deutschland aufgrund des § 2 b Absatz 1 in der vor dem 1. Juli 2012 geltenden Fassung als Herkunftsstaat gewählt und die Wahl veröffentlicht hat, muss die Veröffentlichung unverzüglich nach dem 30. Juni 2012 der Bundesanstalt mitteilen.

§ 42 Übergangsregelung für die Kostenerstattungspflicht nach § 11

(1) Die nach § 11 Abs. 1 Satz 1 in der Fassung des Gesetzes vom 26. Juli 1994 (BGBl. I S. 1749) zur Erstattung der Kosten der Bundesanstalt Verpflichteten können für die Zeit bis Ende 1996 den Nachweis über den Umfang der Geschäfte in Wertpapieren und Derivaten auch anhand der im Jahre 1996 und für 1997 anhand der Zahl der im Jahre 1997 gemäß § 9 mitgeteilten Geschäfte führen.

(2) § 11 ist für den Zeitraum bis zum 30. April 2002 in der bis zum Tag vor dem Inkrafttreten des Gesetzes über die integrierte Finanzdienstleistungsaufsicht vom 22. April 2002 (BGBl. I S. 1310) geltenden Fassung auf die angefallenen Kosten des Bundesaufsichtsamtes für den Wertpapierhandel anzuwenden.

Abs. 1 wurde im Rahmen des sog. Umsetzungsgesetzes[1] eingefügt, mit dem die Finanzdienstleistungsinstitute unter Aufsicht gestellt wurden. Für die zuvor schon erstattungspflichtigen Unternehmen stellte Abs. 1 eine Übergangsvorschrift für die Kostenumlage der Jahre 1996 und 1997 dar. Da das Umlageverfahren für diese beiden Jahre abgeschlossen ist, hat die Regelung ihre praktische Relevanz verloren. Nunmehr enthält § 16 FinDAG eine Regelung zum Umlageverfahren. 1

Abs. 2 wurde durch das FinDAG eingefügt. Er enthält die **Übergangsvorschrift** für die Kostenumlage des früheren BAWe nach der Gründung der BaFin. Mit der Errichtung der BaFin waren noch Kosten aus dem 2

---

14 [15]BT-Drucks. 16/2498, S. 48.

1 Art. 2 des Gesetzes zur Umsetzung von EG-Richtlinien zur Harmonisierung bank- und wertpapieraufsichtsrechtlicher Vorschriften v. 22.10.1997 (BGBl. I 1997, 2518).

Zeitraum vor der Gründung der BaFin umzulegen. Diese Kosten des früheren BAWe werden auch weiterhin nach den Regelungen des bisherigen § 11 und der entsprechenden Umlageverordnung[2] auf die Einzelnen umgelegt. Hinsichtlich der gelegentlich angezweifelten **Zulässigkeit** einer solchen Kostenumlage kann auf ein Urteil des VG Frankfurt verwiesen werden.[3]

§ 42 a[1] Übergangsregelung für das Verbot ungedeckter Leerverkäufe in Aktien und bestimmten Schuldtiteln nach § 30 h[1]

Ausgenommen von dem Verbot des § 30 h sind Geschäfte, die bereits vor dem 27. Juli 2010 abgeschlossen wurden, sofern diese nicht auf Grund einer anderen Regelung verboten sind.

1 Die Vorschrift wurde zusammen mit den weiteren Übergangsregelungen § 42 b und § 42 c aufgrund des Gesetzes zur Vorbeugung gegen missbräuchliche Wertpapier- und Derivategeschäfte (WpMiVoG) vom 21.7.2010[2] eingefügt. § 42 a bezieht sich auf die Regelungen des § 30 h aF, welcher ein Verbot ungedeckter Leerverkäufe in deutschen Aktien und bestimmten Schuldtiteln des regulierten Marktes vorsah. § 30 h aF ist jedoch mit Inkrafttreten der Verordnung (EU) Nr. 236/2012 des Europäischen Parlaments und des Rates vom 14. März 2012 über Leerverkäufe und bestimmte Aspekte von Credit Default Swaps (**EU-Leerverkaufsverordnung**)[3] mit Ablauf des 31.10.2012 unanwendbar und durch das Gesetz zur Ausführung der Verordnung (EU) Nr. 236/2012 des Europäischen Parlaments und des Rates vom 14. März 2012 über Leerverkäufe und bestimmte Aspekte von Credit Default Swaps (**EU-Leerverkaufs-Ausführungsgesetz**)[4] mit Wirkung vom 16.11.2012 von einer Verbotsnorm in eine reine Zuständigkeitsnorm umgeformt worden. Damit ist § 42 a ebenso wie § 42 b und § 42 c **gegenstandslos**.

§ 42 b[1] Übergangsregelung für die Mitteilungs- und Veröffentlichungspflichten für Inhaber von Netto-Leerverkaufspositionen nach § 30 i[1]

(1) ¹Wer am 26. März 2012 Inhaber einer Netto-Leerverkaufsposition nach § 30 i Absatz 1 Satz 1 in Höhe von 0,2 Prozent oder mehr ist, hat diese zum Ablauf des nächsten Handelstages der Bundesanstalt nach § 30 i Absatz 3, auch in Verbindung mit einer Rechtsverordnung nach § 30 i Absatz 5, mitzuteilen. ²Der Inhaber einer Netto-Leerverkaufsposition nach § 30 i Absatz 1 Satz 2 in Höhe von 0,5 Prozent oder mehr hat diese zusätzlich zu ihrer Mitteilung nach Satz 1 innerhalb der Frist des Satzes 1 nach § 30 i Absatz 3, auch in Verbindung mit einer Rechtsverordnung nach § 30 i Absatz 5, im Bundesanzeiger zu veröffentlichen; eine solche Verpflichtung besteht nicht, sofern vor dem 26. März 2012 bereits eine gleichartige Mitteilung abgegeben worden ist.

(2) Ordnungswidrig handelt, wer vorsätzlich oder leichtfertig

1. entgegen Absatz 1 Satz 1 eine Mitteilung nicht, nicht richtig, nicht vollständig, nicht in der vorgeschriebenen Weise oder nicht rechtzeitig macht oder
2. entgegen Absatz 1 Satz 2 erster Halbsatz eine Veröffentlichung nicht, nicht richtig, nicht vollständig, nicht in der vorgeschriebenen Weise oder nicht rechtzeitig vornimmt.

(3) Die Ordnungswidrigkeit kann in den Fällen des Absatzes 2 mit einer Geldbuße bis zu zweihunderttausend Euro geahndet werden.

1 Die Vorschrift wurde zusammen mit den weiteren Übergangsregelungen § 42 a und § 42 c aufgrund des Gesetzes zur Vorbeugung gegen missbräuchliche Wertpapier- und Derivategeschäfte (WpMiVoG) vom 21.7.2010[2] eingefügt. § 42 b bezieht sich auf § 30 i aF, welcher Transparenzpflichten für Netto-Leerverkaufspositionen in deutschen Aktien des regulierten Marktes vorsah. § 30 i aF ist jedoch mit Inkrafttreten

---

2 Verordnung über die Umlegung der Kosten des Bundesaufsichtsamtes für den Wertpapierhandel (Umlage-Verordnung-Wertpapierhandel) v. 22.2.1999 (BGBl. I S. 179), zuletzt geändert durch § 14 S. 1 FinDAG-KostVO v. 29.4.2002 (BGBl. I 1504).
3 Vgl VG Frankfurt NJW-RR 2001, 1124. Zur Zulässigkeit der Umlage im Versicherungsbereich: OVG Niedersachsen v. 29.9.1997 – L 7671/95; *Präve*, VW 1995, 1004. Zur Umlage nach § 51 KWG VG Frankfurt v. 8.12.2005 – 1 E 181/05.

1 Die Kommentierung gibt die persönliche Auffassung der Autorin wieder.
2 WpMiVoG, BGBl. I S. 945.
3 EU-Leerverkaufsverordnung, (EU) Nr. 236/2012, ABl. EU Nr. L 86/1 vom 24.3.2012.
4 EU-Leerverkaufs-Ausführungsgesetz, BGBl. I S. 2286.
1 Die Kommentierung gibt die persönliche Auffassung der Autorin wieder.
2 WpMiVoG, BGBl. I S. 945.

der Verordnung (EU) Nr. 236/2012 des Europäischen Parlaments und des Rates vom 14. März 2012 über Leerverkäufe und bestimmte Aspekte von Credit Default Swaps (**EU-Leerverkaufsverordnung**)[3] mit Ablauf des 31.10.2012 unanwendbar und durch das Gesetz zur Ausführung der Verordnung (EU) Nr. 236/2012 des Europäischen Parlaments und des Rates vom 14. März 2012 über Leerverkäufe und bestimmte Aspekte von Credit Default Swaps (**EU-Leerverkaufs-Ausführungsgesetz**)[4] mit Wirkung vom 16.11.2012 aufgehoben worden. Damit ist § 42 b ebenso wie § 42 a und § 42 c **gegenstandslos**.

§ 42 c[1] Übergangsregelung für das Verbot von Kreditderivaten nach § 30 j[1]

Ausgenommen von dem Verbot des § 30 j sind Geschäfte, die der Glattstellung von Positionen in einem Kreditderivat im Sinne des § 30 j Absatz 1 Nummer 1 dienen, aus denen dem Sicherungsnehmer bereits vor dem 27. Juli 2010 Rechte und Pflichten erwachsen sind sowie Geschäfte in bereits vor dem 27. Juli 2010 emittierten Credit Linked Notes.

Die Vorschrift wurde zusammen mit den weiteren Übergangsregelungen § 42 a und § 42 b aufgrund des **Gesetzes zur Vorbeugung gegen missbräuchliche Wertpapier- und Derivategeschäfte (WpMiVoG)** vom 21.7.2010[2] eingefügt. § 42 c bezieht sich auf § 30 j aF, welcher ein Verbot des Eingehens von Kreditderivaten ohne das Vorliegen eines Sicherungszweckes vorsah. § 30 h aF ist jedoch mit Inkrafttreten der Verordnung (EU) Nr. 236/2012 des Europäischen Parlaments und des Rates vom 14. März 2012 über Leerverkäufe und bestimmte Aspekte von Credit Default Swaps (**EU-Leerverkaufsverordnung**)[3] mit Ablauf des 31.10.2012 unanwendbar und durch das Gesetz zur Ausführung der Verordnung (EU) Nr. 236/2012 des Europäischen Parlaments und des Rates vom 14. März 2012 über Leerverkäufe und bestimmte Aspekte von Credit Default Swaps (**EU-Leerverkaufs-Ausführungsgesetz**)[4] mit Wirkung vom 16.11.2012 aufgehoben worden. Damit ist § 42 c ebenso wie § 42 a und § 42 b **gegenstandslos**.

§ 42 d Übergangsregelung für den Einsatz von Mitarbeitern nach § 34 d

(1) Ein Wertpapierdienstleistungsunternehmen darf
1. Mitarbeiter im Sinne des § 34 d Absatz 1 Satz 1, die am 1. November 2012 mit der Anlageberatung betraut sind und die nicht die Anforderungen nach § 34 d Absatz 1 Satz 1 in Verbindung mit der Rechtsverordnung nach § 34 d Absatz 6 erfüllen,
2. Vertriebsbeauftragte im Sinne des § 34 d Absatz 2 Satz 1, die am 1. November 2012 mit der dort genannten Tätigkeit betraut sind und die nicht die Anforderungen nach § 34 d Absatz 2 Satz 1 in Verbindung mit der Rechtsverordnung nach § 34 d Absatz 6 erfüllen, und
3. Compliance-Beauftragte im Sinne des § 34 d Absatz 3 Satz 1, die am 1. November 2012 mit der dort genannten Tätigkeit betraut sind und die nicht die Anforderungen nach § 34 d Absatz 3 Satz 1 in Verbindung mit der Rechtsverordnung nach § 34 d Absatz 6 erfüllen,

noch bis zum 31. Mai 2013 für diese jeweilige Tätigkeit einsetzen.

(2) ¹Ein Wertpapierdienstleistungsunternehmen muss
1. die Mitarbeiter im Sinne des Absatzes 1 Nummer 1,
2. Vertriebsbeauftragte im Sinne des Absatzes 1 Nummer 2 und
3. Compliance-Beauftragte im Sinne des Absatzes 1 Nummer 3,

unverzüglich anzeigen, sobald diese die für sie maßgeblichen Anforderungen nach § 34 d Absatz 1 Satz 1, Absatz 2 Satz 1 oder Absatz 3 Satz 1 erfüllen. ²Für die Anzeigen gilt § 34 d Absatz 1 Satz 2, Absatz 2 Satz 2 oder Absatz 3 Satz 2 entsprechend.

---

[3] EU-Leerverkaufsverordnung, (EU) Nr. 236/2012, ABl. EU Nr. L 86/1 vom 24.3.2012.
[4] EU-Leerverkaufs-Ausführungsgesetz, BGBl. I S. 2286.
[1] Die Kommentierung gibt die persönliche Auffassung der Autorin wieder.

[2] WpMiVoG, BGBl. I S. 945.
[3] EU-Leerverkaufsverordnung, (EU) Nr. 236/2012, ABl. EU Nr. L 86/1 vom 24.3.2012.
[4] EU-Leerverkaufs-Ausführungsgesetz, BGBl. I S. 2286.

§ 42 e Übergangsregelung für wesentliche Anlegerinformationen

[1]§ 31 Absatz 3 a in der ab dem 1. Juli 2011 geltenden Fassung ist auf eine Kaufempfehlung für EU-Investmentanteile erst anzuwenden, wenn für diese Anteile die wesentlichen Anlegerinformationen nach den Vorschriften des jeweiligen Herkunftsstaates erstellt und von der EU-Investmentgesellschaft gemäß § 122 Absatz 1 Satz 2 des Investmentgesetzes veröffentlicht worden sind, spätestens jedoch ab dem 1. Juli 2012. [2]Bis zu diesem Zeitpunkt ist § 31 Absatz 3 Satz 4 in der bis zum 30. Juni 2011 geltenden Fassung auf den Vertrieb der jeweiligen EU-Investmentanteile weiter anzuwenden.

§ 43 Übergangsregelung für die Verjährung von Ersatzansprüchen nach § 37 a

§ 37a in der bis zum 4. August 2009 geltenden Fassung ist auf Ansprüche anzuwenden, die in der Zeit vom 1. April 1998 bis zum Ablauf des 4. August 2009 entstanden sind.

§ 44 Übergangsregelung für ausländische organisierte Märkte

(1) Organisierte Märkte, die einer Erlaubnis nach § 37i bedürfen und am 1. Juli 2002 Handelsteilnehmern mit Sitz im Inland über ein elektronisches Handelssystem einen unmittelbaren Marktzugang gewährt haben, haben dies der Bundesanstalt bis zum 31. Dezember 2002 anzuzeigen und einen Antrag auf Erlaubnis bis zum 30. Juni 2003 zu stellen.

(2) Organisierte Märkte, die eine Anzeige nach § 37 m abgeben müssen und die am 1. Juli 2002 Handelsteilnehmern mit Sitz im Inland über ein elektronisches Handelssystem einen unmittelbaren Marktzugang gewährt haben, haben dies und die Absicht, den Marktzugang aufrechtzuerhalten, der Bundesanstalt bis zum 31. Dezember 2002 anzuzeigen.

§ 45 Anwendungsbestimmung zum Abschnitt 11

[1]Die Bestimmungen des Abschnitts 11 in der vom 21. Dezember 2004 an geltenden Fassung finden erstmals auf Abschlüsse des Geschäftsjahres Anwendung, das am 31. Dezember 2004 oder später endet. [2]Die Bundesanstalt nimmt die ihr in Abschnitt 11 zugewiesenen Aufgaben ab dem 1. Juli 2005 wahr.

1 Die Regelung war für den Beginn des Enforcements von Bedeutung. Sie legte fest, ab wann die BaFin die Aufgaben des Enforcements wahrnimmt und für welche Abschlüsse diese gelten. Gemäß § 45[1] nehmen die BaFin und die Prüfstelle[2] ihre Aufgaben ab dem 1. Juli 2005 wahr. Die Regeln des Enforcements finden nach § 45 erstmals auf Abschlüsse des Geschäftsjahres, das am 31. Dezember 2004 oder später endet, Anwendung.

§ 46 Anwendungsbestimmung für das Transparenzrichtlinie-Umsetzungsgesetz

(1) § 37n und § 37o Abs. 1 Satz 4 sowie die Bestimmungen des Abschnitts 11 Unterabschnitt 2 in der vom 20. Januar 2007 an geltenden Fassung finden erstmals auf Finanzberichte des Geschäftsjahrs Anwendung, das nach dem 31. Dezember 2006 beginnt.

(2) Auf Emittenten, von denen lediglich Schuldtitel zum Handel an einem organisierten Markt im Sinne des Artikels 4 Abs. 1 Nr. 14 der Richtlinie 2004/39/EG des Europäischen Parlaments und des Rates vom 21. April 2004 über Märkte für Finanzinstrumente (ABl. EU Nr. L 145 S. 1) in einem Mitgliedstaat der Europäischen Union oder in einem anderen Vertragsstaat des Abkommens über den Europäischen Wirtschaftsraum zugelassen sind, sowie auf Emittenten, deren Wertpapiere zum Handel in einem Drittstaat zugelassen sind und die zu diesem Zweck seit dem Geschäftsjahr, das vor dem 11. September 2002 begann, international anerkannte Rechnungslegungsstandards anwenden, finden § 37w Abs. 3 Satz 2 und § 37y Nr. 2 in der vom 20. Januar 2007 an geltenden Fassung mit der Maßgabe Anwendung, dass der Emittent

---

1 Die Regelung des § 45 WpHG entspricht als Anwendungsbestimmung für das WpHG dem neuen Art. 56 EGHGB.
2 Art. 56 Abs. 1 EGHGB.

für vor dem 31. Dezember 2007 beginnende Geschäftsjahre die Rechnungslegungsgrundsätze des jeweiligen Vorjahresabschlusses anwenden kann.

(3) § 30 b Abs. 3 Nr. 1 Buchstabe a in der vom 20. Januar 2007 an geltenden Fassung findet erstmals auf Informationen Anwendung, die nach dem 31. Dezember 2007 übermittelt werden.

Literatur:
Siehe die Nachweise bei § 37 v.

§ 46 enthält zeitlich befristete Übergangsregelungen zu einzelnen Vorschriften des WpHG, die durch das am 20. Januar 2007 in Kraft getretene TUG[1] eingefügt wurden. Diese Übergangsfristen sind bereits abgelaufen. 1

Nach Abs. 1 sind die Vorschriften über die Finanzberichterstattung (§§ 37 v bis 37 z) einschließlich der entsprechenden Prüfungskompetenzen der BaFin nach § 37 n und § 37 o Abs. 1 S. 4 erstmals auf Berichte für Geschäftsjahre anzuwenden, die nach dem 31. Dezember 2006 beginnen. Abs. 2 eröffnete für Schuldtitelemittenten, deren Schuldtitel an einem organisierten Markt zugelassen sind, sowie für Emittenten, deren Wertpapiere in einem Drittstaat zugelassen sind und die zu diesem Zweck seit dem Geschäftsjahr, das vor dem 11. September 2002 begann, international anerkannte Rechnungslegungsstandards anwenden, die Möglichkeit, für Halbjahresfinanzberichte, die für vor dem 31. Dezember 2007 beginnende Geschäftsjahre zu erstellen waren, die Rechnungslegungsgrundsätze des Vorjahresabschlusses anzuwenden. Auch der von Abs. 3 normierte Übergangszeitraum betreffend die Zustimmung der Hauptversammlung zu einer Datenfernübertragung von Informationen nach § 30 b (Zeitraum vor dem 31. Dezember 2007) ist bereits abgelaufen. 2

Die durch Abs. 4 aF begründete, zeitlich bis zum 31. Dezember 2010 befristetete Verpflichtung, die in § 30 b Abs. 1 und 2 genannten Angaben neben dem elektronischen Bundesanzeiger auch in einem Börsenpflichtblatt zu veröffentlichen, besteht nicht mehr; Abs. 4 wurde dementsprechend durch Gesetz vom 22. Dezember 2011[2] aufgehoben. 3

§ 47 Anwendungsbestimmung für § 34

§ 34 in der vom 5. August 2009 an geltenden Fassung ist erstmals auf Anlageberatungen anzuwenden, die nach dem 31. Dezember 2009 durchgeführt werden.

Literatur:
Siehe die Nachweise bei § 34.

§ 47 wurde durch das Gesetz zur Neuregelung der Rechtsverhältnisse bei Schuldverschreibungen aus Gesamtemissionen und zur verbesserten Durchsetzbarkeit von Ansprüchen von Anlegern aus Falschberatung vom 31.7.2009 (BGBl. I S. 2512) angefügt und ordnet an, dass die durch das neue Schuldverschreibungsgesetz eingefügten Absätze 2 a und 2 b des § 34 erstmals auf nach dem 31. Dezember 2009 durchgeführte Anlageberatungen anzuwenden sind. 1

Wie sich aus § 34 Abs. 2 a S. 2, der auf den Abschluss der Anlageberatung abstellt, herleiten lässt, müssen die Neuregelungen (Protokollierungspflichten) richtigerweise auch für gestreckte Anlageberatungssachverhalte gelten, die bereits vor dem 31. Dezember 2009 begonnen haben, aber erst nach diesem Datum abgeschlossen wurden. Das Protokoll muss sich in diesem Fall nach dem Dokumentationszweck des § 34 Abs. 2 b auf den gesamten einheitlichen Anlageberatungssachverhalt (und nicht nur auf den nach dem 31. Dezember 2009 erfolgten Teil der Beratung) beziehen. 2

---

1 Gesetz zur Umsetzung der Richtlinie 2004/109/EG des Europäischen Parlaments und des Rates v. 15. Dezember 2004 zur Harmonisierung der Transparenzanforderungen in Bezug auf Informationen über Emittenten, deren Wertpapiere zum Handel auf einem geregelten Markt zugelassen sind, und zur Änderung der Richtlinie 2001/34/EG (Transparenzrichtlinie-Umsetzungsgesetz) v. 5. Januar 2007, BGBl. I S. 10.

2 BGBl. I 2001 S. 3044 ff.

§ 48[1] Übergangsvorschriften zum EMIR-Ausführungsgesetz[1]

§ 20 Absatz 1 in der ab dem 16. Februar 2013 geltenden Fassung ist erstmals auf das Geschäftsjahr anzuwenden, das nach dem 16. Februar 2013 beginnt.

1 § 48 bezieht sich auf die Regelungen des § 20 Abs. 1, der durch das EMIR-Ausführungsgesetz[2] mit Wirkung vom 16.2.2013 eingefügt wurde. Dieser soll die Einhaltung der Pflichten aus der Verordnung (EU) Nr. 648/2012 des Europäischen Parlaments und des Rates vom 4. Juli 2012 über OTC-Derivate, zentrale Gegenparteien und Transaktionsregister (**EMIR-Verordnung**)[3] sicherstellen.[4] § 20 sieht die Überprüfung die Prüfung der Einhaltung der Pflichten durch einen geeigneten Prüfer vor. § 48 bestimmt in diesem Zusammenhang, dass eine solche Prüfung erstmals auf das Geschäftsjahr anzuwenden ist, das nach Inkrafttreten des § 20, mithin nach dem 16.2.2013, beginnt.

---

1 Die Kommentierung gibt die persönliche Auffassung der Autorin wieder.
2 Ausführungsgesetz zur Verordnung (EU) Nr. 648/2012 über OTC-Derivate, zentrale Gegenparteien und Transaktionsregister (EMIR-Ausführungsgesetz), BGBl. I 2013, S. 174.
3 EMIR-Verordnung, ABl. EU Nr. L 201/1 v. 27.7.2012.
4 Siehe Kommentierung zu § 20.

Gesetz über die Erstellung, Billigung und Veröffentlichung des Prospekts, der beim öffentlichen Angebot von Wertpapieren oder bei der Zulassung von Wertpapieren zum Handel an einem organisierten Markt zu veröffentlichen ist (Wertpapierprospektgesetz – WpPG)[1, 2]

Vom 22. Juni 2005 (BGBl. I S. 1698)
(FNA 4110-9)
zuletzt geändert durch Art. 11 G zur Umsetzung der Verbraucherrechterichtlinie und zur Änd. des G zur Regelung der Wohnungsvermittlung vom 20. September 2013 (BGBl. I S. 3642, 3661)

Vor §§ 1ff – Einleitung

Literatur:
Assmann/Schlitt/v. Kopp-Colomb, WpPG, VerkProspG, Kommentar, 2. Auflage 2010; *Groß*, Kapitalmarktrecht, Kommentar, 5. Auflage 2012; *Holzborn*, WpPG, Kommentar, 2008; *Just/Voß/Ritz/Zeising*, WpPG, Kommentar, 2009; *Berrar/Meier* Frankfurter Kommentar zum WpPG zur EU-Prospekt-VO, 2011; *Schwab/Zimmer* Kapitalmarktrechts-Kommentar. Auflage 2010; *Kümpel/Hammen/Ekkenga*, Kapitalmarktrecht, Loseblatt. Stand: 2013, *Laval/Meier* Änderungen im Wertpapierprospektgesetz Teil 1 und Teil 2, DB 2012, 2443, 2503; *Weber*, Die Entwicklung des Kapitalmarktrechts im Jahre 2012, NJW 2013, 275; *Leuering*, Die Neuordnung der gesetzlichen Prospekthaftung, NJW 2012, 1905; *Heidelbach/Preuße* Die Anwendung des neuen europäischen Prospektregimes in der Praxis – ausgewählte Probleme, BKR 2012, 397; *Procker/Wohlfarter* Die Auswirkungen der neuen Prospektpflicht für Bezugsrechtsemissionen auf die Eigenkapitalbeschaffung mittelständischer Unternehmen, BB 2013, 393; *Weidlich, Dietz, Cammerer*: Nach der Neuregulierung des Open Market der Deutschen Börse: Notierungsmöglichkeiten für Unternehmen, GWR 2013, 39; *Weber*: Die Entwicklung des Kapitalmarktrechts im Jahre 2012, NJW 2013, 275.

A. Regelungsinhalt und rechtliche Grundlagen 1	2. Kleine und mittlere Unternehmen 21
B. Änderungen im Wertpapierprospektgesetz und der ProspektVO 2012 7	V. Gültigkeitsdauer des Prospekts 22
I. Schlüsselinformationen und Zusammenfassung 8	VI. Nachtragspflicht 23
	VII. Jährliches Dokument 24
II. Basisprospekte 10	VIII. Dreiteiliger Prospekt 25
III. Ausnahmen von der Prospektpflicht 11	IX. Zusammenfassung 26
1. Ausnahmetatbestände 11	C. Weitere Entwicklungen in der Kapitalmarktpraxis in der jüngsten Zeit 27
2. Vertriebskette 12	I. Freiverkehr 27
3. Qualifizierter Anleger 13	II. Zulassungspraxis der Frankfurter Wertpapierbörse 28
4. Anzahl der Personen 14	
5. Schwellenwerte 15	
6. Mitarbeiterbeteiligungsprogramme 16	
IV. Vereinfachte Prospektgestaltung für Bezugsrechtsemissionen und kleine Emittenten 17	
1. Bezugsrechtskapitalerhöhungen 18	

A. Regelungsinhalt und rechtliche Grundlagen

Das Prospektrecht regelt in einer kaum vorhandenen Detailtiefe insbesondere die Anforderungen an den Inhalt von Wertpapierprospekten und die Zuständigkeit der Bundesanstalt für Finanzdienstleistungsaufsicht (BaFin) als zentrale Behörde für die Prüfung und die Billigung von Wertpapierprospekten für öffentliche Angebote und die Zulassung zum Handel an einem organisierten Markt.
Rechtliche Grundlagen dafür sind das Wertpapierprospektgesetz (WpPG) und die Verordnung der Europäischen Kommission (EG) Nr. 809/2004 vom 29. April 2004 (ProspektVO).
Das WpPG geht aus dem **Prospektrichtlinie-Umsetzungsgesetz**[1] hervor, das zum 1.7.2005 in Kraft getreten ist. Dieses Gesetz dient der Umsetzung der Richtlinie[2] 2003/71/EG des Europäischen Parlaments und des Rates vom 4.11.2003 betreffend den Prospekt, der beim öffentlichen Angebot von Wertpapieren oder bei deren Zulassung von Wertpapieren zum Handel zu veröffentlichen ist, und zur Änderung der Richtlinie 2001/34/EG („Prospektrichtlinie"). Ziel der Prospektrichtlinie und der in ihr vorgesehenen Durchführungs-

---

1 Verkündet als Art. 1 des Prospektrichtlinie-UmsetzungsG v. 22.6.2005 (BGBl. I S. 1698); Inkrafttreten gem. Art. 10 dieses G am 1.7.2005 mit Ausnahme des § 4 Abs. 3, des § 20 Abs. 3, des § 27 Abs. 5 und des § 28 Abs. 2, die bereits am 28.6.2005 in Kraft getreten sind.

2 Die Änderungen durch Art. 4 Abs. 55 G v. 7.8.2013 (BGBl. I S. 3154) treten erst **mWv 14.8.2018 in Kraft** und sind im Text noch nicht berücksichtigt. Siehe den Fußnotenhinweis bei § 33.

1 Prospektrichtlinie-Umsetzungsgesetz v. 22.6.2005, BGBl. I 2005 S. 1698.
2 ABl. EU Nr. L 345/64 vom 31.12.2003, S. 64 ff.

maßnahmen ist es, in Übereinstimmung mit den strengen Aufsichtsbestimmungen, die in den einschlägigen internationalen Foren festgelegt wurden, den Binnenmarkt für Wertpapiere auf europäischer Ebene zu vollenden und den Anlegerschutz und die Markteffizienz sicherzustellen.[3] Gemäß Art. 31 der Richtlinie hatte die Kommission bis 31.12.2008 die Anwendung der Richtlinie zu überprüfen, um gegebenenfalls Änderungsvorschläge an Rat und Parlament unterbreiten zu können; dabei wurde und wird sie hauptsächlich durch die Arbeit von CESR[4] und ESME[5] unterstützt. Die Überprüfung führte zwar zu einem insgesamt positiven Urteil. Doch wurden auch einige Schwächen ausgemacht, die durch eine Änderungsrichtlinie beseitigt werden sollen.[6]

Anders als nach den bis zum 1.7.2005 geltenden Vorschriften des Verkaufsprospektgesetzes für öffentlich angebotene Wertpapiere und der Börsenzulassungsverordnung für die Zulassung von Wertpapieren zum Handel ist für die Prospektbilligung ausschließlich die BaFin zuständig.[7] Der BaFin obliegt es seither – im Rahmen eines sogenannten Billigungsverfahrens – eine vollständige Überprüfung des Prospekts auf die Einhaltung der notwendigen Inhaltsanforderungen durchzuführen. Auch hat die BaFin teilweise Aufgaben der Börsenzulassungsstellen der Länderbörsen übernommen.[8]

2 Mit Art. 1 des Prospektrichtlinie-Umsetzungsgesetzes wurde das „Gesetz über die Erstellung, Billigung und Veröffentlichung des Prospekts, der beim öffentlichen Angebot von Wertpapieren oder bei der Zulassung von Wertpapieren zum Handel an einem organisierten Markt zu veröffentlichen ist (Wertpapierprospektgesetz – WpPG)" erlassen. Mit dem **Wertpapierprospektgesetz** wurde der Kern der Prospektrichtlinie umgesetzt. Zusammen mit der unmittelbar anwendbaren Verordnung (EG) Nr. 809/2004 der Kommission vom 29.4.2004 zur Umsetzung der Richtlinie 2003/71/EG des Europäischen Parlaments und des Rates betreffend die in Prospekten enthaltenen Informationen sowie das Format, die Aufnahme von Informationen mittels Verweis und die Veröffentlichung solcher Prospekte und die Verbreitung von Werbung, die im sog. Lamfalussy-Verfahren[9] nach Art. 24 der Prospektrichtlinie erlassen worden ist („**ProspektVO**"),[10] bildet das WpPG seit dem 1.7.2005 den rechtlichen Rahmen für die Erstellung, Billigung und Veröffentlichung von Prospekten für Wertpapiere, die öffentlich angeboten oder zum Handel an einem organisierten Markt zugelassen werden sollen.[11] Darüber hinaus sind im Rahmen der Prospekterstellung hinsichtlich der in den Prospekt aufzunehmenden historischen Finanzinformationen die Verordnung (EG) 1606/2002[12] betreffend die Anwendung internationaler Rechnungslegungsstandards (IFRS – Verordnung)[13] und deren Umsetzung ins HGB, sowie bezüglich der „Complex Financial History" die CESR's technical advice to the European Commission on a possible amendment to Regulation (EC) 809/2004 regarding the historical financial information which must be included in a prospectus (CESR/05–428) zu beachten. Hinsichtlich der Angaben über Beziehungen zu nahe stehenden Unternehmen und Personen enthält IAS 24[14] weitere Erläuterungen. Zudem erweisen sich die CESR's recommendations for the consistent implementation of the European Commission's Regulation on Prospectuses 809/2004 (CESR/05–054 b) als äußerst hilfreich bei der Ausle-

---

3   Siehe hierzu Erwägungsgrund 4 und 10 der Prospektrichtlinie.
4   CESR = Committee of European Securities Regulators. Der „Report on the supervisory functioning of the Prospectus Directive and Regulation (Ref CESR/07-225)" wurde von CESR im Juni 2007 veröffentlicht, im Volltext einzusehen unter <www.cesr-eu.org>.
5   ESME = European Securities Markets Expert Group, eingesetzt am 30.3.2006 als juristischer und ökonomischer Ratgeber über die Anwendung und Umsetzung der Prospektrichtlinie. Der Prospectus Report mit Änderungsvorschlägen stammt vom 5.9.2007, einzusehen unter <http://ec.europa.eu/internal_market/securities/esme/index_en.htm>; dazu Kullmann/Metzger, WM 2008, 1292.
6   Siehe Vorschlag für eine Richtlinie des Europäischen Parlaments und des Rates vom 23.9.2009 (KOM (2009) 491 endgültig) zur Änderung der Richtlinie 2003/71/EG betreffend den Prospekt und der Richtlinie 2004/109/EG; zu den Schwächen insb. Ziff. 1 „Kontext des Vorschlags".
7   Siehe dazu u.a. auch Apfelbacher/Metzner, BKR 2006, 81.
8   Es findet jedoch nach wie vor das Zulassungsverfahren der jeweiligen Länderbörsen neben dem Verfahren der Prospektbilligung statt (dazu Schlitt/Sinhof/Schäfer, BKR 2005, 255, Apfelbacher/Metzner, BKR 2006, 81). Seit November 2007 sind die Geschäftsführungen der Wertpapierbörsen bei den Länderbörsen zuständigen Stellen, § 32 Abs. 1 BörsG; die bis dato zustän-

digen Zulassungsstellen wurden aufgelöst. Eine Doppelprüfung wird durch Änderung des § 32 Abs. 3 BörsG jedoch vermieden.
9   Dazu von Kopp-Colomb/Lenz, AG 2002, 24, 25; Schmolke, NZG 2005, 912 ff.
10 Berichtigung der Verordnung (EG) Nr. 809/2004 der Kommission vom 29.4.2004 zur Umsetzung der Richtlinie 2003/71/EG des Europäischen Parlaments und des Rates betreffend die in Prospekten enthaltenen Informationen sowie das Format, die Aufnahme von Informationen mittels Verweis und die Veröffentlichung solcher Prospekte und die Verbreitung von Werbung (ABl. EU Nr. L 186/3 vom 18.7.2005); in der Praxis sollte mit der englischen Version der ProspektVO gearbeitet werden, da die deutsche Übersetzung teilweise Ungenauigkeiten aufweist.
11 Dabei hat der zu billigende Prospekt die in den Anhängen I bis III zur ProspektVO genannten Informationsbestandteile zu enthalten.
12 Regulation (EC) No 1606/2002 of the European Parliament and of the Council of 19 July 2002 on the application of international accounting standards.
13 Vgl hierzu Ziff. 20.1 der ProspektVO ("Historische Finanzinformationen").
14 International Accounting Standard IAS 24, ABl. EU Nr. L 394/110.

gung der Anhänge zur ProspektVO.[15] Wichtige Auslegungs- und Anwendungshilfen sind darüber hinaus die Liste der CESR mit FAQ,[16] die schnelle Antworten auf Fragen der Praxis geben soll und in halbjährlichem Abstand in überarbeiteter und aktualisierter Version erscheint.[17] Die BaFin orientiert ihre Auslegungspraxis im Rahmen des Billigungsverfahrens gemäß § 13 grundsätzlich an diesen Empfehlungen und den FAQ. Zusätzliche inhaltliche Anforderungen an den Prospekt ergeben sich – für Zwecke der Zulassung von Wertpapieren an einem organisierten Markt – in eingeschränktem Maße aus der BörsenZulV. Danach prüft die Geschäftsführung[18] der jeweiligen Börse im Rahmen des Zulassungsverfahrens, ob die Vorgaben nach §§ 5 Abs. 2 Nr. 1 (Zulassung von nicht voll eingezahlten Wertpapieren), 7 Abs. 1 (Antrag auf Teilzulassung) und 8 Abs. 2 (Druckausstattung von Wertpapieren) und 9 BörsenZulV (Streuung der Aktien) beachtet wurden.[19]

Die vor Inkrafttreten des WpPG geregelte **Differenzierung der Prospekte** danach, ob ein öffentliches Angebot von Wertpapieren[20] oder eine Börsenzulassung[21] erfolgen soll, ist **entfallen**. Dies hatte zur Folge, dass gemäß Art. 9 des Prospektrichtlinie-Umsetzungsgesetzes die Verkaufsprospekt-Verordnung (VerkProspV)[22] vollständig, das Verkaufsprospektgesetz (VerkProspG)[23] und die Börsenzulassungsverordnung (BörsZulV)[24] gemäß Art. 2 und 4 des Prospektrichtlinie-Umsetzungsgesetzes in weiten Teilen aufgehoben wurden. 3

Wesentliche Neuerung durch die Einführung des WpPG ist die Tatsache, dass künftig Wertpapiere auf der Grundlage eines **einzigen Billigungsverfahrens** im Europäischen Wirtschaftsraum öffentlich angeboten bzw. zum Handel an einem organisierten Markt zugelassen werden können. Dadurch, dass nach neuem Recht keine separate Prüfung und Billigung des Prospekts durch die Aufsichtsbehörde des jeweiligen Aufnahmemitgliedstaats[25] mehr erfolgt, wurde ein „Europäischer Pass"[26] für Wertpapieremittenten geschaffen. Dabei zielt die Prospektrichtlinie auf eine Maximalharmonisierung ab, da einzelne Mitgliedstaaten keine weitergehenden Anforderungen an die Billigung von Prospekten stellen dürfen.[27] Keine einheitliche Regelung durch das Prospektrichtlinie-Umsetzungsgesetz hat die Frage der Prospekthaftung erfahren. 4

Des Weiteren haben sich durch das Inkrafttreten das WpPG eine Vielzahl weiterer Änderungen der bisherigen Rechtslage ergeben, die nachstehend kursorisch dargestellt werden. Ferner werden die zum 1.7.2012 in Kraft getretenen, umfangreichen Änderungen des Prospektrechts aufgrund des Gesetzes zur Umsetzung der Richtlinie 2010/73/EU und zur Änderung des Börsengesetzes vom 26.6.2012[28] sowie der Veränderung der ProspektVO gesondert dargestellt. 5

Der **Anwendungsbereich** des WpPG erstreckt sich auf Prospekte für das öffentliche Angebot von Wertpapieren und für die Zulassung von Wertpapieren zum Handel an einem organisierten Markt. Darunter werden jedoch allein Börsenplätze in der EU bzw im EWR verstanden. Dies ist in Deutschland der amtliche und regulierte Markt, dh insb. die Segmente „General Standard" und „Prime Standard" der Frankfurter Wertpapierbörse.[29] Das Segment „Entry Standard" der Frankfurter Wertpapierbörse oder der sog. m:access der Börse München zählen dagegen nicht zum organisierten Markt im Sinne der gesetzlichen Defini- 6

---

15 So enthalten diese unter anderem Ausführungen zu den in den Prospekt aufzunehmenden Angaben über Beteiligungen, über die Entwicklung des Aktienkapitals, über Geschäfte mit verbundenen Parteien und Angaben zu den aufzunehmenden Finanzinformationen über die Vermögens-, Finanz- und Ertragslage des Emittenten.
16 FAQ = Frequently Asked Questions; erstmals veröffentlicht am 18.7.2009. Dazu *Möllers*, ZEuP 2008, unter III.3. b) und c).
17 Aktuell 9th Updated Version aus 09/2009 (Ref CESR/09-798), abrufbar unter <www.cesr-eu.org/index.php?page=groups&mac=0&id=40> (Ref. 09-798).
18 Bis November 2007 waren die Zulassungsstellen der Börsen zuständig.
19 Vgl hierzu die Kommentierung zu § 7.
20 Vgl hierzu die Emissionsprospektrichtlinie, RL 89/298/EWG, ABl. EG Nr. L 124 vom 5.5.1989, S. 8.
21 Vgl hierzu die Richtlinie zur Koordinierung der Bedingungen für die Zulassung von Wertpapieren zur amtlichen Notierung an einer Wertpapierbörse vom 5.3.1979, RL 79/279/EWG des Rates, ABl. EG Nr. L 66 vom 16.3.1979, S. 21 und die Richtlinie zur Koordinierung der Bedingungen für die Entstehung, die Kontrolle und die Verbreitung des Prospekts, der für die Zulassung von Wertpapieren zur amtlichen Notierung an einer Wertpapierbörse zu veröffentlichen ist vom 17.3.1980,
RL 80/390/EWG des Rates, ABl. EG Nr. L 100 vom 17.4.1980, S. 1.
22 Verkaufsprospekt-Verordnung in der Fassung der Bekanntmachung vom 9.9.1998 (BGBl. I S. 2853), zuletzt geändert durch Art. 21 des Gesetzes vom 21.6.2002 (BGBl. I S. 2010).
23 Verkaufsprospektgesetz in der Fassung der Bekanntmachung vom 9.9.1998 (BGBl. I S. 2701).
24 Börsenzulassungs-Verordnung in der Fassung der Bekanntmachung vom 9.9.1998 (BGBl. I S. 2832).
25 Zu dem Begriff des Aufnahmestaates vgl die Kommentierung zu § 2 Nr. 14.
26 Die Idee eines "Europäischen Passes" basiert auf einem Konsultationspapier des Forums europäischer Wertpapieraufsichtsbehörden FESCO (Forum of European Securities Commissions, dessen Nachfolgegremium CESR darstellt) vom 5.5.2000, vgl "A European Passport for Issuers", Ref. Fesco-99-098 e.
27 Vgl KOM (2002) 460 endg. vom 9.8.2002, S. 3; CESR/07-225 Rn 25.
28 BGBl. I 2012 S. 1375.
29 Siehe hierzu Übersicht über die geregelten Märkte und einzelstaatliche Rechtsvorschriften zur Umsetzung der entsprechenden Anforderungen der Wertpapierdienstleistungsrichtlinie (2004/C 72/03), ABl. EU Nr. C 72 vom 23.3.2004, S. 3.

tion des § 2 Nr. 16 WpPG,[30] § 2 Abs. 5 WpHG. Sie gehören rechtlich gesehen dem Freiverkehr an und werden über die Regelwerke der entsprechenden Börsen selbst reguliert.[31]

B. Änderungen im Wertpapierprospektgesetz und der ProspektVO 2012

7 Das WpPG wurde durch das Gesetz zur Umsetzung der Richtlinie 2010/73/EU und zur Änderung des Börsengesetzes vom 26.6.2012 sowie zu ausgewählten Änderungen der ProspektVO[32] durch die delegierte Verordnung (EU) 486/2012 vom 30.3.2012[33] und die delegierte Verordnung (EU) 862/2012 vom 4.6.2012[34] grundlegend und umfassend verändert. Daher werden die wesentlichen Änderungen im WpPG und der ProspektVO nachstehend gesondert dargestellt und an den jeweiligen Kommentierungen nochmals vertiefend erörtert.

8 I. **Schlüsselinformationen und Zusammenfassung.** Mit der Angabe von **Schlüsselinformationen** in einer vorgegebenen strukturierten Zusammenfassung soll eine bessere Vergleichbarkeit der Prospekte verschiedener Wertpapiere erreicht werden, die Prospektform soll eine einheitliche Struktur aufweisen.[35] Die Zusammenfassung muss neben den Warnhinweisen alle Schlüsselinformationen enthalten, die in § 2 Nr. 18 nunmehr legal definiert werden.
Die Gliederung der **Zusammenfassung** in fünf Abschnitte A) bis E) ist in Art. 24 und Anhang XXII der ProspektVO ausführlich beschrieben. Ist in der Zusammenfassung eine Angabe für den Prospekt im Einzelfall irrelevant, so ist dies mit dem Hinweis „entfällt" zu kennzeichnen und kurz zu begründen.
Die BaFin handhabt die Anforderung an die **Länge des Prospekts** entsprechend der Komplexität des Emittenten und der angebotenen Wertpapiere, höchstens jedoch 7 % des Prospekts oder 15 Seiten, je nach dem, welche Vorgabe länger ist.

9 **Keine Zusammenfassung** ist erforderlich bei Nichtdividendenwerten mit einer Mindeststückelung von 100.000,00 EUR an einem organisierten Markt (§ 5 Abs. 2 S. 5). Enthält der Prospekt dennoch eine Übersicht, darf diese nur dann mit dem Begriff „Zusammenfassung" versehen werden, wenn alle nach Anhang XXII der ProspektVO vorgesehenen Angabepflichten erfüllt sind. Ferner soll bei Prospekten mit erleichterten Anforderungen für sog. kleine und mittlere Unternehmen (KMU), Small Caps und Bezugsrechtsemissionen nach Auffassung des Gesetzgebers wohl keine Zusammenfassung erforderlich sein, denn diese Anforderung ist im Anhang XXII nicht berücksichtigt. Die BaFin hält jedoch die Zusammenfassung in diesen Fällen dennoch für erforderlich und begründet dies mit dem Wortlaut des § 5 Abs. 2 S. 1, in welchem keine Differenzierung zwischen unterschiedlichen Arten des Prospektes erwähnt wird.
Für Basisprospekte sind die Vorgaben für die Zusammenfassung gesondert in Art. 24 Abs. 2 und Abs. 3 ProspektVO enthalten.

10 II. **Basisprospekte.** Basisprospekte im Sinne von § 6 gestatten dem Anbieter, einen Prospekt zu erstellen, der alle nach §§ 5 und 7 notwendigen Angaben zum Emittenten und den betroffenen Wertpapieren enthält, nicht jedoch die endgültigen Bedingungen des Angebots. Auf die Einzelheiten wird bei der Kommentierung zu § 6 näher eingegangen.[36]

11 III. **Ausnahmen von der Prospektpflicht. 1. Ausnahmetatbestände.** Der Katalog der Ausnahmetatbestände wurde eingeschränkt bzw näher konkretisiert. Bisher waren Angebote mit einem Gesamtgegenwert von 2,5 Mio. EUR, die innerhalb von 12 Monaten im EWR angeboten wurden, von der Prospektpflicht befreit. Dieser Schwellenwert wurde auf 5 Mio. EUR angehoben (§ 1 Abs. 2 Nr. 4).
Durch die Änderungsrichtlinie wurden Rechtsunsicherheiten und Unklarheiten klargestellt, die sich aus der Praxis seit Inkrafttreten des WpPG ergeben haben.

12 **2. Vertriebskette.** Schlussendlich ist für Anbieter innerhalb einer Vertriebskette (sog. **Finanzintermediäre**) kein neuer Prospekt erforderlich, wenn ein gültiger Prospekt vorhanden ist und die schriftliche Zustimmung des Prospekterstellers für dessen Verwendung vorliegt. Dies ist auch ausdrücklich im Element A2 der Zusammenfassung eines Wertpapierprospektes dazustellen.

13 **3. Qualifizierter Anleger.** Die Definition des qualifizierten Anlegers (§ 3 Abs. 2 Nr. 1, Abs. 2 Nr. 6) wurde neu gefasst und mit derjenigen des professionellen Kunden der Richtlinie über Märkte für Finanzinstrumente[37] und an das WpHG angepasst. Das Register für qualifizierte Anleger nach § 7 alter Fassung wurde abgeschafft.

---

30 §§ ohne Gesetzesangaben sind solche des WpPG.
31 Siehe AGB der Deutsche Börse AG für den Freiverkehr an der Frankfurter Wertpapierbörse, FWB 10 vom 15.11.2012.
32 Richtlinie Nr. 809/2004 der Kommission vom 29.4.2004.
33 ABlEU Nr. L 150 v. 9.6.2012, S. 1.
34 ABlEU Nr. L 256 v. 22.9.2012, S. 4.
35 Art. 24 Abs. 1 Unterabs. 2 ProspVO, Erwägungsgrund 15 der Richtlinie 2010/73/EU.
36 Siehe Art. 2 a), Anhang XX ProspektVO, Art. 22 ff.
37 Richtlinie 2004/39/EG (Marktes in Financial Instruments Directive – MiFID).

4. Anzahl der Personen. Ferner wurde die Anzahl der Personen, an die ein Angebot von Wertpapieren prospektfrei gerichtet werden kann von „weniger als 100" auf „weniger als 150" Personen pro Vertragsstaat des EWR erhöht. Dabei bleiben wie bisher auch qualifizierte Anleger im Sinne des § 2 Nr. 6 WpPG unberücksichtigt.

5. Schwellenwerte. Auch wurden die Schwellenwerte, ab denen ein Angebot ohne Prospektpflicht erfolgen kann, von 50.000,00 EUR auf 100.000,00 EUR hinsichtlich des Mindestbetrages je Angebot bzw der Mindeststückelung angehoben.

6. Mitarbeiterbeteiligungsprogramme. Außerdem wurde der bisher in der Praxis umstrittene Fall der Prospektpflicht bei dem Auflegen von Mitarbeiterbeteiligungsprogrammen großer Unternehmen gemäß § 4 Abs. 1 Nr. 5 grundsätzlich von der Prospektpflicht ausgenommen, auch wenn sie nicht bereits zum Handel an einem organisierten Markt zugelassen waren, sofern der Emittent seine Hauptverwaltung oder seinen Sitz in einem Vertragsstreit des EWR hat.

IV. Vereinfachte Prospektgestaltung für Bezugsrechtsemissionen und kleine Emittenten. Vor dem 1.7.2012 hat die BaFin das Gesetz grundsätzlich dahin gehend ausgelegt, dass **Bezugsrechtsemissionen** von Emittenten, deren Aktien bereits an einem organisierten Markt zugelassen waren, von der Prospektpflicht befreit waren, sofern der Bezugsrechtshandel ausgeschlossen war und sich das Angebot ausschließlich an Altaktionäre des Emittenten richtete.[38] Bezugsrechtsemissionen sind nunmehr in Art. 2 Nr. 13 ProspektVO legal definiert. Für sie ist nunmehr ein Wertpapierprospekt zu erstellen. Es gelten dabei vereinfachte Regelungen und Schemata der Anhänge XXIII und XXIV, so entfällt zB die Pflicht zu Angaben über die Geschäfts- und Finanzlage sowie zur Kapitalausstattung und die historischen Finanzinformationen sind für das letzte Geschäftsjahr anzugeben.

1. Bezugsrechtskapitalerhöhungen. Künftig gilt eine generelle Prospektpflicht für alle **Bezugsrechtskapitalerhöhungen**, auch wenn sich die Bezugsrechtsangebote nur an Altaktionäre ohne öffentlichen Bezugsrechtshandel wenden (vgl Anhänge I, III, XXIII, XXIV ProspektVO). Allerdings gelten nach Art. 26a ProspektVO gewisse Erleichterungen, die in Anhänge XXIII, XXIV geregelt sind. Hervorzuheben ist jedoch, dass diese Erleichterungen

- nur für Aktien gelten, nicht für Wandelschuldverschreibungen und
- nur für Aktien des Emittenten derselben Gattung zum Handel am geregelten Markt oder über ein multilaterales Handelssystem im Sinne Art. 4 Abs. 1 Nr. 15 MiFID.

Damit sind Bezugsrechtskapitalerhöhungen beispielsweise am Entry Standard oder m:access *nicht* von den erleichterten Anforderungen umfasst, vielmehr muss hier ein vollständiger Prospekt nach den Anhängen I, III erstellt werden.

Die Anforderungen an die multilateralen Handelssysteme müssen den Transparenzvorschriften des Wertpapierhandelsgesetzes insbesondere im Hinblick auf Veröffentlichungspflichten für Insiderinformationen, Directors Dealing, Veröffentlichungspflichten für Jahres- und Halbjahresabschlüsse genügen. Die freiwillige Unterwerfung unter dieser Pflichten für ein am Freiverkehr notiertes Unternehmen genügt dabei nach den Auslegungen der BaFin nicht. Die BaFin richtet sich dabei streng nach dem Wortlaut der ProspektVO, in der Praxis jedoch sind gerade die kleinen und mittelständischen Unternehmen bzw Small Caps betroffen, die üblicherweise nicht am regulierten Markt, sondern am Freiverkehr, insbesondere am Entry Standard, notiert sind. Diese können allesamt nicht von den Erleichterungen profitieren.

Finden die Erleichterungen dagegen Anwendung, so müssen

- keine Angaben zur Geschäfts- und Finanzlage sowie zur Eigenkapitalausstattung;
- historische Finanzinformationen nur für das letzte Geschäftsjahr;
- wesentliche Verträge nur für das letzte Jahr;
- nur knappe Beschreibungen der Haupttätigkeitsbereiche des Emittenten;
- nur kurze Beschreibungen der wichtigsten Märkte des Emittenten

angegeben werden.

2. Kleine und mittlere Unternehmen. Gleiches gilt für kleine und mittlere Unternehmen (KMU), dies sind Unternehmen, die mindestens zwei der drei Kriterien erfüllen,

---

[38] Siehe *v. Kopp-Kolomp/Knobloch* in: Assmann/Schlitt, WpPG, § 2 Rn 38.

- eine Gesamtbilanzsumme von mindestens 43 Mio. EUR;
- ein Jahresnettoumsatz von höchstens 50 Mio. EUR;
- eine durchschnittliche Beschäftigtenzahl von weniger als 250[39]

Small Caps sind an einem geregelten Markt notierte Unternehmen, deren durchschnittliche Marktkapitalisierung auf der Grundlage der Notierungen zum Jahresende für die vorangegangenen drei Kalenderjahre weniger als 100 Mio. EUR betrug.

22 **V. Gültigkeitsdauer des Prospekts.** Das Prospekt ist nach wie vor für ein öffentliches Angebot für die Dauer von 12 Monaten **gültig**, allerdings richtet sich das Datum nicht mehr wie bisher an der Veröffentlichung des Prospektes aus, vielmehr ist das Datum der Billigung des Prospekts maßgeblich (§ 9 Abs. 1).

23 **VI. Nachtragspflicht.** § 16 Abs. 1 S. 1 in der neuen Fassung regelt nunmehr die Nachtragspflicht dahingehend, dass Umstände oder jede wesentliche Unrichtigkeit in Bezug auf die im Prospekt enthaltenen Angaben, die die Beurteilung der Wertpapiere beeinflussen könnten und die nach der Billigung des Prospekts und vor dem endgültigen Schluss des öffentlichen Angebots oder, falls diese später erfolgt, der Einführung in den Handel an einem organisierten Markt auftreten oder festgestellt werden, in einem Nachtrag zum Prospekt genannt werden müssen. Dabei wird klargestellt, dass auch mit der Einbeziehung von Wertpapieren in den organisierten Markt die Nachtragspflicht nicht endet, so lange das öffentliche Angebot dieser Wertpapiere nach wie vor besteht. Auch wurde das Widerrufsrecht des Anlegers im Falle des Nachtrags nach § 16 Abs. 1 noviliert. Demnach haben die Anleger nunmehr das Recht, ihre Zeichnungserklärung innerhalb einer Frist von zwei Werktagen zur Veröffentlichung des Nachtrages zu widerrufen, sofern der neue Umstand oder die Unrichtigkeit gemäß § 16 Abs. 1 vor dem endgültigen Schluss des öffentlichen Angebotes und vor der Lieferung der Wertpapiere eingetreten ist. Kam dem Widerrufsrecht des Anlegers im Falle des Nachtrages nach alter Rechtslage kaum praktische Relevanz zu, wird diese klarere Regelung sicherlich dazu führen, dass Emittenten versuchen werden, die Angebotsfrist so kurz wie möglich zu halten bzw die Wertpapiere auch während der Dauer des Angebots unverzüglich zu liefern, um nicht Gefahr zu laufen, die Zeichnung rückabzuwickeln.[40]

24 **VII. Jährliches Dokument.** § 10 alter Fassung wurde ersatzlos gestrichen, die Erstellung eines jährlichen Dokuments, das sämtliche gesetzlich vorgeschriebenen Kapitalmarktinformationen enthält, muss erstmalig für den Zeitraum des vor dem 1.7.2012 veröffentlichten Jahresabschlusses erstellt werden.

25 **VIII. Dreiteiliger Prospekt.** Nunmehr können auch Basisprospekte dreiteilig, dh Registrierungsformular, Wertpapierbeschreibung und Zusammenfassung erstellt werden, die entsprechende Einschränkung in § 12 Abs. 1 S. 6 ist entfallen.

26 **IX. Zusammenfassung.** Die Änderung des WpPG und der ProspektVO sind zu begrüßen. Der höhere Detailierungsgrad zu inhaltlicher Gliederung und Anforderungen und die Einschränkung der Flexibilität des Prospektregimes sowie die Kategorisierung der Prospektinhalte schaffen Rechtssicherheit und Einheitlichkeit in der Prospektdarstellung.

C. Weitere Entwicklungen in der Kapitalmarktpraxis in der jüngsten Zeit

27 **I. Freiverkehr.** Erwähnenswert ist, dass die Frankfurter Wertpapierbörse zum 15.12.2012 das sog. **First Quotation Board geschlossen** hat. Begründet wurde dies damit, dass in diesem Segment mit den geringsten Transparenzanforderungen vermehrt Verdachtsfälle auf Marktmanipulationen vorgekommen seien.
Unternehmen, die an diesem Freiverkehrs-Segmenten notiert waren, wurden im April 2012 von der bevorstehenden Schließung informiert. Ihnen blieb die Möglichkeit, den weiteren Börsenhandel durch Antrag auf Aufnahme der Notierung in eine andere Freiverkehrsbörse, zB Hamburg, Berlin oder München sicherzustellen oder der Zugang zum Entry Standard der Frankfurter Wertpapierbörse. Dieser gehört zwar auch dem Marktsegment Freiverkehr an, er erhöhte jedoch zugleich die Anforderungen zur Notierungsaufnahme und verschärfte die Pflichten für dort notierte Unternehmen. Auch hier ist eine Notierung nur noch mit einem gebilligten Wertpapierprospekt möglich.[41]
Anders als am Regulierten Markt hat ein Unternehmen keinen Anspruch auf Notierungsaufnahme am Entry Standard. Es besteht kein gesetzlicher Kontrahierungszwang. So unterzog die Frankfurter Wertpapierbörse alle Unternehmen, selbst wenn sie einen gebilligten Wertpapierprospekt vorlegten, einer ausgiebigen Untersuchung und es kam zu etlichen Ablehnungen der Notierungsaufnahme. Diesen Unternehmen bleibt sodann nur der Weg an den Regulierten Markt.

---

39 § 2 Nr. 7 WpPG enthält eine Definition der Begriffe KMU bzw *small cap*, daher finden die Definitionen in § 2 Abs. 1 lit. f und t der Prospektrichtlinie 2003/71/EG Anwendung.

40 Die Rückabwicklung im Fall des Widerrufes bestimmt sich nach § 357 BGB.

41 Siehe hierzu ausführlich: *Weidlich/Dietz/Cammerer*, GWR 2013, 39

II. Zulassungspraxis der Frankfurter Wertpapierbörse. Aufgrund der Zunahme ausländischer Notierungen an deutschen Börsen und sich daraus in der Vergangenheit ergebenden starken Kursschwankungen dieser Unternehmen in den ersten Monaten nach Notierungsaufnahme wurde auch für Unternehmen am Regulierten Markt die Auslegung der entsprechenden Ausnahmeregeln der Börsenzulassungsverordnung verschärft. So wird nunmehr eine Streuung von Aktien gemäß § 9 BörsZulV von einem Mindestfreefloat von 25 %, verteilt auf mindestens 100 Aktionäre im EWR verlangt. Die Emissionsbank hat die Einhaltung dieser Voraussetzungen der Börse zu bestätigen.

Zu den **Inhaltsanforderungen** eines Wertpapierprospekts enthält das WpPG in Bezug auf den Prospektinhalt einen Verweis auf die ProspektVO, die im Baukastenprinzip die erforderlichen Inhalte in ihren Anhängen vorschreibt.

Abschnitt 1
Anwendungsbereich und Begriffsbestimmungen

§ 1 Anwendungsbereich

(1) Dieses Gesetz ist anzuwenden auf die Erstellung, Billigung und Veröffentlichung von Prospekten für Wertpapiere, die öffentlich angeboten oder zum Handel an einem organisierten Markt zugelassen werden sollen.

(2) Dieses Gesetz findet keine Anwendung auf

1. Anteile oder Aktien von offenen Investmentvermögen im Sinne des § 1 Absatz 4 des Kapitalanlagegesetzbuchs;
2. Nichtdividendenwerte, die von einem Staat des Europäischen Wirtschaftsraums oder einer Gebietskörperschaft eines solchen Staates, von internationalen Organisationen des öffentlichen Rechts, denen mindestens ein Staat des Europäischen Wirtschaftsraums angehört, von der Europäischen Zentralbank oder von den Zentralbanken der Staaten des Europäischen Wirtschaftsraums ausgegeben werden;
3. Wertpapiere, die uneingeschränkt und unwiderruflich von einem Staat des Europäischen Wirtschaftsraums oder einer Gebietskörperschaft eines solchen Staates garantiert werden;
4. Wertpapiere, die von CRR-Kreditinstituten oder von Emittenten, deren Aktien bereits zum Handel an einem organisierten Markt zugelassen sind, ausgegeben werden; dies gilt nur, wenn der Verkaufspreis für alle im Europäischen Wirtschaftsraum angebotenen Wertpapiere weniger als 5 Millionen Euro beträgt, wobei diese Obergrenze über einen Zeitraum von zwölf Monaten zu berechnen ist;
5. Nichtdividendenwerte, die von CRR-Kreditinstituten dauernd oder wiederholt für einen Verkaufspreis aller im Europäischen Wirtschaftsraum angebotenen Wertpapiere von weniger als 75 Millionen Euro ausgegeben werden, wobei diese Obergrenze über einen Zeitraum von zwölf Monaten zu berechnen ist, sofern diese Wertpapiere
    a) nicht nachrangig, wandelbar oder umtauschbar sind oder
    b) nicht zur Zeichnung oder zum Erwerb anderer Wertpapiere berechtigen und nicht an ein Derivat gebunden sind.

(3) Unbeschadet des Absatzes 2 Nr. 2 bis 5 sind Emittenten, Anbieter oder Zulassungsantragsteller berechtigt, einen Prospekt im Sinne dieses Gesetzes zu erstellen, wenn Wertpapiere öffentlich angeboten oder zum Handel an einem organisierten Markt zugelassen werden.

A. Vorbemerkungen

§ 1 beruht auf Art. 1 der Prospektrichtlinie. Ein Prospekt ist zu erstellen für das öffentliche Angebot (Legaldefinition in § 2 Nr. 4) von Wertpapieren (Legaldefinition in § 2 Nr. 1) oder deren Zulassung zu einem organisierten Markt (Legaldefinition in § 2 Nr. 16). Ein gebilligter Prospekt kann sowohl für ein öffentliches Angebot als auch für eine Börsenzulassung von Wertpapieren verwendet werden, wobei im Prospekt anzugeben ist, wozu der Prospekt verwendet werden soll. Das Börsenzulassungsverfahren ist unabhängig vom Billigungsverfahren bei den jeweiligen Zulassungsstellen der Börsen zu betreiben.

2 Nicht anwendbar ist das WpPG auf
- die bloße Einbeziehung in den regulierten Markt nach § 33 BörsG;[1]
- öffentliche Angebote, die sich nicht auf den Erwerb von Wertpapieren (§ 2 Nr. 1) beziehen;[2]
- Handelsaufnahmen im Freiverkehr, soweit hierin kein öffentliches Angebot liegt (§ 2 Nr. 4), da der Freiverkehr nicht als organisierter Markt iSv § 2 Nr. 16 definiert ist, und insoweit keine Zulassung zu einem organisierten Markt angestrebt wird, die prospektpflichtig wäre.

B. Ausnahmekatalog des Abs. 2

3 Weitere Ausnahmen vom Anwendungsbereich des WpPG ergeben sich aus Abs. 2. Hierbei wurden die Ausnahmetatbestände des Art. 1 Abs. 2 der Prospektrichtlinie mit Ausnahme der Art. 1 Abs. 2 lit. c, e, f, g, und i vom deutschen Gesetzgeber übernommen. Soweit die angebotenen bzw zuzulassenden Wertpapiere unter die Ausnahmetatbestände des § 1 Abs. 2 fallen, können diese ohne Erstellung und Billigung eines Prospektes durchgeführt werden, erhalten jedoch auch keinen „Europäischen Pass" iSv §§ 17, 18.[3]

4 **I. Emittenten-spezifische Ausnahmen (Abs. 2 Nr. 1 bis 3).** Die Ausnahme nach Abs. 2 Nr. 1 dient der Abgrenzung zum InvG, das als Spezialgesetz Vorrang erhält; die Ausnahmen nach Abs. 2 Nr. 2 und 3 gelten für bestimmte Wertpapiere, die von Emittenten ausgegeben werden, bei denen die Ausnahme von der Anwendbarkeit des WpPG und damit von der Prospektveröffentlichungspflicht mit ihrer Bonität oder der aufsichtsrechtlichen Bestimmungen, die für sie gelten, begründet wird.[4]

5 **II. Ausnahme für Kleinemissionen (Abs. 2 Nr. 4).** Abs. 2 Nr. 4 normiert eine Ausnahme für Kleinemissionen im Volumen von bis zu 5 Mio. EUR[5] über einen Zeitraum von 12 Monaten, die für Einlagenkreditinstitute iSv Abs. 3 d KWG aber auch für Emittenten gilt, deren Aktien bereits zum Handel an einem organisierten Markt zugelassen sind. Gegenüber Art. 1 Abs. 2 lit. h der Prospektrichtlinie hat der deutsche Gesetzgeber die Ausnahme auf die genannten Einlagenkreditinstitute sowie an einem organisierten Markt notierten Emittenten beschränkt. Die Beschränkung auf bereits an einem organisierten Markt notierte Emittenten begründet sich wohl darin, dass aufgrund von Abs. 2 Nr. 4 keine Erstzulassung von Wertpapieren an einem organisierten Markt möglich sein soll und um einen Qualitätsfilter vor solchen Kleinemissionen zu setzen, da eine Anwendung nur auf Angebote stattfindet, bei denen der Emittent bereits erfolgreich ein Zulassungsverfahren betrieben hat, welches einen Prospekt erforderte.[6]

6 Die Ausnahme vom Anwendungsbereich nach Abs. 2 Nr. 4 ermöglicht es, Wertpapiere, die einen Gesamtverkaufspreis von kumuliert 5 Mio. EUR nicht übersteigen, prospektfrei öffentlich anzubieten und zum Börsenhandel zuzulassen.[7] Nach Ansicht der CESR[8] sind für Zwecke der Berechnung der Höchstgrenze Angebote eines Emittenten **nicht zusammenzurechnen**, wenn es sich um unterschiedliche Wertpapiergattungen handelt. Eigenkapitalfinanzierungen und Anleihefinanzierungen sollen getrennt gerechnet werden. Zudem sollen nur solche angebotenen Wertpapiere in die Berechnung einfließen, für deren Angebot die Ausnahme nach Abs. 2 Nr. 4 in Anspruch genommen wurde; waren frühere Angebote aufgrund anderer Vorschriften prospektfrei möglich, so ist deren Verkaufserlös nicht in die Berechnung einzustellen. Schließlich beginnt die 12-Monats-Frist von neuem zu laufen, wenn ein Wertpapierprospekt veröffentlicht wurde, da alle vorhergehenden Angebote in dem Wertpapierprospekt beschrieben werden müssen.
Die Höchstgrenze von 5 Mio. EUR gilt für alle im **EWR-Raum** angebotenen Wertpapiere, dh nicht 5 Mio. EUR je EWR-Staat.[9]
Maßgebend für die Einhaltung des Schwellenwertes ist stets die Betrachtung des gesamten Angebotes. Bei einer **tranchenweisen Emission** von Wertpapieren oder wenn Wertpapiere nur gemeinsam mit anderen Wertpapieren angeboten und verkauft werden, greift Abs. 2 Nr. 4 nur, wenn das Emissionsvolumen insgesamt unter dem Schwellenwert bleibt. Die Frist von 12 Monaten wird vom Zeitpunkt des Beginnes des be-

---

1 BegrRegE, BT-Drucks. 15/4999, S. 27.
2 Eine Prospektpflicht ist jedoch für bestimmte nicht unter das WpPG fallende Vermögensanlagen in §§ 8 f ff. VerkProspG normiert. Für die Billigung von Verkaufsprospekten für solche Vermögensanlagen ist ebenfalls die BaFin zuständig. Soweit mehrere Arten von Anlageinstrumenten angeboten werden, erlaubt die BaFin das Einbeziehen von Anlageinstrumenten, die keiner Prospektpflicht unterliegen, in nach dem WpPG erstellten Prospekt, vorausgesetzt, es wird hinreichend klargestellt, dass sich die Billigung der BaFin nicht auf die Darstellung dieser Anlageinstrumente bezieht.
3 *Kunold/Schlitt*, BB 2004, 502; *Just/Voß/Ritz/Zeising*, WpPG, § 1 Rn 6.
4 Vgl *Groß*, Kapitalmarktrecht, § 1 WpPG Rn 4 f, ausführlich: *Just/Voß/Ritz/Zeising*, § 1 Rn 11 ff; *Holzborn*, § 1 WpPG Rn 10.
5 Summe erhöht von ehemals 2,5 Mio. EUR aufgrund des Gesetzes zur Umsetzung der Richtlinie 2010/73/EU und zur Änderung des Börsengesetzes vom 26.6.2012, BGBl. I S. 1375.
6 *Just/Voß/Ritz/Zeising*, § 1 Rn 26; *Holzborn*, § 1 WpPG Rn 20.
7 Vgl § 32 Abs. 3 Nr. 2 BörsG.
8 Committee of European Securities Regulatiors, FAQ regarding Prospectuses: Common positions agreed by CESR Members erhältlich unter <www.cesr-eu.org>.
9 Klarstellung eingefügt durch Gesetz zur Umsetzung der Richtlinie 2010/73/EU und zur Änderung des Börsengesetzes vom 26.6.2012, BGBl. I S. 1375.

treffenden öffentlichen Angebotes gemäß §§ 187 Abs. 1, 188 BGB berechnet.[10] Es ist jedoch stets der Referenzzeitraum von 12 Monaten vom Zeitpunkt des Beginns des öffentlichen Angebotes oder Erlasses des Zulassungsbeschlusses durch die Zulassungsbehörde zu betrachten, da vergangene Angebote ggf angerechnet werden müssen.

Erfolgt die Ausgabe der Wertpapiere im Wege der **Sacheinlage**, so ist auf den festgesetzten Ausgabebetrag je neues Wertpapier als Verkaufspreis abzustellen. Ist ein Ausgabepreis nicht festgelegt, gilt als Ausgabepreis der erste nach Einführung der Wertpapiere festgestellte oder gebildete Börsenpreis.[11] Im Fall einer gleichzeitigen Feststellung oder Bildung an mehreren Börsen gilt der höchste erste Börsenpreis.[12] Bei **Optionen** ist für die Berechnung der Höchstgrenze nicht der Optionspreis („Strike") sondern der Verkaufspreis der Optionen maßgebend.

Verhältnis zu anderen Ausnahmen nach § 3 Abs. 2 oder § 4: alle Ausnahmevorschriften bestehen nebeneinander[13] in der Weise, dass ein Angebot bzw Zulassung von Wertpapieren prospektfrei nach der einen Vorschrift erfolgen kann, ohne dass dies die Anwendbarkeit der anderen Vorschriften für ein anderes Angebot bzw Zulassung ausschließen würde. 7

III. Ausnahme für bestimmte von CRR-Kreditinstituten emittierte Wertpapiere (Abs. 2 Nr. 5). Der in Abs. 2 Nr. 5[14] benutzte Begriff der „dauernden oder wiederholten" Ausgabe von Wertpapieren ist in § 2 Nr. 12 legaldefiniert. Wie bereits nach altem Recht wird für das Merkmal der wiederholten Ausgabe auf mindestens zwei Emissionen in den vergangenen 12 Monaten abgestellt. Eine dauernde Ausgabe liegt vor, wenn die Wertpapiere fortlaufend ohne Unterbrechung angeboten werden. Für die Anwendbarkeit der Vorschrift gilt eine Begrenzung des Volumens auf weniger als 75 Mio. EUR[15] innerhalb eines Zeitraumes von 12 Monaten, wobei diese Grenze und nicht länderweise zu ermitteln ist.[16] Die Begrenzung auf Wertpapiere, die nicht nachrangig, wandelbar oder umtauschbar sind oder die nicht zur Zeichnung oder zum Erwerb anderer Wertpapiere berechtigen und nicht an ein Derivat gebunden sind, begründet sich darin, dass mit solchen Wertpapieren der Anleger trotz guter Bonität des Emittenten aufgrund der Marktentwicklung einen Totalverlust erleiden kann, mithin aus Gründen des Anlegerschutzes für solche Emissionen ein Prospekt erforderlich sein soll. Die Nutzbarmachung der Ausnahme nach Abs. 2 Nr. 5 setzt voraus, dass der Emittent ein Einlagenkreditinstitut gemäß § 1 Abs. 3 d KWG ist. 8

C. Opting-in-Regelung des Abs. 3

Abs. 3 ermöglicht Emittenten, Anbieter oder Zulassungsantragsteller, freiwillig einen Prospekt zu erstellen, sog. Opting In.[17] Dies gilt jedoch nur, soweit es sich um ein öffentliches Angebot oder eine Zulassung von Wertpapieren iSd § 2 Nr. 1 zu einem organisierten Markt handelt, der Anwendungsbereich jedoch nach § 1 Abs. 2 Nr. 2 bis 5 nicht eröffnet ist.[18] Die Möglichkeit einer vorsorglichen Erstellung eines Prospektes für Handelsaufnahmen in den Freiverkehr wird hiermit nicht eröffnet. Ein Prospekt ist jedoch dann zu erstellen, wenn die Begleitumstände der Handelsaufnahme in den Freiverkehr die Tatbestandsmerkmale eines öffentlichen Angebotes erfüllen (vgl § 2 Nr. 4, Rn 25 f). Entschließt sich der Berechtigte einen Prospekt zu erstellen, so finden die Vorschriften des WpPG in ihrer Gesamtheit Anwendung.[19] Der Vorteil, einen Prospekt freiwillig zu erstellen, liegt darin, dass der gebilligte Prospekt gem. §§ 17, 18 notifiziert und somit der sog. Europäische Pass nutzbar gemacht werden kann. Zudem bietet der gebilligte Prospekt – soweit er vollständig und richtig ist – dem Emittenten den Vorteil, ein umfassendes Informationsdokument an den Kapitalmarkt zu richten, mit dem Informationsasymmetrien unter den Marktteilnehmern vermieden werden können. 9

---

10 *Just/Voß/Ritz/Zeising*, § 1 Rn 30.
11 BegrRegE, BT-Drucks. 15/4999, S. 27.
12 BegrRegE, BT-Drucks. 15/4999, S. 27.
13 Committee of European Securities Regulatiors, FAQ regarding Prospectuses: Common positions agreed by CESR Members erhältlich unter <www.cesr-eu.org>.
14 Ausführlich: *Just/Voß/Ritz/Zeising*, § 1 Rn 33 ff.
15 Anhebung von ehemals 50 Mio. EUR durch Gesetz zur Umsetzung der Richtlinie 2010/73/EU und zur Änderung des Börsengesetzes vom 26.6.2012, BGBl. I S. 1375.
16 Klarstellung durch Gesetz zur Umsetzung der Richtlinie 2010/73/EU und zur Änderung des Börsengesetzes vom 26.6.2012, BGBl. I S. 1375.
17 *Seitz*, AG 2005, 684; *Kunold/Schlitt*, BB 2004, 503; *Just/Voß/Ritz/Zeising*, § 1 Rn 51.
18 Unzutreffend: *Keunecke*, Prospekte im Kapitalmarkt, Rn 175, der offenbar von einer allg. Möglichkeit ausgeht, freiwillig einen Prospekt zu erstellen und von der BaFin billigen zu lassen.
19 *Holzborn*, § 1 WpPG Rn 32.

§ 2 Begriffsbestimmungen

Im Sinne dieses Gesetzes ist oder sind

1. Wertpapiere: übertragbare Wertpapiere, die an einem Markt gehandelt werden können, insbesondere
   a) Aktien und andere Wertpapiere, die Aktien oder Anteilen an Kapitalgesellschaften oder anderen juristischen Personen vergleichbar sind, sowie Zertifikate, die Aktien vertreten,
   b) Schuldtitel, insbesondere Schuldverschreibungen und Zertifikate, die andere als die in Buchstabe a genannten Wertpapiere vertreten,
   c) alle sonstigen Wertpapiere, die zum Erwerb oder zur Veräußerung solcher Wertpapiere berechtigen oder zu einer Barzahlung führen, die anhand von übertragbaren Wertpapieren, Währungen, Zinssätzen oder -erträgen, Waren oder anderen Indizes oder Messgrößen bestimmt wird,

   mit Ausnahme von Geldmarktinstrumenten mit einer Laufzeit von weniger als zwölf Monaten;
2. Dividendenwerte: Aktien und andere Wertpapiere, die Aktien vergleichbar sind, sowie jede andere Art übertragbarer Wertpapiere, die das Recht verbriefen, bei Umwandlung dieses Wertpapiers oder Ausübung des verbrieften Rechts die erstgenannten Wertpapiere zu erwerben, sofern die letztgenannten Wertpapiere vom Emittenten der zugrunde liegenden Aktien oder von einem zum Konzern des Emittenten gehörenden Unternehmen begeben wurden;
3. Nichtdividendenwerte: alle Wertpapiere, die keine Dividendenwerte sind;
4. öffentliches Angebot von Wertpapieren: eine Mitteilung an das Publikum in jedweder Form und auf jedwede Art und Weise, die ausreichende Informationen über die Angebotsbedingungen und die anzubietenden Wertpapiere enthält, um einen Anleger in die Lage zu versetzen, über den Kauf oder die Zeichnung dieser Wertpapiere zu entscheiden; dies gilt auch für die Platzierung von Wertpapieren durch Institute im Sinne des § 1 Abs. 1 b des Kreditwesengesetzes oder ein nach § 53 Abs. 1 Satz 1 oder § 53 b Abs. 1 Satz 1 oder Abs. 7 des Kreditwesengesetzes tätiges Unternehmen, wobei Mitteilungen auf Grund des Handels von Wertpapieren an einem organisierten Markt oder im Freiverkehr kein öffentliches Angebot darstellen;
5. Angebotsprogramm: einen Plan, der es erlauben würde, Nichtdividendenwerte ähnlicher Art oder Gattung sowie Optionsscheine jeder Art dauernd oder wiederholt während eines bestimmten Emissionszeitraums zu begeben;
6. qualifizierte Anleger:
   a) Kunden und Unternehmen, die vorbehaltlich einer Einstufung als Privatkunde professionelle Kunden oder geeignete Gegenparteien im Sinne des § 31 a Absatz 2 oder 4 des Wertpapierhandelsgesetzes sind, oder die gemäß § 31 a Absatz 5 Satz 1 oder Absatz 7 des Wertpapierhandelsgesetzes auf Antrag als solche eingestuft worden sind oder gemäß § 31 a Absatz 6 Satz 5 des Wertpapierhandelsgesetzes weiterhin als professionelle Kunden behandelt werden,
   b) natürliche oder juristische Personen, die nach in anderen Staaten des Europäischen Wirtschaftsraums erlassenen Vorschriften zur Umsetzung der Bestimmungen des Anhangs II Abschnitt I Nummer 1 bis 4 der Richtlinie 2004/39/EG des Europäischen Parlaments und des Rates vom 21. April 2004 über Märkte für Finanzinstrumente, zur Änderung der Richtlinien 85/611/EWG und 93/6/EWG des Rates und der Richtlinie 2000/12/EG des Europäischen Parlaments und des Rates und zur Aufhebung der Richtlinie 93/22/EWG des Rates (ABl. L 145 vom 30.4.2004, S. 1) in der jeweils geltenden Fassung als professionelle Kunden angesehen werden und nicht eine Behandlung als nichtprofessionelle Kunden beantragt haben,
   c) natürliche oder juristische Personen, die nach in anderen Staaten des Europäischen Wirtschaftsraums erlassenen Vorschriften zur Umsetzung der Bestimmungen des Anhangs II der Richtlinie 2004/39/EG auf Antrag als professioneller Kunde behandelt werden,
   d) natürliche oder juristische Personen, die nach in anderen Staaten des Europäischen Wirtschaftsraums erlassenen Vorschriften zur Umsetzung des Artikels 24 der Richtlinie 2004/39/EG als geeignete Gegenpartei anerkannt sind und nicht eine Behandlung als nichtprofessioneller Kunde beantragt haben, und
   e) natürliche oder juristische Personen, die durch Wertpapierfirmen nach in anderen Staaten des Europäischen Wirtschaftsraums erlassenen Vorschriften zur Umsetzung des Artikels 71 Absatz 6 der Richtlinie 2004/39/EG als vor dem Inkrafttreten der Richtlinie bestehende professionelle Kunden weiterhin als solche behandelt werden;
7. (weggefallen)
8. CRR-Kreditinstitute: Unternehmen im Sinne des § 1 Abs. 3 d Satz 1 des Kreditwesengesetzes;
9. Emittent: eine Person oder Gesellschaft, die Wertpapiere begibt oder zu begeben beabsichtigt;

10. Anbieter: eine Person oder Gesellschaft, die Wertpapiere öffentlich anbietet;
11. Zulassungsantragsteller: die Personen, die die Zulassung zum Handel an einem organisierten Markt beantragen;
12. dauernde oder wiederholte Ausgabe von Wertpapieren: die dauernde oder mindestens zwei Emissionen umfassende Ausgabe von Wertpapieren ähnlicher Art oder Gattung während eines Zeitraums von zwölf Monaten;
13. Herkunftsstaat:
    a) für alle Emittenten von Wertpapieren, die nicht in Buchstabe b genannt sind, der Staat des Europäischen Wirtschaftsraums, in dem der Emittent seinen Sitz hat,
    b) für jede Emission von Nichtdividendenwerten mit einer Mindeststückelung von 1 000 Euro sowie für jede Emission von Nichtdividendenwerten, die das Recht verbriefen, bei Umwandlung des Wertpapiers oder Ausübung des verbrieften Rechts übertragbare Wertpapiere zu erwerben oder einen Barbetrag in Empfang zu nehmen, sofern der Emittent der Nichtdividendenwerte nicht der Emittent der zugrunde liegenden Wertpapiere oder ein zum Konzern dieses Emittenten gehörendes Unternehmen ist, je nach Wahl des Emittenten, des Anbieters oder des Zulassungsantragstellers der Staat des Europäischen Wirtschaftsraums, in dem der Emittent seinen Sitz hat, oder der Staat des Europäischen Wirtschaftsraums, in dem die Wertpapiere zum Handel an einem organisierten Markt zugelassen sind oder zugelassen werden sollen, oder der Staat des Europäischen Wirtschaftsraums, in dem die Wertpapiere öffentlich angeboten werden; dies gilt auch für Nichtdividendenwerte, die auf andere Währungen als auf Euro lauten, wenn der Wert solcher Mindeststückelungen annähernd 1 000 Euro entspricht,
    c) für alle Drittstaatemittenten von Wertpapieren, die nicht in Buchstabe b genannt sind, je nach Wahl des Emittenten, des Anbieters oder des Zulassungsantragstellers entweder der Staat des Europäischen Wirtschaftsraums, in dem die Wertpapiere erstmals öffentlich angeboten werden sollen oder der Staat des Europäischen Wirtschaftsraums, in dem der erste Antrag auf Zulassung zum Handel an einem organisierten Markt gestellt wird, vorbehaltlich einer späteren Wahl durch den Drittstaatemittenten, wenn der Herkunftsstaat nicht gemäß seiner Wahl bestimmt wurde;
14. Aufnahmestaat: der Staat, in dem ein öffentliches Angebot unterbreitet oder die Zulassung zum Handel angestrebt wird, sofern dieser Staat nicht der Herkunftsstaat ist;
15. Staat des Europäischen Wirtschaftsraums: die Mitgliedstaaten der Europäischen Union und die anderen Vertragsstaaten des Abkommens über den Europäischen Wirtschaftsraum;
16. Organisierter Markt: ein im Inland, in einem anderen Mitgliedstaat der Europäischen Union oder einem anderen Vertragsstaat des Abkommens über den Europäischen Wirtschaftsraum betriebenes oder verwaltetes, durch staatliche Stellen genehmigtes, geregeltes und überwachtes multilaterales System, das die Interessen einer Vielzahl von Personen am Kauf und Verkauf von dort zum Handel zugelassenen Finanzinstrumenten innerhalb des Systems und nach festgelegten Bestimmungen in einer Weise zusammenbringt oder das Zusammenbringen fördert, die zu einem Vertrag über den Kauf dieser Finanzinstrumente führt;
17. Bundesanstalt: die Bundesanstalt für Finanzdienstleistungsaufsicht;
18. Schlüsselinformationen: grundlegende und angemessen strukturierte Informationen, die dem Anleger zur Verfügung zu stellen sind, um es ihm zu ermöglichen, Art und Risiken des Emittenten, des Garantiegebers und der Wertpapiere, die ihm angeboten oder zum Handel an einem organisierten Markt zugelassen werden sollen, zu verstehen und unbeschadet des § 5 Absatz 2b Nummer 2 zu entscheiden, welchen Wertpapierangeboten er weiter nachgehen sollte.

A. Wertpapiere (Nr. 1) 2	D. Angebotsprogramm (Nr. 5) 29
B. Dividendenwerte und Nichtdividendenwerte (Nr. 2 und 3) 8	E. Qualifizierte Anleger (Nr. 6) 30
	F. Einlagenkreditinstitut (Nr. 8) 32
C. Öffentliches Angebot (Nr. 4) 9	G. Emittent (Nr. 9) 33
I. Vorbemerkungen 9	H. Anbieter (Nr. 10) 34
II. Angebot 13	I. Zulassungsantragsteller (Nr. 11) 36
III. Öffentlich 19	J. Dauernde oder wiederholte Ausgabe von Wertpapieren (Nr. 12) 37
1. Privatplatzierung 19	
2. Bezugsangebote 20	K. Herkunftstaat (Nr. 13) 38
3. Angebote an Aktionäre verbundener Unternehmen 21	L. Aufnahmestaat (Nr. 14) 41
	M. EWR-Staat (Nr. 15) 42
IV. Einzelfälle 22	N. Organisierter Markt (Nr. 16) 43
V. Mitteilungen im Freiverkehr 25	O. Bundesanstalt (Nr. 17) 44
VI. Mitteilungen im organisierten Markt 27	P. Schlüsselinformationen (Nr. 18) 45

1 § 2 setzt Art. 2 der Prospektrichtlinie um und enthält Definitionen der wichtigen Begriffe des WpPG.

A. Wertpapiere (Nr. 1)

2 § 2 Nr. 1 definiert den Begriff „Wertpapiere". Der Wertpapierbegriff des WpPG entspricht Art. 4 Abs. 1 Nr. 18 der Richtlinie 2004/39/EG über Märkte für Finanzinstrumente.[1] Wertpapiere iSd WpPG sind ausschließlich die Gattungen von Wertpapieren, die auf dem Kapitalmarkt gehandelt werden können und übertragbar sind.[2] Diese Definition entspricht der von der BaFin[3] nach altem Recht vertretenen Ansicht, deren Vorgänger, das BaWe, bereits auf das Merkmal der Geeignetheit für einen marktmäßigen Handel abstellte.[4] Die Marktfähigkeit setzt die **Vertretbarkeit** (Fungibilität und Umlauffähigkeit) der Wertpapiere voraus.[5] Vertretbarkeit bedeutet, dass die Wertpapiere jeweils dieselben Rechte verkörpern müssen.[6] Die Umlauffähigkeit wird idR durch die Verbriefung in Einzel- oder Globalurkunden[7] erzielt. Eine Ausnahme vom Erfordernis der Verbriefung besteht für Schuldbuchforderungen, bei denen die Verbriefung durch einen Registereintrag ersetzt wird. Die BaFin[8] sieht solche Wertrechte jedoch nur dann als Wertpapiere an, wenn sie kraft gesetzlichen Ausspruchs Wertpapieren gleichstehen, was auf Schuldbuchforderungen des Bundes und der Länder zutrifft.[9] Ausländische Registerrechte sind den inländischen verbrieften Wertpapieren gleichzustellen, soweit das ausländische Registerrecht den Anforderungen an Fungibilität und Umlauffähigkeit des inländischen Wertpapierbegriffs entsprechen.[10] **Selling restrictions** oder Haltevereinbarungen (lock up agreements) stellen für sich gesehen zwar Einschränkungen der Fungibilität dar jedoch bleibt das von solchen vertraglichen Konstruktionen in seiner Handelbarkeit eingeschränkte Wertpapier grundsätzlich fungibel.[11]

3 Keine Wertpapiere sind nach zutreffender Ansicht[12] Anlageinstrumente, die nur durch Abtretung übertragen werden können,[13] da ein marktmäßiger Handel durch die Möglichkeit der Geltendmachung von Einwendungen (§ 404 BGB) und damit der Ausschluss der Möglichkeit eines gutgläubigen Erwerbes behindert wird. Daher sind zB nach deutschem Recht emittierte Namensschuldverschreibungen oder Schuldscheindarlehen[14] trotz Verbriefung keine Wertpapiere, da eine Eigentumsübertragung nur mittels Zession der Forderung möglich ist.[15]

4 Keine Wertpapiere sind ferner nach allgemeiner Meinung:[16]

- typische oder atypische Stille Beteiligungen
- Gesellschaftsanteile an einer GmbH, OHG, KG oder BGB-Gesellschaft
- Wechsel, Scheck oder sonstige individuell vereinbarte Wertpapiere, da diese nicht vertretbar sind
- aufgrund eines Stock Option Plans an Mitarbeiter ausgegebene Optionen

5 Keine Wertpapiere sind des Weiteren – trotz Börsenhandelbarkeit – **Bezugsrechte**, die infolge eines Bezugsangebotes (§ 186 AktG) ausgeübt werden können, da sie lediglich als rechtliche Bestandteile der Wertpapiere angesehen werden.[17] Da Bezugsrechte Ansprüche des Aktionärs gegen die Gesellschaft auf Zuteilung von Aktien entsprechend dem Bezugsverhältnis darstellen, können diese auch nur durch Abtretung an Dritte übertragen werden.[18] Im Falle des börslichen Bezugsrechtshandels erfolgt die Zession konkludent durch Erwerb des mit einer ISIN/WKN (International Security Identification Number/Wertpapierkennnummer) gekennzeichneten Rechtes.

---

1 Zwar bezieht sich die Prospektrichtlinie noch auf Art. 1 Abs. 4 der Richtlinie 93/22/EWG, der sog. Wertpapierdienstleistungsrichtlinie. Nach Art. 69 der Richtlinie 2004/39/EG gelten Bezugnahmen auf Begriffsbestimmungen oder Artikel der Richtlinie 93/22/EWG jedoch als Bezugnahmen auf die entsprechenden Begriffsbestimmungen oder Artikel der Richtlinie 2004/39/EG. vgl BegrRegE BT-Drucks. 15/4999, S. 28.
2 *Just/Voß/Ritz/Zeising*, § 2 Rn 32; *Holzborn*, § 2 WpPG Rn 3.
3 Da der Gesetzgeber des VerkProspG auf eine Legaldefinition verzichtete, wurde der Begriff maßgeblich von der BaFin als Billigungsinstanz für Wertpapier-Verkaufsprospekte nach altem Recht geprägt.
4 Vgl Bekanntmachung des BaWe zum VerkProspG vom 6.9.1999, BAnz Nr. 177 vom 21.9.1999, Punkt I. 1, S. 2.
5 *Seitz*, AG 2005, 679.
6 Vgl Bekanntmachung des BaWe zum VerkProspG vom 6.9.1999, BAnz Nr. 177 vom 21.9.1999, Punkt I.1., S. 2.
7 Die Verbriefung in Globalurkunden ist zum Regelfall geworden. Eine Hinterlegung erfolgt bei der Clearstream Banking AG, Frankfurt, der bislang einzige Zentralverwahrer in Deutschland, zum Zwecke der Girosammelverwahrung.
8 Bekanntmachung des BaWe zum VerkProspG vom 6.9.1999, BAnz Nr. 177 vom 21.9.1999, Punkt I. 1, S. 2.
9 AnwK-AktienR/*von Kopp-Colomb*, § 1 VerkProspG Rn 8.
10 *Heidelbach*, in: Schwark, Kapitalmarktrechtskommentar, § 1 VerkProspG Rn 6.
11 Committee of European Securities Regulatiors, Frage 67 der FAQ regarding Prospectuses: Common positions agreed by CESR Members erhältlich unter <www.cesr-eu.org>.
12 Bekanntmachung des BaWe zum VerkProspG vom 6.9.1999, BAnz Nr. 177 vom 21.9.1999, Punkt I.1., S. 2.
13 *Just/Voß/Ritz/Zeising*, § 2 Rn 36.
14 BegrRegE, BT-Drucks. 15/4999, S. 28.
15 *Seitz*, AG 2005, 679.
16 Stellvertretend für den Meinungsstand: *Just/Voß/Ritz/Zeising*, § 2 Rn 38 ff.
17 *Heidelbach*, in: Schwark, Kapitalmarktrechtskommentar, § 30 BörsG Rn 10; für den Wertpapierbegriff nach § 2 Abs. 1 Nr. 1 WpHG: *Assmann*, in: Assmann/Schneider, § 2 Rn 12.
18 *Hüffer*, § 186 AktG Rn 7.

Entsprechend Art. 2 Abs. 1 lit. a der Prospektrichtlinie sind des Weiteren **Geldmarktinstrumente**[19] mit einer Laufzeit von weniger als zwölf Monaten vom Wertpapierbegriff nach dem WpPG ausgenommen. Diese spezielle Regelung der Prospektrichtlinie wird durch den Wertpapierbegriff der Richtlinie 2004/39/EG nicht verdrängt.[20]

Für ausländische Wertpapiere sind wie bisher auch die gleichen Kriterien heranzuziehen wie für deutsche Wertpapiere. Zwar bestimmt sich die Eigenschaft eines Anlageinstruments als Wertpapier grundsätzlich nach der Rechtsordnung, der das in der Urkunde verbriefte Recht unterliegt.[21] Allerdings gebietet es der Schutz der Anleger in Deutschland, ausländische Wertpapiere, die zwar nicht im Ausland, jedoch in Deutschland als Wertpapiere einzustufen wären, dem Regime des WpPG unterzuordnen.[22] Beispiele für solche ausländischen Wertpapiere sind zB Medium-Term-Notes, Euro-Commercial Paper[23] oder partly paid shares.

B. Dividendenwerte und Nichtdividendenwerte (Nr. 2 und 3)

§ 2 Nr. 2 definiert „Dividendenwerte".[24] Hierunter fallen neben Aktien insbesondere die sog. Aktienanleihen. Allerdings sind Aktienanleihen nur dann als Dividendenwerte anzusehen, wenn sie vom Emittenten der zugrunde liegenden Aktien oder von einem Unternehmen begeben werden, das mit dem Emittenten einen Konzern im Sinne des § 18 AktG bildet.[25] § 2 Nr. 3 definiert „Nichtdividendenwerte" als Wertpapiere die nicht Dividendenwerte im Sinne der Nr. 2 sind. Optionsscheine, Umtauschanleihen und Wandelanleihen[26] sind jedoch Dividendenwerte, wenn sie zum Erwerb von Wertpapieren des Emittenten solcher Schuldverschreibungen oder eines konzernangehörigen Unternehmens berechtigen. Umgekehrt sind Optionsscheine und Umtauschanleihen, sofern sie nicht vom Emittenten des Underlyings oder einem konzernangehörigem Unternehmen emittiert werden, keine Dividendenwerte.[27] Die Unterscheidung zwischen Dividendenwerte und Nichtdividendenwerte erlangt für das nach § 2 Nr. 13 gegebene Wahlrecht (vgl Rn 38 ff) hinsichtlich des Herkunftslandes und damit der zuständigen Prospektprüfungsbehörde Relevanz.[28]

C. Öffentliches Angebot (Nr. 4)

I. Vorbemerkungen. § 2 Nr. 4 definiert das „öffentliche Angebot von Wertpapieren" legal. Danach ist ein öffentliches Angebot bei Mitteilungen an das Publikum in jedweder Form und auf jedwede Art und Weise gegeben, die ausreichende Informationen über die Angebotsbedingungen und die anzubietenden Wertpapiere enthalten, um einen Anleger in die Lage zu versetzen, über den Kauf oder die Zeichnung dieser Wertpapiere zu entscheiden. Die Definition soll nach der Regierungsbegründung dem Begriffsverständnis des öffentlichen Angebots nach dem VerkProspG aF entsprechen.[29] Nach früherer Begriffsbestimmung durch die BaFin[30] lag ein öffentliches Angebot im Falle einer zielgerichteten Ansprache von Anlegern, die ebenfalls in jedweder Form – insbesondere auch mittels elektronischer Medien, also zB im Internet – erfolgen konnte, vor, wenn neben werbenden Maßnahmen sowie ein gegebenes Informationsbedürfnis[31] der angesprochenen Anleger auch eine konkrete Möglichkeit zum Erwerb der beworbenen Wertpapiere bestand. Letzteres Merkmal, nämlich das Erfordernis einer **konkreten Erwerbsmöglichkeit**, ist jedoch weder in § 2 Nr. 4 noch in der zugrunde liegenden Regelung in Art. 2 Abs. 1 lit. d der Prospektrichtlinie normiert worden.[32] Das deutet auf eine Erweiterung des Anwendungsbereichs auch auf Werbemaßnahmen, soweit sie die nach § 2 Nr. 4 aufgestellten Kriterien erfüllen, hin.[33] Die BaFin[34] hat jedoch mitgeteilt, dass sie an dieser – nicht dem

---

19 *Just/Voß/Ritz/Zeising*, § 2 Rn 67.
20 Vgl BegrRegE, BT-Drucks. 15/4999, S. 28.
21 MüKo/*Kreuzer*, Art. 38 EGBGB Rn 118; *Groß*, Kapitalmarktrecht, § 2 WpPG Rn 5; *Holzborn*, § 2 WpPG Rn 7.
22 *Groß*, Kapitalmarktrecht, § 2 WpPG Rn 5; *Just/Voß/Ritz/Zeising*, § 2 Rn 45.
23 *Schäfer*, ZIP 1991, 1557.
24 Ausführlich: *Just/Voß/Ritz/Zeising*, § 2 Rn 72 ff.
25 BegrRegE, BT-Drucks. 15/4999, S. 28.
26 *Seitz*, AG 2005, 680, der allerdings nicht berücksichtigt, dass auch Umtauschanleihen Dividendenwerte sein können, da sie auch ein Recht auf Umtausch in Wertpapiere konzernangehöriger Unternehmen verbriefen können; *Just/Voß/Ritz/Zeising*, § 2 Rn 88.
27 *Crüwell*, AG 2003, 245.
28 *Seitz*, AG 2005, 680; *Crüwell*, AG 2003, 245.
29 BegrRegE, BT-Drucks. 15/4999, S. 28.
30 Vgl Bekanntmachung des BaWe zum VerkProspG vom 6.9.1999, BAnz Nr. 177 vom 21.9.1999, Punkt I. 2, S. 3.
31 Dieses Tatbestandsmerkmal wurde insb. zur Abgrenzung der vom öffentlichen Angebot ausgenommenen "begrenzten Personenkreise" iSd § 2 Nr. 2 VerkProspG aF herangezogen, vgl Bekanntmachung des BaWe zum VerkProspG vom 6.9.1999, BAnz Nr. 177 vom 21.9.1999, Punkt II. 1, S. 5.
32 *Just/Voß/Ritz/Zeising*, § 2 Rn 128.
33 *Holzborn/Israel*, ZIP 2005, 1668; *Kunold/Schlitt*, BB 2004, 503; *Seitz*, AG 2005, 683; *Schlitt/Schäfer*, AG 2005, 500; aA *Groß*, Kapitalmarktrecht, § 2 WpPG Rn 13, der unzutreffenderweise als Argument für die Notwendigkeit einer konkreten Erwerbsmöglichkeit die gesonderte Regelung für die Werbung in § 15 anführt, die allerdings das Vorliegen eines öffentlichen Angebotes bereits als Voraussetzung nennt.
34 BaFin-Workshop: 100 Tage WpPG, "Rechtsfragen aus der Anwendungspraxis".

Wortlaut zu entnehmenden – Voraussetzung festhält. Auch die Regierungsbegründung[35] setzt offensichtlich voraus, dass das Kriterium einer konkreten Erwerbs- oder Zeichnungsmöglichkeit weiterhin Anwendung finden soll. In der Praxis werden öffentliche Werbemaßnahmen regelmäßig mit einer konkreten Erwerbsmöglichkeit der Wertpapiere verbunden sein.[36] Werbemaßnahmen, aus denen sich die Vertragsessentialia nicht entnehmen lassen, stellen indes noch kein öffentliches Angebot dar.[37] Zu den wesentlichen Vertragsbestandteilen beim Erwerb von Wertpapieren gehören die Bezeichnung des Kaufgegenstandes, der auch aus erst zukünftig entstehenden Wertpapieren bestehen kann,[38] und deren Preis bzw Preisrahmen (beim **Bookbuilding-Verfahren**).[39]

10 Eine Pflicht zur Veröffentlichung eines Prospektes besteht trotz Vorliegens eines öffentlichen Angebotes jedoch ggf nach § 3 Abs. 1 S. 2 nicht, vgl dort Rn 2 ff.

11 Da es im Rahmen der Definition nach § 2 Nr. 4 lediglich auf das abstrakte Merkmal des öffentlichen Anbietens von Wertpapieren ankommt, ist es unerheblich, ob das Angebot auch erfolgreich war.[40]

12 Die Regelung stellt klar, dass ein öffentliches Angebot auch dann vorliegt, wenn die in § 2 Nr. 4 benannten gewerblich tätigen Anbieter Wertpapiere platzieren. Das ergibt sich jedoch bereits aus der Definition des Anbieters in § 2 Nr. 10. Eine explizite Erwähnung wäre in § 2 Nr. 4 nicht erforderlich gewesen, zumal auch in § 3 Abs. 2 S. 3 derselbe Hinweis gegeben wird.

13 **II. Angebot.** Unter dem Begriff des Angebots fallen sowohl Verkaufsangebote als auch Tauschangebote (vgl § 4 Abs. 1 Nr. 2), nicht jedoch Kaufangebote.[41] Für das Vorliegen eines **Angebots** kommt es nicht darauf an, ob bereits ein Angebot im Rechtssinne (§ 145 BGB) vorliegt.[42] Vielmehr stellen Offerten von Wertpapieren in der Regel lediglich eine *invitatio ad offerendum*[43] dar. Bezogen auf das Anbieten von Wertpapieren bedeutet dies, dass der Anbieter sich vorbehält, Zeichnungen bzw sonstige Erwerbsangebote aus Gründen abzulehnen, die im Einflussbereich des Anlegers bzw in seiner Person liegen, wie zB eine fehlende Kaufpreiszahlung bzw eine mangelnde Kreditwürdigkeit oder eine Überzeichnung der Emission und der damit einhergehenden Notwendigkeit, ggf Zuteilungen vorzunehmen, die geringer sind als die vorhandenen Zeichnungswünsche.

14 Das Angebot muss nicht notwendigerweise in einer Mitteilung erfolgen; es kann sich auch aus verschiedenen Veröffentlichungen, zB **verlinkten Internetseiten,**[44] ergeben, wenn diese aufeinander verweisen und erst in der Zusammenschau die Kriterien der Nr. 4 erfüllen. Entscheidend ist, dass die jeweiligen Komponenten des Angebotes bewusst aufeinander Bezug nehmen. Anbieter ist in solchen Fällen jeder, der einen Teil der Informationen zur Verfügung stellt und der – auch mittels Internetverknüpfungen – auf die weiteren Komponenten des öffentlichen Angebotes verweist.[45]

15 Ein Angebot iSd § 2 Nr. 4 liegt auch in all jenen Fällen **alternativer Vertragskonstruktionen** vor, in denen der Anleger sich zum Erwerb von Wertpapieren verpflichtet. Solche Fälle können sein: Darlehensverträge, in denen dem Darlehensnehmer das Recht eingeräumt wird, die Darlehensrückzahlung mit Wertpapieren zu erfüllen; auflösend oder aufschiebend bedingte Verträge, die den Erwerb von Wertpapieren zum Gegenstand haben und bei denen der Eintritt der Bedingung nicht vom Anleger beeinflussbar ist; ein unwiderruflicher Vorvertrag zum Erwerb von Wertpapieren; auch ein widerruflicher Kaufvertrag zum Erwerb von Wertpapieren, da der Anleger berechtigt und verpflichtet wird, wenn er nicht widerruft.[46]

16 Kein Angebot stellen Konstellationen dar, in denen der Gegenstand von Erklärungen zwar ein (späterer) Erwerb von Wertpapieren sein kann, der Anleger jedoch noch **weitere Willenserklärungen** tätigen muss, um die Wertpapiere erwerben zu können.[47] Das ist beispielsweise dann der Fall, wenn sich Anleger nur vormerken lassen, an einer bevorstehenden Emission teilzunehmen.[48]

17 Geht die **Initiative zum Erwerb** der Wertpapiere allein vom Anleger aus, ohne dass der Anbieter die Tatbestandsmerkmale der § 2 Nr. 4 bereits durch entsprechende Werbemaßnahmen bzw Mitteilungen erfüllt, ist darin kein Angebot zu sehen.[49] Ein öffentliches Angebot liegt jedoch dann vor, wenn der Anbieter die Ansprache des Anlegers **bewusst provoziert**.[50]

---

35 BegrRegE, BT-Drucks. 15/4999, S. 28.
36 *Kunold/Schlitt*, BB 2004, 503.
37 So bereits nach altem Recht: *Heidelbach*, in: Schwark, Kapitalmarktrechtskommentar, § 1 VerkProspG Rn 9.
38 *Ritz*, in: Assmann/Lenz/Ritz, VerkProspG, § 1 Rn 32.
39 *Heidelbach*, in: Schwark, Kapitalmarktrechtskommentar, § 1 VerkProspG Rn 8.
40 *Grimme/Ritz*, WM 1998, 2095.
41 *Groß*, Kapitalmarktrecht, § 2 WpPG Rn 9.
42 BegrRegE, BT-Drucks. 15/4999, S. 28, die einen Rückschluss aus Art. 4 Abs. 1 lit. e. der Prospektrichtlinie vornimmt, in dem es heißt, dass Wertpapiere "angeboten oder zugeteilt werden bzw werden sollen", es mithin nicht ausschließlich auf ein "Anbieten" ankommen soll; *Just/Voß/Ritz/Zeising*, § 2 Rn 129.
43 Eine Aufforderung, Angebote abzugeben. Zum Begriff siehe Palandt/*Heinrichs*, § 145 BGB Rn 2.
44 *Just/Voß/Ritz/Zeising*, § 2 Rn 121.
45 So bereits nach altem Recht: *Heidelbach*, in: Schwark, Kapitalmarktrechtskommentar, § 1 VerkProspG Rn 16.
46 *Ritz*, in: Assmann/Lenz/Ritz, VerkProspG, § 1 Rn 28 ff; *Schäfer*, in: Schäfer, § 1 VerkProspG Rn 8.
47 *Just/Voß/Ritz/Zeising*, § 2 Rn 130 ff.
48 *Ritz*, in: Assman/Lenz/Ritz, VerkProspG, § 1 Rn 34.
49 AnwK-AktienR/*von Kopp-Colomb*, § 1 VerkProspG Rn 14; *Schnorbus*, AG 2008, 394.
50 *Just/Voß/Ritz/Zeising*, § 2 Rn 114; *Schnorbus*, AG 2008, 394.

Schließlich stellt das Angebot von Wertpapieren im Rahmen von **Mitarbeiteroptionsprogrammen**[51] auch ein öffentliches Angebot dar, für das allerdings gemäß § 4 Abs. 1 Nr. 5 kein Prospekt, wohl aber ein sog. Dokument (siehe dort) zu veröffentlichen ist.

III. Öffentlich. 1. Privatplatzierung. Vor Inkrafttreten des WpPG bot die Bestimmung, ob ein öffentliches Angebot vorliegt, größere Schwierigkeiten,[52] da eine Definition weder im Gesetz noch in der zugrunde liegenden Richtlinie zu finden war. Als Gegenstück zum öffentlichen Angebot wurde die **Privatplatzierung**, dh die Ansprache von wenigen dem Anbieter im Einzelnen bekannten Personen,[53] herangezogen – hier war die Abgrenzung am deutlichsten vorzunehmen. Dieser Grundsatz gilt weiterhin, da ein Angebot nur dann öffentlich ist, wenn das Publikum[54] angesprochen wird.

2. Bezugsangebote. Schwierigkeiten bot die Bestimmung des Begriffs des „begrenzten Personenkreises" iSd § 2 Nr. 2 VerkProspG aF als Ausnahme zur Öffentlichkeit. Während einige vertraten, dass das Vorliegen eines „begrenzten Personenkreises" nach rein quantitativen Maßstäben zu beurteilen sei,[55] nahm das BaWe (als Vorgängerin der BaFin) einen qualitativen Ansatz, der aus dem Schutzzweck des VerkProspG abgeleitet wurde, vor.[56] Durch den Wegfall der Begrifflichkeit des „begrenzten Personenkreises" und der Aufnahme einer konkret quantifizierbaren Anzahl an nicht iSd WpPG „qualifizierten" Anlegern, denen Wertpapiere prospektfrei angeboten werden dürfen (vgl § 3 Abs. 2 S. 1 Nr. 2), hat sich der europäische Gesetzgeber zugunsten einer klaren und rechtssicheren Anwendbarkeit für eine rein quantitative Sichtweise entschieden. Die Regierungsbegründung hat jedoch erkannt, dass eine Notwendigkeit besteht, auch qualitative Bewertungen vorzunehmen. So sollen Umwandlungsvorgänge nach dem Umwandlungsgesetz kein öffentliches Angebot darstellen, sofern die Personen, die bereits vor Wirksamwerden des Umwandlungsvorganges Wertpapiere des übertragenden Rechtsträgers halten, anlässlich des Umwandlungsvorganges keine Zuzahlungen für den Erwerb der Wertpapiere leisten sollen.[57] Anhand dieser vom deutschen Gesetzgeber vorgenommenen Berücksichtigung auch qualitativer Merkmale begründete die BaFin bis zum Inkrafttreten der delegierten Verordnung (EU) Nr. 486/2012 der Kommission[58] zum 1. Juli 2012, dass **Bezugsangebote** (§ 186 AktG) von AG oder KGaA, die sich entsprechend den bereits nach altem Recht geltenden Kriterien[59] erkennbar ausschließlich an die bestehenden (Kommandit-)Aktionäre richten und bei denen ein Handel der Bezugsrechte außerhalb des Kreises der Altaktionäre nicht von der Gesellschaft veranlasst wird,[60] auch nach neuem Recht kein öffentliches Angebot darstellten.[61] Diese **Auffassung wurde jedoch aufgegeben**, da die genannte Verordnung, welche die frühere Verordnung 809/2004 (Prospektverordnung) änderte, eine Legaldefinition des Begriffs „Bezugsrechtsemission" (Art. 2 Nr. 13 nF) sowie in Anhang XXIII sowie XXIV Schemata für Pflichtangaben bei Bezugsrechtsemissionen enthält, durch die der europäische Gesetzgeber offenbar macht, dass Bezugsrechtsemissionen grundsätzlich als öffentliche Angebote eingestuft werden und offenlegungspflichtig Unterliegen. Damit hat der europäische Gesetzgeber Fakten geschaffen, welche die frühere Auslegung der BaFin nunmehr verbietet. Auf Ebene der CESR war bereits seit längerem deutlich, dass die meisten mitgliedstaatlichen Behörden das Durchführen eines Bezugsangebots als öffentliches Angebot qualifizieren.[62] So verwundert es auch nicht, dass die genannten Neuerungen der Prospektverordnung nicht als gänzlich neue Offenlegungspflichten für Bezugsangebote normiert wurden, sondern als Erleichterungen zu ohnehin bestehenden vollständigen Prospektangaben gedacht sind.

3. Angebote an Aktionäre verbundener Unternehmen. In Abkehr von ihrer früheren Auslegung[63] hält die BaFin das Angebot von Wertpapieren eines iSv § 15 AktG verbundenen Unternehmens an die Aktionäre der Muttergesellschaft nicht mehr *per se* als prospektfrei möglich.[64] Vielmehr soll entscheidend sein, ob die Aktionäre, denen die Wertpapiere des verbundenen Unternehmens angeboten werden, Zugang zu Informa-

---

51 *Just/Voß/Ritz/Zeising*, § 2 Rn 144.
52 *Ritz*, in: Assmann/Lenz/Ritz, VerkProspG, § 1 Rn 39; *Heidelbach*, in: Schwark, Kayptalmarktrechtskommentar, § 1 VerkProspG Rn 17.
53 Bekanntmachung des BaWe zum VerkProspG vom 6.9.1999, BAnz Nr. 177 vom 21.9.1999, Punkt II. 1, S. 4.
54 *Just/Voß/Ritz/Zeising*, § 2 Rn 99.
55 *Hüffer*, Das Wertpapier-Verkaufsprospektgesetz – Prospektpflicht und Anlegerschutz, 1996, 27, 51.
56 Bekanntmachung des BaWe zum VerkProspG vom 6.9.1999, BAnz Nr. 177 vom 21.9.1999, Punkt II. 1, S. 5.
57 BegrRegE, BT-Drucks. 15/4999, S. 28.
58 <http://eur-lex.europa.eu/LexUriServ/LexUriServ.do?uri=OJ:L:2012:150:0001:0065:DE:PDF>.
59 Bekanntmachung des BaWe zum VerkProspG vom 6.9.1999, BAnz Nr. 177 vom 21.9.1999, Punkt I. 2, S. 4.
60 Führt ein Marktteilnehmer die Bezugsrechte zum Handel in den Freiverkehr ohne Veranlassung des Emittenten ein, so ist dies dem Emittenten nicht zuzurechnen. Eine Prospektpflicht wird auch durch den Marktteilnehmer nicht ausgelöst, da Bezugsrechte keine Wertpapiere iSd § 2 Nr. 1 sind (siehe dort Rn 5).
61 *Holzborn/Israel*, ZIP 2005, 1669; *Schlitt/Schäfer*, AG 2005, 500; *Just/Voß/Ritz/Zeising*, § 2 Rn 103; *Bloß/Schneider*, WM 2009, 879.
62 Committee of European Securities Regulatiors, Frage 63 der FAQ regarding Prospectuses: Common positions agreed by CESR Members erhältlich unter <www.cesr-eu.org>; zitierte Ausnahmen sind die Behörden in Deutschland, Österreich und Polen.
63 Bekanntmachung des BaWe zum VerkProspG vom 6.9.1999, BAnz Nr. 177 vom 21.9.1999, Punkt I. 2, S. 4.
64 *Just/Voß/Ritz/Zeising*, § 2 Rn 109.

tionen haben, die denen in einem Prospekt gleichwertig sind, dh eine Veröffentlichung eines Prospekts ist im Hinblick auf das bereits anderweitig befriedigte Informationsbedürfnis der angesprochenen Anleger nicht erforderlich. Diese Auslegung wird jedoch vermutlich nach der Zuführung von Bezugsangeboten in die Prospektpflicht keinen Bestand haben, da damit verdeutlicht wurde, dass auf europäischer Ebene der quantitative Ansatz vor qualitativen Aspekten Vorrang hat, dh es käme eher darauf an, wieviele Aktionäre angesprochen werden als darauf, welchen Informationsstand diese haben.

IV. Einzelfälle. Die **kostenlose Ausgabe** von Wertpapieren stellt – wie bereits nach altem Recht vertreten wurde[65] – kein öffentliches Angebot dar. Zwar ist der Wortlaut von § 2 Nr. 4 geeignet, unter „Zeichnung" von Wertpapieren auch entgeltfreie Erwerbsvorgänge zu subsumieren. Soweit Wertpapiere ohne Zuzahlung angeboten werden und auch keine sonstigen erwerbsbezogenen Nebenkosten oder dergleichen anfallen, benötigen die Anleger keinen Schutz nach dem WpPG. Ebenfalls kein öffentliches Angebot liegt in den Fällen vor, in denen der Erwerber von Wertpapieren eine Entscheidung über den Kauf oder die Zeichnung gar nicht treffen kann, weil die Wertpapiere **ex lege**[66] – etwa in Folge einer Kapitalerhöhung aus Gesellschaftsmitteln oder als Sachdividende (vgl § 4 Abs. 1 Nr. 4, Rn 6 f), im Regelfall der Verschmelzung (vgl § 4 Abs. 1 Nr. 3, Rn 5), des Formwechsels sowie der Umwandlung von Aktiengattungen (vgl § 4 Abs. 1 Nr. 1, Rn 3) – erworben werden. Der Erwerb solcher Wertpapiere erfolgt ohne Angebot oder Verpflichtungserklärung des Erwerbers und erfolgt bei girosammelverwahrten Wertpapieren durch giromäßige Zubuchung ohne Zutun des Erwerbers.

Die Regierungsbegründung stellt klar, dass die bloße Weiterleitung von Bezugsrechtsangeboten oder die Benachrichtigung der Aktionäre über die Zubuchung junger Aktien durch die Depotbank kein öffentliches Angebot im Sinne der § 2 Nr. 4 darstellt.[67] **Weitere Fälle**, bei denen es sich um keine öffentlichen Angebote handelt, sind Tombstones (Beschreibungen bereits abgeschlossener Transaktionen), da damit erkennbar kein Angebot verbunden ist,[68] oder redaktionelle Beiträge in Zeitschriften, Zeitungen, Rundfunk und Fernsehen.[69]

V. Mitteilungen im Freiverkehr. Die Handelsaufnahme von Wertpapieren in den **Freiverkehr** stellt kein öffentliches Angebot dar. Weder der Antrag noch die börsenseitige Einbeziehung von Wertpapieren in den Freiverkehr stellen eine gezielte Ansprache von Anlegern dar, so dass es bereits an einem Angebot fehlt. Werden Wertpapiere im Rahmen bestehender Ausnahmen prospektfrei platziert und in den Freiverkehr einbezogen, so besteht keine Prospektpflicht. Wird die Einbeziehung in den Freiverkehr allerdings von Werbemaßnahmen unter Mitteilung der *essentialia negotii* begleitet, so liegt ein öffentliches Angebot vor.

Das Gesetz nimmt in § 2 Nr. 4 Mitteilungen aufgrund des Handels von Wertpapieren im Freiverkehr vom Begriff des öffentlichen Angebots aus. Die Abgrenzung, wann eine Mitteilung „aufgrund des Handels" erfolgt oder bereits ein öffentliches Angebot auslösende Information vorliegt, stellt sich in der Praxis schwierig dar.[70] Die BaFin stufte bislang den bloßen Hinweis auf die Notierung und die Veröffentlichung reiner Emissionsdaten, zu denen beispielsweise die Angabe von ISIN/WKN, variablem Mindestschluss, des Underlying und der kleinsten handelbaren Einheit zählen sollen, nicht als öffentliches Angebot ein.[71] Hingegen sollen Angaben zum aktuellen Kurs, zum Ausübungspreis (bei Optionsscheinen, Umtausch- bzw Wandelanleihen) und zu den Ausübungsmodalitäten bereits geeignet sein, ein öffentliches Angebot auszulösen.[72] Zu vermeiden gilt es daher, Mitteilungen und sonstige Äußerungen (zB im Rahmen eines Interviews), die einen rein werbenden Charakter haben, zB der Hinweis auf „Rekordergebnisse", ein unerwarteter guter Geschäftsverlauf, etc, mit weiteren Informationen, zB Hinweis auf die Kaufmöglichkeit an der Börse, zu verbinden, die in der Gesamtaussage die Kriterien eines öffentlichen Angebotes erfüllen. Bei der Gestaltung der Webseite ist ebenfalls darauf zu achten, dass keine über die Mitteilung der zulässigen Emissionsdaten hinausgehenden Informationen (zB ein Chart über den Kursverlauf) per Link oder direkt im Webauftritt enthalten sind, da in Kombination mit anderen auf der Webseite (oder verlinkten Webseiten) enthaltenen Informationen die Tatbestandsmerkmale eines öffentlichen Angebotes ebenfalls erfüllt sein könnten. Allgemein ist dafür Sorge zu tragen, dass im Auftritt nach außen, sei es in Road Shows, Unternehmenspräsentationen, Interviews, etc. keine konkreten Anlageempfehlungen zum Kauf der Wertpapiere[73] oder aktuelle Kursdaten mitgeteilt werden. Die Beachtung dieser Vorgaben fordert den Emittenten ein starkes Maß an Selbstdisziplin ab. Emittenten, die frei in ihrem Handeln sein wollen, sollten daher einen Prospekt erstellen.

---

[65] AnwK-AktienR/*von Kopp-Colomb*, § 1 VerkProspG Rn 14.
[66] *Groß*, Kapitalmarktrecht, § 2 WpPG Rn 10; *Just/Voß/Ritz/Zeising*, § 2 Rn 150.
[67] BegrRegE, BT-Drucks. 15/4999, S. 28.
[68] *Schäfer*, in: Schäfer, § 1 VerkProspG Rn 11.
[69] *Just/Voß/Ritz/Zeising*, § 2 Rn 152.
[70] *Just/Voß/Ritz/Zeising*, § 2 Rn 161.
[71] Bekanntmachung des BaWe zum VerkProspG vom 6.9.1999, BAnz Nr. 177 vom 21.9.1999, Punkt I. 1, S. 4.
[72] Bekanntmachung des BaWe zum VerkProspG vom 6.9.1999, BAnz Nr. 177 vom 21.9.1999, Punkt I. 1, S. 4.
[73] *Holzborn*, in: GoingPublic 12/05, 61.

Da jedoch die Möglichkeit zur freiwilligen Erstellung eines Prospektes auf die Fälle des § 1 Abs. 3[74] beschränkt ist, müsste der Emittent/Anbieter ein die Prospektpflicht auslösendes öffentliches Angebot darstellen. Wird indes kein Prospekt erstellt, drohen dem Emittenten und allen sonstigen Anbietern neben den aufsichtsrechtlichen Sanktionen, die die BaFin gem. §§ 21, 30 verhängen kann, eine Haftung nach § 13 a VerkProspG für fehlenden Prospekt.

VI. Mitteilungen im organisierten Markt. Nach der Definition in § 2 Nr. 4 kann ein die Prospektpflicht auslösendes öffentliches Angebot auch in Bezug auf bereits **an einem organisierten Markt zugelassene Aktien** erfolgen.[75] Die in § 1 VerkProspG aF bestehende Beschränkung auf Wertpapiere, die nicht zum Handel an einer inländischen Börse zugelassen sind, findet sich in § 2 Nr. 4 nicht wieder. Die im Gesetzestext explizit aufgenommene Ausnahme, dass „Mitteilungen aufgrund des Handels von Wertpapieren an einem organisierten Markt ... kein öffentliches Angebot darstellen", ergibt nur dann Sinn, wenn generell Angebote von an einem organisierten Markt zugelassenen Wertpapieren geeignet sind, als öffentliches Angebot qualifiziert zu werden und eine Prospektpflicht auszulösen. 27

Daher gelten die unter Rn 25 f aufgeführten Überlegungen auch für Wertpapiere, die an einem organisierten Markt zugelassen sind.[76] Unter Berücksichtigung von § 3 wären allerdings nur diejenigen Fälle von dieser Rechtsfolge erfasst, bei denen bezüglich der in Frage stehenden Wertpapiere noch kein Prospekt nach den Vorschriften des WpPG erstellt, von der BaFin gebilligt und veröffentlicht wurde, dh der letzte Zulassungsprospekt noch in Anwendung alten Rechts veröffentlicht wurde, oder ein veröffentlichter Prospekt nach dem WpPG nicht mehr iSv § 9 Abs. 1 gültig ist. Die Disziplinierung der Emittenten zur Einhaltung der von der BaFin aufgestellten Verhaltensregeln in Bezug auf Informationen, die als ein öffentliches Angebot auslösend gelten sollen, wird sich jedoch in der Praxis auf kurze Sicht nicht durchsetzen lassen. Unabhängig davon, ob die BaFin ihre Kompetenzen zur Sanktionierung ausüben würde, droht Emittenten, deren Wertpapiere an einem organisierten Markt gehandelt werden, bei Mitteilungen, die ein öffentliches Angebot darstellen, trotz fehlendem Prospekt keine spezialgesetzliche Haftung, da § 13 a VerkProspG (Haftung bei fehlendem Prospekt) nur für Erwerbsvorgänge in Wertpapieren gilt, die „nicht an einer inländischen Börse zugelassen" sind. 28

D. Angebotsprogramm (Nr. 5)

§ 2 Nr. 5 definiert ein Angebotsprogramm. Für die Durchführung eines Angebotsprogramms ist – soweit keine Ausnahme von der Prospektpflicht einschlägig ist – die Erstellung eines Basisprospektes iSv § 6 erforderlich. 29

E. Qualifizierte Anleger (Nr. 6)

§ 2 Nr. 6 enthält eine Definition der qualifizierten Anleger, die mit Wirkung zum 1. Juli 2012 durch Gesetz zur Umsetzung der Richtlinie 2010/73/EU und zur Änderung des Börsengesetzes[77] zuletzt geändert wurde. Die Definition entspricht nunmehr der Definition der geeigneten Gegenpartei bzw des professionellen Kunden der Richtlinie 2004/39/EG über Märkte für Finanzinstrumente (MiFID), um einen Gleichlauf der Definitionen im Prospektrecht mit der Finanzmarktrichtlinie zu erzielen. Umgesetzt wurde diese Definition für in Deutschland ansässige Anleger in § 31 a WpHG, der sich im neuen lit. a) daher findet. 30 31

F. Einlagenkreditinstitut (Nr. 8)

§ 2 Nr. 8 bestimmt den Begriff des Einlagenkreditinstituts in Anknüpfung an das Kreditwesengesetz. 32

G. Emittent (Nr. 9)

Die in § 2 Nr. 9 enthaltene Definition des Emittenten umfasst Personen und Gesellschaften. Zu den Personen zählen sowohl juristische Personen des öffentlichen Rechts als auch solche des Privatrechts.[78] 33

---

74 Vgl dortige Kommentierung, Rn 9; aA *Keunecke*, Prospekte im Kapitalmarkt, Rn 175, der offenbar von einer allgemeinen Möglichkeit ausgeht, freiwillig einen Prospekt gemäß den Bestimmungen des WpPG zu erstellen.
75 *Schlitt/Schäfer*, AG 2005, 500; *Groß*, Kapitalmarktrecht, § 3 WpPG Rn 2.
76 *Just/Voß/Ritz/Zeising*, § 2 Rn 166.
77 BR-Drucks. 291/12.
78 BegrRegE, BT-Drucks. 15/4999, S. 28.

H. Anbieter (Nr. 10)

34 § 2 Nr. 10 definiert den **Anbieter**. Das Begriffsverständnis entspricht demjenigen, das nach dem VerkProspG aF herangezogen wurde.[79] Anbieter ist danach derjenige, der für das öffentliche Angebot der Emission verantwortlich ist.[80] Er muss nicht zwingend mit dem Emittenten identisch sein bzw der Emittent ist nicht zwingend stets auch Anbieter. Bei einer Eigenemission ist der Emittent Anbieter. Wird ein Emissionskonsortium gebildet, um Wertpapiere anzubieten, ist der Emittent ebenfalls Anbieter, wenn er das öffentliche Angebot veranlasst hat.[81] Das ist dann nicht der Fall, wenn Dritte bereits emittierte Wertpapiere ohne Veranlassung des Emittenten öffentlich anbieten.[82] So ist zB der abgebende Großaktionär im Rahmen einer öffentlichen Umplatzierung ebenfalls Anbieter.[83] Dennoch träfe den Emittenten infolge der Neuregelung des § 13 a VerkProspG eine Haftung für einen fehlenden Prospekt, wenn der anbietende Dritte keinen Prospekt erstellt, die Wertpapiere nicht zum Handel an einer inländischen Börse zugelassen sind und kein gültiger Prospekt bezogen auf die Wertpapiere des Emittenten vorliegt (§ 3 Abs. 1 S. 2). Dieser misslichen Rechtsfolge des § 13 a Abs. 1 VerkProspG ist durch eine teleologische Reduktion dergestalt zu begegnen, dass der Emittent bei fehlender Veranlassung des öffentlichen Angebotes nicht Anspruchsadressat ist. Emittenten sollten daher insbesondere bei Privatplatzierungen, im Rahmen deren üblicherweise größere Pakete von Wertpapieren an wenige Investoren emittiert werden, mit den Erwerbern vereinbaren, dass diese die Wertpapiere nicht im Rahmen eines öffentlichen Angebotes weiterveräußern dürfen (sog. **selling restrictions**).[84] Wird eine solche Vereinbarung nicht getroffen, ist der Emittent dadurch jedoch noch kein Anbieter;[85] er muss vielmehr das spätere Angebot veranlasst haben.[86]

35 Die Mitglieder eines **Emissionskonsortiums** sind ebenfalls als Anbieter anzusehen. Dabei ist die dem jeweiligen Konsortialmitglied zugeordnete Konsortialquote unerheblich für die Qualifikation als Anbieter.[87] Bietet ein Konsortialmitglied die Wertpapiere unter Beachtung des WpPG ohne Durchführung eines öffentlichen Angebotes an (zB im Rahmen einer Privatplatzierung) ist er kein Anbieter und löst dadurch bezogen auf sein Handeln keine Prospektpflicht aus. Als Anbieter sind diejenigen Konsortialmitglieder anzusehen, die den Anlegern gegenüber nach außen erkennbar, beispielsweise in Zeitungsanzeigen, als Anbieter auftreten.[88] Erfolgt der Vertrieb der Wertpapiere über **Vertriebsorganisationen**, ein Netz von angestellten oder freien Vermittlern, Untervertriebe oder sonstige Strukturvertriebe, ist derjenige als Anbieter anzusehen, der die Verantwortung für die Koordination der Vertriebsaktivitäten inne hat.[89] Als Indiz hierfür dienen insbesondere entsprechende Vereinbarungen mit dem Emittenten, Aufträge an Untervertriebe und Provisionsvereinbarungen mit selbstständigen oder freiberuflich tätigen Vermittlern.[90] Durch delegierte Verordnung (EU) Nr. 862/2012 der Kommission[91] wurde für die in Anhang XXII der Prospektverordnung nF vorgesehene Zusammenfassung eine neue Angabe A2 bestimmt, nach der mitgeteilt wird, wer vom Emittenten für welche Dauer und unter welchen Bedingungen den Prospekt für die spätere Weiterveräußerung oder endgültige Platzierung von Wertpapieren nutzen darf. Diese Angaben erlauben es dem Emittenten in Fällen prospektpflichtiger Angebote, ein gewisses Maß an Kontrolle über die Verwendung des Prospektes und die Platzierung bzw die eigene Haftung (für den Fall der unautorisierten Verwendung des Prospektes bzw Weiterplatzierung) zu bewahren.

I. Zulassungsantragsteller (Nr. 11)

36 § 2 Nr. 11 definiert „Zulassungsantragsteller" als die Personen, die die Zulassung zum Handel an einem organisierten Markt beantragen. Diese sind der Emittent sowie die in § 32 Abs. 2 BörsG genannten Institute oder Unternehmen. Der Emittent kann die Zulassung von Wertpapieren, die er emittiert hat, nur gemeinsam mit den Instituten oder Unternehmen beantragen. Alle Zulassungsantragsteller haben gemäß § 5 Abs. 3 S. 2 den Prospekt zu unterzeichnen. Gesetzliche Fristen für die Dauer des **Zulassungsverfahrens**, dass in dem Erlass des Verwaltungsaktes der Börse zur Zulassung mündet, gibt es nicht.[92] Eine Zulassung darf gemäß

---

[79] BegrRegE, BT-Drucks. 15/4999, S. 28.
[80] Vgl § 1 Bekanntmachung des BaWe zum VerkProspG vom 6.9.1999, BAnz Nr. 177 vom 21.9.1999, Punkt I. 3, S. 4.
[81] Vgl § 1 Bekanntmachung des BaWe zum VerkProspG vom 6.9.1999, BAnz Nr. 177 vom 21.9.1999, Punkt I. 3, S. 4; *Just/Voß/Ritz/Zeising*, § 2 Rn 199.
[82] *Hüffer*, Das Wertpapier-Verkaufsprospektgesetz, S. 83; *Schnorbus*, AG 2008, 391.
[83] *Ekkenga/Maas*, in: Kümpel/Hammen/Ekkenga, Kapitalmarktrecht, Kap. 055, Rn 109.
[84] *Schäfer*, ZIP 1991, 1557, 1561; *Holzborn*, § 2 WpPG Rn 28.
[85] *Just/Voß/Ritz/Zeising*, § 2 Rn 202.
[86] *Groß*, Kapitalmarktrecht, § 2 WpPG Rn 27.
[87] *Schnorbus*, AG 2008, 390.
[88] Vgl § 1 Bekanntmachung des BaWe zum VerkProspG vom 6.9.1999, BAnz Nr. 177 vom 21.9.1999, Punkt I. 3, S. 4.
[89] Vgl § 1 Bekanntmachung des BaWe zum VerkProspG vom 6.9.1999, BAnz Nr. 177 vom 21.9.1999, Punkt I. 3, S. 4.
[90] Vgl § 1 Bekanntmachung des BaWe zum VerkProspG vom 6.9.1999, BAnz Nr. 177 vom 21.9.1999, Punkt I. 3, S. 4.
[91] <http://eur-lex.europa.eu/LexUriServ/LexUriServ.do?uri=OJ:L:2012:256:0004:0013:DE:PDF>.
[92] *Holzborn/Israel*, ZIP 2005, 1671; *Just/Voß/Ritz/Zeising*, § 2 Rn 224.

§ 50 BörsZulV frühestens an dem auf das Datum der Einreichung des Zulassungsantrags folgenden Handelstag erfolgen. Da Voraussetzung für die Fassung des Zulassungsbeschlusses durch die Börsen u.a. gemäß §§ 32 Abs. 3 Nr. 2 BörsG die Veröffentlichung eines bescheinigten oder gebilligten Prospektes bzw das Vorliegen einer Ausnahme von der Pflicht, einen Prospekt zu veröffentlichen ist, kann – für den Fall der Prospektpflicht – der Zulassungsbeschluss frühestens am Tag der Veröffentlichung des Prospektes erfolgen.[93] Veröffentlicht die Börse den Zulassungsbeschluss mittels Bekanntmachung auf ihrer Internetseite, kann die Notierungsaufnahme bereits am Tage nach Fassung des Zulassungsbeschlusses erfolgen. Somit ergibt sich eine Mindestfrist vom Tag der Stellung des Zulassungsantrages bis zur Notierungsaufnahme von 2 Handelstagen.

J. Dauernde oder wiederholte Ausgabe von Wertpapieren (Nr. 12)

§ 2 Nr. 12 bestimmt unter welchen Voraussetzungen eine dauernde oder wiederholte Begebung von Wertpapieren vorliegt. Dauernd ist eine Begebung von Wertpapieren, wenn sie fortlaufend ohne Unterbrechung erfolgt. Eine wiederholte Ausgabe liegt vor bei einer mindestens zwei Emissionen umfassenden Ausgabe von Wertpapieren ähnlicher Art oder Gattung während eines Zeitraumes von zwölf Monaten. Eine Ähnlichkeit zwischen Wertpapieren besteht, wenn die Wertpapiere vergleichbare Ausstattungsmerkmale aufweisen.[94]

K. Herkunftstaat (Nr. 13)

§ 2 Nr. 13 definiert den Herkunftsstaat. Die Definition hat für die Bestimmung der zuständigen Prospektbilligungsbehörde Bedeutung. In § 2 Nr. 13 lit. a findet sich die Grundregel für den Herkunftsstaat von Emittenten mit Sitz in der Europäischen Union oder im Europäischen Wirtschaftsraum; danach ist Herkunftsstaat der Staat, in dem der Emittent seinen Sitz hat. Unter Sitz ist der jeweilige statutarische Gesellschaftssitz zu verstehen, was sich aus der neueren Rechtsprechung des EuGH zur Niederlassungsfreiheit ergibt.[95]

§ 2 Nr. 13 lit. b begründet im Fall der Emission bestimmter Nichtdividendenwerte ein Wahlrecht, welcher EU- oder EWR-Staat Herkunftsstaat sein soll: der EWR-Staat, in dem der Emittent seinen Sitz hat, die Wertpapiere an einem organisierten Markt zugelassen sind oder werden oder in dem die Wertpapiere öffentlich angeboten werden. Das Wahlrecht kann vom Emittenten, Anbieter oder Zulassungsantragsteller durch ausdrückliche Erklärung gegenüber der BaFin oder konkludent durch Einreichung eines Registrierungsformulars und einer Wertpapierbeschreibung ausgeübt werden.[96] Das Wahlrecht besteht für Emissionen von Nichtdividendenwerten (§ 2 Nr. 3) mit einer Stückelung von mindestens 1.000 EUR sowie für jede Emission von Nichtdividendenwerten, die das Recht verbriefen, bei Umwandlung des Wertpapiers (zB Umtauschanleihe) oder Ausübung des verbrieften Rechts (zB Optionsschein) übertragbare Wertpapiere zu erwerben oder einen Barbetrag in Empfang zu nehmen.[97] Hinsichtlich der Nichtdividendenwerte, die auf andere Währungen als auf Euro lauten, kann für die Bestimmung des in der ersten Alternative genannten Nennwertes je Wertpapier auf einen umgerechneten Nennwert von annähernd 1.000 EUR abgestellt werden. Damit wird Emittenten im Hinblick auf Wechselkursschwankungen Planungssicherheit gegeben. Dabei soll der Wechselkurs am Tag des Eingangs des Prospekts bei der BaFin maßgeblich sein.[98] In ihrem aktuellen Prospektrichtlinien-Änderungsvorschlag[99] hat die Europäische Kommission vorgeschlagen, den Schwellenwert von 1.000 EUR bei der Stückelung aufzugeben und damit ein Wahlrecht hinsichtlich des Herkunftsstaates generell für Nichtdividendenwerte zu ermöglichen.

Gemäß § 2 Nr. 13 lit. c können Drittstaatenemittenten, Zulassungsantragsteller oder Anbieter ein Wahlrecht hinsichtlich des Herkunftsstaates danach ausüben, wo die Wertpapiere des Drittstaatenemittenten erstmalig öffentlich angeboten oder der erste Antrag auf Zulassung zum Handel an einem organisierten Markt gestellt werden soll. Es handelt sich also um ein einmaliges Wahlrecht, weshalb die Entscheidung darüber ganz bewusst getroffen werden sollte, da dadurch der Herkunftsstaat für alle zukünftigen Emissionen festgelegt wird.[100] Wurde der Herkunftsstaat nicht gemäß der Wahl des Drittstaatenemittenten be-

---

93 Insoweit ist der in § 14 Abs. 1 S. 2 spezifizierte späteste Tag der Veröffentlichung des Prospektes am Tage der Einführung der Wertpapiere (Notierungsaufnahme) verfehlt.
94 BegrRegE, BT-Drucks. 15/4999, S. 29; aA *Just/Voß/Ritz/Zeising*, § 2 Rn 237.
95 *Kullmann/Sester*, WM 2005, 1068, 1070.
96 BegrRegE, BT-Drucks. 15/4999, S. 29.
97 Die zusätzliche Einschränkung bezogen auf die zweite Alternative, nämlich dass der Emittent der Nichtdividendenwerte nicht der Emittent der zugrunde liegenden Wertpapiere oder ein zum Konzern des Emittenten gehörendes Unternehmen sein darf, ergibt sich bereits aus der Definition von Nichtdividendenwerten nach Nr. 3 und erscheint insoweit überflüssig.
98 BegrRegE, BT-Drucks. 15/4999, S. 29.
99 Vorschlag für eine Richtlinie zur Änderung der Richtlinie 2003/71/EG vom 23.9.2009.
100 *Kullmann/Sester*, WM 2005, 1068, 1070.

stimmt, so steht die Wahl unter dem Vorbehalt einer späteren Ausübung des Wahlrechts des Drittstaatenemittenten. Das kann zB dann der Fall sein, wenn die Wertpapiere ohne Mitwirkung des Drittstaatenemittenten innerhalb des EWR öffentlich angeboten oder zu einem organisierten Markt zugelassen werden. § 2 Nr. 13 lit. c gilt für Wertpapiere, die nicht in § 2 Nr. 13 lit. b genannt sind. Werden Wertpapiere der in Buchstabe b beschriebenen Art öffentlich angeboten oder sollen diese zugelassen werden, findet auch für Drittstaatenemittenten ausschließlich § 2 Nr. 13 lit. b Anwendung.

L. Aufnahmestaat (Nr. 14)

41 § 2 Nr. 14 definiert den Aufnahmestaat als Staat, in dem ein öffentliches Angebot unterbreitet oder die Zulassung zum Handel angestrebt wird, sofern dieser Staat nicht der Herkunftsstaat ist. Aufnahmestaat ist daher ein Staat, in dem der Emittent mittels des Europäischen Passes aufgrund eines nach §§ 17, 18 bescheinigten und notifizierten Prospektes ein öffentliches Angebot durchführt und/oder eine Zulassung zum Handel in einem organisierten Markt beantragt.

M. EWR-Staat (Nr. 15)

42 § 2 Nr. 15 enthält eine Definition des Begriffs „Staat des Europäischen Wirtschaftsraums". Er umfasst die jeweiligen Mitgliedstaaten der Europäischen Union sowie die anderen Vertragsstaaten des Abkommens vom 2.5.1992 über den Europäischen Wirtschaftsraum (Island, Liechtenstein und Norwegen).

N. Organisierter Markt (Nr. 16)

43 § 2 Nr. 16 definiert den Begriff des „organisierten Marktes". Die Prospektrichtlinie spricht von einem geregelten Markt in Art. 2 Abs. 1 lit. j und verweist auf Art. 1 Abs. 13 der Wertpapierdienstleistungs-Richtlinie 93/22/EWG. Nach Art. 69 der Richtlinie 2004/39/EG gelten Bezugnahmen auf Begriffsbestimmungen oder Art der Richtlinie 93/22/EWG jedoch als Bezugnahmen auf die entsprechenden Begriffsbestimmungen oder Art der Richtlinie 2004/39/EG,[101] die in Art. 4 Abs. 1 Nr. 14 den Begriff definiert.[102] Ein organisierter Markt ist definitionsgemäß nur ein solcher innerhalb der EWR, nicht also andere global wichtige und reife Börsenplätze wie die NYSE, Hong Kong, etc.[103] In der Bundesrepublik Deutschland gelten derzeit als organisierte Märkte lediglich der regulierte Markt, nicht jedoch der Freiverkehr.

O. Bundesanstalt (Nr. 17)

44 § 2 Nr. 17 definiert als Bundesanstalt die Bundesanstalt für Finanzdienstleistungsaufsicht (BaFin). Die zuständigen Stellen innerhalb der BaFin für die Prüfung von Prospekten nach dem WpPG, die Referate PRO 1 (Prospekte für öffentliche Angebote von Wertpapieren) und PRO 2 (Prospekte, die (auch) für eine Börsenzulassung von Wertpapieren zu einem organisierten Markt bestimmt sind), befinden sich in der Lurgiallee 12, Frankfurt am Main. Zu erreichen ist die BaFin unter der Telefonnummer: 0228 4108-0, Fax: 0228 4108-1550 sowie im Internet unter <www.bafin.de>.

P. Schlüsselinformationen (Nr. 18)

45 § 2 Nr. 18 wurde durch Gesetz zur Umsetzung der Richtlinie 2010/73/EU und zur Änderung des Börsengesetzes[104] eingeführt. Der Begriff der Schlüsselinformation ist bedeutend für die Zusammenfassung des Prospektes, die nunmehr schematisch aufzubauen ist und damit eine Vergleichbarkeit mit Zusammenfassungen für andere Angebote erleichtern soll, siehe auch § 5 Abs. 2 a.

---

101 Erhältlich unter folgendem Link: <http://eur-lex.europa.eu/LexUriServ/LexUriServ.do?uri=OJ:L:2004:145:0001:0044:DE:PDF>.
102 Eine Liste der geregelten Märkte findet sich unter folgendem Link: <http://eur-lex.europa.eu/LexUriServ/LexUriServ.do?uri=OJ:C:2005:300:0023:0028:DE:PDF>.
103 *Just/Voß/Ritz/Zeising*, § 2 Rn 281.
104 BR-Drucks. 291/12.

§ 3 Pflicht zur Veröffentlichung eines Prospekts und Ausnahmen im Hinblick auf die Art des Angebots

(1) Sofern sich aus den Absätzen 2 und 3 oder aus § 4 Absatz 1 nichts anderes ergibt, darf der Anbieter Wertpapiere im Inland erst dann öffentlich anbieten, wenn er zuvor einen Prospekt für diese Wertpapiere veröffentlicht hat.

(2) [1]Die Verpflichtung zur Veröffentlichung eines Prospekts gilt nicht für ein Angebot von Wertpapieren,
1. das sich ausschließlich an qualifizierte Anleger richtet,
2. das sich in jedem Staat des Europäischen Wirtschaftsraums an weniger als 150 nicht qualifizierte Anleger richtet,
3. das sich nur an Anleger richtet, die Wertpapiere ab einem Mindestbetrag von 100 000 Euro pro Anleger je Angebot erwerben können,
4. die eine Mindeststückelung von 100 000 Euro haben oder
5. sofern der Verkaufspreis für alle angebotenen Wertpapiere im Europäischen Wirtschaftsraum weniger als 100 000 Euro beträgt, wobei diese Obergrenze über einen Zeitraum von zwölf Monaten zu berechnen ist.

[2]Jede spätere Weiterveräußerung von Wertpapieren, die zuvor Gegenstand einer oder mehrerer der in Satz 1 genannten Angebotsformen waren, ist als ein gesondertes Angebot anzusehen.

(3) Die Verpflichtung zur Veröffentlichung eines Prospekts gilt nicht für ein späteres Angebot oder eine spätere endgültige Platzierung von Wertpapieren durch Institute im Sinne des § 1 Absatz 1 b des Kreditwesengesetzes oder ein nach § 53 Absatz 1 Satz 1 oder § 53 b Absatz 1 Satz 1 oder Absatz 7 des Kreditwesengesetzes tätiges Unternehmen, solange für das Wertpapier ein gültiger Prospekt gemäß § 9 vorliegt und der Emittent oder die Personen, die die Verantwortung für den Prospekt übernommen haben, in dessen Verwendung schriftlich eingewilligt haben.

(4) Für Wertpapiere, die im Inland zum Handel an einem organisierten Markt zugelassen werden sollen, muss der Zulassungsantragsteller einen Prospekt veröffentlichen, sofern sich aus § 4 Absatz 2 nichts anderes ergibt.

A. Grundsatz der Prospektpflicht für öffentliche Angebote 1	V. Ausnahme für Kleinstemissionen (Abs. 2 S. 1 Nr. 5) 9
B. Ausnahmekatalog betreffend öffentliche Angebote (Abs. 2 S. 1) 4	C. Weiterveräußerungen prospektfrei angebotener Wertpapiere (Abs. 2 S. 2) 10
I. Vorbemerkungen 4	D. Emissionskonsortien (Abs. 2) 11
II. Angebot ausschließlich an qualifizierte Anleger (Abs. 2 S. 1 Nr. 1) 5	E. Grundsatz der Prospektpflicht für Börsenzulassungen in organisierte Märkte (Abs. 4) 12
III. Angebot an weniger als 150 nicht qualifizierte Anleger (Abs. 2 S. 1 Nr. 2) 7	
IV. Ausnahmen aufgrund von Mindeststückelung bzw Mindestanlagebetrag (Abs. 2 S. 1 Nr. 3 und 4) 8	

A. Grundsatz der Prospektpflicht für öffentliche Angebote

Abs. 1 setzt Art. 3 Abs. 1 der Prospektrichtlinie um und orientiert sich an § 1 VerkProspG aF.[1] Gemäß § 3 Abs. 1 muss der Anbieter (§ 2 Nr. 10) für Wertpapiere (§ 2 Nr. 1), die im Inland öffentlich angeboten (§ 2 Nr. 4) werden, einen Prospekt veröffentlichen. Anderenfalls hat die BaFin gemäß § 21 Abs. 4 das öffentliche Angebot zu untersagen. Ein Angebot im Inland setzt voraus, dass das Angebot in der Bundesrepublik Deutschland erfolgt, und hier ansässige Anleger zielgerichtet angesprochen werden;[2] auf die Nationalität der Anleger kommt es nicht an.[3] Ein öffentliches Angebot im Inland liegt unabhängig davon vor, von welchem Ort aus dieses abgegeben wurde.[4] Bei Angeboten über das Internet ist nicht maßgeblich, von welchem Ort aus der Upload der Daten erfolgt ist oder an welchem Ort der Server mit den abrufbaren Daten sich befindet.[5] Ob Anleger zielgerichtet angesprochen werden, beurteilt sich anhand einer marktbezogenen

---

[1] BegrRegE, BT-Drucks. 15/4999, S. 29.
[2] Vgl § 1 Bekanntmachung des BaWe zum VerkProspG vom 6.9.1999, BAnz Nr. 177 vom 21.9.1999, Punkt I. 2, S. 3; *Holzborn*, § 3 WpPG Rn 7.
[3] *Heidelbach*, in: Schwark, Kapitalmarktrechtskommentar, § 1 VerkProspG Rn 23.
[4] *Just/Voß/Ritz/Zeising*, § 2 Rn 169 ff.
[5] Vgl Bekanntmachung des BaWe zum VerkProspG vom 6.9.1999, BAnz Nr. 177 vom 21.9.1999, Punkt I. 2, S. 3.

Betrachtungsweise.[6] Indizien hierfür sind insbesondere die Verwendung der deutschen Sprache oder die Nennung deutscher Ansprechpartner oder Treuhänder.[7] Weitere Anhaltspunkte können die Angabe des Kaufpreises in Euro oder Hinweise auf das deutsche Steuerrecht sein.[8] Umgekehrt kann der Inlandsbezug inhaltlich oder mangels inländischen Zugangs zu der Informationsquelle ausgeschlossen sein.[9] Die BaFin hat bereits in Bezug auf die frühere Rechtslage nach dem VerkProspG klargestellt,[10] dass durch einen sog. **Disclaimer** ein Angebot in Deutschland ausgeschlossen werden kann, wenn aus einem an hervorgehobener Stelle (zB Seitenbeginn) stehenden und in deutscher Sprache verfassten Hinweis unmissverständlich hervorgeht, dass eine Zeichnung für Anleger in Deutschland nicht möglich ist, und zusätzlich angemessene Vorkehrungen[11] getroffen werden, dass Anleger von Deutschland aus die Wertpapiere nicht erwerben können. Die Möglichkeit der Angabe eines Disclaimers ist nun als Verpflichtung ausdrücklich in Art. 29 Abs. 2 der ProspektVO normiert worden, nach dessen Satz 1 bei Veröffentlichung eines Wertpapierprospektes im Internet Maßnahmen zu ergreifen sind, um zu vermeiden, dass Gebietsansässige in Mitgliedstaaten oder Drittstaaten, in denen die Wertpapiere dem Publikum nicht angeboten werden, angesprochen werden. Nach Art. 29 Abs. 2 S. 2 der ProspektVO kann dies zB durch eine deutliche Erklärung dahin gehend erfolgen, wer die Adressaten des Angebotes sind.

2 Durch Gesetz zur Umsetzung der Richtlinie 2010/73/EU und zur Änderung des Börsengesetzes[12] wurde der Passus „soweit ein Prospekt nach den Vorschriften bereits veröffentlicht worden ist" gestrichen, da nun in Absatz 3 klargestellt wird, dass diese Ausnahme nur unter den dort vorliegenden zusätzlichen Voraussetzungen greift. Damit wurde richtigerweise klargestellt, dass es für spätere öffentliche Angebote zB eines gültigen Prospektes nach § 9 bedarf. Die neue Formulierung von Abs. 1 macht auch deutlich, dass es sich bei späteren Angeboten um die gleiche Gattung von Wertpapieren handeln muss.

3 Da sich Abs. 1 nur auf das öffentliche Angebot von Wertpapieren bezieht, gelten die dort genannten Ausnahmen allerdings nicht für die Börsenzulassung der Wertpapiere.[13]

B. Ausnahmekatalog betreffend öffentliche Angebote (Abs. 2 S. 1)

4 **I. Vorbemerkungen.** Abs. 2 dient der Umsetzung von Art. 3 Abs. 2 der Prospektrichtlinie und sieht für bestimmte Angebotsformen Ausnahmen von der Prospektpflicht vor. Diese Ausnahmen rechtfertigen sich auf grund der Vermutung, dass die angesprochenen Anleger im Rahmen dieser Angebotsformen hinreichend über die angebotenen Wertpapiere informiert werden, und daher die Erstellung und Veröffentlichung eines Prospektes für Zwecke des Anlegerschutzes nicht für erforderlich gehalten wird bzw unter eine Bagatellgrenze (Abs. 2 S. 1 Nr. 5) fallen.[14] Die Ausnahmen gelten *ipso iure*,[15] eine Feststellung des Bestehens der entsprechenden Voraussetzungen, etwa durch Ausstellung einer Unbedenklichkeitsbescheinigung durch die BaFin, erfolgt nicht.[16] Die Ausnahmetatbestände können sowohl alternativ als auch kumulativ zueinander vorliegen.[17]

5 **II. Angebot ausschließlich an qualifizierte Anleger (Abs. 2 S. 1 Nr. 1).** In Abs. 2 S. 1 Nr. 1 werden Angebote, die sich ausschließlich an qualifizierte Anleger (§ 2 Nr. 6) richten, von der Prospektpflicht ausgenommen. Die Ausnahme ist gerechtfertigt, da richtigerweise davon ausgegangen werden darf, dass qualifizierte Anleger ausreichend anderweitige Informationsquellen besitzen, um sich die für den Kauf von Wertpapieren notwendigen Erkenntnisgrundlagen zu verschaffen.[18] Trotz des eindeutigen Wortlautes („ausschließlich an") ist eine Ansprache von qualifizierten Anlegern in Kombination mit weniger als 150 nicht qualifizierten Anlegern (Abs. 2 S. 1 Nr. 2) prospektfrei möglich, wie sich aus der englischsprachigen Fassung der Prospektrichtlinie („and/or") ergibt.[19]

6 Da die Vorschrift als Tatbestandsmerkmal lediglich die ausschließliche Ansprache von qualifizierten Anlegern nennt, dürfte die Beschränkung eines ansonsten öffentlich unterbreiteten Angebotes durch einen **Disclaimer**, der das Angebot eindeutig auf qualifizierte Anleger beschränkt, möglich sein.[20] Die BaFin hat die Zulässigkeit der Beschränkung von Angeboten auf bestimmte Anlegerkreise mittels eines Disclaimers für

---

6 *Ekkenga/Maas*, in: Kümpel/Hammen/Ekkenga, Kapitalmarktrecht, Kap. 055, Rn 111; *Ritz*, in: Assmann/Lenz/Ritz, VerkProspG, § 1 Rn 70.
7 Vgl Bekanntmachung des BaWe zum VerkProspG vom 6.9.1999, BAnz Nr. 177 vom 21.9.1999, Punkt I. 2, S. 3.
8 Jahresbericht 1998 der BAWe, S. 15, erhältlich unter <www.bafin.de/cgi-bin/bafin.pl?verz=0803010600&sprache=0&filter=a&ntick=0>.
9 *Ekkenga/Maas*, in: Kümpel/Hammen/Ekkenga, Kapitalmarktrecht, Kap. 055, Rn 111.
10 Vgl Bekanntmachung des BaWe zum VerkProspG vom 6.9.1999, BAnz Nr. 177 vom 21.9.1999, Punkt I. 2, S. 3.
11 *Groß*, Kapitalmarktrecht, § 3 WpPG Rn 4 mwN.
12 BR-Drucks. 291/12.
13 *Just/Voß/Ritz/Zeising*, § 3 Rn 27.
14 *Just/Voß/Ritz/Zeising*, § 3 Rn 30.
15 *Schlitt/Schäfer*, AG 2005, 501.
16 *Just/Voß/Ritz/Zeising*, § 3 Rn 31.
17 *Heidelbach/Preuße*, BKR 2006, 320; *Holzborn*, § 3 WpPG Rn 20.
18 BegrRegE, BT-Drucks. 15/4999, S. 29.
19 *Groß*, Kapitalmarktrecht, § 3 WpPG Rn 6.
20 *Schnorbus*, AG 2009, 395.

den Fall der Vermeidung eines öffentlichen Angebotes im Inland nach § 1 VerkProspG aF[21] sowie – nach früherer Rechtslage – für die Veröffentlichung von Bezugsangeboten (die nunmehr grundsätzlich einen Prospekt erfordern), „solange sie sich erkennbar nur an die Gruppe der Altaktionäre als begrenzten Personenkreis wenden",[22] bereits bejaht. Des Weiteren wird auch in Art. 29 Abs. 2 S. 2 der ProspektVO die Beschränkung des angesprochenen Teilnehmerkreises mittels einer deutlichen Erklärung als zulässig erachtet. Der Anbieter hat jedoch nach Ansicht der BaFin[23] angemessene Vorkehrungen zu treffen, dass nicht angesprochene (in diesem Fall: nicht „qualifizierte") Anleger die angebotenen Wertpapiere nicht erwerben können. Der Hintergrund hierfür ist wohl, dass der Anbieter damit rechnen muss, dass öffentliche Angebote, die zwar mit einem entsprechenden Disclaimer versehen sind, auch die im Disclaimer ausgenommenen Anleger zur Abgabe von Angeboten veranlassen können. Soweit dann solche Angebote angenommen werden, liegt es Nahe zu vermuten, dass diese Anleger bewusst zur Abgabe von Angeboten provoziert wurden, und mithin ein öffentliches Angebot – auch über die von dem Disclaimer erklärte Begrenzung des Angebotes hinausgehend – vom Anbieter beabsichtigt war. In jedem Fall sind allerdings gemäß § 15 Abs. 5 die angesprochenen Anlegergruppen vom Anbieter gleichermaßen über wesentliche Informationen über den Emittenten oder über den Anbieter zu informieren.

III. Angebot an weniger als 150 nicht qualifizierte Anleger (Abs. 2 S. 1 Nr. 2). Abs. 2 S. 1 Nr. 2 erlaubt das prospektfreie Anbieten von Wertpapieren an „weniger als 150 nicht qualifizierte Anleger" je EWR-Staat; mithin an bis zu 149 – nicht 150 – Anleger. Mit der klar quantifizierten Anzahl an nicht qualifizierten (§ 2 Nr. 6) Anlegern, die im Rahmen einer Privatplatzierung angesprochen werden können, ohne dass ein Prospekt zu veröffentlichen ist, wurde die nach altem Recht bestehende Rechtsunsicherheit, ob ein „begrenzter Personenkreis" (§ 2 Nr. 2 VerkProspG aF) im Einzelfall vorlag, beseitigt. Die Feststellung, wie viele Anleger im Zuge eines Angebotes angesprochen werden, wird in der Praxis jedoch weiterhin Schwierigkeiten bereiten.[24] Insbesondere bei „retail cascades", bei denen Emittenten Wertpapiere an Finanzintermediäre prospektfrei platzieren, die diese wiederum an Kleinanleger weiterveräußern, scheint die Feststellung der Anzahl der angesprochenen Anleger problematisch zu sein.[25] Für sich genommen dürfte jeder Finanzintermediär bis zu 150 nicht qualifizierte Anleger im Rahmen „seines" Angebotes ansprechen. 7

IV. Ausnahmen aufgrund von Mindeststückelung bzw Mindestanlagebetrag (Abs. 2 S. 1 Nr. 3 und 4). Abs. 2 S. 1 Nr. 3 und 4 sind mit den Regelungen des § 2 Nr. 4 VerkProspG aF vergleichbar, erhöhen jedoch die Schwelle bzw die Mindeststückelung auf 100.000 EUR.[26] Diese Ausnahmen rechtfertigen sich damit, dass Anleger, die in dieser Größenordnung investieren, als professionelle oder quasi-professionelle Anleger nicht schutzbedürftig sind bzw sich anderweitig hinreichend über die angebotenen Wertpapiere informieren können.[27] 8

V. Ausnahme für Kleinstemissionen (Abs. 2 S. 1 Nr. 5). Abs. 2 S. 1 Nr. 5 beruht auf Art. 3 Abs. 2 lit. e der Prospektrichtlinie. Darin werden Kleinstangebote, bei denen der Verkaufspreis für alle angebotenen Wertpapiere weniger als 100.000 EUR beträgt, von der Prospektpflicht ausgenommen. Die Grenze gilt für alle im EWR-Raum angebotenen Wertpapiere. Maßgebend für die Einhaltung des Schwellenwertes ist stets die Betrachtung des gesamten Angebotes. Bei einer tranchenweisen Emission von Wertpapieren oder wenn Wertpapiere nur gemeinsam angeboten und verkauft werden, greift die Ausnahme nur, wenn das Emissionsvolumen insgesamt unter dem Schwellenwert liegt. Die Obergrenze ist über einen Zeitraum von zwölf Monaten zu berechnen. Anfangszeitpunkt für die Berechnung des Zeitraums ist der Beginn des öffentlichen Angebots.[28] Die Ausnahme gilt – wie alle in Abs. 2 normierten Ausnahmen – nur für das öffentliche Angebot von Wertpapieren und nicht für deren Börsenzulassung. Neben § 1 Abs. 2 Nr. 4 (Angebote von Wertpapieren mit einem Verkaufspreis von weniger als 2,5 Mio. EUR), vgl dort Rn 5 ff, hat § 3 Abs. 2 S. 1 Nr. 5 nur einen begrenzten eigenständigen Regelungsbereich: es kommt – anders als bei § 1 Abs. 2 Nr. 4 – nicht darauf an, ob der Emittent ein Einlagenkreditinstitut oder ein Emittent ist, dessen Aktien bereits zum Handel an einem organisierten Markt zugelassen sind. 9

C. Weiterveräußerungen prospektfrei angebotener Wertpapiere (Abs. 2 S. 2)

Abs. 2 S. 2 sieht vor, dass jede spätere Weiterveräußerung von Wertpapieren, die zuvor Gegenstand einer oder mehrerer in S. 1 genannten von der Prospektpflicht ausgenommenen Angebotsformen waren, als 10

---

21 Vgl § 1 Bekanntmachung des BaWe zum VerkProspG vom 6.9.1999, BAnz Nr. 177 vom 21.9.1999, Punkt I. 2 b), S. 3.
22 Vgl § 1 Bekanntmachung des BaWe zum VerkProspG vom 6.9.1999, BAnz Nr. 177 vom 21.9.1999, Punkt I. 2 f), S. 4.
23 Vgl § 1 Bekanntmachung des BaWe zum VerkProspG vom 6.9.1999, BAnz Nr. 177 vom 21.9.1999, Punkt I. 2 b), S. 3.
24 *Schlitt/Schäfer*, AG 2005, 500.
25 Ausführlich: *Schnorbus*, AG 2008, 406.
26 Ehemals 50.000 EUR, geändert durch Gesetz zur Umsetzung der Richtlinie 2010/73/EU und zur Änderung des Börsengesetzes, BR-Drucksache 291/12.
27 *Heidelbach*, in: Schwark, Kapitalmarktrechtskommentar, § 2 VerkProspG Rn 15.
28 BegrRegE, BT-Drucks. 15/4999, S. 29.

gesondertes Angebot anzusehen ist. Damit ist klargestellt, dass eine einmal prospektfrei erfolgte Emission nicht den Weg für spätere prospektfreie öffentliche Angebote, die nicht einer Ausnahmevorschrift unterliegen, eröffnet. Insoweit bleibt es bei der in Abs. 1 normierten Grundregel, dass jedes öffentliche Angebot von Wertpapieren im Inland grundsätzlich die Veröffentlichung eines Prospektes erfordert.[29] Platziert der Ersterwerber der Wertpapiere, der diese in Anwendung einer Ausnahmevorschrift nach Abs. 2 S. 1 erworben hat, die Wertpapiere öffentlich weiter, so ist allein dieser Anbieter, wenn der Emittent das öffentliche Angebot nicht veranlasst hat.[30] Zum Problem der **Retail-Kaskaden** (retail cascades) siehe Rn 7.

Emittenten sollten im Hinblick auf eine mögliche Haftung nach § 13 a VerkProspG (Haftung bei fehlendem Prospekt) bei prospektbefreiten Platzierungen von Wertpapieren an weiterveräußernde Erwerber mit diesen Veräußerungsbeschränkungen (**selling restrictions**) vereinbaren,[31] in denen die Weiterveräußerung der prospektfrei angebotenen und erworbenen Wertpapiere mittels eines öffentlichen Angebotes untersagt wird (vgl § 2 Nr. 10, Rn 34 f). Führt der Dritte ein öffentliches Angebot durch, ohne dass der Emittent dies veranlasst hätte, so stellt sich ihm aus praktischer Sicht die Schwierigkeit, das für einen Prospekt erforderliche Informationsmaterial zusammenzutragen.[32] Eine Mitwirkungspflicht des Emittenten ist im WpPG nicht normiert und könnte – in Abhängigkeit der Art der benötigten Information – sogar gegen zwingende Regelungen (zB Verbot der Weitergabe von Insiderinformationen, § 14 Abs. 1 Nr. 2 WpHG) verstoßen.

D. Emissionskonsortien (Abs. 2)

11 Die durch Gesetz zur Umsetzung der Richtlinie 2010/73/EU und zur Änderung des Börsengesetzes[33] eingeführte Neufassung von Abs. 3 stellt klar, dass eine Weiterveräußerung von Wertpapieren durch die genannten und im KWG näher definierten Unternehmen (Finanzintermediäre) prospektfrei erfolgen kann, wenn ein gültiger Prospekt vorliegt *und* der Emittent oder die Personen, die die Verantwortung für den Prospekt übernommen haben, in dessen Verwendung eingewilligt haben. Eine Verwendung ohne solche Zustimmung (die in Punkt A2 der Zusammenfassung des Wertpapierprospekts zu erwähnen ist) löst eine Prospektpflicht des Finanzintermediärs aus; eine Prospektbefreiung für das konkrete Angebot des Finanzintermediärs nach den Ausnahmevorschriften des WpPG bleibt möglich. Angesprochen ist insb. die im Rahmen von Kapitalerhöhungen übliche Praxis der Übernahme und Platzierung von Emissionen durch die begleitende(n) Bank(en), wie sie zB bei Börsengängen oder Folgeemissionen börsennotierter Gesellschaften erfolgt.

E. Grundsatz der Prospektpflicht für Börsenzulassungen in organisierte Märkte (Abs. 4)

12 Abs. 4 setzt Art. 3 Abs. 3 der Prospektrichtlinie um und orientiert sich an § 30 BörsG aF.[34] Die Vorschrift ordnet für Börsenzulassungen von Wertpapieren zum Handel an einem inländischen organisierten Markt die Pflicht zur Veröffentlichung eines Prospektes an, soweit sich aus § 4 Abs. 2 keine Ausnahme von der Prospektpflicht ergibt. Eine weitere Ausnahme von der Prospektpflicht, die in der Vorschrift keine Erwähnung findet, weil sie die betreffenden Emissionen von Wertpapieren generell vom Anwendungsbereich des WpPG ausnimmt, findet sich in § 1 Abs. 2 Nr. 4 (vgl die dortige Kommentierung, Rn 5 ff).

§ 4 Ausnahmen von der Pflicht zur Veröffentlichung eines Prospekts im Hinblick auf bestimmte Wertpapiere

(1) Die Pflicht zur Veröffentlichung eines Prospekts gilt nicht für öffentliche Angebote folgender Arten von Wertpapieren:

1. Aktien, die im Austausch für bereits ausgegebene Aktien derselben Gattung ausgegeben werden, ohne dass mit der Ausgabe dieser neuen Aktien eine Kapitalerhöhung verbunden ist;
2. Wertpapiere, die anlässlich einer Übernahme im Wege eines Tauschangebots angeboten werden, sofern ein Dokument verfügbar ist, dessen Angaben denen des Prospekts gleichwertig sind;
3. Wertpapiere, die anlässlich einer Verschmelzung oder Spaltung angeboten oder zugeteilt werden oder zugeteilt werden sollen, sofern ein Dokument verfügbar ist, dessen Angaben denen des Prospekts gleichwertig sind;

---

29 *Just/Voß/Ritz/Zeising*, § 3 Rn 68.
30 *Heidelbach*, in: Schwark, Kapitalmarktrechtskommentar, § 1 VerkProspG Rn 37.
31 *Schlitt/Schäfer*, AG 2005, 501; *Just/Voß/Ritz/Zeising*, § 3 Rn 69; *Schnorbus*, AG 2008, 405.
32 *Ekkenga/Maas*, in: Kümpel/Hammen/Ekkenga, Kapitalmarktrecht, Kap. 055, Rn 115.
33 BR-Drucks. 291/12.
34 BegrRegE, BT-Drucks. 15/4999, S. 30.

4. an die Aktionäre ausgeschüttete Dividenden in Form von Aktien derselben Gattung wie die Aktien, für die solche Dividenden ausgeschüttet werden, sofern ein Dokument zur Verfügung gestellt wird, das Informationen über die Anzahl und die Art der Aktien enthält und in dem die Gründe und Einzelheiten zu dem Angebot dargelegt werden;
5. Wertpapiere, die derzeitigen oder ehemaligen Mitgliedern von Geschäftsführungsorganen oder Arbeitnehmern von ihrem Arbeitgeber oder einem anderen mit ihm verbundenen Unternehmen im Sinne des § 15 des Aktiengesetzes als Emittent angeboten werden, sofern ein Dokument zur Verfügung gestellt wird, das über die Anzahl und die Art der Wertpapiere informiert und in dem die Gründe und die Einzelheiten zu dem Angebot dargelegt werden, und
    a) der Emittent seine Hauptverwaltung oder seinen Sitz in einem Staat des Europäischen Wirtschaftsraums hat,
    b) Wertpapiere des Emittenten bereits an einem organisierten Markt zugelassen sind oder
    c) Wertpapiere des Emittenten bereits an dem Markt eines Drittlands zugelassen sind, die Europäische Kommission für diesen Markt einen Beschluss über die Gleichwertigkeit erlassen hat und ausreichende Informationen einschließlich des genannten Dokuments in einer in der internationalen Finanzwelt üblichen Sprache vorliegen.

(2) Die Pflicht zur Veröffentlichung eines Prospekts gilt nicht für die Zulassung folgender Arten von Wertpapieren zum Handel an einem organisierten Markt:
1. Aktien, die über einen Zeitraum von zwölf Monaten weniger als zehn Prozent der Zahl der Aktien derselben Gattung ausmachen, die bereits zum Handel an demselben organisierten Markt zugelassen sind;
2. Aktien, die im Austausch für bereits an demselben organisierten Markt zum Handel zugelassene Aktien derselben Gattung ausgegeben werden, ohne dass mit der Ausgabe dieser neuen Aktien eine Kapitalerhöhung verbunden ist;
3. Wertpapiere, die anlässlich einer Übernahme im Wege eines Tauschangebots angeboten werden, sofern ein Dokument verfügbar ist, dessen Angaben denen des Prospekts gleichwertig sind;
4. Wertpapiere, die anlässlich einer Verschmelzung oder Spaltung angeboten oder zugeteilt werden oder zugeteilt werden sollen, sofern ein Dokument verfügbar ist, dessen Angaben denen des Prospekts gleichwertig sind;
5. Aktien, die nach einer Kapitalerhöhung aus Gesellschaftsmitteln den Inhabern an demselben organisierten Markt zum Handel zugelassener Aktien derselben Gattung angeboten oder zugeteilt werden oder zugeteilt werden sollen, sowie Dividenden in Form von Aktien derselben Gattung wie die Aktien, für die solche Dividenden ausgeschüttet werden, sofern ein Dokument zur Verfügung gestellt wird, das Informationen über die Anzahl und die Art der Aktien enthält und in dem die Gründe und Einzelheiten zu dem Angebot dargelegt werden;
6. Wertpapiere, die derzeitigen oder ehemaligen Mitgliedern von Geschäftsführungsorganen oder Arbeitnehmern von ihrem Arbeitgeber oder von einem verbundenen Unternehmen im Sinne des § 15 des Aktiengesetzes angeboten oder zugeteilt werden oder zugeteilt werden sollen, sofern es sich dabei um Wertpapiere derselben Gattung handelt wie die Wertpapiere, die bereits zum Handel an demselben organisierten Markt zugelassen sind, und ein Dokument zur Verfügung gestellt wird, das Informationen über die Anzahl und den Typ der Wertpapiere enthält und in dem die Gründe und Einzelheiten zu dem Angebot dargelegt werden;
7. Aktien, die nach der Ausübung von Umtausch- oder Bezugsrechten aus anderen Wertpapieren ausgegeben werden, sofern es sich dabei um Aktien derselben Gattung handelt wie die Aktien, die bereits zum Handel an demselben organisierten Markt zugelassen sind;
8. Wertpapiere, die bereits zum Handel an einem anderen organisierten Markt zugelassen sind, sofern sie folgende Voraussetzungen erfüllen:
    a) die Wertpapiere oder Wertpapiere derselben Gattung sind bereits länger als 18 Monate zum Handel an dem anderen organisierten Markt zugelassen,
    b) für die Wertpapiere wurde, sofern sie nach dem 30. Juni 1983 und bis einschließlich 31. Dezember 2003 erstmalig börsennotiert wurden, ein Prospekt gebilligt nach den Vorschriften des Börsengesetzes oder den Vorschriften anderer Staaten des Europäischen Wirtschaftsraums, die aufgrund der Richtlinie 80/390/EWG des Rates vom 17. März 1980 zur Koordinierung der Bedingungen für die Erstellung, die Kontrolle und die Verbreitung des Prospekts, der für die Zulassung von Wertpapieren zur amtlichen Notierung an einer Wertpapierbörse zu veröffentlichen ist (ABl. EG Nr. L 100 S. 1) in der jeweils geltenden Fassung oder aufgrund der Richtlinie 2001/34/EG des Europäischen Parlaments und des Rates vom 28. Mai 2001 über die Zulassung

von Wertpapieren zur amtlichen Börsennotierung und über die hinsichtlich dieser Wertpapiere zu veröffentlichenden Informationen (ABl. EG Nr. L 184 S. 1) in der jeweils geltenden Fassung erlassen worden sind; wurden die Wertpapiere nach dem 31. Dezember 2003 erstmalig zum Handel an einem organisierten Markt zugelassen, muss die Zulassung zum Handel an dem anderen organisierten Markt mit der Billigung eines Prospekts einhergegangen sein, der in einer in § 14 Abs. 2 genannten Art und Weise veröffentlicht wurde,

c) der Emittent der Wertpapiere hat die aufgrund der Richtlinien der Europäischen Gemeinschaft erlassenen Vorschriften betreffend die Zulassung zum Handel an dem anderen organisierten Markt und die hiermit im Zusammenhang stehenden Informationspflichten erfüllt,

d) der Zulassungsantragsteller erstellt ein zusammenfassendes Dokument in deutscher Sprache,

e) das zusammenfassende Dokument nach Buchstabe d wird in einer in § 14 vorgesehenen Art und Weise veröffentlicht und

f) der Inhalt dieses zusammenfassenden Dokuments entspricht den Schlüsselinformationen gemäß § 5 Absatz 2 a. Ferner ist in diesem Dokument anzugeben, wo der neueste Prospekt sowie Finanzinformationen, die vom Emittenten entsprechend den für ihn geltenden Publizitätsvorschriften offen gelegt werden, erhältlich sind.

(3) ¹Das Bundesministerium der Finanzen kann im Einvernehmen mit dem Bundesministerium der Justiz durch Rechtsverordnung, die nicht der Zustimmung des Bundesrates bedarf, bestimmen, welche Voraussetzungen die Angaben in den in Absatz 1 Nr. 2 und 3 sowie Absatz 2 Nr. 3 und 4 genannten Dokumenten im Einzelnen erfüllen müssen, um gleichwertig im Sinne des Absatzes 1 Nr. 2 oder 3 oder im Sinne des Absatzes 2 Nr. 3 oder 4 zu sein. ²Dies kann auch in der Weise geschehen, dass Vorschriften des deutschen Rechts oder des Rechts anderer Staaten des Europäischen Wirtschaftsraums bezeichnet werden, bei deren Anwendung die Gleichwertigkeit gegeben ist. ³Das Bundesministerium der Finanzen kann die Ermächtigung durch Rechtsverordnung auf die Bundesanstalt für Finanzdienstleistungsaufsicht übertragen.

A. Vorbemerkungen 1	I. Vorbemerkungen 12
B. Ausnahmekatalog betreffend öffentliche Angebote (Abs. 1) 2	II. 10%-Regelung (Abs. 2 Nr. 1) 13
I. Vorbemerkungen 2	III. im Austausch ausgegebene Aktien (Abs. 2 Nr. 2) 14
II. im Austausch ausgegebene Aktien (Abs. 1 Nr. 1) 3	IV. Tauschangebote bei Übernahme und Verschmelzungsvorgänge (Abs. 2 Nr. 3 und 4) 15
III. Tauschangebot anlässlich einer Übernahme (Abs. 1 Nr. 2) 4	V. Kapitalerhöhung aus Gesellschaftsmitteln, Sachdividende (Abs. 2 Nr. 5) 16
IV. Verschmelzungsvorgänge (Abs. 1 Nr. 3) 5	VI. Mitarbeiterbeteiligungsprogramme (Abs. 2 Nr. 6) 17
V. Kapitalerhöhungen aus Gesellschaftsmitteln, Sachdividenden (Abs. 1 Nr. 4) 6	VII. Aktien aus Umtausch- oder Bezugsrechten (Abs. 2 Nr. 7) 18
VI. Arbeitnehmerbeteiligungsprogramme (Abs. 1 Nr. 5) 9	VIII. Einbeziehungen (Abs. 2 Nr. 8) 19
C. Ausnahmekatalog betreffend die Börsenzulassung im organisierten Markt (Abs. 2) 12	D. Verordnungsermächtigung (Abs. 3) 20

A. Vorbemerkungen

1 § 4 dient der Umsetzung von Art. 4 der Prospektrichtlinie und enthält eine Reihe von Ausnahmen von der Prospektpflicht für bestimmte öffentliche Angebote von Wertpapieren (Abs. 1) und für die Börsenzulassung von Wertpapieren zu einem organisierten Markt (Abs. 2). Die Ausnahmen von der Prospektpflicht betreffen Fälle, in denen bereits dem Anlegerschutz durch eine dem Prospekt nach dem WpPG gleichwertige Veröffentlichung genüge getan wurde (Vermeidung von Doppelpublizität), bestimmte Angaben veröffentlicht werden (Abs. 1 Nr. 4 und 5, Abs. 2 Nr. 5, 6 und 8) bzw die Personenkreise, an die sich die beschriebenen Angebote richten, nicht der Information durch einen Prospekt bedürfen.[1] Die Ausnahmen entsprechen in vielen Fällen den bis zum 1.7.2005 im VerkProspG aF und in der BörsZulV aF normierten Ausnahmetatbeständen. Sie stellen Legalausnahmen dar; ein Ermessen der BaFin bzw der Zulassungsbehörden besteht nicht. Ebenso wenig ist eine Bescheinigung über das Vorliegen der Ausnahme einzuholen. Die Entscheidung, ob ein gleichwertiges Dokument verfügbar ist, soll die BaFin gemäß der Regierungsbegründung ausschließlich im öffentlichen Interesse treffen.[2] Daraus könnte abgeleitet werden, dass nach der Regierungsintention die BaFin auch Stellung dazu beziehen müsste, ob ein Dokument im Einzelfall gleichwertig ist. In

---

1 BegrRegE, BT-Drucks. 15/4999, S. 30.
2 BegrRegE, BT-Drucks. 15/4999, S. 30.

der Praxis ist eine solche Stellungnahme der BaFin nicht zu erwarten.[3] Die Zulassungsbehörden sind im Rahmen ihrer Verwaltungstätigkeit angehalten, die Voraussetzungen für eine prospektfreie Börsenzulassung, deren Vorliegen Grundlage des zu fassenden Zulassungsbescheides sind, zu überprüfen.[4] Eine festgestellte Gleichwertigkeit ist nicht notifizierungsfähig (§ 17); es bleibt Aufgabe jeder mitgliedstaatlichen Behörde die Gleichwertigkeit für die eigene Jurisdiktion ggf festzustellen.

B. Ausnahmekatalog betreffend öffentliche Angebote (Abs. 1)

I. Vorbemerkungen. Abs. 1 soll Ausnahmen von der Prospektpflicht für öffentliche Angebote bestimmter Arten von Wertpapieren normieren. Das ist missverständlich, da zum Teil die beschriebenen Tatbestände (zB Abs. 1 Nr. 1, 3 oder 4) nach deutschem Recht kein Angebot darstellen, und der Erwerb *ex lege* erfolgt, vgl § 2 Nr. 4, Rn 22. Solche Fälle sind nicht ausnahmebedürftig, da sie schon kein öffentliches Angebot darstellen und daher nicht geeignet sind, eine Prospektpflicht auszulösen.[5] So differenziert der Gesetzestext beispielsweise innerhalb der, denselben Ausnahmetatbestand – jedoch jeweils für öffentliche Angebote bzw für die Börsenzulassung – regelnden Abs. 1 Nr. 4 und Abs. 2 Nr. 5, zwischen angebotenen Aktien (Abs. 1 Nr. 4) und Aktien, die angeboten oder zugeteilt werden oder zugeteilt werden sollen (Abs. 2 Nr. 5). Daraus wird deutlich, dass der Gesetzgeber in Abs. 1 ausschließlich Ausnahmefälle von öffentlichen Angeboten iSv § 2 Nr. 4 regeln wollte.[6] Der Anwendungsbereich bezieht sich bei den genannten Ausnahmen daher auf ausländische Emittenten bzw Fälle nach deutschem Recht, in denen der Erwerb nicht *ex lege* bzw unter Zuzahlung erfolgt.

II. im Austausch ausgegebene Aktien (Abs. 1 Nr. 1). Abs. 1 Nr. 1 setzt Art. 4 Abs. 1 lit. a der Prospektrichtlinie um und bildet das Gegenstück zu Abs. 2 Nr. 2. Die Norm regelt den Fall, dass Aktien im Umtausch für bereits ausgegebene Aktien derselben Gattung ausgegeben werden, ohne dass die Aktien im Rahmen einer Kapitalerhöhung entstehen. Aktien gehören derselben Gattung an, wenn die durch sie verbrieften Rechte – einschließlich der Gewinnberechtigung[7] – identisch sind. Der hier geregelte Tatbestand war nach altem Recht für Zwecke der Börsenzulassung in § 45 Nr. 2 lit. c BörsZulV in ähnlicher Weise enthalten und betraf beispielsweise die Fälle der Neustückelung des Kapitals oder der Umstellung auf nennwertlose Stückaktien.[8] Die nach § 4 Abs. 1 Nr. 5 VerkProspG aF ehemals bestehende Ausnahme für Zertifikate, die anstelle von Aktien ausgegeben werden, kann hier nicht als Referenz dienen, da § 4 Abs. 1 Nr. 1 eindeutig von „Aktien" und nicht „Zertifikaten" ausgeht.[9]

III. Tauschangebot anlässlich einer Übernahme (Abs. 1 Nr. 2). Abs. 1 Nr. 2 setzt Art. 4 Abs. 1 lit. b der Prospektrichtlinie um. Eine Prospektpflicht besteht nicht für Wertpapiere, die im Rahmen einer Übernahme im Wege eines Tauschangebotes angeboten werden, sofern den Aktionären der Zielgesellschaft ein den Prospekt gleichwertiges Dokument zu Verfügung steht. Eine vergleichbare Ausnahme bestand nach altem Recht in Folge von § 4 Abs. 1 Nr. 9 VerkProspG aF Die Ausnahme betrifft den Fall, dass bei Übernahmeangeboten nach dem WpÜG die Gegenleistung iSv § 31 Abs. 2 S. 1 WpÜG in liquide Aktien besteht, die an einem organisierten Markt gehandelt werden, da die zum Zwecke der Durchführung des Übernahme(Tausch-)angebotes zu erstellende Angebotsunterlage gemäß § 2 Nr. 2 WpÜG-AV – für den Fall, dass nicht bereits ein gültiger Prospekt vorliegt – die Angaben nach § 7 iVm der ProspektVO zu enthalten hat. Zur Vermeidung einer Doppelpublizität – das Umtauschangebot nach dem WpÜG stellt regelmäßig gleichzeitig ein die Prospektpflicht auslösendes öffentliches Angebot iSv § 2 Nr. 4 dar – wird daher auf eine zusätzliche Prospekterstellung verzichtet. Da § 12 WpÜG eine Haftung für die Angebotsunterlage vorsieht, die der Prospekthaftung nach § 13 VerkProspG entspricht, bleibt der Anlegerschutz gewahrt.[10] Liegt ein gültiger Prospekt bereits vor, der während der gesamten Dauer des Umtauschangebotes gültig bleibt, so genügt gemäß § 2 Nr. 2 WpÜG-AV die Aufnahme eines Verweises in die Angebotsunterlage. Erfolgt das Tauschangebot nicht nach den Regeln des WpÜG, ist ein Prospekt nach dem WpPG zu erstellen, soweit kein Ausnahmetatbestand nach dem WpPG bzw kein „gleichwertiges Dokument" vorliegt (zB bei Um-

---

3 *Just/Voß/Ritz/Zeising*, § 4 Rn 2; *Groß*, Kapitalmarktrecht, § 4 WpPG Rn 1.
4 *Just/Voß/Ritz/Zeising*, § 4 Rn 28; *Mülbert/Steub*, WM 2005, 1641; *Groß*, Kapitalmarktrecht, § 4 WpPG Rn 9.
5 *Holzborn*, § 4 WpPG Rn 4.
6 Das ergibt sich auch aus anderer Stelle im Gesetz, nämlich beispielsweise in § 15 Abs. 5, der Regelungen zur Informationsverteilung bei Angeboten betrifft, bei denen keine Prospektpflicht nach dem WpPG besteht. Darin werden dem Anbieter Pflichten auferlegt. Anbieter ist indes gemäß § 2 Nr. 10 eine Person oder Gesellschaft, die Wertpapiere öffentlich anbietet.
7 *Holzborn*, § 4 WpPG Rn 5.
8 *Heidelbach*, in: Schwark, Kapitalmarktrechtskommentar, § 45 BörsZulV Rn 6.
9 Insoweit geht der Hinweis in: *Groß*, Kapitalmarktrecht, § 4 WpPG Rn 2 fehl.
10 *Heidelbach*, in: Schwark, Kapitalmarktrechtskommentar, § 4 VerkProspG Rn 20.

tauschangeboten an im Inland ansässige Aktionäre ausländischer Gesellschaften, in deren Rechtsordnung eine Angebotsunterlage zu erstellen ist, die als „gleichwertig" anerkannt[11] werden kann).[12]

5 **IV. Verschmelzungsvorgänge (Abs. 1 Nr. 3).** Abs. 1 Nr. 3 setzt Art. 4 Abs. 1 lit. c der Prospektrichtlinie um. Ein entsprechender Ausnahmetatbestand war in § 4 Abs. 1 Nr. 7 VerkProspG aF normiert. Fraglich war bereits nach altem Recht, ob überhaupt ein öffentliches Angebot vorliegt, da der Erwerb der Wertpapiere mit Eintragung der Verschmelzung oder Spaltung[13] in das Handelsregister erfolgt.[14] Dies trifft auch nach neuem Recht zu, da eine „Entscheidungsmöglichkeit" des Anlegers iSv § 2 Nr. 4 zum Kauf oder Zeichnen der Wertpapiere idR nicht gegeben ist, da diese idR *ex lege* erworben werden, vgl dort Rn 22. Die Regierungsbegründung bestätigt, dass, soweit Wertpapiere ohne Zuzahlung, dh kostenlos (vgl § 2 Nr. 4, Rn 22) ausgegeben werden, keine Prospektpflicht besteht.[15] Anwendungsfälle der Regelung sollen nach der Regierungsbegründung[16] die Fälle sein, bei denen anlässlich einer Verschmelzung Wertpapiere öffentlich angeboten werden, bei denen der Verschmelzungsbericht ein gleichwertiges Dokument sein kann, so dass eine zusätzliche Veröffentlichung eines Prospektes nicht erforderlich wäre. Diese Differenzierung wird in der Begründung zu Abs. 2 Nr. 3 und 4 verdeutlicht,[17] bei der zwischen dem öffentlichen Angebot und der bloßen Zuteilung von Wertpapieren unterschieden wird. Anwendungsfälle sind daher solche, in denen bei der Verschmelzung aufgrund der gesetzlich geregelten Ausnahmefälle (§ 29 UmwG) ein Wahlrecht des Anlegers besteht, und daher der Erwerb nicht *ex lege* erfolgt, eine Zuzahlung zum Erwerb der Wertpapiere erforderlich ist, und daher ein Angebot an die betroffenen Anleger besteht, die Wertpapiere unter Zuzahlung zu erwerben,[18] oder ggf nach ausländischem Recht (zB wenn die aufnehmende Gesellschaft eine Gesellschaft mit Sitz im Ausland ist) der Verschmelzungsvorgang so ausgestaltet ist, dass dies gleichzeitig ein öffentliches Angebot iSd § 2 Nr. 4 darstellt.[19] Voraussetzung für die Anwendung der Ausnahme ist, dass die Anleger durch die in den Verschmelzungsbericht nach § 8 UmwG aufzunehmenden Informationen hinreichend informiert werden, so dass die Gleichwertigkeit gegeben ist. Das wird in der Regel nur durch die Aufnahme zusätzlicher, für die Anlageentscheidung wichtiger Angaben gegeben sein, die nach § 7 iVm der Prospekt-VO gefordert werden, jedoch nach § 8 UmwG nicht Inhalt eines Verschmelzungsberichtes sind, wie zB die Risikofaktoren oder eine Zusammenfassung. Neben der rein formalen inhaltlichen Gleichwertigkeit müsste der Verschmelzungsbericht aktuell sein, um auch materiell einem Prospekt gleichwertig zu sein.[20] Die Gleichwertigkeit zu überprüfen gilt es insbesondere auch in den Fällen der Verschmelzung, die nicht dem UmwG unterfallen (zB ausländische Verschmelzungsvorgänge).

6 **V. Kapitalerhöhungen aus Gesellschaftsmitteln, Sachdividenden (Abs. 1 Nr. 4).** Die auf Art. 4 Abs. 1 lit. d der Prospektrichtlinie beruhende Ausnahme von der Prospektpflicht nach § 4 Abs. 1 Nr. 4 betrifft Sachdividenden in Form von Aktien derselben Gattung (zum Begriff vgl Rn 3) wie die Aktien, für die solche Dividenden ausgeschüttet werden. Dies stellt indes nach deutschem Recht kein öffentliches Angebot dar. Die Ausgabe von Sachdividenden erfolgt ohne dass es auf eine „Entscheidungsmöglichkeit" des Anlegers zum Kauf oder Zeichnen der Wertpapiere iSv § 2 Nr. 4 ankäme, da die Sachdividenden im Falle von girosammelverwahrten Aktien zum Ex-Tag (Tag der giromäßigen Einbuchung der Dividende) ohne Mitwirkung des Anlegers giromäßig zugebucht werden, mithin ein Angebot begrifflich nicht vorliegen kann.[21] Ein „Dokument" ist daher in diesen Fällen, die bereits – da kein öffentliches Angebot darstellend – nicht in den Anwendungsbereich fallen, nicht zu erstellen.

7 **Anwendungsfälle** von Abs. 1 Nr. 4 sind daher Konstellationen, in denen die beschriebenen Vorgänge keine bloße „Zuteilung" – wie in dem für die Börsenzulassung solcher Wertpapiere einschlägigen Ausnahmetatbestand (Abs. 2 Nr. 5) explizit vorgesehen wird – sondern ein öffentliches Angebot darstellen. Das kann beispielsweise bei ausländischen Emittenten der Fall sein.

8 Voraussetzung ist, dass ein den Anforderungen des Abs. 1 Nr. 4 genügendes **Dokument** zur Verfügung gestellt wird,[22] das Informationen über die Anzahl und die Art der Aktien enthält und in dem die Gründe und Einzelheiten zu dem Angebot dargelegt werden. Eine ähnliche Regelung fand sich für Zwecke der Börsen-

---

11 Zuständig für die Anerkennung der Gleichwertigkeit ist die BaFin, zutreffend: *Just/Voß/Ritz/Zeising*, § 4 Rn 9.
12 Die Feststellung der Gleichwertigkeit unterliegt nicht dem sog Europäischen Pass nach § 17 und ist von jeder zuständigen mitgliedstaatlichen Behörde in der das Angebot stattfinden soll gesondert festzustellen.
13 Die Ausnahme wurde durch Gesetz zur Umsetzung der Richtlinie 2010/73/EU und zur Änderung des Börsengesetzes, BR-Drucks. 291/12, auf Spaltungsvorgänge erweitert.
14 AnwK-AktienR/*Lenz*, § 4 VerkProspG Rn 13; *Heidelbach*, in: Schwark, Kapitalmarktrechtskommentar, § 4 VerkProspG Rn 18.
15 BegrRegE, BT-Drucks. 15/4999, S. 30.
16 BegrRegE, BT-Drucks. 15/4999, S. 30.
17 BegrRegE, BT-Drucks. 15/4999, S. 30.
18 *Groß*, Kapitalmarktrecht, § 4 WpPG Rn 4.
19 *Holzborn*, § 4 WpPG Rn 7.
20 *Groß*, Kapitalmarktrecht, § 4 WpPG Rn 15.
21 *Groß*, Kapitalmarktrecht, § 4 WpPG Rn 5; *Holzborn*, § 4 WpPG Rn 8.
22 Eine Veröffentlichung ist gem. Punkt III. der CESR (Committee of European Securities Regulators) Empfehlungen vom Februar 2005 (CESR's recommendations for the consistent implementation of the European Commission's Regulation on Prospectuses n0 809/2004; erhältlich unter folgendem Link: <www.cesr-eu.org>) nicht erforderlich soweit es den Adressaten zur Verfügung gestellt wird.

zulassung in § 45 Nr. 2 lit. a BörsZulV aF, nach dem ebenfalls eine Veröffentlichung einer Bekanntmachung erforderlich war, die die (zutreffenden) Angaben in §§ 15 und 16 BörsZulV aF enthalten musste. Anhaltspunkte dafür, wie das Dokument nach Abs. 1 Nr. 4 insbesondere hinsichtlich der „Einzelheiten zu dem Angebot" ausgestaltet werden könnte, lassen sich aus diesen Vorschriften entnehmen. Auch das CESR hat in seinen Empfehlungen vom Februar 2005[23] unter Punkt III.3. Hinweise zur Ausgestaltung des erforderlichen Dokuments gegeben. Zuletzt kann auch auf Abs. 2 Nr. 8 lit. f referenziert werden, der auf die Darstellung der Schlüsselinformationen nach § 5 Abs. 2 a verweist. Eine **spezialgesetzliche Haftung für das Dokument** besteht – anders als nach der früheren Rechtslage – nunmehr infolge des vollumfänglichen Verweises in § 22 auf § 21 und dort insb. auf § 21 Abs. 4.

VI. Arbeitnehmerbeteiligungsprogramme (Abs. 1 Nr. 5). Abs. 1 Nr. 5 setzt Art. 4 Abs. 1 lit. e der Prospektrichtlinie um und orientiert sich an § 2 Nr. 3 VerkProspG aF Die Regelung sieht eine Ausnahme von der Pflicht zur Veröffentlichung eines Prospekts für Angebote des Arbeitgebers oder eines mit ihm verbundenen Unternehmens im Sinne von § 15 AktG, für die der Arbeitgeber oder das verbundene Unternehmen Emittent ist[24] und die Voraussetzungen von lit. a, b oder c erfüllt, an derzeitige oder ehemalige Arbeitnehmer oder Mitgliedern von Geschäftsführungsorganen vor, soweit ein den Anforderungen des Abs. 1 Nr. 5 genügendes Dokument[25] zur Verfügung gestellt wird. Der Verzicht auf eine Prospekterstellung bei Anwendbarkeit der Regelung rechtfertigt sich dadurch, dass die Anleger bereits durch ihr Rechtsverhältnis zum Arbeitgeber, insbesondere dessen Fürsorgepflichten, ausreichend geschützt sind, und weil andererseits die Kapitalbeteiligung von Arbeitnehmern am Unternehmen ihres Arbeitgebers gefördert werden soll.[26] Von der Regelung nicht erfasst sind die Fälle einer „Zuteilung" (vgl Abs. 2 Nr. 6) von Wertpapieren an Arbeitnehmer, da in diesem Fall die Ausgabe der Wertpapiere ohne Angebot, etwa durch Zubuchung nach Fälligwerden von Optionen, erfolgt.

9

Durch Gesetz zur Umsetzung der Richtlinie 2010/73/EU und zur Änderung des Börsengesetzes[27] kehrt der Gesetzgeber von der früheren Fassung, die eine Prospektausnahme nur für den Fall vorsah, dass der Emittent bereits zum Handel an einem organisierten Markt iSv § 2 Nr. 16 zugelassen ist, ab. Das bedeutet, dass Arbeitgeber (bzw Emittenten), deren Wertpapiere entweder nicht oder nur im Freiverkehr notiert sind, nunmehr in den Genuss der Ausnahme kommen, soweit sie unter die Kategorien von Abs. 1 Nr. 5 lit. a oder c fallen bzw nicht eine andere Ausnahmevorschrift – wie zB § 3 Abs. 2 S. 1 Nr. 2 (bis zu 150 nicht qualifizierte Anleger) – einschlägig ist.[28]

10

Der Anwendungsbereich der Ausnahme ist durch die Neufassung richtigerweise erheblich erweitert worden. Für nicht-EWR-Emittenten, dh Drittstaatenemittenten, die eine Tochtergesellschaft oder Niederlassung in Deutschland haben, und die nicht unter lit. c fallen, wird regelmäßig ein Prospekt zu erstellen sein, da Mitarbeiterbeteiligungsprogramme oftmals konzernweit einheitlich ausgestaltet sind, und daher die Kriterien für eine anderweitige Ausnahme von der Prospektpflicht regelmäßig nicht gegeben sind.[29]

11

C. Ausnahmekatalog betreffend die Börsenzulassung im organisierten Markt (Abs. 2)

I. Vorbemerkungen. Die Ausnahmen in Abs. 2 stellen in vielen Fällen für Zwecke der Börsenzulassung das Gegenstück zu den Ausnahmen in Abs. 1 dar. Sie gelten *ipso iure*;[30] ein Ermessensspielraum der Zulassungsbehörden entsprechend §§ 45 und 45 a BörsZulV aF besteht nicht. Die Zulassungsbehörden werden jedoch im Rahmen ihrer Verwaltungstätigkeit die Voraussetzungen für eine prospektfreie Zulassung überprüfen müssen.[31] Ist die Erstellung eines Dokumentes[32] oder die Vorlage einer einem Prospekt gleichwertigen Unterlage Voraussetzung für die Ausnahme von der Prospektpflicht (zB Abs. 2 Nr. 1, 2 und 7), so müssten die Zulassungsbehörden auch diese Unterlagen prüfen bzw die Gleichwertigkeit feststellen. Das stellt einen Bruch in der vom WpPG aufgestellten Kompetenzverteilung dar, nach der allein die BaFin für die Billigung von Prospekten zuständig ist (§ 13 Abs. 1 S. 2).[33] Daher ist es unsystematisch, wenn die Börse im Rahmen der Ausnahmen nach § 4 Abs. 2 zur Feststellung der Gleichwertigkeit Prüfungshandlungen vornimmt. Da jedoch die Fälle des Abs. 2 allein im Rahmen des Zulassungsverfahrens maßgeblich sind, wird

12

---

23 Vgl vorherige Fn.
24 Klarstellung, dass die Ausnahme nur für Angebote von Wertpapieren gilt, für die der Arbeitgeber oder das verbundene Unternehmen Emittent ist, wurde durch Gesetz zur Umsetzung der Richtlinie 2010/73/EU und zur Änderung des Börsengesetzes, BR-Drucks. 291/12, eingeführt.
25 Zur Ausgestaltung und Haftung vgl Hinweis zu Abs. 1 Nr. 4, Rn 8.
26 *Hamann*, in: Schäfer, § 2 VerkProspG Rn 4.
27 BR-Drucks. 291/12.
28 *Kunold/Schlitt*, BB 2004, 504.
29 *Just/Voß/Ritz/Zeising*, § 4 Rn 21.
30 *Hamann/Schäfer*, § 4 WpPG Rn 19, *Groß*, Kapitalmarktrecht, § 4 WpPG Rn 8, *Just/Voß/Ritz/Zeising*, § 4 Rn 27.
31 *Groß*, Kapitalmarktrecht, § 4 WpPG Rn 8.
32 Zur Ausgestaltung vgl Hinweis zu Abs. 1 Nr. 4, Rn 8.
33 *Holzborn*, § 4 WpPG Rn 13.

man richtigerweise von einer materiellen[34] Prüfpflicht der Börsen ausgehen müssen.[35] Für die vorzulegenden bzw zu erstellenden Dokumente besteht – ggf neben anderen spezialgesetzlichen Grundlagen – eine **Haftung** nach § 21 Abs. 4. Die Voraussetzung für eine solche Haftung entfällt in allen übrigen Fällen des § 4 Abs. 2, da dort keine schriftlichen Darstellungen erstellt werden müssen, „auf Grund deren Veröffentlichung der Emittent von der Pflicht zur Veröffentlichung eines Prospekts befreit wurde", vgl § 21 Abs. 4.

13 **II. 10%-Regelung (Abs. 2 Nr. 1).** Abs. 2 Nr. 1 beruht auf Art. 4 Abs. 2 lit. a der Prospektrichtlinie und nimmt die Zulassung[36] von Aktien, die über einen Zeitraum von zwölf Monaten weniger als zehn Prozent der Zahl der Aktien derselben Gattung ausmachen, die bereits zum Handel an demselben organisierten Markt zugelassen sind, von der Prospektpflicht aus. Die Regelung ist mit § 45 Nr. 3 lit. b BörsZulV vergleichbar, unterscheidet sich von dieser aber durch die Einfügung des zeitlichen Kriteriums von zwölf Monaten. Die Regierungsbegründung stellt klar, dass § 4 Abs. 2 Nr. 1 auch auf Aktien anzuwenden ist, die sich nur in Bezug auf den Beginn der Dividendenberechtigung von den bereits zum Handel zugelassenen Aktien unterscheiden.[37] In die Berechnung der Prozentzahl sind Aktien nicht einzuberechnen, die aufgrund anderer Ausnahmevorschriften prospektfrei zugelassen wurden.[38] Ausgangspunkt für die Berechnung ist stets das zugelassene Grundkapital im Zeitpunkt der Zulassung und nicht etwa dasjenige zum Beginn des 12-Monats-Zeitraumes. Während des maßgeblichen Zeitraumes durchgeführte Kapitalherabsetzungen oder Ausgabe von Berichtigungsaktien sind bei der Berechnung zu berücksichtigen. Liegt die Anzahl der ausgegebenen Aktien nur um einen Bruchteil einer Aktie unter der 10%-Grenze, so ist die Ausnahme anwendbar, da Abs. 2 Nr. 1 als Voraussetzung für die prospektfreie Zulassung lediglich das rein rechnerische Unterschreiten der 10%-Grenze nennt. Die Frist von 12 Monaten wird vom Zeitpunkt des Erlasses des Zulassungsbeschlusses[39] durch die Zulassungsbehörde gemäß §§ 187 Abs. 1, 188 BGB zurückgerechnet werden müssen,[40] da die Zulassung nur dann erfolgen kann, wenn im Zeitpunkt der Zulassungsentscheidung die Obergrenze eingehalten ist.

14 **III. im Austausch ausgegebene Aktien (Abs. 2 Nr. 2).** Die in Abs. 2 Nr. 2 enthaltene Regelung setzt Art. 4 Abs. 2 Buchst. b der Prospektrichtlinie um und stellt das Gegenstück zur Ausnahme für das öffentliche Angebot solcher Wertpapiere gemäß § 4 Abs. 1 Nr. 1 dar, setzt allerdings zusätzlich voraus, dass die auszutauschenden Wertpapiere bereits an demselben organisierten Markt zum Handel zugelassen sind. Zu den übrigen Voraussetzungen vgl Rn 3.

15 **IV. Tauschangebote bei Übernahme und Verschmelzungsvorgänge (Abs. 2 Nr. 3 und 4).** Mittels Abs. 2 Nr. 3 und 4 werden Art. 4 Abs. 2 lit. c und d der Prospektrichtlinie umgesetzt. Die Regelungen entsprechen Abs. 1 Nr. 2 und 3; zu den Voraussetzungen siehe dort (Rn 4 ff). Die Regierungsbegründung[41] stellt klar, dass von Abs. 2 Nr. 3 und 4 sowohl die Fälle erfasst werden, in denen neben der Zulassung zum Handel an einem organisierten Markt auch ein öffentliches Angebot erfolgt, als auch die Fälle, in denen die Wertpapiere „zugeteilt" werden, und die Zulassung zum Handel an einem organisierten Markt daher ohne vorheriges öffentliches Angebot erfolgt.

16 **V. Kapitalerhöhung aus Gesellschaftsmitteln, Sachdividende (Abs. 2 Nr. 5).** Abs. 2 Nr. 5 beruht auf Art. 4 Abs. 2 lit. e der Prospektrichtlinie und stellt das Gegenstück zu Abs. 1 Nr. 4 dar. Zu den Voraussetzungen siehe dort, Rn 6 ff. Als zusätzliche Voraussetzung gibt Abs. 2 Nr. 5 allerdings vor, dass Aktien der Gattung der Aktien, die angeboten, zugeteilt oder zugeteilt werden sollen, bereits zum Handel an demselben organisierten Markt, zu dem die Börsenzulassung beantragt werden soll, zugelassen sind. Soweit es um die Zuteilung von Berichtigungsaktien in- und ausländischer[42] Emittenten geht, deren Aktien bereits an einer deutschen Börse zum Handel im regulierten[43] Markt zugelassen sind, sind diese allerdings bereits gemäß § 33 Abs. 4 EGAktG kraft Gesetzes zum Börsenhandel zugelassen.[44] Ein Antrag auf Zulassung bedarf es daher

---

34 Die Frankfurter Wertpapierbörse hat sich jedoch für den in Abs. 2 Nr. 4 geregelten Fall entschlossen, lediglich eine formelle Prüfung vorzunehmen, dh eine inhaltliche Prüfung, ob die Gleichwertigkeit eines Verschmelzungsberichts tatsächlich gegeben ist, wird nicht vorgenommen. Es ist zu erwarten, dass eine ähnliche Haltung in den anderen Fällen der „Dokument"-Erstellung eingenommen wird.
35 Groß, Kapitalmarktrecht, § 4 WpPG Rn 9.
36 Im Gegensatz zur bisherigen Rechtslage (§ 4 Abs. 1 Nr. 2 und VerkProspG aF) sind öffentliche Angebote von Aktien aus sog. 10%-Kapitalerhöhungen nicht mehr von der Prospektpflicht befreit. Die Ausnahmen nach § 1 Abs. 2 Nr. 4 bzw § 3 Abs. 2 Nr. 2 werden jedoch die meisten Fälle solcher kleinen Kapitalerhöhungen abdecken können.
37 BegrRegE, BT-Drucks. 15/4999, S. 30.
38 Committee of European Securities Regulatiors, Frage 29 in FAQ regarding Prospectuses: Common positions agreed by CESR Members erhältlich unter <www.cesr-eu.org>.
39 BegrRegE, BT-Drucks. 15/4999, S. 30, nennt als Zeitpunkt die Einführung (Notierungsaufnahme) der Aktien. Der Zulassungsbeschluss kann jedoch nur auf die Sachlage anlässlich der Fassung des Beschlusses fußen. Daher muss der maßgebliche Zeitpunkt für die Berechnung der Frist der Tag der Fassung des Zulassungsbeschlusses sein.
40 Holzborn, § 4 WpPG Rn 14.
41 BegrRegE, BT-Drucks. 15/4999, S. 30.
42 Groß, Kapitalmarktrecht, § 4 WpPG Rn 17.
43 Infolge der Zusammenlegung von geregelten und amtlichen Markt in den regulierten Markt ist dieser als Nachfolger des in der Vorschrift genannten amtlichen Marktes maßgebend.
44 Holzborn, § 4 WpPG Rn 18.

gemäß § 32 Abs. 1 BörsG insoweit nicht – wohl aber eines Antrages auf Notierungsaufnahme der betreffenden Aktien. Insoweit erscheint Abs. 2 Nr. 5 überflüssig.[45]

VI. Mitarbeiterbeteiligungsprogramme (Abs. 2 Nr. 6). Die Regelung in Abs. 2 Nr. 6 hat ihre Grundlage in Art. 4 Abs. 2 lit. f der Prospektrichtlinie und ist mit § 45 Nr. 3 lit. c BörsZulV aF vergleichbar. Anders als in Abs. 1 Nr. 5, ist im Rahmen des Abs. 2 Nr. 6 erforderlich, dass es sich bei den gegenständlichen Wertpapieren um dieselbe Gattung handelt wie bei den Wertpapieren, die bereits zum Handel an demselben organisierten Markt zugelassen sind, an dem die Zulassung prospektfrei erfolgen soll. 17

VII. Aktien aus Umtausch- oder Bezugsrechten (Abs. 2 Nr. 7). Abs. 2 Nr. 7 setzt Art. 4 Abs. 2 lit. g der Prospektrichtlinie um. Die Ausnahme ermöglicht es, Aktien, die nach der Ausübung von Umtausch- oder Bezugsrechten aus anderen Wertpapieren (vgl § 2 Nr. 1) ausgegeben werden, prospektfrei zuzulassen, sofern es sich dabei um Aktien derselben Gattung handelt wie die Aktien, die bereits zum Handel an demselben organisierten Markt zugelassen sind. Anwendungsfälle sind die Zulassung von bestehenden Aktien aber auch von bedingten Kapitalia (der Wortlaut spricht insofern von „ausgegeben werden" und nicht „wurden"), die erst nach Ausübung von Umtausch- oder Bezugsrechten aus Wandel-, Options- oder Umtauschanleihen ausgegeben werden, und daher die Aktien im Zeitpunkt der Zulassung noch nicht entstanden sind. Die Zulassung von bedingtem Kapital ist jedoch nur in dem Umfang möglich, in dem theoretisch Bezugs- oder Umtauschrechte aufgrund der zugrunde liegenden Wertpapiere möglich sind.[46] 18

Auch Aktien, die aufgrund von **Pflichtwandel- oder Pflichtumtauschanleihen** ausgegeben werden, werden erfasst, da auch hier Umtausch- bzw Bezugsrechte entstehen, der Anleger sich jedoch lediglich in den Anleihebedingungen zur Ausübung seines Bezugs- bzw Umtauschrechts verpflichtet hat.[47]

Abs. 2 Nr. 7 grenzt die Anzahl der Aktien, die danach prospektfrei zugelassen werden können, nicht ein. Fraglich ist, ob die Zulassungsbehörden die Zulassung von Aktien ablehnen dürfen, in denen mittels der Begebung einer **Umtauschanleihe** durch ein Vehikel oder einer **Pflichtwandelanleihe mit sehr kurzer Laufzeit** die grundsätzlich bestehende Pflicht zur Erstellung eines Prospektes umgangen, und damit eine kostengünstige Börsenzulassung und eine auf die Minimalpublizität begrenzte Offenlegung erreicht wird.[48] Da § 32 Abs. 3 Nr. 2 BörsG für den Fall, dass die Voraussetzungen nach Abs. 2 Nr. 7 gegeben sind, einen Zulassungsanspruch gewährt, wird eine Ablehnung einer Zulassung von Aktien, die aufgrund einer solchen gestalterischen Umgehung der Prospektpflicht beantragt wird, nur in Fällen **offensichtlichem Missbrauchs** möglich sein.[49]

Die durch die Zulassungsstellen der Börsen eröffnete Praxis, unter diese Vorschrift auch **Bezugsangebote** (vgl § 186 AktG) von neuen Aktien im Rahmen von Kapitalerhöhungen an die Altaktionäre – wohl in Anwendung des verwaltungsrechtlichen Meistbegünstigungsprinzips – zu subsumieren, wurde zum 1. Juli 2012 mit Inkrafttreten der delegierten Verordnung (EU) Nr. 486/2012 der Kommission[50] **aufgegeben**, da die genannte Verordnung, welche die frühere Verordnung 809/2004 (Prospektverordnung) änderte, eine Legaldefinition des Begriffs „Bezugsrechtsemission" (Art. 2 Nr. 13 nF) sowie in Anhang XXIII sowie XXIV Schemata für Pflichtangaben bei Bezugsrechtsemissionen enthält, durch der der europäische Gesetzgeber offenbar macht, dass Bezugsrechtsemissionen grundsätzlich offenlegungspflichten Unterliegen.

VIII. Einbeziehungen (Abs. 2 Nr. 8). Abs. 2 Nr. 8 enthält eine Ausnahme von der Prospektpflicht für bestimmte bereits an einem anderen organisierten Markt (dh innerhalb eines EWR-Staates, vgl § 2 Nr. 16) zum Handel zugelassene Wertpapiere. Diese Vorschrift setzt Art. 4 Abs. 2 lit. h der Prospektrichtlinie um und ersetzt die in § 45 a BörsZulV aF ähnlich lautende Regelung. Die Mindestfrist der Zulassung der Wertpapiere an einem anderen organisierten Markt wurde von ehemals drei Jahren (§ 45 a Abs. 1 Nr. 1 BörsZulV aF) richtlinienkonform auf achtzehn Monate verkürzt. Das nach Abs. 2 Nr. 8 zu erstellende Dokument hat inhaltlich die Schlüsselinformationen gem. § 5 Abs. 2 a zu entsprechen (lit. f), muss in deutscher Sprache verfasst (lit. d) und in einer nach § 14 vorgesehenen Art und Weise veröffentlicht (lit. e) werden. Die Anwendung dieser Vorschrift erlaubt es, eine originäre (dh nicht wie bei einer bloßen Einbeziehung nach § 33 BörsG) Zulassung zu erhalten, mittels deren zB in Kombination mit einem Widerruf der Zulas- 19

---

45 *Groß*, Kapitalmarktrecht, § 4 WpPG Rn 17; zur BörsZulV aF: *Heidelbach*, in: Schwark, Kapitalmarktrechtskommentar, § 45 BörsZulV Rn 4.
46 Die Frankfurter Wertpapierbörse stellt in ihrer bisherigen Zulassungspraxis zusätzlich die Anforderung, dass die erstmalige Wandlung bzw der Umtausch nicht länger als 3 Monate bevorsteht anderenfalls fehle es an einem Bescheidungsinteresse seitens des Zulassungsantragstellers. Erfolgt die Zulassung des bedingten Kapitals mittels eines Prospektes gälte diese Einschränkung nicht. Ob sich diese Praxis weiterhin vor dem Hintergrund halten lässt, dass § 32 Abs. 3 Nr. 2 BörsG einen Zulassungsanspruch u.a. dann gewährt, wenn eine Ausnahme nach § 4 Abs. 2 einschlägig ist, ist fraglich.
47 *Schlitt/Schäfer*, AG 2005, 501; *Groß*, Kapitalmarktrecht, § 4 WpPG Rn 19.
48 Diese Möglichkeit ist von CESR erkannt worden. In Missbrauchsfällen sollen die nationalen Behörden eingreifen. Vgl Committee of European Securities Regulatiors, FAQ regarding Prospectuses: Common positions agreed by CESR Members erhältlich unter <www.cesr-eu.org>.
49 Zustimmend: *Holzborn*, § 4 WpPG Rn 20.
50 <http://eur-lex.europa.eu/LexUriServ/LexUriServ.do?uri=OJ:L:2012:150:0001:0065:DE:PDF>.

sung am bisherigen Zulassungsstandort ein Wechsel des Zulassungsstandortes auch innerhalb Deutschlands herbeigeführt werden kann zwecks Kostenersparnis (infolge niedrigerer Börsengebühren) oder Vorbereitung eines sog. **Downgradings** (Wechsel in ein niedrigeres Börsensegment, typischerweise vom regulierten Markt in den Freiverkehr).

D. Verordnungsermächtigung (Abs. 3)

20 Abs. 3 enthält eine Verordnungsermächtigung des Bundesministerium der Finanzen im Einvernehmen mit dem Bundesministerium der Justiz, die Voraussetzungen zu regeln, nach denen die in Abs. 1 Nr. 2 und 3 sowie Abs. 2 Nr. 3 und 4 erwähnten Dokumente als einem Prospekt nach dem WpPG gleichwertig anerkannt werden können. Eine solche Verordnung ist noch nicht erlassen worden. Die Ermächtigung kann gemäß Abs. 3 S. 3 vom Bundesministerium der Finanzen auf die BaFin übertragen werden.

Abschnitt 2
Erstellung des Prospekts

§ 5 Prospekt

(1) [1]Der Prospekt muss unbeschadet der Bestimmungen des § 8 Abs. 2 in leicht analysierbarer und verständlicher Form sämtliche Angaben enthalten, die im Hinblick auf den Emittenten und die öffentlich angebotenen oder zum Handel an einem organisierten Markt zugelassenen Wertpapiere notwendig sind, um dem Publikum ein zutreffendes Urteil über die Vermögenswerte und Verbindlichkeiten, die Finanzlage, die Gewinne und Verluste, die Zukunftsaussichten des Emittenten und jedes Garantiegebers sowie über die mit diesen Wertpapieren verbundenen Rechte zu ermöglichen. [2]Insbesondere muss der Prospekt Angaben über den Emittenten und über die Wertpapiere, die öffentlich angeboten oder zum Handel an einem organisierten Markt zugelassen werden sollen, enthalten. [3]Der Prospekt muss in einer Form abgefasst sein, die sein Verständnis und seine Auswertung erleichtern.

(2) [1]Der Prospekt muss vorbehaltlich des Satzes 5 eine Zusammenfassung enthalten, die die Schlüsselinformationen nach Absatz 2 a und die Warnhinweise nach Absatz 2 b umfasst. [2]Die Zusammenfassung ist in derselben Sprache wie der ursprüngliche Prospekt zu erstellen. [3]Form und Inhalt der Zusammenfassung müssen geeignet sein, in Verbindung mit den anderen Angaben im Prospekt den Anlegern bei der Prüfung der Frage, ob sie in die betreffenden Wertpapiere investieren sollten, behilflich zu sein. [4]Die Zusammenfassung ist nach dem einheitlichen Format zu erstellen, das durch die Delegierte Verordnung (EU) Nr. 486/2012 der Kommission vom 30. März 2012 zur Änderung der Verordnung (EG) Nr. 809/2004 in Bezug auf Aufmachung und Inhalt des Prospekts, des Basisprospekts, der Zusammenfassung und der endgültigen Bedingungen und in Bezug auf die Angabepflichten (ABl. L 150 vom 9.6.2012, S. 1) vorgegeben ist. [5]Betrifft der Prospekt die Zulassung von Nichtdividendenwerten mit einer Mindeststückelung von 100 000 Euro an einem organisierten Markt, muss keine Zusammenfassung erstellt werden.

(2 a) Die erforderlichen Schlüsselinformationen umfassen in kurzer Form und allgemein verständlicher Sprache unter Berücksichtigung des jeweiligen Angebots und der jeweiligen Wertpapiere:

1. eine kurze Beschreibung der Risiken und wesentlichen Merkmale, die auf den Emittenten und einen etwaigen Garantiegeber zutreffen, einschließlich der Vermögenswerte, Verbindlichkeiten und der Finanzlage des Emittenten und etwaigen Garantiegebers,
2. eine kurze Beschreibung der mit der Anlage in das betreffende Wertpapier verbundenen Risiken und der wesentlichen Merkmale dieser Anlage einschließlich der mit den Wertpapieren verbundenen Rechte,
3. die allgemeinen Bedingungen des Angebots einschließlich einer Schätzung der Kosten, die dem Anleger vom Emittenten oder Anbieter in Rechnung gestellt werden,
4. Einzelheiten der Zulassung zum Handel und
5. Gründe für das Angebot und die Verwendung der Erlöse.

(2 b) Die erforderlichen Warnhinweise umfassen die Hinweise, dass

1. die Zusammenfassung als Einführung zum Prospekt verstanden werden sollte,
2. der Anleger jede Entscheidung zur Anlage in die betreffenden Wertpapiere auf die Prüfung des gesamten Prospekts stützen sollte,
3. für den Fall, dass vor einem Gericht Ansprüche auf Grund der in einem Prospekt enthaltenen Informationen geltend gemacht werden, der als Kläger auftretende Anleger in Anwendung der einzelstaatlichen

Rechtsvorschriften der Staaten des Europäischen Wirtschaftsraums die Kosten für die Übersetzung des Prospekts vor Prozessbeginn zu tragen haben könnte und
4. diejenigen Personen, die die Verantwortung für die Zusammenfassung einschließlich der Übersetzung hiervon übernommen haben oder von denen der Erlass ausgeht, haftbar gemacht werden können, jedoch nur für den Fall, dass die Zusammenfassung irreführend, unrichtig oder widersprüchlich ist, wenn sie zusammen mit den anderen Teilen des Prospekts gelesen wird, oder sie, wenn sie zusammen mit den anderen Teilen des Prospekts gelesen wird, nicht alle erforderlichen Schlüsselinformationen vermittelt.

(3) ¹Der Prospekt ist mit dem Datum seiner Erstellung zu versehen und vom Anbieter zu unterzeichnen. ²Sollen auf Grund des Prospekts Wertpapiere zum Handel an einem organisierten Markt zugelassen werden, ist der Prospekt vom Zulassungsantragsteller zu unterzeichnen.

(4) ¹Der Prospekt muss Namen und Funktionen, bei juristischen Personen oder Gesellschaften die Firma und den Sitz der Personen oder Gesellschaften angeben, die für seinen Inhalt die Verantwortung übernehmen; er muss eine Erklärung dieser Personen oder Gesellschaften enthalten, dass ihres Wissens die Angaben richtig und keine wesentlichen Umstände ausgelassen sind. ²Im Fall des Absatzes 3 Satz 2 hat stets auch das Kreditinstitut, Finanzdienstleistungsinstitut oder nach § 53 Abs. 1 Satz 1 oder § 53b Abs. 1 Satz 1 des Kreditwesengesetzes tätige Unternehmen, mit dem der Emittent zusammen die Zulassung der Wertpapiere beantragt, die Verantwortung zu übernehmen und muss der Prospekt dessen Erklärung nach Satz 1 enthalten.

A. Allgemeines

Die Vorschrift dient der Umsetzung von Art. 5 Abs. 1 und 2 bzw von Art. 6 Abs. 1 der Prospektrichtlinie. Mit Gesetz zur Umsetzung der Richtlinie 2010/73/EU und zur Änderung des Börsengesetzes[1] (sog. Änderungsrichtlinie) wurde § 5 Abs. 2 geändert, indem Abs. 2a neu eingefügt und Abs. 2 S. 4 aF zu Abs. 2b wurde. Diese Änderungen betrafen insb. die Einfügung des Begriffs der Schlüsselinformation und dessen inhaltliche Anforderungen sowie – auf materieller Ebene – die Aufnahme einer Verweisung in Abs. 2 S. 4 auf die Delegierte Verordnung (EU) Nr. 486/2012 der Kommission vom 30. März 2012,[2] in deren Anhang XXII weitere ausführliche Anforderungen für die Zusammenfassung enthalten sind. Die Anforderungen an den Prospekt gelten gleichermaßen für Prospekte für das öffentliche Angebot von Wertpapieren und für Prospekte, die für die Zulassung von Wertpapieren an einem organisierten Markt gebilligt werden sollen; die früher diesbezüglich vorgenommene Differenzierung findet nicht mehr statt.[3] Deshalb kann auch ein und derselbe Prospekt sowohl für das öffentliche Angebot als auch für die Zulassung verwendet werden. Der Prospekt stellt zentrales Informationsmedium[4] und auch Haftungsgrundlage[5] dar und gliedert sich in drei Bestandteile (Informationsblöcke): Der erste Bestandteil enthält die Angaben zum Emittenten,[6] der zweite die Angaben zum zu emittierenden Wertpapier (Abs. 1 S. 1) und der dritte die Zusammenfassung (Abs. 2).[7] Der zugrunde liegende Art. 5 der Prospektrichtlinie ist dabei auch mit den internationalen IOSCO[8]-Offenlegungsnormen[9] vereinbar.[10]

---

1 BGBl. I 2012, 1375.
2 Delegierte Verordnung (EU) Nr. 486/2012 der Kommission vom 30. März 2012 zur Änderung der Verordnung (EG) Nr. 809/2004 in Bezug auf Aufmachung und Inhalt des Prospekts, des Basisprospekts, der Zusammenfassung und der endgültigen Bedingungen und in Bezug auf die Angabepflichten (ABl. EU Nr. L 150 vom 9.6.2012, S. 1).
3 Das frühere Recht trennte zwischen Verkaufsprospekten für das öffentliche Angebot (§ 1 VerkProspG) einerseits und Börsenzulassungsprospekten (§ 30 Abs. 3 Nr. 2 BörsG aF, Amtlicher Markt) bzw Unternehmensberichten (§ 51 Abs. 1 Nr. 2 BörsG aF, Geregelter Markt) andererseits; ausführlich dazu: Meyer, in: Habersack/Mülbert/Schlitt, Unternehmensfinanzierung am Kapitalmarkt, 2005, § 24 Rn 1 ff.
4 Vgl dazu Erwägungsgrund 18 der Prospektrichtlinie, wonach vollständige Informationen über Wertpapiere und deren Emittenten in einem Prospekt zusammen mit den Wohlverhaltensregeln dem Anlegerschutz zugute kommen (Stichwort: „Fundierte Anlageentscheidung") und ein wirksames Mittel darstellen, um das Vertrauen in die Wertpapiere zu erhöhen und so zur reibungslosen Funktionsweise und zur Entwicklung der Wertpapiermärkte beizutragen. Auf der anderen Seite wird aber auch der Emittent vor ungerechtfertigten Ansprüchen geschützt.
5 BaFin Workshop: 100 Tage WpPG, „Das Hinterlegungsverfahren", S. 7, abrufbar unter <www.bafin.de/verkaufsprospekte/workshop_wppg.pdf>; zur Prospekthaftung: Mülbert/Steup, in: Habersack/Mülbert/Schlitt, Unternehmensfinanzierung am Kapitalmarkt, 2008, § 33 Rn 1 ff; Krämer, in: Marsch-Barner/Schäfer, Handbuch börsennotierte AG, 2009, § 10 Rn 310 ff; vgl vor allem auch §§ 44 ff. BörsG.
6 Begriffsbestimmung in § 2 Nr. 9.
7 Zur Fassung als einteiliges Dokument oder Aufteilung in drei separate Dokumente s. Kommentierung zu § 12.
8 International Organisation of Securities Commission (www.iosco.org).
9 International Disclosure Standards for Cross-Border Offering and Initial Listings by Foreign Issuers (Teil 1), IOSCO, September 1998 und International Disclosure Principles for Cross-Border Offerings and Listings of Debt Securities by Foreign Issuers, IOSCO, März 2007, jeweils unter <www.iosco.org> einzusehen; vgl hierzu auch Erwägungsgrund 22 der Prospektrichtlinie.
10 Begründung des geänderten Vorschlags zur Prospektrichtlinie (ABlEG C 20 / E 122, 131 vom 28.1.2003), vgl auch Art. 7 Abs. 3 der Prospektrichtlinie.

B. Prospektinhalt

2 Die allgemeinen Prospektgrundsätze sind: Prospektklarheit, -vollständigkeit, -wesentlichkeit, -wahrheit und -aktualität.[11]
Gemäß Abs. 1 S. 1 muss der Prospekt in leicht analysierbarer und **verständlicher Form** (*Klarheit*) **sämtliche Angaben** (*Vollständigkeit*) enthalten, die **notwendig** (*Wesentlichkeit*) sind, um dem Publikum ein zutreffendes Urteil über den Emittenten und über die mit den Wertpapieren verbundenen Rechte zu ermöglichen.[12] Diese Regelung knüpft an § 30 Abs. 3 Nr. 2, § 32 des BörsG aF iVm § 13 Abs. 1 S. 1 der BörsZulV aF sowie § 7 Abs. 1 und 2 des VerkProspG aF in Verbindung mit § 2 Abs. 1 VerkProspVO aF an. Der Prospekt muss gem. § 5 Abs. 1 S. 3 in einer Form abgefasst sein, die sein **Verständnis und** seine **Auswertung erleichtert** (*Klarheit*). Da diese Anforderungen § 13 Abs. 1 S. 1 und 2 der BörsZulV aF sowie § 2 Abs. 1 S. 3 der VerkProspVO aF entsprechen, ist bei der Frage, ob dem Publikum ein zutreffendes Urteil ermöglicht wird, weiterhin der beim verständigen und sorgfältigen durchschnittlichen Anleger entstehende Gesamteindruck als Maßstab heranzuziehen. Für diesen Anlegerhorizont ist auf das von der Rechtsprechung aufgestellte Anforderungsprofil eines aufmerksamen Lesers abzustellen, „der zwar eine Bilanz zu lesen versteht, aber nicht unbedingt mit der in eingeweihten Kreisen gebräuchlichen Schlüsselsprache vertraut zu sein braucht" und der den Prospekt einer „unbefangenen Betrachtung" unterzieht.[13] Aus dem Begriff der notwendigen Angaben ergibt sich wie bereits aus § 13 Abs. 1 S. 1 BörsZulV aF, der den Begriff „wesentlich" verwendet, auch eine Beschränkung auf das Wesentliche,[14] da unwesentliche Angaben auch nicht notwendig sind.

3 Dass die im Prospekt gemachten Angaben inhaltlich korrekt und richtig sein müssen (*Prospektwahrheit*), bedarf aufgrund seiner Selbstverständlichkeit eigentlich keiner expliziten Forderung im Gesetzestext, wird jedoch durch die Ausgestaltung der übrigen Grundsätze impliziert. Der Grundsatz der Prospektwahrheit manifestiert sich dabei insb. darin, dass die Prospektangaben dem Publikum ein zutreffendes Urteil ermöglichen müssen.[15] Zu beachten ist, dass die BaFin im Rahmen des Billigungsverfahrens lediglich eine formelle Prüfung vornimmt, eine materielle, inhaltliche Prüfung der Prospektangaben somit nicht erfolgt.[16] Einen Ausgleich hierfür schafft allerdings die Prospekthaftung,[17] in deren Rahmen es entscheidend darauf ankommt, ob wesentliche Angaben unrichtig oder unvollständig sind.
Der Grundsatz der Prospektaktualität als ein Unterfall[18] des Grundsatzes der Prospektwahrheit ist in § 16 ausführlich geregelt.[19]

4 Die in einen Prospekt aufzunehmenden Mindestangaben sind festgelegt in der ProspektVO[20] und ihren Anhängen, bzw in Abs. 2 und 2 a) im Hinblick auf die Zusammenfassung.

5 Die ProspektVO enthält zum einen in Art. 25 und Art. 26 Regelungen über die Aufmachung des Prospekts.[21] Danach ist der Prospekt, wird dieser als ein einziges Dokument[22] erstellt, wie folgt aufzubauen:[23]

---

11 Trotz der Änderung der Regelung im Wortlaut, bleibt es wohl bei der Gültigkeit dieser – bereits aus früheren Regelungen bekannten – allgemeinen Prospektgrundsätze. So auch *Just*, in: *Just/Voß/Ritz/Zeising*, WpPG, § 5 Rn 9 mwN.

12 Der u.a. aus IAS/IFRS und HGB (§ 264 Abs. 2) bekannte Terminus "Vermögens-, Finanz- und Ertragslage" konnte sich nicht durchsetzen; für diese Lösung: DAI und BDI, Stellungnahme aus dem DiskE des BMF vom Deutschen Aktieninstitut eV (DAI) und dem Bundesverband der Deutschen Industrie (BDI), S. 8 vom 3.1.2005.

13 BGH WM 1982, 862, 863 (Beton- und Monierbau; zu den verschiedenen Auffassungen vgl auch die Kommentierung zu §§ 44, 45 BörsG; vgl auch *Groß*, Kapitalmarktrecht, §§ 44, 45 BörsG Rn 41 f; *Schwark*, Kapitalmarktrechtskommentar §§ 44, 45 BörsG Rn 18; *Krämer*, in: Marsch-Barner/Schäfer, Handbuch börsennotierte AG, 2009, § 10 Rn 318 f; *Mülbert/Steup*, in: Habersack/Mülbert/Schlitt, Unternehmensfinanzierung am Kapitalmarkt, 2008, § 33 Rn 29; in: MüKo-BGB/*Schnyder*, Bd. 11, IntKapMarktR, Rn 90, jeweils mwN.

14 So schon *Ekkenga*, BB 2005, 561, 563, der kritisiert, dass der Grundsatz der Wesentlichkeit in § 5 Abs. 1 nicht deutlich hervorgehoben wird; ebenso: *Groß*, Kapitalmarktrecht, § 5 WpPG Rn 3 aE und Fn 6.

15 Vgl hierzu *Ekkenga*, BB 2005, 561, 563; *Groß*, Kapitalmarktrecht, § 5 WpPG Rn 3.

16 Vgl hierzu ausführlich § 13 Rn 5.

17 Zur Prospekthaftung s. schon Fn 3.

18 Tritt (wenigstens) ein neuer wichtiger Umstand im Hinblick auf die Angaben im Prospekt ein, so ist der Prospekt nicht mehr aktuell und ermöglicht kein zutreffendes Urteil mehr.

19 Vgl hierzu die Kommentierung des § 16, insb. auch hinsichtlich des Prüfungsumfangs und der Prüfungskompetenz der BaFin sowie des Zusammenhangs mit der Prospekthaftung.

20 Verordnung (EG) Nr. 809/2004 der Kommission vom 29.4.2004 zur Umsetzung der Richtlinie 2003/71/EG des Europäischen Parlaments und des Rates betreffend die in Prospekten enthaltenen Informationen sowie das Format, die Aufnahme von Informationen mittels Verweis und die Veröffentlichung solcher Prospekte und die Verbreitung von Werbung, in der zweiten berichtigten Fassung (ABl. EG Nr. L 186 vom 18.7.2005, S. 3), geändert durch die Verordnung (EG) Nr. 1787/2006 der Kommission vom 4.12.2006 (ABl. EG Nr. L 337 vom 5.12.2006, S. 17), die Verordnung (EG) Nr. 211/2007 der Kommission vom 27.2.2007 (ABl. EG Nr. L 61 vom 28.2.2007, S. 24), die Verordnung (EG) Nr. 1289/2008 der Kommission vom 12.12.2008 (ABl. EG Nr. L 340 vom 19.12.2008, S. 17), die Delegierte Verordnung (EU) Nr. 311/2012 der Kommission vom 21.12.2011 (ABl. EU Nr. L 103 vom 13.4.2012, S. 13), die Delegierte Verordnung (EU) Nr. 486/2012 der Kommission vom 30.3.2012 (ABl. EU Nr. L 150 vom 9.6.2012, S. 1) und die Delegierte Verordnung (EU) Nr. 862/2012 der Kommission vom 4.6.2012 (ABl. EU Nr. L 256 vom 22.9.2012, S. 4).

21 Art. 26 enthält u.a. entsprechende Regelungen über die Aufmachung des Basisprospekts.

22 Sogenannter „einteiliger Prospekt", der in der Praxis die Regel darstellt. Alternativ kann ein dreiteiliger Prospektaufbau gewählt werden.

23 Erlaubt ist ein Hinweis auf dem Deckblatt, dass kein Angebot in den USA erfolgt.

(i) klares und detailliertes Inhaltsverzeichnis, (ii) Zusammenfassung,[24] (iii) Angabe der Risikofaktoren[25] hinsichtlich des Emittenten und der jeweiligen Art von Wertpapier und (iv) Angabe der sonstigen Informationsbestandteile der Schemata und Module.[26] Eine Gliederung des Finanzteils wird von der BaFin verlangt.

Zum anderen wird gem. Art. 3 Unterabs. 1 S. 1 der ProspektVO ein Prospekt erstellt, indem eines oder eine Kombination der Schemata und Module gemäß Art. 4 bis 20 der ProspektVO verwendet wird. 6

Der Begriff „Schema" wird durch Art. 2 Nr. 1 der ProspektVO bestimmt. Danach bezeichnet ein Schema eine Liste von Mindestangaben, die auf die spezifische Natur der unterschiedlichen Arten von Emittenten und/oder die verschiedenen betreffenden Wertpapiere abgestimmt sind. 7

Der Begriff „Modul" wird durch Art. 2 Nr. 2 der ProspektVO bestimmt. Danach bezeichnet ein Modul eine Liste zusätzlicher Angaben, die nicht in den Schemata enthalten sind und einem oder mehreren dieser Schemata anzufügen sind, je nachdem, um welches Instrument und/oder um welche Transaktion es sich handelt, für die ein Prospekt oder ein Basisprospekt erstellt wurde. 8

Die Art. 4 bis 20 der ProspektVO verweisen jeweils auf einen der Anhänge I bis XVII der ProspektVO. Gemäß Art. 3 Unterabs. 1 S. 2 der ProspektVO sind dabei die in Art. 21 der ProspektVO vorgesehenen Kombinationsmöglichkeiten für die verschiedenen Arten von Wertpapieren zu beachten. Gemäß Art. 3 Unterabs. 2 S. 1 der ProspektVO enthält ein Prospekt die in den Anhängen I bis XVII genannten Informationsbestandteile abhängig von der Art des jeweiligen Emittenten und der Art der jeweiligen Wertpapiere[27] gemäß den Schemata und Modulen in Art. 4 bis 20 der ProspektVO. 9

Art. 25 Abs. 3 erklärt, dass keine bestimmte Reihenfolge der Darstellung der erforderlichen Informationsbestandteile der Schemata und Module, auf deren Grundlage der Prospekt erstellt wurde, einzuhalten ist. Stimmt die gewählte Reihenfolge allerdings nicht mit der in den Schemata und Modulen genannten überein, so kann die BaFin gem. Art. 25 Abs. 4 und Art. 26 Abs. 3 die Erstellung einer Liste mit Querverweisen („Überkreuz-Checkliste") für die Prüfung des Prospekts verlangen. Es handelt sich also um eine Art Synopse.[28] Die Verweise in der Überkreuzcheckliste sollen sich auf die Seiten der „clean version" des Prospekts beziehen. 10

Zwar muss gemäß Abs. 1 S. 1 der Prospekt sämtliche Angaben enthalten, die notwendig sind, um dem Publikum ein zutreffendes Urteil über den Emittenten und über die mit den Wertpapieren verbundenen Rechte zu ermöglichen. Dennoch darf die BaFin gem. Art. 3 Unterabs. 2 S. 2 der ProspektVO nicht die Aufnahme von Angaben verlangen, die nicht in den in den Anhängen I bis XVII oder XX der ProspektVO genannten Informationsbestandteilen enthalten sind.[29] Sie kann lediglich innerhalb des von der ProspektVO vorgegebenen Rahmens im Einzelfall eine Ergänzung der bereits beigebrachten Angaben für jeden dieser Informationsbestandteile verlangen (Art. 3 Unterabs. 3 der ProspektVO), um die Einhaltung der in Art. 5 Abs. 1 der Prospektrichtlinie bzw § 5 genannten Verpflichtung zu gewährleisten.[30] Im Interesse der Rechtssicherheit und der europäischen Standardisierung der Prospekte (Grundsatz der Maximalharmonisierung) und im Hinblick auf die in der ProspektVO enthaltenen bereits umfangreichen, detaillierten Regelungen gebietet der Anlegerschutz keine darüber hinausgehende Befugnis, bzw sind darüber hinausgehende Anforderungen unzulässig. Damit wird auch eine klare, praktikable, einfach nachzuvollziehende und zu überprüfende Grenze der Befugnisse der Aufsichtsbehörden gesetzt, was die Kapitalverkehrsfreiheit weiter fördert. 11

In der Regel ist davon auszugehen, dass ein Prospekt, der den von § 7 iVm der ProspektVO geforderten Anforderungen entspricht, auch den Erfordernissen des § 5 Abs. 1 gerecht wird.[31] Dies ist jedoch nicht zwingend. Einerseits können in bestimmten Fällen auch zusätzliche Angaben erforderlich sein, die über die 12

---

24 Eine Zusammenfassung ist jedoch entbehrlich, wenn sich ein Prospekt auf die Zulassung von Nichtdividendenwerten mit einer Mindeststückelung von 100.000 EUR bezieht, Abs. 2 S. 5.

25 Begriffsbestimmung in Art. 2 Nr. 3 der ProspektVO. Hier hat eine umfassende Behandlung ausschließlich der Risikofaktoren zu erfolgen, eine Vermischung mit Chancen und eine Relativierung von Risiken ist untersagt. Auch Verweise auf andere Stellen des Prospekts sind untersagt.

26 Vgl zu den Möglichkeiten der Erstellung eines Prospekts die Kommentierung des § 12.

27 Entscheidend ist vor allem die Differenzierung nach der Art des Papiers, da beispielsweise bei Aktien in erster Linie die wirtschaftliche Entwicklung des Emittenten für den Anleger wichtig ist, bei Schuldverschreibungen dagegen eher seine Solvenz, MüKo-BGB/*Schnyder*, Bd. 11, IntKapMarktR, Rn 91.

28 Aus der Überkreuz-Checkliste hat somit hervorzugehen, auf welcher Seite im Prospekt sich die jeweils im Anhang verlangte Angabe befindet, zB "Angabe zu Trendinformationen (Anh. XI. 7) findet sich auf S. 47 des Prospekts". Eine pauschale Verweisung auf eine Vielzahl von Seiten (zB "siehe Emissionsbedingungen S. 51–108") reicht nicht aus, BaFin Workshop: 100 Tage WpPG, "Das Hinterlegungsverfahren", S. 6, abrufbar unter <www.bafin.de/verkaufsprospekte/workshop_wppg.pdf>.

29 Eine Ausnahme hiervon enthält Art. 23 Abs. 1 Unterabs. 1 S. 1 der ProspektVO für Emittenten, deren Tätigkeit unter eine der in Anhang XIX der ProspektVO genannten Kategorien fällt (hierzu zählen auch seit weniger als drei Jahren bestehende Gesellschaften, sog. Startups).

30 Vgl hierzu auch § 21 Abs. 1.

31 *Groß*, Kapitalmarktrecht, § 7 WpPG Rn 2, 6.

Mindestangaben der ProspektVO hinausgehen, andererseits kann aber auch unter Umständen auf Angaben verzichtet werden, die in der ProspektVO gefordert werden.[32]

13 Dass ein zutreffendes Urteil iSv Abs. 1 unter Umständen weitere Angaben erfordert, ergibt sich schon aus dem insofern eindeutigen Wortlaut der einschlägigen Vorschriften. So spricht sowohl die Überschrift des Art. 7 der Prospektrichtlinie und des § 7 als auch die Überschrift zu Kapitel II der ProspektVO von Mindestangaben.[33] Außerdem kann die ProspektVO als generell-abstrakte Norm trotz detaillierter Regelung atypische Einzelfälle nicht hinreichend erfassen. Die Beurteilung dieser Einzelfälle muss aus Anlegerschutzgründen der Zivilgerichtsbarkeit überlassen bleiben. Denn die BaFin darf gem. Art. 3 Unterabs. 2 S. 2 der ProspektVO nicht die Aufnahme von Angaben verlangen, die nicht in den in den Anhängen I bis XVII der ProspektVO genannten Informationsbestandteilen enthalten sind.

14 Dass aber auch die Aufnahme bestimmter Informationen in Ausnahmefällen unterbleiben kann, stellt Erwägungsgrund 24 der ProspektVO klar.[34] Denn danach sollte der Emittent die Möglichkeit haben, auf die Aufnahme von bestimmten in den Schemata und Modulen geforderten oder gleichwertigen Informationsbestandteilen, die für ein bestimmtes Wertpapier nicht relevant und folglich in einigen bestimmten Fällen möglicherweise nicht anwendbar sind, zu verzichten. Daher kann die BaFin gemäß § 8 Abs. 2 bei Vorliegen bestimmter Voraussetzungen gestatten, dass bestimmte Angaben (zB sensible Informationen),[35] die nach dem WpPG oder der ProspektVO vorgeschrieben sind, nicht aufgenommen werden müssen.

15 Streng von den Anforderungen des WpPG zu trennen sind die gegebenenfalls von den Geschäftsführungen der Börsen und nicht von der BaFin zu prüfenden inhaltlichen Anforderungen an Prospekte nach der BörsZulV. Freilich sind diese nur für Zwecke der Börsenzulassung zu beachten.[36]

C. Zusammenfassung (Abs. 2)

16 Abs. 2–2 b) bestimmen die Anforderungen an die grundsätzlich zwingend zu erstellende[37] Zusammenfassung, die es dem Anleger ermöglichen soll, in seiner jeweiligen Sprache[38] schnell und in kompakter Form Informationen über den Emittenten und das Wertpapier zu erlangen. Gemäß Abs. 2 hat die Zusammenfassung die Schlüsselinformationen gem. Abs. 2 a und die Warnhinweise gem. Abs. 2 b zu enthalten. Mit Einfügung des Abs. 2 a im Rahmen der Umsetzung der Änderungsrichtlinie wurden die Anforderungen an den Inhalt der Zusammenfassung konkretisiert. Die Zusammenfassung hat kurz und allgemein verständlich die wesentlichen Merkmale und – das ist im Hinblick auf die Abweichung zur bisher gängigen Praxis besonders zu beachten – auch die Risiken zu nennen, die auf den Emittenten, jeden Garantiegeber und die Wertpapiere zutreffen.

Der Umfang der Zusammenfassung hat der Komplexität des Emittenten und der angebotenen Wertpapiere Rechnung zu tragen, darf aber höchstens 7 % des Prospekts oder 15 Seiten betragen, je nachdem, was länger ist (Art. 24 Abs. 1 ProspektVO). Dabei ist der Umfang des gesamten Prospekts zu berücksichtigen, dh inklusive aller Finanzinformationen und einbezogene Dokumente.[39] Die Zusammenfassung darf keine Querverweise auf andere Teile des Prospekts enthalten und die in Anhang XXII vorgegebene Reihenfolge der Rubriken und der darin enthaltenen Angaben ist verbindlich (Art. 24 Abs. 1 ProspektVO).

17 Die ProspektVO enthält hinsichtlich der Zusammenfassung keinen Katalog von Mindestangaben. Vielmehr bestimmt Art. 24 der ProspektVO, dass der Emittent, Anbieter oder Zulassungsantragsteller über den detaillierten Inhalt der Zusammenfassung im Rahmen von Art. 24 ProspektVO selbst befinden kann. Herangezogen werden kann aber Anhang IV der Prospektrichtlinie, dem allerdings kein zwingender Charakter zukommt (vgl Art. 7 Abs. 3 der Prospektrichtlinie: „indikativ").[40] Danach sollten zumindest die im Anhang IV genannten Punkte in der Zusammenfassung enthalten sein.

18 Gemäß Abs. 2 S. 1 iVm Abs. 2 S. 1 sind nunmehr Schlüsselinformationen[41] in die Zusammenfassung aufzunehmen, die in Abs. 2 a konkretisiert werden. Diese Schlüsselinformationen sollen dem Anleger ermöglichen, sich einen ersten Überblick über die für die Anlageentscheidung wesentlichen Aspekte zu verschaffen,

---

32 *Groß*, Kapitalmarktrecht, § 7 WpPG Rn 2.
33 *Groß*, Kapitalmarktrecht, § 7 WpPG Rn 4 verweist vor allem auf den Wortlaut des § 7 WpPG.
34 *Groß*, Kapitalmarktrecht, § 7 WpPG Rn 3.
35 § 8 Abs. 2 Nr. 2.; vgl hierzu auch Erwägungsgrund 25 der Prospektrichtlinie.
36 Vgl hierzu auch Erwägungsgrund 15 der Prospektrichtlinie. Die Börse prüft im Rahmen des Zulassungsverfahrens, ob die Vorgaben nach § 5 Abs. 2 Nr. 1 BörsZulV und – weniger praxisrelevant – §§ 7 Abs. 1 und 8 Abs. 2 BörsenZulV im Prospekt enthalten sind. Die Angaben sind nicht Prüfungsgegenstand der BaFin, die nur die Einhaltung der Anforderungen nach dem WpPG prüft. Sind die Angaben nicht im Prospekt enthalten, kann eine Zulassung durch die Geschäftsführung der Börse aber nicht erfolgen. Vgl hierzu auch die Kommentierung zu § 13.
37 Zu beachten ist jedoch Abs. 2 S. 5.
38 Zu den sprachlichen Anforderungen an die Zusammenfassung vgl die Kommentierung zu § 19.
39 Vgl auch *Müller*, in: Müller, WpPG, 2012, § 5 Rn 3.
40 *Meyer*, in: Habersack/Mülbert/Schlitt, Unternehmensfinanzierung am Kapitalmarkt, 2008, § 30 Rn 12.
41 Begriffsbestimmung in § 2 Nr. 18.

ohne dass die Schlüsselinformationen eine Kenntnisnahme der übrigen im Prospekt enthaltenen Informationen ersetzt.

Gemäß Abs. 2 S. 1 iVm Abs. 2 b hat die Zusammenfassung zudem Warnhinweise zu enthalten.[42] Die in Abs. 2 b Nr. 1 und 2 geforderten Warnhinweise stellen klar, dass die Zusammenfassung nur als Einführung zum Prospekt verstanden werden sollte und der Anleger deshalb jede Entscheidung zur Anlage auf die Prüfung des gesamten Prospekts stützen sollte. Abs. 2 b Nr. 3 soll dem Anleger verdeutlichen, dass er bei einer auf den Prospekt gestützten Klage unter Umständen[43] auch Übersetzungskosten zu tragen hat. Der nach Abs. 2 b Nr. 4 aufzunehmende Warnhinweis soll klarstellen, dass diejenigen Personen, die die Verantwortung für die Zusammenfassung übernommen haben, oder von denen deren Erlass ausgeht, zwar haftbar gemacht werden können, jedoch nur für den Fall, dass die Zusammenfassung irreführend, unrichtig oder widersprüchlich ist, wenn sie zusammen mit den anderen Teilen des Prospekts gelesen wird oder sie, wenn sie zusammen mit den anderen Teilen des Prospekts gelesen wird, nicht alle erforderlichen Schlüsselinformationen vermittelt. Dieser Hinweis ist im Hinblick auf die neue Haftungsbeschränkung nach § 45 Abs. 2 Nr. 5 BörsG geboten.[44] Es empfiehlt sich, den Wortlaut der Warnhinweise so zu übernehmen, wie sie im Gesetz wiedergegeben sind. Wenn sich aus der Zusammenfassung heraus verständlich ergibt, wer die Verantwortung für ihren Inhalt übernimmt, genügt der BaFin hinsichtlich des Warnhinweises eine Wiederholung des Gesetzeswortlautes.

Aus Abs. 2 S. 3 Nr. 4 ergibt sich – freilich ohne Anspruchsgrundlage zu sein –, dass sich unter den dort beschriebenen Voraussetzungen Haftungsansprüche des Anlegers ergeben können, auch wenn der europäische Gesetzgeber die Prospekthaftung prinzipiell weder in der Prospektrichtlinie noch in der ProspektVO geregelt hat. Die bisherigen Rechtsquellen zur Prospekthaftung, insbesondere § 13 a VerkProspG (bei fehlendem Prospekt) sowie §§ 44 ff BörsG oder § 13 VerkProspG iVm §§ 44 ff BörsG (bei unrichtigen Prospekten) sind daher weiterhin maßgeblich.

Die Schlüsselinformationen, insbesondere aber die Warnhinweise und die Angaben zu den Risikofaktoren verhindern, dass die – auch schon vor Inkrafttreten des WpPG teilweise verwendete Zusammenfassung – als „Werbemittel" mit beschönigenden Aussagen innerhalb des Prospektes genutzt werden kann.[45]

Im Falle eines Nachtrags gem. § 16, der auch die Zusammenfassung betrifft, hat der Emittent, Anbieter bzw Zulassungsantragsteller gem. Art. 25 Abs. 5 Unterabs. 1 der ProspektVO die Wahl, ob er die neuen Angaben in die ursprüngliche Zusammenfassung einbeziehen will, indem er eine neue Zusammenfassung erstellt, oder ob er einen Nachtrag zur Zusammenfassung erstellt. In beiden Alternativen ist gem. Art. 25 Abs. 5 Unterabs. 2 – insbesondere mittels Fußnoten – sicherzustellen, dass die Anleger die Änderungen leicht erkennen können.

Betrifft der Prospekt die Zulassung von Nichtdividendenwerten mit einer Mindeststückelung von 100.000 EUR[46] zum Handel an einem organisierten Markt, ist in S. 5 eine Erleichterung vorgesehen. In diesen Fällen muss der Prospekt keine Zusammenfassung enthalten.[47] Der Wortlaut des Abs. 2 S. 5 erfasst ausdrücklich nur die Zulassung. Allerdings soll der Prospekterstellern auch im Fall des öffentlichen Angebotes das Recht haben, auf eine Zusammenfassung zu verzichten.[48] Bei einer Stückelung in einer anderen Währung als Euro muss die Mindeststückelung bei der Umrechnung ebenfalls mindestens 100.000 Euro betragen.[49]

D. Unterzeichnung (Abs. 3)

Gemäß Abs. 3, der Art. 6 Abs. 1 der Prospektrichtlinie umsetzen soll, ist der Prospekt mit dem Datum seiner Erstellung (nicht der Billigung) zu versehen und vom Anbieter[50] bzw Zulassungsantragsteller[51] zu unterzeichnen.[52] Das Erfordernis der Unterschrift und der Angabe des Datums ist zwar nicht in der Prospekt-

---

42 Vor Umsetzung der Änderungsrichtlinie regelte § 5 Abs. 2 S. 3 die Aufnahme der Warnhinweise.
43 Abhängig von den jeweiligen einzelstaatlichen Rechtsvorschriften.
44 BegrRegE, BT-Drucks. 15/4999, S. 31.
45 Schlitt/Schäfer, AG 2005, 498, 501.
46 Kritisch gegenüber der Differenzierung nach der Stückelung eines Wertpapiers allgemein ("willkürlich und nicht sachgerecht"): Stellungnahme der boerse-stuttgart/EUWAX zu dem von der Kommission vorgelegten geänderten Vorschlag für eine Prospektrichtlinie vom 9.9.2002, S. 2; vgl aber auch Erwägungsgrund 14 der ProspVO: "Institutionelle Anleger (wholesale investors) sollten in der Lage sein, ihre Anlageentscheidung auf andere Aspekte zu stützen als Kleinanleger (retail investors)", weshalb ein unterschiedlicher Prospektinhalt in Bezug auf Schuldtitel und derivative Wertpapiere erforderlich sei; vgl dazu auch noch Erwägungsgrund 16 der Prospektrichtlinie.
47 Vgl auch RegBegr. BT-Drucks. 15/4999, S. 31.
48 Kullmann/Sester, WM 2005, 1068, 1071 mit dem Argument, dass gem. § 3 Abs. 2 Nr. 4 WpPG an sich gar kein Prospekt erstellt werden muss.
49 Erwägungsgrund 14 S. 2 der ProspektVO.
50 Begriffsbestimmung in § 2 Nr. 10.
51 Begriffsbestimmung in § 2 Nr. 11.
52 Erforderlich ist die Einhaltung der Schriftform iSv § 3 Abs. 2 VwVfG, die lediglich durch qualifizierte elektronische Signatur ersetzt werden kann; zum Vollmachtserfordernis bei Emittenten mit Sitz im Ausland vgl § 29.

richtlinie enthalten, Abs. 3 S. 1 entspricht jedoch dem bisherigen § 2 Abs. 2 VerkProspVO und S. 2 entspricht § 13 Abs. 1 S. 5 BörsZulV aF. Das Datum muss aktuell sein, da sonst der Eindruck entsteht, dass die Informationen nicht aktuell sind. Es ist vollständig anzugeben (mit Tag, Monat und Jahr). Für die Prospekthaftung ist die Datumsangabe zwar nicht von unmittelbarer Bedeutung,[53] als zentrales Haftungsdokument ist der Prospekt allerdings zwingend mit einer Originalunterschrift[54] zu versehen. Vor Einreichung eines mit Originalunterschrift versehenen Prospekts erfolgt keine Billigung durch die BaFin.[55]

E. Verantwortliche (Abs. 4)

25 Die Verwantwortlichkeitsregelung in Abs. 4 S. 1 entspricht teilweise den bisherigen § 3 VerkProspVO aF und § 14 BörsZulV aF und beruht – ebenfalls nur zum Teil – auf Art. 4 Abs. 1 der Prospektrichtlinie. Zum einen muss gem. § 5 Abs. 4 S. 1 Hs 1 angegeben werden, wer für den Prospektinhalt die Verantwortung übernimmt, zum anderen muss der Prospekt gem. Abs. 4 S. 1 Hs 2 eine Erklärung dieser Personen enthalten, dass ihres Wissens die Angaben richtig und keine wesentlichen Umstände ausgelassen sind.[56] Diese Erklärung muss sich auf den gesamten Prospekt, insbesondere auch auf die Zusammenfassung beziehen.[57] Hinsichtlich der Formulierung empfiehlt es sich – aus Sicherheitsgründen – den Gesetzeswortlaut wörtlich zu übernehmen.

Zwar handelt es sich bei Abs. 4 nicht um eine Haftungsnorm, aber er erlangt haftungsrechtliche Bedeutung im Zusammenhang mit der Beantwortung der Frage, wer im Wege der Prospekthaftung für die Richtigkeit und Vollständigkeit des Prospekts einzustehen hat.[58] Als Verantwortliche kommen nach Abs. 4 S. 1 Hs 1 sowohl natürliche als auch juristische Personen in Betracht. Durch Abs. 4 S. 2[59] wird deutlich gemacht, dass bei Prospekten, aufgrund deren Wertpapiere zum Handel zugelassen werden sollen, auch der Emissionsbegleiter die Erklärung gem. Abs. 4 S. 1 abgeben muss. Nachdem Art. 4 Abs. 1 der Prospektrichtlinie eine Erklärung seitens der Zulassungsantragsteller nicht verlangt, fordern einige andere europäische Staaten (zB Luxemburg) auch nicht deren Nennung in der Verantwortlichkeitsklausel; andere EU-Staaten[60] fordern darüber hinaus auch keine Prospekthaftung der emissionsbegleitenden Kreditinstitute.

Es kann davon ausgegangen werden, dass Abs. 4 wie auch Abs. 3 nicht auf prospektbefreiende Dokumente Anwendung findet, da der eindeutige Wortlaut nur für Prospekte gilt. Bei Vorliegen von Befreiungen von der Prospektpflicht spricht das Gesetz nicht von dem Prospekt sondern vielmehr einem Dokument und nimmt somit eine klare sprachliche Abgrenzung vor (zB § 4 Abs. 1 Nr. 2–5, Abs. 2 Nr. 3–6).[61]

§ 6 Basisprospekt

(1) Für die folgenden Wertpapierarten kann der Anbieter oder der Zulassungsantragsteller einen Basisprospekt erstellen, der alle nach den §§ 5 und 7 notwendigen Angaben zum Emittenten und den öffentlich anzubietenden oder zum Handel an einem organisierten Markt zuzulassenden Wertpapieren enthalten muss, nicht jedoch die endgültigen Bedingungen des Angebots:

1. Nichtdividendenwerte sowie Optionsscheine jeglicher Art, die im Rahmen eines Angebotsprogramms ausgegeben werden;

---

[53] Vgl die Kommentierung zu § 44 BörsG.
[54] Die Unterschrift muss auf letzter Seite stehen und der Name ist in Druckbuchstaben wiederzugeben.
[55] BaFin Workshop: 100 Tage WpPG, "Das Hinterlegungsverfahren", S. 7, abrufbar unter <www.bafin.de/verkaufsprospekte/workshop_wppg.pdf>; BaFin als Hinterlegungsstelle in ihrer Funktion als Evidenzzentrale.
[56] Eine solche Erklärung kann nicht mittels eines Nachtrags gem. § 16 abgegeben werden, da im Wege eines Nachtrags nur Angaben berichtigt oder ergänzt werden können, BegrRegE, BT-Drucks. 15/4999, S. 32.
[57] BegrRegE, BT-Drucks. 15/4999, S. 32; BegrRegE, BT-Drucks. 15/4999, S. 32.
[58] *Assmann*, in: Assmann/Lenz/Ritz, VerkProspG, zu § 3 VerkProspVO Rn 4.
[59] Zur Kritik an der Aufnahme von Abs. 4 S. 2: Stellungnahme des Deutschen Derivate Institut eV (DDI), S. 5 vom 8.4.2005 zum RegE sowie Stellungnahme des Zentralen Kreditausschusses Anhang S. 3 f vom 11.4.2005 zum RegE, die auf ein erweitertes Haftungsrisiko der Emissionsbegleiter sowie auf eine Benachteiligung des deutschen Finanzplatzes hinweisen. Allerdings ist an dieser Stelle darauf hinzuweisen, dass dies nur ein Teilaspekt des Problems der unterschiedlichen Prospekthaftung in den verschiedenen Mitgliedstaaten der EU darstellt. Eine Gesamtvereinheitlichung der Prospekthaftung auf Ebene der EU wäre äußerst wünschenswert. Jedoch hat die Kommission jüngst festgestellt, dass es sich bei der Harmonisierung der Haftungsstandards um ein Ziel handelt, das über die Prospektrichtlinie hinausgeht und der Status Quo deshalb zunächst gewahrt werden soll, vgl Begleitdokument zum Vorschlag für eine Richtlinie des Europäischen Parlaments und des Rates vom 23.9.2009 (KOM (2009) 491 endgültig) zur Änderung der Richtlinie 2003/71/EG betreffend den Prospekt und der Richtlinie 2004/109/EG, (SEK(2009) 1222), Ziff. 5 Spiegelstrich 4.
[60] Vgl Länderberichte bei *Hopt/Voigt*, Prospekt- und Kapitalmarktinformationshaftung, zB England, S. 471 f, Luxembourg, S. 750 f.
[61] Vgl auch *Groß*, in: Groß, Kapitalmarktrecht, 5. Auflage 2012, § 5 WpPG Rn 8.

2. Nichtdividendenwerte, die dauernd oder wiederholt von CRR-Kreditinstituten begeben werden,
   a) sofern die Wertpapiere durch in ein Deckungsregister eingetragene Vermögensgegenstände gedeckt werden, die eine ausreichende Deckung der aus den betreffenden Wertpapieren erwachsenden Verbindlichkeiten bis zum Fälligkeitstermin bieten, und
   b) sofern die Vermögensgegenstände im Sinne des Buchstaben a im Falle der Insolvenz des CRR-Kreditinstituts unbeschadet der auf Grund der Richtlinie 2001/24/EG des Europäischen Parlaments und des Rates vom 4. April 2001 über die Sanierung und Liquidation von Kreditinstituten (ABl. EU Nr. L 125 S. 15) erlassenen Vorschriften vorrangig zur Rückzahlung des Kapitals und der aufgelaufenen Zinsen bestimmt sind.

(2) Die Angaben des Basisprospekts sind erforderlichenfalls durch aktualisierte Angaben zum Emittenten und zu den Wertpapieren, die öffentlich angeboten oder zum Handel an einem organisierten Markt zugelassen werden sollen, nach Maßgabe des § 16 zu ergänzen.

(3) ¹Werden die endgültigen Bedingungen des Angebots weder in den Basisprospekt noch in einen Nachtrag nach § 16 aufgenommen, hat der Anbieter oder Zulassungsantragsteller sie spätestens am Tag des öffentlichen Angebots in der in § 14 genannten Art und Weise zu veröffentlichen. ²Der Anbieter oder Zulassungsantragsteller hat die endgültigen Bedingungen des Angebots zudem spätestens am Tag der Veröffentlichung bei der Bundesanstalt zu hinterlegen und der zuständigen Behörde des oder der Aufnahmestaaten zu übermitteln. ³Die endgültigen Angebotsbedingungen können anstatt in Papierform auch ausschließlich elektronisch über das Melde- und Veröffentlichungssystem der Bundesanstalt hinterlegt werden. ⁴Kann eine Veröffentlichung, Hinterlegung oder Übermittlung aus praktischen Gründen nicht fristgerecht durchgeführt werden, ist sie unverzüglich nachzuholen. ⁵§ 8 Abs. 1 Satz 1 und 2 ist in den in Satz 1 genannten Fällen entsprechend anzuwenden. ⁶Die endgültigen Bedingungen des Angebots bedürfen nicht der Unterzeichnung.

A. Allgemeines

Die Vorschrift dient der Umsetzung von Art. 5 Abs. 4 Prospektrichtlinie und knüpft an den unvollständigen Verkaufsprospekt iSd inzwischen entfallenen § 10 VerkProspG sowie den unvollständigen Prospekt gem. dem bisherigen § 44 BörsZulV aF an. Durch den Basisprospekt kann annähernd – allerdings erschwert – die Emissionstechnik für die in Deutschland beliebte Begebung von Zertifikaten und Optionsscheinen beibehalten werden.[1] Seit 1.1.2009 haben auch Daueremittenten (Basis-)Prospekte zu erstellen, da das Daueremittentenprivileg weggefallen ist, § 31 Abs. 2. Durch die Richtlinie 2010/73/EU wurde auch das Basisprospektregime hinsichtlich der formalen Anforderungen neu geregelt und in § 6 Abs. 3 zum 1.7.2012 umgesetzt.[2]

B. Der Basisprospekt

Abs. 1 gestattet es sowohl dem Anbieter[3] als auch dem Zulassungsantragsteller,[4] für bestimmte Wertpapierarten (Nichtdividendenwerte) einen Basisprospekt[5] („base prospectus") zu erstellen. Dieser ist dadurch gekennzeichnet, dass er zwar alle nach den §§ 5 und 7 notwendigen Angaben enthalten muss, aber die endgültigen Bedingungen („final terms") spätestens am Tag des öffentlichen Angebots veröffentlicht werden müssen (§§ 6 Abs. 3, 14).[6] Der Basisprospekt ermöglicht es, mittels eines einzigen gebilligten Prospektes mehrere Emissionen („Ziehungen"), die zumindest gleiche Merkmale aufweisen, durchzuführen.[7]

Bisher musste der Basisprospekt gem. § 12 Abs. 1 S. 6 aF als einteiliges Dokument erstellt werden, eine gesonderte Billigung einzelner Teile war von Gesetzes wegen nicht möglich. Dieses Verbot ist durch die Streichung des § 12 Abs. 1 S. 6 nunmehr aufgehoben. Zu den Einzelheiten des neuen dreiteiligen Basisprospektregimes wird auf die Kommentierung zu § 12 verwiesen.

Ein Basisprospekt kann zusammen mit den endgültigen Bedingungen des Angebots sowohl für das öffentliche Angebot als auch für die Börsenzulassung[8] genutzt werden.[9] Der gebilligte Basisprospekt ist nach seiner

---

1 *Beck/Schäfer*, in: Habersack/Mülbert/Schlitt (Hrsg.), Unternehmensfinanzierung am Kapitalmarkt, 2005, § 23 Rn 101.
2 Zum neuen Basisprospektregime siehe ausführlich *Heidelbach/Preuße*, BKR 2012, 397 ff.
3 Begriffsbestimmung in § 2 Nr. 10.
4 Begriffsbestimmung in § 2 Nr. 11.
5 Begriffsbestimmung des Basisprospekts in Art. 2 Abs. 1 lit. r) der Prospektrichtlinie.
6 *Heidelbach* in: Schwark, Kapitalmarktrechts-Kommentar, § 6 WpPG Rn 5 ff.
7 *Seitz*, AG 2005, 678, 685.
8 Siehe hierzu insb. § 48 a BörsZulV sowie dessen Kommentierung.
9 BegrRegE, BT-Drucks. 15/4999, S. 32.

Veröffentlichung im Falle eines Angebotsprogramms zwölf Monate gültig (§ 9 Abs. 2).[10] Werden während des Gültigkeitszeitraums eines Basisprospekts endgültige Bedingungen für ein Angebot hinterlegt, verlängert sich der Gültigkeitszeitraum des Basisprospekts für dieses öffentliche Angebot bis zu dessen Ablauf, höchstens jedoch um weitere zwölf Monate ab Hinterlegung der endgültigen Bedingungen bei der BaFin. Bei Nichtdividendenwerten iSd § 6 Abs. 1 Nr. 2 ist der Prospekt gültig, bis keines der betroffenen Wertpapiere mehr dauernd oder wiederholt ausgegeben wird (§ 9 Abs. 3).

C. Abgrenzung zum unvollständigen Emissionsprospekt im Sinne des § 8

5 Der Basisprospekt ist zu unterscheiden vom unvollständigen Emissionsprospekt iSv § 8, der sowohl für Dividenden- als auch für Nichtdividendenwerte in Betracht kommt. Gemäß § 8 Abs. 1 S. 1 muss ein Prospekt für den Fall, dass der Ausgabepreis der Wertpapiere (Emissionspreis) und die Gesamtzahl der öffentlich angebotenen Wertpapiere (Emissionsvolumen) im Prospekt nicht genannt werden können, grundsätzlich[11] die Kriterien oder die Bedingungen angeben, anhand deren die Werte ermittelt werden. Enthält der Prospekt diese Kriterien oder Bedingungen nicht, steht dem Erwerber gem. § 8 Abs. 1 S. 3 ein Widerrufsrecht zu. § 6 Abs. 3 S. 4 verweist für die Fälle des § 6 Abs. 3 S. 1 zwar auf § 8 Abs. 1 S. 1 und 2, nicht aber auf die Vorschriften zum Widerrufsrecht. Zudem dürfen bei einem Basisprospekt wesentlich mehr Parameter offen bleiben als nach § 8.[12]

D. Gegenstand und Inhalt eines Basisprospekts (Abs. 1)

6 Gegenstand eines Basisprospekts können gem. Abs. 1 Nichtdividendenwerte sowie Optionsscheine[13] jeglicher Art, die im Rahmen eines Angebotsprogramms ausgegeben werden (Abs. 1 Nr. 1) sowie Nichtdividendenwerte, die dauernd oder wiederholt von Einlagen-(CRR-)Kreditinstituten begeben werden und die eine besondere Deckung und Insolvenzfestigkeit aufweisen (Abs. 1 Nr. 2), sein. Eine Konkretisierung enthält Art. 2 Abs. 6 Unterabs. 1 der ProspektVO dahin gehend, dass lediglich die dort genannten Wertpapierkategorien Gegenstand eines Basisprospektes und seiner entsprechenden endgültigen Bedingungen sein können. Für andere, nicht von Abs. 1 Nr. 1 und Nr. 2 erfasste Emissionen, kann grundsätzlich kein Basisprospekt erstellt werden.

7 In den in Abs. 1 Nr. 1 genannten Fällen müssen die Nichtdividendenwerte bzw die Optionsscheine im Rahmen eines Angebotsprogramms ausgegeben werden. Der Begriff „Nichtdividendenwerte" ist in § 2 Nr. 3 legaldefiniert. Gegen den Terminus „Optionsscheine jeder Art" konnte sich der aktuellere Begriff „derivative Wertpapiere" nicht durchsetzen.[14] Da jedoch genau diese derivativen Wertpapiere gemeint sind, werden von der gesetzlichen Regelung sowohl Zertifikate als auch andere strukturierte Wertpapiere umfasst.[15] Der Begriff „Angebotsprogramm" ist in § 2 Nr. 5 legaldefiniert. Dabei ist dem Wortlaut des § 2 Nr. 5 und des Art. 2 Abs. 1 lit. k) der Prospektrichtlinie zu entnehmen, dass es ausreicht, wenn aufgrund des Programms die Möglichkeit zur wiederholten Begebung ähnlicher Nichtdividendenwerte bzw Optionsscheine besteht. Nicht erforderlich wäre danach, dass entsprechende Papiere tatsächlich mehrfach begeben werden.[16]

8 In den Fällen des Abs. 1 Nr. 2 handelt es sich um Nichtdividendenwerte, die dauernd oder wiederholt von Einlagekreditinstituten begeben werden. Der Begriff „Einlagenkreditinstitute" ist mit Wirkung zum 1.1.2014 durch CRR-Kreditinstitute ersetzt worden und in § 2 Nr. 8 mit Verweis auf § 1 Abs. 3d S. 1 KWG definiert.[17] Daneben müssen die Nichtdividendenwerte kumulativ eine besondere Deckung bzw In-

---

10 Laut Ziff. 5.3.8. des Vorschlags für eine Richtlinie des Europäischen Parlaments und des Rates vom 23.9.2009 (KOM (2009) 491 endgültig) zur Änderung der Richtlinie 2003/71/EG betreffend den Prospekt und der Richtlinie 2004/109/EG soll die Geltungsdauer von Prospekten, Basisprospekten und Registrierungsformularen in Art. 9 Abs. 2 und 14 Abs. 4 von 12 auf 24 Monate erweitert werden.
11 Siehe auch § 8 Abs. 1 S. 2.
12 Stellungnahme der boerse-stuttgart/EUWAX vom 9.9.2002, S. 9 zu dem geänderten Vorschlag der Prospektrichtlinie.
13 Aus der Fassung der §§ 6 Abs. 1 Nr. 1, 2 Nr. 5, 9 Abs. 2 ergibt sich, dass der Gesetzgeber – zu Recht – nicht alle Optionsscheine als Nichtdividendenwerte betrachtet. Art. 2 Abs. 6 Unterabs. 1 Nr. 2, Art. 17 der ProspektVO zeigen, dass auch der ProspektVO dieser Ansatz zu Grunde liegt. Der Wortlaut des Art. 5 Abs. 4 lit. a) der Prospektrichtlinie ist in dieser Hinsicht – sowohl in der englischen als auch in der deutschen Fassung – missverständlich; in diesem Sinne schon: Seitz, AG 2005, 678, 685.
14 Stellungnahme des Deutschen Aktieninstitut eV (DAI) und des Bundesverband der Deutschen Industrie eV (BDI) vom 3.1.2005, S. 8 zum DiskE des BMF.
15 Kullmann/Sester, ZBB-Report 2005, 209, 211 mit Hinweis auf und Erläuterung der Entstehungsgeschichte des neuen Prospektrechts.
16 So Kunold/Schlitt, BB 2004, 501, 506.
17 Zur Kritik an der Beschränkung des Anwendungsbereichs des Basisprospektregimes auf Einlagenkreditinstitute s. Stellungnahme des Zentralen Kreditausschusses vom Januar 2005, S. 9 zum DiskE des BMF sowie vom 11.4.2005, S. 6 zum nachfolgenden RegE. Dieser hatte den Terminus "Kreditinstitute im Sinne der Richtlinie 200/12/EG" auch in der Legaldefinition vorgeschlagen. CRR-Kreditinstitute ist seit dem 1.1.2014 der offizielle Terminus für Kreditinstitute, die der Capital Requirements Regulation gemäß Basel III entsprechen. Dies zum 1.1.2014 durch Gesetz v. 28.8.2013 (BGBl. I S. 3395) in deutsches Recht eingeführt.

solvenzfestigkeit aufweisen. Die Nichtdividendenwerte im Sinne des Abs. 1 Nr. 2 umfassen insbesondere Hypothekenpfandbriefe, Kommunalschuldverschreibungen sowie Schiffspfandbriefe.[18] Es werden neben Pfandbriefen nach dem Pfandbriefgesetz auch andere gedeckte Schuldverschreibungen, die einer spezialgesetzlichen Regelung unterfallen, erfasst.[19]

Da der Basisprospekt lediglich ein zusätzliches Prospektformat[20] darstellt, muss er – vorbehaltlich der Regelungen dieser Vorschrift – allen für den Prospekt geltenden Bestimmungen genügen.[21] Gemäß Erwägungsgrund 25 der ProspektVO[22] sollte die verstärkte Flexibilität[23] bei der Verbindung des Basisprospekts mit seinen endgültigen Bedingungen[24] im Vergleich zu einem einzigen Emissionsprospekt den leichten Zugang der Anleger zu wesentlichen Angaben nicht beeinträchtigen.

Art. 22 der ProspektVO regelt die in einen Basisprospekt aufzunehmenden Mindestangaben und die dazu gehörenden endgültigen Bedingungen. Es gilt der Grundsatz für alle Angaben im Basisprospekt, dass diese durch die endgültigen Bedingungen weder verändert noch ersetzt werden dürfen.[25] Die endgültigen Bedingungen dürfen nicht als Ergänzung des Basisprospekts dienen. Dabei sind die **Angabekategorien** nach Art. 2a und Anhang XX ProspektVO zu beachten. Diese sind in Kategorien A bis C eingeteilt.[26] Damit wird die eigentlich durch das Basisprospektregime beabsichtigte Flexibilität des Emittenten bei der Prospekterstellung erheblich eingeschränkt. Nur sehr eng definierte Informationen dürfen über die endgültigen Bedingungen festgelegt werden. Die im Basisprospekt abzubildenden Informationen werden erheblich erweitert:[27]

- **Kategorie A:** zB Risikofaktoren, Rechtsnatur der Wertpapiere, Art des Basiswerts. Ergänzungen sind in den endgültigen Bedingungen nicht möglich, ggf kann ein Nachtrag im Rahmen des § 16 erstellt werden, eine optionale Ausgestaltung aller Kategorien im Basisprospekt ist allerdings zulässig.
- **Kategorie B:** Grundsätzliche Punkte, zB Beschreibung der mit den Wertpapieren verbundenen Rechten, Marktstörungen und Anpassungsregeln, bei derivativen Elementen eine Erläuterung wie der Wert der Anlage durch den Wert des Basiswerts beeinflusst wird. Die Berechnung des Rückzahlungsbetrags oder der Verzinsung muss entsprechend enthalten sein, dagegen sollen keine neuen, nicht im Basisprospekt enthaltenen Zahlungskonditionen in den endgültigen Bedingungen enthalten sein.[28]
- **Kategorie C:** Platzhalter ohne Beschränkungen möglich, soweit die Angabe zum Zeitpunkt der Billigung des Basisprospekts nicht bekannt ist.

Prospektangaben nach Kategorie B und C können nach Art. 22 Abs. 4a ProspektVO teilweise oder ganz in die endgültigen Bedingungen aufgenommen werden.

Nach Art. 22 Abs. 1a ProspektVO iVm Anhang XX dürfen Angaben aller Kategorien im Basisprospekt optional ausgestaltet sein. Diese angelegten **Optionen** sind sodann in den endgültigen Bedingungen auszuüben, Art. 22 Abs. 4c ProspektVO.

Die endgültigen Bedingungen dürfen im Übrigen lediglich die Informationsbestandteile, die sich aus den verschiedenen Schemata für Wertpapierbeschreibungen ergeben, denen zufolge der Basisprospekt erstellt wird, und die zum Zeitpunkt der Billigung des Basisprospekts nicht bekannt sind und die erst zum Zeitpunkt der jeweiligen Emission bestimmt werden können, enthalten. Dies sind in erster Linie der Emissionspreis und das Emissionsvolumen. Daneben kommen aber auch Angaben zum Begebungstag, zu der Ausgestaltung des Wertpapiers sowie zu den sich daraus ergebenden speziellen Risiken und/oder wirtschaftlichen Merkmalen und weitere zusätzliche Erläuterungen zur umfassenden Information der Anleger, die sich erst am Tage des Angebots aufgrund der Produktstruktur als erforderlich herausstellen, in Betracht.[29] Weitere

---

18 BegrRegE, BT-Drucks. 15/4999, S. 32, vgl hierzu das am 19.7.2005 in Kraft getretene Pfandbriefgesetz (PfandBG), BGBl. I, 2005, 1373.
19 *Heidelbach/Preuße*, BKR 2008, 13.
20 *Weber*, NZG 2004, 360, 363.
21 BegrRegE, BT-Drucks. 15/4999, S. 32.
22 (Zweite) Berichtigung der Verordnung (EG) Nr. 809/2004 der Kommission vom 29.4.2004 zur Umsetzung der Richtlinie 2003/71/EG des Europäischen Parlaments und des Rates betreffend die in Prospekten enthaltenen Informationen sowie das Format, die Aufnahme von Informationen mittels Verweis und die Veröffentlichung solcher Prospekte und die Verbreitung von Werbung (ABl. EU Nr. L 186/3 vom 18.7.2005).
23 Vgl hierzu auch Erwägungsgrund 24 der Prospektrichtlinie.
24 Die Begrifflichkeit der endgültigen Bedingungen ist nach ganz überwiegender Meinung weit auszulegen, da gerade eine flexible Handhabung angestrebt wurde und eine Festlegung der Anbieter auf eine vorgegebene Liste von (beispielhaft) benannten endgültigen Bedingungen nicht geboten ist, vgl CESR/09-103 Frage 57; CESR/03-162, Rn 99; CESR/03-300, Rn 49; CESR/03-301, Rn 102; Prospectus Report der ESME vom 5.9.2007, Ziff. 3.5.; *Kullmann/Metzger*, WM 2008, 1296.
25 Vgl Erwägungsgrund 7 zur ProspektVO.
26 Die Kategorien sind auch in der Überkreuzcheckliste entsprechend zu berücksichtigen.
27 Vgl Erwägungsgrund 17 zur ProspektVO.
28 Vgl Erwägungsgrund 7 zur ProspektVO.
29 So ausführlich *Kullmann/Sester*, WM 2005, 1068, 1072.

Beispiele sind die Angabe der Laufzeit, der Verzinsung[30] und des Wandlungspreises.[31] Bei strukturierten Wertpapieren sind auch Angaben zur Struktur[32] als endgültige Bedingungen anzusehen.[33]
Eine konsolidierte Darstellung der endgültigen Bedingungen ist nach dem neuen Basisprospektregime nicht mehr möglich, lediglich Anleihebedingungen können eingeschränkt konsolidiert dargestellt werden, soweit diese komplett optional im Basisprospekt enthalten sind und der Basisprospekt Anleihebedingungen für mindestens zwei verschiedene Produkte enthält.
Art. 22 Abs. 4 ProspektVO gibt eine verbindliche Vorgabe für Inhalt und Form der endgültigen Bedingungen. Diese dürfen nur enthalten:

- Informationsbestandteile der Kategorie B und C
- Vermerk „entfällt" wenn Angaben irrelevant
- freiwillige zusätzliche Angaben gem. Anhang XXI ProspektVO

11 Art. 22 Abs. 5 der ProspektVO schreibt vor, dass zusätzlich zu den Angaben, die in den Schemata und Modulen genannt werden, auf die in Artt. 4 bis 20 der ProspektVO verwiesen wird, in einen Basisprospekt unter anderem ein Hinweis auf die Angaben aufzunehmen ist, die in die endgültigen Bedingungen aufzunehmen sind. Grundsätzlich ist keine Wiederholung von Angaben aus dem Basisprospekt in den endgültigen Bedingungen zulässig, daher sind keine konsolidierten endgültigen Bedingungen möglich. Dabei sollte gem. Erwägungsgrund 26 der ProspektVO auf leicht verständliche Art und Weise erläutert werden, welche Angaben in die endgültigen Bedingungen aufgenommen werden sollen. Erwägungsgrund 26 führt weiter aus, dass dieser Anforderung auf verschiedene Art und Weise nachgekommen werden kann.
Nach Art. 22 Abs. 5 Nr. 1a ProspektVO muss der Basisprospekt ein Muster des Formulars der endgültigen Bedingungen enthalten, das für die jeweilige Emission auszufüllen ist.

12 Betrifft der Prospekt verschiedene Wertpapiere, ist gem. Art. 2 Abs. 6 Unterabs. 2 der ProspektVO eine klare Trennung zwischen den spezifischen Angaben über die verschiedenen Wertpapiere vorzunehmen.
Der Basisprospekt muss eine erkennbare Strukturierung aufweisen, dh unterschiedliche Produkte und -varianten müssen sich bereits durch das Inhaltsverzeichnis identifizieren und leicht auffinden lassen.
Dies schlägt sich auch auf dem Umfang des Prospekts und damit auch dessen Verständlichkeit nieder. Die Anzahl der Produkte und Produktvarianten im Basisprospekt darf ein überschaubares Maß nicht überschreiten.

13 Weitere Regelungen über die Aufmachung des Basisprospekts und seiner entsprechenden endgültigen Bedingungen ergeben sich aus Art. 26 der ProspektVO; dabei regelt Abs. 5, dass endgültige Bedingungen gemäß nationalen Rechtsvorschriften ggf zu unterschreiben sind, dies ist in Deutschland nicht erforderlich (Abs. 3 S. 5).

E. Aktualisierungspflicht (Abs. 2)

14 Abs. 2 bestimmt, dass auch bei einem Basisprospekt eine Pflicht zur Erstellung eines Nachtrags nach § 16 bestehen kann. Diese Nachtragspflicht ist von den endgültigen Bedingungen des Angebots zu unterscheiden. Die endgültigen Bedingungen bedürfen – anders als ein Nachtrag – nicht der Billigung durch die BaFin,[34] jedenfalls dann nicht, wenn sie – wie es regelmäßig der Fall sein wird – im Basisprospekt selbst nicht enthalten sind.[35] Es ist jedoch zu beachten, dass ein erstmaliges Hinzufügen von neuen wertpapierbezogenen Angaben mittels der endgültigen Bedingungen nur dann möglich ist, wenn im Basisprospekt bereits auf diese zusätzlichen und noch zu konkretisierenden Risikofaktoren – die sich aus dem in den endgültigen Bedingungen festgelegten Basiswert und der Auszahlungsstruktur ergeben[36] – hingewiesen wurde.[37]

F. Veröffentlichung / Hinterlegung der endgültigen Bedingungen (Abs. 3)

15 Abs. 3 S. 1 regelt die Veröffentlichung der endgültigen Bedingungen, wenn diese weder in den Basisprospekt noch in einen Nachtrag nach § 16 aufgenommen worden sind. Grundsätzlich sind die endgültigen Bedingungen spätestens am Tag des öffentlichen Angebots zu veröffentlichen (Abs. 3 S. 1) und zudem spätes-

---

30 *Ritz*, in: Assmann/Lenz/Ritz (Hrsg.), VerkProspG, zu § 10 VerkProspG, Rn 5 mwN.
31 *Groß*, Kapitalmarktrecht, § 6 WpPG Rn 8 mwN.
32 ZB Ausübungsschwellen, Basiswerte und deren Gewichtung, Tilgungswahlrechte und Zinsspannen.
33 *Heidelbach/Preuße*, BKR 2008, 14.
34 BegrRegE, BT-Drucks. 15/4999, S. 32.
35 Siehe hierzu Erwägungsgrund 21 S. 3 der ProspektVO.
36 *Just/Voß/Ritz/Zeising/Just/Ritz*, § 6 Rn 33.
37 Dazu *Kullmann/Metzger*, WM 2008, 1296 f; *Heidelbach/Preuße*, BKR 2008, 14.

tens am Tag der Veröffentlichung bei der zuständigen Behörde zu hinterlegen[38] (Abs. 3 S. 2).[39] Die seit dem 1.7.2012 in Kraft getretenen Regelungen erfordern künftig eine zusätzliche Veröffentlichung der endgültigen Bedingungen im Internet, §§ 6 Abs. 3, 14 Abs. 2 Nr. 3. Diese Veröffentlichung begründet für sich alleine noch nicht den Tatbestand des öffentlichen Angebots.[40]
Eine spätere Veröffentlichung kommt lediglich in atypischen Ausnahmefällen („aus praktischen Gründen nicht durchführbar") in Betracht (Abs. 3 S. 4). Wegen der besonderen Bedeutung der endgültigen Bedingungen für die Information des Publikums sind an das Vorliegen eines solchen Ausnahmefalls besonders strenge Anforderungen zu stellen. Deshalb kann es sich nur um solche Ereignisse handeln, auf die der Emittent, der Anbieter und der Zulassungsantragsteller keinen Einfluss haben.[41]
Endgültige Bedingungen müssen nunmehr neben der Hinterlegung der endgültigen Bedingungen bei der BaFin auch an die Aufnahmestaatbehörden zu Informationszwecken übermittelt werden.[42] Dabei ist es jedoch ausreichend, die endgültigen Bedingungen lediglich an die Behörden derjenigen Staaten zu übermitteln, in denen die Emission tatsächlich öffentlich angeboten werden soll. Die BaFin nimmt als Aufnahmestaatbehörde endgültige Bedingungen entgegen.

16

Die neuen Veröffentlichungs- und Übermittlungspflichten gelten auch dann, wenn keine Prospektpflicht besteht, der Wertpapierprospekt also freiwillig erstellt wird (sog. **Opt-in**).

17

Abs. 3 S. 4 erklärt in den in Abs. 3 S. 1 genannten Fällen § 8 Abs. 1 S. 1 und S. 2 für entsprechend anwendbar.[43] Dies hat zur Folge, dass, werden der Emissionspreis und das Emissionsvolumen im Prospekt nicht genannt, der Prospekt die Kriterien oder die Bedingungen angeben muss, anhand deren die Werte ermittelt werden. Abweichend hiervon kann hinsichtlich des Emissionspreises auch der Höchstpreis angegeben werden. Ein Verweis auf § 8 Abs. 1 S. 3 ff fehlt.

18

§ 7 Mindestangaben

Die Mindestangaben, die in einen Prospekt aufzunehmen sind, bestimmen sich nach der Verordnung (EG) Nr. 809/2004 der Kommission vom 29. April 2004 zur Umsetzung der Richtlinie 2003/71/EG des Europäischen Parlaments und des Rates betreffend die in Prospekten enthaltenen Informationen sowie das Format, die Aufnahme von Informationen mittels Verweis und die Veröffentlichung solcher Prospekte und die Verbreitung von Werbung (ABl. EU Nr. L 149 S. 1, Nr. L 215 S. 3) in der jeweils geltenden Fassung.

Die Vorschrift dient der Umsetzung der Art. 7 der Prospektrichtlinie. Hinsichtlich der in einem Prospekt aufzunehmenden Mindestangaben verweist sie auf die seit dem 1.7.2005[1] unmittelbar anwendbare[2] Verordnung der Europäischen Kommission zur Durchführung der Prospektrichtlinie in ihrer jeweils gültigen Fassung,[3] die im sog. Lamfalussy-Verfahren[4] nach Art. 24 der Prospektrichtlinie erlassen worden ist.[5] Dort ist insbesondere detailliert geregelt, welche Mindestangaben in den Informationsblöcken der jeweiligen Prospekte zu machen sind.[6] Die verwandte Regelungstechnik wird „Baukastenprinzip" (*building block approach*)[7] genannt, da die von der ProspektVO geforderten Mindestangaben vom Emittenten und der Art der Wertpapiere abhängen. Dies soll der großen Zahl unterschiedlicher Erscheinungsformen Rechnung tragen und die erforderliche Flexibilität beim Prospektinhalt sicherstellen.[8] Die Regelung des Inhaltes durch

1

---

38 Die BaFin fungiert als Hinterlegungsstelle lediglich im Sinne einer „Evidenzzentrale" (vgl Just/Voß/Ritz/Zeising/*Just/Ritz*, § 6 Rn 39), ohne die Vollständigkeit und Schlüssigkeit zu überprüfen; die BaFin kann jedoch auf offensichtliche Mängel hinweisen, die ihr – im Rahmen ihrer üblichen Tätigkeit – auffallen.
39 Ein Muster für die Hinterlegung der endgültigen Bedingungen findet sich auf der Homepage der BaFin, abrufbar unter <www.bafin.de/verkaufsprospekte/muster_6_3.pdf>.
40 Vgl *Heidelbach* in: Schwark, Kapitalmarktrechts-Kommentar, § 2 WpPG Rn 14 ff.
41 BegrRegE, BT-Drucks. 15/4999, S. 32; organisatorische Mängel auf Seiten des Emittenten stellen zB keinen solchen atypischen Ausnahmefall dar.
42 BT Drucks. 17/8684, S. 18.
43 Eine allgemeine zeitliche Verschiebung der Bekanntgabe auf eine Zeit nach Angebotsbeginn bzw eine grundsätzliche Anwendbarkeit des § 8 Abs. 1 S. 1 und 2 auf endgültige Bedingungen kann dem Verweis hingegen nicht entnommen werden. Ebenso: Just/Voß/Ritz/Zeising/*Just/Ritz*, § 6 Rn 37.

1 Art. 36 ProspektVO; vgl auch Erwägungsgrund 38 der ProspektVO.
2 Artikel 189 EU-Vertrag; vgl hierzu auch den Schlusssatz der ProspektVO.
3 (Zweite) Berichtigung der Verordnung (EG) Nr. 809/2004 der Kommission vom 29.4.2004 zur Umsetzung der Richtlinie 2003/71/EG des Europäischen Parlaments und des Rates betreffend die in Prospekten enthaltenen Informationen sowie das Format, die Aufnahme von Informationen mittels Verweis und die Veröffentlichung solcher Prospekte und die Verbreitung von Werbung (ABl. EU Nr. L 186/3 vom 18.7.2005); in der Praxis sollte allerdings mit der englischen Version der ProspektVO gearbeitet werden, da die deutsche Übersetzung teilweise Ungenauigkeiten aufweist.
4 Dazu von *Kopp-Colomb/Lenz*, AG 2002, 24, 25; *Schmolke*, NZG 2005, 912 ff.
5 BegrRegE, BT-Drucks. 15/4999, S. 32; vgl hierzu auch Erwägungsgründe 40 und 41 der Prospektrichtlinie.
6 Zu dem Verhältnis zu § 5 vgl die Ausführungen zu § 5.
7 Vgl CESR/02-185 b Rn 26, 40; CESR/03-208, Rn 24.
8 S Erwägungsgrund 6 der ProspektVO.

die unmittelbar in allen Mitgliedstaaten geltende Verordnung führt zu einer europaweit einheitlichen Standardisierung, die den freien Kapitalverkehr weiter fördern soll. Die Ziele der Richtlinie und der in ihr vorgesehenen Durchführungsmaßnahmen, nämlich Anlegerschutz und Markteffizienz,[9] sollen so sichergestellt werden. Die Vorgaben der ProspektVO werden von CESR präzisiert und ausgelegt: die von CESR herausgegebenen Empfehlungen (Recommendations, CESR/05-054 b) werden durch eine fortlaufend aktualisierte Liste häufig gestellter Fragen (FAQ)[10] ergänzt. Der Vorschlag für eine Richtlinie des Europäischen Parlaments und des Rates vom 23.9.2009 (KOM (2009) 491 endgültig) zur Änderung der Richtlinie 2003/71/EG betreffend den Prospekt und der Richtlinie 2004/109/EG sieht im dritten Absatz unter Ziff. 5.3.6. die Einführung eines „Mini"-Prospekts vor, bei dem der geforderte Mindestinhalt von der Größe des Emittenten abhängig gemacht wird. Damit soll eine verhältnismäßige Offenlegungsregel eingeführt werden.[11]

§ 7 ergänzt insofern § 5 Abs. 1, der als Generalnorm vorgeht.[12] Die Konkretisierung der inhaltlichen Ausgestaltung regelt § 5 nicht, sondern die ProspektVO, auf deren Inhaltskatalog durch § 7 verwiesen wird. Zusammenfassung und Risikofaktoren sind als eigenständige Kapitel den übrigen Prospektteilen voranzustellen und müssen aus sich heraus verständlich sein. Sie dürfen insbesondere keine Verweise auf andere Prospektteile enthalten.[13]

2 Darüber hinaus ist im Rahmen der Prospekterstellung hinsichtlich der in den Prospekt aufzunehmenden historischen Finanzinformationen neben der ProspektVO die Verordnung (EG) 1606/2002[14] betreffend die Anwendung internationaler Rechnungslegungsstandards (IFRS – Verordnung),[15] deren Umsetzung ins HGB und bezüglich der „Complex Financial History" die CESR's technical advice to the European Commission on a possible amendment to Regulation (EC) 809/2004 regarding the historical financial information which must be included in a prospectus (CESR/05–428) zu beachten. Hinsichtlich der Angaben über Beziehungen zu nahe stehenden Unternehmen und Personen enthält IAS 24[16] weitere Erläuterungen. Zudem erweisen sich die CESR's recommendations for the consistent implementation of the European Commission's Regulation on Prospectuses n 809/2004 (CESR/05–054 b) als äußerst hilfreich bei der Auslegung der Anhänge zur ProspektVO.[17]

3 Zusätzliche inhaltliche Anforderungen an den Prospekt ergeben sich – für Zwecke der Zulassung von Wertpapieren zum regulierten Markt – in eingeschränktem Maße aus der BörsenZulV. Danach prüft die Geschäftsführung der jeweiligen Börse im Rahmen des Zulassungsverfahrens, ob die Vorgaben nach §§ 5 Abs. 2 Nr. 1 (Zulassung von nicht voll eingezahlten Wertpapieren), 7 Abs. 1 (Antrag auf Teilzulassung) und 8 Abs. 2 BörsenZulV (Druckausstattung von Wertpapieren) beachtet wurden. Die Angaben sind nicht Prüfungsgegenstand im Prospektbilligungsverfahren der BaFin, die lediglich die Einhaltung der Anforderungen nach EU-ProspektVO prüft. Sind die Angaben jedoch nicht im Prospekt enthalten, kann eine Zulassung der Wertpapiere zum regulierten Markt nicht erfolgen. Mangels nachtragsfähigem Inhalt iSd § 16 Abs. 1 S. 1 dürfte ein Auslassen der Angaben nach der BörsenZulV nach erfolgter Billigung durch die BaFin nicht nachgeholt werden können.

§ 8 Nichtaufnahme von Angaben

(1) ¹Für den Fall, dass der Ausgabepreis der Wertpapiere (Emissionspreis) und die Gesamtzahl der öffentlich angebotenen Wertpapiere (Emissionsvolumen) im Prospekt nicht genannt werden können, muss der Prospekt die Kriterien oder die Bedingungen angeben, anhand deren die Werte ermittelt werden. ²Abweichend hiervon kann bezüglich des Emissionspreises der Prospekt auch den Höchstpreis angeben. ³Enthält der Prospekt nicht die nach Satz 1 oder Satz 2 erforderlichen Kriterien oder Bedingungen, hat der Erwerber

---

9 Vgl hierzu Erwägungsgrund 10 der Prospektrichtlinie.
10 Aktuell 9th Updated Version aus 09/2009 (Ref CESR/09-798), abrufbar unter <www.cesr-eu.org/index.php?page=groups&mac=0&id=40> (Ref. 09-798).
11 Dadurch sollen grenzüberschreitende Emissionen von Bezugsrechten effizienter gestaltet und kleine und mittlere Emittenten entlastet werden, unter gleichzeitiger Beibehaltung eines hohen Maßes an Anlegerschutz, vgl dazu den Vorschlag für eine Richtlinie des Europäischen Parlaments und des Rates vom 23.9.2009 (KOM (2009) 491 endgültig) zur Änderung der Richtlinie 2003/71/EG betreffend den Prospekt und der Richtlinie 2004/109/EG.
12 *Groß*, WpPG, § 7 Rn 2, *Meyer* in: Berrar/Meyer, § 7 WpPG, Rn 8.
13 Gängige Praxis der BaFin.
14 Regulation (EC) No 1606/2002 of the European Parliament and of the Council of 19 July 2002 on the application of international accounting standards.
15 Vgl hierzu Ziff. 20.1 der ProspektVO („Historische Finanzinformationen").
16 International Accounting Standard IAS 24, ABl. EU Nr. L 394/110.
17 So enthalten diese unter anderem Ausführungen zu den in den Prospekt aufzunehmenden Angaben über Beteiligungen, über die Entwicklung des Aktienkapitals, über Geschäfte mit verbundenen Parteien und Angaben zu den aufzunehmenden Finanzinformationen über die Vermögens-, Finanz- und Ertragslage des Emittenten.

das Recht, seine auf den Abschluss des Vertrages gerichtete Willenserklärung innerhalb von zwei Werktagen nach Hinterlegung des endgültigen Emissionspreises und des Emissionsvolumens zu widerrufen. ⁴Der Widerruf muss keine Begründung enthalten und ist in Textform gegenüber der im Prospekt als Empfänger des Widerrufs bezeichneten Person zu erklären; zur Fristwahrung genügt die rechtzeitige Absendung. ⁵Auf die Rechtsfolgen des Widerrufs ist § 357¹ des Bürgerlichen Gesetzbuchs entsprechend anzuwenden. ⁶Der Anbieter oder Zulassungsantragsteller muss den endgültigen Emissionspreis und das Emissionsvolumen unverzüglich nach deren Festlegung in einer nach § 14 Abs. 2 zulässigen Art und Weise veröffentlichen. ⁷Erfolgt kein öffentliches Angebot, sind der endgültige Emissionspreis und das Emissionsvolumen spätestens einen Werktag vor der Einführung der Wertpapiere zu veröffentlichen. ⁸Werden Nichtdividendenwerte eingeführt, ohne dass ein öffentliches Angebot erfolgt, kann die Veröffentlichung nach Satz 6 nachträglich vorgenommen werden, wenn die Nichtdividendenwerte während einer längeren Dauer und zu veränderlichen Preisen ausgegeben werden. ⁹Der endgültige Emissionspreis und das Emissionsvolumen sind zudem stets am Tag der Veröffentlichung bei der Bundesanstalt zu hinterlegen. ¹⁰Der Prospekt muss in den Fällen des Satzes 3 an hervorgehobener Stelle eine Belehrung über das Widerrufsrecht enthalten.

(2) Die Bundesanstalt kann gestatten, dass bestimmte Angaben, die nach diesem Gesetz oder der Verordnung (EG) Nr. 809/2004 vorgeschrieben sind, nicht aufgenommen werden müssen, wenn
1. die Verbreitung dieser Angaben dem öffentlichen Interesse zuwiderläuft,
2. die Verbreitung dieser Angaben dem Emittenten erheblichen Schaden zufügt, sofern die Nichtveröffentlichung das Publikum nicht über die für eine fundierte Beurteilung des Emittenten, des Anbieters, des Garantiegebers und der Wertpapiere, auf die sich der Prospekt bezieht, wesentlichen Tatsachen und Umstände täuscht, oder
3. die Angaben für das spezielle Angebot oder für die spezielle Zulassung zum Handel an einem organisierten Markt von untergeordneter Bedeutung und nicht geeignet sind, die Beurteilung der Finanzlage und der Entwicklungsaussichten des Emittenten, Anbieters oder Garantiegebers zu beeinflussen.

(3) Sind bestimmte Angaben, die nach der Verordnung (EG) Nr. 809/2004 in den Prospekt aufzunehmen sind, dem Tätigkeitsbereich oder der Rechtsform des Emittenten oder den Wertpapieren, auf die sich der Prospekt bezieht, ausnahmsweise nicht angemessen, hat der Prospekt unbeschadet einer angemessenen Information des Publikums Angaben zu enthalten, die den geforderten Angaben gleichwertig sind.

(4) Übernimmt ein Staat des Europäischen Wirtschaftsraums eine Garantie für ein Wertpapier, so muss der Prospekt keine Angaben über diesen Garantiegeber enthalten.

Die Vorschrift dient der Umsetzung des Art. 8 der Prospektrichtlinie. Die drei Grundkonstellationen der Nichtaufnahme von Angaben sind jeweils einem eigenen Absatz zugeordnet. § 8 bewirkt eine Verringerung der Prospektanforderungen.

A. Bookbuilding-Verfahren (Abs. 1)

Abs. 1 ist auf das bei Aktienemissionen übliche Bookbuilding-Verfahren² zugeschnitten, bei dem der Emissionspreis und das Emissionsvolumen zu Beginn der Zeichnungsphase durch den Emittenten nicht festgelegt sind, dafür aber die Investoren in die Preisfindung mit einbezogen werden können. Abs. 1 S. 1 enthält eine Definition des Emissionspreises und des Emissionsvolumens. Der Emissionspreis ist als Ausgabepreis der Wertpapiere definiert. Dagegen spricht die Prospektrichtlinie – vor dem Hintergrund der Preisbestimmung bei Aktienemissionen – von dem endgültigen Emissionskurs. Die ProspektVO³ enthält als speziellere Vorschrift für Schuldverschreibungen und derivative Wertpapiere die Konkretisierung, dass jeweils der anfängliche Kurs für diese Wertpapiere⁴ anzugeben ist. Das Emissionsvolumen wird als Gesamtzahl der öffentlich angebotenen Wertpapiere definiert. Zu beachten ist, dass Abs. 1 dem Wortlaut nach zwar nur auf den Emissionspreis und das Emissionsvolumen anwendbar ist, deren Festlegung sich jedoch auch auf andere in den Prospekt aufzunehmende Informationen wesentlicher Art auswirkt, wie zB auf die Angabe des

---

1 Gemäß Artikel 11 G zur Umsetzung der Verbraucherrechterichtlinie und zur Änderung des Gesetzes zur Regelung der Wohnungsvermittlung v. 20.9.2013 (BGBl. I S. 3642, 3661) wird **mWv 13.6.2014** die Angabe „§ 357" durch die Angabe „§ 357a" ersetzt.
2 Siehe hierzu: *Meyer*, in: Marsch-Barner/Schäfer (Hrsg.), Handbuch börsennotierte AG, 2009, § 8, Rn 30 ff mwN; *Weiser*, FB 2006, 386. Ein weiteres Preisfindungs- bzw festsetzungsverfahren ist beispielsweise das Festpreisverfahren, s. dazu u.a. *Achleitner*, Handbuch Investment Banking, S. 569.
3 (Zweite) Berichtigung der Verordnung (EG) Nr. 809/2004 der Kommission vom 29.4.2004 zur Umsetzung der Richtlinie 2003/71/EG des Europäischen Parlaments und des Rates betreffend die in Prospekten enthaltenen Informationen sowie das Format, die Aufnahme von Informationen mittels Verweis und die Veröffentlichung solcher Prospekte und die Verbreitung von Werbung (ABl. EU Nr. L 186/3 vom 18.7.2005).
4 BegrRegE, BT-Drucks. 15/4999, S. 32.

Emissionserlöses[5] und der Emissionskosten. Weitere preisabhängige Angaben sind die Bankenprovisionen sowie Tabellen zur Kapitalisierung und Verschuldung.[6] Da somit auch die Aufnahme dieser Angaben in den Prospekt nicht erfolgen kann, fordert die BaFin in der Regel die Erstellung eines Nachtrags nach § 16, der – wenn möglich – taggleich gebilligt wird.[7] Zu beachten ist jedoch, dass die BaFin in enger Auslegung von Abs. 1 verlangt, dass bereits ungefähre Angaben zu vom Emissionspreis und –volumen abgeleiteten Angaben gemacht werden.[8]

3 Können der Emissionspreis und das Emissionsvolumen im Prospekt nicht genannt werden, sind im Prospekt stattdessen gem. Abs. 1 S. 1 die Kriterien oder die Bedingungen anzugeben, anhand derer diese Werte ermittelt werden. Denn die Anleger sind hier besonders schutzbedürftig. Der Emissionspreis ist für den Anleger von wesentlicher Bedeutung, um eine fundierte Anlageentscheidung zu treffen. Gleiches gilt für das Emissionsvolumen, da hiervon zB Mehrheitsverhältnisse abhängen können. Hinsichtlich des Emissionspreises kann gem. Abs. 1 S. 2 anstelle der Kriterien oder Bedingungen auch der Höchstpreis angegeben werden. Durch die Angabe des Höchstpreises werden die Anleger über den Preis informiert, mit welchem sie bei der Zeichnung von Wertpapieren maximal rechnen müssen. Wird kein Ausgabepreis festgelegt, gilt als Höchstpreis der erste nach Einführung der Wertpapiere festgestellte oder gebildete Börsenpreis, im Fall gleichzeitiger Feststellung oder Bildung an mehreren organisierten Märkten der höchste erste Börsenpreis.[9]

4 Enthält der Prospekt nicht die nach Abs. 1 S. 1 oder S. 2 erforderlichen Kriterien oder Bedingungen bzw den Höchstpreis, gewährt S. 3 dem Erwerber das Recht, sich von seiner auf den Abschluss des Vertrages gerichteten Willenserklärung durch Widerruf zu lösen. § 8 nimmt damit – entsprechend den Vorgaben der Prospektrichtlinie – nicht nur zu prospektrechtlichen Erfordernissen, sondern auch zu vertragsrechtlichen Fragen Stellung.[10]
Der Widerruf muss innerhalb von zwei Werktagen nach Hinterlegung (Abs. 1 S. 9) des endgültigen Emissionspreises und des Emissionsvolumens erfolgen. Das Widerrufsrecht besteht aber nicht, wenn die auf den Abschluss des Zeichnungsvertrags gerichtete Erklärung erst nach der Veröffentlichung des endgültigen Emissionspreises und des Emissionsvolumens abgegeben wird.[11] Denn mit dieser Veröffentlichung besteht kein Unterschied mehr zu einer nicht vom Anwendungsbereich des § 8 erfassten „normalen" Emission, der eine abweichende Behandlung rechtfertigt. Auch soll das Widerrufsrecht analog § 16 Abs. 3 S. 1 nicht mehr bestehen, wenn bereits Erfüllung eingetreten ist.[12] Dem ist zu folgen, da in der Regel davon auszugehen ist, dass sich der Anleger, der bereits erfüllt hat, mit dem Vertrag in dieser Form einverstanden erklärt hat. Abs. 1 S. 4 regelt die formellen Voraussetzungen in Anlehnung an das Widerrufsrecht des Verbrauchers im BGB. S. 5 erklärt hinsichtlich der Rechtsfolgen § 357 BGB für entsprechend anwendbar. Abs. 1 S. 10 schließlich fordert eine Belehrung über das Widerrufsrecht an hervorgehobener Stelle im Prospekt. Diese Belehrung hat alle zur Ausübung des Widerrufsrechts relevanten Umstände (Frist, Inhalt, Form, Adressat und Rechtsfolgen) zu beinhalten.

5 Das Widerrufsrecht gem. Abs. 1 S. 3 hat aber nur einen begrenzten Anwendungsbereich. Es ist folgendermaßen zu differenzieren: Fehlen entweder der Emissionspreis und/oder das Emissionsvolumen und enthält der Prospekt darüber hinaus auch nicht die erforderlichen Kriterien oder Bedingungen, anhand deren der/die fehlende(n) Wert(e) ermittelt werden können, so besteht ein Widerrufsrecht gem. Abs. 1 S. 3. Ein solcher Prospekt ist jedoch bereits nicht billigungsfähig im Sinne des § 13. Es ist zwar ein allgemeiner Grundsatz des WpPG, dass die zivilrechtliche Beurteilung unabhängig von der prospektrechtlichen zu erfolgen hat. Doch dürften die Anwendungsfälle des Abs. 1 S. 3 begrenzt sein.

6 Davon zu unterscheiden ist der Fall, dass sich während des Angebotsverfahrens Veränderungen des Emissionspreises (bzw der Emissionspreisspanne) und/oder des Emissionsvolumens ergeben. Auch eine Veränderung der Kriterien oder Bedingungen oder des Höchstpreises ist denkbar. Hier kann bei Vorliegen der entsprechenden Voraussetzungen[13] ein Nachtrag gem. § 16 erforderlich werden,[14] der wiederum ein Widerrufsrecht gem. § 16 Abs. 3 S. 1 zur Folge haben kann.[15] Unabhängig von § 16 besteht aber kein Widerrufsrecht gem. § 8 Abs. 1 S. 3, da dieses grundsätzlich nur bei vollständigem Fehlen der erforderlichen Anga-

---

5 BaFin Workshop: 100 Tage WpPG, "Rechtsfragen aus der Anwendungspraxis", S. 8, abrufbar unter <www.bafin.de/verkaufsprospekte/workshop_wppg3.pdf>.
6 Vgl *Apfelbacher/Metzner*, BKR 2006, 87.
7 BaFin Workshop: 100 Tage WpPG, "Rechtsfragen aus der Anwendungspraxis", S. 8, abrufbar unter <www.bafin.de/verkaufsprospekte/workshop_wppg3.pdf>.
8 Ebenso Just/Voß/Ritz/Zeising/*Just*, § 8 Rn 32.
9 BegrRegE, BT-Drucks. 15/4999, S. 32.
10 So auch *Groß*, Kapitalmarktrecht, § 8 WpPG Rn 5, der sogar so weit geht, dass es in § 8 vorrangig um vertragsrechtliche Fragen geht und sich dabei auf die in § 8 geregelte Rechtsfolge des Widerrufsrechts stützt.
11 BegrRegE, BT-Drucks. 15/4999, S. 32.
12 *Kullmann/Sester*, ZBB-Report 2005, 209, 212.
13 Dies ist bei Vorliegen einer wesentlichen Veränderung der Fall. In der Praxis könnte bei der Beurteilung, ob eine Veränderung der Preisspanne wesentlich ist, die amerikanische Börsenaufsicht (SEC) einen Anhaltspunkt liefern, der zufolge eine Abweichung bzw Änderung größer 20% wesentlich („material") ist, vgl <www.sec.org>.
14 Vgl die Kommentierung des § 16.
15 Hier wohl nur missverständlich *Groß*, Kapitalmarktrecht, § 8 WpPG Rn 7.

ben, nicht aber bei einer Veränderung der Angaben gegeben ist.[16] Hierfür spricht bereits der Wortlaut der Vorschrift. Zudem sind die Interessen der Emittenten zu berücksichtigen, die Planungssicherheit benötigen. Die Anleger sind hinreichend geschützt.[17]

Abs. 1 S. 6 bis 9 stellen – ähnlich den Vorschriften des § 10 VerkProspG aF und des § 44 BörsZulV aF – Anforderungen an die Veröffentlichung des endgültigen Emissionspreises und des Emissionsvolumens. Zur Veröffentlichung verpflichtet sind der Anbieter oder der Zulassungsantragsteller. Gemäß Abs. 1 S. 6 müssen die Angaben unverzüglich nach deren Festlegung in einer nach § 14 Abs. 2 zulässigen Art und Weise veröffentlicht werden.[18] Nach *Apfelbacher/Metzner* ist eine Veröffentlichung auf der Internetseite des Emittenten ausreichend.[19] Der Emittent hat dabei die Wahl, ob er die Angaben zu endgültigem Emissionspreis und/oder –volumen in einem separaten Dokument macht oder in den ursprünglichen Prospekt integriert. Durch eine Veröffentlichungspflicht des endgültigen Emissionspreises und des Emissionsvolumens erst nach deren Festlegung – und nicht schon am Tag des öffentlichen Angebots[20] – wurde der Beibehaltung der bewährten Preisfindung im Wege des Bookbuilding-Verfahrens gewährleistet. Falls kein öffentliches Angebot erfolgt, bestimmt Abs. 1 S. 7 als spätesten Veröffentlichungszeitpunkt den Werktag vor der Einführung der Wertpapiere, nur im Falle der Einführung von Nichtdividendenwerten, die während einer längeren Dauer und zu veränderlichen Preisen ausgegeben werden, kann die Veröffentlichung gem. Abs. 1 S. 8 nachträglich vorgenommen werden. Abs. 1 S. 9 schließlich ordnet – in allen Fällen – die Hinterlegung bei der BaFin am Tag der Veröffentlichung an. 7

B. Ausnahmeerlaubnis der BaFin (Abs. 2)

Abs. 2 dient der Umsetzung von Art. 8 Abs. 2 der Prospektrichtlinie und sieht – vergleichbar mit § 47 Börs-ZulV aF sowie § 7 Abs. 3 VerkProspG aF iVm § 14 Abs. 4 der aufgehobenen VerkProspVO – vor, dass es die BaFin in bestimmten Fällen gestatten kann, dass Angaben, die nach dem WpPG oder der ProspektVO vorgeschrieben sind, nicht in den Prospekt aufgenommen werden müssen. Voraussetzung hierfür ist, dass eine der in Abs. 2 Nr. 1 bis 3 genannten übergeordneten Erwägungen vorliegt, dh die Gestattung im öffentlichen Interesse liegt. Dabei hat eine Abwägung zwischen dem Informationsbedürfnis der Anleger und dem Geheimhaltungsinteresse des Emittenten zu erfolgen.[21] 8

Abs. 2 Nr. 1 enthält die Alternative, dass die Verbreitung dieser Angaben dem öffentlichen Interesse zuwiderläuft. In der Praxis hat dieser Gestattungstatbestand bislang keine Relevanz erlangt, da die aus Gründen des Anlegerschutzes in den Prospekt aufzunehmenden typisierten Informationsbestandteile regelmäßig nicht dem öffentlichen Interesse zuwiderlaufen. 9

Abs. 2 Nr. 2 nennt den Fall, dass die Verbreitung der Angaben dem Emittenten erheblichen Schaden zufügt. Weitere Voraussetzung ist aber, dass die Nichtveröffentlichung das Publikum nicht über Tatsachen und Umstände täuscht, die für eine fundierte Beurteilung des Emittenten, des Anbieters, des Garantiegebers und der Wertpapiere, auf die sich der Prospekt bezieht, wesentlich sind. Angesichts der sowohl in der ersten („erheblichen") als auch in der zweiten („fundierte", „wesentlichen") Voraussetzung enthaltenen unbestimmten Rechtsbegriffe, ist eine Abwägung zwischen den Interessen des Emittenten („Geheimhaltung") einerseits und des Publikums („Publizität") andererseits vorzunehmen. Dabei genügen finanzielle Mehraufwendungen für den Emittent regelmäßig nicht. Vielmehr wird ein „erheblicher" Schaden gefordert; zu dessen Überprüfung durch die BaFin empfiehlt es sich, im Gestattungsantrag eine ausführliche Begründung beizubringen. 10

---

16 AA zwar nicht im Erg., aber in der Begründung wohl *Groß*, Kapitalmarktrecht, § 8 WpPG Rn 7, der § 8 Abs. 1 S. 1 iVm S. 3 bei Abweichungen für grundsätzlich anwendbar hält, dann aber dieser Vorschrift entnehmen will, dass in bestimmten Konstellationen (wenn zB die Grenze für Abweichungen von angegebener/m Preisspanne/Volumen genannt ist) kein Widerrufsrecht besteht.
17 Vertretbar scheint es zwar auch, in Fällen einer völligen Unzulänglichkeit der erforderlichen Angaben, die einem vollständigen Fehlen gleichkommen, ebenfalls ein Widerrufsrecht gem. § 8 Abs. 1 S. 3 zu gewähren. Doch auch im Bookbuilding-Verfahren findet auf das Angebot des Anlegers § 145 BGB Anwendung (*Meyer*, in: Marsch-Barner/Schäfer (Hrsg.), Handbuch börsennotierte AG, 2009, § 8 Rn 31), so dass es nach allgemeinen Regeln nicht frei widerruflich ist. Es gibt keinen Grund, nicht an den allgemeinen zivilrechtlichen Grundsätzen festzuhalten. Der Anlegerschutz gebietet kein derartiges Abweichen, da das Gesetz bei Schutzbedürftigkeit ein Widerrufsrecht gewährt (§§ 8 Abs. 1 S. 3 und 16 Abs. 3 S. 1) und in den übrigen Fällen der Anleger Kenntnis davon hat, worauf er sich einlässt, und grundsätzlich an sein Angebot gebunden sein muss, um das Risiko nicht einseitig dem Emittenten bzw den "angebotstreuen" Anlegern aufzubürden.
18 Vgl hierzu die Kommentierung des § 14.
19 *Apfelbacher/Metzner*, BKR 2006, 81, 87.
20 Eine solche Veröffentlichungspflicht am Tag des öffentlichen Angebots sah noch der RegE vor, der dann nach heftiger Kritik der Interessenverbände auf Vorschlag des Bundesrates abgeändert wurde, Stellungnahme des Bundesrates und Gegenäußerung der Bundesregierung zum RegE, BT-Drucks. 15/5219, S. 1, 2, 7.
21 *Groß*, in: Groß, Kapitalmarktrecht, 5. Auflage 2012, § 8 WpPG Rn 9.

11 Abs. 2 Nr. 3 ermöglicht der BaFin die Gestattung, wenn die Angaben im speziellen Fall von untergeordneter Bedeutung sind. Zusätzlich dürfen diese Angaben auch nicht geeignet sein, die Beurteilung der Finanzlage und der Entwicklungsaussichten des Emittenten, Anbieters oder Garantiegebers zu beeinflussen.

12 An eine Gestattung sind wegen des großen Interesses des Publikums an einer umfassenden Information hohe Anforderungen zu stellen. Die Gestattung erfolgt ausschließlich im öffentlichen Interesse,[22] was dazu führt, dass Ansprüche der Anleger gegen die BaFin mangels drittschützenden Charakters der Norm ausscheiden. Prospekthaftungsansprüche gegen die Prospektverantwortlichen werden durch die Gestattung jedoch nicht ausgeschlossen,[23] so dass diese im Falle einer Gestattung das Risiko der Unvollständigkeit/Unrichtigkeit tragen. In derartigen Fällen kann jedoch das Verschulden des Prospektverantwortlichen entfallen.[24]

13 Eine Nichtaufnahme von Angaben kommt dann nicht in Betracht, wenn sich diese auf Insiderinformationen beziehen, die gem. § 15 WpHG zu veröffentlichen sind („Ad-hoc-Publizität").[25]

C. Nicht angemessene Angaben (Abs. 3)

14 Abs. 3 regelt den Fall, dass bestimmte Angaben, die dem Tätigkeitsbereich oder der Rechtsform des Emittenten oder den Wertpapieren, auf die sich der Prospekt bezieht, ausnahmsweise nicht angemessen sind, nicht in den Prospekt aufzunehmen sind.[26] Abs. 3 fordert in diesem Fall aber die Aufnahme anderer, gleichwertiger Angaben. Art. 8 Abs. 3 der Prospektrichtlinie enthält noch zusätzlich den auf die gleichwertigen Angaben bezogenen Schlusssatz: „Gibt es keine entsprechenden Angaben, so besteht diese Verpflichtung nicht." Diese Passage wurde trotz erhobener Kritik[27] nicht in das WpPG übernommen.

15 Eine Abgrenzung ist vorzunehmen zu den Fällen, in denen eine bestimmte Angabe schon denklogisch nicht erfüllt werden kann.[28] Weiter abzugrenzen ist zu der in Abs. 3 nicht geregelten sog. Fehlanzeige.[29] Hierbei handelt es sich um eine Negativaussage des Prospekterstellers hinsichtlich einer bestimmten Angabe. Dieser Negativaussage kommt ein Informationsgehalt für den Anleger zu, zB hinsichtlich dem Nichtvorliegen geplanter wesentlicher Sachanlagen. In diesem Fall sollte die Angabe nicht einfach weggelassen werden, sondern negativ beantwortet werden, wenn die bestimmten Umstände nicht vorliegen. Im Beispiel sollte also an Stelle einer bloßen Auslassung eine dahin gehende Angabe erfolgen, dass keine wesentlichen Sachanlagen geplant sind.

§ 9 Gültigkeit des Prospekts, des Basisprospekts und des Registrierungsformulars

(1) Ein Prospekt ist nach seiner Billigung zwölf Monate lang für öffentliche Angebote oder Zulassungen zum Handel an einem organisierten Markt gültig, sofern er um die nach § 16 erforderlichen Nachträge ergänzt wird.

(2) ¹Im Falle eines Angebotsprogramms ist der Basisprospekt nach seiner Billigung zwölf Monate lang gültig. ²Werden während des Gültigkeitszeitraums eines Basisprospekts endgültige Bedingungen für ein Angebot hinterlegt, verlängert sich der Gültigkeitszeitraum des Basisprospekts für dieses öffentliche Angebot bis zu dessen Ablauf, höchstens jedoch um weitere zwölf Monate ab Hinterlegung der endgültigen Bedingungen bei der Bundesanstalt.

(3) Bei Nichtdividendenwerten im Sinne des § 6 Abs. 1 Nr. 2 ist der Prospekt gültig, bis keines der betroffenen Wertpapiere mehr dauernd oder wiederholt ausgegeben wird.

(4) ¹Ein zuvor gebilligtes und hinterlegtes Registrierungsformular im Sinne des § 12 Absatz 1 Satz 2 und 3 ist nach seiner Billigung bis zu zwölf Monate lang gültig. ²Ein Registrierungsformular, das gemäß § 12 Absatz 3 oder § 16 aktualisiert worden ist, ist zusammen mit der Wertpapierbeschreibung und der Zusammenfassung als gültiger Prospekt anzusehen.

---

22 BegrRegE, BT-Drucks. 15/4999, S. 33.
23 BegrRegE, BT-Drucks. 15/4999, S. 33.
24 *Groß*, in: Groß, Kapitalmarktrecht, 5. Auflage 2012, § 8 WpPG Rn 10; *Assmann*, in: Assmann/Schlitt/von Kopp-Colomb, § 13 VerkProspG Rn 65.
25 So auch *Assmann*, in: Assmann/Lenz/Ritz (Hrsg.), VerkProspG, § 14 VerkProspVO Rn 22.
26 Diese Ausnahme ist überaus restriktiv zu verstehen, da sie grundsätzlich dem Informationsbedürfnis des Publikums zuwiderläuft. Eine hierzu geforderte Unangemessenheit wird somit nur in den seltensten Fällen vorliegen.
27 Stellungnahme des DAI und des BDI vom 3.1.2005 zum DiskE des BMF, S. 8, 9.
28 Nach der BegrRegE sind diese Fälle in Erwägungsgrund 24 der ProspektVO angesprochen.
29 Ausführlich hierzu *Groß*, Kapitalmarktrecht, § 8 WpPG Rn 12, der als Beispiel "wesentliche Patente" nennt.

A. Gültigkeit des Prospekts (Abs. 1)

Die Vorschrift dient der Umsetzung des Art. 9 der Prospektrichtlinie. Abs. 1 begrenzt die Gültigkeit eines Prospekts für öffentliche Angebote oder Zulassungen zum Handel an einem organisierten Markt grundsätzlich auf 12 Monate[1] und knüpft sie an die Ergänzung durch nach § 16 erforderliche Nachträge. Dadurch ist sichergestellt, dass das Publikum stets Zugang zu aktuellen Angaben hat.[2]

Die Vorschrift regelt die Gültigkeit des Prospekts, Basisprospekts und Registrierungsformular für 12 Monate ab seiner Billigung (früher: Veröffentlichung), sofern er über Nachträge gemäß § 16 fortlaufend aktualisiert wird. Durch die Nachtragspflicht nach § 16 , die erst mit dem endgültigen Schluss des öffentlichen Angebots endet, soll sichergestellt werden, dass das Publikum fortlaufend mit aktuellen Informationen zum Emittenten versorgt wird.

B. Gültigkeit des Basisprospekts im Falle eines Angebotsprogramms (Abs. 2)

Abs. 2 regelt die Gültigkeit des Basisprospekts im Falle eines Angebotsprogramms im Sinne des § 2 Nr. 5. Auch hier ist der Basisprospekt nach seiner Veröffentlichung zwölf Monate[3] lang gültig. Voraussetzung hierfür ist die Ergänzung um die nach § 16 erforderlichen Nachträge.[4]

C. Nichtdividendenwerte iSd § 6 Abs. 1 Nr. 2 (Abs. 3)

Hinsichtlich der dauernden oder wiederholten Ausgabe bestimmter Nichtdividendenwerte,[5] nämlich solcher, die dauernd oder wiederholt von CRR-Kreditinstituten begeben werden und die eine besondere Deckung und Insolvenzfestigkeit aufweisen, bestimmt Abs. 3, dass der (Basis-)Prospekt seine Gültigkeit behält, bis aufgrund dieses Prospekts keines der betroffenen Wertpapiere mehr dauernd oder wiederholt ausgegeben wird.[6] Bedingung ist auch hier die Ergänzung um die nach § 16 erforderlichen Nachträge.[7]

D. Gültigkeit des Registrierungsformulars (Abs. 4)

Gemäß Abs. 4 S. 1 ist ein hinterlegtes Registrierungsformular im Sinne des § 12 Abs. 1 S. 3 zwölf Monate[8] gültig. Gemäß Abs. 4 S. 2 ist das Registrierungsformular zusammen mit der Wertpapierbeschreibung und der Zusammenfassung als gültiger Prospekt anzusehen.[9] Abs. 4 stellt somit klar, dass im Fall eines Prospekts, der mittels eines zuvor hinterlegten Registrierungsformulars erstellt wurde, der Prospekt ebenfalls bis zu zwölf Monate ab seiner Veröffentlichung gültig ist.[10] Bedingung ist auch hier die Ergänzung um die nach § 16 erforderlichen Nachträge[11] und die Beachtung der Aktualisierungspflicht gemäß § 12 Abs. 3.

§ 10[1] (aufgehoben)

§ 11 Angaben in Form eines Verweises

(1) ¹Der Prospekt kann Angaben in Form eines Verweises auf eines oder mehrere zuvor oder gleichzeitig veröffentlichte oder der Öffentlichkeit zur Verfügung gestellte Dokumente enthalten,

1. die nach diesem Gesetz von der Bundesanstalt gebilligt oder bei ihr hinterlegt wurden, oder
2. deren Veröffentlichung der Bundesanstalt nach § 2b Absatz 1, § 15 Absatz 5, § 15a Absatz 4, § 26 Absatz 2, den §§ 26a, 29a Absatz 2, § 30e Absatz 1, § 30f Absatz 2 des Wertpapierhandelsgesetzes,

---

1 Der Vorschlag für eine Richtlinie des Europäischen Parlaments und des Rates vom 23.9.2009 (KOM (2009) 491 endgültig) zur Änderung der Richtlinie 2003/71/EG betreffend den Prospekt und der Richtlinie 2004/109/EG spricht sich in Ziff. 5.3.8. für eine Verlängerung der Gültigkeitsdauer von Prospekt, Basisprospekt und Registrierungsformular von 12 auf 24 Monate aus. Damit greift die Kommission die von vielen Seiten geäußerte Kritik auf, dass die geforderte Aktualität der veröffentlich-ten Daten bereits durch die Befolgung der Nachtragspflicht aus § 16 sicherstellt ist.
2 BegrRegE, BT-Drucks. 15/4999, S. 33; vgl hierzu auch Erwägungsgrund 26 der Prospektrichtlinie.
3 Siehe Fn 1.
4 *Groß*, Kapitalmarktrecht, § 9 WpPG Rn 1.
5 Begriffsbestimmung in § 2 Nr. 3.
6 „Emissionspausen" haben keinen negativen Effekt auf die Gültigkeit des Basisprospekts, sofern innerhalb von 12 Monaten dauernd oder mindestens zweimal Emissionen erfolgen, vgl § 2 Nr. 12.
7 *Groß*, Kapitalmarktrecht, § 9 WpPG Rn 1.
8 Siehe Fn 1.
9 Abs. 4 ist hingegen nicht einschlägig, wenn das Registrierungsformular gem. § 11 iVm Art. 26 Abs. 4 ProspektVO per Verweis in einen Basisprospekt einbezogen ist, vgl in: Just/Voß/Ritz/Zeising/Friedl/Ritz, § 9 Rn 17.
10 BegrRegE, BT-Drucks. 15/4999, S. 33.
11 *Groß*, Kapitalmarktrecht, § 9 WpPG Rn 1.
1 § 10 aufgeh. mWv 1.7.2012 durch Art. 1 des Gesetzes vom 26.6.2012 zur Umsetzung der Richtlinie 2010/73/EU und zur Änderung des Börsengesetzes (BGBl. I 2012, 1375, 1378).

jeweils auch in Verbindung mit der Wertpapierhandelsanzeige- und Insiderverzeichnisverordnung, mitgeteilt worden ist, oder
3. deren öffentliches Zurverfügungstellen der Bundesanstalt nach § 37v Absatz 1, § 37w Absatz 1, § 37x Absatz 1, § 37y oder § 37z des Wertpapierhandelsgesetzes, jeweils auch in Verbindung mit der Wertpapierhandelsanzeige- und Insiderverzeichnisverordnung, mitgeteilt worden ist.

²Der Prospekt kann auch Angaben in Form eines Verweises auf ein oder mehrere zuvor oder gleichzeitig veröffentlichte Dokumente enthalten, die nach den in anderen Staaten des Europäischen Wirtschaftsraums zur Umsetzung der Richtlinie 2003/71/EG des Europäischen Parlaments und des Rates vom 4. November 2003 betreffend den Prospekt, der beim öffentlichen Angebot von Wertpapieren oder bei deren Zulassung zum Handel zu veröffentlichen ist, und zur Änderung der Richtlinie 2001/34/EG (ABl. L 345 vom 31.12.2003, S. 64) in der jeweils geltenden Fassung oder zur Umsetzung der Richtlinie 2004/109/EG des Europäischen Parlaments und des Rates vom 15. Dezember 2004 zur Harmonisierung der Transparenzanforderungen in Bezug auf Informationen über Emittenten, deren Wertpapiere zum Handel auf einem geregelten Markt zugelassen sind, und zur Änderung der Richtlinie 2001/34/EG (ABl. L 390 vom 31.12.2004, S. 38) in der jeweils geltenden Fassung erlassenen Vorschriften von der zuständigen Behörde gebilligt oder bei ihr hinterlegt wurden. ³Dabei muss es sich um die aktuellsten Angaben handeln, die dem Emittenten zur Verfügung stehen. ⁴Die Zusammenfassung darf keine Angaben in Form eines Verweises enthalten.

(2) Werden Angaben in Form eines Verweises aufgenommen, muss der Prospekt eine Liste enthalten, die angibt, an welchen Stellen Angaben im Wege des Verweises in den Prospekt aufgenommen worden sind, um welche Angaben es sich handelt und wo die im Wege des Verweises einbezogenen Angaben veröffentlicht sind.

A. Hintergrund

1   Die Vorschrift beruht auf Art. 11 der Prospektrichtlinie in der durch die Änderungsrichtlinie geänderten Fassung und lehnt sich an entsprechende Regelungen im angelsächsischen Recht an (*"incorporation by reference"*). Die Möglichkeit, Angaben in Form eines Verweises in den Prospekt aufzunehmen, soll die Prospekterstellung erleichtern[1] und Kosten für die Prospekterstellung senken, ohne dass dadurch der Anlegerschutz beeinträchtigt wird.[2] Die aufzunehmenden Mindestangaben werden hierdurch nicht verringert.[3] In der Praxis nutzen Emittenten die Verweismöglichkeit im Wesentlichen, um die sehr umfangreichen historischen Finanzinformationen zum Emittenten und/oder Garanten durch Verweis in den Prospekt einzubeziehen.[4]

B. Aufnahme von Angaben in Form eines Verweises

2   Nur Angaben, die in den in Abs. 1 S. 1 und S. 2 angeführten Dokumenten enthalten sind, können in Form eines Verweises in den Prospekt aufgenommen werden. Durch das Gesetz zur Umsetzung der Richtlinie 2010/73/EU und zur Änderung des Börsengesetzes wurde die Aufzählung der betreffenden Dokumente in Abs. 1 deutlich erweitert; ferner wurde die Differenzierung des WpHG zwischen „Veröffentlichung" (Abs. 1 S. 1 Nr. 2) und „der Öffentlichkeit zur Verfügung stellen" (Abs. 1 S. 1 Nr. 3) in das WpPG übernommen.[5] Diese Neuregelungen sind sehr praxisrelevant, da die Regelungen in Abs. 1 aF hinter der Prospektrichtlinie zurückblieben und insoweit die Prospekterstellung in Deutschland im Vergleich zu anderen EWR-Staaten erschwerten.[6] Mit dem Begriff Verweis in Abs. 1 sind nicht interne Querverweise innerhalb des Prospekts gemeint. Diese sind im Hauptteil des Prospekts unbeschränkt zulässig. Auch sind hiermit nicht Verweise im Zusammenhang mit Angaben Dritter (vgl zB Anhang I Ziff. 23, Anhang III Ziff. 10.3 und 10.4 der ProspektVO) umfasst. Die Bezugnahme auf diese Angaben erfolgt in der dort beschriebenen Form.

3   Durch die Aufnahme von Angaben in Form des Verweises müssen diese Angaben nicht mehr explizit in den Prospekt selbst mit aufgenommen werden. Durch die Einbeziehung im Wege des Verweises werden die ein-

---

1   BegrRegE, BT-Drucks. 15/4999, S. 34; *Groß*, Kapitalmarktrecht, § 11 WpPG Rn 2; *Müller*, WpPG, § 11 Rn 1.
2   Holzborn/Assion, § 11 WpPG Rn 1; Schwark/Zimmer/*Heidelbach*, Kapitalmarktrechts-Kommentar, § 11 WpPG Rn 1; vgl auch schon CESR's Advice on Level 2 Implementing Measures for the Prospectus Directive (July 2003), CESR/03-208, Rn 91 f.
3   *Groß*, Kapitalmarktrecht, § 11 WpPG Rn 2; Just/Voß/Ritz/Zeising/*Friedl*, § 11 WpPG Rn 8; Berrar/Meyer/Müller/Schnorbus/Singhof/Wolf/*Singhof*, § 11 WpPG Rn 18.
4   Holzborn/Assion, § 11 WpPG Rn 3.
5   *Groß*, Kapitalmarktrecht, § 11 WpPG Rn 3.
6   *Müller*, WpPG, § 11 Rn 2.

bezogenen Angaben Prospektbestandteil,[7] als wenn sie im Prospekt selbst dargestellt wären. Zu einer Verringerung der in einen Prospekt aufzunehmenden Mindestangaben kann die Möglichkeit zur Einbeziehung im Wege des Verweises daher nicht führen.[8]

Neben vor oder gleichzeitig mit dem Prospekt veröffentlichten Dokumenten, die nach dem WpPG von der zuständigen Behörde gebilligt oder bei dieser hinterlegt wurden, lässt die Neuregelung des Abs. 1 S. 1 Nr. 2 und Nr. 3 auch Verweise auf bestimmte Dokumente zu, deren Veröffentlichung der BaFin nach Regelungen des WpHG mitgeteilt worden ist. Einer Billigung durch die BaFin bedarf es insoweit nicht. Vor diesem Hintergrund können nunmehr insbesondere auch (i) Jahresfinanzberichte gem. § 37 v WpHG, (ii) Halbjahresfinanzberichte nach § 37 w WpHG und (iii) Zwischenmitteilungen der Geschäftsführung gem. § 37 x WpHG in Form eines Verweises in den Prospekt einbezogen werden.[9]

Die Gültigkeit des Prospekts, in dem ein Verweis auf ein anderes Prospektdokument vorgenommen wird, knüpft nicht an die Gültigkeitsdauer des in Bezug genommenen Dokuments an.[10] Unabhängig von der Gültigkeitsdauer der per Verweis aufgenommenen Daten hat der Prospekt gem. § 9 eine Gültigkeitsdauer von 12 Monaten. Ein Verweis auf ein veröffentlichtes und gebilligtes Dokument in seiner jeweils aktuellen Fassung ist ebenfalls zulässig, da dies nicht durch den Wortlaut des § 11 Abs. 1 „zuvor oder gleichzeitig" veröffentlichtes Dokument ausgeschlossen ist.[11] Dagegen vermag die Ansicht,[12] die diese **dynamischen Verweise** (auf das „jeweils gültige Dokument") als unzulässig erachtet, nicht zu überzeugen. Insbesondere der Anlegerschutz steht dieser Auffassung entgegen, zumal für den Anleger ein aktueller Prospekt die einzige Informationsquelle ist. Da ein Verweis nach Abs. 1 S. 1 nur auf hinterlegte oder gebilligte Dokumente zulässig ist, besteht kein Grund, nicht auf ein aktuelles Exemplar, das diese formalen Kriterien erfüllt, zu verweisen. Im Übrigen gibt Art. 28 Abs. 3 ProspV dieses Verständnis wieder. Danach wird die Möglichkeit eingeräumt, eine notwendige Aktualisierung durch „zur Verfügung" Stellung bzw unmittelbar in dem verweisenden Dokument vorzunehmen.[13] Es kann jedoch nicht auf Dokumente verwiesen werden, die zum Veröffentlichungszeitpunkt des Prospekts nicht mehr gültig sind.[14]

Es darf nur auf die in Abs. 1 S. 1 und S. 2 angeführten Dokumente verwiesen werden. Dabei handelt es sich um Dokumente, die entweder nach dem WpPG oder den in anderen Staaten des EWR zur Umsetzung der Prospektrichtlinie erlassenen Vorschriften oder aber nach dem BörsG oder den in anderen Staaten des EWR zur Umsetzung der Börsenzulassungsrichtlinie[15] erlassenen Vorschriften von der zuständigen Behörde **gebilligt** oder bei ihr **hinterlegt** wurden. Ein Verweis iSd § 11 kommt insbesondere bei den in Art. 28 Abs. 1 der ProspektVO genannten Dokumenten in Betracht:

- Jährlich und unterjährig vorzulegende Finanzinformationen
- Dokumente, die im Zuge einer spezifischen Transaktion erstellt werden, wie zB einer Fusion oder einer Entflechtung
- Bestätigungsvermerke und Jahresabschlüsse
- Satzung und Statuten der Gesellschaft
- Zu einem früheren Zeitpunkt gebilligte Prospekte und/oder Basisprospekte
- Rundschreiben an die Wertpapierinhaber
- Registerformulare[16]
- Nachträge gem. § 16

---

[7] Just/Voß/Ritz/Zeising/Friedl, § 11 Rn 9; Assmann/Schlitt/von Kopp-Colomb/von Ilberg, § 11 Rn 7; Wehowsky, in: Erbs/Kohlhaas, § 11 WpPG Rn 1; vgl auch BegrRegE, BT-Drucks. 15/4999, S. 34.
[8] Groß, Kapitalmarktrecht, § 11 WpPG Rn 2; Just/Voß/Ritz/Zeising/Friedl, § 11 Rn 8; Berrar/Meyer/Müller/Schnorbus/Singhof/Wolf/Singhof, § 11 WpPG Rn 18; vgl auch BegrRegE, BT-Drucks. 15/4999, S. 34.
[9] Müller, WpPG, § 11 Rn 1; vgl auch BegrRegE, BT-Drucks. 17/8684, S. 28.
[10] Stellungnahme des Deutschen Aktieninstituts eV vom 3.1.2005, S. 10 zum Prospektrichtlinie-UmsetzungsG; Stellungnahme des Zentralen Kreditausschusses des Bundesverbandes deutscher Banken vom Januar 2005, S. 8 zum DiskE des Prospektrichtlinie-UmsetzungsG; Assmann/Schlitt/von Kopp-Colomb/von Ilberg, § 11 Rn 33; Just/Voß/Ritz/Zeising/Friedl, § 11 Rn 30; Müller, WpPG, § 11 Rn 5.
[11] Stellungnahme des Deutschen Aktieninstituts eV zum Prospektrichtlinie-Umsetzungsgesetz v. 3.1.2005, S. 11, Heidelbach/Preuße, BKR 2008, 10, 12; Schwark/Zimmer/Heidelbach, Kapitalmarktrechts-Kommentar, § 11 WpPG Rn 15.
[12] Holzborn/Assion, § 11 WpPG Rn 12; Just/Voß/Ritz/Zeising/Friedl, § 11 Rn 13, mit dem Hinweis, es sei die Umgehung einer Nachtragspflicht nach § 16 zu befürchten; Müller, WpPG, § 11 Rn 4.
[13] Heidelbach/Preuße, BKR 2008, 10,12 mit dem Hinweis, dass der Grundsatz der Verständlichkeit nicht außer Acht gelassen werden darf.
[14] Stellungnahme des Deutschen Aktieninstituts eV zum Prospektrichtlinie-Umsetzungsgesetz v. 3.1.2005, S. 11.
[15] Richtlinie 2001/34/EG des Europäischen Parlaments und des Rates vom 28.5.2001 über die Zulassung von Wertpapieren zur amtlichen Börsennotierung und über die hinsichtlich dieser Wertpapiere zu veröffentlichenden Informationen (ABl. EG Nr. L 184/1).
[16] Kullmann/Sester, ZBB-Report 2005, 209, 215; Just/Voß/Ritz/Zeising/Friedl, § 11 Rn 18.

7 Voraussetzung für die Aufnahme von Angaben per Verweis ist gemäß Abs. 1, dass Verweisdokumente von der zuständigen Behörde gebilligt oder bei der zuständigen Behörde hinterlegt wurden oder dass die Veröffentlichung der betreffenden Dokumente der BaFin mitgeteilt worden ist.
Eine freiwillige Hinterlegung ist nicht möglich. Es muss eine Pflicht zur Hinterlegung des Dokuments bei der zuständigen Behörde bestehen. Auch Dokumente, die lediglich beim Handelsregister hinterlegt oder im Bundesanzeiger veröffentlicht sind, sind keine zulässigen Verweisdokumente.[17] Im Übrigen ist ein sog. **Kettenverweis**, dh ein Verweis auf ein Dokument, das seinerseits wieder auf ein anderes Dokument verweist, nicht zulässig.[18]
Ein Verweis muss sich nach Art. 28 Abs. 4 ProspektVO nicht auf das gesamte veröffentlichte Verweisdokument beziehen. Daher sind **Teilverweise**, die deutlich klarstellen, auf welche Teile des Verweisdokuments sie sich beziehen, zulässig.[19] Nur diese Teile werden durch den entsprechenden Teilverweis Inhalt des Prospekts und damit ggf auch Gegenstand einer etwaigen Prospekthaftung.[20]
Auch **Nachträge** gemäß § 16 unterliegen der Billigung durch die BaFin und können dementsprechend in Form eines Verweises in den Prospekt einbezogen werden.[21] Ein Verweis in einem Nachtrag selbst ist hingegen unzulässig, da es sich bei einem Nachtrag formal um ein separates Dokument handelt und auch der Wortlaut des § 11 Abs. 1 lediglich von „Prospekt", nicht aber von „Nachtrag" spricht.[22]

8 Es darf nur auf solche Dokumente verwiesen werden, die in derselben **Sprache** verfasst sind wie der eigentliche Prospekt.[23]
Abs. 1 S. 3 stellt klar, dass auch bei der Einbeziehung im Wege eines Verweises die gleichen Anforderungen an die **Aktualität** der Informationen gelten wie bei allen anderen Informationen des Prospekts.[24] Es darf nur auf die aktuellsten Angaben, die dem Emittenten zur Verfügung stehen, verwiesen werden. Maßstab ist, auch in den Fällen, in denen der Anbieter vom Emittenten verschieden ist, die Perspektive des Emittenten.[25]
Maßgeblich ist generell, dass nach Art. 28 Abs. 5 ProspektVO die **Verständlichkeit** der Angaben nicht beeinträchtigt wird.[26]

9 Die **Zusammenfassung** des Prospekts darf gem. Abs. 1 S. 4 keine Angaben in Form eines Verweises enthalten. Vielmehr hat die Zusammenfassung als eigenständiger in sich konsistenter und abgeschlossener Teil zu erfolgen. Denn bei grenzüberschreitenden Angeboten oder Zulassungen zum Handel an einem organisierten Markt kann die Zusammenfassung der einzige Teil des Prospekts sein, der zwingend auch in der jeweiligen Amtssprache des Aufnahmestaates abzufassen ist.[27] Aus diesem Grunde sind nach Auffassung und ständiger Praxis der BaFin in der Zusammenfassung auch keine Verweise auf den Hauptteil des Prospekts zulässig. Eine Ausnahme davon wird bei einem Hinweis auf unbeschränkt zugängliche Internetseiten (etwa der verschiedenen Aufsichtsbehörden) gemacht.[28]

10 Verweise in **Risikohinweisen** werden von der BaFin im Hinblick auf Art. 25 Abs. 1 ProspV nicht akzeptiert und auch von weiten Teilen des Schrifttums als unzulässig angesehen.[29] Zur Vermeidung von Überfrachtungen ist aber ein Verweis auf die unterschiedlichen Anleihebedingungen des gleichen Emittenten möglich.[30]

---

17 Heidelbach/Preuße, BKR 2008, 10, 11.
18 Schwark/Zimmer/Heidelbach, Kapitalmarktrechts-Kommentar, § 11 WpPG Rn 14; Assmann/Schlitt/von Kopp-Colomb/von Ilberg, § 11 Rn 21; Schlitt/Schäfer, AG 2005, 498, 503; vgl auch Holzborn/Israel, ZIP 2005, 1668, 1674; Just/Voß/Ritz/Zeising/Friedl, § 11 Rn 16; Müller, WpPG, § 11 Rn 4.
19 Just/Voß/Ritz/Zeising/Friedl, § 11 Rn 12; Assmann/Schlitt/von Kopp-Colomb/von Ilberg, § 11 Rn 22.
20 Schwark/Zimmer/Heidelbach, Kapitalmarktrechts-Kommentar, § 11 WpPG Rn 16.
21 Crüwell, AG 2003, 243, 248; Assmann/Schlitt/von Kopp-Colomb/von Ilberg, § 11 Rn 26.
22 Assmann/Schlitt/von Kopp-Colomb/von Ilberg, § 11 Rn 26; aA Schäfer/Hamann/Hamann, § 11 WpPG Rn 3 darauf abstellend, dass ein Nachtrag zu einer Änderung/Ergänzung des Prospekts führe.
23 Ebenso Assmann/Schlitt/von Kopp-Colomb/von Ilberg, § 11 Rn 27 ff; Schäfer/Hamann/Hamann, § 11 WpPG Rn 11; Kunold/Schlitt, BB 2004, 501, 506; Weber, NZG 2004, 360, 363; siehe auch Art. 28 Abs. 2 der ProspektVO, der auf Art. 19 der Prospektrichtlinie verweist; CESR's Advice on Level 2 Implementing Measures for the Prospectus Directive (July 2003), CESR/03-208 Rn 98 (dort wird klargestellt, dass nur auf solche Dokumente verwiesen werden darf, die in derselben Sprache wie der eigentliche Prospekt verfasst sind) und Rn 104; aA Schwark/Zimmer/Heidelbach, Kapitalmarktrechts-Kommentar, § 11 WpPG Rn 6; Holzborn/Israel, ZIP 2005, 1668, 1674 mit Hinweis auf eine fehlende Sprachregelung für Verweisdokumente in § 11 Abs. 1 WpPG; in Ausnahmefällen ein sog. gespaltene Sprachwahl in Betracht ziehend auch Mattil/Möslein, WM 2007, 819, 821; Just/Voß/Ritz/Zeising/Friedl, § 11 Rn 35; offenlassend: Groß, Kapitalmarktrecht, § 11 WpPG Rn 3.
24 Schwark/Zimmer/Heidelbach, Kapitalmarktrechts-Kommentar, § 11 WpPG Rn 12; vgl auch BegrRegE, BT-Drucks. 15/4999, S. 34.
25 Groß, Kapitalmarktrecht, § 11 WpPG Rn 4; Just/Voß/Ritz/Zeising/Friedl, § 11 Rn 23; Berrar/Meyer/Müller/Schnorbus/Singhof/Wolf/Singhof, § 11 WpPG Rn 19.
26 Berrar/Meyer/Müller/Schnorbus/Singhof/Wolf/Singhof, § 11 WpPG Rn 20.
27 BegrRegE, BT-Drucks. 15/4999, S. 34.
28 Holzborn/Assion, § 11 WpPG Rn 15.
29 Just/Voß/Ritz/Zeising/Friedl, § 11 Rn 37; Schwark/Zimmer/Heidelbach, Kapitalmarktrechts-Kommentar, § 11 WpPG Rn 5; Assmann/Schlitt/von Kopp-Colomb/von Ilberg, § 11 Rn 44; Müller, WpPG, § 11 Rn 3; offenlassend: Groß, Kapitalmarktrecht, § 11 WpPG Rn 3.
30 Holzborn/Assion, § 11 WpPG Rn 16.

Werden Angaben per Verweis in den Prospekt aufgenommen, muss der Prospekt gemäß Abs. 2 eine **Liste der Verweise** enthalten. Diese Liste muss zu drei Punkten Angaben machen: Erstens, an welchen Stellen Angaben im Wege des Verweises in den Prospekt aufgenommen worden sind. Zweitens, um welche Angaben es sich dabei handelt. Und drittens, wo die im Wege des Verweises einbezogenen Angaben veröffentlicht sind. Das soll das Auffinden der Angaben, auf die verwiesen wird, erleichtern und dient damit dem Anlegerschutz.[31] Bei Internetveröffentlichungen sollte eine genaue und vollständige Bezeichnung der Internetseite erfolgen, auf der die betreffenden Dokumente vorzufinden sind.[32]

C. Prospekthaftung, Haftungsbegrenzung

Durch die Möglichkeit der Aufnahme von Angaben in Form eines Verweises werden diese Angaben zum Prospektinhalt.[33] Damit haften die Prospektverantwortlichen auch in vollem Umfang gem. §§ 21-23 für die Richtigkeit und Vollständigkeit der Prospektangaben, als ob sie die in Bezug genommenen Angaben selbst im Prospekt dargestellt hätten.[34] Ihre Haftung beschränkt sich nicht nur auf die **Richtigkeit** des Verweises, sondern auch auf die **Angaben**, auf die verwiesen wird. Dies gilt auch, wenn die in Bezug genommenen Dokumente von Dritten stammen, insbesondere in den Fällen, in denen Anbieter und Emittent verschiedene Rechtspersonen sind.[35] Eine Beschränkung der Prospekthaftung lediglich auf die Richtigkeit des Verweises nicht aber auf den Inhalt des in Bezug genommenen Dokuments erscheint nicht sachgerecht. Denn es kann keinen Unterschied machen, ob die Angaben im Prospekt selbst dargestellt werden – auch dann ist keine Begrenzung der Prospekthaftung möglich – oder ob diese Angaben durch Inbezugnahme in den Prospekt aufgenommen werden.[36] Eine formularmäßige Haftungsfreizeichnung ist nicht möglich. Andernfalls könnten die Prospektverantwortlichen durch Verweis auf externe Dokumente ihr Haftungsrisiko minimieren.[37]

In prospekthaftungsrechtlicher Hinsicht bergen Verweise auf Dokumente, die von dritter Seite erstellt worden sind, ein erhöhtes Haftungsrisiko für die Prospektverantwortlichen. Denn die Prospektverantwortlichen haften auch für die Richtigkeit und Vollständigkeit von Angaben, die sie nicht selbst getroffen haben. Die Angaben, die durch derartige Verweise zum Prospektinhalt werden, sind von den Prospektverantwortlichen mit der gleichen Sorgfalt auf ihre Richtigkeit und Vollständigkeit zu prüfen, wie die anderen im Prospekt enthaltenen Informationen. Es besteht aber die Möglichkeit, nur auf einen Teil des Dokuments zu verweisen und so das Haftungsrisiko teilweise zu minimieren. Wegen eines unkalkulierbaren Haftungsrisikos ist ein Verweis auf ein von einem Dritten erstelltes Dokument „in seiner jeweils aktuellen Fassung" nicht empfehlenswert.

D. Muster für einen Verweis im Text

▶ Hinsichtlich der Angaben zu [...] [genaue Bezeichnung der Angaben] wird auf Anlage [...] des Wertpapierprospekts der [...] [Firma Emittent] vom [...] [Datum] verwiesen. Dieser Wertpapierprospekt ist (i) veröffentlicht unter dem Link <www.bafin.de/DE/DatenDokumente/Datenbanken/Prospektdatenbanken/prospektdatenbanken_artikel.html>, (ii) ferner abrufbar auf der Internetseite des Emittenten unter <www.[...]> und (iii) erhältlich bei [...] [Wertpapierbank]. ◀

---

31 BegrRegE, BT-Drucks. 15/4999, S. 34.
32 Holzborn/*Assion*, § 11 WpPG Rn 17.
33 BegrRegE, BT-Drucks. 15/4999, S. 34.
34 Assmann/Schlitt/von Kopp-Colomb/*von Ilberg*, § 11 Rn 44; Just/Voß/Ritz/Zeising/*Friedl*, § 11 Rn 39 ff; Berrar/Meyer/Müller/Schnorbus/Singhof/Wolf/*Singhof*, § 11 WpPG Rn 26.
35 Just/Voß/Ritz/Zeising/*Friedl*, § 11 Rn 39.
36 Just/Voß/Ritz/Zeising/*Friedl*, § 11 Rn 42; Assmann/Schlitt/von Kopp-Colomb/*von Ilberg*, § 11 Rn 48; aA *Groß*, Kapitalmarktrecht, § 11 WpPG Rn 2, wonach ein Hinweis im Verweis, dass man die Verantwortlichkeit nur für die korrekte Inbezugnahme, nicht aber für deren Inhalt übernehme, zu einer Begrenzung der Prospekthaftung führen müsse; offenlassend: Berrar/Meyer/Müller/Schnorbus/Singhof/Wolf/*Singhof*, § 11 WpPG Rn 26.
37 Just/Voß/Ritz/Zeising/*Friedl*, § 11 Rn 42.

15 Beispiel für eine Liste der Verweise:[38]

Laufende Ziffer	Bezeichnung des Dokuments, auf das verwesen wird	Seitenzahl im Prospekt	Ort der Veröffentlichung
1	Jahresabschluss der [...] [Firma Emittent] zum [...] [Datum]	[...]	Seite [...] des Wertpapierprospekts der [...] [Firma Emittent] vom [...] [Datum], (i) veröffentlicht unter <http://www.bafin.de/DE/DatenDokumente/Datenbanken/Prospektdatenbanken/prospektdatenbanken_artikel.html >, (ii) ferner auf der Internetseite des Emittenten unter <www.[...]> abrufbar und (iii) erhältlich bei [...] [Wertpapierbank]
2	Registrierungsformular der [...] [Firma Emittent] vom [...] [Datum]	[...]	Das Registrierungsformular wurde bei der BaFin hinterlegt und ist auf der Internetseite des Emittenten unter <www.[...]> abrufbar.

§ 12 Prospekt aus einem oder mehreren Einzeldokumenten

(1) ¹Der Prospekt kann als ein einziges Dokument oder in mehreren Einzeldokumenten erstellt werden. ²Besteht ein Prospekt aus mehreren Einzeldokumenten, so sind die geforderten Angaben auf ein Registrierungsformular, eine Wertpapierbeschreibung und eine Zusammenfassung aufzuteilen. ³Das Registrierungsformular muss die Angaben zum Emittenten enthalten. ⁴Die Wertpapierbeschreibung muss die Angaben zu den Wertpapieren, die öffentlich angeboten oder zum Handel an einem organisierten Markt zugelassen werden sollen, enthalten. ⁵Für die Zusammenfassung gilt § 5 Absatz 2 bis 2 b.

(2) Ein Emittent, dessen Registrierungsformular bereits von der Bundesanstalt gebilligt wurde, ist zur Erstellung der Wertpapierbeschreibung und der Zusammenfassung verpflichtet, wenn die Wertpapiere öffentlich angeboten oder zum Handel an einem organisierten Markt zugelassen werden.

(3) ¹Im Fall des Absatzes 2 muss die Wertpapierbeschreibung die Angaben enthalten, die im Registrierungsformular enthalten sein müssen, wenn es seit der Billigung des letzten aktualisierten Registrierungsformulars zu erheblichen Veränderungen oder neuen Entwicklungen gekommen ist, die sich auf die Beurteilung durch das Publikum auswirken könnten. ²Satz 1 ist nicht anzuwenden, wenn das Registrierungsformular wegen dieser neuen Umstände bereits nach § 16 aktualisiert worden ist. ³Die Wertpapierbeschreibung und die Zusammenfassung werden von der Bundesanstalt gesondert gebilligt.

(4) Hat ein Emittent nur ein nicht gebilligtes Registrierungsformular hinterlegt, so bedürfen alle Dokumente der Billigung der Bundesanstalt.

A. Einziges Dokument oder mehrere Einzeldokumente (Abs. 1)

1 Abs. 1 S. 1 regelt in Übereinstimmung mit Art. 5 Abs. 3 der Prospektrichtlinie, dass der Anbieter oder Zulassungsantragsteller den Prospekt entweder – wie bisher – als ein einziges Dokument[1] (mit integrierter Zusammenfassung) oder aber – in Anlehnung an die US-amerikanische shelf registration nach SEC Rule 415 – nunmehr auch in mehreren Einzeldokumenten[2] erstellen kann.[3] Dabei unterliegen beide Formen der Pro-

---

38 Vgl dazu auch Just/Voß/Ritz/Zeising/*Friedl*, § 11 Rn 38; Berrar/Meyer/Müller/Schnorbus/Singhof/Wolf/*Singhof*, § 11 WpPG Rn 24.

1 Für das einteilige Format gibt Art. 25 Abs. 1 ProspektVO den Prospektaufbau und die Gliederungsreihenfolge zwingend vor; in der Praxis wird jedoch wegen der mit der strikten Einhaltung verbundenen Schwierigkeiten – insb. bei mehreren Anhängen mit gleich lautenden Offenlegungspflichten – regelmäßig von der Reihenfolge abgewichen, was die Verpflichtung zur Erstellung einer Querverweisliste auslöst, Art. 25 Abs. 4 S. 1 ProspektVO; s. hierzu *Schlitt/Schäfer*, AG 2005, 503.

2 Kritisch hinsichtlich der praktischen Vorteile: *Kullmann/Sester*, WM 2005, 1068, 1072; *Kunold/Schlitt*, BB 2004, 501, 505.

3 Vgl hierzu auch Erwägungsgrund 23 der Prospektrichtlinie, der die Wahlfreiheit der Emittenten betont.

spekterstellung gleichermaßen den Anforderungen, die an einen Prospekt gestellt werden, insbesondere hinsichtlich der Verständlichkeit.[4]

Wird der Prospekt aus mehreren Einzeldokumenten erstellt, so sind gemäß Abs. 1 S. 2 die drei obligatorischen Informationsblöcke aufzuteilen in ein **Registrierungsformular** („registration document", enthält die Angaben zum Emittenten, Abs. 1 S. 3), in eine **Wertpapierbeschreibung** („securities note", enthält die Angaben zu den Wertpapieren, Abs. 1 S. 4) und in eine **Zusammenfassung** („summary note", Abs. 1 S. 5). Damit schließt bereits der Gesetzeswortlaut eine weiter gehende Aufteilung in beliebig viele Einzeldokumente aus. Bei der Aufteilung in Einzeldokumente sollte gemäß Erwägungsgrund 4 der ProspektVO eine Wiederholung von Angaben vermieden werden. S. 6 bestimmt, dass ein Basisprospekt (§ 6) nicht aus mehreren Einzeldokumenten erstellt werden darf.

B. Bereits gebilligtes Registrierungsformular (Abs. 2 und 3)

Abs. 2 dient der Umsetzung von Art. 12 der Prospektrichtlinie und bestimmt, dass ein Registrierungsformular auch für mehrere Emissionen genutzt werden kann. Sodann ist jedoch zusätzlich jeweils eine Wertpapierbeschreibung und eine Zusammenfassung zu erstellen. Auch bei dieser Form der Prospekterstellung müssen sämtliche Einzeldokumente von der BaFin gebilligt werden, wobei das Registrierungsformular auch gesondert gebilligt werden kann. Auch bei dieser Form der Prospekterstellung sind alle für einen Prospekt geltenden Anforderungen einzuhalten, insbesondere sind die Gültigkeitsvorschriften zu beachten.[5] So kann ein bereits gebilligtes Registrierungsformular nur dann für ein weiteres öffentliches Angebot genutzt werden, wenn es gemäß § 9 Abs. 4 bis zum Ablauf des Angebots gültig bleibt.[6] Bei einem dreiteiligen Prospekt ist die Billigung des jeweils jüngsten Teils des Prospekts für die Gültigkeit des gesamten Wertpapierprospekts maßgeblich.

Abs. 3 regelt die Aktualisierung eines bereits gebilligten Registrierungsformulars, wenn der Prospekt aus mehreren Einzeldokumenten besteht. Die Aktualisierung kann sowohl in der Wertpapierbeschreibung oder in einem gesonderten Nachtrag erfolgen[7] Der Regierungsbegründung zufolge sollte das dem Interesse des Publikums an der Übersichtlichkeit der Angaben des Prospekts dienen.[8] Die Kommission sieht in ihrem Änderungsvorschlag zur Prospektrichtlinie für die Zukunft eine Anwendbarkeit der Nachtragsregelungen des § 16 auch für Registrierungsformulare vor, da dieses Angaben zum Emittenten enthält, während die Wertpapierbeschreibung Angaben zum Wertpapier enthält.[9]

C. Noch nicht gebilligtes Registrierungsformular (Abs. 4)

Falls lediglich ein nicht gebilligtes Registrierungsformular hinterlegt wurde, so sind alle Dokumente – einschließlich des Registrierungsformulars – von der BaFin zu billigen. Abs. 4 stellt also klar, dass bei einem dreiteiligen Prospekt auch das Registrierungsformular stets der Billigung bedarf.

Abschnitt 3
Billigung und Veröffentlichung des Prospekts

§ 13 Billigung des Prospekts

(1) ¹Ein Prospekt darf vor seiner Billigung nicht veröffentlicht werden. ²Die Bundesanstalt entscheidet über die Billigung nach Abschluss einer Vollständigkeitsprüfung des Prospekts einschließlich einer Prüfung der Kohärenz und Verständlichkeit der vorgelegten Informationen.

(2) ¹Die Bundesanstalt teilt dem Anbieter oder dem Zulassungsantragsteller innerhalb von zehn Werktagen nach Eingang des Prospekts ihre Entscheidung mit, unterrichtet im Fall der Billigung gleichzeitig die Europäische Wertpapier- und Marktaufsichtsbehörde und übermittelt dieser gleichzeitig eine Kopie des Prospekts. ²Die Frist beträgt 20 Werktage, wenn das öffentliche Angebot Wertpapiere eines Emittenten be-

---

4 BegrRegE, BT-Drucks. 15/4999, S. 34.
5 So die BegrRegE, BT-Drucks. 15/4999, 34; hinsichtlich der Gültigkeit des Registrierungsformulars ist § 9 Abs. 4 zu beachten, der eine Gültigkeit von – derzeit nur (vgl § 9 Fn 1) – zwölf Monaten vorsieht.
6 BegrRegE, BT-Drucks. 15/4999, S. 34.
7 Siehe *Groß*, Kapitalmarktrecht, WpPG § 12 Rn. 4
8 BegrRegE, BT-Drucks. 15/4999, S. 34; *Kullmann/Sester* äußern sich dazu gerade im gegenteiligen Sinn, ZBB-Report 2005, 209, 211.
9 S Ziff. 5.3.9. des Vorschlags für eine Richtlinie des Europäischen Parlaments und des Rates vom 23.9.2009 (KOM (2009) 491 endgültig) zur Änderung der Richtlinie 2003/71/EG betreffend den Prospekt und der Richtlinie 2004/109/EG.

trifft, dessen Wertpapiere noch nicht zum Handel an einem in einem Staat des Europäischen Wirtschaftsraums gelegenen organisierten Markt zugelassen sind und der Emittent zuvor keine Wertpapiere öffentlich angeboten hat.

(3) ¹Hat die Bundesanstalt Anhaltspunkte, dass der Prospekt unvollständig ist oder es ergänzender Informationen bedarf, so gelten die in Absatz 2 genannten Fristen erst ab dem Zeitpunkt, an dem diese Informationen eingehen. ²Die Bundesanstalt soll den Anbieter oder Zulassungsantragsteller hierüber innerhalb von zehn Werktagen ab Eingang des Prospekts unterrichten.

(4) Die Bundesanstalt macht die gebilligten Prospekte auf ihrer Internetseite für jeweils zwölf Monate zugänglich.

(5) Der zu billigende Prospekt einschließlich der Übersetzung der Zusammenfassung ist der Bundesanstalt sowohl in Papierform als auch elektronisch über das Melde- und Veröffentlichungssystem der Bundesanstalt oder auf einem Datenträger zu übermitteln.

A. Allgemeines	1	G. Billigungsentscheidung, Rechtsfolgen der Billigung	14
B. Herkunftsstaatsprinzip, Zuständigkeit der BaFin	2	H. Zugänglichmachen der gebilligten Prospekte/	
C. Abgrenzung zum Börsenzulassungsverfahren	3	Übermittlung in elektronischer Form	17
D. Prüfungsumfang	4	I. Rechtsmittel	20
E. Prospekteinreichung, Antragstellung	6	J. Haftung	21
F. Billigungsfrist	9		

A. Allgemeines

1 Die Vorschrift dient der Umsetzung von Art. 13 der Prospektrichtlinie, regelt die Billigung des Prospekts und dient dem Anlegerschutz. Denn § 13 Abs. 1 entspricht Art. 13 Abs. 1 der Prospektrichtlinie und bestimmt, dass ein Prospekt nicht vor seiner Billigung veröffentlicht werden darf. Die Veröffentlichung eines Prospekts ist jedoch wiederum grundsätzlich Voraussetzung sowohl für ein öffentliches Angebot (§ 3 Abs. 1) als auch für eine Zulassung von Wertpapieren zum Handel an einem organisierten Markt (§ 3 Abs. 4). Dadurch wird sichergestellt, dass ein Anleger in Form eines Prospekts, der von einer unabhängigen Stelle geprüft wurde, grundsätzlich Zugriff hat auf die für seine Investitionsentscheidung erforderlichen Angaben. Allerdings wird dieser Ansatz durch den nur begrenzten Prüfungsumfang der BaFin wieder eingeschränkt (vgl hierzu Rn 5).

B. Herkunftsstaatsprinzip, Zuständigkeit der BaFin

2 Die BaFin als nunmehr zentrale zuständige Verwaltungsbehörde[1] entscheidet über die Billigung des Prospekts, wenn die Bundesrepublik Deutschland Herkunftsstaat im Sinne der Legaldefinition des § 2 Nr. 13 ist (Herkunftsstaatsprinzip, Art. 13 Abs. 1 der Prospektrichtlinie).[2] Problematisch ist dabei der im WpPG nicht geregelte Fall, dass Emittenten mit verschiedenen Sitzstaaten ein gemeinsames Wertpapierprogramm anbieten und keine Wahlrechte hinsichtlich des Herkunftsstaates bestehen. Es liegt dann eine Zuständigkeit mehrerer Behörden vor. Zwar sieht die Prospektrichtlinie hierfür in Art. 13 Abs. 5 eine dahin gehende Lösung vor, dass die zuständige Behörde des Herkunftsmitgliedstaats die Billigung eines Prospekts der zuständigen Behörde eines anderen Mitgliedstaats mit deren Einverständnis übertragen kann. Diese Bestimmung wurde zwar nicht in deutsches Recht umgesetzt. Allerdings würde es dem Sinn und Zweck des Europäischen Passes[3] widersprechen, wenn von den verschiedenen Behörden jeweils ein separates Billigungsverfahren durchgeführt werden würde.[4]

C. Abgrenzung zum Börsenzulassungsverfahren

3 Zu unterscheiden ist das Billigungsverfahren gemäß § 13 von dem Börsenzulassungsverfahren[5] nach den börsenrechtlichen Vorschriften (§§ 32 ff. BörsG iVm der BörsZulV).[6] Das Börsenzulassungsverfahren folgt dem Billigungsverfahren bei Wertpapieren, die zum Handel an einem organisierten Markt zugelassen wer-

---

1 Vgl hierzu Art. 21 Abs. 1 der Prospektrichtlinie.
2 Vgl hierzu die Kommentierung zu § 2 Nr. 13; Zu der Diskussion über die Herleitung der Zuständigkeit der BaFin vgl *Groß*, Kapitalmarktrecht, 3. Auflage, § 13 Nr. 5.
3 Vgl hierzu die Kommentierung zu § 17.
4 Vgl hierzu ausführlich *Kullmann/Sester*, WM 2005, 1068, 1070.
5 Vgl hierzu *Groß*, in: Marsch/Barner/Schäfer, Handbuch börsennotierte AG, 2005 § 8; *Beck/Schäfer*, in: Habersack/Mülbert/Schlitt (Hrsg.), Unternehmensfinanzierung am Kapitalmarkt, 2005, § 23.
6 *Just/Voß/Ritz/Zeising*, § 13 Rn 6.

den sollen, insofern zeitlich nach, als die Billigung und die Veröffentlichung eines Prospekts grundsätzlich Voraussetzung für die Börsenzulassung sind (§ 32 Abs. 3 Nr. 2 BörsG). Für das Börsenzulassungsverfahren ist auch nicht die BaFin, sondern die jeweilige Geschäftsführung der Börse (§ 32 Abs. 1 BörsG) zuständig.

D. Prüfungsumfang

Abs. 1 dient der Umsetzung von Art. 2 Abs. 1 lit. q der Prospektrichtlinie und legt den Prüfungsumfang fest. Danach wird der Prospekt – ohne Differenzierung zwischen Prospekten für Wertpapiere, die öffentlich angeboten werden, und Prospekten für Wertpapiere, die an einem organisierten Markt zugelassen werden sollen – durch die BaFin auf Vollständigkeit, Verständlichkeit und Kohärenz geprüft.[7] Im Rahmen der Vollständigkeitsprüfung prüft die BaFin, ob sämtliche gemäß den Anhängen zur ProspektVO verlangten Angaben im Prospekt aufgenommen wurden. Bei der Prüfung der Verständlichkeit ist auf den durchschnittlichen Anleger abzustellen.[8] Ein Prospekt ist unter anderem dann nicht verständlich, wenn zu viele Verweise oder eine unverständliche Ausdrucksweise seine Lesbarkeit behindern. Kohärenz,[9] also innere Widerspruchsfreiheit, liegt dann nicht vor, wenn die im Prospekt enthaltenen Angaben sich widersprechen.

Es findet somit neben der formellen Vollständigkeitskontrolle und der Prüfung auf innere Widerspruchsfreiheit und Verständlichkeit keine weitere materielle Prüfung[10] durch die BaFin statt.[11] Insbesondere prüft diese weder die Bonität des Emittenten noch die inhaltliche Richtigkeit des Prospekts.[12] Seine Billigung und Veröffentlichung erlaubt daher keinen Rückschluss auf die Seriosität des Emittenten und stellt kein „Gütesiegel" dar. Vertretbar erscheint es jedoch, die Prüfung auf innere Widerspruchsfreiheit als Teil einer (sehr eingeschränkten) materiellen Prüfung anzusehen, wie dies in der bisher erschienenen Literatur vielfach vertreten wird.[13] Um Missverständnissen vorzugreifen sowie klare praxisnahe Grenzen aufzuzeigen, ist die Begrifflichkeit einer rein formellen Prüfung aber wesentlich besser geeignet.

E. Prospekteinreichung, Antragstellung

Voraussetzung der Billigung eines Prospekts ist dessen rechtswirksame Einreichung bei der BaFin.[14] Dazu ist entweder eine Papierversion mit Originalunterschrift des Anbieters und/oder des Zulassungsantragstellers erforderlich (§ 5 Abs. 3) oder eine elektronische Übermittlung von mit qualifizierter elektronischer Signatur versehenen Dateien an die Melde- und Veröffentlichungsplattform (MVP). Zur Teilnahme an dem MVP-Verfahren, das insbesondere für Vielhinterleger sinnvoll ist, bedarf es aber der Erfüllung bestimmter technischer Voraussetzungen[15] („BaFin-Paket"), einer Zertifizierung bei der BaFin und nach erfolgreichem Test einer Produktivschaltung.[16]

Sobald die qualifizierte elektronische Signatur möglich ist, kann ein Prospekt auch komplett elektronisch eingereicht werden.[17] Eine wirksame Einreichung per E-Mail ist nicht möglich. Bei Antragstellung ist die Unterzeichnung des Prospekts vom Emissionsbegleiter bzw Zulassungsantragsteller ausreichend.

Obwohl das WpPG neben der Einreichung des zu billigenden Prospekts keine ausdrückliche Antragstellung auf Billigung vorsieht, sollte dennoch bei Prospekteinreichung ein ausdrücklicher, schriftlicher Antrag vom Antragsteller gestellt werden.[18] Antragsteller ist der Anbieter oder Zulassungsantragsteller. Dies ergibt sich aus Abs. 2 S. 1. Eine Mitbeantragung durch den Emissionsbegleiter ist nicht erforderlich.[19]

---

7 *Just/Voß/Ritz/Zeising*, § 13 Rn 41 ff.
8 Vgl hierzu die Kommentierung zu § 5.
9 Kohärenz bedeutet eigentlich Zusammenhang (lat. cohaerentia). In der Literatur wird dieser Begriff im Sinne von Widerspruchsfreiheit oÄ verstanden und verwendet. Dafür ist allerdings der Begriff Konsistenz, also die innere Widerspruchslosigkeit im Sinne der Logik, die auch die Regierungsbegründung verwendet, treffender. Auch die Prospektrichtlinie benutzt den Begriff "consistency" in Art. 2 Abs. 1 lit. q der englischen – nicht aber der deutschen – Fassung. Zu Vorbehalten gegenüber dem Begriff der Kohärenz: Stellungnahme des Bundesrates zum RegE, BT-Drucks. 15/5219, S. 3.
10 Eine eingeschränkte materielle Prüfung bejahend: *Holzborn*, § 13 WpPG Rn 21.
11 Dass auch die Prüfung auf innere Widerspruchsfreiheit eine rein formelle Prüfung ist, erhellt folgendes Beispiel: Enthält ein Prospekt zwei sich widersprechende Angaben, sodass wenigstens eine Angabe nicht richtig sein kann, wird die BaFin diesen Widerspruch feststellen. Sie prüft aber nicht, welche der beiden Angaben richtig bzw ob überhaupt eine der beiden Angaben richtig ist. Diese Prüfung stellt sich somit als eine Art qualifiziert-"umgekehrte" Vollständigkeitsprüfung dar, bei der geprüft wird, ob Angaben "doppelt" und zusätzlich sich widersprechend vorhanden sind.
12 BegrRegE, BT-Drucks. 15/4999, S. 34; *Groß*, Kapitalmarktrecht, § 13 WpPG Rn 8.
13 *Crüwell*, AG 2003, 243, 250, 251; *Kunold/Schlitt*, BB 2004, 501, 509; *Schlitt/Schäfer*, AG 2005, 498, 506; *Mülbert/Steup*, WM 2005, 1633, 1640.
14 Ausführlich: *Just/Voß/Ritz/Zeising*, § 13 Rn 10.
15 Unter anderem ist ein spezielles Lesegerät für den Zugang erforderlich.
16 Diese genannten Voraussetzungen können bereits jetzt erfüllt werden.
17 *Just/Voß/Ritz/Zeising*, § 13 Rn 15.
18 So wohl auch *Groß*, Kapitalmarktrecht, § 13 WpPG Rn 3.
19 *Groß*, Kapitalmarktrecht, 3. Auflage, § 13 WpPG Rn 4.

F. Billigungsfrist

9 Abs. 2 setzt Art. 13 Abs. 2 und Abs. 3 der Prospektrichtlinie um. Danach beträgt die Billigungsfrist gemäß S. 1 grundsätzlich 10 Werktage.[20] Die Frist beträgt jedoch im Fall des Abs. 2 S. 2 abweichend von der Grundregel des Abs. 2 S. 1 20 Werktage, wenn ein Emittent, dessen Wertpapiere noch nicht zum Handel an einem organisierten Markt zugelassen sind, erstmals Wertpapiere öffentlich anbietet (so beim Initial Public Offering – IPO). Werktage sind alle Tage mit Ausnahme der Sonntage und der bundeseinheitlichen Feiertage. Die Möglichkeit, dass die BaFin den billigungsfähigen Prospekt noch am selben Tag billigt, erhöht sich, wenn diese Billigungsfassung des Prospekts im Original, vom Anbieter und/oder Zulassungsantragsteller unterzeichnet, und in gebundener Form (zB Spiralbindung oder geheftet), sowie die weiteren erforderlichen Unterlagen Mo bis Do bis spätestens 14 Uhr bzw Fr bis spätestens 12 Uhr bei der BaFin vorliegen.

10 Anders als nach früherer Rechtslage gem. § 8 a VerkProspG gilt es nicht als Billigung des Prospekts, wenn innerhalb der genannten Fristen keine Entscheidung der BaFin ergeht.[21] Denn eine Billigung ohne aktives Tun der Behörde ist nur möglich, wenn es im Gesetz ausdrücklich vorgesehen ist.[22] Allerdings kommt bei einer Fristversäumnis der BaFin bei Vorliegen der entsprechenden Voraussetzungen ein Anspruch aus Amtspflichtverletzung in Betracht.[23]

11 Grundsätzlich beginnen die Fristen ab dem Zeitpunkt des Eingangs des Prospekts zu laufen.[24] Abweichend davon erklärt Abs. 3 S. 1 für den Fall, dass die BaFin Anhaltspunkte dafür hat, dass der Prospekt unvollständig ist[25] oder es ergänzender Informationen bedarf,[26] dass die Fristen erst ab dem Zeitpunkt zu laufen beginnen, an dem diese Informationen der BaFin vorliegen.[27] Gemäß S. 2 soll die BaFin den Anbieter oder Zulassungsantragsteller hierüber innerhalb von zehn Werktagen unterrichten (sog. Anhörungsschreiben). Diese 10-Tage-Frist gilt sowohl bei der 10-Tage-Frist gemäß Abs. 2 S. 1 als auch bei der 20-Tage-Frist nach Abs. 2 S. 2. Aus dem Anhörungsschreiben resultiert jedoch keine Verantwortung der BaFin für die Vollständigkeit oder Richtigkeit des Prospekts.[28] Sofern Anmerkungen der BaFin nicht umgesetzt werden, ist iR der Überkreuzcheckliste (oder im Anschreiben) zu erklären, aus welchem Grund von der Aufnahme der Angaben abgesehen werden kann.

12 Der Hinterleger kann nach Erhalt des Anhörungsschreibens das Billigungsverfahren zB dadurch beschleunigen, dass er zusätzlich zu der „clean version" des überarbeiteten Prospekts eine Fassung des Prospekts präsentiert, in der alle Änderungen markiert und Streichungen kenntlich gemacht wurden („blacklined version"). Zusätzlich ist eine dahin gehende Erklärung aufzunehmen, dass außer den kenntlich gemachten keine weiteren Änderungen gegenüber der ursprünglich eingereichten Fassung vorgenommen wurden. Außerdem sollte darauf verzichtet werden, Änderungen im Prospekt vorzunehmen, die keinen Bezug zur Anhörung aufweisen. Notfalls sollten diese jedenfalls deutlich ausgewiesen und zusätzlich im Anschreiben erläutert werden. Zusätzlich ist die Billigungsfassung des Prospekts in elektronischer Form auf einer CD-ROM oder mittels Einreichung per MVP zur Verfügung zu stellen. Dabei ist eine dahin gehende Erklärung abzugeben, dass der eingereichte Prospekt mit der elektronischen Fassung (pdf-Format) identisch ist.

13 Eine Vorprüfung vor dem eigentlichen Billigungsverfahren wird von der BaFin nicht durchgeführt. Allerdings gibt die BaFin bei geringfügigeren Mängeln teilweise schon vor Ablauf der Billigungsfrist ihre Anmerkungen bekannt, so dass dann bei der nachfolgenden Berücksichtigung dieser Anmerkungen im Prospekt und dessen Einreichung durch den Hinterleger teilweise keine neue Frist in Gang gesetzt wird.[29]

---

[20] *Just/Voß/Ritz/Zeising*, § 13 Rn 48.
[21] BegrRegE, BT-Drucks. 15/4999, S. 35; so auch Art. 13 Abs. 2 Unterabs. 2 der Prospektrichtlinie; Art. 10 Abs. 4 des Richtlinienvorschlags (AblEG C 240 E/272 vom 28.8.2001) sah sogar noch eine Ablehnungsfiktion vor, die mit Rechtsmitteln angegriffen werden kann, wenn kein Genehmigungsbeschluss innerhalb der Frist ergangen ist. Der geänderte Richtlinienvorschlag dagegen enthielt dann eine Genehmigungsfiktion (Geänderter Vorschlag für eine Richtlinie/ABl. EG C 20 E/133 vom 28.1.2003).
[22] BegrRegE, BT-Drucks. 15/4999, S. 35.
[23] Vgl hierzu Rn 21; vgl auch *Kullmann/Sester*, WM 2005, 1068, 1073.
[24] BegrRegE, BT-Drucks. 15/4999, S. 34.
[25] Praxisrelevant ist diesbezüglich vor allem das Fehlen der Liste mit Verweisen gem. Art. 25 Abs. 4 bzw Art. 26 Abs. 3 der ProspektVO („Überkreuz-Checkliste"). Bzgl der Checkliste vgl die Kommentierung unter § 5 Rn 10.
[26] Der BaFin steht bei ihrer Prüfung insb. auch die Befugnis des § 21 Abs. 1 zu, dh sie kann die Aufnahme zusätzlicher Angaben in den Prospekt verlangen, wenn dies zum Schutz des Publikums geboten erscheint. Allerdings darf sie auch im Rahmen des § 21 Abs. 1 nicht mehr Angaben verlangen, als durch die ProspektVO gefordert wird (Art. 3 Unterabs. 2 S. 2 der ProspektVO).
[27] Nach der BegrRegE ist der Anknüpfungspunkt des Eingangs der fehlenden Unterlagen gerechtfertigt, weil erst zu diesem Zeitpunkt eine auf die Billigung ausgerichtete Prüfung des Prospektentwurfs möglich sei, BegrRegE, BT-Drucks. 15/4999, S. 35. Allerdings ist die 10-Werktagesfrist doch recht großzügig bemessen. *Crüwell*, AG 2003, 243, 251 hat das Problem der mehrmaligen Nachforderung von Informationen aufgezeigt. Dieses sollte jedoch bei gegenseitiger Kooperationsbereitschaft sowohl auf Seiten der Behörde als auch auf Seiten der Emittenten nicht praxisrelevant werden.
[28] BegrRegE, BT-Drucks. 15/4999, S. 35.
[29] Siehe hierzu auch *Groß*, Kapitalmarktrecht, 3. Auflage, § 13 Rn 10.

G. Billigungsentscheidung, Rechtsfolgen der Billigung

Die Entscheidung über die Billigung – unabhängig davon, ob gewährend oder ablehnend- erfolgt ausschließlich im öffentlichen Interesse, regelt einen Einzelfall und stellt somit aufgrund der mit ihr verbundenen Außenwirkung einen Verwaltungsakt dar.[30] Bei der Prospektbilligung handelt es sich um eine gebundene Entscheidung. Bei Vorliegen der Voraussetzungen besteht ein Anspruch auf Billigung des eingereichten Prospekts. 14

Rechtsfolge der Billigung ist nicht nur die Zulässigkeit der Veröffentlichung des Prospekts,[31] sondern sogar eine Veröffentlichungspflicht des Prospekts durch den Anbieter oder Zulassungsantragsteller. Diese Rechtsfolge ergibt sich sowohl aus dem eindeutigen Wortlaut des § 14 Abs. 1 S. 1 als auch aus § 30 Abs. 1 Nr. 6, der u.a. die Nichtveröffentlichung eines Prospekts entgegen § 14 Abs. 1 S. 1 als Ordnungswidrigkeit einstuft, die iVm § 30 Abs. 3 mit einem Bußgeld sanktioniert werden kann. 15

Die BaFin übernimmt durch die Prospektbilligung keine Gewähr für die inhaltliche Richtigkeit des Prospekts,[32] so dass eine Prospektverantwortlichkeit der BaFin sowie Ansprüche aus Prospekthaftung gegen die BaFin ausscheiden.[33] Zivilrechtliche Prospekthaftungsansprüche[34] gegen die Prospektverantwortlichen werden durch die Billigung jedoch nicht ausgeschlossen.[35] 16

H. Zugänglichmachen der gebilligten Prospekte/Übermittlung in elektronischer Form

Abs. 4 setzt Art. 14 Abs. 4 der Prospektrichtlinie um. Danach macht die BaFin die bereits gebilligten Prospekte auf ihrer eigenen Internetseite für jeweils 12 Monate[36] zugänglich.[37] Dieses Zugänglichmachen ist zu unterscheiden von der dem Anbieter oder dem Zulassungsantragsteller obliegenden Pflicht zur Veröffentlichung des gebilligten Prospektes gem. § 14, die unabhängig davon besteht. Denn Art. 32 der ProspektVO bestimmt, dass die BaFin auf ihrer Website anzugeben hat, wie diese Prospekte dem Publikum vom Anbieter oder Zulassungsantragsteller zur Verfügung gestellt wurden und wo sie erhältlich sind.[38] Neben dem Prospekt sind auch die gebilligten Nachträge gleichermaßen zugänglich zu machen.[39] 17

Auf ihrer Website hat die BaFin auch darauf hinzuweisen, dass Veröffentlichungen nach § 15 WpHG weitere wesentliche Angaben zum Emittenten oder zu den Wertpapieren enthalten können,[40] damit sich die Anleger umfassend informieren können. 18

Nach Abs. 5[41] ist der BaFin der Prospekt einschließlich einer gegebenenfalls erforderlichen Übersetzung der Zusammenfassung sowohl in Papierform als auch in elektronischer Form zu übermitteln. Dies stellt sicher, dass die Fristen des § 18 auch bei umfangreichen Dokumenten eingehalten werden können.[42] 19

I. Rechtsmittel

Der Hinterleger, also der Anbieter und/oder der Zulassungsantragsteller kann gem. § 75 VwGO Untätigkeitsklage erheben, falls die BaFin nach beantragter Prospektbilligung untätig bleibt.[43] Dies ist notwendig, da das WpPG keine Billigungsfiktion nach Ablauf der Prüfungsfristen vorsieht. Bei Ablehnung der Billigung kann dieser Verwaltungsakt mit Widerspruch sowie Anfechtungs- und Verpflichtungsklage angegriffen werden.[44] Dem einzelnen Anleger bzw Aktionär steht jedoch keine Widerspruchs- bzw Klagebefugnis zu,[45] da die Entscheidung über die Billigung lediglich im öffentlichen Interesse erfolgt und er auch nicht Adressat des Verwaltungsaktes ist. 20

---

30 BegrRegE, BT-Drucks. 15/4999, S. 34.
31 So Groß, Kapitalmarktrecht, § 13 WpPG Rn 12, der lediglich die Zulässigkeit der Prospektveröffentlichung als unmittelbare Rechtsfolge nennt.
32 BegrRegE, BT-Drucks. 15/4999, S. 34.
33 So auch Groß, Kapitalmarktrecht, § 13 WpPG Rn 12.
34 Zur Prospekthaftung: Mülbert/Steup, in: Habersack/Mülbert/Schlitt (Hrsg.), Unternehmensfinanzierung am Kapitalmarkt, 2005, § 26 Rn 1 ff, Krämer, in: Marsch-Barner/Schäfer (Hrsg.), Handbuch börsennotierte AG, 2005 § 9 Rn 310 ff; vgl vor allem auch §§ 44 ff. BörsG.
35 BegrRegE, BT-Drucks. 15/4999, S. 34.
36 Die 12-Monatsfrist beginnt mit dem der Einstellung des Prospekts auf der Internetseite der Behörde folgenden Werktag.
37 Just/Voß/Ritz/Zeising, § 13 Rn 65.
38 Vgl hierzu auch Erwägungsgrund 34 der ProspektVO.
39 BegrRegE, BT-Drucks. 15/4999, S. 35.
40 BegrRegE, BT-Drucks. 15/4999, S. 35.
41 Geändert durch Gesetz zur Umsetzung der Richtlinie 2010/73/EU und zur Änderung des Börsengesetzes, BR-Drucks. 291/12.
42 BegrRegE, BT-Drucks. 15/4999, S. 35.
43 Groß, Kapitalmarktrecht, § 13 WpPG Rn 13; Holzborn, § 13 WpPG Rn 31.
44 Groß, Kapitalmarktrecht, § 13 WpPG Rn 14; Just/Voß/Ritz/Zeising, § 13 Rn 68 ff.
45 Groß, Kapitalmarktrecht, § 13 WpPG Rn 15.

J. Haftung

21 Prospekthaftungsansprüche gegen die BaFin sind mangels Verantwortlichkeit für die Vollständigkeit oder Richtigkeit des Prospekts ausgeschlossen. Davon zu trennen ist jedoch die Frage, ob Amtshaftungsansprüche gegen die BaFin möglich sind.[46] Zu verneinen ist diese Frage für Ansprüche der einzelnen Anleger, da die BaFin ausschließlich im öffentlichen Interesse tätig wird. Denkbar ist aber ein Amtshaftungsanspruch der Antragsteller wegen Pflichtverletzung der BaFin, weil diese beispielsweise die Prüfungsfrist nicht eingehalten hat oder eine Billigung zu Unrecht abgelehnt hat.[47]

§ 14 Hinterlegung und Veröffentlichung des Prospekts

(1) ¹Nach seiner Billigung hat der Anbieter oder Zulassungsantragsteller den Prospekt bei der Bundesanstalt zu hinterlegen und unverzüglich, spätestens einen Werktag vor Beginn des öffentlichen Angebots, nach Absatz 2 zu veröffentlichen. ²Werden die Wertpapiere ohne öffentliches Angebot in den Handel an einem organisierten Markt eingeführt, ist Satz 1 mit der Maßgabe entsprechend anzuwenden, dass für den Zeitpunkt der spätesten Veröffentlichung anstelle des Beginns des öffentlichen Angebots die Einführung der Wertpapiere maßgebend ist. ³Findet vor der Einführung der Wertpapiere ein Handel von Bezugsrechten im organisierten Markt statt, muss der Prospekt mindestens einen Werktag vor dem Beginn dieses Handels veröffentlicht werden. ⁴Im Falle eines ersten öffentlichen Angebots einer Gattung von Aktien, für die der Emittent noch keine Zulassung zum Handel an einem organisierten Markt erhalten hat, muss die Frist zwischen dem Zeitpunkt der Veröffentlichung des Prospekts nach Satz 1 und dem Abschluss des Angebots mindestens sechs Werktage betragen.

(2) ¹Der Prospekt ist zu veröffentlichen

1. in einer oder mehreren Wirtschafts- oder Tageszeitungen, die in den Staaten des Europäischen Wirtschaftsraums, in denen das öffentliche Angebot unterbreitet oder die Zulassung zum Handel angestrebt wird, weit verbreitet sind,
2. indem der Prospekt in gedruckter Form zur kostenlosen Ausgabe an das Publikum bereitgehalten wird
   a) bei den zuständigen Stellen des organisierten Marktes, an dem die Wertpapiere zum Handel zugelassen werden sollen,
   b) beim Emittenten,
   c) bei den Instituten im Sinne des § 1 Abs. 1 b des Kreditwesengesetzes oder den nach § 53 Abs. 1 Satz 1 oder § 53 b Abs. 1 Satz 1 des Kreditwesengesetzes tätigen Unternehmen, die die Wertpapiere platzieren oder verkaufen, oder
   d) bei den Zahlstellen,
3. auf der Internetseite
   a) des Emittenten,
   b) der Institute im Sinne des § 1 Abs. 1 b des Kreditwesengesetzes oder der nach § 53 Abs. 1 Satz 1 oder § 53 b Abs. 1 Satz 1 des Kreditwesengesetzes tätigen Unternehmen, die die Wertpapiere platzieren oder verkaufen, oder
   c) der Zahlstellen oder
4. auf der Internetseite des organisierten Marktes, für den die Zulassung zum Handel beantragt wurde.

²Sofern der Prospekt nach Nummer 1 oder Nummer 2 veröffentlicht wird, ist er zusätzlich nach Nummer 3 zu veröffentlichen. ³Die Bereitstellung nach den Nummern 2, 3 und 4 muss mindestens bis zum endgültigen Schluss des öffentlichen Angebotes oder, falls diese später erfolgt, bis zur Einführung in den Handel an einem organisierten Markt andauern.

(3) Der Anbieter oder der Zulassungsantragsteller hat der Bundesanstalt Datum und Ort der Veröffentlichung des Prospekts unverzüglich schriftlich mitzuteilen.

(4) ¹Wird der Prospekt in mehreren Einzeldokumenten erstellt oder enthält er Angaben in Form eines Verweises, können die den Prospekt bildenden Dokumente und Angaben getrennt in einer der in Absatz 2 genannten Art und Weise veröffentlicht werden. ²In jedem Einzeldokument ist anzugeben, wo die anderen Einzeldokumente erhältlich sind, die zusammen mit diesem den vollständigen Prospekt bilden.

---

46 *Just/Voß/Ritz/Zeising*, § 13 Rn 80 ff; ausführlich: *Holzborn*, § 13 WpPG Rn 32.
47 Ausführlich hierzu *Kullmann/Sester*, WM 2005, 1068, 1073.

(5) Wird der Prospekt im Internet veröffentlicht, so muss dem Anleger vom Anbieter, vom Zulassungsantragsteller oder von den Instituten im Sinne des § 1 Abs. 1 b des Kreditwesengesetzes oder den nach § 53 Abs. 1 Satz 1 oder § 53 b Abs. 1 Satz 1 des Kreditwesengesetzes tätigen Unternehmen, die die Wertpapiere platzieren oder verkaufen, auf Verlangen eine Papierversion kostenlos zur Verfügung gestellt werden.

(6) ¹Der hinterlegte Prospekt wird von der Bundesanstalt zehn Jahre aufbewahrt. ²Die Aufbewahrungsfrist beginnt mit dem Schluss des Kalenderjahres, in dem der Prospekt hinterlegt worden ist.

A. Allgemeines

Die Vorschrift setzt Art. 14 der Prospektrichtlinie um. Ergänzt wird § 14 durch Kapitel V (Art. 29 ff) der ProspektVO, die weitere Regelungen hinsichtlich der Veröffentlichung enthält. Durch Art. 36 Nr. 1 des JStG 2009 wurde § 14 Abs. 3 S. 2 gestrichen, so dass die Verpflichtung zur Veröffentlichung einer Hinweisbekanntmachung seit dem 25.12.2008 nicht mehr besteht. Es besteht nur noch eine Mitteilungspflicht gegenüber der BaFin über das Datum und den Ort der Prospektveröffentlichung.[1]
Abs. 2 S. 2 und 3 wurden angefügt mit Wirkung vom 1.7.2012 durch das Gesetz vom 26.6.2012 (BGBl. I S. 1375). Satz 2 dient einem erleichterten Zugang zum Prospekt im Internet für die Anleger, während Satz 3 die bisherige Regelungslücke hinsichtlich der Dauer der Veröffentlichung eines Prospekts schließt.[2]

B. Hinterlegungs- und Veröffentlichungspflicht (Abs. 1)

Abs. 1 regelt die Hinterlegung und Veröffentlichung des Prospekts einschließlich – sofern erforderlich[3] – einer Übersetzung der Zusammenfassung (bei nach Deutschland notifizierten Wertpapierprospekten). Hinterlegung und Veröffentlichung können erst nach der Billigung durch die BaFin erfolgen[4] und sind als Pflichten ausgestaltet.[5] In der Praxis befindet sich das von der BaFin gebilligte Exemplar zum Billigungszeitpunkt bereits im Zuge des Billigungsverfahrens notwendigerweise bei der BaFin, so dass diese dessen Hinterlegung ohne zusätzliche Handlung des Verpflichteten vornimmt.[6]
Ist ein Prospekt nicht gebilligt worden oder ist dieser nicht billigungsfähig, kann dieser nicht „freiwillig" hinterlegt werden.[7]
Unverzüglich ist der Prospekt gem. S. 1 entsprechend der nach altem Recht geltenden Regelung in § 9 VerkprospG aF nach seiner Billigung in einer nach § 14 Abs. 2 zulässigen Weise zu veröffentlichen, wodurch dem Publikum ein möglichst früher Zugang zum Prospekt ermöglicht werden soll. Mit diesem Interesse sind jedoch auch die Belange des Emittenten, des Antragstellers oder des Zulassungsantragstellers in Einklang zu bringen.[8] Spätestens einen Werktag vor Beginn des öffentlichen Angebots[9] muss der Prospekt daher veröffentlicht werden,[10] wobei es auf ein Verschulden nicht ankommt.[11] Der Samstag gilt als Werktag. Als Nichtwerktage werden nur Sonntage und bundesweite Feiertage berücksichtigt.[12]
Die BaFin und das BMF lassen es für die Einhaltung der Frist nach Maßgabe des § 187 Abs. 2 BGB ausreichen, wenn der Beginn des öffentlichen Angebots bzw die Einführung der Wertpapiere am auf die Veröffentlichung **folgenden Tag** erfolgt. Zwischen Veröffentlichung und Angebotsbeginn muss also kein voller Werktag liegen.[13] Das öffentliche Angebot kann am Tag nach der Veröffentlichung beginnen. Diese Auslegung ist pragmatisch und zutreffend, da auch unter Anlegerschutzgesichtspunkten kein durchgreifendes Bedenken ersichtlich ist. Dogmatische Bedenken etwa, die sich aus dem Wortlaut des § 31 VwVfG iVm §§ 187 Abs. 1, 188 Abs. 1 BGB ergeben, sind nicht durchgreifend.[14] Dem Emittenten ist es nicht zuzumuten, einen wirtschaftlichen Verlust durch die Verzögerung des öffentlichen Angebots, der insbesondere in einer volatilen Marktphase oder etwa bei einer unberechenbaren Stimmungslage des Marktes auch durch die Verzögerung um nur einen Tag erheblich sein kann, hinzunehmen, wobei diesem Verlust kein schutzbedürftiges Interesse der Anleger gegenüber steht. Nach den europäischen Vorgaben in Art. 14 Abs. 1 Pro-

---

1 Just/Voß/Ritz/Zeising/*Ritz/Voß*, § 14 Rn 1.
2 *Lawall/Maier*, DB 2012, 2503, 2506, „Änderungen im Wertpapierprospektgesetz (Teil 2)"; BegrRegE, BT Drucks. 17/8684 S. 20 zu Nr. 15; Erwägungsgrund 22 der Richtlinie 2010/73/EU.
3 Vgl hierzu die Kommentierung des § 19.
4 Vgl für die Veröffentlichung schon § 13 Abs. 1 S. 1.
5 Beachte dazu auch § 30 Abs. 1 Nr. 6 WpPG, der u.a. die Nichtveröffentlichung eines Prospekts entgegen § 14 Abs. 1 S. 1 als Ordnungswidrigkeit einstuft, die iVm § 30 Abs. 3 mit einem Bußgeld sanktioniert werden kann.
6 Siehe auch Just/Voß/Ritz/Zeising/*Ritz/Voß*, § 14 Rn 11.
7 Ausführlich: Just/Voß/Ritz/Zeising/*Ritz/Voß*, § 14 Rn 13.
8 BegrRegE, BT-Drucks. 15/4999, S. 35.
9 Gemeint ist aber nicht, dass ein voller Werktag zwischen Veröffentlichung und Angebot liegen müsste, sondern der tatsächliche Werktag vor Beginn des Angebots.
10 Insofern geht der deutsche Gesetzgeber über die Vorgabe in Art. 14 Abs. 1 S. 1 der Prospektrichtlinie hinaus, nach der auch noch eine gleichzeitige Veröffentlichung mit dem Beginn des öffentlichen Angebots ausreicht.
11 BegrRegE, BT-Drucks. 15/4999, S. 35.
12 Just/Voß/Ritz/Zeising/*Ritz/Voß*, § 14 Rn 24.
13 So auch Holzborn/*Görke/Preuße*, § 14 WpPG Rn 8.
14 AA wohl Just/Voß/Ritz/Zeising/*Ritz/Voß*, § 14 Rn 21 f.

spektRL ist es ausreichend, den Prospekt rechtzeitig vor und spätestens mit Beginn des öffentlichen Angebots zur Verfügung zu stellen. Damit bringt der europäische Gesetzgeber zum Ausdruck, dass eine Veröffentlichung mit Beginn des öffentlichen Angebots für ausreichend erachtet werden kann. Insoweit stellt § 14 Abs. 1 S. 1 ohnehin eine Verschärfung der europäischen Anforderungen dar.[15]

Darüber hinaus bedeutet die Formulierung „unverzüglich" nicht, dass der Prospekt in Anlehnung an § 121 BGB ohne eigenes schuldhaftes Zögern mithin sofort oder innerhalb weniger Werktage nach Erhalt der Billigung zu veröffentlichen ist. Es ist zu berücksichtigen, dass es in bestimmten Marktsituationen durchaus sinnvoll sein kann, sich als Marktteilnehmer eine Billigung zu verschaffen, dann aber gleichwohl mit dem Beginn des öffentlichen Angebots noch zuwarten. Verlangt wird lediglich eine rechtzeitige Veröffentlichung. Es besteht keine Pflicht zur schnellstmöglichen Veröffentlichung. Ausreichend ist grundsätzlich eine Veröffentlichung zum spätestmöglichen Zeitpunkt, also einen Werktag vor Beginn des öffentlichen Angebots.[16] Die Verzögerungsmöglichkeit darf aber nicht dazu missbraucht werden, um Mindestangabeerfordernisse zu umgehen.[17] Die Konsequenz für solche missbräuchliche Verzögerung ist die Verwirklichung des Bußgeldtatbestandes des § 30 Abs. 1 Nr. 6. Ein anderes Ergebnis wäre dem Schutzzweck des WpPG nicht gerecht.[18] Zu beachten ist unabhängig vom Veröffentlichungszeitpunkt eine ggf vorliegende Nachtragspflicht nach § 16.

4 Abs. 1 S. 2 und 3 entsprechen der früheren Rechtslage nach § 43 Abs. 1 S. 1 und 2 BörsZulV aF und regeln die Fälle, dass Wertpapiere ohne ein vorheriges oder gleichzeitiges öffentliches Angebot zum Handel in einem organisierten Markt zugelassen werden bzw dass vor der Einführung der Wertpapiere bereits ein Handel mit Bezugsrechten stattfindet. Maßgeblicher spätester Veröffentlichungszeitpunkt ist hier nicht der Werktag vor Beginn des öffentlichen Angebots, sondern der Werktag vor Einführung der Wertpapiere bzw vor dem Beginn des Handels mit den Bezugsrechten.

5 Eine **Sonderregelung** für das öffentliche Erstangebot einer Gattung von Aktien, die noch nicht zum Handel an einem organisierten Markt zugelassen sind, beinhaltet Abs. 1 S. 4 wegen des hier bestehenden besonderen Informationsbedürfnisses des Publikums. Zwar muss der Prospekt auch spätestens einen Werktag vor Beginn des öffentlichen Angebots veröffentlicht werden, zusätzlich aber muss die Frist zwischen dem Zeitpunkt der Veröffentlichung des Prospekts und dem Abschluss des Angebots mindestens sechs Werktage betragen. Die Regierungsbegründung entnimmt dieser Vorschrift, dass das öffentliche Angebot mindestens sechs Werktage lang aufrechterhalten werden müsse.[19] Dieser Schluss ist jedoch nicht zwingend. Entsprechend der ratio der Vorschrift, dem Anleger ein Minimum von sechs Tagen zur Information über die anzubietenden Wertpapiere mittels des erstellten Wertpapierprospektes zu gewähren, dürfte es genügen, dass der Prospekt bei einem sehr kurzen Angebot bereits mehrere Tage vor Beginn des öffentlichen Angebots veröffentlicht wird[20] und der Zeitraum bis zum Schluss des öffentlichen Angebotes insgesamt sechs Werktage seit Veröffentlichung beträgt. Die Norm dient nicht dazu, möglichst lange Zeichnungsfristen den Anlegern zu gewähren.[21] Der Tag der Veröffentlichung wird bei dieser Fristberechnung nicht mitgerechnet.[22]

C. Veröffentlichungsarten (Abs. 2)

6 Abs. 2 stellt alternativ („oder") verschiedene **Veröffentlichungsarten** zur Verfügung. Er gibt dem Anbieter oder Zulassungsantragsteller also ein Wahlrecht, wie er den Prospekt veröffentlichen möchte.[23] Es kommen danach in Betracht:

7 Die Veröffentlichung als Volldruck in einer oder mehreren im EWR weit verbreiteten Wirtschafts- oder Tageszeitungen (Abs. 2 Nr. 1)[24] oder das Bereithalten in gedruckter Form zur kostenlosen Abgabe an das Publikum („Schalterpublizität"; Abs. 2 Nr. 2) oder in elektronischer Form im Internet (Abs. 2 Nr. 3 und 4), wobei dem Anleger in dieser Alternative auf Verlangen auch eine Papierversion kostenlos zur Verfügung gestellt werden muss (Abs. 2 Abs. 5, s.u.). Durch Gesetz vom 26.6.2012 muss seit dem 1.7.2012 gemäß dem neuen Satz 2 die elektronische Veröffentlichung im Internet nach Abs. 2 Nr. 3 vorgenommen werden, sofern der Prospekt nach Nr. 1 oder Nr. 2 veröffentlicht wird. Gemäß dem neuen Satz 3 muss die Bereitstellung nach Nr. 2, 3 und 4 mindestens bis zum endgültigen Schluss des öffentlichen Angebotes oder, falls diese später erfolgt, bis zur Einführung in den Handel an einem organisierten Markt andauern.

Der Wertpapierprospekt ist gemäß dem neu eingefügten Satz 3 – iVm Abs. 1 S. 1 – für die gesamte Dauer des öffentlichen Angebotes bereitzuhalten. Falls der Prospekt auch der Zulassung dient, deren Zeitpunkt

---

15 Siehe auch *Groß*, Kapitalmarktrecht, § 14 WpPG Rn 4.
16 So auch Just/Voß/Ritz/Zeising/*Ritz/Voß*, § 14 Rn 22.
17 Siehe praktisches Beispiel von Just/Voß/Ritz/Zeising/*Ritz/Voß*, § 14 Rn 22.
18 So auch Just/Voß/Ritz/Zeising/*Ritz/Voß*, § 14 Rn 22.
19 BegrRegE, BT-Drucks. 15/4999, S. 35.
20 So wohl schon *Kunold/Schlitt*, BB 501, 510 zur Prospektrichtlinie und auch *Schlitt/Schäfer*, AG 498, 508.
21 Just/Voß/Ritz/Zeising/*Ritz/Voß*, § 14 Rn 27.
22 BegrRegE, BT-Drucks. 15/4999, S. 35.
23 Holzborn/*Görke/Preuße*, § 14 WpPG Rn 12.
24 Ausführlich: Holzborn/*Görke/Preuße*, § 14 WpPG Rn 13.

nach dem Ende des öffentlichen Angebots liegt, ist er bis zum ersten Handelstag bereitzuhalten.[25] Der Zeitraum der Veröffentlichungspflicht stimmt mit dem Zeitraum, in dem der Prospekt nach § 16 zu aktualisieren ist, überein.[26]

Die Artt. 29 und 30 der ProspektVO enthalten weitere ergänzende Regelungen hierzu: 8

Art. 29 Abs. 1 der ProspektVO stellt kumulative Voraussetzungen für die **Veröffentlichung in elektronischer Form** (Abs. 2 Nr. 3 und 4) auf: Es muss leichte Zugänglichkeit zum Prospekt oder Basisprospekt bei Aufrufen der Website gegeben sein (Nr. 1), es muss ein veränderungssicheres Dateiformat verwendet werden (Nr. 2), es dürfen grundsätzlich keine Hyperlinks verwendet werden (Ausnahme: bei Dokumenten, die in Form eines Verweises – § 11, „incorporation by reference" – aufgenommen wurden, vgl hierzu auch den klarstellenden Unterabs. 1) (Nr. 3) und es muss eine Möglichkeit zum Herunterladen und Ausdrucken des Prospektes bzw Basisprospektes bestehen (Nr. 4). 9

Art. 29 Abs. 2 der ProspektVO bestimmt, dass die Emittenten oder Finanzintermediäre oder geregelten Märkte, auf deren Website der Prospekt oder Basisprospekt veröffentlicht wird, **Maßnahmen** zu ergreifen haben, dass das Publikum in Staaten, in denen die Wertpapiere nicht angeboten werden, auch nicht angesprochen werden. Dies kann gem. S. 2 schon durch eine einfache, allerdings deutliche Erklärung geschehen, an wen sich das Angebot richtet. Technische Vorkehrungen sind demnach nicht zwingend erforderlich, wenngleich natürlich sinnvoll. 10

Art. 30 der ProspektVO betrifft die **Veröffentlichung in Zeitungen** (Abs. 2 Nr. 1). Gemäß Art. 30 Abs. 1 kann die Veröffentlichung in einer allgemeinen Zeitung oder in einer Finanzzeitung mit landesweiter oder überregionaler Auflage erfolgen. Gemäß Abs. 2 bestimmt gegebenenfalls die zuständige Behörde insbesondere anhand der Kriterien des geografischen Raums, der Zahl der Einwohner und den Lesegewohnheiten in jedem Mitgliedstaat eine Zeitung, deren Verbreitung sie für angemessen hält, wenn die vom Veröffentlichungspflichtigen gewählte Zeitung nach Auffassung der Behörde nicht den Anforderungen nach Art. 30 Abs. 1 entspricht. Die in Deutschland zuständige Behörde ist die BaFin. 11

D. Mitteilungspflicht (Abs. 3)

In Abs. 3 wird die Mitteilungspflicht gegenüber der BaFin normiert. Die § 9 Abs. 3 S. 3 VerkProspG aF entsprechende **Mitteilungspflicht** beinhaltet, dass der Anbieter oder Zulassungsantragsteller der BaFin Datum und Ort der Veröffentlichung des Prospekts unverzüglich schriftlich mitzuteilen hat. Dazu bietet es sich an, einen Veröffentlichungsnachweis beizufügen.[27] Akzeptiert wird auch eine Telefaxübermittlung. 12

Bis zum 25.12.2008 bestimmte Abs. 3 S. 2 der alten Fassung eine Hinweisbekanntmachungspflicht dergestalt, dass der Anbieter oder Zulassungsantragsteller zusätzlich in einer oder mehreren Zeitungen eine Mitteilung über die Art und den Ort der Veröffentlichung des Prospekts zu veröffentlichen hat („Veröffentlichung über die Veröffentlichung"). Abs. 3 S. 2 und somit die Hinweisbekanntmachungspflicht wurde durch Art. 36 Nr. 1 des JStG 2009 ersatzlos gestrichen.[28] Damit ist die bis dahin kontrovers diskutierte Frage obsolet geworden, ob für endgültige Bedingungen nach § 6 Abs. 3 S. 1 eine Hinweisbekanntmachung zu veröffentlichen ist.

E. Getrennte Veröffentlichung (Abs. 4)

§ 5 Abs. 4 setzt Art. 14 Abs. 5 der Prospektrichtlinie um und bestimmt, dass bei einem aus mehreren Einzeldokumenten bestehenden Prospekt sowie bei Angaben in Form eines Verweises eine **getrennte Veröffentlichung** der Dokumente möglich ist. Dann ist aber gem. S. 2 in jedem Einzeldokument anzugeben, wo die anderen Einzeldokumente erhältlich sind, die zusammen mit diesem den vollständigen Prospekt bilden. Für die jeweilige Veröffentlichung der Einzeldokumente gelten jeweils die Regelungen des § 14, insbesondere die Frist des Abs. 1 sowie die Verpflichtung bei einem nur im Internet veröffentlichten Prospekt aus mehreren Einzeldokumenten diesen kostenlos in Papierform zur Verfügung zu stellen (Abs. 5, s.u.). 13

F. Kostenlose Papierversion (Abs. 5)

Abs. 5 bestimmt, dass bei einer Veröffentlichung im Internet (Abs. 2 Nr. 3 oder 4) dem Anleger auf Verlangen stets auch eine **Papierversion** kostenlos zur Verfügung gestellt werden muss, damit das gesamte Publikum die gleichen Zugangsmöglichkeiten zum Prospekt hat und nicht auf einen Internetzugang angewiesen 14

---

25 BegrRegE, BT Drucks. 17/8684 S. 20 zu Nr. 15.
26 BegrRegE, BT Drucks. 17/8684 S. 20 zu Nr. 15.
27 BaFin Workshop: 100 Tage WpPG, "Das Hinterlegungsverfahren", S. 16.
28 Ausführlich dazu Just/Voß/Ritz/Zeising/*Ritz*/*Voß*, § 14 Rn 56.

ist. Besteht der Prospekt aus mehreren Einzeldokumenten oder wurden Angaben in Form eines Verweises aufgenommen, so muss – auch bei getrennter Veröffentlichung der Einzelteile (siehe Abs. 4) – die Papierform alle Einzelteile umfassen bzw alle Angaben, auf die verwiesen wird enthalten.[29] Wurde das Registrierungsformular dem Publikum beispielsweise in gedruckter Form kostenlos zur Verfügung gestellt, die Wertpapierbeschreibung und die Zusammenfassung aber im Internet veröffentlicht, so muss die Papierversion auch das Registrierungsformular beinhalten.[30] Auch der postalische Versand gehört zur kostenlosen Zurverfügungstellung.[31]

§ 15 Werbung

(1) [1]Jede Art von Werbung, die sich auf ein öffentliches Angebot von Wertpapieren oder auf eine Zulassung zum Handel an einem organisierten Markt bezieht, muss nach Maßgabe der Absätze 2 bis 5 erfolgen. [2]Die Absätze 2 bis 4 sind nur anzuwenden, wenn das öffentliche Angebot von Wertpapieren oder die Zulassung von Wertpapieren zum Handel an einem organisierten Markt prospektpflichtig ist.

(2) In allen Werbeanzeigen ist darauf hinzuweisen, dass ein Prospekt veröffentlicht wurde oder zur Veröffentlichung ansteht und wo die Anleger ihn erhalten können.

(3) [1]Werbeanzeigen müssen als solche klar erkennbar sein. [2]Die darin enthaltenen Angaben dürfen nicht unrichtig oder irreführend sein. [3]Die Angaben dürfen darüber hinaus nicht im Widerspruch zu den Angaben stehen, die der Prospekt enthält oder die im Prospekt enthalten sein müssen, falls dieser erst zu einem späteren Zeitpunkt veröffentlicht wird.

(4) Alle über das öffentliche Angebot oder die Zulassung zum Handel an einem organisierten Markt verbreiteten Informationen, auch wenn sie nicht zu Werbezwecken dienen, müssen mit den im Prospekt enthaltenen Angaben übereinstimmen.

(5) [1]Besteht nach diesem Gesetz keine Prospektpflicht, muss der Anbieter wesentliche Informationen über den Emittenten oder über ihn selbst, die sich an qualifizierte Anleger oder besondere Anlegergruppen richten, einschließlich Informationen, die im Verlauf von Veranstaltungen betreffend Angebote von Wertpapieren mitgeteilt werden, allen qualifizierten Anlegern oder allen besonderen Anlegergruppen, an die sich das Angebot ausschließlich richtet, mitteilen. [2]Muss ein Prospekt veröffentlicht werden, sind solche Informationen in den Prospekt oder in einen Nachtrag zum Prospekt gemäß § 16 Abs. 1 aufzunehmen.

(6) [1]Hat die Bundesanstalt Anhaltspunkte für einen Verstoß gegen die Absätze 2 bis 5, kann sie anordnen, dass die Werbung für jeweils höchstens zehn aufeinander folgende Tage auszusetzen ist. [2]Die Bundesanstalt kann die Werbung mit Angaben untersagen, die geeignet sind, über den Umfang der Prüfung nach § 13 oder § 16 irrezuführen. [3]Vor allgemeinen Maßnahmen nach Satz 2 sind die Spitzenverbände der betroffenen Wirtschaftskreise und des Verbraucherschutzes zu hören.

A. Allgemeines

1   Die Vorschrift dient der Umsetzung von Art. 15 und Art. 21 Abs. 3 lit. e der Prospektrichtlinie und enthält Regelungen[1] über die Verbreitung von Informationen[2] außerhalb des Prospekts, die sich auf ein öffentliches Angebot von Wertpapieren oder auf eine Zulassung zum Handel an einem organisierten Markt beziehen. Dabei sieht § 15 Regelungen vor, die (auch) schon im Vorfeld der Veröffentlichung eines Wertpapierprospekts und damit vor einem öffentlichen Angebot bzw vor der Zulassung der Wertpapiere zum Handel an einem organisierten Markt eingreifen.[3] Es ist darauf hinzuweisen, dass die geeignete Form zur Bereitstellung aller Informationen über Wertpapiere und deren Emittenten die Veröffentlichung eines Prospekts ist[4] und dieser daher, und nicht eine Werbebroschüre, das zentrale Dokument darstellen soll. Hier sind auch die Emissionsbegleiter gefordert, den Emittent zu disziplinieren.

---

29 BegrRegE, BT-Drucks. 15/4999, S. 36.
30 BegrRegE, BT-Drucks. 15/4999, S. 36; Just/Voß/Ritz/Zeising/Ritz/Voß, § 14 Rn 62.
31 Just/Voß/Ritz/Zeising/Ritz/Voß, § 14 Rn 63.
1   Weitere Regelungen über die Verbreitung der Werbung finden sich in Art. 34 der ProspektVO.
2   Entgegen der Überschrift "Werbung" ist § 15 in seiner Anwendbarkeit nicht auf die Verbreitung von Werbung im Sinne der Legaldefinition des Art. 2 Ziff. 9 der ProspektVO beschränkt, vgl hierzu die Abs. 4 und 5.
3   Fürhoff/Ritz, WM 2001, 2280, 2285 zu § 13 des Prospektrichtlinienentwurfs, der die Werbung betrifft.
4   So Erwägungsgrund 18 der Prospektrichtlinie.

B. Werbung (Abs. 1)

Gemäß Abs. 1 hat jede Art von Werbung, die sich auf ein öffentliches Angebot von Wertpapieren[5] oder auf eine Zulassung zum Handel an einem organisierten Markt[6] bezieht, nach Maßgabe von Abs. 2 bis 5 zu erfolgen, wobei die Absätze 2 bis 4 nur dann zu beachten sind, wenn das öffentliche Angebot oder die Zulassung zum Handel prospektpflichtig ist.

Eine Legaldefinition für den Begriff der **Werbung** findet sich in Art. 2 Ziff. 9 der ProspektVO. Danach bezeichnet der Terminus Werbung Bekanntmachungen, die sich auf ein bestimmtes öffentliches Angebot von Wertpapieren oder deren Zulassung zum Handel an einem organisierten Markt beziehen und darauf abzielen, die mögliche Zeichnung oder den möglichen Erwerb von Wertpapieren besonders zu fördern. Unter den Begriff der Werbung fallen somit sämtliche Bekanntmachungen, die den Anleger zu dem Erwerb der Wertpapiere bewegen sollen.[7] Dabei können diese Bekanntmachungen insbesondere über das Fernsehen, via E-Mail, über Kataloge und mithilfe von Broschüren an das Publikum verbreitet werden.[8]

C. Hinweis auf Prospektveröffentlichung (Abs. 2)

Gemäß Abs. 2 haben alle Werbeanzeigen[9] einen formellen Hinweis darauf zu enthalten, dass ein Prospekt veröffentlicht wurde[10] oder zur Veröffentlichung ansteht und konkret anzugeben, wo die Anleger ihn erhalten können. Der Hinweis hat deutlich sichtbar zu erfolgen. Er soll sowohl dem angemessenen Schutz der Anleger als auch der Gewährleistung der Übereinstimmung der Aussagen in der Werbung mit den Informationen, die Gegenstand des Prospekts sind oder sein werden (dh aufgrund deren wahrscheinlich die Anlageentscheidungen getroffen werden), dienen.[11]

D. Anforderungen an Werbeanzeige (Abs. 3)

Sowohl formale als auch materielle Anforderungen an eine Werbeanzeige stellt Abs. 3 der Norm. So legt dessen S. 1 fest, dass Werbeanzeigen als solche klar erkennbar sein müssen. Abs. 3 S. 2 schreibt vor, dass die in Werbeanzeigen enthaltenen Angaben keine falschen Tatsachenbehauptungen enthalten oder irreführend sein dürfen. Abs. 3 S. 3 dient der Konsistenz von Prospektangaben und Werbeaussagen. Danach dürfen Werbeanzeigen nicht im Widerspruch zu den Angaben stehen, die der Prospekt enthält oder die im Prospekt enthalten sein müssen, falls dieser erst zu einem späteren Zeitpunkt veröffentlicht wird.

E. Übereinstimmung von verbreiteten Informationen und Prospekt (Abs. 4)

Gemäß Abs. 4 der Norm müssen alle über das öffentliche Angebot oder die Zulassung zum Handel an einem organisierten Markt – auch nicht zu Werbezwecken – verbreiteten Informationen mit den im Prospekt enthaltenen Angaben übereinstimmen.[12]

F. Gleichbehandlungsgrundsatz (Abs. 5)

Abs. 5 ist auf Art. 15 Abs. 5 der Prospektrichtlinie zurückzuführen und legt in S. 1 ergänzend fest, dass bei prospektfreien Angeboten im Rahmen der Vermittlung wesentlicher Informationen der Gleichbehandlungs-

---

5 Vgl hierzu die Kommentierung zu der Legaldefinition des § 2 Nr. 4.
6 Vgl hierzu die Kommentierung zu der Legaldefinition des § 2 Nr. 16.
7 *Just/Voß/Ritz/Zeising*, § 15 Rn 10.
8 Zu diesen und weiteren Formen der Verbreitung von Werbung vgl Art. 34 der ProspektVO.
9 Zu dem Begriff der Werbung vgl die Kommentierung unter Rn 3.
10 Im Gegensatz zur alten Rechtslage ist nun nicht mehr erforderlich, dass die Werbeanzeigen einen Hinweis auf die wesentlichen Merkmale der Wertpapiere enthalten, vgl hierzu unter anderem Art. 2 Richtlinie 80/390/EWG des Rates vom 17.3.1980 zur Koordinierung der Bedingungen für die Erstellung, die Kontrolle und die Verbreitung des Prospekts, der für die Zulassung von Wertpapieren zur amtlichen Notierung an einer Wertpapierbörse zu veröffentlichen ist, ABlEG Nr. L 100/1 vom 17.4.1980 sowie § 12 VerkProspG aF.
11 Vgl hierzu den geänderten Vorschlag für eine Richtlinie des Europäischen Parlaments und des Rates betreffend den Prospekt, der beim öffentlichen Angebot von Wertpapieren oder bei deren Zulassung zum Handel zu veröffentlichen ist und zur Änderung der Richtlinie 2001/34/EG (2003/C 20 E/134).
12 Trotz der unterschiedlichen Wortlauts in Abs. 3 ("nicht im Widerspruch zu den Angaben stehen") und in Abs. 4 ("übereinstimmen") dienen beide Vorschriften der Widerspruchsfreiheit zwischen Bekanntmachungen und Prospektangaben und verlangen daher keine Kongruenz zwischen diesen, vgl hierzu den identischen Wortlaut der englischen Fassung der Prospektrichtlinie ("shall be consistent with").

Grosjean

grundsatz zu beachten ist.[13] Dadurch soll sichergestellt werden, dass die „selective disclosure" ausscheidet,[14] und alle wesentlichen Informationen die qualifizierten Anleger oder die besonderen Anlegergruppen, an die sich das Angebot richtet, erreichen.[15] Da Abs. 5 S. 1 nur auf prospektfreie Angebote Bezug nimmt, ist Voraussetzung für dessen Anwendbarkeit, dass zwar ein öffentliches Angebot im Sinne des § 2 Nr. 4 vorliegt, aber einer der Befreiungstatbestände des § 3 Abs. 2 oder § 4 Abs. 1 gegeben ist.[16] Obgleich der Gesetzeswortlaut lediglich auf eine fehlende Prospektpflicht „nach diesem Gesetz" abstellt, ist richtigerweise aus Gründen des Anlegerschutzes, von dem eine Ausprägung die Gleichbehandlung aller Investoren ist, diese Vorschrift auch auf Angebote anzuwenden, die nach § 1 Abs. 2 vom Anwendungsbereich des WpPG ausgenommen sind.[17] Zumal solche Angebote lediglich wegen ihrer Art oder des Volumens einer anderen Behandlung durch den Gesetzgeber zugeführt worden sind, obgleich es sich regelmäßig um öffentliche Angebote von Wertpapieren handelt, rechtfertigt sich eine Anwendung von § 15 Abs. 5. Wenn bereits bei Kleinstemissionen, für die nach § 3 Abs. 2 Nr. 5 keine Prospektpflicht gilt, jedoch § 15 Abs. 5 Anwendung findet, so muss dies auch bei Angeboten iSv § 1 Abs. 2 Nr. 4 entsprechend gelten.

8 **Adressat der Norm** ist der Anbieter.[18] Gemäß der Legaldefinition des § 2 Nr. 10 handelt es sich hierbei um die Person oder Gesellschaft, die Wertpapiere öffentlich anbietet.[19] Der Emittent selbst ist hingegen, soweit er nicht als Anbieter im Sinne des § 2 Nr. 10 auftritt, kein Adressat der Norm.[20]

9 **Bezugspunkt der Norm** sind solche Informationen, die sich an qualifizierte Anleger im Sinne des § 2 Nr. 6 oder an besondere Anlegergruppen[21] richten. Hierzu sind bereits nach dem Gesetzeswortlaut solche Informationen zu zählen, die im Verlauf von Veranstaltungen betreffend Angebote von Wertpapieren mitgeteilt werden. Veranstaltungen in diesem Sinne sind vor allem konkrete Maßnahmen der Verkaufsförderung, dh Unternehmenspräsentationen, Roadshows, Analystentreffen und Einzelgespräche mit Vertretern ausgewählter Zielgruppen aus dem Kreis der Investoren und Informationsmittler (sogenannte „one-on-ones").[22] Es muss sich jedoch um Informationen handeln, die von dem Emittenten bzw Anbieter stammen wie zB konkrete[23] oder von dem Emittenten der Wertpapiere geplante Finanzdaten und nicht etwa **abgeleitete Informationen** wie zB ein – ggf für die Kaufentscheidung eines Investors wesentlicher – Research Report[24] (Analysen und Ratings), dass durch einen Analysten erstellt wurde, eigene Einschätzungen des Analysten zur Unternehmensentwicklung und –bewertung enthält und üblicherweise im Rahmen der Verkaufsförderung eingesetzt wird.

10 Ob eine Information **wesentlich** im Sinne des Abs. 5 ist, hat keine gesetzliche Regelung erfahren. Als Indiz wird man hier wohl auf die Begriffe der „Wichtigkeit" und „Wesentlichkeit" im Rahmen der Nachtragspflicht zum Prospekt abstellen können.[25] Im Lichte des verfolgten Ziels der Norm, nämlich die Durchsetzung einer Gleichbehandlung der Investoren zu erreichen, dürfte der Begriff der Wesentlichkeit eher weit auszulegen sein, so dass im Zweifel von einer Mitteilungspflicht auszugehen ist.[26]

11 Bei **prospektpflichtigen Wertpapierangeboten** ist gemäß Abs. 5 S. 2 die Einhaltung des Gleichbehandlungsgrundsatzes durch entsprechende Angaben im Prospekt[27] bzw gegebenenfalls in einem Nachtrag gem. § 16 sicherzustellen. Problematisch ist dabei insbesondere die Einordnung **zukunftsgerichteter Aussagen** wie Ge-

---

13 Darin ist wohl der Versuch zu sehen, die im August 2000 neu eingeführte "Regulation FD" der US-amerikanischen Börsenaufsichtsbehörde (Rule 100, 17 C.F.R. § 243.100, Sec. Act. Release No. 7881) auf die Emissionssituation zu übertragen (siehe hierzu *Crüwell*, AG 2003, 251). Diese sieht vor, dass eine Publizitätspflicht hinsichtlich derjenigen materiellen Tatsachen besteht, die zwar grundsätzlich keiner Veröffentlichungspflicht unterliegen, aber seitens des Unternehmens Analysten und bestimmten institutionellen Investoren mitgeteilt wurden. Ziel dieses Vorhabens war es, eine gerechte Informationsverteilung unter den Anlegern zu gewährleisten.
14 *Schlitt/Singhoff/Schäfer*, BKR 2005, 251, 257.
15 Begründung des Rates, ABl. EU C 125 E/47/54; zur generellen Gleichbehandlung von Aktionären vgl Ziff. 6.3 des Deutschen Corporate Governance Kodex: "Die Gesellschaft wird die Aktionäre bei Informationen gleich behandeln. Sie soll ihnen unverzüglich sämtliche neuen Tatsachen, die Finanzanalysten und vergleichbaren Adressaten mitgeteilt worden sind, zur Verfügung stellen.".
16 Zu der rechtlichen Einordnung der Befreiungstatbestände des § 3 Abs. 2 und des § 4 Abs. 1 vgl die Kommentierung hierzu.
17 AA *Just/Voß/Ritz/Zeising*, § 15 Rn 55; *Holzborn*, § 15 WpPG Rn 5, die jeweils den formalen Standpunkt einnehmen, § 1 Abs. 2 eröffne nicht die Anwendung des WpPG und damit auch nicht des § 15.
18 *Just/Voß/Ritz/Zeising*, § 15 Rn 54.
19 Zu dem Begriff des öffentlichen Angebots vgl die Kommentierung zu § 2 Nr. 4.
20 So aber der Wortlaut der Prospektrichtlinie: "material information provided by an issuer or an offeror", Art. 15 Abs. 5 Prospektrichtlinie.
21 Vgl hierzu vor allem die Ausnahmen zur Prospektpflicht gemäß § 3 Abs. 2 Nr. 2 und 3.
22 *Rödl/Zinser*, Going Public, 1. Auflage, S. 341; zu den einzelnen Medien der Emissionspublizität vgl auch *Wieneke*, NZG 2005, 109.
23 In Abgrenzung zur bloßen Trendinformation; vgl CESR/05-054b, S. 13, Punkt 49; Apfelbacher/Metzner, BKR 2006, 81, 89.
24 Siehe auch *Wieneke*, NZG 2005, 109, 113.
25 Vgl hierzu die entsprechende Kommentierung zu § 16 Abs. 1.
26 *Just/Voß/Ritz/Zeising*, § 15 Rn 58.
27 Dies stellt zwar eine Aufwertung des Prospekts dar, kann aber auch zu einer Benachteiligung der unter Rn 9 dargestellten Kommunikationsmedien führen, vgl hierzu auch *Wieneke*, NZG 2005, 109, 113.

winnprognosen[28] oder Gewinnschätzungen.[29] Werden beispielsweise derartige zukunftsgerichtete Aussagen im Rahmen von Analystentreffen bekannt gegeben und handelt es sich hierbei um wesentliche Informationen, so müssen diese Informationen in den Prospekt aufgenommen werden.[30] Gemäß den Erwägungen von CESR[31] besteht vor allem bei Aktienemissionen die Vermutung einer Wesentlichkeit von zukunftsgerichteten Aussagen, die bereits vor Prospektveröffentlichung bekannt gegeben wurden und die sich auf einen in der Zukunft liegenden oder noch andauernden Zeitraum beziehen.[32] Zusätzlich können zur Beurteilung der Wesentlichkeit die im Emittentenleitfaden der BaFin zur Ad-hoc-Pflicht von Prognosen genannten Anhaltspunkte herangezogen werden.[33] So weist der Emittentenleitfaden der BaFin darauf hin, dass Prognosen dann veröffentlichungspflichtig im Sinne des § 15 sein können, wenn der Eintritt des prognostizierten Ereignisses hinreichend wahrscheinlich ist, zB wenn der Emittent seine Prognosen aufgrund konkreter Anhaltspunkte für den weiteren Geschäftsverlauf erstellt. Allgemein formulierte Erwartungen oder langfristige Planungen des Emittenten (zB Planungen mit einem Zeithorizont von drei oder mehr Jahren oder interne Planungen im Sinne von Zielvorgaben) lassen in vielen Fällen noch nicht hinreichend konkrete Rückschlüsse auf die tatsächliche Unternehmensentwicklung zu und fallen damit nicht unter die Veröffentlichungspflicht.

Gemäß Ziff. 5 der von der Deutschen Börse AG herausgegebenen und zum 30.6.2005 ersatzlos aufgehobenen „Going Public-Grundsätze"[34] durfte der Emittent ab dem Zeitpunkt des Zulassungsantrags, spätestens jedoch vier Wochen vor dem öffentlichen Angebot bis spätestens 30 Kalendertage nach Notierungsaufnahme keine Informationen über sein Geschäft sowie seine Finanz- und Ertragslage zur Verfügung stellen, die für die Beurteilung des Emittenten oder der Aktien oder der aktienvertretenden Zertifikate wesentlich und nicht im Prospekt enthalten sind („**Quiet Period**"). Das WpPG enthält zwar kein derartiges Verbot einer Weitergabe wesentlicher Informationen. Entscheidet sich der Anbieter[35] jedoch zur Bekanntgabe derartiger wesentlicher Informationen, so hat er diese gemäß Abs. 5 S. 2 auch in den Prospekt oder in einen Nachtrag gemäß § 16 Abs. 1 aufzunehmen.

G. Aussetzung der Werbung durch die BaFin

Abs. 6 setzt Art. 15 Abs. 6 und Art. 21 Abs. 3 lit. e der Prospektrichtlinie um. Abs. 6 S. 1 der Norm räumt der BaFin die Befugnis ein, die Werbung befristet auszusetzen, falls sie Anhaltspunkte für einen Verstoß gegen Abs. 2–5 hat. Zuständig ist somit stets die zuständige Behörde des Herkunftsmitgliedstaates.[36] Da die Verbreitung von Informationen im Sinne des § 15, nicht wie ursprünglich vorgesehen,[37] einer vorherigen Überprüfung und Gestattung der zuständigen Behörde des Herkunftsmitgliedstaats bedarf, und die Kontrolle der Werbung auf das deutsche Hoheitsgebiet beschränkt ist,[38] ist die BaFin gegebenenfalls auf entsprechende Hinweise der zuständigen Behörden anderer Mitgliedstaaten angewiesen.[39] Die Befristung auf jeweils 10 Tage ist auf Art. 21 Abs. 3 lit. e der Prospektrichtlinie zurück zu führen und umfasst auch Sonn- und Feiertage, so dass in einer Aussetzungsverfügung als Beginn oder Ende einer Aussetzung ebenfalls ein Sonn- oder Feiertag bestimmt werden kann.[40] Der Rechtsgedanke des § 193 BGB findet dabei keine Anwendung.[41]

Abs. 6 S. 2 und 3 sind § 8 e VerkProspG[42] nachgebildet und geben der BaFin die Möglichkeit, eine Werbung mit Angaben zu untersagen, die geeignet sind, über den Umfang der Prüfung nach § 13 oder § 16 irre-

---

28 Vgl hierzu die Legaldefinition des Art. 2 Nr. 10 der Prospekt-VO.
29 Vgl hierzu die Legaldefinition des Art. 2 Nr. 11 der Prospekt-VO.
30 Zu den damit verbundenen Folgepflichten vgl Ziff. 13 des Anhangs 1 der ProspektVO.
31 CESR`s Recommendations for the Consistent Implementation of the European Commission`s Regulation on Prospectuses no. 809/2004, no. CESR's 05–054 b vom Februar 2005, Ziff. 44; vgl hierzu auch *Schlitt/Singhoff/Schäfer*, BKR 2005, 251, 258.
32 Zu demselben Erg. gelangt auch *Wieneke*, NZG 2005, 109, 113, allerdings begründet er die Prospektpflicht mit dem Erfordernis der informationellen Gleichbehandlung der Aktionäre; eine Pflicht zum großflächigen Verfügung stellen von auf diesen Angaben basierenden Research Reports lehnt er hingegen ab.
33 Vgl hierzu auch *Schlitt/Singhoff/Schäfer*, BKR 2005, 251, 258.
34 Diese stellten sog. Verhaltens- und Handlungsempfehlungen dar, deren Einhaltung durch einen Vermerk im Prospekt zum Ausdruck zu bringen war, vgl hierzu die Ziff. 1 und 2 der Going-Public-Grundsätze.
35 Vgl hierzu die Legaldefinition des § 2 Nr. 10.
36 Vgl hierzu die Legaldefinition des § 2 Nr. 13.
37 So sah Art. 13 Abs. 1 des Richtlinienvorschlags des Europäischen Parlaments und des Rates der Europäischen Union (2001/C 240 E/33) vor, dass Bekanntmachungen, Anzeigen und Broschüren der zuständigen Herkunftslandbehörde im Voraus zu übermitteln sind und von dieser vor Veröffentlichung überprüft werden; zu der Kritik hierzu vgl Ziff. 10 der Stellungnahme des Wirtschafts- und Sozialausschusses zu dem Richtlinienvorschlag (ABl. EG Nr. C 80/52, 59).
38 BegrRegE, BT-Drucks. 15/4999, S. 25, 36.
39 So auch *Kunold/Schlitt*, BB 2004, 501, 511.
40 BegrRegE, BT-Drucks. 15/4999, S. 25, 36.
41 BegrRegE, BT-Drucks. 15/4999, S. 25, 36.
42 Zu Sinn und Zweck der Vorschrift und zu dem Adressaten der Norm vgl die Kommentierung zu § 8 j VerkProspG.

zuführen.⁴³ Die BaFin hat gemäß Abs. 6 S. 3 vor allgemeinen Maßnahmen nach Abs. 6 S. 2 eine Anhörung der Spitzenverbände der betroffenen Wirtschaftskreise und des Verbraucherschutzes durchzuführen.

§ 16 Nachtrag zum Prospekt; Widerrufsrecht des Anlegers

(1) ¹Jeder wichtige neue Umstand oder jede wesentliche Unrichtigkeit in Bezug auf die im Prospekt enthaltenen Angaben, die die Beurteilung der Wertpapiere beeinflussen könnten und die nach der Billigung des Prospekts und vor dem endgültigen Schluss des öffentlichen Angebots oder, falls diese später erfolgt, der Einführung in den Handel an einem organisierten Markt auftreten oder festgestellt werden, müssen in einem Nachtrag zum Prospekt genannt werden. ²Der Emittent, Anbieter oder Zulassungsantragsteller muss den Nachtrag bei der Bundesanstalt einreichen. ³Der Nachtrag ist innerhalb von höchstens sieben Werktagen nach Eingang bei der Bundesanstalt nach § 13 zu billigen. ⁴§ 13 Absatz 2 Satz 1 Halbsatz 2 gilt entsprechend. ⁵Nach der Billigung muss der Anbieter oder Zulassungsantragsteller den Nachtrag unverzüglich in derselben Art und Weise wie den ursprünglichen Prospekt nach § 14 veröffentlichen.

(2) Die Zusammenfassung und etwaige Übersetzungen davon sind um die im Nachtrag enthaltenen Informationen zu ergänzen.

(3) ¹Betrifft der Nachtrag einen Prospekt für ein öffentliches Angebot von Wertpapieren, haben Anleger, die vor der Veröffentlichung des Nachtrags eine auf den Erwerb oder die Zeichnung der Wertpapiere gerichtete Willenserklärung abgegeben haben, das Recht, diese innerhalb einer Frist von zwei Werktagen nach Veröffentlichung des Nachtrags zu widerrufen, sofern der neue Umstand oder die Unrichtigkeit gemäß Absatz 1 vor dem endgültigen Schluss des öffentlichen Angebots und vor der Lieferung der Wertpapiere eingetreten ist. ²Die Widerrufsfrist kann vom Emittenten, Anbieter oder Zulassungsantragsteller verlängert werden. ³Der Nachtrag muss an hervorgehobener Stelle eine Belehrung über das Widerrufsrecht nach Satz 1 enthalten; die Widerrufsfrist ist anzugeben. ⁴§ 8 Absatz 1 Satz 4 und 5 ist mit der Maßgabe entsprechend anzuwenden, dass an die Stelle der im Prospekt als Empfänger des Widerrufs bezeichneten Person die im Nachtrag als Empfänger des Widerrufs bezeichnete Person tritt.

A. Hintergrund

1   Die in § 16 geregelte Pflicht zur Veröffentlichung eines Nachtrags dient der Umsetzung des Art. 16 der Prospektrichtlinie und orientiert sich an der Regelung des § 11 VerkProspG aF¹ und § 52 Abs. 2 der BörsZulV aF.² Wesentliche Unterschiede gibt es aber hinsichtlich des Umfangs der Nachtragspflicht und dem Billigungserfordernis.³ Zweck der Vorschrift ist es, die Anleger nach der Billigung des Prospekts bis zum endgültigen Schluss des öffentlichen Angebots oder der Handelsaufnahme über wichtige neue Umstände und unrichtige Prospektangaben zu informieren.⁴

B. Nachtrag zum Prospekt

2   Treten nach der Billigung des Prospekts und vor Abschluss des Angebots oder – falls diese später erfolgt – vor Einführung der Wertpapiere in den Handel an einem organisierten Markt wichtige neue Umstände ein (**Aktualisierungspflicht**) oder wird eine wesentliche Unrichtigkeit (**Berichtigungspflicht**) in Bezug auf Prospektangaben festgestellt, die die Beurteilung der Wertpapiere beeinflussen können, so muss der Prospekt gem. Abs. 1 S. 1 in Form eines Nachtrags um entsprechende neue bzw berichtigende Angaben ergänzt werden. Der Nachtrag ist zur Billigung bei der BaFin einzureichen und unverzüglich nach der Billigung zu veröffentlichen. Die Nachtragspflicht endet nicht mit der Einführung der Wertpapiere in den Handel an einem organisierten Markt, wenn das öffentliche Angebot noch läuft.⁵

---

43   Infolge des nur eingeschränkten Prüfungsumfanges der BaFin bei der Billigung von Prospekten (vgl Kommentierung zu § 13 und 16) ist im Rahmen von Werbemaßnahmen ein Hinweis auf die Billigung des Prospekts durch die BaFin nicht zulässig, wenn er blickfangartig herausgestellt und gleichsam als Gütesiegel verwendet wird. Es darf nicht das offizielle BaFin-Logo verwendet werden und es sollte statt des Kürzels „BaFin" der volle Name der Behörde verwendet werden, um Missverständnissen vorzubeugen.

1   Aufgehoben durch Art. 2 des Gesetzes zur Novellierung des Finanzanlagenvermittler- und Vermögensanlagenrechts vom 6.12.2011 (BGBl. I S. 2481) mWz 31.5.2012.
2   Aufgehoben mit Inkrafttreten des WpPG; s.Art. 4 Nr. 10 des Prospektrichtlinie-Umsetzungsgesetzes (BGBl. I S. 1698).
3   *Groß*, Kapitalmarktrecht, § 16 WpPG Rn 1.
4   Berrar/Meyer/Müller/Schnorbus/Singhof/Wolf/*Berrar*, § 16 Rn 2.
5   *Lawall/Maier*, DB 2012, 2503, 2505; *Müller*, WpPG, § 16 Rn 1; RegBegr, BT-Drucks. 17/8684, S. 20.

Ob es sich bei einem Sachverhalt um einen „wichtigen neuen Umstand" oder eine „wesentliche Unrichtigkeit" iSd Abs. 1 S. 1 handelt, bestimmt sich nach der Regelung des § 5 Abs. 1 S. 1.[6] Dabei ist auf die objektive Sicht des Anlegers abzustellen. Maßgebend ist, ob der veränderte Umstand auf die Anlageentscheidung eines verobjektivierten Anlegers Einfluss hätte.[7] Danach sind solche Umstände nachtragspflichtig, die für eine zutreffende Beurteilung des Emittenten und der Wertpapiere notwendig sind. Es obliegt dem Emittenten zu beurteilen, ob der Umstand für die Entscheidung des Anlegers notwendig ist.[8] Anders als nach den Regelungen in § 52 Abs. 2 BörsZulV aF und § 11 VerkProspG aF, die jeweils voraussetzten, dass die Veränderung für die Beurteilung des Emittenten von wesentlicher Bedeutung sind, reicht im Rahmen des § 16 die **Möglichkeit** der Urteilsbeeinflussung aus. Der Umfang der Nachtragspflicht des § 16 wird daher durch die geringe Hürde der möglichen Urteilsbeeinflussung erweitert.[9] Jedenfalls handelt es sich bei sämtlichen Mindestangaben gem. Kapitel II der ProspektVO grundsätzlich um Sachverhalte, die einen „wichtigen neuen Umstand" bzw eine „wesentliche Unrichtigkeit" darstellen. Auch § 15 Abs. 4 und Abs. 5 legen zwingende Nachtragungspflichten im Falle der Informationsasymmetrie fest.[10] Eine unvoreingenommene Beurteilung am Maßstab des § 5 Abs. 1 S. 1 erfolgt jedenfalls bei gänzlich neuen Sachverhalten und bei nicht ausdrücklich normierten Nachtragstatbeständen. 3

Wurden im Prospekt zu einem bestimmten Sachverhalt Angaben gemacht, und hat sich dieser Sachverhalt nachträglich geändert (zB die Kündigung eines im Prospekt beschriebenen wesentlichen Vertrags) oder stellt sich ein im Prospekt beschriebener Sachverhalt nachträglich als unrichtig heraus, ist davon auszugehen, dass es sich hierbei um einen „wichtigen neuen Umstand" bzw eine „wesentliche Unrichtigkeit" handelt. Denn ansonsten wären diese Sachverhalte auch nicht ursprünglich entsprechend der Regelung gem. § 5 Abs. 1 S. 1 im Prospekt erwähnt worden.[11] 4

Im Schrifttum findet sich ferner die Auffassung, dass in Bezug auf die Schwelle der Wichtigkeit eines neuen Umstandes bzw der Wesentlichkeit einer Unrichtigkeit iSv Abs. 1 S. 1 nach der **Art der Wertpapiere** zu differenzieren sei. Für die Beurteilung einer Aktie seien grundsätzlich andere und auch mehr Tatsachen wichtig bzw wesentlich als für die Beurteilung einer Schuldverschreibung.[12] So sei die Wertentwicklung einer Aktie auch von unternehmerischen Entscheidungen des Emittenten geprägt, während der Wert einer Schuldverschreibung maßgeblich von der Fähigkeit des Emittenten abhänge, die nach den Anleihebedingungen fälligen Zahlungen leisten zu können.[13] Zunächst einmal sollte jedoch bei der Beurteilung der Wichtigkeit/Wesentlichkeit darauf abgestellt werden, ob der neue Umstand bzw die Unrichtigkeit einen Prospektinhalt betrifft, der nach §§ 5 und 7 iVm den Bestimmungen der jeweils Anwendung findenden Anhänge der ProspektVO zwingend in den Prospekt aufzunehmen sind. Sofern der neue Umstand bzw die Unrichtigkeit keine Pflichtangaben nach den Bestimmungen der Anhänge der ProspVO betreffen, kann für die Beurteilung der Wichtigkeit eines neuen Umstands oder der Wesentlichkeit einer Unrichtigkeit auch die Art der Emission (Eigen- oder Fremdkapital) Berücksichtigung finden. 4a

Rechtschreibfehler, Rechenfehler und **offensichtliche Unrichtigkeiten** lösen keine Nachtragspflicht aus, da es sich insoweit regelmäßig nicht um wichtige neue Umstände bzw wesentliche Unrichtigkeiten handelt, die für die Beurteilung der Wertpapiere maßgebend sind.[14] 4b

Ob die Veränderung der Emissionspreisspanne und/oder des Emissionsvolumens einen nachtragspflichtigen wichtigen neuen Umstand darstellt, hängt vom jeweiligen konkreten Sachverhalt ab.[15] 5
Es besteht keine Nachtragspflicht bei Veröffentlichung des endgültigen Preises. Preisabhängige Angaben, die in der Regel erst nach Schluss des öffentlichen Angebots feststehen, sind ebenfalls nicht nachtragspflichtig.[16]
Sind gem. § 8 Abs. 1 S. 1 hinsichtlich des Emissionspreises und des Emissionsvolumens lediglich die Bedingungen genannt, anhand derer diese Werte ermittelt werden, nicht jedoch konkrete Preisspannen oder ein maximales Emissionsvolumen, und haben sich diese Bedingungen nicht geändert, ist hinsichtlich dieser Angaben auch kein Nachtrag erforderlich. Anders verhält es sich jedoch, wenn im Prospekt bereits eine kon-

---

6 *Groß*, Kapitalmarktrecht, § 16 WpPG Rn 2; *Oulds*, WM 2011, 1452; *Heidelbach/Preuße*, BKR 2006, 316, 320; *Kullmann/Sester*, WM 2005, 1068, 1075; s. auch BegrRegE, BT-Drucks. 15/4999, S. 36.
7 *Heidelbach/Preuße*, BKR 2006, 316, 320.
8 Holzborn/*Rauch*, § 16 WpPG Rn 5.
9 *Groß*, Kapitalmarktrecht, § 16 WpPG Rn 2; aA Just/Voß/Ritz/Zeising/*Friedl/Ritz*, § 16 Rn 30.
10 Holzborn/*Rauch*, § 16 WpPG Rn 5.
11 AA Berrar/Meyer/Müller/Schnorbus/Singhof/Wolf/*Berrar*, § 16 Rn 21.
12 *Heidelbach/Preuße*, BKR 2012, 397, 402; Just/Voß/Ritz/Zeising/*Friedl/Ritz*, § 16 Rn 40; Assmann/Schlitt/von Kopp-Colomb/*Seitz*, § 16 WpPG Rn 39; Berrar/Meyer/Müller/Schnorbus/Singhof/Wolf/*Berrar*, § 16 Rn 20; *Müller*, WpPG, § 16 Rn 3.
13 Schwark/Zimmer/*Heidelbach*, Kapitalmarktrechts-Kommentar, § 16 WpPG Rn 12 f; *Heidelbach/Preuße*, BKR 2012, 397, 402 f; Assmann/Schlitt/von Kopp-Colomb/*Seitz*, § 16 WpPG Rn 39.
14 Assmann/Schlitt/von Kopp-Colomb/*Seitz*, § 16 WpPG Rn 50; Holzborn/*Rauch*, § 16 WpPG Rn 11.
15 Vgl hierzu auch *Groß*, Kapitalmarktrecht, § 16 WpPG Rn 8, 8 a.
16 *Groß*, Kapitalmarktrecht, § 16 WpPG Rn 8.

krete Preisspanne genannt ist oder sich die Bedingungen für die Ermittlung des Emissionspreises geändert haben. In diesem Fall handelt es sich um für die Anlageentscheidung der Anleger ganz wesentliche neue Informationen, die von den im Prospekt dargestellten Angaben abweichen. Daher handelt es sich hierbei um wichtige neue Umstände, die in einem Nachtrag zu veröffentlichen sind.

6 Entsprechendes gilt für die Veränderung des Emissionsvolumens. Verringert sich das Emissionsvolumen, besteht die Gefahr, sofern es sich nicht lediglich um eine Verringerung von umzuplatzierenden Aktien handelt, dass der Gesellschaft weniger Eigenkapital zugeführt wird, als im Prospekt dargestellt. Erhöht sich das Emissionsvolumen, tritt für die Anleger gegenüber dem im Prospekt dargestellten Sachverhalt eine rechtliche Verwässerung ihrer Beteiligung ein. In beiden Fällen handelt es sich um wichtige neue Umstände, die nachtragspflichtig sind.

7 Für das Verhältnis von § 16 zu § 8 Abs. 1 S. 6 ist zu beachten, dass § 8 Abs. 1 S. 6 lediglich für den Emissionspreis und das Emissionsvolumen Anwendung findet. Die Informationen nach § 8 Abs. 1 S. 6 und S. 7 müssen zwar unverzüglich nach deren Festlegung veröffentlicht werden, allerdings nicht in einem Nachtrag nach § 16. Die entsprechende Veröffentlichung bedarf daher auch nicht der Billigung durch die BaFin und löst kein Widerrufsrecht nach Abs. 3 aus. Die endgültige Festlegung des Emissionspreises und des Emissionsvolumens können sich auch auf andere Informationen wesentlicher Art im Prospekt (zB Emissionserlös) auswirken. Deshalb wird regelmäßig neben der Veröffentlichung des endgültigen Emissionspreises und des Emissionsvolumens gem. § 8 Abs. 1 S. 6 auch zusätzlich die Veröffentlichung eines Nachtrags erforderlich sein. Die BaFin hat angekündigt, dass sie derartige Nachträge taggleich billigen wird.[17]

8 Unzulässig wäre es, wenn der Emittent sämtliche nachträglichen Veränderungen durch einen Nachtrag in einen bereits gebilligten Prospekt einbezieht, um so die Pflicht zur Erstellung eines neuen Prospekts zu umgehen. Ansonsten könnte er sowohl die Erstellung eines Prospekts vermeiden, als auch die Billigungsfristen gem. § 13 Abs. 2 umgehen.[18] Damit liegt im Falle (i) der Erweiterung der Produktpalette,[19] (ii) der Aufstockung des ursprünglichen und bereits abverkauften Emissionsvolumens[20] sowie (iii) der Aufnahme neuer Emittenten[21] jeweils kein nachtragsfähiger Umstand vor.

8a Für **periodische Finanzinformationen** wie Jahres- oder Halbjahresfinanzberichte besteht im Zusammenhang mit § 16 keine allgemeingültige Regelung; vielmehr ist stets im Einzelfall zu prüfen, ob die jeweiligen Finanzkennzahlen Informationen enthalten, die für sich genommen oder in einer Gesamtschau einen neuen Umstand bilden, der für die Beurteilung der Wertpapiere wichtig bzw wesentlich ist.[22] In diesem Zusammenhang wird vertreten, dass eine Nachtragspflicht nur dann ausgelöst werde, wenn sich im konkreten Einzelfall wesentliche Veränderungen in Bezug auf im Prospekt bereits enthaltene Informationen ergeben.[23] Anleger messen die Jahres- oder Zwischenabschlüssen regelmäßig eine besondere Bedeutung zu, so dass es in der Praxis schwer zu begründen sein dürfte, dass diese Finanzinformationen keine Nachtragspflicht auslösen.[24] Auch die ESMA empfiehlt insoweit – jedenfalls bei Eigenkapitalemissionen –, im Zweifel einen Nachtrag zu erstellen.[25]

8b Im Zusammenhang mit der Veröffentlichung von **Gewinnprognosen** besteht nach Auffassung der ESMA bei Eigenkapitalemissionen (insb. bei einem IPO) eine Vermutung, dass es sich bei der Gewinnprognose um einen neuen Umstand handelt, der eine Nachtragspflicht auslöst.[26]

9 Die Pflicht zur Veröffentlichung eines Nachtrags beginnt mit der Billigung des Prospekts. Vor der Billigung ist der Prospekt ggf gegenüber der ursprünglichen Antragsfassung zu berichten, so dass die Prospektbilligung sich auf die berichtete Prospektfassung bezieht.[27] Die Nachtragspflicht besteht in zeitlicher Hinsicht nur für Umstände, die vor dem endgültigen Schluss des öffentlichen Angebots oder – falls diese später er-

---

[17] BaFin Workshop: 100 Tage WpPG, Präsentation „Rechtsfragen aus der Anwendungspraxis" vom 3.11.2005, S. 8.
[18] Holzborn/*Rauch*, § 16 WpPG Rn 6.
[19] *Müller*, WpPG, § 16 Rn 6; Holzborn/*Rauch*, § 16 WpPG Rn 7; Schwark/Zimmer/*Heidelbach*, Kapitalmarktrechts-Kommentar, § 16 WpPG Rn 11; aA Just/Voß/Ritz/Zeising/*Friedl/Ritz*, § 16 Rn 111 ff.
[20] Assmann/Schlitt/von Kopp-Colomb/*Seitz*, § 16 WpPG Rn 60; *Müller*, WpPG, § 16 Rn 6; Holzborn/*Rauch*, § 16 WpPG Rn 8; s. auch BaFin Workshop, Präsentation „Ausgewählte Rechtsfragen zum Nachtragsrecht" vom 9.11.2009, S. 6; aA *Groß*, Kapitalmarktrecht, § 16 WpPG Rn 6; Berrar/Meyer/Müller/Schnorbus/Singhof/Wolf/*Berrar*, § 16 Rn 39 ff.
[21] Holzborn/*Rauch*, § 16 WpPG Rn 9; Schwark/Zimmer/*Heidelbach*, Kapitalmarktrechts-Kommentar, § 16 WpPG Rn 11; s. auch BaFin Workshop, Präsentation „Ausgewählte Rechtsfragen zum Nachtragsrecht" vom 9.11.2009, S. 5; differenzierend Berrar/Meyer/Müller/Schnorbus/Singhof/Wolf/*Berrar*, § 16 Rn 46 ff.
[22] Assmann/Schlitt/von Kopp-Colomb/*Seitz*, § 16 WpPG Rn 44; Holzborn/*Rauch*, § 16 WpPG Rn 10; differenzierend Berrar/Meyer/Müller/Schnorbus/Singhof/Wolf/*Berrar*, § 16 Rn 55.
[23] Assmann/Schlitt/von Kopp-Colomb/*Seitz*, § 16 WpPG Rn 44; noch weitergehend Schwark/Zimmer/*Heidelbach*, Kapitalmarktrechts-Kommentar, § 16 WpPG Rn 17, eine etwaige Nachtragspflicht nur bei „negativen" Veränderungen sieht.
[24] Überzeugend Berrar/Meyer/Müller/Schnorbus/Singhof/Wolf/*Berrar*, § 16 Rn 55 unter Hinweis auf die nach Ziff. 9.1 in Anhang I der ProspektVO verlangte Diskussion der aktuellen Finanzlage in der sog. MD&A.
[25] ESMA, Questions and Answers, Prospectuses (18th updated version – December 2012), Antwort zu Frage 19, S. 20.
[26] ESMA, Questions and Answers, Prospectuses (18th updated version – December 2012), Antwort zu Frage 20, S. 21.
[27] *Groß*, Kapitalmarktrecht, § 16 WpPG Rn 4.

folgt – der Einführung der Wertpapiere in den Handel an einem organisierten Markt auftreten oder festgestellt werden.[28] Nach diesen Zeitpunkten enden die Nachtragspflichten nach dem WpPG. An ihre Stelle treten die allgemeinen Zulassungsfolgepflichten insbesondere nach dem WpHG (zB Meldepflichten gem. § 21 ff WpHG und Ad-hoc-Pflichten gem. § 15 WpHG).

Nach der zum 1.6.2012 in Kraft getretenen Neufassung des WpPG durch das Gesetz zur Novellierung des Finanzanlagenvermittler- und Vermögensanlagenrechts vom 6.12.2011[29] (BGBl I S. 2481) umfasst der Begriff „Prospekt" auch Registrierungsformulare, die aufgrund der Änderungen in § 12 Abs. 3 nunmehr auch isoliert nachgetragen werden können.[30]

Die Nachtragspflicht trifft alle Prospektverantwortlichen (vgl § 5 Abs. 4) als Gesamtschuldner. Der Nachtrag ist **unverzüglich** nach Kenntniserlangung des neuen Umstands oder der Unrichtigkeit des Prospekts vom Anbieter oder Zulassungsantragssteller anzufertigen und bei der BaFin zur Billigung einzureichen. Zwar ist in Abs. 1 S. 4 lediglich geregelt, dass der Nachtrag „unverzüglich" nach dessen Billigung zu veröffentlichen ist. Jedoch ist im Sinne eines effektiven Anlegerschutzes auch zu fordern, dass die Prospektverantwortlichen unverzüglich nach Kenntniserlangung von den entsprechenden Umständen, ihrer Nachtragspflicht nachzukommen haben.[31]

Ein „Ansammeln" von nachträglich eingetretenen Umständen ist grundsätzlich unzulässig. Eine Ausnahme davon wird aber bei unwesentlichen Umständen gemacht, die erst in ihrer Summe zu einem wichtigen neuen Umstand werden.[32]

Die gegenüber der alten Rechtslage erweiterte Nachtragspflicht soll die Prospektverantwortlichen dazu anhalten, jeden für die Kaufentscheidung des Erwerbers erheblichen Umstand oder Fehler im Prospekt den Anlegern unverzüglich mitzuteilen.[33] Für diese Auslegung spricht auch die Wertung der Haftungsregelung des § 23 Abs. 1. Nach dieser Regelung muss der Prospektverantwortliche um in den Genuss des Haftungsausschlusses zu gelangen, beweisen, dass seine Unkenntnis nicht auf grober Fahrlässigkeit beruht. Das kann er allenfalls dann, wenn er ausreichende Maßnahmen zur Sachverhaltsaufklärung getroffen hat.[34]

Nicht gesetzlich geregelt ist, welche From ein Nachtrag nach § 16 haben soll. Als Orientierung kann diesbezüglich aber Art. 25 Abs. 5 der ProspektVO herangezogen werden.[35]

Die Prospektverantwortlichen, die einen Nachtrag einzureichen haben, können die neuen Informationen in den ursprünglichen Prospekt einarbeiten (**integrierte Lösung**), so dass der ursprüngliche Prospekt fortgeschrieben wird. Eine andere mögliche – und in der Praxis regelmäßig genutzte – Form eines Nachtrags bietet die sog. **Zwei-Dokumenten-Lösung**, bei der die Aktualisierungen bzw Berichtigungen in einem von dem ursprünglichen Prospekt getrennten Dokument erfolgen. In einem Nachtrag nach der Zwei-Dokumenten-Lösung ist unter Bezugnahme auf die Gliederung und Seitenzahlen des ursprünglichen Prospekts möglichst genau zu beschreiben, welche Änderungen sich gegenüber dem ursprünglichen Prospekt ergeben.[36]

Für die Billigung des Nachtrags finden des Abs. 1 S. 3 die für die Prospektbilligung geltenden Regeln des § 13 Anwendung. In Abs. 1 S. 3 wurde das in Art. 16 Prospektrichtlinie zwingend vorgegebene Billigungsverfahren umgesetzt.[37] Im Gegensatz zu § 52 Abs. 2 BörsZulV aF und § 11 VerkProspG aF muss der Nachtrag nach § 16 von der BaFin gebilligt werden. Vor der Billigung darf der Nachtrag nicht veröffentlicht werden.[38] Die BaFin prüft den Nachtrag in Bezug auf den ganzen Prospekt auf Vollständigkeit, Kohärenz und Verständlichkeit.[39] Nicht geprüft wird allerdings, ob die im Nachtrag enthaltenen Angaben als wichtige neue Umstände oder als wesentliche Änderungen anzusehen sind.[40]

Die Billigungsfrist beträgt bei Nachträgen höchstens 7 Werktage nach Eingang des Nachtrags bei der BaFin. Die 7-Tage-Frist beginnt wie die Fristen gem. § 13 Abs. 2 erst zu laufen, wenn der BaFin im Nachtrag vollständige Angaben gemacht worden sind. Hat die BaFin bei Einreichung eines Nachtrags Anhaltspunkte dafür, dass die ihr übermittelten Unterlagen unvollständig sind oder der Nachtrag ergänzender An-

---

28 Näher zum zeitlichen Rahmen der Nachtragspflicht *Groß*, Kapitalmarktrecht, § 16 WpPG Rn 5 ff; Heidelbach/Preuße, BKR 2012, 397, 403.
29 BGBl. I S. 2148.
30 *Heidelbach/Preuße*, BKR 2012, 397, 399; *Müller*, WpPG, § 16 Rn 1; RegBegr, BT-Drucks. 17/8684, S. 20.
31 Ebenso Schwark/Zimmer/*Heidelbach*, Kapitalmarktrechts-Kommentar, § 16 WpPG Rn 24; Just/Voß/Ritz/Zeising/Friedl/ Ritz, § 16 Rn 73; Schäfer/Hamann/*Hamann*, § 16 Rn 14; vgl auch *Ekkenga/Maas*, in: Kümpel/Hammen/Ekkenga, Kapitalmarktrecht, Kap. 055, Rn 247; aA *Holzborn/Israel*, ZIP 2005, 1668, 1671; Schlitt/Schäfer, AG 2005, 498, 507.
32 Holzborn/*Rauch*, § 16 WpPG Rn 13.
33 Vgl *Groß*, Kapitalmarktrecht, § 16 WpPG Rn 2.
34 *Ekkenga/Maas*, in: Kümpel/Hammen/Ekkenga, Kapitalmarktrecht, Kap. 055, Rn 247.

35 Just/Voß/Ritz/Zeising/*Friedl/Ritz*, § 16 Rn 75; Assmann/Schlitt/ von Kopp-Colomb/*Seitz*, § 16 WpPG Rn 81.
36 Assmann/Schlitt/von Kopp-Colomb/*Seitz*, § 16 WpPG Rn 83.
37 BegrRegE, BT-Drucks. 15/4999, S. 36; Holzborn/*Rauch*, § 16 WpPG Rn 18; ablehnend Groß, Kapitalmarktrecht, § 16 WpPG Rn 9, der das Billigungserfordernis für den Nachtrag als „widersinning" erachtet, wie jedoch die entsprechenden zwingenden europarechtlichen Vorgaben zu verkennen.
38 *Groß*, Kapitalmarktrecht, § 16 WpPG Rn 9.
39 Berrar/Meyer/Müller/Schnorbus/Singhof/Wolf/*Berrar*, § 16 Rn 116; Holzborn/*Rauch*, § 16 WpPG Rn 14; aA Assmann/Schlitt/ von Kopp-Colomb/*Seitz*, § 16 WpPG Rn 91; Just/Voß/ Zeising/Friedl/Ritz, § 16 Rn 137; *Heidelbach/Preuße*, BKR 2006, 316, 321.
40 Insoweit zutreffend Just/Voß/Ritz/Zeising/*Friedl/Ritz*, § 16 Rn 137; *Heidelbach/Preuße*, BKR 2006, 316, 321.

gaben bedarf, beginnt die Frist von sieben Werktagen erst zu laufen, wenn diese fehlenden Informationen nachgereicht worden sind.[41] Die BaFin strebt nach eigener Aussage bei Standardmeldungen eine tagggleiche Billigung der Nachträge an. Zur möglichen Beschleunigung des Prüfungsverfahrens empfiehlt sich die vorherige informelle Abstimmung mit der BaFin.[42]

13 Nach der Billigung ist der Nachtrag gem. Abs. 1 S. 5 **unverzüglich in derselben Art und Weise** nach § 14 zu veröffentlichen wie der ursprüngliche Prospekt. Durch diese Regelung wird sichergestellt, dass dem Anleger der Zugang zu den im Nachtrag enthaltenen Informationen gleichermaßen offen steht wie die Informationen des ursprünglichen Prospekts.[43] Angesichts des Wortlauts der Regelung kommt das für die Veröffentlichung eines Nachtrags in § 14 Abs. 2 vorgesehene Wahlrecht nicht zum Tragen. Es ist stets die gleiche Veröffentlichungart wie für den Prospekt zu wählen.[44] Wurde demnach für die Prospektveröffentlichung die Möglichkeit des Einstellens auf der Internet-Seite des Emittenten gewählt, ist auch der Nachtrag auf der Internet-Seite des Emittenten zu veröffentlichen.[45]

Die früher zwingende Hinweisbekanntmachung des § 14 Abs. 3 S. 2 aF ist mit Wirkung zum 25.12.2008 weggefallen. Der Emittent ist allerdings gem. § 8 b Abs. 2 Nr. 10 HGB verpflichtet, im Fall der Veröffentlichung eines Nachtrags eine entsprechende Mitteilung im Unternehmensregister zu veröffentlichen.[46]

14 Derjenige Umstand, der zu einer Nachtragspflicht nach § 16 führt, kann zugleich auch eine Insiderinformation (§ 13 WpHG) sein, die eine **Ad-hoc-Veröffentlichungspflicht** gem. § 15 WpHG auslöst.[47] Im Gegensatz zu dem Nachtrag nach § 16 bedarf die Ad-hoc-Mitteilung nach § 15 WpHG keiner vorhergehenden Billigung durch die BaFin oder einer anderen Aufsichtsbehörde. Nach der amtlichen Begründung zu § 16 Abs. 1 soll die Ad-hoc-Veröffentlichungspflicht gem. § 15 WpHG grundsätzlich Vorrang gegenüber der Pflicht zur Veröffentlichung eines Nachtrags gem. § 16 haben, da die Veröffentlichung der Ad-hoc-Mitteilung regelmäßig zeitlich vor Ablauf der Frist für die Billigung des Nachtrags erfolgen wird.[48] Allerdings ist unverzüglich nach Veröffentlichung des Umstandes gem. § 15 WpHG ein entsprechender ergänzender Hinweis in den Prospekt aufzunehmen und in der gleichen Art wie der Prospekt zu veröffentlichen.[49] Dies entspricht dem Kongruenzgebot des § 15 Abs. 4 und Abs. 5. Dieser Hinweis bedarf nicht der Billigung durch die BaFin und geschieht regelmäßig durch Einbeziehung in Form eines Verweises gem. § 11.[50]

15 Nach der Regierungsbegründung ist das Verhältnis von § 15 WpHG zu § 16 WpPG jedoch anders zu beurteilen, wenn Wertpapiere öffentlich angeboten werden, die zum Handel an einem organisierten Markt zugelassen werden sollen, also im Fall eines IPOs oder Secondary Offerings. Da während der Zeichnungsfrist häufig eine besondere Anlagestimmung herrsche, könne auf den Schutzmechanismus des § 16 nicht verzichtet werden.[51] Für einen Umstand, der eine Veröffentlichungspflicht gem. § 15 WpHG auslöst, besteht deshalb eine Nachtragspflicht gem. § 16. Der Nachtrag ist dann frühestens zum Zeitpunkt der Veröffentlichung der Mitteilung nach § 15 WpHG zu veröffentlichen.[52]

16 Damit die Zusammenfassung und etwaige Übersetzungen über den durch den Nachtrag aktualisierten Informationsstand verfügen, fordert **Abs. 2**, dass auch die Zusammenfassung des Prospekts und etwaige Übersetzungen um die im Nachtrag enthaltenen Informationen zu ergänzen sind. Auch diese Vorschrift dient dazu, dem Publikum einen erleichterten Zugang zu diesen Informationen zu ermöglichen.[53]

17 Es ist unklar, welche Rechtsfolgen die Prospektverantwortlichen treffen, wenn Sie ihrer Pflicht zur Veröffentlichung eines Nachtrags nicht nachkommen, indem sie der BaFin keinen Nachtrag zur Billigung vorlegen.[54] Zur Ungültigkeit des Prospekts im Sinne des § 9 Abs. 1 Hs 2 kommt es nur bei künftigen Emissio-

---

41 *Müller*, WpPG, § 16 Rn 2; Assmann/Schlitt/von Kopp-Colomb/*Seitz*, § 16 WpPG Rn 96; BegrRegE, BT-Drucks. 15/4999, S. 36.
42 *Lawall/Maier*, DB 2012, 2503, 2505; *Apfelbacher/Metzner*, BKR 2006, 81, 86.
43 BegrRegE, BT-Drucks. 15/4999, S. 36.
44 So ausdrücklich Holzborn/*Rauch*, § 16 WpPG Rn 22; Berrar/Meyer/Müller/Schnorbus/Singhof/Wolf/*Berrar*, § 16 Rn 125; Schwark/Zimmer/*Heidelbach*, Kapitalmarktrechts-Kommentar, § 16 WpPG Rn 34; *Groß*, Kapitalmarktrecht, § 16 WpPG Rn 11; *Heidelbach/Preuße*, BKR 2006, 316, 321; aA Assmann/Schlitt/von Kopp-Colomb/*Seitz*, § 16 WpPG Rn 99; Just/Voß/Ritz/Zeising/Friedl/*Ritz*, § 16 Rn 139, die jeweils die Gleichrangigkeit der Veröffentlichungsarten gem. § 14 Abs. 2 betonen.
45 *Groß*, Kapitalmarktrecht, § 16 WpPG Rn 11; Holzborn/*Rauch*, § 16 WpPG Rn 22 (mit dem Hinweis, dass eine ausschließliche Veröffentlichung des Nachtrags auf der Internetseite des Emittenten unzulässig ist).
46 Assmann/Schlitt/von Kopp-Colomb/*Seitz*, § 16 WpPG Rn 101.
47 Ausführlich zum Verhältnis von Ad-hoc-Pflicht zur Nachtragspflicht Berrar/Meyer/Müller/Schnorbus/Singhof/Wolf/*Berrar*,

§ 16 Rn 167 ff; Assmann/Schlitt/von Kopp-Colomb/*Schlitt/Schäfer*, § 16 WpPG Rn 137 ff; vgl auch *Ekkenga/Maas*, in: Kümpel/Hammen/Ekkenga, Kapitalmarktrecht, Kap. 055, Rn 248.
48 BegrRegE, BT-Drucks. 15/4999, S. 36; das Fehlen einer ausdrücklichen Subsidiaritätsklausel im bemängelnd Holzborn/*Rauch*, § 16 WpPG Rn 30; krit. auch *Ekkenga*, BB 2005, 561, 564, der für eine Subsidiaritätsklausel entsprechend § 10 Abs. 6 WpÜG plädiert.
49 Vgl BegrRegE, BT-Drucks. 15/4999, S. 36, wonach auch eine zeitgleiche Veröffentlichung des Hinweises mit der Veröffentlichung gem. § 15 WpHG erfolgen kann.
50 Holzborn/*Rauch*, § 16 WpPG Rn 29; Holzborn/*Israel*, ZIP 2005, 1668, 1674.
51 BegrRegE, BT-Drucks. 15/4999, S. 36; vgl auch *Kullmann/Sester*, WM 2005, 1068, 1075.
52 BegrRegE, BT-Drucks. 15/4999, S. 36.
53 BegrRegE, BT-Drucks. 15/4999, S. 36.
54 Vgl *Ekkenga*, BB 2005, 561, 564.

nen, nicht jedoch bei laufenden Emissionen.[55] Die Bußgeldvorschrift des § 35 Abs. 1 Nr. 9 greift in diesem Fall nicht. Denn nach dieser Bestimmung ist nur die Unterlassung der Veröffentlichung von bereits von der BaFin gebilligten Prospekten (und Nachträgen) bußgeldbewehrt, nicht jedoch, wenn der BaFin überhaupt kein Nachtrag zur Billigung eingereicht wird. Insoweit erschienen dem Gesetzgeber die Sanktionen des Haftungsrechts und des Strafrechts (vgl § 264a StGB) für ausreichend, um den Anlegerschutz zu gewährleisten.[56]

Zwar hat die BaFin gem. § 26 Abs. 4 S. 1 ein öffentliches Angebot zu untersagen, wenn der Prospekt oder das Registrierungsformular nicht mehr nach § 9 gültig ist. § 9 hat jedoch nur Bedeutung für weitere, zukünftige Emissionen.[57] Nur im Hinblick auf eine solche Emission hat der Prospekt keine Gültigkeit mehr, wenn die Ergänzung durch erforderliche Nachträge gem. § 16 nicht erfolgt. Daher kann auch keine Untersagung eines öffentlichen Angebots aufgrund eines für dieses Angebot gebilligten Prospektes, der nicht durch die erforderlichen Nachträge ergänzt wurde, durch die BaFin erfolgen.

Dessen ungeachtet finden die spezialgesetzlichen Prospekthaftungsregeln auf den Nachtrag Anwendung.[58] Da der Nachtrag wie der Prospekt selbst zu behandeln ist, gelten insbesondere die Prospekthaftungsvorschriften im Zusammenhang mit einem fehlerhaften Prospekt (§§ 21 bis 23).[59] Wird entgegen der Pflicht des § 16 überhaupt kein Nachtrag veröffentlicht, so setzen sich die Prospektverantwortlichen der Gefahr von Haftungsansprüchen wegen eines nun fehlerhaften Prospekts aus.

C. Widerrufsrecht (Abs. 3)

Abs. 3 sieht in Umsetzung von Art. 16 Abs. 2 der Prospektrichtlinie erstmals im deutschen Recht ein Widerrufsrecht für Anleger vor, die vor der Veröffentlichung des Nachtrags eine auf den Erwerb oder die Zeichnung der Wertpapiere gerichtete Willenserklärung abgegeben haben.[60] In Umsetzung der Änderungsrichtlinie wurde Abs. 3 durch das Gesetz zur Umsetzung der Richtlinie 2010/73/EU und zur Änderung des Börsengesetzes neu gefasst.

Die Widerrufsfrist beträgt zwei Werktage und beginnt mit der Veröffentlichung des Nachtrags. Das Widerrufsrecht endet mit Ablauf der für das Widerrufsrecht im Nachtrag festgelegten Frist, die mindestens zwei Werktage ab der Veröffentlichung des Nachtags betragen muss. Da der Emittent und/oder der Anbieter die Widerrufsfrist verlängern können (Abs. 3 S. 2), ist die Widerrufsfrist gem. Abs. 3 S. 3 Hs 2 im Nachtrag anzugeben.[61]

Nach der Neufassung des Abs. 3 kann das Widerrufsrecht nunmehr auch nach Erfüllung des Geschäfts – dh nach der Einbuchung der Wertpapiere in das Depot des Anlegers – ausgeübt werden, sofern der nachtragspflichtige Umstand vor dem endgültigen Schluss des öffentlichen Angebots und vor der Lieferung der Wertpapiere eingetreten ist.[62] Nach der Regierungsbegründung besteht das Widerrufsrecht der Anleger allerdings wegen des Eintritts eines wichtigen „neuen" Umstands iSd Abs. 1 S. 1 nur in dem Fall, wenn die Willenserklärung des Anlegers *nach* dem Eintritt des nachtragspflichtigen Umstands abgegeben wurde, da diese neuen Umstände nicht bereits im ursprünglichen Prospekt genannt werden konnten.[63] Diese teleologische Reduktion des Abs. 3 S. 1 in den betreffenden Fällen ist zu begrüßen.[64]

Das Widerrufsrecht wegen im Nachtrag dargestellter wesentlicher Unrichtigkeiten besteht dagegen unbeschränkt.

Hat der Anleger trotz zuvor ergangener Ad-hoc-Mitteilung Wertpapiere erworben, ist ihm das Widerrufsrecht aufgrund einer teleologischen Reduktion versperrt. Weder der Wortlaut des Abs. 3 noch die Regelung des § 15 WpHG enthalten eine Einschränkung des Widerrufsrechts auf diesen Fall. Eine Ausübung des Widerrufsrechts wäre insoweit aber als *venire contra factum proprium* unzulässig, so dass das Widerrufsrecht in solch einem Fall ausgeschlossen ist.[65]

---

55 Just/Voß/Ritz/Zeising/*Friedl/Ritz*, § 16 Rn 182.
56 Schwark/Zimmer/*Heidelbach*, Kapitalmarktrechts-Kommentar, § 16 WpPG Rn 52.
57 Assmann/Schlitt/von Kopp-Colomb/*Seitz*, § 9 WpPG Rn 40; Just/Voß/Ritz/Zeising/*Friedl/Ritz*, § 16 Rn 184.
58 Ausführlich zur Prospekthaftung etwa *Mülbert/Steup*, in: Habersack/Mülbert/Schlitt (Hrsg.), Unternehmensfinanzierung am Kapitalmarkt, 2008, § 33 Rn 13 ff, *Krämer*, in: Marsch-Barner/Schäfer (Hrsg.), Handbuch börsennotierte AG, 2009 § 10 Rn 482 ff.
59 *Mülbert/Steup*, in: Habersack/Mülbert/Schlitt (Hrsg.), Unternehmensfinanzierung am Kapitalmarkt, 2008, § 33 Rn 26.
60 *Groß*, Kapitalmarktrecht, § 16 WpPG Rn 13; Schwark/Zimmer/*Heidelbach*, Kapitalmarktrechts-Kommentar, § 16 Rn 41.
61 *Groß*, Kapitalmarktrecht, § 16 WpPG Rn 14; RegBegr, BT-Drucks. 17/8684, S. 20.
62 *Groß*, Kapitalmarktrecht, § 16 WpPG Rn 14; *Müller*, WpPG, § 16 Rn 8; Heidelbach/Preuße, BKR 2012, 397, 403; BegrRegE, BT-Drucks. 17/8684, S. 20.
63 BegrRegE, BT-Drucks. 15/4999, S. 36.
64 So auch *Müller*, WpPG, § 16 Rn 9; krit. hingegen Holzborn/*Rauch*, § 16 WpPG Rn 24.
65 Holzborn/*Rauch*, § 16 WpPG Rn 25; Just/Voß/Ritz/Zeising/*Friedl/Ritz*, § 16 Rn 162; Schlitt/*Schäfer*, AG 2005, 498, 507; vgl auch Berrar/Meyer/Müller/Schnorbus/Singhof/Wolf/*Berrar*, § 16 Rn 159.

21a Sofern Wertpapiere sowohl am organisierten Markt gehandelt werden als auch parallel öffentlich angeboten werden, ergibt sich ein Widerrufsrecht ausschließlich für den Kauf von denjenigen Wertpapieren, die aufgrund des öffentlichen Angebots und nicht über den Handel erworben wurden, so dass der reibungslose Ablauf des Handels weiterhin gewährleistet bleibt.[66]

22 Nach Abs. 3 S. 4 ist § 8 Abs. 1 S. 4 und 5 auf den Widerruf mit der Maßgabe entsprechend anwendbar, dass an die Stelle der im Prospekt als Empfänger des Widerrufs bezeichneten Person die im Nachtrag als Empfänger des Widerrufs bezeichnete Person tritt. Danach muss der Widerruf **keine Begründung** enthalten und ist in **Textform** (§ 126 b BGB) gegenüber der im Nachtrag als Empfänger des Widerrufs bezeichneten Person zu erklären; zur Fristwahrung genügt die rechtzeitige Absendung (§ 8 Abs. 1 S. 4).
Gem. § 8 Abs. 1 S. 5 ist auf die Rechtsfolgen des Widerrufs § 357 BGB entsprechend anzuwenden, so dass sich das Rechtsverhältnis *ex nunc* in ein Rückgewährschuldverhältnis umwandelt.[67] Nach der Neufassung des § 16 Abs. 3 kommt es in Bezug auf den zeitlichen Rahmen des Widerrufsrechts nicht mehr auf die Erfüllung des Geschäfts an.[68] Die in Hinblick auf die Rechtsfolgen des § 16 Abs. 3 aF angezeigte eingeschränkte Auslegung des § 357 BGB ist damit nicht mehr erforderlich.

23 Über das Widerrufsrecht muss gem. Abs. 3 S. 3 Hs 1 an hervorgehobener Stelle im Nachtrag belehrt werden. Nach Aussage der BaFin muss die Belehrung über das Widerrufsrecht „ins Auge springen", was durch einen Hinweis an ausgewählter Stelle, also am Anfang oder am Ende des Nachtrags, in Fettdruck erfolgen kann.[69]

24 Für die Belehrung akzeptiert die BaFin folgende Formulierung:[70]

> ▶ „Nach § 16 Abs. 3 Wertpapierprospektgesetz haben Anleger, die vor der Veröffentlichung des Nachtrags eine auf den Erwerb oder die Zeichnung der Wertpapiere gerichtete Willenserklärung abgegeben haben, das Recht, diese innerhalb von 2 Werktagen nach Veröffentlichung des Nachtrags zu widerrufen, sofern der neue Umstand oder die Unrichtigkeit gem. § 16 Abs. 1 Wertpapierprospektgesetz vor dem endgültigen Schluss des öffentlichen Angebots und vor der Lieferung der Wertpapiere eingetreten ist. Der Widerruf muss keine Begründung enthalten und ist in Textform gegenüber derjenigen Stelle zu erklären, bei der der betreffende Anleger seine auf den Erwerb der angebotenen Aktien gerichtete Willenserklärung abgegeben hat. Zur Fristwahrung genügt die rechtzeitige Absendung der Widerrufserklärung." ◀

D. Nachtragspflicht und Prospekthaftung

25 Kommen die Prospektverantwortlichen ihrer Nachtragspflicht nicht nach, trifft sie grundsätzlich die Prospekthaftung gem. §§ 21 bis 23. Die Veröffentlichung des Nachtrags lässt die einmal entstandene Prospekthaftung gegenüber Anlegern, die im Vertrauen auf den unrichtigen Prospekt Wertpapiere erworben haben nicht entfallen.[71] Für die Prospekthaftung kommt es allerdings entscheidend darauf an, wann der neue Umstand entstanden ist: Sofern der betreffende Umstand erst nach Abschluss des Kaufvertrages entstand, war der Prospekt zu diesem Zeitpunkt richtig, so dass eine Prospekthaftung nicht in Betracht kommt.[72]

26 Sofern ein Nachtrag veröffentlicht wird, der den Anleger zum Widerruf berechtigt, und der Anleger sein Widerrufsrecht verstreichen lässt, entfällt die Haftung der Prospektverantwortlichen nach dem Rechtsgedanken des § 23 Abs. 2 Nr. 4.[73]

27 Eine Prospekthaftung trifft die Prospektverantwortlichen auch dann nicht, wenn der Anleger seine Willenserklärung *vor* dem Eintritt des nachtragspflichtigen Umstands abgegeben hat. Denn zu diesem Zeitpunkt lag kein unrichtiger oder unvollständiger Prospekt vor, der eine Prospekthaftung gem. §§ 21 bis 23 auslösen könnte.[74] Daher besteht in diesem Fall für den Anleger auch kein Widerrufsrecht iSd § 16 Abs. 3 S. 1.

---

[66] *Groß*, Kapitalmarktrecht, § 16 WpPG Rn 15; *Müller*, WpPG, § 16 Rn 8; RegBegr, BT-Drucks. 17/8684, S. 20.

[67] *Müller*, WpPG, § 16 Rn 9; *Groß*, Kapitalmarktrecht, § 16 WpPG Rn 16; *Lawall/Maier*, DB 2012, 2503, 2506.

[68] *Lawall/Maier*, DB 2012, 2503, 2505; *Groß*, Kapitalmarktrecht, § 16 WpPG Rn 14.

[69] BaFin-Präsentation „Wertpapierprospektgesetz – Hinterlegungsverfahren/Notifizierungsverfahren" v. 29.5.2006, S. 26; vgl auch Berrar/Meyer/Müller/Schnorbus/Singhof/Wolf/*Berrar*, § 16 WpPG Rn 163; Assmann/Schlitt/von Kopp-Colomb/*Seitz*, § ´16 WpPG Rn 87.

[70] Angepasst an die aktuelle Fassung des § 16 und in enger Anlehnung an ein Muster auf der Website der BaFin, abrufbar unter <http://www.bafin.de/SharedDocs/Downloads/DE/Formular/WA/fo_muster_nachtragemission_wppg16_1.html> (zuletzt abgerufen am 31. Januar 2013).

[71] Berrar/Meyer/Müller/Schnorbus/Singhof/Wolf/*Berrar*, § 16 Rn 159; *Groß*, Kapitalmarktrecht, § 16 WpPG Rn 17; *Müller*, WpPG, § 16 Rn 9.

[72] Berrar/Meyer/Müller/Schnorbus/Singhof/Wolf/*Berrar*, § 16 Rn 161; Just/Voß/Ritz/Zeising/Friedl/*Ritz*, § 16 Rn 192; *Groß*, Kapitalmarktrecht, § 16 WpPG Rn 17 (dort Fn 54).

[73] So auch *Groß*, Kapitalmarktrecht, § 16 WpPG Rn 18; Just/Voß/Ritz/Zeising/Friedl/*Ritz*, § 16 Rn 205 (zu § 45 Abs. 2 Nr. 4 BörsG aF); vgl auch *Müller*, WpPG, § 11 Rn 9; zweifelnd Hamann/Schäfer/*Hamann*, § 16 WpPG Rn 27 (zu § 45 Abs. 2 Nr. 4 BörsG aF).

[74] *Groß*, Kapitalmarktrecht, § 16 WpPG Rn 17 b; vgl auch *Oulds*, WM 2011, 1452, 1460; BegrRegE, BT-Drucks. 15/4999, S. 36.

Obwohl für Nachträge grundsätzlich die Regelungen über den Prospekt gelten, ist § 24 nicht für fehlende Nachträge anwendbar. Denn § 24 gilt nur, wenn überhaupt kein Prospekt vorliegt; nicht jedoch, wenn ein Prospekt ohne den erforderlichen Nachtrag vorliegt.[75]

Anhang zu § 16[1] Musterformulierungen der BaFin[1]

Die BaFin hält auf ihren Internetseiten zwei Muster zum Abruf bereit.

1. **Muster eines Nachtrags nach § 16 Abs. 1 Wertpapierprospektgesetz**

▶ Nachtrag nach § 16 Abs. 1 Wertpapierprospektgesetz der [Firma des Emittenten] **vom** [Datum des Nachtrages] **zum bereits veröffentlichten** [einteiligen oder dreiteiligen Prospekt oder Basisprospekt] **vom** [Datum des einteiligen oder dreiteiligen Prospekts oder Basisprospekts] **betreffend die Emission** von [Art der zu begebenden Wertpapiere, zB Aktien].

Nach § 16 Abs. 3 Wertpapierprospektgesetz haben Anleger, die vor der Veröffentlichung des Nachtrags eine auf den Erwerb oder die Zeichnung der Wertpapiere gerichtete Willenserklärung abgegeben haben, das Recht, diese innerhalb von 2 Werktagen nach Veröffentlichung des Nachtrags zu widerrufen, sofern der neue Umstand oder die Unrichtigkeit gemäß § 16 Abs. 1 Wertpapierprospektgesetz vor dem endgültigen Schluss des öffentlichen Angebots und vor der Lieferung der Wertpapiere eingetreten ist. Der Widerruf muss keine Begründung enthalten und ist in Textform gegenüber derjenigen Stelle zu erklären, bei der der betreffende Anleger seine auf den Erwerb der angebotenen Aktien gerichtete Willenserklärung abgegeben hat. Zur Fristwahrung genügt die rechtzeitige Absendung der Widerrufserklärung.

Der Widerruf ist zu richten an: [Name/Firma und ladungsfähige Anschrift des Widerrufsempfängers].[3]

Die [Firma des Emittenten] gibt folgende, zum [Datum des Nachtrags] eingetretene Veränderungen im Hinblick auf den bereits veröffentlichten [einteiligen oder dreiteiligen Prospekt oder Basisprospekt] vom [Datum des einteiligen oder dreiteiligen Prospekts oder Basisprospekts], bekannt:

Zum Beispiel:
1. Offenlegung neuer Finanzangaben.
2. Erweiterung der Geschäftstätigkeit. Neben Produkt C wird zukünftig auch Produkt D und E vertrieben.
3. Die Vorstände T und V wurden durch die Herren X und Y ersetzt.

Der bereits veröffentlichte [einteilige oder dreiteilige Prospekt oder Basisprospekt] ist bei/in [Angabe des Ortes] erhältlich (falls in gedruckter Form veröffentlicht) und wird bei [Angabe des Ortes] während [Angabe der Frist] zur kostenlosen Ausgabe an das Publikum bereitgehalten (falls im Internet veröffentlicht) und die Anleger können hiervon bei/in [Angabe des Ortes] eine Papierfassung kostenlos erhalten.

[Ort, Datum des Nachtrags, Firma des Emittenten] ◀

Ein Nachtrag nach § 16 Abs. 1 Wertpapierprospektgesetz muss folgende Mindestangaben enthalten:

- eindeutige Angabe, dass es sich um einen Nachtrag nach § 16 Abs. 1 Wertpapierprospektgesetz handelt,
- Datum oder Nummer des betreffenden Nachtrags,
- eine Belehrung über das Widerrufsrecht nach § 16 Abs. 3 Wertpapierprospektgesetz an hervorgehobener Stelle,
- Dazugehöriger einteiliger oder dreiteiliger Prospekt oder Basisprospekt (einschließlich dazugehöriger Nachträge nach § 16 Wertpapierprospektgesetz) mit Angabe des diesbezüglichen Datums,
- eine Erklärung dahin gehend, dass ein einteiliger oder dreiteiliger Prospekt oder Basisprospekt veröffentlicht wurde und wo er erhältlich ist; für den Fall, dass der einteilige oder dreiteilige Prospekt oder Basisprospekt in gedruckter Form veröffentlicht wurde, Angabe des Ortes und der Frist, wo bzw. während deren der einteilige oder dreiteilige Prospekt oder Basisprospekt zur kostenlosen Ausgabe an das Publikum bereitgehalten wird; für den Fall, dass der einteilige oder dreiteilige Prospekt oder Basisprospekt im Internet veröffentlicht wurde, Angabe des Ortes, an dem die Anleger eine Papierfassung kostenlos erhalten können,
- Art des Wertpapiers (zB Call/Put – (Aktien/Währungen/Index) Optionsschein, gerichtet auf Zahlung eines Differenzbetrages/Lieferung von Aktien etc.).

---

75 Ebenso *Klöhn*, DB 2005, 1854, 1858.
1 Teilweise nur in enger Anlehnung und angepasst an die aktuelle Fassung des § 16 WpPG.
3 Widerrufsempfänger ist derjenige, gegenüber dem der Anleger eine auf den Erwerb oder die Zeichnung der Wertpapiere gerichtete Willenserklärung abgibt.

2. Muster eines Antrags auf Billigung eines Nachtrags

30 ▶ Firma XYZ, Musterstraße 123, 12345 Musterstadt

Bundesanstalt für Finanzdienstleistungsaufsicht

Referat ☐ PRO 1 ☐ PRO 2

Marie-Curie-Straße 24-28

60439 Frankfurt am Main

[aktuelles Datum]

Nachtrag gemäß § 16 Abs. 1 Wertpapierprospektgesetz zum

☐ Basisprospekt
☐ Prospekt als einziges Dokument iSv § 12 Abs. 1 S. 1 WpPG
☐ Prospekt bestehend aus mehreren Einzeldokumenten iSv § 12 Abs. 1 S. 1 WpPG vom [Datum] für [Art der zu begebenden Wertpapiere]

Art der Bekanntmachung: ☐ Neuerung ☐ Änderung

Sehr geehrte Damen und Herren,

zur Billigung gemäß § 16 Abs. 1 Wertpapierprospektgesetz überreichen wir Ihnen anbei ein unterschriebenes Exemplar eines gemäß § 16 Wertpapierprospektgesetz erstellten Nachtrages.

Die Veröffentlichung des oben genannten Nachtrages erfolgt unverzüglich nach Billigung in [einer Form gemäß § 14 Abs. 2 Nr. 1–4].

Mit freundlichen Grüßen

Firma XYZ ◀

Abschnitt 4
Grenzüberschreitende Angebote und Zulassung zum Handel

§ 17 Grenzüberschreitende Geltung gebilligter Prospekte

(1) Soll ein Wertpapier auch oder ausschließlich in einem oder mehreren anderen Staaten des Europäischen Wirtschaftsraums öffentlich angeboten oder zum Handel an einem organisierten Markt zugelassen werden, so ist unbeschadet des § 29 der von der Bundesanstalt gebilligte Prospekt einschließlich etwaiger Nachträge in beliebig vielen Aufnahmestaaten ohne zusätzliches Billigungsverfahren für ein öffentliches Angebot oder für die Zulassung zum Handel gültig, sofern die Europäische Wertpapier- und Marktaufsichtsbehörde und die zuständige Behörde jedes Aufnahmestaates nach § 18 unterrichtet werden.

(2) ¹Sind seit der Billigung des Prospekts wichtige neue Umstände oder wesentliche Unrichtigkeiten im Sinne von § 16 aufgetreten, hat die Bundesanstalt vom Anbieter oder Zulassungsantragsteller die Einreichung eines Nachtrags zum Prospekt zur Billigung und dessen Veröffentlichung zu verlangen. ²Hat die Bundesanstalt Anhaltspunkte dafür, dass ein Nachtrag nach § 16 zu veröffentlichen ist, kann sie diese nach § 28 der zuständigen Behörde des Herkunftsstaates übermitteln.

(3) Ein von der zuständigen Behörde eines anderen Staates des Europäischen Wirtschaftsraums gebilligter Prospekt einschließlich etwaiger Nachträge ist in der Bundesrepublik Deutschland ohne zusätzliches Billigungsverfahren für ein öffentliches Angebot oder für die Zulassung zum Handel gültig, sofern die Bundesanstalt nach den § 18 entsprechenden Vorschriften des Herkunftsstaates unterrichtet wird und die Sprache des Prospekts die Anforderungen des § 19 Abs. 4 und 5 erfüllt.

1 Die Vorschrift dient der Umsetzung von Art. 17 der Prospektrichtlinie und regelt die grenzüberschreitende Geltung gebilligter Prospekte. Wesentliche Neuerung ist die Tatsache, dass künftig Wertpapiere auf der Grundlage eines einzigen Billigungsverfahrens im Europäischen Wirtschaftsraum öffentlich angeboten bzw. zum Handel an einem organisierten Markt zugelassen werden können. Dadurch, dass nach neuem Recht keine separate Prüfung und Billigung des Prospekts durch die Aufsichtsbehörde des jeweiligen Aufnahme-

mitgliedstaates[1] mehr erfolgt, wurde ein sog. **Europäischer Pass**[2] für Wertpapieremittenten geschaffen. Von der Wirkung des Europäischen Passes sind Prospekte (ein- oder dreiteilig), Basisprospekte nach § 6 und Nachträge nach § 16 erfasst. Nicht erfasst sind hingegen die endgültigen Bedingungen, auf deren Angabe in einem Basisprospekt verzichtet werden kann (sog. **Final Terms**), da diese von der zuständigen Behörde nicht geprüft werden. Gegenstand des Europapasses können auch nicht sein das Registrierungsformular und die Wertpapierbeschreibung als solche. Dies lässt sich dem Wortlaut sowohl der Richtlinie als auch des WpPG entnehmen, da die jeweilige Norm auf den Prospekt (einschließlich etwaiger Nachträge) als solchen und nicht auf dessen einzelne Bestandteile abstellt. Zu beachten ist ferner, dass die Notifizierung lediglich die Billigung des Prospekts im Aufnahmestaat ersetzt, nicht aber die dort geltenden Veröffentlichungspflichten. Diesen ist ggf gesondert nachzukommen.

Abs. 1 ist auf Art. 17 Abs. 1 der Prospektrichtlinie zurückzuführen und regelt die gemeinschaftsweite Geltung von Prospekten.[3] Danach kann ein von der BaFin gebilligter Prospekt[4] unter Beachtung des Unterrichtungserfordernisses gemäß § 18 (sog. Bescheinigung der Billigung) und der Sprachenregelung des jeweiligen Aufnahmestaates[5] in beliebig vielen Aufnahmestaaten ohne zusätzliches Billigungsverfahren für ein öffentliches Angebot oder für die Zulassung zum Handel verwendet werden.[6] Die Kontrolle von Wertpapierprospekten obliegt in grenzüberschreitenden Fällen somit ausschließlich der Herkunftsbehörde. Im Gegensatz zum bisher geltenden Verfahren der gegenseitigen Anerkennung von gebilligten Prospekten[7] steht den zuständigen Behörden im Aufnahmemitgliedstaat kein Prüfungsrecht mehr zu; weder können sie – wie bisher – die Aufnahme zusätzlicher, spezifischer Angaben für den jeweiligen Markt des Landes verlangen noch die Gleichwertigkeit von Ausnahmeregelungen beurteilen.[8] Auch eine vollständige Übersetzung des bereits gebilligten Prospekts in die eigene Landessprache kann von den zuständigen Behörden im Aufnahmemitgliedstaat nicht mehr gefordert werden.[9] Es kann lediglich eine Übersetzung der Zusammenfassung in die jeweilige offizielle Landessprache bzw -sprachen verlangt werden.[10]

Abs. 2 ist auf Art. 17 Abs. 2 der Prospektrichtlinie zurückzuführen und regelt in S. 1 die Voraussetzungen, unter denen die BaFin die Einreichung eines Nachtrags zum Prospekt zur Billigung und dessen Veröffentlichung zu verlangen hat.[11] Laut amtlicher Begründung[12] steht diese Befugnis der BaFin allein im öffentlichen Interesse zu. Adressaten der Nachtragspflicht sind auch im Fall eines bescheinigten Prospekts der Anbieter bzw der Zulassungsantragsteller. Begründet wird dies mit der Tatsache, dass nur diese den erforderlichen Einblick in die Verhältnisse haben, die eine Nachtragspflicht nach § 16 auslösen.[13] In S. 2 weist Abs. 2 darauf hin, dass die BaFin, sofern sie Anhaltspunkte für ein Nachtragserfordernis hat, diese Anhaltspunkte der zuständigen Behörde des Herkunftsstaates iSv Art. 2 Abs. 1 (m) der Prospektrichtlinie nach § 23 übermitteln kann. Die Einreichung eines Nachtrags zum Prospekt zur Billigung und dessen Veröffentlichung kann sie in diesem Fall nicht verlangen.

Abs. 3 ist ebenfalls auf Art. 17 Abs. 1 der Prospektrichtlinie zurückzuführen und regelt die Gültigkeit eines Prospekts einschließlich etwaiger Nachträge, der von der zuständigen Behörde eines anderen Staats des Europäischen Wirtschaftsraums gebilligt worden ist. Dieser Prospekt ist in der Bundesrepublik Deutschland ohne zusätzliches Billigungsverfahren für ein öffentliches Angebot oder für die Zulassung zum Handel gültig, sofern die BaFin nach den dem § 18 entsprechenden Vorschriften des Herkunftsstaates[14] unterrichtet wird und die Sprache des Prospekts die Anforderungen des § 19[15] erfüllt.[16] Die Veröffentlichung des Prospekts richtet sich in diesem Fall nach § 14 Abs. 2. Zu beachten sind hierbei die Folgepflichten des § 14

---

1 Zu dem Begriff des Aufnahmestaates vgl die Kommentierung zu § 2 Nr. 14.
2 Die Idee eines "Europäischen Passes" basiert auf einem Konsultationspapier des Forums europäischer Wertpapieraufsichtsbehörden FESCO (Forum of European Securities Commissions, dessen Nachfolgegremium CESR darstellt) vom 5.5.2000, vgl "A European Passport for Issuers", Ref. Fesco-99–098 e.
3 Das deutsche WpPG kann nicht anderen Rechtsordnungen vorschreiben, dass diese tatsächlich die von der BaFin gebilligten Prospekte anerkennen; dies ist eine Frage des Rechts des jeweiligen Aufnahmestaates. § 17 WpPG Abs. 1 entfaltet demnach rein deklaratorische Wirkung, vgl auch *Groß*, Kapitalmarktrecht, § 17 WpPG Rn 3 mwN.
4 Also in den Fällen, in denen Deutschland Herkunftsstaat im Sinne von § 2 Nr. 13 ist.
5 Zu den sprachlichen Anforderungen vgl die jeweilige Kommentierung zu § 19 Abs. 2 und 3.
6 Von der Möglichkeit der Notifizierung nach Abs. 1 wird rege Gebrauch gemacht; so wurden zwischen 1.1.2009 und 30.6.2009 bei den ausgehenden Notifizierungen 188 Prospekte – exklusive etwaiger Nachträge nach § 16 – gezählt.
7 §§ 14, 15 VerkProspG aF; §§ 34, 35 BörsG aF.
8 Gerade die Befugnis nach altem Recht, die Aufnahme von länderspezifischen Zusatzangaben zu verlangen, trug dazu bei, dass das System der gegenseitigen Anerkennung nicht hinreichend funktionierte, vgl *Fürhoff/Ritz*, WM 2001, 2280, 2281 f; AnwK-AktienR/*Lenz*, 1. Aufl. 2002, § 15 VerkProspG Rn 1; AnwK-AktienR/*Willamowski*, 1. Aufl. 2002, § 35 BörsG Rn 5.
9 Art. 19 Abs. 2 Unterabs. 1 S. 2, Abs. 3 S. 2 der Prospektrichtlinie.
10 Vgl Fn 9.
11 Eine derartige Nachtragspflicht ergibt sich bereits aus § 16; zu dem damit verbundenen deklaratorischen Charakter des § 17 Abs. 2 S. 1 vgl *Groß*, Kapitalmarktrecht, § 17 WpPG Rn 4.
12 BegrRegE, BT-Drucks. 15/4999, S. 25, 37.
13 BegrRegE, BT-Drucks. 15/4999, S. 25, 37.
14 Vgl hierzu die Kommentierung zu § 18.
15 Vgl hierzu die jeweilige Kommentierung zu § 19 Abs. 4 und 5.
16 Von der Möglichkeit der Notifizierung nach Abs. 3 wird rege Gebrauch gemacht; so wurden zwischen 1.1.2009 und 30.6.2009 bei den eingegangenen Notifizierungen 222 Prospekte – exklusive Nachträge nach § 16 – gezählt.

Abs. 3, insbesondere die dort geregelte Pflicht zur Hinweisbekanntmachung. Da sich die zeitliche Gültigkeit des Prospekts nach dem Recht des Staates des Europäischen Wirtschaftsraums richtet, aufgrund dessen die Billigung erfolgt ist, hat die Übermittlung des Prospekts keinen Einfluss auf die zeitliche Gültigkeit.

§ 18 Bescheinigung der Billigung

(1) ¹Die Bundesanstalt übermittelt den zuständigen Behörden der Aufnahmestaaten und gleichzeitig der Europäischen Wertpapier- und Marktaufsichtsbehörde auf Antrag des Anbieters oder Zulassungsantragstellers innerhalb von drei Werktagen eine Bescheinigung über die Billigung des Prospekts, aus der hervorgeht, dass der Prospekt gemäß diesem Gesetz erstellt wurde, sowie eine Kopie dieses Prospekts. ²Wird der Antrag zusammen mit der Einreichung des Prospekts zur Billigung gestellt, so beträgt die Frist nach Satz 1 einen Werktag nach Billigung des Prospekts. ³Der Anbieter oder Zulassungsantragsteller hat dem Antrag die Übersetzungen der Zusammenfassung gemäß der für den Prospekt geltenden Sprachenregelung des jeweiligen Aufnahmemitgliedstaates beizufügen. ⁴Dem Anbieter oder Zulassungsantragsteller wird die Bescheinigung zur gleichen Zeit übermittelt wie den zuständigen Behörden der Aufnahmestaaten.

(2) Absatz 1 ist auf gebilligte Nachträge zum Prospekt entsprechend anzuwenden.

(3) Im Falle einer Gestattung nach § 8 Abs. 2 oder Abs. 3 sind die Vorschriften, auf denen sie beruht, in der Bescheinigung zu nennen und ihre Anwendung zu begründen.

(4) ¹Erhält die Bundesanstalt als zuständige Behörde des Aufnahmestaates Bescheinigungen über die Billigung von Prospekten und Prospektnachträgen nach den Absatz 1 Satz 1 entsprechenden Vorschriften eines Herkunftsstaates, veröffentlicht sie auf ihrer Internetseite eine Liste der übermittelten Bescheinigungen, gegebenenfalls einschließlich einer elektronischen Verknüpfung zu den Prospekten und Prospektnachträgen auf der Internetseite der zuständigen Behörde des Herkunftsstaates, des Emittenten oder des organisierten Marktes. ²Die Bundesanstalt hält die Liste nach Satz 1 stets auf dem aktuellen Stand und sorgt dafür, dass jeder Eintrag für mindestens zwölf Monate zugänglich ist.

1 Die Vorschrift dient der Umsetzung des Art. 18 der Prospektrichtlinie und regelt das Verwaltungsverfahren der Bescheinigung der Billigung eines Prospekts und gebilligter Nachträge als Voraussetzung der Verwendung eines gebilligten Prospektes in einem anderen Mitgliedstaat, das sog. Notifizierungsverfahren.

2 Gemäß Abs. 1 und Abs. 2 übermittelt die BaFin den zuständigen Behörden der Aufnahmestaaten[1] auf Antrag des Anbieters oder Zulassungsantragstellers innerhalb von drei Werktagen – in der Praxis früher – eine entsprechende Bescheinigung (Billigungsbescheinigung) in deutscher oder in einer in internationalen Finanzkreisen gebräuchlichen Sprache (also Englisch),[2] sowie eine Kopie des gebilligten Prospektes inklusive per Verweis einbezogener Dokumente bzw des Nachtrags. Zusätzlich übermittelt die BaFin ggf die vom Antragsteller erstellte Übersetzung der Zusammenfassung des Prospekts.[3] Andere Sprachfassungen, die für die Notifizierung nicht erforderlich sind, übermittelt die BaFin nicht.

3 Notifizierungsfähig sind nur solche Dokumente, die Gegenstand der Billigung durch die Herkunftstaatsbehörde sind, dh Prospekte (§ 5), Basisprospekte (§ 6) und Nachträge (§ 16). Hinsichtlich eines Basisprospekts kann nur dieser alleine, nicht aber die endgültigen Bedingungen, notifiziert werden. Für Letztere können jedoch – aufnahmestaatspezifisch – besondere Veröffentlichungspflichten bestehen.[4]

4 Der Notifizierungsantrag unterliegt keinen Formerfordernissen und hat die Angabe von Aufnahmestaat und -behörde und ggf eine Übersetzung der Zusammenfassung des Prospekts zum Gegenstand.

5 Bei der Berechnung der **Dreitagesfrist** wird der Tag der Antragstellung nicht mitgerechnet. Wird der Antrag zusammen mit der Einreichung des Prospekts zur Billigung gestellt, so beträgt die Frist einen Werktag nach Billigung des Prospekts. Problematisch ist die Bestimmung der Dreitagesfrist, wenn der Notifizierungsantrag zwar nicht zusammen mit der Prospekteinreichung, aber mehr als drei Werktage vor Prospektbilligung gestellt wird. Da die Billigungsbescheinigung denknotwendig erst nach Prospektbilligung übermittelt werden kann und die gesetzlichen Voraussetzungen für die Eintagesfrist des Abs. 1 S. 2 nicht vorliegen, ist davon auszugehen, dass die Dreitagesfrist in diesem Fall mit der Billigung des Prospekts zu laufen beginnt.[5]

---

[1] Siehe hierzu die Legaldefinition des § 2 Nr. 14.
[2] Siehe hierzu bereits RegBegr. Drittes Finanzmarktförderungsgesetz, BT-Drucks. 13/8933, S. 54, 74, 153; *Crüwell*, AG 2003, Fn 39; Dritte informelle Sitzung zur Umsetzung der Prospektrichtlinie vom 26.1.2005, Summary record, MARKT/G3/WG D (2005), S. 10, abrufbar unter <http://europa.eu.int/comm/internal_market/>.
[3] Zur Sprachenregelung siehe die Kommentierung zu § 19 Abs. 2 und 3; vgl CESR/07-520 vom 13.12.2007 zu den Anforderungen in den Mitgliedstaaten des EWR betreffend die etwaige Beifügung von Übersetzungen der Zusammenfassung.
[4] *Seitz*, AG 2005, 268.
[5] So auch *Kullmann/Sester*, WM 2005, 1068, 1069 f.

Die Frist für die Übermittlung der Bescheinigung der Billigung berechnet sich nach § 31 VwVfG in Verbindung mit den §§ 187 ff BGB.[6] Samstags erfolgen grundsätzlich keine Notifizierungen.
Die Aufnahmestaatbehörde bestätigt der notifizierenden Herkunftstaatbehörde per Email, ob sie die Notifizierung einschließlich einschlägiger Dokumente erhalten hat.[7] Dem Antragsteller muss eine Bestätigung über die erfolgte Notifizierung grundsätzlich nicht übermittelt werden. Anders jedoch mittlerweile die BaFin, die als Herkunftstaatbehörde dem Antragsteller eine Bestätigung[8] über die vorgenommene Notifizierung ausstellt (überobligatorisch).[9]

Ist **Deutschland Aufnahmemitgliedstaat** im Sinne des § 2 Nr. 14, so erhält die BaFin ebenfalls von der Herkunftsstaatsbehörde im Sinne des § 2 Nr. 13 die Billigungsbescheinigung, eine Kopie des gebilligten Prospekts (mit per Verweis einbezogenen Dokumenten) und ggf die vom Antragsteller erstellte Übersetzung der Zusammenfassung des Prospekts.[10] Die BaFin prüft weder den Prospekt noch die deutschsprachige Zusammenfassung.[11]

Abs. 3 regelt ausschließlich im öffentlichen Interesse,[12] dass bei der Nichtaufnahme von Angaben gemäß § 8 Abs. 2 oder 3 dies in der Bescheinigung zu nennen und zu begründen ist. Die Befreiung nach § 18 Abs. 2 hat dabei in der Praxis nur äußerst geringe Relevanz. Nur auf den ersten Blick problematisch ist der Hinweis auf die Nichtanwendbarkeit von Angaben gemäß § 8 Abs. 3, obwohl diese Ausnahme keine Befreiung durch die BaFin erfordert und diese somit gemäß den Vorschriften des WpPG in der Regel keine Kenntnis von der Anwendung des § 18 Abs. 3 durch den Prospektersteller hat. Hier hilft ein Blick in die ProspektVO[13] weiter. Art. 25 Abs. 4 und Art. 26 Abs. 3 der ProspektVO sehen vor, dass, wenn die Reihenfolge der Informationsbestandteile nicht mit derjenigen übereinstimmt, die in den Schemata und Modulen genannt wird, auf denen der Prospekt aufgebaut ist, die zuständige Herkunftslandbehörde eine sog. Überkreuz-Checkliste verlangen kann. Diese Checklisten gewährleisten in der Regel, dass die BaFin von der Anwendung des § 8 Abs. 3 Kenntnis erlangt. Von § 18 Abs. 3 nicht erfasst sind „Blankoklauseln", bei denen bestimmte Mindestangaben nicht gemacht werden können, da sie im konkreten Fall nicht vorhanden sind, vgl Erwägungsgrund 24 der ProspektVO.[14] Nach CESR/03-300 Rn 125 muss ein Emittent auch nur solche Angaben in den Prospekt aufnehmen, die auch vorliegen; andernfalls kann die Angabe weggelassen werden.

Abs. 4 geht auf Art. 5 Nr. 9 Unterabs. 2 der Richtlinie 2010/78/EU zurück und wurde durch das entsprechende Umsetzungsgesetz vom 24.11.2010 im Hinblick auf die Errichtung des Europäischen Finanzaufsichtssystems[15] neu eingefügt. Danach hat die BaFin erhaltene Bescheinigungen über die Billigung von Prospekten oder Prospektnachträgen in einer Liste auf ihrer Internetseite zu veröffentlichen, diese Liste stets zu aktualisieren und die dort enthaltenen Einträge für mindestens 12 Monate zugänglich zu halten.

Abschnitt 5
Sprachenregelung und Emittenten mit Sitz in Drittstaaten

§ 19 Sprachenregelung

(1) ¹Werden Wertpapiere, für die der Herkunftsstaat des Emittenten die Bundesrepublik Deutschland ist, im Inland öffentlich angeboten oder wird im Inland die Zulassung zum Handel an einem organisierten Markt beantragt und nicht auch in einem anderen Staat oder mehreren anderen Staaten des Europäischen Wirtschaftsraums, ist der Prospekt in deutscher Sprache zu erstellen. ²Die Bundesanstalt kann die Erstellung eines Prospekts in einer in internationalen Finanzkreisen gebräuchlichen Sprache gestatten, sofern der Prospekt auch eine Übersetzung der Zusammenfassung in die deutsche Sprache enthält und im Einzelfall

---

6 BegrRegE, BT-Drucks. 15/4999, 25, S. 37.
7 Vgl CESR/07-225 aus 06/2007, Rn 245.
8 Die Bestätigung durch die BaFin stellt keinen Verwaltungsakt sondern nur eine Mitteilung dar, auf die kein Rechtsanspruch besteht. Um Gewissheit über den Eingang der Notifizierung bei der Aufnahmestaatbehörde zu erhalten muss sich der Antragsteller direkt an diese wenden.
9 Nach Ziff. 5.3.11. des Vorschlags für eine Richtlinie des Europäischen Parlaments und des Rates vom 23.9.2009 (KOM (2009) 491 endgültig) zur Änderung der Richtlinie 2003/71/EG betreffend den Prospekt und der Richtlinie 2004/109/EG soll die bereits von der BaFin praktizierte Bestätigung an den Antragsteller in die Richtlinie aufgenommen werden, um den Antragsteller darüber in Kenntnis zu setzen ob und wann eine Notifizierung stattgefunden hat.
10 Vgl hierzu die Kommentierung zu § 19 Abs. 4 und 5.
11 Siehe hierzu die Kommentierung zu § 17 Abs. 3.
12 BegrRegE, BT-Drucks. 15/4999, 25, S. 37.
13 (Zweite) Berichtigung der Verordnung (EG) Nr. 809/2004 der Kommission vom 29.4.2004 zur Umsetzung der Richtlinie 2003/71/EG des Europäischen Parlaments und des Rates betreffend die in Prospekten enthaltenen Informationen sowie das Format, die Aufnahme von Informationen mittels Verweis und die Veröffentlichung solcher Prospekte und die Verbreitung von Werbung (ABl. EU Nr. L 186/3 vom 18.7.2005).
14 Just/Voß/Ritz/Zeising/*Zeising*, § 18 Rn 26.
15 BGBl. I 2011 S. 2427.

unter Berücksichtigung der Art der Wertpapiere eine ausreichende Information des Publikums gewährleistet erscheint.

(2) ¹Werden Wertpapiere, für die der Herkunftsstaat des Emittenten die Bundesrepublik Deutschland ist, nicht im Inland öffentlich angeboten und wird nicht im Inland die Zulassung an einem organisierten Markt beantragt, sondern nur in einem anderen Staat oder mehreren anderen Staaten des Europäischen Wirtschaftsraums, kann der Anbieter oder Zulassungsantragsteller den Prospekt nach seiner Wahl in einer von der zuständigen Behörde des Aufnahmestaates oder den zuständigen Behörden der Aufnahmestaaten anerkannten Sprache oder in einer in internationalen Finanzkreisen gebräuchlichen Sprache erstellen. ²In den Fällen des Satzes 1 ist der Prospekt zusätzlich in einer von der Bundesanstalt anerkannten oder in internationalen Finanzkreisen gebräuchlichen Sprache zu erstellen, sofern eine solche Sprache nicht bereits nach Satz 1 gewählt worden ist.

(3) ¹Werden Wertpapiere, für die der Herkunftsstaat des Emittenten die Bundesrepublik Deutschland ist, im Inland öffentlich angeboten oder wird im Inland die Zulassung an einem organisierten Markt beantragt und werden die Wertpapiere auch in einem anderen Staat oder mehreren anderen Staaten des Europäischen Wirtschaftsraums öffentlich angeboten oder wird auch dort die Zulassung zum Handel beantragt, ist der Prospekt in deutscher oder in einer in internationalen Finanzkreisen gebräuchlichen Sprache zu erstellen. ²Ist der Prospekt nicht in deutscher Sprache erstellt, muss er auch eine Übersetzung der Zusammenfassung in die deutsche Sprache enthalten.

(4) ¹Werden Wertpapiere, für die der Herkunftsstaat des Emittenten nicht die Bundesrepublik Deutschland ist, im Inland öffentlich angeboten oder wird im Inland die Zulassung zum Handel an einem organisierten Markt beantragt, kann der Prospekt in einer von der Bundesanstalt anerkannten Sprache oder in einer in internationalen Finanzkreisen gebräuchlichen Sprache erstellt werden. ²Ist der Prospekt nicht in deutscher Sprache erstellt, muss er auch eine Übersetzung der Zusammenfassung in die deutsche Sprache enthalten.

(5) Wird die Zulassung von Nichtdividendenwerten mit einer Mindeststückelung von 100 000 Euro zum Handel an einem organisierten Markt in einem Staat oder mehreren Staaten des Europäischen Wirtschaftsraums beantragt, kann der Prospekt in einer von der Bundesanstalt und der zuständigen Behörde des Aufnahmestaates oder den zuständigen Behörden der Aufnahmestaaten anerkannten Sprache oder in einer in internationalen Finanzkreisen gebräuchlichen Sprache erstellt werden.

1 Die Vorschrift basiert auf Art. 19 der Prospektrichtlinie. § 19 Abs. 1 bis 3 regeln die sprachlichen Anforderungen an Prospekte, die von der BaFin gebilligt werden, dh Herkunftsstaat iSv § 2 Nr. 13 ist die Bundesrepublik Deutschland. Abs. 4 nimmt Bezug auf Prospekte, die nicht von der BaFin gebilligt werden, Herkunftsstaat also ein anderer EWR-Staat ist, die aber für ein öffentliches Angebot von Wertpapieren oder deren Zulassung zum Handel an einem organisierten Markt im Inland genutzt werden. Abs. 5 beruht auf Art. 19 Abs. 4 der Prospektrichtlinie und enthält eine Sonderregelung für die Sprache eines Prospekts, mittels dessen Nichtdividendenwerte mit einer Mindeststückelung von 100.000 EUR[1] zum Handel an einem organisierten Markt zugelassen werden sollen.

2 Abs. 1 ist auf Art. 19 Abs. 1 der Prospektrichtlinie zurückzuführen und regelt den Fall, dass Wertpapiere, für die der Herkunftsstaat[2] des Emittenten die Bundesrepublik Deutschland ist, nur im Inland öffentlich angeboten werden oder nur im Inland deren Zulassung zum Handel an einem organisierten Markt beantragt wird. Gemäß Abs. 1 S. 1 ist der Prospekt wie bereits nach alter Rechtslage grundsätzlich **in deutscher Sprache** zu erstellen. In Abkehr von der bislang geltenden Rechtslage kann die BaFin nach Abs. 1 S. 2 nun aber auch die Erstellung eines Prospekts in einer in internationalen Finanzkreisen gebräuchlichen Sprache[3] gestatten, sofern der Prospekt auch eine Übersetzung der Zusammenfassung in die deutsche Sprache enthält und im Einzelfall unter Berücksichtigung der Art der Wertpapiere eine ausreichende Information des Publikums gewährleistet erscheint. Laut Regierungsbegründung[4] ist diese Ausnahme jedoch aus Gründen des

---

1 Der frühere Wert von 50.000 EUR wurde durch das Gesetz zur Umsetzung der Richtlinie 2010/73/EU und zur Änderung des Börsengesetzes entsprechend der Änderungs-RL verdoppelt.
2 Zu dem Begriff des Herkunftsstaats vergleiche die Kommentierung zu § 2 Nr. 13.
3 Die überwiegende Meinung im Schrifttum und der Gesetzgeber sehen Englisch als die hier maßgebliche Sprache an, siehe hierzu RegBegr. Drittes Finanzmarktförderungsgesetz, BT-Drucks. 13/8933, S. 54, 74, 153; Crüwell, AG 2003, Fn 39; *Kullmann/Sester*, WM 2005, 1071; *Holzborn/Israel*, ZIP 2005, 1673; Dritte informelle Sitzung zur Umsetzung der Prospektrichtlinie vom 26.1.2005, Summary record, MARKT/G3/WG D (2005), S. 10, abrufbar unter <http://europa.eu.int/comm/internal_market/>; vgl hierzu auch Beschlussempfehlung und Bericht des Finanzausschusses, BT-Drucks. 15/5373, S. 50. *Mattil/Möslein* (WM 2007, 821), die mittels „relativer Begriffsbestimmung" auslegen wollen, was unter einer „in internationalen Finanzkreisen gebräuchlichen Sprache" zu verstehen ist, haben sich nicht durchsetzen können.
4 BegrRegE, BT-Drucks. 15/4999, S. 25, 37.

Schutzes des Publikums eng auszulegen.[5] Danach kommt eine solche Ausnahme beispielsweise dann in Betracht, wenn die Wertpapiere im Inland ausschließlich institutionellen Anlegern angeboten werden und eine Zulassung an einem organisierten Markt beabsichtigt wird, aufgrund dessen ein Prospekt zu erstellen ist.[6] Die BaFin hat aufgrund dieser strengen Vorgaben, bisher keine derartige Ausnahme zugelassen.[7]

Abs. 2 ist auf Art. 19 Abs. 2 Unterabs. 1 S. 1 und Unterabs. 2 der Prospektrichtlinie zurückzuführen und regelt den Fall, dass Wertpapiere, für die der Herkunftsstaat[8] des Emittenten die Bundesrepublik Deutschland ist, ausschließlich außerhalb der Bundesrepublik Deutschland öffentlich angeboten oder nur an einem organisierten Markt, der nicht im Inland liegt, zum Handel zugelassen werden sollen. In diesem Fall hat der Anbieter bzw Zulassungsantragsteller nach Abs. 2 S. 1 die Wahl, den Prospekt entweder in einer von der jeweiligen zuständigen Behörde des Aufnahmestaates anerkannten Sprache[9] oder in einer in internationalen Finanzkreisen gebräuchlichen Sprache (also Englisch) zu erstellen. Wird der Prospekt nicht in einer von der BaFin anerkannten oder in englischer Sprache erstellt, so ist eine Übersetzung in eine dieser Sprachen vorzunehmen, um der BaFin die Prüfung des Prospekts zu ermöglichen. Wird der Prospekt in englischer Sprache erstellt, so kann die zuständige Behörde im Aufnahmemitgliedstaat lediglich eine Übersetzung der Zusammenfassung in die jeweilige offizielle Landessprache bzw -sprachen verlangen.[10]

Abs. 3 dient der Umsetzung von Art. 19 Abs. 3 S. 1 der Prospektrichtlinie und regelt den Fall, dass Wertpapiere, für die der Herkunftsstaat[11] des Emittenten die Bundesrepublik Deutschland ist, im Inland und im Ausland öffentlich angeboten oder zum Handel an einem organisierten Markt zugelassen werden sollen. Während der ursprüngliche Regierungsentwurf in diesem Fall der grenzüberschreitenden Emission noch eine grundsätzliche Prospekterstellung in deutscher Sprache vorsah und eine Erstellung eines Prospekts in einer in internationalen Finanzkreisen gebräuchlichen Sprache als Ausnahme betrachtete,[12] hat nun der Anbieter bzw Zulassungsantragsteller die Wahl, den Prospekt entweder in deutscher oder in englischer Sprache zu erstellen. Diese durch den Bundesrat vorgeschlagene Änderung[13] soll dazu dienen, die internationale Attraktivität des Finanzplatzes Deutschland zu erhalten und zu erhöhen, da grenzüberschreitend tätige Emittenten ein erhebliches Interesse daran haben, ohne wesentliche Zeitverzögerungen und Kostenbelastungen im europäischen Raum mit einmal gebilligten Prospekten Emissionen begeben zu können.[14] Ist der Prospekt nicht in deutscher Sprache erstellt, muss er auch eine Übersetzung der Zusammenfassung in die deutsche Sprache enthalten.[15] Da im Gegensatz zu Abs. 1 die amtliche Begründung keine weiteren Einschränkungen vorsieht, wurde bereits seit der Geltung des WpPG von der Möglichkeit, den Prospekt in englischer Sprache zu verfassen, rege Gebrauch gemacht.

Bei der Erstellung eines Basisprospekts im Sinne des § 6, unter dem sowohl grenzüberschreitende als auch rein nationale Emissionen begeben werden sollen, stellt sich die Frage, ob von der Wahlmöglichkeit des Abs. 3 Gebrauch gemacht werden darf oder ob der Prospekt gemäß Abs. 1 grundsätzlich in deutscher Sprache zu erstellen ist. Mit Rücksicht auf die Wettbewerbsfähigkeit des Emissionsstandorts Deutschland lässt es die BaFin zu, dass ein Basisprospekt in Englisch mit deutscher Zusammenfassung abgefasst wird, wenn glaubhaft gemacht wird, dass nicht auszuschließen ist, dass in Zukunft unter dem Basisprospekt auch eine grenzüberschreitende Emission begeben werden soll.[16]

Wie bereits zu § 17 Abs. 1[17] ausgeführt, kann ein von der BaFin gebilligter Prospekt[18] unter Beachtung des Notifizierungsverfahrens gemäß § 18 und der Sprachenregelung des jeweiligen Aufnahmestaates in beliebig vielen Aufnahmestaaten ohne zusätzliches Billigungsverfahren für ein öffentliches Angebot oder für die Zulassung zum Handel verwendet werden. Zu beachten ist hierbei jedoch die Sprachenregelung in dem jeweiligen Aufnahmestaat. Wurde beispielsweise der von der BaFin gebilligte Prospekt in deutscher Sprache erstellt, so ist eine Notifizierung ohne weitere Übersetzungserfordernisse nur in die Länder möglich, die die deutsche Sprache als Prospektsprache anerkennen.[19] In allen anderen Fällen des Abs. 3 ist der Prospekt in

---

5 Dies gilt sowohl für Dividendenwerte im Sinne des § 2 Nr. 2 als auch für Nichtdividendenwerte im Sinne des § 2 Nr. 3.
6 Ist eine Zulassung an einem organisierten Markt hingegen nicht beabsichtigt, ist bereits die Ausnahme von der Veröffentlichungspflicht gemäß § 3 Abs. 2 Nr. 1 zu beachten, so dass in diesem Fall der Prospekt allein der Börsenzulassung der Aktien dient..
7 *Schlitt/Schäfer*, AG 2005, 509.
8 Siehe Fn 1.
9 Vgl dazu die Übersicht des CESR „Languages accepted for the purpose of the scrutiny of the Prospectus and requirements of translation of the Summary", CESR/09-133 vom Februar 2009.
10 Art. 19 Abs. 2 Unterabs. 1 S. 2 der Prospektrichtlinie.
11 Siehe Fn 1.
12 Wegen der besonderen Informationsinteressen des Publikums sollte diese Ausnahme jedoch bei der Emission von Dividendenwerten, insb. von Aktien, nicht möglich sein, Begründung RegE, § 19 Abs. 3, BR-Drucks. 85/05 v. 4.2.2005, S. 102.
13 BR-Drucks. 85/05, S. 8.
14 Stellungnahme des Bundesrates und Gegenäußerung der Bundesregierung vom 7.4.2005, Drucks. 15/5219, S. 4; vgl auch Stellungnahme des Zentralen Kreditausschusses zum DiskE eines Prospektrichtlinie-Umsetzungsgesetzes, Januar 2005, S. 5 f.
15 Die Übersetzung ist dabei in den Prospekt selbst zu integrieren.
16 Ausreichend für eine derartige Glaubhaftmachung ist der Antrag auf Notifizierung gemäß § 18 in einen weiteren EWR Staat, zB nach Luxemburg.
17 Siehe hierzu die Kommentierung zu § 17 Abs. 1.
18 Also in den Fällen, in denen Deutschland Herkunftsstaat im Sinne von § 2 Nr. 13 ist.
19 Dies sind die Länder Österreich und Luxemburg.

einer in internationalen Finanzkreisen gebräuchlichen Sprache und somit in Englisch zu erstellen. Wird der Prospekt in einer in internationalen Finanzkreisen gebräuchlichen Sprache (also Englisch) erstellt, so kann die zuständige Behörde im Aufnahmemitgliedstaat im Gegensatz zur früheren Rechtslage, unter der einige Mitgliedstaaten die Übersetzung des gesamten Prospekts in die Landessprache verlangten,[20] dann lediglich eine Übersetzung der Zusammenfassung in die jeweilige offizielle Landessprache bzw -sprachen verlangen.[21]

7 Zusätzlich besteht im Rahmen des Abs. 3 die Möglichkeit, von dem Institut des "**Gebrochenen Sprachregimes**" Gebrauch zu machen. Hierbei handelt es sich um einen Sonderfall im Rahmen des Grundmodells des Abs. 3. Die BaFin gibt dabei zu Recht die Möglichkeit, einen Prospekt teilweise in englischer Sprache und teilweise in deutscher Sprache zu verfassen. Der Gedanke ist dabei, dass es aus Anlegerschutzgesichtspunkten für den deutschen Anleger vorteilhafter ist, einen Prospekt zur Verfügung gestellt zu bekommen, der, anstatt ausschließlich in englischer Sprache verfasst zu sein, wenigstens teilweise in deutscher Sprache verfasst ist. Voraussetzung hierfür ist, dass (i) der Prospekt lesbar und verständlich bleibt, (ii) sich die Sprachunterschiede auf klar abgrenzbare Teile des Prospekts beschränken und (iii) kein vollständig zweisprachig abgefasster Prospekt vorliegt. Bis Anfang 2007 war zusätzliche Voraussetzung, dass die Kohärenzprüfung dadurch nicht behindert wird. Nachdem seit Anfang 2007 das „gebrochene Sprachregime" jedoch auch auf das Registrierungsformular anwendbar ist, was bis dato wegen Beeinträchtigung der Kohärenzprüfung abgelehnt wurde,[22] drängt sich der Rückschluss auf, dass dieses Kriterium aufgegeben wurde. Zulässig ist demnach ein deutschsprachiger Prospekt mit englischsprachigem Finanzteil[23] und ein englischsprachiger Prospekt mit deutschsprachigem Finanzteil. Das gebrochene Sprachregime ist zudem auf Angaben zu Garantien bzw Garantieerklärungen selbst und den jeweiligen Restprospekt anwendbar. Außerdem dürfen Emissionsbedingungen deutsch- und englischsprachig im Prospekt angelegt sein, die endgültige Festlegung muss dann erst in den endgültigen Bedingungen erfolgen. Zu beachten ist, dass der Emittent im Fall einer geplanten Notifizierung abzuklären hat, ob die Aufnahmestaatbehörde diese Vorgehensweise ebenfalls akzeptiert. Nicht zulässig ist grundsätzlich ein Prospekt mit unverbindlichen Übersetzungen. Der rechtlich unverbindliche Teil kann jedoch dem Prospekt beigefügt werden, ist von diesem jedoch deutlich zu trennen. In diesem Fall ist ein Disclaimer auf dem Deckblatt erforderlich, dass der unverbindliche Teil im Anschluss an den Prospekt beigefügt ist sowie der Hinweis, dass die unverbindliche Übersetzung nicht Gegenstand einer Prüfung und Billigung der BaFin ist.

8 **Abs. 4** ist auf Art. 19 Abs. 2 Unterabs. 1 S. 2 und Abs. 3 S. 2 der Prospektrichtlinie zurückzuführen und regelt den Fall, dass Wertpapiere, für die der Herkunftsstaat[24] des Emittenten nicht die Bundesrepublik Deutschland ist, im Inland öffentlich angeboten werden sollen oder im Inland deren Zulassung zum Handel an einem organisierten Markt beantragt wird. In diesem Fall hat der Anbieter bzw Zulassungsantragsteller die Wahl, den Prospekt entweder in einer von der BaFin anerkannten Sprache oder einer in internationalen Finanzkreisen gebräuchlichen Sprache zu erstellen.[25] Bei Wahl letzterer Alternative muss der Prospekt auch eine Übersetzung der Zusammenfassung in die deutsche Sprache enthalten.[26] Die Regelung des Abs. 4 gilt über die Verweisungsnorm des § 20 Abs. 2 auch für Prospekte, die nach den Rechtsvorschriften eines Staates erstellt worden sind, der nicht zum EWR gehört.

9 **Abs. 5** ist auf Art. 19 Abs. 4 der Prospektrichtlinie zurückzuführen und regelt den Fall, dass Nichtdividendenwerte mit einer Mindeststückelung von 100.000 EUR[27] zum Handel an einem organisierten Markt zugelassen werden sollen. In diesem Fall ist der Prospekt in einer von der BaFin und der zuständigen Behörde des Aufnahmestaats anerkannten oder in einer in internationalen Finanzkreisen gebräuchlichen Sprache zu erstellen. Einer Übersetzung der Zusammenfassung bedarf es nicht. Abs. 5 gilt seinem Wortlaut nach nur

---

20 Zur Komplexität und zu den Kosten eines derartigen Übersetzungserfordernisses vgl *Crüwell*, AG 2003, 248.
21 Art. 19 Abs. 3 S. 2 der Prospektrichtlinie.
22 Die BaFin stützte ihre frühere Ablehnung hinsichtlich der Registrierungsformulare darauf, dass Prospektprüfer die Angaben zu Emittenten in einem solchen Fall in einer anderen Sprache lesen müssten als die Teile der Zusammenfassung, die sich den Emittenten beziehen und ein inhaltlicher Abgleich dieser Informationen somit nur mittels Übersetzungsarbeit geleistet werden könnten, die jedoch nicht Teil des behördlichen Prüfungsauftrags sei.
23 Dies ist besonders für Unternehmen von Vorteil, die die in den Prospekt aufzunehmenden Abschlüsse ausschließlich in englischer Sprache verfasst haben.
24 Siehe Fn 1.
25 Obwohl die Wahl zwischen der deutschen und der englischen Sprache als "Kann" – Vorschrift ausgestaltet ist, dürfte es sich hierbei auf Grund europarechtskonformer Auslegung um eine Pflichtvorschrift handeln. Denn § 19 Abs. 2 und 3 der Prospektrichtlinie sind als "Muss" – Vorschrift ausgestaltet. Der Prospekt muss daher zusätzlich in deutscher oder englischer Sprache verfasst werden.
26 Dies führt zu einer Abkehr von der bisherigen Verwaltungspraxis, da in diesen Fällen in der Vergangenheit in der Regel vom Erfordernis einer Übersetzung abgesehen wurde (siehe hierzu § 7 Abs. 2 VerkProspG aF iVm § 2 Abs. 1 S. 4 VerkProspV bzw § 5 Abs. 1 VerkProspG aF iVm § 13 Abs. 1 S. 3 BörsZulV aF). Ein derartiges mit zusätzlichem Zeit- und Kostenaufwand verbundenes Übersetzungserfordernis stellt einen Wettbewerbsnachteil für die deutschen Börsen dar (siehe hierzu *Crüwell*, AG 2003, 243, 246).
27 Der Wert wurde mit Gesetz zur Umsetzung der Richtlinie 2010/73/EU und zur Änderung des Börsengesetzes verdoppelt.

für den Fall, dass Deutschland Herkunftstaat, nicht jedoch im umgekehrten Falle, dass Deutschland Aufnahmestaat ist. Nach *Ritz/Voß* soll in zweitem Falle auch Abs. 4 nicht einschlägig sein.[28] Nachdem die Prospektrichtlinie in Art. 19 Abs. 4 jedoch beide Fälle gleichermaßen erfasst, ist Abs. 5 in richtlinienkonformer Auslegung auch auf den Fall anzuwenden, dass Deutschland Aufnahmestaat ist.

§ 20 Drittstaatemittenten

(1) Die Bundesanstalt kann einen Prospekt, der von einem Emittenten nach den für ihn geltenden Rechtsvorschriften eines Staates, der nicht Staat des Europäischen Wirtschaftsraums ist, erstellt worden ist, für ein öffentliches Angebot oder die Zulassung zum Handel an einem organisierten Markt billigen, wenn

1. dieser Prospekt nach den von internationalen Organisationen von Wertpapieraufsichtsbehörden festgelegten internationalen Standards, einschließlich der Offenlegungsstandards der International Organisation of Securities Commissions (IOSCO), erstellt wurde und
2. die Informationspflichten, auch in Bezug auf Finanzinformationen, den Anforderungen dieses Gesetzes gleichwertig sind.

(2) Die §§ 17, 18 und 19 sind entsprechend anzuwenden.

(3) ¹Das Bundesministerium der Finanzen kann im Einvernehmen mit dem Bundesministerium der Justiz durch Rechtsverordnung, die nicht der Zustimmung des Bundesrates bedarf, bestimmen, unter welchen Voraussetzungen die Informationspflichten gleichwertig im Sinne des Absatzes 1 Nr. 2 sind. ²Dies kann auch in der Weise geschehen, dass Vorschriften bezeichnet werden, bei deren Anwendung die Gleichwertigkeit gegeben ist. ³Das Bundesministerium der Finanzen kann die Ermächtigung durch Rechtsverordnung auf die Bundesanstalt für Finanzdienstleistungsaufsicht übertragen.

Die Vorschrift dient der Umsetzung von Art. 20 der Prospektrichtlinie und regelt in Abs. 1 die Befugnis der BaFin, einen nach den Rechtsvorschriften eines Drittstaates[1] erstellten Prospekt zu billigen. Mit der erfolgreichen Billigung des Prospekts durch die BaFin erhalten Emittenten aus Drittstaaten den „Europäischen Pass"[2] auf gleicher Grundlage wie europäische Emittenten. Dadurch soll die Attraktivität des europäischen Marktes für Drittstaatenemittenten steigen und sich für diese als echter Binnenmarkt darstellen.[3]

Die Vorschrift des § 20 kann aufgrund ihrer tatbestandlichen Voraussetzungen derzeit grundsätzlich **keine praktische Relevanz** entfalten. Gemäß Abs. 1 Nr. 1 der Norm muss der von der BaFin zu billigende Prospekt nach den von internationalen Organisationen von Wertpapieraufsichtsbehörden fest zu legenden internationalen Standards erstellt werden, die derzeit noch nicht existieren. Folglich wurde von der BaFin bis zum 31.12.2008 auch noch kein einziger Prospekt nach § 20 gebilligt. Die französische Aufsichtsbehörde hat hingegen den Prospekt eines US-Emittenten nach § 20 gebilligt, der ein Mitarbeiterbeteiligungsprogramm betraf.[4] Am 1.10.2007 folgte eine Pressemitteilung der französischen Aufsichtsbehörde, dass sie SEC-gebilligte Prospekte als faktisch gleichwertig anerkennt, ohne dass eine vorherige Abstimmung mit CESR erfolgte. Dem Beispiel Frankreichs folgten die belgische und portugiesische Aufsichtsbehörde mit gleichlautenden Presseerklärungen nach. Momentan prüft eine Unterarbeitsgruppe von CESR die Billigungsfähigkeit von Prospekten aus den USA und Israel nach Art. 20.[5]

In **Abs. 1** sind die Voraussetzungen für eine „Billigung"[6] durch die BaFin geregelt. Danach müssen kumulativ folgende Bedingungen erfüllt sein: Zum einen muss der Prospekt, der gebilligt werden soll, nach internationalen Standards erstellt worden sein (Abs. 1 Nr. 1), zum anderen müssen die vom jeweiligen Drittstaat vorgeschriebenen Informationspflichten, auch in Bezug auf Finanzinformationen, den Anforderungen des WpPG gleichwertig sein (Abs. 1 Nr. 2).

Bei den zu erfüllenden internationalen Standards handelt es sich gem. Abs. 1 Nr. 1 um die von internationalen Organisationen von Wertpapieraufsichtsbehörden fest zu legenden Standards, einschließlich der Offen-

---

28 Just/Voß/*Ritz/Zeising*/*Ritz/Voß*, § 19 Rn 61.
1 Es handelt sich dabei um einen Staat, der nicht Staat des Europäischen Wirtschaftsraumes (EWR) ist. Der EWR ist die Erweiterung des Binnenmarkts der Europäischen Gemeinschaft (EG), des ersten Pfeilers der EU, um drei der vier Mitgliedstaaten der Europäischen Freihandelsassoziation (EFTA), nämlich Island, Liechtenstein und Norwegen, vgl Fischer Weltalmanach, <www.weltalmanach.de/stichwort/stichwort_ewr.html>.

2 Vgl hierzu die Kommentierung zu § 17.
3 *Crüwell*, AG 2003, 253.
4 <www.amf-france.org>; dazu *Kollmorgen/Feldhaus*, BB 2007, 228.
5 Vgl CESR/08-972 vom 17.12.2008.
6 Die Billigung nach § 20 entspricht nicht der Billigung iSd § 13 Abs. 1 S. 2, der gleiche Wortlaut ist insoweit missverständlich.

Straßner

legungsstandards der International Organisation of Securities Commissions (IOSCO).[7] Zwar existieren momentan noch keine solchen von internationalen Organisationen[8] von Wertpapieraufsichtsbehörden festgelegte Standards, jedoch prüft eine Unterarbeitsgruppe der CESR derzeit die Gleichwertigkeit von Prospekten, die in den USA bzw Israel gebilligt wurden (siehe oben). Die Vorschrift des § 20 könnte somit – nach Abschluss der Überprüfung – in absehbarer Zeit an Relevanz gewinnen.

5 Die von der Abs. 1 Nr. 2 vorgeschriebene Gleichwertigkeit von Informationspflichten mit den Anforderungen des WpPG kann gemäß **Abs. 3** durch Rechtsverordnung geregelt werden. Dies dient der Umsetzung entsprechender zukünftiger europäischer Rechtsakte.[9] Eine solche Rechtsverordnung ist bislang jedoch noch nicht erlassen worden, da es noch an den entsprechenden vereinheitlichenden Vorgaben auf europäischer Ebene fehlt.[10] Die Ermächtigung zum Erlass der Rechtsverordnung wurde auf die BaFin übertragen.[11] Die Voraussetzung der Gleichwertigkeit lässt jedoch vermuten, dass nur Emittenten weniger Staaten – neben den USA – den Abs. 1 für sich in Anspruch werden nehmen können.[12]

6 Bei § 20 handelt es sich um eine Ermessensvorschrift („kann"), nicht um eine gebundene Entscheidung. Der Emittent hat folglich nur einen Anspruch auf ermessensfehlerfreie Entscheidung. Da es sich mit der Richtlinie um eine gemeinschaftsweit umzusetzende Regelung handelt bleibt jedoch zu berücksichtigen, dass die Verwaltungspraxis anderer Mitgliedstaaten bei der Ermessensausübung der BaFin Berücksichtigung finden müsste, um das Ziel eines einheitlichen Binnenmarktes zu fördern und ein „Race to the Bottom" zu vermeiden.

7 Abs. 2 regelt das Verfahren und die Sprachanforderungen, wenn der gem. Abs. 1 erstellte und **bereits von der BaFin gebilligte Prospekt** für ein grenzüberschreitendes öffentliches Angebot oder die Zulassung von Wertpapieren zum Handel an einem organisierten Markt im europäischen Wirtschaftsraum genutzt werden soll.[13] In diesen Fällen sind das Unterrichtungsverfahren nach § 18[14] durchzuführen und die Sprachanforderungen des § 19[15] zu erfüllen. Darüber hinaus dürfte sich der Verweis auf § 19 auch bereits auf das von der BaFin durchzuführende Billigungsverfahren beziehen, so dass der bei der BaFin zur Billigung einzureichende Prospekt gemäß § 19 Abs. 4 entweder in deutscher oder in englischer Sprache (im letztgenannten Fall mit deutscher Übersetzung der Zusammenfassung) zu erstellen ist.[16]

Abschnitt 6
Prospekthaftung

§ 21 Haftung bei fehlerhaftem Börsenzulassungsprospekt

(1) ¹Der Erwerber von Wertpapieren, die auf Grund eines Prospekts zum Börsenhandel zugelassen sind, in dem für die Beurteilung der Wertpapiere wesentliche Angaben unrichtig oder unvollständig sind, kann

1. von denjenigen, die für den Prospekt die Verantwortung übernommen haben, und
2. von denjenigen, von denen der Erlass des Prospekts ausgeht,

als Gesamtschuldnern die Übernahme der Wertpapiere gegen Erstattung des Erwerbspreises, soweit dieser den ersten Ausgabepreis der Wertpapiere nicht überschreitet, und der mit dem Erwerb verbundenen üblichen Kosten verlangen, sofern das Erwerbsgeschäft nach Veröffentlichung des Prospekts und innerhalb von sechs Monaten nach erstmaliger Einführung der Wertpapiere abgeschlossen wurde. ²Ist kein Ausgabepreis festgelegt, gilt als Ausgabepreis der erste nach Einführung der Wertpapiere festgestellte oder gebildete Börsenpreis, im Falle gleichzeitiger Feststellung oder Bildung an mehreren inländischen Börsen der höchste erste Börsenpreis. ³Auf den Erwerb von Wertpapieren desselben Emittenten, die von den in Satz 1 genannten

---

7 "International Disclosure Standards for Cross-Border Offerings and Initial Listings by Foreign Issuers", IOSCO, September 1998 und "International Disclosure Principles for Cross-Border Offerings and Listings of Debt Securities by Foreign Issuers", IOSCO, März 2007 (www.iosco.org).
8 Nach *Kollmorgen/Feldhaus*, BB 2007, 228, bleibt auch weiterhin offen, welche weiteren „internationalen Organisationen" neben der IOSCO von § 20 Abs. 1 Nr. 1 angesprochen werden sollen.
9 BegrRegE, BT-Drucks. 15/4999, S. 25, 38.
10 Vgl hierzu Art. 20 Abs. 3 der Prospektrichtlinie.
11 Siehe hierzu § 1 Nr. 7 BaFinBefugV, zuletzt geändert durch Verordnung vom 24.5.2007, (BGBl. I, 995) abrufbar unter <http://bundesrecht.juris.de>.
12 Hinsichtlich der historischen Finanzinformation kann auf Art. 35 der ProspektVO zurückgegriffen werden. Demzufolge stellt die Bilanzierung nach IAS/IFRS grundsätzlich den Maßstab für die Rechnungslegung dar, werden – seit der Änderung durch die Verordnung 1787/2006 v. 5.12.2006 – jedoch auch die Rechnungslegungsstandards der USA, Japans und Kanadas als gleichwertig anerkannt. Ein Mechanismus zur Festlegung der Gleichwertigkeit von Rechnungslegungsgrundsätzen für nach dem 31.12.2008 beginnende und vor dem 31.12.2011 endende Geschäftsjahre bestimmt die Verordnung (EG) Nr. 1567/2007.
13 BegrRegE, BT-Drucks. 15/4999, S. 25, 38.
14 Vgl hierzu die Kommentierung zu § 18.
15 Zu den sprachlichen Anforderungen vgl die Kommentierung zu § 19 Abs. 2 und 3.
16 So auch im Erg. *Kullmann/Sester*, WM 2005, 1071.

Wertpapieren nicht nach Ausstattungsmerkmalen oder in sonstiger Weise unterschieden werden können, sind die Sätze 1 und 2 entsprechend anzuwenden.

(2) Ist der Erwerber nicht mehr Inhaber der Wertpapiere, so kann er die Zahlung des Unterschiedsbetrags zwischen dem Erwerbspreis, soweit dieser den ersten Ausgabepreis nicht überschreitet, und dem Veräußerungspreis der Wertpapiere sowie der mit dem Erwerb und der Veräußerung verbundenen üblichen Kosten verlangen. Absatz 1 Satz 2 und 3 ist anzuwenden.

(3) Sind Wertpapiere eines Emittenten mit Sitz im Ausland auch im Ausland zum Börsenhandel zugelassen, besteht ein Anspruch nach Absatz 1 oder 2 nur, sofern die Wertpapiere auf Grund eines im Inland abgeschlossenen Geschäfts oder einer ganz oder teilweise im Inland erbrachten Wertpapierdienstleistung erworben wurden.

(4) Einem Prospekt steht eine schriftliche Darstellung gleich, auf Grund deren Veröffentlichung der Emittent von der Pflicht zur Veröffentlichung eines Prospekts befreit wurde.

§ 21 nF übernimmt den Wortlaut des durch Art. 7 des Gesetzes zur Novellierung des Finanzanlagenvermittler- und Vermögensanlagenrechts aufgehobenen § 44 BörsG.[1] Für weitere Ausführungen wird auf die Kommentierung des § 44 BörsG aF verwiesen.

Der zeitliche Anwendungsbereich der Regelungen zur Prospekthaftung ergibt sich aus § 52 BörsG.[2] § 37 enthält demgegenüber eine Übergangsregelung hinsichtlich fehlerhafter Prospekte, die nicht Grundlage für die Zulassung von Wertpapieren zum Handel an einer inländischen Börse sind.[3]

§ 22 Haftung bei sonstigem fehlerhaften Prospekt

Sind in einem nach § 3 Absatz 1 Satz 1 veröffentlichten Prospekt, der nicht Grundlage für die Zulassung von Wertpapieren zum Handel an einer inländischen Börse ist, für die Beurteilung der Wertpapiere wesentliche Angaben unrichtig oder unvollständig, ist § 21 entsprechend anzuwenden mit der Maßgabe, dass

1. bei der Anwendung des § 21 Absatz 1 Satz 1 für die Bemessung des Zeitraums von sechs Monaten anstelle der Einführung der Wertpapiere der Zeitpunkt des ersten öffentlichen Angebots im Inland maßgeblich ist und
2. § 21 Absatz 3 auf diejenigen Emittenten mit Sitz im Ausland anzuwenden ist, deren Wertpapiere auch im Ausland öffentlich angeboten werden.

Literatur:
Groß, Kapitalmarktrecht, 5. Auflage 2012; *Müller*, Wertpapierprospektgesetz, 1. Auflage 2012; *Wieneke*, Haftung der Konzernspitze für die (unrichtige) Darstellung des Unternehmensvertrags im Wertpapierprospekt der Konzerntochter, NZG 2012, 1420.

§ 22 nF übernimmt das Haftungsregime des durch Art. 2 des Gesetzes zur Novellierung des Finanzanlagenvermittler- und Vermögensanlagenrechts aufgehobenen § 13 VerkProspG aF in geänderter Formulierung.[1] Durch dieses Gesetz wurde die als künstlich empfundene Aufteilung der Haftungsregeln auf zwei Gesetze – §§ 44 ff des Börsengesetzes für Börsenzulassungsprospekte und Verkaufsprospekt- bzw Wertpapierprospektgesetz für sonstige Prospekte für Wertpapiere – aufgehoben und u.a. § 13 VerkProspG aF in das WpPG übernommen.[2] Durch die neue Formulierung wurde folgende bezüglich § 13 VerkProspG aF bestehende Unsicherheit beseitigt: Es wurde klargestellt, dass § 22 für sämtliche Prospekte im Sinne des WpPG gilt, die keine Börsenzulassungsprospekte sind, unabhängig davon, ob die Wertpapiere, auf die sich der Prospekt bezieht, zu einem früheren Zeitpunkt (auf der Grundlage eines anderen Prospekts) zum Handel an einer inländischen Börse zugelassen wurden.[3]

Hintergrund der Diskussion war der Wortlaut von § 13 VerkProspG aF, der sich auf Wertpapiere bezog, die nicht zum Handel an einer inländischen Börse zugelassen sind. Dieser Formulierung war jedoch, entgegen dem Willen des Gesetzgebers, zu entnehmen, dass ein Prospekt für ein öffentliches Angebot von bereits zum Handel an einer Börse zugelassenen Wertpapieren gerade nicht erfasst war.[4] Dieser Konsequenz wurde durch eine erweiternde Auslegung der Vorschrift begegnet und so das Ergebnis erzielt, dass die Vorschrift auf alle Prospekte, die keine Börsenzulassungsprospekte sind, angewendet wurde, unabhängig davon, ob

---

1 BT-Drucks. 17/6051, S. 78.
2 Siehe dazu § 44 BörsG aF Rn 3.
3 Siehe dazu unten § 37.
1 BT-Drucks. 17/6051, S. 78.
2 BT-Drucks. 17/6051, S. 46.
3 BT-Drucks. 17/6051, S. 78.
4 Siehe auch *Krämer* in: Heidel, AktR, 3. Aufl., § 13 VerkProspG Rn 4, der wie weitere Stimmen in der Literatur von einem Redaktionsversehen ausging.

die Wertpapiere, auf die sich der Prospekt bezog, zu einem früheren Zeitpunkt bereits an einer inländischen Börse zum Handel zugelassen waren.[5]

Durch das Gesetz zur Novellierung des Finanzanlagenvermittler- und Vermögensanlagenrechts sind diese sprachliche Unschärfe und die daraus folgende Missverständlichkeit beseitigt worden.

2 Hinsichtlich der Tatbestandsvoraussetzungen der Prospekthaftung nach § 21, die nach den Vorgaben von § 22 entsprechend anwendbar sind, wird auf die dortige Kommentierung sowie auf die Kommentierung zu § 44 BörsG aF verwiesen. Auf die Maßgaben nach § 22 Nr. 1 und Nr. 2, mit denen § 21 anzuwenden ist, wird im Folgenden eingegangen.

Besonders erwähnenswert in diesem Zusammenhang erscheint eine Entscheidung des BGH aus dem Jahr 2012, freilich noch zu § 13 VerkProspG aF. Die Entscheidung perpetuiert die Anforderungen der Rechtsprechung an die Tatbestandsmerkmale der Unrichtigkeit, Unvollständigkeit sowie der Wesentlichkeit der Angaben.[6] Außerdem erörtert der BGH das Kriterium des Empfängerhorizonts in Bezug auf einen Wertpapierprospekt für Wertpapiere, die nicht an der Börse gehandelt werden sollen. Danach kommt es auf das Verständnis der mit dem Prospekt angesprochenen Interessenten an.[7] Wendet sich der Emittent ausdrücklich auch an das unkundige und börsenunerfahrene Publikum, so ist der Empfängerhorizont anhand dieses Adressatenkreises zu bestimmen. Die Fähigkeiten und Erkenntnismöglichkeiten eines durchschnittlichen (Klein-)Anlegers, der sich allein anhand der Prospektangaben über die Kapitalanlage informiert und über keinerlei Spezialkenntnisse verfügt, sind danach in einem solchen Fall maßgebend.[8]

3 Nr. 1 und Nr. 2 normieren die Besonderheiten, mit denen die auf Börsenzulassungsprospekte bezogenen Prospekthaftungsvorschriften nach § 22 (der auf Verkaufsprospekte und Angebotsprospekte nach § 3 Abs. 1 S. 1 Bezug nimmt) anzuwenden sind.

Nach Nr. 1 ist bei der Anwendung der **Sechsmonatsfrist** nach § 21 Abs. 1 S. 1 für die Bemessung des Zeitraums von sechs Monaten anstelle der Einführung der Wertpapiere der Zeitpunkt des ersten öffentlichen Angebots im Inland maßgeblich. Anders als im Rahmen von § 21 kann bei den hier in Bezug genommenen Prospektarten nicht auf eine Notierung am regulierten Markt nach § 38 Abs. 1 BörsG Bezug genommen werden, da es an einer solchen fehlt. Daher bestimmt Nr. 1 als Anknüpfungspunkt für die Frist des § 21 Abs. 1 S. 1 den Zeitpunkt des ersten öffentlichen Angebots im Inland. Grundsätzlich erfordert ein solches Angebot nach § 3 Abs. 1 die vorherige Veröffentlichung des Wertpapierprospekts im Inland.

4 Nach Nr. 2 ist der **Haftungsausschluss** gem. § 21 Abs. 3 auf diejenigen Emittenten mit Sitz im Ausland anzuwenden, deren Wertpapiere auch im Ausland öffentlich angeboten werden. Auch diese Vorschrift nimmt mangels Börsennotierung auf das öffentliche Angebot der Wertpapiere Bezug. Im Fall eines öffentlichen Angebots im Ausland besteht ein Anspruch nach § 21 Abs. 1 nur dann, wenn die Wertpapiere aufgrund eines im Inland abgeschlossenen Geschäfts oder einer ganz oder teilweise im Inland erbrachten Wertpapierdienstleistung erworben wurden.[9]

§ 23 Haftungsausschluss

(1) Nach den §§ 21 oder 22 kann nicht in Anspruch genommen werden, wer nachweist, dass er die Unrichtigkeit oder Unvollständigkeit der Angaben des Prospekts nicht gekannt hat und dass die Unkenntnis nicht auf grober Fahrlässigkeit beruht.

(2) Ein Anspruch nach den §§ 21 oder 22 besteht nicht, sofern

1. die Wertpapiere nicht auf Grund des Prospekts erworben wurden,
2. der Sachverhalt, über den unrichtige oder unvollständige Angaben im Prospekt enthalten sind, nicht zu einer Minderung des Börsenpreises der Wertpapiere beigetragen hat,
3. der Erwerber die Unrichtigkeit oder Unvollständigkeit der Angaben des Prospekts bei dem Erwerb kannte,
4. vor dem Abschluss des Erwerbsgeschäfts im Rahmen des Jahresabschlusses oder Zwischenberichts des Emittenten, einer Veröffentlichung nach § 15 des Wertpapierhandelsgesetzes oder einer vergleichbaren Bekanntmachung eine deutlich gestaltete Berichtigung der unrichtigen oder unvollständigen Angaben im Inland veröffentlicht wurde oder

---

5 Siehe auch *Groß* in: Groß, Kapitalmarktrecht, § 22 WpPG Rn 3 mwN.
6 BGH, Urt. v. 18.9.2012 – XI ZR 344/11, BB 2012, 2906.
7 BGH, Urt. v. 18.9.2012 – XI ZR 344/11, BB 2012, 2906, 2908; BGH, Urt. v. 5.7.1993 – II ZR 194/92.
8 BGH, Urt. v. 18.9.2012 – XI ZR 344/11, BB 2012, 2906, 2908; der BGH führt an dieser Stelle außerdem aus, dass von einem (Klein-)Anleger nicht erwartet werden könne, dass er eine Bilanz lesen kann.
9 *Groß* in: Groß, Kapitalmarktrecht, § 22 WpPG Rn 7; *Müller* in: Müller, Wertpapierprospektgesetz, § 22 Rn 4.

5. er sich ausschließlich auf Grund von Angaben in der Zusammenfassung oder einer Übersetzung ergibt, es sei denn, die Zusammenfassung ist irreführend, unrichtig oder widersprüchlich, wenn sie zusammen mit den anderen Teilen des Prospekts gelesen wird, oder sie enthält, wenn sie zusammen mit den anderen Teilen des Prospekts gelesen wird, nicht alle gemäß § 5 Absatz 2 Satz 1 in Verbindung mit Absatz 2 a erforderlichen Schlüsselinformationen.

§ 23 nF übernimmt den Wortlaut des durch Art. 7 des Gesetzes zur Novellierung des Finanzanlagenvermittler- und Vermögensanlagenrechts aufgehobenen § 45 BörsG.[1] Für weitere Ausführungen wird auf die Kommentierung des § 45 BörsG aF verwiesen.
Abs. 2 Nr. 5 der Vorschrift zu Angaben in der Zusammenfassung oder einer Übersetzung wurde durch das Gesetz zur Umsetzung der Richtlinie 2010/73/EU und zur Änderung des Börsengesetzes geändert. In Umsetzung von Art. 1 Nr. 6 der Änderungsrichtlinie wurde eine Haftung für fehlende Schlüsselinformationen eingefügt.[2]
Der zeitliche Anwendungsbereich u.a. der Regelungen des § 45 BörsG ergibt sich aus § 52 BörsG.[3]

§ 24 Haftung bei fehlendem Prospekt

(1) ¹Ist ein Prospekt entgegen § 3 Absatz 1 Satz 1 nicht veröffentlicht worden, kann der Erwerber von Wertpapieren von dem Emittenten und dem Anbieter als Gesamtschuldnern die Übernahme der Wertpapiere gegen Erstattung des Erwerbspreises, soweit dieser den ersten Erwerbspreis nicht überschreitet, und der mit dem Erwerb verbundenen üblichen Kosten verlangen, sofern das Erwerbsgeschäft vor Veröffentlichung eines Prospekts und innerhalb von sechs Monaten nach dem ersten öffentlichen Angebot im Inland abgeschlossen wurde. ²Auf den Erwerb von Wertpapieren desselben Emittenten, die von den in Satz 1 genannten Wertpapieren nicht nach Ausstattungsmerkmalen oder in sonstiger Weise unterschieden werden können, ist Satz 1 entsprechend anzuwenden.

(2) ¹Ist der Erwerber nicht mehr Inhaber der Wertpapiere, so kann er die Zahlung des Unterschiedsbetrags zwischen dem Erwerbspreis und dem Veräußerungspreis der Wertpapiere sowie der mit dem Erwerb und der Veräußerung verbundenen üblichen Kosten verlangen. ²Absatz 1 Satz 1 gilt entsprechend.

(3) Werden Wertpapiere eines Emittenten mit Sitz im Ausland auch im Ausland öffentlich angeboten, besteht ein Anspruch nach Absatz 1 oder Absatz 2 nur, sofern die Wertpapiere auf Grund eines im Inland abgeschlossenen Geschäfts oder einer ganz oder teilweise im Inland erbrachten Wertpapierdienstleistung erworben wurden.

(4) Der Anspruch nach den Absätzen 1 bis 3 besteht nicht, sofern der Erwerber die Pflicht, einen Prospekt zu veröffentlichen, beim Erwerb kannte.

A. Hintergrund

§ 24 entspricht im Wesentlichen dem Haftungsregime des aufgehobenen § 13 a VerkProspG. Regelungsgegenstand des § 24 ist die Haftung des Emittenten für den Fall, dass ein Prospekt trotz bestehender Prospektpflicht nach § 3 Abs. 1 S. 1 nicht veröffentlicht wurde. § 24 ist (i) bei einem fehlenden Prospekt und (ii) bei der Veröffentlichung eines nicht gebilligten oder eines zwar gebilligten aber nicht mehr gültigen Prospekts einschlägig.[1]
Die Haftung bei unrichtigen oder unvollständigen Prospektangaben dagegen ist in § 22 hinsichtlich öffentlicher Angebote von Wertpapieren, die nicht an einer Börse zugelassen sind und in § 21 hinsichtlich Angeboten von Wertpapieren, die an einer Börse zugelassen werden, geregelt.[2] § 24 ist eine eigenständige Prospekthaftungsregelung.
§ 24 stellt ferner klar, dass ein Verstoß gegen eine Prospektpflicht die Wirksamkeit des zugrunde liegenden Kaufvertrags nicht berührt.[3]

---

1 BT-Drucks. 17/6051, S. 78.
2 BT-Drucks. 17/8684, S. 20.
3 Siehe dazu § 44 BörsG aF Rn 3.
1 Groß, Kapitalmarktrecht, § 24 WpPG Rn 1.

2 § 21 entspricht der aufgehobenen Regelung des § 44 BörsG; in § 22 wurde das Haftungsregime des aufgehobenen § 13 VerkProspG aF übernommen. Vgl jeweils die Kommentierungen dort.
3 Groß, Kapitalmarktrecht, § 24 WpPG Rn 3; Müller, WpPG, § 24 Rn 1.

3 Die Regelung des § 24 ist in weiten Teilen den Bestimmungen der §§ 21 und 22 zur Haftung wegen eines fehlerhaften Prospekts nachgebildet.[4]

4 § 13 a VerkProspG aF als Vorgängervorschrift des § 24 wurde am 28. September 2004 als Art. 2 Nr. 6 des Gesetzes zur Verbesserung des Anlegerschutzes (Anlegerschutzverbesserungsgesetz – AnSVG)[5] eingefügt. Diese Vorschrift regelte die Haftung des Emittenten von nicht zum amtlichen Börsenhandel zugelassenen Wertpapieren iSv § 2 Nr. 1 WpPG und Vermögensanlagen iSv § 8 f Abs. 1 VerkProspG aF, wenn kein (Verkaufs-)Prospekt veröffentlicht wurde. § 13 a VerkProspG aF trat am 1.7.2005 in Kraft.[6]

5 Da nach der früheren Rechtslage ein gesetzlicher Anspruch des Anlegers gemäß § 13 VerkProspG aF nur bei fehlerhaften Prospekten bestand, schloss § 13 a VerkProspG aF diese Haftungslücke für den Fall, dass ein Wertpapierprospekt oder ein Verkaufsprospekt für die Vermögensanlagen des § 8 f VerkProspG aF pflichtwidrig nicht veröffentlicht worden ist.[7] Durch Einführung des § 13 a VerkProspG aF wurde die über Jahrzehnte entwickelte, richterrechtlich gefestigte Rechtsprechung zur Prospekthaftung im engeren Sinne spezialgesetzlich geregelt. Diese Regelung hat insbesondere im Bereich der geschlossenen Fonds und der Bauherrenmodelle große Bedeutung erlangt, da sich die Anleger im Falle eines fehlenden Prospekts bis dahin nur auf die Möglichkeit der zivilrechtlichen Prospekthaftung stützen konnten.[8]

B. Fehlender Prospekt

6 Wegen zum Teil unterschiedlicher Haftungsvoraussetzungen der §§ 21, 22 und des § 24 ist die Abgrenzung zwischen einem fehlerhaften und einem fehlenden Prospekt von entscheidender Bedeutung. Denn § 24 ist **nur anwendbar**, wenn **kein Prospekt veröffentlicht** worden ist. Andernfalls ist die Haftungsvorschrift des § 21 bzw des § 22 anwendbar.

7 Obwohl der Prospektbegriff der zentrale Anknüpfungspunkt für diese Ansprüche ist, enthält das WpPG keine Legaldefinition.

Nach richtiger Auffassung liegt ein veröffentlichter Prospekt erst dann vor, wenn ein von der BaFin gemäß § 13 gebilligter Prospekt den **Anlegern zugänglich gemacht** worden ist.[9]

8 Hierbei handelt es sich um eine **formale Betrachtungsweise**, die eine vergleichsweise einfache Abgrenzung ermöglicht. Denn der Emittent und der Anbieter haben es in der Hand, den Prospekt zumindest formell ordnungsgemäß dem Anlegerpublikum zur Verfügung zu stellen. Geschieht dies nicht, ist es gerechtfertigt, sie mit einer Garantiehaftung zu belasten (siehe hierzu unten). Denn der Prospekt ist für den Anleger das zentrale Informationsmedium. Dementsprechend erwähnt auch Erwägungsgrund 18 der Prospektrichtlinie den Prospekt als die geeignete Form zur Bereitstellung von Informationen und damit auch ein wirksames Mittel, um das Vertrauen in die Wertpapiere zu erhöhen und so zur reibungslosen Funktionsweise und zur Entwicklung der Wertpapiermärkte beizutragen. Dafür, dass es gemäß einer formellen Betrachtungsweise auf den Zeitpunkt der Veröffentlichung ankommt, spricht auch, dass das Gesetz an anderen Stellen auf die Veröffentlichung als das maßgebliche Kriterium abstellt, sei es für die Untersagung eines öffentlichen Angebotes (§ 26 Abs. 4) oder bei den Bußgeldvorschriften (§ 35 Abs. 1 Nr. 5).[10]

9 Dagegen vermag die Ansicht, die für das Vorliegen eines veröffentlichten Prospekts allein auf die Gestattung des Prospekts durch die BaFin ohne eine Veröffentlichung abstellt (funktionale Betrachtung),[11] genauso wenig zu überzeugen, wie die Ansicht, dass ein Prospekt iSd §§ 21, 22 bereits vorliege, wenn ein Schriftstück nach Inhalt und Zielrichtung erkennbar zur Erfüllung der nach dem WpPG vorgesehenen Prospekt-

---

4 *Groß*, Kapitalmarktrecht, § 24 WpPG Rn 5; *Müller*, WpPG, § 24 Rn 2; allg. zur Neuordnung der gesetzlichen Prospekthaftung *Leuering*, NJW 2012, 1905 ff.
5 BGBl. I 2004 S. 2630 ff.
6 Art. 6 des Gesetzes zur Verbesserung des Anlegerschutzes (Anlegerschutzverbesserungsgesetz – AnSVG).
7 BegrRegE zum Gesetz zur Verbesserung des Anlegerschutzes (Anlegerschutzverbesserungsgesetz – AnSVG) v. 24.5.2004, BT-Drucks. 15/3174, 44; vgl zur Entstehungsgeschichte *Groß*, Kapitalmarktrecht, § 24 WpPG Rn 2 f.
8 *Arndt/Voß/Kind*, VerkProspG, Vor §§ 13, 13 a Rn 1, 4; *Benecke*, BB 2006, 2597, 2598; *Bohlen/Lange*, DB 2005, 1259; *Stumpf/Lamberti*, BB 2008, 2255, 2256.
9 *Just/Voß/Ritz/Zeising/Pankoke*, WpPG, § 13 a VerkProspG Rn 6; *Arndt/Voß/Kind*, VerkProspG, § 13 a Rn 5; *Bohlken/Lange*, DB 2005, 1259, 1261; jüngst *Klöhn*, DB 2012, 1854, 1858 mwN; vgl auch *Bongertz*, BB 2012, 470, 473, der allerdings eine teleologische Reduktion für den Fall befürwortet, dass sämtliche gesetzliche Anforderungen erfüllt werden.
10 Besonders deutlich wurde dies auch bei der Fassung der Abs. 4 und 5 des § 13 a VerkProspG aF, die im RegE noch auf die Erstellung abstellten, in der endgültigen Fassung jedoch auf Vorschlag des Finanzausschusses auf die Veröffentlichung. Somit kommt es auch im Rahmen der Kenntnis des Erwerbers auf die (Kenntnis der Pflicht der) Veröffentlichung an.
11 *Assmann*, in: Assmann/Schütze, Handbuch des Kapitalanlagerechts, S. 280 Rn 61; ähnlich *Barta*, NZG 2005, 305, 308, der allerdings nicht genau zwischen Gestattung und Veröffentlichung differenziert und den Anschein erweckt, dass die Veröffentlichung zwingende Folge der Gestattung sei.

angaben erstellt worden ist (materielle Betrachtung).[12] Ferner kann auch nicht der Wille des Emittenten entscheidendes Abgrenzungskriterium für das Vorliegen eines Prospekts sein.[13]

Darüber hinaus liegt auch kein veröffentlichter Prospekt iSd § 24 Abs. 1 vor, wenn ein ehemals veröffentlichter Prospekt ungültig geworden ist, beispielsweise wegen des Ablaufs der Zwölf-Monats-Frist gemäß § 9 Abs. 1. Auch in diesem Fall haben der Emittent und der Anbieter von Wertpapieren ihre Pflicht zur Erstellung, Billigung bzw Gestattung und Veröffentlichung eines gültigen Prospekts zu kennen und zu erfüllen.[14]

§ 24 ist nicht auf den Nachtrag gemäß § 16 WpPG anwendbar, da § 16 WpPG gerade das Vorliegen eines gebilligten und veröffentlichten Prospekts voraussetzt.[15] Wird ein Nachtrag pflichtwidrig nicht erstellt, nicht gebilligt bzw nicht gestattet oder nicht veröffentlicht, kommt jedoch eine Haftung gemäß § 22 in Betracht.

C. Weitere Anspruchsvoraussetzungen

Anspruchsberechtigt ist **jeder Erwerber**, sofern das Erwerbsgeschäft vor Veröffentlichung eines Prospekts und innerhalb von **sechs Monaten** nach dem ersten öffentlichen Angebot im Inland abgeschlossen wurde. Eine spätere Prospektveröffentlichung lässt den Anspruch unberührt,[16] dh es kann insofern keine Heilung des Mangels oder ein Wegfall des Anspruchs durch nachträgliche Prospektveröffentlichung eintreten.

Gegenstand des Erwerbsgeschäfts können diejenigen Wertpapiere sein, die nicht zum Handel an einer inländischen Börse zugelassen sind. Damit erstreckt sich die Haftung gemäß § 24 auf Wertpapiere, die ohne Börsenzulassung zum Verkauf öffentlich angeboten werden. Nicht in den Anwendungsbereich des § 24 fallen grundsätzlich Wertpapiere, die zum Handel an einer inländischen Börse zugelassen sind, da in diesem Fall bereits ein Prospekt gem. § 32 Abs. 3 Nr. 2 BörsG für die Zulassung veröffentlicht sein musste. Anspruchsgegner sind der Emittent und der Anbieter (zB die emissionsbegleitende Bank) als Gesamtschuldner.

Bei der Regelung des § 24 handelt es sich um eine **verschuldensunabhängige Haftung**.[17] Dies ergibt sich aus dem Wortlaut und aus der Entstehungsgeschichte des § 13 a VerkProspG aF als Vorgängervorschrift des § 24. Der RefE des BMF vom 10.3.2004 sah noch einen Haftungsausschluss in § 13 a Abs. 4 S. 1 VerkProspG-RefE vor, nach dem nicht in Anspruch genommen werden könne, wer hätte nachweisen können, dass er die Pflicht, einen Verkaufsprospekt zu erstellen, nicht gekannt hat und diese Unkenntnis nicht auf grober Fahrlässigkeit beruhte. Dieser Haftungsausschluss wurde bewusst nicht in den Gesetzestext übernommen. Daraus ist der Schluss zu ziehen, dass der Gesetzgeber gerade keine verschuldensabhängige Haftung einführen, sondern vielmehr § 13 a VerkProspG aF als eine **verschuldensunabhängige Garantiehaftung** ausgestalten wollte.[18]

Die haftungsrechtlich unterschiedliche Behandlung im Vergleich zur Haftung wegen eines fehlerhaften Prospekts gemäß § 22 besteht darin, dass ein Anbieter von Kapitalanlagen die gesetzliche Pflicht zur Erstellung und Veröffentlichung von (Verkaufs-) Prospekten kennen muss und ein entsprechendes Billigungsverfahren einleiten kann.[19]

Ob er dann aber tatsächlich einen unrichtigen oder unvollständigen (Verkaufs-)Prospekt erstellt, ist eine ganz andere, viel komplexere und schwieriger zu entscheidende Frage, die es eher gebietet, die Haftung an das Verschulden der Prospektverantwortlichen zu knüpfen. Zudem wird durch die Annahme einer verschuldensunabhängigen Haftung ein Gleichlauf mit dem US-amerikanischen Kapitalmarktrecht erzielt und die Abschreckungswirkung (Präventionsgedanke) für ein Anbieten ohne (Verkaufs-)Prospekt erhöht.[20]

Auch die Tatsache, dass es sich bei § 24 – anders als bei § 22 – um eine Haftungsnorm handelt, die sich gerade nicht der Verweistechnik auf die Regelungen des § 21 bedient, spricht für dieses Ergebnis. Ange-

---

12 *Fleischer*, BKR 2004, 339, 347; *Benecke*, BB 2006, 2597, 2599; ähnlich *Mülbert/Steup*, in: Habersack/Mülbert/Schlitt, Unternehmensfinanzierung am Kapitalmarkt, 2008, § 33 Rn 52 (jeweils zu § 13 Abs. 1 Nr. 3 VerkProspG aF).
13 So – allerdings noch zur alten Rechtslage – *Hüffer*, Das Wertpapier-Verkaufsprospektgesetz, 1996, 133; *Gerber*, Die Prospekthaftung bei Wertpapieremissionen nach dem Dritten Finanzmarktförderungsgesetz, 2001, 174.
14 AA *Arndt/Voß/Kind*, VerkProspG, § 13 a Rn 6.
15 Ebenso *Klöhn*, DB 2012, 1854, 1858.
16 *Groß*, Kapitalmarktrecht, § 24 WpPG Rn 5; vgl auch bzgl § 13 a VerkProspG aF BegrRegE zum Gesetz zur Verbesserung des Anlegerschutzes (Anlegerschutzverbesserungsgesetz – AnSVG) v. 24.5.2004, BT-Drucks. 15/3174, S. 44.
17 Str, wie hier: jüngst OLG München, Urt. v. 2.11.2011 – 20 U 2289/11, juris Rn 34; *Klöhn*, DB 2012, 1854, 1859; *Voß*, EWiR 2012, 711, 712; ebenso *Benecke*, BB 2006, 2005, 2597, 2600; *Fleischer*, BKR 2004, 339, 346, *Barta*, NZG 2005, 305, 306 f; Just/Voß/Ritz/Zeising/*Pankoke*, WpPG, § 13 a VerkProspG Rn 11; aA für eine verschuldensabhängige Haftung: *Bongertz*, BB 2012, 470, 474 f; *Mülbert/Steup*, in: Habersack/Mülbert/Schlitt, Unternehmensfinanzierung am Kapitalmarkt, 2008, § 33 Rn 96, *Spindler*, NJW 2004, 3449, 3455; Assmann/Schlitt/von Kopp-Colomb/*Assmann*, § 13 a VerkProspG Rn 22 ff – Offenlassend: *Leuering*, NJW 2012, 1905, 1908 f; *Groß*, Kapitalmarktrecht, § 24 WpPG Rn 4.
18 *Barta*, NZG 2005, 305, 307.
19 So schon *Fleischer*, BKR 2004, 339, 346.
20 *Fleischer*, BKR, 2004, 339, 346.

sichts der grundsätzlich verschiedenen Haftungsgründe der §§ 21-23 (Informationshaftung) und des § 24 (Sanktionierung eines Verfahrensverstoßes) ist in einem unterschiedlich ausgestalteten Verschuldenserfordernis entgegen der Ansicht einiger Stimmen im Schrifttum[21] kein „Systembruch" zu sehen.[22]

17 Es kann auch aus allgemeinen haftungsrechtlichen Erwägungen kein Verschuldenserfordernis gefolgert werden.

18 Ferner ist eine **haftungsbegründende Kausalität** nicht Anspruchsvoraussetzung.[23] Dies entspricht dem US-amerikanischen Regelungsvorbild und dient ebenfalls dem Präventionsgedanken.[24] Ferner ist § 24 als Sanktion eines Verfahrensverstoßes konzipiert, der nicht dadurch entfällt, dass der Erwerber seine Investitionsentscheidung auch bei Einhaltung der einschlägigen Vorschriften getätigt hätte.[25] Stattdessen bestimmt § 24 Abs. 4, dass kein Anspruch besteht, wenn der Erwerber die Pflicht, einen Prospekt zu veröffentlichen, kannte.[26]

19 Der Ausschlusstatbestand des **Abs. 4** ist dem des § 23 Abs. 2 Nr. 3 (§ 45 Abs. 2 Nr. 3 BörsG aF) nachgebildet. Danach besteht kein Anspruch nach § 24 Abs. 1 bis 3, wenn der Erwerber beim Erwerb der Wertpapiere oder sonstigen Vermögensgegenständen die Veröffentlichungspflicht für den Prospekt kannte. Die Darlegungs- und Beweislast für die Kenntnis des Erwerbers liegt beim Anbieter und Emittenten. Diese Risikoverteilung zulasten des Emittenten und des Anbieters ist im Interesse eines umfassenden Anlegerschutzes für die Einhaltung der Prospektpflicht von entscheidender Bedeutung und somit gerechtfertigt.[27] § 24 Abs. 4 soll lediglich eine missbräuchliche Ausnutzung der Haftung durch nicht schutzwürdige Anleger verhindern, die auf das Risiko der Haftungspflichtigen spekulieren könnten und bei sinkenden Preisen die Möglichkeit zur Rückgabe der Wertpapiere hätten.

D. Rechtsfolgen

20 Der Erwerber, der beim Erwerb von Wertpapieren **keine Kenntnis von der Prospektpflicht** hatte, kann, wenn kein Prospekt erstellt wurde (oder ein einst erstellter Prospekt ungültig geworden ist), vom Emittenten und dem Anbieter als Gesamtschuldner die Rücknahme der Wertpapiere oder Vermögensanlagen gegen Erstattung des Erwerbspreises, soweit dieser den ersten Erwerbspreis nicht überschreitet, verlangen.

21 Im Schrifttum wird in diesem Zusammenhang vertreten, dass eine Rücknahme der Wertpapiere, sofern es sich beim Emittenten um eine Aktiengesellschaft oder Kommanditgesellschaft auf Aktien handelt, einen Verstoß gegen das Verbot zum Erwerb eigener Aktien (§ 71 ff AktG) darstelle und daher unzulässig sei; jedenfalls sei die Regelung zur Haftung bei fehlendem Prospekt bei Aktiengesellschaften und Kommanditgesellschaften auf Aktien einschränkend dahin gehend auszulegen, dass eine Rückgabe der Aktien an den Emittenten nicht zulässig sei.[28] Dessen ungeachtet sei eine Rückgabe der Wertpapiere an andere Anbieter, zB an die Emissionsbanken, uneingeschränkt zulässig. Dem ist jedoch entgegen zu halten, dass § 24 genauso wie die §§ 21, 22, 23 als *lex specialis* und *lex posterior* den §§ 71 ff AktG vorgeht.[29] Dies erscheint auch im Sinne eines effektiven Anlegerschutzes geboten.

22 Überdies wird vertreten,[30] dass insbesondere im Bereich des Personengesellschaftsrechts Konflikte zwischen dem Gläubiger- und Anlegerschutz bestehen. So wird u.a. angeführt, dass die Kapitalgrundlage einer Personengesellschaft durch die Erstattung des Erwerbspreises zum Nachteil der Gläubiger gefährdet werde. Zudem sei ein Verstoß gegen den Gleichbehandlungsgrundsatz durch Wettlauf der Anleger zu befürchten. Diesen Bedenken steht jedoch neben einem effektiven Anlegerschutz die abschließende und vorrangige Regelung des § 24 entgegen.

---

21 Assmann/Schlitt/von Kopp-Colomb/*Assmann*, § 13 a VerkProspG Rn 22; *Schäfer*, ZGR 2006, 40, 52; s. auch *Mülbert/Steup*, in: Habersack/Mülbert/Schlitt, Unternehmensfinanzierung am Kapitalmarkt, 2008, § 33 Rn 111 („Fremdkörper").

22 Zutreffend *Klöhn*, DB 2012, 1854, 1859; aA *Bongertz*, BB 2012, 470, 475.

23 OLG München, Urt. v. 2.11.2011 – 20 U 2289/11, juris Rn 34; jüngst *Klöhn*, DB 2012, 1854, 1859; *Voß*, EWiR 2012, 711, 712; ebenso *Benecke*, BB 2008, 2597, 2599; Just/Voß/Ritz/Zeising/*Pankoke*, WpPG, § 13 a VerkProspG Rn 10; vgl auch *Rusch*, GWR 2011, 574; aA *Mülbert/Steup*, in: Habersack/Mülbert/Schlitt, Unternehmensfinanzierung am Kapitalmarkt, 2008, § 33 Rn 92; *Habersack*, in: Habersack/Mülbert/Schlitt, Hdb der Kapitalmarktinformation, 2008, § 28 Rn 66; *Schäfer*, ZGR 2006, 40, 53.

24 *Fleischer*, BKR 2004, 339, 347.

25 *Klöhn*, DB 2012, 1854, 1859.

26 Ein Ausschluss entsprechend § 23 Abs. 2 Nr. 1, der die haftungsbegründende Kausalität betrifft, fehlt gerade.

27 BegrRegE zum Gesetz zur Verbesserung des Anlegerschutzes (Anlegerschutzverbesserungsgesetz – AnSVG) v. 24.5.2004, BT-Drucks. 15/3174, S. 44.

28 *Benecke*, BB 2006, 2597; *Ziegler*, NZG 2005, 301 ff, *ders.*, DStR 2005, 30, 32 (jeweils zur Vorgängervorschrift § 13 a VerkProspG aF.).

29 So ausdrücklich zu den §§ 45 ff. BörsG aF; vgl auch BegrRegE, BT-Drucks. 13/8933, S. 78; OLG Frankfurt AG 2000, 132, 134; *Renzenbrink/Holzner*, BKR 2002, 434, 436; *Groß*, AG 1999, 199, 208; *Krämer/Baudisch*, WM 1998, 1161, 1164 ff; instruktiv zur Kapitalmarktinformationshaftung und der gesellschaftsrechtlichen Kapitalbindung jüngst *Weber*, ZHR 176 (2012), 184 ff.

30 *Benecke*, BB 2006, 2597, 2600; *Ziegler*, DStR 2005, 30, 32.

Ist der **Erwerber nicht mehr Inhaber der Wertpapiere**, kann er gemäß **Abs. 2 S. 1** die Zahlung des Unterschiedsbetrags zwischen dem Erwerbspreis und dem Veräußerungspreis der Wertpapiere sowie der mit dem Erwerb und der Veräußerung verbundenen Kosten verlangen. Im Übrigen gilt § 24 Abs. 1 S. 1 entsprechend. 23

Sofern Wertpapiere eines **Emittenten mit Sitz im Ausland** auch im Ausland öffentlich angeboten werden, besteht ein Anspruch des Erwerbers wegen fehlendem Prospekt gemäß **Abs. 3** nur dann, wenn die Wertpapiere aufgrund eines im Inland abgeschlossenen Erwerbsgeschäfts oder einer ganz oder teilweise im Inland erbrachten Wertpapierdienstleistung erworben wurden.[31]

Die in § 24 Abs. 2 und Abs. 3 normierten Rechtsfolgen stellen im Hinblick auf den Anspruch des Erwerbers gegen den Emittenten beim Erwerb von Aktien an einer Aktiengesellschaft oder Kommanditgesellschaft auf Aktien nach – zutreffender – allgemeiner Meinung keinen Verstoß gegen das Einlagenrückgewährverbot gemäß § 57 AktG dar. Dies wird auf unterschiedliche Argumente gestützt: (1) § 57 AktG sei in diesem Fall tatbestandlich nicht erfüllt, da der Gesellschaft ein Regressanspruch gegen ihre Organe zustehe.[32] Diese Argumentation erscheint im Lichte der Änderungen, die das Gesetz zur Modernisierung des GmbH-Rechts und zur Bekämpfung von Missbräuchen (MoMiG) gebracht hat und die damit wieder eingeführte sog. bilanzielle Betrachtungsweise, wieder gut vertretbar. (2) Eine andere Argumentation stützt sich darauf, dass sich die Kapitalmarktinformation an das allgemeine Marktpublikum richtet. Der Erwerber sei daher nicht Aktionär iSd § 57 AktG, da er der Gesellschaft wie jeder Dritte gegenüber getreten sei.[33] (3) Eine weitere Argumentation stützt sich auf die Regelung des Art. 2 Abs. 2 EGHGB, wonach letztlich die Regelung zur Haftung bei fehlendem Prospekt gegenüber der Regelung des § 57 AktG Vorrang habe.[34]

E. Verjährung

§ 13a Abs. 5 VerkProspG aF enthielt eine Sonderverjährungsregelung, die der Regelung des § 46 BörsG aF entsprach. Danach verjährten Prospekthaftungsansprüche bei fehlendem Prospekt in einem Jahr ab dem Zeitpunkt, zu dem der Erwerber Kenntnis von der Veröffentlichungspflicht erlangt hat (subjektive Verjährung), spätestens jedoch in drei Jahren ab dem Abschluss des Erwerbsgeschäfts (objektive Verjährung). Diese Sonderverjährungsregelung ist in § 24 nicht übernommen worden. Es gelten daher nun auch für Haftungsansprüche aus § 24 die allgemeinen Verjährungsregelungen der §§ 194 bis 218 BGB.[35] 24

F. Haftungsbeschränkung

Die in § 13a Abs. 6 VerkProspG aF enthaltene Regelung zur Haftungsbeschränkung hat der Gesetzgeber nicht in § 24 übernommen, sondern in § 25 neu geregelt.[36] Nach § 25 Abs. 1 ist eine Vereinbarung, durch die Ansprüche nach § 24 im Voraus ermäßigt oder erlassen werden, unwirksam. Nachträgliche Ermäßigung und nachträglicher Erlass der Haftungsansprüche sind zulässig.[37] Maßgeblicher Zeitpunkt ist der Zeitpunkt der Anspruchsentstehung.[38] 25

Unklar ist, ob die verschuldensabhängige Haftung bei fehlendem Prospekt nach § 24 auch dann eingreift, wenn der Emittent und der Anbieter sich zuvor mit der BaFin bzgl einer Prospektpflicht abgestimmt haben. Das OLG München hat in seiner Entscheidung vom 2.11.2011 eine **Haftung trotz vorheriger Abstimmung mit der BaFin** bejaht.[39] Im Schrifttum finden sich hingegen Stimmen, die eine Haftung bei fehlendem Prospekt nach vorheriger Abstimmung mit der BaFin ablehnen.[40] Allerdings entfaltet eine unverbindliche, verwaltungsrechtliche Einschätzung der BaFin keine Bindungswirkung für einen zivilrechtlichen Haftungsprozess. Insoweit überzeugt also die Entscheidung des OLG München, dass eine vorherige Abstimmung mit der BaFin nicht zwingend zu einem Haftungsausschluss führt. 25a

Weitergehende Ansprüche des Anlegers, die nach den Vorschriften des bürgerlichen Rechts aufgrund von Verträgen oder unerlaubten Handlungen erhoben werden können, bleiben gem. § 25 Abs. 2 unberührt. 26

---

31 Dies entspricht der Regelung in § 21 Abs. 3; vgl die Kommentierung dort.
32 *Gebauer*, Börsenprospekthaftung und Kapitalerhaltungsgrundsatz in der Aktiengesellschaft, 1999, 193–195; vgl *Ziegler*, NZG 2005, 301, 303.
33 *Gebauer*, Börsenprospekthaftung und Kapitalerhaltungsgrundsatz in der Aktiengesellschaft, 1999, 197ff; *Zimmer*, WM 2004, 9, 11; aA Großkomm-AktienR/*Henze*, § 57 AktG Rn 19; *Renzenbrink/Holzner*, BKR 2002, 434, 435ff.
34 *Ziegler*, NZG 2005, 301, 303 (zu § 13a VerkProspG aF).
35 *Groß*, Kapitalmarktrecht, § 24 WpPG Rn 7; *Leuering*, NJW 2012, 1905, 1908.
36 Vgl die Kommentierung dort.
37 *Müller*, WpPG, § 25 Rn 2.
38 RegBegr. BT-Drucks. 13/8933, S. 81; vgl auch Schwark/Zimmer/*Schwark*, Kapitalmarktrechts-Kommentar, § 47 BörsG Rn 1.
39 OLG München, Urt. v. 2.11.2011 – 20 U 2289/11, juris = BeckRS 2011, 25505.
40 *Klöhn*, DB 2012, 1854, 1859, der die Haftung in diesem Fall nach dem Schutzzweck der Norm als ausgeschlossen ansieht; i.Erg. ebenso *Bongertz*, BB 2012, 470, 475, für den durch die Abstimmung mit der BaFin „alles vernünftigerweise zu Verlangende" getan wurde.

G. Zuständigkeit

27 Den in § 13a Abs. 7 VerkProspG aF enthaltenen Verweis auf die Zuständigkeitsregelung des § 32b ZPO für die gerichtliche Geltendmachung von Haftungsansprüchen bei fehlenden Prospekten hat der Gesetzgeber nicht in § 24 übernommen. Die örtliche Zuständigkeit eines Gerichts in Bezug auf die Haftung bei fehlendem Prospekt beurteilt sich auch ohne ausdrückliche Verweisung nach § 32b ZPO, so dass ein Gleichlauf der gerichtlichern Zuständigkeit mit der bei fehlerhaften Börsenzulassungsprospekten gegeben ist.[41] Ausschließlich örtlich zuständig ist danach das Gericht am Sitz des betroffenen Emittenten, sofern sich dieser nicht im Ausland befindet. Diese Regelung soll einer einheitlichen und kostengünstigen Beweisaufnahme dienen. Dies soll insbesondere durch die Konzentration auf ein einziges Sachverständigengutachten und die einfachere Gewinnung von geeigneten Sachverständigen erreicht werden.[42]

28 Sachlich zuständig ist nach § 71 Abs. 2 Nr. 3 GVG grundsätzlich das Landgericht; die grundsätzliche Zuständigkeit der Kammer für Handelssachen ergibt sich aus § 95 Abs. 1 Nr. 6 GVG.
Bayern und Nordrhein-Westfalen haben von der in § 32b Abs. 2 S. 1 ZPO erwähnten Möglichkeit Gebrauch gemacht und die Zuständigkeiten gebündelt.[43] So ist gemäß § 24a der Verordnung über gerichtliche Zuständigkeiten im Bereich des Bayerischen Staatsministeriums der Justiz in Bayern das Landgericht München I sachlich ausschließlich zuständig.[44] In Nordrhein-Westfalen ergibt sich die sachlich Zuständigkeit des Landgerichts Düsseldorf im OLG-Bezirk Düsseldorf, des Landgerichts Dortmund im OLG-Bezirk Hamm und des Landgerichts Köln im OLG-Bezirk Köln für kapitalmarktrechtliche Streitigkeiten aus der Konzentrations-VO vom 23.11.2005.[45]

29 Ferner umfasst das zum 1.11.2005 eingeführte Gesetz über Musterverfahren in kapitalmarktrechtlichen Streitigkeiten (Kapitalanleger-Musterverfahrensgesetz – KapMuG)[46] auch Klagen wegen fehlerhaftem bzw fehlendem Prospekt nach §§ 22, 24. Dadurch hat ein geschädigter Anleger die Möglichkeit, im Wege der Klagebündelung eine kostengünstigere Rechtsdurchsetzung zu erreichen.[47]

§ 25 Unwirksame Haftungsbeschränkung; sonstige Ansprüche

(1) Eine Vereinbarung, durch die Ansprüche nach §§ 21, 23 oder 24 im Voraus ermäßigt oder erlassen werden, ist unwirksam.

(2) Weitergehende Ansprüche, die nach den Vorschriften des bürgerlichen Rechts auf Grund von Verträgen oder unerlaubten Handlungen erhoben werden können, bleiben unberührt.

1 § 25 nF übernimmt den Wortlaut des durch Art. 7 des Gesetzes zur Novellierung des Finanzanlagenvermittler- und Vermögensanlagenrechts aufgehobenen § 47 BörsG.[1] Für weitere Ausführungen wird auf die Kommentierung des § 47 BörsG aF verwiesen.

2 Der zeitliche Anwendungsbereich u.a. der Regelung des § 47 BörsG ergibt sich aus § 52 BörsG.[2]

Abschnitt 7
Zuständige Behörde und Verfahren

§ 26 Befugnisse der Bundesanstalt

(1) Ist bei der Bundesanstalt ein Prospekt zur Billigung eingereicht worden, kann sie vom Anbieter oder Zulassungsantragsteller die Aufnahme zusätzlicher Angaben in den Prospekt verlangen, wenn dies zum Schutz des Publikums geboten erscheint.

---

41 *Groß*, Kapitalmarktrecht, § 24 WpPG Rn 7; vgl auch Beschlussempfehlung und Bericht des Finanzausschusses zum Entwurf eines Gesetzes zur Novellierung des Finanzanlagenvermittler- und Vermögensanlagenrechts. BT-Drucks. 17/7453, S. 95, 115.
42 BegrRegE des Gesetzes zur Einführung von Kapitalanleger-Musterverfahren, BT-Drucks. 15/5091, zur Kritik dazu: *Krämer*, in: Marsch-Barner/Schäfer, Handbuch börsennotierte AG, 2009, § 10 Rn 386; Arndt/Voß/*Kind*, VerkProspG, Vor §§ 13, 13a Rn 24.
43 Arndt/Voß/*Kind*, VerkProspG, Vor §§ 13, 13a Rn 24.
44 GVBl. Bayern 2005, S. 695.
45 GVBl. NRW 2005, S. 920.
46 IdF durch das Gesetz zur Reform des Kapitalanleger-Musterverfahrensgesetzes und zur Änderung anderer Vorschriften vom 19.10.2012 (BGBl. I S. 2182).
47 Arndt/Voß/*Kind*, VerkProspG Vor §§ 13, 13a Rn 27.
1 BT-Drucks. 17/6051, S. 78.
2 Siehe dazu § 44 BörsG aF Rn 3.

(2) ¹Die Bundesanstalt kann vom Emittenten, Anbieter oder Zulassungsantragsteller Auskünfte, die Vorlage von Unterlagen und die Überlassung von Kopien verlangen, soweit dies zur Überwachung der Einhaltung der Bestimmungen dieses Gesetzes erforderlich ist. ²Die Befugnis nach Satz 1 besteht auch gegenüber
1. einem mit dem Emittenten, dem Anbieter oder Zulassungsantragsteller verbundenen Unternehmen,
2. demjenigen, bei dem Tatsachen die Annahme rechtfertigen, dass er Anbieter im Sinne dieses Gesetzes ist.

³Im Falle des Satzes 2 Nr. 2 dürfen Auskünfte, die Vorlage von Unterlagen und die Überlassung von Kopien nur insoweit verlangt werden, als sie für die Prüfung, ob es sich um einen Anbieter im Sinne dieses Gesetzes handelt, erforderlich sind.

(3) Die Bundesanstalt kann von den Abschlussprüfern und Mitgliedern von Aufsichts- oder Geschäftsführungsorganen des Emittenten, des Anbieters oder Zulassungsantragstellers sowie von den mit der Platzierung des öffentlichen Angebots oder der Zulassung zum Handel beauftragten Instituten im Sinne des § 1 Abs. 1 b des Kreditwesengesetzes oder einem nach § 53 Abs. 1 Satz 1 oder § 53 b Abs. 1 Satz 1 des Kreditwesengesetzes tätigen Unternehmen Auskünfte, die Vorlage von Unterlagen und die Überlassung von Kopien verlangen, soweit dies zur Überwachung der Einhaltung der Bestimmungen dieses Gesetzes erforderlich ist.

(4) ¹Die Bundesanstalt hat ein öffentliches Angebot zu untersagen, wenn entgegen § 3 kein Prospekt veröffentlicht wurde, entgegen § 13 ein Prospekt veröffentlicht wird, der Prospekt oder das Registrierungsformular nicht mehr nach § 9 gültig ist, die Billigung des Prospekts nicht durch eine Bescheinigung im Sinne des § 18 Abs. 1 nachgewiesen worden ist oder der Prospekt nicht der Sprachenregelung des § 19 genügt. ²Hat die Bundesanstalt Anhaltspunkte dafür, dass gegen eine oder mehrere der in Satz 1 genannten Bestimmungen verstoßen wurde, kann sie jeweils anordnen, dass ein öffentliches Angebot für höchstens zehn Tage auszusetzen ist. ³Die nach Satz 2 gesetzte Frist beginnt mit der Bekanntgabe der Entscheidung.

(5) Die Bundesanstalt kann der Geschäftsführung der Börse und der Zulassungsstelle Daten einschließlich personenbezogener Daten übermitteln, wenn Tatsachen den Verdacht begründen, dass gegen Bestimmungen dieses Gesetzes verstoßen worden ist und die Daten zur Erfüllung der in der Zuständigkeit der Geschäftsführung der Börse oder der Zulassungsstelle liegenden Aufgaben erforderlich sind.

(6) ¹Der zur Erteilung einer Auskunft Verpflichtete kann die Auskunft auf solche Fragen verweigern, deren Beantwortung ihn selbst oder einen der in § 383 Abs. 1 Nr. 1 bis 3 der Zivilprozessordnung bezeichneten Angehörigen der Gefahr strafgerichtlicher Verfolgung oder eines Verfahrens nach dem Gesetz über Ordnungswidrigkeiten aussetzen würde. ²Der Verpflichtete ist über sein Recht zur Verweigerung der Auskunft zu belehren.

(7) Die Bundesanstalt darf personenbezogene Daten nur zur Erfüllung ihrer aufsichtlichen Aufgaben und für Zwecke der Zusammenarbeit nach Maßgabe des § 28 verwenden.

(8) ¹Werden der Bundesanstalt bei einem Prospekt, auf Grund dessen Wertpapiere zum Handel an einem organisierten Markt zugelassen werden sollen, Umstände bekannt gegeben, auf Grund derer begründete Anhaltspunkte für die wesentliche inhaltliche Unrichtigkeit oder wesentliche inhaltliche Unvollständigkeit des Prospekts bestehen, die zu einer Übervorteilung des Publikums führen, stehen ihr die Befugnisse des Absatzes 2 zu. ²Die Bundesanstalt kann in den Fällen des Satzes 1 vom Anbieter verlangen, das öffentliche Angebot bis zur Klärung des Sachverhalts auszusetzen. ³Steht die inhaltliche Unrichtigkeit oder inhaltliche Unvollständigkeit des Prospekts fest, kann die Bundesanstalt die Billigung widerrufen und das öffentliche Angebot untersagen. ⁴Die Bundesanstalt kann nach Satz 1 erhobene Daten sowie Entscheidungen nach den Sätzen 2 und 3 der Geschäftsführung der Börse und inländischen sowie ausländischen Zulassungsstellen übermitteln, soweit diese Informationen zur Erfüllung deren Aufgaben erforderlich sind.

A. Allgemeines

Die Vorschrift dient der Umsetzung des Art. 21 der Prospektrichtlinie. Die vorgesehenen Befugnisse der BaFin als zentrale zuständige Verwaltungsbehörde[1] sind auf das deutsche Hoheitsgebiet beschränkt und werden ausschließlich im öffentlichen Interesse ausgeübt.[2] In den anderen Mitgliedstaaten üben die dorti-

---

1   Vgl hierzu auch Erwägungsgrund 37 der Prospektrichtlinie.
2   BegrRegE, BT-Drucks. 15/4999, S. 38.

gen Behörden entsprechende Befugnisse aus.³ Vgl zur Zusammenarbeit der Behörden der verschiedenen Mitgliedstaaten auch §§ 28, 28 a, und die Kommentierung hierzu.

B. Aufnahme zusätzlicher Angaben (Abs. 1)

2 § 26 gibt der BaFin die Befugnis, die Aufnahme zusätzlicher Angaben in den Prospekt zu verlangen, sofern dies zum Schutz des Publikums geboten erscheint. Ob zusätzliche Angaben erforderlich sind, bestimmt sich nach §§ 5, 7 iVm der ProspektVO⁴ im Rahmen des von § 13 Abs. 1 festgelegten Prüfungsmaßstabs.⁵ Die Befugnis, die Aufnahme zusätzlicher Angaben zu verlangen, ist dabei also auf das Billigungsverfahren und den Maßstab der Vollständigkeitsprüfung einschließlich einer Konsistenz- und Verständlichkeitsprüfung beschränkt. Es findet keine inhaltliche Prüfung des Prospekts statt. Unberührt bleibt stets die allein den Prospektverantwortlichen zukommende Verantwortung für den Inhalt und die Aufmachung des Prospekts.⁶

3 Abs. 1 gibt der BaFin somit eine Befugnis, deren Ausübung eigentlich nur im Interesse des Prospekterstellers liegen kann. Denn die Alternative zur Aufnahme zusätzlicher Angaben wäre die Versagung der Billigung durch die BaFin, weil der Prospekt nicht den Anforderungen der §§ 5, 7 iVm der ProspektVO entspricht, die im Rahmen des § 13 Abs. 1 geprüft werden.

C. Auskunfts-, Vorlage- und Überlassungspflicht (Abs. 2)

4 Abs. 2 gibt der BaFin die Befugnis, vom Emittenten, Anbieter oder Zulassungsantragsteller Auskünfte einzuholen sowie die Vorlage von Unterlagen und die Überlassung von Kopien zu verlangen. Die Ermittlungsbefugnisse dienen der BaFin dazu, eine effektive Sachverhaltsaufklärung zu betreiben. Bei Nichtbefolgung der Auskunfts-, Vorlage- oder Überlassungsverlangen ist deren Durchsetzung nach den Bestimmungen des VwVG mit Zwangsmitteln möglich.⁷ Gemäß Abs. 2 S. 2 bestehen die Auskunfts-, Vorlage- und Überlassungspflichten des S. 1 auch gegenüber den mit einem der in S. 1 Verpflichteten verbundenen Unternehmen (Nr. 1) sowie demjenigen, bei dem Tatsachen die Annahme rechtfertigen, dass er Anbieter im Sinne dieses Gesetzes ist (Nr. 2).⁸ Im Falle der Nr. 2 gem. Abs. 2 S. 3 allerdings nur insoweit, als sie für die Prüfung, ob es sich um einen Anbieter im Sinne des WpPG handelt, erforderlich sind. Der Begriff des verbundenen Unternehmens entspricht dem des § 15 AktG.⁹

5 Gegenstand eines Auskunftsverlangens können nur Tatsachen sein und nur soweit wie diese zur Überwachung der Einhaltung der Bestimmungen dieses Gesetzes durch die BaFin erforderlich sind. Rechtsfragen oder subjektive Einschätzungen können nicht Gegenstand eines Auskunftsverlangens sein.¹⁰ Die Tatsachen müssen im Bereich des Auskunftspflichtigen liegen, dh nicht gehalten ist, seinerseits bei Dritten Auskünfte einzuholen.¹¹ Bei der Beurteilung der Frage, ob eine Auskunft erforderlich ist, entscheidet die BaFin nach eigenem pflichtgemäßen Ermessen, wobei ihr ein Ermessensspielraum zusteht.

6 Daneben kann die BaFin auch die Vorlage von Unterlagen und die Überlassung von Kopien verlangen, soweit dies zur Überwachung der Einhaltung der Bestimmungen des WpPG erforderlich ist. Gegenstand eines Vorlage- und Überlassungsersuchens können sowohl schriftliche Dokumente, zB Verträge oder Korrespondenz, als auch elektronische Datenträger wie zB Disketten, CDs, DVDs, Speicherkarten und ähnliche Speichermedien sein, auf denen Unterlagen in elektronischer Form gespeichert werden können.

7 Es bestehen neben dem VwVfG keine besonderen Formvorschriften für Auskunfts-, Vorlage- oder Überlassungsersuchen. Wenn die Ermittlungsbefugnisse der BaFin mit Verwaltungszwangsmitteln durchgesetzt werden sollen, ist eine formelle Verfügung erforderlich. Wenn der Verpflichtete dem Auskunfts-, Vorlage- oder Überlassungsverlangen nicht nachkommt, hat die BaFin gem. §§ 6 und 7 VwVG die Möglichkeit, die

---

3 Vgl hierzu auch Erwägungsgrund 38 der Prospektrichtlinie, wonach ein allen zuständigen Behörden gemeinsames Maß an Mindestbefugnissen die Effizienz ihrer Aufsicht gewährleistet. Langfristig ist möglicherweise die Errichtung einer Europäischen Wertpapierstelle geplant, vgl Erwägungsgrund 47 der Prospektrichtlinie.

4 (Zweite) Berichtigung der Verordnung (EG) Nr. 809/2004 der Kommission vom 29.4.2004 zur Umsetzung der Richtlinie 2003/71/EG des Europäischen Parlaments und des Rates betreffend die in Prospekten enthaltenen Informationen sowie das Format, die Aufnahme von Informationen mittels Verweis und die Veröffentlichung solcher Prospekte und die Verbreitung von Werbung (ABl. EU Nr. L 186/3 vom 18.7.2005).

5 Vgl BegrRegE, BT-Drucks. 15/4999, S. 38; vgl zum Prüfungsmaßstab die Kommentierung zu § 13.

6 BegrRegE, BT-Drucks. 15/4999, S. 38.

7 Lenz, in: Assmann/Lenz/Ritz (Hrsg.), VerkProspG, zu § 8 c VerkProspG Rn 3.

8 Diese gesetzliche Klarstellung hatte schon Lenz, in: Assmann/Lenz/Ritz (Hrsg.), VerkProspG, § 8 c Rn 4 Fn 9 gefordert. In Nr. 2 ist der Gesetzgeber mit seiner präzisierenden Klarstellung den Adressatenkreis betreffend über Art. 21 Abs. 3 lit. b) Prospektrichtlinie hinausgegangen.

9 BegrRegE, BT-Drucks. 15/4999, S. 38.

10 Lenz, in: Assmann/Lenz/Ritz (Hrsg.), VerkProspG, zu § 8 c VerkProspG Rn 5.

11 Lenz, in: Assmann/Lenz/Ritz (Hrsg.), VerkProspG, zu § 8 c VerkProspG Rn 5.

ses mit Zwangsmitteln durchzusetzen. Dafür ist Voraussetzung, dass das Auskunfts-, Vorlage- oder Überlassungsverlangen gegenüber dem Verpflichteten durch einen Verwaltungsakt konkretisiert wurde. Gemäß § 6 Abs. 1 VwVG kann dieser Verwaltungsakt aber nur dann mit Zwangsmitteln durchgesetzt werden, wenn er unanfechtbar ist oder wenn sein sofortiger Vollzug angeordnet oder wenn dem Rechtsmittel keine aufschiebende Wirkung beigelegt ist. Da § 26 Nr. 1 bestimmt, dass Widerspruch und Anfechtungsklage gegen Maßnahmen nach § 26 keine aufschiebende Wirkung haben, können diese Verwaltungsakte der BaFin mit Verwaltungszwang auch bei fehlender Bestandskraft durchgesetzt werden. Gemäß § 13 Abs. 1 VwVG müssen die Zwangsmittel vor ihrer Anwendung grundsätzlich schriftlich angedroht werden und es muss für die Erfüllung der Verpflichtung eine Frist bestimmt werden, innerhalb der der Vollzug dem Pflichtigen billigerweise zugemutet werden kann.

Obwohl den Vollzugsbehörden als Zwangsmittel grundsätzlich die Verhängung von Zwangsgeld (§ 11 VwVG), die Ersatzvornahme (§ 10 VwVG) und die Anwendung unmittelbaren Zwangs (§ 12 VwVG) zur Verfügung stehen, kommt bei der Durchsetzung der Maßnahmen der BaFin nach Abs. 2 vor allem das Zwangsgeld in Betracht. Denn die zu erzwingenden Pflichten werden regelmäßig unvertretbare Handlungen sein.[12] Das Zwangsgeld darf allerdings gem. § 11 Abs. 3 VwVG höchstens 1.022,58 EUR (2.000 DM) betragen. Es liegt auf der Hand, dass diese Höchstsumme kaum tauglich ist, Anbieter zur Einhaltung ihrer prospektrechtlichen Pflichten anzuhalten.

D. Erweiterte Auskunfts-, Vorlage- und Überlassungspflicht (Abs. 3)

Durch Abs. 3 wird Art. 26 Abs. 3 S. 1 lit. c der Prospektrichtlinie umgesetzt. Der Kreis der Aufsichtspflichtigen wird erweitert auf Abschlussprüfer und Mitglieder von Aufsichts- oder Geschäftsführungsorganen des Emittenten, des Anbieters oder Zulassungsantragstellers sowie auf die mit der Platzierung des öffentlichen Angebots oder der Zulassung zum Handel beauftragten Instituten im Sinne des § 1 Abs. 1b KWG oder einem nach § 53 Abs. 1 S. 1 oder § 53b Abs. 1 S. 1 KWG tätigen Unternehmen. Gemäß § 1 Abs. 1b KWG sind also Kreditinstitute und Finanzdienstleistungsinstitute gemeint bzw gem. § 53 Abs. 1 S. 1 KWG als solche geltenden Zweigstellen eines Unternehmens mit Sitz im Ausland, die Bankgeschäfte betreiben oder Finanzdienstleistungen erbringen. Aber auch Einlagenkreditinstitute oder Wertpapierhandelsunternehmen mit Sitz in einem anderen Staat des EWR iSd § 53b Abs. 1 S. 1 KWG fallen darunter. Diese Erweiterung soll der BaFin die Möglichkeit geben, auch von weiteren Personen Auskünfte einzuholen, soweit dies zur Überwachung der Einhaltung der Bestimmung dieses Gesetzes erforderlich ist, wobei sich eine bedeutende Grenze aus dem für die Billigung geltenden Prüfungsmaßstab ergibt. Denn nur soweit die Billigung reicht, besteht ein Bedürfnis, auch Auskünfte einzuholen.[13]

E. Untersagung und Aussetzung eines öffentlichen Angebots (Abs. 4)

Mit Abs. 4, der der Umsetzung von Art. 26 Abs. 3 S. 1 lit. d und lit. f der Prospektrichtlinie dient, wird der BaFin in S. 1 die Kompetenz eingeräumt, ein öffentliches Angebot zu untersagen. Eine Untersagung hat zu erfolgen, wenn entgegen § 3 kein Prospekt veröffentlicht wurde, entgegen § 13 ein Prospekt veröffentlicht wird, der Prospekt oder das Registrierungsformular nicht mehr nach § 9 gültig ist,[14] die Billigung des Prospekts nicht durch eine Bescheinigung im Sinne des § 18 Abs. 1 nachgewiesen worden ist oder der Prospekt nicht der Sprachenregelung des § 19 genügt. Es handelt sich um eine gebundene Entscheidung ohne Ermessen. Die BaFin muss das Angebot untersagen, wenn nach ihrer Überzeugung ein Verstoß gegen eine der genannten „Kernnormen" des WpPG feststeht.[15]

Satz 2 gibt der BaFin die Befugnis, bereits bei Vorliegen von Anhaltspunkten für Verstöße gegen die genannten Prospektpflichten anzuordnen, dass ein öffentliches Angebot befristet auszusetzen ist.[16] Es müssen Anhaltspunkte für Verstöße gegen eine oder mehrere der fünf in S. 1 genannten Bestimmungen vorliegen. Dazu ist ein „konkreter Tatsachenkern" erforderlich, das heißt es werden konkrete Tatsachen vorausgesetzt, die die Möglichkeit, dass gegen Regelungen des WpPG verstoßen wurde, nicht fern liegen lassen.[17]

---

12 *Lenz*, in: Assmann/Lenz/Ritz (Hrsg.), VerkProspG, zu § 8c VerkProspG Rn 21.
13 BegrRegE, BT-Drucks. 15/4999, S. 38.
14 Vgl hierzu auch die Kommentierung des Abs. 8.
15 Zu dieser im Vergleich zu S. 2 erhöhten Anforderung s. Just/Voß/Ritz/Zeising/*Ritz/Voß*, § 21 Rn 28.
16 Die deutsche Schutzvereinigung für Wertpapier eV hatte in ihrer Stellungnahme vom 5.1.2005, S. 6 zum DiskE des BMF eine gesetzliche Klarstellung angeregt, ob die Anordnung mit einer Begründung zu versehen ist, welche Informationen überhaupt an den Markt gegeben werden sollen und welche Kommunikationskanäle die Anordnung zu veröffentlichen wäre.
17 Vgl hierzu Just/Voß/Ritz/Zeising/*Ritz/Voß*, § 21 Rn 34, die sich zur Auslegung der Begrifflichkeit an andere kapitalmarktrechtliche Normen anlehnen.

Eine Aussetzung ist für höchstens 10 Tage[18] möglich. Die Frist beginnt gem. S. 3 mit der Bekanntgabe der Entscheidung.

F. Datenübermittlung (Abs. 5)

12 Nach Abs. 5 darf die BaFin auch Daten an die Geschäftsführung der Börse (und an die Zulassungsstellen)[19] übermitteln. Voraussetzung ist, dass Tatsachen den Verdacht begründen, dass gegen Bestimmungen des WpPG verstoßen worden ist und die Daten zur Erfüllung der in der Zuständigkeit der Übermittlungsempfänger liegenden Aufgaben erforderlich sind. Dabei fallen sämtliche Informationen, die die Geschäftsführung der Börse benötigt, um ihre Aufgaben wahrzunehmen, unter den Begriff der Daten in Abs. 5. Als Aufgaben der Geschäftsführungen der Börsen kommen insbesondere die Aussetzung oder Einstellung des Handels nach § 25 Abs. 1 S. 1 BörsG sowie die Verweigerung und der Widerruf der Zulassung nach § 35 und § 39 BörsG in Betracht. Die Bedingung, dass die Übermittlung zur Aufgabenerfüllung „erforderlich" sein muss, statuiert einen Zweckbindungsgrundsatz. Abs. 8 S. 4 enthält eine weitere Übermittlungsbefugnis.

G. Auskunftsverweigerungsrecht (Abs. 6)

13 Das in Abs. 6 geregelte Auskunftsverweigerungsrecht ist § 8 c Abs. 3 VerkProspG aF nachgebildet[20] und hat im Hinblick auf den nemo-tenetur-Grundsatz[21] nur klarstellenden Charakter. Aus dem Wortlaut ergibt sich, dass Auskunftsverweigerungsrechte nur gegenüber einem Auskunftsverlangen,[22] nicht jedoch bei Vorlage- oder Überlassungsersuchen bestehen.[23] Der Auskunftsverpflichtete kann die Auskunft auf solche Fragen verweigern,[24] deren Beantwortung ihn selbst oder einen Angehörigen der Gefahr strafgerichtlicher Verfolgung oder eines Verfahrens nach dem OWiG aussetzen würde. Angehörige iSd § 383 Abs. 1 Nr. 1–3 ZPO sind der Verlobte des Auskunftspflichtigen (Nr. 1), der Ehegatte des Auskunftspflichtigen, auch wenn die Ehe nicht mehr besteht (Nr. 2), der Lebenspartner des Auskunftspflichtigen, auch wenn die Lebenspartnerschaft nicht mehr besteht (Nr. 2 a) und Personen, die mit dem Auskunftspflichtigen in gerader Linie verwandt oder verschwägert, in der Seitenlinie bis zum dritten Grad verwandt oder bis zum zweiten Grad verschwägert sind oder waren (Nr. 3).

14 Gemäß Abs. 6 S. 2 besteht eine Belehrungspflicht über das Auskunftsverweigerungsrecht. Unterbleibt die Belehrung, ist nach allgemeinen Grundsätzen entsprechend der Rechtslage im Zivil-, Straf- und Steuerverfahren von einer Unbenutzbarkeit der Aussage auszugehen.[25]

H. Verwenden personenbezogener Daten (Abs. 7)

15 Abs. 7 regelt die Speicherung, Nutzung und Veränderung personenbezogener Daten und entspricht § 4 Abs. 10 WpHG.[26] Die Vorschrift stellt eine Erlaubnisnorm iSv § 4 Abs. 1 BDSG[27] dar. Aus der Regelung ergibt sich auch, dass personenbezogene Daten, die nicht mehr zur Erfüllung aufsichtlicher Aufgaben oder für Zwecke der Zusammenarbeit erforderlich sind, nicht mehr gespeichert werden dürfen und somit zu löschen sind.[28] Der Begriff des "Verwendens" umfasst nach neuerer datenschutzrechtlicher Gesetzgebung das Nutzen und Verarbeiten und damit auch das Speichern, Verändern und Weitergeben von Daten.[29] Die Ver-

---

18 Unter den allgemeinen Begriff „Tage" fällt auch der So, sodass Beginn bzw Ende der Frist durchaus auf einen Sonn- oder Feiertag fallen kann; § 193 BGB ist nicht anwendbar.
19 Die bisherigen Zulassungsstellen wurden im November 2007 aufgelöst, ihre Kompetenzen und Aufgaben teilweise auf die Geschäftsführungen der Wertpapierbörsen übertragen. Damit ist die Bezugnahme auf die Zulassungsstellen zukünftig gegenstandslos.
20 BegrRegE, BT-Drucks. 15/4999, S. 38.
21 „Nemo tenetur se ipsum accusare" (lat) = „niemand ist verpflichtet, sich selbst anzuklagen".
22 Lenz, in: Assmann/Lenz/Ritz (Hrsg.), VerkProspG, zu § 8 c VerkProspG Rn 17.
23 Ob sich das Auskunftsverweigerungsrecht auch auf Vorlage- und Überlassungsersuchen erstreckt wird kontrovers diskutiert: dafür Altenhain, in: Hirte/Möllers (Hrsg.), KK-WpHG, § 4 Rn 165; Klepsch, in: Steinmeyer/Häger (Hrsg.), WpÜG, § 40 Rn 28; Bruchwitz, in: Arndt/Voß (Hrsg.), VerkProspG, § 8 i Rn 97; Just/Voß/Ritz/Zeising/Ritz/Voß, § 21 Rn 46; dagegen: Hartung, NJW 1988, 1070, der sich an die Entscheidung des VG Berlin NJW 1988, 1105 zum gleichlautenden § 44 Abs. 4 KWG aF hält, dessen Begründung sich auf Wortlaut, Systematik sowie Sinn und Zweck der Vorschrift stützte.
24 Der zur Verweigerung der Auskunft Berechtigte hat sich ausdrücklich auf dieses Recht zu berufen; das bloße Schweigen in Reaktion auf ein Auskunftsersuchen ist nicht ausreichend, vgl Just/Voß/Ritz/Zeising/Ritz/Voß, § 21 Rn 44.
25 BGH NJW 1985, 1158 u 1470; OLG Celle NStZ 2002, 386; BFH BStBl 1991, 204.
26 BegrRegE, BT-Drucks. 15/4999, S. 39.
27 Siehe näher zu § 4 BDSG: Gola/Schomerus, BDSG, Kommentar, § 4.
28 BegrRegE zum Gesetz zur Verbesserung des Anlegerschutzes (AnSVG), BT-Drucks. 15/3174 vom 24.5.2004, S. 31 (zu Art. 1 (der das WpHG betrifft) § 4 Abs. 10), vgl § 20 Abs. 2 BDSG.
29 BegrRegE zum Gesetz zur Verbesserung des Anlegerschutzes (AnSVG), BT-Drucks. 15/3174 vom 24.5.2004, S. 31 (zu Art. 1 (der das WpHG betrifft) § 4 Abs. 10), vgl hierzu auch § 3 BDSG.

wendung darf nur zur Erfüllung aufsichtlicher Aufgaben der BaFin sowie für Zwecke der Zusammenarbeit nach Maßgabe des § 23 erfolgen.

I. Befugnisse des Abs. 8

Der umstrittene, während des Gesetzgebungsverfahrens geänderte und missverständliche Abs. 8[30] steht im Zusammenhang mit dem Übergang von (Prüfungs-)Kompetenzen von den Zulassungsstellen[31] der Börse auf die BaFin hinsichtlich der Wertpapiere, die zum Handel an einem organisierten Markt zugelassen werden sollen. Bisher wurde von den Zulassungsstellen neben der Prüfung des Emittenten und der Wertpapiere (§ 30 Abs. 3 Nr. 1 BörsG aF) sowie des Prospekts (§ 30 Abs. 3 Nr. 2 BörsG aF) auch gem. § 30 Abs. 3 Nr. 3 BörsG aF geprüft, ob Umstände bestehen, die bei Zulassung der Wertpapiere zu einer Übervorteilung des Publikums oder einer Schädigung erheblicher allgemeiner Interessen führen. Nach Inkrafttreten des WpPG obliegt es nunmehr der BaFin, den Prospekt für Wertpapiere, die zum Handel an einem organisierten Markt zugelassen werden sollen, zu billigen. Auch im Hinblick auf die Feststellung, ob eine inhaltliche Unrichtigkeit oder inhaltliche Unvollständigkeit vorliegt, die zu einer Übervorteilung des Publikums führt, soll nun die BaFin zuständig sein. Konsequenterweise wurde dafür § 30 Abs. 3 Nr. 3 BörsG gestrichen, um Doppelprüfungen zu vermeiden.[32]

Abs. 8 regelt Befugnisse der BaFin zu zwei verschiedenen Zeitpunkten des Kenntnisstands. Während S. 1 und 2 die Situation betreffen, in welcher der BaFin Umstände bekannt werden, aufgrund deren (nur) begründete Anhaltspunkte für die wesentliche inhaltliche Unrichtigkeit oder wesentliche inhaltliche Unvollständigkeit des Prospekts bestehen, so betrifft S. 3 die bereits feststehende inhaltliche Unrichtigkeit oder inhaltliche Unvollständigkeit des Prospekts.

Dementsprechend regeln die einzelnen Sätze auch unterschiedliche Rechtsfolgen: Abs. 8 S. 1 verweist auf die Befugnisse des Abs. 2, also auf das Auskunfts-, Vorlage- und Überlassungsrecht. Abs. 8 S. 2 gibt der BaFin in den Fällen des S. 1 das Recht, vom Anbieter zu verlangen, das öffentliche Angebot bis zur Klärung des Sachverhalts auszusetzen bis feststeht, ob tatsächlich eine wesentliche inhaltliche Unrichtigkeit oder wesentliche inhaltliche Unvollständigkeit besteht, die zu einer Übervorteilung des Publikums führt. Der Wortlaut des Abs. 8 S. 3 schließlich bestimmt, dass die BaFin die Billigung des Prospektes widerrufen und das öffentliche Angebot untersagen kann, wenn die inhaltliche Unrichtigkeit oder inhaltliche Vollständigkeit feststeht.

Die Regierungsbegründung des später abgeänderten Regierungsentwurfs, der noch von einem bereits gebilligten Prospekt in Abs. 8 S. 1 spricht, führt aus: Abs. 8 gibt der BaFin in besonders gelagerten Ausnahmefällen ausschließlich im öffentlichen Interesse die Befugnis zur vorläufigen oder endgültigen Untersagung eines öffentlichen Angebots sowie zum Widerruf der Billigung. Denn im Billigungsverfahren darf keine inhaltliche Prüfung des Prospekts erfolgen.[33] Da auch die jetzige Fassung des Gesetzes in S. 3 noch von dem "Widerruf der Billigung" spricht, liegt entweder ein Redaktionsversehen dergestalt vor, dass versäumt wurde, auch den S. 3 anzupassen, oder aber der Gesetzgeber geht nach wie vor tatsächlich von einer Widerrufsmöglichkeit nach dem Zeitpunkt der Billigung aus, was jedoch zu einer Vielzahl von Problemen führen würde und auch von der Prospektrichtlinie nicht verlangt wird.[34] Die Billigung des Prospekts stellt unstreitig einen Verwaltungsakt dar, auf den der Prospektersteller grundsätzlich vertrauen dürfen sollte.[35] Im Billigungsverfahren ist der Prospekt von der BaFin umfassend anhand des Maßstabes des § 13 geprüft worden. Eine inhaltliche Prüfung hat jedoch gerade nicht stattgefunden.

Ordnet man die inhaltliche Unrichtigkeit oder inhaltliche Unvollständigkeit des Prospekts, die zu einer Übervorteilung des Publikums führt, als vom Maßstab des § 13 gedeckt ein, so hätte es der Sondervorschrift des S. 1 nicht bedurft, da der BaFin die allgemeinen Befugnisse dann ohnehin zustehen. Ein Widerruf nach der Billigung kommt aber schon aus Vertrauensschutzgesichtspunkten nicht in Betracht.

Ordnet man die inhaltliche Unrichtigkeit oder inhaltliche Unvollständigkeit des Prospekts, die zu einer Übervorteilung des Publikums führt, außerhalb des Prüfungsumfangs des § 13 ein – was der Wortlaut "Umstände bekannt gegeben", dass also von außerhalb Umstände an die BaFin herangetragen werden, eher nahe legt, so ist es unverständlich, dass der BaFin Befugnisse eingeräumt werden, die bis zum Widerruf

---

30 Für eine vollständige Streichung des Abs. 8 hatte der Zentrale Kreditausschuss in seiner Stellungnahme vom 11.4.2005, S. 26 f zum RegE und auch das Deutsche Derivate Institut eV (DDI) in seiner Stellungnahme vom 8.4.2005, S. 20 zum RegE plädiert.
31 Diese wurden im November 2007 abgeschafft; ihre Aufgaben haben – teilweise – die Geschäftsstellen der Börsen übernommen.
32 Beschlussempfehlung und Bericht des Finanzausschusses (7. Ausschuss) vom 21.4.2005 zu dem RegE, BT-Drucks. 15/5373, S. 85.
33 BegrRegE, BT-Drucks. 15/4999, S. 39.
34 Art. 21 Abs. 3 der Prospektrichtlinie spricht von den Befugnissen einer Behörde, die *einen Antrag auf Billigung eines Prospekts erhalten hat*. Eine Befugnis zum Widerruf einer Billigung ist nicht vorgesehen.
35 Vgl die Kommentierung des § 13.

22 der Billigung gehen, obwohl die inhaltliche Prüfung gerade nicht Gegenstand der Prüfung des Prospekts im Billigungsverfahren ist, da diese bewusst ausgeklammert wurde.[36] Umso weniger verständlich ist es, dass dies nun außerhalb des Billigungsverfahrens geschehen soll. Auch im Hinblick auf die Wettbewerbsfähigkeit des deutschen Finanzplatzes ist daher von einem Redaktionsversehen auszugehen.

22 Mit Erteilung der Billigung endet jedenfalls im Interesse der Rechtssicherheit die Prüfungspflicht der BaFin hinsichtlich des Prospekts am Maßstab des § 13. Dieses Ergebnis wird dadurch bestätigt, dass das WpPG im Falle einer Verletzung des Anbieters oder Zulassungsantragstellers gegen die Nachtragspflicht gem. § 16 keine Sanktionen vorsieht: Die Bußgeldvorschrift des § 30 Abs. 1 Nr. 9 greift in diesem Fall nicht. Denn nach dieser Bestimmung ist nur die Unterlassung der Veröffentlichung von bereits von der BaFin gebilligten Nachträgen bußgeldbewehrt, nicht jedoch, wenn der BaFin schon gar kein Nachtrag zur Billigung eingereicht wird. Zwar hat die BaFin gem. § 21 Abs. 4 S. 1 ein öffentliches Angebot zu untersagen, wenn der Prospekt oder das Registrierungsformular nicht mehr nach § 9 gültig ist. § 9 hat jedoch nur Bedeutung für weitere, zukünftige Emissionen.[37] Nur im Hinblick auf diese Emissionen hat der Prospekt keine Gültigkeit mehr, wenn die Ergänzung durch erforderliche Nachträge gem. § 16 nicht erfolgt. Daher kann auch keine Untersagung eines öffentlichen Angebots aufgrund eines von der BaFin gebilligten Prospektes, der nicht durch die erforderlichen Nachträge ergänzt wurde, durch die BaFin erfolgen. Dass das WpPG keine Sanktionen vorsieht, hat seinen Grund darin, dass nach der Billigung des Prospekts keine Prüfungspflichten der BaFin mehr bestehen. Dies wäre auch praktisch gar nicht durchführbar, da die BaFin in diesem Fall alle Anbieter und Zulassungsantragsteller permanent überwachen müsste. Allerdings finden die Prospekthaftungsregeln[38] auf den Nachtrag Anwendung.[39]

23 Da den Prospektverantwortlichen also eine Prospekthaftung bei Verletzung der Nachtragspflichten gem. § 16 droht, werden diese schon im eigenen Interesse alles Erforderliche tun, um die Nachtragspflichten ordnungsgemäß zu erfüllen. Erst wenn ein Nachtrag zur Billigung bei der BaFin eingereicht wurde, greift wieder das Billigungsverfahren gem. § 13 ein, in dem der BaFin alle Befugnisse zustehen, die sie auch im Prospektbilligungsverfahren hat.

24 Im Ergebnis spricht daher viel dafür, die Vorschrift überhaupt nicht oder tatsächlich nur in ganz speziellen, besonders gelagerten Ausnahmefällen anzuwenden, in denen eine inhaltliche Unrichtigkeit oder inhaltliche Unvollständigkeit feststeht und diese jedenfalls mit an Sicherheit grenzender Wahrscheinlichkeit auch zu einer Übervorteilung des Publikums führt. Nur so kann auch dem Grundkonzept der Prospektrichtlinie, die eine Vereinheitlichung der europäischen Bestimmungen anstrebt, entsprochen werden.

25 Abs. 8 S. 4 räumt der BaFin eine weitere Übermittlungsbefugnis ein.

26 Neben den Befugnissen der BaFin bleiben die Befugnisse der Geschäftsführung der Börse im Rahmen der börsen(zulassungs)rechtlichen Vorschriften (§§ 25, 32 ff. BörsG)[40] unberührt. Gemäß § 25 Abs. 1 BörsG hat die Geschäftsführung der Börse die Befugnis, den Handel von Wirtschaftsgütern oder Rechten auszusetzen oder einzustellen. Aufgrund der Möglichkeit zur Datenübermittlung gem. § 26 Abs. 5 ist gewährleistet, dass die BaFin anlässlich der Prospektprüfung gewonnene Erkenntnisse einschließlich personenbezogener Daten an die Geschäftsführung der Börse weiterleiten kann, welche dann über die Aussetzung oder Einstellung der Notierung entscheidet.[41]

27 Gemäß § 41 Abs. 2 S. 1 BörsG kann die Geschäftsführung verlangen, dass der Emittent bestimmte Auskünfte in angemessener Form und Frist veröffentlicht, wenn dies zum Schutz des Publikums oder für einen ordnungsgemäßen Börsenhandel erforderlich ist.

28 Für den Fall der Nichterfüllung der Zulassungsfolgepflichten gibt §§ 41 Abs. 2 S. 2 BörsG der Geschäftsführung die Möglichkeit, diese Tatsache selbst nach Anhörung des Emittenten auf dessen Kosten bekannt zu machen. Erfüllt der Emittent nach einer angemessenen Frist weiterhin nicht die Zulassungsfolgepflichten, kann die Zulassung nach § 39 Abs. 1 Alt. 2 BörsG widerrufen werden.

---

36 Vgl die Kommentierung des § 13.
37 Vgl die Kommentierung des § 9.
38 Rechtsquellen zur Prospekthaftung sind insb. § 13 a VerkProspG (bei fehlendem Prospekt) sowie §§ 44 ff. BörsG sowie § 13 VerkProspG iVm §§ 44 ff. BörsG (bei unrichtigen Prospekten); zur Prospekthaftung: *Mülbert/Steup*, in: Habersack/Mülbert/Schlitt (Hrsg.), Unternehmensfinanzierung am Kapitalmarkt, 2008, § 33 Rn 9 ff, *Krämer*, in: Marsch-Barner/Schäfer (Hrsg.), Handbuch börsennotierte AG, 2009, § 10 Rn 310 ff.
39 Vgl die Kommentierung zu § 16; *Heidelbach*, in: Schwark (Hrsg.), Kapitalmarktrechtskommentar, § 52 BörsZulV Rn 6.
40 Siehe zur Börsenzulassung (Zulassungsvoraussetzungen und Zulassungsfolgepflichten) sowie insb. zu börsen- und wertpapierhandelsrechtlichen Zulassungsfolgepflichten ausführlich: *Groß* bzw *Dehlinger*, in: Marsch-Barner/Schäfer (Hrsg.), Handbuch börsennotierte AG, 2009, §§ 9, 12.
41 BegrRegE, BT-Drucks. 15/4999, S. 39.

§ 27 Verschwiegenheitspflicht

(1) ¹Die bei der Bundesanstalt Beschäftigten und die nach § 4 Abs. 3 des Finanzdienstleistungsaufsichtsgesetzes beauftragten Personen dürfen die ihnen bei ihrer Tätigkeit bekannt gewordenen Tatsachen, deren Geheimhaltung im Interesse eines nach diesem Gesetz Verpflichteten oder eines Dritten liegt, insbesondere Geschäfts- und Betriebsgeheimnisse sowie personenbezogene Daten, nicht unbefugt offenbaren oder verwerten, auch wenn sie nicht mehr im Dienst sind oder ihre Tätigkeit beendet ist. ²Dies gilt auch für andere Personen, die durch dienstliche Berichterstattung Kenntnis von den in Satz 1 bezeichneten Tatsachen erhalten. ³Ein unbefugtes Offenbaren oder Verwerten im Sinne des Satzes 1 liegt insbesondere nicht vor, wenn Tatsachen weitergegeben werden an

1. Strafverfolgungsbehörden oder für Straf- und Bußgeldsachen zuständige Gerichte,
2. kraft Gesetzes oder im öffentlichen Auftrag mit der Überwachung von Börsen oder anderen Märkten, an denen Finanzinstrumente gehandelt werden, des Handels mit Finanzinstrumenten oder Devisen, von Kreditinstituten, Finanzdienstleistungsinstituten, Investmentgesellschaften, Finanzunternehmen oder Versicherungsunternehmen betraute Stellen sowie von diesen beauftragte Personen,
3. die Europäische Wertpapier- und Marktaufsichtsbehörde, die Europäische Aufsichtsbehörde für das Versicherungswesen und die betriebliche Altersversorgung, die Europäische Bankenaufsichtsbehörde, den Gemeinsamen Ausschuss der Europäischen Finanzaufsichtsbehörden, den Europäischen Ausschuss für Systemrisiken oder die Europäische Kommission,

soweit diese Stellen die Informationen zur Erfüllung ihrer Aufgaben benötigen. ⁴Für die bei den in Satz 3 Nummer 1 und 2 genannten Stellen beschäftigten Personen sowie von diesen Stellen beauftragten Personen gilt die Verschwiegenheitspflicht nach Satz 1 entsprechend. ⁵Befindet sich eine in Satz 3 Nummer 1 oder 2 genannte Stelle in einem anderen Staat, so dürfen die Tatsachen nur weitergegeben werden, wenn die bei dieser Stelle beschäftigten und die von dieser Stelle beauftragten Personen einer dem Satz 1 entsprechenden Verschwiegenheitspflicht unterliegen.

(2) ¹Die §§ 93, 97 und 105 Abs. 1, § 111 Abs. 5 in Verbindung mit § 105 Abs. 1 sowie § 116 Abs. 1 der Abgabenordnung gelten nicht für die in Absatz 1 Satz 1 oder 2 genannten Personen, soweit sie zur Durchführung dieses Gesetzes tätig werden. ²Sie finden Anwendung, soweit die Finanzbehörden die Kenntnisse für die Durchführung eines Verfahrens wegen einer Steuerstraftat sowie eines damit zusammenhängenden Besteuerungsverfahrens benötigen, an deren Verfolgung ein zwingendes öffentliches Interesse besteht, und nicht Tatsachen betroffen sind, die den in Absatz 1 Satz 1 oder 2 bezeichneten Personen durch eine Stelle eines anderen Staates im Sinne des Absatzes 1 Satz 3 Nr. 2 oder durch von dieser Stelle beauftragte Personen mitgeteilt worden sind.

§ 27 dient der Umsetzung des Art. 2 Abs. 1 der Prospektrichtlinie und wurde durch das Gesetz zur Umsetzung der Richtlinie 2010/78/EU vom 24. November 2010[1] ergänzt. Die Vorschrift, die sich an § 8 WpHG orientiert, regelt die Verschwiegenheitspflicht und enthält ein Verwertungsverbot der bei der BaFin Beschäftigten und der von ihr beauftragten Personen.

Es handelt sich dabei um eine Spezialvorschrift zu der allgemeinen Vorschrift zur Verschwiegenheit in § 30 VwVfG, die jedoch strenger ausgestaltet ist. Grund hierfür ist das Vertrauen in die Integrität der Aufsichtspraxis und eine entsprechende Kooperationsbereitschaft trotz der umfangreichen Aufsichtsbefugnisse der BaFin und den daraus resultierenden Einblicken in die Vermögensverhältnisse und Geschäftsstrategien der nach dem WpPG Verpflichteten oder Dritter sicherzustellen.[2]

Abs. 1 schützt alle Tatsachen, deren Geheimhaltung im Interesse eines nach dem WpPG Verpflichteten oder eines Dritten liegt, insbesondere Geschäfts- und Betriebsgeheimnisse sowie personenbezogene Daten. Es handelt sich um eine Verschwiegenheitspflicht und ein allgemeines Verwertungsverbot, soweit das Verwerten nicht durch das WpPG gedeckt ist.

Kein unbefugtes Offenbaren liegt vor, soweit zB lediglich nicht geheimhaltungsbedürftige Tatsachen weitergegeben werden oder der Betroffene seine Zustimmung zur Weitergabe der Informationen gegeben hat oder aufgrund gesetzlicher Regelungen eine befugte Weitergabe vorliegt. Zu letzterem zählt die Weitergabe an die in Abs. 1 S. 3 Nr. 1 und 2 nicht abschließend aufgezählten Behörden und Institutionen, für deren beschäftigte Personen gem. S. 4 ebenfalls die Verschwiegenheitspflicht nach S. 1 entsprechend gilt. Ein Geheimhaltungsinteresse liegt nicht vor bei öffentlich zugänglichen Tatsachen,[3] zB Handelsregistertatsachen, Presseveröffentlichungen, Geschäftsberichte oder Bekanntmachungen im Bundesanzeiger. Diese öffentlich zugänglichen Tatsachen sind aber abzugrenzen von solchen Tatsachen, die zwar schon eine begrenzte

---
1 BGBl. I 2011 S. 2427.
2 BT-Drucks. 12/6679, S. 42; BT-Drucks. 13/7142, S. 105.
3 *Dreyling/Döhmel*, in: Assmann/Schneider, WpHG, § 8 Rn 8.

Mehrzahl von Personen kennen, an denen der Betroffene aber immer noch ein Geheimhaltungsinteresse hat, ihnen also immer noch der Charakter des Geheimnisses innewohnt.[4]

Ferner wird klargestellt, dass eine Weitergabe von Informationen an die in Ziff. 3 genannten Behörden zulässig ist.

5 Auch im Rahmen dienstlicher Berichterstattung ist Weitergabe grundsätzlich zulässig, wie sich aus Abs. 1 S. 2 ergibt.

6 Abs. 1 S. 5 erklärt auch die Weitergabe an eine zuständige Stelle eines anderen Staates für zulässig, wenn diese Stelle und die von ihr beauftragten Personen einer dem S. 1 entsprechenden Verschwiegenheitspflicht unterliegen.[5] Nur unter dieser Voraussetzung ist eine Beeinträchtigung des Geheimhaltungsinteresses ausgeschlossen.

7 Das am 1.1.2006 in Kraft getretene Informationsfreiheitsgesetz,[6] welches jedermann einen Anspruch gegenüber Bundesbehörden auf Zugang zu amtlichen Informationen gewährt, wirft die Frage auf, in welchem Verhältnis die Verschwiegenheitspflicht des § 27 zum allgemeinen Informationsanspruch des IFG steht. Aus § 3 IFG ergibt sich, dass der Zugang zu amtlichen Informationen ausgeschlossen ist, wenn besondere öffentliche Belange geschützt werden sollen. Zu diesen „besonderen öffentlichen Belangen" zählen unter anderem auch die durch Rechtsvorschriften geregelten Geheimhaltungspflichten (vgl. § 3 Nr. 4 IFG), wozu auch die Verschwiegenheitspflicht des § 27 Abs. 1 zählt.

8 Ein besonderes Verwertungsverbot für die im Rahmen der Aufsichtstätigkeit erlangten Informationen, Kenntnisse und Unterlagen im Verhältnis zu den Finanzbehörden beinhaltet Abs. 2. Aus dieser Vorschrift ergibt sich, dass insoweit das öffentliche Interesse an einer gleichmäßigen Besteuerung gegenüber den Zielen einer effektiven Wertpapieraufsicht zurücktreten muss, da die BaFin zur effektiven Wertpapieraufsicht auf die Kooperationsbereitschaft der Beteiligten und zuständigen Behörden anderer Staaten angewiesen ist.[7] Alleine für zur Durchführung eines Steuerstrafverfahrens benötigte Erkenntnisse sieht S. 2 eine Rückausnahme vor, bei deren Vorliegen – aufgrund des besonders gravierenden Falles – die Finanzbehörden von der BaFin Auskunft und Mitwirkung fordern kann.

§ 28 Zusammenarbeit mit zuständigen Stellen in anderen Staaten des Europäischen Wirtschaftsraums

(1) ¹Der Bundesanstalt obliegt die Zusammenarbeit mit den für die Überwachung öffentlicher Angebote oder die Zulassung von Wertpapieren an einem organisierten Markt zuständigen Stellen der Europäischen Union und der anderen Staaten des Europäischen Wirtschaftsraums. ²Die Bundesanstalt kann im Rahmen ihrer Zusammenarbeit zum Zweck der Überwachung der Einhaltung der Bestimmungen dieses Gesetzes und entsprechender Bestimmungen der in Satz 1 genannten Staaten von allen ihr nach dem Gesetz zustehenden Befugnissen Gebrauch machen, soweit dies geeignet und erforderlich ist, einem Ersuchen der in Satz 1 genannten Stellen nachzukommen.

(2) ¹Auf Ersuchen der in Absatz 1 Satz 1 genannten zuständigen Stellen kann die Bundesanstalt Untersuchungen durchführen und Informationen übermitteln, soweit dies für die Überwachung von organisierten Märkten sowie von Emittenten, Anbietern oder Zulassungsantragstellern oder deren Abschlussprüfern oder Geschäftsführungs- und Aufsichtsorganen nach den Vorschriften dieses Gesetzes und entsprechenden Vorschriften der in Absatz 1 genannten Staaten oder damit zusammenhängender Verwaltungs- oder Gerichtsverfahren erforderlich ist. ²Bei der Übermittlung von Informationen hat die Bundesanstalt den Empfänger darauf hinzuweisen, dass er unbeschadet seiner Verpflichtungen im Rahmen von Strafverfahren die übermittelten Informationen einschließlich personenbezogener Daten nur zur Erfüllung von Überwachungsaufgaben nach Satz 1 und für damit zusammenhängende Verwaltungs- und Gerichtsverfahren verwenden darf.

(3) Die Bundesanstalt kann eine Untersuchung oder die Übermittlung von Informationen verweigern, wenn
1. hierdurch die Souveränität, die Sicherheit oder die öffentliche Ordnung der Bundesrepublik Deutschland beeinträchtigt werden könnte,
2. auf Grund desselben Sachverhalts gegen die betreffenden Personen bereits ein gerichtliches Verfahren eingeleitet worden oder eine unanfechtbare Entscheidung ergangen ist oder

---

4 OLG München NJW 1986, 162; OLG Frankfurt NVwZ 1982, 215.
5 Nachdem Art. 21 Abs. 1 der Prospektrichtlinie Verschwiegenheitspflichten für die bei den zuständigen Behörden Beschäftigten bzw von diesen Beauftragten vorsieht, sollte sich eine Weitergabe auch an ausländische Behörden als grundsätzlich unproblematisch darstellen.
6 Gesetz zur Regelung des Zugangs zu Informationen des Bundes, kurz IFG (BGBl. I 2005 S. 2722).
7 Vgl BT-Drucks. 12/6679.

3. die Untersuchung oder die Übermittlung von Informationen nach dem deutschen Recht nicht zulässig ist.

(4) ¹Die Bundesanstalt kann die in Absatz 1 Satz 1 genannten zuständigen Stellen um die Durchführung von Untersuchungen und die Übermittlung von Informationen ersuchen, die für die Erfüllung ihrer Aufgaben nach den Vorschriften dieses Gesetzes erforderlich sind, insbesondere wenn für einen Emittenten mehrere Behörden des Herkunftsstaates zuständig sind, oder wenn die Aussetzung oder Untersagung des Handels bestimmter Wertpapiere verlangt wird, die in mehreren Staaten des Europäischen Wirtschaftsraums gehandelt werden. ²Werden der Bundesanstalt von einer Stelle eines anderen Staates des Europäischen Wirtschaftsraums Informationen mitgeteilt, so darf sie diese unbeschadet ihrer Verpflichtungen in strafrechtlichen Angelegenheiten, die Verstöße gegen Vorschriften dieses Gesetzes zum Gegenstand haben, nur zur Erfüllung von Überwachungsaufgaben nach Absatz 2 Satz 1 und für damit zusammenhängende Verwaltungs- und Gerichtsverfahren offenbaren oder verwerten. ³Eine anderweitige Verwendung der Informationen ist nur mit Zustimmung der übermittelnden Stelle zulässig. ⁴Die Bundesanstalt kann die Europäische Wertpapier- und Marktaufsichtsbehörde nach Maßgabe des Artikels 19 der Verordnung (EU) Nr. 1095/2010 des Europäischen Parlaments und des Rates vom 24. November 2010 zur Errichtung einer Europäischen Aufsichtsbehörde (Europäische Wertpapier- und Marktaufsichtsbehörde), zur Änderung des Beschlusses Nr. 716/2009/EG und zur Aufhebung des Beschlusses 2009/77/EG der Kommission (ABl. L 331 vom 15.12.2010, S. 84) um Hilfe ersuchen, wenn ein Ersuchen nach Satz 1 zurückgewiesen worden ist oder innerhalb einer angemessenen Frist zu keiner Reaktion geführt hat.

(5) Die Vorschriften des Wertpapierhandelsgesetzes über die Zusammenarbeit mit den entsprechenden zuständigen Stellen anderer Staaten sowie die Regelungen über die internationale Rechtshilfe in Strafsachen bleiben unberührt.

A. Allgemeines

Die Vorschrift regelt die Zusammenarbeit der Aufsichtsbehörden innerhalb des EWR. Sie dient der Umsetzung des Art. 2 Abs. 2 der Prospektrichtlinie. Einheitliche Wettbewerbsbedingungen zwischen den verschiedenen Handelsplätzen sicherzustellen, ist dabei nicht Ziel.[1] Vielmehr soll die grenzüberschreitende Durchsetzung der Prospektrichtlinie sichergestellt werden. Auf die Einhaltung der Vorschriften des Gesetzes gegen Wettbewerbsbeschränkungen wirken nach § 9 Abs. 1 BörsG wiederum die Börsenaufsichtsbehörden hin, wobei die Zuständigkeit der Kartellbehörden unberührt bleibt (§ 9 Abs. 2 BörsG).[2]

B. Ersuchen von zuständigen Stellen des EWR (Abs. 1 und 2)

Abs. 1 bestimmt, dass die BaFin von den ihr nach diesem Gesetz zustehenden Befugnissen auch Gebrauch machen kann, soweit dies geeignet und erforderlich ist, einem Ersuchen von zuständigen Stellen des EWR nachzukommen. Aus der Formulierung „geeignet und erforderlich" ergibt sich, dass die Verhältnismäßigkeit zu beachten ist.

Gemäß Abs. 2 kann die BaFin bei einem Ersuchen ferner Untersuchungen durchführen und Informationen an die anderen Aufsichtsbehörden übermitteln, soweit dies erforderlich ist.

C. Weigerungsrecht (Abs. 3)

Abs. 3 räumt der BaFin in Fällen des Vorrangs der nationalen Souveränität das Recht ein, gegenüber den anderen Aufsichtsbehörden des EWR das Ersuchen zu verweigern.

D. Ersuchen der BaFin (Abs. 4)

Abs. 4 S. 1 gibt der BaFin die Befugnis, zuständige Stellen des EWR um die Durchführung von Untersuchungen und die Übermittlung von Informationen zu ersuchen, die für die Erfüllung ihrer Aufgaben nach dem WpPG erforderlich sind. Die BaFin ist allerdings in der Offenbarung und Verwertung mitgeteilter Informationen auf Aufsichtszwecke eingeschränkt (S. 2) bzw auf die Zustimmung der übermittelnden Stelle angewiesen (S. 3).

---

1 BegrRegE, BT-Drucks. 15/4999, S. 39, so aber Art. 2 Abs. 2 S. 4 der Prospektrichtlinie im Zusammenhang mit der Aussetzung oder dem Verbot des Handels von Wertpapieren.

2 BegrRegE, BT-Drucks. 15/4999, S. 39.

6 Das Auskunftsersuchen steht im Ermessen der BaFin, muss also pflichtgemäß ausgeübt werden. Es muss zumindest ein Verdacht auf Verstöße bestehen.

E. Andere Rechtsvorschriften

7 Abs. 5 stellt klar, dass die Vorschriften des WpHG über die Zusammenarbeit mit den entsprechenden zuständigen Stellen anderer Staaten[3] sowie die Regelungen über die internationale Rechtshilfe in Strafsachen unberührt bleiben. Das bedeutet, dass, sofern keine abweichenden zwischenstaatlichen Vereinbarungen bestehen, das Verfahren nach §§ 59 ff des Gesetzes über die internationale Rechtshilfe in Strafsachen (IRG)[4] eingehalten werden muss.[5] Gemäß § 1 Abs. 2 IRG sind strafrechtliche Angelegenheiten im Sinne des IRG auch Verfahren wegen einer Tat, die nach deutschem Recht als Ordnungswidrigkeit mit Geldbuße oder die nach ausländischem Recht mit einer vergleichbaren Sanktion bedroht ist, sofern über deren Festsetzung ein auch für Strafsachen zuständiges Gericht entscheiden kann. Es findet bei Sachverhalten, bei denen strafrechtliche oder ordnungswidrigkeitsrechtliche Ermittlungen oder ein Strafverfahren bzw ein Ordnungswidrigkeitsverfahren zugrunde liegen, kein Informationsaustausch nach § 28 statt.[6]

§ 28 a Zusammenarbeit mit der Europäischen Wertpapier- und Marktaufsichtsbehörde

Die Bundesanstalt stellt der Europäischen Wertpapier- und Marktaufsichtsbehörde gemäß Artikel 35 der Verordnung (EU) Nr. 1095/2010 auf Verlangen unverzüglich alle für die Erfüllung ihrer Aufgaben erforderlichen Informationen zur Verfügung.

1 Die Vorschrift des § 28 a regelt die Informationsversordnung der Europäischen Wertpapier- und Marktaufsichtsbehörde.
2 § 28 a ist durch das Gesetz zur Umsetzung der Richtlinie 2010/78/EU vom 24. November 2010[1] im Zuge der Etablierung der Europäischen Finanzaufsicht neu in das Gesetz aufgenommen worden. Damit wird Art. 5 Nr. 10 (a) Unterabs. 2 der Richtlinie 2010/78/EU umgesetzt. Regelungsgegenstand von § 28 a ist die Informationsversorgung der Europäischen Wertpapier- und Marktaufsichtsbehörde. Voraussetzung für die Informationsübermittlung ist ein (formloses) Verlagen der Europäischen Wertpapier- und Marktaufsichtsbehörde. Es sind sämtliche Informationen zur Verfügung zu stellen, die für die Erfüllung der Aufgaben der Behörde erforderlich ist.

§ 29 Vorsichtsmaßnahmen

(1) [1]Verstößt der Emittent, ein mit der Platzierung des öffentlichen Angebots beauftragtes Institut im Sinne des § 1 Abs. 1b des Kreditwesengesetzes oder ein mit der Platzierung beauftragtes nach § 53 Abs. 1 Satz 1, § 53 b Abs. 1 oder 7 des Kreditwesengesetzes tätiges Unternehmen gegen § 3 Absatz 1 oder 4, die §§ 7, 9, 14 bis 16, 18 oder 19 oder gegen Zulassungsfolgepflichten, übermittelt die Bundesanstalt diese Informationen der zuständigen Behörde des Herkunftsstaates und der Europäischen Wertpapier- und Marktaufsichtsbehörde. [2]§ 28 Abs. 3 bis 5 findet entsprechende Anwendung.

(2) [1]Verstößt der Emittent, ein mit der Platzierung des öffentlichen Angebots beauftragtes Institut im Sinne des § 1 Abs. 1b des Kreditwesengesetzes oder ein mit der Platzierung beauftragtes nach § 53 Abs. 1 Satz 1 oder § 53 b Abs. 1 Satz 1 des Kreditwesengesetzes tätiges Unternehmen trotz der von der zuständigen Behörde des Herkunftsstaates ergriffenen Maßnahmen, oder weil Maßnahmen der Behörde des Herkunftsstaates unzweckmäßig sind, gegen die einschlägigen Rechts- oder Verwaltungsbestimmungen, so kann die Bundesanstalt nach vorheriger Unterrichtung der zuständigen Behörde des Herkunftsstaates und der Europäischen Wertpapier- und Marktaufsichtsbehörde alle für den Schutz des Publikums erforderlichen Maßnahmen ergreifen. [2]Die Europäische Kommission und die Europäische Wertpapier- und Marktaufsichtsbehörde sind zum frühestmöglichen Zeitpunkt über derartige Maßnahmen zu unterrichten.

---

3 Vgl hierzu die Kommentierung des § 7 WpHG.
4 Abrufbar unter <www.gesetze-im-internet.de/irg/BJNR020710982.html>.
5 *Dreyling*, in: Assmann/Schneider (Hrsg.), Wertpapierhandelsgesetz, § 7 WpHG Rn 23.

6 So auch *Beck*, in: Schwark (Hrsg.), Kapitalmarktrechtskommentar, § 7 WpHG Rn 16.
1 Gesetz zur Umsetzung der Richtlinie 2010/78/EU vom 24. November 2010, BGBl. I 2011, 2427.

Durch § 29 werden der BaFin Informationsrechte und Eingriffsbefugnisse gegen Emittenten anderer Staaten eingeräumt sowie Art. 23 der Prospektrichtlinie umgesetzt. Die Vorschrift regelt Sachverhalte, bei denen ein Emittent, ein Institut oder ein Unternehmen, das mit der Platzierung eines öffentlichen Angebots beauftragt ist, gegen die in der Vorschrift abschließend genannten Regelungen des Wertpapierprospektgesetzes oder gegen Zulassungsfolgepflichten verstößt, der Herkunftsstaat des Emittenten aber ein anderer Mitgliedsstaat des europäischen Wirtschaftsraums ist

Die bisherige Fassung von Abs. 1 S. 1 (§ 24 Abs. 1 aF) ging noch davon aus, dass die BaFIN nach pflichtgemäßem Ermessen über die Frage der Übermittlung der Informationen an die zuständige Behörde des Herkunftsstaats entscheidet. Nach der Neufassung des Abs. 1 Satz 1 durch das Gesetz zur Umsetzung der Richtlinie 2010/78/EU vom 24. November 2010[1] besteht eine Verpflichtung der BaFin zur Übermittlung der Informationen an die zuständige Behörde des Herkunftsstaates sowie (neu) auch an die Europäische Wertpapier- und Marktaufsichtsbehörde. Damit ist die bisherige Diskussion über eine Ermessensreduzierung und die Ausübung des Ermessens der BaFin obsolet. Die BaFin wird gemäß Abs. 1 ermächtigt, Informationen über festgestellte Verstöße gegen das WpPG oder Zulassungsfolgepflichten durch einen Emittenten aus einem anderen Mitgliedstaat oder EWR-Staat an die zuständige Behörde des Herkunftsstaats zu übermitteln. Gegenstand der Übermittlung sind sämtliche Informationen, die im Zusammenhang mit den Verstößen festgestellt wurden. Die Übermittlung der Informationen steht jedoch unter der Einschränkung von § 28 Abs. 3 bis 5, was insbesondere bedeutet, dass überragende Belange der Bundesrepublik Deutschland nicht beeinträchtigt werden dürfen sowie dass nicht bereits ein Verfahren gegen den Emittenten eingeleitet oder abgeschlossen sein darf. Im Übrigen leitet die Regierungsbegründung aus dem Verweis auf § 28 Abs. 5 her, dass bei abschließenden Regelungen in anderen Rechtsvorschriften wie zum Beispiel dem WpHG, eine Übermittlung von Erkenntnissen nur nach den dortigen Vorschriften in Frage kommt.

Die Vorschrift des Abs. 2 regelt Eingriffsbefugnisse der BaFin für den Fall, dass die von der Behörde des Herkunftsstaats ergriffenen Maßnahmen nicht zweckmäßig sind oder die Verstöße trotz dieser Maßnahmen nicht abgestellt werden. Eine Unzweckmäßigkeit der ergriffenen Maßnahmen der zuständigen Behörde des Herkunftsstaats sieht die Regierungsbegründung etwa dann, wenn solche Maßnahmen nicht greifen, weil etwa ein öffentliches Angebot von Wertpapieren außerhalb des Herkunftsstaats ohne gebilligten Prospekt erfolgt.[2] Der BaFin wird auf Grundlage von Abs. 2 die Befugnis eingeräumt, nach vorheriger Unterrichtung der zuständigen Behörde des Herkunftsstaats sowie (neu) auch der Europäischen Wertpapier- und Marktaufsichtsbehörde die zum Schutz des Publikums erforderlichen Maßnahmen zu treffen. Diese sollten sich dann wieder an § 26 orientieren.

§ 30 Bekanntmachung von Maßnahmen

Die Bundesanstalt kann unanfechtbare Maßnahmen, die sie wegen Verstößen gegen Verbote oder Gebote dieses Gesetzes getroffen hat, auf ihrer Internetseite öffentlich bekannt machen, soweit dies zur Beseitigung oder Verhinderung von Missständen geboten ist, es sei denn, diese Veröffentlichung würde die Finanzmärkte erheblich gefährden oder zu einem unverhältnismäßigen Schaden bei den Beteiligten führen.

Die Vorschrift dient der Umsetzung des Art. 25 Abs. 2 der Prospektrichtlinie. Sie ist § 40 b WpHG nachgebildet. Sie regelt die Möglichkeit, unanfechtbare Maßnahmen bekannt zu machen, die wegen Verstößen gegen Verbote oder Gebote dieses Gesetzes verhängt worden sind. Aufgrund der in der Regelung enthaltenen unbestimmten Rechtsbegriffe hat die BaFin hier eine Güterabwägung insbesondere im Hinblick auf das Grundrecht natürlicher Personen auf informelle Selbstbestimmung vorzunehmen.[1] Ferner sind im Rahmen von Art. 14 GG (Recht am Gewerbebetrieb) und Art. 2 Abs. 1 GG (Wirtschaftsfreiheit) auch die Interessen der beteiligten Unternehmen abzuwägen. Die mit einer Publizität einhergehende Gefahr einer erheblichen negativen Entwicklung des Börsenkurses der vom Emittenten ausgegebenen Finanzinstrumente muss durch die Schwere des geahndeten Verstoßes gerechtfertigt sein. Von einer erheblichen Gefährdung der Finanzmärkte ist auszugehen, wenn sich eine Veröffentlichung nicht nur bei den Beteiligten selbst negativ auswirkt, sondern auch bei einem größeren Kreis unbeteiligter Finanzmarktteilnehmer negative Konsequenzen von einiger Erheblichkeit zu erwarten sind. Die öffentliche Bekanntmachung kann auch mithilfe eines Links

---

1 Gesetz zur Umsetzung der Richtlinie 2010/78/EU vom 24. November 2010, BGBl. I 2011, 2427.
2 BegrRegE, BT-Drucks. 15/4999, S. 39.

1 BegrRegE zum Gesetz zur Verbesserung des Anlegerschutzes (AnSVG), BT-Drucks. 15/3174 vom 24.5.2004, S. 41 (zu Art. 1 [der das WpHG betrifft] § 40 b).

zu einer anderen Internetadresse geschehen, unter welcher etwa ein Gericht seine Entscheidung veröffentlicht hat.[2]

§ 31 Sofortige Vollziehung

Keine aufschiebende Wirkung haben
1. Widerspruch und Anfechtungsklage gegen Maßnahmen nach § 15 Abs. 6 und § 26 sowie
2. Widerspruch und Anfechtungsklage gegen die Androhung oder Festsetzung von Zwangsmitteln.

1 Widerspruch und Anfechtungsklage haben gemäß § 80 Abs. 1 VwGO grundsätzlich aufschiebende Wirkung. Um die Effektivität der Maßnahmen der BaFin sicherzustellen, wird durch § 31 Nr. 1 von der Möglichkeit in § 80 Abs. 2 Nr. 3 VwGO Gebrauch gemacht: Die aufschiebende Wirkung von Widerspruch und Anfechtungsklage gilt nicht bei Untersagungsverfügungen wegen unzulässiger Werbung (§ 15 Abs. 6) oder Untersagungen von öffentlichen Angeboten gemäß § 26 Abs. 4 und 8. Der Sofortvollzug von Untersagungsverfügungen ist grundsätzlich geboten, da anderenfalls eine zeitnahe Vollziehung von Entscheidungen der BaFin nicht sichergestellt wäre. Zum Schutz des Publikums ist die sofortige Vollziehbarkeit insbesondere bei der Billigung von Nachträgen gemäß § 16 geboten, da diese nach den gesetzlichen Vorgaben innerhalb von sieben Werktagen zu billigen sind.[1]

2 Die sofortige Vollziehbarkeit gilt gemäß § 31 Nr. 2 auch für Widerspruch und Anfechtungsklage gegen Verwaltungszwangsmaßnahmen (die gemäß § 6 und 7 VwVG erlassen werden; vgl hierzu auch die Kommentierung zu § 28). Unbeschadet der sofortigen Vollziehbarkeit hat der Antragsteller die Möglichkeit, gemäß § 80 Abs. 5 S. 1 und 2 VwGO beim Gericht der Hauptsache die aufschiebende Wirkung wiederherstellen zu lassen. Entscheidungskriterien für das Verwaltungsgericht sind dann der voraussichtliche Erfolg in der Hauptsache gegen die Verwaltungsmaßnahmen sowie die voraussichtliche Schwere des Eingriffs in Rechte des Emittenten bei Vollzug der Maßnahme.[2]

Abschnitt 8
Sonstige Vorschriften

§ 32 Auskunftspflicht von Wertpapierdienstleistungsunternehmen

Vorbehaltlich der schriftlichen Einwilligung des jeweiligen Kunden haben Wertpapierdienstleistungsunternehmen im Sinne des § 2 Absatz 4 des Wertpapierhandelsgesetzes Emittenten oder Anbietern auf Anfrage unverzüglich ihre Einstufung dieses Kunden nach § 31 a des Wertpapierhandelsgesetzes mitzuteilen.

1 Aufgrund der Einfügung des neuen Abschnitts 6 mit fünf Vorschriften zur Prospekthaftung in das WpPG durch das Gesetz zur Novellierung des Finanzanlagenvermittler- und Vermögensanlagenrechts im Jahr 2012 wurden die bisherigen §§ 21 bis 31 neu nummeriert.[1] So auch § 27aF, der in der neuen Nummerierung die Nummer 32 erhielt.
Die Vorschrift wurde ebenfalls im Jahr 2012 neu gefasst durch Art. 1 des Gesetzes zur Umsetzung der Richtlinie 2010/73/EU und zur Änderung des Börsengesetzes.

2 Das bisher in der Vorschrift geregelte und von der BaFin geführte Register für qualifizierte Anleger, in das sich natürliche Personen sowie kleine und mittlere Unternehmen eintragen lassen konnten, entfällt. Außerdem enthielt die Vorschrift u.a. Voraussetzungen, unter denen Emittenten die in dem Register gespeicherten Daten nutzen konnten. Das Entfallen des Registers soll dazu beitragen, den in Erwägungsgrund 7 der Richtlinie 2010/73/EU erwähnten beabsichtigten Gleichlauf zwischen professionellen Kunden und qualifizierten Anlegern – im deutschen Recht dem professionellen Kunden iSd WpHG und dem qualifizierten Anleger iSd WpPG – zu erzielen. Das Register ist durch die in der Änderungsrichtlinie enthaltene Streichung der Absätze 2 und 3 von Art. 2 der Prospektrichtlinie obsolet geworden.[2]
Nunmehr werden Wertpapierdienstleistungen vorbehaltlich der schriftlichen Einwilligung des jeweiligen Kunden verpflichtet, Emittenten oder Anbietern auf Antrag die Einstufung von Kunden mitzuteilen.[3] Diese

---

2 BegrRegE zum Gesetz zur Verbesserung des Anlegerschutzes (AnSVG), BT-Drucks. 15/3174 vom 24.5.2004, 41 (zu Art. 1 [der das WpHG betrifft] § 40 b).
1 BegrRegE, BT-Drucks. 15/4999, S. 40.

2 Vgl Kopp/Schenke, VwGO, § 80 Rn 82.
1 BT-Drucks. 17/6051, S. 47.
2 BT-Drucks. 17/8684, S. 20.
3 BT-Drucks. 17/8684, S. 13.

Auskunftspflicht setzt Art. 1 Nr. 2 lit. a Ziff. i der Änderungsrichtlinie um.[4] Im Hinblick auf die geltenden datenschutzrechtlichen Bestimmungen und das Bankgeheimnis bedarf es zur Übermittlung einer generellen oder einzelfallbezogenen schriftlichen Einwilligung des betroffenen Kunden.[5]

§ 33[1] Gebühren und Auslagen[1]

(1) Für individuell zurechenbare öffentliche Leistungen nach diesem Gesetz, nach den auf diesem Gesetz beruhenden Rechtsvorschriften und nach Rechtsakten der Europäischen Union kann die Bundesanstalt Gebühren und Auslagen erheben.

(2) [1]Das Bundesministerium der Finanzen wird ermächtigt, durch Rechtsverordnung, die nicht der Zustimmung des Bundesrates bedarf, die gebührenpflichtigen Tatbestände und die Gebühren nach festen Sätzen oder als Rahmengebühren näher zu bestimmen. [2]Die Gebührensätze und die Rahmengebühren sind so zu bemessen, dass zwischen der den Verwaltungsaufwand berücksichtigenden Höhe und der Bedeutung, dem wirtschaftlichen Wert oder dem sonstigen Nutzen der individuell zurechenbaren öffentlichen Leistung ein angemessenes Verhältnis besteht. [3]Das Bundesministerium der Finanzen kann die Ermächtigung durch Rechtsverordnung auf die Bundesanstalt für Finanzdienstleistungsaufsicht übertragen.

Die Vorschrift ermächtigt die BaFin, zur Deckung der durch den Vollzug dieses Gesetzes entstehenden Kosten Gebühren und Auslagen zu erheben.[2] Hierzu hat die BaFin aufgrund der in Abs. 2 S. 1 und 2 in Verbindung mit dem 2. Abschnitt des Verwaltungskostengesetzes vom 23.6.1970[3] und dem § 1 Nr. 7 der Verordnung zur Übertragung von Befugnissen zum Erlass von Rechtsverordnungen auf die BaFin[4] vorgesehenen Ermächtigung die Verordnung über die Erhebung von Gebühren nach dem Wertpapierprospektgesetz (Wertpapierprospektgebührenverordnung – WpPGebV) vom 29.6.2005[5] erlassen. 1

Danach erhebt die BaFin gem. § 1 WpPGebV für Amtshandlungen nach dem WpPG und nach Rechtsakten der Europäischen Union Gebühren nach der WpPGebV; Auslagen werden nicht gesondert erhoben. Im Übrigen gilt das Verwaltungskostengesetz. Die gebührenpflichtigen Amtshandlungen[6] und Gebührensätze bestimmen sich gemäß § 2 WpPGebV vorbehaltlich eines außergewöhnlich hohen Verwaltungsaufwands, bei dem die Gebühr abhängig vom tatsächlichen Verwaltungsaufwand bis auf das Doppelte erhöht werden kann (§ 2 Abs. 2 WpPGebV), und vorbehaltlich einer Gebührenerhebung in besonderen Fällen (§ 3 WpPGebV) nach dem der WpPGebV beigefügten Gebührenverzeichnis mit bezifferten Gebührentatbeständen. Nach diesem werden Gebühren iHv 25 EUR bis zu 5350 EUR erhoben. 2

Im Übrigen wird auf die WpPGebV, die am 1.7.2005 in Kraft getreten ist, verwiesen. 3

§ 34 Benennungspflicht

[1]Ist für einen Emittenten mit Sitz im Ausland gemäß § 2 Nr. 13 Buchstabe b oder c die Bundesanstalt zuständig, so hat er im Inland einen Bevollmächtigten zu benennen. [2]§ 15 Satz 2 und 3 des Verwaltungsverfahrensgesetzes gilt entsprechend.

Aufgrund der Einfügung des neuen Abschnitts 6 mit fünf Vorschriften zur Prospekthaftung in das WpPG durch das Gesetz zur Novellierung des Finanzanlagenvermittler- und Vermögensanlagenrechts im Jahr 2012 wurden die bisherigen §§ 21 bis 31 neu nummeriert.[1] So auch § 29aF, der in der neuen Nummerierung die Nummer 34 erhielt. 1

---

4 BT-Drucks. 17/8684, S. 20.
5 BT-Drucks. 17/8684, S. 21.
1 Gemäß Art. 4 Abs. 55 iVm Art. 5 Abs. 3 G v. 7.8.2013 (BGBl. I S. 3154, 3204) wird § 33 mWv 14.8.2018 aufgehoben.
2 BegrRegE, BT-Drucks. 15/4999, S. 40.
3 BGBl. I S. 821.
4 Abrufbar unter <http://bundesrecht.juris.de/bafinbefugv/BJNR000300003.html>.
5 BGBl. I S. 1875, abrufbar als nichtamtlicher Text auch unter <www.bafin.de/verordnungen/wppgebv.htm>. Hinweis: Gemäß Art. 4 Abs. 56 iVm Art. 5 Abs. 3 G v. 7.8.2013 (BGBl. I S. 3154, 3204) wird die WpPGebV mWv 14.8.2018 aufgehoben.
6 Zu beachten ist, dass die Gebührenerhebung nach der Verwaltungspraxis der BaFin nicht dokument-, sondern emissionsbezogen erfolgt. Bezieht sich ein Einzelprospekt nach § 12 WpPG auf mehrere Wertpapiere und liegen damit rechtlich betrachtet mehrere Prospekte vor, werden Gebühren entsprechend der Anzahl der Wertpapieremissionen erhoben. Diese mehrfache Auslösung des Gebührentatbestandes kann bei Nichtdividendenwerten zB durch die Erstellung eines Basisprospekts (§ 6 WpPG) vermieden werden.

1 BT-Drucks. 17/6051, S. 47.

2 Die Benennungspflicht des § 34 ist § 131 InvG aF nachgebildet. Sie gewährleistet, dass die für eine zügige Billigung des Prospekts und Überwachung der sich aus dem WpPG ergebenden Pflichten erforderliche zeitnahe Kommunikation auch mit Emittenten mit Sitz im Ausland möglich ist.[2]

§ 35 Bußgeldvorschriften

(1) Ordnungswidrig handelt, wer vorsätzlich oder leichtfertig
1. entgegen § 3 Absatz 1 ein Wertpapier anbietet,
2. entgegen § 8 Abs. 1 Satz 6 oder 7 den Emissionspreis oder das Emissionsvolumen nicht, nicht richtig, nicht in der vorgeschriebenen Weise oder nicht rechtzeitig veröffentlicht,
3. entgegen § 8 Abs. 1 Satz 9 den Emissionspreis oder das Emissionsvolumen nicht oder nicht rechtzeitig hinterlegt,
4. (weggefallen)
5. entgegen § 13 Abs. 1 Satz 1 einen Prospekt veröffentlicht,
6. entgegen § 14 Abs. 1 Satz 1, auch in Verbindung mit Satz 2, einen Prospekt nicht, nicht richtig, nicht vollständig, nicht in der vorgeschriebenen Weise oder nicht rechtzeitig veröffentlicht,
7. entgegen § 14 Abs. 3 eine Mitteilung nicht, nicht richtig, nicht vollständig, nicht in der vorgeschriebenen Weise oder nicht rechtzeitig macht,
8. entgegen § 14 Abs. 5 eine Papierversion des Prospekts nicht zur Verfügung stellt oder
9. entgegen § 16 Absatz 1 Satz 5 einen Nachtrag nicht, nicht richtig, nicht vollständig, nicht in der vorgeschriebenen Weise oder nicht rechtzeitig veröffentlicht.

(2) Ordnungswidrig handelt, wer vorsätzlich oder fahrlässig einer vollziehbaren Anordnung nach
1. § 15 Abs. 6 Satz 1 oder 2 oder § 26 Abs. 2 Satz 1 oder
2. § 26 Abs. 4 Satz 1 oder 2

zuwiderhandelt.

(3) Die Ordnungswidrigkeit kann in den Fällen des Absatzes 1 Nummer 1 und 5 und des Absatzes 2 Nummer 2 mit einer Geldbuße bis zu fünfhunderttausend Euro, in den Fällen des Absatzes 1 Nummer 6 mit einer Geldbuße bis zu einhunderttausend Euro und in den übrigen Fällen mit einer Geldbuße bis zu fünfzigtausend Euro geahndet werden.

(4) Verwaltungsbehörde im Sinne des § 36 Abs. 1 Nr. 1 des Gesetzes über Ordnungswidrigkeiten ist die Bundesanstalt.

A. Allgemeines

1 Die Vorschrift setzt Art. 25 Abs. 1 der Prospektrichtlinie um. Die Tatbestände orientieren sich weitgehend an den bislang in § 17 VerkProspG aF sowie § 71 Abs. 1 BörsZulV aF enthaltenen Bestimmungen. Es handelt sich um Sanktionierungen für Verstöße gegen Vorschriften des WpPG. Gemäß Art. 25 Abs. 1 der Prospektrichtlinie stellen die Mitgliedstaaten sicher, dass die Sanktionen wirksam, verhältnismäßig und abschreckend sind.[1]

2 Die Bußgeldvorschriften des § 35[2] dienen in erster Linie dazu, dass die Regelungen des WpPG Beachtung finden. Damit dienen sie dem Anlegerschutz und helfen der BaFin bei ihrer Aufsichtstätigkeit. Mit dem vergleichsweise hohen Bußgeldrahmen von bis zu 500.000 Euro hat der Gesetzgeber klargestellt, dass Verstöße gegen die Vorschriften des WpPG eine ernstzunehmende Gefährdung des Publikums und auch der Funktionsfähigkeit des Kapitalmarktes insgesamt darstellen.[3]

3 Zu beachten ist, dass Abs. 1 jeweils vorsätzliches oder leichtfertiges Handeln zur subjektiven Tatbestandsverwirklichung fordert, während in den Fällen des Absatzes 2[4] neben vorsätzlichem auch bereits fahrlässiges Handeln ausreicht. Darüber hinaus betrifft Abs. 2 ausschließlich Fälle einer Zuwiderhandlung gegen Anordnungen der zuständigen Behörde.

---

2 BT-Drucks. 15/4999, S. 25, 40.
1 Vgl Erwägungsgrund 43 der Prospektrichtlinie.
2 Zu den Zuwiderhandlungen im Einzelnen siehe zB Just/Voß/ Ritz/Zeising/Voß, § 30 Rn 44 ff.
3 Vgl hierzu auch *Lenz*, in: Assman/Lenz/Ritz, VerkProspG, § 17 Rn 2 ff.
4 § 30 Abs. 2 entspricht § 17 Abs. 2 VerkProspG aF.

B. Schuldformen

Vorsatz ist das Wissen und Wollen der Tatbestandsverwirklichung. Bedingter Vorsatz (dolus eventualis), also die billigende Inkaufnahme der Tatbestandsverwirklichung durch den Täter, reicht für Ordnungswidrigkeiten im Sinne dieser Vorschrift aus. Fahrlässiges Handeln liegt vor, wenn der Täter die im Verkehr erforderliche und ihm mögliche Sorgfalt außer Acht lässt und dadurch den Tatbestand verwirklicht. Eine Steigerung zu der in Abs. 2 genannten (einfachen) Fahrlässigkeit stellt die in Abs. 1 vorausgesetzte Leichtfertigkeit dar, die in etwa der groben Fahrlässigkeit entspricht, die im Zivilrecht verwendet wird.[5] Bei der Beurteilung der Frage, ob ein Handeln leichtfertig im Sinne einer Sorgfaltspflichtverletzung in besonders grobem Maße anzusehen ist, kommt es auf die Umstände des Einzelfalls an.

C. Bußgeldrahmen

Der in Abs. 3 bestimmte Bußgeldrahmen entspricht dem des § 17 Abs. 3 VerkProspG aF und regelt die Rechtsfolgen für die Ordnungswidrigkeiten nach Abs. 1 und Abs. 2. Dabei sieht Abs. 3 eine abgestufte Bußgeldandrohung vor: Geldbuße bis zu 500.000 EUR (in den Fällen der Verwirklichung des Abs. 1 Nr. 5 bzw des Abs. 2 Nr. 2 und somit in den Fällen eines Verstoßes gegen die Kernvorschriften des WpPG), Geldbuße bis zu 100.000 EUR (in den Fällen des Abs. 1 Nr. 6) und Geldbuße bis zu 50.000 EUR (in den übrigen Fällen).[6]

D. Verwaltungsbehörde

Abs. 4 bestimmt als Verwaltungsbehörde im Sinne des § 36 Abs. 1 Nr. 1 OWiG die BaFin. Auch diese Regelung ist Ausfluss des Strebens nach möglichst nur einer einzigen zuständigen Behörde pro Mitgliedstaat.[7]

§ 36 Übergangsbestimmungen

(1) ¹Drittstaatemittenten, deren Wertpapiere bereits zum Handel an einem organisierten Markt zugelassen sind, können die Bundesanstalt als für sie zuständige Behörde im Sinne des § 2 Nr. 13 Buchstabe c wählen und haben dies der Bundesanstalt bis zum 31. Dezember 2005 mitzuteilen. ²Für Drittstaatemittenten, die bereits vor Inkrafttreten dieses Gesetzes im Inland Wertpapiere öffentlich angeboten oder für Wertpapiere einen Antrag auf Zulassung zum Handel an einem im Inland gelegenen organisierten Markt gestellt haben, ist die Bundesrepublik Deutschland Herkunftsstaat, vorausgesetzt es handelt sich um

a) das erste öffentliche Angebot von Wertpapieren in einem Staat des Europäischen Wirtschaftsraums nach dem 31. Dezember 2003 oder
b) den ersten Antrag auf Zulassung von Wertpapieren zum Handel an einem im Europäischen Wirtschaftsraum gelegenen organisierten Markt nach dem 31. Dezember 2003.

(2) Wertpapiere, die bereits vor dem 1. Juli 2012 auf Grundlage eines von der Bundesanstalt vor diesem Datum gebilligten Basisprospekts und bei ihr dazu hinterlegter endgültiger Bedingungen in Anwendung des § 9 Absatz 5 in der bis zum 30. Juni 2012 geltenden Fassung öffentlich angeboten wurden, dürfen noch bis einschließlich 31. Dezember 2013 weiter öffentlich angeboten werden.

(3) Das jährliche Dokument nach § 10 dieses Gesetzes in der bis zum 30. Juni 2012 geltenden Fassung ist letztmalig für den Zeitraum des vor dem 1. Juli 2012 zu veröffentlichenden Jahresabschlusses zu erstellen, dem Publikum zur Verfügung zu stellen und bei der Bundesanstalt zu hinterlegen.

Abs. 1 setzt Art. 30 Abs. 1 der Prospektrichtlinie um und regelt in S. 1 das den Emittenten aus Drittstaaten gem. § 2 Nr. 13 lit. c zustehende Wahlrecht, wenn deren Wertpapiere bereits an einem organisierten Markt zugelassen sind. S. 2 regelt den Herkunftsstaat für Drittstaatemittenten, die nach dem 31.12.2003 und vor dem 1.7.2005 in einem Staat des EWR Wertpapiere öffentlich angeboten oder deren Zulassung zum Handel an einem organisierten Markt beantragt haben. In diesem Fall ist Deutschland Herkunftsstaat, wenn

---

5 Zu den verschiedenen Formen der Schuld und der damit zusammenhängenden Irrtumsproblematik vgl insb.: *Lenz*, in: Assmann/Lenz/Ritz, VerkProspG, § 17 Rn 8 ff mwN; *Schwark*, in: Schwark, Kapitalmarktrechtskommentar, § 62 BörsG Rn 2.

6 Zur Erhöhung des Bußgeldrahmens bereits durch das Dritte Finanzmarktförderungsgesetz vgl *Lenz*, in: Assmann/Lenz/Ritz, VerkProspG, § 17 Rn 50.

7 Vgl Erwägungsgrund 37 der Prospektrichtlinie, wonach in jedem Mitgliedstaat eine einzige zuständige Behörde benannt werden sollte, die die Prospekte billigt und für die Überwachung der Einhaltung dieser Richtlinie zuständig ist.

das öffentliche Angebot oder die Zulassung zum Handel an einem organisierten Markt zuerst in der Bundesrepublik Deutschland erfolgte, was der Regelung des § 2 Nr. 13 lit. c entspricht.

2 Abs. 2 ist auf Art. 30 Abs. 2 der Prospektrichtlinie zurückzuführen. Danach können die Erleichterungen für daueremittierende Kreditinstitute bis zum Ablauf der Übergangsfrist zum 31.12.2013 beibehalten werden.[1] Abs. 2 wurde durch das Gesetz zur Umsetzung der Richtlinie 2010/73/EU und zur Änderung des Börsengesetzes neu gefasst.

3 Weitere Übergangsvorschriften enthalten Art. 35 der ProspektVO („Historische Finanzinformationen"),[2] § 72a BörsZulV und die durch das Prospektrichtlinie-UmsetzungsG[3] aufgenommene Regelung des § 18 Abs. 2 S. 2 bis 5 VerkProspG. Danach ist das VerkProspG in der vor dem 1.7.2005 geltenden Fassung weiterhin unbegrenzt anzuwenden auf vor dem 1.7.2005 im Inland veröffentlichte Verkaufsprospekte für von Kreditinstituten ausgegebene Wertpapiere (S 2) bzw zeitlich begrenzt bis zum 30.6.2006 anzuwenden auf vor dem 1.7.2005 veröffentlichte Verkaufsprospekte für von Nicht-Kreditinstituten ausgegebene Wertpapiere (S 3).

4 Durch § 18 Abs. 2 S. 2 VerkProspG wird somit gewährleistet, dass aufgrund eines (unvollständigen) Verkaufsprospekts von einem Kreditinstitut ausgegebene Wertpapiere auch nach dem 1.7.2005 aufgrund eines solchen Verkaufsprospekts angeboten werden können.[4] Für die in den Sätzen 2 und 3 genannten Verkaufsprospekte gelten somit die Vorschriften des VerkProspG fort. Dies gilt sowohl für über den 1.7.2005 hinauslaufende Angebote, für die noch ein Verkaufsprospekt nach altem Recht veröffentlicht wurde, aber auch für Neuemissionen ab dem 1.7.2005, die auf einem vor dem 1.7.2005 veröffentlichten unvollständigen Verkaufsprospekt beruhen.[5] Für Nachträge gilt somit § 11 VerkProspG und nicht § 16 WpPG.[6] Gemäß § 18 Abs. 2 S. 5 VerkProspG findet in den Fällen der § 18 S. 2 und 3 VerkProspG § 3 Abs. 1 WpPG keine Anwendung, dh für derartige Angebote besteht keine Prospektpflicht nach dem WpPG.

§ 37 Übergangsbestimmungen zur Aufhebung des Verkaufsprospektgesetzes

¹Für Ansprüche wegen fehlerhafter Prospekte, die nicht Grundlage für die Zulassung von Wertpapieren zum Handel an einer inländischen Börse sind und die vor dem 1. Juni 2012 im Inland veröffentlicht worden sind, sind das Verkaufsprospektgesetz und die §§ 44 bis 47 des Börsengesetzes jeweils in der bis zum 31. Mai 2012 geltenden Fassung weiterhin anzuwenden. ²Wurden Prospekte entgegen § 3 Absatz 1 Satz 1 nicht veröffentlicht, ist für daraus resultierende Ansprüche, die bis zum Ablauf des 31. Mai 2012 entstanden sind, das Verkaufsprospektgesetz in der bis zum 31. Mai 2012 geltenden Fassung weiterhin anzuwenden.

1 Die Vorschrift wurde durch Art. 6 des Gesetzes zur Novellierung des Finanzanlagenvermittler- und Vermögensanlagenrechts eingefügt. Abs. 1 aF wurde durch Art. 1 des Gesetzes zur Umsetzung der Richtlinie 2010/73/EU und zur Änderung des Börsengesetzes aufgehoben.

2 Abs. 1 aF ging noch auf eine Übergangsregelung im mittlerweile aufgehobenen VerkProspG zurück.[1] Aufgrund der Aufhebung des VerkProspG können vor dem 1. Juli 2005 veröffentlichte Verkaufsprospekte für von Kreditinstituten ausgegebene Wertpapiere nicht mehr nach dem VerkProspG aktualisiert werden, wie es Abs. 1 aF vorsah. Es gilt das WpPG.[2]

S. 1 enthält die Übergangsvorschrift für Prospekthaftungsansprüche wegen fehlerhafter Prospekte, die nicht Grundlage für die Zulassung von Wertpapieren zum Handel an einer inländischen Börse sind. Die Vorschrift stellt auf den Zeitpunkt der Veröffentlichung des Prospekts ab.[3]

S. 2 enthält die Übergangsvorschrift für Haftungsansprüche wegen fehlenden Prospekts.[4] Die Vorschrift stellt auf den Zeitpunkt der Entstehung des Anspruchs ab.[5]

---

1 BegrRegE, BT-Drucks. 15/4999, S. 40. Ob es sich mit Abs. 2 um eine echte Stichtagsregelung handelt, oder ob die Bestimmung es ermöglicht, dass vor dem 31.12.2008 begonnene Angebote auch über dieses Angebot hinaus fortgeführt werden können ist äußerst umstritten: Es wird vertreten, dass sowohl für Neuemissionen ab dem 1.1.2009 als auch für bereits während des Übergangszeitraums begonnene, aber darüber hinaus noch laufende öffentliche Angebote ein Prospekt veröffentlicht werden muss (so BaFinJournal 04/08, S. 4; *Elsen/Jäger*, AG 2008, 616; *Möllers/Voß*, BB 2008, 1131; *Just/Voß/Ritz/Zeising/Ritz/Zeising*, § 31 Rn 20 ff). Nach *Heidelbach/Preuße* (BKR 2008, 15) vollzieht sich ein Angebot hingegen in einem einmaligen Zeitpunkt, sodass für zulässig prospektfrei geschaltete Angebote auch nach dem Stichtag kein Prospekt nachgeliefert werden müsse.
2 Vgl hierzu die Kommentierung zu Art. 35 der ProspektVO.
3 Prospektrichtlinie-UmsetzungsG vom 22.6.2005, BGBl. I S. 1698 ff.
4 BegrRegE, BT-Drucks. 15/4999, S. 41.
5 *Kullmann/Sester*, WM 2005, 1068, 1076.
6 BegrRegE, BT-Drucks. 15/4999, S. 41.
1 BT-Drucks. 17/8684, S. 21.
2 BT-Drucks. 17/8684, S. 21.
3 BT-Drucks. 17/6051, S. 47.
4 BT-Drucks. 17/6051, S. 47.
5 BT-Drucks. 17/6051, S. 47.

Wertpapiererwerbs- und Übernahmegesetz (WpÜG)[1,2]

Vom 20. Dezember 2001 (BGBl. I S. 3822)
(FNA 4110-7)
zuletzt geändert durch Art. 2 Abs. 64 und Art. 4 Abs. 53 G zur Strukturreform des Gebührenrechts des Bundes vom 7. August 2013 (BGBl. I S. 3154)

Literatur:
Adam, Acting in concert: die Zurechnung von Stimmrechten im Übernahmerecht, 2008; *Anders/Filgut*, Abgestimmte Stimmrechtsausübung – ist die Einzelfallausnahme systemwidrig?, ZIP 2010, 1115-1118; *Apfelbacher*, German takeover law: a commentary, 2002; *Archner*, Das neue Investmentrecht: Kommentar zum 4. Finanzmarktförderungsgesetz (FMFG) und zum Wertpapiererwerbs- und Übernahmegesetz (WpÜG), 2003; *ders.*, Wertpapiererwerbs- und Übernahmegesetz: Kommentar, 2005; *Arnold*, Die neue konzernweite Stimmrechtszurechnung gemäß § 30 Abs. 1 Satz 1 Nr. 1 WpÜG – eine neue Dimension der Zurechnung im Konzern, AG 2006, 567; *Assmann*, Unternehmenszusammenschlüsse und Kapitalmarktrecht ZHR 172 (2008), 635; *Assmann/Schneider*, Wertpapierhandelsgesetz, 5. Auflage 2007; *Badura*, MAC-Klauseln in Angeboten nach dem Wertpapiererwerbs- und Übernahmegesetz, 2010; *Austmann*, Integration der Zielgesellschaft nach Übernahme, ZGR 2009, 277; *Bachmann*, Der Grundsatz der Gleichbehandlung im Kapitalmarktrecht, ZHR 170 (2006), 144; *ders.*, Kapitalmarktrechtliche Probleme bei der Zusammenführung von Unternehmen, ZHR 172 (2008), 597; *Barthel*, Die Beschwerde gegen aufsichtsrechtliche Verfügungen nach dem WpÜG: eine verfahrensvergleichende Untersuchung des Rechtsschutzes gegen verwaltungsbehördliche Entscheidungen vor Zivilgerichten unter Berücksichtigung des Kartell-, Vergabe- und Patentrechts, 2004; *Bartelt*, § 23 WpÜG – Veröffentlichungspflichten des Bieters nach Abgabe des Angebots, 2004; *Baumbach/Hefermehl*, Gesetz gegen den unlauteren Wettbewerb, Zugabeverordnung, Rabattgesetz und Nebengesetze, 28. Auflage 2010; *Baumbach/Lauterbach/Albers/Hartmann*, Zivilprozessordnung, Kommentar, 68. Auflage 2010; *Th. Baums*, Low balling, creeping in und deutsches Übernahmerecht, ZIP 2010, 2374-2390; *Th. Baums/Sauter*, Anschleichen an Übernahmeziele mithilfe von Aktienderivaten, ZHR 173 (2009), 454; *Th. Baums/Thoma*, WpÜG: Kommentar zum Wertpapiererwerbs- und Übernahmegesetz, Loseblatt, Stand 2009; *Bechtold*, Kartellgesetz: Gesetz gegen Wettbewerbsbeschränkungen, Kommentar, 6. Auflage 2010; *Beckmann/Kersting/Mielke*, Das neue Übernahmerecht, 2003; *Bewilogua*, Der Aktionär – Spielball der Wertpapieraufsicht?: Wirkung und Unwirksamkeit des § 4 Abs. 2 WpÜG, 2005; *Bittmann/Schwarz*, Offenlegung von „Change of Control-Klauseln", BB 2009, 1014; *Blättchen/Wegen*, Übernahme börsennotierter Unternehmen: Strategie, Unternehmensbewertung, rechtliche Rahmenbedingungen, Steuern und Finanzkommunikation, 2003; *Braun*, Die Befreiung vom Pflichtangebot nach dem WpÜG; 2008; *Brellochs*, Konzernrechtliche Beherrschung und übernahmerechtliche Kontrolle, NZG 2012, 1010-1019; *Bröcker/Weisner*, Übernahmeangebote: Unternehmens- und Beteiligungserwerb nach dem WpÜG, Praktikerhinweise und -empfehlungen für Bieter und Zielgesellschaften sowie ihre Berater, 2003 *Büscher*, Zur Verfassungswidrigkeit der Anwendung des WpÜG auf den öffentlichen Erwerb eigener Aktien, ZBB 2006, 107; *Bungert/Wettich*, Vorgaben aus Karlsruhe zum Referenzzeitraum des Börsenwerts für die Abfindung bei Strukturmaßnahmen, BB 2010, 2227; *Cascante/Topf*, „Auf leisen Sohlen"? – Stakebuilding bei der börsennotierten AG, AG 2009, 53; *Cascante/Tyrolt*, 10 Jahre WpÜG – Reformbedarf im Übernahmerecht, AG 2012, 97-114; *Claussen*, Bank- und Börsenrecht, 4. Auflage 2008; *Dausend*, Pflichtangebot gemäß § 35 ff. WpÜG und negative Eigentumsfreiheit, 2007; *Decker*, Ad-hoc-Publizität bei öffentlichen Übernahmen, 2008; *ders.*, Ansprüche von Aktionären bei unterlassenem Pflichtangebot, 2010; *Ehricke/Ekkenga/Oechsler*, Wertpapiererwerbs- und Übernahmegesetz: Kommentar, 2003; *Emmerich/Habersack*, Aktien- und GmbH-Konzernrecht, 6. Auflage 2010; *Faden*, Das Pflichtangebot nach dem Wertpapiererwerbs- und Übernahmegesetz (WpÜG), 2008; Fairness Opinions für Vorstand und Aufsichtsrat von Zielgesellschaften („Fairness Opinion"): Grundsätze für die Erstellung im Zusammenhang mit einer Stellungnahme nach § 27 WpÜG, 2007; *Fleischer*, Prognoseberichterstattung im Kapitalmarktrecht und Haftung für fehlerhafte Prognosen, AG 2006, 2; *ders.*, Zulässigkeit und Grenzen von -Vereinbarungen im Aktien- und Kapitalmarktrecht, AG 2009, 345; *ders.*, Der Zusammenschluss von Unternehmen im Aktienrecht, ZHR 172 (2008), 538; *Fleischer/Kalss*, Das neue Wertpapiererwerbs- und Übernahmegesetz: einführende Gesamtdarstellung und Materialien, 2002; *Freitag*, „Financial Assistance" durch die Aktiengesellschaft nach der Reform der Kapitalrichtlinie – (k)ein Freifahrtschein für LBOs?, AG 2007, 157; *Frhr. von Falkenhausen*, Reformbedarf beim Pflichtangebot gemäß § 35 WpÜG, ZHR 174 (2010), 293; *ders.*, Das nachgeholte Pflichtangebot, NZG 2010, 1213-1217; *Frhr. v. Falkenhausen/Bruckner*, Share for Share-Transaktionen: Kann sich der Vorstand einer Aktiengesellschaft vertraglich verpflichten, Aktien auszugeben? AG 2009, 732; *Friedl*, Die Stellung des Aufsichtsrats der Zielgesellschaft bei Abgabe eines Übernahmeangebots nach neuem Übernahmerecht unter Berücksichtigung des Regierungsentwurfs zum Übernahmerichtlinie-Umsetzungsgesetz, NZG 2006, 422; *ders.*, Der Tausch von Anleihen in Aktien, BB 2012, 1102-1108; *Gaede*, Koordiniertes Aktionärsverhalten im Geschäfts- und Kapitalmarktrecht, 2008; *Geibel/Süßmann*, Wertpapiererwerbs- und Übernahmegesetz (WpÜG): Kommentar, 2. Auflage 2008; *Geimer/Schütze*, Europäisches Zivilverfahrensrecht, 3. Auflage 2010; 288–291; *Haarmann*, Öffentliche Übernahmeangebote: Kölner Kommentar zum Wertpapiererwerbs- und Übernahmegesetz, 2. Auflage 2010; *Haarmann/Riehmer/Schüppen*, Das neue Übernahmegesetz in der Praxis eine Halbjahresbilanz, BB 2002, 1; *Haarmann/Schüppen* Frankfurter Kommentar zum WpÜG, 3. Auflage 2008; *Habersack*, Die Mitgliedschaft – subjektives und sonstiges Recht, 1996; *Hager*, Die wertpapierangebotsrechtliche Vorankündigung: unter besonderer Berücksichtigung des kapitalmarktrechtlichen Informationscharakters und des Rechtsvergleichs zum britischen und US-amerikanischen Recht, 2004; *Hens*, Vorstandspflichten bei feindlichen Übernahmeangeboten: eine rechtsvergleichende Untersuchung des US-amerikanischen Rechts, des deutschen Aktienrechts und des WpÜG, 2004; *Halász/Kloster*, Abgestimmtes Verhalten im Sinne des § 30 Abs. 2 WpÜG im Zusammenhang mit einem Debt-Equity Swap,

---

[1] Verkündet als Art. 1 G zur Regelung von öffentlichen Angeboten zum Erwerb von Wertpapieren und von Unternehmensübernahmen v. 20.12.2001 (BGBl. I S. 3822); Inkrafttreten gem. Art. 12 dieses G am 1.1.2002.

[2] Die Änderungen durch Art. 4 Abs. 53 G v. 7.8.2013 (BGBl. I S. 3154) treten erst **mWv 14.8.2018 in Kraft** und sind im Text nicht berücksichtigt. Siehe den Fußnotenhinweis bei § 47.

WM 2006, 2152; *Harbarth,* Europäische Durchbrechungsregel im deutschen Übernahmerecht, ZGR 2007, 37; *Heuber,* Die Befreiung vom Pflichtangebot nach dem Wertpapiererwerbs- und Übernahmegesetz (WpÜG), 2006; *Hirte,* Wertpapiererwerbs- und Übernahmegesetz (WpÜG): Gesetzestexte, Quellen und Materialien, 2002; *ders.,* Anlegerschutz und Übernahmerecht in der Diskussion – Stellungnahme zum Regierungsentwurf eines Gesetzes zur Stärkung des Anlegerschutzes und Verbesserung der Funktionsfähigkeit des Kapitalmarkts (Anlegerschutz- und Funktionsverbesserungsgesetz) sowie zu dem SPD-Fraktionsentwurf eines Gesetzes zur Änderung des Wertpapiererwerbs- und Übernahmegesetzes, Der Konzern 2011, 599-618; *Hirte/von Bülow,* Kölner Kommentar zum WpÜG, 2. Auflage 2010; *Hitzer/Düchting,* Flankierung des Übernahmerechts durch weitere Reformen der Beteiligungstransparenz im WpHG?, ZIP 2011, 1084-1091; *Hörmann/Feldhaus,* Die Angemessenheitsvermutung der übernahmerechtlichen Squeeze out, BB 2008, 2134; *Hopt,* 50 Jahre Anlegerschutz und Kapitalmarktrecht: Rückblick und Ausblick, WM 2009, 1873; *Hopt/Fleckner/Kumpan/Steffek,* Kontrollerlangung über systemrelevante Banken nach den Finanzmarktstabilisierungsgesetzen (FMStG/FMStErgG), WM 2009, 821; *Hopt/Wiedemann,* Aktiengesetz – Großkommentar, 4. Auflage 1997; *Horstmann,* Arbeitsrechtliche Maßnahmen in Übernahmeauseinandersetzungen nach dem Wertpapiererwerbs- und Übernahmegesetz unter besonderer Berücksichtigung der europäischen Übernahmerichtlinie, 2005; *Huber,* Haftung für Angebotsunterlagen nach dem Wertpapiererwerbs- und Übernahmegesetz, 2002; *Hüffer,* Aktiengesetz, Kommentar, 9. Auflage 2010; *Immenga/Mestmäcker,* Gesetz gegen Wettbewerbsbeschränkungen, Kommentar, 3. Auflage 2001; *Johannisbauer,* Subjektive öffentliche Rechte Dritter und Rechtsschutz im Wertpapiererwerbs- und Übernahmegesetz (WpÜG), 2005; *Jünemann,* Die angemessene Gegenleistung nach § 31 Abs. 1 WpÜG im Lichte des Verfassungsrechts, 2008; *Käppler,* Die Rücknahme von Erwerbs- und Übernahmeangeboten nach dem WpÜG, 2008; *Käpplinger,* Die Bindung des Bieters an das Angebotsverfahren, 2008; *Kiem,* Investorenvereinbarungen im Lichte des Aktien- und Übernahmerechts, AG 2009, 301; *Kiesewetter,* Der Sitz der Zielgesellschaft als Anknüpfungspunkt für die Anwendung des WpÜG nF, RIW 2006, 518; *Kießling,* Der übernahmerechtliche Squeeze-out gemäß §§ 39 a, 39 b WpÜG, 2008; *Klepsch/Kiesewetter,* Befreiung vom Pflichtgebot beim Erwerb zur Sanierung, BB 2007, 1403; *Knack,* Verwaltungsverfahrensgesetz, 9. Auflage 2010; *Koch,* Die Auswirkungen des Wertpapiererwerbs- und Übernahmegesetzes (WpÜG) auf den Erwerb eigener Aktien, 2006; *Kocher,* Die Sanierungsbefreiung vom Pflichtangebot, ZInsO 2010, 2125-2133; *Köhler/Pieper,* Gesetz gegen den unlauteren Wettbewerb mit Zugabeverordnung, Rabattgesetz und Preisangabeverordnung, 5. Auflage 2010; *Kopp/Ramsauer,* Verwaltungsverfahrensgesetz, 11. Auflage 2010; *Kopp/Schenke,* Verwaltungsgerichtsordnung, 16. Auflage 2010; *Kort,* „Changeof-Control"-Klauseln nach dem „Mannesmann"-Urteil des BGH: zulässig oder unzulässig?, AG 2006, 106; *Korts,* Die Vereinbarung von Kontrollwechselklauseln in Vorstandsverträgen, BB 2009, 1876; *Krause,* Die erweiterte Beteiligungstransparenz bei börsennotierten Aktiengesellschaften, AG 2011, 469-484; *Kroiß/Streißle,* Der Aktionär im Übernahmeverfahren: das neue Gesetz zur Regelung von öffentlichen Angeboten zum Erwerb von Wertpapieren und Unternehmensübernahmen (WpÜG), 2002; *Kropff/Semler,* Münchener Kommentar zum Aktiengesetz, 3. Auflage 2009; *Kubalek,* Die Stellungnahme der Zielgesellschaft zu öffentlichen Angeboten nach dem WpÜG, 2006; *Lebherz,* Publizitätspflichten bei der Übernahme börsennotierter Unternehmen, WM 2010, 154; *Lüttge/Kuck,* Verlustabzugsbeschränkung nach § 8 Abs. 4 KStG in Verschmelzungsfällen mit anschließendem Pflichtangebot nach § 35 Abs. 2 WpÜG?, DStR 2006, 925-932; *Mayer-Uellner,* Die Finanzierung öffentlicher Übernahmen im Lichte des Vollangebotsgrundsatzes, AG 2012, 399-407; *Merkt/Binder,* Änderungen im Übernahmerecht nach Umsetzungen der EU-Übernahmerichtlinie: Das deutsche Umsetzungsgesetz und verbleibende Problemfelder, BB 2006, 1285–1292; *Meyer,* Änderungen im WpÜG durch die Umsetzung der EU-Übernahmerichtlinie, WM 2006, 1135–1144; *Meyer/Kiesewetter,* Rechtliche Rahmenbedingungen des Beteiligungsaufbaus im Vorfeld von Unternehmensübernahmen, WM 2009, 340; *Mühle,* Das Wertpapiererwerbs- und Übernahmegesetz: im Schnittfeld zwischen Gesellschaft- und Kapitalmarktrecht unter besonderer Berücksichtigung des ökonomischen Rahmenbezugs, 2002; *Muschter,* Die Verschmelzung von börsennotierten Aktiengesellschaften im Spannungsverhältnis zwischen WpÜG und Umwandlungsgesetz, 2005; *Musielak,* Kommentar zur Zivilprozessordnung, 7. Auflage 2009; *Nagel,* Der übernahmerechtliche Squeeze-out bei Schwellenwerterreichung durch Nacherwerbe jenseits der (weiteren) Annahmefrist, AG 2009, 393; *Nettesheim,* Unternehmensübernahmen durch Staatsfonds: Europarechtliche Vorgaben und Schranken, ZHR 172, 729 (2008); *Neumann/Ogorek,* Reichweite und verfassungsrechtliche Grenzen der Veröffentlichungs- und Mitteilungspflichten des § 23 Abs. 2 S. 1 Alt. 1 WpÜG bei fehlendem Kontrollerwerb, BB 2010, 1297; *Nippgen,* Verhaltenspflichten des Vorstands der Zielgesellschaft bei feindlichen Übernahmeangeboten: eine Betrachtung der Grundlagen im deutschen Aktien- und Kapitalmarktrecht und der Rechtslage nach dem WpÜG unter Berücksichtigung rechtspolitischer Gebote und der EU-Übernahmerichtlinie, 2005; *Nörr/Stiefenhofer,* Takeover law in Germany: a handbook and practitioner's guide, 2003; *Obermayer,* Verwaltungsverfahrensgesetz, 3. Auflage 1999; *Oechsler,* Acting in Concert beim Aktienerwerb, ZIP 2011, 449-454; *Ott,* Der übernahmerechtliche Squeeze-out gemäß §§ 39 a f. WpÜG, WM 2008, 384; *Paefgen,* Zum Zwangsausschluss im neuen Übernahmerecht, WM 2007, 765; *Paul,* Die Relevanz des Wertpapiererwerbs- und Übernahmegesetzes (WpÜG) für Verschmelzungen und Spaltungen unter Beteiligung der Zielgesellschaft, 2007; *Paul,* Haftung für unrichtige Angebotsunterlagen gemäß § 12 WpÜG, 2004; *Peglow,* Die EU-Übernahmerichtlinie, GPR 2006, 37; *Peltzer/Voight,* Wertpapiererwerbs- und Übernahmegesetz: deutsch-englische Textausgabe mit einer englischen Einleitung, 2002; *Pfab,* Die WpÜG-Reform 2006, 2008; *Pötzsch,* Das neue Übernahmerecht: das Gesetz zur Regelung von öffentlichen Angeboten zum Erwerb von Wertpapieren und von Unternehmensübernahmen, 2002; *Pohlmann,* Rechtsschutz der Aktionäre der Zielgesellschaft im Wertpapiererwerbs- und Übernahmeverfahren, ZGR 2007, 1; *Posdziech,* Zur Rechtsnatur der Angemessenheitsvermutung beim übernahmerechtlichen Squeeze-Out – Zugleich Anmerkungen zu den Entscheidungen des LG Frankfurt a.M. v. 5.8.2008 = WM 2008, 2021, OLG Frankfurt a.M. v. 9.12.2008 = WM 2009, 703 und OLG Stuttgart v. 5.5.2009 = WM 2009, 1416, WM 2010, 787; *Prasuhn,* Der Schutz von Minderheitsaktionären bei Unternehmensübernahmen nach dem WpÜG, 2009; *Rasner,* Die Pflichten der Zielgesellschaft bei unfreundlichen Übernahmeangeboten nach dem deutschen WpÜG unter besonderer Berücksichtigung europäischer und US-amerikanischer Übernahmeregelungen sowie der Konzeption des gemeinsamen Entwurfs einer EU-Übernahmerichtlinie, 2005; *Redeker/von Oetzen,* Verwaltungsgerichtsordnung, Kommentar, 15. Auflage 2010; *Riegger,* Kapitalgesellschaftsrechtliche Grenzen der Finanzierung von Unternehmensübernahmen durch Finanzinvestoren, ZGR 2008, 233; Rothenfußer/Friese-Dormann/Rieger, Rechtsprobleme konkurrierender Übernahmeangebote nach dem WpÜG, AG 2007, 137; *Rühland,* Der übernahmerechtliche Squeeze-out im Regierungsentwurf des Übernahmerichtlinie-Umsetzungsgesetzes, NZG 2006, 401; *Rulf,* Zurechnungstatbestände des WpHG und WpÜG, 2010; *Santelmann,* Angebotsunterlagenhaftung: die Haftung für fehlerhafte Angebotsunterlagen bei öffentlichen Wertpapiererwerbs- und Übernahmeangeboten nach § 12 WpÜG im Kontext konkurrierender Anspruchsgrundlagen und im Vergleich zu anderen Rechtsordnungen, 2003; *Schäfer/Hamann,* Kapitalmarktgesetze, Loseblatt, 4. Lfg. 2009; *Schanz/Wedell,* Der Zinsanspruch aus § 38 WpÜG bei unterlassenem Pflichtanspruch, AG 2011, 615-621; *Schmidtbleicher,* Das „neue" acting in concert – ein Fall für den EuGH?, AG 2008, 73;

Schmolke, Institutionelle Anleger und Corporate Governance – Traditionelle institutionelle Investoren vs. Hedgefonds, ZGR 2007, 701; *Schneider*, Der Rechtsverlust gemäß § 28 WpHG bei Verletzung der kapitalmarktrechtlichen Meldepflichten – zugleich eine Untersuchung zu § 20 Abs. 7 und § 59 WpÜG, ZIP 2006, 493–500; *U.H. Schneider*, Acting in Concert – ein kapitalmarktrechtlicher Zurechnungstatbestand, WM 2006, 1321–1327; *U.H. Schneider*, Acting in Concert: Vereinbarung oder Abstimmung über Ausübung von Stimmrechten?, ZGR 2007, 440; *Schönke/Schröder*, Strafgesetzbuch, 28. Auflage 2010; *Scholz*, Das Übernahme- und Pflichtangebot bei der KGaA, NZG 2006, 445–449; *Schulenburg/Brosius*, Ausgewählte aktien- und wertpapierrechtliche Fragen zu § 100 Abs. 2 Satz 1 Nr. 4 AktG, WM 2011, 58-63, *Schüppen*, WpÜG-Reform: Alles Europa, oder was?, BB 2006, 165; *Schwark*, Kapitalmarktrechts-Kommentar: Börsengesetz mit Börsenzulassungsverordnung, Verkaufsprospektgesetz mit Verkaufsprospektverordnung, Wertpapierhandelsgesetz, Wertpapiererwerbs- und Übernahmegesetz, 4. Auflage 2008; *Seibt*, Übernahmerecht: Update 2010/2011, CFL 2011, Heft 05, 213-240; *Seibt/Heiser*, Analyse des Übernahmerichtlinie-Umsetzungsgesetzes (Regierungsentwurf), AG 2006, 301–320; *Semler/Volhard*, Arbeitshandbuch für Unternehmensübernahmen, Band 1, 2001; *dies.*, Arbeitshandbuch für Unternehmensübernahmen, Band 2, 2003; *Siemers*, Der Rechtsverlust nach § 59 WpÜG, 2009; *B. Simon*, Rechtsschutz im Hinblick auf ein Pflichtangebot nach § 35 WpÜG, 2005; *S. Simon*, Entwicklungen im WpÜG, Der Konzern 2006, 12–17; *Simon/Dobel*, Das Risikobegrenzungsgesetz – neue Unterrichtungspflichten bei Unternehmensübernahmen, BB 2008, 1955; *Spindler*, Acting in Concert – Begrenzung von Risiken durch Finanzinvestoren? – Der Regierungsentwurf eines Risikobegrenzungsgesetzes, WM 2007, 2357; *Steigelmann*, Die Information des Betriebsrats bei der Umwandlung und Übernahme von Unternehmen, 2004; *Steinhauer*, Die Neutralitätspflicht des Vorstands einer AG nach § 33 WpÜG, 2005; *Steinmeyer*, WpÜG: Kommentar zum Wertpapiererwerbs- und Übernahmegesetz mit Erläuterungen zum Minderheitenausschluss §§ 327 a ff AktG, 3. Auflage 2013; *Steinmeyer/Santelmann*, Zur Widerleglichkeit der Angemessenheitsvermutung beim übernahmerechtlichen Squeeze out, BB 2009, 674; *Stelkens/Bonk/Sachs*, Verwaltungsverfahrensgesetz, Kommentar, 7. Auflage 2008; *Stumpf*, Das deutsche Übernahmerecht: eine differenzierte Analyse des WpÜG und des Minderheitsausschlusses nach §§ 327 a ff AktG, 2004; *Thomas/Putzo*, Zivilprozessordnung, Kommentar, 31. Auflage 2010; *Traugott/Strümpell*, Die Novelle des Außenwirtschaftsgesetzes: Neue Regeln für den Erwerb deutscher Unternehmen durch ausländische Investoren, AG 2009, 186; *Tuttlies/Bredow*, Berücksichtigung einer Earn-out-Abrede im nachfolgenden Pflichtangebot, BB 2008, 911; *van Kann/Just*, Der Regierungsentwurf zur Umsetzung der europäischen Übernahmerichtlinie, DStR 2006, 328–333; *Veil/Drinkuth*, Reformbedarf im Übernahmerecht, 2005; *Veranneman/Gärtner*, Grenzüberschreitende Tauschangebote nach WpÜG; AG 2009, 648; *von Nussbaum*, Die Aktiengesellschaft als Zielgesellschaft eines Übernahmeangebots: Vorgaben nach AktG und WpÜG für das Verhalten von Vorstand und Aufsichtsrat während einer Übernahmeauseinandersetzung und für Vorratsbeschlüsse der Hauptversammlung, 2003; *Wecker*, Die Beaufsichtigung öffentlicher Wertpapiererwerbs-, Übernahme- und Pflichtangebote, 2008; *Weishaupt*, Schadensersatzansprüche der Wertpapierinhaber der Zielgesellschaft im Falle einer fehlerhaften Stellungnahme nach § 27 WpÜG, 2007; *Wernicke*, Die Befreiung vom Pflichtangebot auf Grund höheren Stimmrechtsanteils Dritter, NZG 2011, 1404-1407; *Wiesbrock/Zens*, Die WpÜG-Pflichten bei der Nachfolge in börsennotierte Aktiengesellschaften, ZEV 2006, 137–143; *Witt*, Übernahmen von Aktiengesellschaften und Transparenz der Beteiligungsverhältnisse, 1998; *Vaupel*, Ansprüche von Aktiengesellschaften gegen Stimmrechtsempfehlungen institutioneller Stimmrechtsberater, AG 2011, 63-77; *Wunsch*, Börsennotierte Aktien als Gegenstand erbschaftsteuerrechtlich veranlasster Poolvereinbarungen, BB 2011, 2315-2319; *Zech*, Verhaltenspflichten des Vorstands der Zielgesellschaft in Bezug auf Abwehrmaßnahmen nach dem Wertpapiererwerbs- und Übernahmegesetz (WpÜG), 2003; *Zeeck/Reichard*, Der Referenzzeitraum für die Bestimmung des Börsenwerts eines Unternehmens bei Strukturmaßnahmen, AG 2010, 699; *Zöller*, Zivilprozessordnung, Kommentar, 28. Auflage 2010; *Zöllner*, Kölner Kommentar zum Aktiengesetz, 3. Auflage 2004 ff; *Zschocke/Schuster*, Bad Homburger Handbuch zum Übernahmerecht, 2002.

Einleitung

Das Gesetz zur Regelung von öffentlichen Angeboten zum Erwerb von Wertpapieren und Unternehmensübernahmen v. 20.12.2001 (BGBl. I S. 3822) trat am 1.1.2002 in Kraft. Vor diesem Zeitpunkt existierte in Deutschland, anders als auf anderen führenden Kapitalmärkten, keine allgemein anerkannte Regelung zum öffentlichen Erwerb von Wertpapieren und für Unternehmensübernahmen.[1] Der von der Börsensachverständigen Kommission beim Bundesministerium der Finanzen (BSK) verabschiedete und am 1.10.1995 in Kraft getretene und zuletzt mit Wirkung zum 1.1.1998 geänderte Übernahmekodex, der nur bei freiwilliger Anerkennung für die Beteiligten bindend war, hatte – anders als der britische *City Code on Takeovers and Mergers* – nicht die erhoffte Akzeptanz finden können.[2]

1

Aus diesem Grund und vor dem Hintergrund einer stetig steigenden Zahl von Unternehmensübernahmen[3] empfahl die BSK dem Gesetzgeber im Februar 1999, die allgemeine Verbindlichkeit von Übernahmeregeln durch ein Gesetz herzustellen.[4] Die auf der Grundlage dieser Empfehlung gebildete Expertenkommission legte am 17.5.2000 eine zehn Eckpunkte umfassende Empfehlung vor.[5] Das Bundesministerium der Finanzen legte am 29.6.2000 einen Diskussionsentwurf vor,[6] dem am 12.3.2001 ein Referentenentwurf folgte.[7]

2

---

1 Vgl KölnKomm-WpÜG/*Hirte/Heinrich*, Einleitung Rn 42.
2 Ausführlich: *Pötzsch*, in: Assmann/Pötzsch/Schneider, Einl, Rn 19 ff; KölnKomm-WpÜG/*Hirte/Heinrich*, Einleitung Rn 44; *Krause*, NJW 2002, 705, 706.
3 Hervorzuheben ist die spektakuläre Übernahmeschlacht der Vodafone plc um die Mannesmann AG in 1999/2000.
4 *Pötzsch*, in: Assmann/Pötzsch/Schneider, Einl, Rn 19 ff; *Möller/Pötzsch*, ZIP 2001, 1256, 1257.
5 Abgedruckt bei *Pötzsch/Möller*, WM 2000, Beil. 2, S. 37 f; siehe dazu *Pötzsch*, in: Assmann/Pötzsch/Schneider, Einl, Rn 25.
6 Abgedruckt in NZG 2000, 844; siehe dazu auch *Pötzsch*, in: Assmann/Pötzsch/Schneider, Einl, Rn 27 mwN.
7 Abgedruckt bei *Zinser*, NZG 2001, 391 ff; siehe dazu auch *Pötzsch*, in: Assmann/Pötzsch/Schneider, Einl, Rn 28 mwN.

Am 11.7.2001 wurde der Regierungsentwurf vorgestellt.[8] Der Bundesrat veröffentlichte seine Stellungnahme hierzu am 27.9.2001[9] und der Finanzausschuss empfahl am 14.11.2001 die Annahme des aufgrund der Beratungen in einigen zentralen Punkten geänderten Entwurfs.[10] Das Gesetz wurde am 15.11.2001 als Art. 1 des Gesetzes zur Regelung von öffentlichen Angeboten zum Erwerb von Wertpapieren und Unternehmensübernahmen vom Bundestag beschlossen und am 22.12.2001 im Bundesgesetzblatt verkündet.[11] Das Gesetz trat zusammen mit der vom Bundesministerium der Finanzen verabschiedeten WpÜG-Angebotsverordnung (WpÜG-AngVO),[12] der WpÜG-Widerspruchsausschuss-Verordnung,[13] der WpÜG-Beiratsverordnung[14] und der WpÜG-Gebührenverordnung[15] am 1.1.2002 in Kraft.[16]

3 Auf europäischer Ebene bestanden bereits seit 1974 Bemühungen zur Schaffung einer harmonisierten Rechtslage bei öffentlichen Unternehmensübernahmen,[17] die schließlich am 19.6.2000 in einen gemeinsamen Standpunkt von Kommission und Rat mündete.[18] Der anschließend in einer gemeinsamen Arbeitskommission des Europäischen Parlaments, der Kommission und des Rats gefundene Kompromiss scheiterte jedoch bei der Abstimmung im Europäischen Parlament am 4. Juli 2001.[19] Besonders in Deutschland wurde befürchtet, dass damit kein *level playing field* geschaffen würde, wegen der erschwerten Übernahme von Gesellschaften mit Höchst- und Mehrstimmrechte, die zwar in Deutschland, aber nicht in allen anderen europäischen Staaten abgeschafft wurden.[20]

4 Die Europäische Kommission, gestützt auf die Ergebnisse einer weiteren Expertenkommission,[21] legte am 2. Oktober 2002 einen neuen Vorschlag einer Dreizehnten Richtlinie des Rates auf dem Gebiet des Gesellschaftsrechts über Übernahmeangebote vor.[22] Dieser Entwurf wurde weiterhin von Deutschland und anderen europäischen Mitgliedstaaten abgelehnt, da der Entwurf die insbesondere in Skandinavien und Frankreich weit verbreiteten Doppel- und Mehrstimmrechte nicht als übernahmeverhindernd erfasste.[23] Am 27.11.2003 wurde ein politischer Kompromiss im Ministerrat gefunden auf dessen Grundlage das Europäische Parlament den geänderten Richtlinienvorschlag annahm. Die formelle Verabschiedung durch den Ministerrat erfolgte einstimmig am 30.3.2003. Die Richtlinie trat am 20.5.2004 in Kraft.[24]

5 Die Bundesregierung hat am 15.2.2006 den Entwurf eines Gesetzes zur Umsetzung der Richtlinie 2004/25/EG des Europäischen Parlaments und des Rates v. 21.4.2004 betreffend Übernahmeangebote (Übernahmerichtlinie-Umsetzungsgesetz) gebilligt.[25] Änderungen des Gesetzesentwurfs erfolgten aufgrund der Stellungnahme des Bundesrates vom 7. April 2006 und der Gegenäußerung der Bundesregierung vom 26. April 2006[26] sowie aufgrund Vorschläge des Finanzausschusses am 18. Mai 2006.[27] Das Gesetz wurde am 19.5.2006 vom Bundestag verabschiedet. Der Bundesrat verzichtete mit Beschluss vom 16.6.2006 darauf, den Vermittlungsausschuss anzurufen. Das Übernahmerichtlinie-Umsetzungsgesetz wurde schließlich am 13.7.2006 im Bundesgesetzblatt verkündet.[28]

---

8 RegE eines Gesetzes zur Regelung von öffentlichen Angeboten zum Erwerb von Wertpapieren und von Unternehmensübernahmen v. 11.7.2001, BT-Drucks. 14/7034, S. 1 ff; siehe dazu *Pötzsch*, in: Assmann/Pötzsch/Schneider, Einl, Rn 29 mwN.

9 Stellungnahme des Bundesrates, BR-Drucks. 574/01, S. 1 ff; siehe dazu *Pötzsch*, in: Assmann/Pötzsch/Schneider, Einl, Rn 30 mwN.

10 Beschlussempfehlung des Finanzausschusses, BT-Drucks. 14/7477, S. 1 ff; siehe dazu *Pötzsch*, in: Assmann/Pötzsch/Schneider, Einl, Rn 31 mwN.

11 BGBl. I 2001 S. 3822 ff; siehe dazu *Pötzsch*, in: Assmann/Pötzsch/Schneider, Einl, Rn 31 mwN.

12 WpÜG-AngVO v. 27. Dezember 2001, BGBl. I S. 4263, zuletzt geändert durch die Verordnung v. 17. Juli 2006 (BGBl. I S. 1697).

13 WpÜG-Widerspruchsausschuss-Verordnung v. 27. Dezember 2001 (BGBl. I S. 4261), zuletzt geändert durch die Verordnung zur Änderung der WpÜG-Widerspruchsausschuss-Verordnung v. 26. Juni 2003 (BGBl. I S. 1006).

14 WpÜG-Beiratsvordnung v. 27. Dezember 2001 (BGBl. I S. 4259) zuletzt geändert durch Artikel 368 der Verordnung v. 31. Oktober 2006 (BGBl. I S. 2407.).

15 WpÜG-Gebührenverordnung v. 27. Dezember 2001 (BGBl. I S. 4267) zuletzt geändert durch Artikel 1 der Verordnung v. 27. Juli 2005 (BGBl. I S. 2417).

16 Ausführlich: *Pötzsch*, in: Assmann/Pötzsch/Schneider, Einl, Rn 32, 55 ff.

17 Ausführlich hierzu *Pötzsch*, in: Assmann/Pötzsch/Schneider, Einl, Rn 60 ff; KölnKomm-WpÜG/*Hirte*, Einleitung Rn 60 ff; *Krause*, NJW 2002, 705 f.

18 ABlEG Nr. C 23 v. 24.1.2001, S. 1, abgedruckt in WM-Sonderbeil. 2/2000, S. 32 ff.

19 Die Abstimmung erfolgte mit 273 : 273 Stimmen bei 22 Enthaltungen, siehe dazu *Pötzsch*, in: Assmann/Pötzsch/Schneider, Einl, Rn 66 mwN.

20 *Pötzsch*, in: Assmann/Pötzsch/Schneider, Einl, Rn 64 mwN.

21 Abrufbar unter <http://europa.eu.int/comm/internal_market/en/company/company/modern/consult/consult_en.pdf>.

22 Vorschlag der EU-Kommission v. 2.10.2002, ZIP 2002, 1863 ff.

23 Ausführlich dazu *Pötzsch*, in: Assmann/Pötzsch/Schneider, Einl, Rn 76 ff.

24 Art. 2 der Richtlinie 2004/25/EG des Europäischen Parlaments und des Rates v. 21.4.2004 betreffend Übernahmeangebote, ABl. EG Nr. L 142 v. 30.4.2004, S. 12. Siehe zum Inhalt der Richtlinie *Pötzsch*, in: Assmann/Pötzsch/Schneider, Einl, Rn 82 ff.

25 Entwurf eines Gesetzes zur Umsetzung der Richtlinie 2004/25/EG des Europäischen Parlaments und des Rates v. 21. April 2004 betreffend Übernahmeangebote (Übernahmerichtlinie-Umsetzungsgesetz), BT-Drucks. 16/1003.

26 BT-Drucks. 16/1342 v. 26.4.2006.

27 Beschlussempfehlung und Bericht des Finanzausschusses (7. Ausschuss) zu dem Gesetzentwurf der Bundesregierung (BT-Drucks. 16/1003, 16/1342), BT-Drucks. 16, 1541 v. 18.5.2006.

28 BGBl. I S. 1426.

Mit dem Übernahmerichtlinie-Umsetzungsgesetz wurde die Übernahmerichtlinie (ÜbernahmeRL) "eins zu 6
eins" umgesetzt, dh das geltende WpÜG wurde nur insoweit geändert, als dies nach der Übernahmerichtlinie erforderlich erschien.[29]

Das Übernahmerichtlinie-Umsetzungsgesetz hatte folgende **Änderungen** des **WpÜG** bewirkt. Umgesetzt 7
wurde die komplexe Regelung in Art. 4 ÜbernahmeRL zum **anwendbaren Recht** bei Übernahmen mit **grenzüberschreitendem Bezug** (siehe die Kommentierung zu § § 1, 2 und § 11 a).[30] Hinsichtlich des **Pflichtangebots** bestand Änderungsbedarf nur für die Festsetzung der **Gegenleistung**. Die in bislang in § 31 Abs. 3 enthaltene Trennung zwischen **Vorwerben** und **Parallelerwerben** bei den **Schwellenwerten** wurde aufgehoben und die **Referenzperiode** für **Vorerwerbe** zur Umsetzung von Art. 5 Abs. 5 Unterabs. 5 ÜbernahmeRL auf **sechs Monate** ausgedehnt.[31] Neu eingeführt wurde die Veröffentlichung im **elektronischen Bundesanzeiger**, die anstelle der Veröffentlichung in einem überregionalen Börsenpflichtblatt trat.[32] Entsprechend den Vorgaben von Art. 8 Abs. 2 iVm Art. 6 Abs. 2 S. 3 ÜbernahmeRL wurden die Unterrichtungspflichten gegenüber den **Arbeitnehmern** erweitert, der Bieter ist nunmehr verpflichtet seinen Betriebsrat oder die Arbeitnehmer direkt von der Entscheidung zur Abgabe eines Angebots (§ 10) sowie von der Veröffentlichung der Angebotsunterlage (§ 14) zu unterrichten.[33] Mit den §§ 33 a bis 33 c wurden die Artikel 9, 11 und 12 ÜbernahmeRL über das **Europäische Verhinderungsverbot** und die **Europäische Durchbrechungsregel** umgesetzt.[34] Zur Umsetzung der Artt. 15 und 16 ÜbernahmeRL wurde ein **übernahmerechtlicher Ausschluss** (*Squeeze-out*) und ein **Andienungsrecht** (*Sell-out*) eingeführt. Der gesellschaftsrechtliche Ausschluss nach §§ 327 a ff AktG blieb davon unberührt.[35] Im Zusammenhang mit Art. 4 Abs. 5 ÜbernahmeRL wurden die **Befugnisse der Bundesanstalt** um ein Auskunftsrecht gegenüber jedermann und um ein Eintrittsrecht in Geschäftsräume erweitert (§ 40). Dies geschah auch vor dem Hintergrund, dass der Gesetzgeber der Ansicht war, die Praxis habe gezeigt, dass zum Nachweis des *acting in concert* (§ 30 Abs. 2) die bisherigen Ermittlungsbefugnisse nicht ausreichten.[36] Schließlich wurden Änderungen an der **WpÜG-AngVO** vorgenommen. Die Unterrichtungspflicht des Bieters in § 2 Nr. 1 WpÜG-AngVO wurde um Angaben zu seiner Person ergänzt. Der in § 4 S. 1 WpÜG-AngVO enthaltene Referenzzeitraum für Vorerwerbe wurde auf sechs Monate ausgedehnt.[37]

Nach Art. 8 des Übernahmerichtlinie-Umsetzungsgesetzes traten die geänderten Vorschriften des Gesetzes 8
am 14.7.2006 in Kraft, mit Ausnahme der Vorschriften, die den Bundesanzeiger als Pflichtveröffentlichungsmedium anstelle eines Börsenpflichtblattes vorsehen, die erst zum 1.1.2007 in Kraft traten.

Nach der umfassenden Überarbeitung des Gesetzes aufgrund des Übernahmerichtlinie-Umsetzungsgesetzes wurde das WpÜG seitdem keiner grundlegenden Revision unterzogen. Hervorzuheben ist die Änderung des § 30 Abs. 2 durch Art. 2 Nr. 1 RisikobegrenzungsG[38] im Jahre 2008, infolgedessen der Begriff des übernahmerechtlichen „acting in concert" neu definiert wurde.[39]

Seitdem sind die Änderungen des WpÜG überschaubar geblieben. Durch das Gesetz zur Stärkung des Anlegerschutzes und Verbesserung der Funktionsfähigkeit des Kapitalmarktrechts vom 5.4.2011 wurde die Veröffentlichungspflicht des Bieters nach § 23 Abs. 1 auf die von den §§ 25, 25 a WpHG erfassten Instrumente erweitert.[40] Das Gesetz zur Stärkung der deutschen Finanzaufsicht vom 28.11.2012 führte zu einer unwesentlichen redaktionellen Änderung von §§ 5, 6 WpÜG.[41]

Die Kommission hat nach Vorgabe des Art. 20 ÜbernahmeRL eine Überprüfung der Übernahmerichtlinie durchgeführt und dieser ein insgesamt positives Zeugnis ausgestellt.[42] Eine weitgehende Revision des Übernahmerechts wird daher in der nächsten Zeit nicht erwartet.

---

29 BegRegE, BT-Drucks. 16/1003, S. 12 (A. I.). Zur Kritik dazu siehe *Seibt/Heiser*, AG 2006, 301.
30 BegRegE, BT-Drucks. 16/1003, S. 13 (A. III.).
31 Begr. RegE, BT-Drucks. 16/1003, S. 19 (zu Nr. 14).
32 BegRegE, BT-Drucks. 16/1003, S. 13 (A. III.).
33 BegRegE, BT-Drucks. 16/1003, S. 13 (A. III.).
34 BegRegE, BT-Drucks. 16/1003, S. 13 f (A. III.).
35 BegRegE, BT-Drucks. 16/1003, S. 14 (A. III.).
36 BegRegE, BT-Drucks. 16/1003, S. 14 (A. III.), 23 (zu Nr. 18).
37 BegRegE, BT-Drucks. 16/1003, S. 14 f (A. III.).
38 Gesetz zur Begrenzung der mit Finanzinvestitionen verbundenen Risiken (Risikobegrenzungsgesetz) v. 12.8.2008, BGBl. I S. 1666.
39 Vgl dazu ausführlich *von Bülow*, in: Veil, Übernahmerecht in Praxis und Wissenschaft, S. 138 ff sowie die Kommentierung zu § 30. Siehe auch White List v. 12.11.2013, ESMA/2013/1642.
40 Gesetz zur Stärkung des Anlegerschutzes und Verbesserung der Funktionsfähigkeit des Kapitalmarkts (Anlegerschutz- und Funktionsverbesserungsgesetz), BGBl. I S. 543.
41 Gesetz zur Stärkung der deutschen Finanzaufsicht, BGBl I S. 2382.
42 Bericht der Kommission – Anwendung der Richtlinie 2004/25/EG betr. Übernahmeangebote v. 28.6.2012, COM (2012) 347.

Abschnitt 1
Allgemeine Vorschriften

§ 1 Anwendungsbereich

(1) Dieses Gesetz ist anzuwenden auf Angebote zum Erwerb von Wertpapieren, die von einer Zielgesellschaft ausgegeben wurden und zum Handel an einem organisierten Markt zugelassen sind.

(2) Auf Übernahme- und Pflichtangebote zum Erwerb von Aktien einer Zielgesellschaft im Sinne des § 2 Abs. 3 Nr. 1, deren stimmberechtigte Aktien nicht im Inland, jedoch in einem anderen Staat des Europäischen Wirtschaftsraums zum Handel an einem organisierten Markt zugelassen sind, ist dieses Gesetz nur anzuwenden, soweit es die Kontrolle, die Verpflichtung zur Abgabe eines Angebots und hiervon abweichende Regelungen, die Unterrichtung der Arbeitnehmer der Zielgesellschaft oder des Bieters, Handlungen des Vorstands der Zielgesellschaft, durch die der Erfolg eines Angebots verhindert werden könnte, oder andere gesellschaftsrechtliche Fragen regelt.

(3) ¹Auf Angebote zum Erwerb von Wertpapieren einer Zielgesellschaft im Sinne des § 2 Abs. 3 Nr. 2 ist dieses Gesetz vorbehaltlich § 11 a nur unter folgenden Voraussetzungen anzuwenden:
1. es handelt sich um ein europäisches Angebot zum Erwerb stimmberechtigter Wertpapiere, und
2. a) die stimmberechtigten Wertpapiere sind nur im Inland zum Handel an einem organisierten Markt zugelassen, oder
   b) die stimmberechtigten Wertpapiere sind sowohl im Inland als auch in einem anderen Staat des Europäischen Wirtschaftsraums, jedoch nicht in dem Staat, in dem die Zielgesellschaft ihren Sitz hat, zum Handel an einem organisierten Markt zugelassen, und
      aa) die Zulassung erfolgte zuerst zum Handel an einem organisierten Markt im Inland, oder
      bb) die Zulassungen erfolgten gleichzeitig, und die Zielgesellschaft hat sich für die Bundesanstalt für Finanzdienstleistungsaufsicht (Bundesanstalt) als zuständige Aufsichtsbehörde entschieden.

²Liegen die in Satz 1 genannten Voraussetzungen vor, ist dieses Gesetz nur anzuwenden, soweit es Fragen der Gegenleistung, des Inhalts der Angebotsunterlage und des Angebotsverfahrens regelt.

(4) Das Bundesministerium der Finanzen wird ermächtigt, durch Rechtsverordnung[1], die nicht der Zustimmung des Bundesrates bedarf, nähere Bestimmungen darüber, in welchem Umfang Vorschriften dieses Gesetzes in den Fällen des Absatzes 2 und des Absatzes 3 anwendbar sind, zu erlassen.

(5) ¹Eine Zielgesellschaft im Sinne des § 2 Abs. 3 Nr. 2, deren stimmberechtigte Wertpapiere gleichzeitig im Inland und in einem anderen Staat des Europäischen Wirtschaftsraums, jedoch nicht in dem Staat, in dem sie ihren Sitz hat, zum Handel an einem organisierten Markt zugelassen worden sind, hat zu entscheiden, welche der betroffenen Aufsichtsstellen für die Beaufsichtigung eines europäischen Angebots zum Erwerb stimmberechtigter Wertpapiere zuständig sein soll. ²Sie hat ihre Entscheidung der Bundesanstalt mitzuteilen und zu veröffentlichen. ³Das Bundesministerium der Finanzen wird ermächtigt, durch Rechtsverordnung, die nicht der Zustimmung des Bundesrates bedarf, nähere Bestimmungen über den Zeitpunkt sowie Inhalt und Form der Mitteilung und der Veröffentlichung nach Satz 2 zu erlassen. ⁴Das Bundesministerium der Finanzen kann die Ermächtigung durch Rechtsverordnung auf die Bundesanstalt übertragen.

§ 2 Begriffsbestimmungen

(1) Angebote sind freiwillige oder auf Grund einer Verpflichtung nach diesem Gesetz erfolgende öffentliche Kauf- oder Tauschangebote zum Erwerb von Wertpapieren einer Zielgesellschaft.

(1a) Europäische Angebote sind Angebote zum Erwerb von Wertpapieren einer Zielgesellschaft im Sinne des Absatzes 3 Nr. 2, die nach dem Recht des Staates des Europäischen Wirtschaftsraums, in dem die Zielgesellschaft ihren Sitz hat, als Angebote im Sinne des Artikels 2 Abs. 1 Buchstabe a der Richtlinie 2004/25/EG des Europäischen Parlaments und des Rates vom 21. April 2004 betreffend Übernahmeangebote (ABl. EU Nr. L 142 S. 12) gelten.

---

1 Richtig wohl: „Rechtsverordnung".

(2) Wertpapiere sind, auch wenn für sie keine Urkunden ausgestellt sind,
1. Aktien, mit diesen vergleichbare Wertpapiere und Zertifikate, die Aktien vertreten,
2. andere Wertpapiere, die den Erwerb von Aktien, mit diesen vergleichbaren Wertpapieren oder Zertifikaten, die Aktien vertreten, zum Gegenstand haben.

(3) Zielgesellschaften sind
1. Aktiengesellschaften oder Kommanditgesellschaften auf Aktien mit Sitz im Inland und
2. Gesellschaften mit Sitz in einem anderen Staat des Europäischen Wirtschaftsraums.

(4) Bieter sind natürliche oder juristische Personen oder Personengesellschaften, die allein oder gemeinsam mit anderen Personen ein Angebot abgeben, ein solches beabsichtigen oder zur Abgabe verpflichtet sind.

(5) [1]Gemeinsam handelnde Personen sind natürliche oder juristische Personen, die ihr Verhalten im Hinblick auf ihren Erwerb von Wertpapieren der Zielgesellschaft oder ihre Ausübung von Stimmrechten aus Aktien der Zielgesellschaft mit dem Bieter auf Grund einer Vereinbarung oder in sonstiger Weise abstimmen. [2]Mit der Zielgesellschaft gemeinsam handelnde Personen sind natürliche oder juristische Personen, die Handlungen zur Verhinderung eines Übernahme- oder Pflichtangebots mit der Zielgesellschaft auf Grund einer Vereinbarung oder in sonstiger Weise abstimmen. [3]Tochterunternehmen gelten mit der sie kontrollierenden Person und untereinander als gemeinsam handelnde Personen.

(6) Tochterunternehmen sind Unternehmen, die als Tochterunternehmen im Sinne des § 290 des Handelsgesetzbuchs gelten oder auf die ein beherrschender Einfluss ausgeübt werden kann, ohne dass es auf die Rechtsform oder den Sitz ankommt.

(7) Organisierter Markt sind der regulierte Markt an einer Börse im Inland und der geregelte Markt im Sinne des Artikels 4 Abs. 1 Nr. 14 der Richtlinie 2004/39/EG des Europäischen Parlaments und des Rates vom 21. April 2004 über Märkte für Finanzinstrumente, zur Änderung der Richtlinien 85/611/EWG und 93/6/EWG des Rates und der Richtlinie 2000/12/EG des Europäischen Parlaments und des Rates und zur Aufhebung der Richtlinie 93/22/EWG des Rates (ABl. EU Nr. L 145 S. 1) in einem anderen Staat des Europäischen Wirtschaftsraums.

(8) Der Europäische Wirtschaftsraum umfasst die Staaten der Europäischen Gemeinschaften sowie die Staaten des Abkommens über den Europäischen Wirtschaftsraum.

A. Einführung 1	b) Mit der Zielgesellschaft gemeinsam handelnde Personen 23
B. Anwendungsbereich und Begriffsbestimmungen .. 2	c) Tochterunternehmen 24
I. Internationaler Anwendungsbereich (§§ 1, 2) .. 3	VI. Organisierter Markt; Zulassung (§§ 1, 2 Abs. 7–8) 25
II. Sachlicher Anwendungsbereich, Begriffsbestimmungen (§§ 1, 2 Abs. 1) 6	1. Inländische Märkte 26
1. Angebote 6	2. Ausländische Märkte 27
2. Öffentlich 9	3. Bestehende Zulassung 28
III. Wertpapiere (§§ 1, 2 Abs. 2) 12	C. Anwendung des Gesetzes auf Sondersachverhalte 34
IV. Zielgesellschaft (§§ 1, 2 Abs. 3) 14	I. Erwerb eigener Aktien 34
V. Bieter, gemeinsam handelnde Personen, Tochterunternehmen (§ 2 Abs. 4–6) 18	II. Verhältnis zum Umwandlungsgesetz und anderen „Pflichtangeboten" 35
1. Bieter 18	
2. Gemeinsam handelnde Personen 19	
a) Mit dem Bieter gemeinsam handelnde Personen 20	

A. Einführung

§ 1 und § 2 stehen in einem engen systematischen Zusammenhang. § 1 definiert den Anwendungsbereich des Gesetzes[1] und ist seit Inkrafttreten des Übernahmerichtlinie-Umsetzungsgesetzes erheblich erweitert worden. Die in dieser Vorschrift verwendeten Begriffe werden in § 2 legaldefiniert. Darüber hinaus enthält § 2 Definitionen weiterer wichtiger Begriffe des Gesetzes.

B. Anwendungsbereich und Begriffsbestimmungen

§ 1 iVm § 2 legt den **internationalen** und den **sachlichen** Anwendungsbereich des Gesetzes fest.[2] Das Gesetz findet Anwendung auf Angebote zum Erwerb von Wertpapieren, die von einer Zielgesellschaft ausgegeben

---
1 *Noack/Holzborn*, in: Schwark, § 1 WpÜG Rn 1.
2 *Pötzsch*, in: Assmann/Pötzsch/Schneider, § 1 Rn 1.

wurden und zum Handel an einem organisierten Markt zugelassen sind, soweit dies nicht in § 1 Abs. 2 und 3 ausgeschlossen ist.

3 **I. Internationaler Anwendungsbereich (§§ 1, 2).** In **internationaler Hinsicht** findet das Gesetz Anwendung auf **Zielgesellschaften** in der Rechtsform der Aktiengesellschaft und Kommanditgesellschaft auf Aktien mit **Sitz im Inland** (§ 2 Abs. 3 Nr. 1). Auf **Übernahme- und Pflichtangebote** zum Erwerb von Aktien einer Zielgesellschaft im Sinne des § 2 Abs. 3 Nr. 1, deren stimmberechtigte Aktien nicht im Inland, jedoch in einem anderen Staat des Europäischen Wirtschaftsraums zum Handel an einem organisierten Markt zugelassen sind, ist das Gesetz jedoch nur anzuwenden, soweit es die Kontrolle, die Verpflichtung zur Abgabe eines Angebots und hiervon abweichende Regelungen, die Unterrichtung der Arbeitnehmer der Zielgesellschaft, Handlungen des Vorstands der Zielgesellschaft, durch die der Erfolg eines Angebots verhindert werden könnte, oder andere gesellschaftsrechtliche Fragen regelt (**gesellschaftsrechtliche Regelungen**). Nach § 1 Abs. 4 können die gesellschaftsrechtlichen Regelungen in einer Verordnung näher konkretisiert werden. Dagegen finden die angebotsbezogenen Bestimmungen[3] des Gesetzes keine Anwendung auf solche Zielgesellschaften. Ein solcher Fall dürfte jedoch in der Praxis kaum vorkommen.[4]

4 Nach der Umsetzung der Übernahmerichtlinie sind **Zielgesellschaften** nunmehr auch Gesellschaften mit **Sitz in einem anderen Staat des EWR** (§ 2 Abs. 3 Nr. 2). Das Gesetz ist nach § 1 Abs. 3 iVm § 2 Abs. 3 Nr. 2 bei solchen ausländischen Gesellschaften nur anzuwenden, soweit es Fragen der Gegenleistung, des Inhalts der Angebotsunterlage und des Angebotsverfahrens regelt (**angebotsbezogene Regelungen**). Voraussetzung hierfür ist, dass es sich dabei um ein **europäisches Angebot** zum Erwerb **stimmberechtigter Wertpapiere** handelt (§ 1 Abs. 3 Nr. 1) und die Wertpapiere nur im **Inland** zum Handel an einem organisierten Markt zugelassen sind (§ 1 Abs. 3 Nr. 2 a). Das europäische Angebot ist in § 2 Abs. 1 a **legaldefiniert** und umfasst ein an die Inhaber der Wertpapiere einer Gesellschaft gerichtetes (und nicht von der Zielgesellschaft selbst abgegebenes) öffentliches Pflichtangebot oder freiwilliges Angebot zum Erwerb eines Teils oder aller dieser Wertpapiere, das sich an den Erwerb der Kontrolle der Zielgesellschaft oder diesen Erwerb zum Ziel hat. Sind die Wertpapiere bei einem europäischen Angebot zum Erwerb stimmberechtigter Wertpapiere **sowohl im Inland als auch in einem anderen Staat des EWR**, jedoch nicht im Staat in dem die Zielgesellschaft ihren Sitz hat, zum Handel an einem organisierten Markt zugelassen, findet das Gesetz **ebenfalls** hinsichtlich der **angebotsbezogenen Regelungen** Anwendung, sofern die Zulassung zuerst im Inland erfolgte oder zwar gleichzeitig im Inland und in dem anderen Staat des EWR und die Zielgesellschaft sich für die Bundesanstalt als zuständige Aufsichtsbehörde entschieden hat (§ 1 Abs. 3 Nr. 2 b). Solche Gesellschaften haben die Entscheidung der Bundesanstalt mitzuteilen und zu veröffentlichen (§ 1 Abs. 5). Nach § 1 Abs. 4 können die **angebotsbezogenen Regelungen** in einer **Rechtsverordnung** näher konkretisiert werden. Wurde aber bereits von der zuständigen Aufsichtsstelle eines anderen Staates des Europäischen Wirtschaftsraums eine Angebotsunterlage gebilligt, so ist diese nach § 11 a ohne zusätzliches Billigungsverfahren im Inland anzuerkennen (Europäischer Pass).[5]

5 **Nicht anwendbar** ist das Gesetz weiterhin in den Fällen, in denen die Wertpapiere der Zielgesellschaft **ausschließlich** an einer Börse **außerhalb** des EWR zum Handel zugelassen sind, ungeachtet ob die Zielgesellschaft ihren Sitz im Inland oder EWR-Ausland hat. Das Gesetz ist auch nicht anwendbar hinsichtlich Gesellschaften, deren Wertpapiere in **dem Staat des EWR-Auslands** an einem organisierten Markt notiert sind, in dem sie ihren **Sitz** haben, auch wenn ihre Wertpapiere ebenfalls im Inland zum Handel an einem organisierten Markt zugelassen sind. Das Gesetz ist schließlich unanwendbar hinsichtlich solcher Gesellschaften, deren Wertpapiere in **Deutschland** zum Handel an einem organisierten Markt zugelassen sind, deren Sitz jedoch **außerhalb** des EWR liegt.[6]

6 **II. Sachlicher Anwendungsbereich, Begriffsbestimmungen (§§ 1, 2 Abs. 1). 1. Angebote. Angebote** sind nach der Legaldefinition in § 2 Abs. 1 freiwillige oder aufgrund einer Verpflichtung nach dem Gesetz erfolgende öffentliche Kauf- oder Tauschangebote zum Erwerb von Wertpapieren einer Zielgesellschaft. Hat sich der Bieter im Rahmen seiner Verpflichtung zur Bestimmung des anwendbaren Rechts (§ 2 Nr. 12 WpÜG-AngVO) entschieden, das Angebot deutschem Recht zu unterstellen, handelt es sich um ein Angebot iSv § 145 BGB zum Abschluss eines Kaufvertrages (§ 433 BGB) bzw eines Tauschvertrages (§ 480 BGB).[7] Erfolgt der Erwerb auf der Grundlage ausländischen Rechts kommt es darauf an, ob diese Vorgänge einem Kauf oder Tauschvorgang gleichzustellen sind.[8]

---

[3] Siehe dazu unten Rn 4.
[4] Van Kann/Just, DStR 2006, 328.
[5] Seibt/Heiser, AG 2006, 301, 305; van Kann/Just, DStR 2006, 328 f.
[6] Van Kann/Just, DStR 2006, 329.
[7] Siehe dazu Pötzsch, in: Assmann/Pötzsch/Schneider, § 1 Rn 35, § 2 Rn 6 ff; Noack/Holzborn, in: Schwark, § 2 WpÜG Rn 2, 5.
[8] Noack/Holzborn, in: Schwark, § 2 WpÜG Rn 5.

Kaufangebote sind solche, bei denen den Wertpapierinhabern für ihre Wertpapiere Geld angeboten wird, während **Tauschangebote** andere Wertpapiere als Gegenleistung vorsehen.[9] Unter Begriff des Tauschangebots fallen auch Angebote, bei denen die angesprochenen Wertpapierinhaber ihre Wertpapiere im Wege einer Kapitalerhöhung gegen Sacheinlage in die Bietergesellschaft gegen Ausgabe neuer Aktien einbringen sollen.[10]

Erfasst vom Gesetz sind die in den Abschnitten 3 bis 5 des Gesetzes beschriebenen **Angebotsarten**. **Freiwillige Angebote** sind sowohl **Erwerbsangebote**, dh freiwillige Angebote, die nicht auf einen Erwerb der Kontrolle über die Zielgesellschaft gerichtet sind (Abschnitt 3), als auch **Übernahmeangebote**, dh freiwillige Angebote, die auf einen Kontrollerwerb gerichtet sind (Abschnitt 4). **Pflichtangebote** sind solche, die aufgrund der Erlangung einer Kontrolle über die Zielgesellschaft abgegeben werden müssen (Abschnitt 5).[11]

2. Öffentlich. Wegen der Vielgestaltigkeit der möglichen Sachverhalte und der Gefahr von Umgehungsmöglichkeiten hat der Gesetzgeber von einer Definition des Begriffs „öffentlich" abgesehen.[12]

Ein öffentliches Angebot liegt jedenfalls dann vor, wenn sich das Angebot an eine Vielzahl von Wertpapierinhabern über Massenmedien (Tageszeitungen, Rundfunk, Fernsehen; Internet) oder über ein Kreditinstitut oder das System der Wertpapiermitteilungen verbreitet wird.[13] Ein öffentliches Angebot kann auch dann vorliegen, wenn die Wertpapierinhaber bspw mittels Brief, Telefax, oder Email individuell angesprochen werden.[14] Wo Zweifel bestehen, kann anhand weiterer typologischer Kriterien der Begriff des "öffentlichen Angebots" näher konkretisiert werden.[15] Im Einzelfall wird daher ein öffentliches Angebot vorliegen, wenn einzelne Vertragsbedingungen für eine solche Annahme sprechen, wie etwa ein Rücktrittsvorbehalt bei Nichterreichen einer im Angebot vorgegebenen Annahmequote,[16] oder – negativ abgegrenzt – kein öffentliches Angebot vorliegen, wenn das Erwerbsangebot alleine an institutionelle Investoren gerichtet ist oder an informierte Privatanleger mit erheblichem Anteilsbesitz an der Zielgesellschaft (insbesondere Gründer) oder wenn zwischen Bieter und Angebotsempfänger eine persönliche Beziehung besteht, aufgrund derer erwartet werden kann, dass sich der Adressatenkreis in angemessener Weise über das Angebot Informationen verschaffen kann.[17] Der schlichte Erwerb über die Börse (*open market purchase*) stellt nach hM und der Rechtsauffassung der Bundesanstalt kein öffentliches Angebot dar. Dies gilt nach zutreffender Auffassung auch dann, wenn der Erwerber öffentlich angekündigt hat in erheblichem Umfang Aktien über die Börse zu erwerben (*standing in the market*).[18]

In der Regel wird das Vorliegen eines öffentlichen Angebots anhand der oben Genannten typologischen Kriterien mit hinreichender Sicherheit beurteilt werden können. Bei Übernahmeangeboten und Pflichtangeboten nach den Abschnitten 4 und 5 dieses Gesetzes wird das Angebot in der Regel in öffentlicher Form geschehen müssen, um alle außenstehenden Wertpapierinhaber erreichen zu können.

III. Wertpapiere (§§ 1, 2 Abs. 2). Nach der Legaldefinition in § 2 Abs. 2 Nr. 1 sind **Wertpapiere**, auch wenn sie unverbrieft sind, Aktien,[19] mit diesen vergleichbare Wertpapiere, wie etwa Zwischenscheine (§ 8 Abs. 6 AktG)[20] und Zertifikate, die Aktien vertreten, wie *Depositary Receipts*.[21][22] Zu den vom Anwendungsbereich des Gesetzes erfassten Wertpapieren gehören auch junge Aktien, die erst nach der Veröffentlichung des Angebots ausgegeben werden,[23] jedoch nicht Zeichnungsscheine, Bezugserklärungen oder Bezugsrechte.[24] Dazu gehören auch andere Wertpapiere, die den Erwerb der in § 2 Abs. 2 Nr. 1 aufgeführten

---

9 *Angerer*, in: Geibel/Süßmann, § 1 Rn 34.
10 *Pötzsch*, in: Assmann/Pötzsch/Schneider, § 1 Rn 35, § 2 Rn 6 ff; 23.
11 Vgl dazu im Einzelnen die Kommentierung zu Abschnitten 3–5 des Gesetzes.
12 Begr. RegE, BT-Drucks. 14/7034, S. 33. Ausführlich zum Begriff des öffentlichen Angebots: *Pötzsch*, in: Assmann/Pötzsch/Schneider, § 2 Rn 26 ff; *Fleischer*, ZIP 2001, 1653 ff; siehe auch *Noack/Holzborn*, in: Schwark, § 2 WpÜG Rn 7.
13 Begr. RegE, BT-Drucks. 14/7034, S. 33; *Pötzsch*, in: Assmann/Pötzsch/Schneider, § 2 Rn 33; *Angerer*, in: Geibel/Süßmann, § 1 Rn 26 ff; *Fleischer*, ZIP 2001, 1653, 1658 f.
14 *Pötzsch*, in: Assmann/Pötzsch/Schneider, § 2 Rn 33; aA *Noack/Holzborn*, in: Schwark, § 2 WpÜG Rn 7.
15 Ausführlich: *Pötzsch*, in: Assmann/Pötzsch/Schneider, § 2 Rn 33; *Steinmeyer*, § 1 Rn 7 ff.
16 Begr. RegE, BT-Drucks. 14/7034, S. 33; *Fleischer*, ZIP 2001, 1653.
17 Nach *Pötzsch*, in: Assmann/Pötzsch/Schneider, § 2 Rn 33 mwN zum Diskussionsstand kommt es darauf an, ob mit einzelnen Anlegern individuelle Vertragsverhandlungen geführt werden oder ob die Vertragskonditionen nicht verhandelbar sind.
18 Siehe dazu *Pötzsch*, in: Assmann/Pötzsch/Schneider, § 2 Rn 36 mit dem Hinweis, dass es sich dabei um eine unzulässige öffentliche *invitatio ad offerendum* handeln könne.
19 Dazu gehören aber nicht bloße Nebenpapiere zu Aktien, wie etwa Dividendenscheine, vgl *Assmann*, in: Assmann/Pötzsch/Schneider, § 2 Rn 77; *Angerer*, in: Geibel/Süßmann, § 1 Rn 40.
20 *Assmann*, in: Assmann/Pötzsch/Schneider, § 2 Rn 78; *Krause*, NJW 2002, 705, 706.
21 Vorausgesetzt diese Depositary Receipts sind zum Handel an einem organisierten Markt iSd, § 1 Abs. 1 zugelassen. So erstreckte sich das Angebot der Bayer AG für die Aktien der Schering AG nicht daneben auch auf die amerikanischen ADS, siehe *Strunk/Salomon/Holst*, in: Veil, Übernahmerecht in Praxis und Wissenschaft, S. 11 ff.
22 Begr. RegE, BT-Drucks. 14/7034, S. 34; *Assmann*, in: Assmann/Pötzsch/Schneider, § 2 Rn 79; *Angerer*, in: Geibel/Süßmann, § 1 Rn 31.
23 *Pötzsch*, in: Assmann/Pötzsch/Schneider, § 1 Rn 24. AA mit ausführlicher Begründung KölnKomm-WpÜG/*Versteegen*, § 1 Rn 34 ff.
24 *Assmann*, in: Assmann/Pötzsch/Schneider, § 2 Rn 81.

Wertpapiere, zum Gegenstand haben (§ 2 Abs. 2 Nr. 2). Darunter sind insbesondere Wandelanleihen, Optionsanleihen, Optionsrechte auf Aktien (*naked warrants*) und Wandel- oder Optionsgenussrechte zu verstehen.[25] Nicht darunter fallen schlichte Schuldverschreibungen,[26] Genussrechte ohne Recht zur Wandlung oder zum Bezug von Wertpapieren iSv § 2 Abs. 2 Nr. 1,[27] sog. Aktienanleihen, da diese typischerweise nur dem Schuldner ein Recht zur Tilgung der Anleihe in Aktien eines bestimmten Emittenten gewähren[28] und Anteile an einem Investmentvermögen iSd des KAGB.[29]

Umstritten ist, ob Wertpapiere, die nicht von der Zielgesellschaft sondern von Dritten ausgegeben wurden, wie etwa Umtauschanleihen (*exchangeable bonds*) oder Optionsscheine, die ein Recht des Inhabers auf Lieferung von Aktien verbriefen, vom Anwendungsbereich des WpÜG erfasst werden.[30]

13 Nach § 2 Abs. 2 Nr. 1 ist die rechtliche Qualifizierung als Wertpapier nicht von der **Verbriefung** in einer Urkunde abhängig.[31] Dies gilt auch für Wertrechte,[32] soweit sie die in § 2 Abs. 2 Nr. 1 und 2 aufgeführten Rechte enthalten.[33]

14 **IV. Zielgesellschaft (§§ 1, 2 Abs. 3). Zielgesellschaft** sind zunächst Aktiengesellschaften und Kommanditgesellschaften auf Aktien (KGaA), mit Sitz im Inland (§ 2 Abs. 3 Nr. 1). Gemeint sind nur solche Gesellschaften, die nach den Regeln der §§ 1 ff AktG und §§ 278 ff AktG gegründet und organisiert sind.

15 Obwohl die KGaA aufgrund des Verweises auf sie in § 2 Abs. 3 in den Anwendungsbereich des Gesetzes mit einbezogen ist, finden die Besonderheiten der gesellschaftsrechtlichen Struktur dieser Gesellschaftsform gegenüber der Aktiengesellschaft keine Berücksichtigung in den einzelnen Vorschriften des Gesetzes.[34]

16 Ausgenommen vom Anwendungsbereich des Gesetzes sind Angebote für börsennotierte Wertpapiere, die von deutschen Gesellschaften mit einer anderen Rechtsform ausgegeben worden sind.[35] Aktiengesellschaft iSd der Vorschrift ist auch die Europäische Gesellschaft (SE) mit Sitz im Inland (Art. 10 der Verordnung über das Statut der SE vom 8.10.2001).[36][37]

Bei inländischen Gesellschaften, deren Wertpapiere ausschließlich im EWR-Ausland an einem organisierten Markt zum Handel zugelassen sind, ist das Gesetz unter den Voraussetzungen des § 1 Abs. 2 nur hinsichtlich seiner **gesellschaftsrechtlichen Regelungen** anzuwenden.[38]

17 **Zielgesellschaft** ist auch unter den Voraussetzungen des § 1 Abs. 3 auch eine Gesellschaft mit Sitz in einem anderen Staat des EWR (§ 2 Abs. 3 Nr. 2). Das Gesetz ist auf solche Zielgesellschaften allerdings hinsichtlich seiner **angebotsbezogenen Regelungen** anzuwenden.[39]

18 **V. Bieter, gemeinsam handelnde Personen, Tochterunternehmen (§ 2 Abs. 4–6). 1. Bieter.** Bieter iSv § 2 Abs. 4 sind inländische und ausländische natürliche oder juristische Personen (des privaten oder öffentlichen Rechts)[40] oder Personengesellschaften,[41] die allein oder gemeinsam (Bietergemeinschaft)[42] mit anderen

natürlichen oder juristischen Personen,[43] ein Angebot abgeben, ein solches beabsichtigen oder zur Abgabe verpflichtet sind.

2. Gemeinsam handelnde Personen. Die in § 2 Abs. 5 enthaltene Definition des Begriffs "gemeinsam handelnde Personen" ist aufgrund des Übernahmerichtlinie-Umsetzungsgesetzes neu gefasst worden und umfasst jetzt auch die mit der Zielgesellschaft gemeinsam handelnden Personen.[44] 19

a) Mit dem Bieter gemeinsam handelnde Personen. Mit dem **Bieter** gemeinsam handelnde Personen sind solche, die ihr **Verhalten** im Hinblick auf ihren **Erwerb von Wertpapieren** der Zielgesellschaft oder ihre **Ausübung von Stimmrechten aus Aktien** der Zielgesellschaft mit dem Bieter aufgrund einer Vereinbarung oder in sonstiger Weise **abstimmen** (§ 2 Abs. 5 S. 1). Der Begriff hat nicht allein Bedeutung für die Erfassung einer Bietergemeinschaft, die stets im Verhältnis zueinander "gemeinsam handelnde Personen" sind[45] sondern wird im Gesetz dort verwendet, wo der Gesetzgeber die **Umgehung** des Gesetzes befürchtet hat, wenn allein auf einen Bieter abgestellt werden würde.[46] Angeknüpft wird damit an den anglo-amerikanischen Begriff des *acting in concert*, der jedoch international unterschiedlich ausgelegt wird.[47] Im Einzelnen handelt es sich um § 18 Abs. 1, § 20 Abs. 2, § 23 Abs. 1 S. 1 und Abs. 2 S. 1, § 31 Abs. 1 S. 1, § 33 Abs. 3 und § 33 d. Diese Vorschriften betreffen Pflichten im Zusammenhang mit einem bereits laufenden Angebotsverfahren.[48] Erreicht wird der **Umgehungsschutz** dadurch, dass der Bieter und die mit ihm gemeinsam handelnden Personen als Einheit betrachtet werden. Konsequenterweise erstrecken sich die Ermittlungsbefugnisse der Bundesanstalt auch auf die mit dem Bieter gemeinsam handelnden Personen (§ 40).[49] Nach § 59 verlieren sie ebenso wie der Bieter ihre Rechte aus den von ihnen gehaltenen Aktien, wenn und solange der Bieter seinen Pflichten nach § 35 nicht nachkommt.[50] Der Bieter hat die Identität der mit ihm handelnden Personen in der Angebotsunterlage offen zu legen (§ 11 Abs. 4 iVm § 2 Nr. 1, 5 und 7 WpÜG-AngVO) und diese entsprechend § 12 Abs. 3 Nr. 3 zu aktualisieren, sollte ein *acting in concert* nach Veröffentlichung der Angebotsunterlage erfolgen.[51] 20

Trotz eines ähnlichen Wortlauts unterscheiden sich die Begriffe in § 30 Abs. 2 und § 2 Abs. 5 inhaltlich.[52] Die von § 2 Abs. 5 erfassten Normen beschäftigen sich allesamt mit Pflichten im Rahmen eines bereits **laufenden Angebotsverfahrens**, während § 30 Abs. 2 heranzuziehen ist, um die Qualifikation eines Angebots wegen der beabsichtigten Kontrollerlangung als **Übernahmeangebot** (§ 29 Abs. 1) bzw um die Erlangung der Kontrolle und damit die Verpflichtung zur Abgabe eines **Pflichtangebots** zu bestimmen. Entsprechend der unterschiedlichen *ratio legis* sind in § 30 Abs. 2 Vereinbarungen über die Ausübung von Stimmrechten in Einzelfällen ausgenommen. Für die Zurechnung nach § 2 Abs. 5 ist eine Abstimmung im Hinblick auf den Erwerb von Wertpapieren oder die Ausübung von Stimmrechten erforderlich, während eine Zurechnung nach § 30 Abs. 2 eine Abstimmung in Bezug auf die Ausübung von Stimmrechten oder ein Zusammenwirken in sonstiger Weise mit dem Ziel einer dauerhaften und erheblichen Änderung der unternehmerischen Ausrichtung der Zielgesellschaft in sonstiger Weise erfordert. Das bedeutet aber auch, dass zur Bestimmung einer Personengruppe als "gemeinsam handelnde Personen" iSd § 2 Abs. 5 allein auf den Schutzzweck der von dieser Vorschrift erfassten Normen und nicht auf etwa auf den Gesetzeszweck des § 30 Abs. 2 abzustellen ist.[53] 21

Die **Abstimmung** zwischen diesen Personen kann **vertraglich**, etwa aufgrund von Stimmbindungsverträgen, Interessenwahrungsverträgen, Gesellschaftsverträgen[54] oder sonstigen Verträgen des Zivilrechts erfolgen.[55] Die **Abstimmung** kann aber auch in **sonstiger Weise** erfolgen, also auch in der Form des *"Gentlemens' Agreement"*.[56] Damit werden auch Formen des Zusammenwirkens erfasst, die nicht aufgrund einer rechtli- 22

---

43 Auch nach der Novellierung des Gesetzes aufgrund des Übernahmerichtlinie-Umsetzungsgesetzes v. 20.5.2006 erwähnt, § 2 Abs. 5 anders als, § 2 Abs. 4 Personengesellschaften nicht ausdrücklich. Die Lücke ist als Redaktionsversehen des Gesetzesgebers eingestuft worden, vgl *Assmann*, in: Assmann/Pötzsch/Schneider, § 2 Rn 118; *Schüppen*, in: Haarmann/Schüppen, § 2 Rn 46. Personengesellschaften können jedoch Tochtergesellschaften iSv § 2 Abs. 5. S. 2 sein und werden damit zu gemeinsam handelnde Personen.
44 BegRegE, BT-Drucks. 16/1003, S. 17 (zu Buchst. c).
45 *Pötzsch*, in: Assmann/Pötzsch/Schneider, § 2 Rn 115.
46 *Baums/Hecker*, in: Baums/Thoma, § 2 Rn 115; KölnKomm-WpÜG/*Versteegen*, § 2 Rn 153.
47 Siehe KölnKomm-WpÜG/*Versteegen*, § 2 Rn 160 ff; *Schneider*, in: Assmann/Pötzsch/Schneider, § 2 Rn 116; OLG Frankfurt aM v. 25.6.2004 – WpÜG 5/03a, 6/03 und 8/03a, NZG 2004, 865, 867. Siehe auch *Baums/Hecker*, in: Baums/Thoma, § 2 Rn 116 mwN; White List v. 12.11.2013, ESMA/2013/1642.
48 *Baums/Hecker*, in: Baums/Thoma, § 2 Rn 117.
49 *Baums/Hecker*, in: Baums/Thoma, § 2 Rn 115.
50 Zur *ratio legis* vgl *Baums/Hecker*, in: Baums/Thoma, § 2 Rn 116.
51 *Baums/Hecker*, in: Baums/Thoma, § 2 Rn 119.
52 *Baums/Hecker*, in: Baums/Thoma, § 2 Rn 117; *Schüppen*, in: Haarmann/Schüppen, § 2 Rn 45. AA *Schneider*, in: Assmann/Pötzsch/Schneider, § 2 Rn 116: "weitgehende Übereinstimmung".
53 *Schüppen*, in: Haarmann/Schüppen, § 2 Rn 46.
54 Bspw. solcher von Aktionärsvereinigungen und Investment Clubs in der Rechtsform der BGB-Gesellschaft, vgl *Schneider*, in: Assmann/Pötzsch/Schneider, § 2 Rn 121.
55 *Schneider*, in: Assmann/Pötzsch/Schneider, § 2 Rn 121; siehe auch White List v. 12.11.2013, ESMA/2013/1642.
56 *Baums/Hecker*, in: Baums/Thoma, § 2 Rn 123; *Schneider*, in: Assmann/Pötzsch/Schneider, § 2 Rn 122.

chen Verpflichtung hierzu, erfolgen.[57] Das Abstimmungsverhalten muss sich jedoch stets auf den **Erwerb von Wertpapieren** der Zielgesellschaft oder die **Ausübung von Stimmrechten** aus Aktien der Zielgesellschaft beziehen. Daher stellen Vereinbarungen über Beratungsleistungen oder der Erwerb für Rechnung des Bieters Vorverträge über die Weiterveräußerung von bestimmten Betriebsteilen nach einer erfolgreichen Übernahme allein[58] ebenso wenig gemeinsames Handeln iSv § 2 Abs. 5 dar, wie Erwerbe von Investmentbanken für Rechnung des Bieters.[59] Nicht erfasst sind auch sog. *Stand-Still*-Vereinbarungen, wonach sich eine Partei verpflichtet, keine das Angebot des Bieters störende Maßnahmen (konkurrierende Angebote, Erhöhung oder Verminderung des eigenen Anteils) zu unternehmen.[60] Nicht erfasst sind ebenso der Fall des Parallelerwerbs sowie des gleichförmigen Abstimmungsverhaltens, die jeweils ohne Abstimmung iSd § 2 Abs. 5 erfolgen.[61]

23 **b) Mit der Zielgesellschaft gemeinsam handelnde Personen.** Mit der **Zielgesellschaft** gemeinsam handelnde Personen sind solche, die die Handlungen zur Verhinderung eines Übernahme- oder Pflichtangebots mit der Zielgesellschaft aufgrund einer Vereinbarung oder in sonstiger Weise abstimmen (§ 2 Abs. 5 S. 2). Mit der Erweiterung des Begriffs um die auf Seiten der Zielgesellschaft handelnden Personen wurde Art. 2 Abs. 1 lit. d ÜbernahmeRL umgesetzt.[62] Der Bieter hat nun auch in der Angebotsunterlage Name und Anschrift der mit der Zielgesellschaft gemeinsam handelnden Personen aufzunehmen und, wenn es sich bei diesen Personen um Gesellschaften handelt, die Rechtsform und das Verhältnis der Gesellschaften zur Zielgesellschaft anzugeben, soweit diese dem Bieter bekannt sind.[63] Die Aufnahme solcher Informationen in die Angebotsunterlage wird u.a. vor dem Hintergrund verständlich, dass aufgrund des Umsetzung der Übernahmerichtlinie der Bieter nach § 10 Abs. 5 und und § 14 Abs. 4 nunmehr auch seine Arbeitnehmer von dem Angebot zu unterrichten hat.[64]

24 **c) Tochterunternehmen.** Bei **Tochterunternehmen** wird nach § 2 Abs. 5 S. 3 unwiderleglich vermutet,[65] dass sie mit der sie kontrollierenden Person und untereinander gemeinsam handelnde Personen sind. Nach § 2 Abs. 6 sind Tochterunternehmen solche nach § 290 HGB (Alt. 1) oder solche, auf die ein beherrschender Einfluss (iSv § 17 Abs. 1 AktG) ausgeübt werden kann (Alt. 2), ohne dass es auf die Rechtsform oder den Sitz ankommt.[66]

25 **VI. Organisierter Markt; Zulassung (§§ 1, 2 Abs. 7–8).** Voraussetzung für eine Anwendung des Gesetzes ist weiter, dass die Wertpapiere der Zielgesellschaft zum Handel an einem **organisierten Markt** zugelassen sind (§§ 1, 2 Abs. 7).

26 **1. Inländische Märkte.** Der in § 2 Abs. 7 legaldefinierte Begriff des organisierten Markts umfasst im **Inland** den regulierten Markt (§ 32 BörsG). Der inländische Freiverkehr (§ 48 BörsG), elektronische Handelssysteme und börsenähnliche Einrichtungen dagegen gehört nicht zu den organisierten Märkten im Sinne des Gesetzes.[67] Im Hinblick auf sog. Themenmärkte, die im Freiverkehr einiger inländischer Börsen etabliert sind, kommt es nach zutreffender Ansicht darauf an, ob eine **Zulassung** zum Handel in einem **organisierten Markt** erfolgte und diese Zulassung auch nach Aufnahme des Handels im Freiverkehr weiter bestand.[68] Dies war bei einer Einbeziehung von Aktien im sog. Neuen Markt der Frankfurter Wertpapierbörse der Fall.[69] Seit dem Oktober 2005 besteht im Freiverkehr der Frankfurter Wertpapierbörse (auch als *Open Market* bezeichnet) der sog. *Entry Standard*. Der *Entry Standard* setzt anders als der Neue Markt keine vorherige Zulassung zu einem organisierten Markt voraus. Das Gesetz findet daher keine Anwendung auf

---

57 Siehe KölnKomm-WpÜG/*Versteegen*, § 2 Rn 167 ff zu den Fällen einer rechtlichen Bindung anders als durch Vereinbarung.
58 *Baums/Hecker*, in: Baums/Thoma, § 2 Rn 123.
59 KölnKomm-WpÜG/*Versteegen*, § 2 Rn 177. AA *Baums/Hecker*, in: Baums/Thoma, § 2 Rn 122 für den Fall des Erwerbs von Wertpapieren.
60 *Baums/Hecker*, in: Baums/Thoma, § 2 Rn 125; *Schneider*, in: Assmann/Pötzsch/Schneider, § 2 Rn 131; LG München v. 11.3.2004 – 5 HK O 16972/03, ZIP 2004, 1101.
61 *Baums/Hecker*, in: Baums/Thoma, § 2 Rn 127; *Schneider*, in: Assmann/Pötzsch/Schneider, § 2 Rn 123; OLG Frankfurt aM v. 25.6.2004 – WpÜG 5/03a, 6/03 und 8/03 a, NZG 2004, 865, 867.
62 BegRegE, BT-Drucks. 16/1003, S. 17 f (zu Buchst. c).
63 BegRegE, BT-Drucks. 16/1003, S. 26 (zu Buchst. a), unverständlicherweise auf Gesellschaften beschränkt.
64 BegRegE, BT-Drucks. 16/1003, S. 26 (zu Buchst. a). M.E. geht die *ratio legis* deutlich weiter und soll nicht nur für die Information der Arbeitnehmer des Bieters sorgen, sondern zumindest auch die Wertpapierinhaber über die Verhältnisse der mit der Zielgesellschaft gemeinsam handelnden Personen informieren, soweit der Bieter hierüber Kenntnisse hat.
65 BegRegE, BT-Drucks. 16/1003, S. 17 f (zu Buchst. c). Die von *Sohbi*, in; Anwk-AktR, §§ 1, 2 WpÜG Rn 15 vertretene Auffassung, die Vermutung sei widerleglich wird angesichts der gegenteiligen Feststellung in der Gesetzesbegründung zum Übernahmerichtlinie-Umsetzungsgesetz aufgegeben.
66 Vgl hierzu *Schneider*, in: Assmann/Pötzsch/Schneider, § 2 Rn 134 ff. Nach *Seibt/Heiser*, AG 2006, 301, 308 kommt es für die Qualifizierung als "kontrollierende Person" nicht auf eine Unternehmenseigenschaft an.
67 *Assmann*, in: Assmann/Pötzsch/Schneider, § 2 Rn 141; *Schüppen*, in: Haarmann/Schüppen, § 2 Rn 53; *Noack/Holzborn*, in: Schwark, § 2 WpÜG, Rn 47.
68 *Pötzsch*, in: Assmann/Pötzsch/Schneider, § 1 Rn 26; *Assmann*, in: Assmann/Pötzsch/Schneider, § 2 Rn 141 f jeweils mwN auch der Gegenansicht..
69 Siehe dazu *Sohbi*, in: Anwk-AktienR, § 1 Rn 18 ff; *Assmann*, in: Assmann/Pötzsch/Schneider, § 2 Rn 142.

Aktien, die ausschließlich im *Entry Standard* der Frankfurter Wertpapierbörse zum Handel einbezogen sind.

2. Ausländische Märkte. Im **Ausland** gehören zu den organisierten Märkten Börsen in anderen Staaten des Europäischen Wirtschaftsraums, die die in Art. 4 Nr. 14 der Richtlinie über die Märkte für Finanzinstrumente ("MiFID") genannten Voraussetzungen erfüllen.[70] Nach § 2 Abs. 8 umfasst der Europäische Wirtschaftsraum ("EWR") die Staaten der Europäischen Gemeinschaft und die Staaten des Abkommens über den Europäischen Wirtschaftsraum.[71] 27

3. Bestehende Zulassung. In der Praxis kommt es häufig vor, dass nur **ein Teil** der Aktien einer Gesellschaft börsennotiert ist. Dies kann bspw darauf beruhen, dass unterschiedliche Gattungen existieren, etwa Vorzugs- und Stammaktien, von denen zur Sicherung des Einflusses maßgeblich beteiligter Gesellschafter nur die stimmrechtslosen Vorzugsaktien notiert sind. Obwohl das BörsG den Grundsatz enthält, dass alle Aktien einer Gattung börsennotiert sein sollen,[72] kommt es vor, dass auch innerhalb einer Gattung von Aktien nicht für alle Aktien die Zulassung zum Börsenhandel beantragt wurde, bspw um einen beherrschenden Einfluss zu sichern oder weil diese Aktien eine bestimmte Zeit nicht gehandelt werden sollen.[73] Darüber hinaus kommt es vor, dass ein Antrag auf Zulassung nicht stets unmittelbar nach der Ausgabe von Aktien gestellt wird, sondern, insbesondere wenn ein Börsenzulassungsprospekt erstellt werden muss, erst eine gewisse kritische Masse abgewartet wird. Schließlich ist bei der Ausgabe von Wertpapieren mit Bezugsrechten auf Aktien, die selbst nicht börsennotiert sind, oder von *stock options* und für die ein bedingtes Kapital bereitgehalten wird, zu beachten, dass eine Zulassung des bedingten Kapitals nicht schon bei seiner Schaffung, dh mit der Eintragung des betreffenden Beschlusses der Hauptversammlung in das Handelsregister, erfolgt, sondern nach der **Verwaltungspraxis** der FWB in der Regel erst dann, wenn die Ausgabe der Wertpapiere aufgrund der Ausübung der Bezugsrechte unmittelbar bevorsteht.[74] 28

Damit stellt sich die Frage, ob das Gesetz nur auf Angebote zum Erwerb von Wertpapieren einer Gesellschaft Anwendung findet, die in der Angebotsphase **tatsächlich** börsennotiert sind. Nach dem Wortlaut von § 1 ist es eine Voraussetzung für die Anwendung des Gesetzes, dass sich das Angebot auf zum Börsenhandel zugelassene Wertpapiere bezieht. 29

Daher scheidet die Anwendung des Gesetzes auf alle Angebote, die **ausschließlich** auf den Erwerb von Wertpapieren gerichtet sind, die nicht börsennotiert sind, aus.[75] Dies mag rechtspolitisch nicht unbedingt einleuchtend sein, denn es existiert durchaus eine beachtliche Zahl von nicht börsennotierten Aktiengesellschaften mit einem erheblichen Streubesitz, und es entspricht auch nicht dem britischen City Code on Takeovers and Mergers, einem Regelwerk mit Vorbildfunktion für das Gesetz. Der Gesetzgeber hat bei der Schaffung des Gesetzes primär die Förderung der deutschen Kapitalmärkte im Auge gehabt, so dass die durch das Gesetz geschaffene spezifische Konzerneingangskontrolle[76] (insbesondere das Pflichtangebot nach § 30), in diesen Fällen nicht greift. Die betroffenen Aktionäre sind daher allein auf die durch das Aktien(konzern)recht bereitgehaltenen Schutzmechanismen angewiesen.[77] 30

Damit findet das Gesetz in den oben erwähnten Beispielsfällen, in denen sich ein öffentliches Angebot ausschließlich auf die nicht zum Handel zugelassenen Stammaktien einer börsennotierten Familiengesellschaft bezieht, keine Anwendung, auch wenn sie auf Erwerb einer Kontrolle im Sinne des § 29 gerichtet ist.[78] Sofern der Bieter aufgrund eines derartigen unregulierten Erwerbsvorgangs die Kontrolle erwirbt, ist er nach 31

---

[70] Eine aktualisierte Liste der organisierten Märkte im EWR ist unter <http://ec.europa.eu/internal_market/securities/isd/mifid_de.htm> abrufbar.

[71] Abkommen über den Europäischen Wirtschaftsraum zwischen der Europäischen Union und den EFTA-Ländern, ABl. EU 1994/ L1/1. Außer den Ländern der Europäischen Union (Belgien, Dänemark, Deutschland, Finnland, Frankreich, Griechenland, Großbritannien, Irland, Italien, Luxemburg, Niederlande, Österreich, Portugal, Schweden und Spanien) gehören derzeit Island, Liechtenstein und Norwegen dem Europäischen Wirtschaftsraum an.

[72] Nach, § 34 Nr. 2 BörsG iVm, § 69 BörsZulVO muss der Emittent von im regulierten Markt zugelassenen Aktien ein Antrag auf Zulassung von später ausgegebenen Aktien spätestens ein Jahr nach deren Ausgabe oder im Falle von Veräußerungsbeschränkungen zum Zeitpunkt ihrer freien Handelbarkeit gestellt werden, sofern keine Befreiung hiervon nach, § 7 BörsZulV erfolgt.

[73] Siehe, § 7 Abs. 1 S. 2 BörsZulV.

[74] In der Regel lässt die FWB ein bedingtes Kapital etwa drei Monate vor dem Datum, an dem die Bezugsrechte erstmalig ausübbar sind gemäß, § 4 Abs. 2 Nr. 7 WpPG zu, so dass mit Ausgabe der Aktien diese sofort handelbar sind.

[75] *Pötzsch*, in: Assmann/Pötzsch/Schneider, § 1 Rn 29; *Schüppen*, in: Haarmann/Schüppen, § 1 Rn 34; *Angerer*, in: Geibel/Süßmann, § 1 Rn 72. Bereits für Anwendung des WpÜG bei Angeboten, die auf Kontrollerwerb gerichtet sind wohl *Oechsler*, in: Ehricke/Ekkenga/Oechsler, WpÜG, § 1 Rn 10 a.

[76] Siehe dazu *Mülbert*, ZIP 2001, 1221, 1226 ff.

[77] Siehe zur Konzerneingangskontrolle in der AG *Habersack*, in: Emmerich/Habersack, Aktien- und GmbH-Konzernrecht, vor, § 311 Rn 1 ff.

[78] In der Regel wird ein solcher Erwerb nicht im Wege eines öffentlichen Angebots, sondern als private, "nichtöffentliche" Transaktion vollzogen, so dass das Gesetz auf einen solchen Vorgang ohnehin keine Anwendung finden würde.

§§ 35 Abs. 2 S. 1, 39 iVm § 32 verpflichtet, ein Pflichtangebot an alle außenstehenden Aktionäre abzugeben.[79]

32 Ebenso wenig findet das Gesetz Anwendung auf Sachverhalte, in denen sich das Angebot ausschließlich auf solche Aktien bezieht, für die eine Börsenzulassung noch nicht beantragt worden ist, sei es aus Opportunitätsgründen oder weil eine Zulassung derzeit noch nicht in Betracht kommt (bedingtes Kapital), auch wenn dadurch der Erwerb der Kontrolle im Sinne des § 29 beabsichtigt ist. Sind Aktien bereits ausgegeben, aber noch nicht börsennotiert, und führt deren Erwerb zu einem Kontrollwechsel, so finden die Vorschriften des 5. Abschnitts über Pflichtangebote zum Schutz der übrigen Aktionäre Anwendung. Sind Aktien noch nicht ausgegeben, aber hat die Gesellschaft ein bedingtes Kapital zur Bedienung von Bezugsrechten Dritter und sind diese Bezugsrechte selbst nicht zum Börsenhandel zugelassen, findet das Gesetz keine Anwendung, wenn das Angebot ausschließlich auf den Erwerb der Bezugsrechte gerichtet ist.[80] Eine wesentliche Benachteiligung ist hiermit allerdings nicht verbunden. Zum einen sehen die Anleihebedingungen, die ein Bezugsrecht auf Aktien gewähren, typischerweise ein außerordentliches Kündigungsrecht der Anleihegläubiger im Falle eines Kontrollwechsels beim Anleiheschuldner vor, zum anderen finden die Vorschriften über das Pflichtangebot wiederum Anwendung, wenn der Erwerber durch Ausübung der Bezugsrechte die Kontrolle erlangt.

33 Bezieht sich das Angebot sowohl auf zugelassene als auch auf nicht zugelassene Wertpapiere findet das Gesetz stets Anwendung auf das Angebot, sofern es sich dabei um ein Übernahmeangebot oder ein Pflichtangebot handelt, da nach § 32 Teilangebote bei diesen Angebotsformen unzulässig sind.[81] Bei Teilangeboten, die nicht auf den Erwerb der Kontrolle gerichtet sind, kommt es darauf an, ob es sich um Wertpapiere derselben Gattung handelt. Ist dies der Fall ergibt sich die Verpflichtung des Bieters aus § 3 Abs. 1, wonach die Inhaber von Wertpapieren derselben Gattung gleich zu behandeln sind.[82]

C. Anwendung des Gesetzes auf Sondersachverhalte

34 **I. Erwerb eigener Aktien.** Die früher kontrovers diskutierte Frage, ob das Gesetz auch auf den Erwerb eigener Aktien (§ 71 Abs. 1 Nr. 8 AktG) Anwendung findet, wenn dies mittels eines öffentlichen Angebots an die Aktionäre zum Erwerb ihrer Aktien erfolgt, hat sich seit dem die Bundesanstalt ihren befürwortenden Rechtsstandpunkt mit Schreiben vom 9.8.2006 aufgegeben hat,[83] für die Praxis erledigt.[84]

35 **II. Verhältnis zum Umwandlungsgesetz und anderen „Pflichtangeboten".** Das Gesetz ist nach der Verwaltungspraxis und einer überwiegenden Anzahl von Stimmen in der Literatur, auch auf Fälle anzuwenden, in denen die Kontrolle über die Zielgesellschaft aufgrund eines Vorgangs nach dem UmwG erlangt wird, da das Gesetz den Aktionären im Regelfall einen weiter gehenden Schutz bietet.[85] Die Verwaltungspraxis der **Bundesanstalt** zieht eine Befreiung nach § 37 Abs. 1 von der Pflicht zur Abgabe eines Pflichtangebots grundsätzlich nur in den Fällen in denen § 29 UmwG einschlägig ist, in Betracht.[86]
Nach einer als herrschend bezeichneten Ansicht soll das Gesetz keine Anwendung finden auf Angebote zum Erwerb von Aktien durch einen Großaktionär im Zusammenhang mit einem von der Hauptversammlung beschlossenen Rückzug von der Börse (Delisting).

§ 3 Allgemeine Grundsätze

(1) Inhaber von Wertpapieren der Zielgesellschaft, die derselben Gattung angehören, sind gleich zu behandeln.

(2) Inhaber von Wertpapieren der Zielgesellschaft müssen über genügend Zeit und ausreichende Informationen verfügen, um in Kenntnis der Sachlage über das Angebot entscheiden zu können.

---

79 *Pötzsch*, in: Assmann/Pötzsch/Schneider, § 1 Rn 30; *Angerer*, in: Geibel/Süßmann, § 1 Rn 73 f; *Schüppen*, in: Haarmann/Schüppen, § 2 Rn 36.
80 Siehe Rn 9.
81 *Pötzsch*, in: Assmann/Pötzsch/Schneider, § 1 Rn 31.
82 *Pötzsch*, in: Assmann/Pötzsch/Schneider, § 1 Rn 31; *Angerer*, in: Geibel/Süßmann, § 1 Rn 80.
83 Das Schreiben ist soweit ersichtlich nicht mehr über die Website der Bundesanstalt verfügbar, jedoch wird die Nichtanwendbarkeit des Gesetzes an folgender Stelle ausdrücklich erwähnt: <www.bafin.de/cln_108/nn_724104/SharedDocs/Artikel/DE/Unternehmen/BoersennotierteUnternehmen/Unternehmensuebernahmen/allgemein.html>.
84 Siehe dazu *Schüppen*, in: Haarmann/Schüppen, § 31 ff; *Angerer*, in: Geibel/Süßmann, § 1 Rn 128; *Pluskat*, NZG 2006, 731.
85 Ausführlich: *Krause/Pötzsch*, in: Assmann/Pötzsch/Schneider, § 35 Rn 133 ff, 139 ff sowie *Baums/Hecker*, in: Baums/Thoma, § 35 Rn 108 ff. Siehe auch *Lenz/Linke*, AG 2002, 367; *Technau*, AG 2002, 260, 261. Kritisch dazu *Schüppen*, in: Haarmann/Schüppen, § 2 Rn 20. Siehe dazu auch die Kommentierung zu, § 35 Rn 10.
86 Siehe dazu die Kommentierung, § 30 Rn 10 sowie *Lenz/Linke*, AG 2002, 367 f; *Krause/Pötzsch*, in: Assmann/Pötzsch/Schneider, § 35 Rn 158; *Baums/Hecker*, in: Baums/Thoma, § 35 Rn 114.

(3) Vorstand und Aufsichtsrat der Zielgesellschaft müssen im Interesse der Zielgesellschaft handeln.

(4) ¹Der Bieter und die Zielgesellschaft haben das Verfahren rasch durchzuführen. ²Die Zielgesellschaft darf nicht über einen angemessenen Zeitraum hinaus in ihrer Geschäftstätigkeit behindert werden.

(5) Beim Handel mit Wertpapieren der Zielgesellschaft, der Bietergesellschaft oder anderer durch das Angebot betroffener Gesellschaften dürfen keine Marktverzerrungen geschaffen werden.

A. Einführung

Die Vorschrift stellt allgemeine Grundsätze auf, die bei jedem Angebot zum Erwerb von Wertpapieren zu beachten sind. Sie reflektiert grundlegende Wertungen des Gesetzgebers für die Auslegung der einzelnen Vorschriften des WpÜG.[1]

B. Die einzelnen Grundsätze

I. Gleichbehandlungsgrundsatz (Abs. 1). Verpflichteter ist in erster Linie der Bieter.[2] Inhaber von **Wertpapieren derselben Gattung** muss er gleich behandeln. Daraus folgt: eine Ungleichbehandlung von Wertpapieren verschiedener Gattungen ist zulässig,[3] eine Ungleichbehandlung nach anderen Merkmalen dagegen nicht.[4] Der Bieter darf somit sein Angebot auf bestimmte Gattungen beschränken, es sei denn, es handelt sich um ein Übernahmeangebot oder Pflichtangebot (§§ 32, 39).[5] Der Bieter ist verpflichtet, den Wertpapierinhabern einer Gattung zu ermöglichen, das Angebot unter gleichen Konditionen anzunehmen.[6] Dazu gehört insbesondere, dass allen Wertpapierinhabern einer Gattung dieselben Informationen zur Verfügung gestellt werden.[7] Inhaber von Schuldverschreibungen mit Wandlungs- oder Umtauschrechten sowie Inhaber von selbstständigen Optionsscheinen (*naked warrants*) können dagegen stets von einem Angebot ausgenommen werden.

Ob der übernahmerechtliche Gleichbehandlungsgrundsatz daneben die Zielgesellschaft verpflichtet, ist streitig.[8] Eine Verpflichtung für **Vorstand und Aufsichtsrat der Zielgesellschaft** gemäß Abs. 1 Wertpapierinhaber einer Gattung gleich zu behandeln, könnte sich vor allem in der Pflicht konkretisieren, alle Wertpapierinhaber, an die das Angebot gerichtet ist, mit den gleichen Informationen zu versorgen. Dies geschieht insbesondere durch die Pflicht zur Stellungnahme gemäß § 27.[9] Ob es der Anwendung des § 3 Abs. 1 für die Zielgesellschaft indes bedarf, ist zweifelhaft, da schon aktienrechtlich eine Gleichbehandlungspflicht der Gesellschaft gegenüber ihren Aktionären aus § 53 a AktG besteht.[10] § 53 a AktG verwirklicht verbandsintern Gerechtigkeitsvorstellungen, die Abs. 1 zugrunde liegen.[11]

Eine Pflicht der Zielgesellschaft zur **Gleichbehandlung konkurrierender Bieter**, indem zB einem potenziellen weiteren Bieter die gleichen Informationen wie dem Erstbieter zur Verfügung gestellt werden, ergibt sich nicht unmittelbar aus Abs. 1.[12]

Sowohl Wortlaut als auch Sinn und Zweck der Vorschrift sprechen dafür, dass sie eher dem Schutz der Wertpapierinhaber dient als eine Verpflichtung zur Bietergleichbehandlung zu statuieren.[13] Denkbar ist eine solche Informationspflicht aber, wenn ein ernsthaftes Interesse an der Abgabe eines weiteren Angebots seitens des potenziellen Konkurrenten glaubhaft gemacht wurde.[14]

---

1 Begr. RegE BT-Drucks. 14/7034, S. 35.
2 Weitergehend: MüKo-AktG/*Wackerbarth*, § 3 WpÜG Rn 5, wonach auch die Zielgesellschaft und die BaFin dem, § 3 Abs. 1 WpÜG unterliegen. AA: *Stephan*, in: Assmann/Pötzsch/Schneider, § 3 Rn 8; *Baums/Hecker*, in: Baums/Thoma, § 3 Rn 5; KölnKomm-WpÜG/*Versteegen*, § 3 Rn 16 (nur Bieter Adressat).
3 MüKo-AktG/*Wackerbarth*, § 3 WpÜG Rn 4; *Schüppen*, in: Haarmann/Schüppen, § 3 Rn 7.
4 MüKo-AktG/*Wackerbarth*, § 3 WpÜG Rn 4; KölnKomm-WpÜG/*Versteegen*, § 3 Rn 14; aA *Schüppen*, in: Haarmann/Schüppen, § 3 Rn 7, 8.
5 *Schwennicke*, in: Geibel/Süßmann, § 3 Rn 7; s.a. die Kommentierung zu, § 32 WpÜG.
6 *Steinhardt*, in: Steinmeyer, § 3 Rn 7.
7 *Schwennicke*, in: Geibel/Süßmann, § 3 Rn 9.
8 Bejahend: MüKo-AktG/*Wackerbarth*, § 3 WpÜG Rn 5; *Schwennicke*, in: Geibel/Süßmann, § 3 Rn 11; Vorauflage, § 3 Rn 2. Verneinend: *Stephan*, in: Assmann/Pötzsch/Schneider, § 3 Rn 8; KölnKomm-WpÜG/*Versteegen*, § 3 Rn 16; *Baums/*

Hecker, in: Baums/Thoma, § 3 Rn 5; wohl auch *Schüppen*, in: Haarmann/Schüppen, § 3 Rn 4, 7.
9 MüKo-AktG/*Wackerbarth*, § 3 WpÜG Rn 11.
10 *Schüppen*, in: Haarmann/Schüppen, § 3 Rn 4; *Stephan*, in: Assmann/Pötzsch/Schneider, § 3 Rn 8; MüKo-AktG/*Wackerbarth*, § 3 WpÜG Rn 7.
11 OLG Celle ZIP 2006, 1768.
12 MüKo-AktG/*Wackerbarth*, § 3 WpÜG Rn 11; *Stephan*, in: Assmann/Pötzsch/Schneider, § 3 Rn 16; *Schüppen*, in: Haarmann/Schüppen, § 3 Rn 12.
13 *Stephan*, in: Assmann/Pötzsch/Schneider, § 3 WpÜG Rn 16.
14 *Schwennicke*, in: Geibel/Süßmann, § 3 Rn 14. AA: *Stephan*, in: Assmann/Pötzsch/Schneider, § 3 Rn 16; *Baums/Hecker*, in: Baums/Thoma, § 3 Rn 10; *Schüppen*, in: Haarmann/Schüppen, § 3 Rn 14, jedoch alle mit dem Hinweis, dass sich eine Verpflichtung zur Bietergleichbehandlung aus anderen Vorschriften des WpÜG ergeben könnte oder dass dem WpÜG ein normkonzipierendes Prinzip der Bietergleichbehandlung innewohne.

5 **II. Transparenzgrundsatz (Abs. 2).** Der allgemeine Transparenzgrundsatz des Abs. 2 soll den Wertpapierinhabern ermöglichen, eine sachlich fundierte Entscheidung über das Angebot zu treffen, indem ihnen ausreichend Zeit und die notwendigen Informationen zur Prüfung des Angebots zur Verfügung gestellt werden.[15] Die Vorschrift verpflichtet sowohl den Bieter als auch die Verwaltung der Zielgesellschaft.[16] Der Transparenzgrundsatz ist in zahlreichen Regelungen über Publizität und Verfahrensfristen wie zB in §§ 10–12, 16, 21–23, 27, 28, 33 konkretisiert.[17] Damit bleibt diesem Grundsatz nur als Auslegungshilfe unbestimmter Rechtsbegriffe ein eigener Anwendungsbereich.[18]

6 **III. Handeln im Gesellschaftsinteresse (Abs. 3).** Abs. 3 verpflichtet die Verwaltung der Zielgesellschaft, im Interesse der Zielgesellschaft zu handeln. Vorstand und Aufsichtsrat der Zielgesellschaft müssen auch während eines Angebotsverfahrens ihre **allgemeinen gesellschaftsrechtlichen Pflichten** erfüllen und im Interesse des Unternehmens handeln.[19] Dabei sind die Interessen der Aktionäre, der Arbeitnehmer und der Gesellschaft insgesamt zu berücksichtigen.[20] Im Fall einer Interessenkollision ist eine **Abwägung** vorzunehmen. Dabei hat die Verwaltung in erster Linie die Interessen der Gesellschaft insgesamt zu berücksichtigen. Sie ist verpflichtet für den Bestand und die dauerhafte Rentabilität des Unternehmens zu sorgen.[21] Unverändert umstritten ist, ob bei der Abwägung die Interessen der Aktionäre besonders zu gewichten sind.[22] Bejahen muss man dies, sofern man die primäre Zielsetzung für die Verwaltung der Aktiengesellschaft in einer langfristigen Gewinnmaximierung für die Aktionäre sieht.

7 **IV. Beschleunigungsgrundsatz (Abs. 4).** Die Vorschrift verpflichtet Bieter und Zielgesellschaft gleichermaßen zur raschen Durchführung des Angebotsverfahrens.[23] Eine schnelle Abwicklung des Angebotsverfahrens dient einerseits dem Interesse des Bieters, möglichst schnell Klarheit über den Erfolg seines Angebots zu erhalten und andererseits dem Interesse der Zielgesellschaft, eine **Beeinträchtigung ihrer Geschäftstätigkeit** möglichst kurz zu halten.[24] Die Beeinträchtigung der Geschäftstätigkeit der Zielgesellschaft äußert sich insbesondere in den zusätzlichen Belastungen der Verwaltung, zB durch die Pflicht zur Abgabe einer Stellungnahme gemäß § 27 und in den Beschränkungen, denen die Organe der Zielgesellschaft im Falle von Übernahme- oder Pflichtangeboten während des Angebotsverfahrens unterliegen.[25] Der Beschleunigungsgrundsatz ist in mehreren Vorschriften, in denen das „unverzügliche" Handeln oder Fristbindungen statuiert sind, konkretisiert, zB §§ 10, 14, 16, 35.[26]

8 **V. Verbot der Marktverzerrung (Abs. 5).** Die Regelung des Abs. 5 richtet sich grundsätzlich an jeden Teilnehmer am Börsenhandel, so dass neben Bieter und Zielgesellschaft **auch Dritte Adressaten des Verbots** sein können.[27] Das Verbot soll verhindern, dass Wertpapierinhaber zu ungerechtfertigten Entscheidungen verleitet werden.[28] Das WpÜG definiert den Begriff der Marktverzerrung nicht. Eine Marktverzerrung ist als Ergebnis eines Einwirkungsvorgangs zu verstehen, der zu einem verfälschten Kurs oder Preis von Wertpapieren der in Abs. 5 genannten Gesellschaften führt.[29] Marktverzerrende Einwirkungen sind zB Scheinankündigungen oder konkurrierende Scheinangebote oder der Insiderhandel mit Wertpapieren der Zielgesellschaft.[30] Konkretisierungen des Grundsatzes finden sich in den §§ 14, 38 WpHG.[31]

Abschnitt 2
Zuständigkeit der Bundesanstalt für Finanzdienstleistungsaufsicht

§ 4 Aufgaben und Befugnisse

(1) ¹Die Bundesanstalt übt die Aufsicht bei Angeboten nach den Vorschriften dieses Gesetzes aus. ²Sie hat im Rahmen der ihr zugewiesenen Aufgaben Missständen entgegenzuwirken, welche die ordnungsmäßige Durchführung des Verfahrens beeinträchtigen oder erhebliche Nachteile für den Wertpapiermarkt bewir-

---

15 Begr. RegE BT-Drucks. 14/7034, S. 35.
16 *Schüppen*, in: Haarmann/Schüppen, § 3 Rn 15; *Schwennicke*, in: Geibel/Süßmann, § 3 Rn 18 ff.
17 *Assmann/Stephan*, in: Assmann/Pötzsch/Schneider, § 3 Rn 21.
18 *Schüppen*, in: Haarmann/Schüppen, § 3 Rn 15, 20.
19 Begr. RegE BT-Drucks. 14/7034, S. 35.
20 Begr. RegE BT-Drucks. 14/7034, S. 35.
21 *Hüffer*, § 76 AktG Rn 13 mwN.
22 *Krause/Pötzsch/Stephan*, in: Assmann/Pötzsch/Schneider, § 3 Rn 34 ff; *Schüppen*, in: Haarmann/Schüppen, § 3 Rn 17 mwN.
23 *Schüppen*, in: Haarmann/Schüppen, § 3 Rn 30.
24 *Steinhardt*, in: Steinmeyer, § 3 Rn 14.
25 Begr. RegE BT-Drucks. 14/7034, S. 35; *Assmann/Stephan*, in: Assmann/Pötzsch/Schneider, § 3 Rn 55.
26 *Schüppen*, in: Haarmann/Schüppen, § 3 Rn 32.
27 *Schüppen*, in: Haarmann/Schüppen, § 3 Rn 34; *Assmann/Stephan*, in: Assmann/Pötzsch/Schneider, § 3 Rn 63.
28 Begr. RegE BT-Drucks. 14/7034, S. 35.
29 *Baums/Hecker*, in: Baums/Thoma, § 3 Rn 57; KölnKomm-WpÜG/*Versteegen*, § 3 Rn 49; *Schüppen*, in: Haarmann/Schüppen, § 3 Rn 34.
30 *Baums/Hecker*, in: Baums/Thoma, § 3 Rn 58; *Assmann/Stephan*, in: Assmann/Pötzsch/Schneider, § 3 Rn 67.
31 Begr. RegE BT-Drucks. 14/7034, S. 35; *Schüppen*, in: Haarmann/Schüppen, § 3 Rn 36.

ken können. ³Die Bundesanstalt kann Anordnungen treffen, die geeignet und erforderlich sind, diese Missstände zu beseitigen oder zu verhindern.

(2) Die Bundesanstalt nimmt die ihr nach diesem Gesetz zugewiesenen Aufgaben und Befugnisse nur im öffentlichen Interesse wahr.

A. Einführung

Diese Regelung stellt die **Generalnorm** für die Zuständigkeit der Bundesanstalt bei der Überwachung öffentlicher Angebote und Unternehmensübernahmen dar. Hierdurch wird sichergestellt, dass ein Kontrollgremium die Aufsicht hat, dessen Neutralität in Streitfällen außer Zweifel steht und das zugleich hoheitliche Befugnisse ausüben und wirkungsvolle Sanktionen verhängen kann. Die Norm ist § 4 WpHG nachgebildet. Vor Inkrafttreten dieses Gesetzes wachte die Geschäftsstelle der Übernahmekommission über die Einhaltung des freiwilligen Übernahmekodex (Art. 21 S. 3 Übernahmekodex). Aufgrund der zu geringen Akzeptanz durch die börsennotierten Gesellschaften ist der Übernahmekodex nicht in dem gleichen Umfang zur Usance auf dem deutschen Kapitalmarkt geworden, wie Selbstregulierungen in anderen Ländern, etwa der City Code on Takeovers and Mergers in Großbritannien.

B. Aufgaben und Befugnisse (Abs. 1)

Nach Abs. 1 S. 1 sind die der Bundesanstalt zugewiesenen Aufgaben und Befugnisse für die Angebotsverfahren abschließend geregelt. Will die Bundesanstalt darüber hinaus tätig werden, muss sie auf Aufgabenzuweisungen in anderen Gesetzen (so zB VAG, KWG, VerKProspG) zurückgreifen.¹

Abs. 1 S. 2 stellt klar, dass die Aufgabenzuweisung eine **Missstandsaufsicht** darstellt, wonach die Bundesanstalt sicherzustellen hat, dass geeignete Maßnahmen getroffen werden, um Missständen zu begegnen oder vorzubeugen.² Der Begriff Missstand ist im Gesetz nicht definiert.³ Als Missstand sind alle Handlungen zu verstehen, die das durch dieses Gesetz geregelte Verfahren beeinträchtigen oder erhebliche Nachteile für den Wertpapiermarkt bewirken und dessen Funktionsfähigkeit beeinträchtigen können.⁴ Ein Missstand setzt einen erheblichen, dauerhaften oder wiederholten Regelverstoß voraus, wobei die Bundesanstalt aber auch gegen ein offensichtlich missbräuchliches Angebot vorgehen kann, da hierin auch ein Missstand im Sinne der Vorschrift gesehen werden kann.⁵ Die Umsetzung dieser Missstandsaufsicht erfolgt gemäß Satz 3, wonach die Bundesanstalt durch eine allgemeine Anordnungskompetenz zum Erlass von Verwaltungsakten befugt ist.⁶

C. Öffentliche Interessenwahrnehmung (Abs. 2)

Die Bundesanstalt nimmt ihre Aufgaben nur im öffentlichen Interesse wahr, dh ihre Tätigkeit hat **keinen drittschützenden Charakter**.⁷ Hierdurch wird klargestellt, dass die Bundesanstalt nicht die Interessen der Teilnehmer an öffentlichen Angebotsverfahren wahrnimmt, sondern ausschließlich zur Erhaltung der Funktionsfähigkeit der Kapitalmärkte insgesamt verpflichtet ist, um das Vertrauen der Investoren in eine ordnungsgemäße Abwicklung von öffentlichen Angeboten zum Erwerb von Wertpapieren und von Unternehmensübernahmen zu gewährleisten.⁸

Diese Regelung stellt gleichzeitig klar, dass kein subjektives Recht auf ein Einschreiten der Bundesanstalt besteht.⁹ Es besteht ein gesetzlicher Ausschluss drittgerichteter Amtspflichten der Bundesanstalt, dh dass bei objektiv rechtswidrigen Maßnahmen der Bundesanstalt Amtshaftungsansprüche iSv § 839 Abs. 1 S. 1 BGB iVm Art. 34 GG für Dritte ausgeschlossen sind.¹⁰ Diese Regelung dürfte europarechtskonform sein.¹¹ Sie entspricht § 4 Abs. 2 WpHG, welche neben anderen Vorschriften wie § 1 Abs. 4 BörsG, § 81 Abs. 1 S. 2 VAG auf das Vorbild des § 6 Abs. 4 KWG zurückgeht, der aufgrund der Diskussion über Ansprüche von

---

1 *Schwennicke*, in: Geibel/Süßmann, § 4 Rn 3.
2 Begr. RegE, BT-Drucks. 14/7034, S. 36.
3 *Ritz*, in: Baums/Thoma, § 4 Rn 9, KölnKomm-WpÜG/*Giesberts*, § 4 Rn 15.
4 *Steinmeyer/Häger*, § 4 Rn 6; *Oechsler*, in: Ehricke/Ekkenga/Oechsler, § 4 Rn 4; *Assmann*, in: Assmann/Pötzsch/Schneider, § 4 Rn 11.
5 *Schwennicke*, in: Geibel/Süßmann, § 4 Rn 5.
6 Die Vorschrift entspricht, § 4 Abs. 1 S. 3 WpHG, siehe auch u.a., § 6 Abs. 3 KWG, § 3 Abs. 5 BörsG und, § 81 Abs. 2 VAG.
7 *Lenz/Behncke*, BKR 2003, 43; *Ihrig*, ZHR 167 (2003), 315, 319; *Linke*, in: Haarmann/Schüppen, § 4 Rn 39; *Schwennicke*, in: Geibel/Süßmann, § 4 Rn 11 f.
8 Begr. RegE, BT-Drucks. 14/7034, S. 36.
9 Siehe auch OLG Frankfurt v. 27.5.2003 (Pro Sieben), ZIP 2003, 1297 und Wella ZIP 2003, 1251.
10 *Assmann*, in: Assmann/Pötzsch/Schneider, § 4 Rn 27.
11 Siehe auch EuGH v. 12.10.2004, ZIP 2004, 2039.

geschädigten Einlegern aus Amtshaftung wegen mangelhafter Beaufsichtigung der Herstatt-Bank durch das damalige BAKred 1984 durch die 3. KWG-Novelle eingeführt worden ist.[12]

6 Unberührt von Abs. 2 bleibt jedoch die Pflicht der Bundesanstalt zu rechtmäßigem Verhalten in Bezug auf die von Aufsichtsmaßnahmen unmittelbar betroffenen juristischen und natürlichen Personen. Entsteht hierbei durch rechtswidriges Verhalten der Bundesanstalt ein Schaden, dann schließt Abs. 2 die Geltendmachung von Schadensersatzansprüchen gegen die Bundesrepublik Deutschland nicht aus.[13]

§ 5 Beirat

(1) ¹Bei der Bundesanstalt wird ein Beirat gebildet. ²Der Beirat besteht aus

1. vier Vertretern der Emittenten,
2. je zwei Vertretern der institutionellen und der privaten Anleger,
3. drei Vertretern der Wertpapierdienstleistungsunternehmen im Sinne des § 2 Abs. 4 des Wertpapierhandelsgesetzes,
4. zwei Vertretern der Arbeitnehmer,
5. zwei Vertretern der Wissenschaft.

³Die Mitglieder des Beirates werden vom Bundesministerium der Finanzen für jeweils fünf Jahre bestellt; die Bestellung der in Satz 2 Nr. 1 bis 4 genannten Mitglieder erfolgt nach Anhörung der betroffenen Kreise. ⁴Die Mitglieder des Beirates müssen fachlich besonders geeignet sein; insbesondere müssen sie über Kenntnisse über die Funktionsweise der Kapitalmärkte sowie über Kenntnisse auf dem Gebiet des Gesellschaftsrechts, des Bilanzwesens oder des Arbeitsrechts verfügen. ⁵Die Mitglieder des Beirates verwalten ihr Amt als unentgeltliches Ehrenamt. ⁶Für ihre Teilnahme an Sitzungen erhalten sie Tagegelder und Vergütung der Reisekosten nach festen Sätzen, die das Bundesministerium der Finanzen bestimmt. ⁷An den Sitzungen können Vertreter der Bundesministerien der Finanzen, der Justiz sowie für Wirtschaft und Technologie teilnehmen.

(2) ¹Das Bundesministerium der Finanzen kann durch Rechtsverordnung, die nicht der Zustimmung des Bundesrates bedarf, nähere Bestimmungen über die Zusammensetzung des Beirates, die Einzelheiten der Bestellung seiner Mitglieder, die vorzeitige Beendigung der Mitgliedschaft, das Verfahren und die Kosten erlassen. ²Das Bundesministerium der Finanzen kann die Ermächtigung durch Rechtsverordnung auf die Bundesanstalt übertragen.

(3) ¹Der Beirat wirkt bei der Aufsicht mit. ²Er berät die Bundesanstalt, insbesondere bei dem Erlass von Rechtsverordnungen für die Aufsichtstätigkeit der Bundesanstalt. ³Er unterbreitet mit Zustimmung von zwei Dritteln seiner Mitglieder Vorschläge für die ehrenamtlichen Beisitzer des Widerspruchsausschusses und deren Vertreter.

(4) ¹Der Präsident der Bundesanstalt lädt zu den Sitzungen des Beirates ein. ²Die Sitzungen werden vom Präsidenten der Bundesanstalt oder einem von ihm beauftragten Exekutivdirektor oder Beamten geleitet.

(5) Der Beirat gibt sich eine Geschäftsordnung.

A. Bildung des Beirates (Abs. 1)

1 Im Interesse einer sachgerechten Ausgestaltung von öffentlichen Angebotsverfahren soll der Bundesanstalt bei der Wahrnehmung ihrer Aufgaben der **Sachverstand der Wirtschaft** und anderer betroffener Kreise zur Seite gestellt werden.[1] Damit soll vor allem der Sachverstand der Wirtschaft eingebunden werden, die sich bereits im Rahmen der Übernahmekommission, die auf der Grundlage des Übernahmekodex der Börsensachverständigenkommission beim Bundesministerium der Finanzen errichtet wurde, mit Rat und Tat in die Überwachung des ordnungsgemäßen Vollzugs von Unternehmensübernahmen eingebracht hatte. Gleichzeitig soll durch die Einrichtung dieses Gremiums eine erhöhte Akzeptanz von Entscheidungen der Bundesanstalt bewirkt werden.[2] Insgesamt besteht der Beirat aus fünfzehn Mitgliedern. Ziel bei der Besetzung des Beirates ist, dass eine Vielzahl der im Rahmen dieses Verfahrens Betroffenen mit ihren unter-

---

12 Siehe nähere Ausführungen zur Verfassungsmäßigkeit bei *Schwennicke*, in: Geibel/Süßmann, § 4 Rn 13; s.a. KölnKomm-WpÜG/*Giesberts*, § 4 Rn 62 ff.
13 Begr. RegE, BT-Drucks. 14/7034, S. 36; vgl näher *Oechsler*, in: Ehricke/Ekkenga/Oechsler, § 4 Rn 8.

1 Begr. RegE, BT-Drucks. 14/7034, S. 36.
2 *Schmitz*, in: Geibel/Süßmann, § 5 Rn 1; Begr. RegE, BT-Drucks. 14/7034, S. 36, *Linke*, in: Haarmann/Schüppen, § 5 Rn 1.

schiedlichen Interessenlagen repräsentiert sein sollen. Die Beiratsmitglieder sollen in ihrer Eigenschaft als Sachverständige tätig werden und daher auch über besondere kapitalmarktrechtliche Kenntnisse verfügen.[3] Sie haben nicht die Interessen bestimmter Unternehmen oder Gruppen wahrzunehmen und sollen aufgrund ihrer besonderen Erfahrungen ausschließlich zur Lösung der Probleme im Zusammenhang mit der Beaufsichtigung von öffentlichen Angeboten beitragen.[4] Gemäß Abs. 1 S. 7 können an den Sitzungen des Beirates Vertreter verschiedener Bundesministerien teilnehmen. Diese sind nur Gäste und nicht stimmberechtigt.[5]

B. Ausgestaltung durch Rechtsverordnung (Abs. 2)

Das Bundesministerium der Finanzen ist berechtigt, durch Rechtsverordnung Einzelheiten der Zusammensetzung des Beirates, der Bestellung seiner Mitglieder, der vorzeitigen Beendigung der Mitgliedschaft, des Verfahrens sowie der Kosten auszugestalten. Hiervon hat das Bundesministerium mit der **WpÜG-Beiratsverordnung** vom 27.12.2001 Gebrauch gemacht.[6] Durch die Übertragungsverordnung vom 13.12.2002 wurde die Verordnungsermächtigung auf die Bundesanstalt übertragen.[7]

C. Aufgaben des Beirates (Abs. 3)

Die Aufgaben des Beirates beschränken sich auf die Mitwirkung bei der Beratung der Bundesanstalt. Zwar ist die Bundesanstalt gemäß Abs. 3 S. 2 gehalten, den Beirat anzuhören, doch ist die Bundesanstalt nicht an die Auffassung des Beirates gebunden.[8] Sie wird jedoch die besondere Erfahrung und Sachkenntnis der einzelnen Beiratsmitglieder beim Erlass der Rechtsverordnungen mit einfließen lassen, um somit die gewünschte größere Akzeptanz der getroffenen Entscheidungen zu erzielen. Weiterhin schlägt der Beirat mit einer 2/3-Mehrheit seiner Mitglieder die ehrenamtlichen Mitglieder des Widerspruchsausschusses sowie deren Vertreter vor.

D. Sitzungen (Abs. 4) und Geschäftsordnung des Beirates (Abs. 5)

Die Sitzungen des Beirates sind nicht öffentlich,[9] so dass ein Zusammentreffen jederzeit möglich ist. Zu den Sitzungen lädt der Präsident der Bundesanstalt ein. Der Beirat ist verpflichtet, sich eine Geschäftsordnung zu geben, in der nähere Regelungen zur Ausgestaltung des Verfahrens zB Vorlagen, Anträge, Sitzungseinberufung und -durchführung geregelt werden.[10]

§ 6 Widerspruchsausschuss

(1) ¹Bei der Bundesanstalt wird ein Widerspruchsausschuss gebildet. ²Dieser entscheidet über Widersprüche gegen Verfügungen der Bundesanstalt nach § 4 Abs. 1 Satz 3, § 10 Abs. 1 Satz 3, Abs. 2 Satz 3, § 15 Abs. 1 und 2, § 20 Abs. 1, §§ 24, 28 Abs. 1, §§ 36 und 37.

(2) ¹Der Widerspruchsausschuss besteht aus
1. dem Präsidenten der Bundesanstalt oder einem von ihm beauftragten Exekutivdirektor oder Beamten, der die Befähigung zum Richteramt hat, als Vorsitzendem,
2. zwei vom Präsidenten der Bundesanstalt beauftragten Beamten als Beisitzern,
3. drei vom Präsidenten der Bundesanstalt bestellten ehrenamtlichen Beisitzern.

²Bei Stimmengleichheit entscheidet der Vorsitzende.

(3) Die ehrenamtlichen Beisitzer werden vom Präsidenten der Bundesanstalt für fünf Jahre als Mitglieder des Widerspruchsausschusses bestellt.

(4) ¹Das Bundesministerium der Finanzen kann durch Rechtsverordnung, die nicht der Zustimmung des Bundesrates bedarf, nähere Bestimmungen über das Verfahren, die Einzelheiten der Bestellung der ehren-

---

3 KölnKomm-WpÜG/*Schäfer*, § 5 Rn 18; *Noack*, in: Schwark, WpÜG, § 5 Rn 5; *Ritz*, in: Baums/Thoma, § 5 Rn 8.
4 Begr. RegE, BT-Drucks. 14/7034, S. 36.
5 *Schmitz*, in: Geibel/Süßmann, § 5 Rn 6.
6 WpÜG-Beiratsverordnung v. 27.12.2001 (BGBl. I S. 4259), zuletzt geändert durch Art. 368 Neunte ZuständigkeitsanpassungsVO v. 31. 10. 2006 (BGBl. I S. 2407), abgedruckt im Anhang.
7 Verordnung zur Übertragung von Befugnissen zum Erlass von Rechtsverordnungen auf die Bundesanstalt für Finanzdienstleistungsaufsicht v. 13.12.2002 (BGBl. I 2003, S. 3), zuletzt geändert durch VO v. 11.12.2009 (BGBl. I 2009, S. 3904).
8 Begr. RegE, BT-Drucks. 14/7034, S. 37.
9 KölnKomm-WpÜG/*Schäfer*, § 5 Rn 32; *Linke*, in: Haarmann/Schüppen, § 5 Rn 18.
10 Begr. RegE, BT-Drucks. 14/7034, 37.

amtlichen Beisitzer, die vorzeitige Beendigung und die Vertretung erlassen. ²Das Bundesministerium der Finanzen kann die Ermächtigung durch Rechtsverordnung auf die Bundesanstalt übertragen.

A. Bildung eines Widerspruchsausschusses (Abs. 1)

1 Der gemäß Abs. 1 zu bildende Widerspruchsausschuss bei der Bundesanstalt ist ein besonderes **Entscheidungsgremium**, welches über Widersprüche gegen die in Abs. 1 S. 1 aufgeführten Verfügungen der Bundesanstalt entscheidet.[1] Bei den Verfügungen des Abs. 1 handelt es sich um grundlegende Sachentscheidungen zur Regelung des Angebotsverfahrens, wie zB die Untersagung eines Angebotes, Verfügungen im Rahmen der Missstandsaufsicht nach § 4 Abs. 1 S. 3 oder Entscheidungen über die Nichtberücksichtigung von Stimmrechten nach § 36 oder die Befreiungen von Verpflichtungen nach § 37 Abs. 2. Nicht erfasst werden hiervon die schlicht verwaltende Tätigkeit sowie Verlautbarungen der Bundesanstalt, da Letztere regelmäßig keine hoheitlichen Regelungsakte, sondern lediglich nicht rechtsverbindliche Hinweise darstellen.[2] Diese in § 6 Abs. 1 aufgeführte abschließende Aufzählung der möglichen Widersprüche gegen Verfügungen der Bundesanstalt bedeutet aber nicht, dass darüber hinaus keine Widersprüche gegen andere Verwaltungsakte, insbesondere gegen Verfügungen, die im Rahmen der Sachverhaltsermittlung nach § 40 Abs. 1–3 ergehen, zulässig sind, siehe § 41 Abs. 1. Der Gesetzgeber wollte jedoch durch die Regelung in § 6 Abs. 1 erreichen, dass die im Widerspruchsausschuss tätigen ehrenamtlichen Mitglieder nicht übermäßig mit weniger wichtigen Widerspruchsentscheidungen belastet werden.[3] Der Widerspruchsausschuss ist keine eigenständige Behörde nach § 1 Abs. 4 VwVfG. Seine Entscheidungen sind vielmehr der Bundesanstalt zuzurechnen.[4]

B. Zusammensetzung des Widerspruchsausschusses (Abs. 2) und Amtszeit der Mitglieder (Abs. 3)

2 Durch die Besetzung mit drei ehrenamtlichen Beisitzern soll die besondere Fachkompetenz der betroffenen Wirtschaftskreise und Interessengruppen genutzt werden. Hierdurch soll eine größere Akzeptanz der Entscheidungen des Widerspruchsausschusses gefördert werden.[5] Die Entscheidungen des Widerspruchsausschusses werden mit der Mehrheit der Stimmen getroffen, § 91 S. 1 VwVfG.[6] Der Widerspruchsausschuss oder einzelne seiner Mitglieder sind Weisungen des nach § 5 gebildeten Beirats nicht unterworfen,[7] allerdings unterliegt der Ausschuss der Dienstaufsicht des BMF.[8] Im Interesse der Kontinuität beträgt die Dauer der Bestellung der Beisitzer fünf Jahre.

C. Ausgestaltung durch Rechtsverordnung (Abs. 4)

3 Das Bundesministerium der Finanzen ist berechtigt, durch Rechtsverordnung Einzelheiten des Verfahrens, der Bestellung der Beisitzer, der vorzeitigen Beendigung des Amtes und der Vertretungsverhältnisse durch Rechtsverordnung zu regeln, wovon durch die **WpÜG – Widerspruchsausschuss-Verordnung** vom 27.12.2001 Gebrauch gemacht worden ist.[9]

4 Gemäß Abs. 3 ist, anders als in § 5 Abs. 3 S. 3, keine Vertretungsregelung für die ehrenamtlichen Beisitzer vorgesehen. Hierbei dürfte es sich um ein redaktionelles Versehen handeln. Selbst die Regierungsbegründung geht selbstverständlich davon aus, dass die Verordnungsermächtigung nach Abs. 4 auch die Vertretung der Mitglieder regelt.[10] Dies ist dann auch tatsächlich durch die WpÜG-Widerspruchsausschuss-Verordnung in § 2 geschehen,[11] was jedoch verfassungsrechtlich nicht unbedenklich ist. Die Verordnungsermächtigung wurde durch Verordnung vom 13.12.2002 auf die Bundesanstalt übertragen.[12]

---

1 Begr. RegE, BT-Drucks. 14/7034, S. 37; *Schmitz*, in: Geibel/Süßmann, § 6 Rn 1, 2.
2 Begr. RegE, BT-Drucks. 14/7034, S. 37.
3 Begr. RegE, BT-Drucks. 14/7034, S. 37; *Assmann*, in: Assmann/Pötzsch/Schneider, § 6 Rn 5; *Ritz*, in: Baums/Thoma, § 6 Rn 5.
4 Der Widerspruchsausschuss ist eine kollegiale Einrichtung im Sinne der §§ 88 ff VwVfG.
5 *Schmitz*, in: Geibel/Süßmann, § 6 Rn 7; *Linke*, in: Haarmann/Schüppen, § 6 Rn 12.
6 Die Entscheidung ergeht durch Widerspruchsbescheid, § 41 Abs. 1 iVm § 73 Abs. 1 VwGO bzw § 41 Abs. 1 iVm, § 72 VwGO, wenn dem Widerspruch nicht abgeholfen wird.
7 Begr. RegE, BT-Drucks. 14/7034, S. 37.
8 *Ritz*, in: Baums/Thoma, § 6 Rn 4; *Assmann*, in: Assmann/Pötzsch/Schneider, § 6 Rn 24.
9 WpÜG-Widerspruchsausschuss-Verordnung v. 27.12.2001 (BGBl. I S. 4261), geändert durch ÄnderungsVO v. 26.6.2003 (BGBl. I S. 1006), abgedruckt im Anhang.
10 Begr. RegE, BT-Drucks. 14/7034, S. 37; KölnKomm-WpÜG/*Schäfer*, § 6 Rn 26; *Assmann*, in: Assmann/Pötzsch/Schneider, § 6 Rn 9.
11 Begr. RegE, BT-Drucks. 14/7034, S. 38; *Schmitz*, in: Geibel/Süßmann, § 5 Rn 10.
12 Verordnung zur Übertragung von Befugnissen zum Erlass von Rechtsverordnungen auf die Bundesanstalt für Finanzdienstleistungsaufsicht v. 13.12.2002 (BGBl. I 2003 S. 3), zuletzt geändert durch VO v. 11.12.2009 (BGBl. I 2009 S. 3904).

§ 7 Zusammenarbeit mit Aufsichtsbehörden im Inland

(1) ¹Das Bundeskartellamt und die Bundesanstalt haben einander die für die Erfüllung ihrer Aufgaben erforderlichen Informationen mitzuteilen. ²Die Bundesanstalt übermittelt dem Bundesministerium für Wirtschaft und Technologie die ihr nach § 10 Abs. 2 Satz 1 Nr. 3 und § 35 Abs. 1 Satz 4 mitgeteilten Informationen und auf Ersuchen dieser Behörde die ihr nach § 14 Abs. 1 Satz 1 oder § 35 Abs. 2 Satz 1 übermittelte Angebotsunterlage. ³Bei der Übermittlung personenbezogener Daten ist § 15 des Bundesdatenschutzgesetzes anzuwenden.

(2) Die Bundesanstalt kann sich bei der Durchführung ihrer Aufgaben nach diesem Gesetz privater Personen und Einrichtungen bedienen.

A. Informationsaustausch (Abs. 1)

Nach dem Zusammenschluss der drei Aufsichtsämter[1] regelte diese Vorschrift zunächst nur noch die Informationsaustauschverpflichtung zwischen dem Bundeskartellamt und der Bundesanstalt. Seit 2009 regelt sie weiterhin die Übermittlung der der Bundesanstalt nach §§ 10 Abs. 2 S. 1 Nr. 3 und § 35 Abs. 2 S. 1 mitgeteilten Informationen sowie der ihr nach § 14 Abs. 1 S. 1 oder § 35 Abs. 2 S. 1 übermittelten Angebotsanlagen an das Bundesministerium für Wirtschaft und Technologie. Der Informationsaustausch dient vor allem dazu, bei Übernahmeverfahren die auftretenden Berührungspunkte, wie zB bei der Fusionskontrolle (§§ 35 ff GWB) oder auch dem Erwerb maßgeblicher Beteiligungen (§ 21 WpHG, § 2c KWG, § 7a Abs. 2 und § 104 VAG), sinnvoll miteinander zu verknüpfen. Nicht geregelt ist der Informationsaustausch innerhalb der Bundesanstalt selbst. Im Interesse des bestehenden Schutzbedürfnisses der Betroffenen sollte die Datenweitergabe innerhalb der Bundesanstalt auch nur in den Grenzen des Abs. 1 erfolgen.[2]

Mit Ausnahme der Angebotsunterlage, die die Bundesanstalt nur auf ein entsprechendes Ersuchen übermittelt, muss die jeweilige Aufsichtsbehörde, die über Informationen verfügt, diese unaufgefordert an die andere Aufsichtbehörde weiterleiten und darf nicht auf eine Anfrage warten, weil davon auszugehen ist, dass eine Aufsichtsbehörde regelmäßig keine Kenntnis vom Vorliegen entscheidungserheblicher Informationen der anderen Behörde haben dürfte.[3] Nach Abs. 1 werden allgemein Informationen übermittelt. Damit ist die Formulierung weitergehender als in § 8 Abs. 2 S. 1, wonach lediglich Tatsachen übermittelt werden dürfen. Abs. 1 erfasst daher auch Werturteile aller Art.[4]

B. Hinzuziehung privater Personen und Einrichtungen (Abs. 2)

Die Bundesanstalt kann bei der Durchführung ihrer Aufgaben private Personen und Einrichtungen, wie beispielsweise Wirtschaftsprüfer, einschalten,[5] wobei diese jedoch nicht verpflichtet sind, solche Aufträge anzunehmen.[6] Originärhoheitliche Aufgaben kann die Bundesanstalt nicht auf Private übertragen.[7]

§ 8 Zusammenarbeit mit zuständigen Stellen im Ausland

(1) Der Bundesanstalt obliegt die Zusammenarbeit mit den für die Überwachung von Angeboten zum Erwerb von Wertpapieren, Börsen oder anderen Wertpapier- oder Derivatemärkten sowie den Handel in Wertpapieren und Derivaten zuständigen Stellen anderer Staaten.

(2) ¹Im Rahmen der Zusammenarbeit nach Absatz 1 darf die Bundesanstalt Tatsachen übermitteln, die für die Überwachung von Angeboten zum Erwerb von Wertpapieren oder damit zusammenhängender Verwaltungs- oder Gerichtsverfahren erforderlich sind; hierbei kann sie von ihren Befugnissen nach § 40 Abs. 1 und 2 Gebrauch machen. ²Bei der Übermittlung personenbezogener Daten hat die Bundesanstalt den Zweck zu bestimmen, für den diese verwendet werden dürfen. ³Der Empfänger ist darauf hinzuweisen, dass die Daten nur zu dem Zweck verarbeitet oder genutzt werden dürfen, zu dessen Erfüllung sie übermit-

---

[1] Siehe auch, § 1 Abs. 1 FinDAG (BGBl. I 2002 S. 1310).
[2] Siehe auch hierzu *Schmitz*, in: Geibel/Süßmann, § 7 Rn 4; ebenso: *Ritz*, in: Baums/Thoma, § 7 Rn 7; aA KölnKomm-WpÜG/*Schäfer*, § 7 Rn 16.
[3] Siehe auch, § 6 Abs. 2 WpÜG; *Schäfer/Geibel*, WpHG, § 6 Rn 10; *Noack*, in: Schwark, WpÜG, § 7 Rn 2; *Ritz*, in: Baums/Thoma, § 7 Rn 4; *Assmann*, in: Assmann/Pötzsch/Schneider, § 7 Rn 2; KölnKomm-WpÜG/*Schäfer*, § 7 Rn 19.
[4] *Schmitz*, in: Geibel/Süßmann, § 7 Rn 4; *Assmann*, in: Assmann/Pötzsch/Schneider, § 7 Rn 4; *Oechsler*, in: Ehricke/Ekkenga/Oechsler, § 7 Rn 2; vgl auch *Steinmeyer/Häger*, § 7 Rn 4.
[5] Begr. RegE, BT-Drucks. 14/7034, S. 38.
[6] *Steinmeyer/Häger*, § 7 Rn 8.
[7] *Noack*, in: Schwark, § 7 Rn 7; *Assmann*, in: Assmann/Pötzsch/Schneider, § 7 Rn 9; KölnKomm-WpÜG/*Schäfer*, § 7 Rn 24; *Linke*, in: Haarmann/Schüppen, § 7 Rn 16.

Bert

telt wurden. ⁴Eine Übermittlung unterbleibt, soweit Grund zu der Annahme besteht, dass durch sie gegen den Zweck eines deutschen Gesetzes verstoßen wird. ⁵Die Übermittlung unterbleibt außerdem, wenn durch sie schutzwürdige Interessen des Betroffenen beeinträchtigt würden, insbesondere wenn im Empfängerland ein angemessener Datenschutzstandard nicht gewährleistet wäre.

(3) ¹Werden der Bundesanstalt von einer Stelle eines anderen Staates personenbezogene Daten mitgeteilt, so dürfen diese nur unter Beachtung der Zweckbestimmung durch diese Stelle verarbeitet oder genutzt werden. ²Die Bundesanstalt darf die Daten unter Beachtung der Zweckbestimmung den Börsenaufsichtsbehörden und den Handelsüberwachungsstellen der Börsen mitteilen.

(4) Die Regelungen über die internationale Rechtshilfe in Strafsachen bleiben unberührt.

A. Zusammenarbeit mit ausländischen Überwachungsstellen (Abs. 1)

1 Aufgrund der grenzüberschreitenden Sachverhalte ist die enge Zusammenarbeit mit den zuständigen Stellen im Ausland notwendig.[1] In der Praxis werden hierzu **Memoranda of Understanding** abgeschlossen, um eine Standardisierung des Informationsaustausches und die Festlegung der Art der Übermittlung (Kommunikationskanäle) zu erreichen.[2] Daneben gilt das Europäische Auskunftsübereinkommen.[3]

B. Übermittlung von Tatsachen (Abs. 2)

2 Im Gegensatz zu § 7 Abs. 1 ist hier die Bundesanstalt **nicht befugt, auch Werturteile** den ausländischen Stellen mitzuteilen, sondern die Mitteilungsart beschränkt sich hier auf die Weitergabe von Tatsachen.[4] Gemäß § 8 Abs. 2 S. 1 Hs 2 kann die Bundesanstalt von ihren Ermittlungsbefugnissen gemäß § 40 Abs. 1 bis 4 Gebrauch machen.[5]

3 Bei der Übermittlung personenbezogener Daten hat die Bundesanstalt darauf zu achten, dass dem Empfänger die Daten nur zu einem bestimmten Zweck übermittelt werden. Nach Abs. 2 S. 3 ist der Empfänger auf eine beschränkte Verwendbarkeit hinzuweisen. Diese Vorschrift dient dazu, sensible Daten vor möglichem Missbrauch zu schützen. Allerdings erwähnt Abs. 2 S. 2 nur personenbezogene Daten, so dass gemäß § 3 Abs. 1 BDSG nur natürliche Personen diesen Schutz genießen würden und die juristischen Personen Gefahr laufen, dass ihre Betriebs- und Geschäftsgeheimnisse ohne weitere Zweckbestimmung durch die Bundesanstalt an die ausländischen Stellen weitergeleitet werden könnten. Um auch diesen Betroffenen einen ausreichenden Schutz zu gewähren, sollten die Sätze 2 und 3 über ihren Wortlaut hinaus auf alle Tatsachen angewandt werden, die an ausländische Stellen durch die Bundesanstalt weitergeleitet werden.[6] Dies ist auch auf die Fälle der Sätze 4 und 5 zu beziehen, wonach kein Unterschied zwischen Tatsachen im allgemeinen (S. 1) und personenbezogenen Daten (S. 2) gemacht werden sollte.[7] Ein Übermittlungsverbot hat für beide Fälle im Interesse des Schutzzweckes der Norm, nämlich der Verhinderung des Verstoßes gegen deutsche Gesetze, zu erfolgen, wobei in erster Linie datenschutzrechtliche Bestimmungen betroffen sind. Soweit Abs. 2 Regelungen zum Schutz personenbezogener Daten enthält, sind diese lex specialis zum BDSG.[8] Die Übermittlung hat zu unterbleiben, wenn im Empfängerland kein angemessener Datenschutzstandard besteht.[9]

C. Mitgeteilte personenbezogene Daten (Abs. 3)

4 Auch hier wird nur Bezug genommen auf personenbezogene Daten, so dass eine erweiterte Auslegung wie im umgekehrten Fall der Datenübermittlung (Abs. 2) für nicht personenbezogene Daten erfolgen sollte.

---

1 Begr. RegE, BT-Drucks. 14/7034, S. 38. Liste der zuständigen Stellen in Europa bei *Ritz*, in: Baums/Thoma, § 8 Rn 9.
2 *Linke*, in: Haarmann/Schüppen, § 8 Rn 11; Liste der Memoranda bei KölnKomm-WpÜG/*Schäfer*, § 8 Rn 14.
3 *Oechsler*, in: Ehricke/Ekkenga/Oechsler, § 8 Rn 2.
4 *Steinmeyer/Häger*, § 8 Rn 5, sehen keinen sachlichen Unterschied zwischen Tatsachen und Werturteilen. *Oechsler*, in: Ehricke/Ekkenga/Oechsler, § 8 Rn 4, sieht auch die Befugnis für die Weitergabe von Prognosen mit Tatsachenkern (weiter Tatsachenbegriff).
5 Nach dem Gesetzentwurf der Bundesregierung (BT-Drucks. 16/1003) soll es hier heißen: § 40 Abs. 1 und 2.
6 So auch *Schmitz*, in: Geibel/Süßmann, § 8 Rn 5; *Oechsler*, in: Ehricke/Ekkenga/Oechsler, § 8 Rn 4; *Noack*, in: Schwark, WpÜG, § 8 Rn 7; *Ritz*, in: Baums/Thoma, § 8 Rn 13; KölnKomm-WpÜG/*Schäfer*, § 8 Rn 20; aA *Assmann*, in: Assmann/Pötzsch/Schneider, § 8 Rn 11.
7 *Noack*, in: Schwark, WpÜG, § 8 Rn 11; *Ritz*, in: Baums/Thoma, § 8 Rn 17; *Assmann*, in: Assmann/Pötzsch/Schneider, § 8 Rn 12.
8 Siehe hierzu insb. §§ 4 b und 4 c BDSG.
9 *Linke*, in: Haarmann/Schüppen, § 8 Rn 17.

D. Internationale Rechtshilfe in Strafsachen (Abs. 4)

Diese Bestimmung stellt klar, dass die Regelungen über die internationale Rechtshilfe in Strafsachen unberührt bleiben. Die Regelung entspricht § 7 Abs. 4 WpHG.[10] Wenn Anzeichen vorliegen, dass die Informationsanfrage durch ausländische Stellen vor dem Hintergrund strafrechtlicher Ermittlungen erfolgt, darf die Bundesanstalt aufgrund von Abs. 1 oder 2 nicht ohne Weiteres Informationen in das Ausland weiterleiten.[11]

§ 9 Verschwiegenheitspflicht

(1) ¹Die bei der Bundesanstalt und bei Einrichtungen nach § 7 Abs. 2 Beschäftigten, die Personen, derer sich die Bundesanstalt nach § 7 Abs. 2 bedient, sowie die Mitglieder des Beirates und Beisitzer des Widerspruchsausschusses dürfen ihnen bei ihrer Tätigkeit bekannt gewordene Tatsachen, deren Geheimhaltung im Interesse eines nach diesem Gesetz Verpflichteten oder eines Dritten liegt, insbesondere Geschäfts- und Betriebsgeheimnisse, sowie personenbezogene Daten auch nach Beendigung ihres Dienstverhältnisses oder ihrer Tätigkeit nicht unbefugt offenbaren oder verwerten. ²Dies gilt auch für andere Personen, die durch dienstliche Berichterstattung Kenntnis von den in Satz 1 bezeichneten Tatsachen erhalten. ³Ein unbefugtes Offenbaren oder Verwerten im Sinne des Satzes 1 liegt insbesondere nicht vor, wenn Tatsachen weitergegeben werden an

1. Strafverfolgungsbehörden oder für Straf- und Bußgeldsachen zuständige Gerichte,
2. Stellen, die kraft Gesetzes oder im öffentlichen Auftrag mit der Bekämpfung von Wettbewerbsbeschränkungen, der Überwachung von Angeboten zum Erwerb von Wertpapieren oder der Überwachung von Börsen oder anderen Wertpapier- oder Derivatemärkten, des Wertpapier- oder Derivatehandels, von Kreditinstituten, Finanzdienstleistungsinstituten, Investmentgesellschaften, Finanzunternehmen oder Versicherungsunternehmen betraut sind, sowie von solchen Stellen beauftragte Personen,
3. das Bundesministerium für Wirtschaft und Technologie,

soweit die Tatsachen für die Erfüllung der Aufgaben dieser Stellen oder Personen erforderlich sind. ⁴Für die bei den in Satz 3 genannten Stellen beschäftigten oder von ihnen beauftragten Personen gilt die Verschwiegenheitspflicht nach den Sätzen 1 bis 3 entsprechend. ⁵An eine ausländische Stelle dürfen die Tatsachen nur weitergegeben werden, wenn diese Stelle und die von ihr beauftragten Personen einer den Sätzen 1 bis 3 entsprechenden Verschwiegenheitspflicht unterliegen.

(2) ¹Die §§ 93, 97, 105 Abs. 1, § 111 Abs. 5 in Verbindung mit § 105 Abs. 1 sowie § 116 Abs. 1 der Abgabenordnung gelten nicht für die in Absatz 1 Satz 1 und 2 bezeichneten Personen, soweit sie zur Durchführung dieses Gesetzes tätig werden. ²Sie finden Anwendung, soweit die Finanzbehörden die Kenntnisse für die Durchführung eines Verfahrens wegen einer Steuerstraftat sowie eines damit zusammenhängenden Besteuerungsverfahrens benötigen, an deren Verfolgung ein zwingendes öffentliches Interesse besteht, und nicht Tatsachen betroffen sind, die den in Absatz 1 Satz 1 oder 2 bezeichneten Personen durch eine Stelle eines anderen Staates im Sinne von Absatz 1 Satz 3 Nr. 2 oder durch von dieser Stelle beauftragte Personen mitgeteilt worden sind.

(3) Die Mitglieder des Beirates und die ehrenamtlichen Beisitzer des Widerspruchsausschusses sind nach dem Verpflichtungsgesetz vom 2. März 1974 (BGBl. I S. 469, 547), geändert durch § 1 Nr. 4 des Gesetzes vom 15. August 1974 (BGBl. I S. 1942), in der jeweils geltenden Fassung von der Bundesanstalt auf eine gewissenhafte Erfüllung ihrer Obliegenheiten zu verpflichten.

A. Verschwiegenheitspflicht (Abs. 1)

Diese Vorschrift schützt insbesondere Geschäfts- und Betriebsgeheimnisse des Bieters und der Zielgesellschaft, von denen die Bundesanstalt im Rahmen ihrer Aufsichtstätigkeit bei einem Angebotsverfahren Kenntnis erlangt,[1] die nicht allgemein bekannt sind oder aufgrund öffentlich zugänglicher Quellen erhältlich sind.[2]
Diese gesetzliche Klarstellung ist erforderlich, um das notwendige **Vertrauen in die Integrität der Aufsichtspraxis** sicherzustellen. Neben der Verschwiegenheitspflicht, die auch nach Beendigung des Dienstverhältnis-

---

10 Begr. RegE, BT-Drucks. 14/7034, S. 38.
11 Siehe hierzu auch §§ 59 ff IRG.

1 Begr. RegE, BT-Drucks. 14/7034, S. 38.
2 KölnKomm-WpÜG/*Schäfer*, § 9 Rn 20.

ses oder der Tätigkeit fortbesteht,³ besteht auch ein **allgemeines Verwertungsverbot**, um die Ausnutzung amtlich gewonnener Erkenntnisse für private Zwecke zu verhindern. Während nach S. 1 und 2 das allgemeine Verbot besteht, unbefugt dienstlich bekannt gewordene Tatsachen sowie personenbezogene Daten zu offenbaren oder zu verwerten, enthält Abs. 1 S. 3 hierzu beispielhaft beschriebene Ausnahmen, die sich infolge der Änderung des § 7 S. 7 nun auch auf das Bundesministerium für Wirtschaft und Technologie beziehen. Verstöße gegen das Verbot können Amtshaftungsansprüche gemäß § 839 BGB iVm Art. 34 GG zur Folge haben.⁴ Die Bundesanstalt darf innerstaatlich mit anderen Stellen und Personen zusammenarbeiten, deren Zuständigkeit im Zusammenhang mit einem öffentlichen Angebot betroffen sein kann, und auf deren Hilfe die Bundesanstalt zur eigenen Aufgabenerfüllung zurückgreifen muss oder die selbst für ihre Aufgabenerfüllung auf Informationen der Bundesanstalt angewiesen sind. Bei diesen in Abs. 1 S. 3 beschriebenen Stellen und Personen wird der Schutzzweck des Abs. 1 nicht ausgehöhlt, weil sie ebenfalls einer Verschwiegenheitspflicht unterliegen und sie die Informationen nur zur Erfüllung der eigenen Aufgaben nutzen dürfen.⁵ S. 4 stellt klar, dass die Weitergabe von Tatsachen an die zuständigen Stellen nur dann erfolgen darf, wenn auch die dort beschäftigten Personen einer Verschwiegenheitsverpflichtung im Sinne des Abs. 1 S. 1 bis 3 unterliegen.

B. Besonderes Verwertungsverbot im Verhältnis zu Finanzbehörden (Abs. 2)

2 Die üblicherweise allgemein geltenden Vorschriften der AO⁶ finden keine Anwendung, soweit Behörden und Personen im Rahmen dieses Gesetzes tätig werden. Hier tritt das öffentliche Interesse an einer gleichmäßigen Besteuerung gegenüber den Zielen einer effektiven Beaufsichtigung von Angeboten zurück.⁷ Grund für dieses Verwertungsverbot ist, dass die Bundesanstalt bei ihrer Tätigkeit in hohem Maße auf die Kooperationsbereitschaft der an einem Angebotsverfahren beteiligten Personen angewiesen ist und ohne diese Mithilfe eine wirksame Aufsicht nicht möglich wäre. Auch werden die zuständigen Stellen in anderen Staaten oftmals nur unter dem Vorbehalt der steuerlichen Nichtverwertung zur Übermittlung von Informationen bereit sein.⁸ Das Verwertungsverbot des Abs. 2 S. 1 erfährt eine **Ausnahme** durch Abs. 2 S. 2, wonach ausnahmsweise von diesem Grundsatz abgewichen werden kann, wenn ein zwingendes öffentliches Interesse an der Durchführung eines **Steuerstrafverfahrens im Inland** besteht. Ein solches Interesse liegt gemäß § 30 Abs. 4 Nr. 5 AO zum Beispiel vor bei Verbrechen und vorsätzlich schweren Vergehen gegen Leib und Leben oder gegen den Staat und seine Einrichtungen. Die Weitergabe der Tatsachen darf jedoch nur in dem Umfang erfolgen, in dem der Fiskus die Informationen zur Durchführung des Verfahrens benötigt.⁹ Diese in Abs. 2 S. 2 vorgesehene Ausnahme wird jedoch dahin gehend wieder eingeschränkt, dass es bei dem allgemeinen Verwertungsverbot des Abs. 2 S. 1 bleibt, wenn in dem Steuerstrafverfahren oder in dem damit zusammenhängenden Besteuerungsverfahren Tatsachen verwertet würden, die der Bundesanstalt oder den in Abs. 1 S. 1 oder 2 bezeichneten Personen durch eine ausländische Stelle (iSv Abs. 1 S. 3 Nr. 2) oder durch von einer solchen Stelle beauftragte Personen mitgeteilt worden sind. Diese Regelung nimmt darauf Rücksicht, dass andernfalls der Informationsaustausch auf internationaler Ebene gefährdet wäre.¹⁰

C. Besondere Verpflichtung der ehrenamtlichen Mitglieder (Abs. 3)

3 Auch für die Mitglieder des Beirates und die ehrenamtlichen Beisitzer des Widerspruchsausschusses gilt die Verschwiegenheitspflicht und das Verwertungsverbot nach Abs. 1. Als nichtbeamtete Personen sind diese auf ihre Obliegenheiten von der Bundesanstalt gesondert zu verpflichten. Dies geschieht nach dem Gesetz über die förmliche Verpflichtung nichtbeamteter Personen.¹¹

---

3 *Assmann*, in: Assmann/Pötzsch/Schneider, § 9 Rn 13.
4 KölnKomm-WpÜG/*Schäfer*, § 9 Rn 62; *Oechsler*, in: Ehricke/Ekkenga/Oechsler, § 9 Rn 1; *Ritz*, in: Baums/Thoma, § 9 Rn 22; *Linke*, in: Haarmann/Schüppen, § 9 Rn 22.
5 *Schmitz*, in: Geibel/Süßmann, § 9 Rn 11.
6 § 93 AO: Auskunftspflicht der Beteiligten und anderer Personen, § 97 AO: Vorlage von Urkunden, § 105 Abs. 1 iVm, § 111 Abs. 5 AO: Verhältnis der Auskunfts- und Vorlagepflicht öffentlicher Stellen, § 116 Abs. 1 AO: Anzeige von Steuerstraftaten.
7 Begr. RegE, BT-Drucks. 14/7034, S. 38; *Linke*, in: Haarmann/Schüppen, § 9 Rn 18.
8 BT-Drucks. 14/7034, S. 39; *Schmitz*, in: Geibel/Süßmann, § 9 Rn 12; *Steinmeyer/Häger*, § 9 Rn 17.
9 *Ritz*, in: Baums/Thoma, § 9 Rn 18.
10 Begr. RegE, BT-Drucks. 14/7034, S. 39.
11 Gesetz v. 2.3.1974, BGBl. I S. 469, 547, geändert d. § 1 Nr. 4 des Gesetzes v. 15.8.1974, BGBl. I S. 1942.

Abschnitt 3
Angebote zum Erwerb von Wertpapieren

Vor §§ 10 ff

Abschnitt 3 enthält Vorschriften, die auf alle Angebote im Sinne des § 2 Abs. 1 Anwendung finden, dh auf Erwerbsangebote, Übernahmeangebote und Pflichtangebote, soweit deren Anwendung in den Abschnitten 4 und 5 nicht ausgeschlossen wurde.[1] Soweit es sich um ein Erwerbsangebot handelt, finden allein die Vorschriften des 3. Abschnitts Anwendung. Für Übernahmeangebote gelten ergänzend die Sondervorschriften des 4. Abschnitts, und für Pflichtangebote gelten neben den Vorschriften des 3. und 4. Abschnitts die Sondervorschriften des 5. Abschnitts ergänzend, soweit Vorschriften des 4. und 5. Abschnitts die Anwendung spezifischer Normen des jeweils vorherigen Abschnitts nicht ausschließen.

§ 10 Veröffentlichung der Entscheidung zur Abgabe eines Angebots

(1) ¹Der Bieter hat seine Entscheidung zur Abgabe eines Angebots unverzüglich gemäß Absatz 3 Satz 1 zu veröffentlichen. ²Die Verpflichtung nach Satz 1 besteht auch, wenn für die Entscheidung nach Satz 1 der Beschluss der Gesellschafterversammlung des Bieters erforderlich ist und ein solcher Beschluss noch nicht erfolgt ist. ³Die Bundesanstalt kann dem Bieter auf Antrag abweichend von Satz 2 gestatten, eine Veröffentlichung erst nach dem Beschluss der Gesellschafterversammlung vorzunehmen, wenn der Bieter durch geeignete Vorkehrungen sicherstellt, dass dadurch Marktverzerrungen nicht zu befürchten sind.

(2) ¹Der Bieter hat die Entscheidung nach Absatz 1 Satz 1 vor der Veröffentlichung

1. den Geschäftsführungen der Börsen, an denen Wertpapiere des Bieters, der Zielgesellschaft und anderer durch das Angebot unmittelbar betroffener Gesellschaften zum Handel zugelassen sind,
2. den Geschäftsführungen der Börsen, an denen Derivate im Sinne des § 2 Abs. 2 des Wertpapierhandelsgesetzes gehandelt werden, sofern die Wertpapiere Gegenstand der Derivate sind, und
3. der Bundesanstalt

mitzuteilen. ²Die Geschäftsführungen dürfen die ihnen nach Satz 1 mitgeteilten Entscheidungen vor der Veröffentlichung nur zum Zwecke der Entscheidung verwenden, ob die Feststellung des Börsenpreises auszusetzen oder einzustellen ist. ³Die Bundesanstalt kann gestatten, dass Bieter mit Wohnort oder Sitz im Ausland die Mitteilung nach Satz 1 gleichzeitig mit der Veröffentlichung vornehmen, wenn dadurch die Entscheidungen der Geschäftsführungen über die Aussetzung oder Einstellung der Feststellung des Börsenpreises nicht beeinträchtigt werden.

(3) ¹Die Veröffentlichung der Entscheidung nach Absatz 1 Satz 1 ist

1. durch Bekanntgabe im Internet und
2. über ein elektronisch betriebenes Informationsverbreitungssystem, das bei Kreditinstituten, Finanzdienstleistungsinstituten, nach § 53 Abs. 1 des Gesetzes über das Kreditwesen tätigen Unternehmen, anderen Unternehmen, die ihren Sitz im Inland haben und an einer inländischen Börse zur Teilnahme am Handel zugelassen sind, und Versicherungsunternehmen weit verbreitet ist,

in deutscher Sprache vorzunehmen. ²Dabei hat der Bieter auch die Adresse anzugeben, unter der die Veröffentlichung der Angebotsunterlage im Internet nach § 14 Abs. 3 Satz 1 Nr. 1 erfolgen wird. ³Eine Veröffentlichung in anderer Weise darf nicht vor der Veröffentlichung nach Satz 1 vorgenommen werden.

(4) ¹Der Bieter hat die Veröffentlichung nach Absatz 3 Satz 1 unverzüglich den Geschäftsführungen der in Absatz 2 Satz 1 Nr. 1 und 2 erfassten Börsen und der Bundesanstalt zu übersenden. ²Dies gilt nicht, soweit die Bundesanstalt nach Absatz 2 Satz 3 gestattet hat, die Mitteilung nach Absatz 2 Satz 1 gleichzeitig mit der Veröffentlichung vorzunehmen.

(5) ¹Der Bieter hat dem Vorstand der Zielgesellschaft unverzüglich nach der Veröffentlichung nach Absatz 3 Satz 1 die Entscheidung zur Abgabe eines Angebots schriftlich mitzuteilen. ²Der Vorstand der Zielgesellschaft unterrichtet den zuständigen Betriebsrat oder, sofern ein solcher nicht besteht, unmittelbar die Arbeitnehmer, unverzüglich über die Mitteilung nach Satz 1. ³Der Bieter hat die Entscheidung zur Abgabe ei-

---

1 Begr. RegE, BT-Drucks. 14/7034, S. 39; *Assmann*, in: Assmann/Pötzsch/Schneider, § 10 Rn 1.

nes Angebots ebenso seinem zuständigen Betriebsrat oder, sofern ein solcher nicht besteht, unmittelbar den Arbeitnehmern unverzüglich nach der Veröffentlichung nach Absatz 3 Satz 1 mitzuteilen.

(6) § 15 des Wertpapierhandelsgesetzes gilt nicht für Entscheidungen zur Abgabe eines Angebots.

A. Einführung

1 § 10 enthält die Verpflichtung des Bieters, seinen Entschluss zur Abgabe eines Angebots unverzüglich zu veröffentlichen. Die Öffentlichkeit soll damit möglichst frühzeitig über marktrelevante Daten informiert werden, um auf diesem Wege, wie auch in § 15 WpHG, das Ausnutzen von Spezialwissen, insbesondere den Insiderhandel, zu verhindern.[1] Voran sind jedoch die betroffenen Börsen, an denen die Wertpapiere der Zielgesellschaft gehandelt werden und die Bundesanstalt zu unterrichten. Darüber hinaus enthält § 10 die Pflicht des Bieters, den Vorstand der Zielgesellschaft zu informieren. Dieser muss den zuständigen Betriebsrat oder, sofern ein solcher nicht besteht, unmittelbar die Arbeitnehmer unterrichten.

B. Überblick

2 § 10 sieht für die Erfüllung der Veröffentlichungspflicht des Bieters folgendes prinzipielles Verfahren vor. Der Bieter hat seine Entscheidung zur Abgabe eines Angebots vor der Veröffentlichung zunächst den Geschäftsführungen der inländischen Börsen, an denen Wertpapiere der Zielgesellschaft und anderer durch das Angebot unmittelbar betroffener Gesellschaften sowie Derivate der Wertpapiere dieser Gesellschaften zugelassen sind, und der Bundesanstalt mitzuteilen (Abs. 2 S. 1). Anschließend hat der Bieter die Bereichsöffentlichkeit[2] durch Veröffentlichung seiner Entscheidung zur Abgabe eines Angebots in deutscher Sprache im Internet und über ein elektronisch betriebenes Informationsverbreitungssystem zu informieren (Abs. 1 S. 1 iVm Abs. 3 S. 1). Der Bieter hat die Veröffentlichung unverzüglich den Geschäftsführungen der betroffenen Börsen und der Bundesanstalt zu übersenden (Abs. 4 S. 1). Ebenso unverzüglich hat der Bieter den Vorstand der Zielgesellschaft schriftlich zu informieren (Abs. 5 S. 1), dieser hat wiederum unverzüglich den zuständigen Betriebsrat oder, sofern ein solcher nicht besteht, unmittelbar die Arbeitnehmer zu unterrichten (Abs. 5 S. 1). Nach Abs. 5 S. 3 besteht eine Pflicht des Bieters den zuständigen Betriebsrat der eigenen Gesellschaft oder, sofern ein solcher nicht besteht, unmittelbar die Arbeitnehmer der eigenen Gesellschaft zu unterrichten

C. Entscheidung zur Abgabe eines Angebots (Abs. 1)

3 I. Entscheidung zur Abgabe eines Angebots; Mehrstufige Entscheidungsprozesse (Zustimmung des Aufsichtsrats, Zustimmung der Gesellschafterversammlung). Die Veröffentlichungspflicht nach Abs. 1 S. 1 setzt voraus, dass Personen (der Bieter), sich zur Abgabe eines Angebots entschlossen haben. Die Entscheidung zur Abgabe eines Angebots stellt selbst nicht das Angebot dar und ist keine rechtsgeschäftliche Willenserklärung.[3] Außer in den Fällen in denen ein Pflichtangebot nach §§ 35 ff abzugeben ist, besteht daher auch keine Pflicht ein solches Angebot abzugeben oder es zu unterlassen.[4] Der Bieter ist daher frei die Entscheidung zur Abgabe eines Angebots unter einer oder einer Zeitbestimmung[5] oder einer aufschiebenden Bedingung[6] zu treffen. So ist der Bieter berechtigt die Entscheidung zur Abgabe eines Angebots davon abhängig zu machen, dass die geschäftsführenden und aufsichtsführenden Gremien des Zielunternehmens das Angebot befürworten.[7]

4 Bei natürlichen Personen liegt eine Entscheidung vor, wenn der Bieter einen subjektiv unbedingten Handlungswillen zur Abgabe eines Angebots gebildet hat. Daran fehlt es wenn der Bieter bezüglich der Abgabe eines Angebots noch Vorbehalte hat, etwa weil er noch eine bestimmte Entwicklung der Börsenkurse abwarten möchte.[8] Ist der Bieter eine Gesellschaft, bei der die Entscheidung über die Abgabe eines Angebots im Wege eines **mehrstufigen Entscheidungsprozesses** erfolgt, insbesondere bei Gesellschaften, bei denen eine derartige Entscheidung nach ihrem Gesellschaftsrecht oder ihren Statuten zwingend der Zustimmung eines Aufsichtsgremiums unterliegt, die Zustimmung eines solchen Gremiums herbeizuführen, stellt sich die

---

1 Begr. RegE, BT-Drucks. 14/7034, S. 39; *Assmann*, in: Assmann/Pötzsch/Schneider, § 10 Rn 5, 65.
2 Siehe zum Begriff der "Bereichsöffentlichkeit" *Assmann*, in: Assmann/Pötzsch/Schneider, § 10 Rn 65.
3 *Assmann*, in: Assmann/Pötzsch/Schneider, § 10 Rn 11; KölnKomm-WpÜG/*Hirte*, § 10 Rn 23.
4 *Assmann*, in: Assmann/Pötzsch/Schneider, § 10 Rn 10, 20 ff, 30 ff; KölnKomm-WpÜG/*Hirte*, § 10 Rn 20.
5 *Assmann*, in: Assmann/Pötzsch/Schneider, § 10 Rn 21.
6 *Assmann*, in: Assmann/Pötzsch/Schneider, § 10 Rn 24; *Noack/Holzborn*, in: Schwark, § 10 WpÜG Rn 8.
7 *Assmann*, in: Assmann/Pötzsch/Schneider, § 10 Rn 24; *Noack/Holzborn*, in: Schwark, § 10 WpÜG Rn 8.
8 *Assmann*, in: Assmann/Pötzsch/Schneider, § 10 Rn 12.

Frage, ob die Entscheidung des geschäftsführenden Organs für den Zeitpunkt der Veröffentlichungspflicht maßgeblich ist, oder ob die Entscheidung des Aufsichtsgremiums abgewartet werden kann oder gar muss.[9] Der Bieter darf jedenfalls ohne Befreiung von der Pflicht zur Veröffentlichung der Entscheidung zur Abgabe eines Angebots nicht bis zur Einholung eines zustimmenden Beschlusses seiner Gesellschafterversammlung warten (Abs. 1 S. 2; siehe zugleich Rn 5). Im Hinblick auf die Einholung der Zustimmung eines weiteren Aufsichtsgremiums, wie etwa der Aufsichtsrat einer deutschen Aktiengesellschaft oder einen mit vergleichbaren Kompetenzen ausgestatteter Beirat einer deutschen GmbH, ist umstritten, ob zur Bestimmung des Zeitpunkts zur Veröffentlichung der Entscheidung auf die zu § 15 WpHG entwickelten Grundsätze zurückgegriffen werden kann,[10] allerdings besteht im Ergebnis weitestgehend Einigkeit, dass nur in Ausnahmefällen bzw Missbrauchsfällen die Entscheidung eines solchen Gremiums nicht abgewartet werden dürfe. Bei deutschen Aktiengesellschaften ist daher auf den Zeitpunkt der zustimmenden Entscheidung durch den **Aufsichtsrat** abzustellen, sofern die Satzung oder eine Geschäftsordnung für den Vorstand eine entsprechende Pflicht[11] zur Einholung der Zustimmung des Aufsichtsrats der Gesellschaft vorsieht.[12] Dies setzt voraus, dass der Vorstand sich unbedingt entschieden hat, dass die Gesellschaft ein Angebot abgeben soll. Dem Vorstand ist im Rahmen des gesellschaftsrechtlich Zulässigen gestattet, sich dafür zu entscheiden, freiwillig die Zustimmung des Aufsichtsrats einzuholen bevor er zur Veröffentlichung verpflichtet ist, auch wenn eine Zustimmungspflicht nicht ausdrücklich in der Satzung oder der Geschäftsordnung statuiert ist.[13] Die vorstehend erläuterten Grundsätze gelten auch für Bieter, die zwar nicht aufgrund gesetzlicher Vorgaben über ein duales Verwaltungssystem verfügen, aber deren alleiniges gesetzliches Verwaltungsorgan ganz oder teilweise mit Mitgliedern besetzt ist, die nicht zugleich Mitglied der Geschäftsführung sind, wie es etwa beim Verwaltungsrat einer Schweizer AG oder eines *board of directors* einer US-amerikanischen Incorporated der Fall sein kann.

Nach Abs. 1 S. 2 darf der Bieter für die Einleitung des Veröffentlichungsverfahrens jedoch nicht bis zur Beschlussfassung seiner **Gesellschafterversammlung** warten, auch wenn dieser Beschluss für die Entscheidung zur Abgabe eines Angebots zum Erwerb von Wertpapieren erforderlich ist, es sei denn, die Bundesanstalt hat dem Bieter auf Antrag gestattet, eine Veröffentlichung erst nach dem Beschluss der Gesellschafterversammlung vorzunehmen.[14] Voraussetzung ist jedoch, dass der Bieter durch geeignete Vorkehrungen sicherstellt, dass dadurch Marktverzerrungen nicht zu befürchten sind. In der Regel werden nur solche Gesellschaften die gebotene Vertraulichkeit der Absicht zur Abgabe eines Angebots gewährleisten können, die eine überschaubare Anzahl von Gesellschaftern vorweisen können und die zur Gesellschafterversammlung nicht mittels öffentlicher Bekanntmachung einladen.[15] Sofern eine Befreiung nach Abs. 1 S. 3 nicht erfolgt, wird der Bieter sein Angebot unter der Bedingung der Zustimmung der Gesellschafterversammlung stellen, wobei der entsprechende Beschluss unverzüglich, spätestens jedoch bis zum fünften Werktag vor Ablauf der Annahmefrist herbeizuführen ist (§ 25). 5

II. Vereinbarungen mit Paketaktionären. Typischerweise werden im Vorfeld von Übernahmeangeboten für Gesellschaften hierzu vorbereitende bzw unterstützende Maßnahmen ergriffen. Hierzu gehört bspw das sogenannte **Stakebuilding**, dh. der „ungestörte" Erwerb einer substantiellen Position von Aktien oder Derivaten mit dem Ziel sich „anzuschleichen" und ggfs die Erwerbskosten zu minimieren.[16] Dazu gehört aber auch bei Gesellschaften, deren Aktienmehrheit oder wesentliche Teile des stimmberechtigten Grundkapitals in den Händen eines Aktionärs oder eines identifizierbaren und übersichtlichen Aktionärskreises sind, zunächst Verhandlungen mit diesen Aktionären zu führen, mit dem Ziel, deren verbindliche Zustimmung zu 6

---

[9] Vgl hierzu ausführlich *Geibel*, in: Geibel/Süßmann, § 10 Rn 13 ff (mwN).

[10] So Begr. RegE, BT-Drucks. 14/7034, S. 39; *Assmann*, in: Assmann/Pötzsch/Schneider, § 10 Rn 15; KölnKomm-WpÜG/*Hirte*, § 10 Rn 34. Mit guten Argumenten einen Rückgriff auf § 15 WpHG verneinend: *Geibel*, in: Geibel/Süßmann, § 10 Rn 13 ff.

[11] Satzungen und Geschäftsordnungen enthalten sehr oft einen Zustimmungsvorbehalt des Aufsichtsrats für den Erwerb von Mehrheitsbeteiligungen an anderen Gesellschaften. Es kommt aber auch vor, dass sie Zustimmungsvorbehalte zu sonstigen Finanzinvestitionen ab einem bestimmten Volumen enthalten.

[12] Begr. RegE, BT-Drucks. 14/7034, S. 39; *Assmann*, in: Assmann/Pötzsch/Schneider, § 10 Rn 15 ff; *Hopt*, ZGR 2002, 333, 342 ff; *Pötzsch/Möller*, WM 2000, Sonderbeil. Nr. 2, 1, 16; KölnKomm-WpÜG/*Hirte*, § 10 Rn 43 f; aA wohl *Krause*, NJW 2002, 705, 707 Fn 37; *Land/Hasselbach*, DB 2000, 1747, 1749, die auf den Zeitpunkt der Vorstandsentscheidung abstellen, wenn im konkreten Fall unter normalen Umständen mit der Zustimmung des Aufsichtsrats zu rechnen ist. Diese Ansicht ist abzulehnen, da sie – im Hinblick auf die weiterhin aktuelle Corporate Governance-Debatte auch rechtspolitisch verfehlt – die aktienrechtliche Kompetenzordnung in Frage stellt, ohne dass dadurch für den Kapitalmarkt mehr Transparenz und Sicherheit gewonnen ist.

[13] KölnKomm-WpÜG/*Hirte*, § 10 Rn 38 zur freiwilligen Befragung der Hauptversammlung oder eines Beirats. AA *Assmann*, in: Assmann/Pötzsch/Schneider, § 10 Rn 15 der darauf abstellt, ob eine Zustimmung gesellschaftsrechtlich "erforderlich" ist.

[14] Siehe dazu *Geibel*, in: Geibel/Süßmann, § 10 Rn 27 ff.

[15] Begr. RegE, BT-Drucks. 14/7034, S. 39; *Assmann*, in: Assmann/Pötzsch/Schneider, § 10 Rn 33.

[16] Vgl zu den rechtlichen Rahmenbedingungen, insb. des WpHG, *Cascante/Topf*, AG 2009, 53. Zu den möglichen Einschränkungen für einen squeeze-out nach, § 35 a Abs. 1 S. 1 siehe *Deilmann*, NZG 2007, 721, 722 f.

einer Veräußerung ihrer Aktien an den Bieter vor Abgabe des Angebots zu erhalten (**Paketerwerb**).[17] Sie dienen der Minimierung des Risikos der Bietergesellschaft hinsichtlich eines Scheiterns der geplanten Übernahme. Solche Verhandlungen sind grundsätzlich zulässig und verstoßen nicht gegen den Grundsatz der Gleichbehandlung der Wertpapierinhaber nach § 3 Abs. 1, soweit die Vorschriften des Gesetzes im Übrigen eingehalten werden. Führen die Verhandlungen zu einem direkten Erwerb der Aktien bzw zu einer Zurechnung von Stimmrechten nach § 30 und hat der Bieter damit die Kontrolle iSv § 35 Abs. 1 erworben, kommt es für die Bestimmung des Zeitpunkts der Veröffentlichung nicht mehr auf § 10 Abs. 1 S. 1 an. Nach § 35 Abs. 1 kommt es nun auf den Zeitpunkt an, in dem der Bieter Kenntnis erlangt hat oder nach den Umständen haben musste, dass er die Kontrolle erlangt hat.[18] In der Regel wird eine solche Vereinbarung jedoch eine Andienungspflicht dieser Aktionäre im Rahmen des öffentlichen Angebots vorsehen.[19] Im Zeitpunkt des Abschlusses der Vereinbarungen über den Paketerwerb bzw der Andienungspflicht stehen typischerweise auch die Eckpunkte des öffentlichen Übernahmeangebots fest, so dass in der Regel auf den Zeitpunkt des Abschlusses dieser Vereinbarungen und – soweit erforderlich – auf die Zustimmung der Aufsichtsgremien des Bieters zur Bestimmung des Zeitpunkts zur Einleitung des Veröffentlichungsverfahrens nach Abs. 1 S. 1 abgestellt werden kann.[20]

D. Unterrichtung der Börsen und der Bundesanstalt vor Veröffentlichung (Abs. 2)

7 Der Bieter hat, nachdem er eine Entscheidung zur Abgabe eines Angebots getroffen hat, zunächst unverzüglich[21] die Geschäftsführungen der inländischen **Börsen**, an denen Wertpapiere der Zielgesellschaft und anderer durch das Angebot unmittelbar betroffener Gesellschaften sowie Derivate der Wertpapiere dieser Gesellschaften zugelassen[22] sind, und die Bundesanstalt zu unterrichten (Abs. 2 S. 1). Aufgrund des verwaltungsrechtlichen Charakters dieser Norm gilt diese Verpflichtung jedoch nur gegenüber inländischen Börsen. Die Verpflichtung zur Unterrichtung betroffener ausländischer Börsen richtet sich nach dem für diese Börsen geltenden Recht.[23]

8 Durch die Unterrichtung der Börsen wird sichergestellt, dass deren Geschäftsführungen die Erforderlichkeit einer Aussetzung oder eine Einstellung der Notierung[24] der betroffenen Wertpapiere prüfen und ggf auch verfügen können.[25] Eine weiter gehende Verwendung dieser Informationen, etwa zum Zwecke der entgeltlichen Verbreitung über elektronische Medien,[26] ist vor der Veröffentlichung nicht zulässig (Abs. 2 S. 2). Aus Rücksicht darauf, dass ausländische Unternehmen oftmals nach den Regeln ihrer Heimatbörsen verpflichtet sind, Mitteilungen und Veröffentlichung an anderen Börsen erst nach Vorabunterrichtung der Heimatbörse vorzunehmen, kann die Bundesanstalt gestatten, dass die Mitteilung nach Abs. 2 S. 1 erst zeitgleich mit der Veröffentlichung nach Abs. 1 S. 1 erfolgt. Voraussetzung für eine solche Gestattung ist, dass dadurch die Entscheidungen der inländischen Börsen über die Aussetzung oder Einstellung nicht beeinträchtigt werden. Eine Beeinträchtigung liegt jedenfalls nicht vor, wenn die ausländischen Börsen die betroffenen inländischen Börsen unverzüglich,[27] dh in jedem Fall *vor* der Veröffentlichung, informieren.

9 Zugleich mit der Unterrichtung der Börsen (ggf erst zeitgleich mit der Veröffentlichung) hat der Bieter die Bundesanstalt zu unterrichten, damit diese die Einhaltung der Veröffentlichungspflicht überwachen kann.[28] Die Unterrichtung der Bundesanstalt hat nach § 45 S. 1 schriftlich zu erfolgen, sie kann aber nach § 45 S. 2 auch im Wege der elektronischen Datenübertragung erfolgen.

---

17 Die Bezeichnung dieser Verträge ist in der Praxis nicht einheitlich: „irrevocable undertakings", „undertaking to tender" "pre-commitment agreement", „letter of intent", "heads of terms".
18 *Geibel*, in: Geibel/Süßmann, § 10 Rn 20; siehe § 35 Rn 4.
19 Wegen der unwiderruflichen Verpflichtung zur Andienung werden diese Pflichten in der Praxis auch als "irrevocable undertakings" bezeichnet. Vgl dazu *Krause*, in: Assmann/Pötzsch/Schneider, § 22 Rn 89 ff; *Cascante/Topf*, AG 2009, 53, 65. Zur Frage, ob die aufgrund der *irrevocable undertakings* angedienten und vom Bieter erworbenen Aktien „aufgrund" des Angebots im Sinne des, § 39 a Abs. 3 erworben wurden und demzufolge bei der Berechnung der 90 %-Schwelle zu berücksichtigen sind, vgl OLG Frankfurt, NZG 2009, 74, 75; *Deilmann*, NZG 2007, 721, 722 f.
20 Dazu und zur Frage der missbräuchlichen Hinauszögerung der Entscheidung zur Abgabe eines Angebots siehe *Geibel*, in: Geibel/Süßmann, § 10 Rn 21; *Liebscher*, ZIP 2001, 853, 861.
21 Im Regelfall wird eine Mitteilung 20–30 Minuten vor der Veröffentlichung der Entscheidung zur Abgabe eines Angebots für ausreichend gehalten, vgl *Assmann*, in: Assmann/Pötzsch/Schneider, § 10 Rn 56; KölnKomm-WpÜG/*Hirte*, § 10 Rn 51.
22 Zur Frage, ob auch Börsen zu benachrichtigen sind, bei denen betroffene Wertpapiere gemäß § 33 BörsG zum Börsenhandel einbezogen wurden, siehe *Geibel*, in: Geibel/Süßmann, § 10 Rn 50 ff.
23 Begr. RegE, BT-Drucks. 14/7034, S. 40; *Assmann*, in: Assmann/Pötzsch/Schneider, § 10 Rn 55.
24 § 25 Abs. 1 BörsG.
25 Begr. RegE, BT-Drucks. 14/7034, S. 408 *Assmann*, in: Assmann/Pötzsch/Schneider, § 10 Rn 56, 59.
26 *Geibel*, in: Geibel/Süßmann, § 10 Rn 56 ff; *Assmann*, in: Assmann/Pötzsch/Schneider, § 10 Rn 59.
27 Begr. RegE, BT-Drucks. 14/7034, S. 40; *Assmann*, in: Assmann/Pötzsch/Schneider, § 10 Rn 56, 59; *Geibel*, in: Geibel/Süßmann, § 10 Rn 65.
28 Begr. RegE, BT-Drucks. 14/7034, S. 40.

E. Veröffentlichung nach dem Gesetz und nach § 15 WpHG (Abs. 3 und 6)

Der börsennotierte Bieter muss die **Veröffentlichung** der Entscheidung zur Abgabe eines Angebots in deutscher Sprache[29] im Internet[30] und über ein bei institutionellen Marktteilnehmern verbreitetes elektronisch betriebenes Informationsverbreitungssystem vornehmen (Abs. 3 S. 1).[31] Erst dann darf eine Veröffentlichung in anderen Medien erfolgen (Abs. 3 S. 2). In der Veröffentlichung hat der Bieter bereits auch die Adresse anzugeben, unter der die Veröffentlichung der Angebotsunterlage im Internet erfolgen wird (Abs. 3 S. 3).

Der **Mindestinhalt** einer solchen Veröffentlichung ist die Mitteilung, dass ein Angebot für Wertpapiere beabsichtigt ist und die Benennung der betroffenen Wertpapiere[32] unter Angabe der für diese Wertpapiere geltenden ISIN-Codes oder Wertpapier-Kenn-Nummer. Der Bieter ist jedoch zu diesem Zeitpunkt weder verpflichtet, bereits den konkreten Inhalt des Angebots, insbesondere Art und Höhe der Gegenleistung anzugeben noch über etwaige bestehende Unsicherheiten über die Finanzierung des Angebots zu berichten.[33]

In der Regel werden die Eckpunkte eines solchen Angebots jedoch bereits feststehen. In einem solchen Fall empfiehlt es sich, zur Vermeidung **insiderrechtlicher Probleme**, diese Angaben mit in die Veröffentlichung aufzunehmen.[34] Abs. 6, der für die Veröffentlichungspflicht einer Entscheidung zur Abgabe eines Angebots lex specialis ist,[35] befreit den Bieter von der Beachtung einer Pflicht zur **Ad-hoc-Veröffentlichung** nach § 15 WpHG[36] nur insoweit, als nicht andere Insiderinformationen bestehen, die abgesehen von der schlichten Tatsache des Erwerbsentschlusses, potenziell kursbeeinflussend iSv § 15 Abs. 1 S. 1 WpHG sein können.[37] Dies kann beispielsweise bei einem erheblich über oder unter den Markterwartungen liegenden Angebot des Bieters sein[38] oder, wenn ein Verhalten der Bietergesellschaft oder der Zielgesellschaft zu Gerüchten geführt hat, die kursbeeinflussend iSv § 15 Abs. 1 S. 1 WpHG sein können (Ingerenz).[39] Darüber hinaus wird durch eine Veröffentlichung der konkreten Eckdaten eines Angebots die Gefahr eines Verstoßes gegen das Verbot von **Insidergeschäften** (§ 14 WpHG) vermindert.[40]

Entschließt sich der Bieter entgegen der veröffentlichten Ankündigung ein Angebot abgeben zu wollen, sein Angebot zurückzunehmen, was jederzeit zulässig ist,[41] so besteht jedenfalls keine ausdrückliche Pflicht zur Veröffentlichung dieser Entscheidung.[42] Hat der Bieter seinen Entschluss zur Abgabe eines Angebots nach Veröffentlichung der Ankündigung des Angebots zurückgenommen, so führt dies zunächst zur Untersagung des Angebots durch die Bundesanstalt nach § 15 Abs. 1 Nr. 3,[43] eine weiter gehende Sanktion ist damit nicht verbunden, es sei denn der Bieter verfolgt sein Vorhaben tatsächlich weiter.[44] Da aufgrund der Veröffentlichung der Entscheidung zur Abgabe eines Angebots selbst keine rechtsgeschäftlichen Bindungen entstehen (s. Rn 3), scheidet eine Haftung des Bieters wegen der Verletzung vertraglicher oder vorvertraglicher Pflichten aus.[45] Eine Haftung nach den allgemeinen deliktsrechtlichen Bestimmungen (§§ 823 ff BGB) und eine Bestrafung wegen Kurs- und Marktpreismanipulation nach § 20a WpHG kommt jedenfalls nur in Betracht, wenn im Einzelfall deren besonderen Voraussetzungen vorliegen, wofür die schlichte Zurücknahme des bereits veröffentlichten Entschlusses zur Abgabe eines Angebots nicht ausreicht.[46]

---

29 Da die Informationen auch zur Unterrichtung deutscher Aktionäre und Arbeitnehmer dient, hat der Gesetzgeber eine Befreiung von der Pflicht zur Veröffentlichung in deutscher Sprache entsprechend, § 15 Abs. 3 S. 1 WpHG nicht vorgesehen, vgl Begr. RegE, BT-Drucks. 14/7034, S. 40; *Assmann*, in: Assmann/Pötzsch/Schneider, § 10 Rn 66. Kritisch dazu KölnKomm-WpÜG/*Hirte*, § 10 Rn 72.
30 *Geibel*, in: Geibel/Süßmann, § 10 Rn 68 ff.
31 Dazu gehören die Informationsverbreitungssysteme von u.a. Bloomberg, DGAP, Reuters und VWD, vgl *Assmann*, in: Assmann/Pötzsch/Schneider, § 10 Rn 64.
32 Begr. RegE, BT-Drucks. 14/7034, S. 39.
33 *Assmann*, in: Assmann/Pötzsch/Schneider, § 10 Rn 47.
34 KölnKomm-WpÜG/*Hirte*, § 10 Rn 23, 29. Zurückhaltend *Assmann*, in: Assmann/Pötzsch/Schneider, § 10 Rn 47 sowie Fn 1 dazu, der auf das Risiko einer Selbstbindung hinweist, sollte in der Mitteilung nach § 10 Abs. 1 S. 1 bereits konkrete Eckdaten des beabsichtigten Angebots angegeben werden. Eine Selbstbindung bejahend: KölnKomm-WpÜG/*Hasselbach*, § 21 Rn 11.
35 *Assmann*, in: Assmann/Pötzsch/Schneider, § 10 Rn 77; KölnKomm-WpÜG/*Hirte*, § 10 Rn 99.
36 Siehe *Geibel*, in: Geibel/Süßmann, § 10 Rn 127 ff, der zutreffenderweise darauf hinweist, dass, § 15 WpHG nur auf Bieter anwendbar ist, die Inlandsemittenten im Sinne von, § 2 Abs. 7, § 15 Abs. 1 S. 1 WpHG sind.
37 Begr. RegE, BT-Drucks. 14/7034, S. 39; KölnKomm-WpÜG/*Hirte*, § 10 Rn 101 f; kritisch: *Assmann*, in: Assmann/Pötzsch/Schneider, § 10 Rn 77 ff.
38 Begr. RegE, BT-Drucks. 14/7034, S. 39; KölnKomm-WpÜG/*Hirte*, § 10 Rn 102.
39 *Hopt*, ZGR 2002, 333, 347 f.
40 *Assmann*, in: Assmann/Pötzsch/Schneider, § 10 Rn 80; KölnKomm-WpÜG/*Hirte*, § 10 Rn 107.
41 *Assmann*, in: Assmann/Pötzsch/Schneider, § 10 Rn 50; KölnKomm-WpÜG/*Hirte*, § 10 Rn 19 f; *Noack/Holzborn*, in: Schwark, § 10 WpÜG, Rn 2.
42 Für eine analoge Anwendung von, § 10 Abs. 1 S. 1 KölnKomm-WpÜG/*Hirte*, § 10 Rn 21, 23; *Noack/Holzborn*, in: Schwark, § 10 WpÜG, Rn 4. Für eine Anordnungsbefugnis der Bundesanstalt nach, § 4 Abs. 1 S. 3 *Assmann*, in: Assmann/Pötzsch/Schneider, § 10 Rn 50.
43 *Assmann*, in: Assmann/Pötzsch/Schneider, § 10 Rn 50.
44 *Assmann*, in: Assmann/Pötzsch/Schneider, § 10 Rn 52 unter Verweis auf, § 60 Abs. 1 Nr. 2 lit. a.
45 *Assmann*, in: Assmann/Pötzsch/Schneider, § 10 Rn 51; *Noack*, in: Schwark, § 10 WpÜG, Rn 2; *Oechsler*, in: Ehricke/Ekkenga/Oechsler, WpÜG, § 10 Rn 13.
46 *Assmann*, in: Assmann/Pötzsch/Schneider, § 10 Rn 51. Weitergehend: KölnKomm-WpÜG/*Hirte*, § 10 Rn 46, der das Vorliegen von "vernünftigen Gründen" für die Rücknahme des Angebots verlangt.

13a Nach ganz hM unterliegt auch die Zielgesellschaft einer Veröffentlichungspflicht nach § 15 WpHG.[47] Fraglich ist in diesem Zusammenhang, ab welchem Zeitpunkt eine Publizitätspflicht der Zielgesellschaft ausgelöst wird. Nach der herrschenden Rechtsprechung ist bei wesentlichen Erwerben eine Ad-hoc-Meldung jedenfalls dann vorzunehmen, wenn eine Transaktionsrealisierung wahrscheinlicher ist als ihr scheitern.[48] Die bloße Aufnahme von Verhandlungen über einen Zusammenschluss zwischen Bieter und Gesellschaft oder das Gewähren einer Due Diligence an einen potentiellen Bieter reichen für eine solche Annahme in der Regel nicht aus.[49] Dagegen ist die Publizitätspflicht stets dann zu bejahen, wenn der grundsätzliche Entschluss zum Verkauf sich in eine bedeutsame strategische Entscheidung manifestiert hat.[50] Ferner auch in den Fällen, in denen die Zielgesellschaft die Vertragsverhandlungen mit dem Bieter abbricht, ihr aber bekannt ist, dass der Bieter seine Absichten weiterverfolgen wird.[51] Liegen die Voraussetzungen einer Ad-hoc-Meldung vor, so ist gleichwohl stets die Möglichkeit der Selbstbefreiung der Zielgesellschaft gem. § 15 Abs. 3 WpHG in Betracht zu ziehen.

F. Übersendung der veröffentlichten Entscheidung (Abs. 4)

14 Unverzüglich nach Veröffentlichung der Entscheidung nach Abs. 3 S. 1 hat der Bieter die Veröffentlichung den betroffenen inländischen Börsen und der Bundesanstalt zu übersenden, es sei denn, die Bundesanstalt hat dem Bieter nach Abs. 2 S. 1 gestattet, die Veröffentlichung zeitgleich mit der Mitteilung zu tätigen.

G. Unterrichtung der Zielgesellschaft und ihrer Arbeitnehmer (Abs. 5)

15 Unverzüglich nach Veröffentlichung der Entscheidung zur Abgabe eines Angebots hat der Bieter dem Vorstand der Zielgesellschaft die Entscheidung schriftlich, dh mittels Namensunterschrift, notariell beglaubigtem Handzeichen oder einer qualifizierten elektronischen Signatur (§§ 126 f BGB) mitzuteilen.[52] Umstritten ist, ob die Übersendung der Entscheidung mittels Telefax oder einfacher Email zulässig ist.[53] Der Vorstand hat wiederum den Betriebsrat[54] oder, sofern ein solcher nicht besteht, die Arbeitnehmer unmittelbar zu unterrichten.[55] Der Bieter ist zudem verpflichtet seinen Betriebsrat oder, sofern ein solcher nicht besteht, die Arbeitnehmer unmittelbar zu unterrichten (Abs. 5 S. 3).

§ 11 Angebotsunterlage

(1) ¹Der Bieter hat eine Unterlage über das Angebot (Angebotsunterlage) zu erstellen und zu veröffentlichen. ²Die Angebotsunterlage muss die Angaben enthalten, die notwendig sind, um in Kenntnis der Sachlage über das Angebot entscheiden zu können. ³Die Angaben müssen richtig und vollständig sein. ⁴Die Angebotsunterlage ist in deutscher Sprache und in einer Form abzufassen, die ihr Verständnis und ihre Auswertung erleichtert. ⁵Sie ist von dem Bieter zu unterzeichnen.

(2) ¹Die Angebotsunterlage hat den Inhalt des Angebots und ergänzende Angaben zu enthalten. ²Angaben über den Inhalt des Angebots sind
1. Name oder Firma und Anschrift oder Sitz sowie, wenn es sich um eine Gesellschaft handelt, die Rechtsform des Bieters,
2. Firma, Sitz und Rechtsform der Zielgesellschaft,
3. die Wertpapiere, die Gegenstand des Angebots sind,
4. Art und Höhe der für die Wertpapiere der Zielgesellschaft gebotenen Gegenleistung,
4a. die Höhe der für den Entzug von Rechten gebotenen Entschädigung nach § 33 b Abs. 4,
5. die Bedingungen, von denen die Wirksamkeit des Angebots abhängt,
6. der Beginn und das Ende der Annahmefrist.

---

47 Noack/Holzborn, in: Schwark/Zimmer, WpÜG, § 10 Rn 43; MüKo-AktG/Wackerbarth, § 10 WpÜG Rn 89.
48 EuGH v. 28.6.2012, C-19/11, „Geltl", BGH v. 23.4.2012, II ZB 7/09.
49 Siehe auch MüKo-AktG/Wackerbarth, § 10 WpÜG Rn 92; Noack/Holzborn, in: Schwark/Zimmer, § 10 WpÜG Rn 43.
50 Siehe auch MüKo-AktG/Wackerbarth, § 10 WpÜG Rn 90; Geibel, in: Geibel/Süßmann, § 10 Rn 135.
51 Geibel, in: Geibel/Süßmann, § 10 Rn 135.
52 Assmann, in: Assmann/Pötzsch/Schneider, § 10 Rn 72.
53 Zur Diskussion hierüber siehe Geibel, in: Geibel/Süßmann, § 10 Rn 81; Thoma/Stöcker, in: Baums/Thoma, § 10 Rn 138 f.
54 Ggf den Konzernbetriebsrat oder den Gesamtbetriebsrat, vgl Assmann, in: Assmann/Pötzsch/Schneider, § 10 Rn 71.
55 Ausführlich hierzu Assmann, in: Assmann/Pötzsch/Schneider, § 10 Rn 75 ff; Grobys, in: Geibel/Süßmann, § 10 Rn 66 ff.

³Ergänzende Angaben sind

1. Angaben zu den notwendigen Maßnahmen, die sicherstellen, dass dem Bieter die zur vollständigen Erfüllung des Angebots notwendigen Mittel zur Verfügung stehen, und zu den erwarteten Auswirkungen eines erfolgreichen Angebots auf die Vermögens-, Finanz- und Ertragslage des Bieters,
2. Angaben über die Absichten des Bieters im Hinblick auf die künftige Geschäftstätigkeit der Zielgesellschaft sowie, soweit von dem Angebot betroffen, des Bieters, insbesondere den Sitz und den Standort wesentlicher Unternehmensteile, die Verwendung des Vermögens, künftige Verpflichtungen, die Arbeitnehmer und deren Vertretungen, die Mitglieder der Geschäftsführungsorgane und wesentliche Änderungen der Beschäftigungsbedingungen einschließlich der insoweit vorgesehenen Maßnahmen,
3. Angaben über Geldleistungen oder andere geldwerte Vorteile, die Vorstands- oder Aufsichtsratsmitgliedern der Zielgesellschaft gewährt oder in Aussicht gestellt werden,
4. die Bestätigung nach § 13 Abs. 1 Satz 2 unter Angabe von Firma, Sitz und Rechtsform des Wertpapierdienstleistungsunternehmens.

(3) Die Angebotsunterlage muss Namen und Anschrift, bei juristischen Personen oder Gesellschaften Firma, Sitz und Rechtsform, der Personen oder Gesellschaften aufführen, die für den Inhalt der Angebotsunterlage die Verantwortung übernehmen; sie muss eine Erklärung dieser Personen oder Gesellschaften enthalten, dass ihres Wissens die Angaben richtig und keine wesentlichen Umstände ausgelassen sind.

(4) Das Bundesministerium der Finanzen kann durch Rechtsverordnung, die nicht der Zustimmung des Bundesrates bedarf,

1. nähere Bestimmungen über die Gestaltung und die in die Angebotsunterlage aufzunehmenden Angaben erlassen und
2. weitere ergänzende Angaben vorschreiben, soweit dies notwendig ist, um den Empfängern des Angebots ein zutreffendes und vollständiges Urteil über den Bieter, die mit ihm gemeinsam handelnden Personen und das Angebot zu ermöglichen.

(5) Das Bundesministerium der Finanzen kann die Ermächtigung nach Absatz 4 durch Rechtsverordnung auf die Bundesanstalt übertragen.

WpÜG-Angebotsverordnung (WpÜG-AngVO)

idF vom 27. Dezember 2001 BGBl. I S. 4263;
zuletzt geändert durch Art. 17 G z. Novellierung des Finanzanlagenvermittler- und Vermögensanlagenrechts vom 6.12.2011 (BGBl. I S. 2481, 2504)

§ 2 Ergänzende Angaben der Angebotsunterlage

Der Bieter hat in seiner Angebotsunterlage folgende ergänzende Angaben aufzunehmen:
1. Name oder Firma und Anschrift oder Sitz der mit dem Bieter und der Zielgesellschaft gemeinsam handelnden Personen und der Personen, deren Stimmrechte aus Aktien der Zielgesellschaft nach § 30 des Wertpapiererwerbs- und Übernahmegesetzes Stimmrechten des Bieters gleichstehen oder ihm zuzurechnen sind, sowie, wenn es sich bei diesen Personen um Gesellschaften handelt, die Rechtsform und das Verhältnis der Gesellschaften zum Bieter und zur Zielgesellschaft;
2. Angaben nach § 7 des Wertpapierprospektgesetzes in Verbindung mit der Verordnung (EG) Nr. 809/2004 der Kommission vom 29. April 2004 zur Umsetzung der Richtlinie 2003/71/EG des Europäischen Parlaments und des Rates betreffend die in Prospekten enthaltenen Angaben sowie die Aufmachung, die Aufnahme eines Verweises und die Veröffentlichung solcher Prospekte und die Verbreitung von Werbung (ABl. EU Nr. L 149 S. 1, Nr. L 215 S. 3), sofern Wertpapiere als Gegenleistung angeboten werden; wurde für die Wertpapiere vor Veröffentlichung der Angebotsunterlage ein Prospekt, auf Grund dessen die Wertpapiere öffentlich angeboten oder zum Handel an einem organisierten Markt zugelassen worden sind, im Inland in deutscher Sprache veröffentlicht und ist für die als Gegenleistung angebotenen Wertpapiere während der gesamten Laufzeit des Angebots ein gültiger Prospekt veröffentlicht, genügt die Angabe, dass ein Prospekt veröffentlicht wurde und wo dieser jeweils erhältlich ist;
2a. Angaben nach § 7 des Vermögensanlagengesetzes in Verbindung mit der Vermögensanlagen-Verkaufsprospektverordnung, sofern Vermögensanlagen im Sinne des § 1 Absatz 2 des Vermögensanlagengesetzes als Gegenleistung angeboten werden; wurde für die Vermögensanlagen innerhalb von zwölf Monaten vor Veröffentlichung der Angebotsunterlage ein Verkaufsprospekt im Inland in deutscher Sprache veröffentlicht, genügt die Angabe, dass ein Verkaufsprospekt veröffentlicht wurde und wo dieser er-

hältlich ist, sowie die Angabe der seit der Veröffentlichung des Verkaufsprospekts eingetretenen Änderungen;
3. die zur Festsetzung der Gegenleistung angewandten Bewertungsmethoden und die Gründe, warum die Anwendung dieser Methoden angemessen ist, sowie die Angabe, welches Umtauschverhältnis oder welcher Gegenwert sich bei der Anwendung verschiedener Methoden, sofern mehrere angewandt worden sind, jeweils ergibt; zugleich ist darzulegen, welches Gewicht den verschiedenen Methoden bei der Bestimmung des Umtauschverhältnisses oder des Gegenwerts und der ihnen zugrunde liegenden Werte beigemessen worden ist, welche Gründe für die Gewichtung bedeutsam waren, und welche besonderen Schwierigkeiten bei der Bewertung der Gegenleistung aufgetreten sind;
3a. die zur Berechnung der Entschädigung nach § 33b Abs. 5 des Wertpapiererwerbs- und Übernahmegesetzes angewandten Berechnungsmethoden, sowie die Gründe, warum die Anwendung dieser Methoden angemessen ist.
4. die Maßnahmen, die die Adressaten des Angebots ergreifen müssen, um dieses anzunehmen und um die Gegenleistung für die Wertpapiere zu erhalten, die Gegenstand des Angebots sind, sowie Angaben über die mit diesen Maßnahmen für die Adressaten verbundenen Kosten und den Zeitpunkt, zu dem diejenigen, die das Angebot angenommen haben, die Gegenleistung erhalten;
5. die Maßnahmen, die die Adressaten des Angebots ergreifen müssen, um dieses anzunehmen und um die Gegenleistung für die Wertpapiere zu erhalten, die Gegenstand des Angebots sind, sowie Angaben über die mit diesen Maßnahmen für die Adressaten verbundenen Kosten und den Zeitpunkt, zu dem diejenigen, die das Angebot angenommen haben, die Gegenleistung erhalten;
6. bei Teilangeboten der Anteil oder die Anzahl der Wertpapiere der Zielgesellschaft, die Gegenstand des Angebots sind, sowie Angaben über die Zuteilung nach § 19 des Wertpapiererwerbs- und Übernahmegesetzes;
7. Art und Umfang der von den in Nummer 5 genannten Personen und Unternehmen jeweils für den Erwerb von Wertpapieren der Zielgesellschaft gewährten oder vereinbarten Gegenleistung, sofern der Erwerb innerhalb von sechs Monaten vor der Veröffentlichung gemäß § 10 Abs. 3 Satz 1 des Wertpapiererwerbs- und Übernahmegesetzes oder vor der Veröffentlichung der Angebotsunterlage gemäß § 14 Abs. 3 Satz 1 des Wertpapiererwerbs- und Übernahmegesetzes erfolgte; dem Erwerb gleichgestellt sind Vereinbarungen, auf Grund derer die Übereignung der Wertpapiere verlangt werden kann;
8. Angaben zum Erfordernis und Stand behördlicher, insbesondere wettbewerbsrechtlicher Genehmigungen und Verfahren im Zusammenhang mit dem Erwerb der Wertpapiere der Zielgesellschaft;
9. der Hinweis auf die Annahmefrist im Falle einer Änderung des Angebots nach § 21 Abs. 5 des Wertpapiererwerbs- und Übernahmegesetzes und die Annahmefrist im Falle konkurrierender Angebote nach § 22 Abs. 2 des Wertpapiererwerbs- und Übernahmegesetzes sowie im Falle von Übernahmeangeboten der Hinweis auf die weitere Annahmefrist nach § 16 Abs. 2 des Wertpapiererwerbs- und Übernahmegesetzes;
10. der Hinweis, wo die Angebotsunterlage gemäß § 14 Abs. 3 Satz 1 des Wertpapiererwerbs- und Übernahmegesetzes veröffentlicht wird;
11. der Hinweis auf das Rücktrittsrecht nach § 21 Abs. 4 und § 22 Abs. 3 des Wertpapiererwerbs- und Übernahmegesetzes und
12. Angaben darüber, welchem Recht die sich aus der Annahme des Angebots ergebenden Verträge zwischen dem Bieter und den Inhabern der Wertpapiere der Zielgesellschaft unterliegen, und die Angabe des Gerichtsstands.

A. Einführung 1	cc) Bewertung der als Gegenleistung angebotenen Wertpapiere 25
B. Angebotsunterlage 2	3. Ergänzende Angaben (Abs. 2 S. 3, § 2 WpÜG-AngVO) 26
I. Pflicht zur Erstellung und Veröffentlichung einer Angebotsunterlage (Abs. 1) 2	a) Angaben über die Finanzierung und Auswirkungen auf den Bieter (Abs. 2 S. 3 Nr. 1) 27
II. Inhalt der Angebotsunterlage (Abs. 2) 11	
1. Angaben über den Inhalt des Angebots (Abs. 2 S. 2, § 2 WpÜG-AngVO) 13	
2. Insbesondere: Angabe der gebotenen Gegenleistung (Abs. 2 S. 2 Nr. 4, § 2 Nr. 2, 3 und §§ 4–6 WpÜG-AngVO) 14	b) Angaben über die beabsichtigte Geschäftspolitik (Abs. 2 S. 3 Nr. 2) 28
a) Angaben zur Art der Gegenleistung (Abs. 2 S. 2 Nr. 4) 14	c) Angaben über Sonderleistungen an Organe der Zielgesellschaft (Abs. 2 S. 3 Nr. 3) 30
b) Angaben zur Höhe der Gegenleistung (Abs. 2 S. 2 Nr. 4) 16	d) Bestätigung eines Wertpapierdienstleistungsunternehmens nach § 13 Abs. 1 S. 2 (Abs. 2 S. 3 Nr. 4) 31
aa) Allgemeines 16	
bb) Bewertung der Wertpapiere der Zielgesellschaft 23	e) Anzuwendendes Recht (Abs. 2 S. 2, § 2 Nr. 12 WpÜG-AngVO) 32

III. Angabe der Verantwortlichen (Abs. 3) 33   IV. Rechtsverordnung (Abs. 4 und 5) 34

A. Einführung

§ 11 enthält die Verpflichtung des Bieters, eine Angebotsunterlage zu erstellen, und in Verbindung mit § 2 WpÜG-AngVO die gesetzlichen Vorgaben über dessen notwendigen Inhalt. Die Angebotsunterlage ist das für das Angebot zentrale und maßgebliche öffentliche Dokument.[1] 1

B. Angebotsunterlage

I. Pflicht zur Erstellung und Veröffentlichung einer Angebotsunterlage (Abs. 1). Nach Abs. 1 hat der Bieter 2
eine Unterlage über das Angebot (**Angebotsunterlage**) zu erstellen und zu veröffentlichen. Im Verhältnis zu den Wertpapierinhabern der Zielgesellschaft stellt die Angebotsunterlage die Verkörperung des Angebots dar.[2] Erst mit der Veröffentlichung der Angebotsunterlage hat der Bieter ein Angebot abgegeben.[3]
Hat sich der Bieter im Rahmen seiner Verpflichtung zur Bestimmung des anwendbaren Rechts (§ 2 Nr. 12 3
WpÜG-AngVO) entschieden, das Angebot deutschem Recht zu unterstellen, handelt es sich um ein Angebot iSv § 145 BGB zum Abschluss eines Kaufvertrages (§ 433 BGB) bzw eines Tauschvertrages (§ 480 BGB).[4] Es handelt sich bei dem Angebot um eine nicht empfangsbedürftige bindende Willenserklärung, dh der Antrag muss den Inhabern der in der Angebotsunterlage bezeichneten Wertpapiere nicht zugehen, sondern wird durch Veröffentlichung wirksam.[5] Nach der derzeit wohl noch hM unterliegt das Angebot grundsätzlich der Inhaltskontrolle nach §§ 305 ff BGB.[6] Da das Gesetz die wesentlichen Bedingungen für ein Angebot vorgibt, hat eine derartige Inhaltskontrolle in der Praxis soweit ersichtlich bislang keine Bedeutung gehabt.[7]
Mit der Pflicht zur Erstellung und Veröffentlichung der Angebotsunterlage sollen die von dem Angebot Be- 4
troffenen, die Öffentlichkeit und die Aufsichtsbehörde über den genauen Inhalt des Angebots und den mit dem Angebot verfolgten Zielen informiert werden.[8]
Die Angebotsunterlage hat richtig und vollständig über alle Umstände zu informieren, die die betroffenen 5
Wertpapierinhaber der Zielgesellschaft benötigen, um über das Angebot entscheiden zu können.[9] Umstritten ist, ob die Generalklausel in Abs. 1 S. 2 iVm dem Richtigkeits- und Vollständigkeitsgebot des Abs. 1 S. 3 Bietern die Pflicht auferlegt, weitere Angaben in der Angebotsunterlage zu machen, die nicht im Katalog des Abs. 2 iVm § 2 WpÜG-AngVO enthalten sind.[10] **Stellungnahme:** Der Katalog des Abs. 2 iVm § 2 WpÜG-AngVO ist grundsätzlich abschließend. Dafür spricht insbesondere, dass ansonsten das Risiko bestünde, dass Anforderungen an die Angebotsunterlage unübersehbar würden, was dem Bieter die Einschätzung seines Haftungsrisikos erschwert[11] und auch nicht mit dem Beschleunigungsgrundsatz (§ 3 Abs. 4) vereinbar ist, da ein Bieter hinreichend sicher in der Lage sein muss, die Anforderungen an die Angebotsunterlage einschätzen zu können. Eine Ausnahme kommt daher nur in engen Grenzen in Betracht, etwa weil das Angebot sonst unvollständig wiedergegeben wäre, die Angaben ansonsten nicht oder nur schwer verständlich wären oder ohne die Angaben ein irreführender Gesamteindruck entstünde.[12]
Das Gesetz sieht, anders als § 8 Abs. 2 Nr. 2 WpPG, keine ausdrückliche **Befreiungsmöglichkeit** von der 6
Pflicht zur Aufnahme geheimhaltungsbedürftiger Tatsachen vor, auch wenn diese zu den Mindestangaben nach § 11 gehören. Eine analoge Anwendung von § 8 Abs. 2 Nr. 2 WpPG dürfte daran scheitern, dass der Gesetzgeber trotz der bekannten Diskussion hierüber das Gesetz anlässlich der Umsetzung der Übernahme-

---

1 *Bosch/Meyer*, in: Assmann/Pötzsch/Schneider, § 11 Rn 1; *Hopt*, ZHR 166 (2002), 383, 402 f.
2 *Bosch/Meyer*, in: Assmann/Pötzsch/Schneider, § 11 Rn 10, 21 f; KölnKomm-WpÜG/*Seydel*, § 11 Rn 18.
3 Begr. RegE, BT-Drucks. 14/7034, S. 41; *Bosch/Meyer*, in: Assmann/Pötzsch/Schneider, § 11 Rn 21.
4 *Bosch/Meyer*, in: Assmann/Pötzsch/Schneider, § 11 Rn 23.
5 *Bosch/Meyer*, in: Assmann/Pötzsch/Schneider, § 11 Rn 23, 31 ff; KölnKomm-WpÜG/*Seydel*, § 11 Rn 20.
6 *Geibel*, in: Geibel/Süßmann, § 11 Rn 3; KölnKomm-WpÜG/*Seydel*, § 11 Rn 23; *Thoma*, in: Baums/Thoma, § 11 Rn 20. AA mit überzeugenden Argumenten *Bosch/Meyer*, in: Assmann/Pötzsch/Schneider, § 11 Rn 34; *Noack/Holzborn*, in: Schwark, § 11 WpÜG Rn 31. Nach BGH NJW 2001, 1270, 1271 unterliegen Vertragsbedingungen über stille Beteiligungen in Emissionsprospekten gemäß §§ 157, 242 BGB einer ähnlichen objektiven Auslegung und Inhaltskontrolle wie Allgemeine Geschäftsbedingungen.
7 Siehe auch *Renner*, in: Haarmann/Schüppen, § 11 Rn 9.
8 *Bosch/Meyer*, in: Assmann/Pötzsch/Schneider, § 11 Rn 12.
9 Begr. RegE, BT-Drucks. 14/7034, S. 41. Ausführlich: KölnKomm-WpÜG/*Seydel*, § 11 Rn 25 ff; *Bosch/Meyer*, in: Assmann/Pötzsch/Schneider, § 11 Rn 47.
10 Bejahend: *Assmann*, AG 2002, 153, 156; prinzipiell ablehnend: *Bosch/Meyer*, in: Assmann/Pötzsch/Schneider, § 11 Rn 53 f; KölnKomm-WpÜG/*Seydel*, § 11 Rn 27; KölnKomm-WpÜG/*Möllers*, § 12 Rn 41 ff; *Oechsler*, in: Ehricke/Ekkenga/Oechsler, WpÜG, § 11 Rn 3; *Geibel/Süssmann*, in: Geibel/Süßmann, § 11 Rn 10; OLG Frankfurt, AG 2007, 749, 750.
11 *Bosch/Meyer*, in: Assmann/Pötzsch/Schneider, § 11 Rn 53; KölnKomm-WpÜG/*Möllers*, § 12 Rn 44.
12 *Bosch/Meyer*, in: Assmann/Pötzsch/Schneider, § 11 Rn 53; *Oechsler*, in: Ehricke/Ekkenga/Oechsler, WpÜG, § 11 Rn 3; *Thoma*, in: Baums/Thoma, § 11 Rn 25.

richtlinie zum 14.7.2006[13] und in der Folgezeit nicht entsprechend änderte. Hier ist zunächst zu prüfen, ob diese Angaben tatsächlich „wesentlich" im Sinne der Vorschrift sind. In der Regel werden Geschäfts- und Betriebsgeheimnisse, die die betrieblichen Grundlagen des Bieters betreffen, wie etwa interne Kalkulationsgrundlagen oder geheimes Know-how,[14] keine wesentlichen Angaben im Sinne der Vorschrift sein, da der geschützte Personenkreis diese Informationen nicht für seine Desinvestitionsentscheidung benötigt. Geschäftsvorhaben und Strategien müssen, entsprechend des vom Gesetz verfolgten Informationszwecks, nur insoweit angegeben und erläutert werden, wie sie einen Einfluss auf die Zielgesellschaft haben können. Im Übrigen wird der Grad an Informationsdichte in solchen Fällen nicht über das hinausgehen müssen, was die Arbeitnehmer und die Aktionäre von ihrer eigenen Gesellschaft im Rahmen der periodischen und aperiodischen Berichterstattung erfahren hätten.[15]

7 Eine ausdrückliche Verpflichtung zur **Aktualisierung** der Angebotsunterlage enthält das Gesetz nicht. Nach der überwiegenden Meinung unterliegt der Bieter in entsprechender Anwendung von § 11 VermAnlG und § 52 Abs. 2 BörsZulV[16] einer Pflicht zur Aktualisierung der Angebotsunterlage bei wesentlichen nachträglichen Veränderungen der in der Angebotsunterlage enthaltenen Angaben sowie in entsprechender Anwendung von § 12 Abs. 3 Nr. 3 bei ursprünglich unrichtigen oder unvollständigen Angaben.[17] Nach einer weiteren Meinung beruht die Aktualisierungspflicht auf einer entsprechenden Anwendung von § 12 Abs. 3 Nr. 3.[18] Eine Billigung der Berichtigungsunterlage bzw des Nachtrags durch die Bundesanstalt entsprechend § 16 Abs. 1 S. 2 WpPG soll jedoch nicht erforderlich sein.[19] Der Praxis ist jedenfalls zu raten, von der in § 12 Abs. 3 Nr. 3 vorgesehenen Möglichkeit zur Berichtigung unrichtiger Angaben Gebrauch zu machen, um eine Perpetuierung der haftungsrechtlichen Folgen einer fehlerhaften Angebotsunterlage zu vermeiden.[20]

8 Die Angebotsunterlage ist zwingend in **deutscher Sprache** zu erstellen.[21] Die Erstellung einer zusätzlichen fremdsprachigen Fassung ist dadurch nicht ausgeschlossen, verbindlich ist allerdings stets nur die deutsche Fassung.[22] Zur Vermeidung von unnötigen Haftungsrisiken ist es ratsam klarzustellen, dass es sich bei der fremdsprachigen Fassung um eine unverbindliche Übersetzung handelt. Darüber hinaus ist die Angebotsunterlage in einer **Form** abzufassen, die ihr Verständnis und ihre Auswertung, insbesondere durch die betroffenen Wertpapierinhaber und die Arbeitnehmer,[23] erleichtert (Abs. 1 S. 4).

9 Die Angebotsunterlage ist vom Bieter zu **unterzeichnen** (Abs. 1 S. 5). Nach der hM gibt der Bieter mit der Unterzeichnung zu erkennen, dass er die Verantwortung für die Angebotsunterlage übernimmt und für eine unrichtige Angebotsunterlage haftet,[24] auch wenn er nicht als Verantwortlicher iSv Abs. 3 in der Angebotsunterlage aufgeführt ist.[25] Damit würde der Bieter nach § 12 Abs. 1 Nr. 1 als derjenige haften, der für die Angebotsunterlage die Verantwortung übernommen hat. Angesichts dessen, dass der Gesetzgeber die Haftung in § 12 Abs. 1 abschließend geregelt hat, überzeugt der Hinweis auf den zu Börsenzulassungs- und Verkaufsprospekten entwickelte Vertrauenstatbestand der Unterzeichnung nicht. Dagegen kommt in einem solchen Fall eine Haftung nach § 12 Abs. 1 Nr. 2 in Betracht.[26] Allerdings dürfte dieser Fall nicht vorkommen, denn es entspricht dem eindeutigen gesetzgeberischen Willen, dass der Bieter für die Angebotsunterlage (mit)haften soll,[27] so dass die Bundesanstalt berechtigt wäre, ein Angebot nach § 15 Abs. 1 Nr. 1 zu untersagen, wenn der Bieter nicht bereit ist, nach Abs. 3 die Verantwortung zu übernehmen und damit eine eindeutige Haftungsgrundlage zu schaffen.

10 Die in der Praxis bislang am häufigsten vorkommenden **Fehlerquellen** bei der Erstellung der Angebotsunterlage sind unrichtige Angaben zur Höhe der Gegenleistung,[28] der unzulässige Ausschluss von Aktionären

---

13 Übernahmerichtlinie-Umsetzungsgesetz, BGBl. I v. 13.7.2006.
14 Vgl dazu bspw *Erbs/Kohlhaas*, Strafrechtliche Nebengesetze, AktG, § 404 Rn 8 ff; MüKo-HGB/*Quedenfeld*, § 333 Rn 9 ff; jeweils mit Beispielen.
15 Siehe auch die Kommentierung zu § 27 Rn 3 ff zur korrespondierenden Pflicht des Vorstands.
16 Die Literatur hierzu ist vor Inkrafttreten des WpPG und bezieht sich daher nicht auf die Nachfolgevorschrift § 16 WpPG.
17 Dafür: KölnKomm-WpÜG/*Seydel*, § 11 Rn 40; *Assmann*, in: Assmann/Pötzsch/Schneider, § 12 Rn 32; KölnKomm-WpÜG/*Möllers*, § 12 Rn 49 ff; MüKo-AktG/*Wackerbarth*, § 11 WpÜG Rn 17; *Stephan*, AG 2003, 551, 558 ff; wohl auch *Bosch/Meyer*, in: Assmann/Pötzsch/Schneider, § 11 Rn 53; aA *Hamann*, ZIP 2001, 2249, 2257.
18 *Oechsler*, in: Ehricke/Ekkenga/Oechsler; § 11 Rn 13; *Noack*, in: Schwark, § 12 WpÜG Rn 13.
19 *Bosch/Meyer*, in: Assmann/Pötzsch/Schneider, § 11 Rn 53 auch mit Verweis auf das WpPG; siehe auch Assmann, ZGR 2002, 697, 718; MüKo-AktG/*Wackerbarth*, § 11 WpÜG Rn 18; *Stephan*, AG 2003, 551, 561; allesamt zur Rechtslage vor Inkrafttreten des WpPG.
20 Vgl dazu die Ausführungen unter § 12 Rn 6 ff.
21 Begr. RegE, BT-Drucks. 14/7034, S. 41; *Bosch/Meyer*, in: Assmann/Pötzsch/Schneider, § 11 Rn 54 ff.
22 *Bosch/Meyer*, in: Assmann/Pötzsch/Schneider, § 11 Rn 56; *Thoma*, in: Baums/Thoma, § 11 Rn 31; *Bosch/Meyer*, in: Assmann/Pötzsch/Schneider, § 11 Rn 58.
23 Begr. RegE, BT-Drucks. 14/7034, S. 41.
24 Begr. RegE, BT-Drucks. 14/7034, S. 41; KölnKomm-WpÜG/*Seydel*, § 11 Rn 45; *Geibel*, in: Geibel/Süßmann, § 11 Rn 7.
25 *Geibel*, in: Geibel/Süßmann, § 11 Rn 7 mwN; im Erg. zustimmend: *Bosch/Meyer*, in: Assmann/Pötzsch/Schneider, § 11 Rn 65 f (Haftung aus, § 12 Abs. 1 Nr. 2, jedoch nicht auf, § 12 Abs. 1 Nr. 1).
26 *Bosch/Meyer*, in: Assmann/Pötzsch/Schneider, § 11 Rn 66 (Fn 3).
27 Begr. RegE, BT-Drucks. 14/7034, S. 41.
28 Vgl dazu, § 11 Fn 16 ff.

im Ausland, eine unzureichende Darstellung der zu erwartenden Auswirkungen eines erfolgreichen Angebots auf die Vermögens-, Finanz- und Ertragslage des Bieters und der notwendigen Maßnahmen, die sicherstellen, dass der Bieter das Angebot vollständig erfüllen kann (Abs. 2 S. 3 Nr. 1) und eine unvollständige Darstellung der Absichten des Bieters im Hinblick auf die Zielgesellschaft.[29]

II. Inhalt der Angebotsunterlage (Abs. 2). Abs. 2 enthält die näheren Vorgaben über den Inhalt der Angebotsunterlage. Die Angebotsunterlage hat die in Abs. 2 S. 2 Nr. 1–6 aufgeführten Angaben (**Angaben über den Inhalt des Angebots**) sowie die in Abs. 2 S. 3 Nr. 1–4 vorgesehenen Informationen zu enthalten (**Ergänzende Angaben**). 11

Darüber hinaus enthält die auf der Grundlage von Abs. 4 geschaffene WpÜG-AngVO[30] in § 2 die Verpflichtung des Bieters, **weitere ergänzende Angaben** zu machen. Neben den Angaben, welche die in Abs. 2 geforderten Informationen ergänzen und konkretisieren sollen, verlangt § 2 WpÜG-AngVO weitere Angaben, die den Charakter sonstiger Hintergrundinformationen, Rechtsbelehrungen und Details zur technischen Durchführung des Angebots enthalten.[31] Im Folgenden sollen zusammen mit den Vorschriften des Abs. 2 die wichtigsten Vorschriften des § 2 WpÜG-AngVO kommentiert werden.[32] 12

1. Angaben über den Inhalt des Angebots (Abs. 2 S. 2, § 2 WpÜG-AngVO). Abs. 2 S. 2 Nr. 1–6 verpflichtet den Bieter folgende **Angaben über den Inhalt des Angebots** in der Angebotsunterlage zu machen: Neben den Angaben über die Identität des Bieters,[33] der mit dem Bieter gemeinsam handelnden Personen (Nr. 1 iVm § 2 Nr. 1 WpÜG-AngVO) und der Zielgesellschaft (Nr. 2) sowie der konkreten Bestimmung der Wertpapiere,[34] für die geboten wird (Nr. 3),[35] den Informationen über die Bedingungen, von denen der Bieter die Wirksamkeit des Angebots abhängig macht[36] (Nr. 5) und den Beginn und das Ende der Annahmefrist[37] (Nr. 6), sind für die Wertpapierinhaber von **besonderem Interesse** die Angabe der gebotenen **Gegenleistung**, insbesondere Art (Geldleistung und/oder Tauschangebot) und Höhe (Nr. 4). 13

2. Insbesondere: Angabe der gebotenen Gegenleistung (Abs. 2 S. 2 Nr. 4, § 2 Nr. 2, 3 und §§ 4–6 WpÜG-AngVO). a) **Angaben zur Art der Gegenleistung (Abs. 2 S. 2 Nr. 4).** Anzugeben ist die **Art** der Gegenleistung, dh ob die Gegenleistung in Geld oder in anderen Wertpapieren besteht. Bei Übernahme- und Pflichtangeboten ist ein Angebot in Euro oder in liquiden Aktien, die zum Handel an einem organisierten Markt zugelassen sind, abzugeben (§ 31 Abs. 2 S. 1).[38] 14

Soweit die angebotene Gegenleistung aus anderen **Wertpapieren**[39] (**Tauschangebot**) besteht, muss nach § 2 Nr. 2 WpÜG-AngVO die Angebotsunterlage, die in § § 7 WpPG in Verbindung mit der Verordnung (EG) Nr. 809/2004 der Kommission vom 29. April 2004 vorgesehenen Angaben enthalten.[40] Die Veröffentlichung eines (separaten) Wertpapierprospekts ist in diesem Fall nach § 4 Abs. 1 Nr. 2 WpPG bzw § 4 Abs. 2 Nr. 3 WpPG sowohl für das öffentliche Angebot als auch für die Zulassung der Wertpapiere zum Handel an einem organisierten Markt entbehrlich. Wurde für die Wertpapiere vor Veröffentlichung der Angebotsunterlage ein Prospekt, aufgrund dessen die Wertpapiere öffentlich angeboten oder zum Handel an einem organisierten Markt zugelassen worden sind, im Inland in deutscher Sprache veröffentlicht und ist für die als Gegenleistung angebotenen Wertpapiere während der gesamten Laufzeit des Angebots ein gültiger Prospekt veröffentlicht, genügt die Angabe, dass ein Prospekt veröffentlicht wurde und wo dieser jeweils erhältlich ist.

Besteht die angebotene Gegenleistung in Vermögensanlagen iSv § 1 Abs. 2 VermAnlG sind die Angaben nach § 7 VermAnlG in Verbindung mit der Vermögensanlagen-Verkaufsprospektverordnung zu machen (§ 2 Nr. 2a WpÜG-AngVO). Die Veröffentlichung eines Verkaufsprospekts ist in diesem Fall nach § 2 Nr. 8 VermAnlG für das öffentliche Angebot entbehrlich. Wurde für die Vermögensanlagen innerhalb von zwölf Monaten vor Veröffentlichung der Angebotsunterlage ein Verkaufsprospekt im Inland in deutscher Sprache veröffentlicht, genügt die Angabe, dass ein Verkaufsprospekt veröffentlicht wurde und wo dieser 15

---

29 *Lenz/Linke*, AG 2002, 361, 363.
30 WpÜG-AngVO v. 27.12.2001, BGBl. I S. 4263. Dagegen hat das Bundesministerium der Finanzen noch keinen Gebrauch von der in § 11 Abs. 5 enthaltenen Ermächtigung zur Übertragung der in § 11 Abs. 4 enthaltenen Verordnungskompetenz auf die Bundesanstalt als die sachnähere Behörde gemacht.
31 KölnKomm-WpÜG/*Seydel*, § 11 Rn 47.
32 Eine umfassende Kommentierung des § 2 WpÜG-AngVO enthalten: KölnKomm-WpÜG/*Seydel*, § 11 Anh. – § 2 AngebVO; *Bosch/Meyer*, in: Assmann/Pötzsch/Schneider, § 2 WpÜG-AngVO Rn 1 ff; *Geibel*, in: Geibel/Süßmann, § 11 Rn 20 ff.
33 Vgl zum Begriff des "technischen Mitbieters" *Geibel*, in: Geibel/Süßmann, § 11 Rn 11.
34 Dabei ist auch der für diese Wertpapiere geltende ISIN-Code oder die Wertpapier-Kenn-Nummer anzugeben, vgl *Bosch/*

Meyer, in: Assmann/Pötzsch/Schneider, § 11 Rn 74; aA *Oechsler*, in: Ehricke/Ekkenga/Oechsler, WpÜG, § 11 Rn 10.
35 Siehe zur Frage, ob Schuldverschreibungen aus von Dritten emittierten Umtauschanleihen ("exchangeable bonds") bei der ein Anspruch gegen den Emittenten auf Umtausch in Aktien der Zielgesellschaft besteht oder von Dritten emittierte Optionsscheine, die zum Erwerb von Aktien der Zielgesellschaft berechtigen dem WpÜG unterfallen, siehe die Kommentierung zu, §§ 1, 2 Rn 9.
36 Vgl hierzu § 18 Rn 2 f.
37 Vgl hierzu § 16 Rn 2 f.
38 Vgl dazu § 31 Rn 20 ff.
39 Bei Übernahme- und Pflichtangeboten ist § 31 Abs. 3 zu beachten.
40 Siehe dazu *Geibel*, in: Geibel/Süßmann, § 11 Rn 48 ff.

16 **b) Angaben zur Höhe der Gegenleistung (Abs. 2 S. 2 Nr. 4). aa) Allgemeines.** Bei den Angaben zur **Höhe des Angebots** sind bei **Übernahme- und Pflichtangeboten** die **Mindestpreisregeln** des § 31 Abs. 1 iVm §§ 4–6 WpÜG-AngVO zu beachten.[41]

17 Diese Beschränkungen gelten jedoch **nicht** für **Erwerbsangebote**, so dass sich deren preisliche Angemessenheit allein aus der in § 2 Nr. 3 WpÜG-AngVO enthaltenen Verpflichtung, Angaben über die zur Festsetzung der Gegenleistung angewandten Bewertungsmethoden in die Angebotsunterlage aufzunehmen, ableiten lässt.

18 Nach § 2 Nr. 3 WpÜG-AngVO sind nicht nur die zur Festsetzung der Gegenleistung angewandten Bewertungsmethoden, sondern insbesondere auch die Gründe, warum die Anwendung dieser Methoden **angemessen** ist, aufzunehmen.[42] Damit zusammenhängend hat der Bieter anzugeben, welches Umtauschverhältnis oder welcher Gegenwert sich bei der Anwendung verschiedener Methoden, sofern mehrere angewandt worden sind, jeweils ergibt; zugleich ist darzulegen, welches Gewicht den verschiedenen Methoden bei der Bestimmung des Umtauschverhältnisses oder des Gegenwerts und der ihnen zugrunde liegenden Werte beigemessen worden ist, welche Gründe für die Gewichtung bedeutsam waren, und welche besonderen Schwierigkeiten bei der Bewertung der Gegenleistung aufgetreten sind, anzugeben.

19 Soweit erforderlich kann zur Auslegung von § 2 Nr. 3 WpÜG-AngVO auf die vergleichbaren Vorschriften des § 12 S. 2 UmwG bzw § 293e S. 3 AktG zurückgegriffen werden.[43]

20 Da bei **Erwerbsangeboten** keine gesetzlichen Vorgaben über eine angemessene Mindestbewertung von Leistung und Gegenleistung bestehen, hat der Bieter einen Spielraum zur Bestimmung eines Abschlags gegenüber einem nach §§ 5 ff. WpÜG-AngVO ermittelten Wert, sofern dieser im Einklang mit allgemein anerkannten Grundsätzen ordnungsgemäßer Unternehmensbewertung steht. Will der Bieter eine geringere als eine nach allgemeinen Unternehmensbewertungsmethoden festgestellte angemessene Gegenleistung anbieten, hat er diese Abweichung in der Angebotsunterlage offen zu legen.[44] Die Bundesanstalt ist nach § 15 Abs. 1 Nr. 2 befugt, Angebote, bei denen **evident** gegen die Pflicht zur korrekten Ermittlung des Unternehmenswerts verstoßen wird, zu untersagen. Darüber hinaus werden die angesprochenen Wertpapierinhaber durch die Pflicht des Vorstands, nach § 27 Abs. 1 Nr. 1 eine begründete Stellungnahme zu Art und Höhe der Gegenleistung abzugeben, zusätzlich geschützt.

21 Da bei **Übernahme- und Pflichtangeboten** nach § 4 WpÜG-AngVO der Preis, unabhängig von einem nach §§ 5 ff. WpÜG-AngVO ermittelten Wert, mindestens der höchsten vom Bieter oder einer gemeinsam mit ihm handelnden Person oder deren Tochterunternehmen gewährten oder vereinbarten Gegenleistung für den Erwerb von Aktien oder Bezugsrechten auf Aktien der Zielgesellschaft innerhalb der letzten sechs Monate vor der Veröffentlichung der Angebotsunterlage entsprechen muss, sind die in § 2 Nr. 7 WpÜG-AngVO vorgesehenen Angaben in die Angebotsunterlage mitaufzunehmen. Bei Erwerbsangeboten dienen diese Angaben der Information der Wertpapierinhaber über die Angemessenheit der Gegenleistung. Die Angaben nach § 2 Nr. 3 WpÜG-AngVO über die zur Festsetzung der Gegenleistung angewandten **Bewertungsmethoden** sind sowohl für Bar- als auch für Tauschangebote erforderlich.[45]

22 Bei **Barangeboten** beziehen sich die Angaben über die angewandten Bewertungsmethoden ausschließlich auf den Wert der Wertpapiere der Zielgesellschaft. Bei **Tauschangeboten** erstrecken sich die Erläuterungen zusätzlich auf den Wert der als Gegenleistung angebotenen Wertpapiere.

23 **bb) Bewertung der Wertpapiere der Zielgesellschaft.** Zur Bestimmung des Wertes der Wertpapiere der **Zielgesellschaft** wird in der Regel eine Bezugnahme auf den **Börsenkurs** der Wertpapiere der Zielgesellschaft statthaft sein, wenn es sich um liquide Wertpapiere handelt.[46] Dies ergibt sich für Übernahme- und Pflichtangebote bereits daraus, dass nach §§ 5 ff. WpÜG-AngVO der Wert der Gegenleistung mindestens dem gewichteten durchschnittlichen Börsenkurs der letzten drei Monate vor Veröffentlichung der Entscheidung zur Abgabe eines Angebots (§ 10 Abs. 1 S. 1) entsprechen muss und eine (andere) Form der Unternehmenswertbestimmung nur bei nicht liquiden Aktien (§ 5 Abs. 4 WpÜG-AngVO) erforderlich ist.[47]

24 Anders als bei Übernahme- und bei Pflichtangeboten besteht bei **Erwerbsangeboten** keine Verpflichtung, einen bestimmten Referenzzeitraum und eine Gewichtungsmethode zur Bestimmung des angemessenen Werts der Wertpapiere zugrundezulegen. Die Praxis wendet auch bei Erwerbsangeboten wohl §§ 4 ff.

---

[41] Vgl dazu § 31 Rn 2 ff.
[42] *Bosch/Meyer*, in: Assmann/Pötzsch/Schneider, § 2 WpÜG-AngVO Rn 12; *Oechsler*, in: Ehricke/Ekkenga/Oechsler, WpÜG, § 11 Rn 37.
[43] KölnKomm-WpÜG/*Seydel*, § 11 Anh. – § 2 AngebVO Rn 11.
[44] AA *Geibel*, in: Geibel/Süßmann, § 11 Rn 57.
[45] *Bosch/Meyer*, in: Assmann/Pötzsch/Schneider, § 2 WpÜG-AngVO Rn 12; KölnKomm-WpÜG/*Seydel*, Anh. – § 2 AngebVO Rn 11.
[46] KölnKomm-WpÜG/*Seydel*, § 11 Anh. – § 2 AngebVO Rn 12.
[47] Vgl dazu § 31 Rn 10.

WpÜG-AngVO und den dort vorgesehenen dreimonatigen Referenzzeitraum und zur Gewichtung den nach Umsätzen gewichteten Durchschnittskurs der der Bundesanstalt nach § 9 WpHG als börslich gemeldeten Geschäfte entsprechend an.[48]

cc) Bewertung der als Gegenleistung angebotenen Wertpapiere. Zur Bestimmung des Wertes der als Gegenleistung angebotenen Wertpapiere gilt das zu Rn 23 Gesagte entsprechend, so dass grundsätzlich eine Bezugnahme auf den Börsenkurs der Wertpapiere zulässig ist. Bei **Übernahme- oder Pflichtangeboten** ist zu beachten, dass als Gegenleistung nur Aktien, die zum Handel an einem organisierten Markt (§ 2 Abs. 7)[49] zugelassen sind (§ 31 Abs. 2), gestattet sind.[50] Nach § 7 WpÜG-AngVO ist § 5 zur Bestimmung des angemessenen Wertes der als Gegenleistung angebotenen Aktien entsprechend anzuwenden. Im Rahmen von **Erwerbsangeboten** gelten diese Vorschriften **nicht**, so dass der Bieter hinsichtlich der Anwendung von Bewertungsmethoden zur Bestimmung seiner Gegenleistung grundsätzlich frei ist, sofern diese Methoden allgemein anerkannten Grundsätzen ordnungsgemäßer Unternehmensbewertung entsprechen. Jedoch wird hier der Bieter zu berücksichtigen haben, dass eine korrekte Ermittlung des Umtauschverhältnisses grundsätzlich nur möglich ist, wenn Leistung und Gegenleistung nach **einheitlichen Grundsätzen** bewertet werden,[51] so dass die Anwendung anderer Methoden als die zur Bestimmung des Wertes der Wertpapiere der Zielgesellschaft einer rechtfertigenden Begründung bedarf.

3. Ergänzende Angaben (Abs. 2 S. 3, § 2 WpÜG-AngVO). Abs. 2 S. 3 und § 2 WpÜG-AngVO legen fest, welche ergänzende Angaben der Bieter in der Angebotsunterlage zu machen hat.

a) Angaben über die Finanzierung und Auswirkungen auf den Bieter (Abs. 2 S. 3 Nr. 1). Da es weder im Interesse der Wertpapierinhaber der Zielgesellschaft als auch der Zielgesellschaft selbst sein kann, Beteiligte eines Angebotsverfahrens zu sein, dessen Finanzierung nicht sichergestellt ist,[52] hat der Bieter nach Abs. 2 S. 3 Nr. 1 Angaben zu den notwendigen Maßnahmen zu machen, die sicherstellen, dass ihm die zur vollständigen Erfüllung des Angebots notwendigen Mittel zur Verfügung stehen.[53] Außerdem hat er Auskunft über die Auswirkungen eines erfolgreichen Angebots auf seine Vermögens-, Finanz- und Ertragslage zu geben. Die **Verwaltungspraxis** der Bundesanstalt verlangt bei diesen Angaben eine genaue, möglichst detaillierte Beschreibung.[54] Hinsichtlich der Angaben über Finanzierungsmaßnahmen verlangt sie, eine Angabe über die Anzahl der Wertpapiere, die vom Angebot exakt umfasst sind, welcher Kaufpreis hierfür zu entrichten ist und auf welche Weise der Bieter die Bezahlung des Kaufpreises sichergestellt hat.[55] Bei den Angaben über die erwarteten Auswirkungen können die Angaben im Einzelfall variieren, je nachdem, ob es sich um ein Bar- oder Tauschangebot oder um eine freundliche oder feindliche Offerte handelt. Die vom Bieter darzustellenden „erwarteten Auswirkungen" enthalten nach Auffassung der Bundesanstalt sowohl statische wie auch dynamische Elemente der Vergangenheit und nahen Zukunft. In der Angebotsunterlage sind diese Elemente darzulegen, indem zunächst die Vermögens-, Finanz- und Ertragslage des Bieters vor dem Angebot verbal und zahlenmäßig beschrieben wird und danach anhand betriebswirtschaftlicher Kennzahlen die Vermögens-, Finanz- und Ertragslage des Bieters nach einem erfolgreichen Angebot dargestellt wird. Die „zu erwartenden Auswirkungen" können auf der Basis der Standards (DRS 2 und 4) für den Bieter, die Zielgesellschaft sowie den aus Bieter und Zielgesellschaft entstehenden Pro-Forma-Konzern getrennt ermittelt werden.[56] Die wesentlichen Angaben über die Vermögens-, Finanz- und Ertragslage können dem letzten veröffentlichten Geschäftsbericht oder Zwischenbericht entnommen werden, sofern diese Angaben nicht älter als 12 Monate sind, oder vom Bieter zeitnah selbst zu erstellen. Nach Auffassung der Bundesanstalt ist darauf zu achten, dass die durch das Angebot selbst verursachten Kosten als Transaktionskosten bei der Darstellung der „erwarteten Auswirkungen" mitberücksichtigt werden.[57] Zur Vermeidung von Haftungsrisiken sollten jedoch etwaige Unsicherheiten und Annahmen, die dem Pro-Forma-Abschluss zu Grund gelegt wurden, in der Angebotsunterlage offen gelegt werden.[58]

---

48 Bestätigt bei *Lenz/Linke*, AG 2002, 361, 363, die darauf hinweisen, dass allein die Bundesanstalt den gewichteten durchschnittlichen Börsenkurs iSd § 5 WpÜG-AngVO feststellen könne. Um falsche Angaben zu vermeiden, sollte dieser Kennzahl vor Veröffentlichung der Angebotsunterlage von der Bundesanstalt in Erfahrung gebracht werden.
49 Siehe dazu §§ 1, 2 Rn 26.
50 Damit ist es US-amerikanischen Gesellschaften, deren Aktien nicht an einer im EWR als geregelten Markt anerkannten Börse börsennotiert sind, nicht gestattet diese Aktien als Gegenleistung anzubieten.
51 *Geibel*, in: Geibel/Süßmann, § 11 Rn 64.
52 Begr. RegE, BT-Drucks. 14/7034, S. 41 f; *Bosch/Meyer*, in: Assmann/Pötzsch/Schneider, § 11 Rn 90; KölnKomm-WpÜG/*Seydel*, § 11 Rn 58.
53 Vgl dazu § 13 Rn 2 ff.
54 Siehe *Lenz/Linke*, AG 2002, 361, 364; *Lenz/Behnke*, BKR 2003, 43, 46; KölnKomm-WpÜG/*Seydel*, § 11 Rn 58.
55 *Lenz/Linke*, AG 2002, 361, 364.
56 Gegen das Erfordernis eines Pro-Forma-Abschlusses *Bosch/Meyer*, in: Assmann/Pötzsch/Schneider, § 11 Rn 105 (zu weitgehend); ebenso: *Noack*, in: Schwark, § 11 WpÜG Rn 20 (detaillierte verbale Darstellung der wesentlichen GuV- und Bilanzpositionen).
57 *Lenz/Behnke*, BKR 2003, 43, 46.
58 Darauf weisen *Bosch/Meyer*, in: Assmann/Pötzsch/Schneider, § 11 Rn 105 zu Recht hin.

28 b) **Angaben über die beabsichtige Geschäftspolitik (Abs. 2 S. 3 Nr. 2).** Zu den wichtigsten Informationen, die zur Beurteilung des Angebots erforderlich sind, gehören die Angaben über die **Absichten des Bieters** im Hinblick auf die **künftige Geschäftspolitik der Zielgesellschaft**[59] sowie, soweit vom Angebot betroffen, auch die **Geschäftsabsichten des Bieters.** Deshalb hat er die in Abs. 2 S. 3 Nr. 2 verlangten Angaben, insbesondere zu Sitz und Standort wesentlicher Unternehmensteile, die Verwendung des Vermögens, künftige Verpflichtungen, die Arbeitnehmer[60] und deren Vertretungen, die Mitglieder der Geschäftsführungsorgane und wesentliche Änderungen der Beschäftigungsbedingungen einschließlich der vorgesehenen Maßnahmen, zu machen.[61] Die Bundesanstalt verlangt Angaben zu jedem einzelnen Tatbestandsmerkmal dieser Vorschrift.[62] Zu den geforderten Angaben zählen u.a. die Absichten hinsichtlich der künftigen strategischen Ausrichtung der Zielgesellschaft und des Bieters, etwaige Restrukturierungsabsichten und Konzernierungspläne und Absichten die Börsennotierung der Zielgesellschaft zu beenden (*Delisting*).[63] Die Einschränkung hinsichtlich des Bieters soll verhindern, dass etwaige Geschäftsabsichten, die mit dem Angebot nichts zu tun haben, nicht in der Angebotsunterlage aufgeführt werden, da die Gefahr besteht, dass die Angebotsunterlage zur Lasten der Verständlichkeit mit unwichtigen Angaben aufgebläht werden und, dass der Bieter durch den Zwang unnötige Betriebsdetails anzugeben, unnötigerweise belastet wird.[64]

29 Die Angaben nach Abs. 2 S. 3 Nr. 2 stellen keine rechtlich bindende Verpflichtung des Bieters gegenüber den angesprochenen Wertpapierinhabern und anderen Beteiligten, wie die Zielgesellschaft und ihre Arbeitnehmer. Den Beteiligten stehen daher keine Erfüllungs- oder Schadensersatzansprüche zu, sollte der Bieter seine Absichten nach Durchführung des Angebots ändern.[65] Dementsprechend kommt eine Haftung nach § 12 Abs. 1 nur in Betracht, wenn der Bieter die kundgetanen Absichten zum Zeitpunkt der Veröffentlichung bzw bis zum Ablauf der Annahmefrist tatsächlich nicht verfolgte.[66]

30 c) **Angaben über Sonderleistungen an Organe der Zielgesellschaft (Abs. 2 S. 3 Nr. 3).** Um die Wertpapierinhaber über mögliche Interessenkonflikte der Organe der Zielgesellschaft zu informieren, die aufgrund von Absprachen zwischen diesen Organen und dem Bieter im Vorfeld des Angebots entstehen können,[67] hat der Bieter Angaben über alle Geldleistungen oder andere geldwerte Vorteile,[68] die Vorstandsmitgliedern oder Aufsichtsratsmitgliedern gewährt oder in Aussicht gestellt werden, zu machen.[69] Als geldwerter Vorteil gilt jeder wirtschaftliche Vorteil, welcher nicht in einer Geldleistung besteht und auf welchen das betroffene Verwaltungsratsmitglied bislang keinen Rechtsanspruch hatte.[70] Unbeachtlich ist es, ob die Vorteilsgewährung nach dem Gesetz oder aus anderen Gründen unzulässig wäre.[71] Zu den geldwerten Vorteilen gehören bspw erhöhte Bezüge bzw Abfindungszahlungen oder Zusagen hinsichtlich bestimmter Positionen in der Zielgesellschaft oder bei dem Bieter.[72] Anzugeben sind sowohl die Art des Vorteils als auch die Höhe der jeweiligen Vorteile für jedes einzelne Verwaltungsratsmitglied.[73] Nach der wohl hM ist der Bieter nicht verpflichtet, von etwaigen Vorteilen zu berichten (soweit sie ihm bekannt sind oder werden), die Verwaltungsratsmitgliedern von der Zielgesellschaft oder Aktionären der Zielgesellschaft im Zusammenhang mit einem Erfolg oder einem Scheitern der Übernahme der Zielgesellschaft gewährt werden.[74] Dies kann mE nicht zutreffend sein, wenn der Bieter konkrete Kenntnis von der Gewährung dieser Vorteile hat und dies aus-

---

[59] *Bosch/Mayer*, in: Assmann/Pötzsch/Schneider, § 11 Rn 108.
[60] Dazu gehören auch Ausführungen zu den Absichten des Bieters hinsichtlich der Weiterbeschäftigung der Arbeitnehmer von Tochtergesellschaften, vgl dazu *Hopt*, ZGR 2002, 333, 352 f.
[61] Ausführlich: *Geibel*, in: Geibel/Süßmann, § 11 Rn 23 ff; *Bosch/Mayer*, in: Assmann/Pötzsch/Schneider, § 11 Rn 114 ff.
[62] Vgl *Lenz/Linke*, AG 2002, 361, 364, wonach ein pauschaler Hinweis darauf, dass keine entsprechenden Absichten vorliegen, nicht ausreichend sei. So aber Begr. RegE, BT-Drucks. 14/7034, S. 41 für den Fall, dass es sich nicht um ein Übernahme- oder Pflichtangebot handele und in dessen Folge auf Grund der geringen Höhe der angestrebten Beteiligung kein Einfluss auf die Geschäftsleitung genommen werden könne.
[63] *Bosch/Mayer*, in: Assmann/Pötzsch/Schneider, § 11 Rn 111; *Noack*, in: Schwark, § 11 WpÜG, Rn 21.
[64] Stellungnahme des Bundesrates und Gegenäußerung der Bundesregierung, BT-Drucks. 16/1342, S. 1.
[65] *Bosch/Mayer*, in: Assmann/Pötzsch/Schneider, § 11 Rn 113; KölnKomm-WpÜG/*Seydel*, § 11 Rn 74; *Oechsler*, in: Ehricke/Ekkenga/Oechsler, WpÜG, § 11 Rn 22 (jedoch Beweis des ersten Anscheins für bewusste Unrichtigkeit).
[66] *Bosch/Mayer*, in: Assmann/Pötzsch/Schneider, § 11 Rn 113; siehe auch § 12 Rn 8.
[67] Zur Frage, ob der Bieter in der Angebotsunterlage oder der Vorstand in seiner Stellungnahme (§ 27) darauf hinweisen muss, wenn die Zielgesellschaft dem Bieter eine Geldleistung für den Fall verspricht, dass die Übernahme scheitert (inducement fees, break-up fees) siehe *Hopt*, ZGR 2002, 333, 363. Zur Zulässigkeit solcher Vereinbarungen siehe *Krause*, in: Assmann/Pötzsch/Schneider, § 22 Rn 74 ff; *Fleischer*, AG 2009, 345.
[68] Trotz der unterschiedlichen Begrifflichkeit ist wegen der vergleichbaren *ratio legis* zur Auslegung des Begriffs des "geldwerten Vorteils" auf die zum Begriff des "besonderen Vorteils", § 5 Abs. 1 Nr. 8 UmwG entwickelten Grundsätze zurückzugreifen. Vgl dazu *Bosch/Mayer*, in: Assmann/Pötzsch/Schneider, § 11 Rn 122; *Noack*, in: Schwark, § 11 WpÜG, Rn 24.
[69] Begr. RegE, BT-Drucks. 14/7034, S. 41 f; *Renner*, in: Haarmann/Schüppen, § 11 Rn 79 ff; *Geibel*, in: Geibel/Süßmann, § 11 Rn 40 ff.
[70] *Bosch/Mayer*, in: Assmann/Pötzsch/Schneider, § 11 Rn 122; *Noack*, in: Schwark, § 11 WpÜG, Rn 24 f.
[71] Begr. RegE, BT-Drucks. 14/7034, S. 42; *Bosch/Mayer*, in: Assmann/Pötzsch/Schneider, § 11 Rn 122 mwN.
[72] *Bosch/Mayer*, in: Assmann/Pötzsch/Schneider, § 11 Rn 122; *Noack*, in: Schwark, § 11 WpÜG, Rn 25.
[73] *Bosch/Mayer*, in: Assmann/Pötzsch/Schneider, § 11 Rn 111.
[74] *Bosch/Mayer*, in: Assmann/Pötzsch/Schneider, § 11 Rn 124; KölnKomm-WpÜG/*Seydel*, § 11 Rn 77; *Noack*, in: Schwark, § 11 WpÜG, Rn 26.

drücklich billigt, weil sie ihm im Hinblick auf seinen Absichten zur Übernahme der Zielgesellschaft förderlich erscheinen. In jedem Fall sind Vorstand und Aufsichtsrat verpflichtet, etwaige Interessenkonflikte im Rahmen ihrer Stellungnahme nach § 27 offenzulegen.[75]

d) Bestätigung eines Wertpapierdienstleistungsunternehmens nach § 13 Abs. 1 S. 2 (Abs. 2 S. 3 Nr. 4). Nach § 13 Abs. 1 S. 2 hat bei Barangeboten ein vom Bieter unabhängiges Wertpapierdienstleistungsunternehmen schriftlich zu bestätigen, dass dem Bieter die zur vollständigen Erfüllung des Angebots notwendigen Mittel zum Zeitpunkt der Fälligkeit des Anspruchs auf die Gegenleistung zur Verfügung stehen.[76] Nach der **Verwaltungspraxis** der Bundesanstalt ist die Finanzierungsbestätigung im vollen Wortlaut nicht im Text der Angebotsunterlage abzudrucken, sondern als Dokument in der Anlage zur Angebotsunterlage aufzuführen.[77]

e) Anzuwendendes Recht (Abs. 2 S. 2, § 2 Nr. 12 WpÜG-AngVO). Die Angabe des anwendbaren Rechts soll es den Wertpapierinhabern erlauben, die rechtlichen Konsequenzen der Annahme des Angebots und der Geltendmachung eventueller Ansprüche zu bewerten.[78] Im Ergebnis zwingt § 2 Nr. 12 WpÜG-AngVO zur Rechtswahl[79] und verhindert so, dass die Übernahmeverträge mit den einzelnen Aktionären nach Art. 28 EGBGB unterschiedlichen Rechtsordnungen unterliegen. Die Bestimmung wird dahin gehend verstanden, dass die Wahl deutschen Rechts nicht zwingend sei.[80] Allerdings ist der Spielraum, der sich durch eine Rechtswahl eröffnet, gering. Qualifiziert man die Angebotsunterlage als Allgemeine Geschäftsbedingungen iSv §§ 305 ff BGB,[81] ist eine Rechtswahl zwar grundsätzlich möglich, aber an §§ 308, 309 BGB zu messen. Zudem sind die Bestimmungen des WpÜG in weiten Teilen verbraucherschützend iSv Art. 29, 29 a EGBGB,[82] so dass sie jedenfalls gegenüber Verbrauchern nicht dispositiv sind. Allerdings gilt Art. 29 a EGBGB nicht, soweit der Bieter das Recht eines EU-Mitgliedstaates oder eines EWR-Vertragsstaates gewählt hat.[83] Schließlich stellt sich die Frage, welche Bestimmungen des WpÜG nach Art. 34 EGBGB zwingend anzuwenden sind.[84] Der effektive Anwendungsbereich für eine Rechtswahl ist daher gering.

III. Angabe der Verantwortlichen (Abs. 3). Die Angebotsunterlage hat die in Abs. 3 genannten Angaben zur Identität derjenigen Personen oder Gesellschaften, die für den Inhalt der Angebotsunterlage die Verantwortung übernehmen, zu enthalten. Diese Personen müssen in der Angebotsunterlage ausdrücklich erklären, dass ihres Wissens die Angaben in der Angebotsunterlage richtig und keine wesentlichen Umstände ausgelassen sind. Damit soll es Personen, denen ein Anspruch auf Schadensersatz nach § 12 zusteht, erleichtert werden, die haftenden Personen zu identifizieren. Allerdings haften nicht allein die in der Angebotsunterlage als Verantwortliche genannten Personen, sondern auch solche Personen, von denen der Erlass der Angebotsunterlage ausgeht (§ 12 Abs. 1 Nr. 2).[85] Nach der hier vertretenen Auffassung ist der Bieter stets verpflichtet, sich als Verantwortlichen nach Abs. 3 anzugeben.[86]

IV. Rechtsverordnung (Abs. 4 und 5). Abs. 4 ermächtigt das Bundesministerium der Finanzen, durch **Rechtsverordnung** weitere Angaben für die Angebotsunterlage vorzuschreiben. Das Bundesministerium der Finanzen hat von dieser Ermächtigung Gebrauch gemacht und auf der Grundlage dieser Vorschrift und aufgrund der Ermächtigung in §§ 31 Abs. 7 S. 1, 37 Abs. 2 S. 1 die WpÜG-AngVO vom 27.12.2001 erlassen.[87]

Nach Abs. 5 kann diese Rechtsverordnung durch Rechtsverordnung auf die Bundesanstalt übertragen werden. Durch diese Vorschriften soll sichergestellt werden, dass auf die in der Praxis gewonnenen Erfahrungen unter Einbeziehung der Fachkompetenz des Beirats rasch reagiert werden kann.[88] Von dieser Ermächtigung hat das Bundesministerium der Finanzen bislang noch keinen Gebrauch gemacht.

---

[75] KölnKomm-WpÜG/*Seydel*, § 11 Rn 76, 78.
[76] Vgl dazu § 13 Rn 11 ff.
[77] *Lenz/Linke*, AG 2002, 361, 364; KölnKomm-WpÜG/*Seydel*, § 11 Rn 79; *Noack/Holzborn*, in: Schwark, § 11 WpÜG, Rn 27. Nach *Bosch/Mayer*, in: Assmann/Pötzsch/Schneider, § 11 Rn 125 und *Noack*, in: Schwark, § 11 WpÜG, Rn 27 kann die Finanzierungsbestätigung in die Angebotsunterlage selbst mit aufgenommen werden.
[78] Begr. RegE, BT-Drucks. 14/7043, S. 79; *Bosch/Mayer*, in: Assmann/Pötzsch/Schneider, § 2 WpÜG-AngVO, Rn 28.
[79] *Bosch/Mayer*, in: Assmann/Pötzsch/Schneider, § 2 WpÜG-AngVO Rn 28.
[80] *Bosch/Mayer*, in: Assmann/Pötzsch/Schneider, § 2 WpÜG-AngVO Rn 29; *Geibel*, in: Geibel/Süßmann, § 11 Rn 87.
[81] Siehe oben Rn 3.
[82] Aktien von börsennotierten Gesellschaften sind zwingend verbrieft und nach §§ 929 ff BGB zu übertragen, so dass sie als Lieferung beweglicher Sachen anzusehen sind.
[83] *Bosch/Mayer*, in: Assmann/Pötzsch/Schneider, § 2 WpÜG-AngVO Rn 29.
[84] *Renner*, in: Haarmann/Schüppen, § 11 Rn 93 vertritt die Auffassung, dass das WpÜG falle im Ganzen unter Art. 34 EGBGB, ohne dies näher zu begründen.
[85] Vgl dazu § 12 Rn 13 ff.
[86] *Bosch/Mayer*, in: Assmann/Pötzsch/Schneider, § 11 Rn 131; aA KölnKomm-WpÜG/*Seydel*, § 11 Rn 81. Siehe Rn 9.
[87] WpÜG-Ang-VO idF v. 27. Dezember 2001 BGBl. I S. 4263; zuletzt geändert durch Verordnung zur Änderung der WpÜG-Angebotsverordnung (WpÜGAngebVÄndV) v. 17.7.2006 BGBl. I S. 1697.
[88] Begr. RegE, BT-Drucks. 14/7034, S. 42.

§ 11 a Europäischer Pass

Die von der zuständigen Aufsichtsstelle eines anderen Staates des Europäischen Wirtschaftsraums gebilligte Angebotsunterlage über ein europäisches Angebot zum Erwerb von Wertpapieren einer Zielgesellschaft im Sinne des § 2 Abs. 3 Nr. 2, deren Wertpapiere auch im Inland zum Handel an einem organisierten Markt zugelassen sind, wird im Inland ohne zusätzliches Billigungsverfahren anerkannt.

1 Nach § 11 a wird eine von einer zuständigen Aufsichtsbehörde eines anderen Staates des Europäischen Wirtschaftsraums gebilligte Angebotsunterlage ohne ein weiteres Billigungsverfahren anerkannt, sofern es sich um ein europäisches Angebot iSd § 2 Abs. 1 a[1] zum Erwerb von Wertpapieren einer inländischen AG oder KGaA oder einer Gesellschaft mit Sitz in einem anderen Staat des Europäischen Wirtschaftsraums handelt. Es ist zu erwarten, dass der europäische Pass bedeutungslos bleiben wird.[2]

§ 12 Haftung für die Angebotsunterlage

(1) Sind für die Beurteilung des Angebots wesentliche Angaben der Angebotsunterlage unrichtig oder unvollständig, so kann derjenige, der das Angebot angenommen hat oder dessen Aktien dem Bieter nach § 39 a übertragen worden sind,

1. von denjenigen, die für die Angebotsunterlage die Verantwortung übernommen haben, und
2. von denjenigen, von denen der Erlass der Angebotsunterlage ausgeht,

als Gesamtschuldnern den Ersatz des ihm aus der Annahme des Angebots oder Übertragung der Aktien entstandenen Schadens verlangen.

(2) Nach Absatz 1 kann nicht in Anspruch genommen werden, wer nachweist, dass er die Unrichtigkeit oder Unvollständigkeit der Angaben der Angebotsunterlage nicht gekannt hat und die Unkenntnis nicht auf grober Fahrlässigkeit beruht.

(3) Der Anspruch nach Absatz 1 besteht nicht, sofern

1. die Annahme des Angebots nicht auf Grund der Angebotsunterlage erfolgt ist,
2. derjenige, der das Angebot angenommen hat, die Unrichtigkeit oder Unvollständigkeit der Angaben der Angebotsunterlage bei der Abgabe der Annahmeerklärung kannte oder
3. vor der Annahme des Angebots in einer Veröffentlichung nach § 15 des Wertpapierhandelsgesetzes oder einer vergleichbaren Bekanntmachung eine deutlich gestaltete Berichtigung der unrichtigen oder unvollständigen Angaben im Inland veröffentlicht wurde.

(4) Der Anspruch nach Absatz 1 verjährt in einem Jahr seit dem Zeitpunkt, zu dem derjenige, der das Angebot angenommen hat oder dessen Aktien dem Bieter nach § 39 a übertragen worden sind, von der Unrichtigkeit oder Unvollständigkeit der Angaben der Angebotsunterlage Kenntnis erlangt hat, spätestens jedoch in drei Jahren seit der Veröffentlichung der Angebotsunterlage.

(5) Eine Vereinbarung, durch die der Anspruch nach Absatz 1 im Voraus ermäßigt oder erlassen wird, ist unwirksam.

(6) Weitergehende Ansprüche, die nach den Vorschriften des bürgerlichen Rechts auf Grund von Verträgen oder vorsätzlichen unerlaubten Handlungen erhoben werden können, bleiben unberührt.

A. Einführung

1 § 12 regelt die Haftung derjenigen Personen oder Gesellschaften, die die Verantwortung für die Angebotsunterlage übernommen haben oder von denen der Erlass der Angebotsunterlage ausgeht, für eine fehlerhafte Angebotsunterlage. Die Vorschrift ist anderen kapitalmarktrechtlichen Prospekthaftungsvorschriften (§§ 44 ff BörsG[1], § 13 VerkProspG, § 127 InvG[2]) nachgebildet,[3] die nunmehr jedoch alle aufgehoben wurden: Das Verkaufsprospektgesetz wurde mit Wirkung vom 1.6.2012 durch Art. 2 des Gesetzes zur Novel-

---

1 Siehe die Kommentierung zu § 2.
2 Siehe dazu *Renner*, in: Haarmann/Schüppen, § 11 a Rn 20 ff; *Seibt/Heiser*, AG 2006, 301, 305.

1 Die ebenfalls aufgehobenen Normen zur Haftung für einen fehlerhaften Börsenzulassungsprospekt in §§ 44 ff BörsG wurden in die §§ 21 ff WpPG verschoben.

2 Vorbild waren die Vorgängervorschriften des § 20 KAGG und des § 12 AuslInvestmG.
3 *Assmann*, in: Assmann/Pötzsch/Schneider, § 12 Rn 2; Köln-Komm-WpÜG/*Möllers*, § 12 Rn 12; *Noack*, in: Schwark, § 12 WpÜG, Rn 1.

lierung des Finanzanlagenvermittler- und Vermögensanlagenrechts[4] durch das Vermögensanlagengesetz ersetzt.[5] Dabei entspricht jedoch ein Großteil der Normen des Vermögensanlagengesetzes denen des Verkaufsprospektgesetzes:[6] Die Regelungen zur Prospekthaftung finden sich nunmehr in den §§ 20 ff VermAnlG und entsprechen weitgehend den Vorgängerregelungen.[7]
Das Investmentgesetz wurde jüngst durch das Gesetz zur Umsetzung der Richtlinie 2011/61/EU (AIFM-RL) aufgehoben, dessen zentraler Inhalt die Einführung des Kapitalanlagegesetzbuches (KAGB) ist. Das Kapitalanlagegesetzbuch übernimmt in weiten Teilen den Regelungsgehalt des Investmentgesetzes. § 127 InvG aF findet sich (in Bezug auf die Regelung zur Prospekthaftung) nahezu dem Wortlaut identisch in § 306 KAGB. Insoweit wurde auf die Übernahme der Regelung des § 126 InvG aF auch ausdrücklich in der Gesetzesbegründung zu § 306 KAGB Bezug genommen.[8]
Dementsprechend kann zur Beantwortung von Auslegungsfragen – wie bereits zuvor – weiterhin auf den Diskussionsstand zur „alten Rechtslage" zurückgegriffen werden, der bezüglich einer Haftung für fehlerhafte Wertpapier- und Verkaufsprospekte sowie für Investmentprospekte bereits in der Rechtsprechung und Literatur besteht.[9]

B. Haftung für eine fehlerhafte Angebotsunterlage (Abs. 1)

Ist die Angebotsunterlage fehlerhaft, haften diejenigen, die die Verantwortung für die Angebotsunterlage übernommen haben und diejenigen, von denen der Erlass der Angebotsunterlage ausgeht, als Gesamtschuldner (§ 421 BGB)[10] denjenigen, die das Angebot angenommen haben bzw denjenigen, deren Aktien nach § 39 c iVm § 39 a (*Sell-out*) bzw nach § 39 a (*Squeeze-out*) auf den Bieter übertragen wurden, auf Ersatz des ihnen aus der Annahme des Angebots bzw der Übertragung der Aktien entstandenen Schadens.
Voraussetzung für eine Haftung ist, dass zur Beurteilung des Angebots **wesentliche Angaben** in der **Angebotsunterlage unrichtig** oder **unvollständig** sind. Dabei ist es unerheblich, dass die Bundesanstalt die Veröffentlichung der Angebotsunterlage gestattet hat.[11]
I. Angebotsunterlage. Angebotsunterlage im Sinne von § 12 ist die nach § 11 zu veröffentlichende und von der Bundesanstalt nach § 14 Abs. 2 gebilligte und tatsächlich veröffentlichte Angebotsunterlage. Falsche Angaben in von der Bundesanstalt nicht gebilligten oder vor ihrer Billigung (§§ 14 Abs. 2, 15 Abs. 1) verwendeten Angebotsunterlagen können eine Haftung nach der allgemeinen zivilrechtlichen Prospekthaftung auslösen.[12]
Ebenso lösen falsche Angaben in **anderen** öffentlich verbreiteten oder den Anlegern sonstwie zugänglich gemachten Unterlagen über das Angebot keine Haftung nach § 12 aus, können jedoch, wenn sie den Eindruck erwecken, ähnlich einem Prospekt, vollständig und richtig über das Angebot zu informieren, zu einer Haftung nach den Grundsätzen der allgemeinen zivilrechtlichen Prospekthaftung führen.[13] Hiervon ausgenommen sind Veröffentlichungen, die als Werbung für die Annahme des Angebots erkennbar sind, so dass deren Behandlung nach prospekthaftungsrechtlichen Grundsätzen nicht gerechtfertigt ist, sondern nach den hierfür geltenden allgemeinen zivilrechtlichen und wettbewerbsrechtlichen Grundsätzen sowie nach § 28.[14] Andere Unterlagen können schließlich Gegenstand der Vertragshaftung (einschließlich der vorvertraglichen Haftung nach § 280 Abs. 1 iVm § 311 Abs. 2 BGB) und der deliktischen Haftung nach § 823 Abs. 2 BGB iVm § 264 a StGB oder § 826 BGB sein.[15]
II. Unrichtige oder unvollständige Angaben. Die in der Angebotsunterlage enthaltene unrichtige oder unvollständige Angabe muss für die Beurteilung des Angebots wesentlich sein. **Wesentliche Angaben** sind solche Umstände, die objektiv für die Beurteilung des Angebots im Hinblick auf eine Annahme bzw Ablehnung erforderlich sind und die der durchschnittliche verständige Adressat des Angebots „eher als nicht" bei seiner Entscheidung über das Angebot berücksichtigen würde.[16] Dabei kommt es maßgeblich auf die Per-

---

[4] BGBl. I S. 2481.
[5] BGBl. I S. 2481; zur Ersetzung des VerkProspG durch das VermAnlG siehe nur umfassend *Leuering*, NJW 2012, 1905 ff passim, insb. 1907.
[6] Materiellrechtlich hat sich durch das VermAnlG im Wesentlichen nichts verändert, eine Ausnahme hiervon bildet allerdings der Wegfall der noch im VerkProspG vorhandenen spezialgesetzlichen Verjährungsvorschriften. Nach Maßgabe des Prospekthaftungsrechts im VermAnlG steht nun die grob fahrlässige Unkenntnis des Gläubigers seiner Kenntnis gleich; *Leuering*, NJW 2012, 1905,1909; *Suchomel*, NJW 2013, 1126, 1128 f.
[7] Siehe hierzu die vorherige Fn mwN.
[8] Zugleich lehnt sich § 306 KAGB an § 20 VermAnlG an, vgl BT-FinA zu § 306 KAGB.
[9] *Assmann*, in: Assmann/Pötzsch/Schneider, § 12 Rn 3; einschränkend: *Noack*, in: Schwark, § 12 WpÜG, Rn 1; KölnKomm-WpÜG/*Möllers*, § 12 Rn 17.
[10] *Noack*, in: Schwark, § 12 WpÜG, Rn 6.
[11] Begr. RegE, BT-Drucks. 14/7034, S. 42 f; KölnKomm-WpÜG/*Möllers*, § 12 Rn 74; *Assmann*, AG 2002, 156.
[12] *Assmann*, in: Assmann/Pötzsch/Schneider, § 12 Rn 6; OLG Frankfurt AG 2007, 749, 750.
[13] *Assmann*, in: Assmann/Pötzsch/Schneider, § 12 Rn 7; KölnKomm-WpÜG/*Möllers*, § 12 Rn 23.
[14] *Assmann*, in: Assmann/Pötzsch/Schneider, § 12 Rn 8.
[15] *Assmann*, in: Assmann/Pötzsch/Schneider, § 12 Rn 9.
[16] *Assmann*, in: Assmann/Pötzsch/Schneider, § 12 Rn 11 mit Beispielen.

spektive eines durchschnittlichen, mit der gebräuchlichen Schlüsselsprache nicht vertrauten Angebotsadressaten an.[17] Im Sinne einer Ex-ante-Betrachtung sind die Erkenntnisse zugrundezulegen, wie sie im Zeitpunkt der Veröffentlichung vorlagen.[18] Zur Aktualisierungspflicht für den Fall, dass die Angebotsunterlage nachträglich unrichtig oder unvollständig wird siehe die Kommentierung zu § 11 Rn 7.

7 **Angaben** können sowohl Angaben tatsächlicher Natur als auch Meinungen, Werturteile, Prognosen und andere zukunftsbezogene Informationen sein.[19]

8 **Tatsachen** sind alle einem Beweis zugängliche gegenwärtige und vergangene Verhältnisse, Zustände oder Geschehnisse einschließlich sogenannter innerer Tatsachen.[20] Sie sind dann unrichtig, wenn die Angaben zum Zeitpunkt der Veröffentlichung der Angebotsunterlage nicht mit den wirklichen Verhältnissen übereinstimmen.[21]

9 **Meinungen** und **zukunftsbezogene Aussagen** sind unrichtig, wenn sie nicht ausreichend durch Tatsachen gestützt und kaufmännisch vertretbar sind.[22] Zukunftsbezogene Aussagen hat der Bieter über die zu erwartenden Auswirkungen eines erfolgreichen Angebots auf die Vermögens-, Finanz- und Ertragslage des Bieters nach § 11 Abs. 2 S. 3 Nr. 1 sowie über seine Absichten im Hinblick auf die Zielgesellschaft § 11 Abs. 2 S. 3 Nr. 2 zu tätigen. Während es sich bei den Angaben nach § 11 Abs. 2 S. 3 Nr. 1 um Prognosen handelt, stellen die Angaben nach § 11 Abs. 2 S. 3 Nr. 2 innere Tatsachen dar und sind deshalb nicht unrichtig, wenn der Bieter sich später anders verhält. Entscheidend ist allein, ob der Bieter im Zeitpunkt der Erstellung der Angebotsunterlage tatsächlich die angegebenen Ziele verfolgte.[23] Wegen der möglichen Haftungsfolgen empfiehlt sich zur Beweiserleichterung stets eine sorgfältige Dokumentation der mit dem Erwerb der Wertpapiere verfolgten Ziele.

10 Die Angebotsunterlage ist **unvollständig**, wenn wesentliche Angaben fehlen. Deshalb kann eine Angebotsunterlage auch dann unvollständig sein, wenn sie alle nach § 11 iVm § 2 WpÜG-AngVO erforderlichen Angaben enthält.[24] Allerdings ist davon auszugehen, dass § 11 iVm § 2 WpÜG-AngVO grundsätzlich einen abschließenden Katalog der aufzuführenden Informationen enthält, so dass eine unvollständige Angebotsunterlage bei vollständigem Vorliegen dieser Informationen nur in Ausnahmefällen vorkommen dürfte.[25]

11 Bei der Beurteilung der Richtigkeit und Vollständigkeit einer Angebotsunterlage ist, in Anlehnung an die zu Börsenzulassungs- und Verkaufsprospekten herausgearbeiteten Grundsätze, auch auf den **Gesamteindruck der Angebotsunterlage** abzustellen. Eine Angebotsunterlage ist deswegen unrichtig oder unvollständig, obwohl sie alle erforderlichen Angaben enthält, wenn sie insgesamt geeignet ist, bei den maßgeblichen Adressaten, bspw mittels einer mehr werbenden als sachlichen Sprache, unzutreffende Vorstellungen über die Vorteilhaftigkeit des Angebots zu erwecken.[26]

12 **III. Kreis der Haftenden und Anspruchsberechtigten.** Für eine fehlerhafte Angebotsunterlage haften gesamtschuldnerisch diejenigen, die für die Angebotsunterlage die Verantwortung übernommen haben (Abs. 1 Nr. 1), sowie diejenigen, von denen der Erlass der Angebotsunterlage ausging (Abs. 1 Nr. 2).

13 Zum Kreis der Personen, die nach Abs. 1 Nr. 1 einer Haftung unterliegen, gehören regelmäßig der Bieter als Unterzeichner der Angebotsunterlage (§ 11 Abs. 3), aber auch solche Personen, die – ohne hierzu verpflichtet zu sein – freiwillig die Verantwortung nach § 11 Abs. 3 übernommen haben.[27] Zum Kreis der Personen, die nach Abs. 1 Nr. 2 in Anspruch genommen werden können, gehören solche Personen, die an der Übernahme ein eigenes wirtschaftliches Interesse haben. Ein eigenes wirtschaftliches Interesse haben „Hintermänner", die den Bieter nur vorgeschoben haben, um sich selbst aus der Verantwortung zu ziehen,[28] aber auch eine das Angebot veranlassende Konzernobergesellschaft oder ein am Erwerb interessierter Großaktionär.[29] Haften können auch Personen, die einen maßgeblichen Einfluss auf die Erstellung und den Inhalt der Angebotsunterlage ausgeübt haben. Dies können unter Umständen auch Mitglieder des Vorstands und des Aufsichtsrats sein. Externe Berater, wie Rechtsanwälte, Wirtschaftsprüfer, Banken und andere Experten, die lediglich Teile der Angebotsunterlage liefern, unterliegen in der Regel mangels eines unmittelbaren wirtschaftlichen Eigeninteresses nicht der Haftung nach § 12.[30]

---

17 *Assmann*, in: Assmann/Pötzsch/Schneider, § 12 Rn 23.
18 *Assmann*, AG 2002, 153, 155.
19 *Assmann*, in: Assmann/Pötzsch/Schneider, § 12 Rn 24; KölnKomm-WpÜG/*Möllers*, § 12 Rn 25 b.
20 *Thoma*, in: Baums/Thoma, § 12 Rn 19.
21 *Schwennicke*, in: Geibel/Süßmann, § 12 Rn 4.
22 *Assmann*, in: Assmann/Pötzsch/Schneider, § 12 Rn 24 mwN auch der Rspr.
23 *Assmann*, in: Assmann/Pötzsch/Schneider, § 12 Rn 25.
24 *Assmann*, in: Assmann/Pötzsch/Schneider, § 12 Rn 26.
25 KölnKomm-WpÜG/*Möllers*, § 12 Rn 41. Siehe § 11 Rn 5.
26 KölnKomm-WpÜG/*Möllers*, § 12 Rn 47; *Assmann*, in: Assmann/Pötzsch/Schneider, § 12 Rn 27.
27 KölnKomm-WpÜG/*Möllers*, § 12 Rn 91.
28 *Assmann*, in: Assmann/Pötzsch/Schneider, § 12 Rn 37.
29 *Renner*, in: Haarmann/Schüppen, § 12 Rn 16; *Assmann*, AG 2002, 157; *Vaupel*, WM 2002, 1170, 1172.
30 KölnKomm-WpÜG/*Möllers*, § 12 Rn 92; *Assmann*, in: Assmann/Pötzsch/Schneider, § 12 Rn 38. Zum Sonderproblem der Haftung einer Bank für die Richtigkeit einer Angebotsunterlage im Zusammenhang mit der Börsenzulassung von Wertpapieren, die zum Tausch angeboten werden, vgl *Vaupel*, WM 2002, 1170, 1171 ff.

Anspruchsberechtigt sind ausschließlich diejenigen Wertpapierinhaber, die das Angebot angenommen haben.[31] Bislang wenig diskutiert ist, ob auch solche Personen, die im Rahmen eines Angebotsverfahrens vom Annehmenden eingereichte und vom Bieter lediglich zum Zweck des Handelns bis zum Ende der Angebotsfrist unter einer separaten Wertpapier-Kenn-Nummer gehandelten Wertpapiere erwerben, Anspruchsinhaber sein können.[32] Ebenfalls anspruchsberechtigt sind die Aktionäre, die von ihrem Andienungsrecht (*Sell-out*) innerhalb der Frist des § 39 c Gebrauch gemacht haben sowie die Aktionäre, deren Aktien dem Bieter nach § 39 a (kapitalmarktrechtlicher *Squeeze-out*) übertragen worden sind.[33]

IV. Schadensersatz. Bei Vorliegen der weiteren Voraussetzungen hat der Anspruchsberechtigte einen Anspruch auf Ersatz des ihm aus der Annahme des Angebots entstandenen Schadens. Er kann verlangen, so gestellt zu werden, als hätte er die wahre Sachlage gekannt, und hat Anspruch auf das negative Interesse (Vertrauensschaden) nach den allgemeinen Regeln des Schadensersatzrechts.[34] Dazu gehören u.a. der Ersatz aller Nebenkosten aus der Angebotsannahme bzw der Übertragung der Aktien und aller notwendigen Aufwendungen zur Durchsetzung des Anspruchs.[35]

Bei der Rückabwicklung eines Tauschangebots bei dem der Wertpapierinhaber Aktien einer deutschen Aktiengesellschaft als Gegenleistung erhalten hat, finden die gesellschaftsrechtlichen Vorschriften des § 57 AktG und der §§ 71 ff AktG keine Anwendung.[36]

C. Kausalität und Verschulden (Abs. 2 und 3)

Nach Abs. 2 ist die Haftung ausgeschlossen, wenn der Anspruchsgegner nachweist, dass er keine Kenntnis von der Fehlerhaftigkeit der Angebotsunterlage hatte und die Unkenntnis nicht auf grober Fahrlässigkeit beruht.

Eine Inanspruchnahme setzt nach Abs. 3 Nr. 1 voraus, dass die Angebotsunterlage **kausal** für die Annahme des Angebots gewesen ist, wobei in Anlehnung an § 45 Abs. 2 Nr. 1 BörsG die **Beweislast** für das Fehlen der **haftungsbegründenden Kausalität** zwischen der Veröffentlichung der Angebotsunterlage und der Annahme des Angebots den nach Abs. 1 Haftenden obliegt (Umkehr der Beweislast).[37] Für die **haftungsausfüllende Kausalität** gelten keine Besonderheiten.[38]

Nach Abs. 3 Nr. 2 fehlt es an einer Kausalität auch dann, wenn derjenige, der das Angebot angenommen hat, bei Abgabe seiner Annahmeerklärung die Fehlerhaftigkeit der Angebotsunterlage kannte. Eine grob fahrlässige Unkenntnis schadet nicht.[39] Zugleich handelt es sich bei Abs. 3 Nr. 2 um einen gesetzlich geregelten Fall des Mitverschuldens, so dass der Einwand des Mitverschuldens gegenüber dem Anspruchsteller allein auf dessen positive Kenntnis gestützt werden kann.[40]

Schließlich mangelt es an der Kausalität, wenn vor der Annahme des Angebots in einer Ad-hoc-Veröffentlichung nach § 15 Abs. 3 WpHG oder in einer vergleichbaren Veröffentlichung[41] eine deutliche Berichtigung erfolgt. Eine konkrete Kenntnisnahme ist weder erforderlich noch relevant.[42] Eine fehlerhafte Berichtigung selbst begründet eine Haftung nach Abs. 1.[43]

---

31 KölnKomm-WpÜG/*Möllers*, § 12 Rn 81; *Assmann*, in: Assmann/Pötzsch/Schneider, § 12 Rn 81.

32 Die Frage ist ersichtlich bislang nur von *Assmann*, in: Assmann/Pötzsch/Schneider, § 12 Rn 42 ff sowie *Möllers*, AG 2002, 157, diskutiert. Es kommt in der Praxis regelmäßig vor, dass der Bieter den Wertpapierinhabern einen Anreiz zur frühen Annahme des Angebots gewähren möchte und deshalb den Weiterhandel der Wertpapiere unter einer separaten Wertpapier-Kenn-Nummer ermöglicht. Dadurch wird dem Wertpapierinhaber ein "Ausstieg" aus dem Angebot ermöglicht, auch wenn ein Rücktritt vom Angebot weder nach den Angebotsbedingungen noch nach dem Gesetz möglich wäre. Der Erwerber tritt nach den Bedingungen des Angebots in die Rechte und Pflichten des Veräußerers, insb. ist er an die bereits abgegebene Annahmeerklärung gebunden. Vgl hierzu auch *Riehmer/Schröder*, BB 2001, Beil. 5, S. 7.

33 Beschlussempfehlung und Bericht des Finanzausschusses (7. Ausschuss) zu dem Gesetzentwurf der Bundesregierung, BT-Drucks. 16/1541, S. 19 (zu Nr. 9); aA zum Sell-out nach § 39 c *Schwennicke*, in: Geibel/Süßmann, § 12 Rn 14.

34 Dazu ausführlich *Assmann*, in: Assmann/Pötzsch/Schneider, § 12 Rn 56 ff; KölnKomm-WpÜG/*Möllers*, § 12 Rn 131 ff.

35 *Assmann*, in: Assmann/Pötzsch/Schneider, § 12 Rn 60.

36 KölnKomm-WpÜG/*Möllers*, § 12 Rn 95 ff.

37 AllgM; vgl Begr. RegE, BT-Drucks. 14/7034, S. 43; KölnKomm-WpÜG/*Möllers*, § 12 Rn 110 ff; *Assmann*, in: Assmann/Pötzsch/Schneider, § 12 Rn 45 ff.

38 Hierzu ausführlich *Assmann*, in: Assmann/Pötzsch/Schneider, § 12 Rn 63 ff.

39 Begr. RegE, BT-Drucks. 14/7034, S. 43; *Assmann*, in: Assmann/Pötzsch/Schneider, § 12 Rn 54.

40 Begr. RegE, BT-Drucks. 14/7034, S. 43; *Assmann*, in: Assmann/Pötzsch/Schneider, § 12 Rn 54; KölnKomm-WpÜG/*Möllers*, § 12 Rn 118 f.

41 Eine solche Veröffentlichung wird in Betracht kommen, wenn der Bieter nicht der Pflicht nach § 15 WpHG unterliegt.

42 Begr. RegE, BT-Drucks. 14/7034, S. 43; KölnKomm-WpÜG/*Möllers*, § 12 Rn 128; *Assmann*, in: Assmann/Pötzsch/Schneider, § 12 Rn 46.

43 *Assmann*, in: Assmann/Pötzsch/Schneider, § 12 Rn 47; KölnKomm-WpÜG/*Möllers*, § 12 Rn 129.

D. Verjährung, Haftungsbeschränkungen, Konkurrenzen (Abs. 4–6)

20 Nach Abs. 4 Hs 1 **verjährt** der Anspruch auf Schadensersatz in einem Jahr ab dem Zeitpunkt, zu dem derjenige, der das Angebot angenommen hat, bzw derjenige, dessen Aktien nach § 39 c iVm § 39 a (*Sell-out*) bzw nach § 39 a (*Squeeze-out*) auf den Bieter übertragen wurden, positive Kenntnis von der Unrichtigkeit oder Unvollständigkeit der Angaben der Angebotsunterlage erlangt hat. Kennenmüssen des Mangels genügt nicht, um die Ein-Jahres-Frist auszulösen.[44] Unabhängig von der Kenntnis eines Anspruchsinhabers tritt Verjährung spätestens nach drei Jahren seit Veröffentlichung der Angebotsunterlage ein (Abs. 4 Alt. 2).

21 Eine Vereinbarung über eine **Haftungsbeschränkung** oder einen **Erlass** der Haftung ist vor Entstehung des Anspruchs nach Abs. 1 unwirksam (Abs. 5). Danach sind entsprechende Vereinbarungen, etwa im Wege eines Vergleichs, zulässig.[45]

22 Im Anwendungsbereich des § 12 sind sonstige Ansprüche, insbesondere solche aus allgemeiner zivilrechtlicher Prospekthaftung, ausgeschlossen. Eine Konkurrenz zu Ansprüchen aufgrund bestehender schuldrechtlicher Sonderverbindungen nach bürgerlichem Recht und aufgrund deliktischem Verhaltens ist möglich.[46]

§ 13 Finanzierung des Angebots

(1) ¹Der Bieter hat vor der Veröffentlichung der Angebotsunterlage die notwendigen Maßnahmen zu treffen, um sicherzustellen, dass ihm die zur vollständigen Erfüllung des Angebots notwendigen Mittel zum Zeitpunkt der Fälligkeit des Anspruchs auf die Gegenleistung zur Verfügung stehen. ²Für den Fall, dass das Angebot als Gegenleistung die Zahlung einer Geldleistung vorsieht, ist durch ein vom Bieter unabhängiges Wertpapierdienstleistungsunternehmen schriftlich zu bestätigen, dass der Bieter die notwendigen Maßnahmen getroffen hat, um sicherzustellen, dass die zur vollständigen Erfüllung des Angebots notwendigen Mittel zum Zeitpunkt der Fälligkeit des Anspruchs auf die Geldleistung zur Verfügung stehen.

(2) Hat der Bieter die nach Absatz 1 Satz 2 notwendigen Maßnahmen nicht getroffen und stehen ihm zum Zeitpunkt der Fälligkeit des Anspruchs auf die Geldleistung aus diesem Grunde die notwendigen Mittel nicht zur Verfügung, so kann derjenige, der das Angebot angenommen hat, von dem Wertpapierdienstleistungsunternehmen, das die schriftliche Bestätigung erteilt hat, den Ersatz des ihm aus der nicht vollständigen Erfüllung entstandenen Schadens verlangen.

(3) § 12 Abs. 2 bis 6 gilt entsprechend.

A. Einführung

1 § 13 bezweckt im Interesse der Integrität des Kapitalmarkts sowie der betroffenen Wertpapierinhaber und der Zielgesellschaft[1] und im Interesse des Bieters die Sicherstellung der Finanzierbarkeit des Angebots.[2] Für den Fall eines Barangebots wird dieser Schutz dadurch verstärkt, dass zusätzlich ein unabhängiges Wertpapierdienstleistungsunternehmen bestätigen muss, dass der Bieter alles Erforderliche getan hat, um die Ansprüche bei Fälligkeit der Geldleistung erfüllen zu können.[3] Das Wertpapierdienstleistungsunternehmen haftet denjenigen, die das Angebot angenommen haben, auf Ersatz des diesen aus der nicht vollständigen Erfüllung entstandenen Schadens, wenn der Bieter die notwendigen Maßnahmen zur Sicherstellung der Finanzierung nicht getroffen hat und dadurch die Geldmittel bei Fälligkeit nicht zur Verfügung stehen. Dem Wertpapierdienstleistungsunternehmen stehen dabei der Nachweis mangelnder Kausalität und die Exkulpationsmöglichkeiten nach § 12 Abs. 2 bis 6 zur Verfügung.

B. Sicherstellung der Finanzierung (Abs. 1)

2 Der **Bieter** ist nach Abs. 1 S. 1 verpflichtet, bereits vor Veröffentlichung des Angebots alle erforderlichen Maßnahmen zu treffen, um sicherzustellen, dass die für eine vollständige Erfüllung des Angebots notwendigen Mittel bei Fälligkeit verfügbar sind. Abs. 1 S. 1 gilt sowohl bei Barangeboten als auch bei Tauschangeboten. Ausreichend ist, dass diese Mittel erst bei Fälligkeit verfügbar sind.[4] Der Umfang der Finanzierung

---

44 *Assmann*, in: Assmann/Pötzsch/Schneider, § 12 Rn 66.
45 *Renner*, in: Haarmann/Schüppen, § 12 Rn 66.
46 Ausführlich hierzu KölnKomm-WpÜG/*Möllers*, § 12 Rn 148 ff.
1 *Steinhardt*, in: Steinmeyer, § 13 Rn 2, beziehen auch die sog. Stakeholder, dh solche Personen, deren Interesse an der Gesellschaft nicht auf einer gesellschaftsrechtlichen Sonderbeziehung beruht, in den Schutzbereich mit ein.
2 *Krause*, in: Assmann/Pötzsch/Schneider, § 13 Rn 3; KölnKomm-WpÜG/*Möllers*, § 13 Rn 1.
3 *Krause*, in: Assmann/Pötzsch/Schneider, § 13 Rn 4.
4 Begr. RegE, BT-Drucks. 14/7034, S. 44; *Krause*, in: Assmann/Pötzsch/Schneider, § 13 Rn 28.

ist auf den maximalen Erfolg des Angebots auszurichten. Dies gilt grundsätzlich auch dann, wenn einzelne Wertpapierinhaber oder die Zielgesellschaft im Hinblick auf eigene Aktien bindend erklärt haben, dass sie das Angebot nicht annehmen werden.[5] Wurden solche Nichtannahmevereinbarungen mit (gewissen Anforderungen genügenden) Vertragsstrafregelungen versehen, so akzeptiert die Bundesanstalt sie in jüngerer Zeit als ausreichende Finanzierungsmaßnahme.[6] Im Übrigen lässt sie lediglich die von Tochterunternehmen des Bieters gehaltenen Wertpapiere unberücksichtigt.[7] Der Bieter ist jedoch mangels Vorhersehbarkeit grundsätzlich nicht verpflichtet, auch eine mögliche Verteuerung des Angebots aufgrund von Angebotsverbesserungen oder Abwehrmaßnahmen der Zielgesellschaft miteinzukalkulieren.[8]

Bei Barangeboten hat der Bieter nach Abs. 1 S. 2 die schriftliche Bestätigung eines vom Bieter unabhängigen **Wertpapierdienstleistungsunternehmens** zu besorgen, dass der Bieter die notwendigen Maßnahmen getroffen hat, um sicherzustellen, dass die zur vollständigen Erfüllung des Angebots notwendigen Geldmittel bei Fälligkeit des Anspruchs auf die Gegenleistung zur Verfügung stehen werden.

Das Gesetz enthält keine Vorgaben für die Art der Finanzierung selbst. Der Bieter kann sich bei einem **Barangebot** die Geldmittel bspw aus eigenem Geldbestand, durch eine **Barkapitalerhöhung** (in der Regel aus genehmigtem Kapital oder *authorised capital*), durch eine Aufnahme von **Fremdmitteln** (bspw Bankdarlehen, Emission von Anleihen) oder durch eine **Kombination** dieser Finanzierungsformen beschaffen.[9] Die bei einem **Tausch** erforderlichen Mittel werden nach den jeweils für das Tauschmittel geltenden gesellschaftsrechtlichen und wertpapierrechtlichen Vorschriften geschaffen. Deutsche Aktien können im Wege einer **Sachkapitalerhöhung**, bei der die Wertpapierinhaber der Zielgesellschaft neue Aktien der erwerbenden Gesellschaft zeichnen, zur Verfügung gestellt werden. Möglich ist es aber auch, bereits bestehende Aktien des Bieters im Wege der **Wertpapierleihe** von Dritten zu beschaffen oder Aktien eines **dritten** Unternehmens als Gegenleistung anzubieten.[10]

I. Notwendige Maßnahmen (Abs. 1 S. 1). Welche Maßnahmen zur Sicherstellung der Finanzierung getroffen werden müssen, ist von der geplanten Finanzierungsform und deren rechtlichen Voraussetzungen abhängig. Mangels einer gesetzlichen Konkretisierung können sich für die Praxis zum Teil erhebliche Unsicherheiten bei der Feststellung, wann ein hinreichender Grad an „Sicherstellung" erreicht ist, ergeben. Aus dem Zweck und der Geschichte der Norm folgt zunächst, dass der Gesetzgeber von dem Bieter keine objektive, möglichst gegen alle Unwägbarkeiten gefeite „Sicherstellung" verlangt,[11] sondern vielmehr dessen begründete subjektive Einschätzung von der Gewissheit über die Verfügbarkeit der Mittel.[12]

1. Allgemeiner Sorgfaltsmaßstab. Der dabei vom Bieter anzuwendende Sorgfaltsmaßstab entspricht der im deutschen Gesellschaftsrecht[13] bekannten Sorgfalt eines ordentlichen und gewissenhaften Geschäftsleiters. Danach hat der Bieter alles Notwendige getan, um die Finanzierung des Angebots sicherzustellen, wenn er aufgrund einer sorgfältig vorbereiteten Entscheidungsgrundlage, unter Außerachtlassung ausschließlich eigener Interessen und unter Berücksichtigung, dass Abs. 1 S. 1 auch den Schutz der Zielgesellschaft bezweckt, davon ausgehen darf, alles Erforderliche zur Sicherung der Finanzierung getan zu haben.[14] Ob ein Bieter danach alles Notwendige zur Sicherung der Finanzierung getan hat, kann nicht schematisch festgestellt werden, sondern bestimmt sich auch nach den individuellen Umständen im jeweiligen Einzelfall. Bei einem Bieter in der Rechtsform einer deutschen Kapitalgesellschaft gelten nachfolgend aufgeführte Grundsätze.

---

5 MüKo-AktG/*Wackerbarth*, WpÜG, § 13 Rn 7.
6 Vgl Angebot der NECKAPRI GmbH an die Aktionäre der EnBW Energie Baden-Württemberg AG, Angebotsunterlage vom 6.1.2011, S. 27 f; ausführlich: *Mayer-Uellner*, AG 2012, 399 ff.
7 *Krause*, in: Assmann/Pötzsch/Schneider, § 13 Rn 17.
8 Ausführlich: *Krause*, in: Assmann/Pötzsch/Schneider, § 13 Rn 21 ff. Eine solche Pflicht kann sich jedoch aus gesellschaftsrechtlich begründeten Organ- und Treuepflichten ergeben, die verhindern sollen, dass geschäftsleitende Organe oder herrschende Unternehmen eine kostenintensive Übernahme in Gang setzen, ohne deren Finanzierung auch nach Worst-Case-Szenarien berechnet zu haben. In der Praxis werden bei Übernahmen unter Mitwirkung von Investmentbanken entsprechende Finanzierungsszenarien (Financial Modeling) erstellt.
9 Ausführlich: *Krause*, in: Assmann/Pötzsch/Schneider, § 13 Rn 21 ff; KölnKomm-WpÜG/*Möllers*, § 13 Rn 39 ff.
10 Vgl dazu *Krause*, in: Assmann/Pötzsch/Schneider, § 13 Rn 75 ff.
11 Vgl *Vogel*, in: Haarmann/Schüppen, § 13 Rn 77, der darauf hinweist, dass der Gesetzgeber offensichtlich darauf verzichtet hat, entsprechend dem gleichzeitig eingeführten, § 327 b Abs. 3 AktG eine Bankgarantie vorzusehen, wie sie der Hauptaktionär im Zusammenhang mit einem Squeeze-Out den ausgeschlossenen Minderheitsaktionären zur Verfügung stellen muss. Siehe auch *Krause*, in: Assmann/Pötzsch/Schneider, § 13 Rn 29 ff; *Süßmann*, in: Geibel/Süßmann, § 13 Rn 20 (unter Aufgabe der gegenteiligen Ansicht aus der Vorauflage).
12 Begr. RegE, BT-Drucks. 14/7034, S. 44 verweist auf die entsprechenden Regelungen des österreichischen Übernahmegesetzes (§ 4 Nr. 1) und des britischen City Code (Rule 2.5). Diese Vorschriften verlangen von dem Bieter eine begründete subjektive Überzeugung von der Sicherstellung der Finanzierung, § 4 Nr. 1: „Er darf ein Übernahmeangebot nur machen, wenn er nach sorgfältiger Prüfung überzeugt ist, dass ihm die zur vollständigen Erfüllung notwendigen Mittel rechtzeitig zur Verfügung stehen werden.". Rule 2.5 des City Code: "has every reason to believe".
13 § 43 Abs. 1 GmbHG, § 93 Abs. 1 AktG.
14 Ähnlich: *Vogel*, in: Haarmann/Schüppen, § 13 Rn 71 („verkehrsübliche Sorgfalt"); siehe auch *Krause*, in: Assmann/Pötzsch/Schneider, § 13 Rn 39 ff („vorhersehbare Risiken").

7 **2. Barkapitalerhöhungen.** Bei Barkapitalerhöhungen reicht es in der Regel nicht aus, dass das zuständige Gesellschaftsorgan die Kapitalerhöhung beschlossen hat.[15] Vielmehr muss es als gesichert erscheinen, dass die Kapitalerhöhung im notwendigen Umfang gezeichnet wird und die hieraus fließenden Mittel spätestens bei Fälligkeit der Gegenleistung zur Verfügung stehen.[16] In zeitlicher Hinsicht wird bei der Ausnutzung eines **genehmigten Kapitals** die Eintragung der Durchführung der Kapitalerhöhung im Handelsregister vor Fälligkeit erfolgt sein müssen. Das Problem der Bestimmung des erforderlichen Grades an Sicherheit wird nicht dadurch entschärft, dass die Aktien aus der Kapitalerhöhung von einem Kreditinstitut oder Emissionskonsortium zu einem Festbetrag übernommen werden, um diese dann den Aktionären oder Dritten zum Bezug anzubieten,[17] da das Emissionskonsortium in der Regel nur bereit ist, den geringsten Ausgabebetrag zu zahlen (§ 9 Abs. 1 AktG) und diese Summe allein nicht ausreichen wird, um die Verfügbarkeit der Mittel sicherzustellen. Ein Mehrerlös wird von dem Emissionskonsortium aber erst nach erfolgter Platzierung an den Emittenten ausgekehrt.

8 **3. Sachkapitalerhöhungen.** Sollen den Wertpapierinhabern neue Aktien im Wege einer Sachkapitalerhöhung angeboten werden, so reicht es aus, wenn die Gesellschaft im Zeitpunkt der Veröffentlichung des Angebots über ein ausreichendes genehmigtes Kapital verfügt,[18] die Satzung den Ausschluss des Bezugsrechts der Aktionäre zum Zwecke des Erwerbs von Beteiligungen an anderen Unternehmen zulässt und der Vorstand beschlossen hat, das genehmigte Kapital im erforderlichen Umfang zur Erfüllung der Verpflichtungen des Bieters zu nutzen, einen entsprechenden „um bis zu" Kapitalerhöhungsbeschluss fasst, sowie alle sonstigen, zur Ausnutzung eines genehmigten Kapitals erforderlichen Schritte unternommen hat.[19]

9 **4. Fremdfinanzierung.** Bei der Fremdfinanzierung des Erwerbs ist es notwendig, dass die Bedingungen der Fremdkapitalaufnahme, etwa der Darlehensvertrag oder die Anleihebedingungen, keine ordentliche Kündigung vor der im Angebot vorgesehenen Frist zur Abwicklung des Erwerbs vorsehen. Solche Akquisitionsfinanzierungsverträge enthalten in der Regel eine Reihe von Tatbeständen, bei denen dem Kreditinstitut oder dem Anleihegläubiger das Recht zur außerordentlichen Kündigung eingeräumt wird.[20] So haben die Gläubiger das Recht zur Kündigung des Vertrages oder der Anleihe, wenn der Darlehensnehmer mit seinen Zahlungen aus dem Darlehensvertrag oder der Anleihe im Verzug ist, sich hinsichtlich anderer Gläubiger im Verzug befindet (*cross default*) oder eine sonstige wesentliche negative Entwicklung (*material adverse change*)[21] eingetreten ist. Sind diese Verträge deutschem Recht unterstellt, dann kann das Recht zur Kündigung aus wichtigem Grund ohnehin nicht abbedungen werden, im Übrigen entspricht es den international üblichen Grundsätzen ordnungsgemäßer Kreditvergabe.

10 Nach der wohl überwiegenden Meinung hindert das Bestehen solcher Kündigungsrechte eine Fremdfinanzierung prinzipiell nicht.[22] Ein solches Verständnis von Abs. 1 S. 1 würde letztlich die Finanzierung größerer Transaktionen gefährden,[23] da diese selten allein aus Eigenkapital finanziert werden können. Da Unternehmensübernehmen volkswirtschaftlich unerlässliche Instrumente zur Förderung des Strukturwandels und zur Stärkung der internationalen Wettbewerbsfähigkeit der Bundesrepublik Deutschland sind,[24] würde ein solches Verständnis den Gesetzeszweck konterkarieren.[25] Der Bieter wird, will er nicht gegen Abs. 1 S. 1 verstoßen und die Untersagung des Angebots oder eine Haftung nach § 12 Abs. 1 wegen einer fehlerhaften Angebotsunterlage[26] riskieren, sorgfältig prüfen müssen, inwieweit das Risiko einer Kündigung aus wichtigem Grund vor der vollständigen Abwicklung des Angebots droht. Dabei wird ihm zu Hilfe kommen, dass die Bank in der Regel eine umfassende Überprüfung der Unternehmensverhältnisse (*due diligence exercise*) verlangen wird,[27] so dass die prinzipiellen Risiken, die zu einer Kündigung führen können, zuvor vom Bieter und der Bank identifiziert worden sind. Die Risikoeinschätzung wird auch dadurch erleichtert, dass der

---

15 Siehe zur Frage, ob der Vorstand einer deutschen AG sich zur Ausgabe von Aktien verpflichten kann, *v. Falkenhausen/Bruckner*, AG 2009, 732 ff.
16 Bei einer nicht-öffentlichen Platzierung ist daher auch auf die ausreichende Solvenz der Zeichner zu achten.
17 So aber *Krause*, in: Assmann/Pötzsch/Schneider, § 13 Rn 47; *Vogel*, in: Haarmann/Schüppen, § 13 Rn 83.
18 Siehe *Krause*, in: Assmann/Pötzsch/Schneider, § 13 Rn 64 ff, zu Fällen, in denen ein Kapitalerhöhungsbeschluss unter Mitwirkung der Hauptversammlung erst gefasst werden muss.
19 *Krause*, in: Assmann/Pötzsch/Schneider, § 13 Rn 69 ff.
20 Ausführlich: *Krause*, in: Assmann/Pötzsch/Schneider, § 13 Rn 54 ff.
21 Vgl zu *material adverse change*-Klauseln in Finanzierungsverträgen *Busch*, AG 2002, 145, 147, 150.
22 Siehe *Süßmann*, in: Geibel/Süßmann, § 13 Rn 18 (unter Aufgabe der gegenteiligen Ansicht der Vorauflage); *Krause*, in: Assmann/Pötzsch/Schneider, § 13 Rn 54 ff; *Renner*, in: Haarmann/Schüppen, § 13 Rn 18.
23 Vgl *Thaeter/Barth*, NZG 2001, 545, 548; Stellungnahme des Handelsrechtsausschusses des Deutschen Anwaltsvereins zum RegE vom Juli 2001, NZG 2001, 1003, 1004; *Busch*, AG 2002, 145, 147.
24 Begr. RegE, BT-Drucks. 14/7034, S. 27.
25 *Busch*, AG 2002, 145, 147.
26 Nach § 11 Abs. 2 S. 3 Nr. 1 hat die Angebotsunterlage Angaben zu den notwendigen Maßnahmen gem. § 13 Abs. 1 S. 1 zu enthalten.
27 Siehe dazu *Singhof/Weber*, WM 2002, 1158, 1164.

Zeitraum, in der eine Kündigung aus wichtigem Grund zum Nachteil des Bieters ausgeübt werden kann, überschaubar ist[28] und in der Regel maximal 14 Wochen betragen wird.

II. Bestätigung durch Wertpapierdienstleistungsunternehmen (Abs. 1 S. 2). Nach Abs. 1 S. 2 hat der Bieter die schriftliche Bestätigung eines vom Bieter unabhängigen Wertpapierdienstleistungsunternehmens zu besorgen, dass der Bieter die notwendigen Maßnahmen getroffen hat, um sicherzustellen, dass die zur vollständigen Erfüllung des Angebots notwendigen Geldmittel bei Fälligkeit des Anspruchs auf die Gegenleistung zur Verfügung stehen werden. Dies gilt auch dann, wenn das Angebot als Gegenleistung neben einer Sachleistung (Tauschangebot) zusätzlich eine Geldleistung vorsieht.[29]

Die Finanzierungsbestätigung hat prinzipiell vorbehaltlos zu erfolgen.[30] Nach einer älteren Ansicht in der Literatur übernimmt das Wertpapierdienstleistungsunternehmen eine Haftung für den Erfolg der Finanzierungsmaßnahmen gegenüber den nach § 12 Abs. 1 Anspruchsberechtigten und kann sich daher nicht darauf berufen, dass die „notwendigen Maßnahmen" bei Testatserteilung getroffen waren und das Ausbleiben der Mittel im Zeitpunkt der Fälligkeit der Gegenleistung auf bei Testierung nicht absehbaren sonstigen Ereignissen beruht.[31] Diese Meinung ist als zu weitgehend abzulehnen und ist weder aus dem Willen des Gesetzgebers noch aus der ratio legis ableitbar.[32] Sie führt zu dem systematisch nicht haltbaren Ergebnis, dass das Wertpapierdienstleistungsunternehmen einer Garantiehaftung unterliegt, obwohl der Bieter nach dem gesetzgeberischen Willen nicht zur Stellung einer Bankgarantie oder Bankbürgschaft verpflichtet ist.[33]

In der Sache teilt das Wertpapierdienstleistungsunternehmen dem Publikum mit, dass es, unter Anwendung des für den Bieter geltenden Sorgfaltsmaßstabs, dessen vorgenommene Einschätzung über die Sicherstellung der Finanzierung vorbehaltlos teilt. Für diese Einschätzung haftet es unter den Voraussetzungen der Absätze 2 und 3.

C. Haftung des Wertpapierdienstleistungsunternehmens (Abs. 2 und 3)

Nach Abs. 2 haben diejenigen, die das Angebot angenommen haben, im Fall der Verletzung der Pflicht des Bieters zur Sicherstellung der Finanzierung nach Abs. 1 ein Anspruch auf Ersatz des ihnen aus der nicht vollständigen Erfüllung entstandenen Schadens gegen das bestätigende Wertpapierdienstleistungsunternehmen, wenn zum Zeitpunkt der Fälligkeit des Anspruchs auf die Geldleistung die Mittel nicht zur Verfügung standen.[34] Die Geschädigten sind dann so zu stellen, als hätte der Bieter ordnungsgemäß geleistet, also auf das positive Interesse.[35] Voraussetzung eines Schadensersatzanspruchs ist jedoch in jedem Fall, dass der Bieter nicht die notwendigen Maßnahmen zur Sicherstellung der Finanzierung getroffen hat.

Abs. 3 verweist hinsichtlich der weiteren Voraussetzungen eines Schadensersatzanspruchs auf § 12 Abs. 2–6, die entsprechend anzuwenden sind. Dies bedeutet, dass das Wertpapierdienstleistungsunternehmen nicht in Anspruch genommen werden kann, wenn es die **Unrichtigkeit** des Bestätigungsschreibens nicht kannte und die Unkenntnis nicht auf grober Fahrlässigkeit beruhte. **Grobe Fahrlässigkeit** ist anzunehmen, wenn dem Wertpapierdienstleistungsunternehmen konkrete Anhaltspunkte dafür vorlagen, dass die notwendigen Maßnahmen durch den Bieter entweder nicht erfolgt sind oder in evidenter Weise nicht dem bei Übernahmefinanzierungen zu beachtenden Sorgfaltsmaßstab entsprechen.[36]

---

28 Nach, § 16 Abs. 1 darf die Frist für die Annahme des Angebots maximal 10 Wochen betragen. Bei einer Änderung des Angebots innerhalb der letzten zwei Wochen vor Ablauf der Angebotsfrist verlängert sich die ursprüngliche Frist um weitere 2 Wochen. Bei Übernahmeangeboten schließt sich eine weitere Frist von 2 Wochen für Zaunkönige an (§ 16 Abs. 2 S. 1). Bei konkurrierenden Angeboten verlängert sich die Frist des ersten Angebots um maximal weitere 12 Wochen (siehe aber die Kommentierung zu, § 22 Rn 6 bei Vorliegen mehrerer konkurrierender Angebote).

29 *Krause*, in: Assmann/Pötzsch/Schneider, § 13 Rn 84; *Steinmeyer*, § 13 Rn 5.

30 *Krause*, in: Assmann/Pötzsch/Schneider, § 13 Rn 103.

31 *Thaeter/Barth*, NZG 2001, 545, 548. AA *Vogel*, in: Haarmann/Schüppen, § 13 Rn 113; *Süßmann*, in: Geibel/Süßmann, § 13 Rn 34 (beide unter Aufgabe der gegenteiligen Absicht der Vorauflage); *Busch*, AG 2002, 145, 147 (der jedoch verkennt, dass die Bestätigung selbst vorbehaltlos erfolgen muss); *Schüppen*, WPg 2001, 958, 963; *Liebscher*, ZIP 2001, 853, 863.

32 Vorbild für den deutschen Gesetzgeber war auch bei dieser Vorschrift die britische City Code, siehe Begr. RegE, BT-Drucks. 14/7034, S. 44. Rule 2.5 und Rule 24.7 verlangen von der bestätigenden Person verantwortliches Handeln bei Abgabe der Bestätigung ("... acted responsibly and took all reasonable steps to assure itself that the cash was available"). AA auch MüKo-AktG/*Wackerbarth*, § 13 WpÜG Rn 33 b; *Krause*, in: Assmann/Pötzsch/Schneider, § 13 Rn 82 f; KölnKomm-WpÜG/*Möllers*, § 13 Rn 63 ff.

33 Vgl die § 13 Rn 5.

34 *Krause*, in: Assmann/Pötzsch/Schneider, § 13 Rn 109; ausführlich: *Singhof/Weber*, WM 2002, 1158, 1164.

35 Begr. RegE, BT-Drucks. 14/7034, S. 44. Ausführlich: *Krause*, in: Assmann/Pötzsch/Schneider, § 13 Rn 109; KölnKomm-WpÜG/*Möllers*, § 13 Rn 96 ff.

36 Dazu *Krause*, in: Assmann/Pötzsch/Schneider, § 13 Rn 109.

§ 14 Übermittlung und Veröffentlichung der Angebotsunterlage

(1) ¹Der Bieter hat die Angebotsunterlage innerhalb von vier Wochen nach der Veröffentlichung der Entscheidung zur Abgabe eines Angebots der Bundesanstalt zu übermitteln. ²Die Bundesanstalt bestätigt dem Bieter den Tag des Eingangs der Angebotsunterlage. ³Die Bundesanstalt kann die Frist nach Satz 1 auf Antrag um bis zu vier Wochen verlängern, wenn dem Bieter die Einhaltung der Frist nach Satz 1 auf Grund eines grenzüberschreitenden Angebots oder erforderlicher Kapitalmaßnahmen nicht möglich ist.

(2) ¹Die Angebotsunterlage ist gemäß Absatz 3 Satz 1 unverzüglich zu veröffentlichen, wenn die Bundesanstalt die Veröffentlichung gestattet hat oder wenn seit dem Eingang der Angebotsunterlage zehn Werktage verstrichen sind, ohne dass die Bundesanstalt das Angebot untersagt hat. ²Vor der Veröffentlichung nach Satz 1 darf die Angebotsunterlage nicht bekannt gegeben werden. ³Die Bundesanstalt kann vor einer Untersagung des Angebots die Frist nach Satz 1 um bis zu fünf Werktage verlängern, wenn die Angebotsunterlage nicht vollständig ist oder sonst den Vorschriften dieses Gesetzes oder einer auf Grund dieses Gesetzes erlassenen Rechtsverordnung nicht entspricht.

(3) ¹Die Angebotsunterlage ist zu veröffentlichen durch
1. Bekanntgabe im Internet und
2. Bekanntgabe im Bundesanzeiger oder durch Bereithalten zur kostenlosen Ausgabe bei einer geeigneten Stelle im Inland; im letzteren Fall ist im Bundesanzeiger bekannt zu machen, bei welcher Stelle die Angebotsunterlage bereit gehalten wird und unter welcher Adresse die Veröffentlichung der Angebotsunterlage im Internet nach Nummer 1 erfolgt ist.

²Der Bieter hat der Bundesanstalt die Veröffentlichung nach Satz 1 Nr. 2 unverzüglich mitzuteilen.

(4) ¹Der Bieter hat die Angebotsunterlage dem Vorstand der Zielgesellschaft unverzüglich nach der Veröffentlichung nach Absatz 3 Satz 1 zu übermitteln. ²Der Vorstand der Zielgesellschaft hat die Angebotsunterlage unverzüglich dem zuständigen Betriebsrat oder, sofern ein solcher nicht besteht, unmittelbar den Arbeitnehmern zu übermitteln. ³Der Bieter hat die Angebotsunterlage ebenso seinem zuständigen Betriebsrat oder, sofern ein solcher nicht besteht, unmittelbar den Arbeitnehmern unverzüglich nach der Veröffentlichung nach Absatz 3 Satz 1 zu übermitteln.

A. Einführung 1	I. Vorprüfungen, Vorgespräche 8
B. Übermittlung an die Bundesanstalt: Form, Fristen (Abs. 1) 2	II. Prüfung durch die Bundesanstalt 9
I. Form 3	III. Verbot der Bekanntgabe vor Veröffentlichung . 10
II. Frist 4	IV. Pflicht zur Veröffentlichung 11
C. Prüfung durch die Bundesanstalt, Veröffentlichung (Abs. 2) 7	D. Art der Veröffentlichung (Abs. 3) 12
	E. Übermittlung an Zielgesellschaft (Abs. 4) 15

A. Einführung

1 § 14 regelt das weitere Verfahren im Zusammenhang mit der Übermittlung der Angebotsunterlage an die Bundesanstalt und die Veröffentlichung der Angebotsunterlage. Der Bieter hat zunächst die Angebotsunterlage an die Bundesanstalt zu übermitteln. Die Bundesanstalt nimmt anschließend eine eingeschränkte Überprüfung der Angebotsunterlage vor. Der Bieter hat die Angebotsunterlage unverzüglich zu veröffentlichen, wenn die Bundesanstalt die Veröffentlichung gestattet hat oder wenn seit dem Eingang der Angebotsunterlage zehn Werktage verstrichen sind, ohne dass die Bundesanstalt das Angebot untersagt hat. Nach der Veröffentlichung hat der Bieter die Angebotsunterlage unverzüglich dem Vorstand der Zielgesellschaft zu übermitteln. Dieser wiederum ist verpflichtet, die Angebotsunterlage seinem Betriebsrat oder, sofern ein solcher nicht besteht, unmittelbar den Arbeitnehmern zu übermitteln. Zugleich hat der Bieter die Angebotsunterlage seinem Betriebsrat oder, sofern ein solcher nicht besteht, unmittelbar den Arbeitnehmern zu übermitteln.

B. Übermittlung an die Bundesanstalt: Form, Fristen (Abs. 1)

2 Abs. 1 S. 1 verpflichtet den Bieter innerhalb von vier Wochen nach der Veröffentlichung der Entscheidung zur Abgabe eines Angebots gemäß § 10, die Angebotsunterlage an die Bundesanstalt zu übermitteln.

3 **I. Form.** Die Angebotsunterlage ist in **schriftlicher Form** (§ 126 Abs. 1 BGB), dh mit der Originalunterschrift des Bieters bzw dessen vertretungsberechtigter Organe, zu übermitteln (§ 45 S. 1). Eine Übermittlung im Wege der elektronischen Datenfernübertragung (**elektronische Form**) ist zulässig, sofern der Absender

zweifelsfrei zu erkennen ist (§ 45 S. 2). Nach der wohl hM ist bei der elektronischen Übermittlung der Einsatz einer **qualifizierten elektronischen Signatur** iSv § 126a Abs. 1 BGB zwingend erforderlich.[1] Die Übermittlung der Angebotsunterlage dagegen allein in einer § 126b BGB entsprechenden Textform, dh per **Telefax** oder **E-Mail**, ist **unzulässig**.[2] Die **Verwaltungspraxis** der Bundesanstalt akzeptiert diese Art der Übermittlung auch dann **nicht**, wenn die Angebotsunterlage mit Unterschrift unverzüglich nachgereicht wird.[3]

II. Frist. Die **Frist** zur Übermittlung der Angebotsunterlage beträgt nach Abs. 1 S. 1 vier Wochen, sofern die Bundesanstalt diese Frist nicht auf **begründeten Antrag** des Bieters um bis zu vier Wochen verlängert, wenn dem Bieter die Einhaltung der Frist aufgrund eines grenzüberschreitenden Angebots[4] oder erforderlicher Kapitalmaßnahmen nicht möglich ist (Abs. 1 S. 3).[5]

Die **Berechnung der Frist** ist nach § 31 Abs. 1 VwVfG iVm §§ 187 Abs. 1, 188 Abs. 2 BGB vorzunehmen.[6] Die Frist beginnt mit dem Erscheinungsdatum der Veröffentlichung und läuft grundsätzlich an dem Wochentag ab, der dem Tag der Veröffentlichung entspricht. Erfolgt die Veröffentlichung der Entscheidung zur Abgabe eines Angebots an einem Freitag, so endet die Frist zur Übermittlung der Angebotsunterlage am darauf folgenden vierten Freitag um 24.00 Uhr. Ist der letzte Tag der so berechneten Frist ein Samstag, ein Sonntag oder ein am Sitz der Bundesanstalt[7] staatlich anerkannter Feiertag, muss die Angebotsunterlage nach § 31 Abs. 1 VwVfG iVm § 193 BGB spätestens am nächsten Werktag übermittelt worden sein.[8]

Eine **Fristversäumnis** führt nach § 15 Abs. 1 Nr. 3 zu einer **Untersagung** des Angebots mit der Folge, dass der Bieter gemäß § 26 Abs. 1 S. 1 für die Dauer eines Jahres kein neues Angebot abgeben darf, ohne dass der Bundesanstalt ein Ermessen zusteht.[9] Zur Erleichterung der Beweisführung über die Einhaltung der Frist und zur Berechnung der Prüfungsfrist nach § 14 Abs. 2 S. 1 bestätigt die Bundesanstalt dem Bieter den Tag des Eingangs der Angebotsunterlage (Abs. 1 S. 2).

C. Prüfung durch die Bundesanstalt, Veröffentlichung (Abs. 2)

Der Bieter hat die Angebotsunterlage unverzüglich zu veröffentlichen, wenn die Bundesanstalt die Veröffentlichung gestattet hat oder wenn seit dem Eingang der Angebotsunterlage zehn Werktage verstrichen sind, ohne dass die Bundesanstalt das Angebot untersagt hat (Abs. 2 S. 1).

I. Vorprüfungen, Vorgespräche. Eine Vorprüfung der Angebotsunterlage findet in der **Verwaltungspraxis** nicht statt. Die Bundesanstalt ist jedoch in der Regel bereit, unter Wahrung ihrer Neutralitätspflicht zur Beschleunigung des Verfahrens informelle Vorgespräche zu konkret anstehenden Verfahren zu führen.[10]

II. Prüfung durch die Bundesanstalt. Die Bundesanstalt **prüft** nach Eingang der Angebotsunterlage in formeller Hinsicht die Einhaltung der in § 11 Abs. 2 und der WpÜG-AngVO vorgeschriebenen Angaben (§ 15 Abs. 1 Nr. 1). Darüber hinaus prüft sie im Sinne einer eingeschränkten materiellen Kontrolle, ob diese Angaben **offensichtlich** gegen Regelungen des Gesetzes oder einer aufgrund des Gesetzes ergangenen Rechtsverordnung verstoßen.[11] In der **Verwaltungspraxis** wird die Bundesanstalt, wenn sie Mängel feststellt, den Bieter regelmäßig hiervon unterrichten und eine gemeinsame Erörterung anbieten.[12] Die Bundesanstalt kann vor einer Untersagung des Angebots die Zehn-Tages-Frist um bis zu fünf Werktagen verlängern,[13] wenn die Angebotsunterlage sich als mangelhaft erweist (Abs. 2 S. 3). Kommt die Bundesanstalt zu dem Ergebnis, dass die Angebotsunterlage nicht iSv § 15 Abs. 1 Nr. 1 und 2 mangelhaft ist, so hat sie die Veröffentlichung der Angebotsunterlage unverzüglich zu gestatten (gebundene Entscheidung).[14]

---

1   Bis zum Zeitpunkt der Drucklegung hat die Bundesanstalt noch keine technischen Vorkehrungen zum Empfang von Angebotsunterlagen in der Form des § 126 Abs. 1 BGB geschaffen.
2   *Assmann*, in: Assmann/Pötzsch/Schneider, § 14 Rn 14; KölnKomm-WpÜG/*Seydel*, § 14 Rn 18; *Scholz*, in: Haarmann/Schüppen, § 14 Rn 14; *Linke*, in: Haarmann/Schüppen § 45 Rn 10, siehe auch die Kommentierung zu § 45.
3   Ohne Hinweis hierauf *Geibel*, in: Geibel/Süßmann, § 14 Rn 11.
4   Siehe auch die Ausführungen zu, § 24 Rn 4 ff.
5   Vgl dazu *Assmann*, in: Assmann/Pötzsch/Schneider, § 14 Rn 9 ff; KölnKomm-WpÜG/*Seydel*, § 14 Rn 24, 29.
6   *Assmann*, in: Assmann/Pötzsch/Schneider, § 14 Rn 6 ff; KölnKomm-WpÜG/*Seydel*, § 14 Rn 24 ff.
7   Problematisch ist aber der Doppelsitz in Frankfurt und Bonn (Art. 1, § 1 Abs. 2 FinDAG) mit ggf unterschiedlichen Feiertagen. Nach KölnKomm-WpÜG/*Seydel*, § 14 Rn 24 mwN kommt es nur auf den "Sitz" des maßgeblichen Sektors Wertpapieraufsicht/Asset Management der Bundesanstalt in Frankfurt am Main an. So auch *Geibel/Süßmann*, in: Geibel/Süßmann, § 14 Rn 10.
8   *Assmann*, in: Assmann/Pötzsch/Schneider, § 14 Rn 7.
9   Siehe § 15 Rn 4 f.
10 *Assmann*, in: Assmann/Pötzsch/Schneider, § 14 Rn 21; *Lenz/Behnke*, BKR 2003, 43, 45; *Lenz/Linke*, AG 2002, 361, 363; KölnKomm-WpÜG/*Seydel*, § 14 Rn 42 f; *Geibel/Süßmann*, in: Geibel/Süßmann, § 14 Rn 14.
11 Begr. RegE, BT-Drucks. 14/7034, S. 45; *Assmann*, in: Assmann/Pötzsch/Schneider, § 14 Rn 21 ff; KölnKomm-WpÜG/*Seydel*, § 14 Rn 36 ff.
12 *Assmann*, in: Assmann/Pötzsch/Schneider, § 14 Rn 21; *Lenz/Linke*, AG 2002, 361, 363; *Haarmann/Riehmer/Schüppen*, BB 2002 (Heft 28/29), Die Erste Seite.
13 Nach der hM kann die Bundesanstalt die Frist mehrfach verlängern, sofern die verlängerte Frist insgesamt nicht mehr als fünf Werktage beträgt, vgl *Assmann*, in: Assmann/Pötzsch/Schneider, § 14 Rn 26. Anders aber. Begr. RegE, BT-Drucks. 14/7034, S. 45.
14 *Geibel*, in: Geibel/Süßmann, § 14 Rn 33.

10 **III. Verbot der Bekanntgabe vor Veröffentlichung.** Vor der Veröffentlichung der Angebotsunterlage nach Abs. 2 S. 1 darf diese nicht bekannt gegeben werden (Abs. 2 S. 2). Dies gilt auch für eine Bekanntgabe durch Dritte und die Bekanntgabe bestimmter Details des Angebots, wobei es nicht auf eine bestimmte Veröffentlichungsform ankommt.[15] Eine Bekanntgabe ist demnach jedes zugänglich machen der Angebotsunterlage oder bestimmter Aspekte hiervon an einen unbestimmten Personenkreis.[16] Nach der hM stellt eine Übermittlung der Angebotsunterlage vor deren Veröffentlichung an den Vorstand sowie den Aufsichtsrat der Zielgesellschaft keine Bekanntgabe iSd Gesetzes dar, eine Weiterleitung durch den Vorstand an die Arbeitnehmer hingegen schon.[17] Unabhängig hiervon ist stets zu prüfen, ob durch eine vorzeitige Weitergabe von Informationen über das Angebot an einzelne Dritte ein Verstoß gegen das Verbot von Insidergeschäften (bspw § 14 Abs. 1 Nr. 2 WpHG) darstellt.[18]

11 **IV. Pflicht zur Veröffentlichung.** Hat die Bundesanstalt die Veröffentlichung gestattet oder gilt infolge des Ablaufes der in Abs. 2 S. 1 vorgesehenen Frist[19] von zehn Tagen die Gestattung als erteilt,[20] muss die Angebotsunterlage unverzüglich[21] veröffentlicht werden (Abs. 2 S. 1).

D. Art der Veröffentlichung (Abs. 3)

12 Abs. 3 bestimmt die Form, in der die Angebotsunterlage zu veröffentlichen ist.[22] In einem zweispurigem Veröffentlichungsverfahren[23] ist neben der Pflichtveröffentlichung der Angebotsunterlage im **Internet** (Abs. 3 Nr. 1)[24] zusätzlich die Pflichtveröffentlichung der Angebotsunterlage im **elektronischen Bundesanzeiger** vorgeschrieben (Abs. 3 Nr. 2 Alt. 1). **Alternativ** zur Veröffentlichung im elektronischen Bundesanzeiger kann die Veröffentlichung weiterhin im Wege der sog. Schalterpublizität durch Bereithaltung zur kostenlosen Ausgabe bei einer geeigneten Stelle im Inland (Abs. 3 Nr. 2 Alt. 2) erfolgen.[25]

13 Die Bekanntgabe im Internet wird dadurch bewirkt, dass die Angebotsunterlage unter der Internetadresse, die bei der Veröffentlichung der Entscheidung zur Abgabe eines Angebots nach § 10 Abs. 3 S. 2 angegeben wurde, allgemein zugänglich gemacht wird. Unschädlich ist es, wenn die Website eine Zugangsprozedur vorsieht, die sicherstellen soll, dass etwaige nach § 24 vom Angebot ausgeschlossene EWR-Ausländer nicht die Angebotsunterlage downloaden können oder wenn der Zugang zur Website allgemein davon abhängig gemacht wird, dass der Nutzer das Lesen eines sog. Disclaimers bezüglich ausländische Aktionäre bestätigt.[26] Die Bekanntgabe der Angebotsunterlage auf einer anderen als der bereits nach § 10 Abs. 3 S. 2 bekannt gegebenen Webseite stellt eine nicht ordnungsgemäße Veröffentlichung dar, die nach § 15 Abs. 2 zu einer Untersagung des Angebots durch die Bundesanstalt führen kann.[27] Dies kann, muss jedoch nicht, die eigene Webseite des Bieters sein.[28]

14 Um der Bundesanstalt die Kontrolle der Einhaltung der Veröffentlichungspflichten zu erleichtern, verpflichtet Abs. 3 S. 2 den Bieter, der Bundesanstalt unverzüglich die Veröffentlichung nach Abs. 3 S. 1 Nr. 2 mitzuteilen. Einen Nachweis über den Zeitpunkt der Bekanntgabe im Internet (Abs. 3 S. 1 Nr. 1) fordert das Gesetz nicht.[29]

E. Übermittlung an Zielgesellschaft (Abs. 4)

15 Der Bieter ist verpflichtet, die Angebotsunterlage unverzüglich nach der Veröffentlichung dem Vorstand der Zielgesellschaft zu übermitteln (Abs. 4 S. 1). Nach Abs. 4 S. 2 hat der Vorstand die Angebotsunterlage unverzüglich dem Betriebsrat oder, sofern keiner besteht, unmittelbar den Arbeitnehmern weiterzuleiten.[30] Damit wird sichergestellt, dass sowohl der Vorstand als auch die Arbeitnehmer bzw die Arbeitnehmerver-

---

15 KölnKomm-WpÜG/*Seydel*, § 14 Rn 58 f.
16 *Assmann*, in: Assmann/Pötzsch/Schneider, § 14 Rn 28; KölnKomm-WpÜG/*Seydel*, § 14 Rn 61.
17 KölnKomm-WpÜG/*Seydel*, § 14 Rn 61; *Assmann*, in: Assmann/Pötzsch/Schneider, § 14 Rn 29.
18 Ausführlich: *Assmann*, in: Assmann/Pötzsch/Schneider, § 14 Rn 29.
19 Ausführlich zur Berechnung der Frist: *Assmann*, in: Assmann/Pötzsch/Schneider, § 14 Rn 24.
20 KölnKomm-WpÜG/*Seydel*, § 14 Rn 28; *Geibel*, in: Geibel/Süßmann, § 14 Rn 37.
21 Vgl dazu KölnKomm-WpÜG/*Seydel*, § 14 Rn 56; *Geibel*, in: Geibel/Süßmann, § 14 Rn 41.
22 Zur Unterrichtung der Wertpapierinhaber durch die Depotbanken auf der Grundlage von Nr. 16 der Sonderbedingungen für Wertpapiergeschäfte der deutschen Banken siehe *Geibel*, in: Geibel/Süßmann, § 14 Rn 58.
23 *Assmann*, in: Assmann/Pötzsch/Schneider, § 14 Rn 31.
24 Vgl dazu *Assmann*, in: Assmann/Pötzsch/Schneider, § 14 Rn 21 ff; KölnKomm-WpÜG/*Seydel*, § 14 Rn 63 ff.
25 Vgl dazu *Geibel*, in: Geibel/Süßmann, § 14 Rn 53.
26 KölnKomm-WpÜG/*Seydel*, § 14 Rn 65; *Assmann*, in: Assmann/Pötzsch/Schneider, § 14 Rn 21 ff.
27 *Assmann*, in: Assmann/Pötzsch/Schneider, § 14 Rn 35; KölnKomm-WpÜG/*Seydel*, § 14 Rn 63. *Scholz*, in: Haarmann/Schüppen, § 14 Rn 44 (unter Aufgabe der gegenteiligen Auffassung der Vorauflage).
28 *Assmann*, in: Assmann/Pötzsch/Schneider, § 14 Rn 34; KölnKomm-WpÜG/*Seydel*, § 14 Rn 63.
29 KölnKomm-WpÜG/*Seydel*, § 14 Rn 69; *Geibel*, in: Geibel/Süßmann, § 14 Rn 59.
30 Begr. RegE, BT-Drucks. 14/7034, S. 45.

treter zur Vorbereitung ihrer nach § 27 vorgesehenen Stellungnahmen[31] unverzüglich Einsicht in die Angebotsunterlage erhalten, ohne sich diese aus anderen Quellen besorgen zu müssen. Eine bestimmte Form ist nicht vorgeschrieben und die Angebotsunterlage kann auch in Textform nach § 126b BGB übermittelt werden, dh auch per Telefax oder E-Mail.[32] In Anbetracht des eindeutigen Gesetzeswortlauts („übermitteln") genügt ein schlichter Hinweis auf die Internetseite, in der das Angebot bekannt gegeben wurde, keinesfalls den Anforderungen des Abs. 4 und entspricht auch nicht der ratio legis, wonach es dem **Bieter** obliegt, sicherzustellen, dass die Gesellschaft und ihre Arbeitnehmer über das Angebot informiert werden.[33]

§ 15 Untersagung des Angebots

(1) Die Bundesanstalt untersagt das Angebot, wenn
1. die Angebotsunterlage nicht die Angaben enthält, die nach § 11 Abs. 2 oder einer auf Grund des § 11 Abs. 4 erlassenen Rechtsverordnung erforderlich sind,
2. die in der Angebotsunterlage enthaltenen Angaben offensichtlich gegen Vorschriften dieses Gesetzes oder einer auf Grund dieses Gesetzes erlassenen Rechtsverordnung verstoßen,
3. der Bieter entgegen § 14 Abs. 1 Satz 1 der Bundesanstalt keine Angebotsunterlage übermittelt oder
4. der Bieter entgegen § 14 Abs. 2 Satz 1 die Angebotsunterlage nicht veröffentlicht hat.

(2) Die Bundesanstalt kann das Angebot untersagen, wenn der Bieter die Veröffentlichung nicht in der in § 14 Abs. 3 Satz 1 vorgeschriebenen Form vornimmt.

(3) ¹Ist das Angebot nach Absatz 1 oder 2 untersagt worden, so ist die Veröffentlichung der Angebotsunterlage verboten. ²Ein Rechtsgeschäft auf Grund eines nach Absatz 1 oder 2 untersagten Angebots ist nichtig.

A. Einführung

§ 15 regelt die Befugnis der Bundesanstalt zur Prüfung und Untersagung des Angebots in den Abs. 1 und Abs. 2 vorgesehenen Fällen. Hat die Bundesanstalt das Angebot untersagt, ist nach Abs. 3 S. 1 die Veröffentlichung der Angebotsunterlage verboten. Abs. 3 S. 2 ordnet die Nichtigkeit von Rechtsgeschäften an, die aufgrund eines nach Abs. 1 oder Abs. 2 untersagten Angebots getätigt wurden.

B. Untersagung nach Abs. 1

I. Abs. 1 Nr. 1 und Nr. 2. Die Bundesanstalt untersagt das Angebot, wenn die Angebotsunterlage nicht die Angaben enthält, die nach § 11 Abs. 2 oder § 2 WpÜG-AngVO erforderlich sind (Abs. 1 Nr. 1), oder wenn die in der Angebotsunterlage enthaltenen Angaben offensichtlich gegen Vorschriften des Gesetzes oder der WpÜG-AngVO verstoßen (Abs. 1 Nr. 2). Die Bundesanstalt unternimmt dabei hinsichtlich der formellen Erfordernisse eine Vollständigkeitskontrolle und eine eingeschränkte materielle Kontrolle, die sich auf **offensichtliche Verstöße** gegen das Gesetz oder der WpÜG-AngVO beschränkt.[1] Daher trifft die Bundesanstalt eine Nachforschungspflicht allenfalls für den Fall, dass konkrete Anhaltspunkte für die Unrichtigkeit oder Unvollständigkeit der Angebotsunterlagen bekannt sind.[2] Offensichtliche Verstöße gegen das Gesetz oder die WpÜG-AngVO liegen bspw vor, wenn das Angebot von Bedingungen abhängig gemacht wird, die nach § 18 unzulässig sind oder bei Vorliegen eines nach § 32 unzulässigen Teilangebots.[3]

Die in der Praxis bislang am häufigsten vorkommenden Fehlerquellen bei der Erstellung von Angebotsunterlagen sind unrichtige Angaben zur Höhe der Gegenleistung,[4] der unzulässige Ausschluss von Aktionären im Ausland (§ 24), eine unzureichende Darstellung der zu erwartenden Auswirkungen eines erfolgreichen Angebots auf die Vermögens-, Finanz- und Ertragslage des Bieters und der notwendigen Maßnahmen, die

---

31 Eine vorherige Stellungnahme ist, wenn sie in der Angebotsunterlage enthalten ist, unzulässig und kann zur Untersagung des Angebots führen, vgl *Lenz/Linke*, AG 2002, 361, 364.
32 *Assmann*, in: Assmann/Pötzsch/Schneider, § 14 Rn 48; KölnKomm-WpÜG/*Seydel*, § 14 Rn 70.
33 *Assmann*, in: Assmann/Pötzsch/Schneider, § 14 Rn 48. AA KölnKomm-WpÜG/*Seydel*, § 14 Rn 70; *Geibel*, in: Geibel/Süßmann, § 14 Rn 63.

1 *Bosch/Meyer*, in: Assmann/Pötzsch/Schneider, § 15 Rn 10f. Siehe dazu auch, § 14 Rn 9.
2 Siehe KölnKomm-WpÜG/*Seydel*, § 15 Rn 30, der zu Recht darauf verweist, dass die kurze Prüfungszeitraum von höchstens zehn Tagen keine intensiven Nachforschungen zulässt.
3 Weitere Beispiele bei *Bosch/Meyer*, in: Assmann/Pötzsch/Schneider, § 15 Rn 48; *Geibel*, in: Geibel/Süßmann, § 15 Rn 18 ff.
4 Vgl dazu § 11 Fn 16 ff.

sicherstellen, dass der Bieter das Angebot vollständig erfüllen kann (§ 11 Abs. 2 S. 3 Nr. 1) und eine unvollständige Darstellung der Absichten des Bieters im Hinblick auf die Zielgesellschaft (§ 11 Abs. 2 S. 3 Nr. 1).[5]

4 **II. Abs. 1 Nr. 3 und Nr. 4.** Die Bundesanstalt untersagt ferner das Angebot, wenn der Bieter die Angebotsunterlage nicht binnen der nach § 14 Abs. 1 S. 1 vorgesehenen oder der nach § 14 Abs. 2 S. 3 verlängerten Frist übermittelt (Abs. 1 Nr. 3) oder entgegen § 14 Abs. 2 S. 1 nicht veröffentlicht hat (Abs. 1 Nr. 4). Während ein Verstoß gegen § 14 Abs. 1 S. 1 wegen des bestimmbaren Fristablaufs mit hinreichender Sicherheit feststellbar ist, kann ein Verstoß gegen die Pflicht zur „unverzüglichen" Veröffentlichung wegen der Unbestimmtheit des Rechtsbegriffs nicht immer mit hinreichender Sicherheit festgestellt werden.[6]

5 **III. Gebundenes Ermessen.** Die Bundesanstalt hat hinsichtlich ihrer Entscheidung nach Abs. 1 kein Ermessen.[7] Allerdings ist dem Bieter nach § 28 Abs. 1 VwVfG vor der Untersagung Gelegenheit zur Stellungnahme zu geben,[8] was in der Praxis dadurch geschieht, dass die Bundesanstalt den Bieter schriftlich von den Mängeln unterrichtet und eine gemeinsame Erörterung anbietet.[9] Die Bundesanstalt hat zur Wahrung des Verhältnismäßigkeitsprinzips in der Regel vor einer Untersagung dem Bieter eine Nachfrist nach § 14 Abs. 2 S. 3 zur Behebung etwaiger Mängel zu setzen.[10]

C. Untersagung nach Abs. 2

6 Die Bundesanstalt **kann** nach Abs. 2 ein Angebot untersagen, wenn der Bieter die Veröffentlichung nicht in der nach § 14 Abs. 3 S. 1 vorgeschriebenen Form vornimmt, also beispielsweise bei der Schalterpublizität die Angebotsunterlage bei einer ausländischen statt bei einer inländischen Stelle bereit hält.[11] Die Bundesanstalt hat ihr Ermessen nach den allgemeinen verwaltungsrechtlichen Grundsätzen auszuüben und insbesondere den Grundsatz der Verhältnismäßigkeit der Mittel zu wahren.[12]

D. Rechtsfolgen einer Untersagung

7 Im Falle einer Untersagung nach Abs. 1 oder Abs. 2 ist nach Abs. 3 S. 1 die **Veröffentlichung** der Angebotsunterlage **verboten**. Alle **Rechtsgeschäfte**, dh sowohl solche, die nach einer etwaigen Veröffentlichung und anschließender Untersagung, als auch solche Rechtsgeschäfte, die vor einer Veröffentlichung, getätigt wurden, sind **nichtig**.[13] Nichtig ist jeweils nicht nur das Verpflichtungsgeschäft, sondern auch das jeweilige Verfügungsgeschäft.[14] Dies gilt auch dann, wenn diese Geschäfte ausländischem Recht unterworfen sind.[15]

8 Ferner hat eine Untersagungsverfügung der Bundesanstalt zur Folge, dass die **Sperrfrist** von einem Jahr für die Abgabe eines neuen Angebots in Gang gesetzt wird (§ 26).

§ 16 Annahmefristen; Einberufung der Hauptversammlung

(1) ¹Die Frist für die Annahme des Angebots (Annahmefrist) darf nicht weniger als vier Wochen und unbeschadet der Vorschriften des § 21 Abs. 5 und § 22 Abs. 2 nicht mehr als zehn Wochen betragen. ²Die Annahmefrist beginnt mit der Veröffentlichung der Angebotsunterlage gemäß § 14 Abs. 3 Satz 1.

(2) ¹Bei einem Übernahmeangebot können die Aktionäre der Zielgesellschaft, die das Angebot nicht angenommen haben, das Angebot innerhalb von zwei Wochen nach der in § 23 Abs. 1 Satz 1 Nr. 2 genannten Veröffentlichung (weitere Annahmefrist) annehmen. ²Satz 1 gilt nicht, wenn der Bieter das Angebot von dem Erwerb eines Mindestanteils der Aktien abhängig gemacht hat und dieser Mindestanteil nach Ablauf der Annahmefrist nicht erreicht wurde.

(3) ¹Wird im Zusammenhang mit dem Angebot nach der Veröffentlichung der Angebotsunterlage eine Hauptversammlung der Zielgesellschaft einberufen, beträgt die Annahmefrist unbeschadet der Vorschriften des § 21 Abs. 5 und § 22 Abs. 2 zehn Wochen ab der Veröffentlichung der Angebotsunterlage. ²Der Vorstand der Zielgesellschaft hat die Einberufung der Hauptversammlung der Zielgesellschaft unverzüglich dem Bieter und der Bundesanstalt mitzuteilen. ³Der Bieter hat die Mitteilung nach Satz 2 unter Angabe des

---

[5] *Lenz/Linke*, AG 2002, 361, 363.
[6] Siehe dazu KölnKomm-WpÜG/*Seydel*, § 15 Rn 42.
[7] Begr. RegE, BT-Drucks. 14/7034, S. 45; KölnKomm-WpÜG/*Seydel*, § 15 Rn 44.
[8] Vgl *Geibel*, in: Geibel/Süßmann, § 15 Rn 37 f.
[9] *Lenz/Linke*, AG 2002, 361, 363; *Haarmann/Riehmer/Schüppen*, BB 2002 (Heft 28/29), Die Erste Seite.
[10] KölnKomm-WpÜG/*Seydel*, § 15 Rn 45; *Bosch/Meyer*, in: Assmann/Pötzsch/Schneider, § 15 Rn 22.
[11] KölnKomm-WpÜG/*Seydel*, § 15 Rn 49.
[12] KölnKomm-WpÜG/*Seydel*, § 15 Rn 50.
[13] Vgl dazu KölnKomm-WpÜG/*Seydel*, § 15 Rn 68 ff.
[14] KölnKomm-WpÜG/*Seydel*, § 15 Rn 69.
[15] KölnKomm-WpÜG/*Seydel*, § 15 Rn 68; *Bosch/Meyer*, in: Assmann/Pötzsch/Schneider, § 15 Rn 26.

Ablaufs der Annahmefrist unverzüglich im Bundesanzeiger zu veröffentlichen. ⁴Er hat der Bundesanstalt unverzüglich die Veröffentlichung mitzuteilen.

(4) ¹Die Hauptversammlung nach Absatz 3 ist mindestens 14 Tage vor der Versammlung einzuberufen. ²Der Tag der Einberufung ist nicht mitzurechnen. ³§ 121 Abs. 7 des Aktiengesetzes gilt entsprechend. ⁴Abweichend von § 121 Abs. 5 des Aktiengesetzes und etwaigen Bestimmungen der Satzung ist die Gesellschaft bei der Wahl des Versammlungsortes frei. ⁵Wird die Frist des § 123 Abs. 1 des Aktiengesetzes unterschritten, so müssen zwischen Anmeldung und Versammlung mindestens vier Tage liegen und sind Mitteilungen nach § 125 Abs. 1 Satz 1 des Aktiengesetzes unverzüglich zu machen; § 121 Abs. 7, § 123 Abs. 2 Satz 4 und § 125 Abs. 1 Satz 2 des Aktiengesetzes gelten entsprechend. ⁶Die Gesellschaft hat den Aktionären die Erteilung von Stimmrechtsvollmachten soweit nach Gesetz und Satzung möglich zu erleichtern. ⁷Mitteilungen an die Aktionäre, ein Bericht nach § 186 Abs. 4 Satz 2 des Aktiengesetzes und fristgerecht eingereichte Anträge von Aktionären sind allen Aktionären zugänglich und in Kurzfassung bekannt zu machen. ⁸Die Zusendung von Mitteilungen kann unterbleiben, wenn zur Überzeugung des Vorstands mit Zustimmung des Aufsichtsrats der rechtzeitige Eingang bei den Aktionären nicht wahrscheinlich ist.

A. Einführung

§ 16 enthält Regelungen über die nach der Veröffentlichung der Angebotsunterlage geltenden Fristen für die Annahme des Angebots sowie für die Einberufung einer Hauptversammlung bei der Zielgesellschaft. Abs. 1 enthält die **allgemeine Frist** für Angebote, die mindestens vier und nicht mehr als zehn Wochen betragen darf. Abs. 2 regelt die sog. **Zaunkönig-Regel**, wonach bei einem Übernahmeangebot die Aktionäre, die das Angebot nicht binnen der regulären Frist nach Abs. 1 angenommen haben, nun eine weitere Frist von zwei Wochen nach dem Tag der Mitteilung des Bieters nach § 23 Abs. 1 S. 1 Nr. 2 zur Annahme des Angebots haben. Wird im Zusammenhang mit dem Angebot eine **Hauptversammlung** einberufen, so beträgt die **Annahmefrist** des Abs. 1 zwingend zehn Wochen (Abs. 3). Abs. 4 enthält Regelungen zur Erleichterung der **Einberufung** und **Durchführung** der Hauptversammlung. Abs. 3 und 4 sind auch dann anzuwenden, wenn es sich nicht um ein Übernahmeangebot oder ein Pflichtangebot handelt.¹

B. Regelfristen für die Annahme (Abs. 1)

Nach Abs. 1 darf die vom Bieter bestimmte Frist zur Annahme des Angebots nicht weniger als vier Wochen (**Mindestannahmefrist**) und nicht mehr als zehn Wochen (**Höchstannahmefrist**) betragen. Die Frist beginnt mit der Veröffentlichung der Angebotsunterlage (§ 14 Abs. 3 S. 1). Die **Berechnung der Mindestannahmefrist** ist nach §§ 187 Abs. 1, 188 Abs. 2 BGB vorzunehmen. Daher ist entgegen dem Wortlaut der Vorschrift der Tag der Veröffentlichung bei der Fristberechnung nicht mitzuzählen.² Bei der Berechnung der **Höchstannahmefrist** dagegen ist aufgrund der *ratio legis* der Tag der Veröffentlichung mitzuzählen.³ § 193 BGB ist mit der Maßgabe anzuwenden, dass außer den in ganz Deutschland anerkannten gesetzlichen Feiertagen, sämtliche lokale Feiertage einzubeziehen sind, einschließlich solcher am Sitz des Bieters und an den Börsenhandelsplätzen der Zielgesellschaft.⁴ Da nach dem Wortlaut des Abs. 1 S. 2 die Annahmefrist bereits am Tag der Veröffentlichung **beginnt**, kann das Angebot auch am Tag der Veröffentlichung schon angenommen werden.⁵

Der Bieter ist grundsätzlich berechtigt einseitig, die von ihm in der Angebotsunterlage genannte **Annahmefrist** bis zur vollständigen Ausschöpfung der zehnwöchigen Höchstfrist zu **verlängern**, sofern er dies in der Angebotsunterlage nicht ausdrücklich ausgeschlossen hat.⁶ § 21 schließt die Anwendbarkeit der allgemeinen Regeln des Vertragsrechts nicht aus.⁷ Bei der Wahl des deutschen Rechts kann eine Fristverlängerung nach Maßgabe der §§ 145 ff BGB erfolgen.⁸ Das in diesem Punkt geänderte Angebot bedarf daher zu seiner Wirksamkeit der Form des ursprünglichen Angebots. Die **Fristverlängerung** muss daher die Vorgaben des § 11 beachtend nach Prüfung durch die Bundesanstalt gemäß § 14 **veröffentlicht** werden.⁹

---

1 KölnKomm-WpÜG/*Hasselbach*, § 16 Rn 60; *Seiler*, in: Assmann/Pötzsch/Schneider, § 16 Rn 8, 49; *Geibel*, in: Geibel/Süßmann, § 16 Rn 53 (auch mit Nachw. zur Gegenansicht).
2 Ausführlich dazu *Seiler*, in: Assmann/Pötzsch/Schneider, § 16 Rn 22; KölnKomm-WpÜG/*Hasselbach*, § 16 Rn 33.
3 KölnKomm-WpÜG/*Hasselbach*, § 16 Rn 33; *Seiler*, in: Assmann/Pötzsch/Schneider, § 16 Rn 22.
4 *Seiler*, in: Assmann/Pötzsch/Schneider, § 16 Rn 23; aA KölnKomm-WpÜG/*Hasselbach*, § 16 Rn 34.
5 *Geibel*, in: Geibel/Süßmann, § 16 Rn 15.
6 Vgl KölnKomm-WpÜG/*Hasselbach*, § 16 Rn 20 ff; *Seiler*, in: Assmann/Pötzsch/Schneider, § 16 Rn 17; *Thoma/Stöcker*, in: Baums/Thoma, § 16 Rn 14; jeweils einen ausdrücklichen Vorbehalt zur Fristverlängerung anratend.
7 Ausführlich: *Seiler*, in: Assmann/Pötzsch/Schneider, § 16 Rn 14; KölnKomm-WpÜG/*Hasselbach*, § 16 Rn 24. AA *Geibel*, in: Geibel/Süßmann, § 16 Rn 11 f.
8 *Seiler*, in: Assmann/Pötzsch/Schneider, § 16 Rn 14; KölnKomm-WpÜG/*Hasselbach*, § 16 Rn 24.
9 KölnKomm-WpÜG/*Hasselbach*, § 16 Rn 27; *Seiler*, in: Assmann/Pötzsch/Schneider, § 16 Rn 18.

C. Zaunkönig-Regel (Abs. 2)

4 Nach Abs. 2 S. 1 haben bei einem **Übernahmeangebot**[10] die Aktionäre der Zielgesellschaft, die das Angebot nicht angenommen haben, das Recht, das Angebot innerhalb von zwei Wochen nach der in § 23 Abs. 1 S. 1 Nr. 2 genannten Veröffentlichung (**weitere Annahmefrist**) anzunehmen. Die Vorschrift erlaubt es den Aktionären,[11] die dem Angebot kritisch gegenüberstanden, das Angebot bei einem Kontrollwechsel doch noch anzunehmen.[12]

Abs. 2 S. 1 ist vorbehaltlich Abs. 2 S. 2 grundsätzlich anwendbar, wenn ein Übernahmeangebot abgegeben wurde. Daher kommt es nicht darauf an, ob der angestrebte **Kontrollwechsel** außerhalb des Angebotsverfahrens erfolgt, bspw aufgrund eines börslichen Erwerbs oder eines Paketerwerbs. Die Vorschrift ist weiter anwendbar, wenn bereits während des Angebotsverfahrens feststeht, dass es zu einem Kontrollwechsel kommen wird.[13]

Nach der wohl hM ist Abs. 2 S. 1 dagegen **nicht anwendbar**, wenn sich während der Annahmefrist herausstellt, dass das Übernahmeangebot nicht zum angestrebten Kontrollwechsel führend wird, auch wenn der Bieter das Angebot nicht von der Annahme einer Mindestquote abhängig gemacht hat (Abs. 2 S. 2).[14]

Die **weitere Annahmefrist beginnt** mit der Veröffentlichung der „Wasserstandsmeldung" gemäß § 23 Abs. 1 S. 1 Nr. 2 (Abs. 2 S. 1) und endet zwei Wochen später. Für die Fristberechnung gelten die §§ 187 ff BGB.[15] Annahmeerklärungen von Aktionären, die in dem Zeitraum **zwischen** dem **Ablauf** der Annahmefrist und dem **Beginn** der weiteren Annahmefrist zugehen, sind als fristgemäß zu berücksichtigen.[16]

Abs. 2 S. 1 ist nicht anwendbar, wenn der Bieter das Angebot von der Annahme einer **Mindestquote** abhängig gemacht hat und diese Mindestquote nach Ablauf der Annahmefrist nicht erreicht wurde (Abs. 2 S. 2). Dabei kommt es nicht darauf, ob der Bieter zum Zeitpunkt des Ablaufs der Annahmefrist[17] bereits das sachenrechtliche Eigentum erworben hat, sondern lediglich darauf, in welcher Höhe ihm Annahmeerklärungen zugegangen sind.[18] Hat der Erwerber die Mindestquote auch auf andere Weise als durch die Annahme des Angebots erreicht, etwa durch börslichen oder außerbörslichen Zukauf, so sind diese Aktien bei der Bestimmung der Mindestquote einzubeziehen.[19]

Abs. 2 S. 2 findet keine Anwendung, wenn der Bieter die ursprünglich festgesetzte Annahmequote senkt (§ 21 Abs. 1 S. 1 Nr. 3) oder ganz auf Bedingungen verzichtet (§ 21 Abs. 1 S. 1 Nr. 4).[20]

D. Hauptversammlung, Fristverlängerung (Abs. 3)

5 Für den Fall, dass die Organe der Zielgesellschaft im Zusammenhang mit einem Angebot nach Veröffentlichung der Angebotsunterlage eine **Hauptversammlung** einberufen, **verlängert** sich die reguläre Annahmefrist auf zehn Wochen seit der Veröffentlichung des Angebots (Abs. 3 S. 1).[21] Damit soll es dem Vorstand ermöglicht werden, insbesondere vor Ablauf der vom Bieter gesetzten Annahmefrist einen Beschluss der Hauptversammlung herbeizuführen, um den Erfolg des Angebots zu verhindern (**Abwehrhauptversammlung**).[22] Allerdings ist die Anwendung von Abs. 3 S. 1 nicht nur auf (feindliche) Übernahmeangebote beschränkt, sondern schließt auch solche Hauptversammlungen mit ein, die im Zusammenhang mit einem Erwerbsangebot und einem Pflichtangebot einberufen wurden.[23]

---

10 Zur Rechtslage *de lege lata* hinsichtlich Pflichtangebote siehe *Geibel*, in: Geibel/Süßmann, § 16 Rn 33 ff; KölnKomm-WpÜG/*Hasselbach*, § 16 Rn 40; *Seiler*, in: Assmann/Pötzsch/Schneider, § 16 Rn 32.

11 Nicht erfasst sind dagegen Inhaber anderer Wertpapiere, wie etwa Inhaber von Options- und Wandelanleihen, auch wenn das Angebot diese Wertpapiere miteinbezieht. Vgl dazu *Seiler*, in: Assmann/Pötzsch/Schneider, § 16 Rn 38.

12 Siehe zum sog. Gefangenendilemma ausführlich *Seiler*, in: Assmann/Pötzsch/Schneider, § 16 Rn 28 ff; KölnKomm-WpÜG/*Hasselbach*, § 16 Rn 42 f.

13 *Seiler*, in: Assmann/Pötzsch/Schneider, § 16 Rn 33; KölnKomm-WpÜG/*Hasselbach*, § 16 Rn 45. Eine teleologische Reduktion in diesen Fällen befürwortend: *Geibel*, in: Geibel/Süßmann, § 16 Rn 35.

14 *Seiler*, in: Assmann/Pötzsch/Schneider, § 16 Rn 34; MüKo-AktG/*Wackerbarth*, § 16 WpÜG Rn 20 ff; *Noack/Zetsche*, in: Schwark, WpÜG, § 16 Rn 17; aA KölnKomm-WpÜG/*Hasselbach*, § 16 Rn 44.

15 *Seiler*, in: Assmann/Pötzsch/Schneider, § 16 Rn 41; KölnKomm-WpÜG/*Hasselbach*, § 16 Rn 51.

16 *Seiler*, in: Assmann/Pötzsch/Schneider, § 16 Rn 41; KölnKomm-WpÜG/*Hasselbach*, § 16 Rn 51.

17 KölnKomm-WpÜG/*Hasselbach*, § 16 Rn 53; *Geibel*, in: Geibel/Süßmann, § 16 Rn 41 (unter Aufgabe der gegenteiligen Auffassung der Vorauflage); unklar: *Seiler*, in: Assmann/Pötzsch/Schneider, § 16 Rn 41, der auch auf den Zeitpunkt der Veröffentlichung nach, § 23 Abs. 1 S. 1 Nr. 2 abstellt.

18 *Seiler*, in: Assmann/Pötzsch/Schneider, § 16 Rn 43; KölnKomm-WpÜG/*Hasselbach*, § 16 Rn 53.

19 *Seiler*, in: Assmann/Pötzsch/Schneider, § 16 Rn 43; KölnKomm-WpÜG/*Hasselbach*, § 16 Rn 55.

20 *Seiler*, in: Assmann/Pötzsch/Schneider, § 16 Rn 41; KölnKomm-WpÜG/*Hasselbach*, § 16 Rn 56.

21 Nach MüKo-AktG/*Wackerbarth*, § 16 WpÜG Rn 38 ff ist, § 16 Abs. 3 S. 1 verfassungswidrig.

22 Begr. RegE, BT-Drucks. 14/7034, S. 46; *Seiler*, in: Assmann/Pötzsch/Schneider, § 16 Rn 48, 50; KölnKomm-WpÜG/*Hasselbach*, § 16 Rn 59.

23 *Seiler*, in: Assmann/Pötzsch/Schneider, § 16 Rn 49; KölnKomm-WpÜG/*Hasselbach*, § 16 Rn 60; *Geibel*, in: Geibel/Süßmann, § 16 Rn 41.

In **sachlicher Hinsicht** ist es für die Anwendbarkeit von Abs. 3 S. 1 ausreichend, wenn auf der Tagesordnung der einberufenen Hauptversammlung mindestens einzelne Tagesordnungspunkte stehen, die einen sachlichen Zusammenhang mit dem Angebot aufweisen, auch wenn sie keinen abwehrenden Charakter haben. Daher kommt es zu einer Fristverlängerung, wenn auf der Hauptversammlung Beschlüsse gefasst werden sollen, die der Umsetzung einer zwischen dem Bieter und der Zielgesellschaft abgestimmten Strategie dienen, wie etwa eine kartellrechtlich erforderliche Veräußerung von Vermögensgegenständen der Zielgesellschaft.[24] Unschädlich ist es, wenn andere Beschlussgegenstände mit aufgenommen werden, wie etwa Satzungsänderungen, die keinen sachlichen Zusammenhang mit dem Angebot aufweisen.[25]

In **zeitlicher Hinsicht** findet Abs. 3 nur Anwendung, wenn die Hauptversammlung der Zielgesellschaft **nach** der Veröffentlichung der Angebotsunterlage stattfindet. Die **Einladung** hat innerhalb der ursprünglichen Annahmefrist zu erfolgen und der Tag der Hauptversammlung muss auf einen Tag innerhalb der auf zehn Wochen verlängerten Frist lauten.[26]

Um eine Anwendbarkeit der für eine solche Hauptversammlung in Abs. 4 vorgesehenen Erleichterungen bei der Einladung und Durchführung der Hauptversammlung zu ermöglichen soll Abs. 3 auch dann Anwendung finden, wenn die ursprüngliche Angebotsfrist bereits auf zehn Wochen lautete.[27]

Die verlängerte Annahmefrist kann sich ggf bei einer nach § 22 Abs. 1 zulässigen Änderung des Angebots um weitere 2 Wochen verlängern (§ 21 Abs. 5) bzw bei einem konkurrierendem Angebot um die Dauer, um die die Annahmefrist des konkurrierenden Angebots die Annahmefrist des ersten Angebots übersteigt (§ 22 Abs. 2).

Der Vorstand der Zielgesellschaft hat die Einberufung der Hauptversammlung der Zielgesellschaft unverzüglich dem Bieter und der Bundesanstalt mitzuteilen und die Mitteilung unter Angabe des Ablaufs der Annahmefrist unverzüglich im elektronischen Bundesanzeiger zu veröffentlichen. Er hat der Bundesanstalt unverzüglich die Veröffentlichung unter Hinweis auf den Link schriftlich mitzuteilen.[28]

E. Hauptversammlung, Erleichterungen (Abs. 4)

I. Fristen; Ort. Abs. 4 verkürzt die nach dem Aktiengesetz im Zusammenhang mit der Einberufung einer Hauptversammlung vorgesehenen **Fristen**. Der Zielgesellschaft wird es nunmehr gestattet, **abweichend** von der nach § 123 Abs. 1 AktG geltenden 30 Tage Frist, eine Hauptversammlung mit einer Frist von mindestens 14 Tagen einzuberufen (Abs. 4 S. 1). Dabei ist der Tag der Einberufung nicht mitzuzählen (Abs. 4 S. 2). Darüber hinaus gilt § 127 Abs. 7 AktG entsprechend, so dass auch der Tag der Hauptversammlung nicht mitzurechnen ist. Entsprechend werden die nach dem Aktiengesetz geltenden Anmeldungsfristen (§ 123 Abs. 2 AktG) auf vier Tage verkürzt, Mitteilungen nach § 125 Abs. 1 S. 1 AktG haben nun unverzüglich zu erfolgen (Abs. 4 S. 5). Allerdings ist die Bestimmung der sog. **record date** nicht verkürzt, so dass es in den Fällen des § 123 Abs. 3 S. 3 AktG bei 21 Tagen als Stichtag bleibt.

Darüber hinaus gestattet Abs. 4 S. 4 der Zielgesellschaft im Rahmen des den Aktionären Zumutbaren von den Bestimmungen des § 121 Abs. 5 AktG und etwaigen Bestimmungen der Satzung über den **Versammlungsort** abzusehen und einen Ort frei zu wählen.[29]

II. Stimmrechtsvollmachten, Mitteilungen, Berichte. Darüber hinaus enthält das Gesetz weitere Erleichterungen zugunsten der Zielgesellschaft und ihrer Aktionäre im Zusammenhang mit der Einberufung der Hauptversammlung.

Um eine möglichst hohe Präsenzzahl zu ermöglichen, ist die Gesellschaft nach Abs. 4 S. 6 verpflichtet, die Vollmachterteilung für Stimmrechte, soweit es aktienrechtlich möglich ist, zu erleichtern. Zur Erteilung von Stimmrechtsvollmachten per Telefax oder E-Mail ist jedoch weiterhin eine dies gestattende Satzungsbestimmung erforderlich (§ 134 Abs. 3 S. 2 AktG).[30] Die Gesellschaft ist jedoch verpflichtet, den Aktionären einen besonderen Stimmrechtsvertreter (§ 134 Abs. 3 S. 3 AktG) zu benennen.[31]

---

[24] *Seiler*, in: Assmann/Pötzsch/Schneider, § 16 Rn 50; KölnKomm-WpÜG/*Hasselbach*, § 16 Rn 62; aA *Thoma/Stöcker*, in: Baums/Thoma, § 16 Rn 68.

[25] *Seiler*, in: Assmann/Pötzsch/Schneider, § 16 Rn 50; KölnKomm-WpÜG/*Hasselbach*, § 16 Rn 62. AA *Geibel*, in: Geibel/Süßmann, § 16 Rn 57 f (uneingeschränkte Anwendbarkeit der §§ 123 ff AktG); siehe auch *Schneider*, in: Assmann/Pötzsch/Schneider, § 16 Rn 62 (zu § 16 Abs. 4).

[26] KölnKomm-WpÜG/*Hasselbach*, § 16 Rn 65; wohl auch *Seiler*, in: Assmann/Pötzsch/Schneider, § 16 Rn 53.

[27] KölnKomm-WpÜG/*Hasselbach*, § 16 Rn 65; *Seiler*, in: Assmann/Pötzsch/Schneider, § 16 Rn 53; *Thoma/Stöcker*, in: Baums/Thoma, § 16 Rn 80.

[28] BegRegE, BT-Drucks. 16/1003, S. 18 (zu Nr. 10 Buchst. a) und S. 19 (zu Nr. 11).

[29] Nach der Begr. RegE, BT-Drucks. 14/7034, S. 47 soll auch ein Ort im Ausland zulässig sein, sofern die Fragen der notariellen Beurkundung gelöst sind. Vgl dazu ausführlich *Schneider*, in: Assmann/Pötzsch/Schneider, § 16 Rn 68 f; KölnKomm-WpÜG/*Hasselbach*, § 16 Rn 78 ff; *Hüffer*, § 134 Rn 16 a.

[30] KölnKomm-WpÜG/*Hasselbach*, § 16 Rn 85; *Hüffer*, § 134 Rn 22 a. Nach *Schneider*, in: Assmann/Pötzsch/Schneider, § 16 Rn 71 ist, § 16 Abs. 4 S. 4 auch anwendbar, wenn es an einer entsprechenden Satzungsbestimmung mangelt.

[31] *Geibel*, in: Geibel/Süßmann, § 16 Rn 87. Einschränkend: KölnKomm-WpÜG/*Hasselbach*, § 16 Rn 87. Zu den Voraussetzungen einer Stimmrechtsvollmacht siehe *Hüffer*, § 134 Rn 22 a.

10 Eine erhebliche organisatorische Erleichterung gewährt Abs. 4 S. 7, wonach Mitteilungen an die Aktionäre (§ 125 AktG), fristgerecht eingereichte Minderheitsverlangen (§ 124 Abs. 1 S. 2 AktG) und Gegenanträge von Aktionären (§ 126 AktG) sowie Vorstandsberichte nach § 186 Abs. 4 S. 2 AktG[32] den Aktionären nur durch **Auslegen** und Einstellung auf der **Website** der Gesellschaft[33] **zugänglich** gemacht werden müssen (Abs. 4 S. 7).[34] Darüber hinaus sind diese Informationen in Kurzfassung[35] in den Gesellschaftsblättern (§ 25 AktG) bekannt zu machen (Abs. 4 S. 5). Die **Bekanntmachung** in Kurzfassung kann sehr knapp gehalten werden, wenn sie einen Hinweis auf die Fundstelle des Langtextes auf der Website der Zielgesellschaft enthält.[36] Sonstige Berichte, Verträge und Unterlagen, die im Zusammenhang mit einem Beschlussgegenstand bekannt zu machen wären, sind in Abs. 4 S. 7 nicht erwähnt, so dass lediglich eine analoge Anwendung dieser Vorschrift in Betracht kommt.[37]

Der Vorstand kann mit Zustimmung des Aufsichtsrats auf die Zusendung von Mitteilungen und Gegenanträgen auf postalische Wege oder auf jedem anderen zulässigen Wege[38] verzichten, wenn nach dessen pflichtgemäßer Einschätzung[39] der rechtzeitige Zugang bei den Aktionären vor der Hauptversammlung unwahrscheinlich ist (Abs. 4 S. 8).[40] Die zulässige Nichtvornahme der Versendung der Mitteilung nach Abs. 4 S. 8 begründet kein Recht zur Anfechtung der gefassten Beschlüsse.[41]

§ 17 Unzulässigkeit der öffentlichen Aufforderung zur Abgabe von Angeboten

Eine öffentliche auf den Erwerb von Wertpapieren der Zielgesellschaft gerichtete Aufforderung des Bieters zur Abgabe von Angeboten durch die Inhaber der Wertpapiere ist unzulässig.

1 § 17 regelt das Verbot der noch unter dem Übernahmekodex zulässigen *invitatio ad offerendum*.[1] Das Verbot der *invitatio ad offerendum* wird damit begründet, dass ein Angebot eine zum Teil erhebliche Belastung der Gesellschaft und ihrer Arbeitnehmer zur Folge haben kann, so dass es gerechtfertigt sei, vom Bieter die Abgabe eines Angebots mit Rechtsbindungswillen zu verlangen.[2] Daher ist ein „Angebot" des Bieters, welches darin besteht, die Wertpapierinhaber der Zielgesellschaft aufzufordern, ihrerseits dem Bieter ein Angebot auf Erwerb ihrer Wertpapiere nach Maßgabe der Bedingungen des Angebots des Bieters abzugeben, unzulässig. Der Bieter muss daher ein unbedingtes Angebot iSv § 145 BGB abgeben, so dass der Erwerbsvertrag mit Annahme durch den Wertpapierinhaber zustande kommt.[3]

§ 18 Bedingungen; Unzulässigkeit des Vorbehalts des Rücktritts und des Widerrufs

(1) Ein Angebot darf vorbehaltlich § 25 nicht von Bedingungen abhängig gemacht werden, deren Eintritt der Bieter, mit ihm gemeinsam handelnde Personen oder deren Tochterunternehmen oder im Zusammenhang mit dem Angebot für diese Personen oder Unternehmen tätige Berater ausschließlich selbst herbeiführen können.

(2) Ein Angebot, das unter dem Vorbehalt des Widerrufs oder des Rücktritts abgegeben wird, ist unzulässig.

---

32 Zur Frage der Mitteilungspflicht des Vorstandsberichts nach, §§ 125, 128 AktG vgl *Hüffer*, § 186 Rn 23.
33 Begr. RegE, BT-Drucks. 14/7034, S. 47; KölnKomm-WpÜG/*Hasselbach*, § 16 Rn 90; *Schneider*, in: Assmann/Pötzsch/Schneider, § 16 Rn 73.
34 Siehe KölnKomm-WpÜG/*Hasselbach*, § 16 Rn 90 zum Begriff des "Zugänglichmachen".
35 Zur Auslegung des Begriffs „Kurzfassung" vgl *Geibel*, in: Geibel/Süßmann, § 16 Rn 104; ihm folgend: KölnKomm-WpÜG/*Hasselbach*, § 16 Rn 91 f: Der Begriff entspreche dem in § 124 Abs. 2 S. 2 Alt. 2 AktG verwendeten Begriff des „wesentlichen Inhalts", was jedoch in der Sache nicht hilft, da es der Praxis entspricht, den Bericht des Vorstands in vollem Umfang mit zu veröffentlichen.
36 Begr. RegE, BT-Drucks. 14/7034, S. 47; *Schneider*, in: Assmann/Pötzsch/Schneider, § 16 Rn 73; *Hüffer*, § 186 Rn 23, § 124 Rn 7.
37 Dafür *Geibel*, in: Geibel/Süßmann, § 16 Rn 106. Eine gesetzgeberische Klarstellung fordernd: KölnKomm-WpÜG/*Hasselbach*, § 16 Rn 95.
38 Zu den sonstigen Formen der Mitteilungen nach, § 125 AktG siehe *Hüffer*, § 125 Rn 6 ff.
39 Siehe dazu KölnKomm-WpÜG/*Hasselbach*, § 16 Rn 97; *Hüffer*, § 125 Rn 1 a.
40 Siehe dazu Begr. RegE, BT-Drucks. 14/7034, S. 47; KölnKomm-WpÜG/*Hasselbach*, § 16 Rn 96.
41 Begr. RegE, BT-Drucks. 14/7034, 47; KölnKomm-WpÜG/*Hasselbach*, § 16 Rn 97. Anders jedoch, wenn der Vorstand von seinem Ermessen überhaupt nicht Gebrauch gemacht hat oder es versäumt hat, die Zustimmung des Aufsichtsrats einzuholen, vgl *Hüffer*, § 125 Rn 1 a.
1 *Bosch/Meyer*, in: Assmann/Pötzsch/Schneider, § 17 Rn 1 f. Siehe KölnKomm-WpÜG/*Hasselbach*, § 17 Rn 9 zu Beispielen für solche Angebote nach dem Übernahmekodex.
2 Begr. RegE, BT-Drucks. 14/7034, S. 47; *Bosch/Meyer*, in: Assmann/Pötzsch/Schneider, § 17 Rn 8.
3 *Bosch/Meyer*, in: Assmann/Pötzsch/Schneider, § 17 Rn 7.

A. Einführung

§ 18 regelt die Voraussetzungen, unter denen der Bieter sein Angebot unter Bedingungen stellen darf. Abs. 1 enthält das Verbot sog. **Potestativbedingungen**. Nach § 39 ist § 18 Abs. 1 nicht bei **Pflichtangeboten** anzuwenden. Es ist jedoch unstrittig, dass der Bieter das Pflichtangebot unter Bedingungen stellen darf, die verhindern, dass er sich ansonsten rechtswidrig verhält, so dass insbesondere die Berücksichtigung behördlicher Genehmigungen, wie etwa der zuständigen Kartellbehörden, zulässig ist.[1] Abs. 2 verbietet ergänzend Angebote, die unter Widerrufs- oder Rücktrittsvorbehalt gestellt werden.

B. Verbot von Potestativbedingungen (Abs. 1)

Abs. 1 verbietet die Abgabe von Angeboten, die von Bedingungen abhängig gemacht werden, deren Eintritt der Bieter, mit ihm gemeinsam handelnde Personen oder deren Tochterunternehmen oder im Zusammenhang mit dem Angebot für diese Personen oder Unternehmen tätige Berater ausschließlich selbst herbeiführen können.[2] Der Begriff der Bedingung ist weit auszulegen und erfasst neben aufschiebenden (§ 158 Abs. 1 BGB) oder auflösenden (§ 158 Abs. 2 BGB) Bedingungen auch Rechtsbedingungen, dh die gesetzlichen Voraussetzungen für das Zustandekommen und das Wirksamwerden des Rechtsgeschäfts.[3] Eine Ausnahme gilt jedoch für ein Angebot, das unter der Bedingung eines genehmigenden Beschlusses der Gesellschafterversammlung des Bieters gestellt wird (§ 25).[4] Abs. 1 erfasst jedoch nicht Vertrags- oder Geschäftsbedingungen, dh Bestimmungen, die den Inhalt des Angebots festlegen.[5]

Zu den **zulässigen Bedingungen**, die nicht unter das Verbot des Abs. 1 fallen, gehören:[6]

- behördliche Genehmigungen, insbesondere Kartellvorbehalte;[7]
- Erlangung einer Mindestquote;[8]
- bei Tauschangeboten: Vorbehalt der Eintragung der Durchführung der Sachkapitalerhöhung[9] und der (vorherigen) Zulassung der Tauschaktien zum Börsenhandel;[10]
- vinkulierte Namensaktien: Zustimmung der Zielgesellschaft nach § 68 Abs. 2 AktG;[11]
- Gesellschafterbeschluss des Bieters (§ 25);
- Unterbleiben von Abwehrmaßnahmen durch die Zielgesellschaft;[12]
- Nichtabgabe konkurrierender Angebote;[13]
- die Beantragung oder Eröffnung des Insolvenzverfahrens über das Vermögen der Zielgesellschaft;[14]
- Erkenntnisse aus einer noch durchzuführenden Due Diligence[15]
- Obergrenze des Preises der Aktie des Bieters bei Tauschangeboten;[16] sowie
- Force majeure und Material Adverse Change-Klauseln.[17]

Obwohl nicht ausdrücklich geregelt, entspricht es allgemeiner Ansicht und der Verwaltungspraxis der Bundesanstalt, dass eine Bedingung so ausgestaltet sein muss, dass es bis zum **Ablauf** der geltenden Annahmefrist feststeht, ob die Bedingung eingetreten bzw ausgefallen ist.[18] Eine **Ausnahme** gilt für Bedingungen, deren Eintritt bis zum Ablauf der Annahmefrist unmöglich oder nicht hinreichend sicher ist, was insbeson-

---

1 Begr. RegE, BT-Drucks. 14/7034, S. 62; *Krause*, in: Assmann/Pötzsch/Schneider, § 18 Rn Rn 5 ff; KölnKomm-WpÜG/*Hasselbach*, § 18 Rn 14.
2 *Krause*, in: Assmann/Pötzsch/Schneider, § 18 Rn 14 ff; KölnKomm-WpÜG/*Hasselbach*, § 18 Rn 18; *Geibel*, in: Geibel/Süßmann, § 18 Rn 19 ff.
3 *Krause*, in: Assmann/Pötzsch/Schneider, § 18 Rn 13.
4 Ausführlich dazu *Krause*, in: Assmann/Pötzsch/Schneider, § 18 Rn 58 ff; KölnKomm-WpÜG/*Hasselbach*, § 18 Rn 73 ff.
5 *Krause*, in: Assmann/Pötzsch/Schneider, § 18 Rn 14.
6 Ausführlich dazu *Geibel*, in: Geibel/Süßmann, § 18 Rn 27 ff; *Krause*, in: Assmann/Pötzsch/Schneider, § 18 Rn 34 ff; KölnKomm-WpÜG/*Hasselbach*, § 18 Rn 25 ff.
7 Ausführlich: KölnKomm-WpÜG/*Hasselbach*, § 18 Rn 33 ff; *Krause*, in: Assmann/Pötzsch/Schneider, § 18 Rn 39 ff.
8 Die Mindestquote darf höchsten 95 % betragen, vgl *Busch*, AG 2002, 145, 147 f; *Krause*, in: Assmann/Pötzsch/Schneider, § 18 Rn 36; KölnKomm-WpÜG/*Hasselbach*, § 18 Rn 26 ff.
9 Vgl *Krause*, in: Assmann/Pötzsch/Schneider, § 18 Rn 71 f zum Streitstand, ob auch die Eintragung des Kapitalerhöhungsbeschlusses selbst zu einer Bedingung erhoben werden kann.
10 *Krause*, in: Assmann/Pötzsch/Schneider, § 18 Rn 73 f; *Busch*, AG 2002, 145, 147 f; *Geibel*, in: Geibel/Süßmann, § 18 Rn 57 mit Hinweis auf *Peltzer*, in: Assmann/Basaldua/Bozenhardt/Peltzer, Übernahmeangebote, ZGR Sonderheft 9, 179, 203 (alternatives Barangebot erforderlich).
11 *Krause*, in: Assmann/Pötzsch/Schneider, § 18 Rn 86 f.
12 Ausführlich dazu *Krause*, in: Assmann/Pötzsch/Schneider, § 18 Rn 81 ff; *Busch*, AG 2002, 145, 147 f; *Geibel*, in: Geibel/Süßmann, § 18 Rn 37. Dagegen ist nach der Verwaltungspraxis der Bundesanstalt unzulässig, eine positive Stellungnahme der Zielgesellschaft zur Bedingung zu machen, zustimmend: *Krause*, in: Assmann/Pötzsch/Schneider, § 18 Rn 77 ff; *Geibel*, in: Geibel/Süßmann, § 18 Rn 53.
13 *Krause*, in: Assmann/Pötzsch/Schneider, § 18 Rn 106 f.
14 *Krause*, in: Assmann/Pötzsch/Schneider, § 18 Rn 94 ff; *Geibel*, in: Geibel/Süßmann, § 18 Rn 51.
15 Unter engen Voraussetzungen, vgl *Krause*, in: Assmann/Pötzsch/Schneider, § 18 Rn 98 ff.
16 Vgl dazu *Krause*, in: Assmann/Pötzsch/Schneider, § 18 Rn 75 f; *Busch*, AG 2002, 145, 151 f.
17 Vgl im Einzelnen *Krause*, in: Assmann/Pötzsch/Schneider, § 18 Rn 68; KölnKomm-WpÜG/*Hasselbach*, § 18 Rn 58 ff; *Geibel*, in: Geibel/Süßmann, § 18 Rn 60; *Busch*, AG 2002, 145, 150 f.
18 *Krause*, in: Assmann/Pötzsch/Schneider, § 18 Rn 108; KölnKomm-WpÜG/*Hasselbach*, § 18 Rn 91.

re bei ausstehenden staatlichen Genehmigungen der Fall sein kann. In diesen Fällen hat der Bieter für den Bedingungseintritt eine angemessene Frist zu bestimmen.[19]

Eine nachträgliche Änderung von Bedingungen sowie der Verzicht auf Bedingungen ist nur in den Grenzen des § 21 zulässig.[20] Der Eintritt einer Bedingung ist analog § 14 Abs. 3 S. 1 unverzüglich zu veröffentlichen.[21]

Hat der Bieter oder die in § 18 Abs. 1 genannten anderen Personen den Eintritt einer ansonsten zulässigen Bedingung verhindert oder vereitelt, so kann er entsprechend nach § 280 Abs. 1, § 283 BGB iVm § 162 BGB auf Erfüllung bzw Schadensersatz in Anspruch genommen werden.[22]

C. Verbot von Widerrufs- und Rücktrittsvorbehalten (Abs. 2)

4　Abs. 2 ordnet ausnahmslos das Verbot von Widerrufs- und Rücktrittsvorbehalten an. Dadurch wird verhindert, dass eine nach Abs. 1 unzulässige Bedingung als Widerrufs- und Rücktrittsvorbehalt ausgestaltet wird.[23] Darüber hinaus können auch zulässige Bedingungen ausnahmslos nicht als Widerrufs- und Rücktrittsvorbehalt ausgestaltet werden.[24] Dem Bieter bleibt es jedoch unbenommen, bestimmte Vorbehalte als Bedingung in das Angebot aufzunehmen, sofern sie mit Abs. 1 vereinbar sind.[25]

Abs. 2 ist analog auf Angebote anzuwenden, bei denen das Angebot keinen formellen Widerrufs- oder Rücktrittsvorbehalt, aber eine praktisch unerfüllbare aufschiebende Bedingung,[26] oder bei auflösenden Bedingungen, die noch nach Abwicklung des Angebots eintreten und dessen Rückabwicklung zur Folge haben können.[27]

§ 19 Zuteilung bei einem Teilangebot

Ist bei einem Angebot, das auf den Erwerb nur eines bestimmten Anteils oder einer bestimmten Anzahl der Wertpapiere gerichtet ist, der Anteil oder die Anzahl der Wertpapiere, die der Bieter erwerben kann, höher als der Anteil oder die Anzahl der Wertpapiere, die der Bieter zu erwerben sich verpflichtet hat, so sind die Annahmeerklärungen grundsätzlich verhältnismäßig zu berücksichtigen.

A. Einführung 1	III. Unterzeichnung 10
B. Anwendungsbereich 2	E. Ausnahmen von der verhältnismäßigen Zuteilung 11
C. Zulässige Beschränkungen des Erwerbsangebots – zulässige Teilangebote 4	I. Auf- oder Abrundung 12
D. Verhältnismäßige Berücksichtigung der Annahmeerklärungen 7	II. Vermeidung von Splitterbeteiligungen 13
I. Grundsatz 7	III. Zuteilung beim Rückerwerb eigener Aktien 14
II. Überzeichnung 9	F. Formelle Voraussetzungen – Veröffentlichung 15
	G. Rechtsfolgen bei Verstoß 17

A. Einführung

1　§ 19 soll den Gleichbehandlungsgrundsatz des § 3 Abs. 1 wahren, indem alle betroffenen und verkaufs- oder tauschwilligen Wertpapierinhaber der Zielgesellschaft die Möglichkeit erhalten, das Angebot des Bieters unter gleichen Bedingungen anzunehmen.[1] Insbesondere sollen sog. „Windhundrennen" vermieden werden, die entstehen könnten, wenn auf den Annahmezeitpunkt abgestellt würde; dies könnte zu einem besonderen Verkaufsdruck bei den Wertpapierinhabern führen.[2] Abgesehen davon läge darin ein Verstoß gegen den Grundsatz des § 3 Abs. 2, nach dem die Wertpapierinhaber über ausreichend Zeit verfügen müssen, um über das Angebot des Bieters zu entscheiden.[3]

---

19 *Krause*, in: Assmann/Pötzsch/Schneider, § 18 Rn 109 f; KölnKomm-WpÜG/*Hasselbach*, § 18 Rn 91.
20 *Krause*, in: Assmann/Pötzsch/Schneider, § 18 Rn 113; KölnKomm-WpÜG/*Hasselbach*, § 18 Rn 93.
21 *Krause*, in: Assmann/Pötzsch/Schneider, § 18 Rn 112; KölnKomm-WpÜG/*Hasselbach*, § 18 Rn 94.
22 *Krause*, in: Assmann/Pötzsch/Schneider, § 18 Rn 26; *Busch*, AG 2002, 145, 146.
23 Begr. RegE, BT-Drucks. 14/7034, S. 48; *Krause*, in: Assmann/Pötzsch/Schneider, § 18 Rn 117; KölnKomm-WpÜG/*Hasselbach*, § 18 Rn 96.

24 Vgl dazu *Krause*, in: Assmann/Pötzsch/Schneider, § 18 Rn 118 mwN; KölnKomm-WpÜG/*Hasselbach*, § 18 Rn 97.
25 Vgl *Geibel*, in: Geibel/Süßmann, § 18 Rn 74 ff zur Störung der Geschäftsgrundlage (§ 313 BGB) in solchen Fällen.
26 *Krause*, in: Assmann/Pötzsch/Schneider, § 18 Rn 119; KölnKomm-WpÜG/*Hasselbach*, § 18 Rn 98.
27 *Krause*, in: Assmann/Pötzsch/Schneider, § 18 Rn 119; MüKo-AktG/*Wackerbarth*, § 18 WpÜG Rn 56.
1 *Steinmeyer*, in: Steinmeyer, § 19 Rn 2; KölnKomm-WpÜG/*Hasselbach*, § 19 Rn 3.
2 *Steinmeyer*, in: Steinmeyer, § 19 Rn 2.
3 *Scholz*, in: Haarmann/Schüppen, § 19 Rn 4.

B. Anwendungsbereich

§ 19 findet nur bei einfachen Erwerbsangeboten Anwendung, dh dass **Teilübernahme- und Teilpflichtangebote unzulässig** sind.[4] Bei Teilangeboten handelt es sich meist um Einstiegs- oder Aufstockungsangebote.[5] Bei einem Einstiegsangebot hält der Bieter entweder keine Aktien der Zielgesellschaft oder weniger als den zur Kontrollerlangung benötigten Anteil der Stimmrechte iS des § 29 Abs. 2 und möchte diese Schwelle von 30 % der Stimmrechte auch nicht überschreiten.[6] Bei einem Aufstockungsangebot verfügt der Bieter bereits über eine Kontrollbeteiligung an der Zielgesellschaft und möchte diese Beteiligung erhöhen.[7] Dabei ist allerdings zu beachten, dass ein Pflichtangebot aufgrund einer Kontrollerlangung gemäß §§ 32, 39 nur als Vollangebot abgeben werden darf.[8] Denkbar sind zudem auf andere Wertpapiere als Aktien gerichtete Teilangebote (zB Wandelschuldverschreibungen oder Optionsscheine).[9] Sie verstoßen auch dann nicht gegen § 32, wenn sie zwar auf den Erwerb von über 30 % dieser Wertpapiere zielen, diese aber keinerlei Stimmrechte beinhalten und somit ihr Erwerb keine Kontrollerlangung gemäß § 29 Abs. 2 ermöglicht.[10]

Der Bieter muss sein Angebot an alle Wertpapierinhaber richten.[11] Da die Zuteilungsregel des § 19 eine verhältnismäßige Berücksichtigung der Annahmeerklärungen garantieren soll, ist die Zuteilungsquote dem Einflussbereich des Bieters zu entziehen. Daher können auch mit dem Bieter gemeinsam handelnde Personen iS des § 2 Abs. 5 und Abs. 6 nicht Angebotsadressaten sein.[12] Um etwaige Manipulationen der Zuteilung durch den Bieter zu verhindern, gilt dies auch für Personen iS des § 12 Abs. 1 Nr. 2, die das Angebot initiiert haben, ohne selbst als Bieter aufzutreten (zB die Muttergesellschaft des Bieters).[13]

C. Zulässige Beschränkungen des Erwerbsangebots – zulässige Teilangebote

Die im § 19 enthaltene Legaldefinition des Teilangebots bestimmt nicht die Zulässigkeit des Teilangebots, sondern dessen Rechtsfolgen. § 19 verdeutlicht nicht hinreichend, inwieweit eine Beschränkung des Erwerbsangebots zulässig ist. Ein Teilangebot iS des § 19 bezeichnet ein Angebot iS des § 2 Abs. 1, das sich zwar an alle Wertpapierinhaber der Zielgesellschaft richtet, bei dem der Bieter jedoch beabsichtigt, nur einen Teil und nicht alle Wertpapiere zu erwerben.[14]

Eine Beschränkung des Erwerbsangebots kann sich auf den angestrebten **Anteil am Grundkapital** oder auf die **Zahl der Wertpapiere** beziehen.[15] Daher ist es möglich, den Erwerb von beispielsweise 20 % des Grundkapitals oder von 10.000 Aktien der Zielgesellschaft anzubieten. Nicht zulässig ist hingegen, ein Erwerbsangebot nur an bestimmte Wertpapierinhaber zu richten oder ein solches Angebot auf bestimmte oder bestimmbare Wertpapiere zu beschränken.[16]

Eine Beschränkung auf **einzelne Wertpapiergattungen** ist möglich. In diesen Fällen muss sich das Angebot an alle Inhaber der gewählten Gattung richten.[17] Hat die Zielgesellschaft mehrere Gattungen von Wertpapieren emittiert (zB Stammaktien und stimmrechtslose Vorzugsaktien), ist es dem Bieter demzufolge möglich, sein Angebot entweder auf einen bestimmten Anteil aller Gattungen (zB 15 % der Stamm- und Vorzugsaktien) oder einen Anteil einer Gattung (zB 20 % der Stammaktien) zu richten.[18] Ein Angebot, das den Erwerb aller stimmrechtslosen Vorzugsaktien bezweckt, ist als Teilangebot zulässig, da damit kein Kontrollerwerb möglich ist.[19] Hingegen ist ein nur auf den Erwerb aller stimmberechtigten Stammaktien gerichtetes Teilangebot nicht zulässig.[20] Ein solches Angebot wäre ein Übernahmeangebot iS des § 29 Abs. 1 und gemäß § 32 nur als Vollangebot auf alle Aktien der Zielgesellschaft zulässig.[21]

---

4 Begr. RegE BT-Drucks. 14/7034, S. 48; *Scholz*, in: Haarmann/Schüppen, § 19 Rn 6; *Favoccia*, in: Assmann/Pötzsch/Schneider, § 19 Rn 2; sa, § 32 WpÜG.
5 KölnKomm-WpÜG/*Hasselbach*, § 19 Rn 13.
6 *Favoccia*, in: Assmann/Pötzsch/Schneider, § 19 Rn 2.
7 *Scholz*, in: Haarmann/Schüppen, § 19 Rn 6.
8 KölnKomm-WpÜG/*Hasselbach*, § 19 Rn 13. Somit dürften Aufstockungsangebote als Teilangebote nur in Betracht kommen, wenn entweder der Bieter gemäß § 35 Abs. 3 WpÜG von der Verpflichtung zur Abgabe eines Pflichtangebots befreit ist, dh wenn die Kontrollerlangung aufgrund eines erfolgreichen Übernahmeangebots erfolgt ist, oder ein Pflichtangebot gemäß § 35 Abs. 2 S. 1 WpÜG schon stattgefunden hat, ohne für den Bieter zum Erwerb aller Wertpapiere der Zielgesellschaft geführt zu haben.
9 Zum Begriff der „anderen Wertpapiere als Aktien", s.a. die Kommentierung zu § 32 WpÜG.
10 *Thoma*, in: Baums/Thoma, § 19 Rn 7.
11 MüKo-AktG/*Wackerbarth*, § 19 WpÜG Rn 16.
12 MüKo-AktG/*Wackerbarth*, § 19 WpÜG Rn 19.
13 MüKo-AktG/*Wackerbarth*, § 19 WpÜG Rn 21.
14 KölnKomm-WpÜG/*Hasselbach*, § 19 Rn 1.
15 Begr. RegE BT-Drucks. 14/7034, S. 48.
16 *Steinmeyer*, in: Steinmeyer, § 19 Rn 4.
17 *Favoccia*, in: Assmann/Pötzsch/Schneider, § 19 Rn 2.
18 AA: wohl *Steinmeyer*, in: Steinmeyer, § 19 WpÜG Rn 4, wonach das Angebot auf sämtliche Wertpapiere der Gattung zu beziehen sei, sofern eine Differenzierung nach Wertpapiergattungen erfolgt.
19 *Scholz*, in: Haarmann/Schüppen, § 19 Rn 23; KölnKomm-WpÜG/*Hasselbach*, § 19 Rn 12; *Thoma*, in: Baums/Thoma, § 19 Rn 9; MüKo-AktG/*Wackerbarth*, § 19 WpÜG Rn 6.
20 *Scholz*, in: Haarmann/Schüppen, § 19 Rn 23. AA: KölnKomm-WpÜG/*Hasselbach*, § 19 Rn 12; *Thoma*, in: Baums/Thoma, § 19 Rn 11.
21 *Scholz*, in: Haarmann/Schüppen, § 19 Rn 23. Ob sich das Vollangebot darüber hinaus im Falle einer Kontrollerlangung auch auf nicht zum Handel an einem organisierten Markt iSd § 2 Abs. 7 WpÜG zugelassene Wertpapiere erstrecken muss, ist umstritten, s. dazu die Kommentierung zu § 32 WpÜG.

D. Verhältnismäßige Berücksichtigung der Annahmeerklärungen

7 **I. Grundsatz.** Die Zuteilungsregelung des § 19 kommt dann zur Anwendung, wenn das Angebot des Bieters überzeichnet wird, dh wenn die Anzahl der Annahmerklärungen die Anzahl der Wertpapiere übersteigt, die Gegenstand des Teilangebots des Bieters sind.[22] In diesen Fällen ist der Bieter verpflichtet, eine **Pro-rata-Zuteilung** der Wertpapiere vorzunehmen, dh er ist zu einer verhältnismäßigen Berücksichtigung der Annahmeerklärungen verpflichtet. Dies hat in der Weise zu erfolgen, dass die Annahmeerklärung jedes Wertpapierinhabers in dem Verhältnis zu berücksichtigen ist, in dem das Teilangebot zur Gesamtheit der zugegangenen Annahmeerklärungen steht.[23]

8 Beispiel:

Der Bieter macht ein öffentliches Erwerbsangebot auf 10.000 Aktien der Zielgesellschaft (entsprechend 10 % des Grundkapitals) gegen eine Barzahlung von 50 EUR pro Aktie. Das Angebot wird von einer bestimmten Anzahl von Aktionären der Zielgesellschaft angenommen, die insgesamt die Annahme für 40.000 Aktien erklären. Es gibt demnach überschießende Annahmen für 30.000 Aktien. Das Verhältnis zwischen zu erwerbenden Aktien und erwerbbaren Aktien beträgt somit 1 : 4. Nach § 19 müssen nunmehr von jedem Aktionär ein Viertel der Aktien erworben werden, für die er die Annahme erklärt hat. Ein Aktionär, der die Annahme für 5.000 Aktien erklärt hat, schuldet dem Bieter also nur 1.250 Aktien zur Übertragung. Die Gegenleistungspflicht ändert sich im selben Verhältnis.

Falls sich das Teilangebot auf verschiedene Gattungen von Wertpapieren bezieht, erfolgt die verhältnismäßige Berücksichtigung für jede der Gattungen gesondert.[24] Hat der Bieter keine Höchstmenge für die jeweiligen Gattungen angegeben, sondern nur einen gesamten, auf verschiedene Gattungen verteilten Anteil des Grundkapitals, erfolgt die Zuteilung wiederum einheitlich.[25]

9 **II. Überzeichnung.** Bei einer Überzeichnung des Erwerbsangebots ist der Erwerb von Wertpapieren der Zielgesellschaft über den Umfang des Teilangebots hinaus nicht zulässig.[26] Es bedarf vielmehr eines neuen Angebots seitens des Bieters, da eine nachträgliche Erhöhung der Bezugsbereitschaft des Bieters eine nicht mit § 21 vereinbare und damit unzulässige Änderung des Angebots darstellt.[27] Der zusätzliche Erwerb der überschießenden Aktien ist insbesondere dann nicht erlaubt, wenn der Bieter so die Kontrollschwelle des § 29 Abs. 2 erreichen würde und somit die besonderen Bestimmungen und Anforderungen für Übernahmeangebote umgehen könnte.[28]

10 **III. Unterzeichnung.** Für den Fall des Nichterreichens der vom Bieter angestrebten Beteiligung (Unterzeichnung) sollte die Angebotsunterlage das weitere Verfahren festlegen.[29] Den Wertpapierinhabern muss im Vorfeld klar sein, ob die vom Bieter angestrebte Beteiligung zugleich eine Mindestbeteiligung und somit eine auflösende Bedingung darstellt, dh ob die Kauf- bzw Tauschverträge zwischen annehmenden Wertpapierinhabern und Bieter nur dann wirksam bleiben, wenn die im Angebot angestrebte Beteiligung voll erreicht wird.[30] Wenn die Angebotsunterlage dazu keine Angaben enthält, ist das Angebot nach dem allgemeinen zivilrechtlichen Grundsatz vom Empfängerhorizont her auszulegen.[31] Im Zweifelsfall ist aber davon auszugehen, dass der Bieter alle angebotenen Aktien bis zu der von ihm angestrebten Grenze erwerben möchte,[32] es sich also nicht um eine Mindestbeteiligung handelt.

E. Ausnahmen von der verhältnismäßigen Zuteilung

11 Der Wortlaut des § 19, wonach Annahmeerklärungen „grundsätzlich" verhältnismäßig zu berücksichtigen sind, lässt Raum für Ausnahmen vom Grundsatz der verhältnismäßigen Berücksichtigung der Annahmeerklärungen. Solche Ausnahmen ergeben sich insbesondere aus Gründen der Praktikabilität.[33]

12 **I. Auf- oder Abrundung.** Da der Verkauf oder Tausch von Bruchteilen von Aktien nicht möglich ist, muss es dem Bieter möglich sein, die Anzahl der Aktien auf- oder abzurunden.[34] Dabei empfiehlt es sich für den

---

[22] *Thoma*, in: Baums/Thoma, § 19 Rn 10; MüKo-AktG/*Wackerbarth*, § 19 WpÜG Rn 31.
[23] *Scholz*, in: Haarmann/Schüppen, § 19 Rn 28.
[24] *Scholz*, in: Haarmann/Schüppen, § 19 Rn 28; *Thoma*, in: Baums/Thoma, § 19 Rn 24.
[25] MüKo-AktG/*Wackerbarth*, § 19 WpÜG Rn 40.
[26] *Favoccia*, in: Assmann/Pötzsch/Schneider, § 19 Rn 15; *Scholz*, in: Haarmann/Schüppen, § 19 Rn 35; *Oechsler*, in: Ehricke/Ekkenga/Oechsler, § 19 Rn 8; *Thoma*, in: Baums/Thoma, § 19 Rn 35; MüKo-AktG/*Wackerbarth*, § 19 WpÜG Rn 39. **AA:** KölnKomm-WpÜG/*Hasselbach*, § 19 Rn 21–24.
[27] *Favoccia*, in: Assmann/Pötzsch/Schneider, § 19 Rn 15; *Scholz*, in: Haarmann/Schüppen, § 19 Rn 35.
[28] *Thoma*, in: Baums/Thoma, § 19 Rn 36.
[29] *Scholz*, in: Haarmann/Schüppen, § 19 Rn 24.
[30] *Thoma*, in: Baums/Thoma, § 19 Rn 13.
[31] *Thoma*, in: Baums/Thoma, § 19 Rn 13.
[32] *Scholz*, in: Haarmann/Schüppen, § 19 Rn 24.
[33] Begr. RegE BT-Drucks. 14/7034, S. 48.
[34] *Steinmeyer*, in: Steinmeyer, § 19 Rn 10; *Scholz*, in: Haarmann/Schüppen, § 19 Rn 30; *Thoma*, in: Baums/Thoma, § 19 Rn 26; MüKo-AktG/*Wackerbarth*, § 19 WpÜG Rn 41.

Bieter, das **Auf- oder Abrundungsverfahren** zur vorherigen Kenntnisnahme der Wertpapierinhaber in die Angebotsunterlage aufzunehmen.[35] Um zu vermeiden, dass der Bieter durch die Auf- oder Abrundung der Aktienanzahl mehr oder weniger Aktien erwirbt, als er in seinem Angebot angestrebt hat, muss es ihm ferner möglich sein, nachträglich und individuell für bestimmte Wertpapierinhaber zu bestimmen, ob für deren Wertpapierbruchteile auf- oder abgerundet werden soll.[36] Dadurch entsteht keine gravierende Ungleichbehandlung der Wertpapierinhaber, da es jeweils lediglich um den Erwerb eines einzigen Wertpapiers geht.[37]

II. Vermeidung von Splitterbeteiligungen. Ferner besteht für den Bieter die Möglichkeit, in der Angebotsunterlage pauschal die vollständige Berücksichtigung kleinerer Bestände vorzusehen, um die Bildung von **Splitterbeteiligungen** zu vermeiden.[38] Damit soll verhindert werden, dass minimale Wertpapierbestände bei Kleinstaktionären verbleiben.[39] Für Annahmeerklärungen, die diese Schwelle zur Vermeidung von Splitterbeteiligungen übersteigen, ändert sich entsprechend das Verhältnis der Berücksichtigung der angedienten Wertpapiere, so dass die Anzahl der erworbenen Wertpapiere im Ergebnis die angestrebte Anzahl von Wertpapieren nicht übersteigt.[40]

III. Zuteilung beim Rückerwerb eigener Aktien. Besondere Probleme ergaben sich im Falle des Rückerwerbs eigener Aktien aufgrund einer Hauptversammlungsermächtigung gemäß § 71 Abs. 1 Nr. 8 AktG, je nachdem ob man die Zuteilung nach dem **aktienrechtlichen Gleichbehandlungsgrundsatz** des § 53a AktG oder nach dem **übernahmerechtlichen Gleichbehandlungsgrundsatz** des § 19 beurteilte. Während sich die aktienrechtliche Zuteilung nach der Beteiligungsquote der annehmenden Wertpapierinhaber innerhalb der Zielgesellschaft richtet, erfolgt jene nach § 19 aufgrund einer verhältnismäßigen Berücksichtigung der Annahmeerklärungen, nach der die Höchstzahl der zu erwerbenden Aktien ins Verhältnis zur Anzahl der insgesamt angedienten Aktien zu setzen ist. Diese verschiedenen Grundsätze können zu erheblichen Unterschieden bei der Zuteilung führen.[41] In der Literatur ist umstritten, ob für den Rückerwerb eigener Aktien der übernahmerechtliche Gleichbehandlungsgrundsatz des § 19 gilt.[42] Für die Praxis hat sich dieser Streit nunmehr erledigt, nachdem die BaFin ihre Verwaltungspraxis dahin gehend geändert hat, dass das WpÜG bei einem öffentlichen Angebot der Zielgesellschaft zum Rückerwerb eigener Aktien keine Anwendung findet.[43] Dies zugrunde gelegt, gilt auch der übernahmerechtliche Gleichbehandlungsgrundsatz des § 19 für den Rückerwerb eigener Aktien nicht, egal ob der Rückerwerb über die Börse oder im Wege eines Erwerbsangebotes erfolgt. Für die Ansicht der BaFin spricht, dass die Bestimmungen des WpÜG denklogisch eine Dualität von Bieter und Zielgesellschaft voraussetzen. Ferner besteht aufgrund der Regelung des § 53a AktG kein sachlicher Grund, ergänzend § 19 heranzuziehen.

F. Formelle Voraussetzungen – Veröffentlichung

In die **Angebotsunterlage** sind bei Teilangeboten gemäß § 11 Abs. 4 Nr. 1 WpÜG iVm § 2 Nr. 6 WpÜG-AngVO Angaben über den Anteil oder die Anzahl der Wertpapiere, die Gegenstand des Angebots sind, sowie Angaben über das Zuteilungsverfahren nach § 19 aufzunehmen. Die Angebotsunterlage sollte insbesondere Angaben zum Zuteilungsverfahren bei Bruchteilen von Aktien und bei Splitterbeteiligungen enthalten.[44] Des Weiteren sollte die Angebotsunterlage aus Gründen der Rechtssicherheit klarstellen, ob das Erreichen der vom Bieter angestrebten Beteiligung eine Bedingung für die Wirksamkeit der Kauf- oder Tauschverträge mit den Wertpapierinhabern darstellt, oder ob der Bieter im Falle einer Unterzeichnung des Angebots dennoch zum Erwerb der angedienten Wertpapiere bereit ist.[45]

---

[35] *Steinmeyer*, in: Steinmeyer, § 19 Rn 11; *Scholz*, in: Haarmann/Schüppen, § 19 Rn 30.

[36] *Thoma*, in: Baums/Thoma, § 19 Rn 27; *Scholz*, in: Haarmann/Schüppen, § 19 Rn 30; *Steinmeyer*, in: Steinmeyer, § 19 Rn 11.

[37] *Thoma*, in: Baums/Thoma, § 19 Rn 27; *Steinmeyer*, § 19 Rn 11 mit der Einschränkung, dass eine solche nachträgliche individuelle Bestimmung der Wertpapierinhaber nur erfolgen solle, wenn die Wertpapiere der Zielgesellschaft einen niedrigen Börsenkurs haben. Bei Wertpapieren von erheblichem Wert stelle die Aufrundung bei manchen Inhabern und die Abrundung bei anderen einen Verstoß gegen den Gleichbehandlungsgrundsatz dar.

[38] Begr. RegE BT-Drucks. 14/7034, S. 48.

[39] *Geibel*, in: Geibel/Süßmann, § 19 Rn 13; *Thoma*, in: Baums/Thoma, § 19 Rn 30; *Steinmeyer*, in: Steinmeyer, § 19 Rn 15; KölnKomm-WpÜG/*Hasselbach*, § 19 Rn 18; *Oechsler*, in: Ehricke/Ekkenga/Oechsler, § 19 Rn 6. AA, diese Ausnahme ablehnend: *Scholz*, in: Haarmann/Schüppen, § 19 Rn 31; MüKo-AktG/*Wackerbarth*, § 19 WpÜG Rn 42.

[40] *Steinmeyer*, in: Steinmeyer, § 19 Rn 15; *Thoma*, in: Baums/Thoma, § 19 Rn 30.

[41] Siehe dazu das Beispiel bei *Thoma*, in: Baums/Thoma, § 19 Rn 8.

[42] Bejahend: MüKo-AktG/*Wackerbarth*, § 2 WpÜG Rn 23 ff; *Hopt*, ZHR 2002, 383, 393; *Paefgen*, ZIP 2002, 1509, 1514; verneinend: *Koch*, NZG 2003, 61 ff; *Thoma*, in: Baums/Thoma, § 19 Rn 8; *Hüffer*, § 71 AktG Rn 19 l; *Oechsler*, in: Ehricke/Ekkenga/Oechsler, § 19 Rn 1.

[43] Schreiben der BaFin zum Rückerwerb eigener Aktien nach dem WpÜG v. 9.8.2006, abrufbar unter <www.bafin.de/cln_152/nn_722552/SharedDocs/Veroeffentlichungen/DE/Service/Schreiben/BaFin/sc_060809__rueckerwerb.htm>, danach hat das Merkblatt zum Rückerwerb eigener Aktien nach WpÜG v. 5.7.2005 keine Gültigkeit mehr.

[44] *Scholz*, in: Haarmann/Schüppen, § 19 Rn 36.

[45] *Thoma*, in: Baums/Thoma, § 19 Rn 13.

16 In jedem Falle sind bei Abweichungen vom Grundsatz des § 19 Vorabsprachen mit der BaFin empfehlenswert, insbesondere bei einer pauschalen Berücksichtigung der Wertpapieranteile von Kleinaktionären.[46]

G. Rechtsfolgen bei Verstoß

17 Fehlen die gemäß § 2 Nr. 6 WpÜG-AngVO erforderlichen Angaben in der Angebotsunterlage, hat die BaFin das Angebot gemäß § 15 Abs. 1 Nr. 1 zu untersagen. Dabei steht ihr **kein Ermessen** zu.[47] Verstößt die vom Bieter vorgesehene Zuteilungsregel offensichtlich gegen den Grundsatz der verhältnismäßigen Berücksichtigung des § 19, ohne dass dafür sachliche Gründe vorliegen, hat die BaFin das Angebot gemäß § 15 Abs. 1 Nr. 2 zu untersagen.[48] Sachliche Gründe in diesem Sinne sind Regelungen zum Auf- oder Abrundungsverfahren oder zur Vermeidung von Splitterbeteiligungen. Hält sich der Bieter nicht an die zulässige, von ihm getroffene Zuteilungsregelung, können die übergangenen Wertpapierinhaber die Erfüllung der durch die Annahme des Angebots entstandenen vertraglichen Verpflichtungen (insbesondere die Erbringung der Gegenleistung) und darüber hinaus im Falle des Annahmeverzugs Schadensersatz und Verzugszinsen verlangen.[49]

§ 20 Handelsbestand

(1) Die Bundesanstalt lässt auf schriftlichen Antrag des Bieters zu, dass Wertpapiere der Zielgesellschaft bei den ergänzenden Angaben nach § 11 Abs. 4 Nr. 2, den Veröffentlichungspflichten nach § 23, der Berechnung des Stimmrechtsanteils nach § 29 Abs. 2 und der Bestimmung der Gegenleistung nach § 31 Abs. 1, 3 und 4 und der Geldleistung nach § 31 Abs. 5 unberücksichtigt bleiben.

(2) Ein Befreiungsantrag nach Absatz 1 kann gestellt werden, wenn der Bieter, die mit ihm gemeinsam handelnden Personen oder deren Tochterunternehmen

1. die betreffenden Wertpapiere halten oder zu halten beabsichtigen, um bestehende oder erwartete Unterschiede zwischen dem Erwerbspreis und dem Veräußerungspreis kurzfristig zu nutzen und
2. darlegen, dass mit dem Erwerb der Wertpapiere, soweit es sich um stimmberechtigte Aktien handelt, nicht beabsichtigt ist, auf die Geschäftsführung der Gesellschaft Einfluss zu nehmen.

(3) Stimmrechte aus Aktien, die auf Grund einer Befreiung nach Absatz 1 unberücksichtigt bleiben, können nicht ausgeübt werden, wenn im Falle ihrer Berücksichtigung ein Angebot als Übernahmeangebot abzugeben wäre oder eine Verpflichtung nach § 35 Abs. 1 Satz 1 und Abs. 2 Satz 1 bestünde.

(4) ¹Beabsichtigt der Bieter Wertpapiere, für die eine Befreiung nach Absatz 1 erteilt worden ist, nicht mehr zu den in Absatz 1 Nr. 1 genannten Zwecken zu halten oder auf die Geschäftsführung der Gesellschaft Einfluss zu nehmen, ist dies der Bundesanstalt unverzüglich mitzuteilen. ²Die Bundesanstalt kann die Befreiung nach Absatz 1 außer nach den Vorschriften des Verwaltungsverfahrensgesetzes widerrufen, wenn die Verpflichtung nach Satz 1 nicht erfüllt worden ist.

A. Einführung

1 Die Vorschrift ermöglicht, Aktien zum **Wertpapierhandel** und zur **Spekulation** zu halten, ohne diese Wertpapiere bei der Durchführung von Angeboten (insbesondere Berechnung des Stimmrechtsanteils, Bestimmung der Gegenleistung) berücksichtigen zu müssen.[1] Vorbild für die Norm war § 23 WpHG,[2] wenngleich es signifikante Unterschiede hinsichtlich des personalen Anwendungsbereiches gibt und eine Befreiung nach § 23 WpHG keine Wirkung gemäß § 20 hat.[3]

B. Befreiungsgründe (Abs. 2)

2 Nach dem Wortlaut sind auch Aktien umfasst, mit denen Spekulationsgewinne erzielt werden sollen und aus denen kein Einfluss auf die Geschäftsführung der Gesellschaft genommen wird (vgl insoweit § 23 Abs. 2 WpHG). Die Formulierung des Abs. 2 sollte jedoch nicht den Handelsbestand, wie er § 23 Abs. 1

---

46 Begr. RegE BT-Drucks. 14/7034, S. 48.
47 *Thoma*, in: Baums/Thoma, § 19 Rn 43.
48 *Thoma*, in: Baums/Thoma, § 19 Rn 44.
49 KölnKomm-WpÜG/*Hasselbach*, § 19 Rn 26; *Thoma*, in: Baums/Thoma, § 19 Rn 46.

1 Zur Wirkung der Nichtberücksichtigung nach, § 20 vgl Kommentierung, § 29 Rn 3.
2 Begr. RegE BT-Drucks. 14/7034, S. 48.
3 *Seiler*, in: Assmann/Pötzsch/Schneider, § 20 Rn 6; *Noack/Holzborn*, in: Schwark, § 20 WpÜG, Rn 1.

WpHG zu Grunde liegt, ausschließen, sondern wurde vielmehr gewählt, um den Kreis der Antragsberechtigten zu erweitern und nicht nur auf Wertpapierdienstleistungsunternehmen zu beschränken.[4]
Für das subjektive Kriterium der Kurzfristigkeit ist auf das Halten der Wertpapiere abzustellen.[5] Anhaltspunkt für die Dauer dieses Haltezeitraumes ist die Frist von einem Jahr für die inzwischen abgeschaffte Steuerfreiheit von Kursgewinnen (§ 23 Abs. 1 Nr. 2 EStG aF).[6] Es darf ferner aus den Aktien des Handels- oder Spekulationsbestandes kein Einfluss auf die Geschäftsführung der Gesellschaft genommen werden (sog. *Zölibatsklausel*).

C. Befreiungsantrag

Die Befreiung kann vom Bieter beantragt werden, soweit er selber Aktionär ist oder ihm Stimmrechte anderer Aktionäre gemäß § 30 zuzurechnen sind. Eine Nichtberücksichtigung nach § 20 bei anderen Aktionären, aus deren Aktien der Bieter die Stimmrechte zugerechnet bekommt, wirkt nämlich nicht auch für den Bieter.[7] Sofern die Wertpapiere schon gehalten werden, ist der Nachweis gesonderter Kontenführung empfehlenswert.

3

D. Befreiungswirkung (Abs. 3)

Soweit Aktienbestände nach § 20 unberücksichtigt bleiben, müssen sie bei Veröffentlichungs- und Gegenleistungsvorschriften im Rahmen eines Angebotes (§§ 11 Abs. 4 Nr. 2, 23, 31 Abs. 1, Abs. 3–5) und bei Ermittlung einer Kontrollbeteiligung (§ 29 Abs. 2) nicht mitgezählt werden. Im Gegenzug ruht das Stimmrecht der Aktien (Abs. 3), wobei umstritten ist, in welchem Umfang die Stimmrechte ruhen.[8] Nach der sog. *großen Lösung*[9] ruhen alle von der Entscheidung nach § 20 umfassten Wertpapiere, nach der sog. *kleinen Lösung*[10] nur diejenigen, die zu einem Überschreiten der Kontrollschwelle von 30 % gemäß § 29 Abs. 2 führen würden. Vorzugswürdig ist die *große Lösung*, da nur so die Einhaltung des Absatzes 3 praktikabel überprüft werden kann, zumal der Antragsteller es in der Hand hat, den Umfang der vom Antrag umfassten Aktien selbst zu bestimmen.[11] Zudem kann nicht außer Acht gelassen werden, dass Grundlage und Voraussetzung des Absatzes 3 eine einheitliche Entscheidung der Bundesanstalt ist, die nicht nach Aktien, die unterhalb und oberhalb der Schwelle von 30 % liegen, unterscheidet.

4

E. Widerruf der Befreiung (Abs. 4)

Nach Abs. 4 S. 1 muss jede beabsichtigte Änderung, die zum Entfallen der Voraussetzungen des Abs. 2 Nr. 1 führen würde, oder die beabsichtigte Einflussnahme auf die Geschäftsführung der Gesellschaft unverzüglich (§ 121 Abs. 1 S. 1 BGB) der Bundesanstalt mitgeteilt werden. Wird nur angezeigt, dass die Aktien nicht weiter als Handels- oder Spekulationsbestand geführt werden sollen, kann die Bundesanstalt die Befreiung gemäß § 49 Abs. 2 Nr. 3 VwVfG widerrufen.[12] Verwendet der Bieter dem Handelsbestand gewidmete Aktien zu damit unvereinbaren Zwecken und teilt der Bundesanstalt nicht vorher die Umwidmung mit, kann die Bundesanstalt die Befreiung nach Abs. 4 S. 2 widerrufen.
Die Befreiung nach § 20 ist ein begünstigender Verwaltungsakt iSd §§ 35 ff VwVfG, den die Bundesanstalt nach den §§ 48 ff VwVfG zurücknehmen oder widerrufen kann.[13] Dagegen (und den Widerruf nach Abs. 4 S. 2) besteht Rechtsschutz gemäß § 48 ff. Der Bieter kann seinerseits durch Erklärung gegenüber der Bundesanstalt Aktien des Handelsbestandes jederzeit dem Regime des § 20 wieder entziehen. Diese Erklärung wird als Verzicht mit Zugang bei der Bundesanstalt wirksam.[14]

5

---

4 *Vogel*, in: Haarmann/Schüppen, § 20 Rn 7 f, 15; *Seiler*, in: Assmann/Pötzsch/Schneider, § 20 Rn 148 *Noack/Holzborn*, in: Schwark, § 20 WpÜG, Rn 7.
5 *Noack/Holzborn*, in: Schwark, § 20 WpÜG, Rn 10; *Vogel*, in: Haarmann/Schüppen, § 20 Rn 20.
6 *Vogel*, in: Haarmann/Schüppen, § 20 Rn 20.
7 *Seiler*, in: Assmann/Pötzsch/Schneider, § 20 Rn 38 f; *Vogel*, in: Haarmann/Schüppen, § 20 Rn 25.
8 Darstellung des Meinungsstands bei *Diekmann*, in: Baums/Thoma, § 20 Rn 53 ff.
9 KölnKomm-WpÜG/*Hirte*, § 20 Rn 46 ff; MüKo-AktG/*Wackerbarth*, § 20 WpÜG Rn 38 ff; *Klepsch*, in: Steinmeyer, § 20 Rn 24.
10 *Noack/Holzborn*, in: Schwark, § 20 WpÜG, Rn 14; *Diekmann*, in: Baums/Thoma, § 20 Rn 53 ff; *Vogel*, in: Haarmann/Schüppen, § 20 Rn 35 ff.
11 Vgl hierzu auch den Hinweis von MüKo-AktG/*Wackerbarth*, § 20 WpÜG Rn 38 zu den praktischen Problemen bei mehreren ghP und Tochterunternehmen.
12 *Klepsch*, in: Steinmeyer, § 20 Rn 26 f.
13 *Diekmann*, in: Baums/Thoma, § 20 Rn 60 ff.
14 *Klepsch*, in: Steinmeyer, § 20 Rn 27 unter Verweis auf Begr. RegE, BT-Drucks. 14/7034, S. 49.

§ 21 Änderung des Angebots

(1) ¹Der Bieter kann bis zu einem Werktag vor Ablauf der Annahmefrist
1. die Gegenleistung erhöhen,
2. wahlweise eine andere Gegenleistung anbieten,
3. den Mindestanteil oder die Mindestzahl der Wertpapiere oder den Mindestanteil der Stimmrechte, von dessen Erwerb der Bieter die Wirksamkeit seines Angebots abhängig gemacht hat, verringern oder
4. auf Bedingungen verzichten.

²Für die Wahrung der Frist nach Satz 1 ist auf die Veröffentlichung der Änderung nach Absatz 2 abzustellen.

(2) ¹Der Bieter hat die Änderung des Angebots unter Hinweis auf das Rücktrittsrecht nach Absatz 4 unverzüglich gemäß § 14 Abs. 3 Satz 1 zu veröffentlichen. ²§ 14 Abs. 3 Satz 2 und Abs. 4 gilt entsprechend.

(3) § 11 Abs. 1 Satz 2 bis 5, Abs. 3, §§ 12, 13 und 15 Abs. 1 Nr. 2 gelten entsprechend.

(4) Im Falle einer Änderung des Angebots können die Inhaber von Wertpapieren der Zielgesellschaft, die das Angebot vor Veröffentlichung der Änderung nach Absatz 2 angenommen haben, von dem Vertrag bis zum Ablauf der Annahmefrist zurücktreten.

(5) ¹Im Falle einer Änderung des Angebots verlängert sich die Annahmefrist um zwei Wochen, sofern die Veröffentlichung der Änderung innerhalb der letzten zwei Wochen vor Ablauf der Angebotsfrist erfolgt. ²Dies gilt auch, falls das geänderte Angebot gegen Rechtsvorschriften verstößt.

(6) Eine erneute Änderung des Angebots innerhalb der in Absatz 5 genannten Frist von zwei Wochen ist unzulässig.

A. Einführung

1 § 21 regelt die Voraussetzungen, unter denen der Bieter sein Angebot ändern darf (Abs. 1) und die damit verbundenen Publizitätspflichten (Abs. 2). Darüber hinaus ordnet Abs. 3 die Anwendung bestimmter Vorschriften über den Inhalt der Angebotsunterlage, die Haftung für die Angebotsunterlage und für die ordentliche Finanzierung sowie hinsichtlich der Befugnisse der Bundesanstalt bei Angebotsänderungen für entsprechend anwendbar an. Den Wertpapierinhabern steht im Falle einer Angebotsänderung ein Rücktrittsrecht zu (Abs. 4). Zugleich verlängert sich die Frist zur Annahme des Angebots um weitere zwei Wochen, wenn die Angebotsänderung, unabhängig von ihrer Zulässigkeit, innerhalb von zwei Wochen vor Ablauf der Angebotsfrist erfolgt (Abs. 5). Nach Abs. 6 ist eine weitere Änderung des Angebots binnen der nach Abs. 5 verlängerten Frist unzulässig.

B. Zulässige Änderungen (Abs. 1)

2 Abs. 1 S. 1 enthält einen im seinem Regelungsbereich **abschließenden**[1] Katalog zulässiger Änderungen des Angebots. Eine einseitige Verlängerung der Angebotsfrist bis zur maximalen Annahmefrist von zehn Wochen stellt keine Änderung des Angebots dar (siehe § 16 Rn 3). Keine Änderungen sind auch schlichte Ergänzungen, Berichtigungen und Aktualisierungen der Angebotsunterlage.[2] Dagegen ist es dem Bieter verwehrt von einem freiwilligen Erwerbsangebot zu einem Übernahmeangebot überzugehen[3] oder sonstige Änderungen (auch nicht mit Zustimmung der Bundesanstalt), die zu keiner Verschlechterung des Angebots führen, einzuführen.[4]

3 Voraussetzung für eine zulässige Änderung des Angebots nach Abs. 1 S. 1 ist, dass der Bieter das Angebot spätestens einen Werktag vor Ablauf der Annahmefrist geändert, dh nach Maßgabe des Abs. 2 S. 1 iVm § 14 Abs. 3 S. 1 **veröffentlicht** hat (Abs. 1 S. 2).[5] Endet die Annahmefrist um **24.00 Uhr** so ist es nach der Verwaltungspraxis der Bundesanstalt ausreichend, dass die Veröffentlichung noch am **vorherigen Werktag** erfolgte. Handelt es sich bei dem letzten Tag der Annahmefrist um einen **Montag**, ist die Veröffentlichung am vorhergehenden **Samstag** zu bewirken.[6]

---

1 Vgl KölnKomm-WpÜG/*Hasselbach*, § 21 Rn 4.
2 *Seiler*, in: Assmann/Pötzsch/Schneider, § 21 Rn 36; KölnKomm-WpÜG/*Möllers*, § 12 Rn 65. Im Erg. auch KölnKomm-WpÜG/*Hasselbach*, § 21 Rn 34 f sowie *Aha*, AG 2002, 160, 166, die jedoch ein Rücktrittsrecht analog, § 21 Abs. 4 und eine Fristverlängerung analog, § 21 Abs. 5 befürworten.
3 *Thun*, in: Geibel/Süßmann, § 21 Rn 24.
4 *Seiler*, in: Assmann/Pötzsch/Schneider, § 21 Rn 37; KölnKomm-WpÜG/*Hasselbach*, § 21 Rn 20; *Thun*, in: Geibel/Süßmann, § 21 Rn 28.
5 *Schröder*, in: Haarmann/Schüppen, § 21 Rn 21.
6 MüKo-AktG/*Wackerbarth*, § 21 WpÜG Rn 39; *Seiler*, in: Assmann/Pötzsch/Schneider, § 21 Rn 13.

Endet die Frist dagegen zu einem in den Lauf des Tages fallenden Zeitpunkt (bspw 17.00 Uhr) so reicht eine Veröffentlichung am vorherigen Werktag **nicht** aus. Um sicherzustellen, dass mindestens **ein voller Werktag** zwischen der Veröffentlichung und dem Ablauf der Annahmefrist liegt, zählt der Tag des Ablaufs der Annahmefrist bei der Berechnung des letzten Tages, an dem das Angebot noch geändert werden darf, nicht mit (§ 187 Abs. 1 BGB). Die Veröffentlichung hat dann am zweiten Werktag vor dem Ablauf der Annahmefrist zu erfolgen.[7] Endet die Annahmefrist im Laufe eines **Montag** (und nicht um 24.00 Uhr) ist die Angebotsänderung spätestens am **Donnerstag** zu veröffentlichen.[8] Anderes gilt nur dann, wenn die Adressaten auch am Samstag die Annahmeerklärungen abgeben können, was in der Angebotsunterlage aber durch die Pflicht zur Erklärung gegenüber der depotführenden Bank regelmäßig ausgeschlossen ist.[9] Fällt der letzte Tag der Frist zur Änderung des Angebots auf einen Sonntag oder einen am Sitz der Gesellschaft geltenden Feiertag,[10] so ist die Veröffentlichung an dem diesen Tag **vorangehenden**[11] Werktag vorzunehmen.

C. Veröffentlichung des geänderten Angebots (Abs. 2)

Jede Änderung des Angebots ist nach Maßgabe des § 14 Abs. 3 S. 1 unverzüglich (Abs. 2 S. 1) durch Bekanntgabe im Internet und im elektronischen Bundesanzeiger oder durch Vorhalten im Wege der Schalterpublizität zu veröffentlichen (siehe dazu § 14 Rn 12 ff). Die Veröffentlichung hat einen Hinweis auf das Rücktrittsrecht, das den Wertpapierinhabern, die das Angebot bereits angenommen haben, nach Abs. 4 zusteht, zu enthalten (Abs. 2 S. 1). Entsprechend § 14 Abs. 3 S. 2 und Abs. 4 ist der Bundesanstalt die Veröffentlichung schriftlich mitzuteilen und dem Vorstand der Zielgesellschaft sowie seinem eigenen Betriebsrat, oder sofern ein solcher nicht besteht, seinen Arbeitnehmern unmittelbar das geänderte Angebot unverzüglich zu übermitteln (Abs. 2 S. 2).

D. Form und Inhalt der Veröffentlichung (Abs. 3)

Für das geänderte Angebot gelten die Vorschriften des § 11 Abs. 1 S. 2 bis 5 entsprechend (Abs. 3). Das bedeutet, dass die geänderte Angebotsunterlage alle notwendigen Angaben enthalten muss, die erforderlich sind, um über das neue Angebot entscheiden zu können (§ 11 Abs. 1 S. 2). Die Angaben müssen richtig und vollständig sein (§ 11 Abs. 1 S. 3). Damit ist zwar keine vollständige Neuveröffentlichung der Angebotsunterlage gefordert,[12] jedoch kann dies ausnahmsweise erforderlich sein, wenn ein Nebeneinander der ursprünglichen Angebotsunterlage und der geänderten Angebotsunterlage dem Transparenzgebot des § 11 Abs. 1 S. 4 nicht mehr entspricht. Die geänderte Angebotsunterlage ist vom Bieter zu unterzeichnen (§ 11 Abs. 1 S. 5).[13] Obwohl das Gesetz dies nicht ausdrücklich fordert, muss die geänderte Angebotsunterlage die Angaben nach § 2 Nr. 2 und/oder Nr. 2 a WpÜG-AngVO enthalten, wenn der Bieter im Rahmen des geänderten Angebots nunmehr wahlweise Wertpapiere anbieten möchte (Abs. 1 S. 1 Nr. 2).[14]

Darüber hinaus ordnet Abs. 3 die entsprechende Anwendung von § 12 und § 13 an. Daher haften der Bieter und die in § 12 Abs. 1 Genannten für die Richtigkeit und Vollständigkeit der geänderten Angebotsunterlage. Der Bieter hat alle erforderlichen Maßnahmen zu ergreifen, damit ihm die im Rahmen des geänderten Angebots angebotene Gegenleistung bei Fälligkeit zur Verfügung steht. Betrifft die Änderung eine ursprünglich vorgesehene oder wahlweise eingeführte Geldleistung, hat der Bieter eine Finanzierungsbestätigung nach § 13 Abs. 1 S. 2 einzuholen und mit zu veröffentlichen.[15]

Die Bundesanstalt hat in entsprechender Anwendung von § 15 Abs. 1 Nr. 2 das Angebot bei Vorliegen offensichtlicher Verstöße gegen das Gesetz oder der WpÜG-AngVO zu untersagen (Abs. 3).

E. Rücktrittsrecht (Abs. 4)

Nach Abs. 4 können Wertpapierinhaber, die das Angebot bereits angenommen haben, bis zum Ablauf der (ggf nach Abs. 5 verlängerten) Annahmefrist vom Vertrag **zurücktreten**. Dadurch soll es auch diesen Perso-

---

7 Ausführlich: MüKo-AktG/*Wackerbarth*, § 21 WpÜG Rn 39; *Seiler*, in: Assmann/Pötzsch/Schneider, § 21 Rn 11 f; jeweils mwN.
8 MüKo-AktG/*Wackerbarth*, § 21 WpÜG Rn 39.
9 MüKo-AktG/*Wackerbarth*, § 21 WpÜG Rn 39.
10 *Diekmann*, in: Baums/Thoma, § 21 Rn 35. AA *Schröder*, in: Haarmann/Schüppen, § 21 Rn 23; KölnKomm-WpÜG/*Hasselbach*, § 21 Rn 13.
11 § 193 BGB ist hier nicht anwendbar, da dies dazu führen würde, dass der Tag der Annahmefrist und der Tag der Änderung, entgegen § 21 Abs. 1 S. 2, zusammenfallen.
12 *Seiler*, in: Assmann/Pötzsch/Schneider, § 21 Rn 40; KölnKomm-WpÜG/*Hasselbach*, § 21 Rn 38 ff; *Thun*, in: Geibel/Süßmann, § 21 Rn 33.
13 Vgl zu den Rechtsfolgen einer Unterzeichnung § 11 Rn 4.
14 *Seiler*, in: Assmann/Pötzsch/Schneider, § 21 Rn 41; KölnKomm-WpÜG/*Hasselbach*, § 21 Rn 40.
15 *Seiler*, in: Assmann/Pötzsch/Schneider, § 21 Rn 41; KölnKomm-WpÜG/*Hasselbach*, § 21 Rn 44.

Sohbi

nen ermöglicht werden, das geänderte Angebot anzunehmen.[16] Eine **automatische Nachbesserung** zugunsten dieser Personen sieht das Gesetz nicht ausdrücklich vor, jedoch ist mit der inzwischen wohl hM davon auszugehen, dass die zum Rücktrittsberechtigten nicht erst den Rücktritt erklären müssen, um anschließend das neue Angebot annehmen zu können. Vielmehr wirkt die Veröffentlichung des geänderten Angebots kraft Gesetzes für und gegen alle Wertpapierinhaber, unabhängig davon, ob sie das Angebot bereits angenommen haben oder nicht.[17] Wollen sie an dem neuen Angebot nicht festgehalten werden, müssen sie den Rücktritt vom (neuen) Vertrag erklären.[18]

F. Rücktrittsrecht (Abs. 5)

10 Hat der Bieter sein Angebot innerhalb von zwei Wochen vor Ablauf der Annahmefrist geändert, so verlängert sich diese um weitere 2 Wochen (Abs. 5 S. 1). Dies gilt auch für den Fall, dass das geänderte Angebot gegen Rechtsvorschriften verstößt (Abs. 5 S. 2). Dadurch soll vermieden werden, dass ein Streit über die Zulässigkeit eines geänderten Angebots am Markt Unklarheiten über die Annahmefrist auslöst.[19] Zu dem soll dadurch der Entscheidungsdruck von den Wertpapierinhabern genommen werden.[20] Für die Fristberechnung gelten die §§ 187 ff BGB.[21]

G. Wiederholte Änderungen (Abs. 6)

11 Abs. 6 verbietet nur Änderungen von Angeboten, die bereits einmal während der in Abs. 5 genannten Frist geändert wurden. Dies soll verhindern, dass der Bieter die in Abs. 5 vorgesehene Verlängerung der Annahmefrist zum Nachteil der Gesellschaft mehrfach ausnutzt. Davor ist der Bieter berechtigt, sein Angebot in den Grenzen und unter den Voraussetzungen des Abs. 1 beliebig oft zu ändern.[22] Jede Änderung löst die Rechtsfolgen nach Abs. 2 bis 5 aus. Abs. 6 findet keine Anwendung, wenn es während der Frist zu einer Verlängerung des Angebots kommt, die nicht vom Bieter veranlasst wurde, zB bei einer Verlängerung der Frist aufgrund eines konkurrierenden Angebots. Der Bieter ist dann befugt, sein Angebot erneut zu ändern.[23]

§ 22 Konkurrierende Angebote

(1) Konkurrierende Angebote sind Angebote, die während der Annahmefrist eines Angebots von einem Dritten abgegeben werden.

(2) ¹Läuft im Falle konkurrierender Angebote die Annahmefrist für das Angebot vor Ablauf der Annahmefrist für das konkurrierende Angebot ab, bestimmt sich der Ablauf der Annahmefrist für das Angebot nach dem Ablauf der Annahmefrist für das konkurrierende Angebot. ²Dies gilt auch, falls das konkurrierende Angebot geändert oder untersagt wird oder gegen Rechtsvorschriften verstößt.

(3) Inhaber von Wertpapieren der Zielgesellschaft, die das Angebot angenommen haben, können bis zum Ablauf der Annahmefrist vom Vertrag zurücktreten, sofern der Vertragsschluss vor Veröffentlichung der Angebotsunterlage des konkurrierenden Angebots erfolgte.

A. Einführung

1 § 22 enthält eine Definition des „konkurrierenden Angebots" (Abs. 1) und regelt die Verlängerung der Annahmefrist bei Vorliegen eines konkurrierenden Angebots (Abs. 2). Darüber hinaus haben die Wertpapierinhaber, die vor Veröffentlichung des konkurrierenden Angebots das Angebot des ersten Bieters angenommen haben, ein Rücktrittsrecht (Abs. 3).

---

16 *Seiler*, in: Assmann/Pötzsch/Schneider, § 21 Rn 45.
17 *Seiler*, in: Assmann/Pötzsch/Schneider, § 21 Rn 19 ff, 45; Köln-Komm-WpÜG/*Hasselbach*, § 21 Rn 17; *Steinmeyer*, § 21 Rn 6 ff, 32; unklar: *Oechsler*, in: Ehricke/Ekkenga/Oechsler, § 21 Rn 18; *Thun*, in: Geibel/Süßmann, § 21 Rn 51 (unter Aufgabe der gegenteiligen Ansicht aus der Vorauflage).
18 *Seiler*, in: Assmann/Pötzsch/Schneider, § 21 Rn 46 ff.
19 Begr. RegE, BT-Drucks. 14/7034, S. 50.
20 *Seiler*, in: Assmann/Pötzsch/Schneider, § 21 Rn 51.
21 *Diekmann*, in: Baums/Thoma, § 21 Rn 67.
22 *Seiler*, in: Assmann/Pötzsch/Schneider, § 21 Rn 57; *Assmann*, AG 2002, 114, 123; *Noack*, in: Schwark, § 21 WpÜG Rn 51; *Oechsler*, in: Ehricke/Ekkenga/Oechsler, § 21 Rn 27.
23 *Seiler*, in: Assmann/Pötzsch/Schneider, § 21 Rn 57; Köln-Komm-WpÜG/*Hasselbach*, § 21 Rn 59.

B. Konkurrierende Angebote (Abs. 1)

Abs. 1 enthält eine **Legaldefinition** konkurrierender Angebote. Voraussetzung ist, dass es sich um ein öffentliches Angebot zum Erwerb von Wertpapieren einer Zielgesellschaft handelt, die bereits (auch) Gegenstand eines öffentlichen Angebots sind. Als konkurrierendes Angebot kommen in Betracht alle Formen eines Angebots, nämlich **Erwerbsangebote**, **Übernahmeangebote** und **Pflichtangebote**. Dagegen stellen Paketerwerbe und börsliche Erwerbe kein „Angebot" im Sinne der Vorschrift.[1] Die Adressaten[2] des zeitlich ersten Angebots müssen eine konkrete Wahlmöglichkeit haben.[3] Keine Voraussetzung ist dagegen, dass das konkurrierende Angebot „besser" als das erste Angebot ist.[4]

Voraussetzung ist weiter, dass das konkurrierende Angebot während der Annahmefrist abgegeben wurde, dh nach § 14 Abs. 2 und 3 veröffentlicht wurde.[5] Im Falle einer tagggleichen Veröffentlichung handelt es sich dennoch um ein konkurrierendes Angebot. Im Zweifel sind die zeitgleich veröffentlichten Angebote als jeweils konkurrierende Angebote zu werten.[6] Ein konkurrierendes Angebot liegt weiter vor, wenn es während einer nach § 21 Abs. 5 verlängerten Frist abgegeben wurde,[7] nicht jedoch, wenn es während der nach § 16 Abs. 2 vorgesehenen „weiteren Annahmefrist" abgegeben wurde.[8]

Es entspricht der *ratio legis*, dass ein konkurrierender Bieter nur ein vom Bieter unabhängiger Dritter sein kann. Das bedeutet, dass ein öffentliches Angebot der Zielgesellschaft auf den Erwerb eigener Wertpapiere (einschließlich Aktien) ein konkurrierendes Angebot sein kann.[9] Dagegen sind Angebote von mit dem Bieter verbundenen Unternehmen keine idR konkurrierenden Angebote.[10] Die Bundesanstalt hat bei der Prüfung eines solchen „konkurrierenden" Angebots zu prüfen, ob sachliche Gründe hierfür bestehen, was in der Regel nicht der Fall sein wird und das Angebot zum Schutze der Zielgesellschaft zu untersagen.[11] Nicht erfasst sind auch Gegenangebote der Zielgesellschaft für Wertpapiere der Bietergesellschaft (sog. *pac man defense*).[12] Bei gemeinsam handelnden Personen (§ 2 Abs. 5 S. 1) kommt es nach der Lage des Einzelfalls darauf an, ob im Hinblick auf das ursprüngliche Angebot noch ein gemeinsamer Zweck verfolgt wird.[13]

C. Fristverlängerung (Abs. 2)

Bei einem konkurrierenden Angebot **verlängert** sich die Frist des ersten Angebots **automatisch** um die Dauer der Annahmefrist des konkurrierenden Angebots (Abs. 2 S. 1).[14] Dies gilt nach Abs. 2 S. 2 unabhängig davon, ob das konkurrierende Angebot geändert oder untersagt wird oder gegen Rechtsvorschriften verstößt. Diese Vorschrift wurde zur Vermeidung von Unsicherheiten über die Bestimmung der Annahmefrist eingefügt.[15] Die Anwendung von Abs. 2 ist im Wege der teleologischen Reduktion auf die Fälle zu beschränken, in den ein formal den Bestimmungen des Gesetzes entsprechendes Angebot abgegeben wurde, dh eine (zunächst) von der Bundesanstalt gestattete Angebotsunterlage veröffentlicht wurde. Erst wenn das Angebot nachträglich untersagt wird, verlängert sich dennoch die Angebotsfrist auf die für das untersagte

---

1 Krause, in: Assmann/Pötzsch/Schneider, § 22 Rn 13.
2 Bei einem zum Angebot konkurrierenden Teilangebot (§ 19) reicht es, wenn zumindest ein Wertpapierinhaber zwischen beiden Angeboten wählen kann, vgl *Krause*, in: Assmann/Pötzsch/Schneider, § 22 Rn 14; *Diekmann*, in: Baums/Thoma, § 22 Rn 19 f.
3 *Krause*, in: Assmann/Pötzsch/Schneider, § 22 Rn 14; KölnKomm-WpÜG/*Hasselbach*, § 22 Rn 11.
4 *Krause*, in: Assmann/Pötzsch/Schneider, § 22 Rn 15; *Thun*, in: Geibel/Süßmann, § 22 Rn 4.
5 *Krause*, in: Assmann/Pötzsch/Schneider, § 22 Rn 27; KölnKomm-WpÜG/*Hasselbach*, § 22 Rn 11; *Strunk/Salomon/Holst*, in: Veil, Übernahmerecht in Praxis und Wissenschaft, S. 13.
6 *Krause*, in: Assmann/Pötzsch/Schneider, § 22 Rn 29; KölnKomm-WpÜG/*Hasselbach*, § 22 Rn 15; *Thun*, in: Geibel/Süßmann, § 22 Rn 15, 21.
7 *Krause*, in: Assmann/Pötzsch/Schneider, § 22 Rn 27; KölnKomm-WpÜG/*Hasselbach*, § 22 Rn 12; *Thun*, in: Geibel/Süßmann, § 22 Rn 23 ff.
8 *Krause*, in: Assmann/Pötzsch/Schneider, § 22 Rn 28; KölnKomm-WpÜG/*Hasselbach*, § 22 Rn 13; *Thun*, in: Geibel/Süßmann, § 22 Rn 12 ff.
9 *Krause*, in: Assmann/Pötzsch/Schneider, § 22 Rn 23; *Oechsler*, in: Ehricke/Ekkenga/Oechsler, WpÜG, § 22 Rn 3. AA MüKo-AktG/*Wackerbarth*, § 22 WpÜG Rn 6.
10 KölnKomm-WpÜG/*Hasselbach*, § 22 Rn 17 (widerlegliche Vermutung für mangelnde Konkurrenzsituation); *Thun*, in: Geibel/Süßmann, § 22 Rn 8 f. AA *Krause*, in: Assmann/Pötzsch/Schneider, § 22 Rn 18 ff.
11 Die Untersagung wird sich auf die Ermächtigung in § 4 Abs. 1 S. 3 stützen müssen, da die Tatbestände des § 15 Abs. 1 nicht vorliegen werden. Soweit vertreten wird, dass eine Untersagungsverfügung gegen ein Angebot nie auf § 4 Abs. 1 S. 3 gestützt werden könne, da § 15 Abs. 1 *lex speziali*s sei, ist dies als ohne zwingenden Grund als zu eng anzusehen, vgl *Assmann*, in: Assmann/Pötzsch/Schneider, § 4 Rn 16. Dagegen: *Bosch/Meyer*, in: Assmann/Pötzsch/Schneider, § 15 Rn 6; KölnKomm-WpÜG/*Seydel*, § 15 Rn 15; KölnKomm-WpÜG/*Giesberts*, § 4 Rn 14; *Thoma*, in: Baums/Thoma, § 15 Rn 7. Unklar bleibt auf welche Ermächtigungsgrundlage sich *Krause*, in: Assmann/Pötzsch/Schneider, § 22 Rn 22 bei Missbrauchsfällen im Zusammenhang mit „konkurrierenden" Angeboten stützt.
12 *Noack/Holzborn*, in: Schwark, § 22 WpÜG, Rn 5. *Krause*, in: Assmann/Pötzsch/Schneider, § 22 Rn 27 befürwortet eine analoge Anwendung von § 22 Abs. 2 in solchen Fällen.
13 KölnKomm-WpÜG/*Hasselbach*, § 22 Rn 17 (widerlegliche Vermutung für mangelnde Konkurrenzsituation); *Thun*, in: Geibel/Süßmann, § 22 Rn 9. AA *Krause*, in: Assmann/Pötzsch/Schneider, § 22 Rn 18 ff.
14 *Krause*, in: Assmann/Pötzsch/Schneider, § 22 Rn 30.
15 Begr. RegE, BT-Drucks. 14/7034, S. 50; *Krause*, in: Assmann/Pötzsch/Schneider, § 22 Rn 41.

Angebot geltende Frist.[16] In diesen Fällen verlängert sich die Frist, in der der Bieter eine Finanzierung vorhalten muss und die Zielgesellschaft behindert wird.

6 Abs. 2 S. 1 kann im Einzelfall dazu führen, dass die Annahmefrist sich von ursprünglich 12 Wochen im Rahmen eines geänderten Angebots um bis zu weitere 12 Wochen verlängert, wenn das konkurrierende Angebot am letzten Tag der Annahmefrist veröffentlicht wurde. Bei **mehreren** konkurrierenden Angeboten kommt es für die Bestimmung der Annahmefrist auf das zuletzt veröffentlichte konkurrierende Angebot an, so dass es im Extremfall zu erheblichen Belastungen für die Zielgesellschaft kommen kann.[17]

7 Im Falle einer **taggleichen** Veröffentlichung von (konkurrierenden) Angeboten bestimmt sich die Annahmefrist ebenfalls nach dem Angebot mit der längeren Frist.[18]

8 In keinem Fall verlängert sich jedoch eine **kürzere Frist** eines konkurrierenden Angebots auf die Dauer einer längeren Annahmefrist des ersten Angebots.[19]
Darüber hinaus verlängert sich die **ursprüngliche Annahmefrist** auch dann, wenn das konkurrierende Angebot **geändert** wird (Abs. 2 S. 2). Die Annahmefrist des konkurrierenden Angebots wiederum verlängert sich analog Abs. 2 S. 2 bei einer **Änderung** des ursprünglichen Angebots.[20] Da nur der zuletzt sein Angebot ändernde Bieter gehindert ist nach § 21 Abs. 6 sein Angebot erneut zu ändern, kann es zu einem **Bieterwettstreit** kommen, dass sich Bieter auf unbestimmte Zeit abwechselnd überbieten.[21]

D. Rücktrittsrecht (Abs. 3)

9 Nach Abs. 3 haben Wertpapierinhaber, die das erste Angebot **vor** der Veröffentlichung des konkurrierenden Angebots angenommen haben, ein Rücktrittsrecht. Ist das erste Angebot zeitlich nach der Veröffentlichung des konkurrierenden Angebots angenommen worden, hat der Betroffene kein Rücktrittsrecht. Auf die Kenntnis vom konkurrierenden Angebot kommt es nicht an.[22] Das Rücktrittsrecht nach Abs. 3 lebt jedoch wieder auf, sofern auf das erste konkurrierende Angebot weitere konkurrierende Angebote veröffentlicht werden.[23]

10 Wertpapierinhabern, die ein Angebot in Kenntnis des konkurrierenden Angebots angenommen haben bzw das konkurrierende Angebot angenommen haben, steht in entsprechender Anwendung von Abs. 3 ein Rücktrittsrecht zu, wenn das jeweils andere Angebot geändert wird.[24]
Die **Ausübung** des Rücktrittrechts erfolgt durch Willenserklärung, für die das Gesetz keine besondere Form vorsieht. Der Rücktritt kann daher gegenüber dem Bieter bzw dem in der Angebotsunterlage aus organisatorischen Gründen bestimmten Adressaten grundsätzlich auch konkludent erfolgen, wenn die Angebotsbedingungen nichts Abweichendes bestimmen. In der **Praxis** verlangen die Angebotsbedingungen zumindest Schriftform oder Textform für die Ausübung des Rücktrittsrechts.[25] Die Rechtsfolgen der Ausübung des Rücktrittsrechts bestimmen sich nach § 346 BGB.[26]

§ 23 Veröffentlichungspflichten des Bieters nach Abgabe des Angebots

(1) ¹Der Bieter ist verpflichtet, die Anzahl sämtlicher ihm, den mit ihm gemeinsam handelnden Personen und deren Tochterunternehmen zustehenden Wertpapiere der Zielgesellschaft einschließlich der Höhe der jeweiligen Anteile und der ihm zustehenden und nach § 30 zuzurechnenden Stimmrechtsanteile und die Hö-

---

16 *Krause*, in: Assmann/Pötzsch/Schneider, § 22 Rn 42 sowie MüKo-AktG/*Wackerbarth*, § 22 WpÜG Rn 14, die jedoch auch Fälle in denen eine nicht von der Bundesanstalt gestattetes Angebot abgegeben wird unter § 22 Abs. 2 subsumieren und die Bundesanstalt nach § 4 Abs. 1 S. 3 für befugt halten, die Nichtverlängerung der Annahmefrist für und gegen alle verfügen zu können.

17 Die Bundesanstalt wird in solchen Situationen zu prüfen haben, ob sie nicht zum Schutz der Zielgesellschaft eine Anordnung nach § 4 Abs. 1 S. 3 treffen muss. Vgl dazu *Krause*, in: Assmann/Pötzsch/Schneider, § 22 Rn 40.

18 *Krause*, in: Assmann/Pötzsch/Schneider, § 22 Rn 32; KölnKomm-WpÜG/*Hasselbach*, § 22 Rn 25; *Thun*, in: Geibel/Süßmann, § 22 Rn 21.

19 *Krause*, in: Assmann/Pötzsch/Schneider, § 22 Rn 31; *Diekmann*, in: Baums/Thoma, § 22 Rn 35; *Noack/Holzborn*, in: Schwark, § 22 WpÜG, Rn 12.

20 *Krause*, in: Assmann/Pötzsch/Schneider, § 22 Rn 36 f; ausführlich: *Strunk/Salomon/Holst*, in: Veil, Übernahmerecht in Praxis und Wissenschaft, S. 15 ff.

21 Vgl dazu ausführlich *Krause*, in: Assmann/Pötzsch/Schneider, § 22 Rn 38 ff; KölnKomm-WpÜG/*Hasselbach*, § 22 Rn 28; *Diekmann*, in: Baums/Thoma, § 22 Rn 43; *Noack/Holzborn*, in: Schwark, § 22 WpÜG, Rn 24. Bei extremen Belastungen für die Zielgesellschaft wird die Bundesanstalt in solchen Situationen zu prüfen haben, ob sie nicht zum Schutz der Zielgesellschaft eine Anordnung nach, § 4 Abs. 1 S. 3 treffen muss.

22 *Krause*, in: Assmann/Pötzsch/Schneider, § 22 Rn 49; *Noack/Holzborn*, in: Schwark, § 22 WpÜG, Rn 15 f; KölnKomm-WpÜG/*Hasselbach*, § 22 Rn 35.

23 KölnKomm-WpÜG/*Hasselbach*, § 22 Rn 36.

24 *Krause*, in: Assmann/Pötzsch/Schneider, § 22 Rn 52 ff; KölnKomm-WpÜG/*Hasselbach*, § 22 Rn 40.

25 Ausführlich: *Krause*, in: Assmann/Pötzsch/Schneider, § 22 Rn 55 ff.

26 Ausführlich: *Krause*, in: Assmann/Pötzsch/Schneider, § 22 Rn 62 ff.

he der nach den §§ 25 und 25 a des Wertpapierhandelsgesetzes mitzuteilenden Stimmrechtsanteile sowie die sich aus den ihm zugegangenen Annahmeerklärungen ergebende Anzahl der Wertpapiere, die Gegenstand des Angebots sind, einschließlich der Höhe der Wertpapier- und Stimmrechtsanteile
1. nach Veröffentlichung der Angebotsunterlage wöchentlich sowie in der letzten Woche vor Ablauf der Annahmefrist täglich,
2. unverzüglich nach Ablauf der Annahmefrist,
3. unverzüglich nach Ablauf der weiteren Annahmefrist und
4. unverzüglich nach Erreichen der für einen Ausschluss nach § 39 a Abs. 1 und 2 erforderlichen Beteiligungshöhe

gemäß § 14 Abs. 3 Satz 1 zu veröffentlichen und der Bundesanstalt mitzuteilen. ²§ 14 Abs. 3 Satz 2 und § 31 Abs. 6 gelten entsprechend.

(2) ¹Erwerben bei Übernahmeangeboten, bei denen der Bieter die Kontrolle über die Zielgesellschaft erlangt hat, und bei Pflichtangeboten der Bieter, mit ihm gemeinsam handelnde Personen oder deren Tochterunternehmen nach der Veröffentlichung der Angebotsunterlage und vor Ablauf eines Jahres nach der Veröffentlichung gemäß Absatz 1 Nr. 2 außerhalb des Angebotsverfahrens Aktien der Zielgesellschaft, so hat der Bieter die Höhe der erworbenen Aktien- und Stimmrechtsanteile unter Angabe der Art und Höhe der für jeden Anteil gewährten Gegenleistung unverzüglich gemäß § 14 Abs. 3 Satz 1 zu veröffentlichen und der Bundesanstalt mitzuteilen. ²§ 31 Abs. 6 gilt entsprechend.

A. Allgemeines

Abs. 1 regelt die umfangreichen Veröffentlichungspflichten des Bieters im Hinblick auf die Zahl der von ihm, von den mit ihm gemeinsam handelnden Personen und deren Tochterunternehmen gehaltenen Wertpapiere der Zielgesellschaft, die jeweiligen Beteiligungsquoten, die ihm zustehenden und nach § 30 zuzurechnenden Stimmrechtsanteile, Stimmrechte aus Instrumenten, die nach den §§ 25, 25 a WpHG meldepflichtig sind, die sich aus den ihm zugegangenen Annahmeerklärungen ergebende Anzahl von Wertpapieren und die sich daraus ergebende Höhe der Wertpapier- und Stimmrechtsanteile (sog. **Wasserstandsmeldungen**). Die Vorschrift bezweckt, durch Schaffung von Transparenz die Wertpapierinhaber über die Akzeptanz des Angebots zu informieren und damit deren Entscheidungsdruck (sog. *Prisoner's Dilemma*) zu mildern.[1] Eine Offenlegung der von §§ 25, 25 a WpHG erfassten Instrumente soll den Aktionären einen Hinweis geben, dass der Bieter mit diesen Instrumenten einen erheblichen Positionsaufbau erreichen kann.[2] Darüber hinaus sollen die Aktionäre informiert werden, sobald die Voraussetzungen für die Durchführung eines Ausschlusses der Aktionäre nach § 39 a (*Squeeze-out*) erfüllt sind, damit die Aktionäre sich entscheiden können, ob sie ihr Andienungsrecht nach § 39 c (*Sell-out*) ausüben wollen.[3]

1

Abs. 2 regelt ergänzende Veröffentlichungspflichten bei Übernahmeangeboten und Pflichtangeboten, bei denen der Bieter während des laufenden Verfahrens oder nach Ablauf des Angebotsverfahrens Aktien außerhalb des Angebotsverfahrens erworben hat. Dadurch soll den Aktionären die Durchsetzung der ihnen nach § 31 Abs. 4 und 5 zustehenden Nachbesserungsansprüche erleichtert werden.[4]

2

B. Veröffentlichungspflichten (Abs. 1)

I. Inhalt der Veröffentlichung. 1. Beteiligungsquote. Der Bieter ist nach Abs. 1 S. 1 verpflichtet, die **Gesamtzahl** der von ihm, mit ihm gemeinsam handelnden Personen und deren Tochterunternehmen gehaltenen **Wertpapiere** der Zielgesellschaft, die jeweiligen **Beteiligungsquoten** sowie die ihm zustehenden und nach § 30 zuzurechnenden **Stimmrechtsanteile**[5] zu melden. Dadurch sollen die Wertpapierinhaber über die Beteiligungen und Stimmrechte des Bieters und der gemeinsam mit ihm handelnden Personen unter Berücksichtigung sämtlicher Wertpapiere der Zielgesellschaft informiert werden.[6]

3

---

1 Ausführlich dazu KölnKomm-WpÜG/*Möllers*, § 23 Rn 1 ff; *Assmann*, in: Assmann/Pötzsch/Schneider, § 23 Rn 1 f.
2 *Krause*, AG 2011, 469, 483.
3 BegRegE, BT-Drucks. 16/1003, S. 19 (zu Nr. 12).
4 Begr. RegE, BT-Drucks. 14/7034, S. 51; KölnKomm-WpÜG/*Möllers*, § 23 Rn 22; *Assmann*, in: Assmann/Pötzsch/Schneider, § 23 Rn 3.
5 Da Mehrstimmrechte (§ 12 Abs. 2 AktG) stets und Höchststimmrechte (§ 134 Abs. 1 S. 2 AktG) bei börsennotierten Unternehmen (mit Ausnahme der Volkswagen AG: siehe Gesetz über die Überführung der Anteilsrechte an der Volkswagen GmbH in private Hand v. 21.7.1960, BGBl. I 1960, 585, in der Fassung von 1970) verboten sind, werden die Zahl der Wertpapiere und der Stimmrechte idR nur dann abweichen, wenn es sich (auch) um stimmrechtlose Vorzugsaktien handelt.
6 *Assmann*, in: Assmann/Pötzsch/Schneider, § 23 Rn 4 ff mit krit. Anm.

4 Der Bieter hat daher die **Anzahl** der ihm zustehenden, dh ein dingliches Recht gewährenden,[7] **Wertpapiere** und die **Höhe der jeweiligen Anteile** mitzuteilen.[8] Dazu hat der Bieter die ihm zustehenden, oder nach § 30 zuzurechnenden **Stimmrechte**[9] getrennt anzugeben.[10]
Nach Abs. 1 S. 2 gilt § 31 Abs. 6 entsprechend, so dass dem Bieter auch solche Wertpapiere und Stimmrechte aus Wertpapieren zuzurechnen sind, deren Übereignung er aufgrund einer schuldrechtlichen Vereinbarung verlangen kann. Damit sind auch die Wertpapiere und Stimmrechtsanteile anzugeben, die der Bieter aufgrund einer Optionsvereinbarung, eines Andienungsrechts oder aufgrund ähnlicher Vereinbarungen, über diese Wertpapiere erwerben kann.[11]

5 **2. Annahmequote.** Der Bieter muss nach Abs. 1 S. 1 des Weiteren die aus den ihm gegenüber abgegebenen Annahmeerklärungen sich ergebenden **Zahl** der Wertpapieren sowie den **Anteil** dieser Wertpapiere und der Stimmrechte im Verhältnis zu den Wertpapieren, für die ein Angebot abgegeben wurde, melden.[12]

6 **II. Veröffentlichungsfrequenz.** Der Bieter hat die Meldungen nach Abs. 1 S. 1 Nr. 1 zunächst **wöchentlich**[13] und in der Woche vor Ablauf der Frist (werk)**täglich**[14] durch Bekanntmachung im **Internet** (§ 14 Abs. 3 Nr. 1) sowie im **elektronischen Bundesanzeiger** (§ 14 Abs. 3 Nr. 2 1. Alt) oder der **Schalterpublizität** (§ 14 Abs. 3 Nr. 2 2. Alt) abzugeben und der **Bundesanstalt** die Veröffentlichung gemäß § 14 Abs. 3 Nr. 2 schriftlich mitzuteilen.[15]

7 Der Bieter hat **unverzüglich**[16] nach **Ablauf der Annahmefrist** (Abs. 1 S. 1 Nr. 2) sowie bei einem Übernahmeangebot nach Ablauf der in § 16 Abs. 2 vorgesehenen **weiteren Annahmefrist** (Abs. 1 S. 1 Nr. 3) das Ergebnis des Angebots hinsichtlich der bestehenden Beteiligungsquote und der bestehenden Annahmequote zu melden. Dagegen muss der Bieter die Meldungen nach Abs. 1 S. 1 nicht während der weiteren Annahmefrist (§ 16 Abs. 2) abgeben.[17]
Der Bieter hat schließlich die Angaben nach Abs. 1 S. 1 unverzüglich nach Erreichen der für einen Ausschluss nach § 39 a Abs. 1 und 2 erforderlichen Beteiligungshöhe in der vorgeschriebenen Weise zu veröffentlichen (Abs. 1 S. 1 Nr. 4). Damit sollen die Aktionäre informiert werden, sobald die Voraussetzungen für die Durchführung eines Ausschlusses der Aktionäre nach § 39 a (*Squeeze-out*) erfüllt sind, damit sie sich entscheiden können, ob sie ihr Andienungsrecht nach § 39 c (*Sell-out*) ausüben wollen.[18]

C. Veröffentlichungspflichten (Abs. 2)

8 Bei **Übernahmeangeboten**, bei denen der Bieter die **Kontrolle** über die Zielgesellschaft erlangt hat,[19] und bei **Pflichtangeboten**, bei denen der Bieter, die mit ihm gemeinsam handelnden Personen oder deren Tochterunternehmen nach Veröffentlichung der Angebotsunterlage und vor Ablauf eines Jahres nach der Veröffentlichung der nach Ablauf der Annahmefrist vorgesehenen Meldung nach Abs. 1 S. 1 Nr. 2 Aktien **außerhalb** des Angebotsverfahrens erworben haben, muss der Bieter die **Höhe** der erworbenen Aktien- und Stimmrechtsanteile unter Angabe der Art und Höhe der für jeden Anteil gewährten Gegenleistung unverzüglich nach § 14 Abs. 3 S. 1 veröffentlichen und der Bundesanstalt mitteilen. Über den Wortlaut der Vorschrift hinaus hat der Bieter auch die **Zahl** der erworbenen Aktien mitzuteilen.[20]

9 Ein Erwerb erfolgt **außerhalb** des Angebotsverfahrens, wenn er nicht aus dem Abschluss eines aus dem öffentlichen Angebot stammenden Kauf- bzw Tauschvertrages hervorgeht, dh entweder aufgrund eines während des Angebotsverfahrens angegebenen anderen Angebots oder eines nach Abschluss des Angebotsver-

---

7 *Assmann*, in: Assmann/Pötzsch/Schneider, § 23 Rn 10 mwN.
8 Vgl dazu *Assmann*, in: Assmann/Pötzsch/Schneider, § 23 Rn 13 f; KölnKomm-WpÜG/*Möllers*, § 23 Rn 54; *Noack/Holzborn*, in: Schwark, § 23 WpÜG, Rn 10.
9 Dazu gehören auch die mit ihm gemeinsam handelnden Personen sowie deren Tochterunternehmern, vgl KölnKomm-WpÜG/*Möllers*, § 23 Rn 57 f.
10 *Assmann*, in: Assmann/Pötzsch/Schneider, § 23 Rn 15 f.
11 *Assmann*, in: Assmann/Pötzsch/Schneider, § 23 Rn 11.
12 Siehe dazu *Assmann*, in: Assmann/Pötzsch/Schneider, § 23 Rn 17.
13 Nach KölnKomm-WpÜG/*Möllers*, § 23 Rn 74 sind auch kürzere Intervalle zulässig, im Übrigen gelte § 188 Abs. 2 BGB. *Assmann*, in: Assmann/Pötzsch/Schneider, § 23 Rn 21 empfiehlt eine regelmäßigen Veröffentlichungsturnus zur Vermeidung des Vorwurfs eines Missbrauchs, im Übrigen gelte § 31 Abs. 1 VwVfG iVm §§ 187 Abs. 1, 188 Abs. 2 BGB nicht.
14 *Assmann*, in: Assmann/Pötzsch/Schneider, § 23 Rn 22. AA *Noack/Holzborn*, in: Schwark, § 23 WpÜG, Rn 16; *Diekmann*,
in: Baums/Thoma, § 23 WpÜG, Rn 53; jeweils auf Börsentage abstellend.
15 Siehe auch die Kommentierung zu § 14.
16 Vgl *Assmann*, in: Assmann/Pötzsch/Schneider, § 23 Rn 26; *Noack/Holzborn*, in: Schwark, § 23 WpÜG, Rn 17; jeweils von fünf Arbeitstagen ausgehend sowie mwN zum Stand des Schrifttums. Siehe auch *Thun*, in: Geibel/Süßmann, § 23 Rn 29: sieben Kalendertage als Obergrenze im Regelfall.
17 *Assmann*, in: Assmann/Pötzsch/Schneider, § 23 Rn 27 mwN AA KölnKomm-WpÜG/*Möllers*, § 23 Rn 82 ff (analoge Anwendung).
18 BegRegE, BT-Drucks. 16/1003, S. 19 (zu Nr. 12).
19 § 23 Abs. 2 ist nicht anwendbar bei Übernahmeangeboten, die nicht zu einem Kontrollwechsel geführt haben, vgl *Assmann*, in: Assmann/Pötzsch/Schneider, § 23 Rn 31 f, 34. AA KölnKomm-WpÜG/*Möllers*, § 23 Rn 89; *Noack/Holzborn*, in: Schwark, § 23 WpÜG, Rn 21; jeweils eine analoge Anwendung befürwortend.
20 AA *Assmann*, in: Assmann/Pötzsch/Schneider, § 23 Rn 41 mwN.

fahrens und binnen eines Jahres getätigten Rechtsgeschäfts erfolgt.[21] Einem (dinglichen) Erwerb von Aktien gleichgestellt sind aufgrund der Verweisung in Abs. 2 S. 2 Vereinbarungen, aufgrund derer die Übereignung von Aktien verlangt werden kann,[22] jedoch nicht die Ausübung des gesetzlichen Bezugsrechts anlässlich einer Kapitalerhöhung.[23]

Die Informationen sind entsprechend § 14 Abs. 3 S. 1 zu veröffentlichen (Abs. 2 S. 1).

§ 24 Grenzüberschreitende Angebote

Hat der Bieter bei grenzüberschreitenden Angeboten zugleich die Vorschriften eines anderen Staates außerhalb des Europäischen Wirtschaftsraums einzuhalten und ist dem Bieter deshalb ein Angebot an alle Inhaber von Wertpapieren unzumutbar, kann die Bundesanstalt dem Bieter auf Antrag gestatten, bestimmte Inhaber von Wertpapieren mit Wohnsitz, Sitz oder gewöhnlichem Aufenthalt in dem Staat von dem Angebot auszunehmen.

A. Allgemeines

§ 24 regelt die Voraussetzungen, unter denen Wertpapierinhaber mit Domizil außerhalb des Europäischen Wirtschaftsraums (EWR) vom Angebot ausgeschlossen werden dürfen. Mit dieser Vorschrift trägt der Gesetzgeber dem Umstand Rechnung, dass das Gesetz ansonsten Teilangebote verbietet. Der Bieter hat daher, soweit er ausländische Wertpapierinhaber in sein Angebot mit einbeziehen muss, bei seinem Angebot an alle Wertpapierinhaber grundsätzlich die Sach- und Verfahrensvorschriften ausländischer Rechtsordnungen über den öffentlichen Erwerb von Wertpapieren zu beachten. Als „problematische", weil mit einem erheblichen Verwaltungsaufwand und Haftungsrisiken verbundene Rechtsordnungen gelten insbesondere die USA, Kanada, Japan und Australien.[1]   1

In der Sache handelt es dabei um einen gesetzlich geregelten Fall eines zulässigen Teilangebots, das von der Pflicht zur Pro-rata-Zuteilung bei Erwerbsangeboten (§ 19) und vom Verbot von Teilangeboten für Übernahme- und Pflichtangebote (§ 32) befreit. Trotz der zuvor geäußerten Befürchtungen haben die Befreiungsverfahren nach § 24 bislang keine bedeutende Rolle gespielt. In der Regel behelfen sich die Bieter mit sog. Distributionsbeschränkungen, wonach das Angebot zwar an alle Aktionäre gerichtet ist, die Angebotsunterlage selbst nicht in den als „problematisch" eingestuften Jurisdiktionen verteilt werden darf. Ausländische Aktionäre können aber auf andere Weise, bspw aufgrund einer Benachrichtigung ihrer Depotbank über das Angebot unterrichtet werden.[2] Es ist jedoch der Praxis anzuraten, in jedem Einzelfall zu überprüfen, ob die jeweilige Rechtsordnung für die eine Distributionsbeschränkung eingerichtet werden soll, diese unterschiedliche Behandlung der dort ansässigen Aktionäre ohne Sanktion ermöglicht.   2

B. Materielle Voraussetzungen einer Befreiung

Voraussetzung für eine Befreiung nach § 24 ist, dass der Bieter bei einem grenzüberschreitenden Angebot die Vorschriften eines anderen Staates **außerhalb** des EWR **einzuhalten hat** und dass deren Einhaltung dem Bieter **unzumutbar** ist.   3

I. Grenzüberschreitendes Angebot. Ein **grenzüberschreitendes** Angebot liegt vor, wenn es grenzüberschreitende Wirkung hat, dh wenn es möglich erscheint, dass Wertpapierinhaber in einem Staat außerhalb des EWR ansässig sind, auch wenn es lediglich in Deutschland veröffentlicht wird.[3]   4

II. Einhaltung ausländischer Vorschriften. Der Bieter muss verpflichtet sein, die Vorschriften eines anderen Staates außerhalb des EWR einzuhalten. Die Verwaltungspraxis der **Bundesanstalt** verlangt vom Bieter den **Nachweis**, jedoch zumindest den **substantiierten** Vortrag, dass in den betroffenen Staaten nicht ausgeschlossen werden könne, dass dort Aktionäre der Zielgesellschaft domiziliert sind.[4] Dies könne bei Inhaberaktien ggf durch geeignete Research-Agenturen festgestellt werden. Darüber hinaus seien ein Zweitlisting an einer Börse, die Existenz einer Tochtergesellschaft oder eine überdurchschnittliche Bekanntheit der Zielgesellschaft in dem Staat geeignete Kriterien, die einen substantiierten Vortrag stützen. Eine rein vorsorgli-   5

---

21 *Assmann*, in: Assmann/Pötzsch/Schneider, § 23 Rn 36 ff; *Diekmann*, in: Baums/Thoma, § 23 Rn 60 f.
22 *Assmann*, in: Assmann/Pötzsch/Schneider, § 23 Rn 39.
23 *Assmann*, in: Assmann/Pötzsch/Schneider, § 23 Rn 36.
1 Vgl zu den Übernahmerechten in diesen Staaten *Schneider*, in: Assmann/Pötzsch/Schneider, § 24 Rn 13 ff; KölnKomm-WpÜG/*Versteegen*, § 24 Rn 42 ff sowie *Schröder*, in: Haarmann/*Schüppen*, § 24 Rn 13 ff (zur Rechtslage in den USA). Siehe auch *Lenz/Linke*, AG 2002, 361, 365; *Holzborn*, BKR 2001, 67 ff.
2 *Süßmann*, in: Geibel/Süßmann, § 24 Rn 19 f.
3 KölnKomm-WpÜG/*Versteegen*, § 24 Rn 11; *Schneider*, in: Assmann/Pötzsch/Schneider, § 24 Rn 12; *Aha*, AG 2002, 313, 323.
4 *Schneider*, in: Assmann/Pötzsch/Schneider, § 24 Rn 36 f.

che Befreiung, auch nicht für die als problematisch erachteten Staaten der USA, Kanadas, Australiens und Japans, sei nicht statthaft.[5]

6 **III. Unzumutbarkeit.** Die Einhaltung der ausländischen Vorschriften muss für den Bieter **unzumutbar** sein. Eine solche Unzumutbarkeit setzt zunächst voraus, dass der Bieter bei Anwendung aller Sorgfalt voraussichtlich nicht in der Lage sein wird, die rechtlichen Vorgaben der jeweiligen Rechtsordnung einzuhalten (**echte Pflichtenkollision**).[6] Die Bundesanstalt vertritt die Ansicht, dass die Anwendung der Tier-I-Ausnahmevorschrift der Cross-Border Rules[7] der US-amerikanischen Wertpapieraufsichtsbehörde SEC bei Barangeboten in der Regel zumutbar ist, während dies bei Tauschangeboten zweifelhaft ist.[8] Die wohl hM geht davon aus, dass bei Barangeboten (sog. *tender offer*) für registrierte als auch nicht-registrierte Wertpapiere die Anforderungen des Securities Exchange Act und der Securities and Exchange Commission nicht unzumutbar sind.[9] Dies gilt insbesondere bei der Anwendung der Tier-I-Exemption, aber auch bei Anwendung der Tier-II-Exemption.[10] Dagegen sollen bei Tauschangeboten (*exchange offers*) die Anwendung der US-Vorschriften unzumutbar sein, es sei denn es käme die Tier-I-Exemption zum Tragen.[11]

7 **Andere Erschwerungen**, wie etwa finanzielle Mehrbelastungen allein[12] oder das Risiko exorbitant erscheinender Haftung[13] reichen für die Annahme einer Unzumutbarkeit in der Regel nicht aus, wobei die Bundesanstalt bei der Auslegung der Vorschrift ihr Ermessen pflichtgemäß auszuüben hat, so dass eine Befreiung bei unverhältnismäßigem Aufwand[14] oder unverhältnismäßigen Haftungsrisiken nicht ausgeschlossen ist.

C. Verfahren

8 Der Bieter hat einen Antrag auf Befreiung zu stellen, der ab dem Zeitpunkt der Veröffentlichung nach § 10 Abs. 1 und bis zur Einreichung der Angebotsunterlage gestellt werden kann.[15] Die Frist zur Erstellung der Angebotsunterlage kann zur Berücksichtigung der mit der Klärung von Auslandssachverhalten verbundenen Schwierigkeiten nach § 14 Abs. 1 S. 3 um bis zu 4 Wochen verlängert werden. Die Antragsschrift hat die einschlägigen Rechtsvorschriften, deren Einhaltung dem Bieter nicht zuzumuten sind, zu enthalten[16] und die Befreiungsvoraussetzungen des § 24 eingehend und detailliert darzulegen und zu begründen.[17] Die Bundesanstalt kann die Befreiungsentscheidung mit Nebenbestimmungen und Auflagen versehen.[18]

§ 25 Beschluss der Gesellschafterversammlung des Bieters

Hat der Bieter das Angebot unter der Bedingung eines Beschlusses seiner Gesellschafterversammlung abgegeben, hat er den Beschluss unverzüglich, spätestens bis zum fünften Werktag vor Ablauf der Annahmefrist, herbeizuführen.

A. Einführung

1 § 25 regelt die Pflicht des Bieters, der ein Angebot unter der (idR aufschiebenden)[1] Bedingung eines den Erwerb genehmigenden Beschlusses seiner Gesellschafterversammlung gestellt hat (§ 18 Abs. 1), unverzüglich herbeizuführen. Die Vorschrift findet nur bei Erwerbs- und Übernahmeangeboten Anwendung (§ 39), da Pflichtangebote grundsätzlich nicht unter einer Bedingung abgegeben werden dürfen.[2]

---

5 Vgl *Lenz/Linke*, AG 2002, 361, 365.
6 KölnKomm-WpÜG/*Versteegen*, § 24 Rn 23; *Schneider*, in: Assmann/Pötzsch/Schneider, § 24 Rn 22.
7 Vgl zu den Cross-Border Rules der SEC und ihrer Bedeutung für das deutsche Kapitalmarktrecht *Aha*, AG 2002, 313 ff sowie die Hinweise von *Strunk/Salomon/Holst*, in: Veil, Übernahmerecht in Praxis und Wissenschaft, S. 13 (Fn 23).
8 *Lenz/Linke*, AG 2002, 361, 365.
9 KölnKomm-WpÜG/*Versteegen*, § 24 Rn 43 ff; *Schneider*, in: Assmann/Pötzsch/Schneider, § 24 Rn 22.
10 KölnKomm-WpÜG/*Versteegen*, § 24 Rn 52 ff; *Schneider*, in: Assmann/Pötzsch/Schneider, § 24 Rn 31 f.
11 KölnKomm-WpÜG/*Versteegen*, § 24 Rn 49 ff; *Schneider*, in: Assmann/Pötzsch/Schneider, § 24 Rn 32.
12 Begr. RegE, BT-Drucks. 14/7034, S. 51; *Lenz/Linke*, AG 2002, 361, 364.
13 *Lenz/Linke*, AG 2002, 361, 364; einschränkend: KölnKomm-WpÜG/*Versteegen*, § 24 Rn 56. Nach *Aha*, AG 2002, 313,
324, soll eine Befreiung in Betracht kommen, wenn die Zielgesellschaft nicht auf dem betreffenden Kapitalmarkt aktiv geworden ist, dh entweder ihre Aktien bei der SEC registriert oder eine Privatplazierung nach Rule 144 A iVm Regulation S vorgenommen hat.
14 KölnKomm-WpÜG/*Versteegen*, § 24 Rn 25; *Schneider*, in: Assmann/Pötzsch/Schneider, § 24 Rn 35.
15 KölnKomm-WpÜG/*Versteegen*, § 24 Rn 31, 34; *Lenz/Linke*, AG 2002, 361, 363. AA mit beachtenswerten Überlegungen: *Schneider*, in: Assmann/Pötzsch/Schneider, § 24 Rn 40.
16 *Lenz/Linke*, AG 2002, 361, 364.
17 Begr. RegE, BT-Drucks. 14/7034, S. 51; *Süßmann*, in: Geibel/Süßmann, § 24 Rn 11;. AA KölnKomm-WpÜG/*Versteegen*, § 24 Rn 33 (Amtsermittlungsprinzip nach, § 24 VwVfG).
18 Begr. RegE, BT-Drucks. 14/7034, S. 51; KölnKomm-WpÜG/*Versteegen*, § 24 Rn 38.
1 KölnKomm-WpÜG/*Hasselbach*, § 25 Rn 1.
2 Zu den Ausnahmen vgl, § 18 Rn 3.

B. Einberufung, Beschlussfassung, Wirksamkeit des Beschlusses

Der Bieter hat die Gesellschafterversammlung **unverzüglich** nach der Veröffentlichung der Entscheidung zur Abgabe eines Angebots (§ 10 Abs. 1 S. 1) aufzufordern,[3] wobei idR kein schuldhaftes Zögern vorliegen dürfte, wenn der Bieter bis zur Gestattung der **Veröffentlichung der Angebotsunterlage** wartet, um den Gesellschaftern alle Einzelheiten des Angebots zur Entscheidungsgrundlage zur Verfügung stellen zu können.[4] Jedenfalls hat der Bieter die Gesellschafterversammlung so zügig einzuberufen, dass der genehmigende Beschluss spätestens am 5. Werktag vor Ablauf der Annahmefrist gefasst werden könnte. Zur Fristberechnung gelten die §§ 187ff BGB, so dass der Tag des Ablaufs der Annahmefrist nicht mitgezählt wird.[5]

Auf die Bestandskraft des Beschlusses kommt es dabei nicht an, so dass der Bieter selbst nicht pflichtwidrig gehandelt hat, wenn der Beschluss angefochten wird,[6] allerdings ist es zumindest bei deutschen Kapitalgesellschaften nicht ausgeschlossen, dass die geschäftsführenden und beaufsichtigenden Organe pflichtwidrig handeln, wenn sie das Angebot trotz einer Anfechtung aufrechterhalten.[7] Wird bei deutschen Kapitalgesellschaften die Nichtigkeit eines solchen Beschlusses nach Ablauf der Annahmefrist rechtskräftig festgestellt, so gilt die Zustimmung als nicht erteilt und die Bedingung damit als nicht eingetreten. Jedoch scheidet eine Rückabwicklung des Erwerbsvertrages aus Gründen des Vertrauensschutzes[8] aus, da die Erwerber die Wirksamkeit von Gesellschaftsbeschlüssen nicht erkennen können.[9] Es ist dagegen den Gesellschaftern der Bietergesellschaft zuzumuten, sich gegen ein öffentliches Angebot mit den ihnen zur Verfügung stehenden gesellschaftsrechtlichen Mitteln, ggf auch im Wege einer einstweiligen Verfügung, gegen ihre Verwaltung zu wehren.

§ 26 Sperrfrist

(1) ¹Ist ein Angebot nach § 15 Abs. 1 oder 2 untersagt worden, ist ein erneutes Angebot des Bieters vor Ablauf eines Jahres unzulässig. ²Gleiches gilt, wenn der Bieter ein Angebot von dem Erwerb eines Mindestanteils der Wertpapiere abhängig gemacht hat und dieser Mindestanteil nach Ablauf der Annahmefrist nicht erreicht wurde. ³Die Sätze 1 und 2 gelten nicht, wenn der Bieter zur Veröffentlichung nach § 35 Abs. 1 Satz 1 und zur Abgabe eines Angebots nach § 35 Abs. 2 Satz 1 verpflichtet ist.

(2) Die Bundesanstalt kann den Bieter auf schriftlichen Antrag von dem Verbot des Absatzes 1 Satz 1 und 2 befreien, wenn die Zielgesellschaft der Befreiung zustimmt.

A. Einführung – Regelungsinhalt und Regelungszweck 1	C. Rechtsfolge – Reichweite der Sperrfrist 7
B. Sperrfrist 3	D. Ausnahmen 8
I. Adressat des Verbots 3	I. Pflichtangebot (Abs. 1 S. 3) 8
II. Sperrfrist nach Angebotsuntersagung (Abs. 1 S. 1) 4	II. Befreiung mit Zustimmung der Zielgesellschaft (Abs. 2) 9
III. Sperrfrist nach erfolglosem Angebot (Abs. 1 S. 2) 5	E. Rechtsfolgen bei Verstoß 14

A. Einführung – Regelungsinhalt und Regelungszweck

Die Sperrfrist des § 26 gilt für **einfache Erwerbsangebote** und gemäß § 34 auch für **Übernahmeangebote** iS des § 29 Abs. 1. Sie gilt hingegen gemäß § 39 nicht für Pflichtangebote iS des § 35 Abs. 2 S. 1. Während der Sperrfrist darf der Bieter grundsätzlich kein neues Erwerbs- oder Übernahmeangebot abgeben. Die Vorschrift ist Ausfluss des in § 3 Abs. 4 S. 2 genannten Grundsatzes.[1] Sie dient dem Schutz der Zielgesellschaft, indem die ungestörte Fortführung ihrer Geschäftstätigkeit gewahrt werden soll.[2] Da der Vorstand einer Zielgesellschaft während eines öffentlichen Angebotsverfahrens zur Neutralität verpflichtet ist, soll verhindert werden, dass diese Einschränkung der unternehmerischen Tätigkeit durch wiederholte einfache Er-

---

3 *Schneider*, in: Assmann/Pötzsch/Schneider, § 25 Rn 9.
4 KölnKomm-WpÜG/*Hasselbach*, § 25 Rn 11.
5 Vgl im Einzelnen *Süßmann*, in: Geibel/Süßmann, § 25 Rn 5 ff.
6 Begr. RegE, BT-Drucks. 14/7034, S. 51; *Süßmann*, in: Geibel/Süßmann, § 25 Rn 9 f.
7 KölnKomm-WpÜG/*Hasselbach*, § 25 Rn 22.
8 Dies gilt nicht nur im Hinblick auf den einzelnen Wertpapierinhaber, sondern insb. im Hinblick auf das Vertrauen in die Funktionsfähigkeit des Kapitalmarktes, dessen Förderung eines der zentralen Anliegen dieses Gesetzes ist. Vgl. Begr. RegE, BT-Drucks. 14/7034, S. 27. KölnKomm-WpÜG/*Hasselbach*, § 25 Rn 25; *Schneider*, in: Assmann/Pötzsch/Schneider, § 25 Rn 11.
9 *Süßmann*, in: Geibel/Süßmann, § 25 Rn 10; KölnKomm-WpÜG/*Hasselbach*, § 25 Rn 23. Siehe auch *Hüffer*, § 248 Rn 7 (mwN) zur Frage der Rückwirkung von Anfechtungsurteilen gegenüber Dritten.

1 *Steinmeyer*, in: Steinmeyer, § 26 Rn 1.
2 Begr. RegE BT-Drucks. 14/7034, S. 51.

werbs- oder Übernahmeangebote eines zuvor regelwidrig handelnden oder erfolglosen Bieters für eine unangemessene Zeit fortgesetzt wird.[3] Etwas anderes gilt für Pflichtangebote: Hat der Bieter durch zwischenzeitlichen Erwerb von Wertpapieren der Zielgesellschaft die Verpflichtung zur Abgabe eines Pflichtangebots verursacht,[4] kann das Pflichtangebot ohne Rücksicht auf die Sperrfrist abgegeben werden. Andernfalls träfe die auf den regelwidrig handelnden oder erfolglosen Bieter zielende Sanktion des § 26 Abs. 1 tatsächlich die Minderheitsaktionäre der Zielgesellschaft, obwohl gerade sie es sind, die die Regeln über Pflichtangebote schützen sollen, indem ihnen u.a. eine Austrittsmöglichkeit aus der Zielgesellschaft zugestanden wird.[5]

2 § 26 ist komplementär zur Untersagung durch die BaFin gemäß § 15.[6] Das einjährige Verbot, ein neues Angebot abzugeben, erhöht den Druck auf den Bieter, eine Untersagung durch die BaFin zu vermeiden. Die Gefahr einer einjährigen Sperrfrist ist für den Bieter mithin ein starker Anreiz, die inhaltlichen und formellen Anforderungen der §§ 11 und 14 an die Angebotsunterlage zu erfüllen.[7]

B. Sperrfrist

3 I. Adressat des Verbots. Abs. 1 untersagt ein erneutes Angebot des **Bieters** für die Dauer eines Jahres. Da die Vorschrift die Sicherung einer störungsfreien Fortführung der Geschäftstätigkeit bezweckt, sind auch **mit dem Bieter gemeinsam handelnde Personen** iS des § 2 Abs. 5 Normadressaten, andernfalls ließe sich die Sperre leicht umgehen.[8]

4 II. Sperrfrist nach Angebotsuntersagung (Abs. 1 S. 1). Eine Sperrfrist wird gemäß Abs. 1 S. 1 nur ausgelöst, wenn die BaFin ein Angebot gemäß § 15 Abs. 1 oder 2 verboten hat. Im Falle des Verbots eines Angebots durch die BaFin aufgrund des § 4 Abs. 1 steht es dem Bieter frei, ein neues Angebot noch vor Jahresfrist abzugeben.[9] Das Sperrjahr beginnt bereits mit **Wirksamwerden und Vollziehbarkeit der Untersagungsverfügung** der BaFin, nicht erst mit deren Bestandskraft.[10] Im Übrigen gelten die allgemeinen verwaltungsrechtlichen Grundsätze. Die Untersagungsverfügung wird somit wirksam, wenn sie dem Bieter ordnungsgemäß bekannt gegeben worden ist und nicht nichtig ist.[11] Auf die Rechtmäßigkeit der Untersagung kommt es nicht an. Die Rechtswidrigkeit der Untersagung führt lediglich zu deren Anfechtbarkeit.[12] Die Untersagungsverfügung der BaFin wird mit Bekanntgabe sofort vollziehbar, da gemäß §§ 42 und 49 weder Widerspruch noch Beschwerde aufschiebende Wirkung haben.[13] Anders verhält es sich, wenn das Beschwerdegericht gemäß § 50 Abs. 3 die aufschiebende Wirkung eines Widerspruchs oder einer Beschwerde gegen die Untersagungsverfügung anordnet. In diesem Fall ist die Verfügung nicht vollziehbar, das Sperrjahr beginnt nicht zu laufen.[14] Somit kann nach der Anordnung der aufschiebenden Wirkung und vor der Entscheidung

---

[3] Scholz, in: Haarmann/Schüppen, § 26 Rn 3; Diekmann, in: Baums/Thoma, § 26 Rn 1. Allerdings gilt die übernahmerechtliche Neutralitätspflicht des Vorstands der Zielgesellschaft gemäß § 33 Abs. 1 WpÜG nur im Rahmen eines Übernahme- oder Pflichtangebots. Anders verhält es sich bei einfachen Erwerbsangeboten, bei denen „nur" das aktienrechtliche Neutralitätsgebot gilt. Bei gescheiterten einfachen Erwerbsangeboten ist die Sperrfrist fragwürdig, da einfache Erwerbsangebote die Geschäftstätigkeit der Zielgesellschaft grundsätzlich nicht beeinträchtigt wird, s. dazu auch die Kritik in Scholz, in: Haarmann/Schüppen, § 26 Rn 40; Diekmann, in: Baums/Thoma, § 26 Rn 6; MüKo-AktG/Wackerbarth, § 26 WpÜG Rn 1.

[4] ZB durch Erwerb über die Börse oder durch private Kauf- oder Tauschverträge mit einzelnen Wertpapierinhabern.

[5] Begr. RegE BT-Drucks. 14/7034, S. 51.

[6] Scholz, in: Haarmann/Schüppen, § 26 Rn 6; KölnKomm-WpÜG/Seydel, § 26 Rn 5; Diekmann, in: Baums/Thoma, § 26 Rn 3, wobei eine mittelbare Sanktionierung von Verstößen gegen §§ 11 und 14 WpÜG durch § 26 WpÜG teilweise als „zwangsläufiger Reflex der Sperrfrist" charakterisiert wird, da die Sanktionierung einer nicht ordnungsgemäß erstellten oder veröffentlichten Angebotsunterlage nicht der primäre Zweck der Sperrfrist des § 26 Abs. 1 WpÜG sei.

[7] Scholz, in: Haarmann/Schüppen, § 26 Rn 6.

[8] Oechsler, in: Ehricke/Ekkenga/Oechsler, § 26 Rn 3; MüKo-AktG/Wackerbarth, § 26 WpÜG Rn 17; KölnKomm-WpÜG/Seydel, § 26 Rn 36 f. Jedoch allen mit verschiedenen Begründungen, dh Definition des „Bieter"-Begriffs „teilweise" Analogie (Oechsler, in: Ehricke/Ekkenga/Oechsler) oder Auslegung des Tatbestandsmerkmals „erneutes Angebot des Bieters", wobei Angebote von anderen Personen auch als solche des Bieters betrachtet werden, wenn dieser die gemeinsam handelnde Person iSd § 12 Abs. 1 Nr. 1 WpÜG ist (KölnKomm-WpÜG/Seydel und MüKo-AktG/Wackerbarth). AA: Diekmann, in: Baums/Thoma, § 26 Rn 14; Assmann, in: Assmann/Pötzsch/Schneider, § 26 Rn 11; Angerer, in: Geibel/Süßmann, § 26 Rn 33 ff; Steinmeyer, in: Steinmeyer, § 26 Rn 9.

[9] Assmann, in: Assmann/Pötzsch/Schneider, § 26 Rn 6.

[10] Scholz, in: Haarmann/Schüppen, § 26 Rn 17; Diekmann, in: Baums/Thoma, § 26 Rn 16; KölnKomm-WpÜG/Seydel, § 26 WpÜG Rn 7; KölnKomm-WpÜG/Seydel, § 26 Rn 17.

[11] § 43 Abs. 1 und Abs. 3 VwVfG.

[12] Diekmann, in: Baums/Thoma, § 26 Rn 15.

[13] Diekmann, in: Baums/Thoma, § 26 Rn 15; Scholz, in: Haarmann/Schüppen, § 26 Rn 17; MüKo-AktG/Wackerbarth, § 26 WpÜG Rn 7; Oechsler, in: Ehricke/Ekkenga/Oechsler, § 26 Rn 2.

[14] Scholz, in: Haarmann/Schüppen, § 26 Rn 17; Diekmann, in: Baums/Thoma, § 26 Rn 17; Oechsler, in: Ehricke/Ekkenga/Oechsler, § 26 Rn 2; KölnKomm-WpÜG/Seydel, § 26 Rn 20.

über den Rechtsbehelf oder über das Rechtsmittel ein neues Angebot durch den Bieter unterbreitet werden.[15] Ein während der angeordneten aufschiebenden Wirkung abgegebenes Angebot wird nicht dadurch unzulässig, dass im Nachhinein die aufschiebende Wirkung entfällt, die Untersagungsverfügung bestätigt wird und in Bestandskraft erwächst, da für die Beurteilung der Zulässigkeit des Angebots der Zeitpunkt der Veröffentlichung der Angebotsunterlage maßgebend ist.[16]

III. Sperrfrist nach erfolglosem Angebot (Abs. 1 S. 2). Die Sperrfrist nach Abs. 1 S. 2 wird bei Nichterreichen einer konkret angestrebten Mindestbeteiligung ausgelöst. Ein erfolgloses Übernahmeangebot, das keine genauen Angaben zum angestrebten Anteil am Grundkapital beinhaltet und nicht zur Erlangung der Kontrollbeteiligung geführt hat, löst deshalb die Sperrfrist nicht aus.[17] Übernahmeangebote sind zwar auf das Erreichen der Kontrollschwelle iHv 30 % gerichtet, diese stellt jedoch nicht notwendig eine Bedingung dar.[18] Dem Bieter steht es in einem solchen Fall frei, noch vor Ablauf eines Jahres ein neues Übernahmeangebot abzugeben.[19]

Die Sperrfrist wird nicht ausgelöst, wenn **andere Angebotsbedingungen** als der Erwerb eines Mindestanteils nicht erreicht werden konnten, wie zB kartellrechtliche Freigaben.[20] Gegen eine Ausdehnung des Abs. 1 S. 2 auf Angebote, die wegen der Nichterfüllung anderer Bedingungen erfolglos geblieben sind, sprechen der Wortlaut der Vorschrift und der Wille des Gesetzgebers, der als Grund für die Verhängung einer Sperrfrist nur die mangelnde Akzeptanz des Angebots durch die Aktionäre der Zielgesellschaft sah.[21] Die BaFin hat jedoch die Möglichkeit, im Rahmen ihrer allgemeinen Missstandsaufsicht gemäß § 4 Abs. 1 S. 2 auf das erneute Angebot einzuwirken, wenn es die gleichen, schon gescheiterten Bedingungen enthält und ein Erreichen dieser Bedingungen nicht absehbar ist.[22]

C. Rechtsfolge – Reichweite der Sperrfrist

Abs. 1 verbietet die Abgabe eines erneuten freiwilligen Angebots für die Dauer eines Jahres. Maßgeblich ist der Zeitraum zwischen Angebotsuntersagung bzw erfolglosem Angebot und Veröffentlichung der Angebotsunterlage gemäß § 14. Eine Veröffentlichung der Entscheidung zur Abgabe eines Angebots gemäß § 10 noch vor Ablauf eines Jahres nach Untersagung oder Erfolglosigkeit des Angebots ist kein Verstoß gegen die Sperrfrist. Ein **erneutes Angebot** iS des § 26 liegt erst vor, wenn die Angebotsunterlage an die BaFin übermittelt wird (§ 14 Abs. 1 S. 1) und diese das Angebot gestattet oder nicht untersagt (§ 14 Abs. 2 S. 1).[23] Jedoch kann eine zu frühe Veröffentlichung gemäß § 10 zu einem Verstoß gegen Abs. 1 führen, da diese eine Veröffentlichung der Angebotsunterlage noch innerhalb der Sperrfrist zur Folge haben kann.[24]

D. Ausnahmen

I. Pflichtangebot (Abs. 1 S. 3). Die Sperrwirkung greift gemäß Abs. 1 S. 3 nicht, wenn der Bieter zur Veröffentlichung seiner Kontrollerlangung gemäß § 35 Abs. 1 S. 1 und zur Abgabe eines Pflichtangebots gemäß § 35 Abs. 2 S. 1 verpflichtet ist. Der Bieter kann somit ein **Pflichtangebot während der Sperrfrist** abgeben. In solchen Fällen hat der Gesetzgeber dem Schutz der Interessen der Minderheitsaktionäre einen höheren

---

15 KölnKomm-WpÜG/*Seydel*, § 26 Rn 20; *Diekmann*, in: Baums/Thoma, § 26 Rn 18. So grundsätzlich auch MüKo-AktG/*Wackerbarth*, § 26 WpÜG Rn 8, mit dem interessanten Einwand, dass im Falle der Anordnung der aufschiebenden Wirkung durch das Beschwerdegericht nach einem Widerspruch oder einer Beschwerde gegen die Untersagungsverfügung grundsätzlich die Wirkung dieser Untersagungsverfügung ausgesetzt werde. Dies habe zur Folge, dass das ursprünglich untersagte Angebotsverfahren fortgeführt werden könne. Für ein exakt gleiches, aber neues Angebot gebe es keinen Raum. Ein neues Angebot müsse sich dann vom ursprünglich untersagten Angebot unterscheiden, zB indem es auf eine andere Wertpapiergattung ausgerichtet werde. Somit eröffne die Anordnung der aufschiebenden Wirkung die Möglichkeit der Abgabe eines neuen aber alternativen Angebots. Insofern müsse unterschieden werden, ob die Anordnung der aufschiebenden Wirkung sich auf die Untersagung des Erstangebots oder auf die Sperrfrist beziehe. Nach dieser Ansicht könnte nur im letzteren Fall ein erneutes, identisches Angebot abgegeben werden, das ursprüngliche Angebot untersagt bliebe und nur die Sperrfrist ausgesetzt wäre.
16 *Oechsler*, in: Ehricke/Ekkenga/Oechsler, § 26 Rn 2; *Diekmann*, in: Baums/Thoma, § 26 Rn 18.
17 MüKo-AktG/*Wackerbarth*, § 26 WpÜG Rn 10; *Scholz*, in: Haarmann/Schüppen, § 26 Rn 19; *Assmann*, in: Assmann/Pötzsch/Schneider, § 26 Rn 7; *Diekmann*, in: Baums/Thoma, § 26 Rn 20; KölnKomm-WpÜG/*Seydel*, § 26 Rn 24.
18 *Scholz*, in: Haarmann/Schüppen, § 26 Rn 19; KölnKomm-WpÜG/*Seydel*, § 26 Rn 24.
19 *Scholz*, in: Haarmann/Schüppen, § 26 Rn 19.
20 *Assmann*, in: Assmann/Pötzsch/Schneider, § 26 Rn 7; *Diekmann*, in: Baums/Thoma, § 26 Rn 23; *Scholz*, in: Haarmann/Schüppen, § 26 Rn 21; KölnKomm-WpÜG/*Seydel*, § 26 Rn 23.
21 KölnKomm-WpÜG/*Seydel*, § 26 Rn 23; Begr. RegE BT-Drucks. 14/7034, S. 51.
22 *Diekmann*, in: Baums/Thoma, § 26 Rn 23.
23 *Assmann*, in: Assmann/Pötzsch/Schneider, § 26 Rn 13; MüKo-AktG/*Wackerbarth*, § 26 WpÜG Rn 14; *Scholz*, in: Haarmann/Schüppen, § 26 Rn 22; KölnKomm-WpÜG/*Seydel*, § 26 Rn 34; *Angerer*, in: Geibel/Süßmann, § 26 Rn 31 f; aA *Steinmeyer*, in: Steinmeyer, § 26 Rn 6; *Diekmann*, in: Baums/Thoma, § 26 Rn 32, 33.
24 *Scholz*, in: Haarmann/Schüppen, § 26 Rn 22; MüKo-AktG/*Wackerbarth*, § 26 WpÜG Rn 14; KölnKomm-WpÜG/*Seydel*, § 26 Rn 35.

Wert als dem Schutz der Interessen der Zielgesellschaft eingeräumt.[25] Praktisch relevant sind vor allem die Fälle, in denen der Bieter nach einem gescheiterten oder untersagten Übernahmeangebot durch einen nicht öffentlichen Erwerb, zB über die Börse oder durch Paketerwerb, mehr als 30 % der Stimmrechte der Zielgesellschaft erlangt.[26] Der Zeitpunkt, zu dem die Kontrollschwelle erreicht wird, ist nicht relevant und muss insbesondere nicht nach der Untersagung oder dem Scheitern des Angebots liegen.[27] Es ist also auch denkbar, dass der Bieter die Kontrollschwelle vor dem Ablauf der Annahmefrist des ursprünglichen Angebots – jedoch außerhalb dessen – erreicht, dieses Angebot aber aufgrund einer Mindestannahmequote scheitert. In diesem Fall ist der Bieter zur Abgabe des Pflichtangebots innerhalb der Sperrfrist verpflichtet, obwohl das erste, ggf noch laufende Angebot erfolglos iS des Abs. 1 S. 2 geblieben ist.[28]

9 **II. Befreiung mit Zustimmung der Zielgesellschaft (Abs. 2).** Gemäß Abs. 2 kann die BaFin einen Bieter von der Sperrwirkung befreien. Dies setzt einen schriftlichen Antrag des Bieters und die Zustimmung der Zielgesellschaft voraus.

10 Der Antrag des Bieters kann gemäß § 45 Abs. 2 im Wege der elektronischen Datenfernübertragung erfolgen.[29] Der Antrag muss keine besonderen inhaltlichen Anforderungen erfüllen, auch wenn die Einreichung der zuvor eingeholten Zustimmung der Zielgesellschaft und/oder eines Entwurfs der Angebotsunterlage in praktischer Hinsicht hilfreich sein dürfte.[30]

11 Die verbindliche Zustimmung der Zielgesellschaft wird durch deren **Vorstand** erklärt.[31] Da die Zustimmung der Zielgesellschaft mittelbar die Zusammensetzung des Gesellschafterkreises beeinflussen kann, ist sie ein Grundlagengeschäft der Gesellschaft, das von der Prokura nach § 49 Abs. 1 HGB nicht erfasst wird.[32] Im Innenverhältnis bedarf es der Zustimmung des Aufsichtsrats nur, wenn die Statuten der Zielgesellschaft dies vorsehen.[33] Eine Zustimmung der Hauptversammlung ist nicht erforderlich, da nur die Zustimmung zur Abgabe eines Angebots in Frage steht, und die Wertpapierinhaber über die Annahme noch entscheiden können.[34]

12 Bei Schaffung des Abs. 2 dachte der Gesetzgeber insbesondere an die Suche nach einem sog. weißen Ritter, dh die Zustimmung der Zielgesellschaft zur Abgabe eines Angebots durch einen kürzlich gescheiterten oder von einer Untersagung betroffenen Bieter, um eine Übernahme durch einen dritten Bieter zu verhindern.[35]

13 Angesichts der potenziellen Interessenkonflikte zwischen dem Vorstand der Zielgesellschaft, der Zielgesellschaft selbst und den Wertpapierinhabern steht die Entscheidung über die Befreiung von der Sperrwirkung im **Ermessen** der BaFin. Obwohl die Befreiung durch die BaFin der Regelfall sein dürfte, wird sie sie dann verweigern, wenn der Vorstand der Zielgesellschaft dem Antrag des Bieters aufgrund sachfremder Erwägungen zugestimmt hat.[36] Dies ist zB der Fall, wenn der Vorstand seine Zustimmung wegen der Inaussichtstellung persönlicher Vorteile im Falle einer erfolgreichen Übernahme erteilt hat.[37]

E. Rechtsfolgen bei Verstoß

14 Ein während der Sperrfrist des Abs. 1 abgegebenes Angebot hat die BaFin gemäß § 15 Abs. 1 Nr. 2 zu untersagen.[38] Da ein Verstoß gegen die Sperrfrist eine Ordnungswidrigkeit gemäß § 60 Abs. 1 Nr. 7 darstellt, kann dieser Verstoß gemäß § 60 Abs. 3 mit einem Bußgeld von bis zu einer Million Euro geahndet werden. Wenn die BaFin ein Angebot untersagt hat, sind aufgrund dieses Angebots getätigte Rechtsgeschäfte nichtig.[39]

---

25 *Steinmeyer*, in: Steinmeyer, § 26 Rn 8; *Diekmann*, in: Baums/Thoma, § 26 Rn 25; KölnKomm-WpÜG/*Seydel*, § 26 Rn 26.
26 *Scholz*, in: Haarmann/Schüppen, § 26 Rn 25.
27 *Diekmann*, in: Baums/Thoma, § 26 Rn 26.
28 KölnKomm-WpÜG/*Seydel*, § 26 Rn 28.
29 *Scholz*, in: Haarmann/Schüppen, § 26 Rn 29; *Assmann*, in: Assmann/Pötzsch/Schneider, § 26 Rn 15.
30 *Diekmann*, in: Baums/Thoma, § 26 Rn 39; *Scholz*, in: Haarmann/Schüppen, § 26 Rn 30.
31 Begr. RegE BT-Drucks. 14/7034, S. 52.
32 KölnKomm-WpÜG/*Seydel*, § 26 Rn 48; *Scholz*, in: Haarmann/Schüppen, § 26 Rn 31.
33 *Assmann*, in: Assmann/Pötzsch/Schneider, § 26 Rn 17; *Diekmann*, in: Baums/Thoma, § 26 Rn 41.
34 *Scholz*, in: Haarmann/Schüppen, § 26 Rn 33.
35 Begr. RegE BT-Drucks. 14/7034, S. 52.
36 *Steinmeyer*, in: Steinmeyer, § 26 Rn 12; *Scholz*, in: Haarmann/Schüppen, § 26 Rn 37.
37 Begr. RegE BT-Drucks. 14/7034, S. 52.
38 *Scholz*, in: Haarmann/Schüppen, § 26 Rn 43; MüKo-AktG/*Wackerbarth*, § 26 WpÜG Rn 23; KölnKomm-WpÜG/*Seydel*, § 26 Rn 60; *Diekmann*, in: Baums/Thoma, § 26 Rn 48. AA: *Assmann*, in: Assmann/Pötzsch/Schneider, § 26 Rn 21, wonach zwar eine Untersagung des Angebots befürwortet wird, jedoch diese nur aufgrund des § 4 Abs. 1 S. 3 WpÜG erfolgen könne; *Angerer*, in: Geibel/Süßmann, § 26 Rn 39, der eine Untersagung gänzlich ablehnt, weil die Missachtung der Sperrfrist nicht unter den Tatbestand des § 15 WpÜG falle.
39 *Diekmann*, in: Baums/Thoma, § 26 Rn 49; KölnKomm-WpÜG/*Seydel*, § 26 Rn 61; *Scholz*, in: Haarmann/Schüppen, § 26 Rn 44.

§ 27 Stellungnahme des Vorstands und Aufsichtsrats der Zielgesellschaft

(1) ¹Der Vorstand und der Aufsichtsrat der Zielgesellschaft haben eine begründete Stellungnahme zu dem Angebot sowie zu jeder seiner Änderungen abzugeben. ²Die Stellungnahme muss insbesondere eingehen auf
1. die Art und Höhe der angebotenen Gegenleistung,
2. die voraussichtlichen Folgen eines erfolgreichen Angebots für die Zielgesellschaft, die Arbeitnehmer und ihre Vertretungen, die Beschäftigungsbedingungen und die Standorte der Zielgesellschaft,
3. die vom Bieter mit dem Angebot verfolgten Ziele,
4. die Absicht der Mitglieder des Vorstands und des Aufsichtsrats, soweit sie Inhaber von Wertpapieren der Zielgesellschaft sind, das Angebot anzunehmen.

(2) Übermitteln der zuständige Betriebsrat oder, sofern ein solcher nicht besteht, unmittelbar die Arbeitnehmer der Zielgesellschaft dem Vorstand eine Stellungnahme zu dem Angebot, hat der Vorstand unbeschadet seiner Verpflichtung nach Absatz 3 Satz 1 diese seiner Stellungnahme beizufügen.

(3) ¹Der Vorstand und der Aufsichtsrat der Zielgesellschaft haben die Stellungnahme unverzüglich nach Übermittlung der Angebotsunterlage und deren Änderungen durch den Bieter gemäß § 14 Abs. 3 Satz 1 zu veröffentlichen. ²Sie haben die Stellungnahme gleichzeitig dem zuständigen Betriebsrat oder, sofern ein solcher nicht besteht, unmittelbar den Arbeitnehmern zu übermitteln. ³Der Vorstand und der Aufsichtsrat der Zielgesellschaft haben der Bundesanstalt unverzüglich die Veröffentlichung gemäß § 14 Abs. 3 Satz 1 Nr. 2 mitzuteilen.

A. Einführung

Die Vorschrift ist Ausprägung des Transparenzgrundsatzes des § 3 Abs. 2 und verpflichtet die Verwaltungsorgane der Zielgesellschaft, eine Stellungnahme zu einem Angebot auf Erwerb von Wertpapieren der Gesellschaft sowie zu jeder Angebotsänderung abzugeben. Dies gilt auch für einfache Erwerbsangebote.[1] Die Pflicht der Verwaltungsorgane der Zielgesellschaft zur Abgabe einer Stellungnahme hat erhebliche praktische und wirtschaftliche Bedeutung. Sie stellt das Gegenstück zur Angebotsunterlage des Bieters dar und dient der Information der Wertpapierinhaber, damit diese eine fundierte Entscheidung über das Angebot treffen können.[2] Die Stellungnahme der Verwaltung der Zielgesellschaft ist insbesondere im Rahmen von Übernahmeangeboten von erheblicher Bedeutung, da die Geschäftsleitung der Zielgesellschaft verpflichtet ist, in ihrer Stellungnahme über etwaige sie betreffende Interessenkonflikte zu informieren.[3]

B. Die Stellungnahme des Vorstands und Aufsichtsrats der Zielgesellschaft

Die Stellungnahmen von Vorstand und Aufsichtsrat sind rechtlich eigenständige Maßnahmen des jeweiligen Organs der Gesellschaft. Sie können bei gleicher Beurteilung des Angebots zu einer gemeinsamen Stellungnahme **verbunden** werden.[4] Dies ist jedoch dann nicht möglich, wenn der Vorstand selbst als Bieter auftritt oder mit dem Bieter gemeinsam handelt (sog. *Management Buy Out*). In diesem Fall stellt nur die Stellungnahme des Aufsichtsrats eine objektive Beurteilung und Informationsquelle für die Wertpapierinhaber der Zielgesellschaft dar.[5]

I. Pflicht zur begründeten Stellungnahme (Abs. 1 S. 1). Die Verwaltungsorgane der Zielgesellschaft sind zu einer Bewertung des Angebots verpflichtet. Dabei sind sie nicht auf den Inhalt der Angebotsunterlage beschränkt. Vielmehr haben sie alle Tatsachen offen zu legen, die aus Sicht der Wertpapierinhaber für die Bewertung des Angebots relevant sind.[6] Um eine begründete Stellungnahme zu einem Angebot abzugeben, ist es für Vorstand und Aufsichtsrat somit erforderlich, dass sie sich auf der Grundlage hinreichender Informationen ein Urteil über das Angebot bilden.[7] Für Vorstand und Aufsichtsrat besteht eine **Pflicht zur Informationsbeschaffung und zur Meinungsbildung**.[8] Gegebenenfalls sollten sie externen Sachverstand zur Beurteilung des Angebots einholen. Hierzu besteht allerdings keine Pflicht.[9] Sodann sind Vorstand und Aufsichts-

---

1 *Röh*, in: Haarmann/Schüppen, § 27 Rn 18; *Steinmeyer*, in: Steinmeyer, § 27 Rn 4.
2 OLG Frankfurt v. 22.3.2007 – 12 U 77/06, Rn 47 ff; *Krause/Pötzsch*, in: Assmann/Pötzsch/Schneider, § 27 Rn 18, 20; MüKo-AktG/*Wackerbarth*, § 27 WpÜG Rn 6.
3 MüKo-AktG/*Wackerbarth*, § 27 WpÜG Rn 6.
4 Begr. RegE BT-Drucks. 14/7034, S. 52; *Steinmeyer*, in: Steinmeyer, § 27 Rn 14; *Röh*, in: Haarmann/Schüppen, § 27 Rn 60.
5 *Steinmeyer*, in: Steinmeyer, § 27 Rn 14; *Krause/Pötzsch*, in: Assmann/Pötzsch/Schneider, § 27 Rn 41; *Röh*, in: Haarmann/Schüppen, § 27 Rn 60.
6 MüKo-AktG/*Wackerbarth*, § 27 WpÜG Rn 11.
7 *Röh*, in: Haarmann/Schüppen, § 27 Rn 20.
8 *Kossmann*, NGZ 2011, 46 ff; *Röh*, in: Haarmann/Schüppen, § 27 Rn 20; *Krause/Pötzsch*, in: Assmann/Pötzsch/Schneider, § 27 Rn 45; KölnKomm-WpÜG/*Hirte*, § 27 Rn 17, 32.
9 MüKo-AktG/*Wackerbarth*, § 27 WpÜG Rn 13; *Krause/Pötzsch*, in: Assmann/Pötzsch/Schneider, § 27 Rn 49.

rat zur Abgabe einer Stellungnahme verpflichtet, die grundsätzlich eine Handlungsempfehlung – Zustimmung oder Ablehnung – beinhalten sollte.[10] Im Rahmen ihrer Entscheidung über die Empfehlung dürfen sich Vorstand und Aufsichtsrat nicht allein an den Interessen der Wertpapierinhaber orientieren, sondern müssen auch die Interessen der Arbeitnehmer und der Allgemeinheit berücksichtigen.[11] In Ausnahmefällen sind auch neutrale Stellungnahmen denkbar.[12] In solchen Fällen müssen sie jedoch darlegen, warum sie von einer konkreten Handlungsempfehlung absehen.[13] Die Rechte und Pflichten von Vorstand und Aufsichtsrat zur Abgabe einer Stellungnahme finden ihre Grenzen in den allgemeinen gesellschaftsrechtlichen Grundsätzen.[14] So kann die aktienrechtliche **Verschwiegenheitspflicht** einer öffentlichen Stellungnahme in Teilen entgegenstehen. In solchen Fällen ist darzulegen, warum die Verschwiegenheitspflicht einer Offenlegung entgegensteht.[15]

4   **II. Obligatorischer Inhalt der Stellungnahme (Abs. 1 S. 2).** Nach Abs. 1 S. 2 Nr. 1 hat die Stellungnahme auf die **Art und Höhe der Gegenleistung** einzugehen. Die Verwaltung der Zielgesellschaft hat anzugeben, ob sie die vom Bieter angebotene Gegenleistung als angemessen erachtet.[16] Eine Stellungnahme bezüglich der Art der angebotenen Gegenleistung wird regelmäßig dann erforderlich sein, wenn es sich dabei um ein vollständiges oder teilweises Wertpapiertauschangebot handelt, wobei hier insbesondere auf die Liquidität der angebotenen Wertpapiere einzugehen ist.[17] Besteht die Gegenleistung in einer Geldleistung, bedarf es einer Stellungnahme bezüglich der Art der Gegenleistung nur in den Ausnahmefällen, in denen für die Wertpapierinhaber der Zielgesellschaft eine Gegenleistung in Aktien attraktiver wäre.[18] Bei der Höhe der Gegenleistung sind der Wert und das Wachstumspotenzial der Zielgesellschaft auf einer sog. *stand-alone*-Basis im Vergleich zu einer erwarteten Wertsteigerung im Falle der Beteiligung oder der Übernahme durch den Bieter darzulegen.[19] Die Bewertung der Zielgesellschaft kann summarisch und durch diese selbst erfolgen, sofern sie hierzu die fachlichen Ressourcen hat. Die ausufernde Praxis, „Fairness Opinions" einzuholen, dürfte – auch unter Kostenaspekten – nur in Ausnahmefällen geboten sein.[20] Bei einem Wertpapiertausch ist auf die Chancen und Risiken der Weiterentwicklung des Unternehmens des Bieters einzugehen.[21] In diesem Zusammenhang steht Vorstand und Aufsichtsrat ein unternehmerisches Ermessen zu.[22]

5   Nach Abs. 1 S. 2 Nr. 2 müssen Vorstand und Aufsichtsrat der Zielgesellschaft in ihrer Stellungnahme auf die voraussichtlichen **Folgen** eines erfolgreichen Angebots für die Zielgesellschaft, die Arbeitnehmer und ihre Vertretungen, die Beschäftigungsbedingungen und die Standorte der Zielgesellschaft eingehen. Als erfolgreiches Angebot ist jedes Angebot zu verstehen, das vollzogen wird und dem Bieter die Möglichkeit der Ausübung unternehmerischen Einflusses und die Durchführung von Strukturmaßnahmen in der Zielgesellschaft einräumt.[23] Von der Beurteilung der Folgen des Angebots kaum zu trennen ist die Einschätzung der vom Bieter mit dem Angebot verfolgten Ziele gemäß Abs. 1 S. 2 Nr. 3. Die Stellungnahme zu den Folgen des Angebots und den Zielen des Bieters stützt sich hauptsächlich auf die in der Angebotsunterlage gemäß § 11 Abs. 2 S. 3 Nr. 2 enthaltenen Angaben des Bieters über seine Strategie.[24] Im Rahmen der Stellungnahme ist darzulegen, inwieweit der Erfolg des Angebots Vorteile oder Nachteile für die Zielgesellschaft nach sich ziehen könnte.[25] Dabei kann es sich lediglich um eine „Plausibilitätskontrolle" der in der Angebotsunterlage enthaltenen Angaben handeln.[26] Die Stellungnahme muss sowohl kollektiv- als auch individualarbeitsrechtliche Folgen des Angebots erläutern und dabei insbesondere auf Mitbestimmungsrechte und Personalmaßnahmen Bezug nehmen.[27]

6   Schließlich müssen die Mitglieder der Verwaltung der Zielgesellschaft, soweit sie Inhaber von Wertpapieren der Gesellschaft sind, gemäß Abs. 1 S. 2 Nr. 4 erklären, ob sie **beabsichtigen das Angebot anzunehmen**. Diese Mitteilungspflicht dient der Glaubhaftigkeit der Stellungnahme, da sie die Ergebnisse der Stellung-

---

[10] *Röh*, in: Haarmann/Schüppen, § 27 Rn 49; *Harbarth*, in: Baums/Thoma, § 27 Rn 82.
[11] *Harbarth*, in: Baums/Thoma, § 27 Rn 85; *Krause/Pötzsch*, in: Assmann/Pötzsch/Schneider, § 27 Rn 92; *Röh*, in: Haarmann/Schüppen, § 27 Rn 49.
[12] Begr. RegE BT-Drucks. 14/7034, S. 52; *Harbarth*, in: Baums/Thoma, § 27 Rn 82; *Krause/Pötzsch*, in: Assmann/Pötzsch/Schneider, § 27 Rn 90; *Röh*, in: Haarmann/Schüppen, § 27 Rn 50.
[13] *Röh*, in: Haarmann/Schüppen, § 27 Rn 50; *Harbarth*, in: Baums/Thoma, § 27 Rn 82.
[14] Begr. RegE BT-Drucks. 14/7034, S. 52.
[15] *Röh*, in: Haarmann/Schüppen, § 27 Rn 54; *Harbarth*, in: Baums/Thoma, § 27 Rn 76.
[16] MüKo-AktG/*Wackerbarth*, § 27 WpÜG Rn 18.
[17] MüKo-AktG/*Wackerbarth*, § 27 WpÜG Rn 19; *Krause/Pötzsch*, in: Assmann/Pötzsch/Schneider, § 27 Rn 62; Köln-Komm-WpÜG/*Hirte*, § 27 Rn 38.
[18] *Krause/Pötzsch*, in: Assmann/Pötzsch/Schneider, § 27 Rn 63; MüKo-AktG/*Wackerbarth*, § 27 WpÜG Rn 19.
[19] *Röh*, in: Haarmann/Schüppen, § 27 Rn 31; MüKo-AktG/*Wackerbarth*, § 27 WpÜG Rn 20.
[20] *Fleischer*, ZIP 2011, 201, 205 ff; *Kossmann*, NGZ 2011, 46, 53.
[21] *Röh*, in: Haarmann/Schüppen, § 27 Rn 31.
[22] OLG Frankfurt v. 22.3.2007 – 12 U 77/06, Rn 52.
[23] *Krause/Pötzsch*, in: Assmann/Pötzsch/Schneider, § 27 Rn 74.
[24] Begr. RegE BT-Drucks. 14/7034, S. 52; *Krause/Pötzsch*, in: Assmann/Pötzsch/Schneider, § 27 Rn 75.
[25] *Krause/Pötzsch*, in: Assmann/Pötzsch/Schneider, § 27 Rn 77.
[26] *Krause/Pötzsch*, in: Assmann/Pötzsch/Schneider, § 27 Rn 75; MüKo-AktG/*Wackerbarth*, § 27 WpÜG Rn 25.
[27] MüKo-AktG/*Wackerbarth*, § 27 WpÜG Rn 27; *Röh*, in: Haarmann/Schüppen, § 27 Rn 39.

nahme entweder unterstreicht oder in Frage stellt.²⁸ Die Mitteilungspflicht begründet jedoch keinen Zwang zu entsprechendem Handeln.²⁹ Ein später von der Mitteilung abweichendes Annahmeverhalten ist allerdings als Indiz für eine unzutreffende Stellungnahme zu bewerten und kann gegebenenfalls haftungsrechtliche Folgen verursachen.³⁰ Bei einer uneinheitlichen Entscheidungsbildung innerhalb der Verwaltung der Zielgesellschaft ist eine individuelle Nennung der jeweiligen Organmitglieder mit dem beabsichtigten Annahme- oder Ablehnungsverhalten erforderlich.³¹

C. Die Stellungnahme von Betriebsrat oder Arbeitnehmern

Abs. 2 sieht eine Verpflichtung für den Vorstand vor, seiner Stellungnahme die Stellungnahme der Arbeitnehmerseite beizufügen, wenn diese, sei es durch den zuständigen Betriebsrat oder unmittelbar durch die Arbeitnehmer, übermittelt worden ist. Diese Verpflichtung trifft nur den Vorstand der Zielgesellschaft, nicht den Aufsichtsrat.³² Eine Verpflichtung des Aufsichtsrats ist jedoch trotz des Wortlauts der Vorschrift in den Fällen denkbar, in denen der Vorstand der Zielgesellschaft selbst als Bieter auftritt.

7

Die Beifügungspflicht des Vorstands wird nur ausgelöst, wenn die Stellungnahme durch den hierfür zuständigen Betriebsrat abgegeben wurde.³³ Die **Zuständigkeit des Betriebsrats** ergibt sich aus den gleichen Grundsätzen wie bei § 10 Abs. 5 S. 2.³⁴ Ist die Zielgesellschaft das herrschende Unternehmen eines Konzerns iS des § 18 AktG, ist der Konzernbetriebsrat zuständig, falls ein solcher errichtet wurde. Anderenfalls ist der Gesamtbetriebsrat bzw der Betriebsrat zuständig, falls ein Gesamtbetriebsrat nicht eingerichtet wurde.³⁵ Stammt die Stellungnahme von einem unzuständigen Betriebsrat, kann sie aber als eine Stellungnahme der Arbeitnehmer zu werten sein.

8

Besteht kein Betriebsrat bei der Zielgesellschaft, haben die Arbeitnehmer unmittelbar ein Recht zur Abgabe einer Stellungnahme. Da das Gesetz keine Koordinationspflicht der Arbeitnehmer vorschreibt, ist der Vorstand grundsätzlich zur Beifügung aller Stellungnahmen verpflichtet.³⁶ Im Falle einer unüberschaubaren Anzahl von Stellungnahmen dürfte es zum Zwecke der Übersichtlichkeit und Aussagekräftigkeit zulässig sein, Stellungnahmen von Arbeitnehmern mit gleichen Inhalten zusammenzufassen.³⁷

9

Die Stellungnahme der Arbeitnehmerseite sollte schriftlich erfolgen. Da der Vorstand seinerseits zur unverzüglichen Veröffentlichung seiner Stellungnahme verpflichtet ist, empfiehlt es sich, die Arbeitnehmerseite schon mit der Übermittlung der Angebotsunterlage gemäß § 14 Abs. 4 S. 2 zur Abgabe ihrer Stellungnahme aufzufordern.³⁸

10

D. Verfahren

Eine unverzügliche Veröffentlichung der Stellungnahme iS des Abs. 3 S. 1 ist eine Veröffentlichung ohne schuldhaftes Zögern iS des § 121 Abs. 1 S. 1 BGB.³⁹ Die Verwaltungsorgane und die Arbeitnehmerseite müssen jedoch ausreichend Zeit haben, die Angebotsunterlage zu prüfen und notwendige Informationen einzuholen. Grundsätzlich beträgt die Frist für die Abgabe der Stellungnahme zwei Wochen nach Übermittlung der Angebotsunterlage.⁴⁰ In besonders eilbedürftigen Fällen kommt auch eine kürzere Zeitspanne in Betracht.⁴¹ Da Umfang und Komplexität von Angebot zu Angebot variieren können, ist in ganz seltenen Ausnahmefällen bei Vorliegen ganz besonderer Umstände und Erschwernisse eine spätere Veröffentlichung der Stellungnahme zulässig,⁴² solange diese ohne schuldhaftes Verzögern erfolgt.⁴³ Jedoch muss die Veröffentlichung rechtzeitig vor Ablauf der Angebotsfrist erfolgen, damit gewährleistet ist, dass Wertpapierinhaber die Stellungnahme bei ihrer Entscheidung, ob sie das Angebot annehmen oder nicht berücksichtigen können.⁴⁴

11

---

28 MüKo-AktG/*Wackerbarth*, § 27 WpÜG Rn 28; KölnKomm-WpÜG/*Hirte*, § 27 Rn 45.
29 KölnKomm-WpÜG/*Hirte*, § 27 Rn 48; MüKo-AktG/*Wackerbarth*, § 27 WpÜG Rn 28.
30 KölnKomm-WpÜG/*Hirte*, § 27 Rn 48.
31 *Röh*, in: Haarmann/Schüppen, § 27 Rn 42; *Harbarth*, in: Baums/Thoma, § 27 Rn 60.
32 *Röh*, in: Haarmann/Schüppen, § 27 Rn 71; *Harbarth*, in: Baums/Thoma, § 27 Rn 110.
33 *Röh*, in: Haarmann/Schüppen, § 27 Rn 66; *Krause/Pötzsch*, in: Assmann/Pötzsch/Schneider, § 27 Rn 112.
34 Begr. RegE BT-Drucks. 14/7034, S. 52.
35 *Röh*, in: Haarmann/Schüppen, § 27 Rn 66.
36 *Röh*, in: Haarmann/Schüppen, § 27 Rn 70.
37 Ähnlich: *Harbarth*, in: Baums/Thoma, § 27 Rn 102. AA, eine Koordinierungspflicht der Arbeitnehmer bejahend: MüKo-AktG/*Wackerbarth*, § 27 WpÜG Rn 34; *Krause/Pötzsch*, in: Assmann/Pötzsch/Schneider, § 27 Rn 114; KölnKomm-WpÜG/*Hirte*, § 27 Rn 59.
38 MüKo-AktG/*Wackerbarth*, § 27 WpÜG Rn 37.
39 MüKo-AktG/*Wackerbarth*, § 27 WpÜG Rn 38; *Röh*, in: Haarmann/Schüppen, § 27 Rn 77.
40 OLG Frankfurt ZIP 2006, 428; *Röh*, in: Haarmann/Schüppen, § 27 Rn 77; *Krause/Pötzsch*, in: Assmann/Pötzsch/Schneider, § 27 Rn 125; *Harbarth*, in: Baums/Thoma, § 27 Rn 121; KölnKomm-WpÜG/*Hirte*, § 27 Rn 67.
41 OLG Frankfurt ZIP 2006, 428.
42 OLG Frankfurt ZIP 2006, 428.
43 So auch KölnKomm-WpÜG/*Hirte*, § 27 Rn 67; *Krause/Pötzsch*, in: Assmann/Pötzsch/Schneider, § 27 Rn 125.
44 *Harbarth*, in: Baums/Thoma, § 27 Rn 121.

12 Die Stellungnahme ist gemäß § 14 Abs. 3 S. 1 in gleicher Weise wie die Angebotsunterlage zu veröffentlichen (Abs. 3 S. 1). Gleichzeitig mit der Veröffentlichung hat eine Übermittlung an die Arbeitnehmerseite zu erfolgen (Abs. 3 S. 2). Schließlich haben Vorstand und Aufsichtsrat der Zielgesellschaft unverzüglich gemäß § 14 Abs. 3 S. 1 Nr. 2 der BaFin die Veröffentlichung mitzuteilen (Abs. 3 S. 3).

E. Haftung bei fehlerhafter Stellungnahme

13 Eine Haftung der Vorstandsmitglieder und der Aufsichtsratsmitglieder gegenüber der **Zielgesellschaft** kommt grundsätzlich aus § 93 Abs. 2 AktG bzw §§ 93 Abs. 2 iVm 116 S. 1 AktG in Betracht. Insoweit dürfte es jedoch regelmäßig an einem eigenen **Schaden der Gesellschaft** fehlen.[45] Da im Falle einer fehlerhaften Stellungnahme für eine Haftung der Mitglieder der Verwaltungsorgane der Zielgesellschaft gegenüber den Aktionären eine mit § 12 vergleichbare Regelung fehlt,[46] richtet sich die Haftung nach den allgemeinen Regeln. In Betracht kommt eine Haftung gemäß § 823 Abs. 2 BGB iVm §§ 263, 266 StGB oder § 400 Abs. 1 AktG, sowie nach § 826 BGB und nach § 117 AktG.[47] Eine Haftung der Verwaltungsorgane der Zielgesellschaft gegenüber dem **Bieter** ist auf Ansprüche aus § 826 BGB beschränkt.[48] Die Zielgesellschaft muss sich ein deliktisches Fehlverhalten ihrer Organe gegenüber ihren Aktionären gemäß § 31 BGB zurechnen lassen.[49] Darüber hinaus ist ein eigener, vom Verlust der Gesellschaft unabhängiger Vermögensverlust des Aktionärs erforderlich.[50] Eine Haftung des Betriebsrats bzw der Arbeitnehmer für ihre Stellungnahme ist auf die Fälle des § 826 BGB und des § 117 AktG beschränkt.[51]

F. Rechtsfolgen bei Verstoß

14 Der vorsätzliche oder fahrlässige Verstoß gegen Abs. 3 S. 1 begründet eine Ordnungswidrigkeit, die mit einer Geldbuße von bis zu 500.000 EUR geahndet werden kann (§ 60 Abs. 1 Nr. 1 lit. b, Abs. 3). Verstöße gegen Abs. 3 S. 2 und S. 3 können jeweils eine Geldbuße von bis zu 200.000 EUR nach sich ziehen (§ 60 Abs. 1 Nr. 2 lit. c, Abs. 3 und § 60 Abs. 1 Nr. 5, Abs. 3).

§ 28 Werbung

(1) Um Missständen bei der Werbung im Zusammenhang mit Angeboten zum Erwerb von Wertpapieren zu begegnen, kann die Bundesanstalt bestimmte Arten der Werbung untersagen.

(2) Vor allgemeinen Maßnahmen nach Absatz 1 ist der Beirat zu hören.

A. Einführung	1	IV. Missstand	8
B. Anwendungsbereich	2	C. Untersagung	11
I. Adressaten	2	D. Anhörung des Beirats bei allgemeinen Maßnahmen (Abs. 2)	12
II. Werbung	3	E. Weitere Rechtsfolgen bei Verstoß	13
III. Im Zusammenhang mit Angeboten zum Erwerb von Wertpapieren	6	F. Verhältnis zu anderen Vorschriften	16

A. Einführung

1 Die Regelung ist den Vorschriften der § 23 KWG und § 36 b WpHG nachgebildet.[1] § 28 enthält keine Legaldefinition des Begriffs Werbung und geht von deren grundsätzlicher Zulässigkeit im Rahmen von Angebotsverfahren aus. Die Vorschrift ist eine Konkretisierung der allgemeinen Missbrauchsaufsicht des § 4 Abs. 1 S. 3.[2]

---

45 *Krause/Pötzsch*, in: Assmann/Pötzsch/Schneider, § 27 Rn 155, 160; *Röh*, in: Haarmann/Schüppen, § 27 Rn 84.
46 Zur Frage der analogen Anwendung vgl *Harbarth*, in: Baums/Thoma, § 27 Rn 135, der diese richtigerweise aber im Erg. ablehnt.
47 *Harbarth*, in: Baums/Thoma, § 27 Rn 133 ff. Umstritten ist, ob daneben auch eine zivilrechtliche Prospekthaftung besteht und ob § 27 WpÜG ein Schutzgesetz iS des, § 823 Abs. 2 BGB ist. Eine solche Haftung wäre aber wohl zu weitgehend. Jeweils bejahend: *Röh*, in: Haarmann/Schüppen, § 27 Rn 85 ff, 92 ff mwN, und jeweils ablehnend: *Krause/Pötzsch*, in: Assmann/Pötzsch/Schneider, § 27 Rn 144 ff, 150 ff mwN.
48 *Röh*, in: Haarmann/Schüppen, § 27 Rn 94; *Krause/Pötzsch*, in: Assmann/Pötzsch/Schneider, § 27 Rn 157.
49 *Harbarth*, in: Baums/Thoma, § 27 Rn 161.
50 *Röh*, in: Haarmann/Schüppen, § 27 Rn 96; *Krause/Pötzsch*, in: Assmann/Pötzsch/Schneider, § 27 Rn 162.
51 *Röh*, in: Haarmann/Schüppen, § 27 Rn 97; weiter: *Harbarth*, in: Baums/Thoma, § 27 Rn 162 ff, der darüber hinaus eine Haftung aus § 823 Abs. 1 BGB sowie aus § 823 Abs. 2 BGB iVm einem Schutzgesetz bejaht.

1 Begr. RegE BT-Drucks. 14/7034, S. 53.
2 *Assmann*, in: Assmann/Pötzsch/Schneider, § 28 Rn 3; *Schulz*, in: Ehricke/Ekkenga/Oechsler, § 28 Rn 1.

B. Anwendungsbereich

I. Adressaten. Abs. 1 ermöglicht die Untersagung von Werbemaßnahmen der Zielgesellschaft, des Bieters und mit dem Bieter gemeinsam handelnden Personen iS des § 2 Abs. 5.[3] Ebenso ist Werbung von mit der Zielgesellschaft gemeinsam handelnden Personen, zB von sog. weißen Rittern oder verbundenen Unternehmen, erfasst.[4] Ferner kann auch Werbung untersagt werden, die von einem Dritten stammt, der weder mit dem Bieter noch mit der Zielgesellschaft gemeinsam handelt.[5]

II. Werbung. Werbung umfasst jeden planvollen Einsatz von Kommunikationsmitteln und die Darbietung von Botschaften mit dem Ziel, die Entscheidung der Adressaten (hier: der Wertpapierinhaber der Zielgesellschaft) über die Annahme oder Ablehnung eines Angebots zu **beeinflussen**.[6] Typische Werbemittel sind insbesondere Mailings über die Depotbank, Zeitungsannoncen, Prospekte, Fernseh- und Rundfunkspots, Plakate, Werbebanner im Internet oder bei öffentlichen Veranstaltungen sowie Werbehinweise durch Telefonanrufe oder via E-Mail.[7] Unter Werbung fallen zudem nach hM sonstige Formen der öffentlichen Kapitalmarktkommunikation, wie zB Presse- und Analystenkonferenzen sowie die an einen begrenzten Adressatenkreis gerichteten sog. *road-shows*.[8]

Keine Werbung iS des § 28 sind Veröffentlichungen oder Äußerungen, die der **bloßen Informationsvermittlung** dienen, dh die keine Absicht erkennen lassen, Aktionäre zur Annahme oder Ablehnung des Angebots zu bewegen.[9]

Der Inhalt der Angebotsunterlage des Bieters gemäß § 11 und der Stellungnahme der Organe der Zielgesellschaft gemäß § 27 können der Untersagungsbefugnis der BaFin gemäß § 28 unterliegen.[10] Zwar stellen diese Veröffentlichungen keine explizite Werbung dar, sondern gesetzlich vorgeschriebene Formen der Kommunikation, die primär der Informationsvermittlung dienen und die aus diesem Grund nicht gänzlich untersagt werden können. Sie sind jedoch grundsätzlich geeignet, die Entscheidung der Wertpapierinhaber zu beeinflussen, weshalb ihr Inhalt einer Überprüfung durch die BaFin nach § 28 zugänglich ist.[11] Angebotsunterlage und Stellungnahme der Zielgesellschaft dürfen keine unzulässigen Äußerungen enthalten, die den in §§ 11, 27 festgesetzten Rahmen des Inhalts dieser Veröffentlichungen überschreiten.[12] Bei Überschreitung dieser Grenzen ist § 28 anwendbar.[13]

III. Im Zusammenhang mit Angeboten zum Erwerb von Wertpapieren. Um einen Zusammenhang mit Erwerbsangeboten herzustellen, muss die Werbung äußerlich und inhaltlich einen **Bezug zum Angebotsverfahren** aufweisen. Dies ist der Fall, wenn der Werbeadressat durch die Werbung zu einer Entscheidung über das Angebot bewegt werden soll.[14] Angebote iS des Abs. 1 sind einfache Erwerbs-, Übernahme- und Pflichtangebote.[15] Erfasst werden sowohl feindliche als auch freundliche Angebote. Denn auch oder gerade

---

3 MüKo-AktG/*Wackerbarth*, § 28 WpÜG Rn 1; *Röh*, in: Haarmann/Schüppen, § 28 Rn 12.
4 *Röh*, in: Haarmann/Schüppen, § 28 Rn 12; KölnKomm-WpÜG/*Hirte*, § 28 Rn 18.
5 *Röh*, in: Haarmann/Schüppen, § 28 Rn 13; KölnKomm-WpÜG/*Hirte*, § 28 Rn 18; *Harbarth*, in: Baums/Thoma, § 28 Rn 55; *Assmann*, in: Assmann/Pötzsch/Schneider, § 28 Rn 6. Einschränkend hierzu *Schulz*, in: Ehricke/Ekkenga/Oechsler, § 28 Rn 5, wonach ein geschäftliches oder kapitalmarktliches Interesse des Dritten notwendig sei und somit rein politisch motivierte Sympathiewerbung Dritter vom Anwendungsbereich des § 28 WpÜG auszuschließen sei.
6 So die hM mit verschiedenen Formulierungen: MüKo-AktG/*Wackerbarth*, § 28 WpÜG Rn 4; *Röh*, in: Haarmann/Schüppen, § 28 Rn 8; *Assmann*, in: Assmann/Pötzsch/Schneider, § 28 Rn 8; *Schulz*, in: Ehricke/Ekkenga/Oechsler, § 28 Rn 4.
7 MüKo-AktG/*Wackerbarth*, § 28 WpÜG Rn 4; *Assmann*, in: Assmann/Pötzsch/Schneider, § 28 Rn 8.
8 MüKo-AktG/*Wackerbarth*, § 28 WpÜG Rn 11; *Assmann*, in: Assmann/Pötzsch/Schneider, § 28 Rn 11; *Harbarth*, in: Baums/Thoma, § 28 Rn 20 und 35; *Schulz*, in: Ehricke/Ekkenga/Oechsler, § 28 Rn 4. Im Erg. so auch *Röh*, in: Haarmann/Schüppen, § 28 Rn 8 und 10, aber mit der Einschränkung, dass bei *road shows* die Präsentation nicht die bloße Wiedergabe der Angebotsunterlage oder der Stellungnahme sein dürfe, was aber regelmäßig nicht der Fall sein dürfte. AA: *Schwennicke*, in: Geibel/Süßmann, § 28 Rn 10; KölnKomm-WpÜG/*Hirte*, § 28 Rn 22, mit der Begründung, dass es bei *roadshows* an der notwendigen Intensität und somit an einem Missstand fehle.
9 MüKo-AktG/*Wackerbarth*, § 28 WpÜG Rn 5; *Röh*, in: Haarmann/Schüppen, § 28 Rn 9; *Harbarth*, in: Baums/Thoma, § 28 Rn 18.
10 MüKo-AktG/*Wackerbarth*, § 28 WpÜG Rn 6, 10; hinsichtlich der Stellungnahme nach § 27 WpÜG zustimmend: KölnKomm-WpÜG/*Hirte*, § 28 Rn 20; *Schulz*, in: Ehricke/Ekkenga/Oechsler, § 28 Rn 6. AA: *Schwennicke*, in: Geibel/Süßmann, § 28 Rn 9, 10.
11 MüKo-AktG/*Wackerbarth*, § 28 WpÜG Rn 6. AA iE *Harbarth*, in: Baums/Thoma, § 28 Rn 17, wonach lediglich zur Beeinflussung geeignete Maßnahmen aufgrund der mangelnden Steuerungsabsicht keine Werbung iSd § 28 WpÜG darstellen und deshalb nicht gemäß § 28 Abs. 1 WpÜG untersagt werden dürfen, aber aufgrund ihrer dennoch vorhandenen Beeinflussungswirkung nach der BaFin nach § 4 Abs. 1 WpÜG beanstandet werden könnten.
12 MüKo-AktG/*Wackerbarth*, § 28 WpÜG Rn 10; ebenso hinsichtlich der Stellungnahme der Zielgesellschaft: KölnKomm-WpÜG/*Hirte*, § 28 Rn 20; *Schulz*, in: Ehricke/Ekkenga/Oechsler, § 28 Rn 6.
13 MüKo-AktG/*Wackerbarth*, § 28 WpÜG Rn 10; *Krause/Pötzsch*, in: Assmann/Pötzsch/Schneider, § 27 Rn 15; *Röh*, in: Haarmann/Schüppen, § 28 Rn 9, Fn 14 iVm; § 27 Rn 57. Differenzierend: *Harbarth*, in: Baums/Thoma, § 28 Rn 24, wonach eine Untersagung gemäß § 28 Abs. 1 WpÜG nur für den Fall mehrfacher Stellungnahmen in Betracht komme, da diese in diesem Fall einer Werbekampagne gleich kämen. Hinsichtlich der ersten Stellungnahme sei aber davon auszugehen, dass diese der Information der Wertpapierinhaber diene und keine Werbung darstelle. Etwaige Missstände könnten aber gemäß § 4 Abs. 1 WpÜG beanstandet werden.
14 *Harbarth*, in: Baums/Thoma, § 28 Rn 16.
15 *Schulz*, in: Ehricke/Ekkenga/Oechsler, § 28 Rn 7.

im Rahmen von freundlichen Angeboten dürfen die Wertpapierinhaber nicht in unzulässiger Weise beeinflusst werden, zumal es bei freundlichen Angeboten an einer gegenteiligen oder kritischen Bewertung des Angebots fehlt.[16]

7 Nicht im Zusammenhang mit einem Angebot stehende Werbung ist zB die laufende Werbung eines Unternehmens für seine Produkte und Dienstleistungen im Rahmen des gewöhnlichen Geschäftsbetriebs.[17] Auch Veröffentlichungen, die eine Gesellschaft zur Erfüllung ihrer gesetzlichen Verpflichtungen (zB Offenlegung des Jahresabschlusses gemäß § 325 Abs. 1 HGB), wegen aufgrund ihrer Börsennotierung bestehender Berichtspflichten oder infolge behördlicher oder gerichtlicher Anordnungen tätigt, sind keine Werbung iS des § 28.[18]

8 **IV. Missstand.** Die BaFin kann nur bestimmte Arten von Werbung untersagen, um Missständen zu begegnen. Die von § 28 Abs. 1 geschützten Rechtsgüter sind die in § 3 normierten Grundsätze sowie die Schutzgüter des § 4 Abs. 1 S. 2, da die Untersagungsbefugnis der BaFin nach § 28 Abs. 1 eine Konkretisierung der Missbrauchsaufsicht des § 4 Abs. 1 S. 3 darstellt.[19] Eine Werbemaßnahme begründet einen Missstand, wenn sie die ordnungsgemäße Durchführung des Angebotsverfahrens beeinträchtigen oder erhebliche Nachteile für den Wertpapiermarkt verursachen kann.[20] Die ordnungsgemäße Durchführung des Angebotsverfahrens ist beeinträchtigt, wenn eine sachliche und informierte Entscheidung des Wertpapierinhabers über das Angebot aufgrund der Werbemaßnahmen erheblich erschwert wird.[21]

9 Dabei ist es nicht erforderlich, dass bereits Missstände eingetreten sind, da **auch vorbeugende Maßnahmen** zulässig sind.[22] In diesem Falle muss die BaFin jedoch eine Gefährdung nachweisen.[23] Der Missstand kann sich aus dem **Inhalt** der Werbung, der **Art der Darstellung**, den **eingesetzten Medien** oder dem **Umfang** der Werbemaßnahme ergeben.[24] Als Missstand ist auch Werbung zu betrachten, die zur Irreführung oder Täuschung der Wertpapierinhaber bestimmt ist oder rufschädigende Äußerungen enthält, einschließlich des sog. *mudsliding*, bei dem der Bieter durch die Veröffentlichung seiner Absichten in Bezug auf die Zielgesellschaft den Wertpapierinhabern einen Verbleib in der Gesellschaft unattraktiv erscheinen lassen will (Inhalt).[25] Rein suggestive Werbung ohne Informationsgehalt oder sachlichen Inhalt kann einen Missstand darstellen, wenn sie geeignet ist, sachliche Gesichtspunkte bei der Entscheidung der Wertpapierinhaber in den Hintergrund zu drängen, zB wenn sie zu einer angstmotivierten Entscheidung führen kann (Art der Darstellung).[26] Unzulässig kann Werbung über Telefonanrufe, Telefaxe oder E-Mails sein, sofern diese Werbung eine gewisse Intensität erreicht (eingesetzte Medien).[27] Der Umfang der Werbung kann dann einen Missstand darstellen, wenn er Ausmaße erreicht, die eine Dauersuggestion der Wertpapierinhaber bewirken oder die Waffengleichheit zwischen Bieter und Zielgesellschaft gefährden.[28]

10 Um die Unzulässigkeit einer Werbemaßnahme zu begründen, muss der Missstand eine gewisse **Intensität** aufweisen.[29] Bei der Bewertung des potenziellen Missstands ist zu unterscheiden, ob die Werbemaßnahme an die breite Öffentlichkeit oder an einen professionellen Anlegerkreis gerichtet ist. Da die Schutzbedürftigkeit bei professionellen Adressaten geringer einzuschätzen ist, muss die Schwelle für die Annahme eines Missstandes in diesem Fall höher liegen.[30] Ein Verstoß gegen das UWG ist nicht Voraussetzung für die Annahme eines Missstandes, jedoch indiziert er einen solchen.[31]

C. Untersagung

11 Die Entscheidung über die Untersagung einer Werbemaßnahme steht im **Ermessen** der BaFin. Da die Untersagung ein Verwaltungsakt iS des § 35 VwVfG ist, müssen die verwaltungsrechtlichen Grundsätze beachtet

---

16 MüKo-AktG/*Wackerbarth*, § 28 WpÜG Rn 7; KölnKomm-WpÜG/*Hirte*, § 28 Rn 16.
17 MüKo-AktG/*Wackerbarth*, § 28 WpÜG Rn 8.
18 KölnKomm-WpÜG/*Hirte*, § 28 Rn 19; *Harbarth*, in: Baums/Thoma, § 28 Rn 21; MüKo-AktG/*Wackerbarth*, § 28 WpÜG Rn 8.
19 *Harbarth*, in: Baums/Thoma, § 28 Rn 30 ff; MüKo-AktG/*Wackerbarth*, § 28 WpÜG Rn 12.
20 *Röh*, in: Haarmann/Schüppen, § 28 Rn 15; *Assmann*, in: Assmann/Pötzsch/Schneider, § 28 Rn 14.
21 *Harbarth*, in: Baums/Thoma, § 28 Rn 33; KölnKomm-WpÜG/*Hirte*, § 28 Rn 22.
22 Begr. RegE BT-Drucks. 14/7034, S. 52.
23 KölnKomm-WpÜG/*Hirte*, § 28 Rn 21.
24 MüKo-AktG/*Wackerbarth*, § 28 WpÜG Rn 13; KölnKomm-WpÜG/*Hirte*, § 28 Rn 22.
25 *Harbarth*, in: Baums/Thoma, § 28 Rn 45; *Röh*, in: Haarmann/Schüppen, § 28 Rn 16.
26 *Harbarth*, in: Baums/Thoma, § 28 Rn 44; *Röh*, in: Haarmann/Schüppen, § 28 Rn 16; KölnKomm-WpÜG/*Hirte*, § 28 Rn 22.
27 MüKo-AktG/*Wackerbarth*, § 28 WpÜG Rn 15; KölnKomm-WpÜG/*Hirte*, § 28 Rn 22.
28 *Harbarth*, in: Baums/Thoma, § 28 Rn 47; KölnKomm-WpÜG/*Hirte*, § 28 Rn 27.
29 KölnKomm-WpÜG/*Hirte*, § 28 Rn 22; MüKo-AktG/*Wackerbarth*, § 28 WpÜG Rn 13.
30 *Röh*, in: Haarmann/Schüppen, § 28 Rn 17.
31 MüKo-AktG/*Wackerbarth*, § 28 WpÜG Rn 13; wohl auch KölnKomm-WpÜG/*Hirte*, § 28 Rn 22 und *Röh*, in: Haarmann/Schüppen, § 28 Rn 16, wonach ein Missstand bei einem Verstoß gegen das UWG grundsätzlich zu bejahen sei. AA: *Harbarth*, in: Baums/Thoma, § 28 Rn 37; *Assmann*, in: Assmann/Pötzsch/Schneider, § 28 Rn 13, wonach ein Verstoß gegen das UWG als Aufgreiftatbestand oder Indiz gelten könne, jedoch nicht *per se* einen Missstand iSd § 28 Abs. 1 WpÜG bedeute.

werden, jedoch unter Berücksichtigung der spezielleren Regelungen des sechsten Abschnitts des WpÜG über das Verfahren (zB Regelungen über den Widerspruch oder die (fehlende) aufschiebende Wirkung eines solchen Rechtsbehelfs).[32] Die Untersagungsbefugnis erstreckt sich sowohl auf das Verbot einzelner Maßnahmen als auch im Rahmen eines generellen Vorgehens auf bestimmte Werbearten.[33] Die Untersagung kann dementsprechend im Wege der Einzelverfügung gemäß § 35 S. 1 VwVfG oder der Allgemeinverfügung gemäß § 35 S. 2 VwVfG ergehen.[34]

D. Anhörung des Beirats bei allgemeinen Maßnahmen (Abs. 2)

Vor allgemeinen Maßnahmen ist gemäß Abs. 2 der Beirat zu hören. Die Anhörung des nach § 5 gebildeten Beirats dient der Überprüfung der Entscheidung der BaFin, insbesondere im Rahmen von allgemeinen Untersagungsverfügungen, die weit reichende Wirkungen haben können.[35] Als allgemeine Maßnahmen iS des Abs. 2 kommen Allgemeinverfügungen gemäß § 35 S. 2 VwVfG in Betracht sowie Bekanntmachungen über die künftige Verwaltungspraxis der Behörde, die keine Verwaltungsakte sondern schlichthoheitliche Mitteilungen sind.[36] An den Rat oder Beschluss des Beirats ist die BaFin nicht gebunden.[37] Allerdings führt eine unterbliebene Anhörung des Beirats zur Rechtswidrigkeit der Untersagung und zu deren Anfechtbarkeit im Wege der Beschwerde gemäß § 48.[38]

E. Weitere Rechtsfolgen bei Verstoß

Gemäß § 60 Abs. 2 Nr. 1, Abs. 3 kann ein vorsätzlicher oder fahrlässiger Verstoß gegen eine vollziehbare Untersagungsverfügung der BaFin mit einer Geldbuße von bis zu 200.000 EUR geahndet werden. Da § 28 keine Haftungsregelung beinhaltet, sind die allgemeinen zivilrechtlichen Grundsätze anzuwenden.[39] Mangels individualschützenden Charakters stellt § 28 kein Schutzgesetz iS des § 823 Abs. 2 BGB dar. Als solche Schutzgesetze kommen indes § 266 StGB und § 400 Abs. 1 Nr. 1 AktG in Betracht. Ansprüche der Wertpapierinhaber der Zielgesellschaft gegenüber dem Vorstand der Zielgesellschaft können sich aus § 826 BGB sowie aus § 823 Abs. 2 BGB iVm den vorgenannten Schutzgesetzen ergeben.[40] Ansprüche der Zielgesellschaft gegen ihren Vorstand stützen sich auf § 93 Abs. 2 AktG. Eine Haftung des Vorstands der Zielgesellschaft gegenüber dem Bieter kann sich nur aus § 826 BGB ergeben, da die § 266 StGB und § 400 Abs. 1 Nr. 1 AktG keine Schutzgesetze zugunsten des Bieters sind.[41] Ist der Aufsichtsrat an Werbemaßnahmen beteiligt, haftet er gegenüber den Wertpapierinhabern der Zielgesellschaft und dem Bieter wie der Vorstand und gegenüber der Zielgesellschaft selbst gemäß §§ 116 iVm 93 Abs. 2 AktG. Zudem kommt eine Haftung von Vorstand und Aufsichtsrat gemäß § 117 AktG in Betracht.[42] Gegen unzulässige Werbemaßnahmen des Bieters oder eines Dritten können Ansprüche seitens der Zielgesellschaft und ihrer Aktionäre gemäß § 826 BGB oder § 823 Abs. 2 BGB iVm § 263 StGB bestehen.[43]

F. Verhältnis zu anderen Vorschriften

Die Vorschriften des UWG – insbesondere §§ 1 und 3 UWG – sind neben § 28 anwendbar. Neben Bieter und Drittem (zB ein konkurrierender Bieter als weißer Ritter), können im Falle eines feindlichen Übernahmeangebots Bieter, und Zielgesellschaft als Mitbewerber iS des § 2 Abs. 1 Nr. 3 UWG betrachtet werden.

---

32 *Röh*, in: Haarmann/Schüppen, § 28 Rn 19; MüKo-AktG/*Wackerbarth*, § 28 WpÜG Rn 17.
33 Begr. RegE BT-Drucks. 14/7034, S. 52; *Röh*, in: Haarmann/Schüppen, § 28 Rn 19; *Harbarth*, in: Baums/Thoma, § 28 Rn 54.
34 *Harbarth*, in: Baums/Thoma, § 28 Rn 57; MüKo-AktG/*Wackerbarth*, § 28 WpÜG Rn 16; KölnKomm-WpÜG/*Hirte*, § 28 Rn 25, 26. Einschränkend hierzu *Röh*, in: Haarmann/Schüppen, § 28 Rn 20, wonach Allgemeinverfügungen aufgrund des begrenzten Adressatenkreises nur theoretisch in Betracht kommen sollen. AA: *Schulz*, in: Ehricke/Ekkenga/Oechsler, § 28 Rn 19, wonach Untersagungen praktisch nur im Wege der Einzelverfügung ergehen können, weil Gegenstand einer Untersagung nur kurzfristige Einzelaktionen sein könnten.
35 MüKo-AktG/*Wackerbarth*, § 28 WpÜG Rn 19.
36 KölnKomm-WpÜG/*Hirte*, § 28 Rn 30; *Röh*, in: Haarmann/Schüppen, § 28 Rn 21; *Harbarth*, in: Baums/Thoma, § 28 Rn 61. AA: *Schulz*, in: Ehricke/Ekkenga/Oechsler, § 28 Rn 20, wonach es für Untersagungen nicht der Allgemeinverfügung bedürfe, weil entweder der Adressatenkreis bekannt sei und somit eine Allgemeinverfügung entbehrlich sei, oder der Adressatenkreis nicht bestimmbar sei und diese Verfügung sodann in rechtswidriger Art und Weise die Gestalt einer Rechtsnorm annehme.
37 *Assmann*, in: Assmann/Pötzsch/Schneider, § 28 Rn 24.
38 *Röh*, in: Haarmann/Schüppen, § 28 Rn 28; *Harbarth*, in: Baums/Thoma, § 28 Rn 67; KölnKomm-WpÜG/*Hirte*, § 28 Rn 31; MüKo-AktG/*Wackerbarth*, § 28 WpÜG Rn 19, jedoch für eine Anfechtbarkeit im Wege der Anfechtungsklage gemäß § 42 VwGO. AA: *Assmann*, in: Assmann/Pötzsch/Schneider, § 28 Rn 24, wonach die Untersagung trotz fehlender Anhörung des Beirats wirksam bleibe.
39 *Harbarth*, in: Baums/Thoma, § 28 Rn 69; *Röh*, in: Haarmann/Schüppen, § 28 Rn 24.
40 *Harbarth*, in: Baums/Thoma, § 28 Rn 71; *Röh*, in: Haarmann/Schüppen, § 28 Rn 24.
41 *Harbarth*, in: Baums/Thoma, § 28 Rn 77.
42 *Harbarth*, in: Baums/Thoma, § 28 Rn 78.
43 *Harbarth*, in: Baums/Thoma, § 28 Rn 82 f.

Somit können auch Werbemaßnahmen „zwischen" Bieter und Zielgesellschaft den Tatbestand des Verbots der unlauteren geschäftlichen Handlungen gemäß § 3 UWG erfüllen.[44] §§ 34b, 36b WpHG und § 23 KWG sind, wenn überhaupt, nur insoweit neben § 28 anwendbar, als sie Werbemaßnahmen betreffen, die nicht im Zusammenhang mit einem öffentlichen Erwerbsangebotstehen. Insofern ist § 28 *lex specialis*.[45]

Abschnitt 4
Übernahmeangebote

§ 29 Begriffsbestimmungen

(1) Übernahmeangebote sind Angebote, die auf den Erwerb der Kontrolle gerichtet sind.

(2) Kontrolle ist das Halten von mindestens 30 Prozent der Stimmrechte an der Zielgesellschaft.

A. „Übernahmeangebote" (Abs. 1)

1 In Abs. 1 wird mit dem Übernahmeangebot eine der wichtigsten Form aller im Gesetz behandelten Angebote zum Erwerb von Aktien beschrieben. Übernahmeangebote sind darauf gerichtet, die Kontrolle über eine Zielgesellschaft zu erlangen. Entscheidend für das Verständnis des Abs. 1 ist, dass Übernahmeangebote gegenüber dem Pflichtangebot privilegiert werden. Ein Übernahmeangebot kann nämlich über Bedingungen (§§ 18, 34) eingeschränkt werden und befreit bei erfolgreicher Erlangung der Kontrolle durch das Übernahmeangebot von einem Pflichtangebot (§ 35 Abs. 3). Das Pflichtangebot muss dagegen grundsätzlich unbedingt abgegeben werden (Ausnahme: zB Kartellbedingungen, banken-, versicherungs- oder medienaufsichtsrechtliche Genehmigungen).
Die Regelungen zum Übernahmeangebot sind nur anwendbar, wenn die Kontrolle durch ein Angebot im Sinne von § 2 Abs. 1 erworben werden soll. Wer die Kontrolle anderweitig erlangt, muss ein Pflichtangebot (§ 35) abgeben oder sich durch die Bundesanstalt von dieser Pflicht befreien lassen (§§ 36, 37). Weil ein Übernahmeangebot auf den Erwerb der Kontrolle gerichtet ist, kann ein solches Angebot auch dann nicht vorliegen, wenn die Kontrolle schon besteht.[1] Sollen dann im Rahmen eines „Aufstockungsangebots" weitere Aktien erworben werden, sind lediglich die Regeln des 3. Abschnitts anzuwenden.

B. „Kontrolle" (Abs. 2)

2 Kontrolle wird in Abs. 2 als das Halten von mindestens 30 % der Stimmrechte an einer Zielgesellschaft legal definiert. Die Norm ist für Übernahme- und Pflichtangebote (§ 39) maßgeblich. Bei der Festlegung der 30%-Schwelle hat sich der Gesetzgeber einerseits an Regelungen anderer europäischer Staaten orientiert, andererseits aber auch die Präsenz auf Hauptversammlungen berücksichtigt, welche typischerweise unter 60 % der Stimmrechte liegt.[2] Die Einführung dieses pauschalen Kriteriums liegt im Interesse der Rechtssicherheit.[3]
Abs. 2 liegt ein **formaler Kontrollbegriff** zugrunde,[4] dh besondere Umstände oder Absichten hinsichtlich der Kontrollausübung sind erst im Rahmen des § 37 (auch iVm §§ 8 ff. WpÜG-AngVO) zu berücksichtigen. Das Halten der Stimmrechte setzt voraus, dass der Bieter Eigentümer der Aktien und somit Aktionär der Zielgesellschaft ist; eine Mindestdauer der Aktionärsstellung ist nicht erforderlich.[5] Im Rahmen des Abs. 2 werden auch Stimmrechte Dritter berücksichtigt, die dem Bieter gemäß § 30 zuzurechnen sind. Hypothetische Stimmrechte aus Instrumenten, welche nach §§ 25, 25a WpHG meldepflichtig und gem. § 23 Abs. 1 S. 1 WpÜG offenzulegen sind, werden bei der Berechnung der Kontrollschwelle weiterhin nicht berücksichtigt bzw dem Übernahmeinteressenten nicht zugerechnet.[6]

---

44 *Röh*, in: Haarmann/Schüppen, § 28 Rn 29; *Assmann*, in: Assmann/Pötzsch/Schneider, § 28 Rn 26.
45 *Röh*, in: Haarmann/Schüppen, § 28 Rn 25 f; KölnKomm-WpÜG/*Hirte*, § 28 Rn 32.
1 *Haarmann*, in: Haarmann/Schüppen, § 29 Rn 17.
2 Begr. RegE, BT-Drucks. 14/7034, S. 59.
3 *Steinmeyer*, in: Steinmeyer, § 29 Rn 11; *Möller*, in: Assmann/Pötzsch/Schneider, § 29 Rn 9.

4 BGH v. 15.12.2011 – I ZR 129/10, WM 2012, 1121 ff; *Strunk/Linke*, in: Veil/Drinkuth (Hrsg.), Reformbedarf im Übernahmerecht, 2005, S. 31; *Diekmann*, in: Baums/Thoma, § 29 Rn 37; KölnKomm-WpÜG/*von Bülow*, § 29 Rn 44.
5 *Diekmann*, in: Baums/Thoma, § 29 Rn 43; *Haarmann*, in: Haarmann/Schüppen, § 29 Rn 26; *Krause/Pötzsch*, in: Assmann/Pötzsch/Schneider, § 35 Rn 74; aA *Süßmann*, in: Geibel/Süßmann, § 29 Rn 17, wohl auch *Möller*, in: Assmann/Pötzsch/Schneider, § 29 Rn 22.
6 *Krause*, AG 2011, S. 483.

Eine Kontrolle der Zielgesellschaft durch eine Beteiligung unterhalb der Schwelle des Abs. 2 ist übernahmerechtlich nicht möglich; uU kann somit der aktienrechtliche Abhängigkeitsbegriff (§ 17 Abs. 1 AktG) erfüllt sein, ohne dass die Kontrolle nach Abs. 2 erlangt wurde.[7]

I. Nichtberücksichtigung von Stimmrechten. Nicht alle Stimmrechte, die ein Bieter hält, müssen auch bei der Berechnung der Kontrollschwelle mitgezählt werden. §§ 20, 36 sehen Anträge auf Nichtberücksichtigung von Stimmrechten bei der Berechnung des Stimmrechtsanteils vor. Nicht abschließend geklärt ist jedoch die rechtliche Wirkung einer positiven Entscheidung der Bundesanstalt (auch und gerade im Vergleich zu einer Befreiung nach § 37). Die Bundesanstalt hat kundgetan, dass (zumindest) die Nichtberücksichtigung gemäß § 36 im Ergebnis wie eine Befreiung nach § 37 wirke: Wer durch einen nach § 36 *punktuell* nichtberücksichtigten Vorgang die Schwelle von 30 % der Stimmrechte überschreitet, erlangt bei späteren Erwerben, die für sich betrachtet nicht unter § 36 fallen und nach deren Durchführung ein Stimmrechtsanteil (mit oder ohne die vorher nichtberücksichtigten Stimmrechte) von mehr als 30 % der Stimmrechte besteht, nicht erneut die Kontrolle iSd Abs. 2.[8] Zwar kann aus dem Wortlaut des § 36 auch abgeleitet werden,[9] dass ein solches mehrfaches Überschreiten der Kontrollschwelle denkbar ist. Die dadurch entstehende Angebotspflicht erscheint aber nicht sachgerecht, da der Antragsteller mit dem vom Gesetzgeber als gebundener Entscheidung ausgestalteten § 36 schlechter stünde als mit einer Bescheidung nach § 37. Systematisch lässt sich die Auffassung der Bundesanstalt wie folgt begründen: Der Bescheidung nach § 36 liegt ein konkreter Sachverhalt (Erwerbsvorgang) zu Grunde, die erworbenen Aktien und die aus ihnen resultierenden Stimmrechte werden nur hinsichtlich dieses Vorganges und der ansonsten vorzunehmenden Veröffentlichung der Kontrollerlangung nach § 35 Abs. 1 S. 1 nicht in der Berechnung des Stimmrechtsanteils berücksichtigt (*punktuell*). Bei jedem weiteren Erwerb erlangt der Bieter aber dann nicht mehr die Kontrolle, da er schon mehr als 30 % der Stimmrechte hält. Gegen die Auffassung einer dauerhaften Nichtberücksichtigung und damit ein mehrfaches Überschreiten der Kontrollschwelle spricht schon, dass ansonsten der Erbe (§ 36 Nr. 1) oder das Tochterunternehmen (§ 36 Nr. 3) ihre Beteiligung nicht beliebig ausbauen könnten wie es der Erblasser oder das Mutterunternehmen vor dem Erwerbsvorgang hätte können.[10] Im Ergebnis würde so die Privilegierung des § 36 gegenüber § 37 (gebundene Entscheidung) konterkariert werden.

II. Zurechnung von Stimmrechten (§ 30). Gemäß § 30 werden in bestimmten Konstellationen dem Bieter von dritten Aktionären gehaltene Stimmrechte hinzugerechnet. Soweit eine solche Zurechnung gemäß § 30 erfolgt, sind diese beim eigentlichen Aktionär weiterhin zu berücksichtigen (keine Absorption). Daraus kann beispielsweise bei Stimmpoolverträgen resultieren, dass mehrere Personen gleichzeitig als Kontrollinhaber angesehen werden.[11] Die so erwachsene Pflicht kann auf zwei Wegen erfüllt werden: Zum einen kann sich ein Mitglied des Stimmrechtspools verpflichten, das Pflichtangebot auch Pflichten wahrnehmend für die anderen Mitglieder abzugeben,[12] oder alle Mitglieder treten als formale Bieter auf; zum anderen ist an eine Befreiung nach § 37 unter dem Gesichtspunkt der tatsächlich fehlenden Möglichkeit der Ausübung der Kontrolle, sofern sich aus dem Poolvertrag Anhaltspunkte hierfür ergeben.

III. Berechnung des Stimmrechtsanteils. Die Kontrollschwelle wird berechnet, indem die Stimmrechte des Bieters (Zähler) ins Verhältnis zur Gesamtzahl der Stimmrechte (Nenner) gesetzt werden.[13] Bei der Berechnung des Stimmrechtsanteils sind alle Stimmrechte der Gesellschaft zu berücksichtigen, auch solche, die nicht ausgeübt werden dürfen (zB wegen §§ 71b, 328 Abs. 1 S. 1 AktG)[14] sowie aufgelebte Stimmrechte aus nicht stimmberechtigten Vorzugsaktien (§ 140 Abs. 2 S. 1 AktG).[15] Wenngleich § 140 Abs. 2 S. 2 AktG auf die Kapitalmehrheit abstellt, ist aus der Norm der allgemeine Gedanke abzuleiten, dass die (zeitlich beschränkt) entstehenden Stimmrechte im Zähler wie im Nenner zu berücksichtigen sind. In der Praxis kann dies insofern zu Problemen führen, als ein kontrollierender Stammaktionär durch das Aufleben der Stimmrechte der Vorzugsaktien unter die Kontrollschwelle fallen könnte und nach Zahlung des Dividendenvorzugsrückstandes und dem Erlöschen der Stimmrechte erneut die Kontrolle erlangte. Hier besteht jedoch die Möglichkeit einer Befreiung nach § 37.[16]

---

7 BGH v. 15.12.2011 – I ZR 129/10, WM 2012, 1121 ff; *Brellochs*, NZG 2012, 1010 ff; *Möller*, in: Assmann/Pötzsch/Schneider, § 29 Rn 9.

8 *Strunk/Linke*, in: Veil/Drinkuth (Hrsg.), Reformbedarf im Übernahmerecht, 2005, S. 31; zustimmend: *Hommelhoff/Witt*, in: Haarmann/Schüppen, § 36 Rn 56 ff; aA *Hecker*, in: Baums/Thoma, § 36 Rn 120 ff – dauerhafte, nicht punktuelle Nichtberücksichtigung.

9 So *Hecker*, in: Baums/Thoma, § 36 Rn 122.

10 Vgl *Hommelhoff/Witt*, in: Haarmann/Schüppen, § 36 Rn 56.

11 *Krause/Pötzsch*, in: Assmann/Pötzsch/Schneider, § 35 Rn 55 ff mwN; *Süßmann*, in: Geibel/Süßmann, § 29 Rn 31; aA *Pentz*, ZIP 2003, 1478, 1488.

12 *Krause/Pötzsch*, in: Assmann/Pötzsch/Schneider, § 35 Rn 61.

13 *Haarmann*, in: Haarmann/Schüppen, § 29 Rn 34.

14 *Diekmann*, in: Baums/Thoma, § 29 Rn 59 f; *Süßmann*, in: Geibel/Süßmann, § 29 Rn 29; *Haarmann*, in: Haarmann/Schüppen, § 29 Rn 36; aA *Steinmeyer*, § 29 Rn 40; *Fleisch/Körber*, BB 2001, 2589, 2593 f.

15 Str, wie hier *Möller*, in: Assmann/Pötzsch/Schneider, § 29 Rn 58; *Krause/Pötzsch*, § 29, Rn 29; *Haarmann*, in: Haarmann/Schüppen, § 35 Rn 126 ff; *Diekmann*, in: Baums/Thoma, § 29 Rn 43; *Haarmann*, in: Haarmann/Schüppen, § 29 Rn 37.

16 Vgl auch *Krause/Pötzsch*, in: Assmann/PötzschSchneider, § 35 Rn 128.

§ 30 Zurechnung von Stimmrechten

(1) ¹Stimmrechten des Bieters stehen Stimmrechte aus Aktien der Zielgesellschaft gleich,
1. die einem Tochterunternehmen des Bieters gehören,
2. die einem Dritten gehören und von ihm für Rechnung des Bieters gehalten werden,
3. die der Bieter einem Dritten als Sicherheit übertragen hat, es sei denn, der Dritte ist zur Ausübung der Stimmrechte aus diesen Aktien befugt und bekundet die Absicht, die Stimmrechte unabhängig von den Weisungen des Bieters auszuüben,
4. an denen zugunsten des Bieters ein Nießbrauch bestellt ist,
5. die der Bieter durch eine Willenserklärung erwerben kann,
6. die dem Bieter anvertraut sind oder aus denen er die Stimmrechte als Bevollmächtigter ausüben kann, sofern er die Stimmrechte aus diesen Aktien nach eigenem Ermessen ausüben kann, wenn keine besonderen Weisungen des Aktionärs vorliegen.

²Für die Zurechnung nach Satz 1 Nr. 2 bis 6 stehen dem Bieter Tochterunternehmen des Bieters gleich. ³Stimmrechte des Tochterunternehmens werden dem Bieter in voller Höhe zugerechnet.

(2) ¹Dem Bieter werden auch Stimmrechte eines Dritten aus Aktien der Zielgesellschaft in voller Höhe zugerechnet, mit dem der Bieter oder sein Tochterunternehmen sein Verhalten in Bezug auf die Zielgesellschaft auf Grund einer Vereinbarung oder in sonstiger Weise abstimmt; ausgenommen sind Vereinbarungen in Einzelfällen. ²Ein abgestimmtes Verhalten setzt voraus, dass der Bieter oder sein Tochterunternehmen und der Dritte sich über die Ausübung von Stimmrechten verständigen oder mit dem Ziel einer dauerhaften und erheblichen Änderung der unternehmerischen Ausrichtung der Zielgesellschaft in sonstiger Weise zusammenwirken. ³Für die Berechnung des Stimmrechtsanteils des Dritten gilt Absatz 1 entsprechend.

(3) ¹Für die Zurechnung nach dieser Vorschrift gilt ein Wertpapierdienstleistungsunternehmen hinsichtlich der Beteiligungen, die von ihm im Rahmen einer Wertpapierdienstleistung nach § 2 Abs. 3 Satz 1 Nr. 7 des Wertpapierhandelsgesetzes verwaltet werden, unter den folgenden Voraussetzungen nicht als Tocherunternehmen im Sinne des § 2 Abs. 6:
1. das Wertpapierdienstleistungsunternehmen darf die Stimmrechte, die mit den betreffenden Aktien verbunden sind, nur aufgrund von in schriftlicher Form oder über elektronische Hilfsmittel erteilten Weisungen ausüben oder stellt durch geeignete Vorkehrungen sicher, dass die Finanzportfolioverwaltung unabhängig von anderen Dienstleistungen und unter Bedingungen, die denen der Richtlinie 85/611/EWG des Rates vom 20. Dezember 1985 zur Koordinierung der Rechts- und Verwaltungsvorschriften betreffend bestimmten Organismen für gemeinsame Anlagen in Wertpapieren (OGAW) (ABl. EG Nr. L 375 S. 3), die zuletzt durch Artikel 9 der Richtlinie 2005/1/EG des Europäischen Parlaments und des Rates vom 9. März 2005 (ABl. EU Nr. L 79 S. 9) geändert worden ist, gleichwertig sind, erfolgt,
2. das Wertpapierdienstleistungsunternehmen übt die Stimmrechte unabhängig vom Bieter aus,
3. der Bieter teilt der Bundesanstalt den Namen dieses Wertpapierdienstleistungsunternehmens und die für dessen Überwachung zuständige Behörde oder das Fehlen einer solchen mit und
4. der Bieter erklärt gegenüber der Bundesanstalt, dass die Voraussetzungen der Nummer 2 erfüllt sind.

²Ein Wertpapierdienstleistungsunternehmen gilt jedoch dann für die Zurechnung nach dieser Vorschrift als Tochterunternehmen im Sinne des § 2 Abs. 6, wenn der Bieter oder ein anderes Tochterunternehmen des Bieters seinerseits Anteile an der vom Wertpapierdienstleistungsunternehmen verwalteten Beteiligung hält und das Wertpapierdienstleistungsunternehmen die Stimmrechte, die mit diesen Beteiligungen verbunden sind, nicht nach freiem Ermessen, sondern nur aufgrund unmittelbarer oder mittelbarer Weisungen ausüben kann, die ihm vom Bieter oder von einem anderen Tochterunternehmen des Bieters erteilt werden.

(4) Das Bundesministerium der Finanzen kann durch Rechtsverordnung, die nicht der Zustimmung des Bundesrates bedarf, nähere Bestimmungen über die Umstände erlassen, unter denen im Falle des Absatzes 3 eine Unabhängigkeit des Wertpapierdienstleistungsunternehmens vom Bieter gegeben ist.

A. Einführung 1	V. Aktien mit einseitiger Erwerbsmöglichkeit des Bieters (Abs. 1 Nr. 5) 12
B. Zurechnungstatbestände (Abs. 1) 2	VI. Dem Bieter anvertraute Aktien (Abs. 1 Nr. 6) .. 13
I. Tochterunternehmen (Abs. 1 Nr. 1) 3	C. Aktien Dritter, die Verhalten mit Bieter abstimmen (Abs. 2) 15
II. Aktien für Rechnung des Bieters (Abs. 1 Nr. 2) 4	I. Zurechnung aufgrund abgestimmten Verhaltens (Abs. 2 S. 1) 16
III. Zur Sicherheit übertragene Aktien (Abs. 1 Nr. 3) 9	1. Rechtsfolge 17
IV. Aktien mit Nießbrauch zugunsten des Bieters (Abs. 1 Nr. 4) 11	

2. Einzelfallausnahme.......................... 18
II. Ausübung von Stimmrechten
(Abs. 2 S. 2 Alt. 1).............................. 22
III. Abstimmung in sonstiger Weise
(Abs. 2 S. 2 Alt. 2).............................. 24
D. Kettenzurechnung (Abs. 1 S. 2)..................... 25
E. Keine Absorption............................... 26

A. Einführung

§ 30 ergänzt § 29 Abs. 2. § 29 Abs. 2 definiert den Begriff der Kontrolle. Zur Feststellung der (beabsichtigten) Kontrolle sind nach § 30 in den tatbestandlich erfassten Fällen des Abs. 1 und Abs. 2 neben den Stimmrechten aus Aktien,[1] die der Bieter selbst hält, diesem auch Stimmrechte aus Aktien anderer Personen zuzurechnen.[2] Wegen der unterschiedlichen *ratio legis* ist bei der Auslegung nicht auf den in wesentlichen Teilen wortidentischen § 22 WpHG zurückzugreifen.[3] Während § 22 WpHG für Transparenz hinsichtlich der Stimmrechtsanteile auch unterhalb der Kontrollschwelle des Gesetzes sorgen soll, geht es bei § 30 entsprechend der Vorgaben von Art. 2 und Art. 5 ÜbernahmeRL[4] um die Erfassung von Sachverhalten bei denen die Kontrolle angestrebt oder erreicht worden ist. **1**
Abs. 1 betrifft Stimmrechte aus Aktien Dritter, die dem Bieter kraft **Rechtsstellung** zugerechnet werden. **Abs. 2** behandelt Fälle, in denen die Stimmrechte Dritter dem Bieter aufgrund eines **abgestimmten Verhaltens** zugerechnet werden.[5] Der Gesetzgeber wollte aufgrund eines **generalklauselartigen Zurechnungstatbestands** etwaige **Lücken** bei der Zurechnung schließen.[6]

B. Zurechnungstatbestände (Abs. 1)

In Abs. 1 werden einzelne Tatbestände aufgeführt, mittels derer dem Bieter die Stimmrechte Dritter zugerechnet werden. **2**

I. Tochterunternehmen (Abs. 1 Nr. 1). Zugerechnet werden Stimmrechte, die einem Tochterunternehmen im Sinne von § 2 Nr. 6 gehören. Auf die dortige Kommentierung wird verwiesen. „Gehören" bedeutet zivilrechtliches Eigentum, dh die Stellung als Aktionär.[7] Die Stimmrechte des Tochterunternehmens werden dem Bieter nicht *pro rata* der Beteiligung des Bieters am Tochterunternehmen, sondern in vollem Umfang zugerechnet (Abs. 1 S. 3).[8] Im mehrstufigen Konzern sind dem Bieter die Stimmrechte aus Aktien aller Tochterunternehmen zuzurechnen.[9] Dem Tochterunternehmen werden aber (selbstverständlich) nicht die Stimmrechte des Mutterunternehmens (Bieter) zugerechnet.[10] **3**

II. Aktien für Rechnung des Bieters (Abs. 1 Nr. 2). Das Halten von Aktien für die **Rechnung des Bieters** setzt voraus, dass den Bieter **im Innenverhältnis** die wirtschaftlichen Chancen und Risiken der Aktien treffen. Einschränkend ist zu fordern, dass der Bieter auch die **Stimmrechtsausübung** beeinflussen **kann**. Ein solcher Einfluss kann rechtlich oder faktisch bestehen und muss nicht tatsächlich ausgeübt werden.[11] **4**
Soweit der Bieter als Treugeber Aktien auf einen **Verwaltungstreuhänder** übertragen hat, sind diese Stimmrechte gemäß Nr. 2 dem Bieter zuzurechnen. Bei der **Vollmachtstreuhand** und **gesetzlich begründeten Treuhandverhältnissen**, wie die Insolvenz- und Nachlassverwaltung,[12] bleibt der Bieter dagegen Aktionär, und eine Zurechnung gemäß Nr. 2 erfolgt nicht.[13] **5**
Bei **Wertpapierpensionsgeschäften** (§ 340 b HGB) sowie bei **Wertpapierdarlehen** werden die Stimmrechte dem Pensionsnehmer bzw Darlehensnehmer, nicht aber dem Pensionsgeber bzw Darlehensgeber zugerechnet, sofern nicht eine Einflussnahme des Pensionsgebers bzw Darlehensgebers auf die Stimmrechtsabgabe **6**

---

1 Ebenso erfasst werden auch Stimmrechte aus sog. *Depositary Receipts*, vgl dazu auch *Diekmann*, in: Baums/Thoma, § 30 Rn 13.
2 *Diekmann*, in: Baums/Thoma, § 30 Rn 1; *Walz*, in: Haarmann/Schüppen, § 30 Rn 1; *Schneider*, in: Assmann/Pötzsch/Schneider, § 30 Rn 3 f.
3 Sie dazu die Kommentierung zu, §§ 1,2 Rn 21 sowie *v. Bülow*, in: Veil, Übernahmerecht in Praxis und Wissenschaft, S. 138, 162; *Schneider*, in: Assmann/Pötzsch/Schneider, § 30 Rn 3 f; *Schneider*, in: Assmann/Schneider, WpHG, § 22 Rn 10 ff; OLG Stuttgart v. 10.11.2004 – 20 U 16/03, NZG 2005, 432, 436. AA BegRegE, BT-Drucks. 14/7034, S. 53; BegRegE, BT-Drucks. 16/7438, S. 8 f. Skeptisch auch *Diekmann*, in: Baums/Thoma, § 30 Rn 2.
4 Richtlinie 2004/25/EG des Europäischen Parlaments und des Rates v. 21. April 2004 betreffend Übernahmeangebote, ABl. EG Nr. L 142/12 v. 30.4.2004.
5 *Diekmann*, in: Baums/Thoma, § 30 Rn 11.
6 *Schüppen/Walz*, in: Haarmann/Schüppen, § 30 Rn 65; BegRegE, BT-Drucks. 14/7034, S. 53.
7 *Diekmann*, in: Baums/Thoma, § 30 Rn 24; *Schneider*, in: Assmann/Pötzsch/Schneider, § 30 Rn 19; *Steinmeyer*, in: Steinmeyer, § 30 Rn 5.
8 *Diekmann*, in: Baums/Thoma, § 30 Rn 26; *Schneider*, in: Assmann/Pötzsch/Schneider, § 30 Rn 20.
9 *Schneider*, in: Assmann/Pötzsch/Schneider, § 30 Rn 19.
10 *Diekmann*, in: Baums/Thoma, § 30 Rn 26.
11 *Diekmann*, in: Baums/Thoma, § 30 Rn 30 ff; *Schneider*, in: Assmann/Pötzsch/Schneider, § 30 Rn 2025 ff; KölnKomm-WpÜG/*von Bülow*, § 30 Rn 98.
12 *Diekmann*, in: Baums/Thoma, § 30 Rn 37; KölnKomm-WpÜG/*von Bülow*, § 30 Rn 107.
13 KölnKomm-WpÜG/*von Bülow*, § 30 Rn 103, 107; *Diekmann*, in: Baums/Thoma, § 30 Rn 36 ff; *Steinmeyer*, in: Steinmeyer, § 30 Rn 17; *Schneider*, in: Assmann/Pötzsch/Schneider, § 30 Rn 33 ff.

besteht.[14] Allerdings kann eine Zurechnung nach Abs. 1 S. 1 Nr. 6 erfolgen (siehe dazu Rn 13 f). Inhabern von **Depositary Receipts** werden die Stimmrechte gemäß § 30 Nr. 2 zugerechnet.[15]

7 Soweit **Vermögensverwaltungs-** oder **Vorschaltgesellschaften** (Beteiligungsgesellschaften) Stimmrechte halten, ist anhand des **Einzelfalls** zu prüfen, ob die Beteiligungsgesellschaft oder deren Gesellschafter das wirtschaftliche Risiko tragen. Nach der wohl hM in der Literatur kommt es maßgeblich darauf an, ob die Beteiligungsgesellschaft neben dem schlichten Halten von Beteiligungen anderweitig unternehmerisch tätig ist. In diesem Fall handele die Beteiligungsgesellschaft nicht „für Rechnung" der Gesellschafter, sondern im „eigenen Interesse". Anders dagegen, wenn das Halten der Beteiligung der alleinige Zweck der Beteiligungsgesellschaft sei. Dann sind den Gesellschaftern die Stimmrechte an der Zielgesellschaft quotal zuzuordnen.[16] Eine Risikotragung durch die Gesellschafter liegt jedenfalls dann vor, wenn die Gesellschafter direkt und *pro rata* an etwaigen Verkaufserlösen der Beteiligungsgesellschaft partizipieren,[17] wie dies bei Private Equity-Fonds der Fall sein kann. Ist, was nicht typischerweise der Fall sein wird, die Beteiligungsgesellschaft im Verhältnis zum Bieter eine Tochtergesellschaft, sind die Stimmrechte dem beherrschenden Beteiligungsgesellschafter nach Abs. 1 S. 1 zuzurechnen.[18] Stimmen sich mehrere Gesellschafter hinsichtlich der Stimmausübung in der Gesellschafterversammlung ab, kommt eine Zurechnung nach Abs. 2 in Betracht.

8 Schließlich sind im Sondervermögen von **Kapitalverwaltungsgesellschaften** (KVG) gehaltene Stimmrechte der KVG und nicht den Anteilsinhabern der KVG zuzurechnen, soweit es sich beim Sondervermögen um ein Publikumsfonds und nicht um einen Spezialfonds (Spezialsondervermögen) handelt (§ 94 Abs. 2 KAGB).[19]

9 III. Zur Sicherheit übertragene Aktien (Abs. 1 Nr. 3). Aktien, die der Bieter einem Dritten **zur Sicherheit übereignet** hat, sind dem Bieter dann nicht zuzurechnen, wenn der Sicherheitsnehmer nach der Sicherungsvereinbarung zur unabhängigen Ausübung der Stimmrechte ermächtigt ist und deutlich macht, diesen Handlungsspielraum auch unabhängig zu nutzen.[20] Stimmrechte an Aktien, die an einen Dritten verpfändet wurden, sind weiterhin dem Bieter zuzurechnen, es sei denn der Pfandnehmer ist befugt, die Stimmrechte unabhängig auszuüben und deutlich macht, diesen Handlungsspielraum auch unabhängig zu nutzen. Die Anmeldung des Sicherheitsnehmers zur Hauptversammlung reicht in der Regel dazu bereits aus.[21]

10 Soweit die Stimmrechte dem Sicherungsnehmer zugerechnet werden, tritt keine **Absorption** ein, die Stimmrechte werden daher beiden Beteiligten am Sicherungsvertrag zugerechnet,[22] Das gilt sogar, wenn der Sicherungsgeber bei einer Verpfändung Inhaber der Aktien im Sinne von § 29 bleibt.

11 IV. Aktien mit Nießbrauch zugunsten des Bieters (Abs. 1 Nr. 4). Anders als bei der Übertragung von Aktien zur Sicherheit werden dem **Nießbraucher** neben dem Aktionär die Stimmrechte unabhängig davon zugerechnet, ob ihm deren Ausübung tatsächlich zusteht.[23]

12 V. Aktien mit einseitiger Erwerbsmöglichkeit des Bieters (Abs. 1 Nr. 5). Dem Bieter werden auch Stimmrechte aus Aktien zugerechnet, an denen er das **Eigentum** (dinglich) durch einseitige Erklärung erwerben kann. Dafür bieten sich insbesondere aufschiebend bedingte Übereignungen an, die für den Veräußerer bindend sind. Nur **schuldrechtlich** begründete Ansprüche auf Übereignung (Optionen, Termingeschäfte uä) werden nicht erfasst, soweit nicht zugleich andere Tatbestände des § 30 erfüllt sind.[24] Begründet wird dies damit, dass noch keine unangreifbare Rechtsposition des Bieters entstanden ist, die einen Eigentumsübergang gesichert erscheinen lässt, solange der Verkäufer der Aktien bzw der Option Einwendungen oder Rücktrittsrechte geltend machen oder seine Lieferversprechungen schlicht nicht erfüllen kann.[25]

13 VI. Dem Bieter anvertraute Aktien (Abs. 1 Nr. 6). Anvertraut sind Aktien, wenn der Bieter sie im Interesse des Aktionärs, aber frei von Anweisungen verwaltet. Das Bestehen eines Verwahrungsverhältnisses ist nicht

---

14 Ausführlich: KölnKomm-WpÜG/*von Bülow*, § 30 Rn 113 ff; *Diekmann*, in: Baums/Thoma, § 30 Rn 46 f; *Schneider*, in: Assmann/Pötzsch/Schneider, § 30 Rn 47 ff.

15 *Schneider*, in: Assmann/Pötzsch/Schneider, § 30 Rn 29; aA *Diekmann*, in: Baums/Thoma, § 30 Rn 44, mit einer direkten Zurechnung nach, § 29 Abs. 2.

16 *Schneider*, in: Assmann/Pötzsch/Schneider, § 30 Rn 42 ff; *Walz*, in: Haarmann/Schüppen, § 30 Rn 43 f; wohl auch *Diekmann*, in: Baums/Thoma, § 30 Rn 42 f; aA wohl KölnKomm-WpÜG/*von Bülow*, § 30 Rn 109 f (keine Zurechnung, bei rein gesellschaftsrechtlich vermitteltem Stimmrechtseinfluss, ggfs. Zurechnung nach, § 30 Abs. 1 S. 1 Nr. 1).

17 *Diekmann*, in: Baums/Thoma, § 30 Rn 42.

18 *Diekmann*, in: Baums/Thoma, § 30 Rn 43; KölnKomm-WpÜG/*von Bülow*, § 30 Rn 110.

19 Zur Rechtslage vor Inkrafttreten des KAGB *Schneider*, in: Assmann/Pötzsch/Schneider, § 30 Rn 131 ff; *Walz*, in: Haarmann/Schüppen, § 30 Rn 47.

20 KölnKomm-WpÜG/*von Bülow*, § 30 Rn 150; *Diekmann*, in: Baums/Thoma, § 30 Rn 50 ff; *Schneider*, in: Assmann/Pötzsch/Schneider, § 30 Rn 54 ff; *Walz*, in: Haarmann/Schüppen, § 30 Rn 49 ff.

21 AA KölnKomm-WpÜG/*von Bülow*, § 30 Rn 153; *Walz*, in: Haarmann/Schüppen, § 30 Rn 50.

22 KölnKomm-WpÜG/*von Bülow*, § 30 Rn 155 f; *Diekmann*, in: Baums/Thoma, § 30 Rn 51; *Schneider*, in: Assmann/Pötzsch/Schneider, § 30 Rn 56; aA *Walz*, in: Haarmann/Schüppen, § 30 Rn 52 (Absorption).

23 *Schneider*, in: Assmann/Pötzsch/Schneider, § 30 Rn 58 f.

24 LG Köln v. 29.7.2011 – 82 O 28/11, ZIP 2012, 229 ff; KölnKomm-WpÜG/*von Bülow*, § 30 Rn 164; *Diekmann*, in: Baums/Thoma, § 30 Rn 55 ff; *Walz*, in: Haarmann/Schüppen, § 30 Rn 58 f AA *Schneider*, in: Assmann/Pötzsch/Schneider, § 30 Rn 61 ff.

25 LG Köln v. 29.7.2011 – 82 O 28/11, ZIP 2012, 229 ff.

erforderlich, es reicht aus, dass der Bieter die Vermögensinteressen des Aktionärs aufgrund eines Schuldverhältnisses zu wahren verpflichtet ist.[26] Erfasst wird u.a. die **Vermögensverwaltung** in der Form der Vollmachtstreuhand.[27] Bei **Kapitalanlagegesellschaften** (Investmentfonds) gilt das zu Rn 8 Gesagte entsprechend.[28] Keine Zurechnung erfolgt aufgrund der Ausübung des Depotstimmrechts der Kreditinstitute, da hier die Kreditinstitute kein eigenes Ermessen haben, sondern die Depotaktionäre um Weisungen zu ersuchen haben.[29]

Nach zutreffender, wenn auch umstrittener Ansicht, sind erfüllen **gesetzliche Verfügungsbefugnisse**, wie etwa bei der elterlicher Sorge (§ 1629 BGB), der Insolvenzverwaltung (§§ 22, 80 InsO) und der Testamentsvollstreckung (§§ 2205, 2211 BGB) ebenfalls den Tatbestand des Anvertrautseins, da es nach der *ratio legis* allein darauf ankommen kann, ob dem Zurechnungssubjekt die Stimmrechte nach eigenem Ermessen ausüben kann.[30]

C. Aktien Dritter, die Verhalten mit Bieter abstimmen (Abs. 2)

Abs. 2 wurde durch Art. 2 Nr. 1 RisikobegrenzungsG[31] im Jahre 2008 als Reaktion des Gesetzgebers auf vermeintliche Lücken im Anwendungsbereich der alten Norm neugefasst.[32] Der BGH hatte in seinem Urteil vom 18. September 2006 (WMF)[33] den Anwendungsbereich des Abs. 2 aF auf Vereinbarungen über die Stimmrechtsausübungen in der Hauptversammlung beschränkt, so dass abgestimmtes Verhalten außerhalb der Hauptversammlung, wie etwa in Aufsichtsratssitzungen, nicht zu einer Zurechnung nach § 30 geführt hätte. Nunmehr erfolgt eine Zurechnung nach Abs. 2 S. 2 Alt. 2 nicht allein aufgrund einer Abstimmung über die Ausübung von Stimmrechte in der Hauptversammlung, sondern auch dann, wenn die Beteiligten mit dem Ziel einer dauerhaften und erheblichen Änderung der unternehmerischen Ausrichtung der Zielgesellschaft in sonstiger Weise zusammenwirken.[34] Die Neufassung des Abs. 2 hat jedoch leider nicht die erhoffte Beseitigung der Unsicherheit in der praktischen Anwendung dieser Norm herbeigeführt. Es ist davon auszugehen, dass WpÜG-Senat und der BGH sich auch in Zukunft mit der Klärung des Begriffs und der Reichweite des *Acting in Concert* beschäftigen werden müssen.[35]

I. Zurechnung aufgrund abgestimmten Verhaltens (Abs. 2 S. 1). Nach Abs. 2 S. 1 werden dem Bieter auch Stimmrechte eines Dritten aus Aktien der Zielgesellschaft in voller Höhe zugerechnet, mit dem der Bieter oder sein Tochterunternehmen sein Verhalten in Bezug auf die Zielgesellschaft auf Grundlage einer Vereinbarung oder in sonstiger Weise abstimmt; ausgenommen sind Vereinbarungen in Einzelfällen.

1. Rechtsfolge. Abs. 2 S. 1 enthält selbst keine Definition des Begriffs des abgestimmten Verhaltens. Dieser wird nachfolgend in Abs. 2 S. 2 legaldefiniert[36] und konkretisiert, dass abgestimmtes Verhalten entweder aufgrund einer Verständigung über die Ausübung von Stimmrechten oder auf sonstige Weise erfolgen könne. Abs. 2 S. 1 ist daher zunächst einmal lediglich zu entnehmen, dass abgestimmtes Verhalten zur Stimmrechtszurechnung führt. Darüber hinaus enthält Abs. 2 S. 1 die Einzelfallausnahme.

Die Grundlage für das abgestimmte Verhalten – sei es bezüglich der Ausübung von Stimmrechten oder auf sonstige Weise – kann, aber muss nicht rechtsgeschäftlich festgelegt werden. Das sogenannte *Gentlemen`s Agreement* reicht aus.[37] Im Übrigen werden vom Begriff der Vereinbarung sämtliche Verträge der Zivilrechtsdogmatik erfasst, dh neben Stimmbindungsvereinbarungen auch Interessenwahrungsverträge, Pool-

---

26 *Diekmann*, in: Baums/Thoma, § 30 Rn 60; *Schneider*, in: Assmann/Pötzsch/Schneider, § 30 Rn 71 f.
27 *Schneider*, in: Assmann/Pötzsch/Schneider, § 30 Rn 74 f; *Diekmann*, in: Baums/Thoma, § 30 Rn 63; KölnKomm-WpÜG/*von Bülow*, § 30 Rn 188.
28 Siehe auch *Schneider*, in: Assmann/Pötzsch/Schneider, § 30 Rn 76 ff; *Walz*, in: Haarmann/Schüppen, § 30 Rn 62 f.
29 *Diekmann*, in: Baums/Thoma, § 30 Rn 66; KölnKomm-WpÜG/*von Bülow*, § 30 Rn 200; *Walz*, in: Haarmann/Schüppen, § 30 Rn 64; kritisch zustimmend: *Schneider*, in: Assmann/Pötzsch/Schneider, § 30 Rn 79 ff.
30 *Schneider*, in: Assmann/Pötzsch/Schneider, § 30 Rn 72. AA die wohl hM, vgl *Diekmann*, in: Baums/Thoma, § 30 Rn 60; KölnKomm-WpÜG/*von Bülow*, § 30 Rn 189; *Walz*, in: Haarmann/Schüppen, § 30 Rn 60 f.
31 Gesetz zur Begrenzung der mit Finanzinvestitionen verbundenen Risiken (Risikobegrenzungsgesetz) v. 12.8.2008, BGBl. I S. 1666.
32 Siehe dazu *von Bülow*, in: Veil, Übernahmerecht in Praxis und Wissenschaft, S. 145 f.
33 BGH v. 18.9.2006 – II ZR 137/05, BGHZ 169, 98, 105.
34 *Schulenburg/Brosius*, WM 2011, 58, 62.
35 *Paul*, in: Veil, Übernahmerecht in Praxis und Wissenschaft, S. 52; *Schüppen/Walz*, in: Haarmann/Schüppen, § 30 Rn 68.
36 Vgl Bericht des Finanzausschusses (7. Ausschuss), BT-Drucks. 16/9821, S. 12.
37 *v. Bülow*, in: Veil, Übernahmerecht in Praxis und Wissenschaft, S. 143.
Diekmann, in: Baums/Thoma, § 30 Rn 68 ff; KölnKomm-WpÜG/*von Bülow*, § 30 Rn 214; *Schüppen/Walz*, in: Haarmann/Schüppen, § 30 Rn 71; *Schneider*, in: Assmann/Pötzsch/Schneider, § 30 Rn 99 ff. Kritisch wegen der damit verbundenen Rechtsunsicherheit: *Seibt/Heiser*, AG 2006, 301, 308.

vereinbarungen[38] und Gesellschaftsverträge.[39] Dagegen wird ein gleichgerichtetes, aber unabgestimmtes Parallelverhalten nicht von Abs. 2 S. 1 erfasst, auch wenn dies objektiv dem Interesse des Bieters dient.[40]

18 **2. Einzelfallausnahme.** Nach Abs. 2 S. 1 Hs 2 erfolgt keine Stimmenzurechnung bei Vereinbarungen in Einzelfällen.
Nach der überwiegenden Judikatur und der hM in der Literatur ist der Begriff des Einzelfalls in erster Linie formal, dh bezogen auf die Häufigkeit des Abstimmungsverhaltens, zu bestimmen.[41] Danach sind ein „Einzelfall" alle Abstimmungen, die nur eine einmalige Handlung der Aktionäre erfordert, auch wenn diese „einmalige" Handlung nachhaltige oder dauerhafte Auswirkungen auf die Gesellschaft habe.[42] Die gegenteilige Auffassung stellt demgegenüber darauf ab, ob die Maßnahme punktuell, also nur auf einen konkreten Einzelfall, bezogen und nicht auf eine bestimmte zeitliche Intensität angelegt ist. Nach dieser Auffassung führt jedes einzelne abgestimmte Verhalten mit nachhaltiger Wirkung auf die Herrschaftsverhältnisse der Zielgesellschaft, also auf deren Geschäftsführungs- und Aufsichtsorgane, zur Zurechnung.[43]

19 **Stellungnahme:** Der Gesetzgebungshistorie ist zu entnehmen, dass es dem Gesetzgeber darauf ankam, dass Absprachen nur dann zu einer Zurechnung führen sollen, wenn sich die Aktionäre im Rahmen einer längerfristig angelegten Strategie zur gemeinsamen Verfolgung unternehmerischer Ziele zusammenschließen. Punktuelle Einflussnahmen auf die Zielgesellschaft gelten danach nicht als abgestimmtes Verhalten.[44] Damit hat sich der Gesetzgeber entgegen der Judikatur des BGH gegen eine formale Betrachtungsweise entschieden.[45] Ausschlaggebend ist daher, ob eine längerfristig angelegte Strategie der betroffenen Aktionäre zur gemeinsamen Verfolgung unternehmerischer Ziele vorliegt. Ist dies der Fall, führt dieser Umstand zu einer Zurechnung, auch wenn dies nur eine einmalige Handlung der Aktionäre erfordert. Es handelt sich dann nicht mehr um eine Abstimmung im „Einzelfall".

20 Es entspricht dem gesetzgeberischen Willen jedoch, dass nicht jede längerfristige Strategie zur gemeinsamen Verfolgung unternehmerischer Ziele zur Stimmzurechnung führt, sondern lediglich solche Strategien, die auf eine **dauerhafte** und[46] **erhebliche Beeinflussung** der unternehmerischen Ausrichtung der Gesellschaft zielen.[47] Wie sich bereits aus Art. 2 Abs. 1 lit. d) ÜbernahmeRL[48] ergibt, geht es im Kern um solche Fälle, in denen die betroffenen Aktionäre sich mit dem Ziel die **unternehmerische Kontrolle** über die Zielgesellschaft zu erlangen oder zu erhalten, abstimmen.[49]

21 Die Annahme eines weitergehenden unternehmerischen Interesses ist nur unter engen Voraussetzungen anzunehmen. Die Bundesanstalt hat im Fall Deutsche Börse AG, bei der verschiedene nationale und internationale Fondsgesellschaften in Opposition zur Absicht des Vorstands der Deutsche Börse AG die London Stock Exchange zu übernehmen, offen u.a. die Durchführung von Aktienrückkaufprogrammen und die Demission von Teilen des Vorstandes und Aufsichtsrates der Deutsche Börse AG verlangten, die Ermittlungen eingestellt, da die ihr vorliegenden Indizien nicht ausreichen, um zu bestätigen, dass die betreffenden Fonds ein weitergehendes unternehmerisches Interesse oder einen Gesamtplan für die Deutsche Börse AG hatten.[50]

22 **II. Ausübung von Stimmrechten (Abs. 2 S. 2 Alt. 1).** Voraussetzung für eine Zurechnung nach Abs. 2 S. 2 Alt. 1 ist, dass sich der Bieter oder sein Tochterunternehmen und Dritte über die Ausübung von Stimmrechten verständigen.
Nach dem Wortlaut des Abs. 2 S. 2 Alt. 1 scheint jede Abstimmung über die Ausübung von Stimmrechten auszureichen, da sich der Tatbestand der dauerhaften und erheblichen Änderung der unternehmerischen Ausrichtung der Gesellschaft dem Wortlaut nach nur auf das „Zusammenwirken in sonstiger Weise" be-

---

38 *Wunsch*, BB 2011, 2315 ff.
39 *Schneider*, in: Assmann/Schneider, WpHG, § 22 Rn 172. Ausführlich zu den Stimmbindungsvereinbarungen *von Bülow*, in: Veil, Übernahmerecht in Praxis und Wissenschaft, S. 150 ff.
40 *v. Bülow*, in: Veil, Übernahmerecht in Praxis und Wissenschaft, S. 154.
41 BGH v. 18.9.2006 – II ZR 137/05, BGHZ 169, 98, 107; OLG Stuttgart v. 6.5. 2004 – 20 U 16/03, ZIP 2004, 2232, 2236 f (zu § 22 WpHG); OLG Frankfurt v. 25.6.2004 – WpÜG 5/03, 6/03, 8/03, ZIP 2004, 1309, 1314; *von Bülow*, in: Veil, Übernahmerecht in Praxis und Wissenschaft, S. 144; *Diekmann*, in: Baums/Thoma, § 30 Rn 75, 80; *Steinmeyer*, in: Steinmeyer, § 30 Rn 60 (jeweils mwN).
42 *von Bülow*, in: Veil, Übernahmerecht in Praxis und Wissenschaft, S. 144; BGH v. 18.9.2006 – II ZR 137/05, BGHZ 169, 98, 107.
43 OLG München v. 27.4.2005 – 7 U 2792/04, AG 2005, 482, 483 f; *Anders/Figut*, ZIP 2010, 1115 f.
44 Vgl Bericht des Finanzausschusses (7. Ausschuss), BT-Drucks. 16/9821, S. 12.
45 Zutreffend *Schüppen/Walz*, in: Haarmann/Schüppen, § 30 Rn 79.
46 Der ursprüngliche Gesetzentwurf hatte noch eine „dauerhafte **oder** erhebliche" Beeinflussung ausreichen lassen wollen. Die neue Fassung berücksichtigte die Kritik (namentlich des Handelsrechtsausschusses des DAV), dass in diesem Fall auch eine dauerhafte, aber nicht erhebliche Beeinflussung ein *Acting in Concert* darstellen würde. Siehe dazu *Gätsch/Schäfer*, NZG 2008, 846, 850 (Fn 50).
47 BegRegE BT-Drucks. 16/7438, S. 14.
48 Richtlinie 2004/25/EG des Europäischen Parlaments und des Rates v. 21. April 2004 betreffend Übernahmeangebote, ABl. EG Nr. L 142 v. 30.4.2004.
49 So ausdrücklich auch *Seibt/Heiser*, AG 2006, 301, 307 f; *Anders/Figut*, ZIP 2010, 1115 f.
50 BaFin Jahresbericht 2005, S. 177 f (Kapitel VI. 5.3).

zieht. Allerdings ist unter Berücksichtigung der Gesetzgebungshistorie Abs. 2 S. 2 Alt. 1 so auszulegen, dass auch Stimmrechtsabstimmungen lediglich dann zu einer Zurechnung führen, wenn sie der dauerhaften und erheblichen Änderung der unternehmerischen Ausrichtung der Gesellschaft dienen soll.[51] Dabei muss der Begriff der Änderung der unternehmerischen Ausrichtung als Abweichung von den Zielen und Plänen des derzeitigen Inhabers der Kontrolle (Vorstand oder Großaktionär) verstanden werden, da dieser die unternehmerische Ausrichtung bestimmt.[52] Andernfalls ist ihr Ziel nicht kontrollrelevant, eine Zurechnung ergäbe keinen Sinn.[53]

Nicht erfasst von Abs. 2 ist der bloße Aktienerwerb als Abstimmungsgegenstand, wenn dieser ohne Bezug zu einer späteren Stimmrechtsausübung erfolgt.[54] Im Hinblick auf die **Wahl** von Mitgliedern des **Aufsichtsrats** stellt die Abstimmung hierüber nur dann ein abgestimmtes Verhalten iSd von Abs. 2 dar, wenn über die Sicherstellung einer angemessenen Vertretung der Aktionäre zum Zwecke der *Corporate Governance* hinaus, die dauerhafte und erhebliche Änderung der unternehmerischen Ausrichtung der Gesellschaft verfolgt wird.[55] Strittig erscheint derzeit nur, ob die Abstimmung über die Wahl von Mitgliedern des Aufsichtsrats eine Vermutung für das Vorliegen weitergehender unternehmerischer Interessen birgt oder ob ein restriktiver Ansatz erforderlich ist.[56]

III. Abstimmung in sonstiger Weise (Abs. 2 S. 2 Alt. 2). Nach Abs. 2 S. 2 Alt. 2 kann die Abstimmung auch in sonstiger Weise erfolgen. Damit führen unter den weiteren Voraussetzungen des Abs. 2 S. 2 Alt. 2 alle außerhalb der Hauptversammlung stattfindenden Einflussnahmen zu einer Stimmenzurechnung.[57] Voraussetzung auch hier ist jedoch stets die Koordination ihres gesellschaftsrechtlich vermittelten Einflusses auf die Verwaltung mit dem Ziel einer dauerhaften und erheblichen Änderung der unternehmerischen Ausrichtung der Gesellschaft.[58]

D. Kettenzurechnung (Abs. 1 S. 2)

Gemäß Abs. 1 S. 2 werden einem Bieter auch jene Stimmrechte zugerechnet, für die nicht er selber, sondern nur seine Tochterunternehmen (siehe Nr. 1) den Zurechnungstatbestand erfüllen. Der Mechanismus gilt für jeden in § 30 aufgeführten Zurechnungstatbestand.

E. Keine Absorption

Soweit Stimmrechte einem Bieter zugerechnet werden, bleiben sie beim Aktionär ebenfalls bestehen. Eine Absorption in dem Sinne, dass die Stimmrechte zum Bieter migrieren und dann beim Aktionär nicht mehr berücksichtigt werden, findet also nicht statt.[59]

§ 31 Gegenleistung

(1) ¹Der Bieter hat den Aktionären der Zielgesellschaft eine angemessene Gegenleistung anzubieten. ²Bei der Bestimmung der angemessenen Gegenleistung sind grundsätzlich der durchschnittliche Börsenkurs der Aktien der Zielgesellschaft und Erwerbe von Aktien der Zielgesellschaft durch den Bieter, mit ihm gemeinsam handelnder Personen oder deren Tochterunternehmen zu berücksichtigen.

(2) ¹Die Gegenleistung hat in einer Geldleistung in Euro oder in liquiden Aktien zu bestehen, die zum Handel an einem organisierten Markt zugelassen sind. ²Werden Inhabern stimmberechtigter Aktien als Gegenleistung Aktien angeboten, müssen diese Aktien ebenfalls ein Stimmrecht gewähren.

---

51 So wohl *von Bülow*, in: Veil, Übernahmerecht in Praxis und Wissenschaft, S. 146, wonach die Neufassung des, § 30 Abs. 2 lediglich zu einer Erweiterung des Anwendungsbereichs auf ein Zusammenwirken außerhalb der Hauptversammlung führte, die Grundsätze des WMF-Urteils (BGH v. 18.9.2006 – II ZR 137/05, BGHZ 169, 98, 105) zur Stimmrechtskoordination im Übrigen aber weiter Geltung beanspruchten. *Schüppen/Walz*, in: Haarmann/Schüppen, § 30 Rn 81.
52 LG Köln v. 29.7.2011 – 82 O 28/11, ZIP 2012, 229 ff.
53 LG Köln v. 29.7.2011 – 82 O 28/11, ZIP 2012, 229 ff.
54 MüKo-AktG/*Wackerbarth*, WpÜG, § 30 Rn 43; *Oechsler*, ZIP 2011, 449 f.
55 Vgl Bericht des Finanzausschusses (7. Ausschuss), BT-Drucks. 16/9821, S. 12; *Schneider*, in: Assmann/Schneider, WpHG, § 22 Rn 179; *Schüppen/Walz*, in: Haarmann/Schüppen, § 30 Rn 80; *Vaupel*, AG 2012, 63, 75.
56 So wohl OLG München v. 27.4.2005 – 7 U 2792/04, NZG 2005, 848, 849; dagegen: *Casper/Bracht*, NZG 2005, 839, 840 f. Einen restriktiven Ansatz vertritt auch OLG Frankfurt v. 25.6.2004 – WpÜG 5 a, 6 und 8 a/03, NZG 2004, 865, 867.
57 *v. Bülow*, in: Veil, Übernahmerecht in Praxis und Wissenschaft, S. 146.
58 Vgl Bericht des Finanzausschusses (7. Ausschuss), BT-Drucks. 16/9821, S. 12; *von Bülow*, in: Veil, Übernahmerecht in Praxis und Wissenschaft, S. 146; *Schüppen/Walz*, in: Haarmann/Schüppen, § 30 Rn 82 ff.
59 *Schneider*, in: Assmann/Pötzsch/Schneider, § 30 Rn 9.

(3) Der Bieter hat den Aktionären der Zielgesellschaft eine Geldleistung in Euro anzubieten, wenn er, mit ihm gemeinsam handelnde Personen oder deren Tochterunternehmen in den sechs Monaten vor der Veröffentlichung gemäß § 10 Abs. 3 Satz 1 bis zum Ablauf der Annahmefrist insgesamt mindestens 5 Prozent der Aktien oder Stimmrechte an der Zielgesellschaft gegen Zahlung einer Geldleistung erworben haben.

(4) Erwerben der Bieter, mit ihm gemeinsam handelnde Personen oder deren Tochterunternehmen nach Veröffentlichung der Angebotsunterlage und vor der Veröffentlichung gemäß § 23 Abs. 1 Satz 1 Nr. 2 Aktien der Zielgesellschaft und wird hierfür wertmäßig eine höhere als die im Angebot genannte Gegenleistung gewährt oder vereinbart, erhöht sich die den Angebotsempfängern der jeweiligen Aktiengattung geschuldete Gegenleistung wertmäßig um den Unterschiedsbetrag.

(5) ¹Erwerben der Bieter, mit ihm gemeinsam handelnde Personen oder deren Tochterunternehmen innerhalb eines Jahres nach der Veröffentlichung gemäß § 23 Abs. 1 Satz 1 Nr. 2 außerhalb der Börse Aktien der Zielgesellschaft und wird hierfür wertmäßig eine höhere als die im Angebot genannte Gegenleistung gewährt oder vereinbart, ist der Bieter gegenüber den Inhabern der Aktien, die das Angebot angenommen haben, zur Zahlung einer Geldleistung in Euro in Höhe des Unterschiedsbetrages verpflichtet. ²Satz 1 gilt nicht für den Erwerb von Aktien im Zusammenhang mit einer gesetzlichen Verpflichtung zur Gewährung einer Abfindung an Aktionäre der Zielgesellschaft und für den Erwerb des Vermögens oder von Teilen des Vermögens der Zielgesellschaft durch Verschmelzung, Spaltung oder Vermögensübertragung.

(6) ¹Dem Erwerb im Sinne der Absätze 3 bis 5 gleichgestellt sind Vereinbarungen, auf Grund derer die Übereignung von Aktien verlangt werden kann. ²Als Erwerb gilt nicht die Ausübung eines gesetzlichen Bezugsrechts auf Grund einer Erhöhung des Grundkapitals der Zielgesellschaft.

(7) ¹Das Bundesministerium der Finanzen kann durch Rechtsverordnung, die nicht der Zustimmung des Bundesrates bedarf, nähere Bestimmungen über die Angemessenheit der Gegenleistung nach Absatz 1, insbesondere die Berücksichtigung des durchschnittlichen Börsenkurses der Aktien der Zielgesellschaft und der Erwerbe von Aktien der Zielgesellschaft durch den Bieter, mit ihm gemeinsam handelnder Personen oder deren Tochterunternehmen und die hierbei maßgeblichen Zeiträume sowie über Ausnahmen von dem in Absatz 1 Satz 2 genannten Grundsatz und die Ermittlung des Unterschiedsbetrages nach den Absätzen 4 und 5 erlassen. ²Das Bundesministerium der Finanzen kann die Ermächtigung durch Rechtsverordnung auf die Bundesanstalt übertragen.

WpÜG-Angebotsverordnung (WpÜG-AngVO)

Dritter Abschnitt Gegenleistung bei Übernahmeangeboten und Pflichtangeboten

§ 3 Grundsatz

¹Bei Übernahmeangeboten und Pflichtangeboten hat der Bieter den Aktionären der Zielgesellschaft eine angemessene Gegenleistung anzubieten. ²Die Höhe der Gegenleistung darf den nach den §§ 4 bis 6 festgelegten Mindestwert nicht unterschreiten. ³Sie ist für Aktien, die nicht derselben Gattung angehören, getrennt zu ermitteln.

§ 4 Berücksichtigung von Vorerwerben

¹Die Gegenleistung für die Aktien der Zielgesellschaft muss mindestens dem Wert der höchsten vom Bieter, einer mit ihm gemeinsam handelnden Person oder deren Tochterunternehmen gewährten oder vereinbarten Gegenleistung für den Erwerb von Aktien der Zielgesellschaft innerhalb der letzten sechs Monate vor der Veröffentlichung nach § 14 Abs. 2 Satz 1 oder § 35 Abs. 2 Satz 1 des Wertpapiererwerbs- und Übernahmegesetzes entsprechen. ²§ 31 Abs. 6 des Wertpapiererwerbs- und Übernahmegesetzes gilt entsprechend.

§ 5 Berücksichtigung inländischer Börsenkurse

(1) Sind die Aktien der Zielgesellschaft zum Handel an einer inländischen Börse zugelassen, muss die Gegenleistung mindestens dem gewichteten durchschnittlichen inländischen Börsenkurs dieser Aktien während der letzten drei Monate vor der Veröffentlichung nach § 10 Abs. 1 Satz 1 oder § 35 Abs. 1 Satz 1 des Wertpapiererwerbs- und Übernahmegesetzes entsprechen.

(2) Sind die Aktien der Zielgesellschaft zum Zeitpunkt der Veröffentlichung nach § 10 Abs. 1 Satz 1 oder § 35 Abs. 1 Satz 1 des Wertpapiererwerbs- und Übernahmegesetzes noch keine drei Monate zum Handel an einer inländischen Börse zugelassen, so muss der Wert der Gegenleistung mindestens dem gewichteten durchschnittlichen inländischen Börsenkurs seit der Einführung der Aktien in den Handel entsprechen.

(3) Der gewichtete durchschnittliche inländische Börsenkurs ist der nach Umsätzen gewichtete Durchschnittskurs der der Bundesanstalt für Finanzdienstleistungsaufsicht (Bundesanstalt) nach § 9 des Wertpapierhandelsgesetzes als börslich gemeldeten Geschäfte.
(4) Sind für die Aktien der Zielgesellschaft während der letzten drei Monate vor der Veröffentlichung nach § 10 Abs. 1 Satz 1 oder § 35 Abs. 1 Satz 1 des Wertpapiererwerbs- und Übernahmegesetzes an weniger als einem Drittel der Börsentage Börsenkurse festgestellt worden und weichen mehrere nacheinander festgestellte Börsenkurse um mehr als 5 Prozent voneinander ab, so hat die Höhe der Gegenleistung dem anhand einer Bewertung der Zielgesellschaft ermittelten Wert des Unternehmens zu entsprechen.

§ 6 Berücksichtigung ausländischer Börsenkurse

(1) Sind die Aktien der Zielgesellschaft ausschließlich zum Handel an einem organisierten Markt im Sinne des § 2 Abs. 7 des Wertpapiererwerbs- und Übernahmegesetzes in einem anderen Staat des Europäischen Wirtschaftsraums im Sinne des § 2 Abs. 8 des Wertpapiererwerbs- und Übernahmegesetzes zugelassen, muss die Gegenleistung mindestens dem durchschnittlichen Börsenkurs während der letzten drei Monate vor der Veröffentlichung nach § 10 Abs. 1 Satz 1 oder § 35 Abs. 1 Satz 1 des Wertpapiererwerbs- und Übernahmegesetzes des organisierten Marktes mit den höchsten Umsätzen in den Aktien der Zielgesellschaft entsprechen.
(2) Sind die Aktien der Zielgesellschaft zum Zeitpunkt der Veröffentlichung nach § 10 Abs. 1 Satz 1 oder § 35 Abs. 1 Satz 1 des Wertpapiererwerbs- und Übernahmegesetzes noch keine drei Monate zum Handel an einem Markt im Sinne des Absatzes 1 zugelassen, so muss der Wert der Gegenleistung mindestens dem durchschnittlichen Börsenkurs seit Einführung der Aktien in den Handel an diesem Markt entsprechen.
(3) ¹Der durchschnittliche Börsenkurs ist der Durchschnittskurs der börsentäglichen Schlussauktion der Aktien der Zielgesellschaft an dem organisierten Markt. ²Wird an dem organisierten Markt nach Absatz 1 keine Schlussauktion durchgeführt, ist der Durchschnittskurs auf der Grundlage anderer, zur Bildung eines Durchschnittskurses geeigneter Kurse, die börsentäglich festgestellt werden, zu bestimmen.
(4) Werden die Kurse an dem organisierten Markt nach Absatz 1 in einer anderen Währung als in Euro angegeben, sind die zur Bildung des Mindestpreises herangezogenen Durchschnittskurse auf der Grundlage des jeweiligen Tageskurses in Euro umzurechnen.
(5) Die Grundlagen der Berechnung des durchschnittlichen Börsenkurses sind im Einzelnen zu dokumentieren.
(6) § 5 Abs. 4 ist anzuwenden.

§ 7 Bestimmung des Wertes der Gegenleistung

Besteht die vom Bieter angebotene Gegenleistung in Aktien, sind für die Bestimmung des Wertes dieser Aktien die §§ 5 und 6 entsprechend anzuwenden.

A. Einführung 1	V. Angemessenheit der Gegenleistung in Aktien
B. Höhe der Gegenleistung	(§ 7 WpÜG-AngVO) 17
(Abs. 1, §§ 3 ff WpÜG-AngVO) 2	C. Art der Gegenleistung (Abs. 2) 20
I. Grundsatz (§ 3 WpÜG-AngVO) 3	D. Zwingendes alternatives Barangebot (Abs. 3) 24
II. Berücksichtigung von Vorerwerben	E. Nachbesserung bei Parallelerwerben (Abs. 4) 28
(§ 4 WpÜG-AngVO) 4	F. Nachbesserung bei Nacherwerben (Abs. 5) 30
III. Berücksichtigung inländischer Börsenkurse	G. Erwerb und schuldrechtliche Vereinbarung;
(§ 5 WpÜG-AngVO) 8	Bezugsrechte (Abs. 6) 32
IV. Berücksichtigung ausländischer Börsenkurse	
(§ 6 WpÜG-AngVO) 12	H. Rechtsverordnung (Abs. 7) 33

A. Einführung

§ 31 regelt die Pflichten des Bieters hinsichtlich der bei einem Übernahme- oder Pflichtangebot zu gewährenden Gegenleistung. **Abs. 1** regelt die **Höhe** der anzubietenden Gegenleistung und verpflichtet den Bieter, den Aktionären der Zielgesellschaft eine **angemessene Gegenleistung** anzubieten. Einen zivilrechtlichen Anspruch auf Zahlung einer den Mindestpreisregeln entsprechende Gegenleistung gewährt die Vorschrift nicht.[1] Vielmehr stellt Abs. 1 lediglich **allgemeine Regeln** für die Bestimmung einer angemessenen Gegenleistung auf. **Abs. 2** und **Abs. 3** regeln die **Art** der anzubietenden Gegenleistung. **Abs. 4** und **Abs. 5** bestimmen die **Höhe** der zu gewährenden Gegenleistung für den Fall, dass der Bieter, mit gemeinsam handelnden

---

[1] Zutreffend *Cascante*, AG 2012, 97, 111, aA wohl LG Köln v. 29.7.2011 – 82 O 28/11, ZIP 2012, 229 ff.

Personen oder deren Tochterunternehmen, Erwerbe **außerhalb** des Angebotsverfahrens tätigt. In **Abs. 7** wird das Bundesministerium der Finanzen ermächtigt, durch **Rechtsverordnung**, nähere Bestimmungen über die Angemessenheit der Gegenleistung zu erlassen. Die Ermächtigung kann auch durch **Rechtsverordnung** auf die Bundesanstalt übertragen werden.

B. Höhe der Gegenleistung (Abs. 1, §§ 3 ff WpÜG-AngVO)

2 Der Bieter ist bei einem Übernahme- oder Pflichtangebot verpflichtet, den Aktionären eine angemessene Gegenleistung anzubieten (Abs. 1 S. 1).[2] Zur Bestimmung der Angemessenheit der Gegenleistung sind grundsätzlich der durchschnittliche Börsenkurs der Aktien der Zielgesellschaft (Börsenpreisregel) und Erwerbe von Aktien der Zielgesellschaft durch den Bieter zu berücksichtigen (Gleichpreisregel; Abs. 1 S. 2).[3]

3 **I. Grundsatz (§ 3 WpÜG-AngVO).** Der in Abs. 1 S. 2 vorgegebene Rahmen für die Bestimmung der **Höhe der Gegenleistung**, wird im Dritten Abschnitt der WpÜG-AngVO (§ 3 ff) abschließend konkretisiert.[4] Danach darf die bei einem Übernahme- oder Pflichtangebot zu gewährende Gegenleistung den nach §§ 4–6 festgelegten Mindestwert nicht unterschreiten (§ 3 S. 2 WpÜG-AngVO). Es gilt der jeweils **höchste** Mindestwert.[5]

Der Mindestwert ist für Aktien, die **unterschiedlichen Gattungen** angehören, getrennt zu ermitteln (§ 3 S. 2 WpÜG-AngVO). Dies kann für die Bewertung von Stamm- und Vorzugsaktien von Bedeutung sein.[6] Wegen des insoweit eindeutigen Wortlauts in § 3 S. 2 WpÜG-AngVO sowie § 3 Abs. 1 ist der Bieter **nicht** verpflichtet, Stamm- und Vorzugsaktionäre gleich zu behandeln und den Vorzugsaktionären eine im Rahmen von Vorwerben gezahlte Kontrollprämie an Stammaktionäre auch an die Vorzugsaktionäre anzubieten oder sonst gattungsübergreifend eine (absolute oder relative) Gleichbehandlung zu beachten. Die Vorschrift ist auch **nicht verfassungswidrig**.[7] Da jedoch das geltende Aktienrecht die Bildung unterschiedlicher Gattungen gestattet, der Bieter bei Übernahmeangeboten nach § 32 jedoch auf alle Aktien zu bieten hat, wäre *de lege lata* eine Angleichung an die Regelungen des in Großbritannien geltenden **City Code** (dort Rule 14.1)[8] sowie des in **Österreich** geltenden **Übernahmegesetzes** (dort § 26 Abs. 2),[9] wonach die Preise für die jeweiligen Gattungen jedenfalls in einem angemessenen Verhältnis zueinander stehen sollten, zu begrüßen, um im Rahmen von Übernahmesachverhalten eine Benachteiligung von Inhabern anderer Gattungen zu vermeiden.

4 **II. Berücksichtigung von Vorerwerben (§ 4 WpÜG-AngVO).** § 4 WpÜG-AngVO bestimmt eine für die Ermittlung des **Mindestpreises** maßgebliche **Untergrenze**. Danach muss die **Höhe** der zu gewährenden Gegenleistung **mindestens** dem Wert der **höchsten** vom Bieter, mit gemeinsam handelnden Personen oder deren Tochterunternehmen gewährten oder vereinbarten **Gegenleistung** für den Erwerb von Aktien der Zielgesellschaft innerhalb der letzten sechs Monate[10] vor der Veröffentlichung der Angebotsunterlage nach § 14 Abs. 2 S. 1 (freiwilliges Übernahmeangebot) oder nach § 35 Abs. 2 S. 1 (Pflichtangebot) betragen (**Vorerwerbsgegenleistung**). Dazu zählen nach § 4 S. 2 WpÜG-AngVO auch gewährte oder vereinbarte Gegenleistungen im Rahmen von Verträgen, auf Grundlage derer der in § 4 S. 1 WpÜG-AngVO genannte Personenkreis die Übereignung von Aktien verlangen kann.[11]

5 Damit sind die noch unter dem Übernahmekodex zulässigen Paketaufschläge für den Erwerb von substantiellen Anteilen an der Zielgesellschaft im Vorfeld des Angebots nicht zulässig.[12]

6 § 4 WpÜG-AngVO findet Anwendung, sobald im maßgeblichen Referenzzeitraum mindestens **eine Aktie** erworben wurde.[13] Es ist für die Anwendung des § 4 WpÜG-AngVO unerheblich, ob der Erwerb der Aktien im Referenzzeitraum börslich oder außerbörslich erfolgt.[14] Entsprechend Abs. 5 S. 2 Alt. 1 sind der Er-

---

2 Zur Angemessenheit der Gegenleistung bei schlichten Erwerbsangeboten, vgl § 11 Rn 12 ff.
3 *Krause*, in: Assmann/Pötzsch/Schneider, § 31 Rn 3, 26; KölnKomm-WpÜG/*Kremer/Oesterhaus*, § 31 Rn 19; *Rodewald/Siems*, ZIP 2002, 926.
4 *Krause*, in: Assmann/Pötzsch/Schneider, § 31 Rn 34 ff mwN auch der Gegenansicht; KölnKomm-WpÜG/*Kremer/Oesterhaus*, § 31 Rn 20 unter Aufgabe der Ansicht in der Vorauflage.
5 KölnKomm-WpÜG/*Kremer/Oesterhaus*, Anh. § 31, § 4 AngebVO Rn 25; Anh. § 31, § 5 AngebVO Rn 15.
6 Vorzugsaktien werden in der Regel als stimmrechtslose Aktien nach § 139 AktG ausgegeben, für die gemeinhin der Markt einen Bewertungsabschlag vornimmt.
7 BVerfG v. 2.4.2000 – 1 BvR 1620/03, <www.bverfg.de/entscheidungen/rk20040402/_1bvr162003.html> (Wella); *Krause*, in: Assmann/Pötzsch/Schneider, § 31 Rn 29 ff; KölnKomm-WpÜG/*Kremer/Oesterhaus*, § 31 Rn 7; *Marsch-Barner*, in: Baums/Thoma, § 31 Rn 21.
8 <www.thetakeoverpanel.org.uk/> (idF v. 30.3.2009).
9 <www.takeover.at/recht.html> (IdF v. 13.1.2010).
10 Mit der Verlängerung der Referenzperiode von drei auf sechs Monate ist Artikel 5 Abs. 4 Unterabs. 1 S. 1 ÜbernahmeRL umgesetzt worden.
11 Darunter fallen Kaufverträge, Call-Options zugunsten des Bieters und Andienungspflichten des Veräußerers.
12 Begr. RegE, BT-Drucks. 14/7034, S. 89; *Süßmann*, in: Geibel/Süßmann, § 31 Rn 94; Kritik daran übend: KölnKomm-WpÜG/*Kremer/Oesterhaus*, Anh. § 31- § 4 AngebVO Rn 2.
13 *Häger/Santelmann*, in: Steinmeyer, § 31 Rn 15.
14 KölnKomm-WpÜG/*Kremer/Oesterhaus*, Anh. § 31, § 4 AngebVO Rn 10; *Süßmann*, in: Geibel/Süßmann, § 31 Rn 88. Nach *Häger/Santelmann*, in: Steinmeyer, § 31 Rn 15 soll die Übertragung von Aktien im Rahmen einer Umwandlung der Zielgesellschaft als "Erwerb" gelten.

werb von Aktien aufgrund einer gesetzlichen Verpflichtung zur Gewährung einer Abfindung (bspw § 305 AktG) nicht von § 4 WpÜG-AngVO erfasst.[15]

§ 4 WpÜG-AngVO regelt nicht, auf welche Weise die **Höhe der Vorerwerbsgegenleistung** zu bestimmen ist. Während dies bei schlichten **Geldleistungen** unproblematisch ist, ergeben sich Schwierigkeiten bei **sonstigen Leistungen**, die dem Veräußerer einem **Gesamtaustauschzusammenhang** mit dem Erwerb gewährt werden.[16] Handelt es sich um Leistungen des Bieters, wie etwa die Einräumung von Optionen oder nachträglichen variablen Kaufpreisbestandteilen (*Earn-out*) sind diese grundsätzlich werterhöhend nach allgemeinen anerkannten Bewertungsmethoden zu berücksichtigen. Leistungen des Veräußerers sind dagegen – soweit rechtlich zulässig – wertmindernd zu berücksichtigen. Ein Zinsvorteil ist nicht zu berücksichtigen. Bei **Sachleistungen** ist deren Wert zum Zeitpunkt des Vorerwerbsgeschäfts ebenfalls nach allgemein anerkannten Bewertungsmethoden zu ermitteln.[17] Dabei kann bei Aktien auf § 7 WpÜG-AngVO, zurückgegriffen werden, da die in § 5 WpÜG-AngVO und § 6 WpÜG-AngVO vorgegebenen Bewertungsmethoden eine **gesetzliche Konkretisierung** darstellen.[18] Damit ist der Wert von **Aktien** als Gegenleistung im Rahmen eines **Vorerwerbs** (§ 4 WpÜG-AngVO) ebenso wie im Rahmen des **Angebots** selbst (§ 7 WpÜG-AngVO) nach Maßgabe des § 5 entweder nach dem gewichteten durchschnittlichen inländischen Börsenkurs in den in § 5 Abs. 1 und 2 angegebenen Zeiträumen oder, sofern der Kurs nach Maßgabe des § 5 Abs. 4 nicht ausreichend liquide ist, anhand einer Unternehmensbewertung zu ermitteln, wenn die Gegenleistung in Aktien einer im Inland börsennotierten Gesellschaft erfolgte. Dies gilt bei ausschließlich im Ausland börsennotierten Aktien entsprechend, wobei es für die analoge Anwendung von § 7 WpÜG-AngVO iVm § 6 WpÜG-AngVO nicht darauf ankommt, ob die im Rahmen eines **Vorerwerbs** geleisteten Aktien an einem organisierten Markt im EWR zum Handel zugelassen sind.

III. Berücksichtigung inländischer Börsenkurse (§ 5 WpÜG-AngVO). § 5 WpÜG-AngVO regelt die nach dem Gesetz anzuwendenden Methoden zur Bestimmung der Mindesthöhe der **Gegenleistung**, wenn die Aktien von Zielgesellschaften zum Handel an einem organisierten Markt im Inland zugelassen sind. Das gilt für Aktiengesellschaften oder Kommanditgesellschaften auf Aktien mit Sitz im Inland (§ 2 Abs. 3 Nr. 1) uneingeschränkt, für andere Gesellschaften mit Sitz in einem anderen Staat des EWR (§ 2 Abs. 3 Nr. 1) nur soweit die Voraussetzungen des § 1 Abs. 3 vorliegen.

Über die **Verweisung** in § 7 WpÜG-AngVO ist § 5 WpÜG-AngVO zur Bestimmung des **Wertes der Gegenleistung** anzuwenden, wenn **Aktien** als Gegenleistung angeboten werden.

Damit ist der Wert der **Gegenleistung** nach Maßgabe des **§ 5 Abs. 1 WpÜG-AngVO** nach dem gewichteten durchschnittlichen inländischen Börsenkurs während der letzten drei Monate[19] vor der Veröffentlichung der Angebotsunterlage nach § 41 Abs. 2 S. 1 (**freiwilliges Übernahmeangebot**) oder nach § 35 Abs. 2 S. 1 (**Pflichtangebot**) zu bestimmen. Sind die Aktien der Zielgesellschaft noch keine drei Monate zugelassen, muss der Wert mindestens dem gewichteten durchschnittlichen inländischen Börsenkurs seit der Einführung der Aktien entsprechen (**§ 5 Abs. 2 WpÜG-AngVO**). **§ 5 Abs. 3 WpÜG-AngVO** definiert den gewichteten durchschnittlichen Börsenkurs.[20]

Sind für die Aktien der Gesellschaft während der letzten drei Monate vor der Veröffentlichung der Angebotsunterlage nach § 41 Abs. 2 S. 1 (freiwilliges Übernahmeangebot) oder nach § 35 Abs. 2 S. 1 (Pflichtangebot) an weniger als einem Drittel der Börsentage Börsenkurse festgestellt worden und weichen mehrere nacheinander festgestellte Börsenkurse um mehr als 5 % voneinander ab, so ist eine Bewertung der Gegenleistung nach Maßgabe des § 5 Abs. 1 und 2 **unzulässig**. Der Wert der Gegenleistung muss anhand einer **Unternehmensbewertung** ermittelt werden (**§ 5 Abs. 4 WpÜG-AngVO**).[21]

Allerdings sollte der mit der Erstellung einer Unternehmensbewertung verbundene Aufwand nicht überschätzt werden, da bei Übernahmeangeboten und Pflichtangeboten der Bieter unter Mitwirkung von Investment-Banken und anderen Corporate Finance-Beratern in der Regel eine Unternehmensbewertung der Zielgesellschaft nicht allein auf den Börsenkurs stützen werden.[22]

---

15 KölnKomm-WpÜG/*Kremer/Oesterhaus*, Anh. § 31, § 4 AngebVO Rn 20.
16 Vgl dazu KölnKomm-WpÜG/*Kremer/Oesterhaus*, Anh. § 31, § 4 AngebVO Rn 13 ff; *Krause*, in: Assmann/Pötzsch/Schneider, § 31 Rn 114 ff.
17 KölnKomm-WpÜG/*Kremer/Oesterhaus*, Anh. § 31 Rn 17; *Häger/Santelmann*, in: Steinmeyer, § 31 Rn 21 f.
18 *Haarmann*, in: Haarmann/Schüppen, § 31 Rn 75; *Häger/Santelmann*, in: Steinmeyer, § 31 Rn 22. AA KölnKomm-WpÜG/*Kremer/Oesterhaus*, Anh. § 31, § 4 AngebVO Rn 17.
19 Obwohl die Referenzperiode im Hinblick auf Vorwerbe (§ 4 WpÜG-AngVO) zur Umsetzung von Artikel 5 Abs. 4 Unterabs. 1 S. 1 ÜbernahmeRL verlängert wurde, ist die Möglichkeit zur Verlängerung der entsprechenden Referenzperiode bezüglich des Börsenpreiskriteriums (§ 5 WpÜG-AngVO) nicht genutzt worden, vgl BegRegE, BT-Drucks. 16/1003, S. 26 (zu Nr. 4). Siehe auch *Krause*, in: Assmann/Pötzsch/Schneider, § 31 Rn 23.
20 Vgl dazu KölnKomm-WpÜG/*Kremer/Oesterhaus*, Anh. § 31, § 5 AngebVO Rn 9 ff.
21 Zu den in Betracht kommenden Bewertungsmethoden siehe *Haarmann*, in: Haarmann/Schüppen, § 31 Rn 37 ff sowie KölnKomm-WpÜG/*Kremer/Oesterhaus*, Anh. § 31, § 5 AngebVO Rn 24.
22 Vgl aber die Kritik bei *Süßmann*, in: Geibel/Süßmann, § 31 Rn 110; Stellungnahme des Handelsrechtsausschusses des DAV, NZG 2001, 420, 428.

12 **IV. Berücksichtigung ausländischer Börsenkurse (§ 6 WpÜG-AngVO).** § 6 WpÜG-AngVO ist die § 5 WpÜG-AngVO entsprechende Vorschrift, wenn die Aktien der Zielgesellschaft ausschließlich im ausländischen EWR an einem organisierten Markt notiert sind. Allerdings ist die **Anwendbarkeit** der Vorschrift seit der Umsetzung der Übernahmerichtlinie zum 20. Mai 2006 **erheblich eingeschränkt.** Nach § 1 Abs. 2 ist das Gesetz bei Aktiengesellschaften oder Kommanditgesellschaften auf Aktien mit Sitz im Inland (§ 2 Abs. 3 Nr. 1), deren stimmberechtigte Aktien ausschließlich in einem anderen Staat des EWR zum Handel in einem organisierten Markt zugelassen sind nur noch hinsichtlich der gesellschaftsrechtlichen Fragen anwendbar.[23]

13 Auf andere Gesellschaften mit Sitz im EWR (§ 2 Abs. 3 Nr. 2) findet das Gesetz nur Anwendung, wenn unter den weiteren Voraussetzungen des § 1 Abs. 3 die stimmberechtigten Zielgesellschaft nicht im Sitzstaat der Zielgesellschaft an einem organisierten Markt zum Handel zugelassen sind. § 6 WpÜG-AngVO kommt jedoch über die Verweisung in § 7 zur Anwendung, wenn der Bieter im Rahmen eines **Tauschangebots** Aktien anbietet, die ausschließlich zum Handel an einem organisierten Markt im EWR zugelassen sind.[24]

14 Heranzuziehen ist der durchschnittliche Börsenkurs entweder in den letzten drei Monaten vor der Veröffentlichung der Angebotsunterlage (Abs. 1) oder, sofern die Aktien noch keine drei Monate zugelassen sind, in der Zeit seit Einführung der Aktien (Abs. 2). Bei mehreren Märkten sind ausschließlich die Kurse des Marktes mit den höchsten Umsätzen zu berücksichtigen (Abs. 1).

15 Der durchschnittliche Börsenkurs berechnet sich entweder auf der Grundlage der durchschnittlichen Kurse der börsentäglichen Schlussauktion oder, sofern eine Schlussauktion nicht durchgeführt wird, anderer täglich festgestellter Kurse, die zur Bildung eines Durchschnittskurses geeignet sind. Anders als bei der Ermittlung des Durchschnittskurses nach § 5 Abs. 3 WpÜG-AngVO erfolgt hier keine Gewichtung der einzelnen Kurse nach getätigten Umsätzen.[25] Notierungen in einer anderen Währung als Euro sind auf der Grundlage des jeweiligen Tageskurses in Euro umzurechnen (§ 6 Abs. 4 WpÜG-AngVO). Um der Bundesanstalt die korrekte Ermittlung des durchschnittlichen Börsenkurses zu erleichtern, hat der Bieter die Grundlagen der Berechnung im Einzelnen zu dokumentieren.

16 Aufgrund der Verweisung in § 6 Abs. 6 ist unter den Voraussetzungen des § 5 Abs. 4 eine Unternehmensbewertung vorzunehmen.

17 **V. Angemessenheit der Gegenleistung in Aktien (§ 7 WpÜG-AngVO).** Nach § 7 WpÜG-AngVO gelten die Vorschriften für die Bewertung der Aktien der Zielgesellschaft ebenso für eine Bewertung von Aktien, die als **Gegenleistung** angegeben werden. Voraussetzung für die Anwendung von § 7 ist, dass die als Gegenleistung angebotenen Aktien zum Handel an einem **organisierten Markt** des EWR zugelassen sind.[26] Der Bieter ist, sofern er nicht ohnehin eine ausländische Aktiengesellschaft ist, nicht verpflichtet, eigene Aktien als Gegenleistung anzubieten, sondern kann bspw Aktien anderer Gesellschaft, die er hält, oder Aktien börsennotierter Tochtergesellschaften anbieten.[27] Dies gilt auch für Aktien an Gesellschaften, die der Bieter oder ein Dritter kontrollieren.[28]

18 Die Wertermittlung erfolgt daher auf Grundlage einheitlicher Maßstäbe.[29] Vorerwerbe werden bei der Bestimmung des Wertes der Gegenleistung nicht berücksichtigt, da der Bieter durch den Erwerb eigener bzw der als Gegenleistung angebotenen Aktien Dritter den Wert der Gegenleistung künstlich erhöhen könnte.[30] Anders als bei der unmittelbaren Anwendung der §§ 5 und 6 WpÜG-AngVO zur Bestimmung des Mindestwerts, ergibt sich aus § 7 WpÜG-AngVO die **Obergrenze** des Werts der Gegenleistung.[31]

19 Das **Umtauschverhältnis** ergibt sich aus der Gegenüberstellung des Wertes der Aktien der Zielgesellschaft und des Wertes der als Gegenleistung angebotenen Aktien. Problematisch kann es für den Bieter werden, wenn sich der nach § 7 iVm § 5 Abs. 1 WpÜG-AngVO festgelegte Preis bis zum Ablauf der Annahmefrist stark nach oben bewegt.[32] Dies kann wirtschaftlich zu einer „Überbezahlung" führen. In rechtlicher Hinsicht ist bei deutschen Aktiengesellschaften, die neue Aktien als Tauschmittel schaffen wollen, zu beachten,

---

23 BegRegE, BT-Drucks. 16/1003, S. 13 (zu Nr. 1).

24 Beschlussempfehlung und Bericht des Finanzausschusses (7. Ausschuss), BT-Drucks. 16/1541, S. 23 (zu Buchst. d).

25 KölnKomm-WpÜG/*Kremer/Oesterhaus*, Anh. § 31, § 6 AngebVO Rn 13; *Süßmann*, in: Geibel/Süßmann, § 31 Rn 118.

26 Siehe KölnKomm-WpÜG/*Kremer/Oesterhaus*, Anh. § 31, § 7 AngebVO Rn 13 f zur Anwendbarkeit von § 7 bei Aktien die an einem dem Standard eines organisierten Marktes entsprechenden ausländischen Börse (bspw NYSE oder Nasdaq) notiert sind, sofern diese spätestens zum Zeitpunkt der Abwicklung des Angebots an einem organisierten Markt zugelassen sind.

27 Ausführlich: KölnKomm-WpÜG/*Kremer/Oesterhaus*, § 31 Rn 27; *Krause*, in: Assmann/Pötzsch/Schneider, § 31 Rn 47 ff; *Süßmann*, in: Geibel/Süßmann, § 31 Rn 9.

28 KölnKomm-WpÜG/*Kremer/Oesterhaus*, Anh. § 31 Rn 28; *Krause*, in: Assmann/Pötzsch/Schneider, § 31 Rn 45.

29 Begr. RegE, BT-Drucks. 14/7034, S. 80.

30 Siehe dazu KölnKomm-WpÜG/*Kremer/Oesterhaus*, Anh. § 7 AngebVO Rn 6 f.

31 KölnKomm-WpÜG/*Kremer/Oesterhaus*, Anh. § 31, § 7 AngebVO Rn 7.

32 Ausführlich hierzu KölnKomm-WpÜG/*Kremer/Oesterhaus*, Anh. § 31- § 7 AngebVO Rn 11 f; *Busch*, AG 2002, 145, 151 f. Siehe auch *Rodewald/Siems*, ZIP 2002, 926, 928.

dass materiellrechtlich die Grenzen des § 255 Abs. 2 AktG zu beachten sind.[33] Bei Ausnutzung eines genehmigten Kapitals durch den Vorstand haben die Aktionäre des Bieters bei einem Verstoß gegen § 225 Abs. 2 AktG einen Unterlassungsanspruch gegen die Gesellschaft, der im Wege einer einstweiligen Verfügung durchgesetzt werden kann.[34]

C. Art der Gegenleistung (Abs. 2)

Abs. 2 S. 1 regelt die Art der anzubietenden Gegenleistung, die entweder in einer Geldleistung in Euro oder in liquiden[35] Aktien, die zum Handel an einem organisierten Markt zugelassen sind (**Pflichtgegenleistung**). Nach Abs. 2 S. 2 können stimmberechtigte Aktien nur gegen stimmberechtigte Aktien getauscht werden.[36] 20

Aktien iSv Abs. 2 S. 1 sind börsennotierte Wertpapiere, die Mitgliedschaftsrechte an einer inländischen oder ausländischen Kapitalgesellschaft gewähren.[37] Der Bieter ist nicht verpflichtet, **eigene Aktien** als Gegenleistung anzubieten, sondern kann bspw Aktien anderer Gesellschaften, die er hält, oder Aktien börsennotierter Tochtergesellschaften anbieten.[38] 21

Die als Gegenleistung angebotenen Aktien müssen spätestens zum Zeitpunkt der **Fälligkeit** der Gegenleistung zum Handel an einem organisierten Markt **zugelassen** sein.[39] 22

Dem Bieter ist es erlaubt, beide Arten der Gegenleistung zu kombinieren (**kombinierte Gegenleistung**) und bspw neben börsennotierten Aktien zusätzlich eine Geldleistung anzubieten.[40] Darüber hinaus kann der Bieter alternativ sonstige Gegenleistungen anbieten, bspw eine Geldleistung in einer anderen Währung als Euro, nicht börsennotierte Aktien, außerhalb des EWR börsennotierte Aktien oder Schuldverschreibungen (**Wahlgegenleistung**).[41] Die alternativ angebotene Gegenleistung muss zwar nicht hinsichtlich ihrer Art, aber jedenfalls hinsichtlich der Höhe der Gegenleistung gleichwertig sein, da Abs. 1 S. 1 den Bieter verpflichtet, den Aktionären eine **angemessene** Gegenleistung anzubieten. Es kann daher nicht gewollt sein, dass die Aktionäre die Wahl zwischen einer angemessenen und einer unangemessenen Gegenleistung haben sollen,[42] auch wenn der Bieter verpflichtet ist, Transparenz zu schaffen und nach § 2 Nr. 3 WpÜG-VO die Bewertung der alternativen Gegenleistung zu erläutern.[43] 23

D. Zwingendes alternatives Barangebot (Abs. 3)

Nach Abs. 3 hat der Bieter den Aktionären der Zielgesellschaft zwingend eine **Geldleistung in Euro** anzubieten, wenn er, mit ihm gemeinsam handelnde Personen oder deren Tochterunternehmen in den sechs Monaten[44] **vor** Veröffentlichung der **Entscheidung** zur Abgabe eines Angebots (§ 10 Abs. 3 S. 1) bis zum Ablauf der Annahmefrist mindestens fünf Prozent der Aktien[45] oder Stimmrechte an der Zielgesellschaft gegen Zahlung einer Geldleistung erworben hatte. Die bislang bestehende formale Trennung zwischen **Vorwerben** und **Parallelerwerben** wurde aufgegeben.[46] 24

Nach der weiterhin bestehenden *ratio legis* soll ein „Anschleichen" des Bieters an die Zielgesellschaft verhindert werden.[47] Daher besteht eine Pflicht, eine Geldleistung in Euro anzubieten bzw sein Angebot ent- 25

---

33 Vgl KölnKomm-WpÜG/*Kremer/Oesterhaus*, Anh. § 31 Rn 8; Großkomm-AktienR/*Hirte*, § 203 Rn 97 ff; *Busch*, AG 2002, 145, 151 f.
34 Großkomm-AktienR/*Hirte*, § 203 Rn 131 ff.
35 Zur Bestimmung einer ausreichenden Liquidität siehe KölnKomm-WpÜG/*Kremer/Oesterhaus*, § 31 Rn 26 ff; *Krause*, in: Assmann/Pötzsch/Schneider, § 31 Rn 47 ff.
36 Vgl dazu *Krause*, in: Assmann/Pötzsch/Schneider, § 31 Rn 56 ff.
37 Nach der wohl hM fallen auch Depotrechte, wie ADRs (American Depositary Receipts) darunter sofern sie eine der Stellung eines Aktionärs entsprechende Stellung verbriefen, vgl *Krause*, in: Assmann/Pötzsch/Schneider, § 31 Rn 47 ff; KölnKomm-WpÜG/*Kremer/Oesterhaus*, § 31 Rn 25; *Süßmann*, in: Geibel/Süßmann, § 31 Rn 9; *Marsch-Barner*, in: Baums/Thoma, § 31 Rn 62. AA *Haarmann*, in: Haarmann/Schüppen, § 31 Rn 82.
38 Ausführlich: KölnKomm-WpÜG/*Kremer/Oesterhaus*, Anh. § 31, Rn 27; *Krause*, in: Assmann/Pötzsch/Schneider, § 31 Rn 47 ff; *Süßmann*, in: Geibel/Süßmann, § 31 Rn 9.
39 KölnKomm-WpÜG/*Kremer/Oesterhaus*, § 31 Rn 32; *Krause*, in: Assmann/Pötzsch/Schneider, § 31 Rn 54; *Süßmann*, in: Geibel/Süßmann, § 31 Rn 14.
40 KölnKomm-WpÜG/*Kremer/Oesterhaus*, § 31 Rn 37; *Krause*, in: Assmann/Pötzsch/Schneider, § 31 Rn 63 ff.
41 KölnKomm-WpÜG/*Kremer/Oesterhaus*, § 31 Rn 24, 37; *Krause*, in: Assmann/Pötzsch/Schneider, § 31 Rn 38, 62.
42 AA KölnKomm-WpÜG/*Kremer/Oesterhaus*, § 31 Rn 37; *Krause*, in: Assmann/Pötzsch/Schneider, § 31 Rn 62; *Haarmann*, in: Haarmann/Schüppen, Öffentliche Übernahmeangebote, § 31 Rn 97: eine angemessene Gegenleistung sei ausreichend. Dagegen wohl auch *Süßmann*, in: Geibel/Süßmann, § 31 Rn 24.
43 Hier ist bereits die Sinnhaftigkeit eines solchen alternativen Angebots fraglich.
44 Mit der Verlängerung der Frist von drei auf sechs Monate wurde Artikel 5 Abs. 5 Unterabs. 3 ÜbernahmeRL umgesetzt, vgl BegRegE, BT-Drucks. 16/1003, S. 19 (zu Nr. 14).
45 Artikel 5 Abs. 5 Unterabs. 3 ÜbernahmeRL hatte sich nur auf Stimmrechte bezogen. Das Gesetz belässt dies bei der bislang geltenden Rechtslage, wonach auch stimmrechtslose Vorzugsaktien ebenso miteinbezogen werden, vgl BegRegE, BT-Drucks. 16/1003, S. 19 (zu Nr. 14).
46 Mit der Aufgabe der formalen Trennung von Vorwerben und Parallelerwerben wurde Artikel 5 Abs. 5 Unterabs. 3 ÜbernahmeRL umgesetzt, vgl BegRegE, BT-Drucks. 16/1003, S. 19 (zu Nr. 14).
47 *Krause*, in: Assmann/Pötzsch/Schneider, § 31 Rn 80 (noch zu, § 31 Abs. 3 Nr. 1 aF).

sprechend zu ändern, auch dann, wenn der dem Bieter aufgrund von Vorerwerben oder Parallelerwerben zuzurechnende Anteil, infolge von Kapitalmaßnahmen der Zielgesellschaft, nachträglich unter fünf Prozent sinkt.[48]

26 Aktien, die außerhalb dieses Zeitraums erworben wurden, werden bei der Erfassung der **Bagatellgrenze** von fünf Prozent nicht hinzugezählt.[49] Abs. 3 setzt weiter voraus, dass für die Aktien eine Geldleistung gewährt wurde, so dass Vorerwerbe gegen andere als Geldleistungen im relevanten Zeitraum ebenfalls keine Pflicht zur Geldleistung auslösen.[50]

27 Sowohl im Falle eines relevanten Vorerwerbs als auch eines Parallelerwerbs kann der Bieter weiterhin eine andere angemessene Gegenleistung neben der gesetzlich geforderten Gegenleistung in Euro anbieten.[51]

E. Nachbesserung bei Parallelerwerben (Abs. 4)

28 Abs. 4 regelt die Folgen des Erwerbs von Aktien der Zielgesellschaft nach Veröffentlichung des **Angebots** und vor Veröffentlichung des Ergebnisses des Angebots (§ 23 Abs. 1 S. 1 Nr. 2). Haben der Bieter, mit ihm gemeinsam handelnde Personen oder deren Tochterunternehmen in diesem Zeitraum für Aktien einer vom Angebot betroffenen Gattung wertmäßig eine höhere als die im Angebot genannte Gegenleistung gewährt oder vereinbart, haben die Angebotsempfänger der jeweiligen Gattung einen Anspruch auf Zahlung oder Verschaffung des Unterschiedsbetrags. Daneben ist auch Abs. 3 zu beachten, so dass der Bieter auch verpflichtet sein kann, in jedem Fall ein Barangebot in Euro abzugeben.[52]

29 Die Gegenleistung erhöht sich kraft Gesetzes, so dass die Anpassung des Anspruchs der Aktionäre automatisch ohne weitere rechtsgeschäftliche Handlung erfolgt.[53] Dies gilt auch für Kauf- oder Tauschverträge, die bereits angenommen wurden. Hat der Bieter das Angebot bedingt abgegeben, bspw unter der Bedingung einer Mindestquote gestellt, entsteht der Anspruch jedoch erst, wenn die Bedingung eingetreten ist.[54]

F. Nachbesserung bei Nacherwerben (Abs. 5)

30 Den Aktionären steht ein Nachbesserungsanspruch auch zu bei Erwerben oder Vereinbarungen hierüber, die der Bieter, mit ihm gemeinsam handelnde Personen oder deren Tochterunternehmen innerhalb eines Jahres nach der Veröffentlichung des Ergebnisses des Angebots (§ 23 Abs. 1 S. 1 Nr. 2) zu einem wertmäßig höheren als die im Angebot genannte Gegenleistung getätigt haben, wenn der Erwerb **außerhalb** der Börse erfolgt ist.[55] Der Bieter ist verpflichtet, den Aktionären, die das Angebot angenommen haben, den Unterschiedsbetrag in Geld zu zahlen (Abs. 5 S. 1). Abs. 5 S. 1 findet jedoch keine Anwendung, wenn der Erwerb der Aktien im Zusammenhang mit einer gesetzlichen Verpflichtung zur Gewährung einer Abfindung an Aktionäre der Zielgesellschaft (Abs. 5 S. 2 Alt. 1) erfolgt ist. Daher erhöht sich die Gegenleistung nicht, wenn der Bieter mit der Zielgesellschaft einen Beherrschungs- oder Gewinnabführungsvertrag schließt (§ 305 AktG), die Zielgesellschaft eingliedert (§ 320b AktG), einen Squeeze-out nach § 327a AktG oder Maßnahmen nach dem UmwG herbeiführt.[56] Damit berücksichtigt der Gesetzgeber, dass der Bieter ggf bis zum Ende der sich in der Regel über mehrere Jahre[57] hinausziehenden Spruchverfahren[58] warten müsste, bis der endgültige Erwerbspreis feststeht. Abs. 5 S. 2 setzt jedoch voraus, dass der Bieter **gesetzlich** verpflichtet ist, eine Abfindung zu gewähren, so dass freiwillige Abfindungsleistungen zu einer Erhöhung der Gegenleistung führen.

31 Darüber hinaus stellt Abs. 5 S. 2 Alt. 2 klar, dass der Erwerb des Vermögens oder von Teilen des Vermögens der Zielgesellschaft durch Verschmelzung, Spaltung oder Vermögensübertragung keinen Erwerb von Aktien darstellt und daher nicht zu einer Erhöhung der Gegenleistung führt.[59]

---

48 *Krause*, in: Assmann/Pötzsch/Schneider, § 31 Rn 80 (noch zu, § 31 Abs. 3 Nr. 1 aF).
49 *Krause*, in: Assmann/Pötzsch/Schneider, § 31 Rn 77 ff (noch zu, § 31 Abs. 3 Nr. 1 aF).
50 Ausführlich: *Krause*, in: Assmann/Pötzsch/Schneider, § 31 Rn 88 ff.
51 Begr. RegE, BT-Drucks. 14/7034, S. 55; *Krause*, in: Assmann/Pötzsch/Schneider, § 31 Rn 96; *Süßmann*, in: Geibel/Süßmann, § 31 Rn 28; *Steinmeyer*, § 31 Rn 56. AA *Riehmer/Schröder*, BB 2001, Beil 5, S. 11, zum insoweit unverändert übernommenen § 31 Abs. 3 RefE WÜG.
52 KölnKomm-WpÜG/*Kremer/Oesterhaus*, § 31 Rn 60, 77; *Krause*, in: Assmann/Pötzsch/Schneider, § 31 Rn 97; *Steinmeyer*, § 31 Rn 68; *Thun*, in: Geibel/Süßmann, § 31 Rn 53. AA *Haarmann*, in: Haarmann/Schüppen, § 31 Rn 146 ff.
53 KölnKomm-WpÜG/*Kremer/Oesterhaus*, § 31 Rn 76; *Krause*, in: Assmann/Pötzsch/Schneider, § 31 Rn 99; *Steinmeyer*, § 31 Rn 71; *Thun*, in: Geibel/Süßmann, § 31 Rn 52.
54 *Steinmeyer*, § 31 Rn 71.
55 KölnKomm-WpÜG/*Kremer/Oesterhaus*, § 31 Rn 81; *Krause*, in: Assmann/Pötzsch/Schneider, § 31 Rn 130.
56 Begr. RegE, BT-Drucks. 14/7034, S. 56; KölnKomm-WpÜG/*Kremer/Oesterhaus*, § 31 Rn 94; *Krause*, in: Assmann/Pötzsch/Schneider, § 31 Rn 132, 147 ff.
57 Vgl *Krieger/Mennicke*, in: Lutter/Winter, Umwandlungsgesetz, Anhang I, Einleitung Rn 4.
58 Siehe zu den aktienrechtlichen Spruchverfahren *Hüffer*, AktG, Anhang, § 305 (§ 1 SpruchG).
59 Begr. RegE, BT-Drucks. 14/7034, S. 56; *Krause*, in: Assmann/Pötzsch/Schneider, § 31 Rn 147: "überflüssige Klarstellung".

G. Erwerb und schuldrechtliche Vereinbarung; Bezugsrechte (Abs. 6)

Abs. 6 stellt schuldrechtliche Vereinbarungen, die dem Bieter das Recht auf Übereignung der Aktien gewähren, dem dinglichen Erwerb gleich. Erfasst sind bspw Kaufverträge, *call options*, Andienungspflichten des Verkäufers, Wandelanleihen oder Optionsanleihen.[60] Put options, dh Optionen, die den Bieter verpflichten Aktien der Zielgesellschaft zu erwerben fallen jedoch nicht hierunter, vielmehr stellt deren Vollzug innerhalb der jeweils für sie geltenden Zeiträume als für Vorerwerbe, Parallelerwerbe oder Nacherwerbe.[61] Zudem stellt die Vorschrift klar, dass die Ausübung eines Bezugsrechts keinen Erwerb iSv § 31 darstellt. Dies gilt jedoch nicht sofern das Bezugsrecht ausgeschlossen wurde und der Bieter gezeichnet hat oder der Bieter das Bezugsrecht von Dritten erworben hat.[62]

H. Rechtsverordnung (Abs. 7)

Abs. 7 S. 1 enthält die Ermächtigung des Bundesministeriums der Finanzen, durch Rechtsverordnung nähere Bestimmungen über die Angemessenheit der Gegenleistung nach Abs. 1 zu treffen. Dies ist bereits am 27.12.2001 durch Erlass der WpÜG-AngVO geschehen.[63] Dagegen hat das Bundesministerium der Finanzen noch keinen Gebrauch von der nach Abs. 7 S. 2 enthaltenen Ermächtigung zur Übertragung der Kompetenz zum Erlass entsprechender Rechtsverordnungen gemacht.

Obwohl das Gesetz den Aktionären einen Anspruch auf eine angemessene Gegenleistung gewährt, sieht es jedoch kein Verfahren vor, das entsprechend den aktienrechtlichen und umwandlungsrechtlichen Spruchverfahren, auf Antrag der Aktionäre die **Angemessenheit der Gegenleistung überprüft**. Aktionäre, die der Ansicht sind, dass die tatsächlich gewährte Abfindung unangemessen niedrig ist, sind darauf verwiesen, den Anspruch auf die angemessene Leistung vor den Zivilgerichten durchzusetzen.[64] Im Übrigen erfolgt eine eingeschränkte Überprüfung durch die Bundesanstalt, so dass sie bei evident falsch ermittelten Gegenleistungen das Angebot nach § 15 Abs. 1 Nr. 2 untersagen kann.[65]

§ 32 Unzulässigkeit von Teilangeboten

Ein Übernahmeangebot, das sich nur auf einen Teil der Aktien der Zielgesellschaft erstreckt, ist unbeschadet der Vorschrift des § 24 unzulässig.

A. Einführung

§ 32 ist eine Ausprägung des in § 3 Abs. 1 enthaltenen Grundsatzes der Gleichbehandlung aller Inhaber von Wertpapieren der Zielgesellschaft.[1] § 32 schreibt vor, dass Übernahmeangebote und, über den Verweis des § 39, auch Pflichtangebote als Vollangebote abgegeben werden müssen. Dies dient dem Schutz der Minderheitsaktionäre der Zielgesellschaft, denen ein Austritt zu gleichen Konditionen wie Paketaktionären ermöglicht werden soll.[2]

B. Sachlicher Anwendungsbereich, betroffene Wertpapiere

I. Aktien. Die Verpflichtung des Bieters, Pflicht- und freiwillige Übernahmeangebote stets als Vollangebote abzugeben, erstreckt sich auf sämtliche Aktien der Zielgesellschaft. Sie sind somit an sämtliche Aktionäre zu richten.[3] Das Vollangebot erfasst alle Aktiengattungen der Zielgesellschaft, also Stamm- und Vorzugsaktien, Inhaber- und Namensaktien sowie Nennbetrags- und Stückaktien.[4] Eine mit dem mangelnden Stimmrecht begründete Ungleichbehandlung der Vorzugsaktien ist somit unzulässig. Da ein Hauptanliegen des § 32 die Schaffung einer Austrittsmöglichkeit für alle Aktionäre ist, kann sie nur an deren Eigentümerstellung geknüpft werden und nicht an ein etwaiges mit der Aktienart verbundenes Stimmrecht.[5]

---

60 LG Köln v. 29.7.2011 – 82 O 28/11, ZIP 2012, 229 ff; ausführlich: *Krause*, in: Assmann/Pötzsch/Schneider, § 31 Rn 151 ff.
61 *Krause*, in: Assmann/Pötzsch/Schneider, § 31 Rn 15 z.
62 Zu möglichen Ausnahmen hiervon vgl *Krause*, in: Assmann/Pötzsch/Schneider, § 31 Rn 160.
63 Siehe Anhang.
64 Vgl *Krause*, in: Assmann/Pötzsch/Schneider, § 31 Rn 166; KölnKomm-WpÜG/*Kremer/Oesterhaus*, § 31 Rn 107; *Häger/Santelmann*, in: Steinmeyer, § 31 Rn 111.
65 Vgl *Krause*, in: Assmann/Pötzsch/Schneider, § 31 Rn 163.
1 *Steinmeyer*, in: Steinmeyer, § 32 Rn 2; *Favoccia*, in: Assmann/Pötzsch/Schneider, § 32 Rn 1.
2 *Favoccia*, in: Assmann/Pötzsch/Schneider, § 32 Rn 5.
3 Vgl *Vogel*, in: Haarmann/Schüppen, § 32 Rn 12.
4 MüKo-AktG/*Schlitt*, § 32 WpÜG Rn 9.
5 *Favoccia*, in: Assmann/Pötzsch/Schneider, § 32 Rn 8; Begr. RegE BT-Drucks. 14/7034, S. 57.

3 Zudem nimmt die BaFin an, dass die Verpflichtung zur Abgabe eines Vollangebots **nicht auf börsennotierte Wertpapiere beschränkt** sei; auch Inhaber nicht börsennotierter Wertpapiere seien schutzbedürftig, da sie im Falle eines Kontrollwechsels nur unter erschwerten Bedingungen aus der Zielgesellschaft austreten könnten.[6] Dagegen wird eingewandt, dass nach § 1 das WpÜG nur auf zum Handel an einem organisierten Markt zugelassene Wertpapiere Anwendung finde.[7] Ferner stelle eine solche Verpflichtung zum Kauf von Wertpapieren mit einer erheblich geringeren Fungibilität eine unangemessene Benachteiligung des Bieters dar.[8] Trotz des klaren Wortlauts des § 1 ist die Norm aufgrund der Vorgaben der Übernahmerichtlinie[9] richtlinienkonform auszulegen. Aus den Art. 1 Abs. 1, Art. 2 Abs. 1 lit. e) und Art. 5 Abs. 1 S. 2 ÜbernahmeRL ergibt sich, dass ein Angebot gegenüber allen Wertpapierinhabern der Zielgesellschaft für alle ihre Wertpapiere abgegeben werden muss, auch wenn nur ein Teil der Wertpapiere börsennotiert ist.[10]

4 **II. Andere Wertpapiere.** Nach dem Wortlaut des § 32 sind von der Verpflichtung zur Abgabe eines Vollangebots andere Wertpapiere als Aktien nicht erfasst.[11] Andere Wertpapiere iS des § 2 Abs. 2 Nr. 2, wie zB Wandelschuldverschreibungen oder Optionsscheine, stellen lediglich Aktienerwerbsmöglichkeiten dar und fallen nicht in den Anwendungsbereich des § 32.[12] Dabei ist aber zu beachten, dass bei Ausübung der Options- oder Wandlungsrechte vor Ablauf der Annahmefrist Aktien der Zielgesellschaft entstehen. Diese „neuen" Aktien werden dann auch Gegenstand des Übernahme- oder Pflichtangebots.[13]

5 Streitig ist, ob Übernahme- oder Pflichtangebote sich auch auf Aktien vertretende Zertifikate iS des § 2 Abs. 2 Nr. 1 erstrecken müssen. Von besonderer Relevanz ist dies für die sog. *American Depository Receipts* (ADR).[14] Bei ADR handelt es sich um Zertifikate, die Aktien vertreten und für diese Aktien an einer US-amerikanischen Börse gehandelt werden.[15] Die von den ADR vertretenen Aktien der Zielgesellschaft werden von einem Treuhänder (Depotbank) gehalten. Eine Anwendung des § 32 auf ADR wird mehrheitlich mit der treuhänderischen Stellung der Depotbank begründet.[16] Zwar ist die Depotbank rechtliche Eigentümerin der vertretenen Aktien, jedoch werden die wirtschaftlichen und mitgliedschaftlichen Rechte von den Inhabern der ADR ausgeübt.[17] Aufgrund seiner rein treuhänderischen Position kann der rechtliche Eigentümer der Aktien über deren Verkauf nicht entscheiden. Aus diesem Grund müssen sich Übernahme- oder Pflichtangebote in analoger Anwendung von § 32 auch an Inhaber von ADR richten.[18]

C. Zeitlicher Anwendungsbereich

6 Da das freiwillige Übernahme- bzw Pflichtangebot auf sämtliche Aktien der Zielgesellschaft zu erstrecken ist, muss es sich auch auf solche Aktien beziehen, die **nach Abgabe des Angebots entstanden** sind, zB durch die Ausübung von Optionsscheinen oder Wandelschuldverschreibungen. Erfasst werden dabei alle Aktien, die bis zum Ende der regulären Annahmefrist gemäß § 16 Abs. 1 oder dem Ende der aufgrund nachträglicher Angebotsänderung verlängerten Frist des § 21 Abs. 5 entstanden sind.[19] Nicht einzubeziehen sind hingegen solche Aktien, die erst im Zeitraum der weiteren Angebotsfrist gemäß § 16 Abs. 2 entstanden sind.[20] Dies ergibt sich aus dem Wortlaut des § 16 Abs. 2, wonach die Aktionäre die Möglichkeit gehabt haben müssen, das Angebot vor Ablauf der regulären Annahmefrist anzunehmen. Dies setzt jedoch voraus, dass

---

6 Jahresbericht der BaFin 2003, S. 208 abrufbar unter <www.bafin.de/cln_161/nn_992916/SharedDocs/Downloads/DE/Service/Jahresberichte/2003/jb_20_202003_gesamt,templateId=raw,property=publicationFile.pdf/jb%20-%202003_gesamt.pdf>. So auch *Lenz/Behnke*, BKR 2003, 43, 49; *Thun*, in: Geibel/Süßmann, § 32 Rn 4, *Vogel*, in: Haarmann/Schüppen, § 32 Rn 15.

7 Eine Anwendung des WpÜG auf nicht börsennotierte Wertpapiere ablehnend: *Ekkenga*, in: Ehricke/Ekkenga/Oechsler, § 32 Rn 9; MüKo-AktG/*Schlitt*, § 32 WpÜG Rn 12, 13–20; KölnKomm-WpÜG/*Hasselbach*, § 32 Rn 8; *Diekmann*, in: Baums/Thoma, § 32 Rn 6.

8 *Ekkenga*, in: Ehricke/Ekkenga/Oechsler, § 32 Rn 9.

9 Richtlinie 2004/25/EG des Europäischen Parlaments und des Rates v. 21. April 2004 betr. Übernahmeangebote, ABl. EU Nr. L 142/12 v. 30.4.2004.

10 *Steinmeyer*, in: Steinmeyer, § 32 Rn 7; *Krause/Pötzsch*, in: Assmann/Pötzsch/Schneider, § 35 Rn 221.

11 *Vogel*, in: Haarmann/Schüppen, § 32 Rn 13; KölnKomm-WpÜG/*Hasselbach*, § 32 Rn 14; *Diekmann*, in: Baums/Thoma, § 32 Rn 11.

12 *Steinmeyer*, in: Steinmeyer, § 32 Rn 8; *Favoccia*, in: Assmann/Pötzsch/Schneider, § 32 Rn 14.

13 MüKo-AktG/*Schlitt*, § 32 WpÜG Rn 26; *Steinmeyer*, in: Steinmeyer, § 32 Rn 8; KölnKomm-WpÜG/*Hasselbach*, § 32 Rn 14.

14 *Vogel*, in: Haarmann/Schüppen, § 32 Rn 14; *Diekmann*, in: Baums/Thoma, § 32 Rn 12, der hierin ein Problem rein theoretischer Natur sieht; vgl auch *Thun*, in: Geibel/Süßmann, § 32 Rn 16.

15 *Favoccia*, in: Assmann/Pötzsch/Schneider, § 32 Rn 20.

16 *Vogel*, in: Haarmann/Schüppen, § 32 Rn 14; MüKo-AktG/*Schlitt*, § 32 WpÜG Rn 28; *Favoccia*, in: Assmann/Pötzsch/Schneider, § 32 Rn 20; KölnKomm-WpÜG/*Hasselbach*, § 32 Rn 15.

17 *Favoccia*, in: Assmann/Pötzsch/Schneider, § 32 Rn 20.

18 MüKo-AktG/*Schlitt*, § 32 WpÜG Rn 29; *Favoccia*, in: Assmann/Pötzsch/Schneider, § 32 Rn 22; *Vogel*, in: Haarmann/Schüppen, § 32 Rn 14; KölnKomm-WpÜG/*Hasselbach*, § 32 Rn 15. AA: *Steinmeyer*, in: Steinmeyer, § 32 Rn 9; *Ekkenga*, in: Ehricke/Ekkenga/Oechsler, § 32 Rn 10, der eine analoge Anwendung des § 32 WpÜG aufgrund eines strafrechtlichen Analogieverbots ablehnt, da eine Missachtung dieser Vorschrift eine Ordnungswidrigkeit nach § 60 WpÜG nach sich ziehe. Ablehnend dazu: *Favoccia*, in: Assmann/Pötzsch/Schneider, § 32 Rn 22.

19 *Ekkenga*, in: Ehricke/Ekkenga/Oechsler, § 32 Rn 14; *Vogel*, in: Haarmann/Schüppen, § 32 Rn 16; MüKo-AktG/*Schlitt*, § 32 WpÜG Rn 32.

20 *Süßmann*, NZG 2011, 1281, 1282.

die Aktionärseigenschaft zu diesem Zeitpunkt bereits bestanden hat. Bei einer Entstehung erst innerhalb der erweiterten Annahmefrist des § 16 Abs. 2 ist dies nicht der Fall.[21]

§ 32 verpflichtet den Bieter zwar zum Erwerb, nicht jedoch zum dauerhaften Halten aller Aktien der Zielgesellschaft. Es steht dem Bieter frei, die von ihm erworbenen Aktien später weiter zu veräußern.[22]

D. Ausnahmen

Von der Verpflichtung zur Abgabe eines Vollangebots sind solche Aktien nicht betroffen, die gemäß § 35 Abs. 2 S. 3 nicht Gegenstand eines Pflichtangebots sein müssen.[23] Es besteht kein schützenwertes Interesse der Zielgesellschaft daran, **eigene oder ihr zuzurechnende Aktien** an den Bieter zu veräußern.[24] Da die Regelung des § 35 Abs. 2 S. 3 systematisch nur auf Pflichtangebote anwendbar ist, liegt für freiwillige Übernahmeangebote eine planwidrige Regelungslücke vor, die eine entsprechende Anwendung des § 35 Abs. 2 S. 3 erforderlich macht.[25]

Auf Antrag kann die BaFin den Bieter bei grenzüberschreitenden Angeboten, gemäß § 24 von der Verpflichtung befreien, allen Aktionären der Zielgesellschaft ein Angebot zu unterbreiten.[26] Die Vorschrift bezieht sich auf Aktionäre mit Wohnsitz, Sitz oder gewöhnlichem Aufenthalt in einem **Staat außerhalb des Europäischen Wirtschaftsraums**. Die Befreiung von der Verpflichtung zur Abgabe eines Angebots an diese Aktionäre erfolgt, wenn es für den Bieter unzumutbar ist, zusätzlich die Vorschriften dieses Staates zu beachten.[27] Dies ist insbesondere der Fall, wenn die ausländischen Vorschriften Bestimmungen des WpÜG widersprechen oder aufgrund der Mitwirkung und der Entscheidungspraxis einer ausländischen Aufsichtsbehörde ein Scheitern des Angebotsverfahrens vorhersehbar ist.[28]

E. Rechtsfolgen bei Verstoß

Bei einem Verstoß gegen § 32 muss die BaFin das Angebot gemäß § 15 Abs. 1 Nr. 2 wegen Unzulässigkeit untersagen.[29]

§ 33 Handlungen des Vorstands der Zielgesellschaft

(1) ¹Nach Veröffentlichung der Entscheidung zur Abgabe eines Angebots bis zur Veröffentlichung des Ergebnisses nach § 23 Abs. 1 Satz 1 Nr. 2 darf der Vorstand der Zielgesellschaft keine Handlungen vornehmen, durch die der Erfolg des Angebots verhindert werden könnte. ²Dies gilt nicht für Handlungen, die auch ein ordentlicher und gewissenhafter Geschäftsleiter einer Gesellschaft, die nicht von einem Übernahmeangebot betroffen ist, vorgenommen hätte, für die Suche nach einem konkurrierenden Angebot sowie für Handlungen, denen der Aufsichtsrat der Zielgesellschaft zugestimmt hat.

(2) ¹Ermächtigt die Hauptversammlung den Vorstand vor dem in Absatz 1 Satz 1 genannten Zeitraum zur Vornahme von Handlungen, die in die Zuständigkeit der Hauptversammlung fallen, um den Erfolg von Übernahmeangeboten zu verhindern, sind diese Handlungen in der Ermächtigung der Art nach zu bestimmen. ²Die Ermächtigung kann für höchstens 18 Monate erteilt werden. ³Der Beschluss der Hauptversammlung bedarf einer Mehrheit, die mindestens drei Viertel des bei der Beschlussfassung vertretenen Grundkapitals umfasst; die Satzung kann eine größere Kapitalmehrheit und weitere Erfordernisse bestimmen. ⁴Handlungen des Vorstands auf Grund einer Ermächtigung nach Satz 1 bedürfen der Zustimmung des Aufsichtsrats.

A. Einführung 1	I. Abwehrmaßnahmen des Abs. 1 S. 2 10
B. Vereitelungsverbot (Abs. 1 S. 1) 4	1. Maßnahmen der ordentlichen Geschäfts-
I. Sachliche Reichweite 4	führung (Abs. 1 S. 2 Alt. 1) 11
II. Zeitliche Reichweite 7	2. Suche nach einem konkurrierenden Ange-
C. Abwehrmaßnahmen 10	bot (Abs. 1 S. 2 Alt. 2) 13

---

21 *Vogel*, in: Haarmann/Schüppen, § 32 Rn 17.
22 *Vogel*, in: Haarmann/Schüppen, § 32 Rn 20; MüKo-AktG/*Schlitt*, § 32 WpÜG Rn 11.
23 *Vogel*, in: Haarmann/Schüppen, § 32 Rn 18; *Steinmeyer*, in: Steinmeyer, § 32 Rn 5; MüKo-AktG/*Schlitt*, § 32 WpÜG Rn 21.
24 *Steinmeyer*, in: Steinmeyer, § 32 Rn 5 f; MüKo-AktG/*Schlitt*, § 32 WpÜG Rn 21.
25 MüKo-AktG/*Schlitt*, § 32 WpÜG Rn 21; KölnKomm-WpÜG/*Hasselbach*, § 32 Rn 9.
26 *Favoccia*, in: Assmann/Pötzsch/Schneider, § 32 Rn 23.
27 *Vogel*, in: Haarmann/Schüppen, § 32 Rn 21; *Favoccia*, in: Assmann/Pötzsch/Schneider, § 32 Rn 23.
28 *Favoccia*, in: Assmann/Pötzsch/Schneider, § 32 Rn 23.
29 MüKo-AktG/*Schlitt*, § 32 WpÜG Rn 37; *Steinmeyer*, in: Steinmeyer, § 32 Rn 14.

3. Maßnahmen mit Zustimmung des Aufsichtsrats (Abs. 1 S. 2 Alt. 3) 14	III. Maßnahmen zur Gefahrenabwehr 23
4. Anwendung von „einfachen Ermächtigungsbeschlüssen" 16	D. Unterlassungs- und Schadensersatzansprüche 24
II. Abwehrmaßnahmen aufgrund einer Hauptversammlungsermächtigung 17	I. Unterlassungsanspruch 24
	II. Schadensersatzansprüche 26
	E. Rechtsfolgen bei Verstoß 29

A. Einführung

1 § 33 ist eine Konkretisierung der in § 3 Abs. 2 bis 4 enthaltenen Grundsätze. Sofern die Satzung der Zielgesellschaft dies vorsieht, findet an seiner Stelle jedoch § 33 a Anwendung.

2 § 3 Abs. 2 stellt die Entscheidungsfreiheit der Wertpapierinhaber als Eigentümer der Gesellschaft, das Angebot anzunehmen oder abzulehnen in den Mittelpunkt. Auch das Vereitelungsverbot des § 33 Abs. 1 S. 1 soll die selbstständige, unbeeinflusste Entscheidung der Wertpapierinhaber über Übernahmeangebote gewährleisten.[1]

3 Da aber ebenso die Geschäftstätigkeit und die Interessen der Zielgesellschaft im Allgemeinen, dh die Summe der Interessen der Aktionäre und der übrigen *Stakeholder*, gewahrt werden müssen (§ 3 Abs. 3 und Abs. 4), sehen Abs. 1 S. 2 und Abs. 2 Ausnahmen vom Vereitelungsverbot vor.

B. Vereitelungsverbot (Abs. 1 S. 1)

4 **I. Sachliche Reichweite.** Das Vereitelungsverbot richtet sich primär an den **Vorstand** der Zielgesellschaft. Der Aufsichtsrat ist nur dann Adressat des Verbots, wenn er Geschäftsführungsaufgaben übernimmt, zB die Bestellung und Abberufung des Vorstands (§ 84 AktG) oder die Festlegung der Höhe der Vergütung der Vorstandsmitglieder (§ 87 AktG).[2] Zudem ist der Aufsichtsrat auch dann an das Vereitelungsverbot gebunden, wenn der Vorstand selbst als Bieter auftritt, da in diesen Fällen der Aufsichtsrat als alleiniges Verwaltungsorgan handelt.[3] Die Hauptversammlung unterliegt – naturgemäß – nicht dem Vereitelungsverbot.[4] Obwohl nicht in Abs. 1 S. 1 erwähnt, wird mehrheitlich angenommen, dass auch die Organe abhängiger Unternehmen an das Vereitelungsverbot gebunden sind.[5]

5 Das Vereitelungsverbot gilt sowohl für Übernahmeangebote als auch – über § 39 – für Pflichtangebote. Trotz ihres uneinheitlichen Wortlauts ist aufgrund des Zwecks der Vorschrift und ihrer systematischen Stellung im vierten Abschnitt des WpÜG über Übernahmeangebote davon auszugehen, dass das Vereitelungsverbot bei einfachen Erwerbsangeboten keine Anwendung findet.[6] Dasselbe gilt im Falle eines missbräuchlichen Angebots.[7]

6 Inhaltlich bezieht sich das Verbot des Abs. 1 S. 1 auf Handlungen, die geeignet sind, den Erfolg des Übernahmeangebots zu vereiteln. Dies zwingt den Vorstand der Zielgesellschaft allerdings nicht zu absoluter Neutralität. Beispielsweise verpflichtet § 27 die Verwaltung der Zielgesellschaft, sich zum Angebot zu äußern und dessen Auswirkungen im Erfolgsfall einzuschätzen.[8] Die Verwaltung der Gesellschaft ist zudem unter Beachtung bestimmter Regeln und Voraussetzungen befugt, Abwehrmaßnahmen zu ergreifen. Gegenstand des Vereitelungsverbots ist somit die Pflicht des Vorstands, den Erfolg des Übernahmeangebots nicht durch gezieltes Eingreifen zu verhindern.[9] Maßgeblich ist dabei die **objektive Eignung** der Maßnahme zur Vereitelung des Angebots.[10] Eine Vereitelungsabsicht ist nicht erforderlich. Unerheblich ist ferner, ob die Maßnahme im Fall ihrer Verwirklichung in der konkreten Konstellation tatsächlich das Angebot vereiteln würde.[11]

7 **II. Zeitliche Reichweite.** Das Vereitelungsverbot setzt ein, wenn der Bieter die Entscheidung zur Abgabe eines Angebots veröffentlicht hat (§ 10) und endet mit der Veröffentlichung des Bieters über den Erfolg sei-

---

1 KölnKomm-WpÜG/*Hirte*, § 33 Rn 2, 23.
2 KölnKomm-WpÜG/*Hirte*, § 33 Rn 49. AA: *Friedl*, NZG 2006, 422; *Krause/Pötzsch/Stephan*, in: Assmann/Pötzsch/Schneider, § 33 Rn 79, unter Hinweis auf den Wortlaut der Norm.
3 KölnKomm-WpÜG/*Hirte*, § 33 Rn 50.
4 *Krause/Pötzsch/Stephan*, in: Assmann/Pötzsch/Schneider, § 33 Rn 80; KölnKomm-WpÜG/*Hirte*, § 33 Rn 46.
5 KölnKomm-WpÜG/*Hirte*, § 33 Rn 53; MüKo-AktG/*Schlitt/Ries*, § 33 WpÜG Rn 64. AA: *Krause/Pötzsch/Stephan*, in: Assmann/Pötzsch/Schneider, § 33 Rn 81; *Grunewald*, in: Baums/Thoma, § 33 Rn 23.
6 Wie hier: *Krause/Pötzsch/Stephan*, in: Assmann/Pötzsch/Schneider, § 33 Rn 58 ff; *Steinmeyer*, in: Steinmeyer, § 33 Rn 11; *Röh*, in: Haarmann/Schüppen, § 33 Rn 33; MüKo-AktG/*Schlitt/Ries*, § 33 WpÜG WpÜG Rn 78; *von Nussbaum*, S. 103 ff; *Ekkenga*, in: Ehricke/Ekkenga/Oechsler, § 33 Rn 19. AA: KölnKomm-WpÜG/*Hirte*, § 33 Rn 29 ff; *Grunewald*, in: Baums/Thoma, § 33 Rn 21.
7 *Krause/Pötzsch/Stephan*, in: Assmann/Pötzsch/Schneider, § 33 Rn 73; *Schwennicke*, in: Geibel/Süßmann, § 33 Rn 40; KölnKomm-WpÜG/*Hirte*, § 33 Rn 40; *Grunewald*, in: Baums/Thoma, § 33 Rn 76.
8 KölnKomm-WpÜG/*Hirte*, § 33 Rn 28.
9 *Schwennicke*, in: Geibel/Süßmann, § 33 Rn 19.
10 *Nippgen*, S. 199.
11 *Steinmeyer*, in: Steinmeyer, § 33 Rn 16. Zu den angebotsvereitelnden Maßnahmen im Detail s: *Krause/Pötzsch/Stephan*, in: Assmann/Pötzsch/Schneider, § 33 Rn 83 ff.

nes Angebots nach Ablauf der Annahmefrist (§ 23 Abs. 1 S. 1 Nr. 2). Der Beginn ist grundsätzlich unabhängig von der tatsächlichen Kenntniserlangung.[12] Fraglich ist der Beginn, wenn nach der Veröffentlichung der Entscheidung zur Abgabe eines Angebots nicht absehbar ist, ob es sich bei dem künftigen Angebot um ein einfaches Erwerbsangebot oder um ein Übernahmeangebot handeln wird.[13] Der Bieter ist bei der ersten Veröffentlichung nicht verpflichtet, die Natur seines Angebots bekannt zu geben.[14] Gegen den Beginn vor Kenntnis der Natur des Angebots spricht, dass das Vereitelungsverbot in diesem Fall für einfache Erwerbsangebote gelten würde und die Zielgesellschaft bereits durch die bloße Ankündigung eines nicht näher konkretisierten Angebots, in ihrer Geschäftstätigkeit stark beeinträchtigt wäre. Diese Interpretation widerspricht nicht dem Beschleunigungsgrundsatz des § 3 Abs. 4, weil der Bieter eine klare Erklärung über die Natur des Angebots abgeben kann.[15]

Nimmt der Bieter das Angebot zurück, endet das Vereitelungsverbot mit der Bekanntmachung der Rücknahme.[16] Reicht der Bieter die Angebotsunterlage nicht innerhalb der dafür vorgesehenen Frist des § 14 Abs. 1 bei der BaFin ein, endet das Vereitelungsverbot mit Ablauf des Tages, an dem die Angebotsunterlage spätestens hätte eingereicht werden müssen.[17]

Außerhalb einer konkreten Angebotssituation ist der Vorstand der Zielgesellschaft nicht an das Vereitelungsverbot des Abs. 1 S. 1 gebunden. **Präventive Abwehrmaßnahmen** sind daher grundsätzlich zulässig.[18] Jedoch hat die Verwaltung der Zielgesellschaft die allgemeinen aktienrechtlichen Regelungen zu beachten.[19]

C. Abwehrmaßnahmen

I. Abwehrmaßnahmen des Abs. 1 S. 2.
Die Ausnahmetatbestände des Abs. 1 S. 2 stehen gleichberechtigt nebeneinander.[20] Der zeitliche Anwendungsbereich der Abwehrmaßnahmen nach Abs. 1 S. 2 entspricht grundsätzlich dem zeitlichen Anwendungsbereich des Vereitelungsverbots.[21]

1. Maßnahmen der ordentlichen Geschäftsführung (Abs. 1 S. 2 Alt. 1). Handlungen einer ordentlichen und gewissenhaften Geschäftsführung iS des Abs. 1 S. 2 Alt. 1 sind insbesondere die Fortführung des Tagesgeschäfts und die Weiterverfolgung von bereits eingeschlagenen Unternehmensstrategien.[22] Für die Beurteilung der Zulässigkeit aller in Betracht kommenden Maßnahmen ist ausschlaggebend, dass sie nicht durch das Übernahmeangebot veranlasst sind.[23] Zum **Tagesgeschäft** gehört in der Regel auch die Erfüllung von vor dem Angebotsverfahren wirksam eingegangenen vertraglichen und sonstigen Rechtspflichten.[24] Gibt es eine bereits eingeschlagene Unternehmensstrategie, ist es dem Vorstand der Zielgesellschaft bei deren Umsetzung gestattet, auch außergewöhnliche Geschäfte trotz deren angebotsvereitelnden Charakters durchzuführen, wie zB Kauf oder Verkauf von Vermögensgegenständen, die Durchführung von Kapitalerhöhungen, Erwerb eigener Aktien oder gar die Akquisition von Unternehmen.[25] Um eine Aushöhlung des Vereitelungsverbots zu verhindern, sind jedoch an den Entwicklungsstand und die Konkretisierung der Unterneh-

---

12 So auch *Röh*, in: Haarmann/Schüppen, § 33 Rn 38; *Grunewald*, in: Baums/Thoma, § 33 Rn 13. AA, für eine Berücksichtigung des tatsächlichen Zeitpunkts der Kenntniserlangung, wenn dieser erst nach der Veröffentlichung liegt: KölnKomm-WpÜG/*Hirte*, § 33 Rn 34; *Krause/Pötzsch/Stephan*, in: Assmann/Pötzsch/Schneider, § 33 Rn 63; MüKo-AktG/*Schlitt/Ries*, § 33 WpÜG Rn 69.
13 Eine Eröffnung des Anwendungsbereichs des Vereitelungsverbots trotz Unkenntnis der Natur des Angebots bejahend: *von Nussbaum*, S. 106; wohl auch *Röh*, in: Haarmann/Schüppen, § 33 Rn 36. Ablehnend: *Krause/Pötzsch/Stephan*, in: Assmann/Pötzsch/Stephan, § 33 Rn 61.
14 Begr. RegE BT-Drucks. 14/7034, S. 39; *von Nussbaum*, S. 105; KölnKomm-WpÜG/*Hirte*, § 10 Rn 24. AA: *Santelmann/Steinhardt*, in: Steinmeyer, § 10 Rn 22.
15 *Krause/Pötzsch/Stephan*, in: Assmann/Pötzsch/Schneider, § 33 Rn 61.
16 MüKo-AktG/*Schlitt/Ries*, § 33 WpÜG WpÜG Rn 74.
17 KölnKomm-WpÜG/*Hirte*, § 33 Rn 43; *Schwennicke*, in: Geibel/Süßmann, § 33 Rn 39.
18 Begr. RegE BT-Drucks. 14/7034, S. 58; *Krause/Pötzsch/Stephan*, in: Assmann/Pötzsch/Schneider, § 33 Rn 71; KölnKomm-WpÜG/*Hirte*, § 33 Rn 44; *Schwennicke*, in: Geibel/Süßmann, § 33 Rn 61; MüKo-AktG/*Schlitt/Ries*, § 33 WpÜG Rn 77; *Grunewald*, in: Baums/Thoma, § 33 Rn 111, 112; *Zech*, S. 241.
19 Zu den präventiven Abwehrmaßnahmen s: *Röh*, in: Haarmann/Schüppen, § 33 Rn 40; MüKo-AktG/*Schlitt/Ries*, § 33 WpÜG Rn 77 ff, 255 ff.
20 KölnKomm-WpÜG/*Hirte*, § 33 Rn 65.
21 *Krause/Pötzsch/Stephan*, in: Assmann/Pötzsch/Schneider, § 33 Rn 127; *Röh*, in: Haarmann/Schüppen, § 33 Rn 38. Einschr hinsichtlich der Abwehrmaßnahmen, die gem. § 33 Abs. 1 S. 2 Alt. 3 WpÜG mit Zustimmung des Aufsichtsrats vorgenommen werden: MüKo-AktG/*Schlitt/Ries*, § 33 WpÜG Rn 128, 179.
22 Begr. RegE BT-Drucks. 14/7034, S. 58; MüKo-AktG/*Schlitt/Ries*, § 33 WpÜG Rn 130.
23 *Röh*, in: Haarmann/Schüppen, § 33 Rn 69.
24 *Röh*, in: Haarmann/Schüppen, § 33 Rn 69; *Ekkenga*, in: Ehricke/Ekkenga/Oechsler, § 33 Rn 46.
25 MüKo-AktG/*Schlitt/Ries*, § 33 WpÜG Rn 134; *Krause/Pötzsch/Stephan*, in: Assmann/Pötzsch/Schneider, § 33 Rn 148; *Grunewald*, in: Baums/Thoma, § 33 Rn 58; *Röh*, in: Haarmann/Schüppen, § 33 Rn 87.

mensstrategie hohe Anforderungen zu stellen.[26] Daher sollte der Vorstand diese Strategie und deren Entwicklung vor dem Angebotsverfahren möglichst genau dokumentieren.[27]

12 Bei Maßnahmen im Rahmen des Abs. 1 S. 2 Alt. 1 ist die Ermessensausübung des Vorstands der Zielgesellschaft an den Grundätzen des § 93 Abs. 1 S. 2 AktG zu messen.[28] Danach steht dem Vorstand der Gesellschaft bei der Leitung der Geschäfte ein **weiter Handlungsspielraum** zu. Jedoch muss er sich bei seinen Handlungen stets am Unternehmensinteresse orientieren.[29]

13 **2. Suche nach einem konkurrierenden Angebot (Abs. 1 S. 2 Alt. 2).** Der Vorstand der Zielgesellschaft ist berechtigt, auf ein konkurrierendes Angebot eines weiteren Bieters hinzuwirken (*White Knight*), um möglichst attraktive Konditionen für alle Aktionäre zu erreichen.[30] Nicht zulässig ist es hingegen, unter Einsatz finanzieller Mittel zulasten der Zielgesellschaft oder mit ihr verbundener Unternehmen (§§ 15 ff AktG), zB durch die Erteilung von Vorschüssen oder Darlehen, Dritte zur Abgabe eines konkurrierenden Angebots zu bewegen.[31] Solche Rechtsgeschäfte sind gemäß § 71 a AktG nichtig.[32]

14 **3. Maßnahmen mit Zustimmung des Aufsichtsrats (Abs. 1 S. 2 Alt. 3).** Die dritte Ausnahme vom Vereitelungsverbot nach Abs. 1 S. 2 ermöglicht es dem Vorstand der Zielgesellschaft mit Zustimmung des Aufsichtsrats auch solche Maßnahmen durchzuführen, die **weder zum Tagesgeschäft** gehören **noch** der **Weiterverfolgung** einer bereits vor dem Übernahmeverfahren entwickelten **Unternehmensstrategie** dienen.[33] Diese Ausnahmeregelung gilt trotz der im Vergleich zur Aktiengesellschaft schwächeren Stellung des Aufsichtsrats auch für die Kommanditgesellschaft auf Aktien (KGaA).[34] Der Vorstand der Zielgesellschaft kann mit Zustimmung des Aufsichtsrats neue, insbesondere auf die gezielte Abwehr eines konkreten Übernahmeangebots gerichtete Strategien auch nach Eröffnung des Angebotsverfahrens entwickeln und umsetzen.[35] Denkbare Abwehrmaßnahmen im Rahmen des Abs. 1 S. 2 Alt. 3 sind zB die Abgabe eines Gegenangebots auf die Aktien des Bieters (*pacman defense*), die Verweigerung der Zustimmung zur Übertragung vinkulierter Namensaktien oder der Verkauf bedeutender Vermögenspositionen, solange diese Veräußerung unterhalb der sog. „Holzmüller/Gelatine"-Schwelle bleibt, da es andernfalls einer Zustimmung durch die Hauptversammlung bedarf.[36] Weiterhin sind die allgemeinen Zuständigkeitsgrundsätze zu beachten. Der Vorstand ist auch mit Zustimmung des Aufsichtsrats nur zu solchen Maßnahmen befugt, die im Rahmen seiner Geschäftsführungskompetenz liegen.[37]

15 Die Zustimmung zu einer vom Vorstand vorgeschlagenen Abwehrmaßnahme steht im Ermessen des Aufsichtsrats.[38] In formeller Hinsicht handelt es sich um eine Einwilligung, da die Zustimmung vor der Vornahme der Abwehrmaßnahme erteilt werden muss.[39] Die Zustimmung kann nur für konkrete Maßnahmen erteilt werden; eine „Generalzustimmung" wäre nicht zulässig.[40] Die Entscheidung des Aufsichtsrats ergeht durch Beschluss gemäß § 108 Abs. 1 AktG. Der Beschluss bedarf der einfachen Mehrheit der Stimmen.[41]

---

26 MüKo-AktG/*Schlitt/Ries*, § 33 WpÜG Rn 135; *Krause/Pötzsch/Stephan*, in: Assmann/Pötzsch/Schneider, § 33 Rn 149.

27 *Krause/Pötzsch/Stephan*, in: Assmann/Pötzsch/Schneider, § 33 Rn 149; *Grunewald*, in: Baums/Thoma, § 33 Rn 59 mit dem zutr. Hinweis, dass eine entspr. gesetzliche Verpflichtung nicht bestehe.

28 Diese Norm wurde durch das Gesetz zur Unternehmensintegrität und Modernisierung des Anfechtungsrechts (UMAG), vgl BGBl. I 2005 S. 2802, eingefügt. Der Gesetzgeber hat damit die in der „ARAG/Garmenbeck"-Entscheidung des BGH, vgl BGHZ 135, 244 ff = NJW 1997, 1926 ff, entwickelten Grundsätze statuiert. Vgl hierzu auch *Röh*, in: Haarmann/Schüppen, § 33 Rn 69 ff; MüKo-AktG/*Schlitt/Ries*, § 33 WpÜG Rn 146; KölnKomm-WpÜG/*Hirte*, § 33 Rn 69; *Steinmeyer*, in: Steinmeyer, § 33 Rn 22.

29 BGHZ 135, 244, 253 = NJW 1997, 1926, 1928.

30 *Röh*, in: Haarmann/Schüppen, § 33 Rn 75; MüKo-AktG/*Schlitt/Ries*, § 33 WpÜG Rn 149.

31 *Steinmeyer*, in: Steinmeyer, § 33 Rn 25.

32 *Krause/Pötzsch/Stephan*, in: Assmann/Pötzsch/Schneider, § 33 Rn 171.

33 MüKo-AktG/*Schlitt/Ries*, § 33 WpÜG WpÜG Rn 161; *Röh*, in: Haarmann/Schüppen, § 33 Rn 81.

34 MüKo-AktG/*Schlitt/Ries*, § 33 WpÜG Rn 162; *Röh*, in: Haarmann/Schüppen, § 33 Rn 84. AA: KölnKomm-WpÜG/*Hirte*, § 33 Rn 78.

35 MüKo-AktG/*Schlitt/Ries*, § 33 WpÜG Rn 163; *Röh*, in: Haarmann/Schüppen, § 33 Rn 81; *Steinmeyer*, in: Steinmeyer, § 33 Rn 27.

36 *Krause/Pötzsch/Stephan*, in: Assmann/Pötzsch/Schneider, § 33 Rn 175; MüKo-AktG/*Schlitt/Ries*, § 33 WpÜG Rn 166 ff; *Röh*, in: Haarmann/Schüppen, § 33 Rn 81 ff. Zu den „Holzmüller/Gelatine"-Grundsätzen s. BGHZ 83, 122 = NJW 1982, 1703 ff (Holzmüller); BHGZ 159, 30 = BB 2004, 1182 ff (Gelatine I) und BGH ZIP 2004, 1001 ff (Gelatine II); vgl zusammenfassende Darstellung von *Götze*, NZG 2004, 585 ff.

37 Beschlussempfehlung und Bericht des Finanzausschusses, BT-Drucks. 14/7477, S. 53; MüKo-AktG/*Schlitt/Ries*, § 33 WpÜG Rn 164; *Krause/Pötzsch/Stephan*, in: Assmann/Pötzsch/Schneider, § 33 Rn 174; *Grunewald*, in: Baums/Thoma, § 33 Rn 65.

38 *Krause/Pötzsch/Stephan*, in: Assmann/Pötzsch/Schneider, § 33 Rn 183; KölnKomm-WpÜG/*Hirte*, § 33 Rn 196.

39 *Krause/Pötzsch/Stephan*, in: Assmann/Pötzsch/Schneider, § 33 Rn 179; *Röh*, in: Haarmann/Schüppen, § 33 Rn 97; MüKo-AktG/*Schlitt/Ries*, § 33 WpÜG Rn 173. Weitergehend: *Grunewald*, in: Baums/Thoma, § 33 Rn 73, wonach eine nachträgliche Zustimmung ausnahmsweise möglich sei, wenn die Abwehrmaßnahme unaufschiebbar sei; KölnKomm-WpÜG/*Hirte*, § 33 Rn 86, wonach eine nachträgliche Zustimmung in Form einer Genehmigung iSd § 184 BGB dann denkbar sei, wenn die Entscheidung des Aufsichtsrats durch den Vollzug der Maßnahme durch den Vorstand nicht präjudiziert worden sei.

40 *Grunewald*, in: Baums/Thoma, § 33 Rn 71; MüKo-AktG/*Schlitt/Ries*, § 33 WpÜG Rn 172, 173.

41 *Krause/Pötzsch/Stephan*, in: Assmann/Pötzsch/Schneider, § 33 Rn 181; MüKo-AktG/*Schlitt*, § 33 WpÜG Rn 174.

4. Anwendung von „einfachen Ermächtigungsbeschlüssen". Bei der Durchführung von Abwehrmaßnahmen nach Abs. 1 S. 2 Alt. 1 oder Alt. 3 kann der Vorstand der Zielgesellschaft von „einfachen Ermächtigungsbeschlüssen" Gebrauch machen. Dies sind Beschlüsse der Hauptversammlung nach allgemeinem Aktienrecht, die im Vorfeld des Angebotsverfahrens und **unabhängig von einem Übernahmeangebot** ergangen sind.[42] Eine Sperrwirkung des Abs. 2 besteht nicht.[43] Auf diese Weise können auch während des Übernahmeangebots diese vereitelnde Maßnahmen durchgeführt werden, selbst wenn die Ermächtigungsbeschlüsse nicht ausdrücklich für den Fall einer Übernahmesituation gefasst wurden.[44] Insoweit erweitern diese Beschlüsse den Zuständigkeitsbereich des Vorstands, sog. „derivativer Kompetenzbereich".[45] Inhaltlich kommen u.a. Ermächtigungen zu Kapitalerhöhungen unter Ausnutzung eines genehmigten Kapitals gemäß § 202 AktG oder zum Erwerb eigener Aktien gemäß § 71 Abs. 1 Nr. 8 AktG in Betracht.[46] Bei Anwendung dieser Ermächtigungen hat der Vorstand stets im Interesse der Gesellschaft zu handeln.[47]

II. Abwehrmaßnahmen aufgrund einer Hauptversammlungsermächtigung. Nach Abs. 2 kann die Hauptversammlung im Rahmen ihrer Zuständigkeit vor der Eröffnung eines Angebotsverfahrens den Vorstand zu Abwehrhandlungen ermächtigen, sog. Vorratsbeschlüsse. Die Kompetenzübertragung von der Hauptversammlung auf den Vorstand muss allerdings nach allgemeinen aktienrechtlichen Grundsätzen zulässig sein.[48] Die **zwingende Kompetenzverteilung** zwischen den Organen einer Aktiengesellschaft kann nicht durch einen Beschluss zu einer Vorratsermächtigung verändert werden.[49] Somit kann der Vorstand nicht zu Maßnahmen ermächtigt werden, die im Zuständigkeitsbereich der Hauptversammlung verbleiben müssen, wie zB die Verschmelzung oder Auflösung der Gesellschaft oder die Verwendung des Bilanzgewinns.[50]

Denkbare Ermächtigungen sind solche Vorratsbeschlüsse, die von aktienrechtlichen Vorschriften ausdrücklich vorgesehen werden, wie zB Ermächtigungen zur Ausnutzung eines genehmigten Kapitals zur Durchführung einer Kapitalerhöhung unter Ausschluss des Bezugsrechts der Aktionäre (§§ 202, 203 Abs. 2 AktG), Ermächtigungen zum Erwerb eigener Aktien (§ 71 Abs. 1 Nr. 8 AktG), Ermächtigungen zur Ausgabe von Wandel-[51] oder Optionsanleihen (§ 221 AktG) oder Ermächtigungen zur Ausgabe von Bezugsrechten an Arbeitnehmer oder Mitglieder der Geschäftsführung (§ 192 Abs. 2 Nr. 3 AktG). In Betracht kommen zudem Ermächtigungen zum Abschluss oder zur Aufhebung von Unternehmensverträgen.[52]

In Anlehnung an die „Holzmüller/Gelatine"-Rechtsprechung kann zu Maßnahmen aus der ungeschriebenen Zuständigkeit der Hauptversammlung ermächtigt werden, wie zB zur Veräußerung von wesentlichen Vermögensgegenständen.[53]

Die allgemeinen aktienrechtlichen Grundsätze dürfen nicht durchbrochen werden,[54] so darf nicht zu gesellschaftsschädigenden Maßnahmen ermächtigt oder im Rahmen eines Rückerwerbs eigener Aktien von der Einhaltung der 10 %-Grenze des § 71 Abs. 1 Nr. 8, Abs. 2 S. 1 AktG befreit werden.

Die Maßnahme muss „der Art nach" bestimmt sein. Dennoch ist eine **abstrakte Beschreibung** grundsätzlich ausreichend.[55] So kann die Vorratsermächtigung den Vorstand zur „Durchführung einer Kapitalerhöhung" oder zur „Veräußerung von Beteiligungen" ermächtigen.[56] Dem Beschluss muss ausdrücklich entnommen

---

[42] *Ekkenga*, in: Ehricke/Ekkenga/Oechsler, § 33 Rn 50.
[43] *Krause/Pötzsch/Stephan*, in: Assmann/Pötzsch/Schneider, § 33 Rn 138 ff; *Röh*, in: Haarmann/Schüppen, § 33 Rn 88, 66 f; MüKo-AktG/*Schlitt/Ries*, § 33 WpÜG Rn 140; *Grunewald*, in: Baums/Thoma, § 33 Rn 60; *Schwennicke*, in: Geibel/Süßmann, § 33 Rn 51. Bzgl der mangelnden Sperrwirkung des § 33 WpÜG grds. zustimmend: *Ekkenga*, in: Ehricke/Ekkenga/Oechsler, § 33 Rn 50. AA: *Zech*, S. 170; KölnKomm-WpÜG/*Hirte*, § 33 Rn 92.
[44] *Krause/Pötzsch/Stephan*, in: Assmann/Pötzsch/Schneider, § 33 Rn 144; *Röh*, in: Haarmann/Schüppen, § 33 Rn 88; *von Nussbaum* S. 123; MüKo-AktG/*Schlitt/Ries*, § 33 WpÜG Rn 139; AA: *Krause/Pötzsch/Stephan*, BB 2002, 1053, 1058. AA: *Ekkenga*, in: Ehricke/Ekkenga/Oechsler, § 33 Rn 51; *Steinmeyer*, in: Steinmeyer, § 33 Rn 51 ff, wonach für eine Abwehrmaßnahme auf Grundlage einer Ermächtigung zur Kapitalerhöhung mit Bezugsrechtsausschluss notwendig sei, dass der Abwehrzweck im Ermächtigungsbeschluss zumindest abstrakt vorgesehen war und den Vorstand nach § 33 Abs. 1 S. 2 von seiner Unterlassungspflicht aus § 33 Abs. 1 S. 1 WpÜG entbindet. Die ursprüngliche Zwecksetzung des allg. Ermächtigungsbeschlusses könne nicht außer Acht gelassen werden. Schärfer noch KölnKomm-WpÜG/*Hirte*, § 33 Rn 92.
[45] MüKo-AktG/*Schlitt/Ries*, § 33 WpÜG Rn 139; *Grunewald*, in: Baums/Thoma, § 33 Rn 63, 54f.
[46] Beschlussempfehlung und Bericht des Finanzausschusses, BT-Drucks. 14/7477, S. 53.
[47] *Grunewald*, in: Baums/Thoma, § 33 Rn 61; MüKo-AktG/*Schlitt/Ries*, § 33 WpÜG Rn 142, zum konkreten Anwendungsfall einer Kapitalerhöhung gem. § 202 AktG.
[48] *Röh*, in: Haarmann/Schüppen, § 33 Rn 90; *Krause/Pötzsch/Stephan*, in: Assmann/Pötzsch/Schneider, § 33 Rn 206; MüKo-AktG/*Schlitt*, § 33 WpÜG Rn 205; KölnKomm-WpÜG/*Hirte*, § 33 Rn 96; *Ekkenga*, in: Ehricke/Ekkenga/Oechsler, § 33 Rn 76.
[49] *Lutter/Leinekugel*, ZIP 1998, 805, 811.
[50] *Krause/Pötzsch/Stephan*, in: Assmann/Pötzsch/Schneider, § 33 Rn 212; MüKo-AktG/*Schlitt/Ries*, § 33 WpÜG Rn 204. AA: *Grunewald*, in: Baums/Thoma, § 33 Rn 84.
[51] Vgl zur Wandelanleihe als *poison pill* auch *v. Falkenhausen/v.Kitzing*, ZIP 2006, 1513, die jedoch deren Zulässigkeit verneinen.
[52] MüKo-AktG/*Schlitt/Ries*, § 33 WpÜG Rn 206; *Röh*, in: Haarmann/Schüppen, § 33 Rn 102; KölnKomm-WpÜG/*Hirte*, § 33 Rn 99. AA: *Krause/Pötzsch/Stephan*, in: Assmann/Pötzsch/Schneider, § 33 Rn 208.
[53] MüKo-AktG/*Schlitt/Ries*, § 33 WpÜG Rn 207; KölnKomm-WpÜG/*Hirte*, § 33 Rn 103.
[54] *Röh*, in: Haarmann/Schüppen, § 33 Rn 100.
[55] LG München ZIP 2005, 352, 353; MüKo-AktG/*Schlitt/Ries*, § 33 WpÜG Rn 212.
[56] Beschlussempfehlung und Bericht des Finanzausschusses, BT-Drucks. 14/7477, S. 53.

werden können, dass von der Ermächtigung zu Abwehrzwecken gegen ein Übernahmeangebot Gebrauch gemacht werden darf.[57] Gemäß Abs. 2 S. 2 kann die Ermächtigung höchstens für die Dauer von 18 Monaten erteilt werden. Diese zeitliche Begrenzung muss in den Beschluss aufgenommen werden, andernfalls ist dieser nichtig.[58] Die Frist ist genau zu bezeichnen, zB durch die Angabe des Enddatums („bis zum 31.12.2010") oder der Länge („18 Monate ab Beschlussfassung").[59] Der Ermächtigungsbeschluss bedarf nach Abs. 2 S. 3 einer Mehrheit von mindestens drei Vierteln des bei der Beschlussfassung vertretenen Grundkapitals und zugleich der einfachen Stimmenmehrheit (§ 133 Abs. 1 AktG), soweit nicht die Satzung eine größere Kapitalmehrheit und/oder weitere Erfordernisse bestimmt. Eine Berichtspflicht des Vorstands ist in Abs. 2 nicht vorgesehen. Sie kann sich jedoch aus den für die konkrete Maßnahme einschlägigen aktienrechtlichen Vorschriften ergeben.[60] Die Ausübung der Ermächtigung liegt im (pflichtgemäßen) Ermessen des Vorstands, wobei dieser sich ausschließlich am Unternehmensinteresse zu orientieren hat.[61] Bei der Zustimmung des Aufsichtsrats gemäß Abs. 2 S. 4 handelt es sich grundsätzlich um eine Einwilligung. Eine Genehmigung ist nur in Ausnahmefällen zulässig.[62]

22 Von den Vorratsermächtigungen des Abs. 2 sind die gesetzlich nicht geregelten sog. Ad-hoc-Beschlüsse der Hauptversammlung zu unterscheiden, die im Rahmen von Abwehrhauptversammlungen gemäß § 16 Abs. 4 **nach** der Eröffnung des Angebotsverfahrens erteilt werden können und der gezielten Abwehr eines bestimmten Übernahmeangebots dienen.[63] Da bei diesen Beschlüssen das Angebot bekannt ist, muss die vorgesehene Abwehrmaßnahme konkret bezeichnet sein.[64] Ad-hoc-Beschlüsse ergehen nach den allgemeinen aktienrechtlichen Grundsätzen und unterliegen nicht den formellen Voraussetzungen des Abs. 2.[65]

23 **III. Maßnahmen zur Gefahrenabwehr.** Im Falle eines offensichtlich missbräuchlichen Übernahmeangebots (Scheinangebot, Angebot unter Verstoß gegen die Vorschriften des WpÜG, Gefahr rechtswidrigen Verhaltens des Bieters gegenüber der Zielgesellschaft) ist der Vorstand nicht nur berechtigt, sondern verpflichtet, ein solches „Übernahmeangebot" abzuwehren; dies gilt unabhängig von einem etwaigen Tätigwerden der BaFin.[66]

D. Unterlassungs- und Schadensersatzansprüche

24 **I. Unterlassungsanspruch.** Die Pflichtwidrigkeit einer Maßnahme des Vorstands führt grundsätzlich nicht zu deren Unwirksamkeit im Außenverhältnis, es sei denn, es liegt ein kollusives Zusammenwirken mit einem Dritten vor.[67]

25 Ein Unterlassungsanspruch gegen eine Maßnahme des Vorstands besteht dann, wenn diese in den Zuständigkeitsbereich der Hauptversammlung fällt, dh einen Beschluss der Hauptversammlung erfordert, und der Vorstand mithin unzulässig in die Mitgliedschaftsrechte der Aktionäre und deren im Anteilseigentum verkörperten Vermögensinteressen eingreift, zB indem er die Grenzen einer Ermächtigung überschreitet oder die Zuständigkeit der Hauptversammlung bei einer „Holzmüller/Gelatine"-pflichtigen Maßnahme missachtet.[68] Der Anspruch kann ggf im Wege des vorläufigen Rechtsschutzes mit einstweiliger Verfügung durchgesetzt werden.[69]

Ein solcher Unterlassungsanspruch steht den Aktionären jedoch nicht gegenüber Geschäftsführungsmaßnahmen des Vorstands zu.[70] Bei den Abwehrmaßnahmen des Abs. 1 S. 2 handelt es sich um Handlungen, die der Vorstand ohne die Zustimmung der Hauptversammlung durchführen darf und die zur originären

---

57 *Krause/Pötzsch/Stephan*, in: Assmann/Pötzsch/Schneider, § 33 Rn 218; MüKo-AktG/*Schlitt/Ries*, § 33 WpÜG Rn 213.
58 *Grunewald*, in: Baums/Thoma, § 33 Rn 90; *Röh*, in: Haarmann/Schüppen, § 33 Rn 113; *Krause/Pötzsch/Stephan*, in: Assmann/Pötzsch/Schneider, § 33 Rn 223. AA: *Ekkenga*, in: Ehricke/Ekkenga/Oechsler, § 33 Rn 81 (bloße Anfechtbarkeit des Beschlusses).
59 *Krause/Pötzsch/Stephan*, in: Assmann/Pötzsch/Schneider, § 33 Rn 223.
60 LG München ZIP 2005, 352, 353; *Krause/Pötzsch/Stephan*, in: Assmann/Pötzsch/Schneider, § 33 Rn 231; *Grunewald*, in: Baums/Thoma, § 33 Rn 94.
61 *Röh*, in: Haarmann/Schüppen, § 33 Rn 116.
62 MüKo-AktG/*Schlitt/Ries*, § 33 WpÜG Rn 231; *Krause/Pötzsch/Stephan*, in: Assmann/Pötzsch/Schneider, § 33 Rn 240; enger: *Steinmeyer*, in: Steinmeyer, § 33 Rn 50, der eine nachträgliche Genehmigung nur ganz ausnahmsweise aufgrund bes. Umstände im Einzelfall genügen lassen will. AA: *Röh*, in: Haarmann/Schüppen, § 33 Rn 117.
63 *Röh*, in: Haarmann/Schüppen, § 33 Rn 108; *Krause/Pötzsch/Stephan*, in: Assmann/Pötzsch/Schneider, § 33 Rn 188.
64 KölnKomm-WpÜG/*Hirte*, § 33 Rn 90; MüKo-AktG/*Schlitt/Ries*, § 33 WpÜG Rn 193; zu den einzelnen Abwehrmaßnahmen: *Schanz*, NZG 2007, 927.
65 *Krause/Pötzsch/Stephan*, in: Assmann/Pötzsch/Schneider, § 33 Rn 196; *Röh*, in: Haarmann/Schüppen, § 33 Rn 108; *Grunewald*, in: Baums/Thoma, § 33 Rn 81.
66 *Schwennicke*, in: Geibel/Süßmann, § 33 Rn 40.
67 MüKo-AktG/*Schlitt/Ries*, § 33 WpÜG Rn 234; *Krause/Pötzsch/Stephan*, in: Assmann/Pötzsch/Schneider, § 33 Rn 303.
68 BGHZ 83, 122, 133 ff (Holzmüller); BHGZ 159, 30 = BB 2004, 1182 ff (Gelatine I) und BGH ZIP 2004, 1001 ff (Gelatine II); *Krause/Pötzsch/Stephan*, in: Assmann/Pötzsch/Schneider, § 33 Rn 305; *Röh*, in: Haarmann/Schüppen, § 33 Rn 128; MüKo-AktG/*Schlitt*, § 33 WpÜG Rn 236; *Steinmeyer*, in: Steinmeyer, § 33 Rn 62; *Grunewald*, in: Baums/Thoma, § 33 Rn 100.
69 Vgl Spindler/Stilz/*Hoffmann*, § 119 Rn 53.
70 LG Düsseldorf AG 2000, 233, 234; MüKo-AktG/*Schlitt/Ries*, § 33 WpÜG Rn 235; *Krause/Pötzsch/Stephan*, in: Assmann/Pötzsch/Schneider, § 33 Rn 304.

Geschäftsführungsbefugnis des Vorstands gehören. Das Vereitelungsverbot des Abs. 1 S. 1 ist eine **Organpflicht des Vorstands**, keine Kompetenznorm zugunsten der Hauptversammlung; eine generelle Zuständigkeit der Hauptversammlung für Abwehrmaßnahmen wird damit nicht begründet.[71]

II. Schadensersatzansprüche. Da der Gesetzgeber keine Regelung zur Haftung bei Verstößen gegen § 33 getroffen hat, gelten für Schadensersatzansprüche die allgemeinen Grundsätze.[72]

Die Vorstandsmitglieder der Zielgesellschaft haften gemäß § 93 Abs. 2 S. 1 AktG, wenn sie ihre Pflichten verletzt haben. Dabei kann eine Pflichtverletzung zB in einer fehlerhaften Ermessensausübung liegen, infolge derer gegen das Vereitelungsverbot des § 33 Abs. 1 S. 1 verstoßen wird. Zu beachten ist jedoch der dem Vorstandsmitglied im Rahmen der unternehmerischen Tätigkeit zustehende weite Ermessensspielraum gemäß § 93 Abs. 1 S. 2 AktG; dieser muss überschritten sein.[73] Auch Mitglieder des Aufsichtsrates haften gemäß §§ 116 iVm 93 Abs. 2 S. 1 AktG gegenüber der Gesellschaft.

Eine Haftung des Vorstands oder des Aufsichtsrats gegenüber den Aktionären der Zielgesellschaft kommt nur aus § 826 BGB oder § 823 Abs. 2 BGB iVm Straftatbeständen in Betracht.[74] In besonders gelagerten Fällen ist auch eine Haftung gemäß § 117 Abs. 2 S. 1 AktG denkbar. Ansprüche der Aktionäre gemäß § 93 Abs. 2 AktG (bzw §§ 116 iVm 93 Abs. 2 S. 1 AktG) bestehen nicht, da diese Vorschrift ausschließlich dem Schutz der Gesellschaft vor einer unsorgfältigen Geschäftsführung dient.[75] Auch eine Haftung gemäß § 823 Abs. 2 AktG iVm § 33 Abs. 1 S. 1 scheidet aus, da § 33 Abs. 1 S. 1 kein Schutzgesetz zugunsten der Aktionäre iS des § 823 Abs. 2 BGB ist.[76] Ebenso wenig ist § 33 ein Schutzgesetz zugunsten des Bieters.[77]

E. Rechtsfolgen bei Verstoß

Vorsätzliche oder leichtfertige Verstöße gegen Abs. 1 S. 1 können als Ordnungswidrigkeit verfolgt und gemäß § 60 Abs. 1 Nr. 8, Abs. 3 mit einer Geldbuße bis zu 1.000.000 EUR geahndet werden.

§ 33 a Europäisches Verhinderungsverbot

(1) ¹Die Satzung einer Zielgesellschaft kann vorsehen, dass § 33 keine Anwendung findet. ²In diesem Fall gelten die Bestimmungen des Absatzes 2.

(2) ¹Nach Veröffentlichung der Entscheidung zur Abgabe eines Angebots bis zur Veröffentlichung des Ergebnisses nach § 23 Abs. 1 Satz 1 Nr. 2 dürfen Vorstand und Aufsichtsrat der Zielgesellschaft keine Handlungen vornehmen, durch die der Erfolg des Angebots verhindert werden könnte. ²Dies gilt nicht für

1. Handlungen, zu denen die Hauptversammlung den Vorstand oder Aufsichtsrat nach Veröffentlichung der Entscheidung zur Abgabe eines Angebots ermächtigt hat,
2. Handlungen innerhalb des normalen Geschäftsbetriebs,
3. Handlungen außerhalb des normalen Geschäftsbetriebs, sofern sie der Umsetzung von Entscheidungen dienen, die vor der Veröffentlichung der Entscheidung zur Abgabe eines Angebots gefasst und teilweise umgesetzt wurden, und
4. die Suche nach einem konkurrierenden Angebot.

(3) Der Vorstand der Zielgesellschaft hat die Bundesanstalt sowie die Aufsichtsstellen der Staaten des Europäischen Wirtschaftsraums, in denen Wertpapiere der Gesellschaft zum Handel an einem organisierten Markt zugelassen sind, unverzüglich davon zu unterrichten, dass die Zielgesellschaft eine Satzungsbestimmung nach Absatz 1 Satz 1 beschlossen hat.

---

[71] *Schwennicke*, in: Geibel/Süßmann, § 33 Rn 82; *Krause/Pötzsch/Stephan*, in: Assmann/Pötzsch/Schneider, § 33 Rn 87; *Steinmeyer*, in: Steinmeyer, § 33 Rn 56; MüKo-AktG/*Schlitt/Ries*, § 33 WpÜG Rn 57; *Ekkenga*, in: Ehricke/Ekkenga/Oechsler, § 33 Rn 7; *Grunewald*, in: Baums/Thoma, § 33 Rn 90. AA, eine grds. Zuständigkeit der Hauptversammlung bejahend: *Röh*, in: Haarmann/Schüppen, § 33 Rn 129; *Winter/Harbarth*, ZIP 2002, 1, 17.

[72] *Grunewald*, in: Baums/Thoma, § 33 Rn 101.

[73] *Krause/Pötzsch/Stephan*, in: Assmann/Pötzsch/Schneider, § 33 Rn 309; *Grunewald*, in: Baums/Thoma, § 33 Rn 101.

[74] MüKo-AktG/*Schlitt/Ries*, § 33 WpÜG Rn 246.

[75] *Röh*, in: Haarmann/Schüppen, § 33 Rn 140; *Grunewald*, in: Baums/Thoma, § 33 Rn 102.

[76] *Krause/Pötzsch/Stephan*, in: Assmann/Pötzsch/Schneider, § 33 Rn 312; *Grunewald*, in: Baums/Thoma, § 33 Rn 103; MüKo-AktG/*Schlitt/Ries*, § 33 WpÜG Rn 245; *Steinmeyer*, in: Steinmeyer, § 33 Rn 59 mit dem beachtlichen Argument, dass die § 33 Abs. 1 S. 1 WpÜG lediglich eine Verhaltenspflicht nach § 93 AktG begründe und § 93 AktG gerade kein Schutzgesetz darstelle. AA: *Röh*, in: Haarmann/Schüppen, § 33 Rn 142 insofern konsequent, als er in § 33 Abs. 1 S. 1 WpÜG eine Kompetenznorm und keine Verhaltenspflicht sieht; *Ekkenga*, in: Ehricke/Ekkenga/Oechsler, § 33 Rn 37.

[77] *Röh*, in: Haarmann/Schüppen, § 33 Rn 148; *Krause/Pötzsch/Stephan*, in: Assmann/Pötzsch/Schneider, § 33 Rn 313, 321.

A. Einführung 1	2. Handlungen innerhalb des normalen Geschäftsbetriebs (Abs. 2 Nr. 2) 14
B. „Opt in" (Abs. 1) 2	3. Handlungen außerhalb des normalen Geschäftsbetriebs (Abs. 2 Nr. 3) 17
C. Europäisches Verhinderungsverbot (Abs. 2) 6	
I. Sachliche Reichweite 7	4. Konkurrierende Angebote (Abs. 2 Nr. 4) ... 18
II. Zeitliche Reichweite 11	D. Unterrichtspflicht (Abs. 3) 19
III. Ausnahmen vom Verhinderungsverbot 12	E. Verstöße 20
1. Ermächtigung der Hauptversammlung (Abs. 2 Nr. 1) 12	F. Schadensersatzansprüche 21

A. Einführung

1 § 33 a setzt das europäische Verhinderungsverbot aus Art. 9 ÜbernahmeRL[1] um. Hintergrund ist das Optionsmodell aus Art. 12 ÜbernahmeRL. Danach können sich die Mitgliedstaaten das Recht vorbehalten, für Gesellschaften, die ihren Sitz in ihrem Staatsgebiet haben, das europäische Verhinderungsverbot aus Art. 9 Abs. 2 und 3 nicht zwingend vorzuschreiben – sog. Opt out. Im Gegenzug haben die Mitgliedstaaten den Gesellschaften jedoch die widerrufliche Wahlmöglichkeit einzuräumen, die Vorschriften dennoch anzuwenden – sog. Opt in. Der deutsche Gesetzgeber hat sich dafür entschieden, den Gesellschaften das europäische Verhinderungsverbot nicht verbindlich vorzuschreiben, sondern ihnen anheim zu stellen, ob sie sich dem bisherigen deutschen Regime nach § 33 oder dem neuen europäischen Regime nach § 33 a unterwerfen möchten.

B. „Opt in" (Abs. 1)

2 Die Satzung einer Zielgesellschaft kann vorsehen, dass § 33 keine Anwendung findet. Dann gilt automatisch das europäische Verhinderungsverbot nach § 33 a Abs. 2. Mithin steht es den Gesellschaften frei, sich die weitergehenden Ausnahmen des deutschen Vereitelungsverbots zunutze zu machen oder sich freiwillig dem strengeren europäischen Verhinderungsverbot zu unterwerfen. Der Gesetzgeber hat sich damit für die extensivste Nutzung des Optionsmodells der EU-Übernahmerichtlinie entschieden.[2] Grundsätzlich bleibt das deutsche Vereitelungsverbot anwendbar, und nur im Falle von Eigeninitiative der Gesellschaft kommt das Abwehrhandlungen starker einschränkende europäische Modell zum Tragen.

3 Zum Eintritt in das europäische Verhinderungsverbot muss die Zielgesellschaft ihre Satzung ändern. Dazu ist gemäß § 179 AktG, sofern die Satzung nicht eine andere Kapitalmehrheit vorschreibt, mit der qualifizierten Mehrheit des anwesenden Kapitals und gemäß § 133 Abs. 1 AktG mit einer einfachen Stimmenmehrheit zu beschließen, dass § 33 keine Anwendung findet.[3] Nur börsennotierten Aktiengesellschaften iSv § 3 Abs. 2 AktG ist die Einwahl in das europäische Verhinderungsverbot möglich.[4] Oft wäre es jedoch wünschenswert, wenn man bereits im Rahmen der Vorbereitung eines Börsengangs von dieser Möglichkeit Gebrauch machen könnte.[5] Als Lösung wird daher vorgeschlagen, den Vorstand im Hauptversammlungsbeschluss anzuweisen, die Satzungsänderung erst bei der Börsennotierung zur Eintragung ins Handelsregister anzumelden[6] oder unmittelbar eine Satzungsänderung für die Zwecke des § 33 a (und § 33 b) auch für nicht börsennotierte Gesellschaften zuzulassen.[7]

4 Welches nationale Recht für die Beurteilung der Zulässigkeit von Abwehrmaßnahmen anwendbar ist, richtet sich gemäß Art. 4 Abs. 2 lit. e S. 2 ÜbernahmeRL nach dem Sitz der Zielgesellschaft. Für das deutsche Recht ergibt sich dies trotz des augenscheinlich insoweit zu weiten Begriffs „Zielgesellschaft",[8] der nach § 2 Abs. 3 auch Gesellschaften mit Sitz in einem anderen Staat des Europäischen Wirtschaftsraums mit einschließt, im Umkehrschluss aus § 1 Abs. 3 S. 2.[9]

5 Da das europäische Verhinderungsverbot Maßnahmen zur Abwehr von Übernahmeangeboten stärker begrenzt als § 33, bleibt abzuwarten, wie groß die Akzeptanz unter den börsennotierten Gesellschaften sein wird, zumal die Gesellschaft selbst aktiv werden muss, um das Regime des § 33 a zur Anwendung zu brin-

---

1 Richtlinie 2004/25/EG des Europäischen Parlaments und des Rates v. 21. April 2004 betr Übernahmeangebote, ABl. EU Nr. L 142/12 v. 30.4.2004; zur Vorgeschichte der Richtlinie und ihrem Inhalt s. zB *Wiesner*, ZIP 2004, 343 ff; *Krause*, ZGR 2002, 500 ff; *Dauner-Lieb*, DStR 2003, 555 f.
2 Vgl dazu *Seibt/Heiser*, ZGR 2005, 200, 231.
3 *Röh*, in: Haarmann/Schüppen, § 33 a Rn 14; *Kiem*, in: Baums/Thoma, § 33 a Rn 17; *Schüppen*, BB 2006, 165, 166; *Seibt/Heiser*, AG 2006, 301, 311; *Maul/Muffat-Jeandet*, AG 2004, 306, 310; *Steinmeyer*, in: Steinmeyer, § 33 a Rn 4 mit dem Hinweis, dass entspr. für die spätere Rückgängigmachung gelte.
4 *Röh*, in: Haarmann/Schüppen, § 33 a Rn 11; *Kiem*, in: Baums/Thoma, § 33 a Rn 9; *Steinmeyer*, in: Steinmeyer, § 33 a Rn 4.
5 *Schüppen*, BB 2006, 165, 167 f; ähnlich: *Röh*, in: Haarmann/Schüppen, § 33 a Rn 11: die Hauptversammlung kann den Vorstand anweisen, die Satzungsänderung erst und nur dann zur Eintragung ins Handelsregister der Gesellschaft anzumelden, wenn die Zulassung zum Börsenhandel erfolgt ist.
6 *Seibt/Heiser*, AG 2006, 301, 311.
7 *Schüppen*, BB 2006, 165, 168.
8 Siehe auch *Schüppen*, BB 2006, 165, 166 sowie die Begr. RegE BT-Drucks. 16/1003, S. 19.
9 Ausführlich zum int. Anwendungsbereich *Schüppen*, BB 2006 165, 169 f; *Seibt/Heiser*, AG 2006, 301, 303 f; allg.: *Mülbert*, NGZ 2004, 633, 639 f.

gen. Dennoch gibt es Gründe für ein *Opt in*. Insbesondere wer selbst als Bieter agieren will, kann durch ein *Opt in* verhindern, dass eine potenzielle Zielgesellschaft schwerer zu übernehmen ist, weil sie unter Berufung auf das Prinzip der Gegenseitigkeit[10] ebenfalls keine weiterreichenden Abwehrhandlungen vornehmen darf.[11] Aus demselben Grund erleichtert ein *Opt in* ein Gegenangebot zum Erwerb des Bieters, sog. *pacman defense*.[12] Bei einer Gesellschaft, an der viele institutionelle Anleger beteiligt sind, kann für die Unterwerfung unter das europäische Verhinderungsverbot sprechen, dass die Anleger bei einer dann eher zu erwartenden Übernahme ihre Anteile zu einem günstigen Preis veräußern können.[13] Ferner ist ein Kursanstieg denkbar, falls die Gesellschaft auf dem Aktienmarkt für ihre Initiative zum *Opt in* belohnt wird.[14] Auch kann ein *Opt in* ein deutliches Zeichen gegen die Gefahr einer zukünftigen Übernahme der Gesellschaft sein, während ein Vorratsbeschluss ein Unternehmen eher als potenziellen Übernahmekandidaten entblößt.[15] Diese Vorteile können jedoch nur schwer darüber hinwegtäuschen, dass es die Hemmschwelle der „Selbstentwaffnung" zu überwinden gilt. Von einem tatsächlichen gesamteuropäischen *"level playing field"*[16] kann derzeit damit noch nicht die Rede sein. Zu Recht wird jedoch auf die Revisionsvorschrift in Art. 20 ÜbernahmeRL hingewiesen.[17] Mit dieser sei die nächste Stufe der Harmonisierung schon in Sichtweite.[18]

C. Europäisches Verhinderungsverbot (Abs. 2)

Die Regelung verbietet dem Vorstand und dem Aufsichtsrat der Zielgesellschaft, nach Veröffentlichung der Entscheidung zur Abgabe eines Angebots bis zur Veröffentlichung des Ergebnisses nach § 23 Abs. 1 S. 1 Nr. 2 Handlungen vorzunehmen, durch die der Erfolg des Angebots verhindert werden könnte, sofern keine der in Nr. 1 bis 4 genannten Ausnahmen greift. 6

I. Sachliche Reichweite. Über § 39 gilt das europäische Verhinderungsverbot auch für Pflichtangebote iSv § 35. Dabei geht das WpÜG über die EG-rechtlichen Anforderungen hinaus, denn Art. 5 ÜbernahmeRL stellt allein auf die Erlangung der Kontrolle durch den Erwerb von Aktien ab, während nach § 35 jegliche Art der Kontrollerlangung die Pflicht zu einem Angebot auslöst.[19] 7

Im Unterschied zu § 33 Abs. 1 richtet sich das europäische Verhinderungsverbot an den Vorstand *und* den Aufsichtsrat der Zielgesellschaft.[20] Dies geht auf Art. 9 ÜbernahmeRL zurück, wonach das Leitungs- bzw Verwaltungsorgan der Zielgesellschaft dem Verhinderungsverbot unterliegt. Nach Abs. 6 dieser Vorschrift sind damit sowohl der Vorstand als auch der Aufsichtsrat gemeint, sofern die Organisation der Gesellschaft eine dualistische Leitungsstruktur aufweist. 8

Zur Frage, wann eine Handlung den Erfolg des Angebots verhindern kann, vgl die Kommentierung zu § 33 Abs. 1 (s. dort). Die EU-Übernahmerichtlinie gibt keine Definition der Verhinderungshandlung vor. Allerdings wird beispielhaft die Ausgabe von Wertpapieren, durch die der Bieter auf Dauer an der Erlangung der Kontrolle über die Zielgesellschaft gehindert werden könnte, genannt.[21] Bereits vor dem Hintergrund des § 33 Abs. 1 galt diese Maßnahme als besonders massive Form der Verhinderungshandlung, da sie meist zu einer Verwässerung des Aktienbesitzes des Bieters und zu einer Verteuerung der Übernahme führt.[22] 9

Hervorzuheben bleibt, dass bei Abs. 2 die abstrakte Eignung zur Verhinderung des Erfolgs des Angebots ausreichend ist. Auf eine darauf gerichtete Absicht oder die tatsächliche Eignung zur Erfolgsverhinderung kommt es nicht an. 10

II. Zeitliche Reichweite. Beginn und Ende des Verhinderungsverbots knüpfen wie die Regelung in § 33 Abs. 1 an folgende Veröffentlichungen an: die Entscheidung zur Angebotsabgabe iS des § 10 und des Ergebnisses nach § 23 Abs. 1 S. 1 Nr. 2 (s. dort). Nach Art. 9 Abs. 2 Unterabs. 2 ÜbernahmeRL setzt das europäische Verhinderungsverbot in dem Zeitpunkt ein, zu dem das Leitungs- bzw Verwaltungsorgan der Zielgesellschaft die Informationen über das Angebot erhalten hat, und endet, wenn das Ergebnis des Angebots bekannt gemacht, oder das Angebot hinfällig wird. Die Hinfälligkeit eines Angebots wird in Abs. 2 nicht erwähnt. Dies ist jedoch unschädlich, da jedes nicht erfolgreiche Angebot durch den Erfolg eines kon- 11

---

10 Ausführlich dazu bei § 33 c.
11 Hierzu *Seibt/Heiser*, AG 2006, 301, 312; *Steinmeyer*, in: Steinmeyer, § 33 a Rn 5; *Röh*, in: Haarmann/Schüppen, § 33 a Rn 4.
12 *Seibt/Heiser*, AG 2006, 301, 312.
13 *Maul/Muffat-Jeandet*, AG 2004, 306, 314.
14 *Krause*, BB 2004, 113, 114; *Seibt/Heiser*, AG 2006, 301, 312; *Röh*, in: Haarmann/Schüppen, § 33 a Rn 4; *Steinmeyer*, in: Steinmeyer, § 33 a Rn 5.
15 *Maul/Muffat-Jeandet*, AG 2004, 306, 314.
16 Zur Verwendung dieses Ausdrucks vgl *Glade/Haak/Hellich*, Der Konzern 2004, 515.

17 Danach überprüft die Kommission nach dem 20. Mai 2011 die EU-Übernahmerichtlinie auf der Grundlage der bei der Anwendung gewonnenen Erfahrung und schlägt erforderlichenfalls Änderungen vor.
18 *Schüppen*, BB 2006, 165.
19 Näher dazu *Seibt/Heiser*, ZGR 2005, 200, 214 f; vgl auch *Kiem*, in: Baums/Thoma, § 33 a Rn 23, der zu Recht darauf hinweist, dass, § 33 a Abs. 2 WpÜG nicht für Erwerbsangebote gilt.
20 *Friedl*, NZG 2006, 422, 423.
21 Vgl Art. 9 Abs. 2 Unterabs. 1.
22 Siehe dazu KölnKomm-WpÜG/*Hirte*, § 33 Rn 60.

kurrierenden Übernahmeangebots oder mit Ablauf der Angebotsfrist hinfällig und damit vom Zeitrahmen des Abs. 2 erfasst wird.[23]

12 **III. Ausnahmen vom Verhinderungsverbot. 1. Ermächtigung der Hauptversammlung (Abs. 2 Nr. 1).** Das Verhinderungsverbot gilt nicht für Handlungen, zu denen die Hauptversammlung den Vorstand oder Aufsichtsrat nach Veröffentlichung der Entscheidung zur Abgabe eines Angebots ermächtigt hat. Für die Durchführung der Hauptversammlung gelten die gleichen Grundsätze wie bei einer Ad-hoc-Hauptversammlung einer Zielgesellschaft, die dem § 33 Abs. 2 unterliegt.[24]

13 Abs. 2 S. 2 Nr. 1 lässt die Ermächtigung von Vorstand oder Aufsichtsrat zu. Dies meint, dass jeweils das Organ zu ermächtigen ist, welches für die Maßnahme zuständig ist. Dies erklärt sich aus Art. 9 Abs. 2 ÜbernahmeRL. Danach hat das Leitungs- bzw Verwaltungsorgan der Zielgesellschaft die Ermächtigung der Hauptversammlung einzuholen. Leitungs- bzw Verwaltungsorgan ist nach Art. 9 Abs. 6 ÜbernahmeRL jedoch nicht alternativ, sondern kumulativ zu verstehen. Besonders deutlich wird dies durch einen Vergleich mit dem Wortlaut der englischen Fassung der Richtlinie. Dort ist kein dem Ausdruck „beziehungsweise" entsprechendes Wort enthalten, sondern nur „the board of the offeree company". Dies meint „both the management board *and* the supervisory board".[25] Daher sind sowohl Verhinderungshandlungen des Vorstands als auch des Aufsichtsrats durch die Hauptversammlung zu legitimieren.[26] Soll eine Maßnahme von beiden Organen durchgeführt werden, bedürfen beide der Ermächtigung.

14 **2. Handlungen innerhalb des normalen Geschäftsbetriebs (Abs. 2 Nr. 2).** Abs. 2 S. 2 Nr. 2 erlaubt Handlungen innerhalb des normalen Geschäftsbetriebs. Diese Ausnahme vom Verhinderungsverbot wirft verschiedene Fragen auf. Zum einen verwendet der Gesetzgeber den Begriff „Geschäftsbetrieb", während die Richtlinie von „Geschäftsverlauf" spricht. Zum anderen ist zweifelhaft, ob tatsächlich sämtliche Handlungen innerhalb des normalen Geschäftsbetriebs vom Verhinderungsverbot ausgenommen werden können.

15 Der Begriff „Geschäftsbetrieb" wird in § 116 Abs. 1 HGB und § 164 S. 1 Hs 2 HGB, die von „Betrieb des Handelsgewerbes" sprechen, als rechtlich zulässiges Betätigungsfeld eines Unternehmens beschrieben. „Geschäftsverlauf" ist nach § 289 Abs. 1 HGB der tatsächliche Verlauf der betrieblichen Betätigung. Vor diesem Hintergrund wird darauf hingewiesen, der Geschäftsbetrieb umfasse als Gesamtsumme dessen, was überhaupt zulässig ist, wohl mehr als der Geschäftsverlauf, so dass bei einem solchen Verständnis die Ausnahme über die EU-Übernahmerichtlinie hinaus erweitert werde.[27] Europarechtswidriges Verhalten dürfte daraus jedoch kaum resultieren. Handlungen, die sich im Rahmen des Geschäftsbetriebs bewegen, werden tatsächlich vorgenommen und machen damit erst den Geschäftsverlauf der jeweiligen Zielgesellschaft aus.

16 Schwerer wiegt die Ausdehnung der Ausnahme auf *sämtliche* zum normalen Geschäftsbetrieb gehörende Handlungen. Sie ist in der EU-Übernahmerichtlinie so nicht ausdrücklich vorgesehen, sondern wurde aus Art. 9 Abs. 3 ÜbernahmeRL abgeleitet. Danach bedürfen Entscheidungen, die weder teilweise noch vollständig umgesetzt worden sind, der Zustimmung oder Bestätigung der Hauptversammlung, wenn diese Entscheidungen außerhalb des normalen Geschäftsverlaufs gefasst wurden und ihre Umsetzung dazu führen könnte, dass das Angebot vereitelt wird. Daraus wird der Umkehrschluss gezogen, erfolgsverhindernde Maßnahmen innerhalb des normalen Geschäftsverlaufs seien generell zulässig.[28] Art. 9 Abs. 3 ÜbernahmeRL lässt jedoch allein den Schluss zu, dass *vor Veröffentlichung der Entscheidung zur Abgabe des Angebots gefasste Entscheidungen* nicht der Zustimmung oder Bestätigung der Hauptversammlung der Aktionäre bedürfen, wenn sie erstens weder ganz noch teilweise umgesetzt wurden und zweitens innerhalb des normalen Geschäftsverlaufs gefasst wurden. Dass nach Veröffentlichung der Entscheidung zur Abgabe des Angebots sämtliche abwehrgeeignete Handlungen innerhalb des normalen Geschäftsverlaufs zulässig sind, kann aus dem Wortlaut von Art. 9 Abs. 3 ÜbernahmeRL nicht hergeleitet werden.[29] Auch vor dem Hintergrund des Erwägungsgrunds Nr. 16 der EU-Übernahmerichtlinie ergibt sich nichts anderes. Die Begründung vermag den eindeutigen Wortlaut der Regelung in Art. 9 Abs. 3 ÜbernahmeRL nicht zu überlagern. Im Übrigen werden die Befugnisse des Leitungs- bzw Verwaltungsorgans einer Zielgesellschaft für die normale Geschäftstätigkeit auch bei dem hier zugrunde gelegten Verständnis nicht beschränkt. Vereitelnde Maßnahmen des normalen Geschäftsverlaufs, die erst nach Veröffentlichung der Entscheidung zur Abgabe

---

23 *Glade/Haak/Hellich*, Der Konzern 2004, 515, 518; vgl ferner *Kiem*, in: Baums/Thoma, § 33 a Rn 28.
24 *Steinmeyer*, in: Steinmeyer, § 33 a Rn 10; *Röh*, in: Haarmann/Schüppen, § 33 a Rn 42, der zurecht auf die praktischen Probleme hinweist, die mit einer solchen Hauptversammlung verbunden sind; ferner *Kiem*, in: Baums/Thoma, § 33 a Rn 40.
25 Vgl Art. 9 Abs. 2 und Abs. 6 der englischen Fassung der Richtlinie. Demgegenüber hilft ein Blick in die französische Fassung wenig. Dort wird das Wort „ou" (oder) verwendet, was im Sinne von „et" (und) zu verstehen sein soll, sodass sich dieselben, wenn nicht noch mehr, Auslegungsschwierigkeiten stellen wie bei der deutschen Fassung.
26 So auch *Maul/Muffat-Jeandet*, AG 2004, 306, 310 f.
27 *Seibt/Heiser*, AG 2006, 301, 311.
28 So *Hopt/Müller/Kumpan*, AG 2005, 109, 112; so auch noch *Glade/Haak/Hellich*, Der Konzern 2004, 515, 519.
29 So auch *Seibt/Heiser*, AG 2006, 301, 11; *dies*, ZGR 2005, 200, 223; *Krause*, BB 2004, 113, 114; *Schüppen*, BB 2006, 165, 166; iE so wohl auch *Kindler/Horstmann*, DStR 2004, 866, 872.

des Angebots beschlossen werden, sind zulässig, nur eben nicht ohne Ermächtigung der Hauptversammlung. Dies ergibt sich aus der Systematik des Art. 9 ÜbernahmeRL. Nach Art. 9 Abs. 2 ÜbernahmeRL ist die Ermächtigung durch die Hauptversammlung, bevor verhindernde Maßnahmen ergriffen werden, die Maxime. Art. 9 Abs. 3 ÜbernahmeRL bezieht sich auf den Sonderfall, dass vor Veröffentlichung der Entscheidung zur Abgabe des Angebots Maßnahmen beschlossen und noch nicht oder nicht vollständig durchgeführt wurden. Nur in diesem Fall ist bei normaler Geschäftstätigkeit der Verzicht auf die Ermächtigung der Hauptversammlung zulässig. Vor diesem Hintergrund ist jedenfalls zweifelhaft, ob Abs. 2 S. 2 Nr. 2 Bestand haben wird.[30] Soweit praktisch möglich, sollte deshalb auch für verhinderungsgeeignete Handlungen innerhalb des normalen Geschäftsbetriebs eine Hauptversammlungsermächtigung eingeholt werden, wenn sie nach Veröffentlichung der Entscheidung zur Abgabe des Angebots gefasst werden.

3. Handlungen außerhalb des normalen Geschäftsbetriebs (Abs. 2 Nr. 3). Handlungen außerhalb des normalen Geschäftsbetriebs, durch die der Erfolg des Angebots verhindert werden könnte, sind zulässig, sofern sie der Umsetzung von Entscheidungen dienen, die vor der Veröffentlichung der Entscheidung zur Abgabe eines Angebots gefasst und wenigstens teilweise umgesetzt wurden. Das Erfordernis einer zumindest teilweisen Umsetzung macht deutlich, dass Vorratsbeschlüsse iSv § 33 Abs. 2 im Falle einer Unterwerfung unter das europäische Verhinderungsverbot nicht zulässig sind.[31] Aus diesem Grund sind Maßnahmen außerhalb des normalen Geschäftsbetriebs, die weder teilweise noch vollständig umgesetzt, also lediglich beschlossen worden sind, von Abs. 2 S. 2 Nr. 1 erfasst. Dies entspricht Art. 9 Abs. 3 ÜbernahmeRL, wonach sie nur mit Zustimmung oder Bestätigung der Hauptversammlung zulässig sind.

4. Konkurrierende Angebote (Abs. 2 Nr. 4). Die Regelung zur Suche nach konkurrierenden Angeboten deckt sich mit § 33 Abs. 1 S. 2 Alt. 2 (s. dort).

D. Unterrichtungspflicht (Abs. 3)

Abs. 3 verpflichtet den Vorstand der Zielgesellschaft, sowohl die BaFin als auch die Aufsichtsstellen der Staaten des EWR, in denen Wertpapiere der Gesellschaft zum Handel an einem organisierten Markt zugelassen sind, unverzüglich über den Beschluss einer Satzungsbestimmung zum *Opt in* zu unterrichten.

E. Verstöße

Durch die Aufnahme von § 33 a Abs. 2 S. 1 in § 60 Abs. 1 Nr. 8 und die Schaffung des neuen § 60 Abs. 1 Nr. 9 können Verstöße gegen das europäische Verhinderungsverbot mit einem Bußgeld von bis zu 1.000.000 EUR und Verstöße gegen die Unterrichtungspflicht mit einem Bußgeld von bis zu 200.000 EUR geahndet werden, vgl § 60 Abs. 3.

F. Schadensersatzansprüche

Für die Geltendmachung von Unterlassungs- und Schadensersatzansprüchen bestehen zwischen § 33 a und § 33 keine Unterschiede (siehe § 33 Rn 4). Darüber hinaus ergeben sich allerdings möglicherweise Ansprüche wegen eines Verstoßes gegen Vorgaben der EU-Übernahmerichtlinie, sofern diese fehlerhaft umgesetzt ist. Es gilt das allgemeine Prinzip der Direktwirkung von Richtlinien. Nicht ausreichend bzw nicht fristgerecht umgesetzte europarechtliche Vorgaben gelten unmittelbar, sofern die jeweilige Vorschrift der Richtlinie inhaltlich unbedingt und ausreichend bestimmt ist.[32] Daher ist denkbar, dass der Vorstand einer Zielgesellschaft zwar nicht gegen den Wortlaut des WpÜG, derweil aber gegen die direkt geltenden Vorschriften der EU-Übernahmerichtlinie zB bei Maßnahmen innerhalb des normalen Geschäftsbetriebs verstößt (s. Rn 16). Vor diesem Hintergrund ist es für Unternehmen, die sich für ein Opt in entschieden haben, ratsam, sich bei Anwendung der Ausnahmen vom Verhinderungsverbot stets (auch) am Wortlaut der EU-Übernahmerichtlinie zu orientieren.

---

30 Für eine richtlinienkonforme Auslegung *Röh*, in: Haarmann/Schüppen, § 33 b Rn 56. AA: *Kiem*, in: Baums/Thoma, § 33 a Rn 48; *Steinmeyer*, in: Steinmeyer, § 33 a Rn 11, die die Richtlinienkonformität bejahen.

31 *Glade/Haak/Hellich*, Der Konzern 2004, 515, 520; *Seibt/Heiser*, ZGR 2005, 200, 223.

32 EuGH v. 19.1.1982, Rs. C-8/81 (Becker/Finanzamt Münster), Slg 1982, 53/70 Rn 20 ff; EuGH v. 20.9.1988, Rs. C-31/87 (Beentjes/Niederländischer Staat), Slg 1988, 4635/4657 Rn 40.

§ 33 b Europäische Durchbrechungsregel

(1) Die Satzung einer Zielgesellschaft kann vorsehen, dass Absatz 2 Anwendung findet.

(2) ¹Nach Veröffentlichung der Angebotsunterlage nach § 14 Abs. 3 Satz 1 gelten die folgenden Bestimmungen:
1. während der Annahmefrist eines Übernahmeangebots gelten satzungsmäßige, zwischen der Zielgesellschaft und Aktionären oder zwischen Aktionären vereinbarte Übertragungsbeschränkungen von Aktien nicht gegenüber dem Bieter,
2. während der Annahmefrist eines Übernahmeangebots entfalten in einer Hauptversammlung, die über Abwehrmaßnahmen beschließt, Stimmbindungsverträge keine Wirkung und Mehrstimmrechtsaktien berechtigen zu nur einer Stimme und
3. in der ersten Hauptversammlung, die auf Verlangen des Bieters einberufen wird, um die Satzung zu ändern oder über die Besetzung der Leitungsorgane der Gesellschaft zu entscheiden, entfalten, sofern der Bieter nach dem Angebot über mindestens 75 Prozent der Stimmrechte der Zielgesellschaft verfügt, Stimmbindungsverträge sowie Entsendungsrechte keine Wirkung und Mehrstimmrechtsaktien berechtigen zu nur einer Stimme.

²Satz 1 gilt nicht für Vorzugsaktien ohne Stimmrecht sowie für vor dem 22. April 2004 zwischen der Zielgesellschaft und Aktionären oder zwischen Aktionären vereinbarten Übertragungsbeschränkungen und Stimmbindungen.

(3) Der Vorstand der Zielgesellschaft hat die Bundesanstalt sowie die Aufsichtsstellen der Staaten des Europäischen Wirtschaftsraums, in denen Wertpapiere der Gesellschaft zum Handel an einem organisierten Markt zugelassen sind, unverzüglich davon zu unterrichten, dass die Zielgesellschaft eine Satzungsbestimmung nach Absatz 1 beschlossen hat.

(4) Für die Einberufung und Durchführung der Hauptversammlung im Sinne des Absatzes 2 Satz 1 Nr. 3 gilt § 16 Abs. 4 entsprechend.

(5) ¹Werden Rechte auf der Grundlage des Absatzes 1 entzogen, ist der Bieter zu einer angemessenen Entschädigung in Geld verpflichtet, soweit diese Rechte vor der Veröffentlichung der Entscheidung zur Abgabe des Angebots nach § 10 Abs. 1 Satz 1 begründet wurden und der Zielgesellschaft bekannt sind. ²Der Anspruch auf Entschädigung nach Satz 1 kann nur bis zum Ablauf von zwei Monaten seit dem Entzug der Rechte gerichtlich geltend gemacht werden.

A. Einführung

1 § 33 b setzt die europäische Durchbrechungsregel aus Art. 11 ÜbernahmeRL[1] um. Die Vorschrift markiert den zweiten Fall des Optionsmodells aus Art. 12 ÜbernahmeRL.[2] Auch hier hat sich der deutsche Gesetzgeber für ein generelles *Opt out* bei gleichzeitiger Möglichkeit zum individuellen *Opt in* durch die Gesellschaft entschieden.[3] Für die Anwendung der europäischen Durchbrechungsregel bedarf es nach Abs. 1 eines Satzungsbeschlusses der Zielgesellschaft. Es gilt dasselbe wie beim Verhinderungsverbot.[4] Das Wahlrecht kann nur kumulativ für die in Abs. 2 S. 1 genannten Bestimmungen ausgeübt werden.

2 Durch die Durchbrechungsregel soll dem Bieter die Erlangung der Kontrolle über die Zielgesellschaft erleichtert werden, indem er seiner Stimme proportional zu den von ihm erworbenen Aktien Geltung verschaffen kann.[5] Die Schaffung eines *level playing field* gelingt jedoch auch hier nur in Ansätzen, da u.a. stimmrechtslose Vorzugsaktien nicht erfasst sind, obwohl sie am Risikokapital beteiligt sind.[6]

B. Europäische Durchbrechungsregel (Abs. 2)

3 Umstritten ist, ob die Durchbrechungsregel nur für Übernahmeangebote gilt oder über den Verweis in § 39 auch für Pflichtangebote. Vertreten wird, die Durchbrechungsregel gelte nur für Übernahmeangebote.[7] Die Anwendbarkeit der Durchbrechungsregel sei abschließend in der Satzung der Zielgesellschaft geregelt. Des-

---

1 Richtlinie 2004/25/EG des Europäischen Parlaments und des Rates v. 21. April 2004 betr. Übernahmeangebote, ABl. EU Nr. L 142/12 v. 30.4.2004.
2 Näher dazu *Seibt/Heiser*, ZIP 2002, 2193, 2199 ff; *dies.*, AG 2006, 301, 313.
3 Siehe dazu die Ausführungen bei, § 33 a 1 und 2.
4 Siehe dazu die Ausführungen bei, § 33 a 2.
5 *Seibt/Heiser*, ZIP 2002, 2193, 2199.
6 *Kindler/Horstmann*, DStR 2004, 866, 869.
7 *Kiem*, in: Baums/Thoma, § 33 b Rn 21; *Vogel*, in: Haarmann/Schüppen, § 33 b Rn 12; *Schwennicke*, in: Geibel/Süßmann, § 33 b Rn 2.

wegen sei ein Rückgriff auf die Verweisungsnorm nicht möglich. Dem Satzungsgeber sei es verwehrt, aufgrund des in Abs. 2 vorgesehenen Anwendungsbereiches, die Satzungsregelung so auszuweiten, dass sie Pflichtangebote mit umfasst. Andere meinen die Durchbrechungsregel gelte sowohl für Übernahme- als auch für Pflichtangebote.[8] Dies gebiete der Sinn und Zweck der Vorschrift, wonach allen Aktionären die Möglichkeit zur Veräußerung ihrer Aktien bei einem Kontrollwechsel eingeräumt werden soll. Dafür könne es aber keinen Unterschied machen, ob der Kontrollwechsel für den Bieter im Wege eines Übernahmeangebots oder durch einen Paketerwerb mit anschließendem Pflichtangebot angestrebt wird. Diese Auffassung verdient Zustimmung. Es ist nicht einzusehen, warum Aktionäre nur bei Pflichtangeboten privilegiert werden sollten.

Die Vorschriften des § 33 b gelten ab Veröffentlichung der Angebotsunterlage nach § 14 Abs. 3 S. 1. Dies steht im Einklang mit den europarechtlichen Vorgaben.[9] Darüber hinaus setzen die Durchbrechungsregeln bei zwei aufeinander folgenden Phasen an. Die erste Phase beginnt mit der Annahmefrist, die noch den Zeitraum bis zur Veröffentlichung des Ergebnisses des Angebots mit einschließt, die zweite umfasst den Zeitraum ab Ende der Annahmefrist, vorausgesetzt der Bieter hat infolge der Annahme des Angebots mehr als 75 Prozent des stimmberechtigten Kapitals der Zielgesellschaft erlangt.[10] In der ersten Phase sind Übertragungsbeschränkungen von Aktien dem Bieter gegenüber unwirksam. Für die erste und zweite Phase gilt: Stimmbindungsverträge sind wirkungslos; Mehrstimmrechtsaktien berechtigen nur zu einer Stimme. In der zweiten Phase sind darüber hinaus Entsendungsrechte wirkungslos, während Übertragungsbeschränkungen nicht mehr außer Kraft gesetzt sind. Die Durchbrechung wirkt nur in der jeweiligen Phase, anschließend leben die betroffenen Rechte wieder auf.

Nach Abs. 2 S. 2 sind Vorzugsaktien ohne Stimmrecht und vor dem 22.4.2004 vereinbarte Übertragungsbeschränkungen und Stimmbindungen nicht betroffen. Hintergrund ist zum einen, dass Wertpapiere iSd EU-Übernahmerichtlinie nach Art. 2 Abs. 1 e) nur solche sind, die Stimmrechte verleihen.[11] Zum anderen erfasst Art. 11 ÜbernahmeRL lediglich nach Annahme der EU-Übernahmerichtlinie vereinbarte Übertragungsbeschränkungen und Stimmbindungen. 4

I. Durchbrechung von Übertragungsbeschränkungen in der Angebotsphase (Abs. 2 Nr. 1). Während der Annahmefrist eines Übernahmeangebots gelten nach Abs. 2 S. 1 Nr. 1 satzungsmäßige, zwischen Zielgesellschaft und Aktionären oder zwischen Aktionären vereinbarte Übertragungsbeschränkungen von Aktien nicht gegenüber dem Bieter. Welche Übertragungsbeschränkungen gemeint sind, erklärt das Gesetz nicht.[12] Grundsätzlich kann zwischen dinglichen und schuldrechtlichen Beschränkungen unterschieden werden. 5

Von den dinglichen Beschränkungen sind vor allem vinkulierte Namensaktien iSv § 68 Abs. 2 AktG betroffen. Sie können im Falle eines *Opt in* durch eine Zielgesellschaft künftig ohne die nach der Satzung sonst erforderliche Zustimmung des Vorstands an den Bieter übertragen werden.[13] Schwieriger ist die Behandlung aufschiebend bedingter Übertragungen. Tritt die Bedingung erst nach Ablauf der Annahmefrist ein, so lebt die Übertragungsbeschränkung wieder auf, und Abs. 2 S. 1 Nr. 1 läuft ins Leere.[14] Beispiele sind Kartellfreigabe-Bedingungen[15] oder Bedingungen bei der Übertragung von Aktien auf Organmitglieder.[16] Hierzu wurde vorgeschlagen, die Durchbrechung der Übertragungsbeschränkungen auf die Abwicklung des Angebots auszuweiten.[17] Eine solche Regelung ist unterblieben. Abs. 2 S. 1 Nr. 1 ist aber europarechtskonform entsprechend weit auszulegen, um Art. 11 Abs. 2 ÜbernahmeRL gerecht zu werden.[18] 6

Schuldrechtliche Übertragungsbeschränkungen iSv Abs. 2 S. 1 Nr. 1 sind zB Vorkaufsrechte, Lock-Up-Vereinbarungen und Vertragsstrafen für den Fall der Aktienübertragung an den Bieter.[19] Mithin sind Sekundäransprüche gegen den Aktionär, wenn dieser unter Verstoß gegen die schuldrechtliche Übertragungsbeschränkung seine Aktien auf den Bieter überträgt, nicht durchsetzbar.[20] Zwar ist für Lock-Up-Vereinbarungen der wirtschaftliche Sinn der Durchbrechung zweifelhaft, allerdings konnte der Gesetzgeber aufgrund des klaren Wortlauts in Art. 11 Abs. 2 ÜbernahmeRL Lock-Up-Vereinbarungen nicht von der Durchbrechungsregel ausnehmen. 7

---

8 *Steinmeyer*, in: Steinmeyer, § 33 b Rn 6.
9 Vgl Art. 11 Abs. 1 ÜbernahmeRL.
10 *Glade/Haak/Hellich*, Der Konzern 2004, 515, 521; *Krause*, BB 2004, 113, 115; *Maul/Muffat-Jeandet*, AG 2004, 306, 311 unterscheiden zwischen drei Phasen, indem sie das Abstimmen über Verteidigungsmaßnahmen als eigene Phase einstufen.
11 *Schüppen*, BB 2006, 165, 167.
12 Kritisch hierzu *Seibt/Heiser*, AG 2006, 301, 313.
13 *Glade/Haak/Hellich*, Der Konzern 2004, 515, 522; *Seibt/Heiser*, AG 2006, 301, 313; *van Kann/Just*, DStR 2006, 328, 330; *Krause*, BB 2004, 113, 115; *Maul/Muffat-Jeandet*, AG 2004, 306, 314, die zusätzlich darauf hinweisen, dass die Übertragung von vinkulierten Aktien auch bislang ohnehin nur bei Vorliegen eines wichtigen Grundes versagt werden durfte.
14 *Glade/Haak/Hellich*, Der Konzern 2004, 515, 522.
15 *Hopt/Müller/Kumpan*, AG 2005, 109, 113.
16 *Seibt/Heiser*, AG 2006, 301, 313.
17 *Glade/Haak/Hellich*, Der Konzern 2004, 515, 522; *Krause*, BB 2004, 113. 115; *Seibt/Heiser*, AG 2006, 301, 313; *Hopt/Müller/Kumpan*, AG 2005, 109, 113.
18 AA *Kiem*, in: Baums/Thoma, § 33 b Rn 33.
19 *Seibt/Heiser*, ZIP 2002, 2193, 2200.
20 *Seibt/Heiser*, ZIP 2002, 2193, 2200; *Steinmeyer*, in: Steinmeyer, § 33 b Rn 9.

8 Schließlich gibt es Übertragungsbeschränkungen, die von Abs. 2 S. 1 Nr. 1 nicht erfasst werden, da sie weder dinglicher noch schuldrechtlicher Natur sind. ZB kann die Übertragung von Aktien der Zielgesellschaft an einen Dritten vor Bekanntmachung des Angebots unter die aufschiebende Bedingung gestellt werden, dass überhaupt ein Angebot abgegeben wird. Die Übertragung findet also vor Beginn der Annahmefrist statt und wird daher von Abs. 2 S. 1 Nr. 1 noch nicht erfasst.[21]
Im Sinne einer europarechtskonformen Auslegung ist die Vorschrift jedoch auf die Übertragung an Organmitglieder der Zielgesellschaft, an die Zielgesellschaft selbst oder an der Zielgesellschaft nahe stehende Personen anzuwenden.[22]

9 **II. Durchbrechung von Stimmbindungen und Mehrfachstimmrechten in der Angebotsphase (Abs. 2 Nr. 2).** Während der Annahmefrist eines Übernahmeangebots sind in einer Hauptversammlung, die über Abwehrmaßnahmen beschließt, Stimmbindungsverträge wirkungslos, und Mehrstimmrechtsaktien berechtigen nur zu einer Stimme. Mehrstimmrechte sind nach § 12 Abs. 2 AktG unzulässig. Sie konnten nach der früheren Ausnahmeregelung in § 12 Abs. 2 S. 2 AktG aF mit ministerieller Genehmigung begründet werden, soweit das zur Wahrung überwiegender gesamtwirtschaftlicher Belange erforderlich war.[23] Diese Altgenehmigungen verloren nach § 5 Abs. 1 EGAktG zum 1.6.2003 ihre Wirkung, sofern nicht die Hauptversammlung mit qualifizierter Mehrheit ihre Fortgeltung beschlossen hat.[24] Mittlerweile dürfte es fast keine börsennotierten Aktiengesellschaften mit Mehrstimmrechtsaktien mehr geben.[25] In Deutschland sind damit lediglich Stimmbindungsverträge, wie zB in Pool-Verträgen oder Konsortialvereinbarungen betroffen.[26]

10 **III. Durchbrechung von Stimmbindungen, Entsendungsrechten und Mehrfachstimmrechten in der ersten Hauptversammlung (Abs. 2 Nr. 3).** Die Regelung betrifft die erste Hauptversammlung der Zielgesellschaft nach der Übernahme und damit die zweite Phase. Wird die Hauptversammlung auf Verlangen des Bieters einberufen, um die Satzung zu ändern oder über die Besetzung der Leitungsorgane der Gesellschaft zu entscheiden, und verfügt der Bieter über mindestens 75 % der Stimmrechte, sind Stimmbindungsverträge sowie Entsendungsrechte wirkungslos, und Mehrstimmrechtsaktien berechtigen nur zu einer Stimme. Die Vorschrift über Mehrstimmrechte dürfte aus den oben genannten Gründen weitestgehend bedeutungslos bleiben.[27] Allerdings werden die nach § 101 Abs. 2 AktG zulässigen satzungsmäßigen Rechte einzelner Aktionäre zur Entsendung von Mitgliedern in den Aufsichtsrat durchbrochen.[28] Auch schuldrechtliche Vereinbarungen, nach denen sich Aktionäre verpflichtet haben, bei der Aufsichtsratswahl für die von einem berechtigten Aktionär vorgeschlagenen Kandidaten zu stimmen (sog. Wahlvorschlagsregelungen), sind betroffen.[29] Auf diese Weise soll sichergestellt werden, dass der Bieter, der über 75 Prozent des stimmberechtigten Kapitals verfügt, den Aufsichtsrat und damit mittelbar den Vorstand der Zielgesellschaft sowie die Satzung umgestalten kann. Jene Übertragungsbeschränkungen und Stimmbindungsverträge, denen aufgrund Abs. 2 ihre Wirkung versagt bleibt, kann der Bieter sodann beseitigen. Dabei muss die erste Hauptversammlung nach der Übernahme nicht allein zu diesem Zweck stattfinden.[30] Allerdings kann die Durchbrechung von Stimmbindungsverträgen und Entsendungsrechten zur Änderung der Satzung oder Besetzung der Leitungsorgane nur in der ersten Hauptversammlung nach Angebotsschluss erfolgen.[31]

11 **IV. Nicht erfasste Aktiengattungen.** Nicht erfasst werden stimmrechtslose Vorzugsaktien iSv § 139 Abs. 1 AktG. Diese Ausnahme geht auf Art. 11 Abs. 6 ÜbernahmeRL zurück. Danach sind Stimmrechtsbeschränkungen nicht erfasst, wenn sie durch besondere finanzielle Vorteile ausgeglichen werden. Auch die Begrenzung des Stimmrechts bei Aktien der Volkswagen AG auf maximal 20 Prozent des Grundkapitals wird nicht durchbrochen, denn dies beruht auf § 3 Abs. 5 VW-Gesetz[32] und nicht auf der Satzung der Gesellschaft.[33] Ebenfalls außen vor bleiben vinkulierte Namensaktien deutscher Luftfahrtunternehmen gemäß § 2 Abs. 1 LuftNaSiG.[34]

12 Die Durchbrechungsregeln nach Art. 11 Abs. 7 ÜbernahmeRL gelten nicht für den Fall, dass ein Mitgliedstaat Wertpapiere der Zielgesellschaft hält, die ihm mit dem (EG-)Vertrag zu vereinbarende Sonderrechte einräumen, und nicht für mit dem (EG-)Vertrag zu vereinbarende Sonderrechte, die nach nationalem Recht gewährt werden („*golden shares*"), sowie nicht für Genossenschaften. Die erste Ausnahme wird generell bedeutungslos bleiben, denn gesetzliche Sonderrechte werden schon vom Anwendungsbereich der Durch-

---

21 *Seibt/Heiser*, ZIP 2002, 2193, 2200; *Glade/Haak/Hellich*, Der Konzern 2004, 515, 522 f.
22 *Glade/Haak/Hellich*, Der Konzern 2004, 515, 522 f; *Steinmeyer*, in: Steinmeyer, § 33 b Rn 10.
23 *Hüffer*, § 12 Rn 8.
24 Siehe dazu iE *Hüffer*, § 12 Rn 8 ff.
25 Vgl *Spindler/Stilz/Vatter*, § 12 Rn 23.
26 *Glade/Haak/Hellich*, Der Konzern 2004, 515, 523; *Maul/Muffat-Jeandet*, AG 2004, 306, 314.
27 Siehe dazu die Ausführungen zu § 33 b Abs. 2 S. 1 Nr. 2.
28 So auch *Maul/Muffat-Jeandet*, AG 2004, 306, 315.
29 *Glade/Haak/Hellich*, Der Konzern 2004, 515, 523.
30 *Van Kann/Just*, DStR 2006, 328, 330.
31 *Glade/Haak/Hellich*, Der Konzern 2004, 515, 523.
32 Gesetz über die Überführung der Anteilrechte an der Volkswagenwerk Gesellschaft mit beschränkter Haftung in private Hand (VWGmbHÜG).
33 *Krause*, BB 2004, 113, 115; *Seibt/Heiser*, ZGR 2005, 200, 226.
34 *Seibt/Heiser*, ZIP 2002, 2193, 2194; *Glade/Haak/Hellich*, Der Konzern 2004, 515, 524.

brechungsregeln nicht erfasst.[35] Die *golden shares* wurden auf Drängen Großbritanniens ausgenommen, die Genossenschaften auf Wunsch Italiens.[36] Beiden Fallgruppen kommt in Deutschland keine Bedeutung zu.

C. Unterrichtungspflicht (Abs. 3)

Der Vorstand der Zielgesellschaft ist nach Abs. 3 verpflichtet, der BaFin und den Aufsichtsstellen der Staaten des EWR, in denen Wertpapiere der Gesellschaft zum Handel an einem organisierten Markt zugelassen sind, unverzüglich mitzuteilen, wenn sich die Gesellschaft für eine Unterwerfung unter die europäische Durchbrechungsregel entschieden hat. Verstöße gegen die Unterrichtungspflicht können nach § 60 Abs. 1 Nr. 9, Abs. 3 mit einem Bußgeld von bis zu 200.000 EUR geahndet werden.

D. Formalien (Abs. 4)

Abs. 4 verweist für die Durchführung der Hauptversammlung iSv Abs. 2 S. 1 Nr. 3 auf § 16 Abs. 4. Nach § 16 Abs. 4 S. 1 kann die Hauptversammlung bis spätestens zwei Wochen vor dem Tag der Versammlung einberufen werden.[37] Dies dient der Umsetzung von Art. 11 Abs. 4 Unterabs. 2 ÜbernahmeRL. Danach darf die erste Hauptversammlung nach Angebotsschluss frühestens zwei Wochen nach ihrer Einberufung abgehalten werden. Die Regelung gilt nur für die erste Hauptversammlung, die auf Verlangen des Bieters nach erfolgter Übernahme einberufen wird.[38]

E. Entschädigung (Abs. 5)

Abs. 5 setzt die Entschädigungsregelung aus Art. 11 Abs. 5 ÜbernahmeRL um. Verpflichteter ist der Bieter. Dies ist sachgerecht, da ihm der Vorteil der Durchbrechungsregel zugute kommt.[39] Die entzogenen Rechte müssen vor der Veröffentlichung der Entscheidung zur Abgabe des Angebots nach § 10 Abs. 1 S. 1 begründet worden sein und der Zielgesellschaft bekannt sein. Damit soll Missbrauch in der Art verhindert werden, dass Übertragungsbeschränkungen oder Stimmbindungen zu dem Zweck vereinbart werden, eine Entschädigung zu erlangen.[40]

Im Einzelfall ist genau zu prüfen, ob tatsächlich eine Entschädigung zu leisten ist. Beispielsweise bedeutet die Durchbrechung einer Anteilsvinkulierung eine Begünstigung für den betroffenen Aktionär, da er die Aktien zustimmungsfrei veräußern kann, so dass es schon an einem Schaden fehlt.[41] Demgegenüber könnte ein von einer Vinkulierung begünstigter Aktionär, wie zB ein Anteilseigner bei einem Familienunternehmen, einen Rechtsverlust erleiden, wenn andere Aktionäre aufgrund der Durchbrechungsregel ohne seine Zustimmung Aktien veräußern können.

Für die Geltendmachung der Entschädigung gilt eine Frist von zwei Monaten seit dem Entzug der Rechte. Diese Beschränkung wurde mit dem Erfordernis der Rechtssicherheit begründet und orientiert sich an § 5 Abs. 3 S. 2 EGAktG.[42] Dass Art. 11 Abs. 5 ÜbernahmeRL keine Befristung vorsieht, ist unschädlich, da Befristungen als Ausfluss der Rechtssicherheit und des Rechtsfriedens gemeinschaftsrechtlich anerkannt sind. Es drängt sich jedoch die Frage auf, ob die Länge von lediglich zwei Monaten europarechtskonform ist. Zwar ist die Parallele zur Entschädigung beim Entzug von Mehrstimmrechten zu begrüßen. Das deutsche Recht allein kann dabei jedoch nicht maßgebend sein. Eine etwas großzügiger bemessene Frist hätte zumindest mehr Sicherheit im Hinblick auf die Europarechtskonformität geboten.

Nach Art. 11 Abs. 5 ÜbernahmeRL legen die Mitgliedstaaten fest, nach welchen Kriterien die Entschädigung bestimmt wird und in welcher Form sie zu zahlen ist. Dies ist bei der Umsetzung in deutsches Recht nicht erfolgt, obwohl die Richtlinie den Mitgliedstaaten insoweit kein Ermessen einräumt. Dieses Versäumnis dürfte auf die Schwierigkeit zurückzuführen sein, die Bemessung der Entschädigung abstrakt zu bestimmen.[43] Die Konkretisierung wird sich daher an den allgemeinen Regeln in §§ 249 ff BGB orientieren und

---

35 *Seibt/Heiser*, ZGR 2005, 200, 227.
36 Näher dazu *Seibt/Heiser*, ZGR 2005, 200, 227.
37 IÜ finden die allg. Vorschriften des AktG Anwendung.
38 *Vogel*, in: Haarmann/Schüppen, § 33 b Rn 46; enger: *Schwennicke*, in: Geibel/Süßmann, § 33 b Rn 11 wonach der Bieter von dieser Erleichterung nur Gebrauch machen könne, wenn er in der Hauptversammlung eine Änderung der Satzung oder einen Wechsel der Mitglieder der Leitungsorgane der Zielgesellschaft anstrebt.
39 *Seibt/Heiser*, ZGR 2005, 200, 228.
40 Vgl Beschlussempfehlung und Bericht des Finanzausschusses zu dem Gesetzentw der Bundesregierung – BT-Drucks. 16/1003, 16/1432 – v. 18.5.2006, BT-Drucks. 16/1541, S. 12.
41 *Seibt/Heiser*, ZGR 2005, 200, 228 f; aA *Steinmeyer*, in: Steinmeyer, § 33 b Rn 18, wonach eine Entschädigungspflicht nur für die Durchbrechung von Entsendungsrechten und Mehrstimmrechten bestehe aber nicht für die Durchbrechung von Stimmbindungen und Übertragungsbeschränkungen.
42 Vgl Beschlussempfehlung und Bericht des Finanzausschusses zu dem Gesetzentwurf der Bundesregierung – BT-Drucks. 16/1003, 16/1432 – v. 18.5.2006, BT-Drucks. 16/1541, S. 12.
43 Siehe dazu im Einzelnen *Seibt/Heiser*, ZGR 2005, 200, 230.

durch die Rechtsprechung erfolgen müssen – ggf nach § 287 ZPO durch Schätzung.[44] Den Entschädigungsanspruch können die Aktionäre der Zielgesellschaft im Wege der allgemeinen Leistungsklage vor dem nach § 66 zuständigen Gericht durchsetzen.[45]

§ 33 c Vorbehalt der Gegenseitigkeit

(1) Die Hauptversammlung einer Zielgesellschaft, deren Satzung die Anwendbarkeit des § 33 ausschließt, kann beschließen, dass § 33 gilt, wenn der Bieter oder ein ihn beherrschendes Unternehmen einer dem § 33 a Abs. 2 entsprechenden Regelung nicht unterliegt.

(2) Die Hauptversammlung einer Zielgesellschaft, deren Satzung eine Bestimmung nach § 33 b Abs. 1 enthält, kann beschließen, dass diese Bestimmung keine Anwendung findet, wenn der Bieter oder ein ihn beherrschendes Unternehmen einer dieser Bestimmung entsprechenden Regelung nicht unterliegt.

(3) ¹Der Vorbehalt der Gegenseitigkeit gemäß den Absätzen 1 und 2 kann in einem Beschluss gefasst werden. ²Der Beschluss der Hauptversammlung gilt für höchstens 18 Monate. ³Der Vorstand der Zielgesellschaft hat die Bundesanstalt und die Aufsichtsstellen der Staaten des Europäischen Wirtschaftsraums, in denen stimmberechtigte Aktien der Gesellschaft zum Handel an einem organisierten Markt zugelassen sind, unverzüglich von der Ermächtigung zu unterrichten. ⁴Die Ermächtigung ist unverzüglich auf der Internetseite der Zielgesellschaft zu veröffentlichen.

A. Einführung

1   § 33 c ist eine Ausprägung des Optionsrechts der Mitgliedstaaten bei der Einführung des europäischen Verhinderungsverbots und der europäischen Durchbrechungsregel.[1] Diese Reziprozitätsregel beruht auf Art. 12 Abs. 3 bis 5 ÜbernahmeRL.[2] Danach können die Mitgliedstaaten Gesellschaften, die sich dem europäischen Verhinderungsverbot und/oder der europäischen Durchbrechungsregel unterworfen haben, die Möglichkeit einräumen, sich hiervon durch Beschluss ihrer Hauptversammlungen für den Fall zu befreien, dass sie Ziel eines Übernahmeangebots einer Gesellschaft werden, die sich diesen Regeln nicht unterworfen hat oder von einer diese Voraussetzung erfüllenden Gesellschaft kontrolliert wird.[3] Für diesen Vorbehalt der Gegenseitigkeit werden Anforderungen an den Hauptversammlungsbeschluss und die Bekanntmachung gestellt.

2   § 33 c dient der Gewährleistung fairer Übernahmeverfahren. Er soll verhindern, dass Gesellschaften, die dem strikten europäischen Verhinderungsverbot und/oder der europäischen Durchbrechungsregel unterliegen, gegenüber solchen Gesellschaften benachteiligt werden, die als Bieter einem inhaltlich vergleichbaren Verhinderungsverbot und/oder einer inhaltlich vergleichbaren Durchbrechungsregel nicht unterliegen. Mithin ist das Ziel, bei Übernahmeverfahren Waffengleichheit zu schaffen.[4] Hier wurde in erster Linie an Gesellschaften aus dem Europäischen Wirtschaftsraum gedacht, aber auch an Bieter aus Drittstaaten, die keinen vergleichbar strengen Regelungen unterliegen.[5] Aus der EU-Übernahmerichtlinie lässt sich die Anwendung auf Bieter aus Drittstaaten nicht direkt herleiten, da Art. 12 Abs. 3 ÜbernahmeRL auf Gesellschaften abstellt, die ihrerseits „dieselben Artikel" nicht anwenden. Aus Erwägungsgrund (21) der EU-Übernahmerichtlinie geht jedoch hervor, dass internationalen Übereinkünften der Vorrang gegenüber dem Optionsrecht gebührt. Diese Erwägung wäre hinfällig, wenn Art. 12 Abs. 3 ÜbernahmeRL Bieter aus Drittstaaten nicht erfassen würde.[6]

B. Gegenseitigkeitsprinzip (Abs. 1 und 2)

3   Durch die Anwendung des Gegenseitigkeitsprinzips kann sich eine Gesellschaft, die Ziel eines Bieters ist, der weniger strengen Regeln als § 33 a Abs. 2 oder § 33 b Abs. 2 unterliegt, die weitergehenden Vereite-

---

44 AA: *Schwennicke*, in: Geibel/Süßmann, § 33 b Rn 14, wonach ähnliche Maßstäbe gelten wie bei der Entschädigung für den Verlust von Mehrstimmrechten nach, § 5 Abs. 2 EGAktG. Dem tritt *Vogel*, in: Haarmann/Schüppen, § 33 b Rn 54 entgegen mit dem beachtlichen Argument, dass es nicht um eine dauerhafte Beseitigung, sondern nur um eine einmalige Durchbrechung gehe.

45 *Vogel*, in: Haarmann/Schüppen, § 33 b Rn 55; aA *Steinmeyer*, in: Steinmeyer, § 33 b Rn 21 der das Spruchverfahren auf Entschädigungsansprüche anwenden will.

1 Zum Optionsrecht s. bereits die Ausführungen bei § 33 a, 1. und 2.
2 Richtlinie 2004/25/EG des Europäischen Parlaments und des Rates v. 21. April 2004 betr. Übernahmeangebote, ABl. EU Nr. L 142/12 v. 30.4.2004.
3 Zum Opt out und Opt in siehe die Ausführungen bei § 33 a, 1. und 2.
4 *Glade/Haak/Hellich*, Der Konzern 2004, 515, 516.
5 *Seibt/Heiser*, AG 2006, 301, 312; Begr. RegE BT-Drucks. 16/1003, S. 21.
6 *Glade/Haak/Hellich*, Der Konzern 2004, 515, 516.

lungsmöglichkeiten des § 33 Abs. 2 zunutze machen bzw verhindern, dass durch die Durchbrechung von Übertragungsbeschränkungen, Stimmbindungsverträgen und Mehrfachstimmrechten Beschlüsse zur Abwehr einer Übernahme erschwert werden. Ausreichend ist, wenn nicht dem Bieter selbst, sondern einem ihn beherrschenden Unternehmen weitergehende Abwehrhandlungen zur Verfügung stehen.[7] Wer beherrschendes Unternehmen ist, ergibt sich aus § 2 Abs. 6. Die Erstreckung auf die den Bieter beherrschende Person dient dem Umgehungsschutz. Es soll verhindert werden, dass eine Tochtergesellschaft, für die § 33 a Abs. 2 oder § 33 b Abs. 2 gilt, das Angebot abgibt, während die Muttergesellschaft einer dem europäischen Verhinderungsverbot entsprechenden Regelung nicht unterliegt.[8]

Die Gesetzesbegründung geht ausdrücklich davon aus, dass das Gegenseitigkeitsprinzip unabhängig davon Anwendung finden solle, ob es sich um einen Bieter aus einem Staat des Europäischen Wirtschaftsraums oder aus einem Drittstaat handelt.[9] Aus eben diesem Grund stellt der Gesetzeswortlaut auf Regelungen ab, die § 33 a Abs. 2 oder § 33 b Abs. 2 „entsprechen" und nimmt die Vorschriften nicht direkt in Bezug. Es ist jedoch zweifelhaft, ob § 33 c tatsächlich gegenüber Bietern aus Drittstaaten angewendet werden kann, ohne dass internationale Abkommen, wie das General Agreement of Trade and Services, verletzt werden.[10] In diesen Konstellationen wird die Herstellung eines *level playing field* daher an ihre Grenzen stoßen. **4**

Die Regelungen entsprechen dem Regime der §§ 33 a Abs. 2, 33 b Abs. 2, wenn sie inhaltlich gleichwertig sind.[11] Die Feststellung der Gleichwertigkeit obliegt der Zielgesellschaft.[12] Bei einer offensichtlichen fehlerhaften Beurteilung einer Zielgesellschaft mit Sitz in Deutschland kann die BaFin im Rahmen ihrer Missbrauchsaufsicht nach § 4 Abs. 1 S. 3 geeignete Maßnahmen ergreifen.[13] Dem Bieter stehen keine speziellen Rechtsbehelfe bei einer fehlerhaften Beurteilung zu, als allgemeiner Rechtsbehelf kommt die Feststellungsklage in Betracht, die aber mangels Feststellungsinteresse idR ausgeschlossen ist.[14] Den Aktionären der Zielgesellschaft – damit auch dem Bieter – stehen die allgemeinen Rechtsbehelfe zur Verfügung.[15] Eine fehlerhafte Beurteilung kann eine Ordnungswidrigkeit darstellen. Verneint der Vorstand einer Zielgesellschaft vorsätzlich oder leichtfertig fehlerhaft die inhaltliche Gleichwertigkeit und ergreift Abwehrmaßnahmen, die gegen § 33 a Abs. 2 S. 1 verstoßen, dann liegt eine Ordnungswidrigkeit gemäß § 60 Abs. 1 Nr. 8 vor, die gemäß § 60 Abs. 3 mit einer Geldbuße bis zu einer Mio. Euro geahndet werden kann. **5**

C. Formalien (Abs. 3)

Abs. 3 verlangt einen Hauptversammlungsbeschluss, der mit Wirkung für höchstens 18 Monate mit der einfachen Mehrheit der abgegebenen Stimmen[16] nach § 133 Abs. 1 AktG gefasst werden kann. S. 1 macht deutlich, dass die Anwendung des Gegenseitigkeitsvorbehalts auf das Verhinderungsverbot und auf die Durchbrechungsregel in einem einzigen Beschluss gefasst werden können; ferner ergibt sich aus S. 2 und 3, dass dieser Beschluss nicht in das Handelsregister einzutragen ist.[17] Es handelt sich um eine temporäre Satzungsdurchbrechung und nicht um eine förmliche Satzungsänderung.[18] Da diese Ermächtigung – wie die nach § 33 Abs. 2 – für einen Zeitraum von 18 Monaten erteilt werden kann, können gleichzeitig Vorratsbeschlüsse nach § 33 Abs. 2 gefasst werden.[19] Empfehlenswert ist dies, um Verteidigungsmaßnahmen, die nur mit Zustimmung der Hauptversammlung durchgeführt werden können, im Einzelfall rechtzeitig ergreifen zu können.[20] Im Übrigen gelten für die Beschlussfassung die allgemeinen Regeln des Aktienrechts. **6**

Der Vorstand der Zielgesellschaft hat die BaFin und die Aufsichtsstellen der Staaten des EWR, in denen **stimmberechtigte Aktien** der Gesellschaft zum Handel an einem organisierten Markt zugelassen sind, unverzüglich von der Anwendung des Gegenseitigkeitsvorbehalts zu unterrichten. Damit wird der von Art. 12 **7**

---

7 Ähnlich: *Kiem*, in: Baums/Thoma, § 33 c Rn 11, wonach sowohl der Bieter als auch die diesen beherrschende Gesellschaft dem Gegenseitigkeitserfordernis genügen müsste. Ausnahmsweise sei es jedoch ausreichend, wenn nur die den Bieter beherrschende Gesellschaft dem Gegenseitigkeitserfordernis genüge, wenn der Bieter eine Zweckgesellschaft sei.
8 Begr. RegE BT-Drucks. 16/1003, S. 21; *Maul/Muffat-Jeandet*, AG 2004, 306, 312.
9 Begr. RegE BT-Drucks. 16/1003, S. 21.
10 Dazu näher *Seibt/Heiser*, AG 2006, 301, 312; *dies*, ZGR 2005, 200, 234 f; *Maul/Muffat-Jeandet*, AG 2004, 306, 313; vgl auch *Krause*, BB 2004, 113, 116.
11 Begr. RegE BT-Drucks. 16/1003, S. 21.
12 *Kiem*, in: Baums/Thoma, § 33 c Rn 17; *Schwennicke*, in: Geibel/Süßmann, § 33 c Rn 2.
13 *Seibt/Heiser*, AG 2006, 301, 313 mit weiteren Einzelheiten; aA: *Kiem*, in: Baums/Thoma, § 33 c Rn 18; *Steinmeyer*, in: Steinmeyer, § 33 c Rn 5.
14 *Kiem*, in: Baums/Thoma, § 33 c Rn 23.
15 Vgl *Kiem*, in: Baums/Thoma, § 33 c Rn 24, der die Unterlassungsklage nach den Grundsätzen der Aktionärsklage sowie die Anfechtungsklage gegen einen Hauptversammlungsbeschluss nennt. In Bezug auf die Unterlassungsklage zust. *Steinmeyer*, in: Steinmeyer, § 33 c Rn 5.
16 *Steinmeyer*, in: Steinmeyer, § 33 c Rn 7; *Kiem*, in: Baums/Thoma, § 33 c Rn 7.
17 Beschlussempfehlung und Bericht des Finanzausschusses zum Gesetzentw der Bundesregierung – BT-Drucks. 16/1003, 16/1432 – v. 18.5.2006, BT-Drucks. 16/1541, S. 12.
18 *Kiem*, in: Baums/Thoma, § 33 c Rn 5.
19 *Maul/Muffat-Jeandet*, AG 2004, 306, 313; *Schwennicke*, in: Geibel/Süßmann, § 33 c Rn 5.
20 *Maul/Muffat-Jeandet*, AG 2004, 306, 313; *Seibt/Heiser*, AG 2006, 301, 313.

Abs. 4 ÜbernahmeRL geforderten Transparenz Rechnung getragen.[21] Außerdem ist unverzüglich die Ermächtigung auf der Internetseite der Zielgesellschaft zu veröffentlichen. Unverzüglich bedeutet innerhalb von drei Werktagen nach Beschlussfassung.[22] Ein Verstoß gegen diese Anforderungen kann nach § 60 Abs. 1 Nr. 9 und Nr. 10, Abs. 3 mit einer Geldbuße von bis zu 200.000 EUR geahndet werden.

§ 33 d Verbot der Gewährung ungerechtfertigter Leistungen

Dem Bieter und mit ihm gemeinsam handelnden Personen ist es verboten, Vorstands- oder Aufsichtsratsmitgliedern der Zielgesellschaft im Zusammenhang mit dem Angebot ungerechtfertigte Geldleistungen oder andere ungerechtfertigte geldwerte Vorteile zu gewähren oder in Aussicht zu stellen.

1 Durch § 33 d sollen Versuche des Bieters unterbunden werden, den Vorstand und/oder den Aufsichtsrat der Zielgesellschaft zu einem Verhalten zu bewegen, das nicht am Interesse der Gesellschaft oder der Aktionäre der Gesellschaft ausgerichtet ist.[1] Zweck der Norm ist es, Zweifel an der Unabhängigkeit der Verwaltung der Zielgesellschaft zu vermeiden.[2] § 33 d begründet ein gesetzliches Verbot iS des § 134 BGB.[3] Demzufolge sind Rechtsgeschäfte – sowohl Grund- als auch Erfüllungsgeschäfte, die gegen § 33 d verstoßen nichtig; erbrachte Leistungen sind gemäß § 812 Abs. 1 S. 1 BGB kondizierbar.[4] Die Einrede des § 817 S. 2 BGB greift nicht. Andernfalls würde der Bestechungserfolg perpetuiert.[5] Damit würde der von der Rechtsordnung missbilligte Zweck der Leistung faktisch legalisiert. Schließlich richtet sich das Verbot neben dem Grundgeschäft gegen die Leistung als solche und damit ebenso gegen das Erfüllungsgeschäft.[6]

2 **Adressaten** des Verbots sind der Bieter und gemeinsam mit ihm handelnde Personen iS des § 2 Abs. 5.[7] **Geldleistungen** sind Zahlungen jeglicher Art.[8] **Andere geldwerte Vorteile** sind sämtliche Leistungen, die das Verwaltungsmitglied in seiner wirtschaftlichen Lage objektiv besser stellen.[9] Erfasst werden nicht nur Leistungen an das Verwaltungsmitglied, sondern auch an diesem nahestehende Personen.[10] **Gewähren** ist die unmittelbare Zuwendung des Vorteils oder die Abgabe eines anspruchsbegründenden Leistungsversprechens.[11] Unter **In-Aussicht-Stellen** versteht man sämtliche Erklärungen, die die Ankündigung eines zukünftigen Vorteils beinhalten, ohne einen Anspruch zu begründen.[12] Die Leistung muss in einem sachlichen und zeitlichen Zusammenhang mit dem Übernahmeangebot stehen.[13] Sie muss ferner ungerechtfertigt sein. Gerechtfertigt sind Leistungen oder Zusagen, die auch aus der Sicht der Zielgesellschaft und ihrer Aktionäre aus sachlich nachvollziehbaren Gründen gewährt werden (sollen), so insbesondere die Zusage der Weiterbeschäftigung für den Fall einer erfolgreichen Übernahme.[14] Gerechtfertigt sind damit nach dem Willen des Gesetzgebers solche Vorteile, die dem Vorstand auch von der Zielgesellschaft selbst hätten gewährt oder in Aussicht gestellt werden dürfen.[15] Gewährte oder in Aussicht gestellte Vorteile müssen gemäß § 11 Abs. 2 S. 3 Nr. 3 in der Angebotsunterlage offen gelegt werden, unabhängig davon ob sie gerechtfertigt sind oder nicht.[16] Ebenso müssen die Stellungnahmen von Vorstand und Aufsichtsrat gemäß § 27 entsprechende Angaben enthalten.[17]

§ 34 Anwendung der Vorschriften des Abschnitts 3

Für Übernahmeangebote gelten die Vorschriften des Abschnitts 3, soweit sich aus den vorstehenden Vorschriften nichts anderes ergibt.

---

21 Begr. RegE BT-Drucks. 16/1003, S. 21.
22 *Vogel*, in: Haarmann/Schüppen, § 33 c Rn 12, der die Parallele zu § 27 Abs. 3 S. 3 zieht.
1 Begr. RegE BT-Drucks. 14/7034, S. 59.
2 Begr. RegE BT-Drucks. 14/7034, S. 59.
3 Begr. RegE BT-Drucks. 14/7034, S. 59.
4 MüKo-AktG/*Schlitt/Ries*, § 33 d WpÜG Rn 301; *Röh*, in: Haarmann/Schüppen, § 33 d Rn 15.
5 *Röh*, in: Haarmann/Schüppen, § 33 d Rn 13.
6 *Steinmeyer*, in: Steinmeyer, § 33 d Rn 7 mwN.
7 Die Mitglieder der Verwaltung der Zielgesellschaft sind zwar nicht Verbotsadressaten, für sie ergibt sich ein Verbot jedoch aus § 93 Abs. 1 S. 1 AktG bzw § 116 S. 1 AktG, wenn Gegenleistung des unrechtmäßig versprochenen Vorteils das Versprechen einer sorgfaltspflichtwidrigen Handlung ist, vgl *Röh*, in: Haarmann/Schüppen, § 33 d Rn 9 mwN.
8 *Röh*, in: Haarmann/Schüppen, § 33 d Rn 4; *Steinmeyer*, in: Steinmeyer, § 33 d Rn 4.
9 *Röh*, in: Haarmann/Schüppen, § 33 d Rn 4; *Steinmeyer*, in: Steinmeyer, § 33 d Rn 4.
10 *Schwennicke*, in: Geibel/Süßmann, § 33 d Rn 2 mwN.
11 *Röh*, in: Haarmann/Schüppen, § 33 d Rn 8; *Steinmeyer*, in: Steinmeyer, § 33 d Rn 4.
12 *Röh*, in: Haarmann/Schüppen, § 33 d Rn 9.
13 *Röh*, in: Haarmann/Schüppen, § 33 d Rn 7.
14 Begr. RegE BT-Drucks. 14/7034, S. 59.
15 *Röh*, in: Haarmann/Schüppen, § 33 d Rn 11.
16 *Steinmeyer*, in: Steinmeyer, § 33 d Rn 7; *Schwennicke*, in: Geibel/Süßmann, § 33 d Rn 4; *Röh*, in: Haarmann/Schüppen, § 33 d Rn 13; MüKo-AktG/*Schlitt/Ries*, § 33 d WpÜG Rn 14.
17 *Schwennicke*, in: Geibel/Süßmann, § 33 d Rn 4.

§ 34 stellt klar, dass für Übernahmeangebote die allgemeinen Regeln des Abschnitts 3 gelten, soweit nicht in Abschnitt 4 besondere Regelungen getroffen werden.[1] So verdrängt zB § 32 (Verbot des Teilangebots) § 19 (Zuteilung bei Teilangeboten). Ferner gilt für Übernahmeangebote die Sondervorschrift über die Bestimmung der Gegenleistung (§ 31). Mit den Vorschriften über die Bestimmung der Kontrolle (§§ 29 Abs. 2, 30) und über die Handlungsmöglichkeiten der Verwaltungsorgane der Zielgesellschaft (§§ 33 ff) enthält Abschnitt 4 auch Vorschriften, die allein für Übernahmeangebote gelten.[2]

Abschnitt 5
Pflichtangebote

§ 35 Verpflichtung zur Veröffentlichung und zur Abgabe eines Angebots

(1) [1]Wer unmittelbar oder mittelbar die Kontrolle über eine Zielgesellschaft erlangt, hat dies unter Angabe der Höhe seines Stimmrechtsanteils unverzüglich, spätestens innerhalb von sieben Kalendertagen, gemäß § 10 Abs. 3 Satz 1 und 2 zu veröffentlichen. [2]Die Frist beginnt mit dem Zeitpunkt, zu dem der Bieter Kenntnis davon hat oder nach den Umständen haben musste, dass er die Kontrolle über die Zielgesellschaft erlangt hat. [3]In der Veröffentlichung sind die nach § 30 zuzurechnenden Stimmrechte für jeden Zurechnungstatbestand getrennt anzugeben. [4]§ 10 Abs. 2, 3 Satz 3 und Abs. 4 bis 6 gilt entsprechend.

(2) [1]Der Bieter hat innerhalb von vier Wochen nach der Veröffentlichung der Erlangung der Kontrolle über eine Zielgesellschaft der Bundesanstalt eine Angebotsunterlage zu übermitteln und nach § 14 Abs. 2 Satz 1 ein Angebot zu veröffentlichen. [2]§ 14 Abs. 2 Satz 2, Abs. 3 und 4 gilt entsprechend. [3]Ausgenommen von der Verpflichtung nach Satz 1 sind eigene Aktien der Zielgesellschaft, Aktien der Zielgesellschaft, die einem abhängigen oder im Mehrheitsbesitz stehenden Unternehmen der Zielgesellschaft gehören, und Aktien der Zielgesellschaft, die einem Dritten gehören, jedoch für Rechnung der Zielgesellschaft, eines abhängigen oder eines im Mehrheitsbesitz stehenden Unternehmens der Zielgesellschaft gehalten werden.

(3) Wird die Kontrolle über die Zielgesellschaft auf Grund eines Übernahmeangebots erworben, besteht keine Verpflichtung nach Absatz 1 Satz 1 und Absatz 2 Satz 1.

A. Einführung

Mit den Regeln über das Pflichtangebot soll durch eine Angleichung an international übliche Standards die rechtliche Position der Minderheitsaktionäre verbessert und so der Wirtschafts- und Finanzstandort Deutschland gestärkt werden.[1] Diese sollen bei einem Kontrollwechsel über die Zielgesellschaft auf der Basis des Pflichtangebotes neu entscheiden können, ob Sie an ihrer Investition festhalten oder ihre Beteiligung veräußern wollen.[2] Wesentliche Vorteile für die Minderheitsaktionäre sind zum einen die Gleichbehandlung aller Aktionäre, denen ein einheitliches Pflichtangebot gemacht werden muss, zum anderen werden die Minderheitsaktionäre auch vor einer eventuellen Volatilität des Aktienkurses der Zielgesellschaft geschützt, die ein massenhafter Verkauf von Minderheitsbeteiligungen über die Börse zur Folge hätte.[3] Die rechtliche und wirtschaftliche Daseinsberechtigung und Begründung dieses Institutes war nicht unumstritten, ist heute jedoch allgemein anerkannt.[4]

Ein **Konzerneingangsschutz** wird durch das Pflichtangebot nicht bezweckt, vielmehr ist es rein kapitalmarktrechtlich ausgerichtet.[5] Wenngleich es funktionale Parallelen gibt,[6] sprechen der Anwendungsbereich des Pflichtangebotes (börsenzugelassene Zielgesellschaften, §§ 1, 2 Abs. 3) und die Zuständigkeit der Bundesanstalt, welche nach § 4 Abs. 2 ihre Aufgaben und Befugnisse ausschließlich im öffentlichen Interesse wahrnimmt, gegen eine konzernrechtliche Einordnung des Pflichtangebotes.[7] Auch die Norm des § 36

---

1 MüKo-AktG/*Schlitt*, § 34 WpÜG Rn 1.
2 Zu den einzelnen Regelungen: *Vogel*, in: Haarmann/Schüppen, § 34 Rn 5 ff.

1 Begr. RegE BT-Drucks. 14/7034, S. 28, 30; vgl auch *Krause/Pötzsch*, in: Assmann/Pötzsch/Schneider, § 35 Rn 6.
2 Begr. RegE BT-Drucks. 14/7034, S. 30; eingehend zu den Mechanismen des Minderheitsschutzes *Hommelhoff/Witt*, in: Haarmann/Schüppen, WpÜG Vor §§ 35 bis 39 Rn 32 ff.
3 *Hommelhoff/Witt*, in: Haarmann/Schüppen, WpÜG Vor §§ 35 bis 39 Rn 33.
4 Umfassende Darstellung der Diskussion bei KölnKomm-WpÜG/*von Bülow*, § 35 Rn 9 ff; *Meyer*, in: Geibel/Süßmann, § 35 Rn 10 ff mwN.
5 *Hommelhoff/Witt*, in: Haarmann/Schüppen, WpÜG Vor §§ 35 bis 39 Rn 36 ff; *Krause/Pötzsch*, in: Assmann/Pötzsch/Schneider, § 35 Rn 31 ff; so im Erg. auch *Simon*, Rechtsschutz im Hinblick auf ein Pflichtangebot nach, § 35 WpÜG, Diss. 2005, S. 26 ff mit ausführlicher Darstellung des Meinungsstandes.
6 Vgl *Baums/Hecker*, in: Baums/Thoma, WpÜG Vor § 35 Rn 89.
7 Vgl auch *Krause/Pötzsch*, in: Assmann/Pötzsch/Schneider, § 35 Rn 35.

Nr. 3, die voraussetzt, dass auch bei konzerninternen Umstrukturierungen die Pflicht nach § 35 entstehen kann, ließe sich konzernrechtlich nicht erklären.

3 In der Praxis ist zu beobachten, dass Bieter das Pflichtangebot nach Möglichkeit als Übernahmeangebot ausgestalten möchten (zB um Angebotsbedingungen, die beim Pflichtangebot grundsätzlich unzulässig sind, aufnehmen zu können). Dies ist möglich, etwa durch eine Ausgestaltung, nach der ein Kaufvertrag über das Kontrolle vermittelnde Aktienpaket erst nach der Veröffentlichung des Übernahmeangebotes nach § 10 Abs. 1 S. 1 in der Prüfungsfrist nach § 14 Abs. 2 S. 1 oder während der Annahmefrist dinglich vollzogen wird.[8] Vom Pflichtangebot können auch Befreiungen erteilt werden: Entweder können bestimmte Anteile bei der Berechnung der Kontrollbeteiligung unberücksichtigt bleiben (§§ 20, 36 – Nichtberücksichtigungsanträge) oder es wird für eine rechnerisch bestehende Kontrollposition das Pflichtangebot erlassen (§ 37 – Befreiungsanträge ieS).

4 Wird ein Pflichtangebot entgegen § 35 nicht abgegeben, hat dies Sanktionen zur Folge: Verzinsungspflicht gemäß § 38,[9] Suspendierung der Rechte aus den Aktien gemäß § 59 und Geldbuße gemäß § 60 Abs. 3. Zweifelhaft ist, ob § 35 ein Schutzgesetz iSv § 823 Abs. 2 BGB ist mit der Folge, dass ein Verstoß gegen die Pflichtangebotsregeln zum Schadensersatz verpflichtet.[10] Dagegen spricht vor allem, dass der Schutz eines Dritten durch § 35 nicht bezweckt ist.[11] Die Norm ist vielmehr im System des zur Sicherung der Funktionsfähigkeit der Wertpapiermärkte insgesamt aufsichtsrechtlich ausgerichteten Gesetzes zu sehen (vgl § 4 Abs. 2). Dass auch die Stärkung der Rechte der Minderheitsaktionäre bezweckt und bewirkt wird, ist dabei eine positive (Neben-)Wirkung, die aber nicht für die Einordnung als Schutzgesetz ausreicht.[12]

Das Gesetz räumt den Minderheitsaktionären keinen Anspruch aus § 35 auf Unterbreitung des Angebotes als Erfüllung der gesetzlichen Pflicht selbst ein.[13] Die Bundesanstalt kann allenfalls eine entsprechende Verfügung nach § 4 mit den Mitteln des Verwaltungszwanges durchsetzen.

5 Die feindliche Übernahme der Hochtief AG Ende 2010 entfachte eine heftige Diskussion in Kreisen der Wissenschaft aber auch in den Gesetzgebungsgremien hinsichtlich einer möglichen Reform des deutschen Übernahmerechts.[14] Im Mittelpunkt stand dabei die Taktik des schleichenden Einstiegs (sog. Creeping-in Taktik), wonach ein Investor zunächst zu einem für ihn günstigen Zeitpunkt die 30 %-Schwelle mittels Pflichtangebot oder freiwilligem Angebot geringfügig überschreitet, um sodann öffentlichkeitsfern sukzessive eine Mehrheitsbeteiligung ohne Regulierungszwang aufzubauen. De lege lata führt nach Erreichen bzw Überschreiten der 30 %-Schwelle der nachfolgende Ausbau einer „kontrollierenden" Beteiligung weder zu weiteren Angebotspflichten noch – bis zum Erreichen einer Stimmrechtsschwelle von 50 % – zu kapitalmarktrechtlichen Mitteilungspflichten.

Diesem Umstand könnte der Gesetzgeber durch den zielgerichteten Ausbau der kapitalmarktrechtlichen Beteiligungstransparenz in §§ 21 ff WpHG im Beteiligungsbereich zwischen 30 bis 50 % Rechnung tragen. Hingegen abzulehnen ist die gesetzliche Einführung zusätzlicher Beteiligungsschwellen ab 30 %, welche zur Auslösung weiterer Pflichtangebote führen.[15] Hierbei sollte insbesondere berücksichtigt werden, dass zusätzliche Pflichtangebote regelmäßig einen enormen Finanzierungs- und Verfahrensaufwand verursachen, wodurch im Ergebnis auch gesamtwirtschaftlich vorteilhafte Unternehmensübernahmen verteuert und auf diese Weise unterbunden werden könnten.[16] Zudem wird den Minderheitsaktionären bereits bei Erreichen der Kontrollschwelle von 30 % ermöglicht ihre Investion zu überdenken und ggf eine Desinvestition zu angemessenen Bedingungen anzunehmen. Den berechtigten Interessen der Anleger, auf Veränderungen bei der Unternehmenskontrolle wertschonend zu reagieren, ist insofern bereits durch das bestehende Pflichtangebot hinreichend Rechnung getragen.

---

8 <www.bafin.de/datenbanken/wpueg_14liste.htm> – zB Angebotsverfahren Etex Holding GmbH/Creaton AG, Stationery Products Sa r.l./Herlitz AG; vgl dazu auch *Krause/Pötzsch*, in: Assmann/Pötzsch/Schneider, § 35 Rn 276.

9 Vgl hierzu OLG München ZIP 2205, 856 = AG 2005, 482 – nicht rkr; ferner <www.bafin.de/datenbanken/wpueg_14liste.htm> – Angebotsverfahren Hansa Chemie International AG/Vectron Systems AG.

10 Gegen eine Schutzgesetzqualität: *Hommelhoff/Witt*, in: Haarmann/Schüppen, § 35 Rn 118 unter Aufgabe der Ansicht in der Vorauflage; *Krause/Pötzsch*, in: Assmann/Pötzsch/Schneider, § 35 Rn 35; *Tschauner*, in: Geibel/Süßmann, § 59 Rn 79 ff mit Hinweis auf die Kommentierung in § 21 WpHG; KölnKomm-WpÜG/*Kremer/Oesterhaus*, § 59 Rn 85 unter Aufgabe der Ansicht in der Vorauflage; *Falkenhausen*, NZG 2010, 1213, 1215.

11 OLG Frankfurt v. 5.12.2011, ZIP 2012, 270.

12 *Krause/Pötzsch*, in: Assmann/Pötzsch/Schneider, § 35 Rn 253.

13 *Krause/Pötzsch*, in: Assmann/Pötzsch/Schneider, § 35 Rn 35; im Erg. nicht konsequent: *Steinmeyer*, in: Steinmeyer, § 35 Rn 107 ff, die dem Aktionär einen klagbaren Anspruch auf Abgabe eines auf den einzelnen Aktionär beschränkten Pflichtangebots einräumen wollen (Rn 28 f).

14 Vgl Gesetzentwurf der SPD-Bundesfraktion (BT-Drucks. 173841 v. 27.10.2010) und des Landes NRW im Bundesrat (BR-Drucks. 584/2/10 v. 27.10.2010); *Seibt*, CFL 2011, S. 213 ff; *Hirte*, Der Konzern 2011, S. 599 ff; speziell zum Creeping-in *Baums*, ZIP 2010, S. 2374; *Hitzer/Düchtinger*, ZIP 2011, S. 1084 ff.

15 Gleicher Auffassung *Cascante/Tyrolt*, AG 2012, 105; *Hitzer/Düchting*, ZIP 2011, 1088, 1091.

16 Vgl *v. Falkenhaus*, ZHR 174 (2010), 293, 301; *Hitzer/Düchting*, ZIP 2011, 1091.

B. Pflichtangebot

Ein Pflichtangebot hat gemäß § 35 wie folgt abzulaufen: Der Bieter erlangt die Kontrolle über das Unternehmen und veröffentlicht diese Tatsache unverzüglich, spätestens aber innerhalb einer Frist von sieben Kalendertagen (Abs. 1). Innerhalb von vier Wochen nach der Veröffentlichung übermittelt der Bieter der Bundesanstalt eine Angebotsunterlage und veröffentlicht die Angebotsunterlage nach Gestattung durch die Bundesanstalt (§ 14 Abs. 2 S. 1).[17] Der weitere Verlauf richtet sich weitgehend nach den Regeln über Angebote für den Erwerb von Wertpapieren gemäß Abschnitt 3 und 4, die gemäß § 39 auf das Pflichtangebot sinngemäß anzuwenden sind.[18]

I. Veröffentlichung der Kontrollerlangung (Abs. 1). Die Pflichten gemäß Abschnitt 5 werden ausgelöst, sobald der Bieter die Kontrolle über eine Zielgesellschaft erlangt und dies nicht durch ein Übernahmeangebot erfolgt (Abs. 3). Kontrolle ist gemäß § 29 Abs. 2 bei einem Stimmrechtsanteil von mindestens 30 % an der Zielgesellschaft gegeben (formaler Kontrollbegriff; vgl § 29 Rn 2), bei der Berechnung des Stimmrechtsanteils ist § 30 zu berücksichtigen. Unbeachtlich ist, auf welche Weise der Bieter die Kontrolle an der Zielgesellschaft erlangte. Die Pflicht zur Abgabe eines Angebots kann auch bei einem sog. Debt-Equity-Swap entstehen, wenn der ehemalige Haupt-Anleihegläubiger beim Tausch seiner Schuldverschreibungen so viele Aktien erhält, dass er damit mindestens 30 % der Stimmen hält. Will er diese Rechtsfolge vermeiden, bleibt ihm allenfalls, bei der Bundesanstalt eine Befreiung von der Abgabe des Pflichtangebots aufgrund Sanierung der Gesellschaft gem. § 37 WpÜG iVm § 9 S. 1 Nr. 3 WpÜG-AV zu beantragen. Die Pflicht zur Abgabe eines Pflichtangebots besteht nicht, wenn die Anleihe im Streubesitz mehrerer Anteilsgläubiger ist und keine gegenseitige Zurechnung von Stimmrechten gemäß § 30 stattfindet.[19]
Die Kontrollerlangung muss mit folgendem Mindestinhalt veröffentlicht werden:

1. Identität der Kontrollinhaber – nach der Definition von „Bieter" in § 2 Abs. 4 können dies auch mehrere Personen sein, die dann alle genannt werden müssen;
2. Identität der Zielgesellschaft;
3. die Tatsache, dass eine Kontrollbeteiligung iSv § 29 besteht, und
4. die Höhe des Stimmrechtsanteils (inklusive nach § 30 zuzurechnender Stimmrechte, für jeden einzelnen Zurechnungstatbestand gesondert aufzuführen, wobei Dritte nicht namentlich genannt werden müssen).

II. Frist. Die Veröffentlichung hat unverzüglich, also gemäß § 121 Abs. 1 S. 1 BGB ohne schuldhaftes Zögern, spätestens aber innerhalb von sieben Kalendertagen zu erfolgen. Die Frist berechnet sich nach §§ 186 ff BGB. Fristbeginn ist der Zeitpunkt, an dem der Bieter von der Kontrollerlangung Kenntnis hatte oder haben musste. Das Kriterium des Kennenmüssens (§ 122 Abs. 2 BGB) kann problematisch sein, wenn der Bieter, ohne dies zu wissen, die Kontrolle durch Zurechnung von Stimmrechten Dritter gemäß § 30 erlangt. Hier ist zu differenzieren: Sind solche Stimmrechtszuwächse durch Handlungen Dritter zu erwarten, insbesondere bei Parteien einer Poolvereinbarung, die grundsätzlich hinzu erwerben wollen, muss der Bieter gegebenenfalls regelmäßig Auskünfte darüber einholen. Ansonsten sind anlassbedingt Informationen einzuholen, etwa wenn der Bieter beabsichtigt, (weitere) Aktien zu erwerben, und Zurechnungen der Stimmrechte Dritter bestehen oder begründet werden sollen.[20] In bestehenden Konzern- und Fondsstrukturen wird regelmäßig ein hoher Maßstab anzusetzen sein. Denn ein funktionierendes *Reporting* und *Controlling* hat auch diese Tatsachen zu umfassen, ansonsten läge ein Verstoß gegen eine entsprechende Organisationspflicht vor.[21] Soweit ein Dritter vertragswidrig diese Auskünfte nicht erteilt und dem Bieter auch sonst der Stimmrechtszuwachs nicht bekannt ist, wird diskutiert, ob die Frist noch nicht anläuft.[22]

III. Unterbreitung des Pflichtangebotes (Abs. 2). Nach der Veröffentlichung der Kontrollerlangung hat der Bieter eine Angebotsunterlage bei der Bundesanstalt einzureichen und ein Angebot zu veröffentlichen (Abs. 2). Das Verfahren folgt den Vorschriften in den Abschnitten 3 und 4, die gemäß § 39 mit einigen Ausnahmen sinngemäß anzuwenden sind. Das Pflichtangebot ist, wie das Übernahmeangebot auch, stets als **Vollangebot** auf alle von der Zielgesellschaft ausgegebenen Aktien (Stamm- und Vorzugsaktien) zu er-

---

17 § 14 Abs. 2 S. 1 Alt. 2 (Nichtuntersagung durch die Bundesanstalt binnen zehn Werktagen) wurde in der Praxis noch nie relevant.
18 Vgl Kommentierung zu § 39.
19 *Friedl*, BB 2012, 1102, 1107.
20 Vgl *Krause/Pötzsch*, in: Assmann/Pötzsch/Schneider, § 35 Rn 173.
21 KölnKomm-WpÜG/*Hasselbach*, § 35 Rn 167.
22 *Steinmeyer*, in: Steinmeyer, § 35 Rn 72.

strecken.[23] Das Vollangebot umfasst sowohl börsenzugelassene als auch nicht börsenzugelassene Aktien.[24] Denn für Pflicht- und Übernahmeangebote ist es ausreichend, wenn ein Teil der Aktien einer Gesellschaft das Kriterium der §§ 1 Abs. 1, 2 Abs. 7 erfüllt und insoweit der Anwendungsbereich des WpÜG eröffnet ist. Wird etwa durch den Erwerb (oder die Absicht des Erwerbes) der nicht börsenzugelassenen Aktien die Kontrolle iSd § 29 Abs. 2 erlangt, so folgt aus § 32 (Verbot des Teilangebotes), dass sich das Angebot auch auf die börsenzugelassenen Aktien zu beziehen hat. Hierfür spricht auch der Gleichbehandlungsgrundsatz aus § 3 Abs. 1, der nur eine Differenzierung nach Aktiengattungen iSd § 11 AktG zulässt, nicht jedoch nach Börsenzulassung. Erfolgt die (beabsichtigte) Kontrollerlangung in börsenzugelassenen Aktien, ist das Pflicht- oder Übernahmeangebot auch auf die nicht börsenzugelassenen Aktien zu erstrecken.[25]

10 Von der Angebotspflicht werden jedoch eigene Aktien der Zielgesellschaft und Aktien, die der Zielgesellschaft zugeordnet werden (Abs. 2 S. 3), nicht erfasst. Das Gesetz ist hier parallel zu § 71 d S. 2 AktG ausgestaltet. Das Angebot ist jedoch auf Aktien zu erstrecken, aus denen dem Bieter schon gemäß § 30 Stimmrechte zugerechnet wurden, soweit diese Aktien nicht im Eigentum des Bieters stehen (zB von Tochterunternehmen des Bieters gehaltene Aktien).[26] Dies haben die Wertpapierdienstleistungsunternehmen bei der Finanzierungsbestätigung (§ 13 Abs. 1 S. 2) zu berücksichtigen. Nur für die Darstellung der Auswirkungen des Angebotes auf die Vermögens-, Finanz- und Ertragslage des Bieters kann nach einer wirtschaftlichen Betrachtung bei entsprechender Sicherstellung durch die Bieterin davon ausgegangen werden, dass das Tochterunternehmen die Aktien nicht *tendern* wird.

C. Verhältnis zum Umwandlungsgesetz

11 Das Verhältnis zwischen WpÜG und UmwG bei einer Kontrollerlangung infolge umwandlungsrechtlicher Transaktionen ist vom Gesetzgeber bewusst offen gelassen worden.[27] Das Gesetz ist jedenfalls neben dem UmwG anwendbar.[28] Zum einen gilt im Rahmen der §§ 35, 29 Abs. 2 ein formaler Kontrollbegriff (vgl § 29 Rn 2), der auch umwandlungsrechtliche Tatbestände umfasst. Auch die Schutzintensität der beiden Regelungssysteme ist unterschiedlich. Das WpÜG sieht ein zügiges Verfahren vor, in dem die zwingenden Informationen und die Angemessenheit der Gegenleistung von der Bundesanstalt geprüft werden. Demgegenüber wird die Abfindung nach UmwG erst später durch ein Gericht geprüft, die Wirksamkeit der Maßnahmen nach UmwG kann ferner durch Klagen von Aktionären erheblich verzögert werden. Maßgeblicher Unterschied ist aber, dass ein Austrittsrecht nach § 29 UmwG nur in besonderen Fällen besteht, während § 35 eine generelle Desinvestitionsmöglichkeit vorsieht. Die Bundesanstalt hat auf dieser Grundlage aber zu erkennen gegeben, dass eine Befreiung vom Pflichtangebot gemäß § 37 möglich wäre, soweit eine Barabfindung gemäß § 29 UmwG gezahlt wird (siehe dazu §§ 1, 2 Rn 35).

D. Privilegierung von Übernahmeangeboten (Abs. 3)

12 Wurde die Kontrolle durch ein Übernahmeangebot erlangt, muss anschließend kein Pflichtangebot abgegeben werden (Abs. 3). Diese Privilegierung des Übernahmeangebotes hat ihren Sinn darin, dass der Minderheitsaktionär bei einem Kontrollerwerb durch ein Übernahmeangebot schon seine Minderheitsbeteiligung überdenken und gegebenenfalls eine Desinvestition vornehmen konnte.
Dabei ist die **Vorschrift weit auszulegen**.[29] Die Kontrollerlangung muss nicht zwingend durch den Vollzug der durch die Annahmeerklärungen zustande gekommenen Verträge erlangt werden. Ausreichend ist, dass ein inhaltlich-zeitlicher Zusammenhang des dinglichen Erwerbs der Aktien mit dem Übernahmeangebot besteht. Regelmäßig wird dieser bei einem Kaufvertrag, der nach der Veröffentlichung gemäß § 10 Abs. 1 S. 1, aber vor Ablauf der Annahmefrist dinglich vollzogen wird, bestehen. Bei Vollzug nach Ende der (weiteren) Annahmefrist ist für die Befreiungswirkung ein höherer inhaltlicher Zusammenhang erforderlich

---

23 *Hommelhoff/Witt*, in: Haarmann/Schüppen, § 35 Rn 92; *Krause/Pötzsch*, in: Assmann/Pötzsch/Schneider, § 35 Rn 220 zur Herleitung aus, §§ 32, 39.

24 Vgl http://www.Bundesanstalt.de/datenbanken/wpueg_14liste.htm – Angebotsverfahren P7S1 Holding LP/ProSiebenSat.1 Media AG (Pflichtangebot), Axel Springer AG/ProSiebenSat.1 media AG (Übernahmeangebot); so auch *Vogel*, in: Haarmann/Schüppen, § 32 Rn 15; *Krause/Pötzsch*, in: Assmann/Pötzsch/Schneider, § 35 Rn 221; *Angerer*, in: Geibel/Süßmann, § 1 Rn 86 f; aA KölnKomm-WpÜG/*von Bülow*, § 39 Rn 26; KölnKomm-WpÜG/*Hasselbach*, § 35 Rn 52 ff; *Krause*, NJW 2004, 3681, 3682.

25 Siehe auch §§ 1, 2 Rn 28 ff.

26 *Steinmeyer*; in: Steinmeyer, § 35 Rn 96; *Krause/Pötzsch*, in: Assmann/Pötzsch/Schneider, § 35 Rn 227; KölnKomm-WpÜG/*von Bülow*, § 39 Rn 33 f; aA *Hommelhoff/Witt*, in: Haarmann/Schüppen, § 35 Rn 97.

27 Begr. RegE BT-Drucks. 14/7034, S. 31.

28 So die Verwaltungspraxis der Bundesanstalt (vgl BaFin-Jahresbericht 2002, Teil A, S. 172) und die überwiegende Literatur, vgl *Krause/Pötzsch*, in: Assmann/Pötzsch/Schneider, § 35 Rn 136 ff; *Hommelhoff/Witt*, in: Haarmann/Schüppen, § 35 Rn 54 ff; *Baums/Hecker*, in: Baums/Thoma, § 35 Rn 108 ff; *Lenz/Linke*, AG 2002, 361, 367 Fn 22; aA *Weber-Rey/Schütz*, AG 2001, 325, 328 ff.

29 So auch *Krause/Pötzsch*, in: Assmann/Pötzsch/Schneider, § 35 Rn 274 ff.

(Hinweis in der Angebotsunterlage) und der zeitliche Rahmen des *settlements* als zeitliche Grenze zu beachten.

§ 36 Nichtberücksichtigung von Stimmrechten

Die Bundesanstalt lässt auf schriftlichen Antrag zu, dass Stimmrechte aus Aktien der Zielgesellschaft bei der Berechnung des Stimmrechtsanteils unberücksichtigt bleiben, wenn die Aktien erlangt wurden durch
1. Erbgang, Erbauseinandersetzung oder unentgeltliche Zuwendung unter Ehegatten, Lebenspartnern oder Verwandten in gerader Linie und bis zum dritten Grade oder durch Vermögensauseinandersetzung aus Anlass der Auflösung einer Ehe oder Lebenspartnerschaft,
2. Rechtsformwechsel oder
3. Umstrukturierungen innerhalb eines Konzerns.

A. Einführung

Von der Systematik her setzen die Regelungen des § 36 vor den Pflichten aus § 35 an. Wird in einem Bescheid der Bundesanstalt nach § 36 die Nichtberücksichtigung tenoriert, steht mit Wirkung *ex tunc* fest, dass die Pflichten aus § 35 niemals bestanden haben, während bei § 37 (Befreiungsanträge ieS) diese Pflichten bestanden haben, von ihrer Befolgung aber befreit wurde.[1] § 36 gewährt einen gebundenen Anspruch.[2]

B. Verfahren

Antragsbefugt ist, wer durch den zu befreienden Lebenssachverhalt die Kontrolle iSd § 29 Abs. 2 erlangen würde. Das Gesetz sieht keine Frist für die Stellung des schriftlichen Antrages (§ 45 S. 1) vor, insbesondere ist § 8 S. 2 WpÜG-AngVO nicht auf § 36 anzuwenden. Weil aber die Nichtberücksichtigung von Stimmrechten nur in Verbindung mit dem Pflichtangebot gemäß §§ 35 ff von Interesse ist und dieses Pflichtangebot in einem zeitlich straffen Verfahren durchgeführt werden muss, ist ein Befreiungsantrag nach § 36 im Zusammenhang mit den Fristen der §§ 35 ff zu sehen, insbesondere der 7-Tages-Frist des § 35 Abs. 1 für die Veröffentlichung der Kontrollerlangung. So wird praktisch jeder Kontrollaktionär, der eine Befreiung nach § 36 in Anspruch nehmen will, gehalten sein, innerhalb der 7-Tages-Frist einen Antrag auf Befreiung bei der Bundesanstalt zu stellen. Der Antrag kann jedoch erst beschieden werden, nachdem die die Kontrolle vermittelnden Aktien erworben wurden, da eine Bestimmung wie in § 8 S. 2 WpÜG-AngVO für Anträge nach § 37 für den Bereich des § 36 gerade nicht und insofern auch kein Sachbescheidungsinteresse besteht.[3] Ein besonderes schutzwürdiges Interesse an einer vorzeitigen Antragstellung und Bescheidung besteht nicht, da der Bundesanstalt bei Vorliegen der Tatbestandsvoraussetzungen gerade kein Ermessen zusteht. Das Vorliegen der Tatbestandsvoraussetzungen in tatsächlicher und rechtlicher Hinsicht kann dem potenziellen Bieter zumal bei Hinzuziehung von rechtskundiger Beratung zugemutet werden und begründet insofern kein schutzwürdiges Interesse. Um gleichwohl (begründete) rechtliche Unsicherheiten (insbesondere bei Rechtsformwechsel und Umstrukturierungen) rechtzeitig auszuräumen, empfiehlt sich eine Verständigung mit der Bundesanstalt im Vorfeld auf nicht anonymisierter Basis.[4]

Im Einzelnen ist in den folgenden Fällen eine Befreiung zu gewähren:

I. Familien- und erbrechtlicher Erwerb (Nr. 1). Werden Aktien im Zusammenhang mit engen familienrechtlichen Beziehungen (Ehegatten, Lebenspartner und in gerader Linie bis zum dritten Grade Verwandte), aus Anlass der Ehe oder Lebenspartnerschaft, deren Auflösung und jeder erbrechtlichen Zuwendung erworben, kann eine Befreiung beantragt werden. Zweck der Vorschrift ist, Nachfolgeregelungen in Familienunternehmen von den finanziellen Lasten eines Pflichtangebotes freizustellen.[5] Soweit das Verwandtschaftsverhältnis weiter als der dritte Grad in gerader Linie ist, kommt eine Befreiung vom Pflichtangebot gemäß § 37 iVm § 9 S. 1 Nr. 1 WpÜG-AngVO in Frage. Die Bundesanstalt trifft dann allerdings eine Ermessensentscheidung.

II. Rechtsformwechsel (Nr. 2). Der Rechtsformwechsel iSv § 36 Nr. 2 setzt voraus, dass eine Übertragung der Anteile von einem Rechtsträger auf einen anderen stattfindet, was bei Umwandlungen gemäß dem

---

1 Zur Wirkung der Nichtberücksichtigung nach § 36 vgl § 29 Rn 3.
2 *Lenz/Linke*, AG 2002, 361, 366.
3 *Lenz/Linke*, AG 2002, 361, 366; *Schneider*, in: Assmann/Pötzsch/Schneider, § 36 Rn 14; aA *Hommelhoff/Witt*, in: Haarmann/Schüppen, § 36 Rn 36.
4 *Schneider*, in: Assmann/Pötzsch/Schneider, § 36 Rn 14 – keine „Luftnummern".
5 *Hommelhoff/Witt*, in: Haarmann/Schüppen, § 36 Rn 10.

5. Buch des UmwG nicht der Fall ist (vgl § 190 Abs. 1 UmwG).[6] Daher bleiben als Anwendungsbereich nur Rechtsformwechsel, die von § 191 Abs. 1 und 2 UmwG nicht erfasst werden.[7] Die praktische Bedeutung dieses Tatbestandes ist daher äußerst gering.

III. Umstrukturierung (Nr. 3). Der aktienrechtliche Konzernbegriff (§ 18 AktG inkl. §§ 15–17 AktG) bestimmt die Reichweite von § 36 Nr. 3.[8] Ein nichtberücksichtigungsfähiger Sachverhalt liegt regelmäßig dann vor, wenn eine neue Zwischenholding in der Konzernstruktur eingefügt wird, die vorher über keine Kontrollposition verfügte. Bloße Umschichtungen zwischen Töchtern einer herrschenden Konzerngesellschaft, die alle vor der Umstrukturierung schon die Kontrolle inne hatten, bedürfen keiner Nichtberücksichtigung, da keine (neue) Kontrollerlangung iSd § 29 Abs. 2 vorliegen würde. In der Praxis sollte bei besonders komplexen Konzernstrukturen, die häufig geändert werden, stets geprüft werden, ob zum einen eine Konzerngesellschaft die Kontrolle neu erlangt oder aber eine Konzerngesellschaft, die ursprünglich die Kontrolle inne hatte, diese aber zB durch ein Entfallen der Zurechnung verloren hat, erneut die Kontrolle erlangen würde.

§ 37 Befreiung von der Verpflichtung zur Veröffentlichung und zur Abgabe eines Angebots

(1) Die Bundesanstalt kann auf schriftlichen Antrag den Bieter von den Verpflichtungen nach § 35 Abs. 1 Satz 1 und Abs. 2 Satz 1 befreien, sofern dies im Hinblick auf die Art der Erlangung, die mit der Erlangung der Kontrolle beabsichtigte Zielsetzung, ein nach der Erlangung der Kontrolle erfolgendes Unterschreiten der Kontrollschwelle, die Beteiligungsverhältnisse an der Zielgesellschaft oder die tatsächliche Möglichkeit zur Ausübung der Kontrolle unter Berücksichtigung der Interessen des Antragstellers und der Inhaber der Aktien der Zielgesellschaft gerechtfertigt erscheint.

(2) ¹Das Bundesministerium der Finanzen kann durch Rechtsverordnung, die nicht der Zustimmung des Bundesrates bedarf, nähere Bestimmungen über die Befreiung von den Verpflichtungen nach § 35 Abs. 1 Satz 1, Abs. 2 Satz 1 erlassen. ²Das Bundesministerium der Finanzen kann die Ermächtigung durch Rechtsverordnung auf die Bundesanstalt übertragen.

WpÜG-Angebotsverordnung (WpÜG-AngVO)

Vierter Abschnitt Befreiung von der Verpflichtung zur Veröffentlichung und zur Abgabe eines Angebotes

§ 8 Antragstellung

¹Der Antrag auf Befreiung von der Pflicht zur Veröffentlichung nach § 35 Abs. 1 Satz 1 des Wertpapiererwerbs- und Übernahmegesetzes und zur Abgabe eines Angebots nach § 35 Abs. 2 Satz 1 des Wertpapiererwerbs- und Übernahmegesetzes ist vom Bieter bei der Bundesanstalt zu stellen. ²Der Antrag kann vor Erlangung der Kontrolle über die Zielgesellschaft und innerhalb von sieben Kalendertagen nach dem Zeitpunkt gestellt werden, zu dem der Bieter Kenntnis davon hat oder nach den Umständen haben musste, dass er die Kontrolle über die Zielgesellschaft erlangt hat.

§ 9 Befreiungstatbestände

¹Die Bundesanstalt kann insbesondere eine Befreiung von den in § 8 Satz 1 genannten Pflichten erteilen bei Erlangung der Kontrolle über die Zielgesellschaft
1. durch Erbschaft oder im Zusammenhang mit einer Erbauseinandersetzung, sofern Erblasser und Bieter nicht verwandt im Sinne des § 36 Nr. 1 des Wertpapiererwerbs- und Übernahmegesetzes sind,
2. durch Schenkung, sofern Schenker und Bieter nicht verwandt im Sinne des § 36 Nr. 1 des Wertpapiererwerbs- und Übernahmegesetzes sind,
3. im Zusammenhang mit der Sanierung der Zielgesellschaft,
4. zum Zwecke der Forderungssicherung,
5. auf Grund einer Verringerung der Gesamtzahl der Stimmrechte an der Zielgesellschaft,
6. ohne dass dies vom Bieter beabsichtigt war, soweit die Schwelle des § 29 Abs. 2 des Wertpapiererwerbs- und Übernahmegesetzes nach der Antragstellung unverzüglich wieder unterschritten wird.

---

[6] *Schneider*, in: Assmann/Pötzsch/Schneider, § 36 Rn 7.
[7] *Hommelhoff/Witt*, in: Haarmann/Schüppen, § 36 Rn 20.
[8] Begr. RegE BT-Drucks. 14/7034, S. 60; *Schneider/Witt*, in: Assmann/Pötzsch/Schneider, § 36 Rn 9 mwN.

²Eine Befreiung kann ferner erteilt werden, wenn
1. ein Dritter über einen höheren Anteil an Stimmrechten verfügt, die weder dem Bieter noch mit diesem gemeinsam handelnden Personen gemäß § 30 des Wertpapiererwerbs- und Übernahmegesetzes gleichstehen oder zuzurechnen sind.
2. auf Grund des in den zurückliegenden drei ordentlichen Hauptversammlungen vertretenen stimmberechtigten Kapitals nicht zu erwarten ist, dass der Bieter in der Hauptversammlung der Zielgesellschaft über mehr als 50 Prozent der vertretenen Stimmrechte verfügen wird,
3. auf Grund der Erlangung der Kontrolle über eine Gesellschaft mittelbar die Kontrolle an einer Zielgesellschaft im Sinne des § 2 Abs. 3 des Wertpapiererwerbs- und Übernahmegesetzes erlangt wurde und der Buchwert der Beteiligung der Gesellschaft an der Zielgesellschaft weniger als 20 Prozent des buchmäßigen Aktivvermögens der Gesellschaft beträgt.

§ 10 Antragsinhalt

Der Antrag muss folgende Angaben enthalten:
1. Name oder Firma und Wohnsitz oder Sitz des Antragstellers,
2. Firma, Sitz und Rechtsform der Zielgesellschaft,
3. Anzahl der vom Bieter und den gemeinsam handelnden Personen bereits gehaltenen Aktien und Stimmrechte und die ihnen nach § 30 des Wertpapiererwerbs- und Übernahmegesetzes zuzurechnenden Stimmrechte,
4. Tag, an dem die Schwelle des § 29 Abs. 2 des Wertpapiererwerbs- und Übernahmegesetzes überschritten wurde, und
5. die den Antrag begründenden Tatsachen.

§ 11 Antragsunterlagen

Die zur Beurteilung und Bearbeitung des Antrags erforderlichen Unterlagen sind unverzüglich bei der Bundesanstalt einzureichen.

§ 12 Prüfung der Vollständigkeit des Antrags

¹Die Bundesanstalt hat nach Eingang des Antrags und der Unterlagen zu prüfen, ob sie den Anforderungen der §§ 10 und 11 entsprechen. ²Sind der Antrag oder die Unterlagen nicht vollständig, so hat die Bundesanstalt den Antragsteller unverzüglich aufzufordern, den Antrag oder die Unterlagen innerhalb einer angemessenen Frist zu ergänzen. ³Wird der Aufforderung innerhalb der von der Bundesanstalt gesetzten Frist nicht entsprochen, gilt der Antrag als zurückgenommen.

A. Einführung.................................... 1	V. Sofortiges Unterschreiten der Kontrollschwelle (§ 9 S. 1 Nr. 6 WpÜG-AngVO)........... 11
B. Kriterien für eine Befreiung............... 2	VI. Höherer Stimmrechtsanteil eines Dritten (§ 9 S. 2 Nr. 1 WpÜG-AngVO)................ 12
I. Erbrechtlicher Erwerb und unentgeltliche Zuwendung (§ 9 S. 1 Nr. 1 und 2 WpÜG-AngVO)................................... 3	VII. Fehlen einer Hauptversammlungsmehrheit (§ 9 S. 2 Nr. 2 WpÜG-AngVO)................ 13
II. Sanierung der Zielgesellschaft (§ 9 S. 1 Nr. 3 WpÜG-AngVO)............. 5	VIII. Mittelbare Kontrollerlangung über relativ unbedeutende Gesellschaft (§ 9 S. 2 Nr. 3 WpÜG-AngVO)................ 14
III. Forderungssicherung (§ 9 S. 1 Nr. 4 WpÜG-AngVO)............. 9	C. Verfahren.. 15
IV. Herabsetzung der Stimmrechte (§ 9 S. 1 Nr. 5 WpÜG-AngVO)........... 10	D. Rechtsfolge..................................... 17

A. Einführung

Die Regelungen in § 37 und die auf der Grundlage von Abs. 2 ergangenen §§ 8–12 WpÜG-AngVO ermöglichen der Bundesanstalt, auf Antrag Befreiungen vom Pflichtangebot gemäß § 35 auszusprechen. Damit werden die gebundenen Nichtberücksichtigungsentscheidungen gemäß §§ 20, 36 um eine **Regelung mit Generalklauselcharakter** ergänzt. Angesichts der schwerwiegenden Belastung durch ein Pflichtangebot kann hiermit auf Sachverhalte, in denen ein Pflichtangebot im Einzelfall und wegen seiner besonderen Sachlage gegenüber dem Bieter nicht gerechtfertigt wäre, flexibel reagiert werden (Korrektiv zu § 35).[1] Das eingeräumte Ermessen bei der Entscheidung über eine Befreiung gemäß § 37 gibt der Bundesanstalt weiterhin die

1

---

[1] *Hecker*, in: Baums/Thoma, § 37 Rn 1 f; *Krause/Pötzsch*, in: Assmann/Pötzsch/Schneider, § 37 Rn 5.

Möglichkeit, Befreiungen mit Nebenbestimmungen (§ 36 VwVfG) zu erlassen und so angemessen auf die unterschiedlichen Sachverhalte zu reagieren.

B. Kriterien für eine Befreiung

2 In der Normenhierarchie stehen die abschließend geregelten[2] Befreiungstatbestände der Generalklausel des § 37 Abs. 1 über deren konkreten Ausformungen in § 9 der WpÜG-AngVO. Praktisch wird aber erst geprüft, ob die nicht abschließenden[3] Katalog-Tatbestände des § 9 WpÜG-AngVO als speziellere Normen anwendbar sind, bevor die generell-abstrakt formulierten Tatbestände des § 37 angewendet werden. Wichtig ist, dass auf der Grundlage von § 37 und § 9 WpÜG-AngVO eine Ermessensentscheidung getroffen wird, bei der – anders als bei §§ 20, 36 – die Bundesanstalt auch die Interessen der übrigen Aktionäre der Zielgesellschaft zu berücksichtigen hat. Deswegen sollte in jedem Antrag gemäß § 37 der Sachverhalt gründlich dargestellt und die Interessen von Mehrheits- und Minderheitsgesellschaftern in der konkreten Situation klar dargelegt werden. Die abstrakten Befreiungstatbestände des § 37 (Art der Erlangung; Zielsetzung einer Kontrolle; Unterschreiten der Kontrollschwelle, nachdem diese zuvor überschritten wurde; tatsächliche Beteiligungsverhältnisse und tatsächliche Möglichkeit der Kontrollausübung) werden in § 9 S. 1 Nr. 1–6 und S. 2 Nr. 1–3 WpÜG-AngVO zu den folgenden speziellen Tatbeständen entwickelt:

3 **I. Erbrechtlicher Erwerb und unentgeltliche Zuwendung (§ 9 S. 1 Nr. 1 und 2 WpÜG-AngVO).** Der erbrechtliche Erwerb nach Nr. 1 umfasst die Erbschaft und im Zusammenhang mit einer Erbauseinandersetzung stehende Sachverhalte, bei denen zwischen Erblasser und Bieter kein Verwandtschaftsverhältnis iSd § 36 Nr. 1 besteht. Beim unentgeltlichen Erwerb ist zu beachten, dass die Zuwendung der Stimmrechte im Wesentlichen unentgeltlich erfolgen muss.[4]

4 Die Nachfolge in Familienunternehmen soll durch die Nr. 1 und 2 privilegiert werden. So werden von den Normen auch Nachfolgeregelungen zwischen Geschwistern (nicht in gerader Linie verwandt) oder Außenstehenden ermöglicht. Die Befreiung wegen unentgeltlicher Zuwendung (aber auch in weit geringerem Maße der erbrechtliche Erwerb nach Nr. 1) ist jedoch insoweit einzuschränken, als ein dem im Rahmen des § 36 Nr. 1 aus dem engen Familienverhältnis abgeleiteten Näheverhältnis[5] vergleichbares Verhältnis bestehen muss.[6] Die Gegenauffassung führt an, dass der Wortlaut des Gesetzes diese Einschränkung nicht hergebe.[7] Die Gesetzesbegründung führt jedoch nur den Fall an, dass überhaupt keine familienrechtlichen Anknüpfungspunkte bestehen. Da aus dem Familienverhältnis lediglich ein Näheverhältnis abgeleitet wird (siehe oben), wird der Anwendungsbereich insoweit nur hinsichtlich der Grundlage des Näheverhältnisses erweitert. Insofern kommen auch Näheverhältnisse aus anderen Gründen in Betracht, etwa aufgrund der langjährigen Verbundenheit der Mitarbeiter/des Managements mit dem Familienunternehmen und den bisherigen Kontrollaktionären. Zudem kann aus der Gesetzesbegründung geschlossen werden, dass die Privilegierung aus den besonderen Umständen bei der Zielgesellschaft (Stichwort: Familienunternehmen) und der Entscheidung des Schenkers/Erblassers eine Kontinuitätsvermutung abgeleitet wird,[8] nicht aber aus dem fehlenden Interesse der Aktionäre an preislicher Gleichbehandlung. Die Kontinuität wird aber dann nicht gewahrt, wenn die Schenkung oder der erbrechtliche Erwerbsvorgang ohne irgendein besonderes Verhältnis vollzogen wird.

Erfolgt die Schenkung an juristische Personen, kommt gleichwohl eine Befreiung in Betracht, wenn diese juristische Person einer (wegen des besonderen Verhältnisses zum Schenker/Erblasser) natürlichen Person wirtschaftlich zuzuordnen ist.

5 **II. Sanierung der Zielgesellschaft (§ 9 S. 1 Nr. 3 WpÜG-AngVO).** Die Befreiung unter dem Gesichtspunkt der Sanierung hat in der Praxis eine ganz erhebliche Bedeutung erlangt. Um die Sanierung der Zielgesellschaft nicht unnötig zu erschweren, soll der Bieter, der Beiträge zur Rettung der Gesellschaft leistet, nicht auch noch deren Aktionäre auskaufen müssen. Die Befreiung setzt die **Sanierungsbedürftigkeit und -fähigkeit** sowie einen **Sanierungsbeitrag** des Bieters voraus.

6 Die **Sanierungsbedürftigkeit (Sanierungsfall)** ist aus einer Krisensituation der Gesellschaft abzuleiten, welche jedenfalls bei **bestandsgefährdenden Risiken iSd § 322 Abs. S. 3 HGB** vorliegt.[9] Insofern kann der Auf-

---

[2] Krause/Pötzsch, in: Assmann/Pötzsch/Schneider, § 37 Rn 20.
[3] Krause/Pötzsch, in: Assmann/Pötzsch/Schneider, § 37 Rn 24; Lenz/Linke, AG 2002, 361, 366.
[4] Klepsch, in: Steinmeyer, § 37 Rn 24.
[5] Vgl zum Begriff „Näheverhältnis" Begr. RegE BT-Drucks. 14/7034, S. 60.
[6] Wie hier Holzborn/Blank, NZG 2002, 948, 950; aA die wohl hM Krause/Pötzsch, in: Assmann/Pötzsch/Schneider, § 9 WpÜG-AngVO Rn 11; Hecker, in: Baums/Thoma, § 37 Rn 76; Hommelhoff/Witt, in: Haarmann/Schüppen, § 37 Fn 16.
[7] Krause/Pötzsch, in: Assmann/Pötzsch/Schneider, § 9 WpÜG-AngVO Rn 11.
[8] Begr. RegE BT-Drucks. 14/7034, S. 81; so auch Hommelhoff/Witt, in: Haarmann/Schüppen, § 36 Rn 12, die aber auch ein fehlendes Interesse der Aktionäre an preislicher Gleichbehandlung anführen.
[9] Lenz/Linke, AG 2002, 361, 367; Krause/Pötzsch, in: Assmann/Pötzsch/Schneider, § 9 WpÜG-AngVO Rn 22 ff mit einer Darstellung des Meinungsstandes.

fassung, nach der sich lediglich die wirtschaftlichen Ergebnisse der Zielgesellschaft signifikant verschlechtert haben müssen und der Bieter die frühere Leistungsfähigkeit wieder herstellen will,[10] nicht gefolgt werden, da bei der Auslegung der Tatbestandsvoraussetzungen auch der Ausnahmecharakter der Befreiung und der Schutz der Minderheitsaktionäre zu berücksichtigen sind. Außerdem könnte bei entsprechender allgemein schlechter Wirtschaftslage eine Vielzahl von Unternehmen unter diese Voraussetzungen zu fassen sein.

Die **Sanierungsfähigkeit** ist regelmäßig durch ein Gutachten über das Sanierungskonzept und dessen Plausibilität zu belegen.[11] Dies gilt vor allem bei operativen Schwierigkeiten, die eine geschäftliche Neustrukturierung erforderlich machen. Liegt der Schwerpunkt jedoch im bilanziellen und liquiditätsmäßigen Bereich, kann die Sanierungsfähigkeit auch durch den Nachweis und die Erläuterung der jeweiligen Maßnahmen und die Stellungnahme des Abschlussprüfers zum Fortbestand der Gesellschaft infolge der Maßnahmen nachgewiesen werden. Dabei sind an die Erfolgsaussichten des Sanierungskonzepts wegen des Prognosecharakters keine allzu hohen Anforderungen zu stellen. Im Ergebnis kommt es darauf an, dass das Sanierungskonzept grundsätzlich geeignet ist, die Krisensituation zu beheben, nicht aber, ob dies auch mit an Sicherheit grenzender Wahrscheinlichkeit zu erwarten ist.

Erforderlich ist zuletzt ein **Sanierungsbeitrag** des Bieters. Denn nur dann können die Interessen der übrigen Aktionäre nachrangig sein. Der Erwerb von 30 % der Aktien und Stimmrechte ist aber nur dann ein Sanierungsbeitrag, wenn er im Rahmen einer Kapitalerhöhung oder im Zusammenhang mit einem anderen Sanierungsbeitrag erbracht wird. Die Ausgestaltungen der Sanierungsbeiträge sind vielschichtig, zB: jede Form von Eigenkapitalzuführung, Zusage neuen Fremdkapitals, Stellung von Bürgschaften und anderen Sicherheiten, Forderungsverzicht, teilweise auch Auftragsvergaben, Zuführung von geschäftlichem Know-how, Debt-Equity-Swap.

III. Forderungssicherung (§ 9 S. 1 Nr. 4 WpÜG-AngVO). Wenn die Aktien zur Sicherheit übereignet werden, rechtfertigt die zeitlich begrenzte gesellschaftsrechtliche Stellung des Sicherungsnehmers in Verbindung mit der besonderen Zielsetzung (keine Einflussnahme auf die Geschäftsführung, sondern Sicherung der eigenen Forderung) die Befreiung vom Pflichtangebot.[12] Beachtlich ist auch eine Vertragsgestaltung, nach der der Sicherungsgeber das Stimmrecht als Treuhänder weiter ausüben darf oder zumindest eine entsprechende Weisung hinsichtlich der Ausübung erteilen darf.[13]

IV. Herabsetzung der Stimmrechte (§ 9 S. 1 Nr. 5 WpÜG-AngVO). Die Herabsetzung der Gesamtzahl der Stimmrechte in der Gesellschaft – etwa im Wege der ordentlichen (§§ 222 ff AktG) oder vereinfachten Kapitalherabsetzung (§§ 229 ff AktG) oder Einziehung von Aktien (§§ 237 ff AktG) – kann die Kontrollerlangung auch gegen den Willen des Bieters zur Folge haben. Bei einer solchen passiven Kontrollerlangung wird davon ausgegangen, dass eine Einflussnahme auf die Geschäftsführung nicht beabsichtigt wird. Sofern der Bieter aber die Herabsetzung der Gesamtzahl der Stimmrechte betrieben hat, dürfte dies regelmäßig zu einer negativen Ermessensentscheidung führen.[14]

Eine Herabsetzung ist nicht schon beim Rückerwerb eigener Aktien ohne Einziehung verwirklicht.[15] Zwar ruhen die Stimmrechte aus den eigenen Aktien gemäß § 71 b AktG vorübergehend, nach der ständigen Verwaltungspraxis der Bundesanstalt zu den Stimmrechtsanteilsnormen des WpÜG/WpHG sind diese Stimmrechte aber grundsätzlich noch existent und bei der Berechnung der Bezugsgröße einzubeziehen.

V. Sofortiges Unterschreiten der Kontrollschwelle (§ 9 S. 1 Nr. 6 WpÜG-AngVO). Ein nur kurzfristiges Überschreiten der Kontrollschwelle – zB durch eigenmächtige oder versehentliche Handlungen von Mitarbeitern des Bieters oder Fehlbuchungen ohne Kenntnis des Bieters oder von Personen, für die eine Wissenszurechnung auf den Bieter besteht – soll kein Pflichtangebot auslösen, wenn der Bieter seine Absicht bekundet, den Stimmrechtsanteil unverzüglich wieder unter die Kontrollschwelle zurückzuführen. Die Bundesanstalt kann in diesem Rahmen auch eine Befreiungsverfügung mit Nebenbestimmungen des Inhaltes erlassen, die überzähligen Stimmrechte in bestimmten Zeiträumen wieder abzustoßen.[16]

VI. Höherer Stimmrechtsanteil eines Dritten (§ 9 S. 2 Nr. 1 WpÜG-AngVO). Außerdem werden in § 9 S. 2 WpÜG-AngVO drei Konstellationen identifiziert, in denen trotz formaler Kontrolle gemessen an den Kriterien des Gesetzes dennoch keine reale Kontrolle ausgeübt werden kann. So soll gemäß Nr. 1 befreit werden können, wenn ein Dritter über einen höheren Stimmrechtsanteil (eigene und nach § 30 zugerechnete

---

10 KölnKomm-WpÜG/*Versteegen*, Anh. § 37 – § 9 WpÜG-AngVO Rn 20; *Ekkenga*, in: Ehricke/Ekkenga/Oechsler, § 37 Rn 24; *Kocher*, ZInsO 2010, 2125, 2126.

11 *Krause/Pötzsch*, in: Assmann/Pötzsch/Schneider, § 9 WpÜG-AngVO Rn 28, die aber Ausnahmen zulassen wollen.

12 *Krause/Pötzsch*, in: Assmann/Pötzsch/Schneider, § 9 WpÜG-AngVO Rn 39 f.

13 *Hecker*, in: Baums/Thoma, § 37 Rn 93; *Klepsch*, in: Steinmeyer, § 37 Rn 31 f.

14 *Krause/Pötzsch*, in: Assmann/Pötzsch/Schneider, § 9 WpÜG-AngVO Rn 46.

15 *Schlitt/Ries*, in: MünchKomm AktG, § 37 Anh. – §§ 8-12 WpÜG-AVO Rn 34; *Krause/Pötzsch*, in: Assmann/Pötzsch/Schneider, § 9 WpÜG-AngVO Rn 45; aA *Holzborn/Blank*, NZG 2002, 948, 951; *Harbarth*, ZIP 2001, 321, 326.

16 *Klepsch*, in: Steinmeyer, § 37 Rn 35.

Stimmrechte)[17] als der Bieter verfügt. Bei einer wechselseitigen Zurechnung nach § 30 Abs. 2 zwischen dem Bieter und dem Dritten verfügen beide über einen gleich hohen Stimmrechtsanteil, so dass die Befreiungsmöglichkeit nach dem Wortlaut nicht in Betracht kommt.

13 **VII. Fehlen einer Hauptversammlungsmehrheit (§ 9 S. 2 Nr. 2 WpÜG-AngVO).** Ebenso kann ein Bieter die der 30%-Schwelle (§ 29 Abs. 2) zugrunde liegende Annahme widerlegen, damit sei die durchschnittlich besuchte Hauptversammlung (Anwesenheit von 60 % der Stimmrechte) zu beherrschen, indem er anhand der vergangenen drei Hauptversammlungen eine Prognose für die folgende Hauptversammlung begründet, dort nicht über 50 % der vertretenen Stimmrechte zu verfügen. Ist die Gesellschaft so jung, dass noch keine drei Hauptversammlungen abgehalten wurden, ist eine Befreiung gemäß § 37 Abs. 1 Alt. 5 anzustreben.[18]

14 **VIII. Mittelbare Kontrollerlangung über relativ unbedeutende Gesellschaft (§ 9 S. 2 Nr. 3 WpÜG-AngVO).** Anwendungsfall der Nr. 3 ist der Erwerb einer Gesellschaft (nicht zwingend eine Zielgesellschaft iSd WpÜG oder überhaupt börsennotierte Gesellschaft)[19] dergestalt, dass dadurch eine Zurechnung nach § 30 Abs. 1 S. 1 Nr. 1, 2 Abs. 6 der Stimmrechte (30 % der erworbenen Gesellschaft also idR nicht ausreichend), die die erworbene Gesellschaft an der Zielgesellschaft hält, und so die Kontrollerlangung nach § 29 Abs. 2 begründet wird. Beläuft sich der Buchwert der Beteiligung an der Zielgesellschaft auf der Ebene der direkt erworbenen Gesellschaft auf weniger als 20 % des buchmäßigen Aktivvermögens, kommt eine Befreiung nach § 9 S. 2 Nr. 3 WpÜG-AngVO in Betracht. Maßgeblich für die Bewertung des buchmäßigen Aktivvermögens ist der Einzelabschluss der direkt erworbenen Gesellschaft und hier das Anlage- und Umlaufvermögen, nicht jedoch aktive Rechnungsabgrenzungsposten und Bilanzierungshilfen.[20] Bei mehrstufigen Beteiligungsstrukturen (zB direkt erworbene Gesellschaft hält Beteiligung an Zielgesellschaft indirekt über eine Zwischengesellschaft) bietet es sich an, in einer wirtschaftlichen Betrachtungsweise den Buchwert der Beteiligung an der Zielgesellschaft in der Bilanz der Zwischengesellschaft ins Verhältnis zum buchmäßigen Aktivvermögen der direkt erworbenen Gesellschaft zu setzen. Da aus der 20%-Buchwertgrenze der typisierte Schluss gefolgert wird, dem Bieter ginge es nicht um die Kontrollerlangung über die Zielgesellschaft, ist die Befreiung zu verweigern, wenn es belastbare Anhaltspunkte dafür gibt, dass es dem Bieter doch gerade um die Zielgesellschaft ging.[21]

C. Verfahren

15 Die Frist zur Antragstellung beläuft sich gemäß § 8 S. 2 WpÜG-AngVO auf sieben Kalendertage ab Kenntnis oder Kennenmüssen[22] der Kontrollerlangung und ist damit der Frist zur Veröffentlichung der Kontrollerlangung gemäß § 35 Abs. 1 ähnlich – in § 35 ist die eigentliche Frist „unverzüglich", und 7 Tage stellen nur die maximale Dauer dar. Der Antrag kann gemäß § 8 S. 2 WpÜG-AngVO vor Kontrollerlangung gestellt werden. Bei Verfristung scheidet eine **Wiedereinsetzung in den vorherigen Stand** gemäß § 32 Abs. 1 VwVfG aus, da es sich um eine materielle Ausschlussfrist handelt.[23] Bei materiellen Ausschlussfristen ist eine Wiedereinsetzung in den vorigen Stand grundsätzlich ausgeschlossen.[24] Aus dem Rechtsgedanken des § 32 Abs. 1 VwVfG kann allenfalls ausnahmsweise eine Wiedereinsetzung abgeleitet werden, wenn die Berufung auf die Einhaltung der Ausschlussfrist unter Berücksichtigung der besonderen Umstände des Einzelfalls gegen Treu und Glauben verstößt oder der Antragsteller durch höhere Gewalt oder staatlichen Fehlverhaltens an der Wahrung der Frist gehindert wurde.[25] Diese Gründe dürften regelmäßig nicht vorliegen. Im Zweifel ist deswegen ein die Frist wahrender, unvollständiger Antrag zu stellen. Die Bundesanstalt wird dann gemäß § 12 WpÜG-AngVO eine Nachfrist setzen, binnen derer fehlende Angaben zu ergänzen oder Unterlagen nachzureichen sind.

16 Wegen der Ermessensentscheidung, in die auch Interessen der (übrigen) Aktionäre der Zielgesellschaft eingestellt werden, sind von den Pflichtangaben gemäß § 10 WpÜG-AngVO (Angaben zum Antragsteller, der Zielgesellschaft, eigenen oder zuzurechnenden Stimmrechten des Bieters an der Zielgesellschaft, Tag der Kontrollerlangung und den Antrag begründende Tatsachen) besonders die begründenden Tatsachen ausführlich darzulegen. Wenn eine Befreiung jenseits der Tatbestände des § 9 WpÜG-AngVO auf Grundlage

---

17 *Wernicke*, NZG 2011, 1404.
18 *Klepsch*, in: Steinmeyer, § 37 Rn 40; *Krause/Pötzsch*, in: Assmann/Pötzsch/Schneider, § 9 WpÜG-AngVO Rn 59.
19 MüKo-AktG/*Schlitt/Ries*, § 37 Anh. - §§ 8-12 WpÜG-AVO Rn 48; *Krause/Pötzsch*, in: Assmann/Pötzsch/Schneider, § 9 WpÜG-AngVO Rn 65; aA *Hommelhoff/Witt*, in: Haarmann/Schüppen, § 37 Rn 30.
20 *Lenz/Behnke*, BKR 2003, 43, 50; *Krause/Pötzsch*, in: Assmann/Pötzsch/Schneider, § 9 WpÜG-AngVO Rn 66.
21 *Krause/Pötzsch*, in: Assmann/Pötzsch/Schneider, § 9 WpÜG-AngVO Rn 68.
22 Siehe § 35 Rn 7.
23 *Hecker*, in: Baums/Thoma, § 37 Rn 146; aA *Klepsch*, in: Steinmeyer, § 37 Rn 11; einschränkend für Fälle höherer Gewalt: *Hommelhoff/Witt*, in: Haarmann/Schüppen, § 37 Rn 63.
24 BVerwG v. 13. Juli 2002 – 3 B 100/02; BVerwGE 101, 39; *Kopp/Ramsauer*, VwVfG, § 32 Rn 6; *P. Stelkens/Kallerhoff*, in: Stelkens/Bonk/Sachs, VwVfG, § 32 Rn 9 f.
25 BVerwG NJW 1986, 207; OVG Koblenz NVwZ 1989, 381; KG NJW-RR 1997, 643; *Kopp/Ramsauer*, VwVfG, § 31 Rn 13; *P. Stelkens/Kallerhoff*, in: Stelkens/Bonk/Sachs, VwVfG, § 32 Rn 9 f.

des allgemeinen § 37 angestrebt wird, sollten der Bundesanstalt die notwendigen Argumente an die Hand gegeben werden. Zu berücksichtigen ist, dass die Befreiung vom Pflichtangebot einen unmittelbaren Eingriff in Rechtspositionen der übrigen Aktionäre darstellt.

D. Rechtsfolge

Die Entscheidung der Bundesanstalt ist ein Verwaltungsakt, der gemäß § 36 Abs. 2 VwVfG auch mit Nebenbestimmungen versehen werden kann. Regelmäßig wird hiervon Gebrauch gemacht, insbesondere werden Auflagen, Bedingungen und Widerrufsvorbehalte erlassen, um beim Entfallen der Voraussetzungen für die Befreiung die Pflichten des § 35 wieder aufleben zu lassen.[26] Soweit Nebenbestimmungen nicht aufgenommen wurden und der Befreiungsgrund nachträglich wegfällt, ist ein Widerruf der Verfügung gemäß § 49 Abs. 2 S. 1 Nr. 3 VwVfG möglich. Das hierzu erforderliche öffentliche Interesse am Widerruf könnte regelmäßig darin liegen, das Vertrauen der Anleger in die Funktionsfähigkeit des Kapitalmarktes zu gewährleisten.[27] Ferner kann eine Rücknahme nach § 48 VwVfG in Betracht kommen.

17

§ 38 Anspruch auf Zinsen

Der Bieter ist den Aktionären der Zielgesellschaft für die Dauer des Verstoßes zur Zahlung von Zinsen auf die Gegenleistung in Höhe von fünf Prozentpunkten auf das Jahr über dem jeweiligen Basiszinssatz nach § 247 des Bürgerlichen Gesetzbuchs verpflichtet, wenn

1. er entgegen § 35 Abs. 1 Satz 1 keine Veröffentlichung gemäß § 10 Abs. 3 Satz 1 vornimmt,
2. er entgegen § 35 Abs. 2 Satz 1 kein Angebot gemäß § 14 Abs. 3 Satz 1 abgibt oder
3. ihm ein Angebot im Sinne des § 35 Abs. 2 Satz 1 nach § 15 Abs. 1 Nr. 1, 2 oder 3 untersagt worden ist.

A. Einführung

Als eine Sanktion bei Pflichtversäumnissen des Bieters im Zusammenhang mit § 35 wird gemäß § 38 die Gegenleistung für per Pflichtangebot zu erwerbende Aktien für die Dauer des Verstoßes verzinst.[1] Die dogmatische Einordnung ist jedoch umstritten.[2] Während § 38 teilweise als Sanktionsvorschrift ohne Anspruchsqualität iSd § 194 Abs. 1 BGB angesehen wird,[3] sehen andere in § 38 eine vertragsinhaltsgestaltende Norm[4] oder als Schadensersatzanspruch.[5] Vermehrt wird § 38 als eigenständiger Anspruch, der nur seiner Höhe nach von der Gegenleistung (§ 31) abhängig sei, gesehen.[6] Diese Auffassung wird von einer nicht rechtskräftigen Entscheidung des OLG München gestützt,[7] aber letztendlich durch die Revisionsentscheidung des BGH wieder verworfen. Der BGH tendiert dazu § 38 als unselbständige Nebenforderung anzusehen, entscheidet dies jedoch nicht abschließend, um zu den materiellen Fragen der Zurechnung nach § 30 Abs. 2 Ausführungen machen zu können.[8] Gegen diese zivilrechtsdogmatischen Bedenken (auch des BGH) spricht jedoch der Gedanke einer effektiven Sanktionierung dafür, § 38 eine eigene Anspruchsqualität zuzusprechen. Ansonsten könnte sich gerade der Bieter, der die Pflichten des § 35 am Gröbsten missachtet und auf Dauer kein Pflichtangebot abgibt (und die Sanktionen durch die Bundesanstalt in Kauf nimmt), den Zinsforderungen entziehen.[9] Abhängig von dem vorstehend dargestellten Meinungsstand sind Gläubiger des Anspruchs entweder jeder Aktionär der Zielgesellschaft oder nur diejenigen Aktionäre, die das Pflichtangebot (sofern es überhaupt unterbreitet wurde) angenommen haben.

1

---

26 *Klepsch*, in: Steinmeyer, § 37 Rn 60 ff.
27 *Klepsch*, in: Steinmeyer, § 37 Rn 62.
1 Zur Praxis vgl OLG München ZIP 2205, 856 = AG 2005, 482 – nicht rkr; ferner <www.Bundesanstalt.de/datenbanken/wpueg_14liste.htm> – Angebotsverfahren Hansa Chemie International AG/Vectron Systems AG.
2 Umfassende Darstellung des Meinungsstandes bei *Simon*, Rechtsschutz im Hinblick auf ein Pflichtangebot nach, § 35 WpÜG, Diss. 2005, S. 217.
3 OLG Frankfurt aM NZG 2003, 729; *Ekkenga*, in: Ehricke/Ekkenga/Oechsler, § 38 Rn 3: „spezielles übernahmerechtliches Druckmittel".

4 *Hommelhoff/Witt*, in: Haarmann/Schüppen, § 38 Rn 3; *Simon*, Rechtsschutz im Hinblick auf ein Pflichtangebot nach, § 35 WpÜG, Diss. 2005, S. 217 ff.
5 *Schnorbus*, WM 2003, 657, 663.
6 *Hecker*, in: Baums/Thoma, § 38 Rn 10; *Krause/Pötzsch*, in: Assmann/Pötzsch/Schneider, § 35 Rn 262; KölnKomm-WpÜG/*Kremer/Oesterhaus*, § 38 Rn 25, *Schanz/Wedell*, AG 2011, 615 ff.
7 OLG München ZIP 2205, 856 = AG 2005, 482 – nicht rkr.
8 BGH v. 18.9.2006 – II ZR 137/05.
9 Vgl zu diesem Aspekt auch *Hecker*, in: Baums/Thoma, § 38 Rn 10.

2 § 38 selbst ist verschuldensunabhängig.[10] Die vorgelagerten Verletzungen der Pflichten des § 35 setzen aber vorsätzliche oder fahrlässige Verstöße voraus. Teilweise wird dafür plädiert, dass ein unvermeidbarer Rechtsirrtum bezüglich dieser Pflichten die Anwendung des strafähnlichen § 38 ausschließen müsste.[11]

B. Zinssatz

3 Der Zinssatz liegt mit fünf Prozentpunkten über dem jeweiligen Basiszinssatz nach § 247 BGB, der halbjährlich festgesetzt wird, und entspricht insofern der Höhe nach dem Verzugszins aus § 288 Abs. 1 S. 2 BGB. Die Zinsen aus § 38 sind auch dann in Geld zu zahlen, wenn die Gegenleistung gemäß § 31 Abs. 2 in liquiden Aktien besteht.[12]

C. Mehrheit von Verstößen

4 Es werden drei mögliche Verstöße sanktioniert, die bei alternativem Vorliegen die Zinspflicht auslösen. Bei zeitgleichem Vorliegen mehrerer Verstöße liegt dennoch nur ein Verstoß iSd § 38 vor. Mithin kann die Gegenleistung nur einmal nach § 38 verzinst werden. Kumulieren kann allerdings die Dauer des Verstoßes insofern, als der zu verzinsende Zeitraum mit dem ersten Tag eines Verstoßes gegen Nr. 1, 2 oder 3 beginnt und läuft, bis der letzte Verstoß beendet ist.[13]

5 **I. Verstoß gegen Veröffentlichungspflicht (Nr. 1).** Soweit der Bieter versäumt, gemäß § 35 Abs. 1 S. 1 die Kontrollerlangung über die Zielgesellschaft zu veröffentlichen, laufen Zinsen auf, solange nicht veröffentlicht worden ist. Der Zeitraum beginnt am ersten Tag, nachdem die Veröffentlichung vorzunehmen gewesen wäre (unverzüglich nach Kenntnis oder Kennenmüssen), spätestens aber mit dem Ablauf der 7-Tagefrist und endet am Tag der Vornahme der Veröffentlichung. Dabei wird unter Nr. 1 die Versäumung einer Veröffentlichung nach § 10 Abs. 3 S. 1 insgesamt, also auch die unterlassene, nicht richtige, nicht vollständige oder nicht in der vorgeschriebenen Weise vorgenommene Veröffentlichung der Kontrollerlangung sanktioniert.

6 **II. Verstoß gegen Angebotspflicht (Nr. 2).** Eine Verzinsungspflicht besteht auch, sofern der Bieter kein Angebot gemäß §§ 35 Abs. 2 S. 1, 14 Abs. 3 S. 1 abgibt. Danach muss der Bieter die Angebotsunterlage im Internet und im elektronischen Bundesanzeiger unmittelbar oder durch Hinweisbekanntmachung veröffentlichen. Das hat in der Frist des § 14 Abs. 2 S. 1 zu geschehen. Die Verzinsungspflicht besteht auch, wenn diese Verpflichtung nicht richtig, nicht vollständig oder nicht in der vorgeschriebenen Weise erfolgte,[14] und besteht bis zur Nachholung der Veröffentlichung.

7 **III. Verstoß gegen Pflicht zum rechtmäßigen Angebot (Nr. 3).** Erfasst werden die Fälle, in denen die Angebotsunterlage inhaltlich mangelhaft ist oder der Bundesanstalt überhaupt nicht übermittelt wurde und die Bundesanstalt das Angebot daraufhin untersagt hat. Der Verstoß beginnt mit dem Zugang der Untersagung beim Bieter (§§ 43, 41 VwVfG) und dauert bis zur zulässigen Veröffentlichung eines Angebots.[15] Darin eingeschlossen ist die Frist für eine Prüfung der erneuten Angebotsunterlage durch die Bundesanstalt.[16]

§ 39 Anwendung der Vorschriften des Abschnitts 3 und 4

Für Angebote nach § 35 Abs. 2 Satz 1 gelten mit Ausnahme von § 10 Abs. 1 Satz 1, § 14 Abs. 1 Satz 1, § 16 Abs. 2, § 18 Abs. 1, §§ 19, 25, 26 und 34 die Vorschriften der Abschnitte 3 und 4 sinngemäß.

A. Sinngemäße Anwendung	1
B. Ausgenommene Vorschriften	2
I. § 10 Abs. 1 S. 1: Veröffentlichung der Entscheidung zur Abgabe eines Angebots	3
II. § 14 Abs. 1 S. 1: Übermittlung der Angebotsunterlage	4
III. § 16 Abs. 2: weitere Annahmefrist („Zaunkönigregelung")	5
IV. § 18 Abs. 1: Bedingungen	6
V. § 19: Zuteilung	7
VI. § 25: Beschluss der Gesellschafterversammlung des Bieters	8
VII. § 26: Sperrfrist	9

---

10 *Hecker*, in: Baums/Thoma, § 38 Rn 23, 41, 58.
11 *Hommelhoff/Witt*, in: Haarmann/Schüppen, § 38 Rn 16; Köln-Komm-WpÜG/*Kremer/Oesterhaus*, § 38 Rn 23 f; *Hecker*, in: Baums/Thoma, § 38 Rn 24, 41, 58 mit Hinweis auf die klare Gesetzeslage, die einem Rechtsirrtum in der Regel entgegenstehen dürfte.
12 *Hommelhoff/Witt*, in: Haarmann/Schüppen, § 38 Rn 28 *Assmann*, in: Assmann/Pötzsch/Schneider, § 38 Rn 8; *Noack/Zetzsche*, in: Schwark, § 38 WpÜG Rn 11.
13 *Hecker*, in: Baums/Thoma, § 38 Rn 67.
14 *Hommelhoff/Witt*, in: Haarmann/Schüppen, § 38 Rn 19.
15 *Hommelhoff/Witt*, in: Haarmann/Schüppen, § 38 Rn 19 mit Hinweis auf die fehlende aufschiebende Wirkung der Rechtsbehelfe nach §§ 42, 48, 49.
16 *Hommelhoff/Witt*, in: Haarmann/Schüppen, § 38 Rn 19.

VIII. § 34: Anwendung der Vorschriften des
    3. Abschnitts 10

A. Sinngemäße Anwendung

Die Vorschriften der Abschnitte 3 und 4 sind sinngemäß auf das Pflichtangebot anzuwenden, soweit ihre 1
Anwendung nicht ausdrücklich ausgeschlossen ist.

B. Ausgenommene Vorschriften

Die folgenden Vorschriften der Abschnitte 3 und 4 sind von der Anwendung auf Pflichtangebote ausge- 2
nommen:
I. **§ 10 Abs. 1 S. 1: Veröffentlichung der Entscheidung zur Abgabe eines Angebots.** In § 10 Abs. 1 S. 1 ist 3
die Veröffentlichung der Entscheidung zur Abgabe eines Angebots geregelt. An die Stelle der Entscheidung
als einem Akt autonomer Geschäftspolitik tritt in § 35 Abs. 1 S. 1 der Tatbestand der Kontrollerlangung.[1]
§ 10 Abs. 1 S. 2 und 3 sind nicht anwendbar.[2] Dies wird insbesondere bei § 10 Abs. 1 S. 2 deutlich, da die
Kontrollerlangung den unbedingten Vollzug einer entsprechenden Vereinbarung (Eigentumserwerb, Pool-
vertrag) voraussetzt und ein etwaiger Beschluss der Gesellschafterversammlung vielmehr die Wirksamkeit
der Vereinbarung hindert. Die in der Vorauflage angeführte Konstellation einer Gremienentscheidung über
einen Nichtberücksichtigungsantrag (§ 36) oder einen Befreiungsantrag (§ 37) bei der Bundesanstalt vermag nicht zu verfangen, da zur Antragstellung regelmäßig die Geschäftsführungsorgane befugt sind und
keine positive Beschlussfassung der Gesellschafterversammlung hierfür erforderlich ist. Außerdem setzen
die Sätze 2 und 3 systematisch den S. 1 des § 10 voraus.
II. **§ 14 Abs. 1 S. 1: Übermittlung der Angebotsunterlage.** Diese Regelung wird durch § 35 Abs. 2 S. 1 in 4
vollem Umfang ersetzt (*lex specialis*).
III. **§ 16 Abs. 2: weitere Annahmefrist („Zaunkönigregelung").** Die weitere Annahmefrist ist auf Übernah- 5
meangebote zugeschnitten und im Zusammenhang mit Pflichtangeboten nicht sinnvoll, da der Bieter hier
bereits vor dem Pflichtangebot die Kontrolle iSd § 29 Abs. 2 inne hat und ein besonderes Schutzbedürfnis
der Aktionäre nicht besteht. Die vereinzelt vertretene Auffassung, § 16 Abs. 2 solle entgegen des Wortlautes
des § 39 dann zur Anwendung gelangen, wenn der Stimmrechtsanteil des Bieters vor Ablauf der Annahmefrist unter die Kontrollschwelle sinkt,[3] kann nicht überzeugen, da die Einordnung als Pflichtangebot während eines laufenden Verfahrens nicht mehr geändert werden kann.[4] Die Minderheitsaktionäre sind in diesem Fall nicht schutzbedürftig, da ihnen ein Bieter gegenübersteht, der die Kontrolle zumindest eine gewisse
Zeit inne hatte; dies dürfte die maßgebliche Information für die Aktionäre sein.
IV. **§ 18 Abs. 1: Bedingungen.** § 18 Abs. 1 regelt die begrenzte Zulässigkeit von Bedingungen bei öffentli- 6
chen Angeboten. Da Pflichtangebote iSd § 35 bedingungsfeindlich sind,[5] ist § 18 Abs. 1 auf sie nicht anwendbar. Vom Grundsatz der Bedingungsfeindlichkeit der Pflichtangebote wird in der Praxis der Bundesanstalt nur bei öffentlich-rechtlichen Genehmigungs-, Zustimmungs- und Untersagungsvorbehalten eine
Ausnahme gemacht (zB kartellrechtliche Freigabe, medienaufsichtsrechtliche Zustimmung oder bank- und
versicherungsaufsichtsrechtliche Vorbehalte).[6]
V. **§ 19: Zuteilung.** § 19 sieht einen Pro-rata-Erwerb von Wertpapieren bei einem begrenzten öffentlichen 7
Angebot vor, das überzeichnet wurde. Weil Pflichtangebote nicht begrenzt werden können (vgl §§ 32, 39),
sondern alle Aktien, außer die eigenen Aktien der Zielgesellschaft und die Aktien des Bieters, vom Pflichtangebot umfasst werden, gibt es für § 19 auch keinen Anwendungsbereich.
VI. **§ 25: Beschluss der Gesellschafterversammlung des Bieters.** In § 25 ist ein möglicher Fall der Bedingt- 8
heit eines öffentlichen Angebots geregelt (Bedingung, dass die Gesellschafterversammlung des Bieters zustimmt). Weil Pflichtangebote bedingungsfeindlich sind, gibt es für diese Vorschrift auch keinen Anwendungsbereich.
VII. **§ 26: Sperrfrist.** Die in § 26 enthaltene Sperrfristregelung für die erneute Abgabe eines öffentlichen An- 9
gebots gilt beim Pflichtangebot wegen der gegensätzlichen Interessenlage nicht: Beim öffentlichen Übernah-
me- oder sonstigem Erwerbsangebot will der Käufer eigentlich kaufen und wird per Sperrfrist für seine
Missachtung der Angebotsvorschriften bestraft. Dagegen wird der Bieter beim Pflichtangebot zum Kauf gezwungen. Eine Sperrfrist nach einem nicht ordnungsgemäßen Angebot würde dann keine Sanktion darstel-

---

1 Begr. RegE BT-Drucks. 14/7034, S. 61.
2 *Pötzsch*, in: Assmann/Pötzsch/Schneider, § 39 Rn 12 mwN.
3 KölnKomm-WpÜG/*von Bülow*, § 39 Rn 47; *Ekkenga*, in: Ehricke/Ekkenga/Oechsler, § 3 Rn 5.
4 *Pötzsch*, in: Assmann/Pötzsch/Schneider, § 39 Rn 15 mit Hinweis auf das formalisierte Verfahren.
5 Begr. RegE BT-Drucks. 14/7034, S. 62.
6 *Hommelhoff/Witt*, in: Haarmann/Schüppen, § 39 Rn 17; *Pötzsch*, in: Assmann/Pötzsch/Schneider, § 39 Rn 18.

len, sondern eher zum Missbrauch einladen und sich zulasten der Minderheitsaktionäre auswirken. Zu beachten ist auch, dass § 26 Abs. 1 S. 3, demzufolge der Bieter während einer ordentlichen Sperrfrist gemäß § 26 nicht von der Abgabe eines Pflichtangebots gemäß § 35 befreit ist, entgegen der generellen Ausnahme des § 26 durch § 39 weiterhin anwendbar bleibt.[7]

10 **VIII. § 34: Anwendung der Vorschriften des 3. Abschnitts.** § 34 ist seinerseits eine Verweisvorschrift für das Übernahmeangebot auf die Regelungen des 3. Abschnitts. Da § 39 direkt auf den 3. Abschnitt verweist, bedurfte es einer Kettenverweisung über § 34 nicht.

Abschnitt 5 a
Ausschluss, Andienungsrecht

§ 39 a Ausschluss der übrigen Aktionäre

(1) ¹Nach einem Übernahme- oder Pflichtangebot sind dem Bieter, dem Aktien der Zielgesellschaft in Höhe von mindestens 95 Prozent des stimmberechtigten Grundkapitals gehören, auf seinen Antrag die übrigen stimmberechtigten Aktien gegen Gewährung einer angemessenen Abfindung durch Gerichtsbeschluss zu übertragen. ²Gehören dem Bieter zugleich Aktien in Höhe von 95 Prozent des Grundkapitals der Zielgesellschaft, sind ihm auf Antrag auch die übrigen Vorzugsaktien ohne Stimmrecht zu übertragen.

(2) Für die Feststellung der erforderlichen Beteiligungshöhe nach Absatz 1 gilt § 16 Abs. 2 und 4 des Aktiengesetzes entsprechend.

(3) ¹Die Art der Abfindung hat der Gegenleistung des Übernahme- oder Pflichtangebots zu entsprechen. ²Eine Geldleistung ist stets wahlweise anzubieten. ³Die im Rahmen des Übernahme- oder Pflichtangebots gewährte Gegenleistung ist als angemessene Abfindung anzusehen, wenn der Bieter auf Grund des Angebots Aktien in Höhe von mindestens 90 Prozent des vom Angebot betroffenen Grundkapitals erworben hat. ⁴Die Annahmequote ist für stimmberechtigte Aktien und stimmrechtslose Aktien getrennt zu ermitteln.

(4) ¹Ein Antrag auf Übertragung der Aktien nach Absatz 1 muss innerhalb von drei Monaten nach Ablauf der Annahmefrist gestellt werden. ²Der Bieter kann den Antrag stellen, wenn das Übernahme- oder Pflichtangebot in einem Umfang angenommen worden ist, dass ihm beim späteren Vollzug des Angebots Aktien in Höhe des zum Ausschluss mindestens erforderlichen Anteils am stimmberechtigten oder am gesamten Grundkapital der Zielgesellschaft gehören werden.

(5) Über den Antrag entscheidet ausschließlich das Landgericht Frankfurt am Main.

(6) Die §§ 327 a bis 327 f des Aktiengesetzes finden nach Stellung eines Antrags bis zum rechtskräftigen Abschluss des Ausschlussverfahrens keine Anwendung.

Literatur:
Austmann/Mennicke, Übernahmerechtlicher Squeeze-out und Sell-out, NZG 2004, 846; *Bayer/Fleischer/Hoffmann-Becking/Lutter/Noack/Röbricht/K. Schmidt/Ulmer/Wiedemann/Winter/Zöllner (Group of German Experts on Corporate Law),* Zur Entwicklung des Europäischen Gesellschaftsrechts: Stellungnahme der Group of German Experts on Corporate Law zum Konsultationsdokument der High Level Group of Experts on Corporate Law, ZIP 2002, 1310; *Burger,* Keine angemessene Abfindung durch Börsenkurs bei Squeeze-out, NZG 2012, 281; *Deilmann,* Aktienrechtlicher versus übernahmerechtlicher Squeeze-out, NZG 2007, 721; *Diekmann,* Änderungen des Wertpapiererwerbs- und Übernahmegesetz anlässlich der Umsetzung der EU-Übernahmerichtlinien in das deutsche Recht, NJW 2007, 17; *Derlin,* Nicht jede Aktie zählt, BB 2012, 591; *Grunewald,* Die Vereinbarkeit der Angemessenheitsvermutung von § 39 a Abs. 3 WpÜG mit höherrangigem Recht, NZG 2009, 332; *Hasselbach,* Das Andienungsrecht von Minderheitsaktionären nach der EU-Übernahmerichtlinie, ZGR 2005, 387; *Heidel/Lochner,* Verfassungswidrigkeit der Squeeze-out-Regelung der umzusetzenden EU-Übernahmerichtlinie, DB 2005, 2564; dies., Der übernahmerechtliche Squeeze-out und Sell-out gemäß §§ 391 ff. WpÜG, Der Konzern 2006, 653; *Holzborn/Peschke,* Europäische Neutralitätspflicht und Übernahme Squeeze-Out, BKR 2007, 101; *Hopt/Mülbert/Kumpan,* Reformbedarf im Übernahmerecht, AG 2005, 109; *Hörmann/Feldhaus,* Die Angemessenheitsvermutung des übernahmerechtlichen Squeeze out, BB 2008, 2134; *Kann/Just,* Der Regierungsentwurf zur Umsetzung der europäischen Übernahmerichtlinie, DStR 2006, 328; *Kiefner/Brügel,* Der umwandlungsrechtliche Squeeze-out, AG 2011, 525; *Kießling,* Der übernahmerechtliche Squeeze-out gem. §§ 39 a, 39 b WpÜG, 2008; *Kindler/Horstmann,* Die EU-Übernahmerichtlinie – Ein „europäischer" Kompromiss, DStR 2004, 866; *Krause,* BB-Europareport: Die EU-Übernahmerichtlinie – Anpassungsbedarf im Wertpapiererwerbs- und Übernahmegesetz, BB 2004, 113; *Krause,* Der Kommissionsvorschlag für die Revitalisierung der EU-Übernahmerichtlinie, BB 2002, 2341; *Maul,* Die EU-Übernahmerichtlinie – ausgewählte Fragen, NZG 2005, 151; *Maul/Muffat-Jeandet,* Die EU-Übernahmerichtlinie – Inhalt und Umsetzung in nationales Recht, AG 2004, 306; *Mülbert,* Umsetzungsfragen der Übernahmerichtlinie – erheblicher Änderungsbedarf bei den heutigen Vorschriften des WpÜG, NZG 2004, 633; *Nagel,* Der übernahmerechtliche Squeeze-out bei Schwellenwerterreichung durch Nacherwerbe jenseits der (weiteren) Annah-

---
[7] *Pötzsch,* in: Assmann/Pötzsch/Schneider, § 39 Rn 26: „Redaktionsversehen".

mefrist, AG 2009, 393; *Neye*, Der Vorschlag 2002 einer Takeover-Richtlinie, NZG 2002, 1144; *Ott*, Der übernahmerechtliche Squeeze-out gemäß §§ 39 a f. WpÜG, WM 2008, 384; *Paefgen*, Zum Zwangsausschluss im neuen Übernahmerecht, WM 2007, 765; *ders.*, Zur Relevanz von Nacherwerben für den übernahmerechtlichen Squeeze-out, ZIP 2013, 1001; *Posdziech*, Zur Rechtsnatur der Angemessenheitsvermutung beim übernahmerechtlichen Squeeze-out, WM 2010, 787; *Riehmer*, Squeeze-out: Lösungen zu aktuellen Problemen aus Sicht der Praxis, Der Konzern 2008, 273; *Schlitt/Ries/Becker*, Der Ausschluss der übrigen Aktionäre gem. §§ 39 a, 39 b WpÜG, NZG 2008, 700; *Schüppen*, WpÜG-Reform: Alles Europa, oder was?, BB 2006, 165; *Seibt/Heiser*, Analyse des Übernahmerichtline-Umsetzungsgesetzes (Regierungsentwurf), AG 2006, 301; *Seibt/Heiser*, Analyse der EU-Übernahmerichtlinie und Hinweise für eine Reform des deutschen Übernahmerechts, ZGR 2005, 200; *Seibt/Heiser*, Der neue Vorschlag einer EU-Übernahmerichtlinie und das deutsche Übernahmerecht, ZIP 2002, 2193; *Simon*, Entwicklungen im WpÜG, Der Konzern 2006, 12; *Steinmeyer/Santelmann*, Zur Widerleglichkeit der Angemessenheitsvermutung beim übernahmerechtlichen Squeeze out, BB 2009, 674; *Süßmann*, Die Unwiderleglichkeit der Abfindungshöhe beim übernahmerechtlichen Squeeze-out, NZG 2009, 980; *Theiselmann*, Aktuelle Rechtsfragen des übernahmerechtlichen Squeeze-Out, Der Konzern 2009, 221; *Winter-Bericht* (Bericht der hochrangigen Gruppe von Experten auf dem Gebiet des Gesellschaftsrechts über die Abwicklung von Übernahmeangeboten, Brüssel, 10.1.2002, abrufbar unter <www.ec.europa.eu/internal_market/company/docs/takeoverbids/2002–01-hlg-report_de.pdf>.

A. Regelungsgehalt	1
B. Die Regelungen im Einzelnen	11
I. Anwendungsbereich und Voraussetzungen für den übernahmerechtlichen Squeeze-out (Abs. 1)..	11
1. Bieter nach Übernahme- oder Pflichtangebot mit Squeeze-out-Mehrheit als Berechtigter	12
a) Nur Bieter als grundsätzlich Antragsberechtigter	12
b) Squeeze-out-Mehrheit bei der Zielgesellschaft	14
c) Antragsberechtigung nur nach Übernahme- oder Pflichtangebot	20
2. Gerichtsbeschluss auf Antrag des Bieters ...	22
3. Rechtsfolge: Übertragung der übrigen stimmberechtigten Aktien gegen Gewährung einer angemessenen Abfindung........	26
4. Übertragung von Vorzugsaktien ohne Stimmrecht (Abs. 1 S. 2)	29
II. Feststellung der Beteiligungshöhe (Abs. 2)	33
III. Angemessene Abfindung (Abs. 3)	34
1. Art der Abfindung – Pflicht zur Geldleistung (Abs. 3 S. 1 und 2).......................	35
2. Höhe der Abfindung (Abs. 3 S. 3 und 4) ...	39
a) Grundsätze und rechtstatsächlicher Hintergrund.............................	39
aa) Begriff der angemessenen Abfindung; verfassungsmäßige Grundlagen.................................	40
bb) Kein effektiver Minderheitenschutz durch „Markttest"	43
cc) Regelmäßige Unangemessenheit von WpÜG-Angebotspreisen	44
dd) Unterschiedliche Angemessenheitsbegriffe	47
ee) Pflicht zur richtlinien- und verfassungskonformen Auslegung.......	48
ff) Stichtag	51
b) Geldleistung..................................	52
c) Annahme durch weniger als 90 % des Grundkapitals............................	55
d) Abfindungshöhe bei Erwerb von Aktien in Höhe von 90 % des vom Angebot betroffenen Grundkapitals...............	56
aa) Gesetzgebungsverfahren	57
bb) Europarecht	62
cc) Verfassungsrecht	64
dd) Widerleglichkeit der gesetzlichen Vermutung..............................	65
IV. Antragsfrist (Abs. 4)	66
V. Ausschließliche Zuständigkeit des LG Frankfurt aM (Abs. 5)	69
VI. Verhältnis zu §§ 327 a ff AktG (Abs. 6)	71

Gesetzesmaterialien:
Richtlinie 2004/25/EG des Europäischen Parlaments und des Rates vom 21.4.2004 betreffend Übernahmeangebote, ABl. EU Nr. L 142/12 („ÜbernahmeRL"); Referentenentwurf des Finanzministeriums vom 19.12.2005; Gesetzentwurf der Bundesregierung – Entwurf eines Gesetzes zur Umsetzung der Richtlinie 2004/25/EG des Europäischen Parlaments und des Rates vom 21.4.2004 betreffend Übernahmeangebote (Übernahmerichtlinie-Umsetzungsgesetz), BT-Drucks. 16/1003 vom 17.3.2006; Stellungnahme des Bundesrates vom 7.4.2006, BR-Drucks. 154/06, abgedruckt auch in BT-Drucks. 16/1342, dort mit Gegenäußerung der Bundesregierung; Beschlussempfehlung und Bericht des Finanzausschusses des Bundestages vom 18.5.2006, BT-Drucks. 16/1541.

A. Regelungsgehalt

§§ 39 a bis c dienen erklärtermaßen der **Umsetzung der ÜbernahmeRL**.[1] Deren einschlägige Regeln lauten: **1**

Das Europäische Parlament und der Rat der Europäischen Union... in Erwägung nachstehender Gründe...:
(24) ¹Die Mitgliedstaaten sollten die erforderlichen Vorkehrungen treffen, um einem Bieter, der im Zuge eines Übernahmeangebots einen bestimmten Prozentsatz des stimmberechtigten Kapitals einer Gesellschaft

---

[1] Richtlinie 2004/25/EG des Europäischen Parlaments und des Rates v. 21.4.2004 betreffend Übernahmeangebote, ABl. EU Nr. L 142, 12.

erworben hat, die Möglichkeit zu geben, die Inhaber der übrigen Wertpapiere zum Verkauf ihrer Wertpapiere zu verpflichten. ²Dementsprechend sollten die Inhaber der übrigen Wertpapiere die Möglichkeit haben, den Bieter, der im Zuge eines Übernahmeangebots einen bestimmten Prozentsatz des stimmberechtigten Kapitals einer Gesellschaft erworben hat, zum Erwerb ihrer Wertpapiere zu verpflichten. ³Diese Ausschluss- und Andienungsverfahren sollten nur unter bestimmten Bedingungen im Zusammenhang mit Übernahmeangeboten gelten. ⁴Die Mitgliedstaaten können unter anderen Umständen auf Ausschluss- und Andienungsverfahren weiterhin ihre nationalen Vorschriften anwenden....
haben folgende Richtlinie erlassen:
...

Artikel 3   Allgemeine Grundsätze

(1) Die Mitgliedstaaten stellen zur Umsetzung dieser Richtlinie sicher, dass die folgenden Grundsätze beachtet werden:
a) Alle Inhaber von Wertpapieren einer Zielgesellschaft, die der gleichen Gattung angehören, sind gleich zu behandeln; darüber hinaus müssen die anderen Inhaber von Wertpapieren geschützt werden, wenn eine Person die Kontrolle über eine Gesellschaft erwirbt....

(2) Um die Beachtung der in Absatz 1 aufgeführten Grundsätze sicherzustellen,
a) sorgen die Mitgliedstaaten dafür, dass die in dieser Richtlinie vorgeschriebenen Mindestanforderungen eingehalten werden,
b) können die Mitgliedstaaten für Angebote zusätzliche Bedingungen und strengere Bestimmungen als in dieser Richtlinie festlegen.
...

Artikel 5   Schutz der Minderheitsaktionäre, Pflichtangebot und angemessener Preis

...

(4) ¹Als angemessener Preis gilt der höchste Preis, der vom Bieter oder einer mit ihm gemeinsam handelnden Person in einem von den Mitgliedstaaten festzulegenden Zeitraum von mindestens sechs und höchstens zwölf Monaten vor dem Angebot gemäß Absatz 1 für die gleichen Wertpapiere gezahlt worden ist. ²Erwirbt der Bieter oder eine mit ihm gemeinsam handelnde Person nach Bekanntmachung des Angebots und vor Ablauf der Annahmefrist Wertpapiere zu einem höheren als dem Angebotspreis, so muss der Bieter sein Angebot mindestens auf den höchsten Preis erhöhen, der für die dergestalt erworbenen Wertpapiere gezahlt wurde.
³Sofern die allgemeinen Grundsätze nach Artikel 3 Absatz 1 eingehalten werden, können die Mitgliedstaaten ihre Aufsichtsstellen ermächtigen, den in Unterabsatz 1 genannten Preis unter ganz bestimmten Voraussetzungen und nach eindeutig festgelegten Kriterien abzuändern. ⁴Hierzu können sie in einer Liste festlegen, unter welchen Voraussetzungen der Höchstpreis nach oben oder nach unten korrigiert werden darf: wenn beispielsweise der Höchstpreis in einer Vereinbarung zwischen Käufer und Verkäufer gemeinsam festgelegt worden ist, wenn die Marktpreise der betreffenden Wertpapiere manipuliert worden sind, wenn die Marktpreise allgemein oder im Besonderen durch außergewöhnliche Umstände beeinflusst worden sind, oder um die Rettung eines Unternehmens in Schwierigkeiten zu ermöglichen. ⁵Sie können auch die in diesen Fällen heranzuziehenden Kriterien bestimmen: beispielsweise den durchschnittlichen Marktwert während eines bestimmten Zeitraums, den Liquidationswert der Gesellschaft oder andere objektive Bewertungskriterien, die allgemein in der Finanzanalyse verwendet werden.

Artikel 15   Ausschluss von Minderheitsaktionären

(1) Die Mitgliedstaaten stellen sicher, dass im Anschluss an ein an alle Wertpapierinhaber der Zielgesellschaft gerichtetes Angebot für sämtliche Wertpapiere die Absätze 2 bis 5 gelten.

(2) ¹Die Mitgliedstaaten stellen sicher, dass ein Bieter von allen verbleibenden Wertpapierinhabern verlangen kann, dass sie ihm ihre Wertpapiere zu einem angemessenen Preis verkaufen. ²Die Mitgliedstaaten führen dieses Recht ein, wenn einer der folgenden Fälle vorliegt:
a) Der Bieter hält entweder Wertpapiere, die mindestens 90 % des stimmberechtigten Kapitals der Zielgesellschaft und 90 % der Stimmrechte der Zielgesellschaft entsprechen,
   oder
b) er hat durch Annahme des Angebots Wertpapiere erworben oder sich fest vertraglich verpflichtet, solche Wertpapiere zu erwerben, die mindestens 90 % des stimmberechtigten Kapitals der Zielgesellschaft und 90 % der vom Angebot betroffenen Stimmrechte entsprechen.

³Die Mitgliedstaaten können im Fall des Buchstabens a) einen höheren Schwellenwert festlegen, der jedoch 95 % des stimmberechtigten Kapitals und 95 % der Stimmrechte nicht überschreiten darf.

(3) Die Mitgliedstaaten stellen sicher, dass Vorschriften in Kraft sind, nach denen sich berechnen lässt, wann der Schwellenwert erreicht ist.
Hat die Zielgesellschaft mehrere Wertpapiergattungen begeben, können die Mitgliedstaaten vorsehen, dass das Ausschlussrecht nur in der Gattung ausgeübt werden kann, in der der in Absatz 2 festgelegte Schwellenwert erreicht ist.
(4) Beabsichtigt der Bieter das Ausschlussrecht auszuüben, so hat er dies innerhalb von drei Monaten nach Ablauf der in Artikel 7 genannten Frist für die Annahme des Angebots zu tun.
(5) ¹Die Mitgliedstaaten stellen sicher, dass eine angemessene Abfindung garantiert wird. ²Diese Abfindung muss dieselbe Form aufweisen wie die Gegenleistung des Angebots oder in Form einer Geldleistung erfolgen. ³Die Mitgliedstaaten können vorsehen, dass zumindest wahlweise eine Geldleistung angeboten werden muss.
Bei einem freiwilligen Angebot in den in Absatz 2 Buchstaben a) und b) vorgesehenen Fällen gilt die im Angebot angebotene Abfindung dann als angemessen, wenn der Bieter durch die Annahme des Angebots Wertpapiere erworben hat, die mindestens 90 % des vom Angebot betroffenen stimmberechtigten Kapitals entsprechen.
Bei einem Pflichtangebot gilt die Gegenleistung des Angebots als angemessen.

Artikel 16   Andienungsrecht
(1) Die Mitgliedstaaten stellen sicher, dass im Anschluss an ein an alle Wertpapierinhaber der Zielgesellschaft gerichtetes Angebot für sämtliche Wertpapiere die Absätze 2 und 3 Anwendung finden.
(2) Die Mitgliedstaaten stellen sicher, dass ein Inhaber verbleibender Wertpapiere von dem Bieter verlangen kann, dass er seine Wertpapiere gemäß den Bedingungen des Artikels 15 Absatz 2 zu einem angemessenen Preis erwirbt.
(3) Die Bestimmungen des Artikels 15 Absätze 3 bis 5 gelten entsprechend.

Die **Gesetzesgeschichte der ÜbernahmeRL** zum Squeeze- und zum Sell-out (vgl auch Rn 63) reicht zurück in den Beginn des Jahrtausends. Die Regelungen beruhen auf dem **Richtlinien-Vorschlag der EU-Kommission** vom Oktober 2002.² Dieser berücksichtigte die vom Europäischen Parlament verabschiedeten Änderungen³ an dem vorhergehenden Kommissions-Vorschlag zu einer Übernahmerichtlinie. Er folgte hinsichtlich Squeeze- und Sell-out dem sogenannten *Winter*-Bericht;⁴ wörtlich hieß es im Richtlinienvorschlag:
„*(Der neue Vorschlag) folgt den Vorschlägen des ‚Winter-Berichts‘, soweit es um... das Ausschlussrecht und das Andienungsrecht im Anschluss an ein Angebot... geht*".⁵

Der ***Winter**-Bericht* war ein Bericht mit Empfehlungen einer von der EU-Kommission im September 2001 beauftragten Expertengruppe⁶ unter Leitung von *Jaap Winter* über die Abwicklung von Übernahmeangeboten. Die Expertengruppe vertrat im Bericht die Auffassung, dass das Recht eines Mehrheitsaktionärs zum Squeeze-out gerechtfertigt sein könne, da das Vorhandensein von Minderheitsaktionären nach einem Übernahmeangebot zu Kosten und Risiken führe, das Recht auf Squeeze-out die Attraktivität von Übernahmeangeboten für potenzielle Käufer erhöhe und als Gegenstück zum obligatorischen Angebot betrachtet werden könne. Das Andienungsrecht (Sell-out) der Minderheitsaktionäre könne deshalb gerechtfertigt sein, da der Mehrheitsaktionär nach einem Übernahmeangebot versucht sein könne, seine beherrschende Stellung zu missbrauchen; die Minderheitsaktionäre könnten durch den Verkauf ihrer Aktien an der Börse keine angemessene Gegenleistung mehr erhalten, wenn der Markt illiquide geworden sei, und das Andienungsrecht sei ein zweckmäßiger Mechanismus zum Ausgleich des Drucks. auf die Aktionäre zum Verkauf während des Übernahmeangebots.⁷ Daher empfahl der Bericht die Einführung eines Squeeze-out und eines Sell-out bei Beteiligungsschwellen des Hauptaktionärs zwischen 90 % und 95 %.

Zur bei der Ausübung des Rechts auf Squeeze-out bzw Sell-out geschuldeten **Gegenleistung des Bieters für die Aktien** enthielt der Bericht insbesondere die folgenden Empfehlungen und Erläuterungen:

---

2   "Vorschlag für eine Richtlinie des Europäischen Parlaments und des Rates betreffend Übernahmeangebote" v. 2. Oktober 2002, KOM (2002) 534 endgültig 2002/0240(COD), abgedruckt ABl. EG Nr. C 45 E/1 v. 25.2.2003.
3   Europaparlament, Empfehlung über die 2. Lesung v. 19.11.2000, PE 294, 900, S. 1.
4   *Winter*-Bericht (Bericht der hochrangigen Gruppe von Experten auf dem Gebiet des Gesellschaftsrechts über die Abwicklung von Übernahmeangeboten, Brüssel, 10.1.2002), S. 13 f, 74 ff.
5   "Vorschlag für eine Richtlinie des Europäischen Parlaments und des Rates betreffend Übernahmeangebote" v. 2. Oktober 2002, KOM (2002) 534 endgültig 2002/0240(COD), abgedruckt ABl. EG Nr. C 45 E/1 v. 25.2.2003.
6   Mitglieder Christensen, Garrido Garcia, Hopt, Rickford, Rossi und Simon.
7   *Winter*-Bericht (Bericht der hochrangigen Gruppe von Experten auf dem Gebiet des Gesellschaftsrechts über die Abwicklung von Übernahmeangeboten, Brüssel, 10.1.2002), S. 13 f, 74 ff.

„*Empfehlung III.3: In Bezug auf die Gegenleistung, die bei Ausübung des Rechts auf 'Squeeze-out' anzubieten ist, sollte der Preis des Übernahmeangebots als ein gerechter Preis betrachtet werden, wenn das Angebot von den Inhabern von mindestens 90% des Aktienkapitals, für das das Angebot galt, angenommen wurde. Wenn ein obligatorisches Angebot unterbreitet worden ist, sollte der angebotene Preis bis zum Beweis des Gegenteils als fairer Preis im 'Squeeze-out'-Verfahren betrachtet werden, selbst wenn das obligatorische Angebot nicht von den Inhabern von mindestens 90% des relevanten Aktienkapitals angenommen worden ist. In allen anderen Fällen sollte die Gegenleistung durch Sachverständige festgelegt werden. Eine Geldleistung oder eine alternative Geldleistung sollte angeboten werden, wenn dies auch beim Übernahmeangebot der Fall war....*

Empfehlung III.5: In Bezug auf die Gegenleistung, die bei Ausübung des Andienungsrechts zusteht, empfiehlt die Gruppe, dass die Vorschläge für das Recht auf 'Squeeze-out' analog angewandt werden....
Die Gruppe ist der Ansicht, dass... der im Rahmen des Übernahmeangebots gebotene Preis als ein gerechter Preis für die Aktien der Minderheitsaktionäre betrachtet werden sollte, wenn das Angebot von den Aktionären angenommen wurde, die mindestens 90% des Aktienkapitals halten, für das das Angebot unterbreitet wurde. Diese Annahme gilt unter der Bedingung, dass das Recht auf 'Squeeze-out' innerhalb eines bestimmten Zeitraums nach dem Angebot ausgeübt wird. Dieser Zeitraum sollte von den Mitgliedsstaaten auf drei bis sechs Monate festgelegt werden, doch dies könnte eine weitere Prüfung durch Börsenexperten erfordern. **Die Annahme, dass der Preis des Angebots gerecht ist, sollte anfechtbar sein**, *so dass unter bestimmten Voraussetzungen bei Gericht oder bei der Stelle, die die Aufsicht über das Übernahmeangebot führt, eine Überprüfung des Preises beantragt werden kann.*

Falls ein **obligatorisches Angebot** *gemacht wurde, sollte der im Rahmen dieses Angebots gebotene Preis in einem anschließenden 'Squeeze-out'-Verfahren nach Ansicht der Gruppe als gerecht betrachtet werden, selbst wenn das Angebot von Aktionären angenommen worden ist, die weniger als 90% des Aktienkapitals halten, für das das Angebot unterbreitet wurde, da der Preis in einem obligatorischen Angebot angemessen sein muss.* **Auch hier würde die Annahme für eine bestimmte Frist gelten und sollte unter bestimmten Umständen anfechtbar sein.**

In anderen Fällen (dh wenn keine Annahme im Umfang von 90% erreicht wird oder wenn kein obligatorisches Angebot gemacht wurde oder die Frist abgelaufen ist) empfiehlt die Gruppe, dass die anzubietende **Gegenleistung von einem oder mehreren Sachverständigen festgelegt wird, die von einem Gericht oder der für das Übernahmeangebot zuständigen Aufsichtsbehörde benannt werden....*"[8]

5 Die Gesetzesbegründung zu §§ 39 a ff weist darauf hin, dass **zur Umsetzung der ÜbernahmeRL** ein übernahmerechtlicher Ausschluss (Squeeze-out) und ein Andienungsrecht (Sell-out) eingeführt werde; dem Bieter eines Übernahme- und Pflichtangebotes werde es „nach Durchführung eines solchen Angebots" ermöglicht, die verbliebenen Aktionäre von der Zielgesellschaft auszuschließen; diesen gewähre der Sell-out ein Recht, auch noch nach dem Ablauf der Frist zur Annahme des Angebots dem Bieter die Aktien anzudienen.[9] Der aktienrechtliche Squeeze-out gemäß §§ 327 a ff AktG soll von dem übernahmerechtlichen Squeeze-out „grundsätzlich unberührt" bleiben; nach der Regierungsbegründung steht es „dem Bieter frei, sofern er auch Hauptaktionär im Sinne des Aktiengesetzes[10] ist, im Anschluss an ein Angebotsverfahren zwischen beiden Ausschlussverfahren zu wählen", wobei nur die „gleichzeitige" Durchführung des aktien- und übernahmerechtlichen Squeeze-out ausgeschlossen sei.[11]

6 Eine europarechtliche Veranlassung bestand nicht, ein **Nebeneinander von übernahmerechtlichem und aktienrechtlichem Squeeze-out** zu schaffen.[12] Abgesehen von der unzureichenden Sicherung der tatsächlichen Zahlung der Abfindung (vgl Rn 27 und § 327 b AktG Rn 13 ff) entsprechen die §§ 327 a ff AktG bereits der Richtlinie, so dass es der Einführung eines übernahmerechtlichen Squeeze-out nicht bedurft hätte.[13] Begründet wird das Nebeneinander damit, dass der übernahmerechtliche Squeeze-out auf kapitalmarktrechtlichen Erwägungen beruhe und „der Kompensation des Bieters für die mit der Übernahme verbundenen Kosten und Risiken (dient) und gleichsam das Gegenstück zum Pflichtangebot (bildet)."[14] Nach der Übernah-

---

8 *Winter*-Bericht (Bericht der hochrangigen Gruppe von Experten auf dem Gebiet des Gesellschaftsrechts über die Abwicklung von Übernahmeangeboten, Brüssel, 10.1.2002), S. 14, 76.
9 Begr. RegE BT-Drucks. 16/1003, S. 14.
10 Im Gesetzgebungsverfahren ist an keiner Stelle deutlich geworden, wann nach den Vorstellungen des Gesetzgebers der Bieter im Sinne des übernahmerechtlichen Squeeze-out einmal nicht auch Hauptaktionär im Sinne von, § 327 a Abs. 1 AktG ist.
11 Begr. RegE BT-Drucks. 16/1003, S. 14.
12 Zustimmend: *Schüppen/Tretter* in: Haarmann/Schüppen, WpÜG, vor § 39 a Rn 20.
13 Demgegenüber behaupten *Seibt/Heiser*, AG 2006, 301, 317 das Bestehen von „erheblichen inhaltlichen Inkongruenzen" zwischen dem Squeeze-out-Konzept der Übernahmerichtlinie und den §§ 327 a ff AktG, ohne dies zu belegen; dagegen weist *Schüppen*, BB 2006, 165, 168 zutreffend darauf hin, dass für erforderlich gehaltene Anpassungen an die Übernahmerichtlinie ohne weiteres hätten in §§ 327 a ff AktG eingefügt werden können, was „ein zusätzliches Verfahren und eine Reihe der... Probleme" vermieden hätte; gegen übernahmespezifische Sonderregelungen im WpÜG auch *Hasselbach*, ZGR 2005, 387, 398 ff.
14 *Seibt/Heiser*, AG 2006, 301, 317.

meRL (Erwägungsgrund 24, S. 4, abgedruckt bei Rn 1) können die Mitgliedstaaten „unter anderen Umständen" als im Zusammenhang mit Übernahme- und Pflichtangeboten auf Squeeze-out und Andienungsverfahren „weiterhin ihre nationalen Vorschriften anwenden", was den Fortbestand des Squeeze-out-Vorschriften gemäß §§ 327 a ff AktG ermöglicht.[15]

Der übernahmerechtliche Squeeze-out soll trotz des engen Zeitrahmens von drei Monaten (Abs. 4) „aufgrund der Ausgestaltung des Verfahrens für den Bieter attraktiv" sein;[16] denn durch das Ausschlussverfahren gemäß § 39 b werde „ein zügiger und kostengünstiger Ausschluss verbleibender Aktionäre ermöglicht. Langjährige gerichtliche Auseinandersetzungen in Spruch- oder Klageverfahren infolge der Anfechtung von HV-Beschlüssen werden hierdurch vermieden"; der „Mehrheitsaktionär" sei so in der Lage, „notwendige Umstrukturierungen ohne große zeitliche Verzögerung durchsetzen zu können". Gleichzeitig trage die Novelle nach der Regierungsbegründung den Interessen der Minderheitsaktionäre Rechnung; denn diesen müsse in jedem Falle „eine" Barabfindung „angeboten" werden.[17]

Kern der Umsetzung des übernahmerechtlichen Squeeze-out und gleichzeitig Anknüpfungspunkt für den uE weiterhin berechtigten Vorwurf der Verfassungswidrigkeit (vgl Rn 39 ff) ist die **Angemessenheitsvermutung nach Abs. 3 S. 3**. Der Preis, der den gesqueezten Aktionären für ihre Aktien gezahlt werden muss, soll abweichend von § 327 a Abs. 1 AktG nicht die angemessene Barabfindung im Sinne einer gerichtlich uneingeschränkt überprüfbaren Entschädigung des vollen Aktienwerts sein. Vielmehr erhalten die gesqueezten Minderheitsaktionäre nur den vom Bieter beim WpÜG-Angebot für die Aktien angebotenen Preis, falls das vorangegangene Übernahme- oder Pflichtangebot von 90 % der Aktionäre, an die es gerichtet war, angenommen worden ist. Daher soll der Umstand, dass die gesqueezten Aktionäre das Angebot gerade nicht angenommen hatten, keine Berücksichtigung finden – sie werden nachträglich zur Annahme des von ihnen abgelehnten Angebots gezwungen; nach den Vorstellungen des Gesetzgebers handelt es sich dabei – anders als nach der ÜbernahmeRL (vgl Rn 2, 4) – um eine unwiderlegliche Vermutung der Angemessenheit des Preises[18] (vgl Rn 39 ff).

Ebenso wie der aktienrechtliche Squeeze-out (vgl § 327 a AktG Rn 13 ff) bedarf der übernahmerechtliche Squeeze-out **keiner sachlichen Rechtfertigung**, sondern die Berechtigung ergibt sich aus der Squeeze-out-Mehrheit im Zuge eines Übernahme- oder Pflichtangebots als solcher, sofern kein Missbrauch vorliegt.

Gemäß Art. 8 des Übernahmerichtlinie-Umsetzungsgesetzes traten §§ 39 a bis 39 c am 14. Juli 2006 in Kraft.[19] Eine **intertemporale Übergangsregelung zum Inkrafttreten** enthält § 68 Abs. 1, wonach Angebote, die bei Inkrafttreten des Übernahmerichtlinie-Umsetzungsgesetzes bereits nach § 14 Abs. 2 S. 1 veröffentlicht wurden, nicht den geänderten Vorschriften des WpÜG unterfallen. Die §§ 39 a ff finden folglich nur Anwendung, wenn die ihnen zugrunde liegenden Übernahme- und Pflichtangebote nach Inkrafttreten des Übernahmerichtlinie-Umsetzungsgesetzes veröffentlicht wurden.[20]

B. Die Regelungen im Einzelnen

I. Anwendungsbereich und Voraussetzungen für den übernahmerechtlichen Squeeze-out (Abs. 1).

Abs. 1 legt als **Grundnorm** Anwendungsbereich und Voraussetzungen für den übernahmerechtlichen Squeeze-out fest: Berechtigt ist der Bieter, dem nach einem Übernahme- oder Pflichtangebot Aktien in Höhe von mindestens 95 % des stimmberechtigten Grundkapitals der Zielgesellschaft gehören; auf seinen Antrag sind ihm die übrigen stimmberechtigten Aktien durch Gerichtsbeschluss „gegen Gewährung" einer angemessenen Abfindung zu übertragen (S. 1). Wenn dem Bieter nicht nur 95 % des stimmberechtigten Grundkapitals, sondern zugleich Aktien in Höhe von 95 % des gesamten Grundkapitals der Gesellschaft gehören, steht ihm der Squeeze-out-Anspruch auch für die „übrigen Vorzugsaktien ohne Stimmrecht zu" (S. 2).

1. Bieter nach Übernahme- oder Pflichtangebot mit Squeeze-out-Mehrheit als Berechtigter. a) Nur Bieter als grundsätzlich Antragsberechtigter. Antragsberechtigt für den übernahmerechtlichen Squeeze-out kann nur ein **Bieter** sein (§ 2 Abs. 4). Handelt der Bieter gemeinsam mit anderen Personen oder sind mehrere verpflichtet, ein Pflichtangebot abzugeben (zB aufgrund von Zurechnungen gemäß § 30 Abs. 2), steht das Antragsrecht nur dem zu, der tatsächlich förmlich als Bieter aufgetreten ist.[21]

Da das Gesetz auf den **formellen Bieterbegriff** abstellt, sind antragsberechtigt Bieter ggf auch solche juristischen Personen, die mit einem Minikapital ausgestattet sind oder sich als off-shore-Gesellschaften hinter

---

15 Insofern zutreffend: *Seibt/Heiser*, AG 2006, 301, 317.
16 BT-Drucks. 16/1003, S. 14, vgl auch S. 1, wonach das neue gerichtliche Verfahren für den Ausschluss von Aktionären dazu diene, langfristige Prozesse zu vermeiden.
17 BT-Drucks. 16/1003, S. 14.
18 BT-Drucks. 16/1003, S. 14 und 22; ebenso: zB OLG Stuttgart ZIP 2009, 1059 = WM 2009, 1416; aA zB LG Frankfurt aM BB 2008, 2035 = NZG 2008, 665; offen gelassen durch OLG Frankfurt aM DB 2009, 54 = ZIP 2009, 74.
19 BGBl. 2006 I, 1426.
20 AA *Seibt/Heiser*, AG 2006, 301, 320.
21 *Seibt/Heiser*, AG 2006, 301, 317; *Schüppen/Tretter* in: Haarmann/Schüppen, WpÜG, Rn 6.

Briefkästen in der Karibik verschanzen, obwohl sie wirtschaftlich (§ 2 Abs. 5, § 30) zu großen international agierenden Investmentfonds gehören.[22] Auf die Solvenz des Bieters kommt es nicht an; dieser braucht danach weder bei Antragstellung noch bei Rechtskraft des Gerichtsbeschlusses nach § 39 b in der Lage sein, die angemessene Abfindung tatsächlich zu zahlen; selbst eine masselose Abweisung eines Insolvenzantrages steht dem Wirksamwerden des Squeeze-out nicht entgegen. Dass der Squeeze-out nicht zur einem entschädigungslosen Rechtsverlust der Minderheitsaktionäre führen kann, muss durch die Tenorierung des Übertragungsbeschlusses sichergestellt werden (vgl Rn 26 f und 28). Die Praxis hat etwa beim aktienrechtlichen Squeeze-out der Edscha AG gezeigt, dass die Insolvenz eines Übernahmevehikels keine rein theoretische Gefahr ist.[23]

14 b) **Squeeze-out-Mehrheit bei der Zielgesellschaft.** Dem Bieter müssen Aktien der Zielgesellschaft in Höhe von mindestens **95 %** des stimmberechtigten Kapitals „gehören". Diese Beteiligungshöhe muss der Bieter bei Antragstellung zum Nachweis der Antragsbefugnis durch entsprechende Depotbescheinigung nachweisen. UE ist zudem erforderlich, dass über den bloßen Beteiligungsnachweis hinaus die Beteiligung auch bis zum rechtskräftigen Abschluss des Verfahrens gesperrt wird. Denn nur so ist sichergestellt, dass die Antragsberechtigung auch tatsächlich noch besteht, wenn der Eigentumsentzug durch Gerichtsbeschluss erfolgt.[24] Antragsbefugnis sieht ferner vor, dass die Aktien keinem Rechtsverlust nach §§ 28 WpHG, 59 WpÜG oder 20 Abs. 7 AktG unterliegen (vgl Rn 33).

15 Im Gesetzgebungsverfahren hatte der Bundesrat die Frage aufgeworfen, ob die **95%-Schwelle** nicht auf 90 % gesenkt werden solle.[25] Die ÜbernahmeRL lässt in Art. 15 Abs. 2 S. 2 lit. a zwar eine Beteiligung von 90 % des stimmberechtigten Kapitals und der Stimmrechte ausreichen, erlaubt den Mitgliedstaaten jedoch, die Schwelle auf 95 % festzusetzen. Die Absenkung auf 90 % hat die Bundesregierung mit gutem Grund abgelehnt.[26] Sie wies darauf hin, dass „ein Schwellenwert in Höhe von 90 %... nicht der aktienrechtlich anerkannten Größenordnung von 5 % des Grundkapitals für die Festlegung einer Minderheit" entspreche und „auch aus Gründen des Aktionärsschutzes" eine 95 %-Schwelle geboten sei.[27] Gegen eine Herabsetzung der Schwelle spricht der grundrechtliche Schutz des Aktieneigentums der Minderheitsaktionäre: Beim Squeeze-out kann es immer nur darum gehen, eine **kleine Restminderheit** aus der Gesellschaft auszuschließen, die auf deren Geschicke keinen Einfluss nehmen kann und ausschließlich aus dem Interesse der Vermögensanlage an der Gesellschaft interessiert ist; die 5%ige Beteiligung an der AG garantiert demgegenüber zahlreiche Minderheitsrechte mit gestalterischem, mitgliedsrechtlichem Einfluss (insb. Recht auf Einberufung einer HV und der Initiative zur Festlegung von Beschlussgegenständen gemäß § 122 AktG). Das BVerfG hat in „Moto-Meter"[28] darauf abgestellt, dass es immer nur zulässig sein kann, wenige Minderheitsaktionäre aus der Gesellschaft zu verdrängen (im Fall „Moto-Meter" hielt der Großaktionär über 99 % des Grundkapitals). Der Squeeze-out stellt, gesellschaftsrechtlich betrachtet, einen Fremdkörper im Aktien- und Gesellschaftsrecht dar; er ordnet nämlich den Bestandsschutz der Mitgliedschaft dem allgemeinen Leitungsinteresse des Hauptaktionärs unter und reduziert die Position des Minderheitsaktionärs auf einen bloßen Vermögensschutz, ohne dass dies, wie zB bei einer Mehrheitseingliederung, durch konzernintegrative Maßnahmen veranlasst wäre.[29] Eine solche Unterordnung kann daher nur in Betracht kommen, wenn eine sehr kleine Minderheit gesqueezt wird. Für den dem Squeeze-out in gewisser Hinsicht ähnlichen Fall des Delisting (vgl allg. vor §§ 327 a ff AktG Rn 16 ff) verlangt beispielsweise das US-amerikanische SEC-Recht sogar, dass die AG, die sich bei der SEC delisten möchte, weniger als 300 Anleger weltweit hat.[30] Schließlich spricht gegen geringere Beteiligungsquoten als 95 % auch, dass zB bei DAX-Werten 5%ige Beteiligungen Börsenwerte von mehreren Milliarden Euro haben können, so dass es in diesen Fällen keinesfalls um das Hinausdrängen einer kleinen, ökonomisch unbedeutenden Restminderheit mehr geht.

---

22 Zu denken ist hier zB an bekannt gewordene Übernahmefälle wie zB den der Celanese AG im Jahre 2004 durch Fondsgesellschaften des Investmentfonds Blackstone. Blackstone trat nicht selbst als Bieter auf, sondern an der Übernahme beteiligt waren ein Dutzend Briefkastenfirmen auf den Cayman Islands; das Erwerbsvehikel (ggf der "Bieter" iSv § 39 a WpÜG) war eine im Büro ihrer deutschen Rechtsanwälte domizilierende KG, die nach Informationen von Diensten, die für Kredite über Bonität Auskunft geben, nur für Kredite von höchstens 10.000 EUR gut war.
23 Vgl OLG Düsseldorf AG 2011, 459 = ZIP 2011, 1567.
24 Vgl MüKo AktG/*Grunewald*, § 39 a WpÜG Rn 22; *Santelmann* in: Steinmeyer/Häger, § 39 a Rn 17, die betonen, dass die erforderliche Beteiligungsquote im Entscheidungszeitpunkt vorliegen muss.
25 BR-Drucks. 154/06, S. 4 f; der Handelsrechtsausschuss des DAV hat in seiner Stellungnahme 04/06 vom Februar 2006, abrufbar unter <www.anwaltverein.de>, eine entsprechende Änderung aus Zeitgründen als "nicht opportun" bezeichnet.
26 Vgl aber nunmehr die 90%-Schwelle in § 62 Abs. 5 S. 1 UmwG für den Squeeze-out bei Konzernverschmelzungen und in § 12 Abs. 4 FMStBG, vgl Vor §§ 327 a ff AktG Rn 26 ff.
27 BT-Drucks. 16/1342, S. 6; gegen eine niedrige Schwelle auch schon Regierungsbegründung im Jahr 2001 zu § 327 a AktG, BT-Drucks. 14/7034, S. 72.
28 ZIP 2000, 1670, 1671 = DB 2000, 1905, 1907 = NJW 2001, 279, 281.
29 Vgl *Habersack*, in: Emmerich/Habersack, § 327 a AktG Rn 5.
30 Vgl *Böswald/Filden*, AG 2006, 66, 72.

Zielgesellschaft kann gemäß § 2 Abs. 3 Nr. 1 iVm § 1 Abs. 2 nur eine AG oder eine KGaA sein; gemäß § 1 Abs. 1 iVm § 2 Abs. 7 ist der Anwendungsbereich zudem beschränkt auf Zielgesellschaften, die zum Handel im regulierten Markt zugelassen sind.

Abgesehen von den Sonderfällen nach Abs. 2 setzt der Begriff **„gehören"** eine dingliche Eigentumsberechtigung voraus; die Aktien müssen also im Eigentum des Bieters stehen, bloße schuldrechtliche Ansprüche auf Übertragung der Aktien auf den Bieter reichen nicht.[31] Ebensowenig reicht eine bloße Zurechnung nach § 30 Abs. 2 WpÜG zB aufgrund eines Acting in concert.[32] Der Begriff des „Gehörens" entspricht dem in § 327a AktG (vgl § 327a AktG Rn 8 ff). Wie beim aktienrechtlichen Squeeze-out darf der Bieter keinem Rechtsverlust nach §§ 28 WpHG, 59 WpÜG, 20 Abs. 7 AktG unterliegen (vgl § 327a Rn 3).

Anders als § 327a Abs. 1 AktG stellt § 39a Abs. 1 aber nicht auf das Grundkapital als solches ab, sondern auf das **stimmberechtigte Grundkapital**.[33] Der Unterschied beruht auf Art. 15 Abs. 2 S. 2 lit. a, S. 3 der ÜbernahmeRL (vgl Rn 1). Gehören dem Bieter zugleich mindestens 95 % des Grundkapitals, ist er gemäß Abs. 1 S. 2 gleichzeitig auch zum Squeeze-out der Vorzugsaktionäre ohne Stimmrecht berechtigt (vgl Rn 29 ff).

Unerheblich ist es, auf welche Weise der Bieter die Squeeze-out-Mehrheiten erreicht. Die Regierungsbegründung und ihr folgend der BGH weisen ausdrücklich darauf hin, dass sie nicht auf der Annahme des Angebots beruhen müssen; der Bieter könne die „erforderlichen Schwellenwerte auch durch Transaktionen mit einzelnen Aktionären, zB durch Paketerwerbe, außerhalb des formellen Angebotsverfahrens erreicht haben, sofern die Transaktionen in engem zeitlichem Zusammenhang stehen".[34]

c) **Antragsberechtigung nur nach Übernahme- oder Pflichtangebot.** Das Squeeze-out-Recht setzt ein Übernahme- oder Pflichtangebot (§ 29 Abs. 1, § 35) des Bieters voraus. Der Bieter muss aber nicht allein durch solche Angebote die Squeeze-out-Mehrheit erreicht haben (vgl Rn 19). Nach der ÜbernahmeRL (Erwägungsgrund 24, S. 1, vgl Rn 1) kommt es nur darauf an, dass der Bieter **„im Zuge" eines Angebots** einen bestimmten Prozentsatz des stimmberechtigten Kapitals erworben hat.[35] Ob und ggf bis zu welchem Zeitpunkt **Nacherwerbe** nach Ablauf der Annahmefrist bei der 95%-Schwelle und bei der 90%igen Annahmequote des Abs. 3 S. 3 zu berücksichtigen sind, ist streitig und bislang nur teilweise geklärt.[36] Teilweise wird die Berücksichtigung von Nacherwerben generell abgelehnt;[37] richtigerweise sind aber auch solche Erwerbe zu berücksichtigen, die innerhalb der weiteren Annahmefrist des § 16 Abs. 2 S. 1 erfolgen, zumal auch der Vollzug der Angebotsannahme bis zum dinglichen Erwerb Zeit benötigt.[38] Abzulehnen sind indes die in Literatur und vom OLG Frankfurt aM vertretene Auffassung, wonach auch spätere Nacherwerbe, insbesondere solche bis zum Ablauf der Antragsfrist des Abs. 4 S. 1 berücksichtigen wollen,[39] da solche Nacherwerbe nicht mehr als Annahme des Angebots betrachtet werden können und daher sowohl bei der Ermittlung der 95%-Schwelle als auch im Rahmen der Angemessenheitsvermutung des Abs. 3 S. 3 keine Berücksichtigung finden dürfen. Der BGH hat mit Recht die vorgenannte Sichtweise des OLG Frankfurt aM abgelehnt, dabei aber offengelassen, ob es auf die Annahmefrist (§ 16 Abs. 1) oder auf die weitere Annahmefrist (§ 16 Abs. 2 S. 1) ankommt.[40]

Das übernahmerechtliche Squeeze-out-Recht besteht nicht nach einem bloßen (freiwilligen) **Aufstockungsangebot** – also einem Angebot, das der Bieter aus einer bereits bestehenden Kontrollbeteiligung heraus abgibt; auch sonstigen Aktionären, die aufgrund eines sonstigen Erwerbsangebots oder einer geänderten Eigentümerstruktur die Aktienmehrheit in der Gesellschaft halten, haben keine Antragsberechtigung für den übernahmerechtlichen Squeeze-out.[41] Die Beschränkung beruht auf Art. 15 Abs. 1 iVm Art. 2 Abs. 1 lit. a ÜbernahmeRL. Demgegenüber war in der Literatur und von Interessensverbänden die Forderung aufge-

---

31 Begr. RegE BT-Drucks. 16/1003, S. 22; *Seibt/Heiser*, AG 2006, 301, 317.
32 LG Berlin ZIP 2010, 884, 885; zustimmend *Merkt*, EWiR 2010, 303 f.
33 Begr. RegE BT-Drucks. 16/1003, S. 8, 21, sah noch vor, dass dem Bieter Aktien von mindestens 95 % des stimmberechtigten Grundkapitals gehören und dass er über mindestens 95 % der Stimmrechte an der Zielgesellschaft verfügen müsse; Gesetz geworden ist demgegenüber die Beschlussempfehlung des Finanzausschusses, BT-Drucks. 16/1541, S. 19, 21, die darauf hinweist, dass die Änderung eine redaktionelle Klarstellung sei; die Norm könne kürzer gefasst werden als im RegE, da die Schwelle von mindestens 95 % der Stimmrechte stets erreicht werde, wenn mindestens 95 % des stimmberechtigten Grundkapitals erreicht ist, da es bei börsennotierten Gesellschaften keine Höchststimmrechte mehr gebe, §§ 134 Abs. 1 S. 2, § 5 Abs. 7 EG-AktG.
34 Begr. RegE BT-Drucks. 16/1003, S. 21; BGH DB 2013, 338 = Konzern 2013, 287, 289 mit Anm. *Lochner*; OLG Frankfurt aM ZIP 2012, 1602, 1606 = AG 2012, 635; *Seibt/Heiser*, AG 2006, 301, 318.
35 *Schüppen/Tretter* in: Haarmann/Schüppen, WpÜG, Rn 16 f; *Santelmann*, in: Steinmeyer/Häger, WpÜG, Rn 15.
36 BGH DB 2012, 338 = Konzern 2013, 287 mit Anm. *Lochner*.
37 *Paefgen*, WM 2007, 765, 766.
38 *Seibt/Heiser*, AG 2006, 301, 318; *Meyer*, WM 2006, 1135, 1142.
39 OLG Frankfurt aM ZIP 2012, 1602, 1605 = AG 2012, 635; *Schüppen/Tretter* in: Haarmann/Schüppen, WpÜG, Rn 17; *Deilmann*, NZG 2007, 721, 722; *Kießling*, S. 50, 52; *Ott*, WM 2008, 385, 387; *Nagel*, AG 2009, 393, 394 ff; LG Frankfurt aM AG 2009, 421, für wirkungslos erklärt durch OLG Frankfurt aM ZIP 2010, 880 = BB 2010, 1162.
40 BGH Konzern 2013, 287 mit Anm. *Lochner*; ebenso LG Frankfurt aM AG 2013, 434 = ZIP 2013, 625.
41 Begr. RegE BT-Drucks. 16/1003, S. 21.

stellt worden, solche Aufstockungsangebote den Übernahmeangeboten gleichzustellen, die sich an alle außenstehenden Aktionäre richten.[42] Gegen diese Forderung spricht aber die Definition des Begriffs „Angebot" in Art. 2 Abs. 1 a der ÜbernahmeRL, die diesen Begriff gemessen an der Terminologie des WpÜG eindeutig auf Pflicht- und Übernahmeangebote beschränkt.[43]

22 **2. Gerichtsbeschluss auf Antrag des Bieters.** Anders als der aktienrechtliche Squeeze-out vollzieht sich der übernahmerechtliche Squeeze-out nicht durch einen in das Handelsregister einzutragenden Übertragungsbeschluss, sondern durch **Rechtskraft einer gerichtlichen Entscheidung** im FamFG-Verfahren gemäß § 39 a Abs. 1 S. 1, Abs. 4, Abs. 5, § 39 b (vgl Rn 26 ff und § 39 b Rn 6 ff).

23 Diese Abweichung von dem bewährten aktienrechtlichen Verfahren in §§ 327 a ff AktG findet **keine Grundlage in der ÜbernahmeRL**.[44] Deren Art. 15 lässt offen, in welchem Verfahren der Squeeze-out durchzuführen ist. Es besteht keine europarechtliche Veranlassung, von §§ 327 a ff AktG abzuweichen, die zwingend einen HV-Beschluss vorsehen.

24 Das **Fehlen des HV-Beschlusses** und seine Ersetzung durch ein gerichtliches Verfahren ist im Gesetzgebungsverfahren sowohl begrüßt als auch nachhaltig kritisiert worden.[45] Derartige rechtspolitische Forderungen hatte es schon bei der Einführung der §§ 327 a ff AktG gegeben.[46] Mit der damaligen Begründung des Bundesgesetzgebers[47] und der herrschenden Literatur zum aktienrechtlichen Squeeze-out ist festzustellen, dass ein HV-Beschluss ein kaum verzichtbares Instrument zum Schutz des Aktieneigentums der zu squeezenden Aktionäre ist. Dieser ist schon zur Gewährung einer hinreichenden Information der Aktionäre geboten, da ihnen durch die Informationspflichten in der HV nach §§ 131, 327 c, 327 d AktG zum Schutz ihrer berechtigten Interessen Informationsmöglichkeiten eröffnet werden, damit sie sich ein Bild davon machen können, ob die ihnen angebotene Barabfindung dem tatsächlichen Wert der Aktien entspricht; denn auch unabhängig von der (in ihrer Bedeutung streitigen, vgl Rn 39 ff) Vermutung der Angemessenheit der Gegenleistung in Abs. 3 S. 3 gibt es zahlreiche Fälle, in denen im gerichtlichen Verfahren die angemessene Gegenleistung für die Übertragung der Aktien zu ermitteln ist. Der Gesetzgeber hat demgegenüber mit § 39 a Abs. 1 S. 1, § 39 b auf all diese Informationspflichten und -möglichkeiten verzichtet. Das zieht die Pflicht nach sich, dass die Gerichte zur Grundrechtsverwirklichung und -sicherung durch Verfahren und Organisation[48] das FamFG-Verfahren nach § 39 b so gestalten, dass es den hinreichenden Eigentumsschutz der Aktionäre gewährleistet (vgl § 39 b Rn 6 ff). Insbesondere haben die Gerichte umfassend von ihrer Amtsermittlungsbefugnis Gebrauch zu machen. Unabdingbare Voraussetzung der rechtswahrenden Teilnahme der Aktionäre im gerichtlichen Ausschlussverfahren ist, dass sie über das **zur Grundrechtswahrung gebotene Mindestmaß an Information** verfügen (vgl auch § 327 a AktG Rn 21).[49] Darüber hinaus gebietet die Rechtsprechung des BVerfG zum Ausschluss von Minderheitsaktionären, dass diese durch wirksame Rechtsbefehle gegen den Missbrauch von Mehrheitsmacht zu schützen sind.[50]

24a Gerade das durch den Verzicht auf eine Squeeze-out-HV bedingte Informationsdefizit hat sich nach den bisherigen Erfahrungen mit dem übernahmerechtlichen Squeeze-out als großes Problem erwiesen: Legt man die gesetzliche Angemessenheitsvermutung des Abs. 3 S. 3 als widerlegliche Vermutung aus (dazu Rn 39 ff), so sind die Minderheitsaktionäre zur Wahrung ihrer Rechte in die Verteidigerrolle gedrängt und müssen die Angemessenheitsvermutung oder das Vorliegen der vom Bieter behaupteten sonstigen Squeeze-out-Voraussetzungen erschüttern. Mangels Informationen durch die HV ist ihnen dies aber praktisch niemals möglich, so dass sie einem Verlangen des Bieters nach Abs. 1 weitgehend wehrlos ausgesetzt sind. Die Praxis hat im Fall des übernahmerechtlichen Squeeze-out bei der *Interhyp AG*[51] gezeigt, dass nur ein **aktiver Gebrauch der richterlichen Amtsermittlungspflicht** eine Übervorteilung der Minderheitsaktionäre verhindern kann. Nachdem in diesem Fall dem Antrag des Bieters bereits erstinstanzlich stattgegeben worden war, machte das OLG Frankfurt aM von seinem Amtsermittlungsrecht Gebrauch und gab der Bieterin auf ent-

---

42 So zB *Seibt/Heiser*, AG 2006, 301, 318; Stellungnahme des Handelsrechtsausschusses des DAV vom Februar 2006, Stellungnahme Nr. 04/06, abrufbar unter <www.anwaltverein.de>, S. 22 f.

43 Richtlinie 2004/25/EG des Europäischen Parlaments und des Rates v. 21.4.2004 betreffend Übernahmeangebote, ABl. EU Nr. L 142, 12, 15.

44 Zu Unrecht aA Begr. RegE BT-Drucks. 16/1003, S. 21 ("Die neu eingeführte Vorschrift [§ 39 a] setzt Art. 15 der Übernahmerichtlinie um").

45 Vgl statt aller zustimmend die Stellungnahme des Handelsrechtsausschusses des DAV v. Februar 2006, Stellungnahme Nr. 04/06, abrufbar unter <www.anwaltverein.de>, S. 22 f, S. 16 ff; ablehnend die Stellungnahmen der DSW, S. 1 f; 3 f, und von *Heidel* als Sachverständige des Bundestags-Finanzausschusses im Gesetzgebungsverfahren zum Übernahmerichtlinie-Umsetzungsgesetz, abrufbar unter <www.bundestag.de/ausschuesse/A07/Anhoerungen/016/Stellungnahmen>, S. 21.

46 Vgl zB *Kossmann*, NZG 1999, 1198, 1202; *Kallmeyer*, AG 2000, 59, 60.

47 Vgl Begr. RegE, BT-Drucks. 14/7034, S. 31 ff.

48 Vgl zu diesem Prinzip BVerfGE 53, 30, 65; *Hesse*, Grundzüge des Verfassungsrechts der Bundesrepublik Deutschland, Rn 358 f.

49 Im Erg. ähnlich: *Hüffer*, § 327 a AktG Rn 9; MüKo-AktG/*Grunewald*, § 327 a Rn 13; KölnKomm-AktG/*Koppensteiner*, § 327 a Rn 18; KölnKomm-WpÜG/*Hasselbach*, § 327 a AktG Rn 19; *Krieger*, BB 2002, 53, 58.

50 BVerfGE 14, 263 f, 283 = DB 1962, 1073, 1074 f = NJW 1962, 1667, 1668.

51 OLG Frankfurt aM ZIP 2010, 880 = BB 2010, 1162.

sprechende Aktionärsrügen hin auf, einerseits die mit den Großaktionären und gleichzeitigen Vorstandsmitgliedern der Zielgesellschaft abgeschlossenen *irrevocable undertakings*, vgl dazu Rn 65 a und andererseits die zeitnah nach dem Übernahmeangebot abgeschlossenen neuen Vorstandsverträge vorzulegen. Dies brachte ans Licht, was die Minderheitsaktionäre zuvor nur vermuten könnten: Die Großaktionäre hatten sich im zeitlichen und sachlichen Zusammenhang mit der Andienung ihrer Aktien eine Vervielfachung ihrer Vorstandsvergütung gewähren lassen. Da angesichts dessen auf der Hand lag, dass man den Aktienverkauf durch die Großaktionäre nicht als schlichte Annahme des Übernahmeangebots werten konnte und der Vermutung des Abs. 3 S. 3 damit die Grundlage entzogen war, nahm die Bieterin kurz vor der zu erwartenden Entscheidung des OLG Frankfurt aM trotz ihres erstinstanzlichen Obsiegens den Antrag zurück.[52] Trotz dieser Erfahrungen ging das OLG Frankfurt aM in einem späteren Fall aber eher zurückhaltend mit der Amtsermittlungsbefugnis um und beschränkte sich weitgehend darauf, den von den beteiligten Minderheitsaktionären naturgemäß nicht widerlegbaren Behauptungen des Bieters schlicht zu glauben.[53]
Vgl zum Verfahren § 39 b Rn 6 ff, zur Tenorierung Rn 28.

3. Rechtsfolge: Übertragung der übrigen stimmberechtigten Aktien gegen Gewährung einer angemessenen Abfindung. Die Rechtsfolge des Gerichtsbeschlusses (vgl Rn 22) ist, dass die übrigen stimmberechtigten Aktien dem Bieter „gegen Gewährung einer angemessenen Abfindung... zu übertragen (sind)". In der Regierungsbegründung heißt es hierzu, dass der Bieter den übrigen Aktionären „im Gegenzug für den Verlust ihrer Mitgliedschaft eine angemessene Abfindung zu gewähren (hat)".[54]

Die Auslegung von Abs. 1 S. 1 hat sich mit folgender Grundfrage zu befassen: Hat (1) der Gerichtsbeschluss als solcher konstitutive Wirkung, also führt er dazu, dass die Aktien der zu squeezenden Aktionäre auf den Bieter übergehen und diese dann nur noch einen **Anspruch auf Zahlung der angemessenen Abfindung** besitzen, den sie ggf zwangsweise durchsetzen müssen? **Oder** gehen (2) die Aktien auf den Bieter nur dann über, wenn dieser **Zug um Zug** den zu squeezenden Aktionären die angemessene Abfindung gewährt? Das Modell (1) entspricht den §§ 327 a ff AktG, bei denen die gesqueezten Aktionäre allerdings zur Sicherung der Barabfindung einen unmittelbaren Anspruch gegen ein Kreditinstitut erhalten (§ 327 b Abs. 3 AktG, vgl § 327 b AktG Rn 13 ff). Von diesem Regelungsmodell geht dem Wortlaut nach auch § 39 b Abs. 3 aus. Dieses widerspricht jedoch der europarechtskonformen Auslegung der §§ 39 a f nach Maßgabe der ÜbernahmeRL,[55] deren Umsetzung § 39 a dient (vgl Rn 2). Denn Art. 15 Abs. 5 S. 1 der ÜbernahmeRL (Rn 1) verpflichtet die Mitgliedstaaten, sicherzustellen, dass den gesqueezten Aktionären „eine angemessene Abfindung garantiert wird"; nach der Richtlinie ist nur zu gewährleisten, dass der Bieter verlangen kann, dass die verbleibenden Wertpapierinhaber „ihm ihre Wertpapiere zu einem angemessenen Preis verkaufen" (Art. 15 Abs. 2 S. 1, vgl Rn 1). Die Richtlinie sieht – anders als §§ 327 a ff AktG – gerade nicht vor, dass die Aktien der gesqueezten Aktionäre auf den Bieter bereits zu dem von diesem festgelegten Betrag der Barabfindung übertragen werden und die Festlegung der tatsächlich geschuldeten Abfindung in einem besonderen Verfahren vorgenommen wird, das die Übertragung der Aktien als solche unberührt lässt. Nach der Richtlinie ist es nur zulässig, die Aktionäre zur Übertragung zu verpflichten, wenn sie für die Aktien tatsächlich den angemessenen Wert der Aktien erhalten. Da der Gesetzgeber beim übernahmerechtlichen Squeeze-out davon abgesehen hat, den gesqueezten Aktionären entsprechend § 327 b Abs. 3 AktG eine Bankgarantie oder eine Gewährleistungserklärung zur Sicherung ihres Anspruchs auf Erhalt der Barabfindung zu garantieren und da die Solvenz des Bieters keine Voraussetzung für den gerichtlichen Übertragungsbeschluss ist (vgl Rn 12 f), ist Abs. 1 S. 1 europarechtskonform so auslegen, dass die Aktien der Aktionäre nur Zug-um-Zug gegen die tatsächliche Gewährung der angemessenen Abfindung zu übertragen sind. Jede andere Auslegung würde dem Regelungsbefehl der ÜbernahmeRL zuwiderlaufen. Daher hat das LG den Übertragungsbeschluss entsprechend zu tenorieren.[56] Das LG Frankfurt aM teilt die Auffassung, dass eine Zug-um-Zug-Übertragung erforderlich ist, vertritt jedoch, dass es keines besonderen Ausspruchs einer Zug-um-Zug-Übertragung bedürfe; Grund dafür soll sein, dass sich diese Zug-um-Zug-Übertragung bereits aus der Tenorierung gemäß der gesetzlichen Formulierung „gegen Gewährung einer Barabfindung ... übertragen" ergebe.[57] Gleichwohl bedarf es jedoch aus den vorstehenden Gründen der deutlichen Klarstellung, dass es durch die gerichtliche Entscheidung nicht zu einer „Vorleistung" der Minderheitsaktionäre

---

52 OLG Frankfurt aM ZIP 2010, 880 = BB 2010, 1162.
53 Vgl OLG Frankfurt aM ZIP 2012, 1602 ff = AG 2012, 635, wo das OLG von den beteiligten Minderheitsaktionären als Voraussetzung für Amtsermittlungsmaßnahmen substantiierte Anhaltspunkte dafür fordert, dass die vom Bieter behaupteten Voraussetzungen des Abs. 3 S. 3 nicht vorliegen.
54 Begr. RegE BT-Drucks. 16/1003, S. 21, reSp.
55 Vgl *Hatje*, in: Schwarze, EU-Kommentar, Art. 114 AEUV Rn 78 ff; *Pfeiffer*, in: Dauner-Lieb/Heidel/Ring, NK-BGB, Bd. 2/2, S. 5057 ff.
56 *Schüppen/Tretter* in: Haarmann/Schüppen, WpÜG, Rn 16 f; aA jedoch bislang die Rechtsprechung: OLG Frankfurt aM DB 2009, 54 ff = ZIP 2009, 76; LG Frankfurt aM ZBB 2007, 62, auch abrufbar über <www.juris.de>; LG Frankfurt aM BB 2008, 2035 = AG 2008, 790; LG Frankfurt aM AG 2009, 421 = ZIP 2009, 1422.
57 LG Frankfurt aM, Beschl. v. 28.3.2013 – 3-05 O 173/12, S. 12 (n.v.).

kommt, die lediglich einen Anspruch auf Abfindungszahlung veschafft, sondern dass der tenorierte Eigentumsentzug tatsächlich erst bei Abfindungszahlung erfolgt.

28 ▶ **Muster des Tenors:**

Die stimmberechtigten Aktien der A AG – Wertpapier-Kenn-Nummer..., ISIN-DE:..., die nicht bereits dem (Bieter) B gehören, gehen Zug-um-Zug gegen Gewährung einer von B den Aktionären kostenfrei zu leistenden Abfindung von EUR... je Aktie im Nominalwert von EUR... auf B über. ◀

29 **4. Übertragung von Vorzugsaktien ohne Stimmrecht (Abs. 1 S. 2).** Abs. 1 S. 2 gewährleistet, dass der Bieter nicht nur das stimmberechtigte, sondern das **gesamte Grundkapital** der Zielgesellschaft (Rn 11) einschließlich der Vorzugsaktien ohne Stimmrecht zwangsweise erwerben kann. Voraussetzung ist, dass der Bieter neben den Qualifikationen nach Abs. 1 S. 1 „zugleich" Eigentümer (vgl Rn 14 ff) von Aktien in Höhe von 95 % des Grundkapitals der Zielgesellschaft ist. Die Differenzierung des Gesetzes zwischen den Voraussetzungen des Squeeze-out für stimmberechtigte Aktien und für Vorzugsaktien ohne Stimmrecht beruht auf der Möglichkeit nach Art. 15 Abs. 3 S. 2 der ÜbernahmeRL (Rn 1). Voraussetzung für die Squeeze-out-Berechtigung ist, dass dem Bieter sowohl 95 % des stimmberechtigten Grundkapitals als auch 95 % des Grundkapitals insgesamt gehören (vgl Rn 17).[58] Für die Feststellung, ob dem Bieter 95 % gehören, gilt § 39 a Abs. 2 iVm §§ 16 Abs. 2 und 4 AktG, so dass zB eigene Aktien der AG bei der Berechnung nicht mitzählen (vgl § 327 a AktG Rn 9).

30 Die Übertragung der Vorzugsaktien ohne Stimmrecht bedarf eines **zusätzlichen Antrags des Bieters**. Dieser hat es also in der Hand, ob er sich nur die stimmberechtigten oder sämtliche Aktien aneignet. Der Antrag ist „zugleich" mit dem Antrag auf Übertragung der stimmberechtigten Aktien zu stellen. Er setzt daher voraus, dass dem Bieter die 95 % des Grundkapitals gehören unabhängig von der Wirksamkeit des Squeezeout der stimmberechtigten Aktionäre.

31 Nicht ausdrücklich angesprochen ist in S. 2, dass sich auch die **Übertragung der Vorzugsaktien ohne Stimmrecht entsprechend S. 1**, also nur auf der Basis eines Gerichtsbeschlusses gegen Gewährung einer angemessenen Abfindung, vollziehen lässt (vgl dazu Rn 22 ff und § 39 b Rn 6 ff).

32 Vgl zur Frage, ob die AG einen Anspruch auf Abfindung für die eigenen Aktien hat, § 327 a AktG Rn 19.

33 **II. Feststellung der Beteiligungshöhe (Abs. 2).** Abs. 2 entspricht inhaltlich § 327 a Abs. 2 AktG (vgl § 327 a AktG Rn 8 ff). Kein ausreichendes Kriterium ist die Zurechnung gemäß § 30 Abs. 2, denn für die Feststellung der Beteiligungshöhe nach § 39 a Abs. 1 S. 1 und 2 kommt es darauf an, dass dem Bieter die Aktien „gehören"; demgemäß ist „unerheblich, wem die Stimmrechte aus den Aktien zustehen".[59] Die Aktien dürfen keinem Rechtsverlust nach §§ 28 WpHG, 59 WpÜG oder 20 Abs. 7 AktG unterliegen.[60]

34 **III. Angemessene Abfindung (Abs. 3).** Gemäß Abs. 1 S. 1 setzt die Übertragung der Aktien der gesqueezten Aktionäre die Gewährung einer „angemessenen" Abfindung voraus. Abs. 3 regelt Einzelheiten der Abfindung.

35 **1. Art der Abfindung – Pflicht zur Geldleistung (Abs. 3 S. 1 und 2).** Gemäß Abs. 3 S. 1 und 2 hat die Art der Abfindung der Gegenleistung des Übernahme- oder Pflichtangebots zu entsprechen mit der Besonderheit, dass den gesqueezten Aktionären „eine Geldleistung... stets wahlweise anzubieten" ist.[61]

36 Dass die Art der **Abfindung der Gegenleistung des öffentlichen Angebots entsprechen muss**, beruht auf Art. 15 Abs. 5 S. 2 Alt. 1 der ÜbernahmeRL.

37 Mit Abs. 3 S. 2, wonach „**eine**" **Geldleistung stets wahlweise** anzubieten ist, macht der deutsche Gesetzgeber in von Verfassungs wegen gebotener Weise vom Regelungsspielraum Gebrauch, den ihm Art. 15 Abs. 5 S. 3 der ÜbernahmeRL (Rn 1) gegeben hat.

38 Nicht geregelt haben der deutsche und der EU-Gesetzgeber, wie die **Höhe der Geldleistung** zu ermitteln ist (vgl dazu Rn 39 ff).

39 **2. Höhe der Abfindung (Abs. 3 S. 3 und 4). a) Grundsätze und rechtstatsächlicher Hintergrund.** Nach der Grundnorm von S. 1 sind die Aktien der übrigen Aktionäre dem Bieter nur gegen Gewährung „**einer angemessenen**" Abfindung zu übertragen. Der Begriff der angemessenen Barabfindung (vgl Rn 40 ff) entspricht dem Richtlinienbegriff von Art. 15 ÜbernahmeRL (vgl Abs. 2 S. 1, Abs. 5 S. 1). In der englischen Fassung der Richtlinie heißt es „fair price", im Französischen „juste prix".

---

[58] Vgl zur ratio legis RegE BT-Drucks. 16/1003, S. 21.
[59] LG Berlin ZIP 2010, 884; *Merkt* EWiR 2010, 303, 304; Begr. RegE BT-Drucks. 16/1003, S. 22; Zustimmung zu der Regelung zB in der Stellungnahme des DAV, Handelsrechtsausschuss, v. Februar 2006, S. 12, <www.anwaltverein.de>; *Seibt/Heiser*, AG 2006, 301, 318.
[60] Ebenso *Santelmann* in: Steinmeyer/Häger, § 39 a Rn 18; *Noack/Zetzsche* in: Schwark/Zimmer, Kapitalmarktsrechtskommentar, § 39 a Rn 41; aA LG Frankfurt aM AG 2013, 433, 435 = ZIP 2013, 625; offen gelassen OLG Frankfurt aM ZIP 2012, 1602, 1607 = AG 2012, 635.
[61] *Santelmann* in: Steinmeyer/Häger, WpÜG, Rn 26.

aa) **Begriff der angemessenen Abfindung; verfassungsmäßige Grundlagen.** Der Begriff der angemessenen 40
Abfindung deckt sich mit dem Begriff „gegen **Gewährung einer angemessenen Barabfindung**" in § 327 a
Abs. 1 AktG. Das folgt schon aus dem **Grundrechtsschutz** der gesqueezten Aktionäre gemäß Art. 14 Abs. 1
GG.[62] Geschützt ist nämlich das Aktieneigentum als solches. Für die Reichweite des Schutzes und die Zulässigkeit seiner Einschränkung kann es keinen Unterschied machen, in welchem Gesetz die Rechtsfolge der zwangsweisen Verpflichtung zur Totalaufgabe des Eigentums der Aktionäre geregelt ist und ob ein an die Aktionäre der AG gerichtetes Angebot vorausgegangen ist. In jedem Fall ist die Eigentumsposition der gesqueezten Minderheitsaktionäre gleichermaßen beeinträchtigt. Nach dem GG und nach der EMRK, deren Menschenrechtsgewährleistung aus Art. 1 Zusatzprotokoll Nr. 1 zur EMRK in die Charta der Grundrechte der EU mit inhaltlichem Gleichklang aufgenommen wurde,[63] setzt eine solche gesetzliche Ermächtigung eines Privaten, ohne jede sachliche Rechtfertigung (vgl Rn 9) seine Miteigentümer der Gesellschaft zur Aufgabe des Eigentums zwingen zu können, voraus, dass die übrigen Aktionäre nicht nur wirksame Rechtsbehelfe gegen den Missbrauch der Mehrheitsmacht besitzen, sondern das verlorene Aktieneigentum wirtschaftlich voll kompensiert wird (vgl Vor §§ 327 a ff AktG Rn 7).

Die **wirtschaftlich volle Kompensation** hat nach der st. Rspr des BGH **zwei Untergrenzen**: Zum einen den 41
regelmäßig nach der Ertragswertmethode ermittelten inneren Wert der Beteiligung, zum anderen deren Marktwert, der zB nach Börsenkursen ermittelt wird; die außenstehenden Aktionäre müssen für ihre gesqueezten Aktien erhalten, was immer höher ist: Entweder den an der Börse gebildeten Verkehrswert der Aktie oder den quotal auf die Aktie bezogenen inneren Unternehmenswert.[64] Dies bestätigte mit Recht ursprünglich auch das nach Abs. 5 bundesweit erstinstanzlich zuständige LG Frankfurt aM.[65] Auch das OLG Frankfurt aM vertrat die Auffassung, dass dies jedenfalls beim aktienrechtlichen Squeeze-out so sei.[66] Diese Grundsätze hat die Bundesregierung im Gesetzgebungsverfahren trotz entgegenstehender Hinweise des Bundesrats negiert: In der Stellungnahme der Bundesregierung zum Beschluss des Bundesrates, in der die Verfassungswidrigkeit der Vermutungsregelung nach Abs. 3 S. 3 nachgewiesen wurde,[67] vertrat die Bundesregierung Folgendes: „Nach der Rechtsprechung des BVerfG gebietet Art. 14 Abs. 1 des Grundgesetzes, dass ein voller Ausgleich für den von den Minderheitsaktionären hinzunehmenden Verlust gewährt wird; das Gericht sieht dabei den Verkehrswert, der regelmäßig dem Börsenkurs entspricht, als zu berücksichtigende Untergrenze an (BVerfGE 100, 289, 305 ff). *Ist diese Schwelle erreicht, ist die Höhe des Angebots damit grundrechtlich nicht zu beanstanden.*"[68] Diese Auffassung vertritt auch das OLG Frankfurt aM, das die Vermutungsregelung des Abs. 3 S. 3 als „Markttest" bezeichnet, dazu sogleich unter Rn 43 a.

In Abkehr von seiner bisherigen Rechtsprechung – jedoch ohne dies ausdrücklich klarzustellen – bestätigt 41a
das BVerfG 2012 diese Sichtweise, wonach eine nur dem Verkehrswert entsprechende Abfindung den verfassungsrechtlichen Anforderungen genüge.[69] Das BVerfG beruft sich zwar auf seine bisherigen Leitentscheidungen zum Schutz des Aktieneigentums, spricht aber paradoxerweise davon, dass Minderheitsaktionäre nur „im Prinzip" wirtschaftlich voll entschädigt werden müssen, und schränkt damit seine bisherige Rechtsprechung ein. Die Bestimmung der Methode der Ermittlung der geschuldeten Entschädigung sei eine Frage des einfachen Rechts; es sei weder zwingend eine Bestimmung anhand einer Unternehmensbewertung geboten, noch bestünde ein verfassungsrechtlicher Anspruch darauf, dass jede denkbare Methode herangezogen werde oder eine Meistbegünstigung der zu entschädigenden Aktionäre stattfinde; die §§ 39 a f genügten den verfassungsrechtlichen Anforderungen, da sie eine angemessene Abfindung sichern, die dem Verkehrswert entspreche; dies sei durch die Vermutungsregelung des Abs. 3 S. 3 sichergestellt.[70] Nur außerhalb der Anwendung der Vermutungsregelung geht das BVerfG offenbar von dem Erfordernis einer Unternehmensbewertung aus.[71] In der Entscheidung des BVerfG liegt eine uE grundrechtlich nicht zu rechtfertigende Abkehr von der seit der „Feldmühle"-Entscheidung ständigen Rechtsprechung des BVerfG.[72]

Auch wenn die Frage der Verfassungsmäßigkeit der §§ 39 a ff durch das BVerfG jedenfalls einstweilen für 42
die Praxis geklärt ist, ist die Entscheidung uE ein Fremdkörper in der seit dem 1960er-Jahren etablierten Rechtsprechung zum Schutz des Aktieneigentums: Die Grundsätze seiner bisherigen Rspr hat das BVerfG

---

62 Grundlegend: BVerfGE 14, 263 f, 283 (Feldmühle) = DB 1962, 1073, 1074 f = NJW 1962, 1667, 1668; grds. auch BVerfG ZIP 2012, 1408, 1410 = NZG 2012, 907.
63 Vgl *Meyer*, Charta der Grundrechte der Europäischen Union 3. Aufl. 2010, Art. 17 Rn 1 ff.
64 BGH 147, 108 = DB 2001, 969 mit Anm. *Meilicke/Heidel* = ZIP 2001, 734 – *DAT/Altana*.
65 LG Frankfurt aM BB 2008, 2035 = NZG 2008, 665; aA indes das OLG Frankfurt aM, das neben dem „Markttest" eine Überprüfung der Abfindung am inneren Wert nicht für geboten hält, DB 2009, 54 = ZIP 2009,74; bestätigt durch BVerfG ZIP 2012, 1408, 1410 = NZG 2012, 907.
66 OLG Frankfurt aM ZIP 2012, 1602, 1607 = AG 2012, 635.
67 Ziff. 9 der Stellungnahme, BR-Drucks. 154/06.
68 BT-Drucks. 16/1342, S. 6; ebenso wohl OLG Frankfurt aM DB 2009, 54 = ZIP 2009, 74; OLG Stuttgart ZIP 2009, 1059 = WM 2009, 1416.
69 BVerfG ZIP 2012, 1408, 1410 = NZG 2012, 907.
70 BVerfG ZIP 2012, 1408, 1410 = NZG 2012, 907.
71 BVerfG ZIP 2012, 1408, 1410, 1413 = NZG 2012, 907.
72 BVerfGE 14, 263 ff = NJW 1962, 1667; BVerfGE 100, 289 ff = ZIP 1999, 1436.

exemplarisch in seiner Entscheidung „Moto-Meter"[73] festgehalten, die zur Begründung der Zulässigkeit des Squeeze-out angeführt wird. Dort stellt das BVerfG fest, dass die Gerichte von Verfassungs wegen zu prüfen haben, ob die Großaktionärin (in casu bei der auflösenden Übertragung) für das Gesellschaftsvermögen einen Preis gezahlt hat, „der dem Wert der Unternehmensbeteiligung der Aktionäre entspricht". Nach „Moto-Meter" kann das zwar grundsätzlich auch durch **Marktmechanismen** festgestellt werden; das BVerfG nennt den Fall, dass Interessen zwischen Minderheits- und dem Großaktionären parallel laufen, etwa wenn der Großaktionär „einen möglichst hohen Preis für das Gesellschaftsvermögen erzielen will".[74] Wenn die Marktmechanismen den Schutz aber nicht gewährleisten, bleibt es nach „Moto-Meter" die verfassungsrechtliche Pflicht des Gesetzgebers, zum Schutz des Aktieneigentums eine gerichtliche Angemessenheitskontrolle zu ermöglichen.

43 bb) **Kein effektiver Minderheitenschutz durch „Markttest".** Einen derartigen, von Verfassungs wegen geforderten **effektiven Schutz des Aktieneigentums gewährleistet der Markt uE auch dann nicht, wenn dem Squeeze-out ein erfolgreiches Pflicht- oder Übernahmeangebot vorausgegangen ist.** Auch hohe Annahmequoten des Grundkapitals garantieren entgegen der Entscheidung des BVerfG[75] nicht, dass der vom Bieter im Rahmen des WpÜG-Angebots gezahlte Preis je Aktie die nach Art. 14 Abs. 1 GG für den Verlust der Gesellschaftsbeteiligung den Minderheitsaktionären geschuldete volle Kompensation ist. Der für Squeeze-out-Fragen zuständige Beamte aus dem Bundesjustizministerium *Neye* hatte im Gesetzgebungsverfahren zum übernahmerechtlichen Squeeze-out, als auch eine gesetzliche Vermutung ähnlich Abs. 3 S. 3 im Entwurf der Bundesregierung vorgesehen war (vgl § 327 b AktG Rn 9), darauf hingewiesen, dass es bei Angemessenheitsvermutungen, die an die Annahme von Angeboten durch zB 90 % des Grundkapitals anknüpfen, problematisch sei, ob die vom BVerfG aufgestellte Voraussetzung einer ausreichenden Kontrolle durch Marktmechanismen noch erfüllt wäre.[76] Abs. 3 S. 3 stellt darauf ab, dass der Bieter Aktien in Höhe von 90 % „des vom Angebot betroffenen Grundkapitals erworben" hat. Diese Prozentschwelle kann zB dadurch erreicht werden, dass ein einziger oder wenige Großaktionäre, denen Aktien in Höhe von 90 % des vom Angebot betroffenen Grundkapitals gehören, die Marktmechanismen völlig außer Kraft setzen oder sogar in kollusivem Zusammenwirken mit dem Bieter ein WpÜG-Angebot annehmen, während dieses die erdrückende Zahl der Minderheitsaktionäre ablehnt. Im Hinblick auf ähnlich **unzureichende Ansätze zur Marktkontrolle** hatte *Habersack* im Gesetzgebungsverfahren zum Squeeze-out 2001 darauf hingewiesen, dass solche nahe liegenden Szenarien „die der hohen Zustimmungsquote zugedachte Funktion einer vorangegangenen Marktkontrolle und damit die ‚Richtigkeitsgewähr' des Angebotspreises nicht unbeträchtlich (relativieren)".[77] Des Weiteren wies *Habersack* mit Recht zu der Abs. 3 S. 3 weithin entsprechenden Vermutung in § 327 b Abs. 1 S. 3 AktGRegE 2001 auf Folgendes hin: Die Vermutung solle „auch dann zur Anwendung gelangen, wenn der Bieter... bereits über eine erhebliche Beteiligung verfügt und damit der Streubesitz der Aktien entsprechend gering ist"; daher erscheine die „Annahme, der den ausgeschlossenen Aktionären gebotene Preis sei ‚marktgerecht' und ‚angemessen', und der daran anknüpfende Ausschluss jeglicher gerichtlichen Kontrolle nicht über jeden Zweifel erhaben und mit Blick auf Art. 14 GG bedenklich".[78] Trotz all dieser Gründe genügt nach Auffassung des BVerfG die Vermutungsregelung des Abs. 3 S. 3 den verfassungsrechtlichen Anforderungen[79] (vgl Rn 41 a).

43a Das **OLG Frankfurt** aM hatte bereits in seiner Entscheidung *Deutsche Hypothekenbank* in Bezug auf die gesetzliche Vermutungsregelung des Abs. 3 S. 3 die Auffassung vertreten, dass der in einer 90 %igen Annahmequote des Angebots liegende „Markttest" einen hinreichenden Schutz der Minderheitsaktionäre gewährleiste, so dass es daneben keine gutachterliche Überprüfung der Abfindung anhand des inneren Werts bedürfe.[80] Der Fall *Interhyp* verdeutlichte jedoch die **Manipulierbarkeit des „Markttests" durch den Bieter**, da das OLG Frankfurt aM durch Amtsermittlungsmaßnahmen zutage gefördert hatte, dass die Vorstandsmitglieder und gleichzeitigen Großaktionäre der Zielgesellschaft, die durch sog. irrevocable undertakings (vgl dazu Rn 65 a) vorab das Übernahmeangebot angenommen und damit bereits eine sehr hohe Annahmequote garantiert hatten, in zeitlichem Zusammenhang eine Vervielfachung ihrer Vorstandsvergütung erhalten haben.[81] Dieser Fall, bei dem die Bieterin durch Rücknahme ihres Antrags eine Entscheidung des OLG Frankfurt aM verhinderte, bestätigt die im Schrifttum von Neye und Habersack geäußerten Bedenken (vgl Rn 43); er sollte bei dem für den übernahmerechtlichen Squeeze-out bundesweit zuständigen Senat

---

73 BVerfG ZIP 2000, 1670 = DB 2000, 1905 = NJW 2001, 279.
74 BVerfG ZIP 2000, 1670 = DB 2000, 1905 = NJW 2001, 279.
75 BVerfG ZIP 2012, 1408, 1410 = NZG 2012, 907.
76 Neye, in: Hirte, WpÜG, S. 25, 30.
77 Habersack, ZIP 2001, 1230, 1238.
78 Habersack, ZIP 2001, 1230, 1238; demgegenüber enthielt sich Habersack als Sachverständiger im WpÜG-Gesetzgebungsverfahren 2006 soweit erkennbar jeder öffentlichen kritischen Anmerkung zur Angemessenheitsvermutung, vgl insb. seine Stellungnahme als Sachverständiger im Gesetzgebungsverfahren, <www.bundestag.de/ausschuesse/A07/Anhoerungen/016/Stellungnahmen>.
79 BVerfG ZIP 2012, 1408, 1410 = NZG 2012, 907.
80 OLG Frankfurt aM DB 2009, 54 = ZIP 2009, 74.
81 OLG Frankfurt aM ZIP 2010, 880 = BB 2010, 1162.

auch zu der Erkenntnis geführt haben, dass sogar eine auf den ersten Blick eindrucksvoll erscheinende Annahmequote von 90 % für die Minderheitsaktionäre ohne richterliche Amtsermittlung nicht erkennbar manipulierbar sein kann, was gegen die Aussagekraft der Quote spricht.

cc) **Regelmäßige Unangemessenheit von WpÜG-Angebotspreisen.** Hinzu kommt, dass **die Praxis die tatsächliche Unangemessenheit von WpÜG-Angebotspreisen** im Verhältnis zu dem später im Spruchverfahren ermittelten Wert der Aktien belegt. Im Gesetzgebungsverfahren zu § 39 a ist an zahlreichen typischen Einzelbeispielen aus der Praxis[82] und der Gesamtschau sämtlicher Pflicht- und Übernahmeangebote seit Inkrafttreten des WpÜG belegt worden, dass der WpÜG-Angebotspreis regelmäßig erheblich unterhalb einer im Anschluss an ein WpÜG-Angebot zu zahlenden gesetzlichen Barabfindung (nach Squeeze-out gemäß §§ 327 a ff AktG, Eingliederung, Umwandlung oder Unternehmensvertrag) liegt.[83] Die Einzelbeispiele belegen die eindeutige Tendenz seit Inkrafttreten des WpÜG 2002: In etwa zwei Drittel der Fälle, in denen der Bieter bei der AG Maßnahmen durchsetzte, die eine Pflicht zur Barabfindung auslösten, lag die vom Bieter bei diesen Maßnahmen zu zahlende Barabfindung deutlich höher als das, was er im Rahmen des WpÜG-Angebotes den außenstehenden Aktionären zuvor angeboten hatte. Hinzu kommt noch, dass nach den langjährigen Erfahrungen in Deutschland die Spruchverfahren, die nach solchen Maßnahmen durchzuführen sind, regelmäßig substantielle zusätzliche Erhöhungen der zuvor angebotenen bzw festgelegten Barabfindungen bringen,[84] um diese auf das von Verfassungs wegen gemäß Art. 14 Abs. 1 GG geschuldete Niveau zu bringen.

Damit belegt die Praxis die Unangemessenheit der nach dem WpÜG angebotenen Preise je Aktie im Vergleich zum nach Art. 14 Abs. 1 GG angemessenen Aktienwert. Einen durch Marktmechanismen belegten **Zusammenhang zwischen dem tatsächlichen Zuspruch der außenstehenden Aktionäre auf ein WpÜG-Angebot und dem Wert der Aktien gibt es nicht.** Es kann daher uE keine Rede davon sein, dass WpÜG-Preise marktgerecht und daher tatsächlich im Sinne von Art. 14 GG angemessen sind.

Die hier vertretene Sicht, dass es einen durch Marktmechanismen belegten Zusammenhang zwischen dem tatsächlichen Zuspruch der außenstehenden Aktionäre auf ein WpÜG-Angebot und dem Wert der Aktien nicht gibt, teilen die bundesweit für den übernahmerechtlichen Squeeze-out zuständigen Frankfurter Gerichte jedoch nicht. Das OLG Frankfurt aM spricht im Hinblick auf eine hohe Annahmequote eines WpÜG-Angebots iSv Abs. 3 S. 3 von einem **„Markttest", der durch Einwendungen im Hinblick auf den Unternehmenswert nicht widerlegt** werden könne (vgl Rn 41).[85]

Ein **Grund für die Unangemessenheit der WpÜG-Preise** ist häufig die **mangelnde Information** der außenstehenden Aktionäre. Zwar sieht § 27 eine Stellungnahme von Vorstand und Aufsichtsrat der Zielgesellschaft zu dem WpÜG-Angebot vor. Diese Stellungnahme ist aber, wie die Praxis zeigt, nicht hinreichend zur Gewährleistung einer umfassenden Information der außenstehenden Aktionäre, zumal Aktionäre Fehlinformationen oder unvollständige Angaben kaum einmal nachweisen können. Der Fall Interhyp AG, bei dem die beiden Vorstandsmitglieder zugleich Großaktionäre waren, denen in engem zeitlichen Zusammenhang mit der Andienung ihrer Aktien eine Vervielfachung ihrer Vorstandsvergütung gewährt wurde, verdeutlichte, dass bei einem Zusammenfallen von Großaktionärsstellung und Organmitgliedschaft die betroffenen Personen auch ein persönliches Interesse daran haben können, die übrigen Aktionäre nicht umfassend zu informieren (vgl Rn 24a).[86] Hinzu kommt, dass die **Organe der Zielgesellschaft** im Gegensatz zum angloamerikanischen Recht nicht dazu verpflichtet sind, auf einen bestmöglichen oder auch nur im Sinne der *Feldmühle*-Rechtsprechung des BVerfG (vgl Rn 40 f) angemessenen Übernahmepreis im Interesse der außenstehenden Aktionäre hinzuwirken. Ein weiterer Grund für das regelmäßige Auseinanderfallen von WpÜG-Preis und angemessener Abfindung ist, dass Bieter WpÜG-Angebote regelmäßig in Zeiten der **Unterbewertung der Zielgesellschaft an der Börse** abgeben.[87] Ein „billiger" Erwerb der Zielgesellschaft – und nicht ein Erwerb zum angemessenen Preis – ist regelmäßig gerade die Motivation zur Übernahme. Regel-

---

82 Celanese AG, Stinnes AG, Edscha AG, debitel AG, APCOA Parking AG.

83 Vgl die Stellungnahme von *Heidel* als Sachverständiger des Bundestags-Finanzausschusses im Gesetzgebungsverfahren zum Übernahmerichtlinie-Umsetzungsgesetz v. 5.5.2006, abrufbar unter <www.bundestag.de/ausschuesse/A07/Anhoerungen/016/Stellungnahmen>.

84 Vgl *Fritzsche/Dreier/Verfürth*, SpruchG, Einl. Rn 13; *Fast/Hofmann/Knoll*, ZSteu 2010, 21 ff; *Dörfler/Gahler/Unterstraßer/Wirischs*, BB 1994, 156, 160; *Meilicke/Heidel*, DB 2003, 2267, 2270; vgl MüHb-AG/*Krieger*, § 70 Rn 111; *Rühland*, WM 2000, 1884, 1885; *Schreib*, Das Wertpapier 1997, 126: *Freitag*, in: FS Richter II, 2006, S. 139, 160 ff. Der in Spruchverfahren sehr erfahrene ehemalige DSW-Justitiar *Heise* erklärt sogar, er kenne keinen Fall, in dem der Vertragsprüfer der vom Unternehmen erstellten Bewertung widersprochen habe, Wirtschaftswoche 2003, 93; vgl im Erg. ebenso *Büchel*, NZG 2003, 793, 801: "Die Erfahrungen gingen dahin, dass die Vertragsprüfer regelmäßig zu einem für die Gesellschaft wesentlich günstigeren Ergebnis gekommen waren als das später eingeholte Gerichtsgutachten".

85 OLG Frankfurt aM DB 2009, 54 = NJW 2009, 375; insofern bestätigend: OLG Stuttgart ZIP 2009, 1059 = WM 2009, 1416.

86 Vgl OLG Frankfurt aM ZIP 2010, 888 = BB 2010, 1162.

87 Vgl *Heidel/Lochner*, DB 2001, 2031, 2033, im Anschluss an entsprechende Feststellungen der DSW.

mäßig führen Bieter vor dem Angebot eine Due Diligence-Prüfung bei der Zielgesellschaft durch und entschließen sich auf deren Grundlage zur Abgabe des WpÜG-Angebots, was zwar nach den Börsenwerten und den WpÜG-Vorschriften angemessen ist; der wahre Wert der Aktie ist aber oft wesentlich höher, wie Bieter und das Management der Zielgesellschaft – nicht aber deren gesqueezte Minderheitsaktionäre – aufgrund der Due-Diligence-Prüfung im Einzelnen wissen.

47 **dd) Unterschiedliche Angemessenheitsbegriffe.** WpÜG-Angebote brauchen im Gegensatz zur Barabfindung beim Squeeze-out auch nicht angemessen im Sinne der „Feldmühle"-Rechtsprechung des BVerfG zu sein. Denn das **WpÜG verwendet für die Angebotshöhe einen vom Aktienrecht abweichenden Angemessenheitsbegriff.**[88] So ist ein Angebot bereits dann angemessen im Sinne des WpÜG, wenn der Preis ohne Rücksicht auf den anteiligen Unternehmenswert dem durchschnittlichen Börsenkurs der Aktien der Zielgesellschaft und Vorerwerben entspricht, vgl § 31 Abs. 1 WpÜG, §§ 3 ff. WpÜG-AngVO. Zumal im Falle der Unterbewertung der Zielgesellschaft an der Börse entspricht somit ein im Sinne des WpÜG angemessenes Angebot unabhängig von Annahmequoten regelmäßig nicht und keineswegs notwendig den Anforderungen an eine angemessene Abfindung im Sinne von Art. 14 Abs. 1 GG.

48 **ee) Pflicht zur richtlinien- und verfassungskonformen Auslegung.** Eine Abweichung von dieser im Lichte von Art. 14 Abs. 1 GG zu zahlenden vollen Entschädigung ergibt sich auch nicht daraus, dass § 39 a der **Umsetzung einer EU-Richtlinie** dient: Das BVerfG hat in der „Maastricht"-Entscheidung[89] betont, dass auch Hoheitsakte einer besonderen, von der Staatsgewalt der Mitgliedstaaten verschiedenen öffentlichen Gewalt einer supranationalen Organisation wie der EU die Grundrechtsberechtigten in Deutschland betreffen und damit die Gewährleistung des Grundgesetzes berühren. In der Entscheidung zum europäischen Haftbefehl[90] hat es festgestellt, dass die rechtsstaatlichen Strukturen unter den EU-Mitgliedstaaten nicht in einer die verfassungsrechtliche Gewährleistung des GG einschränkenden Weise materiell synchronisiert sind und eine nationale Einzelfallprüfung deshalb nicht überflüssig, sondern zulässig und geboten ist. Lässt das sekundäre Gemeinschaftsrecht dem nationalen Gesetzgeber Umsetzungsspielräume, so betrachtet das BVerfG den Gesetzgeber als verpflichtet, diese **Spielräume in einer grundrechtsschonenden Weise auszufüllen.**[91] Bestehe hingegen der Spielraum nicht und würde eine Transformation gegen die verfassungsrechtliche Gewährleistung des GG verstoßen, so habe der Bundestag die **Umsetzung zu verweigern**; das BVerfG betont, dass die mitgliedstaatlichen Legislativorgane diese politische Gestaltungsmacht gerade auch im Rahmen der Umsetzung weiterhin haben.[92]

49 Im Zusammenhang mit der im Gesetzgebungsverfahren sehr streitigen Frage der Vermutung nach Abs. 3 S. 3 (vgl Rn 39 ff) hat der Bundesrat demgemäß mit allem Nachdruck auf den europarechtlichen Spielraum hingewiesen und die Verfassungswidrigkeit der Unwiderleglichkeit der Vermutung festgestellt.[93] Wenn der deutsche Gesetzgeber **Regelungsspielraum** hat, dann muss er ihn auch **zu einer verfassungskonformen Regelung nutzen.**[94]

50 Auf die **fehlende europarechtliche Anordnung einer Unwiderleglichkeit der Vermutung** (vgl Rn 2 ff) haben in der Literatur insbesondere *Mülbert*[95] und *Maul*,[96] und auf den hinreichend großen **Spielraum zu einer uE verfassungskonformen Regelung** hat in der Lit. insbesondere *Schüppen* hingewiesen.[97] Der europäische Gesetzgeber wollte gerade keine unwiderlegliche Vermutung der Angemessenheit des Preises bei einem dem Squeeze-out vorangegangenen öffentlichen Kaufangebot statuieren; vielmehr belegt die Gesetzesgeschichte der Richtlinie, dass der EU-Gesetzgeber nie etwas anders wollte als eine Preisregelung, die nur „bis zum Beweis des Gegenteils" als angemessen gilt (vgl Rn 4). Was ein angemessener Preis ist, obliegt dementsprechend nach der ausdrücklichen Regelung in Art. 5 Abs. 4 der ÜbernahmeRL (vgl Rn 1) weitgehend der Entscheidungsfreiheit der Mitgliedstaaten; diese können gemäß Art. 5 Abs. 6 der ÜbernahmeRL weitere Instrumente zum Schutz der Interessen der Aktionäre vorsehen, sofern diese Instrumente den „normalen Gang eines Angebots nicht behindern".[98] Auf den Regelungsspielraum des nationalen Gesetzgebers verweisen auch die allgemeinen Grundsätze der ÜbernahmeRL: Gemäß Art. 3 Abs. 2 lit. a ÜbernahmeRL (vgl Rn 1) können die Mitgliedstaaten „für Angebote zusätzliche Bedingungen und strengere Bestimmungen als diese Richtlinie festlegen". Als einen Grundsatz normiert Art. 3 Abs. 1 lit. a der ÜbernahmeRL, dass die „anderen Inhaber von Wertpapieren geschützt werden, wenn eine Person die Kontrolle über eine Gesellschaft erwirbt". Zu diesem nach der Richtlinie gebotenen Zweck gehört auch der Schutz der anderen Aktionäre,

---

88 *Simons*, Konzern 2006, 12, 16 f.
89 BVerfGE 89, 155 = ZIP 1993, 1636 = NJW 1993, 3047.
90 NJW 2005, 2289 ff = BGBl. I 2005, 2300 ff.
91 BVerfG NJW 2005, 2289, 2291.
92 BVerfG NJW 2005, 2289, 2291; insofern übereinstimmend auch die abweichende Meinung des Richters *Broß*, NJW 2005, 2297, 2299.
93 BR-Drucks. 154/06, S. 7.
94 *Heidel/Lochner*, DB 2005, 2564, 2566.
95 NZG 2004, 633.
96 NZG 2005, 151; AG 2004, 306.
97 *Schüppen*, BB 2006, 165, 168; *Schüppen/Tretter* in: Haarmann/Schüppen, WpÜG, Rn 26 f.
98 *Schüppen*, BB 2006, 165, 168.

wenn ein Aktionär eine Squeeze-out-Mehrheit erlangt. Einen zusätzlichen Schutz lässt die Richtlinie zu. Diese zusätzlichen Schutzmechanismen darf der nationale Gesetzgeber „für Angebote" vorsehen. Der Bundestag hätte also beispielsweise nach Art. 5 Abs. 4 Unterabs. 2 S. 3 der ÜbernahmeRL vorsehen dürfen, dass Angebote der Höhe nach bestimmte weitere Kriterien erfüllen müssen, beispielsweise „den Liquidationswert der (Ziel-)Gesellschaft oder andere objektive Bewertungskriterien, die allgemein in der Finanzanalyse verwendet werden" (vgl Rn 1). Dann erlaubt es die Richtlinie nach dem Grundsatz *a majore ad minus* auch, für Teilbereiche zum Schutz der Aktionäre schärfere Bedingungen für die Höhe der Angebote einzuführen als die der Richtlinie zumal solche Regeln allein den Zeitraum nach dem erfolgreichen Abschluss des WpÜG-Angebots bereffen und damit „den normalen Gang eines Angebots nicht behindern" (Art. 5 Abs. 6 der ÜbernahmeRL, vgl Rn 1). Insoweit ist mit *Schüppen* festzustellen, dass „eine gerichtliche Überprüfung der Angemessenheit des Angebotspreises im oder nach dem Muster des Spruchverfahrens richtlinienkonform (wäre). UE ist daher nicht hinnehmbar, wenn die Angemessenheit des Preises beim Ausschluss von Minderheitsaktionären zu keinem Zeitpunkt gerichtlich geprüft werden kann".[99]

ff) Stichtag. Nicht ausdrücklich geregelt ist die Frage des **Stichtags für die Ermittlung der angemessenen Barabfindung**. Die aktienrechtlichen Parallelvorschriften stellen ab auf der Berücksichtigung der Verhältnisse der Zielgesellschaft zum Zeitpunkt der Beschlussfassung der HV (§ 327 b Abs. 1 S. 1 Hs 2 AktG; ebenso § 305 Abs. 3 S. 2 und § 320 b Abs. 1 S. 5 AktG, vgl dazu § 305 AktG Rn 53 ff; § 327 b Rn 7). Da die Barabfindung den gesqueezten Aktionären einen angemessenen Ausgleich für ihre Beteiligung an der Zielgesellschaft zum Zeitpunkt der zwangsweisen Aufgabe des Eigentums leisten muss, ist die Bewertung abzustellen auf den Tag des Wirksamwerdens des Gerichtsbeschlusses, also seine Rechtskraft (§ 39 b Abs. 5 S. 1). 51

b) Geldleistung. Gemäß Abs. 3 S. 2 ist eine **Geldleistung stets wahlweise anzubieten**. 52
Zu deren **Höhe** enthalten Gesetz und ÜbernahmeRL keine Normen. Die Regierungsbegründung macht folgende Ausführungen: „Wenn das Übernahme- oder Pflichtangebot keine bare Gegenleistung vorsieht, entspricht die Abfindung dem Preis der als Gegenleistung angebotenen Aktien. Dieser Preis ist entsprechend den Vorschriften über den Angebotspreis in der WpÜG-Angebotsverordnung und entsprechend § 31 Abs. 4 zu ermitteln."[100] Damit verkennt die Regierungsbegründung aber, dass der Bieter wie beim aktienrechtlichen Squeeze-out nicht nur eine nach dem Börsenkurs oder nach Vorerwerben gemäß § 31 bemessene Abfindung schuldet, sondern eine **Entschädigung in Höhe des vollen inneren Werts der Aktien** (vgl Rn 41). Daher muss die Höhe der Barabfindung uE nach den gleichen Grundsätzen ermittelt werden, die für die **Ermittlung der Barabfindung gemäß § 327 b Abs. 2 S. 1 AktG** gelten.[101] Demgegenüber kann man auch nicht erfolgreich einwenden, dass nach dem Gesetzeswortlaut nur „eine" Geldleistung geschuldet sei. Denn das würde bedeuten, dass die Aktionäre gezwungen werden könnten, die Mitgliedschaft aufzugeben und dafür als Gegenleistung zwangsweise eine Sachleistung in Form von Aktien einer anderen Gesellschaft zu erhalten. So etwas mag als Kompensation bei einer freiwilligen Aufgabe genügen, der Zwangsausschluss setzt aber verfassungsrechtlich (vgl § 327 b AktG Rn 7) eine angemessene Barabfindung voraus. 53

Die Höhe der Barabfindung ist im Verfahren gemäß § 39 b zu ermitteln. Es kommt trotz des bewusst weiten Anwendungsbereichs von § 1 SpruchG, der Raum lassen soll für eine analoge Anwendung (vgl § 1 SpruchG Rn 4), grds. nicht in Betracht, die Entscheidung über das Ob des Squeeze-out im Verfahren nach § 39 b zu treffen und für Ermittlungen der Höhe nach auf das Spruchverfahren zu verweisen. So haben sowohl das OLG Stuttgart als auch das OLG Celle Anträge auf Durchführung eines Spruchverfahrens von durch übernahmerechtliche Squeeze-outs betroffene Aktionäre rechtskräftig als unzulässig zurückgewiesen, da ein Spruchverfahren nicht eröffnet sei.[102] Anders als der aktienrechtliche Squeeze-out verlangt der übernahmerechtliche nach §§ 39 a f eine gerichtliche Festsetzung der Höhe der Abfindung, die Zug-um-Zug gegen Übertragung der Aktien zu zahlen ist (Rn 27). Darüber hinaus sind Erwägungen zur Festsetzung der Höhe der Barabfindung in einem Spruchverfahren im Gesetzgebungsverfahren zwar angestellt worden, wo der Bundesrat gefordert hatte, sicherzustellen, „dass die Entscheidung über den Übertragungsantrag nicht durch einen Streit über die Höhe der Gegenleistung unzumutbar verzögert wird", doch vom Gesetzgeber bewusst verworfen worden.[103] Die Gewährung effektiven Rechtsschutzes durch uneingeschränkte Anwendung des SpruchG auf die Ermittlung der Höhe der angemessenen Abfindung unterliegt Bedenken: § 4 Abs. 2 Nr. 4 SpruchG verpflichtet die Aktionäre dazu, substantiiert Einwendungen gegen die angebotene 54

---

99 *Schüppen*, BB 2006, 165, 168.
100 Begr. RegE BT-Drucks. 16/1003, S. 22.
101 *Schüppen/Tretter* in: Haarmann/Schüppen, WpÜG, Rn 29; aA *Santelmann* in: Steinmeyer/Häger, WpÜG, Rn 34.
102 OLG Stuttgart ZIP 2009, 1059 = WM 2009, 1416; OLG Celle ZIP 2010, 830 = AG 2010, 456; bestätigend indes *Süßmann*, NZG 2009, 980, 982; *Seiler/Wittgens*, EWiR 2009, 353, 354.
103 Vgl insb. Stellungnahme des Bundesrats, BR-Drucks. 154/06, S. 8 f, Ziff. 11, sowie Gegenäußerung der Bundesregierung, BT-Drucks. 16/1342, S. 7.

Abfindung vorzutragen (vgl § 4 SpruchG Rn 16 ff).[104] Dieses setzt voraus, dass die Aktionäre hinreichend informiert und damit in der Lage sind, substantiiert Einwendungen gegen die vom Bieter im Rahmen des WpÜG-Angebots angebotene Zahlung vorzutragen, was jedoch mangels einer Squeeze-out-HV nicht der Fall ist (vgl Rn 24 f). Die nach Art. 14 Abs. 1 GG bei einem zwangsweisen Ausschluss geschuldete Barabfindung bemisst sich nach völlig anderen Kriterien als die nach dem WpÜG gemäß § 31 anzubietende Zahlung (vgl Rn 41). Nach herrschendem Verständnis von § 27 sind die Verwaltungsorgane der Zielgesellschaft nicht verpflichtet, auf eine möglichst hohe Zahlung für die Aktien hinzuwirken oder den Aktionären zur Beurteilung eines WpÜG-Angebots eine Unternehmensbewertung vorzulegen. Aufgrund fehlender Informationsgrundlagen sind die gesqueezten Aktionäre nur in sehr beschränkten Maße in der Lage, substantielle Einwendungen gegen die Höhe der ihnen beim übernahmerechtlichen Squeeze-out oktroyierten Barabfindung vorzutragen. Diese muss vielmehr das FamFG-Gericht unter der Amtsermittlungsmaxime ermitteln.[105]

54a Die **Rechtsprechung** teilte bislang die vorstehend dargestellte Auffassung nicht. Das LG Frankfurt aM ging zwar im Fall *Deutsche Hypothekenbank* davon aus, dass die Angemessenheitsvermutung des Abs. 3 S. 3 widerlegbar ist, und hielt auch für den Fall eine Erschütterung dieser Vermutung grundsätzlich die Einholung eines Sachverständigengutachtens für erforderlich; zudem bestätigte es, dass nach Maßgabe der Eigentumsgarantie des Art. 14 GG der Ertragswert eine der beiden Untergrenzen einer angemessenen Abfindung bildet.[106] Gleichwohl kam nach Auffassung des LG Frankfurt aM eine Beweiserhebung zum Wert der Zielgesellschaft durch Sachverständigengutachten nicht in Betracht, da das Gericht im Verfahren nach §§ 39 a f eine angemessene Abfindung auch nicht über den Amtsermittlungsgrundsatz festlegen könne; denn es fehle die Kompetenz des Gerichts, die Angemessenheit eigenständig wie im Spruchverfahren festzusetzen, zumal die Zielgesellschaft anders als beim aktienrechtlichen Squeeze-out (§ 327 b Abs. 2 S. 1) nicht am Verfahren beteiligt bzw mitwirkungsverpflichtet sei, so dass dem Gericht Zwangsmittel zur Durchsetzung einer Beweisanordnung nicht zur Verfügung stünden.[107] Mangels Feststellbarkeit der Angemessenheit des Angebotspreises wies das LG den Squeeze-out-Antrag zurück.[108] Der Beschwerde des Antragstellers gab das OLG Frankfurt aM statt.[109] Es ließ dahinstehen, ob es sich bei Abs. 3 S. 3 um eine widerlegliche oder unwiderlegliche Vermutung handele bzw ob Art. 15 der ÜbernahmeRL dies vorsehe. Jedenfalls könne die Vermutung – ihre Widerleglichkeit unterstellt – nicht durch Rügen im Hinblick auf den Unternehmenswert erschüttert werden; diese seien generell nicht geeignet, die gesetzliche Angemessenheitsvermutung zu widerlegen; allenfalls könne die Vermutung mit der Rüge erschüttert werden, dass der „Markttest" – das OLG bezeichnet so die in Abs. 3 S. 3 vorgesehene 90 %ige Annahmequote eines Angebots – keine Aussagekraft habe, etwa weil die Kräfte des Marktes nicht gewirkt oder funktioniert hätten.[110] *Riehmer* nennt anknüpfend an die Entscheidung des OLG Frankfurt aM als Beispiele einer fehlenden Aussagekraft des „Markttests" Verstöße gegen Regelungen des WpHG (zB Marktmanipulation, Insidertrading, Verstoß gegen Transparenzvorschriften) oder des WpÜG (zB Verstoß gegen Mitteilungspflichten oder Informationspflichten im Angebot).[111]

54b Das BVerfG hat in seiner Entscheidung zum übernahmerechtlichen Squeeze-out ausgeführt, von Verfassungs wegen sei es lediglich geboten, überhaupt eine Überprüfungsmöglichkeit für die Angemessenheit der Abfindung zu schaffen; die Entscheidung, welche Verfahren hierfür vorgesehen werden, stehe dem Gesetzgeber frei.[112] Der Gesetzgeber sei nicht gehalten, zur Überprüfung der Voraussetzungen des „Markttests" wie beim Ausschluss von Aktionären gemäß § 327 a ff AktG ein Spruchverfahren vorzusehen; habe das Übernahmeangebot den „Markttest" bestanden und der Bieter 95 % des Grundkapitals erworben, seien Informationen zum Ertragswert des Unternehmens nicht mehr erforderlich, weil sich die Abfindung der Aktionäre dann allein nach dem Übernahmeangebot richte.[113]

55 **c) Annahme durch weniger als 90 % des Grundkapitals.** Erwirbt der Bieter aufgrund seines Angebots Aktien in Höhe von weniger als 90 % des vom Angebot betroffenen Grundkapitals, muss die Höhe der Abfindung nach den allgemeinen Grundsätzen (Rn 41) im Verfahren nach § 39 b durch eine Unternehmensbe-

---

[104] Kritisch zu überzogenen Darlegungspflichten: *Meilicke/Heidel*, DB 2003, 2267, 2272.
[105] *Santelmann*, in: Steinmeyer/Häger, WpÜG, § 39 b Rn 14; *Kießling*, S. 144 f.
[106] LG Frankfurt aM BB 2008, 2035 = NZG 2008, 665, 668 f.
[107] LG Frankfurt aM BB 2008, 2035 = NZG 2008, 665, 668 f.
[108] LG Frankfurt aM BB 2008, 2035 = NZG 2008, 665.
[109] OLG Frankfurt aM DB 2009, 54 = NJW 2009, 375; bestätigend: *Posdziech*, WM 2010, 787, 793; *Wilsing/Ogorek*, EWiR 2009, 93, 94.
[110] OLG Frankfurt aM DB 2009, 54 = NJW 2009, 375; bestätigend: *Posdziech*, WM 2010, 787, 793; *Wilsing/Ogorek*, EWiR 2009, 93, 94.
[111] *Riehmer*, Konzern 2009, 273, 278.
[112] BGH ZIP 2012, 1408, 1412; BVerfG ZIP 2007, 1261 = NZG 2007, 587.
[113] BVerfG ZIP 2012, 1408, 1413 = NZG 2012, 907; ebenso OLG Frankfurt aM AG 2009, 86 = DB 2009, 54; LG Frankfurt aM AG 2013, 434, 435 = ZIP 2013, 625.

wertung ermittelt werden.[114] Nach Auffassung des LG Frankfurt aM ist dagegen außerhalb des Anwendungsbereichs von Abs. 3 S. 3 das Verfahren undurchführbar und der Antrag zurückzuweisen, weil das Gericht angeblich der Zielgesellschaft als einem Dritten nicht aufgeben könne, die für die Unternehmensbewertung notwendigen Informationen vorzulegen;[115] UE ergibt sich die Pflicht des Vorstands der Zielgesellschaft zur Vorlage der erforderlichen Informationen aus § 327b Abs. 1 S. 2 AktG analog. Das BVerfG hat die Frage, wie außerhalb des Anwendungsbereichs von Abs. 3 S. 3 zu verfahren ist, offen gelassen, bezeichnet aber die hier vertretene Auffassung als die wohl herrschende.[116] Für den Fall, dass die angemessene Abfindung bei Scheitern des „Markttests" durch eine Unternehmensbewertung zu ermitteln sei, stellte das BVerfG fest, dass die Unternehmensbewertung dann von Amts wegen durchzuführen sei, was den auszuschließenden Aktionären weitgehende Möglichkeiten der Informationsbeschaffung biete.[117]

d) Abfindungshöhe bei Erwerb von Aktien in Höhe von 90 % des vom Angebot betroffenen Grundkapitals. Eine Sonderregelung für die Bestimmung der angemessenen Abfindung enthält Abs. 3 S. 3: Die im Rahmen des Übernahme- oder Pflichtangebots gewährte Gegenleistung „ist als angemessene Abfindung anzusehen", wenn der Bieter aufgrund des Angebots Aktien in Höhe von mindestens 90 % des vom Angebot betroffenen Grundkapitals erworben hat; gemäß Abs. 3 S. 4 ist die Annahmequote für die stimmberechtigten Aktien (Abs. 1 S. 1) und die stimmrechtslosen Aktien (Abs. 1 S. 2) getrennt zu ermitteln. Die Auslegung dieser Norm gehört zu den strittigsten Aspekten des übernahmerechtlichen Squeeze-out, der Streit entzündet sich u.a. an der **Frage, ob die Vermutung unwiderleglich ist.**[118]

aa) Gesetzgebungsverfahren. Die unterschiedlichen Auffassungen prallten im **Gesetzgebungsverfahren** aufeinander.

Die **Bundesregierung** erläuterte ihren Entwurf, der das Gesetzgebungsverfahren unverändert überstanden hat, im Wesentlichen wie folgt:[119] Abs. 3 S. 3 setze Art. 15 Abs. 5 Unterabs. 2 und 3 ÜbernahmeRL um (vgl Rn 1, 39ff); Abs. 3 S. 3 enthalte eine **unwiderlegliche Vermutung** für die Angemessenheit der Abfindung, wenn Aktionäre, die 90 % des vom Angebot betroffenen Kapitals repräsentieren, das Angebot angenommen haben; die Vermutungsregel gelte sowohl für freiwillige Übernahmeangebote als auch für Pflichtangebote; die Schwelle von 90 % entspreche der Vorgabe der Richtlinie.

Der **Bundesrat** kritisierte den Entwurf als **verfassungswidrig**:[120] Die unwiderlegliche Vermutung bedeute, dass der betroffene Minderheitsaktionär bei Vorliegen der Voraussetzungen der Regelung keine Möglichkeit habe, die Abfindung durch ein Gericht überprüfen zu lassen; soweit die Abfindung zwar den Anforderungen des WpÜG, nicht jedoch dem wirtschaftlichen Wert der Beteiligung entspreche, bestehe keine Korrekturmöglichkeit; demgegenüber müsse nach st. Rspr des BVerfG[121] der zum Ausscheiden gezwungene Aktionär stets den Wert seiner Beteiligung am Unternehmen erhalten; der Wert sei regelmäßig durch Gutachten auf Grundlage der Ertragswertmethode festzustellen, wobei die Untergrenze der Barabfindung durch den Börsenkurs bestimmt werde; auch bei einer verhältnismäßig großen Akzeptanz der angebotenen Abfindung „kann nicht zwingend davon ausgegangen werden, dass diese dem tatsächlichen Wert der Beteiligung entspricht. Die Verkaufsentscheidungen anderer Aktionäre können auf ganz anderen Motiven beruhen". Zudem bestehe die Vermutung der Angemessenheit bereits dann, wenn 90 % des vom Angebot betroffenen Grundkapitals vom Bieter zu dem Preis erworben wurden; je nach Höhe der bisherigen Beteiligung des Bieters könne die Vergleichsgruppe relativ klein ausfallen. Nach der Rspr des BVerfG ist bei Ein-

---

114 Ebenso *Noack/Zetzsche* in: Schwark/Zimmer, Kapitalmarktrechts-Kommentar, 4. Aufl., § 39a Rn 31; Hölters/*Müller-Michaels*, § 39a WpÜG Rn 13.
115 LG Frankfurt aM ZIP 2008, 1769 = WM 2008, 2021, 2026.
116 BVerfG ZIP 2012, 1408, 1413 = AG 2012, 625.
117 BVerfG ZIP 2012, 1408, 1413 = AG 2012, 625.
118 Für Widerleglichkeit: LG Frankfurt aM BB 2008, 2035, 2036 f = NZG 2008, 665; *Noack/Zetzsche* in: Schwark/Zimmer, Kapitalmarktrechtskommentar, § 39a WpÜG Rn 31; *Austmann*, NZG 2011, 684; Hopt/Mülbert/*Kumpan*, AG 2005, 117; Heidel/*Lochner*, BB 2005, 2564 ff; *Schüppen/Tretter* in: Haarmann/Schüppen, WpÜG, Rn 27; *Schüppen*, BB 2006, 165, 168; Fraktion Bündnis 90/Die Grünen, BT-Drucks. 16/1541, 17; *Paefgen*, WM 2007, 765, 768; *Rühland*, WM 2004, 401, 407; *Neye*, NZG 2002, 1144, 1145; Maul/*Muffat-Jeandet*, AG 2004, 221, 317; *Mülbert* NZG 2004, 633, 634; *Freitag*, in: FS Richter II, S. 139, 160; *Kießling*, Der übernahmerechtliche Squeeze-out gem. §§ 39a, 39b WpÜG, S. 226; *Simon*, Der Konzern 2006, 12, 16 f – Für Unwiderleglichkeit: OLG Stuttgart ZIP 2009, 1059 = WM 2009, 1416; *Santelmann*, in: Steinmeyer/Häger, WpÜG, Rn 31 f; *Süßmann*, in: Geibel/Süßmann, WpÜG, Rn 16; Bürgers/Körber/Holzborn/*Müller*, §§ 39a bis 39c WpÜG/Anh. § 327a AktG Rn 10, 12; *Hüffer*, § 327a Rn 1a; *Grunewald*, NZG 2009, 332, 335; Wilsing/*Ogurek*, BB 2008, 2038, 2039; Schlidt/Ries/*Becker*, NZG 2008, 700, 701; *Falkner*, ZIP 2008, 1775, 1776; Hörmann/*Feldhaus*, BB 2008, 2134, 2138; *Krause*, BB 2004, 113, 118; Möller/*Pötzsch*, ZIP 2001, 1256, 1261; *Hasselbach*, ZGR 2005, 387, 405 ff; Austmann/*Mennicke*, NZG 2004, 846, 851; von Kann/*Just*, DStR 2006, 328, 331; Seibt/*Heiser*, AG 2006, 301, 319; *Meyer*, WM 2006, 1135, 1142; *Diekmann*, NJW 2007, 17; *Wiesner*, ZIP 2004, 343, 349.
119 BT-Drucks. 16/1003, S. 22.
120 BR-Drucks. 154/06, S. 6 f, Ziff. 9; entspr. Kritik zuvor bereits bei Heidel/*Lochner*, DB 2005, 2564.
121 Der Bundesrat zitiert die Entscheidungen „Feldmühle" und „DAT/Altana", BVerfGE 14, 263 ff = DB 1962, 1073 ff = NJW 1962, 1667 ff; BVerfGE 100, 289 ff = BB 1999, 1778 ff = NJW 1999, 3769 ff.

griffen in Grundrechte das Grundgesetz „auch bei Umsetzung von EU-Recht in nationales Recht zu beachten, soweit das Europarecht Spielraum" lasse.

60 Der Sicht des Bundesrats ist die **Bundesregierung** mit folgender **Gegenäußerung** entgegengetreten:[122] Nach der Rspr des BVerfG sei der den Aktionären für den von ihnen hinzunehmenden Verlust zu gewährende volle Ausgleich bereits erreicht, wenn die Aktionäre für ihre Aktien den Verkehrswert, der regelmäßig dem Börsenkurs entspreche, erhielten;[123] sei diese Schwelle des Verkehrswerts erreicht, „ist die Höhe des Angebots damit grundrechtlich nicht zu beanstanden". Rechtspolitisch sei zu berücksichtigen, dass zur Attraktivität des Kapitalmarkts „auch die Möglichkeit eines Rückzugs gehört"; hinzu komme, dass „das Risiko langwieriger und aufwendiger Streitigkeiten um die Höhe der Abfindung das Eigentumsrecht des Bieters beeinträchtigt".

61 Trotz der Bedenken des Bundesrats beschloss der **Finanzausschuss des Bundestages** einstimmig die Empfehlung zur Annahme des Gesetzentwurfs bei Enthaltung der Fraktion Bündnis 90 / Die Grünen, die Bedenken hinsichtlich des Squeeze-out und insbesondere der Einführung einer unwiderleglichen Vermutung äußerten.[124]

62 bb) **Europarecht.** Da Abs. 3 S. 3 der Umsetzung von Europarecht dient (vgl Rn 1), muss man nach dem Grundsatz **europarechtskonformer Auslegung** zunächst den Inhalt der ÜbernahmeRL ergründen.

63 Abs. 3 S. 3 geht zurück auf Art. 15 Abs. 5 S. 4 der ÜbernahmeRL (vgl Rn 1). Ob die in der ÜbernahmeRL angeordnete Vermutung widerleglich ist oder unwiderleglich, ist sehr streitig.[125] Die **sprachlichen Fassungen** der ÜbernahmeRL in den EU-Sprachen lassen sowohl die Auslegung als widerlegliche also auch unwiderlegliche Vermutung zu. So folgt aus der englischen („presumed") und der französischen („presumée") Fassung eine widerlegliche Vermutung, während die deutsche Wortlaut („gilt... als angemessen") und der italienische Wortlaut („da considerare") eher für eine unwiderlegliche Vermutung sprechen. Die **Entstehungsgeschichte** belegt, dass der EU-Gesetzgeber nur eine widerlegliche Vermutung wollte: Der Squeeze-out geht zurück auf den *Winter*-Bericht (vgl Rn 2),[126] der die Empfehlung zur Einführung einer widerleglichen Vermutung (vgl Rn 4) enthielt. Die Kommission erklärte bei der Vorlage des Richtlinienentwurfs ausdrücklich, dass sie damit die Empfehlungen des *Winter*-Berichts umsetzen wolle (vgl Rn 2). Die Kommission ist offenbar von nichts anderem ausgegangen, als den Vorschlag für eine widerlegliche Vermutung zu machen. Das folgt aus den Aussagen von *Maul*, die als Nationale Expertin in der EU-Kommission an den Arbeiten zur ÜbernahmeRL beteiligt gewesen ist.[127] Auch die **Systematik** der ÜbernahmeRL spricht dafür, dass nur eine widerlegliche Vermutung normiert werden sollte: Anders lässt sich nicht erklären, dass es nach Art. 3 Abs. 1 lit. a iVm Abs. 2 sowie Art. 5 Abs. 4 und Abs. 2 sowie Abs. 6 den Mitgliedstaaten überlassen worden ist, von den Regelungen der Richtlinie zum angemessenen Preis abzuweichen (vgl Rn 1), so dass dem nationalen Gesetzgeber Regelungsspielraum gelassen worden ist. Mit der Gewährung von Regelungsspielraum würde es sich nicht vertragen, einen EU-rechtlichen Zwang für die Verbindlichkeit von Kaufpreisen für einen freiwillig zustande gekommenen Aktienerwerb auch im Falle der zwangsweisen Übertragung der Aktien vorzusehen. Daher ist **nach europäischem Recht eine widerlegliche Vermutung gewollt**.[128]

64 cc) **Verfassungsrecht.** Die Auslegung als bloß widerlegliche Vermutung gebietet uE auch das deutsche Verfassungsrecht (vgl Rn 39 ff), auch wenn das BVerfG derzeit keine verfassungsrechtlichen Bedenken gegen die Vermutungsregelung hat und die Frage der Widerleglichkeit offen ließ.[129]

65 dd) **Widerleglichkeit der gesetzlichen Vermutung.** Trotz des Willens des historischen deutschen Gesetzgebers (Rn 58) ist daher in dem Falle, dass man die Vermutung nicht als solche als verfassungswidrig ansehen möchte,[130] die **Vermutung europa- und uE auch grundrechtskonform als widerlegliche Vermutung** auszule-

---

122 BT-Drucks. 16/1342, S. 6 f.
123 Die Bundesregierung zitiert insofern BVerfGE 100, 289, 305 ff = BB 1999, 1778 ff = NJW 1999, 3769 ff.
124 BT-Drucks. 16/1541, S. 17.
125 Eine unwiderlegliche Vermutung nehmen an: *Hasselbach*, ZGR 2005, 387, 404; *Krause*, BB 2002, 2341; *Krause*, BB 2004, 113, 117; *Austmann/Mennicke*, NZG 2004, 846, 851; *Wiesner*, ZIP 2005, 343, 349; *Seibt/Heiser*, ZIP 2002, 2193, 2201; widerlegliche Vermutung: *Maul*, NZG 2005, 151, 157; *Maul/Muffat-Jeandet*, AG 2004, 306, 317; *Mülbert*, NZG 2004, 633, 634, 641; offen gelassen bei *Neye*, NZG 2002, 1144, 1145.
126 *Winter*-Bericht (Bericht der hochrangigen Gruppe von Experten auf dem Gebiet des Gesellschaftsrechts über die Abwicklung von Übernahmeangeboten, v. 10.1.2002 (abrufbar unter <www.ec.europa.eu/internal_market/company/docs/takeoverbids/2002–01-hlg-report_de.pdf>).
127 NZG 2005, 151, 157; AG 2004, 306, 317.
128 LG Frankfurt aM BB 2008, 2036; *Hopt/Mülbert/Kumpan*, AG 2005, 109, 117; *Maul* NZG 2005, 151, 157; *Kießling*, 78 ff; aA die Bundesregierung, BT-Drucks. 16/1342, S. 6; *Santelmann*, in Steinmeyer/Häger, WpÜG, Rn 11.
129 BVerfG ZIP 2012, 1408, 1411 f = NZG 2012, 907.
130 Vgl die Stellungnahmen im Gesetzgebungsverfahren der DSW, S. 1 f; 3 f und von *Heidel* als Sachverständiger des Bundestags-Finanzausschusses im Gesetzgebungsverfahren zum Übernahmerichtlinie-Umsetzungsgesetz v. 5.5.2006, abrufbar unter <www.bundestag.de/ausschuesse/A07/Anhoerungen/016/Stellungnahmen>, S. 21.

gen.[131] Auslegungen des Privatrechts trotz entgegenstehender Wertung des historischen Gesetzgebers sind nach ständiger Rspr zulässig.[132] Damit gilt der Grundsatz des § 292 ZPO, so dass bis zum Beweis des Gegenteils von der Angemessenheit des WpÜG-Angebots auszugehen ist. Da nach § 39 b Abs. 1 iVm § 26 FamFG der **Amtsermittlungsgrundsatz** gilt, darf sich das Gericht anders als im ZPO-Verfahren nicht schlicht bis zur Beibringung von Tatsachen zum Beweis des Gegenteils durch die Verfahrensbeteiligten auf die gesetzliche Angemessenheitsvermutung berufen. Vielmehr verpflichtet der Amtsermittlungsgrundsatz das Gericht dazu, auf Anregung von Verfahrensbeteiligten von Amts wegen Tatsachen zum Beweis des Gegenteils zu ermitteln und ggf die gesetzliche Vermutung zu widerlegen.[133] Angesichts des oben unter Rn 44 ff dargelegten Umstands, dass sich nach den bisherigen in Deutschland gesammelten Erfahrungen gezeigt hat, dass ungeachtet der konkreten Annahmequote WpÜG-Angebote regelmäßig nicht einem angemessenen Preis im Sinne der „Feldmühle"-Rechtsprechung des BVerfG entsprechen, und angesichts des stets vorhandenen Informationsdefizits der Minderheitsaktionäre (dazu oben unter Rn 24 f) sind uE auf Anregung von Minderheitsaktionären Ermittlungen zum Beweis des Gegenteils bei pflichtgemäßem Ermessen stets erforderlich. Diese werden regelmäßig in der Einholung eines Sachverständigengutachtens oder in der Verpflichtung des Bieters zur Vorlage von Unterlagen bestehen. Nach der Sichtweise des BVerfG und des OLG Frankfurt aM kommt die Einholung eines Sachverständigengutachtens bzw generell die Überprüfung der angebotenen Abfindung anhand des inneren Wertes allenfalls außerhalb des Anwendungsbereichs von Abs. 3 S. 3 in Betracht.[134] Zur Einholung eines Sachverständigengutachtens sind die Gerichte entgegen der Auffassung des LG Frankfurt aM[135] auch befugt, da insbesondere die Zielgesellschaft analog § 327 b Abs. 1 S. 2 als mitwirkungspflichtig zu betrachten ist. Da die §§ 39 a f keine Information der Minderheitsaktionäre zum Unternehmenswert vorsehen, dürfen an ihren Vortrag zur Frage der Angemessenheit des Angebots im Verfahren nach § 39 b keine hohen Substantiierungsanforderungen gestellt werden. Kann das Gericht auch im Wege der Amtsermittlung die gesetzliche Vermutung nicht widerlegen, so gilt das WpÜG-Angebot als angemessen. Die widerlegliche Vermutung der Angemessenheit der angebotenen Abfindung entspricht somit im Ergebnis der Feststellungslast der Minderheitsaktionäre als Antragsteller im Rahmen eines Spruchverfahrens nach § 327 f AktG iVm dem SpruchG.[136]

Wie unter Rn 54 a und 54 b festgestellt, teilt die Rechtsprechung die vorstehende Auffassung nicht. Das OLG Frankfurt aM und ihm insofern folgend das OLG Stuttgart erkennen nicht den inneren Wert als eine der zwingenden beiden Untergrenzen einer angemessenen Abfindung an, sondern setzen an seine Stelle allein den „Markttest" im Falle des Erreichens der 90%-Schwelle des Abs. 3 S. 3.[137] Nach der Sicht des BVerfG sollen dagegen keine verfassungsrechtlichen Bedenken bestehen.[138] Bei der Berechnung der für die gesetzliche Vermutungsregelung des Abs. 3 S. 3 maßgeblichen 90 %igen Annahmequote der Adressaten des Übernahmeangebots akzeptieren es die Gerichte, dass auch vor Veröffentlichung des Übernahmeangebots abgeschlossene und nicht veröffentlichte Verpflichtungserklärungen von Großaktionären als Annahme des Angebots betrachtet werden (sog. **irrevocable undertakings**).[139] Dies überzeugt aus mehreren Gründen nicht. Zum einen kann ein Übernahmeangebot gem. § 16 Abs. 1 S. 2 erst ab Veröffentlichung der Angebotsunterlage angenommen werden, so dass eine individualvertragliche Verpflichtungserklärung, die abgegeben wird, bevor das Übernahmeangebot überhaupt in der Welt ist, nicht als Annahme des Angebots iSv Abs. 3 S. 3 betrachtet werden kann. Zum anderen besteht bei solchen Individualabsprachen mit Großaktionären die Gefahr, dass es nicht bekannt werdende Nebenabreden gibt, die dazu führen, dass die Individualabsprachen nicht als ein schlichtes „Ja" zum Übernahmeangebot betrachtet werden können. Dass eine solche Gefahr real ist, hat die Praxis bereits bewiesen (vgl Rn 43 a).

Das **LG Frankfurt aM** will dagegen wie folgt nach der Art der vor Abgabe des Angebots geschlossenen Vereinbarung differenzieren: (1.) Ist die Vereinbarung aufschiebend bedingt durch die spätere Angebotsabgabe und den Angebotserfolg, sei eine Kausalität zwischen Erwerb und Angebot gegeben, so dass die entsprechenden Aktien zu berücksichtigen seien; (2.) hat sich dagegen der Verkäufer vor Abgabe des Angebots ein unbedingtes Erwerbrecht verschafft, seine Aktien außerhalb des Angebots zu übertragen, fehle es an der Kausalität, aufgrund solcher Vereinbarungen formal in der Angebotsfrist angediente Aktien seien daher

---

131 *Schüppen/Tretter* in: Haarmann/Schüppen, WpÜG, Rn 26 f; gegen die Verfassungswidrigkeit der Vermutung als „unwiderleglich" *Santelmann*, in: Steinmeyer/Häger, WpÜG, Rn 31, 8.
132 RGZ 103, 177 ff, 328 ff; vgl auch MüKo-BGB/*Säcker*, Bd. 1, 2012, Einl, Rn 40.
133 OLG Hamburg NJW 1952, 147, 148; *Bassenge/Herbst*, Gesetz über die Angelegenheiten der freiwilligen Gerichtsbarkeit, 8. Aufl, § 12 Rn 10; Keidel/*Sternal*, FamFG, 17. Aufl, § 29 Rn 244.
134 BVerfG ZIP 2012, 1408, 1413 = NZG 2012, 907; OLG Frankfurt aM ZIP 2009, 74 = NJW 2009, 375.
135 LG Frankfurt aM BB 2008, 2035 = NZG 2008, 665.
136 Vgl *Heidel/Lochner*, DB 2005, 2564, 2566.
137 OLG Frankfurt aM DB 2009, 54 = ZIP 2009, 74; OLG Stuttgart ZIP 2009, 1059 = WM 2009, 1416, gegen beide Entscheidungen sind Verfassungsbeschwerden anhängig unter Az: 1 BvR 128/09 und 1 BvR 1362/09.
138 BVerfG ZIP 2012, 1408, 1411 = NZG 2012, 907.
139 OLG Frankfurt aM DB 2009, 54 = ZIP 2009, 74; LG Frankfurt aM ZIP 2009, 1422, 1423 f = AG 2009, 421; LG Frankfurt aM ZIP 2008, 1769 = BB 2008, 2035.

nicht zu berücksichtigen.[140] Wenn man wie das LG Frankfurt aM die Berücksichtigung von Aktien, die aufgrund von vor Abgabe des Angebots abgegebenen Verpflichtungen differenziert danach betrachtet, ob man die Andienung der Aktien jeweils tatsächlich als Annahme des Angebots und funktionierenden „Markttest" betrachten könne, so ist auch Folgendes zu berücksichtigen: In der Lit. und Rspr wird der Markttest als eine Annahme des Angebots durch eine relevante Zahl unabhängiger Marktteilnehmer betrachtet.[141] Dies setzt zum einen voraus, dass die Andienenden tatsächlich als unabhängige Marktteilnehmer zu betrachten sind, und zum anderen, dass es sich dabei um eine relevante Anzahl von Aktionären handelt. Ist der Aktionärskreis klein und wird das Angebot jeweils von einer Handvoll Aktionäre angenommen oder abgelehnt, so rechtfertigt uE nichts die These, dass die Annehmenden in ihrer Bewertung richtiger liegen als die Ablehnenden, auch wenn die ersteren über die größere Beteiligung verfügen mögen, so dass die formalen Voraussetzungen des „Markttests" erfüllt sind. Das gilt umso mehr, wenn aufgrund von Vereinbarungen mit einer Handvoll Großaktionären bereits vor Abgabe des Angebots feststeht, dass die 90 %-Quote erreicht werden wird; auch wenn die Vereinbarungen aufschiebend bedingt durch das spätere Angebot abgeschlossen worden sein mögen, wird das Angebot selbst doch aufgrund der vorangegangenen erfolgreichen Individualverhandlungen mit den Großaktionären zur reinen Formsache, bei der es letztlich keine oder kaum mehr eine Rolle spielt, was der Kapitalmarkt zu dem Angebot sagt. Sind *irrevocable undertakings* vor Abgabe des Angebots abgeschlossen worden und sind die auf diesem Wege angedienten Aktien für die 90 %-Quote relevant, muss uE das Gericht stets durch Amtsermittlungsmaßnahmen klären, dass nicht über den bloßen Angebotspreis hinaus noch weitere Vorteile gewährt worden sind. Diese Frage stellt sich insbesondere bei der Andienung von Aktien durch aktuelle oder künftige Organmitglieder. UE bestehen grundsätzliche Bedenken, die Andienung von Aktien durch wesentlich beteiligte Organmitglieder überhaupt im Rahmen des „Markttests" zu berücksichtigen, da es ihnen an der notwendigen Unabhängigkeit fehlt. Ändern sich durch eine Übernahme die Machtverhältnisse in der Gesellschaft, so kann es aus Sicht eines wesentlich beteiligen Verwaltungsmitglieds auch dann rational sein, seine Aktien anzudienen, wenn er das Angebot für zu niedrig hält – sei es, weil er im Unternehmen verbleibt und den künftigen Machthaber nicht verärgern will, oder sei es, weil die Andienung der Aktien in seiner subjektiven Gesamtbetrachtung unter Berücksichtigung von im Zusammenhang mit der Übernahme abgeschlossenen Anstellungsverträgen, der Gewährung von Bleibeprämien oder sonstigen Managementanreizsystemen gleichwohl vorteilhaft ist. Angesichts dieser Sondersituation von Organmitgliedern, sind diese uE grundsätzlich keine neutralen Marktteilnehmer. Will man Organmitglieder nicht generell unberücksichtigt lassen, so käme eine Berücksichtigung der von ihnen angedienten Aktien allenfalls dann in Betracht, wenn der Bieter nachweist, dass die Organmitglieder im zeitlichen Zusammenhang mit der Übernahme keinerlei wirtschaftliche Vorteile erhalten haben oder ihnen solche in Aussicht gestellt wurden.[142]

65b Die Einbeziehung von Aktien in die 90 %-Erwerbsschwelle des Abs. 3 S. 3 kommt auch dann nicht in Betracht, wenn diese von mit der Bieterin nach § 2 Abs. 5 gemeinsam handelnden Personen stammen.[143] Nicht zu berücksichtigende Aktien sind bei der Berechnung der Annahmequote nicht nur im Zähler, sondern auch im Nenner abzuziehen, da sie aufgrund der Zurechnungsfunktion des § 2 Abs. 5 mit der Bieterin als Einheit zu betrachten sind.[144] Die Angemessenheitsvermutung ist widerlegt, wenn der Bieter für Parallelerwerbe eine höhere Gegenleistung erbracht hat, da dann nicht einmal eine Angemessenheit des Angebotspreises iSv § 31 vorliegt; nach Auffassung des LG Frankfurt aM führt solches lediglich zu Ansprüchen nach § 31 Abs. 4.[145]

66 **IV. Antragsfrist (Abs. 4).** Abs. 4 dient der Umsetzung von Art. 15 Abs. 4 der ÜbernahmeRL (vgl Rn 1). Er wurde im Gesetzgebungsverfahren um S. 2 ergänzt. Abs. 4 idF des RegE beschränkte sich noch auf S. 1 und darauf, Art. 15 Abs. 4 der ÜbernahmeRL umzusetzen. In der Regierungsbegründung[146] heißt es, dass sich die Annahmefrist aus der Angebotsunterlage ergebe; der Bieter habe in seinem Antrag zudem auch die angebotene Abfindung anzugeben. Der Bundesrat regte an, die Antragsfrist statt mit Ablauf der Annahmefrist erst mit dem Eintritt etwaiger aufschiebender Bedingungen beginnen zu lassen; der RegE berücksichtige nicht, dass ein Bieter das Angebot unter Bedingungen stellen könne; in der Praxis könnten Fälle auftreten,

---

140 LG Frankfurt aM AG 2013, 434 = ZIP 2013, 625; *Noack/Zwetzsche* in: Schwark/Zimmer, Kapitalmarktrechtskommentar, § 39a Rn 24; *Johannsen-Roth/Illert*, ZIP 2006, 2157, 2158; in KölnKomm-WpÜG/*Hasselbach*, § 39a Rn 57.
141 LG Frankfurt aM AG 2013, 434, 436 = ZIP 2013, 625; *Bork*, NZG 2011, 650 mwN.
142 Das OLG Frankfurt aM verlangt dagegen als Voraussetzung für die Nichtberücksichtigung der Aktien von Organmitgliedern, dass nach dem Vortrag der Minderheitsaktionäre Anhaltspunkte dafür bestehen, dass andere geldwerte Vorteile geflossen sind, OLG Frankfurt aM ZIP 2012, 1602, 1606 = AG 2012, 635. Zu derart substantiiertem Vortrag sind die von Informationen abgeschnittenen Aktionäre regelmäßig aber gar nicht in der Lage.
143 LG Frankfurt aM AG 2013, 434, 436 = ZIP 2013, 625.
144 LG Frankfurt aM AG 2013, 434, 436 = ZIP 2013, 625; *Noack/Holzborn* in: Schwark/Zimmer, Kapitalmarktrechtskommentar, § 2 WpÜG, Rn 31; vgl § 2 WpÜG, Rn 20 mwN.
145 LG Frankfurt aM AG 2013, 434, 435 = ZIP 2013, 625.
146 BT-Drucks. 16/1003, S. 22.

in denen der Bieter **aufschiebende Bedingungen**, beispielsweise fusionskontrollrechtlicher Art, in zeitlicher Hinsicht nicht beeinflussen könne.[147] Dem schloss sich der Finanzausschuss des Bundestages an:[148] Dem Bieter werde die Befugnis zur Einleitung des Ausschlussverfahrens schon dann gegeben, wenn das Angebot in einem Umfang angenommen worden ist, dass ihm beim späteren Vollzug des Angebots mindestens 95 % des Kapitals gehören; der Eintritt oder Ausfall der Bedingungen werde häufig nicht innerhalb der Frist von drei Monaten nach Ablauf der Annahmefrist feststehen; insbesondere eine noch ausstehende Kartellbedingung solle den Bieter nicht daran hindern, das Ausschlussverfahren durchzuführen. Die konkrete Formulierung von Abs. 4 S. 2 beruht auf einem wortgleichen Regelungsvorschlag des Handelsrechtsausschusses des DAV.[149] Eine Wiedereinsetzung für den Fall der unverschuldeten Versäumnis der Frist des Abs. 4 ist nicht vorgesehen.[150]

Die **gerichtliche Anordnung** des Squeeze-out darf gemäß § 39 b Abs. 3 S. 2 erst nach Vollzug des WpÜG-Angebots und Erreichen der Squeeze-out-Schwellen ergehen. 67

Eine (vom Gesetzgeber möglicherweise übersehene) Folge der Anfügung von S. 2 ist, dass das Andienungsrecht gemäß § 39 c S. 1 unabhängig davon besteht, ob die Bedingungen, unter die das Angebot gestellt ist, tatsächlich eintreten. Denn das Andienungsrecht ist nur abhängig von der Antragsberechtigung nach § 39 a, die nach Abs. 4 S. 2 unabhängig vom tatsächlichen Vollzug des Angebots ist. 68

V. Ausschließliche Zuständigkeit des LG Frankfurt aM (Abs. 5). Über den Squeeze-out entscheidet erstinstanzlich ausschließlich das LG Frankfurt aM (Abs. 5 S. 1). Der Bundesgesetzgeber konnte diese Zuständigkeit schaffen, da diese Regelung der konkurrierenden Gesetzgebung gemäß Art. 74 Abs. 1 Nr. 11 GG unterliegt.[151] 69

Nach der Regierungsbegründung wird die örtliche Zuständigkeit „durch den Sitz der (BaFin) bestimmt".[152] Im Gesetzgebungsverfahren hatte der Bundesrat erfolglos **rechtspolitische Kritik** an der Konzentration der Verfahren auf ein einziges Gericht geübt, die „nicht unter dem Gesichtspunkt der Spezialisierung geboten" sei, da bereits jetzt Verfahren durch landesrechtliche Regelung auf bestimmte Gericht konzentriert werden könnten, wovon die Länder in weitem Umfang Gebrauch gemacht haben; damit sei „gesichert", dass die Richter über ausreichende Spezialkenntnisse verfügen; die Gefahr divergierender Entscheidung werde durch die Regelung nicht beseitigt, da die anderen Landgerichte weiterhin für Squeeze-out-Verfahren nach §§ 327 a ff AktG zuständig blieben; schließlich sprächen gegen die Konzentration auch betriebswirtschaftliche Erwägungen: Eine Konzentration der Anwaltsbranche für Squeeze-out-Verfahren auf Frankfurt aM „kann nicht gewünscht sein".[153] 70

VI. Verhältnis zu §§ 327 a ff AktG (Abs. 6). §§ 327 a ff AktG finden nach Stellung eines Antrags gemäß § 39 a Abs. 6 bis zum rechtskräftigen Abschluss des Ausschlussverfahrens keine Anwendung. 71

In der **Regierungsbegründung** wird dazu auf Folgendes hingewiesen:[154] Der Ausschluss von Minderheitsaktionären gemäß § 327 a ff AktG bleibe von §§ 39 a, b grundsätzlich unberührt; sofern der Bieter Hauptaktionär gemäß § 327 a AktG sei, stehe es ihm frei, zwischen beiden Squeeze-out-Verfahren zu wählen; ausgeschlossen sei nur die gleichzeitige Durchführung des aktien- und übernahmerechtlichen Verfahrens; „beide Verfahren können nicht nebeneinander angewandt werden"; die Ausübung des aktienrechtlichen Squeeze-out sei nicht mehr möglich, sobald der Bieter einen Antrag auf Ausschluss gemäß § 39 a gestellt habe; wenn das Verfahren nach §§ 39 a, 39 b beendet sei, könne der Bieter auf das aktienrechtliche Verfahren zurückgreifen.[155] 72

Nach dem Wortlaut des Gesetzes ist nicht geklärt, ob ein Bieter, der als Hauptaktionär ein Verfahren nach §§ 327 a ff AktG in Gang gebracht hat, danach noch einen Antrag gemäß §§ 39 a, 39 b stellen darf.[156] UE ist das ausgeschlossen. Denn das Gesetz will ein **Nebeneinander beider Verfahren verhindern**. Daher hat das aktienrechtliche Squeeze-out-Verfahren eine Sperrwirkung gegenüber §§ 39 a, 39 b. Der Hauptaktionär muss zunächst das Verfahren gemäß §§ 327 a ff AktG förmlich beenden, will er das Verfahren gemäß §§ 39 a, 39 b betreiben.[157] Nach Auffassung von *Schüppen/Tretter* ist ein nach Einleitung des Verfahrens gem. §§ 39 a ff gefasster HV-Beschluss gem. § 327 a AktG nach § 241 Nr. 3 AktG nichtig, da § 39 a dem öffentlichen Interesse diene.[158] 73

---

147 BR-Drucks. 154/06; S. 9, Ziff. 12.
148 BT-Drucks. 16/1541, S. 21.
149 Stellungnahme des Handelsrechtsausschusses des DAV vom Februar 2006, Stellungnahme Nr. 04/06, abrufbar unter <www.anwaltverein.de>, S. 21 f; *Schüppen/Tretter* in: Haarmann/Schüppen, WpÜG, Rn 37; *Santelmann*, in: Steinmeyer/Häger, WpÜG, Rn 39.
150 *Santelmann*, in: Steinmeyer/Häger, WpÜG, Rn 41.
151 OLG Frankfurt aM ZIP 2012, 1602, 1603 = AG 2012, 635; BT-Drucks. 16/1003, S. 15.
152 BT-Drucks. 16/1003, S. 22; kritisch hierzu: *Schüppen/Tretter* in: Haarmann/Schüppen, WpÜG, Rn 39.
153 BR-Drucks. 154/06 S. 9 f, Ziff. 13.
154 BT-Drucks. 16/1003, S. 14, 22.
155 So auch: *Santelmann*, in: Steinmeyer/Häger, WpÜG, Rn 46; vgl *Hüffer*, § 327 a Rn 1 a.
156 *Schüppen/Tretter* in: Haarmann/Schüppen, WpÜG, Rn 44 betrachten dies freilich als „hypothetische" Frage.
157 Insoweit aA *Seibt/Heiser*, AG 2006, 301, 317, wonach „das verbandsrechtliche Ausschlussverfahren von Gesetzes wegen beendet wird, wenn der Bieter einen Ausschlussantrag stellt.".
158 *Schüppen/Tretter* in: Haarmann/Schüppen, WpÜG, Rn 41.

§ 39 b Ausschlussverfahren

(1) Auf das Verfahren für den Ausschluss nach § 39 a ist das Gesetz über das Verfahren in Familiensachen und in den Angelegenheiten der freiwilligen Gerichtsbarkeit anzuwenden, soweit in den nachfolgenden Absätzen nichts anderes bestimmt ist.

(2) Das Landgericht hat den Antrag auf Ausschluss nach § 39 a in den Gesellschaftsblättern bekannt zu machen.

(3) [1]Das Landgericht entscheidet durch einen mit Gründen versehenen Beschluss. [2]Der Beschluss darf frühestens einen Monat seit Bekanntmachung der Antragstellung im Bundesanzeiger und erst dann ergehen, wenn der Bieter glaubhaft gemacht hat, dass ihm Aktien in Höhe des zum Ausschluss mindestens erforderlichen Anteils am stimmberechtigten oder am gesamten Grundkapital der Zielgesellschaft gehören. [3]Gegen die Entscheidung des Landgerichts findet die Beschwerde statt; sie hat aufschiebende Wirkung.

(4) [1]Das Landgericht hat seine Entscheidung dem Antragsteller und der Zielgesellschaft sowie den übrigen Aktionären der Gesellschaft, sofern diese im Beschlussverfahren angehört wurden, zuzustellen. [2]Es hat die Entscheidung ferner ohne Gründe in den Gesellschaftsblättern bekannt zu geben. [3]Die Beschwerde steht dem Antragsteller und den übrigen Aktionären der Zielgesellschaft zu. [4]Die Beschwerdefrist beginnt mit der Bekanntmachung im Bundesanzeiger, für den Antragsteller und für die übrigen Aktionäre, denen die Entscheidung zugestellt wurde, jedoch nicht vor Zustellung der Entscheidung.

(5) [1]Die Entscheidung ist erst mit Rechtskraft wirksam. [2]Sie wirkt für und gegen alle Aktionäre. [3]Mit rechtskräftiger Entscheidung gehen alle Aktien der übrigen Aktionäre auf den zum Ausschluss berechtigten Aktionär über. [4]Sind über diese Aktien Aktienurkunden ausgegeben, so verbriefen sie bis zu ihrer Aushändigung nur den Anspruch auf eine angemessene Abfindung. [5]Der Vorstand der Zielgesellschaft hat die rechtskräftige Entscheidung unverzüglich zum Handelsregister einzureichen.

(6) [1]Das Gericht ordnet an, dass die Kosten der Antragsgegner, die zur zweckentsprechenden Erledigung der Angelegenheit notwendig waren, ganz oder zum Teil vom Antragsteller zu erstatten sind, wenn dies der Billigkeit entspricht. [2]Gerichtskosten für das Verfahren erster Instanz können dem Antragsgegner nicht auferlegt werden.

Literatur:
Vgl die Angaben bei § 39 a.

A. Regelungsgehalt 1	2. Rechtsmittel (Abs. 3 S. 3) 17
B. Die Regelungen im Einzelnen 2	IV. Bekanntgabe der Entscheidung des LG,
I. Verfahrensart: FamFG mit Besonderheiten	Beschwerdefrist und Beschwerdebefugnis
(Abs. 1) 2	(Abs. 4) 22
II. Bekanntmachungspflicht des Antrags (Abs. 2) . 5	V. Wirkung der Entscheidung, Registergericht,
III. Verfahrensregeln und Rechtsmittel (Abs. 3) 6	Publizität (Abs. 5) 26
1. Das Verfahren vor dem LG und dessen	VI. Kosten des Verfahrens (Abs. 6) 31
Entscheidung (Abs. 3 S. 1 und 2) 6	

A. Regelungsgehalt

1 § 39 b regelt Einzelheiten des Ausschlussverfahrens. Abweichend von §§ 327 a ff AktG vollzieht sich der übernahmerechtliche Squeeze-out nicht durch Handelsregistereintragung eines HV-Beschlusses, sondern durch Rechtskraft einer gerichtlichen Entscheidung im FamFG-Verfahren. Dies findet keine Grundlage in der ÜbernahmeRL; § 39 b enthält keine Transformation europäischer Vorgaben: Die ÜbernahmeRL (vgl insbesondere Art. 15 Abs. 2) lässt offen, in welchem Verfahren der Squeeze-out durchzuführen ist (vgl § 39 a Rn 22 ff, dort auch zur Kritik an der Ersetzung des bewährten Verfahrens nach HV-Beschluss).

B. Die Regelungen im Einzelnen

2 I. **Verfahrensart: FamFG mit Besonderheiten (Abs. 1).** Gemäß Abs. 1 ist auf das Verfahren das FamFG anzuwenden, soweit Abs. 2 bis 5 nichts anderes bestimmen.

3 Das Verfahren kommt nur auf Antrag (§ 39 a Abs. 1 S. 1, vgl § 39 a Rn 12 f) des Bieters in Gang, der in der Frist des § 39 a Abs. 4 (vgl § 39 a Rn 66 ff) gestellt werden muss und für dessen Entscheidung gemäß § 39 a Abs. 5 bundesweit ausschließlich das LG Frankfurt aM zuständig ist (vgl § 39 a Rn 69 f).

Die Folge der Unterwerfung des Ausschlussverfahrens unter das FamFG ist, dass der Grundsatz der **Amts- 4 ermittlung** gilt.[1] Zwar sind Abs. 2 bis 5 vorrangig gegenüber dem FamFG. Diese enthalten jedoch keine vom Amtsermittlungsgrundsatz abweichenden Regelungen.

II. Bekanntmachungspflicht des Antrags (Abs. 2). Das LG Frankfurt aM hat den Antrag nach § 39 a „in 5 den Gesellschaftsblättern" bekannt zu machen – somit auf jeden Fall im Bundesanzeiger (§ 25 AktG). Durch die Bekanntmachung sollen alle übrigen Aktionäre der Zielgesellschaft über den Antrag informiert werden und „ihnen die Möglichkeit eröffnet (werden), sich an dem Verfahren zu beteiligen".[2]

III. Verfahrensregeln und Rechtsmittel (Abs. 3). 1. Das Verfahren vor dem LG und dessen Entscheidung 6 (Abs. 3 S. 1 und 2). Das WpÜG enthält nur einzelne Vorschriften über das Verfahren. Es gelten daher grundsätzlich die **allgemeinen Verfahrensregeln des FamFG**.

Das Verfahren setzt einen **Antrag** des Bieters voraus (§ 39 a Abs. 1 S. 1 und Abs. 4). Der Bieter muss im An- 7 trag insbesondere die Voraussetzungen nach § 39 a darlegen, insbesondere dass er zum Ausschluss der übrigen Aktionäre berechtigt ist bzw gemäß § 39 a Abs. 4 S. 2 bei Vollzug des Angebots berechtigt sein wird. Eine Depotbescheinigung ist mit einem Sperrvermerk zu versehen, damit gesichert ist, dass der Bieter auch im Zeitpunkt des Eigentumsentzugs noch antragsbefugt ist. Anträge nach § 39 a Abs. 1 S. 1 und S. 2 sind gleichzeitig zu stellen (vgl § 39 a Rn 30). Nach Auffassung des OLG Frankfurt aM kann der Antrag mangels spezialgesetzlicher Regelungen jederzeit zurückgenommen werden; einer Zustimmung der Antragsgegner in Anlehnung an zivilprozessuale Verfahren (vgl § 269 Abs. 1) bedarf es danach nicht.[3]

Der Bieter muss im Antrag den **Betrag der angemessenen Barabfindung darlegen**, zu dem er die Übertra- 8 gung der übrigen stimmberechtigten Aktien (und ggf der übrigen Aktien ohne Stimmrecht) beantragt. Insbesondere hat der Bieter die **Angemessenheit der Höhe der Geldleistung** nach den Maßstäben von § 39 a Abs. 1 S. 1, Abs. 3 darzulegen[4] (vgl zu den Maßstäben § 39 a Rn 39 ff). Dabei kann dem Bieter zwar die widerlegliche gesetzliche Vermutung von § 39 a Abs. 3 S. 3 (vgl § 39 a Rn 55 ff) zur Seite stehen (vgl Rn 16); jedenfalls außerhalb des Anwendungsbereichs dieser Vermutung erfolgt die Bestimmung der angemessenen Abfindung durch eine Unternehmensbewertung, so dass der Bieter uE auch zum Unternehmenswert vorzutragen hat. Da auch beim übernahmerechtlichen Squeeze-out der Bieter eine angemessene Entschädigung für den wahren Aktienwert zahlen muss (vgl § 39 a Rn 41), wird er uE im Antrag inhaltlich ähnlich einem kombinierten Übertragungs- und Prüfungsbericht gemäß § 327 c Abs. 2 S. 1 und 2 AktG die Angemessenheit darstellen und belegen müssen.

Alle vom Squeeze-out „betroffenen **Aktionäre**" haben die Möglichkeit, sich an dem Verfahren zu beteili- 9 gen.[5] Betroffen sind uE auch die Aktionäre, die nur Vorzugsaktien ohne Stimmrecht halten, selbst wenn der Bieter allein die Übertragung der stimmberechtigten Aktien betreibt, da es die wirtschaftlichen und rechtlichen Interessen der übrigen Aktionäre unabhängig vom Stimmrecht berührt, wenn ein Aktionär das gesamte stimmberechtigte Kapital in seine Hand bringt, da er dann alle HV-Beschlüsse durchsetzen kann, ohne auf Gegenstimmen Rücksicht nehmen zu müssen. Zudem steht nach Abs. 4 S. 3 sogar die Beschwerde „den" übrigen Aktionären der Zielgesellschaft zu – also jedem Aktionär unabhängig von seiner unmittelbaren Betroffenheit vom Ausschluss, so dass auch jeder Aktionär als Minus das Recht auf Anhörung haben muss.

Es besteht für Bieter und die übrigen Aktionäre **kein Anwaltszwang** – entgegen § 12 Abs. 1 S. 2 SpruchG 10 auch nicht in der Beschwerdeinstanz.

Es gilt der **Amtsermittlungsgrundsatz** (§ 26 FamFG).[6] Zu den Pflichten des LG im Rahmen der Amtsermitt- 11 lung gehört insbesondere die Überprüfung der Antragsbefugnis (fristgemäße Erreichung der 95%-Schwelle), der Voraussetzungen von § 39 a Abs. 3 S. 3 und der Angemessenheit der Barabfindung. Jedenfalls außerhalb des Anwendungsbereichs von § 39 a Abs. 3 S. 3 ist es uE unerlässlich, dass das LG Sachverständige zur Ermittlung des Unternehmenswerts bzw des anteiligen Aktienwerts bestellt. Dies gilt auch dann, wenn der Bieter im Rahmen seines Antrags eine sachverständige Begutachtung vorgelegt hat, da dieses Gutachten nicht einmal durch einen gerichtlich bestellten, unabhängigen Prüfer entsprechend § 327 e Abs. 2 S. 2 AktG erstellt worden ist und daher einen noch geringeren Grad der Richtigkeitsgewähr hat als die sachverständige Begutachtung, die der BGH als eine Voraussetzung der Verfassungsmäßigkeit für den aktienrechtlichen Squeeze-out unterstellt.[7]

Für den Inhalt von evtl **Vortrag der Minderheitsaktionäre und evtl Bewertungsrügen** gelten – auch in der 12 Beschwerdeinstanz – nicht die Anforderungen von § 4 Abs. 2 S. 2 Nr. 4 und § 7 Abs. 4 S. 2, § 9 Abs. 1

---

1 Vgl zur Amtsermittlung die Kommentierungen zu § 26 FamFG.
2 BT-Drucks. 16/1003, S. 22.
3 OLG Frankfurt aM ZIP 2010, 880 = BB 2010, 1162.
4 *Schüppen/Tretter* in: Haarmann/Schüppen, WpÜG, Rn 15 fordert die „Bezifferung" der nach Auffassung des Bieters angemessenen Gegenleistung.
5 Begr. RegE BT-Drucks. 16/1003, S. 22.
6 Vgl dazu im Einzelnen die Kommentierungen zu § 26 FamFG; *Santelmann*, in: Steinmeyer/Häger, WpÜG, Rn 12.
7 Vgl BGH ZIP 2005, 2107 = AG 2005, 921 = NZG 2006, 117.

und 2, § 10 SpruchG, da solche Verfahrensförderungspflichten dem FamFG-Verfahren grundsätzlich fremd sind und es ausscheidet, die Ausnahmeregelung für das Spruchverfahren auf andere FamFG-Verfahren zu übertragen, zumal der Gesetzgeber es ausdrücklich abgelehnt hatte, für die Überprüfung der Höhe der Barabfindung besondere Verfahrensregeln oder ein besonders Verfahren zu schaffen (vgl § 39a Rn 54, vgl aber Rn 54a).

13 Entsprechend § 327e iVm § 319 Abs. 6 S. 3 AktG ist uE **mündlich zu verhandeln**, da der Entzug des Aktieneigentums einen tief greifenden Eingriff in die Rechte der übrigen Aktionäre darstellt. Die Pflicht zur mündlichen Verhandlung folgt bei Widerspruch sich beteiligender Minderheitsaktionäre gegen den begehrten Antrag gemäß Art. 6 Abs. 1 EMRK iVm § 170 GVG, da es sich bei dem Verfahren nach §§ 39a, 39b WpÜG um eine Streitigkeit in Bezug auf zivilrechtliche Ansprüche handelt und Art. 6 Abs. 1 EMRK auch für echte Streitigkeiten in der freiwilligen Gerichtsbarkeit gilt.[8]

14 Das Gericht entscheidet durch einen **mit Gründen versehenen Beschluss** (Abs. 3 S. 1).[9]

15 Vgl zur **Tenorierung** § 39a Rn 28.

16 Für den frühestmöglichen **Zeitpunkt des Beschlusses** schreibt Abs. 3 S. 2 Folgendes vor: (1) Er darf frühestens einen Monat nach Bekanntmachung des Antrags im Bundesanzeiger ergehen – nicht aber erst nach Bekanntmachung in sämtlichen Gesellschaftsblättern gemäß § 10 Abs. 2 HGB. (2) Darüber hinaus darf er erst dann ergehen, wenn der Bieter glaubhaft gemacht hat, dass ihm Aktien in Höhe des zum Ausschluss mindestens erforderlichen Anteils am Grundkapital gehören; diese Regelung ist eine Folge von § 39a Abs. 4 S. 2 zu lesen ist, wonach die Antragsberechtigung unabhängig davon ist, ob der Bieter tatsächlich die Squeeze-out-Schwellen erreicht hat. Zweck der Regelung ist, dass das Ausschlussverfahren vor Eintritt der aufschiebenden Bedingung, unter die ein WpÜG-Angebot gestellt worden ist, soweit vorangetrieben werden kann, dass zu seinem Abschluss nur noch der Vollzug des WpÜG-Angebots erforderlich ist.[10] Der Wortlaut der Regelung beruht auf einer Stellungnahme des Deutschen AnwaltVereins im Gesetzgebungsverfahren,[11] wonach als Folge der Einfügung von § 39a Abs. 4 S. 2 für den § 39b Abs. 4 S. 4 dem Bieter aufzuerlegen „wäre..., den Erwerb der Ausschlussmehrheit im Ausschlussverfahren darzulegen und zu beweisen"; als konkrete Formulierung unterbreitete der DAV aber den Gesetz gewordenen Passus, die Entscheidung dürfe erst ergehen, wenn der Bieter „glaubhaft gemacht hat", dass ihm die Aktien gehören. Jedoch genügt zum Beweis von Tatsachen in FamFG-Verfahren die Glaubhaftmachung nicht. In FamFG-Verfahren müssen Tatsachen grundsätzlich zur vollen Überzeugung des Gerichts bewiesen werden; eine Glaubhaftmachung ist nur dann ausreichend, wenn das Gesetz diese Möglichkeit ausdrücklich zulässt.[12] Daher ist S. 2 korrigierend auszulegen: Es muss zur vollen Überzeugung des Gerichts feststehen, dass der Bieter die Squeeze-out-Schwellen erreicht hat.[13]

17 **2. Rechtsmittel (Abs. 3 S. 3).** Gegen die Entscheidung des LG findet die **Beschwerde** statt (§ 39b Abs. 3 S. 3 WpÜG, § 58 Abs. 1 FamFG, vgl zum Fristbeginn und zur Beschwerdeberechtigung § 39b Abs. 4 S. 3 und 4). Die Beschwerde ist beim LG Frankfurt aM durch Einreichung einer Beschwerdeschrift einzulegen. Das LG hat gemäß § 68 Abs. 1 FamFG über eine etwaige Abhilfe zu entscheiden bzw die Beschwerde im Falle der Nichtabhilfe dem OLG zur Entscheidung vorzulegen.

18 Die Beschwerde hat entgegen § 64 Abs. 3 FamFG **aufschiebende Wirkung** (Abs. 3 S. 3, vgl auch Abs. 5 S. 1).

19 Über die Beschwerde entscheidet im Falle der Nichtabhilfe des LG das **OLG Frankfurt aM** Das OLG prüft sowohl Sach- als auch Rechtsfragen. Neuer Tatsachenvortrag und Beweise sind zulässig (§ 65 Abs. 3 FamFG). Es besteht **kein Anwaltszwang**;[14] § 12 Abs. 1 S. 2 SpruchG gilt nicht – mangels Regelungslücke auch nicht analog.

20 Das OLG entscheidet durch **mit Gründen versehenen Beschluss** (§ 69 FamFG).

21 Die **weitere Beschwerde** gegen den Beschluss des OLG Frankfurt aM war nach § 39b Abs. 3 S. 6 aF ausgeschlossen.[15] Seit Einführung von § 70 Abs. 1 FamFG ist die Rechtsbeschwerde bei Zulassung durch das OLG[16] statthaft.

22 **IV. Bekanntgabe der Entscheidung des LG, Beschwerdefrist und Beschwerdebefugnis (Abs. 4).** Das LG hat gemäß Abs. 4 S. 1 seine Entscheidung dem Bieter, der Zielgesellschaft und deren Aktionären, sofern diese von ihrem Recht auf Anhörung gemacht haben (vgl Rn 9), **zuzustellen**.

---

[8] BGHZ 124, 204 = WM 1994, 313; LG Frankfurt aM AG 2013, 434 = ZIP 2013, 625; Lipp FPR 2011, 37 mwN.
[9] Vgl allg. zur Begründungspflicht zB *Meyer-Holz*, in: Keidel, FamFG, § 38 Rn 62ff.
[10] Finanzausschuss, Beschlussempfehlung und Bericht, BT-Drucks. 16/1541, S. 21f.
[11] Stellungnahme des Handelsrechtsausschusses des DAV vom Februar 2006, Stellungnahme Nr. 04/06, abrufbar unter <www.anwaltverein.de>, S. 22.
[12] Vgl statt aller *Sternal*, in: Keidel, FamFG, § 29 Rn 5ff.
[13] *Schüppen/Tretter*, in: Haarmann/Schüppen, WpÜG, Rn 11.
[14] *Sternal*, in: Keidel, FamFG, § 64 Rn 50.
[15] Geändert mit Wirkung zum 1.9.2009 durch Art. 111 des Gesetzes v. 17.12.2008, BGBl. I S. 2586.
[16] Die Rechtsbeschwerde hat das OLG bereits in einem Fall zugelassen, OLG Frankfurt aM ZIP 2012, 1602, 1608 = AG 2012, 635.

Gemäß Abs. 4 S. 2 hat das LG die Entscheidung ohne Gründe in den Gesellschaftsblättern **bekannt zu machen**. 23

Die **Beschwerdebefugnis** steht gemäß Abs. 4 S. 3 neben dem Bieter allen übrigen Aktionären der Zielgesellschaft zu, und zwar unabhängig davon, ob sie sich an dem Ausschlussverfahren beteiligt haben. 24
Nach Auffassung des OLG Frankfurt aM steht die Beschwerde den übrigen Aktionären nur zu, soweit ein Beschwerdewert von 600 EUR überschritten sei, was das OLG aus § 39 b Abs. 1 WpÜG iVm § 61 Abs. 1 FamFG herleiten will.[17] Das OLG verlangt, dass jeder Beschwerdeführer darlegen und unter Vorlage eines Belegs über die Anzahl der gehaltenen Aktien nachweisen müsse, so viele Aktien zu halten, dass unter Berücksichtigung der Abfindung je Aktie eine höhere Beschwer als 600 EUR vorhanden sei.[18] Diese Auffassung vermag nicht zu überzeugen. § 39 b Abs. 1 verweist nur eingeschränkt auf das FamFG, „soweit in den Absätzen 2 bis 5 nichts anderes bestimmt ist"; in § 39 b Abs. 4 S. 3 spricht das Gesetz die Beschwerdebefugnis uneingeschränkt allen übrigen Aktionären der Zielgesellschaft zu und knüpft diese Berechtigung ausschließlich an die Beachtung einer Beschwerdefrist. Das ist auch konsequent, da aus Sicht der Minderheitsaktionäre der unmittelbare Eingriff in das Aktieneigentum gerade durch den dem Squeeze-out-Antrag stattgebenden Beschluss des LG erfolgt. Würde man Aktionären, deren Beschwer 600 EUR nicht übersteigt, die Beschwerde verweigern, so bedeutete dies, dass ihnen gegen den enteignenden Akt überhaupt kein Rechtsbehelf zur Verfügung stünde. Dies wäre verfassungsrechtlich unzulässig. Im Übrigen folgt aus den §§ 31 a, 30 Abs. 1 S. 4 RVG, dass der Wert unabhängig vom Wert der Aktien mindestens 5.000 EUR beträgt, so dass für die Frage der Beschwer nichts anderes gelten kann.

Abs. 4 S. 4 regelt den Beginn der **Beschwerdefrist**, deren Dauer sich nach § 63 FamFG richtet: Diese beginnt 25
grundsätzlich mit der Bekanntmachung der Entscheidung im Bundesanzeiger gemäß Abs. 4 S. 1; für den Bieter und für die übrigen Aktionäre, „denen die Entscheidung zugestellt wurde", beginnt die Beschwerdefrist nach S. 4 jedoch nicht vor Zustellung der Entscheidung. Diese Regelung ist nach Sinn und Zweck erweiternd so auszulegen, dass es für den Beginn der Beschwerdefrist nicht darauf ankommt, ob die Entscheidung dem Bieter und den übrigen Aktionären, die von ihrem Recht auf Anhörung Gebrauch gemacht haben und denen die Entscheidung daher gemäß Abs. 4 S. 1 zugestellt werden muss, nach dem vordergründigen Wortlaut des Gesetzes tatsächlich „zugestellt wurde"; vielmehr beginnt die Beschwerdefrist nicht vor der jeweiligen Zustellung der Entscheidung; denn aufgrund der Beteiligung am Verfahren haben die Bieter und Aktionäre einen Anspruch auf Zustellung der Entscheidung und brauchen sich nicht darauf verweisen zu lassen, dass sie ja tagtäglich den Bundesanzeiger hätten verfolgen können, um den Beginn der Beschwerdefrist zu beobachten.

V. Wirkung der Entscheidung, Registergericht, Publizität (Abs. 5). Die gerichtliche Entscheidung entfaltet 26
Wirkung erst mit Rechtskraft (S 1), sie wird also frühestens nach Ablauf der Beschwerdefrist nach § 39 b Abs. 3 S. 3 WpÜG iVm § 63 FamFG wirksam (vgl zum Beginn der Beschwerdefrist Abs. 4 S. 4, Rn 25).
Die Entscheidung wirkt **für und gegen alle Aktionäre**. Mit rechtskräftiger Entscheidung gehen alle vom 27
Ausschluss gemäß § 39 a Abs. 1 S. 1 und ggf S. 2 betroffen Aktien der übrigen Aktionäre auf den zum Ausschluss berechtigten Bieter über Zug-um-Zug gegen Gewährung der vom Gericht festgesetzten angemessenen Abfindung (§ 39 b Abs. 5 S. 2 und 3). Vgl zur Tenorierung § 39 a Rn 28.
Die **Aktienurkunden** verbriefen gemäß Abs. 5 S. 4 den Zug-um-Zug gegen Übergabe der Aktienurkunden 28
zu erfüllenden Anspruch auf Leistung der angemessenen Abfindung.[19]
Gemäß Abs. 5 S. 5 muss der Vorstand „die rechtskräftige Entscheidung" – dh sowohl eine Entscheidung, 29
die dem Antrag stattgibt, als auch eine solche, die den Antrag abweist – unverzüglich (§ 121 Abs. 1 S. 1 BGB) **zum Handelsregister einzureichen,** was der Gesetzgeber nach dem Vorbild von § 99 Abs. 5 AktG normiert hat.

Nicht ausdrücklich geregelt ist die **Pflicht zur Veröffentlichung der Entscheidung des OLG oder der Rechts-** 30
kraft der Entscheidung des LG. Der Mangel beruht auf einem offensichtlichen Redaktionsversehen. In der Regierungsbegründung heißt es insoweit, dass „die Eintragung in das Handelsregister nach S. 5 ... der Publizität und Rechtssicherheit (dient)";[20] offensichtlich schwebte dem Gesetzgeber vor, dass das Handelsregister den Squeeze-out in das Handelsregister eintragen muss, was Veröffentlichungspflichten nach § 10 HGB nach sich gezogen hätte. Eine Eintragungspflicht im Handelsregister hat der Gesetzgeber aber gerade nicht geregelt; die Registereintragung ist auch nicht konstitutiv für den Squeeze-out, sondern konstitutiv ist die rechtskräftige gerichtliche Entscheidung. Bis zu einer Beseitigung des offensichtlichen Redaktionsfehlers wird man den Vorstand der Zielgesellschaft als verpflichtet ansehen müssen, die rechtskräftige Entscheidung unverzüglich als zur Eintragung in das Handelsregister entsprechend § 327 e Abs. 1 AktG anzumelden

---

17 OLG Frankfurt aM ZIP 2012, 1602, 1603 = AG 2012, 635; vgl auch KölnKomm-WpÜG/*Hasselbach*, § 39 b Rn 45.
18 OLG Frankfurt aM ZIP 2012, 1602, 1603 f = AG 2012, 635.
19 *Santelmann*, in: Steinmeyer/Häger, WpÜG, Rn 42.
20 BT-Drucks. 16/1003, S. 23.

und einzureichen, und darüber hinaus das Registergericht als zur Eintragung verpflichtet ansehen. Darüber hinaus ist der Bieter analog § 14 Abs. 1 Nr. 3 iVm § 1 Nr. 3 SpruchG verpflichtet, die rechtskräftige Entscheidung bekannt zu machen.

31 **VI. Kosten des Verfahrens (Abs. 6).** Abs. 6 wurde durch das 2. Kostenrechtsmodernisierungsgesetz mit Wirkung zum 1. August 2013 geändert.[21] Inhaltliche Änderungen brachte dies kaum.[22] Die Kostenregelung von Abs. 6 aF lehnte sich eng dem § 99 Abs. 6 AktG und § 15 SpruchG an. S. 1 bis 4 aF entsprachen fast wortgleich § 99 Abs. 6 AktG mit dem Unterschied, dass § 39 b Abs. 6 S. 4 genauer definierte, wann die gerichtliche Entscheidung als ergangen gilt.

32 Der **Geschäftswert** war in S. 5 und 6 aF festgelegt und ist nunmehr inhaltsgleich in § 73 GNotKG geregelt. Nach der Regierungsbegründung[23] soll er dem Wert der Aktien entsprechen, auf die sich der Antrag des Bieters bezieht; der Mindest- und Höchstwert entspricht § 15 Abs. 1 S. 2 SpruchG. Abs. 6 S. 4 aF, wonach für die Bestimmung des Geschäftswerts der Zeitpunkt der Antragstellung maßgeblich ist, ist zwar weggefallen; dieser Grundsatz gilt jedoch weiterhin aufgrund der allgemeinen Wertvorschrift des § 59 GNotKG.[24]

33 **Schuldner der Gerichtskosten** ist ausnahmslos der Bieter (§ 22 Abs. 1 GNotKG).[25]

34 Gemäß Abs. 6 S. 8 soll der Bieter auch die **Kosten der übrigen Aktionäre** tragen, soweit dies „der Billigkeit entspricht"; dies ist insbesondere dann der Fall, wenn der Antrag zurückgewiesen wurde bzw die Einwände der Minderheitsaktionäre beachtlich waren.[26] Gleiches gilt, wenn der Antrag zurückgenommen wird. Eine entsprechende Regelung enthält § 15 Abs. 4 SpruchG, so dass auf dessen Wertungen grundsätzlich zurückgegriffen werden kann (vgl § 15 SpruchG Rn 22 ff). Allerdings gilt die Besonderheit, dass die übrigen Aktionäre vor der Beteiligung im Verfahren nach § 39 b anders als bei den Verfahren, für die §§ 1, 15 SpruchG gelten, keine Informationen darüber haben, ob die beantragte Abfindung auch tatsächlich die angemessene Abfindung im Verhältnis zum inneren Wert der Aktien ist; auch fehlt ihnen jede Information darüber, ob die Voraussetzungen des Antrags und zumal ein Erreichen der 90%-Schwelle des § 39 a Abs. 3 S. 3 tatsächlich vorliegen. UE wird daher abgesehen von krassen Ausnahmefällen regelmäßig die gerichtliche Billigkeitsentscheidung zu treffen sein, dass den übrigen Aktionären, die sich am Verfahren nach § 39 b beteiligen, die Kosten zu erstatten sind, die zur zweckentsprechenden „Erledigung der Angelegenheit" notwendig waren. Nach Auffassung des OLG Frankfurt aM sind die Kosten der übrigen Aktionäre dem Bieter jedenfalls im Fall einer Antragsrücknahme aufzuerlegen.[27]

35 Dazu gehört auch die **Erstattung von Anwaltskosten.** Den Gegenstandswert der anwaltlichen Tätigkeit regelt § 31 a RVG, wonach sich der Gegenstandswert nach dem Wert der Aktien richtet, die dem Auftraggeber im Zeitpunkt der Antragstellung gehören. Diese Streitwertbesonderheit weicht ab von dem Prinzip, dass sich der Gegenstandswert der Rechtsanwaltsgebühren grundsätzlich nach den für die Gerichtsgebühren geltenden Wertvorschriften richtet und die gerichtliche Festsetzung des Gegenstandswerts auch für Gebühren des Rechtsanwalts maßgebend ist (§ 23 Abs. 1 S. 1, § 32 Abs. 1 RVG). Hiervon macht das Gesetz nach der Regierungsbegründung zielgerichtet eine Ausnahme: Vertrete der Rechtsanwalt auf Antragsgegnerseite nicht alle Aktionäre, sollte sich sein Vergütungsanspruch „nur nach dem Wert der Aktien seines oder seiner Auftraggeber richten"; vertrete ein Anwalt mehrere Antragsgegner, solle er die Gebühren nur einmal aus der Summe der auf ihm vertretenen Antragsgegner entfallenden Werte enthalten; Nr. 1008 des Vergütungsverzeichnisses zum RVG, der eine Erhöhung des Gebührensatzes vorsieht, solle keine Anwendung finden.[28] Für das erstinstanzliche Verfahren vor dem LG entstehen Gebühren nach Teil 3 Abschn. 1 des Vergütungsverzeichnisses zum RVG (vgl Vorbem. 3.1 Abs. 1 Vergütungsverzeichnis RVG). Für das Beschwerdeverfahren entstehen die Gebühren nach Teil 3 Abschn. 2 des Vergütungsverzeichnisses zum RVG (vgl Vorbem. 3.2.1 Abs. 1, Nr. 5 Vergütungsverzeichnis RVG).

§ 39 c Andienungsrecht

¹Nach einem Übernahme- oder Pflichtangebot können die Aktionäre einer Zielgesellschaft, die das Angebot nicht angenommen haben, das Angebot innerhalb von drei Monaten nach Ablauf der Annahmefrist annehmen, sofern der Bieter berechtigt ist, einen Antrag nach § 39 a zu stellen. ²Erfüllt der Bieter seine Verpflichtungen nach § 23 Abs. 1 Satz 1 Nr. 4 oder Satz 2 nicht, beginnt die in Satz 1 genannte Dreimonatsfrist erst mit der Erfüllung der Verpflichtungen zu laufen.

---

21 Art. 25 des 2. KostRMoG, BGBl. I 2013, 2586, 2706.
22 Vgl Regierungsentwurf zu § 73 GNotKG, BT-Drucks 17/11471, S. 176.
23 BT-Drucks. 16/1003, S. 23.; ebenso LG Frankfurt aM, Beschl. v. 28.3.2013 – 3-05 O 173/12 (n.v.).
24 RegE, BT-Drucks 17/11471, S. 176.
25 Vgl zur alten Rechtslage LG Frankfurt aM, Beschl. v. 28.3.2013 – 3-05 O 173/12 (n.v.).
26 Vgl *Schüppen/Tretter*, in: Haarmann/Schüppen, WpÜG, Rn 27; *Santelmann*, in: Steinmeyer/Häger, WpÜG, Rn 51.
27 OLG Frankfurt aM ZIP 2010, 880 = BB 2010, 1162.
28 Begr. RegE BT-Drucks. 16/1003, S. 24.

Literatur:
Vgl die Angaben bei § 39 a.

A. Regelungsgehalt 1
B. Voraussetzungen (S. 1) 3
  I. Inhaber des Andienungsrechts 3
  II. Berechtigung des Bieters zum übernahmerechtlichen Squeeze-out 4
  III. Verpflichteter des Andienungsrechts 6
C. Ausübung des Andienungsrechts durch die außenstehenden Aktionäre 7
  I. Erklärung der Annahme 7
  II. Annahmefrist 8
D. Rechtsfolgen 10
  I. Andienungsverpflichtung 10
  II. Anspruch auf Gegenleistung 11
  III. Kein verfassungsrechtlicher Anspruch auf Andienung 13
E. Geltendmachung des Andienungsrechts 15
  I. Verfahren 16
  II. Gerichtliche Zuständigkeit 18

A. Regelungsgehalt

Das Andienungsrecht des § 39 c wurde eingeführt durch das Übernahmerichtlinie-Umsetzungsgesetz.[1] Die Vorschrift soll der Umsetzung von Art. 16 der ÜbernahmeRL dienen.[2] Zur Entstehungsgeschichte der ÜbernahmeRL (vgl § 39 a Rn 2 ff). Der Gesetzgeber hat das Andienungsrecht als Verlängerung der Annahmefrist des vorangegangenen Pflicht- oder Übernahmeangebots ausgestaltet, so dass dieses der „Zaunkönig"-Regelung des § 16 Abs. 2 ähnelt,[3] wobei § 16 Abs. 2 jedoch nur auf Übernahmeangebote beschränkt ist (vgl im Einzelnen § 16 Rn 4). Teilweise wird bestritten, dass es sich bei der in § 39 c vorgesehenen erweiterten Annahmefrist überhaupt um ein Andienungsrecht iSv Art. 16 ÜbernahmeRL handelt.[4] Zutreffend an dieser Kritik ist, dass § 39 c in Abweichung von Art. 16 Abs. 2 ÜbernahmeRL lediglich ein Recht zur Annahme des WpÜG-Angebots, nicht aber zum Verkauf zu einem angemessenen Preis vorsieht. Zur Europarechtswidrigkeit von § 39 c vgl Rn 12. 1

Nationale Vorbilder für Sell-out-Regelungen finden sich etwa in Großbritannien, Frankreich, Italien oder der Schweiz.[5] Die Aufnahme einer Sell-out-Regelung in der ÜbernahmeRL geht auf die Konsultation der durch die EU-Kommission 2001 eingesetzten High Level Group of Experts on Corporate Law, der sog. *Winter*-Gruppe, zurück.[6] Spiegelbildlich zu dem Recht des Bieters zur Durchführung eines Squeeze-outs im Anschluss an ein Pflicht- oder Übernahmeangebot gemäß §§ 39 a, b sollen die außenstehenden Aktionäre in dieser Situation ein besonderes Verkaufsrecht gegen den Bieter haben. Ein entsprechendes Aktionärsrecht sieht das deutsche Recht für den aktienrechtlichen Squeeze-out nach §§ 327 a ff AktG nicht vor. Rechtspolitisch ist die auf europarechtlichen Vorgaben beruhende Einführung eines Andienungsrechts von Aktionären zu begrüßen. De lege ferenda ist eine entsprechende Regelung schon aus Gesichtspunkten der Waffengleichheit auch im AktG in Anbindung an die §§ 327 a ff AktG zu fordern.[7] Zur Frage eines verfassungsrechtlichen Anspruchs auf Andienung (vgl unten Rn 13 f). § 39 c soll eine unbürokratische und praktikable Umsetzung der ÜbernahmeRL gewährleisten;[8] da die Regelung des Andienungsrechts jedoch zahlreiche Fragen und insbesondere seine Umsetzung vollkommen ungeklärt lässt, bewirkt die Vorschrift genau das Gegenteil (vgl Rn 15 ff). Diese Kritik sieht sich darin betätigt, dass das Andienungsrecht in der Praxis bislang praktisch bedeutungslos geblieben ist.[9] 2

B. Voraussetzungen (S. 1)

I. Inhaber des Andienungsrechts. Das Andienungsrecht steht denjenigen Aktionären der Zielgesellschaft eines Übernahme- oder Pflichtangebots zu, die das **WpÜG-Angebot** zuvor **nicht angenommen** haben. Das Andienungsrecht gilt nicht für sonstige Angebote nach WpÜG. Diese Beschränkung auf Übernahme- und 3

---

1 Gesetz zur Umsetzung der Richtlinie 2005/25/EG des Europäischen Parlaments und des Rates v. 21.4.2004 betreffend die Übernahmeangebote (Übernahmerichtlinie-Umsetzungsgesetz), BGBl. I 2006 S. 1426.
2 Richtlinie 2004/25/EG des Europäischen Parlaments und des Rates v. 21.4.2004 betreffend die Übernahmeangebote, ABl. EU Nr. L 142, 12, 22 v. 30.4.2004.
3 So auch Stellungnahme des DAV durch den Handelsrechtsausschuss 04/06 v. Februar 2006, abrufbar unter <www.anwaltverein.de>, S. 23; vgl auch *Simon*, Der Konzern 2006, 12, 17; *Kann/Just*, DStR 2006, 328, 332.
4 *Schüppen*, BB 2005, 165, 169.
5 Vgl *Hasselbach*, ZGR 2005, 387, 391 mwN; nach *Maul/Muffat-Jeandet*, AG 2004, 306, 317 sind Sell-out-Regelungen auch in Skandinavien verbreitet; vgl ferner den Überblick im *Winter*-Bericht (Bericht der hochrangigen Gruppe von Experten auf dem Gebiet des Gesellschaftsrechts über die Abwicklung von Übernahmeangeboten, Brüssel, 10.1.2002, S. 68 ff.
6 *Winter*-Bericht (Bericht der hochrangigen Gruppe von Experten auf dem Gebiet des Gesellschaftsrechts über die Abwicklung von Übernahmeangeboten, Brüssel, 10.1.2002, S. 72 f; *Hasselbach*, ZGR 2005, 387, 389; *Maul*, DB 2003, 27 ff.
7 Vgl *Hasselbach*, ZGR 2005, 387, 397 zu Bestrebungen, auf EU-Ebene ein allg. gesellschaftsrechtliches Andienungsrecht für Minderheitsaktionäre einzuführen.
8 Begr. RegE, BT-Drucks. 16/1003, S. 23.
9 Vgl aber LG Berlin ZIP 2010, 884 ff; BGH DB 2013, 338 = Konzern 2013, 290 mit Anm. *Lochner*.

Pflichtangebote ist richtlinienkonform. Zwar sieht Art. 16 S. 1 ÜbernahmeRL (vgl § 39 a Rn 1), zu dessen Umsetzung § 39 c dient,[10] allgemein eine Verpflichtung der Mitgliedstaaten vor, ein Andienungsrecht in Anknüpfung an ein „an alle Wertpapierinhaber der Zielgesellschaft gerichtetes Angebot für sämtliche Wertpapiere" zu schaffen.[11] Art. 2 Abs. 1 ÜbernahmeRL definiert ein Angebot übertragen auf die Definitionen des WpÜG als Pflichtangebot nach § 35 oder Übernahmeangebot nach § 29 a Abs. 1, so dass § 39 c insofern die Vorgaben der ÜbernahmeRL umsetzt.

4 **II. Berechtigung des Bieters zum übernahmerechtlichen Squeeze-out.** Gemäß § 39 c S. 1 aE besteht ein Andienungsrecht nur, wenn der Bieter antragsbefugt für einen übernahmerechtlichen Squeeze-out nach §§ 39 a f ist. Die **Antragsbefugnis des Bieters** für einen übernahmerechtlichen Squeeze-out ist somit Tatbestandsvoraussetzung des Andienungsrechts, vgl zur Squeeze-out-Antragsbefugnis § 39 a Rn 1 ff.

5 Das Andienungsrecht entsteht auch dann, wenn die Schwellenwerte des § 39 a Abs. 1 nur vorübergehend erreicht werden.[12] UE kann ein Andienungsrecht sogar entstehen, ohne dass der Bieter die in § 39 a Abs. 1 genannten Schwellenwerte jeweils tatsächlich erreicht. Denn nach §§ 39 c S. 1, 39 a Abs. 4 S. 2 besteht eine Berechtigung des Bieters zum Squeeze-out, und damit auch ein Recht der außenstehenden Aktionäre zum Sell-out, bereits dann, wenn das Übernahme- und Pflichtangebot in einem Umfang angenommen worden ist, dass dieses dem Bieter beim späteren Vollzug des Angebots Aktien in der nach § 39 a Abs. 1 erforderlichen Anteilshöhe verschaffen wird. Daraus folgt zugleich, dass ein Andienungsrecht auch dann entsteht, wenn es trotz einer entsprechenden Annahmequote nicht im vollen Umfang zum Vollzug des Angebots kommt, dh dem Bieter nach dem späteren Vollzug nicht Anteile der Zielgesellschaft in der in § 39 a Abs. 1 genannten Höhe gehören (vgl § 39 a Rn 14 ff).[13] Der BGH stellt dagegen in seiner bislang einzigen Entscheidung zu § 39 c hinsichtlich des Erreichens der 95%-Schwelle darauf ab, wie viele Aktien tatsächlich erworben wurden;[14] an anderer Stelle der Entscheidung weist er jedoch darauf hin, dass nach § 39 a Abs. 4 S. 2 unter bestimmten Voraussetzungen auch der Abschluss eines Verpflichtungsgeschäfts als Squeeze-out-Voraussetzung genügen kann.

6 **III. Verpflichteter des Andienungsrechts.** Das Andienungsrecht besteht gemäß S. 1 gegenüber dem **Bieter**. Zum Begriff des Bieters vgl § 39 a Rn 12 f.

C. Ausübung des Andienungsrechts durch die außenstehenden Aktionäre

7 **I. Erklärung der Annahme.** Die außenstehenden Aktionäre üben das Andienungsrecht gemäß S. 1 durch Erklärung der Annahme aus, dh durch empfangsbedürftige Willenserklärung gegenüber dem Bieter. Mit Zugang der Annahmeerklärung kommt zwischen dem Bieter und dem das Andienungsrecht ausübenden Aktionär ein **synallagmatischer Vertrag** zustande. Die Rechtsnatur dieses Vertrages ist abhängig von der Art des zugrunde liegenden WpÜG-Angebots. Es handelt sich entweder um einen Aktienkaufvertrag oder um einen Aktientausch (vgl dazu Rn 11). Der Aktionär ist frei, den Umfang der Ausübung seines Andienungsrechts zu bestimmen. Er kann somit nach seinem Belieben alle oder auch nur einen Teil seiner Aktien der Zielgesellschaft dem Bieter andienen.

8 **II. Annahmefrist.** Das Andienungsrecht der Minderheitsaktionäre ist zeitlich beschränkt.[15] Gemäß § 39 c S. 1 ist es innerhalb von drei Monaten nach Ablauf der Annahmefrist für das vorangegangene Übernahme- oder Pflichtangebot anzunehmen. § 39 c S. 1 bestimmt somit eine gesetzliche Verlängerung der vom Bieter bestimmten Annahmefrist seines Übernahme- oder Pflichtangebots um einen Zeitraum von drei Monaten. Damit gleicht § 39 c S. 1 der „Zaunkönig"-Regelung des § 16 Abs. 2 mit dem wesentlichen Unterschied, dass die „Zaunkönig"-Regelung nur für Übernahmeangebote, nicht aber für Pflichtangebote gilt (vgl § 16 Rn 4). Im Falle der Anwendbarkeit beider Vorschriften beginnt der Fristablauf jeweils gleichzeitig, so dass es nicht durch das Zusammentreffen der beiden Regelungen zu einer doppelten Verlängerung der ursprünglichen Annahmefrist kommt. Dies folgt aus der Regierungsbegründung, die klar zwischen der Annahmefrist (§ 16 Abs. 1) und der *weiteren Annahmefrist*, der Frist der „Zaunkönig"-Regelung in § 16 Abs. 2 S. 1 (vgl § 16 Rn 4), unterscheidet und die 3-Monats-Frist des § 39 c an die Annahmefrist, also an die nach § 16

---

10 So ausdrücklich die Gesetzesbegründung zum RegE BT-Drucks. 16/1003, S. 23.

11 Richtlinie 2004/25/EG des Europäischen Parlaments und des Rates v. 21.4.2004 betreffend die Übernahmeangebote, ABl. EU Nr. L 142, 12, 22 v. 30.4.2004.

12 *Hasselbach*, ZGR 2005, 387, 394; aA *Krause*, BB 2002, 2341, 2346; *Winter*-Bericht (Bericht der hochrangigen Gruppe von Experten auf dem Gebiet des Gesellschaftsrechts über die Abwicklung von Übernahmeangeboten, Brüssel, 10.1.2002; Europaparlament, Empfehlung über die 2. Lesung v. 19.11.2000, PE 294, 900, S. 77.

13 AA *Schüppen/Tretter* in: Haarmann/Schüppen, WpÜG, Rn 6: in Fällen in denen der Bieter zu keinem Zeitpunkt die 95 % Schwelle erreicht, entsteht kein Andienungsrecht.

14 BGH DB 2013, 338 = Konzern 2013, 287 mit Anm. *Lochner*.

15 Für eine zeitliche Beschränkung bereits die Stellungnahme der Group of German Experts on Corporate Law, ZIP 2002, 1310, 1323.

Abs. 1 vom Bieter bestimmte Frist, knüpft.[16] Die 3-Monats-Frist beginnt daher grundsätzlich an dem Tag nach Ablauf der vom Bieter gemäß § 16 Abs. 1 bestimmten Frist.

Hat der Bieter seine **Verpflichtung nach § 23 Abs. 1 S. 1 Nr. 4 oder S. 2** zur unverzüglichen Bekanntmachung der für ein Squeeze-out nach § 39a erforderlichen Beteiligungshöhe nicht oder nicht ordnungsgemäß erfüllt, so regelt § 39 c S. 2, dass die 3-Monats-Frist des S. 1 erst mit Erfüllung der Bekanntmachungspflicht des Bieters zu laufen beginnt.[17] Die Regelung trägt dem Problem Rechnung, dass mit Ablauf der Annahmefrist uU noch nicht feststeht, ob der Bieter die Antragsbefugnis zum Squeeze-out erlangen wird. Zu denken ist hier etwa an Fälle einer notwendigen vorherigen kartellrechtlichen Prüfung des Beteiligungserwerbs, bei deren Abschluss die Frist zur Geltendmachung des Andienungsrechts nach § 39 c S. 1 schon längst abgelaufen sein kann. Kommt der Bieter in diesen Fällen nach einem kartellrechtlichen OK seiner Mitteilungspflicht nach § 23 Abs. 1 S. 1 Nr. 4 nach, so löst erst dies die 3-Monats-Frist aus.

D. Rechtsfolgen

I. Andienungsverpflichtung. Durch die Ausübung des Andienungsrechts verpflichtet sich der Aktionär nach Maßgabe des Umfangs seiner Annahmeerklärung seine Aktien der Zielgesellschaft dem Bieter Zug um Zug gegen Erbringung der von diesem geschuldeten Gegenleistung anzudienen. Der Rechtsübergang erfolgt erst mit Übertragung durch den Minderheitsaktionär, nicht bereits durch die Annahmeerklärung.

II. Anspruch auf Gegenleistung. Die Art der vom Bieter zu erbringenden **Gegenleistung** richtet sich **nach Maßgabe des jeweiligen Übernahme- oder Pflichtangebots.** Diese kann grundsätzlich gemäß § 31 Abs. 2 in einer Geldleistung in Euro oder in liquiden Aktien bestehen, die zum Handel an einem organisierten Markt zugelassen sind; vgl zur Pflicht zur Abgabe eines zwingenden alternativen Barangebots gemäß § 31 Abs. 3, § 31 Rn 24 ff. Da nach dem klaren Wortlaut von S. 1 das Andienungsrecht darin besteht, „das Angebot" anzunehmen, bestimmt der konkrete Inhalt des Übernahme- und Pflichtangebots die vom Bieter nach § 39 c S. 1 geschuldete Gegenleistung. Auch die Regierungsbegründung bestätigt, dass das Andienungsrecht eine Annahme des Übernahme- und Pflichtangebots des Bieters nach Ablauf der ursprünglichen Annahmefrist ist.[18]

Diese Regelung mag pragmatisch sein, da sie insbesondere ein Spruchverfahren zur Bestimmung der Gegenleistung überflüssig macht; sie ist jedoch **europarechtswidrig**, da sie mit den Vorgaben des Art. 16 ÜbernahmeRL nicht zu vereinbaren ist.[19] Denn gemäß Art. 16 Abs. 2 ÜbernahmeRL haben die Mitgliedstaaten sicherzustellen, dass ein Inhaber verbleibender Wertpapiere von dem Bieter verlangen kann, dass er seine Aktien zu einem **angemessenen Preis** erwirbt (vgl § 39 a Rn 1). Bei dem „angemessenen Preis" im Sinne der Richtlinie handelt es sich nicht zwangsläufig um das vorangegangene Übernahme- oder Pflichtangebot (vgl § 39 a Rn 44). Art. 5 Abs. 4 ÜbernahmeRL bestimmt, dass sich ein angemessener Preis iSd Richtlinie nach Vorerwerben des Bieters oder von mit ihm gemeinsam handelnden Personen richtet.[20] Daher kann der nach Art. 16 Abs. 2 ÜbernahmeRL zu leistende angemessene Preis von dem vorangegangenen Übernahme- oder Pflichtangebot abweichen. Weiter verweist Art. 16 Abs. 2 und 3 zur Bestimmung der Gegenleistung auf Art. 15 Abs. 3 bis 5 (vgl § 39 a Rn 1). Indem § 39 c entgegen dieser Vorgaben sowohl nach seinem Wortlaut als auch nach Maßgabe mit der Regierungsbegründung allein auf das Angebot des Bieters abstellt, wird § 39 c den aus Art. 16 ÜbernahmeRL erwachsenen Umsetzungsverpflichtungen nicht gerecht.

III. Kein verfassungsrechtlicher Anspruch auf Andienung. In Gegensatz zu dem Abfindungsanspruch beim Squeeze-out in § 39 a (vgl dort Rn 39 ff) liegt dem Andienungsrecht **kein verfassungsrechtlicher Anspruch** der Minderheitsaktionäre zugrunde.[21] Der Schutz des Aktieneigentums nach Art. 14 Abs. 1 GG[22] gibt keinen Anspruch gegen Dritte auf Erwerb des Eigentums, sondern schützt das Eigentum lediglich vor Eingriffen. Daher hat der Minderheitsaktionär beim Andienungsrecht im Gegensatz zum Abfindungsanspruch beim Squeeze-out auch keinen verfassungsrechtlichen Anspruch auf Entschädigung des vollen inneren Werts seiner Aktien (vgl zum Squeeze-out § 39 a Rn 41).

---

16 Begr. RegE BT-Drucks. 16/1003, S. 23; ebenso: LG Berlin ZIP 2010, 884.

17 Eine solche Regelung hatte *Schüppen*, BB 2006, 165, 169, im Gesetzgebungsverfahren gefordert; *Schüppen/Tretter* in: Haarmann/Schüppen, WpÜG Rn 6.

18 Begr. RegE BT-Drucks. 16/1003, S. 14, 23; ebenso: *Simon*, Der Konzern 2006, 12, 17; *Kann/Just*, DStR 2006, 328, 332; Stellungnahme des DAV 04/06 vom Februar 2006, abrufbar unter <www.anwaltverein.de>, S. 23.

19 *Schüppen*, BB 2006, 165, 169; vgl auch *Seibt/Heiser*, ZGR 2005, 200, 248 f, wonach eine Umsetzung von Art. 16 ÜbernahmeRL in der Art einer mit § 16 Abs. 2 vergleichbaren "Zaunkönig"-Regelung den Anforderungen der Richtlinie nicht genügt; *Schüppen/Tretter* in: Haarmann/Schüppen, WpÜG, Rn 1, 2; aA *Santelmann*, in: Steinmeyer/Häger, WpÜG, Rn 9.

20 Richtlinie 2004/25/EG des Europäischen Parlaments und des Rates v. 21.4.2004 betreffend die Übernahmeangebote, ABl. EU Nr. L 142, 12, 22 v. 30.4.2004.

21 Vgl insofern auch *Hasselbach*, ZGR 2005, 387, 395, 406 f.

22 Vgl grundlegend BVerfGE 14, 263 ff (Feldmühle) = DB 1962, 1073 ff = NJW 1962, 1667 ff.

14 Etwas anderes könnte allenfalls in besonders gelagerten Fällen gelten, wenn der Bieter bis auf eine derart verschwindend geringe Aktienanzahl praktisch das gesamte Grundkapital der Gesellschaft erworben hat, so dass kein liquider Markt mehr besteht und dem oder den wenigen verbleibenden Minderheitsaktionären damit nach Ende der Annahmefrist die Möglichkeit weitgehend genommen ist, ihre Aktien zu veräußern. Dagegen spricht jedoch uE, dass der außenstehende Aktionär durch das Ausschlagen des Angebots des Bieters und durch die unterlassene Geltendmachung des Andienungsrechts seine reduzierte Devestitionsmöglichkeit selbst mit verursacht hat. Daher haben außenstehende Aktionäre in diesen Fällen über § 39 c hinaus keinen Anspruch auf eine angemessene Abfindung.[23]

E. Geltendmachung des Andienungsrechts

15 Höchst problematisch sind die mit der gerichtlichen Durchsetzung des Andienungsrechts verbundenen Fragen. § 39 c enthält keine Regelung, in welcher Weise die Aktionäre ihr Andienungsrecht gegen den Bieter gerichtlich durchsetzen können. § 39 b ist weder direkt noch analog anwendbar. Auch Art. 16 ÜbernahmeRL gibt nicht vor, wie die Mitgliedstaaten eine gerichtliche Durchsetzung des Andienungsrechts auszugestalten haben.

16 **I. Verfahren.** Da es sich bei dem Andienungsrecht um ein Individualrecht jedes einzelnen außenstehenden Aktionärs handelt, fragt es sich, ob hier nicht das **KapMuG** zur Vermeidung einer Vielzahl von Parallelprozessen Anwendung zu finden hat.[24] Das ist jedoch nicht der Fall. Der Anspruch auf Erfüllung des Andienungsrechts ist kein Erfüllungsanspruch aus Vertrag, der auf einem Angebot nach dem WpÜG beruht iSv § 1 Abs. 1 Nr. 2 KapMuG. Denn auch wenn durch die Ausübung des Andienungsrechts ein Vertrag zustande kommen mag und es sich daher bei der gerichtlichen Geltendmachung um die Geltendmachung eines Erfüllungsanspruchs aus Vertrag handelt, beruht dieser doch nicht unmittelbar auf einem Angebot nach WpÜG, da das Andienungsrecht in einem Zeitpunkt geltend gemacht wird, in dem die Annahmefrist für das ursprüngliche WpÜG-Angebot bereits abgelaufen ist. Der vertragliche Erfüllungsanspruch hat seine Grundlage damit letztlich nicht in dem WpÜG-Angebot des Bieters, sondern in dem auf europarechtlichen Vorgaben beruhenden gesetzlichen Sonderverkaufsrecht des § 39 c.

17 Jeder außenstehende Aktionär kann sein Andienungsrecht in einer individuellen **Leistungsklage im ZPO-Verfahren** geltend machen.[25] Je nach Art des ursprünglichen Übernahme- oder Pflichtangebots handelt es sich um eine Klage auf Kaufpreiszahlung Zug-um-Zug gegen Aktienübertragung oder auf Erfüllung eines Aktientauschs (vgl oben Rn 11).[26] Der Anspruch kann ggf im Wege des Urkundsprozesses nach § 592 ZPO durchgesetzt werden.[27] Zur Vermeidung einer übergroßen Zahl von Parallelverfahren kann das Prozessgericht die Verfahren gemäß § 147 ZPO verbinden, da eine Gleichartigkeit der Ansprüche besteht.[28]

18 **II. Gerichtliche Zuständigkeit. Sachlich zuständig** sind ohne Rücksicht auf Streitwert gemäß § 66 die Landgerichte.[29] Hinsichtlich der **örtlichen Zuständigkeit** findet neben dem allgemeinen Gerichtsstand der §§ 12 ff ZPO der besondere Gerichtsstand der Mitgliedschaft gemäß § 22 ZPO Anwendung, da die Parteien des Rechtsstreits Aktionäre der Zielgesellschaft sind und der Andienende auf Grundlage des Aktionärsrechts gemäß § 39 c klagt, so dass grundsätzlich ein zusätzlicher Gerichtsstand am Sitz der Zielgesellschaft besteht.[30] Daneben anwendbar ist der besondere Gerichtsstand des Erfüllungsorts nach § 29 ZPO, der regelmäßig am Besitz bzw Wohnsitz des Bieters liegt.[31]

19 Fraglich ist, ob ein **deutscher Gerichtsstand** vorhanden ist, wenn es sich bei dem Bieter um eine ausländische natürliche oder juristische Person handelt (vgl dazu § 39 a Rn 13). Gegen eine deutsche Gerichtsbarkeit spricht, dass in diesen Fällen der allgemeine Gerichtsstand des zu verklagenden Bieters im Ausland liegt, vgl etwa Art. 2 EuGVVO, Art. 2 EuGVÜ. Handelt es sich bei dem Bieter um eine natürliche oder juristische Person mit Sitz bzw Wohnsitz im EU-Ausland, sind die besonderen Gerichtsstände des Art. 5 EuGVVO zu berücksichtigen, die eine deutsche Gerichtsbarkeit eröffnen können. Indes führt der in Betracht kommende besondere vertragliche Gerichtsstand des Art. 5 Nr. 1 EuGVVO regelmäßig nicht zu einer deutschen Gerichtsbarkeit, da dieser auf den Erfüllungsort abstellt.[32] Dieser liegt jedenfalls bei einer Barzahlungsverpflichtung des Bieters an seinem Sitz im EU-Ausland. Anders als bei der Prallelproblematik eines Spruchverfahrens gegen eine ausländische natürliche oder juristische Person lässt sich die Frage der in-

---

23 So wohl auch BGH Konzern 2013, 287, 289 = DB 2013, 338.
24 Gesetz zur Einführung von Kapitalanleger-Musterverfahren v. 16.8.2005, BGBl. I S. 2437.
25 Vgl BGH DB 2013, 338 = Konzern 2013, 287 mit Anm. *Lochner*.
26 Vgl LG Berlin DB 2013, 338 = ZIP 2010, 884.
27 LG Berlin DB 2013, 338 = ZIP 2010, 884.
28 Baumbach/Lauterbach/*Hartmann*, ZPO, § 147 Rn 12.
29 Ebenso: LG Berlin ZIP 2010, 884.
30 Vgl Zöller/*Vollkommer*, ZPO, § 22 Rn 2, § 17 Rn 4; Thomas/Putzo/*Putzo*, ZPO, § 22 Rn 1, § 17 Rn 1; Musielak/*Heinrich*, ZPO, § 22 Rn 2, § 17 Rn 2.
31 Vgl allg. Zöller/*Vollkommer*, ZPO, § 29 Rn 25; Baumbach/Lauterbach/*Hartmann*, ZPO, § 29 Rn 26; Musielak/*Heinrich*, ZPO, § 29 Rn 20 ff.
32 Vgl Geimer/Schütze/*Geimer*, Europäisches Zivilverfahrensrecht, A 1 Art. 5 Rn 135.

ternationalen Zuständigkeit nicht über die ausschließlichen Gerichtsstände gemäß Art. 22 Nr. 2 EuGVVO lösen, da das Verfahren weder die Gültigkeit oder Nichtigkeit von Organbeschlüssen und auch nicht die Auflösung einer AG zum Gegenstand hat.[33]

Die internationale Zuständigkeit zeigen einen großen **Mangel des Andienungsrechts** in § 39 c auf: Dieses droht leer zu laufen, wenn der Bieter seinen Sitz im Ausland hat, insbesondere wenn es sich dabei um eine off-shore-Gesellschaft handelt, da in diesen Fällen regelmäßig keine internationale Zuständigkeit der deutschen Gerichte besteht und die Rechte aus § 39 c im Ausland am Sitz des Bieters einzuklagen sind. Eine Rechtsverfolgung etwaiger Ansprüche nach § 39 c vor einem ausländischen und womöglich noch außereuropäischen Forum dürfte dem Minderheitsaktionär regelmäßig unmöglich oder für ihn jedenfalls mit zu großen Kosten und Prozessrisiken verbunden sein.[34]

Abschnitt 6
Verfahren

§ 40 Ermittlungsbefugnisse der Bundesanstalt

(1) ¹Die Bundesanstalt kann von jedermann Auskünfte, die Vorlage von Unterlagen und die Überlassung von Kopien verlangen sowie Personen laden und vernehmen, soweit dies auf Grund von Anhaltspunkten für die Überwachung der Einhaltung eines Gebots oder Verbots dieses Gesetzes erforderlich ist. ²Sie kann insbesondere die Angabe von Bestandsveränderungen in Finanzinstrumenten sowie Auskünfte über die Identität weiterer Personen, insbesondere der Auftraggeber und der aus Geschäften berechtigten oder verpflichteten Personen, verlangen. ³Gesetzliche Auskunfts- oder Aussageverweigerungsrechte sowie gesetzliche Verschwiegenheitspflichten bleiben unberührt.

(2) ¹Während der üblichen Arbeitszeit ist Bediensteten der Bundesanstalt und den von ihr beauftragten Personen, soweit dies zur Wahrnehmung ihrer Aufgaben nach diesem Gesetz erforderlich ist, das Betreten der Grundstücke und Geschäftsräume der nach Absatz 1 auskunftspflichtigen Personen zu gestatten. ²Das Betreten außerhalb dieser Zeit oder das Betreten von Geschäftsräumen, die sich in einer Wohnung befinden, ist ohne Einverständnis nur zulässig und insoweit zu dulden, wie dies zur Verhütung von dringenden Gefahren für die öffentliche Sicherheit und Ordnung erforderlich ist und bei der auskunftspflichtigen Person Anhaltspunkte für einen Verstoß gegen ein Verbot oder Gebot dieses Gesetzes vorliegen. ³Das Grundrecht des Artikels 13 des Grundgesetzes wird insoweit eingeschränkt.

(3) ¹Der zur Erteilung einer Auskunft Verpflichtete kann die Auskunft auf solche Fragen verweigern, deren Beantwortung ihn selbst oder einen der in § 383 Abs. 1 Nr. 1 bis 3 der Zivilprozessordnung bezeichneten Angehörigen der Gefahr strafgerichtlicher Verfolgung oder eines Verfahrens nach dem Gesetz über Ordnungswidrigkeiten aussetzen würde. ²Der Verpflichtete ist über sein Recht zur Verweigerung der Auskunft zu belehren.

A. Regelungszweck und Pflichtumfang

Der Bundesanstalt werden in Abs. 1 und 2 die zur Wahrnehmung ihrer Aufgaben erforderlichen Befugnisse verliehen.[1] Wegen der Erfahrung der Bundesanstalt mit der Überwachung der Einhaltung der Pflichten aus §§ 21, 22 WpHG orientieren sie sich an § 4 Abs. 3 und 4 WpHG (vormals § 29 WpHG aF).[2]

Durch das Übernahmerichtlinie-Umsetzungsgesetz wurde § 40 grundlegend abgeändert. So ist Normadressat inzwischen jedermann und materielle Voraussetzung ist nach Abs. 1 allgemein die **Überwachung der Einhaltung eines Gebots oder Verbots** nach dem WpÜG. Auch das in § 40 aF nicht vorgesehene Recht zum Betreten von Geschäftsräumen während der üblichen Geschäftszeiten wurde aufgenommen, nicht jedoch ein Durchsuchungsrecht.

Ob die Auskunft und Vorlage von Unterlagen, die Überlassung von Kopien und die Ladung und Vernehmung von Personen **aufgrund von Anhaltspunkten** zur Überwachung der Einhaltung der einzelnen Pflichten **erforderlich** sind, ist ein unbestimmter Rechtsbegriff, der vollumfänglich einer gerichtlichen Überprü-

---

[33] Vgl *Meilicke/Lochner* AG 2010, 23 ff; vgl auch Oberster Gerichtshof, Beschl. v. 18.2.2010, 6 Ob 221/09 g, abrufbar über <www.juris.de>; OLG Wien AG 2010, 49 ff.

[34] Vgl zu den Problemen einer solchen Rechtsverfolgung im Ausland *Meilicke/Lochner*, AG 2010, 23 ff.
[1] Begr. RegE, BT-Drucks. 14/7034, S. 62.
[2] *Klepsch*, in: Steinmeyer, § 40 Rn 2.

fung unterliegt.³ Unbestimmte Rechtsbegriffe finden sich regelmäßig auf der Tatbestandsseite (Ausnahme: Koppelungsvorschriften) und legen fest, unter welchen Voraussetzungen die Behörde handeln kann.⁴
Nach der inzwischen herrschenden „normativen Ermächtigungslehre"⁵ sind Beurteilungsspielräume für die Verwaltung nur durch eine Entscheidung des Gesetzgebers zu rechtfertigen.⁶ Wegen des Rechtsschutzgebotes des Art. 19 Abs. 4 GG ist dies jedoch nur sehr begrenzt zulässig, wenn der zugrunde liegenden Norm – uU auch durch Auslegung ermittelt – die Zuweisung der letztverantwortlichen Entscheidung an die Verwaltung zu entnehmen ist.⁷ Durch die Jurisprudenz sind bestimmte Fallgruppen herausgebildet worden,⁸ bei denen eine Beurteilungsermächtigung angenommen wird. Dies sind etwa Entscheidungen eines interessenpluralistischen, weisungsunabhängigen und sachkundigen Expertengremiums⁹ und insbesondere im Wirtschaftsrecht Entscheidungen, die auf Prognosen mit wirtschaftspolitischem Einfluss basieren.¹⁰ In § 40 ist eine normative Zuweisung an die Verwaltung nicht feststellbar; es ist keine Fallgruppe einschlägig, insbesondere spricht gegen die Annahme einer Beurteilungsermächtigung, dass vorliegend gerade kein Expertengremium, wie zB der Widerspruchsausschuss, entscheidet.

Nicht zu folgen ist auch der Ansicht, dass „benötigt" ein Teil des Ermessensspielraumes sei.¹¹ Ob die „Auskünfte und Unterlagen benötigt" werden, ist ein einheitliches Tatbestandsmerkmal, das nicht ohne Sinnverlust aufgeteilt werden kann. Von wem und wie die Auskünfte und Unterlagen entsprechend den Grundsätzen der Verhältnismäßigkeit erlangt werden können, ist allein eine Frage des Auswahlermessens hinsichtlich der Mittel.

4 Der Verdachtsgrad aufgrund von Anhaltspunkten liegt unterhalb des strafprozessualen Anfangsverdachts nach § 152 Abs. 2 StPO,¹² da überhaupt erst Ermittlungsbefugnisse eingeräumt werden sollen.

5 In Abs. 2 ist durch das Übernahmerichtlinien-Umsetzungsgesetz ein Betretungsrecht von Geschäftsräumen zu den üblichen Geschäftszeiten eingeführt worden (S. 1). § 40 Abs. 2 S. 2 sieht auch ein Betretungsrecht für Geschäftsräume außerhalb der üblichen Geschäftszeiten bzw allgemein und zeitunabhängig von Geschäftsräumen in Wohnungen vor. Dieses Betretungsrecht ist jedoch an die besonderen Voraussetzung der Verhinderung einer dringenden Gefahr für die öffentliche Sicherheit und Ordnung gebunden. In § 40 Abs. 2 S. 3 wird gemäß Art. 19 Abs. 1 S. 2 GG darauf hingewiesen, dass das Grundrecht aus Art. 13 GG insoweit durch die Norm eingeschränkt wird.

B. Normadressaten

6 Normadressat ist nach der Gesetzesänderung *jedermann*. Auch Adressaten mit Aufenthalt oder Sitz im Ausland werden umfasst.¹³

C. Auskunftsverweigerungsrecht (Abs. 3)

7 Der Auskunftspflichtige kann die Auskunft verweigern, sofern er sich oder einen Angehörigen iSv § 383 Abs. 1 Nr. 1 bis 3 ZPO durch die Erteilung der Auskunft der Gefahr strafgerichtlicher Verfolgung oder eines Ordnungswidrigkeitenverfahrens aussetzen würde. Nach zutreffender Auffassung wird die Verweigerung der Vorlage von Unterlagen nicht als besondere Form der Auskunftserteilung von dem Auskunftsverweigerungsrecht umfasst.¹⁴ Hierfür spricht der Vergleich zu den Parallelnormen §§ 44 Abs. 4 KWG aF, 83 Abs. 6 VAG, 59 Abs. 5 GWB und der dazu teilweise ergangenen Rechtsprechung.¹⁵ Über das Auskunftsverweigerungsrecht ist der Pflichtige gemäß Abs. 3 S. 2 zu belehren.¹⁶

---

3 *Noack/Holzborn*, in: Schwark, § 40 WpÜG, Rn 3; *Süßmann*, in: Geibel/Süßmann, § 40 Rn 24; aA *Linke*, in: Haarmann/Schüppen, § 40 Rn 8; *Opitz*, in: Schäfer, WpHG, § 29 Rn 8; *Klepsch*, in: Steinmeyer, § 40 Rn 4; KölnKomm-WpÜG/*Holst*, § 40 Rn 17 ff, die von einem Beurteilungsspielraum ausgehen; unter Vorbehalt der eigenen Auffassung auch *Assmann*, in: Assmann/Pötzsch/Schneider, § 40 Rn 16 aE.
4 *Henneke*, in: Knack, VwVfG, § 40 Rn 17.
5 *Liebetanz*, in: Obermayer, VwVfG, § 40 Rn 63 mwN; *Kopp/Ramsauer*, VwVfG, § 40 Rn 73; *Sachs*, in: Stelkens/Bonk/Sachs, VwVfG, § 40 Rn 162 mwN.
6 Zur Begrenzung des Spielraumes bei grundrechtsbezogenen Verwaltungsentscheidungen vgl BVerfG NVwZ 1992, 657; NJW 1993, 918.
7 *Sachs*, in: Stelkens/Bonk/Sachs, VwVfG, § 40 Rn 168; krit. *Kopp/Ramsauer*, VwVfG, § 40 Rn 73.
8 Vgl *Liebetanz*, in: Obermayer, VwVfG, § 40 Rn 68 ff.
9 *Sachs*, in: Stelkens/Bonk/Sachs, VwVfG, § 40 Rn 209; *Liebetanz*, in: Obermayer, VwVfG, § 40 Rn 72 ff.
10 *Sachs*, in: Stelkens/Bonk/Sachs, VwVfG, § 40 Rn 204 ff; *Liebetanz*, in: Obermayer, VwVfG, § 40 Rn 75 f.
11 *Assmann*, in: Assmann/Pötzsch/Schneider, § 40 Rn 16 f.
12 *Linke*, in: Haarmann/Schüppen, § 40 Rn 14.
13 *Linke*, in: Haarmann/Schüppen, § 40 Rn 13.
14 KölnKomm-WpÜG/*Holst*, § 40 Rn 36; *Ritz*, in: Baums/Thoma, § 40 Rn 28; aA *Klepsch*, in: Steinmeyer, § 40 Rn 28.
15 Vgl *Ritz*, in: Baums/Thoma, § 40 Rn 28.
16 Begr. RegE, BR-Drucks. 574/01, 155.

§ 41 Widerspruchsverfahren

(1) ¹Vor Einlegung der Beschwerde sind Rechtmäßigkeit und Zweckmäßigkeit der Verfügungen der Bundesanstalt in einem Widerspruchsverfahren nachzuprüfen. ²Einer solchen Nachprüfung bedarf es nicht, wenn der Abhilfebescheid oder der Widerspruchsbescheid erstmalig eine Beschwer enthält. ³Für das Widerspruchsverfahren gelten die §§ 68 bis 73 der Verwaltungsgerichtsordnung, soweit in diesem Gesetz nichts Abweichendes geregelt ist.

(2) ¹Die Bundesanstalt trifft ihre Entscheidung innerhalb einer Frist von zwei Wochen ab Eingang des Widerspruchs. ²Bei besonderen tatsächlichen oder rechtlichen Schwierigkeiten oder bei einer Vielzahl von Widerspruchsverfahren kann die Bundesanstalt die Frist durch unanfechtbaren Beschluss verlängern.

(3) ¹Die Beteiligten haben an der Aufklärung des Sachverhaltes mitzuwirken, wie es einem auf Förderung und raschen Abschluss des Verfahrens bedachten Vorgehen entspricht. ²Den Beteiligten können Fristen gesetzt werden, nach deren Ablauf weiterer Vortrag unbeachtet bleibt.

(4) ¹Der Widerspruchsausschuss kann das Verfahren ohne mündliche Verhandlung dem Vorsitzenden durch unanfechtbaren Beschluss zur alleinigen Entscheidung übertragen. ²Diese Übertragung ist nur zulässig, sofern die Sache keine wesentlichen Schwierigkeiten in tatsächlicher und rechtlicher Hinsicht aufweist und die Entscheidung nicht von grundsätzlicher Bedeutung sein wird.

A. Einführung

Vor Einlegung der Beschwerde nach § 48 ist ein Widerspruchsverfahren durchzuführen.[1] Hiervon ausgenommen sind nach § 41 Abs. 1 S. 2 die Fälle, in denen der Widerspruchsbescheid erstmalig eine Beschwerde enthält.[2] Außerdem ist ein Widerspruchsverfahren entbehrlich, wenn die Bundesanstalt einen Antrag auf Vornahme einer Verfügung nicht in angemessener Frist beschieden hat, da die Ablehnung des ursprünglichen Antrags nach § 48 Abs. 3 S. 3 nur fingiert wird, aber keine Begründung der fingierten Ablehnung ergeht, gegen die etwas vorgebracht werden könnte.[3]

B. Widerspruchsverfahren

I. Zulässigkeit. Der Widerspruch ist gegen alle „Verfügungen" der Bundesanstalt statthaft, die Verwaltungsakte iSv § 35 VwVfG sind. Dabei ist die Bundesanstalt als bundesunmittelbare Anstalt des öffentlichen Rechts auch Widerspruchsbehörde gemäß § 73 Abs. 1 S. 1 Nr. 2 VwGO, da die nächsthöhere Behörde (Bundesministerium der Finanzen) eine oberste Bundesbehörde ist.[4] Gemäß § 70 Abs. 1 S. 1 VwGO ist der Widerspruch innerhalb eines Monats nach Bekanntgabe der Verfügung bei der Bundesanstalt in schriftlicher Form zu erheben.

Hinsichtlich der Widerspruchsbefugnis gelten über §§ 68 ff VwGO die allgemeinen Grundsätze. Demnach muss der Widerspruchsführer nach § 42 Abs. 2 VwGO die Verletzung eines ihm zustehenden subjektiven Rechts geltend machen. Unzweifelhaft ist der Adressat eines belastenden Verwaltungsaktes widerspruchsbefugt (**Anfechtungswiderspruch**). Beim **Verpflichtungswiderspruch** ist dies der Fall, sofern die Verletzung einer Norm geltend gemacht wird, die zumindest auch dem Schutz von Individualinteressen dient („Schutznormtheorie").[5] Die Zulässigkeit von **Drittwidersprüchen** wird durch § 4 Abs. 2 ausgeschlossen.[6]

II. Verfahren der Bundesanstalt. Für Widersprüche gegen Verfügungen nach § 6 Abs. 1 ist der Widerspruchsausschuss der Bundesanstalt zuständig,[7] für Widersprüche gegen die übrigen Verfügungen das entsprechende Widerspruchsreferat der Bundesanstalt. Der Widerspruchsausschuss ist Ausschuss iSv § 88 VwVfG und seine Entscheidungen werden der Bundesanstalt zugerechnet.[8]

Die Bundesanstalt (bzw der Widerspruchsausschuss) muss gemäß § 41 Abs. 2 innerhalb von **zwei Wochen** über den Widerspruch entscheiden. Nur ausnahmsweise kann die Bundesanstalt nach Abs. 2 S. 2 die **Entscheidungsfrist** durch Beschluss **verlängern**.[9] Voraussetzung ist dann jedoch, dass tatsächliche oder rechtli-

---

1 Assmann, in: Assmann/Pötzsch/Schneider, § 41 Rn 5.
2 Vgl auch die Parallelnorm, § 68 Abs. 1 S. 2 Nr. 2 VwGO.
3 Klepsch, in: Steinmeyer, § 41 Rn 10; Assmann, in: Assmann/Pötzsch/Schneider, § 41 Rn 16; Ritz, in: Baums/Thoma, § 41 Rn 9.
4 Ritz, in: Baums/Thoma, § 41 Rn 11.
5 Statt aller vgl Kopp/Schenke, VwGO, § 42 Rn 78.
6 Vgl Kommentierung, § 4; ferner: Süßmann, in: Geibel/Süßmann, § 41 Rn 8; Schüppen/Schweizer, in: Haarmann/Schüppen, § 41 Rn 13 f; aA Klepsch, in: Steinmeyer, § 41 Rn 15; differenzierend: KölnKomm-WpÜG/Giesberts, § 41 Rn 30 ff.
7 Siehe Kommentierung zu § 6.
8 Schüppen/Schweizer, in: Haarmann/Schüppen, § 41 Rn 15.
9 Begr. RegE, BT-Drucks. 14/7034, S. 63.

che Schwierigkeiten aufgetreten oder eine Vielzahl von Widersprüchen zu bescheiden sind.[10] Der fristverlängernde Beschluss muss innerhalb der ursprünglichen Zwei-Wochen-Frist erfolgen und ist unanfechtbar.

6   In Abs. 3 wird für alle Verfahrensbeteiligten eine **Verfahrensförderungspflicht** statuiert. Zur Effektivierung dieser Pflicht kann die Bundesanstalt den Beteiligten Fristen setzen, nach deren Ablauf weiterer Tatsachenvortrag präkludiert ist. Die Wirkung dieser **formellen Präklusion** ist jedoch auf das behördliche Verfahren beschränkt und schließt die Tatsachen im gerichtlichen Beschwerdeverfahren nicht aus.[11]

7   In Widerspruchsverfahren vor dem Widerspruchsausschuss kann das Verfahren dem **Vorsitzenden zur alleinigen Entscheidung** übertragen werden. Der Beschluss ergeht formlos und ist unanfechtbar.[12]

§ 42 Sofortige Vollziehbarkeit

Der Widerspruch gegen Maßnahmen der Bundesanstalt nach § 4 Abs. 1 Satz 3, § 15 Abs. 1 oder 2, § 28 Abs. 1 oder § 40 Abs. 1 und 2 hat keine aufschiebende Wirkung.

1   Abweichend von § 80 Abs. 1 VwGO ordnet § 42 als bundesgesetzliche Regelung iSv § 80 Abs. 2 S. 1 Nr. 3 VwGO[1] an, dass der Widerspruch gegen Verfügungen der Bundesanstalt **keine aufschiebende Wirkung** hat.[2] Dies erschien dem Gesetzgeber geboten, da der Schutz der Aktionäre der Zielgesellschaft gegenüber den Interessen des Bieters regelmäßig vorrangig sei[3] und im Falle des § 40 die Sachverhaltsaufklärung und das Verfahren der Bundesanstalt behindert werden könnten.[4]

2   Die Verfügungen der Bundesanstalt mit sofortiger Vollziehbarkeit sind **enumerativ genannt**.[5] Nur das **Beschwerdegericht** kann die **aufschiebende Wirkung** des Widerspruchs gemäß § 50 Abs. 3 anordnen.

3   Da bei Kostenbescheiden gemäß § 47 bereits nach § 80 Abs. 2 S. 1 Nr. 2 VwGO die aufschiebende Wirkung entfällt, hat der Widerspruch gegen solche Verfügungen der Bundesanstalt grundsätzlich keinen Suspensiveffekt. Ferner entfällt der Suspensiveffekt gemäß § 46 ausdrücklich bei der Anordnung und Festsetzung von Zwangsmitteln nach dem VwVG.[6]

§ 43 Bekanntgabe und Zustellung

(1) [1]Verfügungen, die gegenüber einer Person mit Wohnsitz oder einem Unternehmen mit Sitz außerhalb des Geltungsbereichs dieses Gesetzes ergehen, gibt die Bundesanstalt der Person bekannt, die als Bevollmächtigte benannt wurde. [2]Ist kein Bevollmächtigter benannt, so erfolgt die Bekanntgabe durch öffentliche Bekanntmachung im Bundesanzeiger.

(2) [1]Ist die Verfügung zuzustellen, so erfolgt die Zustellung bei Personen mit Wohnsitz oder Unternehmen mit Sitz außerhalb des Geltungsbereichs dieses Gesetzes an die Person, die als Bevollmächtigte benannt wurde. [2]Ist kein Bevollmächtigter benannt, so erfolgt die Zustellung durch öffentliche Bekanntmachung im Bundesanzeiger.

1   Die Bundesanstalt gibt ihre Verfügungen nach § 41 Abs. 1 VwVfG bekannt. § 43 ist spezialgesetzliche Ermächtigung iSd § 41 Abs. 3 S. 1 VwVfG[1] und sieht für die Bundesanstalt die Vereinfachung der Bekanntgabe (Abs. 1) oder Zustellung (Abs. 2) gegenüber natürlichen Personen mit Wohnsitz und juristischen Personen mit Sitz im Ausland durch **öffentliche Bekanntgabe** vor,[2] sofern kein Bevollmächtigter für die Bekanntgabe oder Zustellung benannt worden ist, um in einem beschleunigten Verfahren Verzögerungen der Bekanntgabe und Zustellung zu vermeiden.[3]

2   Ist ein Empfangsbevollmächtigter mit inländischer Zustellungsanschrift benannt (§ 15 VwVfG), so hat die Bekanntgabe nicht zwingend gegenüber diesem zu erfolgen.[4] Es bleibt der BaFin unbenommen, die Verfü-

---

10 *Klepsch*, in: Steinmeyer, § 41 Rn 24; KölnKomm-WpÜG/*Giesberts*, § 41 Rn 69 ff.
11 *Schüppen/Schweizer*, in: Haarmann/Schüppen, § 41 Rn 21.
12 *Klepsch*, in: Steinmeyer, § 41 Rn 34; KölnKomm-WpÜG/*Giesberts*, § 41 Rn 82.
1   *Kopp/Schenke*, VwGO, § 80 Rn 65 ff; *Redeker/von Oertzen*, VwGO, § 80 Rn 18; KölnKomm-WpÜG/*Giesberts*, § 42 Rn 2.
2   Begr. RegE, BT-Drucks. 14/7034, S. 63; missverständlich: *Süßmann*, in: Geibel/Süßmann, § 42 Rn 3.
3   *Klepsch*, in: Steinmeyer, § 42 Rn 1.
4   Begr. RegE, BT-Drucks. 14/7034, S. 63; *Assmann*, in: Assmann/Pötzsch/Schneider, § 42 Rn 2.
5   Siehe im Einzelnen *Klepsch*, in: Steinmeyer, § 42 Rn 3 ff.
6   *Schüppen/Schweizer*, in: Haarmann/Schüppen, § 42 Rn 2; *Ritz*, in: Baums/Thoma, § 42 Rn 3.
1   *Linke*, in: Haarmann/Schüppen, § 43 Rn 10; *Ritz*, in: Baums/Thoma, § 43 Rn 1.
2   *Kopp/Ramsauer*, VwVfG, § 41 Rn 57.
3   Begr. RegE, BT-Drucks. 14/7034, S. 64.
4   KölnKomm-WpÜG/*Holst*, § 43 Rn 21; aA *Klepsch*, in: Steinmeyer, § 43 Rn 2, 5.

gung nicht dem Empfangsbevollmächtigten, sondern dem betroffenen Adressaten selbst und nur diesem zu übersenden.
Ist kein Bevollmächtigter benannt worden oder verfügt dieser nicht über eine Zustellungsanschrift im Inland, gibt die Bundesanstalt ihre Verfügungen durch **öffentliche Bekanntmachung im elektronischen Bundesanzeiger** dem Adressaten bekannt.[5] Eine zusätzliche postalische Übermittlung der Verfügung an den Adressaten bleibt der Bundesanstalt unbenommen.[6]
Für die Zustellung (Abs. 2) von Verfügungen als besonderer Form der Bekanntgabe gilt entsprechendes.[7] Insbesondere würden die besonderen Zustellungserfordernisse nach §§ 14, 15 VwZG die Zustellung erheblich verzögern. Zuzustellen sind bspw Widerspruchsbescheide und gemäß § 13 VwVG Bescheide, die Zwangsmittel androhen.[8]
Die Bekanntgabewirkung und die Zustellungswirkung treten sofort mit öffentlicher Bekanntmachung im elektronischen Bundesanzeiger ein.[9]

§ 44 Veröffentlichungsrecht der Bundesanstalt

Die Bundesanstalt kann ihre Verfügungen nach § 4 Abs. 1 Satz 3, § 10 Abs. 2 Satz 3, § 15 Abs. 1 und 2, § 20 Abs. 1, § 28 Abs. 1, § 36 oder § 37 Abs. 1, auch in Verbindung mit einer Rechtsverordnung nach Abs. 2, auf Kosten des Adressaten der Verfügung im Bundesanzeiger veröffentlichen.

Die Bundesanstalt kann die Öffentlichkeit und insbesondere die Aktionäre der Zielgesellschaft über Verfügungen nach den in § 44 genannten Vorschriften, die dem Adressaten bereits bekannt gegeben worden sind, im elektronischen Bundesanzeiger informieren. Die Kosten der Veröffentlichung trägt der Adressat der Verfügung.[1]
Die Entscheidung zur Veröffentlichung steht im Ermessen der Bundesanstalt. Hierbei hat die Bundesanstalt das Unterrichtungsinteresse der Öffentlichkeit und der Aktionäre (etwa wenn schon erhebliche Spekulationen im Markt kursieren) sowie das Geheimhaltungsinteresse des Adressaten abzuwägen.[2] Ein erhebliches Interesse dürfte bspw bei der Befreiung vom Pflichtangebot oder der Untersagung eines Angebots bestehen.[3]
Eine Veröffentlichung nach § 44 durch die Bundesanstalt ist nicht mehr erforderlich, sofern bereits eine Bekanntgabe nach § 43 erfolgt ist.[4]

§ 45 Mitteilungen an die Bundesanstalt

[1]Anträge und Mitteilungen an die Bundesanstalt haben in schriftlicher Form zu erfolgen. [2]Eine Übermittlung im Wege der elektronischen Datenfernübertragung ist zulässig, sofern der Absender zweifelsfrei zu erkennen ist.

Der Schriftform wird durch schriftliche Abfassung mit eigenhändiger Unterschrift genügt.[1] Eine Übermittlung per Telefax ist ausreichend, auch eingescannte Unterschriften in Computerdateien, die von der Bundesanstalt als Schriftstück ausgedruckt werden, sind zulässig.[2]
Den Beteiligten eines Verfahrens soll angesichts der kurzen Fristen die Möglichkeit eingeräumt werden, moderne Kommunikationsmittel zu verwenden.[3] Zur Substitution der Schriftform durch die elektronische Übermittlung ist jedoch die eindeutige Identifizierbarkeit des Absenders gemäß § 45 S. 2 erforderlich.[4] Die-

---

5 Aufgabe der Ansicht in der Vorauflage. Vgl KölnKomm-WpÜG/*Holst*, § 43 Rn 22.
6 Begr. RegE, BT-Drucks. 14/7034, S. 64.
7 Begr. RegE, BT-Drucks. 14/7034, S. 64; *Linke*, in: Haarmann/Schüppen, § 43 Rn 12.
8 Begr. RegE, BT-Drucks. 14/7034, S. 64; *Linke*, in: Haarmann/Schüppen, § 43 Rn 13.
9 Begr. RegE, BT-Drucks. 14/7034, S. 64; *Klepsch*, in: Steinmeyer, § 43 Rn 5 f; KölnKomm-WpÜG/*Holst*, § 43 Rn 23, 26.
1 *Klepsch*, in: Steinmeyer, § 44 Rn 9; KölnKomm-WpÜG/*Holst*, § 44 Rn 23.
2 *Ritz*, in: Baums/Thoma, § 44 Rn 5; *Assmann*, in: Assmann/Pötzsch/Schneider, § 44 Rn 4.

3 *Süßmann*, in: Geibel/Süßmann, § 44 Rn 1; vgl auch die Beispiele aus der Praxis bei *Linke*, in: Haarmann/Schüppen, § 44 Rn 13.
4 KölnKomm-WpÜG/*Holst*, § 44 Rn 15; *Süßmann*, in: Geibel/Süßmann, § 44 Rn 5.
1 *Kopp/Ramsauer*, VwVfG, § 22, Rn 33; *Klepsch*, in: Steinmeyer, § 45 Rn 2; KölnKomm-WpÜG/*Holst*, § 45 Rn 20.
2 *Süßmann*, in: Geibel/Süßmann, § 45 Rn 2; *Linke*, in: Haarmann/Schüppen, § 45 Rn 9 unter Hinweis auf GmS-OGB, NJW 2000, 2340.
3 Begr. RegE, BT-Drucks. 14/7034, S. 64.
4 *Klepsch*, in: Steinmeyer, § 45 Rn 2.

se wird nur durch eine qualifizierte elektronische Signatur gemäß § 2 Nr. 3 SigG gewährleistet (vgl §§ 126 Abs. 3, 126 a BGB).[5]

3 Die Angebotsunterlage (§ 14 Abs. 1 S. 1) ist gemäß § 11 Abs. 1 S. 5 vom Bieter zu unterzeichnen, so dass grundsätzlich eine Originalunterschrift erforderlich ist.[6] Jedoch genügt auch hier die elektronische Übermittlung der Angebotsunterlage, sofern sie mit einer qualifizierten elektronischen Signatur nach dem SigG versehen ist; hierfür sind die technischen Voraussetzungen seitens der Bundesanstalt jedoch noch nicht eröffnet.[7]

§ 46 Zwangsmittel

[1]Die Bundesanstalt kann Verfügungen, die nach diesem Gesetz ergehen, mit Zwangsmitteln nach den Bestimmungen des Verwaltungs-Vollstreckungsgesetzes durchsetzen. [2]Sie kann auch Zwangsmittel gegen juristische Personen des öffentlichen Rechts anwenden. [3]Widerspruch und Beschwerde gegen die Androhung und Festsetzung der Zwangsmittel nach den §§ 13 und 14 des Verwaltungs-Vollstreckungsgesetzes haben keine aufschiebende Wirkung. [4]Die Höhe des Zwangsgeldes beträgt abweichend von § 11 des Verwaltungs-Vollstreckungsgesetzes bis zu 500 000 Euro.

1 Gegen Verfügungen der Bundesanstalt entfalten Rechtsmittel nach §§ 42, 49 grundsätzlich keine aufschiebende Wirkung,[1] weswegen sie gemäß § 6 Abs. 1 VwVG mit den Zwangsmitteln Ersatzvornahme, Zwangsgeld oder unmittelbarer Zwang (§ 9 VwVG) durchgesetzt werden können.

2 Abweichend von § 17 VwVG ist nach § 46 S. 2 die Vollstreckung auch gegen juristische Personen des öffentlichen Rechts zugelassen, um eine effektive Durchsetzung der Verfügungen zu gewährleisten.[2] In Betracht kommen hier die öffentlich-rechtlichen Banken (Landesbanken, Sparkassen) oder Börsen, soweit sie öffentlich-rechtlich organisiert sind (so zB die Frankfurter Wertpapierbörse).

3 Gemäß § 46 S. 3 entfalten Widerspruch (§ 41) und Beschwerde (§ 48) gegen die Androhung und Festsetzung der Zwangsmittel nach §§ 13, 14 VwVG keine aufschiebende Wirkung, um eine effektive Durchsetzung der Verfügungen zu gewährleisten.[3]

4 § 46 S. 4 ist *lex specialis* zu § 11 Abs. 3 VwVG und lässt ein deutlich erhöhtes Zwangsgeld von bis zu 500.000 EUR zu.

5 Die Beitreibung des Zwangsgeldes erfolgt nach den §§ 1 ff. VwVG. Vollstreckungsbehörden sind gemäß § 4 lit. b VwVG die zuständigen Hauptzollämter.[4] Für die Vollstreckung gelten gemäß § 5 VwVG die Vorschriften der AO.

§ 47[1] Gebühren und Auslagen[1]

[1]Die Bundesanstalt erhebt für individuell zurechenbare öffentliche Leistungen auf Grund des § 10 Absatz 2 Satz 3, der §§ 14 und 15 Absatz 1 oder 2, der §§ 20, 24, 28 Absatz 1, der §§ 36, 37 Absatz 1, auch in Verbindung mit einer Rechtsverordnung nach Absatz 2, oder des § 41 in Verbindung mit § 6 Gebühren und Auslagen. [2]Das Bundesministerium der Finanzen bestimmt die Gebührentatbestände im Einzelnen und die Höhe der Gebühren durch Rechtsverordnung, die nicht der Zustimmung des Bundesrates bedarf. [3]Das Bundesministerium der Finanzen kann die Ermächtigung durch Rechtsverordnung auf die Bundesanstalt übertragen.

1 Die Bundesanstalt kann für die aufgezählten Amtshandlungen Kosten (Gebühren und Auslagen) erheben. Anknüpfungspunkt der Gebührenpflicht sind die Amtshandlungen der Bundesanstalt auf Grundlage der in § 47 genannten Vorschriften.[2] Der Gesetzgeber hat es für sachgerecht erachtet, die Betroffenen an den Kosten der staatlichen Aufsicht durch die Bundesanstalt zu beteiligen, da dadurch die Transparenz der Kapitalmärkte erhöht werde, die auch den Interessen der Beteiligten diene.[3]

---

5 *Süßmann*, in: Geibel/Süßmann, § 45 Rn 3 f; *Klepsch*, in: Steinmeyer, § 45 Rn 2; KölnKomm-WpÜG/*Holst*, § 45 Rn 27.
6 So die Praxis der Bundesanstalt, vgl *Linke*, in: Haarmann/Schüppen, § 44 Rn 9.
7 *Ritz*, in: Baums/Thoma, § 45 Rn 8; *Geibel*, in: Geibel/Süßmann, § 14 Rn 5; *Klepsch*, in: Steinmeyer; § 14 Rn 4; *Linke*, in: Haarmann/Schüppen, § 45 Rn 12.
1 Vgl Kommentierung zu § 42.

2 *Linke*, in: Haarmann/Schüppen, § 46 Rn 11.
3 *Linke*, in: Haarmann/Schüppen, § 46 Rn 12.
4 *Klepsch*, in: Steinmeyer, § 46 Rn 13.
1 Gemäß Art. 4 Abs. 53 iVm Art. 5 Abs. 3 G v. 7.8.2013 (BGBl. I S. 3154, 3204) wird § 47 mWv 14.8.2018 aufgehoben.
2 Begr. RegE, BT-Drucks. 14/7034, S. 64.
3 Begr. RegE, BT-Drucks. 14/7034, S. 64.

Die Festlegung der Kostentatbestände und deren Höhe erfolgt durch Rechtsverordnung des Bundesministeriums der Finanzen (**WpÜG-Gebührenverordnung**).⁴ Die Höhe der Gebühren reicht gemäß § 4 der Verordnung bis zu 100.000 EUR (im Widerspruchsverfahren bis zu 200.000 EUR). Die WpÜG-Gebührenverordnung wurde am 27. Juli 2005 geändert, wichtigste Neuerung ist der § 2 Abs. 2 WpÜG-Gebührenverordnung nF, wonach eine Gebühr auch für Anträge erhoben wird, die vor der Beendigung (zB Bescheidung oder Erledigung), aber nach Beginn der sachlichen Bearbeitung zurückgenommen werden.

Widerspruch und Anfechtung gegen Kostenbescheide haben gemäß § 80 Abs. 2 S. 1 Nr. 1 VwGO keine aufschiebende Wirkung. Der Betroffene kann jedoch beim Beschwerdegericht gemäß § 50 Abs. 3 die Herstellung der aufschiebenden Wirkung iSv § 80 Abs. 1 S. 1 VwGO beantragen.

Abschnitt 7
Rechtsmittel

§ 48 Statthaftigkeit, Zuständigkeit

(1) ¹Gegen Verfügungen der Bundesanstalt ist die Beschwerde statthaft. ²Sie kann auch auf neue Tatsachen und Beweismittel gestützt werden.

(2) Die Beschwerde steht den am Verfahren vor der Bundesanstalt Beteiligten zu.

(3) ¹Die Beschwerde ist auch gegen die Unterlassung einer beantragten Verfügung der Bundesanstalt statthaft, auf deren Vornahme der Antragsteller ein Recht zu haben behauptet. ²Als Unterlassung gilt es auch, wenn die Bundesanstalt den Antrag auf Vornahme der Verfügung ohne zureichenden Grund in angemessener Frist nicht beschieden hat. ³Die Unterlassung ist dann einer Ablehnung gleich zu erachten.

(4) Über die Beschwerde entscheidet ausschließlich das für den Sitz der Bundesanstalt in Frankfurt am Main zuständige Oberlandesgericht.

A. Einleitung

Das Beschwerdeverfahren der §§ 48 ff ist vergleichbar dem kartellrechtlichen Beschwerdeverfahren der §§ 63 ff GWB ausgestaltet. Schon aus Raumgründen wird für die Erörterung von Einzelfragen auf die kartellrechtliche Kommentarliteratur verwiesen. Es handelt sich um ein verwaltungsrechtliches Verfahren,¹ das aufgrund der größeren Sachnähe der Zivilgerichtsbarkeit zugeordnet wurde, in dem sich aber noch, historisch bedingt, wie in der Divergenzbeschwerde, einzelne Elemente des FGG-Verfahrens finden.² Vom Beschwerdeverfahren nach dem GWB unterscheidet sich das Verfahren nach dem WpÜG insbesondere durch das vorgeschaltete Widerspruchsverfahren. Es finden sich Regelungen, die der VwGO, dem FGG (§ 56 Abs. 6) und der ZPO (§ 58) entnommen wurden. Daher scheidet ein genereller Rückgriff auf die VwGO zur Lückenschließung aus.

B. Anfechtungsbeschwerde

Abs. 1 und 2 regeln die Anfechtungsbeschwerde. Sie ist das statthafte Rechtsmittel gegen belastende Verfügungen der Bundesanstalt.³ Angegriffen wird die Verfügung in der Gestalt, die sie nach dem vorangegangenen Widerspruchsverfahren erlangt hat, also als Widerspruchsbescheid (siehe § 79 Abs. 1 Nr. 1 VwGO). Verfügungen, die angegriffen werden können, sind bspw die Untersagung eines Angebots (§ 15 Abs. 1), die Untersagung von Werbung (§ 28), Anordnungen nach § 4 Abs. 1 S. 3 oder Auskunftsverlangen (§ 40).

C. Verpflichtungsbeschwerde

Spiegelbildlich zur Anfechtungsbeschwerde in den Absätzen 1 und 2 enthält Abs. 3 die Verpflichtungsbeschwerde. Sie ist dann statthaft, wenn der Beschwerdeführer den Erlass einer ihn begünstigenden Verfü-

---

4 WpÜG-Gebührenverordnung v. 27.12.2001 (BGBl. I S. 4267), zuletzt geändert am 27. Juli 2005 durch die Erste Verordnung zur Änderung der WpÜG-Gebührenverordnung. Hinweis: Gemäß Art. 4 Abs. 54 iVm Art. 5 Abs. 3 G v. 7.8.2013 (BGBl. I S. 3154, 3204) wird die **WpÜG-Gebührenverordnung mWv 14.8.2018 aufgehoben**.
1 *Schweizer*, in: Haarmann/Schüppen, § 48 Rn 1; *Ehricke*, in: Ehricke/Ekkenga/Oechsler, § 48 Rn 2.

2 *K. Schmidt*, in: Immenga/Mestmäcker, GWB, § 63 Rn 2ff.
3 Allerdings erstreckt sich die Sonderzuweisung des § 48 Abs. 1 nicht umfassend auf alle Verfügungen der BaFin, sondern nur auf solche, die in den von § 1 WpÜG umschriebenen Anwendungsbereich des Gesetzes fallen, BVerwG v. 20.9.2012 – 7 B 5/12.

gung erreichen will. Erforderlich ist die Geltendmachung eines subjektiven Rechts des Beschwerdeführers auf Erlass einer bestimmten Verfügung der BaFin.[4] Zu beachten ist, dass die Vorschrift grundsätzlich keinen Drittschutz gewährt. So fehlt es an einem subjektiven Recht des Aktionärs der Zielgesellschaft, der ein behördliches Einschreiten der BaFin gegen einen Bieter begehrt.[5]

D. Einstweilige Verfügung nach §§ 935, 940 ZPO

3   Neben den Rechtsschutz der Zielgesellschaft durch eine Anfechtungsbeschwerde nach § 48 tritt aus Gründen des rechtsstaatlichen Gebotes nach effektivem Rechtsschutz der einstweilige Rechtsschutz. Die Genehmigung eines Angebots durch die Bundesanstalt führt nicht dazu, dass die Zielgesellschaft privatrechtlich zur Duldung verpflichtet wäre. Sie kann im Wege der einstweiligen Verfügung einen Unterlassungsanspruch gegen den Bieter durchsetzen.[6]

E. Rechtsanwaltsgebühren

4   Nach Vorbemerkung 3.2.1 Abs. 1 Nr. 5 VV RVG finden die Gebührenregelungen für das Berufungsverfahren vor ordentlichen Gerichten entsprechende Anwendung für Beschwerdeverfahren nach dem Wertpapiererwerbs- und Übernahmegesetz; gemäß § 2 Abs. 2 RVG iVm VV 3200 beträgt die Verfahrensgebühr für das Betreiben des Beschwerdeverfahren regelmäßig 1,6. Die Terminsgebühr beträgt nach VV RVG 3202 1,2.

§ 49 Aufschiebende Wirkung

Die Beschwerde hat aufschiebende Wirkung, soweit durch die angefochtene Verfügung eine Befreiung nach § 10 Abs. 1 Satz 3 oder § 37 Abs. 1, auch in Verbindung mit einer Rechtsverordnung nach Abs. 2, oder eine Nichtberücksichtigung von Stimmrechtsanteilen nach § 36 widerrufen wird.

A. Suspensiveffekt bei Widerrufsverfügungen

1   Ein **Suspensiveffekt** kommt der Beschwerde nur in den abschließend aufgezählten Fällen des § 49 zu, allesamt Konstellationen, in denen das Vertrauen des Adressaten in den Bestand einer gewährten Rechtsposition geschützt wird, indem der Beschwerde gegen die **Widerrufsverfügung** aufschiebende Wirkung beigelegt wird:
Widerruf der **Gestattung**, die Entscheidung über die Abgabe eines Angebots erst nach dem Beschluss der Gesellschafterversammlung zu veröffentlichen (§ 10 Abs. 1 S. 3); Widerruf der **Befreiung** des Bieters von der Pflicht zur Veröffentlichung und Abgabe eines Pflichtangebots (§ 37); Widerruf der **Befreiung**, bestimmte Aktien bei der Ermittlung der Kontrollschwelle zu berücksichtigen (§ 36).

B. Suspensiveffekt nach § 42 und nach § 49

2   Die Regelungen des § 42 zum Suspensiveffekt des Widerspruchs und des § 49 zum Suspensiveffekt der Beschwerde sind nicht nahtlos aufeinander abgestimmt.[1] In den Fällen, in denen eine Verfügung angegriffen wird, die weder in § 42 noch in § 49 aufgezählt ist, kommt dem Widerspruch aufschiebende Wirkung zu, der Beschwerde aber nicht.

§ 50 Anordnung der sofortigen Vollziehung

(1) Die Bundesanstalt kann in den Fällen des § 49 die sofortige Vollziehung der Verfügung anordnen, wenn dies im öffentlichen Interesse oder im überwiegenden Interesse eines Beteiligten geboten ist.

(2) Die Anordnung nach Absatz 1 kann bereits vor der Einreichung der Beschwerde getroffen werden.

---

4   Assmann/Pötzsch/Schneider, § 48 Rn 13.
5   OLG Frankfurt aM v. 5.12.2011, WpÜG 1/11.
6   *Aha*, AG 2002, 160, 168 f.

1   *Schweizer*, in: Haarmann/Schüppen, § 49 Rn 6; *Ehricke*, in: Ehricke/Ekkenga/Oechsler, § 49 Rn 8.

(3) Auf Antrag kann das Beschwerdegericht die aufschiebende Wirkung von Widerspruch oder Beschwerde ganz oder teilweise anordnen oder wiederherstellen, wenn
1. die Voraussetzungen für die Anordnung nach Absatz 1 nicht vorgelegen haben oder nicht mehr vorliegen,
2. ernstliche Zweifel an der Rechtmäßigkeit der angefochtenen Verfügung bestehen oder
3. die Vollziehung für den Betroffenen eine unbillige, nicht durch überwiegende öffentliche Interessen gebotene Härte zur Folge hätte.

(4) ¹Der Antrag nach Absatz 3 ist schon vor Einreichung der Beschwerde zulässig. ²Die Tatsachen, auf die der Antrag gestützt wird, sind vom Antragsteller glaubhaft zu machen. ³Ist die Verfügung im Zeitpunkt der Entscheidung schon vollzogen, kann das Gericht auch die Aufhebung der Vollziehung anordnen. ⁴Die Anordnung der aufschiebenden Wirkung kann von der Leistung einer Sicherheit oder von anderen Auflagen abhängig gemacht werden. ⁵Sie kann auch befristet werden.

(5) ¹Beschlüsse über Anträge nach Absatz 3 können jederzeit geändert oder aufgehoben werden. ²Soweit durch sie den Anträgen entsprochen ist, sind sie unanfechtbar.

A. Einleitung

Die Regelung des vorläufigen Rechtsschutzes im gerichtlichen Verfahren folgt § 65 GWB, § 80 VwGO. Allerdings kennt das GWB-Verfahren, anders als das WpÜG, das Widerspruchsverfahren nicht, so dass sich die Frage stellt, welchen Einfluss das auf die Anordnung der sofortigen Vollziehbarkeit hat.[1] Bei der Regelung des § 50 Abs. 3 bis 5 ist im Anschluss an die Rechtsprechung zu § 80 Abs. 5 VwGO von einer einheitlichen aufschiebenden Wirkung von Widerspruch und Beschwerde auszugehen, die auf Antrag durch das Beschwerdegericht ganz oder teilweise angeordnet oder wiederhergestellt und jederzeit geändert und aufgehoben werden kann.[2]

In den Fällen des § 49, in denen die Beschwerde aufschiebende Wirkung hat, wird die Bundesanstalt bevollmächtigt, die sofortige Vollziehung der Verfügung anzuordnen.

B. Rechtsanwaltsgebühren

Nach der Vorbemerkung 3.2. Abs. 2 S. 2 iVm S. 1 VV RVG bestimmt sich die Gebühr nach Teil 3 Abschnitt 1 des VV und beträgt stets 1,3. Sie steht dem Anwalt gesondert zu.

§ 51 Frist und Form

(1) ¹Die Beschwerde ist binnen einer Notfrist von einem Monat bei dem Beschwerdegericht schriftlich einzureichen. ²Die Frist beginnt mit der Bekanntgabe oder der Zustellung des Widerspruchsbescheides der Bundesanstalt.

(2) Ergeht auf einen Antrag keine Verfügung, so ist die Beschwerde an keine Frist gebunden.

(3) ¹Die Beschwerde ist zu begründen. ²Die Frist für die Beschwerdebegründung beträgt einen Monat; sie beginnt mit der Einlegung der Beschwerde und kann auf Antrag von dem Vorsitzenden des Beschwerdegerichts verlängert werden.

(4) Die Beschwerdebegründung muss enthalten
1. die Erklärung, inwieweit die Verfügung angefochten und ihre Abänderung oder Aufhebung beantragt wird, und
2. die Angabe der Tatsachen und Beweismittel, auf die sich die Beschwerde stützt.

A. Frist

Die Beschwerdefrist beträgt einen Monat und beginnt mit der Bekanntgabe oder der Zustellung des Widerspruchsbescheids durch die Bundesanstalt. Die Fristberechnung richtet sich nach §§ 187, 188 BGB, auf die § 58 Nr. 2 über § 222 ZPO verweist. Die Monatsfrist ist eine Notfrist, auf die über § 58 Nr. 2 die Regeln

---

1 *Schweizer*, in: Haarmann/Schüppen, § 50 Rn 2 ff; *Ehricke*, in: Ehricke/Ekkenga/Oechsler, § 50 Rn 2 ff.
2 OLG Frankfurt aM v. 31.5.2012 – WpÜG 2/12, WpÜG 3/12.

über die Wiedereinsetzung in den vorherigen Stand Anwendung findet; §§ 233 ff ZPO. Die Untätigkeitsbeschwerde ist nach § 51 Abs. 2 nicht fristgebunden.

B. Form und Inhalt

2 Die Beschwerde bedarf der Schriftform,[1] unterliegt dem Anwaltszwang (§ 53) und muss begründet werden. Die Begründungsfrist beträgt wiederum einen Monat und kann auf Antrag verlängert werden. Die Fassung des § 51 Abs. 4 Nr. 1 und 2 ist schärfer als die Parallelnorm in § 82 Abs. 1 VwGO, da bestimmte Anträge gestellt werden **müssen**, nicht nur sollen. An die Beibringungspflicht sind angesichts des Untersuchungsgrundsatzes (§ 55) geringere Anforderungen zu stellen als im Zivilprozess.

§ 52 Beteiligte am Beschwerdeverfahren

An dem Verfahren vor dem Beschwerdegericht sind der Beschwerdeführer und die Bundesanstalt beteiligt.

A. Einleitung

1 § 52 sieht nur die Beteiligung des Beschwerdeführers und des Bundesaufsichtsamts vor, nicht aber die Beteiligung Dritter. Nach einhelliger Meinung[1] ist die Regelung des § 52 misslungen. Die verfassungsrechtliche Garantie des effektiven Rechtsschutzes aus Art. 19 Abs. 4 GG gebietet eine erweiternde Auslegung. § 52 steht im Gegensatz sowohl zur Regelung der §§ 63, 65 VwGO (die § 52 für das WpÜG-Beschwerdeverfahren als lex specialis modifiziert)[2] als auch zur Regelung der Drittbeteiligung im Kartellverfahren nach § 67 GWB. Die Norm kennt keine Beteiligung Dritter an einem Rechtsmittelverfahren und stellt somit ein „Unikum des deutschen Verfahrensrechts" dar.[3]

B. Gesetzgebungsgeschichte

2 Bezeichnenderweise sah der Regierungsentwurf zunächst eine an § 67 GWB orientierte Regelung vor. Nach dem § 52 entsprechenden § 53 des Entwurfs waren auch „Personen und Personenvereinigungen, die vom Bundesaufsichtsamt hinzugezogen geworden sind", am Verfahren vor dem Beschwerdegericht beteiligt.[4] Erst zwei Tage vor der Verabschiedung des Gesetzes im Bundestag wurde diese Bestimmung auf Empfehlung des Finanzausschusses gestrichen.[5] So findet sich nur noch in § 56 Abs. 1 S. 3 eine isolierte Bezugnahme von „Beigeladenen oder dritten Personen", die nur als Redaktionsversehen zu verstehen ist.[6]

C. Gebotene erweiternde Auslegung

3 Es sind jedoch Konstellationen denkbar, in denen im Verfahren vor der Bundesanstalt eine Hinzuziehung erfolgt oder zu erfolgen hat. Dann führt die wörtliche Auslegung von § 52 dazu, dass der Grundsatz der **Verfahrenskontinuität** nicht gewahrt ist, wenn die Hinzugezogenen nicht am Beschwerdeverfahren beteiligt sind. Weiter muss eine verfassungskonforme Lösung für die Behandlung von Dritten gefunden werden, die in ihren Rechten verletzt zu sein behaupten.[7] Dies könnte zB der Fall bei einer Mehrheit von Antragstellern sein, von denen nur einer Beschwerde erhebt mit der Folge, dass die weiteren Antragsteller nicht Beteiligte des Beschwerdeverfahrens wären.[8] Das Beschwerdegericht hat daher in **entsprechender Anwendung des § 65 VwGO** Dritte beizuladen.[9]

---

1 *Zehetmeier-Müller/Grimmer*, in: Geibel/Süßmann, § 51 Rn 10; *Möller*, in: Assmann/Pötzsch/Schneider, § 51 Rn 6.

1 *Zehetmeier-Müller/Grimmer*, in: Geibel/Süßmann, § 52 Rn 4; *Schweizer*, in: Haarmann/Schüppen, § 52 Rn 7.
2 *Steinmeyer/Häger*, § 52 Rn 1.
3 *Schweizer*, in: Haarmann/Schüppen, § 52 Rn 4.
4 Begr. RegE, BT-Drucks. 14/7477, S. 37.
5 Beschlussempfehlung und Bericht des Finanzausschusses (7. Ausschuss) des Deutschen Bundestages v. 14.11.2002; BT-Drucks. 14/7477, S. 75. Zur Begründung heißt es: „Die Neufassung der Vorschrift berücksichtigt, dass in Verfahren vor dem Bundesaufsichtsamt ausschließlich der Adressat einer Verfügung bzw derjenige, der geltend macht, einen Anspruch auf Erlass einer Verfügung zu haben, beteiligt ist. Dementsprechend erfolgt auch keine Hinzuziehung von Personen bzw Personenvereinigungen durch das Bundesaufsichtsamt."
6 Siehe hierzu § 56 Rn 1.
7 Zu den verfassungsrechtlichen Aspekten siehe *Bechtold*, GWB, § 63 Rn 4; *Schweizer* in: Haarmann/Schüppen, § 52 Rn 9 mwN.
8 Hierzu *Zehetmeier-Müller/Grimmer*, in: Geibel/Süßmann, § 52 Rn 4.
9 *Zehetmeier-Müller/Grimmer*, in: Geibel/Süßmann, § 52 Rn 5; *Ehricke*, in: Ehricke/Ekkenga/Oechsler, § 52 Rn 7.

§ 53 Anwaltszwang

¹Vor dem Beschwerdegericht müssen die Beteiligten sich durch einen Rechtsanwalt oder Rechtslehrer an einer deutschen Hochschule im Sinne des Hochschulrahmengesetzes mit Befähigung zum Richteramt als Bevollmächtigten vertreten lassen. ²Die Bundesanstalt kann sich durch einen Beamten auf Lebenszeit mit Befähigung zum Richteramt vertreten lassen.

Der Anwaltszwang gilt für die Beschwerde nach § 48, und zwar schon für die Einlegung der Beschwerde, sodann für alle Schriftsätze und die mündliche Verhandlung. Rechtslehrer an einer Hochschule kann nach § 1 HRG auch ein Hochschullehrer an einer Fachhochschule sein. Eine Ausnahme vom Anwaltszwang sieht § 57 Abs. 2 S. 4 vor, wenn über die Offenlegung von Tatsachen oder Beweismitteln im Rahmen des Akteneinsichtsrechts gestritten wird und sich ein hiervon Betroffener zu einer Anordnung äußern möchte. 1

§ 54 Mündliche Verhandlung

(1) Das Beschwerdegericht entscheidet über die Beschwerde auf Grund mündlicher Verhandlung; mit Einverständnis der Beteiligten kann ohne mündliche Verhandlung entschieden werden.

(2) Sind die Beteiligten in dem Verhandlungstermin trotz rechtzeitiger Benachrichtigung nicht erschienen oder gehörig vertreten, so kann gleichwohl in der Sache verhandelt und entschieden werden.

Die mündliche Verhandlung steht nicht zur Disposition des Gerichts; in Anlehnung an § 69 GWB kann im Einverständnis der Parteien von einer mündlichen Verhandlung abgesehen werden. Die Einverständniserklärung unterliegt dem Anwaltszwang. 1

Abs. 2 ermöglicht eine Sachentscheidung auch dann, wenn ein Beteiligter durch Säumnis versucht, das Verfahren zu verschleppen. Auf die Folge des Ausbleibens muss in der Ladung zur mündlichen Verhandlung nicht hingewiesen werden. 2

§ 55 Untersuchungsgrundsatz

(1) Das Beschwerdegericht erforscht den Sachverhalt von Amts wegen.

(2) Das Gericht hat darauf hinzuwirken, dass Formfehler beseitigt, unklare Anträge erläutert, sachdienliche Anträge gestellt, ungenügende tatsächliche Angaben ergänzt, ferner alle für die Feststellung und Beurteilung des Sachverhalts wesentlichen Erklärungen abgegeben werden.

(3) ¹Das Beschwerdegericht kann den Beteiligten aufgeben, sich innerhalb einer zu bestimmenden Frist über aufklärungsbedürftige Punkte zu äußern, Beweismittel zu bezeichnen und in ihren Händen befindliche Urkunden sowie andere Beweismittel vorzulegen. ²Bei Versäumung der Frist kann nach Lage der Sache ohne Berücksichtigung der nicht beigebrachten Beweismittel entschieden werden.

Für das Beschwerdeverfahren als Verwaltungsstreitverfahren gilt der **Untersuchungsgrundsatz**. Für die Beteiligten folgt hieraus, dass es keine prozessuale, wohl jedoch eine materielle Beweislast gibt. 1

Das Gericht leitet das Verfahren mit dem Ziel einer formell korrekten und sachdienlichen Prozessführung, den Beteiligten erlegt es eine Mitwirkungspflicht auf. 2

§ 56 Beschwerdeentscheidung; Vorlagepflicht

(1) ¹Das Beschwerdegericht entscheidet durch Beschluss nach seiner freien, aus dem Gesamtergebnis des Verfahrens gewonnenen Überzeugung. ²Der Beschluss darf nur auf Tatsachen und Beweismittel gestützt werden, zu denen die Beteiligten sich äußern konnten. ³Das Beschwerdegericht kann hiervon abweichen, soweit Beigeladenen aus berechtigten Interessen der Beteiligten oder dritter Personen Akteneinsicht nicht gewährt und der Akteninhalt aus diesen Gründen auch nicht vorgetragen worden ist. ⁴Dies gilt nicht für solche Beigeladene, die an dem streitigen Rechtsverhältnis derart beteiligt sind, dass die Entscheidung auch ihnen gegenüber nur einheitlich ergehen kann.

(2) ¹Hält das Beschwerdegericht die Verfügung der Bundesanstalt für unzulässig oder unbegründet, so hebt es die Verfügung auf. ²Hat sich die Verfügung vorher durch Zurücknahme oder auf andere Weise erledigt,

so spricht das Beschwerdegericht auf Antrag aus, dass die Verfügung der Bundesanstalt unzulässig oder unbegründet gewesen ist, wenn der Beschwerdeführer ein berechtigtes Interesse an dieser Feststellung hat.

(3) Hält das Beschwerdegericht die Ablehnung oder Unterlassung der Verfügung für unzulässig oder unbegründet, so spricht es die Verpflichtung der Bundesanstalt aus, die beantragte Verfügung vorzunehmen.

(4) Die Verfügung ist auch dann unzulässig oder unbegründet, wenn die Bundesanstalt von ihrem Ermessen fehlerhaft Gebrauch gemacht hat, insbesondere wenn sie die gesetzlichen Grenzen des Ermessens überschritten oder durch die Ermessensentscheidung Sinn und Zweck dieses Gesetzes verletzt hat.

(5) Der Beschluss ist zu begründen und den Beteiligten zuzustellen.

(6) ¹Will das Beschwerdegericht von einer Entscheidung eines Oberlandesgerichts oder des Bundesgerichtshofs abweichen, so legt es die Sache dem Bundesgerichtshof vor. ²Der Bundesgerichtshof entscheidet anstelle des Oberlandesgerichts.

1 Abs. 1 nennt den Entscheidungsmaßstab für das Beschwerdegericht, verbietet Überraschungsentscheidungen und konstatiert ein Verwertungsverbot, soweit nicht Akteneinsicht gewährt oder der Akteninhalt vorgetragen wurde. Überraschenderweise ist in Abs. 1 S. 3 von „Beigeladenen oder dritten Personen" die Rede, denen gegenüber hiervon abgewichen werden kann, wo doch der Gesetzgeber im Übrigen – siehe nur § 52 – davon ausgeht, dass Dritte am Verfahren nicht zu beteiligen sind. Es handelt sich wohl um eine unreflektierte Übernahme aus § 71 Abs. 1 S. 4 GWB, der keine eigenständige Bedeutung zukommt, und die deutlich macht, dass in entsprechender Anwendung von § 65 VwGO Dritte beizuladen sind.[1]

2 Eine unzulässige oder unbegründete Verfügung der Bundesanstalt hebt das Beschwerdegericht auf, ebenso einen im Regelfall vorliegenden Widerspruchsbescheid.[2] Im Falle der Zurücknahme oder Erledigung stellt das Gericht auf Antrag und bei Vorliegen eines Feststellungsinteresses fest, dass die Verfügung unzulässig oder unbegründet war.

3 Hat die Bundesanstalt rechtswidrig den Erlass einer Verfügung oder die Vornahme einer Handlung abgelehnt, so verpflichtet das Gericht die Bundesanstalt hierzu.

4 In Abs. 5 wird klargestellt, dass das Beschwerdegericht bei Ermessensentscheidungen die Ermessensausübung der Bundesanstalt daraufhin überprüft, ob ein Fall der Ermessensüberschreitung oder -unterschreitung, des Ermessensfehlgebrauchs oder des Ermessensausfalls vorliegt.[3] In Anlehnung an die Handhabung im Kartellverfahren ist das Beschwerdegericht zu einer über die Rechtmäßigkeitskontrolle hinausgehenden Zweckmäßigkeitskontrolle befugt.[4]

5 Das Beschwerdegericht entscheidet nach Abs. 5 durch Beschluss, der zu begründen und zuzustellen ist.

6 Die **Divergenzvorlage** des Abs. 6 soll die einheitliche Rechtsanwendung sicherstellen. Zu unterschiedlichen Auslegungen des WpÜG kann es ungeachtet der Zuständigkeit des OLG Frankfurt am Main für das Verwaltungs- und Bußgeldverfahren kommen, da § 66 die zivilrechtliche Zuständigkeit anders regelt.[5] Das OLG Frankfurt am Main als Beschwerdegericht hat daher dem BGH vorzulegen, wenn dieser oder ein anderes OLG in einem Zivilverfahren zu einer Auslegung des WpÜG gekommen ist, von der das Beschwerdegericht abweichen möchte.

§ 57 Akteneinsicht

(1) ¹Die in § 52 bezeichneten Beteiligten können die Akten des Beschwerdegerichts einsehen und sich durch die Geschäftsstelle auf ihre Kosten Ausfertigungen, Auszüge und Abschriften erteilen lassen. ²§ 299 Abs. 3 der Zivilprozessordnung gilt entsprechend.

(2) ¹Einsicht in Vorakten, Beiakten, Gutachten und Unterlagen über Auskünfte ist nur mit Zustimmung der Stellen zulässig, denen die Akten gehören oder die die Äußerung eingeholt haben. ²Die Bundesanstalt hat die Zustimmung zur Einsicht in die ihr gehörigen Unterlagen zu versagen, soweit dies aus wichtigen Gründen, insbesondere zur Wahrung von berechtigten Interessen Beteiligter oder dritter Personen, geboten ist. ³Wird die Einsicht abgelehnt oder ist sie unzulässig, dürfen diese Unterlagen der Entscheidung nur insoweit zugrunde gelegt werden, als ihr Inhalt vorgetragen worden ist. ⁴Das Beschwerdegericht kann die Offenlegung von Tatsachen oder Beweismitteln, deren Geheimhaltung aus wichtigen Gründen, insbesondere

---

1 *Zehetmeier-Müller/Grimmer*, in: Geibel/Süßmann, § 56 Rn 5; *Ehricke*, in: Ehricke/Ekkenga/Oechsler, § 56 Rn 18.
2 *Zehetmeier-Müller/Grimmer*, in: Geibel/Süßmann, § 56 Rn 10.
3 *Steinmeyer/Häger*, § 56 Rn 21.
4 *Schweizer*, in: Haarmann/Schüppen, § 56 Rn 11 mwN des Meinungsstandes zu, § 71 Abs. 5 GWB; aA *Ritz*, in: Baums/Thoma, § 56 Rn 28.
5 *Zehetmeier-Müller/Grimmer*, in: Geibel/Süßmann, § 56 Rn 21; *Steinmeyer/Häger*, § 56 Rn 30.

zur Wahrung von berechtigten Interessen Beteiligter oder Dritter verlangt wird, nach Anhörung des von der Offenlegung Betroffenen durch Beschluss anordnen, soweit es für die Entscheidung auf diese Tatsachen oder Beweismittel ankommt, andere Möglichkeiten der Sachaufklärung nicht bestehen und nach Abwägung aller Umstände des Einzelfalles die Bedeutung der Sache für die Sicherung eines ordnungsgemäßen Verfahrens das Interesse des Betroffenen an der Geheimhaltung überwiegt. ⁵Der Beschluss ist zu begründen. ⁶In dem Verfahren nach Satz 4 muss sich der Betroffene nicht anwaltlich vertreten lassen.

§ 57 ist an § 72 GWB angelehnt. Im Beschwerdeverfahren steht den Beteiligten ein weitgehendes Akteneinsichtsrecht zu. Für die Akten des Beschwerdegerichts gilt die Einschränkung des § 299 Abs. 3 ZPO, wonach interne Entwürfe, Voten und dergleichen nicht vorzulegen sind. Zu den „Vorakten, Beiakten, Gutachten und Unterlagen" nach § 57 Abs. 2 gehören insbesondere die Akten der Bundesanstalt.¹ Auskünfte sind insbesondere die von der Bundesanstalt nach § 40 eingeholten Informationen.

Einem berechtigten Geheimhaltungsbedürfnis kann die Bundesanstalt durch die Verweigerung der Zustimmung zur Einsichtnahme Rechnung tragen.² Diese Entscheidung steht in vollem Umfang zur Überprüfung durch das Beschwerdegericht, das nach Abs. 2 S. 4 selbst dann die Offenlegung anordnen kann, wenn ein Interesse an der Geheimhaltung besteht, dieses jedoch hinter das Interesse an der Sachaufklärung zurücktritt, also eine Güterabwägung zu dem Ergebnis kommt, dass es gerade auf dieses Beweismittel ankommt.

Akten, die von der Einsichtnahme ausgeschlossen sind, darf das Gericht nur soweit seiner Entscheidung zugrunde legen, als ihr Inhalt vorgetragen und somit zum Gegenstand der mündlichen Verhandlung gemacht wurde (siehe § 56 Abs. 1 S. 2 und 3).

§ 58 Geltung von Vorschriften des Gerichtsverfassungsgesetzes und der Zivilprozessordnung

Im Verfahren vor dem Beschwerdegericht gelten, soweit nichts anderes bestimmt ist, entsprechend
1. die Vorschriften der §§ 169 bis 197 des Gerichtsverfassungsgesetzes über Öffentlichkeit, Sitzungspolizei, Gerichtssprache, Beratung und Abstimmung und
2. die Vorschriften der Zivilprozessordnung über Ausschließung und Ablehnung eines Richters, über Prozessbevollmächtigte und Beistände, über die Zustellung von Amts wegen, über Ladungen, Termine und Fristen, über die Anordnung des persönlichen Erscheinens der Parteien, über die Verbindung mehrerer Prozesse, über die Erledigung des Zeugen- und Sachverständigenbeweises sowie über die sonstigen Arten des Beweisverfahrens, über die Wiedereinsetzung in den vorigen Stand gegen die Versäumung einer Frist.

Auf das Verwaltungsstreitverfahren nach §§ 48 ff finden die in § 58 in Bezug genommenen Normen des GVG und der ZPO entsprechende Anwendung. Die Verweisung ist nicht abschließend, so dass zur Lückenschließung auf andere Normen der VwGO, der ZPO oder des GVG zurückgegriffen werden kann.¹

Abschnitt 8
Sanktionen

§ 59 Rechtsverlust

¹Rechte aus Aktien, die dem Bieter, mit ihm gemeinsam handelnden Personen oder deren Tochterunternehmen gehören oder aus denen ihm, mit ihm gemeinsam handelnden Personen oder deren Tochterunternehmen Stimmrechte gemäß § 30 Abs. 1 Satz 1 Nr. 2 zugerechnet werden, bestehen nicht für die Zeit, für welche die Pflichten nach § 35 Abs. 1 oder 2 nicht erfüllt werden. ²Dies gilt nicht für Ansprüche nach § 58 Abs. 4 des Aktiengesetzes und § 271 des Aktiengesetzes, wenn die Veröffentlichung oder das Angebot nach § 35 Abs. 1 Satz 1 oder Abs. 2 Satz 1 nicht vorsätzlich unterlassen wurde und nachgeholt worden ist.

---

1 *Zehetmeier-Müller/Grimmer*, in: Geibel/Süßmann, § 57 Rn 1; *Steinmeyer/Häger*, § 57 Rn 3; *Schweizer*, in: Haarmann/Schüppen, § 57 Rn 2.
2 Sind andere Stellen als die Bundesanstalt zuständig, so richtet sich deren Zustimmung nach § 99 Abs. 1 VwGO analog;
Schweizer, in: Haarmann/Schüppen, § 57 Rn 3; vgl *Schenke* in: Kopp/Schenke, VwGO, § 99 Rn 11 ff zu den Maßstäben für die Beurteilung von Geheimhaltungsinteressen.
1 *Schweizer*, in: Haarmann/Schüppen, § 58 Rn 2.

A. Einführung

1 Diese Vorschrift regelt die Rechtsfolge der unterlassenen Veröffentlichung der Erlangung der Kontrolle nach § 35 Abs. 1 S. 1 oder der Nichtabgabe eines Pflichtangebots nach § 35 Abs. 2 S. 1.[1] § 59 ist der Vorschrift des § 28 WpHG nachgebildet, so dass die hierzu entwickelten Grundsätze ebenfalls für § 59 gelten.[2] Eine weitere vergleichbare Vorschrift findet sich in § 20 Abs. 7 AktG.

B. Anwendungsbereich

2 **I. Voraussetzungen.** Nach dem Wortlaut von § 59 bestehen die Rechte aus den Aktien (sowohl Stamm- als auch Vorzugsaktien) solange nicht, wie die Verpflichtungen aus § 35 Abs. 1 oder 2 nicht vollständig erfüllt worden sind. Ein Rechtsverlust tritt also auch dann ein, wenn die Verpflichtung nicht vollständig erfüllt worden ist oder beispielsweise nicht in der vom Gesetz vorgeschriebenen Weise.[3] Nach dem Wortlaut tritt der Rechtsverlust auch bei Verstößen gegen Nebenpflichten nach § 35 Abs. 1 und 2 ein, was unverhältnismäßig erscheint.[4] Richtigerweise sollte der Rechtsverlust nur bei **Verstößen gegen Primärpflichten** nach § 35 Abs. 1 und 2 erfolgen.[5] In § 35 Abs. 1 und Abs. 2 finden sich u.a. Verweisungen auf § 10 Abs. 2 und § 14 Abs. 2 S. 2, die Verpflichtungen enthalten, die nicht mehr nachgeholt werden können, wenn sie einmal versäumt worden sind. Die **vorherige** Mitteilung des Angebots an die Bundesanstalt oder die Börsen ist im Nachhinein nicht mehr möglich. Trotz des Wortlauts dürfte in diesen Fällen bei Erfüllung aller übrigen Verpflichtungen kein ständiger Rechtsverlust gewollt sein, wie sich aus dem Umkehrschluss zu § 59 S. 2 („nachgeholt werden") und der Gesetzesbegründung ergibt.[6]

3 Sind die Verpflichtungen erfüllt, leben die Rechte wieder auf. Auch bei nur kurzfristiger Überschreitung der Kontrollschwelle bestehen die Verpflichtungen weiter, auch wenn die Schwelle wieder unterschritten wurde.[7] Ein Unterschreiten der 30%-Schwelle beendet daher den gemäß § 59 eingetretenen Rechtsverlust nicht, sofern das Versäumte nicht nachgeholt wird.[8] Eine Erwerbssperre bei Erreichen oder Überschreiten der Meldeschwelle kennt das deutsche Recht grundsätzlich nicht, allerdings könnte das Erreichen oder Überschreiten als Insidertatsache gewertet werden, mit der Folge, dass dem Meldepflichtigen ein weiterer Erwerb nach § 14 WpHG versagt ist.[9] Den Rechtsnachfolger, der die Aktien später erworben hat, trifft der Rechtsverlust nicht mehr, seine Rechte leben ab Erwerb ex nunc wieder auf.[10]

4 Aufgrund des kapitalmarktpolitischen Charakters und des damit nahezu unbestimmbaren potenziell geschützten Personenkreises der Vorschrift ist eine Schutzgesetzeigenschaft iSv § 823 Abs. 2 BGB zu verneinen.[11] Hierfür spricht auch, dass der Gesetzgeber die Vorschrift als Ergänzung zu den Mitteln des Verwaltungszwanges ansieht.[12] Dementsprechend ist die Klage eines Aktionärs auf Feststellung, dass die Rechte eines anderen Aktionärs nach § 59 nicht bestehen, wegen fehlenden Feststellungsinteresses unzulässig.[13]

5 **II. Rechtsfolgen. 1. Erfasste Rechte.** Von dem zeitweiligen Rechtsverlust werden die Rechte zur Einberufung der Hauptversammlung, zur Teilnahme an der Hauptversammlung einschließlich des Antrags- und Auskunftsrechts und das Stimmrecht erfasst.[14] Da dem Aktionär die Teilnahme an der Hauptversammlung verwehrt ist, wird auch sein Anfechtungsrecht erfasst, soweit es sich nicht auf § 243 Abs. 2 AktG stützt.[15] Übt ein Aktionär jedoch sein Stimmrecht aus, obwohl er dies aufgrund von § 59 nicht dürfte, so führt dies nicht zur Nichtigkeit, sondern allenfalls zur Anfechtbarkeit des Beschlusses.[16] Unter den Rechtsverlust fallen ferner das Bezugsrecht bei Kapitalerhöhungen gegen Einlagen, maßgeblicher Zeitpunkt ist hierbei die

---

1 Begr. RegE, BT-Drucks. 14/7034, S. 52.
2 Begr. RegE, BT-Drucks. 14/7034, S. 52.
3 *Tschauner*, in: Geibel/Süßmann, § 59 Rn 10 f; *Ehricke*, in: Ehricke/Ekkenga/Oechsler, § 59 Rn 8; *Hecker*, in: Baums/Thoma, § 59 Rn 29.
4 *Tschauner*, in: Geibel/Süßmann, § 59 Rn 8, *Ehricke*, in: Ehricke/Ekkenga/Oechsler, § 59 Rn 9; *Steinmeyer/Häger*, § 59 Rn 8.
5 *Hecker*, in: Baums/Thoma, § 59 Rn 21; *Ehricke*, in: Ehricke/Ekkenga/Oechsler, § 59 Rn 10; *Tschauner*, in: Geibel/Süßmann, § 59 Rn 10; *Steinmeyer/Häger*, § 59 Rn 8 differenzierend nach Gewicht der Nebenpflicht: KölnKomm-WpÜG/*Kremer/Oesterhaus*, § 59 Rn 12 ff; 23–43.
6 Begr. RegE, BT-Drucks. 14/7034, S. 52.
7 *Tschauner*, in: Geibel/Süßmann, § 59 Rn 52; *Ehricke*, in: Ehricke/Ekkenga/Oechsler, § 59 Rn 25.
8 OLG Frankfurt aM v. 14.11.2006 – 5 U 158/05; *Hommelhoff/Witt*, in: Haarmann/Schüppen, § 59 Rn 32.
9 *Schneider*, in: Assmann/Pötzsch/Schneider, § 59 Rn 59 ff; aA *Tschauner*, in: Geibel/Süßmann, § 59 Rn 78 ff.
10 KölnKomm-WpÜG/*Kremer/Oesterhaus*, § 59 Rn 82.; *Schneider*, in: Assmann/Pötzsch/Schneider, § 59 Rn 19.
11 AA *Ehricke*, in: Ehricke/Ekkenga/Oechsler, § 59 Rn 34; KölnKomm-WpÜG/*Kremer/Oesterhaus*, § 59 Rn 85, die in erster Linie die anderen Aktionäre geschützt sehen wollen.
12 Begr. RegE, BT-Drucks. 14/7034, S. 68.
13 LG München v. 27.11.2008 – 5 HK O 3928/08.
14 *Schneider*, in: Assmann/Pötzsch/Schneider, § 59 Rn 26; *Steinmeyer/Häger*, § 59 Rn 17 ff; *Hommelhoff/Witt*, in: Haarmann/Schüppen, § 59 Rn 19;.
15 *Steinmeyer/Häger*, § 59 Rn 21 mwN.
16 OLG Frankfurt aM v. 6.4.2009 – 5 W 8/09; LG München v. 28.8.2008 – 5 HKO 12861/07, Leitsatz 7 und Rn 496; siehe auch BGH v. 24.4.2006 – II ZR 30/05 – für den Fall des § 20 Abs. 7 AktG.

Fassung des Kapitalerhöhungsbeschlusses.[17] Das Bezugsrecht der übrigen Aktionäre erhöht sich dann entsprechend.[18] Erfasst wird weiter das Recht auf Dividende, wobei auch hier auf den Zeitpunkt des Gewinnverwendungsbeschlusses abzustellen ist,[19] und der Anspruch auf den Liquidationserlös, was sich bereits aus dem Umkehrschluss von § 59 S. 2 ergibt. Durch den endgültigen Verlust der Dividende erhöht sich die Dividende der übrigen Aktionäre entsprechend.[20] Auf vom Rechtsverlust erfasste Aktien unzulässigerweise erhaltene Dividenden und bezogene Aktien sind an die Gesellschaft zurückzugeben.[21]

2. Nicht erfasste Rechte. Nach wohl hM wird das Bezugsrecht bei Kapitalerhöhungen aus Gesellschaftsmitteln nicht vom Rechtsverlust erfasst, da es sich um eine bloße Umstrukturierung des Gesellschaftskapitals handelt und die neuen Aktien dem Aktionär aus ihm ohnehin zustehenden Gesellschaftsmitteln per Gesetz zustehen.[22] Dem widerspricht allerdings, dass auch der Liquidationserlös aus Gesellschaftsmitteln besteht und dennoch vom Rechtsverlust umfasst wird.[23] 6

Ebenfalls unberührt lässt § 59 die Mitgliedschaft selbst, so dass die Beteiligungsverhältnisse unverändert bleiben. 7

III. Ausnahmen. Nach § 59 S. 2 kann der Bieter den Verlust der Ansprüche auf Dividende (§ 58 Abs. 4 AktG) und auf den Liquidationserlös (§ 271 AktG) vermeiden, wenn er darlegt und beweist, dass die unterlassene Veröffentlichung oder die Nichtabgabe des Pflichtangebots ohne Vorsatz unterblieben und zwischenzeitlich nachgeholt worden ist.[24] Der hierzu vertretene eigene kapitalmarktrechtliche Vorsatzbegriff – Kenntnis der Tatumstände und Wollen oder Sichabfinden mit den Folgen[25] – ähnelt der strafrechtlichen Vorsatzdefinition.[26] Ein Irrtum über den relevanten Sachverhalt wird den Vorsatz daher in aller Regel ausschließen. Ein Irrtum über die bestehenden Verpflichtungen (Verbotsirrtum) wird den Vorsatz nur entfallen lassen, wenn er unvermeidbar war, wovon nur in Ausnahmefällen auszugehen sein dürfte. 8

§ 60 Bußgeldvorschriften

(1) Ordnungswidrig handelt, wer vorsätzlich oder leichtfertig
1. entgegen
   a) § 10 Abs. 1 Satz 1, § 14 Abs. 2 Satz 1 oder § 35 Abs. 1 Satz 1 oder Abs. 2 Satz 1,
   b) § 21 Abs. 2 Satz 1, § 23 Abs. 1 Satz 1 oder Abs. 2 Satz 1 oder § 27 Abs. 3 Satz 1 oder
   c) § 1 Abs. 5 Satz 2 in Verbindung mit einer Rechtsverordnung nach § 1 Abs. 5 Satz 3

   eine Veröffentlichung nicht, nicht richtig, nicht vollständig, nicht in der vorgeschriebenen Weise oder nicht rechtzeitig vornimmt,
2. entgegen
   a) § 10 Abs. 2 Satz 1, auch in Verbindung mit § 35 Abs. 1 Satz 4, § 14 Abs. 1 Satz 1 oder § 35 Abs. 2 Satz 1,
   b) § 10 Abs. 5, auch in Verbindung mit § 35 Abs. 1 Satz 4, oder § 14 Abs. 4, auch in Verbindung mit § 21 Abs. 2 Satz 2 oder § 35 Abs. 2 Satz 2, oder
   c) § 27 Abs. 3 Satz 2

   eine Mitteilung, Unterrichtung oder Übermittlung nicht, nicht richtig, nicht vollständig, nicht in der vorgeschriebenen Weise oder nicht rechtzeitig vornimmt,

---

17 *Tschauner*, in: Geibel/Süßmann, § 59 Rn 29; *Steinmeyer/Häger*, § 59 Rn 27 ff; *Schneider*, in: Assmann/Pötzsch/Schneider, § 59 Rn 33, KölnKomm-WpÜG/*Kremer/Oesterhaus*, § 59 Rn 64; *Ehricke*, in: Ehricke/Ekkenga/Oechsler, § 59 Rn 18.

18 *Schneider*, in: Assmann/Pötzsch/Schneider, § 59 Rn 34; aA *Hüffer*, § 20 Rn 16 mwN.

19 *Steinmeyer/Häger*, § 59 Rn 25; *Hüffer*, § 20 Rn 15; *Schneider*, in: Assmann/Pötzsch/Schneider, § 59 Rn 31; Kölnkomm-WpÜG/*Kremer/Oesterhaus*, § 59 Rn 64; LG München I v. 27.11.2008 – 5 HK O 3928/08, Rn 16.

20 AA KölnKomm-WpÜG/ *Kremer/Oesterhaus*, § 59 Rn 61, die diesen Gewinnanteil als sonstigen Ertrag bei der Gesellschaft verbucht sehen wollen, ebenso LG München I v. 27.11.2008 – 5 HK O 3928/08, Rn 16 mit dem Hinweis, dass nicht die Vermehrung der Rechte der übrigen Aktionäre, sondern die Sanktion der Nichtabgabe eines (ordnungsgemäßen) Pflichtangebots im Vordergrund stehe.

21 KölnKomm-AktG/*Koppensteiner*, § 20 Rn 82; *Hüffer*, § 20 Rn 17.

22 *Schneider*, in: Assmann/Pötzsch/Schneider, § 59 Rn 36; *Steinmeyer/Häger*, § 59 Rn 27; *Hommelhoff/Witt*, in: Haarmann/Schüppen, § 59 Rn 22; KölnKomm-WpÜG/*Kremer/Oesterhaus*, § 59 Rn 73; *Hüffer*, § 20 Rn 16; aA *Ehricke*, in: Ehricke/Ekkenga/Oechsler, § 59 Rn 18.

23 *Tschauner*, in: Geibel/Süßmann, § 59 Rn 35; *Schneider*, in: Assmann/Pötzsch/Schneider, § 59 Rn 36.

24 Begr. RegE, BT-Drucks. 14/7034, S. 68.

25 *Schneider*, in: Assmann/Pötzsch/Schneider, § 59 Rn 49ff; *Ehricke*, in: Ehricke/Ekkenga/Oechsler, § 59 Rn 29.

26 AA *Hecker*, in: Baums/Thoma, § 59 Rn 125, der den zivilrechtlichen Vorsatzbegriff anwendet.

3. entgegen § 10 Abs. 3 Satz 3, auch in Verbindung mit § 35 Abs. 1 Satz 4, oder § 14 Abs. 2 Satz 2, auch in Verbindung mit § 35 Abs. 2 Satz 2, eine Veröffentlichung vornimmt oder eine Angebotsunterlage bekannt gibt,
4. entgegen § 10 Abs. 4 Satz 1, auch in Verbindung mit § 35 Abs. 1 Satz 4, eine Veröffentlichung nicht, nicht richtig, nicht vollständig oder nicht rechtzeitig übersendet,
5. entgegen § 14 Abs. 3 Satz 2, auch in Verbindung mit § 21 Abs. 2 Satz 2, § 23 Abs. 1 Satz 2 oder § 35 Abs. 2 Satz 2, oder entgegen § 27 Abs. 3 Satz 3 eine Mitteilung nicht, nicht richtig oder nicht rechtzeitig macht,
6. entgegen § 15 Abs. 3 eine Veröffentlichung vornimmt,
7. entgegen § 26 Abs. 1 Satz 1 oder 2 ein Angebot abgibt,
8. entgegen § 33 Abs. 1 Satz 1 oder § 33a Abs. 2 Satz 1 eine dort genannte Handlung vornimmt,
9. entgegen § 33a Abs. 3, § 33b Abs. 3 oder § 33c Abs. 3 Satz 3 eine Unterrichtung nicht, nicht richtig, nicht vollständig oder nicht rechtzeitig vornimmt oder
10. entgegen § 33c Abs. 3 Satz 4 eine Veröffentlichung nicht, nicht richtig, nicht vollständig, nicht in der vorgeschriebenen Weise oder nicht rechtzeitig vornimmt.

(2) Ordnungswidrig handelt, wer vorsätzlich oder fahrlässig
1. einer vollziehbaren Anordnung nach § 28 Abs. 1 oder § 40 Abs. 1 Satz 1 zuwiderhandelt oder
2. entgegen § 40 Abs. 2 Satz 1 oder 2 ein Betreten nicht gestattet oder nicht duldet.

(3) Die Ordnungswidrigkeit kann in den Fällen des Absatzes 1 Nr. 1 Buchstabe a, Nr. 3, 6 bis 8 mit einer Geldbuße bis zu einer Million Euro, in den Fällen des Absatzes 1 Nr. 1 Buchstabe b, Nr. 2 Buchstabe a und Nr. 4 mit einer Geldbuße bis zu fünfhunderttausend Euro, in den übrigen Fällen mit einer Geldbuße bis zu zweihunderttausend Euro geahndet werden.

A. Begehungsformen	1	3. Verstöße gegen Veröffentlichungs- und Bekanntgabeverbote (Abs. 1 Nr. 3)	4
B. Zuwiderhandlungen	2	4. Verstöße gegen Übersendungspflichten (Abs. 1 Nr. 4 und Nr. 5)	5
I. Zuwiderhandlungen nach Abs. 1 (vorsätzliche oder leichtfertige Begehung)	2	5. Sonstige Verstöße (Abs. 1 Nr. 6–8)	7
1. Verstöße gegen Veröffentlichungspflichten (Abs. 1 Nr. 1)	2	II. Zuwiderhandlungen nach Abs. 2 (vorsätzliche oder fahrlässige Begehung)	9
2. Verstöße gegen Mitteilungs- und Unterrichtungspflichten (Abs. 1 Nr. 2)	3	C. Bußgeldrahmen (Abs. 3)	10

A. Begehungsformen

1 § 60 enthält zwei Gruppen von Ordnungswidrigkeitstatbeständen. Die in Abs. 1 aufgeführten Verstöße können nur **vorsätzlich oder leichtfertig** begangen werden, Abs. 2 enthält Tatbestände, die vorsätzlich oder fahrlässig begangen werden können. Unter Vorsatz ist auch die Kenntnis bzw das für möglich Halten der Tatumstände und das Wollen oder Sichabfinden mit den Folgen bzw deren Inkaufnahme zu verstehen, also sowohl dolus directus als auch dolus eventualis.[1] Fahrlässig handelt, wer die im Verkehr erforderliche Sorgfaltspflicht außer Acht lässt. Über die zivilrechtliche Fahrlässigkeit nach § 276 BGB hinaus, muss den Täter aufgrund des Sanktionscharakters der Norm ferner ein persönlicher Schuldvorwurf treffen.[2] Leichtfertigkeit ist ein erhöhter Grad der Fahrlässigkeit, ähnlich der groben Fahrlässigkeit des bürgerlichen Rechts.[3] Nach § 11 Abs. 1 OWiG handelt nicht vorsätzlich, wer einen zum Tatbestand gehörenden Umstand nicht kennt (Tatbestandsirrtum). Irrt der Täter über das Bestehen oder den Umfang der Vorschrift (Verbotsirrtum), so wird er gemäß § 11 Abs. 2 OWiG nur dann entlastet, wenn dieser Irrtum für ihn unvermeidbar war, was nur in Ausnahmefällen anzunehmen sein wird.[4]

Nach dem Gesetzentwurf der Bundesregierung (BT-Drucks. 16/1003) werden die Bußgeldvorschriften in Abs. 1, Nr. 5, 7, 9 und Abs. 2, Nr. 1 und 2 entsprechend angepasst.

B. Zuwiderhandlungen

2 **I. Zuwiderhandlungen nach Abs. 1 (vorsätzliche oder leichtfertige Begehung). 1. Verstöße gegen Veröffentlichungspflichten (Abs. 1 Nr. 1).** Die unter Abs. 1 Nr. 1 genannten Veröffentlichungspflichten betreffen Informationen, die bei öffentlichen Angeboten zum Erwerb von Wertpapieren von zentraler Bedeutung sind,

---

1 Zum kapitalmarktrechtlichen Vorsatzbegriff siehe *Schneider*, in: Assmann/Pötzsch/Schneider, § 59 Rn 49 ff.
2 *Tschauner*, in: Geibel/Süßmann, § 60 Rn 11; KölnKomm-WpÜG/*Schröder*, § 60 Rn 56.
3 *Cramer*, in: Schönke/Schröder, StGB, § 15 Rn 205.
4 *Ehricke*, in: Ehricke/Ekkenga/Oechsler, § 60 Rn 33.

so dass deren Einhaltung mit den Mitteln des Ordnungswidrigkeitenrechts durchgesetzt werden soll.[5] Tatbestandlich müssen die folgenden Veröffentlichungen nicht, nicht richtig, nicht vollständig, nicht in der vorgeschriebenen Weise oder nicht rechtzeitig vorgenommen worden sein:
- Veröffentlichung der Angebotsentscheidung (§ 10 Abs. 1 S. 1)
- Veröffentlichung der (Pflicht-)Angebotsunterlage (§ 14 Abs. 1 S. 1, § 35 Abs. 2 S. 1)
- Veröffentlichung der Erlangung der Kontrolle über die Zielgesellschaft (§ 35 Abs. 1 S. 1)
- Veröffentlichung der Änderung des Angebots (§ 21 Abs. 2 S. 1)
- Veröffentlichung der „Wasserstandsmeldungen" (zugegangene Annahmeerklärungen, § 23 Abs. 1 S. 1, und Anzahl der nach Übernahme der Kontrolle und nach Ablauf der Annahmefrist erworbenen Aktien, § 23 Abs. 2 S. 1)
- Veröffentlichung der Stellungnahme von Vorstand und Aufsichtsrat zur Angebotsunterlage (§ 27 Abs. 3 S. 1).

2. Verstöße gegen Mitteilungs- und Unterrichtungspflichten (Abs. 1 Nr. 2). Die unter Abs. 1 Nr. 2 aufgeführten Vorschriften betreffen Mitteilungs- und Unterrichtungspflichten, die die unter Abs. 1 Nr. 1 genannten Veröffentlichungspflichten ergänzen. Sie dienen der besseren Überwachung des Verfahrens und sollen die angemessene Information der Zielgesellschaft und der Arbeitnehmer sicherstellen.[6] Abs. 1 Nr. 2 betrifft die folgende Mitteilung, Unterrichtung oder Übermittlung, die nicht, nicht richtig, nicht vollständig, nicht in der vorgeschriebenen Weise oder nicht rechtzeitig vorgenommen worden ist:

- Mitteilung der Entscheidung zur Abgabe eines Angebots oder der Kontrollerlangung an die Bundesanstalt und an die betroffenen Börsen vor der Veröffentlichung der Angebotsunterlage (§ 10 Abs. 2 S. 1 auch iVm § 35 Abs. 1 S. 4)
- Übermittlung der (Pflicht-)Angebotsunterlage an die Bundesanstalt (§ 14 Abs. 1 S. 1, § 35 Abs. 2 S. 1)
- Mitteilung der Entscheidung zur Abgabe eines Angebots oder der Kontrollerlangung an den Vorstand nach der Veröffentlichung (§ 10 Abs. 5 S. 1, auch iVm § 35 Abs. 1 S. 4),
- Mitteilung des Vorstandes an Betriebsrat oder Arbeitnehmer über das (Pflicht-)Angebot des Bieters (§ 10 Abs. 5 S. 2, auch iVm § 35 Abs. 1 S. 4)
- Übermittlung der (Pflicht-)Angebotsunterlage nach Veröffentlichung an den Vorstand der Zielgesellschaft (§ 14 Abs. 4 S. 1 iVm § 21 Abs. 2 S. 2 oder § 35 Abs. 2 S. 2)
- Übermittlung der (Pflicht-)Angebotsunterlage durch Vorstand der Zielgesellschaft an Betriebsrat oder Arbeitnehmer (§ 14 Abs. 4 S. 2 iVm § 21 Abs. 2 S. 2, auch iVm § 35 Abs. 2 S. 2)
- Übermittlung der Stellungnahme durch Vorstand und Aufsichtsrat der Zielgesellschaft an Betriebsrat oder Arbeitnehmer (§ 27 Abs. 3 S. 2).

3. Verstöße gegen Veröffentlichungs- und Bekanntgabeverbote (Abs. 1 Nr. 3). Die unter Abs. 1 Nr. 3 genannten Ordnungswidrigkeitstatbestände sollen sicherstellen, dass zum einen der gesetzlich vorgeschriebene Veröffentlichungsweg eingehalten wird und dass eine Veröffentlichung erst nach Prüfung der Angebotsunterlage durch die Bundesanstalt erfolgt.[7] Tatbestandlich muss der Bieter also eine Veröffentlichung in anderer Weise vorgenommen haben, bevor er die vorgeschriebene Veröffentlichung der Entscheidung, ein (Pflicht-)Angebot abzugeben, nach § 10 Abs. 3 S. 1 vorgenommen hat (§ 10 Abs. 3 S. 3, auch iVm § 35 Abs. 1 S. 4) oder eine Angebotsunterlage vor der Veröffentlichung nach § 14 Abs. 2 S. 1 iVm § 14 Abs. 3 S. 1 bekannt gegeben haben (§ 14 Abs. 2 S. 2, auch iVm § 35 Abs. 2 S. 2).

4. Verstöße gegen Übersendungspflichten (Abs. 1 Nr. 4 und Nr. 5). Die hier genannten Tatbestände sollen eine sachgerechte Kontrolle der Veröffentlichungs- und Mitteilungspflichten ermöglichen.[8] Tatbestandlich hat der Bieter bei Abs. 1 Nr. 4 die Veröffentlichung der Entscheidung zur Abgabe eines Angebots nach § 10 Abs. 3 S. 1 den betroffenen Börsen oder der Bundesanstalt nicht, nicht richtig, nicht vollständig oder nicht rechtzeitig übersandt.

Tatbestandlich müssen bei Abs. 1 Nr. 5 folgende Verpflichtungen nicht, nicht richtig oder nicht rechtzeitig erfüllt sein:

- Verpflichtung des Bieters, der Bundesanstalt gemäß § 14 Abs. 3 S. 2 unverzüglich einen Beleg über die Veröffentlichung der Angebotsunterlage in einem überregionalen Börsenpflichtblatt oder ihres kostenlosen Bereithaltens zu übersenden (auch iVm § 21 Abs. 2 S. 2, § 23 Abs. 1 S. 2 oder § 35 Abs. 2 S. 2)

---

[5] Begr. RegE, BT-Drucks. 14/7034, S. 68, *Achenbach*, in: Baums/Thoma, § 60 Rn 6; KölnKomm-WpÜG/*Schäfer*, § 60 Rn 67.
[6] Begr. RegE, BT-Drucks. 14/7034, S. 68.
[7] Begr. RegE, BT-Drucks. 14/7034, S. 68; *Ehricke*, in: Ehricke/Ekkenga/Oechsler, § 60 Rn 23.
[8] Begr. RegE, BT-Drucks. 14/7034, S. 68.

- Verpflichtung des Vorstandes und des Aufsichtsrats der Zielgesellschaft, der Bundesanstalt gemäß § 27 Abs. 3 S. 3 unverzüglich einen Beleg über die Veröffentlichung ihrer Stellungnahme zum Angebot zu übersenden.

7 **5. Sonstige Verstöße (Abs. 1 Nr. 6–8).** Diese Tatbestände sollen dem Verbot der Veröffentlichungen von Angeboten im Falle einer Untersagung durch die Bundesanstalt Nachdruck verleihen.[9] Tatbestandlich muss der Bieter unter Abs. 1 Nr. 6 die Angebotsunterlage trotz Untersagung durch die Bundesanstalt veröffentlicht haben (§ 15 Abs. 3) oder unter Abs. 1 Nr. 7 innerhalb eines Jahres nach Untersagung des Angebotes durch die Bundesanstalt erneut ein Angebot abgegeben haben (§ 26 Abs. 1 S. 1) oder innerhalb eines Jahres nach Ablauf der Sperrfrist, in der der vom Bieter als Bedingung für das Angebot genannte Mindestanteil nicht erreicht wurde, erneut ein Angebot abgegeben haben (§ 26 Abs. 1 S. 2).

8 Der Tatbestand unter Abs. 1 Nr. 8 bezieht sich auf die den Vorstand der Zielgesellschaft treffenden Vorgaben im Hinblick auf seine Handlungen bei Unternehmensübernahmen.[10] Tatbestandlich muss der Vorstand der Zielgesellschaft nach Veröffentlichung der Entscheidung zur Abgabe des Angebotes bis zur Veröffentlichung des Ergebnisses nach Ablauf der Annahmefrist Handlungen vorgenommen haben, durch die der Erfolg des Angebots verhindert werden konnte.

9 **II. Zuwiderhandlungen nach Abs. 2 (vorsätzliche oder fahrlässige Begehung).** Abs. 2 Nr. 1 betrifft Zuwiderhandlungen gegen vollziehbare Anordnungen der Bundesanstalt bei Verstößen gegen eine Untersagung im Fall unzulässiger Werbung gemäß § 28 Abs. 1. Tatbestandlich muss also der Bieter ein von der Bundesanstalt ausgesprochenes Werbeverbot missachtet haben.
Abs. 2 Nr. 2 bezieht sich auf die Nichterteilung von Auskünften, die die Bundesanstalt im Rahmen ihrer Ermittlungsbefugnisse nach § 40 Abs. 1, Abs. 2 oder Abs. 3 S. 1, auch iVm S. 2 verlangt hat. Tatbestandlich müssen also der Bieter (§ 40 Abs. 1), die Zielgesellschaft (§ 40 Abs. 2 und 3) oder Aktionäre (auch ehemalige) sowie Wertpapierhandelsunternehmen (§ 40 Abs. 3) Auskunftsverlangen der Bundesanstalt nicht befolgt haben.[11] Die Einstufung als Ordnungswidrigkeit erleichtert die Durchsetzung der Befugnisse der Bundesanstalt.
Obwohl der Gesetzeswortlaut nur in Abs. 2 Nr. 1 von vollziehbaren Anordnungen spricht, geht aus der Begründung zum Gesetzentwurf hervor, dass der Gesetzgeber auch bei Abs. 2 Nr. 2 davon ausgeht, dass die diesbezüglichen Anordnungen vollziehbar sein müssen.[12] Den Normadressaten ist in jedem Fall zuzumuten, vollziehbaren Anordnungen nachzukommen. Daher liegt schon **bei fahrlässiger Begehung eine Ordnungswidrigkeit** vor.[13]

C. Bußgeldrahmen (Abs. 3)

10 Diese Regelung gibt den Bußgeldrahmen für Verstöße nach Abs. 1 und 2 vor. In den Fällen der Verstöße nach Abs. 1 Nr. 1 lit. a, Nr. 3, 6–8 kann eine Geldbuße bis zu 1 Mio. EUR verhängt werden. Bei diesen Tatbeständen handelt es sich um Kernvorschriften des Gesetzes, die den geregelten Ablauf des Angebotsverfahrens gewährleisten sollen bzw dem Schutz der Minderheitsaktionäre dienen. Aus diesem Grund ist ein Bußgeldrahmen, der deutlich über den in § 17 OWiG genannten Rahmen hinausgeht, sachgerecht.[14]
In den Fällen der Verstöße nach Abs. 1 Nr. 1 lit. b, Nr. 2 lit. a und Nr. 4 kann eine Geldbuße bis zu 500.000 EUR verhängt werden. Hierbei handelt es sich nicht um Verstöße gegen die vorgenannten zentralen Verpflichtungen, sondern gegen diese ergänzende Pflichten. In den übrigen Fällen ist eine Geldbuße von bis zu 200.000 EUR vorgesehen. Die Höhe der Bußgelder reflektiert die wirtschaftlichen Interessen, die regelmäßig mit öffentlichen Angeboten zum Erwerb von Wertpapieren und Unternehmensübernahmen verbunden sind.[15] Gemäß § 17 Abs. 2 OWiG ist bei Fällen der Fahrlässigkeit oder Leichtfertigkeit der Bußgeldrahmen nur zur Hälfte auszuschöpfen.[16]

---

9 Begr. RegE, BT-Drucks. 14/7034, S. 68; *Steinmeyer/Häger*, § 60 Rn 7.
10 Begr. RegE, BT-Drucks. 14/7034, S. 68; *Ehricke*, in: Ehricke/Ekkenga/Oechsler, § 60 Rn 23.
11 Siehe Kommentierung zu § 40.
12 Begr. RegE, BT-Drucks. 14/7034, S. 68.
13 Begr. RegE, BT-Drucks. 14/7034, S. 68, *Ehricke*, in: Ehricke/Ekkenga/Oechsler, § 60 Rn 24; *Steinmeyer/Häger*, § 60 Rn 11.
14 Begr. RegE, BT-Drucks. 14/7034, S. 68; *Steinmeyer/Häger*, § 60 Rn 13; *Assmann*, in: Assmann/Pötzsch/Schneider, § 60 Rn 30.
15 Begr. RegE, BT-Drucks. 14/7034, S. 69.
16 *Ehricke*, in: Ehricke/Ekkenga/Oechsler, § 60 Rn 56.

§ 61 Zuständige Verwaltungsbehörde

Verwaltungsbehörde im Sinne des § 36 Abs. 1 Nr. 1 des Gesetzes über Ordnungswidrigkeiten ist die Bundesanstalt.

Für die Ahndung und Verfolgung von Ordnungswidrigkeiten im Sinne von § 61 ist die Bundesanstalt zuständig. Eine ausdrückliche Bestimmung war aufgrund der Regelung des § 36 Abs. 1 Nr. 1 OWiG erforderlich.[1] Für das Bußgeldverfahren stehen der Bundesanstalt gemäß § 46 OWiG die Rechte der Staatsanwaltschaft zu.[2] Gibt es aufgrund der Ermittlungen Anhaltspunkte für eine Straftat, ist die Sache an die Staatsanwaltschaft abzugeben, die dann auch für den Ordnungswidrigkeitentatbestand zuständig ist.[3]

§ 62 Zuständigkeit des Oberlandesgerichts im gerichtlichen Verfahren

(1) ¹Im gerichtlichen Verfahren wegen einer Ordnungswidrigkeit nach § 60 entscheidet das für den Sitz der Bundesanstalt in Frankfurt am Main zuständige Oberlandesgericht; es entscheidet auch über einen Antrag auf gerichtliche Entscheidung (§ 62 des Gesetzes über Ordnungswidrigkeiten) in den Fällen des § 52 Abs. 2 Satz 3 und des § 69 Abs. 1 Satz 2 des Gesetzes über Ordnungswidrigkeiten. ²§ 140 Abs. 1 Nr. 1 der Strafprozessordnung in Verbindung mit § 46 Abs. 1 des Gesetzes über Ordnungswidrigkeiten findet keine Anwendung.

(2) Das Oberlandesgericht entscheidet in der Besetzung von drei Mitgliedern mit Einschluss des vorsitzenden Mitglieds.

A. Gerichtliche Zuständigkeit

Die Regelung weist in S. 1 die Zuständigkeit für Entscheidungen im gerichtlichen Verfahren nach Einsprüchen gegen Bußgeldbescheide dem Oberlandesgericht zu, in dessen Bezirk der Dienstsitz Frankfurt am Main der Bundesanstalt liegt. Zuständig ist damit das Oberlandesgericht Frankfurt am Main. Die Klarstellung war erforderlich, da die Bundesanstalt nach § 1 Abs. 2 FinDAG über zwei Dienstsitze, nämlich in Bonn und in Frankfurt am Main, verfügt. Es handelt sich dabei um Entscheidungen über die Festsetzung der Geldbuße, dem Freispruch oder der Einstellung des Verfahrens und um Rechtsbehelfe gegen Maßnahmen der Verwaltungsbehörde. Die Vorschrift weicht damit von § 68 OWiG ab, der eine Zuständigkeit des Richters am Amtsgericht als Einzelrichter für Entscheidungen im gerichtlichen Verfahren vorsieht.[1] Durch die damit erreichte Konzentration der Entscheidungen über Ordnungswidrigkeits- und verwaltungsrechtliche Maßnahmen bei einem Gericht wird die Gefahr unterschiedlicher Beurteilungen des gleichen Sachverhaltes durch verschiedene Gerichte vermieden. Daneben kann das Gericht auch im gerichtlichen Verfahren nach Einsprüchen gegen Bußgeldbescheide auf die in den Verfahren nach §§ 49 ff erlangte Sachkunde zurückgreifen. Eine vergleichbare Konzentration gerichtlicher Zuständigkeit ist auch im GWB zu finden.[2]

B. Keine Verteidigerpflicht

Die Regelung in § 62 Abs. 1 S. 2 befreit die Betroffenen im Ordnungswidrigkeitenverfahren von der nach § 140 Abs. 1 Nr. 1 StPO iVm § 47 Abs. 1 OWiG bestehenden Verpflichtung, sich im Verfahren vor dem OLG von einem Verteidiger vertreten zu lassen. Eine solche Verpflichtung wäre insbesondere bei geringen Bußgeldhöhen oder der Beschränkung des Einspruchs gegen einen Bußgeldbescheid auf dessen Höhe eine unangemessene Belastung für die Betroffenen.[3]

C. Besetzung des Gerichts

Das Gericht entscheidet in der Besetzung mit **drei Richtern** und weicht damit von der in § 68 OWiG vorgesehenen Einzelrichterentscheidung ab. Damit wird der Bedeutung von Verstößen gegen Bestimmungen die-

---

1 Ehricke, in: Ehricke/Ekkenga/Oechsler, § 61 Rn 3.
2 Ehricke, in: Ehricke/Ekkenga/Oechsler, § 61 Rn 6.
3 Assmann, in: Assmann/Pötzsch/Schneider, § 61 Rn 5; Hohn, in: Haarmann/Schüppen, § 61 Rn 5; Achenbach, in: Baums/Thoma, § 61 Rn 4; KölnKomm-WpÜG/Schäfer, § 61 Rn 9.

1 Ehricke, in: Ehricke/Ekkenga/Oechsler, § 62 Rn 1; Achenbach, in: Baums/Thoma, § 62 Rn 2.
2 Begr. RegE, BT-Drucks. 14/7034, S. 69.
3 Hierzu kritisch: Hohn, in: Haarmann/Schüppen, § 62 Rn 11.

§ 63 Rechtsbeschwerde zum Bundesgerichtshof

¹Über die Rechtsbeschwerde (§ 79 des Gesetzes über Ordnungswidrigkeiten) entscheidet der Bundesgerichtshof. ²Hebt er die angefochtene Entscheidung auf, ohne in der Sache selbst zu entscheiden, so verweist er die Sache an das Oberlandesgericht, dessen Entscheidung aufgehoben wird, zurück.

1 In Bußgeldsachen nach diesem Gesetz ist das OLG Frankfurt am Main nach § 62 Abs. 1 erstinstanzlich zuständig. § 63 S. 1 ordnet daher abweichend von der für allgemeine Bußgeldsachen geltenden Regelung an, dass der BGH das Rechtsbeschwerdegericht ist und dass eine Zurückverweisung an das **OLG Frankfurt am Main** erfolgt.¹ Diese Regelung ist § 84 GWB nachgebildet.²

§ 64 Wiederaufnahme gegen Bußgeldbescheid

Im Wiederaufnahmeverfahren gegen den Bußgeldbescheid der Bundesanstalt (§ 85 Abs. 4 des Gesetzes über Ordnungswidrigkeiten) entscheidet das nach § 62 Abs. 1 zuständige Gericht.

1 Für Wiederaufnahmeverfahren wird in § 64 abweichend von §§ 85 Abs. 4, 68 OWiG die Zuständigkeit des OLG angeordnet. Zuständig ist gemäß § 62 Abs. 1 das **OLG Frankfurt aM**. Da schon das gerichtliche Verfahren vor dem OLG durchgeführt wurde, ist es sinnvoll, diesem auch die Zuständigkeit für Wiederaufnahmeverfahren zuzuweisen.¹
Ob die Zuständigkeit nur Wiederaufnahmeverfahren gegen rechtskräftige Bußgeldbescheide betrifft, wie die Überschrift vermuten lässt, oder auch gerichtliche Bußgeldentscheidungen mit abdeckt, wie die Begründung des Regierungsentwurfs vermuten lässt,² ist umstritten.³ Für die sachliche Zuständigkeit des OLG Frankfurt am Main ist dies jedoch ohne Belang.

§ 65 Gerichtliche Entscheidung bei der Vollstreckung

Die bei der Vollstreckung notwendig werdenden gerichtlichen Entscheidungen (§ 104 des Gesetzes über Ordnungswidrigkeiten) werden von dem nach § 62 Abs. 1 zuständigen Gericht erlassen.

1 Abweichend von § 104 OWiG werden in § 65 die bei der Vollstreckung notwendigen gerichtlichen Entscheidungen dem OLG zugewiesen, und zwar gemäß § 62 Abs. 1 dem **OLG Frankfurt aM**. Damit werden alle gerichtlichen Maßnahmen und Entscheidungen, die im Zusammenhang mit einem Verfahren nach diesem Gesetz anfallen können, von einer Stelle getroffen. Durch diese Konzentration soll eine effiziente und sachgerechte Entscheidungsfindung gewährleistet werden, die auch bei Beschwerden im Rahmen der Vollstreckung wichtig ist.¹ Es ist daher sinnvoll, auch die Entscheidungen im Rahmen des Vollstreckungsverfahrens hier anzusiedeln.

---

4 Begr. RegE, BT-Drucks. 14/7034, S. 69; *Ehricke*, in: Ehricke/Ekkenga/Oechsler, § 62 Rn 6; *Assmann*, in: Assmann/Pötzsch/Schneider, § 62 Rn 9; KölnKomm-WpÜG/*Giesberts*, § 62 Rn 12.

1 *Ehricke*, in: Ehricke/Ekkenga/Oechsler, WpÜG, § 63 Rn 3 f; KölnKomm-WpÜG/*Giesberts*, § 63 Rn 6.
2 Begr. RegE, BT-Drucks. 14/7034, S. 69; *Assmann*, in: Assmann/Pötzsch/Schneider, WpÜG, § 63 Rn 1.

1 Begr. RegE, BT-Drucks. 14/7034, S. 69; KölnKomm-WpÜG/*Giesberts*, § 65 Rn 6.
2 Begr. RegE, BT-Drucks. 14/7034, S. 69.
3 Dazu: *Steinmeyer/Häger*, § 64 Rn 2, der eine umfassende Geltung annimmt.

1 Begr. RegE, BT-Drucks. 14/7034, S. 69; KölnKomm-WpÜG/*Giesberts*, § 65 Rn 4.

Abschnitt 9
Gerichtliche Zuständigkeit; Übergangsregelungen

§ 66 Gerichte für Wertpapiererwerbs- und Übernahmesachen

(1) ¹Für bürgerliche Rechtsstreitigkeiten, die sich aus diesem Gesetz ergeben, sind ohne Rücksicht auf den Wert des Streitgegenstandes die Landgerichte ausschließlich zuständig. ²Satz 1 gilt auch für die in § 12 Abs. 6 genannten Ansprüche und für den Fall, dass die Entscheidung eines Rechtsstreits ganz oder teilweise von einer Entscheidung abhängt, die nach diesem Gesetz zu treffen ist. ³Für Klagen, die auf Grund dieses Gesetzes oder wegen der in § 12 Abs. 6 genannten Ansprüche erhoben werden, ist auch das Landgericht zuständig, in dessen Bezirk die Zielgesellschaft ihren Sitz hat.

(2) Die Rechtsstreitigkeiten sind Handelssachen im Sinne der §§ 93 bis 114 des Gerichtsverfassungsgesetzes.

(3) ¹Die Landesregierungen werden ermächtigt, durch Rechtsverordnung bürgerliche Rechtsstreitigkeiten, für die nach Absatz 1 ausschließlich die Landgerichte zuständig sind, einem Landgericht für die Bezirke mehrerer Landgerichte zuzuweisen, wenn eine solche Zusammenfassung der Rechtspflege in Wertpapiererwerbs- und Übernahmesachen dienlich ist. ²Sie werden ferner ermächtigt, die Entscheidungen über Berufungen und Beschwerden gegen Entscheidungen der nach Absatz 1 zuständigen Landgerichte in bürgerlichen Rechtsstreitigkeiten einem oder einigen der Oberlandesgerichte zuzuweisen, wenn in einem Land mehrere Oberlandesgerichte errichtet sind. ³Die Landesregierungen können die Ermächtigungen auf die Landesjustizverwaltungen übertragen. ⁴Durch Staatsverträge zwischen den Ländern kann die Zuständigkeit eines Landgerichts für einzelne Bezirke oder das gesamte Gebiet mehrerer Länder begründet werden.

A. Einführung

Die Norm ist § 87 GWB nachgebildet. § 66 schafft eine besondere Zuständigkeit für bürgerliche Rechtsstreitigkeiten (§ 13 GVG) mit Bezug zum WpÜG und ergänzt die Zuständigkeitsbestimmungen in § 48 Abs. 4 (Verwaltungsstreitsachen) und §§ 62 ff (Bußgeldsachen). Da es sich um Rechtsstreitigkeiten handelt, für die der Zivilrechtsweg eröffnet ist, gelten neben § 66 die Bestimmungen der ZPO und des GVG.

B. Sachliche, örtliche und funktionale Zuständigkeit

Nach Abs. 1 sind ausschließlich die Landgerichte ohne Rücksicht auf den Streitwert sachlich zuständig. Daneben schafft Abs. 1 eine örtliche Zuständigkeit des Landgerichts am Sitz der Zielgesellschaft, die alternativ neben die nach den allgemeinen Regeln der §§ 12 ff ZPO begründete Zuständigkeit(en) tritt. Die Zuständigkeit des Landgerichts am Sitz der Zielgesellschaft stellt sicher, dass für aus dem WpÜG selbst oder aus Vertrag oder unerlaubter Handlung hergeleitete Haftungsansprüche wegen Unrichtigkeit der Angebotsunterlage nach § 12 Abs. 6 stets die örtliche und damit auch die internationale Zuständigkeit[1] eines deutschen Gerichts gegeben ist, selbst wenn dies nach §§ 12 ff ZPO nicht der Fall wäre, weil beispielsweise der Bieter oder ein anderer Haftender keinen allgemeinen Gerichtsstand in Deutschland hat.[2] Schließlich bestimmt § 66 Abs. 2 die funktionale Zuständigkeit der Kammern für Handelssachen; Streitigkeiten mit wertpapiererwerbs- und übernahmerechtlichem Bezug sind stets Handelssachen im Sinne von § 95 GVG. Die Entscheidung durch die Kammer für Handelssachen setzt voraus, dass der Kläger diese beantragt (§ 96 Abs. 1 GVG) oder der Beklagte die Verweisung beantragt (§ 98 Abs. 1 S. 1 GVG).

C. Reichweite der sachlichen Zuständigkeit

Das Gesetz weist den Landgerichten alle bürgerlichrechtlichen Streitigkeiten zu, die einen Bezug zum WpÜG aufweisen. Die Zuständigkeit ist zunächst für die direkt aus dem Gesetz abgeleiteten Ansprüche gegeben, sodann für vertragliche und deliktische Ansprüche in Zusammenhang mit einem Angebot, schließlich für Streitigkeiten, in denen es auf eine wertpapiererwerbs- oder übernahmerechtliche Vorfrage ankommt.

---

1 Die internationale Zuständigkeit folgt der örtlichen Zuständigkeit; siehe statt vieler: Zöller/*Vollkommer*, ZPO, § 1 Rn 8.

2 Die Regierungsbegründung führt hierzu an, die Regelung ermögliche "die Entscheidung durch das Gericht, in dessen Nähe sich häufig relevante Beweismittel, insb. Urkunden und Zeugen befinden können." Begr. RegE, BT-Drucks. 14/7034, S. 69.

4 Unmittelbar aus dem Gesetz ergeben sich die folgenden Anspruchsgrundlagen: Haftung für die Angebotsunterlage (§ 12 Abs. 1), Haftung für die Finanzierungsbestätigung (§ 13 Abs. 2) und der Zinsanspruch bei Verstößen gegen die Pflicht zur Abgabe des Pflichtangebots (§ 38 Abs. 1 und 2).[3] Ein zivilrechtlicher Individualanspruch eines einzelnen Aktionärs gegen den Bieter auf den Erwerb seines Wertpapiers folgt aus § 35 dagegen nicht.[4]

5 Der Zweck der Norm gebietet es, sie weit auszulegen: Die Zuständigkeit der Landgerichte ist immer dann gegeben, wenn eine Inzidentprüfung von Normen des WpÜG erforderlich ist.[5] Dies kann bei Schadensersatzansprüchen Dritter der Fall sein,[6] aber auch in Rechtsstreitigkeiten von Bietern untereinander oder im Verhältnis zwischen Bietern und Beratern oder Banken.[7]
Kommt ein Amtsgericht zu dem Ergebnis, dass eine WpÜG-Vorfrage entscheidungserheblich ist, erklärt es sich auf Antrag des Klägers für unzuständig und verweist nach § 281 Abs. 1 S. 1 ZPO an das Landgericht.

D. Zuständigkeitskonzentration auf Länderebene

6 Von der Möglichkeit der Zuständigkeitskonzentration auf einzelne Landgerichte bzw. Oberlandesgerichte nach Abs. 3 haben bislang folgende Bundesländer Gebrauch gemacht:

- Bayern: Für den Oberlandesgerichtsbezirk München werden Rechtsstreitigkeiten nach § 66 dem Landgericht München I zugewiesen, für die Oberlandesgerichtsbezirke Bamberg und Nürnberg dem Landgericht Nürnberg-Fürth.[8]
- Baden-Württemberg: Für den Oberlandesgerichtsbezirk Karlsruhe werden Rechtsstreitigkeiten nach § 66 dem Landgericht Mannheim zugewiesen, für den Oberlandesgerichtsbezirk Stuttgart dem Landgericht Stuttgart.[9]
- Hessen: Für den Oberlandesgerichtsbezirk Frankfurt am Main werden Rechtsstreitigkeiten nach § 66 dem Landgericht Frankfurt am Main zugewiesen.[10]
- Niedersachsen: Für die Oberlandesgerichtsbezirke Braunschweig, Celle und Oldenburg werden Rechtsstreitigkeiten nach § 66 dem Landgericht Hannover zugewiesen.[11]
- Nordrhein-Westfalen: Für den Oberlandesgerichtsbezirk Köln werden die Rechtsstreitigkeiten nach § 66 dem Landgericht Köln, für den Oberlandesgerichtsbezirk Düsseldorf dem Landgericht Düsseldorf und für den Oberlandesgerichtsbezirk Hamm dem Landgericht Dortmund zugewiesen. Die Entscheidungen über Berufungen und Beschwerden gegen Entscheidungen der Landgerichte werden für alle drei Oberlandesgerichtsbezirke dem Oberlandesgericht Köln zugewiesen.[12]

In Berlin, Bremen, Hamburg und im Saarland gibt es jeweils nur ein Landgericht. Für diese Bundesländer käme nur die staatsvertragliche Begründung einer länderübergreifenden Zuständigkeit nach Abs. 3 S. 4 in Betracht; derzeit ist dies von keinem der betroffenen Bundesländer beabsichtigt.

E. Wegfall der Lokalisation bei den Oberlandesgerichten

7 Abs. 4 ist durch Art. 15 des Gesetzes zur Änderung des Rechts der Vertretung durch Rechtsanwälte vor den Oberlandesgerichten mit Wirkung zum 1. August 2002 aufgehoben worden.[13] Die Erweiterung der Postulationsfähigkeit im Falle einer Zuständigkeitskonzentration ist mit dem Wegfall der Lokalisation der bei den Oberlandesgerichten postulationsfähigen Rechtsanwälte gegenstandslos geworden.[14]

---

3 So auch *Achenbach*, in: Baums/Thoma, § 66, Rn 5; *Möller*, in: Assmann/Pötzsch/Schneider, § 66 Rn 4.
4 *Steinmeyer/Häger*, § 35 Rn 108; aA *Hommelhoff/Witt*, in: Haarmann/Schüppen, § 35 Rn 5.
5 So auch *Schweizer*, in: Haarmann/Schüppen, § 66 Rn 3; *Steinmeyer/Häger*, § 66 Rn 6: „Nur wenn … unter allen rechtlichen Aspekten kein Bezug zum WpÜG zu erkennen ist, kann sich das Gericht für unzuständig erklären…"; *Zehetmeier-Müller/Grimmer*, in: Geibel/Süßmann, § 66 Rn 2, die auch die missverständliche Formulierung von Abs. 1 S. 2 ansprechen und zutreffend für eine alternative Lesart plädieren; aA *Achenbach*, in: Baums/Thoma, § 66 Rn 5.
6 *Schweizer*, in: Haarmann/Schüppen, § 66 Rn 8.
7 Zur Behandlung der Vorfragenproblematik bei § 87 GWB siehe *Bechtold*, GWB, § 87 Rn 1 ff.
8 Verordnung zur Änderung der Gerichtlichen Zuständigkeitsverordnung v. 16.5.2002, BayGVBl v. 31.5.2002, 213.
9 Verordnung des Justizministeriums zur Änderung der Zuständigkeitsverordnung Justiz v. 30.4.2002, GBl v. 10.6.2002, 200.
10 Verordnung zur Änderung der Verordnung über die gerichtliche Zuständigkeit zur Entscheidung in gesellschaftsrechtlichen Angelegenheiten, GVBl I v. 30.7.2002, 417. Die Verordnung ist mit Ablauf des 31.12.2007 außer Kraft getreten. Der Geschäftsverteilungsplan des LG Frankfurt (Stand: 18.1.2010) legt sie gleichwohl zugrunde.
11 Verordnung zur Änderung der Verordnung zur Regelung von Zuständigkeiten der Gerichtsbarkeit und der Justizverwaltung v. 7.7.2002, GVBl 2002, 30.
12 Wertpapiererwerbs- und Übernahmesachen-KonzentrationsVO v. 15.4.2002, GV.NRW 2002, 123.
13 BGBl. I S. 2850 v. 31.7.2002.
14 BT-Drucks. 14/8763, S. 12.

§ 67 Senat für Wertpapiererwerbs- und Übernahmesachen beim Oberlandesgericht

In den ihm nach § 48 Abs. 4, § 62 Abs. 1, §§ 64 und 65 zugewiesenen Rechtssachen entscheidet das Oberlandesgericht durch einen Wertpapiererwerbs- und Übernahmesenat.

§ 67 ordnet die Errichtung eines Spezialsenats für Wertpapiererwerbs- und Übernahmesachen beim Oberlandesgericht Frankfurt am Main an. Die Zuständigkeit dieses Senats erfasst nicht bürgerlichrechtliche Streitigkeiten aus dem WpÜG, sondern nur das Beschwerdeverfahren nach § 48 Abs. 4 und die Bußgeldsachen nach §§ 62 Abs. 1, 64 und 65.

§ 68 Übergangsregelungen

(1) Auf Angebote, die vor dem 14. Juli 2006 veröffentlicht worden sind, findet dieses Gesetz in der vor dem 14. Juli 2006 geltenden Fassung Anwendung.

(2) Für Zielgesellschaften im Sinne des § 2 Abs. 3 Nr. 2, deren stimmberechtigte Wertpapiere am 20. Mai 2006 zum Handel an einem organisierten Markt zugelassen waren, ist § 1 Abs. 3 mit der Maßgabe anzuwenden, dass in Nummer 2 Buchstabe b Doppelbuchstabe bb an die Stelle der Entscheidung der Zielgesellschaft die Entscheidung der betroffenen Aufsichtsstellen tritt.

(3) Wird die Kontrolle über die Zielgesellschaft dadurch erlangt, dass ein vor dem 19. August 2008 abgestimmtes Verhalten auf Grund der Neufassung des § 30 Abs. 2 ab dem 19. August 2008 zu einer Zurechnung von Stimmrechten führt, besteht keine Verpflichtung nach § 35 Abs. 1 Satz 1 und Abs. 2 Satz 1.

(4) Auf Angebote, die vor dem 19. August 2008 nach § 14 Abs. 2 Satz 1 veröffentlicht worden sind, findet dieses Gesetz in der vor dem 19. August 2008 geltenden Fassung Anwendung.

(5) § 16 Abs. 4 in der Fassung des Gesetzes zur Umsetzung der Aktionärsrechterichtlinie vom 30. Juli 2009 (BGBl. I S. 2479) ist nicht auf Hauptversammlungen anzuwenden, zu denen vor dem 1. September 2009 einberufen wurde.

Die Übergangsregelungen des § 68 haben sich teils bereits durch Zeitablauf erledigt. § 68 Abs. 2 ist, soweit ersichtlich, keine praktisch relevant gewordene Bedeutung zugekommen.

Gesetz über Schuldverschreibungen aus Gesamtemissionen (Schuldverschreibungsgesetz – SchVG)[1]

Vom 31. Juli 2009 (BGBl. I S. 2512)
(FNA 4134-4)
zuletzt geändert durch Art. 2 G zur Änd. des BundesschuldenwesenG vom 13. September 2012
(BGBl. I S. 1914)

Vor § 1

Literatur:

Baums (Hrsg.), Neues Schuldverschreibungsrecht – Grundfragen und Anwendungsprobleme, 2013, Tagungsband; *Baums/Schmidtbleicher*, Neues Schuldverschreibungsrecht und Altanleihen, ZIP 2012, 204; *Baums*, Das preußische Schuldverschreibungsgesetz von 1833 Working Paper Series ILF NO. 121 09/2010; *Baums*, Die gerichtliche Kontrolle von Beschlüssen der Gläubigerversammlung nach dem Referentenentwurf eines neuen Schuldverschreibungsgesetzes, ZBB 2009, 1; *Baums/Cahn* (Hrsg.), Die Reform des Schuldverschreibungsrechts, 2004; *Balz*, Reform des SchVG – High Yield Bonds zukünftig nach deutschem Recht?, ZBB 2009, 401; *Bredow/Vogel*, Unternehmenssanierung und Restrukturierung von Anleihen, ZBB 2008, 221; *dies.*, Restrukturierung von Anleihen – Der aktuelle Regierungsentwurf eines neuen Schuldverschreibungsgesetzes, ZBB 2009, 153; *Carli/Rieder/Mückl*, Debt-to-Equity-Swaps in der aktuellen Transaktionspraxis ZIP 2010, 1737; *Florstedt*, Korporatives Denken" im Schuldverschreibungsrecht – ein Holzweg?, ZIP 2012, 2286; *Friedl/Jacob*, Frankfurter Kommentar zum Schuldverschreibungsgesetz, 2013; *Hofmann/Keller*, Collective Action Clauses, ZHR 175 (2011), 684-723; *Horn*, Das neue Schuldverschreibungsrecht und der Anleihemarkt, BKR 2009, 446; *Hörn*, Die Stellung der Anleihegläubiger mach neuem Schuldverschreibungsgesetz und allgemeinem Privatrecht im Licht aktueller Marktentwicklungen, ZHR 173 (2009), 12, 62; *Keller*, Die Übergangsregelungen des neuen Schuldverschreibungsgesetzes (SchVG 2009), BKR 2012, 15; *Kuder/Obermüller*; Insolvenzrechtliche Aspekte des neuen Schuldverschreibungsgesetzes ZinsO 2009, 2025; *Kusserow*, Opt-in Beschlüsse nach dem neuen Gesetz über Schuldverschreibungen aus Gesamtemissionen, WM 2011, 1645; *Langenbucher/Bliesener/Spindler*, Bankrechts-Kommentar, 2013; *Leuering*, Das neue Schuldverschreibungsgesetz, ZI 2009, 638; *Leuering/Zetzsche*, Die Reform des Schuldverschreibungs- und Anlageberatungsrechts – (Mehr) Verbraucherschutz im Finanzmarktrecht?, NJW 2009, 2856; *Litten*, Sorgfaltspflichten und Haftung des Anleihetreuhänders nach deutschem Recht; *Maier-Reimer*, Fehlerhafte Gläubigerbeschlüsse nach dem Schuldverschreibungsgesetz, NJW 2010, 1320; *Otto*, Gläubigerversammlungen nach dem SchVG – Ein neues Tätigkeitsgebiet für Notare, DNotZ 2012, 809; *Oulds*, Restrukturierungen nach dem Schuldverschreibungsgesetz und Bundesschuldenwesengesetz CFL 2012, 353; *Park* (Hrsg.), Kapitalmarktstrafrecht, 3. Auflage 2012; *Paulus*, Schuldverschreibungen, Restrukturierungen, Gefährdungen, WM 2012, 1109; *Preuße* (Hrsg.), Schuldverschreibungsgesetz, 2011; *Rotter*, „Zertifikate" gehören nicht in die Hand privater Anleger, ZRP 2011, 27; *Simon*, Das neue Schuldverschreibungsgesetz und Treuepflichten im Anleiherecht als Bausteine eines außergerichtlichen Sanierungsverfahrens, ZBB 2010, S. 2597; *Steffek*, Änderung von Anleihebedingungen nach dem Schuldverschreibungsgesetz, in: FS Hopt, 2010, S. 2597; *Schimansky/Bunte/Lwowski*, Bankrechts-Handbuch, 4. Auflage 2011; *Schmidtbleicher*, Die Anleihegläubigermehrheit, 2010; *Schmidt/Schrader*, Leistungsversprechen und Leistungsbestimmungsrechte in Anleihebedingungen unter Berücksichtigung des neuen Schuldverschreibungsgesetzes, BKR 2009, 397; *Veranneman* (Hrsg.), Schuldverschreibungsgesetz, 2010; *Vogel*, Restrukturierung von Anleihen nach dem SchVG – Neues Minderheitenschutzkonzept und offene Fragen ZBB 2010, 211; *Vogel*, Der Rechtsschutz des Schuldverschreibungsgläubigers, Working Paper Series ILF NO. 135.

Anleihen sind für Unternehmen eine Möglichkeit zur Beschaffung von Fremdkapital von enormer Bedeutung. So beschafften sich Unternehmen mit Sitz in Deutschland in den ersten acht Monaten 2013 ca. 979 Milliarden Euro.[1] Schuldverschreibungen werden durch unterschiedliche Emittenten in großer Zahl ausgegeben und am Kapitalmarkt gehandelt. Grundsätzlich ist es dabei die Angelegenheit eines jeden Anlegers, seine Rechte gegenüber dem Emittenten selbst wahrzunehmen. Jedoch bereits in der zweiten Hälfte des 19. Jahrhunderts mit der weiten Verbreitung von Industrieanleihen wurde in Deutschland[2] und in anderen Ländern das Bedürfnis erkannt, die Anleger zu schützen aber auch gesehen, dass es Regelungen bedurfte für eine vereinfachte Kommunikation zwischen dem Emittenten und seinen verstreuten und regelmäßig unbekannten Vertragspartnern, um mit diesen bei einer notwendigen Änderung der Bedingungen der Schuldverschreibung schnell in Kontakt treten und Mehrheitsentscheidungen herbeiführen zu können, die für alle Schuldverschreibungsgläubiger bindend sind.[3]

Mit dem Gesetz, betreffend die gemeinsamen Rechte der Besitzer von Schuldverschreibungen" vom 4.12.1899 (SchVG 1899)[4] wurde ein Gesetz mit insolvenzrechtlichen Sonderregelungen für Gläubiger von Schuldverschreibungen sowie Bestimmungen zur Restrukturierung notleidender Schuldverschreibungen ge-

---

1   Verkündet als Art. 1 des G v. 31.7.2009 (BGBl. I S. 2512); Inkrafttreten gem. Art. 8 dieses G am 5.8.2009.
1   Vgl Deutsche Bundesbank, Monatsbericht Oktober 2013, S. 51.
2   Vgl *Baums*, Das preußische Schuldverschreibungsgesetz von 1833 Working Paper Series NO. 121 09/ 2010.
3   *Tetzlaff* in: Schimansky/Bunte/Lwowski, Bankrechts-Handbuch, § 88 Rn 2.
4   Gesetz vom 4.12.1899, RGBl. I, 691, in der im BGBl. III, Nr. 4134, veröffentlichten bereinigten Fassung, geändert durch das Einführungsgesetz zur InsO vom 5.10.1994 (BGBl. I 1994, S. 2911, 2937).

schaffen, was bis zum SchVG 2009 galt. Dieses Gesetz enthielt materiell- und verfahrensrechtliche Vorgaben für die Entscheidung der Gläubiger von Schuldverschreibungen über Änderungen der Bedingungen der Schuldverschreibung. Der Anwendungsbereich erstreckte sich auf alle Arten von Schuldverschreibungen (einschließlich Hypothekenpfandbriefe), wenn sie im Inland von einem inländischen Emittenten ausgegeben wurden. Das Gesetz fand jedoch keine Anwendung auf Anleihen ausländischer Emittenten (sog. Auslandsanleihen). Damit fiel in den vergangenen Jahrzehnten der weitaus größte Teil aller nach deutschem Recht begebenen Unternehmensanleihen und Anleihen ausländischer öffentlich-rechtlicher Emittenten nicht in den Anwendungsbereich des Gesetzes. Dazu gehörten die Anleihen deutscher Unternehmen, die über ausländische Finanzierungstöchter (etwa mit dem Sitz in den Niederlanden oder Luxemburg) unter Garantien der deutschen Muttergesellschaften begeben wurden, ebenso wie die vielen DM-Anleihen ausländischer Staaten, Körperschaften und internationaler Organisationen. Das SchVG 1899 gab der Gläubigerversammlung auch kein Recht, Eingriffe in Rechte der Anleihegläubiger vorzunehmen, die lediglich der Anpassung der Anleihebedingungen an veränderte rechtliche, wirtschaftliche oder steuerliche Umstände dienen sollten, welche während der Laufzeit der Anleihe auftraten. Aufgrund dieser Beschränkungen war die praktische Bedeutung des SchVG 1899 gering.

3 Nach 110 Jahren wurde das SchVG 1899 durch das am 5.8.2009 in Kraft getretene neue Schuldverschreibungsgesetz (SchVG)[5] abgelöst. Heute kommt es vor allem darauf an, dass bei wirtschaftlichen Schwierigkeiten es dem Emittenten der Schuldverschreibung schon im Vorfeld einer drohenden Insolvenz gelingt, durch Vereinbarungen mit den in der Gläubigerversammlung organisierten Anleihegläubigern eine Modifikation der Anleihebedingungen vorzunehmen. Dabei muss es möglich sein, durch Mehrheitsentscheidungen bindende Beschlüsse für alle Gläubiger zu fassen. Durch Stundungen oder Forderungsverzichte der Anleihegläubiger kann der Anleiheemittent möglicherweise gerettet werden. Im Gesetzgebungsverfahren war zunächst erwogen worden, die Regelungen in das BGB zu integrieren, was aber im Laufe der Beratung verworfen wurde.[6] Die in der Beratung zunächst ebenfalls erwogene zwingende Anwendung der Regelungen des SchVG (so die Vorgängerregelung im SchVG 1899) wurde dann zugunsten der Regelung, dass die Gläubigerversammlung die Rechte der Anleihegläubiger nur dann beschränken darf, wenn sie dazu in den Anleihebedingungen speziell ermächtigt wurde (sog. Ermächtigungslösung)[7] nicht Gesetz.[8]
Erst ca. zwei Jahre nach Inkrafttreten kam es zu ersten gerichtlichen Verfahren.[9]

Abschnitt 1
Allgemeine Vorschriften

§ 1 Anwendungsbereich

(1) Dieses Gesetz gilt für nach deutschem Recht begebene inhaltsgleiche Schuldverschreibungen aus Gesamtemissionen (Schuldverschreibungen).

(2) ¹Dieses Gesetz gilt nicht für die gedeckten Schuldverschreibungen im Sinne des Pfandbriefgesetzes sowie nicht für Schuldverschreibungen, deren Schuldner der Bund, ein Sondervermögen des Bundes, ein Land oder eine Gemeinde ist oder für die der Bund, ein Sondervermögen des Bundes, ein Land oder eine Gemeinde haftet. ²Für nach deutschem Recht begebene Schuldverschreibungen, deren Schuldner ein anderer Mitgliedstaat des Euro-Währungsgebiets ist, gelten die besonderen Vorschriften der §§ 4a bis 4i und 4k des Bundesschuldenwesengesetzes entsprechend.

---

5 Schuldverschreibungsgesetz vom 31. Juli 2009 BGBl. 2009 I S. 2512.
6 *Bredow/Vogel*, ZBB 2008, 221; *Tetzlaff* in: Schimansky/Bunte/Lwowski, Bankrechts-Handbuch, § 88 Rn 22. Zum Gesetzgebungsverfahren vgl *Baums/Schmidtbleicher*, ZIP 2012, 204, 206.
7 Die Ermächtigungslösung findet ihren Niederschlag in § 5 Abs. 1 SchVG: Anders noch als im SchVG 1899 haben die Anleihegläubiger nicht mehr ohne entsprechende Regelung in den Anleihebedingungen das Recht, mittels eines Mehrheitsbeschlusses Änderungen der Anleihebedingungen zuzustimmen und zur Wahrnehmung ihrer Rechte einen gemeinsamen Vertreter zu bestellen.
8 Begr. RegE BT-Drucks. 16/12814, S. 25.
9 Beide Verfahren betrafen von ausländischen Zweckgesellschaften (Finanzierungsvehikel) begebene Anleihen deutscher Muttergesellschaften (Pfleiderer, Q-Cells), die jedoch jeweils vor dem In-Kraft-Treten des SchVG 2009 begeben worden waren. In beiden Fällen lehnten die zuständigen Frankfurter Gerichte die Anwendung des SchVG 2009 ab, vgl hierzu § 24 Rn 2 und die dortigen Fundstellen der Entscheidungen, sowie der Kritik an diesen Entscheidungen in der Literatur. Letztlich kam es in beiden Fällen zu Insolvenzverfahren, sowohl über das Vermögen der deutschen Muttergesellschaft als auch der ausländischen Zweckgesellschaft.

A. Allgemeines

Die Definition von **Schuldverschreibung** findet sich in §§ 793 ff BGB. Die Schuldverschreibung auf den Inhaber ist eine Urkunde, die jemand ausgestellt hat, in der er dem Inhaber der Urkunde eine Leistung verspricht. Die geschuldete Leistung stellt dabei im wesentlichen die Rückzahlung und Verzinsung des zur Verfügung gestellten Kapitals dar. Die Anleihe ist die Aufnahme von Kapital gegen Ausgabe einer solchen Schuldverschreibung.

Neben diesen Produkten, bei denen die Darlehenskomponente im Vordergrund steht, gibt es eine zunehmende Zahl von Derviaten, die unter den Begriff der Schuldverschreibung zu definieren sind und für die das SchVG anwendbar ist.[1] Das Gesetz ist anwendbar für Schuldverschreibungen jeder Rechtsform.[2] Nicht unter den Begriff der Schuldverschreibung fallen Schuldscheindarlehen[3] und Investmentanteilscheine.[4]

B. Inhaltsgleiche Gesamtemission

Das SchVG findet weiter Anwendung auf „**inhaltsgleiche Gesamtemissionen**". Der Begriff „Gesamtemission" ist § 151 StGB entnommen. Gesamtemissionen sind inhaltsgleiche, untereinander austauschbare und damit kapitalmarktfähige Schuldverschreibungen die in einer Emission begeben werden; sie sind typischerweise als Teilschuldverschreibungen mit einer bestimmten Stückelung ausgegeben. Basieren die Schuldverschreibungen auf denselben Bedingungen und sehen gleiche Rechte für alle Schuldverschreibungen vor, ist Inhaltsgleichheit gegeben. Die Gleichartigkeit begründet ihre Austauschbarkeit (Fungibilität) und ist damit Voraussetzung ihrer Verkehrsfähigkeit.

Inhaltsgleichheit ist auch gegeben, bei verschiedenen Tranchen einer Anleiheserie, die zu unterschiedlichen Zeitpunkten begeben werden, sofern für alle Tranchen gleiche Bedingungen ab dem Zeitpunkt des zeitlichen Gleichlaufs der Tranchen gelten.[5] Inhaltsgleichheit liegt zudem vor, wenn die Schuldverschreibungen zunächst in einer vorläufigen Sammelurkunde verbrieft sind, die später gegen eine Dauersammelurkunde ausgetauscht wird[6] oder die Emission teilweise in Einzelurkunden und teilweise in einer oder mehreren Sammelurkunden verbrieft ist, bzw die Schuldverschreibungen der einen Anleiheserie bei verschiedenen Verwahrern oder Zentralverwahrern hinterlegt sind.[7] Auch eine unterschiedliche Stückelung die Schuldverschreibungen ist unschädlich.[8]

Das Erfordernis der Inhaltsgleichheit ist dagegen nicht erfüllt bei der Einteilung der begebenen Schuldverschreibungen in unterschiedliche Risikoklassen.[9]

C. Emission nach deutschem Recht

Das SchVG ist für alle Emissionen nach deutschem Recht anwendbar. Der Emittent muss – anders noch beim SchVG 1899 – nicht in Deutschland seinen Sitz haben. Der Gesetzgeber wollte im Wettbewerb der Rechtsordnungen erreichen, dass auch ausländische Emittenten ihre Anleihen unter deutschem Recht emittieren.[10]

Die Schuldverschreibungen müssen jedoch vollständig[11] nach deutschem Recht begeben sein. Unschädlich ist allerdings insoweit, wenn in den Anleihebedingungen eines ausländischen Emittenten auf ausländisches Recht, zB im Insolvenzfall[12] verwiesen wird.[13]

D. Anwendungsausschluss

Nach Abs. 2 sind gedeckte Schuldverschreibungen von der Anwendbarkeit der gesetzlichen Regelungen ausgeschlossen ebenso Schuldverschreibungen der öffentlichen Hand und Schuldverschreibungen, für die

---

1 BegrRegE SchVG, BT-Drucks. 16/12814, S. 16 nennt ausdrücklich Zertifikate und Optionen.
2 Auch für Genussscheine; vgl § 221 AktG Rn 6; *Schneider* in: Langenbucher/Bliesener/Spindler, Bankrechts-Kommentar, SchVG, § 1 Rn 12 ff.
3 MüKo/*Habersack*, 5. Aufl., vor §§ 793 ff BGB Rn 21.
4 *Schneider*, aaO § 1 Rn 19 mwN.
5 BegrRegE SchVG, BT-Drucks. 16/12814, S. 18.
6 *Schneider*, aaO, § 1 Rn 10.
7 BegrRegE SchVG, BT-Drucks. 16/12814, S. 16.
8 *Schneider*, aaO, § 1 Rn 10; *Bredow/Vogel*, ZBB 2009, 153, 154.
9 *Schneider*, aaO, § 1 Rn 11.
10 Begr. RegE, BT-Drucks. 16/12814, S. 16.
11 LG Frankfurt, Beschl. v. 27.10.2011 – 3-05 O 60/11, BeckRS 2011, 25210 = ZIP 2011, 2306, und Urt. v. 15.11.2011 – 3-5 O 45/11, BeckRS 2011, 26939; aA *Scheider* in: Langenbucher/Bliesener/Spindler, Bankrechts-Kommentar, SchVG, § 1 Rn 5.
12 Vgl hierzu § 19 Rn 1.
13 Dies wird auch in den Entscheidungen des LG Frankfurt/M. v. 15.11.2011 – 3-5 O 45/11, BeckRS 2011, 25210, und v. 27.10.2011 – 3-05 O 60/11, NZG 2012, 23 entgegen der Kritik, zB *Lürken*, GWR 2011, 546, nicht verkannt. Jedoch wurden dort in den Anleihebedingungen nicht nur für die Rangrücktrittsklausel bei einem Insolvenzverfahren auf niederländisches Recht verwiesen, sondern auch auf für das Schuldversprechen.

der Bund,[14] ein Sondervermögen des Bundes, ein Land oder eine Gemeinde haftet. Öffentliche Hand in diesem Sinne ist der Bund, die Sondervermögen des Bundes, die Länder und die Gemeinden. Der Gesetzgeber hat hier die Notwendigkeit einer Änderung von Anleihebedingungen mit Hinweis auf die fehlende Insolvenzfähigkeit der genannten Schuldner verneint.[15] Die angeordnete Nichtanwendbarkeit des SchVG führt hier aber auch zu Nachteilen, da eine Berufung auf § 5 SchVG bei einer AGB-Kontrolle ausscheidet. Es gilt dann für die Anleihebedingungen der Kontrollmaßstab der §§ 305 ff BGB. Allerdings kann die öffentliche Hand bei ihren Emissionen ähnliche Regelungen treffen, wie sie das SchVG vorsieht.[16]

E. Anleihen europäischer öffentlich-rechtlicher Schuldner

5 Anleihen ausländischer Staaten oder sonstige ausländischer öffentlich rechtlicher oder völkerrechtlicher[17] Emittenten, die nach deutschem Recht begeben sind, sind grundsätzlich nicht vom Anwendungsbereich des SchVG ausgenommen. Im Zuge der Finanzkrise hat der Gesetzgeber jedoch den Anwendungsbereich durch Gesetz vom 13.9.2012[18] durch die Anfügung von Abs. 2 S. 2 eingeschränkt, wonach für nach deutschem Recht begebene Schuldverschreibungen eines anderen Mitgliedstaats des Euro-Währungsgebiets die §§ 4a bis 4i und 4k des Bundesschuldenwesengesetzes[19] (in denen die von den Staaten der Eurozone entwickelten Musterbestimmungen für Umschuldungsklauseln umgesetzt sind) als Spezialregelung entsprechend gelten. Da nur eine entsprechende Anwendung der §§ 4a bis 4i und 4k des Bundesschuldenwesengesetzes angeordnet wird, können diese nur angewendet werden, soweit sie auch auf Schuldverschreibungen ausländischer Staaten passen; so sind zum Beispiel Bekanntmachungen gemäß § 4k im Internet nicht unter der Adresse der Bundesrepublik Deutschland – Finanzagentur GmbH und nicht durch die Deutsche Bundesbank vorzunehmen. Auf § 4j des Bundesschuldenwesengesetzes wird nicht verwiesen, da ausländische Staaten keine Schuldbuchforderungen begeben können und es daher keiner besonderen Regelung der Vollziehung von Beschlüssen der Gläubigerversammlung bedarf. Es bleibt insoweit bei der Anwendung von § 21 SchVG.[20] Die Ergänzung soll dem Umstand Rechnung tragen, dass alle Mitgliedstaaten des Euro-Währungsgebiets durch den Vertrag zur Einrichtung des Europäischen Stabilitätsmechanismus[21] zur Verwendung von Umschuldungsklauseln in ihren ab dem 1. Januar 2013 begebenen Schuldverschreibungen verpflichtet sind, wobei sich die Staaten der Eurozone auf Musterbestimmungen für diese Umschuldungsklauseln verständigt haben. Diese Musterklauseln weichen jedoch in einzelnen Punkten von den Regelungen des Schuldverschreibungsgesetzes ab.

§ 2 Anleihebedingungen

¹Die Bedingungen zur Beschreibung der Leistung sowie der Rechte und Pflichten des Schuldners und der Gläubiger (Anleihebedingungen) müssen sich vorbehaltlich von Satz 2 aus der Urkunde ergeben. ²Ist die Urkunde nicht zum Umlauf bestimmt, kann in ihr auch auf außerhalb der Urkunde niedergelegte Anleihebedingungen Bezug genommen werden. ³Änderungen des Inhalts der Urkunde oder der Anleihebedingungen nach Abschnitt 2 dieses Gesetzes werden erst wirksam, wenn sie in der Urkunde oder in den Anleihebedingungen vollzogen worden sind.

A. Allgemeines

1 In § 2 S. 1 sind vier Regelungsgegenstände enthalten. Mit der Definition von „**Anleihebedingungen**" als "die Bedingungen zur Beschreibung der Leistung sowie der Rechte und Pflichten des Schuldners und der Gläubiger" wird das Rechtsverhältnis zwischen Schuldnern und Gläubigern beschrieben; dabei wird grundsätzlich auf ein strengeres **Skripturprinzip** abgestellt als es für Inhaberschuldverschreibungen in §§ 793, 796

---

14 ZB Schuldverschreibungen der KfW, vgl § 1a KfW-Gesetz.
15 Begr. RegE, BT-Drucks. 16/12814, S. 16.
16 Näher hierzu *Scheider* in: Langenbucher/Bliesener/Spindler, Bankrechts-Kommentar, SchVG, § 1 Rn 40 ff mwN.
17 ZB Weltbank, europäische Investitionsbank.
18 BGBl. 2012 I S. 1914.
19 BGBl. 2006 I S. 1466; zuletzt geändert durch Artikel 1 G. v. 13.9.2012, BGBl. 2012 I S. 1914.
20 Begr. Gesetzentwurf der Fraktionen der CDU/CSU und FDP, BT-Drucks. 17/7049, S. 9.
21 ABl.EU L 91, S. 1. Zur europarechtlichen Zulässigkeit s. EuGH, Urt. v. 27.11.2012 – C-370/12, BeckRS 2012, 82506. Der ESM hat derzeit ein Kapital von 700 Milliarden Euro und soll Euro-Staaten mit schwerwiegenden Finanzierungsproblemen helfen. Dafür werden 80 Milliarden EURO von den Mitgliedstaaten direkt beim ESM eingezahlt, 620 Milliarden sind jederzeit abrufbare Mittel. Die Hilfe erlangenden Staaten müssen sich nach dem Vertrag im Gegenzug an strikte Auflagen halten.

BGB normiert ist, da sich die Anleihebedingungen ausschließlich aus dem schriftlich niedergelegten Text ergeben müssen. Dieses Prinzip dient der Verkehrsfähigkeit von Anleihen.[1]

B. Sammelurkunden

§ 2 S. 2 macht hiervon eine Ausnahme für **Sammelurkunden**.[2] In diesen Fällen kann auch auf außerhalb der (Sammel-)Urkunde niedergelegte Anleihebedingungen Bezug genommen werden, wobei diese Regelung für das deutsche Schuldverschreibungsrecht neu ist.[3]
Hier sind grundsätzlich Sammelurkunden im Sinne von § 9 a DepotG (**Gobalurkunden**) gemeint,[4] wobei in der Praxis die Verbriefung in einer Sammelurkunde die Regel ist.
Außerhalb der Urkunde "niedergelegte Anleihebedingungen" sind verfasste Texte, die nicht mit der Globalurkunde verbunden sind. Dabei wird man verlangen müssen, dass sie zusammen mit der Globalurkunde verwahrt werden.[5] Wie sich aus § 2 S. 3 und § 21 ergibt, ging der Gesetzgeber von der Niederlegung aller Anleihebedingungen bei der Wertpapiersammelbank aus.
Nach § 2 S. 3 werden Änderungen des Inhalts der Anleihebedingungen aufgrund von Mehrheitsbeschlüssen der Gläubiger erst wirksam, wenn sie in der Urkunde vollzogen worden sind. Für Anleihen, die in Sammelurkunden verbrieft sind, richtet sich die Vollziehung derartiger Änderungen der Anleihebedingungen nach § 21 Abs. 1, dh Beifügung zur verwahrten Sammelurkunde.
Die Verweisung auf den außerhalb der Urkunde niedergelegten Text kann nur "statisch" sein, dh auf einen zu einem bestimmten Zeitpunkt – etwa dem Emissionsdatum – geltenden Text. Die Zulässigkeit dynamischer Verweisungen, dh auf den während der Laufzeit der Anleihe von Zeit zu Zeit sich möglicherweise ändernden Text, ist abzulehnen.[6] Eine Vollziehung nach § 21 ist dann nicht mehr hinreichend gewährleistet.[7]
Der Schuldner hat aus dem Gesichtspunkt der Transparenz und Rechtssicherheit das einbezogene Regelwerk den Anlegern im Internet unter seiner Adresse oder, wenn eine solche nicht vorhanden ist, unter der in den Anleihebedingungen festgelegten Internetseite, während der Laufzeit der Anleihe zugänglich machen.

C. Sprache von Anleihebedingungen

Die Sprache der Anleihebedingungen und die der außerhalb der Urkunde niedergelegten Texte, die in Anleihebedingungen einbezogen sind, ist nicht gesetzlich geregelt. Es ist weder zwingend Deutsch zu verwenden, noch müssen alle Dokumente in der gleichen Sprache verfasst sein. Allerdings müssen die Texte das Transparenzgebot des § 3 beachten, dh die vom Schuldner versprochene Leistung muss von einem sachkundigen Anleger ermittelt werden können.

D. Vollzug der Änderung von Anleihebedingungen

Nach § 2 S. 3 werden Änderungen der Anleihebedingungen aufgrund von Mehrheitsbeschlüssen der Gläubiger nach Abschnitt 2 des Gesetzes erst wirksam, wenn die Änderungen in den Anleihebedingungen vollzogen worden sind. Soweit das Gesetz von Änderungen der Urkunde und Anleihebedingungen spricht, ist dies sprachlich missglückt. In der Sache geht es um Änderungen der Anleihebedingungen, wie sich aus dem Wortlaut der §§ 5 Abs. 1 S. 1 und § 21 Abs. 1 S. 1 ergibt.[8]

§ 3 Transparenz des Leistungsversprechens

Nach den Anleihebedingungen muss die vom Schuldner versprochene Leistung durch einen Anleger, der hinsichtlich der jeweiligen Art von Schuldverschreibungen sachkundig ist, ermittelt werden können.

---

1 *Schneider* in: Langebucher/Bliesener/Spindler, Bankrechts-Kommentar, § 2 SchVG Rn 4.
2 BegrRegE SchVG, BT-Drucks. 16/12814 S. 17.
3 Diese Ausnahme wurde von Marktteilnehmern gefordert worden, um durch die Anerkennung der Incorporation by Reference mit den Möglichkeiten der Dokumentation von Anleihebedingungen im englischen und New Yorker Recht gleichzuziehen. Beide Rechtsordnungen lassen die Einbeziehung von Bedingungen zu, die außerhalb der Urkunde liegen, vgl hierzu *Röh/Dörfler* in: Preuße, SchVG, § 2 Rn 32 f.
4 Der Gesetzgeber spricht vom "Regelfall", s. BegrRegE SchVG, BT-Drucks. 16/12814, S. 17.
5 So auch *Röh/Dörfler* in: Preuße, SchVG, § 2 Rn 31; aA *Schneider* in: Langebucher/Bliesener/Spindler, Bankrechts-Kommentar, § 2 Rn 6 f.
6 So auch *Röh/Dörfler*, aaO, § 2 Rn 35; aA *Schneider*, aaO, § 2 Rn 8.
7 Vgl hierzu *Ouds* in: Veranneman, SchVG, § 2 Rn 14.
8 So auch *Schneider*, aaO, § 2 Rn 11.

A. Allgemeines

1 Durch § 3 soll für Anleger eine klare und eindeutige Ermittlung des Leistungsversprechens erreicht werden. Die Vorschrift ist eine Reaktion auf die Finanzmarktkrise mit der Intransparenz hochkomplexer Finanzprodukte.[1]

Die Norm ist lex specialis zu dem AGB-rechtlichen **Transparenzgebot** in § 307 Abs. 1 S. 2 BGB.[2] Der im Rahmen einer Prüfung nach § 307 Abs. 1 S. 2 BGB relevante Maßstab ist grundsätzlich der durchschnittliche Vertreter der angesprochenen Verkehrskreise und damit der rechtsunkundige Durchschnittsbürger. Dem sachkundigen Anleger iSd § 3 werden jedoch weitergehende Kenntnisse zugetraut, als dies im Rahmen der §§ 305 ff BGB der Fall ist. Es wird von einem Fachmann ausgegangen, der zB auf Investitionen in auch riskante Anlagen spezialisiert ist.[3] Dabei ist nur der sachkundige Anleger des Primärmarktes maßgeblich, da es um die Ermittlung der generellen Zulässigkeit der Anleihebedingungen geht. Auf die Sachkunde des eventuell später im Sekundärmarkt erwerbenden Anlegers kommt es nicht an.

B. Inhalt und Reichweite des Transparenzgebots

2 Indem das Gesetz auf die Ermittlung des Leistungsversprechens abstellt, kann dieses auch durch Auslegung festgestellt werden. Zwar wird verlangt, dass die Anleihebedingungen einschließlich der außerhalb der Urkunde niedergelegten, durch Verweis in Bezug genommenen Bedingungen (§ 2 S. 2) die Feststellung des Leistungsversprechens in allen seinen Einzelheiten ermöglichen müssen, doch führt dies nicht dazu, dass sich alle Einzelheiten ausdrücklich und konkret aus den Anleihebedingungen ergeben müssten. Daher sind variable oder optionale Inhaltsbestimmungen, zB bei floating rate notes, indexierten Anleihen, asset-backed securities, credit-linked notes oder Hybridanleihen, und Änderungsoptionen, die dem Emittenten oder Dritten in den Schranken der §§ 315, 317 BGB Ermessen bei der Bestimmung von Leistungspflichten einräumen, mit dem Transparenzgebot vereinbar.[4] Entscheiden ist die Feststellbarkeit des Leistungsversprechens. Das Transparenzgebot gilt umfassend für alle Bestimmungen der Anleihebedingungen, weil die Anleihebedingungen insgesamt das Leistungsversprechen einschließlich aller Einschränkungen, Bedingungen und Modalitäten der Leistung, Beendigung und Durchsetzung festlegen und im Hinblick auf die Verständlichkeit der vertraglichen Regelungen nur eine einheitliche Behandlung von Haupt- und Nebenbestimmungen sachgerecht ist.[5] Das Transparenzgebot gilt auch für Bestimmungen in Anleihebedingungen, die durch Verweis nach § 2 S. 2 einbezogen werden.

C. Anforderungen des Transparenzgebots

3 Die wertpapier-, finanz- und abwicklungstechnischen Sachverhalte, die durch Anleihebedingungen geregelt werden, rechtfertigen einen gegliederten Aufbau und eine technische Begrifflichkeit. Bei komplexen **Leistungspflichten** und -inhalten bietet sich die Einfügung und Verwendung von Definitionen oder algebraischen Formeln an. Bei der Beurteilung, ob ein nicht in den Anleihebedingungen eigens definierter Begriff hinreichend verständlich ist, kommt es nicht auf den tatsächlichen oder durchschnittlichen Investor, sondern ebenfalls ausschließlich auf den Anleihefachmann an, der mit technischen Bezeichnungen im Bondmarkt vertraut ist.[6]

Bei der **Sprache** der rechtsverbindliche Fassung der Anleihebedingungen wird regelmäßig wegen der Geltung deutschen Rechts nach § 1 die deutsche Sprache dem Transparenzgebot genügen. Dem Transparenzgebot wird aber auch durch die Abfassung der Anleihebedingungen in einer in internationalen Finanzkreisen gebräuchlichen Sprache (§ 19 Abs. 4 WpHG), insbesondere in englischer Sprache entsprochen.[7] Die Beifügung einer deutschen Übersetzung ist nicht erforderlich.

D. Rechtsfolgen

4 Die **Rechtsfolgen** eines Verstoßes gegen das Transparenzgebot aus § 3 sind nicht ausdrücklich gesetzlich geregelt. In Betracht kommen daher ein Anspruch aus §§ 280 Abs. 1, 311 Abs. 2 iVm § 241 Abs. 2 BGB (*cul-*

---

[1] *Horn*, ZHR Bd. 173 (2009), 12, 39; *Tetzlaff* in: Schimansky/Bunte/Lwowski, Bankrechts-Handbuch, § 88 Rn 44.
[2] *Dippel/Preuße* in: Preuße, SchVG, § 3 Rn 23 mwN.
[3] *Bliesener* in: Langenbucher/Bliesener/Spindler, Bankrechts-Kommentar, SchVG, § 3 Rn 5; *Bredow/Vogel*, ZBB 2009, 153, 155.
[4] *Dippel/Preuße*, aaO, § 3 Rn 19; *Bliesener*, aaO, § 3 Rn 3 mwN.
[5] *Bliesener*, aaO, § 3 Rn 4.
[6] Die von BGH NJW-RR 2009, 1641 nach § 308 Nr. 4 BGB für unwirksam erklärte Klausel würde auch gegen das im SchVG verankerte Transparenzgebot verstoßen.
[7] *Bliesener* in: Langenbucher/Bliesener/Spindler, Bankrechts-Kommentar, SchVG, § 3 Rn 8.

pa in contrahendo) oder eine Nichtigkeit wegen Verstoßes gegen ein gesetzliches Verbot (§ 134 BGB).[8] Bei Schuldverschreibungen ist häufig schwer zwischen Haupt- und Nebenabreden zu unterscheiden. Die Nichtigkeit einer Klausel der Anleihebedingungen wird daher nur in Ausnahmefällen anzunehmen sein, da diese Nichtigkeit praktisch zum Wegfall des Vertrages führen würde. Dabei ist zu beachten, dass der Verstoß gegen § 3 selbst keinen Verstoß gegen § 134 BGB darstellt.[9] Insoweit fehlt § 3 der Charakter eines Verbotsgesetzes.[10] Das Transparenzgebot statuiert eine Pflicht des Emittenten und gegebenenfalls der emissionsbegleitenden Banken hinsichtlich der formalen Gestaltung der Anleihebedingungen und ist nicht auf die inhaltliche Steuerung von Schuldverschreibungen gerichtet.

E. Allgemeine Geschäftsbedingungen

Unter Geltung des SchVG 1899 war umstritten, ob die §§ 305 ff BGB auf Schuldverschreibungen anwendbar sind.[11] Im Gesetzgebungsverfahren zum SchVG war deshalb im Interesse der Wettbewerbsfähigkeit des Finanzstandortes Deutschland erwogen worden, Anleihebedingungen von Schuldverschreibungen der AGB-Kontrolle zu entziehen. Davon ist man dann im Rahmen der Beratungen wieder abgekommen.[12]
Aufgrund des Spezialitätsgrundsatzes ist jedenfalls § 307 Abs. 1 S. 2 BGB nicht neben § 3 anwendbar. Grundsätzlich wird man jedoch für die Frage der **Inhaltskontrolle** nach §§ 305 ff BGB zwischen Fremdemissionen und Direktemissionen unterscheiden müssen.
Bei der Direktemission kommt es zum Abschluss eines Begebungsvertrags zwischen dem Emittenten und dem Anleger unter Einschluss der vom Emittenten vorformulierten Anleihebedingungen. Für diese Fälle hat der BGH die grundsätzliche Anwendbarkeit der §§ 305 ff BGB auf Schuldverschreibungen bejaht.[13] Mangels eindeutiger gesetzlicher Regelung im SchVG 2009 wird man davon ausgehen müssen, dass die Rechtsprechung auch unter der Geltung des SchVG 2009 weiter die Möglichkeit einer Inhaltskontrolle grundsätzlich bejahen wird. Für die Einbeziehung der Anleihebedingungen in den Vertrag zwischen den Parteien genügt eine zumindest konkludente Einbeziehungsvereinbarung, dh es kommt nicht darauf an, ob die Anleihebedingungen durch den Emittenten dem Käufer am Primärmarkt ausgehändigt worden sind.[14]
Bei der Fremdemission richtet sich der Emittent hingegen zur Abwicklung der Emission an eine Bank oder ein Bankenkonsortium, das die Emission für ihn abwickelt. Im Rahmen der Abwicklung der Transaktion erwirbt die Emissionsbank das Eigentum an den Schuldverschreibungen und veräußert sie im eigenem Namen weiter. Im Verhältnis zwischen dem Emittenten und der Emissionsbank finden die §§ 305 ff BGB keine Anwendung, weil das Klauselwerk regelmäßig das Ergebnis von Verhandlungen zwischen Emittenten und Emissionsbank ist.[15] Damit erwirbt der Anleger von der Emissionsbank ein „fertiges Produkt", die Anleihebedingungen können nicht als AGB iSv §§ 305 ff BGB angesehen werden. Eine Umgehung iSv § 306 a BGB kann in der Regel hierin nicht gesehen werden.[16]
An der Voraussetzung für die Annahme eine Umgehung, dass der Emittent das Instrument einer Fremdemission gewählt hat, obwohl er mit einer Eigenemission das gleiche Ziel hätte erreichen können, wird es hier regelmäßig scheitern. Nach der Rechtsprechung[17] wird nur durch die Einschaltung der Konsortialbanken, für die das Emissionsgeschäft zum Kernbereich ihrer Geschäftätigkeit gehört, es ermöglicht, Anleihen so unter das Publikum zu streuen, dass eine Börseneinführung zulässig ist. Allein durch die Beteiligung der Banken, die das Risiko der Weiterveräußerung der Papiere tragen, werde auch sichergestellt, dass der Emittent am Ausgabetag den gesamten Betrag der Emissionssumme zur freien Verfügung erhält.
In der jüngeren Rechtsprechung finden sich Entscheidungen die sich mit der Kontrolle von Leistungsbestimmungsrechten des Anleiheemittenten in Form von Änderungsrechten in Zertifikatebedingungen (zB Austausch von Basiswerten), Bestimmungsrechten (zB Fixierung von Barrieren innerhalb von festgelegten Spannen und Mindestwerten am Ende der Zeichnungsfrist) oder Verwässerungsschutzbestimmungen bei Wandel- und Umtauschanleihen (zB Anpassung des Wandlungsverhältnisses oder des Wandlungspreises bei Kapitalerhöhungen und der damit verbundenen Verwässerung der Rechte der Altaktionäre) auseinandersetzen, wobei grundsätzlich derartige einseitige Leistungsbestimmungsrechte grundsätzlich für zulässig an-

---

8 Begr. RegE, BT-Drucks. 16/12814, S. 17.
9 Vgl *Bliesener*, aaO, § 3 Rn 13 mwN zum Streitstand.
10 *Leuring/Zetzsche*, NJW 2856, 2858; *Bliesener*, aaO, § 3 Rn 13.
11 Siehe die Nachweise bei *Tetzlaff* in: Schimansky/Bunte/Lwowski, Bankrechts-Handbuch, § 88 Rn 40.
12 Begr. RegE, BT-Drucks. 16/12814, S. 21.
13 BGH DStR 2005, 1500; NJW-RR 2009, 1641.
14 BGH DStR 2005, 1500.
15 *Tetzlaff*, aaO, § 88 Rn 41.
16 So auch *Dippel/Preuße* in: Preuße, SchVG, § 3 Rn 36 ff; *Bliesener* in: Langenbucher/Bliesener/Spindler, Bankrechts-Kommentar, SchVG, § 3 Rn 22; aA aber *Veranneman* in: Veranneman, SchVG, Vor § 5 Rn 20 ff; *Gottschalk*, ZIP 2006, 1121, 1124.
17 Das OLG Frankfurt, Urt. v. 21.10.1993 – 16 U 198/92, BeckRS 1993, 03882, lehnte eine Umgehung des damals maßgeblichen § 7 AGBG ab.

gesehen wurden.[18] Allerdings müssen Änderungsklauseln für die Anleihegläubiger zumutbar sein, wobei Änderungsvorbehalte des Emittenten für den Anleger gefährlicher als Rücktrittsvorbehalte sind[19] weil er die geänderte Leistung annehmen und bezahlen muss, ohne Schadensersatz verlangen oder vom Vertrag zurücktreten zu können. Ein Änderungsvorbehalt, der sich nicht nur auf die Umstände der Leistungserbringung oder auf Nebenpflichten bezieht, sondern eine Änderung des Inhalts oder des Umfangs der Hauptleistung ermöglicht, wird als besonders nachteilig angesehen und stellt ein Indiz für eine Unzumutbarkeit dar. Weiter ist zu berücksichtigen, dass die Voraussetzungen und die Folgen der Änderungsklausel für die Investoren ein gewisses Maß an Kalkulierbarkeit hinsichtlich der möglichen Leistungsänderung enthalten müssen. Die häufig zu findende Schuldnerersetzungsklausel wird von der Rechtsprechung[20] nicht für statthaft gehalten, da sie gegen wesentliche Grundgedanken des Gesetzes verstoße. Nach deren regelmäßiger Ausprägung kann unter bestimmten Voraussetzungen die Emittentin der Anleihe durch eine andere juristische Person als Schuldnerin ersetzt werden, sofern dies nicht zu steuerlichen Nachteilen für die Gläubiger führt und die Konzernmutter für die Schulden (weiter) mithaftet.

§ 4 Kollektive Bindung

¹Bestimmungen in Anleihebedingungen können während der Laufzeit der Anleihe durch Rechtsgeschäft nur durch gleichlautenden Vertrag mit sämtlichen Gläubigern oder nach Abschnitt 2 dieses Gesetzes geändert werden (kollektive Bindung). ²Der Schuldner muss die Gläubiger insoweit gleich behandeln.

A. Allgemeines

1 Die in § 4 normierte **kollektive Bindung** stellt den zentralen Grundsatz des privaten Schuldverschreibungsrechts dar.[1] Nur bei identischem Inhalt der Anleihebedingungen ist das Papier auf dem Kapitalmarkt zu einem einheitlichen Preis handelbar. Nach § 4 S. 1 ist ein gleichlautender Vertrag mit sämtlichen Gläubigern oder ein Gläubigerbeschluss nach den §§ 5 ff zur nachträglichen Änderung der Anleihebedingungen erforderlich, womit ggf mittels des Gläubigerorganisationsrechts in den §§ 5 bis 21 sich das Einstimmigkeitsprinzip vermeiden lässt. Alle Anleihegläubiger einer inhaltsgleichen Gesamtemission einer Serie sind kollektiv miteinander verbunden. Unter einer Serie versteht man eine Gesamtemission von Anleihen mit denselben Anleihebedingungen, die durch eine oder mehrere Sammel- oder Einzelurkunden verbrieft sind und im Rahmen einer oder mehrerer Tranchen begeben werden. Üblicherweise erhält eine Serie eine einheitliche Wertpapierkennnummer (ISIN, WKN), auch wenn die Emission durch spätere Aufstockungen erweitert wurde.

B. Umfang der kollektiven Bindung

2 § 4 S. 2 stellt fest, dass die Gläubiger im Hinblick auf die der kollektiven Bindung unterliegenden Inhalte der Anleihebedingungen materiell gleich behandelt werden müssen. Das bedeutet, dass der Schuldner verpflichtet ist, ein rechtskräftiges Urteil, welches ein Anleihegläubiger hinsichtlich der gegen den Emittenten erstritten hat, auch zugunsten der übrigen Gläubiger anzuwenden.[2] Diese kollektive Bindung erstreckt sich ggf auch auf eine von einem Dritten abgegebene Garantie zugunsten der Anleihegläubiger.[3] Zwar bestimmt § 22 nur ausdrücklich, dass nach Maßgabe der Anleihebedingungen die Geltung der §§ 5 bis 21 für Sicherheiten entsprechend angeordnet werden kann. Die uneingeschränkte Geltung des § 4 für die Gestaltung von dinglichen oder Personalsicherheiten muss jedoch unabhängig von der Festlegung eines Änderungsvorbe-

---

18 Vgl BGH NJW-RR 2009, 1641; OLG Frankfurt, BeckRS 2007, 01589; BeckRS 2004, 12689; OLG München BeckRS 2012, 01443; OLG Schleswig BeckRS 2012, 23478; siehe auch *Schmidt/Schrader*, BKR 2009, 397, 402.
19 *Tetzlaff* in: Schimansky/Bunte/Lwowski, Bankrechts-Handbuch, § 88 Rn 43.
20 OLG Frankfurt, Beschl. v. 27.3.2012 – 5 AktG 3/11, NZG 2012, 593, vgl hierzu auch *Hartwig-Jacob* in: Frankfurter Kommentar, SchVG, § 3 Rn 97 ff.
1 Ein spezielles Gleichbehandlungsgebot für an einem organisierten Markt zugelassene Wertpapiere statuiert § 30 a Abs. 1 Nr. 1 WpHG. Danach müssen Emittenten, für die die Bundesrepublik Deutschland der Herkunftsstaat ist, sicherstellen, dass alle Inhaber der zugelassenen Wertpapiere unter gleichen Voraussetzungen gleich behandelt werden. Dieses Gleichbehandlungsgebot ist grundsätzlich auf börsennotierte Schuldverschreibungen anwendbar.
2 Auch wenn die Urteile im Beschlussmängelstreit nur inter partes wirken, siehe § 20 Rn 3; *Bliesener* in: Langenbucher/Bliesener/Spindler, Bankrechts-Kommentar, SchVG, § 4 Rn 22 ff; unklar insoweit *Roh/Dörfler* in: Preuße, SchVG, § 4 Rn 37; *Friedl/Schmidtbleicher* in: Frankfurter Kommentar, SchVG, § 4 Rn 48 ff.
3 Dies ist häufig bei Konzernen anzutreffen, wenn die Anleihe von einer reinen Konzernzweckgesellschaft begeben wurde, letztlich der Erlös aber einer anderen Konzerngesellschaft zufließt. Vgl § 22 Rn 1.

halts hinsichtlich der Sicherheiten in den Anleihebedingungen sein, da die Gleichartigkeit der Besicherung der einzelnen Teilschuldverschreibungen Voraussetzung für die Identität und Verkehrsfähigkeit der Schuldverschreibungen einer Serie ist.[4] Zu Problemen führt es jedoch, wenn diese Garantie nicht deutschem Recht unterfällt.[5] Dingliche Sicherheiten werden in der Regel vom Emittenten oder Drittsicherungsgeber zugunsten eines Sicherheitentreuhänders bestellt, der gegenüber den Anleihegläubigern zur Verwaltung und gegebenenfalls Durchsetzung und Verwertung der Sicherheiten verpflichtet ist, wobei ein echter Vertrag zugunsten Dritter anzunehmen ist.[6] Sicherungsgeber und Sicherungstreuhänder haben Anleihegläubiger in Bezug auf ihre durch die Sicherungsverträge geschaffene Rechtsposition gleich zu behandeln

Eine zeitlich Befristung der kollektiven Bindung findet nur insoweit statt, als der Schuldner bis zur vollständigen und endgültigen Erfüllung an sie gebunden ist.[7]

C. Bilaterale Vereinbarungen

Nicht unter die kollektive Bindung fallen **bilaterale Vereinbarungen** zwischen dem Schuldner und einzelnen Anleihegläubigern, die lediglich den Emittenten als Schuldner begünstigen. Der Emittent kann also mit einem einzelnen Gläubiger eine individuelle Vereinbarung zB über eine Stundung von Haupt- und Zinsforderungen treffen.[8] Verkauft der Anleihegläubiger aber ohne Vereinbarung hierüber mit dem Erwerber seine Anleihe weiter, so ist der Rechtsnachfolger des Gläubigers nach § 796 BGB nicht an die Vereinbarung gebunden, da sie sich nicht aus der Urkunde selbst ergibt.

3

D. Änderung von Anleihebedingungen

Sollen die Anleihebedingungen geändert werden, so kann dies gem. § 4 S. 1 durch der allseitigen Vereinbarung mit jedem einzelnen Gläubiger hierüber oder, soweit dies in den Anleihebedingungen vorbehalten ist, entsprechend den §§ 5 ff mit Zustimmung des Schuldners durch mehrheitlichen Gläubigerbeschluss erfolgen. Der Emittent kann in den Anleihebedingungen auch andere Regelungen treffen, die sich dann an den §§ 5 ff. SchVG messen lassen müssen. Die Regelungen der §§ 5 bis 21 SchVG enthalten insoweit dispositives Recht, als von dem Regelwerk des Gesetzgebers nur dann zulasten der Gläubiger abgewichen werden darf, wenn es im Gesetz ausdrücklich vorgesehen ist. Der Gesetzgeber gibt hier dem Anleiheemittenten große Flexibilität. Der Schuldner kann in den Anleihebedingungen bei der Emission, die vollständige Geltung des im SchVG enthaltenen Gläubigerorganisationsrechts vorsehen oder die Möglichkeiten für Mehrheitsbeschlüsse der Gläubiger einschränken, dh er kann auch für einzelne der in § 5 Abs. 3 aufgezählten Beschlussgegenstände überhaupt keine Änderungsbeschlüsse der Gläubigerversammlung vorsehen oder höhere Anforderungen an die zu erreichenden Mehrheiten aufstellen. Enthalten die Anleihebedingungen keine Regelungen für ein Gläubigerorganisationsrecht, so gilt § 4 S. 1, dh es ist eine einstimmige Entscheidung der Gläubiger notwendig, um Entscheidungen zu treffen also auch Einstimmigkeit hinsichtlich der Einführung eines Gläubigerorganisationsrechts.[9]

4

Die Vollziehung der Änderung findet gem. § 21 statt.

E. Rechtsfolgen

Ungleichbehandlungen durch allseitige Änderungsvereinbarungen sind zulässig und wirksam.[10] Sehen Mehrheitsbeschlüsse nicht gleiche Bedingungen für alle Gläubiger vor sind diese nach § 5 Abs. 2 S. 2 unwirksam, soweit die benachteiligten Anleihegläubiger nicht ausdrücklich zustimmen.[11]

5

Verstöße des Emittenten gegen das Gleichbehandlungsgebot, die durch Rechtsgeschäft oder sonstiges dem Emittenten zurechenbares Handeln oder Unterlassen eintreten, sind rechtswidrig und können Unterlassungs- und Schadensersatzansprüche der benachteiligten Anleihegläubiger auslösen. § 4 S. 2 ist kein Verbotsgesetz im Sinne des § 134 BGB.[12]

---

4 *Bliesener,* aaO, § 4 Rn 32; aA *Roh/Dörfler,* aaO, § 4 Rn 58; *Oulds* in: Veranneman, SchVG, § 4 Rn 30; *Schlitt/Schäfer,* AG 2009, 477, 480.
5 *Oulds,* aaO, § 4 Rn 31.
6 *Bliesener* in: Langenbucher/Bliesener/Spindler, Bankrechts-Kommentar, SchVG, § 4 Rn 32.
7 *Bliesener,* aaO, § 4 Rn 10.
8 *Schlitt/Schäfer,* AG 2009, 477, 481; *Hopt,* FS Schwark, 2009, S. 441, 454; *Tetzlaff* in: Schimansky/Bunte/Lwowski, Bankrechts-Handbuch, § 88 Rn 55.
9 Vgl hierzu auch OLG Frankfurt, Beschl. v. 27.3.2012 – 5 AktG 3/11, NZG 2012, 593; LG Frankfurt/M., Beschl. v. 23.1.2012 – 3/5 O 142/11, ZIP 2012, 474.
10 *Bliesener* in: Langenbucher/Bliesener/Spindler, Bankrechts-Kommentar, SchVG, § 4 Rn 30; hier fehlt auch wegen der allseitigen Zustimmung, dh auch der benachteiligten Gläubiger ein Schutzbedürfnis.
11 Vgl LG Frankfurt/M., Urt. v. 3.12.2013 – 2-22 O 14/13; einer Kassation durch Klageerhebung und Urteil bedarf es wegen der bereits gesetzlich angeordneten Unwirksamkeit nicht.
12 *Bliesener,* aaO, § 4 Rn 30.

Abschnitt 2
Beschlüsse der Gläubiger

§ 5 Mehrheitsbeschlüsse der Gläubiger

(1) ¹Die Anleihebedingungen können vorsehen, dass die Gläubiger derselben Anleihe nach Maßgabe dieses Abschnitts durch Mehrheitsbeschluss Änderungen der Anleihebedingungen zustimmen und zur Wahrnehmung ihrer Rechte einen gemeinsamen Vertreter für alle Gläubiger bestellen können. ²Die Anleihebedingungen können dabei von den §§ 5 bis 21 zu Lasten der Gläubiger nur abweichen, soweit es in diesem Gesetz ausdrücklich vorgesehen ist. ³Eine Verpflichtung zur Leistung kann für die Gläubiger durch Mehrheitsbeschluss nicht begründet werden.

(2) ¹Die Mehrheitsbeschlüsse der Gläubiger sind für alle Gläubiger derselben Anleihe gleichermaßen verbindlich. ²Ein Mehrheitsbeschluss der Gläubiger, der nicht gleiche Bedingungen für alle Gläubiger vorsieht, ist unwirksam, es sei denn, die benachteiligten Gläubiger stimmen ihrer Benachteiligung ausdrücklich zu.

(3) ¹Die Gläubiger können durch Mehrheitsbeschluss insbesondere folgenden Maßnahmen zustimmen:
1. der Veränderung der Fälligkeit, der Verringerung oder dem Ausschluss der Zinsen;
2. der Veränderung der Fälligkeit der Hauptforderung;
3. der Verringerung der Hauptforderung;
4. dem Nachrang der Forderungen aus den Schuldverschreibungen im Insolvenzverfahren des Schuldners;
5. der Umwandlung oder dem Umtausch der Schuldverschreibungen in Gesellschaftsanteile, andere Wertpapiere oder andere Leistungsversprechen;
6. dem Austausch und der Freigabe von Sicherheiten;
7. der Änderung der Währung der Schuldverschreibungen;
8. dem Verzicht auf das Kündigungsrecht der Gläubiger oder dessen Beschränkung;
9. der Schuldnerersetzung;
10. der Änderung oder Aufhebung von Nebenbestimmungen der Schuldverschreibungen.

²Die Anleihebedingungen können die Möglichkeit von Gläubigerbeschlüssen auf einzeln benannte Maßnahmen beschränken oder einzeln benannte Maßnahmen von dieser Möglichkeit ausnehmen.

(4) ¹Die Gläubiger entscheiden mit der einfachen Mehrheit der an der Abstimmung teilnehmenden Stimmrechte. ²Beschlüsse, durch welche der wesentliche Inhalt der Anleihebedingungen geändert wird, insbesondere in den Fällen des Absatzes 3 Nummer 1 bis 9, bedürfen zu ihrer Wirksamkeit einer Mehrheit von mindestens 75 Prozent der teilnehmenden Stimmrechte (qualifizierte Mehrheit). ³Die Anleihebedingungen können für einzelne oder alle Maßnahmen eine höhere Mehrheit vorschreiben.

(5) ¹Ist in Anleihebedingungen bestimmt, dass die Kündigung von ausstehenden Schuldverschreibungen nur von mehreren Gläubigern und einheitlich erklärt werden kann, darf der für die Kündigung erforderliche Mindestanteil der ausstehenden Schuldverschreibungen nicht mehr als 25 Prozent betragen. ²Die Wirkung einer solchen Kündigung entfällt, wenn die Gläubiger dies binnen drei Monaten mit Mehrheit beschließen. ³Für den Beschluss über die Unwirksamkeit der Kündigung genügt die einfache Mehrheit der Stimmrechte, es müssen aber in jedem Fall mehr Gläubiger zustimmen als gekündigt haben.

(6) ¹Die Gläubiger beschließen entweder in einer Gläubigerversammlung oder im Wege einer Abstimmung ohne Versammlung. ²Die Anleihebedingungen können ausschließlich eine der beiden Möglichkeiten vorsehen.

A. Allgemeines

1 § 5 stellt die Grundnorm des **Organisationsrechts** der Anleihegläubiger dar. Sie enthält für den Anleiheemittenten Vorgaben wie dieser das Verfahren zur Änderung der Anleihebedingungen ausgestalten kann. Er kann entscheiden, ob Änderungen von Anleihebedingungen während der Laufzeit der Anleihe durch Mehrheitsbeschlüsse der Anleihegläubiger überhaupt möglich sind. Er bestimmt grundsätzlich den Anwendungsbereich und Mehrheitserfordernisse[1] für die Beschlüsse,[2] ist aber dahin beschränkt, hier nicht zulasten der Anleihegläubiger von den Regelungen in §§ 5 bis 21 abweichen und eine Verpflichtung zur (weiteren) Leistung der Gläubiger durch Mehrheitsbeschluss nicht begründet werden kann. Durch das Prinzip der kollek-

---

1 Der Emittent kann in den Anleihebedingungen für Änderungen auch immer die Einstimmigkeit festlegen.

2 *Schneider* in: Langenbucher/Bliesener/Spindler, Bankrechts-Kommentar, SchVG, § 5 Rn 20.

tiven Bindung ist sichergestellt, dass Änderungen von Anleihebedingungen für alle Gläubiger einheitlich sind.[3]
Das SchVG verlangt für die Möglichkeit einer Änderung der Anleihebedingungen nicht eine Krisensituation beim Emittenten,[4] es sind daher auch außerhalb von Sanierungssituationen Änderungen der Anleihebedingungen möglich, wozu ggf auch der Austausch des Schuldners gehört.[5]

B. Mehrheitserfordernisse

Soweit die Anleihebedingungen nichts abweichendes enthalten, sind die Beschlüsse der Gläubiger grundsätzlich mit der einfachen Mehrheit der an der Abstimmung teilnehmenden Stimmrechte zu fassen. Beschlüsse, durch die der wesentliche Inhalt der Anleihebedingungen geändert wird, bedürfen zu ihrer Wirksamkeit einer Mehrheit von mindestens 75 % der teilnehmenden Stimmrechte (qualifizierte Mehrheit). Eine wesentliche Änderung der Anleihebedingungen ist insbesondere dann gegeben, wenn die Zustimmung zu den in Abs. 3 Nr. 1–9 genannten Maßnahmen erfolgen soll. Die Aufzählung ist nicht abschließend. Es unterliegen vergleichbare Änderungen der Anleihebedingungen ebenfalls dem Erfordernis der qualifizierten Mehrheit.[6]

Daneben haben die Gläubiger aufgrund gesetzlicher Befugnis Mehrheitsentscheidungen zu treffen, ohne dass es dafür einer Ermächtigung in den Anleihebedingungen oder der Zustimmung des Schuldners bedarf. Gem. Abs. 5 S. 2 und 3 können die Gläubiger durch Mehrheitsbeschluss einer vorangegangenen Gesamtkündigung gemäß Abs. 5 S. 1 die Wirksamkeit entziehen. Nach § 8 Abs. 4 iVm § 7 Abs. 2 bis 6 sind die Gläubiger berechtigt, mittels Mehrheitsbeschluss dem bereits in den Anleihebedingungen bestellten gemeinsamen Vertreter Weisungen zu erteilen, bzw die Haftung dieses gemeinsamen Vertreters durch Mehrheitsbeschluss zu beschränken oder über die Geltendmachung von Ersatzansprüchen gegen diesen gemeinsamen Vertreter durch Mehrheitsbeschluss zu entscheiden und den Vertragsvertreter mittels Mehrheitsbeschluss abzuberufen. Auch sind die Gläubiger nach § 19 Abs. 2 S. 1 im Falle der Eröffnung eines Insolvenzverfahrens über das Vermögen des Schuldners befugt, durch Mehrheitsbeschluss einen gemeinsamen Vertreter zur Wahrnehmung ihrer Rechte zu bestellen.

C. Hauptforderung

Durch Beschluss der Gläubigerversammlung kann die Änderung der Fälligkeit der Hauptforderung (Abs. 3 S. 1 Nr. 2), deren Reduzierung (Abs. 3 S. 1 Nr. 3),[7] der Währung (Abs. 3 S. 1 Nr. 7) sowie des Ranges im Insolvenzverfahren (Abs. 3 S. 1 Nr. 4) herbeigeführt werden. Weiter kann durch Beschlussfassung die Änderung des Leistungsgegenstandes durch Umwandlung oder den Umtausch der Hauptforderung in Gesellschaftsanteile, andere Wertpapiere oder andere Leistungsversprechen (Abs. 3 S. 1 Nr. 5) sowie der Ersetzung des Schuldners der Hauptforderung (Abs. 3 S. 1 Nr. 9) erfolgen. Bei der Umwandlung der Schuldverschreibung in Gesellschaftsanteile muss neben der für diese Maßnahmen immer erforderlichen Zustimmung des Schuldners auch eine Zustimmung der Gesellschafter des Schuldners vorliegen.[8] Bei dieser Umwandlung ist zu beachten, dass bei einem Gläubiger der neben der Forderung aus der Schuldverschreibung noch über andere Forderungen verfügt, die nicht aus der Anleihe stammen, diese Forderungen dann mit dem Erwerb der Gesellschaftsanteile den Regeln über Gesellschafterdarlehen unterfallen, dh bei einer künftigen etwaigen Insolvenz des Schuldners erhält der Anleihegläubiger für seine Forderungen nur den Rang des § 39 Abs. 1 Nr. 5 InsO.[9]

D. Nebenforderung und Nebenbestimmungen

Zu den **Nebenbestimmungen** einer Anleihe gehören zB das anwendbare Recht, der Gerichtsstand, Anforderungen an die gerichtliche Geltendmachung von Ansprüchen, Fristen für die Ausübung von Rechten der Gläubiger, Vorlegungs- und Verjährungsfristen, über den Zahlungsort, die Modalitäten der Zahlung, formale Anforderung an die Art der Verbriefung, über die Hinterlegung der Urkunde, über Voraussetzungen

---

3 BegrRegE SchVG, BT-Drucks. 16/12814, S. 17; LG Frankfurt/M., Urt. v. 3.12.2013 – 2-22 O 14/13; die Wirksamkeit ist jedoch gegeben, wenn die benachteiligten Gläubiger ihrer Benachteiligung ausdrücklich zustimmen, § 5 Abs. 2 S. 2 Hs 2; wobei eine Zustimmungsverpflichtung mangels Treupflicht der Anleihegläubiger nicht angenommen werden kann.
4 Anders noch § 11 SchVG 1899.
5 *Schneider* in: Langenbucher/Bliesener/Spindler, Bankrechts-Kommentar, SchVG, § 5 Rn 27; *Tetzlaff* in: Schimansky/Bunte/Lwowski, Bankrechts-Handbuch, § 88 Rn 27 mwN.
6 Begr. RegE SchVG, BT-Drucks. 16/12814, S. 19.
7 Vgl *Kuder/Obermüller*, ZInsO 2009, 2025, wonach ein vollständiger Verzicht nicht beschlossen werden darf.
8 *Vogel*, ZBB 2010, 211, 213.
9 *Tetzlaff*, aaO, § 88 Rn 59; *Kuder/Obermüller*, ZInsO 2009, 2025, 2026; *Podewils*, DStR 2009, 1914, 1917.

für den Austausch von Urkunden, über die Stückelung der Schuldverschreibungen.[10] Bei entsprechender Ermächtigung kann die Gläubigerversammlung in ähnlicher Weise wie bei der Hauptforderung Änderung von Nebenbedingungen (Abs. 3 S. 1 Nr. 10) und der Nebenforderungen, dh vor allem über Zinsansprüche, beschließen. Diese können auch anders als die Hauptforderung in vollem Umfang erlassen werden.[11]

E. Sicherheiten

5 Die Gläubigerversammlung kann weiter ermächtigt werden, dem Austausch und der Freigabe von **Sicherheiten** zuzustimmen. Nach § 22 kann sich der personelle Geltungsbereich entsprechender Beschlüsse auch erstrecken auf Sicherheiten, die von einem Dritten für die Verpflichtungen des Schuldners aus der Anleihe gewährt worden ist[12]

F. Kündigung

6 Die Anleihebedingungen können bestimmen, dass die Kündigung von ausstehenden Schuldverschreibungen nur von mehreren Gläubigern und nur einheitlich erklärt werden kann. Den für die Kündigung erforderlichen Mindestanteil dürfen die Anleihebedingungen auf nicht mehr als 25 % der ausstehenden Schuldverschreibungen festsetzen. Die Kündigung bedarf keines Beschlusses der Gläubiger.[13] Bei entsprechender Ermächtigung in den Anleihebedingungen ist die Gläubigerversammlung befugt, eine inhaltliche Beschränkung eines in den Anleihebedingungen vorgesehenen Kündigungsrechts sowie dem Verzicht auf ein solches Kündigungsrecht zu regeln.
Darüber hinaus kann die Gläubigerversammlung einer von einer Gläubigergruppe ausgesprochenen Kollektivkündigung die Wirkung entziehen (siehe hierzu auch Rn 2). Dies setzt voraus, dass die Anleihegläubiger einen Beschluss über die Unwirksamkeit der Gesamtkündigung mit der einfachen Mehrheit der Stimmrechte fassen und mehr Anleihegläubiger zustimmen als gekündigt haben (Abs. 5 S. 3).

G. Beschränkung der Beschlussfassung

7 Anleihegläubiger haben nur das Risiko des Kapitalverlustes zu tragen. Sie treffen keine weiteren Pflichten, insb. keine Nachschusspflichten. Nach Abs. 1 S. 3 können zusätzliche Leistungspflichten eines Gläubigers durch Mehrheitsbeschluss nicht begründet werden. Abweichende Anleihebedingungen, die dies vorsehen oder eine Beschlussfassung der Gläubigerversammlung dazu vorsehen, sind also unwirksam.
Verpflichtungen zu einer Mitwirkung an einer gesetzlich zulässigen Maßnahme sowie Verpflichtungen, die eine gesetzliche Folgepflicht einer bereits ergriffenen und gesetzlich zulässigen Maßnahme darstellen (zB die Verpflichtung zur Zahlung nach Inanspruchnahme aus Differenzhaftung für Aktien, die der Anleihegläubiger infolge der Umwandlung der Schuldverschreibungen erhalten hat), werden von dem Verbot des Abs. 1 S. 3 nicht erfasst.[14]

H. Bestellung eines gemeinsamen Vertreters

8 Die Anleihebedingungen können auch vorsehen, dass die Gläubiger zur Wahrnehmung ihrer Rechte einen **gemeinsamen Vertreter** bestellen können. Im Hinblick auf die Gesetzesformulierung können die Anleihebedingungen die Gläubigerzuständigkeit aber auch dahin beschränken, dass diese lediglich Beschlüsse über eine Änderung von Anleihebedingungen oder zu Beschlüssen über die Bestellung eines Wahlvertreters[15] ermächtigt sind.[16] Daneben kann gemäß § 8 bereits in den Anleihebedingungen ein gemeinsamer Vertreter bestellt werden.[17]

---

10 *Schneider* in: Langenbucher/Bliesener/Spindler, Bankrechts-Kommentar, SchVG, § 5 Rn 28.
11 *Schneider*, aaO, § 5 Rn 28.
12 Siehe hierzu die Kommentierung zu § 22.
13 *Schneider*, aaO, § 5 Rn 68.
14 *Veranneman* in: Veranneman, SchVG, 2010, § 5 Rn 12; *Vogel* in: Preuße, SchVG, § 5 Rn 22.
15 Wegen der Einzelheiten siehe die Kommentierung zu § 7.
16 *Schneider* in: Langenbucher/Bliesener/Spindler, Bankrechts-Kommentar, SchVG, § 5 Rn 53; aA *Nesselrodt* in: Preuße, SchVG, § 8 Rn 5; *Horn*, BKR 2009, 446, 452.
17 Wegen der Einzelheiten siehe die Kommentierung zu § 8.

§ 6 Stimmrecht

(1) ¹An Abstimmungen der Gläubiger nimmt jeder Gläubiger nach Maßgabe des Nennwerts oder des rechnerischen Anteils seiner Berechtigung an den ausstehenden Schuldverschreibungen teil. ²Das Stimmrecht ruht, solange die Anteile dem Schuldner oder einem mit ihm verbundenen Unternehmen (§ 271 Absatz 2 des Handelsgesetzbuchs) zustehen oder für Rechnung des Schuldners oder eines mit ihm verbundenen Unternehmens gehalten werden. ³Der Schuldner darf Schuldverschreibungen, deren Stimmrechte ruhen, einem anderen nicht zu dem Zweck überlassen, die Stimmrechte an seiner Stelle auszuüben; dies gilt auch für ein mit dem Schuldner verbundenes Unternehmen. ⁴Niemand darf das Stimmrecht zu dem in Satz 3 erster Halbsatz bezeichneten Zweck ausüben.

(2) Niemand darf dafür, dass eine stimmberechtigte Person bei einer Gläubigerversammlung oder einer Abstimmung nicht oder in einem bestimmten Sinne stimme, Vorteile als Gegenleistung anbieten, versprechen oder gewähren.

(3) Wer stimmberechtigt ist, darf dafür, dass er bei einer Gläubigerversammlung oder einer Abstimmung nicht oder in einem bestimmten Sinne stimme, keinen Vorteil und keine Gegenleistung fordern, sich versprechen lassen oder annehmen.

A. Stimmrecht

Schuldverschreibungen begründen keine gesellschaftsrechtlichen Mitgliedschaftsrechte sondern verbriefen schuldrechtliche Forderungen. Ein Stimmrecht wächst den Gläubigern nur und erst dann zu, wenn in den Anleihebedingungen ihnen entsprechendes eingeräumt wurde[1] und sie darüber hinaus zu einer Abstimmung, sei es in einer Gläubigerversammlung oder ohne eine Versammlung berufen worden sind. Das Stimmrecht kann einem Dritten ohne Übertragung der Gläubigerstellung aus der Schuldverschreibung nicht übertragen werden. Mangels höchstpersönlichen Charakters des Stimmrechts kann sich gem. § 14 Abs. 1 S. 1 in der Abstimmung der Gläubiger jedoch durch einen jeden Dritten als Bevollmächtigten vertreten lassen. Auch wenn eine dem § 129 Abs. 3 AktG entsprechende Bestimmung fehlt, gibt es keinen Anlass eine Legitimationsübertragung nicht für zulässig zu halten.[2]

B. Abstimmung

An Abstimmungen nimmt jeder Gläubiger entsprechend dem Nennwert oder dem rechnerischen Anteil seiner Berechtigung an der ausstehenden Schuldverschreibungen teil. Jede Schuldverschreibung der kleinsten Stückelung muss eine Stimme gewähren. Bei einer nennwertlosen Anleihe bestimmt sich das **Stimmrecht** nach dem rechnerischen Anteil der Schuldverschreibungen. Auch bei Schuldverschreibungen, die vom Gläubiger nur zum Teil eingezahlt sind oder vom Schuldner nur teilweise getilgt sind, bemisst sich das Stimmrecht nach dem Nennwert der Schuldverschreibung.[3]

C. Ruhen des Stimmrechts

Nach § 6 Abs. 1 S. 1 bis 4 ruht das Stimmrecht für Schuldverschreibungen, die dem Schuldner unmittelbar oder mittelbar zuzurechnen sind. Es soll damit verhindert werden, dass die Beschlüsse der Gläubiger durch Interessenkonflikte verfälscht werden.[4] Das Stimmrecht lebt wieder auf, sobald die Schuldverschreibung mit ruhendem Stimmrecht auf einen unabhängigen Gläubiger übertragen worden ist.

D. Vermeidung von Fremdbeeinflussung

Die **Fremdbeeinflussung** des Abstimmungsverhaltens soll durch das Verbot des Stimmenkaufs in § 6 Abs. 2 und Abs. 3 unterbunden werden. § 6 Abs. 2 verbietet den Stimmenkauf und § 6 Abs. 3 die Bestechlichkeit. Die Verbotstatbestände entsprechen den Vorgaben in § 405 Abs. 3 AktG und sind Ordnungswidrigkeiten, die nach § 23 Abs. 1 Nr. 3 und 4 mit einer Geldbuße bis zu 100.000 EUR geahndet werden können. Ebenfalls als Ordnungswidrigkeiten nach § 23 Abs. 1 Nr. 1 und 2 mit einer Geldbuße bis zu 100.000 EUR bedroht sind die Ausübungsverbote gemäß § 6 Abs. 1 S, 3 und S. 4.

---

1 Vgl LG Frankfurt/M., Beschl. v. 23.1.2012 – 3-05 O 142/11.
2 *Vogel* in: Preuße, SchVG, § 6 Rn 16 mwN.
3 *Vogel* in: Preuße, SchVG, § 6 Rn 6.
4 BegrRegE SchVG, BT-Drucks. 16/12814 S. 19.

§ 7 Gemeinsamer Vertreter der Gläubiger

(1) ¹Zum gemeinsamen Vertreter für alle Gläubiger kann jede geschäftsfähige Person oder eine sachkundige juristische Person bestellt werden. ²Eine Person, welche

1. Mitglied des Vorstands, des Aufsichtsrats, des Verwaltungsrats oder eines ähnlichen Organs, Angestellter oder sonstiger Mitarbeiter des Schuldners oder eines mit diesem verbundenen Unternehmens ist,
2. am Stamm- oder Grundkapital des Schuldners oder eines mit diesem verbundenen Unternehmens mit mindestens 20 Prozent beteiligt ist,
3. Finanzgläubiger des Schuldners oder eines mit diesem verbundenen Unternehmens mit einer Forderung in Höhe von mindestens 20 Prozent der ausstehenden Anleihe oder Organmitglied, Angestellter oder sonstiger Mitarbeiter dieses Finanzgläubigers ist oder
4. auf Grund einer besonderen persönlichen Beziehung zu den in den Nummern 1 bis 3 aufgeführten Personen unter deren bestimmendem Einfluss steht,

muss den Gläubigern vor ihrer Bestellung zum gemeinsamen Vertreter die maßgeblichen Umstände offenlegen. ³Der gemeinsame Vertreter hat die Gläubiger unverzüglich in geeigneter Form darüber zu unterrichten, wenn in seiner Person solche Umstände nach der Bestellung eintreten.

(2) ¹Der gemeinsame Vertreter hat die Aufgaben und Befugnisse, welche ihm durch Gesetz oder von den Gläubigern durch Mehrheitsbeschluss eingeräumt wurden. ²Er hat die Weisungen der Gläubiger zu befolgen. ³Soweit er zur Geltendmachung von Rechten der Gläubiger ermächtigt ist, sind die einzelnen Gläubiger zur selbständigen Geltendmachung dieser Rechte nicht befugt, es sei denn, der Mehrheitsbeschluss sieht dies ausdrücklich vor. ⁴Über seine Tätigkeit hat der gemeinsame Vertreter den Gläubigern zu berichten.

(3) ¹Der gemeinsame Vertreter haftet den Gläubigern als Gesamtgläubigern für die ordnungsgemäße Erfüllung seiner Aufgaben; bei seiner Tätigkeit hat er die Sorgfalt eines ordentlichen und gewissenhaften Geschäftsleiters anzuwenden. ²Die Haftung des gemeinsamen Vertreters kann durch Beschluss der Gläubiger beschränkt werden. ³Über die Geltendmachung von Ersatzansprüchen der Gläubiger gegen den gemeinsamen Vertreter entscheiden die Gläubiger.

(4) Der gemeinsame Vertreter kann von den Gläubigern jederzeit ohne Angabe von Gründen abberufen werden.

(5) Der gemeinsame Vertreter der Gläubiger kann vom Schuldner verlangen, alle Auskünfte zu erteilen, die zur Erfüllung der ihm übertragenen Aufgaben erforderlich sind.

(6) Die durch die Bestellung eines gemeinsamen Vertreters der Gläubiger entstehenden Kosten und Aufwendungen, einschließlich einer angemessenen Vergütung des gemeinsamen Vertreters, trägt der Schuldner.

A.	Allgemeines		1
B.	Bestellung eines gemeinsamen Vertreters		2
C.	Kein Zustimmungserfordernis des Schuldners		4
D.	Beendigung der Tätigkeit des Gemeinsamen Vertreters		5
E.	Qualifikation des gemeinsamen Vertreters		6
F.	Interessenkonflikte		7
G.	Sanktionen bei Pflichtverletzung		8
H.	Rechte des Gemeinsamen Vertreters		9
I.	Berichtspflicht des gemeinsamen Vertreters		11
J.	Auskunftsrecht des gemeinsamen Vertreters		12
K.	Haftung des gemeinsamen Vertreters		14
L.	Kostentragung		15

A. Allgemeines

1 Bereits das SchVG 1899 kannte den Vertreter der Gläubiger.[1] Durch die Neufassung des Schuldverschreibungsgesetzes 2009 wird das Institut des gemeinsamen Vertreters ausgebaut und den Vertreter mit einem größeren Aufgabenkreis ausgestattet, wobei aber bereits die Anleihebedingungen die Möglichkeit der Bestellung eines Vertreters vorsehen müssen. Dabei ist es möglich den Vertreter bereits in den Anleihebedingungen zu bestellen.[2] Nach der gesetzlichen Konstruktion ist aber der Vertreter, der nachträglich durch Gläubigerbeschluss bestellt wird, der Grundtyp.

Die dem gemeinsamen Vertreter übertragenen Aufgaben können von einer rein administrativen Botenrolle bis zu einer aktiven und kontinuierlichen Kontroll- und Überwachungsfunktion reichen. Die Bestellung eines gemeinsamen Vertreters kann jedoch auch in den Anleihebedingungen ausgeschlossen werden.

---

1 Vgl §§ 14 ff. SchVG 1899.
2 Siehe hierzu die Kommentierung zu § 8.

B. Bestellung eines gemeinsamen Vertreters

Ist nach den Anleihebedingungen die Bestellung möglich, haben die Gläubiger das Recht, durch Mehrheitsbeschluss gem. § 5 Abs. 1 S. 1 einen **gemeinsamen Vertreter** zu bestellen. Daneben wird der gewählte Vertreter durch Vertrag zwischen den Anleihegläubigern und dem Vertreter mandatiert, wobei es sich regelmäßig um einen entgeltlichen Geschäftsbesorgungsvertrag handeln wird, und der Emittent gemäß § 7 Abs. 6 die Kosten und Vergütung des Vertreters zu tragen hat. Als rechtliches Konstrukt ist anzunehmen, dass zwischen jedem Gläubiger und dem gemeinsamen Vertreter „gleichlautende Auftragsverhältnisse" bestehen.[3] Im Rahmen des Mandats kann dem gemeinsamen Vertreter Vollmacht für die Vertretung der Gläubiger eingeräumt werden.[4]

Zweckmäßigerweise wird der vorgesehene Vertreter noch vor der Wahl seine zum Abschluss des Mandatsvertrags notwendige Willenserklärung ggf aufschiebend bedingt abgeben, da ansonsten bei Weigerung oder Nachverhandlungen ein zweiter Gläubigerbeschluss notwendig werden würde,[5] wobei die Vertragsverhandlungen mit dem gemeinsamen Vertreter vorab von einzelnen Gläubigern bzw dem Emittenten geführt werden.

In der Stimmabgabe der Gläubiger liegt neben der Abstimmungserklärung (Zustimmung oder Ablehnung des Beschlussvorschlags) auch die entsprechende Willenserklärung für den **Mandatsvertrag** mit dem Vertreter. Der hierdurch begründete Mandatsvertrag stellt für die nicht an der Abstimmung teilnehmenden Gläubiger, bzw für die die Beschlussvorlage ablehnenden Gläubiger einen echten Vertrag zugunsten Dritter im Sinne von § 328 BGB dar.[6]

Sehen die Anleihebedingungen keine höhere Mehrheit vor, genügt die einfache Mehrheit der teilnehmenden Stimmrechte (§ 5 Abs. 4 S. 1). Eine qualifizierte Mehrheit von 75% der teilnehmenden Stimmrechte ist jedoch erforderlich, wenn der gemeinsame Vertreter zugleich damit beauftragt wird, einer wesentlichen Änderung der Anleihebedingungen zuzustimmen.[7]

Die Bestellung eines gemeinsamen Vertreters an sich ändert die Anleihebedingungen nicht, eine Vollziehung nach § 21 Abs. 1 ist nicht notwendig. Jedoch muss der gemeinsame Vertreter gem. § 21 Abs. 2 etwaige Vollzugshindernisse beachten.

C. Kein Zustimmungserfordernis des Schuldners

Der Schuldner muss der Wahl des gemeinsamen Vertreters als solcher nicht zustimmen. Das Zustimmungserfordernis des § 4 bezieht sich nur auf die Änderung der Anleihebedingungen, wozu die Wahl des gemeinsamen Vertreters nicht gehört. In den Anleihebedingungen kann ein Zustimmungserfordernis nicht festgelegt werden. Eine solche Regelung wiche unzulässig zulasten der Gläubiger von den §§ 5 ff ab, § 5 Abs. 1 S. 2. Die Auswahl und Bestellung eines gemeinsamen Vertreters gehören zum Kernbestand der Selbstorganisationsregeln der Gläubiger.[8]

D. Beendigung der Tätigkeit des Gemeinsamen Vertreters

Die Beendigung der Tätigkeit des gemeinsamen Vertreters erfolgt gem. Abs. 4 mittels **Abberufung** durch die Gläubigerversammlung im Wege eines Mehrheitsentscheids. Daneben kann der gemeinsame Vertreter sein Mandat durch Kündigung gemäß § 671 Abs. 1 iVm § 675 Abs. 1 BGB beenden, wobei die Kündigung gegenüber allen Gläubigern zu erklären ist.[9]

E. Qualifikation des gemeinsamen Vertreters

Jede natürliche Person, die voll geschäftsfähig ist, kann zum gemeinsamen Vertreter bestellt werden. Eine besondere Sachkunde wird hier nicht verlangt. Diese besondere Sachkunde verlangt Abs. 1 S. 1 Alt. 2 nur für juristische Personen, die auch zum gemeinsamen Vertreter bestellt werden können. Hier kommt es dann auf Kenntnisse im Kapitalmarkt-, Handels-, Gesellschafts-, und Steuerrecht an. Der gemeinsame Vertreter muss wirtschaftliche und unternehmerische Kennzahlen richtig interpretieren und gegebenenfalls darauf ba-

---

3   Die Gesetzesbegründung geht davon aus, dass im Regelfall Auftragsrecht Anwendung findet, BegrRegE SchVG, BT-Drucks. 16/12814, S. 20.
4   Vgl RGZ 90, 211, 214.
5   *Bliesener* in: Langebucher/Bliesener/Spindler, Bankrechts-Kommentar, § 7 SchVG Rn 6.
6   *Bliesener*, aaO § 7 SchVG Rn 6 mit Diskussion zum Streitstand.
7   BegrRegE SchVG, BT-Drucks. 16/12814, S. 20.
8   *Bliesener*, aaO § 7 SchVG Rn 11, *Nesselrodt* in: Preuße, SchVG, § 7 Rn 1.
9   BegrRegE SchVG, BT-Drucks. 16/12814, S. 20, wonach hier die Gläubiger als Gesamtheit anzusehen sind.

sierende, informierte Entscheidungen treffen können.[10] Entscheidend für die Prüfung der vollen Geschäftsfähigkeit bzw der Sachkunde ist der Zeitpunkt der Bestellung, d. h der Zeitpunkt der Beschlussfassung durch die Gläubiger. Ein Mangel führt zur Anfechtbarkeit des Bestellungsbeschlusses nach § 20 Abs. 1 S. 1 Alt. 1.

F. Interessenkonflikte

7 Aufgrund der Freiheit der Gläubigerversammlung in der Bestellung des gemeinsamen Vertreters führen Interessenkonflikte des gemeinsamen Vertreters nicht zur **Inhabiliät**. Allerdings muss der Vertreter vor seiner Wahl seine besonderen Beziehungen zum Emittenten offenlegen. Dabei sind die hierzu in Abs. 1 S. 2 Nr. 1-4 genannten Fallgruppen abschließend.[11] Der gemeinsame Vertreter ist nach Abs. 1 S. 3 zur Unterrichtung in geeigneter Form verpflichtet, wenn erst nach der Bestellung zum gemeinsamen Vertreter die in Abs. 1 S. 2 genannten Umstände eintreten. Geeignet dürfte dabei zB eine Veröffentlichung im Bundesanzeiger sein.[12]

G. Sanktionen bei Pflichtverletzung

8 Die Unterscheidung zwischen Offenlegungs- und Unterrichtungspflicht hat Bedeutung für die Sanktion von Zuwiderhandlungen gegen die Informationspflichten. Während der Verstoß gegen die Offenlegungspflicht gemäß § 23 Abs. 2 bußgeldbewehrt ist, stellt mangels Verweis in § 23 Abs. 2 auf § 7 Abs. 1 S. 3 der Verstoß gegen die Unterrichtungspflicht keine Ordnungswidrigkeit dar. Wenn dies auch auf ein redaktionelles Versehen zurückzuführen sein dürfte,[13] kommt wegen des auch im Ordnungswidrigkeitenrecht geltenden Analogieverbots eine entsprechende Anwendung des § 23 auf die Verletzung der Unterrichtungspflicht nicht in Betracht.

H. Rechte des Gemeinsamen Vertreters

9 Aufgaben und Befugnisse, die dem gemeinsamen Vertreter gesetzlich eingeräumt werden, sind nicht entziehbar. Dieses sind das Auskunftsrecht nach § 7 Abs. 5, nach § 9 das Recht die Gläubigerversammlung einzuberufen, nach § 15 Abs. 1 iVm § 9 Abs. 1 S. 1 Alt. 1 dort den Vorsitz zu übernehmen oder nach § 18 Abs. 2 S. 2 Alt. 2 Abstimmungsleiter im Falle der Abstimmung ohne Versammlung zu sein. Weiter ist er nach § 19 Abs. 3 im Falle der Insolvenz des Schuldners allein berechtigt und verpflichtet, die Rechte der Anleihegläubiger im Insolvenzverfahren geltend zu machen. Es steht nunmehr[14] den Gläubigern frei, im Mandat den gemeinsamen Vertreter auf die Wahrnehmung seiner gesetzlichen Rechte zu beschränken. Ein Teilnahme- und Rederecht in Gesellschafterversammlungen des Emittenten besteht für den Vertreter ebenso wie ein Einsichtsrecht in die Bücher nicht.[15]

10 Neben den gesetzlichen Aufgaben und Befugnisse für den gemeinsamen Vertreter können weitere mit dem Mandat begründet werden, wobei das Mandat auch jederzeit mit Zustimmung des gemeinsamen Vertreters durch Gläubigerbeschluss noch erweitert werden kann. Wird der gemeinsame Vertreter zur Geltendmachung von Gläubigerrechten hier ermächtigt ist, sind die Gläubiger vorbehaltlich eines entgegenstehenden Mehrheitsbeschlusses nicht befugt, diese Rechte selbstständig geltend zu machen.[16]
Zwar bestehen die Rechte der Gläubiger fort, ihre Zuständigkeit zur Geltendmachung aber ruht,[17] wobei jedoch immer die Weisungsgebundenheit nach Abs. 2 S. 2 zu beachten ist. § 665 BGB greift hier nicht.[18] Bei pflichtwidrigem Verhalten des gemeinsamen Vertreters insbesondere bei pflichtwidrigem Untätigbleiben, wird man ein Enden des Ruhens zur Geltendmachung von Gläubigerrechten annehmen müssen.[19] Durch Gläubigerbeschluss kann bestimmt werden, dass der gemeinsame Vertreter nicht zur Geltendmachung von Gläubigerrechten befugt ist. Die Gläubiger können ihre Rechte dann selbst geltend machen, bzw einzelne bei entsprechender Beschlussfassung des Gläubigerausschusses.

---

10 *Nesselrodt*, aaO, § 7 Rn 2.
11 BegrRegE SchVG, BT-Drucks. 16/12814, S. 19.
12 *Veranneman* in: Veranneman, SchVG §§ 7,8 Rn 18; *Bliesener* in: Langebucher/Bliesener/Spindler, Bankrechts-Kommentar, § 7 Rn 24.
13 *Nesselrodt* in: Preuße, SchVG, § 7 Rn 36.
14 Nach § 14 Abs. 1 SchVG 1899 war der Umfang der Befugnisse im Beschluss festzulegen.
15 *Nesselrodt*, aaO, § 7 Rn 90, *Veranneman*, aaO, Rn 50.
16 *Schmolke*, ZBB 2009, 8, 16.
17 *Bliesener* in: Langebucher/Bliesener/Spindler, Bankrechts-Kommentar, § 7 Rn 31.
18 *Nesselrodt*, aaO, § 7 Rn 49 ff.
19 So auch *Bliesener*, aaO § 7 Rn 33 mwN.

I. Berichtspflicht des gemeinsamen Vertreters

Dem gemeinsamen Vertreter obliegt nach Abs. 2 S. 4 eine **Berichtspflicht**. Diese besteht nicht gegenüber jedem einzelnen Gläubiger, sondern gegenüber den Gläubigern als Gesamtheit.[20] Es sind die Gläubiger unaufgefordert über relevante Ereignisse im Zusammenhang mit der Erfüllung seiner Aufgaben zu benachrichtigen. Auf Verlangen der Gläubigermehrheit besteht nach § 666 BGB eine allgemeine Auskunfts- und Rechenschaftspflicht.

J. Auskunftsrecht des gemeinsamen Vertreters

Nach Abs. 5 steht dem gemeinsamen Vertreter ein eigenes Recht auf Auskunft gegenüber dem Schuldner zu, hinsichtlich der Umstände, die zur Erfüllung der ihm übertragenen Aufgaben erforderlich und dienlich sind. Aufgrund dieses Auskunftsrechts kann der gemeinsame Vertreter an den Schuldner mündlich, in Textform oder in sonstiger Weise Fragen stellen. Ein Recht auf Einsichtnahme in Bücher und Schriften des Schuldners entsteht auch hierdurch nicht.[21]
Der Schuldner ist zur Beantwortung der Fragen oder Übermittlung der verlangten Informationen verpflichtet. Eine (beschleunigte) gerichtliche Durchsetzung des Auskunftsrechts entsprechend § 132 AktG oder § 51 b GmbHG hat der Gesetzgeber nicht vorgesehen. Das Auskunftsrecht ist daher im ordentlichen Klageweg geltend zu machen.
Ein Auskunftsverweigerungsrecht wie es zB in § 131 Abs. 3 AktG geregelt ist, ist in § 7 Abs. 5 nicht angesprochen. Man wird jedoch ein Auskunftsverweigerungsrecht des Schuldners ggf annehmen müssen, wenn Geschäftsgeheimnisse betroffen sind oder ein Vertreter des Schuldners bei Erteilung einer ersuchten Auskunft sich strafbar machen würde.[22]

K. Haftung des gemeinsamen Vertreters

Nach Abs. 3 S. 1 haftet der gemeinsame Vertreter den Gläubigern für die ordnungsgemäße Erfüllung seiner Aufgaben nach der allgemeinen Haftungsregel des § 280 BGB. Er hat nach Abs. 3 S. 1 die Sorgfalt eines ordentlichen und gewissenhaften Geschäftsleiters anzuwenden. Dieser aus § 93 Abs. 1 AktG bzw § 43 Abs. 1 GmbHG entlehnte Begriff passt nur insoweit, als der gemeinsame Vertreter wie ein Geschäftsleiter der Kapitalgesellschaft treuhänderisch die Interessen Dritter (Anleihegläubiger statt Gesellschafter) wahrnimmt. Im Ergebnis ist es jedoch unpassend. Der gemeinsame Vertreter soll die ihm durch die Mehrheit individueller Anleihegläubiger aufgetragenen Maßnahmen oder Einzelweisungen umsetzen, nicht umfassend und mit weitem Gestaltungsspielraum die Interessen eines Unternehmens wahrnehmen.[23] Es hat der gemeinsame Vertreter rechtmäßig und auf der Grundlage angemessener Information zum Wohle der Anleihegläubiger in ihrer Gesamtheit entweder konkrete Aufgaben zu erfüllen und Weisungen umzusetzen oder, soweit die Anleihegläubiger ihm ein Ermessen eingeräumt haben, vertretbare Entscheidungen zu treffen. Dem gemeinsamen Vertreter wird daher zutreffend auch nicht das Privileg der Business Judgement Rule des § 93 Abs. 1 S. 2 AktG zugebilligt.[24] Eine Haftungsfreistellung des gemeinsamen Vertreters für Prognose- und andere Entscheidungen kann aber durch Gläubigerbeschluss nach § 7 Abs. 3 S. 2 erfolgen, bzw der besondere Vertreter die Mandatsübernahme, von einer derartigen Freistellung abhängig machen.
Mangels Zubilligung der Business Judgement Rule scheidet auch die Beweislastumkehr des § 93 Abs. 2 S. 2 AktG aus.[25] Es verbleibt im Prozess bei den üblichen Beweislastregeln.
Nach § 7 Abs. 3 S. 1 Hs 1 sind die Anleihegläubiger Gesamtgläubiger von Ersatzansprüchen gegen den gemeinsamen Vertreter. Zur Geltendmachung müssen sie gem. Abs. 3 S. 3 einen entsprechenden Gläubigerbeschluss fassen. Mangels Prozessfähigkeit der Gläubiger als Gesamtheit, muss in dem Beschluss festlegt werden, wer die Ansprüche gegen den gemeinsamen Vertreter geltend macht.[26]

---

20 BegrRegE SchVG, BT-Drucks. 16/12814, S. 20.
21 *Bliesener*, aaO, § 7 Rn 37 mwN, der zutreffend darauf hinweist, dass im Gesetzgebungsverfahren, das zunächst vorgesehene Einsichtsrecht entfallen ist.
22 *Nesselrodt*, aaO, § 7 Rn 89; zu weit: *Bliesener*, aaO, § 7 Rn 39, der in allen Fällen § 131 Abs. 3 Nr. 1 AktG entsprechend anwenden will.
23 So auch *Bliesener* in: Langebucher/Bliesener/Spindler, Bankrechts-Kommentar, § 7 Rn 43.
24 GgÄußerung BReg RegE SchVG, BT-Drucks. 16/12814, S. 36; aA *Wöckener* in: Frankfurter Kommentar, SchVG, § 7 Rn 47; *Litten* ZBB 2013, 32.
25 *Nesselrodt* in: Preuße, SchVG, § 7 Rn 77.
26 *Nesselrodt*, aaO, § 7 Rn 82.

L. Kostentragung

15 Nach Abs. 6 trägt der Schuldner, dh der Emittent die Kosten und Aufwendungen, die durch die Bestellung und Abberufung eines gemeinsamen Vertreters entstehen, wozu auch eine angemessene Vergütung für den gemeinsamen Vertreter gehört. Damit wird ein unmittelbarer Anspruch des gemeinsamen Vertreters gegen den Emittenten begründet.[27]
Wenn dies auch zweckmäßig und geboten ist,[28] führt dies dennoch zu Problemen. Ob der gemeinsame Vertreter dann bei der Vergütungsforderung gegenüber dem Emittenten Rechnung für den Aufwand und Umfang der Vergütung legen muss, ist fraglich. Sein Auftraggeber ist die Gemeinschaft der Gläubiger. Ihnen gegenüber muss er Rechenschaft legen. Man wird jedoch nicht verlangen können, dass der Emittent ungeprüft jegliche Forderung des gemeinsamen Vertreters zu befriedigen hat.
Die Gläubiger können grundsätzlich auch mehrere gemeinsame Vertreter bestellen; der Schuldner muss aber zu jeder Zeit nur für die Vergütung und Kosten eines einzigen gemeinsamen Vertreters aufkommen, wie sich aus der gesetzlichen Formulierung „eines gemeinsamen Vertreters" ergibt.

§ 8 Bestellung des gemeinsamen Vertreters in den Anleihebedingungen

(1) ¹Ein gemeinsamer Vertreter der Gläubiger kann bereits in den Anleihebedingungen bestellt werden. ²Mitglieder des Vorstands, des Aufsichtsrats, des Verwaltungsrats oder eines ähnlichen Organs, Angestellte oder sonstige Mitarbeiter des Schuldners oder eines mit ihm verbundenen Unternehmens dürfen nicht bereits in den Anleihebedingungen als gemeinsamer Vertreter der Gläubiger bestellt werden. ³Ihre Bestellung ist nichtig. ⁴Dies gilt auch, wenn die in Satz 1 genannten Umstände nachträglich eintreten. ⁵Aus den in § 7 Absatz 1 Satz 2 Nummer 2 bis 4 genannten Personengruppen kann ein gemeinsamer Vertreter der Gläubiger bestellt werden, sofern in den Emissionsbedingungen die maßgeblichen Umstände offengelegt werden. ⁶Wenn solche Umstände nachträglich eintreten, gilt § 7 Absatz 1 Satz 3 entsprechend.

(2) ¹Mit der Bestellung ist der Umfang der Befugnisse des gemeinsamen Vertreters zu bestimmen. ²Zu einem Verzicht auf Rechte der Gläubiger, insbesondere zu den in § 5 Absatz 3 Satz 1 Nummer 1 bis 9 genannten Entscheidungen, kann der Vertreter nur auf Grund eines Beschlusses der Gläubigerversammlung ermächtigt werden. ³In diesen Fällen kann die Ermächtigung nur im Einzelfall erteilt werden.

(3) In den Anleihebedingungen kann die Haftung des gemeinsamen Vertreters auf das Zehnfache seiner jährlichen Vergütung begrenzt werden, es sei denn, dem gemeinsamen Vertreter fällt Vorsatz oder grobe Fahrlässigkeit zur Last.

(4) Für den in den Anleihebedingungen bestellten gemeinsamen Vertreter gilt § 7 Absatz 2 bis 6 entsprechend.

A. Bestellung des gemeinsamen Vertreters in den Anleihebedingungen

1 Durch Abs. 1 S. 1 wird die Bestellung eines gemeinsamen Vertreters bereits bei Begebung der Anleihe ermöglicht. Der Emittent kann hier Einfluss auf die Person des gemeinsamen Vertreters nehmen und hat ab Laufzeitbeginn einen Ansprechpartner zur raschen und effizienten Vorbereitung von Restrukturierungen oder sonstigen Änderungen der Anleihebedingungen. Andererseits erhalten die Gläubiger einen auf ihre Interessen verpflichteten Repräsentanten, ohne dass sie sich im Vorfeld von Sachentscheidungen zunächst um die Auswahl und Bestellung eines gemeinsamen Vertreters kümmern müssen.
Der Vertreter ist grundsätzlich denselben Regeln unterworfen wie der nach § 7 gewählte Vertreter; besondere Regeln gelten nur, soweit § 8 dies bestimmt (§ 8 Abs. 4).
Zweckmäßigerweise schließt der Emittent oder eine andere an der Emission beteiligte Person mit dem Vertragsvertreter den Mandatsvertrag, der als echter Vertrag zugunsten der Anleihegläubiger auszugestalten ist.

B. Abberufung des in den Anleihebedingungen bestellen gemeinsamen Vertreters

2 Mangels besonderer Anordnung in § 8 richtet sich die Abberufung und Kündigung eines bereits bei der Begebung der Anleihe bestellten Vertreters nach allgemeinen Regeln (§ 7 Abs. 4 iVm § 8 Abs. 4). Die Gläubi-

---

[27] *Nesselrodt*, aaO, § 7 Rn 91.
[28] BegrRegE SchVG, BT-Drucks. 16/12814, S. 20; *Nesselrodt*, aaO, § 7 Rn 91.

ger können den in den Anleihebedingungen bestellten gemeinsamen Vertreter jederzeit ohne Angabe von Gründen abberufen.

C. Interessenkonflikte

Mangels Beteiligung der Anleihegläubiger an der Bestellung des Vertreters in den Anleihebedingungen werden zur Vermeidung von Interessenkonflikten in § 7 Abs. 1 S. 2 Nr. 1 dem Emittenten nahestehende Person – anders als beim gewählten gemeinsamen Vertreter – trotz Offenlegung ihres Näheverhältnisses aufgeführt, die als gemeinsamer Vertreter nicht bestellt werden dürfen. Gemäß § 8 Abs. 1 S. 3 ist die Bestellung untauglicher Personen nichtig.

Treten die Umstände, die nach Abs. 1 S. 2 zur Untauglichkeit eines bei Emission bestellten und in den Anleihebedingungen bezeichneten gemeinsamen Vertreters führen, erst nachträglich ein, ist die Bestellung ebenfalls nach Abs. 1 S. 4 nichtig, wobei die Nichtigkeitswirkung erst ex nunc eintritt.[1] Es wäre wenig zweckmäßig, wenn die bestellte Peson bereits schon aktiv für die Anleihegläubiger tätig geworden war, dieser Tätigkeit nachträglich die Legitimation und damit ggf die Rechtswirksamkeit zu entziehen.

Alle Personen, die nicht durch Abs. 1 S. 2 ausgeschlossen fallen, sind grundsätzlich taugliche Vertreter, soweit sie die Anforderungen des § 7 Abs. 1 S. 1 erfüllen. Es gelten auch die Informationsregeln des § 7 Abs. 1 S. 2 Nr. 2–4 iVm § 8 Abs. 1 S. 5. Allerdings lässt Abs. 1 S. 5 die Bestellung von Vertretern zu, die in einem Interessenkonflikt zum Schuldner im Sinne des § 7 Abs. 1 S. 2 Nr. 1–4 stehen, sofern die Umstände, die den Interessenkonflikt begründen, in den Anleihebedingungen offengelegt werden. Falls die Umstände später eintreten, sind die Anleihegläubiger „in geeigneter Form" zu unterrichten. Geeignet dürfte eine Bekanntmachung im Bundesanzeiger sein.

Der Verstoß gegen die Offenlegungspflicht ist – im Unterschied zur Verletzung der Offenlegungspflicht beim gewählten Vertreter nicht recht verständlich – nicht bußgeldbewehrt. Sanktionen können hier nur ggf eine Haftung des Emittenten nach § 44 Abs. 1 BörsG oder § 13 Abs. 1 VerkProspG sein. Weiter könnte eine Haftung des Vertreters auf Schadensersatz wegen Pflichtverletzung im Rahmen des Mandatsverhältnisses in Betracht kommen.[2]

D. Aufgaben

Über die aus § 7 Abs. 2 S. 1 Alt. 1 iVm § 8 sich ergebenen Pflichten können nach Abs. 2 S. 1 weitere Befugnisse und Aufgaben des Vertreters frei ausgestaltet werden. Es gelten gem. Abs. 4 auch die allgemeinen Bestimmungen, insbesondere über das Auskunftsrecht, die Weisungsgebundenheit und die Berichtspflicht des gemeinsamen Vertreters.

Als Einschränkung für den in den Bedingungen bestellten Vertreter bestimmt Abs. 2 S. 2 und 3, dass ein Vertreter „zu einem Verzicht auf Rechte der Gläubiger, insbesondere zu den in § 5 Abs. 3 S. 1 Nr. 1–9 genannten Entscheidungen" nur aufgrund eines Gläubigerbeschlusses und nur für den Einzelfall ermächtigt werden kann. Dies ist auch sachgerecht, da die Gläubiger hier keine Mitwirkungsbefugnis bei der Bestellung haben, und daher die Befugnis zu derart schwere Eingriffe in die Gläubigerrechte – wie Verzicht auf Gläubigerrechte, Zustimmung zu wesentlichen Änderungen der Anleihebedingungen und Generalermächtigung – erst nach einer besonderen Ermächtigung durch die Gläubigerversammlung gerechtfertigt ist.

E. Haftung

Grundsätzlich richtet sich die Haftung des in den Bedingungen bestellten gemeinsamen Vertreters nach §§ 8 Abs. 4, 7 Abs. 3. Nach § 8 Abs. 3 kann jedoch die Haftung des Vertragsvertreters in den Anleihebedingungen nur auf das Zehnfache seiner jährlichen Vergütung begrenzt werden. Eine **Haftungsbegrenzung** in geringerem Umfang scheidet im Hinblick auf das Verschlechterungsverbot des § 5 Abs. 1 S. 2 aus. Eine Haftungsbegrenzung für Vorsatz oder grobe Fahrlässigkeit kann nicht beim Mandatsvertrag vereinbart werden Nachträglich ist es jedoch möglich durch Gläubigerbeschluss die Haftung unter den in § 8 Abs. 3 S. 1 genannten Minimalbetrag abzusenken, vollständig auszuschließen oder weitgehende Ausnahmen zu vereinbaren.[3]

---

[1] *Bliesener* in: Langenbucher/Bliesener/Spindler, Bankrechts-Kommentar, SchVG § 8 Rn 10; aA *Nesselrodt* in: Preuße, SchVG, § 8 Rn 8.

[2] *Verannemann* in: Veranneman, SchVG §§ 7, 8 Rn 35; *Bliesener*, aaO, § 8 Rn 13.

[3] BegrRegE SchVG, BT-Drucks. 16/12814, S. 21; *Nesselrodt* in: Preuße, SchVG § 8 Rn 29.

F. Kosten

8 Kosten und Aufwendungen und eine angemessene Vergütung des in den Anleihebedingungen bestellten Vertreters hat der Schuldner nach §§ 8 Abs. 4, 7 Abs. 6 die zu tragen. Sind mehrere gemeinsame Vertreter in den Anleihebedingungen bestellt, hat der Schuldner auch alle deren Kosten zu tragen.[4] Dies ist sachgerecht, da er Einfluss auf die Bestellung in den Bedingungen nehmen kann.

§ 9 Einberufung der Gläubigerversammlung

(1) ¹Die Gläubigerversammlung wird vom Schuldner oder von dem gemeinsamen Vertreter der Gläubiger einberufen. ²Sie ist einzuberufen, wenn Gläubiger, deren Schuldverschreibungen zusammen 5 Prozent der ausstehenden Schuldverschreibungen erreichen, dies schriftlich mit der Begründung verlangen, sie wollten einen gemeinsamen Vertreter bestellen oder abberufen, sie wollten nach § 5 Absatz 5 Satz 2 über das Entfallen der Wirkung der Kündigung beschließen oder sie hätten ein sonstiges besonderes Interesse an der Einberufung. ³Die Anleihebedingungen können vorsehen, dass die Gläubiger auch aus anderen Gründen die Einberufung verlangen können.

(2) ¹Gläubiger, deren berechtigtem Verlangen nicht entsprochen worden ist, können bei Gericht beantragen, sie zu ermächtigen, die Gläubigerversammlung einzuberufen. ²Das Gericht kann zugleich den Vorsitzenden der Versammlung bestimmen. ³Auf die Ermächtigung muss in der Bekanntmachung der Einberufung hingewiesen werden.

(3) ¹Zuständig ist das Gericht, in dessen Bezirk der Schuldner seinen Sitz hat oder mangels eines Sitzes im Inland das Amtsgericht Frankfurt am Main. ²Gegen die Entscheidung des Gerichts ist die Beschwerde statthaft.

(4) Der Schuldner trägt die Kosten der Gläubigerversammlung und, wenn das Gericht dem Antrag nach Absatz 2 stattgegeben hat, auch die Kosten dieses Verfahrens.

A. Einberufung der Gläubigerversammlung

1 Die **Gläubigerversammlung** kann zunächst durch den Schuldner oder durch den gemeinsamen Vertreter einberufen werden, sofern ein solcher bestellt wurde. Es liegt im Ermessen des Schuldners bzw des gemeinsamen Vertreters, ob eine Gläubigerversammlung einberufen wird. Besondere Gründe oder das Vorliegen anderer Voraussetzungen werden nicht verlangt. Weiter kann der gemeinsame Vertreter durch Mehrheitsbeschluss der Gläubiger zur Einberufung einer Gläubigerversammlung angewiesen werden.
Die Anleihebedingungen können auch vorsehen, dass Gläubiger unter bestimmten Voraussetzungen selbst zur Einberufung befugt sind. Zwar ist diese Möglichkeit einer eigenständigen Einberufungsbefugnis gesetzlich nicht ausdrücklich geregelt, doch fällt eine derartige Kompetenzerweiterung nicht unter § 5 Abs. 1 S. 2, der nur gläubigerbelastende Abweichungen von §§ 5 bis 21 verbieten.[1]

B. Einberufungsverlangen der Gläubiger

2 Zur Stärkung der Rechte der Anleihegläubiger wird weiter Gläubigern, die – gemessen am ausstehenden Gesamtnennbetrag – zusammen 5 % einer Anleihe halten, das Recht eingeräumt, in der Schriftform des § 126 BGB die Einberufung einer Gläubigerversammlung zu verlangen, wenn sie bestimmte vom Gesetz oder in den Anleihebedingungen vorgesehene Gründe oder ein sonstiges besonderes Interesse geltend machen.[2]
Gesetzliche Gründe für das **Einberufungsverlangen** sind das Begehren, über die Bestellung oder Abberufung eines gemeinsamen Vertreters zu entscheiden oder über das Entfallen der Wirkung einer Kündigung nach § 5 Abs. 5 S. 2 zu beschließen. In diesen Fällen bedarf es keines weiteren Nachweises eines besonderen Interesses an der Einberufung. § 9 Abs. 1 S. 3 ermöglicht zudem zusätzliche Einberufungsgründe in den Anleihebedingungen aufzunehmen, auf die Anleihegläubiger ohne weiteren Nachweis eines besonderen Interes-

---

[4] AA *Bliesener*, aaO, § 8 Rn 20.
[1] *Bliesener* in: Langenbucher/Bliesener/Spindler, Bankrechts-Kommentar, SchVG, § 9 Rn 4.
[2] Auch die Einberufung einer weiteren Gläubigerversammlung ist auf Verlangen der Gläubiger statthaft zur Bestellung eines gemeinsamen Vertreters, wenn zuvor in einer nach § 19 vom Insolvenzgericht einberufenen Versammlung kein gemeinsamer Vertreter bestellt wurde, vgl OLG Zweibrücken BeckRS 2013, 155224, mit zustimmender Anmerkung *Lürken*, GWR 2013, 499.

ses ihr Einberufungsverlangen stützen können. Auch können die Anleihebedingungen eine niedrigere Schwelle als 5 % festlegen.
Weiter kann die Einberufung verlangt werden, wenn die qualifizierte Minderheit der Anleihegläubiger ein sonstiges besonderes Interesse geltend machen kann. Ein sonstiges besonderes Interesse ist nur gegeben, wenn die Gläubigerrechte in einem den gesetzlich anerkannten Einberufungsgründen ähnlichen Umfang betroffen sind.[3]
Alle Gläubiger, die zusammen das Quorum von 5 % erreichen, oder ihre Vertreter, müssen den schriftlichen Antrag unterzeichnen.
Der Schuldner und gegebenenfalls der gemeinsame Vertreter sind zur Einberufung verpflichtet.
Für das Einberufungsverlangen ist eine Vorbesitzzeit nicht erforderlich. Ob das gesetzliche, bzw das ggf in den Anleihebedingungen herabgesetzte Quorum erreicht wird, bestimmt sich nach den Verhältnisse zum Zeitpunkt des Zugangs des Verlangens.[4] In entsprechender Anwendung von § 10 Abs. 3 kann die Gläubigereigenschaft als auch das Erreichen des Quorums durch Vorlage eines in Textform erstellten Nachweises des depotführenden Instituts dargetan werden. Ein Hinterlegungserfordernis besteht nicht.

C. Gerichtliche Einberufungsermächtigung

Sollte der Schuldner oder gegebenenfalls der gemeinsame Vertreter ein Einberufungsverlangen der qualifizierten Gläubigerminderheit ablehnen, bzw diesem nicht unverzüglich (§ 121 Abs. 1 S. 1 BGB: ohne schuldhaftes Zögern) nachkommen, können ein oder mehrere Gläubiger die Durchführung der Versammlung erzwingen, indem sie auf Antrag selbst vom Gericht zur Einberufung ermächtigt werden.[5] Das Verfahren richtet sich nach dem FamFG (dort § 375 Nr. 16). Verfahrensbeteiligte sind die qualifizierte Minderheit der Gläubiger als Antragsteller sowie der Schuldner als Antragsgegner, ggf ist gem. § 7 FamFG auch ein bereits bestellter gemeinsamer Vertreter zu beteiligen, wenn dessen Rechte betroffen sein können.[6]
Der Antrag ist auf Ausspruch der Ermächtigung zur Einberufung der Gläubigerversammlung zu richten und muss inhaltlich mit Verlangen nach Einberufung übereinstimmen. Eine Frist für die Einreichung des Antrags ist nicht vorgegeben, jedoch muss das Rechtsschutzbedürfnis noch bestehen.
Das Quorum[7] muss bei Antragstellung noch gegeben sein. Beteiligen sich nicht alle zunächst verlangenden Gläubiger und wird das Quorum bei gerichtlicher Antragstellung nur durch bislang nicht beteiligte Gläubiger erreicht, so muss zunächst ein neues Verlangen an den Schuldner bzw den gemeinsamen Vertreter gestellt werden.[8] Mit der Verfehlung oder Unterschreitung des Quorums endet die „Klagegesellschaft bürgerlichen Rechts", deren Zweck die Stellung des erforderlichen Quorums zur Antragstellung ist. Ein neu entstehendes Quorum fordert eine neue BGB-Gesellschaft. Die Gläubigereigenschaft und das Quorum muss weiter bis zum Zeitpunkt der letzten Tatsachenentscheidung des Gerichts vorliegen.[9]
Die sachliche Zuständigkeit der Amtsgerichte ergibt sich aus § 23a Abs. 1 Nr. 2 GVG iVm § 23a Abs. 2 Nr. 4 GVG, § 375 Nr. 16 FamFG
Hat der Schuldner seinen Sitz im Inland, so ist das Amtsgericht zuständig, in dessen Bezirk der Sitz des Schuldners liegt. Zu beachten ist aber die durch das FamFG geregelte Zuständigkeitskonzentration (§ 375 Nr. 16, § 376 Abs. 1, § 377 Abs. 1 FamFG iVm § 9 Abs. 3 S. 1 Alt. 1 SchVG). Es ist danach das Amtsgericht, in dessen Bezirk ein Landgericht seinen Sitz hat, für den gesamten Bezirk dieses Landgerichts zuständig und vereint somit die Zuständigkeit jener anderen Amtsgerichte innerhalb des Landgerichtsbezirks auf sich. Es ist ferner zu berücksichtigen, dass § 376 Abs. 2 FamFG den Landesregierungen gestattet, von dieser Regelung durch Rechtsverordnung abzuweichen.[10]
Hat der Schuldner seinen Sitz im Ausland, ist die ausschließliche Zuständigkeit des Amtsgerichts Frankfurt aM nach § 9 Abs. 3 S. 1 Alt. 2 gegeben.
Grundsätzlich gilt der Amtsermittlungsgrundsatz des § 26 FamFG. Es handelt sich jedoch um ein streitiges Verfahren der freiwilligen Gerichtsbarkeit. Den Beteiligten obliegt insoweit eine Darlegungslast; das Gericht kann regelmäßig davon ausgehen, dass die Beteiligen, die für sie günstigen Tatsachen in das Verfahren

---

3 *Bliesener*, aaO, § 9 Rn 11; *Schindele* in: Preuße, SchVG, § 9 Rn 7.
4 *Schindele*, aaO, § 9 Rn 5 mwN.
5 Eine entsprechende Regelung findet sich für die Hauptversammlung der Aktiengesellschaft in § 122 AktG. Auf die dortige Kommentierung Rn 21 ff wird hinsichtlich der Einzelheiten verwiesen.
6 AA *Bliesener*, aaO, § 9 Rn 7.
7 Dabei sind Anleihen, die von der Emittentin gehalten werden, nicht mit zu zählen, vgl *Schmidtbleicher* in: Frankfurter Kommentar, SchVG, § 9 Rn 18.
8 *Schindele* in: Preuße, SchVG, § 9 Rn 15; aA *Bliesener* in: Langenbucher/Bliesener/Spindler, Bankrechts-Kommentar, SchVG, § 9 Rn 18; *Backmann* in: Verannemann, SchVG, § 9 Rn 15.
9 *Bliesener*, aaO, § 9 Rn 17 unter Verweis auf OLG Düsseldorf NZG 2004, 239.
10 Vgl hierzu *Munzig* in: Hahne/Munzig, Beck'scher Online-Kommentar FamFG, § 376 Rn 6 ff.

einführen.¹¹ Da es sich nicht um ein Verfahren des einstweiligen Rechtsschutzes handelt, genügt bei streitigen Vorbringen Glaubhaftmachung nicht, vielmehr ist dann der volle Beweis zu erbringen, wobei das Gericht die Beweisaufnahme im Freibeweisverfahren durchführen kann.

Die Entscheidung des Gerichts erfolgt gem. § 38 FamFG durch begründeten Beschluss. Bei Vorliegen eines berechtigten Verlangens erfolgt der Ausspruch über die Ermächtigung zur Einberufung der Gläubigerversammlung, dabei kann das Gericht eine Frist, nicht aber einen konkreten Zeitpunkt oder Ort bestimmen, innerhalb derer die gerichtliche Ermächtigung auszuüben ist.¹² Zudem kann das Gericht gemäß § 9 Abs. 2 S. 2 ohne besonderen Antrag den Vorsitzenden der Gläubigerversammlung bestimmen. Ein entsprechender Antrag ist eine Anregung an das Gericht. Die Bestimmung ist im Regelfall geboten, weil sich die Gläubigerminderheit aus mehreren Gläubigern zusammensetzt, die nicht gemeinsam den ihnen nach § 15 Abs. 1 zustehenden Vorsitz übernehmen können.

7 Zuständig für Beschwerden gegen Entscheidungen des Amtsgerichts ist das Oberlandesgericht gem. § 119 Abs. 1 Nr. 1 b GVG. Das Beschwerdegericht kann gem. § 70 FamFG die Rechtsbeschwerde zum BGH zulassen.

Beschwerdeberechtigt sind bei Zurückweisung des Antrags die Antragsteller, wobei nicht alle sich beteiligen müssen, es muss jedoch durch die Beschwerdeführer das Quorum noch erreicht werden. Gegenüber einer stattgebenden Entscheidung ist der Schuldner – allein schon wegen der ihn treffenden Kostenlast für die Versammlung – beschwerdebefugt.

D. Einberufung aufgrund gerichtlicher Ermächtigung

8 Die Einberufung erfolgt innerhalb der gerichtlich gesetzten Frist, bzw bei fehlender Fristsetzung in angemessener Frist¹³ aufgrund der Ermächtigung durch die beantragenden Gläubiger; diese müssen jedoch nach Abs. 2 S. 3 in der Einberufung auf diese Ermächtigung hinweisen. Es genügt hier ein allgemeiner Hinweis auf die gerichtliche Ermächtigung, die Angabe von Aktenzeichen, Gericht und Datum ist nicht erforderlich. Die Einberufung muss im Übrigen den Anforderungen des § 12 Abs. 1, 2 genügen.

E. Kosten der Einberufung

9 Nach Abs. 4 hat der Schuldner die **Kosten** der Gläubigerversammlung und bei erfolgreichem gerichtlichen Vorgehen der qualifizierten Minderheit auch die Kosten des Verfahrens zu tragen, wobei hier nur die gerichtlichen Kosten gemeint sind.¹⁴ Über die außergerichtlichen Kosten entscheidet das Gericht nach billigem Ermessen (§ 81 Abs. 1 FamFG). Den Schuldner trifft die Kostenlast nach Abs. 4 auch, wenn der gemeinsame Vertreter angesprochen wurde und ein berechtigtes Einberufungsverlangen zurückgewiesen hatte. Sachgerecht wäre es, wenn für die Kosten der Einberufung der Gläubigerversammlung durch die ermächtigten Gläubiger eine direkte Zahlungsverpflichtung des Schuldners gesetzlich angeordnet würde. Nur dies kann den Streit um Art und Höhe der Freistellung und Zahlung beseitigen und führt damit allein zu dem vom Gesetzgeber gewollten effizienten Gläubiger- und Minderheitenschutz. Allerdings lässt die Gesetzesfassung wohl nur die Annahme eines Freistellungs- oder Erstattungsanpruchs zu.¹⁵ Hinsichtlich der durch die Versammlung oder Abstimmung ohne Versammlung entstehenden Notarkosten ist allerdings nunmehr aufgrund der Kostenhaftungsregelung des § 27 Nr. 3 GNotKG von einer unmittelbaren Kostenhaftung des Schuldners gegenüber dem Notar auszugehen.¹⁶

§ 10 Frist, Anmeldung, Nachweis

(1) Die Gläubigerversammlung ist mindestens 14 Tage vor dem Tag der Versammlung einzuberufen.

---

11 Vgl BGH NJW 1963, 1972; *Saenger/Kemper*, ZPO, 5. Aufl. 2013, § 27 FamFG mwN.

12 Dabei beinhaltet diese Ermächtigung, dass bei Beschlussfähigkeit der einberufenen Versammlung nach § 15 Abs. 3 S. 2 eine zweite Versammlung einberufen werden kann, bzw eine Abstimmung ohne Versammlung nach § 18 erfolgen kann, LG Frankfurt/M., Hinweisverf. v. 13.11.2013 – 2-22 OH 21/13.

13 *Bliesener* in: Langenbucher/Bliesener/Spindler, Bankrechts-Kommentar, SchVG, § 9 Rn 25 mwN.

14 *Schindele* in: Preuße, SchVG, § 9 Rn 23.

15 Vgl hierzu auch die Kommentierung zu § 122 AktG Rn 36; *Schindele*, aaO, § 9 Rn 21; *Schmidtbleicher* in: Frankfurter Kommentar, SchVG, § 9 Rn 60 ff.

16 Anders noch unter der Geltung des § 3 Nr. 3 KostO, da § 9 Abs. 4 SchVG keine Kostenübernahmeregelung des bürgerlichen Rechts darstellt, sondern als gesetzliche Vorschrift dem öffentlichen Recht zuzuordnen ist, vgl hierzu *Lappe* in: Korintenberg/Lappe/Bengel/Reimann, KostO, 18. Aufl. § 3 Rn 27.

(2) ¹Sehen die Anleihebedingungen vor, dass die Teilnahme an der Gläubigerversammlung oder die Ausübung der Stimmrechte davon abhängig ist, dass sich die Gläubiger vor der Versammlung anmelden, so tritt für die Berechnung der Einberufungsfrist an die Stelle des Tages der Versammlung der Tag, bis zu dessen Ablauf sich die Gläubiger vor der Versammlung anmelden müssen. ²Die Anmeldung muss unter der in der Bekanntmachung der Einberufung mitgeteilten Adresse spätestens am dritten Tag vor der Gläubigerversammlung zugehen.

(3) ¹Die Anleihebedingungen können vorsehen, wie die Berechtigung zur Teilnahme an der Gläubigerversammlung nachzuweisen ist. ²Sofern die Anleihebedingungen nichts anderes bestimmen, reicht bei Schuldverschreibungen, die in einer Sammelurkunde verbrieft sind, ein in Textform erstellter besonderer Nachweis des depotführenden Instituts aus.

A. Einberufungsfrist

Die **Einberufungsfrist** für Gläubigerversammlung beträgt mindestens 14 Tage vor dem Tag der Versammlung. Eine längere Frist ist auch ohne Regelung in den Anleihebedingungen statthaft.[1] Die Fristberechnung richtet sich nach den allgemeinen Vorschriften der §§ 186 ff BGB. Ein Rückgriff auf die Fristenregelungen in §§ 121 Abs. 7, 123 Abs. 1 S. 2 AktG ist nicht gesetzlich angeordnet; eine Analogie zum Aktiengesetz würde eine planwidrige Regelungslücke im SchVG voraussetzen, die nicht vorliegt.[2]
Die vom Termin der Gläubigerversammlung aus zu berechnende Einberufungsfrist erfolgt rückwärts und beginnt mit dem Kalendertag vor (§ 187 BGB) der geplanten Gläubigerversammlung und endet um 0:00 Uhr des letzten Tages der Frist. Maßgeblich ist grundsätzlich die nach § 12 Abs. 2 im Bundesanzeiger öffentlich bekannt gemachte Einberufung. Ist eine Einberufung in zusätzlichen Publikationen statthaft, kommt es auf den Tag des letzten Erscheinens in einer Publikation an.
Die Einberufungsfrist ist jedoch nicht vom Termin der geplanten Gläubigerversammlung berechnen, wenn in den Anleihebedingungen die Anmeldung der Anleihegläubiger zur Vorbereitung einer Gläubigerversammlung vorgesehen ist. Dann wird nach § 10 Abs. 2 S. 1 von dem Termin aus gerechnet, bis zu dessen Ablauf sich die Gläubiger anmelden müssen.

B. Anmeldung zur Gläubigerversammlung

Eine **Anmeldung** zur Gläubigerversammlung ist nur dann erforderlich, wenn eine entsprechende Regelung in den Anleihebedingungen enthalten ist. Die Anmeldung eines Gläubigers kann aber in den Anleihebedingungen als Voraussetzung für die Teilnahme an der Versammlung und die Stimmrechtsausübung vorgesehen werden. Mangels gesetzlicher Vorgaben können die Anleihebedingungen hierzu Regelungen zur Form, Adresse oder Frist treffen. Ist eine Anmeldung erforderlich und Abweichendes in den Anleihebedingungen nicht geregelt, so muss die Anmeldung spätestens am dritten Tag vor der Gläubigerversammlung der in der Einberufung mitgeteilten Adresse zugehen. Die Adresse kann eine postalische sein, aber auch eine Telefaxnummer oder eine E-Mail-Anschrift. Ist keine Adresse mitgeteilt, so kann der Zugang – jedenfalls bei Einberufung des Schuldners – am Ort der Hauptverwaltung oder der Geschäftsleitung des Schuldners erfolgen. Die Anmeldung ist eine einseitige, empfangsbedürftige Willenserklärung, die gegenüber der oder den einberufenden Personen abzugeben ist. Nur wer die Voraussetzungen erfüllt, kann – vorbehaltlich der erforderlichen Legitimation – dann an der Gläubigerversammlung teilnehmen und abstimmen.
Die Auffassung, dass es in der Disposition des Versammlungsleiters steht, auch nicht nach den Anleihebedingungen ordnungsgemäß angemeldete Anleihegläubiger zur Teilnahme an der Versammlung und Abstimmung zuzulassen,[3] ist abzulehnen.[4] Eine Zulassung widerspräche auch dem Gleichbehandlungsgebot des § 4. Stellvertretung bei der Teilnahme ist möglich, selbst wenn sich der Gläubiger zunächst persönlich angemeldet hat.[5]

C. Legitimation

Es ist zu unterscheiden zwischen der Anmeldung und dem nach Abs. 3 geregelten Nachweis der Berechtigung des Gläubigers zur Teilnahme und Stimmrechtsausübung.[6] Soweit auf die Anleihebedingungen hierfür

---

1 *Bliesener* in: Langenbucher/Bliesener/Spindler, Bankrechts-Kommentar, SchVG, § 10 Rn 1; aA nur bei entsprechender Regelung in den Anleihebedingungen *Schindele* in: Preuße, SchVG, § 10 Rn 2; *Vogel*, ZBB 2010, 211, 215.
2 *Bliesener*, aaO, § 10 Rn 2; *Schindele*, aaO, § 10 Rn 3.
3 So *Bliesener*, aaO, § 10 Rn 12.
4 So auch *Schmidtbleicher* in: Frankfurter Kommentar, SchVG, § 10 Rn 6
5 BGH NZG 2011, 1105 für die aktienrechtliche Hauptversammlung.
6 Begr. RegE SchVG, BT-Drucks. 16/12814, S. 21.

verwiesen wird, so führt dies nicht dazu, dass auf eine Legitimation in den Anleihebedingungen verzichtet werden kann. Die Anleihebedingungen können hier lediglich Regelungen treffen, die eine Feststellung der Identität und Berechtigung des einzelnen Gläubigers in hinreichender Weise, wie die vom Gesetz als Regelfall bei Sammelurkunden vorgesehene Depotbescheinigung in Textform, ermöglichen. Es muss eine Legitimationsprüfung vorgesehen werde, die sich auf Angaben erstreckt, die zur Feststellung der Identität und der Berechtigung des Gläubigers unerlässlich sind.[7]

Die Anleihebedingungen können einen anderen Zeitpunkt als den der Gläubigerversammlung für den Nachweis der Inhaberschaft der Schuldverschreibung vorsehen. Fehlt eine entsprechende Regelung, muss sich der Nachweis auf den Zeitpunkt der Abstimmung beziehen,[8] und, wenn er nicht auf den Tag der Gläubigerversammlung erstellt ist, eine Bescheinigung über einen Sperrvermerk hinsichtlich des Ausschlusses der Veräußerung bis zum Ende der Gläubigerversammlung oder der Abstimmung enthalten.

Sehen die Anleihebedingungen ein früheres Datum für den Legitimationszeitpunkt vor, so ist immer ein Sperrvermerk zu verlangen,[9] da an der Abstimmung nur Personen teilnehmen sollen, denen zu diesem Zeitpunkt Rechte aus der Schuldverschreibung zustehen.[10]

D. Rechtsfolgen

4 Werden ordnungsgemäß Legitimierte nicht zur Versammlung zuglassen, dh im Teilnahmerecht beschränkt, so führt dies zur **Anfechtbarkeit** der gefassten Beschlüsse. Es greift zu kurz, wenn hier dann allein darauf abgestellt wird, dass bei klaren Mehrheitsverhältnissen der Beschluss auch bei Beteiligung der unberechtigt abgewiesenen Gläubiger gefasst worden wäre, es mithin an der Kausalität fehle.[11] Es ist hier vielmehr auf die Relevanz abzustellen, die bei unberechtigter Nichtzulassung anzunehmen ist. Entsprechend verhält es sich bei der unberechtigten Zulassung nicht ordnungsgemäß Legitimierter. Auch hier kommt es für die Anfechtbarkeit auf die Relevanz an.[12]

§ 11 Ort der Gläubigerversammlung

¹Die Gläubigerversammlung soll bei einem Schuldner mit Sitz im Inland am Sitz des Schuldners stattfinden. ²Sind die Schuldverschreibungen an einer Wertpapierbörse im Sinne des § 1 Absatz 3 e des Kreditwesengesetzes zum Handel zugelassen, deren Sitz innerhalb der Mitgliedstaaten der Europäischen Union oder der anderen Vertragsstaaten des Abkommens über den Europäischen Wirtschaftsraum ist, so kann die Gläubigerversammlung auch am Sitz dieser Wertpapierbörse stattfinden. ³§ 30 a Absatz 2 des Wertpapierhandelsgesetzes bleibt unberührt.

A. Sitz des Schuldners im Inland

1 Hat der Schuldner seinen Sitz im Inland, soll die Gläubigerversammlung am Sitz des Schuldners stattfinden. Bei Kapitalgesellschaften ist mit dem Sitz der durch Satzung oder Gesellschaftsvertrag bestimmte Sitz der Gesellschaft gemeint; bei Personengesellschaften ist es der Sitz der tatsächlichen Geschäftsführung. Dabei ist maßgebend der Sitz zum Zeitpunkt der Einberufung

2 Gläubigerversammlung an anderen Orten als dem Sitz sind zwar möglich, bedürfen aber einer sachlichen Rechtfertigung. Der Sitz des Schuldners kann ungeeignet sein, wenn dort die erforderlichen Räumlichkeiten fehlen, bzw verkehrstechnisch schwierig zu erreichen ist.[1] Es ist eine Erweiterung der zulässigen Versammlungsorte durch die Anleihebedingungen möglich, insbesondere an verkehrstechnisch leicht zu erreichenden Orten.[2]

3 Daneben erlaubt § 11 S. 2 die Abhaltung der Gläubigerversammlung auch am Sitz einer Wertpapierbörse[3] innerhalb der Mitgliedstaaten der Europäischen Union oder der anderen Vertragsstaaten des Abkommens über den Europäischen Wirtschaftsraum (EWR), wenn die Schuldverschreibungen an dieser Börse zum Handel zugelassen sind.

---

[7] Begr. RegE SchVG, BT-Drucks. 16/12814, S. 21.
[8] Begr. RegE SchVG, BT-Drucks. 16/12814, S. 21.
[9] *Bliesener*, aaO, § 10 Rn 16; aA *Schindele*, aaO, § 10 Rn 10.
[10] Begr. RegE SchVG, BT-Drucks. 16/12814, S. 21.
[11] So aber *Bliesener* in: Langenbucher/Bliesener/Spindler, Bankrechts-Kommentar, SchVG, § 10 Rn 17.
[12] Vgl hierzu die Kommentierung zu § 123 AktG Rn 33; Spindler/Stilz/*Rieckers*, § 123 Rn 46.
[1] *Schindele* in: Preuße, SchVG, § 11 Rn 5 mwN.
[2] *Bliesener* in: Langenbucher/Bliesener/Spindler, Bankrechts-Kommentar, SchVG, § 11 Rn 2; BGH AG 1985, 188, 189 zu einer aktienrechtlichen Hauptversammlung.
[3] Die Legaldefinition findet sich in § 1 Abs. 3e KWG.

Nach § 11 S. 3 bleibt § 30a Abs. 2 WpHG unberührt. Liegen daher die Voraussetzungen des § 30a Abs. 2 WpHG vor, so können abweichend von § 11 S. 1 und 2 Emittenten von Schuldverschreibungen, für die die Bundesrepublik Deutschland der Herkunftsstaat ist, die Gläubigerversammlung in einem nach billigem Ermessen ausgewählten Mitgliedstaat der Europäischen Union oder sonstigen EWR-Vertragsstaat abhalten, wenn die Schuldverschreibungen eine Mindeststückelung von 100.000 EUR[4] (oder dem am Ausgabetag entsprechenden Gegenwert in einer anderen Währung) aufweist und in dem Staat alle für die Anleihegläubiger zur Ausübung der Rechte die erforderlichen Einrichtungen und Informationen verfügbar sind.

B. Sitz des Schuldners im Ausland

Eine gesetzliche Regelung des Ortes der Gläubigerversammlung von Schuldnern mit Sitz im Ausland fehlt. Daher besteht grundsätzlich Wahlfreiheit hinsichtlich des Versammlungsortes. Die Anleihebedingungen können daher in den Grenzen von Treu und Glauben jeden Ort für die Gläubigerversammlung vorsehen. Zweckmäßigerweise ist hier eine verkehrsgünstig gelegene deutsche Großstadt zu wählen, da bei der Durchführung einer Gläubigerversammlung nach § 16 Abs. 3 eine Niederschrift durch einen deutschen Notar oder bei Versammlung im Ausland eine einer notariellen Niederschrift gleichwertige Niederschrift erfolgen muss. Zur Vermeidung von Anfechtungsrisiken hinsichtlich der Gleichwertigkeit sollte daher ein deutscher Versammlungsort gewählt werden.

Ist in den Anleihebedingungen des Schuldners mit Sitz im Ausland kein Versammlungsort geregelt, so ist jedenfalls im Hinblick auf die vom Gesetzgeber in diesen Fällen ausdrücklich begründete Zuständigkeit der Frankfurter Gerichte, § 9 Abs. 3 und § 20 Abs. 3, Frankfurt aM als Versammlungsort nicht zu beanstanden.

C. Rechtsfolgen

Die Wahl eines unzulässigen Versammlungsortes ist eine Gesetzesverletzung und führt nach § 20 zur Anfechtbarkeit der gefassten Beschlüsse.

§ 12 Inhalt der Einberufung, Bekanntmachung

(1) In der Einberufung müssen die Firma, der Sitz des Schuldners, die Zeit und der Ort der Gläubigerversammlung sowie die Bedingungen angeben werden, von denen die Teilnahme an der Gläubigerversammlung und die Ausübung des Stimmrechts abhängen.

(2) ¹Die Einberufung ist unverzüglich im Bundesanzeiger öffentlich bekannt zu machen. ²Die Anleihebedingungen können zusätzliche Formen der öffentlichen Bekanntmachung vorsehen. ³Die Kosten der Bekanntmachung hat der Schuldner zu tragen.

(3) Der Schuldner hat die Einberufung und die genauen Bedingungen, von denen die Teilnahme an der Gläubigerversammlung und die Ausübung des Stimmrechts abhängen, vom Tag der Einberufung an bis zum Tag der Gläubigerversammlung im Internet unter seiner Adresse oder, wenn eine solche nicht vorhanden ist, unter der in den Anleihebedingungen festgelegten Internetseite den Gläubigern zugänglich zu machen.

A. Mindestangaben

In § 12 werden erforderlichen Mindestangaben hinsichtlich der Form und des Inhalts der **Einberufung** einer Gläubigerversammlung geregelt. Die Einberufung hat die Firma iSd § 17 Abs. 2 HGB, dh den im Handelsregister eingetragenen Namen zu enthalten einschließlich Rechtsformzusatz und den Sitz des Schuldners zu benennen. Bei Doppelsitz sind beide Sitze anzugeben.[1] Weiter sind die Zeit, dh Datum und Uhrzeit, und der Ort der Gläubigerversammlung, dh postalische Anschrift des Versammlungsortes, ggf mit weiter erläuterndem Zusatz (zB Saalnummer) anzugeben.

---

4 Vgl Art. 2 Richtlinie EU 2010/73.
1 Vgl die Kommentierung zu § 121 AktG Rn 19.

B. Teilnahmebedingungen

2 Es ist in der Einberufung die betreffende Schuldverschreibung durch Angabe der auf der Sammelurkunde oder in den Anleihebedingungen enthaltenen oder sonst marktüblichen Bezeichnung und der Wertpapierkennnummer (ISIN/WKN) zu benennen.[2] Weiter sind die Bedingungen, von denen die Teilnahme und die Ausübung des Stimmrechts abhängen, in der Einberufung aufzuführen. Dazu gehören die gesetzlichen Vorgaben über die Legitimation des Anleihegläubigers (§ 10 Abs. 3) sowie etwaige Regelungen zur Legitimation, die in den Anleihebedingungen enthalten sind und das Erfordernis der Anmeldung und etwaiger spezieller Anforderungen soweit dies in den Anleihebedingungen verlangt wird (§ 10 Abs. 2).

Es muss ferner erkennbar sein, wer einberuft, um den Gläubigern eine Prüfung zu ermöglichen, ob die Einberufung durch eine befugte Stelle ordnungsgemäß erfolgt ist.[3]

Es ist in der Einberufung eine Tagesordnung mit Beschlussvorschlägen bekannt zu machen, da nach der gesetzlichen Regelung in § 13 Abs. 2 S. 2 iVm § 12 Abs. 2 und 3 die Einberufung und die Tagesordnung als zwei unterschiedliche Dokumente angesehen werden, die nach denselben Vorschriften bekannt zu machen sind. Zur Bekanntmachung verpflichtet ist stets der Einberufende. Dies ist nicht notwendigerweise der Schuldner, sondern gegebenenfalls der gemeinsame Vertreter oder die vom Gericht ermächtigte qualifizierte Gläubigerminderheit.

C. Tagesordnung

3 Die Einberufung und die Tagesordnung mit Beschlussvorschlägen (§ 13 Abs. 2) ist im Bundesanzeiger zu veröffentlichen. Das gesetzliche Merkmal unverzüglich ist überflüssig, da die Einberufung durch die Bekanntmachung erfolgt.[4] Soweit in Anleihebedingungen zusätzliche öffentliche Bekanntmachungsform enthalten sind, hat die Bekanntmachung auch dort zu erfolgen.

D. Veröffentlichungspflicht des Schuldners

4 Auch wenn er nicht einberufen hat, hat der Schuldner nach Abs. 3 die Einberufung und Bedingungen der Teilnahme und der Ausübung des Stimmrechts von Tag der Einberufung an im Internet zu veröffentlichen. Dabei genügt es, wenn diese Informationen nur für die Gläubiger zugänglich sind.[5]

E. Rechtsfolgen

5 Fehlen die in § 12 genannten Angaben durch den Einberufenden oder erfolgt keine Einstellung ins Internet durch den Schuldner liegt ein Verletzung des Gesetzes vor, die nach § 20 zur Anfechtbarkeit führt.

§ 13 Tagesordnung

(1) Zu jedem Gegenstand, über den die Gläubigerversammlung beschließen soll, hat der Einberufende in der Tagesordnung einen Vorschlag zur Beschlussfassung zu machen.

(2) ¹Die Tagesordnung der Gläubigerversammlung ist mit der Einberufung bekannt zu machen. ²§ 12 Absatz 2 und 3 gilt entsprechend. ³Über Gegenstände der Tagesordnung, die nicht in der vorgeschriebenen Weise bekannt gemacht sind, dürfen Beschlüsse nicht gefasst werden.

(3) ¹Gläubiger, deren Schuldverschreibungen zusammen 5 Prozent der ausstehenden Schuldverschreibungen erreichen, können verlangen, dass neue Gegenstände zur Beschlussfassung bekannt gemacht werden; § 9 Absatz 2 bis 4 gilt entsprechend. ²Diese neuen Gegenstände müssen spätestens am dritten Tag vor der Gläubigerversammlung bekannt gemacht sein.

(4) Gegenanträge, die ein Gläubiger vor der Versammlung angekündigt hat, muss der Schuldner unverzüglich bis zum Tag der Gläubigerversammlung im Internet unter seiner Adresse oder, wenn eine solche nicht vorhanden ist, unter der in den Anleihebedingungen festgelegten Internetseite den Gläubigern zugänglich machen.

---

2 *Bliesener* in: Langenbucher/Bliesener/Spindler, Bankrechts-Kommentar, SchVG, § 12 Rn 5.
3 *Schindele* in: Preuße, SchVG, § 12 Rn 5.
4 Vgl § 30 b Abs. 2 Nr. 1 WpHG.
5 BegrRegE SchVG, BT-Drucks. 16/12814, S. 22.

A. Tagesordnung

Die Regelung zur **Tagesordnung** lehnt sich beträchtlich an die Regelungen des Aktienrechts zur Hauptversammlung, insb. §§ 121 Abs. 3, 122, 124 AktG, an.[1]

Der Einberufende hat die Tagesordnung zu erstellen. Sinn und Zweck der Tagesordnung ist es, in verständlicher und umfassender Weise darüber zu informieren, was verhandelt und beschlossen werden soll.[2] Die Bekanntmachung der Tagesordnung erfolgt mit der Einberufung. Über nicht oder nicht ordnungsgemäß bekannt gemachte Tagesordnungsgegenstände darf ein Beschluss nicht gefasst werden. Die Bekanntmachung dient dazu, die Gläubiger über die Beschlussgegenstände zu unterrichten, aber auch dazu, die Voraussetzungen zur Einbringung weiterer Beschlussvorschläge nach Abs. 3 sowie etwaiger Gegenanträge nach Abs. 4 zu schaffen.

Der Schuldner hat die Kosten der Bekanntmachung zu tragen.

B. Beschlussvorschlag

Der Einberufende hat zu allen Tagesordnungspunkten, zu den ein Beschluss gefasst werden soll, einen Beschlussvorschlag zu machen, dh eine konkrete Beschlussempfehlung.[3] Wird ein Vorschlag zur Änderung der Anleihebedingungen, insbes. ein Umtausch der Schuldverschreibung in Aktien (*debt equity swap*) gemacht, ist es sachgerecht, die wirtschaftlichen Umstände des Schuldners bzw den Restrukturierungsplan zu erläutern. Das Gesetz selbst sieht nicht vor, den ursprünglichen Wortlaut der zu ändernden Bedingung mitzuteilen,[4] dies dürfte jedoch sachgerecht zur Information der Gläubiger sein.

C. Ergänzung der Tagesordnung

Nach Abs. 3 kann eine qualifizierte Minderheit der Gläubiger die Bekanntmachung zusätzlicher Beschlussgegenstände verlangen. Vorbehaltlich zulässiger anderweitiger Regelungen in den Anleihebedingungen ist ein Minderheitenquorum – wie bei der Einberufung – von 5 % des ausstehenden Gesamtnennbetrags der Anleihe erforderlich.[5] Eine besondere Form für das Verlangen der Bekanntmachung zusätzlicher Beschlussgegenstände ergibt sich aus dem Gesetz nicht, so dass ggf auch dies im elektronischen Weg erfolgen kann.[6] Adressat des Verlangens ist der Einberufende. Das Minderheitenquorum ist wie bei § 9 Abs. 1 S. 2 nachzuweisen. Nach § 13 Abs. 3 S. 2 muss die aufgrund neuer Beschlussgegenstände erweiterte Tagesordnung spätestens am dritten Tag vor der Gläubigerversammlung bekannt gemacht werden. Daraus ergibt sich, dass die neuen Beschlussgegenstände dem Einberufenden entsprechend früher zugehen müssen, auch wenn das Gesetz eine eigene Frist nicht bestimmt.

Wird dem Verlangen auf Erweiterung nicht entsprochen, kann durch ein gerichtliches Verfahren durchgesetzt werden, dass die neuen Beschlussgegenstände § 9 Abs. 2 bis 4 auf die Tagesordnung gesetzt werden.[7] Der Schuldner hat gemäß § 9 Abs. 4 auch die Kosten der gerichtlichen Durchsetzung einer Erweiterung der Tagesordnung zu tragen, unabhängig davon, ob der Schuldner selbst der Einberufende und ggf Antragsgegner des Verfahrens ist.

D. Gegenanträge

Jedem Gläubiger steht das Recht zu, **Gegenanträge** zu stellen. Im Gegensatz zu § 126 Abs. 1 S. 1 AktG ist ein Begründungs- oder Formerfordernis für den Gegenantrag nicht vorgesehen, so dass auch hier dies zB in elektronischer Form geschehen kann.[8] Auch durch die Anleihebedingungen kann eine besondere Form gem. § 5 Abs. 1 S. 2 nicht gefordert werden, da dies eine Änderung zulasten der Gläubiger darstellen würde. Der Schuldner hat nach unverzüglich § 13 Abs. 4 den ihm angekündigten Gegenantrag auf seiner Internetseite oder – wenn eine solche nicht besteht – auf der in den Anleihebedingungen festgelegten Internetseite – entsprechend der Regelung in § 12 Abs. 3 – publizieren (vgl § 12 Rn 4 f).

---

[1] Es kann daher weitgehend auf die entsprechende Kommentierung zu diesen aktienrechtlichen Vorschriften verwiesen werden. Nur soweit die Tagesordnung der Gläubigerversammlung Besonderheiten aufweist, wir im Folgenden hierauf näher eingegangen.

[2] Wegen der Anforderungen an die Bezeichnung, Ordnung und inhaltliche Detailliertheit vgl hierzu die Kommentierung zu § 121 AktG.

[3] Vgl hierzu die Kommentierung zu § 124 AktG.

[4] *Bliesener* in: Langenbucher/Bliesener/Spindler, Bankrechts-Kommentar, SchVG, § 13 Rn 5.

[5] Vgl hierzu die Kommentierung zu § 9 Rn 4.

[6] *Schindele* in: Preuße, SchVG, § 13 Rn 7; aA *Backmann* in: Veranneman, SchVG, § 13 Rn 3, *Bliesener*, aaO, § 13 Rn 6; *Schmidtbleicher* in: Frankfurter Kommentar, SchVG, § 13 Rn 9, die von einem Redaktionsversehen ausgehen und schriftliche Einreichung verlangen.

[7] Für das Verfahren wird auf § 9 Rn 5 ff verwiesen.

[8] *Schmidtbleicher* in: Frankfurter Kommentar, SchVG, § 9 Rn 18; *Schindele* in: Preuße, SchVG, § 13 Rn 8 mwN.

§ 14 Vertretung

(1) ¹Jeder Gläubiger kann sich in der Gläubigerversammlung durch einen Bevollmächtigten vertreten lassen. ²Hierauf ist in der Einberufung der Gläubigerversammlung hinzuweisen. ³In der Einberufung ist auch anzugeben, welche Voraussetzungen erfüllt sein müssen, um eine wirksame Vertretung zu gewährleisten.

(2) ¹Die Vollmacht und Weisungen des Vollmachtgebers an den Vertreter bedürfen der Textform. ²Wird ein vom Schuldner benannter Stimmrechtsvertreter bevollmächtigt, so ist die Vollmachtserklärung vom Schuldner drei Jahre nachprüfbar festzuhalten.

A. Vertretung in der Gläubigerversammlung

1 Es wird ausdrücklich im Gesetz klargestellt, dass die Vertretung eines Anleihegläubigers in der Gläubigerversammlung bei Teilnahme und Ausübung des Stimmrechts erfolgen kann. Auf die Möglichkeit der **Stellvertretung**, sowie auf die Voraussetzungen für eine wirksame Vertretung, Abs. 2, ist in der Einberufung durch den Einberufenden ausdrücklich hinzuweisen (siehe auch § 10 Rn 2).
Wie auch bei der aktienrechtlichen Hauptversammlung stehen dem Vertreter stehen die gleichen Rechte zu, wie dem Vertretenen.[1] Die organschaftliche bzw gesetzliche Vertretung wird von § 14 nicht erfasst.[2]

B. Vollmacht

2 Für die Vollmacht zur Vertretung eines Anleihegläubigers in der Gläubigerversammlung gelten zunächst die allgemeinen Grundsätze der §§ 164 ff BGB, mit der Maßgabe dass nach § 14 Abs. 2 S. 1 Vollmacht und Weisungen der Textform (§ 126 b BGB) bedürfen. In den Anleihebedingungen kann daher wegen § 5 Abs. 1 S. 2 keine strengere Form (zB Schriftform) verlangt werden. Neben der Stellvertretung kommt auch analog § 185 BGB eine treuhänderische Abtretung des Stimmrechts und anderer Gläubigerrechte zur Wahrnehmung im eigenen Namen in Betracht.[3]
Als Vertreter kann eine natürliche Person auftreten, die vom Anleihegläubiger zur Teilnahme und Wahrnehmung des Stimmrechts in der Gläubigerversammlung bevollmächtigt ist. Daneben kommt auch die Vertretung aufgrund einer Generalvollmacht, bzw Prokura in Betracht. Die Vertretung einzelner Anleihegläubiger durch einen bereits bestellten gemeinsamen Vertreter aufgrund erteilter individueller Vollmacht ist abzulehnen.[4] Eine derartige Einzelvertretung ist mit dem Amt des gemeinsamen Vertreters als Interessenwahrer aller Gläubiger nicht kompatibel, zumal auch die Gläubigerversammlung gegebenenfalls unter dessen Vorsitz tagen soll.

C. Stimmrechtsvertreter

3 Abs. 2 S. 2 lässt – ähnlich wie in § 134 Abs. 3 S. 3 AktG – es zu, dass das Stimmrecht auch durch einen vom Schuldner benannten **Stimmrechtsvertreter** wahrgenommen werden kann. In diesem Fall ist die entsprechende Vollmachtserklärung des Gläubigers vom Schuldner für drei Jahre aufzubewahren, damit eine Nachprüfung auch über einen längeren Zeitraum möglich ist.[5] Die Vollmachtserteilung an durch vom Schuldner benannte Vertreter unterliegt keinen besonderen Voraussetzungen und verlangt für die Wirksamkeit auch nicht, dass der Gläubiger in der Vollmacht festlegt, wie zu einem bestimmten Punkt der Tagesordnung abgestimmt werden soll.[6]

4 Eine vergleichbare Regelung wie in § 135 AktG zum Depotstimmrecht ist nicht getroffen.
Die Bevollmächtigung von Kreditinstituten zur Teilnahme und Abstimmung unterliegt daher den allgemeinen Regeln.[7]

5 Über die Regelung des § 14 hinaus müssen Emittenten, deren Herkunftsstaat die Bundesrepublik Deutschland ist, nach § 30 a Abs. 1 Nr. 6 WpHG gewährleisten, dass im Falle von Schuldverschreibungen im Sinne des § 2 Abs. 1 S. 1 Nr. 3 WpHG die an einem organisierten Markt zugelassenen sind,[8] dass jeder stimmbe-

---

1 Es kann hier auf die Kommentierung zu den §§ 118 ff AktG, insb. § 134 verwiesen werden.
2 *Bliesener* in: Langenbucher/Bliesener/Spindler, Bankrechts-Kommentar, SchVG, § 14 Rn 2 mwN.
3 *Bliesener*, aaO, § 14 Rn 9 unter Hinweis, dass dies bereits zum SchVG 1899 anerkannt war.
4 Differenzierend: *Kirchner* in: Preuße, SchVG, § 14 Rn 6; *Bliesener*, aaO, § 14 Rn 3.
5 *Bliesener*, aaO, § 14 Rn 4.
6 *Bliesener*, aaO, § 14 Rn 5; aA *Gärtner* in: Veranneman, SchVG, § 14 Rn 10. Zur gleichgelagerten Frage der Weisungen beim Proxy-Voting vgl die Kommentierung zur aktienrechtlichen Hauptversammlung in § 134 AktG Rn 32.
7 *Kirchner*, aaO, § 14 Rn 6.
8 Ausgenommen sind jedoch nach § 30 a Abs. 1 Nr. 6 WpHG Wertpapiere, die zugleich unter § 2 Abs. 1 S. 1 Nr. 2 WpHG fallen oder die ein zumindest bedingtes Recht auf den Erwerb von Wertpapieren nach § 2 Abs. 1 S. 1 Nr. 1 oder Nr. 2 WpHG begründen.

rechtigtem Person zusammen mit der Einberufung zur Gläubigerversammlung oder nach deren Anberaumung auf Verlangen rechtzeitig in Textform ein Formular für die Erteilung einer Vollmacht für die Gläubigerversammlung übermittelt wird. In diesem Fall ist es zweckmäßig, das Vollmachtsformular zugleich mit der Einberufung und Tagesordnung zur Verfügung zu stellen.[9]

§ 15 Vorsitz, Beschlussfähigkeit

(1) Der Einberufende führt den Vorsitz in der Gläubigerversammlung, sofern nicht das Gericht einen anderen Vorsitzenden bestimmt hat.

(2) [1]In der Gläubigerversammlung ist durch den Vorsitzenden ein Verzeichnis der erschienenen oder durch Bevollmächtigte vertretenen Gläubiger aufzustellen. [2]Im Verzeichnis sind die Gläubiger unter Angabe ihres Namens, Sitzes oder Wohnorts sowie der Zahl der von jedem vertretenen Stimmrechte aufzuführen. [3]Das Verzeichnis ist vom Vorsitzenden der Versammlung zu unterschreiben und allen Gläubigern unverzüglich zugänglich zu machen.

(3) [1]Die Gläubigerversammlung ist beschlussfähig, wenn die Anwesenden wertmäßig mindestens die Hälfte der ausstehenden Schuldverschreibungen vertreten. [2]Wird in der Gläubigerversammlung die mangelnde Beschlussfähigkeit festgestellt, kann der Vorsitzende eine zweite Versammlung zum Zweck der erneuten Beschlussfassung einberufen. [3]Die zweite Versammlung ist beschlussfähig; für Beschlüsse, zu deren Wirksamkeit eine qualifizierte Mehrheit erforderlich ist, müssen die Anwesenden mindestens 25 Prozent der ausstehenden Schuldverschreibungen vertreten. [4]Schuldverschreibungen, deren Stimmrechte ruhen, zählen nicht zu den ausstehenden Schuldverschreibungen. [5]Die Anleihebedingungen können jeweils höhere Anforderungen an die Beschlussfähigkeit stellen.

A. Versammlungsleitung

Die Vorschrift regelt die Organisation der **Gläubigerversammlung**. Zur Gewährleistung eines ordnungsgemäßen Ablaufs wird die Gläubigerversammlung von einem Vorsitzenden geleitet, wobei dies im Regelfall der Einberufende, dh ein gesetzlicher Vertreter des Schuldners – nicht ein Aufsichtsratsmitglied – oder der gemeinsame Vertreter (bei juristischen Personen sein gesetzlicher Vertreter) ist (§ 9 Abs. 1 S. 1). Sofern eine qualifizierte Gläubigerminderheit nach § 9 Abs. 2 gerichtlich zur Einberufung ermächtigt wird, sieht § 9 Abs. 2 S. 2 vor, dass das Gericht zugleich auch den Vorsitzenden bestimmen kann, der dann die Versammlung leitet. Im Einzelfall könnte auch eine isolierte Bestimmung des Versammlungsleiters durch das Gericht in Betracht kommen.[1] Bestimmt das Gericht keinen Vorsitzenden, hätte nach § 15 Abs. 1 die qualifizierte Minderheit als Einberufende den Vorsitz. Besteht diese Minderheit aus mehreren Personen, so ist ein bestimmbarer Vorsitzender nicht gegeben.[2] In diesen Fällen, wie in den Fällen, dass der zum Vorsitzenden Berufene nicht erschienen ist oder die Versammlungsleitung ablehnt, muss die Versammlung aus ihrer Mitte heraus einen Vorsitzenden mit einfacher Mehrheit wählen.[3] Während der Wahl des Versammlungsleiters dürfte es dann nicht zu beanstanden sein, wenn – soweit hierzu in den Anleihebedingungen keine Regelung getroffen ist – entsprechend der parlamentarischen Gepflogenheit im Deutschen Bundestag der älteste anwesende Gläubiger bzw Gläubigervertreter die Versammlungsleitung übernimmt.[4]

1

B. Aufgaben und Befugnisse

Aufgaben und Befugnisse des Versammlungsleiters sind im SchVG nicht geregelt. Ihm sind jedenfalls die Befugnisse zuzubilligen, die er benötigt, um einen ordnungsgemäßen Ablauf der Gläubigerversammlung zu gewährleisten. Aufgrund der Vergleichbarkeit ist auf die Gepflogenheiten bei der aktienrechtlichen Hauptversammlung abzustellen.[5] Neben der gesetzlich in Abs. 2 angesprochenen Pflicht zur Erstellung eines Teilnehmerverzeichnisses sowie gegebenenfalls die Feststellung der mangelnden Beschlussfähigkeit nach Abs. 3

2

---

9 *Bliesener*, aaO, § 14 Rn 12.
1 Vgl OLG Hamburg, Beschl. v. 16.12.2011 – 11 W 89/11, BeckRS 2012, 08665 zur aktienrechtlichen Hauptversammlung.
2 Handelt es sich um eine juristische Person ist dessen Leitungsorgan zur Versammlungsleitung berufen bzw. ermächtigt, eine (natürliche) Person als Vertreter zum Vorsitzenden zu bestimmen, LG Frankfurt/M., Hinweisverfügung vom 13.11.2013 –

2-22 OH 21/13; *Schmidtbleicher* in: Frankfurter Kommentar, SchVG, § 15 Rn 3).
3 *Bliesener* in: Langenbucher/Bliesener/Spindler, Bankrechts-Kommentar, SchVG, § 15 Rn 3 mwN.
4 Vgl § 1 Abs. 2 Geschäftsordnung des Deutschen Bundestages
5 Es kann daher auf die Kommentierung zu § 129 AktG verwiesen werden.

Müller

S. 2 hat der Vorsitzende alle organisatorischen Rechte und Pflichten, die zur sachgerechten Durchführung der Versammlung erforderlich sind, wie Eröffnung und Schließung der Versammlung sowie gegebenenfalls deren Unterbrechung, die Erteilung des Wortes und die Bestimmung der Redezeit, die Abhandlung der Tagesordnungspunkte und uU die Verhängung von Ordnungsmaßnahmen gegen störende Teilnehmer, bis zum Ausspruch eines Hausverbots. Ohne Beteiligung und Beschluss der Gläubiger selbst darf der Vorsitzende – wie auch bei der aktienrechtlichen Hauptversammlung – jedoch keine materiellen, über das Organisatorische hinausgehenden, Entscheidungen treffen, wie etwa die Versammlung zu vertagen oder einen Tagesordnungspunkt abzusetzen bzw Gegenanträge zu übergehen. Ein Überschreiten der Befugnisse kann zur Anfechtbarkeit der gefassten Beschlüsse führen, wenn dem Vorgehen eine Relevanz für die Beschlussfassung zukommt.

3 Zweck des vom Versammlungsleiter zu erstellenden **Teilnehmerverzeichnisses** ist es zunächst die Beschlussfähigkeit nach Abs. 3 und ggf die erforderliche einfache oder qualifizierte Abstimmungsmehrheit feststellen zu können.
Das Verzeichnis hat nach Abs. 2 S. 2 den Namen, den Sitz oder Wohnort und die Zahl der vertretenen Stimmrechte für jeden einzelnen Gläubiger aufzuführen.
Zur Aufnahme in das Verzeichnis ist die Legitimation des Anleihegläubigers erforderlich, wobei diese Prüfung mit der Eingangskontrolle verbunden werden kann. Weiter ist dieses Verzeichnis ständig zu aktualisieren, dh Ab- und Zugänge sind immer zu erfassen
Zwar ist die Form des Teilnehmerverzeichnisses zwar nicht vorgeschrieben, jedoch lässt sich aus dem Unterschriftserfordernis des Versammlungsleiters in Abs. 2 S. 3 entnehmen, dass das Verzeichnis in einer verkörperten Form vorliegen muss. Weiter ist dieses Verzeichnis allen Gläubigern unverzüglich zugänglich zu machen, wobei nicht geregelt ist, in welcher Weise dies zu geschehen hat. Da das Verzeichnis allen Gläubigern – und nicht nur den Erschienenen – zugänglich zu machen ist, genügt es, wenn dieses Zugänglichmachen erst nach der Versammlung erfolgt, wobei eine Veröffentlichung auf der Internetseite des Schuldners genügt,[6] damit Gläubiger das Abstimmungsergebnis innerhalb der Anfechtungsfrist überprüfen können.[7]

C. Beschlussfähigkeit

4 Um wirksame Beschlüsse fassen zu können, muss die Gläubigerversammlung beschlussfähig sein. Hierzu regelt Abs. 3 verschiedene Quoren, welche sich jeweils darauf beziehen, dass ein gewisser Anteil der Schuldverschreibungsgläubiger in der Versammlung vertreten ist. Für die Beschlussfähigkeit können die Anleihebedingungen jedoch höhere Quoren vorsehen.[8]
Bei der Berechnung der ausstehenden Schuldverschreibung ist nach Abs. 3 S. 4 zu beachten, dass hierzu nicht diejenigen zählen, deren Stimmrechte ruhen. Das Stimmrecht ruht, solange die Anteile dem Schuldner oder einem mit ihm verbundenem Unternehmen (§ 271 Abs. 2 HGB) zustehen oder für Rechnung des Schuldners oder eines mit ihm verbundenen Unternehmens gehalten werden (§ 6 Abs. 1 S. 2).

5 Um eine Beschlussfähigkeit in der regulären Gläubigerversammlung zu erreichen, müssen die anwesenden Gläubiger zusammen wertmäßig mindestens die Hälfte der ausstehenden Schuldverschreibungen auf sich vereinen. Hierdurch soll verhindert werden, dass ein kleiner Kreis von anwesenden Gläubigern weitreichende Beschlüsse mit verbindlichen Konsequenzen für alle Gläubiger durchsetzen kann.[9] Dies ist auch sachgerecht, da bei den Anleihegläubigern im Gegensatz zu Gesellschaftern einer Kapitalgesellschaft eine Treupflicht aufgrund gesellschaftsrechtlicher Bindung nicht besteht. Soweit eine solche Treupflicht angenommen wird,[10] wird übersehen, dass bei Anleihegläubigern anders als bei Gesellschaftern es an der Verpflichtung zur Förderung eines gemeinsamen Zwecks fehlt.

6 Zwar ergibt sich die fehlende Beschlussfähigkeit unmittelbar daraus, dass nicht genügend Gläubiger anwesend sind, so dass es der formalen Feststellung durch den Versammlungsleiter an sich nicht bedarf, doch muss für die Einberufung der zweiten Versammlung gem. Abs. 3 S. 2 die fehlende Beschlussfähigkeit ausdrücklich festgestellt werden.
Bei Einberufung der zweiten Versammlung sind die gleichen Bestimmungen zu beachten wie für die reguläre Einberufung, insbesondere die Bestimmungen der §§ 10, 12 und 13.[11]
Mit der Regelung über die zweite Versammlung soll verhindert werden, dass Gläubiger eine Beschlussfassung verhindern können.

---

6 *Kirchner* in: Preuße, SchVG, § 15 Rn 22.
7 *Bliesener*, aaO, § 15 Rn 7 mwN.
8 *Kirchner*, aaO, § 15 Rn 14.
9 *Bliesener*, aaO, § 15 Rn 11.
10 Vgl *Simon*, Das neue Schuldverschreibungsgesetz und Treuepflichten im Anleiherecht als Bausteine eines außergerichtlichen Sanierungsverfahrens, S. 160 ff.
11 Alternativ ist aber auch eine Abstimmung ohne Versammlung anstelle der zweiten Versammlung nach § 18 möglich.

Die zweite Versammlung ist grundsätzlich unabhängig von der Anzahl der Teilnehmer beschlussfähig, sofern für den Beschlussgegenstand die einfache Mehrheit der an der Abstimmung teilnehmenden Stimmrechte ausreicht.

Stehen Beschlussfassungen an, für die nach § 5 Abs. 4 S. 2 eine qualifizierte Mehrheit erforderlich ist, wird für die Beschlussfähigkeit eine Anwesenheit von 25 % des ausstehenden Anleihekapitals benötigt. Hierdurch wird vermieden, das einzelne oder nur wenige Gläubiger weitreichende Beschlüsse über die Schuldverschreibungen fassen können.

§ 16 Auskunftspflicht, Abstimmung, Niederschrift

(1) Der Schuldner hat jedem Gläubiger auf Verlangen in der Gläubigerversammlung Auskunft zu erteilen, soweit sie zur sachgemäßen Beurteilung eines Gegenstands der Tagesordnung oder eines Vorschlags zur Beschlussfassung erforderlich ist.

(2) Auf die Abgabe und die Auszählung der Stimmen sind die Vorschriften des Aktiengesetzes über die Abstimmung der Aktionäre in der Hauptversammlung entsprechend anzuwenden, soweit nicht in den Anleihebedingungen etwas anderes vorgesehen ist.

(3) ¹Jeder Beschluss der Gläubigerversammlung bedarf zu seiner Gültigkeit der Beurkundung durch eine über die Verhandlung aufgenommene Niederschrift. ²Findet die Gläubigerversammlung im Inland statt, so ist die Niederschrift durch einen Notar aufzunehmen; bei einer Gläubigerversammlung im Ausland muss eine Niederschrift gewährleistet sein, die der Niederschrift durch einen Notar gleichwertig ist. ³§ 130 Absatz 2 bis 4 des Aktiengesetzes gilt entsprechend. ⁴Jeder Gläubiger, der in der Gläubigerversammlung erschienen oder durch Bevollmächtigte vertreten war, kann binnen eines Jahres nach dem Tag der Versammlung von dem Schuldner eine Abschrift der Niederschrift und der Anlagen verlangen.

A. Auskunftsrecht der Gläubiger

In Abs. 1 wird das **Auskunftsrecht** der Gläubiger in der Gläubigerversammlung geregelt. Durch die – im Gegensatz zum früheren Recht – nunmehr gesetzlich begründete Auskunftspflicht des Schuldners und dem damit einhergehenden Fragerecht der Gläubiger wird die Rechtsposition der Gläubiger gestärkt.[1] Das Recht besteht, soweit die Auskunft zur sachgemäßen Beurteilung eines Tagesordnungspunkts oder eines Beschlussvorschlages erforderlich ist. Dies ist sachgerecht durch die Notfallsituation, die eine Restrukturierung durch Änderung der Anleihebedingungen – meist zulasten der Gläubiger – mit sich bringt.

Die Erforderlichkeit der Information beurteilt sich vom Standpunkt eines im Hinblick auf die Lage des Schuldners objektiven, durchschnittlichen Gläubigers aus. Zwar können Auskunftsverlangen erforderlich oder rechtsmissbräuchlich sein und brauchen daher nicht beantwortet zu werden, doch ist hier Vorsicht geboten, da die unberechtigte Verweigerung der Antwort auf ein Auskunftsbegehren zur Anfechtbarkeit der Beschlussfassung führen kann (§ 20 Abs. 1 S. 1). Wenn auch die Frage der Erforderlichkeit und der Beantwortungstiefe von der konkret zur Beschlussfassung stehenden Maßnahme abhängt, wird in Hinblick auf die Krisensituation grundsätzlich ein Auskunftsersuchen auf die Bonität des Schuldners und gegebenenfalls auch eines oder mehrerer Garanten erforderlich sein. Weiter können ggf zur Beurteilung von Änderungsvorschlägen Information über außerhalb des Unternehmens des Emittenten liegende Umstände und Verhältnisse geboten sein.

Wie auch im Aktienrecht können Fragen vorab schriftlich angekündigt werden – was ggf zweckmäßig sein kann, damit der Schuldner die Antwort hinreichend vorbereiten kann -, der Schuldner ist aber nur zur Beantwortung verpflichtet, wenn die Fragen in der Versammlung noch einmal mündlich gestellt werden.[2] Der Schuldner muss sich daher anhand der ihm vorher bekannten Tagesordnung auf mögliche Auskunftsverlangen der Gläubiger angemessen vorzubereiten und während der Versammlung organisatorische und personelle Vorkehrungen zu treffen, um die bei ihm verfügbaren Informationen bereitzustellen. Die von den Gläubigern in der Gläubigerversammlung gestellten Fragen sind vom Schuldner ebenfalls mündlich zu beantworten. Ein Verweis auf nachträgliche schriftliche Auskunftserteilung ist grundsätzlich nicht statthaft, da eine erforderliche Auskunft vor der Beschlussfassung zu geben ist.[3]

---

1 *Bliesener* in: Langenbucher/Bliesener/Spindler, Bankrechts-Kommentar, SchVG, § 16 Rn 1.
2 *Kirchner* in: Preuße, SchVG, § 16 Rn 8; OLG Frankfurt, Beschl. v. 7.3.2011 – 21 W 15/12 – zu § 131 AktG; aA *Bliesener*, aaO, § 16 Rn 6.
3 Vgl LG Frankfurt/M., Urt. v. 28.2.2012 – 3-05 O 40/11 – zur nachträglichen schriftlichen Beantwortung von Fragen in der aktienrechtlichen Hauptversammlung.

Nicht zu beanstanden ist, wenn der Schuldner vorab oder durch Aushändigung in der Gläubigerversammlung schriftliche Unterlagen, zB ein Sanierungskonzept aushändigt, zumal dann manche Fragen hierdurch beantwortet sein können, was zur Straffung der Gläubigerversammlung beiträgt.

Der Auskunftsanspruch richtet sich aber nur gegen den Schuldner, nicht etwa gegen die Konzernobergesellschaft, selbst wenn es sich bei dem Schuldner um ein reines „Finanzierungvehikel" handelt. Allerdings wird es hier regelmäßig auf die Sanierung der Konzernobergesellschaft ankommen, so dass auch hierzu Informationen zu geben sind.

B. Sprache der Gläubigerversammlung

2 Als Sprache der Gläubigerversammlung ist grundsätzlich Deutsch bei einer Emission nach deutschen Recht (§ 1) nicht zu beanstanden. Statthaft dürfe aber auch die Sprache der Emissionsbedingungen sein.[4] Jedenfalls sollte auf die verwendete Sprache in der Einladung hingewiesen werden.

C. Auskunftsverweigerungsrecht

3 Ein **Auskunftsverweigerungsrecht** wie es in § 131 Abs. 3 AktG für den Vorstand der Aktiengesellschaft bei der Hauptversammlung normiert ist, ist im SchVG nicht geregelt. Ähnlich wie beim Auskunftsbegehren eines gemeinsamen Vertreters nach § 7 Abs. 5[5] wird man ein Auskunftsverweigerungsrecht des Schuldners ggf annehmen müssen, wenn Geschäftsgeheimnisse betroffen sind oder ein Vertreter des Schuldners bei Erteilung einer ersuchten Auskunft sich strafbar machen würde,[6] was uU Insiderinformationen nach § 13 WpHG betreffen kann (§ 38 WpHG).

Da eine dem 131 Abs. 5 AktG entsprechende Regelung nicht vorhanden ist, gibt es auch keine Verpflichtung Verweigerungsgründe in die Niederschrift aufzunehmen. Zur Vermeidung von Anfechtungsrisiken nach § 20 Abs. 1 S. 2 bzw zu Beweiszwecken im Anfechtungsverfahren ist dies dennoch geboten.[7]

Eine (beschleunigte) gerichtliche Durchsetzung des Auskunftsrechts entsprechend § 132 AktG oder § 51b GmbHG hat der Gesetzgeber nicht vorgesehen. Das Auskunftsrecht ist daher ggf im ordentlichen Klageweg geltend zu machen,[8] was jedoch im Hinblick auf die Gleichbehandlung der Gläubiger nicht unproblematisch ist, da dann andere Gläubiger diese Auskunft nicht erhalten.

D. Abstimmung und Auszählung der Stimmen

4 Sollten die Anleihebedingungen keine Regelungen zur **Abstimmung** und die Auszählung der Stimmen enthalten, sind die Vorschriften des Aktiengesetzes über die Abstimmung in der Hauptversammlung entsprechend anzuwenden (Abs. 2). Das AktG selbst verlangt jedoch nur in § 133 AktG für die Annahme eines Beschlusses die Mehrheit der abgegebenen Stimmen[9] gibt jedoch im Übrigen keine genauen Vorgaben, sondern verweist auf die jeweilige Satzung der Gesellschaft. Grundsätzlich sind daher die gängigen Abstimmungsmodalitäten, wie Handaufheben, Stimmkarte, elektronische Stimmabgabe und Abstimmungsmethoden, wie Additions- und Subtraktionsverfahren[10] zulässig. Der Verweis auf das AktG umfasst auch die Möglichkeiten der Online-Teilnahme oder -Abstimmung und der Briefwahl (§ 118 Abs. 1 und Abs. 2 AktG), wobei aber stets die Nachweisbarkeit und Nachprüfbarkeit nach Maßgabe des § 130 Abs. 2 AktG gewährleistet sein müssen.[11]

E. Beurkundung der Niederschrift

5 Abs. 3 S. 1 verlangt eine beurkundete **Niederschrift** der Gläubigerversammlung, wobei der Schuldner gem. § 9 Abs. 4 hierfür die Kosten zu tragen hat.

Bei einer Versammlung im Inland hat ein Notar die Niederschrift aufzunehmen.[12] Wie bei der aktienrechtlichen Hauptversammlung[13] muss der Notar, das Protokoll nicht in der Gläubigerversammlung fertigstellen,[14] sondern kann diese mittels Hilfsmittel aufnehmen und auch noch danach im Einzelnen ausarbeiten

---

4 Kirchner, aaO, § 16 Rn 12.; Otto, DNotZ 2012, 809, 819.
5 Vgl hierzu § 7 Rn 12.
6 AA Kirchner in: Preuße, SchVG, § 16 Rn 34.
7 Kirchner, aaO, § 16 Rn 36.
8 Kirchner, aaO, § 16 Rn 38; Schmidtbleicher, Frankfurter Kommentar, SchVG, § 16 Rn 21 f.
9 Insoweit kann auf die Kommentierung zu § 133 AktG Rn 3 ff verwiesen werden.
10 Wegen der grundsätzlichen Bedenken gegen diese Methode vgl die Kommentierung zu § 133 AktG Rn 8.
11 Bliesener in: Langenbucher/Bliesener/Spindler, Bankrechts-Kommentar, SchVG, § 16 Rn 12.
12 Vgl. hierzu Otto, DNotZ 2012, 809
13 Vgl hierzu BGH, Urt. v. 16.2.2009 – II ZR 185/07, NJW 2009, 2207.
14 AA Bliesener, aaO, § 16 Rn 14; differenzierend Kirchner in: Preuße, SchVG, § 16 Rn 69.

und unterzeichnen. Niederschrift im Sinne des Gesetzes ist erst die von dem Notar autorisierte, unterzeichnete und in den Verkehr gegebene Endfassung.[15]

Bei einer Gläubigerversammlung außerhalb Deutschlands, muss eine Niederschrift erstellt werden, die der durch einen deutschen Notar angefertigten Niederschrift gleichwertig ist. Die Urkunde muss daher durch eine Person aufgenommen werden, die nach dem nationalen Recht des Landes in der die Versammlung stattfindet befugt ist, eine öffentliche Urkunde herzustellen.[16]

F. Inhalt der Niederschrift

Wegen des Inhalts der Niederschrift verweist Abs. 3 S. 3 auf die aktienrechtlichen Vorschriften. Es müssen daher die inhaltlichen Anforderungen des § 130 Abs. 2 und Abs. 3 AktG beachtet werden. Danach sind Ort und Tag der Verhandlung, der Name des Notars (bei Versammlungen im Ausland der Name der entsprechenden Urkundsperson), Art und Ergebnis der Abstimmung sowie die Feststellung des Versammlungsleiters über die Beschlussfassung in die Niederschrift aufzunehmen. Dabei umfassen die Angaben zur Abstimmung die genaue Abstimmungsweise und den Zählmodus. Ferner muss angegeben werden, ob ein Antrag angenommen oder abgelehnt wurde.[17] Bei börsennotierten Gesellschaften muss gemäß § 16 Abs. 3 S. 3 SchVG iVm § 130 Abs. 2 S. 2 AktG für jeden Beschluss auch die Zahl der Teilschuldverschreibungen (Stücke einer Gesamtemission), für die gültige Stimmen abgegeben wurden, der Anteil des durch die gültigen Stimmen vertretenen Nennbetrags der Anleihe, sowie die Zahl der für einen Beschluss abgegebenen Stimmen, Gegenstimmen und gegebenenfalls die Zahl der Enthaltungen dokumentiert werden, sofern sich nicht der Versammlungsleiter auf die Feststellung des Erreichens der erforderlichen Mehrheit beschränken darf, weil keiner der Gläubiger diese detaillierten Feststellungen gefordert hat. Sind die Belege über die Einberufung der Versammlung nicht unter Angabe ihres Inhalts in der Niederschrift aufgeführt, so sind sie der Niederschrift als Anlage beizufügen. Die Aufnahme eines Widerspruchs gegen die Beschlussfassung ist nicht vorgesehen.[18] § 20 Abs. 1 verlangt aber für die Anfechtungsbefugnis die Einlegung eines Widerspruchs, so dass im Anfechtungsprozess der klagende Gläubiger die Einlegung eines Widerspruchs darlegen und ggf beweisen muss. Zur Vermeidung derartiger prozessualer Verzögerungen erscheint es sachgerecht, dass in einer Präsensversammlung Widersprüche in die Niederschrift aufgenommen werden.

Gläubiger, die selbst oder durch Vertreter an der Versammlung teilgenommen haben, können innerhalb eines Jahres nach dem Tag der Versammlung von dem Schuldner auf dessen Kosten, § 9 Abs. 4, eine Kopie der Niederschrift und ihrer Anlagen verlangen. Alle sonstigen Gläubiger sind daher auf öffentliche Bekanntmachungen und Internet-Veröffentlichungen nach § 17 hinsichtlich der Beschlüsse angewiesen.

§ 17 Bekanntmachung von Beschlüssen

(1) ¹Der Schuldner hat die Beschlüsse der Gläubiger auf seine Kosten in geeigneter Form öffentlich bekannt zu machen. ²Hat der Schuldner seinen Sitz im Inland, so sind die Beschlüsse unverzüglich im Bundesanzeiger zu veröffentlichen; die nach § 30e Absatz 1 des Wertpapierhandelsgesetzes vorgeschriebene Veröffentlichung ist jedoch ausreichend. ³Die Anleihebedingungen können zusätzliche Formen der öffentlichen Bekanntmachung vorsehen.

(2) Außerdem hat der Schuldner die Beschlüsse der Gläubiger sowie, wenn ein Gläubigerbeschluss die Anleihebedingungen ändert, den Wortlaut der ursprünglichen Anleihebedingungen vom Tag nach der Gläubigerversammlung an für die Dauer von mindestens einem Monat im Internet unter seiner Adresse oder, wenn eine solche nicht vorhanden ist, unter der in den Anleihebedingungen festgelegten Internetseite der Öffentlichkeit zugänglich zu machen.

A. Bekanntmachung des Beschlusses

Der Schuldner ist nach Abs. 1 zu einer unverzüglichen öffentlichen **Bekanntmachung** und nach Abs. 2 zu einer zumindest temporären Veröffentlichung auf einer Internet-Seite auf seine Kosten verpflichtet, wenn

---

15 Der Geschäftswert für die notarielle Beurkundung ergibt sich nunmehr aus § 97 GNotKG, die Beschränkungen des §§ 105 ff GNotKG dürften nicht greifen, da keine der dort geregelten Fälle vorliegt und im Kostenrecht regelmäßig eine Analogie nicht in Betracht kommt.

16 *Kirchner*, aaO, § 16 Rn 65; aA *Bliesener*, aaO, § 16 Rn 15; zur Beurkundung einer aktienrechtlichen Hauptversammlung im Ausland vgl auch die Kommentierung zu § 130 AktG Rn 12.

17 Es kann hier auf die Kommentierung zu § 130 AktG Rn 26 ff verwiesen werden.

18 BegrRegE SchVG, BT-Drucks. 16/12814, S. 26.

Müller

auf einer Gläubigerversammlung oder durch eine Abstimmung ohne Versammlung Beschlüsse gefasst werde. Diese Verpflichtung besteht unabhängig davon, wer die Versammlung einberufen hat. Diese Publizität ist geboten, weil Mehrheitsbeschlüsse die Anleihebedingungen ändern, nach § 21 durch Änderung oder Ergänzung der maßgeblichen Sammelurkunde zu vollziehen sind. Ohne diese Publizität können Investoren vor Änderungen der Anleihebedingungen nicht ohne Weiteres Kenntnis von schon beschlossenen Änderungen nehmen, zumal auch Gläubiger, die nicht an der Gläubigerversammlung teilgenommen haben, keinen Anspruch auf Erteilung einer Abschrift der Niederschrift haben.

2 Bei Schuldnern mit Sitz in der Bundesrepublik Deutschland hat die Bekanntmachung im Bundesanzeiger zu erfolgen. Nach Abs. 1 S. 2 letzter Hs entfällt diese Verpflichtung jedoch, wenn die nach § 30e Abs. 1 WpHG vorgeschriebenen Veröffentlichungspflichten erfüllt werden.[1]
Bei Schuldnern mit Sitz im Ausland hat die Veröffentlichung nur in geeigneter Weise zu erfolgen, dh die Veröffentlichung muss in einer oder mehreren Finanztageszeitungen oder anderen Publikationsorganen mit möglichst weiter Verbreitung erfolgen, wobei im Regelfall mindestens ein Medium in der Sprache der Anleihebedingungen erscheinen sollte.[2]
In der Bekanntmachung ist der Wortlaut der Beschlüsse der Gläubiger wiederzugeben. Zur Nachvollziehbarkeit ist es sachgerecht auch darzustellen, inwieweit der ursprüngliche Text der Anleihebedingungen geändert wurde. Die Anleihebedingungen können die Veröffentlichung in weiteren Medien vorsehen.

B. Veröffentlichung des Beschlusses

3 Neben der öffentlichen Bekanntmachung hat eine **Veröffentlichung** durch den Schuldner im Internet auf seiner Seite und auf seine Kosten vorzunehmen. Verfügt der Emittent nicht über eine eigene Internetseite hat die Veröffentlichung über eine in den Anleihebedingungen genannten Internetseite zu erfolgen. In dieser Veröffentlichung sind zwingend neben dem Wortlaut der Beschlüsse zusätzlich die ursprünglichen Anleihebedingungen mitzuteilen. Auch hier ist eine unverzügliche Veröffentlichungspflicht gegeben.[3] Nach dem Gesetzeswortlaut muss diese Veröffentlichung nur für die Dauer von einem Monat vom Tag nach der Gläubigerversammlung an eingestellt werden. Aus dem Gesichtspunkt einer umfassenden Anlegerinformation ist es jedoch sachgerecht, dem Investorenpublikum während der gesamten Laufzeit der Anleihe einen permanenten Zugriff auf die jederzeit aktuelle Fassung der Anleihebedingungen zu ermöglichen.[4]

C. Rechtsfolgen

4 Zwar stellt ein Versäumnis der nach § 17 vorgeschriebenen Publikationen oder eine fehlerhafte Publikation eine Gesetzesverletzung durch den Schuldner dar. Eine Anfechtung nach § 20 kann hierauf jedoch nicht gestützt werden. Eine Mangel der Publikation kann sich nicht auf den vorher gefassten Beschluss ursächlich auswirken. Eine zunächst wirksame Beschlussfassung kann nicht nachträglich anfechtbar werden. Eine Anfechtbarkeit wegen Publikationsmangels wäre rechtssystematisch nur möglich, wenn bis zur Publikation die Beschlussfassung schwebend unwirksam wäre. Wenn Umstände, die erst nach der Gläubigerversammlung eintreten, nach dem Willen des Gesetzgebers zur Anfechtbarkeit hätten führen sollen, hätte es einer ausdrücklichen gesetzlichen Regelung bedurft.[5] In Betracht kommen daher bei Verletzung der Publikationspflicht nur Schadensersatzansprüche der Anleihegläubiger.[6]

§ 18 Abstimmung ohne Versammlung

(1) Auf die Abstimmung ohne Versammlung sind die Vorschriften über die Einberufung und Durchführung der Gläubigerversammlung entsprechend anzuwenden, soweit in den folgenden Absätzen nichts anderes bestimmt ist.

---

1 Danach sind Inlandsemittenten im Hinblick auf Änderungen der Anleihebedingungen zur Veröffentlichung in Medien, die eine Verbreitung in der gesamten Europäischen Union und in den übrigen Vertragsstaaten des Abkommens über den Europäischen Wirtschaftsraum ermöglichen („Medienbündel"), sowie zur zeitgleichen Mitteilung dieser Veröffentlichung an BaFin verpflichtet. Zudem ist der Inhalt der Veröffentlichung unverzüglich nach der Veröffentlichung dem Unternehmensregister (§ 8b HGB) zur Speicherung zu übermitteln.

2 *Bliesener* in: Langenbucher/Bliesener/Spindler, Bankrechts-Kommentar, SchVG, § 17 Rn 4.
3 *Kirchner* in: Preuße, SchVG, § 17 Rn 5.
4 *Bliesener*, aaO, § 17 Rn 10.
5 Vgl hierzu LG Frankfurt, Urt. v. 15.11.2011 – 3-05 O 30/11, BeckRS 2011, 26747, zur mangelnden Anfechtbarkeit aktienrechtlicher Hauptversammlungsbeschlüsse wegen nachträglicher Mängel; bestätigt durch Urt. des OLG Frankfurt v. 6.11.2012 – 5 U 154/11, Tz 125.
6 *Bliesener*, aaO, § 17 Rn 11.

(2) ¹Die Abstimmung wird vom Abstimmungsleiter geleitet. ²Abstimmungsleiter ist ein vom Schuldner beauftragter Notar oder der gemeinsame Vertreter der Gläubiger, wenn er zu der Abstimmung aufgefordert hat, oder eine vom Gericht bestimmte Person. ³§ 9 Absatz 2 Satz 2 ist entsprechend anwendbar.

(3) ¹In der Aufforderung zur Stimmabgabe ist der Zeitraum anzugeben, innerhalb dessen die Stimmen abgegeben werden können. ²Er beträgt mindestens 72 Stunden. ³Während des Abstimmungszeitraums können die Gläubiger ihre Stimme gegenüber dem Abstimmungsleiter in Textform abgeben. ⁴In den Anleihebedingungen können auch andere Formen der Stimmabgabe vorgesehen werden. ⁵In der Aufforderung muss im Einzelnen angegeben werden, welche Voraussetzungen erfüllt sein müssen, damit die Stimmen gezählt werden.

(4) ¹Der Abstimmungsleiter stellt die Berechtigung zur Stimmabgabe anhand der eingereichten Nachweise fest und erstellt ein Verzeichnis der stimmberechtigten Gläubiger. ²Wird die Beschlussfähigkeit nicht festgestellt, kann der Abstimmungsleiter eine Gläubigerversammlung einberufen; die Versammlung gilt als zweite Versammlung im Sinne des § 15 Absatz 3 Satz 3. ³Über jeden in der Abstimmung gefassten Beschluss ist eine Niederschrift aufzunehmen; § 16 Absatz 3 Satz 2 und 3 gilt entsprechend. ⁴Jeder Gläubiger, der an der Abstimmung teilgenommen hat, kann binnen eines Jahres nach Ablauf des Abstimmungszeitraums von dem Schuldner eine Abschrift der Niederschrift nebst Anlagen verlangen.

(5) ¹Jeder Gläubiger, der an der Abstimmung teilgenommen hat, kann gegen das Ergebnis schriftlich Widerspruch erheben binnen zwei Wochen nach Bekanntmachung der Beschlüsse. ²Über den Widerspruch entscheidet der Abstimmungsleiter. ³Hilft er dem Widerspruch ab, hat er das Ergebnis unverzüglich bekannt zu machen; § 17 gilt entsprechend. ⁴Hilft der Abstimmungsleiter dem Widerspruch nicht ab, hat er dies dem widersprechenden Gläubiger unverzüglich schriftlich mitzuteilen.

(6) Der Schuldner hat die Kosten einer Abstimmung ohne Versammlung zu tragen und, wenn das Gericht einem Antrag nach § 9 Absatz 2 stattgegeben hat, auch die Kosten des Verfahrens.

A. Beschlussfassung ohne Gläubigerversammlung

Neben der Präsensversammlung bietet § 18 auch die Möglichkeit, dass die Anleihegläubiger über Beschlussvorschläge zur Änderung der Anleihebedingungen ohne Gläubigerversammlung abstimmen können. Diese Abstimmung ist der Beschlussfassung im Rahmen einer Gläubigerversammlung in Anwendungsbereich und Wirksamkeit gleichwertig.
Sehen die Anleihebedingungen Gläubigerbeschlüsse nach §§ 5 ff vor, kann nach § 5 Abs. 6 festgelegt werden, dass diese Beschlüsse nur im Rahmen einer Gläubigerversammlung oder im Verfahren ohne Versammlung gefasst werden, wobei die Anleihebedingungen aber auch vorsehen können, dass beide Formen der Abstimmung zulässig sind.¹
Nach Abs. 1 sind auf die **Abstimmung ohne Versammlung** die Regeln über die Einberufung und Durchführung der Gläubigerversammlung entsprechend anzuwenden, soweit nicht in Abs. 2 bis 6 etwas anderes bestimmt wird.

B. Aufforderung zur Stimmabgabe

Die Aufforderung zur Stimmabgabe ersetzt die Einberufung der Versammlung,² womit entsprechend § 9 Abs. 1–3 der Schuldner, der gemeinsame Vertreter oder nach Ermächtigung durch das Gericht eine qualifizierte Gläubigerminderheit für die Aufforderung³ ggf zuständig ist. Die allgemeinen Regeln zum Inhalt und zur Bekanntmachung der Einberufung sind auf die Aufforderung zur Stimmabgabe entsprechend anzuwenden. In der Aufforderung zur Stimmabgabe müssen gem. § 18 Abs. 3 S. 5 die Voraussetzungen angegeben werden, unter denen die abgegebenen Stimmen gezählt werden. Dies betrifft neben Fragen zur Anmeldung und Legitimation insbesondere den Abstimmungszeitraum und die Form der Stimmabgabe. Die vierzehntägige Frist für die Aufforderung der Stimmabgabe (§ 10 Abs. 1) beginnt mit dem Tag, in dem der Beginn des mindestens 72 Stunden dauernden Abstimmungszeitraums fällt, welcher insoweit den Termin der Versammlung ersetzt.⁴ Anmeldungs- und Nachweiserfordernisse des § 10 sind entsprechend anzuwenden.
Der in der Aufforderung anzugebende Abstimmungszeitraum muss mindestens 72 Stunden betragen, wobei die Stimmabgabe innerhalb des Abstimmungszeitraums beim Abstimmungsleiter zugehen muss. Hier ist die

---

1 *Bliesener* in: Langenbucher/Bliesener/Spindler, Bankrechts-Kommentar, SchVG, § 18 Rn 1 mwN.
2 BegrRegE SchVG, BT-Drucks. 16/12814, S. 24.
3 Zu einer zweiten Gläubigerversammlung vgl die Kommentierung zu § 9 Fn. 12, § 15 Fn. 11
4 *Kirchner* in: Preuße, SchVG, § 18 Rn 16.

Berücksichtigung eines angemessenen Zeitraumes geboten, der bei entsprechender Streuung der Investoren die Übermittlungsdauer von Orten außerhalb in- oder ausländischer Finanzzentren berücksichtigt.[5] Anstelle des Versammlungsortes ist die postalische oder elektronische Adresse oder der sonstige Ort anzugeben, an der Versammlungsleiter den Zugang der Stimmabgaben erwartet. Die Stimmabgabe hat in Textform (§ 18 Abs. 3 S. 3 iVm § 126 b BGB) zu erfolgen. Diese kann somit auf dem Postweg oder durch elektronische Kommunikationsmittel (zB E-Mail oder gegebenenfalls über die Clearingsysteme) übermittelt werden. Die Anleihebedingungen können weitere Formen der Stimmabgabe zulassen.

C. Abstimmungsleiter

3 Für die Tagesordnung und Vertretungsregeln sind die Bestimmungen der §§ 13 und 14 entsprechend anzuwenden. Gegenanträge müssen tatsächlich gestellt; eine bloße Ankündigung verpflichtet nicht, diese auch bei der Abstimmung ohne Versammlung nach § 13 Abs. 4 zugänglich zu machen.[6]
Bei der Abstimmung ohne Versammlung tritt der **Abstimmungsleiter** an die Stelle des Vorsitzenden der Versammlung. Anders als bei einer Präsenzversammlung, in der der Einberufende den Vorsitz zu führen hat, fungiert bei der Abstimmung ohne Versammlung ein vom Schuldner oder zur Einberufung Ermächtigten beauftragter Notar oder der gemeinsame Vertreter der Gläubiger (Abs. 2 S. 2) oder im Falle des § 9 Abs. 2 eine vom Gericht bestimmte Person als Abstimmungsleiter. Die Auffassung, dass hier auch ein einem deutschen nach Ausbildung und Stellung vergleichbarer ausländischer Notar mit der Abstimmungsleitung beauftragt werden kann,[7] ist abzulehnen. Es besteht kein Bedürfnis für eine nach deutschem Recht vorzunehmende Abstimmung über Anleihebedingungen einer nach deutschem Recht begebenen Schuldverschreibung einen ausländischen Notar zu beauftragen, zumal die Gesetzesbegründung nur von einem Notar spricht[8] und erkennbar dem Gesetzgeber aus den genannten Gründen ein deutscher Notar vorgeschwebt haben dürfte und auch nicht wie in § 16 Abs. 3 S. 2 eine Gleichstellung angeordnet wurde.

4 Der Abstimmungsleiter hat zunächst auf der Grundlage der eingereichten Nachweise die Berechtigung zur Stimmabgabe festzustellen und ein Verzeichnis der stimmberechtigten Gläubiger entsprechend § 15 Abs. 2 S. 2 und 3 zu erstellen. Anschließend muss der Abstimmungsleiter an Hand der ihm während des Abstimmungszeitraums zugegangenen Stimmerklärungen festzustellen, ob die Beschlussfähigkeit erreicht wurde. Für diese Feststellungen sind sämtliche Erklärungen mitzuzählen, unabhängig davon, ob es sich um Ja oder Nein-Stimmen, Enthaltungen oder ungültige Stimmerklärungen handelt.[9] Wurde die Beschlussfähigkeit nicht erreicht, hat der Abstimmungsleiter nach § 18 Abs. 4 S. 2 Hs 2 das Recht, eine Gläubigerversammlung einzuberufen, die dann als zweite Versammlung im Sinne des § 15 Abs. 3 S. 3 gilt, selbst wenn in den Anleihebedingungen die Abstimmung in Gläubigerversammlungen ausgeschlossen wurde. Wurde ein Notar vom Schuldner mit der Abstimmungsleitung beauftragt, geht insoweit die Einberufungsbefugnis auf den Schuldner über.[10]
Die Stimmabgabe muss dem Abstimmungsleiter innerhalb des festgelegten Abstimmungszeitraumes zugehen. Außerhalb dieses Zeitraums eingehende Stimmen sind nicht zu berücksichtigen.[11] Der Gläubiger trägt das Risiko des rechtzeitigen Zugangs. Mit der Stimmabgabe muss dem Abstimmungsleiter der Nachweis der Stimmberechtigung zugehen (vgl § 10 Rn 3).
Wurde die Beschlussfähigkeit erreicht, sind die Stimmen auszuzählen und es ist durch einen Notar gem. § 16 Abs. 3 S. 2 iVm § 18 Abs. 1, der mit dem Abstimmungsleiter identisch sein kann,[12] zu jedem gefassten Beschluss eine Niederschrift aufnehmen. Da es sich nur um die Dokumentation des Auszählergebnisses handelt, besteht keine Veranlassung, wie in der Präsensversammlung die strenge Trennung zwischen Versammlungsleitung und Niederschriftanfertigung vorzunehmen.
Der Schuldner hat die Kosten der Abstimmung ohne Versammlung und die Kosten eines ggf Verfahrens nach § 9 Abs. 2 zu tragen.

---

5 BegrRegE SchVG, BT-Drucks. 16/12814, S. 24.
6 *Hofmeister* in: Veranneman, SchVG, § 18 Rn 13.
7 *Hofmeister*, aaO, § 18 Rn 8; *Bliesener* in: Langenbucher/Bliesener/Spindler, Bankrechts-Kommentar, SchVG, § 18 Rn 10; offen *Wöckener* in: Frankfurter Kommentar, SchVG, § 18 Rn 12; wie hier *Horn*, ZHR 173 (2009), 60.
8 BegrRegE SchVG, BT-Drucks. 16/12814, S. 24.
9 *Bliesener*, aaO, § 18 Rn 12.
10 *Hofmeister*, aaO, § 18 Rn 30; *Kirchner* in: Preuße, SchVG, § 18 Rn 27; aA *Bliesener*, aaO, § 18 Rn 12.
11 *Kirchner*, aaO, § 18 Rn 21.
12 *Bliesener* in: Langenbucher/Bliesener/Spindler, Bankrechts-Kommentar, SchVG, § 18 Rn 16; aA *Kirchner*, aaO, § 18 Rn 32.

D. Fehlendes Auskunftsrecht

Das Auskunftsrecht des Anleihegläubigers nach § 16 Abs. 1 gilt nur im Rahmen einer Gläubigerversammlung nicht jedoch für das Verfahren einer Abstimmung ohne Versammlung.[13] Es ergibt sich aus dem Gesichtspunkt des Schutzes der Gleichbehandlung aller Anleihegläubiger, dass alle im Hinblick auf Auskünfte zu Beschlussgegenständen die gleichen Auskünfte erhalten müssen, was nur bei einer Präsensversammlung mit mündlicher Fragstellung und Auskunftserteilung gewährleistet ist (vgl § 16 Rn 1 ff). Bei der Abstimmung ohne Versammlung kann hingegen während eines laufenden Abstimmungszeitraums weder die rechtzeitige Beantwortung noch die Übermittlung der Antworten und Auskünfte an alle Gläubiger vor ihrer Stimmabgabe gewährleistet werden. Die Gläubiger haben hier nur die Möglichkeit eine Beschlussunfähigkeit zu erreichen, damit in der dann gem. § 18 Abs. 4 S, 2 einzuberufenden (zweiten) Gläubigerversammlung die notwendigen Auskünfte erfragt werden können.

E. Widerspruch

Die nach § 18 ohne Präsensversammlung gefassten Beschlüsse sind nach § 17 zu publizieren. Nach § 18 Abs. 5 S. 1 kann ein Gläubiger, der an der Abstimmung teilgenommen hat, binnen zwei Wochen nach Bekanntgabe des Beschlusses **Widerspruch** erheben.
Dabei räumt das Gesetz dem Abstimmungsleiter eine Abhilfebefugnis ein. Allerdings ist aus der gerichtlichen Zuständigkeit für Anfechtungsklagen herzuleiten, dass diese Abhilfebefugnis sich nur auf formale Beanstandungen zum Zustandekommen des Beschlussergebnisses erstreckt nicht jedoch auf inhaltliche Mängel des Beschlussergebnisses.[14]
Mehrere inhaltlich gleiche Widersprüche gegen die Beschlussfassung sind – wie im gerichtlichen Verfahren nach § 20 Abs. 3 iVm § 246 Abs. 3 S. 6 AktG – zusammen zu behandeln und zu entscheiden. Der Abstimmungsleiter hat bei gerechtfertigtem Widerspruch diesem abzuhelfen und seine Entscheidung gem. § 18 Abs. 5 S. 3 iVm § 17 in der gleichen Weise wie einen Beschluss bekannt zu machen. Wird eine Abhilfe abgelehnt, hat der Abstimmungsleiter den oder die widersprechenden Gläubiger darüber unverzüglich zu unterrichten, wobei er diese Ablehnung nicht zu begründen braucht.[15]
Eine Frist wird dem Abstimmungsleiter für Bescheidung des Widerspruchs nicht gesetzt.
Da nach § 20 Abs. 2 Nr. 1 die Klageberechtigung von der Widerspruchseinlegung abhängig ist, ein Rechtsschutzinteresse hier aber nur bei Nichtabhilfe des Widerspruchs vorliegen kann, muss man – um den widersprechenden Gläubiger nicht rechtlos zu stellen – eine konkludente Zurückweisung des Widerspruchs annehmen, wenn dieser nicht bis zum Ablauf der Klagefrist des § 20 Abs. 3 S. 1 beschieden wurde.
Legt ein weiterer Gläubiger Widerspruch gegen die abhelfende Entscheidung des Abstimmungsleiters nach deren Bekanntmachung ein, so gilt wegen der Gleichstellung mit einem Beschluss hierfür erneut § 18 Abs. 5.[16] Allerdings bedarf es für die Klagebefugnis nach § 20 für die Gläubiger, die es bei der ursprünglichen (mit dem Widerspruch angegriffenen) Feststellung belassen möchten, keines erneuten Widerspruchs, wenn ansonsten die Frist des § 20 Abs. 3 nicht eingehalten werden könnte.
Die Kosten des Widerspruchverfahrens trägt der Schuldner, wenn der Widerspruch Erfolg hatte. Es erscheint jedoch unbillig und stellt eine Überspannung der Kostenregelung des § 18 Abs. 6 iVm § 9 Abs. 4. dar, dem Schuldner unabhängig vom Ausgang die Kosten aufzuerlegen[17] und dem Widersprechenden auch dann einen Kostenerstattungsanspruch für seine Kosten gegen den Schuldner zuzubilligen, zumal damit nur dem Einlegen von Widersprüchen, unabhängig von deren erkennbarer Erfolglosigkeit, Vorschub geleistet würde.

§ 19 Insolvenzverfahren

(1) ¹Ist über das Vermögen des Schuldners im Inland das Insolvenzverfahren eröffnet worden, so unterliegen die Beschlüsse der Gläubiger den Bestimmungen der Insolvenzordnung, soweit in den folgenden Absätzen nichts anderes bestimmt ist. ²§ 340 der Insolvenzordnung bleibt unberührt.

(2) ¹Die Gläubiger können durch Mehrheitsbeschluss zur Wahrnehmung ihrer Rechte im Insolvenzverfahren einen gemeinsamen Vertreter für alle Gläubiger bestellen. ²Das Insolvenzgericht hat zu diesem Zweck

---

13 *Bliesener*, aaO § 18 Rn 22; *Hofmeister* in: Veranneman, SchVG, § 18 Rn 15.
14 *Kirchner* in: Preuße, SchVG, § 18 Rn 37.
15 BegrRegE SchVG, BT-Drucks. 16/12814, S. 25.
16 *Hofmeister* in: Veranneman, SchVG, § 18 Rn 43; *Wöckener* in: Frankfurter Kommentar, SchVG, § 18 Rn 40; aA *Maier-Reimer*, NJW 2010, 1317, 1320.
17 So aber *Bliesener*, aaO, § 18 Rn 21; *Hofmeister*, aaO, § 18 Rn 44.

eine Gläubigerversammlung nach den Vorschriften dieses Gesetzes einzuberufen, wenn ein gemeinsamer Vertreter für alle Gläubiger noch nicht bestellt worden ist.

(3) Ein gemeinsamer Vertreter für alle Gläubiger ist allein berechtigt und verpflichtet, die Rechte der Gläubiger im Insolvenzverfahren geltend zu machen; dabei braucht er die Schuldurkunde nicht vorzulegen.

(4) In einem Insolvenzplan sind den Gläubigern gleiche Rechte anzubieten.

(5) Das Insolvenzgericht hat zu veranlassen, dass die Bekanntmachungen nach den Bestimmungen dieses Gesetzes zusätzlich im Internet unter der durch § 9 der Insolvenzordnung vorgeschriebenen Adresse veröffentlicht werden.

A. Insolvenz

1 Die Regelungen des § 19, die das allgemeine Insolvenzrecht ergänzen,[1] kommen nach dem Scheitern von Restrukturierungsversuchen des Schuldners und der Anleihegläubiger zur Anwendung, sobald ein Insolvenzverfahren in Deutschland eröffnet wird. Ab Eröffnung des Insolvenzverfahrens ist die InsO die speziellere gesetzliche Regelung zum SchVG, es sei denn Abs. 2 bis 5 treffen hiervon abweichende oder ergänzende Regelungen.

Dabei ist nach der Kollisionsregel des Art. 4 V 1346/2000 EU (EuInsVO) oder des autonomen internationalen Insolvenzrechts, das Recht des Staates für das Insolvenzverfahren anzuwenden, in dem das Verfahren eröffnet wird (*lex fori concursus*). Dabei ergibt sich die internationale Zuständigkeit deutscher Gerichte aus Art. 3 V 1346/2000 EU, wenn der sog. COMI (*Centre of main interest*) des Insolvenzschuldners in Deutschland belegen ist. Wird im Ausland ein Insolvenzverfahren oder vergleichbares Verfahren über das Vermögen des Schuldners eröffnet, was regelmäßig bei Emissionen ausländischer Schuldner – auch wenn diese für ihre Schuldverschreibung in den Anleihebedingungen deutsches Recht gewählt haben – der Fall sein dürfte, findet ausländisches Insolvenzrecht Anwendung,[2] das auch bestimmt, wie Anleihegläubiger ihre Rechte im Rahmen des Verfahrens geltend machen können.[3]

Die Anwendung des § 19 setzt die Eröffnung des Insolvenzverfahrens voraus. Ein vorläufiges Insolvenzverfahren genügt nicht. Hingegen eröffnet das Eigenverwaltungsverfahren nach §§ 270 ff. InsO die Anwendung, sobald hier gem. § 270 c InsO der Sachwalter bestellt ist, da dieses Verfahren als Modifikation des Regelinsolvenzverfahrens anzusehen ist.[4] Das Schutzschirmverfahren nach § 270 b InsO, wie auch das vorläufige Insolvenzverfahren nach § 270 a InsO hingegen genügen nicht, da diesen Verfahren nur vorläufiger Charakter zukommt.[5]

B. Bestellung eines gemeinsamen Vertreters

2 Grundsätzlich müssen die Anleihegläubiger im Rahmen eines Insolvenzverfahrens ihre Rechte individuell nach den zwingenden Regeln der Insolvenzordnung verfolgen. Inhaber unbesicherter Schuldverschreibungen sind somit einfache Insolvenzgläubiger im Sinne des § 38 InsO. Besicherte Anleihen begründen normalerweise Absonderungsrechte des Treuhänders von Sicherheiten für die Anleihegläubiger in der Insolvenz des Schuldners (§§ 49 ff. InsO), der dann Verwertungserlöse an die Anleihegläubiger auskehrt.[6] Jedoch erlaubt § 19 die Teilnahme von Gläubigerkollektiven einzelner Anleiheserien und die Konzentration der Vertretung und Abstimmung gegenüber dem Insolvenzverwalter durch die Bestellung eines gemeinsamen Vertreters, falls bei Insolvenz des Schuldners ein in den Anleihebedingungen vorgesehener gemeinsamer Vertreter nicht schon durch eine Gläubigerversammlung bestellt ist oder seine Bestellung von nicht bereits in den Anleihebedingungen erfolgt ist. Ein gemeinsamer Vertreter, der bereits in den Anleihebedingungen bestellt oder in von den Gläubigern vor Eröffnung des Insolvenzverfahrens gewählt wurde, behält seine Position.

3 Die Bestellung eines gemeinsamen Vertreters der Anleihegläubiger im Insolvenzverfahren nach Abs. 2 ist nicht zwingend, jedoch selbst dann möglich, wenn die Anleihebedingungen die Bestellung nicht vorsehen,[7] bzw ein früherer Gläubigerbeschluss vorliegt, nach dem kein gemeinsamer Vertreter bestellt werden soll.[8]

---

1 BegrRegE SchVG, BT-Drucks. 16/12814, S. 25.
2 Dies wird, entgegen der Kritik, zB von *Lürken*, GWR 2011, 546, auch nicht verkannt in den Entscheidungen des LG Frankfurt/M. v. 15.11.2011 – 3-5 O 45/11, BeckRS 2011, 25210, und v. 27.10.2011 – 3-05 O 60/11, NZG 2012, 23. Jedoch wurden dort in den Anleihebedingungen nicht nur für die Rangrücktrittsklausel bei einem Insolvenzverfahren auf niederländisches Recht abgestellt, sondern auch auf für das Schuldversprechen.

3 Zur teilweise parallelen kollisionsrechtlichen Regelung des § 340 InsO vgl *Scherber* in: Preuße, SchVG, § 19 Rn 14 ff.
4 *Riggert* in: Nerlich/Römermann, Insolvenzordnung, 24. Erg.-Lieferung, vor § 270 Rn 1.
5 *Desch*, BB 2011, 841.
6 *Bliesener* in: Langenbucher/Bliesener/Spindler, Bankrechts-Kommentar, SchVG, § 19 Rn 2 mwN.
7 BegrRegE SchVG, BT-Drucks. 16/12814, S. 25.
8 *Fürmaier* in: Veranneman, SchVG § 19 Rn 9.

Ist noch kein gemeinsamer Vertreter bestellt, muss eine Abstimmung im Rahmen einer Gläubigerversammlung herbeigeführt werden, in der über die Bestellung entschieden wird,[9] wobei auch hier die Offenlegungspflichten des § 7 Abs. 1 gelten.[10]

C. Einberufung einer Gläubigerversammlung

Für die Einberufung dieser Versammlung ist in Abweichung von § 9 ausschließlich das Insolvenzgericht zuständig; für die Einberufung gelten aber die Regeln des SchVG, da dies § 19 Abs. 2 S. 2 ausdrücklich anordnet und somit insoweit als speziellere Vorschrift den generellen Vorrang der insolvenzrechtlichen Vorschriften aufhebt.[11] Steht mit überwiegender Wahrscheinlichkeit fest, dass selbst eine partielle Befriedigung der Anleihegläubiger ausbleiben wird, kann im Wege der teleologischen Reduktion des Abs. 2 S. 2 ausnahmsweise von der Abhaltung einer Gläubigerversammlung zur Wahl eines gemeinsamen Vertreters abgesehen werden.[12] Der Zweck dieser Wahl, nämlich eine effiziente, gebündelte Vertretung der Anleihegläubiger mit dem Ziel der möglichst weitgehenden Befriedigung, liefe dann leer und es würden nur überflüssige die Masse schmälernde Kosten in entsprechender Anwendung des § 54 InsO[13] verursacht. Die Durchführung sowie die Beschlussfassung der ansonsten einzuberufende Gläubigerversammlung bestimmt sich nach § 19 Abs. 1 S. 1 SchVG iVm 76 InsO.[14] Die Beschlussfähigkeit der Gläubigerversammlung ist somit abweichend von § 15 Abs. 3 SchVG schon dann gegeben, wenn nur ein stimmberechtigter Anleihegläubiger erscheint.[15]
Für die Beschlussfassung genügt nach § 19 Abs. 1 S. 1 SchVG iVm § 76 Abs. 2 InsO die einfache Mehrheit. Die schriftliche Fixierung des Beschlusses der Versammlung der Anleihegläubiger erfolgt durch die notarielle Protokollierung nach § 19 Abs. 2 S. 2 iVm § 16 Abs. 3, die eine etwa vorgeschriebene Form der notariellen oder gerichtlichen Beurkundung ersetzt.
Diese Versammlung kann nur den Beschluss über die Bestellung eines gemeinsamen Vertreters zur Wahrung ihrer Rechte im Insolvenzverfahren fassen; andere Beschlussinhalte sind nicht möglich.
Nach § 19 Abs. 5 hat das Insolvenzgericht von Amts wegen die nach SchVG vorgeschriebenen Bekanntmachungen auf der durch § 9 InsO vorgeschriebenen Internetadresse zu veröffentlichen.

D. Abberufung des gemeinsamen Vertreters

In entsprechender Anwendung des § 78 InsO[16] können Anleihegläubiger nach § 19 Abs. 1 S. 1 SchVG iVm § 78 InsO beim Insolvenzgericht als Rechtmäßigkeitskotrolle der Beschlussfassung die Aufhebung des Beschluss über die Bestellung eines gemeinsamen Vertreters beantragen. § 20 ist nicht anwendbar.[17]
Die Beschlusskompetenz des § 19 Abs. 2 erfasst jedoch auch die Abberufung oder die Neubestellung eines anderen gemeinsamen Vertreters. Dies gilt auch, wenn die Versammlung der Anleihegläubiger zunächst beschließt, keinen gemeinsamen Vertreter zu bestellen, aber zu einem späteren Zeitpunkt einen anderen Beschluss fasst.[18]
Gläubigerbeschlüsse, die die Rechtsstellung der Beteiligten durch Änderung der Anleihebedingungen eingreifen, sind nicht (mehr)zulässig. Sanierungsbeiträge der Anleihegläubiger sind nach Eröffnung eines Insolvenzverfahrens vielmehr den gemäß InsO zuständigen Gremien unter Beteiligung aller Insolvenzgläubiger, insbesondere im Rahmen eines Insolvenzplans, vorbehalten.[19]

E. Rechte des gemeinsamen Vertreters

Nach Abs. 3 Hs 1 ist der gemeinsame Vertreter für alle Gläubiger allein berechtigt und verpflichtet, die Rechte der Gläubiger im Insolvenzverfahren geltend zu machen. Die Gläubiger sind nach der Bestellung eines gemeinsamen Vertreters nicht mehr individuell zur Geltendmachung ihrer Rechte befugt. Es fällt die Anmeldung der Forderungen der Gläubiger (§ 171 Abs. 1 S. 1 InsO) ebenso in die Zuständigkeit des gemeinsamen Vertreters wie die Teilnahme an Abstimmungen über Gegenstände, die in die Zuständigkeit der

---

9 Auch die Einberufung einer weiteren Gläubigerversammlung ist auf Verlangen der Gläubiger statthaft zur Bestellung eines gemeinsamen Vertreters, wenn zuvor in einer nach § 19 vom Insolvenzgericht einberufenen Versammlung kein gemeinsamer Vertreter bestellt wurde, vgl OLG Zweibrücken BeckRS 2013, 155224, mit zust. Anm. *Lürken*, GWR 2013, 499.
10 *Bliesener*, aaO, § 19 Rn 9 mwN.
11 AA *Scherber* in: Preuße, SchVG, § 19 Rn 25.
12 *Bliesener*, aaO, § 19 Rn 12; kritisch hierzu *Friedl* in: Frankfurter Kommentar, SchVG, § 19 Rn 24.
13 *Scherber* in: Preuße, SchVG, § 19 Rn 27.
14 *Bliesener*, aaO, § 19 Rn 13 mwN.
15 *Delhaes* in: Nerlich/Römermann, Insolvenzordnung, 24. Erg.-Lieferung 2012, § 76 Rn 2 mwN.
16 *Scherber*, aaO, § 19 Rn 31.
17 AA *Fürmaier* in: Verannkauf, SchVG § 19 Rn 17; *Kuder/Obermüller*, ZinsO 2009, 2025.
18 *Bliesener* in: Langenbucher/Bliesener/Spindler, Bankrechts-Kommentar, SchVG, § 19 Rn 27 mwN.
19 *Bliesener*, aaO, § 19 Rn 30.

Insolvenzgläubigerversammlung fallen. Abweichend von § 7 Abs. 2 S. 3 können die Anleihegläubiger die Befugnis zur Geltendmachung ihrer Rechte nicht behalten oder wieder an sich ziehen.[20] Bei der Geltendmachung der Rechte der Anleihegläubiger braucht der gemeinsame Vertreter nach § 19 Abs. 3 Hs 2 in Abweichung zu § 174 Abs. 1 S. 2 InsO die Schuldurkunde nicht vorzulegen.

Soweit Gläubiger bereits ihre Forderung vor der Bestellung eines gemeinsamen Vertreters zur Insolvenztabelle angemeldet haben, tritt der gemeinsame Vertreter an deren Stelle. Einzelforderungsanmeldungen von Gläubigern nach der Bestellung des gemeinsamen Vertreters hat der Insolvenzverwalter zurückzuweisen.

Das Stimmrecht des gemeinsamen Vertreters in der Insolvenzgläubigerversammlung richtet sich wegen der einheitlichen Abstimmung nach dem Gesamtbetrag der von ihm vertretenen Anleiheserie nicht nur nach dem Nennbetrag der Teilschuldverschreibungen, der bei seiner Bestellung abstimmenden oder zustimmenden Anleihegläubiger.[21] Bei der Abstimmung über einen Insolvenzplan nach § 244 Abs. 1 InsO zählt die Zahl der Anleihegläubiger (Abstimmung nach Köpfen), die die Anleiheserie insgesamt halten.[22]

7 Weder die InsO noch § 19 regeln das rechtsgeschäftliche Verhältnis zwischen dem gemeinsamen Vertreter und den Anleihegläubigern, so dass weiterhin § 7 anwendbar ist.[23] Die Anleihegläubiger behalten die Möglichkeit, dem gemeinsamen Vertreter jederzeit, insbesondere betreffend seines Abstimmungsverhaltens in der Insolvenzgläubigerversammlung, **Weisungen** zu erteilen. Hierzu müssen jedoch weitere Gläubigerversammlungen stattfinden, da nur die Weisungen an den gemeinsamen Vertreter festgelegt werden können. Für diese Versammlungen richten sich die Einberufung, Beschlussfähigkeit und Mehrheitserfordernisse nach den üblichen Regeln des SchVG.[24]

F. Fehlen eines gemeinsamen Vertreters

8 Kommt es nicht zu einer Bestellung eines gemeinsamen Vertreters in der Versammlung der Anleihegläubiger nach Abs. 2 S. 2, müssen die Anleihegläubiger ihre Rechte im Insolvenzverfahren selbstständig wahrnehmen.

In diesem Fall muss jeder Anleihegläubiger seine Forderung selbst nach § 174 InsO anmelden und hierbei im Gegensatz zum gemeinsamen Vertreter eine Kopie der Urkunde, aus der sich die Forderung ergibt, der Forderungsanmeldung beifügen, was ggf bei Verwahrung in einer Sammelurkunde (§ 9a Abs. 1 S. 1 DepotG) zu Schwierigkeiten führen kann.

§ 20 Anfechtung von Beschlüssen

(1) ¹Ein Beschluss der Gläubiger kann wegen Verletzung des Gesetzes oder der Anleihebedingungen durch Klage angefochten werden. ²Wegen unrichtiger, unvollständiger oder verweigerter Erteilung von Informationen kann ein Beschluss der Gläubiger nur angefochten werden, wenn ein objektiv urteilender Gläubiger die Erteilung der Information als wesentliche Voraussetzung für sein Abstimmungsverhalten angesehen hätte. ³Die Anfechtung kann nicht auf die durch eine technische Störung verursachte Verletzung von Rechten, die nach § 18 auf elektronischem Wege wahrgenommen worden sind, gestützt werden, es sei denn, dem Schuldner ist grobe Fahrlässigkeit oder Vorsatz vorzuwerfen.

(2) Zur Anfechtung ist befugt

1. jeder Gläubiger, der an der Abstimmung teilgenommen und gegen den Beschluss fristgerecht Widerspruch erklärt hat, sofern er die Schuldverschreibung vor der Bekanntmachung der Einberufung der Gläubigerversammlung oder vor der Aufforderung zur Stimmabgabe in einer Abstimmung ohne Versammlung erworben hatte;
2. jeder Gläubiger, der an der Abstimmung nicht teilgenommen hat, wenn er zur Abstimmung zu Unrecht nicht zugelassen worden ist oder wenn die Versammlung nicht ordnungsgemäß einberufen oder zur Stimmabgabe nicht ordnungsgemäß aufgefordert worden ist oder wenn ein Gegenstand der Beschlussfassung nicht ordnungsgemäß bekannt gemacht worden ist.

(3) ¹Die Klage ist binnen eines Monats nach der Bekanntmachung des Beschlusses zu erheben. ²Sie ist gegen den Schuldner zu richten. ³Zuständig für die Klage ist bei einem Schuldner mit Sitz im Inland ausschließlich das Landgericht, in dessen Bezirk der Schuldner seinen Sitz hat, oder mangels eines Sitzes im Inland das Landgericht Frankfurt am Main; § 246 Absatz 3 Satz 2 bis 6 des Aktiengesetzes gilt entspre-

---

20 BegrRegE SchVG, BT-Drucks. 16/12814, S. 25.
21 *Bliesener*, aaO, § 19 Rn 22 mwN.
22 *Scherber* in: Preuße, SchVG, § 19 Rn 33; *Kuden/Obermüller*, ZInsO 2009, 2025, 2027.
23 *Bliesener*, aaO, § 19 Rn 24.
24 *Fürmaier* in: Veranneman, SchVG § 19 Rn 12.

chend. ⁴Vor einer rechtskräftigen Entscheidung des Gerichts darf der angefochtene Beschluss nicht vollzogen werden, es sei denn, ein Senat des dem nach Satz 3 zuständigen Gericht im zuständigen Rechtszug übergeordneten Oberlandesgerichts stellt auf Antrag des Schuldners nach Maßgabe des § 246a des Aktiengesetzes fest, dass die Erhebung der Klage dem Vollzug des angefochtenen Beschlusses nicht entgegensteht; § 246a Absatz 1 Satz 1 und 2, Absatz 2 und 3 Satz 1 bis 4 und 6, Absatz 4 des Aktiengesetzes gilt entsprechend.

A. Beschlussanfechtung

§ 20 regelt das Klageverfahren gegen Gläubigerbeschlüsse in enger Anlehnung an die aktienrechtliche **Anfechtungsklage** gegen Beschlüsse der Hauptversammlung. Die vom AktG bekannte Differenzierung zwischen Nichtigkeit nach §§ 241, 242 AktG, die im Wege der Nichtigkeitsklage nach § 249 AktG geltend gemacht werden kann, und der Anfechtbarkeit von Beschlüssen nach §§ 243 bis 245 AktG die über die Anfechtungsklage nach § 246 AktG geltend zu machen ist, hat der Gesetzgeber nicht übernommen, vielmehr stellt § 20 Abs. 1 S. 1 nur darauf ab, dass ein Beschluss wegen Verletzung des Gesetzes oder der Anleihebedingungen durch Klage angefochten werden kann.

B. Anfechtungsklage und Nichtigkeitsklage

Die überwiegende Auffassung nimmt jedoch gleichwohl an, dass neben der Anfechtungsklage nach § 20 auch eine allgemeine Feststellungsklage auf Nichtigkeit eines Gläubigerversammlungsbeschlusses möglich ist.[1] Diese Auffassung ist jedoch abzulehnen.[2] Eine Zulassung der Nichtigkeitsklage neben der Klage nach § 20 würde voraussetzen, dass das schuldverschreibungsrechtliche Beschlussmängelverfahrensrecht ungewollt lückenhaft konzipiert ist. Vor dem Hintergrund, dass der Gesetzgeber die Konzeption des § 20 deutlich an das aktienrechtliche Beschlussmängelverfahrensrecht angelehnt hat, erscheint die Annahme, er habe bei der Regelung des Beschlussmängelverfahrensrechts im SchVG das Instrument der Nichtigkeitsklage übersehen oder aber seine Umsetzung im SchVG ungewollt versäumt, nicht haltbar. Vielmehr muss angenommen werden, dass es sich um eine bewusste Entscheidung des Gesetzgebers gegen die separate Zulassung von Nichtigkeitsklagen nach dem Vorbild des Aktienrechts handelt. Anfechtungsgründe und Nichtigkeitsgründe sind ohne präzise gesetzliche Vorgaben[3] schwierig zu differenzieren, zumal nach der Rechtsprechung des BGH[4] im Beschlussmängelrecht Anfechtungs- und Nichtigkeitsklage den gleichen Streitgegenstand haben. Zudem erfasst die gesetzliche Formulierung – Verletzung des Gesetzes oder der Anleihebedingungen – auch alle denkbaren Nichtigkeitsgründe. Der Wortlaut des Gesetzes unterscheidet nicht danach, welcher Art oder welche Schwere eine behauptete Gesetzesverletzung hat. Jede behauptete Gesetzesverletzung kann daher nur durch eine Klage iSv § 20 geltend gemacht werden.[5]
Die Beschränkung der Klagefrist für alle Mängel auf einen Monat fördert zudem Verlässlichkeit und Rechtssicherheit, was gerade im Sanierungsfall geboten ist, wenn für den Schuldner, die Anleihegläubiger und sonstige Beteiligte nach Ablauf der Klagefrist des § 20 und Nichterhebung von Klagen in der Frist[6] feststeht, dass die Anleihebedingungen entsprechend der Beschlussfassung geändert wurden und das darauf beruhende Sanierungskonzept nunmehr ohne weitere Verzögerung umgesetzt werden kann.[7]

C. Wirkungen des Urteils

Keinen Bezug nimmt das Gesetz auf die aktienrechtlichen Vorschriften über die Gestaltungswirkung des § 241 Nr. 5 AktG und die Rechtskrafterstreckung nach § 248 Abs. 1 S. 1 AktG eines stattgebenden Urteils. Zudem wird im Unterschied zu § 246 Abs. 4 AktG nicht verlangt, dass die Erhebung der Klage unverzüglich öffentlich bekannt zu machen ist und anders als in § 248a AktG nicht vorgeschrieben, dass börsennotierte Gesellschaften auch die Verfahrensbeendigung öffentlich bekannt zu machen haben.

---

1 *Baums*, ZBB 2009, 1, 4; *Maier-Reimer*, NJW 2010, 1313,1319; *Horn*, ZHR 2009, 12, 62; *Vogel* in: Preuße, SchVG, § 20 Rn 16, ders. in: Der Rechtsschutz des Schuldverschreibungsgläubigers, ILF Working Paper Series No. 137, S. 7 ff.
2 So auch *Schneider* in: Langenbucher/Bliesener/Spindler, Bankrechts-Kommentar, SchVG, § 20 Rn 7; LG Frankfurt/M., Urt. v. 23.2.2012 – 3-05 O 66/12; Urt. v. 3.12.2013 – 2-22 O 14/13.
3 Vgl §§ 241, 250, 253, 256 AktG.
4 Urt. v. 22.7.2002 – II ZR 286/01, NJW 2002, 3465.
5 Eine ähnliche Gestaltung findet sich auch in § 14 UmwG. Auch dort gibt es keine Differenzierung zwischen schweren und weniger schweren Rechtsverletzungen, die zu unterschiedlichen Klagen berechtigen würden.
6 Dies verlangt allerdings die Anwendung des SchVG auf die erhobenen Klagen, vgl OLG Frankfurt, Beschl. v. 27.3.2012 – 5 AktG 3/11, NZG 2012, 593; LG Frankfurt/M., Beschl. v. 23.1.2012 – 3-05 O 142/11, BeckRS 2012, 03080.
7 Vgl hierzu auch *Paulus*, BB 2012, 1556; LG Frankfurt/M., Urt. v. 23.2.2012 – 3-05 O 66/12.

Müller

Trotz des starken Bezugs zum Anfechtungsrecht des Aktienrechts ist aus dem Schweigen des Gesetzgebers zu folgern, dass diese Regelungen des aktienrechtlichen Anfechtungsrechts hier nicht gelten sollen. Dies gilt auch für die Wirkung des stattgebenden Urteils. Mangels ausdrücklich gesetzlicher Anordnung einer Rechtskrafterstreckung auf Dritte wirkt das Urteil prozessual nur zwischen den Parteien.[8] Allerdings wird man im Hinblick auf die durch § 4 angeordnete kollektive Bindung vom Schuldner verlangen müssen, dass dieser ein von einem Gläubiger erstrittenes Urteil über die Beschlussfassung nicht nur zu dessen Gunsten, sondern zu Gunsten aller Anleihegläubiger anwendet.[9]

D. Anfechtungsgründe

4 Als **Anfechtungsgründe** werden die Verletzung des Gesetzes oder der Anleihebedingungen genannt. Da nicht der Begriff „dieses Gesetz" verwandt wird, ist als Gesetz nicht nur das SchVG, sondern grundsätzlich auch jede andere Rechtsnorm gemeint. Maßgebend ist der materielle Gesetzesbegriff des Art. 2 EGBGB, dh formelle Gesetze, Rechtsverordnungen, Satzungen öffentlich-rechtlicher Körperschaften, geschriebene und ungeschriebene Rechtsnormen.

5 Einen Anfechtungsgrund stellen Verfahrensfehler dar. Diese liegen vor, wenn Bestimmungen des Gesetzes oder der Anleihebedingungen beim Zustandekommen des Beschlusses, also bei der Einberufung und Durchführen der Versammlung oder der Abstimmung ohne Versammlung sowie der Abstimmung selbst und der Feststellung des Abstimmungsergebnisses verletzt werden, wobei es auf die Relevanz des Fehlers ankommt.[10] Auch die Verletzung der Auskunftspflicht des § 16 kann einen relevanten Verfahrensfehler darstellen,[11] wenn die nicht gegebene Auskunft zur sachgemäßen Beurteilung des Beschlussgegenstandes erforderlich gewesen wäre.

Nach § 20 Abs. 1 S. 3, der § 243 Abs. 3 Nr. 1 AktG nachgebildet ist, kann bei einer Abstimmung ohne Versammlung die Anfechtung nicht auf die durch eine technische Störung verursachte Verletzung von Rechten, die auf elektronischem Weg wahrgenommen worden sind, gestützt werden, es sei denn, dem Schuldner ist grobe Fahrlässigkeit oder Vorsatz vorzuwerfen.

6 Ein Inhaltsfehler, der zur Anfechtung führt, ist dann gegeben, wenn der Beschluss gegen die im Gesetz ausdrücklich bestimmten Verbote der Einschränkungen der Gläubigerrechte verstößt; zB das Verbot der Verpflichtung zur Leistung gem. § 5 Abs. 1 S. 3. Darüber hinaus unterliegt ein Beschluss der Missbrauchskontrolle des § 138 BGB. Zwar kann bei Verletzungen des Gleichbehandlungsgebotes nach § 5 Abs. 2 S. 2 auch hierauf die Anfechtung gestützt werden, doch hat ein entsprechendes Urteil dann nur klarstellende Bedeutung. Ein solcher Beschluss ist schon aufgrund der gesetzlichen Anordnung des § 5 Abs. 2 S. 2 SchVG 2009 unwirksam, ohne dass es auf eine Klageerhebung zur Kassation dieser Beschlussfassung noch ankommen kann.[12]

Die teilweise bejahte[13] Inhaltskontrolle ist abzulehnen.[14] Die Begründung, dass die Gläubigermehrheit, die mit dem Beschluss nicht über ihre eigenen Rechte, sondern auch über die der Minderheit verfüge, einer treuhänderischen Bindung unterliege und daher die beschlossene Maßnahme allen Gläubigern objektiv nützlich sein oder diesen Nutzen anstreben und überdies verhältnismäßig sein müsse, findet keine Grundlage im Recht der Schuldverschreibung. Diese, dem Aktienrecht entlehnten, Grundsätze finden ihre Rechtsgrundlage in der Mitgliedschaft und der gesellschaftsrechtlichen Treuepflicht der Aktionäre. Diese kooperationsrechtlich begründete Treuepflicht kann jedoch nicht auf eine Gläubigergemeinschaft, deren alleinige Gemeinsamkeit drin besteht, Anteile der konkreten Schuldverschreibung erworben zu haben, übertragen werden. Gläubiger handeln nach anderen Interessen als Aktionäre und unterliegen keiner Interessenwahrungspflicht und damit keiner treuhänderischen Bindung zugunsten der anderen Gläubiger.[15]

---

8 *Schneider* in: Langenbucher/Bliesener/Spindler, Bankrechts-Kommentar, § 20 Rn 37; *Vogel* in: Preuße, SchVG, § 20 Rn 3; aA *Baums*, ZBB 2009, 1, 3; *Hörn*, ZHR 173 (2009) 12, 62; *Simon*, CF Law 2010, 159, 164; *Maier-Reimer*, NJW 2010, 1317, 1321; *Schlitt/Schäfer*, AG 2009, 477, 483.

9 So auch *Vogel* in: Der Rechtsschutz des Schuldverschreibungsgläubigers, ILF Working Paper Series No, 137, S. 16 f mwN.

10 Es kann hier auf die Kommentierung zu § 243 Rn 9 ff AktG verwiesen werden.

11 Vgl hierzu § 16 Rn 1 ff.

12 So auch *Schneider* in: Langenbucher/Bliesener/Spindler, Bankrechtskommentar, § 5 Rn 21; vgl auch BegrRegE, BT-Drucks. 16/12814 S. 17.

13 *Baums*, ZBB 2009, 1, 6; *Hörn*, ZHR 173 (2009) 12, 62; *Maier-Reimer*, NJW 2010, 1320; *Steffek*, in: FS Hopt, 2010, S. 2597, 2616; *Schmidtbleicher*, Die Anleihegläubigermehrheit, 2010, S. 87 ff und S. 205 ff; *Vogel* in: Preuße, SchVG, § 20 Rn 26.

14 So auch OLG Frankfurt, Beschl. v. 27.3.2012 – 5 AktG 3/11, NZG 2012, 593; *Schneider* in: Langenbucher/Bliesener/Spindler, Bankrechts-Kommentar, SchVG, § 20 Rn 15 ff; kritisch, aber unklar: *Florstedt*, ZIP 2012, 2287.

15 Vgl hierzu bereits § 15 Rn 9, *Schneider* in: Langenbucher/Bliesener/Spindler, Bankrechts-Kommentar, SchVG, § 20 Rn 15 ff; *Hofmann/Keller*, ZHR 175, (2011), 684, 718; sowie die BegrRegE SchVG, BT-Drucks. 16/12814, S. 14 wonach die Gläubiger keines übertriebenen Schutzes durch die gesetzliche Einschränkung ihrer Entscheidungsbefugnisse bedürfen.

E. Anfechtungsbefugnis

Die **Anfechtungsbefugnis** ist in Abs. 2 Nr. 1 für die Gläubiger die in der Gläubigerversammlung teilgenommen haben und für die Gläubiger die nicht teilgenommen haben in Abs. 2 Nr. 2 geregelt. Die Bestimmung entsprechen § 245 Nr. 1 AktG und § 245 AktG Nr. 2.[16] Nr. 1 verlangt weiter, dass der Gläubiger fristgerecht Widerspruch gegen den Beschluss erklärt hat.[17]

Die Parteien des Verfahrens sind der anfechtende Gläubiger und der Schuldner, auch dann, wenn nach den Anleihebedingungen der Beschluss nicht der Zustimmung des Schuldners bedurfte. Die Anfechtungsklage ist nach Abs. 3 S. 1 innerhalb eines Monats nach der Bekanntmachung des Beschlusses zu erheben. Es handelt sich um eine gesetzliche materiellrechtliche Ausschlussfrist, wodurch eine verspätete Klage nicht unzulässig, sondern unbegründet ist. Fristverlängerung oder Wiedereinsetzung in den vorigen Stand (§§ 233 ff ZPO) sind ausgeschlossen.

Die Frist beginnt mit dem Tag der öffentlichen Bekanntmachung des Beschlusses, nicht mit dem Tag der Gläubigerversammlung. Für die Berechnung der Frist gelten die allgemeinen Vorschriften der §§ 186 ff BGB. Die Klage muss innerhalb der Anfechtungsfrist erhoben werden. Dafür ist erforderlich, dass die Anfechtungsgründe innerhalb der Frist in ihrem wesentlichen tatsächlichen Kern dargelegt werden,[18] wozu es bei geltend gemachten Auskunftspflichtverletzung gehört, die Fragen im Einzelnen bezeichnen, auf deren unzureichende Beantwortung die Anfechtung gestützt wird. Wird eine unrichtige Beantwortung einer Frage geltend gemacht, so muss grundsätzlich auch die Antwort, die für unrichtig gehalten wird, innerhalb der Anfechtungsfrist dargelegt werden.[19] Nachgeschobene Anfechtungsgründe sind unbeachtlich. Für die Anfechtungsklage ist bei einem Schuldner mit Sitz im Inland ausschließlich das Landgericht zuständig, in dessen Bezirk der Schuldner seinen Sitz[20] hat; für Schuldner, die keinen Sitz im Inland haben, ist ausschließlich gem. Abs. 3 S. 3 Hs 1 das Landgericht in Frankfurt aM zuständig.

F. Freigabeverfahren

Nach Abs. 3 S. 4 kann ein angefochtener Gläubigerbeschluss bis zur rechtskräftigen Entscheidung der Anfechtungsklage nicht vollzogen werden.

Wie auch das Aktienrecht bei Durchbrechung seiner faktischen Vollzugssperre durch die Beseitigung der Registersperre[21] bei in das Handelsregister einzutragenden Beschlüssen sieht Abs. 3 S. 4 eine Möglichkeit vor, die Vollzugssperre zu beseitigen. Nach der Änderung[22] ist nunmehr seit 19.9.2012 das im Rechtszug übergeordnete Oberlandesgericht des für die Anfechtungsklage zuständigen Gerichts für das Freigabeverfahren zuständig. Auf Antrag des hierzu allein berechtigten Schuldners kann das Oberlandesgericht feststellen, dass "die Erhebung der Klage dem Vollzug des angefochtenen Beschlusses nicht entgegensteht". Trotz noch rechtshängiger Anfechtungsklage kann die Vollziehung des die Anleihebedingungen ändernden Gläubigerbeschlusses dann nach § 21 Abs. 1 vorgenommen werden, womit nach § 20 S. 3 die Änderung der Anleihebedingungen wirksam wird. Diese bleibt dann trotz etwaiger Fehler des Beschlusses bestehen, auch wenn der Anfechtungsklage durch rechtskräftiges Urteil stattgegeben wird.

Ein Freigabebeschluss ergeht aufgrund der Verweisung auf § 246 a AktG, wenn die Klage unzulässig oder offensichtlich unbegründet ist; oder der Kläger oder die Kläger jeweils nicht innerhalb einer Woche nach Zustellung des Antrags durch Urkunden nachgewiesen haben, dass sie jeweils seit Bekanntmachung der Einberufung einen anteiligen Betrag von mindestens 1.000 EUR halten, oder das alsbaldige Wirksamwerden des Beschlusses vorrangig erscheint, weil die vom Schuldner dargelegten wesentlichen Nachteile für die Gesellschaft (dh für den Schuldner) und ihre Aktionäre (dh die Gläubiger) nach freier Überzeugung des Ge-

---

16 Es kann hier daher auf die entsprechende Kommentierung zu § 245 AktG verwiesen werden.
17 Hier ist auf § 15 Rn 5 und § 18 Rn 5 zu verweisen.
18 Ergeben sich weder aus dem Antrag noch aus dem Vortrag der Klageschrift tatsächliche Umstände zu einem Anfechtungsgrund, sondern nur aus einer mit der Klageschrift eingereichten und in Bezug genommenen Anlage, so ist dem Kern nach in der Anfechtungsfrist ein Anfechtungsgrund nicht dargetan, wenn innerhalb der Frist lediglich die Klageschrift per FAX ohne Anlagen, das Original der Klageschrift mit Anlagen aber erst nach der Anfechtungsfrist bei Gericht eingeht, vgl LG Frankfurt/M., Urt. v. 26.2.2013 – 3-05 O 110/12, NZG 2012, 1181, zu § 246 AktG.
19 OLG Stuttgart, Urt. v. 17.11.2010 – 20 U 2/10, AG 2011, 93, zu § 246 AktG.
20 Siehe hierzu § 11 Rn 1.
21 Siehe § 319 Abs. 6 AktG, § 327 e Abs. 2 AktG, § 246 a AktG.
22 Durch Gesetz v. 13.9.2012 (BGBl. I 2012 S. 1914). Es ist anzunehmen, dass die frühere Zuständigkeit des erstinstanzlichen Gerichts nicht bewusst abweichend von der Zuständigkeit in aktienrechtlichen Verfahren geregelt werden sollte. Das Auseinanderfallen der Zuständigkeit für Freigabeverfahren seit 1.9.2009 dürfte darauf zurückzuführen sein, dass durch das ARUG (BGBl. I 2009 S. 2479) hier die Zuständigkeit für Freigabeverfahren übertragen wurden, dies bei den parallel verlaufenden Gesetzgebungsarbeiten zum SchVG aber übersehen wurde.

Müller

richts die Nachteile für den Antragsgegner (dh für den/die Anfechtungskläger) überwiegen, es sei denn, es liegt eine besondere Schwere des Rechtsverstoßes vor.[23]

Die Interessenlage für eine Abwägung bei Gläubigerbeschlüssen unterscheidet sich jedoch von der Lage im Aktienrecht; ein Vorteil für den Schuldner bedeutet tendenziell einen Nachteil für die jedem einzelnen Gläubiger.[24] Letztlich wird es bei Änderungen der Anleihebedingungen, die substanziell in die Rechte der Gläubiger eingreifen, darauf ankommen, ob der Vollzug des Beschlusses für den Schuldner von existenzieller Bedeutung ist, da jedenfalls insoweit ein gleiches Interesse von Schuldner und Anleihegläubigern anzunehmen ist.

Durch die Verweisung auf § 246 a Abs. 3 AktG ist klargestellt, dass der Beschluss des Oberlandesgerichts, der in voller Senatsbesetzung zu ergehen hat, keinem Rechtsmittel unterliegt.

§ 21 Vollziehung von Beschlüssen

(1) ¹Beschlüsse der Gläubigerversammlung, durch welche der Inhalt der Anleihebedingungen abgeändert oder ergänzt wird, sind in der Weise zu vollziehen, dass die maßgebliche Sammelurkunde ergänzt oder geändert wird. ²Im Fall der Verwahrung der Sammelurkunde durch eine Wertpapiersammelbank hat der Versammlungs- oder Abstimmungsleiter dazu den in der Niederschrift dokumentierten Beschlussinhalt an die Wertpapiersammelbank zu übermitteln mit dem Ersuchen, die eingereichten Dokumente den vorhandenen Dokumenten in geeigneter Form beizufügen. ³Er hat gegenüber der Wertpapiersammelbank zu versichern, dass der Beschluss vollzogen werden darf.

(2) Der gemeinsame Vertreter darf von der ihm durch Beschluss erteilten Vollmacht oder Ermächtigung keinen Gebrauch machen, solange der zugrunde liegende Beschluss noch nicht vollzogen werden darf.

A. Vollziehung des Beschlusses

1 § 21 regelt den **Beschlussvollzug** einer beschlossenen Änderungen der Anleihebedingungen, wobei für den Vollzug Voraussetzung ist, dass in der Frist des § 20 Abs. 3 keine Klage eingereicht oder inzwischen zurückgenommen[1] worden ist, oder ein Freigabebeschluss des zuständigen Oberlandesgerichtes nach § 20 Abs. 3 S. 3 vorliegt, was zu versichern ist. Für die Vollziehung von Beschlüssen über die Änderung von Anleihebedingungen, die in Einzelurkunden verbrieft sind, enthält § 21 keine Regelung.

Für Sammelurkunden bestimmt Abs. 1, dass der Vollzug durch die Ergänzung oder Änderung der Sammelurkunde zu erfolgen hat. Genügend ist es, wenn der in der Niederschrift dokumentierte, die Anleihebedingungen ändernde oder ergänzende Beschluss der Sammelurkunde beigefügt wird. Werden Sammelurkunden von einer Wertpapiersammelbank verwahrt, muss der Versammlungsleiter oder – im Falle einer Abstimmung ohne Versammlung nach § 18 – der Abstimmungsleiter dazu den in der Niederschrift dokumentierten Beschluss an die Wertpapiersammelbank übermitteln mit dem Ersuchen, die eingereichten Dokumente den vorhandenen Dokumenten in geeigneter Form beizufügen und der Wertpapiersammelbank versichern, dass der Beschluss vollzogen werden darf. Die Wertpapiersammelbank hat dann den in der Niederschrift dokumentierten Beschluss der Sammelurkunde beizufügen. Für Sammelurkunden, die nicht durch eine Wertpapiersammelbank verwahrt werden, muss die Sammelurkunde in der Urkunde ergänzt oder geändert werden. Als Wertpapiersammelbanken geltend hier die deutsche Wertpapiersammelbank – Clearstream Banking AG Frankfurt, (CBF) – und ausländische Wertpapiersammelbanken, die die Kriterien des § 5 Abs. 4 S. 1 DepotG erfüllen.[2]

2 Nach Abs. 1 S. 1 ist bei Sammelurkunden, die nicht durch eine Wertpapiersammelbank verwahrt werden, der Gläubigerbeschluss über die Änderungen der Anleihebedingungen durch Ergänzung oder Änderung der Sammelurkunde zu vollziehen. Diese Verwahrung ist bei privat platzierten Emissionen oftmals der Fall. Insbesondere bei privat platzierten Eigenemissionen von Banken wird die Sammelurkunde häufig von der emittierenden Bank selbst verwahrt. Den Kunden der Bank wird deren Anteil an der Emission auf den Wertpapierkonten gutgeschrieben, die sie bei der Bank unterhalten.[3]

Hier kann dann die Änderung der Anleihebedingungen dergestalt erfolgen, dass der in der Niederschrift dokumentierte, die Anleihebedingungen abändernde oder ergänzende Beschluss der Sammelurkunde beige-

---

[23] Wegen der Verweisung auf die Voraussetzungen des § 246 a AktG für die Freigabeentscheidung wird wegen Einzelheiten auf die dortige Kommentierung verwiesen.
[24] *Meier-Riemer*, NJW 2010, 1317, 1322.

[1] Siehe hierzu Urteil LG Frankfurt/M. v. 23.2.3012 – 3-05 O 66/12.
[2] *Schneider* in: Langenbucher/Bliesener/Spindler, Bankrechts-Kommentar, SchVG, § 21 Rn 10 mwN.
[3] *Schneider*, aaO, § 21 Rn 11.

fügt wird oder dass der Schuldner eine neue Urkunde mit den geänderten Anleihebedingungen im Austausch gegen die alte Urkunde erstellt und in Verwahrung gibt oder – insbesondere wenn die Emittentin eine Bank ist – selbst verwahrt.

§ 21 enthält keine Regelung für die Vollziehung von Gläubigerbeschlüssen über die Änderung von Anleihebedingungen, die durch Einzelurkunden verbrieft werden. Die Vollziehung der Änderungen bestimmt sich deshalb unmittelbar nach § 2 S. 3. Um die Wirksamkeit der beschlossenen Änderungen zu bewirken, muss die Änderungen – zwecks Wahrung der Inhaltsgleichheit aller Schuldverschreibungen der Anleihe gemäß § 1 Abs. 1 und damit der Verkehrsfähigkeit der Anleihe – in sämtliche Urkunden aufgenommen werden. Das ist möglich, wenn alle Einzelurkunden zentral verwahrt werden. Die Änderungen können dann etwa durch einen Aufdruck auf der Urkunde, auch mittels eines Stempels, und faksimilierten Unterschriften des Emittenten (§ 792 Abs. 2 S. 2 BGB) auf den Urkunden "vollzogen" werden, was zu Schwierigkeiten führt, wenn sich die Einzelurkunden im Besitz einer Vielzahl von Gläubigern befinden.[4]

B. Zustimmung des Schuldners

Beschlüsse der Gläubiger über die Änderung der Anleihebedingungen bedürfen zu ihrer Wirksamkeit in allen Fällen der **Zustimmung** des Schuldners. Ohne diese Zustimmung kann ein Beschluss nicht vollzogen werden. Zum Zwecke der Vollziehung ist die Zustimmung des Schuldners zu dokumentieren und vom Versammlungs- oder Abstimmungsleiter der Wertpapiersammelbank zu übermitteln.[5] Hat der Schuldner die Zustimmung nicht zur Niederschrift erklärt, so muss sie in einem separaten beglaubigten Dokument enthalten sein, welches der Wertpapiersammelbank zusammen mit der Niederschrift zugehen muss.

C. Beschlussvollzug und gemeinsamer Vertreter

Die Bestellung eines gemeinsamen Vertreters beinhaltet alleine keine Änderung der Anleihebedingungen. Er ist deshalb nicht gemäß Abs. 1 zu vollziehen.[6] Abs. 2 ordnet aber an, dass der gemeinsame Vertreter von einer ihm durch den Beschluss erteilten Vollmacht oder Ermächtigung erst dann Gebrauch machen darf, wenn der zugrunde liegende Beschluss vollzogen werden darf. Der Schuldner ist verpflichtet, dem gemeinsamen Vertreter die dafür erforderlichen Informationen zu erteilen.

§ 22 Geltung für Mitverpflichtete

¹Die Anleihebedingungen können vorsehen, dass die §§ 5 bis 21 für Rechtsgeschäfte entsprechend gelten, durch welche andere Personen als der Schuldner für die Verpflichtungen des Schuldners aus der Anleihe Sicherheiten gewährt haben (Mitverpflichtete). ²In diesem Fall müssen die Anleihebedingungen Mehrheitsbeschlüsse der Gläubiger unter Benennung der Rechtsgeschäfte und der Mitverpflichteten ausdrücklich vorsehen.

A. Erstreckung auf Sicherheiten

Durch § 22 wird die Möglichkeit eröffnet – soweit dies in den Anleihebedingungen vorgesehen ist –, Änderungsbeschlüsse und die Bestellung eines gemeinsamen Vertreters auch auf für die Schuldverschreibungen gestellte Sicherheiten zu erstrecken. Soweit der Sicherungsgeber „eine andere Person als der Schuldner" ist, wird er vom Gesetz als **Mitverpflichteter** bezeichnet.

Bedeutsam ist § 22 für **Anleihegarantien** vor allem bei Anleihen, die von Holding- oder Tochtergesellschaften, insb. von Finanzierungsvehikeln, begeben werden, die nur über geringfügige eigene Vermögenswerte verfügen.[1] Die Verpflichtungen des Schuldners aus der Anleihe werden in diesen Fällen durch die Garantie einer wesentlichen Konzerngesellschaft besichert, der oft auch durch entsprechende Vertragsgestaltung der Erlös aus der Anleihebegebung zufließt. In der Regel sind die Garantien als echte Verträge zugunsten der Anleihegläubiger als begünstigte Dritte gemäß § 328 Abs. 1 BGB ausgestaltet. Sie begründen somit unmit-

---

4 *Schneider*, aaO, § 21 Rn 12; *Hofmeister* in: Veranneman, SchVG, § 21 Rn 4; *Dippel/Preuße* in: Preuße, SchVG, § 21 Rn 7; *Bredow/Vogel*, ZBB 2009, 153, 156.
5 *Schneider*, aaO, § 21 Rn 7.
6 BegrRegE SchVG, BT-Drucks. 16/12814, S. 14; *Schneider* in: Langenbucher/Bliesener/Spindler, Bankrechts-Kommentar,

SchVG, § 21 Rn 17; *Dippel/Preuße* in: Preuße, SchVG, § 21 Rn 8.
1 *Bliesener/Schneider* in: Langenbucher/Bliesener/Spindler, Bankrechts-Kommentar, SchVG, § 22 Rn 3; *Schlitt/Schäfer*, AG 2009, 477, 480.

telbare Ansprüche der Anleihegläubiger an den Garanten zur Zahlung der nach den Anleihebedingungen geschuldeter Beträge.
Der Begriff „Sicherheiten" schließt alle Arten von Sicherheiten ein, einschließlich die in § 232 BGB genannten, auch jede mögliche Art und Form der Bestellung sowie dingliche Sicherheiten.[2]

2 Ist die Sicherungsabrede bereits Bestandteil der Anleihebedingungen liegt kein Fall des § 22 vor. Vielmehr kann dann die Anpassung unmittelbar gem. §§ 5 ff durch Mehrheitsbeschluss der Gläubiger erfolgen, wobei neben der Zustimmung des Schuldners auch noch die des Garanten erforderlich ist.[3] § 22 betrifft daher nur Sicherungsabreden, die außerhalb der Anleihebedingungen vereinbart werden. Es wird hier die Möglichkeit eingeräumt, soweit dies in den Anleihebedingungen vorgesehen ist, neben Änderungen der Anleihebedingungen auch Änderungen der Garantiebedingungen mit Zustimmung der Anleihegläubiger vorzunehmen oder einen gemeinsamen Vertreter der Garantiegläubiger zu bestellen.[4] Die Änderung der Garantiebedingungen setzt nicht eine Änderung der Anleihebedingungen voraus. Die Regelungen der §§ 5 bis 21 können nur vollständig übernommen werden.
Werden Änderungen im Sicherheitenvertrag erforderlich, kann nach Maßgabe der Anleihebedingungen eine Versammlung oder eine Abstimmung ohne Versammlung der Anleihegläubiger durchgeführt werden. Der Inhalt des Sicherheitenvertrags wird dann durch Mehrheitsbeschluss und mit Zustimmung des Sicherungsgebers und gegebenenfalls anderer Begünstigter geändert.

B. Erstreckung auf Verpflichtungserklärungen

3 § 22 gilt auch für sog. **Verpflichtungserklärungen**, dh Erklärungen die typischerweise von Konzerngesellschaften für ihre Finanzierungsgesellschaften zur Absicherung von deren Anleihen übernommen werden und die Nebenpflichten der Konzerngesellschaft unterschiedlicher Art beinhalten, die zur Erfüllung der Anleiheverbindlichkeiten führen sollen. Wie Garantien sind sie regelmäßig als echte Verträge zugunsten der Anleihegläubiger als begünstigte Dritte nach § 328 Abs. 1 BGB ausgestaltet und begründen unmittelbare Ansprüche der Anleihegläubiger an den Aussteller der Verpflichtungserklärung.

C. Sicherung durch Emittenten

4 Nicht ausdrücklich geregelt ist der Fall, in dem nicht ein dritter Sicherungsgeber als Mitverpflichteter auftritt, sondern der Emittent selbst Sicherungsgeber ist. Gleichwohl ist die Interessenlage der Beteiligten vergleichbar; denn auch bei vom Emittenten gestellten Sicherheiten, deren vertragliche Grundlagen nicht Bestandteil der Anleihebedingungen sind, kann das Bedürfnis entstehen, eine inhaltliche Änderung herbeizuführen. § 22 ist auf diesen Fall analog anzuwenden.[5]

Abschnitt 3
Bußgeldvorschriften; Übergangsbestimmungen

§ 23 Bußgeldvorschriften

(1) Ordnungswidrig handelt, wer
1. entgegen § 6 Absatz 1 Satz 3 erster Halbsatz Schuldverschreibungen überlässt,
2. entgegen § 6 Absatz 1 Satz 4 das Stimmrecht ausübt,
3. entgegen § 6 Absatz 2 einen Vorteil anbietet, verspricht oder gewährt oder
4. entgegen § 6 Absatz 3 einen Vorteil oder eine Gegenleistung fordert, sich versprechen lässt oder annimmt.

(2) Ordnungswidrig handelt, wer vorsätzlich oder leichtfertig entgegen § 7 Absatz 1 Satz 2 einen maßgeblichen Umstand nicht, nicht richtig, nicht vollständig oder nicht rechtzeitig offenlegt.

(3) Die Ordnungswidrigkeit kann mit einer Geldbuße bis zu hunderttausend Euro geahndet werden.

1 In Abs. 1 werden die darin bezeichneten Verstöße gegen Bestimmungen des § 6 über das Stimmrecht der Gläubiger als Ordnungswidrigkeit mit einem **Bußgeld** belegt. Die Verstöße können nur vorsätzlich begangen werden.

---

2 *Bliesener/Schneider*, aaO, § 22 Rn 6 ff mwN.
3 *Dippel/Preuße* in: Preuße, SchVG, § 22 Rn 6.
4 *Bliesener/Schneider*, aaO, § 22 Rn 4.
5 *Bliesener/Schneider*, aaO, § 22 Rn 9.

Abs. 2 belegt weiter die vorsätzliche oder leichtfertige Verletzung der Offenlegungspflicht des bereits gewählten gemeinsamen Vertreters[1] gemäß § 7 Abs. 1 S. 2 ebenfalls mit einem Bußgeld als eine Ordnungswidrigkeit. Der Verstoß kann hier vorsätzlich und fahrlässig begangen werden, wobei durch die Verwendung des Begriffes „leichtfertig" ein objektiv wie subjektiv besonders schwerer Sorgfaltspflichtverstoß erforderlich ist.[2]

Der Bußgeldrahmen geht gem. § 17 Abs. 1 OWiG iVm § 23 Abs. 3 von 5 EUR bis 100.000 EUR.

§ 24 Übergangsbestimmungen

(1) [1]Dieses Gesetz ist nicht anzuwenden auf Schuldverschreibungen, die vor dem 5. August 2009 ausgegeben wurden. [2]Auf diese Schuldverschreibungen ist das Gesetz betreffend die gemeinsamen Rechte der Besitzer von Schuldverschreibungen in der im Bundesgesetzblatt Teil III, Gliederungsnummer 4134-1, veröffentlichten bereinigten Fassung, das zuletzt durch Artikel 53 des Gesetzes vom 5. Oktober 1994 (BGBl. I S. 2911) geändert worden ist, weiter anzuwenden, soweit sich aus Absatz 2 nichts anderes ergibt.

(2) [1]Gläubiger von Schuldverschreibungen, die vor dem 5. August 2009 ausgegeben wurden, können mit Zustimmung des Schuldners eine Änderung der Anleihebedingungen oder den Austausch der Schuldverschreibungen gegen neue Schuldverschreibungen mit geänderten Anleihebedingungen beschließen, um von den in diesem Gesetz gewährten Wahlmöglichkeiten Gebrauch machen zu können. [2]Für die Beschlussfassung gelten die Vorschriften dieses Gesetzes entsprechend; der Beschluss bedarf der qualifizierten Mehrheit.

A. Übergangsregelung

Mit dem Inkrafttreten des Gesetzes am 5.8.2009 ist das SchVG 1899 außer Kraft getreten.[1] Durch Abs. 1 wird geregelt, dass das Gesetz nicht anzuwenden ist auf Schuldverschreibungen, die vor dem Datum seines Inkrafttretens ausgegeben worden sind und ordnet an, dass auf diese Altanleihen grundsätzlich das SchVG 1899 weiterhin Anwendung findet. Für ab dem 5.8.2009 ausgegebenen Anleihen iSv § 1 gelten die aktuellen gesetzlichen Regelungen, wobei „ausgegeben" mit „begeben" gleichzusetzen ist.

Inhaberschuldverschreibungen, die klassische Rechtsform von Anleiheschuldverschreibungen werden durch die Errichtung der Urkunde und den Abschluss eines Begebungsvertrags in den Verkehr gebracht, durch den der Aussteller das Eigentum an der Urkunde auf den ersten Nehmer überträgt und beide sich darüber einig sind, mit der Übertragung der Urkunde die verbriefte Forderung zu begründen.[2] Bei Anleihen ist der Tag der Begebung in der Regel der Tag der Übernahme der Schuldverschreibungen im Rahmen des Übernahmevertrages (Subscription Agreement) zwischen dem Emittenten und dem Übernahmekonsortium.[3] Weicht dieses Datum aber von dem in dem jeweiligen Wertpapierprospekt bzw in den endgültigen Anleihebedingungen ausgewiesenen Emissionsdatum ab, so ist aus Anlegerschutzgründen jedoch dieses Datum maßgeblich.[4]

Bei Aufstockungen von Schuldverschreibungen kommt es auf das Emissionsdatum der ersten Tranche an, dh auch bei Tranchen nach dem 5.8.2009 verbleibt es bei der Anwendung des SchVG 1899. Obwohl die einzelnen Tranchen nicht als eine inhaltsgleiche Gesamtemission iSv § 1 Abs. 1 anzusehen sind, ist dies sachgerecht, weil die unterschiedlichen Tranchen am Kapitalmarkt als ein Produkt angesehen und häufig unter einer Wertpapierkennnummer gehandelt werden. Der gesetzliche Rahmen und die Anleihebedingungen müssen dann jedoch für alle Tranchen identisch sein.[5]

B. Opt-in-Möglichkeit

Nach Abs. 2 können jedoch die Gläubiger von Altanleihen mit Zustimmung des Schuldners die Anwendung des neuen Rechts auf Altanleihen beschließen (Abs. 2 S. 1). Das kann in zweifacher Weise geschehen.

---

1 Wegen der mangelnden Bußgeldbewehrtheit bei Offenlegungspflichtverletzung durch den bereits in den Anleihebedingungen bestellten gemeinsamen Vertreter vgl die Kommentierung zu § 8 Rn 4.
2 *Eggers* in: Park, Kapitalmarktstrafrecht, 3. Aufl., Vorbem. Rn 21.
1 Art. 8 des Gesetzes zur Neuregelung der Rechtsverhältnisse bei Schuldverschreibungen aus Gesamtemissionen und zur verbesserten Durchsetzbarkeit von Ansprüchen von Anlegern aus Falschberatung vom 31. Juli 2009, BGBl. I 2009 S. 2512.
2 *Schneider* in: Langenbucher/Bliesener/Spindler, Bankrechts-Kommentar, SchVG, § 24 Rn 3 mwN.
3 *Schneider*, aaO, § 24 Rn 3, vgl auch *Dippel/Preuße* in: Preuße, SchVG, § 24 Rn 3 f.
4 *Veranneman* in: Veranneman, SchVG, § 24 Rn 5; *Tetzlaff* in: Schimansky/Bunte/Lwowski, Bankrechts-Handbuch, § 88 Rn 51.
5 *Tetzlaff*, aaO, § 88 Rn 51.

Einmal in der Weise, dass die Geltung des Gesetzes in seiner Gesamtheit[6] für die Altanleihe eingeführt wird (Gesamtoption). Es kann zum anderen auch dadurch geschehen, dass die Gläubiger beschließen, die Schuldverschreibungen der Altanleihen gegen neue Schuldverschreibungen auszutauschen. Auf die Beschlussfassung sowohl der Gesamtoption wie auch der Austauschoption finden jeweils die Vorschriften des neuen Rechts gem. Abs. 1 S. 2 Hs 1 Anwendung, wobei die Beschlussfassung für jede Variante einer qualifizierten Mehrheit von 75 % der teilnehmenden Stimmrechte bedarf.

Der Anwendung des Abs. 2 S. 1 steht nicht entgegen, dass auf die Altanleihe das SchVG 1899 keine Anwendung findet, weil etwa der Schuldner seinen Sitz nicht im Inland hat oder andere Voraussetzungen für die Anwendung des SchVG 1899 nicht vorliegen. In beiden Fällen muss die Altanleihe jedoch die Kriterien des § 1 Abs. 1 erfüllen, also nach deutschem Recht[7] begeben sein und sich aus inhaltsgleichen Schuldverschreibungen zusammensetzen.

Trotz der in der Literatur erhobenen Kritik[8] ist die Reichweite der **Opt-in-Klausel** des Abs. 2 durch die Entscheidungen des OLG Frankfurt[9] und des LG Frankfurt/M.[10] für die Praxis[11] nunmehr weitgehend klargestellt. Abs. 2 eröffnet die Option für die Anwendung des Rechts des SchVG 2009 danach nur dann, wenn es sich um eine vor dem 5.8.2009 begebene Schuldverschreibung handelt, die bei einem deutschen Emittenten bereits einer Mehrheitsentscheidung nach dem SchVG 1899 zugänglich war[12] bzw bei der Anleihe, die nicht unter das SchVG 1899 fiel, zB bei einem ausländischen Emittenten, eine derartige Mehrheitsentscheidungen bereits ausdrücklich in den Anleihebedingungen angesprochen war.[13] Diese Rechtsprechung wird der Ermächtigungslösung gerecht, der vom Gesetzgeber bei Schaffung der SchVG 2009 den Vorzug gegeben wurde.[14] Trotz der Kritik an diesen Entscheidungen hat der Gesetzgeber auch bei der danach erfolgten Änderungen des SchVG durch G v. 13.9.2012[15] keine Veranlassung gesehen, Abs. 2 entsprechend zu ändern.

C. Verfahren bei einem Opt-in

3 Die Gläubiger können mit Zustimmung des Schuldners zunächst lediglich einen Beschluss fassen, über die Anwendbarkeit des gesamten Gesetzes[16] auf die Altanleihe. Es ist aber nicht zu beanstanden, wenn anschließend in der gleichen Versammlung aufgrund dieser Beschlussfassung bereits Beschlüsse über die Bestellung eines gemeinsamen Vertreters und/oder Änderung der Anleihebedingungen gefasst werden. Zwar ist zu diesem Zeitpunkt der Beschluss über den opt-in noch nicht vollzogen, doch erscheint es bloßer Formalismus, wenn man ein opt-in und Änderung der Anleihebedingungen in der gleichen Gläubigerversammlung nur in der Form eines einzeigen Abstimmungsverfahrens für möglich hielte.[17] Hier wird man ohne Weiteres davon ausgehen könne, dass der Gläubigerbeschluss unter dem Vorbehalt des Vollzugs des opt-in Beschlusses steht.[18] Dies wird auch der gesetzgeberischen Intention gerecht, wonach die Gläubigerversammlung in die Lage versetzt werden soll, auf informierter Grundlage möglichst rasch und ohne unnötigen organisatorischen Aufwand Entscheidungen von unter Umständen großer finanzieller Tragweite treffen zu können.[19]

Die beiden in einer Gläubigerversammlung gefassten bzw in einer Abstimmung ohne Versammlung gefassten Beschlüsse sind nach § 17 oder § 18 Abs. 1 iVm § 17 gleichzeitig bekannt zu machen, so dass für beide Beschlüsse die gleiche Klagefrist besteht.

4 Abs. 2 erklärt das SchVG in seiner Gesamtheit für anwendbar auf die Altanleihe; damit gilt für die Altanleihe ggf auch § 22. Es können daher auch Sicherheiten, die für eine Altanleihe von dritter Seite gestellt worden sind – insbesondere Garantien oder Verpflichtungserklärungen der Änderungsmöglichkeiten des SchVG zu unterworfen werden.[20]

---

6 BegrRegE SchVG, BT-Drucks. 16/12814, S. 27.
7 LG Frankfurt/M., Urt. v. 15.11.2011 – 3-5 O 45/11, BeckRS 2012, 26939.
8 ZB *Weckler*, NZI 2012, 480; *Friedl*, BB 2012, 1309; *Paulus*, EWiR 2012, 259; *ders.*, BB 2012, 1556, 1557; *Lürken*, GWR 2012, 227; *Keller*, BKR 2012, 15; *Baums/Schmidtbleicher*, ZIP 2012, 204, 209 ff; *Hartwig-Jacob/Friedl* in: Frankfurter Kommentar, SchVG § 24 Rn 12 f.
9 Beschl. v. 27.3.2012 – 5 AktG 3/11, NZG 2012, 593.
10 Beschl. v. 23.1.2012 – 3-05 O 142/11, BeckRS 2012, 03080.
11 Jedenfalls für ausländische Schuldner, für die die örtliche Zuständigkeit der Frankfurter Gerichte gegeben ist.
12 Nach § 1 SchVG 1899 war Voraussetzung hier die Begabe von Schuldverschreibungen im Nennwert über 300.000 DM.
13 Wegen der Begründung hierzu im Einzelnen wird auf die Gründe der vorgenannten Gerichtsentscheidungen verwiesen. Ebenso *Leber*, Der Schutz und die Organisation der Obligationäre, Diss. Tübingen, 2011, S. 107. AA *Veranneman*, SchVG, § 24 Rn 6; *Schneider* in: Langenbucher/Bliesener/Spindler, Bankrechts-Kommentar, SchVG, § 24 Rn 7; *Podewils*, DStR 2009, 1914, *Keller*, BKR 2012, 15; wohl auch *Jusserow*, WM 2011, 1645.
14 Siehe hierzu Vor § 1 Rn 3.
15 Art. 2 G zur Änd. des BundesschuldenwesenG (BGBl. I 2012 S. 1914).
16 LG Frankfurt/M., Urt. v. 3.12.2013 – 2-22 O 14/13.
17 So aber *Schneider* in: Langenbucher/Bliesener/Spindler, Bankrechts-Kommentar, SchVG, § 24 Rn 12.
18 *Kusserow*, WM 2011, 1645.
19 BegrRegE SchVG, BT-Drucks. 16/12814, S. 1.
20 *Schneider*, aaO, § 24 Rn 16.

Schuldner und Gläubigermehrheit können sich auch für die Austauschoption entscheiden und den Austausch der Schuldverschreibungen der Altanleihe gegen "neue Schuldverschreibungen mit geänderten Anleihebedingungen" beschließen, für die dann unmittelbar das SchVG mit allen Möglichkeiten gilt.[21] Die neuen Schuldverschreibungen können sowohl die allgemeine Geltung der §§ 1 bis 24 bestimmen, als auch die Änderung konkreter Bedingungen der alten Schuldverschreibungen in den neuen Schuldverschreibungen vornehmen.

---

21 Die oben zu Rn 2 gemachten Ausführungen zum Anwendungsbereich gelten auch hier.

Teil 2: Themen der Praxis

Behavioral Finance

Literatur:
Banz, The Relationship between Return and Market Value of a Common Stock, in: Journal of Financial Economics, 1981, Vol. 9, S. 3–18; *Daxhammer/Facsar*, Behavioral Finance, Stuttgart, 2012; *De Bondt/Thaler*, Does the Stock Market overreact?, in: Journal of Finance, 1985, Vol. 40, S. 793–805; *Fama*, Efficient Capital Markets. A Review of Theory and Empirical Work, in: Journal of Finance, 1970, Vol. 25, S. 383–417; *Festinger*, A Theory of Cognitive Dissonance, 1957; *Frey/Stahlberg*, Erwartungsbildung und Erwartungsveränderung bei Börsenakteuren, in: Börse und Psychologie, hrsg. von Maas/Weibler, 1990, S. 102–139; *Gerke*, Destabilisieren Computerprogramme die Aktienkurse?, in: Spektrum der Wissenschaft, 1988, Heft 1, S. 24–31; *ders.*, Herrschaft der Androiden? Konsequenzen der Kapitalmarkttheorie für das Anlegerverhalten, in: Psychologie für Börsenprofis – Die Macht der Gefühle bei der Geldanlage, hrsg. v. Jünemann/Schellenberger, 1997, S. 19–40; *ders./Bienert*, Experimentelle Kapitalmarktforschung an einer Computerbörse, in: die Bank, 1991, Nr. 9, S. 499–506; *dies.*, Überprüfung des Dispositionseffektes und seiner Auswirkungen in computerisierten Börsenexperimenten, in: Empirische Kapitalmarktforschung, zfbf Sonderheft 31, 1993, S. 169–194; *Gerke/Oerke*, Marktbeeinflussung durch Analystenempfehlungen – eine empirische Studie, in: Zeitschrift für Betriebswirtschaft, Ergänzungsheft 1998, S. 187–200; *Gilad/Kaish (Hrsg.)*, Handbook of Behavioral Economics, Vol. B, 1986; *Hertwig/Barron/Weber/Erev*, Decisions from Experience and the Effect of rare Events in risky Choice, in: Psychological Science, 2004, Vol. 4, S. 534–539; *Hirshleifer/Shumway*, Good Day Sunshines: Stock Returns and the Weather, in: Journal of Finance, 2003, Vol. 58, S. 1009–1032; *Hirshleifer/Welch*, An economic Approach to the Psychology of Change: Amnesia, Inertia, and Impulsiveness, in: Journal of Economics and Management Strategy, 2002, Vol. 61, S. 561–574; *Kahneman/Slovic/Tversky*, Judgement under Uncertainty: Heuristics and biases, 1982; *Kahneman/Tversky*, Prospect Theory: An Analysis of Decision under Risk, in: Econometrica, 1979, Vol. 47, S. 263–291; *Knetsch/Sinden*, Willingness to Pay and Compensation Demanded: Experimental Evidence of an Disparity in Measures of Value, in: Quarterly Journal of Economics, 1984, Vol. 99, S. 507–521; *Larson/Madura*, Overreaction and Underreaction in the Foreign Exchange Market, in: Global Finance Journal, 2001, Vol. 12, S. 153–177; *Loomes/Sugden*, Regret Theory: An Alternative Theory of Rational Choice under Uncertainty, in: The Economic Journal, 1982, Vol. 92, S. 805–824; *Maital/Filer/Simon*, What do People bring to the Stock Market besides Money, in: Handbook of Behavioral Economics, Vol. A: Behavioral Microeconomics, hrsg. von Gilad/Kaish, 1986, S. 273–307; *Muth*, Rational Expectations and the Theory of Price Movements, in: Econometrica, 1961, Vol. 29, S. 315–335; *Von Rosen/Gerke*, Kodex für anlegergerechte Kapitalmarktkommunikation, 2001; *Schiereck/Weber*, Zyklische und antizyklische Handelsstrategien am deutschen Kapitalmarkt, in: Schmalenbachs Zeitschrift für betriebswirtschaftliche Forschung (zfbf), Heft 1, 1995, S. 3–24; *Shefrin*, Behavioralizing Finance, in: Foundations and Trends in Finance, Vol. 4, Nos. 1-2, S. 1-184, 2010; *Shefrin/Statman*, The Disposition to Sell Winners Too early and Ride Losers Too Long: Theory and Evidence, in: Journal of Finance, 1985, Vol. 40, S. 777–792; *Sherman/Frost*, On the Encoding of stereotype-relevant Information under cognitive Load, in: Personality and Social Psychology Bulletin, 2000, Vol. 26, S. 26–34; *Shiller*, Do Stock Prices Move too Much to be Justified by Subsequent Changes in Dividends?, in: American Economic Review, 1981, Vol. 71, S. 421–436; *Simon*, Models of Man, New York, 1957; *Sunstein*, Behavioral Law and Economics: A Progress Report, in: American Law and Economic Review, 1999, Vol. 1, S. 115–157; *Thaler*, Quasi rational Economics, New York, 1994; *Thaler*, The Winner`s Curse: Paradoxes and Anomalies of Economic Life, Princeton, 1994; *Weber/Camerer*, The Disposition Effect in Securities Trading: An Experimental Analysis, in: Journal of Economic Behavior and Organization, 1998, Vol. 33, S. 167–184; *White*, Motivation Reconsidered: The concept of Competence, in: Psychological Review, 1959, Vol. 66, S. 297–333; *Yuan/Zheng/Zhu*, Are Investors Moonstruck? Lunar Phases and Stock returns, in: Journal of Empirical Finance, 2006, Vol. 13, S. 1–23; *Zhang*, Information Uncertainty and Stock Returns, in: Journal of Finance, 2006, Vol. 61, S. 105–137.

A.	Einleitung		1
B.	Moderne Kapitalmarkttheorie versus Behavioral Finance		2
C.	Anlageentscheidungen aus psychologischer Sicht		7
	I. Einleitung		7
	II. Entscheidungsanomalien		11
	III. Die Prospect Theory als geschlossener Erklärungsansatz		24
IV.	Weitere psychologische Erklärungsansätze		32
V.	Psychologische Determinanten der Anlageentscheidung		36
VI.	Auswirkungen der Entscheidungsanomalien auf der Ebene des Gesamtmarktes		41
VII.	Psychologische Börsenzyklen		42
D.	Fazit		45

A. Einleitung

Für Privatanleger und professionelle Fondsmanager besteht kein Zweifel an der Tatsache, dass ein großer Teil des Börsengeschehens von psychologischen Faktoren beeinflusst wird. Dies gilt besonders an Tagen mit spektakulären Kursentwicklungen, wie es zB bei weltweiten Börsencrashs der Fall ist. Trotz der in solchen Phasen regelmäßig auftretenden Bereitschaft, den Faktor Psychologie ernst zu nehmen, herrscht immer noch Unklarheit über die genauen Ursachen, das Ausmaß und die Bedeutung psychologischer Phänomene für die Kursbildung am Aktienmarkt. An dieser Stelle setzt unter der Bezeichnung „Behavioral Finance" eine relativ neue Forschungsrichtung an, die Erkenntnisse aus der Psychologie aufgreift, um das Verhalten von Anlegern zu modellieren und dadurch empirisch beobachtete Phänomene auf dem Kapitalmarkt erklärbar zu machen.[1] Der Begriff für diesen modernen Erklärungsansatz wurde zum ersten Mal bei *Gilad/Keish* (1986) erwähnt. Die Arbeiten von *Kahneman, Slovic* und *Tversky*[2] gelten als wichtige Ausgangsbasis für das Gebiet der „Behavioral Finance".

Viele psychologische Konzepte, die sich mit menschlichen Verhaltensmustern beschäftigen, wurden den Arbeiten dieser Forscher entnommen und auf die Erklärung der Marktpreisbildung an Kapitalmärkten übertragen. Auch in der Anlagepraxis großer Investmentbanken hat die „Behavioral Finance" als Ergänzung zur Fundamentalanalyse und der technischen Aktienanalyse bereits seit vielen Jahren Einzug gehalten. Um die Preisbildung am Aktienmarkt besser verstehen zu können, erscheint es auf jeden Fall lohnend, sich mit dem Gebiet der „Behavioral Finance" zu beschäftigen. Anleger können die beschriebenen Verhaltensweisen bei sich selbst identifizieren und dadurch ihr eigenes Anlegerverhalten objektiver analysieren und entsprechende Schlussfolgerungen für zukünftige Transaktionen daraus ableiten.

B. Moderne Kapitalmarkttheorie versus Behavioral Finance

2 Der Erklärungsansatz der „Behavioral Finance" ist als Gegenstück zur modernen Kapitalmarkttheorie zu sehen, die seit mehr als 20 Jahren bei Akademikern und Portfolio-Managern steigende Anhängerzahlen findet. Unter diesem Theoriegebäude werden die Portfoliotheorie sowie generelle Annahmen zur Informationsverarbeitung und zum Verhalten von Akteuren an spekulativen Märkten subsumiert. Während die Aussagen der Portfoliotheorie zur Risikominderung durch Diversifikation empirisch nachweisbar sind, werden die übrigen Annahmen der modernen Kapitalmarkttheorie zunehmend mit Skepsis betrachtet.

3 Als Basis der modernen Kapitalmarkttheorie gilt die sog. Markteffizienzhypothese.[3] Demnach gilt ein Kapitalmarkt dann als effizient, wenn kein Teilnehmer aus individuellen Anlagestrategien einen Zusatznutzen realisieren kann, da alle relevanten Informationen bereits in den aktuellen Marktpreisen enthalten sind. Viele empirische Arbeiten, die auf der Auswertung von Kapitalmarktdaten beruhen, beschäftigen sich mit dieser Hypothese und der Frage, ob sich anhand vergangener Kursverläufe Kauf- oder Verkaufssignale generieren lassen, die zu einer höheren Rendite führen als bei einer „Buy-and-Hold-Strategie".

4 Das Kernproblem der Markteffizienzhypothese liegt in der Annahme begründet, dass sich alle Akteure streng rational und entsprechend der sog. **Erwartungsnutzentheorie** verhalten. Dabei wird unterstellt, dass rationale Anlageentscheidungen auf der Basis vollständig verarbeiteter Informationen erfolgen. In der Summe gesehen resultiert daraus die Annahme homogener Erwartungen. Hiernach reagieren Marktteilnehmer auf neue Informationen stets gleichgerichtet. Auch im Modell des CAPM (Capital Asset Pricing Model) wird von Marktteilnehmern mit homogenen Erwartungen ausgegangen. Das handelnde Individuum als rationaler „homo oeconomicus" im Sinne von *Muth* (1961) verfolgt lediglich das Oberziel der eigenen Nutzenmaximierung. Die objektive Nutzenmaximierung entspricht der subjektiven Nutzenmaximierung. Damit werden Menschen als gefühllose Maschinen modelliert, die ihren Erwartungsnutzen maximieren und bildlich gesprochen als „Anlegerandroiden" handeln.[4]

5 In den achtziger Jahren entdeckten Kapitalmarktforscher anhand empirischer Befunde, dass Aktienrenditen nicht alleine mithilfe des CAPM und der Markteffizienztheorie erklärt werden können. Die empirisch beobachteten Abweichungen von den genannten Modellen werden deshalb von den Vertretern der traditionellen Finanzierungstheorie meist als „Renditeanomalien" bezeichnet. Eine häufig untersuchte Anomalie stellt der „**Klein-Firmen-Effekt**" („size effect") dar. Nach diesem weisen Aktiengesellschaften mit niedrigerer Marktkapitalisierung im Durchschnitt eine höhere erwartete Rendite auf als große Unternehmen.[5] Mit dem „**Januar-Effekt**" wurde festgestellt, dass im ersten Monat des Jahres die durchschnittliche Rendite höher ist als in den restlichen Monaten, wobei besonders die ersten Handelstage überproportional hohe Erträge aufweisen. Der „**Wochenend-Effekt**" besagt, dass die tägliche Rendite am Wochenanfang signifikant niedriger als an den übrigen Wochentagen ist.[6] Dabei erreicht die Tagesrendite an Freitagen ihren höchsten Durchschnittswert. Der „**Wetter-Effekt**" impliziert, dass an sonnigen Tagen eine Überrendite erzielt werden kann.[7] Nach dem „**Mond-Effekt**" ist am Tag des Vollmondes eine systematische höhere Rendite erzielbar als bei Neumond.[8] Ebenso werden von den Marktteilnehmern extreme Events einmal unterschätzt bzw überschätzt („eventbezogener Über- und Unterreaktionseffekt bzw Post Announcement Drift").[9]

---

1   Vgl für einen ausführlichen aktuellen Überblick zB *Daxhammer/Facsar*, 2012 oder *Shefrin*, 2010.
2   Vgl zB den wichtigen Sammelband *Kahneman/Slovic/Tversky*, 1982.
3   Vgl grundlegend *Fama*, 1970.
4   Vgl zu dieser Begrifflichkeit *Gerke*, 1997.
5   Vgl *Banz*, 1981.
6   Vgl dazu die Übersicht bei *Thaler*, 1994.
7   Vgl *Hirshleifer/Shumway*, 2003.
8   Vgl *Yuan/Zheng/Zhu*, 2006, oder *Zhang*, 2006.
9   Vgl *Larson/Madura*, 2001.

Außer den genannten Anomalien konnten zeitliche Renditemuster in Form von Autokorrelationen sowie Überschussvolatilitäten empirisch festgestellt werden, die zB zur Bildung von Kursblasen („Bubbles") führen. So weist bereits *Shiller* (1981) empirisch nach, dass Aktienkursrenditen zu starken Schwankungen unterliegen, als dass diese lediglich mit dem Vorliegen neuer Informationen erklärt werden können. Ebenso wurden diverse Handelsstrategien getestet, um diese Anomalien auf der Gesamtmarktebene auszunutzen. Allerdings lassen sich lediglich bei Untersuchungen zyklischer und antizyklischer Handelsstrategien[10] eindeutig höhere Renditen erzielen, als bei Gültigkeit der Markteffizienzhypothese zu erwarten wäre („langfristiger Über- und Unterreaktionseffekt"). In der einschlägigen Literatur wird kontrovers diskutiert, inwieweit die festgestellten Renditeanomalien auf begrenzt rationale oder irrationale Preisbildungsprozesse oder Ineffizienzen des Kapitalmarktmodells zurückzuführen sind.

C. Anlageentscheidungen aus psychologischer Sicht

I. Einleitung. Die Annahmen der Rationalität und der Nutzenmaximierung, auf denen das Gedankengebäude der Kapitalmarkttheorie basiert, sind aus psychologischer Sicht angreifbar. Neben den bereits genannten empirischen Ergebnissen auf der Ebene des Gesamtmarktes wird der Einfluss psychologischer Aspekte auf das individuelle Anlegerverhalten mithilfe der experimentellen Kapitalmarktforschung untersucht. Darunter fallen Experimente mit sehr unterschiedlichem Untersuchungsdesign, die sich mit allgemeinen Entscheidungssituationen bei Unsicherheit befassen bis hin zu Versuchsanordnungen, die einen sehr engen Bezug zum Kapitalmarktgeschehen aufweisen. Zur genaueren Untersuchung bestimmter menschlicher Verhaltensweisen eignet sich besonders die Umgebung von computerisierten Modellbörsen.[11] Die Kurse bilden sich bei einem derartigen Experimentdesign interaktiv aufgrund der von den Teilnehmern eingegebenen Kauf- und Verkaufsaufträge. Der Vorteil dieser Untersuchungsmethodik ist darin zu sehen, dass sich psychologische Einflüsse auf das Verhalten der Marktteilnehmer für jedes Individuum separat feststellen und bewerten lassen. In unterschiedlichen Szenarien können bei diesen künstlich geschaffenen Börsenwelten ebenso wie am realen Aktienmarkt Kursblasen, Phasen mit erhöhter Volatilität sowie Unter- und Überreaktionen beobachtet werden.

Bei einer Vielzahl von Untersuchungen, die wir mittels der experimentellen Computerbörse CAT durchführten, ließen sich bei gleichen Szenarien insgesamt sehr unterschiedliche und widersprüchliche Verhaltensweisen der Teilnehmer feststellen. Dieses kurzfristig chaotisch erscheinende Verhalten mündet allerdings langfristig auf der Ebene des Gesamtmarktes in eine Kursbildung, die sich an den wirtschaftlichen Fundamentaldaten orientiert.

Im Umfeld der Börse sind die privaten und institutionellen Anleger auf wahre und zeitnahe Informationen angewiesen. Nur so sind sie in der Lage, fundierte Entscheidungen zu treffen. Im informationsökonomischen Umfeld des Aktienmarktes sind vor allem die Unternehmen selbst wichtige Quellen für kapitalmarktrelevante Informationen in Form von Unternehmensnachrichten. Daneben verbreiten vor allem Forschungsinstitute und volkswirtschaftliche Institutionen wie zB die Europäische Zentralbank gesamtwirtschaftliche Daten. Um aus der Vielfalt an Informationen die relevanten Nachrichten zu filtern und auszuwerten, existieren spezialisierte Informationsintermediäre. Von den Unternehmen fließen die Informationen vereinfacht ausgedrückt an Analysten, Journalisten und direkt an private sowie institutionelle Anleger. Durch die Zwischenschaltung dieser Intermediäre in Gestalt von Analysten und Medien kann in einigen Fällen ein Spannungsfeld entstehen, da einerseits die verwerteten Informationen gewinnbringend verkauft werden sollen und andererseits die Versuchung besteht, private Kursgewinne durch Ausnutzung eines Informationsvorsprunges zu realisieren.[12] Des Weiteren nehmen die Informationsintermediäre am Markt eine gewisse Vertrauensposition ein. Dies vor allem bei den Privatanlegern, die keine ökonomische Grundbildung besitzen. Sie sind kaum in der Lage, jede Meldung korrekt auf ihre Relevanz für das Börsengeschehen einzuschätzen.

Die Informationsströme am Kapitalmarkt unterliegen damit einer starken Filterung und Beeinflussung durch Analysten und öffentliche Medien. Die genannten Stellen sind zum Teil am Gehalt und der Wirkung neuer kapitalmarktrelevanter Informationen beteiligt.

II. Entscheidungsanomalien. Für alle Teilnehmer am Aktienmarkt und die unmittelbar involvierten Informationsintermediäre spielt die Verarbeitung von Informationen eine zentrale Rolle bei ihren Aktienkauf- und Verkaufsentscheidungen. In einem breiten Kontext differenziert die kognitive Psychologie das menschliche Verhalten in Informations-, wahrnehmungs-, verarbeitungs- und Verhaltensmodellen. Diese Sichtweise überwindet eine Black-box-Betrachtung, die ausschließlich die Reaktionen des Individuums auf Umwelt-

---

10 Für den deutschen Markt zB *Schiereck/Weber*, 1995.
11 Vgl zum Design einer solchen Computerbörse *Gerke/Bienert*, 1991.
12 Vgl *von Rosen/Gerke*, 2001.

reize untersucht. Auf jeder der drei genannten Ebenen, die untereinander verknüpft sind, können sog. Entscheidungsanomalien als Abweichungen von rationalem Verhalten auftreten, die allerdings untereinander korreliert sind. Auf der Wahrnehmungsebene wird zunächst im Rahmen der **selektiven Wahrnehmung** eine subjektive Vorauswahl an Informationen getroffen.

12 Die bereits erwähnten teilweise gefilterten Informationen treffen somit auf eine begrenzte menschliche Informationsverarbeitungskapazität. Anlageentscheidungen an der Börse zeichnen sich durch einen hohen Grad an Komplexität, Zeitdruck und schnell aufeinander folgende unvollständige Informationen aus, was dazu führt, dass Informationen systematisch falsch verarbeitet werden. Sind Verhaltensweisen beobachtbar, die nicht mit den Annahmen der klassischen ökonomischen Nutzentheorie übereinstimmen, sondern durch Heuristiken bestimmt werden, bezeichnet man diese als „begrenzt rational". Begrenzte Rationalität bzw „Quasi-Rationalität"[13] fordert nicht Nutzenmaximierung, sondern Satifizierung als Optimalitätskriterium.[14]

13 Aufgrund der komplexen Entscheidungssituation und der begrenzten menschlichen Informationsverarbeitungskapazität bedienen sich Marktteilnehmer bei ihren Anlageentscheidungen Heuristiken. Damit sind Vereinfachungsregeln gemeint, die zu einer schnelleren Entscheidungsfindung verhelfen. Fehlt die Möglichkeit (bzw Zeit, Motivation), genügend Informationen einzuholen, werden Entscheidungen auf der Basis dieser Regeln getroffen, was zu fehleranfälligen und suboptimalen Resultaten führt. In der Psychologie wird in diesem Zusammenhang auch von automatischen Entscheidungsprozessen gesprochen. Die bekanntesten Urteilsheuristiken stellen die Verfügbarkeits-, die Repräsentativitäts-, die Verankerungs- und die Anpassungsheuristik dar.

14 Im Rahmen der **Verfügbarkeitsheuristik** stellen *Kahneman/Tversky* (1973) fest, dass Versuchspersonen bei der Häufigkeitsschätzung von Ereignissen oder Zuständen ihr Urteil danach bilden, wie leicht oder schwer sie einzelne Informationen aus dem Gedächtnis abrufen können. Je auffälliger eine neue Information ist, umso besser ist gleichzeitig deren Verfügbarkeit und umso stärker wird sie bei der Beurteilung einer Situation gewichtet, falls Entscheidungen auf Basis von Beschreibungen getroffen werden. Nach *Hertwig et al.* (2004) werden extreme Nachrichten dagegen untergewichtet, falls Personen Entscheidungen auf Basis von Erfahrungen treffen. Beispielsweise werden Nebenwirkungen einer Impfung von Patienten überbewertet, während Ärzte dies unterbewerten.[15] Inwiefern Individuen Lerneffekten unterliegen ist abhängig von der kognitiven Auslastung. Bei hoher kognitiver Belastung werden nach *Sherman/Frost* (2000) von den Wahrnehmern erwartungsinkonsistente Signale im Zeitablauf als Zufälle angesehen. Durch die Rationierung kognitiver Ressourcen können sich Personen an seltene Ereignisse nur unzureichend erinnern. Grundsätzlich wird länger zurückliegenden Informationen weniger Bedeutung zugewiesen.[16] Teilweise werden diese sogar vollständig vergessen. Die Verfügbarkeitsheuristik reduziert die Komplexität der Anlageentscheidung, indem bestimmte Informationen vernachlässigt werden. Die Existenz der Verfügbarkeitsheuristik konnte dadurch belegt werden, dass Anleger auf auffällige, aktuelle Informationen, die überraschend erfolgen, unter- bzw überreagieren („Post Announcement Drift").

15 Leicht verfügbar sind für den einzelnen Anleger auch einfache Börsenweisheiten wie „greife nie in ein fallendes Messer" oder „Sell in May and go away" oder ähnlich verbreitete Börsenregeln, die je nach Situation und Stimmungslage ebenfalls handlungsbestimmend werden können. Das Gleiche kann auch für „psychologische Kursbarrieren" gelten, die häufig in der Börsenberichterstattung erwähnt werden, meist an runden Index- oder Kursständen wie zB dem Durchbrechen von tausender Marken (zB DAX bei 9.000 Punkten), festgemacht werden und ebenfalls eine leicht verfügbare Orientierungsmarke darstellen. Die Verfügbarkeit einer Information hängt im Wesentlichen von den Erfahrungen und der Stimmung ab, in der sich die Person zum Zeitpunkt der Erinnerung befindet, weshalb die momentane Gefühlslage ebenfalls eine Fehlerquelle bei der Entscheidungsbildung darstellen kann.

16 Mithilfe der **Repräsentativitätsheuristik** bilden Anleger Wahrscheinlichkeiten für das Auftreten eines Ereignisses aufgrund dessen Repräsentativität für die Grundgesamtheit. Dabei ignorieren sie in ihren Urteilen über Zufallsstichproben wesentliche Merkmale der Grundgesamtheit („base rate fallacy"). Diese Urteilsfehler beruhen demnach auf einer fehlerhaften Einschätzung zufälliger Ereignisse. So bezeichnet die „hot hand fallacy", dass zwischen historischen Ereignisse und dem zukünftigen Ereignis eine positive Korrelation existiert. Ähnlich ist auch der feste Glaube vieler Personen zu erklären, die Chance für ein Auftauchen der Farbe rot im Roulette erhöhe sich nach einer langen Sequenz von schwarz. Dieser Irrglaube wird als „gambler's fallacy" bezeichnet. Auch in vergleichbaren Kapitalmarktexperimenten, in denen Versuchspersonen wissen, dass keinerlei Regelmäßigkeiten hinsichtlich des zukünftigen Kursverlaufes zu erwarten sind, ist dieses Phänomen zu beobachten. Anleger verkaufen tendenziell Aktien, die Kursgewinne aufweisen und

---

13 Vgl *Thaler*, 1994.
14 Vgl *Simon*, 1957.
15 Vgl *Hertwig et al.*, 2004.
16 Vgl *Hirshleifer/Welch*, 2002.

kaufen Aktien, die im Kurs weit gefallen sind.[17] Insbesondere im kurzfristigen Bereich unterliegen Marktteilnehmer in der Regel der „hot hand fallacy", während im längerfristigen Bereich diese der „gambler's fallay" unterliegen. Empirisch lässt sich diese Heuristik auf aggregierter Ebene durch den langfristigen Unter- und Überreaktionseffekt belegen.[18]

Die **Verankerungs-** und **Anpassungsheuristik** kann bei komplexen Entscheidungen ebenfalls zu systematischen Verzerrungen führen. In psychologischen Versuchen wurden Personen, die komplizierte Rechenaufgaben zu lösen hatten, beim Schätzen des Ergebnisses von der Höhe des Anfangswertes, der die Funktion eines Ankers hat, beeinflusst. Je unrealistischer jedoch ein Anker ist, desto weniger unterliegen Personen dem Ankereffekt. Eine Ankerung kann an der Börse durch die Höhe des Einstandskurses der Aktientransaktion erfolgen.

Zusätzlich kann die unterschiedliche Präsentation ein und desselben Sachverhaltes dazu führen, dass Bezugspunkte manipuliert werden. Der Darstellung des Referenzpunktes und der Präsentation des Entscheidungsproblems kommt somit eine große Bedeutung zu. Vereinfacht ausgedrückt kann ein zur Hälfte gefülltes Glas als halb voll oder als halb leer betrachtet werden. Beide Beschreibungen stellen aber die gleiche Situation aus unterschiedlicher Perspektive dar. Damit bewirkt dieser sog. **Framingeffekt**, dass bei ungleicher verbaler Darstellung einer Entscheidungssituation auch jewels andere Urteile getroffen werden.

Im Rahmen der Entscheidungsanomalien ist auch der **Erklärungsansatz der kognitiven Dissonanzen** angesiedelt.[19] Dieser beschreibt, dass sich Anleger aufgrund der Unsicherheit, ob die gewählte Alternative sich nicht im Nachhinein als negativ herausstellt, bei ihren Transaktionen häufig in einem Zwiespalt befinden. Nach dem Aktienkauf fürchtet der Anleger im Vergleich zu anderen Aktien eine falsche Wahl getroffen zu haben. Dieser Widerspruch wird durch das Phänomen der kognitiven Dissonanz beschrieben, welche einen Spannungszustand hervorruft, der aufgelöst werden muss. Dissonanzen können nun dadurch beseitigt werden, dass neue Informationen, die der eigenen Einstellung widersprechen unterdrückt bzw schwächer wahrgenommen werden als andere Informationen. Ebenso kann es dazu kommen, dass neue Meldungen uminterpretiert werden, was Verhaltensänderungen bei der Anlageentscheidung zusätzlich erschwert. Die Dissonanzvermeidung kann die Wahrnehmung und Entscheidung bei Anlageprozessen damit nachhaltig beeinflussen. Als Konsequenz werden meist Handlungsalternativen gewählt, die zu möglichst geringen Dissonanzen führen.

Ein weiteres, für Anleger besonders relevantes psychologisches Phänomen ist in der **Kontrollillusion** zu sehen. Der Erklärungsansatz des zugrunde liegenden Kontrollkonzeptes basiert auf der menschlichen Eigenschaft, Ereignisse, die eine Person direkt betreffen, beeinflussen (primäre Kontrolle) oder erklären (sekundäre Kontrolle) zu wollen. Dieser Ansatz zur Erklärung menschlichen Verhaltens hat seine Ursprünge bei *White* (1959). Beim Kontrollmotiv handelt es sich um den Wunsch, sich als Verursacher von Veränderungen in seiner Umwelt wahrzunehmen. Damit verbunden werden Gefühle von Kompetenz und eigenem Selbstwert hervorgerufen. Bei Anlageentscheidungen an der Börse möchte der Anleger der Masse der Marktteilnehmer einen Schritt voraus sein und durch seine überlegene Strategie und genaue Analysen zu den Gewinnern gehören. Eine Kontrolle, die nur als solche empfunden wird (illusionäre Kontrolle), aber in der Realität nicht vorhanden ist, wirkt an der Börse gleichfalls handlungsbestimmend. Beruht diese Kontrollillusion auf der Vorhersage von Ereignissen, so spricht man auch von dem Phänomen der overconfidence. Anleger neigen dazu, ihre eigenen Fähigkeiten zur Aktienkursprognose zu überschätzen. Es geht ihnen ähnlich wie Autofahrern, die in Umfragen eigene Fahrfähigkeiten überbewerten. Das Vorliegen einer Kontrollillusion führt im Zeitablauf zu einer abnehmenden individuellen Risikowahrnehmung. Bei der Form der stellvertretenden Kontrolle wird diese anderen Personen (zB Analysten oder Börsengurus) zugeschrieben. Deren Meinungen und Anlagetipps wird dann von vielen Anlegern gefolgt. Herdenverhalten führt in diesem Zusammenhang ebenfalls zu einer Reduktion der Unsicherheit und mindert die Heterogenität in den Erwartungen der Anleger.

Anleger, die hingegen kontinuierlich die Erfahrung machen, dass sich die Börse aus ihrer Sicht unkontrollierbar verhält, ziehen sich meist als Folge daraus aus dem Aktiengeschäft zurück. Vor allem nach einer Phase mit hohen Gewinnen kann ein über längere Zeit erlebter Kontrollverlust zur völligen Ablehnung der Geldanlage in Aktien führen. Meist folgt zuvor noch eine Phase steigender Risikobereitschaft, in der ein Anleger versucht, noch schneller reich zu werden und erzielte Verluste durch das Eingehen noch höherer Risiken auszugleichen. Die Reaktionen des Gesamtmarktes auf solche Verhaltensweisen ist davon abhängig, wie viele Anleger diese Verhaltensweise gleichzeitig an den Tag legen.

Erfüllte Erwartungen der Marktteilnehmer spielen für die Kursbildung an der Börse eine wichtige Rolle. Je häufiger die bestehende Erwartung bei ähnlichen Situationen in der Vergangenheit bestätigt wurde und je

---

17 Vgl *Maital/Filer/Simon*, 1986.
18 Vgl *De Bondt/Thaler*, 1985.
19 Siehe zu diesem Begriff grundlegend *Festinger*, 1957.

geringer die Anzahl alternativer Erklärungen oder Interpretationsmöglichkeiten, desto mehr und desto eindrucksvollere Informationen sind notwendig, um die Meinung eines Anlegers zu verändern.[20]

23 Sind Verhaltensmuster nicht durch Heuristiken erklärbar, spricht man von Irrationalitäten. Irrationales Verhalten zeichnet sich durch willkürliche und unberechenbare Handlungsfolgen aus. Im Gegensatz dazu sind die Aktivitäten von begrenzt rationalen Individuen systematisch und prognostizierbar.[21] Kapitalmarktanomalien können sowohl auf begrenzt rationale als auch irrationale Entscheidungen zurückgeführt werden.

24 **III. Die Prospect Theory als geschlossener Erklärungsansatz.** Einen geschlossenen Ansatz zur Interpretation psychologischer Effekte im Rahmen einer deskriptiven Erwartungsnutzentheorie stellt die „Prospect Theory" dar.[22] Im Kern beschreibt diese Theorie, dass Anleger Gewinne und Verluste bei ihrer Aktienanlage unterschiedlich stark gewichten. Dies widerspricht den Annahmen der Erwartungsnutzentheorie und führt zu einer relativen Bewertung von Anlageergebnissen. Dabei existiert für die einzelnen Transaktionen jeweils ein neutraler Punkt, der sog. Referenzpunkt. Aktienkurse, die oberhalb dieses Referenzpunktes liegen, werden als relativer Gewinn wahrgenommen und Ergebnisse darunter als relativer Verlust angesehen. Falls sich der Bezugspunkt verschiebt, führt dies zu Änderungen im Entscheidungsverhalten des Anlegers. So wird zB beim Kauf einer Aktie zu 100 EUR dieser Kurs von den meisten Anlegern gleichzeitig als Referenzkurs gewählt. Steigt die Aktie über diesen Referenzkurs hinaus oder geht der Aktienkurs zurück, wird der neue Vermögensstand jeweils mit abnehmender Sensitivität beurteilt. Dh mit zunehmender Entfernung von dem genannten Einstandspreis nimmt die Bewertung eines identischen Geldbetrages ab. Diese abnehmende Sensitivität zeigt sich in der Rechtskrümmung der Wertfunktion im Gewinnbereich und einem linksgekrümmten Kurvenverlauf im Verlustbereich der einzelnen Aktientransaktionen. Die Krümmung bedeutet, dass sich ein Anleger, der gerade eine Aktie für 100 EUR erworben hat, über einen Verlust in Höhe von 20 EUR noch mehr ärgert als wenn die Aktie später eine ganze Weile bei nur noch 50 EUR notiert und dann genauso schnell um denselben Betrag auf 30 EUR zurückgeht. Meist hat der Anleger bereits vorher resigniert und denkt sich, dass es auf diese 20 EUR „jetzt auch nicht mehr ankommt". Auffällig an der beschriebenen Bewertungsfunktion ist, dass die Kurve im Verlustbereich steiler verläuft als im positiven Bereich, was durch das Phänomen der Verlustaversion erklärt werden kann. Danach werden Verluste stärker bewertet als Gewinne in derselben Höhe. Dieses Phänomen lässt sich auch mit dem bereits geschilderten Erklärungsansatz der kognitiven Dissonanzen begründen.

25 Die Prospect Theory wird häufig dazu herangezogen, um den sog. Dispositionseffekt[23] zu erklären. Dieser besagt, dass Anleger tendenziell Gewinne zu schnell realisieren und im Gegensatz dazu Verliereraktien zu lange in ihrem Depot behalten. Die Existenz eines Dispositionseffektes konnte in experimentellen Studien von *Gerke/Bienert* (1993) und *Weber/Camerer* (1998) nachgewiesen werden.

26 Die bereits unter Rn 11ff beschriebenen Heuristiken dienen der Komplexitätsreduzierung, woraus eine schnelle Urteilsfindung resultiert. Zu solchen Verhaltensweisen gehört auch das „mental accounting", worunter das Bilden voneinander unabhängiger geistiger Konten für unterschiedliche Aktiengeschäfte verstanden wird. Dabei wird für jede Kauftransaktion ein separates mentales Konto geführt.

27 Die Bedeutung des „mental accounting" tritt erst in Kombination mit der relativen Bewertung von Gewinnen und Verlusten im Rahmen der „Prospect Theory" zutage. Jedes dieser geistigen Konten besitzt einen eigenen Bezugspunkt mit einer S-förmigen Wertfunktion. Erst nach der Schließung des Aktienengagements wird auch das zugehörige mentale Konto geschlossen. Dabei geht das jeweils erzielte Ergebnis auf ein übergeordnetes Erfolgskonto über, das gleichzeitig gebildet wird und einen eigenen Referenzpunkt aufweist. Dieses Phänomen kann dazu führen, dass ein Anleger mehrere Aktiengeschäfte, die nur einen geringfügigen Gewinn aufweisen, glattstellt, um zB den Verlust einer anderen Position nicht realisieren zu müssen.

28 Die Betrachtung von Gewinnen und Verlusten eines Portefeuilles kann ebenso auf der Zeitachse erfolgen. Hat ein Anleger zB in einem Jahr mit seinen Aktiengeschäften einen Verlust erzielt, wird diese Performance häufig zusammen mit den Ergebnissen eines wesentlich erfolgreicheren Jahres betrachtet, um insgesamt gesehen immer noch eine positive Bilanz vorweisen zu können.

29 Auch die Verlustaversion („loss aversion"), die im Rahmen der Bewertungsfunktion der „Prospect Theory" erläutert wurde, kann mithilfe der Dissonanztheorie begründet werden. Verluste bei Aktienengagements weisen auf eine falsche Anlageentscheidung hin. Dies führt zu einem Dissonanzgefühl, weil der Anleger einem Rechtfertigungsdruck ausgesetzt wird.

30 Auch die Manager von Unternehmen orientieren sich bei ihren Gewinnprognosen an bestimmten Referenzpunkten. Einer davon besteht im knappen Erreichen der Gewinnzone, ein weiterer liegt in den erwirtschaf-

---

20 Vgl *Frey/Stahlberg*, 1990.
21 Vgl *Sunstein*, 1999.
22 Vgl *Kahneman/Tversky*, 1979.
23 Vgl die erste Nennung bei *Shefrin/Statman*, 1985.

teten Gewinnen der letzten Vergleichsperiode und ein dritter in der aktuellen durchschnittlichen Gewinnprognose (Konsensschätzung) durch die Analysten.

In den Gewinnprognosen von Analysten spielen Referenzpunkte ebenfalls eine wichtige Rolle. Zu beachten ist dabei allerdings, dass Analysten bei ihren Kaufempfehlungen und Gewinnschätzungen Abhängigkeiten und Interessenkonflikten unterliegen. Sie werden zum Großteil mittels Provisionen entlohnt, die aus dem zusätzlichen Umsatz stammen, der aus dem Investmentgeschäft akquiriert wird. Untersuchungen zufolge zeigen Analysten häufig eine Unterreaktion auf neue Informationen, verbunden mit einem vorliegenden allgemeinen Überoptimismus. Die große Bedeutung von Analystenempfehlungen und deren Einfluss auf die Aktienkurse wurde auch für den deutschen Aktienmarkt empirisch belegt.[24]

IV. Weitere psychologische Erklärungsansätze. Außerhalb der „Prospect Theory" wird eine Reihe ähnlicher psychologischer Phänomene beschrieben, die sich ebenfalls durch diesen Ansatz erklären lassen.

Dazu zählt der Besitztumseffekt („endowment effect"), der experimentell von *Knetsch/Sinden* (1984) festgestellt wurde. Die meisten Menschen verlangen für ein Gut, das sie selbst besitzen, einen erheblich höheren Verkaufspreis als sie im Gegenzug bereit sind, dafür zu bezahlen. Dieser Effekt wurde durch zahlreiche weitere Experimente bestätigt. Demzufolge identifiziert sich der Besitzer einer Aktie, die er bereits längere Zeit in seinem Depot hält, mit seiner Anlage, dh es liegt ein hohes Commitment vor. Auch für diesen Fall werden somit die beiden Situationen Kauf und Verkauf einer Aktie einmal als Gewinn und das andere Mal als Verlust bewertet, was zu stark voneinander abweichenden Preisvorstellungen führt. Auf den ersten Blick könnte die Verhaltensweise, dass jemand Aktien, die er besitzt, mit Gewinn veräußern möchte, als ökonomisch vernünftig eingestuft werden. In den bisherigen empirischen Studien wurde allerdings festgestellt, dass der Unterschied zwischen dem Kauf- und dem gewünschten Verkaufspreis so hoch ist, dass er nicht mehr durch rationales Verhalten erklärt werden kann.

Der Dispositionseffekt kann teilweise auch mit der „Regret Aversion"[25] begründet werden. Die Enttäuschung über einen tatsächlich erlittenen Verlusteintritt führt dazu, dass dieser Verlust nicht realisiert wird. Dieser Effekt beschreibt das Bestreben, möglichst keine Fehlentscheidungen beim Aktienkauf treffen zu wollen, weil dies sonst zu Gefühlen der Reue oder Enttäuschung führen könnte, die womöglich schwerer wiegen als die Genugtuung, die richtige Entscheidung getroffen zu haben. Die negativen Konsequenzen aufgrund von Untätigkeit werden damit geringer gewichtet als die negativen Konsequenzen des eigenen Handelns.

Ein weiterer Erklärungsansatz für die Relevanz des Dispositionseffekts besteht im „sunk-cost-Effekt", der für den Einfluss bereits entstandener Kosten auf die Bereitschaft zu weiteren Engagements am Aktienmarkt steht. Rational betrachtet sind Kursverluste „versunkene" Kosten, die in der Vergangenheit entstanden sind und nicht wieder rückgängig gemacht werden können. Sie sollten damit die Verkaufsentscheidung nicht mehr beeinflussen. Der Anleger berücksichtigt sie aber dennoch. Damit zeigt sich eine hohe Übereinstimmung mit dem Dispositionseffekt. Auch diesem Erklärungsansatz zufolge neigen viele Anleger dazu, an Engagements, die sich bereits in der Verlustzone befinden, weiter festzuhalten.

V. Psychologische Determinanten der Anlageentscheidung. Der Begriff der „Behavioral Finance" ist in seiner grundlegenden Definition recht allgemein gehalten. Um auf der Individualebene zu differenzierten Erklärungen des Anlegerverhaltens zu gelangen, wird eine genaue Beschreibung der psychologischen Einflussfaktoren benötigt. Wichtige Parameter für das individuelle Entscheidungsverhalten an Kapitalmärkten sind zunächst **personale Determinanten**, die sich im Wesentlichen auf die Motivation, die wahrgenommene Handlungskontrolle, die momentane Stimmung und die kognitive Strukturiertheit eines Entscheiders beziehen.

Der Einfluss von Stimmungen auf die Anlageentscheidung lässt sich am besten qualitativ erklären. So sind Anleger bei einer positiven Stimmung weniger bereit, eine tiefer gehende Situationsanalyse im Vorfeld ihrer Entscheidung durchzuführen, da ihnen die momentane Gefühlslage signalisiert, dass ihr bisheriges Verhalten richtig war. Die wahrgenommene Handlungskontrolle beinhaltet die Einstellung des Anlegers zu den Ursachen seiner bisherigen Erfolge und Misserfolge. Eine wichtige Annahme dieser bereits erwähnten kontrolltheoretischen Erklärung liegt in dem menschlichen Bedürfnis begründet, sich als Verursacher von Ereignissen zu erleben, die Auswirkungen auf die eigene Situation haben. Wahrgenommene Kontrolle erzeugt ein unmittelbares Kompetenzgefühl. Die meisten privaten Anleger können allerdings durch ihre Anlageentscheidungen nicht direkt den Kurs der entsprechenden Aktie beeinflussen, weshalb hier lediglich von einer sekundären Kontrolle auszugehen ist. Entscheidend ist allerdings nicht die tatsächliche sondern die wahrgenommene Kontrolle. Je stärker diese ausfällt, umso stärker ist tendenziell auch die Handelstätigkeit eines Anlegers ausgeprägt.

---

24 Vgl *Gerke/Oerke*, 1998.
25 Vgl *Loomes/Sugden*, 1982.

38 Als zweiter Einflussfaktor sind **umweltbedingte Faktoren** relevant, die sich aus den externen Informationsquellen eines Anlegers und dessen sozialem Umfeld zusammensetzten. Eine wichtige Rolle spielen dabei unmittelbare soziale Interaktionsprozesse zwischen den Marktteilnehmern durch das Gruppenverhalten in der engeren Umgebung eines Investors.

39 Zwischen den genannten Größen bestehen wechselseitige Beziehungen, die auch durch Rückkoppelungsprozesse des vergangenen auf das zukünftige Verhalten entstehen können. In extremen Börsensituationen treffen die genannten Verhaltensweisen auf private wie professionelle Investoren zu. Aus Angst, die Benchmark zu verfehlen, neigen dann insbesondere auch Profis zum Herdenverhalten.

40 Es stellt außerdem ein zutiefst menschliches Bedürfnis dar, seinen Spieltrieb zu befriedigen und dadurch Risiken einzugehen. Der Unterhaltungswert stellt dann die treibende Motivation zum Aktienhandel dar. Die Eigenschaft, Aktiengeschäfte, die mit einem Gewinn verbunden waren eher im Gedächtnis zu behalten als jene, die mit Verlust abgeschlossen wurden, unterstützt die spielerische Motivation bei Börsengeschäften.

41 **VI. Auswirkungen der Entscheidungsanomalien auf der Ebene des Gesamtmarktes.** Irrationales Verhalten einzelner Anleger führt nicht zwangsläufig zu irrationalen Marktpreisen an der Börse. Die individuellen Anomalien können sich auf Marktebene abschwächen, verstärken oder neutralisieren. Als Argument gegen Anomalien auf aggregierter Ebene wird – unter der Annahme unkorrelierter individueller Verhaltensweisen – angeführt, dass der aktuelle Aktienkurs die eigenwilligen Verhaltensweisen der einzelnen Marktteilnehmer herausfiltert und schließlich nur noch die ökonomisch relevanten Informationen enthält. Dieser Argumentation kann allerdings nicht mehr zugestimmt werden, sobald **Abweichungen systematischer Art,** wie zB Herdenverhalten, vorliegen, die bei allen Marktteilnehmern auf die gleichen Wahrnehmungsprozesse zurückzuführen sind. Derartige Verzerrungen können auf aggregierter Ebene nicht mehr neutralisiert werden. Weitere häufig zitierte Argumente gegen Auswirkungen des irrationalen Verhaltens auf Marktpreise gehen davon aus, dass der Wettbewerb unter den Akteuren die Anomalien eliminieren würde oder dass nur wenige rationale Individuen ausreichen, um auf aggregierter Ebene rationales Verhalten zu erreichen. An den Wertpapiermärkten treten aber kontinuierlich neue Individuen auf, die meist aufgrund ihrer geringen Erfahrung noch stärker einem irrationalen Verhalten unterliegen als die aus dem Markt ausscheidenden Anleger. Außerdem unterlaufen auch Anlageexperten bei schwierigen Problemstellungen Fehler systematischer Art, so dass nicht immer genügend rational Handelnde intervenieren, um ein rationales Marktgleichgewicht zu erhalten.

42 **VII. Psychologische Börsenzyklen.** Die „Behavioral Finance" geht davon aus, dass irrationales und begrenzt rationales Verhalten der Anleger auf der Gesamtmarktebene durchschlägt. Spannend wird damit die Frage, inwieweit sich an Börsen charakteristische Marktphasen identifizieren lassen, die aus psychologischen Einflussfaktoren resultieren. Bei diesen psychologischen Effekten, die dem Verhalten rationaler Investoren widersprechen, wird von massenpsychologischen Phänomenen ausgegangen, die empirisch als Preisblasen („Bubbles") und nachfolgende Crashes, also Phasen starker Korrekturbewegungen an den Aktienmärkten zu beobachten sind. Es wird dabei versucht, Verhaltensphasen wie kollektive Gier oder Panik mithilfe spezieller Indikatoren zu bestimmen. Von großem Anlegerinteresse ist dann vor allem die Identifizierung der zyklischen Wendepunkte.

43 Bei Crashsituationen am Aktienmarkt setzt ein Massenverhalten der Finanzmarktakteure ein, das zur Vernichtung gewaltiger Summen an Aktienkapital führt. Bei der Entstehung solcher Massenhysterien beschreibt der Begriff der Börsenlemminge plastisch dieses panikartige Anlegerverhalten.[26] Wie Lemminge sehen die Anleger bei rapide fallenden Kursen den Abgrund vor Augen und befinden sich aufgrund des wahrgenommenen Kontrollverlusts in einem schockartigen Zustand. Paralysiert stürzen sie sich in Verkaufsaufträge mit immer niedrigeren Limits bis hin zu unlimitierten Aufträgen. Dieses Gruppenverhalten führt durch den gegenseitigen Ansteckungsmechanismus zu einem gemeinsamen Kurssturz. Der Zeitpunkt dieses charakteristischen Herdenverhaltens sog. Börsenlemminge lässt sich in den seltensten Fällen exakt prognostizieren. Jedoch können hier insbesondere auch Liquiditätsengpässe für die Verstärkung einer Abwärtsbewegung verantwortlich, die dadurch mit zunehmender Beschleunigung zu einem Crash führen kann.

44 Ist das Ende einer ausgeprägten Hausse-Phase erreicht, wie zB Anfang 2000 im Rahmen des High Tech Booms an den großen internationalen Börsen, wird häufig von einer sog. Milchmädchenhausse gesprochen. Sobald selbst Bevölkerungsteile Aktienkäufe tätigen, die sich bisher nicht für das Aktiengeschäft interessierten, steht das Ende einer Hausse bevor, da diese schlecht informierten Marktteilnehmer die Aktienkurse in fundamental nicht mehr gerechtfertigte Höhen treiben. Dies basiert auf dem Phänomen der psychologischen Ansteckung: Schlechter informierte und wenig erfahrene Marktteilnehmer an der Börse betrachten die Kursgewinne anderer als Fingerzeig für ihr eigenes Verhalten. Derartige Ansteckungsphänomene treten sowohl bei einzelnen Aktientiteln als auch am Gesamtmarkt auf.

---

26 Dieser Begriff wurde erstmals in dem Beitrag *Gerke*, 1988, geprägt.

D. Fazit

Das Verhalten von Anlegern an den Börsenmärkten lässt sich teilweise durch psychologische Phänomene erklären. Dabei existieren unterschiedliche Ansätze, um ein bestimmtes Verhaltensphänomen zu begründen. Der noch junge Forschungszweig der „Behavioral Finance" ist aber noch weit davon entfernt, ein in sich geschlossenes Theoriegebäude des begrenzt rationalen individuellen Anlegerverhaltens und dessen Wirkung auf die Kursbildung am Aktienmarkt zu bieten. Da die Erwartungsnutzenmaximierung weder auf aggregierter noch auf individueller Ebene das Anlegerverhalten korrekt beschreibt, kann nur eine übergreifende Betrachtung ökonomischer und psychologischer Faktoren zufrieden stellende Erklärungen für die Kursbildungsprognosen an den Börsen liefern. Trotz der zunehmenden Zahl an Forschungsarbeiten auf dem Gebiet der „Behavioral Finance" sind die Erklärungsansätze auf der Basis klassischer Finanzmarktmodelle wie der Portfoliotheorie längst nicht obsolet geworden. Als normative Erklärungsansätze beschreiben sie rationales Entscheidungsverhalten bei Risiko. Es sollte sich allmählich eine weniger dogmatische Sichtweise durchsetzen, nach der das Kursverhalten an der Börse als Ergebnis einer komplexen Interaktion zwischen objektiven wirtschaftlichen Daten und subjektiven Einstellungen, Erwartungen und daraus erfolgten Handlungen der Akteure gesehen wird.

Die Rolle der Banken bei Aktienemissionen

A. Einführung 1	a) Telekom II-Verfahren 26
B. Praxis der Börseneinführung 3	b) Opération blanche 29
I. Allgemeines 3	2. Ausschluss des Bezugsrechts 30
1. Vorstandsentscheidung 3	VI. Emissionsprospekt 32
2. Rolle des Emissionskonsortiums 5	1. Prospekterstellung 32
II. Mandatierung 6	2. Prospekthaftung 33
1. Allgemeines 6	a) Allgemeines 33
2. Beauty Contest 8	b) Bedeutung der Due Diligence für die
3. Letter of Engagement 9	Prospekthaftung 35
4. Syndizierung 11	VII. Zulassungsverfahren 41
5. Offerte 12	VIII. Pre-Marketing 42
III. Kick-off/Zeitplan 13	1. Allgemeines 42
IV. Due Diligence 14	2. Richtlinien für die Öffentlichkeitsarbeit 43
1. Allgemeines 14	IX. Marketing/öffentliches Angebot 46
2. Legal Due Diligence 15	1. Road Shows 47
a) Legal Opinion 16	2. One-on-One-Meetings 49
b) Disclosure Opinion 17	3. Ordertaking (Bookbuilding) 51
c) Rechtliche Qualitätskriterien für Emittenten 18	X. Aktienübernahme 53
	XI. Platzierung 56
3. Business Due Diligence (Comfort Letters) .. 20	1. Festlegung des Emissionspreises 57
a) Allgemeines 20	2. Zuteilung der Wertpapiere 61
b) Wirtschaftliche Qualitätskriterien für Emittenten 21	a) Directed Allocation 63
	b) Free Retention 64
4. Updated Legal Opinions und Comfort Letters 22	XII. Kursstabilisierung 65
V. Gesellschaftsrechtliche Maßnahmen 23	XIII. Wrap-up 67
1. Bezugsrecht 25	C. Ausblick 71

A. Einführung

Beginnend ab 1983 war auf den internationalen Aktienmärkten eine „Renaissance der Aktie" festzustellen.[1] Mit Schaffung des Neuen Marktes im Jahre 1997 und dessen zunächst schwindelerregender Entwicklung wagte man sogar von einem neuen „Aktien-Boom" und der Entwicklung einer nachhaltigen deutschen „Aktienkultur" zu sprechen. Dem entsprach eine rapide Zunahme von bankbegleiteten internationalen Börseneinführungen deutscher Unternehmen, die in den Anfangsjahren als „Wella-Welle" startete und im Börsenjahr 1999 mit einer Rekordzahl von 168 Börsengängen gipfelte.   **1**

Der weitgehende Zusammenbruch des Hochtechnologiesektors, Unsicherheiten bei der Unternehmensbewertung von Internetfirmen, die großen „dotcom-Pleiten" – in den Vereinigten Staaten damals zynisch als „dotgones" bezeichnet – und eine globale Wirtschaftsschwäche, weiter intensiviert durch die Ereignisse des 11.9.2001, kehrten das bis dahin leuchtende Bild der Börse, insbesondere des Neuen Marktes, in ein düsteres Gemälde exorbitanter Verluste und schier endloser Baissen. EM.TV, boo.com, Flowtex, Informatec oder Comroad stehen stellvertretend für einen aus der Retroperspektive deplatzierten Börsenenthusiasmus. Nicht wesentlich verbessert wurde dies durch die weitreichende Finanzkrise nach dem Zusammenbruch von Lehman Brothers und den Ausfall von besicherten Wertpapieren (CDOs) aus dem Immobiliensektor oder stark fremdfinanzierten Unternehmensübernahmen, gefolgt von der zusätzliche Investitionsunsicherheit schürenden Staatsschuldenkrise. Die Banken sehen sich daher weiterhin gezwungen, ihre Rolle als Emissionsteilnehmer, um eine neutrale Formulierung zu verwenden, zu überdenken und der jeweiligen Unternehmens- bzw Marktsituation anzupassen. Die Tatsache, dass die Rolle der Banken bei Neuemissionen damit nach heutigen Maßstäben weit vielschichtiger ist als noch vor einigen Jahren[2] und Banken nicht mehr lediglich als „Börsenkatapult" angesehen werden dürfen, liegt hierbei auf der Hand.   **2**

---

[1] Statt aller: *Hansen*, AG 1997, 207, 208.

[2] So wohl auch *Schanz*, Börseneinführung, S. 263 ff Rn 7 ff und bereits *Hopt*, Die Verantwortlichkeit der Banken bei Emissionen, 1991, S. 13 ff.

B. Praxis der Börseneinführung

I. Allgemeines. 1. Vorstandsentscheidung. Die Börseneinführung (bzw eine Sekundärplatzierung) beginnt mit der grundsätzlichen Entscheidung der Geschäftsführung bzw des Vorstands und Gesellschafter bzw Aktionäre, die (uU erst zukünftigen) Aktien der Gesellschaft an der Börse zu platzieren.[3] Zur Sicherstellung aller mit der Börseneinführung verbundenen Verpflichtungen und eines reibungslosen Ablaufs der Platzierung nimmt der Emittent bereits in einem sehr frühen Stadium Kontakt mit potenziellen emissionsbegleitenden Banken und Rechtsberatern auf. Nicht selten werden Banken, Wertpapierdienstleister und Rechtsberater von sich aus durch einen sog. Cold Letter[4] auf die Gesellschaft zukommen, sobald sie durch die **Veröffentlichung des Vorstandsbeschlusses** oder aufgrund einer Pressemitteilung oder auf sonstige Art und Weise Kenntnis von der Absicht der Börseneinführung der Aktien der Gesellschaft erlangen.[5]

Die Gründe für die Entscheidung des Vorstands oder der Hauptversammlung,[6] die Aktien der Gesellschaft an der Börse zu platzieren, können vielfältig sein.[7] Im Vordergrund wird jedoch meist der **Finanzierungsbedarf der Gesellschaft** stehen. Die Börseneinführung ist, wenn sie – wie regelmäßig – mit einer Barkapitalerhöhung verbunden ist, zunächst ein Mittel zur Beschaffung von Eigenkapital. Den Weg der Erhöhung des Eigenkapitals wird die Gesellschaft aber nur dann wählen, wenn die Börse und die Anleger für neue Aktien aufnahmefähig und -willig sind und demzufolge die Bedingungen auf dem Fremdkapitalmarkt durch ein hohes Zinsniveau oder strukturelle Unsicherheiten ungünstig sind. Ein weiterer Grund kann die mit der Börseneinführung verbundene Bekanntheit der Gesellschaft bei Banken, potenziellen Lieferanten oder Abnehmern und damit bei Kunden und Anlegern (**Investor Relations**)[8] sein. Weiterhin bietet sich durch die Börseneinführung und die damit verbundenen oft weit reichenden, teilweise an internationalen Standards ausgerichteten Publizitätspflichten, für Kunden und Investoren die Möglichkeit, sich über das Unternehmen zu informieren. Das Ansehen der Gesellschaft wächst, je höher die von ihr zu erfüllenden Publizitätspflichten sind.[9] Deren Erfüllung ist ein Zeichen für Qualität. Die mit der Erfüllung der Publizitätspflichten einhergehende **Steigerung der Qualität** des Unternehmens hat zudem Auswirkungen auf eine etwaige **Unternehmensbewertung (Rating)** von darauf spezialisierten Agenturen (zB Moody's; Standard & Poor's). Verbessert sich dieses Rating, so verringern sich für die Zukunft die Kapitalbeschaffungskosten der Gesellschaft und umgekehrt. Schließlich besteht im Falle der Börsennotierung der Aktien aus praktischer Sicht die Möglichkeit, Beteiligungen durch einen Aktientausch zu finanzieren.[10]

2. Rolle des Emissionskonsortiums. Die emissionsbegleitende Bank, der Konsortialführer, ist in enger Zusammenarbeit mit dem Emittenten generell für die **verantwortliche Durchführung der Emission**, dh insbesondere für die Due Diligence, die Öffentlichkeitsarbeit, die Prospekterstellung, die Führung des Orderbuchs, die Betreuung im Zulassungsverfahren und die Kursstabilisierung der Aktien im frühen Sekundärmarkt, zuständig. Die Beteiligung der weiteren Konsorten beschränkt sich auf die Zeichnung der ihnen zugeteilten oder – je nach Modell – der von ihnen akquirierten Aktien und deren Weiterveräußerung an Anle-

---

[3] Aus gesellschaftsrechtlicher Sicht ist dazu zunächst ein entsprechender Vorstandsbeschluss nötig, der die Absicht der Börseneinführung manifestiert. Hierbei ist umstritten, ob der Vorstand wegen der weit reichenden, strukturverändernden Folgen der Börsennotierung der Aktiengesellschaft (vgl nur § 3 Abs. 2 AktG) hierzu der Zustimmung der Hauptversammlung bedarf. Vgl allg. BGHZ 83, 122 = NJW 1982, 1703 (Holzmüller); Kessler, AG 1995, 61 ff; Timm, AG 1980, 172 ff; Hirte, Bezugsrechtsausschluss und Konzernbildung, 1986, S. 184 f; Martens, ZHR (147) 1983, 377, 412 f; Heinsius, ZGR 1984, 383, 403 f; Vollmer/Grupp, ZGR 1995, 459, 463. In der Praxis stellt sich dieses Problem selten, da in der Regel mit der Börseneinführung Kapitalmaßnahmen und Satzungsänderungen verbunden sind, die ohnehin in die Zuständigkeit der Hauptversammlung fallen.

[4] Diese Praxis ist nicht mit dem im Wertpapierhandelsrecht untersagten „Cold Call" zu verwechseln.

[5] Trotz der anhaltenden Entwicklung vom Relationship Banking zum Transactional Banking ist nicht zu übersehen, dass die Gesellschaften in aller Regel mit den für die Begleitung der Börseneinführung in Frage kommenden Banken im Vorfeld geschäftlichen Kontakt haben, so dass eine frühzeitige Einschaltung auch praktisch möglich ist.

[6] Vgl oben Fn 3.

[7] Vgl ausführlich Schanz; Börseneinführung, S. 8 ff Rn 1 ff.

[8] Dazu Jäger, NZG 2000, 186 ff; Ekkenga, NZG 2001, 1 ff.

[9] Die Erfüllung der Publizitätspflichten stellt hohe Anforderungen an die Emittenten, so dass dieser Aspekt oft auch als Nachteil der Börseneinführung angesehen wird, vgl Schanz, Börseneinführung, S. 13 f Rn 17 f.

[10] Diese Möglichkeit besteht selbstverständlich auch für nicht börsennotierte Gesellschaften. Wegen der komplizierteren Bewertung des Aktienwertes in diesem Fall ist dieser Weg in der Praxis jedoch weniger weit verbreitet. Aus praktischer Sicht sollten im zeitlichen Vorfeld des IPOs (zwei Jahre) durchgeführte Fusionen auf die AG, Sachkapitalerhöhungen bei der AG oder Gesellschaftskäufe der AG sowie Mitarbeiterbeteiligungsprogramme bei der AG nicht zu einem Wert durchgeführt worden sein bzw noch durchgeführt werden, der die Hälfte oder mehr des Kapitalmarktwertes der Gesellschaft (vor IPO) ausmacht (insbesondere keine sog Step-up-Modelle). Es sollte eine pre- und post-money-Planung zur Due Diligence vorliegen, sofern nach der Börsenplatzierung bzw mit den der Gesellschaft durch die Börsenplatzierung zugeführten Mitteln Unternehmensakquisitionen geplant sind. Andernfalls genügt eine Pre-money Planung. Geplante Akquisitionen sollten kein Bestandteil der Bewertung sein.

ger (sog. Selling Group).[11] Aus rechtlicher Sicht zwingt bereits die Notwendigkeit einer Bankbegleitung der Emission in allen Marktsegmenten mit Ausnahme des Freiverkehrs (§ 48 BörsG) zu einer Einschaltung der Banken.[12]

II. Mandatierung. 1. Allgemeines. Die Aufgaben der Banken bei der Begleitung von Emissionen sind zahlreich, wenngleich von fallweise unterschiedlicher Ausgestaltung der Verträge abhängig. Mit der **Mandatierung des oder der Konsortialführer/s** – „(Joint) Lead Manager" – übernimmt die emissionsbegleitende Bank die Mitverantwortung für den Erfolg der Platzierung. Deutlich wird dies insbesondere in der gesetzlichen Prospekthaftung der Emissionsbegleiter nach § 21 WpPG (vgl unten Rn 34 ff), die auch und gerade für die Banken die Prospekterstellung in den Mittelpunkt des Interesses rückt, wenngleich sich die Banken in den meisten Fällen im Innenverhältnis zum Emittenten von gegen sie gerichteten Ansprüchen auf Prospekthaftung freistellen lassen.

Seitens der Banken wird insbesondere Wert auf eine rechtliche und wirtschaftliche Absicherung in Zusammenarbeit mit den Wirtschaftsprüfern und Rechtsberatern gelegt. Auch die **Syndizierung des Konsortiums** dient neben der Aufteilung der bisweilen beträchtlichen Emissionsvolumina letztlich der Risikominimierung. Im Zusammenhang mit den Krisen in den Wertpapiermärkten, die in ihrer Form auch und gerade für Deutschland Auswirkungen auf den Primärmarkt für Aktienemissionen hatten, und dem grundsätzlichen Bestreben nach einer Minimierung des wirtschaftlichen und rechtlichen Emissionsrisikos im Allgemeinen gingen die Banken immer mehr dazu über, bereits im Vorfeld der Börseneinführung eine (bisher eher seltene bzw oberflächliche) Überprüfung der wirtschaftlichen und juristischen Qualität des Emittenten vorzunehmen.[13]

2. Beauty Contest. Die potenziell konsortialführenden Banken werden von der Gesellschaft zu einer **Präsentation eines Emissionskonzepts** eingeladen („Beauty Contest"), in dessen Rahmen die Banken die wesentlichen Bausteine und Probleme der geplanten Emission darstellen. Im Rahmen dieser Präsentation werden seitens der Banken erste indikative Angaben über denkbare **Emissionsparameter** und eine erste, noch vorläufige Einschätzung der Unternehmensbewertung gemacht. Die Auswahl der konsortialführenden Bank richtet sich in erster Linie nach den Zielen der Gesellschaft und der nationalen oder internationalen Platzierungserfahrung der Bank im betreffenden Handels-/Marktsegment bzw Industriesektor. Die Fragen des nach Ansicht der Bank zu erwartenden Emissionspreises und die Höhe der Provision sollten in diesem frühen Stadium nicht die entscheidende Rolle spielen. Um den eingeladenen Banken die Möglichkeit der Präsentation eines Emissionskonzepts aus Bankensicht zu ermöglichen, stellt der Emittent den Banken eine Zusammenstellung der tragenden Unternehmensdaten und Perspektiven der Gesellschaft in einem sog. Factbook zur Verfügung. Schon vor dem Beauty Contest muss seitens des Emittenten eine attraktive **Equity Story** zumindest im Ansatz vorhanden sein. Die Equity Story wird im weiteren Verlauf der Emission, insbesondere bei der eigentlichen Unternehmenspräsentation gegenüber den Investoren und Analysten in der Pre-Marketing-Phase und der Marketing-Phase eine entscheidende Rolle spielen (vgl unten Rn 46 ff).[14]

3. Letter of Engagement. Hat sich der Emittent aufgrund der Darstellung der Banken im Rahmen des Beauty Contest für einen Konsortialführer (Lead Manager) entschieden, und hat dieser aufgrund der (noch vorläufigen) qualitativen Beurteilung des Emittenten die Bereitschaft zur Begleitung der Börseneinführung signalisiert, folgt eine von der konsortialführenden Bank bzw von deren Beratern verfasste **Absichtserklärung**, der sog. Letter of Engagement (LoE).[15] In diesem werden zunächst die wesentlichen Punkte der zwischen der Gesellschaft und der Bank noch zu schließenden Verträge und der wirtschaftliche und rechtliche Rahmen der Emission festgelegt. Meist stehen zum Zeitpunkt des Engagement Letters die anderen Konsor-

---

11 Das Emissionskonsortium besteht wegen der Größe der Transaktionen und des damit verbundenen Risikos immer aus mehreren Banken, die in aller Regel eine Gesellschaft bürgerlichen Rechts bilden. Häufig ist die Anwendbarkeit der §§ 705 ff BGB aber durch vertragliche Regelungen ausgeschlossen. Die konsortialführende Bank wird als Lead Manager und Bookrunner bezeichnet. Insgesamt werden die Banken als Underwriters bezeichnet, da sie die zu platzierenden Aktien nach Abschluss der Orderphase zeichnen werden (vgl unten Rn 53, Übernahmevertrag).
12 *Schanz*, Börseneinführung, S. 270 Rn 19 f.
13 Es darf nicht unterschätzt werden, dass auch das Rating der Banken und deren Positionierung in den sog League Tables, für diese ein eminentes Entscheidungskriterium bei der Frage der Begleitung einer Emission darstellen. So wie das Rating der Bank durch erfolgreiche Emissionen verbessert wird, so verliert es auch im Falle einer vom Markt negativ aufgenommenen Emission.

14 Spätestens jedoch zum Beginn der Due Diligence sollte die Equity Story ausformuliert und schlüssig existieren. Sollte diese im Factbook nicht enthalten sein, so liegt es im Interesse der Banken, diese vor dem Beauty Contest nachzufordern. Auch die Aufteilung des Umsatzes gemäß Produktbereichen sollte vor dem Beauty Contest schon vorliegen. Dasselbe gilt für die Umsatzanteile gemäß Abnehmerbranchen. Die Abteilungsstrukturen des Emittenten müssen spätestens nach dem Beauty Contest, dh noch vor der Due Diligence vorhanden sein, dh die Geschäftsführungsebene sowie die einzelnen Funktionsbereiche und danach die operativen Ebenen müssen existieren und nicht erst im Zusammenhang mit der Präsentation des Unternehmens für die Marketing-Phase geschaffen werden. Schließlich müssen die Gründe für die Börseneinführung schon vor dem Beauty Contest offen gelegt werden.
15 *Schanz*, Börseneinführung, S. 270 f Rn 19 f.

tialbanken noch nicht vollständig fest, so dass sich der Lead Manager in der Regel, auch wegen dessen aufgrund der Begleitung von mehreren Emissionen erworbenen Marktkenntnis, zur diesbezüglichen Beratung, dh zu Vorschlägen für die Zusammensetzung des Konsortiums und der Selling Group, verpflichtet. Der Letter of Engagement ist in der Regel vergleichsweise kurz und enthält eine schematische **Aufgabenverteilung** zwischen der Bank und der Gesellschaft (zB Due Diligence, Prospekterstellung, Öffentlichkeitsarbeit), Regelungen hinsichtlich des Honorars der Bank und Voraussetzungen für den späteren Abschluss des Übernahmevertrags sowie eine umfassende Vertraulichkeitsverpflichtung.[16]

10 Wichtig ist schließlich die **Honorarregelung** der Banken, die häufig schon im Engagement Letter festgelegt wird. Üblich ist eine Provision der Bank iHv 3 bis 5 % des Emissionsbetrags. Die Zahlung einer sog. Incentive Fee iHv rund 1 % des Emissionspreises liegt im Ermessen des Emittenten. Sie soll dann gezahlt werden, wenn der Emittent mit der Abwicklung der Emission durch die begleitenden Banken zufrieden war. Im Falle von internationalen Emissionen besteht die Möglichkeit, die Honorarvereinbarung der Banken weiter zu individualisieren, um so der Emissionspraxis in anderen Ländern entsprechen zu können (zB durch sog. Jump-Balls oder Exempt Lists).[17]

11 **4. Syndizierung.** Steht der Konsortialführer mit der Unterzeichnung des Letter of Engagement fest, lädt dieser in Abstimmung mit der Gesellschaft und unter Berücksichtigung der Platzierungsziele des Emittenten weitere Banken mittels eines sog. **Invitation Telex** ein. Im Zuge des Syndizierungsprozesses[18] empfiehlt es sich etwa, eine US-amerikanische Bank zu mandatieren, wenn auch eine Platzierung in den Vereinigten Staaten geplant ist, sei es als öffentliches Angebot, sei es als Privatplatzierung nach der einschlägigen US-amerikanischen Rule 144A. Teilweise werden in großen, insb. internationalen Emissionen mehrere Co-Lead Managers oder Joint Global Coordinators bestimmt, die dann gemeinsam mit dem Konsortialführer zufallenden Aufgaben, insb. die Führung des Orderbuchs als sogenannte Bookrunner, ausführen. Das Rechtsverhältnis der Konsorten untereinander wird in einem separaten Vertragswerk geregelt, zu dem der Emittent in der Regel nicht Partei ist (sog. Agreement among Managers). Diese **Konsortialvereinbarung** hat im Wesentlichen die Regelung der Aufteilung der Platzierung nach Regionen und/oder Investorengruppen zum Gegenstand. Weiter ist darin das mitunter sehr komplexe Verfahren der Aufteilung der vom Emittenten an das Konsortium zu richtenden Entgelte enthalten.[19] Nicht fehlen dürfen freilich vertragliche Regelungen zur Flexibilisierung der Emissionsmethode und der Syndizierung.

12 **5. Offerte.** Im nach der Unterzeichnung des Letter of Engagement von der Bank unterbreiteten **vollständigem Angebot**, der sog. Offerte, finden sich ausführliche Regelungen zum Ablauf der Emission, die den Letter of Engagement inhaltlich weiter konkretisieren. Die Kapitalverhältnisse und die bis zur Börseneinführung noch durchzuführenden Maßnahmen werden beschrieben, der Ablauf der Zeichnung durch das Konsortium festgelegt. Außerdem übernimmt die Gesellschaft in der Regel umfangreiche **Garantien** und stellt die Bank regelmäßig von eventuellen gesetzlichen Prospekthaftungsansprüchen frei, selbst wenn die Bank, wie in aller Regel, die Verantwortung für die Prospekterstellung übernommen und getragen hat. Weiterhin räumt die Gesellschaft der Bank für bestimmte Fälle ein Rücktrittsrecht ein, insb. wenn sich die Verhältnisse am Kapitalmarkt durch unvorhergesehene Ereignisse derart verändern, dass die Durchführung des Vorhabens gefährdet und der Bank nicht mehr zumutbar ist, sog. MAC-Klausel (Material Adverse Change) oder force-majeure-Klausel.[20] Da aufgrund der noch nicht durchgeführten Due Diligence eine vollständige qualitative Bewertung des Unternehmens noch nicht möglich ist, behalten sich die Banken in der Regel in der Offerte und auch schon im Letter of Engagement auch vor, von der Begleitung der Emission Abstand zu nehmen, sofern im Rahmen der Due Diligence Faktoren bekannt werden, die ein Misslingen der Emission aus Sicht der Banken zur Folge haben könnten. Für den Fall des Abbruchs der Emission ist der konsortialführenden Bank meist seitens der Gesellschaft eine **Aufwandsentschädigung** zu zahlen (sog. Break-up-Fee).[21] Schließlich findet sich eine Regelung zur Kostentragung (insb. Prospekterstellung, Anwaltshonorare, Reisekosten, Kosten für Werbemaßnahmen). In diesem Bereich sind die Regelungen recht unterschiedlich. Teilweise finden sich Pauschalsummen, die von Emittent oder Bank zu tragen sind, teilweise aber auch Ver-

---

16 Letztere wird bisweilen auch als Vertraulichkeitsvereinbarung in einem separaten Vertrag unterzeichnet. Derartigen Vertraulichkeitsverpflichtungen haben sich im Rahmen der Emission in aller Regel nicht nur die Bank, sondern auch die Berater und Wirtschaftsprüfer zu unterwerfen, da diese ebenfalls im Rahmen der Due Diligence Einblick in die Verhältnisse des Emittenten, insb. auch in dessen Geschäftsgeheimnisse, erhalten.

17 Ausführlich zu verschiedenen gebräuchlichen Variationen *Willamowski*, WM 2001, 653, 659 f.
18 Dazu *Schanz*, Börseneinführung, S. 272 ff Rn 22 ff mwN.
19 Vgl dazu auch *Willamowski*, WM 2001, 653, 657 f.
20 Dazu *Busch*, WM 2001, 1277 ff.
21 Diese Regelungen dem Letter of Engagement zuordnend *Schanz*, Börseneinführung, S. 271 Rn 20.

einbarungen dahin gehend, dass der Emittent sämtliche Kosten tragen soll, sofern die Aufträge mit ihm abgestimmt waren oder in seinem Namen durch die Bank erteilt wurden.[22]

III. Kick-off/Zeitplan. Nachdem die emissionsbegleitenden Banken, Wirtschaftsprüfer und Rechtsberater ausgewählt und mandatiert wurden, folgt ein allseitiges Kick-Off-Meeting. In diesem wird der (vorläufige) **Zeitplan für das IPO** festgelegt und die **Verantwortlichkeit** für die einzelnen Maßnahmen verteilt. Damit dieser Zeitplan realistisch bleibt, müssen die wesentlichen Problempunkte insb. im gesellschaftsrechtlichen Bereich bereits zuvor identifiziert worden sein. Abhängig von der Größe der Transaktion und durchzuführenden Maßnahmen bewegt sich der Zeitrahmen meist zwischen drei und sechs Monaten. Spätestens drei Monate vor der Erstnotierung sollte ein vollständiger (durch die Gesellschaft bzw ihren Berater erstellter) Projektzeitplan (auch inkl. den Zeitpunkten für die Vorlage der Prüfungsberichte der Wirtschaftsprüfer sowie der rechtlichen Transaktionen) vorliegen.

IV. Due Diligence. 1. Allgemeines. Due Diligence bedeutet wörtlich „gebotene Sorgfalt". Gemeint ist damit die **Überprüfung der rechtlichen und wirtschaftlichen Verhältnisse der Gesellschaft** auf mögliche Risiken.[23] Die Due Diligence-Prüfung teilt sich in eine Legal Due Diligence, die in der Regel von den Rechtsberatern der Konsortialbanken durchgeführt wird, und eine Business/Financial Due Diligence, auch mit Blick auf steuerrechtliche Fragen,[24] in der schwerpunktmäßig die Jahresabschlüsse und etwaige Halbjahres- und oder sonstige Zwischenberichte durch Wirtschaftsprüfer geprüft werden.[25] Die für die Due Diligence benötigten Dokumente[26] werden in der Regel mittels spezialisierter Dienstleister in einem eigens hierfür eingerichteten physischen oder elektronischen Datenraum (data room) zusammengestellt, wodurch die Due Diligence beschleunigt und die Beeinträchtigung beim Emittenten durch die Prüfung vermindert wird. Der Zugang zu dem Datenraum und der Umgang mit dem zur Verfügung gestellten Material der Gesellschaft wird meist mithilfe vertraglich vereinbarter Datenraumregeln festgelegt, deren Einhaltung strikt kontrolliert wird. Die Ergebnisse der Due-Diligence-Prüfung werden in einem Due-Diligence-Bericht zusammengefasst. Hierbei wird je ein separater Due-Diligence-Bericht für die Legal und die Financial Due Diligence erstellt.

2. Legal Due Diligence. Schwerpunkte der Legal Due Diligence sind die **gesellschaftsrechtlichen Verhältnisse** des Emittenten, also insb. die Satzung, Geschäftsordnungen von Vorstand und Aufsichtsrat, Protokolle der Hauptversammlungen, der Vorstands- und Aufsichtsratssitzungen, Kapitalerhöhungsbeschlüsse, Handelsregistereintragungen und Unternehmensverträge. Geprüft werden außerdem Verträge der Gesellschaft, die einen bestimmten Betrag überschreiten oder lange Laufzeiten haben oder sonst Auswirkungen auf die Finanz- und Ertragslage des Emittenten haben können sowie die Verbindlichkeiten der Gesellschaft. Auch die Arbeitsverträge insb. mit für die Gesellschaft wesentlichen Arbeitnehmern sowie die Dienstverträge der Vorstandsmitglieder zählen zum Prüfungsumfang. Ein weiterer Punkt sind die gewerblichen Schutzrechte und Urheberrechte sowie bestehende Lizenzverträge und die sich hieraus ergebenden Risiken. Ein wichtiger Bereich sind auch die anhängigen oder drohenden Rechtsstreitigkeiten und deren Erfolgsaussichten. Endlich hat die Gesetzgebung insbesondere der Vereinigten Staaten und Großbritanniens zur Prüfung verschiedenster Rechtsfragen im Bereich der allgemeinen Rechtsverhältnisse des Emittenten geführt. Gegenstand der Due Diligence in diesem weiten Bereich der Compliance sind etwa Vertragsbeziehungen zu bestimmten Unternehmen bzw Ländern (USA: FCPA – Foreign Corrupt Practices Act) oder mögliche Risiken aus unerlaubten Praktiken (UK: Bribery Act).

a) Legal Opinion. Die Berater der Konsortialbanken und des Emittenten erstellen nach Durchführung der Due Diligence-Prüfung und Erstellung des Prospekts ein **Rechtsgutachten**, in dem sie den Banken bzw dem Emittenten bestimmte, von ihnen geprüfte rechtliche Umstände bestätigen (sog. Legal Opinion). Regelmäßig wird bestätigt, dass die Gesellschaft wirksam errichtet wurde und besteht (vgl zB §§ 1 ff BörsZulV), dass sie bei der Unterzeichnung des Übernahmevertrages ordnungsgemäß vertreten wurde und dieser somit wirksam ist, dass die Kapitalerhöhung wirksam beschlossen und durchgeführt wurde sowie dass die von den jeweiligen Rechtsberatern erstellten Prospektteile richtig und vollständig sind. Bei der Erstellung der Legal Opinion werden allerdings einige, eher praktische Fragen ohne Prüfung vorausgesetzt bzw unterstellt

---

[22] Eine für den Emittenten ungünstige Regelung ist etwa die Verpflichtung zur Tragung sämtlicher Kosten, auch wenn die Aufträge durch die Bank erteilt und nicht mit ihm abgestimmt worden sind.

[23] Ausführlich *Schanz*, Börseneinführung, S. 237 ff Rn 1 ff; *Schulte*, DStR 2000, 1437 ff.

[24] Soweit keine eigenständige Tax Due Diligence durchgeführt wird. Sofern in der Due Diligence Prüfung und/oder Plausibilitätsprüfung steuerliche Risiken bekannt werden, so sind für diese Risiken Freistellungserklärungen der Altgesellschafter einzuholen.

[25] In den vergangenen Jahren haben sich weitere Spezialgebiete der Due Diligence herausgebildet, so insb. die Tax, Environmental und Management Due Diligence, vgl dazu *Schanz*, Börseneinführung, S. 238 Rn 3 ff.

[26] Vor der Due Diligence sollte ein detaillierter Investitions- und Finanzplan (Verwendung der Emissionserlöse) vorliegen. Ebenso sollten vor dem Abschluss der Due Diligence unterjährige Quartalszahlen für das Jahr vor, während und nach der Platzierung vorhanden sein.

(sog. Assumptions).[27] Weiterhin enthält die Legal Opinion bestimmte Einschränkungen (sog. Qualifications) wie das Prinzip von Treu und Glauben, den Vorrang insolvenzrechtlicher Bestimmungen und die Beschränkung der Aussagen auf ein bestimmtes nationales Recht. Außerdem sind regelmäßig Ausführungen zur möglichen Unwirksamkeit der im Übernahmevertrag geregelten Freistellungsverpflichtung im Falle von Prospekthaftungsansprüchen im Hinblick auf § 57 AktG enthalten.[28]

17 **b) Disclosure Opinion.** In einer im Nachgang zur Erstellung der Legal Opinion in der Regel ebenfalls anzufertigenden sog. Disclosure Opinion bestätigen die Anwälte, dass ihnen auch in den übrigen Beratungen, in zeitlicher Folge nach Erteilung der Legal Opinion und bei der Einsichtnahme in Unterlagen der Gesellschaft keine Umstände bekannt geworden sind, die zur Unrichtigkeit des Prospekts führen würden.

18 **c) Rechtliche Qualitätskriterien für Emittenten.** Aus rechtlicher Sicht gibt es für Aktienemissionen/Börseneinführungen eine Reihe von Faktoren, die direkte oder indirekte Aussagekraft für die **Börsenreife des Unternehmens** bzw der zu emittierenden Aktien haben. Dabei haben insbesondere Erfahrungswerte immer wieder verschiedene Problemfelder beleuchtet. Die entsprechenden gesetzlichen Vorschriften, insbesondere die der Börsenzulassungsverordnung und des Wertpapierprospektgesetzes, setzen die Erfüllung bestimmter Kriterien für eine Börsenzulassungsreife der Gesellschaft voraus. Grundsätzlich steht dabei die Forderung nach einer soliden rechtlichen und wirtschaftlichen Existenz der Emittenten im Mittelpunkt.

19 Im Hinblick auf das Erfordernis, dass der Emittent über den Emissionserlös bzw den Erlös aus der Kapitalerhöhung frei verfügen können muss (vgl zB § 188 Abs. 2 iVm § 36 Abs. 2 AktG)[29] sowie im Hinblick auf mögliche Probleme mit den Grundsätzen der verdeckten Sacheinlage[30] ist zB die Existenz von Gesellschafterdarlehen oder Verrechnungskonten der Altgesellschafter mit einem Volumen von insgesamt mehr als 5 % des Emissionserlöses nachteilig. Unter anderem sollten auch aus Mitarbeiterbeteiligungsprogrammen bei der Ausübung von Optionen und Wandlungsrechten entstehende Aktien im vernünftigen Verhältnis zum gesamten Aktienbestand stehen (nicht mehr als 10 %). Im Rahmen eines vom Emittenten aufgelegten Mitarbeiterbeteiligungsprogramms (mittels Optionen oder Wandelschuldverschreibungen) muss ein Mindestbezugspreis für Aktien aus einem Mitarbeiterbeteiligungsprogramm existieren bzw vertraglich vereinbart sein. Zwischen Abschluss der Plausibilitätsprüfung und der Erstnotierung sollte zudem kein Unternehmenskauf erfolgen, der die Unternehmensplanung und die rechtliche Struktur des Konzerns verändert. Schließlich sollte die vereinbarte Lock-up-Periode mindestens 12 bis 18 Monate betragen. Eine kürzere Lock-up-Periode sollte nur in begründeten Ausnahmefällen vereinbart werden.[31]

20 **3. Business Due Diligence (Comfort Letters). a) Allgemeines.** Die „Legal Opinion" für den finanziellen Teil der Due Diligence ist der sog. **Comfort Letter** der Wirtschaftsprüfer.[32] In diesem legen diese das Ergebnis ihrer bilanziellen Prüfung fest und bestätigen den Banken und dem Emittenten die **Richtigkeit der Jahresabschlüsse**.[33] Der Zweck dieser Opinions besteht ebenfalls darin, das Risiko der Prospekthaftung aus § 21 WpPG für den Gegenstand der Untersuchung abzumildern (vgl näher unter Rn 34 ff).

21 **b) Wirtschaftliche Qualitätskriterien für Emittenten.** In wirtschaftlicher Hinsicht ist für die seitens der Wirtschaftsprüfer zu testierende „Qualität" des Emittenten insbesondere von Bedeutung, dass das bilanzielle Eigenkapital der Gesellschaft mindestens die eventuell vorhandenen Firmenwerte zum Börsengang abdeckt. Das bilanzielle Eigenkapital einer an die Börse zu führenden Aktiengesellschaft darf zum Börsengang nicht negativ sein (das gilt auch im Konzern).[34] Vorsicht ist auch geboten bei unklaren und eingeschränkten Aussagen des Plausibilitätsprüfers bezüglich der Plausibilität der Planung[35] und unklaren und eingeschränkten Aussagen des Gutachters bezüglich der Funktionalität, der Marktreife und des technischen Betriebs der analysierten Produkte. Die Gesellschaft soll im Kerngeschäft (Core Business) der Equity Story

---

27 Insbesondere, dass die Unterschriften auf den geprüften Dokumente sowie die als Originale vorgelegten Dokumente echt sind, dass Kopien mit dem Original übereinstimmen und dass als Entwurf vorgelegte Verträge mit der später unterzeichneten Fassung übereinstimmen.

28 Vgl zu dieser Problematik LG Frankfurt aM WM 1998, 1181, 1185 f; *Krämer/Bandisch*, WM 1998, 1161, 1162 ff; *Schanz*, Börseneinführung, S. 301 f Rn 92 ff.

29 Str. ist der Zeitpunkt der freien Verfügbarkeit, wobei nach hM auf den Zeitpunkt der Anmeldung abzustellen ist, vgl BGHZ 119, 177, 187 f = NJW 1992, 3300; KölnKomm-AktG/*Lutter*, § 188 Rn 11; *Wiedemann*, ZIP 1991, 1257, 1261. Aus den Zeitpunkt der Eintragung abstellend *Schippel*, in: FS Steindorff, 1990, S. 249, 252 f.

30 Vgl nur *Hüffer*, § 27 AktG Rn 8 ff mit zahlr. w. Nachw.; im Kontext von Börseneinführungen *Schanz*, Börseneinführung S. 293 ff Rn 68 ff.

31 ZB falls VC- und Beteiligungsunternehmen engagiert sind.

32 Dazu *Ebke/Siegel*, WM 2001, Sonderbeilage 2, S. 1 ff.

33 An die Stelle des früher in § 322 Abs. 1 S. 1 HGB enthaltenen sog „Formeltestats" tritt nunmehr ein Kernsatz des Bestätigungsvermerks, § 322 Abs. 1 S. 3 HGB, und darüber hinaus eine Umschreibung der Tätigkeiten des Abschlussprüfers sowie eine Bewertung des Prüfungsergebnisses, § 322 Abs. 1 S. 2 HGB iVm § 322 Abs. 2 HGB.

34 Soweit ausländische Gesellschaften signifikant zum Umsatz der AG beitragen, sind die rechtlichen Verhältnisse und die wirtschaftliche Leistungsfähigkeit der ausländischen Gesellschaften vor Ort zu verifizieren (Comroad).

35 Folgender Satz sollte in der Zusammenfassung des Gutachtens enthalten sein: „Die Planung der xy AG ist plausibel, vollständig und rechnerisch richtig."

eine marktführende Position innehaben. Geschäftsbereiche ohne wirtschaftliche Geschäftsgrundlage (zB keine Umsätze) außerhalb des Kerngeschäfts sollten nicht wesentlicher Bestandteil der Bewertung sein. Das an die Börse zu führende Unternehmen sollte aus einer Wachstumsbranche[36] stammen (dh die Wachstumsrate des Umsatzes/Ertrags oder ähnlich quantifizierbare Faktoren sollte eine zweistellige Höhe aufweisen) und sich besser als das Marktwachstum entwickeln, dh der Marktanteil des Unternehmens sollte sich im Zeitverlauf erhöhen. Das Unternehmen sollte seit hinreichender Zeit bestehen[37] und der Umsatz sollte im abgelaufenen Geschäftsjahr bzw im Jahr der Börseneinführung eine kritische Umsatzgröße (mindestens 5 Mio. EUR) überschreiten. Die Entwicklung der Umsatzrendite oder anderer relevanter Margen des Unternehmens sollten (im Vorjahresvergleich) besser als die Entwicklung der Vergleichsgrößen des Marktes sein.

4. Updated Legal Opinions und Comfort Letters. Im weiteren Verlauf der Emission verlangen die Konsortialbanken häufig weitere sog. Updated Legal Opinions oder Comfort Letters. Diese bestätigen in einem kurzen Schreiben unter Bezugnahme auf die bereits bestehende Legal Opinion bzw den bestehenden Comfort Letter, dass sich seit deren Erteilung die Umstände die zu ihrer Erteilung geführt haben nicht geändert haben und die in der Legal Opinion bzw dem Comfort Letter getroffenen Aussagen weiterhin zutreffend sind.

V. Gesellschaftsrechtliche Maßnahmen. In der Regel wird die emittierende Gesellschaft nicht in einer börsenreifen Form bestehen. Zum einen kann die Gesellschaft eine andere Rechtsform haben, zum anderen kann die Kapitalausstattung oder die (Konzern-)Struktur Defizite aufweisen, die es im Interesse einer erfolgreichen Platzierung zu bereinigen gilt. Nicht zuletzt der durch die Analysten verursachte Abschlag auf den Börsenpreis im Falle einer undurchsichtigen Strukturierung des Gesellschaft, der Kapitalverhältnisse, des Konzerns oder der entsprechenden Konzernverträge, macht in der Regel im Vorfeld der Platzierung der Aktien eine **Umstrukturierung oder Neugliederung der Gesellschaft** nötig. Dabei legen insbesondere auch die Banken Wert auf eine stabile und durchsichtige Struktur. Soweit die Gesellschaft nicht bereits als Aktiengesellschaft bestanden hat, ist parallel zur Vorbereitung der Börseneinführung eine Umwandlung der Gesellschaft in diese Rechtsform nötig.[38]

Regelmäßig ist die Börseneinführung mit einer **Barkapitalerhöhung** verbunden.[39] Die neuen aus der Kapitalerhöhung stammenden Aktien, und uU weitere Aktien aus dem Bestand von Altaktionären (zB im Falle der Privatisierung) sollen an der Börse platziert werden. Den Kapitalerhöhungsbeschluss fasst die Hauptversammlung mit einer Mehrheit von mindestens drei Vierteln, sofern nicht die Satzung eine größere Mehrheit vorsieht.[40]

1. Bezugsrecht. Bei einer Kapitalerhöhung steht nach dem Gesetz den Altaktionären ein Bezugsrecht für die neuen Aktien zu, um eine **Verwässerung der bestehenden Beteiligung** an der AG zu verhindern. Bei vollständiger Ausübung/Zulassung dieses Bezugsrechts wäre aber eine Platzierung der Aktien im Publikum (Streuung, vgl § 9 Abs. 1 BörsZulV) unmöglich, da diese in vollem Umfang durch die Altaktionäre gezeichnet würden/werden könnten.[41] Um die Interessen der Altaktionäre weitgehend zu wahren, aber trotzdem

---

36 Seitens der Banken sollte zur Prüfung der Branchenattraktivität des Emittenten eine Branchenpositivliste herausgegeben werden, die im Abstand von circa drei Monaten regelmäßig überarbeitet wird. Von der Bank führend beim Börsengang zu begleitenden Unternehmen sollten, zB auch im Hinblick auf die Zielgruppenprüfung des Neuen Marktes, aus diesen Branchen sein.

37 Das Alter des operativ tätigen Unternehmens bzw der Vorläufer sollte inkl. des Jahres des IPOs mindestens drei Jahre sein. Das Unternehmen sollte eine hinreichend große Aufbauorganisation vorweisen können: Der Finanzvorstand sollte an der Börse zu führenden Unternehmens sollte mindestens drei Monate vor dem IPO bestellt und operativ tätig sein. Spätestens drei Monate vor dem IPO sollte auch ein verantwortlicher Mitarbeiter im Bereich Investor Relations/Finanzmarketing bzw Presse vorhanden sein. Das Controlling und das Rechnungswesen sollten inhouse, IT-unterstützt sowie zur Due Diligence voll funktionsfähig sein. Das Management muss eine ausreichende Führungserfahrung aufweisen. Die Produkte des einzuführenden Unternehmens sollten sich schließlich zum großen Teil in der Vermarktungsphase befinden.

38 Ausführlich *Schanz*, Börseneinführung, S. 124 ff Rn 38 ff.

39 Zu Kapitalmaßnahmen bei Börsengängen siehe auch *Wiesel/Schäfer*, DStR 1999, 2084 ff.

40 Möglich ist es auch, dass die Hauptversammlung den Vorstand mit 3/4-Mehrheit ermächtigt, das Grundkapital bis zu einem bestimmten Betrag zu erhöhen (genehmigtes Kapital). Dies bietet sich insb. dann an, wenn der genaue Zeitpunkt der Kapitalerhöhung und deren Höhe noch nicht feststeht und aus diesen Gründen Flexibilität nötig ist. Häufig benötigt der Vorstand zu einer Kapitalerhöhung aus genehmigtem Kapital die Zustimmung des Aufsichtsrats (§ 202 Abs. 3 S. 2 AktG). Auch die Aktien für die Ausübung des Greenshoe, dh der den Banken eingeräumten Mehrzuteilungsoption, stammen häufig aus einem genehmigten Kapital. Das Umplatzierungsvolumen inkl. Greenshoe sollte nicht mehr als ein Drittel des gesamten Emissionsvolumens ausmachen, dh die Kapitalerhöhung sollte mehr als zwei Drittel des Emissionsvolumens betragen.

41 Anders: *Lutter*, AG 2000, 342 ff; *Trapp/Schick*, AG 2001, 381 ff.

neue Investoren zu gewinnen, wurden in der Rechtspraxis verschiedene Modelle entwickelt, die die Altaktionäre gegen eine Verwässerung ihrer Beteiligung schützen sollen.[42]

26 **a) Telekom II-Verfahren.** Die Deutsche Telekom verwendete bei der Bezugsrechtskapitalerhöhung im Jahre 1999, der zweiten Tranche der Privatisierung der Telekom (Telekom II), erstmals in Deutschland ein Bookbuildingverfahren, das die Ineffizienzen eliminieren sollte, die bei Festlegung des Ausgabebetrages[43] für die neuen Aktien vor Beginn der Bezugsfrist aus Emittentensicht entstehen. In dem von der Telekom gewählten Verfahren wurde vor Beginn der Bezugsfrist ein **maximaler Ausgabebetrag** festgelegt und in der Bekanntmachung über das Bezugsrecht (§ 186 Abs. 2, Abs. 5 AktG) veröffentlicht, der weit über dem seinerzeitigen Marktpreis der „T-Aktie" lag. Ferner wurde bekannt gemacht, dass der tatsächliche Ausgabebetrag erst am zweiten Geschäftstag nach Ende der Bezugsfrist ermittelt werden würde, und zwar als der niedrigere Betrag aus (i) dem XETRA-Schlussauktionskurs der T-Aktie an diesem zweiten Geschäftstag nach Ende der Bezugsfrist und (ii) dem Platzierungspreis für die T-Aktie in dem parallel laufenden Angebot von nicht bezogenen Aktien an die Allgemeinheit, jeweils abzüglich eines sehr geringen Abschlags.[44]

27 Die Literatur war allerdings zur gegenwärtig noch geltenden Rechtslage überwiegend der Auffassung, § 186 Abs. 2 und Abs. 5 AktG verlangten die Veröffentlichung eines ziffernmäßig bestimmten Ausgabebetrags schon in der Bekanntmachung des Bezugsrechts (§ 186 Abs. 2, Abs. 5 AktG) und nicht erst am oder nach dem Ende der Bezugsfrist.[45]

28 Mit dem Gesetz zur weiteren Reform des Aktien- und Bilanzrechts, zu Transparenz und Publizität (**TransPublG**)[46] wurden die Bestimmungen über die Bezugsrechtskapitalerhöhung so geändert, dass eine „marktnähere Festsetzung von Ausgabepreisen" möglich wurde. § 186 Abs. 2 AktG, der die Bekanntmachung des Vorstands beim unmittelbaren Bezugsangebot regelt, wurde neu gefasst. Eine entsprechende Neuregelung des Bezugsangebots beim mittelbaren Bezugsrecht wurde auch § 186 Abs. 5 S. 2 Hs 1 AktG neu gefasst. Mit diesen Neuregelungen ist das Telekom II-Modell (Festlegung des Ausgabebetrags am Ende oder sogar nach Ende der Bezugsfrist) nicht mehr gangbar.[47]

29 **b) Opération blanche.** Bei dem Verfahren der „Opération blanche" steht den Aktionären grundsätzlich ein Bezugsrecht auf die neuen Aktien zu. Die Aktionäre üben das Bezugsrecht allerdings nur teilweise aus und veräußern den nicht ausgeübten Teil der Bezugsrechte an die Konsortialbanken. Das Verhältnis zwischen Ausübung einerseits und Veräußerung andererseits ist so festgelegt, dass der vom Altaktionär für die bezogenen Aktien aufzubringende Kaufpreis dem von ihm erzielten Erlös aus dem **Verkauf der nicht ausgeübten Bezugsrechte** an die Konsortialbanken entspricht. Bei dieser Struktur muss der Aktionär keine eigenen Mittel für den Erwerb der Aktien einsetzen. Zwar führt auch dieses Verfahren zu einer gewissen Verwässerung der Beteiligung des jeweiligen Altaktionärs, allerdings ist diese Verwässerung nicht so stark wie im Fall eines vollständigen Bezugsrechtsausschlusses.

30 **2. Ausschluss des Bezugsrechts.** Nach § 186 Abs. 3 AktG kann das Bezugsrecht der Altaktionäre ganz oder teilweise ausgeschlossen werden. Dieser Beschluss über den Ausschluss des Bezugsrechts bedarf einer Mehr-

---

42 Eine hier nicht näher erörterte Möglichkeit, die Beteiligungsquote der Aktionäre teilweise zu erhalten, ist die von zwei Kapitalerhöhungen, wobei den Aktionären bei einer der Kapitalerhöhungen ein Bezugsrecht auf die neuen Aktien eingeräumt wird, während es für die andere ausgeschlossen ist. Dieses Vorgehen entspricht dem im allgemeinen Gesellschaftsrecht bekannten Procedere der Schaffung eines genehmigten Kapitals I und II. Der Nachteil für die Aktionäre besteht hier darin, dass sie, um eine Verwässerung ihrer Beteiligung zu vermeiden, eigenes Kapital einsetzen müssen, da sie hier die Bezugsrechte unmittelbar ausüben (eine wertmäßiges Gegenwert in bar zu erhalten).
43 Bzw, da es sich um ein mittelbares Bezugsrecht handelt, des „zu leistenden Entgelts".
44 Dieses Kapitalerhöhungsverfahren unter Verwendung der Bookbuildingmethode fand schnell Nachahmer, ua bei der Bezugsrechtsemission von Wandelschuldverschreibungen. Diese Methode ist – auch wenn die T-Aktie, die durch das Nutzen des XETRA-Schlussauktionskurses als Referenzgröße Opfer eines massiven Short-Selling wurde – geeignet, die Platzierung bezogener Aktien zu einem „at market"-Preis sicherzustellen. Die Bezugsrechte bei Telekom II hatten wegen dieses Vorgehens allerdings praktisch keinen inneren Wert, so dass sich die Short-Sellers mit diesen Bezugsrechten billig eingedeckt hatten. Zudem war zum Zeitpunkt der Festlegung des Ausgabebetrages klar, wie viele nicht bezogene Aktien für die Zuteilung an Nichtaktionäre zur Verfügung standen, so dass man insoweit Angebot und Nachfrage optimal zusammenführen konnte. Für die zum Bezug berechtigten Aktionäre hatte das Verfahren allerdings den offensichtlichen Nachteil, dass sie innerhalb der Bezugsfrist nicht wissen konnten, welchen Ausgabebetrag sie infolge der Ausübung ihres Bezugsrechts zu zahlen haben würden.
45 ZB *Groß*, ZHR 162 (1998), 318, 333: „Bereits am Anfang der Bezugsfrist als Verkaufsfrist muss ein fester Bezugspreis und [darf] keine Preisspanne veröffentlicht werden." AA MüHb-AG/*Krieger*, § 56 Rn 61, wonach die Festlegung eines Höchstbetrages und der Verfahrensregeln, nach denen der genaue Ausgabepreis ermittelt wird, im Rahmen der Bekanntmachung nach § 186 Abs. 2 AktG hinreichend seien.
46 Vgl RegE, BT-Drucks. 14/8769 v. 11.4.2002 und BT-Drucks. 14/9079 v. 15.5.2002.
47 Da selbst unter Berücksichtigung der Veröffentlichungserleichterungen durch die Einführung des elektronischen Bundesanzeigers der Bezugspreis in Zukunft spätestens am vierten Tage vor Ablauf der Bezugsfrist festzulegen bleibt, ist zudem damit zu rechnen, dass das von der Bundesregierung verfolgte Ziel der Neuregelung nicht erreicht werden wird. Denn es ist nicht nachvollziehbar, warum die Volatilität eines Aktienkurses in einem Drei- oder Viertagestzeitraum notwendigerweise geringer sein soll als in einem Zweiwochenzeitraum.

heit von drei Vierteln des in der Hauptversammlung vertretenen Grundkapitals. Außerdem ist in formeller Hinsicht nach § 186 Abs. 4 AktG ein schriftlicher Bericht des Vorstands über den Grund des Bezugsrechtsausschlusses vorzulegen.[48]

In materieller Hinsicht ist für den Ausschluss des Bezugsrechts eine **sachliche Rechtfertigung** nötig. Dies ist der Fall, wenn der Bezugsrechtsausschluss einem im Interesse der Gesellschaft liegenden Zweck dient, zur Erreichung dieses Zwecks geeignet und erforderlich sowie angemessen ist.[49] Nach Ansicht der Rechtsprechung ist die Absicht der (internationalen) Börseneinführung in der Regel als ausreichende sachliche Rechtfertigung für einen Bezugsrechtsausschluss im Rahmen einer Aktienemission anzusehen.[50]

VI. Emissionsprospekt. 1. Prospekterstellung. Wird die Zulassung der Wertpapiere zum regulierten Markt beantragt, ist dem Antrag nach § 32 Abs. 3 Nr. 2 BörsG ein Prospekt[51] beizufügen, der inhaltlich den gesetzlichen Anforderungen der **§§ 5 ff. WpPG** sowie grds. den **„Going-Public-Grundsätzen"** der Deutschen Börse entsprechen muss.

2. Prospekthaftung. a) Allgemeines. Eine mögliche Unrichtigkeit oder Unvollständigkeit des Prospekts birgt ein hohes Haftungsrisiko. Nach § 21 WpPG kann derjenige, der Wertpapiere aufgrund eines unrichtigen oder unvollständigen Prospekts erworben hat, von denjenigen, die für den Prospekt die Verantwortung übernommen haben oder von denen der Erlass des Prospekts ausgeht, die Übernahme der Wertpapiere gegen Erstattung des Erwerbspreises verlangen.

Die Verantwortung für den Prospekt übernehmen diejenigen, die ihn unterzeichnen. Das sind diejenigen, die den Zulassungsantrag stellen, also der Emittent und der oder die Konsortialführer (das antragstellende Kreditinstitut).[52] Diese haften den Anlegern im Außenverhältnis als Gesamtschuldner, während im Innenverhältnis der Emittent die Konsortialbanken regelmäßig von der Haftung freistellt.

b) Bedeutung der Due Diligence für die Prospekthaftung. Die Prospekthaftung ist gesetzlich als **Außenhaftung gegenüber den Anlegern** konzipiert. Die Forderung der Banken nach und die Hereinnahme von Legal Opinions der Rechtsberater und Comfort Letters einer Wirtschaftsprüfungsgesellschaft kann daher nur unter dem Gesichtspunkt Bedeutung erlangen, die Bank habe nicht grob fahrlässig[53] gehandelt, weil sie aufgrund ihrer Kenntnis des Emittenten, zumutbarer Überprüfungsmöglichkeiten und unter Berücksichtigung einer etwaig zu bejahenden Nachforschungs- und Organisationspflicht die banküblich Sorgfalt habe walten lassen.[54]

Die Bedeutung der Legal Opinions bzw der Comfort Letters[55] für eine mögliche Abwehr des Vorwurfs der groben Fahrlässigkeit variiert transaktionsbedingt und hängt u.a. von dem eigenen Grad der Befassung des Konsortialführers mit den Finanzangaben, den einzubeziehenden Abschlüssen, dem Standing des Emittenten und nicht zuletzt den Anforderungen des Marktsegments ab.[56]

Der Konsortialführer steht nach der Verkehrsauffassung mit seinem Namen für die Qualität und die **angemessene Festsetzung des Emissionspreises** des Börsenneulings[57] ein. Zudem vertrauen die Anleger auf die

---

[48] *Groß*, DB 1994, 2431 ff.
[49] Vgl statt aller *Hüffer*, § 186 AktG Rn 23 ff mit zahlr. wN.
[50] BGHZ 125, 239, 242 f = NJW 1994, 1410 (Deutsche Bank); dazu *Bungert*, WM 1995, 1, 2 ff.
[51] Alle Prospekte, gleich für welches Segment die Zulassung beantragt wird, müssen eine Beschreibung der angebotenen Wertpapiere und der Gesellschaft enthalten. Besonders wichtig ist hierbei die Darstellung der Risikofaktoren der Gesellschaft, der Abhängigkeiten (zB von Patenten, Lizenzen) und des Angebots. Entsprechend laufender internationaler Praxis findet sich dieser Abschnitt in allen Prospekten. Der Prospekt wird von den Rechtsberatern der Konsortialbanken in Zusammenarbeit mit der Gesellschaft erstellt. Der Finanzteil des Prospekts wird von den Wirtschaftsprüfern der Gesellschaft geliefert.
[52] Lediglich im Freiverkehr ist die Emissionsbegleitung durch ein Kreditinstitut nicht zwingend, so dass hier der Prospekt uU vom Emittenten alleine unterzeichnet wird.
[53] Die allgemeine Definition der groben Fahrlässigkeit, wonach die erforderliche Sorgfalt in besonders schwerem Maße verletzt sein und ganz nahe liegende Überlegungen nicht angestellt worden sein müssen ist jedoch auf Grund der ebenfalls allgemein anerkannten Berücksichtigung der besonderen Fach- und Sachkunde und des Erfahrungshorizonts für die Beurteilung des konkreten Verhaltens in den rechtlichen Voraussetzungen der groben Fahrlässigkeit (subjektiver Maßstab!) stark relativiert, so zB Palandt/*Heinrichs*, § 277 BGB Rn 2.
[54] § 23 WpPG statuiert zwar ein Haftungsprivileg für die Prospektverantwortlichen bzw diejenigen, von denen der Erlass des Prospekts ausgeht, da lediglich für grobe Fahrlässigkeit gehaftet wird. Die gestiegene Professionalisierung bei (fast) allen Emissionsbeteiligten spiegelt sich aber in den Anforderungen der Rechtsprechung an das anzulegende Sorgfaltsniveau wider.
[55] Eine Entscheidung des LG Frankfurt aM zeigt für Comfort Letters deutlich auf, dass auch fehlerhaft beschriebene Änderungen des Konsolidierungskreises und die Aufnahme zwar testierter aber unrichtiger Jahresabschlüsse grundsätzlich den Vorwurf grober Fahrlässigkeit begründen können, vgl LG Frankfurt aM WM 1998, 1181 ff, bestätigt vom OLG Frankfurt vom 17.3.1999 (MHM Mode Holding München AG). Dazu *Hommelhoff/van Aerssen*, EWiR 1998, 579 f und *Krämer/Bandisch*, WM 1998, 1161 ff.
[56] In der Praxis ist mitunter zu beobachten, dass kleinere Emissionshäuser oder neu in den Markt eindringende Wertpapierdienstleister sich nahezu sämtliche für eine Emission notwendigen Beratungsleistungen „einkaufen" und die eigene Leistung bestenfalls noch in der Koordinierung der Dienstleister und der Platzierung der Aktien besteht. In einem solchen Fall werden auch Legal Opinions bzw Comfort Letter einer (renommierten) Kanzlei bzw Wirtschaftsprüfungsgesellschaft den Vorwurf grober Fahrlässigkeit nicht ausschließen können.
[57] Im Falle einer Sekundärplatzierung orientiert sich der Emissionspreis am Börsenpreis, so dass dieser Aspekt in den Hintergrund tritt.

Bonität der Konsortialbanken und können schon deshalb nicht aufgrund der ihnen nicht einmal bekannten Legal Opinions oder Comfort Letters ihren Anspruchsschuldner verlieren.[58] Dies umso mehr, als eine direkte Inanspruchnahme der Rechtsberater oder des Wirtschaftsprüfers als Prospektverantwortlichem abzulehnen ist.[59]

38 Hat eine Bank zwar die Erstellung zB der Management Discussion and Analysis (MD & A) durch eigene Vertreter begleitet, jedoch aufgrund mangelnder Sorgfalt oder Erfahrung der hiermit befassten Personen nahe liegende Ungereimtheiten in den Jahresabschlüssen bzw den Quartalsberichten nicht erkannt, kann die Einholung eines Comfort Letter für die Verneinung der Prospekthaftung entscheidende Bedeutung erlangen. Dabei ist zwischen einem marktüblichen Emissionsverfahren[60] einerseits und inhaltlichen Mängeln[61] andererseits zu unterscheiden. Bei Letzteren ist wiederum Größe, Historie und Erfahrung im Finanzbereich des Unternehmens von Bedeutung.

39 Bei Großunternehmen oder mittelständischen Unternehmen mit langer Unternehmenstradition und etablierten Finanzabteilungen würde die Nachforschungspflichten überspannt, wenn sich die Bank nicht im Rahmen der ausdrücklichen Bestätigung des Wirtschaftsprüfers zu den geprüften Abschlüssen und Bescheinigungen zu etwaigen Quartalsabschlüssen auf eine reine Plausibilitätsprüfung beschränken könnte.[62]

40 Es erscheint hingegen sachgerecht, die Prüfungspflicht des Konsortialführers bei jungen Unternehmen mit einer kurzen Unternehmenshistorie, einer Bewertungsbasis auf Zukunftserwartungen sowie etwaigen Als-ob-Abschlüssen deutlich zu erhöhen. Dies vor allem deshalb, weil die Unternehmenshistorie die Basis für **Plausibilitätsprüfungen** der Zukunftsplanung und der damit verbundenen Prognosen bildet. Die Skizzierung der Risikosituation wird durch eine Parallelüberlegung zur Einschaltung eines Plausibilitätsprüfers gestützt, da ungeachtet der Beauftragung eines Plausibilitätsprüfers hinsichtlich der Planzahlen des Unternehmens die Bank für die Beschreibung zB des Marktumfelds und der Wettbewerbsposition sowie der Strategie und der Zukunftsaussichten im Prospekt haftet. Der Plausibilitätsprüfer unterstützt die Bank hier lediglich in ihrer Meinungsbildung und kann nicht für eine Exkulpation hinsichtlich der Gesamtdarstellung des Emittenten herangezogen werden. Gilt dies jedoch für die Zukunftsaussichten, so kann für die testierten Jahresabschlüsse, Quartalsabschlüsse und etwaige Als-ob-Abschlüsse hinsichtlich deren Prüfung durch den Konsortialführer im Rahmen der Erstellung der MD & A nichts anderes gelten.[63]

41 **VII. Zulassungsverfahren.** Der Emittent muss den Zulassungsantrag zusammen mit einem Kredit- oder Finanzdienstleistungsinstitut bei der Geschäftsführung der Deutschen Börse stellen. Der Inhalt des Zulassungsantrags ergibt sich aus § 48 BörsZulV. Kernstück des Zulassungsantrags ist der Prospekt, der diesem beizufügen ist und von der Geschäftsführung gebilligt werden muss. Regelmäßig werden der Antrag auf

---

[58] Als mögliches Gegenargument gegen eine Exkulpation schon durch bloße Vorlage eines Comfort Letters mag des Weiteren eine etwaige Haftungsbeschränkung angeführt werden. Gewährt das Konsortium dem Wirtschaftsprüfer eine Haftungsbeschränkung auf zB 5 Mio. EUR, wird es schwieriger sein, im Außenverhältnis gegenüber klagenden Anlegern deren über über 5 Mio. EUR liegenden Vermögensschaden mit der Begründung abzulehnen, die Bank habe sich u.a. wegen der Vorlage eines Comfort Letters sachgerecht verhalten. Zum einen könnte ein Gericht ein strukturelles Ungleichgewicht zwischen Platzierungsvolumen und Haftungssumme – und damit Risikokosten – rügen. Zum anderen entspricht es der Lebenserfahrung, dass die Möglichkeit einer substantiellen Haftung die Sorgfaltsbestrebungen erhöht.

[59] Man wird sagen dürfen, dass jedenfalls eine Nichtbefassung der Konsortialbanken zB mit den Finanzangaben selbst den Vorwurf grober Fahrlässigkeit begründet und das Vorliegen insb. eines Comfort Letters in diesen Fällen keinen Schutz bietet; aA wohl *Groß*, AG 1999, 201.

[60] Dh die frühzeitige Einschaltung des Wirtschaftsprüfers, die Einbeziehung in die Prospektsitzung und die Übersendung des Prospekts zur Prüfung.

[61] Als inhaltliche Mängel werden in erster Linie grobe mathematische Ungenauigkeiten, wie zB eine fehlerhafte Darstellung der Umsatz- und Ergebnisentwicklung, einschlägig sein. Im Fall MHM Mode wurde beispielsweise ein neu akquiriertes Unternehmen bei der Darstellung der Umsatzentwicklung fälschlicherweise im Vergleichsjahr nicht einbezogen bzw im Lagebericht die Umsatzentwicklung ohne diesen Hinweis grob verzeichnet.

[62] Der Emittent und dessen zumeist langjähriger Wirtschaftsprüfer weisen hier eine viel größere Sachnähe zum Zahlenwerk auf, als dies der Bank selbst bei Anspannung aller zumutbaren Kräfte sowie einer etwaigen Hausbankfunktion möglich ist. Darüber hinausgehend wird man bei etablierten Großunternehmen keine weitergehenden materiellen Prüfungspflichten des Konsortialführers annehmen können, und zwar grundsätzlich auch nicht bei ungeprüften Zwischenabschlüssen. Etwas anderes gilt nur bei einer bekannt schwierigen Unternehmens- und Branchensituation.

[63] Vom Konsortialführer wird daher bei jungen Unternehmen in viel stärkerem Maße zu erwarten sein, dass er durch eigene Fragen im Rahmen der MD & A versucht, die vom Unternehmen getroffenen Aussagen zu verifizieren. Zur Abwehr des Fahrlässigkeitsvorwurfs ist hier die frühzeitige Einbeziehung des Wirtschaftsprüfers in den Gesamtprozess deshalb von Bedeutung, weil damit neben den eigenen intensivierten Plausibilitätskontrollen wiederum dem Vorwurf eines Organisationsverschuldens entgegengewirkt werden kann. Die zusätzliche Abforderung eines Comfort Letters bietet also zusätzlichen Schutz, reicht isoliert jedoch weniger weit als bei etablierten Unternehmen.

Billigung des Prospekts und der Antrag auf Zulassung gemeinsam gestellt. Der Zulassungsantrag wird von der Geschäftsführung nach § 51 BörsZulV veröffentlicht.[64]

VIII. Pre-Marketing. 1. Allgemeines.
Bei Börsengängen steht der Emissionspreis nicht von vornherein fest, sondern wird im Standardfall durch ein sog. Bookbuildingverfahren ermittelt. Dabei wird vor dem öffentlichen Angebot der Aktien unter Heranziehung der Einschätzung des Unternehmenswertes durch externe Analysten und Banken (sog. Pre-Marketing)[65] seitens des Konsortialführers eine bestimmte **Preisspanne** festgelegt, innerhalb derer die Anleger Zeichnungsangebote abgeben können. Ab dem Zeitpunkt der Einschaltung der Analysten kann ein IPO in der Praxis nicht mehr ohne nachhaltigen Imageschaden der Gesellschaft abgebrochen werden.

2. Richtlinien für die Öffentlichkeitsarbeit.
Die Thematik einer Information von Research-Analysten im Vorfeld eines IPOs wurde – soweit ersichtlich – bisher im Schrifttum kaum diskutiert.[66] Seitens der Bundesanstalt für Finanzdienstleistungsaufsicht (BaFin) bestehen grundsätzlich keine Bedenken gegen eine **Information von Analysten im Vorfeld eines Börsengangs**.[67] Im Wesentlichen wird argumentiert, im Zeitpunkt der Information der Analysten seien die zu platzierenden Aktien noch nicht Insiderpapiere im Sinne des § 12 WpHG, während nach der Erstnotiz aufgrund der Ad-hoc-Publizität etc. ein „Level Playing Field" hergestellt sei.[68] In der Praxis werden zur Vermeidung von Problemen in diesem Zusammenhang regelmäßig Richtlinien für die Öffentlichkeitsarbeit im Rahmen eines Börsengangs erarbeitet.[69]
Veröffentlichungen jeder Art (dh schriftlich, telefonisch, per Radio oder Fernsehen usw.), die nicht bereits der Öffentlichkeit zugängliche Informationen über das Angebot enthalten, sollten zuvor mit einem vom Konsortialführer und der Gesellschaft einvernehmlich bestimmten Koordinator abgesprochen werden. Der Koordinator wird sich dann im Einzelfall – soweit erforderlich – mit den Anwälten der Gesellschaft sowie dem Konsortialführer und seinen Anwälten in Verbindung setzen und die Öffentlichkeitsarbeit auch inter-

national abstimmen.[70] Die Pflicht zur Abstimmung gilt auch für unternehmensinterne Mitteilungen, zB Mitarbeiterrundschreiben. Besonders sensibel sind englischsprachige Pressemitteilungen oder Anzeigen im Zusammenhang mit dem Angebot, die daher in keinem Fall ohne Rücksprache mit dem Koordinator, den Anwälten der Gesellschaft und dem Konsortialführer herausgegeben werden sollten.

45 Der Gesellschaft ist es im Übrigen selbstverständlich erlaubt, ihre Geschäfte und Tätigkeiten in gewohnter Weise weiterzuführen. In diesem Zusammenhang darf die Gesellschaft weiterhin im Rahmen des geschäftlichen Umfangs unbeschränkt für ihre Produkte und Dienstleistungen werben, weiterhin im Rahmen des geschäftlichen Umfangs Pressemitteilungen veröffentlichen, die sich auf die Geschäfts- und Finanzentwicklung beziehen und nicht von der Gesellschaft initiierte Anfragen der Presse und anderer beantworten. Die Gesellschaft sollte jedoch die Herausgabe von Planungen und Prognosen vermeiden, die sich insbesondere auf Umsatz, Ergebnis oder Gewinn pro Aktie beziehen. Die übliche Publizitäts- und Informationspolitik der Gesellschaft darf jedoch weitergeführt werden.[71]

46 **IX. Marketing/öffentliches Angebot.** Im Rahmen der im Pre-Marketing festgelegten Preisspanne steht es den Anlegern frei, limitierte Zeichnungsangebote innerhalb der Preisspanne abzugeben oder die Aktien unlimitiert zu zeichnen (sog. **Order-Phase**). Die Orderphase kann neben der Marketing-Phase als Kernstück einer Aktienemission angesehen werden. Nach Abschluss der Orderphase wird der Emissionspreis festgelegt und die endgültige Allokation der Aktien beschlossen. Während des öffentlichen Angebots reisen der Vorstand der Gesellschaft und Vertreter des Konsortialführers zu verschiedenen Treffen (Roadshows) und Einzelgesprächen mit institutionellen Investoren (One-on-Ones), um die Gesellschaft und ihr Geschäftskonzept zu präsentieren (sog. Marketing-Phase).

47 **1. Road Shows.** Dem anlagewilligen Publikum wird das Unternehmen im Rahmen sogenannter „Roadshows" vorgestellt.[72] Das Konzept der Roadshows wurde in den siebziger Jahren von einer kleinen US-amerikanischen Investmentbank pioniert, die sich aus Kostengründen für ein Marketing im Rahmen eines „mass meeting" entschied.[73] Vor allem bei Emissionen von Unternehmen, die in spezialisierten Märkten tätig sind, ist es wichtig zu analysieren, ob diese Fokussierung als Chance oder als Risiko zu werten ist. Dies zu ermitteln, den zukünftigen Erfolg des Unternehmens zu sehen und kritisch das Erreichte zu prüfen, ist eine zentrale Aufgabe der Emissionspräsentation.[74] Es ist für die Investoren von besonderer Bedeutung, den tatsächlichen Wert des Unternehmens und vor allem sein Potential richtig einschätzen zu können. Dieses Ziel kann nicht allein durch den Prospekt erreicht werden. Eine Tiefenanalyse umfasst vielmehr auch das **Gespräch mit dem Management**.[75]

48 Die Roadshows werden vom Konsortialführer geleitet. Dieser lädt institutionelle Investoren, Portfoliomanager, Analysten und Broker ein. Die Konsortialmitglieder auf der anderen Seite benutzen die Ergebnisse

---

70 Für das US-amerikanische Recht gilt zB Folgendes: Der Verkaufsprospekt darf weder in den Vereinigten Staaten verteilt noch Vertretern von US-Medien zur Verfügung gestellt werden. Eine Darstellung der internationalen Platzierung und der US-Platzierung im Prospekt sind zulässig. Weitere öffentliche Erwähnungen der US-Platzierung sind nicht zu empfehlen. Außerhalb der USA kann Reportern von US-Zeitungen oder anderen Medien Zugang zu Pressekonferenzen der Gesellschaft gewährt werden, sofern auch Reporter eingeladen sind, die nicht für US-Medien tätig sind. US-Reportern, die sich in den USA befinden, darf kein elektronischer oder fernmündlicher Zugang zu Pressekonferenzen außerhalb der USA gewährt werden. Allgemein sollten bei Pressekonferenzen keine Angaben über den Wert oder prognostizierte wirtschaftliche Entwicklungen des Unternehmens gemacht werden. Vertreter der Emittentin dürfen Einzelinterviews mit Vertretern der US-Medien außerhalb der USA führen, sofern derartige Einzelinterviews auch Vertretern der Medien anderer Länder gestattet werden oder im nahen zeitlichen Zusammenhang eine Pressekonferenz außerhalb der USA abgehalten wird. In einem Einzelgespräch sollten US-Reportern nur Informationen zur Verfügung gestellt werden, die auch Vertretern der Medien anderer Länder überlassen werden.

71 Die strengsten Regeln finden auf PR-Maßnahmen in den Vereinigten Staaten Anwendung. Dort dürfen keine Pressemitteilungen, Pressekonferenzen, Werbung oder sonstige Öffentlichkeitsarbeit, die die internationale Platzierung oder die US-Platzierung erwähnen, vorgenommen werden. Dies betrifft zB auch Maßnahmen im Rahmen einer in Deutschland vorgesehene Werbekampagne. Die US-Platzierung wird ausschließlich im internationalen Offering Circular beschrieben, das über das US-Konsortium in den Vereinigten Staaten begrenzt verteilt wird. Die Gesellschaft darf in den Vereinigten Staaten keine Imagewerbung betreiben, die den Anschein erwecken könnte, ihr Ziel sei die Schaffung einer positiven Anlagestimmung für die Aktien. Mit US-Finanzanalysten und US-Presse-/Medienvertretern dürfen Treffen oder Interviews weder innerhalb noch außerhalb der Vereinigten Staaten stattfinden und Reportagen oder eine sonstige Berichterstattung in US-Zeitungen oder anderen US-Medien (einschließlich internationaler Zeitungen mit US-Ausgaben) dürfen nicht initiiert werden.

72 *Scott/Wellons*, International Finance, S. 760. Die Privatisierung der mexikanischen Telefonges. Telmex beinhaltete beispielsweise Roadshows in 20 Städten, bei denen 1.285 Investoren von 837 Institutionen angesprochen wurden. Vgl *Scott/Wellons*, aaO, S. 1287.

73 *Jarmel/Quinn*, Publicity Considerations for Corporate Issuers, 1022 PLI/Corp 797 (1997) mwN in Fn 35; *Schulte*, IPO Roadshows, 962 PLI/Corp 93 (1996).

74 *Siebel/Gebauer*, WM 2001, 18 ff; *Park/Ruddock*, Telegraph tycoon factor adds to share issue woes, Times (London) vom 5.7.1992 (Seite nicht verfügbar); die mangelnde Bekanntheit einer Ges. kann aber auch den umgekehrten Effekt haben, dass Investoren bei genauerer Analyse Abstand von der Emission nehmen.

75 *Char* et al., The Regulation of the Registration and Distribution Process, 26th Ann. Ins. On Sec. Reg., Ch. 21, S. 624 (1994); *Priest*, Practical Aspects of the Initial Public Offering, 861 PLI/Corp 617 [625] (1994); *Pratt*, On the road again ... Investment Dealers' Digest, 20.9.1993 (Seite nicht verfügbar).

der Roadshows als Feedback, um das Interesse des Marktes an der Emission auszuloten und die Preisfestsetzung der Aktien zu optimieren.[76] Eine Roadshow beginnt üblicherweise damit, dass der Konsortialführer den institutionellen Investoren das Management vorstellt. Zusätzlich werden Hintergrundinformationen über das Unternehmen und die Unternehmensbranche gegeben. Endlich werden die Grundzüge der Emission einschließlich Umfang und voraussichtlichem Preis nachgezeichnet. Nach der Präsentation durch den Konsortialführer übernimmt das Management die Vorführung. Es wird die Präsentation in internationalen Emissionen meist in einer am US-amerikanischen Standard der MD&A ausgerichteten Art und Weise durchführen. Im Anschluss an die Präsentation haben die Investoren die Möglichkeit, im Rahmen einer „Q & A Session"[77] Fragen an das Management zu stellen. Eine gewöhnliche Roadshow dauert insgesamt circa zwei Stunden.

2. One-on-One-Meetings. In den letzten Jahren hat sich bei den institutionellen Investoren der Bedarf erhöht, die Roadshows mit **Einzelgesprächen mit dem Management** zu verbinden. Die im Vergleich zu den Roadshows überwiegend interaktiven und weniger skriptorientierten One-on-Ones erlauben es den Investoren im direkten Gespräch mit dem Management, die Zukunft des Emittenten und so den Wert der Aktien besser einzuschätzen.[78] Obwohl derartige One-on-Ones zeitaufwendiger sind als Roadshows, hat die Konsortialpraxis diesen Trend aufgegriffen.

Ursache für diese Entwicklung war nicht nur das durch One-on-Ones erheblich gesteigerte Potential signifikanter Zeichnungen, sondern auch die Erkenntnis, dass derartige Treffen essentiell für den Aufbau gezielter Investor-Relations sind.[79] Ebenso erhoffen sich die Konsortialmitglieder durch diese One-on-Ones ein im Gegensatz zu den Roadshows noch intensiveres Feedback. Aus der Perspektive des institutionellen Investors ermöglichen es One-on-Ones im Vergleich zu den Roadshows, eine genauere Analyse des Unternehmens in einem privaten Forum vorzunehmen.

3. Ordertaking (Bookbuilding). Nach Fixierung und Publikation der Preisspanne[80] tritt das Konsortium an die Öffentlichkeit und fordert das anlagesuchende Publikum auf, innerhalb der genannten Preisspanne bzw bei Sekundärangeboten ohne Bezug auf eine Preisspanne[81] Gebote auf das zu emittierende Wertpapier abzugeben. Zeitgleich mit der Veröffentlichung der Preisspanne – bzw einen Tag später – beginnt neben der Marketing-Phase das Bookbuildingverfahren im engeren Sinne, also die Entgegennahme der Angebote zum Kauf der Wertpapiere von den Investoren (order-taking) sowie schließlich deren Zuteilung. Unter Einbeziehung der in der Pre-Marketing-Phase und der Marketing-Phase gewonnenen Erkenntnisse wird in der Orderphase die wirtschaftliche Feinabstimmung der Emission vorgenommen. Die von den Investoren über spezielle Orderformulare eingehenden Zeichnungsaufträge (indications of interest) werden von den Konsortialbanken gesammelt und in elektronischen Orderbüchern zusammengefasst.[82]

Den Kern der Orderphase bildet die Aufnahme und Koordinierung der einzelnen Orders in ein **Orderbuch** (orderbook). Die bei den einzelnen Mitgliedern des Konsortiums eingehenden Kaufaufträge oder Kauforders werden von diesen in Orderbüchern gesammelt.[83] Die in das Orderbuch einzutragenden Daten werden dem Konsortialführer von den Vorbücher führenden Syndikatsbanken übermittelt.[84] In diese Vorbücher werden Name, Zeichnungsvolumen und Preis des Gebotes eingetragen. Sie beinhalten damit prinzipiell die gleichen Daten, welche anschließend auch im letztlich maßgeblichen Orderbuch des Konsortialführers ent-

---

76 *Loss/Seligman*, Securities Regulation, S. 337; Schulte, IPO Roadshows, 955 PLI/Corp (1996), 523, 529.
77 Besonderes Augenmerk wird auf die Vorgehensweise des Managements bei der Beantwortung der Fragen im Rahmen der Q&A Session gelegt. Der Konsortialführer prüft und trainiert das Management dabei in einer Reihe von sogenannten „Dry-Runs" mit dem Personal des Konsortialführers.
78 *Critchley*, How steelmakers ironed out deals, FP v. 19.9.1991, S. 52; *Jarmel/Quinn*, 10222 PLI/Corp (1997), 797, 801.
79 *Schulte*, IPO Roadshows, 955 PLI/Corp (1996), 523, 533.
80 Teilweise haben sich die Emittenten die Möglichkeit vorbehalten, die Preisspanne zu ändern. Während zunächst die Preisspanne in diesen Fällen regelmäßig angehoben wurde, wurde sie später nach dem Ende der anfänglichen Euphorie und sinkenden Aktienkursen oft gesenkt, um die Aktien überhaupt platzieren zu können. Eine derartige Änderung der Bookbuildingspanne erfordert eine Änderung des Prospekts in Form eines Nachtrags und dessen Bekanntmachung. Auch stellt sich die Frage nach der Bindungswirkung von bereits abgegebenen limitierten oder unlimitierten Angeboten der Anleger. Aus diesem Grund ist die Änderung der Preisspanne umfassend und in offizieller Form an die Anleger zu kommunizieren. Um etwaige Probleme zu vermeiden bietet es sich an, die Möglichkeit der Änderung der Preisspanne durch den Emittenten bereits in dem ersten veröffentlichten Verkaufsangebot zu kommunizieren, um insoweit keinen Vertrauenstatbestand bei den Investoren zu schaffen.
81 *Groß*, Bookbuilding, ZHR 162 (1998), 318, 339.
82 Zu beachten ist hierbei, dass der Konsortialführer je nach Entwicklung der *indications of interest* die vorläufige Gestaltung der Konditionen variiert und dies den Konsortien mitteilt, da anderenfalls mangels Transparenz kein „Herantasten" an die marktgerechte Ausgestaltung des Emissionskurses möglich ist. *Kaserer/Kempf*, Die Bank, 1996, 184; *Voigt*, Die Bank, 1995, 339.
83 Die Kauforders gehen nicht nur beim Konsortialführer, sondern bei allen Mitgliedern des Konsortiums ein. Obwohl auch jedes einzelne Mitglied ein Orderbuch führt (sogenannte Vorbücher), wird unter dem Orderbuch lediglich das beim Konsortialführer bzw Bookrunner geführte Buch verstanden, welches alle eingehenden Orders des Konsortiums sammelt. Vgl *Hein*, WM 1996, 1 ff.
84 *Clark/Marquardt*, 15 Nw. J. Int'l L. & Bus. (1994), 408, 421.

halten sind. Ab einer bestimmten Größenordnung[85] sind auf den Orderformularen institutioneller Anleger Angaben über Identität (Name und Nationalität), Typ (Vermögensverwaltung, Versicherung, Pensionskasse, Investmentfonds etc.), Preisvorstellung und „Qualität" des Investors zu machen. Die Qualitätseinstufung eines Investors soll den Konsortialbanken Auskunft über eine kurz- oder langfristige Anlageorientierung des jeweiligen institutionellen Investors geben.

53 **X. Aktienübernahme.** Das wohl wichtigste und am meisten umkämpfte Dokument im Rahmen einer Börseneinführung ist der **Übernahmevertrag** (Underwriting Agreement/Subscription Agreement).[86] In diesem übernimmt in der Regel der Lead Manager die neuen Aktien der Gesellschaft zum Nennbetrag. Die anderen Konsortialbanken verpflichten sich, einen ihrer Quote entsprechenden Anteil der Aktien vom Lead Manager zu kaufen. In Deutschland ist die Form der sog. festen Übernahme der zu platzierenden Aktien zur sofortigen oder zeitnahen Zahlung des Gegenwerts am häufigsten.[87] Bei dieser Variante wird der Übernahmevertrag zwischen Emittenten und Konsortium und uU abgebenden Altaktionären in einem sehr späten Stadium der Emission – meist erst kurz vor Abschluss der Orderphase – unterzeichnet, damit die Banken anhand des Orderbuchs die Versicherung haben, die zu übernehmenden Aktien auch anschließend im Publikum platzieren zu können.

54 Der Übernahmevertrag verpflichtet die Bank, eine bestimmte Anzahl von Aktien zum Nennbetrag zu zeichnen und der Gesellschaft einen entsprechenden Zeichnungsschein sowie die notwendige Bankbestätigung zu übergeben. Die Gesellschaft verpflichtet sich, die Durchführung der Kapitalerhöhung umgehend nach Übergabe der erforderlichen Unterlagen zum Handelsregister anzumelden und der Bank eine Kopie der Eintragungsbenachrichtigung des Handelsregisters und einen (beglaubigten) Handelsregisterauszug zu übergeben. Die weiteren Konsortialbanken verpflichten sich, bis zur Höhe ihrer Quoten emittierte Aktien von dem Konsortialführer zu kaufen.[88] Weiterhin übernimmt die Gesellschaft in großem Umfang verschuldensunabhängige Garantien, insb. hinsichtlich der Richtigkeit und Vollständigkeit des Prospekts und der allgemeinen Angaben über die Gesellschaft, die Grundlage des Abschlusses des Übernahmevertrags sind, und stellt die Konsortialbanken von der Haftung, die sich aus der Nichteinhaltung der Garantien oder der Unrichtigkeit oder Unvollständigkeit des Prospekts ergibt, frei.

55 Wegen der **Überzeichnung** von Emissionen hat sich die Implementierung einer **Mehrzuteilungsoption** (**Greenshoe**) zum Marktstandard entwickelt. Im Übernahmevertrag verpflichtet sich die Gesellschaft bzw die Altaktionäre, dem Konsortium bis zu 15 % des Emissionsvolumens an zusätzlichen Aktien zur Verfügung zu stellen. Die Altaktionäre, wenn sie auch Partei des Übernahmevertrags sind, verpflichten sich, den Banken das unwiderrufliche Recht, die darlehensweise Überlassung einer bestimmten Anzahl bereits bestehender Aktien zur Ausübung des Greenshoe zu verlangen, einzuräumen. Die Rückgabe der Greenshoe-Aktien erfolgt in der Regel nach einer zweiten Kapitalerhöhung (sog. Zwei-Stufen-Modell). Auch hierzu finden sich Regelungen im Übernahmevertrag.

56 **XI. Platzierung.** Am Ende des letzten Tages der Orderphase analysiert der Bookrunner auf der Basis der gemeldeten Zeichnungswünsche die Preiselastizität der Nachfrage in Abhängigkeit von einzelnen Qualitätskategorien.[89] Mit Abschluss der betriebswirtschaftlichen Auswertung der während der Orderphase eingegangenen Zeichnungsaufträge wird vom Emittenten, dem Konsortium und eventuell abgebenden Gesellschaftern unter Berücksichtigung der verschiedenen Gebote und des Bedürfnisses für einen stabilen Sekundärmarkt ein endgültiger einheitlicher und am Markt orientierter Preis fixiert und in einer öffentlichen Konferenz mitgeteilt.[90]

57 **1. Festlegung des Emissionspreises.** Das Verfahren zur endgültigen Festlegung des Emissionspreises gestaltet sich im Wesentlichen betriebswirtschaftlich.[91] Anhand einer Auswertung der einzelnen Orders werden unter Beachtung der Zeichnungsvolumina sowie der Qualität und der Preissensitivität der Zeichnungen die Gebotspreise zu einem Durchschnittskurs summiert. Abgesehen von der betriebswirtschaftlichen Determinierung des endgültigen Emissionspreises[92] ist zu bedenken, dass sowohl dem Emittenten als auch der

---

85 Diese betrug zB bei einer Emission von NationalPower und PowerGen im Jahre 1995 eine Mindestorder von 50.000 Aktien. Vgl dazu *NationalPower PLC and PowerGen PLC*, SEC No-Action Letter (3.3.1995).

86 Grundlegend hierzu *Technau*, AG 1998, 445 ff.

87 Daneben existieren die Formen des Bought Deal und der Best-Efforts-Übernahme. Vgl *Schanz*, Börseneinführung, S. 278 Rn 34 f; *Willamowski*, Bookbuilding, AHW 124 (2000), S. 112 Rn 293 ff.

88 Der endgültige Kaufvertrag kommt erst mit der Zuteilung zustande, vgl nur *Willamowski*, WM 2001, 653, 655 ff (für die anschließende Zuteilung an die Anleger).

89 Zur Platzierung auch *Jäger*, NZG 1999, 814 ff.

90 *Note*, U.K. plans to sell part of its 48% stake in BT to raise $ 8.76 billion, WSJ (Europe) v. 2.10.1991, S. 17: „... the issue price will be agreed, based on demand at various prices and the need for a stable aftermarket". Rückschlüsse auf die korrekte Ausgestaltung des Emissionskurses durch Beachtung der indications of interest können nur bei Aktienbegebungen auf Basis des open pricing gezogen werden.

91 Vgl zu den betriebswirtschaftlichen Ansätzen im Bookbuildingverfahren *Benveniste/Busaba*, 32 Journal of Financial and Quantitative Analysis (1997), 383, 389 ff.

92 Zur Preisfestlegung allg. *Vickers/Yarrow*, Privatisation: An Economic Analysis, S. 173.

Emissionsbank ein gewisser **Entscheidungsspielraum** hinsichtlich der Festlegung des Emissionspreises offen bleibt. Die betriebswirtschaftliche Determinierung des Emissionspreises anhand des beim Konsortialführer geführten Orderbuches ist damit nicht allein maßgebend für den endgültigen Verkaufspreis.

Es ist hervorzuheben, dass neben den „indications of interest" der Pre-Marketing-Phase auch das im Rahmen der Marketing-Phase gebildete Orderbuch lediglich eine „indication of price" ist. Die Emissionsbank ist an das Orderbuch nicht gebunden insoweit, als sie im Rahmen ihres Ermessens von den Ergebnissen dessen Auswertung abweichen kann.[93] Das Konsortium wird dies in den meisten Fällen auch tun, um durch ein zusätzliches leichtes **Underpricing** die Stabilisierung des Kurses im nachfolgenden Sekundärhandel zu fördern.

Ein Aufschlag auf den Durchschnittskurs des Orderbuches wird die Emissionsbank dahingegen nur in den seltensten Fällen vornehmen.[94] Die Emissionsbank kann einen überhöhten Platzierungspreis nicht verantworten, weil sie bei der Preisfestsetzung die Belange der Investoren berücksichtigen muss. Diese erwarten, dass ihnen in Übereinstimmung mit der aktuellen Marktsituation eine faire Chance für eine Aufwärtsentwicklung des Kurses bleibt. Andererseits wird das Emissionshaus bei der Preisfindung aber auch die berechtigten Interessen von Unternehmen und Altgesellschaftern an einem nicht zu niedrigen Preis respektieren.[95] Die Emissionsbank übt gegenüber dem Emittenten beratende Funktion aus und ist daher mitverantwortlich für eine sachgerechte Kursfestsetzung, die sich an den aktuellen Marktverhältnissen orientiert.[96]

Bei der Preisfestlegung ist kritisch zu betrachten, dass lediglich die in den One-on-Ones und Roadshows ermittelten Preisvorstellungen der institutionellen Investoren Eingang in die Preisbildung finden, während die Gebote der Privatanleger völlig unberücksichtigt bleiben. Im Gegensatz zu institutionellen Investoren und deren engem Kontakt bereits im Vorfeld zu den Konsortialbanken vor der Festsetzung der Preisspanne haben Kleinanleger faktisch kaum Einfluss auf die Preisfindung.[97] Privatanlegern, die unter allen Umständen Aktien zeichnen wollen, bleibt nur die Möglichkeit der Aktienzeichnung „billigst", dh zu jedem Preis innerhalb der Preisspanne.

2. Zuteilung der Wertpapiere. Die Zuteilung bewirkt die Feinabstimmung der in der determinierenden Pre-Marketing-Phase durch die Volumenindikation festgestellten Allokationen.[98] Im Anschluss an die Preisfestlegung nimmt der Konsortialführer in Absprache mit dem Emittenten die Zuteilung an die einzelnen Investoren vor. Um den vom Emittenten angestrebten Investorenmix zu erreichen und die langfristig orientierten Investoren hierbei besonders zu berücksichtigen, gibt der Bookrunner den Konsorten vor, wie viele Aktien den einzelnen, namentlich offen gelegten, institutionellen Investoren zuzuteilen sind.

Die Zuteilung hat entscheidenden Einfluss auf die weitere Entwicklung der Aktie im Sekundärmarkt. Der Konsortialführer muss von daher über detaillierte Kenntnisse des Investorenumfeldes derjenigen Märkte verfügen, in denen die Aktien platziert werden sollen, um mittels einer ausgewogenen Zuteilung die Voraussetzungen für eine stabile Platzierung zu schaffen.[99] Durch die Zuteilung der Aktien an die Anleger nimmt die Konsortialbank das Zeichnungsangebot an. Der Anleger hat jedoch keinen Anspruch auf Zuteilung, was insbesondere bei vielfacher Überzeichnung einer Emission diskutiert wurde. Vielmehr besteht nur ein vorvertragliches Schuldverhältnis, in dem § 242 BGB der Bank aufgibt, die Zuteilung nicht willkürlich vorzunehmen.

a) Directed Allocation. Bei der Abgabe der Gebote seitens der Investoren legen die Banken nicht nur Wert darauf, den Namen (die Firma), das gewünschte Zeichnungsvolumen und die Preisvorstellung zu erfahren, sondern auch Hinweise zur Tätigkeit des Investors und seiner Anlagestrategie zu erhalten. Beim Bookbuildingverfahren haben die Emissionsbanken und der Emittent die Möglichkeit, die Investoren kritisch zu beurteilen und, zumindest innerhalb einer gewissen Bandbreite, eine selektive Auswahl vorzunehmen.[100] Der sich beim Eingang der Zeichnungswünsche ergebende Marktüberblick gibt den Emissionsbanken die Möglichkeit, die Zuteilung der Aktien in eine von ihnen bzw vom Emittenten gewünschte Richtung zu kanalisieren. Eine derartige Einflussnahme wirkt sich letztlich nicht nur auf den endgültigen Emissionspreis und das platzierbare Emissionsvolumen, sondern auch und insbesondere auf die **künftige Aktionärsstruktur** des Emittenten aus.[101] Investoren, die das Wertpapier nur aus Gründen der Spekulation erwerben wollen und

---

93 *Schäfer/Schwintowski*, Bankrecht, S. 987 mwN in Fn 109.
94 Die Festsetzung eines zu geringen Emissionspreises ist in der Regel frühzeitig erkennbar und kann nach Wunsch des Emittenten mit einer Erweiterung der Preisspanne beantwortet werden.
95 *Reimnitz*, Das Primärgeschäft im Emissionsbereich, S. 260 ff; *Göbel*, ZKW 1996, 1098.
96 So bereits *Cutik*, in: Herdt/Padberg/Walther (Hrsg.), Der Gang an die Börse (1985), S. 50; vgl auch *Serfling/Pape/Kressin*, AG 1999, 289 ff.
97 *Lambsdorff*, WM 1997, 510; *Hieke*, ZKW 1996, 1100, 1101.
98 Ausführlich hierzu *Willamowski*, WM 2001, 653 ff; *Escher-Weingart*, AG 2000, 164 ff.
99 *Voigt*, Die Bank, 1996, 343.
100 *Körfgen/Schürmann*, Familienunternehmen auf dem Weg zur Börse, S. 232.
101 *Körfgen/Schürmann*, Familienunternehmen auf dem Weg zur Börse, S. 233.

bei denen eine geringe Haltezeit[102] vorhersehbar ist, können somit von der Zuteilung ausgeschlossen werden. Freilich wird sich im Rahmen des Bookbuilding wie auch bei herkömmlichen Verfahren die Frage stellen, inwieweit hier die Anlagestrategie der einzelnen Investoren für den Emittenten oder das Konsortium nachvollziehbar ist.[103] Diese Praxis der Auswahl im Rahmen der Zuteilung hat vor allem bei Privatanlegern, die bei mehrfach überzeichneten Emissionen häufig zu kurz kamen, Verärgerung ausgelöst. Deshalb hat die Börsensachverständigenkommission beim Bundesfinanzministerium Grundsätze für die Zuteilung an Privatanleger aufgestellt, die von Emittenten, die die Aufnahme in den damaligen Neuen Markt oder den SMAX beantragen zwingend eingehalten werden mussten. Diese **Zuteilungsgrundsätze** fassen jedoch nur die bisherige Praxis der Zuteilung zusammen und nennen mehrere Verfahren (u.a. auch das Losverfahren), die nicht als willkürliche Zuteilung angesehen werden.[104]

64 **b) Free Retention.** Die Praxis der „directed allocation" stellt einen gewissen Eingriff in die Dispositionsmöglichkeiten der Konsortialbanken dar. Dies wird jedoch dadurch abgemildert, dass den Konsortialbanken in der Regel weitere Aktien ohne vorgegebene Allokationsentscheidung als frei verfügbare Masse (free retention) zugeteilt werden. Diese Aktien können von den Banken nach eigenem Ermessen verteilt werden.[105] Die retail-Nachfrage wird den Konsorten darüber hinaus üblicherweise „en bloc" zur weiteren Verfügung zugeteilt.[106]

65 **XII. Kursstabilisierung.** Bei einem Börsengang wird den konsortialführenden Banken durch den Emittenten (oder die Altaktionäre) zu Zwecken der Kursstabilisierung im frühen Sekundärmarkt regelmäßig eine Mehrzuteilungsoption, eine sogenannte **Greenshoe-Option**, eingeräumt.[107] Aufgrund der damit verbundenen Vorteile hat sich dieses Stabilisierungsinstrument Jahren im Rahmen der Etablierung des Bookbuildingverfahrens bei nahezu allen nationalen und internationalen Emissionen zum Marktstandard entwickelt.

66 Die Banken erhalten die Option, innerhalb einer üblicherweise 30-tägigen Stabilisierungsphase nach der Platzierung weitere Aktien der Emittentin im marktüblichen Umfang von bis zu 15 % des Basisemissionsvolumens (des „Base Deal") zum vereinbarten Emissionspreis zu erwerben. Diese Option ermöglicht den Banken über die Zahl der grundsätzlich zur Platzierung gelangenden Aktien hinaus Zuteilungen zum Emissionspreis (abzüglich vereinbarter Kosten und Provisionen) vorzunehmen. Weil die Konsortialbanken ihre Lieferverpflichtung für alle von ihnen platzierten Aktien grundsätzlich sofort erfüllen müssen, beschaffen sie sich zur Erfüllung dieser Verpflichtungen vorab bereits existierende Aktien der Emittentin von Altaktionären im Wege einer **Wertpapierleihe**.[108] Die Rückgabeverpflichtung aus dem Leihgeschäft erfüllen die Banken, abhängig von der Kursentwicklung der emittierten Aktien an der Börse, entweder durch Aktienkäufe über die Börse innerhalb der Leihfrist oder durch Ausübung der Greenshoe-Option am Ende der Leihfrist. Fällt der Kurs der Aktie unter den Emissionspreis, werden die Konsortialbanken zu Stabilisierungszwecken Aktien am Markt nach den dafür geltenden Regeln zurückerwerben und in der Regel hieraus die Lieferverpflichtung aus der Wertpapierleihe erfüllen. Steigt der Kurs der Aktie hingegen erwartungsgemäß über den Emissionspreis, werden die Konsortialbanken in aller Regel die Greenshoe-Option ausüben, um damit die eingegangenen Lieferverpflichtung aus der Wertpapierleihe zu erfüllen. Dafür ist es erforder-

---

102 Privatanleger tendieren dazu, eine Aktie sehr lange zu halten. Diese Tendenz wurde für die Privatisierungen durch die Verwendung sog „Treueaktien" iRd Emission der Deutschen Telekom AG genutzt. Das Konzept der Treueaktien (*bonus shares*) stammt aus den brit. Privatisierungen.

103 Zu Kontrollmöglichkeiten *Schulte*, Internationaler Aktienemissionsmarkt, 249, 253.

104 Vgl dazu *Willamowski*, WM 2001, 653 ff.

105 Art. 15 der Grundsätze für die Zuteilung von Aktienemissionen an Privatanleger der Börsensachverständigenkommission beim Bundesministerium der Finanzen (BSK) verlangt, dass die Aktien der Free Retention nach Maßgabe des Art. 12 dieser Grundsätze zugeteilt werden. Im Ergebnis bedeutet dies zunächst nichts anderes, als die (bewusste oder unbewusste?) Aufgabe dieses Aktienblocks. Soweit nämlich, wie von der BSK gefordert, die Free Retention im Falle der Zuteilung an Privatanleger nach den Kriterien des Art. 12 verteilt werden soll, bedeutet dies im Ergebnis, dass die Free Retention in der Retailtranche ununterscheidbar aufgeht. Daran ändert sich auch nichts dadurch, dass angesichts des Wortlauts des Art. 15 unter Umständen eine Zuteilung nach anderen als für den Base Deal geltenden Kriterien zulässig ist.

106 *Voigt*, Die Bank 1996, 341.

107 Dazu u.a. *Trapp*, AG 1997, 115, 121; *Oltmanns*, DB 1996, 2319 ff; *Dautel*, DStR 2000, 891 ff; *Technau*, AG 1998, 445, 457 f; *Hoffmann-Becking*, in: FS Lieberknecht, 1997, S. 25, 39 f; *Groß*, ZHR 162 (1998), 318 ff; *Willamowski*, Bookbuilding, S. 94 ff und 186 ff; *Schanz*, Börseneinführung, S. 319 ff Rn 91 ff; allg. zur Kursstabilisierung *Krämer/Hess*, in: *Kübler/Scherer/Treeck*, Freundesgabe für Döser, Int. Law. (Sonderdruck 1999), S. 171 ff. Das Institut des Greenshoe war wegen seiner angeblichen Unvereinbarkeit mit § 255 Abs. 2 AktG ins Visier einer rechtswissenschaftlichen Diskussion geraten. Vgl dazu KG Frankfurt aM v. 22.8.2001, WM 2002, 653 = AG 2002, 243 ff = ZIP 2001, 2178 = BKR 2002, 464 = DB 2002, 313 mAnm. *Sinewe* (Senator Entertainment); *Groß*, ZIP 2002, 160 f; *Ekkenga*, WM 2002, 317; *Meyer*, WM 2002, 1106; *Busch*, AG 2002, 230 ff; *Schanz*, BKR 2002, 439 ff; krit. bereits *Ochner*, Börsen-Zeitung v. 7.10.2000, S. 17. Der BGH hat dem eine Absage erteilt, vgl BGH NZG 2009, 569; BGH NZG 2004, 235.

108 Vertragspartner im Rahmen dieser Wertpapierleihe sind die Konsortialbanken als „Entleiher" und die Altaktionäre als „Verleiher". Die Wertpapiere werden dergestalt übereignet, dass der „Entleiher" nach Ablauf der Stabilisierungsphase – der 30-tägigen Laufzeit des Greenshoe – dem „Verleiher" Wertpapiere gleicher Art, Güte und Menge zurückübereignet. Zivilrechtlich handelt es sich bei der Wertpapierleihe um einen Vertrag über ein Sachdarlehen iSd § 607 BGB.

lich, dass die Emittentin neue Aktien im Wege der Kapitalerhöhung unter Ausschluss des Bezugsrechts bereitstellt, sofern nicht Altaktionäre den Konsortialbanken eine Erwerbsoption auf ihre Aktien in entsprechendem Umfang einräumen. Hierzu bietet sich die Schaffung eines genehmigten Kapitals durch die Hauptversammlung an, das vom Vorstand mit Zustimmung des Aufsichtsrats ausgenutzt werden kann, um den Banken die Zeichnung weiterer Aktien zum Emissionspreis zu ermöglichen.[109] Im Rahmen der Emission bedarf es dazu einer zeitnahen Durchführung der Kapitalerhöhung, weil die neuen Aktien aus der Kapitalerhöhung erst mit deren Eintragung in das Handelsregister entstehen. Zur Vermeidung von Verzögerungen im Eintragungsverfahren sollte die Emittentin gemeinsam mit ihren Beratern frühzeitig unter Vorlage sämtlicher einzureichender Unterlagen im Entwurf das Procedere mit dem Handelsregisterrichter abstimmen. Wird die Greenshoe-Option im Wege einer solchen Kapitalerhöhung realisiert, hat dies für die Emittentin den Vorteil, dass ihr bei Ausübung der Greenshoe-Option weitere Mittel zufließen. Sowohl die bloße Möglichkeit der Kursstabilisierung, als auch die tatsächliche Ausübung der Greenshoe-Option innerhalb der Greenshoe-Periode werden vom Kapitalmarkt als positives Zeichen aufgenommen und führen in aller Regel zu einer gleichmäßigeren Kursentwicklung. Insbesondere für institutionelle Investoren ist das Vorhandensein einer Greenshoe-Option von größter Bedeutung, da die Konsortialbanken in die Lage versetzt werden, über ihre üblichen Handelsaktivitäten hinaus für einen geordneten Sekundärmarkt unmittelbar im Anschluss an die Platzierung Sorge zu tragen. Darüber hinaus stärkt die Greenshoe-Option die Fähigkeit der Konsortialbanken, die Emission im Sekundärmarkt zu stützen, wenn sie unerwartet unter Druck gerät. Der Verzicht auf eine Greenshoe-Option würde dagegen insbesondere von Analysten und Investoren negativ gewertet und könnte unter Umständen den Gesamterfolg der Emission gefährden. Im Rahmen der Roadshows und One-on-Ones bestünde zudem erhöhter Erläuterungsbedarf hinsichtlich des Fehlens dieses marktüblichen Stabilisierungsinstruments. Aus Investoren- und Analystensicht könnte sich das Fehlen einer Greenshoe-Option einen Preisabschlag erforderlich machen.

XIII. Wrap-up. Für die Gesellschaft ergeben sich **Pflichten nach der Notierung der Aktien** aus dem WpHG und aus den Regelwerken und Ordnungen der Börse.[110] Das Verbot von Insidergeschäften nach § 14 WpHG gilt für alle Aktien, gleich in welchem Segment sie gehandelt werden, also auch im Freiverkehr (§ 12 Abs. 1 WpHG).

Dagegen trifft die Pflicht zur Veröffentlichung von Ad-hoc-Mitteilungen nur Emittenten, deren Aktien zum Handel an einer inländischen Börse zugelassen sind. Erfasst werden somit alle Aktien, die zum Handel im regulierten Markt zugelassen sind.

Die Meldepflichten bei Überschreitung einer bestimmten Beteiligungsschwelle nach §§ 21 ff WpHG treffen alle Gesellschaften, deren Aktien zum regulierten Markt zugelassen sind. Im Übrigen gelten die Mitteilungspflichten nach § 20 AktG.

Neben der Pflicht, zwei Designated Sponsors zu bestellen und der Verpflichtung der Altaktionäre, ihre Aktien für einen Zeitraum von sechs Monaten nicht zu veräußern, Gesellschaften die nach internationalen Standards aufgestellten Jahresabschlüsse ebenso wie Quartalsberichte veröffentlichen. Insgesamt unterliegen die Gesellschaften einer großen Publizität. Sie müssen von der Gesellschaft oder deren Vorstands- oder Aufsichtsratsmitgliedern getätigte Wertpapiergeschäfte der Deutschen Börse melden sowie die Einberufung der Hauptversammlung, die Mitteilungen über die Ausschüttung und Auszahlung von Dividenden, die Ausgabe neuer Aktien und die Ausübung von Umtausch- und Bezugsrechten veröffentlichen. Die Gesellschaften müssen einen Unternehmenskalender führen und mindestens einmal jährlich eine Analystenveranstaltung durchführen.

C. Ausblick

In allgemeiner Hinsicht ist die Rolle der Banken im Emissionsgeschäft wie gezeigt durch verschiedenste, ineinander greifende Faktoren bestimmt. Nicht nur spezifische Börsenkrisen sind jedoch für das (**erneut**) **geänderte Rollenverständnis der Banken** im Emissionsgeschäft verantwortlich. Vielmehr ist eine aufgrund der „Globalisierung" zu beobachtende verstärkte Internationalisierung und Professionalisierung des Transaktionsgeschäfts in diesem Bereich und die dadurch verursachte Verschränkung rechtlicher und wirtschaftlicher Anforderungen Hauptgrund für eine Neuausrichtung der Banken in diesem Segment.[111] Die allgemein zu beobachtende erhebliche Änderung des regulatorischen Umfelds ist, wie die Etablierung neuartiger Emissionsmethoden, eher als Reaktion auf die sich in diesem internationalen Umfeld stellenden Wettbewerbsherausforderungen sowohl für Banken als auch für die nationalen Kapitalmärkte im Allgemeinen zu begrei-

---

109 *Oltmanns*, DB 1996, 2319 f, schlägt die Verwendung eines bedingten Kapitals vor. Dieser Ansatz hat sich jedoch – soweit ersichtlich – in der Praxis nicht durchgesetzt.

110 Vgl nur *Kümpel*, WM 1996, 563 ff; *Vaupel*, WM 1999, 521 ff.

111 *Baum/Breidenbach*, WM 1990, Sonderbeilage 6, 1 ff.

fen.[112] Die Kehrseite der zunehmend zusammenwachsenden internationalen Kapitalmärkte ist eine reziproke Abhängigkeit und Anfälligkeit der einzelnen Märkte, die eine Steigerung der Marktvolatilität bedingen und im Falle erheblicher Einbrüche unter Umständen einen „Domino-Effekt" hervorrufen können, wie zuletzt nach dem Zusammenbruch von Lehman Brothers weltweit zu beobachten war. Eine Platzierung von Aktien junger, umgewandelter oder gar eben erst gegründeter Unternehmen in dieses Marktumfeld zwingt die Banken zu erhöhter Vorsicht und zu einem geschärften Blick für die **Qualitätsanforderungen der Aktienmärkte und Investoren.** Die Bemühungen der Deutsche Börse AG deuten wie die weiteren Bemühungen um eine Förderung des Finanzplatzes Deutschland durch den Gesetzgeber einerseits und die Eindämmung der Folgen der jüngsten Finanzkrise andererseits auf einen kontrollierten Rückzug der Autoritäten von diesem Teil der Börsengeschichte hin. Auch die emissionsbegleitenden Banken, die ihre Rolle zu Beginn des Booms zuerst in Richtung eines „Börsenpartners" interpretieren, sind letztlich immer wieder gezwungen, sich auch zu ihrer Rolle als „Börsenlehrer" zu bekennen.

---

112 Der Gesetzgeber hat zu verschiedenen Anlässen, insbesondere im Zusammenhang mit der Verabschiedung von mittlerweile vier Finanzmarktförderungsgesetzen, immer wieder auf die Zielsetzung abgehoben, die internationale Wettbewerbsfähigkeit des Finanzplatzes zu verbessern. Vgl grundlegend Bundesminister der Finanzen, WM 1992, 420 ff. Zur Anpassung auch der Praxis an diesen Trend vgl *Willamowski*, Bookbuilding, AHW (124) 2000, S. 9 Rn 19 ff.

Entscheidung, Prognose und Risiko bei Aktien

A. Fundamentalanalyse	2	C. Statistische Methoden	16
B. Technische Analyse	3	I. Optimale Prognose	21
I. Grundlagen der Chartanalyse	5	II. Rekursive Prognoseverfahren	24
II. Der Goldene Schnitt in der Chartanalyse	13	III. Statistische Modelle für die Prognose (Modellauswahl)	29
III. Kritik der Technischen Analyse	15		

Die Investition in Aktien modifiziert das Grundproblem der Ökonomie, nämlich Strategien zu entwickeln, die einen optimalen Nutzen bei bestimmten Restriktionen erlauben. Die allgemeine Erfahrung weiß um die Janusköpfigkeit von Investments in Aktien; Chancen und Risiken kommen beide zu Wort. Meist übernimmt bei der Lösung des individuellen Optimierungsproblems unter Unsicherheit die Risikoneigung des Investors die Funktion der Restriktion, optimiert wird die erwartete Rendite. Diese Optimierungsaufgabe führt zur klassischen Portfoliotheorie. Daneben gibt es auch Ansätze, die Aktien einzeln zu analysieren, um Investitionsentscheidungen zu treffen. Sofern die Entwicklung der Ertragskraft der Aktiengesellschaften Gegenstand der Investitionsentscheidung ist, zielt die Analyse auf die Handelsobjekte der Börse. Man spricht dabei von Fundamentalanalyse. Eine andere Form der Aktienanalyse ist die technische Analyse. Grundlage der technischen Aktienanalyse sind die Informationen aus Börsenkursen und Umsätzen einzelner Aktien, sowie die graphischen Darstellungen und Analysen des Kursverlaufs. Damit wird der Versuch unternommen, Trends und deren Wendungen anhand von Umkehrpunkten frühzeitig zu diagnostizieren. Die Anwendung diverser Methoden zur Erfassung und Analyse der Börsenkurse führt meist zu dem Versuch, Preisprognosen über die Entwicklung von Wertpapieren zu erstellen. Zur Modellierung des dynamischen Verhaltens der Finanzmarktdaten und deren Interdependenzen steht eine große Auswahl statistischer Modelle zur Verfügung. In diesem Rahmen ist es möglich, die Parameter des Modells effizient zu schätzen. Das Ausschöpfen aller vorhandenen Informationen führt dann zu optimalen Prognosen, die zum wesentlichen Hilfsmittel bei der Entscheidungsfindung avancieren.

A. Fundamentalanalyse

In der Fundamentalanalyse wird versucht den Wert der Aktien einer Firma von den wirtschaftlichen und finanziellen Verhältnissen abzuleiten. Man spricht auch von der Analyse des wahren inneren Wertes einer Firma. Wichtige Kenngrößen dafür sind der Verschuldungsgrad, die zu erwartende Cashflows, die aus den Unternehmungen der Firma entstehen werden, die Aussichten des wirtschaftlichen Umfeldes der Firma, Gewinnprognosen, die Management Fähigkeiten der Firmenleitung und der Wert von vergleichbaren Firmen. Insbesondere im IPO (Initial Public Offering) ist diese Analyse unerlässlich. Kauf- und Verkaufsempfehlungen ergeben sich dann, wenn die am Aktienmarkt quotieren Preise einen anderen Gesamtwert aller Aktien (dh Aktienpreis multipliziert mit Anzahl der Aktien) ergeben als die Fundamentalanalyse des Wertes der Firma.

B. Technische Analyse

Die Chartanalyse[1] – oder auch Technische Analyse – ist eine wissenschaftlich nicht fundierte Vorgehensweise zur Analyse von Aktienkursen, die in der einschlägigen Presse einschließlich von Wirtschaftsteilen seriöser Tageszeitungen erheblichen Einzug gefunden hat. Sie beruht weder auf einem ökonomisch-betriebswirtschaftlichen noch auf einem mathematisch-statistischen Modell.

Die Grundauffassung der Chartanalyse ist, dass im Preis nicht nur äußere wirtschaftliche Einflüsse auf den Markt wirken, sondern die innere Verfassung der Marktteilnehmer. In diesem Sinne gehört die Chartanalyse auch in den Bereich „Behavorial Finance". Diese individuellen, emotional geprägten Erwartungen bewirken häufig wiederkehrende irrationale Überraschungen an den Märkten. Gewissermaßen beruht der Ansatz der Chartanalyse auf dem folgenden Zitat von *J.M. Keynes*:

„*An den Finanzmärkten geht es weder darum, das zu tun, was nach eigenem Urteil als das Beste erscheint, noch das zu tun, was die durchschnittliche Meinung aller Beteiligten für das Beste hält, sondern entschei-*

---

[1] Wichtige Literatur zum Thema "Chartanalyse" sind unter anderem die Bücher: *Schwager*, Schwager on Futures, Technische Analyse, 2001; *Murphy*, Technische Analyse der Finanzmärkte, 2000 (kompakter Überblick). Von historischem Interesse sind: *Nelson*, The ABC of Stock Market Speculation, 1903, Nelsons Wall Street Library, Reprint 1989 Omnigraphics (hier wird die Dow-Theorie zum erstenmal in Buchform veröffentlicht); *Edwards/Magee*, Technical Analysis of Stock Trends, 1948, 8. Aufl. 2002, (Geburtsstunde der Technischen Analyse, und wird heute immer noch als Standardwerk angesehen).

dend ist, was die durchschnittliche Meinung als das zukünftige Ergebnis dieser durchschnittlichen Meinung erwartet."

5 **I. Grundlagen der Chartanalyse.** Werden Aktien am Markt gehandelt, ergibt sich aus der täglichen Quotierung ein Verlauf der Aktienkurse. Diese Grafik, in der die täglichen Kurse auf der Vertikalen abgetragen werden, nennt man die Aktienkurskurve oder auch einen Kurschart. Erste graphische Darstellungen von Börsenkursen in der westlichen Welt traten um 1880 auf.[2] Erste Veröffentlichungen gehen auf *Charles H. Dow*, einen Mitbegünder des bekannten Dow Jones Aktienindex der New Yorker Börse, zurück. Die von ihm begründete Theorie wird Dow Theorie genannt und ist in oben genannten Buch von Nelson beschrieben.

6 Grundsätzlich versucht die Technische Analyse alleine aus Mustern und Formationen der Kurscharts zukünftige Preisentwicklungen vorher zu sagen.

7 Während die oben erwähnte Fundamentalanalyse und die mathematisch-statistische Analyse vom rationalen Verhalten der Marktteilnehmer in einem gewissen Marktgleichgewicht ausgeht, zieht die Chartanalyse die Überreaktion der Marktteilnehmer in Form von Gier und Angst in ihre Prognosen mit ein. Dieses irrationale Verhalten bewirkt gewisse wiederkehrende Muster im Kursverlauf einer Aktie. Diese Muster sollten mit Hilfe der Chartanalyse möglichst früh erkannt werden, um den weiteren Kursverlauf prognostizieren zu können.

8 Neben dem einfachen Linienchart, der jeden Tag, jede Minute oder zu jeder anderen Zeiteinheit den quotierten Kurs einträgt, gibt es weiterentwickelte Charts, die noch weitere Informationen wie Höchst- und Niedrigstkurs, Durchschnittskurse und ähnliches visualisieren. Diese werden dann zB Stangenchart, Ankerchart, Balkenchart oder Candlestickchart genannt.

9 Neben den täglichen Kursen gehen auch Durchschnittskurse der letzten 30 oder 100 Tage oder eines beliebigen Zeitraums ein. Allgemein gehen bei der technischen Analyse außer dem Kursverlauf der Aktie keine weiteren Informationen ein.

10 Die Chartanalyse versucht nun aus Charakteristiken dieser Kurve die zukünftige Entwicklung zu bestimmen.

11 Die Formationen und Muster, die in diesen Charts erkannt werden sollen, sind Trendlinien, Widerstands- und Unterstützungslinien, und Formationen wie zum Beispiel Schulter-Kopf-Schulter-Formationen, die eine mittlere- bis langfristige Trendumkehrung prognostizieren soll.

12 Die bekanntesten sind Widerstandslinien für einen gewissen Zeitraum, wie die 30-Tage Widerstandslinien. Letztere ist eine gedachte Gerade, die in den letzten 30-Tagen nicht unterbrochen wurde, zB ein Kurs von 80 EUR. In der Chartanalyse glaubt man, dass ein Durchbrechen einer solchen Widerstandslinie nach unten zu weiteren Kursverlusten führt. Entsprechend geht man davon aus, dass das Durchbrechen einer oberen Widerstandslinie zu nachhaltigem Kursanstieg führt.

Für Eigenschaften und Interpretationen der anderen Formationen und Linien verweisen wir auf die Literatur in Fn 1.

13 **II. Der Goldene Schnitt in der Chartanalyse.** Eine mathematisch interessante Facette der Technischen Analyse ist das Arbeiten mit dem goldenen Schnitt. Der goldene Schnitt ursprünglich von Fibonacci analysiert scheint eine Art Natur – bzw Kulturkonstante zu sein. Eine Strecke – zum Beispiel des Intervalls von 0 bis 1 – wird am Punkt x gemäß des Goldenen Schnittes geteilt, falls sich die kleinere Strecke zur größeren Strecke verhält wie die längere Strecke zur Gesamtstrecke (hier im Beispiel 1). In Formeln: Der goldene Schnitt ist die Zahl x derart, dass $(1-x)/x = x$. Eine gute Näherungslösung für diese Gleichung ist $x = 0{,}618$. Typische Anwendungen des goldenen Schnitts finden sich in der Architektur. In der Renaissance erfolgte die Teilung von Fenstern oder Fensterrahmen häufig im goldenen Schnitt. An Michelangelos David findet man viele Größenverhältnisse gemäß des Goldenen Schnitts, zum Beispiel das Verhältnis von Rumpf zum Gesamtkörper.

14 In der Chartanalyse glaubt man, dass sich Kurskorrekturen gemäß des Goldenen Schnitts verhalten. Vereinfacht, impliziert ein Anstieg um 100 % einen Maximalrückgang um 61,8 % und einen Minimalrückgang um 38,2 %. Die erste Anwendung des Goldenen Schnittes auf Chartanalysen findet man bei *Collins and Elliot*, The Wave Principle, 1938.

15 **III. Kritik der Technischen Analyse.** Der wesentliche Kritikpunkt an der Chartanalyse ist „Unwissenschaftlichkeit" und „Subjektivität". Da die Chartanalyse auf reinen Erfahrungswerten beruht, ist dieser Kritikpunkt nicht von der Hand zuweisen. Allerdings haben sich seit der ersten Anwendung der Chartanalyse diese subjektiven Einschätzungen akkumuliert. Zusätzlich könnte durch den weit verbreiteten Glauben an die Chartanalyse das Phänomen der sich selbstbewahrheitenden Annahmen auftreten. Verteidiger der

---

[2] Die Anhänger der Chartanalyse sehen den Ursprung ihrer Disziplin im Japan des frühen 17. Jahrhunderts im Zusammenhang von Reisterminkontrakten.

Chartanalyse würden dagegen anführen, dass am Anfang der Chartanalyse diese noch nicht sehr verbreitet war. Zusätzlich würden sich durch den immer größer werdenden Anwenderkreis die Formationen nicht mehr ausbilden können, da schon in ihrem Anfangsstadium der Markt überreagiert. Insgesamt lässt sich wohl sagen, dass die Chartanalyse als Gegenstand der Wissenschaft eigentlich nicht vorhanden ist oder höchstens in einigen Spezialdisziplinen wie Behaviorial Finance noch am Anfang steht.

C. Statistische Methoden

Im Mittelpunkt der folgenden statistischen Werkzeuge zur Analyse der dynamischen und stochastischen Eigenschaften von Finanzmarktdaten stehen Verfahren der Zeitreihenanalyse. Unter einer Zeitreihe versteht man eine chronologische Anordnung von Beobachtungen. So bezeichnet $P_{t-k}, P_{t-k+1},..., P_t$, die Variablen für die Beobachtungen täglichen Preise einer Aktie.[3] Die Anwendung von Zeitreihenmodellen verfolgt als ein wichtiges Ziel die Prognose interessierender Parameter wie einem zukünftigen Aktienkurs oder der mit dem Besitz einer Aktie verbundenem Kursrisiko aus möglichen Kursänderungen.

Dies geschieht durch Modelle, die es zum einen erlauben, Wissen in Form von vorhandener Information aus Beobachtungen fortzuschreiben und zum anderen die Unsicherheit über neue Informationen, sogenannte Innovationen, die im Prognosehorizont $h \geq 1$ eintreffen, zu inkorporieren. Formal kann dies durch folgende Gleichung ausgedrückt werden:

$$P_{t+h} = f(P_t, P_{t-1},..., P_{t-k}, \varepsilon_{t+h}), \tag{1}$$

wobei ε_{t+h} für die Innovationen steht. Letztere erhalten ihre mathematische Darstellung durch ein stochastisches Modell, das die Innovationen durch Zufallsvariablen darstellt. Das Rückgrat dieses Modells bildet eine Funktion,[4] welche die Wahrscheinlichkeiten der Realisationen der Zufallsvariablen fixiert. In diesem Modell bezeichnet p_{t+h} eine Realisation der Zufallsvariable P_{t+h}. Eine Prognose ist dann eine im Zeitpunkt t auf der Zeitreihe basierende Schätzung $\hat{P}_{t+h}$ des Wertes von P_{t+h}. Man spricht hierbei von einer h-Schritt-Prognose.

Nahe liegend wäre es, für das Prognosemodell f die Preise p als dessen Variablen zu wählen.[5] Die Betrachtung der Aktienpreise (Figur 1) ergibt, dass diesen kein reguläres Verhalten eigen ist, das zur Erstellung einer statistische Prognose hinreicht. Dies zeigt sich beispielhaft daran, dass Trends in den Zeitreihen nicht über den gesamten Beobachtungszeitreihe Gültigkeit haben; weiterhin sind Änderungen dieser Trends aus den Beobachtungen nicht zu schätzen. Dies manifestiert sich auch in den Kennzahlen, die der Verteilung der Innovationen zugrunde liegen, Mittelwert und Varianz. Diese empirische Tatsache steht nicht im Einklang mit einer Grundvoraussetzung statistischer Prognoseverfahren, nämlich der zeitlichen Invarianz dieser Kennzahlen.

Im Gegensatz zu den Preisen p_t schwanken die Renditen[6] Y_t in einem kleinen Intervall um den Mittelwert, hier die Null (Figur 2). Die Transformation der absoluten Größen, nämlich der Preise, in Renditen (relative Veränderungen) führt dazu, dass die Zeitreihe auf Grund ihrer konstanten Schwankungsbreite eine zeitliche Invariante besitzt. Man spricht in diesem Fall von einer (mittelwert) stationären Zeitreihe. Stationarität beinhaltet, dass Kennzahlen, die aus verschiedenen Teilreihen berechnet werden, nicht systematisch voneinander abweichen.

Für Finanzzeitreihen hat die als Volatilität bezeichnete Kennzahl eine besondere Bedeutung, da sie als Risikomaß interpretiert werden kann. Konkret erhält man diese Zahl durch Einsetzen der Renditen in die Formel:

$$\text{Volatilität} = \frac{1}{T} \sum_{t=1}^{T} y_t^2 \tag{2}$$

wobei T die Anzahl der Beobachtungen ist.[7] Für die Zeitreihe der Returns (Figur 2) ergibt sich für die Volatilität der täglichen Returns eine gerundete Größe von 0.03. Wie die Verteilung für die Innovationen aus

---

[3] Der Aktienpreis wurde an den vergangenen Tagen $t-k, t-k+1$, bis t beobachtet. In der Regel bezeichnet man mit t den heutigen Tag, an dem man Prognosen treffen will. Typische Werte für k sind 100 oder 250 bei einer Prognose für die kurzfristige Wertentwicklung. Das heißt, die Prognose basiert auf den letzten 100 oder 250 Tagen.

[4] Die Verteilungsfunktion der Zufallsvariablen P_{t+h}.

[5] Wie es in Formel (1) nahe gelegt wurde.

[6] Definiert als relative Veränderungen der Preise: $y_t = (p_t - p_{t-1})/p_t$.

[7] Volatilität misst die Schwankungen um den Mittelwert der Renditen, der hier – für eine Eintagsprognose plausibel – als null angenommen wird.

den Returns geschätzt werden kann, ist Figur 3 zu entnehmen, welche die Realisationen und die Gauss'sche Glockenkurve enthält.

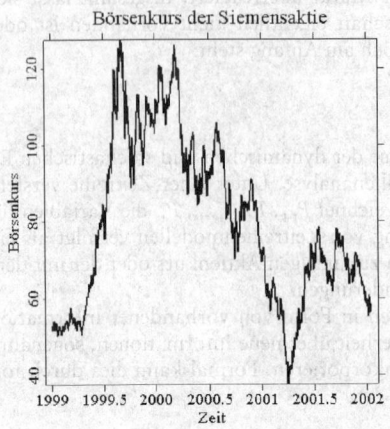

Abb 1: Börsenkurs der Siemensaktie
Zeitraum: 8.7.1999 – 4.7.2002

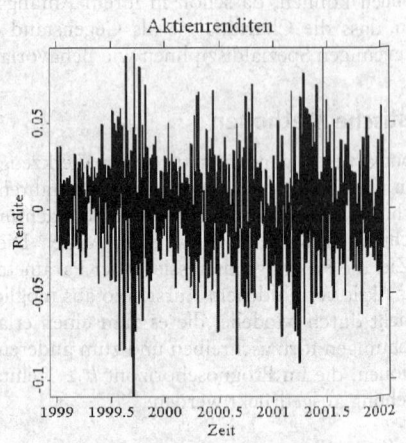

Abb 2: Tägliche Renditen der Siemensaktie
Zeitraum: 8.7.1999 – 4.7.2002

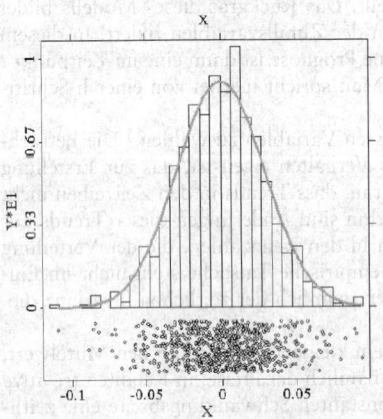

Abb 3: Histogramm der Renditen

21 **I. Optimale Prognose.** Basieren Investitionsentscheidungen auf Prognosen, bergen Abweichungen der Realisationen von Prognosen potentielle Verluste für den Entscheidungsträger. Diese Abweichung heißt Prognosefehler. Bezeichnet y_{t+h} die Prognose im Zeitpunkt t, dann ist der beobachtete Prognosefehler $e_{t,h}$ im Zeitpunkt $t+h$ die Differenz der Realisation aus Prognose

$$e_{t,h} = y_{t+h} - \hat{y}_{t+h} \tag{3}$$

22 Der entstandene Verlust kann dann anhand einer Funktion des Prognosefehlers $L(e_{t,h})$ quantifiziert werden. Da zufällige Informationen (Innovationen) in jedem Zeitpunkt eintreffen können, ist praktisch unmöglich, fehlerfreie Prognosen zu erstellen. Damit ist es nahe liegend, die Verlustfunktion L so zu definieren, dass immer ein Verlust auftritt, $L(e_{t,h}) > 0$, und $L(0) = 0$ gilt. Das Vorliegen einer Verlustfunktion erlaubt eine optimale Prognose zu erstellen, welche die erwarteten Verluste minimiert. Die optimale Prognose der zukünftigen Rendite y_{t+h} im Zeitpunkt t ist meist der bedingte Erwartungswert, nämlich die erwartete Rendite von y_{t+h} in t unter Berücksichtigung aller verfügbaren Informationen.

23 Die Definition einer geeigneten Verlustfunktion ist nicht einfach und hängt wesentlich vom Kontext der Problemstellung ab. Eine pragmatischer Ansatz nutzt zB quadratische Approximationen der Verlustfunktion $L(e_{t,h}) \approx e^2_{t,h}$

II. Rekursive Prognoseverfahren.
Rekursive Prognoseverfahren, bei denen zur Bestimmung der h-Schritt-Prognose auf die (h-1)-Schritt-Prognose zurückgegriffen werden kann, sind wegen ihrer Einfachheit besonders anwenderfreundlich. Weite Verbreitung finden lineare Modelle, bei denen die Aktienrendite Y_t als lineare Funktion der zeitverzögerten Renditen Y_{t-k}, Y_{t-k+1},..., Y_t und der Innovation u_t modellieren. Für das Beispiel der Siemensaktie ergab eine statistische Analyse, dass das Modell

$$y_{t+1} = \alpha\, y_t + u_{t+1},$$

eine sinnvolle Beschreibung der Daten ist.[8]

Dabei sind Innovationen u_{t+1} weißes Rauschen (nicht prognostizierbar) mit Erwartungswert null. Ausgehend von Zeitpunkt t, ist man an der Prognose der Rendite der nächsten Periode (ein-Schritt-Prognose) interessiert. Die Rendite im nächsten Zeitschritt $t+1$ *ist generiert durch*

$$y_{t+1} = \alpha\, y_t + u_{t+1}. \qquad (4)$$

Im Zeitpunkt t ist die Rendite y_t bekannt und die zukünftige Innovation u_{t+1} unvorhersehbar, so dass für die Prognose y_{t+1} und den Prognosefehler $e_{t,1}$ sich folgendes ergibt:

$$y_{t+1} = \alpha\, y_t \text{ und } e_{t,1} = u_{t+1}.$$

Die gleiche Überlegung gilt auch für die zwei-Schritt-Prognose. Hier wird die Rendite in zwei zukünftigen Zeitschritten y_{t+2} modelliert. Die Rendite in $t+2$ ist

$$y_{t+2} = \alpha\, y_{t+1} + u_{t+2}.$$

Im heutigen Zeitpunkt t ist y_{t+1} die Rendite von morgen, nicht bekannt, aber deren Prognose [[xcalpha]] y_{t+1} ist verfügbar. Ferner sind die Innovationen u_{t+2} nicht vorhersehbar, so dass

$$y_{t+2} = \alpha\, y_{t,1} \text{ und } e_{t,2} = u_{t+2} + \alpha\, u_{t+1}.$$

Aus diesem Beispiel kann man die Regel für die Erstellung der Prognose ableiten. Diese Regel kann auch für nicht lineare Modelle benutzt werden.

III. Statistische Modelle für die Prognose (Modellauswahl).
Die Prognose unterscheidet sich von der Wahrsagerei durch die Definition eines Modells für den beobachtbaren Prozess. Modellbezogene Aussagen sind naturgemäß sowohl relativ als auch absolut. Sie sind relativ in Bezug auf die getroffenen Annahmen die jedes Modell gründen. Sie sind absolut, da die Aussagen innerhalb eines gegebenen Modells mit Notwendigkeit folgen. Die Wahl des Modells ist daher von zentraler Bedeutung für die Prognose.
Die Modellwahl geschieht dreistufig:

- Identifikation – Modellauswahl bei sparsamer Parametrisierung
- Schätzung der Parameter
- Diagnose – Aussage, ob das gewählte Modell (im Vergleich mit anderen Modellen) die Daten adäquat repräsentiert.

In dem Beispiel der Siemensaktie war ein einfaches lineares Modell ausreichend zur Beschreibung der Zeitreihe. Natürlich kann dieses Modell nicht Eigenheiten aller Finanzzeitreihen erklären. Deshalb wurde nach Verallgemeinerungen des einfachen Modells gesucht. Eine große Modellklasse ist die der sog. autoregressive-moving-average (ARMA) Modelle.

Aktuelle Forschungen der Finanzzeitreihen stellen sogenannte GARCH-Prozesse (Generalized Autoregressive Conditional Heteroscedasticity) in den Mittelpunkt des Interesses. Diese erlauben Prognosen von Volatilitäten analog zu (4):

$$\sigma^2_{t+1} = \alpha 0 + \alpha 1 \varepsilon^2_{t+1} + \beta \sigma^2_t$$

Diese Volatilitätsprognosen sind insbesondere für das Risikomanagement von besonderer Bedeutung.
Bei Aktienportfolien wird für die Erstellung von Prognosen das Pendant der *ARMA* Modelle für den multivariaten Fall – die *vektor-autoregressiven Modelle (VARMA)* – herangezogen. Hierbei werden nicht nur die

---

[8] Für die zukünftige Rendite der Aktie wird die heutige Rendite multipliziert mit einem Faktor [[xcalpha]] als gute Näherung angesehen. Diese Näherung wird allerdings durch u_{t+1} verrauscht.

Abhängigkeitsstruktur einzelner Aktien im Zeitablauf berücksichtigt, sondern auch die statistischen Gemeinsamkeiten zwischen verschiedenen Zeitreihen, die Korrelationen, betrachtet.[9]

---

[9] Die hier dargelegten Methoden und Begriffe geben nur eine erste Orientierung. Eine detaillierte Darstellung geben folgende Werke: *Schlittgen/Streitberger*, Zeitreihenanalyse, 6. Aufl, 1995 (Überblick zu methodische Grundlagen, Modellierung und Prognosen von Zeitreihen); *Franke/Härdle/Hafner*, Einführung in die Statistik der Finanzmärkte, 2000, (Umfassende Darstellung. Möglichkeit zur interaktive Datenanalyse mit XploRe, <http://www.xplore-stat.de/>); *Gerke/Steiner*, Handbuch des Bank- und Finanzwesens, 2001 (Standardwerk für Grundbegriffe).

Kapitalanlagerecht inkl. Prospekthaftung

Teil 1 Kapitalanlagerecht

Literatur:
Adams, Haftung auf Schadensersatz für fehlerhafte Kapitalmarktinformation, BKR 2009, 277; *Assmann/Schneider*, WpHG, 6. Auflage 2012; *Baumbach/Hopt*, Handelsgesetzbuch, 35. Auflage 2012; *Ellenberger*, WM Sonderbeilage Nr. 1/2001 zu Nr. 15 v. 14.4.2001, 1 ff; *Fleischer*, Das Vierte Finanzmarktförderungsgesetz, NJW 2002, 2977; *Groß*, Kapitalmarktrecht, 5. Auflage 2012; *Jordans*, Die Umsetzung der MiFID in Deutschland und die Abschaffung des § 37 d WpHG, WM 2007, 1827; *Lang*, Informationspflichten bei Wertpapierdienstleistungen, 2003; *Lang*, Institutionelles Zusammenwirken zwischen Bank und Vermittler/Verkäufer bei finanzierten Immobilienanlagen – Konkretisierung der Aufklärungspflicht, WM 2007, 1728, *Mülbert*, Anlegerschutz bei Zertifikaten, WM 2007, 1149; *Lang/Kühne*, Anlegerschutz und Finanzkrise – noch mehr Regeln?, WM 2009, 1301; *Podewils/Reisich*, Haftung für „Schrott-Zertifikate"? – Aufklärungs- und Beratungspflichten nach BGB und WpHG beim Erwerb von Zertifikaten, NJW 2009, 116; *Reinelt*, Haftung aus Prospekt und Anlageberatung bei Kapitalanlagefonds, NJW 2009, 1; *Spindler*, Kapitalmarktreform in Permanenz – Das Anlegerschutzverbesserungsgesetz, NJW 2004, 3449; *Veil*, Anlageberatung im Zeitalter der MiFID, WM 2007, 1821; *Vortmann*, Prospekthaftung und Anlageberatung, 2000; *Wagner*, Neue Entwicklungen zur Anlagevermittler-/Anlageberaterhaftung, DStR 2004, 1883 ff.

A. Begriff des Kapitalanlagerechts ... 1	I. Begriff ... 81
B. Anlageberatung und Anlagevermittlung ... 11	II. Pflichten ... 82
I. Begriffe ... 11	E. Börsentermingeschäfte – Finanztermingeschäfte ... 86
II. Auskunfts- und Beratungsvertrag ... 16	I. Begriff ... 86
III. Pflichten ... 22	II. Pflichten ... 90
1. Aufklärungspflicht ... 23	F. Haftungsgrundlagen ... 92
2. Form der Aufklärung ... 29	G. Kausalität ... 95
3. Beratungspflicht ... 30	H. Verschulden ... 98
C. Vermögensverwaltung ... 39	I. Anspruchsgegner ... 101
I. Begriff ... 39	J. Anspruchsinhalt ... 104
II. Pflichten ... 47	I. Anlageberatung und Anlagevermittlung ... 105
1. Pflichten vor Abschluss des Vermögensverwaltungsvertrags ... 48	II. Vermögensverwaltung ... 107
2. Pflichten bei Durchführung des Vermögensverwaltungsvertrags ... 54	III. Execution-Only-Business ... 112
a) Nachforschungspflicht ... 54	IV. Börsentermingeschäfte – Finanztermingeschäfte ... 113
b) Pflicht zur ordentlichen Verwaltung ... 55	K. Haftungsbeschränkung und -ausschluss ... 114
c) Weisungen des Anlegers ... 59	I. Haftungsbeschränkung und -freizeichnung ... 114
d) Fallgruppen unzulässigen Verhaltens ... 60	II. Mitverschulden ... 117
e) Informations- und Rechenschaftspflichten ... 64	L. Verjährung ... 119
aa) Benachrichtigungspflicht ... 65	I. Vertragliche und quasivertragliche Ansprüche ... 120
bb) Auskunft ... 74	II. Deliktische Ansprüche ... 124
cc) Rechenschaftspflicht ... 75	1. Fahrlässige Pflichtverletzung ... 125
f) Interessenkonflikte ... 76	2. Vorsätzliche Pflichtverletzung ... 126
g) Retrozession ... 79	M. Beweislast ... 129
D. Execution-only-Business ... 81	I. Vertragliche und quasivertragliche Ansprüche ... 129
	II. Deliktische Ansprüche ... 132

A. Begriff des Kapitalanlagerechts

Unter den Begriff des Kapitalanlagerechts in dem hier verwandten Sinne fallen Haftungsfragen im Bereich der Anlageberatung, Anlagevermittlung sowie der Vermögensverwaltung von Wertpapieren. 1

Bevor auf die einzelnen Vertragstypen und die daraus resultierenden Pflichten eingegangen wird, sollen die Begriffe des Kredit- und des Finanzdienstleistungsinstituts, der Wertpapierdienstleistung, der *Wertpapiernebendienstleistung*, des Wertpapierdienstleistungsunternehmens sowie der Direktbank und des Discount-Brokers dargestellt werden. 2

Kreditinstitute sind in § 1 Abs. 1 S. 1 KWG legaldefiniert. Danach sind Kreditinstitute Unternehmen, die Bankgeschäfte gewerbsmäßig oder in einem Umfang betreiben, der einen in kaufmännischer Weise eingerichteten Geschäftsbetrieb erfordert. Der Begriff der Bankgeschäfte ergibt sich wiederum aus § 1 Abs. 1 S. 2 KWG. Von Bedeutung im Rahmen des Kapitalanlagerechts ist das Finanzkommissionsgeschäft gem. § 1 Abs. 1 S. 2 Nr. 4 KWG und das Depotgeschäft gem. § 1 Abs. 1 S. 2 Nr. 5 KWG. 3

Finanzdienstleistungsinstitute sind gem. § 1 Abs. 1a S. 1 KWG Unternehmen, die keine Kreditinstitute sind, aber ebenso Finanzdienstleistungen für andere gewerbsmäßig in einem Umfang erbringen, der einen in kaufmännischer Weise eingerichteten Geschäftsbetrieb erfordert. Der Begriff der Finanzdienstleistung er- 4 gibt sich aus § 1 Abs. 1 a S. 2 KWG. Zu den Finanzdienstleistungen gehören danach Anlagevermittlung, Anlageberatung, Betrieb eines multilateralen Handelssystems, Platzierungsgeschäft, Abschlussvermittlung, Finanzportfolioverwaltung, Eigenhandel, Drittstaateneinlagenvermittlung, Finanztransfergeschäft und Sortengeschäft. Finanzdienstleister benötigen eine Erlaubnis nach § 32 KWG.

5 Eine Aufzählung der **Wertpapierdienstleistungen** im Sinne des WpHG findet sich in § 2 Abs. 3 WpHG. Darunter fallen zB die Anschaffung und Veräußerung von Wertpapieren im eigenen Namen für fremde Rechnung, im Eigenhandel für andere sowie im fremden Namen für fremde Rechnung, die Vermittlung oder der Nachweis von Geschäften über die Anschaffung und Veräußerung von Wertpapieren, die Übernahme von Wertpapieren sowie die Verwaltung einzelner in Wertpapieren angelegter Vermögen für andere mit Entscheidungsspielraum oder auch die Abgabe von persönlichen Empfehlungen.

6 **Wertpapiernebendienstleistungen** finden sich in § 2 Abs. 3 a WpHG. Dazu zählen u.a. die Verwahrung und Verwaltung von Wertpapieren für andere, sofern nicht das Depotgesetz anzuwenden ist, und die Beratung bei der Anlage von Wertpapieren.

7 **Wertpapierdienstleistungsunternehmen** im Sinne des WpHG sind die in § 2 Abs. 4 WpHG genannten Unternehmen. Zu ihnen gehören unter anderem Kredit- und Finanzdienstleistungsinstitute. Diese Begriffe sind im Bereich des Kapitalanlagerechts von Bedeutung, da das WpHG in den §§ 31 und 37 Pflichten in Form von allgemeinen und besonderen Verhaltensregeln der Wertpapierdienstleistungsunternehmen nennt.

8 Gesetzlich nicht definiert ist der Begriff der **Direktbank**. Bei dieser handelt es sich um ein Kreditinstitut, das Bankleistungen vor allem im Bereich der Wertpapiergeschäfte erbringt und über kein eigenes Filialnetz verfügt. Die Abwicklung der Geschäfte erfolgt „direkt" über Telefon, Telefax, per Post oder das Internet. Da die Direktbank ein Kreditinstitut ist, kann sich aus dem Umstand, dass diese lediglich über kein Filialnetz verfügt, keine andere Behandlung ergeben als für andere Kreditinstitute. Etwas anderes gilt nur für den Fall, wenn der Begriff der Direktbank als Synonym für den Discount-Broker – was nicht ganz korrekt ist – verwendet wird.

9 **Discount-Broker** erbringen in der Regel keine Beratungsleistung. Ihre Tätigkeit beschränkt sich grundsätzlich auf die Vermittlung und Abwicklung von Wertpapiergeschäften.[1] Da Discount-Broker ihre Dienste direkt über Telefon, Telefax, Post und Internet anbieten, werden diese oft als Synonym für Direktbanken verwendet und umgekehrt. Dies ist jedoch angesichts des eingeschränkten Tätigkeitsbereichs der Discount-Broker nicht korrekt.

10 Die Rechtsprechung im Bereich des Kapitalanlagerechts wurde für Banken entwickelt. Da Finanzdienstleistungen und Wertpapierdienstleistungen nicht mehr nur von Banken, sondern auch von anderen Finanz- bzw Wertpapierdienstleistern erbracht werden, gilt die für Banken entwickelte Rechtsprechung gleichermaßen auch für diese. Der Begriff der Bank steht stellvertretend auch für alle anderen Finanz- bzw Wertpapierdienstleister.

B. Anlageberatung und Anlagevermittlung

11 **I. Begriffe.** Von Bedeutung sind in diesem Rahmen die Begriffe der Anlageberatung, der Anlagevermittlung, der Aufklärung sowie der Auskunftserteilung, wobei jeweils unterschiedliche Rechte und Pflichten bestehen. Die Grenzen zwischen Anlageberatung und Anlagevermittlung sind jedoch fließend,[2] so dass diese zusammen dargestellt werden.

12 Bei der **Anlageberatung**[3] wird ein unabhängiger individueller Berater hinzugezogen, weil der Kapitalanleger selbst keine ausreichenden wirtschaftlichen Kenntnisse und keinen Überblick über die wirtschaftlichen Zusammenhänge hat. Die Anlageberatung beruht meist auf einem entsprechenden **Auskunfts- und/oder Beratungsvertrag**, der auch im Zusammenhang mit einer Anlagevermittlung zustande kommen kann.[4] Vom Anlageberater, dem der Anleger weit reichendes persönliches Vertrauen entgegenbringt, erwartet er nicht nur Informationen über Tatsachen, sondern insbesondere deren fachliche Bewertung und Beurteilung unter Berücksichtigung der persönlichen Verhältnisse.[5]

13 Vereinzelt wird – obwohl die Grenzen fließend sind – von der Anlageberatung die **Anlagevermittlung** unterschieden.[6] Diese soll lediglich die **Pflicht zur Auskunftserteilung** beinhalten. Danach ist der Vermittler verpflichtet, über diejenigen tatsächlichen Umstände richtig und vollständig zu informieren, die für den Anla-

---

1 Ausführlich zu Discount-Brokerage vgl *Lang*, Informationspflichten bei Wertpapierdienstleistungen, § 17 Rn 1 ff.
2 Vgl *von Heymann/Edelmann*, in: Assmann/Schütze, § 4 Rn 3.
3 Zur Unterscheidung zwischen dem unabhängigen individuellen und dem auf Anbieterseite stehenden Anlageberater vgl *Wagner*, DStR 2004, 1883.
4 Vgl *von Heymann/Edelmann*, in: Assmann/Schütze, § 4 Rn 2.
5 Vgl *von Heymann/Edelmann*, in: Assmann/Schütze, § 4 Rn 3.
6 Zur Abgrenzung vgl Kurzkommentar *Sethe*, EWiR 2004, 875 f zur Entscheidung des Hessischen VGH v. 18.7.2003 – 6 TG 3395/02.

geentschluss des Interessenten von besonderer Bedeutung sind.[7] Es soll jedoch nicht die Pflicht zu einer Bewertung der Umstände bestehen.[8] Letztgenanntes unterscheidet die Anlagevermittlung von der Anlageberatung.

Die **Auskunftserteilung** erfolgt regelmäßig im Rahmen einer laufenden Geschäftsverbindung, wie dies bei Kreditinstituten allgemein üblich ist. Die Pflicht zu fehlerfreier Auskunftserteilung wird dann meist als Haupt- oder Nebenpflicht aus dieser Geschäftsverbindung abgeleitet. Außerhalb bestehender Geschäftsverbindungen wird – wie bei der Anlagevermittlung – allgemein auf den meist stillschweigend abgeschlossenen Vertrag auf Auskunftserteilung zurückgegriffen, der den Auskunftsgeber zu vollständiger und richtiger Information verpflichtet.[9] 14

Aufklärung erfordert eine zutreffende, vollständige und verständliche Mitteilung von Tatsachen, soweit diese zur Wahrung der Interessen des Kunden im Hinblick auf Art und Umfang des beabsichtigten Geschäfts notwendig ist.[10] Eine Auskunft ist dann richtig, wenn sie dem tatsächlichen Informationsstand der Bank entspricht und das vorhandene Wissen bei der Formulierung der Auskunft zutreffend umgesetzt wurde.[11] 15

II. Auskunfts- und Beratungsvertrag. Damit Pflichten bestehen können, muss zwischen den Parteien ein Schuldverhältnis bestehen. Dieses kann vertraglicher oder quasi-vertraglicher Art sein. 16

Im Bereich der Anlageberatung und der Anlagevermittlung bedarf es daher grundsätzlich eines entsprechenden Vertrages, eines **Auskunfts- oder Beratungsvertrages**. Dabei handelt es sich in der Regel um einen Dienstvertrag mit Geschäftsbesorgungscharakter, vgl §§ 611, 675 BGB.[12] Eine Erklärung, eine Auskunft sei unverbindlich („ohne Obligo"), hat in der Regel keine Auswirkung auf den Vertragsschluss, sondern ist lediglich für eine mögliche Freizeichnung von der Haftung von Bedeutung.[13] 17

Der Vertrag kann **ausdrücklich oder konkludent** geschlossen werden. Mangels ausdrücklicher Vereinbarung kommt der Vertrag meist stillschweigend zustande.[14] Dies gilt auch im Rahmen eines Vermittlungsvertrages.[15] Ohne Bedeutung ist, von wem die Initiative ausgeht. Der BGH hat entschieden, dass in dem Fall, in dem ein Anlageinteressent an eine Bank oder der Anlageberater einer Bank an einen Kunden herantritt, um über die Anlage eines Geldbetrages beraten zu werden oder zu beraten, das darin liegende Angebot zum Abschluss eines **Beratungsvertrages** stillschweigend durch die Aufnahme des Beratungsgesprächs angenommen wird.[16] Für den Abschluss des Beratungsvertrages ist daher ohne Bedeutung, ob ein Anleger von sich aus bei der Geldanlage die Dienste und Erfahrungen der Bank in Anspruch nehmen wollte oder ob die Aufforderung zur (Wieder)Anlage vom Anlageberater der Bank stammt.[17] 18

Gleiches gilt für die Anlagevermittlung: Wenn sich ein Anlageinteressent von sich aus an einen **Anlagevermittler** oder nach dessen Angebot an diesen wendet und deutlich macht, dass er auf eine (bestimmte) Anlageentscheidung bezogen die besonderen Kenntnisse und Verbindungen des Vermittlers in Anspruch nehmen will, liegt darin das Angebot auf Abschluss eines **Auskunfts- oder Beratungsvertrages**, welches der Anlagevermittler stillschweigend jedenfalls dadurch annimmt, dass er die gewünschte Tätigkeit beginnt.[18] Weder das Handeln des Kunden noch das des Anlagevermittlers kann als unverbindlich verstanden werden. Für den Vertragsschluss ist irrelevant, ob für die Auskunfts- oder Beratungstätigkeit des Vermittlers ein zusätzliches Honorar gefordert oder gezahlt wird, da eine Entgeltvereinbarung für einen verbindlichen Vertrag keine notwendige Voraussetzung ist.[19] Die Vereinbarung einer Provision ist zwar üblich, aber nicht zwingend.[20] Für einen Vertragsschluss mit Haftungsfolgen ist auch ohne Bedeutung, ob bereits vertragliche Beziehungen bestanden oder nicht,[21] also der Rat suchende bereits Kunde der Bank ist. Übergibt der Anlage- 19

---

[7] Vgl *Ellenberger*, WM Sonderbeilage Nr. 1/2001, 1, 5; Palandt/*Grüneberg*, § 280 BGB Rn 52; BGH WM 1993, 1238, 1239; BGHZ 74, 103; vgl *Lang*, § 4 Rn 28.
[8] Vgl *von Heymann/Edelmann*, in: Assmann/Schütze, § 4 Rn 4; Palandt/*Grüneberg*, § 280 BGB Rn 52; vgl auch *Lang*, § 4 Rn 28.
[9] Vgl *von Heymann/Edelmann*, in: Assmann/Schütze, § 4 Rn 5.
[10] Vgl *Ellenberger*, WM Sonderbeilage Nr. 1/2001, 1, 3.
[11] Vgl *Ellenberger*, WM Sonderbeilage Nr. 1/2001, 1, 6.
[12] Vgl *von Heymann/Edelmann*, in: Assmann/Schütze, § 4 Rn 7; vgl auch Palandt/*Sprau*, § 675 BGB Rn 35.
[13] Vgl *von Heymann/Edelmann*, in: Assmann/Schütze, § 4 Rn 13; vgl Palandt/*Sprau*, § 675 BGB Rn 43.
[14] Vgl *von Heymann/Edelmann*, in: Assmann/Schütze, § 4 Rn 9; vgl Palandt/*Grüneberg*, § 280 BGB Rn 47; vgl auch *Wagner*, DStR 2003, 1757 ff.
[15] Vgl *von Heymann/Edelmann*, in: Assmann/Schütze, § 5 Rn 4; vgl Palandt/*Grüneberg*, § 280 BGB, Rn 52; BGH NJW 2007, 1362; BGH ZIP 2008, 512.
[16] BGHZ 123, 126, 128 = BGH WM 1993, 1455, 1456; vgl auch BGHZ 100, 117; OLG Frankfurt aM WM 1995, 245, 247; vgl Palandt/*Grüneberg*, § 280 BGB Rn 47; vgl *Ellenberger*, WM Sonderbeilage Nr. 1/2001, 1, 3; *von Heymann/Edelmann*, in: Assmann/Schütze, § 4 Rn 10.
[17] BGHZ 123, 126, 128 = BGH WM 1993, 1455, 1456.
[18] BGHZ 100, 117, 118 f; BGH BKR 2002, 645; vgl auch Palandt/*Grüneberg*, § 280 BGB Rn 52; Palandt/*Sprau*, § 675 BGB Rn 36; ebenso: BGH v. 11.9.2003 – III ZR 381/02 sowie BGH v. 13.6.2002 – III ZR 166/01 im Internet unter <www.bundesgerichtshof.de>, Entscheidungen; BGH, III ZR 193/05 = NJW 2007, 1362.
[19] BGHZ 100, 117, 119.
[20] Vgl *von Heymann/Edelmann*, in: Assmann/Schütze, § 4 Rn 6; vgl Palandt/*Grüneberg*, § 280 BGB Rn 47.
[21] BGHZ 100, 117, 119.

vermittler dem Kapitalanleger eine persönliche Renditeberechnung, kommt zumindest konkludent ein Auskunftsvertrag zustande.[22]

20 **Ein stillschweigender Vertragsschluss** kann **nicht** angenommen werden, wenn ein Kunde der Bank gezielt einen Kaufauftrag – eine Order – für Wertpapiere erteilt, welche ihm von dritter Seite empfohlen wurden.[23]

21 Auch wenn zwischen Anleger und Berater **kein Vertrag** besteht, können sich quasi-vertragliche Rechte und Pflichten ergeben,[24] so zB eine Pflicht zur Aufklärung aus Sorgfalts- und Rücksichtnahmepflichten, die zur Zeit der Vertragsanbahnung bestehen.[25] Das Rücksichtnahmegebot ergibt sich seit der Schuldrechtsreform aus § 241 Abs. 2 BGB, vorher wurde es aus § 242 BGB abgeleitet. Dabei müssen besondere Umstände vorliegen, um eine Pflicht zur Aufklärung zu begründen. Denn in der Regel muss jede Partei die Folgen und Risiken einer Entscheidung selbst tragen und kann nicht erwarten, dass sie vom anderen Teil umfassend aufgeklärt wird. Ob derartige besondere Umstände vorliegen, kann nicht pauschal beurteilt werden, sondern hängt von den konkreten Umständen ab, wie etwa der Kapitalanlage oder den Verhältnissen von Anleger und Bank.[26] Der Geschäftsverbindung zwischen Kunden und Berater kann im Hinblick auf das bestehende Vertrauensverhältnis, das unabhängig von der Dauer der Geschäftsverbindung schon beim ersten Kontakt besteht, besondere Bedeutung zukommen.[27]

22 **III. Pflichten.** Im Rahmen der Anlageberatung und der Anlagevermittlung bestehen **Aufklärungs- und Beratungspflichten**. Erstere werden manchmal auch als Informations- und Auskunftspflichten bezeichnet. Daneben haben Wertpapierdienstleistungsunternehmen besondere Aufklärungs- und Beratungspflichten der §§ 31 ff WpHG zu beachten (vgl Ausführungen zum WpHG), und zwar unabhängig von der konkreten Vertragsgestaltung. Nach § 31 Abs. 1 WpHG ist ein Wertpapierdienstleistungsunternehmen verpflichtet, Wertpapierdienstleistungen und Wertpapiernebendienstleistungen (zu diesen Begriffen s. Rn 5 ff) mit der erforderlichen Sachkenntnis, Sorgfalt und Gewissenhaftigkeit im Interesse des Kunden zu erbringen (Nr. 1), sich um die Vermeidung von Interessenskonflikten zu bemühen und dafür zu sorgen, dass bei unvermeidbaren Interessenskonflikten der Kundenauftrag unter der gebotenen Wahrung des Kundeninteresses ausgeführt wird (Nr. 2).

Durch das am 1.11.2007 in Kraft getretene FRUG[28] – Gesetz zur Umsetzung der Richtlinie 2004/39/EG über Märkte für Finanzinstrumente (MiFID) – wurden die Pflichten der §§ 31 ff WpHG deutlich erweitert. Nach § 31 Abs. 2 WpHG müssen alle Informationen den Kunden zugänglich gemacht werden, müssen redlich, eindeutig und nicht irreführend sein (S. 1). Aus § 31 Abs. 3 WpHG ergibt sich die Verpflichtung, den Kunden die Informationen rechtzeitig und in verständlicher Form zugänglich zu machen. § 31 Abs. 4 WpHG verpflichtet ein Wertpapierdienstleistungsunternehmen, von seinem Kunden Angaben über Erfahrungen oder Kenntnisse in Geschäften, die Gegenstand der Wertpapierdienstleistungen oder Wertpapiernebendienstleistungen sein sollen, über die mit den Geschäften verbundenen Ziele und finanziellen Verhältnisse zu verlangen. Anhand dieser Informationen muss das Wertpapierdienstleistungsunternehmen die Angemessenheit der Produkte für den Kunden beurteilen (§ 31 Abs. 5 WpHG). Zu beachten ist ein unterschiedlicher Maßstab bei den Aufklärungspflichten entsprechend der Einordnung als Privatkunde oder professioneller Kunde (vgl § 31 a WpHG). Gemäß § 31 Abs. 11 WpHG wurden Einzelheiten zu den Pflichten im Rahmen einer Verordnung, der Wertpapierdienstleistungs-Verhaltens- und Organisationsverordnung – WpDVerOV,[29] geregelt, die ebenfalls zum 1.11.2007 in Kraft getreten ist.

23 **1. Aufklärungspflicht. Aufklärung** erfordert eine zutreffende, vollständige und verständliche Mitteilung von Tatsachen, soweit diese zur Wahrung der Interessen des Kunden im Hinblick auf Art und Umfang des beabsichtigten Geschäfts notwendig ist.[30] Um die **Reichweite der Aufklärungspflicht** festzulegen, kommt es auf die Person und Verhältnisse sowohl des Anlegers als auch des Vertreibers der jeweiligen Anlage an. Maßgeblich ist auch, wie der geschäftliche Kontakt zustande kam.[31] Der **Anlageberater** hat eine umfassende Informationspflicht, dh, er muss dem Anleger alle Informationen geben, die für die Anlageentscheidung wesentliche Bedeutung haben oder haben können (zur Hinweispflicht auf negative Presseberichte vgl Rn 34). Bei entsprechendem Auftrag ist der Anlageberater auch verpflichtet, die ihm vom Anleger gegebe-

---

22 Vgl Kurzkommentar *Siller*, EWiR 2002, 421 f zu OLG Stuttgart v. 14.2.2002 – 7 U 165/01.
23 BGH WM 1996, 906; vgl *Ellenberger*, WM Sonderbeilage Nr. 1/2001, 1, 3; Palandt/*Grüneberg*, § 280 BGB Rn 47; Vortmann/*van Look*, § 1 Rn 52.
24 Vgl *von Heymann/Edelmann*, in: Assmann/Schütze, § 4 Rn 14.
25 Vgl *Ellenberger*, WM Sonderbeilage Nr. 1/2001, 1, 6.
26 Vgl *Ellenberger*, WM Sonderbeilage Nr. 1/2001, 1, 6.
27 Vgl *von Heymann/Edelmann*, in: Assmann/Schütze, § 4 Rn 14.
28 Gesetz zur Umsetzung der Richtlinie über Märkte für Finanzinstrumente und der Durchführungsrichtlinie der Kommission (Finanzmarktrichtlinie-Umsetzungsgesetz – FRUG) vom 16.7.2007, BGBl. I 2007 S. 1330.
29 Wertpapierdienstleistungs-Verhaltens- und Organisationsverordnung (WpDVerOV) vom 20. Juli 2007, BGBl. I 2007 S. 1432.
30 Vgl *Ellenberger*, WM Sonderbeilage Nr. 1/2001, 1, 3; vgl auch Palandt/*Grüneberg*, BGB, § 242 Rn 37.
31 Vgl *Ellenberger*, WM Sonderbeilage Nr. 1/2001, 1, 6.

nen Informationen und Unterlagen unter Berücksichtigung der Anlageziele und der Risikobereitschaft des Anlegers fachkundig zu bewerten und zu beurteilen.[32]

Auch der **Anlagevermittler** ist zu richtiger und vollständiger Information über die für den Anlageentschluss wesentlichen Umstände verpflichtet,[33] nicht jedoch zur Bewertung dieser Umstände. Der Anleger soll in die Lage versetzt werden, das Risiko der Anlage einschätzen zu können.[34] Es kann dabei genügen, wenn der Anlagevermittler dem Anlageinteressenten statt einer mündlichen Aufklärung im Rahmen des Vertragsanbahnungsgesprächs ein Prospekt über die Kapitalanlagen überreicht wird, sofern dieser nach Form und Inhalt geeignet ist, die nötigen Informationen wahrheitsgemäß und verständlich zu vermitteln, und dem Anlageinteressenten so rechtzeitig vor dem Vertragsschluss übergeben wird, dass sein Inhalt noch zur Kenntnis genommen werden kann.[35] Dies ist insoweit zweifelhaft, als ein Anlageinteressent, der sich gerade wegen einer umfassenden Aufklärung an einen Vermittler wendet, mehr als lediglich Material zur eigenen Durchsicht erwartet. Er will das Anlagerisiko richtig einschätzen können. Demgemäß muss der Anlagevermittler insbesondere bei Widersprüchen in den überlassenen Unterlagen diese aufdecken und erklären.[36] Auch hat ein Anlagevermittler das Anlagekonzept zumindest auf Plausibilität, insbesondere auf die wirtschaftliche Tragfähigkeit zu überprüfen. Unterlässt er die Prüfung, muss er dies dem Anlageinteressenten mitteilen.[37] In jedem Fall gilt, dass ein zutreffender Prospekt für den Vermittler kein Freibrief dafür ist, Risiken abweichend darzustellen und ein Bild zu zeichnen, das die Hinweise im Prospekt entwertet.[38] Zur Offenlegung von Vertriebsprovisionen gilt, dass ein Vermittler auf die Provisionen hinweisen muss, wenn im Prospekt nur von Vertriebskosten die Rede ist und hierdurch der falsche Eindruck erweckt wird, darüber hinaus seien keine Provisionen entstanden, oder aber wenn die Innenprovisionen mehr als 15 % betragen.[39]

Im Rahmen **kreditfinanzierter Spekulationen** ist eine kreditgewährende Bank nach ständiger Rechtsprechung des BGH grundsätzlich nicht verpflichtet, ihren Kunden über die Risiken der Verwendung des von ihm begehrten Kredits aufzuklären und vor dem Vertragsschluss zu warnen.[40] Dies gilt auch, wenn der Kunde den Kredit zur Spekulation mit Wertpapieren nutzen will.[41] Eine **Ausnahme mit der Folge einer Aufklärungspflicht** gilt dann, wenn nach den Umständen des Einzelfalls ein besonderes Bedürfnis des Kunden nach Aufklärung und Schutz gegeben und ein Hinweis der Bank nach Treu und Glauben geboten ist. Dies kann der Fall sein, wenn die Bank selbst einen zusätzlichen Gefährdungstatbestand gesetzt hat, über einen relevanten Wissensvorsprung verfügt, über ihre Rolle als Kreditgeberin hinausgeht oder sich in einen schweren Gewissenskonflikt verwickelt[42] oder das eigene wirtschaftliche Wagnis auf den Kunden verlagert und diesen bewusst mit einem Risiko belastet, das über die mit dem finanzierenden Vorhaben normalerweise verbundenen Gefahren hinausgeht.[43] Die praktische Erfahrung hat jedoch leider gezeigt, dass die Gerichte grundsätzlich nicht gewillt sind, zugunsten des Anlegers eine Ausnahme anzunehmen.

Es gibt auch Fälle, in denen eine **Aufklärung nicht nötig** ist. Die Gründe dafür können sich aus der **Person des Anlegers** sowie aus dem **Bereich der Bank** ergeben.

Im Rahmen der **anlegerbedingten Ausnahmen** von der Aufklärungspflicht gilt Folgendes: Grundsätzlich nicht aufgeklärt werden muss ein Kunde, der selbst über die erforderlichen Kenntnisse und Erfahrungen von der beabsichtigten Anlageform verfügt. Gleiches gilt, wenn ein Anleger den Anschein erweckt, erfahren zu sein, und offensichtlich eine Aufklärung nicht wünscht. Der Eindruck, erfahren zu sein, kann zB dadurch entstehen, dass ein Kunde gezielt Aufträge erteilt. Nur wenn eine Aufklärung nach Treu und Glauben erwartet werden kann, ist der Anleger – auch wenn er erfahren ist – ungefragt über Umstände aufzuklären, die sein Risiko erhöhen und die erkennbar wesentlichen Einfluss auf den Kaufentschluss haben. Ebenfalls muss aufgeklärt werden, wenn der Anlagevermittler erkennt oder erkennen musste, dass der Anleger nicht über die behauptete Erfahrung verfügt. Ferner wenn die Erklärung des Anlegers, erfahren zu sein, durch ein Verhalten des Anlagevermittlers hervorgerufen wurde, etwa weil dieser dem Kunden die eben genannte Erklärung oder einen Verzicht auf Aufklärung „untergeschoben" hat.[44] Nach § 31 a WpHG werden nunmehr Privatkunden von professionellen Kunden unterschieden (vgl Aufzählung in § 31 a Abs. 2 WpHG). Bei einem professionellen Kunden darf die Bank bei der Prüfung der Geeignetheit davon ausge-

---

32 Vgl *von Heymann/Edelmann*, in: Assmann/Schütze, § 4 Rn 18.
33 BGH ZIP 2008, 512.
34 Vgl *von Heymann/Edelmann*, in: Assmann/Schütze, § 4 Rn 22; vgl auch Palandt/*Grüneberg*, § 280 BGB Rn 52; vgl auch *Lang*, § 4 Rn 28; vgl auch BGH v. 13.6.2002 – III ZR 166/01 = NJW 2002, 2641-2642; im Internet unter www.bundesgerichtshof.de, "Entscheidungen".
35 BGH v. 12.7.2007 – III ZR 145/06 = ZIP 2007, 1864-1866.
36 Vgl *von Heymann/Edelmann*, in: Assmann/Schütze, § 4 Rn 25.
37 BGH v. 5.3.2009 – III ZR 17/08 = NZG 2009, 471; Palandt/*Grüneberg*, § 280 Rn 52.
38 BGH v. 12.7.2007 – II ZR 83/06 = ZIP 2007, 1866.
39 BGH v. 22.3.2007 – III ZR 218/06 = ZIP 2007, 871; BGH v. 25.9.2007 – XI ZR 320/06 = BKR 2008, 199.
40 Vgl BGH WM 1996, 196 f; 1999, 678, 679; 2000, 1245, 1685.
41 Vgl BGH WM 1997, 1361, 1362; BGHZ 114, 177, 182 f; vgl auch *Ellenberger*, WM Sonderbeilage Nr. 1/2001, 1, 12 f.
42 Siehe ausführlich BGH WM 1997, 1361, 1362; 1992, 1355, 1358; 1990, 920, 922; 2000, 1685; BGH BKR 2008, 254; vgl auch *Ellenberger*, WM Sonderbeilage Nr. 1/2001, 1, 13.
43 BGH NJW 2007, 2396.
44 Vgl *Ellenberger*, WM Sonderbeilage Nr. 1/2001, 1, 7 f.

hen, dass sie über die erforderlichen Kenntnisse und Erfahrungen verfügen (vgl § 31 Abs. 9 iVm Abs. 4 WpHG).

28 Entbehrlich aufgrund von Umständen aus dem **Bereich der Bank** ist eine Aufklärung, wenn eine Bank die Risiken eines Geschäftes, welches der Kunde tätigen will, nicht abschätzen kann. Sie darf sich damit begnügen, den Kunden auf die fehlende oder lückenhafte Beurteilungskraft hinzuweisen. Möchte der Kunde dennoch, dh in Kenntnis der mangelhaften Sachkunde sowie freiwillig dieses Geschäft abschließen, darf die Bank grundsätzlich den Auftrag ausführen und ist nicht verpflichtet, den Kunden abzuweisen.[45] Eine Aufklärung hat auch über sog. **Kick-back-Zahlungen** oder Rückvergütungen bzw Retrozessionen zu erfolgen. Hintergrund ist, dass verdeckte Zahlungen, die der Vermögensverwalter, der Anlageberater oder der Anlagevermittler erhält, die Interessen des Anlegers gefährden können, da ihm möglicherweise nicht das Produkt vermittelt oder empfohlen wird, das für ihn am besten geeignet ist, sondern dasjenige, wofür der Berater oder Vermittler am meisten Provisionen erhält. Über diese Interessenkollision und damit über die genaue Höhe der Rückvergütung hat der Berater oder Vermittler aufzuklären. Der BGH hat seine Rechtsprechung weiterentwickelt. Sie gilt auch für den Vertrieb von Anteilen an Medienfonds und damit wohl insgesamt für geschlossene Beteiligungen (zur Beweislast vgl Rn 130). Nach neuester Rechtsprechung ist zwischen Rückvergütungen und Innenprovisionen zu trennen. Aufklärungspflichtige Rückvergütungen liegen nur dann vor, wenn Teile der Ausgabeaufschläge oder Verwaltungsgebühren, die der Kunde über die Bank an die Gesellschaft zahlt, hinter seinem Rücken an die beratende Bank umsatzabhängig zurückfließen, denn dann hat die Bank ein nicht erkennbares besonderes Eigeninteresse an der Empfehlung.[46] Ob die Kick-back-Rechtsprechung auch auf den Vertrieb von Zertifikaten anwendbar ist, wurde bisher unterschiedlich beurteilt.[47]

28a Der **BGH** hat am 27.9.2011 zu den Az XI ZR 178/10 und XI ZR 182/10 entschieden, dass eine Übertragung der Kick-back-Rechtsprechung auf Sachverhalte, bei denen der Anleger das **Produkt (Zertifikat) direkt von der beratenden Bank erwerbe**, nicht sachgerecht sei: „Die Annahme einer entsprechenden Aufklärungspflicht zwinge Banken, die von ihnen im Anlagegeschäft erzielten Gewinnspannen hinsichtlich sämtlicher empfohlenen Anlagen und damit praktisch ihre gesamte Ertragsstruktur offen zu legen. Dass jedes Kreditinstitut an der Geheimhaltung dieser Daten aus Wettbewerbsgründen ein ganz erhebliches und schutzwürdiges Interesse habe, liege auf der Hand. Demgegenüber bestehe kein schutzwürdiges Interesse des Anlegers an einer derartigen Aufklärung, da jedem Marktteilnehmer, auch dem Privatanleger, der die Beratungsleistung einer Bank in Anspruch nehme, ohne hierfür eine gesonderte Vergütung zu entrichten, klar sein müsse, dass das Unternehmen aus der Leistung einen Gewinn ziehe und daher in dem für das Anlageprodukt zu entrichtenden Preis ein Entgelt für die Bank enthalten sei."

29 **2. Form der Aufklärung.** In welcher **Form die Aufklärung** zu erfolgen hat, hängt im Wesentlichen von der Erfahrenheit und der Risikobereitschaft des Anlegers ab. Grundsätzlich kann die Aufklärung **in jeder Form** erfolgen. Eine mündliche Aufklärung genügt grundsätzlich beim Wertpapierhandel von Kreditinstituten. Eine Ausnahme gilt, wenn unerfahrene Anleger durch Kreditinstitute angeworben werden, etwa über das Telefon, und angesichts hoher Aufschläge auf den Börsenpreis Chancen auf einen Gewinn kaum möglich sind. Einem unerfahrenen Kunden sind ungefragt durch einen gewerblichen Vermittler die Kenntnisse zu vermitteln, mit deren Hilfe er das drohende Verlustrisiko und die Verminderung der Gewinnchancen, etwa durch eine hohe Anzahl von Provisionen, richtig beurteilen kann. Die Aufklärung muss dann schriftlich und in auffälliger Form, zutreffend, unmissverständlich, vollständig und gedanklich geordnet sein. Von der Aufklärungspflicht ist die Dokumentationspflicht, die sich für Wertpapierdienstleistungsunternehmen aus § 34 WpHG ergibt. Seit 5.8.2009[48] ist nach § 34 Abs. 2a WpHG bei Privatkunden über jede Anlageberatung ein schriftliches Protokoll anzufertigen, dessen Herausgabe der Kunde nach § 34 Abs. 2b WpHG verlangen kann.

30 **3. Beratungspflicht.** Über den Pflichteninhalt beim Beratungsvertrag kann keine allgemeine Aussage getroffen werden. Die konkrete Ausgestaltung der Pflicht hängt entscheidend von den Umständen des Einzelfalls ab. Bezugspunkt für die Bestimmung der Pflichten ist zum einen die **Person des Anlegers** bzw seine persönlichen Verhältnisse, zum anderen das **Anlageobjekt**.[49] Der BGH umschreibt dies mit der **anlegergerechten** und **objektgerechten** Beratung. Danach hat eine Bank bei der Anlageberatung den –zu erfragenden – Wis-

---

45 Vgl *Ellenberger*, WM Sonderbeilage Nr. 1/2001, 1, 8.
46 BGH v. 27.10.2009 – XI ZR 338/08; vgl auch Anm. *Nobbe* zu OLG Dresden v. 24.7.2009 – 8 U 1240/08, WuB 2010, 124.
47 Ablehnend: OLG Hamburg v. 23.4.2010 – 13 U 117/09 und 13 U 118/09.
48 Gesetz zur Neuregelung der Rechtsverhältnisse bei Schuldverschreibungen aus Gesamtemissionen und zur verbesserten Durchsetzbarkeit von Ansprüchen von Anlegern aus Falschberatung, BGBl. 2009/I Nr. 50 vom 4.8.2009.
49 BGHZ 123, 126, 128 = BGH WM 1993, 1455, 1456; OLG Frankfurt aM WM 1995, 245, 247; vgl Palandt/*Grüneberg*, § 280 BGB Rn 47; vgl auch *Ellenberger*, WM Sonderbeilage Nr. 1/2001, 1, 3.

sensstand des Kunden über Anlagegeschäfte der vorgesehenen Art und dessen Risikobereitschaft zu berücksichtigen (anlegergerechte Beratung); das von ihr danach empfohlene Anlageobjekt muss diesen Kriterien Rechnung tragen (objektgerechte Beratung).[50]

Wie aus dem eben Genannten schon deutlich wurde, gehören zu den Umständen in der **Person des Kunden** insbesondere dessen Wissensstand über Anlagegeschäfte der vorgesehenen Art und dessen Risikobereitschaft;[51] zu berücksichtigen ist vor allem, ob es sich bei dem Kunden um einen erfahrenen Anleger mit einschlägigem Fachwissen handelt und welche Anlageziele der Kunde verfolgt.[52] Die Kenntnis von solchen Umständen kann die Bank aus langjährigen Geschäftsbeziehungen mit dem Kunden gewonnen haben; verfügt sie nicht über entsprechendes Wissen, muss sie Informationsstand und Anlageziel des Kunden erfragen.[53] Im Rahmen der Risikobereitschaft ist von Bedeutung, ob das Geschäft eine sichere Geldanlage sein soll, etwa weil das Geld der späteren Lebensgrundlage des Kunden dienen soll, oder ob die Anlage spekulativ sein darf.[54] An die Beratungspflicht einer Bank bei Effektengeschäften sind grundsätzlich niedrigere Anforderungen zu stellen, wenn der Effektenerwerb offenkundig primär nicht Anlage-, sondern Spekulationszwecken dient.[55] Es gilt: Je unerfahrener der Kunde, desto intensiver muss er beraten werden.[56] Allerdings ist auch ein „chancenorientierter" Anleger mit grundlegenden Kenntnissen über eine ihm bisher unbekannte Anlageform zu unterrichten.[57]

Das OLG München[58] entschied zum **Outsourcing**, dass die Tochtergesellschaft sich der Aufklärungspflicht nicht generell entziehen kann: „Durch Outsourcing der Beratungstätigkeit auf eine Tochtergesellschaft der Bank kommt die Verpflichtung zur Aufklärung des Bankkunden über die – nun an die Bankentochter fließende – Rückvergütung jedenfalls dann nicht in Fortfall, wenn die Beratungsgesellschaft die der Bank bekannten Kundendaten und Vermögensverhältnisse zum Zwecke der Einfädelung von Beratungsgesprächen mit Wissen und Wollen der Bank nutzt und an das im bankenvertraglichen Verhältnis gewachsene Vertrauen des Bankkunden anknüpft." Der BGH[59] entschied jedoch zur **Anlageberatung durch ein selbstständiges Unternehmen** wie folgt: „Ein selbstständiges Unternehmen der ‚Finanzgruppe' einer Sparkasse, das als 100%ige Tochtergesellschaft (GmbH) der Sparkasse hauptsächlich auf dem Gebiet der Anlageberatung tätig ist, ist hinsichtlich der Verpflichtung, seine Kunden ungefragt über die von ihm bei der empfohlenen Anlage erwarteten Provisionen aufzuklären, wie ein freier Anlageberater zu behandeln (Fortführung der Senatsurteile vom 10. November 2011 – III ZR 245/10, NJW-RR 2012, 372; 3. März 2011 – III ZR 170/10, NJW-RR 2011, 913 und vom 15. April 2010 – III ZR 196/09, BGHZ 185, 185)". Damit stellt der BGH klar, dass eine Aufklärung über Rückvergütungen dann entfällt, wenn eine ausgelagerte Tochtergesellschaft einer Bank Anlageberatung betreibt. In diesem Falle sei das selbstständige Unternehmen gerade nicht als bankmäßig gebundener Vermittler anzusehen.

In **Bezug auf das Anlageobjekt** hat sich die Beratung auf diejenigen Eigenschaften und Risiken zu beziehen, die für die jeweilige Anlageentscheidung wesentliche Bedeutung haben oder haben können. Dabei sind allgemeine Risiken – zB die Konjunkturlage und die Entwicklung des Kapitalmarktes – und spezielle Risiken, welche sich aus den konkreten Umständen der Anlage ergeben – wie etwa Kurs-, Zins- und Währungsrisiko – zu unterscheiden.[60] Je realer die Gefahr eines Totalverlustes ist, desto mehr ist eine Aufklärungspflicht zu bejahen.[61]

Aus praktischer Sicht ist in diesem Rahmen der **WpHG-Erhebungsbogen**, auch Analysebogen genannt, von Bedeutung. In diesem sollen die nach § 31 Abs. 2 WpHG erforderlichen Angaben angekreuzt werden. Stimmt die gewählte Anlageform nicht mit den dort gemachten Angaben überein, können Ersatzansprüche geltend gemacht werden. Diesem Bogen kommt ein erheblicher Beweiswert zu. Entspricht beispielsweise das Anlageobjekt zwar den sich auf dem Bogen befindlichen Angaben, die jedoch in Wirklichkeit nicht gemacht wurden, so wird es erfahrungsgemäß schwierig, wenn nicht gar unmöglich sein, dies zu beweisen.[62] Ein Beweis kann praktisch nur dann erbracht werden, wenn bei dem Gespräch Zeugen anwesend waren. Weitere Möglichkeit ist, dass der geschädigte Anleger seine Ansprüche an einen Dritten abtritt und so als

---

50 BGHZ 123, 126 = BGH WM 1993, 1455; Palandt/*Grüneberg*, § 280 BGB Rn 49 f.
51 Zu den Risikoklassen vgl Vortmann/*Vortmann*, § 5 Rn 38 ff sowie *Lang*, § 15 Rn 2 f und § 17 Rn 64 ff.
52 BGHZ 123, 126, 128 = BGH WM 1993, 1455, 1456; vgl auch *von Heymann/Edelmann*, in: Assmann/Schütze, § 4 Rn 19.
53 BGHZ 123, 126, 129 = BGH WM 1993, 1455, 1456; vgl auch *Ellenberger*, WM Sonderbeilage Nr. 1/2001, 1, 3.
54 BGHZ 123, 126, 129 = BGH WM 1993, 1455, 1456; vgl auch *Ellenberger*, WM Sonderbeilage Nr. 1/2001, 1, 4.
55 OLG Frankfurt aM WM 1995, 245, 247.
56 Vgl BGH MDR 1993, 861; vgl auch *Ellenberger*, WM Sonderbeilage Nr. 1/2001, 1, 4.
57 BGH ZIP 2008, 838 = NZG 2008, 828.
58 Urt. v. 15.2.2011 – 5 U 4507/10.
59 Urt. v. 19.7.2012 – II ZR 308/11.
60 BGHZ 123, 126, 129 = BGH WM 1993, 1455, 1456; vgl Palandt/*Grüneberg*, § 280 BGB Rn 49; vgl auch *Ellenberger*, WM Sonderbeilage Nr. 1/2001, 1, 3 f; *von Heymann*, in: Assmann/Schütze, § 5 Rn 21.
61 Zur Aufklärung über Zertifikate von „Lehman Brothers" vgl *Witte/Mehrbrey*, ZIP 2009, 744.
62 Zum fehlenden Beweiswert des WpHG-Bogens trotz Unterschrift vgl LG Dortmund v. 26.8.2004 – 2 O 135/03 sowie Kurzkommentar hierzu *Balzer*, EWiR 2005, 137 f.

Zeuge zur Verfügung stehen kann. Er kann dann durch seine Zeugenaussage darlegen und beweisen, dass die sich auf dem Bogen befindlichen Angaben nicht mit der Wirklichkeit übereinstimmen. Nach dem seit 5.8.2009 in Kraft getretenen § 34 Abs. 2a WpHG[63] besteht für die Bank eine Pflicht, über jede Beratung ein schriftliches Protokoll zu erstellen, das dem Kunden auch zugänglich gemacht werden muss. Unterzeichnet werden muss es allerdings nur vom Berater, nicht von dem Kunden, was zu begrüßen gewesen wäre. Ein Kunde sollte daher nach Erhalt das Protokoll auf dessen Richtigkeit überprüfen und ggfs. beanstanden.

34 Weitere Pflicht einer beratenden Bank ist es, den Kunden in die Lage zu versetzen, das Anlagerisiko objektiv richtig zu beurteilen. Deshalb muss sie dem Kunden alle **Informationen**, die für seine Anlageentscheidung wesentliche Bedeutung haben oder haben können, zukommen lassen. Die Beratung der Bank muss wahrheitsgemäß und sorgfältig, vollständig und für den Kunden verständlich sein.[64] Eine Bank, die für ihre Anlageempfehlung das Vertrauen ihres Kunden in Anspruch nimmt und in Bezug auf eine konkrete Anlageentscheidung sich als kompetent geriert, muss sich selbst aktuelle Informationen über das Anlageobjekt verschaffen, auch unter Auswertung von Veröffentlichungen in der Wirtschaftspresse.[65] Dabei gilt, dass die Bank nicht jede negative Berichterstattung in Brancheninformationsdiensten kennen muss, wohl aber zeitnahe und gehäufte negative Berichte in der Börsenzeitung, der Financial Times Deutschland, dem Handelsblatt und der Frankfurter Allgemeinen Zeitung. Hat eine Bank jedoch Kenntnis von einem negativen Bericht in einem Brancheninformationsdienst, hat sie ihn zu berücksichtigen.[66] Solche Berichte, die sich noch nicht allgemein in der Wirtschaftspresse durchgesetzt haben, sind jedoch nicht mitteilungspflichtig, wenn sich daraus kein weiterer Informationsgehalt ergibt, also nicht über das hinausgeht, was ohnehin in den Unterlagen im Rahmen der Beratung enthalten ist.[67]

35 Im Rahmen einer ordnungsgemäßen **Beratung** genügt es nicht, einem (unerfahrenen) Kunden schriftliche Unterlagen, wie zB Broschüren, Geschäftsbedingungen, Informationen und Hinweise über Risiken zu übersenden, ohne dass dieser eine besondere Anleitung erhält, auch wenn sich daraus die erforderlichen Informationen entnehmen lassen.[68] Es kommt maßgeblich darauf an, dass der Anleger in die Lage versetzt wird, sein Risiko objektiv richtig beurteilen zu können. Schriftlich überreichtes Material und Prospekte sind von der Bank je nach Einzelfall zu erläutern. Befinden sich in den Unterlagen Widersprüche, sind diese gegenüber dem Kunden aufzuklären.[69]

36 Der Umfang der Beratung hängt unter anderem auch davon ab, ob das Anlagegeschäft in ein von der Bank zusammengestelltes Anlageprogramm aufgenommen wurde und dieses Programm der Beratung zugrunde liegt. Werden etwa **ausländische Wertpapiere** in ein Anlageprogramm aufgenommen, so hat sich die Bank über die Qualität der Anlage zu informieren. Heranzuziehen sind auch ausländische Quellen. Denn der Beratungsbedarf des Kunden ist wegen der erschwerten Zugänglichkeit der Quellen eher höher. Ferner sind die Papiere einer **eigenen Prüfung** zu unterziehen. Der Anlageinteressent darf davon ausgehen, dass die Bank, auf deren Sachkunde er vertraut, die von ihr in das Programm aufgenommenen Papiere selbst als „gut" beurteilt hat.[70] Die Börsenzulassung hat auf die Pflichten keinen Einfluss. Die Bank kann sich vor allem nicht damit begnügen, allein die Zulassung zum Handel und den Zulassungsprospekt zum Maßstab für ihre Beratung zu machen und vor Aufnahme in ihr Beratungsprogramm auf weitere Informationsbeschaffung zu verzichten.[71]

37 Verfügt die Bank nicht über die für die Beurteilung einer Anlage relevanten Kenntnisse, so muss sie dies dem Kunden mitteilen und offen legen, dass sie zu einer Beratung, zB über das konkrete Risiko eines Geschäfts, mangels eigener Information nicht in der Lage ist.[72] Scheut sie den Aufwand, der mit der Beschaffung der Informationen im Ausland verbunden ist, muss sie auf eine Empfehlung verzichten und entsprechende Fragen des Kunden nach der Anlage mit dem Hinweis auf das Risiko der von ihr nicht einzuschätzenden Bonität des Emittenten beantworten.[73]

---

63 Vgl Rn 46.
64 BGHZ 123, 126, 129 f = BGH WM 1993, 1455, 1456; vgl auch *Ellenberger*, WM Sonderbeilage Nr. 1/2001, 1, 4; OLG Frankfurt aM WM 1995, 245, 247.
65 Speziell für private Anleihen vgl BGHZ 123, 126, 131 = BGH WM 1993, 1455, 1457; vgl auch Palandt/*Grüneberg*, § 280 BGB Rn 49.
66 BGH ZIP 2008, 2208 = WM 2008, 2166 = NJW 2008, 3700.
67 BGH ZIP 2009, 1332 = WM 2009, 688.
68 AA BGH v. 12.7.2007 – III ZR 145/06 = ZIP 2007, 1864–1866; vgl Rn 24.
69 Vgl *Ellenberger*, WM Sonderbeilage Nr. 1/2001, 1, 5 ff; BGH WM 1997, 309, 310.
70 BGHZ 100, 117; BGHZ 123, 126, 129 = BGH WM 1993, 1455, 1456; vgl *Ellenberger*, WM Sonderbeilage Nr. 1/2001, 1, 4; vgl auch Palandt/*Grüneberg*, § 280 BGB Rn 49; Vortmann/*van Look*, § 1 Rn 51.
71 BGHZ 123, 126, 130 = BGH WM 1993, 1455, 1456; Palandt/*Grüneberg*, § 280 BGB Rn 49.
72 BGHZ 123, 126, 129 f = BGH WM 1993, 1455, 1456; vgl Palandt/*Grüneberg*, § 280 BGB Rn 49; vgl auch *Ellenberger*, WM Sonderbeilage Nr. 1/2001, 1, 4; für die Anlagevermittlung vgl BGH v. 11.9.2003 – Az: III ZR 381/02, im Internet unter <www.bundesgerichtshof.de>, "Entscheidungen".
73 BGHZ 123, 126, 131 = BGH WM 1993, 1455, 1457.

Erteilt ein Kunde gezielt einen Auftrag, so bestehen **keine Beratungspflichten**. Denn durch diesen gezielten Auftrag macht der Kunde deutlich, dass er eine Beratung nicht braucht oder nicht möchte.[74] Die Bank schuldet auch keine Beratungsleistung als Nebenpflicht aus dem Effekten-Kommissionsverhältnis.[75] Erteilt der Kunde einem **Discount-Broker**[76] gezielt einen Auftrag, bedarf es grundsätzlich **keiner Aufklärung** und **keiner Beratung**. Denn Discount-Broker, die grundsätzlich Aufträge nur ausführen, wenden sich in der Regel nur an gut informierte und erfahrene Anleger. Kunden, die ihre Wertpapiergeschäfte über Discount-Broker abwickeln, wissen in der Regel auch, dass diese nur begrenzt Information erteilen. Durch eine gezielte Auftragserteilung kommt zum Ausdruck, dass keine Information benötigt wird. Erkennt aber der Discount-Broker oder musste er erkennen, dass der Anleger trotz seines erfahrenen Verhaltens einer Aufklärung bedarf, muss auch er aufklären.[77] Eine Pflicht zur Beratung besteht dann mit der Folge einer gleichwohl bestehenden Beratungspflicht, wenn der Discount-Broker beratend tätig wird.[78]

C. Vermögensverwaltung

I. Begriff. **Vermögensverwaltung** ist die Verwaltung von fremdem Vermögen im Interesse des Vermögensinhabers. Der Vermögensverwalter trifft die Entscheidung über die Anlage von Geldern bzw über die Verwendung des Vermögens im Interesse der Anleger grundsätzlich nach eigenem Ermessen.[79]

Die Vermögensverwaltung unterscheidet sich von Anlageberatung und -vermittlung. Eine klare Trennung ist manchmal nicht möglich, da sowohl bei der Vermögensverwaltung als auch bei Anlageberatung/-vermittlung die Sorge um das Vermögen des Anlegers besteht. Maßgebliche Unterscheidungskriterien sind die **Dispositionsbefugnis** und die **Dauer des Rechtsverhältnisses**: Bei der Vermögensverwaltung verfügt der Verwalter über das Vermögen des Kunden ohne vorherige Rücksprache im Rahmen von ggf vereinbarten Anlagerichtlinien. Im Gegensatz dazu erteilt der Anlageberater dem Kunden Ratschläge, ohne selbst über das Vermögen disponieren zu können. Auch der Anlagevermittler entscheidet nicht selbst über die Anlage, sondern vermittelt Möglichkeiten dazu. Sind im Rahmen der Anlageberatung der Anlagerat und somit auch das Rechtsverhältnis in der Regel mit der Erteilung des Rats abgeschlossen, so trifft den Vermögensverwalter hingegen die fortdauernde Pflicht, sich um das Vermögen des Kunden zu sorgen. Das Rechtsverhältnis endet erst mit Zeitablauf bzw Kündigung.[80]

Die Vermögensverwaltung ist in zwei Rechtsformen möglich: in Form des **Treuhandmodells** und des **Vertretermodells**.

Beim **Treuhandmodell** – auch Vermögenstreuhandvertrag – überträgt der Anleger das Eigentum an seinem Vermögen dem Verwalter treuhänderisch zum Zweck der Verwaltung. Rechtlich einzuordnen ist das Treuhandmodell als unregelmäßige Verwahrung gem. § 700 BGB. Da Gegenstand des Vertrages Geld ist, finden gem. § 700 Abs. 1 S. 1 BGB nF die Vorschriften über den Darlehensvertrag, dh die §§ 488 ff BGB (bis 31.12.2001 §§ 607 ff BGB) Anwendung.[81]

Im Rahmen des **Vertretermodells** – auch Vollmachtsverwaltungsvertrag – verbleibt das Eigentum an dem zu verwaltenden Vermögen beim Anleger. Der Verwalter ist lediglich berechtigt und bevollmächtigt, das Vermögen des Anlegers zu verwalten. Dabei verfügt er über das Vermögen in fremdem Namen, sog. offene Stellvertretung. Der Verwalter hat jedoch nicht für den Erfolg seiner Tätigkeit, sprich für eine Mehrung des Vermögens, einzustehen, sondern schuldet lediglich die sachgerechte Vornahme der Verwalterhandlungen im Interesse des Anlegers. Da hier die Besorgung eines objektiv fremden Geschäftes vorliegt, stellt das Vertretermodell eine Geschäftsbesorgung im Sinne des § 675 BGB dar, die auf einen Dienstvertrag, § 611 BGB, gerichtet ist.[82]

In Deutschland erfolgt die Vermögensverwaltung überwiegend in Form des Vertretermodells.[83]

Ein wesentlicher Teil der Vermögensverwaltungen wird in Deutschland durch Kreditinstitute durchgeführt. Diese unterliegen mit ihrer Dienstleistung der Vermögensverwaltung dem WpHG insoweit, als es sich um eine Wertpapierdienstleistung handelt. Diese ist in § 2 Abs. 3 WpHG definiert.[84] Mittlerweile gibt es jedoch

---

74 Vgl Palandt/*Grüneberg*, § 280 BGB Rn 47; vgl auch *Ellenberger*, WM Sonderbeilage Nr. 1/2001, 1, 3.
75 Vgl OLG Hamm WM 1996, 2274.
76 Ausführlicher zu Discount Brokern vgl *Lang*, § 17 Rn 1 ff.
77 Vgl *Ellenberger*, WM Sonderbeilage Nr. 1/2001, 1, 8.
78 Vgl *Ellenberger*, WM Sonderbeilage Nr. 1/2001, 1, 5.
79 Vgl *Schäfer*, in: Assmann/Schütze, § 23 Rn 1; *ders.*, WM 1995, 1009, 1010; Vortmann/*Schade*, § 7 Rn 16 ff; vgl *Lang*, § 21 Rn 2.
80 Vgl *Schäfer*, in: Assmann/Schütze, § 238 Rn 6; Vortmann/*Schade*, § 7 Rn 18 ff.
81 Vgl *Schäfer*, in: Assmann/Schütze, § 23 Rn 8 ff; Vortmann/*Schade*, § 7 Rn 32 ff; vgl auch *Lang*, § 21 Rn 13–15.
82 Vgl *Schäfer*, in: Assmann/Schütze, § 238 Rn 11; *ders.*, WM 1994, 1009, 1010; Vortmann/*Schade*, § 7 Rn 36 ff; vgl auch *Lang*, § 21 Rn 16–18.
83 Vgl *Lang*, § 21 Rn 16.
84 Vgl *Schäfer*, in: Assmann/Schütze, § 23 Rn 16.

immer mehr private Vermögensverwalter.[85] Wer Bankgeschäfte betreiben oder Finanzdienstleistungen erbringen will, bedarf gem. § 32 Abs. 1 S. 1 KWG der Erlaubnis durch die Bundesanstalt.[86]

46 Grundsätzlich trifft die Pflicht die anlageberatende bzw nach § 31 WpHG die eine Wertpapierdienstleistung ausführende Bank. Soweit die Bank auch als Vermögensverwalter fungiert, trifft sie diese Pflicht erst recht. Es ist jedoch auch möglich, dass ein selbstständiger Vermögensverwalter für den Anleger tätig wird und über dessen bei einer Bank deponiertes Geld verfügt. Die Pflicht aufgrund der allgemeinen Beratungspflichten aus dem Verwaltungsvertrag trifft dann den Vermögensverwalter.[87]

47 **II. Pflichten.** Da die Vermögensverwaltung in Form des Vertretermodells eine Geschäftsbesorgung im Sinne des § 675 BGB ist,[88] finden die §§ 663, 665 bis 670, 672 bis 674 und regelmäßig auch § 671 Abs. 2 BGB Anwendung.[89] Im Rahmen des Pflichtenkatalogs bei der Vermögensverwaltung ist zwischen den **Pflichten vor Abschluss des Vermögensverwaltungsvertrags** und Pflichten zu unterscheiden, die sich aus der **Durchführung der eigentlichen Vermögensverwaltung** ergeben.

48 **1. Pflichten vor Abschluss des Vermögensverwaltungsvertrags.** Dem eigentlichen Vermögensverwaltungsvertrag hat eine Beratung voranzugehen. Gegenstand dieser Beratung ist hier die Vermögensverwaltung als gewünschte Anlageform. Dementsprechend besteht auch für den Vermögensverwalter die Pflicht zur **anlegergerechten und objektgerechten Beratung**.[90]

49 Damit eine anleger- und objektgerechte Beratung möglich ist, muss sich der Verwalter die notwendigen Informationen verschaffen. Gemäß § 31 Abs. 4 WpHG muss der Vermögensverwalter versuchen, von seinem Kunden Angaben über seine Erfahrungen und Kenntnisse in Geschäften, die Gegenstand der Verwaltung sein sollen, über seine Anlageziele und über seine finanziellen Verhältnisse zu erlangen.[91] Er muss seinen Kunden kennen („know your customer").

50 Der Vermögensverwalter muss Kenntnis der persönlichen Umstände des Anlegers haben, damit zwischen Verwalter und Anleger angemessene **Anlagerichtlinien** für die Tätigkeit des Vermögensverwalters vereinbart werden können. Die Vereinbarung von Richtlinien, an denen sich der Verwalter im Hinblick auf Anlageformen und das zulässige Risiko orientieren soll, ist mittlerweile üblich.[92] Hält sich ein Anlageberater bei seinen Anlageentscheidungen nicht im Rahmen der mit seinem Kunden vereinbarten Anlagerichtlinien, macht er sich wegen positiver Verletzung des Vermögensverwaltungsvertrages schadensersatzpflichtig.[93] Möglich ist auch die mündliche Vereinbarung einer Kapitalerhaltungsabrede; wird gegen diese Abrede verstoßen, haftet der Verwalter.[94] Da ein Vermögensverwaltungsvertrag in der Regel auf längere Zeit ausgerichtet ist und dem Verwalter grundsätzlich bei der Wahl der Anlagen ein Ermessen eingeräumt ist, dienen die Richtlinien der Interessenwahrung und dem Schutz des Anlegers.

51 Bei Vereinbarung dieser Anlagerichtlinien bestehen für den Vermögensverwalter **Aufklärungspflichten**. Diese ähneln der Aufklärungspflicht im Rahmen der Beratung über eine einzelne Anlage. Bei der Anlageberatung richten sich die Aufklärungspflichten in der Regel auf ein bestimmtes Anlageobjekt zu einem bestimmten Zeitpunkt. Demgegenüber richten sich die Aufklärungspflichten des Vermögensverwalters bei der Vereinbarung der Anlagerichtlinien auf die grundsätzlich mit bestimmten Anlagegattungen verbundenen Risiken, die Eignung dieser Gattungen für den Anleger, seine Risikobereitschaft und seine langfristigen Ertragserwartungen.[95] Aus diesem Grund hat die Aufklärung umfassender zu erfolgen, mit einem längeren zeitlichen Horizont.[96] Sind Bank und Vermögensverwalter nicht identisch und hat die Bank mit dem Vermögensverwalter eines Kunden eine Vereinbarung über die Beteiligung des Verwalters an ihren Provisionen und Depotgebühren geschlossen, so ist sie verpflichtet, den Kunden hierüber vor Anschluss des Vermögensverwaltungsvertrages aufzuklären.[97]

52 Nicht in allen Vermögensverwaltungsverträgen sind Anlagerichtlinien vereinbart. Manchmal wird der Verwalter auch zu **allen Arten von Anlagen nach seinem freien Ermessen** ermächtigt. Bei einer derartigen Ermächtigung müssen die gewählten Anlageformen anlegergerecht sein und dem Risikoprofil des Kunden entsprechen.[98]

53 Im Übrigen kann ergänzend auf die unter Rn 30 ff dargestellten Ausführungen verwiesen werden.

---

85 Vgl Vortmann/*Schade*, § 7 Rn 11.
86 Vgl *Lang*, § 21 Rn 15.
87 Vgl *Schäfer*, in: Assmann/Schütze, § 23 Rn 19.
88 BGH NJW 2002, 1868; vgl auch *Lang*, § 21 Rn 17.
89 Vgl *Schäfer*, in: Assmann/Schütze, § 23 Rn 15.
90 Vgl Palandt/*Sprau*, § 675 BGB Rn 15; *Schäfer*, in: Assmann/Schütze, § 23 Rn 19; vgl auch *Lang*, § 22 Rn 1, 4.
91 Vgl *Lang*, § 23 Rn 4; vgl auch § 6 WpDVerOV.
92 Vgl *Schäfer*, in: Assmann/Schütze, § 23 Rn 22; ausführlich zu den Anlagerichtlinien *Lang*, § 23 Rn 29 ff.
93 OLG Karlsruhe WM 2001, 805 ff.
94 So OLG Bremen NJW-RR 2005, 128 ff.
95 BGH NJW 2002, 1868.
96 Vgl *Schäfer*, in: Assmann/Schütze, § 23 Rn 24; vgl auch *Koller*, in: Assmann/Schneider, § 31 Rn 56.
97 BGH NJW 2001, 962, 963 = WM 2001, 297, 298 = ZIP 2001, 230, 231.
98 Vgl *Schäfer*, in: Assmann/Schütze, § 23 Rn 25; vgl auch Palandt/*Sprau*, § 675 BGB Rn 15.

2. Pflichten bei Durchführung des Vermögensverwaltungsvertrags. a) Nachforschungspflicht. Die Kenntnis von Anlagezielen, Risikobereitschaft, Vermögensverhältnissen etc. des Kunden muss der Vermögensverwalter sowohl bei Eingehung als auch während der Dauer des Vertrags haben. Diese Pflicht wurde nunmehr in § 31 Abs. 4 WpHG statuiert und durch § 6 WpDVerOV näher konkretisiert. Denn nur bei entsprechender Kenntnis können die Interessen des Kunden im Rahmen der Vermögensverwaltung Berücksichtigung finden. Daher muss sich der Verwalter in mehr oder weniger regelmäßigen Abständen bei dem Anleger erkundigen, ob wesentliche Änderungen in den persönlichen Umständen oder den Vermögensverhältnissen eingetreten sind.[99]

54

b) Pflicht zur ordentlichen Verwaltung. Ein Wertpapierdienstleistungsunternehmen ist verpflichtet, Wertpapierdienstleistungen mit der erforderlichen Sachkenntnis, Sorgfalt und Gewissenhaftigkeit im Interesse seiner Kunden zu erbringen, vgl. § 31 Abs. 1 Nr. 1 WpHG. Dies gilt auch für die Vermögensverwaltung, die gem. § 2 Abs. 3 Nr. 7 WpHG eine Wertpapierdienstleistung darstellt. Es haben sich Grundsätze herausgebildet, welche die Pflichten des Vermögensverwalters bei der Umsetzung der Anlagerichtlinien näher umschreiben. Nach *Schäfer* sind das insbesondere das **Gebot der produktiven Vermögensverwaltung**, das **Verbot der Spekulation** und das **Gebot der Risikoreduktion durch Diversifikation**.[100] Für Letztgenanntes kann auch das Stichwort der angemessenen Risikostreuung verwendet werden.

55

Nach dem **Gebot der produktiven Verwaltung** muss der Verwalter das Vermögen ständig überwachen und in Anlagen investieren, die er hinreichend kennt. Nur so ist eine den Anlagerichtlinien entsprechende Verwaltung möglich. Im Rahmen der Anlageberatung hat sich hierfür die Bezeichnung als objektgerechte Beratung herausgebildet. Der Vermögensberater muss jedoch nicht wie bei der Anlageberatung Detailkenntnisse über einzelne Anlagen dem Anleger mitteilen, sondern muss diese bei Umsetzung der Richtlinien beachten. Verlässt sich der Vermögensverwalter auf Angaben Dritter – etwa des Emittenten, staatlicher Aufsichtsorgane oder sonstiger sachkundiger Dritter – muss er sicherstellen, dass diese zuverlässig sind. Kann er nicht mit Sicherheit die erforderlichen Informationen erhalten, kann er sich nicht darauf berufen, dass die Informationen nicht zur Verfügung stehen. Der Anlageberater kann darauf verweisen, dass er keine eigenen Nachforschungen angestellt hat und sich auf bestimmte Angaben verlässt, wenn er dies dem Anleger mitteilt. Der Vermögensverwalter hingegen muss eigene Nachforschungen betreiben, wenn ihm die Angaben Dritter nicht verlässlich genug erscheinen. Führen seine Nachforschungen zu keinem verlässlichen Ergebnis, so darf er in die Anlage grundsätzlich nicht investieren.[101]

56

Das **Verbot der Spekulation** ergibt sich bereits aus dem Begriff der Vermögensverwaltung als Gegenteil der Spekulation. Die Grenzen zwischen Spekulation und einer risikoreichen Verwaltung können jedoch fließend sein. Daher wird zur Konkretisierung das **Gebot der Diversifikation** hinzugezogen. Bei Fehlen entgegenstehender Weisungen darf der Verwalter nicht in hochspekulative Anlagen investieren, sondern muss auf eine angemessene Risikostreuung achten.[102] Es gilt der Grundsatz, dass eine professionelle Vermögensverwaltung nicht ausschließlich auf hochriskante Optionsgeschäfte setzt, sondern auf eine angemessene Mischung mit konservativeren Anlageformen wie fest verzinslichen Wertpapieren und Aktien. Den Parteien steht es aber frei, eine abweichende Regelung zu treffen.[103] Besteht das Vermögen des Bankkunden fast ausschließlich aus fest verzinslichen Wertpapieren und vereinbart er mit der Bank in einem Vermögensverwaltungsvertrag eine konservative Anlagepolitik, die auf Substanzsicherung und kontinuierlichen Vermögenszuwachs ausgerichtet ist, so verletzt die Bank ihre vertraglichen Verpflichtungen, wenn sie mehr als 30 % des Wertpapierbestandes in Standardaktien umwandelt.[104] Eine feststehende Definition der konservativen Anlagepolitik gibt es nicht. Demnach ist dies – bei Fehlen einer konkreten Vereinbarung zwischen den Parteien – im Wege der Auslegung zu ermitteln.[105]

57

Der Verwalter muss die vom ihm verwalteten Vermögenswerte und die Märkte, auf denen sie gehandelt werden, ständig beobachten. Stellt sich heraus, dass sich einzelne Anlagen nicht mehr optimal in das Portefeuille einfügen oder andere Wertpapiere geeigneter sind, so muss der Verwalter dementsprechend handeln.[106]

58

c) Weisungen des Anlegers. Im Rahmen der Vermögensverwaltung ist der Wille des Anlegers maßgeblich. Da er Geschäftsherr gem. § 675 BGB ist, kann der Anleger grundsätzlich **jederzeit Weisungen** hinsichtlich

59

---

[99] Vgl. *Schäfer*, in: Assmann/Schütze, § 23 Rn 21, vgl. auch Vortmann/*Schade*, § 7 Rn 142; vgl. auch *Lang*, § 23 Rn 12.
[100] Vgl. *Schäfer*, in: Assmann/Schütze, § 23 Rn 26; ebenso: *Lang*, § 24 Rn 1–10.
[101] Vgl. *Schäfer*, in: Assmann/Schütze, § 23 Rn 26; vgl. auch *Lang*, § 24 Rn 2–4.
[102] Vgl. BGH WM 1994, 834, 836; vgl. auch OLG Frankfurt aM WM 1996, 665; vgl. auch *Schäfer*, in: Assmann/Schütze, § 23 Rn 28; Palandt/*Sprau*, § 675 BGB Rn 12; vgl. auch *Lang*, § 24 Rn 5 f.
[103] BGH WM 1994, 834, 836; vgl. auch Vortmann/*Schade*, § 7 Rn 164; vgl. auch *Lang*, § 24 Rn 7.
[104] OLG Düsseldorf WM 1991, 94.
[105] OLG Düsseldorf WM 1991, 94, 95.
[106] Vgl. *Schäfer*, in: Assmann/Schütze, § 23 Rn 29.

der Art der Geschäftsführung erteilen.[107] Stehen die Weisungen des Anlegers im Widerspruch oder nicht im Einklang mit der vom Verwalter verfolgten Anlagestrategie, muss der Verwalter dies dem Anleger mitteilen und ihm ggf vom Erwerb einer bestimmten Anlage abraten. Der Umfang dieser Warn- bzw Aufklärungspflicht geht über das Maß hinaus, das üblicherweise im Rahmen der Anlageberatung gegenüber dem Kunden zu erfüllen ist.[108]

60 **d) Fallgruppen unzulässigen Verhaltens.** Über die oben genannten Gebote und Verbote hinaus haben sich einige Fallgruppen von unzulässigem Verhalten des Verwalters herausgebildet. Fixiert sind diese nun in § 31 Abs. 1 Nr. 1 WpHG, wonach ein Wertpapierdienstleistungsunternehmen seine Wertpapierdienstleistungen im Interesse seiner Kunden zu erbringen hat. Dem Verwalter ist daher jede Handlung verboten, die nicht – zumindest auch – im Interesse des Anlegers liegt. In diesem Rahmen lassen sich folgende Fallgruppen unterscheiden: **Abladen, Auskaufen und Kurspflege; Drehen; Vor- bzw Gegenlaufen.**[109]

61 Im Rahmen des **Abladens, Auskaufens und der Kurspflege** kauft bzw verkauft der Vermögensverwalter für das von ihm verwaltete Vermögen Wertpapiere vorwiegend oder ausschließlich zu dem Zweck, für eigene oder fremde Wertpapiere möglichst kursschonend einen Abnehmer zu finden (Abladen) bzw um ein größeres Paket an Wertpapieren ohne Auswirkungen auf den Kurs für sich oder Dritte zu erwerben (Auskaufen) bzw allgemein, um den Kurs zu pflegen. Diese Verhaltensweisen verstoßen gegen die allgemeine Verhaltensregel des § 31 Abs. 1 Nr. 1 WpHG[110] sowie gegen den nunmehr in § 33 a WpHG statuierten Grundsatz der bestmöglichen Ausführung von Kundenaufträgen.

62 Beim **Drehen** – auch Gebührenschinderei oder Churning genannt – tätigt der Verwalter Umsätze, die ausschließlich oder im Wesentlichen durch das Provisionsinteresse des Verwalters motiviert sind. Dies verstößt gegen § 675 BGB bzw gegen § 31 Abs. 1 WpHG sowie § 33 a WpHG. In der Praxis ist es für einen Anleger schwierig, Churning zu erkennen.[111] So sind zB die Abrechnungen, die der Anleger über die Geschäfte erhält, für einen Laien undurchsichtig und tragen wenig zur Aufklärung bei. Ein Nachweis des Drehens ist praktisch nur durch ein Sachverständigengutachten zu erbringen.

63 Im Rahmen des **Vor- bzw Gegenlaufens** hat der Verwalter Kenntnis davon, dass seine Dispositionen für von ihm verwaltete Vermögen kurserhöhende oder -mindernde Wirkung haben können. Der Verwalter erwirbt bzw verkauft für den Eigenbestand Wertpapiere, um aus den erwarteten Kursschwankungen entsprechende Gewinne zu erzielen. Dies stellt wiederum einen Verstoß gegen § 31 Abs. 1 Nr. 1 WpHG dar.[112]

64 **e) Informations- und Rechenschaftspflichten.** Aus den §§ 675, 666 BGB ergeben sich für den Verwalter **drei Informationspflichten**: Danach ist der Beauftragte verpflichtet, dem Auftraggeber die **erforderlichen Nachrichten** zu geben, **auf Verlangen über den Stand des Geschäfts Auskunft zu erteilen** und nach der Ausführung des Auftrags **Rechenschaft** abzulegen. § 31 Abs. 8 WpHG sowie § 9 WpDVerOV ergänzen diese zivilrechtlichen Regelungen.

65 **aa) Benachrichtigungspflicht.** Zweck der Benachrichtigungspflicht gem. §§ 675, 666 Alt. 1 BGB des Verwalters, auch ohne Nachfrage des Anlegers, ist es, dem Anleger ihm unbekannte Informationen zukommen zu lassen und ihn soweit über den Stand der Dinge zu unterrichten, dass er jederzeit seine Rechte wahrnehmen und sachgerechte eigene Entscheidungen treffen kann. Dies kann er nur, wenn ihm die erforderlichen Informationen zur Verfügung stehen. Der Verwalter muss daher im Interesse des Anlegers tätig werden und ihn ständig über Gefährdungen des Vermögens oder Misserfolge unterrichten.[113] Gegenüber Privatkunden regelt nunmehr § 9 WpDVerOV[114] die aufsichtsrechtlichen Anforderungen an die Berichtspflicht. So ist dem Privatkunden gem. § 9 Abs. 3 WpDVerOV alle sechs Monate eine periodische Aufstellung zu erteilen, wobei der Zeitraum auf drei Monate verkürzt werden kann. Lässt der Verwaltungsvertrag ein kreditfinanziertes Finanzportfolio oder Finanzinstrumente mit Hebelwirkung zu, beträgt der Berichtszeitraum höchstens einen Monat.

66 Die Pflicht des Vermögensverwalters, von sich aus, ohne Nachfrage des Vermögensinhabers, diesem die erforderlichen Informationen zukommen zu lassen, hat vor allem beim Eintritt **erheblicher Verluste** Bedeu-

---

107 Vgl *Schäfer*, in: Assmann/Schütze, § 23 Rn 31; vgl *Lang*, § 23 Rn 52.
108 Vgl *Schäfer*, in: Assmann/Schütze, § 23 Rn 32; vgl *Lang*, § 23 Rn 53.
109 Vgl zu § 32 Abs. 1 Nr. 1 WpHG aF *Schäfer*, in: Assmann/Schütze, § 23 Rn 33 bis 35; vgl *Lang*, § 24 Rn 17.
110 Vgl zu § 32 Abs. 1 Nr. 1 WpHG aF *Schäfer*, in: Assmann/Schütze, § 23 Rn 33; vgl auch Vortmann/*Schade*, § 7 Rn 70; vgl auch *Lang*, § 24 Rn 17.
111 Vgl zu § 32 Abs. 1 Nr. 1 WpHG aF *Schäfer*, in: Assmann/Schütze, § 23 Rn 34; vgl auch Vortmann/*Schade*, § 7 Rn 70; vgl auch *Lang*, § 24 Rn 17.
112 Vgl zu § 32 Abs. 1 N. 2,3 WpHG aF *Schäfer*, in: Assmann/Schütze, § 23 Rn 35; vgl auch *Lang*, § 24 Rn 17.
113 Vgl *Schäfer*, in: Assmann/Schütze, § 23 Rn 37; *ders.*, WM 1995, 1009, 1010; vgl auch Vortmann/*Schade*, § 7 Rn 149; vgl auch *Lang*, § 24 Rn 29.
114 Verordnung zur Konkretisierung der Verhaltensregeln und Organisationsanforderungen für Wertpapierdienstleistungsunternehmen (Wertpapierdienstleisungs-Verhaltens- und Organisationsverordnung), am 1.11.2007 in Kraft getreten.

tung. Nach § 9 Abs. 5 iVm § 8 Abs. 6 WpDVerOV hat die Benachrichtigung zu erfolgen, wenn bestimmte Schwellenwerte überschritten werden.

Ein Verlust besteht, wenn sich dieser durch Verkauf realisiert hat. Jedoch stellen **auch Buchverluste** Verluste dar, denn eine Vermögensverminderung liegt bereits dann vor, wenn die vom Vermögensverwalter erworbenen Wertpapiere im Kurs zurückgegangen sind. Der Kursrückgang hat zur Folge, dass dem Vermögensinhaber im Falle eines Verkaufs der Wertpapiere weniger Barvermögen zur Verfügung steht. Es besteht zwar die Möglichkeit, dass vor der Realisierung eines Verlustes der Kurs wieder steigt und der Buchverlust verschwindet. Solange die Verluste jedoch nicht realisiert sind, können sich weitere Verluste durch weitere Kursrückgänge ergeben. Auch entsprechend ihrem Zweck muss die Benachrichtigungspflicht ebenfalls bei Buchverlusten bestehen. Denn nur bei Kenntnis des Wertrückgangs kann sich der Anleger auf die Situation einstellen und dementsprechend handeln, zB Weisungen erteilen, die Anlagestrategie ändern oder von seinem Kündigungsrecht Gebrauch machen.[115] Enthält ein Vermögensverwaltungsvertrag eine Klausel, wonach der Verwalter nach eigenem Ermessen und ohne Zustimmung des Vermögensinhabers handeln darf, und gleichzeitig eine Klausel, die zur jederzeitigen fristlosen Kündigung ohne Angabe von Gründen berechtigt, so kann diese Klausel nicht als Freistellung von der Pflicht zur Erteilung der erforderlichen Nachrichten ausgelegt werden. Von der Möglichkeit zur Kündigung kann der Anleger nämlich nur dann Gebrauch machen, wenn der Verwalter ihm die eingetretenen Verluste mitteilt.[116]

Maßgeblich für die Beurteilung, ob ein **Verlust erheblich** ist, sind die Größe des Vermögens sowie die Risikoneigung des Anlegers. Sollen nach den Anlagerichtlinien nur geringe Risiken eingegangen werden, so kann schon bei 5 % ein erheblicher Verlust gegeben sein. Bei einer risikoreichen Anlagestrategie soll dies erst ab 15 % oder gar 20 % Verlust angenommen werden.[117] Ein Anleger, der risikoreich anlegt, muss eher mit höheren Verlusten rechnen als ein sicherheitsorientierter Anleger.[118] Maßgeblich sind daher die besonderen Umstände des Einzelfalls sowie – falls vorhanden – die vereinbarten Anlagerichtlinien. Zur Vermeidung von Unklarheiten für die Frage, ab wann ein Verlust erheblich ist, empfiehlt es sich daher, im Vermögensverwaltungsvertrag entsprechende Grenzwerte zu statuieren, ab deren Erreichen eine Benachrichtigungspflicht seitens des Verwalters besteht.[119] In der Praxis finden sich in vielen Vermögensverwaltungsverträgen solche Grenzwerte, die von der Risikoneigung des Anlegers und der gewählten Anlagestrategie abhängen, so zB 5 % Buchverlust bei einer sicherheitsorientierten Anlagestrategie und 25 % bei einer spekulativen. Durch die Einführung der aufsichtsrechtlichen Regelungen der WpDVerOV zum 1.11.2007 sind die Benachrichtigungspflichten nunmehr in § 9 Abs. 5 iVm § 8 Abs. 6 WpDVerOV gesetzlich geregelt. Maßgeblich ist die Verlustschwelle, die in dem Verwaltungsvertrag zu vereinbaren ist.

Zur Berechnung des Verlustes ist auf den **gesamten Wertpapierbestand** abzustellen, wobei realisierte Verluste und Buchverluste einzubeziehen sind.[120] Erfolgt die Vermögensverwaltung pflichtgemäß nach dem Grundsatz der Risikostreuung, besteht selbst bei großen Verlusten in Einzelpositionen kein Risiko für das gesamte Vermögen, das ein Handeln des Anlegers nötig macht. Dass sich die Risiken nur hinsichtlich der einzelnen Wertpapiere realisieren und nicht im Hinblick auf das gesamte Portefeuille, ergibt sich aus der breiten Streuung des Vermögens in verschiedene Wertpapiere. Dem Wertpapierbestand zugeflossene Zinsen, Dividenden und sonstige Erträge sind in die Bewertung des Portfolios verlustmindernd einzubeziehen.[121]

Ausgangspunkt für die Frage der Erheblichkeit bzw für die Berechnung eines Verlustes kann entweder das ursprünglich eingesetzte Kapital, das Vermögen im Zeitpunkt des vorangegangenen Jahresendes bzw zu Beginn der Rechenschaftsperiode oder zu einem beliebigen anderen Zeitraum sein. Gegen das Zugrundelegen des ursprünglich zur Verfügung gestellten Kapitals als Ausgangsbasis spricht, dass der Beginn der Vermögensverwaltung uU lange Zeit zurückliegen kann. Bei einer erfolgreichen Verwaltung würde dies bedeuten, dass zunächst die erzielten Gewinne aufgebraucht sein müssten und eine Informationspflicht aufgrund der niedrigen Berechnungsbasis erst viel später einsetzen würde. Nach Schäfer ist es richtig, den Vermögensstand zum Ende des Vorjahres als Ausgangspunkt zu nehmen.[122] Um auch hier Unklarheiten zu beseitigen, sollte neben der Verlustschwelle ebenfalls für die Frage der Erheblichkeit des Verlustes eine entsprechende Regelung in dem Vermögensverwaltungsvertrag getroffen werden.

---

115 Vgl *Schäfer*, WM 1995, 1009, 1011; vgl auch Vortmann/*Schade*, § 7 Rn 159 ff; vgl auch *Koller*, in: Assmann/Schneider, § 31 Rn 7; vgl auch *Lang*, § 24 Rn 1 37.
116 BGH NJW 1994, 1861 = WM 1994, 834, 836 = ZIP 1994, 693.
117 Vgl *Schäfer*, in: Assmann/Schütze, § 23 Rn 38; vgl auch Vortmann/*Schade*, § 7 Rn 166 ff; vgl auch *Lang*, § 24 Rn 30 ff.
118 Vgl *Schäfer*, WM 1995, 1009, 1011.
119 Vgl *Lang*, § 24 Rn 36.
120 Vgl *Schäfer*, in: Assmann/Schütze, § 23 Rn 38; vgl auch *Lang*, § 24 Rn 40.
121 Vgl *Schäfer*, WM 1995, 1009, 1011; vgl auch Vortmann/*Schade*, § 7 Rn 177 ff; vgl auch *Lang*, § 24 Rn 40.
122 Vgl *Schäfer*, WM 1995, 1009, 1012; vgl *Lang*, § 24 Rn 41.

71 Die Benachrichtigung muss **unverzüglich nach Eintritt der Verluste** erfolgen und zwar spätestens am Ende des Geschäftstages, an dem der Schwellenwert überschritten wird bzw an dem folgenden, wenn die Überschreitung an einem geschäftsfreien Tag erfolgt ist, § 8 Abs. 6 WpDVerOV. Vor In Kraft Treten dieser Vorschrift zum 1.11.2007 wurde eine Frist von zwei Wochen für angemessen erachtet.[123] Fehlt es an einer Regelung über die Form der Benachrichtigung, ist dies grundsätzlich in jeder Form (mündlich, fernmündlich, schriftlich etc.) möglich. Maßgeblich ist, dass sie unmissverständlich und klar ist. Die Höhe des Verlustes muss dem Anleger verdeutlicht werden und darf nicht verharmlost werden.[124]

72 Diese Benachrichtigungspflicht kann nicht durch Allgemeine Geschäftsbedingungen gänzlich abbedungen werden.[125] Denn ein völliger Ausschluss der Benachrichtigungspflicht verstößt gegen § 307 Abs. 2 Nr. 1 und Nr. 2 BGB. Andernfalls könnte der Zweck der §§ 675, 666 BGB, dem Anleger durch die Informationsgebung die Möglichkeit zur Reaktion zu geben, nicht erreicht werden. Denn bei einem völligen Ausschluss hätte der Auftraggeber keine Möglichkeit, über für ihn wichtige Entwicklungen seines Vermögens informiert zu werden, wenn er nicht ständig bei dem Vermögensverwalter nachfragt.[126] Trotz der Unabdingbarkeit der § 31 Abs. 8 WpHG, §§ 8 ff. WpDVerOV können Verwalter mit ihren Kunden wirksame Abreden über den Verzicht von Ausführungsanzeigen etc. treffen.[127] In der Praxis wird dies eher selten der Fall sein.

73 In Betracht kommt jedoch eine Modifizierung der Benachrichtigungspflicht. Deren Zulässigkeit ist an den §§ 308, 309, 307 Abs. 1 und 2 BGB zu messen.[128] Wird die Benachrichtigungspflicht in einem vernünftigen Rahmen konkretisiert, liegt kein Verstoß gegen § 307 Abs. 2 Nr. 1 und Nr. 2 BGB vor. Der hinter der Benachrichtigungspflicht stehende Zweck darf nur nicht leer laufen. Unzulässig dürfte auch sein, nur bei realisierten Verlusten eine Benachrichtigungspflicht zu begründen, da der Vermögensinhaber dann keine Möglichkeit hat, Einfluss zu nehmen.[129]

74 **bb) Auskunft.** Gemäß §§ 675, 666 Alt. 2 BGB muss der Verwalter jederzeit auf **ausdrückliches Verlangen** des Anlegers über den Stand der Geschäfte Auskunft geben. § 9 Abs. 4 S. 1 WpDVerOV bestätigt dies und bestimmt, dass dem Kunden, der Einzelmitteilungen über die jeweiligen Geschäfte verlangt, die wesentlichen Informationen über das betreffende Geschäft unverzüglich nach dessen Ausführung auf einem dauerhaften Datenträger zu übermitteln ist.

75 **cc) Rechenschaftspflicht.** Ferner hat der Vermögensverwalter aufgrund seiner Rechenschaftspflicht gem. §§ 675, 666 Alt. 3 BGB in regelmäßigen Abständen Rechenschaft abzulegen. Meist regeln die Vermögensverwaltungsverträge den Turnus über die Rechnungslegung.[130] In welchen Abständen Rechenschaft abzulegen ist, ist nunmehr für Privatkunden in § 9 Abs. 3 S. 1 WpDVerOV geregelt. Der Zeitraum beträgt danach grundsätzlich sechs Monate, er kann gem. S. 2 auf drei Monate verkürzt werden. In der Regel sehen Vermögensverwaltungsverträge vor, dass die Rechenschaftslegung in jährlichen Abständen, meist zum Ende des Kalenderjahres erfolgt. Die Form im Sinne des §§ 675, 666 BGB wird durch § 259 BGB klargestellt.[131] Durch rügelose Entgegennahme der Depotauszüge kann keine haftungsbefreiende stillschweigende Billigung der Wertpapiergeschäfte durch den Anleger begründet werden. Ein Anleger ist aufgrund eines Vermögensverwaltungsvertrages nicht zur laufenden Überprüfung der durchgeführten Geschäfte verpflichtet.[132]

76 **f) Interessenkonflikte.** Konflikte können sich aus dem Verhältnis zwischen Anleger und Verwalter sowie aus den Interessen mehrerer Anleger und im Verhältnis zwischen den Interessen des Anlegers und dem Allgemein- oder Kapitalmarktinteresse ergeben. Der Verwalter hat seine Interessen hinter die des Anlegers als Auftraggeber zurückzustellen. § 31 Abs. 1 Nr. 2 WpHG stellt dies lediglich klar. Eine weitere Regelung zur Vermeidung von Interessenskonflikten findet sich nunmehr in § 33 Abs. 1 S. 2 Nr. 3 WpHG. § 13 WpDVerOV beschreibt mögliche Interessenskonflikte im Sinne dieser Vorschrift, ist aber nicht abschließend.[133]

77 Interessen des Kapitalmarktes oder der Allgemeinheit sind nur bei sehr großen Vermögensverwaltern berührt, die drastische Kursrückgänge (Crashs) verursachen können. Der Konflikt kann sich daraus ergeben, dass nach dem Interesse des Anlegers Wertpapiere verkauft werden, um den Verlust möglichst gering zu halten; nach dem Interesse des Marktes bzw der Allgemeinheit wäre der Erwerb jedoch geboten. Die Interessen des Kapitalmarktes zu wahren obliegt jedoch nicht dem Vermögensverwalter, sondern den Organen des Kapitalmarktes, sprich der Bundesanstalt für Finanzdienstleistungsaufsicht, kurz BaFin, den Börsen und der Börsenaufsicht.[134]

---

123 Vgl *Lang*, § 24 Rn 42.
124 Vgl *Schäfer*, WM 1995, 1009, 1012; vgl auch *Lang*, § 24 Rn 42.
125 Vgl *Schäfer*, in: Assmann/Schütze, § 23 Rn 37; einschränkend: Palandt/*Sprau*, § 666 BGB Rn 1 sowie *Lang*, § 24 Rn 48 ff.
126 Vgl *Schäfer*, WM 1995, 1009, 1012, 1013.
127 Vgl *Koller*, in: Assmann/Schneider, § 31 Rn 64.
128 Vgl *Schäfer*, WM 1995, 1009, 1012.
129 Vgl *Schäfer*, WM 1995, 1009, 1013.
130 Vgl *Schäfer*, WM 1995, 1009, 1010.
131 Vgl *Schäfer*, in: Assmann/Schütze, § 23 Rn 39; vgl auch *Lang*, § 24 Rn 43 ff.
132 Vgl OLG Düsseldorf WM 1991, 94, 96; vgl auch OLG Frankfurt aM WM 1996, 665, 668.
133 Vgl *Koller*, in: Assmann/Schneider, § 33 Rn 6.
134 Vgl *Schäfer*, in: Assmann/Schütze, § 23 Rn 42.

Dass sich Interessen einzelner Anleger im Bereich der Vermögensverwaltung widersprechen, dürfte praktisch eher selten sein. Derartige Konflikte lassen sich nach dem Grundsatz lösen, dass der Verwalter gegenüber dem einzelnen Anleger verpflichtet ist, Handlungen in dessen besten und wohlverstandenen Interessen vorzunehmen. Die Grenze ist dort zu ziehen, wo die Wahrnehmung der Interessen denen eines anderen Anlegers widerspricht.[135]

g) Retrozession. Ist der Vermögensverwalter nicht mit einer Bank identisch, kann es sein, dass zwischen dem Verwalter und der Bank vereinbart wird, dem Verwalter einen bestimmten Prozentsatz der von der Bank erzielten Provision zu zahlen oder generell ihm für die Zuführung des Depots eine Vergütung zukommen zu lassen. Diese Zahlungen nennt man Retrozession oder Kick-Backs. Gemäß §§ 675, 667 BGB muss der Verwalter das, was er aufgrund seiner Tätigkeit erlangt, an den Anleger als Auftraggeber herausgeben. Davon abweichende Vereinbarungen sind möglich. Der Anleger muss jedoch Kenntnis von den Zahlungen an seinen Vermögensverwalter erhalten, dh der Verwalter muss den Anleger über diese Provisionsvereinbarung aufklären. Verschweigt der Verwalter den Erhalt der Retrozession, so macht er sich uU des Betrugs gem. § 263 StGB strafbar.[136]

Schließt eine Bank mit dem Vermögensverwalter eines ihrer Kunden eine Vereinbarung über die Beteiligung des Verwalters an ihren Provisionen und Depotgebühren, so muss sie diese interne Vereinbarung gegenüber dem Kunden vor Vertragsschluss offen legen. Denn durch diese Vereinbarung der Innenprovision wird für den Vermögensverwalter ein Anreiz geschaffen, die über die Bank abzuwickelnden Geschäfte nicht allein im Kundeninteresse, sondern angesichts der Provision auch in seinem Interesse durchzuführen. Legt die Bank diese Innenprovision gegenüber dem Kunden nicht offen, so macht sie sich ersatzpflichtig.[137] Wenn die Bank selbst die Vermögensverwaltungsleistung erbringt, darf sie gem. § 31 d Abs. 1 WpHG grundsätzlich keine Zuwendungen von Dritten annehmen, es sei denn die Zuwendung dient der Qualitätsverbesserung und sie wurde dem Kunden zuvor offen gelegt.[138]

D. Execution-only-Business

I. Begriff. Wie der Name schon vermuten lässt, werden im Rahmen eines Execution-Only-Business, kurz EOB, Wertpapiergeschäfte nur ausgeführt. Eine Beratung ist grundsätzlich nicht vorgesehen. In der Regel werden EOBs von sog. Discount-Brokern erbracht (vgl hierzu Rn 9).[139]

II. Pflichten. Entsprechend dem Begriff des EOB besteht in diesem Rahmen keine Pflicht zur Beratung. Doch ist auch das EOB nicht pflichtenfrei. Denn auch derjenige, der einen Wertpapierauftrag lediglich ausführt, ist verpflichtet, diesen **ordnungsgemäß auszuführen**. Ferner bestehen **Aufklärungs- bzw Informationspflichten**,[140] wobei diese Begriffe synonym verwandt werden. Eine Aufklärung ist nur dann nicht nötig, wenn der Kunde über die erforderliche Erfahrung verfügt (vgl Rn 27, 38).[141] Auch im Rahmen des EOB besteht die **Pflicht zur Informationsbeschaffung**, sprich der Kunde ist im Hinblick auf seine Anlageziele, Erfahrungen und Kenntnisse, Vermögensverhältnisse sowie Risikobereitschaft zu befragen. Dies ergibt sich aus § 31 Abs. 2 WpHG, der die Einholung dieser Kundeninformationen durch Wertpapierdienstleistungsunternehmen (s. Rn 7) bei der Erbringung von Wertpapier(neben)dienstleistungen (s. Rn 5 f) verlangt, wozu auch die bloße Ausführung eines Auftrags im Rahmen eines EOB gehört.

Die Pflicht zur Einholung der Kenntnisse über den Anleger entspricht dem Pflichtenkatalog im Rahmen der Anlageberatung und Anlagevermittlung (s. daher Rn 22, 31). An dieser Stelle sollen daher nur **Aufklärungs- bzw Informationspflichten** behandelt werden. Im Hinblick auf den Inhalt der Pflicht kann nach dem jeweiligen Zweck unterschieden werden, dh ob es darum geht, dem Kunden lediglich Informationen allgemeiner Art im Hinblick auf die konkrete Anlageform zukommen zu lassen oder ob es einen bestimmten Anlass gibt, der eine Warnung des Anlegers erforderlich macht.

In Bezug auf eine **allgemeine Aufklärung** müssen dem Kunden alle Informationen gegeben werden, damit dieser eine sachgerechte Entscheidung im Hinblick auf die Anlage treffen kann. Für die Anlageberatung gelten daher die Grundsätze der anleger- und objektgerechten Beratung (s. Rn 30). Auf das EOB übertragen führen diese Grundsätze dazu, dass die Informationen zu geben sind, die dem Anleger eine anlegergerechte

---

135 Vgl *Schäfer*, in: Assmann/Schütze, § 23 Rn 43; vgl auch Vortmann/*Schade*, § 7 Rn 77.
136 Vgl *Schäfer*, in: Assmann/Schütze, § 23 Rn 51; OLG Köln BKR 2002, 541, 542; vgl auch *Lang*, § 24 Rn 50 ff.
137 Vgl BGH v. 19.12.2000 – XI ZR 349/99 = NJW 2001, 962 f = BB 2001, 541 f; vgl auch *Lang*, § 24 Rn 51.
138 § 31 d WpHG wurde im Rahmen des Finanzmarktrichtlinie-Umsetzungsgesetz (FRUG) vom 16.7.2007 eingeführt (BGBl. I 2007, 1330) und ist seit 1.11.2007 in Kraft.
139 Vgl Vortmann/*Buthmann*, § 6 Rn 127; *Reich*, WM 1997, 1601.
140 Vgl Vortmann/*Buthmann*, § 6 Rn 128; ebenso *Reich*, WM 1997, 1601.
141 Vgl Vortmann/*Buthmann*, § 6 Rn 128.

und objektgerechte Entscheidung ermöglichen.[142] Allerdings genügt eine standardisierte Anfangserklärung, eine individuelle Aufklärung muss nicht erfolgen.[143]

85 Zwar ist das EOB vom Grundsatz her auf die bloße Auftragsausführung beschränkt. Dennoch besteht die Pflicht, den Kunden darauf hinzuweisen und zu **warnen**, wenn der Bank negative Informationen über den Emittenten bekannt sind, die Anlageform nicht zur Risikoklasse des Kunden passt oder der Auftrag unsinnig ist.[144] Das OLG Düsseldorf[145] hat entschieden, dass Risikoklassen von der beratenden Bank bei Empfehlungen von Wertpapieren nicht ohne Aufklärung der Kunden überschritten werden dürfen. Dabei sind die beachtliche Anlageerfahrung, die Vereinbarkeit der Empfehlung mit den wirtschaftlichen Verhältnissen der Anleger und das bisherige Anlageverhalten nicht relevant.

E. Börsentermingeschäfte – Finanztermingeschäfte

86 **I. Begriff.** Das **Börsentermingeschäft** war bis zum Inkrafttreten des 4. Finanzmarktförderungsgesetzes[146] am 1.7.2002 in den §§ 50 ff. BörsG geregelt. Börsentermingeschäfte sind standardisierte Verträge, die von beiden Seiten erst zu einem späteren Zeitpunkt, dem Ende der Laufzeit, zu erfüllen sind und in Bezug zu einem Terminmarkt haben.[147] Nach der Rechtsprechung des BGH sind **keine Börsentermingeschäfte** Geschäfte mit Aktienanleihen,[148] Verträge über Indexzertifikate[149] sowie Geschäfte mit Anteilen an Investmentfonds, die ausschließlich in selbstständige Optionsscheine investieren.[150]

87 An die Stelle des Börsentermingeschäfts ist am 1.7.2002 das sog. **Finanztermingeschäft** getreten. Geregelt ist dieses im 8. Abschnitt des WpHG (§§ 37 d bis 37 g). Eine Legaldefinition des Begriffs der Finanztermingeschäfte findet sich in § 37 e S. 2 WpHG. Danach sind Finanztermingeschäfte Derivate iSd § 2 Abs. 2 WpHG und Optionsscheine. Derivate sind nach § 2 Abs. 2 WpHG als Festgeschäfte oder Optionsgeschäfte ausgestaltete Termingeschäfte, deren Preis oder Maß eines Basiswertes sich unmittelbar oder mittelbar ableitet mit Bezug auf die Basiswerte Wertpapiere oder Geldmarktinstrumente (a), Devisen oder Rechnungseinheiten (b), Zinssätze oder anderen Erträge (c), Indices der Basiswerte der Buchstaben a, b oder c, andere Finanzindices oder Finanzmessgrößen oder Derivate (e).

88 Nach der bis zum 30.6.2002 geltenden Rechtslage musste – für die Verbindlichkeit, sprich Wirksamkeit eines Börsentermingeschäfts – Börsentermingeschäftsfähigkeit gegeben sein. Diese bestand entweder kraft Gesetzes, wenn beide Vertragspartner Kaufleute waren, vgl § 53 Abs. 1 BörsG aF. Ferner wenn einer der Vertragspartner kein Kaufmann war, kraft Information gem. § 53 Abs. 2 BörsG aF. In diesem Fall musste der andere Teil, in der Regel der Anleger als Nicht-Kaufmann, durch ein „Informationsblatt zu den besonderen Risiken bei Börsentermingeschäften" aufgeklärt werden. Entsprach die Information nicht den Anforderungen des § 53 Abs. 2 BörsG aF, war das Börsentermingeschäft unverbindlich, dh unwirksam, und der Anleger hatte einen Anspruch auf Rückforderung der erbrachten Leistung wegen ungerechtfertigter Bereicherung.[151]

89 Durch das 4. Finanzmarktförderungsgesetz wurde die besondere Termingeschäftsfähigkeit kraft Information abgeschafft. Die Informationspflichten wurden aus dem BörsG in das WpHG transferiert und in § 37 d Abs. 1, Abs. 3 S. 1 WpHG aF geregelt. Danach führte ein Verstoß gegen diese Informationspflicht nicht mehr zur Unwirksamkeit des Geschäfts, sondern zu einem Schadensersatzanspruch des Verbrauchers – also des Anlegers – gem. § 37 d Abs. 4 WpHG aF.[152] Diese Vorschrift wurde durch das FRUG[153] wieder aufgehoben. Das System des Anlegerschutzes bei Finanztermingeschäften ist nun endgültig in ein System anlegerbezogener Aufklärungspflichten nach Maßgabe von §§ 31 ff WpHG überführt worden.[154]

90 **II. Pflichten.** § 37 d WpHG aF sah die Pflicht zur standardisierten Risikounterrichtung nach Maßgabe der Abs. 1, 3 und 4 vor. Dieses Erfordernis zur standardisierten Risikoaufklärung hat der Gesetzgeber durch die Aufhebung des § 37 d WpHG aF und des der Überwachung von Informationspflichten dienenden § 37 f. WpHG aF gestrichen.[155] Nach der Begründung zum Regierungsentwurf heißt es, dass die Anforderungen

---

142 Vgl *Reich*, WM 1997, 1601, 1607.
143 BGH WM 1999, 2300, 2302 mwN.
144 Vgl Vortmann/*Buthmann*, § 6 Rn 129; ferner *Reich*, WM 1997, 1601, 1607.
145 Urt. v. 30.6.2011 – 8 O 290/10.
146 Gesetz zur weiteren Fortentwicklung des Finanzplatzes Deutschland (Viertes Finanzmarktförderungsgesetz), BGBl. I 2002 S. 2010.
147 Vgl BGH v. 13.7.2004 – XI ZR 132/03, S. 6, im Internet unter <www.bundesgerichtshof.de>, „Entscheidungen"; vgl auch BGHZ 92, 317, 320; 114, 177, 179; 142, 345, 350; 149, 294, 301; 150, 164, 168.
148 So BGH WM 2002, 803 ff.
149 So BGH v. 13.7.2004 – XI ZR 178/03, im Internet unter <www.bundesgerichtshof.de>, „Entscheidungen".
150 So BGH v. 13.7.2004 – XI ZR 132/03, im Internet unter <www.bundesgerichtshof.de>, „Entscheidungen".
151 Vgl *Groß*, 2. Auflage, § 55 BörsG Rn 1.
152 Zur Begründung dieser Neuregelung vgl RegBegr. zum 4. Finanzmarktförderungsgesetz, BT-Drucks. 14/8017, S. 95; vgl auch *Mülbert/Assmann*, in: Assmann/Schneider, vor § 37 e Rn 13 ff.
153 Finanzmarktrichtlinie-Umsetzungsgesetz vom 16.7.2007 (BGBl. I 2007, 1330), in Kraft seit 1.11.2007.
154 Vgl *Mülbert/Assmann*, in: Assmann/Schneider, vor § 37 e Rn 1.
155 Vgl Rn 152.

an eine ordnungsgemäße Beratung von Anlegern auch im Bereich des Handels mit Derivaten bereits mit den durch die Umsetzung der Finanzmarktrichtlinie erweiterten Verhaltenspflichten von Wertpapierdienstleistungsunternehmen nach §§ 31 ff hinreichend bestimmt seien.[156] Damit gelten für Termingeschäfte nunmehr die gleichen Aufklärungs- und Beratungspflichten und die gleichen Rechtsfolgen bei Pflichtverletzungen wie für Kassageschäfte. Unterschiede im Hinblick auf die zivilrechtlichen Aufklärungspflichten wird es nun im Hinblick auf die Umstände des Einzelfalls geben sowie aufsichtsrechtlich durch die Differenzierung zwischen professionellen und nicht-professionellen Kunden iSd §§ 31 Abs. 8, 31 a Abs. 2 WpHG iVm § 2 WpDVerOV und Geschäften mit geeigneten Gegenparteien nach § 31 b WpHG sowie durch die Unterscheidung zwischen komplexen und nicht-komplexen Finanzinstrumenten nach § 31 Abs. 7 und § 7 WpDVerOV.[157]

Aus diesem Grund beschränkt sich der Abschnitt 8 des WpHG über die Finanztermingeschäfte nunmehr auf zwei Regelungen. Zum einen ist dies § 37 e WpHG, wonach der Spieleinwand nach § 762 BGB ausgeschlossen ist, wenn mindestens ein Vertragsteil ein Unternehmen iSd § 14 BGB ist. In Satz 2 der Vorschrift wird der Begriff der Finanztermingeschäfte zudem legal definiert. Zum anderen besteht nach § 37 g WpHG eine Verordnungsermächtigung des Bundesministeriums der Finanzen, das durch Rechtsverordnung Finanztermingeschäfte verbieten oder beschränken kann, soweit dies zum Schutz der Anleger erforderlich ist. Von dieser Ermächtigung hat das Bundesministerium der Finanzen bisher keinen Gebrauch gemacht. 91

F. Haftungsgrundlagen

Grundlage der Haftung im Bereich der oben dargestellten Wertpapiergeschäfte ist vorrangig ein **Vertrag** oder ein **vorvertragliches Vertrauensverhältnis**. Daher können sich Ansprüche je nachdem, ob eine vertragliche oder eine vorvertragliche Pflicht verletzt wurde, aus §§ 280, 281, 282, 324, 241 Abs. 2 BGB iVm mit dem jeweiligen Vertrag oder aus den §§ 311 Abs. 2 und Abs. 3; 241 Abs. 2; 280 BGB ergeben.[158] 92

Des Weiteren können sich Schadensersatzansprüche aus dem **Deliktsrecht**, genauer aus § 826 BGB oder § 823 Abs. 2 BGB iVm einem Schutzgesetz ergeben.[159] Den Schutz eines anderen bezweckt eine Norm, wenn sie, sei es auch neben dem Schutz der Allgemeinheit, gerade dazu dienen soll, den Einzelnen oder einzelne Personenkreise gegen die Verletzung eines Rechtsguts zu schützen. Dabei kommt es nicht auf die Wirkung, sondern auf Inhalt und Zweck des Gesetzes nach der Intention des Gesetzgebers bei seinem Erlass an. Die Schaffung eines individuellen Schadensersatzanspruchs muss erkennbar vom Gesetz erstrebt sein oder zumindest im Rahmen des haftpflichtrechtlichen Gesamtsystems tragbar erscheinen.[160] 93

Als Schutzgesetz im Bereich des Kapitalanlagerechts kommen insbesondere die §§ 31 ff WpHG in Betracht, die Verhaltensregeln für Wertpapierdienstleistungsunternehmen statuieren. Für die Neufassung der §§ 31 ff WpHG durch das FRUG[161] wird vertreten, dass § 31 Abs. 1 Nr. 1 und 2, Abs. 3, 4 sowie die §§ 31 c und 34 a WpHG als Schutzgesetze zu qualifizieren seien.[162] Für § 826 BGB ist notwendig, dass der Schädiger in einer gegen die guten Sitten verstoßenden Weise einem anderen vorsätzlich einen Schaden zufügt (zu den Voraussetzungen s. „Haftung im Zusammenhang mit Ad-hoc-Mitteilungen" Rn 21). Aus praktischer Sicht stellen deliktische Normen für den geschädigten Anleger aufgrund der Beweislastverteilung (vgl Rn 132) die im Vergleich zu (quasi)vertraglichen Ansprüchen ungünstigere Grundlage dar. 94

G. Kausalität

Im Rahmen der Kausalität ist zwischen der **haftungsbegründenden** und der **haftungsausfüllenden Kausalität** zu unterscheiden. Im Rahmen der haftungsbegründenden Kausalität muss die Pflichtverletzung kausal für den Kaufentschluss gewesen sein. Die haftungsausfüllende Kausalität meint den Ursachenzusammenhang zwischen Haftungsgrund und Schaden.[163] 95

Auf den Bereich der Anlageberatung übertragen bedeutet das beispielsweise, dass die **fehlerhafte Aufklärung oder Beratung** kausal für die Anlageentscheidung des Anlegers, ferner dass die Verletzung der Offenbarungspflicht ursächlich für den konkret geltend gemachten Schaden gewesen sein muss.[164] Es besteht eine 96

---

156 RegE FRUG, BT-Drucks. 16/4028 v. 12.1.2007, S. 78.; vgl ausführlich *Mülbert/Assmann*, in: Assmann/Schneider, vor § 37 e Rn 27 ff; zu den Pflichten nach § 37 d WpHG aF vgl Vorauflage.
157 Vgl *Mülbert/Assmann*, in: Assmann/Schneider, vor § 37 e Rn 31.
158 Vgl auch *Schäfer*, in: Assmann/Schütze, § 23 Rn 52.
159 Vgl auch *Lang*, § 18 Rn 6 f.
160 Vgl Palandt/*Sprau*, § 823 BGB Rn 57.
161 Finanzmarktrichtlinie-Umsetzungsgesetz vom 16.7.2007 (BGBl. I 2007, 1330), in Kraft seit 1.11.2007.
162 Vgl ausführlich *Koller*, in: Assmann/Schneider, vor § 31 Rn 6; zu §§ 31 ff WpHG aF siehe Vorauflage bzw *Koller*, in: Assmann/Schneider, 4. Auflage, § 31 Rn 17.
163 Vgl auch Palandt/*Grüneberg*, vor § 249 BGB Rn 24 ff.
164 Vgl *von Heymann*, in: Assmann/Schütze, § 5 Rn 128.

tatsächliche Vermutung, dass sich der Anleger aufklärungsrichtig verhalten hätte[165] (vgl ausführlicher Rn 131).

97 Geht es hingegen um andere Pflichtverletzungen als Aufklärungs- oder Beratungspflichtverletzungen, so ist zu fragen, wie sich der Anleger ohne die Pflichtverletzung verhalten hätte, sog. **rechtmäßiges Alternativverhalten**. Verdeutlicht werden kann die Problematik am Beispiel der **Vermögensverwaltung**. Wird in diesem Rahmen entgegen den vereinbarten Richtlinien in hoch spekulative statt in konservative Wertpapiere investiert und so ein Verlust erwirtschaftet, ist es möglich, dass es auch bei Einhaltung der Anlagerichtlinien zu einem Verlust gekommen wäre. Ein Ursachenzusammenhang besteht daher nur in Höhe der Differenz zwischen dem konkret entstandenen und dem hypothetisch eingetretenen **Schaden**. Denn ein Schaden wäre auch bei rechtmäßigem Alternativverhalten eingetreten.[166]

H. Verschulden

98 Bei den oben genannten Anspruchsgrundlagen (s. Rn 93 f) handelt es sich jeweils um eine Verschuldenshaftung, dh der Anspruchsgegner (zu dessen Person s. Rn 101 ff) muss grundsätzlich vorsätzlich oder fahrlässig gehandelt haben. Der Maßstab des Verschuldens richtet sich nach § 276 BGB. Nach § 276 Abs. 1 S. 1 BGB hat der Schuldner Vorsatz und Fahrlässigkeit zu vertreten, wenn eine strengere oder mildere Haftung weder bestimmt noch aus dem sonstigen Inhalt des Schuldverhältnisses, insbesondere aus der Übernahme einer Garantie oder eines Beschaffungsrisikos zu entnehmen ist. Die Definition des fahrlässigen Handelns ergibt sich aus § 276 Abs. 2 BGB. Wird der Anspruch auf § 826 BGB gestützt, so ist eine vorsätzliche Schädigung nötig. Im Rahmen der (quasi)vertraglichen Ansprüche genügt jedoch grundsätzlich einfache Fahrlässigkeit.[167]

99 Die Bestimmung der im Verkehr erforderlichen Sorgfalt richtet sich nach den berufsspezifischen Verkehrskreisen und kann insbesondere anhand von Regelwerken wie etwa §§ 31 ff WpHG konkretisiert werden. Hat der Vertragspartner etwa erkennbar gegen Vereinbarungen oder die Pflichten der §§ 31 ff WpHG verstoßen, so ist von einem Verschulden, zumindest in Form von Fahrlässigkeit, auszugehen.[168]

100 Für den Bereich der **Aufklärungspflichtverletzung** ist anerkannt, dass bei Feststehen einer Aufklärungspflichtverletzung dadurch grundsätzlich auch das Verschulden des Aufklärungspflichtigen indiziert ist. Das Verschulden muss dann geprüft werden, wenn besondere Umstände vorgetragen werden, die eine unterlassene Aufklärung als nicht schuldhaft erscheinen lassen können.[169] Hat eine Bank Kenntnis davon, dass Zweifel an der Zuverlässigkeit eines Anlageangebots bestehen, reicht dies für die Annahme von Verschulden aus.[170]

I. Anspruchsgegner

101 Primär richtet sich der vertragliche oder quasivertragliche Anspruch gegen den jeweiligen **Vertragspartner**, also gegen das Wertpapierdienstleistungsunternehmen (zum Begriff s. Rn 7). Wird der Anspruch auf eine deliktische Norm gestützt, so ist Anspruchsgegner ebenfalls das jeweilige Unternehmen, sofern die Zurechnungsvoraussetzungen des § 831 BGB vorliegen. Aufgrund der Exculpationsmöglichkeit gem. § 831 Abs. 1 S. 2 BGB stellen die deliktischen Normen gegenüber den (quasi)vertraglichen Anspruchsgrundlagen die ungünstigere Haftungsmöglichkeit dar.

102 Im (vor)vertraglichen Bereich muss sich die Bank bzw das Wertpapierdienstleistungsunternehmen Pflichtverletzung und Verschulden von **Erfüllungsgehilfen** gem. § 278 BGB zurechnen lassen. Erfüllungsgehilfe ist jeder, der nach den tatsächlichen Fallgegebenheiten mit dem Willen des Schuldners bei der Erfüllung einer ihm obliegenden Verbindlichkeit als sein Helfer tätig wird, ohne dass es auf die Weisungsgebundenheit ankommt.[171] Mit Urteil des BGH vom 14.5.2012 (II ZR 69/11) hat dieser zur Haftung von Gründungsgesellschaftern für unrichtige Angaben der eingeschalteten Vertriebe und Untervertriebe entschieden: „Wenn das anstelle des Gründungsgesellschafters mit den Beitrittsverhandlungen und der Aufklärung beauftragte Vertriebsunternehmen weitere Untervermittler zugezogen hat, führt dies zur Haftung der Gründungsgesellschafter nach § 278 BGB für ein Verschulden der Untervermittler. Das Verschulden von Untervermittlern ist schon dann zuzurechnen, wenn mit ihrem Einsatz gerechnet werden kann."

---

165 Vgl Palandt/*Grüneberg*, § 280 Rn 39; vgl auch *Ellenberger*, WM Sonderbeilage Nr. 1/2001, 1, 9; WM 1992, 1310, 1311.
166 Vgl *Schäfer*, in: Assmann/Schütze, § 23 Rn 57; vgl auch *Lang*, § 25 Rn 9 f.
167 Für die Aufklärungspflichtverletzung vgl *von Heymann/Edelmann*, in: Assmann/Schütze, § 4 Rn 117.
168 Vgl *Schäfer*, in: Assmann/Schütze, § 23 Rn 55; vgl auch Vortmann/*Schade*, § 7 Rn 208; vgl auch *Lang*, § 18 Rn 9.
169 Vgl *Ellenberger*, WM Sonderbeilage Nr. 1/2001, 1, 9.
170 Vgl *von Heymann/Edelmann*, in: Assmann/Schütze, § 4 Rn 118.
171 Vgl BGHZ 100, 117, 122; vgl auch Palandt/*Grüneberg*, BGB, § 278 Rn 7.

Neben der Haftung des jeweiligen Vertragspartners kann ausnahmsweise eine **eigene Haftung des Vertreters** aus Verschulden aus Vertragsverhandlungen gem. § 311 Abs. 2 BGB, in Betracht kommen. Eine Eigenhaftung des Vertreters kommt dann in Betracht, wenn dieser entweder an dem Vertragsschluss ein **erhebliches Eigeninteresse** oder in **besonderem Maße persönliches Vertrauen** für sich in Anspruch genommen hat.[172]

J. Anspruchsinhalt

Der geschädigte Anleger hat Anspruch auf Ersatz seiner Schäden gem. §§ 249 ff BGB. Bei Schadensersatzansprüchen gelten die allgemeinen Grundsätze, dh der Schädiger hat den Zustand herzustellen, der bestehen würde, wenn der zum Ersatz verpflichtende Umstand nicht eingetreten wäre, vgl § 249 BGB.[173] Der Inhalt des Anspruchs ist demnach davon abhängig, welche Pflicht verletzt wurde und wie sich der Anleger bei ordnungsgemäßer Pflichterfüllung verhalten hätte.

I. Anlageberatung und Anlagevermittlung. Im Rahmen von **Anlageberatung** und **Anlagevermittlung** besteht die Pflicht zur anlegergerechten und objektgerechten Beratung (s. Rn 30). Wurde diese Pflicht verletzt, ist davon auszugehen, dass der Anleger bei richtiger Aufklärung das Geschäft nicht getätigt hätte,[174] er also etwas erhält, das er letztlich nicht wollte. Ohne die Pflichtverletzung hätte er die Anlage nicht erworben. Er ist daher so zu stellen, wie er ohne den Erwerb der getätigten Anlage stünde. Im Ergebnis hat der Anleger daher einen Anspruch auf Erstattung des investierten Kaufpreises zuzüglich Bankgebühr und Maklercourtage (Nebenkosten), Zug um Zug gegen Rückübertragung der sich noch in seinem Besitz befindlichen Wertpapiere. Hat er diese bereits verlustbringend verkauft, so geht der Anspruch auf Zahlung der Differenz zwischen Kauf- und Verkaufsbetrag, jeweils unter Berücksichtigung der damit verbundenen Nebenkosten. Des Weiteren ist davon auszugehen, dass der Anleger bei ordnungsgemäßer Pflichterfüllung eine „anlegergerechte" Anlage erworben hätte, die nicht wie die tatsächlich gekaufte einen Verlust, sondern einen Gewinn erwirtschaftet hätte. Dh neben dem Anspruch auf Ersatz des realisierten Schadens, kann er den entgangenen Gewinn gem. § 252 BGB verlangen. Als entgangen gilt der Gewinn, welcher nach dem gewöhnlichen Lauf der Dinge oder nach den besonderen Umständen, insbesondere nach den getroffenen Anstalten und Vorkehrungen, mit Wahrscheinlichkeit erwartet werden konnte, vgl § 252 S. 2 BGB. Ferner besteht Anspruch auf eine allgemein übliche Verzinsung.[175]

Im Rahmen des entgangenen Gewinns könnten sich Probleme aufgrund der Beweislage ergeben. Der geschädigte Anleger muss, da es sich hierbei um eine für ihn günstige Situation handelt, entsprechend den allgemeinen Beweisgrundsätzen darlegen und beweisen, welche konkrete Anlage stattdessen getätigt worden wäre. Der BGH[176] hat jedoch entschieden, dass § 252 BGB für den Geschädigten eine § 287 ZPO ergänzende Beweiserleichterung enthalte, wonach dieser nur die Umstände darzulegen und in den Grenzen des § 287 ZPO zu beweisen braucht, aus denen sich nach dem gewöhnlichen Verlauf der Dinge oder besonderen Umständen des Falles die Wahrscheinlichkeit des Gewinneintritts ergibt. Da die Beweiserleichterung der § 252 BGB, § 287 ZPO auch die Darlegungslast derjenigen Partei, die Ersatz des entgangenen Gewinns verlangt, mindert, dürfen insoweit keine strengen Anforderungen gestellt werden.[177]

II. Vermögensverwaltung. Im Rahmen der **Vermögensverwaltung** ist zwischen den Pflichten vor Abschluss des Vermögensverwaltungsvertrages und bei der Durchführung der Vermögensverwaltung zu unterscheiden. Wurden **Aufklärungs- und Beratungspflichten im Vorfeld** verletzt, so erhält der Anleger im Ergebnis eine Vermögensverwaltung als Anlageform, die er eigentlich nicht wollte. Dh er ist so zu stellen, als hätte er diese Anlageform nicht getätigt, sprich den Vermögensverwaltungsvertrag nicht abgeschlossen. Daher kann auf die im Bereich der Anlageberatung und Anlagevermittlung geltenden Grundsätze verwiesen werden. Bei der **Durchführung des Vermögensverwaltungsvertrages** kann der Verwalter etwa dadurch seine Pflichten verletzen, dass er über eingetretene (Buch)Verluste nicht informiert oder von den vereinbarten Anlagerichtlinien abweicht.

Bei Abweichung von der vereinbarten Anlagestrategie hat der BGH[178] entschieden, dass der einem Kapitalanleger wegen Missachtung der vereinbarten Anlagestrategie durch den Vermögensverwalter entgangene Gewinn aus Aktienspekulation durch einen Vergleich mit einem eine ähnliche Strategie verfolgenden Aktienfonds abzüglich eines pauschalen Abschlags ermittelt werden könne.[179]

---

172 Vgl Palandt/*Ellenberger*, BGB, § 164 Rn 15; *Ellenberger*, WM Sonderbeilage Nr. 1/2001, 1, 11; *von Heymann/Edelmann*, in: Assmann/Schütze, § 4 Rn 98 ff.
173 Vgl *von Heymann/Edelmann*, in: Assmann/Schütze, § 4 Rn 123.
174 Vgl BGHZ 79, 346.
175 Zum Anspruchsinhalt vgl auch *von Heymann/Edelmann*, in: Assmann/Schütze, § 4 Rn 123 ff; *Ellenberger*, WM Sonderbeilage Nr. 1/2001, 1, 9; vgl auch *Lang*, § 18 Rn 14 ff.
176 BGH v. 18.2.2002 – II ZR 355/00.
177 BGH BKR 2002, 499, 501.
178 Vgl BGH ZIP 2002, 1586 = BKR 2002, 538, 540.
179 Vgl BGH ZIP 2002, 1586 = BKR 2002, 538, 540.

109 Verstößt die Bank gegen eine vereinbarte konservative **Anlagepolitik**, so ist der Vermögensinhaber so zu stellen, wie er bei pflichtgemäßer Vertragserfüllung stehen würde. Werden entgegen der Vereinbarung mehr als 30 % in Standardaktien angelegt, so muss die Bank nur den aus der Anschaffung des über 30 % hinausgehenden Aktienanteils entstandenen Verlust ersetzen. Denn die im Rahmen des Erwerbs von 30 % Aktien erlittenen Verluste hätte der Anleger auch ohne Verstoß gegen die Vereinbarung tragen müssen.[180]

110 Ein Schaden entsteht dem Anleger dann, wenn ihm durch die **Unterlassung einer Benachrichtigung** die Möglichkeit der Kündigung des Vermögensverwaltungsvertrages genommen wird, er entsprechende Weisungen gegeben hätte und das Vermögen mangels Abgabe der Weisungen bzw Kündigung weiter an Wert verliert. Der Vermögensverwalter kann dann für die Vermögensverluste haften, die nach dem Zeitpunkt der unterlassenen Benachrichtigung eintreten.[181]

111 Der Schaden kann im Rahmen der fehlerhaften Vermögensverwaltung entweder hinsichtlich jeder **einzelnen Position** des Depots oder hinsichtlich des **Gesamtportfolios** ermittelt werden. In der Literatur wird die Ansicht vertreten, dass der Schaden bei fehlerhafter Vermögensverwaltung grundsätzlich hinsichtlich jeder einzelnen Position des Depots ermittelt werde. Eine Saldierung von schuldhaft herbeigeführten Schäden in Einzelpositionen mit Gewinnen, die aufgrund pflichtgemäßer Geschäfte eingetreten sind, könne nicht vorgenommen werden. Eine solche Vorteilsausgleichung sei unzulässig, da sie die Ergebnisse von pflichtwidrigem und pflichtgemäßem Verhalten vermische.[182] Hier ist allerdings zu berücksichtigen, dass im Rahmen einer auf längere Zeit vereinbarten Vermögensverwaltung idR zahlreiche Transaktionen, dh Wertpapierkäufe und -verkäufe getätigt werden. Der dargestellten Literaturmeinung folgend müsste daher für jedes einzelne Wertpapier erst ermittelt werden, ob überhaupt ein Schaden vorliegt. Der für einzelne Wertpapiere ermittelte Schaden muss dem Gericht dargelegt und anhand der einzelnen – oftmals zahlreichen – Wertpapierabrechnungen bewiesen werden. Die Schadensermittlung und -darstellung kann angesichts des oftmals erheblichen Umfangs der dem Kunden zugesandten Wertpapierabrechnungen sehr arbeitsintensiv sein. Daher ist es aus praktischen und auch aus prozesstaktischen Gründen sinnvoll, den Schaden anhand des Gesamtportfolios zu ermitteln. Hierbei sind der Anfangs- und der Endbestand des der Verwaltung zur Verfügung gestellten Vermögens zu vergleichen;[183] Einlagen und Entnahmen sowie gezahlte Dividenden und Ausschüttungen sind ebenfalls in die Schadensberechnung mit einzubeziehen. Mit anderen Worten: Sämtliche Einzahlungen des Anlegers sind mit sämtlichen Auszahlungen an den Anleger in Relation zu setzen.

112 **III. Execution-Only-Business.** Im Rahmen des EOB besteht die Pflicht zur anlegergerechten und objektgerechten Information. Dementsprechend ist davon auszugehen, dass der Anleger, wäre ihm die Information korrekt erteilt worden, die Anlage nicht erworben hätte. Es kann daher auf die für die Anlageberatung und Anlagevermittlung geltenden Grundsätze (Rn 105 f) verwiesen werden.

113 **IV. Börsentermingeschäfte – Finanztermingeschäfte.** Für die Verletzung von Aufklärungspflichten im Rahmen von Börsentermin- und Finanztermingeschäften sind ebenfalls die für Anlageberatung und Anlagevermittlung geltenden Grundsätze anzuwenden (Rn 105 f).

K. Haftungsbeschränkung und -ausschluss

114 **I. Haftungsbeschränkung und -freizeichnung.** Freizeichnungsklauseln oder Haftungsbeschränkungen finden sich in der Regel in den Allgemeinen Geschäftsbedingungen der Banken. Deren Wirksamkeit ist an den §§ 307 ff BGB zu messen. Eine Klausel, nach der die Haftung für grobe Fahrlässigkeit ausgeschlossen wird, verstößt gegen § 309 Nr. 7 BGB. Gleiches gilt selbstverständlich für Klauseln, die eine Haftung für Vorsatz ausschließen. Dies ergibt sich schon aus § 276 Abs. 3 BGB.

115 In der Praxis werden sich jedoch selten solche Klauseln finden, die offensichtlich unwirksam sind. Vielmehr verwenden manche Banken Allgemeine Geschäftsbedingungen, in denen die Haftung auf Vorsatz und grobe Fahrlässigkeit beschränkt ist, dh die Haftung für leichte Fahrlässigkeit ausgeschlossen ist. Die Wirksamkeit derartiger Klauseln bestimmt sich nach § 307 BGB. Danach kann die Haftung für leichte Fahrlässigkeit nicht ausgeschlossen werden, wenn eine Kardinalpflicht verletzt wurde, der Verwender besonderes Vertrauen für sich in Anspruch genommen hat oder kraft seines Berufes eine qualifizierte Vertrauensstellung inne hat oder wenn der Haftungsausschluss aus sonstigen Gründen eine unangemessene Benachteiligung des Verwendungsgegners darstellt.[184]

116 Für den Bereich der **Vermögensverwaltung** beispielsweise gehört zu den wesentlichen Pflichten einer Bank die Einhaltung einer konservativen Anlagepolitik in den Anlagerichtlinien sowie ihre Ausrichtung auf Sub-

---

180 Vgl OLG Düsseldorf WM 1991, 94, 96 = NJW-RR 1991, 308 f.
181 Vgl *Schäfer*, WM 1995, 1009, 1013.
182 Vgl *Schäfer*, in: Assmann/Schütze, § 23 Rn 58; vgl auch Vortmann/*Schade*, § 7 Rn 212.
183 So OLG Hamm WM 1996, 669, 672; vgl auch OLG Düsseldorf NJW-RR 1991, 308 f.
184 Vgl Palandt/*Grüneberg*, BGB § 307 Rn 45 ff.

stanzsicherung und kontinuierlichen Vermögenszuwachs. Denn eine Bank kann nicht gleichzeitig zusagen, die Vermögensverwaltung mit banküblicher Sorgfalt auszuführen, andererseits aber festlegen, den typischen Inhalt dieser Pflicht – die Haftung für eine nicht bankübliche Sorgfalt – nicht zu übernehmen.[185] Es stellt einen Verstoß gegen § 307 Abs. 2 Nr. 1 sowie Nr. 2 BGB dar, wenn die Benachrichtigungspflicht gem. § 666 BGB durch Allgemeine Geschäftsbedingungen völlig ausgeschlossen wird.[186]

II. Mitverschulden. Die Haftung wird begrenzt, wenn dem Anleger der Vorwurf des Mitverschuldens gem. § 254 BGB gemacht werden kann. Wendet sich ein Anleger an eine Bank oder einen sonstigen Berater, so gibt er damit zu verstehen, dass er deren oder dessen Kenntnisse in Anspruch nehmen möchte. Aus diesem Grund kann sich die Bank auch nicht darauf berufen, es liege ein Mitverschulden des Anlegers vor, weil dieser dem Rat der Bank gefolgt ist und keine eigenen Nachforschungen angestellt hat. Der Einwand des Mitverschuldens wird daher nur in Ausnahmefällen zugelassen.[187] Etwa dann, wenn dem Anleger eine auffällig hohe Rendite versprochen wurde, der Anleger trotz Hinweis auf das hohe Risiko einer Anlage diese getätigt hat, Warnungen von dritter Seite nicht beachtet wurden oder der Anleger unrichtige, unvollständige oder missverständliche Angaben im Rahmen des § 31 Abs. 4 WpHG gemacht hat.[188] Der Vorwurf des Mitverschuldens soll nach Treu und Glauben dann nicht möglich sein, wenn es sich um einen unerfahrenen Anleger handelt.[189]

117

Mit Urteil vom 5.5.2011 (III ZR 84/10) hat der BGH auf seine bisherige Rechtsprechung Bezug genommen und entschieden, dass es Sache des Anlegers sei, nach der genauen Höhe der dem freien Anlageberater zukommenden Provision zu fragen: „Für den Anleger besteht regelmäßig kein schützenswertes Vertrauen darauf, dass der freie, von ihm selbst nicht vergütete Anlageberater keine Leistungen des Kapitalsuchenden erhält; vielmehr sind dem Anleger sowohl die Provisionsvergütung des Beraters durch den Kapitalsuchenden als auch der damit (möglicherweise) verbundene Interessenkonflikt bewusst. Soweit es um die genaue Höhe der gerade dem Anlageberater zukommenden Provision geht, ist es bei gebotener Abwägung der gegenüberstehenden Interessen der Vertragsparteien Sache des Anlegers – dem das generelle Provisionsinteresse des Beraters bekannt ist –, dieshalb bei dem Anlageberater nachzufragen." Dass ein Anleger nicht verpflichtet ist, den Prospekt zu lesen, und das Beratungsgespräch nicht anhand des Prospekts auf Fehler zu überprüfen hat, wurde vom BGH erneut mit Urteil vom 22.9.2011 (III ZR 186/10) bestätigt: „Wie der Senat inzwischen mehrfach entschieden hat, genügt der Umstand, dass der Anlageinteressent den ihm überlassenen Emissionsprospekt nicht durchgelesen hat, für sich allein genommen nicht, um den Vorwurf einer grob fahrlässigen Unkenntnis von bei einer Prospektlektüre ersichtlichen Auskunfts- oder Beratungsfehlern des Anlagevermittlers oder -beraters zu begründen. Der Anleger, der bei seiner Entscheidung die besonderen Erfahrungen und Kenntnisse eines Beraters oder Vermittlers in Anspruch nimmt, misst den Ratschlägen, Auskünften und Mitteilungen, die von diesen Personen in einem persönlichen Gespräch unterbreitet werden, besonderes Gewicht bei."[190]

Im Bereich der **Vermögensverwaltung** kann ein Mitverschulden des Anlegers gem. § 254 BGB insbesondere dann in Betracht kommen, wenn der Anleger laufend Abrechnungen erhält, dh eine laufende Information über den Fortgang der Vermögensverwaltung erfolgt, er aber dennoch nichts unternimmt. In diesem Fall ist davon auszugehen, dass der Anleger Kenntnis von möglichen Pflichtverstößen erlangen konnte. Die Anforderungen dürfen jedoch nicht derart überspannt werden, dass eine laufende Überwachung des Vermögensverwalters durch den Anleger gefordert wird. Schließlich hat er sein Vermögen gerade dem Verwalter anvertraut, damit sich dieser um das Vermögen kümmert und es interessengerecht investiert und verwaltet. Ein Mitverschulden kann daher nur angenommen werden, wenn offensichtliche Pflichtverstöße des Verwalters vorliegen, der Anleger diese erkennt und dennoch nichts unternimmt.[191] Der BGH hat in seinem Urteil vom 28.10.1997[192] – XI ZR 260/96 – entschieden, dass den Kunden bei einem Vermögensverwaltungsvertrag gegenüber dem Vermögensverwalter nicht die Pflicht trifft, Abrechnungen und Ausführungsanzeigen von Wertpapiergeschäften zeitnah zu kontrollieren.

118

---

185 Vgl OLG Düsseldorf WM 1991, 94, 96.
186 Vgl auch Vortmann/*Schade*, § 7 Rn 190 f.
187 Vgl *von Heymann/Edelmann*, in: Assmann/Schütze, § 4 Rn 119; vgl auch *Lang*, § 18 Rn 19.
188 Vgl zu § 31 Abs. 2 WpHG aF *von Heymann/Edelmann*, in: Assmann/Schütze, § 4 Rn 121; *Ellenberger*, WM Sonderbeilage Nr. 1/2001, 1, 10; zu Nichtbeachtung von Warnungen Dritter vgl OLG Braunschweig ZIP 1996, 1242, 1244; vgl auch *Lang*, § 18 Rn 20.
189 Vgl OLG Koblenz WM 1996, 1089, 1090.
190 Ablehnend: OLG Koblenz, Urt. v. 22.9.2011 – 8 U 1241/10; LG Regensburg, Urt. v. 14.6.2012 – 3 O 2556/11.
191 Vgl *Schäfer*, in: Assmann/Schütze, § 23 Rn 55, vgl auch Vortmann/*Schade*, § 7 Rn 209; vgl auch *Lang*, § 25 Rn 15.
192 BGH WM 1998, 21.

L. Verjährung

119 Im Rahmen der Verjährung ist danach zu unterscheiden, ob es sich um (quasi)vertragliche oder deliktische Ansprüche handelt.

120 **I. Vertragliche und quasivertragliche Ansprüche.** Die Verjährung richtet sich grundsätzlich nach den allgemeinen Regeln. Die Verjährungsfrist beträgt gem. § 195 BGB drei Jahre. Sie beginnt nach § 199 Abs. 1 BGB mit dem Schluss des Jahres, in dem der Anspruch entstanden ist und der Gläubiger von den Anspruch begründenden Umständen und der Person des Schuldners Kenntnis erlangt oder ohne grobe Fahrlässigkeit erlangen müsste. Bis zum Inkrafttreten des Gesetzes zur Modernisierung des Schuldrechts[193] am 1.1.2002 verjährten (quasi)vertragliche Ansprüche gem. § 195 BGB aF in 30 Jahren.[194]

121 Durch das Dritte Finanzmarktförderungsgesetz[195] wurde § 37a WpHG eingeführt, wonach Ansprüche auf Schadensersatz wegen Verletzung der Pflicht zur Information und wegen fehlerhafter Beratung im Zusammenhang mit einer Wertpapierdienstleistung (s. Rn 5) oder Wertpapiernebendienstleistung (s. Rn 6) gegen Wertpapierdienstleistungsunternehmen (s. Rn 7) in drei Jahren seit Anspruchsentstehung verjähren. Beginn der Verjährungsfrist ist der Zeitpunkt der Anspruchsentstehung. Bei Schadensersatzansprüchen ist der Zeitpunkt der Anspruchsentstehung der Zeitpunkt, zu dem alle Tatbestandsmerkmale erfüllt sind, insbesondere ein Schaden eingetreten ist.[196] Allerdings entsteht der Schaden in Fällen von Aufklärungspflichtverletzung über risikoreiche Wertpapiere immer schon mit Erwerb, nicht erst wenn sich das Risiko realisiert, über das nicht aufgeklärt wurde.[197]

123 Im Rahmen des Gesetzes zur Neuregelung der Rechtsverhältnisse bei Schuldverschreibungen aus Gesamtemissionen und zur verbesserten Durchsetzbarkeit von Ansprüchen von Anlegern aus Falschberatung vom 31.7.2009 – Schuldverschreibungsgesetz –,[198] das am 5.8.2009 in Kraft getreten ist, wurde die Sonderverjährungsvorschrift des § 37a WpHG aufgehoben. Es gilt nun die regelmäßige Verjährungsfrist der §§ 195, 199 BGB. Nach der Übergangsregelung des § 43 WpHG ist § 37a WpHG in der bis zum 4.8.2009 geltenden Fassung auf Ansprüche anzuwenden, die in der Zeit vom 1.4.1998 bis zum Ablauf des 4.8.2009 entstanden sind. Somit war ggf § 37a WpHG noch bis zum 4.8.2012 von Bedeutung.

124 **II. Deliktische Ansprüche.** Werden Schadensersatzansprüche im Zusammenhang mit fehlerhafter Anlageberatung bzw -vermittlung auf deliktische Ansprüche gestützt, so ist für die Verjährung danach zu unterscheiden, ob eine fahrlässige oder eine vorsätzliche Pflichtverletzung vorliegt.[199]

125 **1. Fahrlässige Pflichtverletzung.** Der BGH hat ausgeurteilt, dass die Verjährungsvorschrift des § 37a WpHG (aF, vgl Rn 123) auch für deliktische Ansprüche gelte, die auf einer fahrlässig begangenen Informationsverletzung beruhen. Für Ansprüche aus vorsätzlich falscher Anlageberatung verbleibe es bei der deliktischen Regelverjährung.[200] Für Ansprüche, die nach dem 5.8.2009 entstanden sind, verbleibt es wegen der Aufhebung des § 37a WpHG ebenfalls bei der Regelverjährung.

126 **2. Vorsätzliche Pflichtverletzung.** Für vorsätzlich fehlerhafte Anlageberatung gilt Folgendes: Deliktische Ansprüche verjährten nach der bis zum 31.12.2001 geltenden Fassung des BGB gem. § 852 Abs. 1 BGB aF in drei Jahren ab Kenntnis des Schadens und des Schädigers. Kenntnis auf Seiten des geschädigten Anlegers ist dann anzunehmen, wenn er die Umstände kennt, die ihn in die Lage versetzen, eine auf eine deliktische Anspruchsgrundlage gestützte Schadensersatzklage zu erheben.[201]

127 Durch das Gesetz zur Modernisierung des Schuldrechts,[202] das am 1.1.2002 in Kraft getreten ist, wurde § 852 BGB geändert. Die Verjährung deliktischer Ansprüche richtet sich seit dem 1.1.2002 nach den §§ 195, 199 BGB nF. Danach beträgt die Verjährung ebenfalls drei Jahre. Diese Frist beginnt gem. § 199 Abs. 1 BGB nF mit dem Schluss des Jahres, in dem der Anspruch entstanden ist, und der Gläubiger von den den Anspruch begründenden Umständen und der Person des Schuldners Kenntnis erlangt oder ohne grobe Fahrlässigkeit erlangen müsste.

128 Art. 229 § 6 Abs. 1 S. 1 und 2 EGBGB regelt die Frage des zeitlichen Anwendungsbereichs. Danach finden die Vorschriften des BGB über die Verjährung in der seit dem 1.1.2002 geltenden Fassung auf die an diesem Tag bestehenden und nicht verjährten Ansprüche Anwendung. Der Beginn der Verjährung bestimmt sich jedoch für den Zeitraum vor dem 1.1.2002 nach dem BGB in der bis zu diesem Tag geltenden Fassung.

---

193 BGBl. I S. 42.
194 Vgl auch *Lang*, § 20 Rn 1.
195 Gesetz zur weiteren Entwicklung des Finanzplatzes Deutschland v. 24.3.1998, BGBl. I 1998 S. 529, 538.
196 Zu den Einzelheiten vgl *Koller*, in: Assmann/Schneider, § 37a Rn 7 ff; vgl auch *Ellenberger*, WM Sonderbeilage Nr. 1/2001, 1, 15; vgl auch *Lang*, § 20 Rn 5 ff.
197 Vgl *Koller*, in: Assmann/Schneider, § 37a Rn 7.
198 BGBl. I 2009 S. 2512 ff.
199 Vgl BGH v. 8.3.2005 – XI ZR 170/04, im Internet unter <www.bundesgerichtshof.de>, „Entscheidungen"; vgl auch *Kuschka*, BB 2005, 1299 f.
200 Vgl BGH v. 8.3.2005 – XI ZR 170/04, im Internet unter <www.bundesgerichtshof.de>, "Entscheidungen".
201 Vgl *Ellenberger*, WM Sonderbeilage Nr. 1/2001, 1, 16.
202 BGBl. I 2001 S. 3138.

M. Beweislast

I. Vertragliche und quasivertragliche Ansprüche. Im Bereich der Haftung aufgrund vertraglicher und quasi- 129
vertraglicher Ansprüche gilt eine Beweislastverteilung nach Gefahrenbereichen, dh der Gläubiger (hier der
Anleger) muss beweisen, dass eine Pflicht verletzt[203] wurde. Der Schuldner muss dann beweisen, dass er die
Pflichtverletzung nicht zu vertreten hat.[204] Das LG Berlin, Urt v. 1.12.2003 – 10 O 448/03, bestätigt durch
das KG Berlin, Urt v. 20.8.2004 – 25 U 1/04, hat – in Einklang mit den allgemein geltenden Grundsätzen –
entschieden, dass zwar grundsätzlich der Anleger für die Tatsache der Verletzung von Beratungspflichten
darlegungs- und beweisbelastet sei; doch hier habe wie auch sonst der Gegner nach Treu und Glauben die
Pflicht zu einem substantiierten Bestreiten, weil eine Tatsache eines Nichtgeschehens der Darlegungspflichtige nur dann substantiiert vortragen könne.[205] Da der eingetretene Schaden im Bereich des Anlegers liegt,
muss er diesen darlegen und beweisen. Zum Schaden gehört auch möglicher entgangener Gewinn gem.
§ 252 BGB. Einer pauschalen Annahme eines Zinsschadens in Höhe des gesetzlichen Zinssatzes nach § 246
BGB von 4% hat der BGH in aktuellen Entscheidungen eine Absage erteilt. Unter Bezugnahme auf Statistiken der Deutschen Bundesbank billigt der BGH lediglich Prozentsätze von 2 bis 3% p.a.[206]
Der Geschädigte muss die Umstände dartun und beweisen, aus denen sich mit Wahrscheinlichkeit ergibt,
dass er einen solchen Gewinn erzielt hätte.[207] Ferner trifft den geschädigten Anleger im Grundsatz auch die
Beweislast für die haftungsbegründende Kausalität.[208] Von diesem Grundsatz besteht jedoch für den Bereich fehlerhafter Aufklärung und Beratung eine Ausnahme (s. Rn 131).

Werden diese allgemeinen Grundsätze auf eine fehlerhafte Aufklärung und Beratung – sei es nun im Rah- 130
men von Anlageberatung/-vermittlung, Vermögensverwaltung, EOB oder Börsentermin-/Finanztermingeschäft – übertragen, so muss der **geschädigte Anleger** beweisen, dass eine Pflicht bestand und verletzt wurde.[209] Ferner, da es sich um einen Umstand aus der Sphäre des Anlegers handelt, dass ein Schaden eingetreten ist. Im Zusammenhang mit der fehlenden Aufklärung über Kick-back-Zahlungen hat der BGH in seinem Urteil vom 12.5.2009, Az XI ZR 586/07,[210] hingegen dem Wertpapierdienstleistungsunternehmen die
Darlegungs- und Beweislast dafür auferlegt, dass es nicht vorsätzlich gehandelt hat.

Das **Wertpapierdienstleistungsunternehmen** trifft die Beweislast für die fehlende Kausalität der fehlerhaften 131
Aufklärung und Beratung für die Anlageentscheidung, dh dafür, dass der Anleger also auch bei zutreffender Aufklärung und Beratung die Anlage erworben hätte.[211] Denn wer eine vertragliche oder eine vorvertragliche Aufklärungs- oder Beratungspflicht verletzt, ist beweispflichtig dafür, dass der Schaden auch bei
pflichtgemäßem Verhalten eingetreten wäre. Es besteht die Vermutung, dass sich der Geschädigte „aufklärungsrichtig" verhalten hätte.[212] Es handelt sich hierbei nicht um eine Umkehr der Beweislast. Sondern um
einen Anwendungsfall des Anscheinsbeweises.[213] Hat der Gläubiger – der geschädigte Anleger – den Nachweis der Pflichtverletzung erbracht, so muss der Schuldner beweisen, dass er diese nicht zu vertreten hat.
Gleiches gilt auch für ein Verschulden des Erfüllungsgehilfen.[214] Der BGH hat mit Beschluss vom 9.3.2011
(XI ZR 191/10) entschieden, dass, soweit in Bezug auf Rückvergütungen eine Aufklärungspflichtverletzung
feststeht, für den Anleger die Vermutung aufklärungsrichtigen Verhaltens streitet: „Der Aufklärungspflichtige muss beweisen, dass der Anleger die Kapitalanlage auch bei ordnungsgemäßer Aufklärung erworben
hätte, weil er den richtigen Rat oder Hinweis nicht befolgt hätte." Im Weiteren nimmt der BGH auf die
Vermutung aufklärungspflichtigen Verhaltens Bezug.[215] Zu einer Beweislastumkehr bzw zur Annahme eines Anscheinsbeweises s. „Haftung im Zusammenhang mit Ad-hoc-Mitteilungen" Rn 92 ff.

II. Deliktische Ansprüche. Im Rahmen der deliktischen Ansprüche muss nach hM der Anleger als Geschä- 132
digter den objektiven und subjektiven Tatbestand, sprich die schädigende Handlung, Verschulden, Schaden
sowie haftungsbegründende und haftungsausfüllende Kausalität beweisen.[216] Bei § 823 Abs. 2 BGB iVm
einer Schutzgesetzverletzung muss der Geschädigte grundsätzlich den Verstoß gegen das Schutzgesetz, den
ursächlichen Zusammenhang zwischen Verstoß und Schaden und grundsätzlich das Verschulden des Schä-

---

203 Zur Beweislastverteilung bei der Verletzung von Aufklärungspflichten vgl *Grunewald*, ZIP 1994, 1162 ff.
204 Vgl Palandt/*Grüneberg*, § 280 BGB Rn 35, 40.
205 LG Berlin VuR 2004, 186 ff; KG Berlin BKR 2005, 362.
206 BGH, Urt. v. 24.4.2012 – XI ZR 360/11; Urt. v. 8.5.2012 – XI ZR 262/10.
207 Vgl BGH ZIP 2002, 1586, 1588 = BKR 2002, 538, 540.
208 Vgl Palandt/*Grüneberg*, § 280 BGB Rn 38; *Häuser/Welter*, in: Assmann/Schütze, § 16, Rn 260.
209 Vgl BGH WM 1994, 1076, 1077; Palandt/*Grüneberg*, § 280 BGB Rn 35; *Ellenberger*, WM Sonderbeilage Nr. 1/2001, 1, 16.
210 BGH NJW 2009, 2298 ff = WM 2009, 1274 = ZIP 2009, 1264 oder unter <www.bundesgerichtshof.de>, „Entscheidungen".
211 Vgl BGH WM 1997, 811, 813; ferner: *Ellenberger*, WM Sonderbeilage Nr. 1/2001, 1, 9, 16; vgl *von Heymann/Edelmann*, in: Assmann/Schütze, § 4 Rn 112; für die Vermögensverwaltung vgl *Schäfer*, in: Assmann/Schütze, § 23 Rn 59; sowie *Schäfer*, WM 1995, 1009, 1013.
212 Vgl Palandt/*Grüneberg*, § 280 BGB Rn 39; *Ellenberger*, WM Sonderbeilage Nr. 1/2001, 1, 9; vgl *von Heymann/Edelmann*, in: Assmann/Schütze, § 4 Rn 112; vgl auch *Lang*, § 19 Rn 4 ff.
213 Vgl Palandt/*Grüneberg*, § 280 BGB Rn 39.
214 Vgl Palandt/*Grüneberg*, § 280 BGB Rn 40.
215 BGH, Beschl. v. 19.7.2011 – XI ZR 191/10; Beschl. v. 24.8.2011 – XI ZR 191/10.
216 Vgl Palandt/*Grüneberg*, vor § 249 BGB Rn 128; Palandt/*Sprau*, § 823 BGB Rn 80.

digers beweisen.[217] Da insbesondere der Nachweis des subjektiven Tatbestands in der Praxis erhebliche Schwierigkeiten bereitet und da es sich um eine innere Tatsache auf Seiten des Schädigers handelt, sind derartige Ansprüche kaum durchsetzbar.

Teil 2 Haftung im Zusammenhang mit Ad-hoc-Mitteilungen

Literatur:
Assmann/Schneider, Wertpapierhandelsgesetz, 6. Auflage 2012; *Assmann/Schütze,* Handbuch des Kapitalanlagerechts, 3. Auflage 2007; *Cahn/Götz,* Ad-hoc-Publizität und Regelberichterstattung, AG 2007, 221; *Findeisen/Backhaus,* Umfang und Anforderungen an die haftungsbegründende Kausalität bei der Haftung nach § 826 BGB für fehlerhafte Ad-hoc-Mitteilungen, WM 2007, 100; *Geßler/Hefermehl/Eckardt/Kropff,* Aktiengesetz, Kommentar, Band VI §§ 291–410, 1994 (zitiert: Geßler/Hefermehl/*Bearbeiter*); *Gunßer,* Ad-hoc-Veröffentlichungspflicht bei zukunftsbezogenen Sachverhalten; *Hüffer,* Aktiengesetz, Kommentar, 10. Auflage 2012; *Hutter/Kaulamo,* Das Transparenzrichtlinie-Umsetzungsgesetz: Änderungen der anlassabhängigen Publizität, NJW 2007, 471; *Hutter/Störwald,* Em.TV und die Haftung für fehlerhafte Ad-hoc-Mitteilungen, NJW 2005, 2428; *Körner,* Infomatec und die Haftung von Vorstandsmitgliedern für falsche Ad-hoc-Mitteilungen, NJW 2004, 3386; *Kort,* Die Haftung von Vorstandsmitgliedern für falsche Ad-hoc-Mitteilungen, AG 2005, 21 ff; *Möllers,* Das Verhältnis der Haftung wegen sittenwidriger Schädigung zum gesellschaftsrechtlichen Kapitalerhaltungsgrundsatz, BB 2005, 1637; *ders.,* Konkrete Kausalität, Preiskausalität und uferlose Haftungsausdehnung – ComROAD I–VIII, NZG 2008, 413; *Leuschner,* Zum Kausalitätserfordernis des § 826 BGB bei unrichtigen Ad-hoc-Mitteilungen, ZIP 2008, 1050; *Parmentier,* Ad-hoc-Publizität bei Börsengang und Aktienplatzierung, NZG 2007, 407; *Schönke/Schröder,* Strafgesetzbuch, 28. Auflage 2010; *Unzicker,* Haftung für fehlerhafte Kapitalmarktinformationen, WM 2007, 1596; *Zöller,* Zivilprozessordnung, 29. Auflage 2012.

Gesetzgebungsmaterialien: Gesetzesentwurf der Bundesregierung zum 4. Finanzmarktförderungsgesetz, BT-Drucks. 14/8017; Beschlussempfehlung des Finanzausschusses zum Gesetzesentwurf der Bundesregierung zum 4. Finanzmarktförderungsgesetz, BT-Drucks. 14/8600; Bericht des Finanzausschusses zum Gesetzesentwurf der Bundesregierung zum 4. Finanzmarktförderungsgesetz, BT-Drucks. 14/8601; Gesetzesentwurf der Bundesregierung zum Anlegerschutzverbesserungsgesetz, BT-Drucks. 15/3174; Gesetzesentwurf der Bundesregierung zur Einführung von Kapitalanleger-Musterverfahren, BT-Drucks. 15/5091.

A. Allgemeines	1
I. Begriff der Ad-hoc-Mitteilung	5
II. Adressat von Ad-hoc-Mitteilungen	10
B. Mögliche Anspruchsgrundlagen	16
I. Vorbemerkung	16
II. Schadensersatz nach den Anspruchsgrundlagen des WpHG	19
1. Schadensersatz wegen unterlassener unverzüglicher Veröffentlichung von Insiderinformationen (§ 37 b WpHG)	19
a) Anspruchsvoraussetzungen (§ 37 b Abs. 1 WpHG)	20
b) Anspruchsberechtigte (§ 37 b Abs. 1 WpHG)	22
c) Anspruchsgegner (§ 37 b Abs. 1 WpHG)	25
d) Anspruchsinhalt (§ 37 b Abs. 1 WpHG)	26
e) Haftungsbeschränkung (§ 37 b Abs. 2 WpHG)	30
f) Haftungsausschluss (§ 37 b Abs. 3 WpHG)	33
g) Verjährung (§ 37 b Abs. 4 WpHG)	34
h) Sonstige Ansprüche (§ 37 b Abs. 5 WpHG)	35
i) Unwirksame Haftungsbeschränkung (§ 37 b Abs. 6 WpHG)	36
2. Schadensersatz wegen Veröffentlichung unwahrer Insiderinformationen (§ 37 c WpHG)	37
a) Anspruchsvoraussetzungen (§ 37 c Abs. 1 WpHG)	38
b) Anspruchsberechtigte (§ 37 c Abs. 1 WpHG)	40
c) Sonstige Regelungen	42
3. Beweislast	43
4. Gerichtsstand	44
5. Übergangsrecht	45
III. Weitere Anspruchsgrundlagen	46
1. Sittenwidrige Schädigung (§ 826 BGB)	47
2. Schutzgesetzverletzung (§ 823 Abs. 2 BGB iVm Schutzgesetzen)	51
a) Kapitalanlagebetrug (§ 264 a Abs. 1 Nr. 1 StGB)	52
aa) Schutzgesetzqualität	53
bb) Tatbestandsvoraussetzungen	54
b) Unrichtige Darstellung (§ 400 Abs. 1 Nr. 1 AktG)	59
aa) Schutzgesetzqualität	60
bb) Tatbestandsvoraussetzungen	61
3. Subjektive Voraussetzungen	65
4. Haftung nach Prospekthaftungsgrundsätzen	69
a) Begriff der Prospekthaftung	69
b) Anwendbarkeit auf Ad-hoc-Mitteilungen	71
c) Begriff des Prospekts	72
5. Kausalität	78
6. Anspruchsgegner	84
a) Emittent	85
b) Vorstand	88
c) Aufsichtsrat	89
7. Anspruchsinhalt	91
8. Beweislast	92
a) Grundsatz	92
b) Beweiserleichterungen	94
aa) Beweislastumkehr	95
(1) Subjektiver Tatbestand und Verschulden	95
(2) Kausalität	99
bb) Anscheinsbeweis	102
cc) Positive Anlagestimmung	104
9. Verjährung	113

---

217 Vgl Palandt/*Sprau,* § 823 BGB Rn 81.

a) Maßgebliche Verjährungsregeln 113	11. Gerichtsstand 125
b) Übergangsvorschrift 115	C. Prozessuales Vorgehen 126
c) Maßgeblicher Zeitpunkt der Kenntnis bzw grob fahrlässigen Unkenntnis 118	I. Rechtsschutzversicherung 126
	II. Einzelklage oder „Sammelklage" 134
10. Klageanträge 122	III. Kapitalanleger-Musterverfahrensgesetz ... 136

A. Allgemeines

In den letzten Jahren haben sich die Fälle der Veröffentlichung (vermeintlich) falscher Ad-hoc-Mitteilungen gehäuft. Nicht selten befinden sich (ehemalige) Vorstände in Haft oder wurden zu Geldstrafen verurteilt, da in den jeweiligen Strafverfahren festgestellt wurde, dass die Verantwortlichen in irgendeiner Form – sei es in Bilanzen, Pressemitteilungen, Prospekten und Berichten der Gesellschaft sowie Ad-hoc-Mitteilungen – falsche Zahlen veröffentlicht haben. Dennoch verharren einige der rechtskräftig Verurteilten hartnäckig auf dem Standpunkt, davon ausgegangen zu sein, die Veröffentlichungen entsprächen der Wirklichkeit. 1

Seit der Erstauflage hat sich die Situation aus Sicht der geschädigten Kleinanleger aufgrund der Rechtsprechung des BGH erheblich verbessert. So hat der BGH in drei Urteilen („Infomatec") jeweils vom 19.7.2004 – II ZR 217/03,[1] II ZR 218/03,[2] II ZR 402/02[3] – im Grundsatz die persönliche Haftung der (ehemaligen) Vorstandsmitglieder einer Aktiengesellschaft für fehlerhafte Ad-hoc-Mitteilungen nach § 826 BGB anerkannt. Diese Rechtsprechung wurde bestätigt im Urteil des BGH vom 9.5.2005 („EM.TV") – II ZR 287/02.[4] Überdies wurde in dem letztgenannten Urteil entschieden, dass neben § 826 BGB auch eine Haftung nach § 823 Abs. 2 BGB iVm § 400 Abs. 1 Nr. 1 AktG in Betracht kommt (ausführlicher Rn 56 ff) und dass eine gesamtschuldnerische Haftung auf Naturalrestitution auch die Aktiengesellschaft trifft (vgl auch Rn 84 ff).[5] Die Informationsdelikthaftung der AG nach § 826 BGB wurde vom BGH in den Comroad-Entscheidungen bestätigt.[6] 2

Da es bis zum Inkrafttreten des 4. Finanzmarktförderungsgesetzes am 1.7.2002 an einer eindeutigen Anspruchsgrundlage fehlte, konnten für Vorgänge, die sich bis zum 30.6.2002 ereignet haben, Schadensersatzansprüche im Bereich der Ad-hoc-Mitteilungen im Wesentlichen nur mit deliktischen Ansprüchen begründet werden. Bevor der BGH durch seine Rechtsprechung vom 19.7.2004 (s. Rn 2) endlich Klarheit geschaffen hat, nämlich dass eine Haftung für fehlerhafte Ad-hoc-Mitteilungen besteht, waren die unterinstanzlichen Gerichte eher verhalten, einem geschädigten Kleinanleger Schadensersatz zuzusprechen. Als positive Ausnahmen aus Anlegersicht sind hier Urteile des Landgerichts Augsburg vom 24.9.2001 („Infomatec") – 3 O 4995/00[7] – sowie des Landgerichts Frankfurt am Main vom 28.4.2003 („Comroad") – 3–7 O 47/02[8] – zu nennen. Seit der BGH in diesem Bereich ein „Machtwort" gesprochen hat, wurde durch die Landgerichte[9] und die Oberlandesgerichte[10] Anlegern in Abkehr von der bisher eher anlegerfeindlichen Rechtsprechung Schadensersatz zugesprochen, sofern die Voraussetzungen des § 826 BGB vorlagen. Angesichts der dafür geltenden Beweislastverteilungsgrundsätze, wonach der Geschädigte als Anspruchsteller für das Vorliegen sämtlicher Tatbestandsvoraussetzungen – insbesondere der Kausalität zwischen Ad-hoc-Mitteilung und Kaufentschluss – beweispflichtig ist, scheitern Klagen nach wie vor. Eine beliebte Praxis mancher Gerichte ist es, die Anforderungen an den Sachvortrag insbesondere zu den Kaufgründen zu überspannen, um die Klageabweisung dann mit der fehlenden Substantiierung zu begründen. Der BGH hat leider keine Stellung dazu genommen, welcher Vortrag dem Substantiierungserfordernis genügt. 3

Angesichts der großen praktischen Bedeutung beschränkt sich dieses Kapitel auf die Frage, wie eine zivilrechtliche Haftung der Gesellschaft, der Vorstände sowie ggf der Aufsichtsräte im Zusammenhang mit der Veröffentlichung von Ad-hoc-Mitteilungen (zum Begriff s. Rn 5 ff) gegenüber den Aktionären begründet werden kann. 4

---

1 BGH NJW 2004, 2668 = NZG 2004, 811 = WM 2004, 1726 = ZIP 2004, 1604 oder im Internet unter <www.bundesgerichtshof.de>, „Entscheidungen".
2 BGH AG 2004, 543 = BB 2004, 1812 = DB 2004, 1928 = NJW 2004, 2664 = WM 2004, 1731 = ZIP 2004, 1599 oder im Internet unter <www.bundesgerichtshof.de>, „Entscheidungen".
3 BGH AG 2004, 546 = BB 2004, 1816 = DB 2004, 1931 = NJW 2004, 2971 = NZG 2004, 907 = WM 2004, 1721 = ZIP 2004, 1593 oder im Internet unter <www.bundesgerichtshof.de>, „Entscheidungen".
4 BGH AG 2005, 609 = BB 2005, 1644 = DB 2005, 1845 = NJW 2005, 2450 = WM 2005, 1358 = ZIP 2005, 1270 oder oder im Internet unter <www.bundesgerichtshof.de>, „Entscheidungen".
5 BGH AG 2005, 609 = BB 2005, 1644 = DB 2005, 1845 = NJW 2005, 2450 = WM 2005, 1358 = ZIP 2005, 1270.
6 BGH ZIP 2007, 681; BGH ZIP 2007, 679; BGH ZIP 2007, 326; BGH ZIP 1560 (Comroad IV); BGH ZIP 2008, 407 (Comroad VI); BGH ZIP 2008, 410 (Comroad VII).
7 LG Augsburg WM 2001, 1944 ff = BB 2001, 2130 ff = ZIP 2001, 1881.
8 LG Frankfurt aM AG NJW-RR 2003, 1049 = AG 2003, 461.
9 So etwa LG München AG 2005, 409 = ZIP 2005, 1144 = NZG 2005, 523; vgl auch NJW-Spezial 2005, 319 f.
10 So etwa OLG München ZIP 2005, 298 und 1141; OLG München NZG 2005, 518; vgl auch NJW-Spezial 2005, 319; OLG Frankfurt aM AG 2005, 401.

I. Begriff der Ad-hoc-Mitteilung.

5 **I. Begriff der Ad-hoc-Mitteilung.** Der Begriff der Ad-hoc-Mitteilung bzw der Ad-hoc-Meldung wird in § 15 Abs. 1 S. 1 WpHG beschrieben. § 15 WpHG hat im Rahmen des 2. Finanzmarktförderungsgesetzes[11] den bislang geltenden § 44 a BörsG ersetzt.[12] § 15 WpHG wurde durch das Anlegerschutzverbesserungsgesetz (AnSVG) vom 28.10.2004[13] neugefasst und in seinem Wortlaut grundlegend geändert. Mit dem am 30.10.2004 in Kraft getretenen AnSVG wurde die sog. EU-Marktmissbrauchslinie[14] umgesetzt.[15] Weitere Änderungen des § 15 WpHG erfolgten durch das TUG vom 5.1.2007,[16] die jedoch vor allem die Veröffentlichung der Ad-hoc-Mitteilung betreffen.[17] Angesichts der Neufassung des § 15 WpHG ist zu differenzieren zwischen § 15 WpHG aF, dh in seiner vor Inkrafttreten des AnSVG geltenden Fassung und § 15 WpHG nF, dh in seiner nach Inkrafttreten des AnSVG geltenden Fassung. Ad-hoc-Mitteilungen finden sich im Internet entweder auf der Homepage der Gesellschaft, über die DGAP Deutsche Gesellschaft für Ad-hoc-Publizität mbH[18] oder über die Frankfurter Wertpapierbörse[19] oder sonstige Online-Finanzdienste.[20]

6 Nach § 15 Abs. 1 S. 1 WpHG in seiner auf das AnSVG zurückgehenden Fassung[21] muss der Emittent von Finanzinstrumenten, die zum Handel an einem inländischen organisierten Markt zugelassen sind oder für die er eine solche Zulassung beantragt hat, Insiderinformationen, die ihn unmittelbar betreffen, unverzüglich veröffentlichen. Durch das TUG[22] wird der Adressatenkreis nun mit „Inlandsemittenten" umschrieben. Die Änderungen in § 15 Abs. 1 WpHG sind die Konsequenz der Anpassung der §§ 13 ff WpHG aF an den einheitlichen Begriff der Insiderinformation. Mit der Regelung des jetzigen § 15 Abs. 1 S. 1 WpHG soll bestmögliche Markttransparenz gewährleistet, Insiderhandel weitgehend eingeschränkt und die Integrität der Finanzmärkte gefördert werden. Die Marktteilnehmer sollen frühzeitig über marktrelevante Informationen verfügen, um sachgerechte Anlageentscheidungen treffen zu können. Weiter soll durch die schnellstmögliche und angemessene öffentliche Bekanntgabe von Insiderinformationen der Kreis der potenziellen Insider möglichst gering gehalten und der Zeitraum, in dem Insiderwissen missbräuchlich ausgenutzt werden kann, möglichst verkürzt werden.[23]

7 Der Begriff der **Finanzinstrumente** ist in § 2 Abs. 2 b S. 1 WpHG legaldefiniert. Danach sind Finanzinstrumente iSd Gesetzes Wertpapiere iSd des Abs. 1, Geldmarktinstrumente iSd Abs. 1 a, Derivate iSd Abs. 2 und Rechte auf Zeichnung von Wertpapieren.

8 Der Begriff der **Insiderinformation** ist in § 13 WpHG legaldefiniert. Nach § 13 Abs. 1 S. 1 WpHG ist eine Insiderinformation eine konkrete Information über nicht öffentlich bekannte Umstände, die sich auf einen oder mehrere Emittenten von Insiderpapieren oder auf die Insiderpapiere selbst beziehen und geeignet sind, im Falle ihres öffentlichen Bekanntwerdens den Börsen- oder Marktpreis der Insiderpapiere erheblich zu beeinflussen. Der Begriff der **Insiderpapiere** ist in § 12 S. 1 WpHG legaldefiniert. Danach sind Insiderpapiere Finanzinstrumente, die an einer inländischen Börse zum Handel zugelassen oder in den geregelten Markt oder den Freiverkehr einbezogen sind (Nr. 1), die in einem anderen Mitgliedstaat der Europäischen Union oder einem anderen Vertragsstaat des Abkommens über den Europäischen Wirtschaftsraum zum Handel an einem organisierten Markt zugelassen sind (Nr. 2) oder deren Preis unmittelbar oder mittelbar von Finanzinstrumenten nach Nr. 1 oder Nr. 2 abhängt (Nr. 3). Nach § 13 Abs. 1 S. 2 WpHG ist eine solche Eignung iSd § 13 Abs. 1 S. 1 WpHG gegeben, wenn ein verständiger Anleger die Information bei seiner Anlageentscheidung berücksichtigen würde. Als Umstände im Sinne des Satzes 1 gelten auch solche, bei denen mit hinreichender Wahrscheinlichkeit davon ausgegangen werden kann, dass sie in Zukunft eintreten werden, vgl § 13 Abs. 1 S. 3 WpHG. Hierzu hat der BGH in der causa DaimlerChrysler/Schrempp-Rücktritt festgestellt, dass eine hinreichende Wahrscheinlichkeit gegeben ist, wenn eine „überwiegende" Wahrscheinlichkeit – das heißt eine Eintrittswahrscheinlichkeit von über 50 % – besteht.[24] Nach § 13 Abs. 2 WpHG ist eine Bewertung, die ausschließlich aufgrund öffentlich bekannter Umstände erstellt wird, **keine Insiderinformation**, selbst wenn sie den Kurs von Insiderpapieren erheblich beeinflussen kann.

9 Die Insiderinformation muss **den Emittenten unmittelbar betreffen**. Die Unmittelbarkeit grenzt damit die vom Emittenten zu veröffentlichenden Insiderinformationen ein. Nach § 15 Abs. 1 S. 3 WpHG betrifft eine Insiderinformation den Emittenten insbesondere dann unmittelbar, wenn sie sich auf eine Tatsache bezieht, die in seinem Tätigkeitsbereich eingetreten ist. Durch das Wort „insbesondere" wird verdeutlicht, dass

---

[11] Gesetz über den Wertpapierhandel und zur Änderung börsenrechtlicher und wertpapierrechtlicher Vorschriften v. 26.7.1994, BGBl. I S. 1749.
[12] Vgl *Baumbach/Hopt*, 30. Aufl, § 44 a BörsG Rn 1; vgl auch *Assmann*, in: Assmann/Schneider, § 15 Rn 1, 20.
[13] BGBl. I 2004 S. 2630.
[14] Richtlinie 2003/6/EG des Europäischen Parlaments und des Rates über Insider-Geschäfte und Marktmanipulation (Marktmissbrauch).
[15] Vgl BT-Drucks. 15/3174, S. 1.
[16] Transparenzrichtlinie-Umsetzungsgesetz (TUG) vom 5.1.2007, BGBl. I 2007 S. 10.
[17] Vgl ausführlich *Assmann*, in: Assmann/Schneider, § 15 Rn 8 ff.
[18] Siehe <www.dgap.de>.
[19] Siehe <www.deutsche-boerse.com>.
[20] ZB onvista: <www.onvista.de>.
[21] Für § 15 WpHG aF vgl Vorauflage Rn 6 ff.
[22] Transparenzrichtlinie-Umsetzungsgesetz (TUG) vom 5.1.2007, BGBl. I 2007 S. 10.
[23] Vgl BT-Drucks. 15/3174, S. 34 f.
[24] BGH v. 25.2.2008 – II ZB 9/07 = NZG 2008, 300.

auch Informationen außerhalb seines Tätigkeitsbereichs den Emittenten unmittelbar betreffen können. Zu denken ist nach dem Gesetzesentwurf der Bundesregierung etwa an „von außen" kommende, jedoch den Emittenten unmittelbar betreffende Umstände, wie etwa die Übermittlung eines Übernahmeangebots iSd § 29 Abs. 1 Wertpapiererwerbs- und Übernahmegesetzes durch eine andere Gesellschaft oder die Herabstufung durch eine externe Ratingagentur. Darüber hinaus entfällt in der Neufassung das Kausalitätserfordernis zwischen den Auswirkungen auf die Vermögenslage und den Geschäftsverlauf einerseits und der Eignung zur erheblichen Kursbeeinflussung andererseits, da die Voraussetzungen für das Vorliegen einer Insiderinformation bereits in § 13 Abs. 1 WpHG abschließend bestimmt sind.[25]

II. Adressat von Ad-hoc-Mitteilungen. Vor der Rechtsprechung des BGH vom 19.7.2004 (vgl Rn 2) war der Adressat von Ad-hoc-Mitteilungen fraglich. Nach einer damals vertretenen Ansicht sollten sich diese nur an bilanzkundige Leser, Analysten bzw **professionelle Handelsteilnehmer** richten und nicht an das breite Anlegerpublikum. Begründet wurde dies damit, es sei Ziel der Ad-hoc-Publizität, die sog. Bereichsöffentlichkeit herzustellen, worunter die Information der professionellen Handelsteilnehmer zu verstehen sei.[26]

Dem ist jedoch nicht zuzustimmen. Ad-hoc-Meldungen richten sich nicht nur an bilanz- und fachkundiges Publikum, sondern an **alle tatsächlichen und potenziellen Anleger**.[27] Dies hat der BGH durch seine Rechtsprechung vom 19.7.2004 (vgl Rn 2) eindeutig klargestellt. Zweck der Ad-hoc-Mitteilungen ist es, das Anlegerpublikum als Gesamtheit der potenziellen Anleger zu schützen, die Bildung unangemessener Börsenpreise infolge Informationsdefiziten der Marktteilnehmer zu vermeiden und den Kreis der potenziellen Insider möglichst gering zu halten.[28] Diese Zwecke würden jedoch verfehlt, wenn Adressaten von Ad-hoc-Mitteilungen lediglich Analysten oder sonstige professionelle Handelsteilnehmer wären.

Dass sich Ad-hoc-Mitteilungen nicht nur an einen fest definierten Benutzerkreis, sondern an die Anlegeröffentlichkeit richten, ergibt sich auch aus europarechtlichen Aspekten. § 15 Abs. 1 WpHG geht auf Art. 17 Abs. 1 der Börsenzulassungsrichtlinie 79/279/EWG zurück.[29] Darin heißt es: „Die von den Emittenten eines Wertpapiers, das zur amtlichen Notierung in einem Mitgliedstaat zugelassen ist, dem **Publikum zugänglich zu machenden Informationen**... müssen in einer oder mehreren Zeitungen mit einer **Verbreitung im gesamten Staatsgebiet** oder weiter Verbreitung in diesem Staat veröffentlicht werden oder **dem Publikum** entweder in schriftlicher Form in den durch Anzeigen in einer oder mehreren Zeitungen mit **einer Verbreitung im gesamten Staatsgebiet** oder weiter Verbreitung in dem genannten Staat... oder durch andere von den zuständigen Stellen anerkannte gleichwertige Mittel zugänglich gemacht werden." Daraus ergibt sich, dass Informationen ein Unternehmen betreffend nicht lediglich für einen fest definierten Kreis von Adressaten gedacht sind, sondern sich an ein breites Publikum richten. § 15 Abs. 1 WpHG ist in diesem Sinne europarechtskonform auszulegen.

Auch angesichts der Tatsache, dass Ad-hoc-Mitteilungen problemlos über das Internet abrufbar sind (etwa über die Homepage der Gesellschaft selbst oder zB über www.dgap.de, www.deutsche-boerse.com oder www.onvista.de), ist die Argumentation, Adressat seien nur Fachleute, lebensfremd. Die meisten Anleger verfügen heute über einen Internet-Zugang und machen von dieser Möglichkeit Gebrauch.

Ebenso die Einführung der §§ 37b, 37c WpHG durch das 4. Finanzmarktförderungsgesetz[30] stützt die hier vertretene Ansicht. Würden Adressaten nur fachkundige Personen sein, hätte es der Einführung dieser beiden Anspruchsgrundlagen im Zusammenhang mit der Veröffentlichung von Ad-hoc-Mitteilungen nicht bedurft. Es wäre sinnwidrig, eine Anspruchsgrundlage für geschädigte Anleger im Zusammenhang mit der Veröffentlichung von Ad-hoc-Mitteilungen zu schaffen, wenn sich diese gar nicht an die Anleger richten.

Private Anleger müssen auch angesichts der Neufassung der §§ 13 und 15 WpHG durch das AnSVG in den Adressatenkreis von Ad-hoc-Mitteilungen einbezogen sein: § 15 Abs. 1 S. 1 WpHG begründet die Veröffentlichungspflicht von Insiderinformationen gem. § 13 Abs. 1 S. 1 WpHG. Die Insiderinformation muss geeignet sein, im Falle ihres öffentlichen Bekanntwerdens den Börsen- oder Marktpreis erheblich zu beeinflussen. Eine solche Eignung ist nach § 13 Abs. 1 S. 2 WpHG gegeben, wenn ein **verständiger Anleger** die Information bei seiner Anlageentscheidung berücksichtigen würde.

B. Mögliche Anspruchsgrundlagen

I. Vorbemerkung. Bis zum 30.6.2002 konnten sich Schadensersatzansprüche der geschädigten Aktionäre aus den § 826 BGB, § 823 Abs. 2 BGB iVm einem Schutzgesetz ergeben. Ferner war eine Haftung aus Ver-

---

25 Vgl BT-Drucks. 15/3174, S. 35 liSp.
26 Vgl LG München I v. 18.10.2001 – 12 O 7922/01; LG München I WM 2001, 1948, 1952 (Infomatec), welches auf den handelskundigen Leser abstellt; vgl auch *Rieckers*, BB 2002, 1214; *Möllers/Leisch*, BKR 2001, 78, 79.
27 Vgl *Möllers/Leisch*, WM 2001, 1648, 1652; *dies.*, BKR 2001, 78, 79; LG Augsburg WM 2001, 1944, 1945 = BB 2001, 2130, 2131.
28 Vgl auch *Assmann*, in: Assmann/Schneider, § 15 Rn 7.
29 Vgl *Möllers/Leisch*, WM 2001, 1648, 1652.
30 BGBl. I 2002 S. 2010.

trauensgrundsätzen denkbar. Zur ausführlichen Darstellung der Rechtslage bis zum 30.6.2002 wird auf die Vorauflage verwiesen. Soweit diese Anspruchsgrundlagen auch heute neben den Haftungsgrundlagen nach dem WpHG Bedeutung haben, werden sie unter Ziffer III dargestellt.

17 Durch das 4. Finanzmarktförderungsgesetz,[31] das am 1.7.2002 in Kraft trat, wurden mit den Bestimmungen der §§ 37 b und 37 c WpHG **eigenständige Anspruchsgrundlagen** für Anleger geschaffen, die durch die unterlassene oder verspätete Veröffentlichung oder die unrichtige Behauptung potenziell kurserheblicher Tatsachen durch den Emittenten bei ihren Wertpapiergeschäften einen Schaden erlitten haben. Die neuen Vorschriften sind nach der Regierungsbegründung erforderlich, da einerseits Anleger bei der unterlassenen oder verspäteten Veröffentlichung oder der unrichtigen Behauptung solcher Tatsachen bislang nur unzureichend geschützt sind und andererseits das Publizitätsverhalten einiger börsennotierter Unternehmen insoweit starke Mängel aufweist.[32] § 15 Abs. 6 WpHG, wonach in der bis zum 30.6.2002 geltenden Fassung bei einem Verstoß gegen die Ad-hoc-Pflicht nach § 15 Abs. 1 S. 1 WpHG eine Schadensersatzpflicht des Emittenten gegenüber einem anderen nicht gegeben war, wurde derart geändert, dass eine Schadensersatzpflicht des Emittenten nur unter den Voraussetzungen der §§ 37 b und c WpHG gegeben ist.

18 Mit dem am 30.10.2004 in Kraft getretenen AnSVG vom 28.10.2004[33] wurde die sog. EU-Marktmissbrauchslinie[34] umgesetzt. Durch die Umsetzung der Richtlinie werden das Insiderrecht, das Recht der Ad-hoc-Publizität und die Regelungen zu Marktmanipulationen modernisiert und auf europäischer Ebene vereinheitlicht.[35] Durch das AnSVG wurden u.a. die §§ 37 b, 37 c WpHG geändert. Dabei wurde lediglich der jeweiligen Wortlaut infolge der Änderung des § 15 WpHG angepasst.[36] An die Stelle des Begriffs der kursbeeinflussenden Tatsachen ist der Begriff der Insiderinformation getreten (vgl hierzu Rn 8). Der Begriff der Wertpapiere wurde durch den Begriff der Finanzinstrumente ersetzt (vgl hierzu Rn 7). Inhaltlich ist daher durch das AnSVG keine grundlegende Neuregelung der §§ 37 b,c WpHG verbunden.

II. Schadensersatz nach den Anspruchsgrundlagen des WpHG

1. Schadensersatz wegen unterlassener unverzüglicher Veröffentlichung von Insiderinformationen (§ 37 b WpHG)

19 **§ 37 b Schadensersatz wegen unterlassener unverzüglicher Veröffentlichung von Insiderinformationen**

(1) Unterlässt es der Emittent von Finanzinstrumenten, die zum Handel an einer inländischen Börse zugelassen sind, unverzüglich eine Insiderinformation zu veröffentlichen, die ihn unmittelbar betrifft, ist er einem Dritten zum Ersatz des durch die Unterlassung entstandenen Schadens verpflichtet, wenn der Dritte
1. die Finanzinstrumente nach der Unterlassung erwirbt und er bei Bekanntwerden der Insiderinformation noch Inhaber der Finanzinstrumente ist oder
2. die Finanzinstrumente vor dem Entstehen der Insiderinformation erwirbt und nach der Unterlassung veräußert.
(2) Nach Absatz 1 kann nicht in Anspruch genommen werden, wer nachweist, dass die Unterlassung nicht auf Vorsatz oder grober Fahrlässigkeit beruht.
(3) Der Anspruch nach Absatz 1 besteht nicht, wenn der Dritte die Insiderinformation im Falle des Absatzes 1 Nr. 1 bei dem Erwerb oder im Falle des Absatzes 1 Nr. 2 bei der Veräußerung kannte.
(4) Der Anspruch nach Absatz 1 verjährt in einem Jahr von dem Zeitpunkt an, zu dem der Dritte von der Unterlassung Kenntnis erlangt, spätestens jedoch in drei Jahren seit der Unterlassung.
(5) Weitergehende Ansprüche, die nach Vorschriften des bürgerlichen Rechts auf Grund von Verträgen oder vorsätzlichen unerlaubten Handlungen erhoben werden können, bleiben unberührt.
(6) Eine Vereinbarung, durch die Ansprüche des Emittenten gegen Vorstandsmitglieder wegen der Inanspruchnahme des Emittenten nach Absatz 1 im Voraus ermäßigt oder erlassen werden, ist unwirksam.

20 a) **Anspruchsvoraussetzungen (§ 37 b Abs. 1 WpHG).** Der Emittent muss es unterlassen haben, eine neue Tatsache, die in seinem Tätigkeitsbereich eingetreten und nicht öffentlich bekannt ist und die wegen ihrer Auswirkungen auf die Vermögens- oder Finanzlage oder auf den allgemeinen Geschäftsverlauf des Emittenten geeignet ist, den Börsenpreis der zugelassenen Wertpapiere erheblich zu beeinflussen, unverzüglich zu veröffentlichen. Der Wortlaut des § 37 b Abs. 1 WpHG orientiert sich an § 15 Abs. 1 S. 1 WpHG, so dass ein Anspruch nur bei der **verspäteten** oder **unterlassenen unverzüglichen Veröffentlichung** solcher Tatsa-

---

[31] Gesetz zur weiteren Fortentwicklung des Finanzplatzes Deutschland, BGBl. I 2002 S. 2010.
[32] Vgl RegBegr. zum 4. Finanzmarktförderungsgesetz, BT-Drucks. 14/8017, S. 64.
[33] BGBl. I 2004 S. 2630.
[34] Richtlinie 2003/6/EG des Europäischen Parlaments und des Rates über Insider-Geschäfte und Marktmanipulation (Marktmissbrauch).
[35] Vgl BT-Drucks. 15/3174, S. 1.
[36] Vgl BT-Drucks. 15/3174, S. 40.

chen in Betracht kommt, die nach § 15 WpHG „ad hoc" zu publizieren sind (zu den Begriffen vgl daher Rn 8 ff).[37]

Erfasst ist sowohl die unterlassene Veröffentlichung von **negativen neuen Tatsachen** als auch von **positiven neuen Tatsachen**. Bei Tatsachen, die geeignet sind, den Kurs negativ zu beeinflussen, folgt die Ersatzpflicht aus § 37b Abs. 1 Nr. 1 WpHG; bei Tatsachen, die hingegen den Kurs positiv beeinflussen können, ergibt sich der Anspruch aus § 37b Abs. 1 Nr. 2 WpHG.[38] Denn im Rahmen des § 37b Abs. 1 Nr. 1 WpHG ist davon auszugehen, dass der Anleger, wäre die negative Tatsache veröffentlicht worden, die Aktie nicht erworben hätte. Umgekehrt hätte der Anleger im Rahmen des § 37b Abs. 1 Nr. 2 WpHG bei Veröffentlichung der positiven Tatsache die Aktie aller Wahrscheinlichkeit nach nicht veräußert. 21

b) Anspruchsberechtigte (§ 37b Abs. 1 WpHG). Die Anspruchsberechtigung ergibt sich eindeutig aus dem Gesetz. Danach ist zwischen dem Erwerb aufgrund der unterlassenen Veröffentlichung einer negativen sowie einer positiven Tatsache zu differenzieren. 22

Bei der unterlassenen Veröffentlichung einer **negativen Tatsache** muss der Dritte – also der Anleger – die Wertpapiere nach dem Zeitpunkt, zu dem die Tatsache hätte veröffentlicht werden müssen, erworben haben und diese noch halten, wenn die Tatsache bekannt wird, vgl § 37b Abs. 1 Nr. 1 WpHG. Ob der Anleger die Wertpapiere zu einem späteren Zeitpunkt, nach Bekanntwerden der Tatsache veräußert, ist unerheblich. Dies ergibt sich klar aus dem Wortlaut „bei Bekanntwerden". Es ist davon auszugehen, dass bei pflichtgemäßen Handeln des Emittenten der Kurs niedriger gewesen wäre und der Anleger nicht zu dem von ihm gezahlten Preis erworben hätte. Der Anleger hat daher „zu teuer" gekauft.[39] 23

Für den Anspruch nach § 37b Abs. 1 Nr. 2 WpHG ist erforderlich, dass der Anleger die Wertpapiere vor dem Eintritt der **positiven Tatsache** bereits erworben hat und diese nach der unterlassenen Veröffentlichung dieser Tatsache veräußert. Nach der Regierungsbegründung zum 4. Finanzmarktförderungsgesetz muss die Veräußerung vor dem Bekanntwerden der Tatsache erfolgen. Dies ergibt sich zwar nicht eindeutig aus dem Wortlaut des § 37b Abs. 1 Nr. 2 WpHG, wohl aber aus der Konzeption der Norm als Schadensersatzanspruch. Denn nur bei dieser Konstellation – Verkauf der Aktie vor Bekanntwerden der Tatsache – hat der Anleger einen Schaden. Es ist davon auszugehen, dass der Anleger – hätte er Kenntnis von der positiven Tatsache gehabt – die Wertpapiere nicht zu dem von ihm erzielten, sondern zu einem höheren Preis veräußert hätte. Die Wertpapiere wurden daher „zu billig" verkauft.[40] 24

c) Anspruchsgegner (§ 37b Abs. 1 WpHG). Anspruchsgegner des § 37b WpHG ist nach dem Wortlaut der **Emittent** von Finanzinstrumenten, die an einer inländischen Börse zum Handel zugelassen sind. Bis zum Inkrafttreten des TUG[41] bestand zwischen den §§ 37b, 37c WpHG und § 15 WpHG ein Gleichlauf, da die §§ 37b und 37c WpHG an die Tatbestandsvoraussetzungen des § 15 WpHG anknüpfte. Maßgeblich war also, dass die Finanzinstrumente des Emittenten an einer inländischen Börse zugelassen waren. Mit dem TUG wurde § 15 WpHG auf Inlandsemittenten beschränkt. §§ 37b und 37c WpHG enthalten diese Einschränkung nicht. Da es aber keinen Grund und keinen Hinweis gibt, dass der Gleichlauf aufgehoben werden sollte, ist von einem Redaktionsversehen des Gesetzgebers auszugehen.[42] Somit sind auch die §§ 37b und 37c WpHG nur auf Inlandsemittenten anzuwenden. 25

d) Anspruchsinhalt (§ 37b Abs. 1 WpHG). Nach § 37b Abs. 1 WpHG ist der Emittent einem Dritten zum Ersatz des durch die Unterlassung entstandenen Schadens verpflichtet. Den konkreten Inhalt der Ersatzpflicht bleibt das Gesetz jedoch schuldig, so dass sich die Frage stellt, worin der Schaden besteht.[43] In der Regierungsbegründung zum 4. Finanzmarktförderungsgesetz heißt es lediglich, dass der Anleger – sowohl im Rahmen des § 37b Abs. 1 Nr. 1 WpHG als auch im Rahmen des § 37b Abs. 1 Nr. 2 WpHG – so zu stellen ist, als ob der Emittent seine Pflichten ordnungsgemäß erfüllt hätte.[44] 26

In der Konstellation des § 37b Abs. 1 Nr. 1 WpHG – unterlassene Veröffentlichung einer negativen Tatsache – wurde bereits festgestellt bzw unterstellt, dass der Anleger die Aktien „zu teuer" gekauft hat, da bei pflichtgemäßem Handeln des Emittenten der Kurs niedriger gewesen wäre (vgl Rn 23). Aus praktischer Sicht bereitet die Feststellung des konkreten Schadens und seine Bezifferung erhebliche Schwierigkeiten, da 27

---

37 Vgl RegBegr. zum 4. Finanzmarktförderungsgesetz, BT-Drucks. 14/8017, S. 93; vgl auch *Sethe*, in: Assmann/Schneider, §§ 37b, 37c Rn 43.
38 Vgl RegBegr. zum 4. Finanzmarktförderungsgesetz, BT-Drucks. 14/8017, S. 93.
39 Vgl RegBegr. zum 4. Finanzmarktförderungsgesetz, BT-Drucks. 14/8017, S. 93; vgl auch *Sethe*, in: Assmann/Schneider, §§ 37b, 37c Rn 45.
40 Vgl RegBegr. zum 4. Finanzmarktförderungsgesetz, BT-Drucks. 14/8017, S. 93; vgl auch *Sethe*, in: Assmann/Schneider, §§ 37b, 37c Rn 50.
41 Transparenzrichtlinie-Umsetzungsgesetz vom 5.1.2007, BGBl. I 2007 S. 10.
42 Vgl ausführlich *Sethe*, in: Assmann/Schneider, §§ 37b, 37c Rn 33.
43 Vgl ausführlicher zum ersatzfähigen Schaden *Möllers/Leisch*, BKR 2002, 1071, 1072 ff; sowie *Sethe*, in: Assmann/Schneider, §§ 37b, 37c Rn 70 ff.
44 Vgl RegBegr. zum 4. Finanzmarktförderungsgesetz, BT-Drucks. 14/8017, S. 93.

Ausgangspunkt für dessen Bestimmung ein hypothetisches Verhalten – ordnungsgemäße Pflichterfüllung – ist. Es bleibt offen, welche Auswirkungen eine ordnungsgemäße Pflichterfüllung auf den Börsenkurs gehabt hätte und wie diese zahlen- bzw betragsmäßig festgemacht werden soll, da ein Börsenkurs durch zahlreiche Faktoren, wie etwa die allgemeine Marktsituation oder branchenspezifische Ereignisse, beeinflusst wird. Klar zu bestimmen ist an sich nur der Fall, in dem feststeht, dass der Anleger bei Kenntnis der wahren Situation die Aktien nicht erworben hätte. Wie soll aber der Fall zu behandeln sein, in dem der Anleger die Aktien zwar „zu teuer" gekauft hat, aber in Kenntnis der wahren Situation die Aktien dennoch erworben hätte? Wie soll der zu viel bezahlte Preis beziffert werden?

28 Als Folge der Notwendigkeit einer klaren und einheitlichen Regelung drängt sich auch hier eine analoge Anwendung der für die Börsenprospekthaftung geltenden Grundsätze auf.[45] Demnach ist es sinnvoll danach zu differenzieren, ob der Anleger die Aktien noch hält oder bereits verkauft hat. Befinden sich die Wertpapiere noch in seinem Besitz, so hat er Anspruch auf den investierten Geldbetrag zuzüglich der mit dem Kauf verbundenen üblichen Kosten, sprich Bankgebühr und Maklercourtage, Zug um Zug gegen Rückübertragung der noch gehaltenen Aktien. Wurden die Papiere bereits veräußert, so geht der Anspruch auf Zahlung der Differenz zwischen Kauf- und Verkaufspreis, jeweils unter Berücksichtigung der damit verbundenen Kosten. Zur Formulierung des jeweiligen Klageantrags vgl daher Rn 122 ff.

29 Bei der unterlassenen Veröffentlichung einer positiven Tatsache gem. § 37b Abs. 1 Nr. 2 WpHG wird angenommen, dass der Anleger die Aktien „zu billig" verkauft hat, da er bei Kenntnis der positiven Tatsache die Wertpapiere zu einem höheren Kurs veräußert hätte. Es stellt sich jedoch auch das Problem, wie dieser „zu billige" Teil zu beziffern ist und welcher Preis an sich angemessen gewesen wäre. Eine Differenzierung danach, ob die Aktien noch gehalten oder bereits veräußert sind, ist hier aufgrund der Situation nicht möglich, da der Schaden daraus resultiert, dass zu einem zu niedrigen Betrag verkauft wurde. Angesichts der praktischen Schwierigkeit, wenn nicht gar Unmöglichkeit, den angemessenen hypothetischen Kurs zu bestimmen, erscheint es gerechtfertigt, den Anleger so zu stellen, als habe er das Anlagegeschäft nie getätigt. Dann hat er Anspruch auf Erstattung des Kaufpreises zuzüglich Bankgebühr und Courtage, wobei er sich die Gutschrift aus dem Verkauf schadensmindernd anrechnen lassen muss (zur Formulierung des Klageantrags s. Rn 122 ff). Diese Lösung ist im Ergebnis zwar nicht zufrieden stellend, da die Möglichkeit bestanden hätte, dass der Anleger mit den Aktien bei Pflichterfüllung durch den Emittenten einen Gewinn erzielt hätte, angesichts der eben dargestellten Schwierigkeit erscheint sie jedoch geboten.

30 **e) Haftungsbeschränkung (§ 37b Abs. 2 WpHG).** Gemäß § 37b Abs. 2 WpHG kann nach § 37b Abs. 1 WpHG nicht in Anspruch genommen werden, wer nachweist, dass die Unterlassung nicht auf Vorsatz und grober Fahrlässigkeit beruht. Daraus wird zweierlei deutlich:

31 Einerseits beschränkt sich die Haftung nur auf **Vorsatz** und **grobe Fahrlässigkeit**,[46] dh für einfache Fahrlässigkeit wird nicht gehaftet. **Grob fahrlässig** handelt, wer die erforderliche Sorgfalt in besonders schwerem Maße verletzt und dasjenige außer Acht lässt, das im konkreten Fall jedem hätte einleuchten müssen. Während der Maßstab der einfachen Fahrlässigkeit ein ausschließlich objektiver ist, sind bei der groben Fahrlässigkeit auch subjektive, in der Individualität des Handelnden begründete Umstände zu berücksichtigen, etwa die Tatsache, dass er ungeübt und Nichtfachmann ist. Den Handelnden muss auch in subjektiver Hinsicht ein schweres Verschulden treffen.[47]

32 Darüber hinaus führt die Regelung zu einer **Umkehr der Beweislast** im Hinblick auf das Verschulden. Die Regelung entspricht insoweit den Grundsätzen über die Beweislastverteilung anhand der von den Beteiligten jeweils beherrschten Verantwortlichkeitsbereiche.[48] Im Ergebnis ist diese Beweislastverteilung gerechtfertigt, schließlich handelt es sich bei der Frage, ob Vorsatz oder grobe Fahrlässigkeit vorliegt um einen inneren Vorgang, in den der Anleger als Außenstehender keinen Einblick haben kann. Ein diesbezüglicher Nachweis ist ihm nahezu unmöglich.

33 **f) Haftungsausschluss (§ 37b Abs. 3 WpHG).** Gemäß § 37b Abs. 3 WpHG besteht der Anspruch nach § 37b Abs. 1 WpHG nicht, wenn der Dritte – also der Anleger – die nicht veröffentlichte Tatsache im Falle des § 37b Abs. 1 Nr. 1 WpHG beim Erwerb oder im Falle des § 37b Abs. 1 Nr. 2 WpHG bei der Veräußerung kannte. Nach der Regierungsbegründung zum 4. Finanzmarktförderungsgesetz stellt diese Regelung eine gesetzliche Sonderregelung im Hinblick auf das Mitverschulden (§ 254 BGB) des Geschädigten dar. Grob fahrlässige Unkenntnis führt in Anlehnung an die Vorschriften über die Prospekthaftung (zB § 45

---

[45] Ablehnend *Sethe*, in: Assmann/Schneider, §§ 37b, 37c Rn 70.
[46] Vgl RegBegr. zum 4. Finanzmarktförderungsgesetz, BT-Drucks. 14/8017, S. 93; vgl auch *Sethe*, in: Assmann/Schneider, §§ 37b, 37c Rn 62.
[47] Vgl Palandt/*Grüneberg*, § 277 BGB Rn 5.
[48] Vgl RegBegr. zum 4. Finanzmarktförderungsgesetz, BT-Drucks. 14/8017, S. 93; vgl auch *Sethe*, in: Assmann/Schneider, §§ 37b, 37c Rn 64.

BörsG aF) nicht zu einem Anspruchsausschluss.[49] Dies ergibt sich aus dem eindeutigen Wortlaut der Norm, der auf die positive Kenntnis abstellt.

g) Verjährung (§ 37 b Abs. 4 WpHG). Nach § 37 b Abs. 4 WpHG verjährt der Anspruch nach § 37 b Abs. 1 WpHG in einem Jahr von dem Zeitpunkt an, zu dem der Dritte von dem Unterlassen des Emittenten Kenntnis erlangt – sog. subjektive Verjährung; unabhängig von der Kenntnis des Anlegers tritt die Verjährung spätestens drei Jahre seit der Unterlassung ein, sog. objektive Verjährung. Die Begrenzung auf ein Jahr wird damit begründet, dass es einem Anspruchsteller, der Kenntnis von der Unterlassung des Emittenten hat, zumutbar sei, innerhalb eines Jahres die notwendigen rechtlichen Schritte zu ergreifen und seinen Anspruch geltend zu machen. Die Schaffung einer absoluten Verjährungsgrenze von drei Jahren rechtfertigt sich im Hinblick auf die Schnelllebigkeit des Geschäftsverkehrs im Wertpapierbereich und zur Schaffung von Rechtssicherheit. Die Regelung des § 37 b Abs. 4 orientiert sich an den börsen- und investmentrechtlichen Haftungsvorschriften für fehlerhafte Prospekte.[50] Die Unterlassung der Veröffentlichung stellt – anders als die Veröffentlichung – keinen Zeitpunkt, sondern einen Zeitraum dar. Daher ist für den Verjährungsbeginn auf den Beginn der Unterlassung abzustellen. Eine Ad-hoc-Mitteilung ist unverzüglich zu veröffentlichen, so dass zu fragen ist, wann die zu veröffentlichende Tatsache ohne schuldhaftes Zögern veröffentlicht worden wäre. Da derjenige, der sich auf die Verjährung beruft, auch die Beweislast für die Voraussetzungen der Verjährung trägt, ist der Emittent auch dafür beweispflichtig, wann eine Veröffentlichung an sich geboten gewesen wäre.[51]

h) Sonstige Ansprüche (§ 37 b Abs. 5 WpHG). Nach § 37 b Abs. 5 WpHG bleiben weiter gehende Ansprüche, die nach den Vorschriften des bürgerlichen Rechts aufgrund von Verträgen oder vorsätzlichen unerlaubten Handlung erhoben werden können, unberührt. Die Regelung entspricht § 47 Abs. 2 aF BörsG in seiner seit dem 1.7.2002 geltenden Fassung.[52] Da sich § 37 b WpHG (ebenso wie § 37 c WpHG) auf § 15 WpHG bezieht (vgl Rn 18), der die Ad-hoc-Publizität regelt, muss an dieser Stelle auch die Regelung des § 15 Abs. 6 WpHG in der ab dem 1.7.2002 gültigen Fassung berücksichtigt werden. Nach § 15 Abs. 6 S. 1 WpHG ist der Emittent, wenn er gegen die Verpflichtung nach Abs. 1, 2 oder 3 verstößt, einem anderen nur unter den Voraussetzungen der §§ 37 b und 37 c WpHG zum Ersatz des daraus entstandenen Schadens verpflichtet. § 15 Abs. 6 S. 2 WpHG regelt, dass Schadensersatzansprüche, die auf anderen Rechtsgrundlagen beruhen, unberührt bleiben.

i) Unwirksame Haftungsbeschränkung (§ 37 b Abs. 6 WpHG). Nach § 37 b Abs. 6 WpHG ist eine Vereinbarung, durch die Ansprüche des Emittenten gegen Vorstandsmitglieder wegen der Inanspruchnahme des Emittenten nach § 37 b Abs. 1 WpHG im Voraus ermäßigt oder erlassen werden, unwirksam. Vorstandsmitglieder, die ihre Pflichten verletzen, sind der Gesellschaft zum Schadensersatz verpflichtet. § 37 b Abs. 6 WpHG verhindert, dass etwaige Regressansprüche des Emittenten gegen Vorstandsmitglieder wegen der Inanspruchnahme der Gesellschaft aus § 37 b Abs. 1 WpHG durch Dritte im Voraus ermäßigt oder erlassen werden. Unberührt von § 37 b Abs. 6 WpHG bleiben Vereinbarungen zwischen der Gesellschaft und Vorstandsmitgliedern nach Entstehung eines Schadensersatzanspruchs. Hier gelten die allgemeinen aktienrechtlichen Regelungen, insbesondere der nach § 136 AktG angeordnete Ausschluss des Stimmrechts des Betroffenen.[53] Da derartige Vereinbarungen nur zwischen den Beteiligten – sprich zwischen Gesellschaft und Vorstand – wirken, haben diese für die Anleger keine Bedeutung.

2. Schadensersatz wegen Veröffentlichung unwahrer Insiderinformationen (§ 37 c WpHG)

§ 37 c Schadenersatz wegen Veröffentlichung unwahrer Insiderinformationen

(1) Veröffentlicht der Emittent von Finanzinstrumenten, die zum Handel an einer inländischen Börse zugelassen sind, in einer Mitteilung nach § 15 eine unwahre Insiderinformation, die ihn unmittelbar betrifft, ist er einem Dritten zum Ersatz des Schadens verpflichtet, der dadurch entsteht, dass der Dritte auf die Richtigkeit der Insiderinformation vertraut, wenn der Dritte
1. die Finanzinstrumente nach der Veröffentlichung erwirbt und er bei dem Bekanntwerden der Unrichtigkeit der Insiderinformation noch Inhaber der Finanzinstrumente ist oder

---

49 Vgl RegBegr. zum 4. Finanzmarktförderungsgesetz, BT-Drucks. 14/8017, S. 94; vgl auch *Sethe*, in: Assmann/Schneider, §§ 37 b, 37 c Rn 88.
50 Vgl RegBegr. zum 4. Finanzmarktförderungsgesetz, BT-Drucks. 14/8017, S. 94; vgl auch *Sethe*, in: Assmann/Schneider, §§ 37 b, 37 c Rn 96.
51 Vgl auch *Sethe*, in: Assmann/Schneider, §§ 37 b, 37 c Rn 93.
52 Vgl RegBegr. zum 4. Finanzmarktförderungsgesetz, BT-Drucks. 14/8017, S. 94, in der § 45 Abs. 2 BörsG zitiert ist, wobei es sich jedoch um einen Druckfehler handeln muss.
53 Vgl RegBegr. zum 4. Finanzmarktförderungsgesetz, BT-Drucks. 14/8017, S. 94; vgl auch *Sethe*, in: Assmann/Schneider, §§ 37 b, 37 c Rn 134 f.

2. die Finanzinstrumente vor der Veröffentlichung erwirbt und vor dem Bekanntwerden der Unrichtigkeit der Insiderinformation veräußert.
(2) Nach Absatz 1 kann nicht in Anspruch genommen werden, wer nachweist, dass er die Unrichtigkeit der Insiderinformation nicht gekannt hat und die Unkenntnis nicht auf grober Fahrlässigkeit beruht.
(3) Der Anspruch nach Absatz 1 besteht nicht, wenn der Dritte die Unrichtigkeit der Insiderinformation im Falle des Absatzes 1 Nr. 1 bei dem Erwerb oder im Falle des Absatzes 1 Nr. 2 bei der Veräußerung kannte.
(4) Der Anspruch nach Absatz 1 verjährt in einem Jahr von dem Zeitpunkt an, zu dem der Dritte von der Unrichtigkeit der Insiderinformation Kenntnis erlangt, spätestens jedoch in drei Jahren seit der Veröffentlichung.
(5) Weitergehende Ansprüche, die nach Vorschriften des bürgerlichen Rechts auf Grund von Verträgen oder vorsätzlichen unerlaubten Handlungen erhoben werden können, bleiben unberührt.
(6) Eine Vereinbarung, durch die Ansprüche des Emittenten gegen Vorstandsmitglieder wegen der Inanspruchnahme des Emittenten nach Absatz 1 im Voraus ermäßigt oder erlassen werden, ist unwirksam.

38 a) **Anspruchsvoraussetzungen (§ 37 c Abs. 1 WpHG).** § 37 c WpHG ist das Gegenstück zu § 37 b WpHG für den Fall, dass eine Mitteilung über potenziell kursbeeinflussende Tatsachen eines Emittenten unwahre Angaben enthält. Die Anspruchsvoraussetzungen des § 37 c Abs. 1 WpHG entsprechen daher denjenigen des § 37 b Abs. 1 WpHG, Unterschiede bestehen lediglich in Bezug auf die Tathandlung. Während nach § 37 b WpHG die unterlassene Veröffentlichung einer Tatsache erfasst, die potenziell kursbeeinflussend ist, fällt unter § 37 c WpHG die Konstellation, dass eine unwahre Tatsache in der Ad-hoc-Mitteilung veröffentlicht wird.[54]

39 Erfasst sind daher – da der einzige Unterschied in der Tathandlung liegt – ebenso positive und negative Veröffentlichungen. Die Veröffentlichung einer positiven wahrheitswidrigen Tatsache fällt hier jedoch unter § 37 c Abs. 1 Nr. 1 WpHG, die einer negativen wahrheitswidrigen unter § 37 c Abs. 1 Nr. 2 WpHG.[55]

40 b) **Anspruchsberechtigte (§ 37 c Abs. 1 WpHG).** § 37 c Abs. 1 Nr. 1 WpHG verlangt, dass die Wertpapiere nach der falschen Veröffentlichung der positiven Tatsache erworben wurden und der Anleger die Aktien bei Bekanntwerden noch in seinem Besitz hat. Daraus ergibt sich, dass ein späterer Verkauf, dh nach Bekanntwerden, keinen Einfluss auf den Anspruch hat. Die Regierungsbegründung zum 4. Finanzmarktförderungsgesetz geht auch hier wieder davon aus, dass der Anleger die Wertpapiere „zu teuer" erworben hat.[56] Die Publizierung der unrichtigen positiven Tatsache hat zu einer Steigerung des Kurses geführt, die aller Wahrscheinlichkeit nach sonst nicht eingetreten wäre.

41 Im Rahmen der Veröffentlichung einer unrichtigen negativen Tatsache erfordert § 37 c Abs. 1 Nr. 2 WpHG, dass die Wertpapiere vor der Veröffentlichung erworben und vor dem Bekanntwerden der Unrichtigkeit der Tatsache veräußert werden. Entscheidend ist hier, dass die Wertpapiere „zu billig" verkauft wurden und dadurch ein Schaden entstanden ist.[57]

42 c) **Sonstige Regelungen.** Da die § 37 c Abs. 2 bis 6 WpHG wortgleich mit § 37 b Abs. 2 bis 6 WpHG sind, kann auf die obigen Ausführungen entsprechend verwiesen werden (s. Rn 30 ff).

43 3. **Beweislast.** Eine ausdrückliche gesetzliche Regelung zur Beweislastverteilung findet sich nur im Hinblick auf das Verschulden in den §§ 37 b Abs. 2, 37 c Abs. 2 WpHG. Danach wird eine **gesetzliche Beweislastumkehr** statuiert, sprich der Emittent muss darlegen und beweisen, dass im Fall des § 37 b WpHG die Unterlassung nicht auf Vorsatz oder grober Fahrlässigkeit beruht bzw er im Rahmen des § 37 c WpHG keine Kenntnis von der Unrichtigkeit hatte und diese Unkenntnis nicht auf grober Fahrlässigkeit beruht. Im Hinblick auf die restlichen Anspruchsvoraussetzungen fehlt es an einer gesetzlichen Regelung, so dass es bei den allgemein geltenden Grundsätzen bleibt. Danach muss der geschädigte Anleger sämtliche Anspruchsvoraussetzungen darlegen und beweisen. Jedoch ist nach der hier vertretenen Ansicht zugunsten der Anleger eine Beweislastumkehr oder zumindest ein Anscheinsbeweis in Bezug auf die haftungsbegründende Kausalität anzunehmen (s. ausführlich Rn 75 ff). Im Rahmen des Beweises der Kenntnis des Anlegers gem. §§ 37 b Abs. 3, 37 c Abs. 3 WpHG ist ebenfalls gerechtfertigt, dem Anspruchsgegner diesbezüglich die Darlegungs- und Beweislast aufzuerlegen. Denn dies entspricht den allgemein geltenden Grundsätzen der Beweislastverteilung, dass jede Partei für die Voraussetzungen einer ihr günstigen Norm beweispflichtig ist. Des Weiteren ähneln die Abs. 3 der §§ 37 b und 37 c WpHG § 45 Abs. 2 Nr. 3 aF BörsG, bei dem aner-

---

54 Vgl RegBegr. zum 4. Finanzmarktförderungsgesetz, BT-Drucks. 14/8017, S. 94.
55 Vgl RegBegr. zum 4. Finanzmarktförderungsgesetz, BT-Drucks. 14/8017, S. 94.
56 Vgl RegBegr. zum 4. Finanzmarktförderungsgesetz, BT-Drucks. 14/8017, S. 94; vgl auch *Sethe*, in: Assmann/Schneider, §§ 37 b, 37 c Rn 45.
57 Vgl RegBegr. zum 4. Finanzmarktförderungsgesetz, BT-Drucks. 14/8017, S. 94; vgl auch *Sethe*, in: Assmann/Schneider, §§ 37 b, 37 c Rn 50.

kannt ist, dass eine Beweislastumkehr gegeben ist (vgl § 45 aF BörsG Rn 46). Gleiches gilt für den Nachweis der Kenntnis des Anlegers im Rahmen der subjektiven Verjährung der §§ 37b Abs. 4, 37c Abs. 4 WpHG.

4. Gerichtsstand. Da das WpHG keine Regelung zur gerichtlichen Zuständigkeit enthält, ist auf die allgemeinen Normen der ZPO zurück zu greifen. Die §§ 37b und 37c WpHG begründen einen verschuldensabhängigen Schadensersatzanspruch. Aus diesem Grund kann er systematisch zu den deliktischen Ansprüchen gezählt werden. Es besteht daher der ausschließliche Gerichtsstand des § 32 ZPO. Die sachliche Zuständigkeit ergibt sich aus § 71 Abs. 2 Nr. 3 GVG.[58]

5. Übergangsrecht. Wie ausgeführt, trat das 4. Finanzmarktförderungsgesetz, und daher auch die §§ 37b, 37c WpHG am 1.7.2002 in Kraft. Die §§ 37b, 37c WpHG gelten daher für Fälle, in denen die Tathandlung am oder nach dem 1.7.2002 begangen wurde.[59]

III. Weitere Anspruchsgrundlagen. Da durch die Schaffung der §§ 37b, 37c WpHG und deren Anpassung der Anlegerschutz verbessert werden sollte und gem. §§ 37b Abs. 5; 37c Abs. 5 WpHG weiter gehende Ansprüche, die nach den Vorschriften des bürgerlichen Rechts aufgrund von vorsätzlichen unerlaubten Handlungen erhoben werden können, unberührt bleiben, ist neben der spezialgesetzlichen Haftung eine Haftung nach den allgemeinen Regelungen, dh eine deliktische Haftung sowie eine Haftung nach Prospekthaftungsgrundsätzen denkbar, sofern die jeweiligen Voraussetzungen vorliegen. Im Hinblick auf eine mögliche Haftung der (ehemaligen) Vorstände muss auf die allgemeinen Normen zurück gegriffen werden, da Anspruchsgegner der §§ 37b, 37c WpHG nur der Emittent ist (s. Rn 15).

1. Sittenwidrige Schädigung (§ 826 BGB). Gemäß § 826 BGB ist derjenige zum Schadensersatz verpflichtet, der in einer gegen die guten Sitten verstoßenden Weise einem anderen vorsätzlich Schaden zufügt.

§ 826 BGB erfordert eine sittenwidrige Schädigung. Eine Handlung ist dann sittenwidrig, wenn sie gegen das Anstandsgefühl aller billig und gerecht Denkenden verstößt.[60] Die Sittenwidrigkeit der Handlung kann sich aus dem Inhalt, dem Gesamtcharakter, ihrem Zweck oder ihrem Beweggrund ergeben.[61] Die Veröffentlichung einer unrichtigen Ad-hoc-Mitteilung stellt im weiteren Sinne eine falsche Auskunft dar. In diesem Rahmen sind daher zwei Fallgruppen zu unterscheiden: Zum einen die **bewusst unrichtige Auskunft**, zum anderen eine **grob fahrlässige unrichtige Auskunft**, sog. Auskunft ins Blaue hinein.[62]

Im Hinblick auf die Veröffentlichung falscher Angaben in Ad-hoc-Mitteilungen ergibt sich die Sittenwidrigkeit daraus, dass gerade jene Instrumente, die zur Vertrauensbildung des Kapitalmarktes und der Anleger konzipiert sind, wie Ad-hoc-Mitteilungen, dazu benutzt werden, mit falschen Informationen Anleger zur Investition in die Gesellschaft zu veranlassen und durch eine zu positive Darstellung der Unternehmenssituation Kurspolitik zu betreiben. Personen, die über besondere Kenntnisse verfügen und denen demzufolge im Wirtschaftsverkehr quasi die Rolle des „Insiders" zufällt, obliegen umfangreiche Aufklärungspflichten gegenüber Dritten, die ersichtlich eine Entscheidung von deren Aussage abhängig machen.[63] Dementsprechend obliegt einer Gesellschaft gerade bei bekanntermaßen kurssensiblen Äußerungen über ihre Vermögens- und Ertragslage die Pflicht, ihre Angaben genauestens zu überprüfen und die Anleger vollumfänglich über die relevanten Tatsachen aufzuklären. Dies zeigt sich auch in § 400 Abs. 1 Nr. 1 AktG, wonach falsche Angaben über die Vermögenslage der Gesellschaft strafbewehrt sind.

Auch **grob leichtfertiges, gewissenloses Verhalten** ist sittenwidrig. Sittenwidrig handelt nicht nur, wer die haftungsbegründenden Umstände positiv kennt, sondern auch, wer sich einer solchen Kenntnis bewusst verschließt.[64] Bei der Veröffentlichung falscher Ad-hoc-Mitteilungen kann ein grob leichtfertiges, gewissenloses Verhalten, welches den Vorwurf der Sittenwidrigkeit rechtfertigt, darin liegen, dass sich Vorstände mit der Veröffentlichung einer Ad-hoc-Mitteilung, deren Inhalt nicht den Tatsachen entspricht, bewusst über Fakten hinwegsetzen, obwohl ihnen bekannt war, dass der Kapitalmarkt und potenzielle Anleger sich auf die Richtigkeit solcher Mitteilungen verlassen und dafür uU ihr Vermögen aufs Spiel setzen. Ein derartiges leichtfertiges Verhalten rechtfertigt auch den Schluss, dass diejenigen, die für den Inhalt und die Veröffentlichung von Ad-hoc-Mitteilungen verantwortlich sind – sprich die Vorstände – damit eine Schädigung von Anlegern durch den Erwerb von Wertpapieren, die ihren Vorstellungen und Interessen nicht entsprachen, in Kauf nehmen. Der Vorsatz muss sich nicht gegen eine bestimmte Person richten.[65]

---

[58] Vgl auch *Sethe*, in: Assmann/Schneider, §§ 37b, 37c Rn 137.
[59] Vgl auch *Sethe*, in: Assmann/Schneider, §§ 37b, 37c Rn 139.
[60] Vgl Palandt/*Sprau*, § 826 BGB Rn 4; Palandt/*Ellenberger*, § 138 BGB Rn 4; RG 80, 221; BGHZ 10, 232; 69, 297.
[61] Vgl Palandt/*Sprau*, § 826 BGB Rn 4.
[62] Vgl Palandt/*Sprau*, § 826 BGB Rn 27 f.
[63] Vgl RG 111, 233; BGHZ 80, 84.
[64] Vgl BGH NJW 1994, 2289.
[65] Vgl BGH NJW 2004, 2668 = NZG 2004, 811 = WM 2004, 1726 = ZIP 2004, 1604 oder im Internet unter <www.bundesgerichtshof.de>, „Entscheidungen"; vgl auch LG Augsburg WM 2001, 1944, 1946 (Infomatec) = BB 2001, 2130, 2132.

51 **2. Schutzgesetzverletzung (§ 823 Abs. 2 BGB iVm Schutzgesetzen).** Ein Schadensersatzanspruch geschädigter Aktionäre kann sich auch aus § 823 Abs. 2 BGB iVm § 264a StGB sowie § 400 Abs. 1 Nr. 1 AktG ergeben. Voraussetzung ist, dass es sich bei diesen Normen um **Schutzgesetze** handelt. Gesetz idS ist zunächst jede Rechtsnorm gem. Art. 2 EGBGB. Das Gesetz muss den Schutz eines anderen bezwecken. Den Schutz eines anderen bezweckt eine Norm, wenn sie, sei es auch neben dem Schutz der Allgemeinheit, gerade dazu dienen soll, den Einzelnen oder einzelne Personenkreise gegen die Verletzung eines Rechtsguts zu schützen. Dabei kommt es nicht auf die Wirkung, sondern auf Inhalt und Zweck des Gesetzes nach der Intention des Gesetzgebers bei seinem Erlass an. Die Schaffung eines individuellen Schadensersatzanspruchs muss erkennbar vom Gesetz erstrebt sein oder zumindest im Rahmen des haftpflichtrechtlichen Gesamtsystems tragbar erscheinen.[66]

52 **a) Kapitalanlagebetrug (§ 264a Abs. 1 Nr. 1 StGB).** Gemäß § 264a Abs. 1 Nr. 1 StGB macht sich strafbar, wer im Zusammenhang mit dem Vertrieb von Wertpapieren in Prospekten oder in Darstellungen oder Übersichten über den Vermögensstand hinsichtlich der für die Entscheidung über den Erwerb erheblichen Umstände gegenüber einem größeren Kreis von Personen unrichtige vorteilhafte Angaben macht oder nachteilige Tatsachen verschweigt.

53 **aa) Schutzgesetzqualität.** Geschütztes Rechtsgut iSd § 264a StGB ist nicht nur das Vertrauen der Allgemeinheit in den Kapitalmarkt, sondern gleichermaßen auch der **Schutz individueller Vermögensinteressen** von Kapitalanlegern.[67] § 264a StGB ist Schutzgesetz (zum Begriff so Rn 51) zugunsten des einzelnen Aktionärs.[68]

54 **bb) Tatbestandsvoraussetzungen.** Erforderlich ist ein Prospekt oder eine Darstellung bzw Übersicht über den Vermögensstand. Ferner muss ein Zusammenhang mit dem Vertrieb von Wertpapieren gegeben sein.

55 Unter einem **Prospekt** iSd § 264a Abs. 1 StGB ist nicht nur der Prospekt nach dem BörsG gemeint, sondern jedes Schriftstück, das die für die Beurteilung der Geldanlage erheblichen Informationen enthält oder den Eindruck eines solchen Inhalt erwecken soll.[69] Ein Prospekt in diesem Sinne ist nur dann gegeben, wenn die Information nicht erkennbar lückenhaft ist. Diese Voraussetzungen sollen die auf eine bestimmte Information beschränkten Ad-hoc-Mitteilungen gerade nicht erfüllen.[70] Denn diese würden keinen Gesamtüberblick über die Vermögenslage des Unternehmens bieten, sondern nur einzelne Ausschnitte aus dem Geschäftsbetrieb bekannt geben.[71] Dem ist jedoch entgegenzuhalten, dass selbst wenn eine Ad-hoc-Mitteilung auf eine bestimmte Information beschränkt sein sollte, nicht einzusehen ist, weshalb nicht dennoch der Eindruck der Vollständigkeit erweckt werden kann. Der Kapitalmarkt und das Anlegerpublikum darf erwarten, dass die Aussage, die in der Ad-hoc-Mitteilung getroffen wird, zB über einen konkreten Geschäftsabschluss oder Halbjahreszahlen der Gesellschaft, vollständig ist. Es ist nicht einzusehen, weshalb die in der Ad-hoc-Mitteilung veröffentlichte Information erkennbar lückenhaft sein soll.

56 Im Rahmen von **Darstellungen und Übersichten über den Vermögensstand** werden dieselben Merkmale wie bei § 400 Abs. 1 Nr. 1 AktG (vgl hierzu Rn 61) verwendet. Der Begriff der Darstellungen ist weit auszulegen und erfasst auch mündliche Darstellungen. Dies ergibt sich daraus, dass in § 264a Abs. 1 StGB anders als in § 400 Abs. 1 Nr. 1 AktG den Darstellungen oder Übersichten über den Vermögensstand die Vorträge und Auskünfte in der Hauptversammlung nicht gegenübergestellt werden.[72] Ebenso wie der Prospektbegriff verlangt auch das Merkmal der Darstellungen und Übersichten über den Vermögensstand den Eindruck einer gewissen Vollständigkeit.[73] Wie eben dargelegt, kann dieser bei einer Ad-hoc-Mitteilung durchaus gegeben sein. Ferner ist zu sehen, dass Darstellungen und Übersichten auch mündliche Äußerungen erfassen. Werden nun schon diese von § 264a StGB erfasst, so müssen erst recht Ad-hoc-Mitteilungen, in denen Informationen schriftlich fixiert sind, unter diesen Begriff fallen. Der durch diese Mitteilung vermittelte Eindruck und deren Wirkung auf den Kapitalmarkt ist ungleich höher, als dies bei lediglich mündlichen Darstellungen der Fall ist.

57 Vor diesem Hintergrund ist es richtig, Ad-hoc-Mitteilungen sowohl unter den Begriff des Prospekts als auch unter den Begriff der Darstellungen und Übersichten über den Vermögensstand zu subsumieren.

58 Das Merkmal des **Vertriebs** erfordert eine auf den Absatz einer Vielzahl von Stücken gerichtete Tätigkeit. Es werden offene Werbe- und Angebotaktionen erfasst, die sich an einen unbestimmten größeren Kreis von Personen wenden und von denen ferner eine Täuschung des Kapitalmarkts ausgehen kann. Nicht erfasst

---

66 Vgl Palandt/*Sprau*, § 823 BGB Rn 56 f.
67 Vgl *Cramer*, in: Schönke/Schröder, § 264a StGB Rn 1.
68 Vgl BGHZ 116, 7; BGH WM 1991, 2090; OLG Frankfurt aM WM 1992, 572, 576; *Rieckers*, BB 2002, 1213, 1215; Palandt/*Sprau*, § 823 BGB Rn 69; vgl auch *Kort*, AG 2005, 21, 24.
69 Vgl *Cramer*, in: Schönke/Schröder, § 264a StGB Rn 18.
70 Vgl *Rieckers*, BB 2002, 1213, 1215; vgl auch BGH ZIP 2004, 1593, 1595.
71 Vgl BGH ZIP 2004, 1593, 1595; vgl auch LG München I WM 2001, 1948, 1953.
72 Vgl *Cramer*, in: Schönke/Schröder, § 264a StGB Rn 20 f.
73 Vgl BGH ZIP 2004, 1593, 1596; vgl auch *Rieckers*, BB 2002, 1213, 1215.

sind Einzelangebote und individuelle unrichtige Einzelberatungen.[74] Bei Ad-hoc-Mitteilungen soll es an dem Merkmal des Vertriebs fehlen.[75] Es ist jedoch nicht einzusehen, weshalb dies nicht der Fall sein soll. Ad-hoc-Mitteilungen sind für den Kapitalmarkt und damit für die Anleger originäre Informationsquelle. In der Praxis stützen viele Anleger ihre Kaufentscheidung entweder direkt auf solche Mitteilungen oder indirekt, da ihnen die Aktie von Beratern, Analysten oder den Medien empfohlen wird, die ihrerseits Kenntnis von der Ad-hoc-Mitteilung haben. Es wäre praxisfern anzunehmen, dass sich die Unternehmen diese Form der Informationsverbreitung nicht zunutze machen.

b) Unrichtige Darstellung (§ 400 Abs. 1 Nr. 1 AktG). Nach § 400 Abs. 1 Nr. 1 AktG wird mit Freiheitsstrafe bis zu drei Jahren oder mit Geldstrafe bestraft, wer als Mitglied des Vorstands oder des Aufsichtsrats die Verhältnisse der Gesellschaft einschließlich ihrer Beziehungen zu verbundenen Unternehmen in Darstellungen oder Übersichten über den Vermögensstand, in Vorträgen oder Auskünften in der Hauptversammlung unrichtig wiedergibt oder verschleiert, wenn die Tat nicht in § 331 Nr. 1 oder 1 a HGB mit Strafe bedroht ist. 59

aa) Schutzgesetzqualität. § 400 Abs. 1 Nr. 1 AktG dient als Schutzgesetz iSd § 823 Abs. 2 BGB dem Schutz des Vertrauens potenzieller Anleger und gegenwärtiger Aktionäre der Gesellschaft in die Richtigkeit und Vollständigkeit bestimmter Angaben über Geschäftsverhältnisse.[76] 60

bb) Tatbestandsvoraussetzungen. Verletzungshandlung im Sinne des § 400 Abs. 1 AktG ist die **unrichtige Wiedergabe** oder Verschleierung der **Verhältnisse der Gesellschaft** einschließlich ihrer Beziehungen zu verbundenen Unternehmen in **Darstellungen oder Übersichten über den Vermögensstand**, in Vorträgen oder Auskünften in der Hauptversammlung. Fraglich ist, ob Ad-hoc-Mitteilungen unter den Begriff der Darstellungen und Übersichten über den Vermögensstand fallen. 61

Als Darstellungen über den Vermögensstand gelten nur solche Berichte, die den Vermögensstand des Unternehmens so umfassend wiedergeben, dass sie ein Gesamtbild über die wirtschaftliche Lage der Aktiengesellschaft ermöglichen und den Eindruck der Vollständigkeit erwecken. Nach Ansicht des BGH müssen sich die Darstellungen auf den Vermögensstand beziehen. Bereits aus dem eindeutigen, einer Auslegung nicht zugänglichen Wortlaut der Vorschrift ergebe sich, dass Darstellungen – genau wie § 264a StGB – auch den Vermögensstand betreffen müssen und nicht isoliert betrachtet werden können.[77] **Unter Übersichten über den Vermögensstand** sind alle Zusammenstellungen von Zahlenmaterialien, insbesondere alle Arten von Bilanzen zu verstehen, die einen Gesamtüberblick über die wirtschaftliche Situation des Unternehmens ermöglichen.[78] Sowohl Darstellungen als auch Übersichten über den Vermögensstand verlangen den Eindruck der Vollständigkeit.[79] 62

Ad-hoc-Mitteilungen fallen daher nach Ansicht des BGH dann unter § 400 Abs. 1 Nr. 1 AktG, wenn sie – entsprechend der oben genannten Definition – ein unzutreffendes Gesamtbild über die wirtschaftliche Lage der Gesellschaft ermöglichen und den Eindruck der Vollständigkeit erwecken, wie zB bei Veröffentlichung eines Quartalsberichts in Form einer Ad-hoc-Mitteilung.[80] Geben sie nur einen einzelne Geschäftsabschluss bekannt und ermöglichen kein Gesamtbild über die wirtschaftliche Lage der Aktiengesellschaft, so kommt eine Haftung nach § 823 Abs. 2 BGB iVm § 400 Abs. 1 Nr. 1 AktG nicht in Betracht.[81] 63

Nach der hier vertretenen Ansicht sind Ad-hoc-Mitteilungen jedoch auch dann unter § 400 Abs. 1 Nr. 1 AktG zu subsumieren, wenn sie nur einen Geschäftsabschluss publizieren. Zweck des § 400 AktG ist es sicherzustellen, dass bestimmte Erklärungen und Äußerungen des von § 400 AktG erfassten Personenkreises über die Verhältnisse der Gesellschaft richtig und vollständig sind. Dieser Zweck gebietet es, auch Ad-hoc-Mitteilungen zu erfassen. Wenn schon mündliche Erklärungen unter § 400 AktG fallen können, so müssen erst recht Ad-hoc-Mitteilungen, die schriftlich veröffentlicht werden, erfasst sein. Schließlich hat eine schriftliche Veröffentlichung weit größere Wirkung als eine „lediglich" mündliche Äußerung. Dem Erfordernis des Eindrucks der Vollständigkeit ist auch bei einer Ad-hoc-Mitteilung Rechnung getragen. Auch bei einer Ad-hoc-Mitteilung kann dieser Eindruck erweckt werden. Der Kapitalmarkt und das Anlegerpublikum dürfen erwarten, dass die Aussage, die in der Ad-hoc-Mitteilung getroffen wird, zB über einen konkreten Geschäftsabschluss oder Quartalszahlen der Gesellschaft, vollständig ist. Es ist nicht einzusehen, weshalb die in der Ad-hoc-Mitteilung veröffentlichte Information erkennbar lückenhaft sein soll. 64

---

74 Vgl *Cramer*, in: Schönke/Schröder, § 264a StGB Rn 14.
75 Vgl LG München I WM 2001, 1948, 1953 (Infomatec); LG Augsburg WM 2002, 592, 593 (Infomatec) = AG 2002, 465, 466.
76 Vgl BGH NJW 2005, 2450, 2451; so auch BGH ZIP 2004, 1593, 1596 = NJW 2004, 2971; ebenso BGH ZIP 2004, 1599, 1601 = NJW 2004, 2664; vgl auch Palandt/*Sprau*, § 823 BGB Rn 62.
77 So BGH ZIP 2004, 1593, 1596 = NJW 2004, 2971; vgl auch BGH ZIP 2004, 1599, 1601 f = NJW 2004, 2664.
78 Vgl BGH ZIP 2004, 1593, 1596 = NJW 2004, 2971; vgl auch BGH ZIP 2004, 1599, 1601 f = NJW 2004, 2664.
79 Vgl *Rieckers*, BB 2002, 1213, 1216 mwN.
80 So BGH NJW 2005, 445 und BGH NJW 2005, 2450 f, 2453.
81 So BGH ZIP 2004, 1593 f = NJW 2004, 2971; ebenso: BGH ZIP 2004, 1599 = NJW 2004, 2664.

65 **3. Subjektive Voraussetzungen.** Im Rahmen der oben genannten Anspruchsgrundlagen ist Vorsatz erforderlich.

66 § 826 BGB verlangt eine vorsätzliche Begehung der Schädigung. Für den Vorsatz genügt, dass der Schädiger die Art und Richtung der Schadensfolgen vorausgesehen und gewollt und jedenfalls billigend in Kauf genommen hat.[82] Nicht erforderlich ist eine Schädigungsabsicht.[83] Der Täter muss nur die Tatumstände gekannt haben, die sein Verhalten als sittenwidrig erscheinen lassen.[84] Bedingter Vorsatz ist ferner auch gegeben, wenn jemand, obwohl er mit der Unrichtigkeit seiner Angaben rechnet, ins Blaue hinein unrichtige Behauptungen aufstellt.[85] Nicht erforderlich ist das Bewusstsein der Sittenwidrigkeit, dh der Täter muss nur die Tatumstände gekannt haben, die sein Verhalten als sittenwidrig erscheinen lassen.[86] Denn andernfalls würde derjenige mit dem gröberen Moralempfinden bevorzugt. Nach Ansicht des BGH beinhaltet die Kenntnis der Vorstandsmitglieder von der Bedeutung und der Unrichtigkeit der Ad-hoc-Mitteilung im Rahmen des § 826 BGB notwendig auch den Vorsatz hinsichtlich der Kaufentscheidungen der Anleger, da diese Kaufentscheidungen Ausfluss der Eignung zur Kursbeeinflussung sind, deretwegen die Tatsache ad-hoc-publizitätspflichtig ist.[87]

67 Der Kapitalanlagebetrug iSd § 264 a StGB erfordert Vorsatz hinsichtlich aller objektiver Tatbestandsmerkmale.

68 § 400 Abs. 1 Nr. 1 AktG muss vorsätzlich begangen worden sein. Der Täter handelt vorsätzlich, wenn er weiß, dass er unrichtige oder verschleierte Erklärungen in Darstellungen oder Übersichten über bestimmte Verhältnisse der Gesellschaft abgibt. Es genügt jedoch bedingter Vorsatz. Dieser liegt vor, wenn der Täter die Unrichtigkeit oder den verschleiernden Charakter der Erklärungen nur für möglich hält oder aufgrund konkreter Anhaltspunkte die Gefahr erkennt, dass die Erklärungen unrichtig oder undurchsichtig sind, die Erklärung aber gleichwohl auch unter diesen Umständen abgibt und ihren Inhalt sich deshalb zu Eigen macht.[88]

69 **4. Haftung nach Prospekthaftungsgrundsätzen. a) Begriff der Prospekthaftung.** Zweifelhaft ist, ob Ad-hoc-Mitteilungen Gegenstand der allgemeinen zivilrechtlichen Prospekthaftung sein können (zur Frage, ob Ad-hoc-Mitteilungen Gegenstand der spezialgesetzlichen Prospekthaftung nach § 44 aF BörsG sein können vgl § 44 aF BörsG Rn 8). Eine Haftung kann nur bei der **Veröffentlichung einer unrichtigen Ad-hoc-Mitteilung** in Betracht kommen, da es beim Unterlassen der Veröffentlichung schon an einer Ad-hoc-Mitteilung fehlt und sich die Frage, ob diese einem Prospekt gleichgestellt werden könnte, gar nicht stellt.

70 Im Rahmen der zivilrechtlichen Prospekthaftung ist zwischen der Prospekthaftung ieS (auch eigentliche Prospekthaftung) und iwS (auch uneigentliche Prospekthaftung) zu unterscheiden. Grundlage der zivilrechtlichen Prospekthaftung iwS ist ein persönliches Vertrauen, das einem Vertragspartner entgegengebracht wird. Im Gegensatz dazu knüpft die Prospekthaftung ieS an ein **typisiertes Vertrauen** des Anlegers auf die Richtigkeit und Vollständigkeit der in einem Prospekt gemachten Angaben des Prospektverantwortlichen an.[89] Da bei der Veröffentlichung von Ad-hoc-Mitteilungen keine direkten Beziehungen zwischen Anleger und Gesellschaft bestehen, können sich Ansprüche nur aus der **zivilrechtlichen Prospekthaftung ieS** ergeben. Bei dieser Haftung muss der Prospekt über sämtliche Umstände, die für die Anlageentscheidung von Bedeutung sind, richtig und vollständig informieren.[90]

71 **b) Anwendbarkeit auf Ad-hoc-Mitteilungen.** Nach Ansicht des BGH ist schon im Ansatz zweifelhaft, ob die von der Rechtsprechung entwickelten Prospekthaftungsgrundsätze, die an ein typisiertes Vertrauen des Anlegers auf die Richtigkeit und Vollständigkeit der von den Prospektverantwortlichen gemachten Angaben anknüpfen, auf fehlerhafte Ad-hoc-Mitteilungen Anwendung finden können. Es sei bislang lediglich entschieden, dass die Prospekthaftungsgrundsätze auch für Prospekte gelten, mit denen für den Erwerb von Aktien außerhalb der geregelten Aktienmärkte geworben werde.[91] Diese Frage hat der BGH jedoch offen gelassen, da seiner Ansicht nach die Ad-hoc-Mitteilungen in dem durch ihn entschiedenen Fall nicht die Anforderungen an einen Prospekt iSd Prospekthaftungsgrundsätze erfüllten.[92] Es ist jedoch nicht einzusehen, weshalb diese Grundsätze nicht auch auf Ad-hoc-Mitteilungen anwendbar sein sollen. Gleichsam wie bei einem Prospekt vertrauen die Anleger auf die Richtigkeit und Vollständigkeit der publizierten Ad-hoc-Mitteilungen. Ebenso fallen Ad-hoc-Mitteilungen nach der hier vertretenen Ansicht unter den Prospektbegriff des § 264 a StGB (vgl Rn 55) und des § 400 Abs. 1 Nr. 1 AktG (vgl Rn 61 ff).

---

[82] Vgl Palandt/*Sprau*, § 826 BGB Rn 10 sowie BGH NJW 2000, 2896; 2004, 2664; vgl auch *Kort*, AG 2005, 21, 25.
[83] Vgl BGHZ 8, 393; vgl auch *Kort*, AG 2005, 21, 25.
[84] Vgl BGH WM 1962, 579.
[85] Vgl BGHZ 63, 382; 286; BGH NJW 1977, 1055; 1981, 864, 1441; 1998, 302.
[86] Vgl Palandt/*Sprau*, § 826 BGB Rn 11.
[87] So BGH ZIP 2004, 1593, 1594 = NJW 2004, 2971.
[88] Vgl Geßler/Hefermehl/*Fuhrmann*, § 400 Rn 27.
[89] Vgl Palandt/*Grüneberg*, § 280 BGB Rn 54 ff; vgl auch *Groß*, WM 2002, 477, 479.
[90] Vgl Palandt/*Grüneberg*, § 280 BGB Rn 55.
[91] Vgl BGH ZIP 2004, 1593, 1594 f = NJW 2004, 2971.
[92] Vgl BGH ZIP 2004, 1593, 1595 = NJW 2004, 2971.

c) Begriff des Prospekts. Ein **Prospekt** stellt idR die für den Anlageinteressenten wichtigste und häufigste Informationsquelle dar und bildet im Allgemeinen die Grundlage seiner Anlageentscheidung. Nach der Rspr des BGH darf der Anleger erwarten, dass er ein zutreffendes Bild über das Beteiligungsobjekt erhält, dh, dass der Prospekt ihn über alle Umstände, die für seine Entscheidung von wesentlicher Bedeutung sind oder sein können, sachlich richtig und vollständig unterrichtet. Nach Ansicht des BGH kann eine Ad-hoc-Mitteilung iSd § 15 Abs. 1 WpHG aF diese Anforderungen idR nicht erfüllen. Sie sei anlassbezogen auf neue, bislang nicht veröffentlichte gewichtige Einzeltatsachen, die lediglich die bereits bekannten Informationen für den Sekundärmarkt ergänzen würden. Dabei erhebe die Bekanntgabe einer solchen kapitalmarktbezogenen Einzelinformation – anders als die den Primärmarkt betreffende Publizität eines (Emissions-)Prospektes erkennbar nicht den Anspruch, eine das Publikum des Sekundärmarktes umfassend informierende Beschreibung zu sein.[93]

Um jedoch eine einheitliche Rechtsordnung zu gewähren, sollte auch in diesem Rahmen auf den Prospektbegriff des § 264 a StGB zurückgegriffen werden. Danach ist ein Prospekt jedes Schriftstück, das für die Beurteilung der Anlage jegliche Angaben enthält, oder den Eindruck eines solchen Inhalts erwecken soll und auch zugleich Grundlage für eine solche Entscheidung ist.[94] Demnach können nach der hier vertretenen Auffassung Ad-hoc-Mitteilungen unter den Prospektbegriff auch iSd zivilrechtlichen Prospekthaftung subsumiert werden. Begrifflich sind ad-hoc-pflichtige Umstände nicht auf Einzeltatsachen beschränkt (vgl Rn 8). Auch darf nicht übersehen werden, dass die Bedeutung von Ad-hoc-Mitteilungen als Grundlage für die Kaufentscheidungen einzelner Anleger in den vergangenen Jahren zugenommen hat. Immer mehr Anleger nutzen verstärkt Ad-hoc-Mitteilungen als Informationsquelle, die sie problemlos über das Internet entweder auf den Websites der Gesellschaft direkt oder über Finanzportale einsehen können. Ad-hoc-Mitteilungen dienen damit im Wesentlichen mittlerweile als Grundlage für Anlageentscheidungen. Zumindest wird durch sie eine positive Anlagestimmung (vgl ausführlicher Rn 104 ff) geschaffen, da Ad-hoc-Mitteilungen als direkte Informationsquelle von Bankberatern, Analysten und von den Medien aufgegriffen werden. Aus diesem Grund kann es nicht darauf ankommen, ob durch die Gesellschaft mit der Ad-hoc-Mitteilung der Absatz der Wertpapiere bezweckt ist, sondern dass letztlich die Ad-hoc-Mitteilung de facto vom Kapitalmarkt bzw den Anlegern direkt als Grundlage für eine Anlageentscheidung gemacht wird.

Der BGH hat es im Übrigen nicht ausgeschlossen, dass Ad-hoc-Mitteilungen einem Prospekt in gewisser Hinsicht gleichgesetzt werden können. So hat er entschieden, dass Ad-hoc-Mitteilungen unter § 400 Abs. 1 Nr. 1 AktG – der auch Prospekte erfasst – fallen, wenn sie ein unzutreffendes Gesamtbild über die wirtschaftliche Lage der Gesellschaft ermöglichen und den Eindruck der Vollständigkeit erwecken wie zB bei Veröffentlichung eines Quartalsberichts in Form einer Ad-hoc-Mitteilung (vgl Rn 63).[95] Ferner ist es nach dem BGH denkbar, dass sich im Einzelfall – je nach Tragweite der Information – aus positiven Signalen einer Ad-hoc-Mitteilung auch eine regelrechte Anlagestimmung für den Erwerb von Aktien entwickeln könne[96] (ausführlich vgl Rn 104 ff). Die Rechtsfigur der positiven Anlagestimmung entstammt der (börsengesetzlichen) Prospekthaftung.

Die Gegenansicht möchte auch eine analoge Anwendung der zivilrechtlichen Prospekthaftungsgrundsätze auf Ad-hoc-Mitteilungen ausschließen, da keine vergleichbaren Sachverhalte vorliegen würden. Grund hierfür sei, dass bestimmte Veröffentlichungen – wie Ad-hoc-Mitteilungen – nicht zum Zweck der Absatzförderung eingesetzt würden, so dass auch kein Haftungsbedürfnis wegen fehlerhafter Information bei der eben gerade nicht gegebenen Verleitung zur Anlageentscheidung bestünde.[97] Dem können jedoch die eben genannten Argumente entgegengehalten werden.

Des Weiteren ist der Hintergrund der zivilrechtlichen Prospekthaftung ieS – Haftung für typisiertes Vertrauen – zu sehen. Ausgehend von den spezialgesetzlichen Regelungen im Börsen- und Investmentrecht hat die Rechtsprechung die allgemeine zivilrechtliche Prospekthaftung für die Inanspruchnahme von Vertrauen durch den Emittenten von Wertpapieren entwickelt. So stellte sich die Frage, nach welchen Kriterien Kommanditisten, die auf die Angaben in dem Prospekt einer Publikumsgesellschaft vertrauten, Schadensersatz wegen unzutreffender Prospektangaben erhalten können. Die Rechtsprechung hat hier gewürdigt, dass ein beitrittswilliger Kommanditist bei seiner Anlageentscheidung im Wesentlichen auf die Prospektangaben angewiesen ist. Sind diese unvollständig oder falsch, so kann der Kommanditist aus Verschulden bei Vertragsschluss und den allgemeinen Grundsätzen zur Vertrauenshaftung Schadensersatz verlangen. Diese zur Publikumsgesellschaft entwickelten Grundsätze haben sich als Haftungsinstrument der zivilrechtlichen Prospekthaftung aus Vertrauensgrundsätzen etabliert. Der Schutzzweck führt dazu, dass diese Grundsätze auf den öffentlichen Vertrieb von Gesellschaftsanteilen und Kapitalanlagen anwendbar sind, soweit keine spe-

---

93 Vgl BGH ZIP 2004, 1593, 1595 = NJW 2004, 2971; ebenso: BGH ZIP 2004, 1599 f; vgl auch Palandt/*Grüneberg*, § 280 BGB Rn 54.
94 Vgl *Groß*, WM 2000, 477, 479.
95 So BGH NJW 2005, 2450 f, 2453.
96 So BGH ZIP 2004, 1599, 1603 = NJW 2004, 2664.
97 Vgl *Groß*, WM 2002, 477, 480.

zialgesetzliche Regelung vorgeht.[98] Ihrem Rechtscharakter nach ist die allgemeine Prospekthaftung ein kapitalmarktrechtlicher Unterfall der Vertrauens- und Berufshaftung[99] und gehört systematisch zur Haftung für unterlassene Aufklärung. Diese Grundsätze sind auch auf Ad-hoc-Mitteilungen anwendbar. Hierbei kommt den Vorständen quasi die Funktion eines Fachmanns zu. Der Anleger, der das Unternehmen nur von außen betrachten kann, ist vergleichbar einem und schutzwürdig wie ein Verbraucher, der keine Detailinformationen über ein Produkt hat. Der Vorstand hat ein Sonderwissen, da er als Organ der Gesellschaft Einblick in die genaue Lage des Unternehmens hat. Die Anleger sind demgegenüber ausschließlich auf die Informationen durch die handelnden Organe der Gesellschaft selbst angewiesen. Die Vorstandsmitglieder sind zu einer gewissenhaften Berichterstattung verpflichtet. Analog den zur Prospekthaftung entwickelten Grundsätzen müssen diese Informationen richtig und vollständig sein.

77 In subjektiver Hinsicht erfordert die zivilrechtliche Prospekthaftung entweder Vorsatz oder Fahrlässigkeit, wobei leichte Fahrlässigkeit genügt.[100]

78 **5. Kausalität.** In diesem Rahmen sind zwei Arten der Kausalität zu unterscheiden. Zum einen muss die falsche Ad-hoc-Mitteilung kausal für den Kaufentschluss gewesen sein (wobei **Mitursächlichkeit** einer falschen Ad-hoc-Mitteilung mit späteren nicht nachweislich falschen Meldungen für die Erwerbsvorgänge genügt),[101] sog. **haftungsbegründende Kausalität**. Zum anderen muss der Erwerb der Aktie zu einem Schaden geführt haben, sog. **haftungsausfüllende Kausalität**. Der Nachweis der Kausalität – sowohl der haftungsbegründenden als auch der haftungsausfüllenden – obliegt dem Anleger als Geschädigtem. Die praktische Erfahrung hat gezeigt, dass durch die Gerichte insbesondere an den Nachweis der haftungsbegründenden Kausalität hohe Anforderungen gestellt werden. Manche Klage ist daran gescheitert, dass nach Ansicht des Gerichts der Vortrag zur haftungsbegründenden Kausalität unzureichend war und die Klage deshalb, genauer gesagt wegen angeblicher Unsubstantiiertheit, abgewiesen wurde. Dem geschädigten Anleger ist der Nachweis, aufgrund einer konkreten Ad-hoc-Mitteilung gekauft zu haben, jedoch oft nicht anders möglich als durch Vorlage der Kaufabrechnung und dem Vortrag, aufgrund dieser Meldung zum Kauf bewegt worden zu sein. Dies genügt manchem Gericht jedoch nicht. Überdies stellt sich das Problem, dass idR nur die Einvernahme der Partei als Beweismittel angeboten werden kann (ausführlich Rn 107 ff). Vielfach ist es auch so, dass durch die Ad-hoc-Meldung, die durch die Medien, Analysten und Bankberater aufgegriffen wurde, allgemein eine positive Anlagestimmung geschaffen wurde, die letztlich ausschlaggebend für den Anlageentschluss war. Aus diesem Grund erscheint es aus Anlegersicht gerechtfertigt, zugunsten der Geschädigten gewisse Beweiserleichterungen anzunehmen (s. ausführlich Rn 94 ff).

79 Fraglich ist, ob eine Kausalität zwischen Ad-hoc-Mitteilungen und dem Kaufentschluss des Anlegers auch dann gegeben ist, wenn der Anleger diese Mitteilung nicht selbst gelesen und darauf seine Kaufentscheidung gestützt hat, sondern er über Dritte, wie zB **Bankberater**, **Analystenempfehlungen** oder **Zeitungsartikel**, von der Ad-hoc-Mitteilung erfahren hat. Der BGH hat sich hierzu (noch) nicht abschließend geäußert. Er hat bislang lediglich ausgeführt, dass Presseberichte oder Analystenempfehlungen als solche weder dem Emittenten iSd § 15 Abs. 1 WpHG aF noch den (ehemaligen) Vorständen der AG nach § 826 BGB zuzurechnen sind; dies gelte jedenfalls dann, wenn nicht einmal konkret die ausdrückliche Erwähnung der Mitteilungen in solchen bewerteten Presseberichten oder Analystenempfehlungen dargetan sei.[102]

80 Richtig ist es, den Kausalitätszusammenhang auch dann als gegeben zu erachten, wenn – was lebensnah ist – die Ad-hoc-Mitteilung nicht direkt gelesen, sondern deren Inhalt durch den Anleger über seinen Bankberater, über Analystenempfehlungen oder Zeitungsartikel zur Kenntnis genommen wird und er hierauf dann seine Kaufentscheidung stützt. Die ad-hoc-pflichtigen Informationen stammen vom Emittenten. Diese werden durch den Markt, dh auch Bankberater, Analysten, Zeitungen aufgegriffen und transportiert. Es ist nicht einzusehen, aus welchem Grund eine Haftung an der mangelnden Kausalität scheitern soll, nur weil ein Dritter eine falsche Meldung weitergegeben hat. Fehlverhalten Dritter unterbricht den Zurechnungszusammenhang idR nicht.[103] Durch Veröffentlichung einer bewusst falschen Ad-hoc-Mitteilung wurde eine gesteigerte Gefahrenlage[104] geschaffen.

81 Die Frage, ob ein Kausalzusammenhang zwischen Ad-hoc-Mitteilung und Kauf gegeben ist, hat das OLG Frankfurt[105] positiv beantwortet. In der dort relevanten Ad-hoc-Mitteilung waren Halbjahreszahlen veröffentlicht worden. Das OLG Frankfurt hat ausgeführt, dass der dortige Kläger die Halbjahreszahlen also solche zwar nicht kannte, und ihn deren Aussagen nicht unmittelbar zum Kauf bewogen. Indessen sei dies – so das OLG Frankfurt – auch nicht erforderlich, weil es für die Kausalität ausreiche, dass sie der Anlagebe-

---

98 Vgl *Baumbach/Hopt*, 34. Aufl, Anh. § 177 a HGB Rn 60 mwN.
99 Vgl *Baumbach/Hopt*, 34. Aufl, § 347 HGB Rn 22.
100 Vgl *Assmann*, in: Assmann/Schütze, § 6 Rn 183.
101 So OLG München ZIP 2005, 298.
102 So BGH ZIP 2004, 1599, 1604 = NJW 2004, 2664 ff.
103 Vgl Palandt/*Grüneberg*, vor § 249 BGB Rn 47.
104 Vgl hierzu Palandt/*Grüneberg*, vor § 249 BGB Rn 48.
105 OLG Frankfurt aM v. 10.5.2005 – 5 U 133/03 – nv.

rater des Klägers gekannt habe, sie ihn zum Kauf veranlassten und der Kläger dadurch bewogen wurde, die Anlageentscheidung zu treffen.[106] Im Gegensatz zu dieser Auffassung verlangen die Gerichte erfahrungsgemäß, dass der Anleger die Ad-hoc-Mitteilung auch selbst gelesen hat.

Wie dargestellt (vgl Rn 80) ist der Kausalzusammenhang auch dann nicht unterbrochen, sofern der Inhalt einer Ad-hoc-Mitteilung nicht direkt, sondern über eine Analystenempfehlung wahrgenommen wird. Nach einer früher vertretenen Ansicht sei Ziel der Ad-hoc-Publizität die Herstellung der sog. Bereichsöffentlichkeit, zu der lediglich professionelle Handelsteilnehmer zählen sollten.[107] Danach gehören Analysten als professionelle Marktteilnehmer zum direkten Adressatenkreis von Ad-hoc-Mitteilungen, nicht jedoch private Anleger. Diese Ansicht dürfte angesichts der Rechtsprechung des BGH vom 19.7.2004 und vom 9.5.2005 (vgl Rn 2) jedoch überholt sein. 82

Das LG München I hat entschieden, dass der erforderliche Kausalzusammenhang zwischen Ad-hoc-Mitteilung und dem konkreten Kauf jedenfalls dann gegeben ist, wenn sich die fragliche Berichterstattung, ein Zeitungsartikel, ausdrücklich auf die Ad-hoc-Mitteilung bezieht und sich im Wesentlichen in deren Wiedergabe erschöpft. Der dort beklagte ehemalige Vorstand konnte und musste voraussehen, dass die fraglichen Mitteilungen nicht nur selbst gelesen, sondern auch durch die Presse aufgegriffen würden.[108] Zu dieser Fragestellung führt das OLG München mit Urteil vom 7.12.2011 (15 U 1868/11) aus: „Bei der Prüfung eines konkreten Kausalzusammenhang ist zu berücksichtigen, dass sich der Informationsgehalt der Ad-hoc-Mitteilung im allgemeinen ausschnittartig auf wesentliche aktuelle, neue Tatsachen aus dem Unternehmensbereich beschränkt. Solche momentan bedeutsamen Angaben werden zumeist für eine aktuelle, zeitnahe Entscheidung zum Kauf oder Verkauf der Aktie relevant sein. Eine durch eine positive Ad-hoc-Meldung verursachte Anlagestimmung endet jedenfalls dann, wenn im Laufe der Zeit andere Faktoren für die Einschätzung des Wertpapiers bestimmend werden, etwa eine wesentliche Änderung des Börsenindex bzw der Konjunktureinschätzung oder neue Unternehmensdaten. Presseberichte oder Analystenempfehlungen sind dem Emittenten einer Ad-hoc-Mitteilung nicht zuzurechnen; dies gilt jedenfalls dann, wenn nicht einmal konkret die ausdrückliche Erwähnung der Mitteilungen in solchen bewertenden Presseberichten oder Analystenempfehlungen dargetan ist (Anschluss BGH, 19. Juli 2004, II ZR 218/03, BGHZ 160, 134)." 83

6. Anspruchsgegner. Als Anspruchsgegner kommen der Emittent, sprich die Gesellschaft, die Vorstände und der Aufsichtsrat in Betracht. 84

a) Emittent. Die Verpflichtung zur Veröffentlichung von Ad-hoc-Mitteilungen trifft gem. § 15 Abs. 1 S. 1 WpHG den (Inlands)Emittenten. Da es sich bei diesem jedoch um eine AG handelt, ist eine Zurechnungsnorm erforderlich. Diese ergibt sich aus § 31 BGB, der für alle juristischen Personen gilt,[109] vgl auch § 1 Abs. 1 S. 1 AktG. Der Vorstand einer Aktiengesellschaft wird als deren organschaftlicher Vertreter tätig, dessen Handeln sich die Gesellschaft als eigenes zurechnen lassen muss.[110] Analog § 31 BGB ist daher eine AG für den Schaden verantwortlich, den der Vorstand oder ein Mitglied des Vorstandes durch eine in Ausführung der ihm zustehenden Verrichtungen begangene, zum Schadensersatz verpflichtende Handlung einem Dritten zufügt.[111] Vor diesem Hintergrund haftet in jedem Fall die Gesellschaft, da sie die Pflicht zur Veröffentlichung von Ad-hoc-Mitteilungen trifft. 85

Im Rahmen der zivilrechtlichen Prospekthaftung kann für die Frage nach dem Anspruchsgegner auf die gesetzlich geregelten Fälle der Prospektverantwortlichen iSd § 44 aF BörsG zurückgegriffen werden (vgl oben Vor §§ 44–47 BörsG). Für die zivilrechtliche Prospekthaftung va im Bereich einer Publikums-KG ist zwar anerkannt, dass eine Haftung des Emittenten selbst nicht gegeben sein soll.[112] Anders als die Publikums-KG erfüllt jedoch eine AG – eine Gesellschaft mit eigener Rechtspersönlichkeit – mit der Veröffentlichung von Ad-hoc-Mitteilungen eine eigene Verpflichtung und nimmt daher Vertrauen in Anspruch. Daher ist eine Haftung der Gesellschaft durchaus gerechtfertigt.[113] 86

Die Haftung der AG ist weder nach § 57 AktG noch nach § 71 AktG begrenzt oder ausgeschlossen. Dies wurde höchstrichterlich durch Urteil des BGH vom 9.5.2005 – II ZR 287/02 – bestätigt.[114] 87

b) Vorstand. Gemäß § 76 Abs. 1 AktG obliegt dem Vorstand die Leitung der Gesellschaft. Er ist gem. § 77 AktG mit der Geschäftsführung betraut und vertritt gem. § 78 Abs. 1 AktG die Gesellschaft gerichtlich und außergerichtlich. Ihm obliegt gem. § 15 Abs. 1 S. 1 WpHG die Pflicht, unverzüglich neue Tatsachen zu veröffentlichen, die in seinem Tätigkeitsbereich eingetreten und nicht öffentlich bekannt sind, wenn sie wegen 88

---

106 Vgl OLG Frankfurt aM v. 10.5.2005 – 5 U 133/03 – nv, S. 18.
107 Vgl LG München I NJW-RR 2001, 1701.
108 So LG München I AG 2005, 411 f bestätigt durch OLG München v. 29.8.2005 – 28 U 2468/05 – nv.
109 Vgl Palandt/*Ellenberger*, § 31 BGB Rn 3.
110 Vgl *Hüffer*, § 78 Rn 1.
111 Vgl *Hüffer*, § 78 Rn 23.
112 Vgl *Baumbach/Hopt*, 34. Aufl, Anh. § 177a, Rn 64; zu den Argumenten s. *Assmann*, in: Assmann/Schütze, § 6 Rn 140 f.
113 So auch *Groß*, WM 2002, 477, 481.
114 BGH NJW 2005, 2450 = AG 2005, 609 = WM 2005, 1358 = ZIP 2005, 1270.

der Auswirkungen auf die Vermögens- und Finanzlage oder auf den allgemeinen Geschäftsverlauf der Gesellschaft geeignet sind, den Börsenpreis der Aktien erheblich zu beeinflussen. Der Vorstand ist daher Anspruchsgegner.[115]

Bislang war es fraglich, ob eine Ad-hoc-Mitteilung erfolgen muss, wenn der Eintritt des Ereignisses noch offen ist. Mit Urteil vom 28.6.2012 (Rs. C-19/11) hat der EuGH zum richtigen Zeitpunkt der Pflichtveröffentlichung nach § 15 WpHG („Ad-hoc-Veröffentlichung") entschieden. Das Urteil betrifft den Rücktritt des damaligen Vorstandsvorsitzenden der Daimler AG, Jürgen Schrempp. Der EuGH bejaht die Veröffentlichungspflicht des Vorstands, wie zuvor das OLG Frankfurt/M.[116] in der bußgeldrechtlichen Entscheidung: „1. Die Publizitätspflicht beginnt bereits dann, wenn der Bereich interner Willensbildung sich zu einer konkreten Tatsache verdichtet hat und das Ergebnis dieses Willensbildungsprozesses gegenüber einem Entscheidungsträger des Unternehmens als konkrete Tatsache objektiv nach außen zu Tage tritt. 2. Die Frage, ‚wie' der Aufsichtsrat mit der beabsichtigten Amtsniederlegung unternehmerisch und rechtlich umgeht, ist für die bereits entstandene Publizitätspflicht des Unternehmens über das ‚Ob' der Amtsniederlegung unerheblich. 3. Diese ‚neuen' Entscheidungen über das ‚Wie' können nach Abschluss des internen Willensbildungsprozesses, wenn sie objektiv erkennbar nach außen treten, jeweils für sich ‚neue' publizitätspflichtige Tatsachen darstellen." Nach Auffassung des EuGH kann die Information über einen eingetretenen oder zu erwartenden Zwischenschritt eine konkrete Information und damit im Falle ihrer Kurserheblichkeit eine Insiderinformation darstellen. Hierbei kommt es nicht darauf an, ob auch das Endereignis hinreichend wahrscheinlich ist. Die Gerichte werden sich damit auseinandersetzen müssen, ob bereits einzelne Schritte vor der Entscheidung des Aufsichtsrats diese strengeren Anforderungen erfüllen.

89 c) **Aufsichtsrat.** Fraglich ist, ob auch die Mitglieder des Aufsichtsrats Anspruchsgegner sein können. Die Verpflichtung des § 15 Abs. 1 S. 1 WpHG zur Veröffentlichung von Ad-hoc-Mitteilungen trifft den Emittenten, vertreten durch den Vorstand. Eine Haftung der Aufsichtsratsmitglieder ließe sich möglicherweise damit begründen, dass es Aufgabe des Aufsichtsrats ist, die Geschäftsführung zu überwachen, vgl § 111 Abs. 1 AktG. Überwachung heißt zunächst Kontrolle der vom Vorstand bereits entfalteten Tätigkeit.[117] Gemäß § 90 Abs. 1 Nr. 3 AktG wird der Aufsichtsrat vom Vorstand regelmäßig über den Gang der Geschäfte, insbesondere den Umsatz, und die Lage der Gesellschaft unterrichtet. Die Berichte haben gem. § 90 Abs. 4 AktG den Grundsätzen einer gewissenhaften und getreuen Rechenschaft zu entsprechen. Gemäß § 90 Abs. 1 Nr. 1, Abs. 2 Nr. 1 AktG wird der Aufsichtsrat vom Vorstand über die beabsichtigte Geschäftspolitik und andere grundsätzliche Fragen der Unternehmensplanung einmal jährlich und ferner immer dann informiert, wenn Änderungen der Lage oder neue Fragen eine unverzügliche Berichterstattung gebieten. Gemäß § 111 Abs. 2 AktG hat der Aufsichtsrat das Recht, Bücher und Schriften der Gesellschaft einzusehen. Dieses Recht hat er nach pflichtgemäßem Ermessen auszuüben.[118] Es darf jedoch nicht übersehen werden, dass die Pflicht zur Wahrnehmung der Aufgaben gem. § 111 AktG durch den Aufsichtsrat **gegenüber der Gesellschaft** besteht. Zwar wird der Aktionär durch den Erwerb der Aktie am Grundkapital der AG beteiligt. Jedoch besteht zum Zeitpunkt, in dem der Aufsichtsrat seiner Überwachungspflicht hätte nachkommen sollen, wodurch er vielleicht die Veröffentlichung falscher Ad-hoc-Mitteilungen verhindert hätte, noch keine gesellschaftsrechtliche Beziehung zwischen der Gesellschaft und dem späteren Aktionär. Eine Haftung des Aufsichtsrats im Rahmen von falschen Ad-hoc-Mitteilungen dürfte im Ergebnis abzulehnen sein.

90 Es waren zwar gesetzgeberische Bestrebungen im Gange, die persönliche Haftung auch der Aufsichtsratsmitglieder gegenüber Anlegern für vorsätzliche oder grobfahrlässige Falschinformation des Kapitalmarktes einzuführen. Die damalige Bundesregierung hatte dies iR eines Maßnahmenkataloges zur Stärkung der Unternehmensintegrität und des Anlegerschutzes bereits 2003 angekündigt.[119] In einem Entwurf eines Gesetzes zur Verbesserung der Haftung für falsche Kapitalmarktinformationen (Kapitalmarktinformationshaftungsgesetz – KapInHaG) vom 7.10.2004 war eine Neufassung des § 37 b WpHG vorgesehen, dh die Haftung auch von Aufsichtsräten bei Verletzung ihrer Kontrollpflichten. Die mit der Regelung bewirkte Haftungsandrohung sollte u.a. einen Anreiz zu korrekter Kapitalmarktinformation bewirken. Das Gesetz wurde jedoch nicht erlassen. Vielmehr wurde bereits der Entwurf durch das Bundesfinanzministerium auf Druck der Wirtschaft im November 2004 zurück gezogen.

91 **7. Anspruchsinhalt.** Liegen die Voraussetzung der oben genannten Normen vor, so besteht ein Anspruch auf Schadensersatz. Dieser bestimmt sich nach den §§ 249 ff BGB. Voraussetzung ist das Vorliegen eines Schadens. Unter Schaden versteht man **jede unfreiwillige Vermögenseinbuße**.[120] Mit Urteil vom 13.12.2011

---

115 So BGH AG 2004, 546 = BB 2004, 1816 = NJW 2004, 2971 = WM 2004, 1721; BGH NJW 2004, 2668 = WM 2004, 1726; ebenso: BGH NJW 2005, 2450 = AG 2005, 609 = WM 2005, 1358 = ZIP 2005, 1270.
116 Beschl. v. 12.2.2009 – 2 Ss Owi 514/08.
117 Vgl *Hüffer*, § 111 Rn 4.
118 Vgl *Hüffer*, § 111 Rn 11.
119 Im Internet unter <www.bmj.de>.
120 Vgl Palandt/*Grüneberg*, vor § 249 BGB Rn 9.

(XI ZR 51/10) hat der BGH hinsichtlich der Bankenhaftung wegen unterbliebener Ad-hoc-Mitteilung entschieden: „Nach § 37b Abs. 1 WpHG kann ein Anleger wegen unterlassener Veröffentlichung einer Ad-hoc-Mitteilung den Erwerbsschaden ersetzt verlangen, also Rückzahlung des Erwerbsentgelts Zug um Zug gegen Hingabe der erworbenen Finanzinstrumente. Die Darlegungs- und Beweislast dafür, dass die Finanzinstrumente wegen einer unterlassenen Ad-hoc-Mitteilung erworben wurden, trägt der Anspruchsteller."[121]
§ 826 BGB stellt hinsichtlich des Schadens begrifflich nicht auf die Verletzung bestimmter Rechtsgüter ab: Schaden ist danach nicht nur jede nachteilige Einwirkung auf die Vermögenslage, sondern darüber hinaus jede Beeinträchtigung eines rechtlich anerkannten Interesses und jede Belastung mit einer ungewollten Verpflichtung. Danach ist der in seinem Vertrauen in die Richtigkeit einer Ad-hoc-Mitteilung enttäuschte Anleger im Wege der Naturalrestitution so zu stellen, wie er stehen würde, wenn die für die Veröffentlichung Verantwortlichen ihrer Pflicht zur wahrheitsgemäßen Mitteilung nachgekommen wären. Hätte der Anleger die Aktien dann nicht erworben – wovon idR auszugehen sein dürfte –, kann er nach § 249 S. 1 BGB Geldersatz in Höhe des für den Aktienerwerb aufgewendeten Kaufpreises gegen Übertragung der erworbenen Rechtspositionen, sprich der noch gehaltenen Aktien, auf die Schädiger verlangen.[122] Sofern die erworbenen Aktien wegen zwischenzeitlicher Veräußerung nicht mehr vorhanden sind, ist die Differenz zwischen dem gezahlten Kaufpreis sowie dem Veräußerungspreis zu ersetzen.[123]

8. Beweislast. a) Grundsatz. Da es sich – mit Ausnahme der Haftung aus Vertrauensgrundsätzen – um deliktische Ansprüche handelt, muss nach hM der Anleger als Geschädigter den objektiven und subjektiven Tatbestand, sprich die schädigende Handlung, Verschulden, Schaden sowie haftungsbegründende und haftungsausfüllende Kausalität beweisen.[124] Im Rahmen des § 823 Abs. 2 BGB iVm einer Schutzgesetzverletzung muss der Geschädigte grundsätzlich den Verstoß gegen das Schutzgesetz, den ursächlichen Zusammenhang zwischen Verstoß und Schaden und grundsätzlich das Verschulden des Schädigers beweisen.[125] **92**

Da die allgemeine zivilrechtliche Prospekthaftung eine besondere Ausprägung der Vertrauenshaftung (§ 311 BGB) ist, müssen die für diese entwickelten Grundsätze der Beweisverteilung auch hier gelten. Danach gilt auch hier eine Beweislastverteilung nach Gefahrenbereichen, dh der Gläubiger (hier der Anleger) muss beweisen, dass eine Pflicht verletzt wurde, konkret, dass die Ad-hoc-Mitteilung falsch war. Der Schuldner muss dann beweisen, dass er die Pflichtverletzung nicht zu vertreten hat.[126] Da der eingetretene Schaden im Bereich des Anlegers liegt, muss er diesen darlegen und beweisen. Ferner trifft den geschädigten Anleger im Grundsatz auch die Beweislast für die haftungsbegründende Kausalität, dh Ursächlichkeit der falschen Meldung für den konkreten Kaufentschluss.[127] **93**

b) Beweiserleichterungen. In der Praxis bereiten jedoch der Nachweis der Kausalität zwischen falscher Ad-hoc-Mitteilung, der Nachweis des subjektiven Tatbestandes sowie der Nachweis des Verschuldens erhebliche Probleme. Aus diesem Grund stellt sich die Frage, ob dem Geschädigten nicht Beweiserleichterungen zugute kommen, etwa durch eine **Beweislastumkehr** oder wenigstens die Annahme eines **Anscheinsbeweises**. **94**

aa) Beweislastumkehr. (1) Subjektiver Tatbestand und Verschulden. Nach der hier vertretenen Ansicht kann eine **Beweislastumkehr** zugunsten der Anleger im Rahmen von Vorsatz bzw Fahrlässigkeit sowie im Rahmen des Verschuldens angenommen werden, so dass die Anspruchsgegner darlegen und beweisen müssen, dass sie nicht vorsätzlich bzw fahrlässig und nicht schuldhaft gehandelt haben. Bei diesen Voraussetzungen handelt es sich um Umstände aus der Sphäre der Schädiger, um innere Tatsachen, so dass eine Umkehr der Beweislast gerechtfertigt erscheint. Denn der Nachweis dieser Umstände ist für die Anleger, die keinen Einblick in die Sphäre und den Verantwortungsbereich der Anspruchsgegner haben, praktisch ausgeschlossen und deshalb unzumutbar. **95**

In der Rechtsprechung ist anerkannt, dass sich aus der Vorschrift des § 282 BGB aF für den Bereich der sog. positiven Vertragsverletzungen eine Beweislast für den Schuldner dahin ergibt, dass ihn an einer Schlechterfüllung des Vertrages kein Verschulden trifft.[128] Diese Beweislastumkehr, die den Nachweis des objektiven Pflichtverstoßes des Schuldners umfasst, greift deshalb ein, da der Schaden, der den Anlegern entstanden ist, im Herrschafts- und Organisationsbereich der Vorstände entstanden ist und die Pflichten der Vorstände dahin gehen, die Anleger gerade vor einem solchen Schaden zu bewahren. Dass eine solche Beweislastverteilung der Realität gerecht wird, ergibt sich aus § 93 AktG, nach dem die Beweislast bei den Vorstandsmitgliedern liegt, dass sie die Sorgfalt eines ordentlichen und gewissenhaften Geschäftsleiters an- **96**

---

121 Zur Beweislast vgl auch Rn 92 ff.
122 So BGH ZIP 2004, 1593, 1597 = NJW 2004, 2971 = AG 2004, 546 = WM 2004, 1721; ebenso: BGH NJW 2004, 2668 = WM 2004, 1726; vgl auch *Kort*, AG 2005, 21, 24.
123 Vgl BGH NJW 2005, 2450 f.
124 Vgl Palandt/*Grüneberg*, vor § 249 BGB Rn 128; sowie Palandt/*Sprau*, § 823 BGB Rn 80.
125 Vgl Palandt/*Sprau*, § 823 BGB Rn 81.
126 Vgl Palandt/*Grüneberg*, § 280 BGB Rn 35, 40.
127 Vgl hierzu Palandt/*Grüneberg*, § 280 BGB Rn 38.
128 Vgl BGH NJW 1991, 1540, 1541.

gewandt haben, vgl § 93 Abs. 2 S. 2 AktG. Auch wenn nach hM Aktionäre aus § 93 Abs. 2 AktG keine Ansprüche herleiten können sollen und § 93 AktG auch keine Norm im Sinne des § 823 Abs. 2 BGB sein soll,[129] so ist doch die im AktG getroffene Beweislastverteilung, die den Vorstandsmitgliedern die Beweislast nicht nur für fehlendes Verschulden, sondern auch für fehlende Pflichtwidrigkeit auferlegt, ein wichtiger Hinweis auf die in der Realität gegebenen Schwierigkeiten einer Beweisführung.

97 Im Prinzip handelt es sich dabei um den Schluss aus der Erkenntnis, dass derjenige, der den Zugang zum Wissen über den Geschehensablauf besitzt, dann die Beweislast trägt, wenn die Art des behaupteten Schadens so stark für ein pflichtwidriges Verhalten oder Unterlassen der Vorstände spricht, dass von den Anlegern ein weiterer Vortrag zu dem Zusammenhang zwischen Verhalten und Entstehung des Schadens nicht verlangt werden kann. Vor diesem Hintergrund ist es richtig, im Bereich der subjektiven Voraussetzungen sowie beim Verschulden eine Beweislastumkehr anzunehmen. Im Rahmen des § 823 Abs. 2 BGB gilt, dass der das Schutzgesetz Übertretende in der Regel Umstände darlegen und beweisen muss, die geeignet sind, die daraus folgende Annahme seines Verschuldens auszuräumen, wenn der objektive Verstoß gegen das Schutzgesetz feststeht. Voraussetzung für diese Beweislastumkehr ist, dass das Schutzgesetz das geforderte Verhalten konkret umschreibt, es genügt nicht, dass es lediglich einen bestimmten Verletzungserfolg verbietet.[130] Diese Voraussetzung ist bei den § 264a StGB und § 400 Abs. 1 Nr. 1 AktG gegeben, denn aus diesen Normen ergibt sich, dass Gesellschaften und deren Verantwortliche die Pflicht haben, den Kapitalmarkt und die Anleger mit Informationen zu versorgen, die der Realität entsprechen, wozu auch die Veröffentlichung richtiger Ad-hoc-Mitteilungen gehört.

98 In der **Rechtsprechung** hat sich diese Ansicht zur Beweislastumkehr leider nicht durchgesetzt. Daher kann der Nachweis des subjektiven Tatbestands und des Verschuldens praktisch nur dann erbracht werden, wenn die Verantwortlichen rechtskräftig strafrechtlich verurteilt wurden, etwa wegen unrichtiger Darstellung oder wegen Kursbetruges. Werden Schadensersatzansprüche gerichtlich geltend gemacht, genügt jedoch nicht eine pauschale Bezugnahme auf das Strafverfahren. Daher muss Akteneinsicht in die staatsanwaltschaftlichen Ermittlungsakten beantragt werden. Voraussetzung ist, dass der Anleger als Antragsteller Verletzter iSd § 406e Abs. 1 StPO ist. Die Akteneinsicht wird zwar idR gewährt, allerdings besteht kein Anspruch darauf. Das BVerfG hat durch Urteil vom 24.9.2002 – 2 BvR 742/02[131] – entschieden, dass die Gewährung von Akteneinsicht Grundrechte der Beschuldigten verletzen kann. Wird der Antrag abgewiesen, empfiehlt es sich, bei dem erkennenden Gericht den Antrag auf Beiziehung der Strafakten zu stellen. Sofern Einsicht in die Ermittlungsakten genommen werden konnte, muss – dies hat die praktische Erfahrung gezeigt – zu den einzelnen relevanten Tatsachen aus den Ermittlungsakten präzise unter Angabe des Aktenzeichens, des konkreten Dokuments und der jeweiligen Blattnummer vorgetragen und unter Beweis gestellt werden. Sofern eine Verurteilung erfolgt ist, sind manche Gerichte der Ansicht, dass aus dem Urteil direkt und nicht lediglich aus der Anklageschrift vorzutragen ist. Obwohl die Zivilgerichte nicht an die Feststellung und die rechtliche Würdigung der Strafgerichte gebunden sind, kann der Nachweis des subjektiven Tatbestands und des Verschuldens praktisch nur bei strafrechtlicher rechtskräftiger Verurteilung erbracht werden.

99 (2) **Kausalität**. Es ist denkbar, dass sich die Probleme im Bereich des Nachweises der **haftungsbegründenden Kausalität** – sprich der Ursächlichkeit der falschen Ad-hoc-Mitteilung für den konkreten Kaufentschluss – entweder über eine Beweislastumkehr oder zumindest über einen Anscheinsbeweis überwinden lassen. Im Bereich der Prospekthaftung war ausdrücklich eine **Beweislastumkehr** statuiert (§ 45 Abs. 2 Nr. 1 aF BörsG). Diese Grundsätze können nach der hier vertretenen Auffassung durchaus auch auf die im hiesigen Fall maßgebliche Haftung übertragen werden. Voraussetzung für eine Analogie ist eine Gesetzeslücke sowie die Vergleichbarkeit der Fälle. Die Gesetzeslücke liegt auf der Hand. Die Vergleichbarkeit ergibt sich aus der Überlegung, dass sowohl Prospekt als auch Ad-hoc-Mitteilung Informationsquellen für eine unbegrenzte Zahl von Marktteilnehmern darstellen. Ferner sind Gegenstand dieser Quellen Informationen, bezüglich derer das Unternehmen sozusagen ein Monopol besitzt.

100 Es darf auch nicht übersehen werden, dass offenbar der Gesetzgeber selbst davon ausging, dass Prospekt und Ad-hoc-Mitteilung gleichermaßen Publizitätswirkung zukommt: Die Beweislastumkehr in § 45 Abs. 2 Nr. 4 aF BörsG rechtfertigt sich daraus, dass ein Prospekt eine positive Anlagestimmung schafft. Dementsprechend ist darin geregelt, dass der Prospekthaftungsanspruch nach § 44 aF BörsG nicht besteht, wenn vor Abschluss des Erwerbsgeschäfts im Rahmen einer Veröffentlichung nach § 15 Abs. 1 S. 1 WpHG falsche Angaben berichtigt werden. Konsequenz kann nur sein, dass beiden Informationsquellen die gleiche Öffentlichkeitswirkung zugesprochen wird. Ferner ergibt sich aus der Definition der Ad-hoc-Mitteilung

---

129 Vgl dazu *Hüffer*, § 93 Rn 19.
130 Vgl Palandt/*Sprau*, § 823 BGB Rn 81.

131 BVerfG NJW 2003, 501 = NZG 2003, 77 oder im Internet unter <www.bundesverfassungsgericht.de>.

selbst, dass diese eine Anlagestimmung erzeugen kann, denn nach § 15 Abs. 1 S. 1 WpHG muss die zu veröffentlichende Tatsache geeignet sein, den Börsenkurs erheblich zu beeinflussen. Von einer derartigen Beeinflussung kann nur bei einer Anlagestimmung (ausführlicher zur Anlagestimmung Rn 104 ff) die Rede sein.[132]

Allerdings hat der BGH im Rahmen des Nachweises der Kausalität bereits einen Anscheinsbeweis zugunsten des geschädigten Anlegers grundsätzlich abgelehnt (ausführlicher Rn 102 ff).[133] Der BGH[134] entschied zur Beweislastumkehr nunmehr wie folgt: „Eine analoge Anwendung der in § 45 Abs. 2 Nr. 1 BörsG für die Börsenprospekthaftung in Bezug auf die haftungsbegründende Kausalität statuierten Beweislastumkehr scheidet mangels planwidriger Regelungslücke aus. Obwohl dem Gesetzgeber bekannt war (vgl BT-Drucks. 13/8933 S. 76, 80), dass der dem Anleger obliegende Beweis der Ursächlichkeit unrichtiger Publizität für die von ihm getroffene Anlageentscheidung nahezu unmöglich ist (vgl BGH, Urteil vom 19. Juli 2004 – II ZR 218/03, BGHZ 160, 134, 144), hat er keine der mannigfaltigen Änderungen des WpHG zum Anlass genommen, die §§ 37 b, 37 c WpHG insofern an § 45 Abs. 2 Nr. 1 BörsG anzugleichen." [101]

bb) Anscheinsbeweis. Doch selbst wenn man nicht so weit gehen will und gleich eine Beweislastumkehr annehmen möchte, so ist aus praktischer Sicht zugunsten der geschädigten Anleger zumindest eine Beweiserleichterung über den **Anscheinsbeweis** gerechtfertigt. Im Bereich der Börsenprospekthaftung behalfen sich die Gerichte – bevor durch das 3. Finanzmarktförderungsgesetz eine klare gesetzliche Regelung geschaffen wurde – damit, dass zugunsten der Anleger für eine gewisse Zeit, in der Regel ein paar Monate, eine positive Anlagestimmung, verursacht durch den Prospekt, angenommen wurde. In diesem Rahmen genügte der Erwerb der Wertpapiere, auch wenn der Anleger den Prospekt selbst nicht gelesen hatte. Ausreichend war, dass der Prospekt von Fachkreisen, zB Analysten, Bankberatern etc., gelesen worden war und deshalb allgemein eine positive Anlagestimmung bestand. Ad-hoc-Mitteilungen sind primäre Informationsquelle für den Kapitalmarkt. Sie sind demnach, unabhängig von der konkreten Kenntnisnahme durch einzelne Anleger, Grundlage von Medienberichten und Empfehlungen durch Analysten. [102]

Wie ausgeführt (vgl Rn 102) hat der BGH jedoch im Rahmen des Nachweises der Kausalität bereits einen Anscheinsbeweis zugunsten des geschädigten Anlegers grundsätzlich abgelehnt.[135] Danach gilt der Anscheinsbeweis nur für typische Geschehensabläufe, bei denen ein bestimmter Sachverhalt nach der Lebenserfahrung auf das Hervorrufen einer bestimmten Folge schließen lässt. Die Anlageentscheidung eines potenziellen Aktienkäufers stelle einen durch vielfältige rationale und irrationale Faktoren, insbesondere teils spekulative Elemente beeinflussten, sinnlich nicht wahrnehmbaren individuellen Willensentschluss dar. Bei derartigen individuell geprägten Willensentschlüssen geht die höchstrichterliche Rechtsprechung davon aus, dass es grundsätzlich keinen Anscheinsbeweis für sicher bestimmbare Verhaltensweisen von Menschen in bestimmten Lebenslagen gibt.[136] Nach wie vor ist der BGH[137] der Auffassung, dass der Anscheinsbeweis nicht anzunehmen ist: „Die von der Rechtsprechung zur Prospekthaftung nach dem Börsengesetz alter Fassung entwickelten Grundsätze des Anscheinsbeweises bei Vorliegen einer ‚Anlagestimmung' sind auf den vorliegenden Fall einer Haftung aus § 37 b WpHG nicht zu übertragen (vgl zu § 826 BGB schon BGH, Urteil vom 19. Juli 2004 – II ZR 218/03, BGHZ 160, 134, 144 ff). Da es hier um einen Schadensersatzanspruch wegen unterbliebener Ad-hoc-Mitteilung geht, fehlt es schon an positiven Signalen, die ggfs. von einer (falschen) Ad-hoc-Mitteilung ausgehen, und damit an einem Anknüpfungspunkt für eine einzelfallbezogene konkrete Anlagestimmung (dazu BGH, Urteil vom 19. Juli 2004 – II ZR 218/03, BGHZ 160, 134, 146 f; Beschluss vom 28. November 2005 – II ZR 80/04, WM 2007, 683 Rn 9 f)." [103]

cc) Positive Anlagestimmung. Dogmatisch ist dieser Punkt dem Anscheinsbeweis zuzuordnen. Angesichts der praktischen Bedeutung soll ihm jedoch ein eigener Gliederungspunkt gewidmet werden. In den durch den BGH am 19.7.2004 – II ZR 217/03 und II ZR 218/02 – entschiedenen Fällen kam den dortigen Klägern hinsichtlich der behaupteten Kausalität der falschen Ad-hoc-Mitteilungen für ihren individuellen Willensentschluss zum Aktienerwerb kein Beweis des ersten Anscheins für das Bestehen einer sog. Anlagestimmung zugute.[138] Auch die von der Rechtsprechung zur Prospekthaftung nach dem Börsengesetz alter Fassung entwickelten Grundsätze über den Anscheinsbeweis bei Vorliegen einer Anlagestimmung ließen sich nicht ohne Weiteres auf die Delikthaftung nach § 826 BGB im Hinblick auf fehlerhafte Ad-hoc-Mitteilungen übertragen.[139] [104]

---

132 Zum Ganzen überzeugend:. *Rössner/Bolkart*, ZIP 2002, 1471, 1476.
133 Vgl BGH ZIP 2004, 1599, 1602 = NJW 2004, 2664.
134 Urt. v. 13.12.2011 – XI ZR 51/10.
135 Vgl BGH ZIP 2004, 1599, 1602 = NJW 2004, 2664.
136 Vgl BGH ZIP 2004, 1599, 1602 f = NJW 2004, 2664.
137 Urt. v. 13.12.2011 – XI ZR 51/10.
138 Vgl BGH ZIP 2004, 1599, 1603 = NJW 2004, 2664; ebenso: BGH NJW 2004, 2668 = WM 2004, 1726.
139 Vgl BGH ZIP 2004, 1599, 1603 = NJW 2004, 2664; ebenso: BGH NJW 2004, 2668 = WM 2004, 1726.

105 Aus dieser Formulierung wird bereits deutlich, dass der BGH eine Anlagestimmung nicht generell ablehnt. So führt er weiter aus, dass denkbar sei, dass sich im Einzelfall – je nach Tragweite der Information – aus positiven Signalen einer Ad-hoc-Mitteilung auch eine regelrechte Anlagestimmung für den Erwerb von Aktien entwickeln könne. Zur genauen Dauer einer solchen denkbaren Anlagestimmung ließen sich aber ebenso wenig – wenn nicht sogar weniger – verlässliche, verallgemeinerungsfähige Erfahrungssätze aufstellen wie für den Bereich der Emissionsprospekte. Als gesichert könne allenfalls gelten, dass eine derartige Anlagestimmung nicht unbegrenzt sei und dass die Wirkung von positiven Informationen zum zeitlichen Abstand zur Veröffentlichung abnehme. Auch die durch die positive Ad-hoc-Mitteilung verursachte Anlagestimmung ende jedenfalls dann, wenn im Laufe der Zeit andere Faktoren für die Einschätzung des Wertpapiers bestimmend werden, etwa eine wesentliche Änderung des Börsenindex, der Konjunktureinschätzung oder aber neue Unternehmensdaten, wie zB ein neuer Jahresabschluss, ein Halbjahres- oder Quartalsbericht. Dies reiche aber angesichts der vielfältigen kursbeeinflussenden Faktoren des Kapitalmarkts einerseits und der Uneinheitlichkeit der individuellen Willensentscheidungen der einzelnen Marktteilnehmer andererseits nicht aus, um für die Dauer solcher Anlagestimmungen als Folge eine „an der Typik auszurichtende, durch wissenschaftliches Experiment oder vielfache Beobachtung und ständige Erfahrung des täglichen Lebens bestätigte und darum besonders überzeugungskräftige Wahrscheinlichkeit" – wie für den Anscheinsbeweis erforderlich – anzunehmen. Bei der Beurteilung, wie lange eine Anlagestimmung etwa von einer Ad-hoc-Mitteilung ausgehen kann, verbiete sich daher jede schematische, an einen bestimmten, festen Zeitraum angelehnte Betrachtungsweise. Vielmehr obliege dem Tatrichter die Feststellung der Kausalität im Einzelfall anhand der grundsätzlich vom Kläger vorzutragenden konkreten Umstände.[140]

106 Die unterinstanzlichen Gerichte deuten diese Rechtsprechung nicht einheitlich. So hat das OLG Frankfurt aM entschieden, dass die Grundsätze zur Anlagestimmung im Rahmen der deliktischen Haftung für Ad-hoc-Mitteilungen keine Anwendung finden und daher die Ursächlichkeit der falschen Meldung für den Kaufentschluss anhand der Umstände des Einzelfalls festgestellt werden muss.[141] Das OLG München hat indes in dem Fall, in dem über Jahre hinweg u.a. in diversen Ad-hoc-Mitteilungen permanent bewusst falsche Unternehmenszahlen veröffentlicht wurden, eine positive Anlagestimmung bejaht[142] und ist sogar so weit gegangen, dass bei durchgängiger Verbreitung ganz überwiegend erfundener Umsatz- und Gewinnzahlen im Börsenprospekt und in Ad-hoc-Mitteilungen deren Ursächlichkeit für die Anlegerentscheidung grundsätzliches keines weiteren Beweises bedarf.[143] Der BGH hat in zwei Hinweisbeschlüssen jeweils vom 28.11.2005 – II ZR 80/04 und II ZR 246/04 – entschieden, dass es selbst im Fall der extrem unseriösen Kapitalmarktinformation („ComROAD AG") des Nachweises der Kausalität bedarf. Ob durch eine Ad-hoc-Mitteilung eine besondere Anlagestimmung für den Erwerb von Aktien hervorgerufen worden sei und wie lange sie gegebenenfalls dauere, sei eine Frage des Einzelfalls. Angesichts der unterschiedlichen OLG-Rechtsprechung ist es daher Aufgabe des BGH, hier weitere Klarheit zu schaffen.

107 Der Beweis der Kausalität kann erbracht werden durch eine **Parteieinvernahme** bzw **Parteianhörung** des klagenden Anlegers oder durch eine **Zeugeneinvernahme**.

108 Im Regelfall kann der klagende Anleger zum Beweis der Kausalität zwischen Ad-hoc-Mitteilung und seinem Kaufentschluss nur seine **Parteieinvernahme** zumindest seine Anhörung (vgl hierzu Rn 111) anbieten. Da die nach § 447 ZPO erforderliche Zustimmung des Gegners zu einer Parteieinvernahme des Klägers in aller Regel nicht erteilt wird, stellt sich die Frage, ob eine Parteieinvernahme nach § 448 ZPO, sprich von Amts wegen angeordnet werden kann. Danach kann auch ohne Antrag einer Partei und ohne Rücksicht auf die Beweislast die Vernehmung einer Partei oder beider Parteien über die Tatsache anordnen, wenn das Ergebnis der Verhandlungen und einer etwaigen Beweisaufnahme nicht ausreicht, um seine Überzeugung von der Wahrheit oder Unwahrheit einer zu erweisenden Tatsache zu begründen. Erforderlich ist eine gewisse, nicht notwendig hohe Wahrscheinlichkeit für die Richtigkeit der streitigen Behauptung iSe **Anfangswahrscheinlichkeit**.[144]

109 Die teilweise vertretene Ansicht, der Rechtsprechung des BGH vom 19.7.2004 (vgl Rn 2) lasse sich eine generelle Ablehnung der Parteieinvernahme nach § 448 ZPO für den Kausalitätsbeweis mangels Anfangswahrscheinlichkeit entnehme, ist falsch. So wurde nämlich durch den BGH ausdrücklich darauf hingewiesen, dass sich das Gericht mit den durch den klagenden Anleger vorzutragenden Einzelumständen auseinander zu setzen und ggf zu prüfen habe, ob die Voraussetzungen für eine Parteieinvernahme gem. § 448 ZPO jeweils erfüllt sind.[145] In dem durch den BGH entschiedenen Fall hatte dieser die Revision abgewiesen, da die dortigen Kläger den Nachweis der Kausalität nicht erbringen konnten. Die Vorinstanz hatte

---

140 Vgl BGH ZIP 2004, 1599, 1603 = NJW 2004, 2664; ebenso: BGH NJW 2004, 2668 = WM 2004, 1726.
141 Vgl OLG Frankfurt aM AG 2005, 401.
142 Vgl OLG München NZG 2005, 518; vgl hierzu auch NJW-Spezial 2005, 319.
143 Vgl OLG München ZIP 2005, 1141.
144 Vgl Zöller/*Greger*, § 448 Rn 4; vgl auch BGH ZIP 2004, 1599, 1604 = NJW 2004, 2664.
145 Vgl BGH NJW 2004, 2668 =ZIP 2004, 1604.

rechtsbedenkenfrei schon angesichts des erheblichen Zeitraums von mindestens neun bzw sechs Monaten seit Ad-hoc-Mitteilung bis zu den Aktienkäufen es als völlig offen bezeichnet, wie diese ihre Anlageentscheidungen konkret getroffen habe. Überdies war für den dortigen Fall eine positive Anlagestimmung abgelehnt worden.[146]

Wenn aber nun ein erheblicher Zeitraum zwischen Ad-hoc-Mitteilung und Kauf gegen eine Anfangswahrscheinlichkeit spricht, muss ein enger zeitlicher Zusammenhang zwischen Meldung und Kauf eine derartige Anfangswahrscheinlichkeit begründen. Ausdrücklich ausgeführt hat der BGH dies in seinem Urteil vom 9.5.2005 – II ZR 287/02: Soweit es für die individuellen Anlageentscheidungen der Kläger im weiteren Verfahren auf das Zeitmoment der Nähe der jeweiligen Kaufentschlüsse zu den behaupteten unrichtigen Ad-hoc-Mitteilungen ankomme, weise der Senat darauf hin, dass einer der Kläger nach seinem Vorbringen die Anlageentscheidung noch am Tag der Veröffentlichung der Ad-hoc-Mitteilung und ein weiterer Kläger am Folgetage getroffen habe. Ein derartiges Zeitmoment könne auch ausschlaggebend für die erforderliche Anfangswahrscheinlichkeit im Rahmen des § 448 ZPO sein, zumal dann wenn die Kläger hinsichtlich ihrer individuellen Anlageentscheidungen über keine anderen Beweismittel als über ihre eigene Vernehmung als Partei verfügen.[147]

Sofern das erkennende Gericht eine Parteieinvernahme nach § 448 ZPO nicht anordnet, sollte zumindest eine **Parteianhörung** des Klägers erfolgen, wenn nur er Angaben zu seinen Kaufgründen machen kann. Lücken und Unklarheiten im Sachvortrag können am besten und am schnellsten im unmittelbaren Gespräch mit der betroffenen Partei beseitigt werden.[148] Auch die bloße Parteianhörung ohne förmliche Vernehmung kann zur Überzeugungsbildung des Gerichts nach § 286 ZPO ausreichen, spricht dafür, dass das Gericht dem Vortrag des Klägers Glauben schenkt.[149] In der Praxis wird diese Parteianhörung auch durchgeführt.

Sofern **Zeugen** zur Verfügung stehen, wie etwa Familienangehörige oder ggf Bankberater, die Angaben zu den Kaufgründen machen können und auch bereit sind, diese vor Gericht zu bestätigen, sollten diese auch als Zeugen benannt werden. Für den Fall, in dem lediglich der Anleger Angaben zu seinen Kaufgründen machen kann, empfiehlt sich eine Abtretung. So steht der Anleger selbst als Zeuge zur Verfügung und kann im Rahmen einer Zeugenaussage Angaben zu seiner Kaufmotivation machen. Freilich werten die Gerichte die Aussage des Anlegers, dh des eigentlichen Betroffenen, anders als die eines Dritten. Jedoch wird auf die Weise zumindest das Problem der Anfangswahrscheinlichkeit des § 448 ZPO umgangen.

9. Verjährung. a) Maßgebliche Verjährungsregeln. Da Schadensersatzansprüche im Zusammenhang mit der Veröffentlichung von Ad-hoc-Mitteilungen vorrangig auf deliktische Ansprüche gestützt werden können, bestimmt sich die Verjährung für Vorgänge, die sich vor dem 31.12.2001 ereignet haben, nach § 852 Abs. 1 BGB aF. Danach verjährte ein Schadensersatzanspruch aus unerlaubter Handlung in drei Jahren von dem Zeitpunkt an, in dem der Verletzte Kenntnis von Schaden und Schädiger erlangt.

Durch das Gesetz zur Modernisierung des Schuldrechts vom 26.11.2001,[150] das am 1.1.2002 in Kraft getreten ist, wurde § 852 BGB geändert. Die Verjährung deliktischer Ansprüche richtet sich seit dem 1.1.2002 nach den §§ 195, 199 BGB nF. Danach beträgt die Verjährung ebenfalls drei Jahre. Diese Frist beginnt gem. § 199 Abs. 1 BGB nF mit dem Schluss des Jahres, in dem der Anspruch entstanden ist, und der Gläubiger von den den Anspruch begründenden Umständen und der Person des Schuldners Kenntnis erlangt oder ohne grobe Fahrlässigkeit erlangen müsste.

b) Übergangsvorschrift. Art. 229 § 6 Abs. 1 S. 1 und 2 EGBGB regelt die Frage des zeitlichen Anwendungsbereichs. Danach finden die Vorschriften des BGB über die Verjährung in der seit dem 1.1.2002 geltenden Fassung auf die an diesem Tag bestehenden und nicht verjährten Ansprüche Anwendung. Der Beginn der Verjährung bestimmte sich jedoch für den Zeitraum vor dem 1.1.2002 nach dem BGB in der bis zu diesem Tag geltenden Fassung.

In der Praxis treten Probleme in den Fällen auf, in denen der haftungsbegründende Sachverhalt, sprich Veröffentlichung falscher Ad-hoc-Mitteilungen sowie Aktienkauf, vor dem 1.1.2002 lag, die Kenntnis hiervon bzw jetzt auch die grob fahrlässige Unkenntnis nach dem 1.1.2002 vorhanden war. Fraglich ist hier, ob als Beginn der Verjährungsfrist auf den 1.1.2002 oder auf den nach dem Stichtag liegenden Zeitpunkt der Kenntniserlangung iSd § 199 Abs. 1 Nr. 2 BGB nF abzustellen ist. Die Besonderheit besteht vorliegend darin, dass die Schadensursache durch den Erwerb der Wertpapiere vor dem 1.1.2002 gelegt und damit der Schaden vor diesem Zeitpunkt entstanden ist, die Kenntniserlangung von Schaden und Schädiger nach dem 1.1.2002 erfolgte. Der objektive Tatbestand liegt daher vor dem 1.1.2002, die subjektiven Tatbestandselemente sind erst danach gegeben. Art. 229 § 6 Abs. 1 S. 1 EGBGB enthält keine starre Regelung des Fristbe-

---

146 Vgl BGH NJW 2004, 2668 =ZIP 2004, 1604.
147 Vgl BGH NJW 2005, 2450, 2453.
148 Vgl Zöller/*Greger*, § 141 Rn 1.
149 So OLG Frankfurt aM, Urt v. 10.5.2005 – 5 U 133/03, S. 17, nv.
150 BGBl. I S. 3138.

ginns, so dass sich dessen Anwendung an dem Normzweck und der Tatbestandsstruktur der jeweiligen Vorschrift, hier der §§ 826, 823 Abs. 2 BGB iVm einem Schutzgesetz, zu orientieren hat.

117 Die Regelung über den Beginn der Verjährungsfrist ist sowohl nach altem Recht, § 852 BGB aF, als auch nach neuem Recht, §§ 195, 199 Abs. 1 Nr. 2 BGB nF, von subjektiven Elementen abhängig, nämlich der Kenntnis bzw jetzt auch der grob fahrlässigen Unkenntnis. Würde bei starrer Anwendung des Art. 229 § 6 Abs. 1 S. 1 EGBGB die Frist ab dem 1.1.2002 berechnet und das kenntnisabhängige, subjektive Tatbestandsmerkmal übergangen werden, so würde dies in zeitlicher Hinsicht zu einer Verkürzung der Verjährungsfrist und damit zu einer Schlechterstellung des Altgläubigers führen, da der Zeitraum bis zur Kenntniserlangung bei der Fristberechnung außer Acht bliebe. Eine unterschiedliche Länge der Verjährungsfrist war aber vom Gesetzgeber nicht gewollt. Die Verjährungsfrist nach altem und nach neuem Recht beträgt drei Jahre. Würde ferner für den Beginn der Verjährungsfrist auf den 1.1.2002 abgestellt werden, so würde das subjektive Element übergangen. Aus einer kenntnisabhängigen Fristenberechnung würde eine kenntnisunabhängige. Dies steht jedoch in offenem Widerspruch zu § 199 Abs. 1 Nr. 2 BGB nF. Daher ist für den Verjährungsbeginn auf die Kenntniserlangung bzw den Zeitpunkt abzustellen, zu dem ohne grobe Fahrlässigkeit Kenntnis möglich war.

118 **c) Maßgeblicher Zeitpunkt der Kenntnis bzw grob fahrlässigen Unkenntnis.** Ferner ist fraglich, ab wann die subjektiven Voraussetzungen gegeben sind. § 199 Abs. 1 Nr. 2 BGB nF erfordert Kenntnis bzw grob fahrlässige Unkenntnis der anspruchsbegründenden Tatsachen. Dh der Gläubiger muss die Tatsachen kennen oder infolge grober Fahrlässigkeit nicht kennen, die die Voraussetzungen der anspruchsbegründenden Norm erfüllen. Dazu gehört bei Schadensersatzansprüchen auch die Pflichtverletzung oder die gleichstehende Handlung, der Eintritt eines Schadens und die Kenntnis von der eigenen Schadensbetroffenheit. Kenntnis aller Einzelheiten, insbesondere bei Schadensersatzansprüchen ist nicht erforderlich. Es genügt, wenn der Gläubiger aufgrund der ihm bekannten oder erkennbaren Tatsachen eine hinreichend aussichtsreiche, wenn auch nicht risikolose Klage – zumindest eine Feststellungsklage – erheben kann. Dem Verjährungsbeginn steht nicht entgegen, dass der Schuldner seine Verantwortlichkeit bestreitet oder dass der Gläubiger die ihm bekannten Anspruchsvoraussetzungen nicht beweisen kann.[151]

119 Bei besonders unübersichtlicher und verwickelter Rechtslage können ausnahmsweise auch erhebliche rechtliche Zweifel den Verjährungsbeginn bis zu ihrer Klärung ausschließen.[152] In diesem Fall fehlt es an der Zumutbarkeit der Klageerhebung als übergreifende Voraussetzung für den Verjährungsbeginn. In zivilrechtlicher Hinsicht war bis zu den Urteilen des BGH vom 19.7.2004 (vgl Rn 2) völlig ungeklärt, ob und inwieweit eine persönliche Haftung von Vorstandsmitgliedern einer AG für fehlerhafte Ad-hoc-Mitteilungen in Betracht kommt. Erst die Rechtsprechung des BGH hat eine gewisse Klarheit geschaffen. In strafrechtlicher Hinsicht hat sich der BGH in seinem Revisionsurteil vom 16.12.2004 – 1 StR 420/03[153] – zum strafbaren Verhalten von ehemaligen Vorstandsmitgliedern einer AG im Rahmen von falschen Ad-hoc-Mitteilungen geäußert. Die bis dahin unsichere und zweifelhafte Rechtslage hat demnach erst durch die Rechtsprechung des BGH im zivil- und strafrechtlichen Bereich im Jahr 2004 eine gewisse Festigung erfahren.

120 Bei Schadensersatzansprüchen sind die Kenntnis der anspruchsbegründenden Umstände und die Kenntnis der Person des Schuldners uU schwer gegeneinander abzugrenzen. Letztere liegt vor, wenn die Verantwortlichkeit des Schuldners soweit geklärt ist, dass der Gläubiger aufgrund der ihm bekannten oder erkennbaren Tatsachen gegen ihn eine hinreichend aussichtsreiche, wenn auch nicht risikolose Klage erheben kann. Zustellung der Anklage in einem Strafverfahren gegen den Schädiger kann genügen. Bis zur Rechtskraft des Strafurteils sollte der Verjährungsbeginn nicht hinausgeschoben werden.[154] Frühestens mit Anklageerhebung gegen die (ehemaligen) Vorstände können daher die subjektiven Voraussetzungen für den Verjährungsbeginn vorliegen. Da jedoch auch die Verantwortlichkeit des Schädigers soweit geklärt sein muss, dass eine hinreichend aussichtsreiche Klage erhoben werden kann, ist nach der hier vertretenen Ansicht für den Beginn der Verjährung auf das strafrechtliche Urteil I. Instanz abzustellen.

121 Der BGH geht in seinem Urteil vom 6.2.1990 – VI ZR 75/89[155] – sogar noch weiter. In diesem nimmt er Stellung zum Beginn der Verjährung bei einem Strafurteil gegen eine am Vertrieb von Kapitalanlagen beteiligte Person. Nicht einmal die Rechtskraft des Strafurteils sei maßgeblich für den Beginn der Verjährung: Selbst wenn dem Kläger trotz der Komplexität des Sachverhalts auch ohne Einsichtnahme in die Gründe des Strafurteils ausreichende Information allein schon aus einer Auskunft über die Bestrafung des Beklagten wegen Betrugs erhalten hätte, so müsste ihm für eine solche Anfrage eine angemessene Zeit zugebilligt werden.[156]

---

151 Zum Ganzen vgl Palandt/*Ellenberger*, § 199 BGB Rn 26 f.
152 Vgl Palandt/*Ellenberger*, § 199 BGB Rn 27.
153 Vgl BGH NJW 2005, 445.
154 Vgl Palandt/*Ellenberger*, § 199 BGB Rn 33.
155 BGH NJW-RR 1990, 606.
156 BGH NJW-RR 1990, 606, 607.

10. Klageanträge. Die Klageanträge sind entsprechend danach zu formulieren, ob sich der Anleger noch in Besitz der Wertpapiere befindet oder nicht. 122
Befinden sich diese noch in seinem Besitz, so könnte der Klageantrag in der Hauptsache wie folgt lauten: 123

▶ Die Beklagte wird verurteilt, an den Kläger (...) EUR (Kaufpreis zuzüglich der üblichen mit dem Erwerb verbundenen Kosten) zuzüglich Zinsen in Höhe von 5 Prozentpunkten über dem Basiszinssatz hieraus seit Rechtshängigkeit Zug um Zug gegen Rückübertragung von (...) (Anzahl der Wertpapiere, die sich noch im Besitz des Anlegers befinden) Stück Aktien der Beklagten, WKN 000 000 bzw ISIN DE 0001234567 (Angabe der Wertpapierkennnummer bzw der International Securities Identification Number) zu bezahlen. ◀

Hat der Anleger die Wertpapiere bereits verkauft, so kann er die Differenz zwischen den Erwerbs- und den Veräußerungskosten verlangen unter Berücksichtigung der mit Erwerb und Veräußerung verbundenen üblichen Kosten. Der Antrag ist dann ein reiner Leistungsantrag und könnte wie folgt lauten: 124

▶ Die Beklagte wird verurteilt, an den Kläger (...) EUR zuzüglich Zinsen in Höhe von 5 Prozentpunkten über dem Basiszinssatz hieraus seit Rechtshängigkeit zu bezahlen. ◀

11. Gerichtsstand. Da im Rahmen der Haftung im Zusammenhang mit der Veröffentlichung von Ad-hoc-Mitteilungen überwiegend deliktische Ansprüche relevant sind, kommt seit dem 1.11.2005 der ausschließliche Gerichtsstand des § 32b ZPO sowie § 71 Abs. 2 Nr. 3 GVG zur Anwendung. Diese Vorschriften wurden durch das Kapitalanleger-Musterverfahrensgesetz (kurz KapMuG, vgl Rn 137) eingefügt. Durch Art. 2 Nr. 1 des Gesetzes zur Reform des Kapitalanleger-Musterverfahrensgesetzes und anderer Vorschriften vom 19.10.2012[157] wurden diese Vorschriften zum 1.11.2012 neu gefasst. Insbesondere ist nun nach § 32b Abs. 1 Nr. 3 ZPO das Gericht ausschließlich am Sitz des betroffenen Emittenten zuständig. Für Klagen, in denen (1.) ein Schadensersatzanspruch wegen falscher, irreführender oder unterlassener öffentlicher Kapitalmarktinformation, (2.) ein Schadensersatzanspruch einer falschen oder irreführenden Kapitalmarktinformation oder wegen Unterlassung der gebotenen Aufklärung darüber, dass eine öffentliche Kapitalmarktinformation falsch oder irreführend ist, oder (3.) ein Erfüllungsanspruch aus Vertrag, der auf einem Angebot nach dem Wertpapiererwerbs- und Übernahmegesetz beruht, geltend gemacht wird. Ist das Gericht ausschließlich am Sitz des betroffenen Emittenten, des betroffenen Anbieters von sonstigen Vermögensanlagen oder der Zielgesellschaft zuständig, wenn sich dieser Sitz im Inland befindet und die Klage zumindest auch gegen den Emittenten, den Anbieter oder die Zielgesellschaft gerichtet wird. Sachlich zuständig ist hierfür nach § 71 Abs. 2 Nr. 3 GVG – unabhängig vom Streitwert – das Landgericht. 125

C. Prozessuales Vorgehen

I. Rechtsschutzversicherung. Grundsätzlich haben geschädigte Anleger, die über eine Rechtsschutzversicherung verfügen, Anspruch auf Übernahme der Kosten, die ihnen im Zusammenhang mit der Geltendmachung von Ansprüchen basierend auf unrichtigen Ad-hoc-Mitteilungen entstehen. Denn dabei handelt es sich um Rechtsschutz für die Geltendmachung von Schadensersatzansprüchen, welche vom Versicherungsschutz umfasst ist. Es liegen daher keine Ausschlussgründe vor. In den neueren Versicherungsverträgen sind die Ansprüche im Zusammenhang mit Kapitalanlagen jedoch meistens vom Versicherungsschutz ausgenommen, so dass eine Kostenübernahme in der Regel nur bei Altfällen erfolgt. 126

Manche Rechtsschutzversicherungen verweigern ihren Versicherungsnehmern die Kostenübernahme für einen Rechtsstreit, wenn ein Schaden in Form eines Kursverlustes im Zusammenhang mit der Veröffentlichung von Ad-hoc-Mitteilungen erlitten wurde. Gestützt wird der Ausschluss durch die Versicherung entweder auf § 4 Abs. 1 lit. c, d ARB 75; § 3 Abs. 2 lit. c ARB 94 – Rechtsangelegenheit aus dem **Recht der Handelsgesellschaften** – oder auf § 4 Abs. 1 lit. g ARB 75; § 3 Abs. 2 lit. f ARB 94 – Rechtsangelegenheiten in ursächlichem Zusammenhang mit Spiel- und Wettverträgen sowie **Termin- oder vergleichbaren Spekulationsgeschäften.** 127

Dieser Ansicht ist der Ombudsmann für Versicherungen in einer Empfehlung vom 28.2.2002 entgegengetreten.[158] Eine Streitigkeit aus dem **Recht der Handelsgesellschaften** sei bei einem Aktienerwerb nicht gegeben, da dieser Ausschlussgrund aus der Sicht eines durchschnittlichen Versicherungsnehmers bei verständiger Würdigung, aufmerksamer Durchsicht und Berücksichtigung des erkennbaren Sinnzusammenhangs auszulegen sei. Dieser durchschnittliche Versicherungsnehmer verstehe einen Rechtsstreit, der aus seinem Aktienkauf als Kapitalanlage entsteht, nicht als Streitigkeit aus dem Recht der Handelsgesellschaften, sondern um Fragen der Kapitalanlage. Auch wenn der Anspruch auf § 823 Abs. 2 BGB iVm § 400 AktG gestützt werde, sei doch zu sehen, dass es sich dabei um eine strafrechtliche Vorschrift handelt und als solche nicht zum Recht der Handelsgesellschaften gehöre. Diese Norm regelt nicht die gesellschaftsrechtlichen 128

---

157 BGBl. I S. 2182.
158 Abgedruckt in BKR 2002, 327ff.

Verhältnisse, sondern deren zutreffende Darstellung nach außen zum Schutz des Rechtsverkehrs.[159] Auch kann der Wortlust der §§ 37 b, 37 c WpHG herangezogen werden: Dort wird der anspruchsberechtigte Anleger als „Dritter" bezeichnet. Die Streitigkeit wurzelt nicht im Gesellschaftsverhältnis.

129 Ferner zähle der Aktienerwerb nicht zur Wahrnehmung von Interessen, die in ursächlichem Zusammenhang mit Spiel- oder Wettverträgen sowie **Termin- oder vergleichbaren Spekulationsgeschäften** stehen. Die Unsicherheit, die jeder Kapitalanlage durch Aktienerwerb innewohne, sei nicht mit Spiel, Wette oder Termingeschäften vergleichbar. Auch ein durchschnittlicher Versicherungsnehmer, auf dessen Verständnis es bei der Auslegung des Risikoausschlusses ankomme, verstünde zumindest heute den Kauf von Aktien nicht in der Weise spekulativ, wie es Termingeschäfte oder Spiel und Wette sind. Dies gelte selbst für den Erwerb von Aktien, die am Neuen Markt gehandelt werden.[160] Dem ist zuzustimmen. Schließlich verwirklicht sich bei dem Erwerb von Aktien aufgrund falscher Ad-hoc-Mitteilungen nicht das typische, jeder Aktienanlage innewohnende Risiko. Der Kurs der Aktie wird vielmehr durch die falsche Information des Kapitalmarktes und des Anlegers (mit)beeinflusst.

130 Die Empfehlung des Ombudsmannes stellt jedoch keine für die Versicherung bindende Entscheidung dar und ist daher lediglich eine Möglichkeit, die Versicherungen dazu zu bringen, eine ablehnende Entscheidung erneut zu überdenken.

131 Im Übrigen kann auch eine Entscheidung des BGH sowie des Landgerichts München I jeweils zu Prospekthaftungsansprüchen gegen die Deutsche Telekom AG herangezogen werden.[161] Es wurde entschieden, dass es für das Vorliegen einer Rechtsangelegenheit aus dem **Recht der Handelsgesellschaften** um die Verfolgung oder Abwehr von Ansprüchen gehen muss, die ihren Grund in einem handelsrechtlichen Gesellschaftsvertrag oder einer gesellschaftsrechtlichen Norm finden. Es sollen Streitigkeiten erfasst werden, die im Kern in typischen gesellschaftsrechtlichen Beziehungen der Parteien zueinander ihren Ausgang genommen haben. Die Interessenwahrnehmung im Zusammenhang mit der Veräußerung oder dem Erwerb von Kapitalanteilen an einer Kapitalgesellschaft fällt nicht unter die Ausschlussregelung, wenn bei dem Streit nicht gesellschaftsrechtliche Belange im Vordergrund stehen. Beim Erwerb von Aktien aufgrund eines Börsenprospektes ergibt sich das Fehlen des gesellschaftsrechtlichen Schwerpunkts daraus, dass das haftungsauslösende Moment – Herausgabe eines unrichtigen oder unvollständigen Prospekts – vor dem Erwerb der Aktie gesetzt wurde. Des Weiteren ist in der Regel davon auszugehen, dass der durch einen Anleger aufgrund eines Prospekts erworbene Anteil an Wertpapieren im Vergleich zur Gesamtaktienzahl der Gesellschaft derart gering ist, dass nicht von einer gesellschaftsrechtlichen Beteiligung ausgegangen werden kann.[162]

132 Diese für eine Prospekthaftungsklage entwickelten Grundsätze können auch auf Schadensersatzklagen im Zusammenhang mit falschen Ad-hoc-Mitteilungen übertragen werden. Denn gleichermaßen wie bei der Herausgabe eines falschen Prospekts wurde der haftungsbegründende Tatbestand – Veröffentlichung einer falschen Ad-hoc-Mitteilung – vor dem Erwerb der Aktie gesetzt. Ferner ist davon auszugehen, dass der typische Kleinanleger, der Aktien aufgrund von Ad-hoc-Mitteilungen erwirbt, eben nur eine geringe Anzahl von Wertpapieren kauft, so dass von einer gesellschaftsrechtlichen Beteiligung nicht die Rede sein kann.

133 Nach dem Landgericht München I stellt der Kauf von Aktien **kein Termin- oder kein vergleichbares Spekulationsgeschäft** dar. Für ein Termingeschäft wäre erforderlich, dass die Verpflichtung besteht, zu einem bestimmten Preis zu einem bei Vertragsschluss vereinbarten Termin eine bestimmte Menge eines Basiswertes in Zukunft zu übernehmen oder zu liefern. Ähnliche Anforderungen sind an vergleichbare Spekulationsgeschäfte zu stellen. Im Gegensatz zu diesen Termingeschäften handelt es sich bei dem Aktienerwerb um Kassageschäfte. Zweck des Ausschlusses dieser Geschäfte vom Versicherungsschutz ist es zu verhindern, dass die von der Gesamtheit der Versicherungsnehmer aufgebrachten Beiträge zur Finanzierung von Auseinandersetzungen aus Verträgen verwendet werden, die vom Zufall abhängen, wie das etwa bei Wetten der Fall ist. Zwar ist Aktiengeschäften ein gewisser spekulativer Charakter nicht abzusprechen. Jedoch kann von Zufall keine Rede sein, wenn Kursschwankungen auf falsche Prospektangaben zurückzuführen sind.[163] Dies gilt auch bei der Veröffentlichung falscher Ad-hoc-Mitteilungen.

134 **II. Einzelklage oder „Sammelklage".** Der Begriff „*Sammel*klage" ist derart zu verstehen, dass pro Klage mehrere Kläger als sog. einfache Streitgenossen zusammengeschlossen werden. Ein solches Vorgehen kann aus Kostengründen empfehlenswert sein. Manche Rechtsschutzversicherer verlangen dies, da die Versicherungsnehmer nach den ARB (§ 15 Abs. 1 lit. d, cc ARB 75 / § 17 Abs. 5 lit. c, cc ARB 94) angehalten sind, möglichst kostengünstig vorzugehen. Es gibt jedoch Rechtsprechung, nach der einem Versicherungsnehmer die Verweisung auf die Beteiligung an einer Sammelklage iSe Streitgenossenschaft nicht zumutbar ist, selbst

---

[159] Vgl BKR 2002, 327, 328.
[160] Vgl BKR 2002, 327, 328.
[161] Vgl BGH NJW 2003, 2384; vgl auch LG München I NJW 2002, 1807, rkr.
[162] Vgl BGH NJW 2003, 2384; vgl auch LG München I NJW 2002, 1807, rkr.
[163] Vgl LG München I NJW 2002, 1807, 1808, rkr.

wenn durch den Prozessbevollmächtigten mehrere geschädigte Anleger vertreten werden.[164] Auch hat der BGH geäußert, dass, da es sich bei den Anlageentscheidungen der einzelnen Kläger um individuell geprägte Willensentschlüsse handelt, die im Regelfall nicht durch typisierende Betrachtungsweise erfasst werden können, sich die Klagen einzelner Kläger, auch wenn sie im Wege der Klagehäufung – wenig zweckmäßig – zu einem Prozess verbunden sind, grundsätzlich nicht für eine pauschalierende Behandlung wie in einem Masseverfahren eignen.[165] Es sollte daher für jeden Fall individuell beurteilt werden, ob im Wege einer Einzelklage oder, sofern möglich, im Wege einer „Sammelklage" vorgegangen wird.

Sofern die „Sammelklage" gewählt wird, sollten nicht zu viele Kläger in einer Klage zusammengefasst werden. Manche Gerichte sind von Vornherein gegenüber den klagenden Anlegern negativ eingestellt, wenn zu viele in einer Klage zusammengefasst sind. Die praktische Erfahrung hat gezeigt, dass eine Zahl von zehn bis fünfzehn Anlegern pro Klage durch die Gerichte idR akzeptiert wird. Es ist jedoch möglich, dass als „Sammelklagen" eingereichte Verfahren jeweils abgetrennt und sodann als Einzelverfahren fortgeführt werden. Ob eine Abtrennung erfolgt oder nicht, hängt von dem jeweiligen erkennenden Gericht ab. **135**

III. Kapitalanleger-Musterverfahrensgesetz. Am 1.11.2005 ist das Kapitalanleger-Musterverfahrensgesetz (KapMuG)[166] in Kraft getreten. Mit diesem Gesetz wurde die Möglichkeit von Musterverfahren eingeführt, mit denen Schadensersatzklagen von Kapitalanlegern wegen falscher, irreführender oder unterlassener Kapitalmarktinformationen (also auch Ad-hoc-Mitteilungen sowie auch bei Kapitalinformationen des „Grauen Kapitalmarktes")[167] gebündelt und beschleunigt werden sollen. In einem Musterverfahren kann geklärt werden, ob eine falsche, irreführende oder unterlassene Kapitalmarktinformation vorlag. Tatsachen- und Rechtsfragen, die sich in mindestens zehn individuellen Schadensersatzprozessen gleich lautend stellen, sollen in einem Musterverfahren gebündelt und einheitlich durch das OLG mit Bindungswirkung für alle Kläger entschieden werden.[168] **136**

Jeder Kapitalanleger, der einen Schadensersatzanspruch wegen falscher oder unterlassener Kapitalmarktinformation gerichtlich geltend macht hat, kann die **Einleitung eines Musterverfahrens** beantragen. Ausschließlicher Gerichtsstand ist am Sitz des Unternehmens. Der zulässige Musterfeststellungsantrag wird vom Prozessgericht in einem eigenen Klageregister im elektronischen Bundesanzeiger[169] öffentlich bekannt gemacht, vgl § 3 Abs. 2 S. 1 KapMuG. Dies gilt für jeden einzelnen Musterfeststellungsantrag[170] Mit der Bekanntmachung des Musterfeststellungsantrags im Klageregister wird das Verfahren unterbrochen, vgl § 5 KapMuG. **137**

Werden zehn oder mehr gleichgerichtete Musterfeststellungsanträge in gleichen[171] oder verschiedenen Rechtsstreiten zur Klärung derselben Musterfrage innerhalb von sechs Monaten gestellt, führt das Prozessgericht einen Musterentscheid bei dem im Rechtszuge übergeordneten OLG herbei, vgl § 6 Abs. 1 S. 1 KapMuG. Nach Anhängigkeit des Musterverfahrens beim OLG werden die betroffenen Rechtsstreite der Kapitalanleger ausgesetzt, vgl § 8 Abs. 1 S. 1 KapMuG. Das OLG bestimmt von Amts wegen einen Kläger zum Musterkläger, vgl § 9 Abs. 2 S. 1 KapMuG. Alle übrigen Kläger werden zu dem Musterverfahren beigeladen, vgl § 9 Abs. 3 S. 1 KapMuG. **138**

Ein Musterfeststellungsantrag kann nur bei Anhängigkeit der Hauptsache in erster Instanz gestellt werden.[172] Ist der Hauptsacheprozess im ersten Rechtszug entscheidungsreif, ist der Musterfeststellungsantrag zurückzuweisen.[173] Dieses Ergebnis ist deswegen unbefriedigend, da ein Musterfeststellungsantrag nicht mehr in der Berufungsinstanz gestellt werden kann. Wird der Musterfeststellungsantrag in erster Instanz zurückgewiesen und gleichzeitig mit Endurteil die Klage abgewiesen, ist der Kläger und Antragsteller schutzlos, denn der Musterfeststellungsantrag kann in der Berufungsinstanz nicht mehr gestellt werden. Der BGH zieht sich darauf zurück, dass diese Konsequenz im Kapitalanleger-Musterverfahrensgesetz angelegt sei.[174] Dies führt in der Praxis dazu, dass Gerichte oft vorschnell Entscheidungsreife bejahen. **139**

Schadensersatzansprüche gegen einen Anlageberater oder -vermittler können nicht Gegenstand eines Musterfeststellungsverfahrens sein, selbst wenn dem Anleger ein fehlerhafter Prospekt ausgehändigt wurde und dieser Grundlage der Anlageentscheidung war.[175] Jedoch ist das Verfahren gegen einen Anlageberater oder -vermittler nach § 7 Abs. 1 S. KapMuG aF von Amts wegen auszusetzen, wenn deren Entscheidung von einer im Musterverfahren zu treffenden Feststellung oder zu klärenden Rechtsfrage abhängt.[176] **140**

---

164 Vgl LG Coburg v. 30.7.2004 – 14 O 232/04 sowie 23 O 336/04, rkr., nv.
165 Vgl BGH NJW 2005, 2450, 2453.
166 Vgl BGBl. I 2005 S. 2437; vgl auch *Möllers/Weichert*, NJW 2005, 2737.
167 BGH NZG 2008, 592.
168 Vgl BT-Drucks. 15/5091, 1 f; vgl auch NJW-Spezial 2005, 320.
169 Im Internet unter <www.ebundesanzeiger.de>, dort „Gerichtlicher Teil", „Klageregister".
170 BGH NJW 2008, 2187.
171 BGH NZG 2008, 510; vgl auch *Möllers/Puhle*, NZG 2008, 580.
172 BGH ZIP 2008, 526.
173 BGH AG 2008, 119.
174 BGH v. 22.1.2008 – XI ZB 10/07.
175 BGH NJW 2009, 513 = ZIP 2009, 290 = NZG 2009, 115.
176 OLG München NJW 2009, 527.

Hinsichtlich einer fehlerhaften Aussetzung hat der BGH mit Beschluss vom 11.9.2012 (XI ZB 32/11) entschieden: „Der Aufhebung des Aussetzungsbeschlusses steht nicht entgegen, dass dieser – mangels Einlegung eines Rechtsbehelfs durch eine der Parteien – rechtskräftig geworden ist. Die dadurch eingetretene Unanfechtbarkeit gilt nur für den Aussetzungsbeschluss selbst, nicht aber für eine Entscheidung des Landgerichts, mit der der Aussetzungsbeschluss aufgehoben wird (vgl BGH, Beschluss vom 26. Juli 2011 – II ZB 11/10, BGHZ 190, 383 Rn 6 zur Aufhebbarkeit eines – unanfechtbaren – Vorlagebeschlusses nach § 4 Abs. 1 KapMuG). Dies folgt aus den – mangels spezieller Regelungen im Kapitalanleger-Musterverfahrensgesetz – hier anwendbaren §§ 150, 250 ZPO, die die Aufnahme eines ausgesetzten Verfahrens grundsätzlich zulassen und die Entscheidung darüber in das Ermessen des Gerichts stellen, soweit nicht einerseits ein Aussetzungszwang oder andererseits eine Fortsetzungspflicht besteht."

Gegen den Musterbescheid ist die Rechtsbeschwerde zum BGH statthaft, vgl § 20 Abs. 1 S. 1 KapMuG. Der rechtskräftige Musterentscheid hat Bindungswirkung für das Prozessgericht, den Musterkläger, den Musterbeklagten sowie die übrigen Kläger aufgrund der Beiladung, vgl § 22 Abs. 1 KapMuG. Unter Zugrundelegung des Musterentscheids werden die Individualprozesse vom Landgericht entschieden. Das Gesetz war zunächst auf fünf Jahre befristet, § 20 KapMuG aF. Nunmehr ist das Kapitalanleger-Musterverfahrensgesetz vom 19. Oktober 2012 (BGBl. I S. 2182), das durch Artikel 9 des Gesetzes vom 19. Oktober 2012 (BGBl. I S. 2182) geändert worden ist, gültig bis zum 1.11.2020, vgl § 28 KapMuG.

141 Grundsätzlich ist dieses neue Gesetz zu begrüßen. Jedoch ist dieses Verfahren kompliziert, da es auf drei Verfahrensschritten basiert. Ferner geht den Klägern eine Tatsacheninstanz verloren und der Musterentscheid bindet nur diejenigen, die sich an dem Verfahren beteiligt haben. Auch fehlt eine gesetzliche Regelung, dass das Musterverfahren auch dann möglich ist, wenn der Rechtsstreit bereits vor Inkrafttreten des Gesetzes rechtshängig geworden ist. Es ist daher Aufgabe des Gesetzgebers, hier weiter reichende Regelungen zu schaffen.

Teil 3 Zivilrechtliche Prospekthaftung

Literatur:
Assmann/Schütze, Handbuch des Kapitalanlagerechts, 3. Auflage 2007; *Gehrlein*, BB 1995, 1965 ff; *Groß*, Kapitalmarktrecht, 5. Auflage 2012; ders., WM 2002, 477 ff; *Grumann*, BKR 2002, 310 ff; *Kort*, AG 1999, 9 ff; *Kouba*, VersR 2004, 570 ff; *Siol*, DRiZ 2003, 204 ff.

A. Allgemeines 1
B. Anspruchsvoraussetzungen 3
C. Anspruchsberechtigte 6
D. Anspruchsgegner 7
E. Verjährung 8

A. Allgemeines

1 Nur der Vollständigkeit halber und in aller Kürze soll auf die Grundzüge der zivilrechtlichen Prospekthaftung eingegangen werden. Die **zivilrechtliche Prospekthaftung** hat der BGH[1] aus den Grundsätzen einer Vertrauenshaftung und der c.i.c. für den grauen – sprich den gesetzlich nicht geregelten – Kapitalmarkt entwickelt. Gehaftet wird für die Richtigkeit und Vollständigkeit von Prospekten. Typische Anwendungsbereiche dieser Prospekthaftung sind Beteiligungen an PublikumsKGs, an Bauherren-/Bauträgermodellen und Immobilienanlagen. Sie basiert auf dem Gedanken, dass der Emissionsprospekt in der Regel die einzige Informationsquelle des Anlegers ist.[2] Den Anwendungsbereich der zivilrechtlichen Prospekthaftung hat das AnSVG vom 28.10.2004[3] wesentlich eingeschränkt.

2 Im Rahmen der zivilrechtlichen Prospekthaftung ist zwischen der Prospekthaftung ieS (auch eigentliche Prospekthaftung) und iwS (auch uneigentliche Prospekthaftung) zu unterscheiden. Grundlage der zivilrechtlichen Prospekthaftung iwS ist ein persönliches Vertrauen, das einem Vertragspartner entgegengebracht wird. Im Gegensatz dazu knüpft die Prospekthaftung ieS an ein **typisiertes Vertrauen** des Anlegers auf die Richtigkeit und Vollständigkeit der in einem Prospekt gemachten Angaben des Prospektverantwortlichen an.[4]

---

1 Für einen Überblick über die höchstrichterliche Rechtsprechung auf dem Gebiet der zivilrechtlichen Prospekthaftung vgl *Kouba*, VersR 2004, 570 ff.
2 Vgl Palandt/*Grüneberg*, § 280 BGB Rn 54; vgl auch *Groß*, WM 2002, 477, 479.
3 BGBl. I 2004 S. 2630.
4 Vgl Palandt/*Grüneberg*, § 280 BGB Rn 54 ff; vgl auch *Groß*, WM 2002, 477, 479; zur bürgerlich-rechtlichen Prospekthaftung ieS vgl *Siol*, DRiZ 2003, 204 ff.

B. Anspruchsvoraussetzungen

Die Frage nach der **Anwendbarkeit der zivilrechtlichen Prospekthaftung** stellt sich erst, wenn der Anwendungsbereich einer spezialgesetzlichen nicht gegeben ist, so dass zB Börsenzulassungsprospekte und Verkaufsprospekte nicht der bürgerlich-rechtlichen Prospektshaftung unterfallen.[5] Daraus folgt, dass jeweils unterschiedliche Prospektbegriffe zu Grunde zu legen sind.[6] 3

Unter einem **Prospekt** iSd zivilrechtlichen Prospekthaftung versteht man jede marktbezogene, dh an eine unbestimmte Zahl von Personen gerichtete schriftliche Erklärung, die für die Beurteilung der Anlage erhebliche Angaben enthält.[7] 4

In **subjektiver Hinsicht** erfordert die zivilrechtliche Prospekthaftung entweder Vorsatz oder Fahrlässigkeit, wobei leichte Fahrlässigkeit genügt.[8] 5

C. Anspruchsberechtigte

Anspruchsberechtigt ist, wer durch einen unrichtigen oder unvollständigen Prospekt zum Erwerb bei einer Kapitalanlage veranlasst wurde.[9] Dies ist der Anleger, der im Vertrauen auf die Richtigkeit und Vollständigkeit der in einem Prospekt iSd zivilrechtlichen Haftung gemachten Angaben Wertpapiere einer Gesellschaft erwirbt. 6

D. Anspruchsgegner

Da die **Prospekthaftung ieS** an ein typisiertes Vertrauen des Anlegers auf die Richtigkeit und Vollständigkeit der in einem Prospekt gemachten Angaben anknüpft (s. Rn 2), muss die Frage nach dem Anspruchsgegner davon abhängen, wer dieses Vertrauen hervorgerufen hat. In diesem Rahmen kann auf die gesetzlich geregelten Fälle der Prospektverantwortlichen iSd § 44 aF BörsG zurückgegriffen werden (s. ausführlich § 44 aF BörsG Rn 52 ff). Der Prospekthaftung unterliegen daher diejenigen, die den Prospekt herausgegeben haben oder für dessen Erstellung verantwortlich sind (die „**eigentliche Leitungsgruppe**"), diejenigen, die hinter der Gesellschaft stehen, besonderen Einfluss auf die Gesellschaft ausüben und Verantwortung tragen („**die maßgeblichen Hintermänner**")[10] sowie diejenigen, die aufgrund ihrer besonderen beruflichen oder wirtschaftlichen Position im Hinblick auf den Prospekt einen **Vertrauenstatbestand** schaffen, wie etwa Wirtschaftsprüfer, Rechtsanwälte, Steuerberater etc.[11] 7

E. Verjährung

Abweichend von der früheren dreißigjährigen Regelverjährungsfrist, die kenntnisunabhängig ab Entstehung des Anspruchs lief, ist die regelmäßige Verjährung im neuen Recht zweigliedrig ausgestaltet. Neben der kenntnisabhängigen Verjährungsfrist von drei Jahren nach §§ 195, 199 Abs. 1 BGB, die dem Gläubiger ausreichend Zeit geben will, die Durchsetzbarkeit seines Anspruchs zu prüfen, bestehen die kenntnisunabhängigen Höchstfristen des § 199 Abs. 2 bis 4 BGB.[12] 8

---

5   OLG Frankfurt NJW-RR 1997, 749, 750; *Kort*, AG 1999, 919; *Assmann*, in: Assmann/Schütze, § 6 Rn 135.
6   Vgl *Assmann*, in: Assmann/Schütze, § 6 Rn 134.
7   Vgl *Assmann*, in: Assmann/Schütze, § 6 Rn 135; *Grumann*, BKR 2002, 310, 311, 313.
8   Vgl *Assmann*, in: Assmann/Schütze, § 6 Rn 183.
9   Vgl *Assmann*, in: Assmann/Schütze, § 6 Rn 174.
10 Zur Prospektverantwortlichkeit von Beirats- oder Aufsichtsratsmitgliedern als maßgebliche Hintermänner vgl *Gehrlein*, BB 1995, 1965 ff.
11 Vgl *Assmann*, in: Assmann/Schütze, § 6 Rn 155; *Grumann*, BKR 2002, 310, 314 ff.
12 BGH, Urt. v. 23.1.2007 – XI ZR 44/06.

Besteuerung der AG und der KGaA und ihrer Gesellschafter

Literatur:
Blümich, EStG, KStG, GewStG und Nebengesetze, Kommentar, Loseblattwerk; *Dötsch/Jost/Pung/Witt*, Die Körperschaftsteuer, Kommentar, Loseblattwerk (zit.: *Bearbeiter*, in: Dötsch); *Ernst & Young*, Körperschaftsteuergesetz, Kommentar, Loseblattwerk; *Frotscher/Maas*, KStG, Umwandlungssteuergesetz, Kommentar, Loseblattwerk; *Glanegger/Güroff*, Gewerbesteuergesetz, Kommentar, 7. Auflage 2009; *Gosch*, Körperschaftsteuergesetz, Kommentar, 2. Auflage 2009; *Herrmann/Heuer/Raupach*, Einkommen- und Körperschaftsteuer mit Nebengesetzen, Kommentar, Loseblattwerk; *Lenski/Steinberg*, Kommentar zum Gewerbesteuergesetz, Loseblattwerk; *Schmidt*, Einkommensteuergesetz, Kommentar, 31. Auflage 2013; *Streck*, Körperschaftsteuergesetz, Kommentar, 7. Auflage 2008.

A. Vorbemerkung 1	e) Gründungsaufwand 71
B. Grundzüge des Körperschaftsteuerrechts 2	4. Einlagen der Anteilseigner 72
I. Körperschaftsteuerpflicht 4	a) Offene Einlagen und Zuzahlungen 72
1. Unbeschränkte und beschränkte Körperschaftsteuerpflicht 5	b) Verdeckte Einlagen 75
2. Beginn der Körperschaftsteuerpflicht 10	5. Verlustvorträge (§ 8 c KStG) 78
3. Ende der Körperschaftsteuerpflicht 11	II. Rechtsverhältnisse der Gesellschaft und der Anteilseigner 80
II. Das zu versteuernde Einkommen der AG 15	1. Übertragungen von Aktien – Veräußerungsgewinne 80
1. Veranlagungs- und Ermittlungszeitraum ... 16	a) Veräußerungsgewinne natürlicher Personen 80
2. Bilanzierung bei der AG 17	b) Veräußerungsgewinne von Körperschaften 85
3. Ermittlung des zu versteuernden Einkommens 18	2. Erwerb eigener Aktien durch die AG 86
a) Gewinnermittlung 19	III. Vorstand 88
b) Beteiligung an anderen Körperschaften (§ 8 b KStG) 20	1. Steuerliche Behandlung von Vorstandsvergütungen 88
aa) Steuerfreistellung von Dividenden (§ 8 b Abs. 1 KStG) 22	2. Gewährung von Optionen an Vorstandsmitglieder 90
bb) Steuerfreistellung von Veräußerungsgewinnen (§ 8 b Abs. 2 KStG) 25	IV. Steuerliche Behandlung von Aufsichtsratsvergütungen 91
cc) Steuerfreistellung bei Beteiligung über eine Mitunternehmerschaft (§ 8 b Abs. 6 KStG) 28	V. Gewinnverwendung 93
c) Nicht abziehbare Aufwendungen 29	1. Aufstellung der Bilanz 93
d) Steuerfreie Vermögensmehrungen 34	2. Offene Gewinnausschüttung 95
e) Einlagen 35	a) Gesellschaftsebene 96
f) Gewinnausschüttungen 36	b) Anteilseignerebene 97
g) Zuzurechnendes Einkommen der Organgesellschaften gem. §§ 14 ff KStG 37	3. Verdeckte Gewinnausschüttung 98
III. Verlustabzug gem. § 10 d EStG 38	a) Begriff und Wesen der vGA (Gesellschaftsebene) 98
IV. Körperschaftsteuertarif 40	b) Steuerliche Auswirkungen (Gesellschafter) 101
C. Grundzüge des Gewerbesteuerrechts 41	c) Hauptfälle der vGA 103
I. Gewerbesteuerpflicht 42	4. Zinsschranke (§ 4 h EStG, § 8 a KStG) 106
1. Gewerbebetrieb kraft Rechtsform 42	VI. Satzungsänderungen 107
2. Beginn der Gewerbesteuerpflicht 43	1. Sitzverlegung 107
3. Ende der Gewerbesteuerpflicht 44	2. Maßnahmen der Kapitalerhöhung 109
II. Der zu besteuernde Gewerbeertrag der AG 46	a) Kapitalerhöhung gegen Einlage 110
1. Erhebungszeitraum 47	b) Kapitalerhöhung aus Gesellschaftsmitteln 111
2. Besteuerungsgrundlage 48	aa) Gesellschaftsebene 111
a) Gewerbeertrag 49	bb) Anteilseignerebene 113
b) Hinzurechnungen gem. § 8 GewStG 50	3. Maßnahmen der Kapitalherabsetzung 114
c) Kürzungen gem. § 9 GewStG 51	a) Gesellschaftsebene 115
III. Gewerbeverlust (§ 10 a GewStG) 52	b) Anteilseignerebene 116
IV. Berechnung des Gewerbesteuermessbetrages ... 53	4. Mit Kapitalerhöhungen zusammenhängende Maßnahmen 117
D. Kapitalertragsteuer 55	a) Gewährung von Optionsrechten an Arbeitnehmer 117
E. Solidaritätszuschlag 56	b) Bezugsrechte 120
F. Aktienrecht und steuerrechtliche Auswirkungen .. 57	aa) Veräußerung von Bezugsrechten .. 120
I. Gründungsstadium 57	bb) Bezugsrechtsausschluss 121
1. Vorgründungsgesellschaft 57	5. Änderungen des Wirtschaftsjahres 122
2. Vorgesellschaft 61	VII. Auflösung und Abwicklung (Liquidation) 124
3. Feststellung der Satzung 65	1. Steuerliche Folgen der Liquidation für die AG 125
a) Sitz 65	a) Körperschaftsteuer 125
b) Gegenstand der Gesellschaft 66	
c) Wirtschaftsjahr 69	
d) Grundkapital 70	

		aa) Ende der Körperschaftsteuerpflicht	125
		bb) Besteuerungszeitraum	126
		cc) Ermittlung und Besteuerung des Abwicklungseinkommens	127
	b)	Gewerbesteuer	130
2.	Besteuerung der Liquidationsraten bei den Anteilseignern		131
G. Unternehmensverträge			133
I. Überblick/Organschaft			133
II. Körperschaftsteuerliche Organschaft			134
III. Gewerbesteuerliche Organschaft			142
H. Besteuerung der KGaA			144
I. Überblick			144
II. Besteuerung der KGaA			145
1. Körperschaftsteuer			145
2. Gewerbesteuer			146
III. Besteuerung des phG			147
IV. Besteuerung der Kommanditaktionäre			150

A. Vorbemerkung

1 Im folgenden Abschnitt werden die Grundzüge des Körperschaft- und Gewerbesteuerrechts sowie die steuerrechtlichen Auswirkungen einzelner gesellschaftsrechtlicher Maßnahmen für die AG, ihre Anteilseigner und Organe dargestellt. In Abschnitt H. werden die Besonderheiten bei der Besteuerung der KGaA erläutert. Die Ausführungen beschränken sich auf die Ertragsteuern. Die Umsatzsteuer wurde nicht berücksichtigt.

B. Grundzüge des Körperschaftsteuerrechts

2 Im Rahmen der Unternehmensteuerreform 2008 (**Unternehmensteuerreformgesetz 2008**)[1] wurde der Körperschaftsteuersatz abgesenkt, das Halbeinkünfteverfahren durch das Teileinkünfteverfahren ersetzt und die Abgeltungsteuer eingeführt. Seit 2008 unterliegen die Gewinne einer Körperschaft unabhängig von einer Ausschüttung einem Steuersatz iHv 15 % (vor 2008: 25 %). Im Hinblick auf diese Absenkung der Vorbelastung der ausgeschütteten Gewinne mit Körperschaftsteuer wurde das Halbeinkünfteverfahren durch das Teileinkünfteverfahren ersetzt. Danach unterliegen bei den einkommensteuerpflichtigen Anteilseignern der AG, die ihren Anteil im Betriebsvermögen halten, nur 60 % der Dividende sowie der Gewinne aus der Veräußerung der Aktien (bis 2008: 50 %) der Einkommensteuer (§ 3 Nr. 40 EStG – „**Teileinkünfteverfahren**"). Dividendenzahlungen für im Privatvermögen gehaltene Anteile unterliegen einem Abgeltungssteuersatz von 25 %. Der ausgeschüttete Gewinn soll nur einmal mit Körperschaftsteuer belastet werden (Grundsatz der Einmal-Belastung). Zur Vermeidung von Mehrfachbelastungen werden von einer Kapitalgesellschaft bezogene Dividenden (ab einer Beteiligungsquote von 10 %[2]) und Gewinne aus der Veräußerung von Beteiligungen in der Regel steuerfrei gestellt, § 8 b Abs. 1, Abs. 2 KStG (siehe Rn 20).

3 Bis zum Jahr 2000 existierte ein körperschaftsteuerliches Anrechnungsverfahren, das eine Vollanrechnung der Körperschaftsteuer auf den ausgeschütteten Gewinn erlaubte und auf Ebene der Körperschaft einen ermäßigten Steuersatz vorsah. Die **Übergangsvorschriften** vom Anrechnungsverfahren zum Halbeinkünfteverfahren sind in den §§ 36 ff KStG geregelt. Die Übergangszeit kann sich bis zum Veranlagungszeitraum 2019 erstrecken.

4 I. **Körperschaftsteuerpflicht.** Eine AG unterliegt der deutschen Körperschaftsteuerpflicht, sofern sie beschränkt oder unbeschränkt körperschaftsteuerpflichtig ist und nicht iSd § 5 KStG von der Körperschaftsteuerpflicht befreit ist.

5 1. **Unbeschränkte und beschränkte Körperschaftsteuerpflicht.** Bei der Beurteilung der Steuerpflicht nach KStG unterscheidet man zwischen der unbeschränkten und der beschränkten Steuerpflicht. Bei unbeschränkter Steuerpflicht werden sämtliche Einkünfte des Steuersubjektes, die im In- und Ausland bezogen werden, erfasst (§ 1 KStG). Eine Ausnahme von diesem Grundsatz ergibt sich lediglich, wenn ein Doppelbesteuerungsabkommen (DBA) mit Anwendung der Freistellungsmethode oder eine andere zwischenstaatliche Vereinbarung Anwendung findet.[3] Im Gegensatz dazu erstreckt sich die Steuerpflicht lediglich auf die inländischen Einkünfte, wenn es sich um ein beschränkt steuerpflichtiges Körperschaftsteuersubjekt handelt (§ 2 KStG).

6 **Unbeschränkt körperschaftsteuerpflichtig** ist eine AG (§ 1 Abs. 1 Nr. 1 KStG), wenn sie ihre Geschäftsleitung oder ihren Sitz im Inland, dh im Gebiet der Bundesrepublik Deutschland bzw in dem in § 1 Abs. 3 KStG definierten Gebiet hat.

---

[1] UntStRefG 2008 v. 14.8.2007, BGBl. I S. 1912.
[2] Sog. Streubesitzdividenden (dh Dividenden aus einer Beteiligung von weniger als 10 %) sind seit 1.3.2013 von der Steuerfreistellung ausgenommen, Gesetz v. 21.3.2013, BGBl. I 2013, S. 561.
[3] Vgl Zusammenstellung zum Stand am 1.1.2013 in BMF v. 22.1.2013, BStBl I 2013, S. 162.

Die Definition der **Geschäftsleitung** ergibt sich aus § 10 AO. Geschäftsleitung ist danach der **Mittelpunkt** **7** **der geschäftlichen Oberleitung**. Nach ständiger Rechtsprechung der Finanzgerichte und des BFH befindet sich diese dort, wo der für die Geschäftsführung maßgebliche Wille gebildet wird.[4] Dabei wird auf die Geschäftsführung im engeren Sinne, dh die laufende Geschäftsführung abgestellt. Diese schließt die tatsächlichen und rechtsgeschäftlichen Handlungen, die der laufende Betrieb der Gesellschaft mit sich bringt, und solche organisatorischen Maßnahmen, die zur gewöhnlichen Verwaltung der AG gehören („Tagesgeschäfte"), mit ein.[5] Dazu gehören zB die Erledigung der Finanzgeschäfte, die Erstellung des Jahresabschlusses, die Buchführung, das Ausüben der tatsächlichen Oberleitung, ohne deren Zustimmung oder gegen deren Widerspruch keine bedeutende Geschäftsführungsmaßnahme vorgenommen werden kann, sowie die örtliche Ansässigkeit der Vorstände.[6] Diese Kriterien können bei der Festlegung des Ortes der Geschäftsleitung herangezogen werden. In die Beurteilung des Ortes der Geschäftsleitung gehört jedoch nicht die Festlegung der Grundsätze der Unternehmenspolitik und die Mitwirkung der Anteilseigner an ungewöhnlichen Maßnahmen bzw an Entscheidungen von besonderer wirtschaftlicher Bedeutung. Im Einzelfall kann sich eine Abgrenzung für die Festlegung des Ortes der Geschäftsleitung als schwierig erweisen, sie ist jedoch immer an den tatsächlichen Gegebenheiten festzumachen.[7] Der Ort der Geschäftsleitung entspricht weitgehend dem gesellschaftsrechtlichen effektiven Verwaltungssitz. Durch das Gesetz zur Modernisierung des GmbH-Rechts und zur Bekämpfung von Missbräuchen (MoMiG) vom 23.10.2008 (BGBl. I 2008, S. 2026) ist auch die Wahl eines effektiven Verwaltungssitzes im Ausland möglich geworden, ohne dass die Gesellschaft liquidiert werden muss. Zur Sitzverlegung in das Ausland vgl Rn 107.

Der **Registersitz** der AG liegt an dem Ort, der durch die Satzung bestimmt ist (§ 11 AO). Der Registersitz **8** muss im Inland liegen, § 5 AktG, so dass eine AG stets unbeschränkt körperschaftsteuerpflichtig ist.

Beschränkt körperschaftsteuerpflichtig hingegen sind gem. § 2 KStG: (1) Körperschaften, Personenvereini- **9** gungen und Vermögensmassen, die weder ihre Geschäftsleitung noch ihren Sitz im Inland haben, mit ihren inländischen Einkünften sowie (2) sonstige Körperschaften, Personenvereinigungen und Vermögensmassen, die nicht unbeschränkt steuerpflichtig sind, mit den inländischen Einkünften, die dem Steuerabzug vollständig oder teilweise unterliegen.[8]

2. Beginn der Körperschaftsteuerpflicht. Die Körperschaftsteuerpflicht beginnt bei der AG nicht erst mit **10** Erlangung der Rechtsfähigkeit durch Eintragung in das Handelsregister, sondern erstreckt sich bereits auf die Vorgesellschaft, dh die Kapitalgesellschaft im Gründungsstadium (vgl Rn 61).[9]

3. Ende der Körperschaftsteuerpflicht. Grundsätzlich endet die Körperschaftsteuerpflicht der AG mit der **11** **Auflösung** und **Abwicklung** der AG. Obwohl die gesellschaftsrechtliche Existenz der AG mit dem Löschungszeitpunkt im Handelsregister endet, ist für die Körperschaftsteuerpflicht der Zeitpunkt entscheidend, in dem die geschäftliche Betätigung tatsächlich eingestellt, das gesamte Vermögen an die Anteilseigner verteilt und das handelsrechtliche Sperrjahr abgelaufen ist (vgl Rn 124 ff).

Die unbeschränkte Körperschaftsteuerpflicht endet auch, wenn sich sowohl der Ort der Geschäftsleitung **12** als auch der Satzungssitz im Ausland befinden. Soweit eine Kapitalgesellschaft durch Verlegung ihrer Geschäftsleitung oder ihres Sitzes aus der unbeschränkten Steuerpflicht in einem Mitgliedsstaat der Europäischen Union oder einem Staat, auf den das Abkommen über den Europäischen Wirtschaftraum Anwendung findet (Island, Norwegen, Liechtenstein) ausscheidet, findet § 11 KStG über die Auflösung und Abwicklung (Liquidation) entspr. Anwendung (§ 12 Abs. 3 S. 1 KStG), siehe zur Notwendigkeit eines inländischen Registersitzes für eine AG oben Rn 8. Der Wechsel von der unbeschränkten Steuerpflicht zu einer beschränkten Steuerpflicht mit den inländischen Einkünften führt nicht zu einer Liquidationsbesteuerung. Allerdings erfolgt eine Entstrickungsbesteuerung, soweit das Besteuerungsrecht der Bundesrepublik Deutschland verloren geht oder beschränkt wird, siehe auch Rn 107 f.

Ein weiterer Fall der Beendigung der Körperschaftsteuerpflicht einer AG ist deren **Formwechsel** in eine Per- **13** sonengesellschaft oder die Übertragung ihres Vermögens im Wege der **Verschmelzung** auf eine Personengesellschaft. Die Körperschaftsteuerpflicht endet dann mit Übergang des Vermögens (§ 1 KStG). Erfolgt dieser Umwandlungsprozess auf den Stichtag der Umwandlungsbilanz zurückbezogen, der höchstens acht Monate vor der Anmeldung der Umwandlung zum zuständigen Handelsregister liegen darf, endet die Körperschaftsteuerpflicht der AG zu diesem Zeitpunkt (vgl § 2 UmwStG).

---

[4] RFH, RStBl 1938, S. 949; BFH/NV 1988, S. 63; BFH/NV 1988, S. 64; BFH/NV 1990, S. 353; BFHE 164, S. 165; BFH BStBl II 1991, S. 554; BFH BStBl II 1995, S. 175.
[5] BFH BStBl II 1995, S. 175/178.
[6] Vgl weiterführende Beispiele und Rspr bei *Kruse*, in: Tipke/Kruse, AO, § 10 Rn 1 ff; *Birk*, in: Hübschmann/Hepp/Spitaler, AO, § 10 Rn 14 ff.
[7] Siehe auch *Breuninger/Krüger*, in: FS Rädler, 1999, S. 79 ff.
[8] Als inländische Einkünfte gelten nach § 2 Nr. 2 KStG auch Entgelte für die Überlassung von Wertpapieren.
[9] BFH BStBl II 1973, S. 568; BFH BStBl II 1981, S. 600; BFH BStBl II 1983, S. 247; BFH BStBl II 1990, S. 91; BFH BStBl II 1990, S. 468; BFH BStBl II 1993, S. 352.

14 Die Eröffnung eines **Insolvenz**verfahrens hingegen berührt die Körperschaftsteuerpflicht der AG nicht. Soweit es nach Eröffnung des Insolvenzverfahrens zur Abwicklung und nicht zur Fortführung des Unternehmens durch den Insolvenzverwalter kommt, gelten die Vorschriften über eine Liquidation der Kapitalgesellschaft sinngemäß, § 11 Abs. 7 KStG. Der Insolvenzverwalter muss die Steuererklärungen auch für die Zeit vor der Insolvenzeröffnung abgeben.[10]

15 **II. Das zu versteuernde Einkommen der AG.** Gemäß § 8 Abs. 2 KStG sind alle Einkünfte von Steuerpflichtigen im Sinne des § 1 Abs. 1 Nr. 1 bis 3 KStG Einkünfte aus Gewerbebetrieb iSd § 2 Abs. 1 S. 1 Nr. 2 EStG. Davon ist auch die AG erfasst.

16 **1. Veranlagungs- und Ermittlungszeitraum.** Die Körperschaftsteuer ist eine Jahressteuer, die jeweils für ein Kalenderjahr, den **Veranlagungszeitraum**, festgesetzt wird. Der Gewinn als maßgebliche Ausgangsgröße für die Ermittlung des zu versteuernden Einkommens ist bei der AG nach dem Wirtschaftsjahr zu ermitteln, für das sie regelmäßig Abschlüsse macht (§ 7 Abs. 4 S. 1 KStG). Demnach ist für die AG der **Ermittlungszeitraum** ihr Wirtschaftsjahr. Weicht das in der Satzung festgelegte Wirtschaftsjahr vom Kalenderjahr ab, gilt der Gewinn aus dem Gewerbebetrieb als in dem Kalenderjahr bezogen, in dem das Wirtschaftsjahr endet (§ 7 Abs. 4 S. 2 KStG). Im Falle einer Umstellung des Wirtschaftsjahres können sich Rumpfwirtschaftsjahre ergeben.[11] In keinem Fall darf das Wirtschaftsjahr mehr als zwölf Monate umfassen.[12] Es kann jedoch kürzer als zwölf Monate sein. Aufgrund einer solchen Umstellung eines abweichenden Wirtschaftsjahres auf ein anderes abweichendes Wirtschaftsjahr können in einem Veranlagungszeitraum ein volles Wirtschaftsjahr und ein Rumpfwirtschaftsjahr enden. In einem solchem Fall sind die Gewinne beider Wirtschaftsjahre in diesem Veranlagungszeitraum zu erfassen.

17 **2. Bilanzierung bei der AG.** Gemäß § 8 Abs. 1 S. 1 KStG iVm § 5 Abs. 1 S. 1, § 4 Abs. 1 S. 1 EStG ist das Einkommen der AG durch **Betriebsvermögensvergleich** zu ermitteln. Es wird aus dem Gewinn ermittelt, der wiederum als Unterschiedsbetrag zwischen dem Betriebsvermögen am Schluss des Wirtschaftsjahres und dem Betriebsvermögen am Schluss des vorangegangenen Wirtschaftsjahres, vermehrt um den Wert der Entnahmen und vermindert um den Wert der Einlagen, definiert ist. Dabei sind gem. § 5 Abs. 1 S. 1 EStG die handelsrechtlichen Grundsätze ordnungsmäßiger Buchführung[13] zwingend zu beachten. Maßgebliche Grundlage für die nach § 5 Abs. 1 EStG aufzustellende Steuerbilanz ist die Handelsbilanz („**Maßgeblichkeit der Handelsbilanz für die Steuerbilanz**").[14]

18 **3. Ermittlung des zu versteuernden Einkommens.** Gemäß § 8 Abs. 2 KStG sind sämtliche Einkünfte der AG als Einkünfte aus Gewerbebetrieb zu behandeln. Die Ermittlung des zu versteuernden Einkommens der AG ergibt sich aus folgendem Schema:[15]

1		**Bilanzgewinn/-verlust gemäß Steuerbilanz**
2	+	verdeckte Gewinnausschüttung und Ausschüttungen jeder Art (§ 8 Abs. 3 S. 2 KStG)
3	./.	Abzug von Gewinnerhöhungen im Zusammenhang mit bereits in vorangegangenen Veranlagungszeiträumen versteuerten verdeckten Gewinnausschüttungen
4	+	Berichtigungsbetrag nach § 1 AStG
5	./.	Einlagen (§ 4 Abs. 1 S. 8 EStG)
6	+	nichtabzugsfähige Aufwendungen (zB gemäß § 10 KStG und § 4 Abs. 5 EStG)
7	+	Gesamtbetrag der Zuwendungen nach § 9 Abs. 1 Nr. 2 KStG
8	+/./.	Kürzung/Hinzurechnungen nach § 8 b KStG und § 3 c Abs. 1 EStG
9	./.	sonstige inländische steuerfreie Einnahmen (zB Investitionszulagen)
10	+/./.	Korrekturen bei Organschaft iSd §§ 14, 17 und 18 KStG
11	+/./.	Hinzurechnungen und Kürzungen bei ausländischen Einkünften (zB Korrektur um nach DBA steuerfreie Einkünfte unter Berücksichtigung des § 3 c Abs. 1 EStG
12	+/./.	sonstige Hinzurechnungen/Kürzungen
13	=	**steuerlicher Gewinn**
14	./.	abzugsfähige Zuwendungen (§ 9 Abs. 1 Nr. 2 KStG)
15	+/./.	Zurechnungen/Kürzungen aufgrund Organschaften (vgl §§ 14, 17, 18 KStG)

---

[10] BFH BStBl III 1951, S. 212.
[11] Vgl zur Änderung des Wirtschaftsjahres Rn 69.
[12] Dieser Grundsatz wird im Liquidationsfall durchbrochen (vgl § 11 Abs. 1 S. 2 KStG).
[13] Unter den Grundsätzen ordnungsmäßiger Buchführung gem. § 238 HGB ist zu verstehen, dass sämtliche Geschäftsvorfälle des Unternehmens festgehalten und aufgezeichnet werden müssen, so dass ein sachverständiger Dritter innerhalb angemessener Zeit einen Überblick über die Geschäftsvorfälle und über die Lage des Unternehmens erlangen kann. Um dies zu erreichen, müssen die Buchführung und der Jahresabschluss richtig, wahr und übersichtlich sein.
[14] Zu den Änderungen durch das Bilanzrechtsmodernisierungsgesetz vom 28.5.2009 siehe BMF v. 12.3.2010, BStBl I 2010, S. 650.
[15] Teilweise entnommen aus R 29 Abs. 1 KStR.

16	=	Gesamtbetrag der Einkünfte iSd § 10 d EStG
17	–	Verlustabzug (§ 10 d EStG)
18	=	Einkommen
19	–	Freibetrag für bestimmte Körperschaften (§ 24 KStG) – (nicht für AG)
20	–	Freibetrag für Erwerbs- und Wirtschaftsgenossenschaften sowie Vereine, die Land- und Forstwirtschaft betreiben (§ 25 KStG) – (nicht für AG)
21	=	zu versteuerndes Einkommen

a) Gewinnermittlung. Der Gewinn ist durch den Bestandsvergleich gem. § 4 Abs. 1, § 5 EStG zu ermitteln.[16] Dabei verfügt eine AG nach der Rechtsprechung des BFH über keine **außerbetriebliche Sphäre**.[17] Selbst gesellschaftsrechtlich veranlasste Aufwendungen (ausg. offene Ausschüttungen) mindern als Betriebsausgaben den Gewinn und eine Gewinnkorrektur kommt nur unter dem Gesichtspunkt einer verdeckten Gewinnausschüttung in Betracht.[18]

b) Beteiligung an anderen Körperschaften (§ 8 b KStG). Durch § 8 b KStG werden Ausschüttungen und Veräußerungsgewinne der AG aus Beteiligungen an anderen Körperschaften ungeachtet einer Mindestbeteiligungszeit oder einer Mindestbesitzzeit von der Körperschaftsteuer freigestellt. **Sinn und Zweck** der Regelung ist es, dass der an Einkommensteuerpflichtige ausgeschüttete Gewinn nur einmal mit Körperschaftsteuer belastet wird. Eine Steuerbelastung auf mehr als zwei Ebenen in einer Beteiligungskette muss zur Vermeidung einer Übermaßbesteuerung verhindert werden (vgl Rn 2). Die Freistellung nach § 8 b Abs. 1 KStG galt bis 28.2.2013 ungeachtet der Höhe der Beteiligung. Nach dem neu eingeführten § 8 b Abs. 4 KStG[19] sind nach dem 28.2.2013 zufließende Dividenden aus Streubesitzbeteiligungen, dh bei einer unmittelbaren Beteiligungsquote zu Beginn des Kalenderjahres von weniger als 10 %, nicht mehr nach § 8 b Abs. 1 KStG steuerbefreit.

Gemäß § 8 b Abs. 7 S. 1 KStG sind die Abs. 1 bis 6 des § 8 b KStG nicht auf Anteile anzuwenden, die bei Kreditinstituten und Finanzdienstleistungsinstituten gem. § 1a KWG dem Handelsbuch zuzurechnen sind. Die gleiche Rechtsfolge ordnet § 8 b Abs. 7 S. 2 KStG an, wenn Finanzunternehmen im Sinne von § 1 Abs. 3 KWG Anteile mit dem Ziel der kurzfristigen Erzielung eines Eigenhandelserfolges erworben haben. Darunter fällt nach der Rechtsprechung des BFH auch eine Beteiligungsholding, wenn eine Beteiligung bei Anschaffung dem Umlaufvermögen zuzuordnen war. Dividenden und Veräußerungsgewinne sind dann nicht steuerbefreit. Bei Lebens- und Krankenversicherungsunternehmen sind nach § 8 b Abs. 8 KStG die Abs. 1 bis 6 des § 8 b KStG nicht auf Anteile anzuwenden, die den Kapitalanlagen zuzurechnen sind.

aa) Steuerfreistellung von Dividenden (§ 8 b Abs. 1 KStG). Gemäß § 8 b Abs. 1 S. 1 KStG werden folgende Bezüge steuerfrei gestellt:

- Dividenden und sonstige Bezüge, wie zB verdeckte Gewinnausschüttungen (vGA, siehe zu Beschränkungen durch § 8 b Abs. 1 S. 2 ff KStG unten Rn 23), aus Aktien, aus Anteilen an einer GmbH, an Erwerbs- und Wirtschaftsgenossenschaften sowie an bergbautreibenden Vereinigungen, die die Rechte einer juristischen Person haben sowie Bezüge aus Genussrechten, mit denen das Recht am Gewinn und Liquidationserlös einer Kapitalgesellschaft verbunden ist (§ 20 Abs. 1 Nr. 1 EStG);[20]
- Bezüge, die nach der Auflösung einer der vorgenannten unbeschränkt steuerpflichtigen Körperschaften oder Personenvereinigungen anfallen und nicht in der Rückzahlung von Nennkapital bestehen (§ 20 Abs. 1 Nr. 2 S. 1 EStG);
- Bezüge, die aufgrund einer Kapitalherabsetzung oder nach der Auflösung einer der vorgenannten unbeschränkt steuerpflichtigen Körperschaften oder Personenvereinigungen anfallen und die als Gewinnausschüttungen iSd § 28 Abs. 2 S. 2 u. 4 KStG gelten (§ 20 Abs. 1 Nr. 2 S. 2 EStG);
- Einnahmen aus Leistungen einer nicht körperschaftsteuerbefreiten Körperschaft, Personenvereinigung oder Vermögensmasse iSd § 1 Abs. 1 Nr. 3 bis 5 KStG, dh eines VVaG, einer sonstigen jur. Person des privaten Rechts sowie eines nicht rechtsfähigen Vereins, einer Anstalt, Stiftung u.a. Zweckvermögen, die mit Gewinnausschüttungen iSv § 20 Abs. 1 Nr. 1 EStG wirtschaftlich vergleichbar sind (§ 20 Abs. 1 Nr. 9 EStG);

---

[16] Die in R 32 Abs. 1 KStR genannten Regelungen des EStG finden bei Ermittlung des Einkommens Anwendung.
[17] Siehe grundlegend die „Segeljacht"-Entscheidung des BFH BFHE 182, S. 123.
[18] Siehe näher *Roser*, in: Gosch, KStG, § 8 Rn 68 ff.
[19] Gesetz zur Umsetzung des EuGH-Urteils vom 20.10.2011 in der Rechtssache C-284/09 v. 21.3.2013, BGBl. I 2013, S. 561.
[20] Eine Auszahlung des „echten" Nennkapitals oder von solchem, das aus Einlagen der Anteilseigner stammt, fällt unter § 8 b Abs. 2 KStG.

- Leistungen eines nicht körperschaftsteuerbefreiten Betriebes gewerblicher Art iSd § 4 KStG mit eigener Rechtspersönlichkeit, die mit Gewinnausschüttungen iSv § 20 Abs. 1 Nr. 1 EStG wirtschaftlich vergleichbar sind (§ 20 Abs. 1 Nr. 10 a EStG).

23 Die Steuerbefreiung nach § 8 b Abs. 1 S. 1 KStG für eine empfangene verdeckte Gewinnausschüttung entfällt nach § 8 b Abs. 1 S. 2 KStG, wenn die verdeckte Gewinnausschüttung das Einkommen der Beteiligung AG gemindert hat (sog. **materielle Korrespondenz**).[21]

24 Nach § 8 b Abs. 5 KStG gelten pauschal 5 % der steuerfreien Bezüge als Ausgaben, die nicht als Betriebsausgaben abgezogen werden dürfen. Das Abzugsverbot nach § 3 c Abs. 1 des EStG ist insgesamt nicht anzuwenden.

25 bb) **Steuerfreistellung von Veräußerungsgewinnen (§ 8 b Abs. 2 KStG).** Gemäß § 8 b Abs. 2 KStG fallen folgende Gewinne unter die Steuerfreistellung, sofern der betroffene Anteil in früheren Jahren nicht steuerwirksam auf den niedrigeren Teilwert abgeschrieben und die Gewinnminderung nicht durch den Ansatz eines höheren Werts („Wertaufholung") ausgeglichen worden ist; auch eine verdeckte Einlage kann zu einer steuerbefreiten Veräußerung führen (§ 8 b Abs. 2 S. 6 KStG):

- Gewinne aus der Veräußerung eines Anteils an einer **Körperschaft oder Personenvereinigung**, deren Leistungen beim Empfänger zu Einnahmen iSd § 20 Abs. 1 Nr. 1, 2, 9 und 10 a EStG gehören (**§ 8 b Abs. 2 S. 1 KStG**).[22] Diese Steuerfreistellung soll für Anteile an Körperschaften sowie für Gewinne aus der Veräußerung eigener Anteile gelten.[23] Nach Auffassung der Verwaltung fallen auch Genussrechte iSd § 8 Abs. 3 S. 2 KStG unter die Steuerbefreiung, während andere Genussrechte, Wandelschuldverschreibungen, Optionsanleihen und sonstige Bezugsrechte nicht erfasst sind.[24] Ebenfalls von der Steuerfreistellung umfasst sind Gewinne aus der Veräußerung eines Anteils an einer **Organgesellschaft** iSd §§ 14, 17 oder 18 KStG[25] sowie Gewinne aus einem Anteilstausch.
- **Gewinne aus der Liquidation** einer Gesellschaft (**§ 8 b Abs. 2 S. 3 KStG**).
- Gewinne aus der **Herabsetzung des Nennkapitals** (**§ 8 b Abs. 2 S. 3 KStG**). Darunter können nur Auskehrungen im Rahmen von Kapitalherabsetzungen einer Tochtergesellschaft an ihre Muttergesellschaft fallen, die nicht bereits unter § 8 b Abs. 1 KStG erfasst sind.
- Gewinne aus dem Ansatz des in § 6 Abs. 1 S. 1 Nr. 2 S. 3 EStG bezeichneten Wertes, dh **Gewinne aufgrund einer Wertaufholung** nach zuvor erfolgter (nicht steuerwirksamer) Abschreibung des Anteils (**§ 8 b Abs. 2 S. 3 KStG**).

26 Gem. § 8 b Abs. 3 S. 1 KStG gelten 5 % von dem jeweiligen Gewinn iSv § 8 b Abs. 2 S. 1, 3 und 6 KStG als Ausgaben, die nicht als Betriebsausgaben abgezogen werden dürfen. Die Gewinne sind in den vorgenannten Fällen folglich im wirtschaftlichen Ergebnis nur zu 95 % steuerfrei.

27 Gemäß § 8 b Abs. 3 S. 3 KStG sind Gewinnminderungen, die im Zusammenhang mit den in § 8 b Abs. 2 KStG genannten Anteilen stehen, bei der Gewinnermittlung nicht zu berücksichtigen. Deshalb können **Veräußerungsverluste** nicht berücksichtigt werden. Nach der Rechtsprechung des Bundesfinanzhofs fielen bis zum VZ 2008 Verluste aus eigenkapitalersetzenden Darlehen nicht unter das Abzugsverbot.[26] Ab dem VZ 2008 gilt dagegen unter den Voraussetzungen der § 8 b Abs. 3 S. 4 ff KStG ein Abzugsverbot.[27]

28 cc) **Steuerfreistellung bei Beteiligung über eine Mitunternehmerschaft (§ 8 b Abs. 6 KStG).** Die Freistellungsregelungen des § 8 b Abs. 1 bis 2 KStG gelten gem. § 8 b Abs. 6 KStG auch für die dort genannten Bezüge, Gewinne und Gewinnminderungen, die dem Steuerpflichtigen im Rahmen des Gewinnanteils aus einer **Mitunternehmerschaft** zugerechnet werden, sowie für Gewinne und Verluste, soweit sie bei der Veräußerung oder Aufgabe eines Mitunternehmeranteils auf Anteile iSd § 8 b Abs. 2 KStG entfallen. Der § 8 b KStG wird also durch die Personengesellschaft hindurch angewendet.

29 c) **Nicht abziehbare Aufwendungen.** Bei der Ermittlung des zu versteuernden Gewinns sind aufgrund steuerlicher Abzugsgebote bestimmte, bei der Feststellung des Jahresüberschusses bzw -fehlbetrages berücksichtigte Aufwendungen wieder hinzuzurechnen. Abzugsverbote ergeben sich aus den Vorschriften des EStG

---

21 Vgl zur materiellen und formellen Korrespondenz und den damit verbundenen offenen Fragen *Pohl/Raupach*, Verdeckte Gewinnausschüttungen und verdeckte Einlagen nach dem JStG 2007, FR 2007, S. 210.
22 Vgl Rn 22.
23 Vgl BMF v. 28.4.2003, BStBl I 2003, S. 292/294, Rn 24.
24 Vgl BMF v. 28.4.2003, aaO.
25 Dies war lange umstritten. Es wurde jedoch durch eine Neufassung des § 8 b Abs. 2 KStG klargestellt, dass ein Organträger in der Rechtsform einer Kapitalgesellschaft seine Beteiligung an einer Organgesellschaft steuerfrei verkaufen kann. Vgl BMF v. 28.4.2003 aaO.
26 Urteil v. 14.1.2009 – I R 52/08, BFH/NV 2009, S. 856, das gegen die in der Regierungsbegründung behauptete, bloß klarstellende Wirkung des neuen § 8 b Abs. 3 S. 4 KStG spricht.
27 *Raupach/Pohl*, in: FS Wolfram Reiß, 2008, S. 430, 445 ff.

u.a. in § 4 Abs. 5 S. 1 Nr. 1 bis 4 sowie Nr. 7 bis 10 EStG[28] und § 3c Abs. 1 EStG.[29] Des Weiteren ist auch die Einschränkung hinsichtlich Betriebsausgaben und anderer Ausgaben gem. **§ 160 AO** (fehlende Benennung von Gläubigern und Zahlungsempfängern bzw der Hintermänner einer Domizilgesellschaft) zu berücksichtigen.

Die Regelungen des **Körperschaftsteuerrechts** über Aufwendungen sind in § 9 und § 10 KStG zu finden. § 9 KStG regelt die Fälle der abziehbaren Aufwendungen, insbesondere Spenden. § 10 KStG definiert korrespondierend dazu die nichtabziehbaren Aufwendungen, auf deren wichtigste Fälle im Folgenden hingewiesen werden soll. Insbesondere die folgenden Positionen sind außerhalb der Handels- bzw Steuerbilanz hinzuzurechnen.

§ 10 Nr. 2 KStG regelt die **Nichtabzugsfähigkeit von Steuern** vom Einkommen und sonstigen Personensteuern sowie der Umsatzsteuer für Umsätze, die Entnahmen oder vGAen sind und der Vorsteuerbeträge auf Aufwendungen, für die das Abzugsverbot des § 4 Abs. 5 S. 1 Nr. 1 bis 4 und Nr. 7 oder Abs. 7 EStG gilt. Diese Beschränkungen sollen auch für die auf diese Steuern entfallenden Nebenleistungen gelten. Zu den Steuern im Sinne dieser Vorschrift gehören u.a. ausländische Quellensteuern,[30] die Erbschaftsteuer[31] sowie der Solidaritätszuschlag.[32] Des Weiteren gilt das Abzugsverbot auch für die auf die dort genannten Steuern entfallenden Nebenleistungen, wie zB Säumniszuschläge (§ 240 AO), Verspätungszuschläge (§ 152 AO), Zwangsgelder (§ 329 AO), Hinterziehungszinsen (§ 235 AO), Kosten der Vollstreckung (§§ 337 bis 345 AO).[33] **Erstattungen nicht abziehbarer Steuern**, die den Jahresüberschuss bzw Bilanzgewinn erhöht haben, sind bei der Einkommensermittlung abzuziehen. Muss ein Steuerberater Schadenersatz für eine zu hohe Körperschaftsteuerbelastung leisten, liegt darin eine körperschaftsteuerpflichtige Betriebseinnahme.[34]

In einem Strafverfahren festgesetzte **Geldstrafen**, sonstige Rechtsfolgen vermögensrechtlicher Art, bei denen der Strafcharakter überwiegt, und Leistungen zur Erfüllung von Auflagen oder Weisungen, soweit die Auflagen oder Weisungen nicht lediglich der Wiedergutmachung des durch die Tat verursachten Schadens dienen, sind gem. § 10 Nr. 3 KStG nicht abziehbare Aufwendungen. Diese Vorschrift erweitert das Abzugsverbot des § 4 Abs. 5 S. 1 Nr. 8 EStG.[35] Zu berücksichtigen ist dabei, dass Geldstrafen sowie Auflagen oder Weisungen nach deutschem Strafrecht gegenüber juristischen Personen nicht zulässig sind. Gegenüber juristischen Personen können jedoch sonstige Rechtsfolgen vermögensrechtlicher Art, bei denen der Strafcharakter überwiegt, verhängt werden (vgl § 75 StGB). Nicht unter das Abzugsverbot fallen die mit Rechtsnachteilen zusammenhängenden Verfahrenskosten, insb. Gerichts- und Anwaltskosten.[36]

Gemäß § 10 Nr. 4 KStG sind die Hälfte der **Vergütungen jeder Art, die an Mitglieder des Aufsichtsrates** oder andere mit der Überwachung der Geschäftsführung beauftragte Personen gewährt werden, nicht abzugsfähig. Vergütung für die Überwachung der Geschäftsführung sind alle Leistungen, die als Entgelt für Tätigkeiten gewährt werden, wie zB Tagegeld, Sitzungsgeld, Reisegelder und sonstige Aufwandsentschädigungen.[37] Der Vergütungsempfänger muss jedoch mit der Überwachung der Geschäftsführung beauftragt sein. Der Begriff der Überwachung ist dabei weit auszulegen. Sie muss nicht ausschließlicher Gegenstand der Beauftragung des Empfängers sein; vielmehr fällt jede Tätigkeit eines Aufsichtsratsmitgliedes, die innerhalb des möglichen Rahmens einer Aufgabe liegt, unter das Abzugsverbot.[38] Unterliegt die Aufsichtsratsvergütung bei der Umsatzsteuer der Regelbesteuerung und nimmt die Körperschaft den Vorsteuerabzug nach § 15 UStG in Anspruch, so ist bei der Ermittlung des Einkommens der Körperschaft die Hälfte des Nettobetrages der Aufsichtsratsvergütung ohne Umsatzsteuer nach § 10 Nr. 4 KStG hinzuzurechnen.[39]

d) **Steuerfreie Vermögensmehrungen.** Steuerfreie Vermögensmehrungen sind bei Ermittlung des zu versteuernden Einkommens in Abzug zu bringen. Dazu gehören zB die Investitionszulagen. Diese gehören gem. § 13 InvZulG 2010 nicht zu dem zu versteuernden Einkommen der AG. Schüttet die AG hingegen die körperschaftsteuerfrei erzielten Erträge an die Anteilseigner aus, so können diese bei dem Anteilseigner, der mit seinen Einkünften der Besteuerung nach EStG unterliegt, zu steuerpflichtigen Einnahmen aus Kapitalvermögen iSv § 20 Abs. 1 Nr. 1 EStG führen.

e) **Einlagen.** Offene bzw verdeckte Einlagen erhöhen das Einkommen nicht § 8 Abs. 1 KStG iVm § 4 Abs. 1 S. 1 EStG; § 8 Abs. 3 S. 3, 4 KStG.

---

28 ZB Nichtabzugsfähigkeit oder eingeschränkte Abzugsfähigkeit von Bewirtungskosten, Geschenken an Nicht-Arbeitnehmer, Geldbußen, Hinterziehungszinsen etc.
29 Gemäß § 3c EStG sind Ausgaben, soweit sie mit steuerfreien Einnahmen in unmittelbarem wirtschaftlichem Zusammenhang stehen, als Betriebsausgaben nicht abzugsfähig.
30 BFH BStBl II 1990, S. 920.
31 BFH BStBl II 1995, S. 207.
32 BFH BStBl II 1995, S. 305.
33 R 48 Abs. 3 KStR.
34 BFH v. 20.11.2007 – I R 54/05, BFH/NV 2008, S. 617.
35 § 4 Abs. 5 S. 1 Nr. 8 EStG sieht ein Abzugsverbot für Geldbußen, Ordnungsgelder und Verwarnungsgelder deutscher Gerichte oder einer deutschen Behörde oder eines Organs der Europäischen Gemeinschaft vor.
36 R 49 Abs. 5 KStR.
37 R 50 Abs. 1 S. 2 KStR.
38 Näher zum Begriff der Überwachung R 50 Abs. 3 KStR.
39 R 50 Abs. 2 KStR.

36 **f) Gewinnausschüttungen.** Für die Ermittlung des Einkommens der Aktiengesellschaft ist es nach § 8 Abs. 3 S. 1 KStG ohne Bedeutung, ob und wie das Einkommen (durch offene Gewinnausschüttungen) verteilt wird. Auch **verdeckte Gewinnausschüttungen** sowie Ausschüttungen jeder Art auf Genussrechte, mit denen das Recht auf Beteiligung am Gewinn und am Liquidationserlös der Kapitalgesellschaft verbunden ist, mindern nach § 8 Abs. 3 S. 2 KStG das Einkommen nicht.[40] Zu näheren Ausführungen betreffend **offene und verdeckte Gewinnausschüttungen** wird auf Rn 95 ff verwiesen.

37 **g) Zuzurechnendes Einkommen der Organgesellschaften gem. §§ 14 ff KStG.** Grundsätzlich ist die AG als steuerlich selbstständiges Rechtssubjekt zu betrachten. Die steuerliche Selbstständigkeit wird jedoch unterbrochen, wenn die AG im Rahmen einer Organschaft als Organgesellschaft eingeordnet ist. Bei der organschaftlich eingegliederten Gesellschaft wird das Einkommen der Organgesellschaft dem Organträger zugerechnet. Der wesentliche Vorteil besteht im Hinblick auf das Körperschaftsteuerrecht darin, dass Gewinne und Verluste im Organkreis sofort saldiert werden können. Im Detail wird auf die Ausführungen zur Organschaft (Rn 133 ff) verwiesen.

38 **III. Verlustabzug gem. § 10 d EStG.** Gemäß § 8 Abs. 1 KStG findet die Regelung des § 10 d EStG über den Verlustabzug im Körperschaftsteuerrecht Anwendung. Nach dieser Vorschrift sind negative Einkünfte, die bei der Ermittlung des Gesamtbetrags der Einkünfte nicht ausgeglichen werden, bis zu einem Betrag von 511.500 EUR bzw ab Veranlagungszeitraum 2013 in Höhe von einer Million EUR[41] vom Gesamtbetrag der Einkünfte des unmittelbar vorangegangenen Veranlagungszeitraums abzuziehen (**Verlustrücktrag**). Es ist möglich, auf den Verlustrücktrag ganz oder teilweise zu verzichten oder bei dem Verlustrücktrag die Höchstgrenze nicht auszuschöpfen.

39 Die Verrechnung eines Verlustvortrags unterliegt jedoch Einschränkungen („Mindestbesteuerung"). Nicht ausgeglichene negative Einkünfte, die nicht zurückgetragen werden, sind entsprechend § 10 d Abs. 2 EStG in den folgenden Veranlagungszeiträumen bis zu einem Gesamtbetrag der Einkünfte von einer Million EUR unbeschränkt, darüber hinaus nur bis zu 60 % des eine Million übersteigenden Gesamtbetrages der Einkünfte abziehbar (**Verlustvortrag**).[42] Zu den Einschränkungen der Verlustnutzung nach einem Gesellschafterwechsel gem. § 8 c KStG und der Problematik des sog. Mantelkaufs siehe Rn 78 f.

40 **IV. Körperschaftsteuertarif.** Der Körperschaftsteuersatz beträgt gem. § 23 KStG 15 %. Es handelt sich um einen proportionalen Steuertarif, der unabhängig von der Gewinnverwendung (Einbehalt oder Ausschüttung) gilt.

C. Grundzüge des Gewerbesteuerrechts

41 Die Gewerbesteuer ist eine **Realsteuer** iSv § 3 Abs. 2 AO, dh sie wird unabhängig von persönlichen Verhältnissen des Inhabers in Anknüpfung an das Objekt „Gewerbebetrieb" erhoben. Die Gewerbesteuer steht den Gemeinden zu, die auf den einheitlichen Messbetrag als für alle Gewerbepflichtigen einheitliche Bemessungsgrundlage, einen von der Gemeinde zu beschließenden Hebesatz anwenden.[43] Dabei können sich erhebliche Unterschiede in der Belastung mit Gewerbesteuer ergeben, abhängig vom jeweiligen Sitz der Gesellschaft.[44] Die folgenden Ausführungen sollen einen Überblick über diese Steuerart geben; zu Einzelproblemen wird auf die einschlägige Rechtsprechung und Kommentarliteratur verwiesen.[45]

42 **I. Gewerbesteuerpflicht. 1. Gewerbebetrieb kraft Rechtsform.** Grundsätzlich unterliegt gem. § 2 Abs. 1 S. 1 GewStG jeder stehende Gewerbebetrieb, soweit er im Inland betrieben wird, der inländischen Gewerbesteuer. Nach § 2 Abs. 2 GewStG gilt die Tätigkeit in Form einer Aktiengesellschaft stets und in vollem Umfang als Gewerbebetrieb. Damit unterliegt sowohl die vermögensverwaltende AG (zB Grundstücks- oder Vermögensverwaltungsgesellschaft) als auch die AG, die zur Ausübung einer freiberuflichen Tätigkeit gegründet wird (zB Wirtschaftsprüfungs- oder Steuerberatungsgesellschaft) der Gewerbesteuer. Eine Ausnahme davon besteht lediglich für die in § 3 GewStG abschließend aufgezählten Gewerbebetriebe. Diese sind von der Gewerbesteuer befreit (zB Deutsche Bundesbank).

43 **2. Beginn der Gewerbesteuerpflicht.** Die Gewerbesteuerpflicht kraft Rechtsform beginnt bei der AG grundsätzlich spätestens mit der Eintragung in das Handelsregister.[46] Dies gilt damit auch für die AG, die zum

---

40 Siehe näher *Wassermeyer*, GmbHR 2002, 1 ff.
41 Gesetz zur Änderung und Vereinfachung der Unternehmensbesteuerung und des steuerlichen Reisekostenrechts v. 20.2.2013, BGBl. I 2013, S. 285.
42 BT-Drucks. 15/1518, S. 13.
43 Es gilt ein Mindesthebesatzes von 200 %, siehe § 16 Abs. 4 GewStG. Dieser ist verfassungsgemäß, siehe Beschluss des BVerfG v. 27.1.2010, 2 BvR 2185/04 und 2 BvR 2189/04.
44 ZB Hebesätze in 2012: Berlin 410 %, München 490 %, Frankfurt 460 %.
45 Vgl zB *Lenski/Steinberg*, GewStG, Kommentar zum GewStG, Loseblattwerk; *Glanegger/Güroff*, GewStG, Kommentar; *Blümich*, EStG, KStG, GewStG, Nebengesetze, Loseblattwerk.
46 R 2.5 Abs. 2 S. 1 GewStR 2009.

Zwecke der Übernahme eines Gewerbebetriebes gegründet wird. Wenn die AG bereits im Stadium der **Vorgesellschaft** erkennbar nach außen tätig geworden ist und eine eigene gewerbliche Tätigkeit iSd § 15 Abs. 2 EStG ausübt, unterliegt bereits die Vorgesellschaft der Gewerbesteuerpflicht. Diese bildet dann zusammen mit der später eingetragenen AG ein einheitliches Steuerobjekt.[47]

3. Ende der Gewerbesteuerpflicht. Die Gewerbesteuerpflicht der AG erlischt nicht bereits mit der Beendigung der gewerblichen Betätigung, sondern erst mit dem Einstellen jeglicher Tätigkeit und damit mit dem Ende der rechtlichen Existenz.[48] Dies ist grundsätzlich in Fällen der **Liquidation** der Zeitpunkt, in dem das Vermögen an die Anteilseigner verteilt worden ist. Im Falle einer Gesamtrechtsnachfolge (zB Umwandlung) ist der steuerliche Umwandlungsstichtag maßgebend. Die Gewerbesteuerpflicht endet im Grundsatz auch bei einer **Sitzverlegung ins Ausland**.[49] Unterhält das Unternehmen, das seinen Sitz ins Ausland verlegt hat, jedoch in Deutschland eine Betriebsstätte, so kann diese bei Erfüllung der negativen und positiven Voraussetzungen eines Gewerbebetriebes[50] der Gewerbesteuer gem. § 2 Abs. 1 GewStG unterliegen.[51]

Wenn der **Gewerbebetrieb im Ganzen** auf einen anderen Unternehmer übergeht, gilt dieser Gewerbebetrieb als durch den bisherigen Unternehmer eingestellt und durch den anderen Unternehmer neu gegründet, sofern er nicht mit einem bereits bestehenden Gewerbebetrieb vereinigt wird.[52]

II. Der zu besteuernde Gewerbeertrag der AG. Der Gewerbesteuerertrag ist durch eine verfahrensrechtlich selbstständige Gewinnermittlung festzustellen.[53] Der nach KStG ermittelte Gewinn hat keine Bindungswirkung für die Gewerbesteuer, sondern ist lediglich Anhaltspunkt für die Berechnung des Gewerbeertrags (siehe aber § 35 b GewStG bei Änderung oder Aufhebung des Körperschaftsteuerbescheides).

1. Erhebungszeitraum. Maßgebend ist der Gewerbeertrag, der in dem **Erhebungszeitraum** bezogen worden ist, für den der Steuermessbetrag festgesetzt wird (§ 10 Abs. 1 GewStG). Der maßgebliche Erhebungszeitraum ist grundsätzlich das Kalenderjahr (§ 10 Abs. 1 iVm § 14 S. 2 GewStG). Weicht jedoch das Wirtschaftsjahr der AG, für das regelmäßig Abschlüsse gemacht werden, vom Kalenderjahr ab, so gilt der Gewerbeertrag als in dem Erhebungszeitraum bezogen, in dem das Wirtschaftsjahr endet (§ 10 Abs. 2 GewStG).

2. Besteuerungsgrundlage. Die Besteuerungsgrundlage für die Gewerbesteuer ist der **Gewerbeertrag** (§ 6 GewStG). Dieser ist gem. § 7 S. 1 GewStG wie folgt definiert: Gewerbeertrag ist der nach den Vorschriften des EStG oder KStG zu ermittelnde Gewinn aus dem Gewerbebetrieb, der bei der Ermittlung des Einkommens für den dem Erhebungszeitraum (§ 14) entsprechenden Veranlagungszeitraum zu berücksichtigen ist, vermehrt und vermindert um die in §§ 8 und 9 GewStG bezeichneten Beträge.

Besteuerungsgrundlage

= Gewinn aus Gewerbebetrieb gem. KStG
+ Hinzurechnungen gem. § 8 GewStG
− Kürzungen gem. § 9 GewStG
= Gewerbeertrag, der auf volle Hundert gerundet wird
x Messzahl (gem. § 11 Abs. 2: 3,5 %)
= Messbetrag nach Gewerbeertrag

Die für die AG geltenden Besonderheiten sind unter R 7.1 Abs. 4 GewStR 2009 detailliert beschrieben; insoweit wird darauf verwiesen.

a) Gewerbeertrag. Besteuerungsgrundlage für die Gewerbesteuer ist gem. § 6 GewStG der Gewerbeertrag. Der Gewerbeertrag der AG entspricht dem nach § 8 Abs. 1 S. 3 KStG ermittelten Einkommen (§ 7 S. 3 GewStG). Gemäß § 7 S. 2 GewStG gehört zum Gewerbeertrag auch der Gewinn aus der Veräußerung oder Aufgabe

(1) des Betriebs oder eines Teilbetriebs einer Mitunternehmerschaft,
(2) des Anteils eines Gesellschafters, der als Unternehmer (Mitunternehmer) des Betriebs einer Mitunternehmerschaft anzusehen ist,
(3) des Anteils eines persönlich haftenden Gesellschafters einer KGaA,

soweit er nicht auf eine natürliche Person als unmittelbar beteiligten Mitunternehmer entfällt.

---

47 BFH BStBl III 1960, S. 319.
48 R 2.6 Abs. 2 GewStR 2009.
49 R 2.8 Abs. 1 GewStR 2009.
50 Für die Begriffsbestimmung des Gewerbebetriebs gilt § 15 Abs. 2 EStG.
51 Vgl dazu R 2.9 GewStR 2009; BMF v. 24.12.1999, BStBl I 1999, S. 1076 (Betriebsstättenerlass).
52 R 2.7 Abs. 10 GewStR 2009.
53 BFH BStBl II 2004, S. 699.

50 **b) Hinzurechnungen gem. § 8 GewStG.** Nach § 8 GewStG werden insbesondere hinzugerechnet [die in § 8 Nr. 1 GewStG aufgeführten Tatbestände führen nur zu einer Hinzurechnung, sofern ihre Summe den Betrag von 100.000 EUR überschreitet]:

- **Entgelte für Schulden (§ 8 Nr. 1 lit. a GewStG):** Gemäß § 8 Nr. 1 lit. a GewStG ist ein Viertel der Entgelte für Schulden hinzuzurechnen.
- **Gewinnanteile der typischen stillen Gesellschafter (§ 8 Nr. 1 lit. c GewStG):** Gemäß § 8 Nr. 1 lit. c GewStG wird ein Viertel der Gewinnanteile des typischen stillen Gesellschafters hinzugerechnet.
- **Miet- und Pachtzinsen (§ 8 Nr. 1 lit. d und e GewStG):** Von den Miet- und Pachtzinsen für die Benutzung der beweglichen Wirtschaftsgüter des Anlagevermögens, die im Eigentum eines anderen stehen, sind nach § 8 Nr. 1 lit. d EStG 5 %, von den für die Benutzung fremder unbeweglicher Wirtschaftsgüter des Anlagevermögens sind 12,5 % hinzuzurechnen.[54]
- **Dividenden bei Streubesitz (§ 8 Nr. 5 GewStG):** Nach § 8 Nr. 5 GewStG erfolgt eine Hinzurechnung der nach § 8 b KStG außer Ansatz bleibenden Gewinnanteile (Dividenden), soweit nicht die Gewinnanteile (im Falle eines Ansatzes bei der Ermittlung des Gewinns entgegen § 8 b Abs. 1 KStG) unter die Gewerbesteuerkürzungen nach § 9 Nr. 2 a GewStG (inländische Dividenden) bzw. § 9 Nr. 7 GewStG (ausländische Dividenden) fallen würden.[55] Im Zusammenspiel mit den Kürzungsvorschriften § 9 Nr. 2a, Nr. 7 und Nr. 8 GewStG werden danach nur Bezüge aus inländischen Beteiligungen, die nicht zu Beginn des Erhebungszeitraumes bestehen und/oder mindestens 15 % der Anteile umfassen, bei der Gewerbesteuer hinzugerechnet. Bei ausländischen Beteiligungen von mindestens 15 % erfolgt auch dann eine Hinzurechnung, wenn es sich bei der Beteiligung um eine Nicht-EU-Gesellschaft ohne aktive Einkünfte (§ 8 Abs. 1 Nr. 1–6 Außensteuergesetz) oder ohne aktive Enkelgesellschaft oder ohne die Eigenschaft einer Landes- oder Funktionsholding handelt. Ergänzend sind aber noch die Schachtelprivilegien nach den Doppelbesteuerungsabkommen zu beachten, durch die eine Gewerbesteuerpflicht auch in diesen Fällen nach § 9 Nr. 8 GewStG ausgeschlossen sein kann.[56]
- **Anteile am Verlust einer in- und ausländischen Mitunternehmerschaft (§ 8 Nr. 8 GewStG):** Gemäß § 8 Nr. 8 ist dem Gewinn des Gewerbebetriebs der Anteil am Verlust einer in- oder ausländischen OHG, einer KG oder einer anderen Gesellschaft, bei der die Anteilseigner als Unternehmer des Gewerbebetriebs anzusehen sind, hinzuzurechnen.

51 **c) Kürzungen gem. § 9 GewStG.** § 9 GewStG regelt Kürzungstatbestände, die ebenso wie die Hinzurechnungstatbestände des § 8 GewStG der Ermittlung des objektiven Gewerbeertrages (Realsteuerprinzip) dienen. Im Folgenden soll nur exemplarisch auf einige ausgewählte Kürzungsvorschriften eingegangen werden:

- **Kürzung für Grundbesitz (§ 9 Nr. 1 GewStG):** Nach § 9 Nr. 1 S. 1 GewStG ist die Summe des Gewinns und der Hinzurechnung um 1,2 % des Einheitswertes der Betriebsgrundstücke, dh des Grundbesitzes, der zum Betriebsvermögen des Unternehmers gehört, zu kürzen. Hintergrund ist die Vermeidung einer Doppelbelastung mit Gewerbesteuer und Grundsteuer. § 9 Nr. 1 S. 2 GewStG sieht weitere Kürzungsmöglichkeiten für Gewerbesteuerschuldner vor, die ausschließlich eigenen Grundbesitz oder neben eigenem Grundbesitz eigenes Kapitalvermögen verwalten.
- **Anteile am Gewinn von in- und ausländischen Mitunternehmerschaften (§ 9 Nr. 2 GewStG):** Gemäß § 9 Nr. 2 GewStG erfolgt eine Kürzung um die Anteile am Gewinn einer in- oder ausländischen OHG, einer KG oder einer anderen Gesellschaft, bei der die Gesellschafter als Unternehmer (Mitunternehmer) des Gewerbebetriebs anzusehen sind, wenn die Gewinnanteile bei der Ermittlung des Gewinns angesetzt worden sind. Damit wird eine Doppelbelastung vermieden, da der Gewinn bereits bei der Mitunternehmerschaft der Gewerbesteuer unterworfen wird.

52 **III. Gewerbeverlust (§ 10 a GewStG).** Der sich nach den Hinzurechnungen und Kürzungen ergebende Gewerbeertrag wird um die Fehlbeträge gekürzt, die sich bei der Ermittlung des maßgebenden Gewerbeertrags für die vorangegangenen Erhebungszeiträume ergeben haben (§ 10 a S. 1 GewStG). Eine volle Kürzung findet jedoch nur bis zu einem Betrag in Höhe von 1 Million EUR statt. Der 1 Million EUR übersteigende maßgebende Gewerbeertrag kann nur bis zu 60 % durch einen Gewerbesteuerverlustvortrag gekürzt werden (§ 10 a S. 2 GewStG). Die Höhe des vortragsfähigen Fehlbetrages wird gesondert festgestellt (§ 10 a S. 6 GewStG). Bei der Gewerbesteuer finden durch den Verweis in § 10 a S. 10 GewStG auch die Beschränkungen der Fortführung des Verlustvortrages nach § 8 c KStG entsprechend Anwendung (vgl dazu Rn 78 f). Einen Verlustrücktrag sieht das GewStG, letztlich insbesondere aus Gründen der Haushaltssicherung der Gemeinden, nicht vor.

---

[54] Ausführliche Hinweise im koordinierten Ländererlass v. 2.7.2012, BStBl I 2012, S. 654, Rn 6 ff, 29 ff.
[55] Vgl Rn 63 und 65.
[56] Siehe im Einzelnen *Watermeyer*, GmbH-StB 2002, S. 200 ff.

IV. Berechnung des Gewerbesteuermessbetrages. Bei der Berechnung der Gewerbesteuer ist von einem 53
Steuermessbetrag auszugehen, der gem. § 11 GewStG ermittelt wird. Dazu ist zunächst eine Abrundung des
Gewerbeertrags auf volle 100 EUR vorzunehmen (§ 11 Abs. 1 S. 3 GewStG). Für die AG gibt es keinen
Freibetrag iSd § 11 Abs. 1 S. 3 GewStG. Die Steuermesszahl für den Gewerbeertrag der AG beträgt gem.
§ 11 Abs. 2 GewStG 3,5 % des abgerundeten Gewerbeertrages. Der Gewerbesteuermessbetrag wird dann
gem. § 14 GewStG vom zuständigen Finanzamt in einem **Gewerbesteuermessbescheid** festgestellt. Gegen
den Gewerbesteuermessbescheid kann Einspruch beim zuständigen Finanzamt eingelegt werden. Auf
Grundlage dieses Gewerbesteuermessbescheides erheben dann die Städte und Gemeinden die Gewerbesteuer
im Rahmen eines **Gewerbesteuerbescheides** mit ihren individuellen Hebesätzen. Gegen den Gewerbesteuerbescheid der Gemeinde kann Widerspruch bei der Gemeinde eingelegt werden. Dabei können keine Einwände erhoben werden, die gegen den Gewerbesteuermessbescheid als Grundlagenbescheid zu richten sind
(§ 351 Abs. 2 AO).
Sollte sich der Gewerbebetrieb der AG über mehrere Gemeinden erstrecken, dh sollten sich in mehreren 54
Gemeinden Betriebsstätten eines einheitlichen Gewerbebetriebs befinden, muss eine Zerlegung des einheitlichen Messbetrages vorgenommen werden, da jede Gemeinde am Steueraufkommen beteiligt ist (§§ 28, 30
GewStG). Zerlegungsmaßstab ist dabei im Grundsatz das Verhältnis der Arbeitslöhne in den verschiedenen
Betriebsstätten (§ 29 Abs. 1 GewStG).

D. Kapitalertragsteuer

Für Gewinnausschüttungen oder die Erbringung anderer Leistungen der AG an ihre Anteilseigner, die bei 55
diesen zu Kapitalerträgen führen, hat die AG gem. § 43 Abs. 1 Nr. 1 EStG Kapitalertragsteuer einzubehalten und abzuführen. Die Kapitalertragsteuer beträgt seit dem Veranlagungszeitraum 2009 gem. § 43a
Abs. 1 Nr. 1 EStG in der Fassung des Unternehmensteuerreformgesetzes 2008 für Gewinnausschüttungen
und sonstige Leistungen iSd § 20 Abs. 1 Nr. 1, 1a und 2 EStG 25 % des Kapitalertrages. Hinzutritt der Solidaritätszuschlag von 5,5 % auf die Kapitalertragsteuer. Der Abzug kann unterbleiben, wenn der Dividendenempfänger eine Freistellungsbescheinigung vorlegt, §§ 43b, 50d Abs. 2 EStG.

E. Solidaritätszuschlag

Der Solidaritätszuschlag wurde im Rahmen des Solidaritätszuschlagsgesetzes vom 23.6.1993[57] als Ergänzungsabgabe zur Einkommensteuer und Körperschaftsteuer eingeführt. Er beträgt 5,5 % der für den jeweiligen Veranlagungszeitraum festgesetzten Körperschaftsteuer. 56

F. Aktienrecht und steuerrechtliche Auswirkungen

I. Gründungsstadium. 1. Vorgründungsgesellschaft. In der Zeit von dem Beschluss der Gründer, eine AG 57
zu errichten, bis zur Feststellung der Satzung durch notarielle Beurkundung gem. § 23 AktG besteht zwischen den Gründern eine Vorgründungsgesellschaft mit dem Zweck der Errichtung einer AG. Gesellschaftsrechtlich ist diese Vorgründungsgesellschaft als Gesellschaft bürgerlichen Rechts bzw. bei Aufnahme eines
Grundhandelsgewerbes, als OHG zu qualifizieren.
Die Vorgründungsgesellschaft obliegt nicht der Körperschaftsteuerpflicht. Sie ist grundsätzlich auch steuer- 58
lich wie eine Personengesellschaft zu behandeln und nur in Ausnahmefällen kann es sich um ein körperschaftsteuerliches Gebilde handeln.[58] Sie ist weder mit der Vorgesellschaft noch mit der später entstehenden
AG identisch.[59] Die Körperschaftsteuerpflicht der späteren AG wirkt auch nicht auf die Vorgründungsgesellschaft zurück.[60] Rechte und Verbindlichkeiten gehen nicht kraft Gesetzes von der Vorgründungsgesellschaft mit dem Abschluss des Gesellschaftsvertrages auf die Vorgesellschaft und später mit der Eintragung
auf die AG selbst über. Es müssen die Rechtsverhältnisse vielmehr einzeln übertragen bzw übernommen
werden.[61] Damit scheidet auch eine körperschaftsteuerliche Verlustverrechnung zwischen Vorgründungs-
und Vorgesellschaft aus.
Sofern die Vorgründungsgesellschaft – was grundsätzlich der Fall ist – nicht körperschaftsteuerpflichtig ist, 59
sind deren Einkünfte unmittelbar bei den **Gründungsgesellschaftern** zu erfassen und von diesen der Körperschaftsteuer (soweit es sich um Körperschaften handelt) bzw der Einkommensteuer (soweit es sich um natürliche Personen handelt) zu unterwerfen.[62]

---

57 Neufassung des Solidaritätszuschlaggesetzes 1995
 v. 15.10.2002, BGBl. I 2002, S. 4130.
58 H 2 KStR.
59 H 2 KStR.
60 H 2 KStR.
61 Vgl auch BGHZ 86, 122; BGHZ 91, 148.
62 BFH BStBl II 1990, S. 91.

60 Die Vorgründungsgesellschaft unterliegt lediglich als eigenständiges Rechtssubjekt der **Gewerbesteuer**, sofern sie nach außen tätig wird und eine eigene gewerbliche Tätigkeit iSd § 15 Abs. 2 EStG ausübt.[63] Bloße Vorbereitungshandlungen, zB die Anmietung eines Geschäftslokals oder die Errichtung eines Fabrikgebäudes, in dem die Warenherstellung aufgenommen werden soll, führen nicht zur Begründung der Gewerbesteuerpflicht.[64]

61 **2. Vorgesellschaft.** Zur Erlangung des Stadiums der Vorgesellschaft ist die notarielle Feststellung der Satzung (§ 23 Abs. 1 AktG) erforderlich.[65] Mit Eintragung der Vorgesellschaft in das Handelsregister entsteht dann gesellschaftsrechtlich die AG.

62 Die Vorgesellschaft ist nach ständiger Rechtsprechung des BFH als einheitliches Rechtssubjekt mit der AG zu behandeln und unterliegt der **Körperschaftsteuerpflicht**.[66] Dies gilt nicht, wenn es nicht zur Eintragung der Vorgesellschaft in das Handelsregister kommt. Dann wird die Vorgesellschaft steuerlich wie die Vorgründungsgesellschaft behandelt.[67]

63 Übt die Vorgesellschaft erkennbar eine gewerbliche Tätigkeit iSd § 15 Abs. 2 EStG aus, unterliegt bereits sie der **Gewerbesteuerpflicht** und bildet mit der später eingetragenen AG eine Einheit.[68]

64 Die Anlaufbetriebsausgaben mindern daher den Gewerbeertrag der eingetragenen AG nur, sofern die Vorgesellschaft gewerblich tätig war. Die Verwaltung eingezahlter Teile des Grundkapitals sowie ein bestehender Anspruch auf Einzahlung von Teilen des Grundkapitals alleine lösen noch keine Gewerbesteuerpflicht aus.[69]

65 **3. Feststellung der Satzung. a) Sitz.** Die Wahl des Sitzes kann uU Auswirkungen auf die Höhe der Steuerbelastung bei der AG haben. Es ist anzuraten, die Hebesätze verschiedener Städte und Gemeinden insbesondere in Ballungsräumen miteinander zu vergleichen, um eine möglichst geringe Gewerbesteuerbelastung zu erreichen. Es gilt nach § 16 Abs. 4 GewStG ein Mindesthebesatz von 200 %.[70] Jedoch ist zu berücksichtigen, dass die Gewerbesteuer nicht ausschließlich am Sitz der Gesellschaft gezahlt wird. Vielmehr erfolgt eine Zerlegung des Gewerbesteuermessbetrages auf sämtliche Betriebsstätten des Unternehmens (§ 28 GewStG).

66 **b) Gegenstand der Gesellschaft.** Die Formulierung des Gegenstandes der Gesellschaft kann sowohl für die Möglichkeit der Befreiung von der Körperschaft- als auch der Gewerbesteuer von großer Bedeutung sein. Eine Steuerbefreiung kann gegeben sein, wenn der Gegenstand der AG einen **Steuerbefreiungstatbestand iSd § 5 KStG bzw § 3 GewStG** erfüllt. Die dort aufgelisteten Fälle sind nur eingeschränkt auf die AG anwendbar. Häufigster Fall dürfte jedoch die AG sein, die nach Satzung und tatsächlicher Geschäftsführung ausschließlich und unmittelbar gemeinnützigen, mildtätigen oder kirchlichen Zwecken dient (§ 5 Abs. 1 Nr. 9 KStG, § 3 Nr. 6 GewStG). Sofern dabei jedoch ein wirtschaftlicher Geschäftsbetrieb unterhalten wird, ist die Steuerbefreiung insoweit ausgeschlossen (§ 5 Abs. 1 Nr. 9 S. 2 KStG, § 3 Nr. 6 S. 2 GewStG). Unter einem wirtschaftlichen Geschäftsbetrieb ist eine selbstständige nachhaltige Tätigkeit, durch die Einnahmen oder andere wirtschaftliche Vorteile erzielt werden, die über den Rahmen einer Vermögensverwaltung hinausgehen (§ 14 S. 1 AO), zu verstehen.[71]

67 Ob die Gesellschaft einen steuerbegünstigten Zweck iSv § 5 Abs. 1 Nr. 9 KStG und § 3 Nr. 6 GewStG selbstlos, ausschließlich und unmittelbar verfolgt, ist entsprechend den §§ 51 ff AO zu prüfen. Satzungszweck und Art der Verwirklichung müssen dabei so genau bestimmt sein, dass aufgrund der Satzung geprüft werden kann, ob die satzungsmäßigen Voraussetzungen für die Steuervergünstigung gegeben sind oder nicht (§ 60 Abs. 1 AO). Die vorgeschriebenen Merkmale der Satzung müssen während des gesamten Besteuerungszeitraums vorliegen. Des Weiteren muss auch die tatsächliche Geschäftsführung der Körperschaft auf die ausschließliche und unmittelbare Erfüllung der steuerbegünstigenden Zwecke gerichtet sein und den Bestimmungen entsprechen.

68 Ein besonderes Anerkennungsverfahren für die steuerliche Gemeinnützigkeit ist nicht vorgesehen. Grundsätzlich entscheidet das Finanzamt im Veranlagungsverfahren durch Steuerbescheid oder ggf durch Freistellungsbescheid, ob eine AG steuerbegünstigt ist oder nicht. Dabei sind die für die Steuerpflicht und ihre Bemessung wesentlichen tatsächlichen und rechtlichen Verhältnisse von Amts wegen zu ermitteln.[72] In der

---

[63] R 2.5 GewStR 2009.
[64] Vgl R 2.5 GewStR 2009.
[65] BFH BStBl II 1990, S. 468.
[66] BFH BStBl III 1957, S. 28; BFH BStBl III 1958, S. 42; BFH BStBl II 1973, S. 568; BFH BStBl II 1981, S. 600; BFH BStBl II 1982, S. 362; BFH BStBl II 1983, S. 247; BFH BStBl II 1990, S. 91; BFH BStBl II 1990, S. 468; BFH BStBl II 1993, S. 352; ebenso: *Herrmann/Heuer/Raupach*, KStG, § 1 Rn 77.
[67] H 2 KStR.
[68] BFH BStBl III 1960, S. 319.
[69] BFH BStBl II 1990, S. 1073.
[70] Dieser ist verfassungsgemäß, siehe Beschluss des BVerfG v. 27.1.2010, 2 BvR 2185/04 und 2 BvR 2189/04.
[71] Gemäß § 14 S. 3 AO ist bloße Vermögensverwaltung gegeben, wenn Vermögen genutzt, zB Kapitalvermögen verzinslich angelegt oder unbewegliches Vermögen vermietet oder verpachtet wird.
[72] AEAO zu § 59 Nr. 3.

Praxis wird jedoch für die AG, bei der die Voraussetzungen der Steuervergünstigung noch nicht im Veranlagungsverfahren festgestellt worden sind, meist eine Vorabanfrage an das zuständige Finanzamt gerichtet. Daraufhin bescheinigt das zuständige Finanzamt vorläufig, ob die AG steuerlich erfasst ist und die eingereichte Satzung alle nach §§ 59 Hs 1, 60 und 61 AO geforderten Voraussetzungen erfüllt, welche für die Steuerbefreiung vorliegen müssen. Nach Ansicht der Finanzverwaltung ist dieser Bescheid kein Verwaltungsakt, sondern lediglich eine Auskunft, die keine Aussage über die Übereinstimmung von Satzung und tatsächlicher Geschäftsführung treffe und befristet und frei widerruflich zu erteilen sei.[73]

c) Wirtschaftsjahr. Die Festlegung des Wirtschaftsjahres bei der Gründung der Gesellschaft kann von der Steuergesetzgebung abhängen und sich mitunter steueroptimierend für die AG auswirken. Bei Gründung der AG ist die Wahl des Wirtschaftsjahres, dh auch eines abweichenden Wirtschaftsjahres grds. anzuerkennen. Eine entsprechende Genehmigung des Finanzamtes ist nicht erforderlich. Nach Rechtsprechung des BFH ist die bei der Gründung getroffene Wahl eines abweichenden Wirtschaftsjahres jedoch als Steuerumgehung iSd § 42 AO zu qualifizieren, wenn alleiniger Grund für die Wahl des abweichenden Wirtschaftsjahres eine Steuerpause ist und keinerlei sonstige „branchenspezifische oder sonst plausible Gründe" gegeben sind.[74] Der BFH hat zwar entschieden, dass es dem Steuerpflichtigen grundsätzlich nicht verwehrt sei, seine rechtlichen Verhältnisse so zu gestalten, dass sich eine geringe steuerliche Belastung ergebe. Einschränkungen dieses Grundsatzes seien jedoch hinzunehmen, wenn die gewählte Rechtsgestaltung ausschließlich der Steuerminderung diene.[75] Daher ist es für die Praxis ggf ratsam, die Gründe für die Festlegung eines abweichenden Wirtschaftsjahres zu dokumentieren.[76]

d) Grundkapital. Der Festsetzung der Höhe des Grundkapitals der AG kommt im Rahmen der gesamten Eigenkapitalausstattung der AG auch eine steuerrechtliche Bedeutung zu. Es ist zu überlegen, in welcher Höhe die Gesellschaft durch Eigen- bzw Fremdkapital finanziert werden soll. Der Zinsabzug ist durch die Zinsschranke begrenzt (vgl Rn 106).

e) Gründungsaufwand. § 26 Abs. 2 AktG regelt, dass die Satzung die Höhe des Gründungsaufwandes und der Gründungskosten, die von der AG getragen werden, auszuweisen hat. Dieser Ausweis ist auch aus steuerlicher Sicht unabdingbar, um die Gründungskosten bei der AG als Betriebsausgaben berücksichtigen zu können. Enthält die Satzung keine solche Regelung, liegt eine vGA iSv § 8 Abs. 3 S. 2 KStG vor.[77] Nach BMF-Schreiben vom 25.6.1991[78] sind die einzelnen Gründungskosten zusammengefasst als Gesamtbetrag in der Satzung auszuweisen, wobei Beträge, die noch nicht genau beziffert werden können, geschätzt werden müssen. Als Gründungskosten der AG sind u.a. die anfallenden Notar- und Gerichtskosten, Registrierungskosten, Kosten der Herstellung der Aktien etc. zu erfassen. Fehlt eine bezifferte Benennung des Gründungsaufwandes in der Satzung, ist die Klausel zivilrechtlich unwirksam und der Gründungsaufwand ist im Innenverhältnis von den Anteilseignern als den Gründern zu tragen.[79]

4. Einlagen der Anteilseigner. a) Offene Einlagen und Zuzahlungen. Offene Einlagen sind durch das Gesellschaftsverhältnis veranlasste Zuwendungen an die AG gegen Gewährung von Gesellschaftsrechten.[80] In dem Gründungsprotokoll bzw der Satzung ist zu bestimmen, ob die Anteilseigner ihre Einlage in Form einer **Bar- oder Sacheinlage** leisten, die dann entsprechend zu beziffern oder zu benennen ist. Gemäß § 27 Abs. 2 AktG können Sacheinlagen oder Sachübernahmen nur Vermögensgegenstände sein, deren wirtschaftlicher Wert feststellbar ist; Verpflichtungen zu Dienstleistungen können nicht Sacheinlagen oder Sachübernahmen sein.[81] Soweit der Aktionär auf eine Forderung gegen eine sanierungsbedürftige AG verzichtet, führt dies nur in Höhe des niedrigen Teilwerts der Forderung zu einer Einlage und damit zu einem außerordentlichen Ertrag in Höhe der Differenz zwischen Nennwert der Verbindlichkeit und niedrigem Teilwert der Forderung bei der AG (vgl Rn 76).[82] Die Einlage ist dabei erfolgsneutral und stellt kein Einkommen der AG dar.[83]

Die Satzung kann auch eine zusätzliche Zuzahlung zum anteiligen Grundkapital in Form eines **Aufgeldes oder Agios** bestimmen. Derartige Beträge werden handelsrechtlich in der Kapitalrücklage iSd § 272 Abs. 2 Nr. 1 bis 3 HGB erfasst. Sofern es sich um „andere Zuzahlungen", dh eine zweckgerichtete Leistung handelt, die der Anteilseigner ohne Gewährung von Vorzügen seitens der AG erbringt,[84] sind diese unter § 272

---

73 AEAO zu § 59 Nr. 4.
74 BFH BStBl II 1992, S. 486.
75 Vgl BFH BStBl II 1983, S. 272; BFH BStBl III 1964, S. 667; BFH BStBl II 1992, S. 486.
76 BFH BStBl II 1981, S. 481; BFH BStBl II 1997, S. 448.
77 BFH BStBl II 1990, S. 89; BMF v. 25.6.1991, BStBl I 1991, S. 661.
78 BStBl I 1991, S. 661.
79 OFD Karlsruhe v. 7.1.1999, BB 1999, 300 und DB 1999, 177.
80 BFH BStBl II 1983, S. 744 mwN.
81 BFH BStBl II 1988, S. 348; vgl zur Einlage eines Geschäfts- bzw Firmenwertes BFH v. 24.3.1987, BStBl II, S. 705; *Fröschle/Kofahl*, in: Beck'scher Bilanzkommentar, § 247 HGB Rn 172.
82 BFH BStBl II 1998, S. 307; BFH DB 2001, S. 1858.
83 Zur Bilanzierung der offenen Einlagen verweisen wir auf die weiterführende Literatur; vgl *Büchele*, DB 1997, S. 2337.
84 Vgl *Fröschle/Kofahl*, in: Beck'scher Bilanzkommentar, § 272 HGB Rn 67.

Abs. 2 Nr. 4 HGB zu fassen. In jedem Fall ist die Zuzahlung im Rahmen der Einkommensermittlung iSd § 4 Abs. 1 S. 1 EStG nicht zu berücksichtigen und bleibt erfolgsneutrale Einlage. Der Handelsbilanzgewinn ist lediglich dann entsprechend zu mindern, wenn die Zuzahlung erfolgswirksam in der Handelsbilanz verbucht wurde. Für Zwecke der Körperschaftsteuer sind die nicht in das Grundkapital geleisteten Einlagen am Schluss jedes Wirtschaftsjahres auf einem besonderen Konto („Steuerliches Einlagenkonto") auszuweisen. Zweck dieses Kontos ist es, denjenigen Teil des Eigenkapitals zu ermitteln, der bei Rückführung an die Aktionäre als steuerfreie Kapitalrückgewähr erfasst wird.

74 Durch die Erbringung der offenen Einlage und der Zuzahlung in das Vermögen der AG entstehen bei den **Anteilseignern Anschaffungskosten** auf die Beteiligung.[85] Diese mindern den Gewinn aus einer späteren Veräußerung.

75 **b) Verdeckte Einlagen.** Eine verdeckte Einlage liegt vor, wenn ein Aktionär oder eine diesem nahe stehende Person der Kapitalgesellschaft einen einlagefähigen Vermögensvorteil zuwendet und diese Zuwendung durch das Gesellschaftsverhältnis veranlasst ist.[86] Nahe stehende Personen können sowohl natürliche als auch juristische Personen sein, zu denen der Anteilseigner entweder eine persönliche oder sachliche Beziehung bzw an denen er eine mittelbare oder unmittelbare Beteiligung hat. Die erforderliche **Veranlassung im Gesellschaftsverhältnis** ist gegeben, wenn ein Nicht-Anteilseigner bei Anwendung der Sorgfalt eines ordentlichen Kaufmanns den Vermögensvorteil der Gesellschaft nicht eingeräumt hätte.[87] Zu beachten ist, dass eine verdeckte Einlage in eine AG zwar keine schenkungsteuerpflichtige Zuwendung an die AG sein kann, da sie im Zusammenhang mit dem Gesellschaftszweck steht.[88] Jedoch können solche Fälle zu verdeckten freigiebigen und damit der Schenkungsteuer unterliegenden Zuwendungen an die Mitgesellschafter führen.[89] Für Erwerbe nach dem 31.12.2011 fingiert § 7 Abs. 8 S. 1 ErbStG eine Schenkung zwischen dem an eine Kapitalgesellschaft Leistenden und der (unmittelbar oder mittelbar) beteiligten natürlichen Person, wenn sich dadurch eine Werterhöhung der Anteile dieser Person ergibt.[90]

76 Grundsätzlich führt die Einlage eines Wirtschaftsguts in Form der verdeckten Einlage bei dem Anteilseigner zu nachträglichen Anschaffungskosten, wenn sie auf Ebene der AG als Einlage iSv § 4 Abs. 1 S. 7 EStG zu werten ist.[91] Es soll jedoch wohl keine verdeckte Einlage iSv nachträglichen Anschaffungskosten vorliegen, wenn Wirtschaftsgüter durch eine sog. verschleierte Sachgründung auf die AG übertragen werden. Grund dafür soll das gleichzeitige Entstehen des Rückforderungsanspruchs des Anteilseigners sein.[92] Der GrS des BFH entschied am 9.6.1997,[93] dass der **Verzicht auf nicht mehr werthaltige Forderungen** durch den Anteilseigner bei der AG zu einer Einlage gem. § 6 Abs. 1 Nr. 5 EStG in Höhe des Teilwerts der Forderung führt. Soweit der Nennwert der auszubuchenden Verbindlichkeit den Teilwert übersteigt, erzielt die AG einen steuerpflichtigen außerordentlichen Ertrag. Beim Anteilseigner erhöhen sich die Anschaffungskosten seiner Beteiligung. Diese Grundsätze gelten auch für Erlass- oder Schuldaufhebungsverträge, jedoch nicht für „Stillhalteabkommen", wie zB die Rangrücktrittsvereinbarung, da sich in diesem Fall nichts am Bestand der Forderung ändert und damit keine verdeckte Einlage vorliegt.[94] Zu berücksichtigen ist auch § 17 Abs. 1 S. 2 EStG, der die verdeckte Einlage von Anteilen an einer Kapitalgesellschaft in eine Kapitalgesellschaft der Veräußerung der Anteile gleichsetzt.

77 Gegenstand einer verdeckten Einlage wie auch einer offenen Einlage können nach Rechtsprechung des BFH nur solche Vermögensvorteile sein, die auch Bestandteil des Vermögensvergleichs gem. § 4 Abs. 1 S. 1 EStG sein können. Hierzu zählen nur **bilanzierungsfähige Wirtschaftsgüter**, dh Vermögensvorteile, die in der Bilanz als Aktivposten oder Verminderung eines Passivposten in Ansatz gebracht werden können.[95] Dies gilt unabhängig davon, dass auch nicht bilanzierungsfähige Vermögensvorteile Gegenstand einer Sacheinlage nach § 27 AktG sein können.[96] Entsprechend dem grundsätzlichen Erfordernis der Bilanzierungsfähigkeit

---

85 BFH BStBl II 2001, S. 168.
86 R 40 Abs. 1 KStR.
87 R 40 Abs. 3 KStR.
88 Wenn eine Vermögenshingabe einem Gemeinschaftszweck dient, fehlt die objektive Unentgeltlichkeit, BFH BStBl II 1979, S. 63; BFH BStBl II 1992, S. 921; BFH BStBl. II 1996, S. 546; vgl auch BFH BStBl. II 2008, S. 381.
89 Nach BFH BStBl. II 2010, S. 566 stellt eine offene oder verdeckte Einlage, durch die sich der Wert aller Kapitalgesellschaftsanteile erhöht, keine steuerbare Schenkung nach § 7 Abs. 1 Nr. 1 ErbStG zugunsten der anderen Gesellschafter dar (aA bis dahin die Finanzverwaltung vgl Absch. 18 ErbStR aF). Vgl Gleichlautender Erlass der obersten Finanzbehörden der Länder v. 14.3.2012 betr. Schenkungen unter Beteiligung von Kapitalgesellschaften oder Genossenschaften, BStBl I 2012, S. 331.
90 § 7 Abs. 8 ErbStG wurde eingeführt durch BeitrRLUmsG v. 7.12.2011, BGBl. I 2011, S. 2592.
91 § 6 Abs. 6 S. 2 EStG, BFH BStBl II 1990, S. 875.
92 Vgl Weber-Grellet, in: Schmidt, EStG, § 17 Rn 164 mwN.
93 BFH BStBl II 1998, S. 307.
94 Weber-Grellet, in: Schmidt, EStG, § 5 Rn 550 „Gesellschafterfinanzierung". Nach BMF v. 8.9.2006, BStBl I 2006, S. 497 liegt jedoch nach § 5 Abs. 2a EStG keine zu bilanzierende Verbindlichkeit vor, wenn die Tilgung nur aus einem künftigen Bilanz- oder Liquidationsgewinn, nicht aus "freiem Vermögen" erfolgen soll.
95 BFH BStBl II 1971, S. 408; BFH BStBl II 1984, S. 747; BFH BStBl II 1985, S. 320; BFH BStBl II 1988, S. 348.
96 Siehe dazu die Kommentierung zu § 27 AktG sowie Hüffer, AktG, § 27 Rn 22; MüKo-AktG/Pentz, § 27 Rn 18 f.

sind nach der Entscheidung des GrS des BFH vom 27.10.1987[97] **unentgeltliche Nutzungsüberlassungen** nicht einlagefähig.[98] Eine verdeckte Einlage wird jedoch angenommen, wenn der Anteilseigner gegenüber der AG auf Zinsen verzichtet, die in einer auf den Zeitpunkt des Verzichts zu erstellenden Bilanz der Kapitalgesellschaft als Verbindlichkeiten eingestellt werden müssten.[99] Das **Einkommen der AG** ist in diesen Fällen im Rahmen der Ermittlung des steuerpflichtigen Einkommens nicht um die durch die unentgeltliche oder verbilligte Nutzungsüberlassung entstandene Gewinnerhöhung zu korrigieren. Die AG kann auch nicht die ihr durch die Nutzungsüberlassung entstandenen Aufwendungen ihrer Anteilseigner von ihrem Gewinn abziehen. Eine derartige Übertragung von Aufwendungen ist nicht zulässig. Beim **Anteilseigner** bilden die Aufwendungen des Anteilseigners für die Nutzungsüberlassung folglich auch keine nachträglichen Anschaffungskosten auf die Beteiligung, sondern führen zu Ausgaben des Anteilseigners im Zusammenhang mit seiner Beteiligung.[100]

5. **Verlustvorträge (§ 8 c KStG).** Die „Mantelkaufregelung" in § 8 Abs. 4 KStG aF sollte letztlich verhindern, dass Verlustvorträge im Rahmen einer wirtschaftlichen Neugründung fortgeführt werden können. Durch das Unternehmensteuerreformgesetz 2008 wurde die Regelung in einem neuen § 8 c KStG erheblich verschärft.[101] Durch das Bürgerentlastungsgesetz Krankenversicherung[102] und das Wachstumsbeschleunigungsgesetz wurden die Regelung in Teilen wieder abgemildert.[103] Für die gewerbesteuerlichen Verlustvorträge gilt § 8 c KStG über den Verweis in § 10 a S. 10 GewStG entsprechend. 78

Verlustvorträge einer AG gehen nach § 8 c Abs. 1 S. 1 KStG nF im Grundsatz anteilig unter, wenn innerhalb von fünf Jahren unmittelbar oder mittelbar mehr als 25 % „des gezeichneten Kapitals, der Mitgliedschaftsrechte, der Beteiligungsrechte oder der Stimmrechte" einer AG an einen Erwerber oder diesem nahestehende Person übertragen werden „oder ein vergleichbarer Sachverhalt vorliegt". Bei Übertragungen von mehr als 50 % der Anteile im Rahmen eines schädlichen Beteiligungserwerbs gehen nach § 8 c Abs. 1 S. 2 KStG sämtliche Verlustvorträge unter.[104] Die Beteiligungserwerbe durch dem Erwerber nahestehende Personen werden ebenso zusammengerechnet wie nach § 8 c Abs. 1 S. 3 KStG solche durch mehrere Personen „mit gleichgerichteten Interessen" (wenn also mehrere Erwerber sich bei den Erwerben abgestimmt haben).[105] Von diesen Grundsätzen gibt es nunmehr drei Ausnahmen. Nach der Konzernklausel liegt ab 1. Januar 2010 kein schädlicher Beteiligungserwerb vor, wenn an dem übertragenden und dem übernehmenden Rechtsträger dieselbe Person zu jeweils 100 % beteiligt ist. Des Weiteren geht ein Verlustvortrag in dem Umfang nicht unter, wie stille Reserven vorhanden sind. Darüber hinaus ist eine Ausnahme für Sanierungsfälle in § 8 c Abs. 1 a KStG vorgesehen, die aber von der Finanzverwaltung derzeit nicht angewandt wird, da die EU-Kommission ein Prüfverfahren eingeleitet hat, ob es sich um eine EU-rechtswidrige Beihilfe handelt.[106] 79

II. Rechtsverhältnisse der Gesellschaft und der Anteilseigner. 1. Übertragungen von Aktien – Veräußerungsgewinne. a) Veräußerungsgewinne natürlicher Personen. Es ist danach zu unterscheiden, ob der Gesellschafter Aktien im steuerlichen Privat- oder Betriebsvermögen hält. Im Privatvermögen ist des Weiteren zwischen Beteiligungen unter und ab 1 % (= „wesentliche Beteiligungen") zu unterscheiden. 80

Hält der Anteilseigner die **Aktien im Privatvermögen** und war er in den letzten fünf Jahren vor der Veräußerung zu weniger als **1 %** beteiligt, ist die Veräußerung steuerfrei, soweit die Beteiligung vor dem 1. Januar 2009 erworben wurde und die Veräußerung nicht vor Ablauf eines Jahres nach Erwerb der Aktien erfolgt. Veräußerte er entsprechende Aktien vor Ablauf der Jahresfrist, lagen sonstige Einkünfte iSd § 22 Nr. 2 EStG in Form eines **privaten Veräußerungsgeschäftes** iSd § 23 Abs. 1 S. 1 Nr. 2 EStG vor, auf die auch das Halbeinkünfteverfahren bzw Teileinkünfteverfahren Anwendung fand (§ 3 Nr. 40 lit. j EStG aF) – Besteuerung mit 50 % bis Ende 2008, 60 % in 2009. 81

Nach dem Unternehmensteuerreformgesetz 2008 fallen alle Veräußerungen von nach dem 31. Dezember 2008 erworbenen Aktien bei Beteiligung von weniger als 1 %, gem. §§ 20 Abs. 2 S. 1 Nr. 1 und 32 d Abs. 1 EStG unter die 25 % betragende Abgeltungsteuer. Die von der Abgeltungsteuer erfassten Einkünfte sind grundsätzlich, mit einigen in § 32 d Abs. 2 EStG geregelten Ausnahmen, nicht mehr Gegenstand der Einkommensteuerveranlagung. 82

Wenn der Veräußerer hingegen innerhalb der letzten fünf Jahre am Kapital der AG unmittelbar oder mittelbar zu **mindestens 1 %** oder mehr beteiligt war, sind die Gewinne und Verluste aus der Veräußerung von Anteilen gem. § 17 EStG iVm § 3 Nr. 40 lit. c EStG unabhängig von einer Mindestbesitzzeit zu 60 % zu 83

---

97 GrS BFH BStBl II 1988, S. 348/353.
98 GrS BFH, aaO; vgl H 40 KStR 2008 mwN zur Rspr.
99 BFH BStBl II 1984, S. 747.
100 GrS BFH, aaO.
101 Zu § 8 Abs. 4 KStG aF siehe 2. Auflage, Rn 84 ff.
102 Vom 16.7.2009, BGBl. I 2009, S. 1959.
103 Vom 8.10.2009, BGBl. I 2009, S. 3362.
104 Siehe Gesamtdarstellungen zu § 8 c KStG: *Roser*, in: Gosch, KStG, § 8 c; *Neyer*, Der Mantelkauf, 2008.
105 BMF v. 4.7.2008, BStBl I 2008, S. 736, Tz 27.
106 BMF v. 30.4.2010, BStBl I 2010, S. 482. § 8 c Abs. 1 a KStG ist nach § 34 Abs. 7 c KStG suspendiert.

besteuern. Hat der Veräußerer den veräußerten Anteil innerhalb der letzten fünf Jahre vor der Veräußerung unentgeltlich erworben, so gilt § 17 Abs. 1 S. 1 entsprechend, wenn der Veräußerer zwar nicht selbst, aber der Rechtsvorgänger oder, sofern der Anteil nacheinander unentgeltlich übertragen worden ist, einer der Rechtsvorgänger innerhalb der letzten fünf Jahre iSv S. 1 beteiligt war (§ 17 Abs. 1 S. 4 EStG). Veräußerungsgewinn ist der Betrag, um den der Veräußerungspreis nach Abzug der Veräußerungskosten die Anschaffungskosten übersteigt (§ 17 Abs. 2 EStG). Sofern der Veräußerer den veräußerten Anteil unentgeltlich erworben hat, sind als Anschaffungskosten des Anteils die Anschaffungskosten des Rechtsvorgängers maßgebend, der den Anteil zuletzt entgeltlich erworben hat (§ 17 Abs. 2 S. 3 EStG). Ein entstehender Veräußerungsverlust ist nach § 17 Abs. 2 S. 4 EStG nicht zu berücksichtigen, soweit er auf Anteile entfällt,

(1) die der Steuerpflichtige innerhalb der letzten fünf Jahre unentgeltlich erworben hat. Dies gilt nicht, soweit der Rechtsvorgänger anstelle des Steuerpflichtigen den Veräußerungsverlust hätte geltend machen können;
(2) die entgeltlich erworben worden sind und nicht innerhalb der gesamten letzten fünf Jahre zu einer Beteiligung des Steuerpflichtigen iSv § 17 Abs. 1 S. 1 EStG gehört haben. Dies gilt nicht für innerhalb der letzten fünf Jahre erworbene Anteile, deren Erwerb zur Begründung einer Beteiligung des Steuerpflichtigen iSv § 17 Abs. 1 S. 1 EStG geführt hat oder die nach der Begründung der Beteiligung iSv § 17 Abs. 1 S. 1 EStG erworben worden sind. Es soll also vermieden werden, dass durch Zukäufe die Maßgeblichkeitsgrenze allein deshalb überschritten wird, um absehbare Verluste in den einkommensteuerrelevanten Bereich zu transferieren.

84 Gewinne und Verluste aus der Veräußerung von Kapitalanteilen, die der Anteilseigner im steuerlichen **Betriebsvermögen** hält, unterliegen ab dem Veranlagungszeitraum 2009 grundsätzlich ebenfalls der Besteuerung nach dem Teileinkünfteverfahren (Ansatz mit 60 %; § 3 Nr. 40 lit. a EStG).[107] Betriebsausgaben, die mit der veräußernden Beteiligung in Zusammenhang stehen, die Anschaffungskosten der Beteiligung und Veräußerungskosten sind grundsätzlich nur zu 60 % abzugsfähig (§ 3 c Abs. 2 EStG).

85 **b) Veräußerungsgewinne von Körperschaften.** Gewinne aus der Veräußerung von Beteiligungen der AG an Kapitalgesellschaften sind gem. § 8 b Abs. 2 KStG steuerfrei, sofern sie beim Empfänger zu Einnahmen iSd § 20 Abs. 1 Nr. 1, 2, 9 oder 10 a EStG führen. Zu den Ausnahmen nach § 8 b Abs. 7 und 8 KStG vgl Rn 21.

86 **2. Erwerb eigener Aktien durch die AG.** Eine AG kann in den in § 71 Abs. 1 AktG aufgeführten Fällen eigene Aktien erwerben. Mit dem Bilanzrechtsmodernisierungsgesetz vom 25. Mai 2009 (BilMoG)[108] wurde in § 272 HGB ein neuer Abs. 1 a aufgenommen, wonach eigene Anteile, unabhängig davon, ob der Erwerb zur Einziehung oder zu einem anderen Zweck erfolgt, nicht mehr als Vermögensgegenstand zu aktivieren sind, sondern auf der Passivseite der Bilanz mit dem Eigenkapital verrechnet werden.

87 Dennoch ist weiterhin davon auszugehen, dass der Erwerb eigener Anteile als Anschaffungsgeschäft und nicht als Dividendenausschüttung oder Einlagenrückgewähr zu behandeln ist, soweit kein zu einer vGA führender überhöhter Kaufpreis gezahlt wird.[109] Dh, für den Gesellschafter handelt es sich um eine Veräußerung, die ebenso wie eine Veräußerung der Anteile an einen Dritten zu beurteilen ist (siehe oben Rn 80 ff).

88 **III. Vorstand. 1. Steuerliche Behandlung von Vorstandsvergütungen.** Die Vorstandsvergütung ist bei der AG **Betriebsausgabe.** Allerdings kann bei Bestellung eines Anteilseigners zum Vorstand eine Vergütung zu einer vGA führen, soweit sie das nach dem Fremdvergleichsgrundsatz angemessene Gehalt übersteigt. Diese führt dann zu den in Rn 98 ff dargestellten steuerlichen Auswirkungen bei der AG.

89 Bei dem Vorstandsmitglied werden die Bezüge aus dem Vorstandsdienstvertrag als **Einkünfte aus unselbstständiger Arbeit gem. § 19 EStG** steuerlich berücksichtigt. Sofern es sich bei dem Vorstandsmitglied zudem um einen Anteilseigner der Gesellschaft handelt und die Bezüge einem Drittvergleich nicht standhalten, sondern durch das Gesellschaftsverhältnis veranlasst sind, stellen sie einen sonstigen Bezug iSv § 20 Abs. 1 Nr. 1 EStG dar, der der Abgeltungsteuer iHv 25 % unterliegt bzw auf Antrag nach dem Teileinkünfteverfahren zu besteuern ist, § 32 d Abs. 2 Nr. 3 EStG.

90 **2. Gewährung von Optionen an Vorstandsmitglieder.** Im Rahmen eines Stock-Option-Plans der AG können Vorstandsmitgliedern Bezugs- bzw Optionsrechte an der AG eingeräumt werden. Zur steuerlichen Behandlung vgl Rn 120.

---

[107] Für die Veranlagungszeiträume 2002 bis 2008 galt das Halbeinkünfteverfahren, wonach 50 % des Veräußerungsgewinns zum Ansatz kamen.

[108] BGBl I 2009, S. 1102.
[109] BFH BStBl II 2005, S. 522; siehe auch *Blumenberg/Roßner*, GmbHR 2008, 1979 ff.

IV. Steuerliche Behandlung von Aufsichtsratsvergütungen. Von den als Betriebsausgaben berücksichtigten Aufsichtsratsvergütungen ist die Hälfte gem. § 10 Nr. 4 KStG bei Ermittlung des Einkommens hinzuzurechnen. Zu dem hinzuzurechnenden Betrag gehören Tagegelder, Sitzungsgelder, Reisegelder sowie sonstige Aufwandsentschädigungen. Darunter fällt jedoch nicht der dem einzelnen Aufsichtsratsmitglied aus der Wahrnehmung seiner Tätigkeit erwachsende tatsächliche Aufwand, soweit dieser Aufwand gesondert erstattet worden ist. Unterliegt die Aufsichtsratsvergütung der Umsatzsteuer und nimmt die AG den Vorsteuerabzug nach § 15 UStG in Anspruch, so ist nach Abschnitt R 50 Abs. 2 KStR bei der Ermittlung des körperschaftsteuerpflichtigen Einkommens die Hälfte des Nettobetrags der Aufsichtsratsvergütung ohne Umsatzsteuer nach § 10 Nr. 4 KStG hinzuzurechnen. Auch eine unangemessene Aufsichtsratsvergütung führt bei einem Anteilseigner als Aufsichtsrat zu einer vGA (vgl für Vorstandsvergütungen Rn 103 ff).

Die Aufsichtsratsvergütung eines Aufsichtsratsmitglieds gehört grundsätzlich zu den **Einkünften aus selbstständiger Arbeit** iSv § 18 Abs. 1 Nr. 3 EStG. Auch bei einem Arbeitnehmervertreter, der als Mitglied in den Aufsichtsrat entsandt wird, liegen Einkünfte aus sonstiger selbstständiger Tätigkeit vor.[110] Sofern diese jedoch die Aufsichtsratsvergütung ganz oder zum Teil für soziale Zwecke zugunsten der Belegschaft abführen, können sie diese Beträge als Betriebsausgabe abziehen.[111]

V. Gewinnverwendung. 1. Aufstellung der Bilanz. Die Bilanz ist entsprechend den Regelungen des HGB aufzustellen. Dabei ist das Gliederungsschema des § 266 Abs. 2 und 3 HGB bei der AG verbindlich. Zudem ist gem. § 268 Abs. 2 HGB im sog. Anhang die Entwicklung der einzelnen Posten des Anlagevermögens und des Postens „Aufwendungen für die Ingangsetzung und Erweiterung des Geschäftsbetriebes" aufzunehmen („Anlagegitter"). Lediglich für „kleine Kapitalgesellschaften" iSd § 267 Abs. 1 HGB ist dies nicht erforderlich.

Zusätzlich zur Handelsbilanz ist eine **Gewinn- und Verlustrechnung** gem. § 275 HGB aufzustellen. Die AG hat dabei verbindlich entweder das Gesamtkostenverfahren gem. § 275 Abs. 2 HGB, in dem die Aufwendungen und Erträge nach Arten gegliedert jeder Periode gegenübergestellt werden, oder gem. § 275 Abs. 3 HGB das Umsatzkostenverfahren, in dem die Umsatzerlöse und die darauf entfallenden Aufwendungen und Kosten unabhängig, ob in der laufenden Periode oder in einer früheren Periode angefallen, gegenübergestellt werden, anzuwenden. Die in § 275 Abs. 2 Nr. 2 und 3 ausgewiesenen Bestandsveränderungen und erbrachten und aktivierten Eigenleistungen werden bei dem Umsatzkostenverfahren nicht erfasst.

2. Offene Gewinnausschüttung. Offene Gewinnausschüttungen sind solche, die auf einem gesellschaftsrechtlichen Gewinnverteilungsbeschluss beruhen, gleichgültig, ob die Ausschüttung der Gewinnanteile an die Anteilseigner aus dem Gewinn des letzten Wirtschaftsjahres oder aus in früheren Jahren erzielten, thesaurierten Gewinnen vorgenommen wird.

a) Gesellschaftsebene. Für die Ermittlung des Einkommens der AG ist es ohne Bedeutung, ob und wie das Einkommen verteilt wird (§ 8 Abs. 3 S. 1 KStG).

b) Anteilseignerebene. Bei den Anteilseignern, die als natürliche Person ihre Beteiligung im Privatvermögen halten, ist die offene Gewinnausschüttung als Einnahme aus Kapitalvermögen gem. § 20 Abs. 1 Nr. 1 EStG zu berücksichtigen. Im Grundsatz hat die Kapitalertragsteuer von 25 % zuzüglich Solidaritätszuschlag ab 2009 Abgeltungswirkung, soweit die Anteile im Privatvermögen gehalten werden (Abgeltungsteuer). Werden die Anteile in einem steuerlichen Betriebsvermögen gehalten, gilt das Teileinkünfteverfahren (Besteuerung von 60 % der Einkünfte), § 3 Nr. 40 lit. d EStG.[112]

3. Verdeckte Gewinnausschüttung. a) Begriff und Wesen der vGA (Gesellschaftsebene). Eine vGA der AG iSv § 8 Abs. 3 S. 2 KStG ist eine Vermögensminderung oder verhinderte Vermögensvermehrung, die durch das Gesellschaftsverhältnis veranlasst ist, sich auf die Höhe des Einkommens auswirkt und nicht auf einem den gesellschaftsrechtlichen Vorschriften entsprechenden Gewinnverteilungsbeschluss beruht.[113] § 8 Abs. 3 S. 2 KStG regelt, dass die vGA wie die offene Gewinnausschüttung das Einkommen der AG nicht mindert.[114] Das AktG schreibt vor, dass vor Auflösung der AG die Anteilseigner nur Anspruch auf den Bilanzgewinn haben (vgl § 58 Abs. 4 AktG, §§ 57, 62 AktG). Leistungen der Gesellschaft, die die Anteilseigner entgegen den Vorschriften dieses Gesetzes von der AG empfangen haben, sind an die AG zurückzugewähren (§ 62 AktG). Diese Regelungen folgen dem Grundsatz der Kapitalerhaltung in seiner aktienrechtlichen Ausprägung, der alles Vermögen, das nicht Bilanzgewinn ist, bindet, und stellen ein gesellschaftsrechtliches Verbot der vGA dar. Die Rückzahlung stellt steuerrechtlich eine Einlage in die Kapitalgesellschaft dar.[115]

---

110 BFH BStBl II 1972, S. 810; BFH BStBl II 1981, S. 50; BFH BStBl II 1987, S. 822.
111 BFH BStBl II 1981, S. 29.
112 Bis Veranlagungszeitraum 2008 galt das Halbeinkünfteverfahren (Besteuerung von 50 % der Einkünfte).
113 BFH BStBl II 1989, S. 475; BFH BStBl II 1990, S. 89.
114 Zur Durchführung der Korrektur BMF v. 28.5.2002, BStBl I 2002, S. 603.
115 BMF v. 6.8.1981, BStBl I 1981, S. 599.

99 Eine vGA setzt insbesondere die Veranlassung durch das Gesellschaftsverhältnis voraus. Diese liegt vor, wenn ein ordentlicher und gewissenhafter Vorstand iSd § 93 Abs. 1 S. 1 AktG die Vermögensminderung oder die verhinderte Vermögensmehrung gegenüber einer Person, die nicht Anteilseigner ist, unter sonst gleichen Umständen nicht hingenommen hätte.[116] Bei der Beurteilung der Anteilseignerstellung kommt es dabei grds. auf den Zeitpunkt der Vermögensminderung an. Ausnahmsweise kann auch auf eine künftige[117] oder eine ehemalige[118] Anteilseignerposition abgestellt werden.

100 Bei Geschäften mit einem beherrschenden Gesellschafter kann eine Veranlassung durch das Gesellschaftsverhältnis auch dann anzunehmen sein, wenn es an einer klaren und im Voraus abgeschlossenen Vereinbarung fehlt.[119] Jedoch wurde diese BFH-Rechtsprechung anhand von GmbH-Fällen entwickelt. Für die AG dürfte die bloße Mehrheitsbeteiligung aufgrund der strikteren Kompetenzverteilung zwischen Hauptversammlung, Aufsichtsrat und Vorstand im Regelfall nicht zur Anwendung dieser Sonderrechtsprechung ausreichen.[120]

101 **b) Steuerliche Auswirkungen (Gesellschafter).** Die vGA ist wie eine offene Ausschüttung zu besteuern. Für natürliche Personen siehe oben Rn 97. Ist der **Anteilseigner eine andere Körperschaft**, so ist die vGA als Bezug iSd § 20 Abs. 1 Nr. 1 EStG gem. § 8 b Abs. 1 KStG als steuerfreie Einnahme nicht zu berücksichtigen (vgl Rn 22 ff).

102 So führt die Zusage einer unangemessenen Pension an den Anteilseigner, der zugleich Vorstand ist, auf Ebene der AG bereits zu einer Korrektur nach § 8 Abs. 3 S. 2 KStG, da in der Bilanz eine überhöhte Pensionsrückstellung gewinnmindernd berücksichtigt wurde. Eine Einnahme iSv § 20 Abs. 1 Nr. 1 EStG liegt darin jedoch (noch) nicht. Entsprechende Einnahmen iSv § 20 Abs. 1 Nr. 1 EStG fließen erst bei späterem Bezug der Pension zu.

103 **c) Hauptfälle der vGA.** In H 36 KStR sind verschiedene Fälle der vGA zusammengestellt. Darunter finden sich insb. folgende Fälle: unangemessen hohes Gehalt für einen Vorstand, der zugleich Anteilseigner der AG ist; zinslose Gewährung eines Darlehens an einen Anteilseigner; Darlehensausreichung an einen Anteilseigner, obwohl die Uneinbringlichkeit bei der Darlehenshingabe offensichtlich ist; Darlehensausreichung an die Gesellschaft zu einem sehr hohen Zinssatz.

104 Ein häufiger Fall der vGA tritt im Zusammenhang mit der Vergütung für als Vorstände tätige Anteilseigner auf.[121] Gehaltszahlungen an Vorstände sind grds. als Betriebsausgabe abzugsfähig, vorausgesetzt, dass die Gesamtbezüge der Anteilseigner-Vorstände sich im Rahmen dessen halten, was ein fremder Dritter für die entsprechende Tätigkeit in einem vergleichbaren Unternehmen erhalten würde. Dabei sind der Wert der Dienstleistung für die AG, das Gesamtbild der Dienstleistung, der Vergleich der Vergütung in Unternehmen mit entsprechender Größe und Ertragsaussichten sowie die Ausbildung des Vorstandes von erheblicher Bedeutung. Bei der Angemessenheit der Vergütung sind dabei sämtliche Vergütungen und Leistungen zu berücksichtigen, die der Anteilseigner in seiner Funktion als Vorstand von der Gesellschaft erhält. Darunter fallen neben der festen Grundvergütung, Tantiemeansprüche, betriebliche Altersversorgungen und Pensionszusagen, die Gewährung eines Dienstwagens sowie sonstige Zusatzleistungen. Tantiemeansprüche, sofern sie an einen Gewinn gekoppelt sind, wurden im Allgemeinen von der Finanzverwaltung nur bis zu einer Höhe von maximal 25 % der Gesamtvergütung anerkannt,[122] und die Grenze von 50 % des handelsrechtlichen Jahresüberschusses für mehrere Anteilseigner-Vorstände soll nicht überschritten werden, da dies sonst als Gewinnabschöpfung angesehen wird. Auch die Vereinbarung einer „Nur-Tantieme" ist grundsätzlich nicht anzuerkennen,[123] es sei denn in Ausnahmefällen, wie zB in der Gründungsphase der AG, Phasen vorübergehender wirtschaftlicher Schwierigkeiten oder Tätigkeiten in stark risikobehafteten Geschäftszweigen.[124] Der Dienstvertrag muss im Übrigen auch **tatsächlich durchgeführt** werden, um steuerlich anerkannt zu werden.[125]

105 **Im Fall eines beherrschenden Anteilseigners** kann eine vGA auch bereits dann vorliegen, wenn die Vergütung nicht von vorneherein klar und eindeutig mit dem Aufsichtsrat vereinbart wurde.[126]

---

[116] BFH BStBl II 1987, S. 461; BFH BStBl II 1987, S. 733; BStBl II 1988, S. 25; BStBl II 1988, S. 301; BStBl II 1989, S. 57; BStBl II 1989, S. 248.
[117] Gosch, KStG, § 8 Rn 211.
[118] BFH BStBl II 1978, S. 33; vgl Wassermeyer, GmbHR 1989, 423.
[119] R 36 Abs. 2 KStR.
[120] Streck/Binnewies, AG 1998, S. 26; Heidel, in: Heidel/Pauly, Steuerrecht in der anwaltlichen Praxis, 3. Aufl, § 2 Rn 92.
[121] Siehe zu den Kriterien der Finanzverwaltung OFD Karlsruhe v. 17.4.2001, S. 2742 A- St 331, DStR 2002, 792; BMF v. 14.10.2002, BStBl. I S. 972; OFD Karlsruhe v. 3.4.2009 S 274.2/84 – St 221.
[122] BMF v. 5.1.1998, BStBl I 1998, S. 2, 90; siehe aber OFD Düsseldorf vom 17.6.2004, DB 2004, 1396 – nur noch indizielle Wirkung in Ausnahmefällen; unter Verweis auf BFH BStBl II 2004, S. 132 und BFH BStBl II 2004, S. 136.
[123] BFH BStBl II 2002, S. 111.
[124] H 39 KStR.
[125] BStBl II 1978, S. 234; DB 1994, S. 2320; vgl auch H 36 KStR.
[126] BFH BStBl II 1972, S. 438; 1982, S. 761; 1985, S. 345; 1987, S. 449, S. 797; 1992, S. 362, 434, 851, 975.

4. Zinsschranke (§ 4h EStG, § 8a KStG). § 4h EStG iVm § 8a KStG schränkt den Abzug von Zinsen durch eine „Zinsschranke" als Betriebsausgaben ein und ersetzt die Vorgängerregelung § 8a KStG aF,[127] die nur die Gesellschafterfremdfinanzierung betraf. Die Vorschrift stellt ein Betriebsausgabenabzugsverbot dar und führt nicht etwa zu einer vGA.[128]

VI. Satzungsänderungen. 1. Sitzverlegung. Die Verlegung des Sitzes einer AG bedarf einer Satzungsänderung, die gem. § 119 Abs. 1 Nr. 5 AktG von der Hauptversammlung zu beschließen ist. Eine solche Sitzverlegung kann auch Auswirkungen auf die steuerliche Beurteilung der AG haben. Wurde der Sitz der Körperschaft ins Ausland verlegt, führte dies nach früher hM und wegen des Verbotes einer Sitzverlegung in § 5 Abs. 2 AktG im Gesellschaftsrecht wegen des Fehlens des Wesenserfordernisses eines inländischen Sitzes und der Zuständigkeit eines inländischen Registergerichts (§ 45 AktG) dazu, dass die Gesellschaft aufgelöst ist.[129] Es folgte eine Liquidationsbesteuerung nach § 11 KStG (vgl unten Rn 124 ff).

Mit dem Gesetz zur Modernisierung des GmbH-Rechts und zur Bekämpfung von Missbräuchen (MoMiG) vom 28.10.2008 (BGBl. I 2008 S. 2026) wurde § 5 Abs. 2 AktG aF gestrichen. Dadurch soll ausweislich der Gesetzesbegründung die Sitzverlegung ins Ausland ermöglicht werden.[130] Gemeint ist eine formwechselnde Sitzverlegung, dh eine Verlegung des Satzungssitzes unter Übergang in die Rechtsfrom des Zuzugstaates.[131]

2. Maßnahmen der Kapitalerhöhung.[132] Das AktG kennt verschiedene Arten der Kapitalbeschaffung. Zum einen die Kapitalerhöhung gegen Einlage gem. § 182 ff AktG, die bedingte Kapitalerhöhung gem. § 192 ff AktG, die Schaffung eines genehmigten Kapitals gem. § 202 ff AktG als auch die Kapitalerhöhung aus Gesellschaftsmitteln gem. § 207 ff AktG. Im Folgenden wird auf die Kapitalerhöhung gegen Einlage und aus Gesellschaftsmitteln eingegangen.

a) Kapitalerhöhung gegen Einlage. Im Rahmen der Kapitalerhöhung gegen Einlage werden die Einlagen – unabhängig davon, ob es sich um eine Bareinlage (§ 182 AktG) oder eine Sacheinlage (§ 183 AktG) handelt – grundsätzlich wie die Einlagen bei Gründung der Kapitalgesellschaft behandelt. Insoweit wird hier auf diesen Abschnitt verwiesen (vgl Rn 72 ff). Die Kapitalerhöhung vollzieht sich grundsätzlich sowohl auf der Ebene der AG als auch auf der der Anteilseigner einkommensneutral. Soweit Agiozahlungen, dh Aufgelder vorgesehen sind, erfolgt ein Zugang im steuerlichen Einlagekonto gem. § 27 KStG.

b) Kapitalerhöhung aus Gesellschaftsmitteln. aa) Gesellschaftsebene. Auf der Gesellschaftsebene ist die Sondervorschrift des § 28 KStG anzuwenden. Im Falle der Umwandlung von Rücklagen und einer daraus resultierenden Erhöhung des Nennkapitals gilt der positive Bestand des steuerlichen Einlagekontos als vor den sonstigen Rücklagen umgewandelt. Maßgeblich ist dabei der sich vor Kapitalerhöhung ergebende Bestand des steuerlichen Einlagekontos zum Schluss des Wirtschaftsjahres der Rücklagenumwandlung.

Der Betrag, der dem Nennkapital durch Umwandlung von sonstigen Rücklagen zugeführt worden ist, ist getrennt auszuweisen und gesondert festzustellen (sog. **Sonderausweis**), vgl § 28 Abs. 1 S. 3 KStG. Hintergrund dieser Regelung ist folgender: Zweck des steuerlichen Einlagekontos ist es, denjenigen Teil des Eigenkapitals zu ermitteln, der bei Rückführung als steuerfreie Kapitalrückgewähr erfasst wird. Dementsprechend soll dieser Teil des Eigenkapitals vorrangig zur Kapitalerhöhung herangezogen werden und muss die Kapitalerhöhung aus anderem Eigenkapital in einem Sonderausweis festgehalten werden (auch für eine spätere Kapitalherabsetzung, siehe § 28 Abs. 2 KStG vgl Rn 116). Dabei vermindert sich ein Sonderausweis zum Schluss des Wirtschaftsjahres um den positiven Bestand des steuerlichen Einlagekontos zu diesem Stichtag, § 28 Abs. 3 KStG.

bb) Anteilseignerebene. Gemäß § 1 KapErhStG gehört der Wert der neuen Anteilsrechte, die im Rahmen der Erhöhung des Nennkapitals durch Umwandlung von Rücklagen im Nennkapital bei der AG entstehen, bei dem Anteilseigner nicht zu Einkünften iSd § 2 Abs. 1 EStG. Gemäß § 3 KapErhStG gelten die Beträge als Anschaffungskosten nach Kapitalerhöhung, die sich für die einzelnen Anteilsrechte ergeben, wenn die Anschaffungskosten, die vor der Erhöhung des Nennkapitals erworbenen Anteilsrechte auf diese und auf die auf sie entfallenden neuen Anteilsrechte nach dem Verhältnis der Nennbeträge verteilt werden.

3. Maßnahmen der Kapitalherabsetzung.[133] Das AktG kennt drei verschiedene Arten der Kapitalherabsetzung. Dabei handelt es sich zum einen um die ordentliche Kapitalherabsetzung gem. §§ 222 ff AktG, bei der im Rahmen eines Hauptversammlungsbeschlusses festgesetzt werden kann, ob Teile des Grundkapitals zurückgezahlt werden sollen (§ 222 Abs. 3 AktG). Des Weiteren kennt das Aktiengesetz den Fall der verein-

---

127 Siehe zur alten Regelung die Vorauflage, Rn 121 ff.
128 Einzelheiten siehe auch BMF v. 4.7.2008, BStBl I 2008, S. 718.
129 BayObLG JZ 1993, 372; OLG Hamm ZIP 1997, 1696 f.
130 *Behme*, BB 2008, 70.
131 *Hüffer*, AktG, § 15, Rn 13.
132 Vgl Sondervorschrift des § 29 KStG zu Kapitalveränderungen bei Umwandlungen.
133 Vgl Sondervorschrift des § 29 KStG zu Kapitalveränderungen bei Umwandlungen.

fachten Kapitalherabsetzung gem. §§ 229 ff AktG, bei der eine Herabsetzung des Grundkapitals erfolgt, um Wertminderungen auszugleichen, sonstige Verluste zu decken oder Beträge in die Kapitalrücklage einzustellen. In diesem Fall kommt es zu keiner Rückzahlung des Grundkapitals. Als letzte Form der Kapitalherabsetzung regeln die §§ 237 ff AktG die Kapitalherabsetzung durch Einziehung von Aktien durch die Gesellschaft.

115 **a) Gesellschaftsebene.** Auf alle drei Formen der Kapitalherabsetzung ist § 28 Abs. 2 KStG anwendbar. Diese Vorschrift gilt auch bei der Auflösung der AG. Sie sieht in einem ersten Schritt vor, das Nennkapital in der Höhe, in der die Kapitalherabsetzung beschlossen wird, den Rücklagen zuzurechnen. Zunächst wird der Sonderausweis (vgl oben Rn 112) zum Schluss des vorangegangenen Wirtschaftsjahres gemindert. Ein übersteigender Betrag ist dem steuerlichen Einlagekonto gutzuschreiben, soweit die Einlage geleistet ist. Im Fall der ordentlichen Kapitalherabsetzung folgt dann in einem zweiten Schritt gem. § 28 Abs. 2 S. 2 KStG die Rückzahlung des Nennkapitals.

116 **b) Anteilseignerebene.** Im Rahmen der Kapitalherabsetzung ergeben sich lediglich bei der ordentlichen Kapitalherabsetzung steuerliche Folgen für die Anteilseigner. Sofern der Betrag des herabgesetzten Kapitals auch Beträge enthält, die vorher im Rahmen einer Kapitalerhöhung aus Gesellschaftsmitteln durch Umwandlung von sonstigen Rücklagen entstanden sind, kommt es zu einer Verminderung des Sonderausweises nach § 28 Abs. 1 S. 2, Abs. 2 S. 1 KStG. Soweit der Sonderausweis gemindert wird, gilt die Rückzahlung des Nennkapitals gem. § 28 Abs. 2 S. 2 KStG als Gewinnausschüttung, die beim Anteilseigner zu Bezügen iSv § 20 Abs. 1 Nr. 2 EStG im Rahmen der Ermittlung der Einkünfte aus Kapitalvermögen führt, die Besteuerung entspricht derjenigen einer Dividendenausschüttung, siehe oben Rn 97.

117 **4. Mit Kapitalerhöhungen zusammenhängende Maßnahmen. a) Gewährung von Optionsrechten an Arbeitnehmer.** Durch Einführung des KonTraG[134] wurde es möglich, Bezugsrechte zum Erwerb von Aktien sowohl an Mitarbeiter einer AG als auch an den Vorstand auszugeben. Derartige Stock-Option-Pläne sind in den letzten Jahren zu einem wesentlichen Vergütungsbestandteil für das Führungspersonal von börsennotierten als auch nicht börsennotierten AG geworden. Im Regelfall werden die zur Ausgabe zur Verfügung stehenden Aktien über ein bedingtes Kapital iSv §§ 192 ff AktG geschaffen.

118 Nach nunmehr ständiger Rechtsprechung des BFH fließt ein geldwerter Vorteil weder bei der Einräumung noch zum Zeitpunkt der erstmaligen Ausübbarkeit zu, sondern erst wenn dieser die Option ausübt und der Kurswert der Aktien den Übernahmepreis übersteigt.[135] Vor Ausübung sieht der BFH lediglich die Einräumung einer Chance, sofern nicht der Arbeitgeber mit seiner Leistung dem Arbeitnehmer einen unmittelbaren und unentziehbaren Rechtsanspruch gegen einen Dritten verschafft.[136] Erst der Differenzbetrag zwischen den Anschaffungskosten für die Aktien und deren Kurswert bei Ausübung ist Arbeitslohn. Werden die Aktien der AG nicht an der Börse gehandelt, ist die Differenz zum Verkehrswert der Aktien maßgebend.[137] Nach hM ist dieser Differenzbetrag als Einnahme zu werten, die dem Arbeitnehmer im Rahmen seines Dienstverhältnisses zufließt (§ 2 LStDV) und damit als Arbeitslohn zu versteuern ist.

119 Bei der AG selbst sind die bilanziellen Auswirkungen aus der Gewährung der Aktienoptionen äußerst umstritten, insoweit wird auf die weiterführende Literatur verwiesen.[138]

120 **b) Bezugsrechte. aa) Veräußerung von Bezugsrechten.** Veräußert ein iSd § 17 Abs. 1 S. 1 EStG Beteiligter ihm aufgrund seiner Anteile entstehende Bezugsrechte auf weitere Beteiligungsrechte, liegt auch insoweit eine Veräußerung iSd § 17 Abs. 1 S. 1 EStG vor.[139]

121 **bb) Bezugsrechtsausschluss.** Der BFH hat für die GmbH entschieden, dass im Falle der Erhöhung des Stammkapitals einer GmbH und Einräumung eines Bezugsrechts an einen Nicht-Anteilseigner gegen Zahlung eines Ausgleichs für die auf den neuen Geschäftsanteil übergehenden stillen Reserven eine Veräußerung eines Anteils an einer GmbH angenommen werden kann. Denn sofern dieser Ausgleich in Form eines Agios in die GmbH eingezahlt und in engem zeitlichen Zusammenhang damit wieder an die Alt-Anteilseigner ausgezahlt wird, kann ein Rechtsmissbrauch iSd § 42 AO vorliegen. Die Zahlung an die Altgesellschafter, die an der GmbH wesentlich beteiligt iSd § 17 EStG sind, ist dann als ein Entgelt für die Einräumung des Bezugsrechts zu behandeln und als Veräußerung iSd § 17 Abs. 1 S. 1 EStG zu berücksichtigen.[140] Diese

---

[134] Gesetz zur Kontrolle und Transparenz im Unternehmensbereich v. 27.4.1998, BGBl. I 1998, S. 786.
[135] BFH DStR 1999, 1524; BFH BStBl II 2001, S. 509; BFH BStBl II 2001, S. 512; BFH BStBl II 2001, S. 689.
[136] BFH BB 2001, S. 1180, zu Wandelschuldverschreibungen BFH v. 23.6.2005, BFH/NV 2005, S. 1702.
[137] *Krüger*, in: Schmidt, EStG, § 19 Rn 100, „Ankaufsrecht".
[138] Vgl weiterführend: *Esterer/Härteis*, DB 1999, 2073; *Herzig*, DB 1999, 1.
[139] BFH BStBl II 1975, S. 505.
[140] BFH BStBl II 1993, S. 477 und BStBl II 2005, S. 1073.

Entscheidung ist wohl entsprechend auf die AG zu übertragen,[141] soweit die Formenstrenge des AktG entsprechende Gestaltungen ermöglicht.

5. Änderungen des Wirtschaftsjahres. Die Umstellung des Wirtschaftsjahres einer bereits bestehenden AG ist gem. § 7 Abs. 4 S. 3 KStG grundsätzlich möglich. Sie bedarf eines satzungsändernden Hauptversammlungsbeschlusses. Die Umstellung von einem vom Kalenderjahr abweichenden Wirtschaftsjahr auf ein mit dem Kalenderjahr gleich lautendes Wirtschaftsjahr unterliegt keiner Zustimmung des Finanzamtes. Die Umstellung des Wirtschaftsjahres vom Kalenderjahr auf ein abweichendes Wirtschaftsjahr oder die Umstellung eines abweichenden Wirtschaftsjahres auf ein anderes abweichendes Wirtschaftsjahr bedarf jedoch für seine steuerliche Wirksamkeit der Zustimmung des Finanzamtes (§ 7 Abs. 4 S. 3 KStG). Grundsätzlich ist das Finanzamt verpflichtet, sein Einvernehmen zu erklären, wenn wichtige, die Organisation des Betriebes berührende Gründe vorliegen.[142] Die Entscheidung über die Versagung oder Erteilung des Einvernehmens liegt im Ermessen des Finanzamtes und wird im Rahmen eines gesondert anfechtbaren, aber nur eingeschränkt überprüfbaren Verwaltungsaktes erteilt.[143] Zu weiteren Ausführungen dazu wird auf R 4a EStR verwiesen. Grundsätzlich ist noch zu beachten, dass die Umstellung des Wirtschaftsjahres im Handelsregister vor Beginn dieses neuen Wirtschaftsjahres eingetragen sein muss.

Wie bereits eingangs erwähnt (Rn 16), kann sich im Falle von Umstellungen von Wirtschaftsjahren vom Kalenderjahr auf ein vom Kalenderjahr abweichendes Wirtschaftsjahr oder umgekehrt ein Rumpfwirtschaftsjahr ergeben. In diesem Falle können in einem Veranlagungszeitraum ein volles Wirtschaftsjahr und ein Rumpfwirtschaftsjahr enden und es sind dann die Gewinne beider Wirtschaftsjahre in diesem Veranlagungszeitraum zu erfassen.

VII. Auflösung und Abwicklung (Liquidation). Das Steuerrecht folgt dem Grundsatz des Zivilrechtes und beendet die subjektive Steuerpflicht nicht durch die Auflösung, sondern erst durch Vollbeendigung der AG. Die Auflösung und Abwicklung der AG hat steuerliche Konsequenzen für die AG selbst wie auch für ihre Anteilseigner.

1. Steuerliche Folgen der Liquidation für die AG. a) Körperschaftsteuer. aa) Ende der Körperschaftsteuerpflicht. Die Körperschaftsteuerpflicht der AG endet mit dem Abschluss der Liquidation einschließlich Ablauf des Sperrjahres und nicht mit dem Beginn der Liquidation. Die Löschung der AG aus dem Handelsregister ist für die steuerliche Beurteilung zudem ebenfalls nicht maßgeblich. In verschiedenen Entscheidungen bestätigte der BFH, dass auch nach Löschung der AG aus dem Handelsregister diese als fortbestehend anzusehen war.[144]

bb) Besteuerungszeitraum. Die Besteuerung der AG während ihrer Auflösung und Liquidation ist in § 11 KStG geregelt. Der Besteuerungszeitraum beginnt mit dem Wirtschaftsjahr, in das die Auflösung fällt. Dabei wird im Liquidationsfall der Grundsatz, dass ein Wirtschaftsjahr nicht mehr als zwölf Monate haben soll, durchbrochen. Gemäß § 11 Abs. 1 S. 2 KStG soll der Besteuerungszeitpunkt jedoch drei Jahre nicht übersteigen. Der steuerliche Liquidationszeitraum endet mit dem rechtsgültigen Abschluss der Liquidation, dh mit der Verteilung des Endvermögens an die Anteilseigner, jedoch nicht vor Ablauf des Sperrjahres.[145] Einer Verlängerung des Dreijahreszeitraums kann das Finanzamt nach pflichtgemäßem Ermessen zustimmen.

cc) Ermittlung und Besteuerung des Abwicklungseinkommens. Der Liquidationsbesteuerung unterliegt das im Liquidationszeitraum entstandene Liquidationseinkommen. Für die Ermittlung des Gewinns iSd § 11 Abs. 1 KStG ist das Abwicklungs-Endvermögen dem Abwicklungs-Anfangsvermögen gegenüberzustellen (§ 11 Abs. 2 KStG). Aus dieser Differenzrechnung wird das Abwicklungseinkommen entwickelt. Schematisch lässt sich die Entwicklung des Abwicklungsgewinns wie folgt darstellen:

Steuerliches Abwicklungs-Endvermögen (§ 11 Abs. 3 KStG):

    (ermittelt nach dem gemeinen Wert iSd § 9 BewG)
    =   Abwicklungs-Endvermögen
    ./. steuerfreie Vermögensmehrungen
        (zB Einlage, Nachschüsse, steuerfreie Auslandseinkünfte)
    +   alle geleisteten Spenden
    +   nicht abziehbare Aufwendungen (§ 10 KStG, § 4 Abs. 5 KStG)
    +   verdeckte Zuwendungen an Anteilseigner oder nahe stehende Personen

---

[141] Davon geht der BFH wohl im Urteil v. 4.7.2007 – VIII R 68/05, BStBl II 2007, S. 937 aus.
[142] BFH BStBl II 1974, S. 238.
[143] BFH BStBl II 1983, S. 672.
[144] HFR 1962, S. 300.
[145] R 51 Abs. 2 KStR.

./ **Steuerliches Abwicklungs-Anfangsvermögen (§ 11 Abs. 4 KStG)**
   (ermittelt nach dem Buchwert gem. § 6 ff EStG)
   ./ Gewinnausschüttung für Wirtschaftsjahr vor der Auflösung
   ./ Buchwert der eignen Anteile
= **steuerlicher Abwicklungs- oder Liquidationsgewinn (oder -verlust)**
   ./ abzugsfähige Spenden (§ 9 Abs. 1 Nr. 2 und Abs. 2 KStG)
   ./ Verlustabzug (§ 10 d EStG)
= **Steuerpflichtiger Abwicklungsgewinn**

129 Der so ermittelte Abwicklungsgewinn unterliegt dem gleichen tariflichen **Körperschaftsteuersatz** wie der laufende Gewinn, dh derzeit 15 %.

130 **b) Gewerbesteuer.** Die Gewerbesteuerpflicht der AG erlischt nicht, bevor das Vermögen an die Anteilseigner verteilt worden ist.[146] Die Einstellung der werbenden Tätigkeit lässt die Gewerbesteuerpflicht unberührt.[147] Erhebungszeitraum für die Heranziehung der AG in Liquidation zur Gewerbesteuer ist nicht der Abwicklungszeitraum, sondern wie bei der werbenden AG das Kalenderjahr (§ 14 S. 2 GewStG). Da der für die Gewerbesteuerfestsetzung entscheidende Abwicklungsgewinn erst am Ende des Abwicklungszeitraums ermittelt werden kann, sind bis zur Beendigung der Abwicklung Vorauszahlungen an das Finanzamt zu zahlen, die von diesem festgesetzt werden (§ 19 GewStG). Der endgültige Gewerbesteuerbetrag kann erst nach Abschluss der Abwicklung festgesetzt werden. Der der Ermittlung des Gewerbeertrages zugrunde zu legende Abwicklungsgewinn wird für die Zwecke der Körperschaftsteuer nach dem Abwicklungszeitraum berechnet. Für die Gewerbesteuer ist der Gewerbeertrag dagegen auf die einzelnen Kalenderjahre des Abwicklungszeitraums zu verteilen (§ 16 Abs. 1 GewStDV). Verteilungsmaßstab ist das Verhältnis der Zahl der Kalendermonate, in denen im einzelnen Jahr die Steuerpflicht bestanden hat, zu der Gesamtzahl der Kalendermonate des Abwicklungszeitraums.[148]

131 **2. Besteuerung der Liquidationsraten bei den Anteilseignern.** Die Verteilung des Gesellschaftsvermögens der aufgelösten AG an ihre Anteilseigner führt bei diesen zu Kapitalerträgen iSd § 20 Abs. 1 Nr. 2 EStG, soweit Nennkapital ausgekehrt wird, das durch Umwandlung von Gewinnrücklagen entstanden ist (§ 28 KStG). Soweit anderes Nennkapital oder sonstige Anteilseignereinlagen (steuerliches Einlagekonto iSd § 27 KStG) ausgekehrt werden, sind diese als Kapitalrückzahlungen iSd § 17 Abs. 4 EStG zu beurteilen. Alle übrigen Auszahlungen sind als Kapitalerträge iSd § 20 Abs. 1 Nr. 1 EStG zu werten.

132 Zur Besteuerung im Einzelnen siehe oben Rn 97.

G. Unternehmensverträge

Literatur:
Kommentierungen zu §§ 14 ff KStG (s. Nachweise unter A); Kommentierungen zu § 2 GewStG zB bei *Glanegger/Gürhoff*, GewStG, 7. Auflage 2009, § 2 GewStG Rn 190 ff und 671 ff; *Müller/Stöcker*, Die Organschaft im Körperschaftsteuer-, Gewerbesteuer- und Umsatzsteuerrecht, 8. Auflage 2011.

133 **I. Überblick/Organschaft.** Zur Begründung einer körperschaftsteuerlichen und einer gewerbesteuerlichen **Organschaft** (vgl Rn 142) ist neben der finanziellen Eingliederung der Organgesellschaft in den Organträger der Abschluss eines Gewinnabführungsvertrages iSv § 291 Abs. 1 AktG erforderlich, § 14 Abs. 1 S. 1 KStG, § 2 Abs. 2 S. 2 GewStG.[149]

Die Organschaft bietet die Möglichkeit, Gewinne und Verluste von (rechtlich) selbstständigen Konzerngesellschaften steuerlich zu konsolidieren. Die Organschaft hat durch die Abschaffung des körperschaftsteuerlichen Anrechnungsverfahrens an Bedeutung gewonnen. Denn eine Teilwertabschreibung (zur Konsolidierung von Verlusten einer Tochtergesellschaft mit den Gewinnen der Muttergesellschaft) wirkt sich steuerrechtlich nach § 8 b Abs. 3 KStG nicht mehr aus (vgl oben Rn 26). Ebenso ist die Ausschüttung (zur Konsolidierung von Gewinnen der Tochtergesellschaft mit Verlusten der Muttergesellschaft) auf Ebene der Muttergesellschaft körperschaftsteuerfrei (§ 8 b Abs. 1 KStG) und nicht mehr wie unter dem Körperschaftsteueranrechnungsverfahren (unter Anrechnung des Körperschaftsteuerguthabens aus der Belastung bei der Tochtergesellschaft) in die Ermittlung des Einkommens der Muttergesellschaft einzubeziehen (s. oben Rn 22 ff).[150] Auch die Zinsschrankenregelung des § 4 h EStG ist nach § 15 S. 1 Nr. 3 KStG nicht auf die Organgesellschaft anzuwenden; vielmehr gelten der Organträger und die Organgesellschaft als ein Betrieb iSd

---

[146] R 2.6 Abs. 2 GewStR 2009.
[147] BFH BStBl II 1980, S. 658.
[148] Abschn. 44 Abs. 1 S. 6 GewStR.
[149] Anders dagegen die hier nicht behandelte umsatzsteuerliche Organschaft, § 2 Nr. 2 UStG.
[150] Vgl näher *Stadler/Elser*, in: Linklaters Oppenhoff & Rädler, DB, Beilage Nr. 1, 2002, S. 50.

§ 4h EStG. Im Rahmen der Mindestbesteuerung gem. § 10d Abs. 2 EStG ergeben sich Vorteile durch die Organschaft, da lediglich das konsolidierte Ergebnis der Verlustabzugsbeschränkung beim Organträger unterfällt bzw im Falle einer Verrechnung mit positiven Einkünften gänzlich vermieden werden kann. Vorteile bietet die Organschaft auch, da mit ihr eine phasengleiche Ergebnisvereinnahmung bei der Muttergesellschaft erreicht werden kann.[151] Darüber hinaus entfällt bei der Gewerbesteuer die 25 %ige Hinzurechnung von Schuldzinsen nach § 8 Nr. 1 lit. a GewStG bei Kreditausreichungen zwischen Mutter- und Tochtergesellschaft.[152]

II. Körperschaftsteuerliche Organschaft. Beteiligte des Organschaftsverhältnisses sind **Organträger** und **Organgesellschaft**. Die AG aber auch die KGaA und seit dem SEStEG[153] auch die Europäische Aktiengesellschaft mit zumindest Geschäftsleitung im Inland können Organgesellschaft sein, § 14 Abs. 1 S. 1 KStG (zu anderen Kapitalgesellschaften als Organgesellschaft siehe § 17 KStG). Nicht mehr erforderlich ist, dass sich auch der Sitz der Organgesellschaft im Inland befindet (sog. doppelter Inlandsbezug).[154] Der Organträger muss nach § 14 Abs. 1 Nr. 2 KStG eine unbeschränkt steuerpflichtige natürliche Person oder eine nicht steuerbefreite Körperschaft oder Vermögensmasse iSd § 1 KStG mit Geschäftsleitung im Inland (nicht zwingend ist nach der geltenden Gesetzesfassung der inländische Sitz[155] des Organträgers) oder eine Personengesellschaft iSv § 15 Abs. 1 Nr. 2 EStG mit Geschäftsleitung im Inland sein. Zu beachten ist, dass die Personengesellschaft nach derzeitiger Verwaltungsauffassung eine eigene, nicht nur geringfügig gewerbliche Tätigkeit entfalten muss. Eine gewerbliche Prägung nach § 15 Abs. 3 Nr. 2 EStG reicht nicht aus.[156] **134**

Voraussetzung für eine Organschaft ist die **finanzielle Eingliederung** der Organgesellschaft in den Organträger und der Abschluss eines **wirksam zustande gekommenen Gewinnabführungsvertrages auf mindestens fünf Jahre**, wobei der Gewinnabführungsvertrag während seiner gesamten zivilrechtlichen Geltungsdauer auch tatsächlich durchgeführt werden muss. Bis zur Unternehmenssteuerreform 2001 musste die Organgesellschaft nach dem Gesamtbild der tatsächlichen Verhältnisse auch wirtschaftlich und organisatorisch in den Organträger eingegliedert sein. Nur die organisatorische Eingliederung wurde bei Abschluss eines **Beherrschungsvertrages** unwiderlegbar vermutet. **135**

Die finanzielle Eingliederung erfordert nach § 14 Nr. 1 KStG, dass der Organträger an der Organgesellschaft **vom Beginn ihres Wirtschaftsjahres an** ununterbrochen in einem solchen Maße beteiligt ist, dass ihm die Mehrheit der Stimmrechte (nicht abgestellt wird auf die Kapitalbeteiligung) aus den Anteilen an der Organgesellschaft zustehen. Eine mittelbare Beteiligung des Organträgers ist zu berücksichtigen, wenn die Beteiligung an jeder vermittelnden Gesellschaft die Mehrheit der Stimmrechte gewährt. **136**

Die Organschaft greift nach § 14 Abs. 1 S. 2 KStG erstmals für das Kalenderjahr, in dem das Wirtschaftsjahr der Organgesellschaft endet, in dem der Gewinnabführungsvertrag wirksam wird. „Wirksamkeit" bedeutet bei einer nicht eingegliederten Kapitalgesellschaft die Eintragung im Handelsregister.[157] Bei einer nach den §§ 319–327 AktG eingegliederten AG oder KGaA tritt die zivilrechtliche Wirksamkeit des Gewinnabführungsvertrages ein, sobald er in Schriftform vorliegt.[158] Eine **Kündigung des Gewinnabführungsvertrages** vor Ablauf der steuerlich vorgeschriebenen Mindestlaufzeit von fünf Jahren ist nur dann unschädlich, wenn ein wichtiger Grund vorliegt. Ein wichtiger Grund kann insbesondere in der Veräußerung oder Einbringung der Organbeteiligung durch den Organträger, der Verschmelzung, Spaltung oder Liquidation des Organträgers oder der Organgesellschaft und ebenso in der Eröffnung des Insolvenzverfahrens gesehen werden. Stand bereits bei Vertragsabschluss fest, dass der Gewinnabführungsvertrag vor Ablauf der ersten 5 Jahre beendet worden wird, ist ein wichtiger Grund nach Auffassung der Finanzverwaltung nicht anzunehmen (Ausnahme: Verschmelzung, Spaltung oder Liquidation der Organgesellschaft).[159] **137**

Rechtsfolge der Organschaft ist die **Zurechnung des Einkommens** der Organgesellschaft an den Organträger, § 14 Abs. 1 Einleitungssatz KStG; dh, die Einkommen der Organgesellschaft und des Organträgers sind **138**

---

151 Vgl zusammenfassend zu den Vor- und Nachteilen der Organschaft, *Kolbe*, in: Herrmann/Heuer/Raupach, § 14 KStG, Rn 10.
152 *Lenski/Steinberg/Köster*, § 8 Nr. 1 Buchst. a, Rn 126.
153 Gesetz über steuerliche Begleitmaßnahmen zur Einführung der Europäischen Gesellschaft und zur Änderung weiterer steuerrechtlicher Vorschriften v. 7.12.2006, BGBl. I 2006, S. 2782, ber. BGBl. 2007 I S. 68.
154 Der doppelte Inlandsbezug bei der Organgesellschaft in § 14 Abs. 1 S. 1 KStG wurde als Reaktion auf ein von der Europäischen Kommission eingeleitetes Vertragsverletzungsverfahren (Nr. 2008/4909) durch das UntStRÄndG v. 20.2.2013, BGBl. 2013 I S. 285 aufgehoben. Bereits mit Schreiben vom 28.3.2011 (BStBl I 2011, S. 119) hatte das BMF die Regelungen des § 14 Abs. 1 S. 1 KStG und § 17 KStG über ihren Wortlaut hinaus auch für EU-/EWR-Organgesellschaften für anwendbar erklärt, die lediglich die Geschäftsleitung im Inland haben.
155 Vgl zur Rechtslage nach § 14 Nr. 3 KStG aF vor dem Gesetz zur Fortentwicklung des Unternehmenssteuerrechts ab dem Veranlagungszeitraum 2001 *Stadler/Elser*, aaO, S. 41; BFH BStBl II 1992, S. 263, sowie nunmehr zur Bekämpfung einer doppelten Verlustberücksichtigung im In- und Ausland § 14 Nr. 5 KStG. Aufgrund der Aufgabe des doppelten Inlandsbezugs ist eine doppelte Verlustnutzung denkbar. Entsprechend wurde auch die Verlustabzugsbeschränkung des § 14 Abs. 1 S. 1 Nr. 5 KStG nF ausgeweitet.
156 BMF v. 10.11.2005, BStBl I 2005, S. 1038; siehe dazu *Dötsch*, DB 2005, 2541.
157 R 60 Abs. 1 S. 2 KStR.
158 R 60 Abs. 1 S. 3 KStR.
159 R 60 Abs. 6 KStR.

zunächst getrennt zu ermitteln. Dabei sind gewisse Überschneidungen zur Vermeidung einer zweimaligen Erfassung des Organeinkommens oder dessen Nichtbesteuerung zu korrigieren.[160] Die addierten Einkommen sind der Steuerveranlagung des Organträgers zugrunde zu legen. Damit wird auch das Einkommen der Organgesellschaft der für den Organträger maßgebenden Besteuerung unterworfen (ggf der Einkommensteuer, soweit der Organträger eine natürliche Person ist). Vorvertragliche Verluste der Organgesellschaft können dabei nicht über einen Verlustabzug nach § 10 d EStG berücksichtigt werden, so dass im Falle eines entsprechenden Verlustvortrages der Organgesellschaft mit der Eingehung der Organschaft zugewartet werden sollte, falls Gewinne der Tochtergesellschaft für die Zukunft erwartet oder gestaltet werden können.[161]

139 Bei der Ermittlung des Einkommens der Organgesellschaft ist § 8 b Abs. 1–6 KStG (Befreiung von Dividenden, Veräußerungsgewinn etc. bei Beteiligung der Organgesellschaft an anderen Kapitalgesellschaften) nicht anwendbar, § 15 Nr. 2 KStG. Dadurch bezweckt der Gesetzgeber, dass die Verhältnisse des Organträgers insoweit maßgebend sind. Sind also in dem zugerechneten Einkommen Dividenden enthalten und ist der Organträger eine natürliche Person, sollen diese dem Teileinkünfteverfahren im Rahmen von dessen Einkommensteuerung nach § 3 Nr. 40 lit. a EStG unterliegen mit seinen Einkünften aus Gewerbebetrieb unterliegen.

140 Eine Ausnahme von der Zurechnung des Einkommens an den Organträger gilt gem. § 16 KStG für **Ausgleichszahlungen**, die die Organgesellschaft ihren außenstehenden Gesellschaftern (nach § 304 AktG) zahlt. Die Organgesellschaft hat zwanzig Siebzehntel der geleisteten Ausgleichszahlungen selbst zu versteuern. Dies gilt auch, wenn die Ausgleichsverpflichtung vom Organträger erfüllt worden ist.

141 Im Falle einer steuerlich nicht anzuerkennenden „**verunglückten Organschaft**" gilt diese als von Anfang an nicht steuerlich wirksam begründet. Nach ganz hM sind die Gewinnabführungen verdeckte Gewinnausschüttungen, die Verlustübernahmen verdeckte Einlagen.[162]

142 **III. Gewerbesteuerliche Organschaft.** Seit dem Veranlagungszeitraum 2002 laufen körperschaftsteuerliche und gewerbesteuerliche Organschaft zwingend synchron. Zuvor war bis zur Unternehmensteuerreform (bis einschl. Veranlagungszeitraum 2000, vgl § 34 Abs. 9 KStG nF) eine gewerbesteuerliche ohne körperschaftsteuerliche Organschaft denkbar. Denn nur die körperschaftsteuerliche Organschaft erforderte neben der finanziellen, wirtschaftlichen und organisatorischen Eingliederung auch den Abschluss eines Gewinnabführungsvertrages. Im Veranlagungszeitraum 2001 war dagegen auch eine körperschaftsteuerliche Organschaft ohne gewerbesteuerliche denkbar, wenn keine wirtschaftliche und/oder organisatorische Eingliederung bestand, wie dies für die Gewerbesteuer damals noch erforderlich war, aber nicht mehr für die Körperschaftsteuer (nur finanzielle Eingliederung + Gewinnabführungsvertrag). Ab 2002 liegt auch eine gewerbesteuerliche Organschaft bereits bei finanzieller Eingliederung und Abschluss eines Gewinnabführungsvertrages vor, § 2 Abs. 2 S. 2 GewStG. Die Rechtsfragen von Gewerbesteuerumlageverträgen im Konzern haben sich dadurch erledigt.[163]

143 Rechtsfolge der gewerbesteuerlichen Organschaft ist eine **Betriebsstättenfiktion**. Die Organgesellschaft gilt als Betriebsstätte des Organträgers (sog. eingeschränkte bzw. gebrochene Filialtheorie). Dadurch wird nicht nur die Verlustverrechnung ermöglicht, sondern es ändert sich die Zerlegung des Steuermessbetrages auf die verschiedenen Gemeinden.

H. Besteuerung der KGaA

Literatur:
Fischer, Die Besteuerung der KGaA und ihrer Gesellschafter, DStR 1997, S. 1519; *Drüen/van Heek*, Die Kommanditgesellschaft auf Aktien zwischen Trennungs- und Transparenzprinzip – Eine steuersystematische Bestandsaufnahme, DStR 2012, S. 541; *Kusterer*, Die KGaA im Wandel – Wechsel von körperschaftlicher zur unternehmerischen Sichtweise, FR 2003, S. 502; *ders.*, Überlegungen zur Besteuerung des persönlich haftenden Gesellschafters einer Kommanditgesellschaft auf Aktien, DStR 2008, S. 484; *Mahlow*, Die KGaA und das Vorliegen einer verdeckten Gewinnausschüttung, DB 2003, S. 1540; *Schaumburg*, Die KGaA als Rechtsform für den Mittelstand?, DStR 1998, S. 525.

144 **I. Überblick.** Die Besteuerung des Gewinns einer KGaA erfolgt hybrid. Die KGaA selbst ist Körperschaftsteuersubjekt (§ 1 Abs. 1 Nr. 1 KStG). Es gilt wie auch im Verhältnis zwischen AG und Aktionären für die Besteuerung das **Trennungsprinzip**. Dagegen wird der persönlich haftende Gesellschafter (phG) einer KGaA mit dem auf ihn entfallenden Gewinnanteil im Grundsatz einem Personengesellschafter (Mitunternehmer) gleichgestellt. Er hat als natürliche Person seine Einkünfte unmittelbar der Einkommensteuer zu unterwerfen, **Transparenzprinzip**.

---

160 Siehe R 60 ff KStR, insbesondere R 63 zur Bildung und Auflösung besonderer Ausgleichsposten.
161 *Pache*, in: Herrmann/Heuer/Raupach, Steuerreform, § 16 Rn 1 ff zum KStG nF.
162 Siehe näher *Neumann*, in: Gosch, KStG, § 14, Rn 539 f, *Danelsing*, in: Blümich, § 14 KStG Rn 170 ff.
163 *Heidel*, in: Heidel/Pauly, aaO, § 2 Rn 257.

II. Besteuerung der KGaA. 1. Körperschaftsteuer. Die KGaA erzielt als buchführungspflichtiger Formkaufmann ausschließlich der Körperschaftsteuer unterliegende Einkünfte aus Gewerbebetrieb, § 8 Abs. 2 KStG. Bei der Ermittlung des Einkommens ist nach § 9 Abs. 1 Nr. 1 KStG der Teil des Gewinns abzuziehen, der an phG auf ihre nicht auf das Grundkapital gemachten Einlagen iSv (§ 281 Abs. 2 AktG) oder als Vergütung (Tantieme) für die Geschäftsführung verteilt wird. Die Vorschrift ist das Pendant zu § 15 Abs. 1 S. 1 Nr. 3 EStG, wonach die Einkünfte des phG unmittelbar von diesem zu versteuern sind. Die Kürzungsvorschrift des § 9 Abs. 1 Nr. 1 KStG gilt nicht, soweit der phG – wie ein Kommanditaktionär – am Grundkapital beteiligt ist und insoweit Gewinnausschüttungen bezieht. Hier liegen ein körperschaftsteuerpflichtiger Gewinn der KGaA sowie (aufgrund der Ausschüttung) Einkünfte des phG aus Kapitalvermögen iSv § 20 Abs. 1 Nr. 1 EStG vor. In der Kürzungsvorschrift des § 9 Abs. 1 Nr. 1 KStG sind im Gegensatz zu § 15 Abs. 1 S. 1 Nr. 3 EStG die Sondervergütungen des phG für die Hingabe von Darlehen und von Wirtschaftsgütern an die KGaA nicht erwähnt. Diese Sondervergütungen sind zumindest in Höhe des angemessenen Teils bereits nach allgemeinen Grundsätzen als Betriebsausgaben der KGaA abziehbar, ansonsten analog § 9 Abs. 1 Nr. 1 KStG.[164] Soweit die KGaA. Dividenden von anderen Kapitalgesellschaften bezieht, sind diese körperschaftsteuerfrei, § 8 b KStG. Soweit sie nach dem Gewinnverteilungsschlüssel auf einkommensteuerpflichtige phG entfallen, unterliegen die Dividendenanteile dem Teileinkünfteverfahren, § 3 Nr. 40 EStG.[165]

2. Gewerbesteuer. Der von der KGaA erzielte Gewinn einschließlich des auf die phG entfallenden Gewinnanteils soll ausschließlich bei der KGaA der Gewerbesteuer unterliegen. Demnach sind aufgrund des § 8 Nr. 4 GewStG die Gewinnanteile, die an phG auf ihre nicht auf das Grundkapital gemachten Einlagen oder als Vergütung (Tantieme) für die Geschäftsführung verteilt wurden, für die Ermittlung der Gewerbesteuerbemessungsgrundlage wieder hinzuzurechnen (umgekehrt greift bei einem ggf gewerbesteuerpflichtigen phG die Kürzungsvorschrift des § 9 Nr. 2 b GewStG). Unter diese Hinzurechnungsvorschrift sollen auch feste Bezüge, Ruhegehälter und ähnliche Bezüge des phG fallen.[166] Die gewerbesteuerliche Hinzurechnung umfasst nicht die nach § 15 Abs. 1 S. 1 Nr. 3 EStG im Gewinn des phG enthaltenen Sonderbetriebseinnahmen für die Hingabe von Darlehen oder die Überlassung von Wirtschaftsgütern; diese Beträge sind jedoch unter bestimmten Voraussetzungen nach § 8 Nr. 1 lit. a GewStG (Entgelte für Schulden) oder § 8 Nr. 1 lit. d bzw e GewStG (Miet- oder Pachtzinsen) hinzuzurechnen.[167] Bei einer Kapitalgesellschaft & Co. KGaA, bei der die Komplementär-Kapitalgesellschaft ausschließlich Komplementärfunktionen ohne weitere eigene Geschäftstätigkeit wahrnimmt, kann es dazu kommen, dass die Vergütungen an die Kapitalgesellschaft der Gewerbesteuer unterliegen.[168]

III. Besteuerung des phG. Die gewerblichen Einkünfte des phG sind durch Betriebsvermögensvergleich zu ermitteln und von diesem unmittelbar – also bereits im Entstehungsjahr und nicht erst bei Zufluss – zu versteuern.[169] Dies gilt auch, wenn der Gewinn von dem phG nicht entnommen werden kann (§ 288 AktG). Auch die Sondervergütungen für die Überlassung von Darlehen und Wirtschaftsgüter fallen unter § 15 Abs. 1 S. 1 Nr. 3 EStG.[170] Die betreffenden Wirtschaftsgüter sind steuerrechtlich „Sonderbetriebsvermögen" des phG. Anders sind dagegen Kommanditaktien und daraus fließende Dividenden zu beurteilen. Diese zählen nicht zum Bereich des Sonderbetriebsvermögens bzw der Sondereinnahmen.[171] Anschaffungskosten, die der Komplementär beim Anteilserwerb für stille Reserven der KGaA aufgewendet hat, soll er allerdings nicht wie ein ‚echter' Mitunternehmer in einer Ergänzungsbilanz abschreiben können.[172]
Die Gewinnermittlung durch Betriebsvermögensvergleich bereitet in der Praxis erhebliche Probleme bei Pensionszusagen an phG, wenn dafür in einer Sonderbilanz korrespondierend zur Steuerbilanz der KGaA bereits (gewinnhöhend) ein Aktivposten anzusetzen ist, also keine nachgelagerte Besteuerung bei späterem Zufluss erfolgt.[173] Denn in diesem Fall hat der phG bereits erhebliche Einkommensteuern für die Versorgungszusage zu zahlen, ohne dass ihm bereits entsprechende Liquidität zufließt.
Soweit der phG eine natürliche Person ist, unterliegt sein Gewinnanteil der Einkommensteuer, soweit es sich um eine Kapitalgesellschaft handelt, der Körperschaftsteuer. Im Falle einer Personengesellschaft (GmbH & Co. KG) als phG wird der Gewinn einheitlich und gesondert auf die Gesellschafter dieser Personengesellschaft verteilt. Im Rahmen der Einkommensbesteuerung des phG wird pauschaliert die von der KGaA getragene Gewerbesteuer auf die Gewinnanteile des phG und dessen Geschäftsführervergütungen

---

164 Siehe näher *Wacker*, in: Schmidt, EStG, § 15 Rn 890; *Drüen/van Heek*, DStR 2012, S. 541/546.
165 *Wacker*, in: Schmidt, EStG, § 15 Rn 891 aE.
166 BFH BStBl II 1991, S. 253; R 8.2 S. 3 GewStR 2009, H 8.2 GewStH 2009, str; aA *Fischer*, DStR 1997, 1519/1520 f.
167 R 8.2 S. 4 GewStR 2009.
168 Vgl dazu näher *Schmincke/Heuel*, FR 2004, S. 861; *Kollruss*, GmbHR 2003, 709.
169 So BFH BStBl II 1989, S. 881.
170 *Wacker*, in: Schmidt, EStG, § 15 Rn 890.
171 BFH BStBl II 1989, S. 881.
172 FG München v. 10.7.2003, rkr, GmbHR 2004, 597; str; aA *Glanegger*, DStR 2004, 1686; *Kusterer*, DStR 2004, 77; *Bock*, GmbHR 2004, 554.
173 Siehe näher *Frankenheim*, DStR 1999, 481, str.

angerechnet. Nach § 35 Abs. 1 S. 1 Nr. 2 EStG ermäßigt sich die Einkommensteuer um das 3,8-Fache des festgesetzten anteiligen Gewerbesteuermessbetrages. Der Anteil am Gewerbesteuer-Messbetrag richtet sich nach seinem Anteil am allgemeinen Gewinn, § 35 Abs. 2 EStG. (Gewinnunabhängige) Sondervergütungen werden bei der Ermittlung des Aufteilungsschlüssels nicht berücksichtigt.[174]

150 **IV. Besteuerung der Kommanditaktionäre.** Die Kommanditaktionäre werden wie die Aktionäre einer AG besteuert. Soweit es sich um natürliche Personen handelt, unterliegen die Dividenden der Abgeltungssteuer nach §§ 32 d, 20 Abs. 1 Nr. 1 EStG bzw, wenn die Kommanditaktien in einem Betriebsvermögen gehalten werden, dem Teileinkünfteverfahren nach § 3 Nr. 40 lit. d, S. 2, § 20 Abs. 1 Nr. 1 EStG. Falls es sich um Kapitalgesellschaften handelt, greift die Dividendenfreistellung nach § 8 b Abs. 1 KStG (vgl oben Rn 22).

---

[174] BMF v. 24.2.2009, BStBl I 2009, S. 440, Tz 22 iVm BMF v. 22. 12. 2009, BStBl I 2010, S. 43.

Stichwortverzeichnis

Fette Zahlen bezeichnen die Buchkapitel, magere die Paragrafen und/oder die Randnummern

Abberufung von Aufsichtsratsmitgliedern
  1 § 103 1 ff
- entsandte Aufsichtsratsmitglieder 1 § 103 9 ff
- Ersatzmitglieder 1 § 103 20
- gerichtliche Abberufung 1 § 104 17 f
- gesetzliche Mehrheit 1 § 103 7
- Mitbestimmung 1 § 103 19; 9 § 23 1 f
- satzungsmäßige Mehrheit 1 § 103 8
- Vertrauensentzug 1 § 103 6
- wichtiger Grund 1 § 103 14 ff

Abberufung von Vorstandsmitgliedern
- Amtsniederlegung 1 § 84 30
- Berichtspflicht des Vorstands 1 § 90 27
- einvernehmliche Aufhebung der Bestellung 1 § 84 31
- grobe Pflichtverletzung 1 § 84 22
- Rechtsschutz des Vorstandsmitglieds 1 § 84 27 f
- Stellvertreter von Vorstandsmitgliedern 1 § 94 4
- Suspendierung eines Vorstandsmitglieds 1 § 84 29
- unberechtigte Abberufung 1 § 84 26
- Unfähigkeit zur ordnungsgemäßen Geschäftsführung 1 § 84 23
- Verfahren 1 § 84 19
- Vertrauensentzug durch die Hauptversammlung 1 § 84 24
- Vorsitzender 1 § 84 32
- wichtiger Grund 1 § 84 20 ff

Abfindung siehe auch Gemeinsamer Vertreter
- Delisting 1 Vor §§ 327a ff 21
- eingegliederte Gesellschaften 1 § 320b 1 ff
- Erwerb eigener Aktien 1 § 71 33 ff, § 71d 8, 26, § 71e 8
- Unternehmensverträge 1 § 293b 7

Abgeltungsteuer 20 2

Abhängiges Unternehmen
- Abhängigkeit 1 § 17 2 ff
- Abhängigkeitsvermutung 1 § 17 14 ff
- Begriff 1 § 15 8
- Beherrschungsmittel 1 § 17 9 ff
- Beteiligung 1 § 17 9 f
- Mehrmütterherrschaft 1 § 17 13 ff
- Mitbestimmung 9 § 5 5
- Möglichkeit beherrschenden Einflusses 1 § 17 5 ff
- Organisationsvertrag 1 § 17 11
- Personengesellschaft 1 § 17 16
- Rechtsfolgen 1 § 17 23 f
- Widerlegung der Abhängigkeitsvermutung 1 § 17 17 ff

Abhängigkeitsbericht
- Auskunftsrecht 1 § 131 32, 85
- Entbehrlichkeit 1 § 316 1 ff
- Grundsätze der Berichterstattung 1 § 312 47 ff
- Inhalt 1 § 312 24 ff
- Prüfung durch den Abschlussprüfer 1 § 313 1 ff
- Prüfung durch den Aufsichtsrat 1 § 171 1 ff, § 314 1 ff
- Publizität 1 § 312 3 ff, 58
- Sanktionen 1 § 312 20 ff
- Schlusserklärung des Vorstandes 1 § 312 51 ff
- Sonderprüfung 1 § 315 1 ff
- Verfahren 1 § 312 16 ff

Abkauf von Anfechtungsklagen
- Erwerb eigener Aktien 1 § 71 24

Abrufverfahren 12 § 6 4

Abschlussprüfer
- Anfechtungsklage 1 § 243 36a ff
- Berichtspflicht bei Aufsichtsratssitzungen 1 § 171 17 ff
- Bestellung auf der Hauptversammlung 1 § 118 33
- Gründung der Aktiengesellschaft 1 § 30 11 f
- Haftung bei Gründung der Aktiengesellschaft 1 § 49 1 ff
- Mitwirkung im Enforcementverfahren 12 § 37p 14
- Nichtigkeit des Jahresabschlusses 1 § 256 16 f
- Teilnahme an Aufsichtsratssitzungen 1 § 171 17 ff
- Teilnahme an der Hauptversammlung 1 § 173 24, § 176 9 ff
- Verjährung der Ersatzansprüche aus §§ 46-48 1 § 51 1 f
- Verschwiegenheitspflicht 1 § 49 3
- Wahlvorschläge von Aktionären 1 § 127 1 ff

Abschlussprüferrichtlinie siehe Bilanzrichtlinien

Abschlussprüfung siehe auch Abschlussprüfer
- Kontrolltätigkeit des Aufsichtsrates 1 § 111 19 ff
- Vorlage des Prüfberichts an den Aufsichtsrat 1 § 170 3 f

Abschlussvermittlung 12 § 2 27, § 2a 17

abusive squeezes 12 § 20a 14

Abwehrmaßnahmen 14 § 33 1 ff
- Ad-hoc-Maßnahmen 14 § 33 22
- Aufsichtsrat 14 § 33 14 f
- einfache Ermächtigungsbeschlüsse 14 § 33 16
- europäisches Verhinderungsverbot siehe dort
- Gefahrenabwehr 14 § 33 23

3395

Stichwortverzeichnis

- Hauptversammlung 14 § 33 17 ff
- konkurrierendes Angebot 14 § 33 13
- ordentliche Geschäftsmaßnahmen
   14 § 33 11 f
- sachliche Reichweite 14 § 33 4 ff
- Schadensersatzansprüche 14 § 33 26 ff
- Unterlassungsansprüche 14 § 33 24 f
- Verstoß 14 § 33 29
- zeitliche Reichweite 14 § 33 7 ff

Abwickler *siehe auch* Abwicklung der Aktiengesellschaft
- Abberufung 1 § 265 16
- Abwicklungsgeschäfte 1 § 268 3 f
- Abwicklungsjahresabschluss 1 § 270 15 f
- Amtsniederlegung 1 § 265 17
- Anmeldung 1 § 266 1 ff
- Anstellungsvertrag 1 § 265 9
- Arbeitsdirektor 1 § 265 18
- Aufstellung der Eröffnungsbilanz 1 § 270 9 ff
- Ausgliederung 1 § 268 5
- Auslagenersatz 1 § 265 15
- befohlene Abwickler 1 § 265 10
- Beschlüsse der Hauptversammlung 1 § 265 6
- Bestellung 1 § 265 1 ff
- Betriebsaufspaltung 1 § 268 5
- Eintragung von Amts wegen 1 § 266 6
- Einzelvertretung 1 § 269 3 ff
- Entlastung der Abwickler 1 § 270 20
- Entlastung der Aufsichtsratsmitglieder
   1 § 270 20
- Erläuterungsbericht 1 § 270 8
- Eröffnungsbilanz 1 § 270 5 ff
- Errichtung einer neuen Gesellschaft 1 § 268 5
- Ersatzansprüche bei verbotswidriger Verteilung
   1 § 271 6
- Feststellung der Eröffnungsbilanz 1 § 270 9 ff
- Formwechsel 1 § 268 5
- Gesamtvertretung 1 § 269 3 ff
- Geschäftsbriefe 1 § 268 10
- Geschäftskreis 1 § 268 2 ff
- Gläubigeraufruf 1 § 267 1 ff
- Hauptversammlung 1 § 268 8
- juristische Person 1 § 265 8
- Lagebericht 1 § 270 18
- Offenlegung der Eröffnungsbilanz
   1 § 270 9 ff
- organschaftliche Stellung 1 § 268 6 ff
- persönliche Bestellungshindernisse 1 § 265 7
- Prüfung der Eröffnungsbilanz 1 § 270 9 ff
- Rechnungslegung 1 § 270 1 ff
- registerrechtliche Prüfung 1 § 266 3
- Satzung 1 § 265 4 f
- Spaltung 1 § 268 5
- Teilveräußerungen 1 § 268 5
- Überwachung durch den Aufsichtsrat
   1 § 268 7
- Veräußerung des Unternehmens 1 § 268 5
- Vergütung 1 § 265 9, 15

- Vermögensübertragung 1 § 268 5
- Verschmelzung 1 § 268 5
- Versicherung 1 § 266 5
- Vertretungsmacht 1 § 269 1 ff
- vorstandsähnliche Stellung 1 § 268 6
- Vorstandsmitglieder 1 § 265 3
- Wettbewerbsverbot 1 § 268 9
- Zeichnung durch die Abwickler 1 § 269 7

Abwicklung der Aktiengesellschaft *siehe auch* Auflösung der Aktiengesellschaft; *siehe auch* Fortsetzung einer aufgelösten Gesellschaft; *siehe auch* Nichtigerklärung der Gesellschaft
- Abwicklungsjahresabschluss 1 § 270 15 f
- allgemeine Vorschriften 1 § 264 9
- Anmeldung des Abwicklungsschlusses
   1 § 273 2 ff
- Aufsichtsrat 1 § 264 10
- Aufstellung der Eröffnungsbilanz 1 § 270 9 ff
- Bücher 1 § 273 10
- Einsichtsrecht 1 § 273 11
- Entlastung der Abwickler 1 § 270 20
- Entlastung der Aufsichtsratsmitglieder
   1 § 270 20
- Erläuterungsbericht 1 § 270 8
- Eröffnungsbilanz 1 § 270 5 ff
- falsche Angaben 1 § 399 13
- Feststellung der Eröffnungsbilanz 1 § 270 9 ff
- Firma 1 § 264 10
- Formwechsel 1 § 264 10
- Gläubigeraufruf 1 § 267 1 ff
- Gläubigerschutz 1 § 272 1 ff
- Grundzüge 1 Vor §§ 262 ff 3
- Haftung bei fehlerhafter Vermögensverteilung
   1 § 271 9
- Hinterlegung 1 § 272 4
- Hinterlegung der Schriften und Bücher
   1 § 273 10
- Insolvenzverfahren 1 § 264 3 f
- Jahresgewinn 1 § 264 10
- Kapitalerhöhung 1 § 264 10
- Kapitalherabsetzung 1 § 264 10
- Körperschaftssteuerrecht 20 11
- Lagebericht 1 § 270 18
- Löschung 1 § 264 5
- Löschung der Gesellschaft 1 § 273 6 ff
- Nachtragsabwicklung 1 § 273 13 ff
- Nebenleistungen 1 § 264 10
- Offenlegung der Eröffnungsbilanz
   1 § 270 9 ff
- Prüfung der Eröffnungsbilanz 1 § 270 9 ff
- Rechnungslegung 1 § 270 1 ff
- Rechtsmittel 1 § 273 18
- Rückgewähr von Einlagen 1 § 264 10
- Satzungsänderung 1 § 264 10
- Schluss 1 § 273 1 ff
- Schlussrechnung 1 § 273 4
- Schriften 1 § 273 10
- Sicherheitsleistung 1 § 272 5

- Sitz 1 § 264 10
- Spaltung 1 § 264 10
- Sperrjahr 1 § 272 2 f
- Steuerrecht 20 124 ff
- Unternehmensgegenstand 1 § 264 10
- Unternehmensverträge 1 § 264 10
- verbotswidrige Verteilung 1 § 272 6
- Vermögensverteilung 1 § 271 1 ff
- Verschmelzung 1 § 264 10
- Verteilung des Vermögens 1 § 271 1 ff
- Verteilungsmaßstab 1 § 271 7 ff
- Vorstandsmitglieder 1 § 264 10

Ad-hoc-Publizität 12 § 15 1 ff; siehe auch Haftung für Ad-hoc-Mitteilungen
- Aktienoptionsprogramm 12 § 15 13
- Auskunftsrecht 1 § 131 85
- Ausschluss von Minderheitsaktionären 1 § 327c 3
- Befreiung 12 § 15 15 ff
- Beleg 12 § 15 21
- Berichtigung 12 § 15 10
- Bußgeldvorschriften 12 § 39 1 ff
- Fallgruppen 12 § 15 11
- Fallgruppen, Veröffentlichungspflicht 12 § 15 5
- Finanzinstrumente 12 § 15 3a
- Funktion 12 § 15 1 f
- Haftung 12 § 15 26
- Inlandsemittent 12 § 15 3
- Jahresabschluss 12 § 15 14
- Kennzahlen 12 § 15 8
- Kreditlinien 12 § 15 13
- mehrstufige Entscheidungsprozesse 12 § 15 11
- Mitteilung an die Geschäftsführung 12 § 15 22
- Modalitäten 12 § 15 18 ff
- Mutterunternehmen 12 § 15 12
- Namensaktien 12 § 15 13
- Pflicht 12 § 15 3 ff
- Revision EU-Marktmissbrauchsrecht 12 § 15 1
- Selbstbefreiungsrecht 12 § 15 15
- Sprache 12 § 15 19
- Squeeze-out 12 § 15 13
- Tochterunternehmen 12 § 15 12
- Übernahmeangebot 12 § 15 13
- Überwachung 12 § 15 25
- Umfang 12 § 15 20
- unmittelbare Betroffenheit 12 § 15 4
- unverzügliche Veröffentlichung 12 § 15 6
- Veröffentlichung der Entscheidung zur Abgabe eines Angebots 14 § 10 12
- Verstoß 12 § 15 26
- Vorabmitteilung 12 § 15 23
- Vorzugsaktien 12 § 15 13
- Wechsel von Organmitgliedern 12 § 15 13
- Weitergabeverbot 12 § 15 7
- Zwischenbericht 12 § 15 14

advancing the bid 12 § 20a 13

Agio siehe Aufgeld

Aktien 1 § 8 1 ff; 12 § 2 4; siehe auch Ausgabebetrag; siehe auch Inhaberaktien; siehe auch Kraftloserklärung von Aktien; siehe auch Namensaktien; siehe auch Nennbetragsaktien; siehe auch Quotenaktien; siehe auch Stückaktien; siehe auch Umwandlung von Aktien; siehe auch Zwischenscheine
- Abtretung des Anspruchs auf die Jahresdividende 1 § 8 20
- Aktienbesitzzeit 1 § 70 1 ff
- Austausch 1 § 74 1 ff
- beschädigte Aktien 1 § 74 1 ff
- Erkennbarkeit der Verbriefung der Mitgliedschaft 1 § 13 4
- Erkennbarkeit des Ausstellers 1 § 13 5
- Erstellung der Urkunden 1 § 13 12
- Gesamthandsgemeinschaft 1 § 69 4
- Gleichbehandlungsgrundsatz 1 § 53a 13
- Inhalt 1 § 13 3 ff
- Kaduzierung 1 § 64 1 ff
- Kennzeichnung der Art der Mitgliedschaft 1 § 13 7
- Mängel 1 § 13 13 f
- Nebenverpflichtungen 1 § 13 10
- Rechtsgemeinschaft 1 § 8 21, § 69 1 ff
- Schaffung neuer Gattungen 1 § 11 4, 10 f
- Serienzeichen 1 § 13 8
- Sonderrechte 1 § 11 8 f
- Teilleistungen 1 § 13 9
- Treuhand 1 § 8 22
- Übertragung 1 § 10 20
- Unteilbarkeit 1 § 8 18 ff
- Unterschrift 1 § 13 11
- Vermögensrechte 1 § 11 6 f
- Vertreter 1 § 69 6 ff
- verunstaltete Aktien 1 § 74 1 ff
- Verwaltungsrechte 1 § 11 5
- Zerlegung 1 § 1 25
- Zusammenlegung 1 § 73 16
- Zwischenscheine 1 § 8 23

Aktienclubs 12 § 2 35

Aktiengesellschaft siehe auch Anmeldung der Gesellschaft; siehe auch Bekanntmachung der Eintragung; siehe auch Eintragung der Gesellschaft; siehe auch Ersatzansprüche der Gesellschaft; siehe auch Europäische Aktiengesellschaft; siehe auch Firma; siehe auch Geschäftführung; siehe auch Gründung der Aktiengesellschaft; siehe auch Satzung; siehe auch Sitz; siehe auch Vertretung; siehe auch Vorgesellschaft; siehe auch Vorgründungsgesellschaft; siehe auch Vorstand
- Aktien 1 § 1 25
- Aktienübernahme 1 § 2 19 ff

Stichwortverzeichnis

- Aktionärshaftung 1 § 1 29
- allgemeiner Gerichtsstand 1 § 1 19
- Angestellte 1 § 3 4
- Ausschluss der Einzelverbriefung 1 § 10 18 f
- Bedeutung 1 § 1 1 ff
- Börsennotierung 1 § 3 5 f
- Delisting 1 § 3 7
- Durchgriffshaftung 1 § 1 30 ff
- Einmann-AG 1 § 1 33
- Einmanngründung 1 § 1 9
- Entwicklung 1 § 1 1 ff
- Erbe 1 § 1 16
- Erlangung der Rechtsfähigkeit 1 § 1 11
- Errichtung 1 § 29 1
- EU-Recht 1 § 1 35
- Formkaufmann 1 § 1 17, § 3 1 f
- freie Berufe 1 § 3 4
- Geldbuße 1 § 1 20
- genehmigungspflichtige Unternehmensgegenstände 1 § 37 41
- genossenschaftliche AG 1 § 1 5
- Gesellschaftsstatut 1 § 1 34
- Gesellschaftsvermögen 1 § 1 22
- Gewerberecht 1 § 3 4
- gewerbliche Schutzrechte 1 § 1 16
- Gleichbehandlungsgrundsatz 1 § 1 27
- Grundkapital 1 § 1 22 ff
- Grundrechte 1 § 1 18
- Grundstücke 1 § 1 15
- Haftung für leitende Angestellte 1 § 76 12
- Haftung für Vorstandsmitglieder 1 § 76 12
- Handelsgesellschaft 1 § 1 17, § 3 1
- Handelsregister 1 § 3 3 f
- Handlungsgehilfen 1 § 3 4
- Insolvenzfähigkeit 1 § 1 21
- juristische Person 1 § 1 4, 10 ff
- Kapitalaufbringung 1 § 1 23
- Kapitalerhaltung 1 § 1 24
- Mitbestimmung 9 § 1 14
- Mitgliedschaft 1 § 10 3 f
- Nichtbörsen-AG 1 § 3 6
- örtliche Zuständigkeit 1 § 14 1 ff
- Prozessfähigkeit 1 § 1 19
- Rechtsfähigkeit 1 § 1 11 ff
- Rechtsgemeinschaft an einer Aktie 1 § 69 3
- Schuldübernahme 1 § 41 37 ff
- Sitztheorie 1 § 1 35 f
- Steuerrecht 1 § 3 4
- Strafbarkeit 1 § 1 20
- Testamentsvollstrecker 1 § 1 16
- Trennungsprinzip 1 § 1 30
- Umfang der Rechtsfähigkeit 1 § 1 13
- Unternehmensgegenstand 1 § 1 26
- Verbandsehre 1 § 1 16
- Verfassung 1 § 1 28
- Verlust der Rechtsfähigkeit 1 § 1 12
- Vertretung gegenüber Vorstandsmitgliedern 1 § 112 1 ff
- Wesen 1 § 1 8 f
- Zwangsvollstreckung 1 § 1 20

Aktiengesellschaft & Co. KGaA siehe Kommanditgesellschaft auf Aktien

Aktiengesellschaft & Co. KG 1 § 2 9

Aktienkörbe (Baskets) 12 § 25a 31

Aktienoptionspläne 12 § 25 28 f

Aktienregister 1 § 67 5 ff
- Auskunftsanspruch 1 § 67 51 ff
- Berichtigung von Eintragungen 1 § 67 42
- Dritteintragungen 1 § 67 14 f
- eintragungsfähige Tatsachen 1 § 67 10
- Eintragungswirkungen 1 § 67 17 ff
- Eintragung von Namensaktien 1 § 67 7 ff
- Führung durch den Vorstand 1 § 67 6
- Investmentfonds 1 § 67 16
- Investor Relations-Maßnahmen 1 § 67 55
- Löschung von Eintragungen 1 § 67 42
- Mitteilungspflichten 1 § 67 29 ff
- Übergang Namensaktie 1 § 67 22 ff
- Verpflichtung der Aktionäre 1 § 67 11 ff
- Verwendung der Daten durch die Gesellschaft 1 § 67 54 ff
- Werbung für das Unternehmen 1 § 67 56
- Zwischenscheine 1 § 67 57

Aktienrückkäufe 12 § 20a 17; siehe auch Erwerb eigener Aktien

Aktienübernahme
- Börseneinführung 17 53 ff
- Haftung für die Richtigkeit 1 § 46 3
- Rechtsfolgen 1 § 2 21
- Rechtsnatur 1 § 2 19 f

Aktienübernameerklärung
- Angaben zu Aktien 1 § 23 16
- Bedeutung 1 § 23 13
- Bedingung 1 § 23 14
- Befristung 1 § 23 14
- eingezahlter Betrag 1 § 23 17
- Gründer 1 § 23 15
- Inhalt 1 § 23 14
- Mängel 1 § 23 45 ff

Aktienurkunde siehe Aktien

Aktionär siehe auch Einlagepflicht; siehe auch Ersatzansprüche der Gesellschaft
- Anfechtungsbefugnis 1 § 245 4 ff
- Aufforderung zur Einzahlung 1 § 63 2 ff
- Aufrechnung gegen die Einlageforderung 1 § 66 1 ff
- Auskunftsrecht siehe dort
- Ausschluss bei Säumigkeit 1 § 64 1 ff
- Befreiung von der Einlagepflicht 1 § 66 1 ff
- Bezugsrecht 1 § 186 10
- Bilanzgewinn 1 § 58 39 ff
- Ermittlungen der Bundesanstalt für Finanzdienstleistungsaufsicht 14 § 40 6
- Folgen nicht rechtzeitige Einzahlung 1 § 63 8 ff

Stichwortverzeichnis

- freiwillige Zusatzleistungen 1 § 54 19
- Gewinnverwendungsbeschluss 1 § 174 7
- Leistungspflichten 1 § 54 17 f
- Mitteilung bei Einberufung der Hauptversammlung 1 § 125 17 ff
- Nebenleistungspflicht 1 § 55 1 ff
- Rechtsgemeinschaft an einer Aktie 1 § 69 1 ff
- schuldrechtliche Vereinbarungen 1 § 54 13 ff
- Stimmrechtsausschluss 1 § 136 1 ff
- Teilnehmerliste 1 § 129 18 f
- Unterlassenspflichten 1 § 54 17 f

Aktionärsforum 1 § 127a 1 ff
- Abstimmungsvorschläge 1 § 127a 8
- Acting in Concert 1 § 127a 12
- Aufforderung 1 § 127a 5 ff
- Begründung der Aufforderung 1 § 127a 16 ff
- Berechtigung 1 § 127a 6
- invitatio ad offerendum 1 § 127a 9
- Sprache 1 § 127a 26
- Stellungnahme der Gesellschaft 1 § 127a 19 f
- Verordnungsermächtigung 1 § 127a 21 ff

Aktionärsklage 1 § 148 26 ff
- Aktionärsstruktur 1 § 131 85
- Beiladung 1 § 148 25
- Eintrittsrecht der Gesellschaft 1 § 148 23 ff
- Gerichtsstand 1 § 148 28
- Klageerhebung 1 § 148 23 ff, 27
- Kostengrundentscheidung 1 § 148 34
- Kostenübernahme 1 § 148 35
- Kostenverteilung 1 § 148 36
- Nebenintervention 1 § 148 31
- Parteiwechsel 1 § 148 24
- Prozessstandschaft 1 § 148 29
- Übernahme der Aktionärsklage 1 § 148 24
- Verbindung von Aktionärsklagen 1 § 148 30

Aktionärsvereinigungen
- Stimmrechtsausübung 1 § 135 26 ff

Aktualisierung
- Angebotsunterlage 14 § 11 7

Aktualisierungspflicht 12 § 25 11a f, § 25a 29

Algorithmischer Handel 12 § 4 9a, § 33 326
- Definition 12 § 33 327
- Hochfrequenzhandel 12 § 33 328
- Notfallvorkehrungen 12 § 33 334
- Risikokontrollen 12 § 33 330
- Systeme 12 § 33 330

Allgemeiner Gerichtsstand
- Aktiengesellschaft 1 § 1 19
- Sitz 1 § 5 5

Als-ob-AG 4 § 3 1

American Depositary Receipts 1 § 118 13

Amtlicher Markt *siehe auch* Prospekthaftung; *siehe auch* Zulassung von Wertpapieren zum amtlichen Handel
- Aktiengesellschaft 1 § 3 5

Amtsauflösungsverfahren
- unzulässige Sitzbestimmung 1 § 5 15

Anderkonto 1 § 36 27 f

Änderung des Angebots
- Form 14 § 21 6
- Fristverlängerung 14 § 21 10
- Inhalt 14 § 21 6
- Rücktrittsrecht 14 § 21 9 f
- Veröffentlichung 14 § 21 5
- wiederholte Änderung 14 § 21 11
- zulässige Änderungen 14 § 21 2 f

Andienungsrechte 12 § 25a 36

Anfechtbarkeit von Hauptversammlungsbeschlüssen *siehe auch* Anfechtung der Feststellung des Jahresabschlusses; *siehe auch* Anfechtung der Kapitalerhöhung gegen Einlagen; *siehe auch* Anfechtung der Wahl von Aufsichtsratsmitgliedern; *siehe auch* Anfechtungsbefugnis; *siehe auch* Anfechtungsgründe; *siehe auch* Anfechtungsklage; *siehe auch* Anfechtungsurteil; *siehe auch* Streitwert
- Auskunftsrecht 1 § 131 5
- Bezugsrechtsausschluss 1 § 186 72
- Eingegliederte Gesellschaften 1 § 320b 8
- Genehmigtes Kapital 1 § 203 111 ff
- Gewinnverwendungsbeschluss 1 § 174 29
- Kapitalerhöhung mit Sacheinlagen 1 § 183 27
- Mitteilung für die Aktionäre 1 § 125 32 ff

Anfechtung der Feststellung des Jahresabschlusses
- Frist 1 § 257 9
- Kausalität 1 § 257 7
- Verfahrensfehler 1 § 257 5 f

Anfechtung der Kapitalerhöhung gegen Einlagen
- Anfechtungsgründe 1 § 255 4 ff
- Ausgabebetrag 1 § 255 9 ff
- Baremissionen 1 § 255 19
- bedingte Kapitalerhöhung 1 § 255 20
- Bezugsrechtsausschluss 1 § 255 7 ff
- Genehmigtes Kapital 1 § 255 21
- Kapitalerhöhung gegen Sacheinlagen 1 § 255 16 ff

Anfechtung der Wahl von Aufsichtsratsmitgliedern 1 § 251 1 ff
- Aktionäre 1 § 251 10
- Anfechtungsbefugnis 1 § 251 10 ff
- Anfechtungsverfahren 1 § 251 12
- Bestätigungsbeschluss 1 § 251 7
- Gesetzesverletzung 1 § 251 2 ff
- gesetzeswidrige Wahlvorschläge 1 § 251 9
- Mitbestimmung 1 § 251 11
- Satzungsverletzung 1 § 251 2 ff
- Sondervorteile 1 § 251 5
- Urteilswirkung 1 § 252 5 ff
- Vorstand 1 § 251 10
- Weitergabepflicht 1 § 251 6

Anfechtung des Gewinnverwendungsbeschluss 1 § 254 1 ff

Stichwortverzeichnis

Anfechtungsbefugnis *siehe auch* Anfechtungs-
gründe; *siehe auch* Anfechtungsklage; *siehe
auch* Anfechtungsurteil; *siehe auch* Streitwert
- Aktionärseigenschaft 1 § 245 4 ff
- Anfechtungsbefugnis 1 § 245 1 ff
- Anfechtungspflicht 1 § 245 24
- Aufsichtsratsmitglied 1 § 245 25 ff
- Auskaufen von Aktionären 1 § 245 33
- Einberufungsfehler 1 § 245 17
- Erwerb eigener Aktien 1 § 71b 8
- Genussscheininhaber 1 § 245 6
- Insolvenzverwalter 1 § 245 22
- nicht erschienene Aktionäre 1 § 245 14 ff
- nicht zugelassener Aktionär 1 § 245 16
- Nießbrauch an Aktien 1 § 245 6
- Pfandrecht an Aktien 1 § 245 6
- Rechtsmissbrauch 1 § 245 28 ff
- Sondervorteile 1 § 245 19 f
- Verwirkung der Anfechtungsbefugnis
  1 § 245 33
- Vorstand 1 § 245 21 ff
- Vorstandsmitglied 1 § 245 25 ff
- Wahl von Aufsichtsratsmitgliedern
  1 § 251 10 f
- Widerspruch 1 § 245 8 ff

Anfechtungsfrist *siehe* Anfechtungsklage

Anfechtungsgründe *siehe auch* Anfechtungsbe-
fugnis; *siehe auch* Anfechtungsklage; *siehe auch*
Anfechtungsurteil; *siehe auch* Streitwert
- Abstimmungsfehler 1 § 243 14
- Anfechtung der Kapitalerhöhung gegen Einla-
  gen 1 § 255 4 ff
- Anfechtungsgegenstand 1 § 243 5
- Auskunftspflichten 1 § 243 15 ff
- DCGK 1 § 243 7a ff
- Einberufung der Hauptversammlung
  1 § 243 11 f
- Entsprechenserklärung 1 § 161 76a
- Gesetzesverletzung 1 § 243 7
- Gleichbehandlungsgrundsatz 1 § 243 22
- Grundlagenbeschlüsse 1 § 243 25
- Informationspflichten 1 § 243 15 ff, 37 ff
- Inhaltsmängel 1 § 243 21 ff
- Kausalität 1 § 243 9 f
- Machtmissbrauch 1 § 243 23 ff
- Mitteilungspflichten der Kreditinstitute
  1 § 243 36
- Rechtfolgen 1 § 243 38 ff
- Satzungsverletzung 1 § 243 8
- Sondervorteile 1 § 243 26 ff
- Teilnahmerechte 1 § 243 13
- Treuepflichtverletzung 1 § 243 23 ff
- Unerheblichkeit der Auskunftsverweigerung
  1 § 243 37
- Verbotsgesetze nach § 134 BGB 1 § 243 22
- Verfahrensfehler 1 § 243 9 f
- Verstoß gegen Bestimmungen der Geschäfts-
  ordnung 1 § 129 13

- vorläufiger Rechtsschutz 1 § 243 39
- Zweckmäßigkeit 1 § 243 22

Anfechtungsklage *siehe auch* Anfechtungsbefug-
nis; *siehe auch* Anfechtungsgründe; *siehe auch*
Anfechtungsurteil; *siehe auch* Streitwert
- Abkauf von Anfechtungsrechten 1 § 246 34
- Abschlussprüfer 1 § 243 36a ff
- allgemeine Feststellungsklage 1 § 246 11 ff
- Anfechtungsfrist 1 § 246 22 ff
- Ausschluss von Minderheitsaktionären
  1 § 327e 4 ff, § 327f 2 ff
- Bekanntmachungspflicht 1 § 246 55 ff
- Beklagter 1 § 246 6, 43 ff
- Bestätigung durch Beschluss der Hauptver-
  sammlung 1 § 244 1 ff
- Beweislast 1 § 246 38 ff
- Doppelanfechtung 1 § 244 12 f
- einstweiliger Rechtsschutz 1 § 246 58 ff
- Erledigung der Hauptsache 1 § 244 14
- erster Termin 1 § 246 53
- Insolvenzverfahren 1 § 246 42
- Klageantrag 1 § 246 19
- Klageart 1 § 246 10
- Klageerhebung 1 § 246 18
- Kläger 1 § 246 2 ff
- Nachschieben von Anfechtungsgründen
  1 § 246 31
- Nebenintervention 1 § 246 7 ff
- Parteien 1 § 246 2 ff
- positive Beschlussfeststellungsklage
  1 § 246 11 ff
- Prozesskostenhilfe 1 § 246 29
- Prozesskostenvorschuss 1 § 246 27
- Rechtsmittelrücknahme 1 § 246 36
- Rechtsmittelverzicht 1 § 246 36
- Rechtsschutzbedürfnis 1 § 246 15 ff
- Schiedsfähigkeit 1 § 246 14
- Streitgegenstand 1 § 246 20 f
- Streitgenossen 1 § 246 3
- Umwandlung 1 § 246 45
- unzuständiges Gericht 1 § 246 28
- Verbindung mehrerer Prozesse 1 § 246 54
- Vergleich 1 § 246 37
- Versäumnisurteil 1 § 246 35
- Vertretung der Gesellschaft 1 § 246 46 ff
- zuständiges Landgericht 1 § 246 50 ff

Anfechtungsurteil
- Bekanntmachung 1 § 248 17
- Durchführungsgeschäfte 1 § 248 5 ff
- Handelsregister 1 § 248 16 f
- klageabweisendes Urteil 1 § 248 15
- materielle Rechtskraft 1 § 248 13 f
- positives Feststellungsurteil 1 § 248 12
- Satzungsänderung 1 § 248 18
- Wirkung 1 § 248 3 ff

Angebotsunterlage *siehe auch* Gegenleistung;
siehe auch Haftung für die Angebotsunterlage
- Aktualisierung 14 § 11 7

Stichwortverzeichnis

- Angaben über den Inhalt des Angebots 14 § 11 13
- anwendbares Recht 14 § 11 32
- Auswirkungen auf den Bieter 14 § 11 27
- Bestätigung des Finanzdienstleistungsunternehmens 14 § 11 31
- Erstellungspflicht 14 § 11 2 ff
- Finanzierung 14 § 11 27
- Geschäftspolitik 14 § 11 28 f
- Inhalt 14 § 11 11 f
- Prüfung durch die Bundesanstalt für Finanzdienstleistungsaufsicht 14 § 14 7 ff
- Rechtsverordnung 14 § 11 34 f
- Sonderleistungen an Organe 14 § 11 30
- Sprache 14 § 11 8
- Übermittlung an die Bundesanstalt für Finanzdienstleistungsaufsicht 14 § 14 2 ff
- Übermittlung an die Zielgesellschaft 14 § 14 15
- Verantwortliche 14 § 11 33
- Veröffentlichung 14 § 14 12 ff
- Veröffentlichungspflicht 14 § 11 2 ff

Angebot zum Erwerb von Wertpapieren *siehe auch* Änderung des Angebots; *siehe auch* Angebotsunterlage; *siehe auch* Finanzierung des Angebots; *siehe auch* Öffentliches Angebot; *siehe auch* Sperrfrist; *siehe auch* Veröffentlichung der Entscheidung zur Abgabe eines Angebots
- Annahmefristen 14 § 16 2 ff
- ausländische Vorschriften 14 § 24 6
- Bedingungen 14 § 18 2 f
- Fristverlängerung 14 § 16 5 ff
- Gesellschafterversammlung des Bieter 14 § 25 1 ff
- grenzüberschreitende Angebote 14 § 24 1 ff
- Haftung bei nicht ordnungsgemäßer Stellungnahme 14 § 27 13
- Hauptversammlung 14 § 16 5 ff
- invitatio ad offerendum 14 § 17 1
- konkurrierendes Angebot 14 § 22 1 ff
- Rücktrittsvorbehalt 14 § 18 4
- Splitterbeteiligung 14 § 19 13
- Stellungnahme der Arbeitnehmer 14 § 27 7 ff
- Stellungnahme der Verwaltung der Zielgesellschaft 14 § 27 3 ff
- Teilangebot 14 § 19 1 ff
- Überzeichnung 14 § 19 9
- Untersagung 14 § 15 1 ff
- Unterzeichnung 14 § 19 10
- Verfahren 14 § 27 11 ff
- Veröffentlichungspflichten nach Abgabe des Angebots 14 § 23 1 ff
- Wasserstandsmeldungen 14 § 23 1 ff
- Werbung 14 § 28 1 ff
- Widerrufsvorbehalt 14 § 18 4
- Zaunkönigregelung 14 § 16 4
- Zuteilungsverfahren 14 § 19 1 ff

Angemessenheitsprüfung (Appropriateness-Test) 12 § 31 114, 116, 121, 124

Angestellte 9 § 3 2

Anhang 1 § 160 1 ff
- Aktiengattungen 1 § 160 10 ff
- Besserungsscheine 1 § 160 19
- Beteiligungsverhältnisse 1 § 160 23 f
- Erwerb eigener Aktien 1 § 160 7 ff
- Genehmigtes Kapital 1 § 160 14 f
- Genussscheine 1 § 160 18
- Gewinnschuldverschreibungen 1 § 160 16
- Kommanditgesellschaft auf Aktien 1 § 286 13
- naked warrants 1 § 160 16
- Optionsanleihe 1 § 160 16
- Schutzklausel 1 § 160 25
- stock options 1 § 160 16
- Vorlage an den Aufsichtsrat 1 § 170 2 ff
- Vorratsaktien 1 § 160 6
- Wandelschuldverschreibungen 1 § 160 16
- wechselseitige Beteiligungen 1 § 160 20 f

Anhängigkeitsbericht, Pflicht zur Erstellung 1 § 312 7 ff

Anlageberatung 12 § 2 37, § 2a 14, 17
- Anlagevermittler 19 24
- Anlagevermittlung 19 13
- anlegerbedingte Ausnahmen 19 27
- Anspruchsgegner 19 101 ff
- Anspruchsinhalt 19 105 f
- Aufklärungspflicht 19 23 ff
- ausländische Wertpapiere 19 36
- Begriff 19 12
- Beratungspflicht 19 30 ff
- Beweislast 19 126 ff
- Einsatz von Mitarbeitern 12 § 34d 1
- Form der Aufklärung 19 29
- Haftungsbeschränkung 19 114 ff
- Haftungsfreizeichnung 19 114 ff
- Haftungsgrundlage 19 92 f
- Kausalität 19 95 ff
- kreditfinanzierte Spekulationen 19 25
- Mitverschulden 19 117 f
- Pflichten 19 22 ff
- Verjährung 19 119 ff
- Verschulden 19 98 ff
- WpHG-Erhebungsbogen 19 33

Anlageentscheidung *siehe* Behavioral Finance

Anlageverhalten *siehe* Behavioral Finance

Anlagevermittlung 12 § 2 28 f, § 2a 17; *siehe auch* Anlageberatung

Anlageverwaltung 12 § 2 38a

Anleger, institutioneller 12 § 31a 8 f, 12

Anlegerverhalten *siehe* Behavioral Finance

Anmeldung der Gesellschaft 1 § 36 1 ff; *siehe auch* Bareinlage; *siehe auch* Prüfung durch das Gericht; *siehe auch* Sacheinlage
- Angaben zur Vertreterbefugnis 1 § 37 18 ff
- Anlagen 1 § 37 30 ff

Stichwortverzeichnis

- Anmeldepflicht 1 § 36 9 ff
- Anschrift der Geschäftsräume 1 § 37 23 f
- Einpersonengründung 1 § 36 38 ff
- Erklärung zur Leistung der Einlagen 1 § 37 4 ff
- Form 1 § 36 8
- Geburtsdaten der Vorstandsmitglieder 1 § 37 23 f
- Nachweispflichten 1 § 37 25 ff
- Verfahren 1 § 36 5 ff
- Versicherungen der Vorstandsmitglieder 1 § 37 14 ff
- Vertretung 1 § 36 14 ff
- Zuständigkeit 1 § 36 4

Anmeldung Kapitalerhöhung
- Bankbestätigung 1 § 188 26
- Berechnung Kosten 1 § 188 24
- Sacheinlageverträge 1 § 188 23
- Sachkapitalerhöhung 1 § 184 2
- Unterlagen 1 § 188 20 ff
- Verbindung der Anmeldungen 1 § 188 28
- vereinfachte Sachkapitalerhöhung 1 § 184 2
- Verzeichnis der Zeichner 1 § 188 21 f
- Wortlaut der Satzung 1 § 188 27
- Zeichnungsschein 1 § 188 21 f

Anpassungsheuristik 16 17

Anschaffungskosten
- Auskunftsrecht 1 § 131 85
- Kapitalerhöhung aus Gesellschaftsmitteln 1 § 220 3
- Steuerrecht 20 74

AnSFuVG 12 § 25a 1

Anstellungsvertrag
- Beendigung 1 § 84 33 ff
- Bestellung von Vorstandsmitgliedern 1 § 84 2
- Dauer 1 § 84 14
- Dritte 1 § 84 13
- fehlerhafter und fehlender Vertrag 1 § 84 15
- Insolvenz der Gesellschaft 1 § 87 15
- Mitbestimmung 9 § 31 11
- Rechtsnatur 1 § 84 10 f
- wesentliche Verschlechterung in den Verhältnissen der Gesellschaft 1 § 87 14 f
- Zuständigkeit 1 § 84 12

Anteile 12 § 2 5

Anteilsgewährpflicht
- Ausnahmen 11 19 ff
- Kapitalerhöhung 11 23 f
- Verzicht 11 19 ff

Anträge von Aktionären
- Ankündigung 1 § 126 11 ff
- Ausnahmen von der Zugänglichmachungspflicht 1 § 126 34 ff
- Mitgeteilte Adresse 1 § 126 7
- Mitteilung 1 § 126 5
- Rücknahme 1 § 126 8
- Sanktionen 1 § 126 42
- Übersendung 1 § 126 6, 19 ff
- Wahlvorschläge für Abschlussprüfer 1 § 127 1 ff
- Wahlvorschläge für Aufsichtsratsmitglieder 1 § 127 1 ff
- Zugänglichmachung 1 § 126 26 ff
- Zusammenfassung 1 § 126 41 f

Anwaltszwang 10 § 4 1

Anwendungsbereich 15 § 1 1

Anzeigepflicht 12 § 10 1 f

Arbeitnehmer siehe Mitbestimmung

Arbeitnehmeraktien
- Europäische Aktiengesellschaft 7 39 ff
- Genehmigtes Kapital 1 § 202 93 ff, § 203 138, 145, § 204 32 ff

Arbeitnehmerbeteiligung 12 § 2a 4

Arbeitnehmervertreter siehe Mitbestimmung

Arbeitnehmerzahl
- Auskunftsrecht 1 § 131 85

Arbeitsdirektor 9 § 33 1 ff
- Abwickler 1 § 265 18
- Bestellung 1 § 76 23

Aufgebotsverfahren
- Kraftloserklärung von Aktien 1 § 72 1 ff

Aufgeld 1 § 9 16 ff
- Betrag der Kapitalerhöhung 1 § 182 19
- bilanzielle Behandlung 1 § 9 21
- Steuerrecht 20 73

Aufklärung 12 § 31 41, 42

Auflösung der Aktiengesellschaft siehe auch Abwicklung der Aktiengesellschaft; siehe auch Fortsetzung einer aufgelösten Gesellschaft; siehe auch Nichtigerklärung der Gesellschaft
- Ablehnung der Insolvenzeröffnung 1 § 262 20
- Aktien 1 § 262 27
- Anmeldepflicht 1 § 263 3
- Anmeldung 1 § 263 2 ff
- Auflösungsgründe 1 § 262 8 ff
- Auflösungsklage aus wichtigem Grund 1 § 262 39
- Begriff 1 § 262 2 ff
- Bekanntmachung 1 § 263 9
- Beschluss der Hauptversammlung 1 § 262 13 ff
- Durchführung der Anmeldung 1 § 263 4
- Eintragung 1 § 263 8
- Eintragung von Amts wegen 1 § 263 6
- Firma 1 § 262 23 ff
- Gefährdung des Gemeinwohls 1 § 262 38
- Gesellschaftszweck 1 § 262 2
- Grundkapital 1 § 262 26
- Grundzüge 1 Vor §§ 262 ff 3
- Insolvenzverfahrenseröffnung 1 § 262 19
- Kapitalerhöhung 1 § 182 61 ff
- Keinmann-AG 1 § 262 38
- Körperschaftssteuerrecht 20 11

Stichwortverzeichnis

- Kündigungsrecht 1 § 262 39
- Nichtigerklärung der Gesellschaft 1 § 277 2
- registerrechtliche Prüfung 1 § 263 4
- Satzungsmangel 1 § 262 21 ff
- Sitz 1 § 262 23 ff
- Steuerrecht 20 124 ff
- Verbot 1 § 262 38
- Verlängerungsklausel 1 § 262 10
- Vermögenslosigkeit 1 § 262 31 ff
- Vermögensübertragung 1 § 262 39
- Vorstandsmitgliederzahl 1 § 262 28
- Wirkung der Eintragung und Bekanntmachung 1 § 263 9
- Zeitablauf 1 § 262 9 ff

Auflösung der Kommanditgesellschaft auf Aktien
- Ausscheiden eines Komplementärs 1 § 289 16 ff
- Gesellschafterbeschluss 1 § 289 4 ff
- Gestaltungsmöglichkeiten 1 § 289 14 f
- Handelsregister 1 § 289 39
- Insolvenz des Kommanditaktionärs 1 § 289 10
- Kündigung der Kommanditaktionäre 1 § 289 11 ff

Aufnahmemitgliedstaat 12 § 2 54

Aufsichtsrat *siehe auch* Aufsichtsratsausschüsse; *siehe auch* Aufsichtsratsmitglieder; *siehe auch* Aufsichtsratssitzungen; *siehe auch* Aufsichtsratsvorsitzender; *siehe auch* Bestellung von Aufsichtsratsmitgliedern; *siehe auch* Delegierte; *siehe auch* Haftung des Aufsichtsrates; *siehe auch* Mitbestimmung; *siehe auch* Statusverfahren; *siehe auch* Vergütung der Aufsichtsratsmitglieder
- Abschlussprüfung 1 § 111 19 ff
- Abstimmungen 9 § 29 1 ff
- Abwicklung der Aktiengesellschaft 1 § 264 10
- Anhang 1 § 170 2 ff
- Arbeitnehmervertreter 9 § 25 7 ff
- Ausführung von Maßnahmen der Hauptversammlung 1 § 83 7
- Ausschüsse 9 § 27 9 f
- Befragung von Mitarbeitern 1 § 111 15
- Beherrschungsverträge 1 § 310 5
- Bekanntmachung von Änderungen 1 § 106 1 ff
- Berichtspflicht 1 § 171 24 ff
- Berichtspflicht des Vorstands 1 § 90 1 ff
- Beschlussfähigkeit 9 § 28 1 f
- Beschlussunfähigkeit 1 § 104 3 ff
- Beschränkung der Geschäftsführungsbefugnis des Vorstands 1 § 82 10
- Bestellung der Vorstandsmitglieder 1 § 84 1 ff
- Deutscher Corporate Governance Kodex 1 § 161 1 ff
- Einberufung 1 § 110 1 ff
- Einberufung der Hauptversammlung 1 § 111 22 f, § 121 11
- Einsichtsrecht 1 § 111 15 ff
- Einwilligung beim Wettbewerbsverbot 1 § 88 6
- Entlastung 1 § 120 1 ff
- Entsprechenserklärung 1 § 161 1 ff
- Erhöhung der Mitgliederzahl 1 § 95 10 f
- Ersatzansprüche gegen Vorstandsmitglieder 1 § 111 12 f
- Fassungsänderung 1 § 179 22 ff
- fehlender Prüfungsausschuss 1 § 107 42
- Feststellung des Jahresabschlusses 1 § 58 21 ff, § 172 1 ff
- Genehmigtes Kapital 1 § 202 83 ff, § 204 14 ff
- Gewinnverwendungsvorschlag 1 § 170 17 ff
- Größe und Satzungsänderung 1 § 179 54
- Gründung der Aktiengesellschaft 1 § 30 3 ff
- Gründungsbericht 1 § 32 8
- Gründungsprüfung 1 § 33 3 ff
- Haftung für Ad-hoc-Mitteilungen 19 69 f
- Höchstzahl der Mitglieder 1 § 95 8 f
- Informationsschuldner 1 § 111 15
- innere Ordnung 9 § 25 5 ff
- Intensität der Überwachung 1 § 111 13
- Inter-Organklage 1 § 111 10
- Jahresabschluss 1 § 170 2 ff
- Kommanditgesellschaft auf Aktien 1 § 287 1 ff
- Kontinuitätsgrundsatz 1 § 96 12
- Konzernabschluss 1 § 172 5
- Konzernabschlussbericht 1 § 170 2 ff
- Konzernlagebericht 1 § 170 2 ff
- Kreditgewährung an Vorstandsmitglieder 1 § 89 5
- Lagebericht 1 § 170 2 ff
- Mitbestimmung 9 § 9 1 ff
- Mitgliederzahl 1 § 95 4 ff
- Nachgründung 1 § 52 13
- Nichtigkeit des Jahresabschlusses 1 § 256 20 f
- Pflicht zur Anmeldung der Gesellschaft 1 § 36 10 ff
- Prüfung der Berichte 1 § 171 1 ff
- Prüfungsbericht 1 § 170 3 f
- Prüfungsrecht 1 § 111 15 ff
- Sachgründung 1 § 31 1 ff
- Stellungnahme zu einem Angebot 14 § 27 3 ff
- stellvertretender Vorsitzender 9 § 27 1 ff
- Überwachung der Geschäftsführung 1 § 111 4 ff
- Überwachungsdelegation 1 § 111 14
- Überwachungsfunktion 1 § 111 1
- Überwachungsmaßstab 1 § 111 8
- Unterbesetzung 1 § 95 13 f
- Unternehmensverträge 1 § 293 19 f
- Verminderung der Mitgliederzahl 1 § 95 12
- Vermittlungsausschüsse 9 § 27 10 f
- Vertretung gegenüber Vorstandsmitgliedern 1 § 112 1 ff

3403

Stichwortverzeichnis

- Vertretungsregeln des Vorstands 1 § 78 15
- Vorbereitung von Maßnahmen der Hauptversammlung 1 § 83 7
- Vorgesellschaft 1 § 41 10
- Vorsitz 9 § 27 1 ff
- Vorstandshandeln ohne erforderliche Zustimmung 1 § 111 30a
- Zusammensetzung 1 § 96 1 ff
- Zustimmungserteilung 1 § 111 29 ff
- Zustimmungsvorbehalte 1 § 111 24 ff

Aufsichtsratsausschuss
- Fachliche Ausrichtung der Ausschüsse 1 § 107 29

Aufsichtsratsausschüsse
- Aufsichtsratsmitglieder 1 § 109 8 ff
- Auskunftspersonen 1 § 109 6 f
- Ausschließungsbefugnis des Aufsichtsratsvorsitzenden 1 § 109 9 f
- Bericht über die Arbeit 1 § 107 48
- Beschlussfassung 1 § 107 46 f
- Besetzung 1 § 107 43
- Dritte 1 § 109 5
- ermächtigte Personen 1 § 109 11 ff
- Konstituierung 1 § 107 28
- Prüfungsausschuss 1 § 107 30 f
- Sachverständige 1 § 109 6 f
- unabh. Finanzexperte im Prüfungsausschuss 1 § 107 49 f
- Verfahren 1 § 107 44 f

Aufsichtsratsmitglieder siehe auch Abberufung von Aufsichtsratsmitgliedern; siehe auch Anfechtung der Wahl von Aufsichtsratsmitgliedern; siehe auch Bestellung von Aufsichtsratsmitgliedern; siehe auch Nichtigkeit der Wahl von Aufsichtsratsmitgliedern
- abhängige Unternehmen 1 § 100 9
- actio pro socio 1 § 111 11
- Amtsniederlegung 1 § 103 23
- Amtszeit 1 § 102 3 f
- Anfechtungsbefugnis 1 § 245 25 ff
- Auskunftsrecht 1 § 131 85
- Beamte 1 § 100 15
- Bekanntmachung 9 § 19 1
- Beratungsverträge 1 § 114 1 ff
- Business Judgement Rule 1 § 116 3a f
- Dienstleistungsverträge 1 § 114 1 ff
- Doppelzählung von Vorsitzmandaten 1 § 100 8
- Eigengeschäfte 12 § 15a 1 ff
- Einberufung des Aufsichtsrates 1 § 110 1 ff
- Einflussnahme 1 § 117 1 ff
- Entlastung 1 § 120 1 ff
- falsche Angaben 1 § 399 4 f
- Generalbevollmächtigter 1 § 105 8 f
- Gewinnverwendungsvorschlag 1 § 170 18 ff
- Haftung 1 § 116 13 ff
- Hinderungsgründe 1 § 100 4 ff
- Höchstzahl an Aufsichtsratsmandaten 1 § 100 4 ff
- Insiderverbot 12 § 14 6 ff
- Interessenkonflikt 1 § 116 4 ff
- Jahresabschluss 1 § 170 18 ff
- Konzernprivileg 1 § 100 7
- Kreditgewährung 1 § 115 1 ff
- Kündigungsschutz 9 § 26 1
- Lagebericht 1 § 170 18 ff
- Minister 1 § 100 14
- Mitteilung bei Einberufung der Hauptversammlung 1 § 125 23 ff
- parlamentarische Staatssekretäre 1 § 100 14
- persönliche Voraussetzungen 1 § 100 2 f
- persönliche Wahrnehmung 1 § 111 33 ff
- Prokurist 1 § 105 6 f
- Sachverstand 1 § 100 21
- satzungsmäßige Voraussetzungen 1 § 100 17
- Schadensersatzpflicht 1 § 116 13 ff
- Schutz der Arbeiternehmervertreter 9 § 26 1 ff
- Sorgfaltsmaßstab 1 § 116 2 f
- Sorgfaltspflicht bei Vergütungsfestsetzung 1 § 116 3d
- Stellvertreter eines Vorstandsmitgliedes 1 § 105 12 ff
- Teilnahme an der Hauptversammlung 1 § 118 38 ff
- Teilnahme an Sitzungen des Aufsichtsrats und seiner Ausschüsse 1 § 109 3
- Tod des Aufsichtsratsmitgliedes 1 § 103 22
- Überkreuz-Verflechtungen 1 § 100 10
- unabhängiger Finanzexperte 1 § 100 18 ff
- Unabhängigkeit 1 § 100 19
- unternehmerische Entscheidung 1 § 116 3b
- Unvereinbarkeit mit geschäftsleitender Funktion 1 § 105 3 ff
- Vergütung 1 § 113 1 ff
- Verschwiegenheitspflicht 1 § 116 7 ff
- Vorstandsmitglied 1 § 105 4 f
- Wiederbestellung 1 § 102 8
- Zwangsgelder 1 § 407 12 f

Aufsichtsratssitzungen
- Abschlussprüfer 1 § 171 17 ff
- Art der Abstimmung 1 § 108 5 f
- Aufsichtsratsmitglieder 1 § 109 3
- Auskunftspersonen 1 § 109 6 f
- Beschlussfähigkeit 1 § 108 11 ff
- Beschlussfassung 1 § 108 1 ff
- Beschlussfassung ohne Sitzung 1 § 108 19 ff
- Dritte 1 § 109 5
- Einberufung 1 § 110 1 ff
- ermächtigte Personen 1 § 109 11 ff
- fehlerhafte Beschlüsse 1 § 108 22 ff
- Interessenkonflikte 1 § 108 10
- Mehrheitsbegriff 1 § 108 7 f
- Mitbestimmung 1 § 108 15
- Niederschrift über die Sitzungen 1 § 107 21 ff

Stichwortverzeichnis

- Pflicht zur Protokollvorlage 1 § 107 27
- Protokollpflicht 1 § 107 21 ff
- Sachverständige 1 § 109 6 f
- schriftliche Stimmabgabe 1 § 108 16 ff
- Stimmrecht 1 § 108 10
- Stimmverbot 1 § 108 10
- Telefonkonferenz 1 § 110 11
- Videokonferenz 1 § 108 19, § 110 11
- Vorstand 1 § 109 4
- Zahl 1 § 110 10 f

Aufsichtsratsvorsitzender
- Amtszeit 1 § 107 7 f
- Anmeldung der Durchführung der Kapitalerhöhung 1 § 188 1 ff
- Anmeldung des Beschluss über die Kapitalerhöhung 1 § 184 1 ff
- Anmeldung des Beschluss über die Kapitalherabsetzung 1 § 223 1 ff
- Anmeldung zum Handelsregister 1 § 107 6
- Ausschussvorsitzender 1 § 107 19
- Bestellung 1 § 107 2 ff
- DCGK 1 § 107 18
- Ehrenvorsitzender 1 § 107 17
- gerichtliche Bestellung 1 § 107 5
- Geschäftsbriefe 1 § 80 13
- Information des Aufsichtsrates 1 § 107 20
- Rechtsstellung 1 § 107 9 f
- Stellvertreter 1 § 107 14 ff
- Wahl 1 § 107 2 ff

Aufwendungen
- Körperschaftssteuerrecht 20 29 ff

Aufzeichnungspflichten 12 Vor §§ 31-37 1

Ausfallhaftung
- Beherrschungsverträge 1 § 303 18
- Gewinnabführungsverträge 1 § 303 18
- Unternehmensverträge 1 § 303 18

Ausgabebetrag 1 § 9 1 ff
- Aufgeld 1 § 9 16 ff
- bedingte Kapitalerhöhung 1 § 193 11
- Festsetzung bei der Kapitalerhöhung 1 § 182 43 ff
- Gewinn früherer Geschäftsjahre 1 § 9 9
- Rechtsfolgen des Verstoßes 1 § 9 11 ff
- Sondervorteile 1 § 9 10
- Überparie-Emission 1 § 9 15
- Verstoß 1 § 9 7 ff
- Zeichnungserklärung 1 § 185 12 f

Ausgleichspflicht
- Art und Weise 1 § 311 69 ff
- Ausgleich durch Rechtsanspruch 1 § 311 72 f
- Bewertungszeitpunkt 1 § 311 66
- Grundlagen 1 § 311 64 ff
- Höhe 1 § 311 66
- Inhalt 1 § 311 65
- nicht quantifizierbare Nachteile 1 § 311 67
- tatsächlicher Ausgleich 1 § 311 70 f
- Unternehmensverträge 1 § 293b 7

Auskunftspersonen
- Teilnahme an Sitzungen des Aufsichtsrats und seiner Ausschüsse 1 § 109 6 f

Auskunftsrecht
- Abhängigkeitsbericht 1 § 131 32, 85
- Abstimmungsempfehlungen 1 § 131 85
- Abstimmungsverhalten 1 § 131 85
- Ad-hoc-Publizität 1 § 131 85; 12 § 15 18
- Aktienoptionen 1 § 131 85
- Aktionärskreis 1 § 131 85
- Aktionärsstruktur 1 § 131 85
- Anfechtung 1 § 131 5
- Anfechtung von Beschlüssen der Hauptversammlung 1 § 243 15 ff, 37a ff
- Angelegenheiten der Gesellschaft 1 § 131 28 ff
- Ankündigung 1 § 131 14
- Anschaffungskosten 1 § 131 85
- Arbeitnehmerzahl 1 § 131 85
- Aufnahme in die Niederschrift 1 § 131 82 ff
- Aufsichtsratsmandate 1 § 131 85
- Aufsichtsratstätigkeit 1 § 131 85
- Auskunftsverlangen 1 § 131 11 ff
- Auskunftsverweigerung 1 § 131 56 ff
- Ausschluss von Minderheitsaktionären 1 § 327c 1 ff, § 327d 3
- außergerichtliche Kosten 1 § 132 17
- Begründung 1 § 131 14
- Berechtigung 1 § 131 7 ff
- besonderer Vertreter 1 § 131 17a
- Beteiligungen 1 § 131 85
- Betriebsübernahme 1 § 131 85
- Bevollmächtigter 1 § 131 8
- Bewertungsmethoden 1 § 131 70
- Bezüge von Verwaltungsmitgliedern 1 § 131 85
- Bilanzierungsmethoden 1 § 131 70
- Bilanzpositionen 1 § 131 85
- Delisting 1 Vor §§ 327a ff 23, § 131 85
- Depotstimmrecht 1 § 131 85
- Details 1 § 131 21
- Disponibilität 1 § 131 4 ff
- drohende Nachteile 1 § 131 61 f
- eigene Aktien 1 § 131 85
- eingegliederte Gesellschaften 1 § 319 14, § 326 1 f
- Einsicht in die Unterlagen 1 § 131 24 f
- elektronische Teilnahme 1 § 131 16a
- erforderliche Auskünfte 1 § 131 34 ff
- Ergebnisse 1 § 131 85
- Ertragslage 1 § 131 85
- Erwerb eigener Aktien 1 § 71 89, § 131 85
- Erzwingung 1 § 132 1 ff
- Fairnessopinions 1 § 131 85
- Finanzdienstleitungsinstitut 1 § 131 74
- Finanzlage 1 § 131 85
- Form 1 § 131 23 ff
- Geheimhaltungsvereinbarungen 1 § 131 57

Stichwortverzeichnis

- gerichtliches Verfahren 1 § 132 12 f
- gerichtliche Zuständigkeit 1 § 132 4 ff
- Gerichtskosten 1 § 132 16
- Geschäfte mit Verwaltungsmitgliedern
  1 § 131 85
- Gleichbehandlungsgrundsatz 1 § 53a 21
- Großaktionär 1 § 131 85
- grundrechtlicher Schutz 1 § 131 3
- Haftungsrisiken bei verbundenen Aktionären
  1 § 131 85
- Holzmüller-Rechtsprechung 1 § 131 85
- Insidertatsachen 1 § 131 72
- Internetseite der Gesellschaft 1 § 131 74a ff
- Jahresabschluss 1 § 131 45 ff, 85
- Jahresüberschuss 1 § 131 85
- Kalkulation 1 § 131 85
- Kapitalerhöhung 1 § 131 85
- Konzern 1 § 131 48 ff
- Konzernumlagen 1 § 131 85
- Kreditgewährung an Organmitglieder
  1 § 131 85
- Kreditinstitut 1 § 131 74
- Kundenstruktur 1 § 131 85
- Lage des Konzerns 1 § 131 48 ff
- Lüge 1 § 131 55
- Missbrauch 1 § 131 27 ff, 42 ff
- Motive 1 § 131 43
- Nebentätigkeit von Organmitgliedern
  1 § 131 85
- Ordnungsmaßnahmen 1 § 131 13
- Persönlichkeitsrechte 1 § 131 58
- Prüfungsberichte 1 § 131 85
- Rechtsmissbräuchlichkeit 1 § 131 41
- Rechtsmittel 1 § 132 14 f
- Risikovorsorge 1 § 131 85
- Rückstellungen 1 § 131 85
- Sacheinlagen 1 § 131 85
- Satzung 1 § 131 4
- Schadensersatzpflicht 1 § 131 5
- schriftliche Anfragen 1 § 131 22
- Segmentberichterstattung 1 § 131 85
- Sonderprüfung 1 § 131 5
- Sonderprüfungsberichte 1 § 131 85
- Spenden 1 § 131 85
- Sponsoring 1 § 131 85
- Sprache 1 § 131 23
- Spruchverfahren 1 § 243 37d ff
- Squeeze-out 1 § 131 85
- Steuern 1 § 131 63 f
- stille Reserven 1 § 131 65 ff
- Stimmrecht von Aktionären 1 § 131 85
- Strafbarkeit 1 § 131 5, 71 ff
- Strafbarkeit des Vorstandes 1 § 131 58
- Tagesordnungspunkte 1 § 131 15 f
- Treuepflichtverletzung 1 § 131 41
- Übermaß 1 § 131 40
- UMAG 1 § 131 55a ff
- Umsatzerlöse 1 § 131 85
- Unternehmensverträge 1 § 293g 5 ff
- Veräußerungserlöse 1 § 131 85
- verbundene Unternehmen 1 § 131 30 ff, 85
- Verlesung 1 § 131 26
- Verluste 1 § 131 85
- Vermögenslage 1 § 131 85
- Verrechnungspreise im Konzern 1 § 131 85
- Verschwiegenheitspflicht des Vorstandes
  1 § 131 58
- Verweigerungsgrund 1 § 131 60
- Vorjahresgeschäftsjahre 1 § 131 85
- Vorstand 1 § 131 17 ff
- Wiederholung außerhalb der Hauptversammlung 1 § 131 75 ff
- Zwangsvollstreckung 1 § 132 15

Auskunftsvertrag 19 16 ff
Auskunftsverweigerungsrecht 12 § 4 17
Ausländische Aufsichtsbehörden 12 § 7 1 ff
Ausländische Staatsanleihen (SchVG) 15 § 1 5
Ausländische Zweigniederlassungen
- Geschäftsbriefe 1 § 80 21 f
Ausschluss von Minderheitsaktionären siehe auch Barabfindung
- Abschriftspflicht 1 § 327c 7 ff
- Ad-hoc-Publizität 1 § 327c 3; 12 § 15 13
- Aktienoptionen 1 § 327e 13
- Aktienurkunden 1 § 327e 14
- Amtslöschung 1 § 327e 5
- Anfechtungsklage 1 § 327e 4 ff, § 327f 2 ff
- Auflösung des Hauptaktionärs 1 § 327a 13
- Aufnahme neuer Aktionäre 1 § 327a 16
- Auskunftsrecht 1 § 131 85
- Auslagepflicht 1 § 327c 7 ff
- bedingte Kapitalerhöhung 1 § 192 27
- Bekanntmachungspflicht der Gesellschaft
  1 § 327c 2 f
- Berechnung der Anteilshöhe 1 § 327a 8 ff
- Berichtspflicht des Hauptaktionärs
  1 § 327c 4 f
- Bezugsrechte 1 § 327a 8
- Börsennotierung 1 § 327e 15
- Change of Control 1 § 327a 16
- Durchführung der Hauptversammlung
  1 § 327d 2 ff
- Eingliederung 1 Vor §§ 327a ff 9
- Eintragung des Übertragungsbeschlusses
  1 § 327e 1 ff, 8 ff
- Erläuterung des Übertragungsbeschlusses
  1 § 327d 3
- europäischer Vergleich 1 Vor §§ 327a ff 13
- Gesellschaft als Hauptaktionär 1 § 327a 4
- Gesetzeszweck 1 Vor §§ 327a ff 4
- Hauptaktionär 1 § 327a 3
- Hauptversammlungsbeschluss 1 § 327a 21 ff
- historische Entwicklung 1 Vor §§ 327a ff 6 f
- Informationspflichten 1 § 327c 1 ff
- Jahresabschluss 1 § 327c 7

3406

- KGaA 1 § 327a 25
- Klage gegen den Übertragungsbeschluss
  1 § 327f 2 ff
- Konzernierungsmaßnahmen 1 Vor
  §§ 327a ff 13 f
- Minderheitsaktionär 1 § 327a 15 f
- Motive 1 § 327a 13
- nationaler Vergleich 1 Vor §§ 327a ff 10 ff
- Negativerklärung 1 § 327e 4 ff
- Pflichtangebot 1 § 327a 5
- Rechtfertigung 1 § 327a 13 ff
- Rechtsmissbrauch 1 § 327a 14 ff
- Rechtsschutz 1 § 327f 2 ff
- Registersperre 1 § 327e 4
- sachverständige Prüfung 1 § 327c 6
- Systematik 1 Vor §§ 327a ff 2
- Tagesordnung 1 § 124 10
- Terminologie 1 Vor §§ 327a ff 3
- Übernahmerichtlinie 1 Vor §§ 327a ff 14 ff
- übertragende Auflösung 1 Vor §§ 327a ff 10
- Unbedenklichkeitsbeschluss 1 § 327e 7
- Unternehmensvertrag 1 Vor §§ 327a ff 10
- Unwirksamkeitsklage 1 § 327f 2
- Verfassungsmäßigkeit 1 Vor §§ 327a ff 7 ff
- Verlangen des Hauptaktionärs 1 § 327a 11 f
- Verschmelzung 1 Vor §§ 327a ff 10
- Voraussetzungen 1 § 327a 2 ff
- Wandelschuldverschreibungen 1 § 221 63
- Zurechnung von Anteilen 1 § 327a 7

Ausschüttungsregelungen
- Satzungsänderung 1 § 179 53

Ausschüttungsverbot
- vereinfachte Kapitalherabsetzung 1 § 230 3 ff

Außendienst
- Mitbestimmung 9 § 3 2

Auszubildende
- Mitbestimmung 9 § 3 2

BaFin
- Enforcement 12 Einl §§ 37n-37u, 45 7

Baisseangriff
- Erwerb eigener Aktien 1 § 71 21

Barabfindung
- Abfindungsberechtigte 1 § 327b 2
- Angemessenheit 1 § 327b 7 f
- Börsenkurs 1 § 327b 7
- Erfüllungsgewährleistung 1 § 327b 13 ff
- Festlegung durch die Hauptaktionäre
  1 § 327b 4 f
- Optionsrechte 1 § 327b 2
- Schadensersatz 1 § 327b 12
- Spruchstellenverfahren 1 § 327f 9 ff
- Überprüfung 1 § 327f 9 ff
- Umtauschrechte 1 § 327b 2
- unbedingtes Zahlungsversprechen
  1 § 327b 13
- Unterrichtungspflicht des Vorstandes
  1 § 327b 6
- Verjährung 1 § 327b 3
- Verzinsung 1 § 327b 11 f

Barangebot
- Gegenleistung 14 § 11 22

Bareinlage 1 § 36 19 ff; siehe auch Einlagepflicht; siehe auch Sacheinlage
- Anderkonto 1 § 36 27 f
- Darlehen 1 § 36 24
- Einzahlung auf Konto 1 § 36 25 f
- Erklärung zur Leistung 1 § 37 7 ff
- Fälligkeit 1 § 188 13
- Freie Verfügung des Vorstands 1 § 188 11
- freiwillige Mehrleistungen 1 § 36 35 f
- Gebühren 1 § 36 32
- gemischte Einlage 1 § 36 37
- Haftung für Schäden der Gesellschaft
  1 § 46 7 f, § 47 6
- Hin- und Herzahlen 1 § 188 12
- Kapitalerhöhung gegen Einlage 1 § 188 10 ff
- Kapitalrichtlinie 6 378
- Kreditlinie 1 § 36 26
- Mindestbetrag 1 § 36a 2 ff
- Mindesteinzahlung 1 § 188 9
- Nachweispflicht 1 § 37 25 ff
- Rückzahlungen 1 § 36 24
- Sacheinlage 1 § 27 4 f
- Scheinzahlungen 1 § 36 24
- Schütt-aus-Hol-zurück-Verfahren 1 § 174 17
- Steuern 1 § 36 32
- Steuerrecht 20 72
- Verdeckte Sacheinlage 1 § 188 12
- Verwendungsabreden 1 § 36 29 ff
- Verwendungsbefugnis Vor Eintragung
  1 § 36 33 f
- Voreinzahlung bei der Kapitalerhöhung
  1 § 188 15 ff

Barkapitalerhöhung 1 § 186 45 ff
Basisprospekt 4 § 48a 1
beauty contest 17 8
Bedingte Kapitalerhöhung
- Ablauf 1 § 192 2
- abweichender Kapitalerhöhungsbeschluss
  1 § 197 6 ff
- alternative Gestaltungen 1 § 192 3
- Anfechtung 1 § 255 20
- Anmeldung der Ausgabe von Bezugsaktien
  1 § 201 3 ff
- Anmeldung des Erhöhungsbeschluss
  1 § 195 4 f
- Arbeitnehmer 1 § 193 10
- Aufsichtsratsvergütung 1 § 113 12a
- Aufteilung der Bezugsrechte 1 § 193 13
- Ausgabe 1 § 200 3 ff
- Ausgabebetrag 1 § 193 11
- Ausübungszeiträume 1 § 193 15
- Begriff 1 § 192 4
- Bekanntmachung der Eintragung 1 § 196 1 ff

3407

- Beschluss 1 § 193 5
- Bezugsaktien 1 § 192 5, § 199 1 ff
- Bezugsberechtigte 1 § 193 7 ff
- Bezugserklärung 1 § 198 3 ff
- Bezugsrecht 1 § 192 28
- Bezugsrechte 1 § 192 6 ff
- Eintragung 1 § 195 6
- Erfolgsziele 1 § 193 14
- Erwerbszeiträume 1 § 193 15
- fehlender Kapitalerhöhungsbeschluss 1 § 197 6 ff
- fehlerhafte Ausgabe 1 § 200 5 ff
- fehlerhafte Bezugserklärung 1 § 198 7 f
- Genehmigtes Kapital 1 § 202 63, § 203 3
- Geschäftsführung 1 § 193 10
- Grund 1 § 192 2
- historische Entwicklung 1 § 192 1
- Hucke-Pack-Emissionen 1 § 192 12 f
- Kosten 1 § 192 29
- naked warrants 1 § 192 10
- Optionsanleihen 1 § 193 8
- Rechtsfolge 1 § 200 3 ff
- Registeranmeldung 1 § 195 3
- Schadensersatz 1 § 197 16
- Schranken 1 § 192 25
- Schuldverschreibungen Dritter 1 § 192 15
- Squeeze-out-Verfahren 1 § 192 27
- stock options 1 § 192 19 ff
- Umtauschrechte 1 § 192 6 f
- Unternehmenszusammenschluss 1 § 192 17 f, § 193 9
- verbotene Aktienausgabe 1 § 197 1 ff
- Verfügung über Bezugsrechte 1 § 197 15
- Verstoß 1 § 193 20 f
- Vorstand 1 § 197 7 ff
- Wandelanleihen 1 § 193 8
- Wandelschuldverschreibungen 1 § 192 14 ff
- Wartezeit 1 § 193 16 f
- Wirksamwerden 1 § 200 1 ff
- Zweck 1 § 192 10 ff
- Zweckfestsetzung 1 § 193 6

Bedingte Kapitalerhöhung mit Sacheinlagen
siehe auch Bedingte Kapitalerhöhung
- Bekanntmachung 1 § 194 6
- Beschlussinhalt 1 § 194 5
- Fehlerhafte Festsetzung 1 § 194 7 f
- historische Entwicklung 1 § 194 1
- Normzweck 1 § 194 2
- Sacheinlageprüfung 1 § 194 9

Bedingtes Kapital
- Bilanz 1 § 152 6
- Eintragung 1 § 39 8
- Euro-Umstellung 2 § 4 52 f
- Genussrechte 1 § 221 19
- Gewinnschuldverschreibungen 1 § 221 19
- Kapitalerhöhung aus Gesellschaftsmitteln 1 § 218 1 ff
- Verschmelzungsvertrag 11 26

- Wandelschuldverschreibungen 1 § 221 19

Behavioral Finance 16 1 ff
- Anpassungsheuristik 16 17
- Auswirkungen 16 41
- Besitztumseffekt 16 33 ff
- Börsenzyklen 16 42 ff
- endowment effect 16 33 ff
- Entscheidungsanomalien 16 11 ff
- Erwartungsnutzentheorie 16 4
- Framing-Effekt 16 18
- Januar-Effekt 16 5
- Klein-Firmen-Effekt 16 5
- kognitive Dissonanzen 16 19
- Kontrollillusion 16 20 ff
- Markteffizienzhypothese 16 3
- Milchmädchenhausse 16 44
- personale Determinanten 16 36 ff
- prospect theory 16 24 ff
- Regretaversion 16 34
- Repräsentativheuristik 16 16
- sunk cost effect 16 35
- umweltbedingte Faktoren 16 38 ff
- Verankerungsheuristik 16 17
- Verfügbarkeitsheuristik 16 14 F
- Wochenend-Effekt 16 5

Beherrschungsverträge siehe auch Abfindung; siehe auch Abhängigkeitsbericht; siehe auch Ausgleichspflicht; siehe auch Unternehmensverträge
- Abfindungsregelungen 1 § 291 44
- anwendbares Recht 1 § 291 46
- atypische Beherrschungsverträge 1 § 291 52 ff
- Ausfallhaftung 1 § 303 18
- Ausgleichsregelungen 1 § 291 44
- Ausschluss des Weisungsrechts 1 § 291 41
- Begriff 1 § 291 33 f
- Betriebspacht 1 § 292 46 ff
- Betriebsüberlassungsverträge 1 § 292 46 ff
- Bezeichnung 1 § 291 45
- Bürgschaft 1 § 303 17
- Einschränkung des Weisungsrechts 1 § 291 43
- einzelne Leitungsfunktionen 1 § 291 37 ff
- Ersatzanspruch der Aktionäre 1 § 309 31 ff
- Erwerb eigener Aktien 1 § 71 34
- existenzgefährdende Maßnahmen 1 § 308 17
- fehlende Weisungen 1 § 308 34 f
- Financial Assistance 1 § 71a 2 ff
- Finanzierungsleistungen 1 § 71a 2 ff
- Folgepflicht 1 § 308 31 ff
- Gewinnverteilung 1 § 291 98 f
- Gläubigerschutz 1 § 303 1 ff
- GmbH 1 § 291 100 f
- Haftung des Aufsichtsrates der abhängigen Gesellschaft 1 § 310 5
- Haftung des herrschenden Unternehmens 1 § 309 5 ff

- Haftung des Vorstandes der abhängigen Gesellschaft 1 § 310 3 f
- Inhalt 1 § 291 34 ff
- Jahresüberschuss 1 § 291 98 f
- Kapitalerhaltung 1 § 291 98 f
- Konzerninteresse 1 § 308 14 ff
- Mindestinhalt 1 § 291 34 ff
- nachteilige Weisungen 1 § 308 12 f
- Rechtsnatur 1 § 291 33 f
- Rücklage 1 § 300 10 f
- Schadensersatzpflicht 1 § 309 25 ff
- Sicherheitsleistung 1 § 303 14 ff
- Sonderformen 1 § 291 55 f
- steuerliche Organschaft 1 § 291 61 f
- Teilbeherrschungsvertrag 1 § 291 55 f
- Umfang des Weisungsrechts 1 § 291 48
- unternehmensvertragliche Schranken 1 § 308 18 f
- Unterstellung einzelner Unternehmensbereiche 1 § 291 40
- unzulässige Weisungen 1 § 308 34 f
- Verhaltenspflicht 1 § 309 8 ff
- Verlustübernahme 1 § 302 4 ff
- Vertragsfreiheit 1 § 291 49 ff
- Vorstand 1 § 76 16
- Weisungsrecht 1 § 308 1 ff
- Wiederaufbauhilfen 1 § 291 47
- Zurückweisungsrecht 1 § 308 31 f
- zustimmungspflichtige Geschäfte 1 § 308 36 f

Beirat
- Aufgaben 14 § 5 3
- Bildung 14 § 5 1
- Geschäftsordnung 14 § 5 4
- Rechtsverordnung 14 § 5 2
- Sitzungen 14 § 5 4

Bekanntmachungspflicht
- Adressat 1 § 149 2
- RechtsfolgenVerstöße 1 § 149 6
- Rechtskraft der Zulassung 1 § 149 3
- sonstige Vereinbarungen 1 § 149 5
- Verfahrensbeendigung 1 § 149 4

Belegschaftsaktien
- Bezugsrechtsausschluss 1 § 186 50
- Erwerb eigener Aktien 1 § 71 26 ff, 92, § 71a 14, § 71d 7, 25, § 71e 8
- Genehmigtes Kapital 1 § 205 34 ff

Benennungspflicht 13 § 34 1, 2
Beratung 12 § 2 42
Beratungsverträge
- Aufsichtsratsmitglieder 1 § 114 1 ff
Beratung von Unternehmen 12 § 2 42
Berichtspflicht des Vorstands
- Abberufung aus wichtigem Grund 1 § 90 27
- Anforderungsberichte 1 § 90 14 f
- Aufsichtsratsausschuss 1 § 90 20
- Erweiterung 1 § 90 13
- Follow Up 1 § 90 6
- Frequenz 1 § 90 5
- Gang der Geschäfte 1 § 90 8
- Gesamtaufsichtsrat 1 § 90 19
- Geschäfte von erheblicher Bedeutung 1 § 90 9 f
- Geschäftspolitik 1 § 90 2 ff
- Grundsätze 1 § 90 16 ff
- Leistungsklage 1 § 90 24 f
- Reaktion des Aufsichtsrats 1 § 90 4
- Rentabilität 1 § 90 7
- Sanktionen bei Verletzung 1 § 90 21
- Schadensersatzpflicht 1 § 90 26
- Strafbarkeit 1 § 90 23
- Umfang 1 § 90 3
- verbundene Unternehmen 1 § 90 12
- Verletzung 1 § 403 1 ff
- Zwangsgeldfestsetzung 1 § 90 22

Bescheinigung der Wirtschaftsprüferkammer
- Jahresfinanzbericht 12 § 37v 37

Beschlüsse der Hauptversammlung *siehe auch* Anfechtung von Beschlüssen der Hauptversammlung; *siehe auch* Gewinnverwendungsbeschluss; *siehe auch* Niederschrift
- Auflösung der Aktiengesellschaft 1 § 262 13 ff
- Ausschluss von Minderheitsaktionären 1 § 327a 19 ff
- besonderer Vertreter UMAG 1 § 147 15 ff
- Bestätigung anfechtbarer Hauptversammlungsbeschlüsse 1 § 244 1 ff
- Bestellung von Abwicklern 1 § 265 6
- eingegliederte Gesellschaften 1 § 319 4
- Geltendmachung der Ersatzansprüche UMAG 1 § 147 1 ff
- Gleichbehandlungsgrundsatz 1 § 53a 18
- Kapitalerhöhungsbeschluss 1 § 182 19 ff
- Kapitalherabsetzung durch Einziehung von Aktien 1 § 237 50 f, 74 ff
- Mitteilung bei Einberufung der Hauptversammlung 1 § 125 26 ff
- Nachgründung 1 § 52 14
- ordentliche Kapitalherabsetzung 1 § 222 9 ff
- Sonderbeschlüsse 1 § 138 3 f
- Übertragung des gesamten Vermögens 1 § 179a 1 ff
- vereinfachte Kapitalherabsetzung 1 § 229 1 ff
- Zustimmungsvorbehalt 1 § 111 30

Beschwerdeverfahren bei Entscheidungen der Bundesanstalt für Finanzdienstleistungsaufsicht
- Akteneinsicht 14 § 57 1 ff
- Anfechtungsbeschwerde 14 § 48 2
- Anordnung der sofortigen Vollziehung 14 § 50 1 f
- Anwaltszwang 14 § 53 1
- aufschiebende Wirkung 14 § 49 1 f
- Beteiligte 14 § 52 1 ff
- einstweilige Verfügung 14 § 48 3
- Entscheidung 14 § 56 1 ff

- Form 14 § 51 2
- Frist 14 § 51 1
- Gerichtsverfassungsgesetz 14 § 58 1
- Inhalt 14 § 51 2
- mündliche Verhandlung 14 § 54 1 f
- Rechtsanwaltsgebühren 14 § 48 4, § 50 2
- Säumnis 14 § 54 2
- Statthaftigkeit 14 § 48 1 ff
- Untersuchungsgrundsatz 14 § 55 1 f
- Vorlagepflicht 14 § 56 6
- Zivilprozessordnung 14 § 58 1
- Zuständigkeit 14 § 48 1 ff

Beschwerdeverfahren im Registerverfahren *siehe auch* Eintragung der Gesellschaft

Besicherung *siehe* Sicherung

Besitztumseffekt 16 33 ff

Besonderer Vertreter
- Anfechtungsrecht 1 § 147 18
- Aufhebung der Bestellung 1 § 147 29
- Auskunftsanspruch 1 § 147 24a
- Auslagenersatz 1 § 147 26
- Beendigung des Amtes 1 § 147 24a
- Beschlussanforderungen 1 § 147 17 f
- Bestellung 1 § 147 25
- Bestellung UMAG 1 § 147 17
- gerichtliche Bestellung UMAG 1 § 147 19 f
- gerichtliche Entscheidung UMAG 1 § 147 21
- Kosten UMAG 1 § 147 22
- Nebenintervention t 1 § 147 18
- Organ 1 § 147 16
- Rechtsmittel UMAG 1 § 147 22
- Rechtsstellung UMAG 1 § 147 24 ff
- Stimmverbot 1 § 147 17
- Verfahren UMAG 1 § 147 20a
- Vergütung 1 § 147 26
- Weisungen durch die Hauptversammlung UMAG 1 § 147 27 ff
- Weisungsrecht 1 § 147 28
- Zuständigkeit UMAG 1 § 147 20a

Besonderer Vertreter UMAG 1 § 147 15 ff
- Funktion UMAG 1 § 147 15 f

Besserungsscheine
- Anhang 1 § 160 19

Bestätigung eines Finanzdienstleistungsunternehmens
- Angebotsunterlage 14 § 11 31

Bestellscheine
- Geschäftsbriefe 1 § 80 20

Bestellung von Aufsichtsratsmitgliedern
- Anfechtbarkeit 1 § 101 25
- Anfechtung 9 § 22 1 ff
- Anlage bei der Anmeldung der Gesellschaft 1 § 37 33
- Arbeitnehmervertreter 1 § 101 9
- Behebung der Beschlussunfähigkeit 1 § 104 3 ff
- Entsendungsrecht 1 § 101 10 ff

- Erklärung der Annahme der Wahl 1 § 101 8
- Ersatzmitglieder 1 § 101 15 ff, § 102 9
- gerichtliche Bestellung 1 § 104 1 ff
- Globalwahl 1 § 101 7
- Gründung der Aktiengesellschaft 1 § 30 3 ff
- Herstellung der vollständigen Mitgliederzahl 1 § 14 6 ff
- Listenwahl 1 § 101 7
- Mehrheit von Ersatzmitgliedern 1 § 101 20 f
- Nachrücken von Ersatzmitgliedern 1 § 101 19
- Nichtigkeit 1 § 101 23 f
- Sachgründung 1 § 31 3
- Tagesordnung 1 § 124 7 f
- überzählige Aufsichtsratsmitglieder 1 § 95 15
- Wahl durch die Hauptversammlung 1 § 101 4 ff
- Wahlvorschläge von Aktionären 1 § 127 1 ff, § 137 1 ff
- Wiederbestellung 1 § 102 8

Bestellung von Vorstandsmitgliedern
- Anlage bei der Anmeldung der Gesellschaft 1 § 37 33
- Anstellungsvertrag 1 § 84 2
- Beschluss 1 § 84 4
- Dauer 1 § 84 5 f
- Folgen 1 § 84 8
- gerichtliche Bestellung 1 § 87 1 ff
- Mängel 1 § 84 9
- Mitbestimmung 9 § 31 4 ff
- Stellvertreter von Vorstandsmitgliedern 1 § 94 4
- Verlängerung 1 § 84 7
- Widerruf der Bestellung 9 § 31 9 f
- Zustandekommen 1 § 84 3
- Zuständigkeit 1 § 84 4

Beteiligungen
- Auskunftsrecht 1 § 131 85

Beteiligungsaufbau 12 § 25a 4

Beteiligungserwerb 12 § 25a 4

Betrieb
- Sitz der Aktiengesellschaft 1 § 5 8

Betrieb eines multilateralen Handelssystems 12 § 2 36

Betriebsaufspaltung
- Abwickler 1 § 268 5

Betriebsbegriff
- Mitbestimmung 9 § 3 22 ff

Betriebsführungsvertrag
- fehlerhafter Vertrag 1 § 292 49 ff
- Teilgewinnabführungsvertrag 1 § 292 45
- Unternehmensverträge 1 § 292 40 ff

Betriebspacht
- Beherrschungsverträge 1 § 292 46 ff
- fehlerhafter Vertrag 1 § 292 49 ff
- Unternehmensverträge 1 § 292 38
- Verlustübernahme 1 § 302 18 ff

Betriebsrat
- Verschmelzungsvertrag 11 39 ff

Betriebsüberlassungsverträge
- Beherrschungsverträge 1 § 292 46 ff
- fehlerhafter Vertrag 1 § 292 49 ff
- Unternehmensverträge 1 § 292 39
- Verlustübernahme 1 § 302 18 ff

Betriebsübernahme
- Auskunftsrecht 1 § 131 85

Betriebsverfassungsgesetz
- Mitbestimmung 9 § 1 23

Betriebsvermögensvergleich
- Körperschaftssteuerrecht 20 17

Bezugsaktien
- Anmeldung der Ausgabe 1 § 201 1 ff
- Begriff 1 § 199 4
- Verfahren der Ausgabe 1 § 199 5 ff
- Voraussetzungen der Aktienausgabe 1 § 199 9 ff

Bezugsrecht siehe auch Bezugsaktien; siehe auch Bezugsrechtsausschluss; siehe auch Mittelbares Bezugsrecht
- Aktionäre 1 § 186 10
- Ausgabebetrag 1 § 186 23 ff
- Ausschluss 1 § 186 31 ff
- Ausschluss von Minderheitsaktionären 1 § 327a 8
- Ausübung 1 § 186 20
- bedingte Kapitalerhöhung 1 § 192 6 ff, 28, § 197 5 ff, § 198 1 ff
- Bekanntmachung 1 § 186 23 ff
- Bezugsberechtigte 1 § 186 10 ff
- Bezugserklärung 1 § 186 20
- Bezugsverhältnis 1 § 186 27
- Börseneinführung 17 25 ff
- Depotaktien 1 § 186 19
- eigene Aktien 1 § 186 11
- Erhöhungsbetrag 1 § 186 27
- Erwerb eigener Aktien 1 § 71b 12
- Frist 1 § 186 21
- Funktion 1 § 186 2
- Genehmigtes Kapital 1 § 203 9 ff
- Genussrechte 1 § 221 24 ff
- Gesellschaftsblätter 1 § 186 28
- Gewinnschuldverschreibungen 1 § 221 24 ff
- Inhalt 1 § 186 5 ff
- Kapitalrichtlinie 6 380 ff
- Konzern 1 § 186 12 f
- Legitimation 1 § 186 22
- Muttergesellschaft 1 § 186 12
- Nacherbschaft 1 § 186 18
- Nießbraucher 1 § 186 14 f
- opération blanche 17 29
- Pfandgläubiger 1 § 186 16
- Rechtsnatur 1 § 186 8
- Regelungszweck 1 § 186 1
- Satzung 1 § 187 4
- Schadensersatzansprüche 1 § 187 13 f
- Sicherungseigentum 1 § 186 17
- Steuerrecht 20 120 ff
- Telekom II-Verfahren 17 26 ff
- Tochtergesellschaft 1 § 186 13
- Übertragbarkeit 1 § 186 9
- Umfang 1 § 186 7
- Verlangen 1 § 186 20
- Verletzung 1 § 186 29 f
- Vinkulierung 1 § 186 9
- Vorbehalt des Bezugsrechts 1 § 187 6 ff
- Vorerbschaft 1 § 186 18
- Vorzugsaktionäre 1 § 140 3
- Wandelschuldverschreibungen 1 § 221 24 ff
- Zeichnungsfrist 1 § 186 27
- Zeichnungsvorvertrag 1 § 187 3
- Zusicherung 1 § 187 3 ff
- Zusicherung Vor Kapitalerhöhungsbeschluss 1 § 187 9 ff

Bezugsrechtsausschluss
- Abwehrmaßnahmen 1 § 186 47
- Aktiengattungen 1 § 186 49
- Anfechtbarkeit 1 § 186 72
- Anfechtung der Kapitalerhöhung gegen Einlagen 1 § 255 7 ff
- Ankündigung 1 § 186 35
- Arbeitnehmer 1 § 186 50
- Ausgabebetrag 1 § 186 39, 69
- Barkapitalerhöhung 1 § 186 45 ff
- Bekanntmachung 1 § 186 35
- Belegschaftsaktien 1 § 186 50
- Bericht 1 § 186 36 ff, 67
- Beschlussmangel 1 § 186 70 ff
- Beweislast 1 § 186 73
- Börseneinführung 1 § 186 46; 17 30 f
- Eignung 1 § 186 42
- Erforderlichkeit 1 § 186 42
- Erhöhungsbeschluss 1 § 186 33 f
- erleichterter Bezugsrechtsausschluss 1 § 186 57 ff
- faktischer Bezugsrechtsausschluss 1 § 186 74 ff
- formelle Voraussetzungen 1 § 186 31 ff
- freie Spitzen 1 § 186 48
- gekreuzter Bezugsrechtsausschluss 1 § 186 56
- Genehmigtes Kapital 1 § 203 12 ff, 56 ff, 106 ff
- Gesellschaftsinteresse 1 § 186 41
- Gleichbehandlungsgrundsatz 1 § 186 68
- Kapitalerhöhung mit Sacheinlagen 1 § 183 20 ff
- Kooperationen 1 § 186 46
- Mängel 1 § 186 72
- materielle Voraussetzungen 1 § 186 40 ff
- Mehrheitsanforderungen 1 § 186 34
- Nichtigkeit 1 § 186 72
- Optionsrechte 1 § 186 51
- Rechtsfolgen 1 § 186 68

Stichwortverzeichnis

- Sacheinlagen 1 § 186 52 ff
- sachliche Rechtfertigung 1 § 186 40 ff
- Sanierungszweck 1 § 186 45
- Schuldverschreibungen 1 § 186 51
- Spruchverfahren 10 § 1 16
- Steuerrecht 20 121
- Teilausschluss 1 § 186 55 ff
- Universalversammlung 1 § 186 35, 37
- Verhältnismäßigkeit 1 § 186 43 f
- Vorstandsbericht 1 § 186 36 ff, 67
- Vorzug 1 § 141 19
- Wandlungsrecht 1 § 186 51
- Zuständigkeit 1 § 186 31

Bieter
- Ermittlungen der Bundesanstalt für Finanzdienstleistungsaufsicht 14 § 40 4
- Gesellschafterversammlung 14 § 25 1 ff

Bilanz
- Aufgeld 1 § 9 21
- Auskunftsrecht 1 § 131 85
- bedingtes Kapital 1 § 152 6
- Bilanzrichtlinien 6 39, 198
- Darstellung 1 § 152 16
- Form 1 § 152 16
- Genussrechte 1 § 221 66
- Gewinnrücklagen 1 § 152 12 ff
- Gewinnschuldverschreibungen 1 § 221 65
- Grundkapital 1 § 152 3 ff
- Kapitalerhöhung aus Gesellschaftsmitteln 1 § 207 14, § 209 4
- Kapitalrücklage 1 § 152 10 f
- kleine AG 1 § 152 17
- Kommanditgesellschaft auf Aktien 1 § 286 11 f
- Mehrstimmrechtsaktien 1 § 152 7
- Vorzugsaktien 1 § 152 5
- Wandelschuldverschreibungen 1 § 221 64

Bilanzeid
- Halbjahresfinanzbericht 12 § 37w 36
- Jahresfinanzbericht 12 § 37v 36

Bilanzgewinn
- Aktionäre 1 § 58 39 ff
- Begriff 1 § 58 5

Bilanzrichtlinien
- Bilanz 6 39, 198
- Jahresabschluss 6 39 ff

Bonus
- Gewinnverwendungsbeschluss 1 § 174 5

Bookbuilding
- Börseneinführung 17 51 f

Börse *siehe auch* Börsenaufsichtsbehörde
- Aktiengesellschaft 1 § 3 5 f
- bedeutende Beteiligung 3 § 6 1 ff
- Benutzung von Einrichtungen 3 § 18 1, 2
- Börsenratswahl 3 § 13 1 ff
- Börsenspekulationsgeschäfte 3 § 26 1, 2
- Definition 3 § 2 1 ff

- Erlaubnis 3 § 4 1 ff
- externe Abwicklungssysteme 3 § 21 1 ff
- Gebührenordnung 3 § 17 1 ff
- Handelsüberwachungsstelle 3 § 7 1 ff
- Leitung 3 § 15 1 ff
- Nachhandelstransparenz 3 § 31 1 f
- Parteifähigkeit 3 § 2 6
- Pflichten des Börsenträgers 3 § 5 1 ff
- Rechte 3 § 23 1 ff
- Sanktionsausschuss 3 § 22 1 ff
- Sicherheitsleistungen 3 § 20 1 ff
- vereinfachtes Zulassungsverfahren 3 § 19 3
- Veröffentlichung der Entscheidung zur Abgabe eines Angebots 14 § 10 7 ff
- Vorhandelstransparenz 3 § 30 1 f
- Warenbörsen 3 § 2 5
- Wertpapierbörsen 3 § 2 4
- Wirtschaftsgüter 3 § 23 1 ff
- Zulassung Besuch 3 § 19 4
- Zulassungspflicht 3 § 4 1 ff
- Zulassungsverfahren 3 § 19 1 ff
- Zulassungsvoraussetzungen 3 § 4 1 ff
- Zulassung Teilnahme am Handel 3 § 19 2
- Zulassung zur Börse 3 § 19 1 ff

Börsenaufsichtsbehörde
- Anordnungsbefugnis 3 § 3 10 ff
- Aufgaben 3 § 3 1 ff
- Auskunfts- und Einsichtsrecht 3 § 3 6 ff
- Börsengeschäftsabwicklung 3 § 3 4
- Kartellrecht 3 § 9 1 f
- Prüfungsrecht 3 § 3 9
- Verschwiegenheitspflicht 3 § 3 17, § 10 1 f
- Zusammenarbeit mit BaFin 3 § 8 1
- Zweck der Börsenaufsicht 3 § 3 5

Börseneinführung *siehe auch* Due Diligence; *siehe auch* Emissionsprospekt
- Ad-hoc-Publizität 17 68
- Aktienübernahme 17 53 ff
- Barkapitalerhöhung 17 24
- beauty contest 17 8
- Bezugsrecht 17 25 ff
- Bezugsrechtsausschluss 1 § 186 46
- Bookbuilding 17 51 f
- directed allocation 17 63
- emissionsbegleitende Bank 17 5
- Emissionspreis 17 57 ff
- free retention 17 64
- gesellschaftsrechtliche Maßnahmen 17 23 ff
- Greenshoe 17 62, 65
- Kick-Off-Meeting 17 13
- Kursstabilisierung 17 65
- letter of engagement 17 9 f
- Mandatierung 17 6 f
- Marketing 17 46 ff
- Mehrzuteilungsoption 17 62
- öffentliches Angebot 17 46 ff
- Öffentlichkeitsarbeit 17 43 ff
- Offerte 17 12

Stichwortverzeichnis

- One-on-one-Meetings 17 49 f
- opération blanche 17 29
- Ordertaking 17 51 f
- Platzierung 17 56 ff
- Preisfestlegung 17 57 ff
- pre-marketing 17 42 ff
- Qualitätskriterien 17 18 f, 21
- road shows 17 47 ff
- Syndizierung 17 11
- Telekom II-Verfahren 17 26 ff
- Underpricing 17 58
- Vorstandsentscheidung 17 3 f
- wrap-up 17 67 ff
- Zeitplan 17 13
- Zulassungsverfahren 17 41
- Zuteilung der Wertpapiere 17 61 ff

Börsenhandel
- anwendbares Recht, Sitzstaat 4 § 4 1
- Handelbarkeit 4 § 5 1
- Namensaktien 4 § 5 1
- Zulassung, Beschränkung 4 § 7 1
- Zulassungsantrag, Form 4 § 48 1
- Zulassungsantrag, Inhalt 4 § 48 2

Börsenpreis
- ausländischer Zahlungsmittel 3 § 51 1
- Definition 3 § 24 2
- Feststellung 3 § 24 3 ff
- Wertpapierbörsen 3 § 24 1 ff

Börsenprospekt *siehe auch* Prospekthaftung; *siehe auch* Wertpapierprospekt
- Prospektpflicht 3 § 32 9 ff
- Übergangsregelungen 3 § 52 1 ff

Börsenrat
- Haftung 3 § 12 4
- Wahl 3 § 13 1 ff
- Warenbörsen 3 § 14 1
- Zusammensetzung 3 § 13 2

Börsenspekulationsgeschäfte 3 § 26 1 f

Börsentermingeschäfte *siehe* Finanztermingeschäft

Börsenzulassung
- 10%-Regelung 13 § 4 13
- Downgrading 13 § 4 19
- Kapitalerhöhung aus Gesellschaftsmitteln 13 § 4 16
- Sachdividende 13 § 4 16
- Tauschaktien 13 § 4 14
- Übernahmeangebote 13 § 4 15
- Verschmelzung 13 § 4 15

Börsenzyklen 16 42 ff

BörsG
- Anwendungsbereich 3 § 1 1
- Insolvenzverwalter 3 § 43 1

Botenbank 12 § 2 29

Break Fee 12 § 25a 59

Bruchteilsgemeinschaft
- Rechtsgemeinschaft an einer Aktie 1 § 69 5

Buchführung
- Abwickler 1 § 91 2
- Dauer 1 § 91 3 f
- Insolvenzverwalter 1 § 91 2
- Sanktionen 1 § 91 5
- Umfang 1 § 91 3 f
- Vorstand 1 § 91 2 ff

Bundesanstalt für Finanzdienstleistungsaufsicht (BaFin) 12 § 3 1, § 4 1 ff; *siehe auch* Beirat; *siehe auch* Beschwerdeverfahren; *siehe auch* Widerspruchsausschuss; *siehe auch* Widerspruchsverfahren
- Aufgaben 12 § 4 1 ff
- aufschiebende Wirkung 12 § 35 13
- Aufschiebende Wirkung von Widerspruch und Anfechtungsklage 12 § 4 15
- Auskunft 12 § 4 9
- Auskunftsrecht 12 § 35 8
- Auskunftsverweigerungsrecht 12 § 4 17, § 35 11
- ausländische Überwachungsstellen 14 § 8 1 ff
- Aussetzung des Handels 12 § 4 7 f, § 7 5, § 40b 1
- automatisiertes Abrufverfahren 12 § 6 4
- Befugnisse 14 § 4 2 f
- Befugnisse zur Sicherung des Finanzsystems 12 § 4a 1 ff
- Bekanntgabe von Verfügungen 14 § 43 1 ff
- Bekanntmachung von Maßnahmen 12 § 40 b 1 ff
- Betretungsrecht 12 § 4 11, § 35 12
- Bundeskartellamt 14 § 7 1 ff
- ehrenamtliche Mitglieder 14 § 9 3
- Einführung 14 § 4 1
- Ermittlungsbefugnisse 12 § 35 1; 14 § 40 1 ff
- Erwerb eigener Aktien 1 § 71 95
- Generalbefugnisnorm 12 § 4 1 ff
- Hinzuziehung Privater 14 § 7 3
- IFG 12 § 8 1
- Informationsaustausch 12 § 6 3; 14 § 7 1 ff
- Insiderüberwachung 12 § 16 1 ff
- Insiderüberwachung bei Mitarbeitern 12 § 16a 1
- Insolvenzverwalter 12 § 11 1
- internationale Rechtshilfe 14 § 8 5
- internationale Zusammenarbeit 12 § 7 1 ff
- Kosten 14 § 47 1 ff
- Leerverkaufsverbot 12 § 4 5
- Meldepflicht 12 § 9 1 ff
- Missstand 12 § 4 4
- Missstandsaufsicht 12 § 4 3 f
- Mitteilungen an die Bundesanstalt für Finanzdienstleistungsaufsicht 14 § 45 1 ff
- öffentliches Interesse 14 § 4 4 ff
- Ordnungswidrigkeitenverfahren 12 § 40 1
- personenbezogene Daten 12 § 4 12, 18

3413

- Prüfung der Angebotsunterlage 14 § 14 7 ff
- Prüfungen ohne besonderen Anlass 12 § 35 2
- Rechtsmittel 14 § 48 1 ff
- Richtlinien 12 § 35 14
- Sachverständige 12 § 4 19
- Schweigegebot 12 § 4 16
- Übermittlung der Angebotsunterlage
    14 § 14 2 ff
- Umlage 12 § 42 1
- Unterrichtungspflichten 12 § 7 11
- Untersagung des Handels 12 § 4 7
- Untersagung eines Angebots 14 § 15 1 ff
- Verbindungsdaten 12 § 16b 1 ff
- Verdachtsfälle 12 § 10 1 ff
- Veröffentlichung 12 § 40 b 3
- Veröffentlichung der Entscheidung zur Abgabe
    eines Angebots 14 § 10 7 ff
- Veröffentlichungsrecht 12 § 4 14; 14 § 44 1 ff
- Verschwiegenheitspflicht 12 § 8 1 ff, § 9 1
- Verwertungsverbot 14 § 9 2
- Vorlagerecht 12 § 35 8
- Vorlage von Unterlagen 12 § 4 9
- Wertpapierrat 12 § 5 1 ff
- Wirtschaftsprüfer 12 § 4 19
- Zusammenarbeit mit Aufsichtsbehörden
    12 § 6 1 ff
- Zusammenarbeit mit Behörden im Inland
    12 § 6 1 ff
- Zusammenarbeit mit der Europäischen Kommission 12 § 7 b 1 f
- Zusammenarbeit mit der Staatsanwaltschaft
    12 § 40 a 1 ff
- Zusammenarbeit mit ESMA 12 § 7 a 1 f
- Zusammenarbeit mit zuständigen Stellen im
    Ausland 12 § 7 1 ff
- Zustellung von Verfügungen 14 § 43 1 ff

Bundesaufsichtsamt für den Wertpapierhandel
    12 § 3 1
- Kostenerstattung 12 § 42 2

Bürgschaft
- Beherrschungsverträge 1 § 303 17
- Erfüllung der Einlagepflicht 1 § 54 33
- Gewinnabführungsverträge 1 § 303 17
- Unternehmensverträge 1 § 303 17

Business Combination Agreements 1 § 187 15
Business Due Diligence *siehe* Due Diligence
Business Judgement Rule 1 § 93 9, 77 ff
- Beweislast 1 § 93 81
- Gesellschaftswohl 1 § 93 88 ff
- guter Glaube 1 § 93 91 f
- Information 1 § 93 85 ff
- Konsequenzen des „sicheren Hafens"
    1 § 93 95 f
- Pflichtverletzung, Beweislast 1 § 93 96
- Risiko 1 § 93 89
- Sonderinteresse 1 § 93 92 ff

- unternehmerische Entscheidung 1 § 93 83 f,
    Anh § 93 60

Bußgeld
- Börsengesetz 3 § 50 1 ff
- Wertpapierdienstleistungsunternehmen
    12 § 39 1 ff
- Wertpapierübernahmegesetz 14 § 64 1

Call-Optionen 12 § 25 26 f, § 25a 15, 16
Cash Settled Contracts for Difference (CfD)
    12 § 25a 2, 5, 41
Cash Settled Equity Swaps 12 § 25 5 f, 19 f,
    § 25a 2, 5, 41
Cash Settled Options 12 § 25 5 f
Cash Settlements 12 § 25 5 f
CESR 12 § 7 2
change of control
- Ausschluss von Minderheitsaktionären
    1 § 327a 16
Chartanalyse *siehe auch* Behavioral Finance
Clearstream Banking AG 1 § 10 21
Code of Best Practice 5 6
Comfort Letters *siehe* Due Diligence
Compliance 12 § 33 1 ff
- Ad-hoc-Prüfungen 12 § 33 160
- Akzeptanz, Standing 12 § 33 76
- Anordnungskompetenz 12 § 33 89
- Arbeitsanweisungen 12 § 33 8, 42
- Aufgaben 12 § 33 136
- Aufgabenzuweisungen 12 § 33 137
- Aufsichtsorgan 12 § 33 38
- Auftragsausführung, bestmögliche
    12 § 33 210
- Auskunftsrechte 12 § 33 84
- Auslagerung 12 § 33 1, 336 ff
- Auslagerung im Drittstaat 12 § 33 347 ff
- Ausstattung 12 § 33 55
- Befugnisse 12 § 33 130
- Beratung 12 § 33 191 f
- Beratung, Mitarbeiter 12 § 33 198
- Berichte 12 § 33 204
- Berichtspflicht 12 § 33 298 ff
- Berichtspflichten 12 § 33 1
- Berufspraxis 12 § 33 73 f
- Beschwerdemanagement 12 § 33 1
- Beschwerden 12 § 33 181
- Beteiligung 12 § 33 112 f
- Bewertungspflichten 12 § 33 1
- Budget 12 § 33 80
- Compliance-Beauftragter 12 § 33 298 ff
- Compliance-Funktion 12 § 33 1
- Compliance-Kultur 12 § 33 28
- Compliance-relevante Informationen
    12 § 33 112 f, 126, 154
- Compliance-Risiken, Bewusstsein
    12 § 33 151
- Datenschutz 12 § 33 119

- dauerhaft 12 § 33 41
- Doppelkontrollen, Vermeidung 12 § 33 183
- Einsichtsrechte 12 § 33 84
- Erkenntnisquellen 12 § 33 162
- Ernennung 12 § 33 129
- Eskalationsrecht 12 § 33 91
- ESMA-Leitlinien 12 § 33 24
- Ethik-Codes 12 § 33 149
- Fachabteilungen, Kontrollen 12 § 33 165
- Fachkenntnisse 12 § 33 62, 68
- Flexibilität 12 § 33 324
- Geldwäscheprävention 12 § 33 118
- Geschäftsleitung 12 § 33 33
- Grundsätze 12 § 33 6
- Grundsätze u. Verfahren 12 § 33 195, 200
- Grundsätze u. Verfahren, Mitwirkung 12 § 33 194
- im engeren Sinn 12 § 33 19
- Informationsfluss 12 § 33 83
- Interessenkonflikte 12 § 33 153, 213 ff
- Internes Kontrollsystem 12 § 33 5
- Interviews 12 § 33 180
- Kombination mit anderen Aufgabenfeldern 12 § 33 117
- Kontinuität und Regelmäßigkeit 12 § 33 211 f
- Kontrollbereiche 12 § 33 116
- Kontrollen (Second-Level) 12 § 33 166
- Kontrollhandlungen 12 § 33 7
- Kündigungsfrist 12 § 33 129
- MaRisk 12 § 33 20
- Maßnahmen, Bewertung 12 § 33 137, 188
- Maßnahmen, Ermittlung 12 § 33 187
- Maßnahmen, Überwachung 12 § 33 137, 188
- Maßnahmepflichten 12 § 33 1
- Mitarbeitergeschäfte, Überwachung 12 § 33 210
- Mittel 12 § 33 10 ff, 78
- Nachbesserung 12 § 33 323
- Notfallkonzept 12 § 33 17
- operative Bereiche 12 § 33 166
- Organisationseinheit, selbständige 12 § 33 126, 127
- Organisations- u. Arbeitsanweisungen 12 § 33 148, 200
- Organisationsverfügungen 12 § 33 42
- Prävention 12 § 33 138, 189
- Produktgenehmigungsprozesse 12 § 33 203
- Prozesse, Einbindung 12 § 33 190, 199
- Qualifikation der Mitarbeiter 12 § 33 15
- Rechtsabteilung 12 § 33 122
- Reputationsschaden 12 § 33 27
- Revision, interne 12 § 33 120, 176, 185
- Risikoanalyse 12 § 33 155, 157 f
- Risikoprofil 12 § 33 161
- Schulung 12 § 33 190, 192
- Schulungen, Schwerpunkte 12 § 33 195
- Stellung 12 § 33 130
- Überstimmungen 12 § 33 101
- Überwachungsaufgaben 12 § 33 143
- Überwachungshandlungen, risikoorientierte 12 § 33 147
- Überwachungspflichten 12 § 33 1
- Überwachungsplan 12 § 33 51
- Überwachung und Bewertung von Maßnahmen 12 § 33 318 ff
- Unabhängigkeit 12 § 33 95, 115
- Unterstützung 12 § 33 191
- Unterstützung, Mitarbeiter 12 § 33 198
- Unterstützung, Mitarbeiterschulungen 12 § 33 192
- Verantwortlichkeit, strafrechtliche 12 § 33 140
- Verantwortung 12 § 33 35
- Verbotskompetenz 12 § 33 89
- Verdachtsfälle 12 § 33 100
- Verfahren 12 § 33 6 ff
- Vergütung 12 § 33 130, 133
- Vergütung, erfolgsabhängie 12 § 33 134
- Vergütungsausschuss 12 § 33 209
- Verhältnis § 33 WpHG zu KWG 12 § 33 5
- Vertraulichkeitsbereiche, Einrichtung 12 § 33 210
- Vertreter 12 § 33 47
- Vertretung von Mitarbeitern 12 § 33 16
- Vertriebsziele 12 § 33 207
- vorläufige Maßnahmen 12 § 33 92
- Vor-Ort-Prüfungen 12 § 33 168, 170, 173
- wirksam § 33 54 f
- Zugangsrechte 12 § 33 84
- Zuverlässigkeit 12 § 33 77

Continental 12 § 25 19 f
Contracts for Difference (CfD) 12 § 25a 2, 5, 15, 41
Cornering 12 § 20a 14
Corporate Governance Kodex siehe Deutscher Corporate Governance Kodex

D&O-Versicherung 1 § 93 184 ff, § 113 6 f
- Aufsichtsrat 1 § 93 190, 193
- Bedingungen 1 § 93 186
- Selbstbehalt 1 § 93 191 ff
Darlehen
- Bareinlage 1 § 36 24
- Einlagenrückgewähr 1 § 57 15 ff
- Erwerb eigener Aktien 1 § 71a 5
Delegierte
- Amtszeit 9 § 13 1 ff
- Anfechtung der Wahl 9 § 22 1 ff
- Errechnung der Zahl 9 § 11 1 ff
- Ersatzmitglieder 9 § 17 1 ff
- Gewerkschaftsvertreter 9 § 16 1 ff
- Verhinderung 9 § 14 1
- vorzeitige Beendigung 9 § 14 1
- Wahl 9 § 10 1 ff
- Wahl der Aufsichtsratsmitglieder 9 § 15 1 ff

– Wahlvorschläge 9 § 12 1
Delisting 1 Vor §§ 327a ff 16 ff, § 3 7; 3 § 39 4 f
– Abfindung 1 Vor §§ 327a ff 21
– Auskunftsrecht 1 § 131 85
– Enforcement 12 § 37n 9
– Hauptversammlung 1 Vor §§ 327a ff 19 f
– Informationspflichten 1 Vor §§ 327a ff 23
– kaltes Delisting 1 Vor §§ 327a ff 25; 10 § 1 9
– Missbrauch 1 Vor §§ 327a ff 22
– reguläres Delisting 1 Vor §§ 327a ff 17
– Spruchverfahren 1 Vor §§ 327a ff 21; 10 § 1 7 ff
– verwaltungsrechtlicher Rechtsschutz 1 Vor §§ 327a ff 17
Delta 12 § 25a 22
Deltafaktor 12 § 25a 23
Depotaktien 1 § 186 19
Depotgeschäft 12 § 2 40
Depotstimmrecht 1 § 135 1
– Auskunftsrecht 1 § 131 85
Derivate 12 § 2 9 ff, § 25 2 f
Deutsche Bundesbank 12 § 6 3
Deutsche Prüfstelle für Rechnungslegung (DPR)
– Enforcement 12 Einl §§ 37n-37u, 45 6
Deutscher Corporate Governance Kodex
1 § 93 14; 5 1 ff; siehe auch Entsprechenserklärung
– Genehmigtes Kapital 1 § 202 139
Devisengeschäft 12 § 2 43
Dienstleistungen im Zusammenhang mit Emissionsgeschäften 12 § 2 45
Dienstverpflichtete
– Mitbestimmung 9 § 3 4
Differenzgeschäft 12 § 2 14
Differenzgeschäfte, finanzielle 12 § 25a 2
Differenzhaftungsanspruch 1 § 9 15a
Dinglich ausgestaltete Optionen 12 § 25 14 f
directed allocation
– Börseneinführung 17 63
Direktbank
– Begriff 19 8
Discount-Broker
– Begriff 19 9
Dividende
– Abtretung 1 § 8 20
– Erwerb eigener Aktien 1 § 71b 10
– Kapitalerhöhung aus Gesellschaftsmitteln 1 § 217 1 ff
– Körperschaftssteuerrecht 20 22 ff
– Verzicht 1 § 174 16
Doppelte Erfassung 12 § 25a 26
Due Diligence 17 14 ff
– Business Due Diligence 17 20 f
– disclosure opinion 17 17
– Legal Due Diligence 17 15 ff

– legal opinion 17 16
– Prospekthaftung 17 35 ff
– Qualitätskriterien 17 18 f, 21
– updated legal opinion 17 22
Durchgriffshaftung 1 § 1 29 ff
Echtes Pensionsgeschäft 12 § 25 23 f
Eigene Aktien 12 § 25 9a, § 25a 31
Eigene Rechnung, Handel auf 12 § 2a 15
Eigengeschäfte 12 § 2 26, 38, § 2a 13, § 15a 1 ff
– Bagatellgrenze 12 § 15a 5
– Derivate 12 § 15a 4
– Erbschaft 12 § 15a 4
– Finanzinstrumente 12 § 15a 4
– Folgen bei Pflichtverletzungen 12 § 15a 7
– Form 12 § 15a 6
– Führungsaufgaben 12 § 15a 2
– Modalitäten 12 § 15a 2 ff
– Revision des EU-Marktmissbrauchsrechts 12 § 15a 1
– sachlicher Anwendungsbereich 12 § 15a 3
– Schenkung 12 § 15a 4
– Veröffentlichungspflicht 12 § 15a 7
– virtuelle Aktienprogramme 12 § 15a 4
Eigenhandel 12 § 2 23 ff, 38
Eigenkapitalersetzende Gesellschafterdarlehen
– Einlagenrückgewähr 1 § 57 19 ff
– Kommanditgesellschaft auf Aktien 1 § 278 60 ff
Eigentumsvorbehalt bei girosammelverwahrten Aktien 1 § 10 22
Einberufung der Hauptversammlung 1 § 121 1 ff
– Anfechtung von Beschlüssen der Hauptversammlung 1 § 243 11 f
– Antrag 1 § 122 14 ff
– Aufsichtsrat 1 § 121 11
– Bekanntmachung 1 § 121 17 ff
– Einberufungsberechtigte 1 § 121 10 ff
– Einberufungsgründe 1 § 121 3 ff
– Einberufungsverlangen 1 § 122 6 ff
– Einschreiben 1 § 121 35
– Heilung der Mängel 1 § 242 3 ff
– Holzmüller-Rechtsprechung 1 § 121 6
– Informationspflichten 1 § 175 7 ff
– Kosten 1 § 122 35 ff
– Mängel 1 § 241 6
– Minderheit 1 § 122 6 ff
– ordentliche Hauptversammlung 1 § 175 1 ff
– Pflicht 1 § 175 4 ff
– Rechtsweg 1 § 122 28 ff
– Verlegung 1 § 121 32
– Vollversammlung 1 § 121 48
– Vorbesitzzeit 1 § 122 12 ff
– Vorstand 1 § 122 18 ff
Einflussnahme 1 § 117 1 ff
– Anspruchsberechtigter 1 § 117 12 f

Stichwortverzeichnis

- Ausübung der Einflussnahme 1 § 117 7
- Begünstigter 1 § 117 15
- Einfluss auf die Gesellschaft 1 § 117 5 f
- Konkurrenzen 1 § 117 19 ff
- mitwirkende Organe 1 § 117 14
- negative Haftungstatbestände 1 § 117 18
- Rechtswidrigkeit 1 § 117 9
- Schädigung der Gesellschaft 1 § 117 8
- subjektiver Tatbestand 1 § 117 10 f
- Vergleich 1 § 117 16
- Verjährung 1 § 117 17
- Verzicht 1 § 117 16

Eingegliederte Gesellschaften 1 § 319 1 ff
- 100-prozentige Tochtergesellschaft 1 § 319 3
- 95-prozentige Tochtergesellschaft 1 § 320 2 ff
- Abfindung 1 § 320b 1 ff
- Aktienurkunden 1 § 320a 3
- Anfechtung 1 § 320b 8
- Anmeldung zum Handelsregister 1 § 319 16
- Auskunftspflicht 1 § 319 14
- Auskunftsrecht 1 § 326 1 f
- Ausschluss von Minderheitsaktionären 1 Vor §§ 327a ff 9
- Beendigung 1 § 327 1 ff
- Beschluss der einzugliedernden Gesellschaft 1 § 319 4
- Eingliederungsbericht 1 § 319 12
- Eintragung im Handelsregister 1 § 319 16
- Erwerb eigener Aktien 1 § 71 35
- fehlerhafte Beschlüsse 1 § 319 15
- gesetzliche Rücklage 1 § 324 2
- Gewinnabführungsvertrag 1 § 324 4
- Gläubigerschutz 1 § 321 1 ff
- Haftung der Hauptgesellschaft 1 § 322 1 ff
- historische Entwicklung 1 § 319 1
- Informationspflichten 1 § 319 9 ff
- Leitungsrecht der Hauptgesellschaft 1 § 323 2
- mehrstufige Eingliederung 1 § 319 7
- Mitgliedschaften 1 § 320a 2
- Nachhaftung 1 § 327 8
- Rechtsnatur 1 § 319 2
- Registersperre 1 § 319 18
- Registerverfahren 1 § 319 17
- Unternehmensverträge 1 § 324 3 ff
- Verantwortlichkeit der Vorstandsmitglieder 1 § 323 3
- Verlustübernahme 1 § 324 7
- Wirkung 1 § 320a 1 ff
- Zustimmungsbeschluss 1 § 319 5
- Zweck 1 § 319 1

Einkaufskommission
- Erwerb eigener Aktien 1 § 71d 9, 27, § 71e 8

Einlagen
- Körperschaftssteuerrecht 20 35
- Steuerrecht 20 71 ff

Einlagenrückgewähr 1 § 57 4 ff
- Abschlagszahlungen auf den Bilanzgewinn 1 § 57 36
- Abwicklung der Aktiengesellschaft 1 § 264 10
- Ausnahmen 1 § 57 30 ff
- Darlehen an Aktionäre 1 § 57 15 ff
- Dritte 1 § 57 39 ff
- eigenkapitalersetzende Gesellschafterdarlehen 1 § 57 19 ff
- Erwerb eigener Aktien 1 § 57 31
- faktischer Konzern 1 § 57 33
- Kapitalerhöhung 1 § 57 12
- Kapitalherabsetzung 1 § 57 35
- Kontokorrentverhältnis 1 § 57 26
- Leistungen an Dritte 1 § 57 40 ff
- Leistungen durch Dritte 1 § 57 41
- Leistung unter Dritten 1 § 57 45
- offene Einlagenrückgewähr 1 § 57 7 ff, 43 f
- Rechfolgen einer verbotenen Einlagenrückgewähr 1 § 57 46 ff
- Secondary Offerings 1 § 57 12
- Sicherheiten 1 § 57 15 ff
- Unternehmensverträge 1 § 57 32
- verdeckte Einlagenrückgewähr 1 § 57 7 ff, 45 ff
- Vergütung von Nebenleistungen 1 § 57 37
- wechselseitige Beteiligungen 1 § 57 38
- Zinsverbot 1 § 57 27 f

Einlagepflicht 1 § 54 2 ff
- Aufforderung zur Einzahlung 1 § 63 2 ff
- Aufrechnungsverbot 1 § 66 4 f
- Ausfallhaftung 1 § 64 9
- Ausschluss säumiger Aktionäre 1 § 64 1 ff
- Barzahlung 1 § 54 24
- Befreiungsverbot 1 § 66 2 f
- Bürgschaft 1 § 54 29
- Dritte 1 § 54 31 f
- Einzahlung 1 § 54 21 ff
- Entstehung 1 § 54 4a
- Erfüllung 1 § 54 20
- Folgen nicht rechtzeitiger Einzahlung 1 § 63 8 ff
- freie Verfügbarkeit 1 § 54 29 ff
- Gemischte Sacheinlage 1 § 54 6
- Gläubiger 1 § 54 7 ff
- gutgläubiger Erwerb 1 § 54 8 ff
- Hilfspflichten 1 § 54 11 ff
- Inhaberaktien 1 § 54 8
- Inhalt 1 § 54 4
- Kapitalrichtlinie 6 318 ff
- Kontogutschrift 1 § 54 25 ff
- Nebenpflichten 1 § 54 11, 12
- Nichtigerklärung der Gesellschaft 1 § 277 5
- Obergrenze 1 § 54 5
- Rechtsfolgen eines Verstoßes 1 § 54 37 ff
- Rechtsgemeinschaft an einer Aktie 1 § 69 14 f
- Sacheinlage 1 § 54 4, 10
- Schuldner 1 § 54 7 ff
- Stimmrecht 1 § 134 23 ff
- Umfang 1 § 54 5 f
- verdeckte Sacheinlagen 1 § 54 30

3417

Stichwortverzeichnis

- Verjährung 1 § 54 34 f
- Verstöße gegen das Befreiungs- und Einlageverbot 1 § 66 8
- Vertragsstrafen 1 § 54 3, § 63 10
- Währung 1 § 54 27
- Zahlungsarten 1 § 54 23 ff
- Zahlungspflicht der Vormänner 1 § 65 1 ff
- Zahlungspläne 1 § 54 31
- zeitlicher Rahmen 1 § 54 22
- Zurückbehaltungsrecht 1 § 66 4
- Zwischenscheinen 1 § 54 9

Einpersonen-Gesellschaft 1 § 42 1 ff
- Gründung 1 § 36 38 ff
- Mitteilungspflicht 1 § 42 4 ff
- Niederschrift 1 § 130 9
- Rechtsverhältnisse 1 § 42 2 f

Einpersonen-Vorgesellschaft 1 § 41 22 ff
- Außenbeziehung 1 § 41 25
- Eintragung 1 § 41 26
- Innenbeziehung 1 § 41 24
- Rechtsfähigkeit 1 § 41 23
- Rechtsnatur 1 § 41 23

Einrichtungen
- internationale 12 § 31a 11
- überstaatliche 12 § 31a 11

Einseitiges Erwerbsrecht 12 § 25 7 f, 20 f
Einsichtsrechte, ordentliche Hauptversammlung 1 § 1/6 2 f
Eintragung der Gesellschaft
- bedingtes Kapital 1 § 39 8
- Dauer der Gesellschaft 1 § 39 7
- Eintragungsmängel 1 § 39 9 f
- erweiterter Inhalt 1 § 39 7 f
- Firma 1 § 39 3
- Genehmigtes Kapital 1 § 39 7
- Grundkapital 1 § 39 3
- notwendiger Inhalt 1 § 39 3 ff
- Sitz 1 § 39 3
- Tag der Satzungsfeststellung 1 § 39 4
- Vorstand 1 § 39 5 f

Einzelverbriefung 4 § 8 1
Einziehung von Aktien siehe auch Kapitalherabsetzung durch Einziehung von Aktien
- Erwerb eigener Aktien 1 § 71 53 ff, § 71c 1 ff
- ordentliche Kapitalherabsetzung 1 § 222 58 f
- Satzungsänderung 1 § 179 55

EMIR-Verordnung
- Auskünfte, Unterlagen 12 § 18 4 ff
- Auskunftsverweigerungsrecht 12 § 20 6
- BaFin, Zuständigkeit 12 § 18 1 ff
- Delegierte Verordnungen 12 Vor §§ 18-20 6a F
- Derivate-Kontrakt, Definition 12 Vor §§ 18-20 3
- Durchführungsverordnungen 12 Vor §§ 18-20 6a
- EMIR-Ausführungsgesetz 12 Vor §§ 18-20 7
- ESMA-Leitlinien 12 Vor §§ 18-20 6a
- Gruppeninterne Geschäfte 12 § 20 3
- Mängel, Beseitigung 12 § 20 6
- Mitteilungspflichten 12 § 19 1
- Nichtfinanzielle Gegenparteien 12 § 20 1
- Personengesellschaften 12 § 20 7
- Q&A 12 Vor §§ 18-20 6a
- Risikomanagement 12 Vor §§ 18-20 5
- Sanktionen 12 § 18 7
- Schwellenwerte 12 § 20 2
- Stichprobenprüfung 12 § 20 3
- Systemprüfung 12 § 20 4
- Transaktionsregister 12 Vor §§ 18-20 4
- Übersicht 12 Vor §§ 18-20 1 ff, 2 ff
- Verordnungsermächtigung 12 § 20 8
- Verstöße, schwerwiegende 12 § 20 5 ff
- Wirtschaftsprüfer 12 § 20 4
- Zeitplan 12 Vor §§ 18-20 6

Emissionsbank, Börseneinführung 17 5 ff
Emissionsgeschäft 12 § 2 30 f
Emissionsprospekt 17 32 ff
- Erstellung 17 32
- Prospekthaftung 17 33 ff

Emissionstätigkeit 12 § 25a 30, 31a
Emissionsunternehmen, mittelbares Bezugsrecht 1 § 186 81 f
Emittent siehe auch Zulassung von Wertpapieren zum amtlichen Handel
- Ad-hoc-Publizität 12 § 15 3
- Auskunftserteilung 3 § 41 1 f
- bes. Pflichten in Teilbereichen des regulierten Marktes 3 § 42 1 ff
- Eigengeschäfte 12 § 15a 1 ff
- Einführung der Wertpapiere 3 § 38 1 ff
- Haftung bei Gründung der Aktiengesellschaft 1 § 47 7 ff
- Haftung für Ad-hoc-Mitteilungen 19 65 f
- Pflichten 3 § 40 1
- Pflichten bei Änderung von Rechtsgrundlagen 12 § 30c 1
- Pflichten bei Satzungsänderung 12 § 30c 1
- Pflichten gegenüber Werkpapierinhabern 12 § 30a 1 ff
- Prospektpflicht 3 § 32 9 ff
- Verjährung der Ersatzansprüche aus §§ 46-49 1 § 51 1 f
- Veröffentlichungspflichten, Befreiung durch die BaFin 12 § 30f 1 ff
- Veröffentlichungspflichten im elektronischen Bundesanzeiger 12 § 30b 1 ff
- Veröffentlichung zusätzlicher Angaben im Unternehmensregister 12 § 30e 1 ff
- Widerruf der Zulassung 3 § 39 2 ff
- Zulassungsantrag 3 § 32 5 f

empty voting 12 § 25a 64
endowment effect 16 33 ff
Energiewirtschaftsgesetz 12 § 7b 1 ff

Stichwortverzeichnis

Enforcement 12 Einl §§ 37n-37u, 45 1 ff, § 37n 3
- Abschlussprüfung 12 § 37n 4 ff
- Ad-hoc-Publizität 12 § 37q 13 ff
- Anlassprüfung 12 § 37p 2 ff
- Anwendungsbestimmung 12 § 45 1
- Aufgaben der BaFin 12 § 37n 1 ff
- Auskunftsersuchen der BaFin 12 § 37p 22 ff
- Auskunftspflicht des Abschlussprüfers 12 § 37p 22
- Beschwerde 12 § 37u 1
- Betretungsrechte der BaFin 12 § 37p 22 ff
- Delisting 12 § 37n 9
- einstweiliger Rechtsschutz 12 § 37t 3
- erste Stufe – die Prüfstelle (DPR) 12 Einl §§ 37n-37u, 45 6
- Fehlerbegriff 12 § 37q 3 ff
- Fehlerfeststellung 12 § 37n 6, § 37p 15 ff, § 37q 12
- Fehlerveröffentlichung 12 Einl §§ 37n-37u, 45 8, § 37p 18, § 37q 8 ff
- Finanzierung 12 Einl §§ 37n-37u, 45 9
- freiwillige Mitwirkung 12 § 37p 13
- handelsrechtliche Grundsätze 12 § 37n 3
- IFRS 12 § 37n 3
- internationale Datenbanken 12 § 37s 3
- internationale Zusammenarbeit 12 Einl §§ 37n-37u, 45 8, § 37s 1 ff
- Mitteilung anderer Stellen 12 § 37r 1
- Mitwirkung des Abschlussprüfers 12 § 37p 14
- Pre-clearance-Verfahren 12 § 37n 7
- Prüfung auf zweiter Stufe 12 § 37p 6 ff
- Prüfung durch die BaFin 12 § 37q 1
- Prüfungsgegenstand 12 Einl §§ 37n-37u, 45 3 f
- Prüfungshindernisse: Nichtigkeitsklage/ Sonderprüfung 12 § 37p 19 ff
- Prüfungsmaßstab 12 Einl §§ 37n-37u, 45 3, § 37n 2
- Stichprobenprüfung 12 § 37p 5
- Unverbindliche fallbezogene Voranfrage 12 § 37n 8
- US-GAAP 12 § 37n 3
- Widerspruchsverfahren 12 § 37t 1 ff
- Ziele des E. 12 Einl §§ 37n-37u, 45 2
- zweistufiges Verfahren 12 Einl §§ 37n-37u, 45 5, § 37p 1
- zweite Stufe – BaFin 12 Einl §§ 37n-37u, 45 7

Entgelte für Schulden, Gewerbesteuerrecht 20 50

Entlastung
- Abwickler 1 § 270 20
- Begriff 1 § 120 5 ff
- Beschluss 1 § 120 22 ff
- Einzelentlastung 1 § 120 18 ff
- Frist 1 § 120 10 ff
- Gesamtentlastung 1 § 120 13 ff
- Stimmverbot 1 § 136 5 f
- Verfahren 1 § 120 28 ff
- Verweigerung 1 § 120 25 f
- Widerruf 1 § 120 27a
- Zuständigkeit 1 § 120 10 ff

Entscheidungsanomalien 16 11 ff
Entscheidungsspielraum 12 § 2 34
Entsprechenserklärung 1 § 161 1 ff; 5 12 ff
- Abschlussprüfung 1 § 161 77 ff
- Änderungen 1 § 161 64 ff
- Anfechtbarkeit von Entlastungsbeschlüssen 1 § 161 76a
- Anhang 1 § 161 40
- Aufbau 5 12 ff
- ausländische Gesellschaften 1 § 161 12
- Außenverhältnis 1 § 161 25 ff
- Bedeutung 1 § 161 8 f
- Begründungspflicht 1 § 161 62 f
- Bundesanzeiger 1 § 161 39
- Corporate Governance 1 § 161 4
- Delegation 1 § 161 18
- Dissens der Organe 1 § 161 27 ff
- Durchführung 1 § 161 20 ff
- Empfehlungen 1 § 161 52
- Erklärung von Vorstand und Aufsichtsrat 1 § 161 1 ff
- Erklärung zur Unternehmensführung 1 § 161 38
- Form 1 § 161 30 ff
- Funktion 5 1 f
- Geschäftsbericht 1 § 161 42 f
- gesellschaftsinterne Umsetzung 1 § 161 68 ff
- Haftung 1 § 161 79 ff
- Hauptversammlung 1 § 161 76a
- historische Entwicklung 5 4 ff
- Inhalt 1 § 161 44 ff
- Leitungsermessen des Vorstands 1 § 76 9 f
- Mitbestimmung 9 § 25 13
- Normadressat 1 § 161 10 ff
- Optionen 1 § 161 58 ff
- rechtliche Einordnung 1 § 161 5 ff
- Rechtsfolgen 1 § 161 72 ff
- Rechtsnatur 5 3
- vergangenheitsbezogene Erklärung 1 § 161 15
- Veröffentlichung 1 § 161 35 ff
- zeitlicher Erklärungsgegenstand 1 § 161 49 ff
- Zeitpunkt 1 § 161 30 ff
- zukunftsorientierte Erklärung 1 § 161 16 f
- zusätzliche Angaben 1 § 161 53 ff
- Zuständigkeit 1 § 161 13

Erbauseinandersetzung
- Pflichtangebote 14 § 36 3

Erbe
- Aktiengesellschaft 1 § 1 16
- Gründung einer Aktiengesellschaft 1 § 2 11
- Pflichtangebote 14 § 36 3
- Rechtsgemeinschaft an einer Aktie 1 § 69 4

Stichwortverzeichnis

Ergebnisse 1 § 131 85
Ermittlungsverfahren 12 § 40 a 2
Eröffnungsbilanz 1 § 270 5 ff
Errichtung der Gesellschaft 1 § 29 1
Ersatzansprüche der Gesellschaft 1 § 147 1 ff; siehe auch Besondere Vertreter
- Anforderungen Hauptversammlungsbeschluss 1 § 147 9
- Anspruchsgrundlagen UMAG 1 § 147 4
- Frist UMAG 1 § 147 11
- Geltendmachung UMAG 1 § 147 5 ff
- Hauptversammlungsbeschluss UMAG 1 § 147 8 ff
- Minderheitsverlangen UMAG 1 § 147 12 ff
- UMAG 1 § 147 1 f
- Verpflichtung zur Geltendmachung UMAG 1 § 147 10

Ertragslage
- Auskunftsrecht 1 § 131 85

Erwartungsnutzentheorie 16 4
Erwerb eigener Aktien
- 10 %-Grenze 1 § 71 13, 26 ff, 30 ff, 33, 42, 44, 48 f, 53, 58, 60, 74 ff, § 71a 25, 27, § 71c 1 ff, 11 ff, § 71d 2, 13, 22, 31, 40, § 71e 13, 16 ff, 18 f
- Abfindung 1 § 71 31 ff, § 71c 9, 17, § 71d 8, 26, § 71e 8
- Abkauf von Anfechtungsklagen 1 § 71 24
- Absetzung vom Gezeichneten Kapital 1 § 71 80 ff
- Aktienoptionen 1 § 71 64, 70
- Andienungsrecht 1 § 71 65 ff
- Anfechtungsrecht 1 § 71b 8
- Angaben im Anhang zum Jahresabschluss 1 § 71 86, § 71c 10, 18, § 71e 21 f
- Angaben im Halbjahresfinanzbericht/Quartalsbericht 1 § 71 86
- Anhang 1 § 160 7 ff
- Ausgabepflicht bei Belegschaftsaktien 1 § 71 26 ff, 30, 32, 85, 92 ff, § 71c 6, § 71d 25, 45
- Auskunftsrecht 1 § 71 89, § 131 85
- Auskunftsrecht Aktionär 1 § 71 90 f
- Auslegungsmaßstab 1 § 71 10
- Ausschüttungssperre 1 § 71 79 ff
- Baisseangriff 1 § 71 21
- Befriedigung von Forderungen 1 § 71 20
- Beherrschungsvertrag 1 § 71 34, § 71a 2, 17a, § 71d 49 f
- Belegschaftsaktien 1 § 71 26 ff, 92 ff, § 71a 14, § 71c 6, 9, 17, § 71d 7, 25, 49, § 71e 8
- Bericht in der Hauptversammlung 1 § 71 89
- Berichtspflicht 1 § 71 13, 60, 74, 85 ff, § 71c 18, § 71d 2, 16 ff, 24, 33, 38, 44, § 71e 21

- Bestandsgrenze 1 § 71 13, 26 ff, 30, 31 ff, 33, 42, 44, 48, 49, 53, 58, 60, 74, 75 ff, § 71a 25, 27, § 71c 1 ff, § 71d 13, 22, 31, 40, § 71e 13, 16 ff
- Beweislast 1 § 71 10
- Bezugsrecht 1 § 71 4, 69 f, § 71b 12, § 71c 9, § 186 11
- Bezugsrechtsausschluss 1 § 71 69 f
- Börseneinführung 1 § 71 64
- Börsenkursverbesserung 1 § 71 64
- Bundesanstalt für Finanzdienstleistungsaufsicht 1 § 71 95
- Call Option 1 § 71 6
- Darlehen 1 § 71a 2 ff, 5
- Definition 1 § 71 4 ff
- Deportgeschäft 1 § 71 7
- derivativer Erwerb 1 § 71 9
- dingliches Geschäft 1 § 71 96 ff
- Dividendenrecht 1 § 71b 10
- Doppelrisiko 1 § 71 3
- Dritte 1 § 71d 3 ff
- eigene Aktien 1 § 71 4
- Eigenkapitalrendite 1 § 71 64
- Eigentumsverschaffungsanspruch 1 § 71d 61 ff, 69
- Eingliederung 1 § 71 35
- Einkaufskommission 1 § 71 44, 46 ff, § 71c 17, § 71d 9, 27, § 71e 8
- Einlagenrückgewähr 1 § 57 31
- Einziehung 1 § 71 48, 62, 64, 72 ff, § 71a 26, § 71c 1 ff, 9, 19 ff, § 71d 16 ff, 19, 33, 47, 55 ff, 60 ff, 69
- Einziehung bei Kapitalherabsetzung 1 § 71 53 ff
- Einziehungsermächtigung des Vorstandes 1 § 71 72 ff
- Erbfolge 1 § 71 50
- Ermächtigung durch die Hauptversammlung 1 § 71 59 ff
- Ermächtigungsfrist 1 § 71 61
- Erwerb für Rechnung der AG 1 § 71a 18 ff
- Erwerbsbegriff 1 § 71 5 ff
- Erwerbsgrenze 1 § 71 61
- Erwerb über die Börse 1 § 71 65
- Festpreisangebot 1 § 71 65 f
- Financial Assistance 1 § 71a 1 ff, § 71d 2, 49 ff
- Finanzdienstleistungsinstitut 1 § 71 25, 57 f, § 71a 12 f, § 71d 11, 29, 49, § 71e 2, 8, 16, 31 f
- Finanzierungsleistungen 1 § 71a 1 ff, 4 ff, § 71d 2, 49 ff
- Finanzunternehmen 1 § 71 25, 57 f, § 71d 11, 29, § 71e 8
- Formwechsel 1 § 71 39
- Gegenwert 1 § 71 61, 89, § 71d 16 ff, 61, 67
- Genussrechte 1 § 221 52

Stichwortverzeichnis

- Gesamtrechtsnachfolge 1 § 71 49 ff,
  § 71d 10, 28, § 71e 10, 12 ff
- Geschäftsführung ohne Auftrag 1 § 71a 20
- gesetzliche Grundlagen 1 § 71 2
- Gewinnabführungsvertrag 1 § 71 34, § 71a 2,
  17a, § 71d 49 ff
- Gewinnschuldverschreibungen 1 § 221 52
- Gleichbehandlungsgebot 1 § 71 3, 56, 65 ff,
  § 71c 9, 17
- Gleichbehandlungsgrundsatz 1 § 71 31
- Haftung Aufsichtsrat 1 § 71 32, 92 ff, 105 ff,
  § 71a 30, § 71c 24, 26, § 71d 60, § 71e 38
- Haftung Vorstand 1 § 71 32, 92 ff, 105 ff,
  § 71a 30, § 71c 24, 26, § 71d 60, § 71e 38
- Handel in eigenen Aktien 1 § 71 60, 63
- Holländische Auktion 1 § 71 65 f
- hypothetische Rücklage 1 § 71 79 ff
- Inpfandnahme 1 § 71e 1 ff
- Insiderverbot 12 § 14 6
- internationale Sachverhalte 1 § 71d 68 ff
- Kaduzierung 1 § 71 9
- Kapitalaufbringung 1 § 71 3
- Kapitalerhaltung 1 § 71 3, § 71e 1
- Kapitalgrenze 1 § 71 13, 26 ff, 30 ff, 33, 42,
  44, 49, 53, 58, 60, 74, 79 ff, § 71a 15 ff,
  § 71d 14, 31, 49, § 71e 14, 16 ff
- Kapitalherabsetzung 1 § 71 45, 53 ff,
  § 71c 14, 20 ff
- Kapitalrichtlinie 6 351 ff
- Kaufoption 1 § 71 6
- Konfusion der Pflichten aus eigenen Aktien
  1 § 71b 13 f
- Kreditinstitut 1 § 71 25, 44, 46, 57 f, § 71a 2,
  12 f, § 71c 17, § 71d 9, 11, 27, 29, 49,
  § 71e 2, 8, 16, 31 f
- Kurspflege 1 § 71 25, 63 f, § 71a 7
- Kursstabilisierungsmaßnahmen 1 § 71 9
- Legitimationsübertragung 1 § 71 7, § 71b 7
- Liquidationserlös 1 § 71b 11
- Liquiditätsausschüttung 1 § 71 64
- Machtkampf unter Aktionären 1 § 71 23
- Minderheitenrechte 1 § 71b 9
- mittelbarer Stellvertreter 1 § 71 85, § 71a 10,
  18 ff, § 71b 2, 6, 12, 14, § 71c 2, 5, 16,
  § 71d 1, 3 ff, 21, § 71e 23 ff, 33
- mittelbare Stellvertreter von Tochterunternehmen 1 § 71d 34 f
- Nichtigkeit 1 § 71 97 ff, § 71a 27 ff,
  § 71d 33, 47, 49 f, § 71e 33
- Nießbrauch 1 § 71b 3
- öffentliches Angebot 1 § 71 9
- Optionsrechte 1 § 71 64
- Ordnungswidrigkeit 1 § 71 107, § 71c 24,
  § 71d 60, § 71e 38
- originärer Erwerb 1 § 71 9
- Paketerwerb 1 § 71 66 f
- Patt-Situationen 1 § 71 64
- Pfandrecht 1 § 71b 3

- Put Option 1 § 71 6
- Realisierung von Kursgewinnen 1 § 71 25
- Rechte der AG 1 § 71b 1 ff
- Reportgeschäft 1 § 71 7
- Rückabwicklung 1 § 71 102 ff, § 71a 27,
  § 71c 8, § 71d 47
- Rückkaufprogramme 1 § 71 9
- Rücklage 1 § 58 9, § 71 79 ff
- Ruhen der Pflichten aus eigenen Aktien
  1 § 71b 13 f
- Ruhen der Rechte aus eigenen Aktien
  1 § 71b 3, 4 ff, § 71d 18, 22, 33, 51 ff
- Schadensabwehr 1 § 71 13 ff, § 71d 6, 24,
  § 71e 7, 12 ff
- Schadensbegriff 1 § 71 14 ff
- Schadensersatz 1 § 71 102 ff, 105 ff,
  § 71a 30, § 71c 8, 26, § 71d 47, § 71e 38
- Schadensersatzansprüche 1 § 71 106 f
- schuldrechtliches Geschäft 1 § 71 96 ff
- Schutz der Kompetenzverteilung 1 § 71 3,
  § 71b 1
- Schutz des Kapitalmarkts 1 § 71 3
- Shareholder Servicing-Kosten 1 § 71 64
- Sicherheit 1 § 71a 2 ff
- Sicherheiten 1 § 71a 6
- Sicherungsübertragung 1 § 71e 4
- Signaling 1 § 71 64
- Spaltung 1 § 71 38
- spekulative Kursstürze 1 § 71 21
- Steuerrecht 20 86
- Stimmrecht 1 § 71b 6 F
- Stimmrechtsvollmacht 1 § 71b 7
- Tauschverwahrung 1 § 71 7
- Tauschwährung 1 § 71 64, § 71c 9
- Tochterunternehmen 1 § 71 85, § 71a 10,
  18 ff, § 71b 2, 6, 12, 14, § 71c 2, 5 f, 16,
  § 71d 1, 20 ff, § 71e 23 ff, 33
- Tochterunternehmen als mittelbarer Stellvertreter 1 § 71d 36 ff
- Treuhand 1 § 71 7
- Überfremdung 1 § 71 22
- Übernahmeabwehr 1 § 71 64
- Umgehungen 1 § 71 1, § 71d 1 ff, 20 ff,
  § 71e 1
- Umgehungsgeschäfte 1 § 71a 1 ff
- umgekehrtes Bezugsrecht 1 § 71 67
- unentgeltlicher Erwerb 1 § 71 44 f, § 71d 9,
  27, § 71e 8
- Unentgeltlichkeit 1 § 71e 9, 12 ff
- ungerechtfertigte Bereicherung 1 § 71 102 ff
- unregelmäßige Verwahrung 1 § 71 7
- Unterrichtung der Bundesanstalt für Finanzdienstleistungsaufsicht 1 § 71 95
- Unterrichtung der Hauptversammlung
  1 § 71 85 ff
- Unwirksamkeit 1 § 71 96 ff, § 71a 27 ff,
  § 71d 2, 33, 47, 49, 50, § 71e 33

3421

Stichwortverzeichnis

- Veräußerungspflicht 1 § 71 30, 32, 43 f, 48 f, 53, 68, 92 ff, § 71a 27, § 71c 1 ff, 3 ff, 11 ff, § 71d 2, 16 ff, 33, 38, 57, 60, 61 ff, 69, § 71e 18 f, 28
- Veräußerungspflichten 1 § 71d 55 ff
- Veräußerung über die Börse 1 § 71 65, 69
- Verbotszwecke 1 § 71 3
- verdeckte Gewinnausschüttung 1 § 71 102 ff, § 71c 9
- Verkaufskommission 1 § 71 47
- Verschmelzung 1 § 71 37, 51
- Verstoß 1 § 71 97 ff
- Verwendungsabrede 1 § 71a 9
- Verwendungsfrist 1 § 71 61
- Volleinzahlung 1 § 71 13, 26, 33, 44, 49, 53, 58, 60, 74, 84, § 71d 15, 31, § 71e 15 ff
- Volleinzahlung Berichtspflicht 1 § 71 31 ff
- Vorschuss 1 § 71a 2 ff, 4
- Vorstandsbericht 1 § 71 66 f, 69 f
- vorübergehender Erwerb 1 § 71 7
- Wandelrechte 1 § 71 64
- Wandelschuldverschreibungen 1 § 221 52
- wechselseitig beteiligte Unternehmen 1 § 71d 21 f
- Wertpapierdarlehen 1 § 71 7
- Wertpapierhandel 1 § 71 57, § 71d 29
- Wiederaufleben der Pflichten aus eigenen Aktien 1 § 71b 13
- Wiederaufleben der Rechte aus eigenen Aktien 1 § 71b 4
- Zurechnung von Aktien 1 § 71d 40 f
- Zwangsgeld 1 § 71 94, 107, § 71c 25, § 71d 60
- Zweck 1 § 71 62 ff

Erwerbsangebot
- Gegenleistung 14 § 11 16 ff

ESMA 12 § 7 2, § 7a 1 f, § 25a 33

EuGH
- Auswirkungen der Rechtsprechung auf deutsches Recht 6 173 ff
- Cadbury Schweppes 6 126 ff
- Cartesio 6 101 f
- Centros 6 118 f
- Daily Mail 6 99 ff
- Inspire Art 6 120 ff
- National Grid Indus 6 109 ff
- Rechtsprechung zur Niederlassungsfreiheit 6 96 ff, 155
- Überseering 6 128 f
- Vale 6 130 ff
- Wegzug eigener Gesellschaften 6 98 ff
- Zuzug von EU-Gesellschaften 6 165 ff

EU-Leerverkaufsverordnung
- Allgemeinverfügungen 12 Vor § 30h 5 ff
- Art. 23 EU-Leerverkaufsverordnung 12 § 30h 7 ff
- Ausführungsvorschriften 12 Vor § 30h 35 ff
- Ausnahmen 12 Vor § 30h 26 ff, 34
- BaFin, Befugnisse 12 § 30h 10 f
- BaFin, Maßnahmen 12 § 30h 10 f
- BaFin, Zuständigkeit 12 § 30h 7 ff
- BaFin-FAQ 12 Vor § 30h 39
- befristete Beschränkungen von Leerverkäufen 12 § 30h 7 ff
- Bietergruppe Bundesemissionen 12 Vor § 30h 30
- Börsen, Zuständigkeit 12 § 30h 7 ff
- Bundesanzeiger 12 § 30h 12
- CDS 12 Vor § 30h 11 ff
- CDS, Verbot 12 Vor § 30h 19
- CESR 12 § 30h 2
- Credit Default Swaps 12 Vor § 30h 11 ff
- Credit Linked Notes 12 Vor § 30h 19
- Deckung 12 Vor § 30h 16 ff
- delegierte Verordnung 12 Vor § 30h 35 ff
- Drittstaaten 12 Vor § 30h 12
- Elektronische Mitteilung 12 Vor § 30h 24
- ESMA 12 Vor § 30h 32
- ESMA-Guidelines 12 Vor § 30h 27 ff, 39
- ESMA-Q&A 12 Vor § 30h 39
- EU 12 Vor § 30h 4 f
- EU-Leerverkaufs-Ausführungsgesetz 12 Vor § 30h 1 ff, 40, § 30h 1 ff
- Freiverkehr 12 Vor § 30h 13
- Intraday-Ausnahme 12 Vor § 30h 16
- Kursstabilisierungsmaßnahmen 12 Vor § 30h 34
- Locate Arragement 12 Vor § 30h 17
- Market-Maker 12 Vor § 30h 12, 26 ff
- Market-Maker, Anzeigeverfahren 12 § 30h 16
- Meldepflichten 12 Vor § 30h 20 ff
- MTF 12 Vor § 30h 13
- Multilaterales Handelssystem 12 Vor § 30h 13
- MVP-Portal 12 Vor § 30h 24
- Netto-Leerverkaufspositionen 12 Vor § 30h 20 ff, § 30h 12
- Netto-Leerverkaufspositionsverordnung 12 Vor § 30h 24, § 30h 14 ff, 15
- NLPosV 12 Vor § 30h 24
- Notfallbefugnisse 12 § 30h 3 ff
- Notfallkompetenzen 12 Vor § 30h 14
- Ordnungswidrigkeit 12 § 30h 17
- Primärhändler 12 Vor § 30h 12, 26 ff
- Rechtsverordnung 12 § 30h 14 ff
- Sofortige Vollziehbarkeit 12 § 30h 13
- technische Durchführungsstandards 12 Vor § 30h 35 ff
- Transparenzpflichten 12 Vor § 30h 11 ff, 20 ff
- Transparenzpflichten, Fonds 12 Vor § 30h 25
- Transparenzpflichten, Gruppen 12 Vor § 30h 25
- Überblick 12 Vor § 30h 11 ff
- Verbot, Aufhebung 12 Vor § 30h 18

- Verbote   12 Vor § 30h 11 ff, 15 ff
- Veröffentlichungen, Market-Maker   12 Vor § 30h 32
- WpMiVoG   12 Vor § 30h 1 F, § 30h 1 f
- zuständige Behörde   12 Vor § 30h 31 ff
- Zuständigkeits- und Verfahrensvorschriften   12 § 30h 1 f

EU-Ratingverordnung   12 § 17 2 ff

Europäische Aktiengesellschaft   1 § 1 6
- Arbeitnehmerbeteiligung   7 39 ff
- Begriff   7 8 ff
- dualistische Verwaltungsstruktur   7 12 ff
- formwechselnde Umwandlung   7 20
- gemeinsame Tochtergesellschaft   7 23 ff
- Grundkapital   7 8
- Gründung   7 15 f
- Hauptversammlung   7 11
- Holding-SE   7 21 f
- monistische Verwaltungsstruktur   7 12 ff
- nationales Recht   7 26 ff
- Organe   7 11 ff
- Rechtsfähigkeit   7 9
- Rechtsgrundlage   7 4 ff
- Satzung   7 10
- Sitz   7 30 ff
- Steuern   7 34 ff
- Verschmelzung   7 17 ff
- Verwaltungsstruktur   7 12 ff

Europäisches Gesellschaftsrecht   *siehe auch* Bilanzrichtlinien; *siehe auch* Europäische Aktiengesellschaft; *siehe auch* Niederlassungsfreiheit; *siehe auch* Publizitätsrichtlinie
- Corporate Governance   6 45 ff
- EuGH-Rechtsprechung   6 96 ff
- Europäische Gegenseitigkeitsgesellschaft   6 31
- Europäische Genossenschaft   6 30
- Europäischen Privatgesellschaft   6 30
- Europäischer Verein   6 31
- Europäische Wirtschaftliche Interessenvereinigung   6 30
- Grundfreiheiten   6 10 ff, 213 ff
- Harmonisierungsrichtlinien   6 32 ff
- Mindestharmonisierung   6 191 ff
- Primärecht   6 9 f
- Rechtsangleichung   6 20 ff, 189 ff
- Sekundärrecht   6 32 ff
- Stand und Entwicklung   6 32
- Teilharmonisierung   6 192 ff

Europäisches Verhinderungsverbot   14 § 33a 1 ff
- Ausnahmen   14 § 33a 12 ff
- Durchbrechungsregel   14 § 33b 1 ff
- Gegenseitigkeit   14 § 33c 1 ff
- Gewährung ungerechtfertigter Leistungen   14 § 33d 1 f
- Hauptversammlung   14 § 33a 12 f
- konkurrierende Angebote   14 § 33a 18
- Mitteilungspflicht   14 § 33a 19
- normaler Geschäftsbetrieb   14 § 33a 14 ff
- sachliche Reichweite   14 § 33a 7 ff
- Schadensersatzansprüche   14 § 33a 21
- Verstöße   14 § 33a 20
- zeitliche Reichweite   14 § 33a 11

Europäische Wertpapier- und Marktaufsichtsbehörde   12 § 7a 1 ff

Euro-Umstellung
- Alt-Gesellschaften   2 § 4 18 ff
- Anmeldung zum Handelsregister   2 § 4 14
- bedingtes Kapital   2 § 4 52 ff
- Genehmigtes Kapital   2 § 4 48 ff
- Hauptversammlungsbeschluss   2 § 4 12
- Kapitalerhöhung   2 § 4 30 ff
- Kapitalherabsetzung   2 § 4 41 ff
- Nennbetrag   1 § 7 3
- Neu-Gesellschaften   2 § 4 11 ff
- Rundungsprobleme   2 § 4 12
- Stückaktien   2 § 4 56 ff

EU-Versteigerungsverordnung   3 § 1 2

Execution-Only-Business   19 81 ff
- Anspruchsgegner   19 101 ff
- Anspruchsinhalt   19 112
- Begriff   19 81
- Beweislast   19 126 ff
- Haftungsbeschränkung   19 114 ff
- Haftungsfreizeichnung   19 114 ff
- Haftungsgrundlage   19 92 f
- Kausalität   19 95 ff
- Mitverschulden   19 117 f
- Pflichten   19 82 ff
- Verjährung   19 119 ff
- Verschulden   19 98 ff

Fairness-Opinions
- Auskunftsrecht   1 § 131 85

Faktischer Konzern   1 § 18 5 ff
- Abhängigkeitsverhältnis   1 § 311 22 ff
- Ansprüche der Aktionäre   1 § 317 18
- Ansprüche der Gesellschaft   1 § 317 16 f
- Anspruchsdurchsetzung   1 § 317 16 ff
- Anspruchsverjährung   1 § 317 19
- Anspruchsverzicht   1 § 317 19
- Art und Weise des Nachteilsausgleichs   1 § 311 69 ff
- Ausgleichpflicht   1 § 311 64 ff
- Begriff   1 § 311 1
- Beweislast   1 § 317 13
- Einlagenrückgewähr   1 § 57 33
- Faktizitätsprinzip   1 § 311 6
- gruppenbezogene Leitungsverantwortung   1 § 311 9
- Haftungserstreckung auf gesetzliche Vertreter   1 § 317 14 ff
- Haftungskonzept   1 § 311 1 ff
- Konzernleitungsmacht   1 § 311 7
- Konzernleitungspflicht   1 § 311 7
- Nachteilige Maßnahme   1 § 311 53 ff
- nicht quantifizierbare Nachteile   1 § 311 67

- qualifizierte Nachteilszufügung 1 § 317 11
- Schadensersatz 1 § 317 9 ff
- Schranken des Einflusses 1 § 311 1 ff
- Unterlassungsansprüche 1 § 317 12
- Veranlassung 1 § 311 41 ff
- Verantwortlichkeit der Verwaltungsmitglieder 1 § 318 1 ff
- Verantwortlichkeit des herrschenden Unternehmens 1 § 317 1 ff
- Vergleichsschluss 1 § 317 19
- Vertragsprinzip 1 § 311 6
- Vorstand 1 § 76 17
- Zulässigkeit 1 § 311 6

Faktisches Konzernrecht
- Privilegierungsfunktion 1 § 311 4 f, 12 f, 15, 18, 21
- Verdrängende Wirkung 1 § 311 11 ff

Faktisches Organ
- Sonderprüfung 1 § 142 12

Fehlerhaftes Organ
- Sonderprüfung 1 § 142 12

Feldmühle-Entscheidung
- Ausschluss von Minderheitsaktionären 1 Vor §§ 327a ff 6

Festpreisgeschäft 12 § 2 24
- Erwerb eigener Aktien 1 § 71 65 f

Feststellung der Satzung 1 § 2 14 ff, § 23 1 ff; siehe auch Satzungsstrenge; siehe auch Vorrats-Aktiengesellschaft
- Aktienübernahmeerklärung siehe dort
- Auslandsbeurkundung 1 § 23 4 f
- Auslegung 1 § 23 11 f
- Beispiele 1 § 23 44
- Bekanntmachung 1 § 25 1 ff
- Beurkundungsverfahren 1 § 23 6
- Ergänzungen 1 § 23 43 f
- Firma 1 § 23 19 f
- Form der Bekanntmachung 1 § 23 38 f
- formelle Bestimmungen 1 § 23 8 ff
- Gegenstand des Unternehmens 1 § 23 21 ff
- Gründungsaufwand 1 § 26 9 ff
- Höhe des Grundkapitals 1 § 23 33 f
- Inhaberaktien 1 § 23 36
- Kosten 1 § 23 54
- Mängel 1 § 23 45 ff
- materielle Bestimmungen 1 § 23 8 ff
- Namensaktien 1 § 23 36
- notarielle Beurkundung 1 § 23 3 ff
- notwendiger Satzungsinhalt 1 § 23 18 ff
- Rechtsnatur 1 § 23 2
- schuldrechtliche Nebenvereinbarungen 1 § 23 55 ff
- Sitz 1 § 23 19 f
- Sondervorteile 1 § 26 3 ff
- Umwandlung von Aktien 1 § 24 1 ff
- Vertretung 1 § 23 7
- Zahl der Vorstandsmitglieder 1 § 23 37
- Zerlegung des Grundkapitals 1 § 23 35

Feststellungsklage
- Anfechtung von Beschlüssen der Hauptversammlung 1 § 246 11 ff

Feststellungsziele
- Benennung 8 § 3 31 ff

Financial Assistance
- Beherrschungsvertrag 1 § 71a 17a, § 71d 49 ff
- Belegschaftsaktien 1 § 71a 14
- derivater Erwerb von Aktien 1 § 71a 3
- Empfänger 1 § 71a 8
- Erwerb eigener Aktien 1 § 71a 1 ff, § 71d 2
- FinanzdienstleistungsInstitut 1 § 71a 13
- Gewinnabführungsvertrag 1 § 71a 17a, § 71d 49 ff
- Haftung Aufsichtsrat 1 § 71a 11
- Haftung Vorstand 1 § 71a 11
- Inpfandnahme eigener Aktien 1 § 71e 31
- Kapitalgrenze 1 § 71a 15 ff
- Kreditinstitut 1 § 71a 13
- Kurspflege 1 § 71a 7
- mittelbarer Stellvertreter 1 § 71a 10, § 71d 49 ff
- Nichtigkeit 1 § 71a 11
- originärer Erwerb von Aktien 1 § 71a 3
- Rückabwicklung 1 § 71a 11
- Schadensersatz 1 § 71a 11
- Tochterunternehmen 1 § 71a 10, § 71d 49 ff
- Unwirksamkeit 1 § 71a 11
- Verwendungsabrede 1 § 71a 9

Finanzanalyse 12 § 2 44
- Anlegervertrauen 12 § 34b 1
- Definition 12 § 34b 5
- Interessenkonflikte 12 § 34b 17
- Interessenkonflikte, Offenlegung 12 § 34b 12
- Journalisten 12 § 34b 15
- Sachkenntnis, Sorgfalt, Gewissenhaftigkeit 12 § 34b 8

Finanzdienstleistungsinstitute
- Auskunftsrecht 1 § 131 74
- Begriff 19 4
- Erwerb eigener Aktien 1 § 71 57 f, § 71a 13, § 71e 16

Finanzielle Differenzgeschäfte 12 § 25 19 f

Finanzierung des Angebots
- Barkapitalerhöhung 14 § 13 4, 7
- Bestätigung durch ein Wertpapierdienstleistungsunternehmen 14 § 13 11 ff
- Fremdfinanzierung 14 § 13 9 f
- Genehmigtes Kapital 14 § 13 4
- Haftung des Wertpapierdienstleistungsunternehmen 14 § 13 14 f
- notwendige Maßnahmen 14 § 13 5 ff
- Sachkapitalerhöhung 14 § 13 4, 8
- Sicherstellung 14 § 13 2
- Sorgfaltsmaßstab 14 § 13 6

- Wertpapierleihe 14 § 13 4

Finanzierungsleistungen
- Beherrschungsvertrag 1 § 71a 17a, § 71d 49 ff
- Belegschaftsaktien 1 § 71a 14
- derivativer Erwerb von Aktien 1 § 71a 3
- Empfänger 1 § 71a 8
- Erwerb eigener Aktien 1 § 71a 1 ff, § 71d 2
- Finanzdienstleistungsinstitut 1 § 71a 13
- Gewinnabführungsvertrag 1 § 71a 17a, § 71d 49 ff
- Haftung Aufsichtsrat 1 § 71a 11
- Haftung Vorstand 1 § 71a 11
- Inpfandnahme eigener Aktien 1 § 71e 31
- Kapitalgrenze 1 § 71a 15 ff
- Kreditinstitut 1 § 71a 13
- Kurspflege 1 § 71a 7
- mittelbarer Stellvertreter 1 § 71a 10, § 71d 49 ff
- Nichtigkeit 1 § 71a 11
- originärer Erwerb von Aktien 1 § 71a 3
- Rückabwicklung 1 § 71a 11
- Schadensersatz 1 § 71a 11
- Tochterunternehmen 1 § 71a 10, § 71d 49 ff
- Unwirksamkeit 1 § 71a 11
- Verwendungsabrede 1 § 71a 9

Finanzinstrument 12 § 2 18, § 25a 10
- Analyse 12 § 34b 1 ff
- Analyse, Anzeigepflicht 12 § 34c 1 ff
- Mitteilungspflichten beim Halten von F.en 12 § 25 1 ff

Finanzkommissionsgeschäft 12 § 2 21 f
- Begriff 1 § 2 12 f

Finanzkrise
- EMIR-Verordnung 12 Vor §§ 18-20 1 ff
- Leerverkaufsverbote 12 Vor § 30h 1 ff
- Ratingagenturen 12 § 17 1 ff

Finanzlage
- Auskunftsrecht 1 § 131 85

Finanzmarktrichtlie-Umsetzungsgesetz (FRUG) 12 Vor §§ 31-37 2

Finanzportfolioverwaltung 12 § 2 33 ff

Finanztermingeschäft 12 § 2 17
- Anspruchsgegner 19 101 ff
- Anspruchsinhalt 19 113
- Begriff 19 86 ff
- Beweislast 19 126 ff
- Einwände 12 § 37e 1 ff
- Haftungsbeschränkung 19 115
- Haftungsfreizeichnung 19 115
- Haftungsgrundlage 19 92 f
- Kausalität 19 95 ff
- Mitverschulden 19 117 f
- Pflichten 19 90 f
- Schiedsvereinbarungen 12 § 37h 1 f
- verbotene Finanztermingeschäfte 12 § 37g 1 f
- Verjährung 19 119 ff

- Verschulden 19 98 ff

Finanzunternehmen
- Erwerb eigener Aktien 1 § 71 57

FinDAG 12 § 3 1

FINMA 12 § 7 12

Firma 1 § 4 1 ff; *siehe auch* Zweigniederlassung
- abgeleitete Firma 1 § 4 31 ff
- Abwicklung der Aktiengesellschaft 1 § 264 10
- Arten 1 § 4 23 ff
- Auflösung der Aktiengesellschaft 1 § 262 23 ff
- Bildzeichen 1 § 4 17
- Buchstabenfolgen 1 § 4 14
- eingetragene Firma 1 § 4 43
- Eintragung 1 § 39 3
- Firmenausschließlichkeit 1 § 4 9
- Firmenbeständigkeit 1 § 4 10
- Firmenbildung 1 § 4 12 ff
- Firmeneinheit 1 § 4 7
- Firmenfähigkeit 1 § 4 5
- Firmenfortführung 1 § 4 32 f
- Firmenkern 1 § 4 6
- Firmenöffentlichkeit 1 § 4 11
- Firmenschutz 1 § 4 22
- Firmenübertragung 1 § 4 32
- Firmenvereinigung 1 § 4 33
- Firmenwahrheit 1 § 4 8
- Firmenzusätze 1 § 4 6, 39 ff
- fremdsprachige Bezeichnungen 1 § 4 28
- Haftung bei Firmenfortführung 1 § 4 34
- Individualisierungsfunktion 1 § 4 18
- Irreführungsverbot 1 § 4 19 ff
- Kennzeichnungsfähigkeit 1 § 4 13 ff
- Kommanditgesellschaft auf Aktien 1 § 279 1 ff
- Legaldefinition 1 § 4 3
- Löschung der Firma 1 § 4 44
- natürliche Person 1 § 2 5
- Nichtaktionäre 1 § 4 24
- Personenfirma 1 § 4 24
- Phantasiefirma 1 § 4 27
- Rechtsanwalt-Kapitalgesellschaft 1 § 4 29 f
- Rechtsnatur 1 § 4 4
- Sachfirma 1 § 4 25 f
- Satzungsänderung 1 § 179 50
- Satzungsinhalt 1 § 23 19 f
- Übergangsvorschriften 1 § 4 2
- Unterscheidbarkeit 1 § 4 18
- Unterscheidungskraft 1 § 4 18
- unzulässige Firma 1 § 4 42 ff
- Verwechselungsrisiko 1 § 4 18
- Zahlen 1 § 4 16
- Zweigniederlassung 1 § 4 35 ff

FMStBG
- Genehmigtes Kapital 1 § 202 140 ff

Formwechsel
- Abwicklung der Aktiengesellschaft 1 § 264 10

- Erwerb eigener Aktien 1 § 71 38
- Körperschaftssteuerrecht 20 13

Fortsetzung einer aufgelösten Gesellschaft
  1 § 274 1 ff
- Amtslöschung 1 § 274 5
- Anmeldung zur Eintragung 1 § 274 9
- Fortsetzungsbeschluss 1 § 274 8
- Insolvenzverfahren 1 § 274 3
- Möglichkeit 1 § 274 2 ff
- Nachweis der Nichtverteilung 1 § 274 9
- Nichtigkeitsurteil 1 § 274 5
- Satzungsmangel 1 § 274 4
- Voraussetzungen 1 § 274 7
- Wirksamwerden des Fortsetzungsbeschlusses
  1 § 274 10
- Wirkung 1 § 274 11

Framing-Effekt 16 18

free retention
- Börseneinführung 17 64

Freie Berufe
- Aktiengesellschaft 1 § 3 4
- Angehörige 12 § 2a 8

Freie Mitarbeiter, Mitbestimmung 9 § 3 4

Freigabeverfahren
- Antrag 1 § 246a 7 ff
- Anwendungsbereich 1 § 246a 5 f
- Ausschluss von Minderheitsaktionären
  1 § 327e 16 f
- Bestandskraft 1 § 246a 84 ff
- Bindung des Registergerichts 1 § 246a 82
- Freigabegründe 1 § 246a 22 ff
- Kosten 1 § 246a 21
- Nebenintervention 1 § 246a 15
- Rechtspolitische Bewertung 1 § 246a 3
- Schadensersatz 1 § 246a 90 ff
- Verfahrensfragen 1 § 246a 18 ff
- Verhältnis zum Beschlussmängelprozess
  1 § 246a 87 ff
- Verhältnis zur einstweiligen Verfügung
  1 § 246a 99
- zuständiges Gericht 1 § 246a 17

Freiverkehr 3 § 48 1 ff
- Antragsteller 3 § 48 4
- Grundlage 3 § 48 3

Freiwillige Leistungen 1 § 54 11

Futures/Forwards 12 § 25a 15, 16

Gebietskörperschaft
- Informationsrechte 1 Anh §§ 394, 395 1 ff
- Prüfungsrechte 1 Anh §§ 394, 395 1 ff
- Unterrichtungsrecht 1 Anh §§ 394, 395 10 ff

Geeignetheitsprüfung (Suitability-Test)
  12 § 31 105

Gegenleistung 14 § 31 1 ff
- Absorption 14 § 31 21
- Aktien für Rechnung des Bieters 14 § 31 4 ff
- anvertraute Aktien 14 § 31 12 f

- Art 14 § 11 14 f, § 31 20 ff
- Barangebote 14 § 11 22, § 31 24 ff
- Bewertung 14 § 11 23 ff
- Dritte 14 § 31 15 ff
- Erwerbsangebote 14 § 11 16 ff
- Höhe 14 § 11 16
- Kapitalanlagegesellschaften 14 § 31 8
- Kettenzurechnung 14 § 31 20
- Mindestpreisregeln 14 § 11 16
- Nießbrauch 14 § 31 11
- Pflichtangebote 14 § 11 16
- Tauschangebote 14 § 11 22
- Tochterunternehmen 14 § 31 3
- Übernahmeangebote 14 § 11 16
- Verwaltungstreuhänder 14 § 31 5
- Vorschaltgesellschaft 14 § 31 7
- Zurechnungstatbestände 14 § 31 3 ff
- zur Sicherheit übertragene Aktien 14 § 31 9 f

Gegenpartei, geborene 12 § 31a 15

Gegenpartei, geeignete 12 § 31 27, § 31a 14, 15,
  16, 18, § 31b 1, 2, 3

Geldmarktinstrumente 12 § 2 8

Gemeinsamer Vertreter 10 § 6 1 ff
- Abberufung 15 § 7 5, § 8 2
- Anleihebedingungen 15 § 8 1
- Aufgaben 15 § 7 1
- Auskunftsrecht ggü. Schuldner 15 § 7 12
- Befugnisse 15 § 7 9
- Berichtpflicht 15 § 7 11
- Beschwerdebefugnis 10 § 12 9
- Bestellung 15 § 7 2
- Haftung 15 § 7 14, § 8 7
- Informationspflichten 15 § 7 8
- Inhabilitäte 15 § 8 4
- Interessenkonflikt 15 § 7 7, § 8 3
- Kosten 15 § 7 15, § 8 8
- Merheitserfodernis 15 § 7 3
- Qualifikation 15 § 7 6
- Rechteverzicht 15 § 8 6
- Schuldnerzustimmung 15 § 7 4
- weitere Aufgaben 15 § 7 10

Gemeinsam handelnde Personen
- Ermittlungen der BaFin 14 § 40 4

Gemeinschaftsunternehmen
- Mitbestimmung 9 § 5 19

Genehmigtes Kapital
- Abspaltung 1 § 203 55, 139
- Aktienausgabe 1 § 205 5
- Änderung der Ermächtigung 1 § 202 71 ff
- Anfechtung 1 § 203 111 ff, § 255 21
- Anhang 1 § 160 14 f
- Anmeldung der Durchführung 1 § 203 30 ff
- Anmeldung der Satzungsänderung
  1 § 202 31 ff
- Arbeitnehmeraktien 1 § 202 93 ff, § 203 138,
  145, § 204 32 ff
- Aufsichtsrat 1 § 202 83 ff

Stichwortverzeichnis

- Aufspaltung 1 § 203 55, 139
- Ausgabebedingungen 1 § 204 2 ff
- Ausnutzung der Ermächtigung 1 § 202 76 ff
- Ausnutzungsentscheidung 1 § 202 7 ff
- ausstehende Einlagen 1 § 203 131 ff
- Ausübung der Ermächtigung 1 § 203 81 ff
- bedingte Kapitalerhöhung 1 § 202 63, § 203 3
- Bedingungen der Aktienausgabe 1 § 204 13
- Begriff 1 § 202 1
- Bekanntmachung 1 § 203 53
- Bekanntmachung der Eintragung 1 § 203 50 ff
- Bekanntmachung der Satzungsänderung 1 § 202 38
- Belegschaftsaktien 1 § 205 34 ff
- Bezugsrecht 1 § 203 9 ff
- Bezugsrechtsausschluss 1 § 203 12 ff, 56 ff
- Dauer der Ermächtigung 1 § 202 40 ff
- Deutscher Corporate Governance Kodex 1 § 202 139
- Durchführung 1 § 202 7 ff
- Eintragung 1 § 39 7
- Eintragung der Durchführung 1 § 203 43 ff
- Eintragung der Satzungsänderung 1 § 202 35 ff
- Erlöschen der Ermächtigung 1 § 202 67 ff
- Ermächtigung 1 § 202 16 ff, § 203 56 ff
- Ermächtigung zur Erhöhung des Grundkapitals 1 § 202 13 ff
- Euro-Umstellung 2 § 4 48 ff
- fakultativer Inhalt der Ermächtigung 1 § 202 46 ff
- fehlerhafte Ermächtigung 1 § 202 121 ff
- Finanzierung des Angebots 14 § 13 4
- FMStBG 1 § 202 140 ff
- Fünfjahresfrist 1 § 202 58 ff
- Genehmigtes Kapital I 1 § 202 12
- Genehmigtes Kapital II 1 § 202 12
- gesetzliche Schranken für die Ermächtigung 1 § 202 52 ff
- Inhalt der Aktienrechte 1 § 204 2 ff, 12
- Inhalt der Ermächtigung 1 § 202 39 ff
- Kapitalerhöhung aus Gesellschaftsmitteln 1 § 202 63, § 218 7
- Kapitalgrenze 1 § 202 52 ff
- Kapitalrichtlinie 6 385
- Liquidation und Insolvenz 1 § 202 106b ff
- Mehrheitserfordernisse 1 § 202 21 ff
- mittelbarer Bezugsrechtsausschluss 1 § 203 25
- Nachgründung 1 § 206 12, 29
- neue Aktien 1 § 203 6 ff
- Notarkosten 1 § 202 107 ff
- Rechtsfolgen des Fehlens der Zustimmung 1 § 202 89 ff
- Regierungskommission Corporate Governance 1 § 202 138
- Registereintragungskosten 1 § 202 113 ff
- Rücknahme der Ausnutzungsentscheidung 1 § 202 82
- Sacheinlage 1 § 205 7 ff, 11 ff
- Sacheinlagen 1 § 205 6 ff, § 206 1 ff
- Satzung 1 § 202 16 ff
- Satzungsänderung 1 § 202 18 ff
- Schaffung 1 § 202 5 f
- Schranken der Ermächtigung 1 § 202 39 ff
- Sonderbeschlüsse 1 § 202 26 ff
- Steuern 1 § 202 120
- Subsidiarität 1 § 203 131 ff
- Teilanfechtung 1 § 203 115
- Übernahmeangebot 1 § 202 64
- Übernahme eigener Aktien 1 § 56 2
- Überschreitung der Höchstgrenzen 1 § 202 61 f
- Umfang der Ermächtigung 1 § 202 43
- Umwandlung 1 § 202 65
- Ursprungssatzung 1 § 202 17
- verbotene Aktienausgabe 1 § 203 54
- vereinfachter Bezugsrechtsausschluss 1 § 203 106 ff
- Verfahren 1 § 202 5 ff
- Verpflichtung zur Durchführung 1 § 202 15
- Verschmelzung 1 § 203 55, 139
- Versicherungsgesellschaften 1 § 203 136
- Verstöße 1 § 203 109 ff, § 204 21 f
- Verwaltungskosten 1 § 202 112
- Vorstandsbericht 1 § 203 93 ff
- Vorstandsentscheidung 1 § 202 77 ff
- Vorzugsaktien 1 § 204 24 ff
- Wirksamwerden der Kapitalerhöhung 1 § 203 51 ff
- Zeichnung der neuen Aktien 1 § 203 6 ff
- Zusicherung von Rechten auf den Bezug neuer Aktien 1 § 203 27 f
- Zustimmung des Aufsichtsrates 1 § 202 83 ff, § 204 14 ff
- Zweck 1 § 202 3 f

Genehmigungen
- Anlage bei der Anmeldung der Gesellschaft 1 § 37 36 ff

Generalbevollmächtigter
- Aufsichtsratsmitglied 1 § 105 8 f

Gentlemen's Agreements 12 § 25 6 f

Genussrechte 1 § 221 44 ff
- Allgemeine Geschäftsbedingungen 1 § 221 46
- Anfechtungsbefugnis 1 § 245 6
- Anhang 1 § 160 18
- Begriff 1 § 221 6 ff
- Beherrschungs- und Gewinnabführungsvertrag 1 § 221 55
- Beschluss der Hauptversammlung 1 § 221 13 ff
- Bezugsrecht 1 § 221 24 ff
- Bilanzierung 1 § 221 66
- Eigenkapitalcharakter 1 § 221 47

3427

- Eingliederung 1 § 221 54
- Eingriffe 1 § 221 49
- Entstehung 1 § 221 11 ff
- Ersatzansprüche 1 § 221 50
- Erwerb eigener Aktien 1 § 221 52
- Faktischer Konzern 1 § 221 58
- Inhalt 1 § 221 44 ff
- Insolvenz 1 § 221 67
- Kombination mit Wandel- und Optionsrechten 1 § 221 48
- Konzernsachverhalte 1 § 221 53
- naked warrants 1 § 221 59 ff
- Rechtsnatur 1 § 221 8 f
- Squeeze-out 1 § 221 63
- stock options 1 § 221 62 f
- Übertragbarkeit 1 § 221 23 ff
- Verbriefung 1 § 221 21

Geregelter Markt
- Aktiengesellschaft 1 § 3 5
- Freiverkehr 3 § 48 1 ff

Gesamthandsgemeinschaft
- Gründung einer Aktiengesellschaft 1 § 2 10 ff

Geschäftsbriefe 1 § 80 1 ff
- Abwickler 1 § 268 10
- Aufsichtsratsvorsitzender 1 § 80 13
- ausländische Zweigniederlassungen 1 § 80 21 f
- Ausnahmen 1 § 80 16 ff
- Begriff 1 § 80 4 f
- bestehende Geschäftsverbindung 1 § 80 17
- Bestellscheine 1 § 80 20
- bestimmter Empfänger 1 § 80 6 f
- fakultative Angaben 1 § 80 14 ff
- innerbetrieblicher Geschäftsverkehr 1 § 80 8
- Kapital 1 § 80 14
- Rechtsform 1 § 80 9
- Registergericht 1 § 80 11
- Registernummer 1 § 80 11
- Sitz 1 § 80 10
- Stellvertreter von Vorstandsmitgliedern 1 § 94 6 f
- Verstoß 1 § 80 23
- Vordrucke 1 § 80 18 f
- Vorstandsmitglieder 1 § 80 12

Geschäftsführung 1 § 77 1 ff; siehe auch Vertretung
- bedingte Kapitalerhöhung 1 § 193 10
- Beschluss 1 § 77 4
- Beschränkung durch Aufsichtsrat 1 § 82 10
- Beschränkung durch Hauptversammlung 1 § 82 9
- Beschränkung durch Satzung 1 § 82 8
- Beschränkung durch Vorstands-/Aufsichtsratsgeschäftsordnung 1 § 82 11
- Beschränkungsmöglichkeit 1 § 82 7 ff
- Einstimmigkeit 1 § 77 3
- Einzelzuständigkeit 1 § 77 9
- Gefahr in Verzug 1 § 77 5
- Gesamtgeschäftsführung 1 § 77 2
- Gesamtzuständigkeit 1 § 77 9
- Mehrheitsbeschluss 1 § 77 10
- mitbestimmte Gesellschaften 1 § 77 16
- Satzung 1 § 77 8
- Sonderprüfung 1 § 142 10 ff
- Stellvertreter von Vorstandsmitgliedern 1 § 94 13 f
- Stimmverbot 1 § 77 6
- Überschreiten 1 § 82 12
- Vetorecht 1 § 77 11
- Willensbildung 1 § 77 4
- Zustimmungsvorbehalt des Aufsichtsrates 1 § 111 24 ff

Geschäftsführungsvertrag 1 § 291 76 ff; siehe auch Gewinnabführungsverträge
- Abgrenzungsfragen 1 § 291 76 ff
- Gewinnverteilung 1 § 291 97
- Inhalt 1 § 291 79 ff
- Jahresüberschuss 1 § 291 97
- Kapitalerhaltung 1 § 291 97
- Modifikationen 1 § 291 83 ff
- Rechtsfolgen 1 § 291 82

Geschäftsjahr
- Satzungsänderung 1 § 179 49

Geschäftsordnung der Hauptversammlung
- Änderung 1 § 129 11
- Aufhebung 1 § 129 11
- Aufstellung 1 § 129 10
- Durchbrechung 1 § 129 12
- Inhalt 1 § 129 8 ff
- Rechtsfolgen bei Verstößen 1 § 129 13 ff
- systematische Stellung 1 § 129 3 ff
- Verfahren 1 § 129 10 ff
- Versammlungsleiter 1 § 129 6
- Verstoß beim Erlass 1 § 129 15

Geschäftsordnung des Vorstands 1 § 77 12 ff
- Änderung der Verhältnisse 1 § 77 15
- Form 1 § 77 13
- Inhalt 1 § 77 14
- Zuständigkeit 1 § 77 12

Geschäftsrisiken 12 § 2a 12

Gesellschaft bürgerlichen Rechts
- Gründung einer Aktiengesellschaft 1 § 2 10
- Rechtsgemeinschaft an einer Aktie 1 § 69 4

Gesellschaftervereinbarung 12 § 25a 60

Gesellschafterversammlung
- Angebot zum Erwerb von Wertpapieren 14 § 25 1 ff

Gesellschaft mit beschränkter Haftung
- Ausschluss von Minderheitsaktionären 1 Vor §§ 327a ff 6
- Mitbestimmung 9 § 1 14
- Rechtsgemeinschaft an einer Aktie 1 § 69 3

Gesellschaft mit beschränkter Haftung & Co. KG
- Gründung einer Aktiengesellschaft 1 § 2 9

Stichwortverzeichnis

Gesellschaft mit beschränkter Haftung & Co. KGaA *siehe* Kommanditgesellschaft auf Aktien
Gesellschaftsblätter
- Bekanntmachung der Satzung 1 § 25 2
Gesellschaftsdauer
- Satzungsänderung 1 § 179 52
Gesellschaftsrechtsharmonisierung
- Harmonisierungsarten 6 189 ff
- überschießende Umsetzung 6 199
Gesellschaftsstatut
- Aktiengesellschaft 1 § 1 34
Gesellschaftszweck
- Abgrenzung zum Unternehmensgegenstand 1 § 23 21
- Auflösung der Aktiengesellschaft 1 § 262 2
- Satzungsänderung 1 § 179 42 ff
Gesetzliche Rücklage 1 § 150 3 ff
- Begriff 1 § 58 8
- Dotierung 1 § 150 7 ff
- vereinfachte Kapitalherabsetzung 1 § 229 20 f, § 231 4
- Verwendung 1 § 150 17 ff
Gesetz zur Stärkung des Anlegerschutzes und Verbesserung der Funktionsfähigkeit des Kapitalmarktes 12 § 25a 1
Gewerberecht
- Aktiengesellschaft 1 § 3 4
Gewerbesteuerrecht 20 41 ff
- Abwicklung der Aktiengesellschaft 20 130 ff
- Anteile am Verlust einer in- und ausländischen Mitunternehmerschaft 20 50 f
- Auflösung einer Aktiengesellschaft 20 130 ff
- Beginn der Gewerbesteuerpflicht 20 43
- Besteuerungsgrundlage 20 48
- Betriebsstättenfiktion 20 143
- Dividenden bei Streubesitz 20 50
- Ende der Gewerbesteuerpflicht 20 44 f
- Entgelte für Schulden 20 50
- Erhebungszeitraum 20 47
- Gewerbeertrag 20 49
- Gewerbesteuerertrag 20 46
- Gewerbesteuermessbetrag 20 53
- Gewerbesteuerpflicht 20 42 ff
- Gewerbeverlust 20 52
- Gewinnanteile der stillen Gesellschafter 20 50
- Kommanditgesellschaft auf Aktien 20 148
- Kürzung für Grundbesitz 20 51
- Liquidation einer Aktiengesellschaft 20 130 ff
- Mietzinsen 20 50
- Mitunternehmerschaft 20 50
- Organschaft 20 142
- Pachtzinsen 20 50
- Stille Gesellschafter 20 50
- Streubesitz 20 50
- Vorgesellschaft 20 63
- Vorgründungsgesellschaft 20 60

Gewerbliche Schutzrechte 1 § 1 16
Gewerbsmäßigkeit 12 § 2 49
Gewerkschaften
- Mitbestimmung 9 § 16 1 ff
Gewinnabführungsverträge *siehe auch* Abfindung; *siehe auch* Ausgleichspflicht; *siehe auch* Geschäftsführungsvertrag; *siehe auch* Unternehmensverträge
- abzuführender Gewinn 1 § 291 64 ff
- Ausfallhaftung 1 § 303 18
- Begriff 1 § 291 57 ff
- Bürgschaft 1 § 303 17
- eingegliederte Gesellschaften 1 § 324 4
- Einschränkungen der Gewinnabführungspflicht 1 § 291 64 ff
- Erwerb eigener Aktien 1 § 71 34
- fehlerhafter Gewinnabführungsvertrag 1 § 291 69 f
- Financial Assistance 1 § 71a 2 ff
- Finanzierungsleistungen 1 § 71a 2 ff
- Gemeinschaftsunternehmen 1 § 291 71
- Gewinnbeteiligung 1 § 291 74
- Gewinn- und Verlustrechnung 1 § 158 10 ff
- Gewinnverteilung 1 § 291 97
- Gläubigerschutz 1 § 303 1 ff
- GmbH 1 § 291 100 f
- Höchstbetrag 1 § 301 1 ff
- isolierter Abschluss 1 § 291 61 f
- Jahresüberschuss 1 § 291 97
- Kapitalerhaltung 1 § 291 97
- nichtiger Gewinnabführungsvertrag 1 § 291 69 f
- Rechtsnatur 1 § 291 57 ff
- Rücklage 1 § 300 8
- Rückwirkung 1 § 291 63 f
- Sicherheitsleistung 1 § 303 14 ff
- steuerliche Organschaft 1 § 291 61 f
- stille Gesellschaft 1 § 291 74
- Teilgewinnabführungsvertrag 1 § 291 74
- Verlust 1 § 302 4 ff
- Verlustübernahme 1 § 302 4 ff
- Verlustübernahmevertrag 1 § 291 72
- Vertrag zugunsten Dritter 1 § 291 75
- Weisungsrecht 1 § 291 67 f
Gewinnanteilsscheine
- Ausgabe neuer Gewinnanteilscheine 1 § 75 1 ff
- Kraftloserklärung 1 § 72 17 ff
Gewinnausschüttungen
- Körperschaftssteuerrecht 20 36
Gewinnausschüttungsverbot
- vereinfachte Kapitalherabsetzung 1 § 233 2 ff
Gewinnbeteiligung
- Gewinnabführungsverträge 1 § 291 74
- Gleichbehandlungsgebot 1 § 53a 10
Gewinngemeinschaften 1 § 292 5 ff
- Abgrenzung 1 § 292 17 ff

Stichwortverzeichnis

- Aufteilung 1 § 292 13 f
- fehlerhafte Gewinngemeinschaftsverträge 1 § 292 15 f
- Gewinn 1 § 292 11 f
- GmbH 1 § 292 55 f
- Grundtatbestand 1 § 292 8 ff
- Höchstbetrag 1 § 301 4
- Inhalt 1 § 292 8 ff
- Vertragsparteien 1 § 292 7
- Zusammenlegung zur Aufteilung 1 § 292 13 f

Gewinnrücklagen
- Begriff 1 § 58 6 f
- Bilanz 1 § 152 12 ff
- Gewinnverwendungsbeschluss 1 § 174 19 ff
- vereinfachte Kapitalherabsetzung 1 § 229 22

Gewinnschuldverschreibungen
- Anhang 1 § 160 16
- bedingtes Kapital 1 § 221 19
- Beschluss der Hauptversammlung 1 § 221 12 ff
- Bezugsrecht 1 § 221 23 ff
- Bilanzierung 1 § 221 65
- Entstehung 1 § 221 11 ff
- Erwerb eigener Aktien 1 § 221 52
- Inhalt 1 § 221 44 ff
- Kapitalerhöhung aus Gesellschaftsmitteln 1 § 216 19
- Übertragbarkeit 1 § 221 23 ff
- Verbriefung 1 § 221 21 f

Gewinn- und Verlustrechnung 1 § 158 1 ff
- Kommanditgesellschaft auf Aktien 1 § 286 13

Gewinnverteilung 1 § 60 1 ff
- Geschäftsführungsvertrag 1 § 291 97
- gesetzlicher Gewinnverwendungsschlüssel 1 § 60 3 ff
- Gewinnabführungsverträge 1 § 291 97
- Kapitalerhöhung 1 § 60 11
- Satzung 1 § 60 10
- satzungsmäßiger Gewinnverwendungsschlüssel 1 § 60 8 ff
- Vorzugsaktionäre 1 § 139 9 ff

Gewinnverwendungsbeschluss 1 § 174 1 ff; *siehe auch* Anfechtung des Gewinnverwendungsbeschluss; *siehe auch* Nichtigkeit des Gewinnverwendungsbeschluss
- Abschlagszahlungen 1 § 174 13
- Änderungsverbot des Jahresabschlusses 1 § 174 26
- Anfechtbarkeit 1 § 174 29
- Anspruch der Aktionäre 1 § 174 7
- Aufhebungsverbot 1 § 174 7
- Aushungerungspolitik 1 § 174 21
- Ausschüttungsverbot 1 § 174 15
- Bilanzverlust 1 § 174 14
- Bonus 1 § 174 5
- Dividendenverzicht 1 § 174 16
- Gewinnrücklagen 1 § 174 19 ff
- Gewinnvortrag 1 § 174 23 f
- Inhalt 1 § 174 8 ff
- Kommanditgesellschaft auf Aktien 1 § 286 10
- Mindestangaben 1 § 174 9 ff
- Nichtigkeit 1 § 58 62 f, § 174 28
- Offenlegung 1 § 174 27
- Rücklagen 1 § 58 33 ff
- Sachdividende 1 § 58 55 f, § 174 6
- Schütt-aus-Hol-zurück-Verfahren 1 § 174 17
- Sonderausschüttung 1 § 174 5

Gewinnverwendungsvorschlag
- Aushändigung an die Aufsichtsratmitglieder 1 § 170 18 ff
- Gliederung 1 § 170 11 ff
- Kenntnisnahme des Aufsichtsratmitglieder 1 § 170 18 ff
- Prüfung durch den Aufsichtsrat 1 § 171 1 ff
- Vorlage an den Aufsichtsrat 1 § 170 2 ff

Gewinnvortrag
- vereinfachte Kapitalherabsetzung 1 § 229 23

Girosammelverwahrung 1 § 10 21
- Rechtsgemeinschaft an einer Aktie 1 § 69 5

Gläubigeraufruf
- Abwicklung der Aktiengesellschaft 1 § 267 1 ff

Gleichbehandlung
- Satzungsänderung 1 § 179 63
- Wertpapierübernahmegesetz 14 § 3 2 ff

Gleichbehandlungsgebot 1 § 53a 1 ff
- Aktiengattungen 1 § 53a 13
- Aktiengesellschaft 1 § 1 27
- Anfechtung von Beschlüssen der Hauptversammlung 1 § 243 22
- Auskunftsrecht 1 § 53a 21
- Beschlussanfechtung 1 § 53a 18
- Beteiligungen der öffentlichen Hand 1 § 53a 13a
- Beweislast 1 § 53a 25
- Bezugsrechtsausschluss 1 § 186 68
- Erwerb eigener Aktien 1 § 71 65 ff
- Formale Ungleichbehandlung 1 § 53a 15 ff
- Gewinnbeteiligung 1 § 53a 10
- Hauptrechte 1 § 53a 7
- Hilfsrechte 1 § 53a 8, 10
- Konzern 1 § 53a 13a
- Leistungsrecht 1 § 53a 21
- Leistungsverweigerungsrecht 1 § 53a 20
- Liquidationserlös 1 § 53a 10
- Maßnahmen der Verwaltung 1 § 53a 19 ff
- Materielle Ungleichbehandlung 1 § 53a 15 ff
- Modifikation 1 § 53a 9 ff
- Rechtfertigung 1 § 53a 16 ff
- Rechtsfolgen 1 § 53a 17 ff
- Rechtsnatur 1 § 53a 3
- Schadensersatz 1 § 53a 24
- Stimmrecht 1 § 53a 10
- Treuepflicht 1 § 53a 26 ff

- Ungleichbehandlung 1 § 53a 14 ff
- Vorteilsgewährung 1 § 53a 22
- Willkürverbot 1 § 53a 29
- zwingender Charakter 1 § 53a 6

Gleichordnungskonzern 1 § 18 17 ff
Gleichordnungskonzernverträge 1 § 291 86 ff
- Ausgleichspflichten 1 § 291 91
- Erscheinungsform 1 § 291 88 ff
- Grenzen einheitlicher Leitung 1 § 291 91
- Tatbestand 1 § 291 88 ff
- Umfang einheitlicher Leitung 1 § 291 91
- Zustimmung der Gesellschafter 1 § 291 94 f

Globalurkunde 4 § 8 1
GMSLA 12 § 25a 56a
Gold-Plating 12 § 25a 8, § 27a 1
Greenshoe 4 § 7 1
- Börseneinführung 17 62
Grenzüberschreitende Verschmelzung 11 81 ff
Großaktionär
- Auskunftsrecht 1 § 131 85

Gründer
- Auskunftsberechtigung der Gründungsprüfer 1 § 35 3
- falsche Angaben 1 § 399 2
- Gründungsprüfer 1 § 35 2 ff
- Haftung bei Gründung der Aktiengesellschaft 1 § 47 2 ff
- Nachgründungsvertrag 1 § 52 5
- Verjährung der Ersatzansprüche aus §§ 46-49 1 § 51 1 f

Grundfreiheiten *siehe* Europäisches Gesellschaftsrecht; *siehe* Niederlassungsfreiheit

Grundkapital 1 § 6 1 ff; *siehe auch* Nennbetrag
- Aktiengesellschaft 1 § 1 22 ff
- Anzeigepflicht bei hälftigem Verlust 1 § 92 2 ff
- Auflösung der Aktiengesellschaft 1 § 262 26
- Bilanz 1 § 152 3 ff
- Eintragung 1 § 39 3
- Europäische Aktiengesellschaft 7 8
- Euro-Umstellung 2 § 4 1 ff
- Festsetzung 1 § 7 7
- Kommanditgesellschaft auf Aktien 1 § 278 60 ff, § 281 20 ff
- Mindestnennbetrag 1 § 7 1 ff
- Nachgründungsvertrag 1 § 52 6
- Neuaufteilung und Nennbetragsänderung 1 § 8 9
- Nichtigerklärung der Gesellschaft 1 § 275 3
- ordentliche Kapitalherabsetzung 1 § 224 3
- Registersperre 1 § 7 16
- Satzungsänderung 1 § 179 47
- Satzungsinhalt 1 § 23 33 ff
- Steuerrecht 20 70
- Verstoß 1 § 6 7 ff, § 7 8 ff

Grundstücke
- Aktiengesellschaft 1 § 1 15

Gründung der Aktiengesellschaft *siehe auch* Gründungsbericht; *siehe auch* Gründungsprüfer; *siehe auch* Gründungsprüfung
- Abschlussprüfer 1 § 30 11 f
- Aufsichtsrat 1 § 30 3 ff
- Ausländer 1 § 2 7
- Erbengemeinschaft 1 § 2 11
- erster Abschlussprüfer 1 § 30 11 f
- erster Aufsichtsrat 1 § 30 3 ff
- erster Vorstand 1 § 30 13
- Europäische Aktiengesellschaft 7 15 f
- Euro-Umstellung 2 § 4 11 ff
- falsche Angaben 1 § 399 9 f
- Firma 1 § 2 5
- Geschäftsunfähige 1 § 2 6
- Gesellschaft bürgerlichen Rechts 1 § 2 10
- Gründer 1 § 28 2
- Gründerfähigkeit 1 § 2 5 ff
- Gründerzahl 1 § 2 3 f
- Gütergemeinschaft 1 § 2 12
- Haftung der Emittenten 1 § 47 7 ff
- Haftung der Gründer 1 § 46 1 ff
- Haftung der Gründergenossen 1 § 47 2 ff
- Haftung der Gründungsprüfer 1 § 49 1 ff
- Haftung des Vorstands und des Aufsichtsrats 1 § 48 1 ff
- Haftung für die Richtigkeit von Angaben 1 § 46 3 ff
- Haftung für Schäden durch Einlagen, Sachübernahmen und Gründungsaufwand 1 § 46 7 ff
- Hintermänner 1 § 46 12
- juristische Person 1 § 2 8
- natürliche Person 1 § 2 5 ff
- Neu-Gesellschaften 2 § 4 4 ff
- nicht rechtsfähiger Verein 1 § 2 13
- Personenhandelsgesellschaften 1 § 2 9
- Pflicht zur Anmeldung der Gesellschaft 1 § 36 10 ff
- Sonderprüfung 1 § 142 9
- Tod eines Gründers 1 § 28 4
- Vergleich über Ersatzansprüche aus §§ 46-48 AktG 1 § 50 1 ff
- Verjährung der Ersatzansprüche aus §§ 46-49 1 § 51 1 f
- Verzicht auf Ersatzansprüche aus §§ 46-48 1 § 50 1 ff
- Vorstand 1 § 30 13
- Wegfall eines Gründers 1 § 28 3 f

Gründungsaufwand
- Anlage bei der Anmeldung der Gesellschaft 1 § 37 33
- Begriff 1 § 26 9 f
- Beseitigung der Festsetzungen 1 § 26 18 f
- Festsetzung in der Satzung 1 § 26 11 f
- Haftung für die Richtigkeit 1 § 46 3

- Haftung für Schäden der Gesellschaft
  1 § 46 7 f
- Schuldübernahme   1 § 41 39
- Steuerrecht   20 71
- unrichtige Festsetzung   1 § 26 13 ff
- unterlassene Festsetzung   1 § 26 13 ff
- Verheimlichung   1 § 47 4 f

Gründungsbericht
- allgemeine Angaben   1 § 32 3
- Änderung   1 § 32 9
- Anlage bei der Anmeldung der Gesellschaft
  1 § 37 34
- Anmeldung der Gesellschaft   1 § 37 10
- Anschaffungskosten   1 § 32 6
- Aufsichtsrat   1 § 32 8
- Betriebserträge   1 § 32 7
- fehlerhafter Bericht   1 § 32 10
- Herstellungskosten   1 § 32 6
- Inhalt   1 § 32 3 ff
- Prüfung durch das Gericht   1 § 38 13 ff
- Sachgründung   1 § 32 4
- vorausgegangene Rechtsgeschäfte   1 § 32 5
- Vorstand   1 § 32 8

Gründungsprüfer
- Aufklärungsobliegenheit der Gründer
  1 § 35 2 ff
- Auskunftsberechtigung   1 § 35 3
- Auslagen   1 § 35 10 ff
- Bestellung   1 § 33 12 ff
- Ermittlungen   1 § 35 4
- gerichtlich Bestellung   1 § 33 15
- Honorar   1 § 33 14
- Meinungsverschiedenheiten mit den Gründern
  1 § 35 5 ff
- persönliche Eignung   1 § 33 18 ff
- Qualifikation   1 § 33 16 f
- Stellung   1 § 33 21 f, § 35 2
- Vergütung   1 § 35 10 ff

Gründungsprüfung   1 § 33 1 ff; siehe auch Gründungsprüfer
- Angaben der Gründer   1 § 34 3 f
- Aufsichtsrat   1 § 33 3 ff
- Prüfungsbericht   1 § 34 6 ff
- Prüfungsgegenstände   1 § 34 3 ff
- Sachübernahme   1 § 34 5
- Umfang   1 § 34 1 ff
- Verstöße   1 § 33 23 f
- Vorstand   1 § 33 3 ff
- Werthaltigkeit von Sacheinlagen   1 § 34 5

Gründungstheorie   siehe Internationales Gesellschaftsrecht

Guernsey   12 § 25a 48

Gütergemeinschaft
- Gründung einer Aktiengesellschaft   1 § 2 12
- Rechtsgemeinschaft an einer Aktie   1 § 69 4

Haftung der Vorstandsmitglieder   siehe auch Treuepflicht; siehe auch Verschwiegenheitspflicht; siehe auch Vorstandsmitglied
- Geltendmachung der Ersatzansprüche UMAG
  1 § 147 1 ff
- Haftung bei Gründung der Aktiengesellschaft
  1 § 48 1 ff
- Klagezulassungsverfahren   1 § 148 1 ff
- Übernahme eigener Aktien   1 § 56 21
- Vergleich über Ersatzansprüche aus §§ 46-48 AktG   1 § 50 1 ff
- Verjährung der Ersatzansprüche aus §§ 46-49
  1 § 51 1 f
- Verzicht auf Ersatzansprüche aus §§ 46-48 AktG   1 § 50 1 ff

Haftung des Aufsichtsrates   1 § 116 13 ff
- Beweislast   1 § 116 13
- Einzelfälle   1 § 116 18
- Geltendmachung der Ersatzansprüche UMAG
  1 § 147 1 ff
- Haftung bei Gründung der Aktiengesellschaft
  1 § 48 1 ff
- Kausalität   1 § 116 17a
- Klagezulassungsverfahren   1 § 148 1 ff
- Vergleich über Ersatzansprüche aus §§ 46-48 AktG   1 § 50 1 ff
- Verjährung der Ersatzansprüche aus §§ 46-49 AktG   1 § 51 1 f
- Verzicht auf Ersatzansprüche aus §§ 46-48 AktG   1 § 50 1 ff

Haftung für Ad-hoc-Mitteilungen   siehe auch Schadensersatz wegen unterlassener unverzüglicher Veröffentlichung kursbeeinflussender Tatsachen; siehe auch Schadensersatz wegen Veröffentlichung unwahrer Tatsachen in einer Mitteilung über kursbeeinflussende Tatsachen
- Adressat   19 16 ff
- alte Rechtslage   19 22 ff
- Anscheinsbeweis   19 83 f
- Anspruchsgegner   19 64 ff
- Anspruchsinhalt   19 71 f
- Aufsichtsrat   19 69 f
- Begriff   19 5 ff
- Betrug   19 32 ff
- Beweislast   19 73 ff
- Emittent   19 65 f
- Gerichtsstand   19 106 f
- Kapitalanlagebetrug   19 32 ff
- Kausalität   19 58 ff
- Klageanträge   19 103 ff
- positive Anlagestimmung   19 85 ff
- Prospekthaftung   19 49 ff
- Schutzgesetzverletzung   19 31 ff
- sittenwidrige Schädigung   19 27 ff
- unrichtige Darstellung   19 39 ff
- Verjährung   19 94 ff
- Viertes Finanzmarktförderungsgesetz
  19 108 ff

- Vorstand 19 68
Haftung für die Angebotsunterlage
- Anspruchsberechtiger 14 § 12 14
- Erlass 14 § 12 20
- fehlerhafte Angebotsunterlage 14 § 12 3 ff
- Gesamteindruck 14 § 12 10
- Haftende 14 § 12 12 f
- Haftungsbeschränkungen 14 § 12 20
- Kausalität 14 § 12 16 ff
- Konkurrenzen 14 § 12 20 ff
- Meinungen 14 § 12 8
- Schadensersatz 14 § 12 15
- Tatsachen 14 § 12 7
- unrichtige Angaben 14 § 12 6 ff
- unvollständige Angaben 14 § 12 6 ff
- Verjährung 14 § 12 20 f
- Verschulden 14 § 12 16 ff
Halbeinkünfteverfahren 20 2 f
Halbjahresfinanzbericht 12 § 37w 1 ff
- Ausnahmen 12 § 37z 1 ff
- Bilanzeid 12 § 37w 36
- Hinweisbekanntmachung 12 § 37w 8
- Inhalt 12 § 37w 9 ff
- Konzernabschluss 12 § 37y 5
- Verkürzter Abschluss 12 § 37w 13 ff
- Vorbemerkungen 12 § 37v 1 ff
- Zwischenlagebericht 12 § 37w 29 ff
Handelbarkeit 12 § 2 3
Handelndenhaftung 1 § 41 27 ff
- Haftungsinhalt 1 § 41 33 f
- Haftungsvoraussetzungen 1 § 41 30 ff
- Person des Handelnden 1 § 41 29
- Publizitätsrichtlinie 6 255 ff
- Regressansprüche 1 § 41 36
- Verjährung 1 § 41 35
Handelsbestand
- Befreiungsantrag 14 § 20 3
- Befreiungsgründe 14 § 20 2
- Befreiungswirkung 14 § 20 4
- Rücknahme der Befreiung 14 § 20 5
Handelsgeschäfte, Aktiengesellschaft 1 § 3 1
Handelsgesellschaft, Aktiengesellschaft 1 § 1 17
Handelsgewerbe, Aktiengesellschaft 1 § 3 1
Handelsgewinne, Erzielung von 12 § 27a 19
Handelsregister siehe auch Eintragung der Gesellschaft; siehe auch Firma; siehe auch Löschungsverfahren; siehe auch Zweigniederlassung
- Aktiengesellschaft 1 § 3 3
- Änderung des Vorstands 1 § 81 1 ff
- Entscheidung im Statutsverfahren 1 § 99 18
- Niederschrift 1 § 130 38 f
- Publizitätsrichtlinie 6 112 ff
- Satzungsänderung 1 § 181 10 ff
- Stellvertreter von Vorstandsmitgliedern 1 § 94 6 f

Handelssystem, multilaterales 12 § 31f 1 ff
- Vor- und Nachhandelstransparenz 12 § 31g 1 ff
Handelsüberwachungsstelle 3 § 7 1 ff
Handlungsgehilfen, Aktiengesellschaft 1 § 3 4
Hauptversammlung siehe auch Anfechtung von Hauptversammlungsbeschlüssen; siehe auch Anträge von Aktionären; siehe auch Beschlüsse der Hauptversammlung; siehe auch Einberufung der Hauptversammlung; siehe auch Geschäftsordnung der Hauptversammlung; siehe auch Nichtigkeit von Hauptversammlungsbeschlüssen; siehe auch Teilnehmerliste
- Abänderung des Jahresabschlusses 1 § 173 16 ff
- Abgrenzung ordentliche und außerordentliche Hauptversammlung 1 § 118 31 ff
- Abschlussprüfer 1 § 176 9 ff
- Abwicklung der Aktiengesellschaft 1 § 268 8
- Alternativanträge 1 § 124 19
- American Depositary Receipts 1 § 118 13
- Angebot zum Erwerb von Wertpapieren 14 § 16 5 ff
- Aufsichtsratswahlen 1 § 124 7 f
- Ausführung von Maßnahmen durch den Vorstand 1 § 83 5
- Auskunftsrecht 1 § 131 19 ff
- Ausschluss der Beschlussanfechtung (§ 30g WpHG) 12 § 30g 1
- Bekanntmachung der Tagesordnung 1 § 124 5 ff
- Bericht des Aufsichtsrates 1 § 171 24 ff
- Beschlussfassung 1 § 119 5 ff
- Beschränkung der Geschäftsführungsbefugnis des Vorstands 1 § 82 9
- besonderer Vertreter UMAG 1 § 147 27 ff
- Bestellung des Abschlussprüfers 1 § 118 33
- Beteiligungserwerb 1 § 119 37d
- Beteiligungsveräußerung 1 § 119 37c
- Bieter 14 § 25 1 ff
- Börsengang 1 § 119 37
- Delisting 1 Vor §§ 327a ff 18 ff, § 119 37a
- Downgrading 1 § 119 37b
- Dritte 1 § 118 44 ff
- Durchführung der Hauptversammlung für Zustimmungsbeschluss zur Verschmelzung 11 57 f
- Einberufung durch den Aufsichtsrat 1 § 111 22 f
- Einberufungsfrist 1 § 123 6 ff
- Einsichtsrecht des Vorstandes 1 § 176 2 f
- Entbehrlichkeit des Zustimmungsbeschlusses zur Verschmelzung 11 46
- Entlastung 1 § 120 1 ff
- Erläuterungspflicht des Vorstandes 1 § 176 4 ff
- Europäische Aktiengesellschaft 7 11
- Eventualanträge 1 § 124 19

Stichwortverzeichnis

- fehlerhafte Bekanntmachung der Tagesordnung 1 § 124 21 ff
- Fernsehen 1 § 118 47
- Feststellung des Jahresabschlusses 1 § 58 14 ff, § 173 1 ff
- Finanzdienstleister 1 § 125 30 f
- Gäste 1 § 118 48
- Genussscheine 1 § 118 14
- Geschäftsführung 1 § 119 14 ff
- gesonderte Versammlung 1 § 138 7
- Gläubiger 1 § 118 15
- Holzmüller-Rechtsprechung 1 § 119 18
- Initiativrecht 1 § 83 3
- isolierte Spitzen 1 § 118 11
- Kommanditgesellschaft auf Aktien 1 § 285 1 ff, 6 ff
- Kompetenzen 1 § 119 8 ff
- Kreditinstitute 1 § 128 1 ff
- Legitimation 1 § 123 16 ff
- Mehrheit 1 § 119 29 f
- Minderheit 1 § 122 23 ff
- Mitteilungen an Aktionäre 1 § 125 17 ff
- Mitteilungen an Aufsichtsratsmitglieder 1 § 125 23 ff
- Mitteilungspflichten Vor der Hauptversammlung 1 § 125 5 ff
- Mitteilung von Beschlüssen 1 § 125 26 ff
- Nachgründungsverträge 1 § 124 10
- Namensaktien 1 § 118 12, § 123 11
- Öffentlichkeit 1 § 118 50 ff
- Online-Teilnahme 1 § 118 9 ff
- Ort 1 § 121 40
- Presse 1 § 118 47
- Rechte der Aktionäre 1 § 118 21 ff
- record date 1 § 123 16 ff
- Satzungsänderungen 1 § 124 9, § 179 1 ff
- Squeeze-out-Verfahren 1 § 124 10
- Tagesordnung 1 § 124 1 ff
- Tagesordnungs-Ergänzungsrecht 1 § 122 23 ff
- Teilnahme des Abschlussprüfers 1 § 176 9 ff
- Teilnahmepflicht 1 § 118 38 ff
- Teilnahmerecht 1 § 118 9 ff
- Treuhand 1 § 118 18
- Übertragung 1 § 118 8, 50 ff
- Übertragung des gesamten Vermögens 1 § 179a 1 ff
- ungeschriebene Kompetenzen 1 § 119 16 ff
- Unternehmensverträge 1 § 124 10 f, § 293 9 ff, § 293f 1 ff, § 293g 1 ff
- unzulässige Beschlussfassung 1 § 124 21 ff
- Vergleich 1 § 124 10
- Verkürzung der Monatsfrist 1 § 123 10 ff
- Vermögensübertragung 1 § 124 10
- Veröffentlichung auf Internetseite der AG 1 § 124a 1 ff
- Veröffentlichungspflichten des Emittenten im elektronischen Bundesanzeiger 12 § 30b 1 ff
- Versammlungsleiter, Haftung und Versicherungsschutz 1 Vor §§ 129-132 69 ff
- Versammlungsleitung 1 Vor §§ 129-132 1 ff
- Verschmelzung 1 § 124 10; 11 45 ff
- Vertreter 1 § 118 20
- Verzicht 1 § 124 10
- Videozuschaltung 1 § 118 7
- Vorbereitung der Hauptversammlung für Zustimmungsbeschluss zur Verschmelzung 11 55 f
- Vorbereitung von Maßnahmen durch den Vorstand 1 § 83 2 ff
- Vorgesellschaft 1 § 41 11 f
- Vorlagepflicht des Vorstandes 1 § 119 34 ff, § 176 2 f
- Vorschlagspflicht 1 § 124 12 ff
- Vorzugsaktionäre 1 § 140 3
- Wahl der Aufsichtsratsmitglieder 1 § 101 4 ff
- Wahlvorschläge für Aufsichtsratsmitglieder 1 § 125 11
- Wandelschuldverschreibungen 1 § 118 14
- Zurückziehen von Vorschlägen 1 § 124 20
- Zustimmungsbeschluss zur Verschmelzung, Beurkundungspflicht 11 62
- zustimmungspflichtige Verträge 1 § 124 10 f

Hedge-Fonds 12 § 27a 19
Heimarbeit, Mitbestimmung 9 § 3 2
Herausschleichen 12 § 25a 14
Herkunftsmitgliedstaat 12 § 2 53
Herkunftsstaat, Wahl 12 § 2b 1 ff
Herkunftsstaatsprinzip 12 § 2 51
Herrschendes Unternehmen
- Abhängigkeit 1 § 17 2 ff
- Abhängigkeitsvermutung 1 § 17 14 ff
- Begriff 1 § 15 3
- Beherrschungsmittel 1 § 17 9 ff
- Beteiligung 1 § 15 5, § 17 9 f
- Gebietskörperschaften 1 § 15 6
- Haftung der gesetzlichen Vertreter 1 § 309 1 ff
- Mehrmütterherrschaft 1 § 17 13 ff
- Mitbestimmung 9 § 5 3 f
- Möglichkeit beherrschenden Einflusses 1 § 17 5 ff
- Organisationsvertrag 1 § 17 11
- Rechtsfolgen 1 § 17 23 f
- Sonderfälle 1 § 15 6 ff
- sonstige Einflussmöglichkeiten 1 § 17 12
- Unternehmensverträge 1 § 291 31 f
- unternehmerische Tätigkeit 1 § 15 4
- Widerlegung der Abhängigkeitsvermutung 1 § 17 17 ff

Heuristik 16 13 ff
Hidden Ownership 12 § 25a 4, 64

Stichwortverzeichnis

Hinterlegung
- Abwicklung der Aktiengesellschaft 1 § 272 4, § 273 10
- falsche Ausstellung 1 § 402 1 ff

Hinweisbekanntmachung
- Halbjahresfinanzbericht 12 § 37w 8
- Jahresfinanzbericht 12 § 37v 23 ff
- Zwischenmitteilung der Geschäftsführung 12 § 37x 9

Hochfrequenzhandel 12 § 4 9a

Höchststimmrechte 1 § 12 5, § 134 10 ff

Höhe der Abfindung
- Börsenwert 1 § 320b 6

Holding-SE
- Europäische Aktiengesellschaft 7 21 f

Holzmüller-Rechtsprechung 1 § 119 18 ff
- Auskunftsrecht 1 § 131 85
- Einberufung der Hauptversammlung 1 § 121 6
- Übertragung des gesamten Vermögens 1 § 179a 19

Honorar-Anlageberatung
- Anbieter 12 § 31 112c, 112j
- Bezeichnungsschutz 12 § 36d 1
- Emittent 12 § 31 112j
- Emittenten 12 § 31 112c
- Festpreisgeschäft 12 § 31 112l
- Gesetzesverstöße, nachhaltige 12 § 36c 6
- gesteigerte Wohlverhaltenspflichten 12 § 31 112a
- Hauptniederlassung, Zweigstellen 12 § 33 356
- Information d. Kunden 12 § 31 112b
- Interessenkonflikte 12 § 31 112j
- Interessenkonflikte, Vertriebsvorgaben 12 § 33 355
- Marktüberblick 12 § 31 112c
- Register 12 § 36c 1
- Register, Aktualität 12 § 36c 8
- Register, Eintrag 12 § 36c 2
- Register, Löschung 12 § 36c 5
- Transparenz 12 § 31 112a, § 36c 1
- Trennung d..Geschäftsbereiche 12 § 33 353
- Unabhängigkeit 12 § 33 351
- Weiterleitung 12 § 31 112i
- wirtschaftliche Verflechtungen 12 § 31 112d, 112j
- Zuwendungen, monetäre 12 § 31 112h
- Zuwendungen, nicht monetäre 12 § 31 112g
- Zuwendungen, Verbot 12 § 31 112 f

Hucke-Pack-Emissionen 1 § 192 12 f

Hugo Boss AG 12 § 25a 52

improper matched orders 12 § 20a 13

Indizes 12 § 25a 31

Informationen
- Ausführungsplätze 12 § 31 51
- Begriff 12 § 31 41
- Datenträger 12 § 31 62
- Dienstleistungen 12 § 31 48
- eindeutig 12 § 31 29
- Finanzinstrumenten, Arten 12 § 31 48
- Kosten und Nebenkosten 12 § 31 52
- Kundgaben, Anlageziele 12 § 31 89
- nicht irreführend 12 § 31 29
- rechtzeitig 12 § 31 58
- redlich 12 § 31 29
- standardisierte 12 § 31 43
- Umstände, erhebliche 12 § 31 54
- Zugänglichmachung 12 § 31 37

Informationsaustausch 12 § 6 3

Informationsblatt, Produktinformationsblatt (PIB)
- Finanzinstrumente 12 § 31 67
- Informationen, wesentliche 12 § 31 69
- keine Irreführung 12 § 31 72
- Richtigkeit 12 § 31 71
- Schutzgesetz 12 § 31 82
- Übersichtlickeit 12 § 31 70
- Umfang 12 § 31 68
- Vergleich der Prdukte 12 § 31 64
- Verständlichkeit 12 § 31 70
- Zur-Verfügung-Stellung 12 § 31 66, 73

Informationsfreiheitsgesetz 12 § 8 1

Informationspflichten 12 § 31 26

Informationsüberfluss 12 § 25a 54

Inhaberaktien
- Einlagepflicht 1 § 54 8
- Kennzeichnung der Art der Mitgliedschaft 1 § 13 7
- Satzungsinhalt 1 § 23 36
- Übertragung 1 § 10 20
- Umwandlung von Aktien 1 § 24 1 ff
- Wahlrecht zwischen Namens- und Inhaberaktien 1 § 10 13 ff

Inhaberpapiere 1 § 10 10

Inhaltliche Änderung 12 § 25 11a f

Inhaltsgleiche Gesamtemission (SchVG) 15 § 1 2

Inlandsemittent 12 § 2 52; siehe auch Emittent

Inpfandnahme
- Gesamtrechtsnachfolge 1 § 71e 12 ff
- Schadensabwehr 1 § 71e 12 ff
- Unentgeltlichkeit 1 § 71e 12 ff

Inpfandnahme eigener Aktien 1 § 71e 1 ff
- 10 %-Grenze 1 § 71e 13, 16 ff, 18 f
- Abfindung 1 § 71e 8
- Allgemeine Geschäftsbedingungen 1 § 71e 3
- Angaben im Anhang zum Jahresabschluss 1 § 71e 21 f
- Belegschaftsaktien 1 § 71e 8
- Berichtspflicht 1 § 71e 21, 29
- Bestandsgrenze 1 § 71e 16 ff
- Eigentumsverschaffungspflicht 1 § 71e 30
- Einkaufskommission 1 § 71e 8

3435

Stichwortverzeichnis

- Einziehung von Aktien 1 § 71e 8
- Ermächtigung der Hauptversammlung 1 § 71e 11
- Finanzdienstleistungsinstitut 1 § 71e 25 f, 31
- Finanzierungsleistungen 1 § 71e 31 ff
- Forderungsübergang 1 § 71e 3
- Gesamtrechtsnachfolge 1 § 71e 10, 25 f
- gesetzliches Pfandrecht 1 § 71e 3
- Haftung 1 § 71e 38
- Haftung Aufsichtsrat 1 § 71e 38
- Haftung Vorstand 1 § 71e 38
- Kapitalgrenze 1 § 71e 14, 16 ff
- Kreditinstitut 1 § 71e 25 f, 31 f
- mittelbarer Stellvertreter 1 § 71e 23 ff, 33, 35 f
- Nichtigkeit 1 § 71e 33 ff
- Ordnungswidrigkeit 1 § 71e 38
- Pfändungspfandrecht 1 § 71e 3
- Rechtfertigung 1 § 71e 16
- Rechtsfolgen 1 § 71e 17
- rechtsgeschäftliches Pfandrecht 1 § 71e 3
- Rückabwicklung 1 § 71e 37
- Schadensabwehr 1 § 71e 7, 25 f
- Schadensersatz 1 § 71e 38
- Sicherungsübertragung 1 § 71e 4
- Tochterunternehmen 1 § 71e 23 ff, 33, 35 f
- Unentgeltlichkeit 1 § 71e 9, 25 f
- Unwirksamkeit 1 § 71e 33 ff
- Veräußerungspflicht 1 § 71e 18 f
- Volleinzahlung 1 § 71e 15 ff, 27, 35
- Zurückbehaltungsrecht 1 § 71e 4

Insichgeschäfte 1 § 78 5

Insiderhandelsverbot 12 § 14 1 ff
- Due Diligence 12 § 14 9
- Empfehlungsverbot 12 § 14 4
- Fallgruppen 12 § 14 6 ff
- Insiderverzeichnis 12 § 15b 1 ff
- Organe 12 § 14 6 ff
- Paketerwerb 12 § 14 9
- Revision EU-Marktmissbrauchsrecht 12 § 14 1, § 38 1
- Rückkaufprogramme 12 § 14 5
- Stabilisierungsmaßnahmen 12 § 14 5
- Stock-option-Plan 12 § 14 7
- Strafbarkeit 12 § 38 1 ff
- subjektiver Tatbestand 12 § 14 2
- Übernahmen 12 § 14 10
- Verstoß 12 § 14 11
- Versuchstrafbarkeit 12 § 38 4
- Verwendungsverbot 12 § 14 2
- Weitergabeverbot 12 § 14 3

Insiderinformation 8 § 1 41; 12 § 13 1 ff
- Begriff 12 § 13 2 ff
- Bereichsöffentlichkeit 12 § 13 3
- Funktion 12 § 13 1
- hinreichende Eintrittswahrscheinlichkeit 12 § 13 2
- Insiderverzeichnis 12 § 15b 1 ff
- Mehrstufige Entscheidungsprozesse 12 § 13 2
- öffentlich bekannte Umstände 12 § 13 6
- Preisbeeinflussung 12 § 13 4
- Regelbeispiele 12 § 13 5
- Revision EU-Marktmissbrauchsrecht 12 § 13 1

Insiderpapiere 12 § 12 1 ff
- Finanzinstrumente 12 § 12 2
- Revision EU-Marktmissbrauchsrecht 12 § 12 1

Insiderverzeichnis 12 § 15b 1 ff
- Revision EU-Marktmissbrauch 12 § 15b 1

Insolvenz
- Forderungsgeltendmachung 15 § 19 8
- gemeinsamer Vertreter 15 § 19 2 ff
- gemeinsamer Vertreter, Rechte 15 § 19 6 f
- SchVG 15 § 19 1

Insolvenzantragspflicht
- drohende Zahlungsunfähigkeit 1 § 92 9
- Folge 1 § 92 14
- Fortführungsprognose 1 § 92 11
- Überschuldung 1 § 92 10
- Vorstand 1 § 92 8 ff
- Zahlungsunfähigkeit 1 § 92 8

Insolvenzverfahren
- Abwicklung der Aktiengesellschaft 1 § 264 3 f
- Anfechtung von Beschlüssen der Hauptversammlung 1 § 246 42
- Auflösung der Aktiengesellschaft 1 § 262 19 f
- Kapitalerhöhung 1 § 182 65 ff
- Kapitalherabsetzung 1 Vor §§ 222 ff 19
- Körperschaftssteuerrecht 20 14

Insolvenzverwalter 12 § 11 1 f
- Anfechtungsbefugnis 1 § 245 22
- Rückgewähr verbotener Leistungen 1 § 62 32

Interessenkonflikte 12 § 31 20
- Abstandnehmen v. Geschäften 12 § 31 22
- Analyse 12 § 31 24
- Art und Herkunft 12 § 31 26
- immanente 12 § 31 21
- Offenlegung 12 § 31 28
- Tranparenz 12 § 31 24
- Vermeidung 12 § 31 20
- zweistufiges Verfahren 12 § 31 25

Internationales Gesellschaftsrecht 1 § 5 2 ff
- Centros 1 § 5 4
- Europäisches Gesellschaftsrecht 6 81 ff, 155
- Gründungstheorie 1 § 5 3 f; 6 93 ff
- Mitbestimmung 9 § 1 18 f
- Sitztheorie 1 § 1 35 f, § 5 2; 6 93 ff
- Sitzverlegung 6 82
- Übernahmerecht 6 399

Introducing Broker 12 § 2 29
Investmentanteile 12 § 2a 9
Investmentclub 12 § 2 35

Stichwortverzeichnis

Investmentvermögen 12 § 2 7
invitatio ad offerendum
– Angebot zum Erwerb von Wertpapieren 14 § 17 1
IOSCO 12 § 7 2
Irrevocables 12 § 25 25 f, § 25a 43
Irrevocable Undertakings 12 § 25 25 f, § 25a 43
ISLA 12 § 25a 56a

Jahresabschluss *siehe auch* Nichtigkeit des Jahresabschlusses
– Ad-hoc-Publizität 12 § 15 14
– Aushändigung an die Aufsichtsratsmitglieder 1 § 170 18 ff
– Auskunftsrecht 1 § 131 45 ff, 85
– Begriff 1 § 58 3
– Bilanzrichtlinien 6 39 ff
– Feststellung durch Aufsichtsrat und Vorstand 1 § 58 21 ff, § 172 1 ff
– Feststellung durch die Hauptversammlung 1 § 58 14 ff, § 173 1 ff
– Feststellungsbeschluss 1 § 172 11 f
– Jahresfinanzbericht 12 § 37v 33 f
– Kenntnisnahme des Aufsichtsratsmitglieder 1 § 170 18 ff
– Kommanditgesellschaft auf Aktien 1 § 286 1 ff
– Nachtragsprüfung 1 § 173 16 ff
– Nichtigkeit 1 § 172 17 ff, § 173 14 ff, § 256 6 f
– Prüfung durch den Aufsichtsrat 1 § 171 1 ff
– Sonderprüfung 1 § 142 14
– Unterzeichnung 1 § 172 16
– Vorlage an den Aufsichtsrat 1 § 170 2 ff

Jahresfinanzbericht 12 § 37v 1 ff
– Ausnahmen 12 § 37z 1 ff
– Bescheinigung der Wirtschaftsprüferkammer 12 § 37v 37
– Bilanzeid 12 § 37v 36
– Hinweisbekanntmachung 12 § 37v 23 ff
– Inhalt 12 § 37v 30 ff
– Jahresabschluss 12 § 37v 33 f
– Konzernabschluss 12 § 37y 2 ff
– Lagebericht 12 § 37v 35

Jahresüberschuss
– Abwicklung der Aktiengesellschaft 1 § 264 10
– Auskunftsrecht 1 § 131 85
– Begriff 1 § 58 4
– Beherrschungsverträge 1 § 291 98 f
– Geschäftsführungsvertrag 1 § 291 97
– Gewinnabführungsverträge 1 § 291 97

Januar-Effekt 16 5
Jersey 12 § 25a 48
Juristische Personen
– Aktiengesellschaft 1 § 1 10 ff
– Gründung einer Aktiengesellschaft 1 § 2 8

Kaduzierung
– Ausgabe neuer Urkunden 1 § 64 8
– Ausschlusserklärung 1 § 64 5
– Erwerb eigener Aktien 1 § 71 9
– Nachfristsetzung 1 § 64 3 f
– Rechtsfolgen 1 § 64 6 ff
– Übergang der Mitgliedschaft 1 § 64 7
– Verfahren 1 § 64 2 ff
– Verkauf der Aktie 1 § 65 6 ff
– Zahlungspflicht der Vormänner g 1 § 65 1 ff
Kaltes Delisting 1 Vor §§ 327a ff 25
Kapitalanlagebetrug
– Haftung für Ad-hoc-Mitteilungen 19 32 ff
Kapitalanlagerecht 19 1 ff
Kapitalanleger-Musterverfahrensgesetz *siehe* KapMuG
Kapitalaufbringung 1 § 1 23
– Kapitalrichtlinie 6 317 ff
Kapitalerhaltung *siehe auch* Einlagenrückgewähr
– Aktiengesellschaft 1 § 1 24
– Beherrschungsverträge 1 § 291 98 f
– Geschäftsführungsvertrag 1 § 291 97
– Gewinnabführungsverträge 1 § 291 97
– Kapitalrichtlinie 6 344 ff
– Prospekthaftung 6 347
– Unternehmensverträge 1 § 302 1
Kapitalerhöhung *siehe auch* Anfechtung der Kapitalerhöhung gegen Einlagen; *siehe auch* Bedingtes Kapital; *siehe auch* Bezugsrecht; *siehe auch* Genehmigtes Kapital; *siehe auch* Kapitalerhöhung aus Gesellschaftsmitteln; *siehe auch* Kapitalerhöhung gegen Einlage; *siehe auch* Kapitalerhöhung mit Sacheinlagen; *siehe auch* Zeichnung bei Kapitalerhöhung
– Abwicklung der Aktiengesellschaft 1 § 264 10
– allgemeines Verfahren 1 § 182 13 ff
– Anfechtbarer Beschluss 1 § 184 17
– Aufgeld 1 § 182 17
– Aufhebung Beschluss 1 § 184 6, § 189 5
– Ausgabeverbot 1 § 191 3 ff
– Ausgeberhaftung 1 § 191 6
– Bankbestätigung 1 § 188 26
– Bekanntmachung 1 § 188 33
– Berechnung Kosten 1 § 188 24
– Bilanzierung 1 § 189 3
– Durchführungspflicht 1 § 184 6
– Einlagenrückgewähr 1 § 57 12
– Eintragungswirkung 1 § 189 2 ff
– Entscheidung des Gerichts 1 § 188 32
– Entstehung Mitgliedschaftsrechte 1 § 189 4
– Euro-Umstellung 2 § 4 34 ff
– falsche Angaben 1 § 399 12
– Fehler 1 § 189 6 ff
– Finanzierung des Angebots 14 § 13 4, 8
– freiwillige Kapitalleistungen 1 § 182 18
– Gewinnverteilung 1 § 60 11

- Grundform 1 § 182 1
- Heilung 1 § 189 6 ff
- Löschungsverfahren 1 § 189 14
- Mängel 1 § 189 6 ff
- Nebenverpflichtungen 1 § 180 4
- Nennbetragsänderung 1 § 8 10
- nichtiger Beschluss 1 § 184 16
- Nichtigkeit Verbriefung 1 § 191 4 f
- Rechtsmittel 1 § 184 23, § 188 34
- Registerkontrolle 1 § 188 30
- Sacheinlageverträge 1 § 188 23
- Übernahme eigener Aktien 1 § 56 2
- Übertragung Anteilsrechte 1 § 191 2
- Umfang Prüfungsrecht Registergericht 1 § 184 13 ff
- Unterlagen Anmeldung 1 § 188 20 ff
- Unternehmensverträge 1 § 300 12 ff
- unwirksame Kapitalerhöhung 1 § 189 13 f
- Unwirksamer Beschluss 1 § 184 15
- Verbindung der Anmeldungen 1 § 188 28
- Verbriefung 1 § 191 4 f
- Verfügungsverbot 1 § 191 2
- Verzeichnis der Zeichner 1 § 188 21 f
- Vinkulierung 1 § 180 7
- Wandelschuldverschreibungen 1 § 221 42
- Wertverwässerung 1 § 189 15 ff
- Wirksamkeit 1 § 189 1
- Wortlaut der Satzung 1 § 188 27
- Zeichnungsschein 1 § 188 21 f

Kapitalerhöhung, Kapitalherabsetzung
- Kapitalrichtlinie 6 369 ff

Kapitalerhöhung, Anmeldung
- ablehnende Entscheidung 1 § 184 22
- Anlagen 1 § 184 1
- Anmeldende 1 § 184 1 ff, 7
- Beschlusswortlaut 1 § 184 3
- Durchsetzung 1 § 184 8 f
- Erklärung zu ausstehenden Einlagen 1 § 184 10
- Form 1 § 184 4
- gestuftes Verfahren 1 § 184 1
- Prüfung der Anmeldung durch das Registergericht 1 § 184 13 ff
- Prüfungsbericht 1 § 184 12
- Rechtsmittel 1 § 184 23
- Rücknahme 1 § 184 5
- Verfahrenshandlung 1 § 184 3
- Vertretung 1 § 184 7
- Zeitpunkt 1 § 184 5
- Zuständigkeit 1 § 184 4

Kapitalerhöhung aus Gesellschaftsmitteln
- Ablehnung der Eintragung 1 § 210 6 f
- Anmeldung 1 § 207 17, § 210 4
- Anschaffungskosten 1 § 220 3
- Aufbewahrung von Unterlagen 1 § 210 8
- Aufforderung an die Aktionäre 1 § 214 3 ff
- Ausgabe neuer Aktien 1 § 207 10 f
- bedingtes Kapital 1 § 218 1 ff

- Berechtigte 1 § 212 1 ff
- Beschlussänderungen 1 § 207 16
- Beschlussinhalt 1 § 207 12
- Beschlussmängel 1 § 207 16
- Bilanz 1 § 207 14, § 209 4
- Dividendenberechtigung 1 § 217 1 ff
- Dritte 1 § 216 14 ff
- eigene Aktien 1 § 215 4 f
- Eintragung 1 § 210 6 f
- Erhöhung des Nennbetrags 1 § 207 10 f
- Erhöhungsbeschluss 1 § 207 8 ff
- Euro-Umstellung 2 § 4 30 f
- gemeinsame Rechtsausübung 1 § 213 4
- Genehmigtes Kapital 1 § 202 63, § 218 7
- Gewinnschuldverschreibungen 1 § 216 19
- Gewinnverteilung 1 § 216 10 f
- historischer Überblick 1 § 207 6 f
- kleine Aktiengesellschaften 1 § 209 5 f
- Kosten 1 § 207 18
- Liquidationserlös 1 § 216 13
- Mehrheitserfordernisse 1 § 207 9
- Mehrstimmrechtsaktien 1 § 216 7
- Mitgliedschaftsrechte 1 § 216 3 f
- Nebenverpflichtungen 1 § 216 21
- nicht verbriefte Aktien 1 § 214 7
- Registerkontrolle 1 § 210 5
- Rücklagen 1 § 208 4 ff
- Satzungsanpassung 1 § 216 6
- Schütt-aus-hol-zurück-Verfahren 1 § 174 17, § 207 3 f
- Sonderbilanz 1 § 209 9 ff
- Sonderrücklage 1 § 218 5 f
- Spitzenbeträgen 1 § 215 10 f
- stille Reserven 1 § 208 8
- Stimmrechte 1 § 216 12
- Tantieme 1 § 216 16 ff
- teileingezahlte Aktien 1 § 215 6 f, § 216 8 f
- Teilrechte 1 § 213 1 ff, § 214 8, § 220 4
- Treuepflicht 1 § 213 5
- Umwandlungsfähige Rücklagen 1 § 208 4 ff
- Urkunden 1 § 219 3 f
- Verbindung mehrerer Maßnahmen 1 § 207 19 f
- Verfahren 1 § 207 8 ff
- Verkauf der Anteilsrechte 1 § 214 6
- Wandelschuldverschreibungen 1 § 216 19
- Wertansätze 1 § 220 1 ff
- Wirksamwerden 1 § 211 1 ff
- Zeitpunkt der Beschlussfassung 1 § 207 13
- Zwischenscheine 1 § 219 1 ff

Kapitalerhöhung gegen Einlage siehe auch Kapitalerhöhung; siehe auch Kapitalerhöhung mit Sacheinlagen; siehe auch Zeichnung bei Kapitalerhöhung
- Agio, Aufgeld, schuldrechtliches Agio 1 § 182 44 ff
- Änderung von Beschlüssen 1 § 182 57
- Anfechtung 1 § 255 16 ff

Stichwortverzeichnis

- Anlagen zur Anmeldung des Beschlusses 1 § 184 11 f
- Anmeldung der Durchführung 1 § 188 1 ff
- Anmeldung des Beschlusses 1 § 184 1 ff
- Aufgeld, Agio, schuldrechtliches Agio 1 § 182 45
- Aufhebung des Beschlusses 1 § 182 55 ff
- Auflösung der Gesellschaft 1 § 182 61 ff
- Ausgabebetrag, Pariemission, Mindestausgabebetrag 1 § 182 43 ff
- Ausgabeverbot 1 § 191 3 ff
- Ausgeberhaftung 1 § 191 6
- Auskunftsrecht 1 § 131 85
- Bareinlage 1 § 188 10
- Bekanntmachung des Beschlusses 1 § 184 24
- Beschluss der Hauptversammlung 1 § 182 19 ff
- Eintragung des Beschlusses 1 § 184 24
- Eintragungswirkung 1 § 189 2 ff
- Fälligkeitszeitpunkt 1 § 182 27
- Fehler 1 § 189 6 ff
- fehlerhafte Beschlüsse 1 § 182 58 ff
- Frist 1 § 182 26
- Gewinnbezugsrecht 1 § 182 28
- Heilung 1 § 189 6 ff
- Inhalt des Beschlusses 1 § 182 26 ff
- Insolvenz 1 § 182 65 ff
- Kosten 1 § 182 69 ff
- Leistungspflicht 1 § 188 10 ff
- Löschungsverfahren 1 § 189 14
- Mängel 1 § 189 6 ff
- Mehrheitserfordernisse 1 § 182 30 ff
- Nichtigkeit Verbriefung 1 § 191 4 f
- Notarkosten 1 § 182 74
- Prüfung der Anmeldung durch das Registergericht 1 § 184 13 ff
- Quorum 1 § 182 37
- Registerkontrolle 1 § 188 31 ff
- Rückforderung Einlagen 1 § 182 67
- sanierungsbedingte Voreinzahlung 1 § 188 15 f
- Satzungsänderung 1 § 188 19 f
- Sicherung der Rückgewähransprüche 1 § 188 18
- Sonderbeschluss 1 § 182 35, 39
- Steuern 1 § 182 75
- Steuerrecht 20 110
- Stimmgewicht 1 § 182 32
- Übertragung Anteilsrechte 1 § 191 2
- unwirksame Kapitalerhöhung 1 § 189 13 f
- Verbot, ausstehende Einlage 1 § 182 49 ff
- Verbriefung 1 § 191 4 f
- Verdeckte Sacheinlage 1 § 188 12
- Verfügungsverbot 1 § 191 2
- vinkulierte Namensaktien 1 § 182 36
- Vorzugsaktien 1 § 182 40
- Wertverwässerung 1 § 189 15 ff
- Zustimmung aller Aktionäre 1 § 182 38

Kapitalerhöhung mit Sacheinlagen *siehe auch* Kapitalerhöhung; *siehe auch* Zeichnung bei Kapitalerhöhung
- Anfechtung 1 § 183 27
- Anlagen zur Anmeldung des Beschlusses 1 § 184 11 f
- Anmeldung der Durchführung 1 § 188 1 ff
- Anmeldung des Beschlusses 1 § 184 1 ff
- Ausgabebetrag 1 § 182 43 ff
- Ausgabeverbot 1 § 191 3 ff
- Ausgeberhaftung 1 § 191 6
- Begriff 1 § 183 5 f
- Bekanntmachung des Beschlusses 1 § 183 19, § 184 24
- Beschlusstext 1 § 183 17 ff
- Bewertung 1 § 183 23
- Bezugsrechtsausschluss 1 § 183 20 ff
- Dienstleistungen 1 § 183 14
- einlagefähige Vermögensgegenstände 1 § 183 9
- Eintragung des Beschlusses 1 § 184 24
- Eintragungswirkung 1 § 189 2 ff
- Erklärung zum Wert der Sacheinlage 1 § 188 7 f
- Fehler 1 § 189 6 ff
- fehlerhafte Beschlüsse 1 § 183 27 ff
- Forderungen 1 § 183 13
- Heilung 1 § 189 6 ff
- Leistungspflicht 1 § 188 17
- Leistungsstörungen 1 § 183 33
- Lizenzen 1 § 183 15
- Löschungsverfahren 1 § 189 14
- Mängel 1 § 189 6 ff
- Nichtigkeit Verbriefung 1 § 191 4 f
- Prüfung 1 § 183 1
- Prüfung der Anmeldung durch das Registergericht 1 § 184 18 ff
- Prüfung der Sacheinlage 1 § 183 34 ff
- Prüfungsbericht 1 § 184 12
- Prüfungsumfang Registergericht 1 § 184 18
- Rechtsgeschäfte zur Sacheinlage 1 § 183 24 ff
- Registerkontrolle 1 § 188 31 ff
- Satzungsänderung 1 § 188 19 f
- schuldrechtliche Nutzungsrecht 1 § 183 12
- Sicherung der Rückgewähransprüche 1 § 188 18
- Übertragung Anteilsrechte 1 § 191 2
- unwirksame Kapitalerhöhung 1 § 189 13 f
- Unwirksamkeit 1 § 183 26 ff
- Verbriefung 1 § 191 4 f
- vereinfachtes Verfahren 1 § 184 21
- Verfügungsverbot 1 § 191 2
- Wertfeststellung 1 § 183 10
- Wertverwässerung 1 § 189 15 ff

Kapitalerhöhungsbeschluss
- Aufhebung 1 § 189 5
- Ausgabebetrag 1 § 182 47

Kapitalertragssteuer 20 55

3439

Kapitalgesellschaft & Co. KG
- Mitbestimmung 9 § 4 3 ff

Kapitalherabsetzung *siehe auch* Kapitalherabsetzung durch Einziehung von Aktien; *siehe auch* Ordentliche Kapitalherabsetzung; *siehe auch* Vereinfachte Kapitalherabsetzung
- Abwicklung der Aktiengesellschaft 1 § 264 10
- Aktionärsschutz 1 Vor §§ 222 ff 8 f
- Auskunft über die Verwendung des Buchertrags 1 § 240 6
- Ausweis der Einstellung in die Kapitalrücklage 1 § 240 4 f
- Ausweis des Ertrages 1 § 240 3
- Befreiung von der Einlagepflicht 1 § 66 7
- Einlagenrückgewähr 1 § 57 35
- Erscheinungsformen 1 Vor §§ 222 ff 4 ff
- Euro-Umstellung 1 Vor §§ 222 ff 20; 2 § 4 41 ff
- Gläubigerschutz 1 Vor §§ 222 ff 8 f
- Insolvenz 1 Vor §§ 222 ff 18 f
- Kapitalrichtlinie 6 387 ff
- Kapitalschnitt 1 Vor §§ 222 ff 13
- Körperschaftssteuerrecht 20 25
- Liquidation der Gesellschaft 1 Vor §§ 222 ff 18 f
- Nennbetragsänderung 1 § 8 10
- Satzungsänderung 1 Vor §§ 222 ff 10 ff
- Steuerrecht 20 114 ff
- Unterparie-Emission 1 Vor §§ 222 ff 14
- Vorzug 1 § 141 6
- Wandelschuldverschreibungen 1 § 221 43

Kapitalherabsetzung durch Einziehung von Aktien
- angeordnete Zwangseinziehung 1 § 237 21 ff
- Anmeldung 1 § 237 58, 82 f
- Anmeldung der Durchführung 1 § 239 3 ff
- Arten 1 § 237 7 f
- Bestimmtheitsgebot 1 § 237 23 ff
- Durchführung 1 § 239 2
- eigene Aktien 1 § 237 44 ff
- Eintragung 1 § 237 58
- Einziehung nach Erwerb 1 § 237 42 ff
- Einziehungsentgelt 1 § 237 34 ff
- Einziehungshandlung 1 § 238 12 ff
- Einziehungsverfahren 1 § 237 48 ff
- gestattete Zwangseinziehung 1 § 237 29 ff
- Gläubigerschutz 1 § 237 59 ff, 84 ff
- Hauptversammlungsbeschluss 1 § 237 50 f, 74 ff
- ordentliches Einziehungsverfahren 1 § 237 49 ff
- Registergericht 1 § 239 6 f
- Satzung 1 § 237 14 ff
- Satzungsänderung 1 § 237 16 ff
- Sonderbeschluss 1 § 237 82 f
- Übernahme 1 § 237 19 f
- Unwirksamkeit 1 § 238 18
- Ursprungssatzung 1 § 237 15
- Verbindung der Anmeldung von Durchführung und Beschluss 1 § 239 8 ff
- vereinfachtes Einziehungsverfahren 1 § 237 62 ff
- Verstöße 1 § 237 97 ff
- Vorstand 1 § 237 92 ff
- Wirksamwerden 1 § 238 1 ff
- Zeichnung 1 § 237 19 f
- Zwecke 1 § 237 9 f

Kapitalmarktinformationen 8 § 1 17 ff

Kapitalmaßnahmen
- Sonderprüfung 1 § 142 13

Kapitalrichtlinie
- Ausschüttungen 6 345 ff
- Bareinlagen 6 378
- Bezugsrecht 6 380 ff
- Einlagepflicht 6 318 ff
- Erwerb eigener Aktien 6 351 ff
- Geltungsbereich 6 303 f
- Genehmigtes Kapital 6 385
- Gleichbehandlungsgrundsatz 6 389
- Grundsatz des festen Grundkapitals 6 315
- Kapitalaufbringung 6 317 ff
- Kapitalerhaltung 6 344 ff
- Kapitalerhöhung 6 369 ff
- Kapitalherabsetzung 6 387 ff
- Publizitätspflichten 6 306 ff
- Sacheinlage 6 322 ff
- Sachkapitalerhöhung 6 386
- schwere Verluste 6 350
- Text 6 32, 184 ff, 194, 297 ff
- Umsetzung 6 302
- verdeckte Sacheinlage 6 342 f

Kapitalrücklage
- Begriff 1 § 58 12
- Bilanz 1 § 152 10 f
- Dotierung 1 § 150 7 ff
- vereinfachte Kapitalherabsetzung 1 § 229 13, 20 f, § 231 5, § 232 1 ff
- Verwendung 1 § 150 17 ff

Kapitalschnitt
- Kapitalherabsetzung 1 Vor §§ 222 ff 13
- vereinfachte Kapitalherabsetzung 1 § 229 21

Kapitalverkehrsfreiheit *siehe* Niederlassungsfreiheit

KapMuG
- Anmelder, Anmeldungsinhalt 8 § 10 14 f
- Anmelder, Kosten 8 § 10 12 f
- Anmelder, Rechtsstellung 8 § 10 10 ff
- Anmelder, Vergleich 8 § 18 14
- Anwendungsbereich 8 § 1 1 ff
- Außerkrafttreten 8 § 28 1 ff
- Befristung 8 Vorbem 27
- Beigeladener 8 § 9 8
- Beigeladener, Angriffsmittel 8 § 14 10 ff
- Beigeladener, Bestimmung 8 § 9 24 ff
- Beigeladener, Gehör 8 § 22 15

Stichwortverzeichnis

- Beigeladener, Informationsrechte 8 § 14 17
- Beigeladener, Klagerücknahme 8 § 13 11
- Beigeladener, Kosten 8 § 24 6
- Beigeladener, Rechtsbeschwerde 8 § 21 7 ff
- Beigeladener, Rechtsstellung 8 § 14 3 ff
- Beigeladener, Schriftsatzergänzung 8 § 12 4 ff
- Beigeladener, Verfahrensannahme 8 § 14 7 ff
- Beigeladener, Vergleich 8 § 19 3 ff
- Beigeladener, Vergleich, Austritt 8 § 18 15
- Beigeladener, Vergleichsvorschlag 8 § 17 11
- Beigeladener, Verteidigungsmittel 8 § 14 10 ff
- Beweismittel, Eignung 8 § 3 14 ff
- Breitenwirkung 8 § 2 22, 46 ff, § 3 17
- Datenschutz 8 § 4 24 ff
- Datenschutz, Datenlöschung 8 § 4 28 ff
- Evaluierung 8 Vorbem 10 ff
- Expertenanhörung 8 Vorbem 14
- Feststellungsziele, Erweiterung 8 § 14 15
- Feststellungsziee, Antragsverwerfung 8 § 3 10 ff
- Feststellungsziele 8 § 2 2, 12
- Feststellungsziele, Benennung 8 § 2 17 ff
- Feststellungsziele, Bestimmung 8 § 2 21
- Feststellungsziele, Beweiserhebung 8 § 3 13
- Feststellungsziele, Beweismittel 8 § 2 39 ff
- Feststellungsziele, Erweiterung 8 § 15 7 ff
- Feststellungsziele, Musterentscheid 8 § 16 7
- Feststellungsziele, OLG-Prüfung 8 § 2 25
- Feststellungsziele, Rechtsfragen 8 § 2 27 ff
- Feststellungsziele, Rechtskraft 8 § 22 10 ff
- Feststellungsziele, Rechtskraft Musterentscheid 8 § 22 12 f
- Feststellungsziele, Rechtsschutzinteresse 8 § 2 23
- Feststellungsziele, Tatsachen 8 § 2 35 ff
- Feststellungsziele, Vorlagebeschluss 8 § 6 15 ff
- Feststellungsziele, Zulässigkeit 8 § 2 24 ff
- Gruppenverfahren 8 Vorbem 28
- Historie 8 Vorbem 3 ff
- Kapitalmarktinformationen, Benennung 8 § 2 33 f
- Klageregister 8 § 2 20, § 11 6
- Klageregister, Antragsangaben 8 § 3 24 f
- Klageregister, Bekanntmachung 8 § 3 21 ff
- Klageregister, Einsicht 8 § 4 27
- Klageregister, Erweiterung Musterverfahren 8 § 15 15
- Klageregister, Musterverfahrensantrag 8 § 4 1 ff
- Klageregister, Verfahrensunterbrechung 8 § 5 3
- Klageregister, Vergleichsbeschluss 8 § 23 5
- Kollektivvergleich 8 § 17 3
- Lebenssachverhalt 8 § 3 36 ff, § 4 15, § 6 15 ff
- Lebenssachverhalt, gleicher 8 § 15 9
- Lex Telekom 8 Vorbem 4
- Musterbeklagter, Auswahl 8 § 9 2
- Musterbeklagter, Bestimmung 8 § 9 30 ff
- Musterbeklagter, Kosten 8 § 24 9 ff
- Musterbeklagter, mehrere 8 § 9 6
- Musterbeklagter, Rechtsbeschwerde 8 § 21 10 f, § 26 6 ff
- Musterentscheid, Bekanntmachung 8 § 16 11 ff
- Musterentscheid, Beschwerdebeitritt 8 § 20 19 f
- Musterentscheid, Beschwerdeführer 8 § 21 2 ff
- Musterentscheid, Beschwerdeführerneubestimmung 8 § 21 12
- Musterentscheid, Beschwerdegericht 8 § 20 14
- Musterentscheid, Beschwerde unzulässig 8 § 20 13
- Musterentscheid, Bescshwerdegründe 8 § 20 11
- Musterentscheid, Bindung 8 § 22 3 ff
- Musterentscheid, Bindungswirkung 8 § 22 19
- Musterentscheid, Erlass 8 § 16 4 ff
- Musterentscheid, Form 8 § 16 6 ff
- Musterentscheid, Inhalt 8 § 16 6 ff
- Musterentscheid, Klagerücknahme 8 § 22 8 f
- Musterentscheid, Kosten 8 § 16 14
- Musterentscheid, Rechtsbeschwerde 8 § 20 2 ff
- Musterentscheid, Rechtskraftwirkung 8 § 22 10 ff
- Musterentscheid, Rechtsmittelausschluss 8 § 25 3
- Musterentscheid, Wirkung 8 § 22 2 ff
- Musterentscheid, Zustellung 8 § 16 11 ff
- Musterkläger, Abberufung 8 § 9 28
- Musterkläger, Bestimmung 8 § 9 7, 11 ff
- Musterkläger, Insolvenz 8 § 13 8 f
- Musterkläger, Klägerwechsel 8 § 13 10
- Musterkläger, Kosten 8 § 24 6 ff
- Musterkläger, Rechtsbeschwerde 8 § 21 3 ff
- Musterkläger, Verweigerung 8 § 13 16
- Musterkläger, Wechsel 8 § 13 5 ff
- Musterklägervertreter, Vergütung 8 § 9 20 ff
- Musterverfahren, Anmelder 8 § 9 4
- Musterverfahren, Anmeldungszustellung 8 § 10 16 ff
- Musterverfahren, Anspruchsanmeldung 8 § 10 7 ff
- Musterverfahren, Anwaltszwang 8 § 10 9
- Musterverfahren, Beendigung 8 § 13 14 ff
- Musterverfahren, Beendigung durch Vergleich 8 § 23 6 f
- Musterverfahren, Bekanntmachung 8 § 10 1 ff
- Musterverfahren, elektronische Akte 8 § 11 8
- Musterverfahren, elektronischer Rechtsverkehr 8 § 11 9 ff

Stichwortverzeichnis

- Musterverfahren, Erweiterung   8 § 15 1 ff
- Musterverfahren, Europäische Kommission   8 § 28 5
- Musterverfahren, Europäisches Parlament   8 § 28 5
- Musterverfahren, Fehler   8 § 25 2 ff
- Musterverfahren, Gerichtskosten   8 § 24 19 ff
- Musterverfahren, Klagerücknahme   8 § 13 1 ff
- Musterverfahren, Klägerwechsel   8 § 13 5 ff
- Musterverfahren, Terminvorbereitung   8 § 12 1 ff
- Musterverfahren, Übergangsvorschrift   8 § 27 2 ff
- Musterverfahren, Verfahrensbeteiligte   8 § 9 1 ff
- Musterverfahren, Verfahrensregeln   8 § 11 1 ff
- Musterverfahren, Verjährung   8 § 10 16 ff
- Musterverfahren, Zuständigkeitskonzentration (§ 32b ZPO)   8 § 32b 3 ff
- Musterverfahrensantrag   8 § 2 1 ff
- Musterverfahrensantrag, Antragsberechtigung   8 § 2 7
- Musterverfahrensantrag, Antragstellung   8 § 2 11
- Musterverfahrensantrag, Bekanntmachungsfrist   8 § 3 42 ff
- Musterverfahrensantrag, Bekanntmachungskosten   8 § 4 21 ff
- Musterverfahrensantrag, Eintragung   8 § 4 18
- Musterverfahrensantrag, gleichgerichteter   8 § 4 10
- Musterverfahrensantrag, Nichtbekanntmachung   8 § 3 47
- Musterverfahrensantrag, Rücknahme   8 § 5 7, § 13 12 f
- Musterverfahrensantrag, Unzulässigkeit   8 § 3 7 ff
- Musterverfahrensantrag, Vorlage OLG   8 § 6 1 ff
- Musterverfahrensantrag, widersprechend   8 § 4 14
- Musterverfahrensantrag, Zulässigkeit   8 § 3 1 ff
- Musterverfahrensantrag, Zurückweisung   8 § 6 22 ff
- Novellierung   8 Vorbem 19 ff
- Prozessgericht, Antrag Musterverfahren   8 § 2 15 f
- Prozessgericht, Aussetzungsbeschluss   8 § 8 21
- Prozessgericht, Aussetzungszeitpunkt   8 § 8 5
- Prozessgericht, Bekanntmachungsbeschluss   8 § 3 28
- Prozessgericht, Bekanntmachung Vorlagebeschluss   8 § 6 20 f
- Prozessgericht, Klagerücknahme   8 § 8 19 f
- Prozessgericht, Kosten   8 § 16 14
- Prozessgericht, Rechtsmittel Aussetzung   8 § 8 15 ff
- Prozessgericht, Unterrichtung OLG   8 § 8 22
- Prozessgericht, Verfahrensaussetzung   8 § 8 1 ff
- Prozessgericht, Verfahrensfortsetzung   8 § 6 25
- Prozessgericht, Vorlagebeschluss   8 § 6 6
- Prozessgericht, Zuständigkeit   8 § 6 13 f
- Prozessgerichtgleichgerichtete Verfahren   8 § 4 6
- Quorum   8 § 5 6, § 6 7, 23
- Quorum, Vergleich   8 § 17 13 ff
- Rechtsbeschwerdeverfahren, Kostenentscheidung   8 § 26 1 ff
- Regierungsentwurf   8 Vorbem 15 ff
- Streigenossenschaft   8 § 9 9
- Streitgegenstand   8 § 3 37
- Streitgenossenschaft   8 § 2 9
- Streitpunkte   8 § 2 3
- Tatsachen   8 § 3 38
- Verfahren, Aussetzung   8 § 8 16, § 22 3 ff
- Verfahren, Aussetzungsbeschluss   8 § 8 17 f
- Verfahren, Bindung Musterentscheid   8 § 22 6 f
- Verfahren, Gerichtskosten   8 § 24 19 ff
- Verfahren, Kostenentscheidung   8 § 24 2 ff
- Verfahren, Prozessverschleppung   8 § 3 19 f, § 15 12
- Verfahren, Unterbrechung   8 § 5 2 ff, 7
- Verfahren, Verjährung   8 § 10 3
- Verfahren, Wiederaufnahme   8 § 22 18
- Verfahren, Wiedereröffnung   8 § 23 13 f
- Verfahrensbeschleunigung   8 Vorbem 23 f
- Vergleich   8 Vorbem 21 f
- Vergleich, Ablehnung   8 § 18 9 ff
- Vergleich, Angemessenheit   8 § 18 4 ff
- Vergleich, Austritt   8 § 17 14 ff
- Vergleich, Beendigung Musterverfahren   8 § 23 6 f
- Vergleich, Bekanntmachung   8 § 19 2 ff
- Vergleich, Genehmigung   8 § 18 1 ff
- Vergleich, Genehmigungsbeschluss   8 § 18 3 ff
- Vergleich, Inhalt   8 § 17 17 ff
- Vergleich, Kollektivvergleich   8 § 17 3
- Vergleich, Kostenentscheidung   8 § 23 8 ff
- Vergleich, Kostenverteilung   8 § 17 23
- Vergleich, Quorum OLG-Beschluss   8 § 23 3 ff
- Vergleich, Unwiderruflichkeit   8 § 18 12 ff
- Vergleich, Vorschlag   8 § 17 4 ff
- Vergleich, Wirkung   8 § 23 2 ff
- Vergleich, Zustimmung   8 § 18 9 ff
- Verjährungshemmung   8 Vorbem 26
- Vorlagebeschluss   8 § 6 18
- Vorlagebeschluss, Bekanntmachung   8 § 6 19 ff
- Vorlagebeschluss, Beweismittel   8 § 6 18

- Vorlagebeschluss, Bindunsgwirkung 8 § 6 10
- Vorlagebeschluss, Inhalt 8 § 6 15 ff
- Vorlagebeschluss, Prozessgericht 8 § 6 6
- Vorlagebeschluss, Sperrwirkung 8 § 7 1 ff

Kaufmann, Aktiengesellschaft 1 § 1 17, § 3 1

Kaufoption
- Erwerb eigener Aktien 1 § 71 6

Kauf über die Börse 12 § 25 24 f

Kettenwererb 12 § 25a 47

Kick-off-Meeting 17 13

Klagezulassungsverfahren 1 § 148 1 ff
- Aktionärsklage 1 § 148 26 ff
- Aufforderung an die Gesellschaft 1 § 148 10 f
- Bekanntmachung 1 § 149 1 ff
- Beteiligungsschwelle 1 § 148 4 ff
- BGB-Gesellschaft 1 § 148 4
- Darlegungs-und Beweislast 1 § 148 9, 15
- Erwerbszeitpunkt 1 § 148 6
- Fristsetzung 1 § 148 11
- grober Satzungs- und Gesetzesverstoß 1 § 148 14
- Klagerücknahme 1 § 148 37 f
- Kosten 1 § 148 33 ff
- Rechtliches Gehör 1 § 148 21
- Regierungsentwurf 1 § 148 5
- Schädigung der Gesellschaft 1 § 148 12 ff
- überwiegende Gründe des Gemeinwohls 1 § 148 16 f
- Unredlichkeit 1 § 148 13
- Urteil 1 § 148 32
- Verdacht 1 § 148 15
- Verfahren 1 § 148 18 ff
- VerfahrenRechtskraftwirkung 1 § 148 22
- Vergleich 1 § 148 37 f
- Verjährungshemmung 1 § 148 20
- Zuständigkeit 1 § 148 19

Kleine Aktiengesellschaften
- Gewinnverwendungsbeschluss 1 § 174 27
- Kapitalerhöhung aus Gesellschaftsmitteln 1 § 209 5 f

Klein-Firmen-Effekt 16 5

Kognitive Dissonanzen 16 19

Kollisionsrecht, Sitztheorie 1 § 1 35 f

Kommanditaktionäre
- Steuerrecht 20 152

Kommanditgesellschaft
- Gründung einer Aktiengesellschaft 1 § 2 9
- Mitbestimmung 9 § 4 1 ff
- Rechtsgemeinschaft an einer Aktie 1 § 69 4

Kommanditgesellschaft auf Aktien *siehe auch* Auflösung der Kommanditgesellschaft auf Aktien; *siehe auch* Komplementäre; *siehe auch* Satzung der Kommanditgesellschaft auf Aktien
- Abwicklung 1 § 290 1 ff
- Aktienrecht 1 § 278 56 ff
- Anhang 1 § 286 13

- Aufsichtsrat 1 § 287 1 ff
- Ausschluss von Minderheitsaktionären 1 § 327a 25
- eigenkapitalersetzende Darlehen 1 § 278 60 ff
- Entnahmebeschränkungen 1 § 288 9 ff
- Firma 1 § 279 1 ff
- Formkaufmann 1 § 278 18 f
- Geschichte 1 § 278 4 ff
- Gesellschafter 1 § 278 20 f
- Gestaltungsfreiheit 1 § 278 23 ff
- Gewerbesteuer 20 148
- gewinnunabhängige Tätigkeitsvergütung 1 § 288 14 f
- Gewinn- und Verlustrechnung 1 § 286 13
- Gewinnverwendungsbeschluss 1 § 286 10
- Grundkapital 1 § 278 60 ff
- Handelsgesellschaft 1 § 278 18 f
- Hauptversammlung 1 § 285 1 ff
- Jahresabschluss 1 § 286 1 ff
- Jahresbilanz 1 § 286 11 f
- Jahresergebnis 1 § 288 1 ff
- Kapitalgesellschaft & Co. KGaA 1 § 278 9 ff
- Konzernrecht 1 § 278 66 ff
- Körperschaftssteuer 20 147
- Kreditbeschränkungen 1 § 288 9 ff
- Mitbestimmung 9 § 1 14
- Organe 1 § 278 22
- persönlich haftender Gesellschafter 1 § 282 1, § 283 1
- Strafbarkeit persönlich haftender Gesellschafter 1 § 408 1 f
- Struktur 1 § 278 18 ff
- Vorteile 1 § 278 14 ff
- Wettbewerbsverbot 1 § 284 1 ff
- Zwangsgelder 1 § 407 14

Kommissionsgeschäft 12 § 2 21 f

Komplementäre
- Abberufungsdurchgriff bei der Komplementär-GmbH 1 § 278 41 ff
- Aufsichtsrat 1 § 288 7
- Ausscheiden 1 § 289 16 ff
- Begründung 1 § 278 33
- Entzug von Geschäftsführungs- und Vertretungsbefugnis 1 § 278 38 ff
- Geschäftsführung 1 § 278 34 ff
- Haftung 1 § 278 46
- Hauptversammlung 1 § 285 3, 6 ff
- Informationsrechte 1 § 278 47
- Kaufmannseigenschaft 1 § 278 49
- Kommanditaktionäre 1 § 278 51 ff
- Kontrollrechte 1 § 278 47
- mehrere Komplementäre 1 § 278 50
- persönliche Anforderungen 1 § 278 30 ff
- Rechtsstellung 1 § 278 23 ff
- Rücksichtpflichten 1 § 278 48
- Stimmrecht 1 § 285 4 f
- Stimmrechte 1 § 278 47
- Tod 1 § 289 30 ff

Stichwortverzeichnis

- Treuepflicht 1 § 278 42, 48
- Vermögenseinlage 1 § 281 3 ff
- Vermögensrechte 1 § 278 45
- Vertretung 1 § 278 34 ff

Konsortialvertrag 1 § 23 55
Konsortium 12 § 2 30
Kontrolle *siehe* Übernahmeangebote
Kontrollillusion 16 20 ff
Konzern *siehe auch* Gleichordnungskonzernverträge; *siehe auch* Unterordnungskonzern
- Ad-hoc-Publizität 12 § 15 12
- Auskunftsrecht 1 § 131 48 ff
- Bezugsrecht 1 § 186 12 f
- faktischer Konzern 1 § 18 5 ff
- Gleichordnungskonzern 1 § 18 17 ff
- Grundbegriff 1 § 18 2 ff
- Kommanditgesellschaft auf Aktien 1 § 278 66 ff
- Konzernkoordinierungspflicht 1 § 76 14
- Mitbestimmung 9 § 3 16, § 5 1 ff
- qualifiziert faktischer Konzern 1 § 18 7
- Rechtsfolgen 1 § 18 21
- Rücklagen 1 § 58 30 ff
- Überwachung der Geschäftsführung durch den Aufsichtsrat 1 § 111 6 f
- Vorstand 1 § 76 13 ff
- Zusammenfassung unter einheitlicher Leitung 1 § 18 8 ff
- Zustimmungsvorbehalt des Aufsichtsrates 1 § 111 31 f

Konzernabschluss
- Aufsichtsrat 1 § 172 5
- Auskunftsrecht 1 § 131 48 ff
- Sonderprüfung 1 § 142 14

Konzernabschlussbericht
- Prüfung durch den Aufsichtsrat 1 § 171 6 ff
- Vorlage an den Aufsichtsrat 1 § 170 2 ff

Konzernabschlussrichtlinie *siehe* Bilanzrichtlinien

Konzernbilanzrichtlinie *siehe* Bilanzrichtlinien
Konzerninterne Wertpapierdarlehen 12 § 25 22 f
Konzernlagebericht
- Prüfung durch den Aufsichtsrat 1 § 171 6 ff
- Vorlage an den Aufsichtsrat 1 § 170 2 ff

Konzernumlagen, Auskunftsrecht 1 § 131 85
Körperschaftssteuerrecht 20 2 ff
- Abwicklung der AG 20 11
- Abwicklung der Aktiengesellschaft 20 125 ff
- Anrechnungsverfahren 20 3
- Auflösung der AG 20 11, 125 ff
- Aufwendungen 20 29 ff
- Beginn der Körperschaftssteuerpflicht 20 10
- beschränkte Körperschaftssteuerpflicht 20 9
- Betriebsvermögensvergleich 20 17
- Bilanzierung 20 17
- Dividenden 20 22 ff
- Einkommen der AG 20 15
- Einlagen 20 35
- Ende der Körperschaftssteuerpflicht 20 11 ff
- Ermittlung des zu versteuernden Einkommens 20 18
- Ermittlungszeitraum 20 16
- Formwechsel 20 13
- Geldstrafen 20 32
- Geschäftsleitung 20 7
- Gewinnausschüttungen 20 36
- Gewinnermittlung 20 19
- Gewinn und Verlust 20 18
- Insolvenzverfahren 20 14
- Kapitalherabsetzung 20 25
- Kommanditgesellschaft auf Aktien 20 147
- Körperschaftssteuerpflicht 20 4 ff
- Liquidation einer Aktiengesellschaft 20 125 ff
- Mindestbesteuerung 20 39
- Mitunternehmerschaft 20 28
- Organgesellschaften 20 37
- Organschaft 20 134
- Sitz 20 8
- Sitzverlegung 20 12
- steuerfreie Vermögensmehrungen 20 34
- Steuerfreistellung bei Beteiligung über eine Mitunternehmerschaft 20 28
- Steuerfreistellung von Dividenden 20 22 ff
- Steuerfreistellung von Veräußerungsgewinn 20 25 ff
- unbeschränkte Körperschaftssteuerpflicht 20 5 ff
- Unternehmenssteuerreformgesetz 2008 20 2
- Veranlagungszeitraum 20 16
- Veräußerungsgewinn 20 25
- Veräußerungsverluste 20 27
- Vergütungen 20 33
- Verlustabzug 20 38
- Verlustvortrag 20 39
- Verschmelzung 20 13
- verunglückte Organschaft 20 141
- Vorgesellschaft 20 62
- Vorgründungsgesellschaft 20 58
- Wertaufholung 20 25

Kraftloserklärung von Aktien 1 § 72 1 ff, § 73 1 ff, § 226 1 ff
- Abhandenkommen 1 § 72 9
- Antragsbegründung 1 § 72 13 f
- Antragsberechtigung 1 § 72 12
- Aufforderung zur Einreichung 1 § 73 10 f
- fehlerhafte Kraftloserklärung 1 § 225 18
- Gesellschaft 1 § 73 1 ff
- Gewinnanteilsscheine 1 § 72 17 ff
- ordentliche Kapitalherabsetzung 1 § 225 11 ff
- Rechtsfolgen 1 § 72 15 f, § 73 12 ff, § 225 17
- sachliche Anforderungen 1 § 225 11 ff
- Vernichtung 1 § 72 10
- Zusammenlegung von Aktien 1 § 73 16

- Zuständigkeit 1 § 72 11
Kreditderivate 12 § 2 15
Kreditgewährung
- an Organmitglieder, Auskunftsrecht 1 § 131 85
- für Wertpapierdienstleistungen 12 § 2 41
Kreditinstitute
- Abstimmungsvorschläge im Aktionärsinteresse 1 § 128 1 ff
- Auskunftsrecht 1 § 131 74
- Ausschluss von Minderheitsaktionären 1 § 327b 13 ff
- Begriff 19 3
- Erwerb eigener Aktien 1 § 71 57 f, § 71a 13, § 71e 16
- Mitteilungspflichten 1 § 128 6 ff
- Namensaktien 1 § 135 24 f
- Stimmrecht aus fremden Aktien 1 § 135 4 ff
- Stimmrechtsausübung 1 § 128 16 ff
Kunde
- Antrag 12 § 31a 31
- Herabstufung 12 § 31a 18, 21
- Heraufstufung 12 § 31a 22, 29
- Privatkunde 12 § 31 27, § 31a 13, 18, 21 f, 30, 39, § 31c 10
- professioneller K. 12 § 31 27, § 31a 7, 14, 18, 23, 34, 39
- Schutzniveau 12 § 31a 24, 30
- Vertragspartner 12 § 31a 5
Kundenaufträge
- Ausführung, redliche 12 § 31c 4
- Ausführung, Reihenfolge 12 § 31c 5
- Ausführung, unverzügliche 12 § 31c 2
- Gegenlaufen 12 § 31c 8
- limitierte 12 § 31c 12
- Mitlaufen (Parallel Running) 12 § 31c 8
- Teilaufträge 12 § 31 15
- Verantwortlichkeit 12 § 31e 1
- Vorlaufen (Frontrunning) 12 § 31c 8
- Weiterleitung, redliche 12 § 31c 4
- Weiterleitung, Reihenfolge 12 § 31c 5
- Weiterleitung, unverzügliche 12 § 31c 2
- Zusammenfassung 12 § 31 15
- Zusammenlegung 12 § 31c 7, 9
Kundenaufträge, bestmögliche Aufführung
- Ausführungsplätze, Wettbewerbsförderung 12 § 33a 1
Kundenaufträge, bestmögliche Ausführung
- Auftragsweiterleitung 12 § 33a 38
- Ausführungsgrundsätze (Best-Execution-Policy) 12 § 33a 7
- Ausführungsnachweis 12 § 33a 37
- Ausführungsplätze 12 § 33a 20
- Festpreisgeschäfte 12 § 33a 36
- Gesamtentgelt 12 § 33a 15
- Kundeninformation, Ausführungsgrundsätze 12 § 33a 26

- Kundenweisungen 12 § 33a 33
Kundenbegriff, allgemeiner 12 § 31a 1, 3
Kundeninformationen, Kundenangaben
- Anlagedauer 12 § 31 89
- Anlagezweck 12 § 31 91
- Ausbildung 12 § 31 88
- Ausführungsgeschäft 12 § 31 120
- außerhalb v. Anlageberatung u. Finanzportfolioverwaltung 12 § 31 113
- berufliche Tätigkeit 12 § 31 88
- Erfahrungen 12 § 31 88
- Erforderlichkeitsvorbehalt 12 § 31 95, 96
- execution-only-Geschäft 12 § 31 120
- finanzielle Verhältnisse 12 § 31 92
- Fragebögen 12 § 31 93
- Kenntnisse 12 § 31 88
- Know-your-customer-Prinzip 12 § 31 85
- Kundenprofil 12 § 31 85
- professionelle Kunden 12 § 31 101
- Risikobereitschaft 12 § 31 90
- Überprüfung 12 § 31 118
- Vertreter 12 § 31 102
- Verweigerung 12 § 31 99
Kundeninteresse
- Churning 12 § 31 17
- erkennbares 12 § 31 13
- individuelles 12 § 31 13
- subjektives 12 § 31 16
- Vorrang 12 § 31 28
- Wahrung 12 § 31 28
Kundeninteressen
- Scalping 12 § 31 18
Kundenkategorisierung 12 § 31a 1
Kundenstruktur
- Auskunftsrecht 1 § 131 85
Kurspflege 1 § 71 25
Kurs- und Marktpreismanipulation 12 § 20a 1 ff
- abusive squeezes 12 § 20a 14
- advancing the bid 12 § 20a 13
- Aktienrückkäufe 12 § 20a 17
- bewertungserhebliche Tatsachen 12 § 20a 5
- eigene Aktien 12 § 20a 17
- Handlungen 12 § 20a 4 ff
- irreführende Angaben 12 § 20a 4
- Manipulationsformen 12 § 20a 4 ff
- marking the close 12 § 20a 13
- Presseprivileg 12 § 20a 6
- Revision EU-Marktmissbrauchsrecht 12 § 20a 1
- Rückkaufprogramme 12 § 20a 17
- safe harbour 12 § 20a 17
- scalping 12 § 20a 14
- Scheingeschäfte 12 § 20a 8
- Schutzbereich 12 § 20a 2 f
- Schutzgesetz 12 § 20a 19
- sonstige Täuschungshandlungen 12 § 20a 12 ff

3445

- subjektives Element 12 § 20a 16
- unrichtige Angaben 12 § 20a 4
- Verschweigen 12 § 20a 7
- Verstoß 12 § 20a 19
- zulässige Marktpraxis 12 § 20a 11

Lagebericht
- Abwicklung der Aktiengesellschaft 1 § 270 18
- Aushändigung an die Aufsichtsratsmitglieder 1 § 170 18 ff
- Jahresfinanzbericht 12 § 37v 35
- Kenntnisnahme des Aufsichtsratsmitglieder 1 § 170 18 ff
- Prüfung durch den Aufsichtsrat 1 § 171 1 ff
- Vorlage an den Aufsichtsrat 1 § 170 2 ff

Leerverkäufe 12 § 4 5
Leerverkaufsregulierung
- Allgemeinverfügungen 12 Vor § 30h 5 ff
- Art. 23 EU-Leerverkaufsverordnung 12 § 30h 7 ff
- Ausführungsvorschriften 12 Vor § 30h 35 ff
- BaFin, Befugnisse 12 § 30h 10 f
- BaFin, Maßnahmen 12 § 30h 10 f
- BaFin, Zuständigkeit 12 § 30h 7 ff
- befristete Beschränkungen von Leerverkäufen 12 § 30h 7 ff
- Bietergruppe Bundesemissionen 12 Vor § 30h 30
- Börsen, Zuständigkeit 12 § 30h 7 ff
- Bundesanzeiger 12 § 30h 12
- CDS 12 Vor § 30h 11 ff
- CDS, Verbot 12 Vor § 30h 19
- CESR 12 § 30h 2
- Credit Default Swaps 12 Vor § 30h 11 ff
- Credit Linked Notes 12 Vor § 30h 19
- Deckung 12 Vor § 30h 16 ff
- delegierte Verordnung 12 Vor § 30h 35 ff
- Drittstaaten 12 Vor § 30h 12
- Elektronische Mitteilung 12 Vor § 30h 24
- EU 12 Vor § 30h 4 ff
- EU-Leerverkaufs-Ausführungsgesetz 12 Vor § 30h 1 ff, 40, § 30h 1 ff
- Freiverkehr 12 Vor § 30h 13
- Intraday-Ausnahme 12 Vor § 30h 16
- Locate Arragement 12 Vor § 30h 17
- Market-Maker 12 Vor § 30h 12, 26 ff
- Meldepflichten 12 Vor § 30h 20 ff
- MpMiVoG 12 § 42a 1, § 42b 1
- MTF 12 Vor § 30h 13
- Multilaterales Handelssystem 12 Vor § 30h 13
- MVP-Portal 12 Vor § 30h 24
- Netto-Leerverkaufspositionen 12 Vor § 30h 20 ff, § 30h 12, § 42b 1
- Netto-Leerverkaufspositionsverordnung 12 Vor § 30h 24, § 30h 14 ff, 15
- NLPosV 12 Vor § 30h 24
- Notfallbefugnisse 12 § 30h 3 ff
- Notfallkompetenzen 12 Vor § 30h 14
- Notfallmaßnahmen 12 Vor § 30h 2, § 30h 16
- Ordnungswidrigkeit 12 § 30h 17
- Primärhändler 12 Vor § 30h 12, 26 ff
- Rechtsverordnung 12 § 30h 14 ff
- Sofortige Vollziehbarkeit 12 § 30h 13
- technische Durchführungsstandards 12 Vor § 30h 35 ff
- Transparenzpflichten 12 Vor § 30h 11 ff, 20 ff
- Transparenzpflichten, Fonds 12 Vor § 30h 25
- Transparenzpflichten, Gruppen 12 Vor § 30h 25
- Überblick 12 Vor § 30h 11 ff
- Verbot, Aufhebung 12 Vor § 30h 18
- Verbote 12 Vor § 30h 11 ff, 15 ff, § 4 5, § 42a 1
- WpMiVoG 12 Vor § 30h 1 F, § 30h 1 f
- Zuständigkeits- und Verfahrensvorschriften 12 § 30h 1 f

Legal Due Diligence siehe Due Diligence
Leistungen an Dritte
- Einlagenrückgewähr 1 § 57 40 ff

Leitende Angestellte
- Haftung der Gesellschaft 1 § 76 12
- Kreditgewährung 1 § 89 6
- Kreditgewährung an Angehörige 1 § 89 8
- Kreditgewährung im Abhängigkeitsverhältnis 1 § 89 7
- Mitbestimmung 9 § 3 19 ff

Letter of Engagement
- Börseneinführung 17 9 f

Letter of Intent 12 § 25a 59
Liquidation einer Gesellschaft
- Kapitalherabsetzung 1 Vor §§ 222 ff 18
- Publizitätsrichtlinie 6 280
- Steuerrecht 20 124 ff

Liquidationserlös
- Erwerb eigener Aktien 1 § 71b 11
- Gleichbehandlungsgebot 1 § 53a 10

Locals 12 § 2a 11
Löschungsverfahren
- Abwicklung der Aktiengesellschaft 1 § 273 6 ff
- Ausschluss von Minderheitsaktionären 1 § 327e 5

M&A-Kaufverträge 12 § 25a 49 f
Managementbeteiligungen 12 § 25a 62
Mantelkauf 20 78 f
Market Maker 12 § 2 26
- 30-Kalendertage-Frist 12 Vor § 30h 33
- Anzeigepflicht 12 Vor § 30h 26 ff
- Anzeigeverfahren 12 § 30h 16
- zuständige Behörde 12 Vor § 30h 31 ff

marking the close 12 § 20a 13

Markt, organisierter 12 § 31h 2
Markteffizienzhypothese 16 3
Märkte für Finanzinstrumente mit Sitz außerhalb der EU
- Aufhebung der Erlaubnis 12 § 37k 1
- Erlaubnis 12 § 37i 1 ff
- Untersagung 12 § 37l 1
- Versagung der Erlaubnis 12 § 37j 1
Marktmanipulationsverbot
- Revision des EU-Marktmissbrauchsrecht 12 § 38 1
Marktmanipulationsverbot, Strafbarkeit 12 § 38 1, 3 ff
Materielle Beschlusskontrolle, Treuepflicht 1 § 53a 30
Mehrheitsbeteiligung 1 § 16 3 ff
- Anteilsmehrheitsberechnung 1 § 16 9 ff
- Rechtsfolgen 1 § 16 18
- Rechtsform des Unternehmens 1 § 16 4 ff
- Stimmenmehrheitsberechnung 1 § 16 12 ff
- Zuordnung von Anteilen und Stimmrechten 1 § 16 7 f
- Zurechnung von Anteilen 1 § 16 16 f
Mehrstimmrecht 1 § 12 5
- Bilanz 1 § 152 7
- Kapitalerhöhung aus Gesellschaftsmitteln 1 § 216 7
- Satzungsänderung 1 § 179 61
- Übergangsrecht 1 § 12 10
Mehrstufige Entscheidungsprozesse
- Ad-hoc-Publizität 12 § 15 11 ff
- Insiderinformation 12 § 13 2
Mehrzuteilungsoption
- Börseneinführung 17 62
- Greenshoe 17 55
Meldepflichten
- Geschäfte in Finanzinstrumenten 12 § 9 1 ff
Memorandum of Understanding 12 § 7 2
Mietzinsen, Gewerbesteuerrecht 20 50
MiFID 12 Vor §§ 31-37 2
Milchmädchenhausse 16 44
Minderheit
- Erwerb eigener Aktien 1 § 71b 9
- Niederschrift 1 § 130 11, 34
Mindestnennbetrag
- ordentliche Kapitalherabsetzung 1 § 228 1 ff
Mitbestimmung *siehe auch* Delegierte
- Abberufung von Aufsichtsratsmitgliedern 1 § 103 19; 9 § 23 1 f
- abhängige Unternehmen 9 § 5 3 ff
- Abstimmungen des Aufsichtsrats 9 § 29 1 ff
- Aktiengesellschaft 9 § 1 14
- Aktiengesetz 9 § 25 2 ff
- Altersteilzeit 9 § 3 7 f
- Amtszeit 9 § 27 5
- Anfechtung der Wahl von Aufsichtsratsmitgliedern 1 § 251 11; 9 § 20 3, § 22 1 ff
- Angestellte 9 § 3 2
- Anstellungsvertrag der Vorstandsmitglieder 9 § 31 11 f
- Anteilseigner 9 § 2 1
- arbeitnehmerähnliche Personen 9 § 3 4
- Arbeitnehmeranzahl 9 § 1 21 f
- Arbeitnehmerbegriff 9 § 3 2 ff
- Arbeitsdirektor 9 § 33 1 ff
- Arbeitsverhältnis 9 § 3 5
- Aufsichtsrat 9 § 6 1 f
- Aufsichtsratsmitglieder der Arbeitnehmer 9 § 9 1 ff, § 18 1
- Aufsichtsratszusammensetzung 9 § 7 1 f
- ausländische Untergesellschaft 9 § 5 23
- ausländische Unternehmen 9 § 1 17 ff
- Ausschüsse 9 § 27 9 ff
- Außendienst 9 § 3 2
- Ausübung von Beteiligungsrechten 9 § 32 1 ff
- Auszubildende 9 § 3 2
- Behinderungen von Aufsichtsratsmitgliedern 9 § 26 1 ff
- Bekanntmachung der Mitglieder des Aufsichtsrats 9 § 19 1
- Benachteiligungen von Aufsichtsratsmitgliedern 9 § 26 1 ff
- Beschlussfähigkeit des Aufsichtsrats 1 § 108 15; 9 § 28 1 f
- Beschlussfassung 9 § 25 5 ff
- Betriebsbegriff 9 § 3 22 ff
- Betriebsverfassungsgesetz 1952 1 § 96 8
- BetrVG 9 § 1 23
- Deutscher Corporate Governance Kodex 9 § 25 13
- Dienstverpflichtete 9 § 3 4
- Doppelstöckige Gesellschaft 9 § 4 15 f
- entsendete Arbeitnehmer 9 § 3 6
- erstmalige Anwendung des MitbestG 9 § 37 1 ff
- freie Mitarbeiter 9 § 3 4
- Gemeinschaftsunternehmen 9 § 5 19
- Geschäftsführungsorgan 9 § 31 4 ff
- geschichtliche Entwicklung 9 § 1 1 ff
- gesetzliche Vertretungsorgane 9 § 3 3
- Gestaltungsfreiheit 9 § 1 27, § 3 26
- GmbH 9 § 1 14
- Heimarbeit 9 § 3 2
- herrschende Unternehmen 9 § 5 3 ff
- innere Ordnung 9 § 25 5 ff
- internationales Gesellschaftsrecht 9 § 1 18 f
- Kapitalgesellschaft & Co. KG 9 § 5 9 ff, 24
- Kapitalgesellschaft & Co. KGaA 9 § 4 11 ff, § 5 13 ff
- kapitalistische oHG 9 § 4 9 f
- KGaA 9 § 1 14
- Kommanditgesellschaft 9 § 4 1 ff
- Konzern 9 § 3 16 ff, § 5 1 ff

Stichwortverzeichnis

- Konzern im Konzern 9 § 5 16 ff
- Kündigungsschutz 9 § 26 1
- leitende Angestellte 9 § 3 19 ff
- mehrstöckige Gesellschaft 9 § 4 15 f
- Mitbestimmungsergänzungsgesetz 1 § 96 5 ff
- mitbestimmungsfreie Unternehmen 1 § 96 9
- Mitbestimmungsgesetz 1 § 96 2
- Mitbestimmungsvereinbarungen 1 § 96 11
- Montan-Mitbestimmungsgesetz 1 § 96 3 f; 9 § 1 23
- Nachwahl 9 § 27 8
- Nichtigkeit der Wahl 9 § 20 3
- Personalkompetenz 9 § 31 1 ff
- Rechtsform 9 § 1 14 ff
- Religionsgemeinschaften 9 § 1 24 ff
- Sachgründung 1 § 31 6
- Satzungsautonomie 9 § 25 12
- Sitztheorie 9 § 1 18 f
- Stellvertreter des Aufsichtsratsvorsitzenden 9 § 27 1 ff
- Störungen von Aufsichtsratsmitgliedern 9 § 26 1 ff
- Streik 9 § 25 8 ff
- Streitigkeiten 9 § 1 35
- Teilkonzern 9 § 5 25 ff
- Teilzeit 9 § 3 7 f
- Telearbeit 9 § 3 2
- Tendenzunternehmen 9 § 1 24 ff, § 5 20 ff
- überlassene Arbeitnehmer 9 § 3 9 ff
- Unternehmen 9 § 1 15
- Verfassungsrecht 9 § 1 8 ff
- Vermittlungsausschuss 9 § 27 9 ff
- Verwandte 9 § 3 3
- Vorsitz im Aufsichtsrat 9 § 27 1 ff
- Wählbarkeit 9 § 24 1 ff
- Wahlbeeinflussung 9 § 20 3
- Wahlbehinderung 9 § 20 2
- Wahlkosten 9 § 20 7 f
- Wahlordnungen 9 § 39 1
- Wahlschutz 9 § 20 1 ff
- Zweck 9 § 1 11 f

Mitgliedschaft
- Kaduzierung 1 § 64 1 ff
- Übertragung 1 § 10 20

Mitteilungspflichten, Änderung von Stimmrechtsanteilen
- Abgabe der Mitteilung 13 § 21 8 ff
- abgestimmtes Verhalten 13 § 22 16
- Abrechnungs- und Abwicklungszwecke 13 § 23 6
- Absorption 13 § 22 26
- Adressat 13 § 21 4
- Befreiungen durch die BaFin 13 § 29a 1 ff
- Bundesanstalt für Finanzdienstleistungsaufsicht 13 § 29 1 ff
- Bußgeldvorschriften 13 § 39 1 ff
- Emittenten mit BRD als Herkunftsstaat 13 § 21 11
- erstmalige Börsenzulassung 13 § 21 12
- für fremde Rechnung gehaltene Aktien 13 § 22 6 ff
- gesicherte Erwerbsmöglichkeiten 13 § 22 14
- Handelsbestand 13 § 23 3 ff
- Handelstage 13 § 30 1 f
- Hauptversammlungsvollmacht 13 § 22 25
- Inhaber wesentlicher Beteiligungen 13 § 27a 1 ff
- Inhalt der Mitteilung 13 § 21 8 ff
- Inlandsemittenten 13 § 21 11
- Konzernunternehmen 13 § 24 1 ff
- Market Maker 13 § 23 9
- Nachweis mitgeteilter Beteiligungen 13 § 27 1 ff
- Nießbrauch 13 § 22 13
- Rechtsverlust 13 § 28 1 ff
- Schwellenwerte 13 § 21 5 ff
- Sicherheitsübertragung 13 § 22 11
- Stimmrechtsausübungsverbot 13 § 23 10
- Stimmrechtszurechnung 13 § 22 1 ff
- Systematik 13 § 21 3
- Tochterunternehmen 13 § 22 3 ff
- Übergangsvorschriften 13 § 41 1 ff
- Verwahrstellen 13 § 23 7
- Verwahrungsverhältnis 13 § 22 15
- Zentralbankenbestand 13 § 23 8
- Zweck 13 § 21 2

Mitteilungspflichten, Halten von Finanzinstrumenten 12 § 25a 1 ff; 13 § 25 1 ff

Mitteilungspflichten der Gesellschaft
- Abgabe 1 § 20 10
- Bekanntmachungspflicht der Gesellschaft 1 § 20 11
- Inhalt 1 § 20 10
- Mehrheitsbeteiligung 1 § 20 9, § 21 3
- Nachweis 1 § 22 1 ff
- nicht-börsennotierte Gesellschaften 1 § 20 28
- Rechtsfolgen 1 § 21 6
- Rechtsverlust 1 § 20 12 ff
- Schachtelbeteiligungen 1 § 20 3 ff, § 21 2
- Schadensersatzpflicht 1 § 20 27
- Verletzung 1 § 20 12 ff
- wechselseitige Beteiligungen 1 § 20 8
- Wegfall der Beteiligung 1 § 21 5
- Zurechnung von Aktien 1 § 20 6 f

Mittelbares Bezugsrecht 1 § 186 77 ff
- Bekanntmachung 1 § 186 92
- Bezugsangebot 1 § 186 91
- Durchführung 1 § 186 89 ff
- Emissionsunternehmen 1 § 186 81 f, 90
- Genehmigtes Kapital 1 § 203 25
- Kapitalerhöhungsbeschluss 1 § 186 79 f
- Konsortium 1 § 186 83
- Kreditinstitut 1 § 186 81
- Nichtausübung 1 § 186 93
- Übernahme der Aktien 1 § 186 81
- Übertragung des Bezugsrechts 1 § 186 97 ff

- Vergütung des Emissionsunternehmens
  1 § 186 94
- Verpflichtung des Emissionsunternehmens
  1 § 186 84 ff
- Voraussetzungen 1 § 186 79 ff

Mitunternehmerschaft
- Gewerbesteuerrecht 20 50
- Körperschaftssteuerrecht 20 28

Montan-Mitbestimmungsgesetz
- Mitbestimmung 9 § 1 23

Multilaterales Handelssystem (MTF) 12 § 2 36, § 31f 1 ff, § 31h 1
- Betreiber 12 § 31f 3
- Definition 12 § 31f 2
- Nachhandelstransparenz 12 § 31g 5
- Unterrichtungspflicht 12 § 31f 12
- Vorhandelstransparenz 12 § 31g 3
- Vor- und Nachhandelsransparenz 12 § 31g 1 ff
- Wettbewerb, fairer 12 § 31f 1

Muttergesellschaft
- Ad-hoc-Publizität 12 § 15 12
- Bezugsrecht 1 § 186 12

Nacherbschaft
- Bezugsrecht 1 § 186 18

Nachgründung 1 § 52 1 ff; 11 65 ff
- Begriff 1 § 52 1
- Ersatzansprüche 1 § 53 1 ff
- Genehmigtes Kapital 1 § 206 12, 29
- Haftungsbesonderheiten 1 § 53 3
- Haftungsbestimmungen 1 § 53 2
- Hauptversammlungsbeschluss 1 § 52 14
- Prüfer 1 § 52 13
- Prüfung durch den Aufsichtsrat 1 § 52 13
- Publizität 1 § 52 12
- Rechtsfolgen 1 § 52 17 f
- Registerverfahren 1 § 52 15 f
- Schriftform 1 § 52 11
- Zweck 1 § 52 1

Nachgründungsvertrag
- Aktionär 1 § 52 5
- Ausnahmen 1 § 52 7 ff
- Dienstleistungen 1 § 52 4
- Erwerb an der Börse 1 § 52 10
- Erwerb im Rahmen laufender Geschäfte 1 § 52 8
- Erwerb in der Zwangsvollstreckung 1 § 52 9
- Erwerb neuer Gesellschaftsanteile 1 § 52 4
- Gründer 1 § 52 5
- Grundkapital 1 § 52 6
- Sachkapitalerhöhungen 1 § 52 4
- Spaltungsverträge 1 § 52 4
- Tagesordnung 1 § 124 10
- Tatbestand 1 § 52 3 ff
- Tochtergesellschaften 1 § 52 4
- Übernahmeverträge 1 § 52 4
- Unternehmensverträge 1 § 52 4
- Vergütung 1 § 52 6
- Verschmelzungsverträge 1 § 52 4
- Vertragsgegenstand 1 § 52 4
- Vertragspartner 1 § 52 5

Nachhaftung, eingegliederte Gesellschaften
  1 § 327 8

Nachteilige Maßnahme
- Beeinträchtigung als Abhängigkeitsfolge
  1 § 311 54
- Begriff 1 § 311 53
- Drittvergleich 1 § 311 57 ff
- Nachteilsfeststellung 1 § 311 56 ff
- Rechtsgeschäfte 1 § 311 57
- relevanter Zeitpunkt 1 § 311 55
- sonstige Maßnahmen 1 § 311 60 ff

Nachtrag
- Aktualisierungspflicht 13 § 16 2
- Berichtigungspflicht 13 § 16 2
- Widerrufsbelehrung 13 § 16 24 f

Nachtragsabwicklung 1 § 273 13 ff

Nachtragspflicht, Ad-hoc-Mitteilung
  13 § 16 14 ff

Nachtragsprüfung 1 § 173 16 ff

naked warrants
- Anhang 1 § 160 16
- bedingte Kapitalerhöhung 1 § 192 10
- Wandelschuldverschreibungen 1 § 221 59 ff

Namensaktien *siehe auch* Aktienregister; *siehe auch* Vinkulierte Namensaktie
- Ad-hoc-Publizität 12 § 15 13; 13 § 15 13
- Form des Indossaments 1 § 68 4
- Indossament 1 § 68 7 f
- Inhalt des Indossamentes 1 § 68 4
- Kennzeichnung der Art der Mitgliedschaft
  1 § 13 7
- Kraftloserklärung 1 § 73 6
- nachträgliche Vinkulierung 1 § 180 6
- Rechtsnatur 1 § 67 4
- Satzungsinhalt 1 § 23 36
- Teilnahme an der Hauptversammlung
  1 § 118 12, § 123 3, 11, 16, 29
- Übertragung durch Indossament 1 § 10 20, § 68 3
- Umwandlung von Aktien 1 § 24 1 ff
- Wahlrecht zwischen Namens- und Inhaberaktien 1 § 10 13 ff
- Wechselgesetz 1 § 68 5 ff
- Zwischenscheine 1 § 68 21

Namenspapiere 1 § 10 9

NDA 12 § 25a 59

Nebenabrede 12 § 25 20

Nebenintervention
- Anfechtung von Beschlüssen der Hauptversammlung 1 § 246 7 ff
- Nichtigkeitsklage 1 § 249 8

Nebenleistungspflicht der Aktionäre 1 § 55 1 ff
- Abwicklung der Aktiengesellschaft 1 § 264 10
- Beendigung 1 § 55 11 ff
- Begründung 1 § 55 2 ff
- gutgläubiger Erwerb 1 § 55 10 ff
- Inhalt 1 § 55 5 ff
- Leistungsstörungen 1 § 55 8
- Rechtsfolgen 1 § 55 14
- Rechtsnatur 1 § 55 4 ff
- Satzungsregelung 1 § 55 2 ff
- Übertragung 1 § 55 9 ff
- Vergütung 1 § 61 1 ff
- Vertragsstrafen 1 § 55 7a ff

Nebenverpflichtungen
- Kapitalerhöhung aus Gesellschaftsmitteln 1 § 216 21
- Satzungsänderung 1 § 180 3 ff
- Zeichnungserklärung 1 § 185 12 f

Negativerklärung
- Ausschluss von Minderheitsaktionären 1 § 327e 4 ff

Nennbetrag
- Änderung 1 § 6 6
- Festsetzung 1 § 6 5, § 7 7
- höherer Betrag 1 § 7 5
- Mindestnennbetrag 1 § 7 1 ff
- niedrigerer Betrag 1 § 7 6
- Registersperre 1 § 7 16
- Sinn 1 § 6 2 ff
- Verstoß 1 § 6 7 ff, § 7 8 ff

Nennbetragsaktien 1 § 8 6 ff
- Festlegung des Aktiennennbetrages 1 § 8 8 ff
- Kapitalerhöhungen 1 § 8 10
- Kapitalherabsetzungen 1 § 8 10
- Neuaufteilung des Grundkapitals 1 § 8 9
- Vereinigung von Aktien 1 § 8 9
- Verstöße 1 § 8 11 f

Nichtigerklärung der Gesellschaft 1 § 256 1 ff, § 275 1 ff; siehe auch Abwicklung der Aktiengesellschaft; siehe auch Auflösung der Aktiengesellschaft; siehe auch Fortsetzung einer aufgelösten Gesellschaft
- Aufforderung zur Mängelbeseitigung 1 § 275 12
- Auflösung 1 § 277 2
- Einlagen 1 § 277 5
- Eintragung 1 § 277 1 ff
- Grundkapital 1 § 275 3
- Grundzüge 1 Vor §§ 262 ff 4
- Handelsregister 1 § 275 16
- Heilung 1 § 276 1 ff
- Klagebefugnis 1 § 275 11
- Klagefrist 1 § 275 13
- Nichtigkeitsklage 1 § 275 10
- Publizitätsrichtlinie 6 274 ff
- Rechtsfolgen 1 § 277 2 ff
- Rechtsgeschäfte 1 § 277 4

- Rechtsschutzbedürfnis 1 § 275 10
- Unternehmensgegenstand 1 § 275 4 ff
- Urteilswirkung 1 § 275 15

Nichtigkeit der Wahl von Aufsichtsratsmitgliedern 1 § 250 1 ff
- fehlerhafte Zusammensetzung 1 § 250 4
- mangelnde Wählbarkeit 1 § 250 8
- Nichtigkeitsgründe 1 § 250 4 ff
- Parteifähigkeit der Klägerseite 1 § 250 20
- Überschreitung der gesetzlichen Höchstzahl 1 § 250 6 f
- Urteilswirkung 1 § 252 1 ff
- Wirkung 1 § 250 9 f

Nichtigkeit des Gewinnverwendungsbeschlusses 1 § 253 1 ff
- Geltendmachung 1 § 253 7
- Heilung 1 § 253 5 f
- Nichtigkeit der Feststellung des Jahresabschlusses 1 § 253 4
- Rechtsfolgen 1 § 253 7

Nichtigkeit des Jahresabschlusses
- Aufsichtsrat 1 § 256 20 f
- Bedeutung 1 § 256 43
- Bewertungsvorschriften 1 § 256 28 ff
- fehlende Prüfereigenschaft 1 § 256 16 f
- Gesetzesverstöße 1 § 256 12
- Gliederungsvorschriften 1 § 256 24 ff
- Heilung 1 § 256 39 f
- historische Entwicklung 1 § 256 1 ff
- Jahresabschluss 1 § 256 6 f
- Neuvornahme 1 § 256 45
- Nichtigkeitsgründe 1 § 256 8 ff
- Nichtigkeitsklage 1 § 256 41 ff
- Prüfungsmängel 1 § 256 13 ff
- Rücklagen 1 § 256 18 f
- Satzungsverstöße 1 § 256 12
- Überbewertung 1 § 256 35 ff
- Unterbewertung 1 § 256 36
- unzuständige Hauptversammlung 1 § 256 23
- Verfahrensfehler 1 § 256 22
- Vorstand 1 § 256 20 f
- Wirkung 1 § 256 44

Nichtigkeitsklage
- anderweitige Geltendmachung 1 § 249 16
- Bekanntmachung 1 § 249 11
- Beklagte 1 § 249 6 f
- Enforcement 12 § 37p 19
- fehlende Sitzbestimmung 1 § 5 14
- Feststellungsinteresse 1 § 249 9
- Freigabeverfahren 1 § 249 11a
- Klageantrag 1 § 249 13 f
- Klageart 1 § 249 4
- Kläger 1 § 249 5
- Nebenintervention 1 § 249 8
- Nichtigkeit des Jahresabschlusses 1 § 256 41 ff
- Rechtsschutzinteresse 1 § 249 9
- Registerverfahren 1 § 249 15

- Streitgegenstand 1 § 249 13 f
- Streitwert 1 § 249 12
- unwirksame Beschlüsse 1 § 249 19
- Verbindung mehrerer Prozesse 1 § 249 17 f
- Zuständigkeit 1 § 249 10

Nichtigkeit von Hauptversammlungsbeschlüssen *siehe auch* Nichtigkeit der Wahl von Aufsichtsratsmitgliedern; *siehe auch* Nichtigkeit des Gewinnverwendungsbeschlusses; *siehe auch* Nichtigkeit des Jahresabschlusses
- Anfechtungsurteil 1 § 241 12
- Beurkundungsmangel 1 § 241 7
- Bezugsrechtsausschluss 1 § 186 72
- Einberufungsmängel 1 § 242 3 ff
- Gewinnverwendungsbeschluss 1 § 174 28
- Gläubigerschutz 1 § 241 8 ff
- Gleichbehandlungsgrundsatz 1 § 53a 21
- Heilung 1 § 242 1 ff
- Inhaltsmängel 1 § 242 3 ff
- Kapitalveränderungen 1 § 242 7
- Nichtigkeit 1 § 241 14 ff
- Nichtigkeitsgründe 1 § 241 1 ff
- öffentliches Interesse 1 § 241 8 ff
- Sittenverstoß 1 § 241 11
- Teilnichtigkeit 1 § 241 16
- Verstoß gegen Bestimmungen der Geschäftsordnung 1 § 129 14

Nicht rechtsfähiger Verein
- Gründung einer Aktiengesellschaft 1 § 2 13
- Rechtsgemeinschaft an einer Aktie 1 § 69 4

Niederlassungsfreiheit
- Anerkennungsprinzip 6 63
- Bereichsausnahme 6 66
- Beschränkungsverbot 6 59 ff
- Briefkastengesellschaften 6 143 ff
- Diskriminierungsverbot 6 57
- Funktionsweise 6 55 ff
- Gründungstheorie 6 83 ff
- Herkunftslandprinzip 6 63
- Inländerbehandlung 6 58 f
- Internationales Gesellschaftsrecht 6 81 ff, 155
- persönlicher Geltungsbereich 6 69 f
- Rechtsnatur 6 55 ff
- sachlicher Geltungsbereich 6 75 ff
- Scheinauslandsgesellschaften 6 143 ff
- Schwächen 6 217 ff
- Sitztheorie 6 83 ff
- Sitzverlegung 6 83
- Verhältnis zur Kapitalverkehrsfreiheit 6 51 ff
- Wegzug eigener Gesellschaften 6 98 ff
- wirtschaftliche Tätigkeiten 6 77 ff
- Zuzug von EU-Gesellschaften 6 113 ff

Niederschrift 1 § 130 1 ff
- Ablehnung der Beurkundung 1 § 130 24
- Anlagen 1 § 130 35 ff
- Art der Abstimmung 1 § 130 27 ff
- Auskunftsrecht 1 § 131 82 ff
- Berichtigungen 1 § 130 16
- Beurkundungsauftrag 1 § 130 13
- Beurkundungspflichtige Vorgänge 1 § 130 10 f
- Beurkundungsverfahren 1 § 130 15
- Einreichung beim Handelsregister 1 § 130 38 f
- Ergänzungen 1 § 130 16
- Ergebnis der Abstimmung 1 § 130 30 ff
- Erstellen 1 § 130 5 ff
- Feststellung des Vorsitzenden über die Beschlussfassung 1 § 130 33
- Hinweispflicht des Notars 1 § 130 19 ff
- Inhalt 1 § 130 25 ff
- Minderheitsverlangen 1 § 130 11, 34
- Name des Notars 1 § 130 26
- Notar 1 § 130 12 ff
- Ort der Versammlung 1 § 130 25
- Prüfungspflicht des Notars 1 § 130 19 ff
- Stimmauszählung 1 § 130 28
- Tag der Versammlung 1 § 130 25
- Unterschrift der Notars 1 § 130 37
- Verstöße 1 § 130 40 f
- Widersprüche 1 § 130 11, 34

Nießbrauch
- Anfechtungsbefugnis 1 § 245 6
- Bezugsrecht 1 § 186 14 f

Nominee 12 § 25a 48

Nominee Companies 12 § 25a 48

Non-Disclosure-Agreement 12 § 25a 59

Notierung *siehe* Zulassung von Wertpapieren zum amtlichen Handel

Numerus clausus der Umwandlungsarten 11 5

Nutzungsüberlassungen
- Steuerrecht 20 77

Offene Gewinnausschüttung
- Steuerrecht 20 95 ff

Offene Handelsgesellschaft
- Gründung einer Aktiengesellschaft 1 § 2 9
- Rechtsgemeinschaft an einer Aktie 1 § 69 4

Öffentliches Angebot *siehe auch* Angebot zum Erwerb von Wertpapieren
- Angebot bereits zugelassener Aktien 13 § 2 27
- Arbeitnehmerbeteiligungsprogramme 13 § 4 9 ff
- Disclaimer 13 § 3 6
- Emissionskonsortien 13 § 3 11
- Inlandsangebot 13 § 3 1
- Kleinstemissionen 13 § 3 9
- Mindeststückelung 13 § 3 8
- nicht qualifizierter Anleger 13 § 3 7
- Privatplatzierung 13 § 3 7
- prospektfrei angebotene Wertpapiere 13 § 3 10
- qualifizierte Anleger 13 § 3 5 f
- Sachdividende 13 § 4 6 ff

3451

Stichwortverzeichnis

- Tauschangebot 13 § 4 4
- Verschmelzung 13 § 4 5
- Weiterplatzierung von Wertpapieren 13 § 3 11

Offerte
- Börseneinführung 17 12

One-on-one-Meetings 17 49 f

Optionsanleihen *siehe* Wandelschuldverschreibungen

Optionsrechte
- Auskunftsrecht 1 § 131 85
- Ausschluss von Minderheitsaktionären 1 § 327e 13
- Barabfindung 1 § 327b 2
- Bezugsrechtsausschluss 1 § 186 51
- Steuerrecht 20 117 ff

Optionsschein 12 § 2 6; 4 § 11 1

Ordentliche Kapitalherabsetzung
- Abänderung des Zwecks 1 § 224 7 f
- Ablauf 1 § 222 8
- Aktienspitzen 1 § 226 21
- Änderung des Beschlusses 1 § 222 32 f
- Anfechtbarkeit des Beschlusses 1 § 222 37 f
- Anmeldung der Durchführung 1 § 227 8 ff
- Anmeldung des Beschlusses 1 § 223 1 ff
- Anwendungsbefugnis 1 § 224 9 f
- Art der Herabsetzung 1 § 222 25 f
- Aufhebung des Beschlusses 1 § 222 34 f
- Auszahlungsverbot 1 § 225 23 f
- Bedingung 1 § 223 12
- Bekanntmachung des Beschlusses 1 § 223 18 f
- Buchungspflichten 1 § 224 20 f
- Dritte 1 § 224 15
- Durchführung 1 § 222 50 ff, § 227 3 ff
- Eintragung des Beschlusses 1 § 223 16 f
- Einziehung von Aktien 1 § 222 58 f
- Erlassverbot 1 § 225 26
- fehlerhafter Beschluss 1 § 224 11 f
- Form 1 § 222 18
- freiwillige Zuzahlung der Aktionäre 1 § 222 23
- Gläubigerschutz 1 § 225 1 ff
- Gleichbehandlung 1 § 222 27 f
- Herabsetzungsbetrag 1 § 222 19 ff
- Kraftloserklärung 1 § 226 11 ff
- Mehrheitserfordernisse 1 § 222 11 ff
- Mindestnennbetrag 1 § 222 36 ff, § 228 1 ff
- Mitgliedsrechte 1 § 224 13 f
- praktische Bedeutung 1 § 222 5 ff
- Prüfung durch das Registergericht 1 § 227 11 f
- Registerverfahren 1 § 223 13 ff
- Rückgängigmachung des Beschlusses 1 § 224 6
- Rückwirkung 1 § 224 4 f
- Sachleistungen 1 § 222 15 f
- sachliche Rechtfertigung 1 § 222 29 ff
- Satzungserfordernisse 1 § 222 17
- Sicherheitsleistungen 1 § 225 5 ff
- Sicherheitsleistung ohne Gefährdungslage 1 § 225 29 f
- Sonderbeschluss 1 § 222 40 ff
- Unterschreiten des Mindestnennbetrags 1 § 228 1 ff
- Verfahren 1 § 222 10 ff
- Verwertung 1 § 226 19 ff
- Vorzugsaktien 1 § 222 42
- Wirkung 1 § 224 1 ff
- Zusammenlegung 1 § 226 4 ff, § 227 5 f
- Zusammenlegung von Aktien 1 § 222 56 f
- Zuständigkeit 1 § 222 9
- Zweck der Herabsetzung 1 § 222 25 f, 47 ff

Orderpapiere 1 § 10 11

Ordertaking
- Börseneinführung 17 51 f

Order-Transaktions-Verhältnis 3 § 26a 1

Ordnungswidrigkeiten 12 § 39 1 ff
- Ausgabeverbot 1 § 41 42
- Ausgabe von Aktien oder Zwischenscheinen 1 § 405 5
- Benutzen fremder Aktien 1 § 405 8 ff
- Börsengesetz 3 § 50 1 ff
- Bußgeldrahmen 12 § 39 8
- Emissionsverbot 1 § 405 3 f
- Erwerb eigener Aktien 1 § 71c 24, § 71e 38, § 405 6
- Fahrlässigkeit 12 § 39 7
- Geldbuße 12 § 39 9
- Konkurrenzen 1 § 405 17
- Leichtfertigkeit 12 § 39 6
- Rechtsbeschwerde 14 § 63 1
- Stimmrecht 1 § 405 12 ff
- Teilnehmerverzeichnis 1 § 405 7
- Verfahren 12 § 40 1
- Verwaltungsbehörde 12 § 40 1
- Vorsatz 12 § 39 5
- Wertpapierübernahmegesetz 14 § 60 1 ff
- Zuständigkeit 14 § 61 1, § 62 1 ff

Organgesellschaften
- Körperschaftssteuerrecht 20 37

Organisationspflichten 12 Vor §§ 31-37 2, § 31 20
- interne 12 Vor §§ 31-37 1

Organisationsregelungen 12 § 31 6

Organisierter Markt 12 § 2 50

Organkredite 1 § 89 11

Organleihe 12 § 6 2

Organstreit
- Vertretung 1 § 78 2

Örtliche Zuständigkeit
- Doppelsitz 1 § 14 4
- fehlender Sitz in Deutschland 1 § 14 6 f
- Sitz 1 § 5 5

– Wertpapierübernahmegesetz 14 § 66 2
OTC-Derivate
– Auskünfte, Unterlagen 12 § 18 4 ff
– Definition 12 Vor §§ 18-20 3
– EMIR-Ausführungsgesetz 12 Vor §§ 18-20 7
– EMIR-Verordnung 12 Vor §§ 18-20 1 ff
– gruppeninterne Geschäfte 12 § 20 3
– Nichtfinanzielle Gegenparteien 12 § 19 1
– Risikomanagement 12 Vor §§ 18-20 5
– Transaktionsregister 12 Vor §§ 18-20 4
– Unterlagen 12 § 20 1
– Zeitplan 12 Vor §§ 18-20 6

Pachtzinsen
– Gewerbesteuerrecht 20 50
painting the tape 12 § 20a 13
Paketaktionäre
– Veröffentlichung der Entscheidung zur Abgabe eines Angebots 14 § 10 6
Paketerwerb
– Insiderverbot 12 § 14 9
Parlamentarische Staatssekretäre
– Aufsichtsratsmitglieder 1 § 100 14
penny stocks *siehe* Delisting
Pensionsgeschäft 12 § 25 23 f, § 25a 50
Pensionsgeschäft, echtes 12 § 25a 50
Pensionsgeschäft, unechtes 12 § 25a 51
Permira 12 § 25a 52
Personenhandelsgesellschaften *siehe auch* Kommanditgesellschaft; *siehe auch* Offene Handelsgesellschaft
– Gründung einer Aktiengesellschaft 1 § 2 9
Persönlich haftender Gesellschafter *siehe auch* Kommanditgesellschaft auf Aktien
– Eigengeschäfte 12 § 15a 1 ff
– Steuerrecht 20 149
– Zwangsgelder 1 § 407 14
Pfandgläubiger
– Bezugsrecht 1 § 186 16
Pfandrecht 12 § 25a 52
Pfandrechte an Aktien
– Anfechtungsbefugnis 1 § 245 6
Pflichtangebote
– Ausschluss von Minderheitsaktionären 1 § 327a 5
– Bedingungen 14 § 39 6
– Befreiung 14 § 37 1 ff
– Befreiungsverfahren 14 § 37 15 f
– Begriff 14 § 35 6
– Creeping-in 14 § 35 5
– erbrechtlicher Erwerb 14 § 36 3, § 37 3
– familienrechtlicher Erwerb 14 § 36 3
– fehlende Hauptversammlungsmehrheit 14 § 37 13
– Forderungssicherung 14 § 37 9
– Frist 14 § 35 8

– Gegenleistung 14 § 11 16
– Herabsetzung der Stimmrechte 14 § 37 10
– höherer Stimmrechtsanteil eines Dritten 14 § 37 12
– Nichtberücksichtigung von Stimmrechten 14 § 36 1 ff
– Rechtsformwechsel 14 § 36 4
– Sanierung der Zielgesellschaft 14 § 37 5 ff
– Sperrfrist 14 § 39 9
– Teilangebote 14 § 39 7
– Übernahmeangebote 14 § 35 12
– Umstrukturierung 14 § 36 5
– Umwandlungsgesetz 14 § 35 11
– unentgeltliche Zuwendung 14 § 37 3 f
– Unterbreitung 14 § 35 9 f
– Unterschreiten der Kontrollschwelle 14 § 37 11
– unwesentliche Tochtergesellschaften 14 § 37 14
– Veröffentlichung der Kontrollerlangung 14 § 35 7
– Verstoß 14 § 38 1 ff
– Zinsen 14 § 38 1 ff
Pflichten, zivilrechtliche 12 Vor §§ 31-37 4
Phantom Stocks 1 § 113 12c
Platzierungsabrede 12 § 2 31
Platzierungsgeschäft 12 § 2 32, § 2a 17
poison pill 12 § 25 9a
Pool-Vertrag 12 § 25a 27; *siehe auch* Stimmrechtsbindungsverträge
Positive Beschlussfeststellungsklage
– Anfechtung von Beschlüssen der Hauptversammlung 1 § 246 11 ff
Präsenzliste *siehe* Teilnehmerliste
Primärhändler
– 30-Kalendertage-Frist 12 Vor § 30h 33
– Anzeigepflicht 12 Vor § 30h 26 ff
– zuständige Behörde 12 Vor § 30h 31 ff
Principle-based-Ansatz 12 § 25a 6
Private Equity 12 § 25a 52, 60, 62
Private-Equity-Investoren 12 § 27a 19
Professionelle Kunden 13 § 32 1 f
Prokurist 1 § 105 6 f
prospect theory 16 24 ff
Prospekt *siehe* Börsenprospekt
Prospekthaftung 13 § 21 1, § 22 1 f; *siehe auch* Prospekthaftung, allgemeine zivilrechtliche; *siehe* Wertpapierprospekt
– allgemeine zivilrechtliche P. 19 1 ff
– Due Diligence 17 35 ff
– Emissionsprospekt 17 34 ff
– Emittenten mit Sitz im Ausland 13 § 22 4
– Empfängerhorizont 13 § 22 2
– fehlender Prospekt 13 § 24 1 ff
– fehlerhafter Börsenzulassungsprospekt 13 § 21 1 f

- Haftungsausschluss 13 § 22 4, § 23 1
- Haftungsbeschränkung 13 § 25 1 f
- Prospektbegriff 13 § 24 7 ff
- Schlüsselinformationen 13 § 23 1
- sonstiger fehlerhafter Prospekt 13 § 22 1
- Vereinbarung 13 § 25 1

Prospekthaftung, allgemeine zivilrechtliche 19 1 ff
- Anspruchsberechtigte 19 6
- Anspruchsgegner 19 7
- Anwendbarkeit 19 1 f
- Verjährung 19 8

Proxy Advisor 12 § 27a 19
- Haftung 1 Anh § 117 1 ff
- Regulierung 1 Anh § 117 1

Prozessfähigkeit, Aktiengesellschaft 1 § 1 19

Prozesskostenhilfe
- Anfechtung von Beschlüssen der Hauptversammlung 1 § 246 29

Prüfung
- Befreiung, Befreiungskriterien 12 § 36 5
- Depotgeschäft 12 § 36 3
- genossenschaftlicher Prüfungsverband 12 § 36 8, 10
- jährlich 12 § 36 4
- Prüfer, geeigneter 12 § 36 7
- Prüferanzeige 12 § 36 13
- Prüfungsbeginnanzeige 12 § 36 17
- Prüfungsbericht 12 § 36 1, 9
- Prüfungsbericht, Fragebogen 12 § 36 11 f
- Prüfungsbericht, Schlussbemerkung 12 § 36 15
- Prüfungsschwerpunkte 12 § 36 14
- Prüfungsstelle Sparkassen- u. Giroverband 12 § 36 8, 10
- Prüfungsteilnahme 12 § 36 17

Prüfung durch das Gericht
- fakultative Satzungsbestimmungen 1 § 38 24
- Gesamtnichtigkeit der Satzung 1 § 38 25
- Gründungsberichte 1 § 38 13 ff
- Kosten 1 § 38 33 f
- Nachmeldepflicht 1 § 38 8
- obligatorische Satzungsbestimmungen 1 § 38 23
- ordnungsgemäße Anmeldung 1 § 38 11
- ordnungsgemäße Errichtung 1 § 38 9 f
- Prüfungsberichte 1 § 38 13 ff
- Prüfungspflicht 1 § 38 2 ff
- Prüfungsumfang 1 § 38 2 ff
- Prüfungszeitpunkt 1 § 38 5 ff
- Sacheinlagen 1 § 38 16 ff
- Sachübernahmen 1 § 38 16 ff
- Satzungsbestimmungen 1 § 38 20 ff
- Strohmanngründung 1 § 38 10
- Verfahren 1 § 38 27 ff
- Zuständigkeit 1 § 38 26

Prüfungsausschuss
- Aufgabenabgrenzung 1 § 107 33
- Aufgabenkreis 1 § 107 32
- fachliche Ausrichtung 1 § 107 31
- Interne Revision 1 § 107 39 f
- Internes Kontrollsystem 1 § 107 35 f
- Rechnungslegungsprozess 1 § 107 34
- Risikomanagementsystem 1 § 107 37 f
- Überwachung der Abschlussprüfung 1 § 107 41

Prüfungsbericht
- Anlage bei der Anmeldung der Gesellschaft 1 § 37 34
- Auskunftsrecht 1 § 131 85
- Prüfung durch das Gericht 1 § 38 13 ff
- Vorlage an den Aufsichtsrat 1 § 170 3 f

Psychologische Aspekte des Anlegerverhaltens siehe Behavioral Finance

Publizitätsrichtlinie
- Geltungsbereich 6 230
- Grundsatz der unbeschränkten und unbeschränkbaren Vertretungsmacht 6 260 ff
- handelsrechtliche Publizität 6 231 ff
- Nichtigkeit 6 270 ff
- Text 6 221 ff
- Umsetzung 6 32 ff, 194, 227
- Vertretungsmacht 6 254 ff

Put-Option 12 § 25 26 f, § 25a 56

Qualifizierte Anleger 13 § 32 2

Quartalsfinanzbericht
- Zwischenmitteilung der Geschäftsführung 12 § 37x 13 ff

Quotenaktien 1 § 8 15

Rating 12 § 17 1 ff
- Begriff 12 § 17 3

Ratingagenturen 12 § 17 1, 5b, 5g ff
- aufgehobene Vorschriften 12 § 17 6 ff
- Aufsicht 12 § 17 5 ff
- Ausführungsgesetz 12 § 17 5 ff
- Bericht über Aufsichtstätigkeit 12 § 17 5b
- Bundesanstalt 12 § 17 6 ff
- CEREP 12 § 17 5d
- Delegierte Verordnung (EU) Nr. 272/2012 12 § 17 5c
- Delegierte Verordnung (EU) Nr. 946/2012 12 § 17 5 f
- ESMA 12 § 17 5a f
- Gleichwertigkeitsprüfung 12 § 17 5e
- Länderratings 12 § 17 5h ff
- Liste der Ratingagenturen 12 § 17 5a
- Ordnungswidrigkeit 12 § 17 10
- Ratingplattform 12 § 17 5g ff
- Richtlinie 2013/14/EU Verordnung (EU) Nr. 462/2013 12 § 17 5g
- Rotation 12 § 17 5h ff
- sofortige Vollziehbarkeit 12 § 17 9

Stichwortverzeichnis

- technische Standards   12 § 17 5d
- Ziele   12 § 17 3

Rechnung, für   12 § 2a 18

Rechnungslegung
- Abwickler   1 § 270 1 ff
- Enforcement   12 Einl §§ 37n-37u, 45 1

Rechtsanwalt-AG   1 § 4 29

Rechtsfähigkeit
- Einpersonen-Vorgesellschaft   1 § 41 23
- Erlangung   1 § 1 11
- Europäische Aktiengesellschaft   7 9
- Umfang   1 § 1 13
- Verlust   1 § 1 12
- Vorgesellschaft   1 § 41 16

Rechtsform
- Geschäftsbriefe   1 § 80 9

Rechtsgemeinschaft an einer Aktie   1 § 69 1 ff
- Bestellung eines Vertreters   1 § 69 6 ff
- Einlagepflicht   1 § 69 14 f
- Mitgliedschaftsrechte   1 § 69 12 f
- Unteilbarkeit von Aktien   1 § 8 21
- Willenserklärungen der Aktiengesellschaft   1 § 69 16 ff

Regierungen
- Bundesländer   12 § 31a 10
- nationale   12 § 31a 10
- regionale   12 § 31a 10

Regierungskommission Corporate Governance   5 9 ff

Registergericht   siehe Handelsregister

Registersperre
- Ausschluss von Minderheitsaktionären   1 § 327e 4
- Nennbeträge   1 § 7 16

Registerverfahren
- Nachgründung   1 § 52 15 f

Regretaversion   16 34

Rektapapiere   siehe Namenspapiere

Religionsgemeinschaften
- Mitbestimmung   9 § 1 24 f

Repo-Geschäfte   12 § 25 23 f, § 25a 50

Repräsentativheuristik   16 16

Ringbeteiligungen   1 § 19 6

Risikovorsorge
- Auskunftsrecht   1 § 131 85

road shows   17 47 f

Rückgewähr verbotener Leistungen   1 § 62 1 ff
- aktienrechtlich verbotene Leistung   1 § 62 5 ff
- Anspruchsinhalt   1 § 62 14 ff
- Empfang einer Leistung   1 § 62 2 ff
- Gläubiger   1 § 62 27 f
- Gläubiger des Rückgewähranspruchs   1 § 62 7 f
- Insolvenzverwalter   1 § 62 32
- Konkurrenzen   1 § 62 14 ff
- Leistung an, durch und unter Dritten   1 § 62 9 ff
- Schuldner des Rückgewähranspruchs   1 § 62 7 f
- Schutz gutgläubiger Dividendenempfänger   1 § 62 18 ff
- Verjährung   1 § 62 33
- Voraussetzungen   1 § 62 2 ff

Rücklagen   siehe auch Gesetzliche Rücklage; siehe auch Kapitalrücklage
- Beherrschungsverträge   1 § 300 10 f
- eigene Anteile   1 § 58 9
- gesetzliche Rücklagen   1 § 58 8
- Gewinnverwendungsbeschluss   1 § 58 33 ff
- Kapitalerhöhung aus Gesellschaftsmitteln   1 § 208 4 ff
- Kapitalrücklage   1 § 58 12
- Konzern   1 § 58 30 ff
- Nichtigkeit des Jahresabschlusses   1 § 256 18 f
- Sonderrücklagen   1 § 58 26 ff
- Unternehmensverträge   1 § 300 1 ff

Rückstellungen
- Auskunftsrecht   1 § 131 85

Rule-based-Ansatz   12 § 25a 6

Sachausschüttungen, ordentliche Kapitalherabsetzung   1 § 222 48

Sachdividende   1 § 58 49 ff
- Bewertung   1 § 58 57 f
- Gewinnverwendungsbeschluss   1 § 58 55 f, § 174 6
- Konkretisierung des Ausschüttungsgegenstandes   1 § 58 53 f
- Satzungsbestimmung   1 § 58 50 ff
- Verstoß   1 § 58 64

Sacheinlage   1 § 36a 6 ff; siehe auch Bedingte Kapitalerhöhung mit Sacheinlagen; siehe auch Einlagepflicht; siehe auch Kapitalerhöhung mit Sacheinlagen; siehe auch Verdeckte Sacheinlage
- Anfechtung   1 § 27 31
- Anlage bei der Anmeldung der Gesellschaft   1 § 37 32
- Bareinlage   1 § 27 4 f
- Begriff   1 § 27 6
- Bewertung   1 § 27 19 f
- Bezugsrechtsausschluss   1 § 186 52 ff
- Bilanzierungsfähigkeit   1 § 27 10
- Differenzhaftung   1 § 183 35
- Einlagefähigkeit   1 § 27 9 ff
- Einlagepflicht   1 § 54 4
- Einzahlung   1 § 188 16
- Erklärung zur Leistung   1 § 37 10 ff
- Festsetzungen   1 § 205 11 ff, § 206 1 ff
- Forderungen   1 § 27 14 f
- Gegenstände   1 § 27 12 ff
- gemischte Einlage   1 § 36 37
- gemischte Sacheinlagen   1 § 27 23

3455

Stichwortverzeichnis

- Genehmigtes Kapital 1 § 205 6 ff, 11 ff, § 206 1 ff
- Haftung für die Richtigkeit 1 § 46 3
- Haftung für Schäden der Gesellschaft 1 § 46 7 f, § 47 6
- Kapitalrichtlinie 6 322 ff
- Kommanditgesellschaft auf Aktien 1 § 281 10 ff
- Leistungspflicht bei der Kapitalerhöhung 1 § 188 17
- Leistungsstörungen 1 § 27 31
- Leistungszeitpunkt 1 § 188 16
- Mischeinlagen 1 § 27 23
- obligatorische Nutzungsrechte 1 § 27 17
- Prüfung durch das Gericht 1 § 38 16 ff
- PrüfungPrüfungsmaßstab 1 § 183 31
- Sacheinlagevereinbarung 1 § 27 7 f
- Satzung 1 § 27 28 ff
- Schuldübernahme 1 § 41 39
- Schütt-aus-Hol-zurück-Verfahren 1 § 174 17
- Steuerrecht 20 72
- Überbewertung 1 § 27 21 f
- Übertragbarkeit 1 § 27 11
- untaugliche Gegenstände 1 § 27 18
- Unterpari-Emission 1 § 27 19 f, § 36a 10 f
- verdeckte Sacheinlage 1 § 54 30
- Vertragsmängel 1 § 27 31
- Zeichnungserklärung 1 § 185 14 f
- Zeichnungsschein 1 § 205 11 ff

Sachgründung 1 § 31 1 ff
- Arbeitnehmervertreter 1 § 31 6
- Aufsichtsrat 1 § 31 3 ff
- Bestellung des Aufsichtsrates 1 § 31 3
- Gründungsbericht 1 § 32 4

Sachkapitalerhöhung
- Kapitalrichtlinie 6 386
- Nachgründungsvertrag 1 § 52 4

Sachübernahme
- Anfechtung 1 § 27 32
- Anlage bei der Anmeldung der Gesellschaft 1 § 37 32
- Begriff 1 § 27 24 f
- Gründungsprüfung 1 § 34 5
- Haftung für die Richtigkeit 1 § 46 3
- Haftung für Schäden der Gesellschaft 1 § 46 7 f, § 47 6
- Leistungsstörungen 1 § 27 32
- Prüfung durch das Gericht 1 § 38 16 ff
- Sachübernahmevereinbarung 1 § 27 26 f
- Satzung 1 § 27 28 ff
- Schuldübernahme 1 § 41 39
- Vertragsmängel 1 § 27 32

Sachverständige 12 § 4 19
- Teilnahme an Sitzungen des Aufsichtsrats und seiner Ausschüsse 1 § 109 6 f

Saldierung 12 § 25 17 f
Sanierung, Bezugsrechtsausschluss 1 § 186 45

Satzung *siehe auch* Feststellung der Satzung; *siehe auch* Prüfung durch das Gericht; *siehe auch* Satzung der Kommanditgesellschaft auf Aktien; *siehe auch* Satzungsänderung; *siehe auch* Satzungsstrenge
- Anfechtung von Beschlüssen der Hauptversammlung 1 § 243 8
- Anlage bei der Anmeldung der Gesellschaft 1 § 37 31
- Auflösung der Aktiengesellschaft 1 § 262 21 ff, § 265 4 f
- Auskunftsrecht 1 § 131 4
- Begriff 1 § 179 5 ff
- Beschlussfähigkeit des Aufsichtsrats 1 § 108 14
- Beschränkung der Geschäftsführungsbefugnis des Vorstands 1 § 82 8
- Bezugsrechtszusicherung 1 § 187 3 ff
- Einberufung der Hauptversammlung 1 § 121 3 ff
- einseitiges Rechtsgeschäft 1 § 2 18
- Europäische Aktiengesellschaft 7 10
- formelle Satzungsbestandteile 1 § 179 6 ff
- Genehmigtes Kapital 1 § 202 16 ff
- Gewinnverteilung 1 § 60 10
- Grundkapital 1 § 7 7
- Heilung 1 § 276 1 ff
- materielle Satzungsbestandteile 1 § 179 6 ff
- Mitbestimmung 9 § 25 12
- Sachdividende 1 § 58 57 f
- Sacheinlage 1 § 27 28 ff
- Sachübernahme 1 § 27 28 ff
- Satzungsdurchbrechungen 1 § 179 15 ff
- schuldrechtliche Bestandteile 1 § 179 10 ff
- Sonderbeschlüsse 1 § 138 6
- Stimmrechtsausübung 1 § 134 36 ff
- Teilnahme von ermächtigten Personen an Sitzungen des Aufsichtsrats und seiner Ausschüsse 1 § 109 11 f
- Treue eines Vorstandsmitglieds 1 § 93 19
- Umwandlung von Aktien 1 § 24 1 ff
- Vertrag 1 § 2 17
- Vorzug 1 § 139 19, § 140 11 f, § 141 2 ff
- Zwangseinziehung 1 § 237 14 ff

Satzung der Kommanditgesellschaft auf Aktien
- fakultativer Inhalt 1 § 281 2
- Feststellung 1 § 280 1 ff
- Inhalt 1 § 281 1 ff
- Kapitalanteil 1 § 281 8 f
- Kapitalkonto 1 § 281 8 f
- Sacheinlage 1 § 281 10 ff
- Satzungsänderungen 1 § 281 23 ff
- Sondervorteile 1 § 281 28 ff
- Umwandlung des Kapitalanteils in Grundkapital 1 § 281 20 ff
- Vermögenseinlage 1 § 281 3 ff
- zwingender Inhalt 1 § 281 1

Satzungsänderung
- Abwicklung der Aktiengesellschaft 1 § 264 10
- Aktiengattungen 1 § 179 57 ff
- Änderungsverbote 1 § 179 4
- Anmeldung zum Handelsregister 1 § 181 4 ff
- Aufhebung der Satzungsänderung 1 § 179 31
- Aufsichtsratsgröße 1 § 179 54
- Ausschüttungsregelungen 1 § 179 53
- bedingte Kapitalerhöhung 1 § 201 5
- Bedingung 1 § 179 38 ff
- Befristung 1 § 179 38 ff
- Bekanntmachung 1 § 181 18
- Eintragung im Handelsregister 1 § 181 10 ff
- Eintragungsverfahren 1 § 181 17
- Einziehung von Aktien 1 § 179 55
- Fassungsänderung 1 § 179 22 ff
- fehlerhafte Eintragung 1 § 181 20
- Firma 1 § 179 50
- formelle Satzungsbestandteile 1 § 179 9
- Genehmigtes Kapital 1 § 202 18 ff
- Geschäftsjahr 1 § 179 49
- Gesellschaftsdauer 1 § 179 52
- Gesellschaftszweck 1 § 179 42 ff
- Gleichbehandlung 1 § 179 63
- Grundkapitaländerungen 1 § 179 47
- Heilung einer fehlerhaften Eintragung 1 § 181 20
- Kapitalerhöhung 1 § 188 19 f
- Kapitalherabsetzung 1 Vor §§ 222 ff 10 ff
- Kommanditgesellschaft auf Aktien 1 § 281 23 ff
- konzernrechtliche Sonderbeschlüsse 1 § 179 62
- Kosten der Eintragung 1 § 181 21
- materielle Satzungsbestandteile 1 § 179 9
- Mehrheitserfordernisse 1 § 179 27 ff
- Mehrstimmrechte 1 § 179 61
- Prüfungspflicht des Registergerichts 1 § 181 10 ff
- registerrechtliche Prüfung 1 § 181 10 ff
- Rückwirkung 1 § 179 38 ff
- Satzungsdurchbrechungen 1 § 179 15 ff
- satzungsmäßige Erfordernisse 1 § 179 37
- Schiedsklauseln 1 § 179 56
- Sitz 1 § 179 51
- Sonderbeschlüsse 1 § 179 57 ff
- Steuerrecht 20 107 ff
- Tagesordnung 1 § 124 9
- Unternehmensgegenstand 1 § 179 42 ff
- Unternehmensverträge 1 § 179 46
- Verfahren 1 § 179 21 ff
- Vorzugsaktie 1 § 141 2
- Vorzugsaktien 1 § 179 59 f
- Zustimmung zu Satzungsänderungen 1 § 179 32 ff

Satzungsdurchbrechung 1 § 179 15 ff
Satzungsstrenge 1 § 23 40 ff
- Abweichung 1 § 23 41
- Bedeutung 1 § 23 40
scalping 12 § 20a 14
Schadensersatz bei falscher oder unrichtiger Ad-hoc-Meldung
- Anspruchsgegner 12 § 37c 3
- Anspruchsgrundlage 12 § 37c 1
- Gerichtliche Zuständigkeit 12 § 37c 1
- Kursdifferenzschaden 12 § 37c 7
- Tathandlungen 12 § 37c 4
- Umfang 12 § 37c 7
- Ursachenzusammenhang 12 § 37c 5
- Verhältnis zu anderen Anspruchsgrundlagen 12 § 37c 2
- Vertragsabschlussschaden 12 § 37c 7

Schadensersatz wegen unterlassener unverzüglicher Veröffentlichung kursbeeinflussender Tatsachen
- Anspruchsberechtigte 19 111 ff
- Anspruchsgegner 19 114
- Anspruchsinhalt 19 115 ff
- Anspruchsvoraussetzungen 19 109 f
- Haftungsausschluss 19 122
- Haftungsbeschränkung 19 119 ff
- Kritik 19 136
- Verjährung 19 123

Schadensersatz wegen Veröffentlichung unwahrer Tatsachen in einer Mitteilung über kursbeeinflussende Tatsachen
- Anspruchsberechtigte 19 128 f
- Anspruchsvoraussetzungen 19 126 f
- Beweislast 19 128
- Gerichtsstand 19 132
- Kritik 19 136

Schädigende Beeinflussung siehe Einflussnahme
Schaeffler 12 § 25 19 f
Scheinzahlungen, Bareinlage 1 § 36 24
Schiedsklauseln
- Anfechtung von Beschlüssen der Hauptversammlung 1 § 246 14
- Satzungsänderung 1 § 179 56

Schlussbilanz
- bei Verschmelzung und Spaltung 11 72 ff
- bei Verschmelzung und Spaltung, Achtmonatsfrist 11 77 ff
- bei Verschmelzung und Spaltung, formelle Anforderungen 11 74 ff

Schuldenverwaltungen 12 § 2a 7
Schuldtitel 12 § 2 6
Schuldübernahme
- Gründung der Gesellschaft 1 § 41 37 ff
- Gründungsaufwand 1 § 41 39
- Sacheinlage 1 § 41 39
- Sachübernahme 1 § 41 39
- Sondervorteile 1 § 41 39

Schuldverschreibungen
- Bezugsrechtsausschluss 1 § 186 51

Stichwortverzeichnis

- Insolvenz 1 § 221 67
- staatliche Schuldverschreibungen 3 § 37 1

Schütt-aus-hol-zurück-Verfahren
- Gewinnverwendungsbeschluss 1 § 174 17
- Kapitalerhöhung aus Gesellschaftsmitteln 1 § 207 3 ff

Schutzniveau 12 § 31a 1

SchVG
- Anleihebedingung, AGB 15 § 3 5
- Anleihebedingung, Sicherungsabrede 15 § 22 2
- Anleihebedingungen 15 § 2 1
- Anleihebedingungen, Änderung 15 § 2 5
- Anleihebedingungen, Hauptforderung 15 § 5 3
- Anleihebedingungen, Kündigung 15 § 5 6
- Anleihebedingungen, Mehrheitserfordernis 15 § 5 2
- Anleihebedingungen, Nebenforderungen, Nebenbestimmungen 15 § 5 4
- Anleihebedingungen, Organisationsrecht 15 § 5 1
- Anleihebedingungen, Sammelurkunden 15 § 2 2
- Anleihebedingungen, Sicherheiten 15 § 5 5
- Anleihebedingungen, Sprache 15 § 2 4
- Anwendungsausschluss 15 § 1 4
- Anwendungsbereich, Opt-in 15 § 24 2
- ausländische Staatsanleihen 15 § 1 5
- Beschlussfassung, Bekanntmachung 15 § 17 1
- Beschlussfassung, Internetveröffentlichung 15 § 17 3
- Beschlussmängel, Anfechtungsbefugnis 15 § 20 7
- Beschlussmängel, Anfechtungsklage 15 § 20 1, 8
- Beschlussmängel, Gesetzesverletzung 15 § 20 4
- Beschlussmängel, Inhaltsfehler 15 § 20 6
- Beschlussmängel, Nichtigkeitsklage 15 § 20 2
- Beschlussmängel, Rechtskrafterstreckung 15 § 20 3
- Beschlussmängel, Verfahrensfehler 15 § 20 5
- Beschlussvollzug, Einzelurkunde 15 § 21 3
- Beschlussvollzug, Gemeinsamer Vertreter 15 § 21 5
- Beschlussvollzug, Pivatplazierung 15 § 21 2
- Beschlussvollzug, Schuldnerzustimmung 15 § 21 4
- Bußgeldvorschrift 15 § 23 1
- Gemeinsamer Vertreter, Abberufung 15 § 7 5, § 8 2
- Gemeinsamer Vertreter, Anleihebedingungen 15 § 8 1
- Gemeinsamer Vertreter, Aufgaben 15 § 7 1
- Gemeinsamer Vertreter, Auskunftsrecht ggü. Schuldner 15 § 7 12
- Gemeinsamer Vertreter, Befugnisse 15 § 7 9
- Gemeinsamer Vertreter, Berichtspflicht 15 § 7 11
- Gemeinsamer Vertreter, Bestellung 15 § 7 2
- Gemeinsamer Vertreter, Haftung 15 § 7 14, § 8 7
- Gemeinsamer Vertreter, Informationspflichten 15 § 7 8
- Gemeinsamer Vertreter, Inhabilitäte 15 § 8 4
- Gemeinsamer Vertreter, Interessenkonflikte 15 § 7 7, § 8 3
- Gemeinsamer Vertreter, Kosten 15 § 7 15, § 8 8
- Gemeinsamer Vertreter, Merheitserfodernis 15 § 7 3
- Gemeinsamer Vertreter, Qualifikation 15 § 7 6
- Gemeinsamer Vertreter, Rechteverzicht 15 § 8 6
- Gemeinsamer Vertreter, Schuldnerzustimmung 15 § 7 4
- Gemeinsamer Vertreter, weitere Aufgaben 15 § 7 10
- Gläubigerbeschluss, schriftliche Abstimmung 15 § 18 1
- Gläubigerbeschluss, schriftliche Abstimmung, Auskunftsrecht 15 § 18 5
- Gläubigerbeschluss, schriftliche Abstimmung, Beschlussfassung 15 § 18 4
- Gläubigerbeschluss, schriftliche Abstimmung, Beschlusskontrolle 15 § 18 6
- Gläubigerbeschluss, schriftliche Abstimmung, Leitung 15 § 18 3
- Gläubigerbeschluss, schriftliche Abstimmung, Stimmabgabe 15 § 18 2
- Gläubigerbeschluss, Vollzug 15 § 21 1
- Gläubigerversammlung, Abstimmung 15 § 16 4
- Gläubigerversammlung, Anmeldung 15 § 10 2
- Gläubigerversammlung, Auskunftspflicht 15 § 16 1
- Gläubigerversammlung, Auskunftsverweigerung 15 § 16 3
- Gläubigerversammlung, Beschlussfähigkeit 15 § 15 4
- Gläubigerversammlung, Beschlussvorschläge 15 § 13 2
- Gläubigerversammlung, Beschwerde 15 § 9 7
- Gläubigerversammlung, Depotstimmrecht 15 § 14 4
- Gläubigerversammlung, Einberufung 15 § 9 1, § 12 1
- Gläubigerversammlung, Einberufungsfrist 15 § 10 1
- Gläubigerversammlung, Einberufungsverlangen, Quorum 15 § 9 2
- Gläubigerversammlung, Einberufungsverlangen, Quorum, Nachweis 15 § 9 3

- Gläubigerversammlung, Ermächtigung 15 § 9 4
- Gläubigerversammlung, Ermächtigung, Ausübung 15 § 9 8
- Gläubigerversammlung, Gegenanträge 15 § 13 5
- Gläubigerversammlung, gerichtliches Verfahren 15 § 9 5
- Gläubigerversammlung, Kosten 15 § 9 9
- Gläubigerversammlung, Legitimation 15 § 10 3
- Gläubigerversammlung, Niederschrift 15 § 16 5
- Gläubigerversammlung, Proxy-Stimmrecht 15 § 14 3
- Gläubigerversammlung, Rechtsfolgen 15 § 10 4
- Gläubigerversammlung, Sprache 15 § 16 2
- Gläubigerversammlung, Stellvertretung 15 § 14 1
- Gläubigerversammlung, Tagesordnung 15 § 13 1
- Gläubigerversammlung, Tagesordnungserweiterung 15 § 13 3
- Gläubigerversammlung, Teilnehmerverzeichnis 15 § 15 3
- Gläubigerversammlung, Versammlungsleitung 15 § 15 1
- Gläubigerversammlung, Versammlungsort 15 § 11 1
- inhaltsgleiche Gesamtemission 15 § 1 2
- Inhaltskontrolle, Rechtsprechung 15 § 3 6
- Insolvenz 15 § 19 1
- kollektive Bindung 15 § 4 1 ff
- kollektive Bindung, Änderung von Anleihebedingungen 15 § 4 4
- kollektive Bindung, bilaterale Vereinbarung 15 § 4 3
- kollektive Bindung, Rechtsfolgen 15 § 4 5
- Leistungsversprechen, Transparenzgebot 15 § 3 1 ff
- Mitverpflichtung, Anleihegarantien 15 § 22 1
- Opt-in, Anleihentausch 15 § 24 5
- Opt-in, Sicherheiten 15 § 24 4
- Rechtswahl 15 § 1 3
- Stimmrecht 15 § 6 1
- Stimmrecht, Ausübung 15 § 6 2
- Stimmrecht, Fremdbeeinflussung 15 § 6 4
- Stimmrecht, Ruhen 15 § 6 3
- Transparenzgebot, Rechtsfolgen 15 § 3 4
- Übergangsregelung, Anwendungsbereich 15 § 24 1
- Veröffentlichungsmängel, Rechtsfolgen 15 § 17 4
- Verpflichtungserklärung, Änderung 15 § 22 3
- Vollzugssperre, Freigabeverfahren 15 § 20 9

Schweigegebot 12 § 4 16
Schwellenberührung, hypothetische 12 § 25 11 f
SEC 12 § 7 12
secondary offerings, Einlagenrückgewähr 1 § 57 12
Segmentberichterstattung, Auskunftsrecht 1 § 131 85
Serienzeichen 1 § 13 8
Short Selling 12 Vor § 30h 1 ff, § 30h 1
Sicherheiten, Erwerb eigener Aktien 1 § 71a 6
Sicherheitsleistung
- Abwicklung der Aktiengesellschaft 1 § 272 5
- Gewinnabführungsverträge 1 § 303 14 ff
- ordentliche Kapitalherabsetzung 1 § 225 5 ff
- Unternehmensverträge 1 § 303 14 ff

Sicherung, Erklärung zur Leistung 1 § 37 9
Sicherungseigentum, Bezugsrecht 1 § 186 17
Sicherungsübereignung 12 § 25a 56 a
Sitz 1 § 5 1 ff; siehe auch Sitzverlegung
- Abwicklung der Aktiengesellschaft 1 § 264 10
- allgemeiner Gerichtsstand 1 § 5 5
- Amtsauflösungsverfahren 1 § 5 15
- Auflösung der Aktiengesellschaft 1 § 262 23 ff
- Ausnahmen 1 § 5 11
- Betrieb 1 § 5 8
- Doppelsitz 1 § 5 12 f, § 14 4
- Eintragung der Gesellschaft 1 § 39 3
- Europäische Aktiengesellschaft 7 30 ff
- Geschäftsbriefe 1 § 80 10
- Geschäftsleitung 1 § 5 9
- Gründungstheorie 1 § 5 3
- internationales Gesellschaftsrecht 1 § 5 2 ff
- Körperschaftssteuerrecht 20 8
- Mängel bei der Sitzbestimmung 1 § 5 14
- Nichtigkeitsklage 1 § 5 14
- örtliche Zuständigkeit 1 § 5 5
- Satzungsänderung 1 § 5 16, § 179 51
- Satzungsinhalt 1 § 23 19 f
- Sitzwahl 1 § 5 7
- statutarischer Sitz 1 § 5 5 f
- Steuerrecht 20 65
- tatsächliche Sitzänderung 1 § 5 17
- unzulässige Sitzbestimmung 1 § 5 15
- Verschmelzungsfälle 1 § 5 13
- Verwaltungsführung 1 § 5 10

Sitztheorie siehe Internationales Gesellschaftsrecht
Sitzverlegung 1 § 5 18 f, § 45 1 ff
- Auslandsbezug 1 § 45 5
- Europäische Aktiengesellschaft 7 31 ff
- Inland 1 § 45 2 ff
- Körperschaftssteuerrecht 20 12
- Steuerrecht 20 107

size effect 16 5
Skontren 3 § 29 1 f
Skontroführer
- Beendigung der Zulassung 3 § 27 4 ff

Stichwortverzeichnis

- Betriebspflicht 3 § 28 1
- Neutralitätspflicht 3 § 28 2 ff
- Pflichten 3 § 28 1 ff
- Preisfeststellung 3 § 28 2 ff
- Verteilung der Skontren 3 § 29 1 f
- Zulassung 3 § 27 1 ff

Solidaritätszuschlag 20 56

Sonderausschüttung, Gewinnverwendungsbeschluss 1 § 174 5

Sonderbeschluss 1 § 138 1 ff
- Beschlüsse der Hauptversammlung 1 § 138 3 f
- fehlerhafte Beschlüsse 1 § 179 72
- Genehmigtes Kapital 1 § 202 26 ff
- gesonderte Abstimmung 1 § 138 9
- gesonderte Versammlung 1 § 138 8
- Gleichbehandlung 1 § 179 63
- Kapitalerhöhung 1 § 182 39 ff
- Kapitalherabsetzung durch Einziehung von Aktien 1 § 237 82 f
- Konzernrecht 1 § 179 62
- Maßnahmen der Verwaltung 1 § 138 5
- Mehrheitserfordernisse 1 § 179 71
- Mehrstimmrechte 1 § 179 61
- Minderheitsrechte 1 § 138 11
- ordentliche Kapitalherabsetzung 1 § 222 40 ff
- prozessuale Fragen 1 § 179 73
- Satzungsbestimmungen 1 § 138 6
- Unternehmensverträge 1 § 295 21 ff
- Verfahren 1 § 179 69
- Vorzug 1 § 141 14 ff
- Vorzugsaktien 1 § 179 59 f

Sonderbilanz
- Kapitalerhöhung aus Gesellschaftsmitteln 1 § 209 9 ff

Sonderleistungen an Organe, Angebotsunterlage 14 § 11 30

Sonderprüfung
- Abgrenzung 1 § 142 1
- Abhängige Unternehmen 1 § 145 6
- ablehnender HV-Beschluss 1 § 142 24 ff
- Amtsermittlungsgrundsatz 1 § 142 47
- Anhörung 1 § 142 42
- Antragsquorum 1 § 142 33, 41
- Auskunftsrecht 1 § 131 5, 85, § 145 5 f
- Auslagenersatz 1 § 142 45, § 146 2
- Ausschlagen des Mandats 1 § 142 26
- Ausschlussfrist 1 § 142 40
- außergerichtliche Kosten 1 § 146 2
- Austausch der Sonderprüfer 1 § 142 37 ff
- Austauschgrund 1 § 142 38 f
- Beendigung des Prüfermandats 1 § 142 48
- Befangenheit 1 § 142 38
- Bekanntmachung 1 § 142 16
- Beschlussfassung 1 § 142 17
- Beschlussgegenstand 1 § 142 17
- Beschränkung des Prüfungsberichts 1 § 145 10 ff
- Bestellungsverbote 1 § 143 3, 5
- Bestellung ungeeigneter Prüfer 1 § 143 4
- bilanzrechtliche Sonderprüfung *siehe* Sonderprüfung wegen unzulässiger Unterbewertung
- Bücher 1 § 145 3
- Dritthaftung der Sonderprüfer 1 § 144 4
- Eigenverantwortlichkeit 1 § 145 2
- Eignung der Sonderprüfer 1 § 143 2
- Einreichung des Prüfungsberichts 1 § 145 9
- Enforcement 12 § 37p 19
- Enforcement-Prüfung 1 § 142 46
- Ermittlung von Tatsachen 1 § 142 2
- faktisches Organ 1 § 142 12
- fehlerhaftes Organ 1 § 142 12
- Gegenstand 1 § 142 8 ff
- Geheimhaltung 1 § 145 4
- Gerichtskosten 1 § 146 2
- Geschäftsführungsvorgänge 1 § 142 10 ff
- Gestatten der Prüfung 1 § 145 3
- Gründungsvorgänge 1 § 142 9
- Haftung der Sonderprüfer 1 § 144 3
- Hauptleistungspflichten 1 § 142 23
- herrschende Unternehmen 1 § 145 6
- HV-Beschluss 1 § 142 16 f
- informelle Sonderuntersuchung 1 § 142 1
- Inhaltskontrolle des Prüfungsberichts 1 § 145 11
- Jahresabschluss 1 § 142 14
- Konzernabschluss 1 § 142 14
- Konzernunternehmen 1 § 145 6
- Kopien 1 § 145 4a
- Kosten 1 § 146 2 ff
- Kostenerstattungsanspruch 1 § 146 3
- Missbrauch des Antragsrechts 1 § 142 31
- Mitteilungspflichten 1 § 142 46
- Nachteilige Tatsachen 1 § 145 8
- Nachweis 1 § 142 34
- Nachweisrecht 1 § 145 5 f
- Neutralität 1 § 142 37, § 143 1
- nichtiger HV-Beschluss 1 § 142 25
- Originaldokumente 1 § 145 4a
- personelle Konsequenzen 1 § 142 3
- Pflichtverletzungen der Sonderprüfer 1 § 144 3
- praktische Relevanz 1 § 142 6 f
- präventive Wirkung 1 § 142 4
- Prüferbestellung durch das Gericht 1 § 142 24 ff
- Prüferbestellung durch die HV 1 § 142 8 ff
- Prüfermandat 1 § 142 21 ff, 45
- Prüfungsbericht 1 § 145 7 ff
- Prüfungsergebnis 1 § 145 7
- prüfungsfähige Vorgänge 1 § 142 8 ff, 27
- Prüfungsgehilfen 1 § 144 5
- Prüfungspflicht 1 § 144 2
- Prüfungsrecht 1 § 145 3 ff

Stichwortverzeichnis

- Prüfungsvertrag 1 § 142 21 ff, 45, § 146 4
- Prüfungszeitraum 1 § 142 15, 27
- Publizität des Prüfungsberichts 1 § 145 9
- Qualität 1 § 142 37, § 143 1
- Rechtsmissbrauch 1 § 142 15, § 145 4
- Rechtsmittel 1 § 142 44, § 145 12
- Regelungsgegenstand 1 § 142 1, § 145 1
- Rückgabe von Dokumenten 1 § 145 4a
- Schriften 1 § 145 3
- Schutzantrag 1 § 145 10 ff
- Schutz der Gesellschaft 1 § 142 5
- Sonderprüfung wegen unzulässiger Unterbewertung *siehe dort*
- Stimmenmehrheit 1 § 142 17
- Stimmverbot 1 § 142 18 ff
- Tätigkeit des Aufsichtsrats 1 § 142 11
- Tatsachen 1 § 142 28
- Unkenntnis 1 § 142 38
- Unredlichkeit 1 § 142 30
- Unverhältnismäßigkeit 1 § 142 32
- Unzuverlässigkeit 1 § 142 38
- Verantwortlichkeit der Sonderprüfer 1 § 144 1 f
- Verbundene Unternehmen 1 § 145 6
- Verdacht 1 § 142 29
- Verfahren 1 § 142 47, § 145 12
- Vergütung 1 § 142 45, § 146 2
- Verletzung der Satzung 1 § 142 30
- Verletzung des Gesetzes 1 § 142 30
- Vermeidung einer Sonderprüfung 1 § 142 35
- Vermögensgegenstände 1 § 145 3
- Verschwiegenheit 1 § 144 2
- Vorgänge bei Kapitalmaßnahmen 1 § 142 13
- Vorrang bilanzrechtlicher Sonderprüfungen 1 § 142 36
- Weisungsunabhängigkeit 1 § 145 2
- Zuständigkeit 1 § 142 43, § 145 12
- Zweck 1 § 142 2 ff

Sonderprüfung wegen unzulässiger Unterbewertung
- Abgang von Gegenständen 1 § 261 3
- Abgrenzung 1 § 258 2 f
- abschließende Feststellungen 1 § 259 4 f
- abschließende Feststellungen zum Anhang 1 § 259 5
- abschließende Feststellungen zur Unterbewertung 1 § 259 4
- Änderung der Bewertungsmethoden 1 § 261 3
- Anhang 1 § 258 10 f
- Anhörung 1 § 258 16
- Anlass 1 § 258 4
- Ansatzfehler 1 § 258 5
- Antrag 1 § 260 2 ff
- Antragsberechtigung 1 § 260 2
- Antragsfrist 1 § 260 3
- Antragsinhalt 1 § 260 5
- Antragsquorum 1 § 258 14
- Antragstellung 1 § 258 13 ff

- Auskunftsrecht 1 § 258 20
- Auslagenersatz 1 § 258 20
- Ausschlussfrist 1 § 258 13
- Auswahl der Sonderprüfer 1 § 258 19
- Bekanntmachung der abschließenden Feststellungen 1 § 259 6
- Bestellungsverbote 1 § 258 19
- Betragsgrenzen 1 § 258 9
- Eignung der Sonderprüfer 1 § 258 19
- Einbuchung des Ertrags 1 § 261 2 f
- Einreichung des Prüfungsberichts 1 § 259 3
- Enforcement-Verfahren 1 § 261a 1
- Finanzdienstleistungsinstitute 1 § 258 12
- gerichtliche Entscheidung 1 § 260 6
- Gerichtliche Entscheidung über abschließende Feststellungen 1 § 260 1 ff
- Geschäftsbesorgungsverhältnis 1 § 258 20
- Glaubhaftmachung 1 § 258 15
- Hinterlegung 1 § 258 15
- Inhaltskontrolle des Prüfungsberichts 1 § 259 2 f
- Kapitalanlagegesellschaften 1 § 258 12
- Kompensation 1 § 258 6
- Kreditinstitute 1 § 258 12
- Mitteilungspflichten 1 § 261a 1
- Nachfrage in der HV 1 § 258 11
- Nachschieben von Antragsgründen 1 § 258 13
- Nachteilige Tatsachen 1 § 259 2
- Nachweisrecht 1 § 258 20
- Posten 1 § 258 6 f
- Prüfermandat 1 § 258 20
- Prüfungsbericht 1 § 258 20, § 259 2 f
- Prüfungsergebnis 1 § 259 2
- Prüfungspflicht 1 § 258 20
- Prüfungsrecht 1 § 258 20
- Publizität des Prüfungsberichts 1 § 259 3
- Rechtsmittel 1 § 258 18, § 260 8
- Rechtsstellung der Sonderprüfer 1 § 258 20
- Regelungsgegenstand 1 § 258 1
- Schutzantrag 1 § 259 2 f
- Überbewertung 1 § 258 6
- Unterbewertung 1 § 258 5 ff
- Unvollständigkeit des Anhangs 1 § 258 10 f
- veränderte Verhältnisse 1 § 261 3
- Verdacht 1 § 258 4
- Verfahren 1 § 260 7
- Verfahrenskosten 1 § 260 9
- Vergleichsgröße 1 § 258 8
- Verschwiegenheit 1 § 258 20
- Verwendung des Ertrags 1 § 261 4
- Vorrang vor der allg. Sonderprüfung 1 § 258 3
- Zuständigkeit 1 § 258 17, § 260 4
- Zweck 1 § 258 1

Sonderrücklage
- Einstellung durch Vorstand und Aufsichtsrat 1 § 58 26 ff

Stichwortverzeichnis

- Kapitalerhöhung aus Gesellschaftsmitteln 1 § 218 5 f

Sondervorteile
- Änderung der Festsetzungen 1 § 26 18 f
- Anfechtungsbefugnis 1 § 245 19 f
- Anfechtung von Beschlüssen der Hauptversammlung 1 § 243 26 ff
- Anlage bei der Anmeldung der Gesellschaft 1 § 37 32
- Begriff 1 § 26 3
- Feststellung in der Satzung 1 § 26 7 f
- Haftung für die Richtigkeit 1 § 46 3
- Inhalt 1 § 26 4 ff
- Kommanditgesellschaft auf Aktien 1 § 281 28 ff
- Schuldübernahme 1 § 41 39
- unrichtige Festsetzung 1 § 26 13 ff
- unterlassene Festsetzung 1 § 26 13 ff
- Zulässigkeitsschranken 1 § 26 4 ff

SPA 12 § 25a 49 f

Spaltung
- Abwicklung der Aktiengesellschaft 1 § 264 10, § 268 5
- Erwerb eigener Aktien 1 § 71 39
- Nachgründungsvertrag 1 § 52 4
- Schlusbilanz 11 72 ff

Spekulationsgeschäfte 3 § 49 1 ff

Spekulative Kursstürze
- Erwerb eigener Aktien 1 § 71 21

Spenden, Auskunftsrecht 1 § 131 85

Sperrfrist
- Angebotsuntersagung 14 § 26 2
- Befreiung durch die Bundesanstalt für Finanzdienstleistungsaufsicht 14 § 26 9
- erfolgloses Angebot 14 § 26 3 f
- Pflichtangebot 14 § 26 8
- Pflichtangebote 14 § 39 9
- Verstoß 14 § 26 14

Sponsoring, Auskunftsrecht 1 § 131 85

Spotgeschäft 12 § 2 13

Spruchverfahren 10 § 1 1 ff
- Anfechtungsklage 1 § 243 37d ff
- Antragsberechtigung 10 § 3 3 ff
- Antragsfrist 10 § 4 4 ff
- Antragsgegner 10 § 5 1 ff
- Antragsinhalt 10 § 4 13 ff
- Anwendungsfälle 10 § 1 3 ff
- Ausgliederung 10 § 1 17
- außergerichtlicher Vergleich 10 § 11 24
- Barabfindung 1 § 327f 9 ff
- Bekanntmachung der Entscheidung 10 § 14 1 ff
- Berichtigung 10 § 11 9 ff
- Beschwerdeverfahren 10 § 12 10 ff
- Bezugsrechtsausschluss 10 § 1 16
- Delisting 10 § 1 7 ff
- Downgrading 10 § 1 8
- Einreichungspflichten 10 § 7 13 ff
- Entscheidung 10 § 11 1 ff
- Entzug von Mehrstimmrechten 10 § 1 6
- Erledigung der Hauptsache 10 § 11 22 f
- Erwiderungspflichten 10 § 7 13 ff
- Gegenstandswert 10 § 6 23 ff
- Geheimhaltungspflichten 10 § 7 22 ff
- gemeinsamer Vertreter 10 § 6 1 ff
- Geschäftswert 10 § 15 4 ff
- Informationsmängel 10 § 1 12 f
- Kosten 10 § 15 2 ff
- Leistungsklage 10 § 16 1 ff
- Moto-Meter-Entscheidung 10 § 1 11
- mündliche Verhandlung 10 § 8 1 ff
- Privatgutachten 10 § 15 9
- Rechtsbeschwerde 10 § 12 16 ff
- Rechtskraft 10 § 13 4 ff
- Rechtsmissbrauch 10 § 3 2
- Rücknahme 10 § 11 21
- Sachverständigen 10 § 7 17 ff
- Sachverständigenvergütung 10 § 15 10
- sachverständiger Prüfer 10 § 8 4 ff
- Schiedsvertrag 10 § 11 25
- sofortige Beschwerde 10 § 12 1 ff
- Sprungrechtsbeschwerde 10 § 12 21
- Überleitung 10 § 12 23
- Übernahmerecht 10 § 1 14 f
- übertragende Auflösung 10 § 1 10 f
- Unternehmensvertrag 10 § 1 18
- Verbindung 10 § 7 12
- Verfahrensförderungspflicht 10 § 9 1 ff, § 10 1 ff
- Vergleich 10 § 11 10 ff
- Vergütung des gemeinsamen Vertreters 10 § 6 18 ff
- Verjährung 10 § 13 11
- Verzögerung 10 § 10 5
- Vollstreckung 10 § 13 10
- vorbereitende Schriftsätze 10 § 9 8 ff
- Vorbereitungsmaßnahmen 10 § 7 1 ff
- Vorschusspflicht 10 § 15 18 ff
- Zinsen 10 § 11 3
- Zivilprozessordnung 10 § 8 10 ff
- Zulässigkeitsrügen 10 § 9 11 F
- Zuständigkeit 10 § 2 1 ff
- Zuständigkeitskonzentration 10 § 12 22
- Zustellung der Anträge 10 § 7 3 ff
- Zustellung der Beschlüsse 10 § 11 18
- Zwischenentscheidungen 10 § 11 7

Squeeze-out *siehe* Ausschluss von Minderheitsaktionären

Squeeze-out, verschmelzungsrechtlicher 1 Vor §§ 327a ff 26; 11 54

Staatsanwaltschaft 12 § 40 a 1 ff

Stammaktien, Gewinnvorzug 1 § 139 15

Standardisierung 12 § 2 3

Stichwortverzeichnis

Statusverfahren 1 § 97 1 ff, § 98 1 ff
- abweisender Beschluss 1 § 98 9
- Anhörungspflicht 1 § 99 5
- Antragsberechtigung 1 § 98 4 ff
- Bekanntmachungspflicht 1 § 99 4
- Bekanntmachungssperre 1 § 97 12
- Beschluss über die veränderte Zusammensetzung 1 § 98 10
- Einreichung beim Handelsregister 1 § 99 18
- Entscheidung des Landgerichts 1 § 99 7
- gerichtliche Zuständigkeit 1 § 98 3
- Kosten 1 § 99 19 ff
- Rechtsmittel 1 § 99 8 ff
- Umsatzverhältnisse 1 § 98 7
- Verfahrensregeln 1 § 99 3 ff
- Wirkung der Anfechtung der Bekanntmachung 1 § 97 11
- Wirkung der Entscheidung 1 § 99 16 f
- Wirkung der nicht angefochtenen Bekanntmachung 1 § 97 10
- Zuständigkeit 1 § 99 6

Steuerrecht *siehe auch* Gewerbesteuerrecht; *siehe auch* Körperschaftssteuerrecht
- Abwicklung 20 124 ff
- Agio 20 73
- Aktiengesellschaft 1 § 3 4
- Änderung des Wirtschaftsjahr 20 122
- Anschaffungskosten 20 74
- Aufgeld 20 73
- Auflösung 20 124 ff
- Bareinlage 1 § 36 32; 20 72
- Bezugsrecht 20 120 ff
- Einlagen der Anteilseigner 20 72 ff
- Erwerb eigener Aktien 20 86
- Europäische Aktiengesellschaft 7 34 ff
- Genehmigtes Kapital 1 § 202 120
- Gewinnverwendung 20 93 ff
- Grundkapital 20 70
- Gründungsaufwand 20 71
- Kapitalerhöhung 20 109 ff
- Kapitalertragssteuer 20 55
- Kapitalherabsetzung 20 114 ff
- KGaA 20 146 ff
- Kommanditaktionäre 20 152
- Körperschaften 20 85
- Liquidation 20 124 ff
- Mantelkauf 20 78 f
- Nutzungsüberlassungen 20 77
- offene Gewinnausschüttung 20 95 ff
- Optionsrechte an Arbeitnehmer 20 117 ff
- Organschaft 20 133 ff
- persönlich haftender Gesellschafter 20 149
- Sacheinlagen 20 72
- Satzungsänderung 20 107 ff
- Sitz 20 65
- Sitzverlegung 20 107
- Solidaritätszuschlag 20 56
- stock option 20 90
- Unternehmensgegenstand 20 66 ff
- Unternehmensverträge 20 133 ff
- Veräußerungsgewinne 20 80 ff
- verdeckte Einlagen 20 75 ff
- verdeckte Gewinnausschüttung 20 98 ff
- Vergütung des Aufsichtsrats 20 91
- Vergütung des Vorstands 20 88
- Verlustvorträge (§ 8c KStG) 20 78 f
- Vorgesellschaft 20 61 ff
- Vorgründungsgesellschaft 20 57 ff
- Wirtschaftsjahr 20 69
- Zinsschranke 20 106

Stille Gesellschaft
- Gewerbesteuerrecht 20 50
- Gewinnabführungsverträge 1 § 291 74
- Rechtsgemeinschaft an einer Aktie 1 § 69 3

Stille Reserven
- Auskunftsrecht 1 § 131 65 ff
- Kapitalerhöhung aus Gesellschaftsmitteln 1 § 208 8

Stimmbindungsverträge 1 § 12 8, § 134 18 ff
Stimmrecht 1 § 134 1; *siehe auch* Vorzugsaktien
- Aktionärsvereinigungen 1 § 135 26 ff
- Auskunftsrecht 1 § 131 85
- Ausschluss 1 § 12 9
- Ausschluss für Aktionäre 1 § 136 4 ff
- Ausübung 1 § 12 6
- Befreiung von einer Verbindlichkeit 1 § 136 7 ff
- Begriff 1 § 12 2
- Dritte 1 § 134 28 ff
- einfache Mehrheit 1 § 133 3 ff
- einheitliche Abgabe 1 § 12 7
- Entlastungsbeschluss 1 § 136 5 f
- Erwerb eigener Aktien 1 § 71b 6 f
- Form der Ausübung 1 § 134 36 ff
- geschäftsmäßig Handelnde 1 § 135 26 ff
- Gleichbehandlungsgebot 1 § 53a 10
- Höchststimmrechte 1 § 12 5, § 134 10 ff
- Kapitalerhöhung aus Gesellschaftsmitteln 1 § 216 12
- Kreditinstitute 1 § 135 4 ff
- Mehrstimmrechte 1 § 12 5, § 134 9
- Namensaktien 1 § 135 24 f
- Nennbetragsaktien 1 § 134 8
- Nichtberücksichtigung von Stimmrechten bei Pflichtangeboten 14 § 36 1 ff
- Pool-Vertrag 1 § 12 8
- qualifizierte Mehrheit 1 § 133 9 ff
- Rechtsverlust 14 § 59 1 ff
- Schadensersatz von Kreditinstituten 1 § 135 30
- SchVG 15 § 6 1
- Stimmbindungen 1 § 136 24 ff
- Stimmbindungsverträge 1 § 134 18 ff
- Stimmrechtsverbote 1 § 136 4 ff
- Teilleistung der Einlage 1 § 134 23 ff
- Umfang 1 § 12 3 ff

3463

Stichwortverzeichnis

- verbotswidrige Stimmabgaben 1 § 136 21 ff
- Vertretung 1 § 134 28 ff
- Vorzugsaktionäre 1 § 140 4 ff, § 141 22
- Wahlentscheidungen 1 § 133 14 f
- Wahlvorschläge von Aktionären 1 § 137 1 ff

Stimmrechtsausübung, Haftung 1 Anh § 117 1 f

Stimmrechtsberater
- Haftung 1 Anh § 117 1 ff
- institutionelle 12 § 27a 19
- Regulierung 1 Anh § 117 1

Stimmrechtsverbot
- besonderer Vertreter 1 § 136 11
- Drittgesellschaft 1 § 136 17 ff
- Ein-Mann-AG 1 § 136 14
- Geltendmachung eines Anspruchs 1 § 136 10 f
- Sonderprüfer 1 § 136 11a
- Vertretung 1 § 136 16

Stimmrechtsvollmacht, Proxy-Voting 1 § 134 32

Stimmverbot, Sonderprüfung 1 § 142 18 ff

Stock Appreciation Rights 1 § 113 12c

stock options
- Ad-hoc-Publizität 12 § 15 13
- Anhang 1 § 160 16
- bedingte Kapitalerhöhung 1 § 192 19 ff
- begünstigter Personenkreis 1 § 192 22 f
- europarechtliche Vorgaben 1 § 192 21
- Insiderverbot 12 § 14 7
- Steuerrecht 20 90
- Wandelschuldverschreibungen 1 § 192 24, § 221 62

Strafbarkeit Insiderhandelsverbot, Vorsatz 12 § 38 5

Strafbarkeit Marktmanipulationsverbot, Vorsatz 12 § 38 5

Strafverfolgungsbehörden, Mitteilungspflichten 12 § 40 a 1 ff

Strafvorschriften
- Börsengesetz 3 § 50 1 ff
- falsche Angaben 1 § 399 1 ff
- falsche Ausstellung oder Verfälschung von Hinterlegungsscheinen 1 § 402 1 ff
- Pflichtverletzung bei Verlust, Überschuldung oder Zahlungsunfähigkeit 1 § 401 1 ff
- Spekulationsgeschäfte 3 § 49 1 ff
- unrichtige Darstellung 1 § 400 1 ff
- Verletzung der Berichtspflicht 1 § 403 1 ff
- Verletzung der Geheimhaltungspflicht 1 § 404 1 ff

Strafvorschriften (BörsG)
- Gewerbsmäßigkeit 3 § 49 3
- Unerfahrenheit 3 § 49 2

Streik
- Arbeitnehmervertreter im Aufsichtsrat 9 § 25 8 ff

Streitgenossen
- Anfechtung von Beschlüssen der Hauptversammlung 1 § 246 3

Streitwert *siehe auch* Anfechtungsbefugnis; *siehe auch* Anfechtungsgründe; *siehe auch* Anfechtungsklage; *siehe auch* Anfechtungsurteil
- Antrag auf Streitwertspaltung 1 § 247 20
- Festsetzung 1 § 247 8 ff
- Nichtigkeitsklage 1 § 249 12
- Obergrenze des Regelstreitwerts 1 § 247 13
- Regelstreitwert 1 § 247 7 ff
- Streitwertspaltung 1 § 247 16 ff
- Teilstreitwert 1 § 247 16 ff
- Verfahrensfragen 1 § 247 14 f

Streubesitz
- Gewerbesteuerrecht 20 50

Strohmanngründung 1 § 38 10
- Haftung der Gründer 1 § 46 12
- Kreditgewährung 1 § 89 8

Stromtermingeschäft 12 § 2 13, 46

Stückaktien 1 § 8 13 ff
- Bedeutung 1 § 8 16 f
- echte nennwertlose Aktie 1 § 8 14
- Euro-Umstellung 2 § 4 56 ff
- Quotenaktie 1 § 8 15
- unechte nennwertlose Aktie 1 § 8 13

Subtraktionsverfahren, Abstimmung der Hauptversammlung 1 § 129 25

sunk cost effect 16 35

Swaps 12 § 25a 41

Systematische Internalisierer 12 § 2 55, § 32 1 ff, § 32c 1 f, 8 f, 10, § 32d 1 ff
- Ausführung von Kundenaufträgen 12 § 32c 1 ff
- Bestimmung der standardmäßigen Marktgröße durch die BaFin 12 § 32b 1 ff
- Geschäftsbedingungen 12 § 32d 1 ff
- level-playing field 12 § 32 1
- Marktgröße, standardmäßige 12 § 32 3, § 32b 1
- Quotes 12 § 32a 1
- Veröffentlichung von Quotes 12 § 32a 1 ff
- Zugang zu Quotes 12 § 32d 1 ff

Tagesordnung
- Auskunftsrecht 1 § 131 15 f
- Mitteilung an Aktionäre 1 § 125 17 ff
- Mitteilungen an Aufsichtsratsmitglieder 1 § 125 23 ff

Tantieme, Kapitalerhöhung aus Gesellschaftsmitteln 1 § 216 16 f

Tauschangebote, Gegenleistung 14 § 11 14 f

Teilanfechtung, genehmigtes Kapital 1 § 203 115

Teilangebot *siehe* Angebot zum Erwerb von Wertpapieren

Teilbeherrschungsvertrag 1 § 291 55 f
Teileinkünfteverfahren 20 2 f
Teilgewinnabführungsvertrag 1 § 292 20 ff
- Anwendungsfälle 1 § 292 25 ff
- besondere Gewinnbeteiligungen 1 § 292 32 ff
- Betriebsführungsvertrag 1 § 292 45
- Entgeltlichkeit 1 § 292 24
- Gegenleistung 1 § 292 30 f
- Gewinnabführungsverträge 1 § 291 74
- Gewinnbeteiligungsabreden 1 § 292 33
- Höchstbetrag 1 § 301 4
- Inhalt 1 § 292 22 ff
- Lizenzgeschäfte 1 § 292 35
- Rücklage 1 § 300 9
- Teilgewinn 1 § 292 22 f
- Unentgeltlichkeit 1 § 292 24
- Vertragsparteien 1 § 292 21
Teilkonzern, Mitbestimmung 9 § 5 25 ff
Teilnehmerliste 1 § 129 16 ff
- Aktionäre 1 § 129 18 f
- Aufstellung 1 § 129 23 ff
- Fremdbesitz 1 § 129 20 f
- Inhalt 1 § 129 18 ff
- Notar 1 § 129 25
- Publizität 1 § 129 28 f
- Stellvertreter 1 § 129 18 f
- Subtraktionsverfahren 1 § 129 25
- Verfahren 1 § 129 26 ff
- Verstöße 1 § 129 30
- Vollmachtbesitz 1 § 129 20 f
- Zuständigkeit 1 § 129 23 ff
Telearbeit, Mitbestimmung 9 § 3 2
Tendenzunternehmen, Mitbestimmung
  9 § 1 24 ff, § 5 20 ff
Termingeschäft 12 § 2 12 f, 16
Term Sheet 12 § 2.5a 59
Testamentsvollstrecker
- Aktiengesellschaft 1 § 1 16
Tochterunternehmen
- Bezugsrecht 1 § 186 13
- Ermittlungen der Bundesanstalt für Finanz-
    dienstleistungsaufsicht 14 § 40 4
- Erwerb eigener Aktien 1 § 71a 10, 18 ff,
    § 71d 20 ff, 36 ff, § 71e 23 ff
- Europäische Aktiengesellschaft 7 23 ff
- Nachgründungsvertrag 1 § 52 4
- Pflichtangebote 14 § 37 14
Transaktionsregister 12 Vor §§ 18-20 1 ff
Transparenzpflichten 12 Vor §§ 31-37 1
Transparenzrichtlinie 12 § 25a 8
- partielle Vollharmonisierung 12 § 25a 8
Treibhausgasemissionszertifikate, Anwendungsbe-
  reich 3 § 1 2
Trennungsprinzip
- Aktiengesellschaft 1 § 1 29 ff

Treuepflicht
- Aktienübernahme 1 § 2 21
- Anfechtung von Beschlüssen der Hauptver-
    sammlung 1 § 243 23 ff
- Auskunftsrecht 1 § 131 41
- eigennützige Ausnutzung der Organstellung
    1 § 93 34 ff
- Geltung 1 § 53a 27 ff
- Gleichbehandlungsgrundsatz 1 § 53a 26 ff
- Kapitalerhöhung aus Gesellschaftsmitteln
    1 § 213 5
- Loyalitätspflicht 1 § 93 31 ff
- Materielle Beschlusskontrolle 1 § 53a 30 ff
- nachwirkende Treuepflicht 1 § 93 59
- Nebenvereinbarungen 1 § 23 57
- Neutralitätsgebot 1 § 93 58
- Offenheitspflicht 1 § 93 44 f
- Rechtsfolgen Verstoß 1 § 53a 31 ff
- Verschwendung von Gesellschaftsmitteln
    1 § 93 39 F
- Vor-AG 1 § 2 21
- Vorstand 1 § 93 30 ff
Treuhand
- Teilnahme an der Hauptversammlung
    1 § 118 18
- Unteilbarkeit von Aktien 1 § 8 22
- Vermögensverwaltung 19 41 ff
Treuhänder 11 12 f
Treuhandgesellschaft 12 § 2a 16a
Überleitungsverfahren siehe Statusverfahren
Übernahmeangebote siehe auch Zurechnung von
  Stimmrechten
- Abzug von Stimmrechten 14 § 29 3
- Berechnung des Stimmrechtsanteile 14 § 29 5
- Gegenleistung 14 § 11 16
- Genehmigtes Kapital 1 § 202 64
- Hinzurechnung von Stimmrechten 14 § 29 4
- Insiderverbot 12 § 14 10
- Kontrolle 14 § 29 2
- Pflichtangebote 14 § 35 12
- Spruchverfahren 10 § 1 14 f
- Teilangebote 14 § 32 1 ff
Übernahmebeirat 12 § 5 1
Übernahme eigener Aktien 1 § 56 1 ff
- abhängige Unternehmen 1 § 56 5 ff
- für Rechnung der Gesellschaft 1 § 56 11 ff
- für Rechnung eines Dritten 1 § 56 20
- Haftung der Vorstandsmitglieder 1 § 56 21
- Heilung 1 § 56 3
- in Mehrheitsbesitz stehendes Unternehmen
    1 § 56 5 ff
- Mittelbarkeit 1 § 56 20
- Rechtsfolgen eines Verstoßes 1 § 56 3 f, 10 ff
Übernahmerichtlinie 1 Vor §§ 327a ff 14 ff;
  14 § 39a 1 ff, § 39b 1 ff, § 39c 1 ff; 6 32,
  153 ff, 391 ff
- Aktionärsschutz 6 409 ff

3465

- allgemeine Grundsätze 6 402
- Andienungsrecht 6 442
- Geltungsbereich 6 396 ff
- Kollisionsrecht 6 399
- Neutralitätspflicht 6 430
- Squeeze-out 6 442
- Text 6 391
- Verteidigung der Zielgesellschaft 6 430 ff

Übernahmeverträge, Nachgründungsvertrag 1 § 52 4

Überparie-Emissionen 1 § 9 15

Überschuldung 1 § 92 10
- Beseitigung 1 § 92 13
- Pflichtverletzung 1 § 401 1 ff
- Rechtsfolge 1 § 92 12

Übertragbarkeit 12 § 2 3

Übertragende Auflösung
- Ausschluss von Minderheitsaktionären 1 Vor §§ 327a ff 10

Übertragung des gesamten Vermögens 1 § 179a 1 ff
- Änderung des Unternehmensgegenstandes 1 § 179a 17 f
- Art der Vermögensübertragung 1 § 179a 8
- Einreichung der Niederschrift zum Handelsregister 1 § 179a 14a
- gesamtes Vermögen 1 § 179a 4 ff
- Holzmüller-Rechtsprechung 1 § 179a 19
- Mehrheitserfordernisse 1 § 179a 11
- sachliche Rechtfertigung 1 § 179a 14
- Verfahren 1 § 179a 9 ff
- Zustimmung der Hauptversammlung 1 § 179a 10
- Zustimmungsinhalt 1 § 179a 12 f

Überwachungssystem, Vorstand 1 § 91 6 ff

UMAG
- Anfechtungsklage 1 § 243 37 ff
- Aufsichtsratsmitglieder 1 § 116 3a ff
- Auskunftsrecht des Aktionärs 1 § 131 55a ff, 74a ff
- Geltendmachung von Ersatzansprüchen 1 § 147 1 ff
- Klagezulassungsverfahren 1 § 148 1 ff

Umsatzerlöse, Auskunftsrecht 1 § 131 85

Umtauschrechte
- Barabfindung 1 § 327b 2
- bedingte Kapitalerhöhung 1 § 192 6 f

Umwandlungsrecht 11 1 ff; siehe auch Verschmelzung; siehe auch Verschmelzungsvertrag
- Anfechtung von Beschlüssen der Hauptversammlung 1 § 246 45
- Europäische Aktiengesellschaft 7 20
- Genehmigtes Kapital 1 § 202 65

Umwandlung von Aktien 1 § 24 1 ff
- Satzungsänderung 1 § 24 4 f
- Verlangen eines Aktionärs 1 § 24 1 ff

- Vinkulierung 1 § 24 5

Unbedenklichkeitsbeschluss
- Ausschluss von Minderheitsaktionären 1 § 327e 7

Unechtes Pensionsgeschäft 12 § 25 23 f

Unentgeltlicher Erwerb
- Erwerb eigener Aktien 1 § 71d 9

UniCredit 12 § 25a 52

Unterbilanzhaftung
- Vorgesellschaft 1 § 41 14, 21

Unternehmensabschluss
- Einzelabschluss 4 § 72 1
- Jahresabschluss 4 § 72 1
- Konzernabschluss 4 § 72 1

Unternehmensanteile 12 § 2 5

Unternehmensgegenstand
- Abwicklung der Aktiengesellschaft 1 § 264 10
- Nichtigerklärung der Gesellschaft 1 § 275 4 ff
- Satzungsänderung 1 § 179 42 ff
- Steuerrecht 20 66 ff
- Übertragung des gesamten Vermögens 1 § 179a 17 f

Unternehmensteuerreform
- Körperschaftssteuerrecht 20 2

Unternehmensverträge siehe auch Abfindung; siehe auch Ausgleichspflicht; siehe auch Beherrschungsverträge; siehe auch Betriebsführungsvertrag; siehe auch Betriebspacht; siehe auch Betriebsüberlassungsverträge; siehe auch Geschäftsführungsvertrag; siehe auch Gewinnabführungsverträge; siehe auch Gewinngemeinschaften; siehe auch Teilgewinnabführungsvertrag; siehe auch Vertragsprüfer
- Abfindung 1 § 293b 7
- abhängige Gesellschaft 1 § 291 30
- Abwicklung der Aktiengesellschaft 1 § 264 10
- Altverträge 1 § 291 7
- Änderung 1 § 295 3 ff
- Änderung der Art 1 § 295 12
- Änderungskündigung 1 § 295 13
- Anmeldung 1 § 294 3 ff
- Anmeldung der Beendigung 1 § 298 1 ff
- Aufhebung 1 § 296 1 ff
- Aufsichtsrat 1 § 293 19 f
- Ausfallhaftung 1 § 303 18
- Ausgleich 1 § 293b 7
- Auskunftspflicht 1 § 293g 5 ff
- Auslegung 1 § 291 5 f, 14 ff, § 293 8
- Ausschluss von Minderheitsaktionären 1 Vor §§ 327a ff 9
- Ausschluss von Weisungen 1 § 299 1 ff
- außenstehende Aktionäre 1 § 295 23 f
- außerordentliche Kündigung 1 § 297 14 ff
- Beendigungsgründe 1 § 297 35 ff
- Bekanntmachung der Beendigung 1 § 298 9 f
- Bericht 1 § 293a 1 ff
- Bestandsschutz 1 § 291 21 ff

Stichwortverzeichnis

- Bürgschaft 1 § 303 17
- eingegliederte Gesellschaften 1 § 324 3 ff
- Einlagenrückgewähr 1 § 57 32
- Eintragung der Beendigung 1 § 298 9 f
- Eintragungsverfahren 1 § 294 13 ff
- ergänzende Auslegung 1 § 291 16 f
- erläuternde Auslegung 1 § 291 14 f
- Erläuterungspflicht 1 § 293g 4
- faktische Vertragsänderung 1 § 295 14
- fehlerhafte Unternehmensverträge 1 § 291 18 ff
- Fehlerquellen 1 § 291 18 ff
- geltungserhaltende Auslegung 1 § 291 16 f
- Gesamtrechtsnachfolge 1 § 295 15
- Gläubigerschutz 1 § 303 1 ff
- GmbH 1 § 291 100 f
- Hauptversammlung 1 § 293f 1 ff, § 293g 1 ff
- herrschendes Unternehmen 1 § 291 31 f
- Inhaltskontrolle 1 § 293 15
- Insolvenzverfahren 1 § 297 22
- Kapitalerhaltung 1 § 302 1
- Kapitalerhöhung 1 § 300 12 ff
- Kartellrechtliche Untersagung 1 § 297 23
- Kündigung 1 § 297 1 ff
- Laufzeitänderung 1 § 295 8 ff
- Leistungsstörung 1 § 297 17
- Mehrheitserfordernisse 1 § 293 12 ff
- Mehrmütterorganschaft 1 § 295 7
- Mehrmütterunternehmensvertrag 1 § 293 21
- mehrstufige Verträge 1 § 293 22 f
- Nachgründungsvertrag 1 § 52 4
- Nichtigkeitsmängel 1 § 291 20
- ordentliche Kündigung 1 § 297 27 ff
- Organisationsvertrag 1 § 291 8 ff
- Parteiwechsel 1 § 295 5 ff
- Personengesellschaften 1 § 295 7
- Prüfungsbericht 1 § 293e 1 ff
- Rechtsnatur 1 § 291 8 ff
- Rücklage 1 § 300 1 ff
- Satzungsänderung 1 § 179 46
- Schriftformerfordernis 1 § 293 7
- Sicherheitsleistung 1 § 303 14 ff
- Sonderbeschluss 1 § 295 21 ff
- Spruchverfahren 10 § 1 18 f
- Steuerrecht 20 133 ff
- Tagesordnung 1 § 124 10 f
- Verlustübernahme 1 § 302 1 ff
- Vertragsänderung 1 § 295 16 ff
- Vertragsbeitritt 1 § 295 6
- Vertragsfreiheit 1 § 291 11 ff
- Vertragsparteien 1 § 291 30 ff
- Vertragsprüfung 1 § 293b 1 ff
- Vertragsschluss 1 § 293 4 ff
- Vertragsübernahme 1 § 295 5
- Vertragsverletzungen 1 § 297 19
- Vorbereitung der Hauptversammlung 1 § 293f 1 ff
- Vorstandsbericht 1 § 293b 8
- Wirksamkeit 1 § 294 17 f
- Wirksamkeitserfordernisse 1 § 291 19
- Zustandekommen 1 § 293 6
- zuständige Hauptversammlung 1 § 293 8
- Zustimmung der Hauptversammlung 1 § 293 8 ff
- Zustimmung des Aufsichtsrat 1 § 293 19 f
- Zustimmungsbeschluss 1 § 293 9 ff
- Zweck 1 § 291 5 f

Unternehmenszusammenschluss
- bedingte Kapitalerhöhung 1 § 193 9

Unterordnungskonzern
- Grundsatz 1 § 18 11
- Konzernvermutung 1 § 18 12 f
- Matrixstrukturen 1 § 18 14 ff
- mehrstufige Konzernbindung 1 § 18 14 ff

Unterpari-Emission
- Sacheinlage 1 § 27 19 f

Untervermittler 12 § 2a 10

Untreue 1 Anh § 93 1 ff
- Akzessorietät 1 Anh § 93 30
- Anscheinsvollmacht 1 Anh § 93 18
- besonderes persönliches Merkmal 1 Anh § 93 8
- Beteiligung 1 Anh § 93 70 ff
- Business Judgement Rule 1 Anh § 93 55
- Einverständnis 1 Anh § 93 35 ff
- Existenzvernichtung 1 Anh § 93 41
- faktischer Geschäftsführer 1 Anh § 93 18
- Gefährdung 1 Anh § 93 50
- Gesamtvermögensvergleich 1 Anh § 93 55
- gesetzliche Vertretungsmacht 1 Anh § 93 14
- Kapitalerhaltung 1 Anh § 93 38 ff
- Kausalität 1 Anh § 93 58
- Konkurrenzen 1 Anh § 93 80
- Missbrauch 1 Anh § 93 25 ff
- Missbrauch der Vertretungsmacht 1 Anh § 93 27
- Nachteil 1 Anh § 93 44 ff
- Pflichtwidrigkeit 1 Anh § 93 30 ff
- Pflichtwidrigkeitszusammenhang 1 Anh § 93 61
- rechtmäßiges Akternativverhalten 1 Anh § 93 61
- Rechtswidrigkeit 1 Anh § 93 67 f
- Risiko 1 Anh § 93 51 f
- Schwarze Kasse 1 Anh § 93 48
- Strafantrag 1 Anh § 93 79
- Strafe 1 Anh § 93 74
- Tatbestandsirrtum 1 Anh § 93 66
- Treubruch 1 Anh § 93 24
- treuhänderische Verwahrung 1 Anh § 93 12
- Unterlassen 1 Anh § 93 43
- Verbotsirrtum 1 Anh § 93 69
- Verfassungsmäßigkeit 1 Anh § 93 3
- Vermögensbetreuungspflicht 1 Anh § 93 9 ff

- Vermögensbetreuungspflicht, Einzelfälle
  1 Anh § 93 22
- Vorsatz 1 Anh § 93 62 ff
- Weisung 1 Anh § 93 31
- Zurechnung 1 Anh § 93 59
- Zurechnungszusammenhang 1 Anh § 93 42
- Zweckverfehlung 1 Anh § 93 49

Unwirksamkeitsklage
- Ausschluss von Minderheitsaktionären
  1 § 327f 2

Verankerungsheuristik 16 17
Veranlassung (§ 311 AktG)
- Adressat 1 § 311 44
- Begriff 1 § 311 41
- Beweiserleichterung 1 § 311 47
- Formen 1 § 311 42
- Hauptversammlungsbeschlüsse 1 § 311 51
- Mehrfache Abhängigkeit 1 § 311 45
- Mehrstufige Abhängigkeit 1 § 311 45
- Sonderfragen 1 § 311 48 ff
- Urheber 1 § 311 44
- Veranlassungsbewusstsein 1 § 311 43
- Verhalten eines Dritten 1 § 311 44
- Vorstandsdoppelmandate 1 § 311 49

Veräußern 12 § 25a 14
Veräußerung des Unternehmens, Abwickler
  1 § 268 5
Veräußerungserlöse, Auskunftsrecht 1 § 131 85
Veräußerungsgewinne
- Körperschaftssteuerrecht 20 25
- Steuerrecht 20 80 ff
Veräußerungsverluste
- Körperschaftssteuerrecht 20 27
Verbandsehre 1 § 1 16
Verbindungsdaten, BaFin 12 § 16b 1 ff
Verbundene Unternehmen siehe auch Abhängiges Unternehmen; siehe auch Herrschendes Unternehmen; siehe auch Konzern; siehe auch Mehrheitsbeteiligung; siehe auch Wechselseitig beteiligte Unternehmen
- Arten 1 § 15 9 f
- Auskunftsrecht 1 § 131 30 f
- Rechtsfolgen 1 § 15 11
- Unternehmensbegriff 1 § 15 1 f
Verdachtsfälle 12 § 10 1 ff
Verdeckte Gewinnausschüttung, Steuerrecht
  20 98 ff
Verdeckte Sacheinlage 1 § 27 33 f
- Altforderungen 1 § 27 40
- Änderung 1 § 27 45
- Beseitigung 1 § 27 45
- Dritte 1 § 27 41
- EU-Recht 1 § 27 35 f
- Heilung 1 § 27 42 ff
- Kapitalrichtlinie 6 342 f
- Rechtsfolgen 1 § 27 39

- Tatbestand 1 § 27 37 f
Verein siehe Nicht rechtsfähiger Verein
Vereinfachte Kapitalherabsetzung
- Ablauf 1 § 229 4
- Anmeldung des Beschlusses 1 § 229 33
- Ausschüttungsverbot 1 § 230 3 ff
- Beschlussvoraussetzungen 1 § 229 25 ff
- Einstellung in die gesetzliche Rücklage
  1 § 231 4
- Einstellung in die Kapitalrücklage 1 § 229 13,
  § 231 5
- gesetzliche Rücklage 1 § 229 20 f
- Gewinnausschüttungsverbot 1 § 233 2 ff
- Gewinnrücklagen 1 § 229 22
- Gewinnvortrag 1 § 229 23
- gleichzeitige Kapitalerhöhung 1 § 235 1 ff
- Herabsetzungsbetrag 1 § 229 28 ff
- Höchstbetrag der Einstellung 1 § 231 6 f
- Kapitalrücklage 1 § 229 20 f
- Kapitalschnitt 1 § 229 21
- Mängel der Beschlussfassung 1 § 229 36 ff
- manipulative Verlustannahmen 1 § 232 3
- Registerverfahren 1 § 229 34 f
- Rückwirkung 1 § 234 5 ff
- Rückwirkung einer gleichzeitigen Kapitalerhöhung 1 § 235 1 ff
- Unterschiedsbetrag 1 § 232 7 ff
- Verlustdeckung 1 § 229 8 ff
- Verlusteintritt 1 § 232 11
- Verwendungsverbot 1 § 230 9 ff
- Voraussetzungen 1 § 229 5 ff
- Zweck 1 § 229 5 ff
Vereinfachte Sachkapitalerhöhung
- Varianten 1 183a 1 ff
- Verfahren 1 183a 4 ff
Vereitelungsverbot siehe Abwehrmaßnahmen
Verfallvereinbarung 12 § 25a 52, 53
Verfügbarkeitsheuristik 16 14 F
Vergleich
- Anfechtung von Beschlüssen der Hauptversammlung 1 § 246 37
- Ersatzansprüche aus §§ 46-48 1 § 50 1 ff
- Tagesordnung 1 § 124 10
Vergütung der Aufsichtsratsmitglieder
  1 § 113 1 ff
- Aktienbeteiligungsprogramm 1 § 113 12d
- aktienkursorientierte Vergütung
  1 § 113 12a ff
- Arbeitnehmervertreter 9 § 25 7
- Aufwendungen 1 § 113 4
- bedingte Kapitalerhöhung 1 § 113 12a
- Bemessung 1 § 113 8
- Beteiligung am Jahresgewinn 1 § 113 12
- Bewilligung 1 § 113 7
- D&O-Versicherung 1 § 113 5 f
- Erfolgsorientierte Vergütung 1 § 113 11 ff
- erster Aufsichtsrat 1 § 113 10

- Festsetzung 1 § 113 7
- gerichtliche bestellte Mitglieder 1 § 104 20 f
- Gründung der Aktiengesellschaft 1 § 30 9
- Herabsetzung 1 § 113 9
- Phantom Stocks 1 § 113 12c
- steuerliche Behandlung 1 § 113 13
- Steuerrecht 20 91
- Stock Appreciation Rights 1 § 113 12c

Vergütung der Vorstandsmitglieder
- Angemessenheit 1 § 87 4 ff
- gerichtlich bestelltes Vorstandsmitglied 1 § 87 7
- Gesamtbezüge 1 § 87 2
- Herabsetzung 1 § 87 7 ff
- Steuerrecht 20 88
- Versorgungsleistungen 1 § 87 3
- wesentliche Verschlechterung in den Verhältnissen der Gesellschaft 1 § 87 7 ff

Vergütungen, Körperschaftssteuerrecht 20 33

Vergütungssystem
- Beschlussmängel 1 § 120 33
- Say-on Pay 1 § 120 30 ff

Vergütung von Verwaltungsmitgliedern, Auskunftsrecht 1 § 131 85

Verhaltensregeln 12 Vor §§ 31-37 1
- allgemeine 12 § 31 1
- Schutzgesetze 12 Vor §§ 31-37 5
- Wohlverhaltensregeln 12 Vor §§ 31-37 4

Verhinderungsverbot siehe Abwehrmaßnahmen

Verkaufsprospektgesetz 13 § 37 2
- Übergangsbestimmung 13 § 37 1

Verkürzter Abschluss, Halbjahresfinanzbericht 12 § 37w 13 ff

Verlustabzug, Körperschaftssteuerrecht 20 38

Verlustvorträge (§ 8c KStG)
- Steuerrecht 20 78 f

Vermögenslage, Auskunftsrecht 1 § 131 85

Vermögenslosigkeit, Auflösung der Aktiengesellschaft 1 § 262 31 ff

Vermögensübertragung
- Auflösung der Aktiengesellschaft 1 § 262 39, § 268 5
- Tagesordnung 1 § 124 10

Vermögensverteilung, Abwicklung der Aktiengesellschaft 1 § 271 1 ff

Vermögensverwaltung
- Abladen 19 61
- Anspruchsgegner 19 101 ff
- Anspruchsinhalt 19 107 ff
- Auskaufen 19 61
- Auskunft 19 74
- Begriff 19 39 ff
- Benachrichtigungspflicht 19 65 ff
- Beweislast 19 126 ff
- Drehen 19 62
- Gebot der Diversifikation 19 57
- Gebot der produktiven Verwaltung 19 56
- Gegenlaufen 19 63
- Haftungsbeschränkung 19 115
- Haftungsfreizeichnung 19 115
- Haftungsgrundlage 19 92 f
- Informationspflichten 19 64 ff
- Interessenkonflikte 19 76 ff
- Kausalität 19 95 ff
- Kurspflege 19 61
- Mitverschulden 19 118
- Nachforschungspflicht 19 54
- Pflichten 19 47 ff
- Pflicht zu ordentlichen Verwaltung 19 55 ff
- Rechenschaftspflicht 19 75
- Rechenschaftspflichten 19 64 ff
- Retrozession 19 79 f
- Treuhandmodell 19 41 ff
- Verbot der Spekulation 19 57
- Verjährung 19 119 ff
- Verschulden 19 98 ff
- Vertretermodell 19 41 ff
- Vorlaufen 19 63
- vorvertragliche Pflichten 19 48 ff
- Weisungen 19 59

Veröffentlichung der Entscheidung zur Abgabe eines Angebots
- Ad-hoc-Publizität 14 § 10 12
- Entscheidung zur Abgabe eines Angebots 14 § 10 3 ff
- Paketaktionäre 14 § 10 6
- Übersendung der veröffentlichten Entscheidung 14 § 10 14
- Unterrichtung der Börsen 14 § 10 7 ff
- Unterrichtung der Bundesanstalt für Finanzdienstleistungsaufsicht 14 § 10 7 ff
- Unterrichtung der Zielgesellschaft und ihrer Arbeitnehmer 14 § 10 15
- Veröffentlichung der Entscheidung zur Abgabe eines Angebots 14 § 10 10 ff

Veröffentlichungspflichten 12 § 31h 1 ff

Verordnung (EG) Nr. 1060/2009 12 § 17 2 ff

Versammlungsleiter
- Geschäftsordnung der Hauptversammlung 1 § 129 6
- Teilnehmerliste 1 § 129 24

Versäumnisurteil, Anfechtung von Beschlüssen der Hauptversammlung 1 § 246 35

Verschmelzung siehe auch Verschmelzungsvertrag
- Abwicklung der Aktiengesellschaft 1 § 264 10, § 268 5
- Ausschluss von Minderheitsaktionären 1 Vor §§ 327a ff 9
- Begriff 11 1 f
- Erwerb eigener Aktien 1 § 71 37, 51
- Europäische Aktiengesellschaft 7 17 ff
- Genehmigtes Kapital 1 § 203 55, 139

Stichwortverzeichnis

- Körperschaftssteuerrecht 20 13
- Mehrfachverschmelzung 11 8
- Mischverschmelzungen 11 4 ff
- Schlusbilanz 11 72 ff
- Sitz der Aktiengesellschaft 1 § 5 13
- Tagesordnung 1 § 124 10
- Unternehmergesellschaft 11 6 f
- Vorzug 1 § 141 6
- Wesensmerkmale 11 1 f
- zur Neugründung, Satzungsfeststellung 11 35 f

Verschmelzungsrechtlicher Squeeze-out 11 54

Verschmelzungsvertrag 12 § 25a 58
- Ablauf 11 9 ff
- Abschlusskompetenz 11 14 f
- Anteilsgewährpflicht 11 17 ff
- Arbeitnehmerangaben 11 28 ff
- bare Zuzahlungen 11 24 ff
- bedingtes Kapital 11 26
- Bekanntmachung 11 36 ff
- besondere Rechte 11 26 f
- Betriebsrat 11 39 ff
- Durchführung der Hauptversammlung für Zustimmungsbeschluss 11 57 f
- Einreichung zum Register 11 37
- Form 11 13
- grenzüberschreitende Verschmelzung 11 3
- Hauptversammlung 11 45 ff
- Hauptversammlung, Entbehrlichkeit des Zustimmungsbeschlusses 11 46
- Individualarbeitsrecht 11 29
- kollektives Arbeitsrecht 11 30 ff
- Mischverschmelzung 11 4 ff
- Nachgründungsvertrag 1 § 52 4
- notwendiger Inhalt 11 16 ff
- Sonderbeschlüsse 11 59 ff
- Squeeze-out-Verfahren 11 27
- Umtauschverhältnis 11 24 f
- verschmelzungsrechtlicher Squeeze-out 11 54 f
- Vorbereitung der Hauptversammlung für Zustimmungsbeschluss 11 55 f
- Wandelschuldverschreibungen 11 27
- Zuleitung zum Betriebsrat 11 39 ff
- Zuleitung zum Betriebsrat, Empfangszuständigkeit 11 43
- Zuleitung zum Betriebsrat, Nachweis 11 43
- Zuleitung zum Betriebsrat, Verzicht 11 44 f
- Zuleitung zum Betriebsrat, Zuleitungsfrist 11 42
- Zuleitung zum Betriebsrat, Zuständigkeit 11 41
- Zustimmung der Hauptversammlung 11 45 ff
- Zustimmungsbeschluss der Hauptversammlung zur Verschmelzung, Beurkundungspflicht 11 62

Verschwiegenheitspflicht
- Abschlussprüfer 1 § 49 3
- Arbeitnehmervertreter 9 § 25 7
- Aufsichtsratsmitglieder 1 § 116 7 ff
- Auskunftsrecht 1 § 131 58
- Bundesanstalt für Finanzdienstleistungsaufsicht 12 § 8 1 ff, § 9 1
- Due-Diligence-Prüfung 1 § 93 67 f
- Geheimnisbegriff 1 § 93 64
- Unternehmenskauf 1 § 93 67 F
- Unzumutbarkeit 1 § 93 70
- Verletzung 1 § 404 1 ff
- Vorstandsmitglied 1 § 93 62 ff
- Zeugnisverweigerungsrecht 1 § 93 71 f, 72

Versicherungsbeirat 12 § 5 1

Versicherungsgesellschaften
- Genehmigtes Kapital 1 § 203 136
- Zweigniederlassungsrichtlinie 6 291

Versicherungsunternehmen 12 § 2a 6

Verteidigungsmaßnahmen siehe Abwehrmaßnahmen

Vertragsprüfer
- Auskunftsrecht 1 § 293d 6 ff
- Auswahl 1 § 293d 2 ff
- Bestellung 1 § 293c 1 ff
- gerichtliche Bestellung 1 § 293c 2 ff
- Prüfungsrecht 1 § 293d 6 ff
- Verantwortlichkeit 1 § 293d 9 ff
- Vorstand 1 § 293c 2 ff

Vertragsstrafe
- Aktionäre 1 § 55 8
- Einlagepflicht 1 § 54 3

Vertraulichkeitsvereinbarung 12 § 25a 59

Vertretung 1 § 78 1 ff
- abweichende Bestimmungen durch Satzung oder Aufsichtsrat 1 § 78 15 ff
- Alleinvertretung 1 § 78 16
- Anmeldung der Änderung der Vertretungsbefugnis 1 § 81 4
- Anmeldung der Gesellschaft 1 § 37 18 ff
- Bevollmächtigte 1 § 78 11
- echte Gesamtvertretung 1 § 78 17
- Einzelermächtigung 1 § 78 19 ff
- Evidenz 1 § 82 6
- gerichtliche Vertretung 1 § 78 6
- Gesamtvertretung 1 § 78 12 f
- Handeln in Vertretung 1 § 78 9
- Insichgeschäfte 1 § 78 5
- Kollusion 1 § 82 6
- Mehrvertretung 1 § 78 5
- Nachgenehmigung 1 § 78 10
- Organstreit 1 § 78 2
- Passivvertretung 1 § 78 14
- Rechtsgemeinschaft an einer Aktie 1 § 69 6 ff
- Stellvertreter von Vorstandsmitgliedern 1 § 94 8 ff
- Umfang der Vertretungsmacht 1 § 78 4
- Unbeschränktheit 1 § 82 2 ff
- unechte Gesamtvertretung 1 § 78 18

Stichwortverzeichnis

- Verlagerung auf ein anderes Organ   1 § 82 2 f
- Vermögensverwaltung   19 41 ff
- Vertretungsbeschränkung durch Mitbestimmung   1 § 78 8
- Willensmängel   1 § 78 7
- Wissenszurechnung   1 § 78 7

Vertriebspartner   12 § 2a 16a

Verwaltungsführung
- Sitz der Aktiengesellschaft   1 § 5 10

Verwaltungstreuhänder   12 § 25a 18a

Verweis
- Wertpapierprospekt   13 § 11 1 ff

Verwertungsverbot (BaFin)   14 § 9 2

Videokonferenz
- Aufsichtsratssitzungen   1 § 108 19, § 110 11

Vinkulierte Namensaktien   1 § 68 1 ff; *siehe auch* Namensaktien
- Aufforderung zur Einreichung   1 § 73 10
- Aufhebung   1 § 180 8
- Aufhebung der Vinkulierung   1 § 68 12 ff
- betroffene Rechtsgeschäfte   1 § 68 14
- Börsenhandel   1 § 68 22
- Einführung der Vinkulierung   1 § 68 12 ff
- Einlagepflicht   1 § 54 16
- Gleichbehandlungsgrundsatz   1 § 53a 31
- Kapitalerhöhung   1 § 180 7, § 182 36, 40
- nachträgliche Vinkulierung   1 § 180 6
- Nebenleistungspflicht   1 § 55 2
- Rechtsfolgen   1 § 68 18 f
- Satzung   1 § 68 12 f
- Umgehungsgeschäfte   1 § 68 15
- Umwandlung von Aktien   1 § 24 5
- Verweigerung der Zustimmung   1 § 68 18 f
- Zustimmung der Gesellschaft   1 § 68 16 f
- Zwischenscheine   1 § 68 21

Vollmacht
- Abspaltungsverbot   1 § 134 34
- Erlöschen   1 § 134 35

Vollversammlung   1 § 121 48
- Niederschrift   1 § 130 9

Vorbelastungsverbot, Vorgesellschaft   1 § 41 14

Vorerbschaft, Bezugsrecht   1 § 186 18

Vorgesellschaft   1 § 41 5 ff; *siehe auch* Aktiengesellschaft; *siehe auch* Einpersonen-Vorgesellschaft; *siehe auch* Handelndenhaftung; *siehe auch* Vorgründungsgesellschaft
- Aufsichtsrat   1 § 41 10
- Ausgabeverbot   1 § 41 40 ff
- Außenbeziehung   1 § 41 16 ff
- Beschwerdebefugnis bei Anmeldung der Gesellschaft   1 § 36 6
- Eintragung   1 § 41 20 f
- Gesellschaftsorgane   1 § 41 8 ff
- Gewerbesteuer   20 63
- Haftung der Gründer   1 § 41 13 ff, 19
- Hauptversammlung   1 § 41 11 f
- Innenbeziehung   1 § 41 7 ff
- Körperschaftssteuer   20 62
- Organhaftung   1 § 41 18
- Pflichten der Gründer   1 § 41 13 ff
- Rechtsfähigkeit   1 § 41 16
- Rechtsgemeinschaft an einer Aktie   1 § 69 4
- Rechtsnatur   1 § 41 6
- Rechtsstellung   1 § 41 16
- Schuldübernahme   1 § 41 37 ff
- Steuerrecht   20 61 ff
- Übertragungsverbot   1 § 41 40 ff
- Unterbilanzhaftung   1 § 41 14, 21
- Verlustdeckungspflicht   1 § 41 15
- Vertretung   1 § 41 17
- Vorbelastungsverbot   1 § 41 14
- Vorstand   1 § 41 9, § 76 3

Vorgründungsgesellschaft   *siehe auch* Aktiengesellschaft; *siehe auch* Vorgesellschaft
- Gewerbesteuer   20 60
- Körperschaftssteuer   20 58
- Rechtsnatur   1 § 41 4
- Steuerrecht   20 57 ff
- Treuepflicht   1 § 2 21

Vorkaufsrecht   12 § 25a 27, 60

Vormänner
- Aufrechnung gegen die Regressforderung   1 § 66 1 ff
- Befreiung von der Regresspflicht   1 § 66 1 ff
- Haftungsmodalitäten   1 § 65 4 f
- Haftungsvoraussetzungen   1 § 65 2 f
- Zahlungspflicht   1 § 65 1 ff

Vorratsaktien, Anhang   1 § 160 6

Vorrats-Aktiengesellschaft   1 § 23 26 ff
- Mantelverwendung   1 § 23 28 ff
- Unterbilanzhaftung   1 § 23 31
- Vorratsgründung   1 § 23 27
- wirtschaftliche Neugründung   1 § 23 31

Vorstand   1 § 76 1 ff; *siehe auch* Berichtspflicht des Vorstands; *siehe auch* Vorstandsmitglied
- Anfechtung der Wahl von Aufsichtsratsmitgliedern   1 § 251 10
- Anfechtungsbefugnis   1 § 245 21 ff
- Anmeldepflicht bei Auflösung der Aktiengesellschaft   1 § 263 3
- Anmeldung der Änderungen des Vorstandes   1 § 81 1 ff
- Anmeldung der Durchführung der Kapitalerhöhung   1 § 188 1 ff
- Anmeldung des Beschlusses über die Kapitalerhöhung   1 § 184 1 ff
- Anmeldung des Beschlusses über die Kapitalherabsetzung   1 § 223 1 ff
- Anzahl der Mitglieder   1 § 76 20 ff
- Anzeigepflicht bei Verlust des hälftigen Grundkapitals   1 § 92 2 ff
- Arbeitsdirektor   1 § 76 23

3471

- Ausführung von Maßnahmen der Hauptversammlung 1 § 83 5
- Auskunftsrecht 1 § 131 17, 58 ff
- Ausschluss von Minderheitsaktionären 1 § 327b 6
- Bareinlage 1 § 36 20
- Beherrschungsvertrag 1 § 76 16, § 310 3 f
- Bekanntmachung von Änderungen im Aufsichtsrat 1 § 106 1 ff
- Börseneinführung 17 3 f
- Buchführungspflicht 1 § 91 2 ff
- Deutscher Corporate Governance Kodex 1 § 76 9 f, § 161 1 ff
- Doppelmandate 1 § 76 18 ff
- eigene Verantwortung 1 § 76 7 f
- Einberufung der Hauptversammlung 1 § 121 11 ff
- Einberufung der ordentlichen Hauptversammlung 1 § 175 1 ff
- Einberufung des Aufsichtsrates 1 § 110 1 ff
- Einsichtsrecht auf der Hauptversammlung 1 § 176 2 f
- Eintragung der Gesellschaft 1 § 39 5 f
- Einziehung von Aktien 1 § 237 92 ff
- Entlastung 1 § 120 1 ff
- Entsprechenserklärung 1 § 161 1 ff
- Erläuterungspflicht auf der Hauptversammlung 1 § 176 4 ff
- faktischer Konzern 1 § 76 17
- Feststellung des Jahresabschlusses 1 § 58 21 ff, § 172 1 ff
- Gründung der Aktiengesellschaft 1 § 30 13
- Gründungsbericht 1 § 32 8
- Gründungsprüfung 1 § 33 3 ff
- Haftung der Gesellschaft für Vorstandsmitglieder 1 § 76 12
- Haftung für Ad-hoc-Mitteilungen 19 68
- Handelndenhaftung 1 § 41 29
- Insolvenzantragspflicht 1 § 92 8 ff
- Konzern 1 § 76 13 ff
- Konzernkoordinierungspflicht 1 § 76 14
- Leitung der Gesellschaft 1 § 76 5
- Mitglieder 1 § 76 11
- Mitteilungspflichten bei Einberufung der Hauptversammlung 1 § 125 1 ff
- Nichtigkeit des Jahresabschlusses 1 § 256 20 f
- Pflicht zur Anmeldung der Gesellschaft 1 § 36 10 ff
- Satzungsinhalt 1 § 23 37
- Statutsverfahren 1 § 97 2 f
- Stellungnahme zu einem Angebot 14 § 27 3 ff
- Teilnahme an Sitzungen des Aufsichtsrats und seiner Ausschüsse 1 § 109 4
- Überbesetzung 1 § 76 21
- Überwachungssystem 1 § 91 6 ff
- Unterbesetzung 1 § 76 22
- Unternehmensverträge 1 § 293b 8
- Unterrichtung über ein Angebot 14 § 10 15
- Verhinderungsverbot 14 § 33 1 ff
- Verwendungsbefugnis der Bareinlage vor Eintragung 1 § 36 33 f
- Vorbereitung von Maßnahmen der Hauptversammlung 1 § 83 2 ff
- Vorgesellschaft 1 § 41 9, § 76 3
- Vorlage an die Hauptversammlung 1 § 119 34 ff
- Vorlagen an den Aufsichtsrat 1 § 170 2 ff
- Vorlagepflicht auf der Hauptversammlung 1 § 176 2 f
- Vorsitzender 1 § 84 16 ff
- Zahlungsverbot 1 § 92 15 ff

Vorstandshaftung 1 § 93 156
- Aktionäre 1 § 93 149
- Alleinaktionär 1 § 93 133
- Arbeitnehmer 1 § 93 176
- Aufsichtsrat 1 § 93 139, 147 f, 199
- Aufwendungen 1 § 93 99
- ausgeschiedene Mitglieder 1 § 93 113
- Beratung 1 § 93 106
- Beweislast 1 § 93 110 ff, 124, 154
- Billigung durch Aufsichtsrat 1 § 93 133
- D&O-Versicherung 1 § 93 184 ff, 190 ff
- deliktische Haftung 1 § 93 161 ff, 164, 173
- Einlagenrückgewähr 1 § 93 125 ff
- Erlass 1 § 93 135
- faktische Organe 1 § 93 160
- faktischer Verzicht 1 § 93 140
- Garantenstellung 1 § 93 174
- Gerichtsstand 1 § 93 197
- Gesamtschadensbilanz 1 § 93 102
- Gesamtschuld 1 § 93 107, 115 ff, 121 ff
- Gesamtverantwortung 1 § 93 107, 116, 119
- Geschäftsverteilung 1 § 93 117 ff
- Gesellschaftsgläubiger 1 § 93 151 ff, 172
- gewerblicher Rechtsschutz 1 § 93 175 ff
- Haftungsbegrenzung 1 § 93 136
- Hauptversammlungsbeschluss 1 § 93 126 ff, 137 ff, 154
- Informationen 1 § 93 167
- Informationsdeliktshaftung 1 § 93 168 ff
- Insolvenz 1 § 93 125, 173
- Insolvenzantrag 1 § 93 166
- Insolvenzverwalter 1 § 93 158
- Konzern 1 § 93 134, 146
- Mehrheitsaktionär 1 § 93 133
- Mehrheitsbeschluss 1 § 93 120
- Mitgliedschaftsrecht 1 § 93 164
- mittelbarer Schaden 1 § 93 170
- Mitverschulden 1 § 93 109 ff
- Prospekthaftung 1 § 93 163
- Schaden 1 § 93 97 ff
- Schadensersatz 1 § 93 169 ff
- Schutzgesetz 1 § 93 165, 173, 176
- sekundäre Darlegungslast 1 § 93 112 ff
- Sozialabgaben 1 § 93 177 f
- Steuern 1 § 93 177

Stichwortverzeichnis

- Störer   1 § 93 175 ff
- Überwachungspflicht   1 § 93 118
- Unterlageneinblick   1 § 93 114
- Unterlassen   1 § 93 174
- Untreue   1 Anh § 93 1 ff
- Verbotsirrtum   1 § 93 106
- Vergleich   1 § 93 135, 137, 154
- Verjährung   1 § 93 179 ff
- Vermögensgefährdung   1 § 93 101
- Verschulden   1 § 93 103
- vertragliche Haftung   1 § 93 160, 162
- Vertrauensschaden   1 § 93 171 ff
- Verzicht   1 § 93 135, 137, 154
- Vorteilsausgleichung   1 § 93 99, 102

Vorstandsmitglied   *siehe auch* Abberufung von Vorstandsmitgliedern; *siehe auch* Bestellung von Vorstandsmitgliedern; *siehe auch* Haftung der Vorstandsmitglieder; *siehe auch* Wettbewerbsverbot
- Abwicklung der Aktiengesellschaft   1 § 264 10
- Amtsniederlegung   1 § 84 30
- Anfechtungsbefugnis   1 § 245 25 ff
- Anstellungsvertrag   1 § 93 3, 5
- Aufsichtsratsmitglied als Stellvertreter   1 § 105 12 ff
- Auswahlrichtlinien   1 § 76 25
- Beratung   1 § 93 13
- Bestellungshindernisse   1 § 76 25a f
- Business Judgement Rule   1 § 93 77 ff, Anh § 93 60
- Compliance   1 § 93 10, 15 ff, 40, Anh § 93 10, 13 ff, 29
- Dokumentationspflicht   1 § 93 45
- Doppelmandate   1 § 76 18 ff
- Due Dilligence   1 § 93 57, 67 f
- Eigengeschäfte   12 § 15a 1 ff
- eigennützige Ausnutzung der Organstellung   1 § 93 34 ff
- Einflussnahme   1 § 117 1 ff
- einvernehmliche Aufhebung der Bestellung eines Mitgliedes   1 § 84 31
- Entlastung   1 § 120 1 ff
- faktische Organstellung   1 § 93 4
- falsche Angaben   1 § 399 3
- gerichtlich bestelltes Vorstandsmitglied   1 § 87 1 ff
- Gesamtverantwortung   1 § 93 16, 26
- Geschäftsbriefe   1 § 80 12
- Geschäftschancen   1 § 93 34 f
- Geschäftsverteilung   1 § 93 26, 28
- Gesetzestreue   1 § 93 10 ff, Anh § 93 10 ff
- Gläubigerschutz   1 § 93 20 f
- Hochstufung   1 § 94 5
- Inanspruchnahme betrieblicher Mittel   1 § 93 38
- Insidergeschäft   1 § 93 43
- Insiderverbot   12 § 14 6 ff
- Interessenkonflikt   1 § 93 44
- Kapitalerhaltung   1 § 93 20
- Kleinkredite   1 § 89 4
- Kreditgewährung   1 § 89 2 f
- Kreditgewährung an Angehörige   1 § 89 8
- Kreditgewährung an nahe Gesellschaften   1 § 89 9
- Kreditgewährung an Strohmänner   1 § 89 8
- Kreditgewährung im Abhängigkeitsverhältnis   1 § 89 7
- Legalitätspflicht   1 § 93 7
- Leistungszuwendungen   1 § 93 37, Anh § 93 26
- Loyalitätspflicht   1 § 93 8, 31 ff
- nachwirkende Treuepflicht   1 § 93 59
- Neutralität   1 § 93 58
- Nutzungszuwendungen   1 § 93 37, Anh § 93 26
- Offenheitspflicht   1 § 93 44 f
- ordentlicher und gewissenhafter Geschäftsleiter   1 § 93 73 ff
- Organisation   1 § 93 51
- Organisationspflicht   1 § 93 17, 24
- persönliche Anforderungen   1 § 76 24 ff
- Pflicht   1 § 93 1, 2 ff
- Pflichtverletzung   1 § 93 60, 61
- Rechnungswesen   1 § 93 51
- Risiko   1 § 93 89
- Risikominimierung   1 § 93 46, 50, 53 ff, 56 f
- Sachzuwendungen   1 § 93 37
- Satzungstreue   1 § 93 10 ff, 19
- Sorgfalt   1 § 93 74 ff
- Sponsoring   1 § 93 47
- Stellvertreter   1 § 94 1 ff
- Suspendierung eines Mitgliedes   1 § 84 29
- Tantieme   1 § 93 42
- Teilnahme an der Hauptversammlung   1 § 118 38 ff
- Teilnahme an Sitzungen des Aufsichtsrats und seiner Ausschüsse   1 § 109 4
- Treuepflicht   1 § 93 30 ff, 35
- Überwachungspflicht   1 § 93 24, 27
- Unternehmenskauf   1 § 93 57
- Unternehmensplanung   1 § 93 52
- Unvereinbarkeit der Mitgliedschaft im Aufsichtsrat   1 § 105 3 ff
- Vergütung   1 § 93 39 f, Anh § 93 29
- Verschwendung von Gesellschaftsmitteln   1 § 93 39 f
- Verschwiegenheitspflicht   1 § 93 62 ff, 65 f, 70
- Versicherung   1 § 93 56
- Versicherung bei Anmeldung der Gesellschaft   1 § 37 14 ff, § 81 8
- Wettbewerbsverbot   1 § 93 33
- Zeugnisverweigerungsrecht   1 § 93 71 f
- Zwangsgelder   1 § 407 10 f

Vorzugsaktien   1 § 12 4, § 139 1 ff, § 140 1 ff
- Ad-hoc-Publizität   12 § 15 13

Stichwortverzeichnis

- Aktienrechtsnovelle 2012 1 § 140 10
- Aufhebung 1 § 141 2 ff
- Aufleben des Stimmrechts 1 § 141 22
- Ausgabemenge 1 § 139 20
- Ausgabe neuer Vorzugsaktien 1 § 141 7
- Ausgestaltung 1 § 139 7
- Bedingung 1 § 139 16
- Befristung 1 § 139 16
- Begriff 1 § 139 5 ff
- Beschränkung 1 § 141 2 ff
- Bezugsrecht 1 § 140 3
- Bezugsrechtsausschluss 1 § 141 19
- Bilanz 1 § 152 5
- Dividendenvorzug 1 § 141 3
- Einführung 1 § 139 19
- Eingriff 1 § 141 4
- Genehmigtes Kapital 1 § 204 24 ff
- gesonderte Versammlung 1 § 141 15
- Gewinnverteilung 1 § 139 9 ff
- Gruppen 1 § 139 14
- Höhe des Vorzugs 1 § 139 8
- Insolvenz 1 § 140 13
- Insolvenzplan 1 § 140 13
- Kapitalerhöhung 1 § 182 39
- Kapitalherabsetzung 1 § 141 6
- Konkurrenzen 1 § 141 23
- konkurrierende Vorzugsrechte 1 § 141 8, 10
- Liquiditätsvorzug 1 § 141 3
- Mehrdividende 1 § 139 12, § 141 3
- mit Stimmrecht 1 § 139 15
- Nachzahlbarer Vorzug 1 § 141 3
- Nachzahlung 1 § 139 17, § 140 11 ff
- ordentliche Kapitalherabsetzung 1 § 222 42
- partizipierender Vorzug 1 § 139 10
- Priorität 1 § 139 6
- Rangfolge 1 § 139 9 ff
- Rechtsfolgen 1 § 139 21
- Rechtsstellung der Vorzugsaktionäre 1 § 140 2 ff
- Satzungsänderung 1 § 141 2, § 179 59 f
- Sonderbeschluss 1 § 141 1 ff, 14 ff
- Teilnahme an der Hauptversammlung 1 § 140 3
- Verschmelzung 1 § 141 6
- Wiederaufleben des Stimmrechts 1 § 140 4 ff
- wirtschaftliche Bedeutung 1 § 139 2 f
- Zahlungsreihenfolge der Dividenden 1 § 139 13

Wahl der Aufsichtsratsmitglieder *siehe* Bestellung von Aufsichtsratsmitgliedern
Wahlrecht 12 § 25 27 f
Wandelanleihen 12 § 25a 63; *siehe auch* Wandelschuldverschreibung
- bedingte Kapitalerhöhung 1 § 193 8

Wandelschuldverschreibungen 1 § 221 4 ff, 33 ff; 12 § 25 27 f
- AGB 1 § 221 35
- Anhang 1 § 160 16
- Ausübung 1 § 221 38 ff
- bedingte Kapitalerhöhung 1 § 192 14 ff, § 193 8
- bedingtes Kapital 1 § 221 19
- Begriff 1 § 221 4
- Beherrschungs- und Gewinnabführungsvertrag 1 § 221 55
- Beschluss der Hauptversammlung 1 § 221 12 ff
- Bezugsrecht 1 § 221 27 ff
- Bilanzierung 1 § 221 64
- Eingliederung 1 § 221 54
- Eingriffe 1 § 221 41 ff
- Entstehung 1 § 221 11 ff
- Ermächtigung 1 § 221 17
- Erwerb eigener Aktien 1 § 221 52
- Faktischer Konzern 1 § 221 58
- fehlerhafte Beschlüsse 1 § 221 16
- Huckepack-Aktien 1 § 221 10
- Inhalt 1 § 221 33 ff
- Kapitalerhöhung 1 § 221 42
- Kapitalerhöhung aus Gesellschaftsmitteln 1 § 216 19
- Kapitalherabsetzung 1 § 221 43
- Kapitalunterlage 1 § 221 19 f
- Kombination mit Genussrechten 1 § 221 48
- Konzernsachverhalte 1 § 221 53
- Mitgliedsrecht 1 § 221 36 ff
- naked warrants 1 § 221 59 ff
- Squeeze-out 1 § 221 63
- stock options 1 § 192 24, § 221 62 f
- Teilnahme an der Hauptversammlung 1 § 118 14
- Übertragbarkeit 1 § 221 23
- Verbriefung 1 § 221 21 f
- Verschmelzungsvertrag 11 27
- Zulassung 4 § 11 1

Wandel- und Optionsanleihen 12 § 25a 18
Wandlungsrecht
- Bezugsrechtsausschluss 1 § 186 51

Waren 12 § 2 19
Warenbörse, Definition 3 § 2 5
Warentermingeschäft 12 § 2 13
Wechselseitig beteiligte Unternehmen 1 § 19 1 ff
- Anhang 1 § 160 20 f
- beidseitig qualifizierte wechselseitige Beteiligungen 1 § 19 19 f
- einfache unmittelbare wechselseitige Beteiligungen 1 § 19 5
- Einlagenrückgewähr 1 § 57 38
- einseitige qualifizierte wechselseitige Beteiligungen 1 § 19 17 f
- Erwerb eigener Aktien 1 § 71d 21 f
- gesetzliche Definition 1 § 19 13
- Großaktionäre 1 § 19 12
- Kapitalverwässerung 1 § 19 10 f

- Konsequenzen 1 § 19 8 ff
- Kritik 1 § 19 3
- qualifiziert wechselseitige Beteiligungen 1 § 19 7
- Rechtsfolgen 1 § 19 14 ff
- Ringbeteiligungen 1 § 19 6
- Verwaltungsstimmrechte 1 § 19 9

Weisung 12 § 25a 48

Werbemitteilungen
- eindeutig 12 § 31 33
- nicht irreführend 12 § 31 33
- redlich 12 § 31 33

Werbung
- Angebot zum Erwerb von Wertpapieren 14 § 28 1 ff
- Cold Calling 12 § 36b 3
- Missstand 12 § 36b 2
- Untersagung 12 § 36b 1, 4

Wertaufholung
- Körperschaftssteuerrecht 20 25

Wertpapierbegriff 12 § 2 2 f
Wertpapierbörse, Definition 3 § 2 4
Wertpapierdarlehen 12 § 25 9a, 21, § 25a 64
Wertpapierdienstleistung 12 § 2 20 ff
- Schiedsvereinbarungen 12 § 37h 1 f

Wertpapierdienstleistungsunternehmen 12 § 2 47 ff, § 2a 3; 13 § 32 2
- Analyse von Finanzinstrumenten 12 § 34b 1 ff
- Arbeitnehmerbeteiligungen 12 § 2a 4
- Aufbewahrungspflicht 12 § 34 1 ff
- Auftragsweiterleitung 12 § 33a 38 ff
- Aufzeichnungspflicht 12 § 34 1 ff
- Ausführungsnachweis 12 § 33a 37
- Ausnahmen 12 § 2a 3 ff
- Beratungsprotokoll 12 § 34 8 ff
- Berichtspflichten 12 § 31 125 ff
- Bußgeldvorschriften 12 § 39 1 ff
- Compliance 12 § 33 1 ff; siehe auch dort
- Festpreisgeschäfte 12 § 33a 36
- Finanzierungsbestätigungen 14 § 13 11 ff
- freie Berufe 12 § 2a 8
- geeignete Gegenpartei (Definition) 12 § 31a 15 ff
- geeignete Gegenpartei, Geschäfte mit 12 § 31b 1 ff
- gesamtschuldnerische Haftung 12 § 2a 19
- getrennte Vermögensverwahrung 12 § 34a 1 ff
- Gewissenhaftigkeit 12 § 31 10
- Grandfathering-Regelung 12 § 31a 41 f
- Haftung für Finanzierungsbestätigungen 14 § 13 14
- Haftungsübernahme 12 § 2a 19
- Investmentanteile 12 § 2a 9
- Kunden, Herabstufung 12 § 31a 18 ff
- Kunden, Heraufstufung 12 § 31a 22 ff
- Kunden, private (Definition) 12 § 31a 13 f
- Kunden, professionelle (Definition) 12 § 31a 7 ff
- Kundenangaben, Einholung außerhalb von Anlageberatung und Finanzportfolioverwaltung 12 § 31 113 ff
- Kundenangaben, Überprüfung 12 § 31 118
- Kundenangaben bei nicht komplexen Finanzinstrumenten 12 § 31 119 ff
- Kundenanweisungen 12 § 33a 33 ff
- Kundenaufträge, Bearbeitung von 12 § 31c 1 ff
- Kundenaufträge, bestmögliche Ausführung 12 § 33a 1 ff
- Kundeninformation zu Ausführungsgrundsätzen 12 § 33a 26 ff
- Kunden iSd WpHG 12 § 31a 1 ff
- Leistungserbringung über ein anderes W. 12 § 31e 1 ff
- Mitarbeiter 12 § 33b 1 ff
- Mitarbeitergeschäfte 12 § 33b 1 ff
- Organisationspflichten 12 § 33 1 ff; siehe auch Compliance
- Privatkunden, Definition 12 § 31a 13 f
- professionelle Kunden 12 § 31 128 ff
- Prüfung durch geeigneten Prüfer 12 § 36 1 ff
- Sachkenntnis 12 § 31 9
- Schuldenverwaltung 12 § 2a 7
- Sorgfalt 12 § 31 10
- Überwachung durch BaFin 12 § 35 1 ff
- Veröffentlichungspflichten nach dem Handel 12 § 31h 1 ff
- Versicherungsunternehmen 12 § 2a 6
- Weiterleitung von Aufträgen 12 § 33a 38 ff
- Werbung 12 § 36b 1 ff
- Zentralbank 12 § 2a 7
- Zuwendungen Dritter 12 § 31d 1 ff
- Zweigniederlassungen 12 § 31 7

Wertpapiere siehe auch Aktien; siehe auch Amtlicher Markt; siehe auch Geregelter Markt; siehe auch Inhaberpapiere; siehe auch Namenspapiere; siehe auch Orderpapiere; siehe auch Zulassung von Wertpapieren zum amtlichen Handel
- Begriff 1 § 10 4 ff
- Börsenpreis 3 § 24 2
- Freiverkehr 3 § 48 1 ff
- Rechtsverlust 14 § 59 1 ff
- Wertpapierübernahmegesetz 14 §§ 1-2 12 f

Wertpapierleihe 12 § 25 21 f, § 25a 64
Wertpapiernebendienstleistung 12 § 2 39 ff
- Begriff 19 6
- Schiedsvereinbarungen 12 § 37h 1 f

Wertpapierprospekt siehe auch Prospekthaftung
- Ad-hoc-Publizität 13 § 8 13
- Aktualisierungspflicht 13 § 6 14
- Anbieter 13 § 2 34 f
- Angebot 13 § 2 13 ff

Stichwortverzeichnis

- Angebotsprogramm 13 § 2 29, § 9 3
- Arbeitnehmerbeteiligungsprogramme 13 § 4 17
- Art der Darstellung 13 § 6 13
- Aufnahmestaat 13 § 2 41
- Auskunftspflicht 13 § 26 4 ff
- Auskunftsverweigerungsrecht 13 § 26 13
- Ausnahmen 13 § 1 3 ff, § 3 4 ff
- Aussetzung des öffentlichen Angebots 13 § 26 11
- Basisprospekt 13 § 6 1 ff, § 19 5
- Baukastenprinzip („building block approach") 13 § 7 1
- Befugnisse der BaFin 13 § 26 1 ff
- Befugnisse der Geschäftsführung der Börse 13 § 26 26 ff
- Bestandteile / Informationsblöcke 13 § 5 1
- Bezugsangebote 13 § 2 20
- Bezugsrechte 13 § 2 5, § 4 18
- Billigung 13 § 13 1 ff
- Blankoklauseln 13 § 18 8
- Bookbuilding-Verfahren 13 § 2 9, § 8 2
- Bußgeld 13 § 35 1 ff
- dauernde Ausgabe 13 § 2 37
- Disclaimer 13 § 2 24
- Dividendenwerte 13 § 2 8
- Drittstaatenemittenten 13 § 20 1 ff
- durch Gestattung der BaFin 13 § 8 8 ff
- Einlagenkreditinstitute 13 § 2 32
- Emissionspreis 13 § 8 2
- Emissionsvolumen 13 § 8 2
- Emittent 13 § 2 33
- endgültige Bedingungen („final terms") 13 § 6 2
- Europäischer Pass 13 § 20 1
- Fehlanzeige 13 § 8 15
- Freiverkehr 13 § 2 25
- gebrochenes Sprachregime 13 § 19 7
- Gebühren und Auslagen 13 § 33 1 ff
- Gegenstand und Inhalt 13 § 6 6
- getrennte Veröffentlichung 13 § 14 13
- Gliederung 13 § 5 5
- grenzüberschreitende Angebote 13 § 17 1 ff
- Gültigkeit 13 § 9 1 ff
- Herkunftstaat 13 § 2 38 ff
- Hinterlegung 13 § 6 15 ff, § 14 1 ff
- Inhalt 13 § 5 1 ff
- kostenlose Ausgabe 13 § 2 22
- kostenlose Papierversion 13 § 14 14
- mehrere Dokumente 13 § 12 1 ff
- Mindestangaben 13 § 5 4, § 6 10, § 7 1 ff
- Mitarbeiteroptionsprogramme 13 § 2 18
- Mitteilungspflicht 13 § 14 12
- Nachtrag 13 § 16 1 ff
- Nichtaufnahme von Angaben 13 § 8 1
- Nichtdividendenwerte 13 § 2 8, § 9 4, § 19 1
- Notifizierungsverfahren 13 § 18 1 ff
- öffentliches Angebot 13 § 2 9 ff
- Opting In-Regelung 13 § 1 9
- Privatplatzierung 13 § 2 19
- Prospektaktualität 13 § 5 3
- Prospekthaftung 13 § 5 3, § 8 12, § 26 23
- Prospektklarheit 13 § 5 2
- Prospektrichtlinie 13 § 1 1
- Prospektvollständigkeit 13 § 5 2
- Prospektwahrheit 13 § 5 3
- Prospektwesentlichkeit 13 § 5 2
- Prüfung 13 § 13 4 f
- qualifizierte Anleger 13 § 2 30
- Registrierungsformular 13 § 9 5
- Registrierungsformular („registration document") 13 § 12 2
- Schema und Module 13 § 5 6 ff
- Sprachen 13 § 19 1 ff
- stille Beteiligung 13 § 2 4
- Übergangsbestimmungen 13 § 36 1 ff
- Überkreuz-Checkliste 13 § 5 10
- Überlassungspflicht 13 § 26 4 ff
- Umtauschrechte 13 § 4 18
- Unterzeichnung 13 § 5 24
- unvollständiger Prospekt 13 § 6 5
- Verantwortliche 13 § 5 25
- verbundene Unternehmen 13 § 2 21
- Veröffentlichung 13 § 6 15 ff, § 14 1 ff, 6 ff
- Veröffentlichung auf Internetseite 13 § 18 9
- Verschwiegenheitspflicht und Verwertungsverbot 13 § 27 1 ff
- Vorlagepflicht 13 § 26 4 ff
- Werbung 13 § 15 1 ff
- Wertpapier 13 § 2 2 ff
- Wertpapierbeschreibung 13 § 9 5
- Wertpapierbeschreibung („securities note") 13 § 12 2
- Widerruf der Billigung eines öffentlichen Angebots 13 § 26 19 ff
- Widerrufsrecht 13 § 6 5, § 8 4 ff
- wiederholte Ausgabe 13 § 2 37
- Zulassungsantragsteller 13 § 2 36
- Zusammenfassung 13 § 5 16 ff, § 9 5
- Zusammenfassung („summary note") 13 § 12 2
- Zwangsmittel 13 § 26 7

Wertpapierrat 12 § 5 1 ff

Wettbewerbsverbot
- Abwickler 1 § 268 9
- andere Vorstands-/Geschäftsführerämter 1 § 88 5
- Eintrittsrecht der AG 1 § 88 8 ff
- Einwilligung des Aufsichtsrates 1 § 88 6
- Geschäftszweig der Gesellschaft 1 § 88 4
- Handelsgewerbe 1 § 88 3
- Kommanditgesellschaft auf Aktien 1 § 284 1 ff
- nachvertragliche Verbot 1 § 88 12 f
- Personenkreis 1 § 88 2
- Rechtsfolgen 1 § 88 7 ff

- Schadensersatzanspruch der AG 1 § 88 7
Widersprüche
- Niederschrift 1 § 130 11, 34
Widerspruchsausschuss
- Amtszeit der Mitglieder 14 § 6 2
- Bildung 14 § 6 1
- Rechtsverordnung 14 § 6 3 f
- Zusammensetzung 14 § 6 2
Widerspruchsverfahren *siehe auch* Widerspruchsausschuss
- sofortige Vollziehbarkeit 14 § 42 1 ff
- Verfahren 14 § 41 4 ff
- Verfahrenförderungspflicht 14 § 41 6
- Zulässigkeit 14 § 41 2 f
Wirtschaftsjahr 20 122
Wirtschaftsprüfer 12 § 4 19
Wochenend-Effekt 16 5
WpAIV 12 § 25a 1
Zahlungsunfähigkeit 1 § 92 8
- drohende Zahlungsunfähigkeit 1 § 92 9
- Pflichtverletzung 1 § 401 1 ff
- Rechtsfolge 1 § 92 12
Zahlungsverbot 1 § 92 15 ff
- Umfang 1 § 92 16
Zaunkönigregelung 14 § 16 4
Zeichnung, Namensunterschrift des Vorstandes 1 § 81 9
Zeichnung bei Kapitalerhöhung *siehe* Zeichnungserklärung; *siehe* Zeichnungsschein; *siehe* Zeichnungsvertrag
Zeichnungserklärung
- Aktiengattungen 1 § 185 14 f
- Ausgabebetrag 1 § 185 12 f
- Auslegung 1 § 185 10
- Datum des Erhöhungsbeschlusses 1 § 185 11
- Einzahlungen 1 § 185 12 f
- Endzeitpunkt 1 § 185 16
- Form 1 § 185 7
- Heilung 1 § 185 24 ff
- Inhalt 1 § 185 9 ff
- Mängel 1 § 185 23 ff
- Nebenverpflichtungen 1 § 185 12 f
- Person des Zeichners 1 § 185 6
- Rechtsnatur 1 § 185 5
- Sacheinlagen 1 § 185 14 f
- Überzeichnung 1 § 185 10
- Zeitpunkt 1 § 185 8
Zeichnungsschein
- Beschränkungen 1 § 185 31
- Fristablauf 1 § 185 19 f
- Heilung 1 § 185 24 ff
- Inhaltsmängel 1 § 185 17 f
- Mängel 1 § 185 23 ff
- Schriftform 1 § 185 21

Zeichnungsvertrag 1 § 185 32 ff
- fehlender Kapitalerhöhungsbeschluss 1 § 185 40
- fehlerhafter Vertrag 1 § 185 41 ff
- Grundsatz der Risikogemeinschaft 1 § 185 37
- Leistungsstörungen 1 § 185 44
- Prioritätsprinzip 1 § 185 36 ff
- Repartierung 1 § 185 35
- Überschuss 1 § 185 36 ff
- Überzeichnung 1 § 185 34 f
- Zeichnungsvorvertrag 1 § 185 45
Zeichnungsvorvertrag
- Bezugsrechtszusicherung 1 § 187 3
Zentralbanken 12 § 2a 7
Zertifikate 12 § 2 5
Zeugnisverweigerungsrecht, Vorstandsmitglied 1 § 93 71 f
Zielgesellschaft
- Ermittlungen der Bundesanstalt für Finanzdienstleistungsaufsicht 14 § 40 5
- Übermittlung der Angebotsunterlage 14 § 14 15
- Veröffentlichung der Entscheidung zur Abgabe eines Angebots 14 § 10 15
Zinsen, Pflichtangebote 14 § 38 1 ff
Zinsverbot, Einlagenrückgewähr 1 § 57 27 f
Zulassung, Börsenhändler 3 § 19 5
Zulassungsstelle, Auskunftsverlangen 3 § 41 2
Zulassung von Wertpapieren zum amtlichen Handel *siehe auch* Emittent
- Abgrenzung 3 § 32 4
- Ablehnung 3 § 32 12
- Antragsinhalt 3 § 32 7
- Aufgaben und Befugnisse 3 § 36 2
- Delisting 3 § 32 3, § 39 4 f
- Einbeziehung, Ad-hoc-Publizität 3 § 33 4
- Einbeziehung, Ausnahme von Zulassungspflichten 3 § 33 3
- Einbeziehung, Entscheidung 3 § 33 2
- Einbeziehung, Ermächtigung 3 § 33 6
- Einbeziehung, Wertpapiere aus Drittstaaten 3 § 33 5
- Einbeziehung in den regulierten Markt 3 § 32 1 ff
- Einführung 3 § 38 1 ff
- Einführung, Zeitpunkt 3 § 38 3
- EU-Zusammenarbeit 3 § 36 1 f
- Gebühren 3 § 32 11
- Prospektpflicht 3 § 32 9 ff
- Prüfungsumfang 3 § 32 6
- Rechtsnatur 3 § 32 3 f
- staatliche Schuldverschreibungen 3 § 37 1
- Veröffentlichung 3 § 32 13
- Verweigerung der Zulassung 3 § 35 1
- Widerruf 3 § 39 2 ff
- Widerruf auf Antrag des Emittenten 3 § 39 2 ff

- Zulassungsantrag 3 § 32 5 f
- Zulassungspflicht 3 § 32 2
- Zulassungsverfahren 3 § 32 5 ff

Zulassung zur Hauptversammlung, Rechtsfolgen 1 § 123 33 ff

Zurechnung von Stimmrechten
- Absorption 14 § 30 26
- Aktien Dritter bei Verhaltensabstimmung mit Bieter 14 § 30 15 ff
- Aktien für Rechnung des Bieters 14 § 30 4 ff
- anvertraute Aktien 14 § 30 13 f
- einseitige Erwerbsmöglichkeit des Erwerbers 14 § 30 12
- Kettenzurechnung 14 § 30 25
- Nießbrauch 14 § 30 11
- Sicherheitsübertragung 14 § 30 9 f
- Tochterunternehmen 14 § 30 3

Zusammenlegung von Aktien, ordentliche Kapitalherabsetzung 1 § 222 56 f, § 225 4 ff, § 227 5 f

Zustimmungsbeschluss der Hauptversammlung zur Verschmelzung 11 62

Zustimmungsvorbehalt 12 § 2 34

Zuwendungen
- Annahme 12 § 31d 7
- Definition 12 § 31d 16
- Gewährung 12 § 31d 8
- Gewinnmargen 12 § 31d 10
- Interessenkonflikte 12 § 31d 1
- Kundeninformation 12 § 31d 15
- Kundeninteresse 12 § 31d 14
- Qualitätsverbesserung 12 § 31d 12
- Verbot, grundsätzliches 12 § 31d 6
- Zivilrecht 12 § 31d 3
- Zuwendungs- und Verwendungsverzeichnis 12 § 31d 18

Zwangsgelder 1 § 90 22
- Aufsichtsratsmitglieder 1 § 407 12 f
- Bemessung 1 § 407 7 f
- Betroffene 1 § 407 9 ff
- Einspruchsverfahren 1 § 407 28
- Erwerb eigener Aktien 1 § 71c 25
- erzwingbare Handlungen 1 § 407 16
- Festsetzung 1 § 407 27
- Höhe 1 § 407 7 f
- Kommanditgesellschaft auf Aktien 1 § 407 14
- Kosten 1 § 407 29 f
- persönlich haftender Gesellschafter 1 § 407 14
- Rechtsnatur 1 § 407 4 ff
- Registerzwang 1 § 407 17 ff
- Verfahren 1 § 407 22 f
- Verschulden 1 § 407 6
- Vollstreckung 1 § 407 29 f
- Vorstandsmitglieder 1 § 407 10 f

Zwangsvollstreckung
- Aktiengesellschaft 1 § 1 20
- Nachgründungsvertrag 1 § 52 9

Zweigniederlassung 12 § 36a 1, 3, 5 f, 16

Zweigniederlassungsrichtlinie
- Geltungsbereich 6 289 ff
- Inhalt 6 293 ff
- Kredit- und Finanzinstitute 6 291
- Text 6 282 ff
- Umsetzung 6 286 ff
- Versicherungsgesellschaften 6 291
- Zweigniederlassung 6 282 ff

Zwischengesellschaften 12 § 25a 62

Zwischenlagebericht, Halbjahresfinanzbericht 12 § 37w 29 ff

Zwischenmitteilung der Geschäftsführung 12 § 37x 1 ff
- Ausnahmen 12 § 37z 1 ff
- Hinweisbekanntmachung 12 § 37x 9
- Inhalt 12 § 37x 10 ff
- Konzernabschluss 12 § 37y 6 f
- Quartalsfinanzbericht 12 § 37x 13 ff
- Vorbemerkungen 12 § 37v 1 ff

Zwischenscheine 1 § 8 23
- Ausgabe 1 § 10 17
- Einlagepflicht 1 § 54 9
- Kapitalerhöhung aus Gesellschaftsmitteln 1 § 219 1 ff
- Kraftloserklärung 1 § 72 1 ff
- neue Urkunden 1 § 74 1 ff
- Satzungsänderung 1 § 180 6